c'mon [kəˈman] (*fam*) *see* **come on**
CO [ˌsiˈoʊ] *n* ❶ GEOG *abbrev of* **Colorado** ...
Co. [koʊ] *n abbrev of* **company**
c/o [ˌsiˈoʊ] *abbrev of* **care of** c/o, bei
coach [koʊtʃ] I. *n* ❶ SPORTS Trainer(in) *m(f)*; ...
bring <brought, brought> [brɪŋ] *vt* ...
◆ **bring about** *vt* verursachen
incense¹ [ˈɪn·sens] *n* (*substance*) Räuchermittel *nt*; ...
incense² [ɪn·ˈsens] *vt* empören
flexibility [ˌflek·sə·ˈbɪl·ɪ· t̬i] ...
flexible [ˈflek·sə·bəl] ...
flextime [ˈfleks·taɪm] ...

'tie tack *n* ...
'tie-up *n* ...
'daughter-in-law <*pl* daughters-> ...
begin <-nn-, began, begun> ...
unruly <-ier, -iest *or* more ~, most ~> ...

mute [mjut] I. *n* ❶ (*person*) Stumme(r) *f(m)*
❷ MUS (*quieting device*) Dämpfer *m* II. *vt*
sound, noise dämpfen III. *adj* stumm

sky [skaɪ] *n* ❶ (*the sky*) Himmel *m;* **in the ~**
am Himmel ❷ (*area above earth*) ■ **skies** *pl*
Himmel *m;* **cloudy skies** bewölkter Himmel
▶ PHRASES: **the ~'s the** <u>limit</u> alles ist möglich

◆ **win back** *vt* ❶ SPORTS **to ~ back** ○ **the
trophy** den Pokal zurückholen ❷ *customers*
zurückgewinnen

horn [hɔrn] I. *n* ❶ ZOOL Horn *nt* ❷ MUS Horn *nt*
wild [waɪld] I. *adj* ❶ *inv* (*undomesticated*)
wild; *cat, duck, goose* Wild- ❷ (*uncultivated*)
country, landscape rau, wild; ...
dinner [ˈdɪn·ər] *n* ❶ (*evening meal*) Abendessen *nt;* DIAL (*warm lunch*) Mittagessen *nt;* **to
go out for ~** essen gehen; ...
jumble [ˈdʒʌm·bəl] I. *n* (*a. fig: chaos*) Durcheinander *nt a. fig;* ...
downsizing *n* ECON Entlassung *f* (*aus Arbeitsmangel oder Rationalisierungsgründen*)
hash 'browns *npl* Kartoffelpuffer *pl,* ≈ Rösti *pl*
SÜDD, SCHWEIZ

March <*pl* -es> [martʃ] *n* März *m; see also*
February

How t

All entr... is,
variant...
betical...

English phrasal verbs come directly a... rb
and are marked with a diamond (◆)
Superscript or raised numbers indicate identically spelled
words with different meanings (so-called **homographs**).

The International Phonetic Alphabet is used for all **phonetic transcriptions**.
Centered dots are used for syllable division. Please note
that this does not always correspond with the orthographic division into syllables.

Where no phonetic code is given, the main spoken
emphasis of the headword is indicated by a stress mark.
Angle brackets are used to show **irregular plural forms**
and, **forms of irregular verbs and adjectives**.

A vertical line shows where a **separable verb** can be
separated.
Old spellings are marked with a superscript **ALT** symbol.
New spellings are marked with a superscript **RR** symbol.
Roman numerals are used for the parts of speech of a
word, and **Arabic numerals** for sense divisions.

The **swung dash** represents the entry word in examples
and idioms.
The ▶ sign introduces **a block of set expressions,
idioms and proverbs**. Key words are <u>underlined</u> as a
guide.
The symbol ○ in **phrasal verb** entries and the label *sep*
in translations show that the sequence of object and complement can be reversed.

Various kinds of **meaning indicators** are used to guide
users to the required translation:

• **Subject labels** (which indicate areas of specialization)
• **Definitions** or **synonyms**, typical **context partners,
subjects** or **objects** of the entry

• **Regional vocabulary and variants** are shown both
as headwords and translations

• **Usage Labels** (which indicate restriction to a particular level or style of usage)

When a word or expression has no direct translation, an
explanation or **approximate equivalent**, marked with
the symbol ≈, is given. Where a translation may be
ambiguous, it is followed by an explanation in brackets.

see also and *s. a.* (*siehe auch*) invite the reader to consult
a **model entry** for further information.

A B C D E F G H I J K L M N O P Q R S T U V W X Y Z

With the aid of the alphabetical thumb index overleaf (at the edge of the page) •
you can quickly locate the letter you need to find in the German-English and
English-German dictionary. Once you have localized the letter you need on the
thumb index, simply flip to the correspondingly marked part of the dictionary.
If you are left-handed, you can use the thumb index at the end of this book.

Mit Hilfe der alphabetischen Daumenleiste am rechten Seitenrand (s. a. Rück-
seite), kann man die gesuchte Stelle im Alphabet des deutsch-englischen und
des englisch-deutschen Wörterbuches schnell finden. Wurde die gewünschte
Stelle im Alphabet auf der Leiste ausgewählt, schlägt man das Wörterbuch an
der entsprechend markierten Stelle auf und befindet sich dann in der richtigen
Buchstabenstrecke.
Falls Sie Linkshänder(in) sind, können Sie die Buchstabenleiste in der hinteren
Umschlagklappe benutzen.

Irregular German verbs — 1104
all hin of
1112 - verbs ?

BARRON'S

GERMAN–ENGLISH

Dictionary

Wörterbuch

DEUTSCH–ENGLISCH

BARRON'S Foreign Language Guides
German-English Dictionary
Wörterbuch Deutsch-Englisch

First edition for the United States and Canada © Copyright 2007 by Barron's Educational Series, Inc.
Original edition © Copyright 2007 by Ernst Klett Sprachen GmbH, Stuttgart, Federal Republic of Germany

Editorial management: Ursula Martini

Contributors: Jeremy Berg, Peter Frank, Marieluise Schmitz, Julia Stephan, Ruth Urbom, Caroline Wilcox Reul

Typesetting: Dörr + Schiller, Stuttgart, Germany
Data Processing: Andreas Lang, conTEXT AG für Informatik und Kommunikation, Zürich, Switzerland

All inquiries should be addressed to:
Barron's Educational Series, Inc.
250 Wireless Boulevard
Hauppauge, NY 11788
http://www.barronseduc.com

ISBN-13: 978-0-7641-3763-1
ISBN-10: 0-7641-3763-8
Library of Congress Control Number: 2007925334

Printed in China
9 8 7 6 5 4 3 2 1

Inhalt

Contents

Introduction

This is a new bilingual dictionary designed to meet the needs of people in a time of ever-expanding communication among English and German speakers. It has been written and edited by a large team of native speakers of both languages so that it constitutes an updated, comprehensive, and most useful linguistic tool.

This dictionary provides accurate coverage of current vocabulary in English and German, as well as abundant examples of words used in context to illustrate idiomatic usage. To facilitate self-expression, pronunciation is provided in both languages, so that the users may express themselves correctly and idiomatically – both orally and in writing.

A unique characteristic is the possibility of downloading this dictionary into your home computer, laptop, and nearly all PDAs and smartphones. In addition, attention is given to small but meaningful features that include alphabet tabs for ease of use, maps and cultural boxes to enrich the process of language acquisition, and useful explanatory sections.

Vorwort

Dieses neue zweisprachige Wörterbuch wurde für das steigende Bedürfnis einer modernen Kommunikation zwischen Sprechern des Englischen und des Deutschen konzipiert. Es wurde von einem großen Team deutscher und englischer Muttersprachler neu entwickelt und bearbeitet und ist somit ein aktuelles, umfassendes und hilfreiches linguistisches Nachschlagewerk.

Dieses Wörterbuch deckt den aktuellen englischen und deutschen Wortschatz ab und illustriert anhand zahlreicher Anwendungsbeispiele den idiomatischen Gebrauch. Um die mündliche Kommunikation zu erleichtern, wird sowohl für die englischen als auch für die deutschen Stichwörter die phonetische Umschrift angegeben. Auf diese Weise ist dem Benutzer eine korrekte und idiomatische Ausdrucksweise im schriftlichen wie im mündlichen Gebrauch der Fremdsprache gewährleist.

Ein Alleinstellungsmerkmal dieses Wörterbuches ist die Möglichkeit die Inhalte auf PC, Laptop, fast alle PDAs und Smartphones herunterzuladen. Zusätzlich enthält das Wörterbuch praktische Extras wie das Daumenregister für schnelleres Nachschlagen, Landkarten und Informationsfenster mit Erklärungen zu landeskundlichen Phänomenen, die den Sprachenlernprozess abrunden sowie ausführliches und vielfältiges Zusatzmaterial im Anhang.

Lautschriftzeichen für Deutsch
German phonetic symbols

Vokale/Vowels

[a]	matt
[ɐ]	bitter
[ɐ̯]	Uhr
[ã]	Arangement
[ã:]	Gourmand
[e]	Etage
[e:]	Beet, Mehl
[ɛ]	Nest, Wäsche
[ɛ:]	wählen
[ɛ̃]	Cousin
[ɛ̃:]	Teint
[ə]	halte
[ɪ]	Bitte
[i]	Vitamin
[i:]	Bier
[i̯]	Studie
[j]	ja
[o]	Oase
[o:]	Boot, drohen
[o̯]	loyal
[ɔ]	Post
[õ]	Fondue
[õ:]	Fonds
[ø]	Ökonomie
[ø:]	Öl
[œ]	Götter
[œ:]	Server
[u]	zunächst
[u:]	Hut
[u̯]	aktuell
[ʊ]	Mutter
[y]	Aerodynamik
[y:]	Typ
[y̯]	Etui
[ʏ]	füllen

Konsonanten/Consonants

[b]	Ball
[ç]	ich
[d]	dicht
[dʒ]	Budget, Job
[f]	Fett, viel
[g]	Geld
[h]	Hut
[k]	Kohl, Computer
[kv]	Quadrat
[l]	Last
[l̩]	Nebel
[m]	Meister
[n]	nett
[n̩]	sprechen
[ŋ]	Ring, blinken
[p]	Papst
[pf]	Pfeffer
[r]	Rad
[s]	Rast, besser, heiß
[ʃ]	Schaum, sprechen, Chef
[t]	Test
[ts]	Zaun
[tʃ]	Matsch, Tschüs
[v]	wann
[x]	Schlauch
[ks]	Fix, Axt, Lachs
[z]	Hase, sauer
[ʒ]	Genie

Zeichen/Signs

ʔ	glottal stop
'	primary stress
ˌ	secondary stress
:	length symbol
[·]	syllable division

Diphthonge/Diphthongs

[ai]	heiß
[au]	Haus
[ɔy]	Mäuse

English phonetic symbols
Lautschriftzeichen für Englisch

Vowels/Vokale

[a]	farm, not
[æ]	cat, man, sad
[e]	best, get, hair, dare
[ə]	Africa, better, actor, potato, anonymous, virus
[ɜ]	bird, berth, curb
[i]	read, meet, belief, hobby
[ɪ]	sit, wish, near
[ɔ]	caught, all, law, sauce, floor
[u]	moose, lose, you
[ʊ]	book, put, sure, tour
[ʌ]	bust, multi
[ã]	genre

Diphthongs/Diphthonge

[aɪ]	ride, my, buy
[aʊ]	house, now
[eɪ]	rate, lame
[ɔɪ]	boy, noise
[oʊ]	rope, piano, road, toe, show, plateau
[ju]	accuse, beauty

Consonants/Konsonanten

[b]	big, blind
[d]	dad, had
[ð]	father, bathe
[dʒ]	edge, juice, object
[f]	fast, wolf
[g]	beg, gold
[h]	hello
[j]	yellow
[ʒ]	pleasure
[k]	cat, king, milk
[l]	little, ill, oil
[m]	man, am
[n]	nice, manner
[ŋ]	long, sing, prank
[p]	paper, happy
[r]	right, dry, current, player, part
[s]	soft, yes, cent, capacity
[ʃ]	shift, station, fish
[t]	take, fat
[ţ]	butter, interstate
[θ]	think, bath
[tʃ]	chip, patch
[v]	vitamin, live
[w]	wish, why, wore
[z]	zebra, jazz, gaze

Signs/Zeichen

'	primary stress
,	secondary stress
[·]	syllable division

A

A, a <-, - o fam -s, -s> [aː] nt ❶ (Buchstabe) A, a; ~ **wie Anton** A as in Alpha ❷ MUS A, a; **A-Dur/a-Moll** A major/A minor ▶ WENDUNGEN: **das ~ und [das] O** the be all and end all; **von ~ bis Z** from beginning to end

à [a] präp at; **20 Flaschen ~ 8 Euro** 20 bottles at 8 euros each

Aachen <-s> ['aːxn̩] nt Aachen

Aal <-[e]s, -e> [aːl] m eel

aalen ['aːlən] vr (fam) ■ **sich** akk **auf dem Sofa ~** to stretch out on the sofa; ■ **sich** akk **in der Sonne ~** to bask in the sun

aalglatt ['aːl·l·'glat] I. adj slippery II. adv artfully

Aas¹ <-es, -e> [aːs] nt (Tierleiche) carrion

Aas² <-es, Äser> [aːs, pl 'ɛːzə] nt (fam) jerk; (männliche Person) bastard; (weibliche Person) bitch

Aasfresser <-s, -> m carrion-eating animal

Aasgeier m vulture a. pej

ab [ap] I. adv ❶ (weg, entfernt) off; **links ~** off to the left; **weit ~ liegen** to be far away ❷ (abgetrennt) off; **~ sein** to be broken [off]; **mein Knopf ist ~** I've lost a button; **erst muss die alte Farbe ~** first you have to remove the old paint ▶ WENDUNGEN: **~ und zu** now and then II. präp + dat ❶ (räumlich) from; **~ Köln** from Cologne ❷ (zeitlich) from; **~ heute** starting today ❸ (von ... aufwärts) from; **Kinder ~ 14 Jahren** children age 14 and older ❹ SCHWEIZ (bei der Uhrzeit) after; **Viertel ~ 8** quarter after eight, eight fifteen ❺ SCHWEIZ (von) on; **~ Kassette** on cassette

ab|ändern vt to amend (**in** + akk to); **Programm** to change

Abänderung f amendment

ab|arbeiten I. vt ❶ (durch Arbeit tilgen) to work off sep ❷ (erledigen) to work through II. vr (fam) ■ **sich** akk **~** to work like a dog, to slave away

abartig I. adj ❶ (abnorm) abnormal; (fam) gross; (pervers a.) perverted ❷ (sl: verrückt) crazy II. adv abnormally

Abbau <-s> m kein pl ❶ (Förderung) von Bodenschätzen mining ❷ (Verringerung) revocation; **der ~ von Vorurteilen** the breaking down of prejudices

abbaubar adj CHEM, MED degradable; **biologisch ~** biodegradable

ab|bauen I. vt ❶ Bodenschätze to mine ❷ (demontieren) to dismantle, to take apart sep ❸ (verringern) to reduce ❹ CHEM, MED to break down sep II. vi ■ **jd baut ab** sb is wilting; (geistig) sb is deteriorating

ab|beißen irreg I. vt to bite off sep II. vi to take a bite

ab|bekommen* vt irreg ❶ (Anteil erhalten) to get one's share; **die Hälfte von etw** dat **~** to receive half of sth ❷ (beschädigt werden) to get damaged ❸ (verletzt werden) to be injured ❹ (entfernen können) to get off sep

ab|bestellen* vt Zeitung, Reservierung to cancel; **den Klempner ~** to tell the plumber he doesn't need to come anymore

ab|bezahlen* vt to pay off sep

ab|biegen irreg I. vi sein [nach] **links/rechts ~** to turn left/right; **Straße** to curve II. vt haben (fam) ■ **etw ~** to get out of sth; **Plan** to prevent

Abbiegespur f turning lane

Abbild nt image; (im Spiegel) reflection

ab|bilden vt to copy; **Person** to portray; **Landschaft** to depict; **auf dem Foto war ... abgebildet** the photo showed ...

Abbildung <-, -en> f (Illustration) illustration

ab|binden irreg vt to untie

ab|blasen vt irreg (fam: absagen) to call off sep

ab|blättern vi sein to peel [off [of]]

ab|blenden vi AUTO to dim the lights

Abblendlicht nt AUTO low beam headlights

ab|blitzen vi sein (fam) ■ **bei jdm ~** to not get anywhere with sb; **jdn ~ lassen** to turn down sep sb

ab|blocken I. vt to block II. vi to refuse to talk; POL to stonewall

ab|brechen irreg I. vt haben ❶ (lösen) to break off sep ❷ Zelt to take down; **ein Lager ~** to break camp ❸ Gebäude to tear down sep ❹ (beenden) to stop; **Beziehung** to break off; **Streik** to call off; **das Studium ~** to drop out of college; **den Urlaub ~** to cut short sep one's vacation II. vi sein ❶ (sich lösen) to break off ❷ (aufhören) to stop; **Beziehung** to end; **etw ~ lassen** to break off sth sep

ab|bremsen vt, vi to slow down sep

ab|brennen irreg vi sein to burn down

ab|bringen vt irreg ■ **jdn von etw** dat **~** to get sb to give up sth; (abraten) to change sb's mind about sth; ■ **jdn davon ~, etw zu tun** to prevent sb from doing sth; **jdn vom Thema ~** to get sb off the subject

ab|bröckeln vi sein to crumble (**von** + dat away from)

Abbruch m ❶ eines Gebäudes demolition ❷ (Beendigung) breaking off

abbruchreif adj ❶ (baufällig) dilapidated ❷ SCHWEIZ (schrottreif) ready for the junk yard pred

ab|buchen vt Bank to debit; **etw [vom Konto] ~** to deduct sth [from a/one's bank account]

ab|bürsten vt ❶ (entfernen) to brush off sep ❷ einen Anzug ~ to brush down a suit

ab|büßen vt to serve

ab|checken [-tʃɛ·kn̩] vt (fam) to check out sep; ■ **etw mit jdm ~** to confirm sth with sb

Abc-Schütze, -Schützin [aːbeː'tseː-] m, f child attending school for the first time

ABC-Waffen [aːbeː'tseː-] pl nuclear, biological and chemical [or NBC] weapons pl

ab|danken vi to resign; **König** to abdicate

Abdankung <-, -en> f ❶ (Rücktritt) resignation; **König** abdication ❷ SCHWEIZ (Trauerfeier) funeral service

ab|decken vt ❶ (*bedecken*) to cover [over *sep*] ❷ *Gebäude* to lift the roof off ❸ (*berücksichtigen*) to cover ❹ *Tisch* to clear

Abdeckung <-, -en> f cover

ab|dichten vt ❶ *Leitung* to seal; *Leck* to stop, to plug ❷ (*gegen Feuchtigkeit*) to seal

Abdichtung f kein pl (*das Abdichten*) sealing; *eines Lecks* plugging

ab|drängen vt to push

ab|drehen I. vt ❶ (*abstellen*) to turn off *sep* ❷ (*entfernen*) to twist [off *sep*] II. vi (*fam*) to go crazy

ab|driften vi sein (*sl: abgleiten*) to drift

Abdruck¹ <-drücke> m ❶ (*Spur*) print ❷ (*Umriss*) impression

Abdruck² <-drucke> m ❶ (*Veröffentlichung*) printing ❷ kein pl (*das Nachdrucken*) reprint

ab|drucken vt to print

ab|drücken vi (*feuern*) to shoot

ab|dunkeln vt ❶ (*abschirmen*) to dim ❷ (*dunkler machen*) to darken; *Fenster* to black out *sep* ❸ (*dunkler werden lassen*) to tone down *sep*

ab|ebben vi sein to subside; *Lärm* to die down

abend^ALT adv s. **Abend**

Abend <-s, -e> ['a:bn̩t] m evening; **gestern/morgen** ~ yesterday/tomorrow evening; **heute** ~ tonight, this evening; **jdm guten** ~ **sagen** [o **wünschen**] to wish sb a good evening, to say "good evening" to sb; **zu** ~ **essen** to eat dinner; **am** ~ in the evening; ~ **für** [o **um**] ~ every night, night after night; **gegen** ~ toward evening; **den ganzen** ~ **über** the whole evening, all evening [long]

Abendandacht f evening service

Abendbrot nt supper

Abenddämmerung f dusk

Abendessen nt dinner

abendfüllend adj all-night *attr*, lasting all [or the whole] evening *pred*

Abendkasse f evening box office

Abendkleid nt evening dress

Abendkurs m evening [or night] class

Abendland nt kein pl (*geh*) ■ **das** ~ the Occident

abendländisch adj (*geh*) occidental

abendlich ['a:bn̩t·lɪç] adj evening

Abendmahl nt [Holy] Communion; **das Letzte** ~ the Last Supper

Abendrot <-s> ['a:bn̩t·ro:t] nt kein pl [red] sunset; **im** ~ in the evening glow

abends ['a:bn̩ts] adv in the evening

Abendschule f evening [or night] school

Abendsonne f kein pl sunset

Abendstunde f meist pl evening [hour]

Abendvorstellung f FILM evening showing; THEAT evening performance

Abenteuer <-s, -> ['a:bn̩·tɔye] nt ❶ (*aufregendes Erlebnis*) adventure ❷ (*Liebesabenteuer*) fling; **auf** [ein] ~ **aus sein** to be looking for a one-night stand *fam* ❸ (*risikoreiches Unternehmen*) venture

Abenteuerferien pl adventure [or extreme] vacation

abenteuerlich ['a:bn̩·tɔye·lɪç] adj ❶ (*abenteuerlustig*) adventurous ❷ *Geschichte* fantastic ❸ (*riskant*) *Vorhaben* risky, hazardous

Abenteuerlust f thirst for adventure

abenteuerlustig adj adventurous

Abenteuerroman m adventure novel

Abenteuerspielplatz m adventure playground

Abenteurer, Abenteu(r)erin <-s, -> ['a:bn̩·tɔy·re, 'a:bn̩·tɔy·(r)ə·rɪn] m, f adventurer

Abenteurertum <-s> ['a:bn̩·tɔy·rə·tʊm] nt kein pl (*pej*) [reckless] adventurism

aber ['a:be] konj but; ~ **dennoch ...** but in spite of this ...; **oder** ~ or else

Aber <-s, - o fam -s> ['a:be] nt but fam; **kein** ~! no buts [about it]!

Aberglaube m ❶ (*falscher Glaube*) superstition ❷ (*fam: Unsinn*) nonsense

abergläubisch ['a:be·glɔy·bɪʃ] adj superstitious

aberhundert, Aberhundert^RR adj (*geh*) hundreds upon hundreds of

ab|erkennen* ['ap·ʔɛɐ·kɛnən] vt irreg ■ **jdm etw** ~ to divest sb of sth *form*

abermals ['a:be·ma:ls] adv once again

ab|lernten vt to harvest

abertausend, Abertausend^RR adj (*geh*) thousands upon thousands of

aberwitzig adj (*geh*) ludicrous

abfahrtbereit adj s. **abfahrtbereit**

ab|fahren irreg I. vi sein ❶ (*losfahren*) to depart ❷ ■ **jdn** ~ **lassen** (*abweisen*) to turn down *sep* sb ❸ ■ **auf jdn/etw** ~ (*sl*) to be crazy about sb/sth II. vt ❶ sein o haben (*suchend*) *Strecke* to [drive along and] check ❷ haben (*abnutzen*) *Reifen* to wear down *sep*

Abfahrt f ❶ (*Wegfahren*) departure ❷ (*Autobahnabfahrt*) exit ❸ (*beim Skifahren, Rodeln*) run; (*Abfahrtsstrecke*) slope

abfahrtbereit adj ready to depart *pred*

Abfahrtszeit f departure time

Abfall m garbage, trash

Abfallaufbereitung <-, -en> f waste processing

Abfallbehälter m garbage container; (*kleiner*) garbage can

Abfallbeseitigung f garbage [or trash] removal, waste disposal

Abfalleimer m garbage [or trash] can

ab|fallen vi irreg sein ❶ (*herunterfallen*) to fall off ❷ (*schlechter werden*) to fall behind ❸ (*übrig bleiben*) to be left over ❹ *Gelände* to slope [downward]

Abfallentsorgung f trash collection, waste disposal; *industriell* waste management

Abfallhaufen m garbage [or trash] pile

abfällig I. adj derogatory; *Lächeln* derisive II. adv disparagingly; **sich** ~ **über jdn/etw äußern** to make derogatory remarks about sb/sth

Abfallprodukt nt ❶ CHEM waste product ❷ (*Nebenprodukt*) by-product

A

Abfallsortierung *f kein pl* waste sorting (*for recycling purposes*)
Abfallstoff *m meist pl* waste product
Abfalltonne *f* garbage [*or* trash] can
Abfallvermeidung *f* waste reduction
Abfallverwertung *f* recycling, waste utilization
ab|färben *vi* to run (**auf** +*akk* onto); ■**auf jdn** ~ (*fig*) to rub off (**auf** +*akk* on)
ab|fassen *vt* to write
ab|faulen *vi sein Blätter* to rot away
ab|federn *vt Stoß* to cushion
ab|fegen *vt* ❶ *Schmutz, Schnee* to sweep away *sep* ❷ *Treppe, Terrasse* to brush off *sep*
ab|feiern *vt* (*fam*) **Überstunden** ~ to take comp time
ab|feuern *vt* to fire; *Flugkörper, Granate* to launch
ab|finden *irreg* **I.** *vt* (*entschädigen*) to compensate (**mit** +*dat* with) **II.** *vr* (*fam*) ■**sich** *akk* **mit etw** *dat* ~ to put up with sth
Abfindung <-, -en> *f* compensation; (*bei Entlassung*) severance pay
ab|flauen *vi sein Wind, Sturm* to subside, to abate; *Nachfrage* to decrease; *Lärm* to drop; *Interesse* to wane
ab|fliegen *vi irreg sein* to take off
ab|fließen *vi irreg sein Wasser* to flow away
Abflug *m* departure, takeoff
abflugbereit *adj* ready for departure *pred*
Abflughalle *f* departure[s] lounge
Abflugzeit *f* flight departure time
Abfluss^{RR} *m* (*Rohr*) drain pipe
Abflussrinne^{RR} *f* drainage channel
Abflussrohr^{RR} *nt* drain pipe
Abfolge *f* sequence
Abfrage *f von Daten* query
ab|fragen *vt* ❶ (*prüfen*) to test; ■**jdn etw** ~ *Vokabeln, Chemie, etc.* to test sb on sth ❷ *Daten* to call up *sep*
Abfuhr <-, -en> *f* (*Zurückweisung*) snub; **jdm eine** ~ **erteilen** to snub sb
ab|führen **I.** *vt* ❶ *Person* to lead away ❷ *Geld* to pay **II.** *vi* MED to loosen the bowels
Abführmittel *nt* laxative
ab|füllen *vt* ❶ *Flüssigkeit* to fill (**in** +*akk* into); (*in Flaschen*) to bottle ❷ (*sl: betrunken machen*) to get drunk
Abgabe *f* ❶ (*Gebühr*) [additional] charge ❷ (*Steuer*) tax
abgabenfrei **I.** *adj* nontaxable **II.** *adv* tax-free
abgabenpflichtig *adj* taxable
Abgabetermin *m* submission deadline
Abgang *m* ❶ *kein pl* (*Schulabgang*) leaving ❷ ÖSTERR (*Fehlbetrag*) deficit
Abgangszeugnis *nt* diploma
Abgas *nt* exhaust
abgasarm *adj* low-emission
ab|geben *irreg* **I.** *vt* ❶ (*übergeben*) to give (**an** +*akk* to); (*einreichen*) to submit, to hand in *sep* (**an** +*akk* to) ❷ (*hinterlassen*) to leave; *Gepäck* to check in *sep*; **den Mantel an der Garderobe** ~ to check one's coat ❸ (*ver-*

schenken) to give away *sep* ❹ (*überlassen*) ■**jdm etw** ~ to give sb sth [*or* sth to sb]; ■**etw** [**an jdn**] ~ to hand over *sep* sth [to sb] ❺ (*teilen*) **jdm die Hälfte** [**von etw** *dat*] ~ to go halves [on sth] with sb; **jdm nichts** ~ to not share with sb ❻ *Erklärung, Urteil* to make; *Gutachten* to submit; *Stimme* to cast ❼ (*darstellen*) to be; **die perfekte Hausfrau** ~ to be the perfect wife **II.** *vr* ❶ (*sich beschäftigen*) ■**sich** *akk* **mit jdm** ~ to look after sb; ■**sich** *akk* **mit etw** *dat* ~ to spend [one's] time on sth ❷ (*fam: sich einlassen*) ■**sich** *akk* **mit jdm** ~ to associate with sb
abgebrannt **I.** *adj* (*fam*) broke **II.** *pp von* **abbrennen**
abgebrüht *adj* (*fam*) unscrupulous
abgedroschen *adj* (*pej fam*) hackneyed
abgefahren **I.** *adj* (*sl*) ❶ (*außergewöhnlich, schräg*) far-out ❷ (*begeisternd*) cool, sweet **II.** *pp von* **abfahren**
abgefuckt ['ap·gə·fakt] *adj* (*sl*) fucked-up *attr,* fucked up *pred*
abgehackt **I.** *adj* broken; **~e Worte** clipped words **II.** *adv* ~ **sprechen** to clip one's words **III.** *pp von* **abhacken**
ab|gehen *irreg vi sein* ❶ (*sich lösen*) to come off ❷ **von der Schule** ~ to drop out of school ❸ (*abzweigen*) to branch off (**von** +*dat* from) ❹ (*fam: sich abspielen*) to go; **was geht hier ab?!** what's going on here!? ❺ (*fam: fehlen*) ■**jdm** ~ to be lacking in sb
abgehoben **I.** *adj* (*weltfremd*) far from reality *pred* **II.** *pp von* **abheben**
abgekartet *adj* (*fam*) rigged; **ein ~es Spiel treiben** to play a double game
abgeklärt **I.** *adj* prudent **II.** *adv* prudently **III.** *pp von* **abklären**
abgelegen *adj* remote
abgeneigt *adj* ■**nicht** ~ **sein etw zu tun** to not be averse to doing sth
Abgeordnete(r) ['ap·gə·ʔɔrd·nə·tə, -tə] *f(m) dekl wie adj* member of Congress, representative
Abgeordnetenhaus *nt* ≈ House of Representatives
Abgeordnetensitz *m* seat in Congress
abgerissen **I.** *adj* ❶ (*zerlumpt*) tattered ❷ (*heruntergekommen*) scruffy ❸ (*unzusammenhängend*) incoherent **II.** *pp von* **abreißen**
Abgesandte(r) *f(m) dekl wie adj* envoy
abgeschieden (*geh*) **I.** *adj* isolated **II.** *adv* in isolation
Abgeschiedenheit <-> *f kein pl* isolation
abgeschmackt ['ap·gə·ʃmakt] **I.** *adj* tasteless **II.** *adv* tastelessly
abgesehen **I.** *adj* **es auf jdn** ~ **haben** (*schikanieren wollen*) to have it in for sb; (*interessiert sein*) to have a thing for sb; **es auf etw** ~ **haben** to have one's eye on sth; **du hast es nur darauf** ~**, mich zu ärgern** you're just out to annoy me **II.** *adv* ■~ **von jdm/etw** except for sb/sth; ■~ **davon, dass ...** apart [*or* aside] from the fact that ... **III.** *pp von* **absehen**

abgespannt *adj, adv* tired out, exhausted

abgestanden I. *adj* stale; *Limonade* flat **II.** *adv* ~ **schmecken** to taste flat **III.** *pp von* **abstehen**

abgetragen *adj* worn *attr*, worn out *pred*

abgetreten I. *adj* worn *attr*, worn down *pred* **II.** *pp von* **abtreten**

abgewetzt *adj* worn

ab|gewinnen* *vt irreg* ■ **einer S.** *dat* **etwas/ nichts** ~ to get something/not get anything out of sth

abgewogen I. *adj* well-considered **II.** *pp von* **abwägen, abwiegen**

ab|gewöhnen* *vt* ■ **jdm etw** ~ to get sb to stop doing sth; ■ **sich** *dat* **etw** ~ to give up sth

abgezehrt *adj* emaciated

ab|gießen *vt irreg Flüssigkeit* to pour off *sep; Nudeln, Kartoffeln* to drain, to strain

ab|gleiten *vi irreg sein* (*geh*) ❶ (*abrutschen*) to slip (**von** +*dat* off) ❷ (*abprallen*) ■ **an jdm** ~ to bounce off sb

abgöttisch I. *adj* inordinate **II.** *adv* **jdn** ~ **lieben** to idolize sb

ab|grasen *vt* ❶ (*abfressen*) to graze on ❷ (*fam: absuchen*) to comb

ab|grenzen *vt* ❶ (*mit einem Zaun, einer Hecke*) to enclose; ■ **etw** [**von etw** *dat*] ~ to close off *sep* sth [from sth] ❷ **zwei Begriffe gegeneinander** ~ to differentiate between two terms

Abgrund *m* ❶ (*steiler Hang*) precipice; (*Schlucht*) abyss ❷ (*Verderben*) abyss; **am Rande des** ~**s stehen** to be on the brink of disaster

abgrundhässlich^{RR} *adj* ugly as sin *pred*

abgrundtief ['apgrʊnt·'tiːf] *adj* ❶ (*äußerst groß*) profound ❷ (*äußerst tief*) bottomless

ab|gucken *vt, vi* to copy (**bei** +*dat* from)

ab|hacken *vt* to chop down *sep; Finger* to chop off *sep*

ab|haken *vt* ❶ (*in einer Liste*) to check off *sep* ❷ (*vergessen*) to forget; **die Affäre ist abgehakt** the affair is over and done with

ab|halten *vt irreg* ❶ (*hindern*) ■ **jdn von etw** *dat* ~ to keep sb from sth; ■ **sich** ~ **lassen** to be deterred ❷ (*fernhalten*) *Hitze* to protect from; *Insekten* to repel ❸ (*veranstalten*) to hold; *Demonstration* to stage

abhanden|kommen^{RR} [ap·'handn̩-] *vi irreg sein* to get lost

Abhang *m* inclination

ab|hängen[1] *vt* ❶ (*abnehmen*) to take down *sep* ❷ (*abkoppeln*) to uncouple ❸ (*fam: hinter sich lassen*) ■ **jdn** ~ to lose sb

ab|hängen[2] *vi irreg* ❶ (*bedingt sein*) to depend (**von** +*dat* on); **das hängt davon ab** that [all] depends ❷ (*angewiesen sein*) to be dependent (**von** +*dat* on) ❸ (*meist pej sl: nichts tun*) to hang out

abhängig *adj* ❶ (*bedingt*) ■ **von etw** *dat* ~ **sein** to depend on sth ❷ (*angewiesen*) ■ **von jdm** ~ **sein** to be dependent on sb ❸ (*süchtig*) addicted; ■ [**von etw** *dat*] ~ **sein** to be addicted [to sth]

Abhängigkeit <-, -en> *f* ❶ (*Bedingtheit, Angewiesensein*) dependence ❷ (*Sucht*) addiction

ab|härten *vt, vi* to harden (**gegen** +*akk* to)

ab|hauen <*haute ab, abgehauen*> *vi sein* (*fam: sich davonmachen*) to disappear; (*weggehen*) to skip [out of] town; **hau ab!** get lost!

ab|heben *irreg* **I.** *vi* ❶ *Flugzeug* to take off ❷ (*den Hörer abnehmen*) to answer [the phone] **II.** *vt Geld* to withdraw **III.** *vr* ■ **sich** *akk* **von jdm/etw** ~ to stand out from sb/sth

ab|heften *vt* to file [away *sep*]

ab|heilen *vi sein Wunde* to heal [up]

ab|helfen *vi irreg* ■ **etw** *dat* ~ to remedy sth

ab|hetzen *vr* ■ **sich** *akk* ~ to stress oneself out

Abhilfe *f kein pl* remedy; ~ **schaffen** to do something about it

abholbereit *adj* ready to be picked up *pred*

ab|holen *vt* ■ **jdn/etw** ~ to pick up *sep* sb/sth

Abholmarkt *m* furniture superstore (*that does not offer a delivery service*)

Abholpreis *m* price without delivery, cash-and-carry price

ab|holzen *vt Bäume* to fell; *Wald* to clear-cut

Abholzung <-, -en> *f* deforestation

Abi <-s, -s> ['abi] *nt pl selten* (*fam*), **Abitur** <-s, -e> [abi·'tuːɐ̯] *nt pl selten* Abitur (*written and oral final examination usually taken at the end of the 13th year of school*)

> **i** The **Abitur** is an examination that students take in order to graduate from high school. Most students take the **Abitur**, or **Abi** as it is commonly known, at the end of their final year of high school, when they are in the thirteenth grade. However, at some schools it is possible for students to take the **Abitur** at the end of the twelfth grade. In both Austria and Switzerland, the **Abitur**, known as the *Matura* and *eidgenössische Matura*, respectively, can be taken as early as the end of the ninth grade.

Abiturient(in) <-en, -en> [abi·tu·'riɛnt] *m(f)* Abitur student (*student who is taking or has passed the Abitur*)

Abiturzeugnis *nt* Abitur certificate [*or* diploma]

Abk. *f Abk von* **Abkürzung** abbr.

ab|kapseln *vr* ■ **sich** *akk* ~ to cut oneself off

ab|kassieren* **I.** *vt das Essen* ~ to ask a customer to pay for their meal **II.** *vi* ❶ (*fam: finanziell profitieren*) to clean up (**bei** +*dat* with); **kräftig** ~ to make quite a profit ❷ (*abrechnen*) ■ **bei jdm** ~ to hand sb the bill; **darf ich bei Ihnen** ~? would you mind paying now, please?

ab|kauen *vt* **sich** *dat* **die Fingernägel** ~ to bite one's nails

ab|kaufen *vt* ■ **jdm etw** ~ (*a. fam: glauben*) to

buy sth off [of] sb; **das kaufe ich dir nicht ab!** I don't buy that!

ab|kehren *vt s.* **abfegen**

ab|kippen *vt* to dump

ab|klappern *vt* (*fam*) ■**etw** [**nach jdm/ etw**] ~ to look everywhere [for sb/sth]

ab|klären *vt* ■ **etw** [**mit jdm**] ~ to clear up *sep* sth [with sb]; [**mit jdm**] ~, **ob ...** to check [with sb] whether ...

Abklatsch <-[e]s, -e> *m* (*pej*) poor imitation

ab|klemmen *vt* ❶(*abquetschen*) to crush ❷ *Kabel* to disconnect

ab|klingen *vi irreg sein* ❶(*leiser werden*) to fade away ❷(*schwinden*) to subside

ab|klopfen *vt* ❶(*abschlagen*) to knock off *sep* ❷(*reinigen*) ■**etw** ~ to beat the dust out of sth

ab|knallen *vt* (*sl*) to blast

ab|knöpfen *vt* ■**jdm etw** ~ (*fam*) to get sth off [of] sb

ab|knutschen *vt* (*fam*) to make out

ab|kochen *vt* to boil

ab|kommen *vi irreg sein* ❶ *von der Straße* to veer off; *vom Weg* to stray from ❷(*aufgeben*) to give up; **von einer Meinung** ~ to change one's mind ❸ **vom Thema** ~ to digress from the topic

Abkommen <-s, -> *nt* agreement; **ein** ~ **abschließen** to sign a treaty

ab|können *vt irreg* (*fam*) ❶(*leiden können*) ■**jdn/etw nicht** ~ to not be able to stand sb/ sth ❷(*vertragen*) **nicht viel** ~ to not [be able to] take very much

ab|koppeln *vt* to uncouple; RAUM to undock

ab|kratzen I. *vt haben* to scratch [*or* scrape] off *sep* II. *vi sein* (*sl*) to kick the bucket

ab|kriegen *vt* (*fam*) *s.* **abbekommen**

ab|kühlen I. *vi sein* ❶(*kühler werden*) to cool [down]; **das Wetter hat stark abgekühlt** the weather has gotten a lot cooler ❷(*an Intensität verlieren*) to cool [off]; *Begeisterung* to wane II. *vr haben* ■**sich** *akk* ~ *Person* to cool off; *Wetter* to get cooler

ab|kürzen *vt* ❶ *Wort* to abbreviate ❷ *Weg, Gespräch* to cut short *sep*

Abkürzung *f* ❶(*Wort*) abbreviation ❷(*Weg*) shortcut; **eine** ~ **nehmen** to take a shortcut

Abkürzungsverzeichnis *nt* list of abbreviations

ab|küssen *vt* to smother in kisses

ab|laden *vt irreg* ❶(*deponieren*) to dump ❷(*entladen*) to unload ❸(*fam: absetzen*) ■**jdn** ~ to drop off *sep* sb ❹(*abreagieren*) **seinen Ärger bei jdm** ~ to take out one's anger on sb ❺(*abwälzen*) ■**etw auf jdn** ~ to shift sth onto sb

Ablage *f* ❶(*Möglichkeit zum Deponieren*) storage place ❷(*Aktenablage*) filing cabinet ❸ SCHWEIZ (*Annahmestelle*) delivery point; (*Zweigstelle*) branch [office]

ab|lagern *vr* ■**sich** ~ to be deposited

ab|lassen *irreg vt Wasser, Öl* to drain; *Dampf* to let off (**aus** +*dat* from)

Ablauf <-es, -läufe> *m* ❶(*Verlauf*) course; *von Verbrechen, Unfall* sequence of events ❷ *kein pl* **nach/vor** ~ **der Frist** after/before a deadline ❸(*Abflussrohr*) outlet pipe

ab|laufen *irreg vi* I. *vi sein* ❶(*verlaufen*) to proceed ❷(*abfließen*) to run (**aus** +*dat* out of); **das Badewasser** ~ **lassen** to drain the bathtub ❸(*sich leeren*) to empty ❹(*ungültig werden*) to expire ❺(*zu Ende gehen*) to run out II. *vt* **haben Schuhe** to wear down *sep*

Ableben *nt kein pl* (*geh*) demise

ab|lecken *vt* ❶ *Blut, Marmelade* to lick off *sep* ❷ *Finger, Teller* to lick [clean]

ab|legen I. *vt* ❶(*deponieren*) to put ❷ *Eid* to swear; *Prüfung* to pass; **ein Geständnis** ~ to confess, to make a confession II. *vi* NAUT to set sail

Ableger <-s, -> *m* BOT shoot

ab|lehnen I. *vt* ❶(*zurückweisen*) to turn down *sep*; *Antrag* to reject; ■**jdn** ~ to reject sb ❷(*sich weigern*) ■**es** ~, **etw zu tun** to refuse to do sth ❸(*missbilligen*) to disapprove of II. *vi* (*nein sagen*) to refuse

ablehnend I. *adj* negative II. *adv* negatively; ■**jdm/etw** ~ **gegenüberstehen** to disapprove of sb/sth

Ablehnung <-, -en> *f* ❶(*Zurückweisung*) rejection ❷(*Missbilligung*) disapproval; **auf** ~ **stoßen** to meet with disapproval

ab|leisten *vt* **seinen Wehrdienst** ~ to do one's [compulsory] military service

ab|leiten I. *vt* ❶(*umleiten*) to divert; *Blitz* to conduct ❷ LING to derive ❸(*logisch folgern*) to deduce II. *vr* ■**sich** ~ ❶ LING to stem (**von, aus** +*dat* from) ❷(*logisch folgen*) to be derived (**aus** +*dat* from)

ab|lenken I. *vt* ❶(*zerstreuen*) to divert; **Gartenarbeit lenkt ihn ab** working in the garden helps him to relax ❷(*abbringen*) to distract (**von** +*dat* from) ❸(*eine andere Richtung geben*) to divert II. *vi* ❶(*ausweichen*) to change the subject ❷(*stören*) to distract

Ablenkung *f* ❶(*Zerstreuung*) diversion; **zur** ~ in order to relax ❷(*Störung*) distraction

Ablenkungsmanöver *nt* diversionary tactic

ab|lesen *irreg vt, vi* ❶ *Messgeräte, Strom* to read ❷[**etw**] **von etw** ~ to read [sth] from sth ❸(*folgern*) to construe (**aus** +*dat* from)

ab|lichten *vt* (*fam: fotografieren*) to take a picture of

ab|liefern *vt* ❶(*abgeben*) to turn [*or* hand] in *sep* ❷(*liefern*) to deliver (**bei** +*dat* to) ❸(*fam: nach Hause bringen*) ■**jdn** ~ to hand over *sep* sb

ab|lösen I. *vt* ❶(*abmachen*) to remove; *Pflaster* to peel off *sep* ❷ **einen Kollegen** ~ to take over for a colleague; **die Wache** ~ to change the guard ❸(*fig: ersetzen*) to replace II. *vr* ■**sich** ~ ❶(*abgehen*) to peel off ❷(*abwechseln*) to take turns (**bei** +*dat* at); **sich bei der Arbeit** ~ to work in shifts

Ablösesumme *f* transfer fee

ab|luchsen [-lʊk·sn] *vt* (*fam*) ■**jdm etw** ~ to

coax sth out of sb

ab|machen vt ❶ (entfernen) to take off sep ❷ (vereinbaren) ■ etw [mit jdm] ~ to arrange sth [with sb] ❸ (klären) to sort out sep; **wir sollten das lieber unter uns ~** it would be better if we handled this by ourselves

Abmachung <-, -en> f agreement; **sich** akk [nicht] **an eine ~ halten** to [not] keep an agreement

ab|magern vi sein to get thin; ■ **abgemagert** very thin; **völlig abgemagert** emaciated

Abmagerungskur f diet

Abmahnung f warning

ab|malen vt to paint

ab|melden I. vt ❶ **jdn bei einem Verein ~** to cancel sb's membership [with an association]; **jdn von einer Schule ~** to withdraw sb from a school ❷ **ein Auto ~** to cancel one's car registration; **das Telefon ~** to have one's phone disconnected; **ein Fernsehgerät/Radio ~** to cancel a reception license for TV/radio ❸ (fam) ■ **bei jdm abgemeldet sein** no longer be of interest to sb; **er ist endgültig bei mir abgemeldet** I've had it with him II. vr ■ **sich** akk ~ (bei einem Umzug) to notify the authorities of a change of address

ab|messen vt irreg ❶ (ausmessen) to measure ❷ (abschätzen) **etw ~ können** to be able to assess sth

Abmessung f meist pl measurements; (von dreidimensionalen Objekten a.) dimensions

ab|montieren* vt (entfernen) to remove; (auseinanderbauen) to disassemble

ab|mühen vr ■ **sich** akk ~ to work hard (**mit** +dat at); ■ **sich** akk ~ **etw zu tun** to try hard to do sth

ab|nabeln vr ■ **sich** akk [von jdm/etw] ~ to become independent [of sb/sth]

ab|nagen vt Knochen to gnaw clean

Abnahme <-, -n> ['ap·na:·mə] f ❶ (Verringerung) reduction [in] ❷ (das Nachlassen) loss; **der Kräfte** weakening

ab|nehmen irreg I. vi ❶ (Gewicht verlieren) to lose weight ❷ (sich verringern) to decrease ❸ (nachlassen) to diminish; Nachfrage to drop ❹ (den Hörer abheben) to answer [the phone] II. vt ❶ (wegnehmen) ■ **jdm etw** ~ to take sth [away sep] from sb ❷ (herunternehmen) to take down sep; Hut take off sep ❸ Telefonhörer to pick up sep ❹ (tragen helfen) ■ **jdm etw** ~ to take sth [from sb] ❺ (a. fig: abkaufen) ■ **jdm etw** ~ to buy sth [from [or off] sb] ❻ (übernehmen) ■ **jdm etw** ~ to take over sep sth for sb; **deine Arbeit kann ich dir nicht** ~ I can't do your work for you

Abnehmer(in) <-s, -> m(f) (Käufer) customer

Abneigung f dislike (**gegen** +akk of)

ab|nicken vt (fam) ■ **etw** ~ to give sth the nod

abnorm [ap·'nɔrm], **abnormal** ['ap·nɔr·ma:l] adj bes ÖSTERR, SCHWEIZ abnormal

ab|nutzen, ab|nützen SÜDD, ÖSTERR I. vt to wear out sep; ■ **abgenutzt** worn II. vr ■ **sich** ~ ❶ (verschleißen) to wear ❷ (an Wirksamkeit

verlieren) to lose effect

Abnutzungserscheinungen pl signs of wear

Abo <-s, -s> ['abo] nt MEDIA (fam), **Abonnement** <-s, -s> [abɔ·nə·'mã:] nt subscription; (Theaterabonnement) season tickets

Abonnent(in) <-en, -en> [abɔ·'nɛnt] m(f) subscriber

abonnieren* [abɔ·'ni:·rən] vt to subscribe to

Abordnung f delegation

ab|passen vt ❶ (abwarten) to wait for; **die richtige Gelegenheit** ~ to bide one's time ❷ (timen) **etw gut** ~ to time sth well ❸ (abfangen) to waylay

ab|plagen vr ■ **sich** akk [mit etw dat] ~ to struggle [with sth]

ab|prallen vi sein ❶ (zurückprallen) to rebound (**von** +dat off [of]) ❷ (nicht treffen) ■ **an jdm** ~ to bounce off sb

ab|pumpen vt to pump (**aus** +dat out of)

ab|putzen vt to clean; ■ **jdm etw** ~ to clean sb's sth; ■ **sich** dat **etw** ~ to clean sth; **putz dir die Schuhe ab!** wipe your shoes!

ab|quälen vr ❶ ■ **sich** akk [mit etw dat] ~ to struggle [with sth] ❷ ■ **sich** dat **etw** ~ to force sth

ab|rackern vr (fam) ■ **sich** akk [mit etw dat] ~ to slave [over [or away at] sth]; ■ **sich** akk **für jdn/etw** ~ to work one's fingers to the bone for sb/sth

ab|rasieren* vt to shave [off sep]

ab|raten vi irreg ■ **jdm von etw** dat ~ to advise sb against sth

ab|räumen vt Tisch to clear

ab|reagieren* ['ap·rea·gi:·rən] I. vt Wut, Frust to work off sep II. vr ■ **sich** akk ~ to calm down

ab|rechnen I. vt (abziehen) to deduct (**von** +dat from) II. vt, vi to settle up; **die Kasse** ~ to count out the register III. vi (zur Rechenschaft ziehen) ■ **mit jdm** ~ to call sb to account

Abrechnung f ❶ (Erstellung der Rechnung) preparation of a bill; **die** ~ **machen** to add up the bill ❷ (Aufstellung) itemized bill ❸ (Rache) payoff; **der Tag der** ~ the day of reckoning

Abrede f (geh) **etw in** ~ **stellen** to deny sth

ab|regen vr (fam) ■ **sich** akk ~ to calm down; **reg dich ab!** calm down!, relax!

Abreibung <-, -en> f (fam) ❶ (Prügel) a good beating fam ❷ (Tadel) criticism

Abreise f kein pl departure

ab|reisen vi sein to depart

ab|reißen irreg I. vt haben ❶ (abtrennen) to tear (**von** +dat off); Blumen to pull up, to rip out; ■ **sich** dat **etw** ~ to tear off sep sth ❷ Gebäude to tear down II. vi sein ❶ (sich lösen) to tear off ❷ (aufhören) to break off; ■ **nicht** ~ to go on and on; **den Kontakt nicht** ~ **lassen** to not lose contact

ab|richten vt (dressieren) to train

ab|riegeln vt ❶ Straße, Gebiet to cordon off sep ❷ Tür, Fenster to bolt

ab|ringen irreg I. vt ■ **jdm etw** ~ to force sth

out of sb **II.** *vr* sich ein Lächeln ~ to force a smile

Abriss^RR *m eines Gebäudes* demolition

Abruf *m von Daten* recall

ab|rufen *vt irreg Daten* to retrieve (**aus** +*dat* from)

ab|runden *vt* **❶** *Zahl, Betrag* to round (**auf** +*akk* to); **einen Betrag nach oben/unten ~** to round a sum up/down **❷** (*perfektionieren*) to round off

abrupt [a'brʊpt] **I.** *adj* abrupt **II.** *adv* abruptly

ab|rüsten *vi* MIL to disarm

Abrüstung *f kein pl* MIL disarmament

ab|rutschen *vi sein* **❶** (*abgleiten*) to slip (**an** +*dat* on, **von** +*dat* from) **❷** (*sich verschlechtern*) to drop (**auf** +*akk* to)

ABS <-> [a:be:'ɛs] *nt Abk von* **Antiblockiersystem** ABS

ab|sacken *vi sein* (*fam*) **❶** *Boden, Fundament* to sink **❷** *Flugzeug* to drop **❸** *Leistung* to drop (**auf** +*akk* to); **sie ist in ihren Leistungen sehr abgesackt** her performance has deteriorated considerably **❹** *Blutdruck* to sink

Absage <-, -n> *f* **❶** (*negativer Bescheid*) refusal; *auf eine Bewerbung* rejection **❷** (*Ablehnung*) ■**eine ~ an etw** a rejection of sth

ab|sagen **I.** *vt* (*rückgängig machen*) to cancel **II.** *vi* ■**jdm ~** to decline sb's invitation; **ich muss leider ~** I'm afraid I have to cancel *fam;* **hast du ihr schon abgesagt?** have you already told her you're not going?

ab|sägen *vt* **❶** (*abtrennen*) *Ast* to saw off *sep; Baum* to cut down *sep* **❷** (*um seine Stellung bringen*) ■**jdn ~** (*fam*) to give sb the ax

ab|sahnen *vt, vi* (*fam*) to cream off *sep;* **100 Euro ~** to pocket 100 euros

Absatz *m* **❶** (*Schuhabsatz*) heel **❷** (*Abschnitt*) paragraph **❸** (*Treppenabsatz*) landing **❹** (*Verkauf*) sales *pl;* **~ finden** to find a market

ab|saugen *vt* **❶** *Flüssigkeit* to draw off *sep; Fett* to siphon off *sep* **❷** *Teppich, Sofa* to vacuum

ab|schaben *vt* (*entfernen*) to scrape (**von** +*dat* off [of])

ab|schaffen *vt* **❶** (*außer Kraft setzen*) to do away with; *Gesetz* to repeal; *Todesstrafe* to abolish **❷** (*weggeben*) to get rid of

Abschaffung <-, -en> *f pl selten einer Regel* suspension; *eines Gesetzes* repeal; *der Todesstrafe* abolition

ab|schalten **I.** *vt* (*abstellen*) to turn off *sep* **II.** *vi* (*fam: unaufmerksam werden*) to switch off

ab|schätzen *vt* **❶** (*einschätzen*) to assess; **ich kann ihre Reaktion schlecht ~** I can't even guess what her reaction will be **❷** (*ungefähr schätzen*) to estimate

abschätzig ['ap·ʃɛ·tsɪç] **I.** *adj* disparaging **II.** *adv* disparagingly; **sich** *akk* **~ über jdn/ etw äußern** to make disparaging remarks about sb/sth

ab|schauen *vt, vi* SÜDD, ÖSTERR, SCHWEIZ *s.* **abgucken**

Abschaum *m kein pl* (*pej*) scum

Abscheu <-[e]s> ['ap·ʃɔy] *m kein pl* (*Ekel*) revulsion (**vor** +*dat* against)

abscheulich [ap·'ʃɔy·lɪç] **I.** *adj* **❶** (*entsetzlich*) revolting; *Verbrechen* horrifying **❷** (*fam: unerträglich*) dreadful **II.** *adv* ~ **wehtun** to hurt like hell *fam;* ~ **kalt/warm** awfully cold/hot

Abscheulichkeit <-, -en> *f* **❶** *kein pl* (*Scheußlichkeit*) atrociousness **❷** (*schreckliche Sache*) atrocity

ab|schicken *vt E-Mail* to send [off *sep*]; *Brief, Paket* to mail

ab|schieben *irreg vt* **❶** (*ausweisen*) to deport **❷** (*abwälzen*) ■**etw auf jdn ~** to pass sth on to sb; **die Schuld auf jdn ~** to shift the blame onto sb

Abschiebestopp *m* halt on deportation

Abschiebung <-, -en> *f* deportation

Abschied <-[e]s, -e> ['ap·ʃiːt] *m* farewell; **der ~ fiel ihr nicht leicht** she found it difficult to say goodbye; **von jdm ~ nehmen** to say goodbye to sb; **zum ~** as a farewell token *liter;* **sie gab ihm zum ~ einen Kuss** she gave him a goodbye kiss

Abschiedsbrief *m* farewell letter

Abschiedsfeier *f* goodbye party

Abschiedsgruß *m* goodbye

Abschiedskuss^RR *m* goodbye kiss

ab|schlachten *vt* to slaughter

ab|schlaffen *vi sein* (*fam*) to droop; ■**abgeschlafft** dog-tired; **sie wirkt in letzter Zeit ziemlich abgeschlafft** she's been looking pretty frazzled lately

Abschlag *m* **❶** (*Preisnachlass*) discount **❷** (*Vorschuss*) ■**ein ~ auf etw** an advance payment on sth

ab|schlagen *irreg vt* **❶** (*durch Schlagen abtrennen*) to knock (**von** +*dat* off); *Ast* to knock down; **jdm den Kopf ~** to chop off *sep* sb's head **❷** *Bitte, Wunsch* to turn down; **er kann keinem etwas ~** he can't refuse anybody anything

abschlägig ['ap·ʃlɛː·ɡɪç] *adj* negative

Abschlag(s)zahlung *f* partial payment

ab|schleifen *irreg vt* to sand [down *sep*]

Abschleppdienst *m* towing service

ab|schleppen **I.** *vt* **❶** *Fahrzeug, Schiff* to tow [away *sep*] **❷** (*fam*) *Person* to pick up *sep;* **jede Woche schleppt er eine andere ab** he comes home with a different girl every week **II.** *vr* (*fam*) ■**sich** *akk* **~** to struggle (**mit** +*dat* with)

Abschleppseil *nt* tow rope

Abschleppwagen *m* tow truck

ab|schließen *irreg* **I.** *vt* **❶** (*verschließen*) to lock **❷** (*beenden*) to finish; *Diskussion* to end **❸** (*vereinbaren*) *Geschäft* to close; *Versicherung* to take out *sep; Vertrag* to sign; *Wette* to place **II.** *vi* (*zuschließen*) to lock up

abschließend **I.** *adj* closing; **einige ~e Bemerkungen machen** to make a few closing remarks **II.** *adv* finally

Abschluss^RR *m* **❶** *kein pl* (*Ende*) conclusion;

zum ~ **kommen** to draw to a conclusion; **kurz vor dem ~ stehen** to be nearly over ❷ (*abschließendes Zeugnis*) diploma, degree; **welchen ~ haben Sie?** what degree do you have? ❸ (*das Vereinbaren*) settlement; *einer Versicherung* taking out; *eines Vertrags* signing ❹ (*Jahresabrechnung*) accounts, books

Abschlussprüfung^RR *f* SCH final [exam]

Abschlusszeugnis^RR *nt* SCH diploma

ab|schmecken *vt* ❶ (*probieren*) to taste ❷ (*würzen*) to season

ab|schminken I. *vr, vt* ■ **sich** *akk* ~ to take off one's makeup **II.** *vt* (*fam: aufgeben*) ■ **sich** *dat* **etw** ~ to give up *sep* sth; **das können Sie sich ~!** you can forget about that!

ab|schnallen I. *vt* (*losschnallen*) to unbuckle **II.** *vi* (*sl*) ❶ (*nicht verstehen können*) to be lost ❷ (*fassungslos sein*) to be thunderstruck; **da schnallst du ab!** that's amazing! **III.** *vr* ■ **sich** *akk* ~ to unfasten one's seat belt

ab|schneiden *irreg* **I.** *vt* ❶ (*abtrennen*) to cut [off *sep*] ❷ (*unterbrechen, absperren*) **jdm den Weg** ~ to intercept sb; **jdm das Wort** ~ to cut sb off [*or* short] ❸ (*isolieren*) **jdn von der Außenwelt** ~ to cut sb off from the outside world **II.** *vi* (*fam*) **bei etw** *dat* **gut/schlecht** ~ to do well/poorly on sth

Abschnitt *m* ❶ (*Textabschnitt*) passage ❷ (*Zeitabschnitt*) phase, period; **ein neuer ~ der Geschichte** a new era in history; **ein neuer ~ in seinem Leben** a new chapter of his life ❸ (*Unterteilung*) part; *einer Autobahn* section

ab|schotten ['ap·ʃɔ·tn̩] **I.** *vt* (*isolieren*) to cut off *sep* **II.** *vr* ■ **sich** *akk* ~ to isolate oneself

ab|schrauben *vt* to unscrew

ab|schrecken I. *vt* ❶ (*abhalten*) ■ **jdn** [**von etw** *dat*] ~ to deter sb [from doing sth] ❷ KOCHK to shock **II.** *vi* (*abschreckend sein*) to deter

abschreckend I. *adj* deterrent; **ein ~es Beispiel** a warning **II.** *adv* ~ **wirken** to act as a deterrent

Abschreckung <-, -en> *f* deterrent; **als ~ dienen** to act as a deterrent

ab|schreiben *irreg vt* ❶ *Text* to copy ❷ (*verloren geben*) to write off *sep*

Abschrift *f* duplicate

ab|schürfen *vt Haut* to scrape

Abschürfung <-, -en> *f* (*Wunde*) scrape

abschüssig ['ap·ʃʏ·sɪç] *adj* steep

Abschussliste^RR *f* hit list

ab|schütteln *vt* to shake off *sep*

ab|schütten *vt s.* abgießen

ab|schwächen *vt* to tone down *sep*

ab|schwatzen, ab|schwätzen *vt* SÜDD (*fam*) ■ **jdm etw** ~ to talk sb into parting with sth

ab|schweifen *vi sein Gedanken* to deviate (**von** +*dat* from); **vom Thema** ~ to digress [from a topic]; **bitte schweifen Sie nicht ab!** please stick to the point

ab|schwellen *vi irreg sein* ❶ *Körperteil* to go down; **sein Knöchel ist abgeschwollen** the swelling in his ankle has gone down ❷ *Lärm* to fade away

ab|schwören *vi irreg* ■ **einer S.** *dat* ~ to give up *sep* sth

ab|segnen *vt* (*fam: genehmigen*) to bless; ■ **etw von jdm** ~ **lassen** to get sb's blessing on sth

absehbar ['ap·ze:·ba:ɐ̯] *adj* foreseeable; **das Ende ist nicht** ~ the end is not in sight; **in ~er Zeit** in the foreseeable future

ab|sehen *irreg* **I.** *vt* (*voraussehen*) to predict **II.** *vi* (*verzichten auf*) ■ **von etw** *dat* ~ to refrain from sth; ■ **davon** ~, **etw zu tun** to refrain from doing sth

ab|seilen *vr* (*fam: verschwinden*) ■ **sich** *akk* ~ to beat it *sl*

ab|sein^ALT *vi irreg s.* ab I 2

abseits ['ap·zaits] *präp* +*gen* **ein wenig** ~ **der Straße** not far from the road

abseits|halten^RR *vr irreg* **sich** *akk* ~ to be aloof

abseits|stehen^RR *vi irreg* to stand on the sidelines

ab|senden *vt reg o irreg s.* abschicken

Absender(in) <-s, -> *m(f)* sender

ab|servieren* [-zɛr·'vi:·rən] *vt* (*fam*) ■ **jdn** ~ to get rid of sb; (*sl: umbringen*) to bump off *sep* sb; **sich** *akk* **von jdm** ~ **lassen** to let oneself be pushed around

ab|setzen I. *vt* ❶ (*des Amtes entheben*) to remove [from office]; *Herrscher* to depose; *König, Königin* to dethrone ❷ *Hut, Brille* to take off *sep* ❸ (*hinstellen*) to put down *sep* ❹ (*aussteigen lassen*) ■ **jdn** ~ to drop off *sep* sb ❺ **etw von der Steuer** ~ to deduct sth from one's taxes ❻ *Medikament* to stop taking **II.** *vr* ■ **sich** *akk* ~ ❶ *Dreck, Staub* to settle ❷ (*fam: verschwinden*) to clear out; **sich ins Ausland** ~ to leave the country

ab|sichern *vr* ■ **sich** *akk* ~ to cover oneself (**gegen** +*akk* against); **sich** *akk* **vertraglich** ~ to protect oneself by signing a contract

Absicht <-, -en> *f* intention; ~ **sein** to be intentional; **das war nicht meine ~!** I didn't mean to do it!; **die ~ haben, etw zu tun** to intend to do sth; **mit/ohne ~** intentionally/unintentionally

absichtlich ['ap·zɪçt·lɪç] **I.** *adj* deliberate, intentional **II.** *adv* on purpose, deliberately

ab|sitzen *irreg vt Zeit* to sit out; *Haftstrafe* to serve

absolut [ap·zo·'lu:t] **I.** *adj* absolute; ~ **e Ruhe** complete calm **II.** *adv* (*fam*) absolutely; ~ **nicht/nichts** absolutely not/nothing

Absolvent(in) <-en, -en> [ap·zɔl·'vɛnt] *m(f)* graduate

absolvieren* [ap·zɔl·'vi:·rən] *vt* ❶ (*bestehen*) to [successfully] complete; *Prüfung* to pass ❷ (*ableisten*) to do

absonderlich [ap·'zɔn·dɐ·lɪç] **I.** *adj* peculiar **II.** *adv* peculiarly

ab|sondern I. *vt* ❶ (*ausscheiden*) to secrete ❷ (*isolieren*) to isolate; ■ **jdn von jdm** ~ to separate sb from sb **II.** *vr* ■ **sich** *akk* ~ to keep oneself apart

absorbieren* [ap·zɔr·'biː·rən] *vt* to absorb

ạb|spalten *vr* ■ **sich** ~ to split away/off

Abspann <-[e]s, -e> *m* FILM, TV credits *pl*

ạb|specken ['ap·ʃpɛ·kn̩] (*fam*) **I.** *vi* (*abnehmen*) to slim down **II.** *vt* (*reduzieren*) ■ **etw** ~ to reduce the size of sth

ạb|speichern *vt* to store; COMPUT to save

ạb|speisen *vt* ■ **jdn mit etw** ~ to palm off *sep* sth on sb

abspenstig ['ap·ʃpɛnstɪç] *adj* **jdm etw** ~ **machen** to take away *sep* sth from sb

ạb|sperren **I.** *vt* ❶ (*versperren*) to cordon off *sep* ❷ (*abstellen*) *Strom, Wasser* to cut off *sep* ❸ SÜDD (*zuschließen*) to lock **II.** *vi* SÜDD (*die Tür verschließen*) to lock up

Absperrung *f* (*Sperre*) cordon; *durch Polizei* police cordon

ạb|spielen **I.** *vr* (*ablaufen*) ■ **sich** ~ to happen; **was hat sich hier abgespielt?** what happened here? **II.** *vt* ❶ (*laufen lassen*) to play ❷ *Ball* to pass

Absprache *f* agreement; **eine** ~ **treffen** to come to an agreement

ạb|sprechen *irreg* **I.** *vt* ❶ (*vereinbaren*) to agree on ❷ (*aberkennen*) ■ **jdm etw** ~ to deny sb sth **II.** *vr* ■ **sich** *akk* **mit jdm** ~ to come to an agreement with sb (**wegen** +*gen* on)

ạb|springen *vi irreg sein* ❶ (*fam: sich zurückziehen*) to bale out (**von** +*dat* of) ❷ (*hinunterspringen*) to jump (**von** +*dat* from); *mit dem Fallschirm* to parachute ❸ (*sich lösen*) to come off

Absprung *m* ❶ (*Sprung*) jump ❷ (*fam: Ausstieg*) getting out; **den** ~ **schaffen** to make a getaway; **den** ~ **verpassen** to miss the boat

ạb|spülen **I.** *vt* ❶ (*reinigen*) to rinse ❷ (*entfernen*) to wash off *sep* **II.** *vi* to do the dishes

ạb|stammen *vi* ■ ~ **von** to descend from; LING to stem from

Abstammung <-, -en> *f* origins *pl;* **adeliger** ~ **sein** to be of noble birth

Abstand *m* ❶ (*räumlich*) distance; **ein** ~ **von 20 Metern** a distance of 65 feet; **in einigem** ~ at some distance; ~ **halten** to maintain a distance; **fahr nicht so dicht auf, halt** ~! don't tailgate! ❷ (*zeitlich*) interval; **in kurzen/regelmäßigen Abständen** at short/regular intervals ❸ (*emotional*) aloofness

ạb|statten ['ap·ʃta·tn̩] *vt* (*geh*) **jdm einen Besuch** ~ to pay sb a visit

ạb|stauben *vt* ❶ (*fam: ergattern*) to rip off *sep* ❷ (*vom Staub befreien*) to dust

ạb|stechen *irreg* **I.** *vt* to stab to death; ■ **ein Tier** ~ to slit an animal's throat **II.** *vi* (*sich abheben*) to stand out (**von** +*dat* from)

Abstecher <-s, -> *m* ❶ (*Ausflug*) trip ❷ (*Umweg*) detour

ạb|stehen *vi irreg* to stick out; **er hat** ~**de Ohren** his ears stick out

Absteige <-, -n> *f* (*schäbiges Hotel*) dive, flophouse

ạb|steigen *vi irreg sein* ❶ (*heruntersteigen*) to dismount; **von einer Leiter** ~ to get down off a ladder ❷ (*fam*) **in einem Hotel** ~ to stay in a hotel ❸ *beruflich/gesellschaftlich* ~ to slide down the job/social ladder

ạb|stellen *vt* ❶ *Gerät* to turn off *sep* ❷ *Wasser, Strom* to cut off *sep;* **den Haupthahn** ~ to turn off the main shutoff valve ❸ (*absetzen*) to put down *sep* ❹ (*parken*) to park

Abstellgleis *nt* siding

Abstellkammer *f* broom closet

Abstellraum *m* storeroom

ạb|stempeln *vt* ❶ (*mit einem Stempel versehen*) to stamp ❷ (*pej*) ■ **jdn [als etw]** ~ to brand sb [as sth]

ạb|sterben *vi irreg sein* ❶ *Zellen, Blätter* to die ❷ *Finger, Zehen* to go numb

Abstieg <-[e]s, -e> *m* ❶ (*das Hinabklettern*) descent ❷ (*Niedergang*) decline; **der berufliche/gesellschaftliche** ~ descent down the job/social ladder

ạb|stillen *vt, vi* *Baby* to stop breastfeeding

ạb|stimmen **I.** *vi* (*die Stimme abgeben*) to vote; **[über etw]** ~ **lassen** to [have a] vote [on sth] **II.** *vt* (*anpassen*) ■ **aufeinander** ~ to co-ordinate [with each other]; *Farben, Kleidung* to match

Abstimmung *f* (*Stimmabgabe*) vote (**über** +*akk* on)

abstinent [ap·sti·'nɛnt] **I.** *adj* ❶ (*enthaltsam*) abstinent; ■ ~ **sein** to be a teetotaler ❷ (*sexuell enthaltsam*) celibate **II.** *adv* abstinently; (*sexuell*) in celibacy

Abstinenz <-> [ap·sti·'nɛnts] *f kein pl* abstinence; (*sexuell*) celibacy

Abstinenzler(in) <-s, -> *m(f)* (*pej*) teetotaler

ạb|stoßen *irreg vt* ❶ MED to reject ❷ (*anwidern*) to repel ❸ (*durch einen Stoß abschlagen*) to chip off *sep;* (*durch Stöße abnutzen*) to damage ❹ (*verkaufen*) to get rid of

ạbstoßend **I.** *adj* repulsive **II.** *adv* in a repulsive way; ~ **aussehen** to look repulsive; ~ **riechen** to smell disgusting

ạb|stottern *vt* (*fam*) to pay in installments

abstrahieren* [ap·stra·'hiː·rən] *vi* to abstract

abstrakt [ap·'strakt] **I.** *adj* abstract **II.** *adv* in the abstract

ạb|streifen *vt* ❶ (*abziehen*) to take off *sep* ❷ (*säubern*) *Füße* to wipe

ạb|streiten *vt irreg* to deny; **er stritt ab, sie zu kennen** he denied knowing her

ạb|stumpfen *vi sein* to blunt; (*fig*) to become inured, accustomed (**gegen** +*akk* to), to dull

Absturz *m* ❶ (*Sturz in die Tiefe*) fall; *von Flugzeug* crash ❷ *von Computer* crash

ạb|stürzen *vi sein* ❶ *Person* to fall; *Flugzeug* to crash ❷ *Computer* to crash ❸ (*fam: sich betrinken*) to get hammered *sl*

ạb|stützen *vt* to support

ạb|suchen *vt* ❶ (*durchstreifen*) to search (**nach** +*dat* for) ❷ (*untersuchen*) to examine (**nach** +*dat* for)

absurd [ap·'zʊrt] *adj* absurd

Absurdität <-, -en> *f* absurdity

Abszess^{RR} <-es, -e>, **Abszeß**^{ALT} <-sses, -sse> [apsˈtsɛs] *m* MED abscess

Abt, Äbtissin <-[e]s, Äbte> [apt, ɛpˈtɪsɪn, *pl* ˈɛpˌtə] *m, f* abbot *masc*, abbess *fem*

Abt. *f Abk von* **Abteilung** dept.

ab|tanzen *vi* (*sl*) to boogie *fam*, to get down [on the dance floor]

ab|tasten *vt* ❶ (*medizinisch*) ■jdn ~ to examine sb ❷ jdn nach Waffen ~ to frisk sb for weapons ❸ COMPUT to scan

ab|tauen I. *vi sein Eis* to thaw II. *vt haben Kühlschrank* to defrost

Abtei <-, -en> *f* abbey

Abteil *nt* compartment

ab|teilen *vt* to partition off *sep*

Abteilung *f* department; *eines Krankenhauses* ward

Abteilungsleiter(in) *m(f) einer Verkaufsabteilung* department manager; *einer Firma* department head

ab|tippen *vt* (*fam*) to type [up *sep*]

ab|töten *vt* ❶ *Keime* to destroy ❷ *Gefühl* to deaden

abträglich [ˈapˌtrɛːkˌlɪç] *adj* (*geh*), **abträgig** *adj* SCHWEIZ ■etw *dat* ~ sein to be detrimental to sth

ab|transportieren* *vt* to transport [away *sep*]

ab|treiben *irreg vi, vt* [ein Kind] ~ lassen to have an abortion

Abtreibung <-, -en> *f* abortion

Abtreibungspille *f* morning-after pill

ab|trennen *vt* ❶ (*ablösen*) to detach ❷ (*abteilen*) to divide off *sep* ❸ *Körperteil* to cut off *sep*

ab|treten *irreg vt* ❶ (*übertragen*) *Rechte* to transfer; *Land* to cede ❷ (*fam: überlassen*) ■jdm etw ~ to give sth to sb; **er hat ihr seinen Platz abgetreten** he gave up his seat to her ❸ **seine Schuhe** ~ (*säubern*) to wipe off *sep* one's shoes ❹ (*durch Treten entfernen*) to stomp off *sep*

Abtreter <-s, -> *m* (*fam*) doormat

ab|trocknen I. *vt haben* to dry II. *vt, vi haben* [das Geschirr] ~ to dry the dishes III. *vi sein* to dry

ab|tropfen *vi sein* to drain; ■etw ~ lassen to leave sth to drain

abtrünnig [ˈapˌtryˌnɪç] *adj* renegade; *Provinz, Staat* rogue

ab|tun *vt irreg* to dismiss; **etw mit einem Achselzucken/Lächeln** ~ to shrug/laugh sth off

ab|turnen [-tøːɐˌnən] (*sl*) I. *vi* to be a turnoff II. *vt* ■jdn ~ to turn sb off

abturnend [ˈapˌtøːɡˌnənt] *adj* (*sl*) repulsive; **das finde ich super** ~ I think that's a major turnoff

ab|verlangen* *vt* to demand

ab|wägen *vt irreg* ■etw [gegeneinander] ~ to weigh sth [against sth else]; **die Vor- und Nachteile** ~ to weigh the advantages and disadvantages

ab|wählen *vt Schulfach* to drop; ■jdn ~ to vote

ab|wälzen *vt* ■etw [auf jdn] ~ to unload sth [on[to] sb]; *Kosten* to pass on *sep; Verantwortung* to shift

ab|wandeln *vt* to adapt; *Vertrag* to modify

ab|wandern *vi sein* to migrate (**aus** +*dat* from, **in** +*akk* to); (*in ein anderes Land*) to emigrate (**aus** +*dat* from, **in** +*akk* to)

Abwanderung *f* migration

ab|warten *vt, vi* to wait [for]; **das bleibt abzuwarten** that remains to be seen

abwärts [ˈapˌvɛrts] *adv* ❶ (*nach unten*) down, downward[s]; **den Fluss** ~ downstream ❷ (*bergab*) downhill

abwärts|gehen *vi irreg sein* ■es geht mit jdm/etw abwärts sb/sth is going downhill

abwärtskompatibel *adj* COMPUT backward [*or* downward] compatible

Abwärtstrend *m* downward trend

Abwasch¹ <-[e]s> *m kein pl* ❶ (*Spülgut*) dirty dishes *pl* ❷ (*das Spülen*) **den** ~ **machen** to do the dishes

Abwasch² <-, -en> *f* ÖSTERR (*Spülbecken*) sink

abwaschbar *adj* washable

ab|waschen *irreg* I. *vt* ❶ (*reinigen*) to wash up *sep* ❷ (*entfernen*) to wash off II. *vi* to do the dishes

Abwasser <-wässer> *nt* waste water; *von Industrieanlagen* effluent

Abwasseraufbereitung *f* sewage treatment

Abwasserkanal *m* sewer

Abwasserleitung *f* sewage pipe

ab|wechseln [-vɛkˌsln] *vi, vr* ■[sich] ~ ❶ (*im Wechsel handeln*) to take turns ❷ (*im Wechsel erfolgen*) to alternate; **Sonne und Regen wechselten** [sich] **ab** the weather was a mix of sun and rain

abwechselnd [-vɛkˌslnd] *adv* alternately

Abwechselung [-vɛkˌsəˌlʊŋ], **Abwechslung** <-, -en> [-vɛksˌlʊŋ] *f* change; **die** ~ **lieben** to like variety; **zur** ~ for a change

abwechslungshalber [-vɛks-] *adv* for the sake of change

abwechslungslos *adj* unchanging

abwechslungsreich *adj* varied

Abweg *m meist pl* jdn auf ~e führen to lead sb astray; **auf** ~e **geraten** to go astray; (*moralisch*) to stray from the straight and narrow

abwegig [ˈapˌveːˌɡɪç] *adj* ❶ (*unsinnig*) absurd; *Idee* far-fetched; *Verdacht* unfounded ❷ (*merkwürdig*) strange

Abwehr <-> *f kein pl* ❶ (*inneres Widerstreben*) resistance ❷ SPORT (*Verteidigung*) defense; (*die Abwehrspieler*) defenders

ab|wehren I. *vt* ❶ MIL to repel ❷ SPORT to fend off *sep; Ball* to clear ❸ (*abwenden*) to turn away *sep; Gefahr, Unheil, Verdacht* to avert; *Vorwurf* to fend off *sep* II. *vi* (*ablehnen*) to refuse

Abwehrkräfte *pl* the body's defenses

Abwehrmechanismus *m* PSYCH, MED defense mechanism

Abwehrspieler(in) *m(f)* SPORT defender

ạb|weichen *vi irreg sein* ❶ (*abkommen*) to deviate (**von** +*dat* from) ❷ (*sich unterscheiden*) ■**von jdm/etw** ~ to differ from sb/sth

abweichend *adj* different

Ạbweichung <-, -en> *f* ❶ (*Unterschiedlichkeit*) difference; *einer Auffassung* deviation ❷ (*das Abkommen*) deviation ❸ TECH zulässige ~ tolerance

ạb|weisen *vt irreg* ❶ (*wegschicken*) to turn away *sep;* **sich** *akk* [**von jdm**] **nicht ~ lassen** to not take no for an answer [from sb] ❷ (*ablehnen*) to turn down *sep; Antrag, Bitte* to deny

ạbweisend *adj* cold

ạb|wenden I. *vr reg o irreg* ■**sich** *akk* ~ to turn away II. *vt* ❶ *reg* **eine Katastrophe ~** to avert a catastrophe ❷ *reg o irreg* **die Augen ~** to look away

ạb|werben *vt irreg* to entice away *sep*

ạb|werfen *irreg vt* to drop; *Blätter, Nadeln* to lose

ạb|werten *vt* ❶ *Währung* to devalue (**um** +*akk* by) ❷ (*Bedeutung mindern*) to debase

ạbwertend I. *adj* derogatory II. *adv* derogatorily

Ạbwertung *f* ❶ *einer Währung* devaluation ❷ (*Bedeutungsminderung*) debasement

ạbwesend ['ap·ve:·znt] *adj* ❶ (*nicht da*) absent ❷ (*geistesabwesend*) absent-minded

Ạbwesenheit <-, -en> *f pl selten* ❶ (*Fehlen*) absence ❷ (*Geistesabwesenheit*) absent-mindedness

ạb|wickeln *vt* ❶ (*von etw wickeln*) to unwind ❷ (*erledigen*) to deal with; *Auftrag* to process; *Geschäft* to carry out

ạb|wiegen *vt irreg* to weigh [out]

ạb|wimmeln *vt* (*fam*) ■**jdn ~** to get rid of sb; ■**etw ~** to get out of [doing] sth

ạb|winken *vi* to signal one's refusal

ạb|wischen *vt* to wipe; **sich** *dat* **die Tränen ~** to dry one's tears; **sich** *dat* **den Schweiß von der Stirn ~** to wipe the sweat from one's brow

ạb|würgen *vt* (*fam*) ❶ *Motor* to stall ❷ (*im Keim ersticken*) to nip in the bud; ■**jdn ~** (*unterbrechen*) to cut sb off [*or* short]

ạb|zahlen *vt* to pay off; (*in Raten*) to pay in installments

ạb|zählen I. *vt* to count out *sep;* **bitte das Fahrgeld abgezählt bereithalten** please have exact change ready II. *vi* to count

Ạbzeichen *nt* ❶ (*Anstecknadel*) badge ❷ MIL rank insignia

ạb|zeichnen I. *vt* ❶ (*abmalen*) to copy ❷ (*signieren*) to initial II. *vr* ■**sich ~** ❶ (*erkennbar werden*) to become apparent ❷ (*Umrisse erkennen lassen*) to show

ạb|ziehen *irreg* I. *vi sein* ❶ *Truppen* to withdraw (**aus** +*dat* from) ❷ *Rauch* to clear (**von** +*dat* from) ❸ (*fam: weggehen*) to go away; **zieh ab!** beat it! *sl* II. *vt haben* ❶ (*einbehalten*) to deduct (**von** +*dat* from) ❷ MATH to subtract (**von** +*dat* from) ❸ *Truppen* to withdraw (**aus** +*dat* from) ❹ *Bett* to strip ❺ *Schlüssel* to take out *sep* ❻ SCHWEIZ (*ausziehen*) to take off

sep III. *vr* SCHWEIZ (*sich ausziehen*) ■**sich** *akk* ~ to get undressed, to undress

ạb|zielen *vi* ■**auf jdn/etw** ~ to aim at sb/sth

Ạbzocke <-> *f kein pl* (*pej fam*) price gouging

ạb|zocken *vt* (*sl*) ■**jdn ~** to swindle sb

Ạbzug *m* ❶ (*das Einbehalten*) deduction ❷ *von Fotos* print ❸ *von Truppen* withdrawal ❹ (*Dunstabzug*) exhaust fan

abzüglich ['ap·tsy:k·lɪç] *präp* +*gen* minus sth

Ạbzugshaube *f* exhaust hood

ạb|zweigen I. *vi sein* to branch off; **nach links ~** to turn off to the left II. *vt* (*fam*) **Geld ~** to put aside money (**für** +*akk* for)

Ạbzweigung <-, -en> *f* turnoff

Accessoire <-s, -s> [ak·sɛ·'sọ·aːɐ̯] *nt meist pl* accessory

Ach [ax] *nt* ▶ WENDUNGEN: **mit ~ und Krach** (*fam*) by the skin of one's teeth

Achse <-, -n> ['ak·sə] *f* ❶ AUTO axle ❷ (*Linie*) axis ▶ WENDUNGEN: **auf ~ sein** (*fam*) to be on the move [*or* go]

Achsel <-, -n> ['ak·sl] *f* ❶ ANAT armpit ❷ **mit den ~n zucken** to shrug one's shoulders

Achselhaare ['ak·sl-] *pl* armpit hair

Achselhöhle *f* armpit

Achselzucken <-> *nt kein pl* shrug [of the shoulders]

Achsenbruch ['ak·sn-] *m* broken axle

acht[1] [axt] *adj* eight; **das kostet ~ Euro** that costs eight euros; **die Linie ~ fährt zum Bahnhof** the No. 8 [bus/streetcar/etc.] goes to the train station; **es steht ~ zu drei** the score is [*or* it's] eight to three; **~ [Jahre alt] sein/werden** to be/turn eight [years old]; **mit ~ [Jahren]** at the age of eight; **~ Uhr sein** to be eight o'clock; **gegen ~ [Uhr]** [at] about eight [o'clock]; **um ~** at eight [o'clock]; **... [Minuten] nach/vor ~** ... [minutes] after/to eight [o'clock]; **alle ~ Tage** every eight days; **heute/Freitag in ~ Tagen** a week from today/Friday; **heute/Freitag vor ~ Tagen** a week ago today/Friday

acht[2] [axt] *adv* **wir waren zu ~** there were eight of us

Acht[1] <-, -en> [axt] *f* ❶ (*Zahl*) eight ❷ (*etw von der Form einer 8*) **ich habe eine ~ im Vorderrad** my front wheel is buckled; **auf dem Eis eine ~ laufen** to skate a figure eight on the ice ❸ KARTEN **die Kreuz~** the eight of clubs ❹ (*Verkehrslinie*) ■**die ~** the [number] eight

Acht[RR2] [axt] *f* **~ geben** to be careful; **sie gab genau Acht, was der Professor sagte** she paid careful attention to what the professor said; **auf jdn/etw ~ geben** to look after sb/sth; **etw außer ~ lassen** to not take sth into account; **sich** *akk* [**vor jdm/etw**] **in ~ nehmen** to be wary [of sb/sth]

ạchtbar *adj* (*geh*) respectable

achte(r, s) ['ax·tə, -tɐ, -təs] *adj* ❶ (*an achter Stelle*) eighth; **an ~r Stelle** [in] eighth [place]; **die ~ Klasse** eighth grade ❷ (*Datum*) eighth; **am ~n August** on August eighth

Achte(r) ['ax·tə, -tɐ] *f(m) dekl wie adj* ❶ *(Person)* ■der/die/das ~ the eighth; **du bist jetzt der ~, der fragt** you're the eighth person to ask; **als ~ an der Reihe** [*o* **dran**] **sein** to be the eighth [in line]; ~[r] **sein/werden** to be/finish [in] eighth [place]; **als ~r durchs Ziel gehen** to finish eighth, to cross the line in eighth place; **jeder ~** every eighth person, one in eight [people] ❷ *(bei Datumsangabe)* ■der ~ [*o geschrieben* **der 8.**] the eighth *spoken,* the 8th *written;* **heute ist der ~** it's the eighth today; ■am ~n on the eighth ❸ *(Namenszusatz)* **Karl der ~** [*o geschrieben* **Karl VIII.**] Karl the Eighth *spoken* [*or written* Karl VIII]

Achteck <-[e]s, -e> ['axt·ʔɛk] *nt* octagon

achteckig *adj* octagonal, eight-sided *attr*

achtel ['ax·tl̩] *adj* eighth

Achtel <-s, -> ['ax·tl̩] *nt* eighth

Achtelfinale *nt* round of the last sixteen; *(Basketball)* Sweet Sixteen

achten ['ax·tn̩] **I.** *vt (schätzen)* to respect **II.** *vi* ❶ *(aufpassen)* ■auf jdn/etw ~ to look after [*or* watch] sb/sth ❷ *(beachten)* ■auf jdn/ etw ~ to pay attention to sb/sth; ■darauf ~, etw zu tun to make sure to do sth; **achtet darauf, dass ihr nichts umwerft!** be careful not to knock anything over!

ächten ['ɛç·tn̩] *vt (verdammen)* to ostracize

achtens ['ax·tn̩s] *adv* eighthly

Achterbahn *f* roller coaster

achtfach, 8fach ['axt·fax] **I.** *adj* eightfold; **die ~e Menge** eight times the amount **II.** *adv* eightfold, eight times over

achtgeben *vi irreg s.* **Acht²**

achthundert ['axt·'hʊndɐt] *adj* eight hundred

achtjährig, 8-jährig[RR] ['axt·jɛː·rɪç] *adj* ❶ *(Alter)* eight-year-old *attr;* eight years old *pred;* **das ~e Jubiläum einer S.** *gen* the eighth anniversary of sth ❷ *(Zeitspanne)* eight-year *attr;* **eine ~e Amtszeit** an eight-year term of office

achtlos I. *adj* careless **II.** *adv* without noticing

Achtlosigkeit <-> *f kein pl* ❶ *(Unachtsamkeit)* carelessness ❷ *(unachtsames Verhalten)* thoughtlessness

achtmal, 8-mal[RR] ['axt·ma:l] *adv* eight times; **~ so viel/so viele** eight times as much/as many

achtsam ['axt·za:m] *(geh)* **I.** *adj* careful **II.** *adv* carefully

Achtstundentag [axt·'ʃtʊn·dn̩·ta:k] *m* eight-hour day

achtstündig, 8-stündig[RR] ['axt·ʃtʏn·dɪç] *adj* eight-hour *attr;* lasting eight hours *pred*

achttägig, 8-tägig[RR] ['axt·tɛː·gɪç] *adj* eight-day *attr;* lasting eight days *pred*

achttausend ['axt·'tau·znt] *adj* ❶ *(Zahl)* eight thousand ❷ *(fam: €8.000)* eight grand

Achtundsechziger(in) <-s, -> *m(f)* sb who took an active part in the demonstrations and student revolts of 1968

Achtung <-> ['ax·tʊŋ] *f kein pl* respect **(vor** +*dat* for); **~!** attention!

Achtungserfolg *m* reasonable success

achtzehn ['axt·se:n] *adj* eighteen; **ab ~ frei[gegeben] sein** *Film* ≈ NC-17; ■~ **Uhr** 6 p.m.; MIL 1800 hrs *written,* eighteen hundred hours *spoken; s. a.* **acht**[1]

achtzehnte(r, s) *adj* ❶ *(an achtzehnter Stelle)* eighteenth; *s. a.* **achte(r, s)** **1** ❷ *(Datum)* eighteenth, 18th; *s. a.* **achte(r, s)** **2**

achtzig ['axt·sɪç] *adj* ❶ *(Zahl)* eighty; **die Linie ~ fährt zum Bahnhof** the No. 80 [bus/ streetcar/etc.] goes to the train station; **~ [Jahre alt] sein** to be eighty [years old]; **mit ~ [Jahren]** at the age of eighty, at eighty [years old], as an eighty-year-old ❷ *(fam: Stundenkilometer)* eighty [kilometers an hour]; [mit] **~ fahren** to do eighty [kilometers an hour] ▸ WENDUNGEN: **jdn auf ~ bringen** *(fam)* to make sb's blood boil

achtziger, 80er ['axt·sɪgɐ] *adj attr (das Jahrzehnt von 80 bis 90)* **die ~ Jahre** the eighties, the '80s

achtzigste(r, s) ['axt·sɪç·stɐ, -tɐ, -təs] *adj* eightieth; *s. a.* **achte(r, s)** **1**

ächzen ['ɛç·tsn̩] *vi* ❶ *(stöhnen)* to groan ❷ *(knarren)* to creak

Acker <-s, Äcker> ['akɐ, *pl* 'ɛkɐ] *m* field

Ackerbau *m kein pl* [arable] farming; **~ betreiben** to farm [the land]

Ackerland *nt kein pl* arable [farm]land

ackern ['akɐn] *vi (fam: hart arbeiten)* to slave away

Acryl <-s> [a'kry:l] *nt kein pl* acrylic

Actionfilm *m* action film

Actionheld(in) ['ɛk·ʃən-] *m(f)* action hero

Adamsapfel *m* Adam's apple

Adamskostüm *nt* ▸ WENDUNGEN: **im ~** *(hum fam)* in one's birthday suit

Adapter <-s, -> [a'dap·tɐ] *m* adapter

adaptieren* [adap·'ti:·rən] *vt* ❶ *(umarbeiten)* to adapt **(für** +*akk* for) ❷ ÖSTERR *(herrichten)* to renovate

adäquat [adɛ·'kva:t] *adj* adequate; *Position, Stellung* suitable

addieren* [a'di:·rən] *vt* to add up *sep;* ■etw **zu etw** *dat* ~ to add sth to sth

Addition <-, -en> [adi·'tsi̯o:n] *f* addition

Additiv <-s, -e> [adi·'ti:f, *pl* adi·'ti:·və] *nt* additive

ade [a'de:] *interj* SÜDD goodbye

Adel <-s> ['a:dl̩] *m kein pl* nobility, aristocracy

adelig ['a:də·lɪç] *adj s.* **adlig**

Adelige(r) ['a:də·lɪ·gə, -gə] *f(m) dekl wie adj s.* **Adlige(r)**

adeln ['a:dl̩n] *vt* ❶ *(den Adel verleihen)* to bestow a title [up]on ❷ *(geh: auszeichnen)* to ennoble

Adelstitel *m* title [of nobility]

Ader <-, -n> ['a:dɐ] *f* ❶ *(Vene)* vein; *(Schlagader)* artery ❷ *(Begabung)* **eine ~ für etw haben** to have a talent for sth; **eine künstlerische ~ haben** to have an artistic bent

ad hoc [at·'hɔk] *adv (geh)* ad hoc

Adjektiv <-s, -e> ['at·jɛk·ti:f, *pl* -ti:·və] *nt* adjective

Adler <-s, -> ['aːdlɐ] *m* eagle
Adlernase *f* aquiline nose
adlig ['aːdlɪç] *adj* aristocratic, noble; ■~ **sein**
to have a title
Adlige(r) ['aːdl·ɪgə, -gɐ] *f(m) dekl wie adj* aristocrat, nobleman *masc*, noblewoman *fem*
Administration <-, -en> [at·mi·nɪs·tra·
'tsi̯oːn] *f* administration
administrativ [at·mɪnɪs·tra·'tiːf] I. *adj* administrative II. *adv* administratively
adoptieren* [adɔp·'tiː·rən] *vt* to adopt
Adoption <-, -en> [adɔp·'tsi̯oːn] *f* adoption;
ein Kind zur ~ freigeben to put a child up for adoption
Adoptiveltern [adɔp·'tiːf-] *pl* adoptive parents
Adoptivkind *nt* adopted child
Adrenalin <-s> [adre·na·'liːn] *nt kein pl* adrenalin
Adrenalinspiegel *m* adrenalin level
Adrenalinstoß *m* adrenalin rush
Adressat(in) <-en, -en> [adrɛ·'saːt] *m(f)* addressee
Adressatenkreis *m* target group
Adressbuch^RR *nt* address book
Adresse <-, -n> [a'drɛ·sə] *f* address
adressieren* [adrɛ·'siː·r·ən] *vt* to address (**an**
+*akk* to)
adrett [ad'rɛt] I. *adj* smart II. *adv* smartly; **sie**
ist immer ~ gekleidet she's always elegantly dressed
Adria <-> ['aːdria] *f* Adriatic [Sea]
Advent <-s, -e> [at·'vɛnt] *m* Advent [season];
■**im ~** during [the] Advent [season]; **erster ~**
first Sunday of/in Advent
Adventskalender *m* Advent calendar
Adventskranz *m* Advent wreath
Adventszeit *f* Advent [season]
Adverb <-s, -ien> [at·'vɛrp, *pl* -'vɛrbi̯ən] *nt*
adverb
Advokat(in) <-en, -en> [at·vo·'kaːt] *m(f)*
❶ ÖSTERR, SCHWEIZ (*Rechtsanwalt*) lawyer, attorney ❷ (*geh: Fürsprecher*) advocate
Advokatur <-, -en> [at·vo·ka·'tuːɐ̯] *f* SCHWEIZ
❶ (*Amt eines Advokaten*) legal profession
❷ (*Kanzlei*) lawyer's [*or* law] office
Aerobic <-s> [ɛ·'roː·bɪk] *nt kein pl* aerobics
+ *sing/pl vb*
Aerodynamik [ae·ro·dy·'naː·mɪk] *f* aerodynamics + *sing/pl vb*
aerodynamisch [ae·ro·dy·'naː·mɪʃ] I. *adj*
aerodynamic II. *adv* aerodynamically
Affäre <-, -n> [a'fɛː·rə] *f* ❶ (*Angelegenheit*)
business ❷ (*Liebesabenteuer*) [love] affair
❸ (*unangenehmer Vorfall*) affair; (*Skandal*)
scandal ▶ WENDUNGEN: **sich** *akk* **aus der ~ ziehen** (*fam*) to wriggle one's way out of a sticky situation
Affe <-n, -n> ['afə] *m* ❶ (*Tier*) ape, monkey
❷ (*sl: blöder Kerl*) dope; **ein eingebildeter ~**
(*fam*) a conceited jackass
Affekt <-[e]s, -e> [a'fɛkt] *m* affect; **im ~ handeln** to act in the heat of the moment
Affekthandlung *f* act committed in the heat of

the moment
affektiert [afɛk·'tiːɐ̯t] (*geh*) I. *adj* affected
II. *adv* affectedly
affengeil ['afn̩·'gail] *adj* (*sl*) sweet, awesome
Affenhitze ['afn̩·'hɪtsə] *f* (*fam*) scorching heat
Affenschande *f* (*fam*) **es ist eine ~** it's a sin
Affentempo *nt* (*fam*) breakneck speed; **in**
einem ~ at breakneck speed
Affentheater *nt* (*pej fam*) [**wegen etw** *gen*]
ein ~ machen to make a real fuss [about sth]
Affiche <-, -n> [a'fiʃə] *f* SCHWEIZ (*Plakat*) poster
affig ['afɪç] (*fam*) I. *adj* (*pej*) affected II. *adv*
(*pej*) affectedly
Affront <-s, -s> [a'frõː] *m* (*geh*) affront
Afghane, Afghanin <-n, -n> [af·'gaː·nə, af·
'gaː·nɪn] *m*, *f* Afghan; *s. a.* **Deutsche(r)**
afghanisch [af·'gaː·nɪʃ] *adj* Afghan; *s. a.*
deutsch
Afghanistan <-s> [af·'gaː·nɪ·sta:n] *nt* Afghanistan; *s. a.* **Deutschland**
Afrika <-s> ['aːfri·ka] *nt* Africa
Afrikaner(in) <-s, -> [afri·'kaː·nɐ] *m(f)* African
afrikanisch [afri·'kaː·nɪʃ] *adj* African
Afroamerikaner(in) ['aːfro-] *m(f)* African-American
afroamerikanisch *adj* African-American
After <-s, -> ['af·tɐ] *m* (*geh*) anus
Aftershave^RR <-[s], -s> ['aːf·tɐ·ʃeːf] *nt* aftershave
AG <-, -s> [aː'geː] *f Abk von* **Aktiengesellschaft** corporation, joint stock company
Ägäis <-> [ɛ'gɛː·ɪs] *f* the Aegean [Sea]
Agave <-, -n> [a'gaː·və] *f* agave
Agent(in) <-en, -en> [a'gɛnt] *m(f)* ❶ (*Spion*)
spy ❷ (*Generalvertreter*) agent
Agentur <-, -en> [agɛn·'tuːɐ̯] *f* agency
Agenturbericht *m*, **Agenturmeldung** *f*
[news] agency report
Agglomeration <-, -en> [aglo·me·ra·
'tsi̯oːn] *f* SCHWEIZ (*Ballungsraum*) metropolitan area
Aggregat <-[e]s, -e> [agre·'gaːt] *nt* unit;
(*Stromaggregat*) power unit
Aggression <-, -en> [agrɛ·'si̯oːn] *f* aggression; **~en gegen jdn/etw empfinden** to feel aggressive toward sb/sth
aggressiv [agrɛ·'siːf] I. *adj* aggressive II. *adv*
aggressively
Aggressivität <-> [agrɛ·sivi·'tɛːt] *f kein pl* aggressiveness
agieren* [a'giː·rən] *vi* (*geh*) to act
agil [a'giːl] *adj* (*geh*) agile
Agrarfläche *f* agrarian land
Agrarmarkt *m* agricultural market
Agrarpolitik *f* agricultural policy
Agrarwirtschaft *f* agricultural economy
Ägypten <-s> [ɛ'gʏp·tn̩] *nt* Egypt; *s. a.*
Deutschland
Ägypter(in) <-s, -> [ɛ'gʏp·tɐ] *m(f)* Egyptian;
s. a. **Deutsche(r)**
ägyptisch [ɛ'gʏp·tɪʃ] *adj* Egyptian; *s. a.*
deutsch
Aha-Erlebnis [a'haː-] *nt* PSYCH "aha[!]" experi-

ence
ahnden ['aːn·dn̩] *vt* (*geh*) to punish
ähneln ['ɛːn|n̩] *vt* to resemble, to look like; **du ähnelst meiner Frau** you remind me of my wife
ahnen ['aːnən] *vt* ❶ (*vermuten*) to suspect ❷ (*voraussehen*) to have a premonition of; **das kann/konnte ich doch nicht ~!** how can/could I know that?
Ahnenforschung *f* genealogy
ähnlich ['ɛːn·lɪç] I. *adj* similar II. *adv* similarly; ■ **jdm ~ sehen** to look like sb
Ähnlichkeit <-, -en> *f* ❶ (*ähnliches Aussehen*) resemblance; ■ **mit jdm/etw ~ haben** to resemble sb/sth ❷ (*Vergleichbarkeit*) similarity
ähnlich|sehen^RR *vi irreg* (*fam: typisch sein für*) **das sieht ihm/ihr [ganz] ähnlich!** that's just like him/her *fam*
Ahnung <-, -en> *f* ❶ (*Vorgefühl*) premonition; **~en haben** to have premonitions ❷ (*Vermutung*) suspicion; **es ist eher so eine ~** it's more of a hunch *fam* ❸ (*Idee*) idea; **keine ~ haben** to have no idea; **keine blasse ~ haben** to not have the slightest idea; **hast du eine ~!** (*iron fam*) that's what you think!; **keine ~!** (*fam*) [I have] no idea!
ahnungslos I. *adj* ❶ (*nichts ahnend*) unsuspecting ❷ (*unwissend*) ignorant II. *adv* unsuspectingly
Ahorn <-s, -e> ['aːhɔrn] *m* maple [tree]
Ähre <-, -n> ['ɛːrə] *f* ❶ (*Samenstand*) ear ❷ (*Blütenstand*) spike
Aids <-> [eːts] *nt Akr von* **acquired immune deficiency syndrome** AIDS
Aidserreger *m* AIDS virus
aidsinfiziert *adj* infected with AIDS *pred*
aidskrank *adj* suffering from AIDS *pred*
Aidstest *m* AIDS test
Aidsvirus *nt* AIDS virus
Airbag <-s, -s> ['ɛːɐ̯·bɛk] *m* airbag
Airbus ['ɛːɐ̯·bʊs] *m* airbus
Ajatollah <-s, -s> [aja·'tɔ·la] *m* Ayatollah
Akademie <-, -n> [aka·de·'miː, *pl* -'miː·ən] *f* ❶ (*Fachhochschule*) college ❷ (*wissenschaftliche Vereinigung*) academy
Akademiker(in) <-s, -> [aka·'deː·mi·kɐ] *m(f)* (*Absolvent einer Universität*) college [*or* university] graduate; (*Gelehrte(r)*) academic
akademisch [aka·'deː·mɪʃ] I. *adj* academic II. *adv* **~ gebildet sein** to be college educated
akklimatisieren* [akli·ma·ti·'ziː·rən] *vr* ■ **sich akk ~** ❶ (*klimatisch*) to become acclimated ❷ (*sich einleben*) to get used to sth
Akklimatisierung <-, -en> *f* acclimatization
Akkord <-[e]s, -e> [a'kɔrt, *pl* a'kɔrdə] *m* piecework; ■ **im ~ arbeiten** to be doing piecework
Akkordarbeit *f* piecework
Akkordeon <-s, -s> [a'kɔr·de·ɔn] *nt* accordion
Akku <-s, -s> ['aku] *m* (*fam*) *kurz für* **Akkumulator** rechargeable battery

akkurat [aku·'raːt] I. *adj* ❶ (*sorgfältig*) meticulous ❷ (*exakt*) accurate II. *adv* ❶ (*sorgfältig*) meticulously ❷ (*exakt*) accurately
Akkusativ <-s, -e> ['aku·za·tiːf] *m* accusative [case]
Akne <-, -n> ['aknə] *f* acne
akribisch [a'kriː·bɪʃ] (*geh*) I. *adj* meticulous II. *adv* meticulously
Akrobat(in) <-en, -en> [akro·'baːt] *m(f)* acrobat
akrobatisch *adj* acrobatic
Akronym <-s, -e> [akro·'nyːm] *nt* acronym
Akt¹ <-[e]s, -e> [akt] *m* ❶ (*Gemälde*) nude [painting] ❷ (*Handlung*) act; **ein ~ der Rache** an act of revenge ❸ (*Zeremonie*) ceremony ❹ *eines Theaterstücks* act
Akt² <-[e]s, -en> [akt] *m* ÖSTERR (*Akte*) file
Akte <-, -n> ['aktə] *f* file; **die ~ Borgfeld** the Borgfeld file ▶ WENDUNGEN: **etw zu den ~n legen** to lay sth to rest
Aktenkoffer *m* briefcase
Aktenordner *m* file
Aktenschrank *m* filing cabinet
Aktentasche *f* briefcase
Aktenzeichen *nt* file reference [number]
Aktfoto *nt* nude photograph
Aktie <-, -n> ['ak·tsjə] *f* BÖRSE share, stock; **die ~n stehen gut/schlecht** (*einen guten/schlechten Kurs haben*) the stock is doing well/badly; (*fig: die Umstände sind vorteilhaft*) things are/aren't looking good
Aktienfonds *m* stock fund
Aktiengesellschaft *f* corporation, joint stock company
Aktienkurs *m* stock price
Aktienmarkt *m* stock market
Aktion <-, -en> [ak·'tsjoːn] *f* ❶ (*Handlung*) action; **in ~ sein** to be [constantly] in action; **in ~ treten** to come into action ❷ (*Sonderverkauf*) sale ❸ (*Militär-, Werbeaktion*) campaign
Aktionär(in) <-s, -e> [ak·tsjo·'nɛːɐ̯] *m(f)* FIN stockholder, shareholder
Aktionspreis *m* special offer
Aktionsradius *m* ❶ (*Reichweite*) radius of action ❷ (*Wirkungsbereich*) sphere of activity
aktiv [ak·'tiːf] I. *adj* active II. *adv* actively
Aktiv <-s, -e> ['ak·tiːf, *pl* 'ak·tiː·və] *nt pl selten* LING active [voice]
aktivieren* [ak·ti·'viː·rən] *vt* ❶ (*anspornen*) ■ **jdn ~** to get sb moving ❷ (*aktiver gestalten*) to intensify ❸ (*anregen*) to stimulate ❹ (*in Gang setzen*) to activate
Aktivierung <-, -en> *f* activation
Aktivist(in) <-en, -en> [ak·ti·'vɪst] *m(f)* activist
Aktivität <-, -en> [ak·ti·vi·'tɛːt] *f* activity
Aktmalerei *f* nude painting
Aktmodell *nt* nude model
aktualisieren* *vt* to update
Aktualisierung <-, -en> [ak·tya·li·'ziː·rʊŋ] *f* update
Aktualität <-> [ak·tya·li·'tɛːt] *f kein pl* up-to-dateness

aktuell [ak·'tʊɛl] *adj* ❶ (*gegenwärtig*) current; ~e **Vorgänge** current events ❷ (*modern*) fashionable, in fashion *pred*

Aktzeichnung *f* nude drawing

Akupressur <-, -en> [aku·prɛ·'suːɐ̯] *f* acupressure

akupunktieren* [aku·pʊŋk·'tiː·rən] *vt, vi* to perform acupuncture [on sb]

Akupunktur <-, -en> [aku·pʊŋk·tuːɐ̯] *f* acupuncture

Akustik <-> [a'kʊs·tɪk] *f kein pl* acoustics + *pl vb;* **der Raum hat eine gute** ~ the room has good acoustics

akustisch [a'kʊs·tɪʃ] **I.** *adj* acoustic **II.** *adv* acoustically; **ich habe dich rein** ~ **nicht verstanden** I just didn't hear what you said

akut [a'kuːt] *adj* ❶ (*plötzlich auftretend*) acute ❷ (*dringend*) urgent

AKW <-s, -s> [aːka·'veː] *nt Abk von* **Atomkraftwerk**

Akzent <-[e]s, -e> [ak·'tsɛnt] *m* ❶ (*Aussprache*) accent ❷ LING (*Zeichen*) accent ❸ (*Betonung*) stress ❹ (*Schwerpunkt*) emphasis; **den** ~ **auf etw legen** to emphasize sth

akzentfrei *adj, adv* without an accent

akzentuieren* [ak·tsɛn·tu·'iː·rən] *vt* (*geh*) ❶ (*betonen*) to emphasize ❷ (*hervorheben*) to accentuate

akzeptabel [ak·tsɛp·'taː·bl̩] *adj* acceptable (**für** +*akk* to)

Akzeptanz <-> [ak·tsɛp·'tants] *f* acceptance

akzeptieren* [ak·tsɛp·'tiː·rən] *vt* to accept

Alarm <-[e]s, -e> [a'larm] *m* ❶ (*Warnsignal*) alarm; ■ ~ **schlagen** to sound the alarm ❷ (*Alarmzustand*) alert

Alarmanlage *f* alarm [system]

Alarmbereitschaft *f* standby; ■ **in** ~ **sein** to be on standby

alarmieren* [alar·'miː·rən] *vt* ❶ (*zum Einsatz rufen*) to call ❷ (*aufschrecken*) to alarm

Alarmsignal *nt* alarm signal

Alaska <-s> [a'las·ka] *nt* Alaska

Albaner(in) <-s, -> [al·'baː·nɐ] *m(f)* Albanian; *s. a.* **Deutsche(r)**

Albanien <-s> [al'baː·niən] *nt* Albania; *s. a.* **Deutschland**

albanisch [al·'baː·nɪʃ] *adj* Albanian; *s. a.* **deutsch**

Albatros <-, -se> ['alba·trɔs] *m* albatross

Alben *pl von* **Album**

albern¹ ['al·bɐn] **I.** *adj* ❶ (*kindisch*) childish; (*dumm*) silly ❷ (*unbedeutend*) trivial **II.** *adv* childishly

albern² ['al·bɐn] *vi* to fool around

Albernheit <-, -en> *f* ❶ *kein pl* (*kindisches Wesen*) childishness ❷ (*Belanglosigkeit*) triviality ❸ (*kindische Handlung*) silliness

Albino <-s, -s> [al·'biː·no] *m* albino

Albtraumᴿᴿ *m* nightmare

Album <-s, Alben> ['al·bʊm, *pl* 'al·bən] *nt* album

Alchemie <-> [al·çə·'miː], **Alchimie** <-> [al·çi·'miː] *f kein pl bes* ÖSTERR alchemy

Alge <-, -n> ['al·gə] *f* alga

Algenpest *f* ÖKOL plague of algae

Algerien <-s> [al·'geː·riə̯n] *nt* Algeria; *s. a.* **Deutschland**

Algerier(in) <-s, -> *m(f)* Algerian; *s. a.* **Deutsche(r)**

algerisch [al·'geː·rɪʃ] *adj* Algerian; *s. a.* **deutsch**

alias ['a:li̯as] *adv* alias

Alibi <-s, -s> ['a:li·bi] *nt* ❶ (*bei Tatverdacht*) alibi ❷ (*Vorwand*) excuse

Alibifunktion *f* use as an alibi; ■ [nur] ~ **haben** to [only] serve as an alibi

Alien <-, -s> ['eɪ:·li̯ən] *m* alien

Alimente [ali·'mɛn·tə] *pl* alimony

Alkohol <-s, -e> ['al·ko·hoːl] *m* alcohol

Alkoholeinflussᴿᴿ *m* influence of alcohol

Alkoholfahne *f* (*fam*) boozy breath; ■ **eine** ~ **haben** to smell of alcohol

alkoholfrei *adj* nonalcoholic

Alkoholgehalt *m* alcohol[ic] content

Alkoholgenussᴿᴿ *m* alcohol consumption

alkoholhaltig *adj* alcoholic

Alkoholiker(in) <-s, -> [al·ko·'hoː·li·kɐ] *m(f)* alcoholic; ~ **sein** to be an alcoholic

alkoholisch [al·ko·'hoː·lɪʃ] *adj* alcoholic

alkoholisiert [al·ko·ho·li·'ziː·ɐ̯t] *adj* inebriated

Alkoholismus <-> [al·ko·ho·'lɪs·mʊs] *m kein pl* alcoholism

alkoholkrank *adj* alcohol

Alkoholmissbrauchᴿᴿ *m kein pl* alcohol abuse

Alkoholpegel *m* (*hum*), **Alkoholspiegel** *m* alcohol level in one's blood

alkoholsüchtig *adj* alcoholic

Alkoholsünder(in) *m(f)* (*fam*) [convicted] drunk driver *fam*

Alkoholtest *m* breath test *fam*

Alkoholverbot *nt* ban on alcohol

Alkoholvergiftung *f* alcohol poisoning

Alkoholwirkung *f* effect of alcohol

all [al] *pron indef* all; ~ **ihr Geld** all her money

All <-s> [al] *nt kein pl* space

allabendlich [al·'ʔaː·bn̩t·lɪç] **I.** *adj* regular evening *attr;* **der** ~**e Spaziergang** the regular evening walk **II.** *adv* every evening

Allah <-s> ['a'la:] *m kein pl* REL Allah

alldem [al·'deːm] *pron* all that; **trotz** ~ in spite of that

alle ['alə] *adj pred* (*fam*) ❶ (*aufgebraucht*) ■ ~ **sein** to be all gone; **etw** ~ **machen** to finish sth off *sep* ❷ (*erschöpft*) ■ ~ **sein** to be finished

alle(r, s) ['alə, -lə, -ləs] *pron indef* ❶ *attr* (*mit Singular*) all; **er hat** ~**s Geld verloren** he's lost all his money; |**ich wünsche dir**| ~**s Gute** [I wish you] all the best ❷ (*mit Plural*) all, all the; ~**e Anwesenden** all those present; ~ **auf einmal** all at once ❸ *substantivisch* (*jeder*) ■ ~ all of you, everyone, all of them; **und damit sind** ~ **gemeint** and that means everyone; **ihr seid** ~ **beide Schlitzohren!** you're both a couple of sly little weasels!; **wir haben**

~ **kein Geld mehr** none of us have any money left; ■~ **die[jenigen], die ...** everyone, who ... ④ *substantivisch* (*aller Dinge*) ■~**s** everything; **das ist ~s** that's everything; **ist das schon ~s?** is that it? ⑤ *substantivisch* (*insgesamt*) ■~**s** all [that]; **das ist doch ~s Unsinn** that's all nonsense ⑥ (*bei Zeit- und Maßangaben*) every; ~ **fünf Minuten/Meter** every five minutes/meters ► WENDUNGEN: **~s in ~m** all in all; [**wohl**] **nicht mehr ~ haben** (*fam*) to have a screw loose; **vor ~m** above all, especially

Allee <-, -n> [a'le:, *pl* a'le:ən] *f* avenue

allein [a'lain], **alleine** [a'lai·nə] (*fam*) **I.** *adj pred* ① (*ohne andere*) alone; **jdn ~ lassen** to leave sb alone; **sind Sie ~ oder in Begleitung?** are you by yourself or with someone? ② (*einsam*) lonely ③ (*ohne Hilfe*) on one's own **II.** *adv* ① (*bereits*) just; **~ der Schaden war schon schlimm genug** the damage alone was bad enough; **~ der Gedanke daran** the mere thought of it ② (*ausschließlich*) exclusively; **das ist ~ deine Entscheidung** it's your decision [and yours alone] ③ (*ohne Hilfe*) by oneself; **er kann sich schon ~ anziehen** he can already get himself dressed; **~ erziehend sein** to be a single parent; **von ~** by itself/oneself; **ich wäre auch von ~ darauf gekommen** I would have thought of it [by] myself ④ (*unbegleitet*) unaccompanied; (*isoliert*) alone

Alleinerbe, -erbin *m, f* sole heir *masc* [*or fem* heiress]

Alleinerziehende(r) *f(m) dekl wie adj* single parent

Alleingang <-gänge> *m* (*fam*) solo effort; **etw im ~ machen** to do sth on one's own

Alleinherrschaft *f* absolute power

Alleinherrscher(in) *m(f)* absolute ruler

alleinig [a'lai·nɪç] *adj attr* sole

allein|lassen[RR] *vt irreg* (*im Stich lassen*) **sich alleingelassen fühlen** to feel abandoned

Alleinsein <-s> *nt kein pl* solitariness; (*Einsamkeit*) loneliness

alleinstehend *adj* single

Alleinstehende(r) *f(m) dekl wie adj* unmarried person, single

Alleinunterhalter(in) <-s, -> *m(f)* solo entertainer

allemal [alə·'ma:l] *adv* without any trouble; **was er kann, kann ich ~** whatever he can do, I can do too ► WENDUNGEN: **ein für ~** once and for all

allenfalls ['alən·fals] *adv* at [the] most, at best

allerbeste(r, s) ['ale·'bɛstə, -tɐ, -təs] *adj* very best; **ich wünsche dir das A~** I wish you all the best

allerdings ['ale·'dɪŋs] *adv* ① (*jedoch*) although; **ich rufe dich an, ~ erst morgen** I'll call you, though not until tomorrow ② (*in der Tat*) definitely; **~!** indeed!, you bet! *fam*; **hast du mit ihm gesprochen? — ~!** did you speak to him? — I certainly did!

allererste(r, s) ['ale·'ʔe:ɐstə, -tɐ, -təs] *adj* the [very] first; ■**als A~r** the first; ■**als A~s** first of all

allerfrühestens *adv* at the [very] earliest

Allergie <-, -n> [alɛr·'gi:, *pl* -'gi:·ən] *f* allergy (**gegen** +*akk* to); **~ auslösend** allergenic

Allergietest *m* allergy test

Allergiker(in) <-s, -> *m(f)* person with allergies

allergisch [a'lɛr·gɪʃ] **I.** *adj* allergic (**gegen** +*akk* to) **II.** *adv* **~ auf etw reagieren** MED to have an allergic reaction to sth; (*fig*) to get steamed up about sth

allerhand ['ale·'hant] *adj* (*fam*) all sorts of; (*ziemlich viel*) a great deal of; **ich habe noch ~ zu tun** I still have so much to do ► WENDUNGEN: **das ist ja ~!** that's a bit much!

Allerheiligen <-> ['ale·'hai·lɪ·gn̩] *nt* All Saints' Day

allerlei ['ale·'lai] *adj* ① *substantivisch* (*viel*) a lot; **ich muss noch ~ erledigen** I still have a lot to do ② *attr* (*viele Sorten*) all sorts of

allerletzte(r, s) ['ale·'lɛts·tə, -tɐ, -təs] *adj* [very] last ► WENDUNGEN: **das A~ sein** (*fam*) to be beyond the pale, to be the pits *fam*; **er ist das A~!** he's the worst [*or* such a loser]!

allerliebste(r, s) ['ale·'li:ps·tə, -tɐ, -təs] *adj* favorite; ■**am ~n** most [of all]; **mir wäre es am ~n, wenn ...** I would prefer it if ...

allermeiste(r, s) ['ale·'mais·tə, -tɐ, -təs] *adj* most *generalization*, the most *comparison*; ■**am ~n** most of all; **die ~n Leute** the vast majority of the people

allerneueste(r, s), allerneuste(r, s) *adj* latest; **auf dem ~n Stand** state-of-the-art; ■**das A~** the latest

Allerseelen <-> ['ale·'ze:·lən] *nt* All Souls' Day

allerspätestens *adv* at the latest

allerwenigste(r, s) *adj* (*zählbar*) fewest; (*unzählbar*) least; **in den ~n Fällen** in only very few cases; **das ~ Geld** the least money; ■**am ~n** the least

Allerwerteste ['ale·'ve:ɐ·təs·tə] *m dekl wie adj* (*hum*) behind

allesamt ['alə·'zamt] *adv* all [of them/you/us]; **die Politiker sind doch ~ korrupt** all politicians are corrupt

Allesfresser <-s, -> *m* BIOL omnivore

Alleskleber *m* all-purpose glue

allg. *adj Abk von* **allgemein**

Allgäu <-s> ['al·gɔy] *nt* ■**das ~** the Allgäu (*German Alpine region*)

allgegenwärtig *adj* ubiquitous; REL omnipresent

allgemein ['al·gə·main] **I.** *adj* general; **von ~em Interesse sein** to be of general interest; **zur ~en Überraschung** to everyone's surprise; **~e Vorschriften** universal regulations; **das ~e Wohl** the common good ► WENDUNGEN: **im A~en** (*normalerweise*) generally speaking; (*insgesamt*) on the whole **II.** *adv* generally; **~ bekannt sein** to be common knowledge;

~ **gültig** general; ~ **verständlich** intelligible to everybody

Allgemeinbefinden <-s> ['al·gə·'main·bə·fɪn·dn̩] nt kein pl general health

Allgemeinbildung f kein pl general education

allgemeingültig adj attr s. **allgemein II**

Allgemeingültigkeit f [universal] validity

Allgemeinheit <-> ['al·gə·'main·hait] f kein pl ❶ (Öffentlichkeit) general public ❷ (Undifferenziertheit) generality

Allgemeinmedizin f general medicine

allgemeinverständlich adj s. **allgemein II**

Allgemeinwissen nt general knowledge

Allgemeinwohl nt welfare of the general public

Allgemeinzustand m general health

Allheilmittel nt cure-all

Allianz <-, -en> [a'li̯·ants] f alliance

Alligator <-s, -en> [ali·'ga:·toːɐ̯, pl -'toː·rən] m alligator

Alliierte(r) [ali·'iːɐ̯·tə -tɐ] f(m) dekl wie adj ally; ▪ **die ~ n** the Allies

alljährlich ['al·'jɛːɐ̯·lɪç] I. adj attr annual II. adv annually

Allmacht ['al·maxt] f kein pl unlimited power; REL omnipotence

allmächtig [al·'mɛç·tɪç] adj all-powerful; REL omnipotent

allmählich [al·'mɛː·lɪç] I. adj attr gradual II. adv ❶ (langsam) gradually; ~ **geht er mir auf die Nerven** he's beginning to get on my nerves ❷ (endlich) **wir sollten jetzt ~ gehen** it's time we left

Allradantrieb m four-wheel drive

allseits ['al·zaits] adv everywhere

Alltag ['al·ta:k] m ❶ (Werktag) workday ❷ kein pl (Realität) everyday life

alltäglich ['al·tɛːk·lɪç] adj ❶ attr (tagtäglich) daily, everyday ❷ (gang und gäbe) usual; **diese Probleme sind bei uns ~** these problems are part of everyday life here ❸ (gewöhnlich) ordinary

alltags ['al·ta:ks] adv on workdays

Allüren [a'ly:·rən] pl ❶ (geziertes Verhalten) affectation ❷ (Starallüren) airs and graces

allwissend ['al·'vɪ·sn̩t] adj knowing it all; REL omniscient

allzu ['al·tsu:] adv ~ **oft** only too often; **nicht ~ oft** not [all] too often; ~ **sehr** too much; ~ **viel** too much

Allzweckhalle f multipurpose hall

Allzweckreiniger m general-purpose cleaner

Alm <-, -en> [alm] f mountain pasture

Almosen <-s, -> ['al·mo:·zn̩] nt ❶ (pej: geringer Betrag) pittance ❷ (geh: Spende) alms

Alpen ['al·pn̩] pl ▪ **die ~** the Alps

Alpenpass[RR] m alpine pass

Alpenvorland [al·pn̩·'foːɐ̯·lant] nt kein pl foothills pl of the Alps

Alphabet <-[e]s, -e> [al·fa·'be:t] nt alphabet

alphabetisch [al·fa·'be:·tɪʃ] I. adj alphabetical II. adv alphabetically

alphabetisieren* [al·fa·beti·'ziː·rən] vt ❶ (ord-

nen) to put into alphabetical order ❷ ▪ **jdn ~** to teach sb to read and write

alphanumerisch [alfa·nu·'me:·rɪʃ] adj COMPUT alphanumeric

alpin [al·'pi:n] adj alpine

Alptraum ['alp·traum] m nightmare

als [als] konj ❶ (zeitlich) when, as; **ich kam, ~ er ging** I came as he was leaving; **gleich, ~ ...** as soon as ...; **damals, ~ ...** back in the days when ...; **gerade ~ ...** just when ... ❷ nach Komparativ than; **der Bericht ist interessanter ~ erwartet** the report is more interesting than would have been expected ❸ (wie) as; **alles andere ~ ...** everything but ...; **anders ~ jd** something to be different from sb; **niemand anders ~ ...** (a. hum, iron) none other than ... ❹ ▪ ..., ~ **habe/könne/sei/würde ...** as if ..., **als habe er es schon geahnt ...**, as if he had already known; **es sieht aus, ~ würde es bald schneien** it looks like snow ❺ (in der Eigenschaft) as; **schon ~ Kind hatte er immer Albträume** even as a child, he had nightmares; **sich ~ wahr/falsch erweisen** to prove to be true/false

also ['alzo] adv (folglich) so, therefore form

Alsterwasser nt NORDD (Bier mit Limonade) beer mixed with lemon-lime soda or ginger ale

alt <älter, älteste> [alt] adj ❶ (betagt) old; ▪ **älter sein/werden** to be/get older; **ältere Mitbürger** senior citizens; **A~ und Jung** young and old alike ❷ (ein bestimmtes Alter habend) old; **wie ~ ist er? – er ist 18 Monate/21 Jahre ~** how old is he? — he's 18 months [old]/ 21 [years old] ❸ (aus früheren Zeiten) ancient ▶ WENDUNGEN: ~ **aussehen** (fam: dumm dastehen) to look like a complete fool

Altar <-s, Altäre> [al·'ta:ɐ̯, pl al·'tɛː·rə] m altar

altbacken adj ❶ (nicht mehr frisch) stale ❷ (altmodisch) old-fashioned

Altbau <-bauten> m old building

Altbauwohnung f apartment in an old building

altbekannt ['alt·bə·'kant] adj well-known

altbewährt ['alt·bə·'vɛːɐ̯t] adj ❶ (seit langem bewährt) tried-and-true ❷ (lange gepflegt) well-established; **eine ~e Freundschaft** a long-standing friendship

Altbier nt top-fermented dark beer

Alte(r) ['altə, -tɐ] f(m) dekl wie adj (fam) ❶ (alter Mann) old geezer sl; (alte Frau) old lady; ❷ (Ehemann, Vater) old man sl; (Ehefrau, Mutter) old lady; ▪ **meine ~n** (Eltern) my folks ❸ (Vorgesetzte(r)) ▪ **der/die ~** the boss

alteingesessen adj long-established, old-established

Altenheim nt s. **Altersheim**

Altenhilfe f geriatric [or elderly] care

Altenpflege f geriatric [or elderly] care

Altenpfleger(in) m(f) geriatric nurse

Altenwohnheim nt nursing home, retirement home

Alter <-s, -> ['altɐ] nt ❶ (Lebensalter) age; **in**

jds *dat* ~ at sb's age; **in jds** ~ **sein** to be the same age as sb; **er ist in meinem** ~ he's my age; **mittleren** ~**s** middle-aged ❷(*Bejahrtheit*) old age; **er hat keinen Respekt vor dem** ~ he doesn't respect his elders; **im** ~ in old age ▶WENDUNGEN: ~ **schützt vor Torheit nicht** (*prov*) there's no fool like an old fool *prov*

älter ['ɛltɐ] *adj komp von* **alt**

altern ['al·tɐn] *vi sein Mensch* to age

alternativ [al·tɐr·na·'tiːf] **I.** *adj* alternative **II.** *adv* ~ **leben** to live an alternative lifestyle

Alternative <-, -n> [al·tɐr·na·'tiː·və] *f* alternative

Alternativreisende(r) *f(m)* *dekl wie adj* TOURIST alternative traveler

Altersarmut *f* poverty in old age

altersbedingt *adj* due to old age; ~**e Kurzsichtigkeit** myopia caused by old age

Altersbeschwerden *pl* complaints *pl* of old age

Altersbezüge *pl* pension

Alterserscheinung *f* symptom of old age

Altersgenosse, -genossin *m, f* person of the same age, contemporary

Altersgrenze *f* age limit; (*für den Rentenbeginn*) retirement age

Altersgründe *pl* ▪ **aus** ~**n** because of one's age

Altersgruppe *f* age group

Altersheim *nt* nursing [*or* retirement] home

Altersrente *f* social security

altersschwach *adj* ❶(*gebrechlich*) frail ❷(*fam: abgenutzt*) decrepit

Altersschwäche *f kein pl* (*Gebrechlichkeit*) infirmity

altersspezifisch *adj* age-related

Altersunterschied *m* age difference

Altersversorgung *f* pension; (*betrieblich*) retirement plan

altertümlich ['al·tɐ·tyːm·lɪç] *adj* ❶(*veraltet*) dated ❷(*archaisch*) ancient; LING archaic

Alterung <-, -en> *f* aging

älteste(r, s) ['ɛl·təs·tɐ, -tɐ, -təs] *adj superl von* **alt** oldest

Altgerät *nt* secondhand equipment

Altglas *nt* glass for recycling

Altglascontainer *m* glass recycling container [*or* bin]

altgriechisch *adj* classical Greek

althergebracht ['alt·'heːɐ̯·gə·braxt] *adj* traditional

Altkleidersammlung *f* collection of used clothing

altklug ['alt·'kluːk] *adj* precocious

ältlich ['ɛlt·lɪç] *adj* oldish

Altmaterial *nt* waste material

Altmetall *nt* scrap metal

altmodisch **I.** *adj* old-fashioned; (*rückständig*) old-fangled **II.** *adv* ~ **gekleidet** dressed in old-fashioned clothes; ~ **eingerichtet** furnished in an old-fashioned style

Altöl *nt* used oil

Altpapier *nt* waste paper

Altpapiersammlung *f* paper recycling

Altschulden *pl* POL, ÖKON *public debt left behind by the former GDR*

Altstadt *f* old town center

Altstoff *m* waste material

Altstoffcontainer *m* waste container; (*für wiederverwertbare Stoffe*) recycling bin

Altwarenhändler(in) *m(f)* secondhand dealer

Altweiberfas(t)nacht *f* DIAL *part of the carnival celebrations: the last Thursday before Ash Wednesday when women assume control*

Altweibersommer [alt·'vaibɐ·zɔ·mɐ] *m* Indian summer

Alu ['aːlu] *nt kurz für* **Aluminium**

Alufelge *f* aluminum [wheel] rim

Alufolie *f* aluminum [*or* tin] foil

Aluminium <-s> [alu·'miː·ni̯·ʊm] *nt kein pl* aluminum

Alzheimer <-s> ['alts·hai·mɐ] *m kein pl* (*fam*), **Alzheimerkrankheit**ᴿᴿ *f kein pl* Alzheimer's [disease]

am [am] ❶ = **an dem** *s.* **an** ❷ + *Superlativ* **ich fände es** ~ **besten, wenn ...** I think it would be best if ...; **es wäre mir** ~ **liebsten, wenn ...** I would prefer it if ...; ~ **schnellsten/schönsten sein** to be [the] fastest/most beautiful ❸(*fam: beim*) **ich bin** ~ **Schreiben!** I'm writing!

Amateur(in) <-s, -e> [ama·'tøːɐ̯] *m(f)* amateur

Amateurliga *f* amateur league

Amazonas <-> [ama·'tsoː·nas] *m* Amazon

Ambiente <-> [am·'bi̯ɛn·tə] *nt kein pl* (*geh*) ambience

Ambition <-, -en> [am·bi·'tsi̯oːn] *f meist pl* ambition; ~**en haben** to be ambitious

ambitioniert [am·bi·tsi̯o·'niːrt] *adj* (*geh*) ambitious

ambulant [am·bu·'lant] **I.** *adj* **ein** ~**er Patient** an outpatient **II.** *adv* **jdn** ~ **behandeln** to treat sb as an outpatient

Ambulanz <-, -en> [am·bu·'lants] *f* ❶(*im Krankenhaus*) outpatient department ❷(*Unfallwagen*) ambulance

Ameise <-, -n> ['aː·mai·zə] *f* ant

Ameisenbär *m* anteater

Ameisenhaufen *m* anthill

Amen <-s, -> ['aː·mɛn] *nt* Amen

Amerika <-s> [a·'meː·ri·ka] *nt* ❶(*Kontinent*) America ❷(*USA*) the USA, the United States, the States *fam*

Amerikaner(in) <-s, -> [ame·ri·'kaː·nɐ] *m(f)* American; *s. a.* **Deutsche(r)**

amerikanisch [ameri·'kaː·nɪʃ] *adj* American

amerikanisieren* [ameri·ka·ni·'ziː·rən] *vt* to Americanize

Amerikanismus <-, -men> [ameri·ka·'nɪs·mʊs] *m* LING Americanism

Ami <-s, -s> ['ami] *m* ❶(*fam: US-Bürger*) American, Yankee *fam* ❷(*sl: US-Soldat*) GI

Amiland *nt kein pl* (*sl: USA*) America

Amme <-, -n> ['amə] *f* wet nurse

Ammenmärchen *nt* (*fam*) old wives' tale

Amnesie <-, -n> [am·ne·'zi:, *pl* -'zi:·ən] *f* amnesia

Amnestie <-, -n> [am·nɛs·'ti:, *pl* -'ti:·ən] *f* amnesty; **eine ~ verkünden** to declare amnesty

amnestieren* [am·nɛs·'ti:·rən] *vt* to grant amnesty to

Amok ['a:mɔk] *m* ~ **laufen** to run amok

Amokläufer(in) *m(f)* madman *masc*, madwoman *fem*

amortisieren* [amɔr·ti·'zi:·rən] **I.** *vt* **eine Investition ~** to amortize an investment **II.** *vr* ■**sich ~** to pay for itself

amourös [amu·'rø:s] *adj* (*geh*) amorous

Ampel <-, -n> ['am·pl] *f* traffic light; **die ~ ist auf Rot gesprungen** the light turned red; **du hast eine rote ~ überfahren** you just ran a red light

Amphetamin <-s, -e> [am·fe·ta·'mi:n] *nt* amphetamine

Amphibie <-, -n> [am·'fi:·bi̯ə, *pl* -bi·ən] *f* amphibian

Amphitheater [am·'fi:·tea·tɐ] *nt* amphitheater

Ampulle <-, -n> [am·'pʊ·lə] *f* ampoule

Amputation <-, -en> [am·pu·ta·'tsi̯o:n] *f* amputation

amputieren* [am·pu·'ti:·rən] *vt, vi* to amputate

Amsel <-, -n> ['amzl] *f* blackbird

Amt <-[e]s, Ämter> [amt, *pl* 'ɛm·tɐ] *nt* ❶ (*Behörde*) office, department; **aufs ~ gehen** (*fam*) to go to the authorities; **Auswärtiges ~** State Department ❷ (*öffentliche Stellung*) post, position; (*ehrenamtliche Stellung*) office; **im ~ sein** to be in office; **ein ~ antreten** to take up one's post; **ein ~ innehaben** to hold an office

Ämterhäufung *f* holding of multiple positions

amtieren* [am'ti:·rən] *vi* ❶ (*ein Amt innehaben*) to hold office (**als** as); ■**~d** official ❷ (*fungieren*) ■**als etw ~** to act as sth

amtlich I. *adj* official **II.** *adv* officially

Amtsantritt *m* assumption of office

Amtsdeutsch *nt* (*pej*) officialese *pej*

Amtseid *m* oath of office

Amtsenthebung <-, -en> *f*, **Amtsentsetzung** <-, -en> *f* SCHWEIZ dismissal, removal from office

Amtsgericht *nt* ≈ local [*or* district] court

Amtshandlung *f* official duty

Amtsmissbrauchᴿᴿ *m* abuse of authority

Amtsperiode *f* term of office

Amtsrichter(in) *m(f)* ≈ local [*or* district] court judge

Amtssprache *f* official language

Amtszeit *f* term of office

Amulett <-[e]s, -e> [amu·'lɛt] *nt* amulet

amüsant [amy·'zant] *adj* amusing

amüsieren* [amy·'zi:·rən] **I.** *vr* ■**sich** *akk* ~ to enjoy oneself; **amüsiert euch gut!** have a good time!; ■**sich** *akk* **mit jdm ~** to have a good time with sb; ■**sich** *akk* **über jdn/etw ~** to laugh at sb/sth **II.** *vt* ■**jdn ~** to

amuse sb

Amüsierviertel *nt* red light district

an [an] **I.** *präp* ❶ +*akk o dat* (*räumlich*) ■**etw hängt ~ der Wand** sth is hanging on the wall; **sich** *akk* ~ **den Tisch setzen** to sit down at the table; **am Tisch sitzen** to sit at the table; **~s Telefon gehen** to answer the telephone; **am Telefon sein** to be on the phone; **etw ~ die Tafel schreiben** to write sth on the board; **jdn ~ die Hand nehmen** to take sb by the hand; **Tür ~ Tür wohnen** to be next-door neighbors ❷ +*dat* (*zeitlich*) **am Freitag** on Friday; **am Morgen** in the morning; **~ jenem Morgen** that morning; **~ Weihnachten** at Christmas; (*25. Dezember*) on Christmas Day ❸ +*dat* (*Eigenschaft*) **das Angenehme ~ etw** *dat* the pleasant thing about sth; **was ist ~ ihm so besonders?** what's so special about him? ❹ +*dat* (*mit Hilfe von*) **jdn ~ der Stimme erkennen** to recognize sb by his/her voice; **~ Krücken gehen** to walk on crutches ❺ SCHWEIZ (*auf*) on; (*bei*) at; (*in*) in; (*zu*) to; **das kam gestern am Fernsehen** it was on television yesterday ▸ WENDUNGEN: **~ [und für] sich** actually **II.** *adv* ❶ (*ungefähr*) **~ die ...** approximately ... ❷ (*fam: angeschaltet*) on; *Licht a.* burning

Anabolikum <-s, -ka> [ana·'bo:·li·kʊm] *nt* anabolic steroid

anachronistisch [ana·kro·'nɪs·tɪʃ] *adj* (*geh*) anachronistic

analog [ana·'lo:k] *adj* ❶ (*entsprechend*) analogous ❷ COMPUT analog

Analogie <-, -n> [ana·lo·'gi:, *pl* -'gi:·ən] *f* analogy

Analphabet(in) <-en, -en> ['an·ʔal·fa·be:t] *m(f)* illiterate

Analphabetentum <-s> *nt kein pl*, **Analphabetismus** <-> [an·ʔal·fa·be·'tɪs·mʊs] *m kein pl* illiteracy

Analverkehr *m* anal sex

Analyse <-, -n> [ana·'ly:·zə] *f* analysis

analysieren* [ana·ly·'zi:·rən] *vt* to analyze

Ananas <-, - *o* -se> ['ana·nas] *f* pineapple

Anarchie <-, -n> [anar·'çi:, *pl* -'çi:·ən] *f* anarchy

Anarchismus <-> [anar·'çɪs·mʊs] *m kein pl* anarchism

Anarchist(in) <-en, -en> [anar·'çɪst] *m(f)* anarchist

anarchistisch *adj* anarchic

Anatomie <-, -n> [ana·to·'mi:, *pl* -'mi:·ən] *f* anatomy

anatomisch [ana·'to:·mɪʃ] **I.** *adj* anatomic **II.** *adv* anatomically

an|baggern *vt* (*sl*) to hit on

an|bahnen *vr* ■**sich** ~ to be in the making; **zwischen ihnen bahnt sich etwas an** there's sth going on there

an|bändeln ['an·bɛn·dln] *vi* ■**mit jdm** ~ to flirt with sb

Anbau[1] *m kein pl* AGR cultivation

Anbau[2] <-bauten> *m* (*Nebengebäude*) annex,

addition

an|bauen vt ➊ Gemüse to grow ➋ Gebäude to build an extension [or addition] to

Anbaufläche f AGR ➊ (zum Anbau geeignet) land suitable for cultivation ➋ (bebaut) acreage

Anbaugebiet nt AGR arable land

an|beißen irreg I. vi to take the bait II. vt ■etw ~ to take a bite of sth ▶ WENDUNGEN: **zum A~** (fam) hot sl

an|bellen vt to bark at

an|beten vt ➊ REL to worship ➋ (verehren) to adore

Anbetracht m ■in ~ einer S. gen in view of

an|biedern ['an·biː·dən] vr (pej) ■sich akk **bei jdm** ~ to curry favor with sb

an|bieten irreg I. vt to offer II. vr ■sich akk ~ ➊ (sich zur Verfügung stellen) to offer one's services; ■sich ~ etw zu tun to offer to do sth ➋ (naheliegen) to be just the right thing

Anbieter(in) <-s, -> m(f) supplier

an|binden vt irreg (festbinden) to tie (an +akk to)

Anblick m sight; **beim ersten** ~ at first sight

an|blicken vt to look at

an|brechen irreg I. vi sein to begin; Tag to dawn; Winter, Abend to set in; Dunkelheit, Nacht to fall II. vt haben ➊ (zu verbrauchen beginnen) to open; **die Vorräte** ~ to break into supplies ➋ (teilweise brechen) to chip

an|brennen irreg vi sein to burn; ■etw ~ lassen to let sth burn; **es riecht hier so angebrannt** something smells burned in here ▶ WENDUNGEN: **nichts** ~ lassen (fam) to not hesitate

an|bringen vt irreg ➊ (befestigen) to affix, to stick to ➋ (vorbringen) to introduce

Anbruch m kein pl (geh) **bei** ~ **des Tages** at the break of day; **bei** ~ **der Dunkelheit** at dusk

an|brüllen vt to shout at

Andacht <-, -en> ['an·daxt] f prayer service

andächtig ['an·dɛç·tɪç] I. adj ➊ REL devout ➋ (ehrfürchtig) reverent; (in Gedanken versunken) rapt II. adv ➊ REL devoutly ➋ (hum: ehrfürchtig) reverently; (inbrünstig) raptly

an|dauern vi to continue; Gespräche to go on

andauernd I. adj continuous II. adv continuously

Anden ['an·dn̩] pl Andes npl

Andenken <-s, -> nt ➊ (Souvenir) souvenir ➋ (Erinnerungsstück) keepsake ➌ kein pl (Erinnerung) memory; **zum** ~ **an jdn** in memory of sb

andere(r, s) ['an·də·rə, -rə, -rəs] pron indef ➊ (abweichend) different, other; **das ist eine** ~ **Frage** that's another question; **das** ~ **Geschlecht** the opposite sex; **ein** ~**s Mal** another time ➋ (weitere) other; **haben Sie noch** ~ **Fragen?** do you have any more questions? ➌ substantivisch **es gibt noch** ~, **die warten!** there are others waiting!; ■**ein** ~**r/ eine** ~ someone else; **alle** ~**n** all [the] others;

wir ~**n** the rest of us; **das T-Shirt ist schmutzig** – **hast du noch ein** ~**s** this T-shirt is dirty — do you have another one?; **das ist etwas ganz** ~**s!** that's something entirely different; **es bleibt uns nichts** ~**s übrig** there's nothing else we can do; **unter** ~**m** ... ... among other things

anderenfalls ['an·də·rən·fals] adv otherwise

anderenorts ['an·də·rən·ʔɔrts] adv (geh) elsewhere

andererseits ['an·də·re·zaits] adv on the other hand

andermal ['an·de·maːl] adv ■**ein** ~ another time

ändern ['ɛn·dən] vt, vr ■[sich akk] ~ to change; **ich kann es nicht** ~ I can't do anything about it; **daran kann man nichts** ~ there's nothing you can do about it; **seine Meinung** ~ to change one's mind; **es hat sich nichts geändert** nothing's changed

andernfalls ['an·dən·fals] adv otherwise

andernorts ['an·dən·ʔɔrts] adv (geh) elsewhere

anders ['an·dəs] adv ➊ (verschieden) differently; ■~ **als** ... different from [or than] ...; ~ **als sonst** different than usual; **es sich** dat ~ **überlegen** to change one's mind; ~ **denkend** dissenting ➋ (sonst) otherwise; ~ **kann ich es mir nicht erklären** I can't think of another explanation; **jemand** ~ somebody else; **niemand** ~ nobody else; **es ging leider nicht** ~ I'm afraid I couldn't do anything about it ▶ WENDUNGEN: **nicht** ~ **können** (fam) to be unable to help it; **jdm wird ganz** ~ sb feels dizzy

andersartig ['an·dəs·ʔaːɐ̯·tɪç] adj different

andersdenkend adj attr dissenting

Andersdenkende(r) f(m) dekl wie adj dissident

andersfarbig I. adj of a different color II. adv a different color; ~ **lackiert** painted a different color

andersgläubig adj of a different faith

anders(he)rum ['an·dəs·(hɛ)rʊm] I. adv the other way around II. adj pred (fam: homosexuell) gay

anderswo ['an·dəs·voː] adv ➊ (an einer anderen Stelle) somewhere else ➋ (an anderen Orten) elsewhere

anderthalb ['an·dət·'halp] adj one and a half; ~ **Stunden** an hour and a half

Änderung <-, -en> f change; **eine** ~ **an etw** dat **vornehmen** to change sth; **geringfügige** ~**en** slight alterations

Änderungsschneider(in) m(f) ≈ tailor masc, ≈ seamstress fem

Änderungsvorschlag m proposed change

Änderungswunsch m change request

anderweitig ['an·de·vai·tɪç] I. adj attr other II. adv ➊ (mit anderen Dingen) ~ **beschäftigt sein** to be otherwise busy ➋ (bei anderen Leuten) ~ **verpflichtet sein** to have other commitments ➌ (an einen anderen) to somebody else ❹ (*anders*) **etw ~ verwenden** to use sth in a different way

an|deuten *vt* ❶ (*erwähnen*) to indicate ❷ (*zu verstehen geben*) to imply

Andeutung *f* hint; **eine versteckte ~** an insinuation; **eine ~ machen** to imply

andeutungsweise *adv* ❶ (*indirekt*) as an indication of ❷ (*rudimentär*) as an intimation

Andorra <-s> [an·'dɔ·ra] *nt* Andorra; *s. a.* **Deutschland**

Andorraner(in) <-s, -> [an·dɔ·'raː·nɐ] *m(f)* Andorran; *s. a.* **Deutsche(r)**

andorranisch *adj* Andorran; *s. a.* **deutsch**

Andrang *m kein pl* rush

andre(r, s) ['an·drə, -drɐ, -drəs] *pron indef s.* **andere(r, s)**

an|drehen *vt* ❶ (*anstellen*) to turn on ❷ (*fam: verkaufen*) ▪**jdm etw ~** to sell sb sth; ▪**sich** *dat* **etw ~ lassen** to be sold sth

andrerseits ['an·drɐ·zaits] *adv s.* **andererseits**

an|drohen *vt* ▪**jdm etw ~** to threaten sb with sth

an|lecken *vi sein* (*fam*) to shock

an|eignen *vr* ▪**sich** *dat* **etw ~** ❶ (*an sich nehmen*) to take sth ❷ *Wissen* to learn sth

aneinander [an·ʔai·'nan·dɐ] *adv* to one another; **etw ~ finden** to see sth in each other; **~ vorbeireden** to be working at cross-purposes

aneinander|fügen *vt* ▪**etw ~** to put sth together

aneinander|geraten* *vi irreg sein* to have a fight

aneinander|reihen *vt* ▪**etw ~** to string sth together

aneinander|schmiegen *vr* ▪**sich ~** to cuddle

aneinander|stellen *vt* ▪**etw ~** to put sth next to each other, to put sth together

Anekdote <-, -n> [anɛk·'doː·tə] *f* anecdote

an|ekeln *vt* ▪**jdn ~** to make sb sick; ▪**von etw** *dat* **angeekelt sein** to be disgusted by sth

Anemone <-, -n> [ane·'moː·nə] *f* BOT anemone

anerkannt *adj* recognized

an|erkennen* ['an·ʔɛɐ̯·kɛ·nən] *vt irreg* ❶ (*offiziell akzeptieren*) to recognize (**als** +*akk* as); *Kind* to acknowledge; *Forderung* to accept ❷ (*würdigen*) to appreciate ❸ (*gelten lassen*) to accept; *Meinung* to respect

anerkennend I. *adj* acknowledging; **ein ~er Blick** a look of acknowledg[e]ment **II.** *adv* in acknowledg[e]ment

anerkennenswert *adj* commendable

Anerkennung <-, -en> *f* ❶ (*offizielle Bestätigung*) recognition ❷ (*lobende Zustimmung*) praise; **~ finden** to gain recognition

an|erziehen* *vt irreg* ▪**jdm etw ~** to teach sb sth; ▪**anerzogen sein** to be acquired

an|fachen *vt* (*fig geh*) to arouse

an|fahren *irreg* **I.** *vi sein* to drive off; *Zug* to pull in **II.** *vt haben* ❶ (*beim Fahren streifen*) to hit ❷ (*schelten*) ▪**jdn ~** to snap at sb ❸ TRANSP to stop at; **einen Hafen ~** to pull in at a port

Anfahrt *f* trip [to]

Anfall *m* ❶ MED attack; **epileptischer ~** epileptic seizure ❷ (*Wutanfall*) fit [of rage]; **einen ~ kriegen** to throw a fit ❸ (*Anwandlung*) ▪**in einem ~ von etw** *dat* in a fit of sth

an|fallen *irreg* **I.** *vi sein* ❶ (*entstehen*) to arise ❷ *Kosten* to incur ❸ (*sich anhäufen*) to accumulate; *Arbeit a.* to pile up **II.** *vt haben* (*angreifen*) to attack

anfällig *adj* to be prone (**für** +*akk* to); AUTO, TECH temperamental

Anfang <-[e]s, -fänge> *m* ❶ (*Beginn*) beginning, start; **den ~ machen** to start; **einen neuen ~ machen** to make a fresh start; **~ September/der Woche** at the beginning of September/the week; **der Täter war ca. ~ 40** the perpetrator was in his early 40s; **von ~ bis Ende** from start to finish; **am ~** (*zu Beginn*) in the beginning; (*anfänglich*) to begin with; **von ~ an** from the [very] start ❷ (*Ursprung*) origin[s] *usu pl* ▸ WENDUNGEN: **der ~ vom Ende** the beginning of the end; **aller ~ ist schwer** (*prov*) the first step is always the hardest

an|fangen *irreg* **I.** *vi, vt* to begin, to start **II.** *vt* (*machen*) **etw anders ~** to do sth differently; **jd kann mit etw** *dat*/**jdm nichts ~** (*fam*) sth/sb is [of] no use to sb; **was soll ich damit ~?** what am I supposed to do with that?; **mit jdm ist nichts anzufangen** nothing can be done with sb; **nichts mit sich** *dat* **anzufangen wissen** to not know what to do with oneself

Anfänger(in) <-s, -> *m(f)* beginner; (*im Straßenverkehr*) student driver; **~ sein** to be a novice

Anfängerkurs *m* beginners' course

anfänglich I. *adj attr* initial *attr* **II.** *adv* initially

anfangs I. *adv* at first **II.** *präp* SCHWEIZ at the start of

Anfangsbuchstabe *m* initial, first letter

Anfangsschwierigkeiten *pl* initial difficulties *pl*

Anfangsstadium *nt* initial stage[s] *usu pl*

Anfangszeit *f* early stages *pl*

an|fassen I. *vt* ❶ (*berühren*) to touch ❷ (*behandeln*) to treat **II.** *vi* ▪**mit ~** to lend a hand

an|fauchen *vt* ❶ *Katze* to spit [*or* hiss] at ❷ (*fig fam*) to snap at

an|fechten *vt irreg* to dispute; JUR to contest

an|fertigen *vt* to make

an|feuchten *vt* to moisten

an|feuern *vt* ❶ (*ermutigen*) to cheer on ❷ (*anzünden*) to light

an|flehen *vt* to beg (**um** +*akk* for)

an|fliegen *irreg vt* to fly to

Anflug *m* ❶ LUFT approach ❷ (*fig: Andeutung*) hint; (*Anfall*) fit

an|fordern *vt* (*die Zusendung erbitten*) to request; *Katalog* to order

Anforderung *f kein pl* (*das Anfordern*) request; *Katalog* ordering; ▪**auf ~** [up]on request ❷ *meist pl* (*Anspruch*) demands; **~en [an jdn]**

stellen to place demands [on sb]; **du stellst zu hohe ~en** you're too demanding

Anfrage f inquiry; **■ auf ~** [up]on request

an|fragen vi to ask

an|freunden ['anˌfrɔyn·dn̩] vr ① (*Freunde werden*) **■ sich ~** to become friends; **■ sich** *akk* **mit jdm ~** to make friends with sb ② (*sich gewöhnen*) **■ sich** *akk* **mit etw** *dat ~* to get to like sth

an|fügen vt to add

an|fühlen vr **sich weich ~** to feel soft

an|führen vt ① (*vorangehen*) to lead ② (*zitieren*) to quote; *Beispiel, Grund* to give ③ (*benennen*) to name

Anführer(in) m(f) leader

Anführungsstrich m, **Anführungszeichen** nt *meist pl* quotation mark[s]

Angabe <-, -n> f ① *meist pl* (*Mitteilung*) details *pl*; **genauere ~n** further details; **~n zur Person** personal details; **~n machen** to give details (**über** +*akk* about, **zu** +*dat* about) ② *kein pl* (*Prahlerei*) bragging, boasting

an|gaffen vt (*pej*) to gape [*or* gawk] at

an|geben irreg **I.** vt ① (*nennen*) to give; **seinen Namen ~** to give one's name; **jdn als Zeugen ~** to cite sb as a witness ② (*behaupten*) to claim ③ (*anzeigen*) to indicate ④ (*bestimmen*) to set; *Takt* to give; **das Tempo ~** to set the pace **II.** vi (*prahlen*) to brag [*or* boast] (**mit** +*dat* about)

Angeber(in) <-s, -> m(f) showoff, poser

Angeberei <-, -en> [anˈge·bəˈˈrai] f (*fam*) boasting, bragging

angeberisch **I.** adj pretentious **II.** adv pretentiously

Angebetete(r) f(m) *dekl wie adj* (*hum*) beloved

angeblich ['anˈge:pˈlɪç] **I.** adj attr alleged **II.** adv allegedly; **er hat ~ nichts gewusst** supposedly, he didn't know anything about it

angeboren adj innate; MED congenital

Angebot nt ① (*das Anbieten*) offer ② *kein pl* (*Warenangebot*) variety of goods; **~ und Nachfrage** supply and demand ③ (*Sonderangebot*) special offer; **im ~** on sale

angebracht **I.** adj ① (*sinnvoll*) sensible ② (*angemessen*) suitable **II.** pp von **anbringen**

angegossen adj ▶ WENDUNGEN: **wie ~ sitzen** (*fam*) to fit like a glove

angegriffen **I.** adj frail; *Nerven* raw **II.** adv **~ aussehen** to look exhausted **III.** pp von **angreifen**

angeheitert ['anˈgə·haiˈtet] adj (*fam*) tipsy

an|gehen irreg **I.** vi sein ① (*sich einschalten, entzünden*) *Licht, Radio* to come on; *Feuer* to start ② (*bekämpfen*) **■ gegen etw ~** to fight against sth **II.** vt ① haben *o* SÜDD, ÖSTERR sein (*in Angriff nehmen*) to tackle ② haben (*betreffen*) to concern; **was geht mich das an?** what's that got to do with me?; **das geht dich nichts an!** (*fam*) that's none of your business!; **was mich angeht, ...** as far as I am concerned, ...

angehend adj prospective

an|gehören* vi to belong to

Angehörige(r) f(m) *dekl wie adj* ① (*Familienangehörige*) relative; **die nächsten ~n** the next of kin ② (*Mitglied*) member

Angeklagte(r) f(m) *dekl wie adj* accused

Angel <-, -n> ['anˌl] f rod and reel, fishing pole

Angelegenheit <-, -en> f matter; **sich** *akk* **um seine eigenen ~en kümmern** to mind one's own business

Angelhaken m fishhook

angeln ['anˌln] **I.** vi ① (*Fische fangen*) to fish ② (*zu greifen versuchen*) to fish [around] (**nach** +*dat* for) **II.** vt to catch; **sich** *dat* **einen Mann ~** (*fam*) to catch oneself a man

Angelpunkt m crucial point

Angelrute f fishing rod

Angelsachse, -sächsin <-n, -n> ['anˌl·zakˈsə] m, f Anglo-Saxon

angemessen **I.** adj ① (*entsprechend*) fair; **■ einer S.** *dat* **~ sein** to be proportionate to sth ② (*passend*) appropriate **II.** adv ① (*entsprechend*) proportionately ② (*passend*) appropriately

angenehm **I.** adj pleasant; *Nachricht* good; *Wetter* agreeable ▶ WENDUNGEN: **das A~e mit dem Nützlichen verbinden** to mix business with pleasure **II.** adv pleasantly

angepasst^RR, angepaßt^ALT **I.** adj, adv conformist **II.** pp von **annehmen**

angeregt **I.** adj animated **II.** adv animatedly; **sie diskutierten ~** they had an animated discussion **III.** pp von **anregen**

angesagt **I.** adj (*fam*) **■ ~ sein** (*in Mode*) to be in; (*geplant*) to be scheduled **II.** pp von **ansagen**

angeschlagen **I.** adj weak[ened]; *Gesundheit* poor **II.** pp von **anschlagen**

angesehen **I.** adj respected; *Firma* of good standing **II.** pp von **ansehen**

Angesicht nt (*geh*) **von ~ zu ~** face to face

angesichts präp +*gen* in the face of

angespannt **I.** adj tense; *Situation* critical **II.** adv **~ wirken** to seem tense; **etw ~ verfolgen** to follow sth closely **III.** pp von **anspannen**

angestammt adj (*geerbt*) hereditary; (*überkommen*) traditional

angestaubt adj outdated; **~e Ansichten** antiquated views

Angestellte(r) f(m) *dekl wie adj* employee

angestrengt **I.** adj ① *Gesicht* strained ② (*intensiv*) hard **II.** adv (*konzentriert*) intently; **~ diskutieren** to discuss intensively **III.** pp von **anstrengen**

angetan **I.** adj **■ von jdm/etw ~ sein** to be taken with sb/sth; **■ es jdm ~ haben** to appeal to sb **II.** pp von **antun**

angetrunken **I.** adj tipsy, buzzed *fam* **II.** pp von **antrinken**

angewandt **I.** adj attr applied **II.** pp von **anwenden**

angewiesen **I.** adj dependent (**auf** +*akk* [up]on) **II.** pp von **anweisen**

an|gewöhnen* vt ■sich dat etw ~ to get into the habit of [doing] sth
Angewohnheit f habit
angewurzelt adj ▶ WENDUNGEN: wie ~ daste-hen to stand rooted to the spot
an|gleichen irreg I. vt to bring into line II. vr ■sich akk ~ to adapt oneself (+dat to)
Angleichung f adaptation
Angler(in) <-s, -> ['aŋ·le] m(f) angler
an|gliedern vt to incorporate (+dat into)
anglikanisch [aŋ·gli·'ka:·nɪʃ] adj Anglican; die ~e Kirche the Church of England
Anglizismus <-, -men> [aŋ·gli·'tsɪs·mʊs] m LING Anglicism
an|glotzen vt (fam) to stare at
an|graben irreg vt ■jdn ~ (sl) to come on to sb
angreifbar adj contestable
an|greifen irreg I. vt, vi (attackieren) to attack II. vt ❶ (schädigen) to damage ❷ (zersetzen) to corrode
Angreifer(in) <-s, -> m(f) ❶ MIL attacker ❷ meist pl SPORT attacking player
an|grenzen vi to border (an +akk on)
angrenzend adj attr bordering; die ~en Bau-plätze the adjoining building sites
Angriff m ❶ MIL attack; zum ~ übergehen to go on the offensive ❷ SPORT (Vorgehen) attack; (die Angriffsspieler) forwards pl; im ~ spie-len to play on offense ▶ WENDUNGEN: etw in ~ nehmen to tackle sth
Angriffsfläche f target
Angriffslust f kein pl aggressiveness
angriffslustig adj aggressive
Angriffspunkt m target
an|grinsen vt to grin at
angst [aŋst] adj ■jdm ist/wird ~ [und bange] sb is/becomes afraid
Angst <-, Ängste> [aŋst, pl 'ɛŋs·tə] f fear (vor +dat of); ~ bekommen (fam) to get scared; ~ [vor etw dat] haben to be afraid [of sth]; ~ um etw haben to be worried about sth; jdm ~ machen to frighten sb
Angsthase m (fam) scaredy-cat
ängstigen ['ɛŋs·tɪ·gn] I. vt ❶ (in Furcht verset-zen) to frighten ❷ (beunruhigen) to worry II. vr ■sich akk ~ ❶ (Furcht haben) to be afraid ❷ (sich sorgen) to worry
ängstlich ['ɛŋst·lɪç] adj ❶ (verängstigt) fright-ened, timid ❷ (besorgt) worried
Ängstlichkeit <-> f kein pl ❶ (Furchtsamkeit) fear ❷ (Besorgtheit) anxiety
Angstmacher(in) m(f) (pej) scaremonger
Angstmacherei <-> ['aŋst·ma·xə·rai] f kein pl (pej) scaremongering
Angstschweiß m cold sweat
an|gucken vt (fam) to look at
an|gurten vr ■sich akk ~ to fasten one's seat belt, to buckle up
an|haben vt irreg ❶ Kleidung to have on ❷ (Schaden zufügen) jdm nichts ~ können to be unable to harm sb
an|halten irreg I. vi ❶ (stoppen) to stop ❷ (fortdauern) to continue II. vt ❶ (stoppen)

to bring to a stop ❷ (anleiten) ■jdn [zu etw dat] ~ to teach sb [to do sth]
anhaltend adj continuous; Lärm incessant; Schmerz persistent; die ~e Hitzewelle the continuing heat wave
Anhalter(in) <-s, -> ['an·hal·te] m(f) hitchhik-er; per ~ fahren to hitchhike
Anhaltspunkt m clue
anhand [an·'hant] präp +gen on the basis of
Anhang <-[e]s, -hänge> m ❶ (Nachtrag) ap-pendix ❷ kein pl (Angehörige) [close] family, dependants ❸ kein pl (Gefolgschaft) followers ❹ COMPUT attachment
an|hängen vt ❶ (ankuppeln) to couple (an +akk to) ❷ (hinzufügen) to add ❸ (fam: anlas-ten) ■jdm etw ~ to blame sth on sb ❹ COMPUT to attach
Anhänger <-s, -> m ❶ AUTO trailer ❷ (Schmuckstück) pendant ❸ (Gepäckanhän-ger) label
Anhänger(in) <-s, -> m(f) ❶ SPORT fan ❷ (Ge-folgsmann) follower, supporter
Anhängerschaft <-> f kein pl ❶ (Gefolgs-leute) followers pl, supporters pl ❷ SPORT fans pl
anhänglich ['an·hɛŋ·lɪç] adj (sehr an jdm hän-gend) devoted; (sehr zutraulich) friendly; die Kinder sind sehr anhänglich the children won't leave their mother's side
Anhänglichkeit <-> f kein pl ❶ (anhängliche Art) devotion ❷ (Zutraulichkeit) trusting na-ture
an|hauchen vt to breathe on
an|hauen vt irreg (sl) to accost; jdn um 5 Euro ~ to hit sb up for 5 euros
an|häufen vt, vr ■[sich] ~ ❶ (aufhäufen) to pile up ❷ (fig: ansammeln) to accumulate
Anhäufung <-, -en> f ❶ (das Aufhäufen) piling up ❷ (fig: das Ansammeln) accumula-tion
an|heben irreg vt ❶ (hochheben) to lift [up sep] ❷ (erhöhen) to increase
Anhebung <-, -en> f increase; die ~ der Preise the increase in prices
an|heften vt ❶ (daran heften) to attach ❷ (an-stecken) to pin on sep
Anhieb m auf ~ (fam) right away; das kann ich nicht auf ~ sagen I can't say off the top of my head
an|himmeln vt (fam) to idolize
Anhöhe f high ground
an|hören I. vt ❶ (zuhören) ■[sich dat] etw ~ to listen to sth ❷ (mithören) ein Geheimnis [mit] ~ to overhear a secret ❸ (anmerken) ■jdm etw ~ to hear sth in sb['s voice]; dass er Däne ist, hört man ihm nicht an you can't tell from his accent that he's Danish II. vr (klin-gen) ■sich ~ to sound
Animateur(in) <-s, -e> [anima·'tø:ɐ̯] m(f) host masc, hostess fem
animieren* [ani·'mi:·rən] vt to encourage
Anis <-[es], -e> [a'ni:s] m ❶ (Pflanze) anise ❷ (Gewürz) aniseed

an|kämpfen *vi* to fight (**gegen** +*akk* against); **sie kämpfte gegen ihre Tränen an** she fought back her tears

Ankauf *m* buy

an|kaufen *vt* to buy

an|keksen ['an·ke:k·sən] *vt* ■jdn ~ (*sl*) to get on sb's nerves

Anker <-s, -> ['aŋ·kɐ] *m* anchor; **vor** ~ **gehen** to drop anchor [somewhere]; **den** ~ **lichten** to weigh anchor; **vor** ~ **liegen** to lie at anchor

ankern ['aŋ·kɐn] *vi* ❶(*Anker werfen*) to drop anchor ❷(*vor Anker liegen*) to lie at anchor

Ankerplatz *m* anchorage

an|ketten *vt* to chain up (**an** +*akk* to)

Anklage <-, -n> *f* ❶(*Beschuldigung*) accusation ❷*kein pl* JUR charge; **gegen jdn** ~ [**wegen etw** *gen*] **erheben** to charge sb [with sth]; **unter** ~ **stehen** to be charged

Anklagebank <-bänke> *f pl selten* JUR dock; **auf der** ~ **sitzen** to be in the dock

an|klagen *vt* ❶JUR to charge ❷(*beschuldigen*) to accuse ❸(*anprangern*) to denounce

Anklang *m* ▶WENDUNGEN: ~ **finden** to meet with approval

an|kleben *vt* to stick on

Ankleideraum *m* dressing room

an|klicken *vt* COMPUT to click on

an|klopfen *vi* to knock

an|knabbern *vt* (*fam*) to gnaw [away] at

an|knipsen *vt* (*fam*) to flick on *fam*

an|knüpfen I. *vt* to tie (**an** +*akk* to) II. *vi* (*wieder aufnehmen*) ■**an etw** ~ to resume sth; **an ein altes Argument** ~ to take up an old argument

an|kommen *irreg* I. *vi sein* ❶(*eintreffen*) to arrive; **seid ihr gut angekommen?** did you arrive safely? ❷(*gelangen zu*) ■**bei etw** *dat* ~ to reach sth ❸(*fam: Anklang finden*) ■[**bei jdm**] ~ *Sache* to go over well [with sb]; *Person* to make an impression [on sb] ❹(*sich durchsetzen*) ■**gegen jdn/etw** ~ to get the better of sb/sth II. *vi impers sein* ❶(*wichtig sein*) ■**auf etw** ~ sth matters; ■**es kommt darauf an, dass ...** what matters is that ... ❷(*abhängen von*) ■**auf jdn/etw** ~ to be dependent on sb/sth; **das kommt darauf an** it depends

Ankömmling <-s, -e> *m* newcomer

an|kotzen *vt* (*derb: anwidern*) to make sick

an|kreiden *vt* ■**jdm etw** ~ to hold sth against sb

an|kreuzen *vt* to mark with a cross

an|kündigen *vt* to announce

Ankündigung *f* announcement

Ankunft <-, -künfte> ['an·kʊnft, *pl* -kʏnf·tə] *f* arrival

Ankunftshalle *f* arrival[s] lounge

an|kurbeln *vt* ÖKON to boost

an|lächeln *vt* to smile at

an|lachen *vr* (*fam*) ■**sich** *dat* **jdn** ~ to flirt with sb

Anlage <-, -n> *f* ❶(*Fabrikanlage*) plant ❷(*Grünanlage*) park ❸(*Sportanlage*) facility ❹(*Stereoanlage*) sound system ❺sani-**täre** ~**n** sanitary facilities ❻(*Kapitalanlage*) investment ❼*meist pl* (*Veranlagung*) disposition

an|langen *vt* SÜDD (*anfassen*) to touch

Anlass^RR <-es, -lässe>, **Anlaß**^ALT <-sses, -lässe> ['an·las, *pl* 'an·lɛsə] *m* ❶(*Grund*) reason; **es besteht kein** ~ **zu etw** *dat*/, **etw zu tun** there are no grounds for sth/to do sth; [**jdm**] ~ **zu etw** *dat* **geben** to give [sb] grounds for sth; **keinen** ~ **haben, etw zu tun** to have no grounds to do sth; **etw zum** ~ **nehmen, etw zu tun** to use sth as an opportunity to do sth ❷(*Gelegenheit*) occasion; **dem** ~ **entsprechend** to fit the occasion

an|lassen *irreg vt* ❶AUTO to start [up *sep*] ❷(*fam: anbehalten*) to keep on *sep* ❸(*fam: in Betrieb lassen*) to leave on *sep*

Anlasser <-s, -> *m* AUTO starter [motor]

anlässlich^RR, **anläßlich**^ALT ['an·lɛs·lɪç] *präp* +*gen* on the occasion of

an|lasten *vt* ■**jdm etw** ~ to blame sb for sth

Anlauf <-[e]s, -läufe> *m* ❶SPORT running start; ~ **nehmen** to take a running start; **mit** ~ with a running start ❷(*fig: Versuch*) attempt

an|laufen *irreg* I. *vi sein* ❶(*beginnen*) to begin ❷*Brillengläser, Glasscheibe* to steam [*or* fog] up; *Metall* to tarnish ❸**vor Wut rot** ~ to turn purple with rage II. *vt haben* **den Hafen** ~ to put into port

Anlaufschwierigkeit *f meist pl* initial difficulty

Anlaufstelle *f* refuge

an|legen I. *vt* ❶(*erstellen*) to compile; *Liste* to draw up ❷*Garten, Park* to lay out ❸*Vorrat* to stock up ❹*Geld* to invest II. *vi Schiff* to berth III. *vr* ■**sich** *akk* **mit jdm** ~ to pick a fight with sb

Anlegeplatz *m* dock

an|lehnen I. *vt* ❶(*daran lehnen*) to lean [against] ❷*Tür* to leave ajar II. *vr* ■**sich** ~ **an** to lean against; *Text* to follow

Anlehnung *f* **in** ~ **an jdn/etw** following sb/sth

anlehnungsbedürftig *adj* in need of affection *pred*

an|leiern *vt* (*fam*) to get going

an|leiten *vt* to instruct

Anleitung *f* ❶(*Gebrauchsanleitung*) instructions *pl* ❷(*das Anleiten*) instruction; **unter jds** *dat* ~ under sb's guidance

an|lernen *vt* to train

an|lesen *irreg* I. *vt* (*den Anfang von etw lesen*) to start to read II. *vr* (*sich durch Lesen aneignen*) ■**sich** *dat* **etw** ~ to learn sth by reading

an|liefern *vt* to deliver

an|liegen *vi irreg* (*fam: zu erledigen sein*) to be on the agenda; ■**was liegt an?** (*fam*) what's up?

Anliegen <-s, -> *nt* request

Anlieger <-s, -> *m* ❶(*Anwohner*) resident; ~ **frei** residents only ❷(*Anrainer*) neighbor

an|locken *vt* to attract; *Tier* to lure

an|lügen *vt irreg* to lie to

Anmache <-> *f kein pl* (*sl: Annäherungsver-*

such) come-on

an|machen _vt_ **❶**(_einschalten_) to turn on **❷**(_anzünden_) to light **❸** _Salat_ to dress **❹**(_sl: aufreizen_) to turn on _sep_ **❺**(_sl: aufreißen wollen_) to pick up _sep_ **❻**(_sl: rüde ansprechen_) to go off on sb

an|mailen ['an·meɪ·lən] _vt_ to e-mail

an|malen **I.** _vt_ to paint; **mit Buntstiften ~** to color in with pencils **II.** _vr_ (_fam: sich schminken_) **■sich** _akk_ **~** to paint one's face

an|maßen _vr_ **■sich** _dat_ **etw ~** to claim sth [unduly] for oneself; **was maßen Sie sich an!** what right do you [think you] have!

anmaßend ['an·ma:·sn̩t] _adj_ arrogant

Anmaßung <-, -en> _f_ arrogance

Anmeldegebühr _f_ registration fee

an|melden **I.** _vt_ **❶jdn zu einem Kurs ~** to enroll sb in a course [_or_ class]; **ein Kind in der Schule ~** to enroll a child at a school **❷**(_ankündigen_) to announce **❸ein Fernsehgerät/ Radio ~** to get a TV/radio reception license; **ein Auto ~** to register a car; **das Telefon ~** to get phone service **❹**(_geltend machen_) to assert; **Bedenken ~** to make [one's] misgivings known **II.** _vr_ **■sich** _akk_ **~** **❶**(_sich ankündigen_) to give notice of a visit (**bei** +_dat_ to) **❷**(_sich eintragen lassen_) to apply (**zu** +_dat_ for) **❸**(_bei einem Umzug_) to register one's change of address with the authorities

Anmeldung <-, -en> _f_ **❶**(_Ankündigung_) [advance] notice [of a visit]; **ohne ~** without an appointment **❷** SCH enrollment **❸**(_Registrierung_) registration **❹**(_Anmelderaum_) reception

an|merken _vt_ **❶**(_bemerken_) to notice; **er ließ sich nichts ~** he didn't let it show **❷**(_eine Bemerkung machen_) to add **❸**(_notieren_) to make a note of

Anmerkung <-, -en> _f_ **❶**(_Erläuterung_) note **❷**(_Fußnote_) footnote **❸**(_Kommentar_) comment

an|motzen _vt_ (_fam_) **■jdn ~** to bite sb's head off

Anmut <-> ['an·mu:t] _f kein pl_ (_geh_) **❶**(_Grazie_) grace[fulness] **❷**(_liebliche Schönheit_) beauty

anmutig _adj_ (_geh_) **❶**(_graziös_) graceful **❷**(_hübsch anzusehen_) beautiful

an|nähen _vt_ to sew on

an|nähern **I.** _vr_ **■sich** [_einander_] **~** to come closer [to one another] **II.** _vt_ **■aneinander ~** to bring into line with each other

annähernd **I.** _adj_ approximate **II.** _adv_ approximately

Annäherung <-, -en> _f_ convergence

Annäherungsversuch _m_ advance[s] _esp pl;_ **~e machen** to make advances

annäherungsweise _adv_ approximately; **■nicht ~** nowhere near

Annahme <-, -n> ['an·na:·mə] _f_ **❶**(_Vermutung_) assumption; **von einer ~ ausgehen** to proceed on the assumption; **in der ~, dass ...** on the assumption that ... **❷**(_das Annehmen_) acceptance

annehmbar **I.** _adj_ **❶**(_akzeptabel_) acceptable **❷**(_nicht übel_) reasonable **II.** _adv_ reasonably

an|nehmen _irreg_ **I.** _vt_ **❶**(_entgegennehmen, akzeptieren_) to accept **❷**(_übernehmen_) _Job, Auftrag_ to take [on] **❸**(_vermuten, voraussetzen_) to assume; **■angenommen, das stimmt ...** assuming that's right ... **❹**(_sich zulegen_) to adopt **❺**(_zulassen_) _Patienten, Schüler_ to take on **❻**(_fam: adoptieren_) to adopt **II.** _vr_ **❶**(_sich kümmern_) **■sich jds** _gen_ **~** to look after sb **❷**(_erledigen_) **■sich einer S.** _gen_ **~** to take care of sth

Annehmlichkeit <-, -en> _f meist pl_ convenience

annektieren* [anɛk·'ti:·rən] _vt_ to annex

Anno, anno ['ano] _adv_ ÖSTERR in the year ► WENDUNGEN: **von ~ dazumal** (_fam_) from long ago

Annonce <-, -n> [a'nõ:·sə] _f_ advertisement, [want] ad

annoncieren* [anõ·'si:·rən] _vi_ to advertise

annullieren* [anʊ·'li:·rən] _vt_ JUR to annul

an|löden ['an·'ø:·dn̩] _vt_ (_fam_) to bore stiff

anomal [ano·'ma:l] _adj_ abnormal

Anomalie <-, -n> [ano·ma·'li:, _pl_ -'li:·ən] _f_ **❶**(_Missbildung_) abnormality **❷**(_Unregelmäßigkeit_) anomaly

anonym [ano·'ny:m] **I.** _adj_ anonymous; **~ bleiben** to remain anonymous **II.** _adv_ anonymously

anonymisieren* [ano·ny·mi·'zi:·rən] _vt_ to make anonymous

Anonymität <-> [ano·ny·mi·'tɛːt] _f kein pl_ anonymity

Anorak <-s, -s> ['ano·rak] _m_ anorak, parka

an|ordnen _vt_ **❶**(_festsetzen_) to order **❷**(_ordnen_) to arrange (**nach** +_dat_ according to)

Anordnung <-, -en> _f_ **❶**(_Verfügung_) order; **auf ~ seines Arztes** on [his] doctor's orders **❷**(_systematische Ordnung_) order

anormal ['anɔr·ma:l] _adj_ abnormal

an|packen **I.** _vt_ **❶**(_anfassen_) to touch **❷**(_beginnen_) to tackle; **packen wir's an!** let's get started! **II.** _vi_ (_mithelfen_) **■[mit] ~** to lend a hand

an|passen **I.** _vt_ **❶**(_adaptieren_) to adapt (**an** +_akk_ to) **❷**(_entsprechend verändern_) **■etw einer S.** _dat_ **~** to adjust sth to sth **II.** _vr_ **❶**(_sich darauf einstellen_) **■sich ~** to adjust **❷**(_sich angleichen_) **■sich jdm/etw ~** to fit in with sb/sth; (_gesellschaftlich_) to conform to sth

Anpassung <-, -en> _f_ **❶**(_Abstimmung_) adaptation (**an** +_akk_ to); **mangelnde ~** maladaptation **❷**(_Angleichung_) conformity _no art_ (**an** +_akk_ to)

anpassungsfähig _adj_ adaptable

Anpassungsfähigkeit _f_ adaptability

Anpassungsschwierigkeiten _pl_ difficulty in adapting

an|peilen _vt_ (_fam_) **❶**(_ansteuern wollen_) to head for **❷**(_anvisieren_) to set one's sights on

an|pfeifen _irreg_ _vt_ **das Spiel ~** to blow the whistle [to start the game]

Anpfiff *m* ❶ SPORT ~ [des Spiels] whistle [to start the game]; FBALL *a.* kickoff ❷ (*fam: Rüffel*) chewing-out

an|pflanzen *vt* (*setzen*) to plant; (*anbauen*) to grow

an|pflaumen *vt* (*fam*) ■ jdn ~ to make fun of sb

an|pirschen *vr* ■ sich *akk* [an ein Tier] ~ to stalk [an animal]; ■ sich *fam* [an jdn] ~ *akk* to creep up [on sb]

an|pöbeln *vt* (*fam*) ■ jdn ~ to get snotty with sb

an|prangern ['an·praŋən] *vt* to denounce

an|preisen *vt irreg* to extol

Anprobe *f* fitting

an|probieren* *vt* to try on *sep*

an|pumpen *vt* (*fam*) ■ jdn ~ to pump sb for cash *sl*; jdn um 100 Euro ~ to hit sb up for 100 euros *sl*

an|quatschen *vt* (*fam*) to speak to; (*anbaggern*) to hit on

Anrainerstaat *m* neighboring country

an|rechnen *vt* ❶ (*gutschreiben*) to take into consideration; **die 2000 Euro werden auf die Gesamtsumme angerechnet** the 2000 euros will be deducted from the total ❷ (*in Rechnung stellen*) ■ jdm etw ~ to charge sb with sth ❸ (*bewerten*) ■ jdm etw als Fehler ~ to count sth as a mistake; (*fig*) to consider sth as a fault on sb's part; **dass er ihr geholfen hat, rechne ich ihm hoch an** I think very highly of him for having helped her

Anrecht *nt* ■ ein ~ auf etw haben to have a right to sth

Anrede *f* form of address

an|reden I. *vt* jdn ~ to address sb II. *vi* ■ gegen jdn ~ to argue against sb

an|regen I. *vt* ❶ (*ermuntern*) ■ jdn [zu etw *dat*] ~ to encourage sb [to do sth] ❷ (*vorschlagen*) to suggest ❸ (*stimulieren*) to stimulate; **den Appetit** ~ to whet the appetite II. *vi* (*beleben*) to be a stimulant

anregend *adj* ❶ (*stimulierend*) stimulating ❷ (*sexuell stimulierend*) sexually arousing

Anregung *f* ❶ (*Vorschlag*) idea; **auf jds** ~ at sb's suggestion ❷ (*Impuls*) stimulus ❸ *kein pl* (*Stimulierung*) stimulation

Anreise *f* ❶ (*Anfahrt*) trip [here/there] ❷ (*Ankunft*) arrival

an|reisen *vi sein* ❶ (*ein Ziel anfahren*) to travel [to a destination] ❷ (*eintreffen*) to arrive

Anreiz *m* incentive

an|rempeln *vt* to bump into

an|rennen *vi irreg sein* ■ gegen etw ~ to storm sth

Anrichte <-, -n> *f* sideboard

an|richten *vt* ❶ (*zubereiten*) to prepare ❷ (*fam: anstellen*) **Unfug** ~ to be up to no good *fam;* **was hast du da wieder angerichtet!** what have you done now! ❸ *Schaden, Unheil* to cause

anrüchig ['an·ry·çɪç] *adj* indecent

Anruf *m* [phone] call

Anrufbeantworter <-s, -> *m* answering machine

an|rufen *irreg vt, vi* to call [on the telephone], to phone; ■ **angerufen werden** to get a [phone] call

Anrufer(in) <-s, -> *m(f)* caller

Anrufweiterschaltung *f* call forwarding

an|rühren *vt* ❶ (*anfassen*) to touch; **rühr mich ja nicht an!** don't you touch me! ❷ *meist verneint* (*konsumieren*) ■ etw nicht ~ to not touch sth ❸ (*zubereiten*) to mix; **Soße** to blend

ans [ans] = **an das** *s.* **an**

Ansage *f* announcement

an|sagen I. *vt* to announce II. *vr* ■ sich *akk* ~ to announce a visit

Ansager(in) <-s, -> ['an·za:·gɐ] *m(f)* RADIO announcer

an|sammeln I. *vt* to accumulate; *Vorräte* to build up II. *vr* ■ sich ~ *Staub* to collect; *Krimskrams, Müll* to accumulate

Ansammlung *f* ❶ *von Menschen* crowd ❷ *von Dingen* accumulation

ansässig ['an·zɛ·sɪç] *adj* resident; **in einer Stadt** ~ **sein** to reside in a city

Ansatzpunkt *m* starting point

ansatzweise *adv* basically

an|saufen *vr irreg* (*sl*) ■ sich *dat* einen [Rausch] ~ to get plastered [*or* hammered]

an|schaffen I. *vt* (*kaufen*) to buy; ■ sich *dat* etw ~ to buy oneself sth II. *vi* (*sl*) ~ [gehen] to hook *pej fam*

Anschaffung <-, -en> *f* purchase; **eine** ~ **machen** to make a purchase

an|schalten *vt* to switch on

an|schauen I. *vt* to look at; *Film* to watch II. *vr* ■ sich *dat* etw [genauer] ~ to take a [closer] look at sth

anschaulich I. *adj* illustrative II. *adv* vividly

Anschauung <-, -en> *f* view; **eine** ~ **teilen** to share a view

Anschauungsmaterial *nt* visual aids *pl*

Anschein *m* appearance; **den** ~ **erwecken, als [ob]** ... to give the impression that ...; **den** ~ **haben, als [ob]** ... to seem that ...; **allem** ~ **nach** to all appearances

anscheinend *adv* apparently

an|scheißen *vt irreg* (*sl*) ❶ (*zurechtweisen*) to chew out ❷ (*betrügen*) to screw [over]

an|schieben *vt irreg Fahrzeug* to push

an|schießen *irreg* I. *vt* (*durch Schuss verletzen*) to shoot and wound II. *vi* ■ angeschossen kommen (*fam*) to come shooting along

Anschiss^RR <-es, -e>, **Anschiß**^ALT <-sses, -sse> *m* (*sl*) chewing out

Anschlag *m* ❶ (*Attentat*) attempted assassination; **einen** ~ **auf jdn/etw verüben** to make an attack on sb/sth; **einen** ~ **auf jdn vorhaben** (*hum fam*) to have a request for sb ❷ (*Plakat*) placard

Anschlagbrett *nt* bulletin board

an|schlagen *irreg* I. *vt haben* ❶ *Aushang, Plakat* to put up *sep* ❷ (*Splitter abschlagen*) to chip; (*Sprung, Riss verursachen*) to crack ❸ ÖSTERR (*anzapfen*) **ein Fass** ~ to tap a barrel **II.** *vi* ❶ *sein* (*anprallen*) ■**mit etw** *dat* ~ to knock sth *sep* (**an** +*dat* on) ❷ *haben Hund* to bark ❸ *haben* (*wirken*) to have an effect

an|schleichen *vr irreg* ■ **sich an jdn/etw** ~ to creep up on sb/up to sth

an|schleppen *vt* to drag along

an|schließen *irreg* **I.** *vt* ❶ TECH to connect (**an** +*akk* to) ❷ (*befestigen*) *Fahrrad* to lock [up] ❸ (*hinzufügen*) to add **II.** *vr* ❶ (*sich zugesellen*) ■ **sich** *akk* **jdm** ~ to join sb ❷ (*beipflichten*) ■ **sich** *akk* **jdm/etw** ~ to fall in with sb/sth; **dem schließe ich mich an** I think I'd go along with that

anschließend I. *adj* following; **die** ~ **e Diskussion** the ensuing discussion **II.** *adv* afterward

Anschluss^RR *m* ❶ TELEK connection; **der** ~ **ist gestört** there's a disturbance in the line ❷ TECH connecting ❸ **im** ~ **an etw** after sth ❹ *kein pl* (*Kontakt*) contact; ~ **finden** to make friends; ~ **suchen** to try to make friends ❺ BAHN, LUFT (*Verbindung*) connection; **den** ~ **verpassen** to miss one's connecting train/flight

an|schmiegen *vr* ■ **sich** *akk* [**an jdn/etw**] ~ to cuddle up [to sb/sth]; *Katze, Hund* to nestle [up to sb/into sth]

anschmiegsam *adj* ❶ (*anlehnungsbedürftig*) affectionate ❷ (*weich*) soft

an|schnallen *vr* ■ **sich** *akk* ~ to fasten one's seat belt, to buckle up

Anschnallpflicht *f kein pl* mandatory seat belt law

an|schnauzen *vt* (*fam*) to yell at

an|schneiden *vt irreg* ❶ *Brot, Fleisch* to cut ❷ *Thema* to touch on

an|schrauben *vt* to screw (**an** +*akk* to)

an|schreiben *irreg* **I.** *vt* ❶ (*an eine Tafel*) to write (**an** +*akk* on) ❷ ■ **jdn** ~ to write to sb **II.** *vi* (*fam*) ■ ~ **lassen** to buy on credit

an|schreien *vt irreg* to shout at

Anschrift *f* address

an|schuldigen *vt* ■ **jdn** [**einer S.** *gen*] ~ to accuse sb [of sth]

Anschuldigung <-, -en> *f* accusation

an|schwärzen *vt* (*fam*) ■ **jdn** ~ ❶ (*schlechtmachen*) to blacken sb's name ❷ (*denunzieren*) to denounce sb

an|schweigen *vr irreg* ■ **sich** ~ to say nothing to each other

an|schwellen *vi irreg sein* ❶ *Körperteil* to swell [up] ❷ *Lärm, Beifall* to rise; *Fluss a.* to swell

an|schwemmen *vt* to wash up

an|schwindeln *vt* (*fam*) to tell lies

an|sehen *irreg vt* ❶ (*ins Gesicht sehen*) to look at; **jdn böse** ~ to give sb an angry look ❷ *Film* to watch; *Theaterstück, Fußballspiel* to see ❸ (*betrachten*) to take a look at; **etw genauer** ~ to take a closer look at sth; **hübsch anzusehen sein** to be pretty to look at ❹ (*ablesen können*) **jdm sein Alter nicht** ~ sb

doesn't look his/her age; **ihre Erleichterung war ihr deutlich anzusehen** her relief was obvious ❺ (*hinnehmen*) ■ **etw** [**mit**] ~ to stand by and watch sth; **das kann ich nicht länger mit** ~ I can't stand it anymore

Ansehen <-s> *nt kein pl* reputation; **an** ~ **verlieren** to lose standing

ansehnlich *adj* ❶ (*beträchtlich*) considerable; **eine** ~ **e Leistung** an impressive performance ❷ (*stattlich*) good-looking

an|setzen I. *vt* ❶ (*anfügen*) to attach (**an** +*akk* to) ❷ (*daran setzen*) to place in position; *Trinkgefäß* to raise to one's lips; **wo muss ich den Wagenheber** ~? where should I put the jack? ❸ (*veranschlagen*) to estimate ❹ (*auf jdn hetzen*) ■ **jdn auf jdn/etw** ~ to sic [*or* set] sb on sb/sth **II.** *vi* ❶ (*beginnen*) to start; **zum Überholen** ~ to begin to pass ❷ (*dick werden*) to put on weight

Ansicht <-, -en> *f* view, opinion; **in etw** *dat* **geteilter** ~ **sein** to have a different view of sth; **ich bin ganz Ihrer** ~ I agree with you completely; **der** ~ **sein, dass ...** to be of the opinion that ...; **meiner** ~ **nach** in my opinion

Ansichtskarte *f* [picture] postcard

Ansichtssache *f* [reine] ~ **sein** to be [purely] a matter of opinion

an|siedeln I. *vt* (*ansässig machen*) to settle; *Tierart* to introduce **II.** *vr* ■ **sich** ~ (*sich niederlassen*) to settle

Ansiedlung *f* ❶ (*Siedlung*) settlement ❷ (*das Ansiedeln*) introduction ❸ (*Etablierung*) establishment

ansonsten [an·'zɔns·tn̩] *adv* otherwise

an|spannen *vt* ❶ (*zusammenziehen*) to tighten; *Muskeln* to tense [up] ❷ (*überanstrengen*) to strain; **jdn** [**zu sehr**] ~ to [over]tax sb

Anspannung *f* strain; (*körperlich*) effort

an|spielen *vi* (*andeuten*) to allude (**auf** +*akk* to); (*böse*) to insinuate; **worauf willst du** ~? what are you driving at?

Anspielung <-, -en> *f* allusion (**auf** +*akk* to); (*böse*) insinuation

an|spitzen *vt* ❶ (*spitz machen*) to sharpen ❷ (*fam: antreiben*) to egg on

Ansporn <-[e]s> *m kein pl* incentive; **innerer** ~ motivation

an|spornen *vt* to spur on (**zu** +*dat* to); *Spieler* to cheer on

Ansprache *f* speech; **eine** ~ **halten** to make a speech

ansprechbar *adj pred* ❶ (*zur Verfügung stehend*) available ❷ (*bei Bewusstsein*) responsive

an|sprechen *irreg* **I.** *vt* ❶ (*anreden*) to speak to ❷ **jdn** [**mit Peter/mit seinem Namen**] ~ to address sb [as Peter/by his name] ❸ (*meinen*) to concern ❹ (*erwähnen*) to mention ❺ (*gefallen*) ■ **jdn** ~ to appeal to sb **II.** *vi* (*reagieren*) to respond (**auf** +*akk* to)

ansprechend *adj* appealing; *Umgebung* pleasant

Ansprechpartner(in) *m(f)* contact [person]

an|springen *irreg vi sein* ❶ *Motor* to start ❷ *(fam: reagieren)* ■ **auf etw ~** to jump at sth
Anspruch *m* ❶ *(Recht)* claim (**auf** +*akk* to); ~ **auf etw erheben** *akk* to make a claim for sth; ~ **auf etw haben** *akk* to be entitled to sth ❷ *(Anforderung)* demand; **den Ansprüchen [voll] gerecht werden** to [fully] meet the requirements; **Ansprüche stellen** to be very demanding ▶ WENDUNGEN: **etw in ~ nehmen** to claim sth; **jds Hilfe in ~ nehmen** to accept help from sb
anspruchslos *adj* ❶ *(keine Ansprüche habend)* modest ❷ *(trivial)* trivial ❸ *(pflegeleicht)* undemanding
Anspruchslosigkeit <-> *f kein pl* ❶ *(anspruchsloses Wesen)* modesty ❷ *(Trivialität)* triviality ❸ *(Pflegeleichtigkeit)* undemanding nature
anspruchsvoll *adj* ❶ *(besondere Anforderungen habend)* demanding ❷ *(geistige Ansprüche stellend)* demanding; *Lesestoff, Film a.* highbrow; *Geschmack* discriminating ❸ *(qualitativ hochwertig)* high-quality
an|spucken *vt* to spit at
an|stacheln *vt* to drive (**zu** +*dat* to)
Anstalt <-, -en> ['an·ʃtalt] *f* institute; **öffentliche ~** public institution
Anstand *m kein pl* decency; **keinen ~ haben** to have no sense of decency
anständig I. *adj* ❶ *(gesittet)* decent ❷ *(ehrbar)* respectable ❸ *(fam: ordentlich)* proper **II.** *adv* ❶ *(gesittet)* decently; **sich** *akk* ~ **benehmen** to behave oneself ❷ *(fam: ausgiebig)* properly; ~ **essen/ausschlafen** to get a decent meal/a good night's sleep
anständigerweise *adv* out of decency
Anständigkeit <-> *f kein pl* ❶ *(Ehrbarkeit)* respectability ❷ *(Sittsamkeit)* decency
Anstandsbesuch *m* courtesy call
anstandshalber *adv* out of politeness
anstandslos *adv* without any difficulty
an|starren *vt* to stare at
anstatt [an·'ʃtat] **I.** *präp* +*gen* instead of **II.** *konj* ■ ~ **etw zu tun** instead of doing sth
an|stauen I. *vt* to dam up *sep* **II.** *vr* ■ **sich** ~ to accumulate; *Blut* to congest
an|stechen *vt irreg* ❶ KOCHK to pierce ❷ *Fass* to tap
an|stecken I. *vt* ❶ *(befestigen)* to pin on *sep* ❷ *Zigarette, Kerze* to light [up] ❸ *Gebäude* to set on fire ❹ *(infizieren)* to infect (**mit** +*dat* with); **ich möchte dich nicht ~** I don't want to give you my cold **II.** *vr* *(sich infizieren)* ■ **sich** *akk* **[bei jdm]** ~ to catch sth [from sb]; **sich** +*akk* **leicht/schnell** ~ to get sick easily **III.** *vi* *(fig: sich übertragen)* to be contagious
ansteckend *adj* ❶ MED infectious; *(durch Berührung)* contagious ❷ *(fig: sich leicht übertragend)* contagious
Ansteckung <-, -en> *f pl selten* infection
Ansteckungsgefahr *f* risk of infection
an|stehen *vi irreg haben o* SÜDD *sein* ❶ *(Schlange stehen)* to line up (**nach** +*dat*

for) ❷ *(zu erledigen sein)* **steht bei dir heute etwas an?** are you planning on doing anything today?; ~**de Fragen** questions on the agenda
an|steigen *vi irreg sein* ❶ *(sich erhöhen)* to go up (**auf** +*akk* to, **um** +*akk* by) ❷ *(steiler werden)* to ascend; **stark/steil** ~ to ascend steeply
anstelle [an·'ʃtɛ·lə] *präp* +*gen* instead of
an|stellen I. *vt* ❶ *(einschalten)* to turn on ❷ *(beschäftigen)* to employ ❸ *(durchführen)* **Betrachtungen/Vermutungen [über etw]** ~ to make observations/assumptions [about sth]; **Nachforschungen [über etw]** ~ to conduct inquiries [into sth] ❹ *(fam: bewerkstelligen)* to manage; **etw geschickt** ~ to pull sth off ❺ *(fam: anrichten)* **Blödsinn** ~ to be up to no good; **was hast du da wieder angestellt?** what have you done now? *fam* **II.** *vr* ■ **sich** *akk* ~ ❶ *(Schlange stehen)* to line up; **sich hinten** ~ to get in the back of a line ❷ *(fam: sich verhalten)* to act; **sich dumm** ~ to play the fool ❸ *(wehleidig sein)* to make a fuss; **stell dich nicht [so] an!** don't make such a fuss!
Anstellung *f* job, position
Anstieg <-[e]s> ['an·ʃtiːk] *m kein pl* *(Zunahme)* rise
an|stiften *vt* ❶ *(anzetteln)* to instigate ❷ *(veranlassen)* **jdn zu einem Verbrechen** ~ to incite sb to commit a crime; ■ **jdn [dazu]** ~, **etw zu tun** to incite sb to do sth
Anstifter(in) <-s, -> *m(f)* instigator
an|stimmen *vt* ❶ *Lied* to begin singing ❷ **ein Geschrei** ~ to start screaming; **ein Gelächter** ~ to burst out laughing
Anstoß *m* ❶ *(Ansporn)* impetus (**zu** +*dat* for); **den ~ zu etw dat bekommen** to be encouraged to do sth; **jdm den ~ geben, etw zu tun** to encourage sb to do sth ❷ *(geh: Ärgernis)* ~ **erregen** to be annoying; **an etw** *dat* ~ **nehmen** to take offense at sth ❸ SPORT start of the game; *(Billard)* break; *([am.] Fußball)* kickoff; *(Eishockey)* face-off ❹ SCHWEIZ *(Angrenzung)* ■ ~ **an etw** border to sth
an|stoßen *irreg* **I.** *vi* ❶ *sein* **mit dem Kopf an etw** *akk o dat* ~ to bump one's head on sth ❷ *haben* **auf jdn/etw** ~ to drink to sb/sth; **lasst uns ~!** let's drink to it/that! **II.** *vt haben* ❶ *(leicht stoßen)* to bump ❷ *(in Gang setzen)* to set in motion **III.** *vr haben* **sich** *dat* **den Kopf/Arm** ~ to bang one's head/arm
anstößig I. *adj* offensive **II.** *adv* offensively
an|strahlen *vt* *(strahlend ansehen)* to beam at
an|streben *vt* to strive for; SCH, UNI to work towards
an|streichen *vt irreg* ❶ *(mit Farbe bestreichen)* to paint; **etw neu/frisch** ~ to give sth a new/fresh coat of paint ❷ *(markieren)* to mark; **etw rot** ~ to mark sth [in] red
Anstreicher(in) <-s, -> *m(f)* [house] painter
an|strengen I. *vr* ■ **sich** *akk* ~ ❶ *(sich intensiv einsetzen)* to work hard (**bei** +*dat* at, **für** +*akk* for); **sich mehr** ~ to make a greater effort ❷ *(sich besondere Mühe geben)* to try hard

A

II. vt ① (*strapazieren*) ■jdn ~ to tire sb out ② (*intensiv beanspruchen*) to strain; *Geist, Muskeln* to exert

anstrengend *adj* strenuous; (*geistig*) taxing; (*körperlich*) exhausting; **das ist ~ für die Augen** it's a strain on the eyes

Anstrengung <-, -en> f ① (*Kraftaufwand*) exertion ② (*Bemühung*) effort; **mit letzter ~** with one last effort

Anstrich m ① kein pl (*das Anstreichen*) painting ② (*Farbüberzug*) coat [of paint]

Ansturm m (*Andrang*) rush (**auf** +akk on)

Antarktis <-> [ant·'?ark·tɪs] f Antarctic

antarktisch [ant·'?ark·tɪʃ] adj Antarctic attr

an|tasten vt ① jds Ehre/Würde ~ to offend sb's honor/dignity; **jds Privilege/Recht ~** to encroach [up]on sb's privilege/right ② **Vorräte/Ersparnisse ~** to dip into supplies/savings

Anteil ['an·tail] m ① (*Teil*) share (**an** +dat of); **~ an einem Werk** contribution to a work; **der ~ an Asbest** the proportion of asbestos ② (geh: *Mitgefühl*) sympathy (**an** +dat for) ③ (*Beteiligung*) interest (**an** +dat in); **~ an etw** dat **haben** to take part in sth; **~ an etw** dat **nehmen** to show an interest in sth

anteilig, anteilmäßig adj proportionate

Anteilnahme <-> ['an·tail·na:·mə] f kein pl (*Beileid*) sympathy

Antenne <-, -n> [an·'tɛ·nə] f antenna

antiautoritär [an·ti·'?au·to·ri·'tɛ:ɡ] adj anti[-]authoritarian

Antibabypille [an·ti·'be:·bi·pɪ·lə] f (*fam*) the [contraceptive] pill

antibakteriell I. adj antibacterial II. adv antibacterially; **~ wirken** to kill germs

Antibiotikum <-s, -biotika> [an·ti·'bi̯o:·ti·kʊm, pl -'bi̯o:tika] nt antibiotic

Antiblockiersystem [an·ti·blɔ·'ki:ɐ̯-] nt antilock [braking] system, ABS

Antidepressivum <-s, -va> [an·ti·de·prɛ·'si:·vʊm, pl -va] nt antidepressant

Antifaltencreme f anti-wrinkle cream

Antifaschismus [an·ti·fa·'ʃɪs·mʊs] m antifascism

Antifaschist(in) [an·ti·fa·'ʃɪst] m(f) antifascist

antik [an·'ti:k] adj ① *Möbel* antique ② (*aus der Antike*) ancient; **~e Kunst** ancient art forms pl

Antike <-> [an·'ti:·kə] f kein pl antiquity; **die Kunst der ~** the art of the ancient world

Antikörper m MED antibody

Antilope <-, -n> [an·ti·'lo:·pə] f antelope

Antipathie <-, -n> [an·ti·pa·'ti:, pl -'ti:ən] f antipathy (**gegen** +akk towards)

an|tippen vt ■jdn ~ to give sb a tap; ■etw ~ to touch sth

Antiquariat <-[e]s, -e> [an·ti·kva·'ri̯·a:t] nt secondhand bookstore

antiquiert [an·ti·'kvi:rt] adj (*pej*) antiquated

Antiquität <-, -en> [an·ti·kvi·'tɛ:t] f antique

Antiquitätengeschäft nt antique shop

Antisemit(in) <-en, -en> [an·ti·ze·'mi:t] m(f)

anti-Semite; **~[in] sein** to be anti-Semitic

antisemitisch [an·ti·ze·'mi:·tɪʃ] adj anti-Semitic

Antisemitismus <-> [an·ti·ze·mi·'tɪs·mʊs] m kein pl anti-Semitism

antiseptisch [an·ti·'zɛp·tɪʃ] adj antiseptic

Antiterroreinheit f antiterrorist squad

Antivirenprogramm nt COMPUT antivirus [program]

antizipieren* [an·ti·tsi·'pi:·rən] vt (*geh*) to anticipate

an|törnen vt (*sl*) to give a kick

Antrag <-[e]s, -träge> ['an·tra:k, pl 'an·trɛ:·gə] m ① (*Beantragung*) application (**auf** +akk for); **einen ~ stellen** to put in an application ② (*Formular*) application form (**auf** +akk for) ③ (*Heiratsantrag*) [marriage] proposal; **jdm einen ~ machen** to propose to sb

Antragsformular nt application form

Antragsteller(in) <-s, -> m(f) applicant

an|treffen vt irreg ① (*treffen*) to catch ② (*vorfinden*) to come across

an|treiben irreg vt ① (*vorwärtstreiben*) to drive [on sep] ② (*drängen*) to urge; (*aufdringlicher*) to push ③ TECH to drive

an|treten irreg vt ① (*beginnen*) to begin ② (*übernehmen*) to take up; **seine Amtszeit ~** to take office; **ein Erbe ~** to come into an inheritance; **eine Stellung ~** to take on a position ③ *Motorrad* to kick-start

Antrieb m ① AUTO, LUFT drive ② (*Impuls*) energy no indef art; **aus eigenem ~** on one's own initiative

Antriebskraft f TECH [driving] power

Antriebswelle f TECH drive shaft

an|trinken irreg vt I. vt (*fam*) **eine Flasche ~** to drink a little from a bottle; **eine angetrunkene Flasche** an opened bottle II. vr (*fam*) **sich** dat **einen [Schwips] ~** to get tipsy fam

Antritt m kein pl ① (*Beginn*) start ② (*Übernahme*) **nach ~ seines Amtes/der Erbschaft** after assuming office/coming into the inheritance

Antrittsbesuch m first courtesy call

Antrittsrede f maiden speech

an|tun vt irreg ■jdm **etwas/nichts ~** to do something/not to do anything to sb; **tu mir das nicht an!** (hum fam) spare me, please! ► WENDUNGEN: **sich** dat **etwas ~** to kill oneself

Antwort <-, -en> ['ant·vɔrt] f ① (*Beantwortung*) answer (**auf** +akk to); **jdm [eine] ~ geben** to give sb an answer ② (*Reaktion*) response (**auf** +akk to); **als ~ auf etw** in response to sth

antworten ['ant·vɔr·tn̩] vi ① (als Antwort geben) [jdm/auf etw] ~ to answer [sb/sth], to reply [to sb/sth]; **mit Ja/Nein ~** to answer yes/no; **schriftlich ~** to answer in writing ② (*reagieren*) to respond (**mit** +dat with)

Antwortschreiben nt reply

an|vertrauen* ['an·fɛɐ̯·trau·ən] I. vt ■jdm **etw ~** (*übergeben*) to entrust sb with sth; (*erzählen*) to confide sth to sb II. vr ■sich akk jdm ~ to confide in sb

an|wachsen [-ks-] *vi irreg sein* ❶ (*festwachsen*) to grow ❷ (*zunehmen*) to increase (**auf** +*akk* to)

Anwalt, Anwältin <-[e]s, -wälte> ['an·valt, 'an·vɛl·tɪn, *pl* 'an·vɛl·tə] *m, f* ❶ (*Rechtsanwalt*) lawyer, attorney; **sich** *dat* **einen ~ nehmen** to hire a lawyer ❷ (*geh: Fürsprecher*) advocate

Anwaltsbüro *nt* ❶ *s*. **Anwaltskanzlei** ❷ (*Anwaltsfirma*) law firm

Anwaltskanzlei *f* lawyer's [*or* law] office, law firm

Anwaltskosten *pl* legal expenses

Anwandlung <-, -en> *f* mood; **aus einer ~ heraus** on an impulse; **in einer ~ von Großzügigkeit** in a burst of generosity; **~en bekommen** (*fam*) to go into a fit

Anwärter(in) *m(f)* candidate (**auf** +*akk* for); SPORT contender (**auf** +*akk* for)

an|weisen *vt irreg* ❶ (*beauftragen*) ■ jdn ~ **etw zu tun** to order sb to do sth ❷ (*anleiten*) to instruct

Anweisung <-, -en> *f* ❶ (*Anordnung*) order ❷ (*Anleitung*) instruction ❸ (*Gebrauchsanweisung*) instructions *pl*

anwendbar *adj* applicable (**auf** +*akk* to); **in der Praxis ~** practicable

an|wenden *vt reg o irreg* ❶ (*gebrauchen*) to use (**bei** +*dat* on) ❷ (*übertragen*) to apply (**auf** +*akk* to)

Anwender(in) <-s, -> *m(f)* COMPUT user

anwenderfreundlich *adj* COMPUT user-friendly

anwenderorientiert *adj* COMPUT user-oriented

Anwenderprogramm *nt* COMPUT application program

Anwendersoftware *f* application software

Anwendung *f* ❶ (*Gebrauch*) use ❷ (*Übertragung*) application (**auf** +*akk* to) ❸ (*therapeutische Maßnahme*) administration

Anwendungsbereich *m* area of application

an|werben *vt irreg* to recruit (**für** +*akk* for)

Anwesen <-s, -> *nt* (*geh*) estate

anwesend *adj* present *pred;* ■ ~ **sein** to be present (**bei** +*dat* at); **nicht ganz ~ sein** (*hum fam*) to be a million miles away

Anwesende(r) *f(m) dekl wie adj* person present; ■ **die ~n** those present

Anwesenheit <-> *f kein pl* presence; **von Studenten** attendance; **in jds ~** in sb's presence

an|widern ['an·vi:·dən] *vt* to disgust

Anwohner(in) <-s, -> *m(f)* [local] resident

Anwohnerparkplatz *m* resident parking

Anzahl *f kein pl* number

an|zahlen *vt* **500 Euro ~** to make a 500 euro down payment; **ein Auto ~** to make a down payment on a car

Anzahlung *f* down payment

an|zapfen *vt* (*a. fam*) to tap

Anzeichen *nt* sign; MED symptom

Anzeige <-, -n> *f* ❶ (*Strafanzeige*) charge (**wegen** +*gen* of) ❷ (*Inserat*) ad[vertisement] ❸ (*Bekanntgabe*) announcement ❹ TECH (*Instrument*) gauge; (*ablesbarer Wert*) display

an|zeigen *vt* ❶ ■ jdn [**wegen etw** *gen*] ~ to report sb [for sth] ❷ (*angeben*) to indicate; (*digital*) to display

Anzeigenblatt *nt* advertising paper

Anzeigenteil *m* classified section

Anzeigetafel *f* LUFT, BAHN departures and arrivals board; SPORT scoreboard

an|zetteln *vt* *Schlägerei, Streit* to provoke; *Aufstand, Krieg* to instigate

an|ziehen *irreg* **I.** *vt* ❶ *Kleidungsstück* to put on *sep; Person* to get dressed ❷ (*festziehen*) *Schraube* to tighten; *Handbremse* to apply, to put on ❸ *Arm, Bein* to draw up ❹ (*anlocken*) to attract; **sich** *akk* **von jdm/etw angezogen fühlen** to be attracted to sb/sth ❺ SCHWEIZ **das Bett frisch ~** to change the bed **II.** *vi Preise* to rise, to go up **III.** *vr* ■ **sich** *akk* ~ to get dressed; **sich warm ~** to dress warm[ly]; **sich schick ~** to dress up

anziehend *adj* attractive

Anziehung <-, -en> *f* ❶ (*Reiz*) attraction ❷ *kein pl s*. **Anziehungskraft 2**

Anziehungskraft *f* ❶ PHYS [force of] attraction; **~ der Erde** [force of] gravitation ❷ *kein pl* (*Verlockung*) appeal; **auf jdn eine ~ ausüben** to appeal to sb

Anzug *m* ❶ (*Herrenanzug*) suit ❷ SCHWEIZ (*Bezug*) duvet cover

anzüglich ['an·tsy:k·lɪç] *adj* ❶ (*schlüpfrig*) insinuating ❷ (*zudringlich*) personal; ■ ~ **werden** to get personal

Anzüglichkeit <-, -en> *f* ❶ *kein pl* (*Schlüpfrigkeit*) suggestiveness ❷ *kein pl* (*Zudringlichkeit*) advances *pl* ❸ (*zudringliche Handlung*) pushiness

an|zünden *vt* ❶ *Feuer, Zigarette* to light ❷ *Haus* to set on fire

an|zweifeln *vt* to question

apart [a'part] *adj* striking

Apartheid <-> [a'pa:ɐ̯t·hait] *f kein pl* POL (*hist*) apartheid

Apartment <-s, -s> [a'part·mənt] *nt* apartment

Apathie <-, -n> [apa·'ti:, *pl* -'ti:ən] *f* apathy; MED listlessness

apathisch [a'pa:·tɪʃ] **I.** *adj* apathetic; MED listless **II.** *adv* apathetically; MED listlessly

Aperitif <-s, -s *o* -e> [ape·ri·'ti:f] *m* aperitif

Apfel <-s, Äpfel> ['ap·fl̩, *pl* 'ɛp·fl̩] *m* apple ▶ WENDUNGEN: **in den sauren ~ beißen** (*fam*) to bite the bullet; **der ~ fällt nicht weit vom Stamm** (*prov*) like father, like son

Apfelbaum *m* apple tree

Apfelkuchen *m* apple pie

Apfelmus *nt* apple sauce

Apfelsaft *m* apple juice

Apfelsine <-, -n> [ap·fl̩·'zi:nə] *f* orange

Apfelwein *m* hard cider

Apostel <-s, -> [a'pɔs·tl̩] *m* apostle

Apostroph <-s, -e> [apo·'stro:f] *m* apostrophe

Apotheke <-, -n> [apo·'te:·kə] *f* pharmacy

Apotheker(in) <-s, -> [apo·'te:·kɐ] *m(f)* pharmacist

App. *Abk von* **Appartement** apt.

Apparat <-[e]s, -e> [apa·'ra:t] *m* ❶ TECH apparatus *form;* (*kleineres Gerät*) gadget ❷ (*Telefon*) telephone; **am ~ bleiben** to hold on; **am ~!** speaking! ❸ (*sl: großer Gegenstand*) whopper

Appartement <-s, -s> [apartə·'mã:] *nt s.* Apartment

Appell <-s, -e> [a'pɛl] *m* appeal; **einen ~ an jdn richten** to make an appeal to sb

appellieren* [apε·'li:·rən] *vi* ❶ **an jdn ~** to appeal to sb ❷ **an jds Vernunft ~** to appeal to sb's common sense ❸ SCHWEIZ (*Berufung einlegen*) ■**gegen etw ~** to appeal against sth

Appenzell <-s> [apn·'tsɛl] *nt* Appenzell [cheese]

Appetit <-[e]s> [ape·'ti:t] *m kein pl* appetite; **~ auf etw haben** to feel like [having] sth; [jdm] **~ machen** to whet sb's appetite; **jdm den ~ verderben** to spoil sb's appetite; **guten ~!** enjoy your meal!

appetitanregend *adj* ❶ (*appetitlich*) appetizing ❷ (*appetitfördernd*) **ein ~es Mittel** an appetite stimulant

Appetithappen *m* canapé

appetitlich **I.** *adj* ❶ (*Appetit anregend*) appetizing ❷ (*fam: Lust anregend*) tempting **II.** *adv* appetizingly, temptingly

Appetitlosigkeit <-> *f kein pl* lack of appetite

Appetitzügler <-s, -> *m* appetite suppressant

applaudieren* [aplau·'di:·rən] *vi* (*geh*) to applaud

Applaus <-es, -e> [a'plaus, *pl* a'plauzə] *m pl selten* (*geh*) applause

Apr. *Abk von* **April** Apr.

Aprikose <-, -n> [apri·'ko:·zə] *f* apricot

April <-s, -e> [a'prɪl] *m pl selten* April; *s. a.* **Februar** ▶ WENDUNGEN: **~! ~!** April fool!; **jdn in den ~ schicken** to make an April fool of sb

Aprilscherz *m* April fools' joke

apropos [apro·'po:] *adv* ❶ (*übrigens*) by the way ❷ (*was ... angeht*) **Männer, ...** speaking of men, ...

Aquaplaning <-s> [akva·'pla:·nɪŋ] *nt kein pl* aquaplaning

Aquarell <-s, -e> [akva·'rɛl] *nt* watercolor [painting]

Aquarium <-s, -rien> [a'kva:·rिʊm, *pl* -riən] *nt* aquarium

Äquator <-s> [ɛ'kva:·toːɐ̯] *m kein pl* equator

Äquivalent <-s, -e> [ɛkvi·va·'lɛnt] *nt* equivalent

Araber(in) <-s, -> ['ara·bɐ] *m(f)* Arab

Arabien <-s> [a'ra:·bिən] *nt* Arabia

arabisch [a'ra:·bɪʃ] *adj* ❶ GEOG Arabian; **A~es Meer** Arabian Sea ❷ LING Arabic; **auf ~** in Arabic

Arbeit <-, -en> ['ar·bait] *f* ❶ (*Tätigkeit*) work; **gute/schlechte ~ leisten** to do a good/bad job; **sich** *akk* **an die ~ machen** to get down to work ❷ (*Arbeitsplatz*) job; **er fand ~ als**

Kranfahrer he got a job as a crane operator ❸ (*handwerkliches Produkt*) handiwork ❹ (*schriftliches Werk*) work ❺ SCH test; **eine ~ schreiben** to take a test; **eine schriftliche ~** a [term] paper ❻ *kein pl* (*Mühe*) effort; **sich** *dat* **~ machen** to take the trouble ▶ WENDUNGEN: **erst die ~, dann das Vergnügen** (*prov*) business before pleasure *prov*

arbeiten ['ar·bai·tn̩] *vi* ❶ (*tätig sein*) to work; ■**an etw ~** to be working on sth ❷ (*berufstätig sein*) to have a job ❸ (*funktionieren*) *Maschine* to work; *Körperorgan* to function

Arbeiter(in) <-s, -> *m(f)* (*Industrie*) [blue-collar] worker; (*Landwirtschaft*) laborer

Arbeiterbewegung *f* POL labor movement

Arbeiterfamilie *f* working-class family

Arbeiterschaft <-> *f kein pl* work force + *sing/pl vb*

Arbeiterviertel *nt* working-class area

Arbeiterwohlfahrt *f kein pl* workers' rights organization

Arbeitgeber(in) <-s, -> *m(f)* employer

Arbeitgeberverband *m* employers' association

Arbeitnehmer(in) <-s, -> *m(f)* employee

Arbeitsablauf *m* work routine

Arbeitsamt *nt* unemployment office

Arbeitsaufwand *m* expenditure of energy; **was für ein ~!** what a lot of work!

arbeitsaufwändigRR *adj* labor-intensive

Arbeitsbedingungen *pl* working conditions *pl*

Arbeitsbeschaffungsmaßnahme *f* job creation plan

Arbeitseifer *m* enthusiasm for one's work

Arbeitseinstellung *f* ❶ (*Streik*) walkout ❷ (*Arbeitsauffassung*) attitude toward work

Arbeitseinteilung *f* work allocation

Arbeitserlaubnis *f* work permit

Arbeitserleichterung *f* labor saving; **zur ~** to facilitate work

Arbeitsessen *nt* business lunch/dinner

arbeitsfähig *adj* able to work

Arbeitsgemeinschaft *f* work[ing] group; SCH study group

Arbeitsgericht *nt a court that handles labor disputes*

Arbeitsgruppe *f* team

arbeitsintensiv *adj* labor-intensive

Arbeitskampf *m* labor dispute

Arbeitskleidung *f* work clothes *pl*

Arbeitsklima *nt* work climate, atmosphere

Arbeitskollege, -kollegin *m, f* colleague

Arbeitskraft *f* ❶ *kein pl* (*Leistungskraft*) work capacity; **die menschliche ~** human labor ❷ (*Mitarbeiter*) worker

Arbeitslager *nt* labor camp

Arbeitslohn *m* wages *pl*

arbeitslos *adj* unemployed

Arbeitslose(r) *f(m) dekl wie adj* unemployed person; ■**die ~n** the unemployed

Arbeitslosengeld *nt* unemployment benefit

Arbeitslosenhilfe *f* unemployment aid

Arbeitslosenquote *f* unemployment figures *pl*

Arbeitslosenzahlen *pl* unemployment figures *pl*

Arbeitslosigkeit <-> *f kein pl* unemployment *no indef art,* + *sing vb*

Arbeitsmangel *m* lack of work

Arbeitsmarkt *m* job market

Arbeitsmittel *nt* material required for work

Arbeitsmoral *f* work morale

Arbeitsniederlegung *f* walkout

Arbeitsoberfläche *f* COMPUT user interface

Arbeitspensum *nt* work quota

Arbeitsplatz *m* ❶ (*Arbeitsstätte*) workplace; **am ~** at work ❷ (*Stelle*) job; **freier ~** vacancy

Arbeitsplatzsicherung *f kein pl* safeguarding of jobs

Arbeitsplatzwechsel *m* change of employment

arbeitsreich *adj* busy

arbeitsscheu *adj* (*pej*) work-shy

Arbeitsspeicher *m* COMPUT main memory

Arbeitsstelle *f* job

Arbeitssuche *f* search for employment; **auf ~ sein** to be [out] job-hunting

Arbeitstag *m* work day

Arbeitsteilung *f* job-sharing

Arbeitsuchende(r) *f(m) dekl wie adj* jobseeker

arbeitsunfähig *adj* unable to work; **jdn ~ schreiben** to put sb on sick leave

Arbeitsunfähigkeit *f* inability to work

Arbeitsunfall *m* work-related accident

Arbeitsvertrag *m* employment contract

Arbeitsverweigerung *f* refusal to work

arbeitswillig *adj* willing to work

Arbeitswoche *f* work week

Arbeitswut *f* (*fam*) work mania

arbeitswütig *adj* (*fam*) ∎ **~ sein** to be a workaholic

Arbeitszeit *f* ❶ (*tägliche betriebliche Arbeit*) working hours *pl;* **gleitende ~** flexitime, flextime ❷ (*benötigte Zeit*) required [working] time

Arbeitszeugnis *nt* reference

Arbeitszimmer *nt* study

Archäologe, Archäologin <-n, -n> [ar·çeo-'lo:·gə, arçeo-'lo:·gɪn] *m, f* archaeologist

Archäologie <-> [arçeo·lo·'gi:] *f kein pl* archaeology

Arche <-, -n> ['ar·çə] *f* ark; **die ~ Noah** REL Noah's Ark

Architekt(in) <-en, -en> [ar·çi·'tɛkt] *m(f)* architect

Architektur <-, -en> [ar·çi·tɛk·'tu:ɐ] *f* architecture

Archiv <-s, -e> [ar·'çi:f, *pl* -və] *nt* archives *pl*

archivieren* [ar·çi·'vi:·rən] *vt* to archive

Areal <-s, -e> [are·'a:l] *nt* ❶ (*Gebiet*) area ❷ (*Grundstück*) grounds *pl*

Ären *pl von* **Ära**

Arena <-, Arenen> [a're:·na, *pl* a're:·nən] *f* ❶ (*Manege*) [circus] ring ❷ SPORT [sports] arena ❸ (*Stierkampfarena*) [bull]ring

arg <ärger, ärgste> [ark] *bes* SÜDD I. *adj* ❶ (*schlimm*) bad ❷ *attr* (*groß*) Enttäuschung big II. *adv* (*sehr*) badly; **tut es ~ weh?** does it hurt badly?; **er hat dazu ~ lang gebraucht** it took him forever to do it

Argentinien <-s> [ar·gɛn·'ti:·ni̯·ən] *nt* Argentina; *s. a.* **Deutschland**

Argentinier(in) <-s, -> [ar·gɛn·'ti:·ni̯ɐ] *m(f)* Argentinian; *s. a.* **Deutsche(r)**

argentinisch [ar·gɛn·'ti:·nɪʃ] *adj* Argentinian; *s. a.* **deutsch**

ärger ['ɛrgɐ] *adj komp von* **arg**

Ärger <-s> ['ɛrgɐ] *m kein pl* ❶ (*Wut*) anger ❷ (*Unannehmlichkeiten*) trouble; **~ bekommen** to get into trouble; **~ haben** to have problems; [**jdm**] **~ machen** to cause [sb] trouble

ärgerlich I. *adj* ❶ (*verärgert*) annoyed (**über** +*akk* about); **jdn ~ machen** to annoy sb ❷ (*unangenehm*) unpleasant, annoying II. *adv* (*verärgert*) annoyed, angrily

ärgern ['ɛr·gɐn] I. *vt* ❶ (*ungehalten machen*) to annoy ❷ (*reizen*) to tease (**wegen** +*gen* about) II. *vr* ∎ **sich** *akk* **~** to be annoyed (**über** +*akk* about); **ich ärgere mich, dass ich nicht hingegangen bin** I'm upset with myself for not going

Arglist <-> *f kein pl* (*geh*) cunning

arglistig I. *adj* cunning II. *adv* cunningly

arglos *adj* innocent

ärgste(r, s) ['ɛrks·tɐ, -tɐ, -təs] *adj superl von* **arg**

Argument <-[e]s, -e> [argu·'mɛnt] *nt* argument; **das ist kein ~** (*unsinnig*) that's a poor argument; (*keine Entschuldigung*) that's no excuse

Argumentation <-, -en> [argu·mɛn·ta·'tsi̯o:n] *f* argumentation

argumentieren* *vi* to argue; ∎ **mit etw** *dat* **~** to use sth as an argument

Argwohn <-s> ['ark·vo:n] *m kein pl* suspicion; **jds ~ erregen** to arouse sb's suspicion[s]

argwöhnen ['ark·vø:·nən] *vt* (*geh*) to suspect

argwöhnisch ['ark·vø:·nɪʃ] I. *adj* suspicious II. *adv* suspiciously

Aristokrat(in) <-en, -en> [arɪs·to·'kra:t] *m(f)* aristocrat

Aristokratie <-, -n> [arɪs·to·kra·'ti:, *pl* -'ti:ən] *f* aristocracy

aristokratisch *adj* aristocratic

Arktis <-> ['ark·tɪs] *f* Arctic

arktisch ['ark·tɪʃ] *adj* arctic

arm <ärmer, ärmste> [arm] *adj* ❶ (*besitzlos, bedauernswert*) poor ❷ **~ dran sein** (*fam*) to have a hard time

Arm <-[e]s, -e> [arm] *m* arm; **jdn im ~ halten** to hold sb in one's arms; **ein Kind auf den ~ nehmen** to pick up a child ▶ WENDUNGEN: **jdm** [**mit etw** *dat*] **unter die ~e greifen** to help sb out [with sth]; **jdn auf den ~ nehmen** to pull sb's leg

Armaturenbrett *nt* AUTO dashboard

Armband <-bänder> *nt* ❶ (*Uhrarmband*) [watch] strap ❷ (*Schmuckarmband*) bracelet

Armbanduhr f [wrist]watch
Armee <-, -n> [ar·'me:, pl -'me:·ən] f army
Ärmel <-s, -> ['ɛr·ml̩] m sleeve; **sich** dat **die ~ hochkrempeln** to roll up one's sleeves ▶ WENDUNGEN: **etw aus dem ~ schütteln** (fam) to produce/do sth just like that
Ärmelkanal m ■der ~ the English Channel
ärmellos adj sleeveless
Armenien <-s> [ar·'me:·ni̯·ən] nt Armenia; s. a. **Deutschland**
Armenier(in) <-s, -> [ar·'me:·ni̯·ɐ] m(f) Armenian; s. a. **Deutsche(r)**
armenisch [ar·'me:·nɪʃ] adj Armenian; s. a. **deutsch**
Armenviertel nt poor district
ärmer ['ɛr·mɐ] adj komp von **arm**
Armlehne f armrest
Armleuchter m (pej fam: Dummkopf) dummy
ärmlich ['ɛrm·lɪç] I. adj ➊ (von Armut zeugend) poor; (Kleidung) shabby ➋ (dürftig) meager II. adv poorly; ~ **gekleidet sein** to be shabbily dressed
armselig adj ➊ (primitiv) shabby ➋ (dürftig) miserable ➌ (meist pej: unzulänglich) pathetic
ärmste(r, s) ['ɛrms·tɐ, -tɐ, -təs] adj superl von **arm**
Armut <-> ['ar·mu:t] f kein pl poverty
Armutsflüchtling m economic refugee
Armutsgrenze f poverty line
Armutszeugnis nt ▶ WENDUNGEN: **ein ~ für jdn sein** to be the proof of sb's inadequacy
Aroma <-s, Aromen o -s o -ta> [a'ro:·ma] nt ➊ (Geruch) aroma; (Geschmack) taste, flavor ➋ (Aromastoff) flavor[ing]
Aromastoff m flavoring
Aromata pl von **Aroma**
aromatisch [aro·'ma:·tɪʃ] I. adj aromatic; (wohlschmeckend) flavorful II. adv ~ **schmecken** to have a distinctive taste
aromatisieren* [aro·ma·ti·'zi:·rən] vt to aromatize
Aromen pl von **Aroma**
Arrangement <-s, -s> [arãʒə·'mã:] nt (geh) arrangement
arrangieren* [arã·'ʒi:·rən] I. vt to arrange; ■~, **dass ...** to arrange so that ... II. vr ➊ (übereinkommen) ■**sich** +akk [mit jdm] ~ to come to an arrangement [with sb] ➋ (sich abfinden) ■**sich** +akk [mit etw dat] ~ to come to terms [with sth]
Arrest <-[e]s, -e> [a'rɛst] m JUR (Freiheitsentzug) detention
arretieren* [are·'ti:·rən] vt (feststellen) to lock
arrogant [aro·'gant] I. adj arrogant II. adv arrogantly
Arroganz <-> [aro·'gants] f kein pl arrogance
Arsch <-[e]s, Ärsche> [arʃ, pl 'ɛr·ʃə] m (derb) ➊ (Hintern) ass ➋ (blöder Kerl) dumb ass, asshole ▶ WENDUNGEN: **am ~ der Welt** (sl) out in the boonies; **jdm in den ~ kriechen** to kiss sb's ass sl; **jdn [mal] am ~ lecken können** sb can shove it sl [or vulg fuck off]; **im ~ sein** (sl) to be screwed

Arschbacke f (derb) [butt] cheek
Arschkriecher(in) <-s, -> m(f) (pej derb) ass kisser
Arschloch nt (derb) asshole
Arschtritt m (derb) kick in the ass
Arsen <-s> [ar·'ze:n] nt kein pl CHEM arsenic
Arsenal <-s, -e> [ar·ze·'na:l] nt arsenal
Art <-, -en> [a:ɐt, pl 'a:ɐ·tn̩] f ➊ (Sorte) sort, kind ➋ (Methode) way; **auf diese ~ und Weise** [in] this way ➌ (Wesensart) nature ➍ (Verhaltensweise) behavior; **das ist doch keine ~!** (fam) that's no way to behave! ➎ BIOL species ➏ (Stil) style ▶ WENDUNGEN: **nach ~ des Hauses** à la maison
Artenreichtum m kein pl BIOL abundance of species
Artenschutz m protection of species
Artensterben nt kein pl extinction of the species
Artenvielfalt <-> f kein pl BIOL abundance of species
Arterie <-, -n> [ar·'te:·ri̯ə] f artery
Artgenosse, -genossin m, f BIOL plant/animal of the same species
artgerecht adj, adv appropriate to a species
artig ['a:ɐ·tɪç] adj well-behaved
Artikel <-s, -> [ar·'ti:·kl̩] m ➊ (Zeitungsartikel) article ➋ (Lexikoneintrag) entry ➌ (Ware) item ➍ LING article
Artischocke <-, -n> [ar·ti·'ʃɔ·kə] f artichoke
Artist(in) <-en, -en> [ar·'tɪst] m(f) (Zirkuskunst etc.) performer
artistisch adj ➊ (Zirkuskunst betreffend) spectacular ➋ (sehr geschickt) skillful
Arznei <-, -en> [a:ɐts·'nai] f medicine
Arzneiflasche f medicine bottle
Arzneimittel nt drug
Arzneimittelabhängigkeit f drug addiction
Arzneimittelallergie f drug allergy
Arzneimittelvergiftung f prescription drug overdose
Arzneipflanze f medicinal plant
Arzt, Ärztin <-es, Ärzte> [a:ɐtst, 'ɛ:ɐts·tɪn, pl 'ɛːɐts·tə] m, f doctor; ~ **für Allgemeinmedizin** family physician, GP
Arztbesuch m ➊ (Besuch des Arztes) visit by a doctor ➋ (Aufsuchen eines Arztes) visit to a doctor
Arzthelfer(in) m(f) doctor's assistant
Arztkosten pl medical costs pl
ärztlich ['ɛ:ɐtst·lɪç] I. adj medical II. adv medically; **sich** akk ~ **behandeln lassen** to get medical advice
Arztpraxis f doctor's office
As[ALT] <-ses, -se> [as] nt s. **Ass**
Asbest <-[e]s> [as·'bɛst] nt kein pl asbestos
aschblond adj ash-blond
Asche <-, -n> ['aʃə] f ash
Aschenbecher m, **Ascher** <-s, -> ['aʃɐ] m (fam) ashtray
Aschermittwoch [aʃɐ·'mɪt·vɔx] m REL Ash Wednesday
aschgrau adj ash-gray

Äser *pl von* **Aas²**

asexuell ['azɛ·ksu̯·ɛl] *adj* asexual

Asiat(in) <-en, -en> *m(f)* Asian

asiatisch [a'zi̯a:·tɪʃ] *adj* Asiatic; *Sprache, Kultur* Asian

Asien <-s> ['a:zi̯ən] *nt* Asia

asketisch *adj* ascetic

asozial ['azo·tsi̯a:l] **I.** *adj* antisocial **II.** *adv* antisocially

Asoziale(r) *f(m) dekl wie adj (pej)* social misfit

Aspekt <-[e]s, -e> [as·'pɛkt] *m* aspect

Asphalt <-[e]s, -e> [as·'falt] *m* asphalt

asphaltieren* [as·fal·'ti:·rən] *vt* to asphalt, to tar

Aspirin® <-s> [as·pi·'ri:n] *nt kein pl* aspirin

Assᴿᴿ <-es, -e> *nt* ace ▶ WENDUNGEN: [noch] ein ~ im Ärmel haben to have an ace up one's sleeve

aß [a:s] *imp von* **essen**

Assistent(in) <-en, -en> [asɪs·'tɛnt] *m(f)* assistant

Assistenzarzt, -ärztin *m, f* [hospital] intern

assistieren* [asɪs·'ti:·rən] *vi* to assist (**bei** +*dat* with)

Assoziation <-, -en> [aso·tsi̯a·'tsi̯o:n] *f (geh)* association

assoziieren* [aso·tsi·'i:·rən] *vt (geh)* to associate

Ast <-[e]s, Äste> [ast, *pl* 'ɛs·tə] *m* branch ▶ WENDUNGEN: **auf dem absteigenden ~ sein** *(fam)* sb/sth is going downhill; **sich** *dat* **einen ~ lachen** *(sl)* to double up with laughter

Aster <-, -n> ['as·tɐ] *f* aster

Astgabel *f* fork of a tree

Ästhetik <-> [ɛs·'te:·tɪk] *f kein pl* aesthetics *pl*

ästhetisch [ɛs·'te:·tɪʃ] *adj* aesthetic

Asthma <-s> ['ast·ma] *nt kein pl* asthma

Asthmatiker(in) <-s, -> [ast·'ma:·ti·kɐ] *m(f)* asthmatic

asthmatisch [ast·'ma:·tɪʃ] **I.** *adj* asthmatic **II.** *adv* asthmatically

astrein *adj* ❶ *(fam: moralisch einwandfrei)* aboveboard ❷ *(sl: spitze)* fantastic

Astrologe, Astrologin <-n, -n> [as·tro·'lo:·gə, as·tro·'lo:·gɪn] *m, f* astrologer

Astrologie <-> [as·tro·lo·'gi:] *f kein pl* astrology

astrologisch [as·tro·'lo:·gɪʃ] **I.** *adj* astrological **II.** *adv* astrologically

Astronaut(in) <-en, -en> [as·tro·'naut] *m(f)* astronaut

Astronom(in) <-en, -en> [as·tro·'no:m] *m(f)* astronomer

Astronomie <-> [as·tro·no·'mi:] *f kein pl* astronomy

astronomisch [as·tro·'no:·mɪʃ] *adj (a. fig)* astronomical

Asyl <-s, -e> [a'zy:l] *nt* asylum; **um ~ bitten** to apply for [political] asylum; **jdm ~ gewähren** to grant sb [political] asylum

Asylant(in) <-en, -en> [azy·'lant] *m(f) s.* **Asylbewerber**

Asylantenwohnheim *nt* home for asylum seekers

Asylantrag *m* application for political asylum

Asylbewerber(in) *m(f)* asylum seeker

Asylsuchende(r) *f(m) dekl wie adj* asylum seeker

asymmetrisch ['azy·me:·trɪʃ] *adj* asymmetric

Atelier <-s, -s> [atə·'li̯e:] *nt* KUNST studio

Atem <-s> ['a:təm] *m kein pl* breath; **den ~ anhalten** to hold one's breath; **~ holen** to take a breath; **wieder zu ~ kommen** to catch one's breath; **außer ~** out of breath ▶ WENDUNGEN: **den längeren ~ haben** to have the upper hand; **jdn in ~ halten** to keep sb on their toes; **jdm den ~ verschlagen** to take sb's breath away

atemberaubend *adj* breathtaking

Atembeschwerden *pl* breathing difficulties *pl*

Atemgerät *nt* respirator; *(von Taucher)* breathing apparatus

atemlos **I.** *adj* ❶ *(außer Atem)* breathless ❷ *(perplex)* speechless **II.** *adv* breathlessly

Atemnot *f kein pl* shortness of breath

Atempause *f* breather

Atemstillstand *m* respiratory arrest

Atemwege *pl* respiratory tracts *pl*

Atemwegserkrankung *f* respiratory disease

Atemzug *m* breath

Atheismus <-> [ate·'ɪs·mʊs] *m kein pl* atheism

Atheist(in) <-en, -en> [ate·'ɪst] *m(f)* atheist

atheistisch *adj* atheist

Athen <-s> [a'te:n] *nt* Athens

ätherisch [ɛ'te:·rɪʃ] *adj* ethereal

Äthiopien <-s> [ɛ'ti̯o:·pi̯·ən] *nt* Ethiopia; *s. a.* **Deutschland**

Äthiopier(in) <-s, -> [ɛ'ti̯o:·pi̯·ɐ] *m(f)* Ethiopian; *s. a.* **Deutsche(r)**

äthiopisch [ɛ'ti̯o:·pɪʃ] *adj* Ethiopian; *s. a.* **deutsch**

Athlet(in) <-en, -en> [at·'le:t] *m(f)* athlete

athletisch [at·'le:·tɪʃ] *adj* athletic

Atlanten *pl von* **Atlas**

Atlantik <-s> [at·'lan·tɪk] *m* Atlantic

atlantisch [at·'lan·tɪʃ] *adj* Atlantic

Atlas <- *o* -ses, Atlanten *o* -se> ['at·las, *pl* 'at·lasə, at·'lan·tn̩] *m* atlas

atmen ['at·mən] *vi, vt* to breathe

Atmosphäre <-, -n> [at·mo·'sfɛ:·rə] *f* atmosphere

Atmung <-> *f kein pl* breathing

atmungsaktiv *adj* MODE breathable

Atoll <-s, -e> [a'tɔl] *nt* atoll

Atom <-s, -e> [a'to:m] *nt* atom

Atomangriff *m* nuclear attack

Atombombe *f* nuclear bomb

Atombombenexplosion *f* nuclear explosion

Atombombenversuch *m* nuclear [weapons] test

Atombunker *m* nuclear fallout shelter

Atomenergie *f* nuclear energy

Atomgegner(in) *m(f)* person who is against nuclear power

Atomindustrie *f* nuclear industry

atomisieren* [ato·mi·'ziː·rən] *vt* to atomize
Atomkraft *f kein pl* nuclear power
Atomkraftwerk *nt* nuclear power plant
Atomkrieg *m* nuclear war
Atommacht *f* nuclear power
Atommüll *m* nuclear waste
Atomrakete *f* nuclear missile
Atomreaktor *m* nuclear reactor
Atomsprengkopf *m* nuclear warhead
Atomtest *m* nuclear [weapons] test
Atomuhr *f* atomic clock
Atomwaffe *f* nuclear weapon
Attacke <-, -n> [a'ta·kə] *f* ❶ (*Angriff*) attack
(**gegen** +*akk* against) ❷ (*Anfall*) attack
attackieren* [ata·'kiː·rən] *vt* to attack
Attentat <-[e]s, -e> ['atn̩·taːt] *nt* attempt on
sb's life; **ein ~ auf jdn verüben** to make an attempt on sb's life
Attentäter(in) ['atn̩·tɛː·tɐ] *m(f)* assassin
Attest <-[e]s, -e> [a'tɛst] *nt* certificate; **jdm
ein ~ ausstellen** to certify sth
attestieren* [atɛs·'tiː·rən] *vt* to confirm; (*ärztlich*) to certify
Attraktion <-, -en> [atrak·'tsi̯oːn] *f* attraction
attraktiv [atrak'tiːf] *adj* attractive
Attraktivität <-> [atrak·ti·vi·'tɛːt] *f kein pl* attractiveness
Attrappe <-, -n> [a'trapə] *f* fake, dummy
atypisch ['aty·pɪʃ] *adj* atypical
ätzend *adj* ❶ *Substanz* corrosive ❷ *Geruch*
pungent ❸ (*sl: sehr übel*) lousy
Aubergine <-, -n> [obɛr·'ʒiː·nə] *f* eggplant
auch [aux] *adv* ❶ (*ebenfalls*) too, also, as well;
ich ~ me too; **~ nicht** not ... either, ... [n]either; **ich ~ nicht** me [n]either; **ich gehe nicht
mit! – ich ~ nicht!** I'm not going [along]! —
neither am I!; **wenn du nicht hingehst, gehe
ich ~ nicht** if you don't go, I won't either
❷ (*sogar*) even; **~ wenn** even if ❸ (*tatsächlich*) too ❹ (*einräumend*) **wie dem ~ sei**
whatever
Audienz <-, -en> [au·'di̯·ɛnts] *f* audience
Audioführung *f* audio tour
Audiokassette *f* audio cassette
audiovisuell [audi̯o·vi·zu̯·'ɛl] *adj* audio-visual
auf [auf] **I.** *präp* ❶ +*dat* on, upon *form;* **~ dem
Stuhl** on the chair ❷ +*akk* on, onto; **sie fiel ~
den Rücken** she fell on[to] her back ❸ +*akk*
(*zu*) to; **~ die Post/das Fest** to the post office/party ❹ +*dat* (*in, bei*) at; **sie ist** [*o* **arbeitet**] **~ der Post** she works at the post office
❺ +*akk* (*bei Zeitangaben*) on; **etw** +*akk*
~ morgen verlegen to postpone sth until tomorrow ❻ +*dat* (*während*) on; **~ der Busfahrt wurde es einigen schlecht** some people felt sick on the bus ride **II.** *adv* **~ sein** (*fam:
geöffnet*) to be open; (*nicht mehr im Bett*) to
be up ▶ WENDUNGEN: **~ und ab** up and down;
~ und davon (*fort*) up and away
auf|arbeiten *vt* ❶ *Akten, Korrespondenz* to get
through ❷ *Vergangenheit* to reappraise
auf|atmen *vi* [erleichtert] **~** to heave a sigh of
relief

auf|bahren ['auf·baː·rən] *vt* to lay out in state
Aufbau *m kein pl* ❶ (*das Zusammenbauen*)
assembling ❷ (*Schaffung*) *eines Landes* the
building ❸ (*Wiedererrichtung*) reconstruction
❹ (*Struktur*) structure
auf|bauen I. *vt* ❶ (*zusammenbauen*) to assemble, to put together ❷ (*errichten*) *Zelt* to put
up *sep; Haus, Stadt* to build; **ein Haus neu ~**
to rebuild a house ❸ (*aufmuntern*) **jdn** [**wieder**] **~** to cheer up *sep* sb ❹ (*schaffen*) *Partei,
Existenz* to build; ■ **sich** *dat* **etw ~** to build up
sep sth ❺ (*basieren*) to base (**auf** +*dat* on)
❻ (*gliedern*) to structure **II.** *vr* ❶ (*sich bilden*)
■ **sich** *akk* **~** to build up ❷ (*fam*) ■ **sich** *akk*
vor jdm ~ to stand up in front of sb
Aufbaukurs *m* continuation course
auf|bäumen *vr* ■ **sich** *akk* **~** to revolt [**gegen**
+*akk* against)
auf|bauschen *vt* ❶ (*übertreiben*) to blow up
sep (**zu** +*dat* into) ❷ (*blähen*) to fill
auf|bekommen* *vt irreg* (*fam*) ❶ (*öffnen*) to
get open *sep* ❷ *Hausaufgaben* to get as homework
auf|bereiten* *vt* ❶ (*verwendungsfähig machen*) to process; *Trinkwasser* to purify ❷ *Text*
to edit
Aufbereitung <-, -en> *f* ❶ (*das Aufbereiten*)
processing; *von Trinkwasser* purification ❷ *eines Texts* editing
auf|bessern *vt* to improve; *Gehalt* to increase
auf|bewahren* *vt* ❶ (*aufheben*) to keep ❷ (*lagern*) to store
Aufbewahrung <-> *f kein pl* [safe]keeping
auf|bieten *vt irreg* to muster
auf|binden *vt irreg* ❶ (*öffnen, lösen*) to untie
❷ **jdm eine Lüge ~** (*fam*) to tell sb a lie
auf|blähen *vr* ■ **sich** *akk* **~** (*pej: sich wichtigmachen*) to puff oneself up
auf|blasen *irreg* **I.** *vt* to inflate; *Luftballon* to
blow up *sep* **II.** *vr* ■ **sich** *akk* **~** (*pej: sich wichtigmachen*) to puff oneself up
auf|bleiben *vi irreg sein* ❶ (*nicht zu Bett
gehen*) to stay up ❷ (*geöffnet bleiben*) to stay
open
auf|blenden *vi* ❶ AUTO to put the high beams
on ❷ FOTO to increase the aperture
auf|blicken *vi* ■ **zu jdm ~** to look up at sb;
(*verehrend*) to look up to sb
auf|blitzen *vi* to flash
auf|blühen *vi sein* ❶ *Blume* to bloom ❷ (*aufleben*) to blossom out
auf|brauchen *vt* to use up *sep*
auf|brausen *vi sein* (*wütend werden*) to flare
up
aufbrausend *adj* quick-tempered
auf|brechen *irreg* **I.** *vt haben* to break open
sep; **ein Auto ~** to break into a car **II.** *vi sein*
❶ (*aufplatzen*) to break up; *Wunde* to open
❷ (*sich auf den Weg machen*) to start off; **ich
glaube, wir müssen ~** I think we have to go
auf|bringen *vt irreg* ❶ *Geld* to raise; *Mut,
Kraft, Geduld* to summon [up *sep*] ❷ (*wütend
machen*) to irritate ❸ (*aufwiegeln*) ■ **jdn**

gegen jdn ~ to set sb against sb

Aufbruch *m kein pl* departure

Aufbruchsstimmung *f kein pl* ❶ *(vor dem Aufbrechen)* atmosphere of departure; **in** ~ **sein** to be ready to go; **hier herrscht schon** ~ things are already winding down here ❷ *(Stimmung der Erneuerung)* atmosphere of awakening

auf|brühen *vt* to brew up *sep*

auf|brummen *vt (fam)* ■ **jdm etw** ~ to land sb with sth

auf|bürden *vt (geh)* *Verantwortung, Arbeit* to burden with

auf|decken *vt* ❶ *(enthüllen)* to uncover ❷ *(bloßlegen)* to expose; *Fehler* to discover; *Verbrechen, Skandal* to reveal

auf|donnern *vr* ■ **sich** *akk* ~ *(pej fam)* to doll oneself up

auf|drängen I. *vt* ■ **jdm etw** ~ to force sth on sb II. *vr* ■ **sich** *akk* **jdm** ~ to impose oneself on sb

auf|drehen I. *vt* ❶ *(durch Drehen öffnen)* to turn on *sep; Flasche, Ventil* to open; *Schraubverschluss* to unscrew ❷ *(fam: lauter stellen)* to turn up *sep* II. *vi (fam: loslegen)* to get going; ■ **aufgedreht sein** to be full of go

aufdringlich *adj* ❶ *Benehmen* obtrusive, importunate; *Person* insistent ❷ *Geruch* pungent

auf|drücken *vt* ❶ *Tür* to push open *sep* ❷ *(fam: aufzwingen)* ■ **jdm etw** ~ to impose sth on sb

aufeinander [auf·ʔai·ˈnan·de] *adv* ❶ *(räumlich)* on top of each other ❷ *(zeitlich)* after each other; **dicht** ~ **folgen** to come hard and fast *a. hum;* ~ **folgend** successive ❸ *(gegeneinander)* ~ **losgehen** to hit away at each other ❹ *(wechselseitig)* ~ **angewiesen sein** to be dependent [up]on each other; ~ **zugehen** to approach each other

aufeinander|folgen *vi sein s.* **aufeinander 2**

aufeinanderfolgend *adj s.* **aufeinander 2**

aufeinander|stoßen *vi irreg sein* to clash

Aufenthalt <-[e]s, -e> [ˈauf·ʔɛnt·halt] *m* ❶ *(das Verweilen)* stay ❷ *(das Wohnen)* residence ❸ *(Aufenthaltsort)* place of residence ❹ BAHN stop[over]; **wie lange haben wir in Köln** ~? how long are we stopping in Cologne?

Aufenthaltserlaubnis *f,* **Aufenthaltsgenehmigung** *f* residence permit

Aufenthaltsort *m* whereabouts + *sing/pl vb*

Aufenthaltsraum *m* day room; (*in Firma*) employee lounge

auf|erlegen* [ˈauf·ʔɛɐ̯·le:·gn̩] *vt (geh)* ■ **jdm etw** ~ to impose sth on sb

auf|erstehen* *vi irreg sein* REL to rise from the dead; *Christus* to rise again

Auferstehung <-, -en> *f* REL resurrection; **Christi** ~ the Resurrection [of Christ]

auf|essen *irreg vt, vi* to eat up *sep*

auf|fahren *irreg vi sein* ❶ *(aufprallen)* ■ **auf jdn/etw** ~ to run into sb/sth ❷ *(näher heranfahren)* to drive up (**auf** +*akk* to); **zu dicht** ~ to tailgate ❸ *(hochschrecken)* to startle

❹ *(aufbrausen)* to fly into a rage

Auffahrt *f* ❶ *(Autobahnauffahrt)* [freeway] on-ramp ❷ *(vor einem Haus)* drive[way] ❸ SCHWEIZ *s.* **Himmelfahrt**

Auffahrunfall *m* collision; *(von mehreren Fahrzeugen)* pile-up

auf|fallen *vi irreg sein* ❶ ■ **jdm fällt etw auf** sb notices sth; **ist Ihnen etwas Ungewöhnliches aufgefallen?** did you notice anything unusual?; **jdm positiv** ~ to make a positive impression on sb ❷ ■ **etw/jd fällt auf** to attract attention, to stand out, to be noticeable; **unangenehm** ~ to make a bad impression

auffallend I. *adj* conspicuous, striking II. *adv* conspicuously; ~ **schön** strikingly beautiful

auffällig I. *adj* conspicuous; ■ **an jdm** ~ **sein** to be noticeable about sb; ■ **etwas A~es** something conspicuous II. *adv* conspicuously

auf|fangen *vt irreg* ❶ *(einfangen, mitbekommen)* to catch ❷ *(kompensieren)* to offset ❸ *(sammeln)* to collect

Auffanglager *nt* reception camp

auf|fassen *vt* to interpret (**als** as); **etw falsch** ~ to misinterpret sth

Auffassung *f* opinion; **ich bin der** ~, **dass** ... I think [that] ...; **nach jds** ~ in sb's opinion

Auffassungsgabe *f kein pl* perception

auffindbar *adj* detectable; ■ **etw ist nicht** ~ sth cannot be found

auf|finden *vt irreg* to find

auf|fliegen *vi irreg sein* ❶ *Vogel* to fly up ❷ *Tür* to fly open ❸ *(fam: öffentlich bekannt werden)* to leak out; *Betrug, Machenschaften* to be exposed; ■ **jdn/etw** ~ **lassen** to blow the whistle on sb/sth

auf|fordern *vt* ■ **jdn** ~, **etw zu tun** to ask sb to do sth; **jdn zum Tanz** ~ to ask sb to dance

Aufforderung *f* request; (*stärker*) demand; ~ **zum Tanz** invitation to dance

auf|fressen *irreg vt* to eat up *sep; Beute* to devour

auf|frischen I. *vt haben* ❶ *Beziehung* to renew; *Erinnerung* to refresh; *Kenntnisse* to polish up *sep;* **sein Englisch** ~ to brush up on one's English ❷ *Anstrich* to brighten up *sep; Make-up* to touch up II. *vi sein o haben Wind* to freshen, to pick up

Auffrischungskurs *m* refresher course

auf|führen I. *vt* ❶ *Theaterstück* to perform ❷ *(auflisten)* to list; *Beispiele, Zeugen* to cite II. *vr* ■ **sich** *akk* ~ to behave; **sich** ~, **als ob** ... to act as if ...; **Hans hat sich richtig aufgeführt!** Hans made a real fuss!

Aufführung *f* THEAT performance

auf|füllen *vt* ❶ *(befüllen)* to fill up *sep* ❷ *(nachfüllen)* to top up *sep*

Aufgabe <-, -n> *f* ❶ *(Pflicht)* job, task ❷ *meist pl (Übungsaufgabe)* exercise; *(Hausaufgabe)* homework ❸ *(zu lösendes Problem)* question; **eine schwierige** ~ **lösen** to solve a difficult problem ❹ *(Zweck)* purpose ❺ *kein pl (Verzicht auf weiteren Kampf)* surrender

auf|gabeln *vt (fam: kennen lernen)* to pick up

A

sb *sep*

Aufgabenbereich *m* ❶, **Aufgabengebiet** *nt* area of responsibility

Aufgang *m* ❶ *der Sonne, des Mondes* rising ❷ (*Treppenaufgang*) staircase

auf|geben *irreg* I. *vt* ❶ *Brief, Päckchen* to mail ❷ *Gepäck* to register; LUFT to check in ❸ *Anzeige* to place ❹ (*mit etw aufhören*) to give up *sep;* **eine Gewohnheit** ~ to break [with] a habit ❺ (*verloren geben*) ■*jdn* ~ to give up on sb II. *vi* (*sich geschlagen geben*) to give up; MIL to surrender

aufgeblasen I. *adj* (*pej: arrogant*) self-important II. *pp von* **aufblasen**

aufgebracht I. *adj* outraged (**über** +*akk* with) II. *pp von* **aufbringen**

aufgedunsen *adj* bloated; *Gesicht* puffy

auf|gehen *vi irreg sein* ❶ (*sich öffnen*) to open; *Vorhang* to rise; *Knoten, Reißverschluss etc.* to come undone ❷ *Sonne, Mond* to rise ❸ *Samen* to sprout ❹ *Teig* to rise ❺ (*klar werden*) ■*jdm* ~ to dawn on sb ❻ (*seine Erfüllung finden*) ■**in etw** *dat* ~ to be wrapped up in sth

aufgehoben I. *adj* [**bei jdm**] **gut/schlecht** ~ **sein** to be/not be in good hands [with sb] II. *pp von* **aufheben**

auf|geilen (*sl*) I. *vt* to turn on *sep*, to get worked up *sep* II. *vr* ■**sich** *akk* [**an jdm/etw**] ~ to be turned on [by sb/sth], to get off [on sb/sth]

aufgekratzt I. *adj* (*fam*) full of vim and vigor II. *pp von* **aufkratzen**

aufgelegt I. *adj* **gut/schlecht** ~ **sein** to be in a good/bad mood; ■**dazu** ~ **sein, etw zu tun** to feel like doing sth II. *pp von* **auflegen**

aufgelöst I. *adj* ■~ **sein** to be beside oneself II. *pp von* **auflösen**

aufgeregt I. *adj* ❶ (*gespannt*) excited ❷ (*nervös*) nervous; (*durcheinander*) flustered II. *adv* ❶ (*gespannt*) excitedly ❷ (*nervös*) nervously III. *pp von* **aufregen**

aufgeschlossen I. *adj* open-minded II. *adv* **neuen Ideen** ~ **gegenüberstehen** to be open to new ideas III. *pp von* **aufschließen**

Aufgeschlossenheit <-> *f kein pl* open-mindedness

aufgeschmissen *adj* (*fam*) ■~ **sein** to be in a jam

aufgesetzt I. *adj Lächeln* false II. *pp von* **aufsetzen**

aufgeweckt I. *adj* bright II. *pp von* **aufwecken**

auf|gießen *vt irreg* ❶ *Kaffee, Tee* to make ❷ (*nachfüllen*) *Kaffee, Tee* to warm; *kaltes Getränk* to refresh

auf|gliedern *vt* to subdivide (**in** +*akk* into)

auf|greifen *vt irreg* ❶ (*festnehmen*) to pick up *sep* ❷ (*weiterverfolgen*) to take up *sep*

aufgrund, auf Grund [auf·ˈgrʊnt] *präp* +*gen* because of

auf|haben *irreg* (*fam*) I. *vt* ❶ (*geöffnet haben*) *Knopf* to have undone; *Tür, Fenster* to have open ❷ *Hut, Mütze* to wear II. *vi Geschäft, Museum* to be open

auf|halsen *vt* (*fam*) ■**jdm etw** ~ to saddle sb with sth

auf|halten *irreg* I. *vt* ❶ (*am Weiterkommen hindern*) to hold up *sep* ❷ (*zum Halten bringen*) to stop ❸ (*abhalten*) to keep back (**bei** +*dat* from) ❹ **jdm die Tür** ~ to hold open *sep* the door for sb; **die Hand** ~ to hold out *sep* one's hand II. *vr* ❶ (*verweilen*) ■**sich** *akk* ~ to stay ❷ (*sich weiterhin befassen*) ■**sich** *akk* **mit jdm/etw** ~ to spend time [dealing] with sb/sth

auf|hängen I. *vt* ❶ (*daran hängen*) to hang up *sep* ❷ (*durch Erhängen töten*) to hang II. *vr* ■**sich** *akk* ~ to hang oneself

Aufhänger <-s, -> *m* ❶ (*Schlaufe*) loop ❷ (*Anknüpfungspunkt*) peg

auf|heben *irreg* I. *vt* ❶ (*vom Boden nehmen*) to pick up *sep* ❷ (*nicht wegwerfen*) to keep ❸ (*aufbewahren*) to keep, to preserve ❹ *Gesetz* to abolish; *Urteil* to reverse; *Verbot* to lift II. *vr* (*sich ausgleichen*) ■**sich** ~ to offset each other

Aufhebung <-, -en> *f* abolition; *eines Urteils* reversal; *eines Verbots* lifting

auf|heitern I. *vt* to cheer up *sep* II. *vr, vi impers* ■[**sich**] ~ *Wetter* to brighten up

Aufheiterung <-, -en> *f* METEO bright period

auf|hellen I. *vt* ❶ (*blonder, heller machen*) to lighten ❷ (*klarer machen*) to throw light upon II. *vr* ■**sich** ~ (*sonniger werden*) to brighten [up]

auf|hetzen *vt* (*pej*) to incite (**gegen** +*akk* against)

auf|holen I. *vt* to make up *sep* II. *vi* to catch up; *Läufer, Rennfahrer* to make up ground

auf|horchen *vi* to prick up one's ears

auf|hören *vi* to stop

auf|kaufen *vt* to buy up *sep*

aufklappbar *adj* hinged; ~**es Verdeck** fold[-]down top

auf|klappen *vt* ❶ *Buch* to open [up *sep*]; *Liegestuhl* to unfold; *Messer* to unclasp; *Verdeck* to fold back *sep* ❷ *Kragen* to turn up *sep*

auf|klären I. *vt* ❶ (*erklären*) to clarify; *Irrtum, Missverständnis* to resolve ❷ (*aufdecken*) to solve; *Verbrechen* to clear up ❸ (*informieren*) to inform (**über** +*akk* about) ❹ (*sexuell informieren*) to explain the facts of life; ■**aufgeklärt sein** to know the facts of life II. *vr* ■**sich** ~ ❶ *Geheimnis, Irrtum* to resolve itself ❷ (*sonniger werden*) to brighten [up]

Aufklärung *f* ❶ (*Erklärung*) clarification; *von Irrtum, Missverständnis* resolution ❷ (*Aufdeckung*) solution (+*gen* of, **von** +*dat* to); *von Verbrechen* clearing up ❸ (*Information*) information (**über** +*akk* about) ❹ (*sexuelle Information*) sex education ❺ PHIL, LIT ■**die** ~ the Enlightenment

Aufklärungsbedarf *m kein pl* need for information

Aufklärungskampagne *f* information campaign

auf|kleben *vt* to stick (**auf** +*akk* on); *Brief-*

marke to put on *sep*
Aufkleber *m* sticker
auf|knöpfen *vt* to unbutton; *Knopf* to undo
auf|kochen I. *vt haben* to bring to a boil II. *vi sein* to come to a boil
auf|kommen *vi irreg sein* ❶ *(finanziell)* ■ **für etw ~** to pay for sth; ■ **für jdn ~** to pay for sb's upkeep ❷ *(entstehen)* to arise; *Nebel, Regen* to set in; *Wind* to pick up; ■ **etw ~ lassen** to give rise to sth
auf|kratzen *vt Wunde* to scratch open *sep*
auf|kreischen *vi* to shriek
auf|krempeln *vt* to roll up *sep*
auf|kreuzen *vi sein (fam)* to turn up
auf|kriegen *vt (fam)* s. **aufbekommen**
auf|lachen *vi* to [give a] laugh
auf|laden *irreg vt* ❶ **etw auf den Wagen ~** to load on[to] a vehicle ❷ ■ **jdm etw ~** to burden sb with sth ❸ *Batterie* to charge
Auflage <-, -n> *f* ❶ *eines Buchs* edition; **verbesserte ~** revised edition ❷ *(Auflagenhöhe)* *eines Buchs* number of copies; *einer Zeitung* circulation ❸ *(Bedingung)* condition; **die ~ haben, etw zu tun** to be obliged to do sth ❹ *(Polster)* pad
auf|lassen *vt irreg (fam)* ❶ *(offen lassen)* to leave open *sep* ❷ *(aufbehalten)* to leave on *sep*
auf|lauern *vi* ■ **jdm ~** to lie in wait for sb
Auflauf *m* ❶ KOCHK casserole ❷ *(Menschenauflauf)* crowd
auf|laufen *vi irreg sein* ❶ *(sich ansammeln)* to accumulate ❷ *(auf Grund laufen)* to run aground ❸ ■ **jdn ~ lassen** *(fam)* to show sb up
auf|leben *vi sein* ❶ *(munter werden)* to liven up ❷ *(neuen Lebensmut bekommen)* to find a new lease on life ❸ *(wieder belebt werden)* to revive
auf|legen *vt* ❶ *(herausgeben)* to publish; **ein Buch neu ~** to reprint a book; *(neue Bearbeitung)* to bring out a new edition of a book ❷ **eine CD ~** to put on *sep* a CD ❸ **den Hörer ~** to hang up ❹ **Holz/Kohle ~** to put on *sep* more wood/coal
auf|lehnen *vr* ■ **sich** *akk* **~** to revolt (**gegen** +*akk* against)
auf|lesen *vt irreg (fam)* ❶ *(aufsammeln)* to pick up *sep* ❷ **jdn [von der Straße] ~** *(fam)* to pick sb up [off the street]
auf|leuchten *vi sein o haben* to light up
auf|listen *vt* to list
auf|lockern I. *vt* ❶ *(abwechslungsreicher machen)* to liven up *sep* ❷ *(zwangloser machen)* to loosen up ❸ *(weniger streng machen)* to soften ❹ **die Erde ~** to break up *sep* the earth II. *vr* ■ **sich ~** *(sich zerstreuen)* to break up; **aufgelockerte Bewölkung** thinning cloud cover
auf|lösen I. *vt* ❶ *(in Flüssigkeit lösen)* to dissolve ❷ *(aufklären)* to clear up *sep* ❸ *(das Bestehen beenden)* *Partei, Verein* to disband; *Parlament* to dissolve; *Konto, Geschäft* to

close; *Haushalt* to break up *sep* II. *vr* ■ **sich ~** ❶ *(in Flüssigkeit zergehen)* to dissolve ❷ *(sich klären)* to resolve itself ❸ *Bewölkung* to break up; *Nebel a.* to lift
Auflösung *f* ❶ *(Beendigung des Bestehens)* *einer Partei, eines Vereins* disbanding; *des Parlaments* dissolution; *eines Kontos, Geschäfts* closing; *eines Haushalts* breaking up ❷ *(Lösung)* *eines Rätsels* solution ❸ *(Bildqualität)* resolution
auf|machen I. *vt* ❶ *(fam: öffnen)* to open; *Knopf* to undo ❷ *(gestalten)* to make up *sep* II. *vi* ❶ *(die Tür öffnen)* to open the door ❷ *(ein Geschäft eröffnen)* to open up III. *vr* ■ **sich ~** to set out (**in** +*akk* for)
Aufmachung <-, -en> *f* ❶ *(Kleidung)* outfit ❷ *(Gestaltung)* *eines Buchs* presentation; *einer Seite, Zeitschrift* layout
aufmerksam I. *adj* attentive; ■ **auf etw ~ werden** to take notice of sth; **jdn auf etw ~ machen** to draw sb's attention to sth; **das ist sehr ~ [von Ihnen]!** that's most kind [of you] II. *adv* attentively
Aufmerksamkeit <-, -en> *f* ❶ *kein pl (aufmerksames Verhalten)* attention ❷ *kein pl (Zuvorkommenheit)* attentiveness ❸ *(Geschenk)* token [gift]
auf|möbeln *vt (fam)* ❶ *(restaurieren)* to do up *sep* ❷ *(aufmuntern)* to cheer up *sep*
auf|mucken, auf|mucksen *vi (fam)* ■ **gegen etw ~** to protest against sth
auf|muntern *vt* ❶ *(aufheitern)* to cheer up *sep* ❷ *(beleben)* to liven up *sep* ❸ *(Mut machen)* to encourage
aufmunternd I. *adj* encouraging II. *adv* encouragingly
Aufmunterung <-, -en> *f* ❶ *(Aufheiterung)* cheering up ❷ *(Ermutigung)* encouragement ❸ *(Belebung)* livening up
aufmüpfig *adj (fam)* rebellious
Aufnahme <-, -n> *f* ❶ *(Fotografie)* photo[graph]; **eine ~ machen** to take a photo[graph] ❷ *(Tonbandaufnahme)* [tape] recording ❸ *(Beginn)* start; *von Tätigkeit a.* taking up; *von Beziehung, Verbindung a.* establishment ❹ *(Verleihung der Mitgliedschaft)* admission (**in** +*akk* into)
aufnahmefähig *adj* ■ **[für etw] ~ sein** to be able to grasp *sep*
Aufnahmegebühr *f* membership fee
Aufnahmelager *nt* POL, SOZIOL refugee camp
Aufnahmeprüfung *f* entrance exam[ination]
auf|nehmen *vt irreg* ❶ *(fotografieren)* to photograph ❷ *(filmen)* to film ❸ *(aufzeichnen)* to record (**auf** +*akk* on) ❹ *(unterbringen)* ■ **jdn [bei sich** *dat***] ~** to take in *sep* sb ❺ *(beitreten lassen)* to admit (**in** +*akk* [in]to) ❻ *(geistig registrieren)* to grasp ❼ *(auflisten)* to include ❽ *(beginnen)* to begin; *Tätigkeit* to take up *sep;* **Kontakt mit jdm ~** to contact sb ❾ *(absorbieren)* to absorb ❿ *(auf etw reagieren)* to receive; **wie hat sie es aufgenommen?** how did she take it? ⓫ NORDD *(aufwischen)* to wipe

A

up *sep*
auflnötigen *vt* ■jdm etw ~ to force sth on sb
auflopfern *vr* ■sich *akk* ~ to sacrifice oneself
aufopfernd, aufopferungsvoll I. *adj* devoted **II.** *adv* with devotion
auflpassen *vi* ❶ (*aufmerksam sein*) to pay attention; **genau** ~ to pay close attention; ■**pass auf!** (*sei aufmerksam*) [be] careful!; (*Vorsicht*) watch out! ❷ (*beaufsichtigen*) to keep an eye (**auf** +*akk* on); **auf die Kinder** ~ to watch the children
Aufpasser(in) <-s, -> *m(f)* (*pej*) watchdog
auflpeitschen *vt* (*aufhetzen*) to inflame; (*stärker*) to whip up *sep* into a frenzy
auflpeppen ['auf·pεpn̩] *vt* (*sl*) to jazz up *sep*
auflplatzen *vi sein* to burst open; *Wunde* to open up
auflplustern *vr* ■sich *akk* ~ ❶ *Vogel* to ruffle [up *sep*] its feathers ❷ (*pej fam*) *Mensch* to puff oneself up
Aufprall <-[e]s, -e> *m* impact
auflprallen *vi sein* ■**auf etw** ~ to hit sth; *Mensch, Fahrzeug* a. to run into sth
Aufpreis *m* surcharge; **gegen** ~ for an additional charge
auflprobieren* *vt* to try [on *sep*]
auflpumpen *vt* to pump up *sep*
auflputschen I. *vt* ❶ (*aufwiegeln*) to stir up *sep* (**gegen** +*akk* against) ❷ (*Leistungsfähigkeit steigern*) to stimulate **II.** *vr* ■**sich** *akk* [**mit etw** *dat*] ~ to pump oneself up [with sth]
Aufputschmittel *nt* stimulant
auflquellen *vi irreg sein* to swell [up]
auflraffen *vr* ❶ ■sich *akk* [**vom Stuhl**] ~ to pull oneself up [from a chair] ❷ (*überwinden*) ■**sich** *akk* **zu etw** *dat* ~ to bring oneself to do sth
auflragen *vi* to rise; (*sehr hoch*) to tower [up]
auflrappeln *vr* (*fam*) ■**sich** *akk* ~ ❶ (*sich erholen*) to recover ❷ *s.* **aufraffen**
auflräumen I. *vt* *Zimmer* to clean [up *sep*]; *Schrank* to clear out; *Schreibtisch* to clear [off *sep*]; *Spielsachen* to put away *sep* **II.** *vi* ❶ (*Ordnung machen*) to clean up ❷ (*beseitigen*) ■**mit etw** *dat* ~ to do away with sth
Aufräumungsarbeiten *pl* cleanup operation
aufrecht ['auf·rεçt] *adj, adv* upright
aufrechtlerhalten* ['auf·rεçt·ʔεɐ̯·hal·tn̩] *vt irreg* to maintain; *Freundschaft* to keep up *sep*; **seine Behauptung** ~ to stick to one's claim; **seine Entscheidung** ~ to abide by one's decision
auflregen I. *vt* (*erregen*) to excite; (*verärgern*) to annoy; (*nervös machen*) to make nervous **II.** *vr* ■**sich** *akk* ~ to get worked up (**über** +*akk* about); **reg dich nicht so auf!** don't get [yourself] so worked up!
aufregend *adj* exciting
Aufregung *f* ❶ (*aufgeregte Erwartung*) excitement ❷ (*Beunruhigung*) agitation; **nur keine** ~! don't get flustered; **in heller** ~ in utter confusion; **jdn in** ~ **versetzen** to make sb lose their composure *fam*

aufreibend *adj* trying
auflreißen *irreg vt haben* ❶ *Tüte, Geschenk* to tear open *sep* ❷ *Fenster, Tür* to fling open *sep* ❸ *Augen, Mund* to open wide *sep* ❹ ■**jdn** ~ (*sl: aufgabeln*) to pick up *sep* sb
auflreizen *vt* ❶ (*erregen*) to excite; (*stärker*) to inflame ❷ (*provozieren*) to provoke
aufreizend I. *adj* exciting; (*sexuell*) provocative; *Unterwäsche* a. sexy *fam* **II.** *adv* provocatively
auflrichten I. *vt* ❶ (*in aufrechte Lage bringen*) to set upright ❷ (*Mut machen*) ■**jdn** [**wieder**] ~ to encourage sb **II.** *vr* ■**sich** *akk* ~ to straighten up
aufrichtig I. *adj* honest; *Gefühl* sincere; *Liebe* true **II.** *adv* sincerely
Aufrichtigkeit <-> *f kein pl* sincerity
auflrollen *vt* ❶ (*zusammenrollen*) to roll up *sep*; *Kabel* to coil [up *sep*], to wind [up *sep*] ❷ (*entrollen*) to unroll ❸ (*erneut aufgreifen*) to reopen
auflrücken *vi sein* ❶ (*weiterrücken*) to move up; (*auf einer Bank* a.) to scoot over ❷ (*avancieren*) to be promoted (**zu** +*dat* to)
Aufruf *m* ❶ (*Appell*) appeal ❷ COMPUT call; *von Daten* a. retrieval
auflrufen *irreg* **I.** *vt* ❶ *Zeuge, Schüler* to call [out *sep*] ❷ (*auffordern*) ■**jdn** ~, **etw zu tun** to request that sb do sth ❸ COMPUT to call up *sep*; *Daten* to retrieve **II.** *vi* ■**zu etw** *dat* ~ to call for sth
Aufruhr <-[e]s, -e> ['auf·ru:ɐ̯] *m* ❶ *kein pl* (*Erregung*) turmoil; (*in der Stadt/im Volk*) unrest ❷ (*Aufstand*) revolt
aufrührerisch *adj* ❶ *attr* (*rebellisch*) rebellious ❷ (*aufwiegelnd*) inflammatory
auflrunden *vt* to round up *sep* (**auf** +*akk* to)
auflrüsten I. *vi, vt* MIL to [re]arm **II.** *vt* (*hochwertiger machen*) to upgrade
Aufrüstung *f kein pl* MIL arming, armament
auflrütteln *vt* ❶ *jdn* [**aus dem Schlaf**] ~ to rouse sb [from sleep] ❷ (*fig*) *jds Gewissen* ~ to stir sb's conscience
aufs [aufs] ❶ = **auf das** *s.* **auf** ❷ + *Superlativ* ~ **entschiedenste/grausamste** most decisively/cruelly
auflsagen *vt* to recite
auflsammeln *vt* to gather [up *sep*]; (*Fallengelassenes*) to pick up *sep*
aufsässig ['auf·zε·sɪç] *adj* ❶ (*widerspenstig*) unruly ❷ (*widersetzlich*) rebellious
Aufsatz *m* ❶ (*Text*) essay ❷ (*oberer Teil*) top part
auflsaugen *vt reg o irreg* ❶ *Flüssigkeit* to soak up *sep* ❷ (*mit dem Staubsauger*) to vacuum up *sep* ❸ (*fig: in sich aufnehmen*) to absorb
auflschauen *vi s.* **aufblicken**
auflscheuchen *vt* ❶ *Tiere* to frighten away *sep* ❷ (*fam*) *Person* to disturb
auflschichten *vt* to stack
auflschieben *vt irreg* ❶ *Fenster, Tür* to slide open *sep*; *Riegel* to push back *sep* ❷ (*verschieben*) to postpone ▶ WENDUNGEN: **aufgescho-**

ben ist nicht <u>aufgehoben</u> (*prov*) there'll be another opportunity

Aufschlag *m* ❶ (*Aufprall*) impact ❷ (*Aufpreis*) surcharge

auf|schlagen *irreg* **I.** *vi sein* (*auftreffen*) to strike; **mit dem Kopf** [auf etw *akk o dat*] ~ to hit one's head [on sth] ❷ *haben* (*sich verteuern*) to go up (**um** +*akk* by) **II.** *vt haben* ❶ (*aufklappen*) to open; **Seite 35** ~ to turn to page 35 ❷ (*durch Schläge aufbrechen*) to break open *sep* ❸ (*aufbauen*) to put up *sep* ❹ (*verteuern*) to raise (**um** +*akk* by)

auf|schließen *irreg* **I.** *vt Tür* to unlock **II.** *vi* ∎ [*jdm*] ~ to unlock the door [for sb]

auf|schlitzen *vt* to slash [open *sep*]

Aufschluss[RR] *m* ~ **über jdn/etw geben** to give information about sb/sth

auf|schlüsseln *vt* to classify (**nach** +*dat* according to)

aufschlussreich[RR] *adj* informative; (*enthüllend*) revealing

auf|schnappen *vt* (*fam: mitbekommen*) to pick up *sep*, to pick up on

auf|schneiden *irreg* **I.** *vt* ❶ (*in Scheiben schneiden*) to slice ❷ (*öffnen*) to cut open *sep* **II.** *vi* (*fam: angeben*) to brag

Aufschneider(in) *m(f)* (*fam*) bragger, braggart

Aufschnitt *m kein pl* (*Wurstaufschnitt*) cold cuts *npl;* (*Käseaufschnitt*) assorted sliced cheese[s *pl*]

auf|schnüren *vt* to untie; *Paket* to unwrap; *Schuh* to unlace

auf|schrauben *vt* to unscrew; *Flasche* to take the cap off

auf|schrecken **I.** *vt* <schreckte auf, <u>aufgeschreckt</u>> *haben* to startle (**aus** +*dat* from) **II.** *vi* <schreckte *o* schrak auf, <u>aufgeschreckt</u>> *sein* to start [up] (**aus** +*dat* from)

Aufschrei *m* ❶ (*schriller Schrei*) scream ❷ (*Lamento*) outcry

auf|schreiben *vt irreg* to write down *sep;* ∎ **sich** *dat* **etw** ~ to make a note of sth

auf|schreien *vi irreg* to shriek

Aufschrift *f* inscription

Aufschub *m* ❶ (*Verzögerung*) delay (+*gen* in); (*das Hinauszögern*) postponement ❷ (*Stundung*) respite; **jdm** ~ **gewähren** to grant sb an extension

auf|schütten *vt* (*aufhäufen*) to heap up *sep*

auf|schwatzen *vt* DIAL (*fam*) **jdm etw** ~ to palm off *sep* sth on sb; ∎ **sich** *dat* **etw** ~ **lassen** to get talked into buying sth

Aufschwung *m* ❶ (*Auftrieb*) impetus; **jdm neuen** ~ **geben** to give sb a boost ❷ (*Aufwärtstrend*) upswing

auf|sehen *vi irreg s.* aufblicken

Aufsehen <-s> *nt kein pl* sensation; **ohne** [großes] ~ without any [real] fuss; **etw erregt** [großes] ~ sth causes a [great] sensation; ~ **erregend** sensational

aufsehenerregend *adj* sensational

Aufseher(in) <-s, -> *m(f)* (*Gefängnisaufseher*) [prison] guard; (*Museumsaufseher*) at-

tendant

auf|sein[ALT] *vi irreg sein* (*fam*) *s.* auf II

aufseiten [auf-'zai-tn̩] *präp* +*gen* on the part of

auf|setzen **I.** *vt* ❶ *Hut, Brille* to put on *sep* ❷ *Essen, Wasser* to put on *sep* ❸ (*zur Schau tragen*) to put on *sep* **II.** *vr* ∎ **sich** *akk* ~ to sit up **III.** *vi* to land (**auf** +*dat* on)

Aufsicht <-, -en> *f* ❶ *kein pl* (*Überwachung*) supervision (**über** +*akk* of) ❷ (*Person*) person in charge

Aufsichtspflicht *f kein pl* supervisory responsibility [*or* duty] (*legal responsibility to look after sb, esp. children*); **die elterliche** ~ parental responsibility

Aufsichtsrat *m* supervisory board

auf|spannen *vt Schirm* to open

auf|sparen *vt* to save

auf|sperren *vt* ❶ (*fam: weit öffnen*) to open wide *sep* ❷ SÜDD, ÖSTERR (*aufschließen*) to unlock

auf|spielen *vr* (*fam*) ∎ **sich** *akk* ~ to show off

auf|spießen *vt* **ein Stück Fleisch** ~ to skewer a piece of meat; **etw mit der Gabel** ~ to stab one's fork into sth

auf|springen *vi irreg sein* ❶ (*hochspringen*) to jump up ❷ **auf ein Fahrzeug** ~ to jump on[to] a vehicle ❸ (*sich abrupt öffnen*) to burst open

auf|spüren *vt* to track down *sep*

auf|stacheln *vt* ∎ **jdn** [**zu etw** *dat*] ~ to incite sb [to do sth]; ∎ **jdn gegen jdn** ~ to turn sb against sb

Aufstand *m* rebellion

Aufständische(r) *f(m) dekl wie adj* rebel; (*einer politischen Gruppe a.*) insurgent

auf|stapeln *vt* to stack [up *sep*]

auf|stauen *vr* ∎ **sich** ~ *Ärger, Wut* to be bottled up

auf|stehen *vi irreg* ❶ *sein* (*sich erheben*) to stand up ❷ *sein* (*das Bett verlassen*) to get up ❸ *haben* (*fam: offen sein*) to be open

auf|steigen *vi irreg sein* ❶ (*sich in die Luft erheben*) to soar [up]; *Flugzeug* to climb; *Ballon* to ascend ❷ (*besteigen*) ∎ **auf etw** ~ to climb [*or* get] on[to] [sth] ❸ (*befördert werden*) to be promoted (**zu** +*dat* to) ❹ (*entstehen*) ∎ **in jdm** – *Gefühl* to well up in sb

auf|stellen **I.** *vt* ❶ (*aufbauen*) to put up *sep; Maschine* to install; *Denkmal* to erect; *Falle* to set ❷ *Rekord* to set ❸ *Kandidat* to nominate ❹ *Wache* to post ❺ (*aufrichten*) to prick up *sep* ❻ SCHWEIZ (*aufmuntern*) to perk up *sep* **II.** *vr* ∎ **sich** ~ to stand; **sich hintereinander** ~ to line up; **sich im Kreis** ~ to form a circle

Aufstieg <-[e]s, -e> ['auf-ʃtiːk] *m* ❶ (*Verbesserung*) rise; **sozialer** ~ social advancement; **den** ~ **ins Management schaffen** to work one's way up into management ❷ (*Weg zum Gipfel*) climb (**auf** +*akk* up)

Aufstiegschance [-ʃãː·sə] *f*, **Aufstiegsmöglichkeit** *f* chance of promotion

auf|stöbern *vt* ∎ **jdn** ~ to track down *sep* sb; ∎ **etw** ~ to discover sth

auf|stocken *vt* to increase (**um** +*akk* by); **ein Team** ~ to add players to a team

auf|stoßen *irreg* **I.** *vi* ❶ *haben* (*rülpsen*) to burp; **das Essen stößt mir immer noch auf** that food is still repeating on me ❷ *sein* (*fam*) **jdm sauer/übel** ~ to stick in sb's throat **II.** *vt haben* (*öffnen*) to push open *sep* **III.** *vr haben* **sich** *dat* **den Kopf/das Knie** ~ to hit one's head/knee

auf|stützen *vr* ■ **sich** *akk* |**auf etw**| ~ to support oneself |on sth|; *Gebrechliche a.* to prop oneself up |on sth|

auf|suchen *vt* (*geh*) ❶ ■ **jdn** ~ to go to |see| sb ❷ ■ **etw** ~ to go to sth

Auftakt *m* prelude (**zu** +*dat* to); **den** ~ **zu etw** *dat* **bilden** to mark the beginning of sth

auf|tanken *vt, vi* to fill up *sep; Flugzeug* to refuel

auf|tauchen *vi sein* ❶ (*an die Oberfläche kommen*) to surface; *Taucher a.* to come up ❷ (*zum Vorschein kommen*) to turn up; *verlorener Gegenstand a.* to be found ❸ (*plötzlich da sein*) to suddenly appear ❹ (*sichtbar werden*) to appear (**aus** +*dat* out of)

auf|tauen **I.** *vi sein* ❶ *Eis* to thaw ❷ (*fig*) to open up **II.** *vt haben* to thaw |out *sep*|

auf|teilen *vt* ❶ (*aufgliedern*) to divide |up *sep*| (**in** +*akk* into) ❷ (*verteilen*) to share *sep* (**unter** +*dat* among)

Aufteilung *f* division (**in** +*akk* into)

auf|tischen *vt* (*fam: erzählen*) to tell; **jdm Lügen** ~ to tell sb a pack of lies

Auftrag <-[e]s, Aufträge> ['auf·tra:k, *pl* 'auf·trɛ:·gə] *m* ❶ (*Beauftragung*) contract; (*an Freiberufler*) commission ❷ (*Bestellung*) |sales| order (**über** +*akk* for); ❸ (*Anweisung*) orders *pl*; **jdm den** ~ **geben, etw zu tun** to instruct sb to do sth ❹ *pl selten* (*Mission*) mission; „~ **erledigt!"** "mission accomplished!"

auf|tragen *irreg vt* ❶ (*aufstreichen*) to apply (**auf** +*akk* to) ❷ (*in Auftrag geben*) ■ **jdm etw** ~ to instruct sb to do sth ❸ *Kleidung* to wear out *sep*

Auftraggeber(in) <-s, -> *m(f)* client

Auftragslage *f* order status

auf|treiben *vt irreg* (*fam*) ■ **jdn/etw** ~ to get |a| hold of sb/sth

auf|trennen *vt* to undo

auf|treten *irreg* **I.** *vi sein* ❶ (*eintreten*) to occur; *Schwierigkeiten* to arise ❷ (*erscheinen*) to appear |on the scene *a. pej*| (**als** as) ❸ (*in einem Stück spielen*) to appear |on the stage| (**als** as) ❹ (*sich benehmen*) to behave; **selbstbewusst** ~ to exhibit self-confidence **II.** *vt haben Tür* to kick open *sep*

Auftreten <-s> *nt kein pl* (*Benehmen*) behavior

Auftrieb *m kein pl* (*Schwung*) impetus; **jdm neuen** ~ **geben** to give sb a |new| boost

Auftritt *m* (*Erscheinen auf der Bühne*) entrance

auf|trumpfen *vi* to show one's superiority

auf|tun *irreg* **I.** *vr* ■ **sich** ~ *Möglichkeit* to open

|up| **II.** *vt* (*sl: ausfindig machen*) to find

auf|wachen *vi sein* to wake |up|

auf|wachsen [-ks-] *vi irreg sein* to grow up

Aufwand <-[e]s> ['auf·vant] *m kein pl* ❶ (*Einsatz*) expenditure; **der** ~ **war umsonst** it was a waste of energy/money/time ❷ (*großer Luxus*) extravagance; |**großen**| ~ **treiben** to be |very| extravagant

aufwändig[RR] **I.** *adj* ❶ (*teuer und luxuriös*) lavish; ~ **es Material** costly material|s *pl*| ❷ (*umfangreich*) costly, expensive **II.** *adv* lavishly

Aufwandsentschädigung *f* expense allowance

auf|wärmen **I.** *vt* ❶ *Essen* to heat up *sep* ❷ (*fam*) *Thema* to drag up *sep* **II.** *vr* ■ **sich** *akk* ~ ❶ (*bei Kälte*) to warm oneself |up| ❷ (*Muskulatur auflockern*) to warm up

aufwärts ['auf·vɛrts] *adv* ❶ (*nach oben*) up, upward|s|; **den Fluss** ~ upstream ❷ (*bergauf*) uphill

Aufwärtsentwicklung *f* upward trend (+*gen* in)

aufwärts|gehen *vi irreg sein* ■ **es geht** |**mit jdm/etw**| **aufwärts** things are looking up |for sb/sth|

Aufwärtstrend *m*, **Aufwärtstendenz** *f* upward trend

auf|wecken *vt* to wake |up *sep*|

auf|weichen **I.** *vt haben Boden* to soak **II.** *vi sein Boden* to become soft

auf|weisen *vt irreg* to show; **zahlreiche Fehler** ~ to be full of mistakes

auf|wenden *vt irreg o reg* to use; *Zeit, Mühe* to expend; *Geld* to spend; **viel Energie** ~, **etw zu tun** to put a lot of energy into doing sth

aufwendig *adj, adv s.* **aufwändig**

auf|werfen *irreg vt Frage* to raise

auf|werten *vt* ❶ *Währung* to revalue (**um** +*akk* by) ❷ (*fig*) to increase the value of

Aufwertung <-, -en> *f* ❶ *einer Währung* revaluation (**um** +*akk* by) ❷ (*fig*) enhancement

auf|wickeln *vt* ❶ (*aufrollen*) to roll up *sep* ❷ (*auseinanderwickeln*) to unwind

auf|wiegen *vt irreg* to compensate for

Aufwind *m* ❶ *kein pl* (*Aufschwung*) impetus; |**neuen**| ~ **bekommen** to be given a boost ❷ LUFT upcurrent, updraft

auf|wirbeln *vi, vt* to swirl up

auf|wischen *vt, vi* to wipe |up *sep*|

auf|wühlen *vt* ■ **jdn** |**innerlich**| ~ to stir up *sep* sb

auf|zählen *vt* to list

Aufzählung <-, -en> *f* list; *von Gründen, Namen a.* enumeration

auf|zeichnen *vt* ❶ (*aufnehmen*) to record (**auf** +*akk* on); **mit dem Videorekorder** to videotape ❷ (*als Zeichnung erstellen*) to draw (**auf** +*akk* on) ❸ (*notieren*) to note |down *sep*|

Aufzeichnung *f* ❶ (*Aufnahme*) recording; (*auf Band a.*) taping; (*auf Videoband a.*) videotaping ❷ *meist pl* (*Notizen*) notes

auf|zeigen *vt* to show, to demonstrate

auf|ziehen *irreg* **I.** *vt haben* ❶ (*durch Ziehen*

öffnen) to open; *Reißverschluss* to unzip; *Vorhänge* to draw [*or* pull] back *sep* ❷ **die Uhr ~** to wind up *sep* the clock ❸ (*großziehen*) to raise ❹ (*fam: verspotten*) to tease (**mit** +*dat* about) **II.** *vi sein* (*sich nähern*) to gather

Aufzucht *f* raising

Aufzug *m* ❶ (*Fahrstuhl*) elevator; [**mit dem**] **~ fahren** to take the elevator ❷ (*pej fam: Kleidung*) getup

auf|zwingen *irreg vt* ◾ **jdm etw ~** to force sth on sb

Aug. *Abk von* **August** Aug.

Augapfel ['auk·ʔapfl] *m* eyeball

Auge <-s, -n> ['au·gə] *nt* ❶ (*Sehorgan*) eye; **gute/schlechte ~n haben** to have good/ poor eyesight *sing* ❷ (*Punkt beim Würfeln*) point ▶ WENDUNGEN: **mit einem blauen ~ davonkommen** (*fam*) to get off lightly; **mit offenen ~n schlafen** (*fam*) to daydream; **unter vier ~n** in private; **jdm etw aufs ~ drücken** (*fam*) to force sth on sb; **ins ~ gehen** (*fam*) to backfire; **ein ~ auf jdn/etw werfen** to have one's eye on sb/sth; **jdn nicht aus den ~n lassen** to not let sb out of one's sight; **ins ~ springen** to catch sb's eye; **etw aus den ~n verlieren** to lose track of sth; **sich aus den ~n verlieren** to lose touch with; **die ~n vor etw** *dat* **verschließen** to close one's eyes to sth; **ein ~/beide ~n zudrücken** (*fam*) to turn a blind eye to; **kein ~ zutun** (*fam*) to not sleep a wink; **~n zu und durch** (*fam*) take a deep breath and do it

Augenarzt, -ärztin *m, f* optometrist; (*Augenchirurg*) ophthalmologist

Augenaufschlag *m* look

Augenblick ['au·gn·blɪk] *m* moment; **im ersten ~** for a moment; **im letzten ~** at the [very] last moment; **~ mal!** just a minute!

augenblicklich ['au·gn·blɪk·lɪç] **I.** *adj* ❶ (*sofortig*) immediate ❷ (*derzeitig*) present **II.** *adv* ❶ (*sofort*) immediately; (*herausfordernd*) at once, this minute ❷ (*zurzeit*) at present

Augenbraue *f* eyebrow; **die ~n hochziehen** to raise one's eyebrows

augenfällig *adj* obvious

Augenfarbe *f* eye color

Augenhöhe *f* ◾ **in ~** at eye level

Augenlicht *nt kein pl* (*geh*) [eye]sight

Augenlid *nt* eyelid

Augenmerk <-s> *nt kein pl* attention; **sein ~ auf jdn/etw richten** to give one's attention to sb/sth

Augenoptiker(in) *m(f)* optician

Augenringe *pl* rings under one's eyes *pl*

Augenschein *m kein pl* (*Anschein*) appearance; **dem ~ nach** by all appearances ▶ WENDUNGEN: **jdn/etw in ~ nehmen** to look closely at sb/sth

augenscheinlich ['au·gn·ʃain·lɪç] **I.** *adj* apparent **II.** *adv* apparently

Augentropfen *pl* eye drops *npl*

Augenweide *f* feast for one's eyes; **nicht gerade eine ~** something of an eyesore

Augenwinkel *m* corner of the eye

Augenwischerei <-, -en> *f* (*pej*) eyewash

Augenzeuge, -zeugin *m, f* eyewitness (**bei** +*dat* to)

augenzwinkernd *adv* with a wink

August <-[e]s, -e> [au·'gʊst] *m* August; *s. a.* **Februar**

Auktion <-, -en> *f* auction

Auktionshaus *nt* auction house, auctioneers *pl*

Aula <-, Aulen> ['au·la, *pl* 'au·lən] *f* [assembly] hall

Au-pair-Mädchen [o'pɛːɐ̯-] *nt* au pair [girl]

Aura <-> ['au·ra] *f kein pl* (*geh*) aura

aus [aus] **I.** *präp* +*dat* ❶ (*von innen nach außen*) out of; **~ dem Fenster/der Tür** out of the window/door; **das Öl tropfte ~ dem Fass** the oil was dripping from the barrel ❷ (*Herkunft*) from; **~ Stuttgart kommen** to be from Stuttgart; **~ dem 17. Jahrhundert stammen** to be [from the] 17th century; **Zigaretten ~ dem Automaten** cigarettes from a vending machine ❸ (*Ursache*) **~ Dummheit/ Angst/Verzweiflung** out of stupidity/fear/ desperation; **~ Unachtsamkeit** due to carelessness; **~ einer Laune heraus** on a whim ❹ (*Material*) **~ Glas/Holz** [made] of glass/ wood **II.** *adv* (*fam*) ❶ (*gelöscht*) out ❷ (*ausgeschaltet*) off ❸ (*zu Ende*) ◾ **~ sein** to have finished; *Krieg* to have ended; *Schule* to be out; **mit etw** *dat* **ist es ~** sth is over; **es ist ~ [zwischen jdm]** (*fam*) it's over [between sb] ▶ WENDUNGEN: **~ und vorbei sein** to be over and done with; **auf jdn/etw ~ sein** to be after sb/ sth

aus|arten *vi sein* ❶ (*außer Kontrolle geraten*) to get out of hand ❷ (*zu etw werden*) to degenerate (**in** +*akk*/**zu** +*dat* into)

aus|atmen *vi, vt* to exhale

aus|baden *vt* (*fam*) to pay for

Ausbau *m kein pl* ❶ *eines Gebäudes* extension (**zu** +*dat* into); (*innen*) conversion (**zu** +*dat* [in]to) ❷ (*das Herausmontieren*) removal (**aus** +*dat* from)

aus|bauen *vt* ❶ *Gebäude* to extend (**zu** +*dat* into); (*innen*) to remodel ❷ (*herausmontieren*) to remove (**aus** +*dat* from)

aus|bessern *vt* to repair

Ausbesserung <-, -en> *f* repairing

aus|beuten *vt* to exploit

Ausbeuter(in) <-s, -> *m(f)* (*pej*) exploiter

Ausbeutung <-, -en> *f* exploitation

aus|bezahlen* *vt Betrag* to pay out *sep; Person* to pay off *sep*

aus|bilden *vt* ❶ (*beruflich qualifizieren*) to train; (*unterrichten a.*) to instruct; (*akademisch*) to educate; **jdn zum Arzt ~** to train sb to be a doctor ❷ (*entwickeln*) to develop

Ausbilder(in) <-s, -> *m(f)*, **Ausbildner(in)** <-s, -> *m(f)* ÖSTERR, SCHWEIZ trainer; MIL instructor

Ausbildung <-, -en> *f* ❶ (*Schulung*) training; (*Unterricht*) instruction; (*akademisch*) education; **in der ~ sein** to be in training; (*akademisch*) to still be in school [*or* college] ❷ (*Entwicklung*) development

Ausbildungsplatz *m* internship

aus|blasen *vt irreg* to blow out *sep*

aus|bleiben *vi irreg sein* to fail to appear; *Regen, Schnee* to hold off

aus|blenden *vt* (*fam*) *Problem* to forget

Ausblick *m* ❶ (*Aussicht*) view; **ein Zimmer mit ~ aufs Meer** a room overlooking the sea ❷ (*Zukunftsvision*) prospect

aus|borgen *vt* (*fam*) *s.* **ausleihen**

aus|brechen *irreg vi sein* ❶ (*entkommen*) to escape (**aus** +*dat* from) ❷ (*sich befreien*) to break away (**aus** +*dat* from) ❸ *Vulkan* to erupt ❹ *Feuer, Seuche, Panik* to break out ❺ **in Gelächter/Tränen ~** to burst into laughter/tears

Ausbrecher(in) <-s, -> *m(f)* escapee

aus|breiten I. *vt* ❶ *Decke, Landkarte* to spread [out *sep*] ❷ *einzelne Gegenstände* to lay out *sep* ❸ *Arme, Flügel* to spread [out *sep*] **II.** *vr* ■ **sich** *akk* **~** ❶ (*sich erstrecken*) to spread [out] ❷ (*übergreifen*) to spread (**auf** +*akk* to) ❸ (*fam: sich breitmachen*) to spread oneself out

Ausbreitung <-, -en> *f* spread (**auf** +*akk* to)

Ausbruch *m* ❶ (*Gefängnisausbruch*) escape (**aus** +*dat* from) ❷ (*Beginn*) outbreak ❸ *eines Vulkans* eruption ❹ (*Gefühlsausbruch*) outburst

aus|brüten *vt* ❶ *Eier* to hatch ❷ (*fam*) *Erkältung* to become sick; **er brütet irgendetwas aus** he's feeling a cold coming on

aus|büchsen *vi sein* (*fam: abhauen*) to run away

aus|bürgern ['aus·bʏr·gən] *vt* to expatriate

Ausbürgerung <-, -en> *f* expatriation

aus|bürsten *vt* to brush [out *sep*]

Ausdauer *f kein pl* ❶ (*Beharrlichkeit*) perseverance ❷ (*körperlich*) endurance

aus|dehnen I. *vr* ■ **sich ~** ❶ (*größer werden*) to expand ❷ (*sich ausbreiten*) to spread (**auf** +*akk* to) **II.** *vt* ❶ (*verlängern*) to extend ❷ (*erweitern, vergrößern*) to expand (**auf** +*akk* to)

Ausdehnung <-, -en> *f* ❶ (*Verlängerung*) extension ❷ (*Ausbreitung*) spread[ing] (**auf** +*akk* to) ❸ (*Erweiterung, Vergrößerung*) expansion ❹ (*Fläche*) area; **eine ~ von 10.000 km²** **haben** to cover an area of about 4,000 mi²

aus|denken *vr irreg* ■ **sich** *dat* **etw ~** to think up *sep* sth; **sich eine Überraschung ~** to plan a surprise

aus|diskutieren* *vt* to finish discussing

aus|drehen *vt* (*fam*) to turn off *sep*

Ausdruck¹ <-drücke> *m* ❶ (*Bezeichnung*) expression ❷ (*Gesichtsausdruck*) [facial] expression ❸ **als ~ der Dankbarkeit** as an expression of one's gratitude; **etw zum ~ bringen** to express sth

Ausdruck² <-drucke> *m* [computer] printout; **einen ~ [von etw** *dat*] **machen** to run off *sep* a copy [of sth]

aus|drucken *vt* to print [out *sep*]

aus|drücken I. *vt* ❶ (*bekunden*) to express ❷ (*formulieren*) to put into words; **anders ausgedrückt** in other words; **einfach ausgedrückt** put simply ❸ (*zeigen*) to show ❹ (*auspressen*) to squeeze ❺ *Zigarette* to snuff out *sep* **II.** *vr* ■ **sich** *akk* **~** to express oneself; **sich falsch ~** to use the wrong word

ausdrücklich ['aus·dryk·lɪç] **I.** *adj attr* explicit **II.** *adv* explicitly; (*besonders*) particularly

ausdruckslos *adj* inexpressive; *Gesicht* expressionless; (*ungerührt*) impassive; *Blick* vacant

ausdrucksvoll *adj* expressive

Ausdrucksweise *f* way one expresses oneself

auseinander [aus·ʔai·'nan·dɐ] *adv* apart

auseinander|biegen *vt* to bend apart *sep*

auseinander|fallen *vi irreg sein* to fall apart

auseinander|falten *vt* to unfold

auseinander|gehen *vi irreg sein* ❶ *Menschen* to part ❷ *Beziehung* to break up; **Ehe a.** to fall apart ❸ *Meinungen* to differ ❹ (*fam: dick werden*) to [start to] fill out **a. hum**

auseinander|nehmen *vt irreg* (*demontieren*) to take apart *sep* sth; (*zerstören*) to tear apart *sep* sth

auseinander|setzen I. *vt* ■ **jdm etw ~** to explain sth to sb **II.** *vt* ■ **sich** *akk* **mit etw** *dat* **~** to tackle sth

Auseinandersetzung <-, -en> [aus·ʔai·'nan·dɐ·zɛtsʊŋ] *f* ❶ (*Streit*) argument ❷ (*Beschäftigung*) ■ **die ~ mit etw** *dat* the examination of sth

aus|erwählen* *vt* (*geh*) to choose (**zu** +*dat* for)

aus|fahren *irreg vt* ❶ (*spazieren fahren*) to take [out *sep*] for a drive ❷ (*ausliefern*) to deliver

Ausfahrt *f* ❶ (*Spazierfahrt*) drive; **eine ~ machen** to go for a drive ❷ (*Hof, Garagenausfahrt*) exit; (*mit Tor*) gateway ❸ (*Autobahnausfahrt*) exit [ramp]

Ausfall *m* ❶ (*Verlust*) loss ❷ (*das Versagen*) failure; AUTO breakdown; (*Produktionsausfall*) stoppage; MED failure ❸ *kein pl* (*das Nichtstattfinden*) cancellation; (*das Fehlen*) absence

aus|fallen *vi irreg sein* ❶ (*herausfallen*) to fall out ❷ (*nicht stattfinden*) to be canceled; ■ **etw ~ lassen** to cancel sth ❸ (*nicht funktionieren*) *Niere* to fail; *Motor* to break down ❹ (*entfallen*) to be lost ❺ (*nicht zur Verfügung stehen*) to be absent

ausfallend, ausfällig *adj* abusive; ■ **~ werden** to become abusive (**gegen** +*akk* toward)

Ausfallstraße *f* arterial road

ausfindig *adj* ■ **jdn/etw ~ machen** to locate sb/sth

aus|fließen *vi irreg sein* to leak out

aus|flippen ['aus·flɪpn̩] *vi sein* (*fam*) ❶ (*wütend werden*) to freak out ❷ (*sich wahnsinnig freuen*) to jump for joy ❸ (*überschnappen*) to lose it [completely]

Ausflucht <-, Ausflüchte> *f* excuse; **Aus-**

flüchte machen to make excuses
Ausflug *m* outing; SCH field trip
Ausflügler(in) <-s, -> ['aus·fly:k·lɐ] *m(f)* excursionist; (*für einen Tag*) day-tripper, sb taking a day trip
Ausflugslokal *nt* tourist café
Ausflugsort *m* day trip destination
aus|fragen *vt* to question
aus|fransen *vi sein* to fray
aus|fressen *vt irreg* (*fam*) ■etwas/nichts ausgefressen haben to have done something/nothing wrong
Ausfuhr <-> *f kein pl* export[ation]
Ausfuhrbestimmungen *pl* export regulations *pl*
aus|führen *vt* ❶ (*durchführen*) to carry out *sep; Befehl* to execute ❷ (*spazieren führen*) to take out *sep;* **jdn zum Essen** ~ to take sb out *sep* for dinner ❸ (*exportieren*) to export (**in** +*akk* to) ❹ (*erläutern*) to explain; (*darlegen*) to elaborate on *sep*
ausführlich ['aus·fy:ɐ̯·lɪç] I. *adj* detailed II. *adv* in detail; **sehr** ~ in great detail
Ausführlichkeit <-> *f kein pl* detail[edness]; **in aller** ~ in [great] detail
Ausführung *f kein pl* (*Durchführung*) carrying out; *von Befehl* execution ❷ (*Qualität*) quality; *von Möbel a.* workmanship ❸ (*Modell*) model ❹ *meist pl* (*Darlegung, Erklärung*) explanation
Ausfuhrzoll *m* export duty
aus|füllen *vt* ❶ *Formular* to fill in [*or* out] *sep* ❷ (*befriedigen*) to satisfy ❸ **seine Zeit mit etw** *dat* ~ to fill one's time with sth ❹ (*füllen*) to fill
Ausgabe *f* ❶ *kein pl* (*Austeilung*) distribution; (*Aushändigung a.*) handing out ❷ MEDIA, LIT edition; *von Zeitschrift a.* issue; (*Version*) version ❸ *pl* (*Kosten*) expenses
Ausgabenbeleg *m* FIN receipt [for an expenditure]
Ausgang *m* ❶ (*Weg nach draußen*) exit (+*gen* from) ❷ (*Erlaubnis zum Ausgehen*) permission to go out; MIL pass; ~ **haben** to have permission to go out; MIL to be on leave ❸ *kein pl* (*Ende*) end; *einer Epoche a.* close; *von Film, Roman a.* ending; (*Ergebnis*) outcome
Ausgangsbasis *f* basis
Ausgangsposition *f* starting position
Ausgangspunkt *m* starting point; *einer Reise a.* departure
Ausgangssperre *f* MIL (*für die Bevölkerung*) curfew; (*für Soldaten*) confinement to barracks
aus|geben *irreg* I. *vt* ❶ *Geld* to spend (**für** +*akk* on) ❷ (*austeilen*) to distribute (**an** +*akk* to); (*aushändigen a.*) to hand out *sep* ❸ (*fam: spendieren*) ■**jdm etw** ~ to treat sb to sth; **eine Runde** ~ to buy a round; [jdm] **einen** ~ (*fam*) to buy sb a drink II. *vr* ■ **sich** *akk* **als jd/ etw** ~ to pass oneself off as sb/sth
ausgebrannt *adj* drained *fam;* (*geistig erschöpft a.*) burned-out
ausgebucht *adj* booked up

ausgedehnt I. *adj* ❶ (*lang*) long ❷ (*umfangreich*) extensive II. *pp von* **ausdehnen**
ausgedient *adj* (*fam*) worn-out; ■~ **haben** to have had its day
ausgefallen I. *adj* unusual; (*sonderbar*) weird II. *pp von* **ausfallen**
ausgeflippt I. *adj* freaky II. *pp von* **ausflippen**
ausgeglichen I. *adj* even; *Mensch* easy-going II. *pp von* **ausgleichen**
Ausgeglichenheit <-> *f kein pl* evenness; *Mensch* level-headedness
aus|gehen *vi irreg sein* ❶ (*abends weggehen*) to go out ❷ *Feuer, Licht* to go out ❸ *Haare* to fall out ❹ (*herrühren*) ■**von jdm** ~ to come from sb ❺ (*als Basis nehmen*) ■**von etw** *dat* ~ to take sth as a basis; ■**davon** ~, **dass** ... to assume that ...; **davon kann man nicht** ~ you can't go by that ❻ (*enden*) to end; ■**gut/ schlecht** ~ to turn out well/badly; *Buch, Film* to have a happy/sad ending
ausgehungert *adj* ❶ (*sehr hungrig*) starved ❷ (*ausgezehrt*) emaciated
ausgeklügelt *adj* ingenious, cleverly thought-out
ausgekocht *adj* (*pej fam*) cunning
ausgelassen I. *adj* wild; *Kinder* boisterous II. *adv* **es wurde** ~ **gefeiert** there was a lively party going on III. *pp von* **auslassen**
Ausgelassenheit <-> *f kein pl* wildness; *von Kindern* boisterousness
ausgelutscht ['aus·gə·lʊtʃt] *adj* (*sl*) worn-out *fam*
ausgemacht I. *adj attr* (*komplett*) complete; ~**er Unsinn** complete [*or* utter] nonsense II. *pp von* **ausmachen**
ausgemergelt *adj* emaciated; *Gesicht* gaunt
ausgenommen I. *konj* except; **wir kommen,** ~ **es regnet** we'll come, but only if it doesn't rain II. *pp von* **ausnehmen**
ausgepowert [-paupɐt] *adj* (*fam*) beat
ausgeprägt *adj* distinctive; *Interesse* pronounced; *Stolz* deep-seated
ausgerechnet ['aus·gə·rɛç·nət] I. *adv* ❶ *personenbezogen* ■~ **jd/jdn/jdm** sb of all people ❷ *zeitbezogen* ■~ **jetzt** now of all times; ■~ **gestern/heute** yesterday/today of all days II. *pp von* **ausrechnen**
ausgeschlossen I. *adj pred* **es ist nicht** ~, **dass** ... it is still possible that ...; ■[**völlig**] ~! [that's] [completely] out of the question II. *pp von* **ausschließen**
ausgeschnitten *adj* **tief** ~ *Kleid, Bluse* low-cut
ausgesorgt *adv* ■~ **haben** to be set up for life *fam*
ausgesprochen I. *adv* really II. *pp von* **aussprechen**
ausgestorben I. *adj* ❶ *Tier-, Pflanzenart* extinct ❷ *Straßen, Dorf* deserted II. *pp von* **aussterben**
ausgesucht I. *adj* ❶ (*erlesen*) choice ❷ (*gewählt*) well-chosen II. *adv* extremely III. *pp von* **aussuchen**

ausgewachsen [-vaks-] *adj* ❶ *(voll entwickelt)* fully grown ❷ *(fam: komplett)* utter
ausgewogen *adj* balanced
ausgezeichnet ['aus·gə·tsaiç·nət] I. *adj* excellent, great II. *adv* extremely well III. *pp von* **auszeichnen**
ausgiebig ['aus·gi:·bɪç] I. *adj* extensive; *Mahlzeit* substantial; *Mittagsschlaf* long II. *adv* extensively; ~ **schlafen** to have a good [long] sleep
aus|gießen *vt irreg* ❶ *Gefäß* to empty [out *sep*]; *Inhalt* to pour away *sep* ❷ *(füllen)* to fill [in *sep*] (**mit** +*dat* with)
Ausgleich <-[e]s, -e> *m pl selten* evening out, balancing
aus|gleichen *irreg* I. *vt Unterschied* to even out; *Mangel* to compensate for; *Meinungsverschiedenheit* to reconcile; *Konto* to balance II. *vr* ■ **sich** ~ to balance out
aus|graben *vt irreg* ❶ *(aus der Erde graben)* to dig up *sep*; *Altertümer* to excavate ❷ *(hervorholen)* to dig out *sep; alte Geschichten* to bring up *sep*
Ausgrabung <-, -en> *f* *(Grabungsarbeiten)* excavation[s *pl*]; *(Grabungsort)* excavation site; *(Grabungsfund)* [archaeological] find
aus|grenzen *vt* to exclude (**aus** +*dat* from)
Ausgrenzung <-> *f kein pl* exclusion (**aus** +*dat* from)
Ausguss^RR *m* ❶ *(Spüle)* sink ❷ *(Tülle)* spout
aus|haben *irreg vt (fam: ausgezogen haben)* to have taken off *sep*
aus|halten *irreg vt* ❶ *(ertragen können)* to bear; **hältst du es noch eine Stunde aus?** can you hold out [for] another hour?; **die Kälte** ~ to endure the cold; **es ist nicht [länger] auszuhalten** it's [getting to be] unbearable; **es lässt sich hier** ~ it's not a bad place ❷ *(standhalten)* to be resistant to; **eine hohe Temperatur** ~ to withstand a high temperature; **den Druck** ~ to [with]stand the pressure; **viel** ~ to take a lot ❸ *(fam: finanziell)* ■ **jdn** ~ to support sb
aus|handeln *vt* to negotiate
aus|händigen ['aus·hɛn·dɪ·gn] *vt* to hand over *sep*
Aushang *m* notice
aus|hängen I. *vt* *(aufhängen)* to put up *sep; Plakat* to post II. *vi irreg* to be/have been put up; **am schwarzen Brett** ~ to be on the bulletin board
Aushängeschild *nt* ❶ *(Reklametafel)* sign-[board] ❷ *(Renommierstück)* showpiece
aus|harren *vi* to wait [patiently]
aus|heben *vt irreg Graben, Grab* to dig
aus|hecken *vt* *(fam)* to hatch; **neue Streiche** ~ to think up new tricks
aus|helfen *vi irreg* to help out *sep* (**mit** +*dat* with)
aus|heulen *vr* *(fam)* ■ **sich** *akk* **bei jdm** ~ to have a good cry on sb's shoulder
Aushilfe *f* temporary worker; **[bei jdm] als** ~ **arbeiten** to temp [for sb] *fam*

aus|höhlen *vt* ❶ *(Inneres herausmachen)* to hollow out *sep* ❷ *(fig: untergraben)* to undermine
aus|holen *vi* ❶ *(Schwung nehmen)* ■ [mit etw *dat*] ~ to swing back *sep* [sth]; [mit der Hand] ~ to take a swing ❷ *(ausschweifen)* to beat around the bush
aus|horchen *vt* *(fam)* to sound out *sep* (**über** +*akk* about)
aus|kehren *vt das Haus* ~ to sweep [out *sep*] the house
aus|kennen *vr irreg* ❶ ■ **sich irgendwo** ~ to know one's way around somewhere ❷ ■ **sich** [in etw *dat*] ~ to know a lot [about sth]
aus|kippen *vt Gefäß* to empty [out *sep*]; *Inhalt* to pour out *sep*
aus|klammern *vt* to ignore
Ausklang *m kein pl* conclusion; **zum** ~ **des Abends** to conclude the evening
aus|klappen *vt* to open out *sep*
aus|klingen *vi irreg sein* *(geh)* to conclude (**mit** +*dat* with); *Abend, Feier a.* to finish off
aus|klopfen *vt* to beat the dust out of; *Teppich* to beat; *Pfeife* to knock out *sep*
aus|knipsen *vt* *(fam)* to switch off *sep*
aus|knobeln *vt* to work out *sep*
aus|kommen *vi irreg sein* ❶ *(ausreichend haben)* ■ **mit etw** *dat* ~ to get by on sth; ■ **ohne jdn/etw** ~ to manage without sb/sth; *(nicht benötigen)* to go without sb/sth ❷ *(sich mit jdm vertragen)* ■ **mit jdm** [gut] ~ to get along [well] with sb ❸ ÖSTERR *(entkommen)* to escape
Auskommen <-s> *nt kein pl* livelihood; **sein** ~ **haben** to get by
aus|kosten *vt* to make the most of; **das Leben** ~ to enjoy life to the fullest; **den Moment/seine Rache** ~ to savor the moment/one's revenge
aus|kotzen *(derb)* I. *vt* to puke [up *sep*] II. *vr* *(fam)* ■ **sich** *akk* **bei jdm** ~ to complain like crazy to sb
aus|kramen *vt* *(hervorholen)* to unearth; *(alte Geschichten)* to bring up *sep*
aus|kratzen *vt* to scrape out *sep*
aus|kriegen *vt* *(fam: ausziehen können)* to get off *sep*
aus|kugeln *vt* to dislocate
Auskunft <-, Auskünfte> ['aus·kʊnft, *pl* 'aus·kʏnf·tə] *f* ❶ *(Information)* information (**über** +*akk* about); **nähere** ~ more information ❷ *(Auskunftsschalter)* information counter/desk ❸ *(Fernsprechschalter)* the operator, information
aus|kurieren* *(fam)* I. *vt* to cure [completely] II. *vr* ■ **sich** *akk* ~ to get better
aus|lachen *vt* to laugh at; *(höhnisch)* to jeer at
aus|laden *irreg vt* ❶ *(entladen)* to unload; NAUT *a.* to discharge ❷ *(Einladung widerrufen)* ■ **jdn** ~ to tell sb not to come; *(förmlich)* to cancel sb's invitation
Auslage <-, -n> *f* ❶ *(ausgestellte Ware)* display ❷ *(Schaufenster)* store window; *(Schau-*

kasten) showcase ❸ *meist pl* (*finanziell*) expenses *npl*

Ausland ['aus·lant] *nt kein pl* ■ [*das*] ~ foreign countries *pl;* ■ **aus dem** ~ from abroad; ■ **ins/ im** ~ abroad

Ausländer(in) <-s, -> ['aus·lɛn·dɐ] *m(f)* foreigner; JUR alien

Ausländerbeauftragte(r) *f(m) dekl wie adj* Commissioner for Foreigners' Affairs

ausländerfeindlich *adj* racist

Ausländerfeindlichkeit <-> *f kein pl* racism

Ausländerpolitik *f* policy regarding foreigners

Ausländerwohnheim *nt* home for immigrants

ausländisch ['aus·lɛn·dɪʃ] *adj attr* foreign

Auslandsbeziehungen *pl* POL foreign relations

Auslandseinsatz *m* MIL foreign [military] deployment

Auslandsgespräch *nt* TELEK international call

Auslandskorrespondent(in) *m(f)* foreign correspondent

aus|lassen *irreg* **I.** *vt* ❶ (*weglassen*) to omit; (*überspringen*) to skip ❷ (*verpassen*) to miss ❸ (*abreagieren*) ■ **etw an jdm** ~ to vent sth on sb ❹ (*fam: ausgeschaltet lassen*) to keep turned off ❺ ÖSTERR (*loslassen*) to let go of; (*aus einem Käfig etc. freilassen*) to let out *sep* **II.** *vr* ■ **sich** *akk* **über jdn/etw** ~ to go on about sb/ sth *pej* **III.** *vi* ÖSTERR to let go

Auslassung <-, -en> ['aus·la·sʊŋ] *f kein pl* omission

aus|lasten *vt* ❶ *Maschine, Betrieb* to use to capacity; ■ **voll ausgelastet sein** to be running to capacity *pred;* **teilweise ausgelastet** running at partial capacity *pred* ❷ *Person* to occupy fully

aus|laufen *irreg vi sein* ❶ (*herauslaufen*) to run out (**aus** +*dat* of); (*wegen Undichtheit*) to leak out ❷ (*undicht sein*) to leak ❸ (*Hafen verlassen*) to [set] sail (**nach** +*dat* for) ❹ (*enden*) to end; *Vertrag* to expire

Auslaufmodell *nt* discontinued model

aus|laugen *vt* to exhaust

aus|leben *vr* ■ **sich** *akk* ~ to live it up

aus|leeren *vt Gefäß* to empty [out *sep*]; *Inhalt* to pour away *sep*

aus|legen *vt* ❶ (*ausbreiten*) to ,lay out *sep* ❷ (*deuten*) to interpret; **etw falsch** ~ to misinterpret sth ❸ **jdm Geld** ~ to lend sb money ❹ (*konzipieren*) to design (**für** +*akk* for)

Auslegung <-, -en> *f* interpretation

Auslegungssache *f* matter of interpretation

aus|leiern **I.** *vt haben* to wear out *sep* **II.** *vi sein* to wear out

aus|leihen *irreg vt* ■ **jdm etw** *akk* ~ to lend sb sth; ■ [**sich** *dat*] **etw** *akk* **von jdm** ~ to borrow sth from sb

Auslese <-> *f kein pl* (*Auswahl*) selection; **die natürliche** ~ natural selection

aus|lesen *irreg* **I.** *vt, vi* to finish reading **II.** *vt* (*auswählen*) to pick out *sep* (**aus** +*dat* from)

aus|liefern *vt* ❶ *Waren* to deliver (**an** +*akk* to) ❷ *Menschen* to hand over *sep* (**an** +*akk* to)

❸ (*fig*) ■ **jdm/etw ausgeliefert sein** to be at the mercy of sb/sth

Auslieferung *f* ❶ *von Waren* delivery ❷ *von Menschen* handing over (**an** +*akk* to); *an ein anderes Land* extradition (**an** +*akk* to)

aus|liegen *vi irreg* to be [made] available (**für** +*akk* to/for); (*im Schaufenster*) to be displayed

aus|löffeln *vt* ▶ WENDUNGEN: **etw** ~ **müssen** (*fam*) to take the consequences

aus|loggen *vr* ■ **sich** *akk* ~ COMPUT to log off

aus|löschen *vt* (*löschen*) to extinguish

aus|losen **I.** *vt* ■ **jdn/etw** ~ to draw sb/sth **II.** *vi* to draw lots

aus|lösen *vt* ❶ (*in Gang setzen*) to set off *sep; Bombe* to trigger ❷ (*bewirken*) *Aufstand* to unleash; *Begeisterung* to arouse; *Beifall* to elicit; *Erleichterung, allergische Reaktion* to cause ❸ (*einlösen*) to redeem; *Gefangene* to release; (*durch Lösegeld*) to ransom

Auslöser <-s, -> *m* ❶ FOTO [shutter] release ❷ PSYCH trigger mechanism ❸ (*fam: Anlass*) trigger

Auslosung <-, -en> *f* draw

aus|machen *vt* ❶ (*löschen*) to extinguish ❷ (*ausschalten*) to turn off *sep; Motor a.* to switch off *sep* ❸ (*vereinbaren*) to agree [up]on ❹ (*betragen*) to amount to ❺ (*bewirken*) ■ **kaum etwas** ~ to hardly make any difference; ■ **nichts** ~ to not make any difference; ■ **viel** ~ to make a big difference ❻ (*stören*) ■ **es macht jdm nichts/viel aus, etw zu tun** sb doesn't mind/really does mind doing sth; **macht es Ihnen etwas aus, wenn ...?** do you mind if ...?

aus|malen *vr* ■ **sich** *dat* **etw** ~ to imagine sth

Ausmaß *nt* ❶ (*Größe*) size; (*Fläche*) area; **das** ~ **von etw** *dat* **haben** to cover the area of sth ❷ (*fig: Tragweite*) extent

aus|merzen *vt* to exterminate; *Unkraut* to eradicate

aus|messen *vt irreg* to measure [out]

aus|misten *vt* ❶ *Stall* to muck out *sep* ❷ (*fam*) *Zimmer* to clean up *sep; alte Sachen* to throw out *sep*

aus|mustern *vt* (*aussortieren*) to take out *sep* of service; *Möbel* to discard

Ausnahme <-, -n> ['aus·na:mə] *f* exception ▶ WENDUNGEN: ~**n bestätigen die Regel** (*prov*) the exception proves the rule *prov*

Ausnahmefall *m* exception[al case]

Ausnahmegenehmigung *f* special license

Ausnahmezustand *m* POL state of emergency; **den** ~ **verhängen** to declare a state of emergency (**über** +*akk* in)

ausnahmslos *adv* without exception

ausnahmsweise *adv* for a change

aus|nehmen *irreg vt* ❶ (*ausweiden*) to gut; *Geflügel* to draw ❷ (*ausschließen*) to exempt (**von** +*dat* from); **ich nicht ausgenommen** myself not excepted ❸ (*fam: viel Geld abnehmen*) ■ **jdn** ~ to fleece sb *fam;* (*beim Glücksspiel*) to clean out *sep* sb *fam* ❹ ÖSTERR (*erken-*

nen) ■jdn/etw ~ to make out *sep* sb/sth

ausnehmend *adv* exceptionally; **das gefällt mir ~ gut** I really like it a lot

aus|nüchtern *vi* to sober up

aus|nutzen *vt* ❶ (*ausbeuten*) to exploit ❷ (*sich zunutze machen*) to make the most of; **jds Leichtgläubigkeit ~** to take advantage of sb's gullibility

aus|packen I. *vt* to unpack; *Geschenk* to unwrap II. *vi* (*fam: gestehen*) to talk

aus|peitschen *vt* to whip

aus|pfeifen *vt irreg* to boo off the stage/to boo at

aus|plaudern *vt* to let out *sep*

aus|plündern *vt Menschen* to plunder; *Laden* to loot

aus|posaunen* *vt* (*fam*) to broadcast

aus|pressen *vt* **eine Zitrone/Orange ~** to squeeze a lemon/an orange; **den Saft ~** to press the juice

aus|probieren* I. *vt* to try [out *sep*] II. *vi* ■~, **ob/wie …** to see whether/how …

Auspuff <-[e]s, -e> *m* exhaust [pipe], tailpipe

Auspuffrohr *nt* exhaust [pipe], tailpipe

aus|pumpen *vt* ❶ (*leer pumpen*) to pump out *sep* ❷ (*fam: völlig erschöpfen*) to drain; ■**ausgepumpt sein** to be completely drained

aus|quartieren* *vt* to move out *sep*

aus|quetschen *vt* ❶*Orangen ~* to squeeze oranges; **den Saft ~** to squeeze out *sep* the juice ❷ (*fam: ausfragen*) ■**jdn ~** to pump sb [for information]; *Polizei* to grill sb

aus|radieren* *vt* ❶ (*mit Radiergummi entfernen*) to erase *sep* ❷ (*vernichten*) to wipe out *sep*

aus|rangieren* [-raŋ·ʒiː·rən] *vt* to throw out *sep*

aus|rasten *vi sein* ❶ (*herausspringen*) to come out ❷ (*fam: wild werden*) to lose one's temper, to freak out *fam*

aus|rauben *vt* to rob

aus|räumen *vt* ❶ *Möbel* to move out *sep; Zimmer* to clear out *sep* ❷ (*beseitigen*) to clear up *sep; Zweifel, Missverständnis* to dispel

aus|rechnen *vt* to calculate

Ausrede *f* excuse

aus|reden I. *vi* to finish speaking II. *vt* ■**jdm etw ~** to talk sb out of sth

aus|reichen *vi* to be sufficient [*or* enough] (**für** +*akk* for)

ausreichend I. *adj* sufficient; *Kenntnisse, Leistungen* adequate; ■**nicht ~** insufficient/inadequate II. *adv* sufficiently

Ausreise *f* departure [from a country]; **jdm die ~ verweigern** to prohibit sb from leaving the country

Ausreiseerlaubnis *f*, **Ausreisegenehmigung** *f* exit permit

aus|reisen *vi sein* to leave the country

Ausreisevisum [-viː-] *nt* exit visa

aus|reißen *irreg* I. *vt haben* to pull out *sep; Haare* to tear out *sep; Blätter* to rip out *sep* II. *vi sein* (*fam: davonlaufen*) to run away

Ausreißer(in) <-s, -> *m(f)* (*fam*) runaway

aus|reiten *irreg* I. *vi sein* to ride out II. *vt haben* ■**ein Pferd ~** to take out *sep* a horse

aus|renken *vt* to dislocate

aus|richten *vt* ❶ (*übermitteln*) ■**jdm etw ~** to tell sb sth; **kann ich etwas ~?** can I give him/her a message?; **richten Sie ihr einen Gruß [von mir] aus** give her my regards ❷ (*veranstalten*) to organize; *Fest* to arrange ❸ (*erreichen*) ■**bei jdm etwas/nichts ~** to achieve something/nothing with sb ❹ ÖSTERR (*schlechtmachen*) ■**jdn ~** to badmouth sb ❺ SCHWEIZ (*zahlen*) ■**jdm etw ~** to pay sb sth

aus|rollen *vt* to roll out

aus|rotten *vt* to exterminate; *Termiten* to destroy; *Unkraut* to wipe out *sep; Ideen, Religion* to eradicate

aus|rücken *vi sein Truppen, Polizei* to turn out; *Feuerwehr* to go out on a call

Ausruf *m* cry

aus|rufen *vt irreg* to call out *sep; Streik* to call; *Krieg* to declare; ■**jdn ~** to put out a call for sb

Ausrufezeichen *nt*, **Ausrufungszeichen** *nt*, **Ausrufzeichen** *nt* ÖSTERR, SCHWEIZ exclamation point

aus|ruhen *vi, vr* ■[**sich** *akk*] **~** to rest, to relax; ■**ausgeruht [sein]** [to be] well rested

aus|rüsten *vt* to equip; *Fahrzeug, Schiff* to outfit

Ausrüstung <-> *f* ❶ *kein pl* (*das Ausrüsten*) equipping; *Fahrzeug, Schiff* outfitting ❷ (*Ausrüstungsgegenstände*) equipment; *Expedition a.* tackle; (*Kleidung*) outfit

aus|rutschen *vi sein* ❶ (*ausgleiten*) to slip (**auf** +*dat* on); **sie ist ausgerutscht** she slipped ❷ (*entgleiten*) ■**jdm ~** to slip [out of sb's hand]; **mir ist die Hand ausgerutscht** I lost my temper and slapped him/her

Ausrutscher <-s, -> *m* (*fam*) slip-up

aus|säen *vt* to sow

Aussage *f* ❶ *a.* JUR (*Darstellung*) statement; (*Zeugenaussage*) evidence; **eine ~ machen** to make a statement ❷ *eines Textes* message

aussagekräftig *adj* convincing

aus|sagen *vt* ■**etw [über jdn/etw] ~** to say sth [about sb/sth]

aus|schalten *vt* ❶ (*abstellen*) to turn off *sep* ❷ (*eliminieren*) to eliminate

Ausschau *f* ■**~ halten** to keep an eye out (**nach** +*dat* for)

aus|schauen *vi* DIAL, SÜDD, ÖSTERR *s.* **aussehen**

aus|scheiden *irreg* I. *vi sein* ❶ (*nicht weitermachen*) to retire (**aus** +*dat* from); *aus Verein* to leave ❷ SPORT to drop out ❸ (*nicht in Betracht kommen*) to be ruled out II. *vt haben* (*absondern*) to excrete

Ausscheidungen *pl* (*Exkremente*) excrement

aus|schenken *vt* (*servieren*) to serve; *Bier* to pour

aus|scheren *vi sein* to pull out; (*ausschwenken*) to swing out

Ausschilderung *f* putting up of signs

aus|schimpfen *vt* ■**jdn ~** to tell sb off, to give

sb hell

aus|schlachten vt ❶ (*Verwertbares ausbauen*) to cannibalize ❷ (*fam: ausnutzen*) to exploit

aus|schlafen *irreg* **I.** vt ■ **etw** ~ to sleep off *sep* sth **II.** vi, vr ■ |**sich** *akk*| ~ to sleep in

Ausschlag m MED rash ▶ WENDUNGEN: [**bei etw** *dat*] **den** ~ **geben** to be the decisive factor [for/in sth]

aus|schlagen *irreg* vt ❶ (*ablehnen*) to turn down *sep;* (*höflicher; Erbschaft a.* to disclaim; ■ **jdm etw** ~ to refuse sb sth ❷ **jdm einen Zahn** ~ to knock out *sep* one of sb's teeth

ausschlaggebend *adj* decisive; **von** ~ **er Bedeutung sein** to be of primary importance

aus|schließen *irreg* **I.** vt ❶ (*entfernen*) to exclude (**aus** +*dat* from); (*als Strafe a.*) to bar; *Mitglied* to expel; (*vorübergehend*) to suspend ❷ (*für unmöglich halten*) to rule out *sep* ❸ (*aussperren*) ■ **jdn** ~ to lock out *sep* sb **II.** vr ■ **sich** *akk* ~ to lock oneself out

ausschließlich ['aus·ʃliːs·lɪç] **I.** *adj attr* exclusive **II.** *adv* exclusively; **darüber habe** ~ **ich zu bestimmen** I'm the one to decide on this matter **III.** *präp* excluding; (*geschrieben a.*) excl.

aus|schlüpfen vi *sein* to hatch out (**aus** +*dat* of)

Ausschluss^RR m exclusion; *von Mitglied* expulsion; (*vorübergehend*) suspension; **unter** ~ **der Öffentlichkeit stattfinden** to be closed to the public

aus|schmücken vt ❶ (*dekorieren*) to decorate ❷ (*ausgestalten*) to embellish

aus|schneiden vt *irreg* to cut out *sep* (**aus** +*dat* of)

Ausschnitt m ❶ (*Zeitungsausschnitt*) clipping ❷ (*an Kleidung*) neckline; **ein tiefer** ~ a low neckline ❸ (*Teil*) part (**aus** +*dat* of); *aus einem Gemälde, Foto* detail; *aus einem Roman* excerpt; *aus einem Film* clip

aus|schöpfen vt *Möglichkeiten, Reserven* to exhaust

aus|schreiben vt *irreg* ❶ (*ungekürzt schreiben*) to write out *sep* ❷ (*bekannt machen*) to announce; (*um Angebote zu erhalten*) to invite bids for; *Stelle* to advertise

Ausschreitung <-, -en> f *meist pl* riot|s *pl*|

Ausschuss^RR m ❶ (*Gremium*) committee ❷ *kein pl* (*fehlerhaftes Teil*) rejects *pl*

aus|schütteln vt to shake out *sep*

aus|schütten vt *Gefäß* to empty; *Inhalt* to pour out ▶ WENDUNGEN: **sich** *akk* **vor Lachen** ~ to laugh until one cries

ausschweifend *adj Leben* hedonistic; *Fantasie* wild

Ausschweifung <-, -en> f *meist pl* excess

aus|schweigen vr *irreg* ■ **sich** *akk* ~ to remain silent; **sich eisern** ~ to maintain a stony silence

aus|schwenken vt ❶ (*ausspülen*) to rinse out *sep* ❷ (*zur Seite schwenken*) to swing out

aus|schwitzen vt to sweat out *sep*

aus|sehen vi *irreg* to look; ■ ~ **wie ...** to look like ...; **es sieht gut/schlecht aus** things are looking good/not looking too good; **nach Schnee/Regen** ~ to look like it's going to snow/rain; **seh' ich so aus?** what do you take me for?; **wie sieht's aus?** (*fam*) how's [*or* how're] things?

Aussehen <-s> nt *kein pl* appearance; ■ **dem** ~ **nach** judging by appearances

außen ['ausn] *adv* on the outside; **links/ rechts** ~ on the outside left/right; ■ **von** ~ from the outside ▶ WENDUNGEN: **jdn/etw** ~ **vor lassen** to leave sb/sth out; ~ **vor sein** to be left out

Außenbeleuchtung f exterior lighting

Außenbezirk m outer district

Außenhandel m foreign trade

Außenminister(in) m(f) Secretary of State

Außenministerium nt State Department

Außenpolitik ['ausn·po·li·tiːk] f foreign policy

außenpolitisch ['ausn·po·li·tɪʃ] **I.** *adj* foreign policy *attr;* ~ **er Sprecher** foreign policy spokesman **II.** *adv* as regards foreign policy

Außenseite f outside; *eines Gebäudes* exterior

Außenseiter(in) <-s, -> m(f) (*a. fig*) outsider

Außenspiegel m AUTO [out]side mirror

Außenstehende(r) f(m) *dekl wie adj* outsider

Außenstelle f branch

Außenwelt f outside world

Außenwirtschaft f ÖKON foreign trade

außer ['ausɐ] **I.** *präp* +*dat* ❶ (*abgesehen von*) apart from ❷ (*zusätzlich zu*) in addition to ❸ ~ **Betrieb/Sicht/Gefahr sein** to be out of order/sight/danger ▶ WENDUNGEN: [**über jdn/ etw**] ~ **sich** *dat* **sein** to be beside oneself [about sth/sth] **II.** *konj* ■ ~ **dass** except that; ■ ~ [**wenn**] except [when]

außerdem ['ausɐ·deːm] *adv* besides

äußere(r, s) ['ɔy·sə·rɐ, -rɐ, -rəs] *adj* ❶ (*außen gelegen*) outer; *Verletzung* external ❷ (*von außen wahrnehmbar*) exterior ❸ (*außenpolitisch*) external

Äußere(s) ['ɔy·sə·rɐ, -rəs] nt *dekl wie adj* outward appearance

außerehelich *adj* extramarital; *Kind* illegitimate

außereuropäisch *adj attr* non-European

außergerichtlich *adj, adv* out of court *attr*

außergewöhnlich ['au·sɐ·gə·ˈvøːn·lɪç] **I.** *adj* unusual; *Leistung* extraordinary; *Mensch* remarkable **II.** *adv* extremely

außerhalb ['au·sɐ·halp] **I.** *adv* outside; **von** ~ from out of town **II.** *präp* +*gen* outside

außerirdisch *adj* extraterrestrial

äußerlich ['ɔy·sɐ·lɪç] *adj* ❶ (*außen befindlich*) external ❷ (*oberflächlich*) superficial

Äußerlichkeit <-, -en> f ❶ (*Oberflächlichkeit*) superficiality; (*Formalität*) formality ❷ *pl* (*oberflächliche Details*) trivialities *pl*

äußern ['ɔy·sɐn] **I.** vr ■ **sich** *akk* ~ ❶ (*Stellung nehmen*) to say something (**zu** +*dat* about); **sich über jdn/etw** ~ to make comments about sb/sth ❷ (*sich manifestieren*) to manifest itself **II.** *vt* (*sagen*) to say; (*zum Ausdruck bringen*) to utter; *Kritik* to voice; *Wunsch* to express

außerordentlich ['au·sɐ·'ʔɔr·dn̩t·lɪç]   **I.** *adj* extraordinary **II.** *adv* extraordinarily

außerorts *adv* SCHWEIZ, ÖSTERR out of town

außerplanmäßig ['au·sɐ·pla:n·mɛ:·sɪç] *adj* unscheduled; *Ausgaben, Kosten* nonbudgetary

äußerst ['ɔy·sɛst] *adv* extremely

außerstande [au·sɐ·'ʃtan·də] *adj* ■ ~, **etw zu tun** unable to do sth

äußerste(r, s) *adj* ❶ (*entfernteste*) outermost; **am ~n Ende der Welt** at the farthest point of the globe; **der ~ Norden/Süden** the extreme north/south ❷ (*höchste*) utmost; **von ~r Wichtigkeit** of supreme importance; **der ~ Preis** the ultimate price

Äußerste *nt* **bis zum ~n gehen** to go to any extreme

äußerstenfalls ['ɔy·sɛstn̩·'fals] *adv* at the most

Äußerung <-, -en> *f* ❶ (*Bemerkung*) comment ❷ (*Zeichen*) expression

aus|setzen **I.** *vt* ❶ *Kind, Haustier* to abandon ❷ **eine Belohnung ~** to offer a reward ❸ (*preisgeben*) ■ **jdn/etw einer S.** *dat* ~ to expose sb/sth to sth ❹ (*bemängeln*) **an etw** *dat* **etwas auszusetzen haben** to find fault with sth; **was hast du an ihr auszusetzen?** what don't you like about her?; **daran ist nichts auszusetzen** there's nothing wrong with that **II.** *vi* ❶ (*versagen*) to stop; *Motor* to fail ❷ (*unterbrechen*) ■ **mit etw** *dat* ~ to interrupt sth; **ohne auszusetzen** nonstop

Aussicht *f* ❶ (*Blick*) view; ■ **die ~ auf etw** the view overlooking sth ❷ (*Chance*) prospect; ■ **die ~ auf etw** the chance of sth; **etw in ~ haben** to have good prospects of sth; **jdm etw in ~ stellen** to promise sb sth

aussichtslos *adj* hopeless

Aussichtslosigkeit <-> *f kein pl* hopelessness

Aussichtsplattform *f* observation platform

Aussichtspunkt *m* viewpoint

aussichtsreich *adj* promising

Aussichtsturm *m* lookout tower

aus|siedeln *vt* to resettle

Aussiedler(in) *m(f)* emigrant

aus|sitzen *vt* to sit out

aus|söhnen ['aus·zø:·nən] *vr* ■ **sich** *akk* ~ to make [it] up; ■ **sich** *akk* **mit jdm/etw** ~ to reconcile with sb/to become reconciled with sth

Aussöhnung <-, -en> *f* reconciliation

aus|sondern *vt* to sort out

aus|sortieren* *vt* to sort out

aus|spannen **I.** *vi* to relax **II.** *vt* **jdm die Freundin/den Freund ~** (*fam*) to steal sb's girlfriend/boyfriend

aus|sperren **I.** *vt* ■ **jdn** ~ to lock sb out **II.** *vr* ■ **sich** *akk* ~ to lock oneself out

aus|spielen *vt* ■ **jdn gegen jdn** ~ to play sb off against sb

aus|spionieren* *vt* to spy out

Aussprache *f* ❶ (*Akzent*) pronunciation; (*Art des Artikulierens*) articulation ❷ (*Unterre-*

dung) talk

aus|sprechen *irreg* **I.** *vt* ❶ (*artikulieren*) to pronounce ❷ (*äußern*) to express; *Warnung* to issue; **ein Lob ~** to give a word of praise ❸ (*ausdrücken*) ■ **jdm etw ~** to express sth to sb **II.** *vr* ■ **sich** *akk* ~ ❶ (*sein Herz ausschütten*) to talk things over ❷ ■ **sich** *akk* **für/ gegen jdn/etw** ~ to voice one's support for/ opposition against sb/sth **III.** *vi* to finish [speaking]

Ausspruch *m* remark; (*geflügeltes Wort*) saying

aus|spucken **I.** *vt* to spit out *sep* **II.** *vi* to spit

aus|spülen *vt* to wash out *sep*

aus|staffieren* *vt* (*fam*) ❶ (*ausstatten*) to equip (**mit** +*dat* with) ❷ (*einkleiden*) to deck out *sep* (**mit** +*dat* in)

Ausstand *m* ❶ (*Streik*) **im ~ sein** to be on strike; **in den ~ treten** to go on strike ❷ SCHWEIZ, ÖSTERR, SÜDD (*Ausscheiden aus Stelle o Schule*) going away; **seinen ~ geben** to hold a going-away party

aus|statten ['aus·ʃtatn̩] *vt* ❶ (*versorgen*) to provide (**mit** +*dat* with) ❷ (*einrichten*) to furnish (**mit** +*dat* with) ❸ (*versehen*) to equip (**mit** +*dat* with)

Ausstattung <-, -en> *f* ❶ *kein pl* (*Ausrüstung*) equipment; (*das Ausrüsten*) equipping ❷ (*Einrichtung*) furnishings *pl* ❸ (*Aufmachung*) features *pl*

aus|stehen *irreg* **I.** *vt* ❶ (*ertragen*) to endure; **jdn/etw nicht ~ können** to not be able to stand sb/sth ❷ (*durchmachen*) to go through; **ausgestanden sein** (*vorbei sein*) to be all over [and done with] **II.** *vi* (*noch nicht da sein*) to be due; **die Antwort steht seit 5 Wochen aus** the reply has been due for 5 weeks

aus|steigen *vi irreg sein* ❶ (*aus einem Bus, Zug, Flugzeug*) to get off; (*aus einem Auto*) to get out of; **du kannst mich dort ~ lassen** you can drop me off over there ❷ (*aufgeben*) to drop out (**aus** +*dat* of)

aus|stellen **I.** *vt* ❶ (*zur Schau stellen*) to display; (*auf Messe, in Museum*) to exhibit ❷ **jdm] eine Rechnung ~** to issue [sb] an invoice; **sie ließ sich die Bescheinigung ~** she had the certificate made out in her name ❸ (*ausschalten*) to switch off *sep* **II.** *vi* (*als Aussteller*) to exhibit

Aussteller(in) <-s, -> *m(f)* (*Messeaussteller*) exhibitor

Ausstellung *f* (*Kunstausstellung, Messe*) exhibition

Ausstellungsgelände *nt* exhibition site

Ausstellungshalle *f* exhibition hall

aus|sterben *vi irreg sein* to die out; *Geschlecht, Spezies* to become extinct

Aussteuer <-, -n> *f* dowry

Ausstieg <-[e]s, -e> *m* ❶ (*Öffnung*) exit ❷ (*das Aufgeben*) ■ **der ~ aus etw** *dat* abandoning sth; **der ~ aus der Kernenergie** abandoning [of] nuclear energy

aus|stopfen *vt* to stuff

aus|stoßen vt irreg ❶ (hinausblasen) to eject; Gase to emit ❷ Seufzer to utter; Schrei to give [out]; Laute to make ❸ (ausschließen) to expel (aus +dat from)

aus|strahlen I. vt ❶ (abstrahlen, verbreiten) to radiate; Licht, Wärme to give off; Radioaktivität to emit ❷ RADIO, TV to transmit II. vi ■in etw ~ Schmerz to extend to sth

Ausstrahlung f ❶ (besondere Wirkung) radiance; **eine besondere ~ haben** to have a special charisma ❷ RADIO, TV broadcast[ing]

aus|strecken I. vt Hände, Beine to stretch out II. vr ■sich akk [auf dem Sofa] ~ to stretch oneself out [on the sofa]

aus|streichen vt irreg (durchstreichen) to cross out sep

aus|streuen vt to scatter

aus|strömen I. vi sein Gas, Dampf to escape (aus +dat from); Flüssigkeit to stream, to pour (aus +dat out of) II. vt haben Hitze to radiate; Duft to give off

aus|suchen vt to choose; ■[sich dat] etw ~ to choose sth; ■[sich dat] jdn ~ to pick sb

Austausch m exchange

austauschbar adj interchangeable; defekte Teile, Mensch replaceable

aus|tauschen I. vt ❶ (ersetzen) to replace (gegen +akk with) ❷ (miteinander wechseln) to exchange II. vr ■sich akk über jdn/etw ~ to exchange stories about sb/sth

Austauschschüler(in) m(f) [high-school] exchange student

Austauschstudent(in) m(f) [college/university] exchange student

aus|teilen vt to distribute (an +akk to)

Auster <-, -n> ['aus·tɐ] f oyster

Austernpilz m oyster mushroom

aus|toben vr ■sich akk ~ to romp [or run] around

aus|tragen vt irreg ❶ Post, Zeitung to deliver ❷ Baby to carry to [full] term ❸ **einen Streit mit jdm ~** to have it out with sb ❹ SPORT Wettkampf to hold

Australien <-s> [aus·'tra:·li̯·ən] nt Australia; s. a. Deutschland

Australier(in) <-s, -> [aus·'tra:·li̯·ɐ] m(f) Australian; s. a. Deutsche(r)

australisch [aus·'tra:·lɪʃ] adj Australian; s. a. deutsch

aus|treiben irreg I. vt ❶ ■jdm etw ~ to knock sth out of sb ❷ Teufel to exorcise II. vi BOT to sprout

aus|treten irreg I. vi sein ❶ (herausdringen) to come out (aus +dat of); Öl to leak (aus +dat from); Gas to escape (aus +dat from) ❷ (fam: zur Toilette gehen) to go to the bathroom ❸ (ausscheiden) to leave (aus +dat from) II. vt haben ❶ (auslöschen) to stamp out ❷ Schuhe to wear out

aus|tricksen vt (fam) to trick

aus|trinken irreg I. vt to finish II. vi to drink up

Austritt m (das Ausscheiden) departure (aus +dat from)

aus|trocknen vi sein to dry out; Fluss to dry up; Haut to dehydrate; Kehle to become parched

aus|tüfteln vt (fam: geschickt ausarbeiten) to work out; (sich ausdenken) to think up

aus|üben vt ❶ Beruf to practice; Amt to hold; Aufgabe, Funktion to perform ❷ Macht, Recht to exercise; Druck, Einfluss to exert (auf +akk on); Wirkung to have (auf +akk on)

aus|ufern ['aus·ʔu:fɐn] vi sein to escalate (zu +dat into)

Ausverkauf m von Waren clearance sale

ausverkauft adj sold out

Auswahl f ❶ (Warenangebot) selection (an +dat of) ❷ kein pl (das Aussuchen) **eine ~ treffen** to make one's choice (unter +dat from) ❸ SPORT all-star team

aus|wählen vt, vi to choose (unter +dat from)

Auswanderer, -wanderin m, f emigrant

aus|wandern vi sein to emigrate (nach +dat to)

Auswanderung f emigration

auswärtig ['aus·vɛr·tɪç] adj attr ❶ (nicht vom Ort) from out of town ❷ POL foreign

auswärts ['aus·vɛrts] adv ❶ (außerhalb des Ortes) out of town; **von ~ kommen** to be from another town ❷ ~ **essen** to eat out

aus|waschen vt irreg ❶ (entfernen) to wash out (aus +dat from) ❷ (säubern) to rinse

auswechselbar adj (untereinander auswechselbar) interchangeable; (ersetzbar) replaceable

aus|wechseln [-ks-] vt to replace (gegen +akk with); Spieler to substitute (gegen +akk for)

Auswechselung, Auswechslung <-, -en> f replacement; SPORT substitution

Ausweg m way out (aus +dat of); **der letzte ~** the last resort

ausweglos adj hopeless

aus|weichen vi irreg sein ❶ (vermeiden) ■[etw dat] ~ to get out of the way [of sth] ❷ (zu entgehen versuchen) to evade ❸ (als Alternative) ■auf etw ~ to fall back on sth

aus|weichend I. adj evasive II. adv ~ antworten to be evasive

Ausweichmanöver nt ❶ AUTO, LUFT evasive maneuver ❷ (Ausflucht) evasion

Ausweichmöglichkeit f alternative

aus|weinen vr ■sich akk bei jdm ~ to have a good cry on sb's shoulder

Ausweis <-es, -e> ['aus·vais] m ID; (Personal-, Firmenausweis a.) identity card; (Mitglieds-, Leserausweis a.) card; (Behindertenausweis) identification card

aus|weisen irreg I. vt (abschieben) to deport II. vr ❶ (sich identifizieren) ■sich akk ~ to identify oneself; **können Sie sich ~?** do you have any [means of] identification? ❷ SCHWEIZ (nachweisen) ■sich akk über etw ~ to have proof of sth

Ausweiskontrolle f ID check

Ausweispapiere pl identification [or ID] papers pl

Ausweisung *f* ADMIN deportation
aus|weiten I. *vt* **❶** (*weiter machen*) to stretch **❷** (*umfangreicher machen*) to expand **II.** *vr* ■ **sich ~ ❶** (*weiter werden*) to stretch [out] **❷** (*sich ausdehnen*) to extend **❸** (*eskalieren*) to escalate
auswendig *adv* by heart; **etw ~ können** to know sth by heart
aus|werfen *vt irreg Netz, Leine* to cast out
aus|werten *vt Statistiken, Daten* to analyze
aus|wickeln *vt* to unwrap (**aus** +*dat* from)
aus|wirken *vr* ■ **sich ~** to have an effect (**auf** +*akk* on)
Auswirkung *f* (*Wirkung*) effect; (*Folge*) consequence
aus|wischen *vt* **❶** (*wegwischen*) to wipe **❷** (*sauber wischen*) to wipe clean *sep* ▶ WENDUNGEN: **jdm eins ~** (*fam*) to put one over on sb
aus|wringen *vt irreg* to wring out *sep*
Auswuchs <-es, -wüchse> *m* (*Missstand*) excess
aus|zahlen I. *vt* **❶** *Lohn, Betrag* to pay out **❷** (*abfinden*) to pay off *sep; Kompagnon, Miterben* to buy out *sep* **II.** *vr* (*sich lohnen*) ■ **sich** [**für jdn**] **~** to pay [off] [for sb]
aus|zählen *vt* to count
aus|zeichnen I. *vt* **❶** *Ware* to price **❷** (*ehren*) to honor; **jdn mit einem Preis ~** to give sb an award **❸** (*positiv hervorheben*) ■ **jdn ~** to distinguish sb [from all others] **II.** *vr* ■ **sich** *akk* **~** to stand out
Auszeichnung *f* (*Medaille*) medal; (*Orden*) decoration; (*Preis*) award
Auszeit *f* time out
aus|ziehen *irreg* **I.** *vt* *haben* **❶** (*ablegen*) ■ [**sich** *dat*] **etw ~** to take off *sep* sth **❷** (*entkleiden*) to get undressed **❸** (*herausziehen*) to pull out *sep* **❹** (*verlängern*) to extend **II.** *vi* *sein* [**aus einem Haus**] **~** to move out [of a house]
Auszubildende(r) *f(m) dekl wie adj* trainee
Auszug *m* **❶** (*aus einer Wohnung*) move **❷** (*Ausschnitt*) excerpt; *Buch a.* extract **❸** (*Kontoauszug*) statement **❹** PHARM extract (**aus** +*dat* of)
auszugsweise *adv* in excerpts [*or* extracts]
authentisch [au·'tɛn·tɪʃ] *adj* authentic
Auto <-s, -s> ['au·to] *nt* car; **~ fahren** to drive [a car]; (*als Mitfahrer*) to drive [by car]; **mit dem ~ fahren** to take the car
Autoatlas *m* road atlas
Autobahn *f* highway, freeway; (*in Deutschland a.*) autobahn

> **i** The **Autobahn** is the German equivalent of a freeway. There is no speed limit on the **Autobahn** in Germany but in Austria, the speed limit for cars is 130 km/h and in Switzerland the speed limit for cars is 120 km/h.

Autobahnauffahrt *f* highway on-ramp

Autobahnausfahrt *f* highway exit
Autobahndreieck *nt* highway junction
Autobahngebühr *f* highway toll
Autobahnkreuz *nt* highway intersection
Autobahnraststätte *f* service area, rest stop
Autobatterie *f* car battery
Autobiografie[RR], **Autobiographie** [au·to·bio·gra·'fi:] *f* autobiography
autobiografisch[RR], **autobiographisch** *adj* autobiographical
Autobombe *f* car bomb
Autobus ['au·to·bʊs] *m*, **Autocar** ['au·to·ka:ɐ̯] *m* SCHWEIZ bus
Autodidakt(in) <-en, -en> [au·to·di·'dakt] *m(f)* self-educated person
Autofahrer(in) *m(f)* [car] driver
Autofahrt *f* car trip
Autofriedhof *m* (*fam*) junkyard
autogen [au·to·'ge:n] *adj* **~es Training** relaxation through self-hypnosis
Autogramm <-s, -e> [au·to·'gram] *nt* autograph
Autohändler(in) *m(f)* car dealer
Autokennzeichen *nt* license plate; (*Länderkennzeichen*) international license plate code
Autokino ['au·to·ki:·no] *nt* drive-in [movie theater]
Automat <-en, -en> [au·to·'ma:t] *m* (*Geldautomat*) ATM; (*Musikautomat*) jukebox; (*Spielautomat*) slot machine; (*Verkaufsautomat*) vending machine
Automatik <-, -en> [au·to·'ma:·tɪk] *f* **❶** (*Steuerungsautomatik*) automatic system **❷** (*Automatikgetriebe*) automatic transmission
automatisch [au·to·'ma:·tɪʃ] **I.** *adj* automatic **II.** *adv* automatically
automatisieren* [au·to·ma·ti·'zi:·rən] *vt* to automate
Automatisierung <-, -en> *f* automation
Automobilindustrie *f* auto industry
autonom [au·to·'no:m] *adj* POL autonomous
Autonome(r) *f(m) dekl wie adj* POL independent
Autonomie <-, -n> [au·to·no·'mi:, *pl* -'mi:·ən] *f* POL autonomy
Autonummer *f* license plate number
Autopilot ['au·to·pi·lo:t] *m* LUFT autopilot
Autopsie <-, -n> [au·tɔ·'psi:, *pl* -'psi:·ən] *f* MED autopsy
Autor, Autorin <-s, Autoren> ['au·tɐ, au·'to:·rɪn, *pl* au·'to:·rən] *m, f* author
Autoradio *nt* car radio
Autoreifen *m* car tire
Autorennen *nt* motor race; (*Rennsport*) motor racing
autorisieren* [au·to·ri·'zi:·rən] *vt* to authorize; **ich habe ihn dazu autorisiert** I gave him authorization for it
autoritär [au·to·ri·'tɛ:ɐ̯] *adj* authoritarian
Autorität <-, -en> [au·to·ri·'tɛ:t] *f* authority
Autoschlange *f* line of cars
Autoschlosser(in) *m(f)* auto mechanic
Autoschlüssel *f* car key

Autoskooter <-s, -> [-sku:·tɐ] *m* bumper car
Autostopp ['au·to·ʃtɔp] *m* hitchhiking
Autotelefon *nt* car phone
Autounfall *m* car accident
Autoverleih <-[e]s, -e> *m*, **Autovermietung**
  <-, -en> *f* car rental company
Autowerkstatt *f* garage, car repair shop
avancieren* [avã·'si:·rən] *vi sein* (*geh*) to advance (**zu** + *dat* to)
Aversion <-, -en> [avɛr·'zi̯o:n] *f* aversion
  (**gegen** + *akk* to)
Avocado <-, -s> [avo·'ka:·do] *f* avocado
Axt <-, Äxte> [akst, *pl* 'ɛks·tə] *f* ax
Azoren [a'tso:·rən] *pl* ■**die** ~ the Azores *npl*
Azubi [a·'tsu:·bi] *m* <-s, -s>, *f* <-, -s> *kurz für*
  Auszubildende(r)

B

B, b <-, - *o fam* -s, -s> [be:] *nt* ❶ (*Buchstabe*)
  B, b; ~ **wie Berta** B as in Bravo ❷ MUS (*Note*)
  B flat; (*Erniedrigungszeichen*) flat
babbeln ['ba·bl̩n] *vi*, *vt* (*fam*) to babble; (*viel
  reden a.*) to chatter
Baby <-s, -s> ['be:·bi] *nt* baby
Babyklappe ['be:·bi-] *f hatch or container in
  which unwanted babies can be left anonymously*
Babypause ['be:·bi-] *f* (*fam*) parental leave
babysitten ['be:·bi·zɪ·tn̩] *vi meist infin* to
  babysit
Babysitter(in) <-s, -> ['be:·bi·zɪ·tɐ] *m(f)*
  babysitter
Babyspeck *m* (*hum fam*) baby fat
Babystrich *m* (*fam*) child prostitution
Bach <-[e]s, Bäche> [bax, *pl* 'bɛ·çə] *m* brook,
  creek; (*kleiner a.*) stream ▶ WENDUNGEN: **den ~
  runtergehen** (*fam*) to go down the drain
Backblech *nt* baking sheet
Backbord <-[e]s> ['bak·bɔrt] *nt kein pl* NAUT
  port [side]
backbord(s) *adv* NAUT on the port side
Backe <-, -n> ['ba·kə] *f* (*Wange*) cheek; (*fam:
  Pobacke a.*) buttock
backen <bäckt *o* bäckt, backte, gebacken>
  ['ba·kn̩] *vt*, *vi* (*im Ofen*) to bake; (*in Fett*) to
  fry (**in** + *dat* in)
Backenknochen *m* cheekbone
Backenzahn *m* molar
Bäcker(in) <-s, -> ['bɛ·kɐ] *m(f)* ❶ (*Mensch*)
  baker ❷ (*Bäckerei*) bakery
Bäckerei <-, -en> [bɛ·kə·'rai] *f* ❶ (*Betrieb,
  Laden*) bakery ❷ ÖSTERR (*Gebäck*) small
  pastries and cookies
Backfisch ['bak·fɪʃ] *m* batter-fried fish
Backform *f* baking pan; (*Kuchenform a.*) cake
  pan
Backmischung *f* cake mix

Backofen ['bak·ʔo:fn̩] *m* oven
Backpulver *nt* baking powder
Backröhre *f*, **Backrohr** *nt* ÖSTERR oven
Backstein *m* BAU brick
Backstube *f* bakery
bäckt 3. *pers sing pres von* **backen**
Backup <-s, -s> ['bæk·ʌp] *nt o m* COMPUT
  backup [copy]
Backwaren *pl* baked goods *npl*
Bad <-[e]s, Bäder> [ba:t, *pl* 'bɛ:·də] *nt*
  ❶ (*Wannenbad*) bath; **jdm/sich** *dat* **ein ~
  einlassen** to run sb/oneself a bath ❷ (*Badezimmer*) bathroom ❸ (*Schwimmbad*) swimming pool ❹ (*Heilbad*) spa; (*Seebad*) seaside
  resort
Badeanzug *m* swimsuit, bathing suit
Badehose *f* swim[ming] trunks *npl*
Badekappe *f* swim[ming] cap
Bademantel *m* bathrobe
Bademeister(in) *m(f)* lifeguard
baden ['ba:·dn̩] I. *vi* ❶ (*ein Wannenbad nehmen*) to take a bath ❷ (*schwimmen*) to swim
  (**in** + *dat* in); ~ **gehen** to go for a swim II. *vt*
  ■**jdn** ~ to bathe sb III. *vr* ■**sich** *akk* ~ to take
  a bath
Baden-Württemberg <-s> ['ba:·dn̩·vʏr·təm-
  bɛrk] *nt* Baden-Württemberg
Badeort *m* ocean resort; (*Kurort*) spa resort
Badeschuh *m* flip-flop
Badetuch *nt* bath towel
Badewanne *f* bathtub
Badezimmer *nt* bathroom
baff [baf] *adj* (*fam*) ■~ **sein** to be flabbergasted
BAföG, Bafög <-> ['ba:·fœk] *nt kein pl Akr
  von* **Bundesausbildungsförderungsgesetz**
  [student] grant; ~ **bekommen** to receive a
  grant
Bagatelle <-, -n> [ba·ga·'tɛ·lə] *f* trifle
bagatellisieren* [ba·ga·tɛ·li·'zi:·rən] *vt*, *vi* to
  trivialize
Bagger <-s, -> ['bagɐ] *m* digger; BAU excavator
baggern ['bagɐn] *vi* ❶ BAU to dig ❷ (*sl*) to flirt
Baggersee *m* manmade lake
Baguette <-s, -s> [ba·'gɛt] *nt* baguette,
  French bread
Bahamas [ba·'ha:·mas] *pl* ■**die** ~ the Bahamas *pl*
Bahn <-, -en> [ba:n] *f* ❶ (*Eisenbahn*) train;
  (*Straßenbahn*) streetcar; **mit der ~ fahren** to
  take the train/streetcar ❷ *kein pl* (*Eisenbahngesellschaft*) railroad ❸ SPORT track; *eines
  Schwimmbeckens* lane ❹ (*Fahrbahn*) lane
  ▶ WENDUNGEN: **freie ~ haben** to have the go-
  ahead; **auf die schiefe ~ kommen** to get off
  the straight and narrow; **jdn aus der ~ werfen** to get sb off course
Bahnbeamte(r) *f(m)*, **-beamtin** *f* railroad official
bahnbrechend *adj* groundbreaking
Bahncard <-, -s> [-ka:d] *f a German discount
  rail pass*
bahnen *vt* **sich** *dat* **einen Weg durch etw**

akk ~ to fight one's way through sth
Bahnfahrt *f* train trip
Bahngleis *nt* train track
Bahnhof *m* train station ▶ WENDUNGEN: **nur** [**noch**] ~ **verstehen** (*hum fam*) to not have the foggiest [idea]
Bahnhofshalle *f* [train] station concourse
Bahnhofsvorsteher(in) *m(f)*, **Bahnhofsvorstand** *m* ÖSTERR, SCHWEIZ station agent
Bahnlinie *f* train line
Bahnpolizei *f* railroad police
Bahnschranke *f*, **Bahnschranken** *m* ÖSTERR grade crossing gate
Bahnsteig <-[e]s, -e> *m* [train] platform
Bahnübergang *m* grade [*or fam* train] crossing
Bahnunterführung *f* [railroad] underpass
Bahnverbindung *f* [train] connection
Bahnwärter(in) *m(f)* grade crossing attendant
Bahre <-, -n> ['baː·rə] *f* stretcher; (*Totenbahre*) bier
Bakterie <-, -n> [bak·'teː·ri̯ə] *f meist pl* bacterium
bakteriell [bak·te·'ri̯ɛl] *adj* MED bacterial, bacteria *attr*
bakteriologisch [bak·te·ri̯o·'loː·gɪʃ] *adj* bacteriological
Balance <-, -n> [ba·'lãː·sə] *f* balance
balancieren* [ba·lã·'siː·rən] *vi, vt* to balance (**auf** +*dat* on)
bald [balt] *adv* soon; **wird's ~?** (*fam*) move it!; **bis ~!** see you later!; **nicht so** ~ not as soon
Bälde ['bɛl·də] *f* **in** ~ in the near future
baldmöglichst *adv* as soon as possible
Baldrian <-s, -e> *m* BOT valerian
Balearen [ba·le·'aː·rən] *pl* ■ **die** ~ the Balearic Islands *pl*
Balg[1] <-[e]s, Bälge> [balk, *pl* 'bɛl·gə] *m* (*Blasebalg*) bellows *npl*
Balg[2] <-[e]s, Bälger> [balk, *pl* 'bɛl·gɐ] *m o nt* (*pej fam: Kind*) brat
balgen ['bal·gn̩] *vr* ■ **sich** *akk* [**um etw**] ~ to scrap [over sth]
Balgerei <-, -en> [bal·gə·'rai] *f* scrap
Balkan <-s> ['bal·kaːn] *m* ❶ (*Halbinsel, Länder*) ■ **der** ~ the Balkans *pl*; **auf dem** ~ on the Balkans ❷ (*Balkangebirge*) Balkan Mountains *pl*
Balkanländer *pl* Balkan States
Balken <-s, -> ['bal·kn̩] *m a.* SPORT beam ▶ WENDUNGEN: **lügen, dass sich die** ~ **biegen** (*fam*) to lie through one's teeth
Balkon <-s, -s *o* -e> [bal·'kɔŋ, bal·'koː] *m* ❶ ARCHIT balcony ❷ THEAT dress circle
Balkontür *f* French window[s]
Ball[1] <-[e]s, Bälle> [bal, *pl* 'bɛ·lə] *m* ball ▶ WENDUNGEN: **am** ~ **bleiben/sein** to stay/be on the ball
Ball[2] <-[e]s, Bälle> [bal, *pl* 'bɛ·lə] *m* (*Tanzfest*) ball; (*mit Mahl a.*) dinner-dance
Ballade <-, -n> [ba·'laː·də] *f* ballad
Ballast <-[e]s, -e> ['ba·last, ba·'last] *m pl selten* NAUT, LUFT ballast; (*fig*) burden
Ballaststoffe *pl* fiber

ballen ['ba·lən] **I.** *vt* to press together [into a ball]; *Papier* to crumple [into a ball]; *Faust* to clench **II.** *vr* ■ **sich** *akk* ~ to crowd [together]; *Wolken* to gather
Ballen <-s, -> ['ba·lən] *m* ❶ (*rundlicher Packen*) bale ❷ (*an Hand o Fuß*) ball; (*bei Tieren*) pad
Ballerina[1] <-, Ballerinen> [ba·lə·'riː·na, *pl* ba·lə·'riː·nən] *f* (*Tänzerin*) ballerina
Ballerina[2] <-s, -s> [ba·lə·'riː·na] *m* (*Schuh*) pump *usu pl*
ballern ['ba·lɐn] (*fam*) **I.** *vi* ❶ (*schießen*) to shoot; **zu Silvester wird viel geballert** there are lots of fireworks on New Year's Eve ❷ (*knallen, poltern*) to bang; **gegen die Tür** ~ to bang on the door **II.** *vt* **jdm eine** ~ to punch sb
Ballett <-[e]s, -e> [ba·'lɛt] *nt* ❶ (*Tanz*) ballet ❷ (*Tanzgruppe*) ballet [company]; **zum** ~ **gehen** to become a ballet dancer
Balletttänzer(in)[ALT], **Balletttänzer(in)**[RR] *m(f)* ballet dancer
Balljunge *m* TENNIS ball boy
Ballkleid *nt* ball gown
Ballmädchen *nt* TENNIS ball girl
Ballon <-s, -s *o* -e> [ba·'lɔŋ, ba·'lõː] *m* balloon
Ballsaal *m* ballroom
Ballungsgebiet *nt*, **Ballungsraum** *m* metropolitan area
Ballungszentrum *nt* population center; **industrielles** ~ center of industry
Balsam <-s, -e> ['bal·zaːm] *m* ❶ (*Salbe*) balsam ❷ (*fig*) balm
Balte, Baltin <-n, -n> ['bal·tə] *m, f* Balt, person from the Baltic; *s. a.* **Deutsche(r)**
Baltikum <-s> ['bal·ti·kʊm] *nt* ■ **das** ~ the Baltic states
baltisch ['bal·tɪʃ] *adj* Baltic; *s. a.* **deutsch**
balzen ['bal·tsn̩] *vi* ORN to perform a courtship display
Bambus <-ses *o* -, -se> ['bam·bʊs] *m* bamboo
Bambussprossen *pl* bamboo shoots *pl*
Bammel <-s> ['ba·ml̩] *m* (*fam*) ■ ~ **vor jdm/ etw haben** to be afraid of sb/sth
banal [ba·'naːl] *adj* banal; *Angelegenheit, Ausrede* trivial; *Bemerkung* trite; *Thema* commonplace
banalisieren* [ban·ali·'ziː·rən] *vt* (*geh*) to trivialize
Banalität <-, -en> [ban·ali·'tɛːt] *f* ❶ *kein pl* (*Beschaffenheit*) banality; *eines Themas, einer Angelegenheit* triviality ❷ *meist pl* (*Äußerung*) platitude
Banane <-, -n> [ba·'naː·nə] *f* banana
Bananenschale *f* banana peel
Banause <-n, -n> [ba·'nau·zə] *m* (*pej*) philistine
band [bant] *imp von* **binden**
Band[1] <-[e]s, Bänder> [bant, *pl* 'bɛn·dɐ] *nt* ❶ (*Stoffstreifen*) ribbon; (*Hutband*) hatband; (*Schürzenband*) apron string ❷ (*Tonband*) [re-

cording] tape; **etw auf ~ aufnehmen** to tape[-record] sth ❸ (*Fließband*) conveyor belt; **am ~ arbeiten** to work on an assembly line ❹ *meist pl* ANAT ligament ▶ WENDUNGEN: **am laufenden ~** (*fam*) nonstop

Band² <-[e]s, Bände> [bant, *pl* ˈbɛn·də] *m* (*Buch*) volume ▶ WENDUNGEN: **Bände sprechen** (*fam*) to speak volumes

Band³ <-, -s> [bɛnt] *f* MUS band

Bandage <-, -n> [ban·ˈdaː·ʒə] *f* bandage ▶ WENDUNGEN: **mit harten ~n kämpfen** (*fam*) to fight with no holds barred

bandagieren* [ban·da·ˈʒiː·rən] *vt* to bandage

Bandaufnahme *f* tape recording

Bandbreite *f* ❶ (*geh*) range ❷ RADIO, INET bandwidth

Bande¹ <-, -n> [ˈban·də] *f* (*Gruppe*) gang

Bande² <-, -n> [ˈban·də] *f* SPORT barrier; *eines Billardtisches* cushion; *einer Reitbahn* boards

Bänderrissᴿᴿ [ˈbɛn·de-] *m* torn ligament

bändigen [ˈbɛn·dɪ·gn̩] *vt* ❶ (*zähmen*) to tame ❷ (*zügeln*) to bring under control; *Haare* to control; *Naturgewalten* to harness

Bandit(in) <-en, -en> [ban·ˈdiːt] *m(f)* bandit

Bandmaß *nt* tape measure

Bandnudel *f* tagliatelle

Bandscheibe *f* ANAT [intervertebral] disc; **es an den ~n haben** to have a slipped disc

Bandwurm *m* tapeworm

bang <-er *o* bänger, -ste *o* bängste> [baŋ] *adj* scared; *Schweigen* uneasy; **es ist/wird jdm ~** [zumute] sb is/becomes uneasy

Bange [ˈbaŋə] *f* **jdm ~ machen** to scare sb; [nur] **keine ~!** (*fam*) don't be afraid!; (*keine Sorge*) don't worry!

bangen [ˈbaŋən] *vi* ■ **um jdn/etw ~** to worry about sb/sth; **um jds Leben ~** to fear for sb's life

banger, bänger *adj komp von* **bang**

bangste(r, s), bängste(r, s) *adj superl von* **bang**

Bank¹ <-, Bänke> [baŋk, *pl* ˈbɛŋ·kə] *f* bench ▶ WENDUNGEN: **etw auf die lange ~ schieben** (*fam*) to put sth off; [alle] **durch die ~** (*fam*) every single one [of them]

Bank² <-, -en> [baŋk] *f* FIN bank; **ein Konto bei einer ~ haben** to have a bank account

Bankangestellte(r) *f(m)* bank employee

Bankautomat *m* automated teller machine, ATM

Bankett <-[e]s, -e> [baŋ·ˈkɛt] *nt* banquet

Bankgeheimnis *nt kein pl* [a bank's duty to maintain] confidentiality

Bankgeschäfte *pl* banking transactions *pl*

Bankier <-s, -s> [baŋ·ˈki̯eː] *m* banker

Bankkaufmann, -frau *m, f* banker, bank employee

Bankkonto *nt* bank account

Bankkredit *m* bank loan

Bankleitzahl *f* [bank] routing number

Banknote *f* bill, banknote

Bankraub *m* bank robbery

Bankräuber(in) *m(f)* bank robber

bankrott [baŋk·ˈrɔt] *adj* bankrupt; **jdn ~ machen** to bankrupt sb

Bankrott <-[e]s, -e> [baŋk·ˈrɔt] *m* bankruptcy

bankrott|gehenᴿᴿ *vi irreg sein* to go bankrupt

Bankschließfach *nt* safe-deposit box

Banküberfall *m* bank robbery

Banküberweisung *f* bank transfer

Bankverbindung *f* bank account

Bann <-[e]s> [ban] *m kein pl* (*geh*) spell; **in jds ~ geraten** *akk* to fall under sb's spell; **jdn in seinen ~ ziehen** to cast one's spell over sb

bannen [ˈba·nən] *vt* ❶ (*geh: faszinieren*) to entrance ❷ *Gefahr* to avert

Banner <-s, -> [ˈba·ne] *nt* banner

bar [baːɐ̯] *adj* ❶ FIN cash; [in] **~ bezahlen** to pay [in] cash ❷ *attr* (*rein*) pure; *Unsinn* utter

Bar <-, -s> [baːɐ̯] *f* bar

Bär <-en, -en> [bɛːɐ̯] *m* bear; **wie ein ~ schlafen** (*fam*) to sleep like a log ▶ WENDUNGEN: **jdm einen ~en aufbinden** (*fam*) to put sb on

Baracke <-, -n> [ba·ˈra·kə] *f* shack

Barbar(in) <-en, -en> [bar·ˈbaːɐ̯] *m(f)* (*pej*) barbarian

Barbarei <-, -en> [bar·ba·ˈrai] *f* ❶ (*Unmenschlichkeit*) barbarity ❷ *kein pl* (*Kulturlosigkeit*) barbarism

barbarisch [bar·ˈbaː·rɪʃ] I. *adj* ❶ (*grausam*) barbarous, barbaric; *Folter* brutal; *Strafe* cruel ❷ (*unkultiviert*) barbaric II. *adv* ❶ (*grausam*) barbarously ❷ (*unkultiviert*) barbarically

bärbeißig [ˈbɛɐ̯·bai·sɪç] *adj* (*fam*) grumpy

Barcode <-s, -s> [ˈbaː·koːt] *m* COMPUT bar code

Bardame *f* barmaid

Bärendienst *m* ▶ WENDUNGEN: **jdm einen ~ erweisen** to do sb a disservice

Bärenhunger *m* (*fam*) a massive appetite; **einen ~ haben** to be starved

Bärenkräfte *pl* the strength of an ox

bärenstark *adj* ❶ (*fam: sehr stark*) as strong as an ox *pred* ❷ (*sl: toll*) cool

barfuß [ˈbaːɐ̯·fuːs] *adj pred* barefoot[ed]

barg [bark] *imp von* **bergen**

Bargeld *nt* cash

bargeldlos I. *adj* cashless II. *adv* without using cash

Barhocker *m* bar stool

Barkasse <-, -n> [bar·ˈka·sə] *f* launch

Barkauf *m* cash purchase

Barke <-, -n> [ˈbar·kə] *f* skiff

Barkeeper(in) <-s, -> [ˈbaː·ɐ·kiː·pɐ] *m(f)*, **Barmann** *m* bartender

barmherzig [barm·ˈhɛr·tsɪç] *adj* compassionate; ■ **~ sein** to show compassion

Barmherzigkeit <-> *f kein pl* mercy

Barmixer(in) <-s, -> *m(f)* bartender

Barock <-[s]> [ba·ˈrɔk] *nt o m kein pl* baroque

Barometer <-s, -> [baro·ˈmeː·tɐ] *nt* barometer

Baron(in) <-s, -e> [ba·ˈroːn] *m(f)* baron *masc*, baroness *fem*

Barren <-s, -> [ˈba·rən] *m* ❶ SPORT parallel bars

B

pl ② (*Goldbarren*) bar, ingot
Barriere <-, -n> [ba·ˈrɪ̯eː·rə] *f* (*a. fig*) barrier
Barrikade <-, -n> [ba·ri·ˈkaː·də] *f* barricade
barsch [barʃ] I. *adj* curt II. *adv* curtly
Barsch <-[e]s, -e> [barʃ] *m* perch
barst [barst] *imp von* **bersten**
Bart <-[e]s, Bärte> [baːɐ̯t, *pl* ˈbɛːɐ̯·tə] *m*
① (*Vollbart*) beard; **sich** *dat* **einen ~ wach-**
sen lassen to grow a beard ② (*Schnurrbart*)
moustache ③ ZOOL whiskers
bärtig [ˈbɛːɐ̯·tɪç] *adj* bearded
bartlos *adj* beardless
Bartstoppeln *pl* stubble *sing*
Bartwuchs *m* beard growth; (*Frau*) facial hair
Barvermögen *nt* cash assets
Barzahlung *f* cash payment
Basar <-s, -e> [ba·ˈzaːɐ̯] *m* bazaar
Base <-, -n> [ˈbaː·zə] *f* ① (*veraltet: Cousine*)
cousin ② SCHWEIZ *s.* **Tante** aunt
Basel <-s> [ˈbaː·zl̩] *nt* Basel
Basen *pl von* **Base, Basis**
basieren* [ba·ˈziː·rən] *vi* to be based (**auf** + *dat*
on)
Basilika <-, Basiliken> [ba·ˈziː·li·ka, *pl* ba·ˈziː·
li·kən] *f* basilica
Basilikum <-s> [ba·ˈziː·li·kʊm] *nt kein pl* basil
Basis <-, Basen> [ˈbaː·zɪs, *pl* ˈbaː·zn̩] *f*
① (*Grundlage*) basis ② POL (*die Parteimitglie-*
der/die Bürger) ▪ **die ~** the grass roots ③ MIL
base
Basiswissen *nt* basic knowledge
Baske, Baskin <-n, -n> [ˈbas·kə, ˈbas·
kɪn] *m, f* Basque; *s. a.* **Deutsche(r)**
Baskenland *nt* ▪ **das ~** the Basque region
Baskenmütze *f* beret
baskisch [ˈbas·kɪʃ] *adj* Basque; *s. a.* **deutsch**
BassRR <-es, Bässe>, **Baß**ALT <-sses,
Bässe> [bas, *pl* ˈbɛsə] *m* bass
Bastard <-[e]s, -e> [ˈbas·tart] *m* (*fam*)
① (*mieser Kerl*) bastard ② (*pej: uneheliches*
Kind) bastard
basteln [ˈbas·tl̩n] I. *vi* ① (*als Hobby*) to do arts
and crafts ② ▪ **an etw** *dat* **~** to work on sth
II. *vt* (*fertigen*) to make; *Gerät* to build
Bastler(in) <-s, -> *m(f)* handicraft enthusiast;
ein guter ~ sein to be good with one's hands
bat [baːt] *imp von* **bitten**
Batik <-, -en> [ˈbaː·tɪk] *f* batik
Batterie <-, -n> [ba·tə·ˈriː, *pl* -ˈriː·ən] *f* ELEK,
MIL battery
batteriebetrieben *adj* battery-powered
Batzen <-s, -> [ˈbaː·tsn̩] *m* ① (*Klumpen*) lump;
Erde clump ② **ein schöner ~** [**Geld**] (*fam*) a
pile [of money]
Bau[1] <-[e]s, -ten> [bau, *pl* ˈbautn̩] *m* ① *kein*
pl (*das Bauen*) building; **im ~ sein** to be un-
der construction ② (*Gebäude*) building; (*Bau-*
werk) construction ③ *kein pl* (*fam: Baustelle*)
construction site
Bau[2] <-[e]s, -e> [bau] *m* (*Erdhöhle*) burrow;
(*Biberbau*) [beaver] lodge; (*Fuchsbau*) den
Bauamt *nt* building inspector's office
Bauarbeiten *pl* construction [work] *sing*;

wegen ~ gesperrt closed for repairs
Bauarbeiter(in) *m(f)* construction worker
Bauch <-[e]s, Bäuche> [baux, *pl* ˈbɔy·çə] *m*
stomach, tummy *fam*; (*Fettbauch*) belly; **sich**
dat **den ~ vollschlagen** (*fam*) to stuff oneself
▶ WENDUNGEN: **aus dem ~** (*fam*) from the
heart; **aus dem hohlen ~** [**heraus**] (*fam*) off
the top of one's head
Bauchentscheidung *f* (*fam*) gut decision *fam*
Bauchfell *nt* ANAT peritoneum
Bauchfellentzündung *f* peritonitis
Bauchfleisch *nt* belly
Bauchgefühl *nt kein pl* (*fam*) gut feeling *fam*
Bauchhöhle *f* abdominal cavity
bauchig [ˈbaux·ɪç] *adj* bulbous
Bauchlandung *f* (*fam*) belly flop
Bauchnabel *m* navel, belly button *fam*
Bauchredner(in) *m(f)* ventriloquist
Bauchschmerzen *pl* stomachache
Bauchspeck *m* ① (*Fleischstück*) bacon
[streaked with fat] ② (*Fettansatz*) spare tire
Bauchspeicheldrüse *f* ANAT pancreas
Bauchtanz *m* belly dance
Bauchtänzerin *f* belly dancer
Bauchweh *nt s.* **Bauchschmerzen**
Baudenkmal *nt* architectural monument
bauen [ˈbau·ən] I. *vt* ① (*errichten, herstellen*)
to build ② (*zusammenbauen*) to construct;
Auto, Flugzeug to build ③ (*fam: verursachen*)
to cause; **Mist ~** to mess things up II. *vi* ① (*ei-*
genes Haus) to build a house ② (*vertrauen*)
▪ **auf jdn/etw ~** to rely on sb/sth
Bauer, Bäuerin[1] <-n, -n> [ˈbau·ɐ, ˈbɔy·ə·
rɪn] *m, f* ① (*Landwirt*) farmer ② (*pej: ungeho-*
belter Mensch) yokel ③ (*Schachfigur*) pawn
Bauer[2] <-s, -> [ˈbau·ɐ] *nt o selten m* (*Vogelkä-*
fig) [bird] cage
Bäuerchen <-s, -> *nt* (*Kindersprache*) burp;
~ machen to burp
Bauernfänger <-s, -> *m* (*pej fam*) con man
Bauernhaus *nt* farmhouse
Bauernhof *m* farm
Bauernregel *f* country saying
bauernschlau *adj* crafty
Bauernverband *m* farmers' association
baufällig *adj* dilapidated
Baufirma *f* construction company
Baugelände *nt* construction site
Baugenehmigung *f* building permit
Baugerüst *nt* scaffolding
Baugesellschaft *f* construction company
Baugewerbe *nt kein pl* construction business
Baugrube *f* [building] excavation
Baugrundstück *nt* plot of land
Bauholz *nt* lumber
Bauingenieur(in) *m(f)* civil engineer
Baujahr *nt* ① (*Jahr der Errichtung*) year of con-
struction ② (*Produktionsjahr*) year of manu-
facture
Baukasten *m* construction set
Bauklotz *m* building block
Baulärm *m* construction noise
Bauleiter(in) *m(f)* [construction] site manager

baulich I. *adj* structural II. *adv* structurally

Baum <-[e]s, Bäume> [baum, *pl* 'bɔy·mə] *m* tree ▸ WENDUNGEN: **jd könnte Bäume ausreißen** (*fam*) sb is full of energy

Baumarkt *m* building supplies store, hardware store

Baumaterial *nt* building material

Baumbestand *m* tree population

baumeln ['bau·m|n] *vi* to dangle (**an** +*dat* from)

Baumgrenze *f* tree line

Baumkrone *f* treetop

Baumrinde *f* [tree] bark

Baumschule *f* tree nursery

Baumstamm *m* tree trunk

Baumsterben *nt* dying[-off] of trees

Baumwipfel *m* treetop

Baumwolle *f* cotton

Bauplan *m* building plans *pl*

Bauplatz *m* [construction] site

Bauruine *f* (*fam*) abandoned unfinished building

bauschig *adj* full; *Hose* baggy

Bauschutt *m* construction rubble [*or* waste]

bausparen *vi nur Infinitiv* to have an account with a mortgage lender

Bausparkasse *f* mortgage lender

Bausparvertrag *m* savings account for home construction

Baustein *m* ❶ (*Material zum Bauen*) building stone ❷ (*Bestandteil*) element ❸ COMPUT chip

Baustelle *f* construction site

Baustil *m* architectural style

Baustoff *m* building material

Bauteil *nt einer Maschine* component; **fertiges ~** prefabricated element

Bauten *pl von* Bau¹

Bauunternehmen *nt* builder, building contractor

Bauunternehmer(in) *m(f)* builder

Bauvorhaben *nt* construction project

Bauweise *f* ❶ (*Art des Bauens*) construction method ❷ (*Baustil*) style

Bauwerk *nt* (*Gebäude*) building; (*Brücke etc.*) construction

Bayer(in) <-n, -n> ['bai·ɐ] *m(f)* Bavarian; *s. a.* **Deutsche(r)**

bayerisch ['baiɐ·rɪʃ] *adj* Bavarian; *s. a.* **deutsch**

Bayern <-s> ['bai·ɐn] *nt* Bavaria; *s. a.* **Deutschland**

bayrisch ['bai·rɪʃ] *adj s.* **bayerisch**

Bazillus <-, Bazillen> [ba·'tsɪ·lʊs, *pl* ba·'tsɪ·lən] *m* MED bacillus

beabsichtigen* [bə·'ʔap·zɪç·tɪ·gn̩] *vt* to intend; **das hatte ich nicht beabsichtigt!** I didn't mean to do that!

beachten* [bə·'ʔax·tn̩] *vt* ❶ (*befolgen*) to observe; *Anweisung, Rat* to follow; **die Vorfahrt ~** to yield [the right of way] ❷ (*Aufmerksamkeit schenken*) to pay attention, to take notice ❸ (*berücksichtigen*) to take into account

beachtenswert *adj* remarkable

beachtlich *adj* considerable; *Erfolg, Leistung* notable; *Verbesserung* marked

Beachtung *f* ❶ (*Befolgung*) observance; *der Vorschriften* compliance ❷ (*Aufmerksamkeit*) **~ finden** to receive attention; **keine ~ finden** to be ignored; **jdm/etw ~ schenken** to pay attention to sb/sth

Beamte(r) [bə·'ʔam·tə, bə·'ʔam·te] *f(m) dekl wie adj*, **Beamtin** <-, -nen> [bə·'ʔam·tɪn] *f* public official, civil servant

beängstigen* *vt* (*geh*) to alarm

beängstigend I. *adj* alarming II. *adv* alarmingly

beanspruchen* [bə·'ʔan·ʃprʊ·xn̩] *vt* ❶ (*fordern*) to claim ❷ (*brauchen*) to require; *Zeit, Platz* to take up ❸ (*Anforderungen stellen*) ■ **jdn ~** to make demands on sb; **ich will Sie nicht länger ~** I don't want to take up any more of your time; ■ **etw ~** to demand sth; **jds Zeit ~** to make demands on sb's time; **jds Geduld ~** to try sb's patience ❹ (*belasten*) to put under stress

beanstanden* [bə·'ʔan·ʃtan·dn̩] *vt* ■ **etw ~** to complain about sth; **das ist beanstandet worden** there have been complaints about that

Beanstandung <-, -en> *f* complaint

beantragen* *vt* to apply for; POL to propose

beantworten* *vt* ❶ (*Antwort geben*) to answer ❷ (*reagieren*) ■ **etw mit etw** *dat* **~** to respond to sth with sth

Beantwortung <-, -en> *f* answer

bearbeiten* *vt* ❶ (*behandeln*) to work on; *Holz ~* to work wood ❷ (*sich befassen mit*) to deal with ❸ (*redigieren*) to revise ❹ (*fam: auf jdn einwirken*) ■ **jdn ~** to work on sb; **wir haben ihn so lange bearbeitet, bis er zusagte** we pressed him until he agreed ❺ *Feld* to cultivate ❻ (*adaptieren*) *Musikstück* to arrange (**für** +*akk* for)

beargwöhnen* *vt* to regard with suspicion

beatmen* *vt* to give artificial respiration to

beaufsichtigen* [bə·'ʔauf·zɪç·tɪ·gn̩] *vt* to supervise; *Kinder* to look after; (*bei Prüfung*) to proctor

beauftragen* *vt Architekt, Künstler* to commission; *Firma* to hire; ■ **jdn mit etw** *dat* **~** to give sb the job of doing sth; ■ **jdn ~, etw zu tun** to ask sb to do sth

Beauftragte(r) *f(m) dekl wie adj* representative

beäugen* *vt* (*fam*) to eyeball

bebauen* *vt* ❶ *Baugrundstück* to build on; **dicht bebaut sein** to be heavily built-up ❷ *Acker, Feld* to cultivate

beben ['be:·bn̩] *vi* to tremble; **vor Zorn ~** to shake with anger

Beben <-s, -> ['be:·bn̩] *nt* (*Erdbeben*) earthquake

bebildern* [bə·'bɪl·dɐn] *vt* to illustrate

Becher <-s, -> ['bɛ·çɐ] *m* ❶ (*Trinkgefäß*) glass; (*aus Plastik*) cup; (*für Tee/Kaffee*) mug ❷ (*Verpackung*) carton ❸ SCHWEIZ (*Bierglas*) mug

bechern ['bɛ·çɐn] vi (hum fam) to booze [away]

becircen* vt s. **bezirzen**

Becken <-s, -> ['bɛ·kn] nt ❶ (Bassin) basin; (Spülbecken) sink; (von Toilette) bowl; (Schwimmbecken) pool ❷ ANAT pelvis ❸ MUS cymbals pl

bedacht [bə·'daxt] I. pp von **bedenken** II. adj ❶ (überlegt) cautious ❷ ■ auf etw akk ~ sein to be concerned about sth III. adv carefully

bedächtig [bə·'dɛç·tɪç] I. adj ❶ (ohne Hast) deliberate ❷ (besonnen) thoughtful II. adv ❶ (ohne Hast) deliberately; ~ sprechen to speak in measured tones ❷ (besonnen) carefully

bedanken* vr ■ sich akk ~ to express one's thanks; ■ sich akk bei jdm ~ to thank sb (für + akk for); **ich bedanke mich!** thank you!

Bedarf <-[e]s> [bə·'darf] m kein pl need (an + dat for); **der tägliche ~ an Vitaminen** the daily requirement of vitamins; **Dinge des täglichen ~s** everyday necessities; **bei ~** if required; [je] **nach ~** as required

Bedarfsfall m **im ~** if necessary

bedauerlich adj regrettable; **sehr ~!** how unfortunate!; ■ ~ **sein, dass ...** to be unfortunate that ...

bedauerlicherweise adv unfortunately

bedauern* vt ❶ (schade finden) to regret ❷ (bemitleiden) to feel sorry [for]

Bedauern <-s> nt kein pl regret

bedauernswert adj pitiful, unfortunate

bedecken* I. vt to cover II. vr ■ sich akk ~ Himmel to cloud over

bedeckt adj pred (bewölkt) overcast ► WENDUNGEN: **sich** akk ~ **halten** to keep a low profile

bedenken* irreg vt to consider; [jdm] **etw zu ~ geben** to ask [sb] to consider sth; [jdm] **zu ~ geben, dass ...** to ask [sb] to keep in mind that ...

Bedenken <-s, -> nt meist pl doubt; ~ **haben** to have doubts; **moralische ~** moral scruples; **jdm kommen ~** sb has second thoughts; **ohne ~** without hesitation

bedenkenlos adv ❶ (ohne Überlegung/ Zögern) without hesitation ❷ (rücksichtslos) unscrupulously

bedenkenswert adj worthy of consideration

bedenklich adj ❶ (fragwürdig) questionable ❷ (Besorgnis erregend) disturbing; Gesundheitszustand serious; **jdn ~ stimmen** to give sb cause for concern

Bedenkzeit f time to think about sth

bedeuten* vt ❶ (bezeichnen, meinen) to mean, to signify; **das hat nichts zu ~** that doesn't mean a thing ❷ (wichtig sein) [jdm] **etw ~** to mean something [to sb]

bedeutend I. adj ❶ (wichtig) important; Politiker leading; **eine ~e Rolle spielen** to play a significant role ❷ (beachtlich) considerable II. adv considerably

bedeutsam adj ❶ (wichtig) important; Entscheidung, Verbesserung significant ❷ (vielsagend) meaningful

Bedeutung <-, -en> f ❶ (Sinn) meaning, significance; **in wörtlicher/übertragener ~** in the literal/figurative sense ❷ (Wichtigkeit) importance; [für jdn/etw] **von ~ sein** to be of importance [to sb/sth]; **nichts von ~** nothing important

bedeutungslos adj ❶ (ohne große Wirkung) insignificant ❷ (nichts besagend) meaningless

Bedeutungslosigkeit <-> f kein pl insignificance

bedeutungsvoll adj s. **bedeutsam**

Bedeutungswandel m change in meaning

bedienen* I. vt ❶ Kunde, Gast to serve ❷ Maschine to operate ► WENDUNGEN: **bedient sein** (fam) to have had enough II. vi to serve; **wird hier nicht bedient?** isn't anyone working here? III. vr ❶ (sich Essen nehmen) ■ sich akk [mit etw akk] ~ to help oneself [to sth]; ~ **Sie sich!** help yourself! ❷ (geh: gebrauchen) ■ sich einer S. gen ~ to make use of sth

bedienerfreundlich adj user-friendly

Bedienstete(r) f(m) dekl wie adj employee

Bedienung <-, -en> f ❶ (Kellner) waiter masc, waitress fem ❷ kein pl (Handhabung) operation ❸ kein pl (das Bedienen) service; ~ **inbegriffen** service included

Bedienungsanleitung f [operating] instructions pl

Bedienungsfehler m operator['s] error

bedingen* [bə·'dɪ·ŋən] vt ❶ (verursachen) to cause; ■ **durch etw** akk **bedingt sein** to be a result of sth ❷ (verlangen) to require

bedingt I. adj ❶ (eingeschränkt) qualified ❷ JUR conditional II. adv ❶ (eingeschränkt) to some extent; ~ **gültig** of limited validity ❷ JUR SCHWEIZ, ÖSTERR (mit Bewährungsfrist) conditionally

Bedingung <-, -en> f ❶ (Voraussetzung) condition; **unter der ~, dass ...** on the condition that ... ❷ (Forderung) [jdm] **eine ~ stellen** to place a condition [on sb] ❸ pl (Umstände) conditions

bedingungslos I. adj unconditional; Gehorsam, Treue unquestioning II. adv unconditionally; gehorchen unquestioningly

bedrängen* vt to pester (mit + dat with); ■ **jdn ~, etw zu tun** to pressure sb into doing sth

Bedrängnis <-ses, -se> [bə·'drɛŋ·nɪs] f (geh) difficulties pl; **jdn in ~ bringen** to get sb into trouble

bedrohen* vt ❶ (drohen) to threaten (mit + dat with) ❷ (gefährden) to endanger

bedrohlich I. adj threatening II. adv alarmingly

Bedrohung f threat

bedrucken* vt to print on

bedrücken* vt to depress; **was bedrückt dich?** what's troubling you?

bedrückend adj depressing; Stimmung oppressive

bedrückt adj depressed; ~**es Schweigen** oppressive silence

Beduine, Beduinin <-n, -n> [bedu·'iː·nə, bedu·'iː·nɪn] *m, f* Bed[o]uin

Bedürfnis <-ses, -se> [bə·'dʏrf·nɪs] *nt* need; **die ~se des täglichen Lebens** everyday needs; **das ~ haben, etw zu tun** to feel the need to do sth

bedürftig *adj* needy *attr,* in need *pred;* ▪ **die B~en** the needy + *pl vb*

Bedürftigkeit <-> *f kein pl* need, neediness

Beefsteak <-s, -s> ['biːf·steːk, -ʃteːk] *nt bes* NORDD steak; **deutsches ~** hamburger

beehren* *vt* (*geh*) to honor (**mit** +*dat* with)

beeilen* *vr* ▪ **sich** *akk* **~** to hurry [up]; ▪ **sich** *akk* **~, etw zu tun** to hurry to do sth

beeindrucken* [bə·'ʔain·drʊ·kn̩] *vt* to impress; **sich** *akk* [**von etw** *dat*] **nicht ~ lassen** to not be impressed [by sth]

beeindruckend *adj* impressive

beeinflussbarᴿᴿ, **beeinflußbar**ᴬᴸᵀ *adj* easily influenced *pred*

beeinflussen* [bə·'ʔain·flʊ·sn̩] *vt* to influence

Beeinflussung <-, -en> *f* influence

beeinträchtigen* [bə·'ʔain·trɛç·tɪ·gn̩] *vt* to disturb; *Reaktionsvermögen, Leistungsfähigkeit* to impair; *Verhältnis* to damage; **jdn in seiner Freiheit ~** to restrict sb's freedom

beenden* *vt* to end

Beendigung <-> *f kein pl* ending

Beendung <-> *f kein pl* completion

beerben* *vt* to be heir to

beerdigen* [bə·'ʔeːɐ̯·dɪ·gn̩] *vt* to bury

Beerdigung <-, -en> *f* funeral

Beerdigungsfeier *f* funeral service

Beerdigungsinstitut *nt* funeral home

Beere <-, -n> ['beː·rə] *f* berry

Beet <-[e]s, -e> [beːt] *nt* bed; (*Blumenbeet*) flower bed; (*Gemüsebeet*) vegetable patch

befähigen* [bə·'fɛː·ɪ·gn̩] *vt* ▪ **jdn dazu ~, etw zu tun** to enable sb to do sth

befähigt [bə·'fɛː·ɪçt] *adj* qualified; ▪ **für etw ~ sein** to be competent at sth

Befähigung <-> *f kein pl* qualification[s]

befahl [bə·'faːl] *imp von* **befehlen**

befahrbar *adj* passable; NAUT navigable; **nicht ~** impassable; NAUT unnavigable

befahren* **I.** *vt irreg Straße, Weg* to drive along; **diese Straße darf nur in einer Richtung ~ werden** this road is only open in one direction; **eine Strecke ~** to use a route **II.** *adj Straße* used; **kaum/stark ~ sein** to be little/heavily used; **eine viel ~e Kreuzung** a busy intersection

befangen [bə·'fa·ŋən] *adj* ❶ (*gehemmt*) inhibited ❷ (*voreingenommen*) biased; **jdn als ~ ablehnen** to disqualify sb on grounds of bias

Befangenheit <-> *f kein pl* ❶ (*Gehemmtheit*) inhibition ❷ (*Voreingenommenheit*) bias

befassen* *vr* ▪ **sich** *akk* **mit etw** *dat* **~** to concern oneself with sth; *mit einer Angelegenheit* to look into; *mit einem Problem* to tackle; ▪ **sich** *akk* **mit jdm ~** to spend time with sb

Befehl <-[e]s, -e> [bə·'feːl] *m* ❶ (*Anweisung*) order; **jdm den ~ geben, etw zu tun** to order sb to do sth ❷ COMPUT command

befehlen <befiehlt, befahl, befohlen> [bə·'feː·lən] *vt* to order; **von dir lasse ich mir nichts ~!** I won't take orders from you!

Befehlsform *f* LING imperative

Befehlshaber(in) <-s, -> [bə·'feːls·ha·bə] *m(f)* MIL commander

Befehlszeile *f* COMPUT command line

befestigen* *vt* ❶ (*anbringen*) to fasten (**an** +*dat* to); *Boot* to tie ❷ BAU *Fahrbahn, Straße* to pave; *Böschung* to stabilize; *Damm, Deich* to reinforce

befeuchten* *vt* to moisten

befiehlt [bə·'fiːlt] *vt* ➤ *von* **befehlen**

befinden* *irreg* **I.** *vr* ▪ **sich** *akk* **irgendwo ~** to be somewhere; **unter den Geiseln ~ sich zwei Deutsche** the hostages include two Germans **II.** *vi* ▪ **über etw** *akk* **~** to decide [on] sth

befingern* *vt* (*fam*) to finger

beflecken* *vt* ❶ (*schmutzig machen*) to stain (**mit** +*dat* with); **etw mit Farbe ~** to get paint [stains] on sth ❷ **jds Ehre ~** to tarnish sb's honor

beflissen [bə·'flɪ·sn̩] **I.** *adj* diligent **II.** *adv* diligently

beflügeln* *vt* (*geh*) to inspire; **Hoffnung beflügelte seine Schritte** hope spurred him on; **die Fantasie ~** to fire the imagination

befohlen [bə·'foː·lən] *pp von* **befehlen**

befolgen* *vt Rat* to follow; *Vorschrift, Befehl* to obey

befördern* *vt* ❶ (*transportieren*) to transport ❷ (*beruflich*) to promote (**zu** +*dat* to)

Beförderung *f* ❶ (*Transport*) transportation ❷ (*beruflich*) promotion (**zu** +*dat* to)

Beförderungsmittel *nt* means of transportation

befrachten* *vt* ❶ (*beladen*) to load ❷ (*fig geh*) to overload

befragen* *vt* to question (**zu** +*dat* about); **jdn nach seiner Meinung ~** to ask sb for his/her opinion

Befragung <-, -en> *f* ❶ (*das Befragen*) questioning ❷ (*Umfrage*) survey, [opinion] poll

befreien* **I.** *vt* ❶ *Gefangene* to free (**aus** +*dat* from) ❷ *Volk, Land* to liberate (**von** +*dat* from) ❸ (*freistellen*) to excuse (**von** +*dat* from); *vom Wehrdienst* to exempt ❹ (*Störendes entfernen*) to clear (**von** +*dat* of); **seine Schuhe vom Dreck ~** to remove the dirt from one's shoes ❺ (*von Schmerzen, Sorgen*) to free (**von** +*dat* from) **II.** *vr* ❶ (*freikommen*) ▪ **sich** *akk* **~** *Gefangene* to escape (**aus** +*dat* from) ❷ (*etw überwinden*) ▪ **sich** *akk* **von etw** *dat* **~** to rid oneself of sth

Befreier(in) <-s, -> *m(f)* liberator

Befreiung <-, -en> *f pl selten* ❶ *von Gefangenen* release ❷ *eines Volkes, Landes* liberation ❸ (*Freistellung*) exemption (**von** +*dat* from)

Befreiungsbewegung *f* liberation movement

Befreiungskampf *m* struggle for freedom

befremden* **I.** *vt* to disconcert **II.** *vi* to be disconcerting

Befremden <-s> *nt kein pl* disconcertment

befremdend, befremdlich [bə·'frɛmt·lɪç] *adj* (*geh*) disconcerting

befreunden* [bə·'frɔyn·dn̩] *vr* ■ **sich** *akk* **mit jdm ~** to make friends with sb; **mit jdm befreundet sein** to be friends with sb

befrieden* [bə·'friː·dn̩] *vt* **ein Land ~** to bring peace to a country

befriedigen* [bə·'friː·dɪ·gn̩] **I.** *vt* to satisfy; *Ansprüche, Wünsche* to fulfill; **leicht/schwer zu ~ sein** to be easily/not easily satisfied **II.** *vi* (*zufrieden stellend sein*) to be satisfactory **III.** *vr* ■ **sich** *akk* [**selbst**] **~** to masturbate

befriedigend *adj* satisfactory; ■ **~ sein** to be satisfying

Befriedigung <-> *f kein pl* satisfaction

befristen* *vt* to limit (**auf** +*akk* to)

befruchten* *vt* ❶ BIOL to fertilize; *Blüte* to pollinate; **künstlich ~** to artificially inseminate ❷ (*fig: anregen*) to stimulate

Befruchtung <-, -en> *f* fertilization; *Blüte* pollination; **künstliche ~** *Mensch* in vitro fertilization, IVF; *Tier* artificial insemination, AI

Befugnis <-ses, -se> [bə·'fuːk·nɪs] *f* authorization; **zu etw** *dat* **keine ~ haben** to not be authorized to do sth

befugt [bə·'fuːkt] *adj* authorized

befühlen* *vt* to feel

Befund <-[e]s, -e> *m* MED result[s *pl*]; **ohne ~** negative

befunden [bə·'fʊn·dn̩] *pp von* **befinden**

befürchten* *vt* to fear; ■ **~, dass ...** to be afraid that ...

Befürchtung <-, -en> *f meist pl* fear; **die ~ haben, dass ...** to fear that ...

befürworten* [bə·'fyː·gvɔr·tn̩] *vt* to be in favor of

Befürworter(in) <-s, -> *m(f)* supporter

begabt [bə·'gaːpt] *adj* gifted, talented; ■ **für etw** *akk* **~ sein** to have a gift for sth; **künstlerisch sehr ~ sein** to be very artistic

Begabung <-, -en> *f* gift, talent

begangen *pp von* **begehen**

begann [bə·'gan] *imp von* **beginnen**

begatten* *vt* ZOOL **ein Weibchen ~** to mate with a female

begeben* *vr irreg* (*geh*) ❶ (*gehen*) ■ **sich** *akk* **irgendwohin ~** to proceed somewhere; **sich** *akk* **nach Hause ~** to set off for home; **sich** *akk* **zur Ruhe ~** to retire ❷ (*beginnen*) ■ **sich** *akk* **an etw ~** to commence sth ❸ **sich** *akk* **in Gefahr ~** to expose oneself to danger ❹ **sich** *akk* **in ärztliche Behandlung ~** to undergo medical treatment

Begebenheit <-, -en> *f* (*geh*) event

begegnen* [bə·'geː·g·nən] *vi sein* ❶ (*treffen*) ■ **jdm ~** to meet sb; ■ **sich** *dat* **~** to meet ❷ (*antreffen*) ■ **etw ~** to encounter sth ❸ (*entgegentreten*) *Person* to treat; *Sache* to face; *Vorschlag a.* to respond to

Begegnung <-, -en> *f* meeting, encounter

Begegnungsstätte *f* meeting place

begehbar *adj* accessible [by foot]; **~er Kleiderschrank** walk-in closet

begehen* *vt irreg* ❶ (*verüben*) to commit; *Fehler* to make; **eine Dummheit ~** to do something stupid ❷ (*betreten*) to walk across/along/into ❸ *Feiertag, Jubiläum* to celebrate

begehren* [bə·'geː·ɐn] *vt* (*geh*) ■ **jdn ~** to desire sb

begehrenswert *adj* desirable

begehrlich *adj* (*geh*) longing

begehrt *adj* ❶ (*sehr umworben*) [much] sought-after; *Frau, Mann* desirable; *Junggeselle* eligible; *Preis* [much-]coveted ❷ (*beliebt, gefragt*) popular

begeistern* **I.** *vt* to fill with enthusiasm (**für** +*akk* for) **II.** *vr* ■ **sich** *akk* **für jdn/etw ~** to be enthusiastic about sb/sth

begeistert **I.** *adj* enthusiastic (**von** +*dat* about) **II.** *adv* enthusiastically

Begeisterung <-> *f kein pl* enthusiasm (**für** +*akk* for)

begeisterungsfähig *adj* able to get enthusiastic *pred; Publikum* appreciative

Begeisterungssturm *m* storm of enthusiasm

Begierde <-, -n> [bə·'giːɐ·də] *f* desire (**nach** +*dat* for)

begierig **I.** *adj* ❶ (*gespannt*) eager (**auf** +*akk* for) ❷ (*verlangend*) longing **II.** *adv* ❶ (*gespannt*) eagerly ❷ (*verlangend*) longingly

begießen* *vt irreg* (*fam: feiern*) to celebrate [with a drink]; **das muss begossen werden!** that calls for a drink!

Beginn <-[e]s> [bə·'gɪn] *m kein pl* beginning, start; **zu ~** at the beginning

beginnen <begann, begonnen> [bə·'gɪ·nən] *vi, vt* ❶ (*anfangen*) to begin (**mit** +*dat* with) ❷ (*eine Arbeit aufnehmen*) ■ **als etw ~** to start out as sth

beginnend *adj attr* beginning; **im ~en 20. Jahrhundert** in the early 20th century

beglaubigen* [bə·'glau·bɪ·gn̩] *vt* to authenticate; **eine beglaubigte Kopie** a certified [*or* notarized] copy

Beglaubigung <-, -en> *f* certification, notarization

begleichen* *vt irreg Schulden* to pay; *Rechnung* to settle

Begleitbrief *m* cover letter

begleiten* *vt* (*a. fig*) to accompany; **jdn zur Tür ~** to show sb to the door

Begleiter(in) <-s, -> *m(f)* companion

Begleiterscheinung *f* concomitant *form;* MED [accompanying] symptom

Begleitperson *f* escort

Begleitumstände *pl* attendant circumstances *pl*

Begleitung <-, -en> *f* ❶ (*das Begleiten*) company; **kommst du allein oder in ~?** are you coming by yourself or with someone?; **in** [*jds gen*] **~** accompanied by sb; **ohne ~** unaccompanied ❷ (*Begleiter[in]*) companion ❸ MUS accompaniment; **ohne ~ spielen** to play unaccompanied

beglücken* *vt* (*geh*) ❶ (*glücklich stimmen*) to make happy ❷ (*hum: sexuell befriedigen*) to bestow favors on *hum fam*

beglückt I. *adj* happy **II.** *adv* happily

beglückwünschen* *vt* to congratulate (**zu** +*dat* on)

begnadet [bə·ˈgnaː·dət] *adj* (*geh*) gifted

begnadigen* [bə·ˈgnaː·dɪ·gn̩] *vt* to pardon

begnügen [bə·ˈgnyː·gn̩] *vr* ■ **sich** *akk* **mit etw** *dat* ~ to be satisfied with sth

begonnen [bə·ˈgɔ·nən] *pp von* **beginnen**

begossen [bə·ˈgɔ·sn̩] *pp von* **begießen**

begraben* *vt irreg* ❶ (*beerdigen*) to bury ❷ (*aufgeben*) *Hoffnung*, *Plan* to abandon; **einen Streit** ~ to bury the hatchet

Begräbnis <-ses, -se> [bə·ˈgrɛp·nɪs] *nt* burial

begradigen* [bə·ˈgraː·dɪ·gn̩] *vt* BAU to straighten [out]

begreifbar *adj* comprehensible; **leicht/ schwer** ~ easy/difficult to understand

begreifen* *irreg* **I.** *vt* ❶ (*verstehen*) to understand; (*erfassen*) to comprehend; ■ ~, **dass** ... to realize that ...; **kaum zu** ~ **sein** to be incomprehensible ❷ (*für etw halten*) to regard (**als** +*akk* as) **II.** *vi* **langsam/schnell** ~ to be slow/quick on the uptake **III.** *vr* ■ **sich** *akk* **als etw** ~ to consider oneself to be sth

begreiflich *adj* understandable; **jdm etw** ~ **machen** to make sth clear to sb

begreiflicherweise *adv* understandably

begrenzen* *vt* ❶ (*räumlich*) to mark the border of ❷ (*beschränken*) to limit (**auf** +*akk* to); **die Geschwindigkeit auf ... km/h** ~ to impose a speed limit of ... kmph

begrenzt I. *adj* limited; **in einem zeitlich** ~**en Rahmen** in a limited time frame **II.** *adv* with limits; **nur** ~ **möglich sein** to be only somewhat possible

Begrenztheit <-> *f kein pl* limitedness

Begrenzung <-, -en> *f* ❶ (*räumliches Begrenzen*) limiting ❷ (*das Beschränken*) restriction ❸ (*Grenze*) boundary

Begriff <-[e]s, -e> *m* ❶ (*Ausdruck*) term; **ein** ~ **aus der Philosophie** a philosophical term ❷ (*Vorstellung*) idea; **jdm ein/kein** ~ **sein** to mean sth/nothing to sb; **für jds** ~**e** in sb's opinion ▶ WENDUNGEN: **schwer von** ~ **sein** (*fam*) to be quick/slow on the uptake; **im** ~ **sein, etw zu tun** to be about to do sth

begrifflich *adj attr* conceptual

begriffsstutzig *adj* slow on the uptake

Begriffsstutzigkeit <-> *f kein pl* slow-wittedness

begründen* *vt* ❶ (*Gründe angeben*) to give reasons for; *Ablehnung, Forderung* to justify; *Behauptung, Verdacht* to substantiate ❷ (*gründen*) to found

Begründer(in) *m(f)* founder

begründet *adj* well-founded; **in etw** *dat* ~ **liegen** to be the result of sth

Begründung <-, -en> *f* ❶ (*Grund*) reason ❷ (*das Gründen*) foundation

begrünen* *vt* to cover with greenery

begrüßen* *vt* ❶ (*willkommen heißen*) to greet ❷ (*gutheißen*) to welcome; **es ist zu** ~, **dass** ... it is a good thing that ...

begrüßenswert *adj* welcome

Begrüßung <-, -en> *f* greeting; **offizielle** ~ official welcome

Begrüßungsansprache *f* welcome speech

begucken* *vt* (*fam*) to [have [*or* take] a] look at

begünstigen* [bə·ˈgyn·stɪ·gn̩] *vt* ❶ *Export, Wachstum* to favor, to encourage; **von etw** *dat* **begünstigt werden** to be helped by sth ❷ (*bevorzugen*) to favor

Begünstigung <-, -en> *f* (*Bevorzugung*) preferential treatment

begutachten* *vt* ❶ (*fachlich prüfen*) to examine ❷ (*fam*) ■ **jdn/etw** ~ to take a look at sb/ sth

Begutachtung <-, -en> *f* assessment; *eines Gebäudes* survey

begütert [bə·ˈgyː·tɐt] *adj* (*geh*) affluent

behaart [bə·ˈhaːɐt] *adj* hairy; **stark/schwach** ~ **sein** to be very/not very hairy

Behaarung <-, -en> *f* hair

behäbig [bə·ˈhɛː·bɪç] *adj* ❶ (*gemütlich, geruhsam*) placid; (*langsam, schwerfällig*) ponderous ❷ (*dicklich*) portly ❸ SCHWEIZ (*stattlich*) imposing

behaftet *adj* ■ **mit etw** *dat* ~ **sein** to be marked with sth; (*mit Makel*) to be flawed with sth; **mit Problemen** ~ **sein** to be fraught with problems

behagen* [bə·ˈhaː·gn̩] *vi* ■ **etw behagt jdm** sth pleases sb, sb likes sth

behaglich [bə·ˈhaːk·lɪç] **I.** *adj* ❶ (*gemütlich*) cozy; **es sich** *dat* ~ **machen** to make oneself comfortable ❷ (*genussvoll*) **ein** ~**es Schnurren** a contented purring **II.** *adv* ❶ (*gemütlich*) cozily ❷ (*genussvoll*) contentedly

Behaglichkeit <-> *f kein pl* coziness

behalten* *vt irreg* ❶ (*nicht wegwerfen*) to keep ❷ (*nicht preisgeben*) **etw für sich** *akk* ~ to keep sth to oneself ❸ (*bewahren*) to maintain; **die Nerven** ~ to keep one's composure ❹ (*sich merken*) to remember; **etw im Kopf** ~ to keep sth in one's head

Behälter <-s, -> *m* container

behämmert *adj* (*fam*) *s.* **bescheuert**

behänd[RR] [bə·ˈhɛnt], **behände**[RR] [bə·ˈhɛn·də] **I.** *adj* nimble **II.** *adv* nimbly

behandeln* *vt* ❶ (*damit umgehen, bearbeiten*) to treat (**mit** +*dat* with); **jdn gut/ schlecht** ~ to treat sb well/badly ❷ (*abhandeln*) *Antrag, Punkt* to deal with

Behandlung <-, -en> *f* treatment

Behandlungsmethode *f* treatment method

Behandlungsraum *m*, **Behandlungszimmer** *nt* treatment room

behängen* **I.** *vt* to hang (**mit** +*dat* with); *Weihnachtsbaum* to decorate **II.** *vr* (*pej fam*) ■ **sich** *akk* ~ **mit Schmuck** to load on

beharren* *vi* to insist (**auf** +*akk* on); **auf seiner Meinung** ~ to stick to one's opinion

beharrlich I. *adj* insistent; (*ausdauernd*) persistent **II.** *adv* persistently; ~ **schweigen** to persist in remaining silent
Beharrlichkeit <-> *f kein pl* insistence
behaupten* [bə-'haup·tn̩] **I.** *vt* ❶ (*äußern*) to claim; ■**von jdm ~, dass ...** to say of sb that ...; ■**es wird behauptet, dass ...** it is said that ... ❷ (*aufrechterhalten*) to maintain; **seinen Vorsprung gegen jdn ~** to maintain one's lead over sb **II.** *vr* ■**sich** *akk* ~ to assert oneself (**gegen** +*akk* against/over); **sich gegen die Konkurrenz ~ können** to hold one's own against the competition
Behauptung <-, -en> *f* assertion; **eine ~ aufstellen** to make an assertion
Behausung <-, -en> *f* (*hum*) accommodation
beheben* *vt irreg* to remove; *Fehler, Mangel* to rectify; *Missstände* to remedy; *Schaden, Störung* to repair
Behebung <-, -en> *f* removal; *eines Fehlers, Mangels* rectification; *eines Schadens, einer Störung* repair
beheimatet [bə-'hai·ma:·tət] *adj* ❶ (*ansässig*) ■~ **sein** to be resident ❷ BOT, ZOOL native; **in Kalifornien ~ sein** to be native to California
beheizen* *vt* to heat (**mit** +*dat* with)
Behelf <-[e]s, -e> [bə-'hɛlf] *m* [temporary] replacement
behelfen* *vr irreg* **sich** *dat* **mit etw** *dat* ~ [müssen] to [have to] make do with sth; ■**sich** *dat* ~ [können] to [be able to] manage
behelfsmäßig I. *adj* temporary **II.** *adv* temporarily
behelligen* [bə-'hɛ·lɪ·gn̩] *vt* to bother
behend(e)^ALT *adj, adv s.* **behänd(e)**
beherbergen* *vt* to accommodate
beherrschen* **I.** *vt* ❶ (*als Herrscher regieren*) to rule ❷ (*im Griff haben*) to control; **ein Fahrzeug ~** to have control over a vehicle ❸ (*gut können*) to have mastered; **ein Instrument ~** to play an instrument well; **eine Sprache ~** to have good command of a language; **alle Tricks ~** to know all the tricks ❹ (*prägen, dominieren*) to dominate **II.** *vr* **sich** *akk* ~ to control oneself
beherrscht I. *adj* [self-]controlled **II.** *adv* with self-control
Beherrschung <-> *f kein pl* ❶ (*das Gutkönnen*) mastery ❷ (*Selbstbeherrschung*) self-control
beherzigen* [bə-'hɛr·tsɪ·gn̩] *vt* to take to heart; *Rat* to follow
beherzt I. *adj* intrepid **II.** *adv* intrepidly
behilflich [bə-'hɪlf·lɪç] *adj* ■**jdm ~ sein** to help sb
behindern* *vt* ■**jdn ~** to obstruct [*or* hinder] sb; ■**etw ~** to hinder sth
behindert *adj* disabled; **geistig/körperlich ~** mentally/physically disabled
Behinderte(r) *f(m) dekl wie adj* disabled person; ■**die B~n** the disabled
behindertengerecht *adj* handicapped-accessible

Behindertenparkplatz *m* handicapped parking spot
Behinderung <-, -en> *f* ❶ (*das Behindern*) obstruction; **es muss mit ~en gerechnet werden** delays should be expected ❷ MED disability; **geistige/körperliche ~** mental/physical disability
Behörde <-, -n> [bə-'hø:ɐ̯·də] *f* ❶ (*Amt*) department; ■**die ~n** the authorities ❷ (*Amtsgebäude*) government offices
behördlich [bə-'hø:ɐ̯t·lɪç] **I.** *adj* official **II.** *adv* officially; ~ **genehmigt** authorized by the authorities
behüten* *vt* ❶ (*schützend bewachen*) to watch over ❷ (*bewahren*) to protect (**vor** +*dat* from)
behutsam [bə-'hu:t·za:m] **I.** *adj* gentle **II.** *adv* gently
Behutsamkeit <-> *f kein pl* care
bei [bai] *präp* +*dat* ❶ (*in der Nähe von*) near; **eine Stadt ~ Stuttgart** a town near Stuttgart ❷ ■~ **jdm** [**zu Hause**] at sb's place; ~ **uns zu Hause** at our house [*or*place]; **ich war ~ meinen Eltern** I was at my parents' [house] ❸ (*berufliche/geschäftliche Verbindung*) **er ist ~ der Bahn** he works for the railroad; ~**m Bäcker/Friseur** at the bakery/hairdresser's; ~ **wem nimmst du Klavierstunden?** who's your piano teacher? ❹ **etw ~ sich** *dat* **haben** to have sth on [*or*with] one; **ich habe gerade kein Geld ~ mir** I don't have any money on me at the moment ❺ (*Ereignis*) ~ **dem Zugunglück starben viele Menschen** many people died in the train crash ❻ (*zeitlich*) ~ **Tag/Nacht** by day/night; ~**m Lesen kann ich nicht Radio hören** I cannot read and listen to the radio at the same time; **störe mich bitte nicht ~ der Arbeit!** please stop disturbing me while I'm working! ❼ (*Begleitumstände*) by; **wir können das ja ~ einer Flasche Wein besprechen** let's talk about it over a bottle of wine; ~ **dieser Hitze/Kälte** in such heat/cold; ~ **Nebel/Regen** when it is foggy/raining; ~ **Wind und Wetter** come rain or shine; ~ **45° unter null** at 45° below zero [Celsius] ❽ (*ungefähr*) around; **der Preis liegt ~ 1.000 Euro** the price is around 1,000 euros ❾ (*wegen, mit*) with; ~ **deinen Fähigkeiten** with your talents
bei|**behalten*** *vt irreg* to maintain; *Tradition, Brauch* to uphold; *Meinung* to stick to
Beiboot *nt* NAUT tender
bei|**bringen*** *vt irreg* (*fam*) ❶ (*übermitteln*) **jdm etw** [**schonend**] ~ to break sth [gently] to sb ❷ (*lehren*) to teach
Beichte <-, -n> ['baiç·tə] *f* confession; **die ~ ablegen** to make one's confession; **jdm die ~ abnehmen** to hear sb's confession
beichten ['baiç·tn̩] **I.** *vt* ■[**jdm**] **etw** ~ to confess sth [to sb] **II.** *vi* to confess; ~ **gehen** to go to confession
Beichtgeheimnis *nt kein pl* seal of confession [*or* the confessional]

Beichtstuhl *m* confessional

beide ['bai·də] *pron* both; **meine ~n Töchter** my two daughters; **alle ~** both of them; **~ Mal[e]** both times; **keiner von ~n** neither of them; ■**ihr ~** the two of you; **ihr habt ~ Recht** both of you are right; ■**wir ~** the two of us; ■**die ~n** both [of them]; **die ersten/letzten ~n** the first/last two; **einer von ~n** one of the two; ■**~s** both; **~s ist möglich** both are possible

beiderlei ['bai·də·'lai] *adj attr* both

beiderseitig ['bai·də·zai·tɪç] *adj* on both sides; *Abkommen* bilateral; *Vertrauen, Einverständnis, Zufriedenheit* mutual

beiderseits ['bai·də·'zaits] *adv* on both sides

beidseitig ['baid·zai·tɪç] *adj, adv* on both sides; *Beschichtung* double-sided

beieinander [bai·ʔai·'nan·də] *adv* together ▶ WENDUNGEN: **gut/schlecht ~ sein** (*fam: körperlich*) to be in good/bad shape; (*geistig*) to be with it/not all there

beieinander|haben *vt* (*fam*) ■**etw [wieder] ~** to have [got] sth together [again] ▶ WENDUNGEN: **jd hat sie nicht [mehr] alle beieinander** sb has a screw loose

beieinander|liegen *vi irreg* to lie together

beieinander|sitzen *vi irreg* to sit together

beieinander|stehen *vi irreg* to stand together

Beifahrer(in) *m(f)* front-seat passenger; (*zusätzlicher Fahrer*) additional driver

Beifahrerairbag [-ɛːɐ·bɛk] *m* passenger airbag

Beifahrersitz *m* [front] passenger seat

Beifall <-[e]s> *m kein pl* ❶ (*Applaus*) applause; **~ klatschen** to applaud ❷ (*Zustimmung*) approval; [jds *akk*] **~ finden** to meet with [sb's] approval

beifällig I. *adj* approving II. *adv* approvingly

bei|fügen *vt* ❶ (*mitsenden*) to enclose ❷ (*hinzufügen*) to add

beige [beːʃ, 'beː·ʒə] *adj* beige

bei|geben *vt irreg* to add ▶ WENDUNGEN: **klein ~** to give in

Beigeschmack *m* [after]taste; (*fig*) overtone[s]

Beihilfe *f* (*finanzielle Unterstützung*) financial aid

Beil <-[e]s, -e> [bail] *nt* [short-handled] ax

Beilage *f* ❶ (*beigelegte Speise*) side order [*or* dish] ❷ (*Beiheft*) supplement, addition ❸ (*beigelegte Werbung*) insert ❹ ÖSTERR (*Anlage*) enclosure

beiläufig I. *adj* passing II. *adv* ❶ (*nebenbei*) in passing; **etw ~ erwähnen** to mention sth in passing ❷ ÖSTERR (*ungefähr*) about

bei|legen *vt* ❶ (*dazulegen*) to insert in; **einem Brief einen Rückumschlag ~** to enclose a return envelope in a letter ❷ (*schlichten*) to settle

Beilegung <-, -en> *f pl selten* (*Schlichtung*) settlement

beileibe [bai·'lai·bə] *adv* on no account; **~ nicht!** certainly not

Beileid *nt* condolence[s *pl*]; [mein] **herzliches ~** [you have] my heartfelt sympathy; **jdm**

[zu etw *dat*] **sein ~ aussprechen** to offer sb one's condolences [on sth]

Beileidskarte *f* condolence card

bei|liegen *vi irreg* (*einem Brief, Paket*) to be enclosed [in]

beiliegend *adj* enclosed

beim [baim] = **bei dem** *s.* **bei**

bei|mengen *vt* to add

bei|messen *vt irreg* **etw** *dat* **Bedeutung/Wert ~** to attach importance/value to sth

bei|mischen *vt* to add

Bein <-[e]s, -e> [bain] *nt* ❶ (*Körperteil*) leg; **jdm auf die ~e helfen** to help sb back on his/her feet; **jdm ein ~ stellen** to trip sb; **die ~e übereinanderschlagen** to cross one's legs; **unsicher auf den ~en sein** to be unsteady on one's feet ❷ (*Hosenbein*) leg ▶ WENDUNGEN: **sich** *dat* **die ~e in den Bauch stehen** (*fam*) to be standing around for ages; **mit dem linken ~ zuerst aufgestanden sein** to have gotten up on the wrong side of the bed; **sich** *dat* [bei etw *dat*] **kein ~ ausreißen** (*fam*) to not [exactly] bust one's ass [doing sth] *vulg*; **wieder auf die ~e kommen** (*gesundheitlich*) to be up on one's feet again; (*finanziell*) to regain one's financial standing; **jdm ~e machen** (*fam*) to give sb a kick in the ass *vulg*; **auf den ~en sein** (*in Bewegung sein*) to be on one's feet; (*auf sein*) to be up and about; **etw auf die ~e stellen** to get sth going

beinah ['bai·naː, 'bai·'naː, bai·'naː], **beinahe** ['bai·naː·ə, 'bai·'naː·ə, bai·'naː·ə] *adv* almost

Beiname *m* epithet

Beinbruch *m* leg fracture ▶ WENDUNGEN: **das ist kein ~!** (*fam*) it's not as bad as all that!

beinhalten* [bə·'ʔɪn·hal·tn̩] *vt* to contain

Beinprothese *f* prosthetic leg

Beipackzettel *m* instruction sheet

bei|pflichten *vi* ■**jdm ~** to agree with sb

beirren* *vt* ■**sich** *akk* [nicht] **~ lassen** to [not] let oneself be put off

Beirut <-s> [bai·'ruːt, '--] *nt* Beirut

beisammen [bai·'za·mən] *adv* ❶ (*zusammen*) together; **~ sein** to be [all] together ❷ (*fam: geistig rege*) [nicht] **gut ~ sein** to [not] be with it

Beisammensein *nt* get-together

Beischlaf *m* sexual intercourse

Beisein *nt* ■**in jds ~** in sb's presence

beiseite [bai·'zai·tə] *adv* to one side

beiseite|gehen^RR *vi irreg sein* to step aside

beiseite|lassen^RR *vt irreg* ■**etw ~** to leave aside *sep* sth

beiseite|legen^RR *vi irreg* ■**etw ~** (*weglegen*) to put sth to one side; (*sparen*) to put aside *sep* sth

bei|setzen *vt* (*geh*) to inter; *Urne* to install

Beisetzung <-, -en> *f* (*geh*) interment; *einer Urne* installing [in its resting place]

Beispiel <-[e]s, -e> ['bai·ʃpiːl] *nt* example; **anschauliches ~** illustration; **praktisches ~** demonstration; **zum ~** for example; **wie zum ~** such as ▶ WENDUNGEN: **mit gutem ~**

B

vorangehen to set a good example
beispielhaft *adj* ❶ (*vorbildlich*) exemplary
❷ (*typisch*) typical (**für** +*akk* of)
beispiellos *adj* ❶ (*unerhört*) outrageous
❷ (*einzigartig*) unprecedented
Beispielsatz *m* example [sentence]
beispielsweise *adv* for example
beißen <biss, gebissen> ['bai·sn̩] I. *vt* to bite
▸ WENDUNGEN: **etw/nichts zu ~ haben** (*fam*)
to have something/nothing to eat II. *vi* ❶ (*mit
den Zähnen*) ■ **auf/in etw** *akk* ~ to bite into
sth ❷ (*brennend sein*) to sting; *Säure* to burn;
in den Augen ~ to make one's eyes sting
▸ WENDUNGEN: **an etw** *dat* **zu ~ haben** to have
sth to chew on III. *vr* ❶ **sich** *akk o dat* **auf die
Zunge** ~ to bite one's tongue ❷ (*nicht harmonieren*) *Farben* ■ **sich** *akk* [**mit etw** *dat*] ~ to
clash [with sth]
beißend *adj* ~**er** *Geruch* acrid [*or* pungent]
smell; ~**e Kälte** bitter cold; ~**e Kritik** sharp
criticism; ~**er Witz** caustic humor
Beißzange *f* DIAL *s*. **Kneifzange**
Beistand *m kein pl* (*Unterstützung*) support;
(*Hilfe*) assistance; *eines Priesters* attendance;
ärztlicher ~ medical aid; **jdm** ~ **leisten** to
give sb one's support
bei|**stehen** *vi irreg* ■ **jdm** ~ to stand by sb
bei|**steuern** *vt* to contribute (**zu** +*dat* to)
bei|**stimmen** *vi s*. **zustimmen**
Beistrich *m bes* ÖSTERR comma
Beitrag <-[e]s, -träge> ['bai·tra:k, *pl* 'bai·trɛ:·
gə] *m* ❶ (*Mitgliedsbeitrag*) fee; (*Versicherungsbeitrag*) premium ❷ (*Artikel*) article
❸ (*Mitwirkung*) contribution; **einen** ~ **zu etw**
dat **leisten** to make a contribution to sth
❹ SCHWEIZ (*Subvention*) subsidy
bei|**tragen** *vt, vi irreg* to contribute (**zu** +*dat*
to); **seinen Teil zur Rettung der Hungern-
den** ~ to do one's part to help the starving
beitragspflichtig *adj* liable to pay contributions
Beitragssatz *m* membership rate
bei|**treten** *vi irreg sein* to join [as a member];
der EU ~ to join the EU
Beitritt *m* entry (**zu** +*dat* into); **der** ~ **zur EU**
the accession to the EU
Beitrittserklärung *f* confirmation of membership
Beitrittsgespräch *nt meist pl* POL [EU] accession discussion
Beiwagen *m* sidecar
Beize[1] <-, -n> ['bai·tsə] *f* ❶ (*Beizmittel*)
stain[ing agent] ❷ (*Marinade*) marinade
Beize[2] <-, -n> ['bai·tsə] *f* DIAL (*fam: Kneipe*)
bar, pub
beizeiten [bai·'tsai·tn̩] *adv* in good time
beizen ['bai·tsn̩] *vt* ❶ (*mit einem Beizmittel
behandeln*) to stain ❷ (*marinieren*) to marinade
bejahen* [bə·'ja:·ən] *vt* ❶ (*mit Ja beantworten*) to answer in the affirmative, to say yes to
❷ (*gutheißen*) to approve [of]
bejahend I. *adj* affirmative II. *adv* affirmatively

bejammern* *vt* to lament
bejammernswert *adj* lamentable
bejubeln* *vt* to cheer; ■ **bejubelt werden** to
be met with cheering
bekämpfen* I. *vt* to fight; **Schädlinge** ~ to
control pests II. *vr* ■ **sich** *akk* [**gegenseitig**] ~
to fight one another
bekannt [bə·'kant] *adj* ❶ (*allgemein gekannt*)
well-known; **etw ist allgemein** ~ sth is common knowledge; **etw** ~ **geben** to announce
sth; *Presse* to publish sth; **etw** ~ **machen**
(*öffentlich*) to make sth known to the public
❷ (*berühmt*) **jdn** ~ **machen** to make sb famous; ~ **werden** to become famous; **für etw**
akk ~ **sein** to be well-known for sth ❸ (*nicht
fremd, vertraut*) familiar; **ist dir dieser Name**
~? are you familiar with this name?; **mit jdm**
~ **sein** to be acquainted with sb
Bekannte(r) *f(m) dekl wie adj* acquaintance;
ein guter ~**r** a friend
Bekanntenkreis *m* circle of friends
bekanntermaßen *adv s*. **bekanntlich**
Bekanntgabe *f pl selten* announcement;
Presse publication
bekannt|**geben** *vt irreg s*. **bekannt 1**
Bekanntheit <-> *f kein pl* fame
Bekanntheitsgrad *m* degree of fame
bekanntlich *adv* as is [generally] known
bekannt|**machen** *vt s*. **bekannt 1, 2**
Bekanntmachung <-, -en> *f* announcement;
öffentliche ~ public announcement
Bekanntschaft <-, -en> *f* ❶ *pl selten* (*das
Bekanntsein*) acquaintance; **eine nette** ~
machen to meet a nice person; **mit etw** *dat*
~ **machen** (*iron*) to get to know sth ❷ (*Bekannte*[*r*]) acquaintance; (*Bekanntenkreis*)
acquaintances *pl*
bekehren* *vt* to convert (**zu** +*dat* to)
Bekehrung <-, -en> *f* conversion
bekennen* *irreg* I. *vt* to confess II. *vr* ❶ (*eintreten für*) ■ **sich** *akk* **zu jdm/etw** ~ to declare one's support for sb/sth; **sich zu einem
Glauben** ~ to profess a faith ❷ (*zugeben*) **sich**
akk **zu einem Irrtum/einer Tat** ~ to admit
[to] a mistake/doing sth
bekieken* *vt* NORDD (*fam*) to look at
bekifft [bə·'kɪft] *adj* (*fam*) stoned, high
beklagen* I. *vt* to lament; **bei dem Unglück
waren 23 Tote zu** ~ the accident claimed 23
lives II. *vr* ■ **sich** *akk* [**bei jdm**] ~ to complain
[to sb] (**über** +*akk* about)
beklagenswert *adj* lamentable; *Irrtum, Versehen* unfortunate
beklauen* *vt* (*fam*) to rob
bekleckern* (*fam*) I. *vt* to stain II. *vr* (*fam*)
sich *akk* **mit Soße** ~ to spill sauce all over oneself
beklecksen* *vt* to splatter
bekleidet *adj* ■ **mit etw** *dat* ~ **sein** to be wearing sth
Bekleidung *f* clothing
beklemmend I. *adj* ❶ *Raum* claustrophobic
❷ (*drückend*) *Gefühl, Schweigen* oppressive;

Gedanke depressing **II.** *adv* oppressively
Beklemmung <-, -en> *f* constriction
beklommen [bə·ˈklɔ·mən] **I.** *adj* anxious; (*von Mensch a.*) uneasy **II.** *adv* anxiously
Beklommenheit <-> *f kein pl* anxiety; (*von Mensch a.*) uneasiness
bekloppt [bə·ˈklɔpt] *adj* (*fam*) *s.* **bescheuert**
Bekloppte(r) *f(m) dekl wie adj* (*fam*) idiot
beknackt [bə·ˈknakt] *adj* (*fam*) *s.* **bescheuert**
bekochen* *vt* to cook for
bekommen* *irreg* **I.** *vt haben* ❶ (*erhalten*) to receive; *Genehmigung* to obtain; *Massage, Spritze* to be given; *Ohrfeige, Ermäßigung, Geschenk* to get; **sie bekommt 21 Euro die Stunde** she earns 21 euros an hour; **was ~ Sie dafür?** how much is it?; **ich bekomme noch 4.000 Euro von dir** you still owe me 4,000 euros; **Ärger/Schwierigkeiten ~** to get into trouble/difficulties; **etw in die Hände ~** (*fam*) to get [a] hold of sth ❷ (*erreichen*) **den Bus ~** to catch the bus ❸ (*serviert erhalten*) ■ **etw ~** to be served with sth; **ich bekomme ein Bier** I'd like a beer ❹ (*entwickeln*) **eine Erkältung ~** to catch a cold; **eine Glatze/ graue Haare ~** to go bald/gray; **Heimweh ~** to get homesick; **Lust ~, etw zu tun** to feel like doing sth ❺ + *Infinitiv* **etw zu essen/ trinken ~** to get sth to eat/drink; **etw zu hören/sehen ~** to get to hear/see sth; **der wird von mir etwas zu hören ~!** (*fam*) I'll give him a piece of my mind! ❻ + *pp o adj* **etw bezahlt ~** to get paid for sth; **etw gemacht ~** to get sth done; **etw geschenkt ~** to be given sth [as a present] **II.** *vi* **jdm [gut]/schlecht ~** to do sb good/to not do sb any good; *Essen* to agree/to disagree with sb
bekömmlich [bə·ˈkœm·lɪç] *adj* [easily] digestible
bekräftigen* *vt* to confirm (**durch** +*akk* by, **mit** +*dat* by); **etw noch einmal ~** to reaffirm sth; ■ **jdn in etw** *dat* ~ to strengthen sb's sth
bekreuzigen* *vr* ■ **sich** *akk* [**vor** jdm/etw] ~ to cross oneself [upon seeing sb/sth]
bekriegen* **I.** *vt* ■ **jdn/etw ~** to wage war on sb/sth **II.** *vr* ■ **sich** *akk* [**gegenseitig**] ~ to be warring [with one another]
bekümmern* *vt* to worry
bekümmert *adj* worried (**über** +*akk* about)
bekunden* [bə·ˈkʊn·dn̩] *vt* to express
belächeln* *vt* to smile at; ■ **belächelt werden** to be a target of ridicule
beladen* *irreg vt* to load [up *sep*]
Belag <-[e]s, Beläge> [bə·ˈlaːk, *pl* bə·ˈlɛː·gə] *m* ❶ (*Schicht*) coating ❷ (*Pizza-, Brotbelag*) topping; (*Sandwich*) filling ❸ (*Zahnbelag*) film; (*Zungenbelag*) fur ❹ (*Fußbodenbelag*) covering, flooring; (*Straßenbelag*) surface
belagern* *vt* to besiege
Belagerung <-, -en> *f* siege
belämmert^RR [bə·ˈlɛ·mɐt] *adj* (*fam*) sheepish
Belang <-[e]s, -e> [bə·ˈlaŋ] *m* ❶ *kein pl* ■ **ohne/von ~ sein** to be of/of no importance ❷ *pl* (*Interessen*) interests; **jds ~e vertreten**

to represent sb's interests
belangen* *vt* JUR to prosecute (**wegen** +*gen* for)
belanglos *adj* (*unwichtig*) unimportant; (*nebensächlich*) irrelevant
belassen* *vt irreg* ❶ ■ **es bei etw** *dat* ~ to leave it at sth; ~ **wir es dabei!** let's leave it at that ❷ **etw an seinem Platz** ~ to leave sth in its place
belastbar *adj* ❶ (*zu belasten*) loadable; ■ **bis zu etw** *dat* ~ **sein** to have a maximum load of sth ❷ (*fig: beanspruchbar*) **kein Mensch ist unbegrenzt** ~ nobody can take work/abuse indefinitely; **unter Stress ist ein Mitarbeiter weniger** ~ stress reduces an employee's working capacity; **Training macht das Herz ~er** conditioning strengthens the heart
Belastbarkeit <-, -en> *f* ❶ (*durch Gewicht*) load-bearing capacity ❷ (*Beanspruchbarkeit*) ability to withstand stress; *von Organen, Körper* maximum resilience
belasten* *vt* ❶ (*mit Gewicht*) to load (**mit** +*akk* with) ❷ (*seelisch/geistig*) to burden; **jdn mit Problemen** ~ to burden sb with problems; **jdn [schwer]** ~ to weigh [heavily] on one's mind; ■ ~**d** crippling ❸ (*leistungsmäßig beanspruchen*) to strain; **jdn/etw zu sehr** ~ to overstrain sb/sth; MED **etw belastet das Herz** sth puts a strain on the heart ❹ JUR to incriminate; ~**des Material** incriminating evidence ❺ *Umwelt* to pollute ❻ FIN *Konto* to debit; **etw mit einer Hypothek** ~ to mortgage sth
belästigen* [bə·ˈlɛs·tɪ·gn̩] *vt* (*lästig werden*) to bother; (*zudringlich werden*) to pester; **jdn sexuell** ~ to harass sb sexually
Belästigung <-, -en> *f* annoyance; **sexuelle** ~ sexual harassment
Belastung <-, -en> *f* ❶ (*das Belasten*) loading ❷ (*Gewicht*) load; **die maximale ~ des Aufzugs** the maximum load for the elevator ❸ (*Anstrengung*) burden ❹ (*leistungsmäßige Beanspruchung*) strain (**für** +*akk* on) ❺ ÖKOL pollution
belauern* *vt* (*lauernd*) to observe unseen; (*argwöhnisch*) to watch secretly
belaufen* *vr irreg* ■ **sich** *akk* **auf etw** ~ to amount to sth
belauschen* *vt* to eavesdrop on
beleben* **I.** *vt* ❶ (*anregen*) *Konjunktur* to stimulate; *Party, Unterhaltung* to liven up ❷ (*erfrischen*) to make feel better ❸ (*zum Leben erwecken*) to bring [back] to life **II.** *vr* ■ **sich** *akk* ~ to liven up; *Konjunktur* to be stimulated
belebend *adj* ❶ (*anregend*) invigorating ❷ (*erfrischend*) refreshing
belebt [bə·ˈleːpt] *adj* ❶ (*bevölkert*) busy ❷ (*lebendig*) animated
Belebung <-, -en> *f* stimulation
Beleg <-[e]s, -e> [bə·ˈleːk, *pl* bə·ˈleː·gə] *m* ❶ (*Quittung*) receipt ❷ (*Beweis*) proof
belegen* *vt* ❶ (*mit Belag versehen*) **ein Brot**

mit etw *dat* ~ to put sth on a slice of bread; **belegte Brote** [open-faced] sandwiches ❷ (*beweisen*) to verify; *Behauptung* to substantiate; *Zitat* to give a reference for ❸ (*auferlegen*) ■**jdn mit etw** *dat* ~ to impose sth on sb ❹ *Kurs* to enroll [*or* register] for ❺ (*okkupieren*) to occupy; ■**belegt sein** to be occupied; **ist der Stuhl hier schon belegt?** is this chair free? ❻ SPORT **den vierten Platz** ~ to take fourth place

Belegexemplar *nt* specimen copy

Belegschaft <-, -en> *f* (*Beschäftigte*) staff; (*Arbeiter*) workforce

belegt *adj Stimme* hoarse

belehren* *vt* (*informieren*) to inform; **sich** *akk* **von jdm** ~ **lassen** to listen to sb

belehrend I. *adj* didactic **II.** *adv* didactically

Belehrung <-, -en> *f* (*belehrender Rat*) explanation; **deine ~en kannst du dir sparen!** there's no need to lecture [to] me *fam*

beleibt [bə·'laipt] *adj* corpulent

beleidigen* [bə·'lai·dɪ·gn̩] *vt* to insult

beleidigend I. *adj* insulting **II.** *adv* insultingly

Beleidigung <-, -en> *f* insult

beleihen* *vt irreg* to lend money on

belemmert^ALT *adj* (*fam*) *s.* **belämmert**

belesen [bə·'le:·zn̩] *adj* well-read

beleuchten* *vt* ❶ (*durch Licht erhellen*) to light [up *sep*] ❷ (*anstrahlen*) to light up *sep* ❸ (*fig: betrachten*) to throw light on

Beleuchtung <-, -en> *f* ❶ *pl selten* (*das Beleuchten*) lighting ❷ (*künstliches Licht*) light; (*Lichter*) lights *pl;* **die ~ der Straßen** street lighting

Belgien <-s> ['bɛl·gi̯ən] *nt* Belgium; *s. a.* **Deutschland**

Belgier(in) <-s, -> ['bɛl·gi̯ɐ] *m(f)* Belgian; *s. a.* **Deutsche(r)**

belgisch ['bɛl·gɪʃ] *adj* Belgian; *s. a.* **deutsch**

belichten* *vt* FOTO to expose

Belichtung *f* FOTO exposure

Belieben *nt* [ganz] **nach** ~ just as you/they etc. like

beliebig [bə·'li:·bɪç] **I.** *adj* any; **eine ~e Zahl** any number at all; ■**jeder B~e** anyone at all **II.** *adv* ~ **lange/viele** as long/many as you like; **etw** ~ **verändern** to change sth at will

beliebt [bə·'li:pt] *adj* popular (**bei** +*dat* with); **sich** *akk* [**bei jdm**] ~ **machen** to make oneself popular [with sb]

Beliebtheit <-> *f kein pl* popularity

beliefern* *vt* to supply

Belieferung *f* delivery

bellen ['bɛ·lən] *vi* to bark

belohnen* *vt* to reward

Belohnung <-, -en> *f* ❶ (*das Belohnen*) rewarding ❷ (*Lohn*) reward; **eine** ~ **aussetzen** to offer a reward

belüften* *vt* to ventilate

Belüftung *f* ❶ *kein pl* (*das Belüften*) ventilating ❷ ELEK ventilation *no indef art*

Belüftungsanlage *f* ventilation system

belügen* *irreg* **I.** *vt* ■**jdn** ~ to lie to sb **II.** *vr*

■**sich** *akk* **selbst** ~ to deceive oneself

belustigen* [bə·'lʊs·tɪ·gn̩] *vt* to amuse; **was belustigt dich?** what's so funny?

Belustigung <-, -en> *f* amusement; **zu jds** ~ for sb's amusement

bemalen* *vt* ■**etw** [**mit etw** *dat*] ~ to paint [sth on] sth

bemängeln* [bə·'mɛ·ŋln̩] *vt* to find fault with

bemannt [bə·'mant] *adj* manned, occupied; **~e Raumfahrt** manned space flight

bemerkbar *adj* (*wahrnehmbar*) noticeable; **sich** *akk* [**bei jdm**] ~ **machen** to attract [sb's] attention; **ich werde mich schon** ~ **machen, wenn ich Sie benötige** I'll let you know when I need you

bemerken* *vt* ❶ (*wahrnehmen*) to notice ❷ (*äußern*) to say

bemerkenswert I. *adj* remarkable **II.** *adv* remarkably

Bemerkung <-, -en> *f* remark; **eine** ~ **über etw machen** to remark on sth; **eine** ~ **fallen lassen** to drop a remark

bemitleiden* [bə·'mɪt·lai·dn̩] **I.** *vt* to pity **II.** *vr* ■**sich** *akk* [**selbst**] ~ to feel sorry for oneself

bemitleidenswert *adj* pitiful

bemühen* *vr* ■**sich** *akk* ~ to try hard; **sich vergebens** ~ to try in vain; **sich um eine Stelle** ~ to try hard to get a job

Bemühen <-s> *nt kein pl* (*geh*) efforts *pl* (**um** +*akk* for)

bemüht *adj* keen; ■**um etw** ~ **sein** to try hard to do sth

Bemühung <-, -en> *f* effort; **danke für Ihre ~en** thank you for your trouble

bemuttern* [bə·'mʊ·tɐn] *vt* to mother

benachbart [bə·'nax·ba:ɐt] *adj* ❶ (*in der Nachbarschaft gelegen*) nearby; (*nebenan*) neighboring *attr;* **das ~e Haus** the house next door ❷ (*angrenzend*) adjoining

benachrichtigen* [bə·'na:x·rɪç·tɪgn̩] *vt* to inform; (*amtlich*) to notify

Benachrichtigung <-, -en> *f* notification

benachteiligen* [bə·'na:x·tai·lɪ·gn̩] *vt* to put at a disadvantage; (*wegen Rasse, Geschlecht, Glaube*) to discriminate against

Benachteiligung <-, -en> *f* discrimination; ■**die** ~ **einer Person** discrimination against sb

Benefizkonzert *nt* benefit concert

benehmen* *vr irreg* ■**sich** *akk* ~ to behave [oneself]; **benimm dich!** behave yourself!; **sich** *akk* **gut/schlecht** ~ to behave well/badly

Benehmen <-s> *nt kein pl* manners *pl*

beneiden* *vt* ■**jdn** [**um etw**] ~ to envy sb [sth]

beneidenswert I. *adj* enviable **II.** *adv* amazingly

Beneluxländer, Beneluxstaaten ['be:·ne·lʊks-] *pl* Benelux countries *pl*

benennen* *vt irreg* to name (**nach** +*dat* after); **Gegenstände** ~ to denote objects

Benennung <-, -en> *f* ❶ (*das Benennen*) naming ❷ (*Bezeichnung*) name

Bengel <-s, -[s]> ['bɛ·ŋl] *m* rascal
benommen [bə·'nɔ·mən] *adj* dazed; **jdn ~ machen** to throw sb
Benommenheit <-> *f kein pl* daze[d state]; **ein Gefühl von ~** a dazed feeling
benoten* [bə·'noː·tn̩] *vt* to grade; **ihr Aufsatz wurde mit „sehr gut" benotet** she got an "A" on her essay
benötigen* *vt* to need
benutzen* *vt*, **benützen*** *vt* DIAL, ÖSTERR ❶ *(gebrauchen)* to use; **den Aufzug ~** to take the elevator ❷ *(ausnutzen)* ▪**jdn ~** to take advantage of sb; **sich** *akk* **benutzt fühlen** to feel [that one has been] used
Benutzer(in) <-s, -> *m(f)*, **Benützer(in)** <-s, -> *m(f)* DIAL, ÖSTERR COMPUT user
benutzerdefiniert *adj* COMPUT user-defined
Benutzerebene *f* COMPUT user interface
benutzerfreundlich *adj* user-friendly
Benutzerhandbuch *nt* user manual
Benutzername *m* COMPUT user name
Benutzeroberfläche *f* COMPUT user interface
Benutzung *f*, **Benützung** *f* DIAL, ÖSTERR use; **jdm etw zur ~ überlassen** to put sth at sb's disposal
Benutzungsgebühr *f* rental fee
Benzin <-s, -e> [bɛn·'tsiːn] *nt* gas[oline]
Benzinkanister *m* gasoline can[ister]
Benzinpumpe *f* gas[oline] [*or* fuel] pump
Benzintank *m* gas[oline] [*or* fuel] tank
Benzinverbrauch *m* gas[oline] [*or* fuel] consumption
beobachten* [bə·'ʔoːb·ax·tn̩] *vt* ❶ *(betrachten)* to observe; ▪**jdn [bei etw** *dat*] **~** to watch sb [doing sth]; **gut beobachtet!** good observation! ❷ *(überwachen)* ▪**beobachtet werden** to be kept under surveillance; ▪**jdn ~ lassen** to put sb under surveillance ❸ *(bemerken)* ▪**etw an jdm ~** to notice sth in sb
Beobachter(in) <-s, -> *m(f)* observer
Beobachtung <-, -en> *f* ❶ *(das Betrachten)* observation ❷ *(Überwachung)* surveillance ❸ *meist pl (Ergebnis des Beobachtens)* observations *pl*
bepacken* *vt* to load up *sep*
bepflanzen* *vt* to plant
bequatschen* *vt (fam)* ❶ *(bereden)* ▪**etw [mit jdm] ~** to talk over sth *sep* [with sb] ❷ *(überreden)* ▪**jdn ~ [etw zu tun]** to talk sb into doing sth
bequem [bə·'kveːm] **I.** *adj* ❶ *(angenehm)* comfortable; **es sich** *dat* **~ machen** to make oneself comfortable ❷ *(leicht zu bewältigen)* easy; **ein ~es Leben haben** to have an easy life ❸ *(pej: träge)* idle **II.** *adv* ❶ *(leicht)* easily ❷ *(angenehm)* comfortably
Bequemlichkeit <-, -en> *f* ❶ *(Behaglichkeit)* comfort ❷ *(Trägheit)* idleness; **aus [reiner] ~** out of [sheer] laziness
berappen* [bə·'rapn̩] *vt (fam)* to fork out *sep*
beraten* *irreg* **I.** *vt* ❶ *(Rat geben)* to advise; **jdn finanziell ~** to give sb financial advice; ▪**sich** *akk* **[von jdm] ~ lassen** to ask sb's ad-

vice ❷ *(besprechen)* to discuss; POL to debate **II.** *vi* ▪**über etw** *akk* **~** to discuss sth
beratend *adj* advisory
Berater(in) <-s, -> *m(f)* advisor; *(in politischen Sachen a.)* counselor; *(Fachberater)* consultant
beratschlagen* [bə·'raːt·ʃlaː·gn̩] *vt*, *vi* to discuss
Beratung <-, -en> *f* ❶ *kein pl (das Beraten)* advice ❷ *(Besprechung)* discussion; POL debate ❸ *(beratendes Gespräch)* consultation
Beratungsstelle *f* advice center
berauben* *vt* to rob
berauschen* *(geh)* **I.** *vt* to intoxicate; *Alkohol a.* to inebriate; *Geschwindigkeit* to exhilarate **II.** *vr* ▪**sich an etw** *dat* **~** to become intoxicated by sth
berauschend *adj* intoxicating
berechenbar [bə·'rɛ·çn̩·baːɐ̯] *adj* ❶ *(voraussehbar)* predictable ❷ *(auszurechnen)* calculable
Berechenbarkeit <-> *f kein pl (Einschätzbarkeit)* predictability
berechnen* *vt* ❶ *(ausrechnen)* to calculate ❷ *(in Rechnung stellen)* to charge
berechnend *adj (pej)* scheming
Berechnung *f* ❶ *(Ausrechnung)* calculation; **nach meiner ~** according to my calculations ❷ *(pej: Eigennutz)* scheming; **aus ~** in cold deliberation
berechtigen* [bə·'rɛç·tɪ·gn̩] *vt* ▪**zu etw** *dat* **~** ❶ *(bevollmächtigen)* to entitle to [do] sth; **sich** *akk* **zu etw** *dat* **berechtigt fühlen** to feel justified in doing sth ❷ *(Anlass geben)* to give grounds for sth
berechtigt [bə·'rɛç·tɪçt] *adj* justifiable; *Frage, Hoffnung, Anspruch* legitimate; *Vorwurf* just
berechtigterweise *adv* legitimately
Berechtigung <-, -en> *f pl selten* ❶ *(Befugnis)* authority; **die/keine ~ haben, etw zu tun** to have the/no authorization to do sth ❷ *(Rechtmäßigkeit)* justifiability
bereden* **I.** *vt* to discuss **II.** *vr* ▪**sich** *akk* **[über etw** *akk*] **~** to discuss [sth]; **wir ~ uns noch** we are still discussing it
Beredsamkeit <-> *f kein pl* eloquence
beredt [bə·'reːt] *adj* eloquent
Bereich <-[e]s, -e> *m* ❶ *(Gebiet)* area; **im ~ des Möglichen liegen** to be within the realm of possibility ❷ *(Fachgebiet)* field
bereichern* [bə·'rai·çɐn] *vr* ▪**sich** *akk* **[an etw** *akk*] **~** to grow rich [on sth]
bereinigen* *vt* to resolve; **eine Meinungsverschiedenheit ~** to settle differences
bereisen* *vt* ▪**etw ~** to travel around sth; **die Welt ~** to travel the world
bereit [bə·'rait] *adj meist pred* ❶ *(fertig)* ready; *(vorbereitet)* prepared ❷ *(willens)* ▪**zu etw** *dat* **~ sein** to be prepared to do sth; **sich** *akk* **~ erklären, etw zu tun** to agree to do sth
bereiten* *vt* ❶ *(verursachen)* to cause; *Freude, Überraschung* to give; **jdm Kopfschmerzen ~** to give sb a headache ❷ *(zubereiten)* to prepare

bereit|finden^{RR} *vr irreg* ■**sich** *akk* **zu etw** *dat* ~ to be willing to do sth
bereit|halten *vt irreg* ❶ (*griffbereit haben*) to have readily available ❷ (*in petto haben*) to have in store
bereit|legen *vt* to lay out *sep* (*so that it is ready to be used*)
bereit|liegen *vi irreg* ❶ (*abholbereit liegen*) to be ready [to be picked up] ❷ (*griffbereit liegen*) to be within reach
bereit|machen *vr* ■**sich** *akk* ~ to get ready
bereits [bə·'raits] *adv* already; ~ **damals** even then
Bereitschaft <-, -en> [bə·'rait·ʃaft] *f* ❶ *kein pl* willingness; **seine ~ zu etw** *dat* **erklären** to express one's willingness to do sth ❷ *kein pl* (*Bereitschaftsdienst*) emergency service; ~ **haben** *Apotheke* to provide emergency services; *Arzt, Feuerwehr* to be on call; (*im Krankenhaus*) to be on duty; *Polizei, Soldaten* to be on standby; *Beamter* to be on duty ❸ (*Einheit der Bereitschaftspolizei*) [police] squad
Bereitschaftsdienst *m* emergency service; *von Apotheker a.* after-hours service
bereit|stehen *vi irreg* to be ready; *Truppen* to stand by
bereit|stellen *vt* ❶ (*zur Verfügung stellen*) to provide; *Truppen* to put on standby ❷ (*vorbereitend hinstellen*) to make ready
bereitwillig I. *adj* *Auskunft* given willingly; *Helfer* willing; *Verkäufer* obliging; ~**e Hilfe** eager hands II. *adv* readily
Bereitwilligkeit <-> *f kein pl* willingness
bereuen* *vt* to regret; **das wirst du noch ~!** you'll be sorry [for that]!
Berg <-[e]s, -e> [bɛrk] *m* ❶ GEOG mountain; (*kleiner*) hill; **am ~ liegen** to lie at the foot of the hill ❷ (*große Menge*) ■~**e von etw** *dat* piles of sth; ~**e von Papier** mountains of paper ► WENDUNGEN: **über alle ~e sein** (*fam*) to be miles away; **mit etw** *dat* **hinterm ~ halten** to keep quiet about sth; **über den ~ sein** to be out of the woods; **die Patientin ist noch nicht über den ~** the [female] patient is still in critical condition
bergab [bɛrk·'ʔap] *adv* (*a. fig*) downhill; **mit seinem Geschäft geht es ~** his business is going downhill
Bergabhang *m* mountainside
Bergarbeiter(in) *m(f)* miner
bergauf [bɛrk·'ʔauf] *adv* uphill; **es geht wieder ~** (*fig*) things are looking up
Bergbahn *f* mountain railroad; (*Seilbahn*) funicular railroad
Bergbau *m kein pl* mining
Bergdorf *nt* mountain village
bergen <birgt, barg, geborgen> ['bɛr·gn̩] *vt* ❶ (*retten*) to rescue (**aus** +*dat* from); *Giftstoffe, Tote* to recover; *Schiff* to salvage ❷ (*geh: enthalten*) to hold ❸ (*geh: mit sich bringen*) to involve
Bergführer(in) *m(f)* mountain guide
Berggipfel *m* mountain top

Berghütte *f* mountain cabin [*or* hut]
bergig ['bɛr·gɪç] *adj* hilly; (*gebirgig*) mountainous
Bergkette *f* mountain range
Bergrücken *m* mountain ridge
Bergrutsch *m* landslide
Bergsteigen <-s> *nt kein pl* mountain climbing
Bergsteiger(in) <-s, -> *m(f)* mountain climber
Bergtour *f* [mountain] climb
Berg-und-Tal-Fahrt *f* (*fig*) roller coaster ride
Bergung <-, -en> *f* rescuing; *eines Schiffs* salvaging; *von Toten, Giftstoffen* recovering
Bergungsarbeiten *pl* rescue work; *von Schiff[sladung]* salvage work
Bergungsmannschaft *f* rescue team; *von Schiff[sladung]* salvage team
Bergwacht <-, -en> *f* mountain rescue service
Bergwand *f* mountain face
Bergwerk *nt* mine
Bericht <-[e]s, -e> [bə·'rɪçt] *m* report; (*Zeitungsbericht a.*) article
berichten* I. *vt* ❶ (*mitteilen*) to tell ❷ SCHWEIZ **falsch/recht berichtet** wrong/right; **bin ich falsch/recht berichtet, wenn ich annehme ...?** am I wrong/right in assuming ...? II. *vi* ❶ ■**über etw** *akk* ~ to report on sth; **wie unser Korrespondent berichtet** according to our correspondent; **wie soeben berichtet wird, ...** we are just receiving reports that ... ❷ (*Bericht erstatten*) ■**jdm ~** to tell sb (**über** +*akk* about) ❸ SCHWEIZ (*erzählen*) to talk
Berichterstatter(in) <-s, -> *m(f)* reporter; (*Korrespondent*) correspondent
Berichterstattung <-, -en> *f* reporting (**über** +*akk* on)
berichtigen* [bə·'rɪç·tɪ·gn̩] *vt* to correct
Berichtigung <-, -en> *f* correction
berieseln* *vt* ❶ (*bewässern*) to spray ❷ (*fig fam*) ■**von etw** *dat* **berieselt werden** to be exposed to a constant stream of sth
Berieselung <-, -en> *f* (*Bewässerung*) spraying
Berlin <-s> [bɛr·'liːn] *nt* Berlin
Berliner[1] <-s, -> [bɛr·'liː·nɐ] *m* (*Gebäck*) ≈ jelly donut
Berliner[2] [bɛr·'liː·nɐ] *adj attr* Berlin

ⓘ The **Berliner Filmfestspiele** (Berlin Film Festival), also called the "Berlinale," has been held since 1951. Among those who have received acclaim in Berlin for their work are Ingmar Bergman, Roman Polanski, Jean-Luc Godard, and Claude Chabrol. Two special aspects of the **Berliner Filmfestspiele** are the youth film competition and the forum for young international filmmakers. The main awards are the Golden and Silver Bears and, since 1986, the Berlinale Camera.

Bermudas¹ [bɛr·'muːdas] *pl* ■ die ~ Bermuda *no art*, + *sing vb*; auf den ~ in Bermuda
Bermudas² [bɛr·'muːdas], **Bermudashorts** [bɛr·'muːda·ʃɔrts, -ʃɔːɐts] *pl* Bermuda shorts
Bern <-s> [bɛrn] *nt* Bern[e]
Berner ['bɛr·nɐ] *adj attr* Berne[se]
Bernhardiner <-s, -> [bɛrn·har·'diː·nɐ] *m* Saint Bernard [dog]
Bernstein ['bɛrn·ʃtain] *m kein pl* amber
bersten <birst, barst, geborsten> ['bɛrs·tn] *vi* sein ① (*platzen*) to explode; *Ballon* to burst; *Glas, Eis* to break; *Erde* to burst open ② (*fig*) ■ vor etw *dat* ~ to burst with sth
berüchtigt [bə·'rʏç·tɪçt] *adj* notorious (**für** + *akk* for)
berücksichtigen* [bə·'rʏk·zɪç·tɪ·gn̩] *vt* ① (*beachten*) to take into consideration ② (*positiv bedenken*) to consider
Berücksichtigung <-> *f kein pl* consideration; unter ~ einer S. *gen* in consideration of sth
Beruf <-[e]s, -e> [bə·'ruːf] *m* occupation; (*Stellung*) job; sie ist Ärztin von ~ she's a doctor; was sind Sie von ~? what do you do [for a living]?; ein akademischer ~ an academic profession; ein handwerklicher ~ a trade
berufen¹ *adj* ■ zu etw *dat* ~ sein to have a vocation for sth; sich *akk* ~ fühlen, etw zu tun to feel a calling to do sth
berufen*² *irreg* I. *vt* ■ jdn zu etw *dat* ~ to appoint sb to sth II. *vr* ■ sich *akk* auf jdn/etw ~ to refer to sb/sth III. *vi* JUR ÖSTERR (*Berufung einlegen*) to [file an] appeal
beruflich I. *adj* professional; ~e Aussichten career prospects; ~e Laufbahn career II. *adv* as far as work is concerned; was macht sie ~? what does she do for a living?; sich *akk* ~ weiterbilden to attend professional seminars/ workshops; ~ unterwegs sein to be away on business; ~ verhindert sein to be detained by work

> ℹ The **Berufsakademie** (University of Cooperative Education) combines three years of college-level academics with on-the-job training.

Berufsarmee *f* regular army
Berufsausbildung *f* [professional] training; (*zum Handwerker*) apprenticeship
Berufsaussichten *pl* career prospects *pl*
berufsbedingt *adj* occupational
Berufsberater(in) *m(f)* career advisor
Berufsberatung *f* ① (*Beratungsstelle*) career advisory service ② (*das Beraten*) career advice
Berufsbezeichnung *f* [official] job title
berufserfahren *adj* [professionally] experienced
Berufserfahrung *f* work experience
berufsfremd *adj* with no experience in a field
Berufsgeheimnis *nt kein pl* secret of a profession

Berufskleidung *f* work[ing] clothes *npl*
Berufskrankheit *f* occupational disease
Berufsleben *nt* professional life
Berufspendler(in) *m(f)* commuter
Berufspraxis *f kein pl* professional practice
Berufsrisiko *nt* occupational hazard
Berufsschule *f* vocational school, technical college
Berufssoldat(in) *m(f)* regular soldier
berufstätig *adj* working; ■ ~ sein to be employed; sie ist nicht mehr ~ she's no longer working
Berufstätige(r) *f(m) dekl wie adj* working person; ■ die ~n the working people
berufsunfähig *adj* disabled; zu 10 % ~ sein to have a 10% occupational disability
Berufsunfähigkeit *f* occupational disability
Berufsunfall *m* occupational accident
Berufsverband *m* professional organization
Berufsverbot *nt official debarment from one's profession;* ~ haben to be banned from one's profession
Berufsverkehr *m* rush-hour traffic
Berufswahl *f kein pl* career choice
Berufswechsel *m* career change
Berufung <-, -en> *f* ① JUR appeal; in die ~ gehen to file an appeal ② (*in ein Amt*) appointment ③ (*innerer Auftrag*) vocation (zu + *dat* for) ④ (*das Sichbeziehen*) unter ~ auf jdn/etw with reference to sb/sth
beruhen* *vi* ■ auf etw *dat* ~ to be based on sth ▶ WENDUNGEN: etw auf sich *akk* ~ lassen to drop sth
beruhigen* [bə·'ruː·ɪ·gn̩] I. *vt* ① (*beschwichtigen*) ■ jdn ~ to comfort sb; jds Gewissen ~ to ease sb's conscience ② (*ruhig machen*) to calm down *sep*; *Nerven* to soothe; *Schmerzen* to ease; dieses Getränk wird deinen Magen ~ this drink will settle your stomach; den Verkehr ~ to introduce traffic-calming measures II. *vr* ■ sich *akk* ~ ① (*ruhig werden*) to calm down; *politische Lage* to stabilize; *Meer* to grow calm ② (*abflauen*) *Unwetter, Nachfrage* to die down; *Krise* to ease off
beruhigend I. *adj* ① (*ruhig machend*) reassuring; *Musik, Bad, Massage* soothing ② MED (*ruhigstellend*) sedative II. *adv* reassuringly; *Spritze, Medikament* with a sedative effect
beruhigt [bə·'ruːɪçt] I. *adj* relieved; dann bin ich ~! what [*or* that's] a relief! II. *adv* with an easy mind
Beruhigung <-, -en> *f* ① (*das Beschwichtigen*) reassurance ② (*das Beruhigen*) soothing; geben Sie der Patientin etwas zur ~ give the patient something to calm her [down]; ein Mittel zur ~ a sedative ③ (*Erleichterung*) zu jds ~ to sb's relief; sehr zu meiner ~ much to my relief
Beruhigungsmittel *nt* sedative
Beruhigungspille *f* tranquilizer
berühmt [bə·'ryːmt] *adj* famous (**für** + *akk* for)
Berühmtheit <-, -en> *f* ① *kein pl* (*Ruf*) fame; ~ erlangen to rise to fame ② (*berühmter*

B

Mensch) celebrity

berühren* *vt* ❶(*Kontakt haben*) to touch ❷(*seelisch bewegen*) to move; **das berührt mich überhaupt nicht!** I couldn't care less! ❸(*kurz erwähnen*) to allude to

Berührung <-, -en> *f* contact, touch; **jdn mit etw** *dat* **in ~ bringen** to bring sb into contact with sth; **mit jdm/etw in ~ kommen** (*physisch*) to brush up against sb/sth; (*in Kontakt kommen*) to come into contact with sb/sth

Berührungsangst *f meist pl* fear of contact

Berührungsbildschirm *m* touchscreen

Berührungsfläche *f* area of contact

Berührungspunkt *m* point of contact

besänftigen* [bə·'zɛnf·tɪ·gn̩] **I.** *vt* to soothe **II.** *vr* ■**sich** *akk* ~ to calm down; *Sturm, Unwetter* to die down

besänftigend *adj* soothing

Besänftigung <-, -en> *f* soothing

Besatz <-es, Besätze> [bə·'zats, *pl* bə·'zɛ·tsə] *m* (*Borte*) trimming

Besatzung <-, -en> [bə·'za·tsʊŋ] *f* ❶(*Mannschaft*) crew ❷ MIL occupation

Besatzungsgebiet *nt* occupied territory

Besatzungsmacht *f* occupying power

Besatzungszone *f* occupation zone

besaufen* *vr irreg* (*fam*) ■**sich** *akk* ~ to get sloshed

Besäufnis <-ses, -se> *nt* (*fam*) drinking party

beschädigen* *vt* to damage

Beschädigung <-, -en> *f* damage

beschaffen*[1] **I.** *vt* ■[jdm] etw ~ to get sth [for sb] **II.** *vr* ■**sich** *dat* etw ~ to get sth; **du musst dir Arbeit** ~ you've got to find yourself a job

beschaffen[2] *adj* **so** ~ **sein, dass** ... to be made in such a way that ...

beschäftigen* [bə·'ʃɛf·tɪ·gn̩] **I.** *vt* ❶(*einstellen*) to employ ❷(*eine Tätigkeit geben*) to keep busy ❸(*gedanklich*) ■**jdn** ~ to be on sb's mind; **mit einer Frage/einem Problem beschäftigt sein** to be preoccupied with a question/problem **II.** *vr* ■**sich** *akk* [mit etw *dat*] ~ to occupy oneself [with sth]; **hast du genug, womit du dich** ~ **kannst?** do you have enough to do?; ■**sich** *akk* **mit jdm** ~ to pay attention to sb; **du musst dich mehr mit den Kindern** ~ you should spend more time with the children

beschäftigt [bə·'ʃɛf·tɪçt] *adj* ❶(*befasst*) busy (**mit** +*dat* with) ❷(*angestellt*) employed (**als** as); **wo bist du** ~? where do you work?

Beschäftigte(r) *f(m) dekl wie adj* employee

Beschäftigung <-, -en> *f* ❶(*Anstellung*) employment, job ❷(*Tätigkeit*) occupation ❸(*geistige Auseinandersetzung*) consideration (**mit** +*dat* of)

Beschäftigungslage *f* job market [situation]

beschäftigungslos *adj* (*arbeitslos*) unemployed

Beschäftigungsmaßnahme *f* ÖKON job creation plan

Beschäftigungspolitik *f* employment policy

Beschäftigungstherapie *f* occupational ther-

apy

beschämen* *vt* ■jdn ~ to shame sb; **es beschämt mich, zuzugeben** ... I'm ashamed to admit ...

beschämend *adj* ❶(*schändlich*) shameful ❷(*demütigend*) humiliating; **ein ~es Gefühl** a feeling of shame

beschämt *adj* ashamed; (*verlegen*) shamefaced; ■**von etw** *dat* ~ **sein** to be embarrassed by sth

beschatten* *vt* to shadow

beschauen* *vt* ❶ *Fleisch* to inspect ❷ DIAL (*betrachten*) to look at

beschaulich I. *adj* peaceful; **ein ~es Leben führen** to lead a contemplative life **II.** *adv* peacefully

Bescheid <-[e]s, -e> [bə·'ʃait] *m* information; ADMIN answer; ~ **erhalten** to be informed; **jdm** ~ **geben** to inform sb; **jdm** ~ **sagen, dass** ... to let sb know that ...; **ich habe noch keinen** ~ I still haven't heard anything; [**über etw** *akk*] ~ **wissen** to know [about sth] ► WENDUNGEN: **jdm ordentlich** ~ **sagen** (*fam*) to give sb a piece of one's mind

bescheiden [bə·'ʃai·dn̩] **I.** *adj* ❶(*genügsam, einfach*) modest; **ein ~es Leben führen** to lead a humble life ❷(*gering*) meager ❸(*euph fam: beschissen*) lousy; **seine Leistung war eher** ~ his performance was pretty lousy **II.** *adv* ❶(*selbstgenügsam*) modestly ❷(*einfach*) plainly

Bescheidenheit <-> *f kein pl* modesty

bescheinigen* [bə·'ʃai·nɪ·gn̩] *vt* ■**jdm etw** ~ to certify sth for sb *form;* (*quittieren*) to provide sb with a receipt; ■[**jdm**] ~, **dass** ... to confirm [to sb] in writing that ...; ■**sich** *dat* **etw** ~ **lassen** to have sth certified

Bescheinigung <-, -en> *f* certification

bescheißen* *irreg* (*derb*) **I.** *vt* ■**jdn** ~ to rip off *sep* sb **II.** *vi* ■[**bei etw** *dat*] ~ to cheat [at sth]

beschenken* *vt* ■**jdn** ~ to give sb a present; **reich beschenkt werden** to be showered with presents; ■**sich** *akk* [**gegenseitig**] ~ to give each other presents

Bescherung <-, -en> *f* giving of Christmas presents ► WENDUNGEN: [**das ist ja**] **eine schöne** ~! (*iron*) what a fine mess!

---

i On Christmas Eve (December 24), presents are placed under the Christmas tree in preparation for the **Bescherung**, when they are passed out. Many parents allow their children to unwrap their presents after Christmas dinner, following a visit by the *Christkind* (baby Jesus).

---

bescheuert (*fam*) **I.** *adj* ❶(*blöd*) screwy; **dieser ~e Kerl** that stupid idiot; **der ist etwas** ~ he's got a screw loose *fam* ❷(*unangenehm*) stupid; **so was B~es!** how stupid! **II.** *adv* stupidly; **du siehst total** ~ **aus** you look totally ridiculous; **sich** *akk* ~ **anstellen** to act like an idiot

beschichten* *vt* to coat (**mit** +*dat* with)

Beschichtung <-, -en> *f* coating

beschießen* *vt irreg* to shoot at

beschildern* *vt* (*im Straßenverkehr*) to put up [traffic] signs; **gut/schlecht beschildert** [**sein**] [to be] well/poorly marked with signs

Beschilderung <-, -en> *f* ❶ (*das Beschildern*) putting up of signs ❷ (*Verkehrsschild*) [traffic] sign

beschimpfen* *vt* to insult, to curse sb out; ■ **sich** *akk* [**gegenseitig**] ~ to insult each other

Beschimpfung <-, -en> *f* insult

Beschiss^RR <-es> *m kein pl* (*derb*) rip-off

beschissen (*sl*) **I.** *adj* lousy **II.** *adv* in a lousy fashion; **es geht ihr wirklich** ~ she's miserable; ~ **behandelt werden/aussehen** to be treated/to look like shit *vulg*

beschlagen* *irreg vi sein Spiegel, Scheibe* to fog up

beschlagnahmen* [bə·ˈʃlaːk·naː·mən] *vt* to seize, to confiscate

Beschlagnahmung <-, -en> *f* JUR confiscation

beschleichen* *vt irreg* ■ **jdn** ~ to come over sb

beschleunigen* [bə·ˈʃlɔy·nɪ·gn̩] **I.** *vt* to accelerate; *Tempo* to increase; *Schritte* to quicken; *Vorgang* to speed up **II.** *vi* to accelerate

Beschleunigung <-, -en> *f* acceleration

beschließen* *irreg* **I.** *vt* ❶ (*entscheiden über*) to decide; **ein Gesetz** ~ to pass a motion ❷ (*beenden*) to conclude **II.** *vi* ■ **über etw** ~ to decide on sth

beschlossen *adj* decided; **das ist** ~**e Sache** the matter is settled

Beschluss^RR <-es, Beschlüsse> *m* decision

beschmieren* **I.** *vt* ❶ (*bestreichen*) ■ **etw mit etw** *akk* ~ to spread sth on sth ❷ (*besudeln*) **du bist da am Kinn ja ganz beschmiert** you've got something smeared on your chin; **etw mit Gekritzel** ~ to scribble all over sth **II.** *vr* ■ **sich** *akk* ~ to get oneself dirty

beschmutzen* **I.** *vt* ❶ (*schmutzig machen*) to dirty up ❷ (*fig: in den Schmutz ziehen*) to tarnish **II.** *vr* ■ **sich** *akk* ~ to get oneself dirty

beschneiden* *vt irreg* ❶ (*zurechtschneiden*) to cut; (*stutzen*) to clip; HORT to prune ❷ MED, REL to circumcise

Beschneidung <-, -en> *f* ❶ (*das Zurechtschneiden*) cutting; (*das Stutzen*) clipping; HORT pruning ❷ MED, REL circumcision

beschnitten *adj* circumcised

beschnüffeln* *vt* ❶ (*riechen an*) to sniff at ❷ (*pej fam: bespitzeln*) to check out

beschnuppern* *vt* ❶ (*riechen an*) to sniff at ❷ (*fam: prüfend kennen lernen*) to size up

beschönigen* [bə·ˈʃøː·nɪ·gn̩] *vt* to gloss over

beschränken* **I.** *vt* ❶ (*begrenzen*) to limit (**auf** +*akk* to) ❷ (*einschränken*) to curtail; **jdn in seinen Rechten** ~ to limit sb's rights **II.** *vr* ■ **sich** *akk* [**auf etw**] ~ to restrict oneself [to sth]; **sich** *akk* **auf das Wesentliche** ~ to keep

to the essential points

beschränkt *adj* restricted; *Sicht* low; *Intelligenz* limited; *Sichtweise* narrow-minded; **finanziell/räumlich/zeitlich** ~ **sein** to have a limited amount of cash/space/time; **Gesellschaft mit** ~**er Haftung** corporation

Beschränkung <-, -en> *f* restriction

beschreiben* *vt irreg* ❶ (*darstellen*) to describe ❷ (*vollschreiben*) to cover with writing

Beschreibung <-, -en> *f* ❶ (*Darstellung*) description ❷ (*fam: Beipackzettel*) description; (*Gebrauchsanweisung*) instructions *pl*

beschriften* [bə·ˈʃrɪf·tn̩] *vt* to inscribe; (*mit Etikett*) to label

Beschriftung <-, -en> *f* inscription

beschuldigen* [bə·ˈʃʊl·dɪ·gn̩] *vt* to accuse (+*gen* of)

Beschuldigung <-, -en> *f* accusation

beschützen* *vt* to protect (**vor** +*dat* from)

Beschützer(in) <-s, -> *m(f)* protector

beschwatzen* *vt* (*fam*) ❶ (*überreden*) to talk into [doing]; (*schmeichelnd*) to wheedle ❷ (*bereden*) to chat about

Beschwerde <-, -n> [bə·ˈʃveː·g·də] *f* ❶ (*Beanstandung, Klage*) complaint; **Grund zur** ~ **haben** to have grounds for complaint ❷ *pl* MED complaint *form*; ~**n mit etw** *dat* **haben** to have problems with sth; **mein Magen macht mir** ~**n** my stomach is giving me trouble

beschweren [bə·ˈʃveː·rən] **I.** *vr* ■ **sich** *akk* ~ to complain (**über** +*akk* about) **II.** *vt* to weight [down]

beschwerlich *adj* difficult, exhausting; **das Laufen ist für ihn sehr** ~ walking is hard for him

beschwichtigen* [bə·ˈʃvɪç·tɪ·gn̩] *vt* to soothe

beschwichtigend I. *adj* soothing **II.** *adv* soothingly

Beschwichtigung <-, -en> *f* soothing

beschwindeln* *vt* (*fam*) ❶ (*belügen*) to tell lies ❷ (*betrügen*) to con

beschwingt I. *adj* lively; *Mensch a.* vivacious **II.** *adv* **sich** *akk* ~ **fühlen** to feel elated

beschwipsen *vt* (*fam*) to make tipsy

beschwipst [bə·ˈʃvɪpst] *adj* (*fam*) tipsy

beschwören* *vt irreg* ❶ (*beeiden*) to swear [to]; ~ **kann ich das nicht** I wouldn't like to swear to it ❷ (*anflehen*) ■ **jdn** ~ to beg sb

besehen* *irreg vt* to look at; **etw näher** ~ to inspect sth closely

beseitigen* [bə·ˈzai·tɪ·gn̩] *vt* ❶ (*entfernen*) to dispose of; *Missverständnis, Zweifel* to clear up; *Hindernis* to clear away; *Fehler* to eliminate; *Ungerechtigkeiten* to abolish ❷ (*euph: umbringen*) to eliminate

Besen <-s, -> [ˈbeː·zn̩] *m* ❶ (*Kehrbesen*) broom; (*kleiner*) brush; *einer Hexe* broomstick ❷ (*pej fam: kratzbürstige Frau*) old bag ❸ SÜDD (*fam*) Swabian vineyard's wine bar, indicated by a broom hanging outside the door ► WENDUNGEN: **ich fresse einen** ~, **wenn ...** (*fam*) I'll eat my hat if ...

besessen [bə·ˈzɛ·sn̩] *adj* obsessed (**von** +*dat*

with); **wie ~** like crazy
Besessenheit <-> *f kein pl* obsession
besetzen* *vt* **❶** (*belegen*) to reserve; *Stühle, Plätze* to occupy; **die Leitung ist besetzt** the line is busy **❷** *Land* to occupy; *Haus* to squat **❸** *Posten* to fill
Besetztzeichen *nt* busy signal
Besetzung <-, -en> *f Land* occupation; *Haus* squatting
besichtigen* [bə·'zɪç·tɪ·gn] *vt* to visit; *Sehenswürdigkeit a.* to see; *Betrieb* to take a tour of; *Haus, Wohnung* to look at, to view
Besichtigung <-, -en> *f* visiting; *Wohnung, Haus etc.* viewing; **eine ~ der Sehenswürdigkeiten** a sightseeing tour; **die ~ einer Stadt** a tour of a town
besiedeln* *vt* to settle; (*kolonisieren*) to colonize; **dicht/dünn besiedelt** densely/thinly populated
besiegeln* *vt* to seal
besiegen* *vt* **❶** (*schlagen*) to beat; *Land* to conquer **❷** (*überwinden*) to overcome
besinnen* *irreg vr* ▪ **sich** *akk* **~** **❶** (*überlegen*) to think [for a moment]; **sich anders ~** to change one's mind [about sth] **❷** (*sich erinnern*) to remember; **wenn ich mich recht besinne** if I remember correctly
Besinnung <-> *f kein pl* (*Bewusstsein*) consciousness; **die ~ verlieren** to faint; [**wieder**] **zur ~ kommen** to come around
besinnungslos *adj* **❶** (*ohnmächtig*) unconscious; ▪ **~ werden** to pass out **❷** (*blind*) insensate; *Wut* blind; **~ vor Angst** blind with fear
Besinnungslosigkeit <-> *f kein pl* unconsciousness
Besitz <-es> [bə·'zɪts] *m kein pl* **❶** (*Eigentum*) property; (*Vermögen*) possessions *pl* **❷** AGR land; (*Landsitz, Gut*) estate **❸** (*das Besitzen*) possession; **von etw** *dat* **~ ergreifen** (*geh*) to take possession of sth; **in den ~ einer S.** *gen* **gelangen** to come into possession of sth; **in staatlichem/privatem ~** state-owned/privately-owned
besitzen* *vt irreg* **❶** (*Eigentümer sein*) to own **❷** (*haben, aufweisen*) to have [got]; **die Frechheit ~, etw zu tun** to have the nerve to do sth; **jds Vertrauen ~** to have sb's confidence
Besitzer(in) <-s, -> *m(f)* owner; *eines Geschäfts etc.* proprietor; **den ~ wechseln** to change hands
besitzergreifend *adj* possessive
besitzlos *adj* poor
Besitztum <-s, -tümer> *nt* property; *Land* estate
besoffen [bə·'zɔfn] *adj* (*fam*) sloshed; **total ~** hammered *sl*
Besoffene(r) *f(m) dekl wie adj* (*fam*) drunk
besohlen* *vt* to sole
besolden* [bə·'zɔl·dn] *vt* to pay
Besoldung <-, -en> *f* salary
besondere(r, s) [bə·'zɔn·də·rə, -ərɐ, -ərəs] *adj*

❶ (*ungewöhnlich*) unusual; (*eigentümlich*) peculiar; (*außergewöhnlich*) particular **❷** (*speziell*) special; **ein ~s Interesse an etw** *dat* **haben** to be especially interested in sth; **von ~r Bedeutung** of great significance; **~n Wert auf etw legen** to attach great importance to sth
Besonderheit <-, -en> *f* (*Merkmal*) feature; (*Außergewöhnlichkeit*) special quality; (*Eigentümlichkeit*) peculiarity
besonders [bə·'zɔn·dɐs] *adv* **❶** (*außergewöhnlich*) particularly; [**nicht**] **~ klug/fröhlich** [not] especially bright/happy; **~ viel** a great deal **❷** (*vor allem*) in particular, above all **❸** (*fam*) **nicht ~ sein** to be nothing out of the ordinary; **jd fühlt sich** *akk* **nicht ~** sb does not feel too good
besonnen [bə·'zɔ·nən] **I.** *adj* sensible; **~ bleiben** to stay calm **II.** *adv* sensibly, calmly
Besonnenheit <-> *f kein pl* calmness
besorgen* *vt* **❶** (*beschaffen*) to get; **sich** *dat* **einen Job ~** to find oneself a job **❷** (*kaufen*) to buy **❸** (*erledigen*) to see to; *Angelegenheiten* to take care of ▶ WENDUNGEN: **es jdm ~** (*fam: verprügeln*) to beat up *sep* sb; (*derb: sexuell befriedigen*) to do sb
Besorgnis <-, -se> [bə·'zɔrk·nɪs] *f pl selten* **❶** (*Sorge*) concern; **jds** *akk* **~ erregen** to cause sb concern; **~ erregend** worrying; **kein Grund zur ~!** no need to worry! **❷** (*Befürchtung*) misgivings *pl*, fears *pl*
besorgniserregend *adj* worrying
besorgt [bə·'zɔrkt] *adj* worried (**wegen** +*gen* about); **ein ~es Gesicht machen** to look troubled; ▪ **um jdn/etw ~ sein** to be concerned about sb/sth
Besorgungen *pl* **~ machen** to run some errands
bespannen* *vt* to cover (**mit** +*dat* with); **einen Schläger neu ~** to restring a racket
bespielbar *adj* **❶** *Kassette* capable of being recorded on **❷** *Platz* in playing shape
bespielen* *vt* **❶** *Kassette* to record **❷** *Platz* to play on
bespitzeln* *vt* to spy on
besprechen* *irreg vt* **❶** (*erörtern*) to discuss; **wie besprochen** as agreed **❷** *Buch, Film* to review **❸** *Kassette* to make a recording on
Besprechung <-, -en> *f* **❶** (*Konferenz*) meeting; (*Unterredung*) discussion **❷** (*Rezension*) review
bespritzen* *vt* to splash (**mit** +*dat* with)
besser ['bɛ·sɐ] **I.** *adj komp von* **gut** better; *Qualität* superior; **etwas/nichts B~es** something/nothing better ▶ WENDUNGEN: **jdn eines B~en belehren** to enlighten sb; **ich lasse mich gerne eines B~en belehren** I'm willing to admit [it when] I'm wrong **II.** *adv* **❶** (*nicht mehr schlecht*) **es geht jdm ~** sb feels better **❷** (*fam: lieber*) better; **dem solltest du ~ aus dem Wege gehen!** it would be better if you avoided him! ▶ WENDUNGEN: **es ~ haben** to be better off

besser|gehen *vi impers, irreg sein s.* **besser**
II. 1

Bessergestellte(r) *f(m) dekl wie adj* better-off
person

bessern ['bɛ·sɐn] *vr* ■ **sich** *akk* ~ to improve;
Person to better oneself

Besserung <-> *f kein pl* improvement; **gute
~!** get well soon!; **auf dem Weg der ~ sein** to
be on one's way to recovery

Besserverdienende(r) *f(m) dekl wie adj* high
earner

Besserwisser(in) <-s, -> *m(f)* (*pej*) know-
it-all

Besserwisserei <-> *f kein pl* (*pej*) know-it-all
manner; **verschone uns mit deiner ständigen ~!** spare us this Mr./little Miss Know-it-all
attitude of yours!

besserwisserisch (*pej*) I. *adj* know-it-all
II. *adv* like a know-it-all

Bestand <-[e]s, Bestände> *m* ❶ *kein pl* (*Fort-
dauer*) survival; **~ haben** to be long-lasting
❷ (*vorhandene Menge*) supply (**an** +*dat* of);
Bäume stand [of trees]

bestanden *adj* SCHWEIZ (*alt, bejahrt*) advanced
in years *pred*

beständig *adj* ❶ *attr* (*ständig*) constant
❷ (*gleich bleibend*) consistent; *Wetter* steady
❸ (*widerstandsfähig*) resistant (**gegen** +*akk*
to)

Beständigkeit <-> *f kein pl* ❶ (*das Anhalten*)
persistence; METEO continuation ❷ (*gleich bleibende Eigenschaft*) consistency ❸ (*Widerstandsfähigkeit*) resistance (**gegen** +*akk* to)

Bestandsaufnahme *f* ÖKON inventory; **eine
~ machen** to take inventory; (*in der Gastronomie, im Haushalt*) to make an inventory
❷ (*fig: Bilanz*) taking stock; **eine ~ machen**
to review

Bestandteil *m* part; SCI component; **notwen-
diger ~** essential part; **etw in seine ~e zerlegen** to dismantle

bestärken* *vt* ■ **jdn** [**in etw** *dat*] ~ to encourage sb['s sth]; **jdn in einem Verdacht** ~ to reinforce sb's suspicion

bestätigen* [bə·'ʃtɛ·tɪ·ɡn̩] I. *vt* ❶ (*für zutreffend erklären*) to confirm; *Alibi* to corroborate;
die Richtigkeit einer S. *gen* ~ to verify sth;
ein ~des Kopfnicken a nod of confirmation
❷ (*bestärken*) ■ **jdn** [**in etw** *dat*] ~ to support
sb [in sth] ❸ (*quittieren*) to certify; *Empfang* to
confirm ❹ **jdn im Amt** ~ to confirm sb in office II. *vr* ■ **sich** *akk* ~ to prove to be true

Bestätigung <-, -en> *f* confirmation; (*Schriftstück*) written confirmation, certification

bestatten* [bə·'ʃta·tn̩] *vt* (*geh*) to bury, to lay
to rest

Bestattung <-, -en> *f* (*geh*) funeral

Bestattungsinstitut *nt,* **Bestattungsunternehmen** *nt* (*geh*) funeral home

bestäuben* *vt* ❶ KOCHK to dust (**mit** +*dat* with)
❷ BOT to pollinate

Bestäubung <-, -en> *f* BOT pollination

bestaunen* *vt* to admire

bestbezahlte(r, s) *adj attr* highest paid

beste(r, s) ['bɛs·tə, 'bɛs·te, 'bɛs·təs] *adj superl
von* **gut** *attr* best; „**mit den ~n Wünschen**"
"best wishes"; **in ~r Laune** in a great mood
[*or* the best of spirits]; ■ **am ~n ...** it would be
best if ...; **es wäre am ~n, wenn Sie jetzt
gingen** you had better leave now

bestechen* *irreg* I. *vt* *Beamte* to bribe II. *vi*
(*Eindruck machen*) to be impressive; ■ **durch
etw** ~ to impress with sth

bestechend I. *adj* captivating; *Angebot* tempting; *Gedanke* fascinating; *Lächeln* winning;
Geist brilliant II. *adv* winningly

bestechlich [bə·'ʃtɛç·lɪç] *adj* corrupt

Bestechlichkeit <-> *f kein pl* corruptibility

Bestechung <-, -en> *f* bribery

Bestechungsgeld *nt meist pl* bribe

Bestechungsversuch *m* bribery attempt

Besteck <-[e]s, -e> [bə·'ʃtɛk] *nt* ❶ (*Essbesteck*) cutlery *n sing* [*or* silverware] *n sing*
❷ (*Instrumentansatz*) set of instruments;
eines Heroinsüchtigen needles *pl*

bestehen* *irreg* I. *vt* *Prüfung* to pass; **einen
Kampf** ~ to win a battle; ■ **etw nicht** ~ to fail
sth; **die Prüfer ließen ihn nicht** ~ the
inspectors failed him II. *vi* ❶ (*existieren*) to be;
+ *Zeitangabe* to exist; **es** ~ **gute Aussichten,
dass ...** the prospects are good that ...; **es
besteht die Gefahr, dass ...** there is a danger
of ...; **es besteht kein Zweifel** there is no
doubt; ~ **bleiben** (*weiterhin existieren*) to
last; (*weiterhin gelten*) *Versprechen, Wort* to
remain; **etw** ~ **lassen** to retain sth ❷ (*sich
zusammensetzen*) to consist (**aus** +*dat* of);
Material to be made (**aus** +*dat* [out] of) ❸ (*beinhalten*) ■ **in etw** *dat* ~ to consist of sth; **das
Problem/der Unterschied besteht darin,
dass ...** the problem/difference is that ...
❹ (*beharren*) ■ **auf etw** *dat* ~ to insist on sth;
auf einer Meinung ~ to stick to an opinion;
■ **darauf** ~**, dass ...** to insist that ...; **wenn
Sie darauf** ~**!** if you insist!

bestehend *adj* existing

bestehlen* *vt irreg* to rob

besteigen* *vt irreg* ❶ (*auf etw klettern*) to
climb [[up] onto]; *Podest* to get up onto
❷ *Thron* to ascend ❸ *Pferd, Fahrrad, Motorrad* to mount, to get on ❹ *Bus* to get on; *Taxi,
Auto* to get into; *Flugzeug* to board; *Schiff* to
go on board

bestellen* *vt* ❶ (*in Auftrag geben*) to order
(**bei** +*dat* from); *Zeitung* to subscribe to ❷ (*reservieren*) to reserve ❸ (*ausrichten*) to tell;
[jdm] **Grüße** ~ to send [sb] one's regards; **können Sie ihr etwas** ~**?** may I leave a message
for her? ❹ (*kommen lassen*) to ask to come;
Taxi to call ❺ *Acker* to cultivate ▸ WENDUNGEN:
mit etw *dat* **ist es schlecht bestellt** things
look bad for sth; **wie bestellt und nicht
abgeholt** (*hum fam*) standing around looking
like a lost sheep

Bestellnummer *f* order number

Bestellschein *m* order form

B

Bestellung <-, -en> f order
bestenfalls ['bɛs·tn̩·ˈfals] adv at best
bestens ['bɛs·tn̩s] adv very well
besteuern* vt to tax
Besteuerung <-, -en> f taxation
Bestform f top form
bestialisch [bɛs·ˈti̯aː·lɪʃ] **I.** adj atrocious; Gestank revolting; Schmerz excruciating; ~ **stinken** to stink to high heaven **II.** adv (fam) dreadfully
besticken* vt to embroider
Bestie <-, -n> ['bɛs·ti̯ə] f ❶ (Tier) beast form ❷ (Mensch) brute
bestimmen* **I.** vt ❶ (festsetzen) to decide on; Preis to set, to fix; Ort, Zeit to set, to specify; Grenze to set ❷ (prägen) to set the tone for; Wälder ~ das Landschaftsbild forests dominate the scenery ❸ (vorsehen) für jdn/etw **bestimmt sein** to be for sb/sth; **füreinander bestimmt** meant for each other **II.** vi ❶ (befehlen) to be in charge ❷ (verfügen) ■ über jdn/etw ~ to control sb/sth
bestimmt [bə·ˈʃtɪmt] **I.** adj ❶ (speziell) particular; **ganz ~e Vorstellungen** very particular ideas ❷ (festgelegt) Tag, Termin set, appointed, specified ❸ LING **ein ~er Artikel** a definite article ❹ (entschieden) Auftreten firm ❺ (genau) Anweisung precise **II.** adv ❶ (sicher) definitely; **ganz ~ kommt er noch** he'll be here [sooner or later]; **Sie sind ~ derjenige, der ...** you must be the person who ...; **das ist ~ für dich** Anruf, Besuch it must be for you; **etw ganz ~ wissen** to be positive about sth; **~ nicht** certainly not ❷ (entschieden) determinedly, firmly
Bestimmtheit <-> f kein pl determination; **etw in aller ~ ablehnen** to categorically refuse sth; **etw mit ~ sagen können** to be able to state sth definitely
Bestimmung <-, -en> f ❶ (Vorschrift) regulation ❷ (Schicksal) destiny
Bestimmungsort m destination
Bestleistung f best performance; **jds persönliche ~** sb's personal best
bestmöglich ['bɛst·ˈmøːk·lɪç] adj best possible
bestrafen* vt to punish (mit +dat by/with, für +akk for); **etw wird mit Gefängnis bestraft** sth is punishable by imprisonment
Bestrafung <-, -en> f punishment; **zur ~** as a punishment
bestrahlen* vt ❶ MED to treat with radiotherapy ❷ (beleuchten) to illuminate
Bestrahlung <-, -en> f MED radiotherapy
Bestreben <-s> nt kein pl endeavor[s]
bestrebt adj **~ sein, etw zu tun** to be eager to do sth
bestreichen* vt irreg ❶ (beschmieren) ■ etw mit etw dat ~ to spread sth on sth; **eine Scheibe Brot mit Butter ~** to butter a slice of bread ❷ (einpinseln) to coat (mit +dat with); mit Farbe to paint
bestreiken* vt to go on strike against; **dieser Betrieb wird bestreikt** there is a strike in

progress at this company
bestreiten* vt irreg ❶ (leugnen) to deny; Behauptung to reject; **es lässt sich nicht ~, dass ...** it cannot be denied that ... ❷ (finanzieren) to finance; Kosten to cover; **seinen Unterhalt ~** to earn a living
bestreuen* vt to strew; **mit Puderzucker to dust**; mit Zucker to sprinkle
Bestseller <-s, -> ['bɛst·zɛ·lɐ] m bestseller
Bestsellerautor(in) m(f) bestselling author
Bestsellerliste f bestseller list
bestürmen* vt to bombard
bestürzen* vt to upset
bestürzt **I.** adj upset (über +akk about/by); **zutiefst ~** deeply dismayed **II.** adv in a dismayed [or distraught] manner
Bestürzung <-> f kein pl consternation
Besuch <-[e]s, -e> [bə·ˈzuːx] m ❶ (das Besuchen) visit (bei +dat to, in +dat to); **jdm einen ~ abstatten** to pay sb a visit; (kurz) to drop in on sb; [bei jdm] auf ~ sein to be visiting [sb]; **ich bin hier nur zu ~** I'm just visiting ❷ (Besucher) visitor[s]; (eingeladen) guest[s], company
besuchen* vt ❶ (als Besuch kommen) to visit; **besuch mich bald mal wieder!** come again soon! ❷ (aufsuchen) Ausstellung, Museum to visit; Konzert to attend ❸ (teilnehmen) **die Schule ~** to go to school; **einen Kurs ~** to take a class
Besucher(in) <-s, -> m(f) visitor, guest; Kino moviegoer; Theater theatergoer; Sportveranstaltung spectator; **ein regelmäßiger ~** a frequenter
Besuchszeit f visiting hours pl
besudeln* (geh) **I.** vt ❶ (beschmieren) to besmear; **jetzt habe ich meine Bluse mit Kaffee besudelt** now I've got coffee all over my blouse ❷ (herabwürdigen) Name, Ruf to besmirch **II.** vr ■ sich akk ~ to soil oneself
betasten* vt to feel; MED to palpate
betätigen* **I.** vt Schalter to press; Hebel to operate; Bremse to apply **II.** vr ■ sich akk ~ to busy oneself; **sich akk politisch ~** to be politically active; **sich akk sportlich ~** to exercise
Betätigung <-, -en> [bə·ˈtɛː·tɪ·gʊŋ] f (Aktivität) activity; (berufliche Tätigkeit) work
Betätigungsfeld nt field of activity
betatschen* vt (pej fam) to paw
betäuben* [bə·ˈtɔy·bn̩] vt ❶ (narkotisieren) to anesthetize; **die Entführer betäubten ihr Opfer** the kidnappers drugged their victim ❷ (unempfindlich machen) to deaden; Schmerz to kill ❸ (ruhigstellen) to silence; Emotionen to suppress; Gewissen to ease; **seinen Kummer mit Alkohol ~** to drown one's sorrows in alcohol
Betäubung <-, -en> f ❶ (das Narkotisieren) anesthetization ❷ (das Betäuben) deadening; von Schmerz killing ❸ (Narkose) anesthetic; **örtliche ~** local anesthetic
Betäubungsmittel nt anesthetic
beteiligen* [bə·ˈtai̯·lɪ·gn̩] **I.** vt to give a share

(an +*dat* of/in) II. *vr* ■ **sich** *akk* [an etw *dat*] ~ to participate [in sth]; **an einem Unternehmen** to have a stake in

beteiligt [bə·'tai·lɪçt] *adj* ■ **an etw** *dat* ~ **sein** ❶ (*mit dabei*) to be involved in sth ❷ FIN, ÖKON to hold a stake in sth

Beteiligte(r) *f(m) dekl wie adj* person involved

beten ['be:tn̩] I. *vi* to pray (**zu** +*dat* to) II. *vt* to recite

beteuern* [bə·'tɔy·ɐn] *vt* ■ jdm ~, **dass ...** to protest to sb that ...; **seine Unschuld** ~ to protest one's innocence

Beteuerung <-, -en> *f* protestation

Beton <-s, *selten* -s> [be·'tɔŋ, be·'tõ:] *m* concrete

betonen* *vt* ❶ (*hervorheben*) to stress; **die Figur** to accentuate ❷ LING **Wort** to stress

betonieren* [be·to·'ni:·rən] *vt* to concrete

Betonklotz *m* ❶ (*Klotz aus Beton*) concrete block ❷ (*pej: grässlicher Betonbau*) concrete monstrosity

betont I. *adj* emphatic; ~ **e Höflichkeit** studied politeness II. *adv* markedly

Betonung <-, -en> *f* ❶ *kein pl* (*das Hervorheben*) accent[uation] ❷ LING stress ❸ (*Gewicht*) emphasis

betören* [bə·'tø:·rən] *vt* to bewitch

betörend *adj* bewitching

Betracht [bə·'traxt] *m* **in** ~ **kommen** to be considered; **etw außer** ~ **lassen** to disregard sth; **jdn/etw in** ~ **ziehen** to consider sb/sth

betrachten* *vt* ❶ (*anschauen*) to look at; **bei näherem B~** [up]on closer examination ❷ (*halten für*) to regard [*or* see] (**als** +*akk* as)

Betrachter(in) <-s, -> *m(f)* observer

beträchtlich [bə·'trɛçt·lɪç] I. *adj* considerable; **Schaden** extensive II. *adv* considerably

Betrachtung *f kein pl* contemplation; **bei näherer** ~ [up]on closer examination

Betrachtungsweise *f* way of looking at things

Betrag <-[e]s, Beträge> [bə·'tra:k, *pl* bə·'trɛː·gə] *m* amount

betragen* *irreg* I. *vi* to be; **die Rechnung beträgt 10 Euro** the bill comes to 10 euros II. *vr* ■ **sich** *akk* ~ to behave

Betragen <-s> *nt kein pl* behavior; SCH conduct

betrauen* *vt* to entrust (**mit** +*dat* with)

betrauern* *vt* to mourn

betreffen* *vt irreg* ❶ (*angehen*) ■ jdn ~ to concern sb; ■ **etw** ~ to affect sth; **was das betrifft, ...** as far as that is concerned ❷ (*bestürzen*) to affect

betreffend *adj attr* ❶ (*erwähnt*) in question *pred;* **die** ~ **e Person** the person in question ❷ (*in Bezug auf*) concerning

betreiben* *vt irreg* ❶ **Laden, Firma** to run ❷ (*antreiben*) to power (**mit** +*dat* with); **das U-Boot wird atomar betrieben** the submarine is nuclear-powered

Betreiber(in) <-s, -> *m(f)* (*Firma, Träger*) operator

betreten*¹ *vt irreg* (*hineingehen*) to enter; (*auf*

etw treten) to walk on; (*steigen auf*) to step on[to]

betreten² I. *adj* embarrassed II. *adv* embarrassedly

betreuen* [bə·'trɔy·ən] *vt* ❶ (*sich kümmern um*) to look after ❷ (*verantwortlich sein für*) to be responsible for

Betreuer(in) <-s, -> *m(f)* caregiver; (*auf Ausflügen*) chaperone

Betreuung <-, -en> *f* ❶ (*das Betreuen*) looking after; *von Patienten* care ❷ (*Betreuer*) nurse

Betrieb <-[e]s, -e> [bə·'tri:p] *m* ❶ (*Firma*) company ❷ (*die Belegschaft*) workforce ❸ *kein pl* (*Betriebsamkeit*) activity; **heute war nur wenig/herrschte großer** ~ it was very quiet/busy today ❹ (*Tätigkeit*) operation; **etw in** ~ **nehmen** to put sth into operation; **außer** ~ out of order; **in** ~ in operation

betrieblich [bə·'tri:p·lɪç] *adj attr* (*den Betrieb betreffend*) operational; (*vom Betrieb geleistet*) company; **das ist eine rein** ~ **e Angelegenheit** that is purely an internal matter

betriebsam [bə·'tri:p·za:m] I. *adj* busy II. *adv* busily

Betriebsamkeit <-> *f kein pl* business

Betriebsangehörige(r) *f(m) dekl wie adj* employee

Betriebsanleitung *f* [operating] instructions *pl*

Betriebsarzt, -ärztin *m, f* company doctor

Betriebsausflug *m* staff outing

betriebsbedingt *adj* operational; ~ **e Kündigung** layoff

betriebsbereit *adj* ready for operation

betriebseigen *adj* company[-owned]

Betriebsferien *pl* vacation close-down

Betriebsfest *nt* company party

Betriebsgeheimnis *nt* trade secret

Betriebsgelände *nt* company grounds *pl*

Betriebsklima *nt* work atmosphere

Betriebskosten *pl* operating costs; *einer Maschine* running costs

Betriebsleitung *f* management

Betriebsrat *m* employee representative committee

Betriebsschließung *f* company closure

Betriebsschluss^RR *m* end of business hours; **nach** ~ after work

Betriebsstilllegung^RR *f s.* **Betriebsschließung**

Betriebsstörung *f* interruption of service

Betriebssystem *nt* COMPUT operating system

Betriebsunfall *m* ≈ occupational accident (*accident at or on the way to or from work*)

Betriebsversammlung *f* company [*or* staff] meeting

Betriebswirtschaft *f* business management

betrinken* *vr irreg* ■ **sich** *akk* [mit etw *dat*] ~ to get drunk [on sth]

betroffen I. *pp von* **betreffen** II. *adj* shocked; ~ **es Schweigen** stunned silence III. *adv* **jdn** ~ **anschauen** to look at sb with dismay; ~ **schweigen** to be too upset to say anything

Betroffene(r) *f(m) dekl wie adj* person affected
Betroffenheit <-> *f kein pl* shock
betrüben* *vt* to sadden
betrübt I. *adj* sad (**über** +*akk* about) **II.** *adv* sadly
Betrug <-[e]s, SCHWEIZ Betrüge> [bə'truːk, *pl* bə'tryː·gə] *m* fraud
betrügen* *irreg* **I.** *vt* ❶ (*vorsätzlich täuschen*) to cheat (**um** +*akk* out of); **ich fühle mich betrogen!** I feel betrayed! ❷ (*durch Seitensprung*) to be unfaithful to **II.** *vr* ▪ **sich** *akk* ~ to deceive oneself
Betrüger(in) <-s, -> [bə'tryː·gɐ] *m(f)* con man
betrunken [bə'trʊn·kn̩] **I.** *adj* drunken *attr,* drunk *pred* **II.** *adv* drunkenly
Betrunkene(r) *f(m) dekl wie adj* drunk
Bett <-[e]s, -en> [bɛt] *nt* ❶ (*Schlafstätte*) bed; **jdn ins ~ bringen** to put sb to bed; **ins ~ gehen** to go to bed; **jdn aus dem ~ holen** to get sb out of bed; **das ~ hüten müssen** to be confined to [one's] bed ❷ (*Oberbett*) comforter ❸ (*Flussbett*) [river] bed
Bettbezug *m* duvet cover
Bettcouch *f* sofa bed
Bettdecke *f* blanket; (*Steppdecke*) duvet, comforter
Bettelei <-, -en> [bɛ·tə·'lai] *f* (*pej*) begging
betteln ['bɛ·tl̩n] *vi* to beg (**um** +*akk* for)
bettlägerig *adj* bedridden, confined to bed *pred*
Bettlaken *nt s.* **Betttuch**
Bettler(in) <-s, -> ['bɛt·lɐ] *m(f)* beggar
bettreif *adj* (*fam*) ready for bed *pred*
Bettruhe *f* bed rest
Betttuch^{RR}, **Bettuch**^{ALT} ['bɛt·tuːx] *nt* sheet
Bettwäsche *f* bed linens *pl*, sheets *pl*
Bettzeug *nt* bedding
betucht [bə'tuːxt] *adj* (*fam*) well off
betüddeln [bə·'tyː·dl̩n] *vt* (*fam*) to coddle
betulich [bə·'tuː·lɪç] **I.** *adj* ❶ (*übertrieben besorgt*) fussing ❷ (*gemächlich*) leisurely **II.** *adv* in a leisurely manner
beugen ['bɔy·gn̩] **I.** *vt* ❶ (*neigen*) to bend; *Kopf* to bow ❷ LING (*konjugieren*) to conjugate; (*deklinieren*) to decline **II.** *vr* ❶ (*sich neigen*) ▪ **sich** *akk* **nach vorn/hinten** ~ to bend forward/backward; **sich** *akk* **aus dem Fenster** ~ to lean out [of] the window ❷ (*sich unterwerfen*) ▪ **sich** *akk* [**jdm/etw**] ~ to submit [to sb/sth]; **ich werde mich der Mehrheit** ~ I will bow to the majority
Beugung <-, -en> *f* LING *von Adjektiv, Substantiv* declension; *von Verb* conjugation
Beule <-, -n> ['bɔy·lə] *f* ❶ (*Delle*) dent ❷ (*Schwellung*) bump
beunruhigen* [bə·'ʔʊn·ruː·ɪ·gn̩] *vt* to worry
beunruhigend *adj* disturbing
Beunruhigung <-, -en> *f pl selten* concern
beurkunden* [bə·'ʔuːɐ̯·kʊn·dn̩] *vt* to certify
beurlauben* [bə·'ʔuːɐ̯·lau·bn̩] *vt* ❶ (*Urlaub geben*) to give time off; **können Sie mich für eine Woche ~?** can you give me a week off?

❷ (*suspendieren*) to suspend; **Sie sind bis auf weiteres beurlaubt** you are suspended until further notice
beurteilen* *vt* ❶ (*einschätzen*) to judge ❷ (*abschätzen*) to assess
Beurteilung <-, -en> *f* assessment
Beute <-> ['bɔy·tə] *f kein pl* ❶ (*Jagdbeute*) prey ❷ (*erbeutete Dinge*) loot; [**fette**] ~ **machen** to make a [big] haul
Beutel <-s, -> ['bɔy·tl̩] *m* ❶ (*Tasche*) bag ❷ (*fam: Geldbeutel*) wallet, change purse ❸ ZOOL pouch
beuteln ['bɔy·tl̩n] *vt* (*fam*) to shake
bevölkern* [bə·'fœl·kɐn] *vt* ❶ (*beleben*) to fill ❷ (*besiedeln*) to inhabit; **dicht bevölkert** densely populated
Bevölkerung <-, -en> *f* population
Bevölkerungsdichte *f* population density
Bevölkerungsexplosion *f* population explosion
Bevölkerungsgruppe *f* population group
bevölkerungsreich *adj* populous
Bevölkerungsschicht *f* class [of society]
Bevölkerungszahl *f* population
bevollmächtigen* *vt* to authorize (**zu** +*dat* to)
Bevollmächtigte(r) *f(m) dekl wie adj* authorized representative; POL plenipotentiary
Bevollmächtigung <-, -en> *f pl selten* authorization
bevor [bə·'foːɐ̯] *konj* before; ▪ **nicht** ~ not until
bevormunden* [bə·'foːɐ̯·mʊn·dn̩] *vt* to treat like a child
Bevormundung <-, -en> *f* being treated like a child
bevor|stehen *vi irreg* ❶ (*zu erwarten haben*) ▪ **jdm** ~ to await sb; **der schwierigste Teil steht dir erst noch bevor!** the most difficult part is yet to come! ❷ (*in Kürze eintreten*) to be approaching
bevorzugen* [bə·'foːɐ̯·tsuː·gn̩] *vt* ❶ (*begünstigen*) to favor [*or* prefer] (**vor** +*dat* over); **keines unserer Kinder wird bevorzugt** none of our children receive preferential treatment; **hier wird niemand bevorzugt!** there's no favoritism around here! ❷ (*den Vorzug geben*) to prefer
bevorzugt [bə·'foːɐ̯·tsuːkt] **I.** *adj* ❶ (*privilegiert*) privileged; *Behandlung* preferential ❷ (*beliebteste*) favorite **II.** *adv* **etw** ~ **abfertigen** to give sth priority; **jdn** ~ **behandeln** to give sb preferential treatment
bewachen* *vt* to guard
bewachsen [bə·'vak·sn̩] *adj* overgrown; **mit Gras** ~ **sein** to be overgrown with grass
Bewachung <-, -en> *f* ❶ (*das Bewachen*) guarding; **unter** [**strenger**] ~ under [close] guard ❷ (*Wachmannschaft*) guard
bewaffnen* *vt* to arm (**mit** +*dat* with)
Bewaffnung <-, -en> *f* ❶ *kein pl* (*das Bewaffnen*) arming ❷ (*Gesamtheit der Waffen*) weapons *pl*
bewahren* *vt* ❶ (*schützen*) to save (**vor** +*dat*

from); **vor etw** *dat* **bewahrt bleiben** to be spared sth ❷ (*geh: aufheben*) to keep ❸ (*erhalten, behalten*) ■|**sich** *dat*| **etw ~** to keep sth
bewähren* *vr* ■**sich** *akk* **~** ❶ *Gerät, Methode, Medikament* to prove itself ❷ *Mensch* to prove oneself; **sich** *akk* **als Freund ~** to prove to be a friend
bewahrheiten* [bə·'vaːɐ̯·hai·tn̩] *vr* ■**sich** *akk* **~** to come true
bewährt *adj* proven; *Mitarbeiter* reliable
Bewährung <-, -en> *f* JUR probation; **eine Strafe zur ~ aussetzen** to suspend a sentence
Bewährungshelfer(in) *m(f)* JUR probation officer
Bewährungsprobe *f* [acid] test; **jdn/etw einer ~ unterziehen** to put sb/sth to the test
bewältigen* [bə·'vɛl·tɪ·gn̩] *vt* ❶ (*meistern*) to cope with, to handle; *Schwierigkeiten* to overcome ❷ (*überwinden*) to get over; *Vergangenheit* to come to terms with
Bewältigung <-, -en> *f* ❶ (*das Meistern*) coping with; *von Schwierigkeiten* overcoming; *einer Strecke* covering ❷ (*das Überwinden*) getting over; *der Vergangenheit* coming to terms with
bewandert [bə·'van·dɛt] *adj* well-versed (**in** +*dat* in)
Bewandtnis [bə·'vant·nɪs] *f* **mit etw** *dat* **hat es eine besondere ~** there is a particular reason for sth
bewässern* *vt Feld* to irrigate; *Garten* to water
Bewässerung <-, -en> *f Feld* irrigation; *Garten* watering
bewegen*¹ [bə·'veː·gn̩] I. *vt* ❶ (*regen*) *Gegenstand, Körperteil* to move ❷ (*beschäftigen*) ■**etw bewegt jdn** sth concerns sb, sth in on sb's mind ❸ (*innerlich aufwühlen*) ■**etw bewegt jdn** sth moves sb ❹ (*bewirken*) to achieve; **etw/nichts/viel/wenig ~** to achieve something/nothing/a lot/little II. *vr* ■**sich** *akk* **~** ❶ (*sich regen/rühren*) to move ❷ (*sich körperlich betätigen*) to [get some] exercise ❸ (*variieren, schwanken*) to range; **der Preis bewegt sich um 3.000 Euro** the price is around 3,000 euros
bewegen*² <bewog, bewogen> [bə·'veː·gn̩] *vt* (*veranlassen*) ■**jdn dazu ~, etw zu tun** to move sb to do sth
Beweggrund *m* motive (+*gen* for)
beweglich [bə·'veːk·lɪç] *adj* ❶ (*bewegbar*) movable; *Glieder* supple; *Feiertag* movable ❷ (*leicht manövrierbar*) maneuverable ❸ (*körperlich mobil*) mobile; (*geistig wendig*) agile-minded
Beweglichkeit <-> *f kein pl* ❶ (*Mobilität*) mobility ❷ (*geistige Wendigkeit*) mental agility ❸ (*bewegliche Beschaffenheit*) suppleness
bewegt *adj* ❶ (*innerlich gerührt*) moved; **mit ~er Stimme** in an emotional voice ❷ *Leben, Vergangenheit* eventful
Bewegung <-, -en> *f* ❶ (*körperliche Aktion*) movement; **jdn in ~ halten** to keep sb moving ❷ *kein pl* (*körperliche Betätigung*) exercise

❸ (*Ergriffenheit*) emotion ❹ KUNST, POL movement
Bewegungsablauf *m* sequence of movements
Bewegungsfreiheit *f* freedom to move
bewegungslos *adj* motionless
Bewegungsmangel *m kein pl* lack of exercise
Bewegungsmelder <-s, -> *m* motion detector
bewegungsunfähig I. *adj* unable to move II. *adv* paralyzed
beweinen* *vt* to weep over
Beweis <-es, -e> [bə·'vais] *m* proof (**für** +*akk* of)
beweisen* *irreg vt* ❶ (*nachweisen*) to prove ❷ (*erkennen lassen*) to show
Beweislage *f* JUR evidence
Beweismaterial *nt* JUR [body of] evidence
Beweisstück *nt* JUR exhibit
bewerben* *irreg vr* ■**sich** *akk* **~** to apply (**bei** +*dat* to, **um** +*akk* for)
Bewerber(in) <-s, -> *m(f)* applicant
Bewerbung <-, -en> *f* application
Bewerbungsgespräch *nt* [job] interview
Bewerbungsschreiben *nt* application [letter]
Bewerbungsunterlagen *pl* documents in support of an application
bewerfen* *vt irreg* to throw at
bewerkstelligen* [bə·'vɛrk·ʃtɛ·lɪ·gn̩] *vt* to manage
bewerten* *vt* to assess; ■**jdn/etw nach etw** *dat* **~** to judge sb/sth according to sth; **etw zu hoch/niedrig ~** to overvalue/undervalue sth
Bewertung *f* assessment
Bewertungsmaßstab *m* assessment criterion
bewilligen* [bə·'vɪ·lɪ·gn̩] *vt* to approve; FIN to grant; *Stipendium* to award
bewirken* *vt* ❶ (*verursachen*) to cause ❷ (*erreichen*) ■**etwas ~** to achieve something
bewirten* *vt* to entertain (**mit** +*dat* with)
bewirtschaften* *vt* ❶ (*betreiben*) to run ❷ AGR to work
bewog [bə·'voːk] *imp von* **bewegen²**
bewogen *pp von* **bewegen²**
bewohnbar *adj* habitable
bewohnen* *vt* ❶ *Haus* to live in ❷ *Gegend, Insel* to inhabit
Bewohner(in) <-s, -> *m(f)* ❶ (*Einwohner*) inhabitant ❷ *eines Hauses, Zimmers* occupant
bewölken* *vr* ■**sich** *akk* **~** to cloud over
bewölkt *adj* cloudy; **leicht ~** partly cloudy
Bewölkung <-, -en> *f* cloud cover; **wechselnde ~** variably cloudy
Bewunderer, Bewunderin <-s, -> [bə·'vʊn·dɐ, bə·'vʊn·də·rɪn] *m, f* admirer
bewundern* *vt* to admire (**wegen** +*gen* for)
bewundernswert I. *adj* admirable II. *adv* admirably
Bewunderung <-, -en> *f pl selten* admiration
bewusst^RR, **bewußt**^ALT [bə·'vʊst] I. *adj* ❶ (*vorsätzlich*) **~es Nichtbefolgen von Anordnungen** willful disobedience of orders ❷ (*überlegt*) considered; **eine ~e Entscheidung** a deliberate decision; **~e Lebensführung** socially and environmentally aware life-

B

style ❸ **jdm etw ~ machen** to make sb realize sth; **sich** *dat* **etw ~ machen** to realize sth; ■ **sich** *dat* **etw** *gen* **~ sein** to be aware of sth; ■ **jdm ~ sein** to be clear to sb **II.** *adv* ❶ (*vorsätzlich*) deliberately ❷ (*überlegt*) **~ leben** to practice social and environmental awareness

bewusstlos^{RR}, **bewußtlos**^{ALT} [bə·ˈwʊst·loːs] **I.** *adj* unconscious; **~ werden** to faint **II.** *adv* unconsciously

Bewusstlosigkeit^{RR}, **Bewußtlosigkeit**^{ALT} <-> *f kein pl* unconsciousness

Bewusstsein^{RR}, **Bewußtsein**^{ALT} <-s> *nt kein pl* consciousness; **bei** [vollem] **~ sein** to be [fully] conscious; **etw aus dem ~ verdrängen** to banish sth from one's mind; **jdm etw ins ~ rufen** to remind sb of sth

Bewusstseinsstörung^{RR} *f* reduced consciousness

bezahlbar *adj* affordable

bezahlen* **I.** *vt* to pay; *Rechnung* to settle; *Getränke, Speisen* to pay for **II.** *vi* to pay; **~, bitte!** [the] check, please!

Bezahlung *f* (*Lohn*) pay; **gegen ~** for a fee, in exchange for payment

bezaubern* *vt, vi* to enchant

bezeichnen* **I.** *vt* ❶ (*benennen*) to call ❷ (*bedeuten*) to denote **II.** *vr* ■ **sich** *akk* **als etw** *akk* **~** to call oneself sth

bezeichnend *adj* typical (**für** +*akk* of)

bezeichnenderweise *adv* typically

Bezeichnung *f* term

bezeugen* *vt* to testify to

bezichtigen* [bə·ˈtsɪç·tɪ·gn̩] *vt* to accuse (+*gen* of)

beziehen* *irreg* **I.** *vt* ❶ (*überziehen*) to cover; **das Bett neu ~** to change the bed [or sheets] ❷ *Wohnung, Haus* to move into ❸ (*bekommen*) to receive ❹ *Standpunkt* to adopt; **zu etw** *dat* **Stellung ~** to take a stand on sth ❺ (*kaufen*) to obtain ❻ SCHWEIZ (*einziehen*) to collect ❼ (*in Beziehung setzen*) to apply (**auf** +*akk* to); **warum bezieht er immer alles gleich auf sich?** why does he always take everything personally? **II.** *vr* ❶ *Himmel* ■ **sich** *akk* **~** to cloud over ❷ (*betreffen, sich berufen*) ■ **sich** *akk* **auf jdn/etw ~** to refer to sb/sth

Beziehung <-, -en> [bə·ˈtsiː·ʊŋ] *f* ❶ (*Verhältnis*) relationship (**zu** +*dat* with); (*sexuell*) [romantic] relationship; **menschliche ~en** human relations ❷ (*Verbindung*) connection; **etw zu etw** *dat* **in ~ setzen** to connect sth to [or with] sth ❸ *meist pl* (*fördernde Bekanntschaften*) **~en haben** to have connections; **seine ~en spielen lassen** to pull [some] strings ❹ (*Hinsicht*) **in jeder ~** in every respect; **in mancher ~** in many respects

Beziehungskiste *f* (*sl*) relationship

beziehungslos I. *adj* unconnected **II.** *adv* without any connection

beziehungsweise *konj* or rather

beziffern* [bə·ˈtsɪfɐn] *vt* to estimate (**auf** +*akk* at)

Bezirk <-[e]s, -e> [bə·ˈtsɪrk] *m* district

bezirzen* [bə·ˈtsɪr·tsn̩] *vt* (*fam*) to bewitch

bezug^{ALT} [bə·ˈtsuːk] *s.* **Bezug 8**

Bezug <-[e]s, Bezüge> [bə·ˈtsuːk, *pl* bə·ˈtsyː·gə] *m* ❶ (*Kissenbezug*) pillowcase; (*Bettbezug*) duvet cover ❷ (*Bezugsstoff*) covering ❸ *kein pl* (*das Kaufen*) purchasing ❹ *pl* (*Einkünfte*) income *sing* ❺ (*Verbindung*) connection; **etw zu etw** *dat* **in ~ setzen** to connect sth to [or with] sth ❻ SCHWEIZ (*das Einziehen*) collection ❼ SCHWEIZ (*das Beziehen*) moving in[to] ❽ **~ auf etw** *akk* **nehmen** to refer to sth; ■ **in ~ auf etw** *akk* with regard to sth

bezüglich [bə·ˈtsyːk·lɪç] *präp* +*gen* regarding

bezugsfertig *adj* ready to be moved into

Bezugsperson *f* [personal] role model

bezuschussen* [bə·ˈtsuː·ʃʊ·sn̩] *vt* to subsidize

bezwecken* [bə·ˈtsvɛ·kn̩] *vt* to aim to achieve; **was willst du damit ~?** what do you hope to achieve by doing that?

bezweifeln* *vt* to question, to doubt

bezwingen* *irreg vt* ❶ (*besiegen*) to defeat; *Berg* to conquer ❷ (*bezähmen*) to keep under control; *Durst, Hunger, Schmerz* to master; *Emotionen* to overcome; *Neugierde* to restrain

BH <-[s], -[s]> [beː·ˈhaː] *m Abk von* **Büstenhalter** bra

Bhf. *Abk von* **Bahnhof** stn.

bibbern [ˈbɪ·bɐn] *vi* (*fam*) to tremble (**vor** +*dat* with); (*vor Kälte*) to shiver; ■ **um etw** *akk* **~** to fear for sth

Bibel <-, -n> [ˈbiː·bl̩] *f* Bible

bibelfest *adj* well-versed in the Bible *pred*

Biber <-s, -> [ˈbiː·bɐ] *m* beaver

Bibliografie^{RR}, **Bibliographie** <-, -n> [bib·lio·gra·ˈfi, *pl* -ˈfiː·ən] *f* bibliography

Bibliothek <-, -en> [bib·lio·ˈteːk] *f* library

Bibliothekar(in) <-s, -e> [bib·lio·te·ˈkaːɐ̯] *m(f)* librarian

biblisch [ˈbiː·blɪʃ] *adj* biblical

bieder [ˈbiː·dɐ] *adj* (*pej: spießig*) conventional, narrow-minded; *Geschmack* conservative

biegen <bog, gebogen> [ˈbiː·gn̩] **I.** *vt haben* ❶ (*krümmen*) to bend ❷ LING ÖSTERR (*flektieren*) to inflect **II.** *vi sein* (*abbiegen*) to turn **III.** *vr haben* ■ **sich** *akk* **~** to bend

biegsam [ˈbiːk·za·m] *adj Material* flexible

Biegung <-, -en> *f* ❶ (*Kurve*) bend; **eine ~ machen** to turn ❷ LING ÖSTERR (*Flexion*) inflection

Biene <-, -n> [ˈbiː·nə] *f* bee

Bienenhonig *m* [bee] honey

Bienenkönigin *f* queen bee

Bienenschwarm *m* swarm of bees

Bienenstich *m* ❶ (*Stich einer Biene*) bee sting ❷ (*Kuchen*) sheet cake with an almond and sugar coating and a custard cream filling

Bienenwabe *f* honeycomb

Bier <-[e]s, -e> [biːɐ̯] *nt* beer; **~ vom Fass** draft beer ▶ WENDUNGEN: **das ist dein ~** (*fam*) that's your business; **das ist nicht mein ~** (*fam*) that has nothing to do with me

Bierbauch *m* (*fam*) beer belly

Bierbrauerei f brewery
Bierdeckel m beer mat
Bierdose f beer can
bierernst ['biːɐ̯ˌʔɛrnst] adj (fam) dead[ly] serious
Bierfass^{RR} nt beer keg
Bierflasche f beer bottle
Biergarten m beer garden
Bierlaune f (fam) ▶WENDUNGEN: **aus einer ~ heraus** in a cheery mood [after a few beers]
Bierschinken m KOCHK ≈ ham sausage (type of sausage containing large pieces of ham)
Biest <-[e]s, -er> [biːst] nt (pej fam) ❶ (lästiges Insekt) [damn] bug; (bösartiges Tier) creature ❷ (bösartiger Mensch) beast
biestig (pej) I. adj (fam) beastly II. adv (fam) nastily
bieten <bot, geboten> ['biːtn̩] I. vt ❶ (anbieten) to offer ❷ (geben) to give; Gewähr, Sicherheit, Schutz to provide ❸ (zumuten) sich dat etw nicht ~ lassen to not stand for sth II. vr ■ sich akk [jdm] ~ Möglichkeit, Gelegenheit to present itself [to sb]
Bigamie <-, -n> [biˑgaˑˈmiː, pl -ˈmiːən] f bigamy
Bigamist(in) <-en, -en> [biˑgaˑˈmɪst] m(f) bigamist
bigott [biˑˈgɔt] adj (frömmelnd) sanctimonious; (scheinheilig) hypocritical
Bikini <-s, -s> [biˑˈkiːˑni] m bikini
Bilanz <-, -en> [biˑˈlants] f ❶ ÖKON balance sheet ❷ (Ergebnis) end result ▶WENDUNGEN: **~ ziehen** to take stock
bilateral ['biːˑlaˑteˑraːl] adj bilateral
Bild <-[e]s, -er> [bɪlt, pl ˈbɪlˑdɐ] nt picture ▶WENDUNGEN: **ein ~ für die Götter** (fam) a sight for sore eyes; **sich** dat **von jdm/etw ein ~ machen** to form an opinion about sb/sth; **im ~e sein** to be in the picture
bilden ['bɪlˑdn̩] I. vt ❶ (hervorbringen, formen) to form ❷ Ausschuss to set up sep ❸ (darstellen) to make up; Gefahr, Problem to constitute ❹ (mit Bildung versehen) to educate II. vr ❶ (entstehen) ■ sich akk ~ to develop; CHEM to form; BOT to grow ❷ (sich Bildung verschaffen) ■ sich akk ~ to educate oneself ❸ (sich formen) ■ sich dat eine Meinung ~ to form an opinion III. vi ■ etw bildet sth broadens the mind
Bilderbuch nt picture book
Bildergalerie f art gallery
Bilderrahmen m picture frame
Bildfläche f FILM, FOTO projection surface ▶WENDUNGEN: **auf der ~ erscheinen** (fam) to appear on the scene; **von der ~ verschwinden** (fam) to disappear from the scene
bildhaft I. adj vivid; Beschreibung graphic II. adv vividly
Bildhauer(in) <-s, -> ['bɪltˑhaʊ̯ɐ] m(f) sculptor
bildhübsch ['bɪltˑˈhʏpʃ] adj as pretty as a picture
bildlich I. adj figurative II. adv figuratively;

~ gesprochen metaphorically speaking; **sich** dat **etw ~ vorstellen** to picture sth
Bildnis <-ses, -se> ['bɪltˑnɪs, pl -nɪsə] nt (geh) portrait
Bildqualität f TV, FILM picture quality; FOTO print quality
Bildröhre f TV picture tube
Bildschirm m TV, COMPUT screen
Bildschirmschoner m screen saver
bildschön ['bɪltˑˈʃøːn] adj s. bildhübsch
Bildstörung f TV interference
Bildtelefon nt videophone
Bildung <-> f kein pl education; **keine ~ haben** to be uneducated
Bildungsbürger(in) m(f) member of the educated classes
Bildungseinrichtung f educational institution
Bildungslücke f gap in one's education
Bildungsniveau nt level of education
Bildungspolitik f education policy
Bildungsreform f reform of the education system
Bildungsstand m s. Bildungsniveau
Bildungssystem nt education system
bilingual [biˑlɪŋˑˈgu̯aːl] adj bilingual
Billard <-s, -e o ÖSTERR -s> ['bɪlˑjart] nt billiards + sing vb, pool
Billardkugel ['bɪlˑjart-] f billiard ball
Billardstock m billiard [or pool] cue
Billardtisch m billiard [or pool] table
Billett <-[e]s, -s o -e> [bɪlˑˈjɛ(t)] nt ❶ SCHWEIZ (Fahrkarte) ticket ❷ SCHWEIZ (Eintrittskarte) admission ticket ❸ ÖSTERR (Glückwunschkarte) greeting card
Billiarde <-, -n> [bɪˑˈli̯arˑdə] f thousand trillion, quadrillion
billig ['bɪlɪç] I. adj cheap II. adv cheaply; **~ abzugeben** going cheap ▶WENDUNGEN: **~ davonkommen** (fam) to get off lightly
Billiganbieter m supplier of cheap products
Billigarbeiter(in) m(f) cheap laborer
billigen ['bɪlɪgn̩] vt to approve of
Billigflug m cheap flight
Billiglinie f low-cost airline
Billigprodukt nt cheap product
Billigung <-, -en> f pl selten approval
Billigware f cheap goods pl
Billion <-, -en> [bɪˑˈli̯oːn] f trillion
bimmeln ['bɪˑml̩n] vi (fam) to ring
bin [bɪn] 1. pers sing pres von sein
binär [biˑˈnɛːɐ̯] adj binary
Binde <-, -n> ['bɪnˑdə] f ❶ MED bandage; (Schlinge) sling ❷ (Monatsbinde) sanitary napkin
Bindegewebe nt ANAT connective tissue
Bindehaut f ANAT conjunctiva
Bindehautentzündung f conjunctivitis
Bindemittel nt binder; KOCHK a. thickener
binden <band, gebunden> ['bɪnˑdn̩] I. vt ❶ (befestigen) to tie [up sep] (an +akk to) ❷ (zusammenbinden) Schnürsenkel to tie; Krawatte to knot; Kranz, Blumenstrauß, Buch to bind ▶WENDUNGEN: **mir sind die Hände**

B

gebunden my hands are tied **II.** *vr* ❶ *(sich verpflichten)* ■**sich** *akk* **an jdn/etw** ~ to commit oneself to sb/sth ❷ *(feste Partnerschaft eingehen)* **ich will mich momentan nicht** ~ I don't want to tie myself down right now
bindend *adj* binding
Bindestrich *m* hyphen
Bindfaden *m* string
Bindung <-, -en> *f* ❶ *(Verbundenheit)* bond **(an** +*dat* to) ❷ *(Verpflichtung)* commitment; **eine vertragliche** ~ **eingehen** to enter into a binding contract ❸ *(am Ski)* binding
binnen ['bɪ·nən] *präp* +*dat o gen* *(geh)* within; ~ **kurzem** shortly
Binnengewässer *nt* inland water *no indef art*
Binnenhafen *m* inland port
Binnenland ['bɪ·nən·lant] *nt* landlocked country
Binnenmarkt *m* domestic market; **der [Europäische]** ~ the Single [European] Market
Binnenmeer *nt* inland sea
Binnensee *m* lake
Binse <-, -n> ['bɪn·zə] *f* BOT rush ▶ WENDUNGEN: **in die ~n gehen** *(fam)* Vorhaben to fall through; Veranstaltung to be a washout *fam*
Binsenwahrheit *f*, **Binsenweisheit** *f* truism
Bioabfall *m* ÖKOL organic waste [matter]
Biobrennstoff *m* biofuel
biochemisch [bio·'çe:·mɪʃ] *adj* biochemical
Bioenergie *f kein pl* bioenergy
Biogas *nt* biogas
Biografieᴿᴿ <-, -n> [bio·gra·'fi:, *pl* -'fi:·ən] *f* ❶ *(Buch)* biography ❷ *(Lebenslauf)* life [history]
biografischᴿᴿ [bio·'gra:·fɪʃ] *adj* biographical
Biographie <-, -n> [bio·gra·'fi:, *pl* -'fi:·ən] *f s.* **Biografie**
biographisch [bio·'gra:·fɪʃ] *adj s.* **biografisch**
Biokost *f* organic food
Bioladen *m* health food store
Biolandbau *m kein pl* organic farming
Biologe, Biologin <-n, -n> [bio·'lo:·gə, bio·'lo:·gɪn] *m, f* biologist
Biologie <-> [bio·lo·'gi:] *f kein pl* biology
biologisch I. *adj* biological; *(natürlich)* natural **II.** *adv* biologically; ~ **abbaubar** biodegradable
Biomüll *m* organic waste [matter]
Biorhythmus *m* biorhythm
Biosphäre [bio·'sfɛ:·rə] *f* ÖKOL biosphere
Biotechnik [bio·'tɛç·nɪk] *f* bioengineering
Biotonne *f garbage container for organic waste*
Biotop <-s, -e> [bio·'to:p] *nt* ÖKOL biotope
Biotreibstoff *m* biofuel
Biowaffe *f* biological weapon
Biowaschmittel *nt* organic detergent
birgt [bɪrkt] *3. pers sing pres von* **bergen**
Birke <-, -n> ['bɪr·kə] *f* birch [tree]
Birma <-s> ['bɪr·ma] *nt* Burma; *s. a.* **Deutschland**
Birnbaum *m* pear [tree]
Birne <-, -n> ['bɪr·nə] *f* ❶ *(Frucht)* pear ❷ ELEK [light] bulb ❸ *(fam: Kopf)* noggin *fam*

birst *3. pers sing pres von* **bersten**
bis [bɪs] **I.** *präp* +*akk* ❶ *zeitlich* until, till; *(nicht später als)* by; ~ **jetzt** up to now; ~ **morgen!** see you tomorrow!; ~ **bald!** see you soon!; ~ **anhin** SCHWEIZ *(bis jetzt)* up to now ❷ *räumlich* as far as; ~ **dort/dorthin/dahin** [up] to there; ~ **hierher** up to this point ❸ *(erreichend)* up to; **ich zähle** ~ **drei** I'll count [up] to three; **die Tagestemperaturen steigen** ~ **|zu| 30°C** daytime temperatures will reach 30°C; **Kinder** ~ **sechs Jahre** children up to the age of six ❹ *(mit Ausnahme von)* ■~ **auf** [*o* SCHWEIZ ~ ˈan] except [for] **II.** *konj* ❶ *(ungefähre Angabe)* to; **400** ~ **500 Gramm Schinken** 400 to 500 grams of ham ❷ *zeitlich* ~ **es dunkel wird, möchte ich zu Hause sein** I want to be home by the time it gets dark; **ich warte noch,** ~ **es dunkel wird** I'll wait until it gets dark
Biscaya *f s.* **Biskaya**
Bischof, Bischöfin <-s, Bischöfe> ['bɪ·ʃɔf, 'bɪ·ʃœ·fɪn, *pl* 'bɪ·ʃœ·fə] *m, f* bishop
bischöflich ['bɪ·ʃœf·lɪç, 'bɪ·ʃø:f·lɪç] *adj* episcopal
bisexuell [bi·zɛ·'ksu̯·ɛl, 'bi:·] *adj* bisexual
bisher [bɪs·'he:ɐ̯] *adv* until now
Biskaya <-> [bɪs·'ka:ja] *f* ■**die** ~ [the Bay of] Biscay
Biskuit <-[e]s, -s *o* -e> [bɪs·'kvi:t, bɪs·'ku̯i:t] *nt o m* sponge cake
bislang [bɪs·'laŋ] *adv s.* **bisher**
Bison <-s, -e> ['bi:·zɔn] *m* bison
bissᴿᴿ, **biß**ᴬᴸᵀ [bɪs] *imp von* **beißen**
Bissᴿᴿ <-es, -e>, **Biß**ᴬᴸᵀ <-sses, -sse> [bɪs] *m* ❶ *(das Zubeißen, Bisswunde)* bite ❷ *(fam: engagierter Einsatz)* drive; ~ **haben** to have drive
bisschenᴿᴿ, **bißchen**ᴬᴸᵀ ['bɪs·çən] *pron indef* ❶ + *Substantiv* ■**ein** ~ ... a little ...; ■**kein** ~ ... not one [little] bit of ...; ■**das** ~ ... the little bit of ... ❷ + *Adjektiv/Adverb/Verb* ■**ein** ~ ... a bit ...; **das war ein** ~ **dumm von ihr!** that was a little stupid of her!; ■**kein** ~ ... not the slightest bit ...
Bissen <-s, -> ['bɪ·sn̩] *m* morsel; **kann ich einen** ~ **von deinem Brötchen haben?** can I have a bite of your roll?; **er brachte keinen** ~ **herunter** he couldn't eat a thing
bissig ['bɪ·sɪç] *adj* ❶ **ein ~er Hund** a dog that bites ❷ *(sarkastisch)* sarcastic; *Kritik* scathing
Bisswundeᴿᴿ *f* bite
bist [bɪst] *2. pers sing pres von* **sein**
Bistum <-s, Bistümer> ['bɪs·tu:m, *pl* 'bɪs·ty:·mɐ] *nt* bishopric
bisweilen [bɪs·'vai·lən] *adv (geh)* at times
Bit <-[s], -[s]> [bɪt] *nt* COMPUT bit
bitte ['bɪ·tə] *interj* ❶ *(auffordernd)* please; ~ **nicht!** please don't! [*or* no, thank you!]; **ja,** ~? *(am Telefon)* hello?; **tun Sie |doch| ~ ...** won't you please ... ❷ *(Dank erwidernd)* **danke für die Auskunft!** — ~ [, **gern geschehen]** thanks for the information — you're [very] welcome!; **danke, dass du mir gehol**

fen hast! – ~|, **gern geschehen**]! thanks for helping me — not at all!; **danke schön!** – ~ schön, war mir ein Vergnügen! thank you! — don't mention it, my pleasure!; **Entschuldigung!** – ~! Excuse me! — go right ahead! ❸ (*anbietend*) ~ **schön** here you are ❹ (*um Wiederholung bittend*) ~? **könnten Sie die Nummer noch einmal wiederholen?** I'm sorry, can you [please] repeat the number?

Bitte <-, -n> ['bɪ·tə] *f* request (**um** +*akk* for)

bitten <bat, gebeten> ['bɪ·tn̩] *vt*, *vi* to ask (**um** +*akk* for); **könnte ich dich um einen Gefallen** ~? could I ask you a favor? ▶ WENDUNGEN: **wenn ich** ~ **darf!** if you wouldn't mind!

bitter ['bɪ·tɐ] **I.** *adj* ❶ (*herb*) bitter; *Schokolade* dark ❷ (*schmerzlich*) *Verlust*, *Wahrheit* bitter; *Reue* deep **II.** *adv* (*sehr*) bitterly

bitterböse ['bɪ·tɐ·'bø··zə] *adj* furious

bitterernst ['bɪ·tɐ·'ʔɛrnst] *adj* extremely serious; ■ **jdm ist es mit etw** *dat* ~ sb is dead[ly] serious about sth

bitterkalt ['bɪ·tɐ·'kalt] *adj attr* bitterly cold

Bitterkeit <-> *f kein pl* bitterness

bitterlich I. *adj* slightly bitter **II.** *adv* bitterly

bittersüß ['bɪ·tɐ·'zyːs] *adj* bittersweet *a. fig*

Bittsteller(in) <-s, -> *m(f)* petitioner

bizarr [bi·'tsar] *adj* bizarre

Bizeps <-es, -e> ['biː·tsɛps] *m* biceps

BKA <-> [beː·kaː·'ʔaː] *nt kein pl Abk von* **Bundeskriminalamt**

Blabla <-s> [bla·'blaː] *nt kein pl* (*pej fam*) blah

Blackout, **Black-out**^RR <-s, -s> ['blɛk·ʔaut, blɛk·'ʔaut] *m* ❶ (*Gedächtnislücke*) memory lapse ❷ (*Bewusstseinsverlust*, *Stromausfall*) blackout

blähen ['blɛː·ən] **I.** *vt* ❶ (*mit Luft füllen*) to fill [out *sep*] ❷ ANAT to distend **II.** *vr* ■ **sich** *akk* ~ to billow; ANAT to dilate **III.** *vi* (*blähend wirken*) to cause flatulence, to give gas

Blähung <-, -en> *f meist pl* flatulence; ~**en haben** to have flatulence [*or* gas]

Blamage <-, -n> [bla·'maː·ʒə] *f* (*geh*) disgrace

blamieren* [bla·'miː·rən] **I.** *vt* to disgrace **II.** *vr* ■ **sich** *akk* ~ to make a fool of oneself

blanchieren* [blã·'ʃiː·rən] *vt* KOCHK to blanch

blank [blaŋk] **I.** *adj* ❶ (*glänzend, sauber*) shining ❷ (*abgescheuert*) shiny ❸ (*total*) *Chaos, Unsinn* utter ❹ (*fam: pleite*) ■ ~ **sein** to be broke **II.** *adv* ~ **gewetzt** shiny; ~ **poliert** brightly polished

Blankoscheck *m* blank check

Blankovollmacht *f* carte blanche

Blase <-, -n> ['blaː·zə] *f* ❶ ANAT bladder ❷ MED blister; **sich** *dat* ~**n laufen** to get blisters on one's feet ❸ (*Hohlraum*) bubble

Blasebalg <-[e]s, -bälge> *m* bellows *npl*

blasen <bläst, blies, geblasen> ['blaː·zn̩] *vt*, *vi* to blow

Blasenentzündung *f* bladder infection

Blasenschwäche *f* bladder weakness

Blasentee *m herbal tea that helps to relieve bladder problems*

Blasinstrument *nt* wind instrument

Blaskapelle *f* brass band

Blasmusik *f* brass-band music

Blasphemie <-, -n> [blas·fe·'miː, *pl* -'miː·ən] *f* (*geh*) blasphemy

Blasrohr *nt* blowpipe

blass^RR, **blaß**^ALT [blas] *adj* ❶ (*bleich*) pale; ~ **um die Nase sein** to be green about the gills *hum* ❷ (*hell, matt*) pale; *Schrift* faint ❸ (*schwach*) vague; *Erinnerung* dim

Blässe <-> ['blɛ·sə] *f* paleness

bläst [blɛːst] *3. pers sing pres von* **blasen**

Blatt <-[e]s, Blätter> [blat, *pl* 'blɛ·tɐ] *nt* ❶ BOT leaf ❷ (*Papierseite*) sheet ❸ (*Zeitung*) paper ▶ WENDUNGEN: **kein** ~ **vor den Mund nehmen** to not mince one's words; **das** ~ **hat sich gewendet** things have changed

blättern ['blɛ·tɐn] *vi* **in einem Buch** ~ to flip [*or* leaf] through a book

Blätterteig *m* puff pastry

Blattgold *nt* gold leaf

Blattgrün *nt* chlorophyll

Blattlaus *f* aphid

Blattsalat *m* lettuce

blau [blau] *adj* ❶ (*Farbe*) blue ❷ (*blutunterlaufen*) bruised; **ein** ~**er Fleck** a bruise; **ein** ~**es Auge** a black eye ❸ *meist pred* (*fam: betrunken*) plastered *sl*

blauäugig *adj* ❶ (*blaue Augen habend*) blue-eyed ❷ (*naiv*) naïve

Blaubeere *f s.* **Heidelbeere**

Blaue *nt* ▶ WENDUNGEN: **jdm das** ~ **vom Himmel versprechen** (*fam*) to promise sb the world; **ins** ~ **hinein** (*fam*) at random; **eine Fahrt ins** ~ a mystery tour

blaugrau *adj* blue-gray

blaugrün *adj* blue-green

Blauhelm *m* (*sl*) blue beret

Blaukraut *nt* SÜDD, ÖSTERR red cabbage

bläulich *adj* bluish

Blaulicht *nt* flashing blue light

blau|machen *vi* (*fam: krankfeiern*) to call in sick; SCH to play hooky

Blaumann <-männer> *m* (*fam*) blue [workers'] overalls

Blausäure *f* hydrocyanic acid

Blauschimmelkäse *m* blue cheese

blauschwarz *adj* blue-black

Blazer <-s, -> ['bleː·ze] *m* blazer

Blech <-[e]s, -e> [blɛç] *nt* ❶ *kein pl* (*Material*) sheet metal ❷ (*Blechstück*) metal plate ❸ (*Backblech*) [baking] tray

Blechdose *f* tin

blechen ['blɛç·n̩] *vt*, *vi* (*fam*) to fork out (**für** +*akk* for)

Blechlawine *f* (*fig fam*) river of metal *fig*

Blechschaden *m* AUTO damage to the bodywork

Blechtrommel *f* tin drum

Blei <-[e]s> [blai] *nt kein pl* lead

Bleibe <-, -n> ['blai·bə] *f* place to stay

bleiben <blieb, geblieben> ['blai·bn̩] *vi sein* ❶ (*verweilen*) to stay; **wo bleibst du so lange?** what's taking you so long [to get here]?;

B

wo sie nur so lange bleibt? where the heck is she? ❷*(weiterhin sein)* to remain; **unbeachtet ~** to go unnoticed; **wach ~** to stay awake; **das bleibt unter uns** that's [just] between you and me ❸*(übrig bleiben)* **eine Möglichkeit bleibt uns noch** we still have one possibility left; **es blieb mir keine andere Wahl** I was left with no other choice
bleibend *adj* lasting
Bleiberecht *nt kein pl* POL right of residence
bleich [blaiç] *adj* pale
bleichen ['blai·çn̩] *vt* to bleach
Bleichmittel *nt* bleach
bleifrei *adj* lead-free
bleihaltig *adj* containing lead
Bleistift *m* pencil
Blende <-, -n> ['blɛn·də] *f* ❶*(Lichtschutz)* blind ❷ FOTO aperture
blenden ['blɛn·dn̩] **I.** *vt* ❶*(quasi blind machen)* to dazzle ❷*(täuschen)* to deceive **(durch** +*akk* with) **II.** *vi* to be dazzling
blendend I. *adj* brilliant; **~er Laune sein** to be in a fantastic mood **II.** *adv* wonderfully; **sich** *akk* **~ amüsieren** to have a great time
Blender(in) <-s, -> *m(f)* fraud
Blick <-[e]s, -e> [blɪk] *m* ❶*(das Blicken)* look; **er warf einen ~ aus dem Fenster** he glanced out the window; **auf einen ~** at a glance; **auf den ersten ~** at first sight; **auf den zweiten ~** upon closer inspection; **jds ~ ausweichen** to avoid sb's gaze; **einen ~ auf jdn/etw werfen** to glance at sb/sth ❷*(Augenausdruck)* look in one's eye ❸*(Ausblick)* view; **ein Zimmer mit ~ auf den Strand** a room overlooking the beach
blicken ['blɪ·kn̩] **I.** *vi* ❶*(schauen)* to look **(auf** +*akk* at), to take a look **(auf** +*akk* at) ❷**sich** *akk* **~ lassen** to put in an appearance; **sie hat sich hier nicht wieder ~ lassen** she hasn't shown up here again **II.** *vt (sl: verstehen)* to understand
Blickfang *m* eye-grabber
Blickfeld *nt* field of vision
Blickkontakt *m* visual contact; **~ haben** to have eye contact
Blickpunkt *m* ❶*(Standpunkt)* point of view ❷*(Fokus)* **im ~** [der Öffentlichkeit] **stehen** to be the focus of [public] attention
Blickrichtung *f* line of sight
Blickwinkel *m* perspective; *(Gesichtspunkt a.)* point of view
blies *imp von* blasen
Blimp <-s, -s> [blɪmp] *m* LUFT blimp
blind [blɪnt] **I.** *adj* blind; ■**~ werden** to go blind; **~ vor Hass/Eifersucht sein** to be blinded by hatred/jealousy **II.** *adv* blindly
Blindbewerbung *f* unsolicited application
Blinddarm *m* appendix
Blinddarmentzündung *f* appendicitis
Blinde(r) *f(m) dekl wie adj* blind person, blind man *masc*, blind woman *fem*
Blindenhund *m* guide dog
Blindenschrift *f* Braille *no art*

Blindflug *m* ❶ LUFT blind flight ❷*(fig)* process of trial and error
blindgläubig I. *adj* credulous **II.** *adv* blindly
Blindheit <-> *f kein pl* blindness
blindlings ['blɪnt·lɪŋs] *adv* blindly
blinken ['blɪŋ·kn̩] *vi* ❶*(funkeln)* to gleam ❷*(Blinkzeichen geben)* to flash; *(zum Abbiegen)* to put one's turn signal on; **mit der Lichthupe ~** to flash one's [head]lights
Blinker <-s, -> ['blɪŋ·kɐ] *m* AUTO turn signal
Blinklicht *nt* ❶ TRANSP flashing light ❷*(fam)* s. **Blinker**
Blinkzeichen *nt* flashing signal; **~ geben** to flash a signal
blinzeln ['blɪn·tsl̩n] *vi* to blink; *(geblendet)* to squint
Blitz <-es, -e> [blɪts] *m* ❶*(Blitzstrahl)* lightning; **vom ~ getroffen werden** to be struck by lightning ❷ FOTO flash ▶WENDUNGEN: **wie vom ~ getroffen** thunderstruck; **wie ein ~ einschlagen** to come as a bombshell; **wie der ~** *(fam)* like lightning
Blitzableiter <-s, -> *m* lightning rod
Blitzaktion *f* lightning operation
blitzartig I. *adj* lightning *attr* **II.** *adv* like lightning; **er ist ~ verschwunden** he disappeared as quickly as a flash
blitzblank *adj* squeaky clean
blitzen ['blɪ·tsn̩] **I.** *vi impers* ■**es blitzt** there is [a flash of] lightning **II.** *vi* ❶*(strahlen)* to sparkle ❷*(funkeln)* to flash **(vor** +*dat* with) ❸ FOTO *(fam)* to use [a] flash **III.** *vt (fam: in Radarfalle)* ■**geblitzt werden** to be photographed [*or fam* zapped] by a traffic camera
Blitzgerät *nt* FOTO flash [unit]
Blitzlicht *nt* FOTO flash[light]
blitzsauber ['blɪts·'zaubɐ] *adj (fam)* sparkling clean
Blitzschlag *m* lightning strike
blitzschnell ['blɪts·'ʃnɛl] *adj s.* **blitzartig**
Blizzard <-s, -s> ['blɪzɐt] *m* blizzard
Block¹ <-[e]s, Blöcke> [blɔk, *pl* blœ·kə] *m (Form)* block
Block² <-[e]s, Blöcke *o* -s> [blɔk, *pl* blœ·kə] *m* ❶*(Häuserblock)* block; *(großes Mietshaus)* apartment building ❷*(Papierstapel)* pad of paper; **ein ~ Briefpapier** a stationery pad
Blockade <-, -n> [blɔ·'ka:·də] *f* ❶*(Wirtschaftsblockade)* blockade ❷ MED block ❸*(Denkhemmung)* mental block
blocken ['blɔ·kn̩] *vt* ❶*(verhindern)* to block, to stall ❷ SÜDD *(bohnern)* to polish
Blockflöte *f* recorder
Blockhütte *f* log cabin
blockieren* [blɔ·'ki:·rən] **I.** *vt* to block; **Stromzufuhr** to interrupt; *Verkehr* to stop **II.** *vi Bremse, Räder* to lock
Blocksatz *m* TYPO justification
Blockschrift *f* block capitals *pl*
blöd [blø:t], **blöde** ['blø:·də] **I.** *adj (fam)* ❶*(dumm)* silly; *(stärker)* stupid ❷*(unangenehm)* disagreeable; *Situation* awkward; **ein**

~es **Gefühl** a funny feeling; **zu ~!** how annoying! **II.** *adv (fam)* idiotically; **frag doch nicht so ~!** don't ask such stupid questions!; **sich** *akk* **~ anstellen** to act stupid

Blödelei <-, -en> *f (fam)* ❶ *(das Blödeln)* messing around; **lass endlich diese ~!** quit messing around [already]! ❷ *(Albernheit)* silly prank

blödeln ['bløː·dl̩n] *vi (fam)* to tell silly jokes

blöderweise *adv (fam)* stupidly

Blödheit <-, -en> *f (fam)* ❶ *kein pl (Dummheit)* stupidity ❷ *(dumme Bemerkung)* stupid remark

Blödian <-[e]s, -e> ['bløː·di̯aːn] *m*, **Blödmann** *m (fam)* idiot

Blödsinn *m kein pl (pej fam)* nonsense; **machen Sie keinen ~!** don't mess around!

blödsinnig ['bløːt·zɪnɪç] *adj (pej fam)* idiotic

blöken ['bløː·kn̩] *vi* to bleat

blond [blɔnt] *adj* blond[e]; *(hellgelb)* light blond[e]

blondieren* [blɔn·'diː·rən] *vt* to bleach

Blondine <-, -n> [blɔn·'diː·nə] *f* blonde

bloß [bloːs] **I.** *adj* ❶ *(unbedeckt)* bare; **mit ~em Oberkörper** stripped to the waist ❷ *attr (nichts als)* mere; *(allein schon)* very; **mit ~em Auge** with the naked eye **II.** *adv (nur)* only **III.** *part (verstärkend)* **lass mich ~ in Ruhe!** just leave me alone!; **was er ~ hat?** what's his problem?

Blöße ['bløː·sə] *f* ▶ WENDUNGEN: **sich** *dat* **keine ~ geben** to not show any weakness

bloß∥legen *vt* ❶ *(ausgraben)* to uncover ❷ *(enthüllen)* to bring to light

bloß∥stellen *vt* ❶ *(verraten)* to expose ❷ *(blamieren)* to show up *sep*

blubbern ['blʊ·bɐn] *vi (fam)* to bubble

Bluff <-[e]s, -s> [blʊf, blaf, blœf] *m* bluff

bluffen ['blʊfn̩, 'blafn̩, 'blœfn̩] *vi* to bluff

blühen ['blyː·ən] *vi* ❶ *(Blüten haben)* to bloom ❷ *(florieren)* to flourish ❸ *(fam)* ■ **jdm ~** to be in store for sb; **dann blüht dir aber was!** then you'll be in for it!

blühend *adj* ❶ *(in Blüte sein)* blossoming ❷ *(strahlend)* radiant ❸ *(prosperierend)* flourishing ❹ *(fam)* **eine ~e Fantasie haben** to have a fertile imagination

Blume <-, -n> ['bluː·mə] *f* flower; *(Topfblume)* potted plant ▶ WENDUNGEN: **jdm etw durch die ~ sagen** to say sth in a roundabout way to sb

Blumenbeet *nt* flower bed

Blumenerde *f* potting soil

Blumenkasten *m* flower box

Blumenkohl *m kein pl* cauliflower

Blumenladen *m* flower shop

Blumenstrauß <-sträuße> *m* bouquet of flowers

Blumentopf *m* flowerpot

Blumenvase *f* flower vase

Blumenzwiebel *f* bulb

blumig *adj* flowery

Bluse <-, -n> ['bluː·zə] *f* blouse

Blut <-[e]s> [bluːt] *nt kein pl* blood; **jdm ~ abnehmen** to take a blood sample from sb ▶ WENDUNGEN: **~ und Wasser schwitzen** *(fam)* to sweat blood [and tears]; **[nur] ruhig ~!** [just] calm down!; **~ geleckt haben** to have developed a liking for sth; **jdm im ~ liegen** to be in sb's blood

Blutabnahme *f* **eine ~ machen** to take a blood sample

Blutalkoholspiegel *m* blood alcohol level

Blutbad *nt* bloodbath

Blutbahn *f* bloodstream

Blutbank <-banken> *f* blood bank

Blutdruck *m kein pl* blood pressure

Blüte <-, -n> ['blyː·tə] *f* ❶ *(Pflanzenteil)* bloom; *Baum* blossom; **in voller ~ stehen** to be in full bloom; **~n treiben** to [be in] bloom; *Baum* to [be in] blossom ❷ *(Blütezeit)* blooming ❸ *(fam: falsche Banknote)* fake [or counterfeit] [bill] ▶ WENDUNGEN: **merkwürdige ~n treiben** to take on strange forms

Blutegel *m* leech

bluten ['bluː·tn̩] *vi* to bleed (**an/aus** +*dat* from)

Blütenblatt *nt* petal

Blütenstaub *m* pollen

blütenweiß *adj* snow white

Bluter(in) <-s, -> ['bluː·tɐ] *m(f)* MED hemophiliac

Bluterguss^{RR} <-es, -ergüsse>, **Bluterguß**^{ALT} <-sses, -ergüsse> *m* bruise

Blütezeit *f* ❶ *(Zeit des Blühens)* blossoming ❷ *(fig)* heyday

Blutfleck *m* bloodstain

Blutgefäß *nt* blood vessel

Blutgerinnsel *nt* blood clot

Blutgerinnung *f* blood clotting

Blutgruppe *f* blood group

Bluthochdruck *m* high blood pressure

Bluthund *m* bloodhound

blutig ['bluː·tɪç] **I.** *adj* ❶ *(blutend)* bloody; *(blutbefleckt)* bloodstained ❷ KOCHK underdone; **sehr ~** rare ❸ *(mit Blutvergießen verbunden)* bloody **II.** *adv* bloodily

blutjung ['bluːt·'jʊŋ] *adj* very young

Blutkonserve [-kɔn·sɛr·və] *f* unit of stored blood

Blutkrebs *m* MED leukemia

Blutkreislauf *m* [blood] circulation

Blutlache *f* pool of blood

Blutorange *f* blood orange

Blutplasma *nt* blood plasma

Blutprobe *f* ❶ *(Entnahme)* blood sample ❷ *(Untersuchung)* blood test

Blutrache *f* blood vendetta

blutrot *adj* blood-red

blutrünstig ['bluːt·rʏns·tɪç] *adj* bloodthirsty

Blutsauger *m* ZOOL bloodsucker

Blutsbruder *m* blood brother

Blutsbrüderschaft *f* blood brotherhood

Blutschande *f* incest

Blutspende *f* blood donation

Blutspender(in) *m(f)* blood donor

Blutspur *f* trail of blood; **~en** traces of blood

blutsverwandt *adj* related by blood *pred*

Blutsverwandte(r) *f(m)* blood relation

Blutsverwandtschaft *f* blood relationship

Bluttat *f* (*geh*) bloody act

Bluttransfusion *f* blood transfusion

blutüberströmt *adj* streaming with blood *pred*

Blutung <-, -en> *f* ❶ (*das Bluten*) bleeding; **innere ~en** internal bleeding ❷ [monatliche] ~ menstruation

blutunterlaufen *adj Augen* bloodshot

Blutuntersuchung *f* blood test

Blutvergießen <-s> *nt kein pl* bloodshed

Blutvergiftung *f* blood poisoning *no indef art*

Blutverlust *m* blood loss

Blutwäsche *f* MED hemodialysis

Blutwurst *f* blood sausage

Blutzuckerspiegel *m* MED blood sugar level

Blutzuckerwert *m* MED blood sugar count

BLZ <-> [be:·ʔɛl·'tsɛt] *f Abk von* **Bankleitzahl**

Bö <-, -en> [bø:] *f* gust [of wind]

Boa <-, -s> ['bo:a] *f* ZOOL, MODE boa

Bob <-s, -s> [bɔp] *m* bob[sled]

Bock <-[e]s, Böcke> [bɔk, *pl* 'bœkə] *m* ❶ ZOOL buck; (*Schafsbock*) ram; (*Ziegenbock*) billy goat ❷ (*pej*) **ein alter ~** an old goat; **ein sturer ~** a stubborn bastard ▶ WENDUNGEN: **~ [auf etw] haben** (*sl*) to feel like [doing sth]; **einen ~ schießen** (*fam*) to screw up

bocken ['bɔ·kn̩] *vi* ❶ *Esel, Pferd* to refuse to move ❷ (*fam: trotzig sein*) to act up

bockig ['bɔ·kɪç] *adj* (*fam*) stubborn

Bockshorn ['bɔks·hɔrn] *nt* ▶ WENDUNGEN: **sich** *akk* [von jdm] **ins ~ jagen lassen** (*fam*) to be intimidated [by sb]

Bockwurst *f* bockwurst (*type of sausage*)

Boden <-s, Böden> ['bo:·dn̩, *pl* bø:·dn̩] *m* ❶ (*Erdreich, Acker*) soil; **magerer ~** barren soil ❷ (*Erdboden*) ground; (*Fußboden*) floor ❸ *kein pl* (*Territorium*) land; **auf amerikanischem ~** on American soil ❹ (*Dachboden*) attic ❺ (*Grund*) bottom; *eines Gefäßes a.* base ▶ WENDUNGEN: **am ~ zerstört sein** (*fam*) to be devastated; **etw [mit jdm] zu ~ reden** SCHWEIZ to chew over sth *sep* [with sb]

Bodenbelag *m* floor covering

Bodenbelastung *f* ÖKOL ground pollution

Bodenfrost *m* light frost

bodenlos I. *adj* ❶ (*fam: unerhört*) outrageous; **das ist eine ~e Frechheit!** that's absolutely outrageous! ❷ (*sehr tief*) bottomless **II.** *adv* extremely

Bodennebel *m* ground fog

Bodenpersonal *nt* LUFT ground crew

Bodenprobe *f* soil sample

Bodensatz *m* sediment; *von Kaffee* grounds *npl*

Bodenschätze *pl* mineral resources *pl*

Bodensee ['bo:·dn̩·ze:] *m* ■ **der ~** Lake Constance

bodenständig *adj* ❶ (*lange ansässig*) long-established ❷ (*unkompliziert*) uncomplicated

Bodenstation *f* RAUM ground station

Bodenstreitkräfte *pl* MIL ground forces *pl*

Body <-s, -s> ['bɔdi] *m* bodysuit

Bodybuilding <-s> [-bɪl·dɪŋ] *nt kein pl* bodybuilding

Böe <-, -n> ['bø:·ə] *f s.* **Bö**

bog [bo:g] *imp von* **biegen**

Bogen <-s, - *o* ÖSTERR, SCHWEIZ, SÜDD **Bögen>** ['bo:·gn̩, *pl* 'bø:·gn̩] *m* ❶ (*Kurve*) curve; *eines großen Flusses a.* sweep; **einen ~ machen** to curve [around] ❷ (*Blatt Papier*) sheet [of paper] ❸ (*Schusswaffe*) bow; **Pfeil und ~** bow and arrow[s *pl*] ❹ ARCHIT arch ▶ WENDUNGEN: **in hohem ~ hinausfliegen** (*fam*) to be thrown out; **den ~ heraushaben** (*fam*) to have got the hang of it; **einen [großen] ~ um jdn/etw machen** (*fam*) to steer clear of sb/sth

bogenförmig *adj* arched

Bogenschießen *nt kein pl* SPORT archery

Böhmen <-s> ['bø:·mən] *nt* Bohemia

böhmisch ['bø:·mɪʃ] *adj* Bohemian

Bohne <-, -n> ['bo:·nə] *f* bean; **dicke/grüne/ rote/weiße ~n** broad/green/kidney/navy beans

Bohnenkaffee *m* ❶ (*gemahlen*) ground coffee ❷ (*ungemahlen*) unground coffee [beans *pl*]

Bohnenstange *f* (*a. hum*) beanpole *a. hum*

bohnern ['bo:·nɐn] *vt* to polish

Bohnerwachs [-vaks] *nt* floor polish

bohren ['bo:·rən] **I.** *vt* ❶ *Loch* to bore; (*mit Bohrmaschine*) to drill; *Brunnen* to sink ❷ (*hineinstoßen*) to sink (**in** + *akk* into); **sie bohrte ihm das Messer in den Bauch** she plunged the knife into his stomach **II.** *vi* ❶ (*mit dem Bohrer arbeiten*) to drill ❷ (*stochern*) **in der Nase ~** to pick one's nose ❸ (*fam: drängen*) ■ **so lange ~, bis ...** to keep on asking until ...

bohrend *adj* gnawing; *Blick* piercing; *Fragen* probing

Bohrer <-s, -> *m* drill

Bohrinsel *f* drilling rig; (*Öl a.*) oil rig

Bohrmaschine *f* drill

Bohrturm *m* derrick

böig ['bø:·ɪç] *adj* gusty; *Wetter* windy

Boiler <-s, -> ['bɔy·lɐ] *m* hot-water tank

Boje <-, -n> ['bo:·jə] *f* buoy

Bolivianer(in) <-s, -> [boli·'vi̯a:·nɐ] *m(f)* Bolivian; *s. a.* **Deutsche(r)**

bolivianisch [boli·'vi̯a:·nɪʃ] *adj* Bolivian; *s. a.* **deutsch**

Bolivien <-s> [bo·'li:·vi̯·ən] *nt* Bolivia; *s. a.* **Deutschland**

Böller <-s, -> ['bœ·lɐ] *m* (*fam: Feuerwerkskörper*) firecracker, fireworks *pl*

bombardieren* [bɔm·bar·'di:·rən] *vt* ❶ MIL to bomb ❷ (*fam: überschütten*) to bombard

Bombardierung <-, -en> *f* MIL bombing

bombastisch *adj* (*pej*) ❶ (*schwülstig*) bombastic ❷ (*pompös*) pompous

Bombe <-, -n> ['bɔm·bə] *f* ❶ (*Sprengkörper*) bomb; **wie eine ~ einschlagen** to come as a bombshell ❷ (*Geldbombe*) strongbox

Bombenangriff *m* bomb attack

Bombenanschlag *m* bomb strike

Bombendrohung *f* bomb scare

Bombenerfolg *m* (*fam*) smash hit

Bombengeschäft *nt* (*fam*) booming business

bombensicher ['bɔm·bn̩·zɪçɐ] *adj* ❶ MIL bombproof ❷ (*fam*) sure

Bombenstimmung *f kein pl* (*fam*) ■**in ~ sein** to be in a great mood; **auf der Party herrschte eine ~** that was one happening party *sl*

Bomber <-s, -> ['bɔm·bɐ] *m* (*fam*) bomber

bombig ['bɔm·bɪç] *adj* (*fam*) fantastic

Bon <-s, -s> [bɔŋ, bõː] *m* ❶ (*Kassenzettel*) receipt ❷ (*Gutschein*) coupon, gift certificate

Bonbon <-s, -s> [bɔŋ·'bɔŋ, bõ·'bõː] *m o* ÖSTERR *nt* ❶ (*Süßigkeit*) piece of candy ❷ (*etwas Besonderes*) treat

Bonus <- *o* -ses, - *o* -se *o* Boni> ['boː·nʊs, *pl* 'boː·ni] *m* FIN bonus

Bonze <-n, -n> ['bɔn·tsə] *m* (*pej*) bigwig

Boom <-s, -s> [buːm] *m* ÖKON boom

boomen ['buː·mən] *vi* ÖKON to [be on the] boom

Boot <-[e]s, -e> [boːt] *nt* boat; (*Segelboot*) yacht; **~ fahren** to go boating

Bootsfahrt *f* boat trip

Bootsflüchtlinge *pl* boat people

Bootshaus *nt* boathouse

Bootsverleih *m* boat rental

Bord[1] [bɔrt] *m* **an ~** aboard; **an ~ gehen** to board; **über ~ gehen** to go overboard; **Mann über ~!** man overboard!; **von ~ gehen** *Lotse* to leave the plane/ship; *Passagier a.* to disembark

Bord[2] <-[e]s, -e> [bɔrt] *nt* shelf

Bordbuch *nt* logbook

Bordcomputer *m* RAUM, LUFT onboard computer; AUTO trip computer

Bordell <-s, -e> [bɔr·'dɛl] *nt* brothel

Bordkarte *f* boarding pass

Bordpersonal *nt kein pl* crew

Bordstein *m*, **Bordsteinkante** *f* curb

Bordüre <-, -n> [bɔr·'dyː·rə] *f* border

borgen ['bɔr·gn̩] *vt* ❶ (*sich leihen*) to borrow ❷ (*verleihen*) to lend

Borke <-, -n> ['bɔr·kə] *f* BOT bark

Borkenkäfer *m* bark beetle

borniert [bɔr·'niːɐt] *adj* (*pej*) bigoted

Börse <-, -n> ['bœr·zə] *f* (*Wertpapierhandel*) stock market; (*Gebäude*) stock exchange; **an die ~ gehen** to go public; **an der ~ [gehandelt]** [traded] on the exchange

Börsenmakler(in) *m(f)* stockbroker

Borste <-, -n> ['bɔrs·tə] *f* bristle

borstig ['bɔrs·tɪç] *adj* bristly

Borte <-, -n> ['bɔr·tə] *f* border

bösartig *adj* ❶ (*tückisch*) malicious; *Tier* vicious ❷ MED malignant; *Krankheit* virulent

Böschung <-, -en> ['bœ·ʃʊŋ] *f* embankment; *eines Flusses, einer Straße a.* bank

böse ['bøː·zə] I. *adj* ❶ (*sittlich schlecht*) bad; (*stärker*) evil; **~ Absicht** malice; **das war keine ~ Absicht!** no harm intended!; **jdm B~s tun** to cause sb harm ❷ *attr* (*unange-* *nehm, übel*) bad; **ein ~s Ende nehmen** to end in disaster; **~ Folgen haben** to have dire consequences; **eine ~ Geschichte** a nasty affair [*or* bad situation]; **eine ~ Überraschung erleben** to have an unpleasant surprise; **ein ~r Zufall** a terrible coincidence; **nichts B~s ahnen** to not suspect anything is wrong ❸ (*verärgert*) angry; (*stärker*) furious; **ein ~s Gesicht machen** to scowl ❹ (*fam: unartig*) bad, naughty II. *adv* ❶ (*übelwollend*) evilly; **das habe ich nicht ~ gemeint** I meant no harm; **~ lächeln** to give an evil smile ❷ (*fam: sehr, schlimm*) badly; **sich** *akk* **~ irren** to make a serious mistake; **~ ausgehen** to end in disaster; **~ [für jdn] aussehen** to look bad [for sb]

Bösewicht <-[e]s, -er *o* -e> ['bøː·zə·vɪçt] *m* ❶ (*hum fam*) little rascal ❷ (*veraltend: Schurke*) villain

boshaft ['boːs·haft] I. *adj* malicious II. *adv* **~ grinsen** to give an evil grin

Bosheit <-, -en> *f* malice; (*Bemerkung*) nasty remark

Bosnien <-s> ['bɔs·niən] *nt* Bosnia; *s. a.* **Deutschland**

Bosnien-Herzegowina, Bosnien und Herzegowina <-s> *nt* ÖSTERR Bosnia-Herzegovina; *s. a.* **Deutschland**

Bosnier(in) <-s, -> ['bɔs·niɐ] *m(f)* Bosnian; *s. a.* **Deutsche(r)**

Boss[RR] <-es, -e>, **Boß**[ALT] <-sses, -sse> [bɔs] *m* boss

böswillig I. *adj* malevolent; JUR willful II. *adv* malevolently

Böswilligkeit <-> *f kein pl* malevolence

bot [boːt] *imp von* **bieten**

Botanik <-> [bo·'taː·nɪk] *f kein pl* botany

botanisch [bo·'taː·nɪʃ] *adj* botanical

Bote, Botin <-n, -n> ['boː·tə, 'boː·tɪn] *m, f* ❶ (*Kurier*) courier; (*mit Nachricht*) messenger ❷ *bes* SÜDD (*Postbote*) mailman

Botengang <-gänge> *m* errand; **einen ~ machen** to run an errand

Botschaft <-, -en> ['boːt·ʃaft] *f* ❶ (*Nachricht*) message; **hast du schon die freudige ~ gehört?** have you heard the good news yet? ❷ (*Botschaftsgebäude*) embassy

Botschafter(in) <-s, -> *m(f)* ambassador

Bottich <-[e]s, -e> ['bɔ·tɪç] *m* tub; (*für Wäsche*) washtub

Bouillon <-, -s> [bʊl·'jɔŋ, bʊl·'jõː] *f* [beef] bouillon; (*im Restaurant*) consommé

Boulevard <-s, -s> [bu·lə·'vaːɐ̯] *m* boulevard

Boulevardpresse *f* (*fam*) yellow press

Boulevardzeitung *f* tabloid

Boutique <-, -n> [bu·'tiːk] *f* boutique

Bowle <-, -n> ['boː·lə] *f* ❶ (*Getränk*) punch ❷ (*Schüssel*) punch bowl

Bowling <-s, -s> ['boː·lɪŋ] *nt* [tenpin] bowling

Box <-, -en> [bɔks] *f* ❶ (*Behälter*) box ❷ (*fam: Lautsprecher*) loudspeaker

boxen ['bɔ·ksn̩] I. *vi* to box; ■**gegen jdn ~** to fight sb II. *vt* (*schlagen*) to punch III. *vr* (*fam*)

■**sich** akk |mit jdm| ~ to have a fist fight |with sb|

Boxen <-s> ['bɔ·ksn̩] nt kein pl boxing no art

Boxer(in) <-s, -> ['bɔ·ksɐ] m(f) boxer

Boxershorts, Boxer-Shorts [-ʃoːɐts, -ʃɔrts] pl boxer shorts npl

Boxhandschuh m boxing glove

Boxkampf m boxing match

Boykott <-[e]s, -e o -s> [bɔɪ·'kɔt] m boycott

boykottieren* [bɔɪ·kɔ·'tiː·rən] vt to boycott

brabbeln ['bra·bl̩n] vi, vt (fam) to babble; Säugling to gurgle

brach [braːx] imp von **brechen**

brachial [bra·'xi̯aːl] adj mit ~er Gewalt vorgehen to use brute force

Brachland nt fallow |land|

brach‖liegen vi irreg Land to lie fallow; (fig) to be left unexploited

brachte ['brax·tə] imp von **bringen**

Brainstorming <-s> ['brɛɪn·stɔː·mɪŋ] nt kein pl brainstorming session

Branche <-, -n> ['brã·ʃə] f ❶ (Wirtschaftszweig) line of business ❷ (Tätigkeitsbereich) field

Branchenbuch nt ≈ Yellow Pages

Branchenverzeichnis nt ≈ Yellow Pages

Brand <-[e]s, Brände> [brant, pl 'brɛn·də] m fire; **in ~ geraten** to catch fire; **etw in ~ stecken** to set sth on fire

brandaktuell adj (fam) latest; Buch, CD, Schallplatte hot-off-the-press; Thema, Frage red-hot

Brandanschlag m arson attack

brandeilig adj (fam) extremely urgent

branden ['bran·dn̩] vi to break (an/gegen +akk against)

Brandherd m source of the fire

Brandkatastrophe f conflagration

Brandmal <-s, -e> nt brand

brandmarken vt to brand (als as)

brandneu ['brant·'nɔy] adj (fam) brand-new

Brandsatz m incendiary mixture

Brandschaden m fire damage

Brandschutz m kein pl fire safety, fire protection

Brandstifter(in) <-s, -> m(f) arsonist

Brandstiftung f arson

Brandung <-, -en> f surf

Brandwunde f burn

Brandy <-s, -s> ['brɛn·di] m brandy

brannte ['bran·tə] imp von **brennen**

Branntwein ['brant·vain] m spirits pl

Brasilianer(in) <-s, -> [bra·zi·'li̯aː·nɐ] m(f) Brazilian; s. a. **Deutsche(r)**

brasilianisch [bra·zi·'li̯aː·nɪʃ] adj Brazilian; s. a. **deutsch**

Brasilien <-s> [bra·'ziː·li̯·ən] nt Brazil; s. a. **Deutschland**

brät 3. pers sing pres von **braten**

Bratapfel m baked apple

braten <brät, briet, gebraten> ['braː·tn̩] vt, vi (in der Pfanne) to fry; (am Spieß) to roast

Braten <-s, -> ['braː·tn̩] m roast |meat|; **kal-**

ter ~ cold meat ▶WENDUNGEN: **ein fetter ~** (fam) a good catch; **den ~ riechen** (fam) to smell a rat fam

Bratensaft m drippings

Bratensoße f gravy

Brathähnchen nt, **Brathendl** <-s, -[n]> nt ÖSTERR, SÜDD grilled chicken

Bratkartoffeln pl fried potatoes pl

Bratpfanne f frying pan

Bratrost m grill

Bratsche <-, -n> ['braː·tʃə] f viola

Bratwurst f bratwurst, |fried| sausage; (vor dem Braten) |frying| sausage

Brauch <-[e]s, Bräuche> [braux, pl 'brɔy·çə] m custom; |bei jdm so| ~ **sein** to be customary |with sb|

brauchbar adj useful; **nicht ~ sein** to be of no use

brauchen ['brau·xn̩] I. vt ❶ (benötigen) to need; **wozu brauchst du das?** what do you need that for?; **ich brauche bis zum Bahnhof eine Stunde** it takes me an hour to get to the train station ❷ DIAL (fam: gebrauchen) to use; **kannst du die Dinge ~?** can you find a use for these things? ❸ (fam: verbrauchen) to use II. modal vb (müssen) to need; ■**etw nicht |zu| tun ~** to not need to do sth; **du hättest doch nur etwas |zu| sagen ~** you should have just said something III. vt impers SCHWEIZ, SÜDD ■**es braucht etw** sth is needed

Brauchtum <-[e]s, -tümer> nt pl selten customs pl; **ein altes ~** a tradition

Braue <-, -n> ['brauə] f |eye|brow

brauen ['brau·ən] vt ❶ Bier to brew ❷ (fam: zubereiten) to make; Zaubertrank to concoct

Brauer(in) <-s, -> ['brau·ɐ] m(f) brewer

Brauerei <-, -en> [brau·ə·'rai] f brewery

Brauhaus nt |privately-owned| brewery

braun [braun] adj ❶ (Farbe) brown ❷ (sonnengebräunt) Haut |sun|tanned, brown ❸ (pej: nationalsozialistisch) Nazi attr; ■**die B~en** pl the Brown Shirts pl

Braunbär m brown bear

Bräune <-> ['brɔy·nə] f kein pl (Sonnenbräune) |sun|tan

bräunen ['brɔy·nən] I. vt Haut to tan II. vr ■**sich akk ~** (sich sonnen) to get a tan; (braun werden) to turn brown

Braunkohle f lignite

Brause <-, -n> ['brau·zə] f ❶ DIAL (Dusche) shower ❷ (Aufsatz von Gießkannen) spray |attachment|, sprinkler ❸ (Limonade) carbonated drink; (Brausepulver) effervescent powder

brausen ['brau·zn̩] vi ❶ haben (tosen) to roar; Wind, Sturm to howl ❷ sein (fam: rasen) to storm; Wagen to race

Brausetablette f effervescent tablet

Braut <-, Bräute> [braut, pl 'brɔy·tə] f ❶ (bei Hochzeit) bride ❷ (veraltend: Verlobte) fiancée

Brautführer m bride's male attendant

Bräutigam <-s, -e> ['brɔy·tɪ·gam, 'brɔy·ti-] m ❶ (bei Hochzeit) |bride|groom ❷ (veraltend:

Verlobter) fiancé
Brautjungfer *f* bridesmaid
Brautkleid *nt* wedding dress
Brautleute *pl,* **Brautpaar** *nt* ❶ (*bei Hochzeit*) bride and groom + *pl vb* ❷ (*veraltend: Verlobte*) engaged couple
Brautschau *f* **auf ~ gehen** (*hum*) to go looking for a wife
brav [braːf] **I.** *adj* ❶ (*artig*) good; **sei schön ~!** be a good boy/girl ❷ (*bieder*) plain ❸ (*rechtschaffen*) worthy **II.** *adv* ❶ (*folgsam*) **geh ~ spielen!** be a good boy/girl and go play ❷ (*rechtschaffen*) worthily
bravo [ˈbraːvo] *interj* well done
Bravour, Bravurᴿᴿ <-> [braˈvuːɐ̯] *f kein pl* (*geh*) brilliance; ■ **mit ~** with style
BRD <-> [beːʔɛɐ̯ˈdeː] *f Abk von* **Bundesrepublik Deutschland** FRG
Brechdurchfall *m* vomiting and diarrhea *no art*
Brecheisen *nt* crowbar; **etw mit einem ~ aufbrechen** to crowbar sth [open]
brechen <bricht, brach, gebrochen> [ˈbrɛçn̩] **I.** *vt haben* ❶ (*zerbrechen*) to break ❷ *Abmachung, Vertrag* to break; *Eid a.* to violate; **sein Schweigen ~** to break one's silence **II.** *vi* ❶ *sein* (*auseinander*) to break [apart] ❷ *haben* ■ **mit jdm ~** to break with sb ❸ (*sich erbrechen*) to throw up
Brechmittel *nt* emetic [agent]
Brechreiz *m kein pl* nausea
Brei <-[e]s, -e> [brai] *m* ❶ (*Nahrungsmittel*) porridge, mash ❷ (*zähe Masse*) paste ▶ WENDUNGEN: **um den [heißen] ~ herumreden** to beat around the bush *fam*
breiig [ˈbraiɪç] *adj* pulpy
breit [brait] **I.** *adj* ❶ (*flächig ausgedehnt*) wide; *Schultern* broad; **etw ~er machen** to widen sth ❷ (*ausgedehnt*) wide; **die ~e Öffentlichkeit** the general public; **~e Zustimmung** wide[-ranging] approval ❸ *Dialekt* broad ❹ DIAL (*sl: betrunken*) hammered **II.** *adv* **~ gebaut** strongly built; **sich** *akk* **~ hinsetzen** to plump down
breitbeinig *adj* with one's legs apart
Breite <-, -n> [ˈbraitə] *f* ❶ (*bei Maßen*) width; **von 4 cm ~** 4 cm in width ❷ (*Vielfalt*) **die ~ des Angebots** the wide range of offers
Breitengrad *m* [degree of] latitude
breit|machen *vr* (*fam*) ■ **sich** *akk* **~** to spread oneself [out]
breit|schlagen *vt irreg* (*fam*) to talk sb into sth
breitschult(e)rig *adj* broad-shouldered *attr*
breit|treten *vt irreg* (*fam*) *Thema* to go on [and on] about
Bremen <-s> [ˈbreːmən] *nt* Bremen
Bremer(in) <-s, -> [ˈbreːmɐ] *m(f)* native of Bremen
Bremse[1] <-, -n> [ˈbrɛmzə] *f* (*Bremsvorrichtung*) brake
Bremse[2] <-, -n> [ˈbrɛmzə] *f* (*Stechfliege*) horsefly
bremsen [ˈbrɛmzn̩] **I.** *vi Fahrzeug* to brake

II. *vt* ❶ *Fahrzeug* to brake ❷ (*verzögern*) to slow down *sep* ❸ (*zurückhalten*) to check; **sie ist nicht zu ~** there's no holding her back
Bremsflüssigkeit *f* brake fluid
Bremsklotz *m* brake pad
Bremslicht *nt* brake light
Bremsspur *f* skid mark
Bremsweg *m* braking distance
brennbar *adj* combustible
brennen <brannte, gebrannt> [ˈbrɛnən] **I.** *vi* ❶ (*in Flammen stehen*) to be on fire; **es brennt!** fire! fire!; **in der Fabrik brennt es** there's a fire in the factory; **lichterloh ~** to be ablaze ❷ (*angezündet sein*) to burn, to be on fire ❸ ELEK (*fam: an sein*) to be on; *Licht a.* to be burning; ■ **etw ~ lassen** to leave sth on ❹ (*schmerzen*) to be sore; **auf der Haut ~** to burn the skin ❺ ■ **darauf ~, etw zu tun** to be dying to do sth **II.** *vt* ❶ *Schnaps* to distill ❷ *CD* to burn
brennend **I.** *adj* burning; *Frage* urgent; *Wunsch* fervent **II.** *adv* ▶ WENDUNGEN: **etw interessiert jdn ~** sb is dying to know sth
Brenner <-s, -> [ˈbrɛnɐ] *m* TECH burner
Brennerei <-, -en> [brɛnəˈrai] *f* distillery
Brennesselᴬᴸᵀ [ˈbrɛnˌnɛsl̩] *f s.* **Brennnessel**
Brennholz *nt* firewood
Brennmaterial *nt* [heating] fuel
Brennnesselᴿᴿ [ˈbrɛnˌnɛsl̩] *f* stinging nettle
Brennpunkt *m* ❶ PHYS focal point ❷ (*Zentrum*) focus
Brennspiritus *m* methylated spirit
Brennstab *m* (*Kernphysik*) fuel rod
Brennstoff *m* fuel
brenzlig [ˈbrɛntslɪç] *adj* (*fam*) dicey; **die Situation wird mir zu ~** things are getting too hot for me
Bresche <-, -n> [ˈbrɛʃə] *f* breach ▶ WENDUNGEN: [**für jdn**] **in die ~ springen** to step in [for sb]
Bretagne <-> [breˈtanjə, brəˈtanjə] *f* ■ **die ~** Brittany
Brett <-[e]s, -er> [brɛt] *nt* ❶ (*Holzplatte*) [wooden] board; (*Planke*) plank; (*Sprungbrett*) [diving] board; (*Regalbrett*) shelf; **schwarzes ~** bulletin board ❷ (*Spielbrett*) [game] board ▶ WENDUNGEN: **ein ~ vorm Kopf haben** (*fam*) to be slow on the uptake
brettern [ˈbrɛtɐn] *vi sein* (*fam*) to hammer
Bretterzaun *m* wooden fence
Brettspiel *nt* board game
Brezel <-, -n> [ˈbreːtsl̩] *f* pretzel

ℹ **Brezeln** (pretzels) are a southern German specialty. Before they are baked, **Brezeln** are dipped in a salt solution, a process that turns the light-colored pretzel dough brown. The pretzels are then sprinkled with coarse salt and sold in bakeries and at pretzel stands. Pretzels that are served with butter are called *Butterbrezeln.*

B

bricht [brɪçt] *3. pers sing pres von* **brechen**
Brief <-[e]s, -e> [briːf] *m* letter
Briefbeschwerer <-s, -> *m* paperweight
Briefbogen *m* [sheet of] writing paper
Briefbombe *f* letter bomb
Brieffreund(in) *m(f)* pen pal
Briefgeheimnis *nt kein pl* privacy of correspondence
Briefkasten *m* mailbox
Briefkopf *m* letterhead
Briefmarke *f* [postage] stamp
Briefmarkenautomat *m* stamp machine
Briefmarkensammlung *f* stamp collection
Brieföffner *m* letter opener
Briefpapier *nt* stationery
Brieftasche *f* wallet, billfold
Brieftaube *f* carrier pigeon
Briefträger(in) *m(f)* mail carrier, mailman *masc,* mailwoman *fem*
Briefumschlag *m* envelope
Briefwaage *f* letter scale
Briefwahl *f* absentee ballot
Briefwechsel *m* correspondence
briet [briːt] *imp von* **braten**
Brikett <-s, -s> [briˈkɛt] *nt* briquette
brillant [brɪlˈjant] **I.** *adj* brilliant **II.** *adv* brilliantly
Brillant <-en, -en> [brɪlˈjant] *m* brilliant
Brille <-, -n> [ˈbrɪ·lə] *f* ❶ (*Sehhilfe*) [eye]glasses *npl;* ■ **eine ~** a pair of glasses; **eine ~ tragen** to wear glasses ❷ (*Toilettenbrille*) [toilet] seat
Brillenetui *nt* eyeglass case
Brillengestell *nt* [eyeglass] frames
Brillenglas *nt* lens
Brillenschlange *f* ❶ ZOOL [spectacled] cobra ❷ (*pej fam*) four eyes
Brillenträger(in) *m(f)* person who wears glasses
bringen <brachte, gebracht> [ˈbrɪ·ŋən] *vt* ❶ (*hinbringen*) to bring ❷ (*befördern, begleiten*) **jdn nach Hause ~** to take sb home; **den Müll nach draußen ~** to take out the garbage; **die Kinder ins Bett ~** to put the children to bed ❸ (*senden*) to broadcast; TV to show ❹ (*versetzen*) **jdn in Bedrängnis ~** to get sb in[to] trouble; **jdn ins Gefängnis ~** to put sb in prison; **jdn ins Grab ~** to be the death of sb; **jdn in Schwierigkeiten ~** to put sb into a difficult position ❺ (*rauben*) ■ **jdn um etw** *akk* **~** to rob sb of sth; **jdn um den Verstand ~** to drive sb crazy ❻ (*einbringen*) to bring in; **das bringt nicht viel Geld** that won't bring in much money [for us] ❼ (*bewegen*) ■ **jdn dazu ~, etw zu tun** to get sb to do sth ❽ + *substantiviertem Verb* (*bewerkstelligen*) **jdn zum Laufen/Singen/Sprechen ~** to make sb run/sing/talk; **jdn zum Schweigen ~** to silence sb ❾ (*sl: machen*) **das kannst du doch nicht ~!** you can't [go and] do that! ❿ (*fam: gut sein*) **sie bringt's** she's got what it takes; **das bringt er nicht** he's not up to it; **das bringt nichts** it's pointless; **das**

bringt's nicht that's useless ▶ WENDUNGEN: **etw hinter sich** *akk* **~** to get sth over [and done] with; **etw bringt etw mit sich** sth involves sth; **es nicht über sich** *akk* **~, etw zu tun** to not be able to bring oneself to do sth
brisant [briˈzant] *adj* explosive
Brisanz <-> [briˈzants] *f kein pl* explosive nature
Brise <-, -n> [ˈbriː·zə] *f* breeze
Britannien <-s> [briˈta·ni̯ən] *nt* HIST Britannia; (*Großbritannien*) Britain; *s. a.* **Deutschland**
Brite, Britin <-n, -n> [ˈbrɪ·tə, ˈbriː·tə, ˈbrɪ·tɪn, ˈbriː·tɪn] *m, f* Briton, Brit *fam; s. a.* **Deutsche(r)**
britisch [ˈbrɪ·tɪʃ, ˈbriː·tɪʃ] *adj* British, Brit *attr fam; s. a.* **deutsch**
bröckelig [ˈbrœ·kə·lɪç] *adj* ❶ (*zerbröckelnd*) crumbling *attr* ❷ (*leicht bröckelnd*) crumbly
bröckeln [ˈbrœ·kl̩n] *vi* to crumble
Brocken <-s, -> [ˈbrɔ·kn̩] *m* ❶ (*Bruchstück*) chunk ❷ *pl* LING **ein paar ~ Russisch** a smattering of Russian ❸ (*fam: massiger Mensch*) hefty guy ▶ WENDUNGEN: **ein harter ~ sein** (*fam*) to be a tough one
brodeln [ˈbroː·dl̩n] *vi* to bubble; *Lava a.* to seethe
Broker(in) <-s, -> [ˈbroː·kɐ] *m(f)* FIN broker
Brokkoli [ˈbrɔ·ko·li] *pl* broccoli
Brombeere [ˈbrɔm·beː·rə] *f* ❶ (*Strauch*) blackberry bush ❷ (*Frucht*) blackberry
Bronchie <-, -n> [ˈbrɔn·çi̯ə, *pl* -çi̯·ən] *f meist pl* bronchial tube
Bronchitis <-, Bronchitiden> [brɔnˈçiː·tɪs, *pl* brɔn·çiˈtiː·dn̩] *f* bronchitis *no art*
Bronze <-, -n> [ˈbrõː·sə] *f* bronze
bronzefarben *adj* bronze-colored
Bronzemedaille [-me·dal·jə] *f* bronze medal
Brosche <-, -n> [ˈbrɔ·ʃə] *f* brooch
Broschüre <-, -n> [brɔˈʃyː·rə] *f* brochure
Brösel <-s, -> [ˈbrøː·zl̩] *m* DIAL crumb
Brot <-[e]s, -e> [broːt] *nt* bread; (*Laib*) loaf [of bread]; **ein ~ mit Käse** a slice of bread with cheese; **belegtes ~** [open-faced] sandwich; **sich** *dat* **sein ~ verdienen** to earn [or make] one's living
Brotaufstrich *m* [sandwich] spread
Brotbelag *m* topping
Brötchen <-s, -> [ˈbrøːt·çən] *nt* [bread] roll ▶ WENDUNGEN: **sich** *dat* **seine ~ verdienen** (*fam*) to earn [or make] one's living
Brötchengeber <-s, -> *m* (*hum fam*) provider, breadwinner
Broteinheit *f* MED carbohydrate unit
Broterwerb *m* [way to earn a] living
Brotkasten *m* bread box
Brotkorb *m* bread basket
Brotkrume *f,* **Brotkrümel** *m* breadcrumb
Brotmesser *nt* bread knife
Brotrinde *f* [bread] crust
Brotschneidemaschine *f* bread slicer
Brotzeit *f* DIAL ❶ (*Pause*) coffee break ❷ (*Essen*) snack

browsen ['braʊ·zn̩] *vi* INET to browse

Browser <-s, -> ['braʊ·zɐ] *m* INET browser

Bruch <-[e]s, Brüche> [brʊx, *pl* 'bry:·çə] *m* ❶ (*das Brechen*) violation, infringement; *eines Vertrags* infringement; *von Vertrauen* breach ❷ (*in Beziehung, Freundschaft*) rift; **in die Brüche gehen** to go to pieces ❸ (*Knochenbruch*) fracture; **ein komplizierter ~** a compound fracture ❹ (*Eingeweidebruch*) hernia; **sich** *dat* **einen ~ heben** to give oneself a hernia

Bruchbude *f* (*pej fam*) dump

bruchfest *adj* unbreakable

brüchig ['brʏ·çɪç] *adj* ❶ (*bröckelig*) crumbly; *Leder* cracked ❷ *Stimme* cracked

Bruchlandung *f* crash landing

Bruchstück *nt* fragment

bruchstückhaft I. *adj* fragmentary II. *adv* in fragments

Bruchteil *m* fraction; **im ~ einer Sekunde** in a split second

Brücke <-, -n> ['brʏ·kə] *f* ❶ (*Bauwerk*) bridge ❷ NAUT [captain's] bridge ❸ (*Zahnbrücke*) [dental] bridge ❹ (*Teppich*) rug

Brückenbau *m kein pl* bridge building *no art*

Brückenpfeiler *m* [bridge] pier

Brückentag *m an extra day off, such as a Monday or a Friday, to make for a long weekend when a holiday falls on a Tuesday or Thursday*

Bruder <-s, Brüder> ['bru:·dɐ, *pl* 'bry:·dɐ] *m* ❶ (*Verwandter*) brother; ∎ **die Brüder Schmitz/Grimm** the Schmitz brothers/the Brothers Grimm ❷ (*Mönch*) brother ❸ (*pej sl: Kerl*) guy, pal

Bruderkrieg *m* war between brothers

brüderlich I. *adj* fraternal II. *adv* like brothers; **~ teilen** to share and share alike

Brüderlichkeit <-> *f kein pl* fraternity

Brudermord *m* fratricide

Bruderschaft <-, -en> *f* REL fraternity

Brüderschaft <-> *f kein pl* intimate friendship; **mit jdm ~ schließen** to make close friends with sb; **mit jdm ~ trinken** to mutually agree to use the informal "du" [over a drink]

Brühe <-, -n> ['bry:·ə] *f* ❶ (*Suppe*) [clear] soup ❷ (*pej fam: schmutziges Wasser*) sludge ❸ (*pej fam: Getränk*) slop

brühen ['bry:·ən] *vt* **einen Kaffee/Tee ~** to make coffee/tea

brühwarm ['bry:·'varm] (*fam*) I. *adj Neuigkeiten* hot II. *adv* **etw ~ weitererzählen** to immediately start spreading sth around

Brühwürfel *m* bouillon cube

brüllen ['brʏ·lən] I. *vi* ❶ (*schreien*) to roar, to shout; (*weinen*) to bawl; **vor Lachen/Schmerzen ~** to roar with laughter/pain ❷ *Löwe* to roar; *Stier* to bellow; *Affe* to howl II. *vt* ∎ **jdm etw ins Ohr ~** to shout sth in sb's ear

Brummbär ['brʊm-] *m* (*fam*) grouch

brummeln ['brʊ·mln̩] *vi, vt* (*fam*) to mumble

brummen ['brʊ·mən] I. *vi* ❶ *Insekt, Klingel* to buzz; *Bär* to growl; *Wagen, Motor* to drone;

Bass to rumble ❷ (*fam: in Haft sein*) to be doing time ❸ (*murren*) to grumble II. *vt* to mumble

Brummer <-s, -> *m* (*fam: Fliege*) bluebottle; (*Hummel*) bumblebee; (*Lastwagen*) heavy truck

Brummschädel *m* (*fam*) headache; (*durch Alkohol a.*) hangover

Brunch <-[e]s, -[e]s *o* -e> [brantʃ] *nt* brunch

brunchen [bran·tʃn̩] *vi* to brunch

brünett [bry·'nɛt] *adj* brunet[te]

Brunnen <-s, -> ['brʊ·nən] *m* ❶ (*Wasserbrunnen*) well ❷ (*Springbrunnen*) fountain

Brunnenschacht *m* well shaft

Brunst <-, Brünste> [brʊnst, *pl* 'brʏns·tə] *f* (*Brunstzeit*) rutting season

brünstig ['brʏns·tɪç] *adj männliches Tier* rutting; *weibliches Tier* in heat *pred*

brüsk [brʏsk] I. *adj* brusque II. *adv* brusquely

brüskieren* [brʏs·'ki:·rən] *vt* to snub

Brüssel <-s> ['brʏ·sl̩] *nt* Brussels

Brust <-, Brüste> [brʊst, *pl* 'brʏs·tə] *f* ❶ (*Brustkasten*) chest; **es auf der ~ haben** (*fam*) to have chest trouble ❷ (*weibliche Brust*) breast; **einem Kind die ~ geben** to breastfeed a baby ❸ KOCHK breast; (*von Rind*) brisket ▶ WENDUNGEN: **schwach auf der ~ sein** (*hum fam: eine schlechte Kondition haben*) to have weak lungs; (*an Geldmangel leiden*) to be a bit short on cash

Brustbein *nt* ANAT breastbone

Brustbeutel *m* [neck] travel pouch [*or* wallet]

brüsten ['brʏs·tn̩] *vr* ∎ **sich** *akk* **~** to boast (**mit** +*dat* about)

Brustfell *nt* ANAT pleura

Brustkasten *m* ANAT chest

Brustkorb *m* ANAT chest

Brustkrebs *m* breast cancer

Brustmuskel *m* pectoral muscle

Brustschwimmen *nt* breaststroke

Brustumfang *m* chest measurement; *Frau* bust measurement

Brüstung <-, -en> ['brʏs·tʊŋ] *f* parapet; (*Fensterbrüstung*) breast

Brustwarze *f* nipple

Brut <-, -en> [bru:t] *f* ❶ *kein pl* (*das Brüten*) brooding ❷ (*die Jungen*) brood; (*von Hühnern*) clutch; (*von Bienen*) nest ❸ *kein pl* (*pej: Gesindel*) mob

brutal [bru·'ta:l] I. *adj* ❶ (*roh*) brutal; **ein ~er Kerl** a brute ❷ (*fam: besonders groß, stark*) terrible; **~e Kopfschmerzen haben** (*fam*) to have a pounding headache; **eine ~ e Niederlage** a crushing defeat II. *adv* ❶ (*roh*) brutally ❷ (*fam: sehr*) **das tut ~ weh** it hurts like hell; **das war ~ knapp!** that was damn close!; **~ viel[e]** a hell of a lot

Brutalität <-, -en> [bru·ta·li·'tɛ:t] *f* ❶ *kein pl* (*Rohheit*) brutality ❷ (*Gewalttat*) brutal act

brüten ['bry:·tn̩] *vi* ❶ (*über den Eiern sitzen*) to brood; *Hühner a.* to sit ❷ (*grübeln*) to brood (**über** +*dat* over)

Brüter <-s, -> *m* (*Kernphysik*) [nuclear] breed-

er [reactor]; **schneller** ~ fast breeder
Brutkasten *m* MED incubator
Brutplatz *m* breeding place; (*von Hühnern*) hatchery
Brutstätte <-, -n> *f* (*a. fig*) breeding ground *a. fig* (+*gen* for)
brutto ['brʊ·to] *adv* gross; **3.800 Euro ~ verdienen** to have a gross income of 3,800 euros
Bruttoeinkommen *nt* gross income
Bruttolohn *m* gross wages *pl*
brutzeln ['brʊ·tsl̩n] I. *vi* (*braten*) to sizzle II. *vt* to fry
BSE <-> [be:·ʔɛs·'ʔe:] *f* MED *Abk von* **Bovine Spongiforme Enzephalopathie** BSE
Bub <-en, -en> [buːp, *pl* buː·bn̩] *m* SÜDD, ÖSTERR, SCHWEIZ boy
Bube <-n, -n> ['buː·bə] *m* (*Spielkarte*) jack
Bubenstreich *m* childish prank
Buch <-[e]s, Bücher> [buːx, *pl* 'byː·çɐ] *nt* ❶ LIT book ❷ *meist pl* ÖKON (*Geschäftsbuch*) books *pl*; [jdm] **die Bücher führen** to keep sb's books ► WENDUNGEN: **ein ~ mit sieben Siegeln** a closed book; **über etw** *akk* ~ **führen** to keep a record of sth
Buchbinder(in) <-s, -> *m(f)* bookbinder
Buchbinderei <-, -en> *f* bookbindery
Buchdruck *m kein pl* letterpress printing *no art*
Buchdrucker(in) *m(f)* [letterpress] printer
Buche <-, -n> ['buː·xə] *f* beech
Buchecker <-, -n> *f* beechnut
buchen ['buː·xn̩] *vt* ❶ (*vorbestellen*) to book, to reserve ❷ ÖKON (*verbuchen*) to enter (**als** as)
Bücherbord <-e> *nt*, **Bücherbrett** *nt* bookshelf
Bücherei <-, -en> [byː·çə·'raɪ] *f* [lending] library
Bücherregal *nt* bookshelf
Bücherschrank *m* bookcase
Bücherwurm *m* (*hum*) bookworm
Buchführung *f* bookkeeping
Buchhalter(in) *m(f)* bookkeeper
Buchhaltung *f* ❶ (*Abteilung*) accounts department ❷ *s.* **Buchführung**
Buchhandel *m* book trade; **im ~ erhältlich** available in bookstores
Buchhändler(in) *m(f)* bookseller
Buchhandlung *f* bookstore
Buchmesse *f* book fair
Buchsbaum ['bʊks-] *m* box [tree]
Büchse <-, -n> ['bʏk·sə] *f* ❶ (*Dose*) can ❷ (*Sammelbüchse*) collection box ❸ (*Jagdgewehr*) rifle
Büchsenmilch *f* evaporated milk
Büchsenöffner *m* can opener
Buchstabe <-n[s], -n> ['buː·x·ʃtaː·bə] *m* character, letter
buchstabieren* [buːx·ʃta·'biː·rən] *vt* to spell
buchstäblich ['buːx·ʃtɛːb·lɪç] *adv* literally
Buchstütze *f* bookend
Bucht <-, -en> [bʊxt] *f* bay
Buchung <-, -en> *f* ❶ (*Reservierung*) booking, reservation ❷ FIN (*Verbuchung*) book entry
Buchweizen *m* buckwheat

Buckel <-s, -> ['bʊ·kl̩] *m* ❶ (*fam: Rücken*) back; **einen [krummen] ~ machen** to arch one's back ❷ ANAT hunchback, humpback ❸ (*kleine Wölbung*) bump ► WENDUNGEN: **etw auf dem ~ haben** (*fam*) to have been through sth; **rutsch mir [doch] den ~ runter!** (*fam*) get off my back!
buckeln ['bʊ·kl̩n] *vi* (*pej: sich unterwürfig verhalten*) to crawl (**vor** +*dat* up to)
bücken ['bʏ·kn̩] *vr* ∎**sich** *akk* [**nach etw** *dat*] ~ to bend down [to pick sth up]
Bückling <-s, -e> ['bʏk·lɪŋ] *m* ❶ (*Fisch*) smoked herring ❷ (*hum fam: Verbeugung*) bow
buddeln ['bʊ·dl̩n] (*fam*) I. *vi* to dig [up] II. *vt* to dig [out *sep*]
Buddhismus <-> [bʊ·'dɪs·mʊs] *m kein pl* Buddhism
Buddhist(in) <-en, -en> [bʊ·'dɪst] *m(f)* Buddhist
buddhistisch *adj* Buddhist
Bude <-, -n> ['buː·də] *f* ❶ (*Hütte*) [wood] cabin; (*Baubude*) trailer [on a construction site] ❷ (*fam: Wohnung*) pad; **sturmfreie ~ haben** (*fam*) to have the place [all] to oneself
Budget <-s, -s> [bʏ·'dʒeː] *nt* budget
budgetieren* [bʏ·dʒe·'tiː·rən] *vt* to draw up a budget for
Büfett <-[e]s, -s *o* -e> [bʏ·'fɛt, bʏ·'feː] *nt*, **Buffet** <-s, -s> [bʏ·'feː] *nt bes* ÖSTERR, SCHWEIZ ❶ (*Essen*) buffet ❷ (*Anrichte*) sideboard ❸ SCHWEIZ (*Bahnhofsgaststätte*) train station restaurant
Büffel <-s, -> ['bʏ·fl̩] *m* buffalo
Bug <-[e]s, Büge *o* -e> [buːk, *pl* 'byː·gə] *m* NAUT bow; LUFT nose
Bügel <-s, -> ['byː·gl̩] *m* ❶ (*Kleiderbügel*) coat hanger ❷ (*Brillenbügel*) earpiece, temple ❸ (*Steigbügel*) stirrup ❹ (*beim Schlepplift*) handle
Bügelbrett *nt* ironing board
Bügeleisen <-s, -> *nt* iron
Bügelfalte *f* crease
bügelfrei *adj* wrinkle-free
bügeln ['byː·gl̩n] *vt, vi* to iron
bugsieren* [bʊ·'ksiː·rən] *vt* (*fam*) ❶ (*mühselig bewegen*) to shift ❷ (*drängen*) to shove
buhen ['buː·ən] *vi* (*fam*) to boo
Buhmann *m* (*fam*) scapegoat, fall guy
Bühne <-, -n> ['byː·nə] *f* stage; **auf der ~ stehen** to be on [the] stage; **hinter der ~** behind the scenes ► WENDUNGEN: **etw über die ~ bringen** (*fam*) to get sth over with; **über die ~ gehen** (*fam*) to take place
Bühnenbild *nt* scenery
Bühnenbildner(in) <-s, -> *m(f)* scene painter
bühnenreif *adj* THEAT fit for the stage ❷ (*iron: theatralisch*) dramatic
Bühnenstück *nt* [stage] play
Buhruf *m* [cry of] boo
Bulette <-, -n> [bu·'lɛ·tə] *f* DIAL (*Frikadelle*) hamburger
Bulgare, Bulgarin <-n, -n> [bʊl·'gaː·rə, bʊl·

'ga:·rɪn] *m, f* Bulgarian; *s. a.* **Deutsche(r)**
Bulgarien <-s> [bʊl·'ga:·rị·ən] *nt* Bulgaria; *s. a.* **Deutschland**
bulgarisch [bʊl·'ga:·rɪʃ] *adj* Bulgarian; *s. a.* **deutsch**
Bullauge ['bʊl-] *nt* porthole
Bulldogge *f* bulldog
Bulldozer <-s, -> ['bʊl·do:·ze] *m* bulldozer
Bulle <-n, -n> ['bʊ·lə] *m* ❶ (*männliches Tier*) bull ❷ (*sl: Polizist*) cop *fam;* ■ **die ~n** *pl* the cops *pl sl* ❸ (*fam: starker Mann*) hulk
Bullenhitze *f kein pl* (*fam*) stifling heat
Bullette <-, -n> ['bʊ·lɛ·tə] *f* (*hum sl: Polizistin*) policewoman
bullig ['bʊ·lɪç] *adj* (*fam*) hulking
Bumerang <-s, -s *o* -e> ['bu:·mə·raŋ] *m* boomerang
Bummel <-s, -> ['bʊ·m|] *m* stroll
Bummelei <-> [bʊ·mə·'lai] *f kein pl* (*pej fam*) dilly-dallying
bummeln ['bʊ·m|n] *vi* ❶ *sein* (*spazieren gehen*) to stroll; ~ **gehen** to take [*or* go for] a stroll ❷ *haben* (*fam: trödeln*) to dilly-dally
Bummelzug *m* (*fam*) local [passenger] train
bumsen ['bʊm·zn] **I.** *vi* ❶ *haben* (*fam: schlagen*) to bang (**an/gegen** +*akk* against) ❷ *sein* (*fam: prallen, stoßen*) to bang (**gegen** +*akk* against) **II.** *vi, vt haben* (*derb: Sex haben*) ■[jdn/**mit jdm**] ~ to screw [sb]
Bund¹ <-[e]s, Bünde> [bʊnt, *pl* 'byn·də] *m* ❶ (*Vereinigung, Gemeinschaft*) association ❷ (*die Bundesrepublik Deutschland*) ■ **der ~** the Federal Republic of Germany; ~ **und Länder** the Federation and the [German] States ❸ SCHWEIZ (*Eidgenossenschaft*) confederation ❹ (*fam: Bundeswehr*) ■ **der ~** the [German] army; **beim ~ sein** to be serving in the military ❺ *eines Kleidungsstücks* waistband
Bund² <-[e]s, -e> [bʊnt, *pl* 'bʊn·də] *nt* bundle, bunch
Bündel <-s, -> ['byn·dl] *nt* bundle
bündeln *vt* to tie in[to] bundles; *Karotten* to tie in[to] bunches
Bundesanstalt *f* federal institute; ~ **für Arbeit** German Federal Department of Labor
Bundesbahn *f* **die** [**Deutsche**] ~ German Federal Railroad
Bundesbank *f kein pl* **die** [**Deutsche**] ~ [German] Federal [Reserve] Bank
Bundesbehörde *f* federal agency
Bundesbürger(in) *m(f)* German citizen
Bundesgebiet *nt* BRD, ÖSTERR federal territory
Bundesgericht *nt* SCHWEIZ [Swiss] Federal Court
Bundesgerichtshof *m* BRD [German] Federal Supreme Court
Bundesgesetzblatt *nt* JUR BRD, ÖSTERR Federal Law Gazette, ≈ [United States] Statutes at Large
Bundesgrenzschutz *m* BRD [German] Border Police
Bundeshauptstadt *f* federal capital
Bundesinnenminister(in) *m(f)* [German] Secretary of the Interior

Bundeskanzler(in) *m(f)* BRD German Chancellor; ÖSTERR Austrian Chancellor; SCHWEIZ Head of the Federal Chancellery

i In Germany, the **Bundeskanzler** (Federal Chancellor) is nominated by the Head of State, the Federal President, and elected by the *Bundestag* (Lower House of the Federal Parliament) by majority vote. In Austria, the **Bundeskanzler** is nominated by the largest party in the *Nationalrat* (National Assembly) and appointed by the President. As the leader of the government, the **Bundeskanzler** heads the *Bundeskanzleramt* (Federal Chancellor's Office), which in Switzerland is called the *Bundeskanzlei.*

Bundeskanzleramt *nt* POL Federal Chancellor's Office
Bundeskriminalamt *nt* [German] Federal Criminal Police Office, ≈ Federal Bureau of Investigation
Bundesland *nt* federal state; **die alten/neuen Bundesländer** the federal states of the former West/East Germany

i Since the reunification, the Federal Republic of Germany has consisted of 16 **Bundesländer** (Federal States). Austria is divided into nine Federal States. As in the United States, each state has a capital where the seat of state government is located.

Bundesliga *f kein pl* the highest level sports league, often divided into two sub-leagues, the *1st and 2nd Bundesliga*
Bundesminister(in) *m(f)* BRD, ÖSTERR federal secretary
Bundesministerium *nt* BRD, ÖSTERR federal department
Bundespost *f kein pl* [German] Federal Post Office
Bundespräsident(in) *m(f)* BRD, ÖSTERR President of the Federal Republic of Germany/Austria; SCHWEIZ President of the Confederation

i The **Bundespräsident(in)** (Federal President) in Germany and Austria is a separate Head of State who performs mainly ceremonial functions. In Switzerland, however, the **Bundespräsident(in)** has a more active role in government and is one of the seven members of the *Bundesrat* (Federal Council) that elects one of its own to be Federal President every year, albeit as *Primus inter Pares* (first among equals).

Bundesrat *m* ❶ BRD, ÖSTERR Bundesrat, ≈ Senate ❷ SCHWEIZ [Swiss] Federal Council (*executive body*)

---

i The **Bundesrat** (Upper House of the German Parliament) is composed of members of the individual state governments. The number of representatives from each state depends on the size of the state. The **Bundesrat** has a legislative function. In Austria, the **Bundesrat** is the part of parliament where the *Länder* (states) are represented according to their population. The exact number of representatives from each state is stipulated by the Federal President after each national census. In Switzerland, the **Bundesrat**, chaired by the Federal President, has an executive function. The seven members of the **Bundesrat**, each elected to a four-year term, collectively constitute the government and assume the functions of Head of State.

Bundesregierung *f* federal government
Bundesrepublik *f* federal republic; **die ~ Deutschland** the Federal Republic of Germany
Bundesstaat *m* ❶ (*Staatenbund*) confederation ❷ (*Gliedstaat*) federal state; **im ~ Kalifornien** in the state of California
Bundesstraße *f* BRD, ÖSTERR highway
Bundestag *m kein pl* BRD Bundestag, ≈ House of Representatives

---

i Der **Bundestag** (the Lower House of the German Parliament) is the representative body of the people and is elected every four years. The **Bundestag** elects the *Bundeskanzler* (Federal Chancellor) and debates on and passes bills.

Bundestagsabgeordnete(r) *f(m)* member of the Bundestag, representative
Bundestagsausschuss[RR] *m* congressional committee
Bundestagsbeschluss[RR] *m* congressional decision [*or* vote]
Bundestagswahl *f* Bundestag election
Bundestrainer(in) *m(f)* BRD national team coach
Bundesverfassungsgericht *nt kein pl* BRD [German] Federal Constitutional Court (*supreme legal body that settles issues relating to the basic constitution*)
Bundesversammlung *f* POL ❶ BRD Federal Assembly, ≈ U.S. Congress ❷ SCHWEIZ Parliament
Bundeswehr *f* [Federal] Armed Forces
bundesweit *adj, adv* throughout Germany *pred*
Bündnis <-ses, -se> ['bʏnt·nɪs] *nt* alliance
Bungalow <-s, -s> ['bʊŋ·ga·lo:] *m* bungalow

Bungeespringen <-s> ['ban·dʒi·ʃprɪ·ŋən] *nt kein pl* bungee jumping
Bunker <-s, -> ['bʊŋ·kɐ] *m* ❶ (*Schutzraum*) bunker; (*Luftschutzbunker*) air-raid shelter ❷ (*beim Golf*) bunker ❸ (*sl: Gefängnis*) slammer
bunkern ['bʊŋ·kɐn] *vt* to hoard
bunt [bʊnt] **I.** *adj* ❶ (*farbig*) colorful ❷ (*ungeordnet*) jumbled; (*vielfältig*) varied **II.** *adv* ❶ (*farbig*) colorfully; **~ gestreift** with colorful stripes *pl*; **~ kariert** with a colored check pattern ❷ (*ungeordnet*) **~ gemischt** (*abwechslungsreich*) diverse; (*vielfältig*) varied ▶ WENDUNGEN: **es zu ~ treiben** (*fam*) to go too far; **jdm wird es zu ~** (*fam*) sb has had enough
buntgemischt *adj attr s.* **bunt II 2**
Buntstift *m* colored pencil
Buntwäsche *f* coloreds, colored laundry
Bürde <-, -n> ['bʏr·də] *f* (*geh*) ❶ (*Last*) load ❷ (*Beschwernis*) burden
Burg <-, -en> [bʊrk] *f* castle
Bürge, Bürgin <-n, -n> ['bʏr·gə, 'bʏr·gɪn] *m, f* guarantor, sponsor
bürgen *vi* ❶ **für jdn ~** to vouch for sb ❷ (*fig: garantieren*) ■ **für etw** *akk* **~** to be a guarantee of sth
Bürger(in) <-s, -> ['bʏr·gɐ] *m(f)* citizen
Bürgerbegehren *nt* BRD public petition for a referendum
Bürgerbewegung *f* citizens' movement
bürgerfern *adj* unresponsive to the concerns of the people, out of touch with the people *pred*
Bürgerinitiative *f* citizens' group
Bürgerkrieg *m* civil war
bürgerlich ['bʏr·gɐ·lɪç] *adj* ❶ *attr* (*den Staatsbürger betreffend*) civil; **~e Pflicht** civic duty ❷ (*dem Bürgerstand angehörend*) bourgeois *pej*
Bürgermeister(in) ['bʏr·gɐ·mais·tɐ] *m(f)* mayor
bürgernah *adj* responsive to the public, in touch with the people *pred*
Bürgernähe *f kein pl* responsiveness [*or* openness] to the [needs of the] public
Bürgerpflicht *f* civic duty
Bürgerrecht *nt meist pl* civil right
Bürgerrechtler(in) <-s, -> *m(f)* civil rights activist
Bürgerrechtsbewegung *f* civil rights movement
Bürgersteig <-[e]s, -e> *m* sidewalk
Bürgertum <-s> *nt kein pl* bourgeoisie + *sing/pl vb*
Bürgerversammlung *f* public meeting
Burgruine *f* castle ruin
Bürgschaft <-, -en> *f* JUR ❶ (*gegenüber Gläubigern*) guaranty; **die ~ für jdn übernehmen** to act as sb's guarantor ❷ (*Haftungssumme*) security
Burgund <-[s]> [bʊr·'gʊnt] *nt* Burgundy
Büro <-s, -s> [by·'ro:] *nt* office
Büroangestellte(r) *f(m)* office worker
Büroarbeit *f* office work

Bürobedarf *m* office supplies *pl*
Bürogebäude *nt* office building
Bürokaufmann, -kauffrau *m*, *f* [male] office administrator [with business training]
Büroklammer *f* paper clip
Bürokram *m* *kein pl* (*pej fam*) [bureaucratic] paperwork
Bürokrat(in) <-en, -en> [by·ro·'kra:t] *m(f)* (*pej*) bureaucrat
Bürokratie <-, -n> [by·ro·kra·'ti:, *pl* -'ti:·ən] *f* bureaucracy
bürokratisch I. *adj* ❶ *attr* bureaucratic ❷ (*pej*) involving a lot of red tape II. *adv* bureaucratically
Büroraum *m* office
Bürostunden *pl*, **Bürozeit** *f* office hours *pl*
Bursche <-n, -n> ['bor·ʃə] *m* ❶ (*Halbwüchsiger*) adolescent ❷ (*fam: Kerl*) guy
burschikos [bor·ʃi·'ko:s] I. *adj* (*salopp*) casual; (*Mensch*) laid-back; **~es Mädchen** tomboy II. *adv* casually
Bürste <-, -n> ['byrs·tə] *f* brush
bürsten ['byrs·tn̩] *vt* to brush
Bus <-ses, -se> [bos, *pl* 'bu·sə] *m* bus; (*Reisebus*) tour bus
Busbahnhof *m* bus station
Busch <-[e]s, Büsche> [boʃ, *pl* 'by·ʃə] *m* ❶ (*Strauch*) shrub ❷ (*Buschwald*) bush ▶ WENDUNGEN: **mit etw** *dat* **hinter dem ~ halten** (*fam*) to keep sth to oneself; **da ist etw im ~** (*fam*) sth is up; **bei jdm auf den ~ klopfen** (*fam*) to sound sb out
Buschbohne *f* bush bean
Büschel <-s, -> ['by·ʃl̩] *nt* tuft
büschelweise *adv* in tufts
buschig *adj* bushy
Buschmesser *nt* machete
Busen <-s, -> ['bu:·zn̩] *m* bust
Busenfreund(in) *m(f)* buddy
Busfahrer(in) *m(f)* bus driver
Bushaltestelle *f* bus stop
Buslinie *f* bus route
Bussard <-s, -e> ['bo·sart, *pl* 'bo·sar·də] *m* buzzard
Buße <-, -n> ['bu:·sə] *f* (*Geldbuße*) fine
Bussel <-s, -(n)> ['bo·səl] *nt* s. **Busserl**
büßen ['by:·sn̩] I. *vt* ❶ (*bezahlen*) to pay for; **das wirst du mir ~!** I'll make you pay for that! ❷ SCHWEIZ (*mit einer Geldbuße belegen*) to fine II. *vi* (*leiden*) to suffer (**für** *+akk* because of); **dafür wird er mir ~!** I'll make him suffer for that!
Busserl <-s, -[n]> ['bo·səl] *nt* SÜDD, ÖSTERR (*fam*) kiss
Bußgeld *nt* fine (*for traffic or tax offenses*)
Bußgeldbescheid *m* notice of a fine
Bussi <-s, -s> ['bo·si] *nt* SÜDD, ÖSTERR kiss
Bußtag *m* day of repentance; **Buß- und Bettag** day of prayer and repentance (*on the Wednesday before Advent*)
Büste <-, -n> ['bys·tə] *f* bust
Büstenhalter *m* bra[ssiere]
Busverbindung *f* bus service

Butangas *nt* butane gas
Butter <-> ['bo·tɐ] *f* *kein pl* butter ▶ WENDUNGEN: **weich wie ~** as soft as can be
Butterblume *f* buttercup
Butterbrot *nt* slice of buttered bread
Butterbrotpapier *nt* wax paper
Buttermilch *f* buttermilk
Butterschmalz *nt* clarified butter
butterweich ['bo·tɐ·'vaiç] I. *adj* really soft II. *adv* softly
Button <-s, -s> ['ba·tn̩] *m* badge
b. w. *Abk von* **bitte wenden** PTO
Byte <-s, -s> [bait] *nt* byte
bzw. *adv Abk von* **beziehungsweise**

C

C, c <-, - *o fam* -s, -s> [tse:] *nt* ❶ C, c; **~ wie Cäsar** C as in Charlie ❷ MUS C, c; **das hohe ~** high C
C *Abk von* **Celsius** C
ca. *Abk von* **circa** approx., ca
Cabrio <-s, -s> ['ka:·brio] *nt s.* **Kabriolett**
Café <-s, -s> [ka·'fe:] *nt* café
Cafeteria <-, -s> [ka·fe·tə·'ri:a] *f* cafeteria
Calcium <-s> ['kal·tsi̯·om] *nt kein pl s.* **Kalzium**
Camion <-s, -s> [ka·'mjõ] *m* SCHWEIZ truck
campen ['kɛm·pn̩] *vi* to camp
campieren* [kam·'pi:·rən] *vi* ❶ *s.* **kampieren** ❷ ÖSTERR, SCHWEIZ to camp
Camping <-s> ['kɛm·pɪŋ] *nt kein pl* camping
Campingplatz *m* campsite
Car <-s, -s> ['ka:ɐ̯] *m* SCHWEIZ *kurz für* **Autocar** bus
Car-Sharing, Carsharing <-s> ['ka:ɐ̯·ʃɛː·ɐ̯ɪŋ] *nt kein pl* car sharing
Cartoon <-s, -s> [kar·'tu:n] *m* cartoon
Casino <-s, -s> [ka·'zi:·no] *nt s.* **Kasino**
CD <-, -s> [tse:·'de:] *f Abk von* **Compactdisc** CD
CD-Brenner *m* CD burner
CD-ROM <-, -s> [tse:·de:·'rɔm] *f* CD-ROM
CD-Spieler *m s.* **CD-Player**
CDU <-> [tse:·de:·'ʔu:] *f Abk von* **Christlich-Demokratische Union** CDU
Cellist(in) <-en, -en> [tʃɛ·'lɪst] *m(f)* cellist
Cello <-s, -s *o* Celli> ['tʃɛ·lo, *pl* 'tʃ·ɛli] *nt* cello
Cellophan® <-s> [tsɛ·lo·'fa:n] *nt kein pl* cellophane
Celsius ['tsɛl·zi̯·os] *no art, inv* Celsius
Cembalo <-s, -s *o* Cembali> ['tʃɛm·ba·lo, *pl* -li] *nt* harpsichord
Cent <-(s), -(s)> ['sɛnt] *m* cent
Champagner <-s, -> [ʃam·'pan·jɐ] *m* champagne
Champignon <-s, -s> ['ʃam·pɪn·jɔŋ] *m* mushroom

Chance <-, -n> ['ʃãː·sə, a. ʃãːs, ʃaŋ·s(ə), *pl* -sn] *f* chance; **die ~n** *pl* **stehen gut/ schlecht** there's a good chance/there's little chance

Chancengleichheit *f kein pl* equal opportunity

chancenlos *adj* no chance

Chaos <-> ['kaː·ɔs] *nt kein pl* chaos

Chaot(in) <-en, -en> [ka·'oːt] *m(f)* chaotic person

chaotisch [ka·'oːtɪʃ] **I.** *adj* chaotic **II.** *adv* chaotically

Charakter <-s, -e> [ka·'rak·tɐ, *pl* -'teː·rə] *m* character; *eines Gesprächs* nature *no indef art*

Charaktereigenschaft *f* characteristic

charakterfest *adj* with strength of character *pred*

charakterisieren* [ka·rak·te·ri·'ziː·rən] *vt* to characterize

charakteristisch [ka·rak·te·'rɪs·tɪʃ] *adj* characteristic (**für** + *akk* of)

charakterlich I. *adj* of sb's character *pred* **II.** *adv* in character, as far as sb's character is concerned *pred*

Charakterstärke *f* strength of character

Charakterzug *m* characteristic

charmant [ʃar·'mant] **I.** *adj* charming **II.** *adv* charmingly

Charme <-s> ['ʃarm] *m kein pl* charm

chartern ['tʃar·tɐn] *vt* to charter

Chauffeur(in) <-s, -e> [ʃɔ·'føː·ɐ] *m(f)* chauffeur

Chauvinismus <-> [ʃo·vi·'nɪs·mʊs] *m kein pl* chauvinism

Chauvinist(in) <-en, -en> [ʃo·vi·'nɪst] *m(f)* chauvinist

chauvinistisch [ʃo·vi·'nɪs·tɪʃ] **I.** *adj* chauvinistic **II.** *adv* chauvinistically

checken ['tʃɛ·kn̩] *vt* ❶ (*überprüfen*) to check ❷ (*sl: begreifen*) ▪ **etw ~** to get sth

Check-in <-s, -s> ['tʃɛk·ʔɪn] *m o nt* check-in

Chef(in) <-s, -s> ['ʃɛf] *m(f)* head; (*einer Firma*) manager, boss *fam*

Chefarzt, -ärztin *m, f* head doctor

Chefkoch, -köchin *m, f* head cook

Chefredakteur(in) *m(f)* editor in chief

Chefsekretär(in) *m(f)* executive secretary

Chemie <-> [çe·'miː] *f kein pl* chemistry

Chemiefaser *f* man-made fiber

Chemiekonzern *nt* chemical manufacturer

Chemikalie <-, -n> [çe·mi·'kaː·li̯ə] *f meist pl* chemical

Chemiker(in) <-s, -> ['çe·mi·kɐ] *m(f)* chemist

chemisch ['çe·mɪʃ] **I.** *adj* chemical **II.** *adv* chemically

Chemotherapie *f* chemotherapy

chic ['ʃɪk] *adj s.* **schick**

Chiffre <-, -n> ['ʃɪf·rə] *f* ❶ (*Kennziffer*) box number ❷ (*Zeichen*) cipher

Chile <-s> ['tʃiː·le] *nt* Chile; *s. a.* **Deutschland**

Chilene, Chilenin <-n, -n> [tʃi·'leː·nə] *m, f* Chilean; *s. a.* **Deutsche(r)**

chilenisch [tʃi·'leː·nɪʃ] *adj* Chilean; *s. a.* **deutsch**

Chili <-s> ['tʃiː·li] *m kein pl* chili

China <-s> ['çiː·na] *nt* China; *s. a.* **Deutschland**

Chinakohl *m* Chinese cabbage

Chinese, Chinesin <-n, -n> [çi·'neː·zə, çi·'neː·zɪn] *m, f* Chinese [person]; *s. a.* **Deutsche(r)**

chinesisch [çi·'neː·zɪʃ] *adj* Chinese ▶ WENDUN-GEN: **~ für jdn sein** (*fam*) to be all Greek to sb; *s. a.* **deutsch**

Chip <-s, -s> [tʃɪp] *m* ❶ COMPUT [micro]chip ❷ (*Jeton*) chip ❸ *meist pl* KOCHK chip *usu pl*

Chipkarte *f* smart card

Chirurg(in) <-en, -en> [çi·'rʊrk, *pl* -'rʊr·gn̩] *m(f)* surgeon

Chirurgie <-, -n> [çi·rʊr·'giː] *f kein pl* surgery

chirurgisch [çi·'rʊr·gɪʃ] **I.** *adj* surgical **II.** *adv* surgically

Chlor <-s> [kloːɐ] *nt kein pl* chlorine

Chloroform <-s> [klo·ro·'fɔrm] *nt kein pl* chloroform

Chlorophyll <-s> [klo·ro·'fʏl] *nt kein pl* chlorophyll

Cholera <-> ['koː·le·ra] *f kein pl* cholera

Choleriker(in) <-s, -> [ko·'leː·ri·kɐ] *m(f)* choleric person

cholerisch [ko·'leː·rɪʃ] *adj* choleric

Cholesterin <-s> [kol·ɛs·te·'riːn, a. ço...] *nt kein pl* cholesterol

Cholesterinspiegel *m* cholesterol level

Chor <-[e]s, Chöre> [koːɐ, *pl* 'køː·rə] *m* chorus; REL choir

Choral <-s, Choräle> [ko·'raːl, *pl* ko·'rɛː·lə] *m* choral[e]

Choreograf(in)[RR] <-en, -en> [ko·reo·'graːf] *m(f)* choreographer

Choreografie[RR] <-, -n> [ko·reo·gra·'fiː] *f* choreography

choreografisch[RR] [ko·reo·'graː·fɪʃ] *adj* choreographic

Choreograph(in) <-en, -en> *m(f) s.* **Choreograf**

Choreographie <-, -n> *f s.* **Choreografie**

choreographisch *adj s.* **choreografisch**

Chose <-, -n> ['ʃoː·zə] *f* (*fam*) ❶ (*Angelegenheit*) thing, affair ❷ (*Zeug*) stuff; ▪ **die [ganze] ~** everything, the whole shebang *sl*

Chr. *Abk von* **Christus, Christi** Christ

Christ(in) <-en, -en> ['krɪst] *m(f)* Christian

Christbaum *m* DIAL Christmas tree

Christentum <-s> *nt kein pl* Christianity

Christi ['krɪsti] *gen von* **Christus**

Christkind *nt* ❶ (*Jesus*) Christ child ❷ (*weihnachtliche Gestalt*) Santa Claus; **ans ~ glauben** to believe in Santa Claus

christlich I. *adj* Christian **II.** *adv* in a Christian manner

Christmesse *f*, **Christmette** *f* Christmas mass

Christus <Christi, *dat - o geh* Christo, *akk - o geh* Christum> ['krɪs·tʊs] *m* Christ; **nach/vor ~** A.D./B.C.; **Christi Himmelfahrt** Ascension

Chrom <-s> ['kroːm] *nt kein pl* chrome

chromatisch [kro·'ma:·tɪʃ] *adj* MUS, ORN chromatic

Chromosom <-s, -en> [kro·mo·'zo:m] *nt* chromosome

Chronik <-, -en> ['kro:·nɪk] *f* chronicle

chronisch ['kro:·nɪʃ] *adj* chronic; ■**etw ist bei jdm** ~ sb has [a] chronic [case of] sth

Chronist(in) <-en, -en> [kro·'nɪst] *m(f)* chronicler

Chronologie <-> [kro·no·lo·'gi:] *f kein pl* ❶ (*zeitliche Abfolge*) sequence ❷ (*Zeitrechnung*) chronology

chronologisch [kro·no·'lo:·gɪʃ] **I.** *adj* chronological **II.** *adv* chronologically, in chronological order

circa ['tsɪr·ka] *adv s.* **zirka**

Cis, cis <-, -> ['tsɪs] *nt* MUS C sharp

cl *Abk von* **Zentiliter** cl

Clan <-s, -s> ['kla:n] *m* ❶ (*Stamm*) clan ❷ (*Clique*) clique

clean ['kli:n] *adj pred* (*sl*) ■~ **sein** to be clean

clever ['klɛ·ve] **I.** *adj* ❶ (*aufgeweckt*) smart, bright ❷ (*raffiniert*) cunning **II.** *adv* ❶ (*geschickt*) artfully ❷ (*pej*) cunningly

Clinch <-[e]s> ['klɪntʃ] *m kein pl* clinch; [mit jdm] im ~ liegen (*fig*) to be [involved] in a dispute [with sb]

Clip <-s, -s> ['klɪp] *m* ❶ (*Klemme*) clip ❷ (*Ohrschmuck*) clip-on [earring] ❸ (*Videoclip*) video

Clique <-, -n> ['klɪ·kə] *f* circle of friends; (*pej*) clique

Clou <-s, -s> ['klu:] *m* ❶ (*Glanzpunkt*) highlight ❷ (*Kernpunkt*) crux ❸ (*Pointe*) punch line

Clown(in) <-s, -s> [klaun] *m(f)* clown ▶ WENDUNGEN: **sich** *akk* **zum ~ machen** to make a fool of oneself

Club <-s, -s> ['klʊp] *m s.* **Klub**

cm *Abk von* **Zentimeter** cm

c-Moll <-s> ['tse:·mɔl] *nt kein pl* MUS C flat minor

Coach <-[s], -s> [koʊtʃ] *m* coach

Cockpit <-s, -s> ['kɔk·pɪt] *nt* cockpit

Cocktail <-s, -s> ['kɔk·te:l] *m* cocktail

Code <-s, -s> ['ko:t] *m s.* **Kode**

codieren* [ko·'di:·rən] *vt* to code, to encode

Codierung <-, -en> *f s.* **Kodierung**

Cognac® <-s, -s> ['kɔn·jak] *m* cognac

Coiffeuse <-, -n> [kɔa·'føzə] *f* SCHWEIZ hairdresser

Come-back^RR, **Comeback** <-[s], -s> [kam·'bɛk] *nt* comeback

Comic <-s, -s> ['kɔ·mɪk] *m meist pl* comic

Compact Disc, Compact Disk^RR <-, -s> [kɔm·'pakt 'dɪsk] *f* compact disc

Computer <-s, -> [kɔm·'pju:·te] *m* computer; [etw] auf ~ umstellen to computerize [sth]

computergesteuert I. *adj* computer-controlled **II.** *adv* under computer control

computerlesbar *adj* machine-readable

Computerprogramm *nt* [computer] program

Computerspiel *nt* computer game

Computersystem *nt* computer system

computerunterstützt *adj* computer-aided

Computervirus *nt o m* computer virus

Comtesse <-, -n> [kɔm·'tɛs, *a.* kõ·'tɛs, *pl* -'tɛsn] *f* countess

Conférencier <-s, -s> [kõ·fe·rã·'si̯e:] *m* master of ceremonies

Consultingfirma [kɔn·'zal·tɪŋ-] *f* consulting firm

Container <-s, -> [kɔn·'te:·nɐ] *m* container

Cookie <-s, -s> ['kʊ·ki] *nt* INET cookie

cool ['ku:l] *adj* (*sl*) ❶ (*gefasst*) calm and collected ❷ (*sehr zusagend*) cool

Copilot(in) ['ko:··pi·lo:t] *m(f)* copilot

Copyright <-s, -s> ['kɔ·pi·rait] *nt* copyright

Cord <-s> ['kɔrt] *m kein pl* corduroy

Corner <-, -> ['kɔ:ɐ̯·nɐ] *m* ÖSTERR, SCHWEIZ (*Eckball*) corner [kick]

Cornflakes® ['kɔ:ɐ̯n·fle:ks] *pl* cornflakes *pl*

Cornichon <-s, -s> [kɔr·ni·'ʃõ:] *nt* cornichon

Costa Rica <-s> ['kɔs·ta 'ri:·ka] *nt* Costa Rica; *s. a.* **Deutschland**

Couch <-, -s *o* -en> [kautʃ] *f o* SCHWEIZ *m* couch

Couchgarnitur *f* couch set

Couchtisch *m* coffee table

Count-down^RR, **Countdown** <-s, -s> ['kaunt·'daun] *m o nt* countdown

Coup <-s, -s> ['ku:] *m* coup

Coupé <-s, -s> [ku·'pe:] *nt* ❶ (*Sportlimousine*) coupé, coupe ❷ ÖSTERR (*Zugabteil*) train compartment

couragiert [ku·ra·'ʒi:ɐ̯t] **I.** *adj* bold **II.** *adv* boldly

Cousin, Cousine <-s, -s> [ku·'zɛ̃, ku·'zi·nə] *m, f* cousin

Cover <-s, -s> ['kavɐ] *nt* ❶ (*Titelseite*) [front] cover ❷ (*Plattenhülle*) [record] sleeve

Cowboy <-s, -s> ['kau·bɔy] *m* cowboy

Crack¹ <-s, -s> ['krɛk] *m* (*ausgezeichneter Spieler*) ace

Crack² <-s> ['krɛk] *nt kein pl* (*Rauschgift*) crack

Crashkurs ['krɛʃ-] *m* crash course

Creme <-, -s> ['kre:m, 'krɛ:m] *f* ❶ (*Salbe*) cream ❷ (*Sahnespeise*) mousse

cremefarben *adj* cream-colored, cream

cremig *adj* creamy

Crêpe <-, -s> ['krɛp] *m s.* **Krepp¹**

Creutzfeldt-Jakob-Krankheit ['krɔyts·fɛlt-] *f* MED Creutzfeldt-Jakob disease

Crew <-s, -s> ['kru:] *f* crew

C-Schlüssel *m* C clef

CSU <-> [tse:·'ʔɛs·'ʔu:] *f Abk von* **Christlich-Soziale Union** CSU

Curry <-s, -s> ['kœri] *m o nt* curry

CVP <-s> *f kein pl* SCHWEIZ *Abk von* **Christlichdemokratische Volkspartei** Christian Democratic People's Party

D

D, d <-, - o fam -s, -s> [de:] nt ❶ (Buchstabe) D, d; ~ **wie Dora** D as in Delta ❷ MUS D, d

da ['da:] I. adv ❶ (dort) there; (hier) here; ~ **sein** to be there/here; ~ **bist du ja!** there you are!; ~ **drüben/vorne** over there; ~ **hinten** back there; ~ **draußen/drinnen** out/in there; **der/die/das ...** ~ this ... [over] here [or that ... [over] there] ❷ (dann) then; **von ~ an herrschte endlich Ruhe** after that it was finally quiet ❸ (in diesem Fall) in this case; ~ **bin ich ganz deiner Meinung** I completely agree with you II. konj (weil) since, as

da|behalten* ['da:·bə·hal·tn̩] vt irreg to keep here/there

dabei [da·'bai] adv ❶ (örtlich) with [it/them]; **die Rechnung war nicht** ~ the bill was not enclosed; **direkt/nahe** ~ right next to/near it ❷ (zeitlich) at the same time; (dadurch) as a result; (währenddessen) while doing it ❸ (anwesend, beteiligt) there; ~ **sein** to be there; **bist du** ~? are you with us? ❹ (damit verbunden) through it/them; **was hast du dir denn** ~ **gedacht?** what [on earth] were you thinking?; **ich habe mir nichts** ~ **gedacht** I didn't mean anything by it; **da ist [doch] nichts** ~ there's nothing to it; **das Dumme/Schöne** ~ **ist, ...** the stupid/good thing about it is ...

dabei|bleiben vi irreg sein ■ **bei jdm** ~ to stay with sb; ■ **bei etw** dat ~ to continue doing [or stick with] sth

dabei|haben vt irreg ■ **etw** ~ to have sth on oneself; ■ **jdn** ~ to have sb with oneself

dabei|sein^{ALT} vi irreg sein s. **dabei 3, 4**

dabei|stehen vi irreg ■ [mit] ~ to be there; (untätig a.) to stand there

da|bleiben vi irreg sein to stay [or wait] there

Dach <-[e]s, Dächer> ['dax, pl 'dɛ·çə] nt (Gebäudeteil, a. vom Auto) roof ▶ WENDUNGEN: [von jdm] **eins aufs** ~ **kriegen** (fam: geohrfeigt werden) to get a slap upside the head [from sb]; (getadelt werden) to be given a talking-to [by sb]; **jdm aufs** ~ **steigen** (fam) to jump down sb's throat

Dachbalken m roof beam

Dachboden m attic

Dachdecker(in) <-s, -> m(f) roofer

Dachfenster nt skylight

Dachgepäckträger m roof rack

Dachgeschoss^{RR} nt attic

Dachkammer f attic room

Dachlawine f mass of snow sliding from a roof

Dachrinne f gutter

Dachs <-es, -e> ['daks] m badger

Dachschaden m **einen** ~ **haben** (fam) to have a screw loose

Dachstuhl m roof truss

dachte ['dax·tə] imp von **denken**

Dachverband m umbrella organization

Dachwohnung f attic apartment

Dachziegel m [roofing] tile

Dackel <-s, -> ['da·kl̩] m dachshund

Daddler <-s, -> ['dɛd·le] m COMPUT (fam) gamer

dadurch [da·'dʊrç] adv ❶ örtlich through [it/them]; (emph) through there ❷ (aus diesem Grund) so; (auf diese Weise) this is how; ■~, **dass ...** because ...

dafür [da·'fy:ɐ̯] adv ❶ (für das) for it/this/that; **warum ist er böse? er hat keinen Grund** ~ why's he angry? he has no reason to be; **es ist ein Beweis** ~, **dass ...** it's proof that ...; ~ **bin ich ja da** that's what I'm here for ❷ (als Gegenleistung) in return ❸ (andererseits) **in Mathematik ist er schlecht,** ~ **kann er gut Fußball spielen** he's bad at math, but he makes up for it with soccer; **er ist zwar nicht kräftig,** ~ **aber intelligent** he may not be strong, but [at least] he's smart ❹ (im Hinblick darauf) ■~, **dass ...** seeing [that] ... ❺ ■~ **sein** (zustimmen) to be for it/that

dafür|können vt irreg **er kann nichts dafür** it's not his fault, he can't help it

dagegen [da·'ge:·gn̩] I. adv ❶ (räumlich) against it ❷ (als Einwand, Ablehnung) against it/that; ~ **müsst ihr was tun** you have to do something about it; **etwas/nichts** ~ **haben** to mind/not mind sth; **ich habe nichts** ~ [einzuwenden] that's fine by me ❸ (als Gegenmaßnahme) **das hilft/ist gut** ~ this will help; ~ **lässt sich nichts machen** you can't do anything about it ❹ (verglichen damit) compared with it/that/them ❺ ■~ **sein** (nicht zustimmen) to be against it II. konj (jedoch) whereas

da|haben vt irreg ❶ ■ **etw** ~ (vorrätig) to have sth in stock; (zur Hand) to have sth ❷ (zu Besuch) ■ **jdn** ~ to have sb over

daheim [da·'haim] adv SÜDD, ÖSTERR, SCHWEIZ at home

daher ['da:·he:ɐ̯] adv ❶ (von dort) from there ❷ (aus diesem Grunde) [and] that's why ❸ (aus dieser Quelle, dadurch begründet) ~ **hat er das** that's where he got it [from]; ~ **weißt du es also** so that's how you know [that]; **das kommt** ~, **dass ...** that is because ... ❹ DIAL (hierher) here/there

daher|reden (pej) I. vi to talk [or rattle] away; **dumm** ~ to talk nonsense II. vt to say sth without thinking; **das war nur so dahergeredet!** that was just talk!

dahin [da·'hɪn] adv ❶ (an diesen Ort) there; **kommst du mit** ~? are you coming along?; **ist es noch weit bis** ~? is there still a ways to go? fam, are we there yet? ❷ (zeitlich) ■ **bis** ~ until then ❸ (in dem Sinne) **er äußerte sich** ~ **gehend, dass ...** he said something to the effect that ...

dahingestellt [da·'hɪn·gə·ʃtɛlt] adj ■~ **sein/bleiben** to be/remain an open question

dahin|sagen vt ■ **etw** [nur so] ~ to say sth without [really] thinking

dahin|schleppen vr ■ **sich** akk ~ to drag on

dahin|schmelzen *vi irreg sein (hum)* to melt, to get [all] gooey *fam*
dahinten [da·'hɪn·tn̩] *adv* back there
dahinter [da·'hɪn·tɐ] *adv* behind it/that/them etc.
dahinter|klemmen *vr (fam)* **sich** *akk* **~ klemmen** to buckle down
dahinter|kommen *vi irreg sein (fam: erfahren)* to find out; *(begreifen)* to figure out
dahinter|stecken *vi (fam)* **wer steckt ~?** who's behind it?
Dahlie <-, -n> ['da:·li̯ə] *f* dahlia
da|lassen *vt irreg* ■**jdn ~** to leave sb here/there; ■**jdm etw ~** to leave sb sth
damalig ['da:·ma:·lɪç] *adj attr* at that time *pred*
damals ['da:·ma:ls] *adv* [back] then, at that time, back in the day *fam*
Dame <-, -n> ['da:·mə, *pl* 'da:·mən] *f* ❶ *(geh)* lady; **meine ~n und Herren!** ladies and gentlemen! ❷ *(Damespiel)* checkers + *sing vb* ❸ *(bei Schach, Karten)* queen
Damebrett ['da:·mə·brɛt] *nt* checkerboard
Damenbegleitung *f* female company
Damenbekanntschaft *f* lady friend
Damenbinde *f* sanitary napkin [*or* pad]
Damenfahrrad *nt* women's bicycle
Damenfriseur *m* [women's] hairdresser
damenhaft I. *adj* ladylike **II.** *adv* like a lady
Damenmannschaft *f* women's team
Damenmode *f* women's fashion[s]
Damentoilette *f* ladies' room
Damenwahl *f* ladies' choice
Damespiel *nt* [game of] checkers + *sing vb*
damisch ['da:·mɪʃ] *adj* SÜDD, ÖSTERR *(fam: dämlich)* stupid
damit [da·'mɪt] **I.** *adv* with it/that; **was soll ich ~?** what am I supposed to do with this/that?; **weißt du, was sie ~ meint?** do you know what she means by that?; **ist Ihre Frage ~ beantwortet?** has that answered your question?; **ich habe nichts ~ zu tun** I have nothing to do with this; **hör auf ~!** knock it off!; **sind Sie ~ einverstanden?** do you agree [to/with it/that]? **II.** *konj* so that
dämlich ['dɛːm·lɪç] *(fam)* **I.** *adj* stupid **II.** *adv* **sich** *akk* **~ anstellen** to be awkward
Dämlichkeit <-, -en> *f (fam)* ❶ *kein pl (Verhalten)* stupidity ❷ *(Bemerkung)* stupid [*or* dumb] remark
Damm <-[e]s, Dämme> ['dam, *pl* 'dɛmə] *m* *(Staudamm)* dam; *(Deich)* dike ▶ WENDUNGEN: **wieder auf dem ~ sein** to be on one's feet again
dämmen ['dɛmən] *vt* to insulate
dämmerig ['dɛ·mərɪç] *adj s.* **dämmrig**
dämmern ['dɛ·mɐn] **I.** *vi* ❶ *Tag, Morgen* to dawn; *Abend* to approach ❷ *(fig)* ■**jdm ~** to [gradually] dawn on sb **II.** *vi impers* ■**es dämmert** *(morgens)* dawn is breaking; *(abends)* night is falling
Dämmerung <-, -en> *f* twilight; *(Abenddämmerung)* dusk; *(Morgendämmerung)* dawn
dämmrig ['dɛm·rɪç] *adj Beleuchtung* dim

Dämon <-s, Dämonen> ['dɛː·mɔn, *pl* dɛ·'moː·nən] *m* demon
dämonisch [dɛ·'moː·nɪʃ] *adj* demonic
Dampf <-[e]s, Dämpfe> ['dampf, *pl* 'dɛm·pfə] *m* steam; **~ ablassen** *(a. fig)* to let off steam
Dampfbad *nt* steam bath
Dampfbügeleisen *nt* steam iron
Dampfdruck *m* steam pressure
dampfen ['dam·pfn̩] *vi* to steam
dämpfen ['dɛm·pfn̩] *vt* ❶ *Gemüse* to steam ❷ *Stimme* to lower ❸ *Stoß, Begeisterung* to dampen
Dampfer <-s, -> ['dam·pfɐ] *m* steamship ▶ WENDUNGEN: **auf dem falschen ~ sein** *(fam)* to be barking up the wrong tree
Dämpfer <-s, -> ['dɛm·pfɐ] *m* MUS, TECH damper ▶ WENDUNGEN: **jdm einen ~ aufsetzen** to dampen sb's spirits
Dampfkochtopf *m* pressure cooker
Dampfkraftwerk *nt* steam[-driven] power plant
Dampflok *f* steam engine
Dampfmaschine *f* steam engine
Dampfschiff *nt s.* **Dampfer**
Dampfwalze *f* steamroller
danach [da·'na:x] *adv* ❶ *zeitlich* after it/that; *(nachher a.)* afterwards; **ein paar Minuten ~** a few minutes later ❷ *örtlich* behind [her/him/it/them etc.] ❸ *(dementsprechend)* **~ gekleidet** appropriately dressed ❹ *(laut dem)* according to that ❺ *(nach dieser Sache)* **~ greifen** to [make a] grab for it; **sich** *akk* **~ sehnen** to long for it/that; ■**jdm ist ~/nicht ~** *(fam)* sb feels/doesn't feel like it
Däne, Dänin <-n, -n> ['dɛː·nə, 'dɛː·nɪn] *m, f* Dane; *s. a.* **Deutsche(r)**
daneben [da·'ne:·bn̩] *adv* ❶ *(räumlich)* next to her/him/it/that etc.; **links/rechts ~** *(bei Gegenständen)* to the left/right of it/them; *(bei Menschen)* to her/his left/right ❷ *(verglichen damit)* compared with her/him/it/that etc. ❸ *(außerdem)* in addition [to that] ▶ WENDUNGEN: **~ sein** *(unangemessen)* to be inappropriate
daneben|benehmen* *vr irreg (fam)* ■**sich** *akk* **~** to make a fool of oneself
daneben|gehen *vi irreg sein* ❶ *(Ziel verfehlen)* to miss; *Pfeil, Schuss a.* to miss its/their mark ❷ *(scheitern)* to go wrong
daneben|gießen *vt irreg* ■**etw ~** to spill sth
daneben|liegen *vi irreg (fam)* ■**jd liegt daneben** sb is wide of the mark; **er liegt mit seiner Vermutung völlig daneben** his suspicion is way off base
Dänemark <-s> ['dɛː·nə·mark] *nt* Denmark; *s. a.* **Deutschland**
dänisch ['dɛː·nɪʃ] *adj* Danish; *s. a.* **deutsch**
dank [daŋk] *präp +gen (a. iron)* thanks to
Dank <-[e]s> [daŋk] *m kein pl* gratitude; **besten/vielen ~!** thank you very much!, thanks a lot! *fam;* **das ist der [ganze] ~ dafür!** that is/was all the thanks one gets/got!; **als ~ für etw** *akk* in grateful recognition of sth

dankbar ['daŋk·ba:ɐ̯] *adj* grateful; ■ jdm ~ **sein** to be grateful to sb

Dankbarkeit <-> *f kein pl* gratitude

danke *interj* thank you, thanks *fam*

danken ['daŋ·kn̩] **I.** *vi* ■ jdm ~ to thank sb, to express one's thanks to sb; **nichts zu** ~ you're welcome **II.** *vt* ■ jdm etw ~ to repay sb for sth; **wie kann ich Ihnen das jemals** ~? how can I ever thank you?

dankenswert ['daŋ·kn̩s·ve:ɐ̯t] *adj* commendable

Danksagung <-, -en> *f* note of thanks

dann ['dan] *adv* ❶ (*danach*) then; **noch eine Woche,** ~ **ist Weihnachten** one more week until Christmas ❷ (*zu dem Zeitpunkt*) ■ **immer** ~, **wenn** ... whenever ...; ❸ (*unter diesen Umständen*) then; ■ **wenn** ..., ~ ... if ..., [then] ...; **etw nur** ~ **tun, wenn** ... to only do sth when/if ...; ■ **selbst** ~ even then ❹ (*außerdem*) ■ **und** ~ **auch noch** ... on top of that ... ▶ WENDUNGEN: ~ **und wann** now and then

daran [da·'ran] *adv* ❶ (*räumlich*) **halt deine Hand** ~! put your hand [up] against it; **etw** ~ **kleben/befestigen** to stick/fasten sth to it; ~ **riechen** to smell it; ~ **vorbei** past it ❷ (*zeitlich*) **im Anschluss** ~ following that/this ❸ (*an dieser Sache*) **es ändert sich nichts** ~ it won't change; **denk** ~! don't forget!; **das Gute** ~ **ist, dass** ... the good thing about it is that ...; **kein Interesse** ~ no interest in it/ that; ~ **arbeiten** to work on it/that; **sich** *akk* ~ **beteiligen** to take part in it/that; **sich** *akk* ~ **erinnern** to remember it/that

daran|gehen *vi irreg sein* to get started

daran|machen *vr* (*fam*) ■ **sich** *akk* ~ to get started

daran|setzen [da·'ran·zɛt·sn̩] *vt* **alles** ~, **etw zu tun** to make every effort to do sth

darauf [da·'rauf] *adv* ❶ (*räumlich*) on it/that/ them etc. ❷ (*zeitlich*) after that; **bald** ~ shortly afterwards; **am Abend** ~ the next evening; **im Jahr** ~ [in] the following year ❸ (*auf das*) **wir müssen** ~ **Rücksicht nehmen** we must take that into consideration; ~ **antworten/reagieren** to reply/react to it/that; **etw** ~ **sagen** to say sth to it/this/that; **ein Recht** ~ a right to it/that; **sich** *akk* ~ **verlassen** to rely on it/ that; **sich** *akk* ~ **vorbereiten** to prepare for it/ that

darauffolgend *adj attr* following

daraufhin [da·rauf·'hɪn] *adv* (*infolgedessen*) as a result [of this/that]

darauf|legen^{RR} *vt* **etw** ~ to place sth on top

daraus [da·'raus] *adv* ❶ (*aus Gefäß o Raum*) out of it/that/them; **etw** ~ **entfernen** to remove sth from it ❷ (*aus diesem Material*) out of it/that/them ❸ (*aus dieser Tatsache*) ~ **ergibt sich/folgt, dass** ... the result of which is that ...

Darbietung <-, -en> ['da:ɐ̯·bi·tʊŋ] *f* performance

darin [da·'rɪn] *adv* ❶ (*in dem/der*) in there; (*in vorher Erwähntem*) in it/them; **was steht** ~

[geschrieben]? what does it say? ❷ (*in dem Punkt*) in that respect; ~ **übereinstimmen, dass** *akk* to agree that ...

dar|legen ['da:ɐ̯·le:·gn̩] *vt* to explain

Darlehen <-s, -> ['da:ɐ̯·le:·ən] *nt* loan

Darm <-[e]s, Därme> ['darm, *pl* 'dɛr·mə] *m* intestine

Darmgrippe *f* stomach flu

Darmverschluss^{RR} *m* intestinal obstruction

dar|stellen ['da:ɐ̯·ʃtɛ·lən] **I.** *vt* ❶ (*wiedergeben*) *a.* THEAT to portray ❷ (*beschreiben*) to describe; **etw knapp** ~ to give a brief description of sth ❸ (*bedeuten*) to represent **II.** *vr* ■ **sich** *akk* [jdm] ~ to appear [to sb]

Darsteller(in) <-s, -> ['da:ɐ̯·ʃtɛ·lɐ] *m(f)* actor *masc*, actress *fem*

Darstellung <-, -en> *f* ❶ (*bildlich*) portrayal ❷ THEAT performance ❸ (*das Schildern*) representation

darüber [da·'ry:·bɐ] *adv* ❶ (*räumlich*) over it/ that/them; (*direkt auf etw*) on top [of it/that]; (*oberhalb von etw*) above [it/that/them]; (*über etw hinweg*) over [it/that/them] ❷ (*hinsichtlich einer Sache*) about it/that/them; ~ **spricht er nicht gern** he doesn't like to talk about it/that ❸ (*dabei und deswegen*) in the process ❹ (*über dieser Grenze*) above [that]; **Kinder im Alter von 12 Jahren und** ~ children 12 [years] and older/over; **10 Stunden oder** ~ 10 hours and/or longer ▶ WENDUNGEN: ~ **hinaus** what is more; ~ **hinweg sein** to have gotten over it

darüber|stehen *vi irreg* (*a. fig*) to be above it [all]

darum [da·'rʊm] *adv* ❶ (*deshalb*) that's why ❷ (*um das*) ~ **bitten** to ask for it/that; **es geht nicht** ~, **wer zuerst kommt** it's not a question of who comes first; ~ **geht es ja gerade!** that's just it!, that's exactly what I'm/we're talking about! ❸ (*räumlich*) ■ ~ [**herum**] around it

darunter [da·'rʊn·tɐ] *adv* ❶ (*räumlich*) under it/that; (*unterhalb von etw*) below [it/that]; ~ **hervorgucken** to look out [from underneath] ❷ (*unter dieser Sache*) **was verstehst du** ~? what do you understand it/that to mean?; ~ **kann ich mir nichts vorstellen** it doesn't mean anything to me ❸ (*dazwischen*) among[st] them ❹ (*unter dieser Grenze*) lower; **Kinder im Alter von 12 Jahren und** ~ children 12 [years] and younger/under

darunter|liegen *vi irreg* to be less

das¹ <*gen: des, dat: dem, akk: das, pl: die*> ['das] *art def, sing nt* the; ~ **Kind/Tier/Schiff** the child/animal/ship; *s. a.* **der**¹, **die**¹

das² <*gen: dessen, dat: dem, akk: das, pl: die*> ['das] *pron dem, sing nt* that; ~ **Kind/ Haus** [**da**] that child/house [there]; **was ist denn** ~? (*fam*) what on earth is that/this?; *s. a.* **der**², **die**³

das³ <*gen: dessen, dat: dem, akk: das, pl: die*> ['das] *pron rel, sing nt* that; (*Person a.*) who, whom *form*; (*Gegenstand, Tier a.*)

which; **ich sah ein Auto, ~ um die Ecke fuhr** I saw a car driving around the corner; **ein Mädchen, ~ gut singen kann** a girl who can sing well; *s. a.* **der³, die⁵**

da|seinᴬᴸᵀ ['da:·zain] *vi irreg sein s.* **da I. 1**

Dasein <-s> ['da:·zain] *nt kein pl* (*Existenz*) existence; (*Anwesenheit*) presence

Daseinsberechtigung *f* right to exist

da|sitzen ['da:·zɪtsn̩] *vi irreg* to sit there

dasjenige <*gen:* desjenigen, *dat:* demjenigen, *akk:* dasjenige, *pl:* diejenigen> ['das·je:·nɪ·gə] *pron dem* ❶ *substantivisch* ■~, **was ...** that which ... ❷ *adjektivisch* ~ **Kind, das ...** the child that ...; *s. a.* **diejenige, derjenige**

dassᴿᴿ, **daß**ᴬᴸᵀ ['das] *konj* that; **ich habe gehört, ~ du Vater geworden bist** I heard [that] you became a father; **die Tatsache, ~ ...** the fact that ...

dasselbe <*gen:* desselben, *dat:* demselben, *akk:* dasselbe, *pl:* dieselben> *pron dem* ~ **Kleid** the same dress; *s. a.* **derselbe, dieselbe**

da|stehen ['da:·ʃteː·ən] *vi irreg* to stand there; **dumm ~** to stand there like an idiot ▶ WENDUNGEN: **besser/schlechter ~** to be in a better/worse position

Datei <-, -en> [da·'tai] *f* |data| file

Dateiname *m* filename

Daten ['da:·tn̩] *pl* ❶ (*Angaben*) data ❷ *pl von* **Datum**

Datenabruf *m* data retrieval

Datenaufbereitung *f* data processing

Datenbank <-banken> *f* database

Dateneingabe *f* data entry

Datenerfassung *f* data collection

Datenflut *f* flood of data

Datenformat *nt* data format

Datenhandschuh *m* data glove

Datenklau <-s> *m kein pl* (*fam*) data theft

Datennetz *nt* data network

Datenschutz *m* data |privacy| protection

Datenschutzbeauftragte(r) *f(m) dekl wie adj* controller for data protection

Datenschützer(in) <-s, -> *m(f)* (*fam*) data watchdog

Datensicherheit *f kein pl* data protection

Datensicherung *f* |data| backup

Datenträger *m* data medium

Datenübertragung *f* data transmission

Datenverarbeitung *f* data processing

datieren* [da·'tiː·rən] *vt, vi* to date

Dativ <-s, -e> ['da:·tiːf, *pl* 'da:·tiː·və] *m* dative |case|

Dattel <-, -n> ['da·tl̩, *pl* 'da·tl̩n] *f* date

Datum <-s, Daten> ['da:·tʊm, *pl* 'da:·tn̩] *nt* date; **welches ~ haben wir heute?** what's today's date?

Dauer <-> ['dau·ɐ] *f kein pl* duration; **eines Aufenthalts** length ▶ WENDUNGEN: **von kurzer ~ sein** to be short-lived; **auf die ~** in the long run; **diesen Lärm kann auf die ~ keiner ertragen** nobody can stand this noise for any length of time

Dauerarbeitslosigkeit *f* long-term unemployment

Dauerbeschäftigung *f* permanent employment

Dauerbetrieb *m kein pl* continuous operation

Dauererfolg *m* continuous success

Dauerfrost *m* long period of frost

dauerhaft I. *adj Beziehung* permanent; *Frieden, Wirkung* durable, lasting; **~er Schaden** lasting [*or* permanent] damage **II.** *adv* permanently

Dauerkarte *f* season ticket [*or* pass]

dauern ['dau·ɐn] *vi* ❶ (*anhalten*) to last; **der Film dauert 3 Stunden** the film is 3 hours long ❷ *impers* (*Zeit erfordern*) to take; **vier Stunden? das dauert mir zu lange** four hours? that's too long for me; **einen Augenblick, es wird nicht lange ~** just a moment, it won't take long

dauernd ['dau·ɐnt] **I.** *adj* constant **II.** *adv* constantly; **etw ~ tun** to keep [on] doing sth

Dauerstressᴿᴿ *m* continuous stress

Dauerthema *nt* permanent topic

Dauerwelle *f* perm

Dauerzustand *m* permanent state of affairs

Däumchen ['dɔym·çən] *nt* ▶ WENDUNGEN: **~ drehen** (*fam*) to twiddle one's thumbs

Daumen <-s, -> ['dau·mən] *m* thumb; **am ~ lutschen** to suck one's thumb ▶ WENDUNGEN: **jdm die ~ drücken** to keep one's fingers crossed |for sb|

Daune <-, -n> ['dau·nə] *f* down

Daunendecke *f* duvet

davon [da·'fɔn] *adv* ❶ (*räumlich*) **links/rechts ~** to the left/right of it/that/them; **etw ~ lösen** to loosen sth from it/that ❷ (*von dieser Sache*) **was hältst du ~?** what do you think of it/that/them?; **~ weiß ich nichts** I don't know anything about that; **das Gegenteil ~** the opposite of it/that; **die Hälfte ~** half of it/that/them; **~ essen/trinken** to eat/drink some of it/that; **etwas/nichts ~ haben** to have some/not have any of it

davon|fliegen *vi irreg sein* to fly away; *Vögel a.* to fly off

davon|gehen *vi irreg sein* to go |away|

davon|jagen I. *vt haben* (*verscheuchen*) ■**jdn ~** to drive sb away *sep*; *Kinder, Tiere* to chase sb away *sep* **II.** *vi sein* (*schnell wegfahren*) to speed off

davon|kommen *vi irreg sein* **mit dem Leben ~** to escape with one's life; **mit einem Schock ~** to come away with no more than a shock

davon|laufen *vi irreg sein* ■**jdm ~** ❶ (*weglaufen*) to run away from sb ❷ (*jdn abhängen*) to run ahead of sb ❸ (*überraschend verlassen*) to run out on sb

davon|machen *vr* (*fam*) ■**sich** *akk* ~ to slip away

davon|schleichen *irreg* **I.** *vi sein* to slink away **II.** *vr haben* ■**sich** *akk* ~ to steal away

davon|stehlen *irreg vr* ■**sich** *akk* ~ to steal

away

davon|tragen vt irreg ❶ (wegtragen) ■jdn/etw ~ to take sb/sth away ❷ (geh) Preis to carry off; Ruhm to achieve; Sieg to score ❸ Verletzungen/Knochenbrüche ~ to suffer injury/broken bones

davor [da·'fo:ɐ̯, 'da:·fo:ɐ̯] adv ❶ (räumlich) in front [of it/that/them]; ~ **musst du links abbiegen** you have to turn left before [you get to] it ❷ (zeitlich) before [it/that/them/etc.] ❸ mit Verben **er hat Angst** ~ he's afraid of it/that; **er hatte mich** ~ **gewarnt** he warned me about it/that

dazu [da·'tsu:, 'da:·tsu:] adv ❶ (zu dem gehörend) with it ❷ (außerdem) at the same time ❸ (zu diesem Ergebnis) **wie konnte es nur** ~ **kommen?** how could that happen?; ~ **reicht das Geld nicht** we/I don't have enough money for that ❹ **im Gegensatz** ~ in contrast to that; **im Vergleich** ~ compared to that ❺ (zu dieser Sache) **ich würde dir** ~ **raten** I would advise you to do that; **ich bin noch nicht** ~ **gekommen** I haven't gotten around to it/that yet; **es gehört viel Mut** ~ that takes a lot of courage ❻ (dafür) **ich bin** ~ **nicht bereit** I'm not prepared to do that; ~ **ist es da** that's what it's there for ❼ (darüber) **er hat sich noch nicht** ~ **geäußert** he hasn't commented on it/that yet; **was meinst du** ~? what do you think about it/that?

dazu|geben vt irreg to add

dazu|gehören* vi ❶ (zu der Sache gehören) to belong [to it/etc.] ❷ (nicht wegzudenken sein) be a part of it

dazugehörig [da·'tsu:·gə·høː·rɪç] adj attr to go with it/them pred, which goes/go with it/them pred

dazu|gesellen* vr ■sich akk ~ to join them/her/him/you/us/etc.

dazu|kommen vi irreg sein ❶ (hinzukommen) to arrive; (zufällig) to happen to arrive ❷ (hinzugefügt werden) to be added

dazu|lernen vt einiges ~ to learn a few [new] things

dazu|rechnen vt to add on

dazu|setzen vr ■sich akk [zu jdm] ~ to sit down [at sb's table]; **kann ich mich** ~? do you mind if I join you?

dazu|tun vt irreg (fam) to add

Dazutun nt **ohne jds** ~ without sb's intervention

dazwischen [da·'tsvɪ·ʃn] adv ❶ (zwischen zwei Dingen) [in] between; (darunter) among[st] them ❷ (zeitlich) in between

dazwischen|funken vi (fam) ■jdm ~ to mess sth up sep [for sb]

dazwischen|kommen vi irreg sein **wenn nichts dazwischenkommt!** if everything goes according to plan!; **leider ist [mir] etwas dazwischengekommen** I'm afraid something has come up

dazwischen|reden vi ■jdm ~ to interrupt [sb]

dazwischen|treten vi irreg sein to intervene

DDR <-> [de:·de:·'ʔɛr] f HIST Abk von **Deutsche Demokratische Republik: die** ~ the GDR

Deal <-s, -s> [di:l] m deal

dealen ['di:·lən] vi (sl) [mit Drogen dat] ~ to deal [drugs]

Dealer(in) <-s, -> ['di:·lɐ] m(f) (sl) drug dealer

Debakel <-s, -> [de·'ba:·kl̩] nt (geh) debacle; (Sport) shutout

Debatte <-, -n> [de·'ba·tə] f debate; (schwächer) discussion; **zur** ~ **stehen** to be under discussion; **das steht hier nicht zur** ~ that's beside the point

debattieren* [de·ba·'ti:·rən] vt to debate; (schwächer) to discuss

Debüt <-s, -s> [de·'by:] nt debut

Deck <-[e]s, -s> ['dɛk] nt deck

Decke <-, -n> ['dɛ·kə] f ❶ (Zimmerdecke) ceiling ❷ (Tischdecke) tablecloth ❸ (Wolldecke) blanket; (Bettdecke) covers pl ▶WENDUNGEN: **jdm fällt die** ~ **auf den Kopf** sb feels really cooped up; **an die** ~ **gehen** to go through the roof

Deckel <-s, -> ['dɛ·kl̩] m ❶ (Verschluss) lid; von Glas, Schachtel a. top ❷ (Buchdeckel) cover ▶WENDUNGEN: **jdm eins auf den** ~ **geben** to slap sb upside the head

deckeln ['dɛ·kl̩n] vt ■jdn ~ to take [or knock] sb down a peg [or two]

decken ['dɛ·kn̩] I. vt ❶ Tisch to set ❷ Dach to shingle ❸ (etw verheimlichen) ■jdn ~ to cover up for sb; ■etw ~ to cover up sep sth ❹ Nachfrage to meet; Kosten to cover II. vi **diese Farbe deckt besser** this paint covers better III. vr ■sich akk ~ Aussagen to correspond

Deckenbeleuchtung f ceiling lights pl

Deckmantel m ■**unter dem** ~ **einer S.** gen under the guise of sth

Deckname m code name

Deckung <-, -en> f ❶ (Schutz) cover; **jdm** ~ **geben** to give sb cover ❷ ÖKON **die** ~ **der Kosten** to cover the costs; **die** ~ **der Nachfrage** to meet the demand

Decoder <-s, -> [de·'koː·dɐ] m decoder

defekt [de·'fɛkt] adj faulty

Defekt <-[e]s, -e> [de·'fɛkt] m defect

defensiv [de·fɛn·'zi:f] I. adj defensive II. adv defensively

Defensive [de·fɛn·'zi:·və] f **in die** ~ **gehen** to go on the defensive

definieren* [de·fi·'ni:·rən] vt to define

Definition <-, -en> [de·fi·ni·'tsi̯oːn] f definition

definitiv [de·fi·ni·'ti:f] I. adj ❶ (genau) definite; (endgültig a.) definitive II. adv (genau) definitely; (endgültig a.) definitively

Defizit <-s, -e> ['deː·fi·tsɪt] nt deficit

deformieren* [de·fɔr·'mi:·rən] vt to deform

deftig ['dɛf·tɪç] adj Mahlzeit hearty; Witz crude

degenerieren* [de·ge·ne·'riː·rən] vi to degenerate

degradieren* [de·gra·'diː·rən] vt MIL to demote

dehnbar adj ❶ Material elastic ❷ Begriff flexible

dehnen ['deː·nən] vt, vr ■[sich akk] ~ to stretch

Deich <-[e]s, -e> ['daiç] m dike

deichseln ['daik·s|n] vt (fam) to wangle

dein ['dain] pron poss, adjektivisch your; herzliche Grüße, ~e Anita/~ Paul best wishes, love Anita/Paul

deine(r, s) ['dai·nə] pron poss, substantivisch yours; diese Tasche ist ~ this bag is yours

deiner ['dainɐ] pron pers gen von du: wir werden uns ~ erinnern (geh) we will remember you

deinerseits ['dai·nɐ·'zaits] adv (von dir aus) on your part; (auf deiner Seite) for your part

deinesgleichen ['dai·nəs·'glai·çn̩] pron inv people like you; (pej) the likes of you; ■du und ~ you and your kind

deinetwegen ['dai·nət·ve:·gn̩] adv ❶ (wegen dir) because of you ❷ (dir zuliebe) for your sake

deinetwillen ['dai·nət·vɪ·lən] adv ■um ~ for your sake

deins ['dains] pron poss, substantivisch yours; welches Auto ist ~? which car is yours?

Déjà-vu-Erlebnis [de·ʒa·'vyː-] nt déjà vu

Dekade <-, -n> [de·'kaː·də] f decade

dekadent [de·ka·'dɛnt] adj decadent

Dekadenz <-> [de·ka·'dɛnts] f kein pl decadence

Dekan(in) <-s, -e> [de·'kaːn] m(f) UNIV dean; REL deacon

deklarieren* [de·kla·'riː·rən] vt to declare

Deklination <-, -en> [de·kli·na·'tsi̯oːn] f LING declension

deklinieren* [de·kli·'niː·rən] vt to decline

dekodieren* [de·ko·'diː·rən] vt to decode

Dekolleté, Dekolleteeᴿᴿ <-s, -s> [de·kɔl·'teː] nt ❶ (Körperpartie) cleavage ❷ MODE low-cut neckline

Dekor <-s, -s o -e> [de·'koːɐ̯] m o nt pattern

Dekorateur(in) <-s, -e> [de·ko·ra·'tøːɐ̯] m(f) (Schaufensterdekorateur) window dresser

Dekoration <-, -en> [de·ko·ra·'tsi̯oːn] f decoration

dekorativ [de·ko·ra·'tiːf] I. adj decorative II. adv decoratively

dekorieren* [de·ko·'riː·rən] vt to decorate

Dekret <-[e]s, -e> [de·'kreːt] nt decree form

Delegation <-, -en> [de·le·ga·'tsi̯oːn] f delegation

delegieren* [de·le·'giː·rən] vt to delegate (an +akk to)

Delegierte(r) f(m) dekl wie adj delegate

Delfinᴿᴿ <-s, -e> [dɛl·'fiːn] m s. Delphin

delikat [de·li·'kaːt] adj ❶ (wohlschmeckend) delicious ❷ (heikel) sensitive

Delikatesse <-, -n> [de·li·ka·'tɛ·sə] f delicacy

Delikatessengeschäft nt gourmet shop

Delikt <-[e]s, -e> [de·'lɪkt] nt (Vergehen) offense; (Straftat) crime

Delinquent(in) <-en, -en> [de·lɪŋ·'kvɛnt] m(f) (geh) offender

Delirium <-s, -rien> [de·'liː·ri̯·ʊm, pl de·'liː·ri̯·ən] nt delirium

Delle <-, -n> ['dɛ·lə] f dent

Delphin <-s, -e> [dɛl·'fiːn] m dolphin

dem ['deːm] I. art def dat sing von der[1], das[1]: er gab ~ Kind das Geld he gave the child the money [or the money to the child]; ich werde es ~ Klaus sagen (fam) I'll tell Klaus II. pron dem dat sing von der[2], das[2]: das Fahrrad gehört ~ Mann/Kind [da] the bike belongs to that man/child [[over] there] III. pron rel dat sing von der[3]: der Freund, mit ~ ich mich gut verstehe the [male] friend that I get along so well with; der Hund, ~ er zu fressen gibt the dog that he is feeding

Demagoge, Demagogin <-n, -n> [de·ma·'goː·gə, de·ma·'goː·gɪn] m, f demagogue

demagogisch [de·ma·'goː·gɪʃ] adj demagogic

demaskieren* [de·mas·'kiː·rən] vt to expose

Dementi <-s, -s> [de·'mɛn·ti] nt (official) denial

dementieren* [de·mɛn·'tiː·rən] vt to deny

dementsprechend ['deːm·ʔɛnt·'ʃpreˑ·çnt] I. adj appropriate II. adv correspondingly; (demnach) accordingly; sich akk ~ äußern to utter words to that effect; ~ bezahlt werden to be paid commensurately form

demgegenüber ['deːm·geˑ·gn̩·ʔyˑbɐ] adv in contrast

Demission <-, -en> [de·mɪ·'si̯oːn] f resignation

demnach ['deːm·naːx] adv therefore

demnächst [deːm·'nɛːçst] adv soon

Demo <-, -s> ['deː·mo] f (fam) demo

Demokrat(in) <-en, -en> [de·mo·'kraːt] m(f) democrat

Demokratie <-, -n> [de·mo·kra·'tiː, pl de·mo·kra·'tiː·ən] f democracy

demokratisch [de·mo·'kraː·tɪʃ] I. adj democratic II. adv democratically

demokratisieren* [de·mo·kra·ti·'ziː·rən] vt to democratize

Demokratisierung <-, -en> f democratization

demolieren* [de·mo·'liː·rən] vt Auto to wreck; Gebäude to demolish

Demonstrant(in) <-en, -en> [de·mɔn·'strant] m(f) demonstrator

Demonstration <-, -en> [de·mɔn·stra·'tsi̯oːn] f demonstration (für +akk in support of, gegen +akk against)

demonstrativ [de·mɔn·stra·'tiːf] I. adj demonstrative II. adv demonstratively

Demonstrativpronomen nt demonstrative pronoun

demonstrieren* [de·mɔn·'striː·rən] vi, vt to demonstrate (für +akk in support of, gegen +akk against)

demontieren* [de·mɔn·'tiː·rən] vt to dismantle; Reifen to take off sep

demoralisieren* [de·mo·ra·li·'ziː·rən] vt to

demoralize

demotiviert ['de:·mo·ti·vi:rt] *adj* demotivated

Demut <-> ['de:·mu:t] *f kein pl* humility (**gegenüber** +*dat* before)

demütig ['de:·my:·tıç] I. *adj* humble II. *adv* humbly

demütigen ['de:·my:·tı·gn̩] *vt* to humiliate

Demütigung <-, -en> *f* humiliation

den ['de:n] I. *art def* ❶ *akk sing von* **der**[1]: **er kennt ~ Mann** he knows the man; **grüße bitte ~ Klaus von mir** (*fam*) please say hi to Klaus for me [*or* give Klaus my regards] ❷ *dat pl von* **die**[2]: **sie hilft ~ Armen** she helps the poor II. *pron dem akk sing von* **der**[2]: **~ Mann da** [drüben] that man [over] there III. *pron rel akk sing von* **der**[3]: **der Mann, ~ ich gesehen habe** the man [that] I saw; **der Hund, ~ er füttert** the dog [that] he is feeding

denen ['de:·nən] *pron rel dat pl von* **die**[4]: **Menschen, ~ ich vertraue** people [whom] I trust; **Menschen, ~ ich Geld gegeben habe** people [that] I gave money to; **Geschichten, ~ sie zuhören** stories [that] they listen to

Den Haag <-s> [den 'ha:k] *nt* The Hague

Denkanstoß *m* **jdm einen ~ geben** to give sb food for thought

Denkaufgabe *f* [brain]teaser

denkbar I. *adj* imaginable, conceivable II. *adv* **das ~ beste/schlechteste Wetter** the best/worst possible weather

Denkblockade *f* PSYCH mental block

denken <dachte, gedacht> ['dɛŋ·kn̩] *vi, vt* ❶ (*überlegen*) to think (**an** +*akk* of); **langsam/schnell ~** to think slowly/quickly ❷ (*meinen, glauben*) to think; **ich denke nicht** I don't think so; **wer hätte das** [von ihr] **gedacht!** who'd have expected that/it [from her]? ❸ (*urteilen*) to think (**über** +*akk* about); **wie ~ Sie darüber?** what's your view [on it/that]?; **ich denke genauso darüber** that's exactly what I think ❹ (*sich erinnern*) **solange ich ~ kann** [for] as long as I can remember; **die wird noch an mich ~!** she won't forget me in a hurry! ❺ ■ **für jdn/etw gedacht sein** to be meant for sb/sth ❻ (*beabsichtigen*) **ich habe mir nichts Böses dabei gedacht**[, **als** ...] I meant no harm [when ...] ▶ WENDUNGEN: **jdm zu ~ geben** to give sb food for thought; **das gab mir zu ~** that made me think

Denker(in) <-s, -> *m(f)* thinker

denkfaul *adj* [mentally] lazy

Denkfehler *m* error in one's/the logic

Denkmal <-s, Denkmäler> ['dɛŋk·ma:l, *pl* 'dɛŋk·mɛ:·le] *nt* monument (**für** +*akk* to); **jdm ein ~ setzen** to erect a memorial/statue for sb

Denkmalschutz *m* protection of historical monuments; **unter ~ stehen** to be designated as a historical landmark

Denkpause *f* pause for thought

Denkweise *f* way of thinking

denkwürdig *adj* memorable

Denkzettel *m* (*fam*) **jdm einen ~ verpassen**

to give sb a warning [he/she/etc. won't forget in a hurry]

denn ['dɛn] *konj* ❶ (*weil*) because; **~ sonst** otherwise ❷ ■ **es sei ~**, [**dass**] ... unless ... ❸ **kräftiger/schöner ~ je** stronger/more beautiful than ever

dennoch ['dɛ·nɔx] *adv* still, nonetheless *form*

Denunziant(in) <-en, -en> [de·nʊn·'tsi̯· ant] *m(f)* informer

denunzieren* [de·nʊn·'tsi:·rən] *vt* to denounce

Deo <-s, -s> ['de:o] *nt* (*fam*), **Deodorant** <-s, -s *o* -e> [de?o·do·'rant] *nt* deodorant

Deoroller *m* roll-on [deodorant]

Deospray *nt o m* deodorant spray

deplatziert[RR], **deplaziert**[ALT] [de·pla·'tsi:ɐ̯t] *adj* misplaced

Deponie <-, -n> [de·po·'ni:, *pl* de·po·'ni:· ən] *f* disposal site

deponieren* [de·po·'ni:·rən] *vt* to deposit

deportieren* [de·pɔr·'ti:·rən] *vt* to deport

Depot <-s, -s> [de·'po:] *nt* ❶ (*Lager*) depot ❷ (*für Straßenbahnen, Omnibusse*) [streetcar/bus] depot ❸ SCHWEIZ (*Flaschenpfand*) deposit

Depp <-en *o* -s, -e[n]> ['dɛp] *m* SÜDD, ÖSTERR, SCHWEIZ (*fam*) idiot

Depression <-, -en> [de·prɛ·'si̯o:n] *f* PSYCH, ÖKON depression

depressiv [de·prɛ·'si:f] I. *adj* depressive; (*deprimiert*) depressed II. *adv* **~ gestimmt/veranlagt** depressed/prone to depression

deprimieren* [de·pri·'mi:·rən] *vt* to depress, to be depressing

der[1] <*gen:* des, *dat:* dem, *akk:* den, *pl:* die> ['de:ɐ̯] *art def, sing m* the; **~ Nachbar/Hengst/Käse** the neighbor/stallion/cheese; **~ Papa hat's mir erzählt** (*fam*) dad told me; **~ Andreas lässt dich grüßen** (*fam*) Andreas says hi [*or* sends his love]; *s. a.* **das**[1], **die**[1]

der[2] <*gen:* dessen, *dat:* dem, *akk:* den, *pl:* die> ['de:ɐ̯] *pron dem, sing m* that; **~ Mann/Hengst/Stuhl** [da] that man/stallion/chair [[over] there]; **~ mit den roten Haaren** the guy/man/one with the red hair; **wo ist dein Bruder? – ~ kommt gleich** (*fam*) where's your brother? — he'll be here soon; *s. a.* **das**[2], **die**[3]

der[3] <*gen:* dessen, *dat:* dem, *akk:* den, *pl:* die> ['de:ɐ̯] *pron rel, sing m* that; (*Person a.*) who, whom *form*; (*Gegenstand, Tier a.*) which; **der Mann, ~ es eilig hatte** the man who [*or* that] was in a hurry; **ein Film, ~ gut ankommt** a highly-acclaimed film; **ein Zahn, ~ wackelt** a tooth that is loose; *s. a.* **das**[3], **die**[5]

der[4] ['de:ɐ̯] I. *art def* ❶ *gen sing von* **die**[1]: **die Augen ~ Katze** the eyes of the cat, the cat's eyes ❷ *dat sing von* **die**[1]: **er half ~ Frau** he helped the woman; **an ~ Decke hängen** to hang from the ceiling; **ich werde es ~ Anne sagen** (*fam*) I'll tell Anne ❸ *gen pl von* **die**[2]: **die Wünsche ~ Männer/Frauen/Kinder**

the men's/women's/children's wishes; **das Ende ~ Ferien** the end of vacation **II.** *pron dem dat sing von* **die**[3]: **das Fahrrad gehört ~ Frau [da]** the bike belongs to that woman [over there] **III.** *pron rel dat sing von* **die**[5]: **die Freundin, mit ~ ich mich gut verstehe** my [girl]friend that I get along so well with; **die Katze, ~ er zu fressen gibt** the cat [that] he is feeding; **die Hitze, unter ~ sie leiden** the heat [that] they're suffering from

derart ['de:ɐ̯·ʔaːɐ̯t] *adv* so, such; **~ ekelhaft/ heiß sein, dass ...** to be so disgusting/hot that ...; **sie ist eine ~ unzuverlässige Frau, dass ...** she is such an unreliable woman that ...

derartig ['de:ɐ̯·ʔaːɐ̯tɪç] **I.** *adj* such; **[etwas] D~es habe ich noch nie gesehen** I've never seen anything like it **II.** *adv* such; **~ schreien, dass ...** to scream so much [*or* loudly] that ...

derb ['dɛrp] **I.** *adj* ❶ (*grob*) coarse; *Manieren* rough; *Ausdrucksweise, Witz* crude ❷ (*fest*) *Material, Schuhe* strong **II.** *adv* **jdn ~ anfassen** to handle sb roughly; **sich** *akk* **~ ausdrücken** to be crude

deren ['de:·rən] **I.** *pron dem* ❶ *gen sing von* **die**[3]: **die Tochter und ~ Freundin** my daughter and her [girl]friend ❷ *gen pl von* **die**[4]: **meine Schwestern und ~ Kinder** my sisters and their children **II.** *pron rel* ❶ *gen sing von* **die**[3] whose; *auf eine Sache bezogen a.* of which; **eine Frau, ~ Namen ich nicht weiß** a woman whose name I do not know; **die Überschwemmung, ~ Folgen schrecklich waren** the flooding, the consequences of which were horrible ❷ *gen pl von* **die**[6] whose; *auf Sachen bezogen a.* of which; **Freunde, ~ Eltern ich nicht mag** friends whose parents I do not like; **Autos, ~ Reifen abgefahren sind** cars that have worn tires

derer ['de:·rɐ] *pron dem gen pl von* **die**[4]: **die Zahl ~, die einsam sind ...** the number of those who are lonely ...

dergleichen [de:ɐ̯·'glai·çn̩] *pron dem* ❶ *adjektivisch* such, like that *pred*, of that kind *pred* ❷ *substantivisch* that sort of thing; **nichts ~** nothing like it; **ich will nichts ~ hören!** I'm not interested in hearing any of that/it

derjenige <*gen:* dęsjenigen, *dat:* demjenigen, *akk:* dęnjenigen, *pl:* diejenigen> ['de:ɐ̯·je:·nɪ·ɡə] *pron dem* ❶ *substantivisch* ∎ **~, der ...** *auf eine Person bezogen* the person who ..., whoever ...; *auf eine Sache bezogen* the one that ... ❷ *adjektivisch* that; **~ Mann, der ...** the [*or* that] man who ...; *s. a.* **dasjenige, diejenige**

derlei ['de:ɐ̯·lai] *pron* such, like that *pred*

dermaßen ['de:ɐ̯·maːsn̩] *adv* **eine ~ lächerliche Frage** such a ridiculous question; **jdn ~ unter Druck setzen, dass ...** to put sb under so much pressure that ...

derselbe <*gen:* desselben, *dat:* demsęlben, *akk:* densęlben, *pl:* diesęlben> [de:ɐ̯·'zɛlbə]

pron dem **~ Pulli** the same sweater; *s. a.* **dasselbe, dieselbe**

derweil [de:ɐ̯·'vail] *adv* meanwhile

derzeit ['de:ɐ̯·tsait] *adv* at present

derzeitig ['de:ɐ̯·tsai·tɪç] *adj attr* present; (*aktuell a.*) current

des ['dɛs] *art def gen sing von* **der**[1], **das**[1]: **das Aussehen ~ Kindes/Mannes** the child's/man's appearance; **ein Zeichen ~ Unbehagens** a sign of uneasiness

Desaster <-s, -> [de·'zas·tɐ] *nt* disaster

Deserteur(in) <-s, -e> [de·zɛr·'tøːɐ] *m(f)* deserter

desertieren* [de·zɛr·'tiː·rən] *vi sein* ∎ [**von etw** *dat*] **~** to desert [sth]

desgleichen [dɛs·'glai·çn̩] *adv* likewise

deshalb ['dɛs·'halp] *adv* ❶ (*daher*) therefore ❷ (*aus dem Grunde*) because of it; **~ frage ich ja** that's why I'm asking; **also ~!** [so] that's why!

Design <-s, -s> [di·'zain] *nt* design

Designer(in) <-s, -> [di·'zai·nɐ] *m(f)* designer

Designerdroge *f* designer drug

Designermode *f* designer fashion

Desinfektion <-, -en> [dɛs·ʔɪn·fɛk·'tsi̯oːn] *f* disinfection

Desinfektionsmittel *nt* disinfectant; (*für Wunden a.*) antiseptic

desinfizieren* [dɛs·ʔɪn·fi·'tsiː·rən] *vt* to disinfect

Desinteresse ['dɛs·ʔɪn·tə·rɛsə] *nt kein pl* indifference

desinteressiert ['dɛs·ʔɪn·tə·rɛ·siːɐ̯t] *adj* indifferent

desorientiert [dɛs·ʔɔrḭ·ɛn·'tiːɐ̯t, dezɔ-] *adj* disoriented

Desorientierung [dɛs·ʔɔ-, dezɔ-] *f* disorientation

Despot(in) <-en, -en> [dɛs·'poːt] *m(f)* despot

despotisch [dɛs·'poː·tɪʃ] **I.** *adj* despotic **II.** *adv* despotically

dessen ['dɛ·sn̩] **I.** *pron dem gen sing von* **der**[2], **das**[2]: **ein Freund und ~ Schwester** a [male] friend and his sister; **ein Buch und ~ Inhalt** a book and its contents **II.** *pron rel gen von* **der**[3], **das**[3] whose; (*von Sachen a.*) of which; **ein Junge, ~ Name ich nicht weiß** a boy whose name I do not know; **ein Buch, ~ Seiten verkleckst sind** a book that has stained pages

Dessert <-s, -s> [dɛ·'seːɐ, dɛ·'sɛːɐ] *nt* dessert

Dessous <-, -> [dɛ·'suː, *pl* dɛ·'suːs] *nt meist pl* undergarments, underwear

destabilisieren [de·sta·bi·li·'ziː·rən] *vt* to destabilize

destillieren* [dɛs·tɪ·'liː·rən] *vt* to distill

desto ['dɛsto] *konj* **je einfacher ~ besser** the simpler the better; **~ eher** the earlier; **~ schlimmer** so much the worse

destruktiv [des·trʊk·'tiːf] *adj* destructive

deswegen ['dɛs·'veː·ɡn̩] *adv s.* **deshalb**

Detail <-s, -s> [de·'tai, de·'taːj] *nt* detail; **im ~** in detail

detailliert [de·ta·'jiːɐt] I. *adj* detailed II. *adv* in detail

Detektei <-, -en> [de·tɛk·'tai] *f* [private] detective agency

Detektiv(in) <-s, -e> [de·tɛk·'tiːf, *pl* de·tɛk·'tiː·və] *m(f)* (*Privatdetektiv*) private investigator

Detektivroman *m* detective novel

Detonation <-, -en> [de·to·na·'tsi̯oːn] *f* explosion

detonieren* [de·to·'niː·rən] *vi sein* to detonate

Deut ['dɔyt] *m* [um] **keinen ~ besser sein** to be not the least bit better

deuten ['dɔy·tn̩] I. *vt* to interpret; **die Zukunft ~** to read the future; **etw falsch ~** to misinterpret sth II. *vi* [mit dem Finger] auf jdn/etw ~ to point [one's finger] at sb/sth

deutlich ['dɔyt·lɪç] I. *adj* clear; *Umrisse* distinct; **das war ~!** that was very clear! II. *adv* ❶ (*klar*) clearly; **sich** *akk* ~ **ausdrücken** to make oneself clear; **~ fühlen, dass ...** to have the distinct feeling that ... ❷ (*spürbar*) ~ **besser/wärmer** clearly better/warmer

Deutlichkeit <-> *f kein pl* clarity; [jdm] **etw in aller ~ sagen** to make sth perfectly clear [to sb]

deutsch ['dɔytʃ] *adj* ❶ (*Deutschland betreffend*) German; **~er Abstammung sein** to be of German origin; **die ~e Sprache** German, the German language; **die ~e Staatsbürgerschaft besitzen** [*o* haben] to have German citizenship, to be a German citizen; **das ~e Volk** [the] Germans, [the] German people; **die ~e Wiedervereinigung** ZIEL...: [the] German Reunification the reunification of Germany; **typisch ~ sein** to be typically German ❷ LING German; **die ~e Schweiz** German-speaking Switzerland, the German-speaking part of Switzerland; **~ sprechen [können]** to speak German; **etw ~ aussprechen** to pronounce sth with a German accent ► WENDUNGEN: **mit jdm ~ reden** (*fam*) to be blunt with sb

Deutsch ['dɔytʃ] *nt dekl wie adj* ❶ LING German; **können Sie ~?** do you speak/understand German?; **er spricht akzentfrei ~** he speaks German without an accent; **sie spricht fließend ~** she speaks German fluently [*or* fluent German]; **~ lernen/sprechen** to learn/ speak German; **~ verstehen/kein ~ verstehen** to understand/not understand [a word of [*or* any]] German; ■**auf ~** in German; **etw auf ~ sagen** to say sth in German; ■**in ~** in German; **in ~ abgefasst sein** (*geh*) to be written in German; **etw in ~ schreiben** to write sth in German; ■**zu ~** in German ❷ (*Fach*) German; **~ unterrichten** to teach German ► WENDUNGEN: **auf gut ~ [gesagt]** (*fam*) in plain English

Deutsche(r) *f(m) dekl wie adj* German; **er hat eine ~ geheiratet** he married a German [woman]; ■**die ~n** the Germans; **~ sein** to be German, to be from Germany

Deutschland <-s> ['dɔytʃ·lant] *nt* Germany; **aus ~ kommen** to come from Germany; **in ~ leben** to live in Germany

deutschsprachig ['dɔytʃ·ʃpraː·xɪç] *adj* ❶ (*Deutsch sprechend*) German-speaking *attr* ❷ (*in deutscher Sprache*) German[-language] *attr*

deutschstämmig *adj* of German origin *pred*

Deutung <-, -en> ['dɔy·tʊŋ] *f* interpretation

Devise <-, -n> [de·'viː·zə] *f* motto

Dez. *Abk von* **Dezember** Dec.

Dezember <-s, -> [de·'tsɛm·bɐ] *m* December; *s. a.* **Februar**

dezent [de·'tsɛnt] I. *adj* discreet; *Farbe* modest, subdued II. *adv* discreetly

dezentral [de·tsɛn·'traːl] *adj* decentralized

dezentralisieren* [de·tsɛn·tra·li·'ziː·rən] *vt* to decentralize

dezimieren* [de·tsi·'miː·rən] *vt* to decimate

d. h. *Abk von* **das heißt** i.e.

Dia <-s, -s> ['diːa] *nt* slide

Diabetes <-> [dia·'beː·tɛs] *m kein pl* diabetes

Diabetiker(in) <-s, -> [dia·'beː·ti·kɐ] *m(f)* diabetic

diabolisch [dia·'boː·lɪʃ] (*geh*) I. *adj* diabolical II. *adv* diabolically

Diagnose <-, -n> [dia·'gnoː·zə] *f* diagnosis

diagnostizieren* [dia·gnɔs·ti·'tsiː·rən] *vt* to diagnose

diagonal [dia·go·'naːl] *adj* diagonal

Diagonale <-, -n> [dia·go·'naː·lə] *f* diagonal [line]

Diagramm <-s, -e> [dia·'gram] *nt* diagram

Diakon(in) <-s *o* -en, -e[n]> [dia·'koːn] *m(f)* deacon

Dialekt <-[e]s, -e> [dia·'lɛkt] *m* dialect

dialektal [dia·lɛk·'taːl] *adj* dialectal

Dialog <-[e]s, -e> [dia·'loːk, *pl* dia·'loː·gə] *m* dialogue

Diamant <-en, -en> [dia·'mant] *f* diamond

Diaprojektor *m* slide projector

Diät <-, -en> [di·'ɛːt] *f* diet; **~ halten** to keep to a diet; **auf ~ sein** (*fam*) to be on a diet; **jdn auf ~ setzen** (*fam*) to put sb on a diet

diätetisch [diɛ·'teː·tɪʃ] *adj* dietetic

Diätkur *f* diet therapy

Diavortrag *nt* slide show

dich ['dɪç] I. *pron pers akk von* **du** you II. *pron refl* yourself; **du solltest ~ da raushalten** you should keep out of that/this; **wie fühlst du ~?** how do you feel?

dicht ['dɪçt] I. *adj* ❶ (*eng beieinander*) dense; *Haar* thick ❷ (*undurchdringlich*) dense; *Verkehr* heavy ❸ (*wasserdicht*) watertight; **die Fenster sind wieder ~** [now] the windows are sealed again ► WENDUNGEN: **nicht ganz ~ sein** (*pej fam*) to be out of one's mind *pej fam* II. *adv* ❶ (*örtlich*) closely; **~ vor jdm** just [*or* directly] in front of sb; **~ beieinander/hintereinander** close together; **~ gedrängt** squeezed together ❷ (*zeitlich*) ~ **bevorstehen** to be coming up soon ❸ (*sehr stark*) densely

Dichte <-, -n> ['dɪç·tə] *f* density

dichten¹ ['dıç·tn̩] **I.** *vt* **ein Sonett ~** to write a sonnet **II.** *vi* (*Gedichte verfassen*) to write poetry

dichten² ['dıç·tn̩] *vt* (*dicht machen*) to seal

Dichter(in) <-s, -> ['dıç·tɐ] *m(f)* poet

dichterisch ['dıç·tə·rıʃ] **I.** *adj* poetic[al] **II.** *adv* poetically

dichtgedrängt *adj attr s.* **dicht II 1**

dicht|halten ['dıçt·haltn̩] *vi irreg* (*sl*) to keep one's mouth shut

dicht|machen *vt, vi* (*fam*) to close [up shop], to go out of business

Dichtung <-, -en> ['dıç·tʊŋ] *f* ❶ *kein pl* (*Dichtkunst*) poetry ❷ TECH seal[ing]

dick ['dɪk] **I.** *adj* ❶ (*von großem Umfang*) fat; *Backen* chubby; *Stamm, Buch, Kleidung* thick; **etwa fünf Meter ~** about fifteen feet thick ❷ (*geschwollen*) swollen; *Beule* big ❸ (*dickflüssig*) thick ❹ (*fam*) *Freunde* close **II.** *adv* ❶ (*warm*) **sich** *akk* **~ anziehen** to dress warmly ❷ (*reichlich*) thickly; **etw 10 cm ~ auftragen** *Farbe* to apply a 4-inch coat of sth; *Butter* to spread sth 4-inches thick ❸ (*fam*) **mit jdm ~ befreundet sein** to be good friends with sb ► WENDUNGEN: **~ auftragen** (*pej fam*) to lay it on thick *sl;* **jdn/etw ~[e] haben** (*fam*) to be sick of sb/sth

dickbäuchig *adj* potbellied

Dickdarm *m* large intestine

Dicke <-, -n> ['dɪ·kə] *f* thickness

dickfellig *adj* (*pej fam*) thick-skinned

dickflüssig *adj* thick, viscous

Dickhäuter <-s, -> *m* ❶ (*Tier*) pachyderm ❷ (*fig*) **ein ~ sein** to have a thick skin

Dickicht <-[e]s, -e> ['dɪ·kıçt] *nt* thicket

Dickkopf *m* (*fam*) **ein ~ sein/einen ~ haben** to be stubborn; **seinen ~ durchsetzen** to get one's way

dickköpfig *adj* stubborn, obstinate

dicklich *adj* (*etwas dick*) chubby

Dickschädel *m* (*fam*) *s.* **Dickkopf**

Dickwanst <-es, -wänste> *m* (*pej fam*) fatso, butterball

didaktisch [di·'dak·tıʃ] **I.** *adj* didactic **II.** *adv* didactically

die¹ <*gen:* der, *dat:* der, *akk:* die, *pl:* die> ['di:] *art def, sing fem* the; **~ Tochter/Stute/Theorie** the daughter/mare/theory; **~ Mama hat's mir erzählt** (*fam*) mom told me; **ich bin ~ Susi** (*fam*) I'm Susi; *s. a.* **das¹, der¹**

die² <*gen:* der, *dat:* den, *akk:* die> ['di:] *art def, pl* **~ Männer/Mütter/Pferde** the men/mothers/horses; *s. a.* **das¹, der¹**

die³ <*gen:* der, *dat:* der, *akk:* die, *pl:* die> ['di:] *pron dem, sing fem* that; **~ Frau/Stute/Tasche** [da] that woman/mare/bag [[over] there]; **~ mit den roten Haaren** the girl/woman/one with the red hair; **wo ist deine Schwester? – ~ kommt gleich** (*fam*) where's your sister? — she'll be here soon; *s. a.* **das², der²**

die⁴ <*gen:* deren/derer, *dat:* denen, *akk:* die> ['di:] *pron dem, pl* **~ Männer/Frauen/**

Stühle [da] the [*or* those] men/women/chairs [over there]; **~ mit den roten Haaren** the girls/women/ones with the red hair; **~ waren es!** it was them!; **welche Bücher? ~ da?** **oder ~ hier?** which books? those [over there]? or these [over here]?; *s. a.* **das², der²**

die⁵ <*gen:* deren, *dat:* der, *akk:* die> ['di:] *pron rel, sing fem* that; (*Person a.*) who, whom *form;* (*Gegenstand, Tier a.*) which; **die Frau, ~ da drüben läuft** the woman walking along over there; **die Katze, ~ nicht fressen mag** the cat that doesn't want to eat; **eine Geschichte, ~ Millionen gelesen haben** a story [that has been] read by millions; *s. a.* **das³, der³**

die⁶ <*gen:* deren, *dat:* denen, *akk:* die> ['di:] *pron rel, pl* that; (*Person a.*) who, whom *form;* (*Gegenstand, Tier a.*) which; **ich sah zwei Autos, ~ um die Ecke fuhren** I saw two cars driving around the corner; **die Abgeordneten, ~ dagegenstimmten** the members of Congress who voted against it; *s. a.* **das³, der³**

Dieb(in) <-[e]s, -e> ['di:p, 'di:·bə] *m(f)* thief

diebisch ['di:·bɪʃ] **I.** *adj* thieving **II.** *adv* ► WENDUNGEN: **sich** *akk* **~ [über etw** *akk*] **freuen** to take malicious pleasure [in sth]

Diebstahl <-[e]s, -stähle> ['di:p·ʃta:l, *pl* -ʃtɛ:lə] *m* theft

Diebstahlsicherung *f* antitheft device

diejenige <*gen:* derjenigen, *dat:* derjenigen, *akk:* diejenige, *pl:* diejenigen> ['di:·je:·nı·gə] *pron dem* ❶ *substantivisch* **■~, die ...** *auf eine Person bezogen* the person who ...; *auf eine Sache bezogen* the one that ...; **■~n, die ...** *auf Personen bezogen* the people who ..., whoever ...; *auf Gegenstände bezogen* the ones that ... ❷ *adjektivisch* that; **~ Frau, die ...** the [*or* that] woman who ...; *s. a.* **dasjenige, derjenige**

Diele <-, -n> ['di:·lə] *f* ❶ (*Vorraum*) foyer, hall ❷ (*Bodenbrett*) floorboard

dienen ['di:·nən] *vi* ❶ (*nützlich sein*) **■etw** *dat* **~** to be [important] for sth; **einem guten Zweck ~** to be for a good cause ❷ (*behilflich sein*) **womit kann ich Ihnen ~?** how can I help you?; **jdm ist mit etw** *dat* **nicht/kaum gedient** sth is of no/little use to sb ❸ (*verwendet werden*) **■[jdm] als etw ~** to serve [sb] as sth

Diener¹ <-s, -> ['di:·nɐ] *m* (*fam: Verbeugung*) bow

Diener(in)² <-s, -> ['di:·nɐ] *m(f)* servant

dienlich *adj* useful

Dienst <-[e]s, -e> ['di:nst] *m* ❶ *kein pl* (*berufliche Tätigkeit*) work; **~ haben** to be on duty; **im ~** at work ❷ *kein pl* (*Arbeitszeit*) **während/nach dem ~** during/outside working hours ❸ *kein pl* (*Amt*) **diplomatischer/öffentlicher ~** diplomatic/civil service ❹ *kein pl* (*Bereitschaftsdienst*) **~ haben** to be on call; **der ~ habende Arzt** the doctor on duty ❺ (*Service*) service; **~ am Kunden** customer service ► WENDUNGEN: **jdm einen guten/**

schlechten ~ **erweisen** to do sb a service/ disservice

Dienstag ['diːns·taːk] *m* Tuesday; **wir haben heute** ~ today's Tuesday; **treffen wir uns** ~? would you like to get together on Tuesday?; **in der Nacht** [von Montag] **auf** [*o* zu] ~ [on] Monday night, in the early hours of Tuesday morning; ~ **in acht Tagen** a week from Tuesday; ~ **vor acht Tagen** a week ago Tuesday, the Tuesday before last; **diesen** [*o* **an diesem**] ~ this Tuesday; **eines** ~**s** one Tuesday; **den ganzen** ~ **über** all day Tuesday; **jeden** ~ every Tuesday; **letzten** [*o* **vorigen**] ~ last Tuesday; **seit letzten** [*o* **letztem**] ~ since last Tuesday; [am] **nächsten** ~ next Tuesday; **ab nächsten** [*o* **nächstem**] ~ starting next Tuesday, from next Tuesday on; **am** ~ on Tuesday; [am] ~ **früh** early Tuesday [morning]; **an** ~**en** on Tuesdays; **an einem** ~ one [*or* on a] Tuesday; **am** ~, **den 4.März** on Tuesday, March 4th [*or* the 4th of March]

dienstagabends[RR] *adv* [on] Tuesday evenings

dienstags ['diːns·taːks] *adv* [on] Tuesdays; ~ **abends/nachmittags/vormittags** [on] Tuesday evenings/afternoons/mornings

Dienstausweis *m* official identity card

Dienstbote, -botin *m*, *f* (*veraltend*) [domestic] servant

Diensteifer *m* diligence

dienstfrei *adj* ~**er Tag** day off

Dienstgeheimnis *nt* official secret

diensthabend *adj attr s.* **Dienst 4**

Dienstleistung *f meist pl* services *npl*

Dienstleistungsberuf *m* job in the service industry

Dienstleistungsgesellschaft *f* ÖKON service economy

Dienstleistungsgewerbe *nt*, **Dienstleistungsindustrie** *f* service industry sector

dienstlich I. *adj* official II. *adv* ~ **unterwegs sein** to be away on business

Dienstmädchen *nt* (*veraltend*) maid

Dienstplan *m* [work] schedule

Dienstreise *f* business trip

Dienstschluss[RR] *m* closing time, time to go home *fam*

Dienststelle *f* office

Dienststunden *pl* office hours *npl*

Dienstwagen *m* company car

Dienstzeit *f* ❶ ADMIN tenure ❷ (*Arbeitszeit*) working hours *pl*

dies ['diːs] *pron dem* ~ **ist mein kleiner Bruder** this is my younger brother; ~ **sind meine Eltern** these are my parents; ~ **und das** this and that

diesbezüglich ['diːs·bə·tsyːk·lɪç] I. *adj* relating to this II. *adv* with respect to this

diese(r, s) ['diː·zə] *pron dem* ❶ *adjektivisch* this *sing*, these *pl* ❷ this one *sing*, these *pl*; ~ **und jenes** this and that

Diesel[1] <-s> ['diː·zl] *nt kein pl* (*fam*) diesel

Diesel[2] <-s, -> ['diː·zl] *m* (*fam*) ❶ (*Wagen mit Dieselmotor*) diesel ❷ *s.* **Dieselmotor**

dieselbe <*gen:* derselben, *dat:* derselben, *akk:* dieselbe, *pl:* dieselben> *pron dem* ~ **Frau** the same woman; ~**n Männer** the same men; *s. a.* **dasselbe, derselbe**

Dieselmotor *m* diesel engine

Dieselöl *nt* diesel

dieser ['diː·zɐ], **dieses** ['diː·zəs] *pron dem s.* **diese(r, s)**

diesig ['diː·zɪç] *adj* misty

diesjährig ['diːs·jɛ·rɪç] *adj attr* this year's

diesmal ['diːs·maːl] *adv* this time

diesseits ['diːs·zaits] *präp +gen* this side of

Dietrich <-s, -e> ['diːt·rɪç] *m* picklock

Differenz <-, -en> [dɪfə·'rɛnts] *f* ❶ (*Unterschied*) difference ❷ *meist pl* (*Meinungsverschiedenheit*) difference of opinion

differenzieren* [dɪfə·rɛn·'tsiː·rən] *vi* ■ [bei etw *dat*] ~ to discriminate [in doing sth]

differenziert I. *adj* discriminating II. *adv* **etw** ~ **beurteilen** to differentiate in making judgments

digital [di·gi·'taːl] I. *adj* digital II. *adv* digitally

digitalisieren* [di·gi·ta·li·'ziː·rən] *vt* to digitize

Digitalkamera *f* digital camera

Diktator, Diktatorin <-s, -toren> [dɪk·'taː·toːɐ, dɪk·ta·'toː·rɪn, *pl* -'toː·rən] *m*, *f* despot, dictator

diktatorisch [dɪk·ta·'toː·rɪʃ] I. *adj* dictatorial II. *adv* like a dictator

Diktatur <-, -en> [dɪk·ta·'tuːɐ] *f* dictatorship

diktieren* [dɪk·'tiː·rən] *vt* to dictate

Diktiergerät *nt* Dictaphone®

Dilettant(in) <-en, -en> [di·lɛ·'tant] *m(f)* dilettante

dilettantisch [di·lɛ·'tan·tɪʃ] I. *adj* amateurish II. *adv* amateurishly

Dill <-s, -e> ['dɪl] *m* dill

Dimension <-, -en> [di·mɛn·'zi̯oːn] *f* dimension

Ding <-[e]s, -e *o fam* -er> ['dɪŋ] *nt* ❶ (*Gegenstand*) thing ❷ (*fam: Mädchen*) **ein junges** ~/**junge** ~**er** a young thing/young things ❸ (*Angelegenheit*) matters *pl;* **so wie die** ~**e liegen** as things stand [at the moment] ▸ WENDUNGEN: **krumme** ~**er drehen** (*fam*) to pull a fast one *sl;* **das ist nicht so ganz mein** ~ (*fam*) that's not really my thing; **das ist** [ja] **ein** ~! (*fam*) wow!, get a load of that! *sl;* **über den** ~**en stehen** to be above it all

dingfest *adj* **jdn** ~ **machen** to put sb behind bars

Dings <-> ['dɪŋs] *nt kein pl* (*fam*), **Dingsbums** <-> ['dɪŋs·bʊms] *nt kein pl* (*fam*), **Dingsda** <-> ['dɪŋs·daː] *nt kein pl* (*Sache*) whatchamacallit, thingamajig

Dinosaurier <-s, -> [di·no·'zau·ri̯·ɐ] *m* dinosaur

Diphtherie <-, -n> [dɪf·te·'riː, *pl* -'riː·ən] *f* diphtheria

Diphthong <-s, -e> [dɪf·'tɔŋ] *m* diphthong

Diplom <-s, -e> [di·'ploːm] *nt* (*Hochschulzeugnis*) degree; (*Zeugnis, Urkunde*) diploma

i A **Diplom** is a degree that is awarded to graduates in economics, engineering, and the social and natural sciences. Students who are pursuing a **Diplom** concentrate on a major (sometimes combined with a minor) and its practical application. Holders of a **Diplom** are fully qualified academically and professionally and are entitled to work independently in their professional field.

Diplomat(in) <-en, -en> [di·plo·'ma:t] *m(f)* diplomat

Diplomatie <-> [di·plo·ma·'ti:] *f kein pl* diplomacy

diplomatisch [di·plo·'ma:·tɪʃ] **I.** *adj* diplomatic **II.** *adv* diplomatically

Diplomingenieur(in) [-ɪn·ʒe·nˌjøː·ɐ̯] *m(f) sb with a Master of Science in engineering*

dir ['di:ɐ̯] *pron* ❶ *pers dat von* **du** you; **ich hoffe, es geht ~ wieder besser** I hope you're feeling better; **Freunde von ~** friends of yours ❷ *refl dat von* **sich** yourself, you; **was wünscht du ~ zum Geburtstag?** what would you like for your birthday?; **du solltest ~ die Haare waschen** you should wash your hair

direkt [di·'rɛkt] **I.** *adj* direct; *Übertragung* live **II.** *adv* (*fam*) ❶ (*fam: geradezu*) almost; **das war ja ~ lustig** that was actually funny for a change ❷ (*unverblümt*) directly; **etw ~ zugeben** to admit sth outright ❸ (*mit Ortsangabe*) direct[ly]; **~ am Bahnhof** right by the train station ❹ (*unverzüglich*) immediately

Direktbank <-banken> *f telephone and Internet based commercial bank*

Direktflug *m* nonstop flight

Direktion <-, -en> [di·rɛk·'tsˌi̯oːn] *f* ❶ (*Leitung*) management; (*Vorstand*) board of directors ❷ SCHWEIZ (*Ressort*) department

Direktor, Direktorin <-s, -toren> [di·'rɛk·toːɐ̯, di·rɛk·'toː·rɪn, *pl* -'toː·rən] *m, f eines Unternehmens* manager; *einer öffentlichen Einrichtung* director; *einer Schule* principal

Direktübertragung *f* live broadcast

Direktverbindung *f* direct flight/train

Dirigent(in) <-en, -en> [di·ri·'gɛnt] *m(f)* conductor

dirigieren* [di·ri·'giː·rən] *vt, vi* MUS to conduct

Dirndl <-s, -> ['dɪrn·dl̩] *nt* ❶ (*Kleid*) dirndl ❷ SÜDD, ÖSTERR (*Mädchen*) gal

Dirne <-, -n> ['dɪr·nə] *f* (*veraltend*) prostitute

Disco <-, -s> ['dɪs·ko] *f s.* **Disko**

Diskette <-, -n> [dɪs·'kɛ·tə] *f* disk

Diskettenlaufwerk *nt* disk drive

Diskjockey <-s, -s> ['dɪsk·dʒɔ·ke, -dʒɔ·ki] *m* disc jockey

Disko <-, -s> ['dɪs·ko] *f* disco

Diskothek <-, -en> [dɪs·ko·'teːk] *f* discotheque

Diskrepanz <-, -en> [dɪs·kre·'pants] *f* (*geh*) discrepancy

diskret [dɪs·'kreːt] **I.** *adj* ❶ (*vertraulich*) confidential ❷ (*unauffällig*) discreet **II.** *adv* **etw ~ behandeln** to treat sth confidentially; **sich** *akk* **~ verhalten** to behave discreetly

Diskretion <-> [dɪs·kre·'tsˌi̯oːn] *f kein pl* discretion

diskriminieren* [dɪs·kri·mi·'niː·rən] *vt* ■ **jdn ~** to discriminate against sb

diskriminierend *adj* discriminatory

Diskriminierung <-, -en> *f* discrimination

Diskussion <-, -en> [dɪs·ku·'sˌi̯oːn] *f* discussion

diskutieren* [dɪs·ku·'tiː·rən] *vt, vi* to discuss

Display <-s, -s> [dɪs·'pleɪ] *nt* display

Dispokredit ['dɪs·po-] *m* (*fam*) *s.* **Dispositionskredit**

Disposition <-, -en> [dɪs·po·zi·'tsˌi̯oːn] *f* disposal; **zur ~ stehen** to be available

Dispositionskredit *m* overdraft allowance

Disput <-[e]s, -e> [dɪs·'puːt] *m* (*geh*) dispute

disqualifizieren* [dɪs·kva·li·fi·'tsiː·rən] *vt* to disqualify (**wegen** *+gen* for)

Dissident(in) <-en, -en> [dɪ·si·'dɛnt] *m(f)* dissident

Dissonanz <-, -en> [dɪ·so·'nants] *f* disharmony

Distanz <-, -en> [dɪs·'tants] *f* distance

distanzieren* [dɪs·tan·'tsiː·rən] *vr* ■ **sich** *akk* **~** to distance oneself (**von** *+dat* from)

distanziert **I.** *adj* distant **II.** *adv* distantly; **sich** *akk* **~ verhalten** to be aloof

Distel <-, -n> ['dɪs·tl̩] *f* thistle

Disziplin <-, -en> [dɪs·tsi·'pliːn] *f* discipline

diszipliniert [dɪs·tsi·pli·'niː·ɐ̯t] **I.** *adj* disciplined **II.** *adv* in a disciplined way

disziplinlos **I.** *adj* undisciplined **II.** *adv* in an undisciplined way

Divergenz <-, -en> [di·vɛr·'gɛnts] *f* divergence

divergieren* [di·vɛr·'giː·rən] *vi* to diverge (**von** *+dat* from)

divers [di·'vɛrs] *adj attr* diverse

Dividende <-, -n> [di·vi·'dɛn·də] *f* dividend

dividieren* [di·vi·'diː·rən] *vt* to divide (**durch** *+akk* by)

Division <-, -en> [di·vi·'zˌi̯oːn] *f* division

DNS <-> [deː·ʔɛn·'ɛs] *f Abk von* **Desoxyribonukleinsäure** DNA

doch [dɔx] **I.** *konj* (*jedoch*) but, however **II.** *adv* (*emph*) ❶ (*dennoch*) even so; **zum Glück ist aber ~ nichts passiert** fortunately, nothing happened ❷ (*einräumend*) **du hattest ~ Recht** you were right after all ❸ (*Widerspruch ausdrückend*) **du gehst jetzt ins Bett − nein! − ~!** you need to go to bed now — no! — oh yes you do! ❹ (*ja*) yes; **hat es dir nicht gefallen? − ~ [, ~]!** didn't you enjoy it? — yes, I did!

Docht <-[e]s, -e> ['dɔxt] *m* wick

Dock <-s, -s> ['dɔk] *nt* dock

döfer *adj komp von* **doof**

döfste(r, s) *adj superl von* **doof**

Dogge <-, -n> ['dɔ·gə] *f* mastiff

Dogma <-s, -men> ['dɔg·ma, *pl* 'dɔg·mən] *nt*

dogma

doktern ['dɔk·tɐn] *vi* (*fam*) ■**an etw** *dat* ~ **to** tinker [around] with sth

Doktor, Doktorin <-s, -toren> ['dɔk·toːɐ̯, dɔk· 'toː·rɪn, *pl* -'toː·rən] *m, f a.* MED doctor; **er ist** ~ **der Physik** he's got a PhD in physics

Doktortitel *m* doctorate

Doktrin <-, -en> [dɔk·'triːn] *f* doctrine

Doku <-, -s> ['doː·ku] *f kurz für* **Dokumentar-film, -bericht** documentary

Dokument <-[e]s, -e> [do·ku·'mɛnt] *nt* document

Dokumentarfilm *m* documentary [film]

Dokumentation <-, -en> [do·ku·mɛn·ta·'tsi̯oːn] *f* documentation

dokumentieren* [do·ku·mɛn·'tiː·rən] *vt* to document

Dolch <-[e]s, -e> ['dɔlç] *m* dagger

Dollar <-[s], -s> ['dɔ·lar] *m* dollar

dolmetschen ['dɔl·mɛt·ʃn] *vi, vt* to interpret

Dolmetscher(in) <-s, -> ['dɔl·mɛt·ʃɐ] *m(f)* interpreter

Dolomiten [do·lo·'miː·tn̩] *pl* ■**die** ~ the Dolomites

Dom <-[e]s, -e> ['doːm] *m* (*Kirche*) cathedral

Domäne <-, -n> [do·'mɛː·nə] *f* domain

dominant [do·mi·'nant] *adj* dominant; *Mensch* domineering

Dominanz <-, -en> [do·mi·'nants] *f* dominance

dominieren* [do·mi·'niː·rən] *vi, vt* to dominate

Dominikanische Republik *f* Dominican Republic

Domino <-s, -s> ['doː·mi·no] *nt* dominoes + *sing vb*

Domizil <-s, -e> [do·mi·'tsiːl] *nt* residence

Dompteur(in) <-s, -e> [dɔmp·'tøːɐ̯] *m(f)*, **Dompteuse** <-, -n> [dɔmp·'tøːzə] *f* animal trainer

Domstadt *f kein pl* Cathedral City (*nickname for the city of Cologne*)

Donau <-> ['doː·nau] *f* ■**die** ~ the Danube

Donner <-s, -> ['dɔ·nɐ] *m pl selten* thunder

donnern ['dɔ·nɐn] **I.** *vi impers haben* **hörst du, wie es donnert?** can you hear the thunder?; **es hat geblitzt und gedonnert** there was thunder and lightning **II.** *vi sein* (*krachen*) to crash (**gegen/in** +*akk* into) **III.** *vt haben* ■**etw irgendwohin** ~ to fling sth somewhere; **er hat die Tür zugedonnert** he slammed the door shut

Donnerstag ['dɔ·nɐs·taːk] *m* Thursday; *s. a.* **Dienstag**

donnerstagabends[RR] *adv* [on] Thursday evenings

donnerstags *adv* [on] Thursdays; *s. a.* **dienstags**

Donnerwetter ['dɔ·nɐ·vɛ·tɐ] *nt* (*fam: Schelte*) a tongue-lashing; **zum** ~! [god]damn it!

doof <doofer *o* döfer, doofste *o* döfste> ['doːf] *adj* (*fam*) stupid

Doofheit <-, -en> *f* (*fam*) stupidity

Doofkopp <-s, -köppe> [-kɔp, *pl* -køpə] *m*, **Doofmann** <-s, -männer> *m* (*fam*) jerk

Dope <-s, -s> [doːp] *nt* (*sl*) pot

dopen ['doː·pn̩, 'd ɔ·pn̩] *vt* to smoke pot

Doping <-s, -s> ['doː·pɪŋ, 'dɔ·pɪŋ] *nt* doping

Dopingkontrolle ['doː·pɪŋ-] *f*, **Dopingtest** ['doː·pɪŋ-] *m* drug test

Dopingsperre ['doː·pɪŋ-, 'dɔ·pɪŋ-] *f* SPORT doping ban

Doppel <-s, -> ['dɔpl̩] *nt* ❶ (*Duplikat*) duplicate ❷ SPORT doubles; **gemischtes** ~ mixed doubles

Doppelbelastung *f* double burden

Doppelbett *nt* double bed

Doppeldecker <-s, -> *m* ❶ (*Flugzeug*) biplane ❷ (*fam: Omnibus*) double-decker [bus]

doppeldeutig ['dɔpl̩·dɔy·tɪç] *adj* ambiguous

Doppelgänger(in) <-s, -> [-gɛŋɐ] *m(f)* look-alike

Doppelhaus *nt* duplex

doppelklicken *vi* to double-click

Doppelleben *nt* double life

Doppelmoral *f* double standards *pl*

Doppelpunkt *m* colon

doppelt ['dɔplt] **I.** *adj* ❶ (*zweifach*) double; *Staatsangehörigkeit* dual; **die** ~**e Menge** double the amount; **aus** ~**em Grunde** for two reasons ❷ (*verdoppelt*) doubled; **mit** ~**em Einsatz arbeiten** to redouble one's efforts **II.** *adv* ❶ (*zweimal*) twice; ~ **so groß/klein** twice as big/small; ~ **so viel/viele** twice as much/many ❷ (*umso mehr*) doubly; ~ **vorsichtig sein** to be doubly careful ▶ WENDUNGEN: ~ **sehen** (*fam*) to see double

Doppelverdiener(in) <-s, -> *m(f)* ❶ (*Person mit zwei Einkünften*) double wage earner ❷ *pl* (*Paar mit zwei Gehältern*) double-income couple

Doppelzentner *m* ≈ 2.2 [short] hundred-weights (*220 pounds*)

Doppelzimmer *nt* double [room]

Dorf <-[e]s, Dörfer> ['dɔrf, *pl* 'dœr·fɐ] *nt* [small] town, village

Dorfgemeinschaft *f* SOZIOL small-town [or village] society

Dorfschaft <-, -en> *f* SCHWEIZ [small] town, village

Dorftrottel *m* (*fam*) village idiot

Dorn <-[e]s, -en> ['dɔrn] *m* thorn ▶ WENDUNGEN: **jdm ein** ~ **im Auge sein** to be a thorn in sb's side

dornig ['dɔr·nɪç] *adj* thorny

Dornröschen <-> [-'røːs·çən] *nt kein pl* Sleeping Beauty

dörren ['dœ·rən] **I.** *vt haben* to dry [out *sep*] **II.** *vi sein* to wither

Dörrobst *nt* dried fruit

dort ['dɔrt] *adv* there; ~ **drüben** over there

dorther ['dɔrt·'heːɐ̯] *adv* from [over] there

dorthin ['dɔrt·'hɪn] *adv* [over] there

dorthinaus ['dɔrt·hɪ·'naus] *adv* ▶ WENDUNGEN: **bis** ~ (*fam*) awfully; **das ärgert mich bis** ~! that drives me up the wall!

D

dortig ['dɔr·tɪç] *adj attr* local

Dose <-, -n> ['do:·zə, *pl* 'do:·zn̩] *f* ❶ (*Blechdose*) can; (*Büchse*) box ❷ (*Steckdose*) socket

Dosen *pl von* **Dose, Dosis**

dösen ['dø:·zn̩] *vi* (*fam*) to doze

Dosenbier *nt* canned beer

Dosenmilch *f* condensed milk

Dosenmusik *f* (*hum fam*) canned music, Muzak®

Dosenöffner *m* can opener

Dosenpfand *nt kein pl* deposit

dosieren* [do·'zi:·rən] *vt* to measure out *sep*

Dosierung <-, -en> *f* dosage

Dosis <-, Dosen> ['do:·zɪs, *pl* 'do:·zn̩] *f* dose

dotieren* [do·'ti:·rən] *vt* **eine gut dotierte Stelle** a well-paid position; **die Stelle wird mit 10.000 Dollar dotiert** this position pays 10,000 dollars

Dotter <-s, -> ['dɔ·tɐ] *m o nt* yolk

doubeln ['du:·bln̩] *vt* ■ **jdn** ~ to double for sb

Double <-s, -s> ['du:·bl] *nt* double

Download <-s, -s> ['daʊn·loʊd] *m* INET download

downloaden ['daʊn·loʊ·dn̩] *vt* INET to download

Downsyndrom *nt kein pl* Down's syndrome

Dozent(in) <-en, -en> [do·'tsɛnt] *m(f)* lecturer

dozieren* [do·'tsi:·rən] *vi* to lecture

Dr. *Abk von* **Doktor** Dr.

Drache <-n, -n> ['dra·xə] *m* dragon

Drachen <-s, -> ['dra·xn̩] *m* ❶ (*Spielzeug*) kite; **einen ~ steigen lassen** to fly a kite ❷ (*Fluggerät*) hang glider ❸ (*fam: zänkisches Weib*) witch

Drachenflieger(in) <-s, -> *m(f)* hang glider

Draht <-[e]s, Drähte> ['dra:t, *pl* 'drɛ:·tə] *m* wire ▶ WENDUNGEN: **zu jdm einen guten ~ haben** to be on good terms with sb

Drahtbürste *f* wire brush

Drahtesel *nt* (*fam*) bike

Drahtgitter *nt* wire grating

drahtig *adj* wiry

drahtlos *adj* wireless

Drahtseil *nt* wire cable

Drahtseilbahn *f* gondola

Drahtzaun *m* wire fence

Drahtzieher(in) <-s, -> *m(f)* ringleader

drakonisch [dra·'ko:·nɪʃ] I. *adj* draconian II. *adv* harshly

drall ['dral] *adj* well-rounded; *Mädchen* shapely

Drama <-s, -men> ['dra:·ma, *pl* 'dra:·mən] *nt* drama

dramatisch [dra·'ma:·tɪʃ] I. *adj* dramatic II. *adv* dramatically

dramatisieren* [dra·ma·ti·'zi:·rən] *vt* ❶ LIT to dramatize ❷ (*fig: übertreiben*) to express in a dramatic way; to be dramatic about

Dramen *pl von* **Drama**

dran ['dran] *adv* (*fam*) ❶ (*fertig*) [zu] früh/spät ~ **sein** to be [too] early/late ❷ (*an der Reihe*) **jetzt bist du ~!** now it's your turn!; **wer ist als Nächster ~?** who's next? ❸ (*zu-*

treffen) **an dem Gerücht ist etw/nichts ~** there is something/nothing to the rumor ▶ WENDUNGEN: **besser ~ sein als ...** to be better off than ...; **schlecht ~ sein** (*gesundheitlich*) to be in bad shape; (*schlechte Möglichkeiten haben*) to be having a hard time [of it]

dran|bleiben *vi irreg sein* (*fam*) ❶ ■ **an jdm/ etw** ~ to stay close to sb/sth ❷ (*am Telefon*) to hold on

drang ['draŋ] *imp von* **dringen**

Drang <-[e]s, Dränge> ['draŋ, *pl* 'drɛŋə] *m* longing; **ein starker ~** a strong desire

dran|gehen *vi irreg sein* (*fam*) ❶ (*ans Telefon*) to answer [the phone], to pick up *fam*, to get it *fam* ❷ *s.* **darangehen**

Drängelei <-, -en> [drɛŋə·'lai] *f* (*pej fam*) ❶ (*in Menschenmenge*) jostling ❷ (*Bedrängen*) pestering

drängeln ['drɛŋ·əln] (*fam*) I. *vi* to push II. *vt, vi* (*bedrängen*) ■ **jdn** ~ to pester [sb]

drängen ['drɛŋ·ən] I. *vi* ❶ (*schiebend drücken*) to push ❷ (*fordern*) ■ **auf etw** *akk* ~ to insist [up]on sth; **warum drängst du so zur Eile?** why are you in such a hurry? ❸ (*pressieren*) **die Zeit drängt** time is running out; **es drängt nicht** there's no hurry II. *vt* ❶ (*schiebend drücken*) to push ❷ (*antreiben*) ■ **jdn** ~, **etw zu tun** to pressure sb into doing sth; ■ **jdn** [**zu etw** *dat*] ~ to force sb [to do sth] III. *vr* ■ **sich** *akk* ~ to crowd; **sich** *akk* **nach vorne** ~ to push forward; **sich** *akk* **durch die Menge** ~ to force one's way through the crowd

drangsalieren* [draŋ·za·'li:·rən] *vt* to plague

dran|halten *irreg* (*fam*) I. *vt* ■ **etw** [**an etw** *akk*] ~ hold sth up [to sth] II. *vr* ■ **sich** *akk* ~ to keep at it

dran|hängen *vt* (*fam*) ❶ (*aufhängen*) to hang (**an** +*akk* on) ❷ ■ **etw** ~ to add on sth

dran|kommen *vi irreg sein* (*fam: an die Reihe kommen*) **Sie kommen noch nicht dran** it's not your turn yet; **warte, bis du drankommst** wait your turn

dran|lassen *vt irreg* (*fam: nicht entfernen*) to leave (**an** +*dat* on)

dran|nehmen *vt irreg* (*fam: zur Behandlung*) to take

drapieren* [dra·'pi:·rən] *vt* to drape (**um** +*akk* around, **mit** +*dat* with)

drastisch ['dras·tɪʃ] I. *adj* drastic II. *adv* drastically

drauf ['draʊf] *adv* (*fam*) ❶ (*darauf*) on it/them ❷ **gut/schlecht ~ sein** (*fam*) to be in a good/bad mood ▶ WENDUNGEN: ~ **und dran sein**, **etw zu tun** to be on the verge of doing sth; **etw ~ haben** (*fam: etw beherrschen*) to have mastered sth

drauf|bekommen* *vt irreg* (*fam*) ▶ WENDUNGEN: **eins** ~ to get it [good]

Draufgänger(in) <-s, -> ['draʊf·gɛŋɐ] *m(f)* go-getter *fam*

draufgängerisch ['draʊf·gɛŋə·rɪʃ] *adj* go-getting *fam*

drauf|gehen ['drauf·ge:·ən] *vi irreg sein (fam)* ❶ *(sterben)* to kick the bucket ❷ *(verbraucht werden)* to be spent ❸ *(kaputtgehen)* to break

drauf|haben *vt irreg (fam)* ■ **nichts/viel ~** to know nothing/a lot

drauf|hauen *vi irreg (fam)* **jdm eins ~** to hit sb

drauf|kommen *vi irreg sein (fam)* ❶ *(herausbekommen)* to figure [it] out ❷ *(sich erinnern)* to remember

drauf|kriegen *vt (fam) s.* **draufbekommen**

drauf|lassen *vt irreg (fam)* to leave on

drauf|legen *vt (fam)* ❶ *(zusätzlich geben)* **wenn Sie noch 5.000 ~, können Sie das Auto haben!** for another 5,000 the car is yours! ❷ *(legen)* ■ **etw auf etw** *akk* **~** to put sth on sth

drauflos|arbeiten *vi (fam)* to get right down to work

drauflos|gehen *vi irreg sein (fam)* to set off

drauflos|reden *vi (fam)* to start talking

drauflos|schlagen *vi irreg (fam)* ■ **auf jdn ~** to take a swing at sb, to go after sb

drauf|machen *vt (fam)* to put on ▶ WENDUNGEN: **einen ~** *(fam)* to paint the town red

drauf|sein^ALT *vi irreg sein (fam) s.* **drauf 2**

Drauf|sicht *f* top view

drauf|stehen *vi irreg (fam)* **ich kann nicht lesen, was da auf dem Etikett draufsteht** I can't read what the label says

drauf|stoßen *irreg (fam)* I. *vi sein* to come to it II. *vt haben (fam)* ■ **jdn ~** to point it out to sb

drauf|zahlen *vi (fam)* **500 Euro ~** to pay an extra 500 euros; **~ müssen** to lose money

draus ['draus] *adv (fam) s.* **daraus**

draußen ['drau·sn̩] *adv* outside; **nach ~** outside

Dreck <-[e]s> ['drɛk] *m kein pl (Schmutz, Erde)* dirt; *(Schlamm)* mud; *(Müll)* trash ▶ WENDUNGEN: **jdn wie den** letzten **~ behandeln** *(fam)* to treat sb like dirt *fam*

Dreckarbeit *f (fam)* menial work

Dreckfinger *pl (fam)* dirty hands *pl*

Dreckfink *m (fam)* ❶ *(Kind)* filthy kid ❷ *(unmoralischer Mensch)* scumbag

dreckig I. *adj* dirty II. *adv* ▶ WENDUNGEN: **jdm** geht **es ~** sb feels terrible; *(finanziell)* sb is not doing [too] well

Dreckloch *nt (fam)* dump

Drecknest *nt (fam)* hole

Dreckpfoten *pl (fam)* grubby paws *pl*

Drecksack *m (fam)* bastard

Drecksau *m (fam)*, **Dreckschwein** *nt (fam)* [filthy] pig

Dreckskerl *m (fam)* bastard

Dreckspatz *m (fam)* filthy kid

Dreh <-s, -s *o* -e> ['dre:] *m (fam)* trick; **den** [richtigen] **~ heraushaben** to get the hang of it

Dreharbeit *f meist pl* shooting

drehbar *adj, adv* revolving

Drehbuch *nt* screenplay

Drehbuchautor(in) *m(f)* screenplay writer

drehen ['dre:·ən] I. *vt* ❶ *(herumdrehen)* to

turn ❷ *Zigarette* to roll ❸ FILM to shoot ❹ **das Radio lauter/leiser ~** to turn the radio up/down ▶ WENDUNGEN: **wie man es auch dreht und** wendet no matter how you look at it II. *vi* ❶ FILM to shoot ❷ ■ **an etw** *dat* **~** to turn sth ❸ *Wind* to change III. *vr* ❶ *(rotieren)* ■ **sich** *akk* **~** to turn ❷ *(wenden) zur Seite, auf den Bauch* to turn ❸ *(betreffen)* ■ **sich** *akk* **um jdn/etw ~** to be about sb/sth; **das Gespräch dreht sich um Sport** the conversation revolves around sports ▶ WENDUNGEN: **jdm dreht sich** alles sb's head is spinning

Drehorgel *f* barrel organ

Drehtür *f* revolving door

Drehung <-, -en> *f* revolution; **eine ~ machen** to turn

Drehzahl *f* [number of] revolutions *pl; eines Motors* revolutions *pl* per minute

drei ['drai] *adj* three

Drei <-, -en> ['drai] *f* ❶ *(Zahl)* three ❷ *(Zeugnisnote)* C

dreidimensional *adj* three-dimensional

Dreieck <-s, -e> ['drai·ʔɛk] *nt* triangle

dreieckig, 3-eckig^RR ['drai·ʔɛ·kɪç] *adj* triangular

Dreiecksverhältnis *nt* love triangle

dreieinhalb ['drai·ʔain·'halp] *adj* three and a half

dreifach, 3fach ['drai·fax] I. *adj* threefold; **die ~e Arbeit** triple the work II. *adv* threefold, three times over

dreihundert ['drai·'hʊn·dɛt] *adj* three hundred

dreijährig, 3-jährig^RR *adj* ❶ *(Alter)* three-year-old *attr;* three years old *pred; s. a.* **achtjährig 1** ❷ *(Zeitspanne)* three-year *attr; s. a.* **achtjährig 2**

Dreikäsehoch <-s, -s> ['drai·kɛ:·zə·ho:x] *m (hum fam)* little guy

Dreiländereck <-s, -e> *nt region where three countries meet*

dreimal, 3-mal^RR ['drai·ma:l] *adv* three times; *s. a.* **achtmal** ▶ WENDUNGEN: **~ darfst du** raten! *(fam)* I'll give you three guesses

drein|blicken ['drain·blɪ·kn̩] *vi* to look

drein|schauen *vi* to look

Dreirad *nt* tricycle

dreißig ['drai·sɪç] *adj* thirty; *s. a.* **achtzig 1, 2**

dreißigjährig, 30-jährig^RR ['drai·sɪç·jɛː·rɪç] *adj attr* ❶ *(Alter)* thirty-year-old *attr;* thirty years old *pred* ❷ *(Zeitspanne)* thirty-year *attr*

dreißigste(r, s) *adj* ❶ *(an dreißigster Stelle)* thirtieth; *s. a.* **achte(r, s) 1** ❷ *(Datum)* thirtieth, 30th; *s. a.* **achte(r, s) 2**

dreist ['draist] I. *adj* brazen II. *adv* **~ sein/werden** to be/become bold [*or* brazen]

dreistellig, 3-stellig^RR *adj* three-figure *attr*

Dreistigkeit <-, -en> *f* audacity

Dreitagebart *m* designer stubble

dreitausend ['drai·'tau·zn̩t] *adj* three thousand

dreiteilig, 3-teilig^RR *adj* three-part; *Besteck* three-piece

Dreiviertelstunde ['drai·fɪr·tl̩·'ʃtʊn·də] *f* 45 minutes

dreizehn ['drai·tseːn] *adj* thirteen; ~ **Uhr** 1 p.m.; *s. a.* **acht**[1] ▶ WENDUNGEN: **jetzt schlägt's aber ~** (*fam*) enough is enough

dreizehnte(r, s) *adj* ❶ (*an dreizehnter Stelle*) thirteenth; *s. a.* **achte(r, s)** 1 ❷ (*Datum*) thirteenth, 13th; *s. a.* **achte(r, s)** 2

Dresche <-> ['drɛ·ʃə] *f kein pl* (*fam*) licking, thrashing; **~ kriegen** to get a beating

dreschen <drischt, drosch, gedroschen> ['drɛ·ʃn̩] *vt* ❶ AGR to thresh ❷ (*fam: prügeln*) to beat

dressieren* [drɛ·'siː·rən] *vt* to train [an animal]

Dressing <-s, -s> ['drɛ·sɪŋ] *nt* dressing

Dressman <-s, -men> ['drɛs·mən] *m* male model

Dressur <-, -en> [drɛ·'suːɐ̯] *f* training [of animals]

driften ['drɪf·tn̩] *vi sein* (*a. fig*) to drift

Drill <-[e]s> ['drɪl] *m kein pl* drill

drillen ['drɪ·lən] *vt* to drill

Drilling <-s, -e> ['drɪ·lɪŋ] *m* triplet

drin ['drɪn] *adv* (*fam*) ❶ (*darin*) in it ❷ (*drinnen*) inside ▶ WENDUNGEN: **bei jdm ist alles ~** anything is possible with sb; **für jdn ist noch alles ~** anything is still possible for sb

dringen <drang, gedrungen> ['drɪŋ·ən] *vi* ❶ *sein* (*stoßen*) ■ **durch/in etw** *akk* ~ to penetrate sth; **durch die Bewölkung/den Nebel ~** to pierce the clouds/fog ❷ *sein* (*vordringen*) ■ **an etw** *akk* /**zu jdm ~** to get through to sth/sb; **an die Öffentlichkeit ~** to leak to the public ❸ *haben* (*fordern*) ■ **auf etw** *akk* ~ to insist [up]on sth

dringend ['drɪŋ·ənt] **I.** *adj* urgent, pressing; **eine ~e Bitte** an urgent request **II.** *adv* urgently; **ich muss dich ~ sehen** I really need to see you

dringlich ['drɪŋ·lɪç] *adj* urgent, pressing

Dringlichkeit <-> *f kein pl* urgency

drinhängen *vi irreg* (*fam*) to be mixed up (**in** +*dat* in)

drinnen ['drɪ·nən] *adv* inside

drinstecken *vi* (*fam*) ■ **in etw** *dat* ~ ❶ (*sich befinden*) to be in sth ❷ (*investiert sein*) to go into sth ❸ (*verwickelt sein*) to be mixed up in sth

drinstehen *vi* (*fam*) to be in it

drischt *3. pers sing pres von* **dreschen**

dritt ['drɪt] *adv* **wir waren zu ~** there were three of us

dritte(r, s) ['drɪ·tə] *adj* ❶ (*an dritter Stelle*) third; *s. a.* **achte(r, s)** 1 ❷ (*Datum*) third, 3rd; *s. a.* **achte(r, s)** 2

drittel ['drɪ·tl̩] *adj* third

Drittel <-s, -> ['drɪ·tl̩] *nt* third

drittens ['drɪ·tn̩s] *adv* thirdly, in the third place; *s. a.* **achtens**

Dritte-Welt-Laden *m* Third World import store

Dritte-Welt-Land *nt* Third World country

drittklassig *adj* (*pej*) third-rate

Drittländer, Drittstaaten *pl* non-member [*or* third-party] countries *pl*

DRK <-> [deː·ɛr·'kaː] *nt Abk von* **Deutsches Rotes Kreuz** German Red Cross

droben ['droː·bn̩] *adv* (*geh*) up there

Droge <-, -n> ['droː·gə] *f* drug

drogenabhängig *adj* addicted to drugs *pred*

Drogenabhängige(r) *f(m) dekl wie adj* drug addict

Drogenabhängigkeit *f* drug addiction

Drogenbekämpfung *f kein pl* war on drugs

Drogenhandel *m* drug trade

Drogenkonsument(in) *m(f)* drug user

Drogenmissbrauch[RR] *f kein pl* drug abuse

Drogensucht *f s.* **Drogenabhängigkeit**

drogensüchtig *adj s.* **drogenabhängig**

Drogensüchtige(r) *f(m) dekl wie adj s.* **Drogenabhängige(r)**

Drogenszene *f* drug scene

Drogentote(r) *f(m) sb* who died of a drug overdose

Drogerie <-, -n> [dro·gə·'riː, *pl* dro·gə·'riː·ən] *f* drugstore

Drogist(in) <-en, -en> [dro·'gɪst] *m(f)* pharmacist

Drohbrief *m* threatening letter

drohen ['droː·ən] *vi* ❶ (*bedrohen*) to threaten (**mit** +*dat* with) ❷ (*bevorstehen*) to threaten; **ein neuer Krieg droht** there is the threat of renewed war; **die Mauer drohte einzustürzen** the wall threatened to collapse

drohend I. *adj* ❶ (*einschüchternd*) threatening ❷ (*bevorstehend*) impending **II.** *adv* threateningly

dröhnen ['drøː·nən] *vi* ❶ (*dumpf klingen*) to roar; *Donner* to rumble; *Lautsprecher, Musik, Stimme* to boom ❷ **jdm dröhnt der Kopf/ ~ die Ohren** sb's head is/ears are ringing

Drohung <-, -en> ['droː·ʊŋ] *f* threat

drollig ['drɔ·lɪç] *adj* ❶ (*belustigend*) amusing ❷ (*niedlich*) cute

Dromedar <-s, -e> [dro·me·'daːɐ̯] *nt* dromedary

drosch ['drɔʃ] *imp von* **dreschen**

Drossel <-, -n> ['drɔ·sl̩] *f* thrush

drosseln ['drɔ·sl̩n] *vt* **die Heizung ~** to turn the heat down; **die Produktion ~** to decrease [*or* cut] production; **das Tempo ~** to reduce speed

drüben ['dryː·bn̩] *adv* over there

drüber ['dryː·bɐ] *adv* (*fam*) *s.* **darüber**

Druck[1] <-[e]s, Drücke> ['drʊk, *pl* 'drʏ·kə] *m* pressure; **unter ~ stehen** to be under pressure; **jdn unter ~ setzen** to put pressure on sb

Druck[2] <-[e]s, -e> ['drʊk] *m* TYPO printing

Druckbuchstabe *m* **in ~n** in print

Drückeberger <-s, -> *m* (*pej fam*) shirker

drucken ['drʊ·kn̩] *vt, vi* to print

drücken ['drʏ·kn̩] **I.** *vi* ❶ (*pressen*) ■ **auf etw** *akk* ~ to push [sth]; **auf einen Knopf ~** to push a button ❷ *Kleidung* to pinch; **die Schuhe ~** the shoes are pinching my feet **II.** *vt* ❶ (*pressen*) ■ **etw ~** to press sth; **einen**

Knopf ~ to press a button; ■etw aus etw *dat* ~ to squeeze sth from sth ❷(*Kleidung*) ■jdn ~ to be too tight for sb ❸(*umarmen*) ■jdn ~ to hug sb ❹(*herabsetzen*) den Preis ~ to force down the price **III.** *vr* (*fam*) ■sich *akk* [vor etw *dat*/um etw *akk*] ~ to dodge [sth]

drückend *adj* heavy; *Armut* extreme; *Sorgen* serious; *Stimmung, Hitze* oppressive

Drucker <-s, -> *m* COMPUT printer

Drucker(in) <-s, -> *m(f)* printer

Drücker *m* ▶WENDUNGEN: **auf den** <u>letzten</u> ~ at the last minute

Druckerei <-, -en> [drʊ·kə·'rai] *f* printer's, print shop

Druckerschwärze *f* printer's ink

Druckertreiber *m* printer driver

Druckfehler *m* typographical error

druckfrisch *adj* hot off the press *pred*

Druckknopf *m* snap

Druckluft *f kein pl* compressed air

Druckmaschine *f* printing press

Druckmesser *m* pressure gauge

Druckmittel *nt* jdn/etw als ~ benutzen to use sb/sth as a means of exerting pressure

druckreif *adj* ready for publication *pred*

Drucksache *f* printed matter

Druckschrift *f* in ~ schreiben to write in print

drucksen ['drʊk·sn̩] *vi* (*fam*) to be indecisive

Druckstelle *f* mark [where pressure has been applied]

Druckverband *m* tourniquet

Druckwelle *f* shock wave

drum ['drʊm] *adv* (*fam*) s. **darum** ▶WENDUN-GEN: **das D~ und** <u>Dran</u> the whole works, the whole shebang *fam*

Drumherum <-s> ['drʊm·hɛ·'rʊm] *nt kein pl* (*fam*) ■das [ganze] ~ all the trappings

drunten ['drʊn·tn̩] *adv* DIAL down there

drunter ['drʊn·tɐ] *adv* (*fam*) s. **darunter** ▶WENDUNGEN: **alles geht ~ und** <u>drüber</u> it's all chaos

Drüse <-, -n> ['dry:·zə] *f* gland

Dschungel <-s, -> ['dʒʊŋ·əl] *m* jungle

du <*gen:* <u>deiner</u>, *dat:* dir, *akk:* dich> ['du:] *pron pers* you; **bist** ~ **das, Peter?** is that [*or* it] you, Peter?

Du <-[s], -[s]> ['du:] *nt* you, "du" (*familiar form of address*); jdm das ~ anbieten to suggest that sb use the familiar form of address

Dübel <-s, -> ['dy:·bl̩] *m* drywall anchor

dubios [du·'bi̯o:s] *adj* dubious

ducken ['dʊ·kn̩] *vr* ■sich *akk* ~ to duck one's head

Duckmäuser(in) <-s, -> ['dʊk·mɔy·zɐ] *m(f)* (*pej*) yes man

dudeln ['du:·dl̩n] *vi* (*pej fam*) to drone [on]; *Lautsprecher* to blare

Dudelsack ['du:·dl̩·zak] *m* bagpipes *pl*

Duell <-s, -e> [du·'ɛl] *nt* duel

duellieren* [du̯ɛ·'li:·rən] *vr* ■sich *akk* ~ to [fight a] duel

Duft <-[e]s, Düfte> ['dʊft, *pl* 'dʏf·tə] *m* [pleasant] smell; *einer Blume, eines Parfüms* scent; *von Essen, Kaffee* aroma

dufte ['dʊf·tə] *adj* (*fam*) great

duften ['dʊf·tn̩] *vi* ■[nach etw *dat*] ~ to smell [of sth]

duftend *adj attr* fragrant

Duftstoff *m* aromatic substance; BIOL scent

dulden ['dʊl·dn̩] *vt* to tolerate

duldsam ['dʊlt·za:m] *adj* tolerant (**gegenüber** +*dat* of/toward)

Duldung <-, -en> *f pl selten* toleration

dumm <dümmer, dümmste> ['dʊm] **I.** *adj* ❶(*geistig beschränkt*) stupid ❷(*unklug*) foolish; **kein ~er Vorschlag!** not a bad idea!; **so etwas D~es!** how stupid! ❸(*albern*) silly; ■etw wird jdm zu ~ sb has had enough of sth ❹(*fam: ärgerlich*) *Geschichte, Sache* unpleasant **II.** *adv* stupidly; **frag nicht so ~** don't ask such stupid questions ▶WENDUNGEN: ~ <u>dastehen</u> to look stupid; jdn für ~ <u>verkaufen</u> (*fam*) to take sb for a ride

Dumme(r) *f(m) dekl wie adj* idiot; **einen ~n finden** to find some idiot ▶WENDUNGEN: **der ~** <u>sein</u> to be left holding the bag

Dummejungenstreich [dʊ·mə·'jʊŋən·ʃtraiç] *m* (*fam*) silly prank

dümmer *adj komp von* **dumm**

dümmerweise *adv* ❶(*leider*) unfortunately ❷(*unklugerweise*) stupidly

Dummheit <-, -en> *f* ❶*kein pl* (*geringe Intelligenz*) stupidity ❷(*unkluge Handlung*) foolish action

Dummkopf *m* (*pej fam*) idiot

dümmste(r, s) *adj superl von* **dumm**

dumpf ['dʊmpf] *adj* ❶(*hohl klingend*) dull; *Geräusch, Ton* muffled ❷(*unbestimmt*) vague; *Gefühl* sneaking; *Schmerz* dull ❸(*feucht-muffig*) musty; *Atmosphäre, Luft* oppressive

Dumpingpreis ['dam·pɪŋ-] *m* dumping price

Düne <-, -n> ['dy:·nə] *f* dune

Dung <-[e]s> ['dʊŋ] *m kein pl* dung

Düngemittel *nt* fertilizer

düngen ['dʏŋən] *vt* to fertilize

Dünger <-s, -> *m* fertilizer

dunkel ['dʊŋ·kl̩] **I.** *adj* ❶(*nicht hell*) dark; *Ton* deep ❷(*unklar*) *Erinnerung* vague; **ein dunkles Kapitel** a dark chapter ❸(*pej: zwielichtig*) dubious, shady ▶WENDUNGEN: **im D~n** <u>tappen</u> to be groping around in the dark **II.** *adv* **sich** *akk* ~ **an etw** *akk* **erinnern** to remember sth vaguely

dunkelblond *adj* dirty blond

dunkelhaarig *adj* dark-haired

dunkelhäutig *adj* dark-skinned

Dunkelheit <-> *f kein pl* darkness

Dunkelziffer *f* number of unreported cases

dünn ['dʏn] **I.** *adj* ❶(*von geringer Stärke*) thin ❷*Kleidung* light; *Strümpfe* fine **II.** *adv* thinly; ~ **besiedelt** sparsely populated; ~ **gesät** thinly scattered

Dünndarm *m* small intestine

dünnflüssig *adj* runny

dünn|machen *vr* (*fam*) ■**sich** *akk* ~ to make oneself scarce

Dünnpfiff <-[e]s> *m kein pl* (*fam*) the runs *npl*

Dünnschiss^{RR} *m kein pl* (*derb*) the shits *npl*

Dunst <-[e]s, Dünste> ['dʊnst, *pl* 'dʏns·tə] *m* ❶ (*leichter Nebel*) haze; (*durch Abgase*) smog *npl* ❷ (*Dampf*) steam

dünsten ['dʏns·tn̩] *vt* to steam; *Fleisch* to braise

Dunstglocke *f* blanket of smog

dunstig ['dʊns·tɪç] *adj* METEO hazy

Dunstkreis *m* (*geh*) entourage

Dunstschleier *m* [thin] layer of haze

Dunstwolke *f* cloud of smog

Duo <-s, -s> ['duːo] *nt* ❶ (*Paar*) duo ❷ MUS duet

Duplikat <-[e]s, -e> [du·pli·'kaːt] *nt* duplicate

durch ['dʊrç] I. *präp* ❶ (*räumlich*) through; ~ **den Fluss waten** to wade across the river; **mitten ~ etw** *akk* through the middle of sth ❷ (*vermittels*) by [means of]; ~ **[einen] Zufall** by chance ❸ (*zeitlich*) throughout; **die ganze Nacht** ~ all night long ❹ MATH **[dividiert]** ~ divided by II. *adj pred* ❶ (*durchgetrennt*) through ❷ (*fam: vorbei*) **es ist schon 12 Uhr** ~ it's already past 12 [o'clock]; **der Zug ist vor zwei Minuten** ~ the train left two minutes ago ❸ (*gar, reif*) ■~ **sein** *Steak* to be well-done; *Käse* to be ripe ❹ (*kaputt*) ■~ **sein** *Kleidung* to be worn out ❺ (*fertig*) ■**mit etw/jdm** ~ **sein** to be through with sth/sb

durch|ackern ['dʊrç·ʔakɐn] (*fam*) I. *vt* to plow through II. *vr* ■**sich** *akk* [**durch etw** *akk*] ~ to plow one's way [through sth]

durch|arbeiten ['dʊrç·ʔar·bai·tn̩] I. *vt* to go through II. *vi* to keep working [until the end]

durch|atmen ['dʊrç·ʔaːt·mən] *vi* to breathe deeply

durchaus ['dʊrç·ʔaus, dʊrç·'ʔaus] *adv* ~ **kein schlechtes Angebot** not a bad offer [at all]; **ich bin ~ deiner Meinung, aber ...** I completely agree with you, but ...; ~ **möglich sein** to be quite possible; ~ **nicht schlecht sein** to be by no means bad

durch|beißen ['dʊrç·baisn̩] *irreg* I. *vt* to bite through II. *vr* (*fam*) ■**sich** *akk* [**durch etw** *akk*] ~ to fight through [sth]

durch|bekommen* ['dʊrç·bə·kɔ·mən] *vt irreg* (*fam*) ❶ (*durchtrennen können*) to cut through ❷ (*durch eine Öffnung*) to get through ❸ *einen Kranken* to pull through

durch|biegen ['dʊrç·biː·gn̩] *irreg* I. *vt* to bend II. *vr* ■**sich** *akk* ~ to sag

durch|blättern ['dʊrç·blɛ·tɐn], **durchblättern*** [dʊrç·'blɛ·tɐn] *vt* to leaf through

Durchblick ['dʊrç·blɪk] *m* (*fam*) overall view; **den ~ [bei etw** *dat*] **haben** to know what's going on [in/with sth]

durch|blicken ['dʊrç·blɪ·kn̩] *vi* ❶ ■[**durch etw** *akk*] ~ to look through [sth] ❷ (*fam: den Überblick haben*) to know what's going on ❸ **etw ~ lassen** to hint at sth

durchbluten* [dʊrç·'bluː·tn̩] *vt* ANAT to supply with blood; **gut/schlecht durchblutet** having good/poor circulation

Durchblutung [dʊrç·'bluː·tʊŋ] *f* circulation

Durchblutungsstörung *f* circulatory problem

durchbohren*¹ [dʊrç·'boː·rən] *vt* ■**etw** [**mit etw** *dat*] ~ to pierce sth [with sth]

durch|bohren² ['dʊrç·boː·rən] *vt* ■**etw durch etw** *akk* ~ to drill sth through sth

durch|boxen ['dʊrç·bɔ·ksn̩] (*fam*) I. *vt* to push through II. *vr* **sich** *akk* **nach oben** ~ to fight one's way up [*or* to the top]

durch|braten ['dʊrç·bra·tn̩] *irreg* ■**etw** ~ to cook sth until it is well-done

durch|brechen¹ ['dʊrç·brɛ·çn̩] *irreg* I. *vt haben* to break in two II. *vi sein* (*zerfallen*) to break in two

durchbrechen*² [dʊrç·'brɛ·çn̩] *vt irreg* *Absperrung, Blockade* to burst [*or* break] through

durch|brennen ['dʊrç·brɛ·nən] *irreg vi sein* ❶ ELEK to burn out; *Sicherung* to blow ❷ (*fam*) ■**[jdm]** ~ to run away [from sb]

durch|bringen ['dʊrç·brɪŋən] *vt irreg* ❶ (*durch eine Öffnung*) to get passed ❷ (*für Unterhalt sorgen*) to support ❸ *einen Kranken* to pull through

Durchbruch ['dʊrç·brʊx] *m* ❶ *a.* MIL breakthrough ❷ (*Öffnung*) opening

durch|checken ['dʊrç·tʃɛ·kn̩] *vt* (*fam*) *Patienten* to check up on; **sich** *akk* ~ **lassen** to have a checkup

durch|denken ['dʊrç·dɛŋ·kn̩], **durchdenken*** [dʊrç·'dɛŋ·kn̩] *vt irreg* to think through; ■**durchdacht** thought-out

durch|drängeln ['dʊrç·drɛŋln̩] *vr* (*fam*), **durch|drängen** ['dʊrç·drɛŋən] *vr* ■**sich** *akk* **durch etw** *akk* ~ to push one's way through sth

durch|drehen ['dʊrç·dre·ən] *vi* (*fam*) to crack up

durch|dringen¹ ['dʊrç·drɪŋən] *irreg vi sein* ❶ (*durch etw dringen*) to come through ❷ (*erreichen*) ■**zu jdm** ~ to make one's way up to sb

durchdringen*² [dʊrç·'drɪŋən] *irreg vt* to penetrate

durchdringend *adj* piercing; *Geruch* pungent; *Gestank* penetrating; *Kälte, Wind* biting; *Schmerz* excruciating

durch|drücken ['dʊrç·drʏ·kn̩] *vt* (*erzwingen*) to push through

durch|dürfen ['dʊrç·dʏr·fn̩] *vi irreg* (*fam*) to be allowed through

durcheinander [dʊrç·ʔai·'nan·dɐ] *adj pred* ■~ **sein** (*in Unordnung*) to be in a mess; (*verwirrt*) to be confused

Durcheinander <-s> [dʊrç·ʔai·'nan·dɐ] *nt kein pl* ❶ (*Unordnung*) mess ❷ (*Wirrwarr*) confusion

durcheinander|bringen *vt irreg* ■**etw** ~ (*in Unordnung bringen*) to mess up *sep* sth; (*verwechseln*) to mix up *sep* sth; ■**jdn** [**mit etw**

dat) ~ to confuse sb [with sth]

durcheinander|reden *vi* to all talk at once

durch|fahren¹ ['dʊrç·fa:·rən] *vi irreg sein* ❶ (*hindurch*) **durch eine Stadt** ~ to drive through a city ❷ (*nicht anhalten*) **bei Rot** ~ to run a red light; **die Nacht** ~ to drive all night long; **der Zug fährt bis Berlin durch** the train travels nonstop all the way to Berlin

durchfahren*² [dʊrç·'fa:·rən] *vt irreg* ■ **jdn** ~ *Gedanke* to flash through sb's mind; *Gefühl* to go through sb

Durchfahrt ['dʊrç·fa:ɐt] *f* ❶ (*Öffnung*) entrance; ~ **bitte freihalten** please do not block the entrance/exit ❷ (*das Durchfahren*) ~ **verboten** do not enter; **auf der** ~ **sein** to be passing through

Durchfahrtsstraße *f* through road

Durchfall ['dʊrç·fal] *m* diarrhea

durch|fallen ['dʊrç·fa·lən] *vi irreg sein* ❶ ■ [durch etw *akk*] ~ to fall through [sth] ❷ (*fam*) **bei einer Prüfung** ~ to fail an exam

durch|feiern ['dʊrç·fai·ɐn] *vi* (*fam*) to celebrate nonstop

durch|finden ['dʊrç·fɪn·dn̩] *irreg vi, vr* ■ [sich *akk*] ~ to find one's way

durch|fliegen¹ ['dʊrç·fli:·gn̩] *vi irreg sein* ❶ LUFT to fly nonstop ❷ (*fam*) **durch ein Prüfung** ~ to fail an exam

durchfliegen*² [dʊrç·'fli:·gn̩] *vt irreg* to fly through

durch|fließen¹ ['dʊrç·fli:·sn̩] *vi irreg sein* to flow through

durchfließen*² [dʊrç·'fli:·sn̩] *vt irreg* to flow through

durchforschen* [dʊrç·'fɔr·ʃn̩] *vt* ❶ (*durchstreifen*) to explore ❷ (*durchsuchen*) to search through (**nach** +*dat* for)

durchforsten* [dʊrç·'fɔrs·tn̩] *vt* (*fam*) to sift through (**nach** +*dat* for)

durch|fragen ['dʊrç·fra:·gn̩] *vr* ■ **sich** *akk* ~ to find one's way by asking

durch|fressen ['dʊrç·frɛ·sn̩] *irreg vr* ❶ *Tier* ■ **sich** *akk* [**durch etw** *akk*] ~ to eat [its way] through [sth] ❷ (*pej*) ■ **sich** *akk* [**bei jdm**] ~ to live off of sb's hospitality

durchführbar *adj* feasible

durch|führen ['dʊrç·fy:·rən] **I.** *vt* (*verwirklichen*) to carry out **II.** *vi* ■ **durch etw** *akk* ~ to run through sth

Durchführung *f* carrying out

durch|füttern ['dʊrç·fʏ·tɐn] *vt* (*fam*) to support

Durchgang ['dʊrç·gaŋ] *m* ❶ (*Passage*) path[way] ❷ (*das Durchgehen*) entry; **kein** ~ ! no pedestrians allowed!; (*an Türen*) no admittance!

durchgängig ['dʊrç·gɛŋɪç] **I.** *adj* universal **II.** *adv* universally

Durchgangslager *nt* transit camp

Durchgangsstraße *f* through road

Durchgangsverkehr *m* through traffic

durch|geben ['dʊrç·ge:·bn̩] *vt irreg Lottozahlen* to read; **eine Meldung** ~ to make an announcement

durchgefroren *adj* frozen solid *pred*

durch|gehen ['dʊrç·ge:·ən] *irreg vi sein* ❶ (*hindurchgehen*) to go through ❷ (*fam: weglaufen*) to run off ❸ (*angenommen werden*) to go through; *Antrag, Gesetz* to pass ❹ (*gehalten werden*) ■ **für etw** ~ to pass [*or* be mistaken] for sth ❺ *Pferd* to bolt ▶ WENDUNGEN: **jdm etw** ~ **lassen** to let sb get away with sth

durchgehend ['dʊrç·ge:·ənt] **I.** *adj* ❶ (*nicht unterbrochen*) continuous ❷ BAHN direct **II.** *adv* „wir haben von 9 - 18 Uhr ~ geöffnet" "we're open from 9 a.m. - 6 p.m." (*not closed for lunch*)

durchgeknallt *adj* (*sl*) ■ ~ **sein** to have gone crazy

durch|greifen ['dʊrç·grai·fn̩] *vi irreg* ❶ (*wirksam vorgehen*) to take drastic action ❷ (*hindurchfassen*) to reach through

durchgreifend I. *adj* drastic **II.** *adv* drastically

durch|gucken ['dʊrç·gʊ·kn̩] *vi* (*fam*) to look through

durch|haben ['dʊrç·ha:·bn̩] *vt irreg* (*fam*) ❶ (*durchgelesen haben*) to be through [reading] ❷ (*durchgearbeitet haben*) to have finished

durch|halten ['dʊrç·hal·tn̩] *irreg* **I.** *vt* ❶ *Belastung* to withstand ❷ (*beibehalten*) to keep up *sep* **II.** *vi* to hold out

Durchhaltevermögen *nt kein pl* stamina, perseverance

durch|hängen ['dʊrç·hɛŋən] *vi irreg* ❶ (*nach unten hängen*) to sag ❷ (*fam: erschöpft sein*) to be drained; (*deprimiert sein*) to be down

Durchhänger <-s, -> *m* **einen** [totalen] ~ **haben** (*fam*) to be on a [real] downer

durch|hauen ['dʊrç·hau·ən] *irreg vt* (*spalten*) to split [in two]

durch|helfen ['dʊrç·hɛl·fn̩] *irreg vi* ■ **jdm** [**durch etw** *akk*] ~ to help sb through [sth]

durch|kämmen ['dʊrç·kɛ·mən] *vt Haar* to comb through *sep*

durchkämmen*² [dʊrç·'kɛ·mən] *vt* ■ **etw** [nach jdm/etw] ~ to comb sth [for sb/sth]

durch|kämpfen ['dʊrç·kɛmp·fn̩] **I.** *vt* (*durchsetzen*) to force through *sep* **II.** *vr* ■ **sich** *akk* ~ to battle one's way through

durch|kauen ['dʊrç·kau·ən] *vt* ❶ (*gründlich kauen*) to chew thoroughly ❷ (*fam*) to discuss thoroughly

durch|kommen ['dʊrç·kɔ·mən] *vi irreg sein* ❶ (*durchfahren*) ■ [durch etw *akk*] ~ to come through [sth] ❷ *Sonne* to come through ❸ *Charakterzug* to become noticeable ❹ (*Erfolg haben*) ■ **mit etw** *dat* ~ to get away with sth ❺ (*durch eine Öffnung*) to get through *sep* ❻ (*überleben*) to pull through

durch|können ['dʊrç·kœ·nən] *vi irreg* (*fam*) to be able to get through

durchkreuzen*¹ [dʊrç·'krɔy·tsn̩] *vt* (*vereiteln*) to foil

durch|kreuzen² [dʊrç·'krɔy·tsn̩] *vt* to cross

out *sep*

durch|kriechen ['dʊrç·kri:·çn̩] *vi irreg sein* to crawl through

durch|kriegen *vt* (*fam*) *s.* **durchbekommen**

durch|lassen ['dʊrç·la·sn̩] *vt irreg* ❶ (*vorbei lassen*) ■ jdn/etw ~ to let sb/sth through ❷ (*durchlässig sein*) ■ etw ~ to let through *sep* sth ❸ (*fam: durchgehen lassen*) ■ jdm etw ~ to let sb get away with sth

durchlässig ['dʊrç·lɛ·sɪç] *adj* porous (**für** + *akk* to)

durch|laufen¹ ['dʊrç·lau·fn̩] *irreg* I. *vi sein* to run through II. *vt haben Schuhe* to wear through *sep*

durchlaufen*² [dʊrç·'lau·fn̩] *vt irreg* ❶ (*im Lauf durchqueren*) to run through ❷ (*zurücklegen*) to cover

durchleben* [dʊrç·'le:·bn̩] *vt* **schwere Zeiten** ~ to go through hard times

durchleiden* [dʊrç·'lai·dn̩] *vt irreg* to endure

durch|lesen* ['dʊrç·le:·zn̩] *vt irreg* to read through *sep*

durchleuchten*¹ [dʊrç·'lɔyç·tn̩] *vt* ❶ (*röntgen*) to x-ray ❷ (*kritisch prüfen*) to investigate

durch|leuchten² ['dʊrç·lɔyç·tn̩] *vi* to shine through

durch|lüften ['dʊrç·lʏf·tn̩] *vt Raum* to air out

durch|machen ['dʊrç·ma·xn̩] I. *vt Phase* to go through; *Krankheit* to suffer II. *vi* (*fam*) ❶ (*feiern*) **die ganze Nacht** ~ to stay up all night ❷ (*durcharbeiten*) to keep working [until the end]

Durchmesser <-s, -> ['dʊrç·me·sɐ] *m* diameter

durch|mogeln *vr* (*fam*) ■ **sich** *akk* ~ to fake one's way through

durch|müssen ['dʊrç·mʏ·sn̩] *vi irreg* (*fam*) to have to go through

durchnässen* [dʊrç·'nɛ·sn̩] *vt* to drench

durch|nehmen ['dʊrç·ne:·mən] *vt irreg* to do

durch|probieren* *vt* to try one after the other

durchqueren* [dʊrç·'kve:·rən] *vt* to cross

durch|rasseln *vi sein* (*fam*) to fail

durch|rechnen ['dʊrç·rɛç·nən] *vt* to calculate; (*überprüfen*) to check thoroughly

durch|regnen ['dʊrç·re:g·nən] *vi impers* to rain continuously

Durchreise ['dʊrç·rai·zə] *f* journey through; **auf der** ~ **sein** to be passing through

durch|reisen¹ ['dʊrç·rai·zn̩] *vi sein* to pass through

durchreisen*² [dʊrç·'rai·zn̩] *vt* **die ganze Welt** ~ to travel all over the world

durch|reißen ['dʊrç·rai·sn̩] *irreg* I. *vt haben* ■ etw ~ to tear sth in two II. *vi sein* to rip, to tear [in half]

durch|ringen ['dʊrç·rɪŋən] *vr irreg* ■ **sich** *akk* **zu etw** *dat* ~ to finally manage to do sth; **sich** *akk* **zu einer Entscheidung** ~ to force oneself to make a decision

durch|rosten ['dʊrç·rɔs·tn̩] *vi sein* to rust through

durch|rufen *vi irreg* (*fam*) to give sb a call

durch|rühren *vt* to stir well

durchs ['dʊrçs] (*fam*) = **durch das** *s.* **durch**

Durchsage <-, -n> ['dʊrç·za:gə] *f* announcement

durch|sagen ['dʊrç·za:·gn̩] *vt* to announce

durch|sägen *vt* to saw through *sep*

durchschaubar [dʊrç·'ʃau·ba:ɐ̯] *adj* obvious; **leicht** ~ easy to see through; **schwer** ~ enigmatic

durchschauen*¹ [dʊrç·'ʃau·ən] *vt* ■ jdn ~ to see through sb

durch|schauen² ['dʊrç·ʃau·ən] *vt* to look through

durch|scheinen ['dʊrç·ʃai·nən] *vi irreg* ❶ *Licht, Sonne* to shine through ❷ *Farbe, Muster* to show [through]

durch|schieben *vt irreg* to push through *sep*

durch|schlafen ['dʊrç·ʃla:·fn̩] *vi irreg* to sleep through [it]

durch|schlagen¹ ['dʊrç·ʃla:·gn̩] *irreg* I. *vt haben* ❶ (*durchbrechen*) to split [in two] ❷ **einen Nagel durch etw** *akk* ~ to hammer a nail through sth II. *vi sein* (*durchdringen*) ■ [durch etw *akk*] ~ to come through [sth] III. *vr haben* ■ **sich** *akk* ~ ❶ (*seine Existenz behaupten*) to struggle along ❷ (*ans Ziel gelangen*) to make one's way through

durchschlagen*² [dʊrç·'ʃla:·gn̩] *vt irreg* to chop through

durchschlagend [dʊrç·'ʃla:·gn̩t] *adj* ❶ (*überwältigend*) sweeping; *Erfolg* huge; **eine ~e Wirkung haben** to be extremely effective ❷ (*überzeugend*) convincing; *Beweis* conclusive

Durchschlagskraft *f kein pl* ❶ (*Wucht*) penetration ❷ (*fig*) effectiveness

durch|schlängeln *vr* ■ **sich** *akk* ~ to thread one's way through

durch|schleusen ['dʊrç·ʃlɔy·zn̩] *vt* (*fam*) to smuggle through *sep*

durch|schneiden ['dʊrç·ʃnai·dn̩] *vt irreg* to cut through

Durchschnitt ['dʊrç·ʃnɪt] *m* average; **im** ~ on average; **über/unter dem** ~ **liegen** to be above/below average

durchschnittlich ['dʊrç·ʃnɪt·lɪç] I. *adj* ❶ (*Mittelwert betreffend*) average *attr* ❷ (*mittelmäßig*) ordinary II. *adv* ❶ (*im Schnitt*) on average ❷ (*mäßig*) moderately; ~ **intelligent** of average intelligence

Durchschnittsalter *nt* average age

Durchschnittsgeschwindigkeit *f* average speed

Durchschnittsmensch *m* average person

Durchschnittstemperatur *f* average temperature

durch|schütteln ['dʊrç·ʃʏ·tl̩n] *vt* ■ etw ~ to shake sth thoroughly; ■ jdn ~ to give sb a good shake

durch|schwitzen ['dʊrç·ʃvɪ·tsn̩] *vt* to soak in sweat

durch|sehen ['dʊrç·ze:·ən] *irreg* I. *vt* ■ etw ~ to go over sth II. *vi* ■ **durch etw** *akk* ~ to look

through sth
durch|seinALT *vi irreg sein s.* **durch II.**
durch|setzen ['dʊrç·zɛ·tsn̩] **I.** *vt Maßnahmen*
to impose; *Reformen* to carry out; *Ziel* to
achieve; ■ **etw bei jdm ~** to get sb to agree to
sth; **seinen Willen [gegen jdn]** ~ to get one's
own way [with sb] **II.** *vr* ❶ (*sich Geltung verschaffen*) ■ **sich** *akk* ~ to assert oneself (**gegen**
+*akk* against); ■ **sich** *akk* **mit etw** *dat* ~ to be
successful with sth ❷ (*Gültigkeit erreichen*)
■ **sich** *akk* ~ to gain acceptance; *Trend* to
catch on
Durchsetzungsvermögen *nt kein pl* assertiveness
Durchsicht ['dʊrç·zɪçt] *f* inspection; **zur** ~ for
inspection
durchsichtig ['dʊrç·zɪç·tɪç] *adj* transparent *a.*
fig; Bluse, Kleid see-through
durch|sickern ['dʊrç·zɪ·kɐn] *vi sein* ❶ *Flüssig-
keit* to seep through ❷ *Nachricht, Neuigkeit* to
leak out
durch|spielen *vt* (*durchdenken*) to go through
durch|sprechen ['dʊrç·ʃprɛ·çn̩] *vt irreg* to dis-
cuss thoroughly
durch|stechen ['dʊrç·ʃtɛ·çn̩] *vt irreg* to pierce
durch|stehen ['dʊrç·ʃteː·ən] *vt irreg* to get
through; *Qualen* to endure; *Schwierigkeiten* to
cope
durch|steigen ['dʊrç·ʃtai·gn̩] *vi irreg sein*
❶ (*durch etw steigen*) to climb through
❷ (*fam: verstehen*) ■ **bei etw** *dat* ~ to get sth;
da soll mal einer ~! just let someone try and
figure this one out!
durch|stellen *vt* **ein Gespräch** ~ to put a call
through
durchstöbern* [dʊrç·'ʃtøː·bɐn], **durch|stö-
bern** ['dʊrç·ʃtøː·bɐn] *vt* to rummage through
(**nach** +*dat* for)
durchstoßen*¹ [dʊrç·'ʃtoː·sn̩] *vt irreg* to go
through
durch|stoßen² ['dʊrç·ʃtoː·sn̩] *irreg vt* **einen
Pfahl durch etw** ~ to drive a stake through
sth
durch|streichen ['dʊrç·ʃtrai·çn̩] *vt irreg Fehler*
to cross out
durchstreifen* [dʊrç·'ʃtrai·fn̩] *vt* to roam
through
durch|strömen¹ ['dʊrç·ʃtrøː·mən] *vi sein* to
stream through
durchströmen*² [dʊrç·'ʃtrøː·mən] *vt* (*a. fig*)
to flow through
durchsuchen* [dʊrç·'zuː·xn̩] *vt* to search
(**nach** +*dat* for)
Durchsuchung <-, -en> [dʊrç·'zuː·xʊŋ] *f*
search
durchtrainiert *adj* thoroughly fit
durch|treten ['dʊrç·treː·tn̩] *irreg vt* **die
Bremse** ~ to step on the brakes
durchtrieben [dʊrç·'triː·bn̩] *adj* crafty
durchwachsen [dʊrç·'vak·sn̩] *adj* ❶ *Speck*
marbled ❷ *pred* (*mittelmäßig*) so-so
Durchwahl *f* ❶ (*Durchwahlnummer*) extension [number] ❷ *kein pl* (*das Durchwählen*) di-

rect dialing
durch|wählen ['dʊrç·vɛː·lən] *vi* to dial direct
durchweg ['dʊrç·vɛk] *adv,* **durchwegs** ['dʊrç·
veːks] *adv* ÖSTERR without exception
durch|winken *vt irreg* to wave through
durch|wühlen¹ ['dʊrç·vyː·lən] *vr* ■ **sich** *akk*
[**durch etw** *akk*] ~ to plow through [sth]
durchwühlen*² [dʊrç·'vyː·lən] *vt* (*durchstöbern*) to comb (**nach** +*dat* for)
durch|zählen ['dʊrç·tsɛː·lən] *vt, vi* to count
out *sep*
durch|ziehen ['dʊrç·tsiː·ən] *irreg* **I.** *vt haben*
❶ (*durch eine Öffnung*) ■ **etw** [**durch etw**
akk] ~ to pull sth through [sth] ❷ (*fam: vollenden*) to see through **II.** *vi sein* to come
through **III.** *vr haben* ■ **sich** *akk* **durch etw**
akk ~ to occur throughout sth
durchzucken* [dʊrç·'tsʊ·kn̩] *vt* ❶ **den Himmel** ~ to flash across the sky ❷ ■ **jdn** ~ to flash
through sb's mind
Durchzug ['dʊrç·tsuːk] *m kein pl* (*Luftzug*)
draft
dürfen ['dyr·fn̩] **I.** *modal vb* <darf, durfte, dür-
fen> ❶ (*Erlaubnis haben*) ■ **etw** [**nicht**] **tun** ~
to [not] be allowed to do sth ❷ *verneint* **wir** ~
den Zug nicht verpassen we can't miss the
train; **du darfst ihm das nicht übel nehmen**
you shouldn't hold that against him ❸ *im Konjunktiv* (*sollen*) ■ **das/es dürfte ...** that/it
should [*or* ought to] ...; **es dürfte wohl das
Beste sein, wenn ...** it would probably be
best if ... **II.** *vi* <darf, durfte, gedurft> **darf ich
nach draußen?** may I go outside?; **sie hat
nicht gedurft** she wasn't allowed to **III.** *vt*
<darf, durfte, gedurft> ■ **etw** ~ to be allowed
to do sth; **darfst du das?** are you allowed to
[do that]?
dürftig ['dyrf·tɪç] **I.** *adj* ❶ (*karg*) paltry; *Unterkunft* poor ❷ (*schwach*) poor; *Ausrede* feeble;
Kenntnisse little ❸ (*spärlich*) *Informationen*
sparse **II.** *adv* scantily
dürr [dyr] *adj* ❶ (*trocken*) dry; ~ **es Laub** with-
ered leaves ❷ (*mager*) [painfully] thin
Dürre <-, -n> ['dy·rə] *f* drought
Durst <-[e]s> ['dʊrst] *m kein pl* thirst; ■ ~ **haben** to be thirsty
dursten ['dʊrs·tn̩] *vi* (*geh*) to be thirsty
dürsten ['dyrs·tn̩] *vi* (*geh*) ■ **mich dürstet [es]**
I am thirsty
durstig ['dʊrs·tɪç] *adj* thirsty
durstlöschend *adj* thirst-quenching
Durststrecke *f* lean period
Dusche <-, -n> ['duː·ʃə] *f* shower; **unter die**
~ **gehen** to take a shower
duschen ['duː·ʃn̩] **I.** *vi* to shower **II.** *vr* ■ **sich**
akk ~ to take a shower **III.** *vt* ■ **jdn** ~ to give sb
a shower
Duschgel *nt* body wash
Duschkabine *f* shower stall
Düse <-, -n> ['dyː·zə] *f* ❶ TECH nozzle ❷ LUFT
jet
Dusel <-s> ['duː·zl̩] *m kein pl* (*fam*) ❶ (*Glück*)
~ **haben** to be lucky ❷ SCHWEIZ, SÜDD ■ **im** ~

D

(benommen) in a daze; *(angetrunken)* tipsy
düsen ['dy:·zn̩] *vi sein (fam: fahren)* to race; *(schnell gehen)* to dash
Düsenantrieb *m* jet propulsion
Düsenflugzeug *nt* jet plane
dusselig ['dʊ·sə·lɪç], **dusslig**ᴿᴿ ['dʊs·lɪç], **dußlig**ᴬᴸᵀ ['dʊs·lɪç] *(fam)* **I.** *adj* daft **II.** *adv* ❶ *(dämlich)* **sich** *akk* ~ **anstellen** to act stupidly ❷ *(enorm viel)* **sich** *akk* ~ **arbeiten** to work oneself silly
düster ['dy:s·tɐ] *adj Himmel, Wetter* gloomy; **eine ~e Ahnung** a dark foreboding; **~e Gedanken** black thoughts; **eine ~e Miene** a gloomy face; **~ Prognosen** grim predictions
Dutzend <-s, -e> ['dʊ·tsn̩t, *pl* 'dʊ·tsn̩·də] *nt* dozen
dutzendmal *adv* dozens of times; *s. a.* **Mal**¹ 1
dutzendweise ['dʊ·tsn̩t·vai·zə] *adv* by the dozen
duzen ['du:·tsn̩] *vt* ▪**jdn** ~ to use "du" when addressing sb
DVD-Player <-s, -> [-ple·ɐ] *m* DVD player
Dynamik <-> [dy·'na:·mɪk] *f kein pl* ❶ PHYS dynamics + *sing vb, no art* ❷ *(Triebkraft)* dynamism
dynamisch [dy·'na:·mɪʃ] **I.** *adj* dynamic **II.** *adv* dynamically
Dynamit <-s> [dy·na·'mi:t] *nt kein pl* dynamite
Dynamo <-s, -s> [dy·'na:·mo] *m* generator
Dynastie <-, -n> [dyn·as·'ti:, *pl* dy·nas·'ti:·ən] *f* dynasty

E

E, e <-, - *o fam* -s, -s> [e:] *nt* ❶ *(Buchstabe)* E, e; **~ wie Emil** E as in Echo ❷ MUS E, e
Ebbe <-, -n> ['ɛbə] *f* ebb *[or* low] tide; *(Wasserstand)* low water; **~ und Flut** the tides *pl;* **bei ~** at low tide
eben¹ ['e:bn̩] **I.** *adj* ❶ *(flach)* flat ❷ *(glatt)* level **II.** *adv* evenly
eben² ['e:bn̩] **I.** *adv* ❶ *zeitlich* just ❷ *(nun einmal)* just; **das ist ~ so** that's [just] the way it is ❸ *(gerade noch)* just [about] ❹ *(kurz)* **mal ~** for a minute **II.** *part* ❶ *(genau das)* precisely ❷ *(Abschwächung von Verneinung)* **das ist nicht ~ billig** that's/it's not exactly cheap
Ebenbild *nt* image
ebenbürtig ['e:bn̩·bʏr·tɪç] *adj* equal **(an** +*dat* in); **einander** [nicht] ~ **sein** to be [un]evenly matched
ebenda ['e:bn̩·'da:] *adv* ❶ *(genau dort)* exactly there ❷ *(bei Zitat)* ibidem; *(geschrieben a.)* ibid.
ebender [e:bn̩·'de·ɐ], **ebendie** [e:bn̩·'di:], **ebendas** ['e:bn̩·'das] *pron* he/she/it
Ebene <-, -n> ['e:bə·nə] *f* ❶ *(Tiefebene)* plain;

(Hochebene) plateau ❷ MATH, PHYS plane ❸ *(fig)* **auf wissenschaftlicher** ~ at the scientific level
ebenfalls ['e:bn̩·fals] *adv* as well; **danke, ~!** thanks, [and the] same to you
Ebenmaß *nt kein pl (geh)* regularity
ebenmäßig **I.** *adj* evenly proportioned **II.** *adv* symmetrically
ebenso ['e:bn̩·zo:] *adv* ❶ *(genauso)* just as; **er schwimmt ~ gern wie ich** he likes to swim just as well [*or* much] as I do; **~ gut/oft/ lang(e)** just as well/often/long; **~ sehr/viel** just as much; **~ wenig** just as little ❷ *(auch)* as well
ebensogernᴬᴸᵀ *adv s.* ebenso 1
ebensogutᴬᴸᵀ *adv s.* ebenso 1
ebensolang(e)ᴬᴸᵀ *adv s.* ebenso 1
ebensooftᴬᴸᵀ [-zo·ʔɔft] *adv s.* ebenso 1
ebensosehrᴬᴸᵀ *adv s.* ebenso 1
ebensovielᴬᴸᵀ *adv s.* ebenso 1
ebensowenigᴬᴸᵀ *adv s.* ebenso 1
Eber <-s, -> ['e:bɐ] *m* boar
ebnen ['e:b·nən] *vt* to level [off] ▸ WENDUNGEN: **jdm/etw den Weg** ~ to pave the way for sb/ sth
EC¹ <-s, -s> [e:'tse:] *m Abk von* **Eurocity** Eurocity train
EC² <-s, -s> [e:'tse:] *m* FIN *Abk von* **Electronic Cash** electronic cash *(a debit card system)*
Echo <-s, -s> ['ɛço] *nt* ❶ *(Effekt)* echo ❷ *(Reaktion)* response **(auf** +*akk* to)
Echolot *nt* sonar
Echse <-, -n> ['ɛk·sə] *f* lizard, saurian *spec*
echt [ɛçt] **I.** *adj* ❶ *(nicht künstlich, wirklich)* real; *(nicht gefälscht)* genuine; *Haarfarbe* natural; *Silber, Gold* pure ❷ *Freundschaft, Schmerz* sincere ❸ *(typisch)* typical ❹ *Farben* fast **II.** *adv* ❶ *(typisch)* typically ❷ *(fam: wirklich)* really
Echtheit <-> *f kein pl* ❶ *(das Echtsein)* authenticity ❷ *(Aufrichtigkeit)* sincerity
Eck <-[e]s, -e> ['ɛk] *nt* ❶ ÖSTERR, SÜDD *(Ecke)* corner ❷ SPORT corner [of the goal]
EC-Karte [e:'tse:-] *f* debit card
Eckball *m* SPORT corner [kick]
Ecke <-, -n> ['ɛkə] *f* ❶ *(spitze Kante)* corner; *(Tischkante)* edge ❷ *(Straßen-, Zimmerecke)* corner ❸ *(fam: Gegend)* area ❹ SPORT corner [kick]
eckig ['ɛk·ɪç] *adj* ❶ *(nicht rund)* square; *Gesicht* angular ❷ *(ungelenk)* jerky
Eckpfeiler *m* ❶ *(liter)* corner pillar ❷ *(fig)* cornerstone
Eckstein ['ɛk·ʃtain] *m* cornerstone
Eckzahn *m* canine [tooth]
Ecuador, Ekuador <-s> [ekua·'do:ɐ] *nt* Ecuador; *s. a.* **Deutschland**
Ecuadorianer(in) <-s, -> [ekua·do·'ria:·nɐ] *m(f)* Ecuadorean; *s. a.* **Deutsche(r)**
ecuadorianisch [ekua·do·'ria·nɪʃ] *adj* Ecuadorean; *s. a.* **deutsch**
edel ['e:dl̩] **I.** *adj* ❶ *(großherzig)* generous ❷ *(hochwertig)* fine ❸ *(aristokratisch)* noble

II. *adv* nobly

Edelfrau *f* noblewoman

Edelgas *nt* inert gas

Edelkastanie *f* sweet chestnut

Edelmann <-leute> *m* nobleman

Edelmetall *nt* precious metal

Edelmut *m kein pl* (*geh*) magnanimity

edelmütig ['eːdlˈmyːtɪç] **I.** *adj* (*geh*) magnanimous **II.** *adv* magnanimously

Edelstahl *m* stainless steel

Edelstein *m* precious stone

Edeltanne *f* silver fir

Edelweiß <-[es], -e> ['eːdlˈvais] *nt* BOT edelweiss

Edikt <-[e]s, -e> [e'dɪkt] *nt* edict

editieren* [ediˈtiːrən] *vt* COMPUT to edit

Edition <-, -en> [ediˈtsi̯oːn] *f* (*die Ausgabe*) edition

EDV <-> [eːdeːˈfau] *f* COMPUT *Abk von* **elektronische Datenverarbeitung** EDP

Efeu <-s> ['eːfɔy] *m kein pl* ivy

Effeff ['ɛfˈʔɛf] *nt kein pl* **etw aus dem ~ beherrschen** to know sth backwards and forwards

Effekt <-[e]s, -e> [ɛˈfɛkt] *m* effect

Effekten [ɛˈfɛkˈtn̩] *pl* securities *pl*

effektiv [ɛfɛkˈtiːf] **I.** *adj* ❶ (*wirksam*) effective ❷ *attr* (*tatsächlich*) actual *attr* **II.** *adv* ❶ (*wirksam*) effectively ❷ (*tatsächlich*) actually

Effektivität <-> [ɛfɛkˈtiˈviˈtɛːt] *f kein pl* effectiveness

effektvoll *adj* effective

effizient [ɛfiˈtsi̯ɛnt] (*geh*) **I.** *adj* efficient **II.** *adv* efficiently

EG <-> [eːˈgeː] *f* (*hist*) *Abk von* **Europäische Gemeinschaft** EC

e.G., E.G. <-> [eːˈgeː] *f* ÖKON *Abk von* **eingetragene Genossenschaft** registered cooperative society

egal [eˈgaːl] (*fam*) **I.** *adj* ■ **jdm ~ sein** to be all the same to sb; **das ist mir ~** I don't care; (*unhöflicher*) I couldn't care less ▶ WENDUNGEN: **~, was/wo/warum ...** no matter what/how/where/why ... **II.** *adv* DIAL (*gleich*) identically; **~ lang** identical in length

Egoismus <-, Egoismen> [ego·ˈɪsˈmʊs] *m* ego[t]ism

Egoist(in) <-en, -en> [ego·ˈɪst] *m(f)* ego[t]ist

egoistisch [ego·ˈɪsˈtɪʃ] **I.** *adj* ego[t]istical **II.** *adv* ego[t]istically

Egotrip <-s, -s> ['eːgoˈtrɪp] *m* **auf dem ~ sein** (*fam*) to be on an ego trip

Egozentriker(in) <-s, -> [egoˈtsɛnˈtrikɐ] *m(f)* (*geh*) egocentric

egozentrisch [egoˈtsɛnˈtrɪʃ] *adj* (*geh*) egocentric

eh¹ ['eː] *interj* (*sl*) ❶ (*Anrede*) hey ❷ (*was?*) eh?

eh² [eː] **I.** *adv bes* ÖSTERR, SÜDD (*sowieso*) anyway ▶ WENDUNGEN: **wie ~ und je** as always **II.** *konj s.* **ehe**

ehe ['eːə] *konj* before; **~ das Wetter nicht besser wird ...** until the weather changes for the better ...

Ehe <-, -n> ['eːə] *f* marriage

eheähnlich *adj* **in einer ~en Gemeinschaft leben** to cohabit

Ehebett *nt* double bed

Ehebrecher(in) <-s, -> *m(f)* adulterer *masc*, adulteress *fem*

Ehebruch *m* adultery; **~ begehen** to commit adultery

Ehefrau *f fem form von* **Ehemann** wife

Ehegatte *m* (*geh*) ❶ *s.* **Ehemann** ❷ *pl* (*Ehepartner*) ■ **die ~n** [married] partners *pl*

Ehegattensplitting [-ˈsplɪtɪŋ] *nt* separate taxation for married couples, ≈ married, filing separately

Ehegattin *f* (*geh*) *fem form von* **Ehegatte** wife

Ehekrach *m* (*fam*) marital fight

Eheleben *nt kein pl* married life

Eheleute *pl* (*geh*) married couple + *sing/pl vb*

ehelich ['eːəˈlɪç] **I.** *adj* marital; *Kind* legitimate **II.** *adv* legitimately

ehemalig ['eːəˈmaːˈlɪç] *adj attr* former

ehemals ['eːəˈmaːls] *adv* (*geh*) formerly

Ehemann <-männer> *m* husband

Ehepaar *nt* [married] couple + *sing/pl vb*

eher ['eːɐ] *adv* ❶ (*früher*) sooner ❷ (*wahrscheinlicher*) more likely ❸ (*mehr*) more ❹ (*lieber*) rather

Ehering *m* wedding ring

Ehescheidung *f* divorce

Eheschließung *f* (*geh*) wedding

ehest ['eːəst] *adv* ÖSTERR (*baldigst*) as soon as possible

eheste(r, s) **I.** *adj attr* earliest **II.** *adv* ■ **am ~n** ❶ (*am wahrscheinlichsten*) [the] most likely ❷ (*zuerst*) the first

ehestens ['eːəsˈtn̩s] *adv* ❶ (*frühestens*) at the earliest ❷ ÖSTERR (*baldigst*) *s.* **ehest**

Ehevermittlung *f kein pl* matchmaking

Ehevertrag *m* prenuptial contract

ehrbar ['eːɐ̯ˈbaːɐ̯] *adj* respectable

Ehrbegriff *m kein pl* sense of honor

Ehre <-, -n> ['eːrə] *f* honor; **jdm eine ~ sein** to be an honor for sb; **jdm wird die ~ zuteil, etw zu tun** sb is given the honor of doing sth ▶ WENDUNGEN: **habe die ~!** ÖSTERR, SÜDD (*ich grüße Sie!*) [I'm] pleased to meet you

ehren ['eːrən] *vt* to honor (**mit** + *dat* with)

Ehrenamt *nt* honorary position

ehrenamtlich **I.** *adj* **~e Tätigkeiten** volunteer work **II.** *adv* on a voluntary basis

Ehrenbürger(in) *m(f)* honorary citizen

Ehrendoktor, -doktorin *m*, *f* honorary doctor

Ehrengast *m* guest of honor

ehrenhaft ['eːrənˈhaft] **I.** *adj* honorable **II.** *adv* honorably

Ehrenkodex *m* code of honor

Ehrenmann *m* man of honor

Ehrenplatz *m* place of honor

Ehrenrettung *f* vindication of one's honor; **zu jds ~** in sb's defense

Ehrenrunde *f* ❶ SPORT victory lap ❷ SCH (*fam: Wiederholung einer Klasse*) repetition of a grade

Ehrensache *f* matter of honor

Ehrenurkunde *f* certificate of honor

ehrenvoll *adj* honorable

ehrenwert *adj s.* **ehrbar**

Ehrenwort <-worte> *nt* word of honor

Ehrfurcht *f kein pl* respect; (*fromme Scheu*) reverence; **vor jdm/etw ~ haben** to have [great] respect for sb/sth

ehrfürchtig ['e:ɐ̯·fʏrç·tɪç], **ehrfurchtsvoll** I. *adj* reverent II. *adv* reverentially

Ehrgefühl *nt kein pl* sense of honor

Ehrgeiz ['e:ɐ̯·gaits] *m kein pl* ambition

ehrgeizig ['e:ɐ̯·gai·tsɪç] *adj* ambitious

ehrlich ['e:ɐ̯·lɪç] I. *adj* honest; **~e Zuneigung** genuine affection II. *adv* ❶ (*legal, vorschriftsmäßig*) ~ **verdientes Geld** honestly earned money ❷ (*fam: wirklich*) honestly ▶ WENDUN-GEN: ~ **gesagt ...** to be [quite] honest ...

Ehrlichkeit *f kein pl* ❶ (*Aufrichtigkeit*) sincerity ❷ (*Zuverlässigkeit*) honesty

ehrlos I. *adj* dishonorable II. *adv* dishonorably

Ehrlosigkeit <-> *f kein pl* dishonorableness

Ehrung <-, -en> *f* honor

Ehrwürden <*bei Voranstellung -[s]* *o bei Nachstellung ->* ['e:ɐ̯·vʏr·dn̩] *m kein pl, ohne art* REL Reverend

ehrwürdig ['e:ɐ̯·vʏr·dɪç] *adj* venerable

Ei <-[e]s, -er> ['ai] *nt* ❶ (*Vogel-, Schlangenei*) egg; **ein hart/weich gekochtes ~** a hard-boiled/soft-boiled egg ❷ (*Eizelle*) ovum ❸ *pl* (*sl: Hoden*) balls *pl* ❹ *pl* (*sl: Geld*) ≈ bucks *pl fam*

Eiche <-, -n> ['ai·çə] *f* (*a. Holz*) oak

Eichel <-, -n> ['ai·çl̩] *f* ❶ BOT acorn ❷ ANAT glans

eichen ['ai·çn̩] *vt* to gauge; *Instrument, Messgerät* to calibrate

Eichhörnchen ['aiç·hœrn·çən] *nt* squirrel

Eid <-[e]s, -e> ['ait, *pl* 'ai·də] *m* oath; **einen ~ ablegen** to swear an oath

Eidechse ['ai·dɛk·sə] *f* lizard

eidesstattlich JUR I. *adj* in lieu of [an] oath II. *adv* **etw ~ erklären** to declare sth under oath

Eidgenosse, -genossin ['ait·gə·nɔ·sə, -gə·nɔ·sɪn] *m, f* Swiss [citizen]

Eidgenossenschaft *f* **Schweizerische ~** the Swiss Confederation

eidgenössisch ['ait·gə·nœ·sɪʃ] *adj* Swiss

eidlich ['ait·lɪç] I. *adj* [made] under oath II. *adv* under oath

Eidotter *m o nt* egg yolk

Eierbecher *m* egg cup

Eierkuchen *m* pancake

Eierlikör *m* egg liqueur

eiern ['ai·ɐn] *vi* (*fam*) to wobble

Eierschale *f* eggshell

Eierstock *m* ANAT ovary

Eiertanz *m* (*fam*) careful treading *fig*

Eieruhr *f* egg timer

Eifer <-s> ['ai·fɐ] *m kein pl* enthusiasm ▶ WEN-DUNGEN: **im ~ des Gefechts** (*fam*) in the heat of the moment

eifern ['ai·fɐn] *vi* (*geh*) ❶ (*wettern*) ■ **gegen etw** *akk* ~ to rail against sth ❷ (*veraltend: streben*) ■ **nach etw** *dat* ~ to strive for sth

Eifersucht ['ai·fɐ·zuxt] *f kein pl* jealousy

eifersüchtig ['ai·fɐ·zʏç·tɪç] *adj* jealous

Eifersuchtsszene *f* **jdm eine ~ machen** to make a scene [in a fit of jealousy]

eifrig ['ai·frɪç] I. *adj* eager; *Leser, Sammler* avid II. *adv* eagerly; **~ lernen** to study hard [*or* diligently]

Eigelb <-s, -e *o bei Zahlenangaben* -> *nt* egg yolk

eigen ['ai·gn̩] *adj* ❶ (*jdm gehörig*) own; **seine ~e Meinung/Wohnung haben** to have one's own opinion/apartment ❷ (*separat*) **mit ~em Eingang** with a separate entrance ❸ (*typisch*) **mit dem ihr ~en Optimismus ...** with her characteristic optimism ... ❹ (*eigenartig*) peculiar

Eigenart ['ai·gn̩·ʔaːɐ̯t] *f* ❶ (*besonderer Wesenszug*) characteristic ❷ (*Flair*) individuality

eigenartig ['ai·gn̩·ʔaːɐ̯·tɪç] I. *adj* strange II. *adv* strangely

Eigenbedarf *m* **zum ~** for one's [own] personal use

Eigenbrötler(in) <-s, -> ['aign̩·brø:t·lɐ] *m(f)* loner

eigenbrötlerisch ['aign̩·brø:t·lə·rɪʃ] *adj* reclusive

eigenhändig ['aign̩·hɛn·dɪç] I. *adj* personal; *Brief* handwritten; *Testament* holographic II. *adv* personally

Eigenheim *nt* home of one's own

Eigenheit <-, -en> *f s.* **Eigenart**

Eigeninitiative *f* **in ~** on one's own initiative

Eigenkapital *nt* (*einer Firma*) equity capital

eigenmächtig ['aign̩·mɛç·tɪç] I. *adj* highhanded II. *adv* highhandedly

Eigenname *m* LING proper noun

Eigennutz <-es> *m kein pl* self-interest

eigennützig ['aign̩·nʏ·tsɪç] I. *adj* selfish II. *adv* selfishly

eigens ['ai·gn̩s] *adv* [e]specially

Eigenschaft <-, -en> ['ai·gn̩·ʃaft] *f* ❶ (*Charakteristik*) quality, trait ❷ (*Funktion*) capacity

Eigenschaftswort <-wörter> *nt* LING adjective

eigensinnig ['ai·gn̩·zɪ·nɪç] I. *adj* stubborn II. *adv* stubbornly

eigenständig ['ai·gn̩·ʃtɛn·dɪç] I. *adj* independent II. *adv* independently

eigentlich ['ai·gn̩t·lɪç] I. *adj* ❶ (*wirklich*) real; *Wesen* true ❷ (*ursprünglich*) original II. *adv* ❶ (*normalerweise*) really; **da hast du ~ Recht** you may be right there ❷ (*wirklich*) actually III. *part* (*überhaupt*) **was ist ~ mit dir los?** what [on earth] is wrong with you?; **wie alt bist du ~?** how old are you anyway?

Eigentor *nt* own goal

Eigentum <-s, *selten* -e> ['ai·gn̩·tu:m] *nt* property

Eigentümer(in) <-s, -> ['ai·gn̩·ty:·mɐ] *m(f)* owner

eigentümlich ['ai·gn·ty:m·lɪç] I. adj ❶ (*merkwürdig*) strange ❷ (*geh: typisch*) ▪jdm/einer S. ~ characteristic of sb/sth II. adv strangely

Eigentümlichkeit <-, -en> f ❶ (*Besonderheit*) characteristic ❷ (*Eigenheit*) peculiarity

Eigentumswohnung f condominium

eigenverantwortlich I. adj with sole responsibility pred II. adv on one's own authority

Eigenverantwortung f personal responsibility

eigenwillig ['ai·gn·vɪ·lɪç] adj ❶ (*eigensinnig*) stubborn ❷ (*unkonventionell*) unconventional

eignen ['aig·nən] vr ▪sich akk für etw akk ~ to be suited to sth

Eignung <-, -en> ['aig·nʊŋ] f suitability

Eignungsprüfung f, **Eignungstest** m aptitude test

Eilbeschluss^RR m JUR quick decision

Eilbote, -botin m, f express messenger; **per ~n** [by] express [delivery]

Eilbrief m express letter

Eile <-> ['ai·lə] f kein pl haste; **etw hat ~** sth is urgent; **in ~ sein** to be in a hurry

Eileiter <-s, -> m ANAT fallopian tube

eilen ['ai·lən] I. vi ❶ sein (*schnell gehen*) ▪irgendwohin ~ to hurry somewhere ❷ haben (*dringlich sein*) ▪etw eilt sth is urgent II. vi impers haben ▪es eilt it's urgent

Eilgut nt kein pl express freight

eilig ['ai·lɪç] I. adj ❶ (*schnell*) hurried ❷ (*dringend*) urgent; **es ~ haben** to be in a hurry II. adv quickly

Eiltempo nt **im ~** (*fam*) as quickly as possible

Eilzug m BAHN a type of express train

Eimer <-s, -> ['ai·me] m bucket

ein^1 ['ain] adv (*eingeschaltet*) on; **E~/Aus** on/off

ein^2 ['ain], **eine** ['ai·nə], **ein** ['ain] I. adj one; **mir fehlt noch ~ Cent** I need one more cent ▸ WENDUNGEN: **~ für alle Mal** once and for all II. art indef ❶ (*einzeln*) a/an; **was für ~ Lärm!** what a noise! ❷ (*jeder*) a/an

Einakter <-s, -> ['ain·ʔaktɐ] m THEAT one-act play

einander [ai·ˈnan·dɐ] pron each other

ein|arbeiten I. vr ▪sich akk [in etw akk] ~ to get used to [sth] II. vt ❶ (*praktisch vertraut machen*) ▪jdn [in etw akk] ~ to train sb [for sth] ❷ (*einfügen*) ▪etw [in etw akk] ~ to add sth in[to] sth ❸ ÖSTERR (*nachholen*) Zeitverlust to make up [for] sth

Einarbeitungszeit f training period

ein|äschern ['ain·ʔɛʃɐn] vt Leiche to cremate

ein|atmen vt, vi to breathe in sep

einäugig ['ain·ʔɔy·gɪç] adj one-eyed

Einbahnstraße f one-way street

ein|balsamieren* vt Leiche to embalm

Einband <-bände> ['ain·bant, pl -bɛn·də] m [book] cover

einbändig ['ain·bɛn·dɪç] adj VERLAG one-volume attr

Einbau <-bauten> m ❶ kein pl installation ❷ meist pl (*eingebautes Teil*) built-in part

usu pl

ein|bauen vt ❶ etw [in etw akk] ~ ❶ (*installieren*) to build sth in[to] sth; Batterie, Motor to install sth in[to] sth ❷ (*fam: einfügen*) to incorporate sth [into sth]

Einbauküche f fitted kitchen

Einbauschrank m built-in cupboard; (*im Schlafzimmer*) built-in closet

ein|behalten* vt irreg Abgaben, Steuern to withhold

ein|berufen* vt irreg ❶ (*zusammentreten lassen*) to convene ❷ MIL to draft, to conscript

Einberufung f ❶ (*das Einberufen*) convention ❷ MIL draft card

ein|betten vt to embed (**in** +akk in)

Einbettzimmer nt single room

ein|beziehen* vt irreg to include (**in** +akk in)

ein|biegen vi irreg sein to turn (**in** +akk into)

ein|bilden vr ❶ (*fälschlicherweise glauben*) ▪sich dat etw ~ to imagine sth; ▪sich dat ~, dass ... to think that ...; **was bildest du dir eigentlich ein?** (*fam*) what has gotten into your head? ❷ (*stolz sein*) ▪sich dat etw auf etw akk ~ to be proud of sth

Einbildung f ❶ kein pl (*Fantasie*) imagination ❷ kein pl (*Arroganz*) conceitedness

Einbildungskraft f kein pl [powers of] imagination

ein|binden vt irreg ❶ VERLAG ▪etw ~ to bind sth (**in** +akk in) ❷ (*einbeziehen*) ▪jdn/etw ~ to integrate sb/sth (**in** +akk into)

ein|blenden vt to insert; Geräusche, Musik to dub in

Einblick m insight; **~ in etw** akk **haben** to be able to see into sth; (*informiert sein*) to have insight into sth

ein|brechen irreg I. vi ❶ sein o haben (*Einbruch verüben*) to break in ❷ sein Dämmerung, Nacht to fall ❸ sein (*nach unten durchbrechen*) to fall through ❹ sein (*einstürzen*) to cave in II. vt haben to break down sep

Einbrecher(in) <-s, -> m(f) burglar

ein|bringen irreg I. vt ❶ (*eintragen*) to bring; Zinsen ~ to earn interest ❷ (*einfließen lassen*) **seine Erfahrung ~** to bring one's experience to sth ❸ Ernte to bring in ❹ (*vorschlagen*) **einen Antrag ~** to table a motion II. vr ▪sich akk ~ to contribute

ein|brocken vt (*fam*) ▪jdm etw ~ to land sb in trouble

Einbruch <-[e]s, -brüche> ['ain·brʊx, pl -bry·çə] m ❶ JUR break-in ❷ (*das Eindringen*) penetration ❸ Mauer collapse ❹ (*plötzlicher Beginn*) onset; **bei ~ der Dunkelheit** at nightfall

ein|bürgern ['ain·byr·gɐn] I. vt ❶ ADMIN ▪jdn ~ to naturalize sb ❷ (*heimisch werden*) ▪eingebürgert werden to become established II. vr (*übernommen werden*) ▪sich ~ to become established

Einbürgerung <-, -en> f ADMIN naturalization

ein|büßen I. vt to lose II. vi ▪an etw dat ~ to lose sth

ein|checken [-tʃɛkn̩] **I.** *vi* to check in **II.** *vt* ■etw/jdn ~ to check in *sep* sth/sb

ein|cremen ['ain·kre:·mən] *vt* ■**sich** *dat* etw ~ to put cream [*or* lotion] on sth

ein|dämmen *vt* to dam, to contain

ein|decken I. *vr* ■**sich** *akk* [mit etw *dat*] ~ to stock up [on sth] **II.** *vt* (*fam: überhäufen*) ■**jdn** mit etw *dat* ~ to swamp sb with sth

eindeutig ['ain·dɔy·tɪç] **I.** *adj* ❶ (*unmissver-ständlich*) unambiguous ❷ (*unzweifelhaft*) clear **II.** *adv* ❶ (*unmissverständlich*) unam-biguously ❷ (*klar*) clearly

ein|dicken ['ain·dɪkn̩] **I.** *vt haben* KOCHK to thicken **II.** *vi sein* to thicken

eindimensional *adj* one-dimensional

ein|dringen *vi irreg sein* ❶ (*einbrechen*) ■**in** etw *akk* ~ to force one's way into sth ❷ (*vor-dringen*) ■**in** etw *akk* ~ to force one's way into sth; MIL to penetrate [into] sth ❸ (*hinein-dringen*) ■**in** etw *akk* ~ to penetrate [into] sth ❹ (*bestürmen*) ■**auf jdn** ~ to besiege sb

eindringlich I. *adj* (*nachdrücklich*) powerful **II.** *adv* strongly

Eindringling <-s, -e> ['ain·drɪŋ·lɪŋ] *m* in-truder

Eindruck <-[e]s, -drücke> ['ain·drʊk, *pl* -drʏ·kə] *m* (*Vorstellung*) impression; **den** ~ **erwe-cken/haben, dass** ... to give/have the im-pression that ...

ein|drücken I. *vt* (*nach innen drücken*) to push in *sep; Kotflügel* to dent; *Fenster* to break **II.** *vr* (*einen Abdruck hinterlassen*) ■**sich in** etw *akk* ~ to make an imprint in sth

eindrücklich ['ain·drʏk·lɪç] *adj* SCHWEIZ (*ein-drucksvoll*) impressive

eindrucksvoll I. *adj* impressive **II.** *adv* impres-sively

eine(r, s) ['ai·nə] *pron indef* ❶ (*jemand*) some-one, somebody; ~**s von den Kindern** one of the children ❷ (*fam: man*) one; **und das soll noch** ~**r glauben?** and I'm expected to swal-low that? ❸ (*ein Punkt*) ■~**s** one thing

eineiig ['ain·ʔai·ɪç] *adj* BIOL identical

eineinhalb ['ain·ʔain·'halp] *adj* one and a half

ein|engen ['ain·ɛŋ·ən] *vt* ❶ (*beschränken*) ■**jdn in** etw *dat* ~ to restrict sb in sth ❷ (*drü-cken*) ■**jdn** ~ to restrict sb's movement[s] ❸ (*begrenzen*) ■**etw** ~ to restrict sth

einer ['ai·nɐ] *pron s.* **eine(r, s)**

einerlei ['ai·nɐ·'lai] *adj pred* (*egal*) **das ist mir ganz** ~ it's all the same to me

einerseits ['ai·nɐ·zaits] *adv* ~ ... **andererseits** ... on the one hand ..., on the other hand ...

einfach ['ain·fax] **I.** *adj* ❶ (*leicht*) easy, sim-ple ❷ (*gewöhnlich*) simple ❸ (*nur einmal gemacht*) single; **eine** ~**e Fahrkarte** a one-way ticket **II.** *adv* (*leicht*) easily; ~ **zu verste-hen** easy to understand **III.** *part* ❶ (*ohne wei-teres*) simply, just ❷ + *Verneinung* (*zur Ver-stärkung*) simply, just; **das geht** ~ **nicht!** we/ you just can't do that!

Einfachheit <-> *f kein pl* ❶ (*Unkompli-ziertheit*) straightforwardness ❷ (*Schlichtheit*)

plainness ▶ WENDUNGEN: **der** ~ **halber** for the sake of simplicity

ein|fädeln ['ain·fɛ:·d|n̩] **I.** *vt* ❶ (*Faden*) to thread ❷ (*fam: anbahnen*) to engineer *fig* **II.** *vr* AUTO ■**sich** *akk* ~ to merge

ein|fahren *irreg* **I.** *vi sein* (*hineinfahren*) ■**in** etw *akk* ~ to pull in to sth; **auf einem Gleis** ~ to arrive on a platform **II.** *vt haben* ❶ (*kaputt-fahren*) ■**etw** ~ to drive [*or* crash] *sep* into sth ❷ *Antenne, Objektiv* to retract ❸ *Gewinne* to make ❹ *Heu, Korn* to harvest

Einfahrt <-, -en> *f* ❶ **kein** *pl* (*das Einfahren*) entry; **die** ~ **eines Zuges** the arrival of a train ❷ (*Zufahrt*) entrance; (*Auffahrt*) driveway

Einfall ['ain·fal] *m* ❶ (*Idee*) idea ❷ MIL (*das Eindringen*) **der** ~ **in** etw *akk* invasion of sth ❸ (*das Eindringen*) incidence

ein|fallen *vi irreg sein* ❶ (*in den Sinn kom-men*) ■**etw fällt jdm ein** sth occurs to sb ❷ (*in Erinnerung kommen*) ■**etw fällt jdm ein** sb remembers sth ❸ (*einstürzen*) to col-lapse ❹ (*eindringen*) **in ein Land** ~ to invade a country ❺ (*einsetzen*) ■[**in etw** *akk*] ~ *Chor, Instrument* to join in [on] [sth]; (*dazwi-schenreden*) to interrupt [sth] ❻ (*Wangen*) to become hollow

einfallslos I. *adj* unimaginative **II.** *adv* unima-ginatively

einfallsreich I. *adj* imaginative **II.** *adv* imagina-tively

Einfallsreichtum *m kein pl* imaginativeness

Einfalt <-> ['ain·falt] *f kein pl* naivety

einfältig ['ain·fɛl·tɪç] **I.** *adj* naive **II.** *adv* naively

Einfaltspinsel *m* (*pej fam*) simpleton

Einfamilienhaus *nt* single-family house

ein|fangen *irreg* **I.** *vt* ■**jdn/ein Tier** [wie-der] ~ to [re]capture sb/an animal **II.** *vr* (*fam*) ■**sich** *dat* etw ~ to catch sth

einfarbig *adj* in one color

ein|fassen *vt* ■**etw** ~ ❶ (*umgeben*) to border sth; *Garten* to enclose sth ❷ (*umsäumen*) to hem sth ❸ *Diamant* to set sth

ein|fetten *vt* to grease

ein|finden *vr irreg* (*geh*) ■**sich** *akk* [irgend-wo] ~ to arrive [somewhere]

ein|fließen *vi irreg sein* ❶ FIN (*als Zuschuss gewährt werden*) ■[**in etw** *akk*] ~ to pour in[to sth] ❷ (*anmerken*) ■~ **lassen, dass** ... to let [it] slip that ... ❸ METEO ■**in etw** *akk* ~ to move into sth

ein|flößen *vt* ❶ (*langsam eingeben*) ■**jdm** etw ~ to give sb sth ❷ (*erwecken*) **jdm Angst/Vertrauen** ~ to instill fear/confidence in sb

Einflugschneise *f* approach [path]

EinflussRR, **Einfluß**ALT <-flusses, -flüsse> ['ain·flʊs, *pl* -flʏ·sə] *m* ❶ (*Einwirkung*) influ-ence; **auf etw/jdn** ~ **haben** to have an influ-ence on sth/sb ❷ (*Beziehungen*) influence

einflussreichRR *adj* influential

ein|fordern *vt* (*geh*) ■**etw** [von jdm] ~ to de-mand payment of sth [from sb]

einförmig ['ain·fœr·mɪç] **I.** *adj* monotonous;

Landschaft uniform **II.** adv monotonously
ein|frieren irreg **I.** vi sein ❶ (zufrieren) to freeze up ❷ (von Eis eingeschlossen werden) ■ **in etw** dat ~ to become icebound in sth **II.** vt haben ❶ (konservieren) to [deep-]freeze ❷ (suspendieren) to suspend; Projekt to shelve ❸ ÖKON to freeze
ein|fügen I. vt ■ **etw** [in etw akk] ~ ❶ (einpassen) to fit sth in[to sth] ❷ (einfließen lassen) to add sth [to sth] **II.** vr ■ **sich** akk [in etw akk] ~ ❶ (sich anpassen) to adapt [oneself] [to sth] ❷ (hineinpassen) to fit in [with sth]
ein|fühlen vr ■ **sich** akk **in jdn** ~ to empathize with sb
einfühlsam I. adj sensitive; Worte understanding; Mensch empathetic **II.** adv sensitively
Einfühlungsvermögen nt empathy
Einfuhr <-, -en> ['ain·fuːɐ] f importation
Einfuhrbestimmungen pl import regulations pl
ein|führen I. vt ❶ (importieren) to import ❷ (bekannt machen) ■ **etw** ~ to introduce sth; Artikel, Firma to establish ❸ (vertraut machen) ■ **jdn** ~ to introduce sb (in + akk to) ❹ (hineinschieben) ■ **etw** ~ to insert sth (in + akk into) **II.** vi ■ **in etw** akk ~ to serve as an introduction to sth
Einführung f introduction
Einführungspreis m introductory price
Einfuhrzoll m import tax [or duty]
Eingabe <-, -en> f ❶ (Petition) petition (bei + dat to) ❷ kein pl Arznei administration ❸ kein pl Daten, Informationen entry
Eingabedaten pl COMPUT input data usu + sing vb
Eingabetaste f COMPUT enter [or return] key
Eingang <-[e]s, -gänge> ['ain·gaŋ, pl -gɛŋə] m ❶ (Tür, Tor, Zugang) entrance; eines Waldes opening; „kein ~!" "no entry" ❷ pl (eingetroffene Sendungen) incoming mail ❸ kein pl (Erhalt) receipt ❹ kein pl (Beginn) start
eingängig I. adj ❶ (einprägsam) catchy ❷ (verständlich) comprehensible **II.** adv clearly
eingangs ['ain·gaŋs] **I.** adv at the start **II.** präp at the start of
Eingangshalle f entrance hall
Eingangskontrolle f HANDEL incoming inspection
ein|geben irreg vt ❶ (verabreichen) ■ **jdm etw** ~ to administer sth to sb ❷ COMPUT ■ **etw** ~ to input sth (in + akk into) ❸ (geh: inspirieren) ■ **jdm etw** ~ to put sth into sb's head
eingebildet adj ❶ (pej: hochmütig) conceited (auf + akk about) ❷ (imaginär) imaginary
eingeboren ['ain·gə·boː·rən] adj native
Eingeborene(r) f(m) native
Eingebung <-, -en> f (Inspiration) inspiration
eingefahren adj well-worn
eingefallen adj hollow; Gesicht gaunt
ein|gehen irreg **I.** vi sein ❶ (Aufnahme finden)

in die Geschichte ~ to go down in history ❷ (ankommen) to arrive [somewhere] ❸ ([ab]sterben) to die (an + dat of); Laden to go bust fam ❹ (aufgenommen werden) ■ **jdm** ~ to be grasped by sb ❺ (einlaufen) to shrink ❻ (sich beschäftigen mit) ■ **auf etw** ~ to deal with sth; ■ **auf jdn** ~ to pay attention to sth ❼ (zustimmen) ■ **auf etw** akk ~ to agree to sth; (sich einlassen) to accept sth **II.** vt sein ■ **etw** ~ to enter into sth; ein **Risiko** ~ to take a risk; **ich gehe jede Wette ein, dass ...** I'll bet you anything that ...
eingehend ['ain·geː·ənt] **I.** adj detailed; Prüfung extensive **II.** adv in detail
Eingemachte(s) nt dekl wie adj KOCHK preserved fruit
eingeschnappt adj (fam) ■ ~ sein to be miffed
eingeschrieben I. adj registered **II.** adv ~ schicken to send by registered mail
eingespannt adj pred ■ [sehr] ~ sein to be [very] busy
eingespielt adj working well together
Eingeständnis ['ain·gə·ʃtɛnt·nɪs] nt admission
ein|gestehen* irreg **I.** vt ■ [jdm] **etw** ~ to admit sth [to sb] **II.** vr ■ **sich** dat ~, **dass ...** to admit to oneself that ...
eingestellt adj ❶ (gesinnt) **fortschrittlich/ökologisch** ~ progressively/environmentally minded; ■ **jd ist gegen jdn** ~ sb is set against sb ❷ (vorbereitet) ■ **auf etw** akk ~ **sein** to be prepared for sth
eingetragen adj Mitglied, Verein, Warenzeichen registered
Eingeweide <-s, -> ['ain·gə·vai·də] nt meist pl entrails npl
Eingeweihte(r) f(m) initiate
ein|gewöhnen* vr ■ **sich** akk ~ to settle in, to acclimatize
Eingewöhnung f settling in, acclimatization
ein|gießen vt irreg ■ [jdm] **etw** ~ to pour [sb] sth (in + akk into)
eingleisig ['ain·glai·zɪç] adj single-track
ein|gliedern I. vt ❶ (integrieren) ■ **jdn** ~ to integrate sb (in + akk into) ❷ ADMIN, POL (einbeziehen) ■ **etw** ~ to incorporate sth (in + akk into) **II.** vr ■ **sich** akk ~ to integrate oneself (in + akk into)
Eingliederung f ❶ (Integration) integration ❷ ADMIN, POL incorporation
ein|graben irreg **I.** vt ■ **etw** ~ to bury sth **II.** vr ❶ (sich verschanzen) ■ **sich** akk ~ to dig [oneself] in ❷ (sich einprägen) **sich in jds Gedächtnis** ~ to burn itself into sb's memory ❸ (eindringen) ■ **sich in etw** akk ~ to dig into sth
ein|gravieren* vt to engrave (in + akk in/on)
ein|greifen vi irreg ❶ (einschreiten) to intervene (in + akk in) ❷ TECH (sich hineinschieben) ■ **in etw** akk ~ to mesh with sth
Eingreiftruppe f intervention force
ein|grenzen vt ■ **etw** ~ to limit sth (auf + akk

to)

Eingriff *m* ❶ (*Einschreiten*) intervention (**in** +*akk* in) ❷ MED operation

ein|haken I. *vt* ■ etw [in etw *akk*] ~ to hook sth in[to sth] II. *vi* (*fam*) ■ [bei etw *dat*] ~ to butt in [on sth] III. *vr* ■ sich *akk* [bei jdm] ~ to link arms [with sb]

Einhalt ['ain·halt] *m kein pl* jdm/einer S. ~ gebieten (*geh*) to put a stop to sb/sth

ein|halten *irreg vt* eine Diät ~ to stick to a diet; einen Vertrag ~ to honor [the terms of] a contract; die Spielregeln/Vorschriften ~ to obey the rules

Einhaltung <-, -en> *f* adherence; *von Spielregeln, Vorschriften* compliance

ein|handeln I. *vt* ■ etw gegen etw *akk* ~ to trade sth for sth II. *vr* (*fam*) sich *dat* eine Krankheit ~ to catch a disease

einhändig ['ain·hɛn·dɪç] I. *adj* one-handed II. *adv* with one hand

ein|hängen I. *vt* ❶ (*einsetzen*) ■ etw ~ to hang sth; *Fenster* to install ❷ *Hörer* to hang up II. *vr* ■ sich *akk* [bei jdm] ~ to link arms [with sb]

einheimisch ['ain·hai·mɪʃ] *adj* ❶ (*ortsansässig*) local ❷ BOT, ZOOL indigenous

Einheimische(r) *f(m)* (*Ortsansässige[r]*) local; (*Inländer*) native [citizen]

Einheit <-, -en> ['ain·hait] *f* unity

ℹ️ The Treaty on the Final Settlement with Respect to Germany was signed by the Federal Republic of Germany (the FRG or West Germany), the German Democratic Republic (the GDR or East Germany), and the four victorious powers of the Second World War in Moscow on September 12, 1990. The treaty led to the reunification of Germany with the GDR becoming part of the FRG on October 3, 1990. Since then, October 3 has been celebrated as the **Tag der deutschen Einheit** (Day of German Unity).

einheitlich ['ain·hait·lɪç] I. *adj* ❶ (*gleich*) uniform ❷ (*in sich geschlossen*) integrated; *Front* united II. *adv* ~ gekleidet dressed the same

Einheitswährung *f* single currency

ein|heizen *vi* (*gründlich heizen*) to turn the heat on

einhellig ['ain·hɛ·lɪç] I. *adj* unanimous II. *adv* unanimously

ein|holen I. *vt* ❶ (*einziehen*) to pull in *sep; Fahne, Segel* to lower ❷ *Genehmigung* to ask for ❸ (*erreichen, nachholen*) ■ jdn/etw ~ to catch up with [*or* to] sb/sth ❹ (*wettmachen*) ■ etw ~ to make up for sth II. *vt, vi* DIAL (*einkaufen*) to go shopping

Einhorn ['ain·hɔrn] *nt* unicorn

ein|hüllen *vt* (*geh*) ■ jdn/etw ~ to wrap [up *sep*] sb/sth (**in** +*akk* in)

einhundert ['ain·'hʊn·dɐt] *adj* (*geh*) one hun-

---

dred

einig ['ai·nɪç] *adj* ❶ (*geeint*) united ❷ *pred* (*einer Meinung*) ■ sich *dat* [über etw *akk*] ~ sein to agree [*or* be in agreement] [on sth]

einige(r, s) ['ai·nɪ·gə] *pron indef* ❶ *sing, adjektivisch* (*ziemlich*) some; (*etwas*) a little; nach ~r Zeit after some time ❷ *sing, substantivisch* (*viel*) ■ ~s quite a lot ❸ *pl, adjektivisch* (*mehrere*) several; vor ~n Tagen a few days ago ❹ *pl, substantivisch* (*Dinge*) some; (*Menschen*) some; ~ von euch some of you; ~ wenige a few

einigen ['ai·nɪgṇ] I. *vt* (*einen*) to unite II. *vr* (*sich einig werden*) ■ sich ~ to agree (**auf** +*akk* on)

einigermaßen ['ai·nɪ·gə·'ma:·sṇ] *adv* ❶ (*ziemlich*) fairly ❷ (*leidlich*) all right

Einigkeit <-> ['ai·nɪç·kait] *f kein pl* ❶ (*Eintracht*) unity ❷ (*Übereinstimmung*) agreement

Einigung <-, -en> *f* ❶ POL unification ❷ (*Übereinstimmung*) agreement (**über** +*akk* on)

ein|impfen *vt* ■ jdm etw ~ to drum sth into sb

ein|jagen *vt* jdm Angst/Furcht/Schrecken ~ to scare/frighten/terrify sb

einjährig, 1-jährigᴿᴿ ['ain·jɛː·rɪç] *adj* ❶ (*Alter*) one-year-old *attr;* one year old *pred; s. a.* achtjährig 1 ❷ BOT annual ❸ (*Zeitspanne*) one-year *attr,* [of] one year *pred; s. a.* achtjährig 2

ein|kalkulieren* *vt* ■ etw [mit] ~ to take sth into account

ein|kassieren* *vt* ■ etw ~ ❶ (*kassieren*) to collect sth ❷ (*fam: wegnehmen*) to confiscate sth

Einkauf *m* ❶ (*das Einkaufen*) shopping; beim ~ von Lebensmitteln ... when buying food ... ❷ (*eingekaufter Artikel*) purchase

ein|kaufen I. *vt* (*käuflich erwerben*) to buy II. *vi* to shop III. *vr* (*einen Anteil erwerben*) ■ sich *akk* in etw *akk* ~ to buy [one's way] into sth

Einkäufer(in) *m(f)* buyer

Einkaufsbummel *m* shopping trip

Einkaufspassage [-pa·sa:·ʒə] *f* galleria

Einkaufspreis *m* purchase price

Einkaufswagen *m* shopping cart

Einkaufszentrum *nt* shopping center [*or* mall]

Einkaufszettel *m* shopping list

ein|kehren *vi sein* ❶ (*veraltend: besuchen*) ■ [in etw *dat*] ~ to stop off [at sth] ❷ (*geh: kommen*) to set in

ein|klagen *vt* JUR ■ etw ~ to sue for sth

ein|klammern *vt* ■ etw ~ to put sth in parentheses

Einklang *m* (*geh*) harmony

ein|kleben *vt* ■ etw [in etw *akk*] ~ to stick sth [into sth]; (*mit Klebstoff*) to glue sth [into sth]

ein|kleiden *vt* ■ sich *akk* [neu] ~ to buy oneself a new wardrobe

ein|klemmen *vt* ■ etw ~ ❶ (*quetschen*) to catch [*or* trap] sth ❷ (*festdrücken*) to clamp sth

ein|kochen KOCHK I. *vt haben* to preserve II. *vi*

sein to thicken
Einkommen <-s, -> *nt* income
einkommensschwach *adj* low-income *attr*
einkommensstark *adj* high-income *attr*
Einkommensteuer *f* income tax
einlkreisen *vt* ❶ (*einkringeln*) to circle ❷ (*umschließen*) ■ **jdn/ein Tier** ~ to surround sb/ an animal
einlkriegen *vr* (*fam*) **sich** *akk* **nicht** [**mehr**] ~ [**können**] to not be able to contain oneself [anymore]
Einkünfte ['ain·kʏnf·tə] *pl* income
einlladen *irreg vt* ❶ (*Hochzeit, Party*) to invite (**zu** +*dat* to) ❷ (*Gegenstände*) to load (**in** +*akk* in[to])
einladend I. *adj* ❶ (*auffordernd*) inviting *attr* ❷ (*appetitlich*) appetizing II. *adv* invitingly
Einladung *f* invitation
Einlage <-, -n> *f* ❶ (*eingezahltes Geld*) deposit ❷ FIN investment ❸ *Schuhe* insole ❹ THEAT interlude ❺ (*Beilage*) enclosure; (*in Zeitung*) supplement ❻ (*provisorische Zahnfüllung*) temporary filling
einllagern *vt* to store
EinlassRR, **Einlaß**ALT <-lasses, -lässe> ['ain·las, *pl* 'ain·lɛ·sə] *m* admission
einllassen *irreg* I. *vt* ❶ (*eintreten lassen*) ■ **jdn** ~ to let sb in ❷ (*einlaufen lassen*) **jdm ein Bad** ~ to run sb a bath ❸ (*einfügen*) ■ **etw** ~ to set sth (**in** +*akk* in) II. *vr* ❶ (*auf etw eingehen*) ■ **sich** *akk* **auf etw** *akk* ~ to get involved in sth; *Abenteuer* to embark on sth; *Kompromiss* to accept sth ❷ (*bes pej: Kontakt aufnehmen*) ■ **sich** *akk* **mit jdm** ~ to get involved with sb
einllaufen *irreg* I. *vi sein* ❶ (*schrumpfen*) to shrink ❷ (*Badewasser*) to run ❸ SPORT **als Erster** ~ to come in first ❹ (*einfahren*) ■ [**in etw** *akk*] ~ to arrive II. *vt haben* **Schuhe** ~ to wear shoes in
einlleben *vr* ■ **sich** *akk* ~ to settle in
einllegen *vt* ❶ (*hineintun*) ■ **etw** [**in etw** *akk*] ~ to put sth in [sth] ❷ AUTO **den zweiten Gang** ~ to shift into second [gear] ❸ KOCHK ■ **etw** [**in etw** *dat o akk*] ~ to pickle sth [in sth] ❹ (*zwischendurch machen*) **eine Pause** ~ to take a break ❺ (*einreichen*) **einen Protest** ~ to lodge a protest; JUR to file a protest ❻ *Geld* to deposit ❼ (*intarsieren*) to inlay
einlleiten *vt* ❶ (*in die Wege leiten*) **Schritte** [**gegen jdn**] ~ to take steps [against sb] ❷ MED to induce ❸ (*eröffnen*) ■ **etw** ~ to open sth ❹ (*hineinfließen lassen*) ■ **etw in etw** *akk* ~ to empty sth into sth
einleitend I. *adj* introductory II. *adv* as an introduction
Einleitung *f* (*a. Vorwort*) introduction; *eines Verfahrens* institution; *einer Untersuchung* opening
einllenken *vi* ❶ (*nachgeben*) to give in (**in** +*akk* to), to make concessions (**in** +*akk* in) ❷ (*einbiegen*) *Straße* to turn (**in** +*akk* into)
einlleuchten *vi* ■ [**jdm**] ~ to make sense [to sb]

einleuchtend I. *adj* evident; *Argument* convincing; *Erklärung* plausible II. *adv* clearly
einlliefern *vt* ❶ (*stationär aufnehmen lassen*) ■ **jdn** ~ to admit sb ❷ (*aufgeben*) ■ **etw** ~ to hand in *sep* sth
Einlieferung *f* ❶ MED admission ❷ *Brief, Paket* handing-in
einllochen *vt* ❶ (*fam: inhaftieren*) ■ **jdn** ~ to lock sb up ❷ (*Golf*) to hole out
einlloggen ['ain·lɔ·gn̩] *vi* ■ [**sich** *akk*] ~ to log in
einllösen *vt* ❶ *Scheck* to cash ❷ *Pfand* to redeem (**bei** +*dat* at) ❸ *Versprechen* to honor
einlmachen I. *vt* to preserve; (*in Essig*) to pickle sth II. *vi* to preserve [sth]
Einmachglas *nt* [preserving] jar
einmal[1], **1-mal**RR ['ain·ma:l] *adv* ❶ (*ein Mal*) once ❷ (*ein einziges Mal*) once; ~ **am Tag/in der Woche/im Monat** once a day/week/ month; **auf** ~ all of a sudden; (*an einem Stück*) all at once ❸ (*mal*) first ❹ (*früher*) once; **es war** ~ once upon a time ❺ (*später*) sometime ▸ WENDUNGEN: ~ **ist keinmal** (*prov*) just once doesn't count
einmal[2] ['ain·ma:l] *part* ❶ (*eben*) **so liegen die Dinge nun** ~ that's [just] the way things are ❷ (*einschränkend*) **nicht** ~ not even
Einmaleins <-> [ain·ma:l·'ʔains] *nt kein pl* ■ **das** ~ multiplication tables *pl*
einmalig ['ain·ma:·lɪç] I. *adj* ❶ (*nicht wiederkehrend*) unique ❷ (*fam: ausgezeichnet*) outstanding II. *adv* (*besonders*) really
Einmalspritze *f* disposable syringe
Einmannbetrieb *m* ❶ (*Einzelunternehmen*) one-man business ❷ TRANSP one-man operation
Einmarsch *m* invasion (**in** +*akk* of)
einlmarschieren* *vi sein* **in ein Land** ~ to invade a country
einlmischen *vr* ■ **sich** *akk* ~ to interfere (**bei** +*dat* with/in, **in** +*akk* with/in)
Einmischung *f* interference
einmotorig *adj* single-engine
einlmünden *vi sein* ■ **in etw** *akk* ~ ❶ (*auf etw führen*) to lead into sth ❷ (*in etw münden*) to flow into sth
Einmündung *f eines Flusses* confluence
einmütig ['ain·my:·tɪç] I. *adj* unanimous II. *adv* unanimously
Einnahme <-, -n> ['ain·na:·mə] *f* ❶ FIN earnings *npl*; *bei einem Geschäft* receipts *npl* ❷ *kein pl Arzneimittel, Mahlzeiten* taking ❸ (*Eroberung*) capture
Einnahmequelle *f* source of income
einlnehmen *vt irreg* ❶ *Geld* to take; *Steuern* to collect ❷ (*zu sich nehmen*) to take; *Mahlzeit* to have ❸ (*geh*) *Platz* to take ❹ *Standpunkt* to hold ❺ SPORT to hold ❻ (*erobern*) to take ❼ (*beeinflussen*) ■ **jdn für sich** *akk* ~ to win favor with sb ❽ *Raum* to take up
einnehmend ['ain·ne:·mənt] *adj* engaging
einlnicken *vi sein* (*fam*) to doze off
einlnisten *vr* ❶ (*sich niederlassen*) ■ **sich** *akk* **bei jdm** ~ to ensconce oneself [with sb] ❷ *Un-*

geziefer ■**sich** ~ to nest

Einöde ['ain·ʔøːdə] *f* wasteland

ein|ordnen I. *vt* ❶ (*einsortieren*) ■**etw** ~ to organize sth ❷ (*klassifizieren*) ■**jdn/etw** ~ to classify sb/sth **II.** *vr* ❶ (*sich einfügen*) ■**sich** *akk* ~ to integrate (**in** +*akk* into) ❷ (*Fahrspur wechseln*) ■**sich** *akk* **links/rechts** ~ to merge [to the] left/right

ein|packen I. *vt* ❶ (*verpacken*) ■**etw** ~ to wrap sth; (*um zu verschicken*) to pack sth ❷ (*einstecken*) ■**jdm] etw** ~ to pack sth [for sb] ❸ (*fam: einmummeln*) ■**jdn** ~ to wrap sb up **II.** *vi* (*Koffer etc. füllen*) to pack [one's things] [up]

ein|parken *vi, vt* to park; (*am Strassenrand*) to parallel park

ein|passen I. *vt* ■**etw** ~ to fit sth (**in** +*akk* into) **II.** *vr* ■**sich** *akk* ~ to integrate (**in** +*akk* into)

ein|pendeln *vr* ■**sich** ~ *Währung, Preise* to level off

Einpersonenhaushalt *m* (*geh*) single-person household

ein|pferchen *vt* to cram in; *Tiere* to pen (**in** +*akk* in)

ein|pflanzen *vt* ❶ (*Pflanze*) to plant (**in** +*akk* in) ❷ MED ■**jdm] etw** ~ to implant sth [in sb]

ein|planen *vt* to plan; ■**etw [mit]** ~ to take sth into consideration

ein|prägen I. *vr* ❶ (*sich etw einschärfen*) ■**sich** *dat* **etw** ~ to make a mental note of sth ❷ (*im Gedächtnis haften*) ■**sich jdm** ~ *Bilder, Eindrücke, Worte* to be imprinted on [*or* in] sb's memory **II.** *vt* ■**jdm etw** ~ to drum sth into sb's head

einprägsam ['ain·prɛːk·zaːm] *adj* easy to remember *pred; Melodie* catchy

ein|quartieren* ['ain·kvar·tiː·rən] **I.** *vt* ❶ (*unterbringen*) ■**jdn** ~ to put up *sep* sb ❷ MIL ■**jdn irgendwo** ~ to billet sb somewhere **II.** *vr* ■**sich** *akk* **bei jdm** ~ to move in with sb

ein|rahmen *vt* to frame

ein|rasten *vi sein* to click into place

ein|räumen *vt* ❶ (*in etw räumen*) to put sth away (**in** +*akk* in) ❷ (*mit Möbeln füllen*) *Zimmer* to arrange ❸ (*zugestehen*) ■**jdm gegenüber] etw** ~ to concede [*or* admit] sth to sb ❹ (*gewähren*) ■**jdm etw** ~ *Frist, Kredit* to give sb sth

ein|rechnen *vt* ❶ (*mit einbeziehen*) ■**jdn [mit]** ~ to include sb ❷ (*als inklusiv rechnen*) ■**etw [mit]** ~ to include sth

ein|reden I. *vt* ■**jdm etw** ~ to talk sb into thinking sth **II.** *vi* (*bedrängen*) ■**auf jdn** ~ to pester sb *fam* **III.** *vr* ■**sich** *dat* **etw** ~ to talk oneself into thinking sth

ein|reiben *vt irreg* **jdn mit Sonnenöl** ~ to put suntan oil on sb

ein|reichen *vt a.* JUR ■**etw [bei jdm]** ~ to submit sth [to sb]

ein|reihen I. *vt* (*zuordnen*) ■**jdn/etw unter etw** *akk* ~ to classify sb/sth under sth **II.** *vr* (*sich einfügen*) ■**sich** *akk* **in etw** *akk* ~ to join sth

Einreise *f* entry [into a country]

Einreisegenehmigung *f* entry permit

ein|reisen *vi sein* (*geh*) to enter

Einreiseverbot *nt* refusal of entry

Einreisevisum *nt* [entry] visa

ein|reißen *irreg* **I.** *vi sein* ❶ (*einen Riss bekommen*) to tear; *Haut* to crack ❷ (*fam: zur Gewohnheit werden*) to become a habit **II.** *vt haben* ❶ (*niederreißen*) to tear down *sep* ❷ (*mit Riss versehen*) to tear

ein|renken ['ain·rɛŋ·kn̩] **I.** *vt* ❶ MED ■**jdm] etw** ~ to pop sth back in [place] [for sb] ❷ (*fam: bereinigen*) ■**etw [wieder]** ~ to straighten out *sep* sth [again] **II.** *vr* (*fam: ins Lot kommen*) ■**sich wieder** ~ to sort itself out

ein|rennen *irreg* **I.** *vr* (*fam: sich anstoßen*) **sich** *dat* **den Kopf an der Wand** ~ to bang one's head against the wall **II.** *vt* (*fam: einstoßen*) ■**etw** ~ to break down *sep* sth

ein|richten *vt* ❶ (*möblieren*) to furnish; *Praxis* to equip ❷ (*gründen*) to set up *sep* ❸ *Konto* to open ❹ (*arrangieren*) ■**es** ~, **dass** ... arrange it so that ... ❺ MED **einen gebrochenen Arm** ~ to set a broken arm ❻ (*vorbereitet sein*) ■**auf etw** *akk* **eingerichtet sein** to be prepared for sth **II.** *vr* ❶ (*sich möblieren*) **ich richte mich völlig neu ein** I'm completely refurnishing my home ❷ (*sich einbauen*) ■**sich** *dat* **etw** ~ to install sth ❸ (*sich der Lage anpassen*) ■**sich** *akk* ~ to adapt [to a situation] ❹ (*sich einstellen*) ■**sich** *akk* **auf etw** *akk* ~ to be prepared for sth

Einrichtung <-, -en> *f* ❶ (*Möbel*) furnishings *npl;* (*Ausstattung*) decorations *npl* ❷ (*das Möblieren*) furnishing; (*das Ausstatten*) decorating ❸ (*das Installieren*) installation ❹ (*Eröffnung*) opening; *eines Lehrstuhles* establishment ❺ FIN opening ❻ TRANSP establishment ❼ (*Institution*) organization

Einrichtungsgegenstand *m* piece of furniture, decoration

ein|rollen I. *vr* *haben* ■**sich** *akk* ~ to curl up **II.** *vi sein* (*einfahren*) to pull in

ein|rosten *vi sein* ❶ (*rostig werden*) to rust ❷ (*ungelenkig werden*) to get stiff

ein|rücken I. *vi sein* ❶ MIL ■**[in etw** *akk*] ~ to march [into sth] ❷ MIL ■ (*eingezogen werden*) ■**[zu etw** *dat*] ~ to enlist [in sth] **II.** *vt haben* ❶ (*vom Rand entfernen*) to indent ❷ VERLAG ■**jdm] etw** ~ to print sth [for sb]

eins ['ains] **I.** *adj* one; *s. a.* acht[1] ► WENDUNGEN: ~ **A** (*fam*) first-class **II.** *adj pred* (*eine Ganzheit*) [all] one ❷ (*egal*) ■**etw ist jdm** ~ sth is all the same to sb ❸ (*einig*) ■~ **mit jdm/sich/etw sein** to be [at] one with sb/oneself/sth

einsam ['ain·zaːm] **I.** *adj* ❶ (*verlassen*) lonely, lonesome ❷ (*vereinzelt*) solitary ❸ (*abgelegen*) isolated ❹ (*menschenleer*) deserted ❺ (*fam: absolut*) absolute **II.** *adv* (*abgelegen*) ~ **liegen** to be situated in a remote place

Einsamkeit <-, *selten* -en> *f* ❶ (*Verlassenheit*)

loneliness ❷(*Abgeschiedenheit*) remoteness
ein|sammeln *vt* ∎**etw** ~ ❶(*sich aushändigen lassen*) to collect sth ❷(*aufsammeln*) to pick up *sep* sth
Einsatz <-es, Einsätze> *m* ❶(*eingesetzte Leistung*) effort; **unter** ~ **ihres Lebens** by putting her own life at risk ❷(*beim Glücksspiel*) bet ❸FIN deposit ❹(*Verwendung*) use; *von Truppen* deployment ❺(*Aktion*) assignment; **im** ~ **sein** to be on duty ❻MUS entry; **den** ~ **geben** to cue in *sep* sth ❼(*eingesetztes Teil*) inset ❽(*eingelassenes Stück*) insert
einsatzbereit *adj* ready for use *pred; Menschen* ready for action; MIL ready for combat *pred*
Einsatzbereitschaft *f* readiness for action; *von Maschinen* readiness for use; **in** ~ **sein** to be on standby
Einsatzfreude *f* enthusiasm
Einsatzwagen *m* (*Polizeifahrzeug*) squad car
ein|saugen *vt* to suck; *Luft* to inhale
ein|schalten I. *vt* ❶(*in Betrieb setzen*) to switch on *sep* ❷(*hinzuziehen*) ∎**jdn** ~ to call in *sep* sb II. *vr* ∎**sich** *akk* [**in etw** *akk*] ~ ❶RADIO, TV to tune in[to sth] ❷(*sich einmischen*) to intervene [in sth]
Einschaltquote *f* [audience] ratings *npl*
ein|schärfen I. *vt* (*zu etw ermahnen*) ∎**jdm etw** ~ to impress on sb the importance of sth II. *vr* ∎**sich** *dat* **etw** ~ to remember sth
ein|schätzen *vt* to assess, to judge; **Sie haben ihn richtig eingeschätzt** your opinion of him was right
Einschätzung *f* assessment; *einer Person* opinion
ein|schenken *vt* ∎**jdm etw** ~ to pour sb sth
ein|schieben *vt irreg* ❶(*in etw schieben*) ∎**etw** ~ to insert sth (**in** +*akk* into) ❷(*zwischendurch einfügen*) ∎**etw** ~ to fit sth in
ein|schiffen I. *vt* ∎**jdn/etw** ~ to take sb/sth on board II. *vr* (*an Bord gehen*) ∎**sich** *akk* ~ to embark
einschl. *Abk von* **einschließlich** incl.
ein|schlafen *vi irreg sein* ❶(*in Schlaf fallen*) ∎[**bei etw** *dat*] ~ to fall asleep [during sth] ❷(*taub werden*) to fall asleep ❸(*nachlassen*) to peter out
ein|schläfern ['ain·ʃlɛ·fən] *vt* ❶(*jds Schlaf herbeiführen*) ∎**jdn** ~ to lull sb to sleep ❷(*schläfrig machen*) ∎**jdn** ~ to put sb to sleep ❸([*schmerzlos*] *töten*) ∎**ein Tier** ~ to put an animal to sleep
einschläfernd ['ain·ʃlɛ·fənt] *adj* ❶MED **ein** ~**es Mittel** a sleep-inducing drug ❷(*langweilig*) ∎~ **sein** to put sb to sleep
Einschlag *m* ❶METEO *eines Blitzes* strike ❷MIL shot; *einer Granate* burst of shellfire; *einer Kugel* bullet hole ❸(*Anteil*) strain
ein|schlagen *irreg* I. *vt haben* ❶(*in etw schlagen*) ∎**etw** ~ to hammer in *sep* sth ❷(*durch Schläge öffnen*) **eine Tür** ~ to break down *sep* a door ❸(*zerschmettern*) **jdm die Zähne** ~ to knock sb's teeth out ❹(*einwi-*

ckeln) ∎**etw** ~ to wrap sth ❺ *Laufbahn, Weg* to choose ❻AUTO to turn ❼MODE to take in II. *vi* ❶ *sein o haben* ∎[**in etw** *akk*] ~ *Blitz* to strike [sth] ❷ *sein Granaten* to fall ❸ *sein o haben* (*durchschlagende Wirkung*) to have an impact ❹ *haben* (*einprügeln*) ∎**auf jdn** ~ to hit sb ❺ *haben* (*Anklang finden*) to catch on
einschlägig ['ain·ʃlɛ·ɡɪç] I. *adj* (*entsprechend*) relevant II. *adv* JUR in this connection
ein|schleichen *vr irreg* ∎**sich** *akk* [**in etw** *akk*] ~ ❶(*in etw schleichen*) to sneak in[to sth] ❷(*unbemerkt auftreten*) to creep in[to sth]
ein|schließen *vt irreg* ❶(*in einen Raum schließen*) ∎**jdn** ~ to lock up *sep* sb ❷(*wegschließen*) ∎**etw** ~ to lock away *sep* sth ❸(*einbegreifen*) ∎**jdn** ~ to include sb ❹(*einkesseln*) ∎**jdn/etw** ~ to surround sb/sth
einschließlich ['ain·ʃliːs·lɪç] I. *präp* (*inklusive*) ∎~ **einer S.** *gen* including sth II. *adv* (*inbegriffen*) inclusive
ein|schmeicheln *vr* ∎**sich** *akk* [**bei jdm**] ~ to ingratiate oneself [with sb]
ein|schmieren *vt* ❶(*einölen*) to lubricate ❷(*einreiben*) **etw mit Salbe** ~ to rub cream into sth ❸(*beschmutzen*) **sich** *akk* **mit Dreck** ~ to cover oneself with dirt
ein|schnappen *vi sein* ❶(*ins Schloss fallen*) to click shut ❷(*fam: beleidigt sein*) to get in a huff
ein|schneiden *irreg* I. *vt* ∎**etw** ~ *Papier, Stoff* to make a cut in sth II. *vi* (*schmerzhaft eindringen*) ∎[**in etw** *akk*] ~ to cut [into sth]
einschneidend ['ain·ʃnai·dn̩t] *adj* **eine** ~**e Veränderung** a drastic change
Einschnitt *m* ❶MED incision ❷(*eingeschnittene Stelle*) cut ❸(*Zäsur*) cut
ein|schränken ['ain·ʃrɛŋ·kn̩] I. *vt* ∎**etw** ~ ❶(*reduzieren*) to cut [back on] sth ❷(*beschränken*) to curb sth II. *vr* ∎**sich** *akk* ~ to cut back (**in** +*dat* on)
Einschränkung <-, -en> *f* ❶(*Beschränkung*) restriction ❷(*Vorbehalt*) reservation ❸(*das Reduzieren*) reduction
ein|schreiben *irreg* I. *vt* to register II. *vr* ❶(*sich eintragen*) ∎**sich** *akk* ~ to put one's name down ❷SCH, UNI ∎**sich** *akk* ~ to register
Einschreiben *nt* registered letter
ein|schreiten *vi irreg sein* to take action (**gegen** +*akk* against)
Einschub *m* insertion
ein|schüchtern ['ain·ʃʏç·tən] *vt* ∎**jdn** ~ to intimidate sb
ein|schulen *vt* to enroll in [elementary] school
Einschussᴿᴿ, **Einschuß**ᴬᴸᵀ <-schusses, *pl* -schüsse> *m* (*Schussloch*) bullet hole; (*Einschussstelle*) entry point of a bullet
ein|schweißen *vt Nahrungsmittel, Bücher* to seal, to shrink-wrap
ein|sehen *vt irreg* ❶(*begreifen*) to see ❷(*in etw hineinsehen*) ∎**etw** ~ to look into sth [from outside]
einseitig ['ain·zai·tɪç] I. *adj* ❶(*eine Person betreffend*) one-sided ❷MED one-sided ❸(*be-*

schränkt) one-sided; **eine ~e Ernährung** an unbalanced diet ❹(*voreingenommen*) bias[s]ed **II.** *adv* ❶(*auf einer Seite*) on one side ❷(*beschränkt*) in a one-sided way ❸(*parteiisch*) from a one-sided point of view

Einseitigkeit <-, *selten* -en> *f* ❶(*Voreingenommenheit*) bias ❷(*Beschränktheit*) one-sidedness; *Ernährung* imbalance

ein|senden *vt irreg* ■**etw ~** to send sth (**an** +*akk* to)

Einsender(in) *m(f)* sender

EinsendeschlussRR *m* deadline [for entries]

einsetzbar *adj* applicable

ein|setzen I. *vt* ❶(*einfügen*) to insert ❷(*einnähen*) ■**etw** [**in etw** *akk*] ~ to sew sth in[to sth] ❸*Kommission* to set up ❹(*ernennen*) ■**jdn** [**als etw** *akk*] ~ to appoint sb [as sth] ❺(*zum Einsatz bringen*) ■**jdn/etw** [**gegen jdn**] ~ to use sb/sth [against sb]; SPORT to put in *sep* ❻(*aufbieten*) to use ❼(*wetten*) to bet, to wager **II.** *vi* ❶(*anheben*) to start [up] ❷MUS to begin to play **III.** *vr* ❶(*sich engagieren*) ■**sich** *akk* ~ to make an effort ❷(*sich verwenden für*) ■**sich** *akk* **für jdn/etw** ~ to support sb/sth

Einsicht *f* ❶(*Vernunft*) sense; (*Erkenntnis*) insight; **jdn zur** ~ **bringen** to make sb see reason ❷(*prüfende Durchsicht*) ~ **in etw** *akk* **nehmen** to have access to sth

einsichtig [ˈain·zɪç·tɪç] *adj* ❶(*verständlich*) understandable ❷(*vernünftig*) reasonable

einsilbig [ˈain·zɪl·bɪç] *adj a.* LING monosyllabic

ein|sinken *vi irreg sein Morast, Schnee etc.* to sink in; *Boden* to cave in

ein|sortieren* *vt* to sort [out]; *Dokumente* to file away

ein|spannen *vt* ❶(*heranziehen*) ■**jdn** [**für etw** *akk*] ~ to call sb in [for *or* to do] sth] ❷(*in etw spannen*) to insert; (*in einen Schraubstock*) to clamp ❸*Tiere* to harness ❹(*viel zu tun haben*) ■**sehr eingespannt sein** to be very busy

ein|sparen *vt* ❶(*ersparen*) to save ❷(*kürzen*) ■**etw** ~ to save on sth

Einsparung <-, -en> *f* ❶(*das Einsparen*) saving ❷(*Kürzung*) cutting down

ein|sperren *vt* ❶(*in etw sperren*) ■**jdn/ein Tier** ~ to lock sb/an animal up ❷(*inhaftieren*) ■**jdn** ~ to lock sb up

ein|spielen I. *vr* ❶(*einstellen*) ■**sich** ~ *Methode, Regelung* to get going ❷(*sich aneinander gewöhnen*) ■**sich aufeinander** ~ to get used to each other ❸SPORT ■**sich** *akk* ~ to warm up **II.** *vt* FILM ■**etw** ~ to bring in sth; *Produktionskosten* to cover sth

einsprachig *adj* monolingual

ein|springen *vi irreg sein* (*fam*) ❶(*vertreten*) ■[**für jdn**] ~ to cover [for sb] ❷(*aushelfen*) ■[**mit etw** *dat*] ~ to help out [with sth]

Einspruch *m* (*Protest*) *a.* JUR objection

einspurig [ˈain·ʃpuː·rɪç] **I.** *adj* ❶TRANSP one-lane ❷(*pej*) ~**es Denken** one-track mind **II.** *adv* TRANSP **die Straße ist nur ~ befahrbar**

only one lane of the road is open [to traffic]

einst [ˈainst] *adv* ❶(*früher*) once ❷(*geh: in Zukunft*) one day

Einstand *m* ❶ *bes* SÜDD, ÖSTERR (*Arbeitsanfang*) start of a new job ❷TENNIS deuce

ein|stecken *vt* ❶(*in die Tasche stecken*) *Geld, Schlüssel* to pocket, to put in one's pocket ❷*Brief* to mail ❸(*fam: hinnehmen*) ■**etw** ~ to put up with sth ❹(*verkraften*) ■**etw** ~ to take sth ❺ELEK ■**etw** ~ to plug in *sep* sth

ein|stehen *vi irreg sein* ❶(*sich verbürgen*) ■**für jdn/etw** ~ to vouch for sb/sth ❷(*aufkommen*) ■**für etw** *akk* ~ to take responsibility for sth

ein|steigen *vi irreg sein* ■[**in etw** *akk*] ~ ❶(*besteigen*) *Auto* to get in [sth]; *Bus, Flugzeug* to get on [or board) [sth] ❷(*fam: hineinklettern*) to climb in[to sth] ❸ÖKON to buy into sth ❹(*sich engagieren*) to get involved [in sth]

ein|stellen I. *vt* ❶(*anstellen*) to employ ❷(*beenden*) to stop; *Suche* to call off; *Projekt* to shelve ❸MIL to stop; **das Feuer** ~ to cease fire ❹JUR to abandon ❺FOTO, TECH to adjust ❻ELEK to set ❼TV, RADIO to tune ❽(*hineinstellen*) **das Auto in die Garage** ~ to put the car in the garage ❾SPORT **den Rekord** ~ to tie the record **II.** *vr* ❶(*auftreten*) ■**sich** ~ *Bedenken* to begin; MED *Fieber, Symptome* to develop ❷(*sich anpassen*) ■**sich** *akk* **auf jdn/etw** ~ to adapt to sb/sth ❸(*sich vorbereiten*) ■**sich** *akk* **auf etw** *akk* ~ to prepare oneself for sth ❹(*geh: sich einfinden*) ■**sich** *akk* ~ to arrive **III.** *vi* (*beschäftigen*) to hire

einstellig *adj* single-digit *attr*

Einstellung *f* ❶(*Gesinnung*) attitude ❷(*Anstellung*) employment ❸(*Beendigung*) stopping ❹FOTO adjustment ❺FILM take ❻ELEK setting ❼TV, RADIO tuning

Einstieg <-[e]s, -e> [ˈain·ʃtiːk, *pl* ˈain·ʃtiː·ɡə] *m* ❶*kein pl* (*das Einsteigen*) boarding ❷(*Tür zum Einsteigen*) *Bahn* door; *Bus a.* entrance; *Panzer* hatch ❸(*Aufnahme*) start

ein|stimmen I. *vi* ■[**in etw** *akk*] ~ to join in [sth] **II.** *vt* (*innerlich einstellen*) ■**jdn auf etw** *akk* ~ to get sb in the right frame of mind for sth

einstimmig[1] [ˈain·ʃtɪ·mɪç] **I.** *adj* MUS **ein ~es Lied** a song for one voice **II.** *adv* MUS in unison

einstimmig[2] [ˈain·ʃtɪ·mɪç] **I.** *adj* unanimous **II.** *adv* unanimously

einstöckig [ˈain·ʃtœ·kɪç] *adj* one-story *attr*

ein|streuen *vt* ■**etw** ~ ❶(*einflechten*) to work sth in ❷(*ganz bestreuen*) to scatter sth

ein|studieren* *vt* to rehearse

ein|stufen [ˈain·ʃtuː·fn̩] *vt* ❶(*eingruppieren*) ■**jdn in etw** *akk* ~ to place sb in sth ❷(*zuordnen*) ■**etw in etw** *akk* ~ to categorize sth as sth

einstündig, 1-stündigRR *adj* one-hour *attr*, lasting one hour *pred*

Einsturz *m* collapse; *Decke a.* cave-in; *Mauer* falling-down

ein|stürzen *vi sein* ❶(*zusammenbrechen*) to

collapse; *Decke a.* to cave in ❷ (*heftig eindringen*) ■ **auf jdn** ~ to overwhelm sb

Einsturzgefahr *f kein pl* danger of collapsing

einstweilen ['ainst·'vai·lən] *adv* ❶ (*vorläufig*) for the time being ❷ (*in der Zwischenzeit*) in the meantime

einstweilig ['ainst·'vai·lɪç] *adj attr* temporary

eintägig, 1-tägigᴿᴿ *adj* one-day *attr,* lasting one day *pred*

Eintagsfliege *f* ❶ ZOOL mayfly ❷ (*von kurzer Dauer*) **eine** ~ **sein** to be here today gone tomorrow

ein|tauchen I. *vt haben* ■ **etw** ~ to dip sth in II. *vi sein* ■ |**in etw** *akk*| ~ to dive in|to sth|

ein|tauschen *vt* ■ **etw** ~ ❶ (*tauschen*) to exchange sth (**gegen** +*akk* for) ❷ (*umtauschen*) to |ex|change sth (**gegen** +*akk* for)

eintausend ['ain·'tau·znt] *adj* one thousand

ein|teilen I. *vt* ❶ (*unterteilen*) ■ **etw in etw** *akk* ~ to divide sth up into sth ❷ (*sinnvoll aufteilen*) ■ **etw** ~ to plan sth |out|; ■ |**sich** *dat*| **etw** ~ *Geld, Vorräte, Zeit* to be careful with sth ❸ (*für etw verpflichten*) ■ **jdn zu etw** *dat* ~ to assign sb to sth II. *vi* (*fam: haushalten*) to budget

Einteilung *f* ❶ (*Aufteilung*) management ❷ (*Verpflichtung*) ■ **jds** ~ **zu etw** *dat* sb's assignment to sth

eintönig ['ain·tø:·nɪç] I. *adj* monotonous II. *adv* monotonously; ~ **klingen** to sound monotonous

Eintönigkeit <-> *f kein pl* monotony

Eintopf *m,* **Eintopfgericht** *nt* stew

Eintracht <-> ['ain·traxt] *f kein pl* harmony

einträchtig ['ain·trɛç·tɪç] I. *adj* harmonious II. *adv* harmoniously

Eintrag <-[e]s, Einträge> ['ain·tra:k, *pl* -trɛː·gə] *m* ❶ (*Vermerk*) note ❷ (*im Nachschlagewerk*) entry ❸ ADMIN record

ein|tragen *vt irreg* ❶ (*einschreiben*) ■ **jdn** ~ to record sb's name (**in** +*akk* in) ❷ (*amtlich registrieren*) to register ❸ (*einzeichnen*) ■ **etw** ~ to note sth |down|

Eintragung <-, -en> *f* JUR (*form*) entry, registration

ein|treffen *vi irreg sein* ❶ (*ankommen*) to arrive ❷ (*in Erfüllung gehen*) to come true; *Ereignis, Katastrophe* to happen

ein|treiben *vt irreg* ■ **etw** |**von jdm**| ~ to collect sth |from sb|

ein|treten *irreg* I. *vi* ❶ *sein* (*betreten*) to enter ❷ *sein* (*beitreten*) *Partei, Verein* to join ❸ *sein* (*sich ereignen*) to occur; **sollte der Fall** ~, **dass ...** if it should happen that ... ❹ *sein* (*sich einsetzen*) ■ **für jdn/etw** ~ to stand up for sb/sth ❺ *haben* (*wiederholt treten*) ■ **auf jdn/ein Tier** ~ to kick sb/an animal |repeatedly| II. *vt haben* ■ **etw** ~ to kick sth in

Eintritt *m* ❶ (*geh: das Betreten*) ~ **verboten** do not enter ❷ (*Beitritt*) ■ **jds** ~ **in etw** *akk* sb's joining sth ❸ (*Eintrittsgeld*) admission ❹ (*Beginn*) onset

Eintrittskarte *f* |admission| ticket

Eintrittspreis *m* admission charge

ein|üben *vt* to practice; *Rolle, Stück* to rehearse

ein|verleiben*** ['ain·fɛɐ·lai·bn̩] I. *vt* ■ **etw einer S.** *dat* ~ *Gebiet, Land* to incorporate sth into sth II. *vr* ■ **sich** *dat* **etw** ~ ❶ ÖKON to incorporate sth ❷ (*hum fam: verzehren*) to put sth away

Einvernehmen <-s> *nt kein pl* agreement

einverstanden ['ain·fɛɐ·ʃtan·dn̩] *adj pred* ■ ~ **sein** to agree (**mit** +*dat* with)

Einverständnis ['ain·fɛɐ·ʃtɛnt·nɪs] *nt* ❶ (*Zustimmung*) consent ❷ (*Übereinstimmung*) agreement

Einwand <-[e]s, Einwände> ['ain·vant, *pl* -vɛn·də] *m* objection (**gegen** +*akk* to)

Einwanderer, -wand|r|erin *m, f* immigrant

ein|wandern *vi sein* to immigrate

Einwanderung *f* immigration (**nach** +*dat* to, **in** +*akk* into)

Einwanderungsgesetz *nt* immigration laws *usu pl*

Einwanderungspolitik *f kein pl* immigration policy

einwandfrei ['ain·vant·frai] *adj* ❶ (*tadellos*) flawless; *Obst* perfect; *Qualität* excellent; *Benehmen* impeccable ❷ (*unzweifelhaft*) irrefutable

ein|wechseln *vt* ❶ *Währung* to change (**in** +*akk* into) ❷ SPORT ■ **jdn** |**für jdn**| ~ to substitute sb |for sb|

Einwegflasche *f* nonreturnable bottle

ein|weichen *vt* ■ **etw** |**in etw** *dat*| ~ to soak sth |in sth|

ein|weihen *vt* ❶ (*offiziell eröffnen*) ■ **etw** ~ to open sth |officially|, to have a grand opening ❷ (*vertraut machen*) ■ **jdn** ~ to initiate sb (**in** +*akk* into)

Einweihung <-, -en> *f* ❶ (*das Eröffnen*) inauguration ❷ (*das Vertrautmachen*) initiation

ein|weisen *vt irreg* ❶ (*unterweisen*) ■ **jdn** ~ to brief sb (**in** +*akk* about) ❷ MED to refer

ein|wenden *vt irreg* ■ **etw** |**gegen etw** *akk*| ~ to object |to sth|

ein|werfen *irreg* I. *vt* ■ **etw** ~ ❶ *Brief* to mail sth ❷ (*durch Wurf zerschlagen*) to break sth ❸ SPORT to throw in *sep* sth ❹ (*etw zwischendurch bemerken*) to throw in *sep* sth II. *vi* ❶ SPORT to throw in ❷ (*zwischendurch bemerken*) ■ ~, **dass ...** to throw in that ...

ein|wickeln *vt* ❶ (*in etw wickeln*) ■ **etw** ~ to wrap |up *sep*| sth ❷ (*fam: überlisten*) ■ **jdn** ~ to take sb in

ein|willigen ['ain·vɪ·lɪ·gn̩] *vi* ■ |**in etw** *akk*| ~ to consent |to sth|

Einwilligung <-, -en> *f* consent

ein|wirken *vi* ❶ (*beeinflussen*) ■ **auf jdn/ etw** ~ to have an effect on sb/sth ❷ PHYS, CHEM (*Wirkung entfalten*) ■ **auf etw** *akk* ~ to react to sth

Einwirkung *f* ❶ (*Beeinflussung*) influence (**auf** +*akk* on) ❷ PHYS, CHEM **nach** ~ **der Salbe** once the ointment takes effect

Einwohner(in) <-s, -> ['ain·vo:·nɐ] *m(f)* inhabitant

Einwohnermeldeamt *nt* ≈ Town Clerk|'s Office]

Einwohnerzahl *f* population

Einwurf *m* ❶ (*geh: das Hineinstecken*) *Münzen* insertion; *Briefe, Pakete* mailing ❷ (*beim Fußball*) throw-in ❸ (*Zwischenbemerkung*) interjection ❹ (*schlitzartige Öffnung*) slit

Einzahl ['ain·tsa:l] *f* LING singular

ein|zahlen *vt* to pay [in]

Einzahlung *f* FIN deposit

ein|zäunen ['ain·tsɔy·nən] *vt* ■ etw ~ to fence in *sep* sth

ein|zeichnen *vt* ■etw ~ to draw in *sep* sth (**auf** +*akk* on)

Einzel <-s, -> ['ain·ts|n] *nt* TENNIS singles + *sing vb*

Einzelfahrschein *m* one-way ticket

Einzelfall *m* individual case; **im** ~ in each case

Einzelgänger(in) <-s, -> *m(f)* (*Mensch, Tier*) loner

Einzelhaft *f* solitary confinement

Einzelhandel *m* retail trade

Einzelhändler(in) *m(f)* retailer

Einzelheit <-, -en> *f* detail

Einzelkind *nt* only child

einzeln ['ain·ts|n] I. *adj* ❶ (*für sich allein*) individual ❷ (*Detail*) ■im E~en in detail ❸ (*individuell*) individual; **jede(r, s)** E~e each [and every] individual ❹ (*alleinstehend*) single ❺ *pl* (*einige wenige*) a few ❻ *pl* METEO ~**e Schauer** scattered showers II. *adv* (*separat*) separately

Einzelstück *nt* unique piece

Einzelteil *nt* (*einzelnes Teil*) separate part; (*Ersatzteil*) spare part

Einzelzimmer *nt* single room

ein|ziehen *irreg* I. *vt* haben ❶ *Beiträge, Gelder* to collect ❷ (*aus dem Verkehr ziehen*) to withdraw ❸ (*beschlagnahmen*) ■etw ~ to take away *sep* sth ❹ MIL **jdn** |**zum Militär**| ~ to draft sb [into the army] ❺ (*nach innen ziehen*) ■etw ~ to take in *sep* sth ❻ (*entgegengesetzt bewegen*) ■etw ~ to draw in *sep* sth; **den Kopf** ~ to duck one's head ❼ *Antenne, Periskop* to retract ❽ BAU **eine Wand** ~ to put in *sep* a wall ❾ (*einsaugen*) ■etw ~ to draw up *sep* sth; **Luft** ~ to breathe in II. *vi sein* ❶ (*in etw ziehen*) ■bei jdm ~ to move in with sb ❷ SPORT, MIL (*einmarschieren*) ■in etw *akk* ~ to march into sth ❸ (*Flüssigkeit*) ■|in etw *akk*| ~ to soak [into sth]

einzig ['ain·tsɪç] I. *adj* ❶ *attr* only ❷ (*alleinige*) ■der/die E~e the only one; ■das E~e the only thing ❸ (*fam: unglaublich*) total; **ein** ~**er Idiot** a complete idiot II. *adv* (*ausschließlich*) only

einzigartig ['ain·tsɪç·ʔa:ɐ̯·tɪç] I. *adj* unique II. *adv* astoundingly

Einzigartigkeit <-> *f kein pl* uniqueness

Einzug *m* ❶ (*das Einziehen*) move (**in** +*akk* into) ❷ (*Einmarsch*) entry ❸ FIN collection

Eis <-es> ['ais] *nt kein pl* ❶ (*gefrorenes Wasser*) ice ❷ (*Eisdecke*) ice ❸ (*Eiswürfel*) ice

cube; (*Nachtisch*) ice cream

Eisbahn *f* SPORT skating rink

Eisbär *m* polar bear

Eisbecher *m* ❶ (*Pappbecher*) [ice-cream] carton; (*Metallschale*) sundae dish ❷ (*Eiscreme*) sundae

Eisberg *m* GEOG iceberg

Eisbrecher *m* NAUT icebreaker

Eischnee *m* whipped egg white

Eiscreme [-kre:m], **Eiskrem** *f* ice cream

Eisdiele *f* ice cream parlor

Eisen <-s, -> ['aizn] *nt kein pl* iron

Eisenbahn ['ai·zn̩·ba:n] *f* train

Eisenbahner(in) <-s, -> *m(f)* (*fam*) railroad employee

Eisenbahnnetz *nt* rail[road] network

Eisenbahnwagen *m* (*Personenwagen*) passenger car; (*Güterwaggon*) freight car

eisenhaltig ['ai·zn̩·hal·tɪç] *adj,* **eisenhältig** ['ai·zn̩·hɛl·tɪç] *adj* ÖSTERR iron-bearing; ■~ **sein** to contain iron

Eisenmangel *m* MED iron deficiency

Eisenwaren *pl* hardware

eisern ['ai·zɐn] I. *adj* ❶ *attr* CHEM iron ❷ (*unnachgiebig*) iron II. *adv* resolutely

Eisfach *nt* freezer [compartment]

Eisfläche *f* [surface of the] ice

eisfrei *adj* METEO, GEOG free of ice

eisgekühlt *adj* ice-cold

Eisglätte *f* black ice

Eishockey *nt* ice hockey

eisig ['ai·zɪç] I. *adj* ❶ (*bitterkalt*) icy ❷ (*abweisend*) icy; *Schweigen* frosty ❸ (*jäh*) chilling; **ein** ~**er Schreck durchfuhr sie** a cold shiver ran through her [body] II. *adv* coolly

eiskalt ['ais·'kalt] I. *adj* ❶ (*bitterkalt*) ice-cold ❷ (*kalt und berechnend*) cold-blooded ❸ (*dreist*) cool II. *adv* (*kalt und berechnend*) coolly

Eiskunstlauf *m* figure skating

eis|laufen *vi irreg sein* to ice-skate

Eislaufen <-s> *nt kein pl* ice skating

Eismeer ['ais·me:ɐ̯] *nt* polar sea

Eisprung *m* ovulation

Eisregen *m* sleet

Eisschnelllauf^ALT, **Eisschnelllauf**^RR *m* speed skating

Eisscholle *f* ice floe

Eiswürfel *m* ice cube

Eiszapfen *m* icicle

Eiszeit *f* Ice Age

eitel ['ai·t|] *adj* vain; (*eingebildet*) conceited

Eitelkeit <-, -en> ['ai·t|·kait] *f* vanity

Eiter <-s> ['ai·tɐ] *m kein pl* pus

eiterig ['ai·tə·rɪç] *adj Ausfluss* purulent; *Geschwür, Pickel, Wunde* festering; ■~ **sein** to fester

eitern ['ai·tɐn] *vi* to fester

eitrig ['ai·trɪç] *adj s.* **eiterig**

Eiweiß ['ai·vais] *nt* ❶ CHEM protein ❷ KOCHK egg white

Eizelle *f* ovum

Ekel[1] <-s> ['e:k|] *m kein pl* disgust; ~ **erre-**

gend revolting

Ekel² <-s, -> ['e:k|] *nt* (*fam*) disgusting person

ekelerregend *adj* s. **Ekel¹**

ekelhaft I. *adj* ❶ (*widerlich*) disgusting ❷ (*fam: fies*) nasty **II.** *adv* ❶ (*widerlich*) disgusting ❷ (*fam: fies*) horribly

ekelig <-er, -ste> ['e:kəl·ɪç] *adj* s. **ekelhaft**

ekeln ['e:k|n] **I.** *vt* ■ jdn ~ to disgust sb **II.** *vt impers* es ekelt mich vor diesem Geruch this smell is disgusting **III.** *vr* ■ sich *akk* vor etw *dat* ~ to find sth disgusting

EKG <-s, -s> [e:·ka:·'ge:] *nt* MED *Abk von* **Elektrokardiogramm** EKG, ECG

Eklat <-s, -s> [e'kla:] *m* (*geh*) sensation

eklatant <-er, -este> [ekla·'tant] *adj* (*geh*) *Beispiel* striking; *Fall* spectacular; *Fehler* glaring

eklig <-er, -ste> ['e:k·lɪç] *adj* s. **ekelhaft**

Ekstase <-, -n> [ɛk·'sta:·zə] *f* ecstasy

Ekzem <-s, -e> [ɛk·'tse:m] *nt* eczema

Elan <-s> [e'la:n] *m kein pl* vigor

elastisch [e'las·tɪʃ] **I.** *adj* ❶ (*flexibel*) elastic; *Federkern* springy; *Stoff, Binde* stretchy ❷ (*spannkräftig*) *Gelenk, Muskel, Mensch* supple; *Gang* springy **II.** *adv* supplely

Elastizität <-, -en> [elas·ti·tsi·'tɛ:t] *meist sing f* ❶ (*elastische Beschaffenheit*) elasticity ❷ *eines Muskel* suppleness

Elbe <-> ['ɛl·bə] *f* Elbe River

Elch <-[e]s, -e> ['ɛlç] *m* elk

Electronic Cash [ɪlɛk·'trɔ·nɪk 'kæʃ] *nt kein pl* electronic cash (*a debit card system*)

Elefant <-en, -en> [ele·'fant] *m* elephant

elegant [ele·'gant] **I.** *adj* elegant **II.** *adv* ❶ MODE elegantly ❷ (*geschickt*) nimbly

Eleganz <-> [ele·'gants] *f kein pl* ❶ (*geschmackvolle Beschaffenheit*) elegance ❷ (*Gewandtheit*) deftness

Elektrik <-, -en> [e'lɛk·trɪk] *f* electrical system

Elektriker(in) <-s, -> [e'lɛk·tri·ke] *m(f)* electrician

elektrisch [e'lɛk·trɪʃ] *adj* electric; ~e Geräte electrical appliances

elektrisieren* [elɛk·tri·'zi:·rən] *vt* ❶ (*fig*) to electrify ❷ (*aufladen*) to charge with electricity

Elektrizität <-> [elɛk·tri·tsi·'tɛ:t] *f kein pl* electricity

Elektrizitätswerk *nt* [electric] power plant

Elektrode <-, -n> [elɛk·'tro:·də] *f* electrode

Elektrogerät *nt* electrical appliance

Elektrogeschäft *nt* appliance and electronics store

Elektroherd [e'lɛk·tro·he:ɐt] *m* electric stove

Elektroingenieur(in) [-ɪn·ʒe·nj ø:ɐ] *m(f)* electrical engineer

Elektroinstallateur(in) *m(f)* electrician

Elektrokardiogramm [elɛk·tro·kar·dj o·'gram] *nt* MED electrocardiogram, EKG, ECG

Elektromagnet [e'lɛk·tro·ma·gne:t] *m* electromagnet

elektromagnetisch I. *adj* electromagnetic **II.** *adv* electromagnetically

Elektromotor [e'lɛk·tro·ˌmo:·to:ɐ] *m* electric motor

Elektron <-s, -tronen> ['e:lɛk·trɔn, e'lɛk·trɔn, elɛk·'tro:n] *nt* electron

Elektronenmikroskop *nt* electron microscope

Elektronik <-, -en> [elɛk·'tro:·nɪk] *f kein pl* electronics + *sing vb*

elektronisch [elɛk·'tro:·nɪʃ] **I.** *adj* electronic **II.** *adv* electronically

Elektrorasierer *m* electric razor

Elektroschock [e'lɛk·tro·ʃɔk] *m* electroshock

Elektrosmog [-smɔk] *m* electrosmog

Elektrotechnik [elɛk·tro·'tɛç·nɪk] *f* electrical engineering

Elektrotechniker(in) *m(f)* ❶ (*mit Hochschulabschluss*) electrical engineer ❷ (*Elektriker*) electrician

Elektrozaun *m* electric fence

Element <-[e]s, -e> [ele·'mɛnt] *nt* element

elementar [ele·mɛn·'ta:ɐ] *adj* ❶ (*wesentlich*) elementary ❷ (*urwüchsig*) elemental

elend ['e:lɛnt] **I.** *adj* ❶ (*beklagenswert*) miserable ❷ (*krank*) wretched ❸ (*erbärmlich*) dreadful ❹ (*gemein*) miserable **II.** *adv* (*fam*) awfully

Elend <-[e]s> ['e:lɛnt] *nt kein pl* misery

Elendsviertel *nt* slum

elf ['ɛlf] *adj* eleven; s. a. **acht¹**

Elf¹ <-, -en> ['ɛlf] *f* ❶ (*Zahl*) eleven ❷ FBALL team, eleven

Elf² <-en, -en> ['ɛlf] *m*, **Elfe** <-, -n> ['el·fə] *f* elf

Elfenbein ['ɛl·fn·bain] *nt* ivory

Elfenbeinküste *f* Ivory Coast

Elfmeter [ɛlf·'me:·tɐ] *m* penalty kick; einen ~ schießen to take a penalty kick

Elfmeterschießen *nt* penalty shootout

elfte(r, s) ['ɛlf·tə] *adj* ❶ (*Zahl*) eleventh; s. a. **achte(r, s) 1** ❷ (*Datum*) eleventh, 11th; s. a. **achte(r, s) 2**

eliminieren* [eli·mi·'ni:·rən] *vt* to eliminate

elitär [eli·'tɛ:ɐ] *adj* elitist

Elite <-, -n> [e'li:·tə] *f* elite

Eliteeinheit *f*, **Elitetruppe** *f* MIL elite troops *pl*

Elixier <-s, -e> [eli·'ksi:ɐ] *nt* elixir

Ellbogengesellschaft *f* dog-eat-dog society

Elle <-, -n> ['ɛlə] *f* ❶ ANAT ulna ❷ HIST (*altes Längenmaß*) cubit

Ellenbogen ['ɛlən·bo:gn] *m* elbow

Ellenbogenmensch *m* ruthless person

ellenlang *adj* (*fam*) incredibly long; ein ~er Kerl an incredibly tall guy

Ellipse <-, -n> [ɛ'lɪp·sə] *f* MATH ellipse; LING ellipsis

elliptisch [ɛ'lɪp·tɪʃ] *adj* MATH, LING elliptic[al]

El Salvador <-s> [ɛl zal·va·'do:ɐ] *nt* El Salvador; s. a. **Deutschland**

Elsass^RR, **Elsaß**^ALT <- o Elsasses> ['ɛl·zas] *nt* ■ das ~ Alsace

Elsässer(in) <-s, -> ['ɛlzɛ·sɐ] *m(f)* inhabitant of Alsace

elsässisch ['ɛl·zɛ·sɪʃ] *adj* ❶ GEOG Alsatian ❷ LING Alsatian

Ęlsass-LothringenRR *nt* Alsace-Lorraine
Ęlster <-, -n> ['ɛl·stɐ] *f* magpie
Ęltern ['ɛl·tɐn] *pl* parents *pl*
Ęlternhaus *nt* ❶ (*Familie*) family ❷ (*Haus*) [parental] home
Ęlternteil *m* parent
Email <-s, -s> [e'mai, e'ma:j] *nt* enamel
E-Mail <-, -s> ['i:me:l] *f* e-mail, email
E-Mail-Adresse ['i:me:l-] *f* e-mail address
Emaille <-, -n> [e'maljə, e'mai, e'ma:j] *f s.* **Email**
Emanze <-, -n> [e'man·tsə] *f* (*fam*) women's libber
Emanzipation <-, -en> [eman·tsi·pa·'tsi̯o:n] *f* ❶ (*Gleichstellung der Frau*) emancipation ❷ (*Befreiung aus Abhängigkeit*) liberation
emanzipieren* [eman·tsi·'pi:·rən] *vr* ■ **sich** *akk* ~ to emancipate oneself
emanzipiert *adj* emancipated
Embargo <-s, -s> [ɛm·'bar·go] *nt* embargo
Emblem <-[e]s, -e> [ɛm·'ble:m, ä'ble:m] *nt* ❶ (*Zeichen*) emblem ❷ (*Sinnbild*) symbol
Embolie <-, -n> [ɛm·bo·'li:, *pl* ɛm·bo·'li:·ən] *f* embolism
Embryo <-s, -s *o* Embryonen> ['ɛm·bryo, *pl* ɛm·bry'o:·nən] *m o* ÖSTERR *nt* embryo
Emigrant(in) <-en, -en> [emi·'grant] *m(f)* ❶ (*Auswanderer*) emigrant ❷ (*politischer Flüchtling*) émigré
Emigration <-, -en> [emi·gra·'tsi̯o:n] *f* emigration
emigrieren* [emi·'gri:·rən] *vi sein* to emigrate
Emirat <-[e]s, -e> [emi·'ra:t] *nt* emirate; **die Vereinigten Arabischen ~e** the United Arab Emirates, U.A.E.
Emission <-, -en> [emɪ·'si̯o:n] *f* emission
emittieren [emɪ·'ti:·rən] *vt* ❶ *Wertpapiere* to issue ❷ *Abgase* to emit
Emmentaler <-s, -> ['ɛmən·ta:lɐ] *m* Emmental [cheese], Swiss cheese
e-Moll <-s> ['e:mɔl] *nt kein pl* MUS E flat minor
Emotion <-, -en> [emo·'tsi̯o:n] *f* emotion
emotional [emo·tsi̯o·'na:l] **I.** *adj* emotional **II.** *adv* emotionally
emotionsgeladen *adj* emotionally charged
empathisch [ɛm·'pa:·tɪʃ] *adj* (*geh*) empathic
empfahl [ɛm·'pfa:l] *imp von* **empfehlen**
empfand [ɛm·'pfant] *imp von* **empfinden**
Empfang <-[e]s, Empfänge> [ɛm·'pfaŋ, *pl* -'pfɛŋə] *m* ❶ *kein pl* (*das Entgegennehmen*) receipt ❷ (*Begrüßung*) reception ❸ *kein pl* TV, RADIO reception ❹ (*Hotelrezeption*) reception [desk]
empfangen <empfing, empfangen> [ɛm·'pfaŋən] *vt* ❶ RADIO, TV to receive ❷ (*begrüßen*) ■ **jdn mit etw** *dat* ~ to receive sb with sth
Empfänger(in) <-s, -> [ɛm·'pfɛŋɐ] *m(f)* ❶ (*Adressat*) addressee ❷ FIN payee
Empfänger <-s, -> [ɛm·'pfɛŋɐ] *m* RADIO, TV (*geh*) receiver
empfänglich [ɛm·'pfɛŋ·lɪç] *adj* ■ **für etw** *akk*

~ **sein** ❶ (*zugänglich*) to be receptive to sth ❷ (*beeinflussbar, anfällig*) to be susceptible to sth
Empfängnis <-, -se> [ɛm·'pfɛŋ·nɪs, *pl* -'pfɛŋ·nɪsə] *f pl selten* conception
Empfängnisverhütung *f* contraception
Empfangsbescheinigung *f*, **Empfangsbestätigung** *f* [confirmation of] receipt
Empfangsdame *f* receptionist
empfehlen <empfahl, empfohlen> [ɛm·'pfe:·lən] **I.** *vt* ■ [jdm] **etw** ~ to recommend sth [to sb] **II.** *vr impers* ■ **es empfiehlt sich, etw zu tun** it is advisable to do sth
empfehlenswert *adj* ❶ (*wert, empfohlen zu werden*) recommendable ❷ (*ratsam*) ■ **es ist** ~, **etw zu tun** it is advisable to do sth
Empfehlung <-, -en> *f* ❶ (*Vorschlag*) recommendation ❷ (*Referenz*) reference; **auf** ~ **von jdm** on the recommendation of sb ❸ (*geh*) **mit den besten** ~ **en** with best regards
Empfehlungsschreiben *nt* letter of recommendation
empfiehl [ɛm·'pfi:l] *imp sing von* **empfehlen**
empfinden <empfand, empfunden> [ɛm·'pfɪn·dn̩] *vt* ❶ (*fühlen*) to feel ❷ (*auffassen*) ■ **jdn/etw als etw** *akk* ~ to feel like sb/sth is sth
empfindlich [ɛm·'pfɪnt·lɪç] **I.** *adj* ❶ (*auf Reize leicht reagierend*) sensitive (**gegen** + *akk* to) ❷ (*leicht verletzbar*) sensitive; (*reizbar*) touchy ❸ (*anfällig*) *Gesundheit* delicate; ~ **gegen Kälte** sensitive to cold **II.** *adv* ❶ (*sensibel*) **auf etw** *akk* ~ **reagieren** to be very sensitive to sth ❷ (*spürbar*) severely; **es ist** ~ **kalt** it's bitterly cold
Empfindlichkeit <-, *selten* -en> *f* ❶ (*Feinfühligkeit*) sensitiveness ❷ (*Verletzbarkeit*) sensitivity; (*Reizbarkeit*) touchiness ❸ *kein pl* (*Anfälligkeit*) delicateness
empfindsam [ɛm·'pfɪnt·za:m] *adj* ❶ (*von feinem Empfinden*) sensitive; (*einfühlsam*) empathetic ❷ (*sentimental*) *Geschichte* sentimental
Empfindsamkeit <-> *f kein pl* (*Feinfühligkeit*) sensitivity
Empfindung <-, -en> *f* ❶ (*Wahrnehmung*) perception ❷ (*Gefühl*) emotion
empfing [ɛm·'pfɪŋ] *imp von* **empfangen**
empfohlen [ɛm·'pfo:·lən] **I.** *pp von* **empfehlen** **II.** *adj* **sehr** ~ highly recommended
empfunden [ɛm·'pfʊn·dn̩] *pp von* **empfinden**
emporlarbeiten *vr* (*geh*) ■ **sich** *akk* ~ to work one's way up (**zu** + *dat* to)
Empore <-, -n> [ɛm·'po:·rə] *f* gallery
empören* [ɛm·'pø:·rən] **I.** *vt* ■ **jdn** ~ to fill sb with indignation **II.** *vr* ■ **sich** *akk* ~ to be outraged
empörend *adj* outrageous
emporlsteigen *irreg* **I.** *vi sein* (*geh*) to rise; **Zweifel stiegen in ihm empor** doubt arose in his mind **II.** *vt sein* (*geh*) ■ **etw** ~ to climb [up] sth
empört **I.** *adj* scandalized (**über** + *akk* by)

II. *adv* indignantly
Empörung <-, -en> *f kein pl* ■ ~ **über jdn/
etw** indignation about sb/sth
emsig ['ɛm·zɪç] **I.** *adj* busy **II.** *adv* industriously; **überall wird** ~ **gebaut** they are busy building everywhere
Emu <-s, -s> ['e:mu] *m* ORN emu
Endabrechnung *f* final invoice
Endbetrag *m* final amount
Ende <-s, -n> ['ɛn·də] *nt* ❶ *(Schluss)* end; ~ **August/des Monats/~ 2007** the end of August/the month/2007; ~ **20 sein** to be in one's late 20s; **damit muss es jetzt ein** ~ **haben** this must stop now; **einer S.** *dat* **ein** ~ **machen** to put an end to sth; **das nimmt gar kein** ~ there's no end to it; **am** ~ *(fam)* finally; **etw zu** ~ **bringen** to complete sth; **zu** ~ **sein** to be finished ❷ FILM, LIT ending ❸ *(räumliches Ende)* end ▶WENDUNGEN: ~ **gut, alles gut** *(prov)* all's well that ends well
Endeffekt ['ɛnt·ʔɛfɛkt] *m* **im** ~ *(fam)* in the end
enden ['ɛn·dn̩] *vi* ❶ *haben (nicht mehr weiterführen)* to end ❷ *haben (auslaufen)* to expire ❸ *haben* LING ■ **auf etw** *akk* ~ to end with sth ❹ *sein (fam: landen)* to end up
Endergebnis *nt* final result
endgültig **I.** *adj* final; *Antwort* definitive **II.** *adv* finally
Endgültigkeit <-> *f kein pl* finality
Endhaltestelle *f* terminal stop
Endiviensalat *m* endive
Endkampf *m* SPORT final
endlagern *vt* ÖKOL ■ **etw** [irgendwo] ~ to permanently store sth [somewhere]
Endlagerung *f* permanent disposal
endlich ['ɛnt·lɪç] **I.** *adv* ❶ *(nunmehr)* at last; **lass mich** ~ **in Ruhe!** just leave me alone already! ❷ *(schließlich)* finally; **na** ~! *(fam)* at last! **II.** *adj* ASTRON, MATH finite
endlos **I.** *adj* endless **II.** *adv* interminably
Endlosigkeit *f kein pl* infinity
Endphase *f* final stage
Endprodukt *nt* end product
Endrunde *f* SPORT final round; *einer Meisterschaft* finals *pl*; *eines Autorennens* final lap
Endsilbe *f* final syllable
Endspiel *nt* SPORT final
Endspurt *m* final spurt
Endstadium *nt* final stage; MED terminal stage
Endstation *f* terminus, end of the line, last [*or* final] stop
Endsumme *f* [sum] total
Endung <-, -en> *f* ending
Endverbraucher(in) *m(f)* end-user
Energie <-, -n> [enɛr·'giː, *pl* -'giː·ən] *f* ❶ PHYS energy ❷ *(Tatkraft)* energy
Energiebedarf *m* energy requirement[s]
Energiegewinnung *f kein pl* energy generation
Energiequelle *f* energy source
Energiesparen *nt* energy saving

Energiesparmaßnahme *f* energy-saving measure
Energieverbrauch *m* energy consumption
Energieverschwendung *f kein pl* energy waste
Energieversorgung *f* energy supply
energisch [e'nɛr·gɪʃ] **I.** *adj* ❶ *(Tatkraft ausdrückend)* energetic ❷ *(entschlossen)* firm **II.** *adv* vigorously
eng ['ɛŋ] **I.** *adj* ❶ *(schmal)* narrow ❷ *(knapp sitzend)* tight ❸ *(beengt)* cramped ❹ *(wenig Zwischenraum habend)* close together *pred* ❺ *(intim)* close ❻ *(eingeschränkt)* limited; **im** ~**eren Sinn** in the stricter sense **II.** *adv* ❶ *(knapp)* **ein** ~ **anliegendes Kleid** a close-fitting dress ❷ *(dicht)* densely; ~ **nebeneinanderstehen** to stand close to each other ❸ *(intim)* closely; ~ **befreundet sein** to be close friends ❹ *(akribisch)* **etw zu** ~ **sehen** to take too narrow a view of sth
Engagement <-s, -s> [ãga·ʒə·'mãː] *nt* ❶ *(Eintreten)* commitment *(für +akk* to) ❷ THEAT engagement
engagieren* [ãga·'ʒiː·r·ən] **I.** *vt* ■ **jdn** ~ to engage sb **II.** *vr* ■ **sich** *akk* [**für jdn/etw**] ~ to be committed [to sb/sth]
engagiert [ãga·'ʒiːɐt] *adj* *(geh)* **politisch/sozial** ~ politically/socially committed
enganliegend *adj attr s.* **eng II 1**
engbefreundet *adj attr s.* **eng II 3**
Enge <-, -n> ['ɛŋə] *f* ❶ *(schmale Beschaffenheit)* narrowness ❷ *kein pl (Beschränktheit)* confinement
Engel <-s, -> ['ɛŋl] *m* angel
Engel(s)geduld *f* **eine** [wahre] ~ **haben** to have the patience of a saint
England <-s> ['ɛŋ·lant] *nt* ❶ *(Teil Großbritanniens)* England ❷ *(falsch für Großbritannien)* Great Britain; *s. a.* **Deutschland**
Engländer(in) <-s, -> ['ɛŋ·lɛn·dɐ] *m(f)* Englishman *masc*, Englishwoman *fem;* ■ **die** ~ the English
englisch ['ɛŋ·lɪʃ] *adj* English; *s. a.* **deutsch**
Englisch ['ɛŋ·lɪʃ] *nt dekl wie adj* English; *s. a.* **Deutsch**
Engpassᴿᴿ *m* ❶ GEOG [narrow] pass ❷ *(Fahrbahnverengung)* bottleneck ❸ *(Verknappung)* bottleneck
engstirnig ['ɛŋ·ʃtɪr·nɪç] **I.** *adj* narrow-minded **II.** *adv* narrow-mindedly
Enkel(in) <-s, -> ['ɛŋ·kl] *m(f)* grandchild
Enkelsohn *m* *(geh)* grandson
Enkeltochter *f* *(geh)* granddaughter
enorm [e'nɔrm] **I.** *adj* enormous; *Summe* vast **II.** *adv* *(fam)* tremendously; ~ **viel/viele** an enormous amount/number
Ensemble <-s, -s> [ã·'sãː·bl] *nt* ensemble
ent|behren* [ɛnt·'beː·rən] **I.** *vt* ❶ *(ohne auskommen)* ■ **jdn/etw** ~ **können** to be able to do without sb/sth ❷ *(geh: vermissen)* ■ **jdn/etw** ~ to miss sb/sth **II.** *vi* *(geh)* to go without
Entbehrung <-, -en> *f meist pl* privation
ent|binden* *irreg* **I.** *vt* ❶ MED to deliver; ■ [von

einem Kind] entbunden werden to give birth to a baby ❷*(dispensieren, befreien)* ■**jdn von etw** *dat* ~ to release sb from sth **II.** *vi* to give birth

Entbindung *f* delivery

Entbindungsstation *f* maternity ward

entlblößen* [ɛnt·'bløː·sn̩] *vt (geh)* ■**sich** *akk* ~ to take one's clothes off

entldecken* *vt* ❶*(zum ersten Mal finden)* to discover; *ein fremdes Land* to explore ❷*(ausfindig machen)* ■**jdn/etw** ~ to find sb/sth; *Fehler* to spot

Entdecker(in) <-s, -> [ɛnt·'dɛ·kɐ] *m(f)* discoverer; *der berühmte* ~ **Captain Cook** the famous explorer Captain Cook

Entdeckung *f* discovery

Entdeckungsreise *f* voyage of discovery

Ente <-, -n> ['ɛn·tə] *f* ❶ ORN duck ❷*(fam: Zeitungsente)* canard ▶ WENDUNGEN: **lahme** ~ *(fam)* slowpoke

entleignen* *vt* ■**jdn** ~ to dispossess sb

Enteignung <-, -en> *f* dispossession

entlerben* *vt* ■**jdn** ~ to disinherit sb

Enterich <-s, -e> ['ɛn·tə·rɪç] *m* ORN drake

entern ['ɛn·tɐn] *vt haben* to board

Entertainer(in) <-s, -> [ɛn·tɐ·'teː·nɐ] *m(f)* entertainer

entlfachen* [ɛnt·'fa·çn̩] *vt (geh)* ❶*(zum Brennen bringen)* to kindle; *Brand* to start ❷*(entfesseln)* to provoke; *Leidenschaft* to arouse

entlfahren* *vi irreg sein* ■**etw entfährt jdm** sth escapes sb's lips

entlfallen* *vi irreg sein* ❶*(dem Gedächtnis entschwinden)* ■**jdm** ~ to slip sb's mind ❷*(wegfallen)* to be dropped ❸*(als Anteil zustehen)* ■**auf jdn** ~ to be allotted to sb

entlfalten* **I.** *vt* ❶*(auseinanderfalten)* Landkarte, Brief to unfold ❷*(beginnen, entwickeln)* Fähigkeiten, Kräfte to develop ❸*(darlegen)* ■**etw** ~ to set sth forth ❹*(zur Geltung bringen)* to display **II.** *vr* ❶*(sich öffnen)* ■**sich** [**zu etw** *dat*] ~ *Blüte, Fallschirm* to open [into sth] ❷*(sich voll entwickeln)* ■**sich** *akk* ~ to fully develop

Entfaltung <-, -en> *f* ❶*(das Entfalten)* unfolding ❷*(Entwicklung)* development

entlfärben* **I.** *vt* ■**etw** ~ to remove the color from sth **II.** *vr* ■**sich** ~ to lose its color

entlfernen* [ɛnt·'fɛr·nən] **I.** *vt* ❶*(beseitigen)* ■**etw** ~ to remove sth (**aus/von** +*dat* from) ❷ MED **jdm den Blinddarm** ~ to take out *sep* sb's appendix ❸*(weit abbringen)* ■**jdn von etw** *dat* ~ to take sb away from sth **II.** *vr* ❶*(weggehen)* ■**sich** *akk* ~ to go away (**von/aus** +*dat* from); **sich vom Weg** ~ to go off the path ❷*(nicht bei etw bleiben)* ■**sich** *akk* **von etw** *dat* ~ to depart from sth

entfernt I. *adj* ❶*(weitläufig)* distant ❷*(gering)* Ähnlichkeit slight; Ahnung vague ❸*(abgelegen)* remote **II.** *adv* vaguely; **weit davon** ~ **sein, etw zu tun** to not have the slightest intention of doing sth

Entfernung <-, -en> *f* ❶*(Distanz)* distance

❷ ADMIN *(geh: Ausschluss)* removal

entlfesseln* *vt (auslösen)* to unleash

entlflammen* [ɛnt·'flamən] **I.** *vt haben* ❶*(anzünden)* to light ❷ *Leidenschaft* to [a]rouse **II.** *vr haben* ❶*(sich entzünden)* ■**sich** ~ to ignite ❷*(sich begeistern)* **sie entflammte sich für seine Idee** she was filled with enthusiasm for his idea **III.** *vi sein (geh: plötzlich entstehen)* **ein Kampf um die Macht ist entflammt** a power struggle has erupted

entlfremden* [ɛnt·'frɛm·dn̩] **I.** *vt* to estrange; ■**etw seinem Zweck** ~ to use sth for a different purpose; *(falscher Zweck)* to use sth for the wrong purpose **II.** *vr* ■**sich** *akk* **jdm** ~ to become estranged from sb

Entfremdung <-, -en> *f* estrangement

entlführen* *vt* ■**jdn** ~ to abduct sb; *Fahrzeug, Flugzeug* to hijack

Entführer(in) *m(f)* kidnapper; *eines Fahrzeugs/Flugzeugs* hijacker

Entführung *f* kidnapping; *eines Fahrzeugs/Flugzeugs* hijacking

entgegen [ɛnt·'geː·gn̩] **I.** *adv (geh)* toward **II.** *präp* against

entgegenlbringen *vt irreg (bezeigen)* ■**jdm etw** ~ to display sth toward sb

entgegenlfahren *vi irreg sein* ■**jdm** ~ to go to meet sb

entgegenlfiebern* *vi* ■**einer S.** *dat* ~ to feverishly look forward to sth

entgegenlgehen *vi irreg sein* ■**jdm** ~ to go to meet sb

entgegengesetzt [ɛnt·'geː·gn̩·gə·zɛtst] **I.** *adj* ❶*(gegenüberliegend)* opposite ❷*(einander widersprechend)* opposing; *Auffassungen* conflicting **II.** *adv* ~ **denken/handeln** to think/do the exact opposite

entgegenlhalten *vt irreg* ❶*(in eine bestimmte Richtung halten)* ■**jdm etw** ~ to hold sth out toward sb ❷*(einwenden)* **jdm einen Einwand** ~ to express an objection to sb

entgegenlkommen [ɛnt·'geː·gn̩·kɔ·mən] *vi irreg sein* ❶*(in jds Richtung kommen)* ■**jdm** ~ to come [over] to meet sb ❷*(Zugeständnisse machen)* ■**jdm/einer S.** ~ to accommodate sb/sth ❸*(entsprechen)* ■**jdm/einer S.** ~ to fit in with sb/sth

Entgegenkommen <-s, -> [ɛnt·'geː·gn̩·kɔ·mən] *nt kein pl* ❶*(gefällige Haltung)* cooperation ❷*(Zugeständnis)* concession

entgegenkommend *adj* obliging

entgegenllaufen *vi irreg sein* ❶*(in jds Richtung laufen)* ■**jdm** ~ to run to meet sb ❷*(im Gegensatz stehen)* ■**einer S.** *dat* ~ to run counter to sth

entgegenlnehmen *vt irreg* ■**etw** ~ *Lieferung* to receive sth; **nehmen Sie meinen Dank entgegen** *(form)* please accept my gratitude

entgegenlschlagen *vi irreg sein* ■**jdm** ~ to confront sb

entgegenlsehen *vi irreg* ❶*(geh: erwarten)* ■**einer S.** *dat* ~ to await sth ❷*(in jds Richtung sehen)* ■**jdm/etw** ~ to watch sb/sth

entgegen|setzen I. *vt* ■ einer S. *dat* etw ~ to oppose sth with sth II. *vr* ■ sich *akk* einer S. *dat* ~ to resist sth

entgegen|stehen *vi irreg* ■ einer S. *dat* ~ to stand in the way of sth

entgegen|stellen *vr* ■ sich *akk* jdm/einer S. ~ to resist sb/sth

entgegen|steuern *vi* to act against; *Entwicklung, Trend* to counter

entgegen|treten *vi irreg sein* ❶ (*in den Weg treten*) ■ jdm ~ to walk up to sb ❷ (*sich zur Wehr setzen*) ■ einer S. *dat* ~ to counter sth

entgegen|wirken *vi* ■ einer S. *dat* ~ to oppose sth

ent|gegnen* [ɛnt·'geːg·nən] *vt* to reply

Entgegnung <-, -en> *f* reply

ent|gehen* *vi irreg sein* ❶ (*entkommen*) ■ jdm/einer S. ~ to escape sb/sth ❷ (*nicht bemerkt werden*) ■ etw entgeht jdm sth escapes sb['s notice] ❸ (*versäumen*) ■ sich *dat* etw ~ lassen to miss sth

entgeistert [ɛnt·'gais·tɐt] I. *adj* dumbfounded II. *adv* in amazement

Entgelt <-[e]s, -e> [ɛnt·'gɛlt] *nt* ❶ (*Bezahlung*) payment; (*Entschädigung*) compensation ❷ (*Gebühr*) gegen ~ for a fee

ent|gleisen* [ɛnt·'glaizn̩] *vi sein* ❶ (*aus den Gleisen springen*) to derail ❷ (*geh: ausfallend werden*) to make a gaffe

Entgleisung <-, -en> *f* ❶ (*das Entgleisen*) derailment ❷ (*Taktlosigkeit*) gaffe

ent|gleiten* *vi irreg sein* ❶ (*geh: aus den Händen gleiten*) ■ etw entgleitet jdm sb loses his/her grip on sth ❷ (*verloren gehen*) ■ jdm ~ to slip away from sb

ent|haaren* *vt* to depilate

Enthaarung <-, -en> *f* depilation

ent|halten* *irreg* I. *vt* ❶ (*in sich haben*) to contain ❷ (*umfassen*) to include (in + *dat* in) II. *vr* (*verzichten*) to refrain

enthaltsam [ɛnt·'halt·zaːm] *adj* [self-]restrained; (*genügsam*) abstinent; (*keusch*) chaste; (*sexuell*) celibate

Enthaltsamkeit <-> *f kein pl* abstinence; (*sexuelle Abstinenz*) chastity

Enthaltung *f* POL abstention

ent|haupten* [ɛnt·'haup·tn̩] *vt* ■ jdn ~ (*durch Scharfrichter*) to behead sb; (*durch Unfall*) to decapitate sb

ent|heben* *vt irreg* ■ jdn einer S. *gen* ~ ❶ (*suspendieren*) to relieve sb of sth ❷ (*geh: entbinden*) to release sb from sth

enthemmt I. *adj* uninhibited II. *adv* uninhibitedly

ent|hüllen* *vt* ■ [jdm] etw ~ ❶ (*aufdecken*) to reveal sth [to sb] ❷ (*von einer Bedeckung befreien*) to unveil sth [to sb]

Enthüllung <-, -en> *f* ❶ (*die Aufdeckung*) disclosure; *von Skandal, Lüge* exposure ❷ (*das Enthüllen*) *von Denkmal, Gesicht* unveiling

Enthusiasmus <-> [ɛn·tu·'zi̯as·mʊs] *m kein pl* enthusiasm

enthusiastisch I. *adj* enthusiastic II. *adv* enthusiastically

ent|jungfern* [ɛnt·'jʊŋ·fɐn] *vt* ■ jdn ~ to deflower sb

ent|kernen* [ɛnt·'kɛr·nən] *vt* ■ etw ~ ❶ (*von Kernen befreien*) to stone sth; *Apfel* to core sth ❷ ARCHIT to remove the core of sth

ent|knoten* *vt* to untie

entkoffeiniert [ɛnt·kɔ·fei·'niː·ɐt] *adj* decaffeinated

ent|kommen* *vi irreg sein* to escape

Entkommen <-s> *nt kein pl* escape

ent|kräften* [ɛnt·'krɛf·tn̩] *vt* ❶ (*kraftlos machen*) ■ jdn ~ (*durch Anstrengung*) to weaken sb; (*durch Krankheit*) to debilitate sb *form* ❷ (*widerlegen*) ■ etw ~ to refute sth

ent|laden* *irreg* I. *vt* ❶ (*Ladung herausnehmen*) to unload ❷ ELEK to drain II. *vr* ■ sich ~ ❶ (*zum Ausbruch kommen*) *Gewitter, Sturm* to break ❷ ELEK *Akku, Batterie* to run down ❸ (*fig: plötzlich ausbrechen*) *Begeisterung, Zorn etc.* to be vented

entlang [ɛnt·'laŋ] I. *präp* (*längs*) along; den Fluss ~ along the river II. *adv* ■ an etw *dat* ~ along sth

entlang|fahren *vt irreg sein* ❶ *Straße* to drive [*or* go] along ❷ (*eine Linie nachziehen*) to trace

entlang|gehen *irreg* I. *vt sein* (*zu Fuß folgen*) ■ etw ~ to walk [*or* go] along sth II. *vi sein* ■ an etw *dat* ~ ❶ (*parallel zu etw gehen*) to walk [*or* go] along the side of sth ❷ (*parallel zu etw verlaufen*) to run alongside sth

ent|larven* [ɛnt·'lar·fn̩] *vt* ■ jdn/etw [als etw *akk*] ~ *Dieb, Spion* to expose sb/sth [as sth]

ent|lassen* *vt irreg* ❶ (*kündigen*) ■ jdn ~ (*Stellen abbauen*) to lay off *sep* sb; (*gehen lassen*) to dismiss sb ❷ MED, MIL to discharge sb ❸ (*entbinden*) ■ jdn aus etw *dat* ~ to release sb from sth

Entlassung <-, -en> *f* (*Kündigung*) pink slip *fam*

ent|lasten* *vt* ❶ JUR ■ jdn [von etw *dat*] ~ to clear sb [of sth] ❷ (*von einer Belastung befreien*) ■ jdn ~ to relieve sb

Entlastung <-, -en> *f* ❶ JUR exoneration ❷ (*das Entlasten*) relief

ent|laufen*[1] *vi irreg sein* ■ jdm ~ to run away from sb

entlaufen[2] *adj* (*entflohen*) escaped; (*weggelaufen*) on the run *pred*

ent|ledigen* [ɛnt·'leː·dɪ·gn̩] *vr* ■ sich *akk* einer S. *gen* ~ ❶ (*geh: ablegen*) to put down *sep* sth; *Kleidungsstück* to remove sth ❷ (*loswerden*) to get rid of sth

ent|leeren* *vt* to empty

entlegen [ɛnt·'leː·gn̩] *adj* remote

ent|locken* *vt* ■ jdm etw ~ to elicit sth from sb

ent|lohnen* *vt* ■ jdm [für etw *akk*] ~ ❶ (*bezahlen*) to pay sb [for sth] ❷ (*entgelten*) to reward sb [for sth]

Entlohnung <-, -en> *f* payment

ent|machten* [ɛnt·'max·tn̩] *vt* ■ jdn/etw ~

to disempower sb/sth

ent|militarisieren* [ɛnt·mi·li·ta·ri·'ziː·rən] *vt* to demilitarize

ent|mündigen* [ɛnt·'mʏn·dɪ·gn̩] *vt* ■ jdn ~ lassen to have sb declared legally incompetent

Entmündigung <-, -en> *f* JUR legal incompetency

ent|mutigen* [ɛnt·'muː·tɪ·gn̩] *vt* ■ jdn ~ to discourage sb

Entnahme <-, -n> [ɛnt·'naː·mə] *f* removal; *von Blut* extraction

ent|nehmen* *vt irreg* ❶ (*herausnehmen*) ■ etw ~ to take sth (+*dat* from) ❷ MED ■ jdm etw ~ to take sth from sb ❸ (*fig: aus etw schließen*) ■ aus etw *dat* ~, dass ... to gather from sth that ...

entnervt I. *adj* (*der Nerven beraubt*) nerve-[w]racked; (*der Kraft beraubt*) enervated II. *adv* out of nervous exhaustion

ent|puppen* [ɛnt·'pʊ·pn̩] *vr* (*fig: sich enthüllen*) ■ sich *akk* [als etw *akk*] ~ to turn out to be sth

ent|reißen* *vt irreg* ❶ (*wegreißen*) ■ jdm etw ~ to snatch sth [away] from sb ❷ (*geh: retten*) ■ jdn einer S. *dat* ~ to rescue sb from sth

ent|richten* *vt* (*geh*) Gebühren, Steuern to pay

ent|rinnen *vi irreg sein* (*geh: entkommen*) ■ jdm/einer S. ~ to escape from sb/sth

Entrinnen *nt* es gab kein ~ mehr there was no escape

ent|rümpeln* *vt* ■ etw ~ to clear out *sep* sth

ent|rüsten* I. *vt* (*empören*) ■ jdn ~ to make sb indignant; (*stärker*) to outrage sb II. *vr* (*sich empören*) ■ sich *akk* über jdn/etw ~ to be indignant about sb/sth; (*stärker*) to be outraged by sb/sth

entrüstet I. *adj* indignant (**über** +*akk* about/at) II. *adv* indignantly

Entrüstung *f* indignation (**über** +*akk* about/at)

ent|sagen* *vi* (*geh*) ■ einer S. *dat* ~ to renounce sth

ent|schädigen* *vt* ■ jdn [für etw *akk*] ~ ❶ (*Schadensersatz leisten*) to compensate sb [for sth] ❷ (*ein lohnender Ausgleich sein*) to make up to sb [for sth]

Entschädigung *f* compensation

ent|schärfen* *vt* (*a. fig*) ■ etw ~ to defuse sth

ent|scheiden* *irreg* I. *vt* ❶ (*beschließen*) to decide; (*gerichtlich*) to rule ❷ (*endgültig klären*) to settle II. *vi* (*beschließen*) to decide (**über** +*akk* on); ■ für/gegen jdn/etw ~ to decide in favor/against sb/sth; (*gerichtlich*) to rule in favor/against sb/sth III. *vr* ■ sich *akk* [dazu] ~ to decide

entscheidend [ɛnt·'ʃai̯·dn̩t] I. *adj* ❶ (*ausschlaggebend*) decisive ❷ (*gewichtig*) crucial II. *adv* (*in entschiedenem Maße*) decisively

Entscheidung *f* ❶ (*Beschluss*) decision; **eine ~ treffen** to make a decision ❷ JUR ruling

entschieden [ɛnt·'ʃiː·dn̩] I. *pp von* **entscheiden** II. *adj* ❶ (*entschlossen*) resolute ❷ (*ein-*

deutig) definite III. *adv* ❶ (*entschlossen*) **etw ~ ablehnen** to categorically reject sth ❷ (*eindeutig*) **diesmal bist du ~ zu weit gegangen** this time you've definitely gone too far

Entschiedenheit <-, *selten* -en> *f* determination; **etw mit [aller] ~ ablehnen** to flatly refuse sth; **mit ~ dementieren** to categorically deny

ent|schließen* *vr irreg* (*sich entscheiden*) ■ sich *akk* ~ to decide (**für/zu** +*akk*/*dat* on)

Entschließung *f* (*geh*) decision

entschlossen [ɛnt·'ʃlɔ·sn̩] I. *pp von* **entschließen** II. *adj* (*zielbewusst*) determined III. *adv* resolutely

Entschlossenheit <-> *f kein pl* determination

EntschlussRR, **Entschluß**ALT <-schlusses, -schlüsse> [ɛnt·'ʃlʊs, *pl* ɛnt·'ʃlʏ·sə] *m* decision

ent|schlüsseln* [ɛnt·'ʃlʏ·sln̩] *vt* to decode

entschlussfreudigRR *adj* decisive

entschuldbar [ɛnt·'ʃʊlt·baːɐ̯] *adj* excusable

ent|schuldigen* [ɛnt·'ʃʊl·dɪ·gn̩] I. *vi* (*als Höflichkeitsformel*) ~ **Sie** excuse me II. *vr* ■ sich *akk* ~ ❶ (*um Verzeihung bitten*) to apologize ❷ (*eine Abwesenheit begründen*) to ask to be excused III. *vt* ❶ (*als verzeihlich begründen*) ■ etw mit etw *dat* ~ to use sth as an excuse for sth ❷ (*eine Abwesenheit begründen*) ■ jdn bei jdm ~ to ask sb to excuse sb ❸ (*als verständlich erscheinen lassen*) ■ etw ~ to excuse sth

Entschuldigung <-, -en> *f* ❶ (*Bitte um Verzeihung*) apology ❷ (*Begründung, Rechtfertigung*) **als ~ für etw** *akk* as an excuse for sth ❸ (*als Höflichkeitsformel*) ~! sorry! ❹ SCH note

ent|schwinden* *vi irreg sein* (*geh*) ❶ (*verschwinden*) to vanish ❷ (*rasch vergehen*) to pass quickly

ent|senden* *vt irreg o reg* ■ jdn ~ to send sb; *Boten* to dispatch sb

Entsendung *f* (*von Abgeordneten*) dispatch

ent|setzen* I. *vt* (*in Grauen versetzen*) ■ jdn ~ to horrify sb II. *vr* (*die Fassung verlieren*) ■ sich *akk* ~ to be horrified (**über** +*akk* at/about)

Entsetzen <-s> *nt kein pl* horror; **voller ~** filled with horror; **mit ~** horrified

entsetzlich [ɛnt·'zɛts·lɪç] I. *adj* ❶ (*schrecklich*) horrible ❷ (*fam: sehr stark*) terrible II. *adv* ❶ (*in furchtbarer Weise*) terribly ❷ (*fam*) awfully

entsetzt I. *adj* horrified II. *adv* (*großes Entsetzen zeigend*) **sie schrie ~ auf** she let out a horrified scream

ent|sorgen* *vt* ÖKOL ■ etw ~ to dispose of sth

ent|spannen* I. *vr* ■ sich *akk* ~ ❶ (*relaxen*) to unwind ❷ (*sich glätten*) to relax ❸ POL *a.* (*sich beruhigen*) to ease II. *vt* ■ etw ~ ❶ (*lockern*) to relax sth ❷ (*Spannung beseitigen*) to ease sth

Entspannung *f* ❶ (*innerliche Ruhe*) relaxation ❷ POL easing of tension

entl sprechen* *vi irreg* ■**einer** S. *dat* ~
❶(*übereinstimmen*) to correspond to sth
❷(*genügen*) to fulfill sth ❸(*geh: nachkommen*) to comply with sth
entsprechend [ɛnt·'ʃprɛ·çnt] I. *adj* ❶(*angemessen*) appropriate ❷(*zuständig*) relevant
II. *präp* in accordance with
Entsprechung <-, -en> *f* equivalence
entl springen* *vi irreg sein* ■**einer** S. *dat* ~
❶ GEOG to rise from sth ❷(*seinen Ursprung haben*) to spring from sth
entl stammen* *vi sein* ■**einer** S. *dat* ~ ❶(*aus etw stammen*) to come from sth ❷(*aus einer bestimmten Zeit stammen*) to originate from sth; (*abgeleitet sein*) to be derived from sth
entl stehen* *vi irreg sein* ■[**aus etw** *dat/* **durch etw** *akk*] ~ ❶(*zu existieren beginnen*) to come into being [from sth] ❷(*verursacht werden*) to arise [from sth] ❸ CHEM (*sich bilden*) to be produced [from/through sth] ❹(*sich ergeben*) to arise [from sth]
Entstehung <-, -en> *f* ❶(*das Werden*) creation; *des Lebens* origin; *eines Gebäudes* construction ❷ CHEM formation
entl stellen* *vt* ❶(*verunstalten*) to disfigure ❷(*verzerren*) **der Schmerz entstellte ihre Züge** her features were contorted with pain ❸(*verzerrt wiedergeben*) **etw entstellt wiedergeben** to distort sth
Entstellung *f* ❶(*entstellende Narbe*) disfigurement ❷(*Verzerrung*) *der Tatsachen, Wahrheit* distortion
entl strömen* *vi sein* (*geh*) ■**einer** S. *dat* ~ to pour out of sth; *Gas, Luft* to escape from sth
entl täuschen* I. *vt* ❶(*Erwartungen nicht erfüllen*) ■**jdn** ~ to disappoint sb ❷(*nicht entsprechen*) *jds Hoffnungen* ~ to dash sb's hopes II. *vi* (*enttäuschend sein*) to be disappointing
enttäuschend *adj* disappointing
enttäuscht I. *adj* disappointed (**über** +*akk* about, **von** +*dat* by) II. *adv* disappointedly
Enttäuschung *f* disappointment
entl waffnen* [ɛnt·'vaf·nən] *vt* (*a. fig*) ■**jdn** ~ to disarm sb
entwaffnend I. *adj* disarming II. *adv* disarmingly
Entwarnung *f* all clear
entl wässern* *vt* ❶ AGR, BAU to drain ❷ MED to dehydrate
Entwässerung, Entwässrung <-, -en> *f* ❶(*von Moor, Gelände*) drainage ❷(*Kanalisation*) drainage [system] ❸ CHEM dehydration
entweder [ɛnt·'veː·dɐ] *konj* ~ ... **oder** ... either...or
entl weichen* *vi irreg sein* ■[**aus etw** *dat*] ~ ❶(*sich verflüchtigen*) to leak [from sth] ❷(*geh: fliehen*) to escape [from sth]
entl wenden* *vt* (*hum geh*) ■[**jdm**] **etw** ~ to purloin [*or hum* liberate] sth [from sb]
entl werfen* *vt irreg* ❶(*zeichnerisch gestalten*) to sketch ❷(*designen*) to design ❸(*im Entwurf erstellen*) to draft

entl werten* *vt* ❶(*ungültig machen*) to invalidate; *Fahrkarte* to stamp; *Banknoten* to demonetize ❷(*weniger wert machen*) *Preise* to devalue
Entwertung *f* invalidation; (*Wertminderung*) devaluation
entl wickeln* I. *vt* ❶(*erfinden, entwerfen*) *a.* FOTO to develop ❷ CHEM (*entstehen lassen*) to produce II. *vr* ❶(*zur Entfaltung kommen*) ■**sich** *akk* [**zu etw** *dat*] ~ to develop [into sth] ❷(*vorankommen*) **na, wie entwickelt sich euer Projekt?** well, how is your project coming along? ❸ CHEM (*entstehen*) ■**sich** ~ to be produced
Entwicklung <-, -en> *f* ❶(*das Entwickeln, das Entwerfen*) *a.* FOTO development ❷(*das Vorankommen*) progression ❸ ÖKON, POL trend
Entwicklungshelfer(in) *m(f)* development aid worker
Entwicklungshilfe *f* development aid
Entwicklungsland *nt* developing country
entwürdigend I. *adj* degrading II. *adv* degradingly
Entwurf *m* ❶(*Skizze*) sketch ❷(*Design*) design ❸(*Konzept*) draft
entl wurzeln* *vt* ■**etw** ~ to uproot sth
entl ziehen* *irreg* I. *vt* ■**jdm etw** ~ to withdraw sth from sb II. *vr* ❶(*sich losmachen*) to evade ❷(*nicht berühren*) **das entzieht sich meiner Kenntnis** that's beyond my knowledge
Entziehungskur *f* treatment for an addiction
entl ziffern* [ɛnt·'tsɪ·fɐn] *vt* to decipher
entl zücken* *vt* (*begeistern*) ■**jdn** ~ to delight sb
Entzücken <-s> *nt kein pl* delight; [**über etw** *akk*] **in** ~ **geraten** to be ecstatic [about sth]
entzückend [ɛnt·'tsʏ·knt] *adj* delightful
Entzug <-[e]s> *m kein pl* ❶ ADMIN revocation ❷ MED withdrawal; (*Entziehungskur*) withdrawal treatment
Entzugserscheinung *f* withdrawal symptom *usu pl*
entl zünden* I. *vt* (*geh: anzünden*) to light II. *vr* ❶ MED ■**sich** ~ to become infected ❷(*in Brand geraten*) ■**sich** ~ to catch fire ❸(*fig: aufflackern*) ■**sich an etw** *dat* ~ to be sparked off by sth
entzündet *adj* MED infected
entzündlich [ɛnt·'tsʏnt·lɪç] *adj* ❶ MED inflammatory ❷ *Substanz* inflammable; **leicht** ~ highly inflammable
Entzündung *f* MED *eines Gelenks* inflammation; *durch Bakterien* infection
entzwei [ɛnt·'tsvai] *adj pred* in two [pieces]; (*zersprungen*) broken
entzweil gehen *vi irreg sein* to break [in two]
Enzian <-s, -e> ['ɛn·tsi̯·aːn] *m* ❶ BOT gentian ❷(*Schnaps*) spirit distilled from the roots of gentian
Enzyklopädie <-, -n> [ɛn·tsy·klo·pɛ·'diː·, *pl* -'diː·ən] *f* encyclopedia
enzyklopädisch [ɛn·tsy·klo·'pɛː·dɪʃ] I. *adj*

encyclopedic **II.** *adv* encyclopedically

Enzym <-s, -e> [ɛn·'tsyːm] *nt* enzyme

Epen *pl von* **Epos**

Epidemie <-, -n> [epi·de·'miː, *pl* -'miː·ən] *f* epidemic

Epilepsie <-, -n> [epi·lɛ·'psiː, *pl* -'psiː·ən] *f* epilepsy

Epileptiker(in) <-s, -> [epi'lɛp·ti·kɐ] *m(f)* epileptic

epileptisch [epi'lɛp·tɪʃ] **I.** *adj* epileptic **II.** *adv* tending to have epileptic seizures

Epilog <-s, -e> [epi'loːk, *pl* epi'loː·gə] *m* epilog(ue)

episch ['eːpɪʃ] *adj* epic

Episode <-, -n> [epi'zoː·də] *f* episode

Epoche <-, -n> [e'pɔ·xə] *f* epoch

Epos <-, Epen> ['eːpɔs, *pl* 'eːp·ən] *nt* epic

er <*gen* seiner, *dat* ihm, *akk* ihn> ['eːɐ] *pron pers* he; **sie ist ein Jahr jünger als** ~ she is a year younger than him

Erachten <-s> [ɛɐ·'ʔax·tn̩] *nt kein pl* **meines** ~**s** in my opinion

er|ahnen* *vt* (*geh*) to guess; ■ **etw** ~ **lassen** to give an idea of sth

er|arbeiten* *vt* ❶ (*durch Arbeit erwerben*) ■ [**sich** *dat*] **etw** ~ *Vermögen* to work for sth ❷ (*erstellen*) ■ **etw** ~ *Entwurf* to work out sth

Erbanlage *f meist pl* hereditary factor

er|barmen* [ɛɐ·'bar·mən] **I.** *vt* (*leidtun*) ■ **jdn** ~ to arouse sb's pity **II.** *vr* ■ **sich** *akk* **jds/einer S.** ~ to take pity on sb/sth

Erbarmen <-s> [ɛɐ·'bar·mən] *nt kein pl* pity; ■ ~ **mit jdm** [**haben**] [to have] pity for sb; **ohne** ~ merciless[ly]

erbärmlich [ɛɐ·'bɛrm·lɪç] **I.** *adj* (*pej*) ❶ (*fam: gemein*) miserable ❷ (*furchtbar*) terrible ❸ (*jämmerlich*) *Zustand* wretched **II.** *adv* (*pej*) ❶ (*gemein*) abominably ❷ (*fam: furchtbar*) terribly

erbarmungslos [ɛɐ·'bar·mʊŋs·loːs] **I.** *adj* merciless **II.** *adv* mercilessly

er|bauen* **I.** *vt* ❶ (*errichten*) to build ❷ (*seelisch bereichern*) ■ **jdn** ~ to uplift sb ❸ (*fam: begeistert sein*) ■ [**von etw** *dat*] **erbaut sein** to be enthusiastic [about sth] **II.** *vr* (*sich innerlich erfreuen*) ■ **sich** *akk* **an etw** *dat* ~ to be uplifted by sth

Erbauer(in) <-s, -> *m(f)* architect

Erbauung <-, -en> *f* ❶ (*Errichtung*) building ❷ (*seelische Bereicherung*) edification

Erbe <-s> ['ɛr·bə] *nt kein pl* ❶ (*Erbschaft*) inheritance ❷ (*fig: Hinterlassenschaft*) legacy

Erbe, Erbin <-n, -n> ['ɛr·bə, *pl* 'ɛr·bn̩] *m, f* heir *masc*, heiress *fem*

erben ['ɛr·bn̩] **I.** *vt* ■ **etw** [**von jdm**] ~ to inherit sth [from sb] **II.** *vi* (*Erbe sein*) to receive an inheritance

er|beuten* [ɛɐ·'bɔy·tn̩] *vt* ■ **etw** ~ ❶ (*als Beute erhalten*) to get away with sth ❷ (*als Kriegsbeute bekommen*) to capture sth ❸ (*als Beute fangen*) to carry off *sep* sth

Erbfaktor *m* hereditary factor

Erbfehler *m* BIOL hereditary defect

Erbfolge *f* [line of] succession

Erbgut *nt kein pl* genetic makeup

Erbin <-, -nen> ['ɛr·bɪn] *f fem form von* **Erbe** heiress

erbittert I. *adj* bitter **II.** *adv* bitterly

Erbitterung <-> *f kein pl* bitterness

Erbkrankheit *f* hereditary disease

er|blassen* [ɛɐ·'bla·sn̩] *vi sein* ■ [**vor etw** *dat*] ~ to turn pale [with sth]

er|bleichen* *vi sein* (*geh*) ■ [**vor etw** *dat*] ~ to turn pale [with sth]

erblich ['ɛrp·lɪç] **I.** *adj* hereditary **II.** *adv* by inheritance

er|blicken* *vt* (*geh*) ■ **jdn/etw** ~ to catch sight of sb/sth

er|blinden* *vi sein* ■ [**durch etw** *akk*] ~ to go blind [as a result of sth]

Erblindung <-, -en> *f* loss of sight

Erbonkel *m* (*hum fam*) rich uncle

er|brechen*¹ *irreg* **I.** *vt* (*ausspucken*) ■ **etw** ~ to bring up *sep* sth **II.** *vi* (*den Mageninhalt erbrechen*) to throw up *sl* **III.** *vr* (*sich übergeben*) ■ **sich** *akk* ~ to be sick

er|brechen*² *irreg vt* (*geh o veraltet*) ■ **etw** ~ to break open *sep* sth

Erbrecht *nt* law of inheritance

er|bringen* *vt irreg* ❶ (*aufbringen*) a. FIN to raise ❷ (*als Resultat zeitigen*) to produce ❸ JUR *Proof* to produce

Erbschaft <-, -en> ['ɛrp·ʃaft] *f* inheritance

Erbse <-, -n> ['ɛrp·sə] *f* pea

Erbsünde *f* original sin

Erbtante *f* (*hum fam*) rich aunt

Erdachse ['eːɐd·aksə] *f* earth's axis

erdacht [ɛɐ·'daxt] *adj* invented

Erdanziehung *f kein pl* earth's gravitational pull

Erdapfel *m* SÜDD, ÖSTERR (*Kartoffel*) potato

Erdatmosphäre *f* Earth's atmosphere

Erdball *m* (*geh*) globe

Erdbeben *nt* earthquake

Erdbeere ['eːɐt·beː·rə] *f* strawberry

Erdbevölkerung *f* world population

Erdboden *m* ground

Erde <-, -n> ['eːɐ·də] *f* ❶ *kein pl* (*Welt*) earth; **auf der ganzen** ~ in the whole world ❷ (*Erdreich*) earth ❸ (*Boden*) ground; **zu ebener** ~ at street level

er|denken* *vt irreg* to devise

erdenklich *adj attr* conceivable

Erdgas *nt* natural gas

Erdgeschossᴿᴿ *nt* ground [*or* first] floor

er|dichten* *vt* (*geh*) to fabricate

erdig ['eːɐ·dɪç] **I.** *adj* ❶ (*nach Erde riechend/schmeckend*) earthy ❷ (*mit Erde beschmutzt*) muddy **II.** *adv* ~ **schmecken** to have an earthy taste

Erdkugel *f* globe

Erdkunde *f* geography

Erdnussᴿᴿ *f* peanut

Erdoberfläche *f* Earth's surface

Erdöl *nt* oil

Erdölvorkommen *nt* oil deposit

er|dreisten* [ɛɐ̯·'drai·stn̩] *vr* ■**sich** *akk* ~ to take liberties; ■**sich** *akk* ~, **etw zu tun** to have the audacity to do sth

er|drosseln* *vt* ■**jdn** ~ to strangle sb

er|drücken* *vt* **❶**(*zu Tode drücken*) ■**jdn/ein Tier** ~ to crush sb/an animal to death **❷**(*fam: Eigenständigkeit nehmen*) ■**jdn** [**mit etw** *dat*] ~ to stifle sb [with sth] **❸**(*sehr stark belasten*) ■**jdn** ~ to overwhelm sb

Erdrutsch *m* (*a. fig*) landslide

Erdstoß *m* seismic shock

Erdteil *m* continent

er|dulden* *vt* ■**etw** ~ *Kränkungen, Leid* to endure sth

Erdumdrehung *f* Earth's rotation

Erdumkreisung *f* orbit around the Earth

Erdumlaufbahn *f* [Earth] orbit

er|eifern* *vr* ■**sich** *akk* [**über etw** *akk*] ~ to get worked up [about sth]

er|eignen* [ɛɐ̯·'ʔaig·nən] *vr* ■**sich** ~ to occur

Ereignis <-ses, -se> [ɛɐ̯·'ʔaig·nɪs, *pl* -nɪ·sə] *nt* event; (*etw Besonderes*) occasion

ereignislos I. *adj* uneventful II. *adv* uneventfully

ereignisreich *adj* eventful

Erektion <-, -en> [erɛk·'tsi̯o:n] *f* erection

Eremit(in) <-en, -en> [ere·'mi:t] *m(f)* hermit

er|fahren¹ [ɛɐ̯·'fa:·rən] *irreg* I. *vt* **❶**(*zu hören bekommen*) ■**etw** [**über jdn/etw**] ~ to hear sth [about sb/sth] **❷**(*erleben*) to experience II. *vi* (*Kenntnis erhalten*) ■**von etw** *dat*/**über etw** *akk* ~ to learn of sth

er|fahren² [ɛɐ̯·'fa:·rən] *adj* (*versiert*) experienced; ■~ **sein** to be experienced (**in** +*dat* in)

Erfahrung <-, -en> *f* **❶**(*prägendes Erlebnis*) experience (**mit** +*dat* with); **nach meiner** ~ in my experience **❷**(*Übung*) experience **❸**(*Kenntnis*) **etw in** ~ **bringen** to find out *sep* sth

Erfahrungsaustausch *m* exchange of experiences

erfahrungsgemäß *adv* in sb's experience; ~ **ist** ... experience shows ...

Erfahrungswert *m meist pl* empirical value *spec*

er|fassen* *vt* **❶**(*mitreißen*) ■**etw/jdn** ~ *Auto, Strömung* to catch sth/sb **❷**(*befallen*) ■**jdn** ~ to seize sb **❸**(*begreifen*) to understand **❹**(*registrieren*) to record **❺**(*eingeben*) *Daten, Text* to enter

Erfassung *f* **❶**(*Registrierung*) recording **❷** *Daten, Text* entering

er|finden* [ɛɐ̯·'fɪn·dn̩] *vt irreg* to invent

Erfinder(in) [ɛɐ̯·'fɪn·dɐ] *m(f)* inventor

erfinderisch [ɛɐ̯·'fɪn·də·rɪʃ] *adj* inventive

Erfindung <-, -en> *f* invention

Erfolg <-[e]s, -e> [ɛɐ̯·'fɔlk, *pl* -fɔl·gə] *m* **❶**(*positives Ergebnis*) success; ~ **versprechend** promising; **viel** ~! good luck! **❷**(*Folge*) result, outcome

er|folgen* *vi sein* (*geh*) to occur

erfolglos [ɛɐ̯·'fɔlk·lo:s] *adj* **❶**(*ohne Erfolg*) unsuccessful **❷**(*vergeblich*) futile

Erfolglosigkeit <-> *f kein pl* **❶**(*mangelnder Erfolg*) lack of success **❷**(*Vergeblichkeit*) futility

erfolgreich *adj* successful

Erfolgsaussichten *pl* prospects *pl* of success

Erfolgsautor(in) *m(f)* bestselling author

Erfolgsdruck *m kein pl* performance pressure

Erfolgserlebnis *nt* sense of achievement

erforderlich [ɛɐ̯·'fɔr·də·lɪç] *adj* necessary

er|fordern* *vt* to require

Erfordernis <-ses, -se> [ɛɐ̯·'fɔr·də·nɪs] *nt* requirement (**für** +*akk* for)

er|forschen* *vt* **❶**(*durchstreifen und untersuchen*) to explore **❷**(*prüfen*) to investigate; *Gewissen* to examine

Erforschung *f* **❶**(*das Erforschen*) exploration **❷**(*das Prüfen*) investigation

er|fragen* *vt* ■**etw** [**von jdm**] ~ to ask [sb] about sth; *Einzelheiten* to obtain

er|freuen* I. *vt* (*freudig stimmen*) ■**jdn** ~ to please sb II. *vr* **❶**(*Freude haben*) ■**sich** *akk* **an etw** *dat* ~ to take pleasure in sth **❷**(*geh: genießen*) ■**sich** *akk* **einer S.** *gen* ~ to enjoy sth

erfreulich [ɛɐ̯·'frɔy·lɪç] I. *adj Anblick* pleasant; *Nachricht* welcome II. *adv* happily

erfreulicherweise *adv* happily

er|frieren* *vi irreg sein* **❶**(*durch Frost eingehen*) to be killed by frost **❷** *Gliedmaßen* to get frostbitten **❸**(*an Kälte sterben*) to freeze to death

er|frischen* [ɛɐ̯·'frɪ·ʃən] I. *vt* ■**jdn** ~ to refresh sb II. *vi* (*abkühlen*) to be refreshing III. *vr* (*sich abkühlen*) ■**sich** *akk* ~ to refresh oneself

erfrischend *adj* refreshing

Erfrischung <-, -en> *f* **❶**(*Abkühlung, Belebung*) refreshment **❷**(*erfrischendes Getränk*) refreshment

Erfrischungsgetränk *nt* refreshment

er|füllen* I. *vt* **❶**(*ausführen*) to fulfill **❷**(*durchdringen*) **von Ekel/Angst erfüllt sein** to be filled with disgust/fear **❸**(*anfüllen*) to fill II. *vr* (*sich bewahrheiten*) ■**sich** ~ to come true

Erfüllung *f* **❶**(*die Ausführung*) realization; *von Traum, Verpflichtung* fulfillment; *von Amtspflichten* execution **❷**(*innere Befriedigung*) fulfillment; **etw geht in** ~ sth comes true

erfunden [ɛɐ̯·'fʊn·dn̩] *pp von* **erfinden**

er|gänzen* [ɛɐ̯·'gɛn·tsn̩] *vt* ■**etw** ~ to supplement sth; *Vorräte* to replenish sth; (*vollenden*) to complete sth

ergänzend I. *adj* additional II. *adv* additionally

Ergänzung <-, -en> *f* **❶**(*das Auffüllen*) replenishment; *einer Sammlung* completion **❷**(*das Hinzufügen*) supplementing **❸**(*Zusatz*) addition

er|gattern* [ɛɐ̯·'ga·tɐn] *vt* (*fam*) ■**etw** ~ to get [a] hold of sth

er|gaunern* [ɛɐ̯·'gau·nɐn] *vt* (*fam*) ■[**sich** *dat*] **etw** ~ to hustle sth

er|geben*¹ *irreg* I. *vt* **❶** MATH ■**etw** ~ to amount to sth **❷**(*als Resultat haben*) ■**etw**

E

ergibt etw sth produces sth **II.** *vr* ❶ *(kapitulieren)* ▪**sich** *akk* [jdm] ~ to surrender [to sb] ❷ *(sich fügen)* **sich** *akk* **in sein Schicksal** ~ to resign oneself to one's fate ❸ *(sich hingeben)* **sich** *akk* **dem Glücksspiel** ~ to take to gambling ❹ *(daraus folgen)* ▪**sich aus etw** *dat* ~ to result from sth

ergeben² *adj* ❶ *(demütig)* humble ❷ *(treu)* devoted

Ergebenheit <-> *f kein pl* ❶ *(Demut)* humility ❷ *(Treue)* devotion

Ergebnis <-ses, -se> [ɛɐ̯ˈɡeːpˌnɪs, *pl* -nɪˌsə] *nt* result; SPORT score

ergebnislos *adj* without result

erlgehen* *irreg* **I.** *vi sein* ❶ *(offiziell erlassen)* ▪**etw** ~ **lassen** to issue sth ❷ *(geduldig hinnehmen)* **etw über sich** *akk* ~ **lassen** to endure sth ❸ *(geh: abgesandt werden)* ▪**|an jdn|** ~ to be sent [to sb] **II.** *vi impers sein* *(widerfahren)* **es ergeht jdm schlecht** it's not going well for sb

ergiebig [ɛɐ̯ˈɡiːbɪç] *adj* ❶ *(sparsam im Verbrauch)* economical ❷ *(nützlich)* productive

erlgießen *irreg* **I.** *vt* *(verströmen)* to pour over; *(geh)* to pour forth *liter* **II.** *vr* *(in großer Menge fließen)* to pour [out]

erlgötzen* [ɛɐ̯ˈɡœtsn̩] **I.** *vt* *(geh: vergnügen)* ▪**jdn** ~ to amuse sb **II.** *vr* *(sich vergnügen)* ▪**sich** *akk* [an etw *dat*] ~ to derive pleasure [from sth]

erlgreifen* *vt irreg* ❶ *(fassen)* to seize ❷ *(dingfest machen)* ▪**jdn** ~ to apprehend sb ❸ *(übergreifen)* *Feuer* to engulf ❹ *(fig: wahrnehmen)* ▪**etw** ~ to seize sth ❺ *(in die Wege leiten)* *Maßnahmen* to take ❻ *(gefühlsmäßig bewegen)* ▪**jdn** ~ to seize sb; *(Angst)* to grip sb

ergreifend *adj* moving

Ergreifung <-, -en> *f* ❶ *(Festnahme)* capture ❷ *(Übernahme)* seizure

ergriffen [ɛɐ̯ˈɡrɪfn̩] *adj* moved

erlgründen* *vt* to discover

erhaben [ɛɐ̯ˈhaːbn̩] *adj* ❶ *(feierlich stimmend)* *Gedanken* lofty; *Anblick* awe-inspiring; *Augenblick* solemn; *Schönheit* sublime ❷ *(über etw stehend)* ▪**über etw** *akk* ~ **sein** to be above sth

Erhabenheit <-> *f kein pl* grandeur; *eines Augenblicks* solemnity; *von Schönheit* sublimity

Erhalt <-[e]s> *m kein pl* *(geh)* ❶ *(geh: das Bekommen)* receipt; **den** ~ **einer S.** *gen* **bestätigen** to confirm receipt of sth ❷ *(das Aufrechterhalten)* maintenance

erlhalten* *irreg* **I.** *vt* ❶ *(bekommen)* to receive; *Befehl* to be given ❷ *(erteilt bekommen)* ▪**etw** ~ to receive sth ❸ *(eine Vorstellung gewinnen)* **einen Eindruck** [von jdm/etw] ~ to get an impression [of sb/sth] ❹ *(bewahren)* to maintain ❺ BAU to preserve **II.** *vr* ❶ *(sich halten)* **sich** *akk* **gesund** ~ to keep [oneself] healthy ❷ *(bewahrt bleiben)* ▪**sich** ~ to remain preserved

erhältlich [ɛɐ̯ˈhɛltlɪç] *adj* obtainable

Erhaltung *f kein pl* ❶ *(das Erhalten)* preservation ❷ *(Aufrechterhaltung)* maintenance

erlhängen* **I.** *vt* ▪**jdn** ~ to hang sb **II.** *vr* ▪**sich** *akk* ~ to hang oneself

erlhärten* **I.** *vt* ▪**etw** ~ to support sth **II.** *vr* ▪**sich** ~ to be reinforced

erlheben* *irreg* **I.** *vt* ❶ *(hochheben)* to raise ❷ *(einfordern)* ▪**etw** ~ to levy sth ❸ *Daten, Informationen* to gather ❹ *(zum Ausdruck bringen)* **ein Geschrei/Gejammer** ~ to kick up a fuss/to start whining; *Protest* to voice; *Einspruch* to raise **II.** *vr* ▪**sich** *akk* ~ ❶ *(aufstehen)* to stand up (**von** + *dat* from) ❷ *(sich auflehnen)* to rise up [*or* revolt] (**gegen** + *akk* against) ❸ *(aufragen)* to rise up (**über** + *dat* above) ❹ *(entstehen, aufkommen)* to start; *Wind* to pick up; *Sturm* to blow up

erheblich [ɛɐ̯ˈheːplɪç] **I.** *adj* ❶ *(beträchtlich)* considerable; *Nachteil, Vorteil a.* great; *Störung, Verspätung a.* major; *Verletzung* serious ❷ *(relevant)* relevant **II.** *adv* considerably

Erhebung *f* ❶ *(Aufstand)* uprising ❷ *von Abgaben, Steuern* levying ❸ *(amtliche Ermittlung)* gathering

erlheitern* [ɛɐ̯ˈhaitɐn] *vt* ▪**jdn** ~ to amuse sb

Erheiterung <-, selten -en> *f* amusement

erlhellen* [ɛɐ̯ˈhɛlən] **I.** *vt* ▪**etw** ~ ❶ *(hell machen)* to light up sth ❷ *(klären)* to throw light on sth **II.** *vr* ▪**sich** ~ to clear

erlhitzen* [ɛɐ̯ˈhɪtsn̩] **I.** *vt* ❶ *(heiß machen)* ▪**etw** ~ to heat sth ❷ *(zum Schwitzen bringen)* ▪**jdn** ~ to make sb sweat **II.** *vr* *(sich erregen)* ▪**sich** *akk* ~ to get excited (**an** + *dat* about)

erlhoffen* *vt* [sich *dat*] **etw** ~ to hope for sth

erlhöhen* [ɛɐ̯ˈhøːən] **I.** *vt* ▪**etw** ~ ❶ *(höher machen)* to raise sth (**um** + *akk* by) ❷ *(anheben)* to increase sth (**auf** + *akk* to, **um** + *akk* by) ❸ *(verstärken)* to heighten sth ❹ MUS to raise [*or* sharpen] **II.** *vr* ▪**sich** ~ ❶ *(steigen)* to increase (**auf** + *akk* to, **um** + *akk* by) ❷ *(sich verstärken)* to increase

erhöht *adj* ❶ *(verstärkt)* high; *Herzschlag, Puls* rapid ❷ *(gesteigert)* increased

Erhöhung <-, -en> *f* ❶ *(Steigerung)* increase ❷ *(Anhebung)* raising ❸ *(Verstärkung)* heightening

erlholen* *vr* ▪**sich** *akk* ~ ❶ *(wieder zu Kräften kommen)* to recover (**von** + *dat* from) ❷ *(ausspannen)* to take a break (**von** + *dat* from) ❸ BÖRSE to rally

erholsam [ɛɐ̯ˈhoːlˌzaːm] *adj* relaxing

Erholung <-> *f kein pl* relaxation

erlhören* *vt* *(geh)* *Bitte* to grant; *Flehen, Gebete* to answer

erlinnern* [ɛɐ̯ˈʔɪnɐn] **I.** *vt* ❶ *(zu denken veranlassen)* ▪**jdn an etw** *akk* ~ to remind sb about sth ❷ *(denken lassen)* ▪**jdn an jdn/etw** ~ to remind sb of sb/sth **II.** *vr* *(sich entsinnen)* ▪**sich** *akk* **an jdn/etw** ~ to remember sb/sth **III.** *vi* ❶ *(in Erinnerung bringen)* ▪**an**

jdn/etw ~ to be reminiscent of sb/sth *form* ❷ (*ins Gedächtnis rufen*) ■daran ~, dass ... to point out that ...

Erinnerung <-, -en> *f* ❶ (*Gedächtnis*) memory ❷ *pl* (*Eindrücke von Erlebnissen*) memories *pl* ❸ (*geh: Mahnung*) reminder

erlkälten* [εɐ̯ˈkɛl·tn̩] *vr* ■ **sich** *akk* ~ to catch a cold

erkältet I. *adj* ~ **sein** to have a cold *pred* **II.** *adv* **du hörst dich ~ an** you sound as if you've got a cold

Erkältung <-, -en> *f* cold; **eine ~ bekommen** to catch a cold

erlkämpfen* *vt* ■ |**sich** *dat*| **etw** ~ to fight to get sth

erlkaufen* *vt* ❶ (*durch Bezahlung erhalten*) to buy ❷ (*durch Opfer erlangen*) **etw teuer** ~ to pay dearly for sth

erkennbar *adj* ❶ (*sichtbar*) discernible ❷ (*wahrnehmbar*) ■ **für jdn/etw** ~ **sein** to be perceptible to sb/sth (**an** +*dat* from)

erlkennen* *irreg* **I.** *vt* ❶ (*wahrnehmen*) ■ **jdn/etw** ~ to see sb/sth ❷ (*identifizieren*) ■ **jdn/etw** ~ to recognize sb/sth (**an** +*dat* by) ❸ (*einsehen*) **einen Irrtum** ~ to realize one's mistake ❹ (*feststellen*) to detect **II.** *vi* ❶ (*wahrnehmen*) ■ ~ **ob/um was/wen ...** to see whether/what/who ... ❷ (*einsehen*) ■ ~, **dass/wie ...** to realize that/how ...

erkenntlich [εɐ̯ˈkɛnt·lɪç] *adj* grateful; ■ **sich** *akk* ~ **zeigen** to show one's appreciation (**für** +*akk* for)

Erkenntnis <-, -se> [εɐ̯ˈkɛnt·nɪs, *pl* -nɪ·sə] *f* ❶ (*Einsicht*) insight; **zu der ~ kommen, dass ...** to realize that ... ❷ *ohne pl* (*das Erkennen*) understanding

Erkennungszeichen *nt* identification mark

Erker <-s, -> [ˈεr·kɐ] *m* oriel

erlklären* **I.** *vt* ❶ (*erläutern*) ■ |**jdm**| **etw** ~ to explain sth [to sb] ❷ (*interpretieren*) ■ |**jdm**| **etw** ~ to interpret sth [for sb] ❸ (*bekannt geben*) to announce ❹ (*offiziell bezeichnen*) ■ **jdn für etw** *akk* ~ to pronounce sb sth **II.** *vr* ❶ (*sich deuten*) **wie ~ Sie sich, dass ...** how do you explain that ... ❷ (*sich aufklären*) ■ **sich** ~ to become clear ❸ (*sich bezeichnen*) **sich zufrieden** ~ to voice one's satisfaction; **sich bereit** ~, **etwas zu tun** to volunteer to do sth

erklärt *adj attr* declared

Erklärung *f* ❶ (*Darlegung*) explanation ❷ (*Mitteilung*) statement

Erkrankung <-, -en> *f* illness

erlkunden* [εɐ̯ˈkʊn·dn̩] *vt* ■ **etw** ~ ❶ (*auskundschaften*) to scout out *sep* sth ❷ (*in Erfahrung bringen*) to discover sth

erlkundigen* [εɐ̯ˈkʊn·dɪ·gn̩] *vr* ■ **sich** *akk* |**nach jdm/etw**| ~ to ask [about sb/sth]

Erkundigung <-, -en> *f* inquiry

Erkundung <-, -en> *f* MIL reconnaissance

erllangen* [εɐ̯ˈlaŋən] *vt* (*geh*) to obtain

Erlass^RR, **Erlaß**^ALT <Erlasses, Erlasse *o* ÖSTERR Erlässe> [εɐ̯ˈlas, *pl* εɐ̯ˈlε·sə] *m* ❶ (*Ver-*

fügung) decree ❷ (*das Erlassen*) remission

erllassen* *vt irreg* ❶ (*verfügen*) to issue ❷ (*von etw befreien*) ■ **jdm etw** ~ to remit sb's sth

erllauben* [εɐ̯ˈlau·bn̩] **I.** *vt* ❶ (*gestatten*) ■ **jdm etw** ~ to allow sb to do sth ❷ (*geh: zulassen*) **ich komme, soweit es meine Zeit erlaubt** if time permits, I'll come ► WENDUNGEN: ~ **Sie** **mal!** what do you think you're doing? **II.** *vr* ❶ (*sich gönnen*) ■ **sich** *dat* **etw** ~ to allow oneself sth ❷ (*sich herausnehmen*) ■ **sich** *dat* ~, **etw zu tun** to take the liberty of doing sth

Erlaubnis <-, *selten* -se> *f* ❶ (*Genehmigung*) permission ❷ (*genehmigendes Schriftstück*) permit

erlläutern* *vt* ■ |**jdm**| **etw** ~ to explain sth [to sb]

Erläuterung <-, -en> *f* explanation

Erle <-, -n> [ˈεr·lə] *f* alder

erlleben* *vt* ❶ (*im Leben mitmachen*) ■ **etw** ~ to live to see sth ❷ (*erfahren*) to experience ❸ (*durchmachen*) ■ **etw** ~ to go through sth ❹ (*mit ansehen*) ■ **es** ~, **dass/wie ...** to see that/how ...; **so wütend habe ich ihn noch nie erlebt** I've never seen him so furious

Erlebnis <-ses, -se> [εɐ̯ˈleːp·nɪs, *pl* -nɪ·sə] *nt* experience

erlledigen* [εɐ̯ˈleː·dɪ·gn̩] **I.** *vt* ❶ (*ausführen*) ■ **etw** ~ to take care of sth ❷ (*fam: erschöpfen*) ■ **jdn** ~ to wear out *sep* sb ❸ (*sl: umbringen*) ■ **jdn** ~ to bump off *sep* sb **II.** *vr* ■ **etw erledigt sich** |**von selbst**| sth sorts itself out [on its own]

erledigt [εɐ̯ˈleː·dɪçt] *adj pred* ❶ (*fam: erschöpft*) exhausted, beat *fam* ❷ (*fam: am Ende*) ■ ~ **sein** to have had it ❸ (*abgehakt*) ■ **etw ist** |**für jdn**| ~ sth is over and done with [as far as sb is concerned]; (*schon vergessen*) sth is forgotten [as far as sb is concerned]

Erledigung <-, -en> *f* ❶ (*Ausführung*) dealing with ❷ (*Besorgung*) errand

erllegen* *vt* ❶ (*zur Strecke bringen*) ■ **ein Tier** ~ to shoot [*or spec* bag] an animal ❷ ÖSTERR (*bezahlen*) to pay

erlleichtern* [εɐ̯ˈlaiç·tɐn] *vt* ❶ (*ertragbarer machen*) ■ **etw** ~ to make sth easier ❷ (*innerlich beruhigen*) ■ **jdn** ~ to be a relief to sb ❸ (*fam: beklauen*) ■ **jdn um etw** *akk* ~ to relieve sb of sth

Erleichterung <-, -en> *f* ❶ (*Linderung*) relief ❷ *kein pl* (*Beruhigung*) relief; **zu jds** ~ to sb's relief ❸ (*Vereinfachung*) simplification

erlleiden* *vt irreg* ■ **etw** ~ to suffer sth

erlesen *adj* exquisite

erlliegen* *vi irreg sein* ■ **einer S.** *dat* ~ ❶ (*verfallen*) to fall prey to sth ❷ (*geh: zum Opfer fallen*) to fall victim to sth ► WENDUNGEN: **zum E~ kommen** to come to a standstill

erllischt [εɐ̯ˈlɪʃt] *3. pers sing pres von* **erlöschen**

Erlös <-es, -e> [εɐ̯ˈløːs, *pl* -ˈløː·zə] *m* proceeds *npl*

E

er|lö̱schen <erlischt, erlosch, erloschen> *vi sein* **①** (*zu brennen aufhören*) to stop burning **②** (*vergehen*) to fizzle out **③** (*seine Gültigkeit verlieren*) to expire; *Ansprüche* to become invalid

er|lö̱sen* *vt* ■**jdn ~** **①** (*befreien*) to release sb (**aus/von** +*dat* from) **②** REL to redeem sb (**aus/von** +*dat* from)

erlö̱send **I.** *adj* relieving **II.** *adv* in a relieving manner *pred*

Erlö̱sung *f* **①** (*Erleichterung*) relief **②** REL redemption

er|mä̱chtigen* [ɛɐ̯·ˈmɛç·tɪ·gn̩] *vt* ■**jdn** [**zu** etw *dat*] **~** to authorize sb [to do sth]

Ermä̱chtigung <-, -en> *f* authorization

er|ma̱hnen* *vt* **①** (*warnend mahnen*) ■**jdn ~** to warn sb **②** (*anhalten*) ■**jdn zu etw** *dat* **~** to admonish sb to do sth

Erma̱hnung *f* warning

Ermä̱ßigung <-, -en> *f* reduction

erma̱ttet *adj* (*geh*) exhausted

er|me̱ssen* *vt irreg* ■**etw ~** to comprehend sth

Erme̱ssen <-s> *nt kein pl* discretion

er|mi̱tteln* **I.** *vt* ■**etw ~** **①** (*herausfinden*) to find out *sep* sth **②** (*errechnen*) to determine sth **II.** *vi* (*eine Untersuchung durchführen*) ■[**gegen jdn**] **~** to investigate [sb]

Ermi̱ttlung <-, -en> *f* **①** *kein pl* (*das Ausfindigmachen*) determining **②** (*Untersuchung*) investigation

Ermi̱ttlungsverfahren *nt* preliminary proceedings

er|mö̱glichen* [ɛɐ̯·ˈmøː·klɪ·çn̩] *vt* ■**jdm etw ~** to enable sb to do sth

er|mo̱rden* *vt* ■**jdn ~** to murder sb

Ermo̱rdung <-, -en> *f* murder

er|mü̱den* [ɛɐ̯·ˈmyː·dn̩] **I.** *vt haben* ■**jdn ~** to tire [out *sep*] sb **II.** *vi sein* **①** (*müde werden*) to become tired **②** TECH to wear

ermü̱dend *adj* tiring

Ermü̱dung <-, *selten* -en> *f* **①** (*das Ermüden*) tiredness **②** TECH wear

er|mu̱ntern* [ɛɐ̯·ˈmʊn·tɐn] *vt* **①** (*ermutigen*) ■**jdn** [**zu** etw *dat*] **~** to encourage sb [to do sth] **②** (*beleben*) ■**jdn ~** to perk up *sep* sb

Ermu̱nterung <-, -en> *f* encouragement

er|mu̱tigen* [ɛɐ̯·ˈmuː·tɪ·gn̩] *vt* ■**jdn** [**zu etw** *dat*] **~** to encourage sb [to do sth]

ermu̱tigend *adj* encouraging

Ermu̱tigung <-, -en> *f* encouragement

er|nä̱hren* **I.** *vt* **①** (*mit Nahrung versorgen*) ■**jdn/ein Tier ~** to feed sb/an animal **②** (*unterhalten*) ■**jdn ~** to support sb **II.** *vr* **①** (*sich speisen*) ■**sich** *akk* **von etw** *dat* **~** to live on sth **②** (*sich unterhalten*) ■**sich** *akk* [**von etw** *dat*] **~** to support oneself [by doing sth]

Ernä̱hrer(in) <-s, -> [ɛɐ̯·ˈnɛː·ɐ] *m(f)* breadwinner

Ernä̱hrung <-> *f kein pl* **①** (*das Ernähren*) feeding **②** (*Nahrung*) diet **③** (*Unterhalt*) support

Ernä̱hrungsberater, -beraterin *m, f* nutri-

tionist

Ernä̱hrungsgewohnheiten *pl* eating habits *npl*

Ernä̱hrungswissenschaft *f* nutritional science

Ernä̱hrungswissenschaftler(in) *m(f)* nutritionist

er|ne̱nnen* *vt irreg* ■**jdn** [**zu etw** *dat*] **~** to appoint sb [[as] sth]

Erne̱nnung *f* appointment (**zu** +*dat* as)

erne̱uerbar *adj* renewable

er|ne̱uern* [ɛɐ̯·ˈnɔy·ɐn] *vt* **①** (*auswechseln*) to replace **②** (*renovieren*) to renovate; *Fenster, Leitungen* to repair **③** (*verlängern*) to renew **④** (*restaurieren*) to restore

Erne̱uerung *f* **①** (*das Auswechseln*) changing **②** (*Renovierung*) renovation **③** (*Verlängerung*) renewal **④** (*Restaurierung*) restoration

erne̱ut [ɛɐ̯·ˈnɔyt] **I.** *adj attr* repeated **II.** *adv* again

er|ni̱edrigen* [ɛɐ̯·ˈniː·drɪ·gn̩] *vt* ■**jdn/sich ~** to demean sb/oneself

Erni̱edrigung <-, -en> *f* humiliation

ernst [ˈɛrnst] *adj* **①** (*gravierend*) serious **②** (*aufrichtig*) genuine; **es ~ meinen** [**mit jdm/etw**] to be serious [about sb/sth]; **jdn/etw ~ nehmen** to take sb/sth seriously **③** *Anlass* solemn

Ernstfall *m* emergency

e̱rnstgemeint *adj attr* s. **ernst 2**

e̱rnsthaft **I.** *adj* **①** (*gravierend*) serious **②** (*aufrichtig*) sincere **II.** *adv* seriously

E̱rnsthaftigkeit <-> *f kein pl* seriousness

e̱rnstlich **I.** *adj attr* serious **II.** *adv* seriously

E̱rnte <-, -n> [ˈɛrn·tə] *f* harvest

E̱rnte(dank)fest *nt* Thanksgiving, harvest festival

e̱rnten [ˈɛrn·tn̩] *vt* **①** (*einbringen*) to harvest **②** (*erzielen*) *Lob, Spott* to earn; *Anerkennung* to gain; *Applaus* to win

er|nü̱chtern* [ɛɐ̯·ˈnʏç·tɐn] *vt* ■**jdn ~** **①** (*wieder nüchtern machen*) to sober up *sep* sb **②** (*in die Realität zurückholen*) to bring sb back to reality

Ernü̱chterung <-, -en> *f* disillusionment

Ero̱berer, Ero̱b(r)erin <-s, -> *m, f* conqueror

er|o̱bern* [ɛɐ̯·ˈʔoː·bɐn] *vt* **①** (*mit Waffengewalt besetzen*) to conquer **②** (*durch Bemühung erlangen*) ■**etw ~** to win sth [with effort]

Ero̱berung <-, -en> *f* **①** (*das Erobern*) conquest **②** (*erobertes Gebiet*) conquered territory

er|ö̱ffnen* **I.** *vt* **①** (*zugänglich machen*) to open **②** (*beginnen*) to commence; *Sitzung, Ball* to open; **das Feuer** [**auf jdn**] **~** to open fire [on sb] **③** (*hum: mitteilen*) ■**jdm etw ~** to reveal sth to sb **II.** *vr* (*sich bieten*) ■**sich jdm ~** to open up to sb

Erö̱ffnung *f* **①** (*das Eröffnen*) opening **②** (*das Einleiten*) opening **③** (*Beginn*) commencing **④** (*geh: Mitteilung*) revelation

er|ö̱rtern* [ɛɐ̯·ˈʔœr·tɐn] *vt* ■**etw ~** to discuss sth [in detail]

Erö̱rterung <-, -en> *f* discussion

E

Erotik <-> [e'ro:·tɪk] *f kein pl* eroticism
erotisch [e'ro:·tɪʃ] *adj* erotic
Erpel <-s, -> ['ɛr·pl̩] *m* drake
erpicht [ɛɐ̯·'pɪçt] *adj* ■ **auf etw** *akk* ~ **sein** to be after sth
er|pressen* *vt* ❶ (*durch Drohung nötigen*) ■ **jdn** ~ to blackmail sb ❷ (*abpressen*) ■ **etw** [**von jdm**] ~ to extort sth [from sb]
Erpresser(in) <-s, -> *m(f)* blackmailer
Erpressung <-, -en> *f* blackmail
Erpressungsversuch *m* attempted blackmail
er|proben* *vt* to test
erprobt *adj* ❶ (*erfahren*) experienced ❷ (*zuverlässig*) reliable
Erprobung <-, -en> *f* trial
er|raten* *vt irreg* to guess
er|rechnen* *vt* to calculate
erregbar *adj* ❶ (*leicht aufzuregen*) excitable ❷ (*sexuell zu erregen*) easily aroused
er|regen* **I.** *vt* ❶ (*aufregen*) ■ **jdn** ~ to irritate sb ❷ (*sexuell anregen*) ■ **jdn** ~ to arouse sb ❸ (*hervorrufen*) ■ **etw** ~ to cause **II.** *vr* ■ **sich** *akk* **über jdn/etw** ~ to get annoyed about sb/sth
Erreger <-s, -> *m* pathogen
Erregung *f* ❶ (*erregter Zustand*) irritation ❷ (*sexuell erregter Zustand*) arousal
erreichbar *adj* ■ [**für jdn**] ~ **sein** to be able to be reached [by sb]
er|reichen* *vt* ❶ (*rechtzeitig hinkommen*) to catch ❷ (*antreffen*) ■ **jdn** ~ to reach sb ❸ (*eintreffen*) ■ **etw** ~ to reach sth ❹ (*erzielen*) to reach ❺ (*einholen*) ■ **jdn** ~ to catch up with sb ❻ (*bewirken*) ■ **etw** [**bei jdm**] ~ to get somewhere [with sb] ❼ (*an etw reichen*) ■ **etw** ~ to reach sth
er|richten* *vt* ■ **etw** ~ ❶ (*aufstellen*) to erect sth *form* ❷ (*erbauen*) to erect sth *form* ❸ (*begründen*) to found sth
er|röten* *vi sein* to blush
Errungenschaft <-, -en> [ɛɐ̯·'rʊŋən·ʃaft] *f* achievement
Ersatz <-es> [ɛɐ̯·'zats] *m kein pl* ❶ (*ersetzender Mensch*) substitute; (*ersetzender Gegenstand*) replacement ❷ (*Entschädigung*) compensation
Ersatzbank *f* bench
Ersatzdienst *m* nonmilitary service for conscientious objectors
Ersatzlösung *f* alternative solution
Ersatzmann <-männer *o* -leute> *m* substitute
Ersatzmittel *nt* substitute
Ersatzreifen *m* spare tire
Ersatzteil *nt* spare part
ersatzweise *adv* as an alternative
er|schaffen* *vt irreg* (*geh*) ■ **jdn/etw** ~ to create sb/sth
Erschaffung *f* creation
er|schaudern* *vi sein* (*geh*) to shudder
er|scheinen* *vi irreg sein* ❶ (*auftreten*) to appear ❷ (*sichtbar werden*) to be able to be seen ❸ (*veröffentlicht werden*) to come out ❹ (*sich verkörpern*) ■ **jdm** ~ *Geist* to appear to sb

❺ (*scheinen*) to seem; **das erscheint mir recht weit hergeholt** that seems pretty far-fetched to me
Erscheinen <-s> *nt kein pl* ❶ (*das Auftreten*) appearance ❷ (*die Verkörperung*) appearance ❸ (*die Veröffentlichung*) publication
Erscheinung <-, -en> *f* ❶ (*Phänomen*) phenomenon ❷ (*Persönlichkeit*) ■ **eine bestimmte** ~ a certain figure ❸ (*Vision*) vision ▶ WENDUNGEN: **in** ~ **treten** to appear
Erscheinungsbild *nt* appearance
er|schießen* *irreg vt* ■ **jdn** ~ to shoot sb dead
Erschießung <-, -en> *f* shooting
er|schlaffen* [ɛɐ̯·'ʃlafn̩] *vi sein* ❶ (*schlaff werden*) to become limp ❷ (*die Straffheit verlieren*) to become loose ❸ (*welk werden*) to wither
er|schlagen*¹ *vt* ■ **jdn** ~ *irreg* ❶ (*totschlagen*) to beat sb to death ❷ (*durch Darauffallen töten*) to strike dead ❸ (*überwältigen*) to overwhelm sb
erschlagen² *adj* (*fam*) ■ ~ **sein** to be pooped *sl*
er|schließen* *irreg vt* ❶ *Land* to develop ❷ (*nutzbar machen*) ■ [**jdm**] **etw** ~ to make accessible [to sb]
Erschließung *f* ❶ (*das Zugänglichmachen*) development ❷ (*das Nutzbarmachen*) tapping
er|schöpfen* *vt* ❶ (*ermüden*) ■ **jdn** ~ to exhaust sb ❷ (*aufbrauchen*) ■ **etw** ~ to exhaust sth
erschöpfend **I.** *adj* ❶ (*zur Erschöpfung führend*) exhausting ❷ (*ausführlich*) exhaustive **II.** *adv* exhaustively
Erschöpfung <-, *selten* -en> *f* exhaustion
erschossen [ɛɐ̯·'ʃɔ·sn̩] *adj* (*fam*) pooped *sl*
erschrak *imp von* **erschrecken II**
er|schrecken **I.** *vt* <erschreckte, erschreckt> *haben* ■ **jdn** ~ ❶ (*in Schrecken versetzen*) to give sb a scare ❷ (*bestürzen*) to shock sb **II.** *vi* <erschrickt, erschreckte *o* erschrak, erschreckt *o* erschrocken> *sein* ■ [**vor jdm/etw**] ~ to be scared [by sb/sth] **III.** *vr* <erschrickt, erschreckte, erschreckt *o* erschrocken> *haben* (*fam*) ■ **sich** *akk* [**über etw** *akk*] ~ to be shocked [by sth]
erschreckend **I.** *adj* alarming **II.** *adv* ❶ (*schrecklich*) terrible ❷ (*fam: unglaublich*) incredibly
erschrickt *3. pers sing pres von* **erschrecken**
erschrocken **I.** *pp von* **erschrecken II, III** **II.** *adj* alarmed **III.** *adv* with a start *pred*
er|schüttern* [ɛɐ̯·'ʃʏ·tɐn] *vt* ❶ (*zum Beben bringen*) to shake ❷ (*in Frage stellen*) to shake; *Ansehen* to damage; *Glaubwürdigkeit* to undermine ❸ (*tief bewegen*) ■ **jdn** ~ to shake sb
erschütternd *adj* distressing
erschüttert *adj* shaken (**über** + *akk* by)
Erschütterung <-, -en> *f* ❶ (*erschütternde Bewegung*) shake ❷ (*das Erschüttern*) shaking ❸ (*seelische Ergriffenheit*) distress
er|schweren* [ɛɐ̯·'ʃve:·rən] *vt* ■ [**jdm**] **etw** ~

to make sth more difficult [for sb]

erschwerend   **I.** *adj* complicating   **II.** *adv* ~ **kommt noch hinzu ...** to make matters worse ...

erschwinglich [ɛɐ̯·ˈʃvɪŋ·lɪç] *adj* affordable

er|sehen* *vt irreg* (*geh*) ■ **etw aus etw** *dat* ~ to see sth from sth

er|sehnen* *vt* (*geh*) ■ **etw** ~ to long for sth

ersetzbar [ɛɐ̯·ˈzɛts·baːɐ̯] *adj* replaceable

er|setzen* *vt* ❶ (*austauschen*) ■ **etw** [**durch etw** *akk*] ~ to replace sth [with sth] ❷ (*vertreten*) ■ **jdn/etw** ~ to replace sb/sth ❸ (*erstatten*) ■ **jdm etw** ~ to reimburse sb for sth

ersichtlich *adj* apparent; ■ **aus etw** *dat* ~ **sein, dass ...** to be apparent from sth that ...

er|sparen* *vt* ❶ (*von Ärger verschonen*) ■ **jdm etw** ~ to spare sb sth ❷ (*durch Sparen erwerben*) ■ [**sich** *dat*] **etw** ~ to save up [to buy] sth

Ersparnis <-, -se> [ɛɐ̯·ˈʃpaːɐ̯·nɪs, *pl* -nɪ·sə] *f* ❶ *kein pl* (*Einsparung*) ■ **eine** ~ **an etw** *dat* savings *npl* on sth ❷ *meist pl* (*erspartes Geld*) savings *npl*

Ersparte(s) *nt* savings *npl*

erst [eːɐ̯st] **I.** *adv* ❶ (*zuerst*) [at] first ❷ (*nicht früher als*) only; **wecken Sie mich bitte** ~ **um 8 Uhr!** please don't wake me up until 8 o'clock! ❸ (*bloß*) only **II.** *part* (*verstärkend*) **an deiner Stelle würde ich** ~ **gar nicht anfangen zu ...** if I were in your shoes I wouldn't even start to ... ▶ WENDUNGEN: ~ **recht** all the more

er|starren* *vi sein* ❶ (*fest werden*) to solidify ❷ (*starr werden*) to freeze

er|statten* [ɛɐ̯·ˈʃta·tn̩] *vt* ❶ (*ersetzen*) ■ [**jdm**] **etw** ~ to reimburse [sb] for sth ❷ (*geh: mitteilen*) **Anzeige** ~ to report a crime

Erstattung <-, -en> *f von Auslagen, Unkosten* reimbursement

Erstaufführung *f* première

er|staunen* **I.** *vt haben* ■ **jdn** ~ to amaze sb **II.** *vi sein* ■ **über etw** *akk* ~ to be amazed by sth

Erstaunen *nt* amazement; **jdn in** ~ **versetzen** to amaze sb

erstaunlich [ɛɐ̯·ˈʃtaun·lɪç] **I.** *adj* amazing **II.** *adv* amazingly

erstaunlicherweise *adv* amazingly

erstaunt **I.** *adj* amazed **II.** *adv* in amazement

erstbeste(r, s) *adj attr* first; ■ **der/die/das E~** the next best

erste(r, s) [ˈeːɐ̯s·tə] *adj* ❶ (*an erster Stelle*) first; **das E~, was ...** the first thing that ...; *s. a.* **achte(r, s) 1** ❷ (*Datum*) first, 1st; *s. a.* **achte(r, s) 2** ❸ (*führend*) leading ▶ WENDUNGEN: **fürs E~** to begin with

Erste(r) [ˈeːɐ̯s·tə] *f(m)* ❶ (*an erster Stelle kommend*) first; *s. a.* **Achte(r) 1** ❷ (*bei Datumsangabe*) ■ **der** ~ [*o geschrieben* **der 1.**] the first spoken, the 1st written; *s. a.* **Achte(r) 2** ❸ (*Namenszusatz*) **Ludwig der** ~ *geschrieben* Louis the First; **Ludwig I.** *geschrieben* Louis I; *s. a.* **Achte(r) 3** ❹ (*beste*) the best

er|stechen* *vt irreg* ■ **jdn** ~ to stab sb to death

er|stehen* [ɛɐ̯·ˈʃteː·ən] *irreg vt haben* (*fam*) ■ **etw** ~ to pick up *sep* sth

Erste-Hilfe-Kasten [eːɐ̯s·tə·ˈhɪl·fə·kas·tn̩] *m* first-aid kit

er|steigern* *vt* to buy [at an auction]

er|stellen* *vt* ❶ (*geh: errichten*) to build ❷ *Plan* to draw up; *Liste* to put together

erstemalᴬᴸᵀ *adv s.* **Mal**

erstenmalᴬᴸᵀ *adv s.* **Mal**

erstens [ˈeːɐ̯s·tn̩s] *adv* firstly

erstere(r, s) *adj* ■ **der/die/das E~** the former

er|sticken* **I.** *vt haben* ❶ (*durch Erstickung töten*) ■ **jdn** ~ to suffocate sb ❷ (*erlöschen lassen*) to extinguish ❸ (*dämpfen*) to deaden ❹ (*unterdrücken*) to crush **II.** *vi sein* ❶ (*durch Erstickung sterben*) ■ **an etw** *dat* ~ to choke to death on sth ❷ (*erlöschen*) to go out ❸ (*übermäßig viel haben*) ■ **in etw** *dat* ~ to drown in sth

Erstickung <-> *f kein pl* suffocation

erstklassig [ɛɐ̯·ˈʃklasɪç] *adj* first-class

erstmalig [ˈeːɐ̯st·maː·lɪç] **I.** *adj* first **II.** *adv* (*geh*) *s.* **erstmals**

erstmals [ˈeːɐ̯st·maːls] *adv* for the first time

erstrangig [ˈeːɐ̯st·raŋɪç] *adj* ❶ (*sehr wichtig*) major ❷ (*erstklassig*) first-class

er|streben* *vt* (*geh*) ■ **etw** ~ to strive for sth

erstrebenswert [ɛɐ̯·ˈʃtreː·bn̩s·veːɐ̯t] *adj* worth striving for *pred*

er|strecken* **I.** *vr* ❶ (*sich ausdehnen*) ■ **sich** [**über etw** *akk*] ~ to extend [over sth] ❷ (*betreffen*) ■ **sich auf etw** *akk* ~ to include sth **II.** *vt* SCHWEIZ (*verlängern*) ■ **etw** ~ to extend sth

er|tappen* **I.** *vt* ■ **jdn** [**bei etw** *dat*] ~ to catch sb [doing sth] **II.** *vr* ■ **sich** *akk* **bei etw** *dat* ~ to catch oneself doing sth

er|tönen* *vi sein* (*geh*) ❶ (*zu hören sein*) to sound ❷ (*widerhallen*) ■ **von etw** *dat* ~ to re-sound with sth

Ertrag <-[e]s, Erträge> [ɛɐ̯·ˈtraːk, *pl* ɛɐ̯·ˈtrɛː·gə] *m* ❶ (*Ernte*) yield; ~ **bringen** to bring yields ❷ *meist pl* (*Einnahmen*) revenue

er|tragen* *vt irreg* to bear

erträglich [ɛɐ̯·ˈtrɛːk·lɪç] *adj* bearable

ertragreich *adv* productive; *Land* fertile

er|tränken* *vt* ■ **jdn/ein Tier** ~ to drown sb/ an animal

er|träumen* *vt* ■ [**sich** *dat*] **etw** ~ to dream about sth

er|trinken* *vi irreg sein* to drown

er|übrigen* **I.** *vr* ■ **sich** ~ to be superfluous **II.** *vt* (*aufbringen*) **etw** ~ **können** *Geld, Zeit* to spare sth

er|wachen* *vi sein* (*geh*) to wake up

erwachsen [ɛɐ̯·ˈvak·sn̩] *adj* adult

Erwachsene(r) *f(m)* adult

Erwachsenenbildung [ɛɐ̯·ˈvak·se·nən-] *f* adult education

erwägen* *vt irreg* to consider

Erwägung <-, -en> *f* consideration

er|wähnen* *vt* to mention

erwähnenswert *adj* worth mentioning *pred*

Erwähnung <-, -en> *f* comment

er|wärmen* I. *vt* to warm [up] II. *vr* ❶ (*warm werden*) ■sich ~ to warm up ❷ (*sich begeistern*) ■sich *akk* für jdn/etw ~ to work up enthusiasm for sb/sth

Erwärmung <-, -en> *f* warming [up]

er|warten* I. *vt* ❶ (*entgegensehen*) to expect ❷ (*auf etw warten*) ■etw ~ to wait for sth ❸ (*voraussetzen*) ■von jdm ~, dass ... to expect sb to do sth ❹ (*mit etw rechnen*) etw war zu ~ sth was to be expected II. *vr* (*sich versprechen*) ■sich *dat* etw von jdm/etw ~ to expect sth from [*or of*] sb/sth

Erwartung <-, -en> *f* ❶ *kein pl* (*Ungeduld*) anticipation ❷ *pl* (*Hoffnung*) expectations *pl*; den ~en entsprechen to fulfill expectations

Erwartungsdruck <-[e]s> *m kein pl* unter ~ stehen to be under pressure to perform

erwartungsgemäß *adv* as expected

Erwartungshaltung *f* expectation

erwartungsvoll I. *adj* expectant, full of expectation *pred* II. *adv* expectantly

er|wecken* *vt* ❶ (*hervorrufen*) ■etw ~ to arouse sth; den Eindruck ~, ... to give the impression ... ❷ (*geh: aufwecken*) ■jdn ~ to wake sb

er|weisen* *irreg* I. *vt* ❶ (*nachweisen*) to prove ❷ (*zeigen*) ■etw wird ~, dass/ob ... sth will show that/whether ... ❸ (*geh: entgegenbringen*) jdm einen Dienst/Gefallen ~ to do somebody a service/favor II. *vr* ❶ (*sich herausstellen*) ■sich als etw ~ to prove to be sth ❷ (*sich zeigen*) sie sollte sich dankbar [ihm gegenüber] ~ she should be grateful [to him]

er|weitern* I. *vt* ■etw ~ ❶ *Straße, Kleidung* to widen sth (um +*akk* by) ❷ (*vergrößern*) to expand sth (um +*akk* by) ❸ (*umfangreicher machen*) to increase sth (um +*akk* by) II. *vr* ❶ (*sich verbreitern*) ■sich *akk* ~ to widen (um +*akk* by) ❷ MED, ANAT ■sich ~ to dilate

Erweiterung <-, -en> *f* ❶ (*Verbreiterung*) *Anlagen, Fahrbahn* widening ❷ (*Vergrößerung*) expansion ❸ (*Ausweitung*) increase ❹ MED, ANAT dilation

Erwerb <-[e]s, -e> [ɛɐ̯ˈvɛrp, *pl* ɛɐ̯ˈvɛr·bə] *m* ❶ *kein pl* (*geh: Kauf*) purchase ❷ (*berufliche Tätigkeit*) occupation

er|werben* *vt irreg* ❶ (*kaufen*) ■etw ~ to purchase sth ❷ (*an sich bringen*) ■etw [durch etw *akk*] ~ to acquire sth [through sth] ❸ (*gewinnen*) ■[sich *dat*] etw ~ to earn sth

erwerbsfähig *adj* (*geh*) fit for gainful employment *pred*

erwerbslos *adj* (*geh*) unemployed

erwerbstätig *adj* working

Erwerbstätigkeit <-> *f kein pl* employment

erwerbsunfähig *adj* (*geh*) unfit for gainful employment

er|widern* [ɛɐ̯ˈviː·dɐn] *vt* ❶ (*antworten*) ■[jdm] etw [auf etw *akk*] ~ to give [sb] a reply [to sth] ❷ (*zurückgeben*) ■etw ~ to return sth

Erwiderung <-, -en> *f* ❶ (*Antwort*) reply

❷ (*das Erwidern*) returning

erwiesenermaßen [ɛɐ̯·viː·zə·nɐ·ˈmaː·sn̩] *adv* as has been proved

er|wischen* [ɛɐ̯·ˈvɪ·ʃn̩] *vt* (*fam*) ❶ (*ertappen*) ■jdn [bei etw *dat*] ~ to catch sb [doing sth] ❷ (*ergreifen, erreichen*) ■jdn/etw ~ to catch sb/sth

erworben *adj* acquired

erwünscht [ɛɐ̯·ˈvʏnʃt] *adj* ❶ (*gewünscht*) desired ❷ (*willkommen*) welcome; Anwesenheit desirable

er|würgen* *vt* to strangle

Erz <-es, -e> [ˈeːɐ̯ts] *nt* ore

er|zählen* I. *vt* ❶ (*anschaulich berichten*) to explain ❷ (*sagen*) to tell II. *vi* to tell a story/stories

Erzähler(in) <-s, -> [ɛɐ̯·ˈtsɛː·lɐ] *m(f)* storyteller; (*Schriftsteller(in*)) author; (*Romanperson*) narrator

Erzählung *f* ❶ (*Geschichte*) story ❷ *kein pl* (*das Erzählen*) telling

Erzbischof, -bischöfin [ˈɛrts·bɪ·ʃɔf, -bɪ·ʃœ·fɪn] *m, f* archbishop

Erzengel [ˈɛrts·ʔɛŋl̩] *m* archangel

er|zeugen* *vt* ❶ *bes* ÖSTERR (*produzieren*) to produce ❷ ELEK, SCI to generate ❸ (*hervorrufen*) to create

Erzeuger(in) <-s, -> *m(f)* ❶ *bes* ÖSTERR (*geh: Produzent*) producer ❷ (*hum fam: Vater*) father

Erzeugnis <-ses, -se> [ɛɐ̯·ˈtsɔyk·nɪs, *pl* -nɪ·sə] *nt* product

Erzeugung <-, -en> *f* ❶ *kein pl* ELEK, SCI generation ❷ (*Produktion*) production

Erzfeind(in) *m(f)* archenemy

Erzherzog(in) [ˈɛrts·hɛr·tsoːk] *m(f)* archduke *masc*, archduchess *fem*

erziehbar *adj* educable; schwer ~ sein to have behavioral problems

er|ziehen* *vt irreg* ❶ (*aufziehen*) ■jdn ~ to raise sb ❷ (*anleiten*) ■jdn zu etw *dat* ~ to teach sb to be sth

Erzieher(in) <-s, -> [ɛɐ̯·ˈtsiː·ɐ] *m(f)* teacher

Erziehung *f kein pl* ❶ (*das Erziehen*) education ❷ (*Aufzucht*) upbringing

erziehungsberechtigt *adj* acting as legal guardian *pred*

Erziehungsberechtigte(r) *f(m)* legal guardian

Erziehungsgeld *nt* child benefit (*paid for at least 6 months after the child's birth to compensate the parent on parental leave*)

Erziehungsjahr *nt* maternity [*or* paternity] leave (*for 1 year*)

Erziehungsmethode *f* method of education

Erziehungsurlaub *m* maternity [*or* paternity] leave (*for up to 3 years*)

Erziehungswissenschaft *f kein pl* childhood education

Erziehungswissenschaftler(in) *m(f)* specialist in childhood education

er|zielen* *vt* ❶ (*erreichen*) to achieve; *Einigung* to reach ❷ SPORT ■etw ~ to score sth (gegen +*akk* against)

E

erzkonservativ adj ultraconservative
er|zwingen* vt irreg ■etw [von jdm] ~ to force sth [out of [or from] sb]; **ein Geständnis [von jdm]** ~ to make sb confess
es <gen seiner, dat ihm, akk es> ['ɛs] pron pers, unbestimmt ❶ auf Dinge bezogen (das, diese) it; **wer ist da? – ich bin** ~ who's there? — it's me ❷ auf vorangehenden Satzinhalt bezogen it; **kommt er auch? – ich hoffe** ~ is he coming too? — I hope so ❸ rein formales Subjekt it; **hier stinkt** ~ something smells bad in here; ~ **gefällt mir** I like it ❹ rein formales Objekt **er hat** ~ **gut** he's got it made ❺ Subjekt bei unpers Ausdrücken ~ **klopft** there's a knock at the door; ~ **regnet** it's raining ❻ Einleitewort mit folgendem Subjekt ~ **waren Tausende** there were thousands
Esche <-, -n> ['ɛʃə] f ash
Esel(in) <-s, -> ['eːzl̩] m(f) ❶ (Tier) donkey ❷ nur m (fam: Dummkopf) idiot
Eselsbrücke f (fam) mnemonic [device]
Eselsohr nt dog-ear
Eskalation <-, -en> [ɛs·ka·la·'tsi̯oːn] f escalation
eskalieren* [ɛs·ka·'liː·rən] vi, vt to escalate (**zu** +dat into)
Eskapade <-, -n> [ɛs·ka·'paː·də] f escapade
Eskimo, -frau <-s, -s> ['ɛs·ki·mo] m, f Eskimo
Eskorte <-, -n> [ɛs·'kɔr·tə] f escort
Esoterik <-> [ezo·'teː·rɪk] f kein pl esotericism
esoterisch [ezo·'teː·rɪʃ] adj esoteric
Espe <-, -n> ['ɛs·pə] f aspen
Espenlaub nt ▶ WENDUNGEN: **zittern wie** ~ to be shaking like a leaf
Esperanto <-s> [ɛs·pe·'ran·to] nt kein pl Esperanto
Espresso <-[s], -s o Espressi> [ɛs·'prɛ·so, pl ɛs·'prɛ·si] m espresso
Esprit <-s> [ɛs·'priː] m kein pl (geh) wit
Essay <-s, -s> ['ɛse, ɛ'seː] m o nt essay
essbar^{RR}, **eßbar**^{ALT} adj edible
essen <isst, aß, gegessen> ['ɛsn̩] I. vt to eat; ~ **Sie gern Äpfel?** do you like apples?; **etw zum Nachtisch** ~ to have sth for dessert II. vi to eat; **griechisch/italienisch** ~ to eat Greek/Italian food
Essen <-s, -> ['ɛsn̩] nt ❶ (Mahlzeit) meal ❷ (Nahrung) food
Essen(s)marke f meal voucher [or ticket]
Essenszeit f mealtime
essentiell adj, adv s. **essenziell**
Essenz <-, -en> [ɛ'sɛnts] f essence
essenziell^{RR} [ɛsɛn·'tsi̯ɛl] I. adj essential II. adv essentially
Essgewohnheiten^{RR} pl eating habits pl
Essig <-s, -e> ['ɛsɪç, pl 'ɛsɪ·gə] m vinegar
Essiggurke f pickle
Essigsäure f acetic acid
Esskastanie^{RR} f sweet chestnut
Esslöffel^{RR} m ❶ (Essbesteck) soup spoon ❷ (Maßeinheit beim Kochen) tablespoon
Essstörung^{RR} f meist pl eating disorder
Esssucht^{RR} f kein pl compulsive eating

Esszimmer^{RR} nt dining room
Este, Estin <-n, -n> ['eːstə, 'eːs·tɪn] m, f Estonian; s. a. **Deutsche(r)**
Estland <-s> ['eːst·lant] nt Estonia; s. a. **Deutschland**
estnisch ['eːst·nɪʃ] adj Estonian; s. a. **deutsch**
Estragon <-s> ['ɛs·tra·gɔn] m kein pl tarragon
etablieren* [eta·'bliː·rən] (geh) I. vt to establish II. vr ■ **sich** akk ~ to establish oneself
etabliert adj (geh) established
Etablissement <-s, -s> [eta·blɪsə·'mãː] nt (geh) establishment
Etage <-, -n> [e'taː·ʒə] f floor; **auf der 5.** ~ on the 6th floor
Etagenbett [e'taː·ʒən-] nt bunk bed
Etagenwohnung [e'taː·ʒən-] f apartment (occupying a whole floor)
Etappe <-, -n> [e'tapə] f ❶ (Abschnitt) **in** ~**n arbeiten** to work in stages ❷ (Teilstrecke) leg ❸ MIL communications zone
Etat <-s, -s> [e'taː] m budget
etc. [ɛt·'tseː·tera] Abk von **et cetera** etc.
etepetete ['eː·tə·pe·'teː·tə] adj pred (fam) finicky
Ethik <-> ['eː·tɪk] f kein pl ❶ (Wissenschaft) ethics + sing vb ❷ (moralische Haltung) ethics npl ❸ (bestimmte Werte) ethic
ethisch ['eː·tɪʃ] adj ethical
ethnisch ['ɛt·nɪʃ] adj ethnic
Ethnologe, Ethnologin [ɛt·no·'loː·gə] m, f ethnologist
Ethnologie <-, -n> [ɛt·no·lo·'giː, pl -'giː·ən] f ethnology
Etikett <-[e]s, -e> [eti·'kɛt] nt ❶ (Preisschild) price tag ❷ (Aufnäher) label
Etikette <-, -n> [eti·'kɛ·tə] f (geh) etiquette
etikettieren* [eti·kɛ·'tiː·rən] vt ■ **etw** ~ to label sth; Preis to put a price tag on sth
etliche(r, s) ['ɛt·lɪ·çə] pron indef ❶ adjektivisch, sing o pl quite a lot of ❷ substantivisch, pl quite a few ❸ substantivisch, sing ■ ~**s** quite a lot
Etui <-s, -s> [ɛt·'viː, e'tÿiː] nt case; (verziert a.) etui
etwa ['ɛt·va] I. adv ❶ (ungefähr, annähernd) about; **in** ~ more or less ❷ (zum Beispiel) **wie** ~ **mein Bruder** like my brother for instance II. part ❶ (womöglich) **soll das** ~ **heißen, dass ...?** is that supposed to mean [that] ...?; **willst du** ~ **schon gehen?** you don't want to go already, do you? ❷ (Verstärkung der Verneinung) **ist das** ~ **nicht wahr?** do you mean to say it's not true?
etwaig [ɛt·'vaː·ɪç] adj attr any
etwas ['ɛt·vas] pron indef ❶ substantivisch (eine unbestimmte Sache) something; (bei Fragen) anything ❷ adjektivisch (nicht näher bestimmt) something; (bei Fragen) anything; ~ **anderes** something else; [noch] ~ **Geld/Kaffee** some [more] money/coffee ❸ adverbial (ein wenig) a little
Etwas <-> ['ɛt·vas] nt kein pl **ein hartes/spitzes** ~ something hard/sharp; **das gewisse** ~

that certain something

Etymologie <-, -n> [ety·mo·lo·'gi:, pl -'gi:·ən] f etymology

etymologisch [ety·mo·'lo:·gɪʃ] adj etymological

EU [e:'u:] f Abk von **Europäische Union** EU

EU-Beitritt m accession to the EU

EU-Bürger(in) m(f) EU citizen, citizen of the EU

euch ['ɔyç] I. pron pers akk o dat von **ihr** you[-all], you guys sl; **viele Grüße, ~ Martin!** love, Martin II. pron refl **beeilt ~!** hurry up!; **macht ~ fertig!** get [fam yourselves] ready!

euer ['ɔyɐ] I. pron poss, adjektivisch your; **es ist ~/eu[e]re/~[e]s** it's yours; **viele Grüße, ~ Martin!** love, Martin II. pron pers gen von **ihr: wir werden ~ gedenken** (geh) we will think of you

euere(r, s) ['ɔyə·rə] pron poss, substantivisch s. **eure(r, s)**

EU-Gipfel m EU summit

Eukalyptus <-, -lypten> [ɔy·ka·'lyp·tʊs] m ❶ (Baum) eucalyptus [tree] ❷ (Öl) eucalyptus [oil]

EU-Kommission f EU Commission

EU-Land nt EU country

Eule <-, -n> ['ɔy·lə] f owl

EU-Mitgliedsland nt EU member state

Eunuch <-en, -en> [ɔy·'nu:x] m eunuch

Euphorie <-, -n> [ɔy·fo·'ri:, pl -'ri:·ən] f euphoria

euphorisch [ɔy·'fo:·rɪʃ] adj euphoric

Euratom <-> [ɔy·ra·'to:m] f Akr von **Europäische Atomgemeinschaft** Euratom

eure(r, s) ['ɔy·rə] pron poss (geh) ■ [der/die/das] E~ yours; **tut ihr das E~** you do your part

eurerseits ['ɔy·rɐ·'zaits] adv (soweit es euch angeht) for your part; (von eurer Seite aus) on your part

euresgleichen ['ɔy·rəs·'glai·çn] pron inv people like you; (pej: Leute eures Standes) [people of] your [own] kind

euretwegen ['ɔy·rət·'ve:·gn] adv (wegen euch) because of you; (euch zuliebe) for your sake[s]

euretwillen ['ɔy·rət·vɪ·lən] adv for your sake[s]

Euro ['ɔy·ro] m (Währungseinheit) euro

Eurobanknote f euro bill

Eurocent m euro cent

Eurocity, Eurocityzugᴿᴿ ['ɔy·ro·sɪti-] m Eurocity train (connecting major European cities)

Eurogeld nt eurocurrency

Eurokratie f POL eurocracy

Euromünze f euro coin

Europa <-s> [ɔy·'ro:·pa] nt Europe

Europaabgeordnete(r) f(m) Member of the European Parliament

Europäer(in) <-s, -> [ɔy·ro·'pɛ:·ɐ] m(f) European

Europafrage f POL European question

europäisch [ɔy·ro·'pɛ:·ɪʃ] adj European; **E~e Einheitswährung** single European currency, euro; **E~e Gemeinschaft** [o EG] European Community, EC; **E~er Gerichtshof** European Court of Justice; **E~es Parlament** European Parliament; **E~er Rat** European Council; **E~e Union** European Union, EU; **E~es Währungssystem** [o EWS] European Monetary System, EMS; **E~e Währungsunion** [o EWU] European Monetary Union, EMU; **E~e Wirtschaftsgemeinschaft** [o EWG] [European] Common Market; **E~e Zentralbank** [o EZB] European Central Bank, ECB

Europameister(in) m(f) (als Einzelner) European champion; (als Team, Land) European champions pl

Europameisterschaft f European championship

Europaparlament nt the European Parliament

Europapokal m European cup tournament

Europarat m kein pl Council of Europe

Europawahlen pl European elections pl

Europol ['ɔy·ro·po:l] f Europol

Eurotunnel m Channel tunnel, Chunnel

Eurozone <-> f kein pl Eurozone

Euter <-s, -> ['ɔy·tɐ] nt o m udder

EU-Vertrag m JUR Treaty of Rome

ev. adj Abk von **evangelisch**

e.V., E.V. [e:'fau] m Abk von **eingetragener Verein** membership corporation

evakuieren* [eva·ku·'i:·rən] vt ❶ (an sicheren Ort bringen) ■ jdn/etw ~ to evacuate sb/move sth (aus +dat from, in/auf +akk to) ❷ (auslagern) to move (in +akk to)

Evakuierung <-, -en> f evacuation

evangelisch [evaŋ·'ge:·lɪʃ] adj Protestant

Evangelium <-s, -lien> [evaŋ·'ge:·li·ʊm, pl -li·ən] nt Gospel; (fig) gospel

Eventualität <-, -en> [evɛn·tu̯a·li·'tɛ:t] f eventuality

eventuell [evɛn·'tu̯·ɛl] I. adj attr possible; **bei ~en Rückfragen wenden Sie sich bitte an ...** if you have any questions, please contact ... II. adv possibly

Evolution <-, -en> [evo·lu·'tsi̯o:n] f evolution

evtl. adj, adv Abk von **eventuell**

E-Werk ['e:v·ɛrk] nt s. **Elektrizitätswerk**

EWI <-[s]> nt kein pl Abk von **Europäisches Währungsinstitut** EMI

ewig ['e:vɪç] I. adj ❶ (immer während) eternal ❷ (pej fam: ständig) **~es Gejammer** never-ending moaning and groaning II. adv ❶ (dauernd) eternally; (seit jeher) always ❷ (fam: ständig) always ❸ (fam: lange Zeitspanne) for ages

Ewigkeit <-, -en> ['e:vɪç·kait] f eternity; **eine [halbe] ~ dauern** (hum fam) to last forever

EWS <-> [e:·ve:·'ɛs] nt kein pl Abk von **Europäisches Währungssystem** EMS

EWU <-> [e:·ve:·'u:] f Abk von **Europäische Währungsunion** EMU

ex ['ɛks] adv **etw [auf] ~ trinken** to down sth [in one gulp] ▶ WENDUNGEN: **~ und hopp** (fam) here today, gone tomorrow

exakt [ɛˈksakt] I. *adj* exact II. *adv* exactly; ~ **arbeiten** to be accurate in one's work

Examen <-s, - *o* Examina> [ɛˈksaːmən, *pl* ɛˈksaːmiˑna] *nt* **mündliches/schriftliches ~** oral/written exam; **das ~ bestehen** to pass one's final [exam]; **durch das ~ fallen** to fail one's final [exam]

Exekution <-, -en> [ɛkseˑkuˈtsi̯oːn] *f* (*geh*) execution

Exekutive <-, -n> [ɛkseˑkuˈtiːvə] *f* JUR executive authority

Exempel <-s, -> [ɛˈksɛmˑpl] *nt* (*geh*) example that serves as a warning

Exemplar <-s, -e> [ɛksɛmˈplaːɐ̯] *nt* specimen; (*Ausgabe*) *Buch, Heft* copy; *Zeitung* issue

exemplarisch [ɛksɛmˈplaːrɪʃ] I. *adj* exemplary II. *adv* as an example

exerzieren* [ɛksɛrˈtsiːˑrən] *vi* MIL to drill

Exhibitionismus <-> [ɛksˑhiˑbiˑtsi̯oˈnɪsmʊs] *m kein pl* exhibitionism

Exhibitionist(in) [ɛn, -en> [ɛksˑhiˑbiˑtsi̯oˈnɪst] *m(f)* exhibitionist

exhumieren* [ɛksˑhuˈmiːˑrən] *vt* (*geh*) to exhume

Exil <-s, -e> [ɛˈksiːl] *nt* exile

Existenz <-, -en> [ɛksɪsˈtɛnts] *f* ❶ *kein pl* (*das Vorhandensein*) existence ❷ (*Lebensgrundlage, Auskommen*) livelihood ❸ (*Dasein, Leben*) life

Existenzberechtigung *f kein pl* right to exist

Existenzgründer(in) *m(f)* founder of a new business

Existenzgrundlage *f* basis of one's livelihood

Existenzkampf *m* struggle for survival

Existenzminimum *nt* subsistence level

Existenzrecht *nt kein pl* right to existence

Existenzsicherung *f kein pl* guarantee of a continued existence

existieren* [ɛksɪsˈtiːˑrən] *vi* ❶ (*vorhanden sein*) to exist ❷ (*sein Auskommen haben*) ■ **von etw** *dat*] ~ to live [on [*or* off of] sth]

exklusiv [ɛksˑkluˈziːf] *adj* exclusive

exkommunizieren* [ɛksˑkɔˑmuˑniˑˈtsiːˑrən] *vt* to excommunicate

Exkrement <-[e]s, -e> [ɛksˑkreˈmɛnt] *nt meist pl* (*geh*) excrement

Exkurs <-es, -e> [ɛksˈkʊrs, *pl* -ˈkʊrˑzə] *m* digression

Exkursion <-, -en> [ɛksˑkʊrˈzi̯oːn] *f* (*geh*) UNIV study trip; SCH field trip

Exmatrikulation <-, -en> [ɛksˑmaˑtriˑkuˑlaˈtsi̯oːn] *f* withdrawal from a university

exmatrikulieren* [ɛksˑmaˑtriˑkuˈliːˑrən] I. *vt* ■ **jdn** ~ to withdraw sb from a university II. *vr* ■ **sich** *akk* ~ to withdraw from a university

Exot(in) <-en, -en> [ɛˈksoːt] *m(f)* ❶ (*Person*) exotic foreigner; (*Pflanze oder Tier*) exotic [plant/animal] ❷ (*fam: Rarität, ausgefallenes Exemplar*) rarity; (*Person*) eccentric

exotisch [ɛˈksoːtɪʃ] *adj* ❶ (*aus fernem Land*) exotic ❷ (*fam: ausgefallen*) unusual

expandieren* [ɛksˑpanˈdiːˑrən] *vi* to expand

Expansion <-, -en> [ɛksˑpanˈzi̯oːn] *f* expansion

Expedition <-, -en> [ɛksˑpeˑdiˈtsi̯oːn] *f* expedition

Experiment <-[e]s, -e> [ɛksˑpeˑriˈmɛnt] *nt* experiment

experimentell [ɛksˑpeˑriˑmɛnˈtɛl] I. *adj* experimental II. *adv* by [way of] experiment

experimentieren* [ɛksˑpeˑriˑmɛnˈtiːˑrən] *vi* ■ [**an/mit etw** *dat*] ~ to experiment [on/with sth]

Experte, Expertin <-n, -n> [ɛksˈpɛrˑtə] *m, f* expert

Expertenausschuss^RR *m,* **Expertengruppe** *f* panel of experts

Experteneinschätzung *f* expert opinion

Expertise <-, -n> [ɛksˑpɛrˈtiːˑzə] *f* expert's report

explodieren* [ɛksˑploˈdiːˑrən] *vi sein* to explode *a. fig*

Explosion <-, -en> [ɛksˑploˈzi̯oːn] *f* explosion *a. fig;* **etw zur ~ bringen** to detonate sth

explosionsartig *adv* explosively

Explosionsgefahr *f* danger of explosion

explosiv [ɛksˑploˈziːf] *adj* explosive

Exponat <-[e]s, -e> [ɛksˑpoˈnaːt] *nt* exhibit

Exponent <-en, -en> [ɛksˑpoˈnɛnt] *m* MATH exponent

Export <-[e]s, -e> [ɛksˈpɔrt] *m kein pl* export

Exportartikel *m* exported article; *pl* exports

Exporteur(in) <-s, -e> [ɛkspɔrˈtøːɐ̯] *m(f)* exporter

Exportfirma *f* export company

exportieren* [ɛksˑpɔrˈtiːˑrən] *vt* to export

Express^RR, **Expreß**^ALT <Expresses> [ɛksˈprɛs] *m kein pl* ❶ (*Eilzug*) express [train] ❷ (*schnell*) **etw per ~ senden** to send sth express [*or* by express delivery]

Expressionismus <-> [ɛksˑprɛˑsi̯oˈnɪsmʊs] *m kein pl* expressionism

expressionistisch *adj* expressionist[ic]

exquisit [ɛksˑkviˈziːt] (*geh*) I. *adj* exquisite II. *adv* exquisitely

Extension <-, -en> [ɛksˑtɛnˈzi̯oːn] *f* (*geh*) extension

extern [ɛksˈtɛrn] *adj* external

extra [ˈɛksˑtra] *adv* ❶ (*besonders*) extra ❷ (*zusätzlich*) extra ❸ (*eigens*) just ❹ (*fam: absichtlich*) on purpose ❺ (*gesondert*) separately; KOCHK on the side

Extrablatt *nt* special supplement

Extrakt <-[e]s, -e> [ɛksˈtrakt] *m o fachspr a. nt* extract

extravagant [ɛksˑtraˑvaˈgant] I. *adj* extravagant II. *adv* extravagantly

Extravaganz <-, -en> [ɛksˑtraˑvaˈgants] *f* extravagance; *von Kleidung a.* flamboyance

extravertiert [ɛksˑtraˑvɛrˈtiːɐ̯t] *adj* extroverted

Extrawurst *f* (*fam: Sonderwunsch*) **jdm eine ~ braten** to make an exception for sb

extrem [ɛksˈtreːm] I. *adj* extreme; ~ **e Anforderungen** excessive demands II. *adv* (*sehr*) extremely; ~ **links/rechts** POL ultra-left/right

Extremfall *m* extreme [case]
Extremismus <-, *selten* -men> [ɛks·tre·'mɪs·mʊs] *m* extremism
Extremist(in) <-en, -en> [ɛks·tre·'mɪst] *m(f)* extremist
extremistisch *adj* extremist
Extremitäten [ɛks·tre·mi·'tɛː·tn̩] *pl* extremities *npl*
Extremsport *m* extreme sport
Extremsportart *f* adventure sport
extrovertiert [ɛks·tro·vɛr·'tiːɐ̯t] *adj s.* **extravertiert**
Extrovertiertheit *f kein pl* PSYCH extrovertedness
exzellent [ɛks·tsɛ·'lɛnt] *(geh)* **I.** *adj* excellent **II.** *adv* excellently; **sich** *akk* ~ **fühlen** to feel great; ~ **schmecken** to taste delicious
Exzellenz <-, -en> [ɛks·tsɛ·'lɛnts] *f* Excellency
exzentrisch [ɛks·'tsɛn·trɪʃ] *adj (geh)* eccentric
ExzessRR, **Exzeß**ALT <Exzesses, Exzesse> [ɛks·'tsɛs] *m meist pl* excess; **etw bis zum** ~ **treiben** to take sth to extremes
exzessiv [ɛks·tsɛ·'siːf] *adj (geh)* excessive
Eyeliner <-s, -> ['ai·lai·nɐ] *m* eyeliner
EZB <-> [eː·tsɛt·'beː] *f kein pl* FIN *Abk von* **Europäische Zentralbank** ECB
E-Zug ['eː·tsuːk] *m kurz für* **Eilzug** express train

F

F, f <-, - *o fam* -s, -s> [ɛf] *nt* ❶ *(Buchstabe)* F, f; ~ **wie Friedrich** F as in Foxtrot ❷ MUS F, f
f. ❶ *Abk von* **folgende** [**Seite**] [the] following [page] ❷ *Abk von* **für**
Fabel <-, -n> ['faː·bl̩] *f* LIT fable
Fabrik <-, -en> [fa·'briːk] *f* factory
Fabrikarbeiter(in) *m(f)* factory worker
Fabrikationsfehler *m* manufacturing defect
Fabrikgelände *nt* factory site
fabrikneu *adj* brand-new
Fach <-[e]s, Fächer> [fax, *pl* 'fɛ·çɐ] *nt* ❶ *(im Schrank)* shelf; *(Ablegefach)* box ❷ *(Sachgebiet)* subject; **vom** ~ **sein** to be a specialist
Facharbeiter(in) *m(f)* skilled worker
Facharzt, -ärztin *m, f* specialist *(für +akk* in)
Fachausdruck *m* technical term; **juristischer** ~ legal term
Fächer <-s, -> ['fɛ·çɐ] *m* fan
Fachgebiet *nt* field of expertise
Fachhandel *m* retail trade
Fachhändler(in) *m(f)* retail dealer
Fachhochschule *f* ≈ University of Applied Sciences

ⓘ Most of the classes that are offered at a **Fachhochschule** (University of Applied Sciences) are in the field of engineering, but classes in such subjects as architecture, computer science, business administration, and graphic design are not uncommon. Students who graduate from a **Fachhochschule** (or FH) receive a *Diplom* (diploma) with the abbreviation "FH" included in their title. Engineering graduates, for instance, have the title *Diplom Ingenieur (FH)*, which is generally abbreviated to *Dipl.Ing. (FH)*. In Austria, students can also take courses at a **Fachhochschule** that lead to a Master's degree. A **Fachhochschule** focuses on giving students practical knowledge, rather than the more theoretical or scholarly training that universities stress.

Fachkenntnis *f meist pl* specialized knowledge
Fachkraft *f* specialist
Fachleute *pl* experts *pl*
fachlich **I.** *adj* ❶ *(fachbezogen)* specialist ❷ *(kompetent)* informed **II.** *adv* professionally; **sich** *akk* ~ **qualifizieren** to gain expertise in one's field
Fachliteratur *f* technical literature
Fachmann, -frau <-leute> *m, f* expert, specialist
Fachpresse *f* technical publications *pl*
Fachrichtung *f* subject area
Fachsprache *f* [technical] jargon
Fachwerkhaus *nt* half-timbered house
Fachwissen *nt* specialized knowledge
Fachwort *nt* technical term
Fachwörterbuch *nt* technical dictionary; **ein medizinisches** ~ a dictionary of medical terms
Fachzeitschrift *f* technical journal; *(für bestimmte Berufe)* trade journal
Fackel <-, -n> ['fa·kl̩] *f* torch
fade ['faː·də] *adj,* **fad** [faːt] *adj* SÜDD, ÖSTERR ❶ *Essen, Geschmack.* bland ❷ *(langweilig)* dull
Faden <-s, Fäden> ['faː·dn̩, *pl* 'fɛ·dn̩] *m* ❶ *(Woll-, Zwirnfaden)* thread ❷ MED stitch; **die Fäden ziehen** to remove sb's stitches ▶ WENDUNGEN: **der rote** ~ the central theme; **den** ~ **verlieren** to lose one's train of thought
Fagott <-[e]s, -e> [fa·'gɔt] *nt* bassoon
fähig ['fɛ·ɪç] *adj* able, competent; *(imstande)* capable; ■ **zu etw** *dat* [**nicht**] ~ **sein** to be [in]capable of sth
Fähigkeit <-, -en> *f* ability
fahnden ['faːn·dn̩] *vi* to search (**nach** +*dat* for)
Fahndung <-, -en> *f* search (**nach** +*dat* for); **eine** ~ **nach jdm einleiten** to conduct a search for sb, to put out an APB for sb
Fahndungsfoto *nt* mug shot *fam*
Fahne <-, -n> ['faː·nə] *f* ❶ *(Banner)* flag ❷ *(fig fam: Alkoholgeruch)* smell of alcohol *no indef art* ▶ WENDUNGEN: **mit fliegenden** ~n **zu jdm**

[**über**]**wechseln** to rush to join sb

Fahnenmast *m* flagpole

Fahrausweis *m* ❶ (*Fahrkarte*) ticket ❷ SCHWEIZ (*Führerschein*) driver's license

Fahrbahn *f* road; **von der ~ abkommen** to leave the road

Fähre <-, -n> ['fɛː·rə] *f* ferry

fahren <fährt, fuhr, gefahren> ['fa:·rən] **I.** *vi* ❶ *sein* (*sich fortbewegen*) to go; (*als Fahrer*) to drive; **mit dem Bus/Zug ~** to take [*or* ride] the bus/train; **mit dem Auto ~** to drive, to take the car; **gegen etw** *akk* **~** to drive into sth; **wie lange fährt man von hier nach Basel?** how long does it take to get to Basel from here? ❷ *sein* (*losfahren*) to go, to leave ❸ *sein* (*verkehren*) to run; **die Bahn fährt alle 20 Minuten** the train runs every 20 minutes ❹ *sein* (*reisen*) to go; **in Urlaub ~** to go on vacation ❺ *sein* (*blitzschnell bewegen*) **aus dem Schlaf ~** to wake with a start; **was ist denn in dich ge~?** what's gotten into you? ❻ *sein o haben* (*streichen*) **sich** *dat* **mit der Hand über die Stirn ~** to rub one's forehead ❼ *sein* (*zurechtkommen*) **gut/schlecht ~** to do/not do well **II.** *vt* ❶ *haben* (*lenken*) to drive; *Fahrrad, Motorrad* to ride ❷ *sein* **Fahrrad/Motorrad ~** to ride a bicycle/motorcycle; *Schlittschuh ~* to ice-skate ❸ *haben* (*verwenden*) **Sommerreifen ~** to use normal tires ❹ *haben* (*befördern*) to take; **ich fahr dich nach Hause** I'll take you home ❺ *sein* (*eine bestimmte Geschwindigkeit haben*) **90 [km/h] ~** to be doing 90 kmph **III.** *vr haben* **der Wagen fährt sich gut** the car handles well

Fahrer(in) <-s, -> ['fa:·rɐ] *m(f)* ❶ (*Autofahrer*) driver; (*Motorradfahrer*) motorcycle rider, biker *fam* ❷ (*Chauffeur*) driver

Fahrerflucht *f* hit-and-run

Fahrgast *m* passenger

Fahrgemeinschaft *f* carpool; **eine ~ bilden** to carpool

Fahrkarte *f* ticket (**nach** +*dat* to)

Fahrkartenautomat *m* ticket machine

Fahrkartenschalter *m* ticket office

fahrlässig ['fa:ɐ·lɛ·sɪç] **I.** *adj* negligent; **grob ~** reckless **II.** *adv* negligently; **~ handeln** to act with negligence

Fahrlässigkeit <-, -en> *f* negligence; **grobe ~** recklessness

Fahrlehrer(in) *m(f)* driving instructor

Fahrplan *m* timetable, schedule

Fahrpreis *m* fare

Fahrprüfung *f* driving test

Fahrrad ['fa:ɐ·ra:t] *nt* bicycle, bike *fam;* **~ fahren** to ride a bicycle [*or fam* bike]

Fahrradfahrer(in) *m(f)* cyclist

Fahrradweg *m* bicycle [*or fam* bike] path

Fahrschein *m* ticket

Fahrschule *f* ❶ (*Firma*) driving school ❷ (*Unterricht*) driving lessons *pl*

Fahrschüler(in) *m(f)* student driver

Fahrspur *f* [traffic] lane

Fahrstuhl *m* elevator

Fahrstunde *f* driving lesson

Fahrt <-, -en> [fa:ɐt] *f* ❶ (*das Fahren*) trip ❷ (*Fahrgeschwindigkeit*) speed; AUTO, BAHN **mit voller ~** at full speed ❸ (*Reise*) trip; **gute ~!** [have a] safe trip!; **eine einfache ~** a one-way [ticket]; **eine ~ ins Blaue** a Sunday drive ▶ WENDUNGEN: **in ~ kommen/sein** (*fam:* wütend werden/sein) to get/be all riled up *fam;* (*in Schwung kommen*) to get going

fährt [fɛ:ɐt] *3. pers sing pres von* **fahren**

Fährte <-, -n> ['fɛɐ·tə] *f* trail, tracks *pl;* **jdn auf eine falsche ~ locken** (*fig*) to throw sb off the track; **auf der falschen/richtigen ~ sein** (*fig*) to be on the wrong/right track

fahrtüchtig *adj Fahrzeug* roadworthy; *Mensch* fit to drive *pred*

Fahrzeug <-s, -e> *nt* vehicle

Fahrzeugbrief *m* title

Fahrzeughalter(in) *m(f)* vehicle owner

Fahrzeugpapiere *pl* vehicle registration papers *npl*

Fahrzeugschein *m* [motor vehicle] registration

fair [fɛ:ɐ] *adj* fair; ■ **jdm gegenüber|~ sein** to be fair [to sb]

Fairness^{RR}, **Fairneß**^{ALT} <-> ['fɛ:ɐ·nɛs] *f kein pl* fairness

Fakten ['faktn] *pl* facts *pl*

Faktor <-s, -toren> ['fak·to:ɐ, *pl* -'to:·rən] *m* factor

Fakultät <-, -en> [fa·kʊl·'tɛt] *f* department

Falke <-n, -n> ['fal·kə] *m* falcon, hawk

Fall <-[e]s, Fälle> [fal, *pl* 'fɛ·lə] *m* ❶ *kein pl* (*Sturz*) fall ❷ (*Untergang*) downfall ❸ (*Umstand, Angelegenheit*) case, circumstance; **klarer ~!** (*fam*) you bet!; **auf alle Fälle** in any case; (*unbedingt*) absolutely; **auf keinen ~** never, under no circumstances; **für alle Fälle** just in case; **im günstigsten/schlimmsten ~[e]** at best/worst; **in diesem ~** in this case; **von ~ zu ~** from case to case ❹ JUR, MED case ▶ WENDUNGEN: [**nicht**] **jds ~ sein** (*fam*) to [not] be sb's cup of tea [*or* thing]

Fallbeil *nt* guillotine

Falle <-, -n> ['fa·lə] *f* trap; **~n stellen** to set traps; **jdm in die ~ gehen** to fall into sb's trap; **jdn in eine ~ locken** to lure sb into a trap; **in der ~ sitzen** to be trapped

fallen <fällt, fiel, gefallen> ['fa·lən] *vi sein* ❶ (*nach unten*) *Person* to fall; *Gegenstand* to drop; *Beil* to fall; *Klappe, Vorhang* to drop ❷ (*stolpern*) ■ **über etw** *akk* **~** to trip over sth ❸ (*fam: nicht bestehen*) ■ **durch etw** *akk* **~** to fail [*or fam* flunk] sth ❹ *Preise* to fall; *Temperatur* to drop; *Fieber, Wasserstand* to go down ❺ (*im Krieg*) to be killed ❻ (*stattfinden*) ■ **auf etw** *akk* **~** to fall on sth; **der 1. April fällt auf einen Montag** April 1st falls on a Monday ❼ SPORT *Tor* to be scored ❽ *Schuss* to be fired ❾ (*verlauten*) to be spoken; **eine Bemerkung ~ lassen** to drop a remark ❿ (*aufgeben*) **jdn/etw ~ lassen** to abandon sb/sth

fällen ['fɛ·lən] *vt* ❶ (*umhauen*) to fell ❷ (*entscheiden*) *Urteil* to reach

fallen‖lassen* *vt irreg s.* **fallen 9, 10**

fällig ['fɛ·lɪç] *adj* ❶ (*anstehend*) due *usu pred* ❷ (*fam: dran sein*) ■ ~ **sein** to be in for it

Fälligkeit <-, -en> *f* FIN due date

falls [fals] *konj* if

Fallschirm *m* parachute

Fallschirmspringen *nt* parachuting

Fallschirmspringer(in) *m(f)* parachutist

fällt [fɛlt] *3. pers sing pres von* **fallen**

Falltür *f* trapdoor

falsch [falʃ] **I.** *adj* ❶ (*verkehrt*) wrong; ~**e** **Anschuldigung** false accusation; **einen** ~**en** **Namen angeben** to give a false name; ~**e** **Vorstellung** wrong idea ❷ (*unecht*) fake; ~**es** **Geld** counterfeit money ❸ (*hinterhältig*) two-faced ❹ (*unangebracht*) false; ~**e Scham** false shame **II.** *adv* wrongly; **etw** ~ **aussprechen** to mispronounce sth; **jdn** ~ **informieren** to misinform sb; ~ **singen** to sing out of tune

Falschaussage *f* JUR false testimony

fälschen ['fɛl·ʃn] *vt* to forge; ÖKON to falsify; *Geld* to counterfeit

Fälscher(in) <-s, -> *m(f)* forger; *Geld* counterfeiter

Falschgeld *nt kein pl* counterfeit money

falsch‖liegen *vi irreg* ■ [mit etw *dat*] ~ to be wrong [in sth]

Falschmeldung *f* false report

Falschmünzer(in) <-s, -> *m(f)* counterfeiter

falsch‖spielen *vi* to cheat

Fälschung <-, -en> *f* forgery

fälschungssicher *adj* counterfeit-proof

Faltblatt *nt* leaflet

Falte <-, -n> ['fal·tə] *f* ❶ (*in Kleidung*) crease; ~**n bekommen** to get wrinkled ❷ (*in Stoff*) fold; ~**n werfen** to fall in folds ❸ (*Hautfalte*) wrinkle; **die Stirn in** ~**n legen** to furrow one's brow

falten ['fal·tn] *vt* to fold; **die Stirn** ~ to furrow one's brow

Falter <-s, -> ['fal·tə] *m* (*Tagfalter*) butterfly; (*Nachtfalter*) moth

faltig ['fal·tɪç] *adj* ❶ *Kleidung* creased, wrinkled ❷ *Haut* wrinkled

falzen ['fal·tsn] *vt* to fold

familiär [fa·mi·'liɛɐ] *adj* ❶ (*die Familie betreffend*) family *attr;* **aus** ~**en Gründen** for family reasons ❷ (*zwanglos*) familiar; **in** ~**er Atmosphäre** in an informal atmosphere

Familie <-, -n> [fa·'miː·liə] *f* family; „~ **Lang**" "The Lang Family"; **das liegt in der** ~ it runs in the family; **eine vierköpfige** ~ a family of four; ~ **haben** to have a family

Familienangehörige(r) *f(m) dekl wie adj* relative

Familienfeier *f* family get-together

Familienmitglied *nt* member of the family

Familienname *m* last name, surname

Familienplanung *f* family planning *no art*

Familienstand *m* marital status

Familienzuwachs *m* addition to the family

Fan <-s, -s> [fɛn] *m* fan; (*Fußballfan a.*) supporter

Fanatiker(in) <-s, -> [fa·'naː·ti·kɐ] *m(f)* fanatic; **ein politischer** ~ an extremist

fanatisch [fa·'naː·tɪʃ] **I.** *adj* fanatical **II.** *adv* fanatically

Fanatismus <-> [fa·na·'tɪs·mʊs] *m kein pl* fanaticism

fand ['fant] *imp von* **finden**

Fang <-[e]s, Fänge> [faŋ, *pl* 'fɛŋə] *m* ❶ SPORTS catch ❷ *kein pl* (*Beute*) catch; *Fisch* haul ▶ WENDUNGEN: **einen** **guten** ~ **machen** to make a good catch

Fänge ['fɛŋə] *pl von* **Fang**

fangen <fängt, fing, gefangen> ['faŋən] **I.** *vt* to catch **II.** *vi* **F**~ **spielen** to play catch **III.** *vr* ■ **sich** *akk* ~ to steady oneself

Fangfrage *f* trick question

fängt [fɛŋt] *3. pers sing pres von* **fangen**

Fantasie <-, -n> [fan·ta·'ziː, *pl* -'ziː·ən] *f* ❶ *kein pl* (*Einbildungsvermögen*) imagination ❷ *meist pl* (*Fantasterei*) fantasy

fantasieren* [fan·ta·'ziː·rən] **I.** *vi* to fantasize (*von* +*dat* about) **II.** *vt* to imagine

fantasievoll *adj* [highly] imaginative

fantastisch I. *adj* fantastic, incredible; **das klingt** ~ that sounds incredible **II.** *adv* fantastically, incredibly

FAQ [ɛf·ʔeɪ·'ʔkjuː] *pl* COMPUT *Abk von* **Frequently Asked Questions** FAQ

Farbabzug *m* FOTO color print

Farbbildschirm *m* color screen [*or* monitor]

Farbdruck *m* (*Druckverfahren*) color printing; (*Bild*) color print

Farbe <-, -n> ['far·bə] *f* ❶ (*Farbton*) color; **sanfte** ~**n** soft hues ❷ (*Anstreichmittel*) paint; (*Färbemittel*) dye ▶ WENDUNGEN: ~ **bekennen** to come clean

Färbemittel *nt* dye

färben ['fɛr·bn̩] **I.** *vt* to dye; **rassistisch gefärbt sein** (*fig*) to have racist overtones **II.** *vi* (*abfärben*) to run **III.** *vr* ■ **sich** *akk* ~ to change color; **die Blätter** ~ **sich gelb** the leaves are turning yellow

farbenblind *adj* color blind

Färber(in) <-s, -> ['fɛr·bɐ] *m(f)* dyer

Färberei <-, -en> [fɛr·bə·'rai] *f* dye works

Farbfernsehen *nt* color television

Farbfilm *m* color film

Farbfoto *nt* color photo[graph]

farbig ['far·bɪç] **I.** *adj* ❶ (*bunt*) colored ❷ (*anschaulich*) colorful ❸ *attr* (*Hautfarbe betreffend*) of color; **die** ~**e Bevölkerung** people of color **II.** *adv* ❶ (*bunt*) in color ❷ (*anschaulich*) colorfully

Farbige(r) *f(m) dekl wie adj* person of color; (*Schwarzamerikaner*) African-American

Farbkasten *m* paint box

Farbkopierer *m* color copier

farblich ['farp·lɪç] **I.** *adj* color **II.** *adv* in color

farblos ['farp·loːs] *adj* ❶ (*ohne Farbe*) colorless; *Lippenstift* clear ❷ (*langweilig*) dull

Farbskala *f* color scale

Farbstift *m* colored pencil

Farbstoff *m* ❶ (*Färbemittel*) dye; (*in Nahrungsmitteln*) artificial coloring ❷ (*Pigment*) pigment

Farbton *m* shade

Färbung <-, -en> *f* ❶ *kein pl* (*das Färben*) coloring ❷ (*Tönung*) shade; (*von Blättern*) hue

Farm <-, -en> [farm] *f* farm

Farmer(in) <-s, -> ['farmɐ] *m(f)* farmer

Farn <-[e]s, -e> [farn] *m*, **Farnkraut** *nt* fern

Fasan <-s, -e[n]> [fa·'za:n] *m* pheasant

Fasching <-s, -e *o* -s> ['fa·ʃɪŋ] *m* SÜDD, ÖSTERR (*Fastnacht*) carnival

Faschismus <-> [fa·'ʃɪs·mʊs] *m kein pl* fascism

Faschist(in) <-en, -en> [fa·'ʃɪst] *m(f)* fascist

faschistisch [fa·'ʃɪs·tɪʃ] *adj* fascist

Faser <-, -n> ['fa:·zɐ] *f* fiber

faserig ['fa:·zə·rɪç] *adj* fibrous

Fass^RR <-es, Fässer>, **Faß**^ALT <-sses, Fässer> [fas, *pl* 'fɛ·sə] *nt* barrel; **Bier vom ~** draft beer ▸ WENDUNGEN: **das ~ zum Überlaufen bringen** to be the final straw

Fassade <-, -n> [fa·'sa:·də] *f* façade, front; **nur ~ sein** (*fig*) to be just [a] show

fassbar^RR, **faßbar**^ALT *adj* tangible

fassen ['fasn̩] **I.** *vt* ❶ (*ergreifen*) to grasp; **jdn am Arm ~** to grab sb's arm; **jdn bei der Hand ~** to take sb by the hand ❷ *Täter* to apprehend ❸ (*zu etw gelangen*) to reach; *Entschluss, Vorsatz* to make; **keinen klaren Gedanken ~ können** to not be able to think clearly ❹ (*begreifen*) to comprehend; **er konnte sein Glück kaum fassen** he could hardly believe his luck ❺ (*etw enthalten*) to contain ❻ (*einfassen*) to mount (**in** +*akk* in) **II.** *vi* ❶ (*greifen*) to grip; *Schraube, Zahnrad* to bite ❷ (*berühren*) to touch; **sie fasste in das Loch** she felt inside the hole ❸ *Hund* **fass!** sic [*or* get] [him/her]! **III.** *vr* ■ **sich** *akk* ~ to pull oneself together

Fassung <-, -en> *f* ❶ (*Rahmen*) mounting ❷ (*Brillengestell*) frame ❸ (*für Lampen*) socket ❹ (*Bearbeitung*) version, draft ❺ *kein pl* (*Selbstbeherrschung*) composure; **die ~ bewahren** to maintain one's composure; **jdn aus der ~ bringen** to rattle sb; **die ~ verlieren** to lose one's self-control

fassungslos **I.** *adj* stunned **II.** *adv* in bewilderment; **~ zusehen, wie ...** to watch in disbelief as ...

Fassungslosigkeit <-> *f kein pl* complete bewilderment

Fassungsvermögen *nt* capacity

fast [fast] *adv* almost, nearly; **~ nie** hardly ever

fasten ['fas·tn̩] *vi* to fast

Fastenzeit *f* REL Lent, period of fasting

Fast Food^RR, **Fastfood**^RR, **Fast food**^ALT <-> ['fa:st·fu:t] *nt kein pl* fast food

Fastnacht ['fast·naxt] *f kein pl* DIAL carnival

ℹ The Swabian-Alemannic carnival known as **Fastnacht** or *Fasnet* begins on January 6,

Heilige Dreikönige (Epiphany), and takes place in Baden-Württemberg, parts of Bavaria, northern Switzerland, and Alsace, France. **Fastnacht** is characterized by a reversal of the social order, which includes people dressing up in costumes and wearing masks. The real celebrating starts on the Thursday before Ash Wednesday, which is known in the south as *Schmutziger Donnerstag* or *Fettdonnerstag* and in other areas as *Weiberfastnacht* (Women's Carnival). On that day, women traditionally take over town halls and are allowed to cut in half the tie of any male who happens to come along, in exchange for a kiss.

Faszination <-> [fas·tsi·na·'tsi̯o:n] *f kein pl* fascination

faszinieren* [fas·tsi·'ni:·rən] *vt, vi* to fascinate; **was fasziniert dich so an ihm?** what do you find so fascinating about him?

faszinierend *adj* fascinating

fatal [fa·'ta:l] *adj* (*geh*) ❶ (*verhängnisvoll*) fatal ❷ (*peinlich*) *Lage* awkward

Fatalismus <-> [fa·ta·'lɪs·mʊs] *m kein pl* (*geh*) fatalism

Fata Morgana <- -, - Morganen *o* -s> ['fa:·ta mɔr·'ga:·na, *pl* -'ga:·nən] *f* ❶ (*Luftspiegelung*) mirage ❷ (*Wahnvorstellung*) Fata Morgana

fauchen ['fau·xn̩] *vi* ❶ (*Tierlaut*) to hiss ❷ (*wütend zischen*) to spit

faul [faul] *adj* ❶ (*nicht fleißig*) lazy ❷ (*verfault*) rotten ❸ (*fam: nicht einwandfrei*) bad; ■ **an etw** *dat* **ist etw ~** something is fishy about sth

Fäule <-> ['fɔy·lə] *f kein pl* (*geh: Fäulnis*) rot; (*Zahnfäule*) [tooth] decay

faulen ['fau·lən] *vi sein o haben* to rot; *Wasser* to stagnate

faulenzen ['fau·lɛn·tsn̩] *vi* to laze around, to vegetate

Faulenzer(in) <-s, -> ['fau·lɛn·tsɐ] *m(f)* (*pej*) loafer *pej*, slacker *pej*

Faulenzerei <-, *selten* -en> [fau·lɛn·tsə·'rai] *f* (*pej*) idleness, laziness

Faulheit <-> *f kein pl* laziness

faulig ['fau·lɪç] *adj* rotten; *Geruch, Geschmack* foul; *Wasser* stagnant

Fäulnis <-> ['fɔy·lnɪs] *f kein pl* decay, rot

Faulpelz *m* (*pej fam*) lazybones, lazy bum *pej*

Faultier *nt* ❶ (*Tier*) sloth ❷ (*fam*) *s*. **Faulpelz**

Fauna <-, Faunen> ['fau·na, *pl* 'fau·nən] *f* fauna

Faust <-, Fäuste> [faust, *pl* fɔys·tə] *f* fist; **die ~ ballen** to clench one's fist ▸ WENDUNGEN: **wie die ~ aufs Auge passen** (*nicht passen*) to clash horribly; (*perfekt passen*) to be a perfect fit; **auf eigene ~** on one's own initiative

Fäustchen <-s, -> ['fɔyst·çən] *nt dim von* **Faust** little fist ▸ WENDUNGEN: **sich** *dat* **ins ~**

lachen (*fam*) to laugh up one's sleeve
Fausthandschuh *m* mitten
Faustregel *f* rule of thumb
favorisieren* [fa·vo·ri·'zi:·rən] *vt* (*geh*) to favor
Favorit(in) <-en, -en> [fa·vo·'ri:t, *pl* -'ri:·tn̩] *m(f)* favorite
Fax <-, -e> [faks] *nt* ❶ (*Schriftstück*) fax ❷ (*Gerät*) fax [machine]
faxen ['faksn̩] *vi, vt* to fax
Faxen ['faksn̩] *pl* ❶ (*Albereien*) clowning around; **lass die ~!** stop clowning around! ❷ (*fam: Grimassen*) grimaces *pl*; **~ machen** to make faces
Faxmodem *nt* fax modem
Fazit <-s, -s *o* -e> ['fa:·tsɪt] *nt* result; **das ~ aus etw** *dat* **ziehen** to sum up *sep* sth; (*Bilanz ziehen*) to take stock of sth
FCKW <-s, -s> [ɛf·tse:·ka:·'ve:] *m Abk von* **Fluorchlorkohlenwasserstoff** CFC
FCKW-frei *adj* CFC-free
FDP <-> [ɛf·de:·'pe:] *f Abk von* **Freie Demokratische Partei** FDP
Febr. *Abk von* **Februar** Feb.
Februar <-[s], *selten* -e> ['fe:·bru·a·ɐ̯] *m* February; **Anfang/Ende ~** at the beginning/end of February; **Mitte ~** in the middle of February, mid-February; **jetzt haben wir schon ~, und ...** it's already February and ...; **im ~** in February; **im Laufe des ~s** [*o* **des Monats ~**] during February, in February; **im Monat ~** in [the month of] February; **diesen/jeden ~** this/every February; **bis in den ~ [hinein]** until some time in [*or* well into] February; **den ganzen ~ über** throughout February; **am 14. ~** (*geschrieben*) on February 14th; (*gesprochen*) on the 14th of February [*or* February [the] 14th]; **am Freitag, dem** [*o* **den**] **14. Februar** on Friday, February [the] 14th; **Hamburg, den 14. ~ 2005** Hamburg, February 14, 2005; **auf den 14. ~ fallen/legen** to fall on/to schedule for February 14th
fechten <fechtet *o* ficht, focht, gefochten> ['fɛç·tn̩] *vi* to fence (**mit** +*dat* with, **gegen** +*akk* against)
Fechten <-s> ['fɛç·tn̩] *nt kein pl* fencing
Fechter(in) <-s, -> ['fɛç·tɐ] *m(f)* fencer
Feder <-, -n> ['fe:·dɐ] *f* ❶ (*Teil des Gefieders*) feather ❷ (*Schreibfeder*) quill ❸ (*elastisches Metallteil*) spring ❹ (*Bett*) **noch in den ~n liegen** (*fam*) to still be in bed; **raus aus den ~n!** (*fam*) rise and shine! ▶ WENDUNGEN: **sich** *akk* **mit fremden ~n schmücken** to take the credit for sb else's work
Federball *m* ❶ *kein pl* (*Spiel*) badminton ❷ (*Ball*) birdie
Federbett *nt* comforter, duvet
Federgewicht *nt kein pl* SPORT featherweight
federleicht ['fe:·dɐ·'lai̯·çt] *adj* [as] light as a feather *pred*
federn ['fe:·dɐn] **I.** *vi* ❶ (*nachgeben*) to be springy ❷ SPORT to flex **II.** *vt* ■ **etw ~** to spring-load

federnd *adj* springy
Federung <-, -en> *f* springing; (*für Auto a.*) suspension
Federvieh *nt* (*fam*) poultry
Fee <-, -n> [fe:, *pl* 'fe:·ən] *f* fairy
Feed-back^{RR}, **Feedback** <-s, -s> ['fi:t·bɛk] *nt* feedback
Feeling <-s> ['fi:·lɪŋ] *nt kein pl* ❶ (*Gefühl*) feeling ❷ (*Gefühl für etw*) feel; **ein ~ für etw** *akk* **haben** to have a feel for sth
Fegefeuer ['fe:·gə·] *nt* purgatory
fegen ['fe:·gn̩] **I.** *vt haben* ❶ (*kehren*) to sweep ❷ SCHWEIZ (*feucht wischen*) to wipe **II.** *vi* ❶ *haben* (*ausfegen*) to sweep up ❷ *sein* (*fam: schnell fahren*) to tear
Fehde <-, -n> ['fe:·də] *f* feud; **mit jdm in ~ liegen** (*geh*) to be feuding with sb
fehl [fe:l] *adj* **~ am Platz** out of place
Fehlalarm *m* false alarm
Fehlanzeige *f* (*fam*) negative report; **~!** wrong!, nope! *fam*
Fehlbetrag *m* ÖKON deficit
Fehldiagnose *f* misdiagnosis
Fehleinschätzung *f* misjudgment
fehlen ['fe:·lən] **I.** *vi* ❶ (*nicht vorhanden sein*) ■ **etw fehlt** sth is missing ❷ (*abhandengekommen sein*) ■ **jdm fehlt etw** sb is missing sth ❸ (*abwesend sein*) to be missing (**in** +*dat* from); **unentschuldigt ~** to be absent without an excuse ❹ (*schmerzlich vermissen*) ■ **jd fehlt jdm** sb misses sb ❺ (*an etw leiden*) **fehlt Ihnen etwas?** is there something wrong [with you]? **II.** *vi impers* ❶ (*abhandengekommen sein*) to be missing ❷ (*mangeln*) ■ **jdm fehlt es an etw** *dat* sb is lacking sth; **jdm fehlt es an nichts** (*geh*) sb wants for nothing
Fehlentscheidung *f* wrong [*or* bad] decision
Fehler <-s, -> ['fe:·lɐ] *m* ❶ (*Irrtum*) error, mistake; **einen ~ machen** [*o* **begehen**] to make a mistake; **jds ~ sein** to be sb's fault ❷ (*Mangel*) defect ❸ (*schlechte Eigenschaft*) fault; **jeder hat [seine] ~** everyone has [their] faults
fehlerfrei *adj s.* **fehlerlos**
fehlerhaft *adj* ❶ (*mangelhaft*) poor; (*bei Waren*) defective ❷ (*falsch*) incorrect
fehlerlos *adj* faultless, perfect
Fehlermeldung *f* COMPUT error message
Fehlerquelle *f* source of error
Fehlersuche *f* COMPUT troubleshooting
Fehlfunktion *f* defective function
Fehlgeburt *f* miscarriage
Fehlgriff *m* mistake
Fehlinformation *f* misinformation
Fehlkonstruktion *f* (*pej*) flawed product; **eine totale ~ sein** to be poorly designed
fehl|schlagen *vi irreg sein* to fail
Fehlstart *m* ❶ LUFT faulty launch ❷ SPORT false start
Fehltritt *m* (*geh*) ❶ (*Fauxpas*) lapse ❷ (*Ehebruch*) indiscretion
Fehlverhalten *nt* inappropriate behavior
Feier <-, -n> ['fai̯ɐ] *f* celebration; **zur ~ des Tages** in honor of the occasion

Feierabend ['fai·ɐ·ʔaːbn̩t] *m* ❶ (*Arbeitsschluss*) end of work; **hoffentlich ist bald ~** I hope it's time to go home soon; **für mich ist jetzt ~!** I'm calling it a day!; **■~!** that's it for today!; **~ machen** to finish work for the day ❷ (*Zeit nach Arbeitsschluss*) evening; **schönen ~!** have a nice evening!

feierlich ['fai·ɐ·lɪç] **I.** *adj* ❶ (*erhebend*) *Akt* ceremonial; **ein ~er Anlass** a formal occasion ❷ (*nachdrücklich*) solemn **II.** *adv* ❶ (*würdig*) formally; **etw ~ begehen** to celebrate sth ❷ (*nachdrücklich*) solemnly

Feierlichkeit <-, -en> *f* ❶ *kein pl* (*würdevolle Beschaffenheit*) solemnity ❷ *meist pl* (*Feier*) celebrations

feiern ['fai·ɐn] *vt, vi* ❶ (*festlich begehen*) to celebrate; **eine Party ~** to have a party ❷ (*umjubeln*) **■jdn ~** to acclaim [*or* celebrate] sb

Feiertag ['fai·ɐ·taːk] *m* holiday

feiertags ['fai·ɐ·taːks] *adv* on holidays

feig(e) *adj* cowardly; **los, sei nicht ~!** come on, don't be a chicken! *fam*

Feige <-, -n> ['fai·ɡə] *f* fig

Feigheit <-, -en> *f kein pl* cowardice

Feigling <-s, -e> ['faik·lɪŋ] *m* (*pej*) coward

Feile <-, -n> ['fai·lə] *f* file

feilen ['fai·lən] **I.** *vt* to file **II.** *vi* **■an etw** *dat* **~** ❶ (*mit einer Feile bearbeiten*) to file sth ❷ (*verbessern*) to polish sth

feilschen ['fail·ʃn̩] *vi* (*pej*) to haggle (**um** +*akk* over)

fein [fain] **I.** *adj* ❶ (*nicht grob*) fine; (*zart*) delicate ❷ (*vornehm*) distinguished; **jd ist sich** *dat* **für etw** *akk* **zu ~** sth is beneath sb; **sich** *akk* **~ machen** to get dressed up ❸ (*von hoher Qualität*) exquisite; **vom F~sten** of the highest quality ❹ (*rein*) pure; **aus ~em Gold** made out of pure gold ❺ (*fam: anständig*) decent; (*iron*) fine ❻ (*feinsinnig*) keen; **eine ~e Nase haben** to have a very keen sense of smell ❼ *Humor* delicate; *Ironie* subtle ❽ (*fam: erfreulich*) fine, great ▸ WENDUNGEN: **~ raus sein** to be in a nice position **II.** *adv* ❶ (*genau*) precise; **~ säuberlich** accurate ❷ (*zart, klein*) finely; **~ gemahlen** fine-ground

Feind(in) <-[e]s, -e> [faint, *pl* 'fain·də] *m(f)* ❶ (*Gegner*) enemy; **sich** *dat* **jdn zum ~ machen** to make an enemy of sb ❷ (*Opponent*) opponent; **■ein ~ einer S.** *gen* an opponent of sth

Feindbild *nt* concept of an/the enemy

feindlich *adj* ❶ (*gegnerisch*) enemy *attr* ❷ (*feindselig*) hostile; **■jdm ~ gegenüberstehen** to be hostile to sb

Feindschaft <-, -en> *f kein pl* animosity, hostility

feindselig ['faint·zeː·lɪç] **I.** *adj* hostile **II.** *adv* hostilely

Feindseligkeit <-, -en> *f* ❶ *kein pl* (*feindselige Haltung*) hostility ❷ *pl* (*Kampfhandlungen*) hostilities *npl*

feinfühlig ['fain·fyː·lɪç] *adj* sensitive

Feingefühl *nt kein pl* sensitivity; **etw verlangt**

viel ~ sth requires a great deal of tact

Feinheit <-, -en> *f* ❶ (*Feinkörnigkeit*) fineness; (*Zartheit*) delicacy ❷ *pl* (*Nuancen*) subtleties *pl*

feinkörnig *adj* ❶ (*aus kleinen Teilen*) fine-grained ❷ FOTO fine-grain

Feinkostgeschäft *nt* gourmet shop

Feinmechanik *f* precision engineering

Feinschmecker(in) <-s, -> *m(f)* gourmet

feinsinnig *adj* sensitive

Feld <-[e]s, -er> [felt, *pl* 'fɛl·də] *nt* ❶ (*offenes Gelände, Acker*) field; **auf freiem ~** in the open country ❷ (*abgeteilte Fläche*) section, field; (*auf Spielbrett*) square ❸ *kein pl* (*Schlachtfeld*) [battle]field ❹ (*Bereich*) area; **ein weites ~ sein** to be a broad subject ▸ WENDUNGEN: **das ~ räumen** to clear the way; **jdm das ~ überlassen** to leave the field open to sb; **gegen etw** *akk* **zu ~e ziehen** (*geh*) to campaign against sth

Feldarbeit *f* work in the fields

Feldforschung *f* field research

Feldfrucht <-, -früchte> *f meist pl* agricultural crop

Feldherr(in) *m(f)* MIL, HIST general, strategist

Feldlager *nt* (*Heerlager*) encampment

Feldlazarett *nt* MIL field hospital

Feldpost *f* MIL armed forces postal service

Feldsalat *m* mâche, corn salad

Feldstecher <-s, -> *m* binoculars *npl*

Feldwebel(in) <-s, -> ['felt·veː·bl̩] *m(f)* sergeant major

Feldweg *m* field path

Feldzug *m* campaign

Felge <-, -n> ['fɛl·ɡə] *f* rim

Fell <-[e]s, -e> [fɛl] *nt* fur ▸ WENDUNGEN: **jdm das ~ über die Ohren ziehen** (*fam*) to take sb to the cleaners; **ein dickes ~ haben** (*fam*) to be thick-skinned

Fels <-en, -en> [fɛls] *m* ❶ (*geh*) cliff ❷ (*Gestein*) rock

Felsblock <-blöcke> *m* boulder

Felsen <-s, -> ['fɛl·zn̩] *m* cliff

felsenfest ['fɛl·zn̩'fɛst] **I.** *adj* rock solid, steadfast **II.** *adv* steadfastly; **~ von etw** *dat* **überzeugt sein** to be firmly convinced of sth

felsig ['fɛl·zɪç] *adj* rocky

Felsvorsprung *m* ledge

Felswand *f* rock face

feminin [fe·mi·'niːn] *adj* feminine

Feminismus <-> [fe·mi·'nɪs·mʊs] *m kein pl* feminism

Feminist(in) <-en, -en> [fe·mi·'nɪst] *m(f)* feminist

feministisch *adj* feminist

Fenchel <-s> ['fɛn·çl̩] *m kein pl* BOT fennel

Fenster <-s, -> ['fɛn·stɐ] *nt* window ▸ WENDUNGEN: **weg vom ~ sein** (*fam*) to be out of the running

Fensterbank <-bänke> *f* windowsill

Fensterglas *nt* window glass

Fensterladen *m* shutter

Fensterplatz *m* window seat

Fensterputzer(in) <-s, -> *m(f)* window cleaner

Fensterrahmen *m* window frame

Fensterscheibe *f* window pane

Ferien ['feː·ri·ən] *pl* ❶ (*Schulferien*) [school] vacation; **die großen ~** summer vacation; **~ haben** to be on vacation ❷ (*Urlaub*) vacation; **in die ~ fahren** to go on vacation

Ferienhaus *nt* vacation home

Ferienkurs *m* summer school

Ferienlager *nt* vacation camp

Ferienort *m* vacation resort

Ferienwohnung *f* vacation apartment

Ferienzeit *f* vacation

Ferkel <-s, -> ['fɛr·kl̩] *nt* ❶ (*junges Schwein*) piglet ❷ (*pej fam: unsauberer Mensch*) pig ❸ (*pej fam: obszöner Mensch*) filthy pig

Ferkelei <-, -en> *f* (*pej fam*) ❶ (*Unsauberkeit*) mess ❷ *meist pl* (*obszöner Witz*) dirty joke

fern [fɛrn] **I.** *adj* ❶ (*räumlich entfernt*) faraway, far off; *Länder* distant; **von ~ betrachtet** viewed from a distance ❷ (*zeitlich entfernt*) distant; **in nicht allzu ~er Zeit** in the not too distant future **II.** *präp +dat* far [away] from

Fernbedienung *f* remote control

fern|bleiben *vi irreg sein* (*geh*) to stay away

Ferne <-, *selten* -n> ['fɛr·nə] *f* ❶ (*Entfernung*) distance; **aus der ~** from a distance; **in der ~** in the distance ❷ (*geh: ferne Länder*) distant lands *pl*; **in der ~** abroad ❸ (*längst vergangen*) **etw liegt** [schon] **in weiter ~** sth already happened such a long time ago ❹ (*in ferner Zukunft*) **das liegt** [noch] **in weiter ~** there is still a long way to go

ferner ['fɛr·nɐ] **I.** *adj* ❶ *komp von* **fern** more distant ❷ (*künftig, weiter*) in [the] future; **in der ~en Zukunft** in the distant future ▶ WENDUNGEN: **unter ~ liefen** (*fam*) to be a runner-up **II.** *konj* furthermore

Fernfahrer(in) *m(f)* long-distance truck driver

Fernflug *m* long-distance flight

Ferngespräch *nt* long-distance call

ferngesteuert *adj* remote-controlled

Fernglas *nt* [pair of] binoculars

fern|gucken *vi* (*fam: fernsehen*) to watch TV

fern|halten *irreg vr* ■ **sich** *akk* **von jdm/etw ~** to keep away from sb/sth

Fernkurs *m* correspondence course

Fernlicht *nt* AUTO high beams

fern|liegen *vi irreg* ■ **etw liegt jdm fern** sth is far from sb's mind; **es liegt mir fern, jemanden zu beschuldigen** far be it from me to blame someone

Fernmeldetechnik *f kein pl* telecommunications engineering

Fernmeldewesen *nt kein pl* telecommunications + *sing vb*

Fernost ['fɛrn·'ʔɔst] *kein art* **aus/in/nach ~** from/in/to the Far East

fernöstlich ['fɛrn·'ʔœst·lɪç] *adj* Far Eastern

Fernrohr *nt* telescope

Fernsehansager(in) *m(f)* television announcer

Fernsehanstalt *f* television company

Fernsehantenne *f* television antenna

Fernsehen <-s> ['fɛrn·zeː·ən] *nt kein pl* television; **das ~ bringt nur Wiederholungen** they're only showing reruns on TV; **im ~ kommen** to be on television

fern|sehen ['fɛrn·zeː·ən] *vi irreg* to watch television

Fernseher <-s, -> *m* television [set]

Fernsehfilm *m* television movie

Fernsehgebühr *f meist pl* television license fee

Fernsehinterview *nt* televised interview

Fernsehjournalist(in) *m(f)* television reporter

Fernsehnachrichten *pl* television news + *sing vb*

Fernsehprogramm *nt* ❶ (*Programm im Fernsehen*) television program ❷ (*Kanal*) [television] channel

Fernsehsender *m* television station

Fernsehsendung *f* television program

Fernsehturm *m* television tower

Fernsehübertragung *f* television broadcast

Fernsehzeitschrift *f* TV guide

Fernsicht *f* view; **bei guter ~** with good visibility

fern|steuern *vt* to operate by remote control

Fernsteuerung *f* remote control

Fernstraße *f* highway, freeway, interstate

Fernstudium *nt* correspondence course

Fernuniversität *f* distance learning campus

Fernverkehr *m* long-distance traffic

Fernweh <-[e]s> *nt kein pl* (*geh*) wanderlust

Fernziel *nt* long-term objective

Ferse <-, -n> ['fɛr·zə] *f* heel ▶ WENDUNGEN: **sich** *akk* **jdm an die ~n hängen** to stick close to sb; **jdm** [dicht] **auf den ~n sein** to be [hot] on sb's tail

fertig ['fɛr·tɪç] **I.** *adj* ❶ (*abgeschlossen*) finished; **etw ~ haben** to have finished sth; **mit etw** *dat* **~ sein** to be finished with sth; **mit etw** *dat* **~ werden** to finish sth ❷ (*bereit*) ready ❸ (*fam: erschöpft*) exhausted ❹ (*fam: Beziehung beendet*) ■ **mit jdm ~ sein** to be through with sb ❺ (*fam: im Griff haben*) **mit jdm/etw ~ werden** to cope with sb/sth **II.** *adv* ❶ (*zu Ende*) **etw ~ bekommen** to complete sth; **etw ~ machen** [*o* stellen] to finish [*or* complete] sth ❷ (*bereit*) **sich** *akk* **~ machen** to get ready [for sth] ▶ WENDUNGEN: **auf die Plätze, ~, los!** on your marks, get set, go!

Fertigbau <-bauten> *m* ❶ *kein pl* (*Bauweise*) prefabricated construction ❷ (*Gebäude*) prefab

Fertigbauweise *f kein pl* prefabricated construction

fertig|bekommen* *vt irreg* (*fam*) ❶ (*zu Ende bringen*) *s.* **fertig II 1** ❷ (*hinkriegen*) ■ **es ~, etw zu tun** to manage to do sth

fertigen ['fɛr·tɪ·gn̩] *vt* (*geh*) to manufacture

Fertiggericht *nt* instant meal

Fertighaus *nt* prefabricated house

Fertigkeit <-, -en> *f* ❶ *kein pl* (*Geschicklich-*

keit) skill **②** *pl* (*Fähigkeiten*) competence

fertig|machen I. *vt, vr s.* **fertig** II 1, II 2 II. *vt* (*fam*) **①** ■ etw macht jdn fertig (*zermürben*) sth wears out *sep* sb **②** jdn ~ (*schikanieren*) to wear sb down *sep;* (*sl: zusammenschlagen*) to beat sb up *sep*

Fertigprodukt *nt* finished product

fertig|stellen *vt s.* **fertig** II 1

Fertigstellung *f* completion

Fertigteil *nt* prefabricated component

Fertigung <-, -en> *f* manufacture

fesch [fɛʃ] *adj* SÜDD, ÖSTERR (*fam: flott*) chic

Fessel <-, -n> ['fɛsl] *f* **①** (*Schnur*) bond; (*Kette*) shackles *npl;* **jdm ~n anlegen** to tie sb up **②** ANAT (*von Mensch*) ankle; (*von Huftier*) pastern

fesseln ['fɛ·s|n] *vt* **①** (*Fesseln anlegen*) to tie [up] (*an* +*akk* to) **②** (*faszinieren*) to captivate

fesselnd *adj* captivating

fest [fɛst] I. *adj* **①** (*hart, stabil*) strong, tough; *Schuhe* sturdy **②** (*nicht flüssig*) solid; (*erstarrt*) solidified **③** (*sicher, entschlossen*) firm; *Zusage* definite **④** (*kräftig*) firm; *Händedruck* sturdy **⑤** (*nicht locker*) tight **⑥** (*konstant*) permanent; (*festgesetzt*) fixed; (*dauerhaft*) lasting; *Freund, Freundin* steady II. *adv* **①** (*kräftig*) firmly; **jdn ~ an sich** *akk* **drücken** to give someone a big hug **②** (*nicht locker*) tightly; **~ anziehen** to screw in tightly; **~ treten** to trample **③** (*mit Nachdruck*) definitely; **jdm etw ~ versprechen** to make sb a firm promise **④** (*dauernd*) permanently; **Geld anlegen** to invest in a certificate of deposit; **~ angestellt sein** to have a permanent job

Fest <-[e]s, -e> [fɛst] *nt* **①** (*Feier*) celebration; **ein ~ geben** to throw a party **②** (*Feiertag*) feast; **frohes ~!** Merry Christmas/Happy Easter, etc. ▶ WENDUNGEN: **man soll die ~e fei-ern, wie sie fallen** (*prov*) one should make hay while the sun shines *prov*

Festakt *m* ceremony

festangestellt *adj s.* **fest** II 4

Festangestellte(r) *f(m) dekl wie adj* permanent employee

Festanstellung *f* steady employment

fest|beißen *vr irreg* ■ sich *akk* ~ **①** (*sich verbeißen*) to bite down hard **②** (*nicht weiterkommen*) to get stuck (*an* +*dat* on)

fest|binden *vt irreg* to tie tight (*an* +*akk* to)

feste ['fɛs·tə] *adv* (*fam*) like mad

Festessen *nt* banquet

fest|fahren *vr irreg* ■ sich *akk* ~ to get stuck

Festgeld *nt* FIN certificate of deposit

Festgeldkonto *nt* FIN certificate of deposit account

fest|haken I. *vt* (*mit einem Haken befestigen*) to hook (*an* +*dat* to) II. *vr* (*hängen bleiben*) ■ sich *akk* an/in etw *dat* ~ to get caught on/in sth

fest|halten *irreg* I. *vt* **①** (*fest ergreifen*) to grab (*an* +*dat* by) **②** (*gefangen halten*) to detain **③** (*konstatieren*) to record II. *vi* ■ **an** etw *dat* ~ to adhere to sth III. *vr* ■ sich *akk* ~ to

hold on (*an* +*dat* to)

festigen ['fɛs·tɪ·ɡn] I. *vt* to strengthen; *Freundschaft* to establish; *Stellung* to secure II. *vr* ■ sich *akk* ~ to become more firmly established

Festiger <-s, -> *m* setting lotion

Festigkeit <-> ['fɛs·tɪç·kait] *f kein pl* strength

Festival <-s, -s> ['fɛs·ti·vl] *nt* festival

fest|klammern I. *vt* to clip (*an* +*dat* to) II. *vr* ■ sich *akk* ~ to cling (*an* +*dat* to)

fest|kleben I. *vt haben* to stick [on]; **auf etw** *dat* **festgeklebt sein** to be stuck on sth II. *vi sein* to stick (*an* +*dat* to)

Festland ['fɛst·lant] *nt kein pl* mainland

fest|legen I. *vt* **①** (*bestimmen*) to determine; ■ **~, dass ...** to stipulate that ... **②** (*bindend verpflichten*) ■ jdn [auf etw *akk*] ~ to oblige sb [to do sth] II. *vr* (*sich verpflichten*) ■ sich *akk* ~ to commit [oneself] (*auf* +*akk* to)

festlich I. *adj* festive II. *adv* festively; **~ gekleidet sein** to be dressed up

Festlichkeit <-, -en> *f* festivity

fest|liegen *vi irreg* **①** (*festgesetzt sein*) to be determined; **die Termine liegen jetzt fest** the schedules have now been set **②** (*nicht weiterkönnen*) to be stranded

fest|machen I. *vt* **①** (*befestigen*) to fasten (*an* +*dat* to) **②** (*vereinbaren*) to arrange **③** (*herleiten*) ■ etw an etw *akk* ~ to link sth to sth II. *vi* NAUT to tie up

fest|nageln *vt* **①** (*mit Nägeln befestigen*) to nail (*an* +*akk* to) **②** (*fam: festlegen*) ■ jdn ~ to nail sb down (*auf* +*akk* to)

Festnahme <-, -n> ['fɛst·na:·mə] *f* arrest

fest|nehmen *vt irreg* to take into custody; **Sie sind festgenommen** you're under arrest

Festnetz *nt* landline

Festplatte *f* COMPUT hard disk

Festplattenlaufwerk *nt* COMPUT hard disk drive

Festrede *f* official speech; **eine ~ halten** to give a formal address

Festsaal *m* banquet hall

fest|schnallen I. *vt* to strap in *sep* II. *vr* ■ sich *akk* ~ to fasten one's seat belt, to buckle up

fest|schrauben *vt* to screw tight *sep*

fest|setzen I. *vt* (*bestimmen*) to determine II. *vr* (*fest anhaften*) ■ sich *akk* ~ to collect

fest|sitzen *vi irreg* to be stuck

fest|stehen *vi irreg* **①** (*festgelegt sein*) to be certain; **steht das Datum schon fest?** has the date been set yet? **②** (*sicher sein*) to be firm; ■ **es steht fest, dass ...** it is certain that ...

fest|stellen *vt* **①** (*ermitteln*) to identify; **den Täter ~** to identify the guilty party **②** (*bemerken*) to detect; **zu meinem Erstaunen muss ich ~, dass ...** I am astounded to see that ...

Feststellung *f* **①** (*Bemerkung*) remark **②** (*Beobachtung*) observation; **die ~ machen, dass ...** to see that ... **③** (*Ergebnis*) **zu der ~ kommen, dass ...** to come to the conclusion that ... **④** JUR ascertainment

Festtag *m* **①** (*Ehrentag*) special day **②** (*Feier-*

tag) holiday
Festung <-, -en> ['fɛs·tʊŋ] *f* fortress
fest|ziehen *vt irreg* to tighten
fett [fɛt] *adj* ❶ (*fetthaltig*) fatty ❷ (*pej: dick*) fat ❸ TYPO bold; ~ **gedruckt** in bold [type] *pred* ❹ (*üppig*) *Ackerboden* fertile; (*fam*) *Beute* rich
Fett <-[e]s, -e> [fɛt] *nt* ❶ (*Fettgewebe*) fat; ~ **ansetzen** *Mensch* to gain weight; *Tier* to put on fat ❷ (*zum Schmieren*) grease; **pflanzliches/tierisches** ~ vegetable/animal fat ▶ WENDUNGEN: **sein ~ abbekommen** (*fam*) to get one's comeuppance
fettarm *adj* low-fat
Fettdruck *m* bold [type]
fetten ['fɛtn̩] I. *vt* (*einfetten*) to grease II. *vi* (*Fett absondern*) to become greasy
Fettfleck, Fettflecken *m* grease mark
fettgedruckt *adj attr s.* **fett 3**
Fettgehalt *m* fat content
fettig ['fɛ·tɪç] *adj* greasy
fettlöslich *adj* fat-soluble
Fettnäpfchen *nt* ▶ WENDUNGEN: **ins ~ treten** to put one's foot in one's mouth
Fettpolster *nt* (*fam*) spare tire *fam*
Fettschicht *f* layer of fat
fetzen ['fɛtsn̩] *vt haben* (*fam: prügeln*) ■ **sich** *akk* ~ to tear each other apart
Fetzen <-s, -> ['fɛtsn̩] *m* ❶ (*Stück*) scrap; *Haut* patch; **etw in ~ reißen** to tear sth to pieces ❷ *einer Unterhaltung* fragments *pl* ❸ (*sl: billiges Kleid*) rag ▶ WENDUNGEN: **... dass die ~ fliegen** (*fam*) ... like crazy
fetzig ['fɛtsɪç] *adj* (*sl: mitreißend*) fantastic; *Musik* hot; (*schick, flott*) trendy; *Typ* cool
feucht [fɔʏçt] *adj* ❶ (*leicht nass*) damp; *Hände, Stirn* clammy; *Augen* misty ❷ *Klima, Luft* humid
Feuchtigkeit <-> ['fɔʏç·tɪç·kait] *f kein pl* ❶ (*leichte Nässe*) dampness ❷ (*Wassergehalt*) moisture; *Luft* humidity
Feuchtigkeitscreme [-kre:m] *f* moisturizer, moisturizing cream
Feuchtigkeitsgehalt *m* moisture content; **der ~ der Luft** the humidity level
feudal [fɔʏ·'da:l] *adj* ❶ HIST feudal ❷ (*fam*) magnificent; *Essen* sumptuous
Feudalherrschaft *f*, **Feudalismus** <-> [fɔʏ·da·'lɪs·mʊs] *m kein pl* feudalism
Feuer <-s, -> ['fɔʏ·ɐ] *nt* ❶ (*Flamme*) fire; **das olympische ~** the Olympic flame; ~ **speien** to spit fire; *Vulkan* to spew out fire; *Drachen* to breathe fire; ~ **machen** to make a fire; **am ~** by the fire ❷ (*für Zigarette*) **jdm ~ geben** to give sb a light; ~ **haben** to have a light ❸ (*Kochstelle*) **etw vom ~ nehmen** to take sth off the heat ❹ (*Brand*) fire; ~ **fangen** to catch [on] fire ❺ MIL (*Beschuss*) fire; ~ **frei!** open fire!; **das ~ eröffnen/einstellen** to open/cease fire ▶ WENDUNGEN: ~ **und Flamme** [für etw] **sein** (*fam*) to be enthusiastic [about sth]; **wie ~ brennen** to sting like mad; **mit dem ~ spielen** to play with fire

Feueralarm *m* fire alarm
Feuerbestattung *f* cremation
feuerfest *adj* fireproof; *Geschirr* ovenproof
Feuergefahr *f* fire hazard
feuergefährlich *adj* [in]flammable
Feuergefecht *nt* MIL gunfight
Feuerleiter *f* ❶ (*Fluchtweg*) fire escape ❷ (*auf einem Feuerwehrauto*) [fire engine] ladder
Feuerlöscher *m* fire extinguisher
Feuermelder <-s, -> *m* fire alarm
feuern I. *vi* to fire (**auf** +*akk* at) II. *vt* (*fam*) ❶ (*werfen*) to fire, to hurl ❷ (*fam: entlassen*) to fire; ■ **gefeuert werden** to get the ax
feuersicher ['fɔʏ·ɐ·zɪ·çɐ] *adj* fireproof
Feuerstelle *f* fireplace; (*draußen*) campfire site
Feuerung <-, -en> *f* ❶ *kein pl* (*Brennstoff*) fuel ❷ (*Heizung*) heating system, heater
Feuerversicherung *f* fire insurance
Feuerwache *f* fire station
Feuerwaffe *f* firearm
Feuerwehr <-, -en> *f* fire department
Feuerwehrauto *nt* fire engine
Feuerwehrmann, -frau <-leute *o* -männer> *m, f* firefighter, fireman *masc,* firewoman *fem*
Feuerwerk *nt* fireworks *npl*
Feuerwerkskörper *m* firework
Feuerzeug *nt* lighter
Feuilleton <-s, -s> [fœ·jə·'tõː] *nt* (*Zeitungsteil*) culture section
ff. [ɛf·'ʔɛf] *Abk von* **folgende Seiten:** [auf] **Seite 200 ~** pages [or pp.] 200 ff.
FH [ɛf·'ha:] *f Abk von* **Fachhochschule**
ficht [fɪçt] *3. pers sing pres von* **fechten**
Fichte <-, -n> [fɪç·tə] *f* spruce
ficken ['fɪ·kn̩] (*vulg*) I. *vi* to fuck; ■ **das F~** fucking II. *vt* ■ **jdn ~** to fuck sb
Fidschiinseln *pl* Fiji Islands *pl*
Fieber <-s, -> ['fi:bɐ] *nt* fever; ~ **haben** to have a temperature [or fever]
fieberhaft I. *adj* feverish II. *adv* feverishly
fiebern ['fi:·bɐn] *vi* ❶ (*Fieber haben*) to have a temperature [or fever] ❷ (*aufgeregt sein*) to be in a fever
Fieberthermometer *nt* [clinical] thermometer
fiebrig ['fi:·brɪç] *adj* feverish
fiel ['fi:l] *imp von* **fallen**
fies [fi:s] *adj* (*pej fam*) ❶ (*abstoßend*) horrible, disgusting ❷ (*gemein*) mean
Fiesling <-s, -e> *m* (*fam*) [mean] bastard
Figur <-, -en> [fi·'gu:ɐ] *f* ❶ (*Gestalt*) figure; **auf seine ~ achten** to watch one's figure ❷ FILM, LIT character
Filet <-s, -s> [fi·'le:] *nt* fillet
Filetsteak [fi·'le:·ste:k] *nt* fillet steak
Filiale <-, -n> [fi·'l i̯ a:·lə] *f* branch
Filialleiter(in) *m(f)* branch manager
Film <-[e]s, -e> [fɪlm] *m* ❶ (*Spielfilm*) movie, film ❷ FOTO film ❸ (*Filmbranche*) movie industry; **beim ~ arbeiten** to work in the movie industry ❹ (*dünne Schicht*) film
filmen ['fɪl·mən] *vt, vi* to film
Filmfestspiele *nt pl* film festival

Filmgeschäft *nt kein pl* movie business
Filmkamera *f* movie camera
Filmmusik *f* soundtrack
Filmregisseur(in) *m(f)* movie [or film] director
Filmstar *m* movie star
Filmvorschau *f* [movie] preview
Filter <-s, -> ['fɪl·te] *nt o m* filter
Filteranlage *f* filter
Filterkaffee *m* filter [or drip] coffee
filtern ['fɪl·ten] *vt* to filter
Filterpapier *nt* filter paper
Filterzigarette *f* filter cigarette
Filz <-es, -e> [fɪlts] *m* felt
Filzstift *m* felt-tip pen
Finale <-s, -s *o* -> [fi·'na:·lə] *nt* final
Finanzamt *nt* ∎ **das** ~ Department of the Treasury
Finanzbeamte(r), -beamtin *m, f* tax official
Finanzen [fi·'nan·tsn̩] *pl* ❶ (*Einkünfte*) finances *npl* ❷ (*Geldmittel*) means *npl;* **jds** ~ **übersteigen** to be beyond sb's means
finanziell [fi·nan·'tsi̯ɛl] I. *adj* financial II. *adv* financially
finanzieren* [fi·nan·'tsi:·rən] *vt* to finance; **etw [nicht]** ~ **können** to [not] be able to afford sth
Finanzierung <-, -en> *f* financing
finanzkräftig *adj* financially strong
Finanzminister(in) *m(f)* finance minister, Secretary of the Treasury, Treasury Secretary
Finanzministerium *nt* Department of the Treasury, Treasury [Department]
Finanzpolitik *f kein pl* financial policy/policies
finden <fand, gefunden> ['fɪn·dn̩] I. *vt* ❶ (*entdecken*) to find; **es muss doch irgendwo zu** ~ **sein!** it must [or it's gotta] be somewhere!; **einen Vorwand [für etw** *akk*] ~ to find an excuse [for sth] ❷ (*erhalten*) to find; **Unterstützung** ~ to receive support; **Zustimmung [bei jdm]** ~ to meet with approval [from sb] ❸ (*empfinden*) to find; **ich finde, die Ferien sind zu kurz** I think the vacation is too short; **jdn blöd/nett** ~ to think [that] sb is stupid/nice; **es kalt/warm** ~ to find it cold/warm ▶ WENDUNGEN: **etwas an jdm/etw** ~ to see sth in sb/sth; **nichts an jdm/etw** ~ to not think much of sb/sth II. *vi* ❶ (*den Weg finden*) ∎ **zu jdm/etw** ~ to find one's way to sb/sth; **zu sich** *dat* **selbst** ~ to find oneself ❷ (*meinen*) to think; ~ **Sie?** [do] you think so? III. *vr* ∎ **sich** *akk* ~ ❶ (*wieder auftauchen*) to turn up ❷ (*zu verzeichnen sein*) to be found; **es fand sich niemand, der ...** there was nobody to be found who... ❸ (*in Ordnung kommen*) to sort itself out
Finder(in) <-s, -> *m(f)* finder
Finderlohn *m* reward [for the finder]
fing [fɪŋ] *imp von* **fangen**
Finger <-s, -> ['fɪŋe] *m* finger; **der kleine** ~ the little finger, the pinkie *fam;* ~ **weg!** hands off!; **jdm auf die** ~ **klopfen** (*fig fam*) to give sb a rap across the knuckles; **mit dem** ~ **auf jdn/etw zeigen** to point [one's finger] at sb/

sth ▶ WENDUNGEN: **etw in die** ~ **bekommen** (*fam*) to get one's hands on sth; **überall seine** ~ **im Spiel haben** (*fam*) to have a finger in every pie; **jdn juckt es in den** ~**n[, etw zu tun]** (*fam*) sb is itching to do sth; **keinen** ~ **krumm machen** (*fam*) to not lift a finger; **lange** ~ **machen** (*hum fam*) to be light-fingered; **die** ~ **von jdm/etw lassen** (*fam*) to keep away from sb/sth; **sich** *dat* **etw aus den** ~**n saugen** (*fam*) to conjure up *sep* sth; **sich** *dat* **nicht die** ~ **schmutzig machen** to not get one's hands dirty; **jdm auf die** ~ **sehen** (*fam*) to keep a watchful eye on sb
Fingerabdruck *m* fingerprint
fingerfertig *adj* nimble-fingered
Fingerfertigkeit *f* dexterity
Fingerhut *m* ❶ (*fürs Nähen*) thimble ❷ BOT foxglove
Fingerkuppe *f* fingertip
fingern ['fɪŋen] I. *vi* to fiddle (**mit/an** +*dat* with) II. *vt* (*fam: tricksen*) ∎ **etw** ~ *dat* to fiddle sth
Fingernagel *m* fingernail; **an den Fingernägeln kauen** to bite one's nails
Fingerspitze *f* fingertip
Fingerspitzengefühl *nt kein pl* tact [and sensitivity]; ~/**kein** ~ **haben** to be tactful/tactless
Fink <-en, -en> [fɪŋk] *m* finch
Finne, Finnin <-n, -n> ['fɪnə, 'fɪnɪn] *m, f* Finn, Finnish man/woman/boy/girl; ∎ ~ **sein** to be Finnish
finnisch ['fɪ·nɪʃ] *adj* Finnish
Finnland <-s> ['fɪn·lant] *nt* Finland
finster ['fɪns·te] *adj* ❶ (*düster*) dark ❷ (*mürrisch*) grim ❸ (*unheimlich*) sinister
Finsternis <-, -se> ['fɪns·te·nɪs] *f* darkness
Firma <-, Firmen> ['fɪr·ma, *pl* 'fɪr·mən] *f* company
Firmament <-s> [fɪr·ma·'mɛnt] *nt kein pl* ∎ **das** ~ the firmament
firmen ['fɪr·mən] *vt* to confirm
Firmen ['fɪr·mən] *pl von* **Firma**
Firmengründung *f* establishment of a business [or company]
Firmeninhaber(in) *m(f)* company owner
Firmenleitung *f* company management
Firmenwagen *m* company car
Firmenzeichen *nt* company logo, trademark
Firmung <-, -en> *f* confirmation
First <-[e]s, -e> [fɪrst] *m* roof ridge
Fis <-, -> [fɪs] *nt* MUS F sharp
Fisch <-[e]s, -e> [fɪʃ] *m* ❶ (*Tier*) fish ❷ *kein pl* ASTROL Pisces ▶ WENDUNGEN: **weder** ~ **noch Fleisch sein** to be neither fish nor fowl; **ein großer** ~ a big fish; **ein kleiner** ~ a small fry
fischen ['fɪʃn̩] *vi* to fish; ∎ **das F**~ fishing
Fischer(in) <-s, -> ['fɪ·ʃe] *m(f)* fisher, fisherman *masc,* fisherwoman *fem*
Fischerboot *nt* fishing boat
Fischerdorf *nt* fishing village
Fischerei <-> [fɪ·ʃə·'rai] *f kein pl* fishing
Fischernetz *nt* fishing net
Fischfang *m kein pl* fishing

Fischfilet [-file:] *nt* fillet of fish
Fischhändler(in) *m(f)* ÖKON fish distributor
Fischkonserve *f* canned fish
Fischkutter *m* fishing cutter
Fischotter *m* otter
Fischstäbchen *nt* fish stick
Fischsterben *nt* fish mortality
Fischzucht *f* fish farming
fiskalisch [fɪs·'ka:·lɪʃ] *adj* fiscal
Fiskus <-, -se *o* Fisken> ['fɪs·kʊs, *pl* 'fɪs·kən] *m* ■ **der** ~ the Treasury
Fisole <-, -n> [fi·'zo:·lə] *f* ÖSTERR green bean
fit [fɪt] *adj pred* fit; **sich** *akk* ~ **halten** to keep fit, to stay in shape
Fitnessᴿᴿ, **Fitneß**ᴬᴸᵀ <-> ['fɪ·tnɛs] *f kein pl* fitness
Fitnesscenterᴿᴿ [-sɛn·tɐ] *nt* gym
Fitnessgerätᴿᴿ ['fɪt·nɛs-] *nt* SPORT fitness [*or* gym] equipment
Fitnessstudioᴿᴿ *m s.* Fitnesscenter
fix [fɪks] I. *adj* ❶ (*feststehend*) fixed ❷ (*fam: flink*) quick; ~ **gehen** to not take long; ~ **machen** to hurry up ▶ WENDUNGEN: ~ **und fertig sein** (*erschöpft*) to be exhausted; (*am Ende*) to be at the end of one's rope; **jdn** ~ **und fertig machen** (*fam*) to wear out sb *sep* II. *adv* quickly
Fixa ['fɪksa] *pl von* **Fixum**
fixen ['fɪk·sn̩] *vi* (*sl*) to fix
Fixer(in) <-s, -> ['fɪk·sɐ] *m(f)* (*sl*) junkie
fixieren* [fɪk·'si:·rən] *vt* ❶ (*anstarren*) to fix one's eyes on ❷ PSYCH ■ **auf etw** *akk* **fixiert sein** to be fixated on sth ❸ FOTO to fix ❹ (*geh: festlegen*) to fix ❺ SCHWEIZ (*befestigen*) to fix
Fixierung <-, -en> *f* ❶ (*Festlegung*) specification ❷ PSYCH (*Ausrichtung*) fixation
Fixkosten *pl* fixed costs *pl*
Fixum <-s, Fixa> ['fɪk·sʊm, *pl* 'fɪk·sa] *nt* basic salary; (*Zuschuss*) fixed allowance
Fjord <-[e]s, -e> [fjɔrt] *m* fjord
FKK [ɛf·ka:·'ka:] *kein art Abk von* **Freikörper-kultur**
FKK-Strand *m* nude beach
flach [flax] I. *adj* flat; (*nicht hoch*) low; (*nicht steil*) gentle II. *adv* ~ **abfallen** to slope down gently; ~ **atmen** to take shallow breaths
Flachbildschirm *m* flat screen [*or* panel]
Flachdach *nt* flat roof
Fläche <-, -n> ['flɛ·çə] *f* ❶ (*flache Außenseite*) surface; (*Würfelfläche*) face ❷ (*Gebiet*) expanse; (*mit Maßangaben*) area
Flächenausdehnung *f* surface area
flächendeckend *adj* comprehensive *pred*
Flächeninhalt *m* [surface] area
Flächenmaß *nt* [unit of] square measure
flach|fallen *vi sep irreg sein* (*fam*) to fall flat
flächig ['flɛ·çɪç] *adj* ❶ (*breit*) flat ❷ (*ausgedehnt*) extensive
Flachland *nt* lowland
flach|legen (*fam*) I. *vt* to knock out *sep* II. *vr* ■ **sich** *akk* ~ to lie down; (*flach hinfallen*) to fall flat [on one's face]
flach|liegen *vi irreg* (*fam*) to be laid up [in bed]

Flachmann *m* (*fam*) hip flask
Flachs <-es> [flaks] *m kein pl* ❶ (*Pflanze*) flax ❷ (*fam: Witzelei*) kidding *fam;* **ohne** ~ [all] joking aside
flackern ['flakɐn] *vi* to flicker
Fladenbrot *nt* KOCHK fladen bread, ≈ [thick] pita bread
Flagge <-, -n> ['fla·gə] *f* flag; **die amerikanische** ~ **führen** to fly the United States flag ▶ WENDUNGEN: ~ **zeigen** to nail one's colors to the mast
Flair <-s> [flɛːɐ̯] *nt o selten m kein pl* (*geh*) flair, aura
Flame, Flamin *o* **Flämin** <-n, -n> ['fla·mə, fla:·mɪn, flɛː·mɪn] *m, f* Fleming, Flemish man/woman/boy/girl
Flamingo <-s, -s> [fla·'mɪŋ·go] *m* flamingo
flämisch ['flɛ·mɪʃ] *adj* Flemish
Flamme <-, -n> ['fla·mə] *f* flame; **in** ~**n aufgehen** to go up in flames; **etw auf großer/kleiner** ~ **kochen** to cook sth on high/low heat
Flammenwerfer <-s, -> *m* flamethrower
Flandern <-s> ['flan·dɐn] *nt* Flanders + *sing vb*
Flanke <-, -n> ['flaŋ·kə] *f* ❶ ANAT flank ❷ (*im Fußball*) cross
flankieren* [flaŋ·'ki:·rən] *vt* to flank
Flasche <-, -n> ['fla·ʃə] *f* ❶ (*Behälter*) bottle; **einem Kind die** ~ **geben** to bottle-feed a child ❷ (*fam: Versager*) loser; (*einfältiger Mensch*) dork
Flaschenbier *nt* bottled beer
Flaschengärung *f* fermentation in the bottle
Flaschengestell *nt* bottle rack
Flaschenhals *m* bottleneck
Flaschenöffner *m* bottle opener
Flaschenpfand *nt* bottle deposit
Flaschenpost *f* message in a bottle
Flaschenzug *m* TECH pulley
Flaschner(in) <-s, -> *m(f)* SÜDD, SCHWEIZ (*Klempner*) plumber
flattern ['fla·tɐn] *vi* ❶ *haben* (*mit den Flügeln*) to flap ❷ *haben* (*vom Wind bewegt*) to flutter; *lange Haare* to stream
flau [flau] *adj* ❶ (*leicht unwohl*) queasy ❷ (*träge*) *Geschäft* slack
Flaum <-[e]s> [flaum] *m kein pl* down
flauschig *adj* fleecy
Flaute <-, -n> ['flau·tə] *f* ❶ (*Windstille*) calm ❷ (*mangelnde Nachfrage*) lull
Flechte <-, -n> ['flɛç·tə] *f* BOT, MED lichen
flechten <flocht, geflochten> ['flɛç·tn̩] *vt Haare* to braid (**zu** +*dat* into); *Korb, Kranz* to weave (**zu** +*dat* into)
Fleck <-[e]s, -e *o* -en> [flɛk] *m* ❶ (*Schmutzfleck*) stain; ~**en machen** to stain ❷ (*dunkle Stelle*) mark; **ein blauer** ~ a bruise ❸ (*Stelle*) spot, place; **sich** *akk* **nicht vom** ~ **rühren** to not move [an inch]
Fleckchen <-s, -> *nt* ❶ *dim von* **Fleck** mark ❷ (*Gegend*) **ein schönes** ~ **Erde** a nice little spot

F

fleckig ['flɛ·kɪç] *adj* ❶ (*befleckt*) marked, stained ❷ (*voller dunkler Stellen*) blemished; *Haut* blotchy

Fledermaus ['fle:·dɐ·maus] *f* bat

Fleece <-> [fliːs] *nt kein pl* fleece

Flegel <-s, -> ['fle:·gl̩] *m* (*pej: Lümmel*) lout

Flegeljahre *pl* awkward age

flehen ['fle:·ən] *vi* (*geh*) to beg (**um** +*akk* for)

Fleisch <-[e]s> ['flaiʃ] *nt kein pl* ❶ (*Nahrungsmittel*) meat; **~ fressend** carnivorous ❷ (*Gewebe*) flesh ▶ WENDUNGEN: **jdm in ~ und Blut übergehen** to become sb's second nature; **sich** *dat o akk* **ins eigene ~ schneiden** to cut off one's nose to spite one's face

Fleischbrühe *f* ❶ (*Bouillon*) bouillon ❷ (*Fond*) meat stock

Fleischer(in) <-s, -> ['flai·ʃɐ] *m(f)* butcher

Fleischerei <-, -en> [flai·ʃəˈrai] *f* butcher shop, butcher's

fleischfarben *adj* flesh-colored

fleischig ['flai·ʃɪç] *adj* fleshy

Fleischkäse *m* fine-textured pork loaf served warm

Fleischklößchen *nt* [small] meatball

fleischlich *adj attr* **~e Genüsse** meat delicacies; **~ Begierden** (*fig*) carnal desires, desires of the flesh

Fleischpastete *f* meat vol-au-vent

Fleischwolf *m* meat grinder

Fleischwunde *f* flesh wound

Fleischwurst *f* ≈ pork sausage (*similar to bologna*)

Fleiß <-[e]s> [flais] *m kein pl* industriousness, hard work ▶ WENDUNGEN: **ohne ~ kein Preis** (*prov*) success doesn't come easily

fleißig ['flai·sɪç] **I.** *adj* industrious, hard-working **II.** *adv* industriously, diligently; **~ arbeiten** to work hard

fletschen ['flɛt·ʃn̩] *vt* **die Zähne ~** to bare one's/its teeth

flexibel [flɛˈk·siː·bl̩] *adj* ❶ (*anpassungsfähig*) flexible ❷ (*elastisch*) pliable

flexibilisieren *vt* to adapt; **die Arbeitszeit ~** to introduce flexible working hours [*or* flextime]

Flexibilität <-> [flɛk·si·bi·li·ˈtɛːt] *f kein pl* ❶ (*Anpassungsfähigkeit*) flexibility ❷ (*Elastizität*) pliability

Flexion <-, -en> [flɛˈk·si̯oːn] *f* (*Deklinieren*) inflection; (*Konjugieren*) conjugation

flicht *imp sing und 3. pers sing pres von* **flechten**

flicken ['flɪ·kn̩] *vt* to mend; *Fahrradschlauch* to patch [up *sep*]

Flicken <-s, -> ['flɪ·kn̩] *m* patch

Flickzeug *nt kein pl* ❶ (*für Fahrräder*) [flat] repair kit ❷ (*Nähzeug*) sewing kit

Flieder <-s, -> ['fliː·dɐ] *m* lilac

Fliege <-, -n> ['fliː·gə] *f* ❶ (*Insekt*) fly ❷ MODE bow tie ▶ WENDUNGEN: **die ~ machen** (*fam*) to beat it

fliegen <flog, geflogen> ['fliː·gn̩] *vi sein* ❶ (*durch die Luft*) to fly ❷ (*sl: hinausgewor-*

fen werden) to get kicked out ❸ (*fam: fallen*) to fall

fliegend *adj attr* mobile

Fliegenfänger *m* flypaper

Fliegengewicht *nt kein pl* flyweight

Fliegengitter *nt* [window] screen

Fliegenklatsche *f* fly swatter

Fliegenpilz *m* fly agaric

Flieger <-s, -> *m* (*fam*) plane

Flieger(in) <-s, -> *m(f)* (*Pilot*) pilot

fliehen <floh, geflohen> ['fliː·ən] *vi sein* to flee; *aus dem Gefängnis* to escape

Fliehkraft *f kein pl* centrifugal force

Fliese <-, -n> [fliː·zə] *f* tile

fliesen ['fliː·zn̩] *vt* to tile

Fliesenleger(in) <-s, -> *m(f)* tiler

Fließband <-bänder> *nt* assembly line; (*Förderband*) conveyer [belt]; **am ~ arbeiten** to work on the production line

fließen <floss, geflossen> ['fliː·sn̩] *vi sein* to flow

fließend I. *adj* ❶ (*flüssig*) fluent ❷ (*übergangslos*) fluid **II.** *adv* ❶ (*bei Wasser*) **~ warmes und kaltes Wasser** running hot and cold water ❷ (*ohne zu stocken*) fluently; **~ Französisch sprechen** to speak French fluently

flimmern ['flɪ·mɐn] *vi* to flicker

flink [flɪŋk] *adj* quick

Flinte <-, -n> ['flɪn·tə] *f* shotgun ▶ WENDUNGEN: **die ~ ins Korn werfen** (*fam*) to throw in the towel

Flipper <-s, -> ['flɪ·pɐ] *m* pinball machine

flippern ['flɪ·pɐn] *vi* to play pinball

flippig *adj* (*fam*) hip

Flirt <-s, -s> [flœːɐt] *m* flirt[ation]

flirten ['flœːɐ·tn̩] *vi* to flirt

Flitterwochen *pl* honeymoon *nsing*

flitzen ['flɪ·tsn̩] *vi sein* to dash

flocht ['flɔxt] *imp von* **flechten**

Flocke <-, -n> ['flɔ·kə] *f* ❶ (*Schneeflocke*) snowflake ❷ (*Staubflocke*) ball of fluff

flog ['floːk] *imp von* **fliegen**

Floh <-[e]s, Flöhe> [floː:, *pl* ˈfløː·ə] *m* flea ▶ WENDUNGEN: **jdm einen ~ ins Ohr setzen** to put an idea into sb's head

floh ['floː] *imp von* **fliehen**

Flohmarkt *m* flea market

Flora <-, Floren> ['floː·ra, *pl* ˈfloː·rən] *f* flora *npl*

Florist(in) <-en, -en> [flo·ˈrɪst] *m(f)* florist

Floskel <-, -n> ['flɔs·kl̩] *f* set phrase

Floß <-es, Flöße> [floːs, *pl* ˈfløː·sə] *nt* raft

floss^{RR}, **floß**^{ALT} ['flɔs] *imp von* **fließen**

Flosse <-, -n> ['flɔ·sə] *f* ❶ (*Fischflosse*) fin ❷ (*Schwimmflosse*) flipper

Flöte <-, -n> ['fløː·tə] *f* ❶ (*Musikinstrument*) pipe; (*Querflöte*) flute; (*Blockflöte*) recorder ❷ (*Kelchglas*) flute [glass]

flöten ['fløː·tn̩] *vi, vt* ❶ (*Flöte spielen*) to play the flute ❷ (*hum fam: süß sprechen*) to warble ▶ WENDUNGEN: **etw geht jdm ~** sb loses sth

Flötenspieler(in) *m(f)* piper; (*Querflötenspieler*) flute player; (*Blockflötenspieler*) recorder player

Flötist(in) <-en, -en> [fløˈtɪst] *m(f)* flutist

flott [flɔt] **I.** *adj* ❶ (*zügig*) quick; **aber ein bisschen ~!** (*fam*) make it snappy!; **ein ~es Tempo** [a] high speed ❷ (*schwungvoll*) lively ❸ (*schick*) smart **II.** *adv* ❶ (*zügig*) fast ❷ (*schick*) smartly

Flotte <-, -n> [ˈflɔ·tə] *f* fleet

flott|machen *vt* to get back in working order; **ein Auto ~** to get a car back on the road

Fluch <-[e]s, Flüche> [fluːx, *pl* ˈflyː·çə] *m* curse

fluchen [ˈfluː·xn̩] *vi* to curse (**auf/über** +*akk* at)

Flucht <-, -en> [flʊxt] *f* escape (**vor** +*dat* from); ■ **die ~ in etw** *akk* refuge in sth; **die ~ ergreifen** (*geh*) to take flight; **auf der ~ sein** to be on the run ▶ WENDUNGEN: **die ~ nach vorn antreten** to take the bull by the horns

fluchtartig I. *adj* hasty **II.** *adv* hastily, in a hurry

flüchten [ˈflʏç·tn̩] **I.** *vi sein* to flee; (*aus der Gefangenschaft, einer Gefahr*) to escape **II.** *vr* **haben** ■ **sich** *akk* **irgendwohin ~** to seek refuge somewhere; ■ **sich** *akk* **in etw** *akk* **~** (*fig*) to take refuge in sth; **sich** *akk* **in Ausreden ~** to resort to excuses

Fluchtfahrzeug *nt* getaway car

flüchtig [ˈflʏç·tɪç] **I.** *adj* ❶ (*geflüchtet*) fugitive *attr*; ■ **~ sein** to be a fugitive ❷ (*kurz*) fleeting, brief ❸ (*oberflächlich*) cursory; **eine ~e Bekanntschaft** a passing acquaintance **II.** *adv* ❶ (*kurz*) briefly ❷ (*oberflächlich*) cursorily; **jdn ~ kennen** to have met sb briefly

Flüchtigkeit <-> *f kein pl* ❶ (*Kürze*) briefness ❷ (*Oberflächlichkeit*) cursoriness

Flüchtigkeitsfehler *m* careless mistake

Flüchtling <-s, -> [ˈflʏçt·lɪŋ] *m* refugee

Flüchtlingslager *nt* refugee camp

Flüchtlingsstrom *m* flood of refugees

Fluchtweg *m* escape route

Flug <-[e]s, Flüge> [fluːk, *pl* ˈflyː·gə] *m* flight ▶ WENDUNGEN: **wie im ~** [e] in a flash

Flugabwehr *f* air defense

Flugabwehrrakete *f* antiaircraft missile

Flugangst *f* fear of flying

Flugbahn *f* flight path; (*Kreisbahn*) orbit; *einer Kugel, Rakete* trajectory

Flugbegleiter(in) *m(f)* flight attendant, steward *masc*, stewardess *fem*

Flugblatt *nt* leaflet, flyer

Flügel <-s, -> [ˈflyː·gl̩] *m* ❶ (*zum Fliegen*) wing; (*Hubschrauberflügel*) rotor ❷ *einer Windmühle* sail ❸ ARCHIT, POL, SPORT wing; *eines Altars* sidepiece; *eines Fensters* casement ❹ (*Konzertflügel*) grand piano ▶ WENDUNGEN: **die ~ hängen lassen** (*fam*) to lose heart

Flügeltür *f* double door

Fluggast *m* passenger

Fluggeschwindigkeit *f* (*von Flugzeug*) flying speed; (*von Rakete, Geschoss*) velocity; (*von Vögeln*) speed of flight

Fluggesellschaft *f* airline

Flughafen *m* airport

Flughöhe *f* altitude

Flugkapitän(in) *m(f)* captain

Flugleitung *f* air traffic control

Fluglinie *f* ❶ (*Strecke*) flight route ❷ (*Fluggesellschaft*) airline

Fluglotse, -lotsin *m, f* air traffic controller

Flugobjekt *nt* **unbekanntes ~** unidentified flying object, UFO

Flugplatz *m* airfield

Flugreise *f* flight

Flugschein *m* ❶ (*Pilotenschein*) pilot's license ❷ (*Ticket*) [plane] ticket

Flugschreiber *m* flight recorder, black box *fam*

Flugsicherheit *f kein pl* air safety

Flugstrecke *f* ❶ (*Distanz*) flight route ❷ (*Etappe*) leg ❸ (*Route*) route

Flugticket *nt* [plane] ticket

Flugverbindung *f* [flight] connection

Flugverbot *nt* LUFT (*Menschen*) flying ban; (*Flugzeug*) aircraft grounding

Flugverkehr *m* air traffic

Flugwaffe *f* SCHWEIZ Swiss Air Force

Flugzeit *f* flight time

Flugzeug <-[e]s, -e> *nt* [air]plane; **mit dem ~** by [air]plane

Flugzeugabsturz *m* plane crash

Flugzeugbesatzung *f* flight crew

Flugzeugentführer(in) *m(f)* [aircraft] hijacker

Flugzeugentführung *f* [aircraft] hijacking

Flugzeughalle *f* hangar

Flugzeugträger *m* aircraft carrier

Flunder <-, -n> [ˈflʊn·dɐ] *f* flounder

flunkern [ˈflʊn·kɐn] *vi* (*fam*) to fib

Fluor <-s> [ˈfluː·oːɐ] *nt kein pl* fluorine

Fluorchlorkohlenwasserstoff *m* chlorofluorocarbon, CFC

Fluorkohlenwasserstoff *m* fluorocarbon

Flur¹ <-[e]s, -e> [fluːɐ] *m* corridor, hall[way]; (*Hausflur*) entrance hall

Flur² <-, -en> [fluːɐ] *f* ❶ (*Gebiet*) plot ❷ (*geh: freies Land*) open fields *pl* ▶ WENDUNGEN: **allein auf weiter ~ sein** to be [all] alone

FlussRR <-es, Flüsse>, **Fluß**ALT <-sses, Flüsse> [flʊs, *pl* ˈflʏ·sə] *m* ❶ (*Wasserlauf*) river; **am ~** next to the river ❷ (*Verlauf*) flow; **sich** *akk* **im ~ befinden** to be in a state of flux

flussabRR [flʊsˈʔap], **flussabwärts**RR [flʊs·ˈʔap·vɛɐts] *adv* downriver

flussaufwärtsRR [flʊs·ˈʔauf·vɛɐts] *adv* upriver

FlussbettRR *nt* riverbed

FlussdiagrammRR *nt* flow chart

flüssig [ˈflʏ·sɪç] **I.** *adj* ❶ (*nicht fest*) liquid; *Glas, Stahl* molten; **etw ~ machen** to melt sth; **~ werden** to melt ❷ (*fließend*) flowing; *Verkehr* moving ❸ FIN (*fam*) liquid; [nicht] **~ sein** to [not] have a lot of money **II.** *adv* flowingly; **~ lesen** to read effortlessly; **~ sprechen** to speak fluently

Flüssiggas *nt* liquid gas

Flüssigkeit <-, -en> *f* ❶ (*flüssiger Stoff*) liquid, fluid ❷ *kein pl* (*fließende Beschaffenheit*) liquidity; *einer Rede* fluency

Flüssigseife *f* liquid soap

Flusskrebs[RR] *m* crayfish, crawfish
Flusslauf[RR] *m* course of a river
Flussmündung[RR] *f* river mouth
Flusspferd[RR] *nt* hippopotamus
Flussschifffahrt[RR] *f* river navigation
Flussufer[RR] *nt* river bank
flüstern ['flʏs·tən] *vi, vt* to whisper; ■**man flüstert, dass ...** rumor has it that ...
Flüsterton *m* whisper; **im ~** in a whisper
Flut <-, -en> [fluːt] *f* ❶ *(angestiegener Wasserstand)* high tide; **die ~ geht zurück** the tide is going out; **es ist ~** the tide's in; **die ~ kommt** the tide is coming in; **bei ~** at high tide ❷ *meist pl (Wassermassen)* torrent ❸ *(große Menge)* ■**eine ~ von etw** *dat* a flood of sth
fluten ['fluː·tn̩] *vi, vt* to flood
Fluthilfe *f* flood relief
Flutkatastrophe *f* flood disaster
Flutlicht *nt kein pl* floodlight
flutschen ['flʊt·ʃn̩] **I.** *vi sein (fam: rutschen)* to slip **II.** *vi impers sein o haben (fam: gut verlaufen)* to go smoothly
Flutwelle *f* tidal wave
f-Moll <-s, -> ['ɛf·mɔl] *nt kein pl* MUS F flat minor
focht ['fɔxt] *imp von* **fechten**
Föderalismus <-> [fø·de·ra·'lɪs·mʊs] *m kein pl* federalism
föderalistisch [fø·de·ra·'lɪs·tɪʃ] *adj* federalist
Föderation <-, -en> [fø·de·ra·'tsi̯oːn] *f* federation
Fohlen <-s, -> ['foː·lən] *nt* foal
Föhn[RR] <-[e]s, -e> [føːn] *m* ❶ *(Wind)* foehn [*or* föhn] [wind] ❷ *(Haartrockner)* hair dryer
föhnen[RR] *vt* to blow-dry
Fokus <-, -se> ['foː·kʊs] *m* focus
Folge <-, -n> ['fɔl·gə] *f* ❶ *(Auswirkung)* consequence; **etw zur ~ haben** to result in sth; **als ~ von etw** *dat* as a consequence/result of sth ❷ *(Abfolge)* series; **von Bildern, Tönen** a. sequence; **in rascher ~** in quick succession ❸ *(Teil einer TV-Serie)* episode ▶ WENDUNGEN: **einem Befehl ~ leisten** to comply with an order
Folgeerscheinung *f* consequence
folgen ['fɔl·gn̩] *vi* ❶ *sein (nachgehen, als Nächstes kommen)* ■**jdm ~** to follow sb; **es folgt die Ziehung der Lottozahlen** the lotto drawing is [*or* will be] next; **wie folgt** as follows; ■**auf etw** *akk* **~** to come after sth ❷ *haben (gehorchen)* to be obedient; **einem Befehl ~** to follow ❸ *sein (verstehen)* ■**jdm/etw ~ können** to be able to follow sb/sth ❹ *sein (sich richten nach)* **einer Politik ~** to pursue a policy; **einem Vorschlag ~** to act on a suggestion ❺ *sein (hervorgehen)* ■**aus etw** *dat* **~** to follow from sth; ■**es folgt, dass ...** it follows that ...
folgend ['fɔl·gn̩t] *adj* following; ■**F~es** the following; ■**im F~en** in the following
folgendermaßen ['fɔl·gn̩·de·'maː·sn̩] *adv* as follows
folgenlos *adj pred* without consequence

folgenschwer *adj* serious; *Entscheidung* momentous
folgerichtig *adj* logical
folgern ['fɔl·gən] **I.** *vt* to conclude (**aus** +*dat* from) **II.** *vi* to draw a conclusion; **vorschnell ~** to jump to conclusions
Folgerung <-, -en> *f* conclusion; **eine ~ aus etw** *dat* **ziehen** to draw a conclusion from sth
Folgeschaden *m* consequential loss
Folgezeit *f* aftermath
folglich ['fɔlk·lɪç] *adv* therefore
folgsam ['fɔlk·za:m] *adj* obedient
Folie <-, -n> ['foː·li̯ə] *f* ❶ *(Plastikfolie)* [plastic] film; KOCHK plastic wrap; *(Metallfolie)* foil ❷ *(Projektorfolie)* transparency, slide
Folter <-, -n> ['fɔl·tə] *f* torture ▶ WENDUNGEN: **jdn auf die ~ spannen** to keep sb on tenterhooks
Folterkammer *f* torture chamber
foltern ['fɔl·tən] *vt* to torture
Folterung <-, -en> *f* torture
Fon [foːn] *nt (fam) kurz für* **Telefon** phone
Fön®, **Föhn**[RR] <-[e]s, -e> [føːn] *m* hair dryer
Fonds <-, -> [fõ:, *pl* fõ:s] *m* FIN *(Geldreserve)* fund; *(Kapital)* funds *pl*
Fondsmanager(in) *m(f)* BÖRSE fund manager
Fondue <-s, -s> [fõ·'dy:] *nt* fondue
fönen[ALT] ['fø:·nən] *vt s.* **föhnen**
Fontäne <-, -n> [fɔn·'tɛː·nə] *f* fountain
Fora ['foː·ra] *pl von* **Forum**
forcieren* [fɔr·'si:·rən] *vt (geh)* to push ahead with; *Export, Produktion* to boost
Förderband <-bänder> *nt* conveyor belt
Förderer, **Förderin** <-s, -> *m, f* sponsor
Fördergelder *pl* ADMIN development funds
förderlich *adj* useful
Fördermittel *nt* means of conveyance
fordern ['fɔr·dən] **I.** *vt* ❶ *(verlangen)* to demand ❷ *(erfordern)* to require (**von** +*dat* of/ from) ❸ *(kosten)* to claim; **der Flugzeugabsturz forderte 123 Menschenleben** the plane crash claimed 123 lives ❹ *(Leistung abverlangen)* ■**jdn ~** to make demands on sb ❺ *(herausfordern)* **zum Duell, Kampf** to challenge **II.** *vi (verlangen)* to make demands; ■[**von jdm**] **~, dass ...** to demand [of sb] that ...
fördern ['fœr·dən] *vt* ❶ *(unterstützen)* to support; *Karriere, Talent* to further; ■**jdn ~** *Gönner, Förderer* to sponsor; **die Verdauung ~** to aid digestion ❷ *(steigern)* to promote; *Konjunktur, Umsatz* to boost ❸ *(abbauen)* to mine for; *Erdöl* to drill for
fordernd I. *adj* overbearing **II.** *adv* in a domineering manner *pred*
Forderung <-, -en> *f* ❶ *(nachdrücklicher Wunsch)* demand; **jds ~ en erfüllen** to meet sb's demands; **~ en [an jdn] stellen** to make demands [on sb] ❷ ÖKON debt claim
Förderung <-, -en> *f* ❶ *(Unterstützung)* support ❷ *(das Fördern)* promotion ❸ MED *(Anregung)* stimulation ❹ BERGB mining; **die ~ von Erdöl** drilling for oil

Forelle <-, -n> [fo·ˈrɛ·lə] *f* trout

Foren [ˈfo·rən] *pl von* **Forum**

Form <-, -en> [fɔrm] *f* ❶ (*äußere Gestalt*) shape; **seine ~ verlieren** to lose shape ❷ (*Kunstform*) form ❸ (*Substanz, Ausmaße*) **~ annehmen** to take shape; **in ~ von etw** *dat* in the form of sth ❹ (*Art und Weise*) form; **in mündlicher/schriftlicher ~** verbally/in writing ❺ (*fixierte Verhaltensweise*) conventions *pl;* **die ~ wahren** (*geh*) to remain polite ❻ (*Kondition*) form, shape *fam;* **in ~ bleiben** to stay in shape; **nicht in ~ sein** to be out of shape ❼ (*Gussform*) mold

formal [fɔr·ˈmaːl] **I.** *adj* formal **II.** *adv* formally

Formalität <-, -en> [fɔr·ma·li·ˈtɛt] *f* formality

Format <-[e]s, -e> [fɔr·ˈmaːt] *nt* ❶ (*Größenverhältnis*) format ❷ (*Niveau*) quality; **internationales ~** international standing; **[kein] ~ haben** to have [no] class

formatieren* [fɔr·ma·ˈtiː·rən] *vt* to format

Formatierung *f* formatting

Formation <-, -en> [fɔr·ma·ˈtsi̯oːn] *f* formation

formbar *adj* malleable

Formel <-, -n> [ˈfɔr·ml̩] *f* ❶ CHEM, MATH formula ❷ *in Brief, Eid* wording

formell [fɔr·ˈmɛl] **I.** *adj* official, formal **II.** *adv* officially, formally

formen [ˈfɔr·mən] *vt* ❶ (*modellieren, prägen*) to mold (**aus** *+dat* from); **wohl geformt** well formed ❷ (*bilden*) to form

Formfehler *m* ❶ (*gegen Vorschriften*) irregularity ❷ (*gegen Etikette*) breach of etiquette

formieren* [fɔr·ˈmiː·rən] **I.** *vr* ■**sich** *akk* **~** ❶ (*sich ordnen*) to form up ❷ (*sich bilden*) to form **II.** *vt* ■**etw ~** to form sth

Formierung <-, -en> *f* formation

förmlich [ˈfœrm·lɪç] **I.** *adj Bitte, Entschuldigung* official, formal **II.** *adv* ❶ (*unpersönlich*) formally ❷ (*geradezu*) really

Förmlichkeit <-, -en> *f kein pl* formality

formlos *adj* ❶ (*gestaltlos*) formless; (*die äußere Gestalt betreffend*) shapeless ❷ (*zwanglos*) informal

Formsache *f* formality; **eine [reine] ~ sein** to be a [mere] formality

formschön *adj* well-shaped

Formular <-s, -e> [fɔr·mu·ˈlaːɐ̯] *nt* form

formulieren* [fɔr·mu·ˈliː·rən] *vt* to formulate; **... wenn ich es mal so ~ darf ...** if I might put it that way

Formulierung <-, -en> *f* wording

formvollendet **I.** *adj* perfect[ly shaped] **II.** *adv* perfectly

forsch [fɔrʃ] **I.** *adj* bold **II.** *adv* boldly

forschen [ˈfɔr·ʃn̩] *vi* to research; ■**nach jdm/etw ~** to search for sb/sth

forschend **I.** *adj* inquiring **II.** *adv* inquiringly

Forscher(in) <-s, -> *m(f)* ❶ (*Wissenschaftler*) researcher ❷ (*Forschungsreisender*) explorer

Forschung <-, -en> *f* research; **~ und Lehre** research and teaching

Forschungsarbeit *f* ❶ (*Tätigkeit*) research [work] ❷ (*Veröffentlichung*) research paper

Forschungsergebnis *nt* result of the research

Forschungsreise *f* expedition

Forschungszentrum *nt* research center

Forst <-[e]s, -e[n]> [fɔrst] *m* [commercial] forest

Forstamt *nt* Forest Service

Förster(in) <-s, -> [ˈfœr·stɐ] *m(f)* forester

Forstwirtschaft *f kein pl* forestry

fort [fɔrt] *adv* ❶ (*weg*) away; **nur ~ von hier!** (*geh*) let's leave!, let's get out of here ❷ (*weiter*) **und so ~** and so on; **in einem ~** constantly

Fort <-s, -s> [foːɐ̯] *nt* fort

Fortbestand *m kein pl* continued existence

fort|bestehen* *vi irreg* to survive

fort|bewegen* *vt, vr* ■**[sich** *akk*] **~** to move

Fortbewegung *f kein pl* movement

Fortbewegungsmittel *nt* means of locomotion

fort|bilden **I.** *vt* ■**jdn ~** to provide sb with further training **II.** *vr* ■**sich** *akk* **~** to further one's training [*or* education]

Fortbildung *f kein pl* supplementary [*or* additional] training

Fortbildungskurs *m,* **Fortbildungskursus** *m* training seminar

fort|bleiben *vi irreg sein* to stay away (**von** *+dat* from)

fort|bringen [ˈfɔrt·brɪŋən] *vt irreg* to take away *sep; Brief, Packet* to mail

fort|dauern *vi* to continue

fort|entwickeln* *vt, vr* to develop [further]

Fortentwicklung *f kein pl* development

fort|fahren *vi* ❶ *sein* (*wegfahren*) to drive [away/off] ❷ *sein o haben* (*weiterreden, -machen*) to continue

fort|führen *vt* ❶ (*fortsetzen*) to continue ❷ (*wegführen*) to lead away

Fortgang *m kein pl* ❶ (*weiterer Verlauf*) continuation ❷ (*Weggang*) departure

fort|gehen *vi sein* to go away

fortgeschritten *adj* advanced; **im ~en Alter** at an advanced age

Fortgeschrittene(r) *f(m) dekl wie adj* advanced student

Fortgeschrittenenkurs *m,* **Fortgeschrittenenkursus** *m* advanced course

fortgesetzt *adj* constant

fort|jagen *vt haben* to chase away

fort|kommen *vi sein* ❶ (*fam: wegkommen*) to leave, to get away (**aus/von** *+dat* from); **mach, dass du fortkommst!** (*fam*) get lost!, get out of here! ❷ (*abhandenkommen*) to go missing

Fortkommen *nt* progress

fort|können *vi irreg* to be able to go

fort|lassen *vt irreg* ❶ (*weggehen lassen*) ■**jdn ~** to let sb go ❷ (*auslassen*) ■**etw ~** to leave out *sep* sth

fort|laufen *vi irreg sein* to run away; **uns ist unsere Katze fortgelaufen** our cat has disappeared

fortlaufend I. *adj* (*ständig wiederholt*) continual; (*ohne Unterbrechung*) continuous **II.** *adv* (*ständig*) constantly; (*in Serie*) consecutively

fortlmüssen *vi irreg* to have to go

fortlpflanzen *vr* ■ **sich** *akk* ~ to reproduce

Fortpflanzung *f kein pl* reproduction

fortpflanzungsfähig *adj* able to reproduce *pred*

Fortpflanzungsklinik *f* MED fertility [*or* IVF] clinic

fortlräumen *vt* to clear away *sep*

fortlreißen *vt irreg* ■ **etw mit sich** *dat* ~ to sweep away *sep* sth

fortlrennen *vi irreg sein* (*fam*) to run away

fortlschaffen *vt* to get rid of

fortlschicken *vt* to send away

fortlschreiten *vi irreg sein* to progress

Fortschritt ['fɔrt·ʃrɪt] *m* ❶ (*Schritt nach vorn*) step forward; [**gute**] ~**e machen** to make progress ❷ (*Verbesserung*) improvement

fortschrittlich I. *adj* progressive **II.** *adv* progressively

Fortschrittlichkeit <-> *f kein pl* progressiveness

fortlsetzen *vt, vi* to continue

Fortsetzung <-, -en> ['fɔrt·zɛ·tsʊŋ] *f* ❶ *kein pl* (*das Fortsetzen*) continuation ❷ *eines Buches, Films* sequel; *einer Fernsehserie, eines Hörspiels* episode; „~ **folgt**" "to be continued"

Fortsetzungsroman *m* serialized novel

fortlstehlen *vr irreg* ■ **sich** *akk* ~ to steal away *sep*

fortltragen *vt irreg* to carry away *sep*

fortltreiben *irreg* **I.** *vt haben* ❶ (*verjagen*) to chase away ❷ (*an einen anderen Ort treiben*) to sweep away **II.** *vi sein* to drift away

fortwährend ['fɔrt·vɛ:·rənt] **I.** *adj attr* constant **II.** *adv* constantly

fortlziehen *irreg* **I.** *vt haben* to pull away **II.** *vi sein* to move [away]

Forum <-s, Foren *o* Fora> ['fo:·rʊm, *pl* 'fo:·rən, 'fo:·ra] *nt* ❶ (*Personenkreis*) audience ❷ *pl* (*öffentliche Diskussion*) public discussion ❸ (*Ort für öffentliche Diskussion*) forum ❹ INET [discussion] forum

Fossil <-s, -ien> [fɔ·'si:l, *pl* -iən] *nt* fossil

Föten ['fø:·tən] *pl von* **Fötus**

Foto <-s, -s> ['fo:·to] *nt* photograph, photo *fam*, picture; **ein** ~ [**von jdm/etw**] **machen** to take a photo [of sb/sth]

Fotoalbum *nt* photo album

Fotoapparat *m* camera

Fotograf(in) <-en, -en> [fo·to·'gra:f] *m(f)* photographer

Fotografie <-, -n> [fo·to·gra·'fi:, *pl* fo·to·gra·'fi:·ən] *f* ❶ *kein pl* (*Verfahren*) photography ❷ (*Bild*) photograph

fotografieren* [fo·to·gra·'fi:·rən] **I.** *vt* ■ **jdn/etw** ~ to take a photograph [*or* picture] of sb/sth **II.** *vi* to take photographs [*or* pictures]

fotografisch [fo·to·'gra:·fɪʃ] **I.** *adj* photographic **II.** *adv* photographically

Fotokopie [fo·to·ko·'pi:] *f* photocopy

fotokopieren* [fo·to·ko·'pi:·rən] *vt* to photocopy

Fotokopierer *m* photocopier

Fotolabor *nt* photo lab

Fotomodell ['fo:·to·mo·dɛl] *nt* photo[graphic] model

Fotomontage *f* photo montage

Fötus <-[ses], Föten *o* -se> ['fø:·tʊs, *pl* 'fø:·tən, 'fø:·tu·sə] *m* fetus

Foul <-s, -s> [faul] *nt* foul

foulen ['fau·lən] *vt, vi* to foul

Fr. *Abk von* **Frau** Mrs., Ms.

Fracht <-, -en> ['fraxt] *f* ❶ (*Ladung*) cargo ❷ (*Beförderungspreis*) freight, shipping

Frachter <-s, -> ['frax·tɐ] *m* freighter

Frachtgut *nt* freight

Frachtkosten *pl* shipping [costs *pl*], freight

Frachtraum *m Schiff* cargo hold; *Flugzeug* cargo compartment

Frachtschiff *nt* cargo boat; (*groß*) cargo ship, freighter

Frack <-[e]s, Fräcke *o* -s> [frak, *pl* 'frɛ·kə] *m* tails *npl*; **einen** ~ **tragen** to wear tails; **im** ~ in tails

Frage <-, -n> ['fra:·gə] *f* ❶ (*zu beantwortende Äußerung*) question; **eine** ~ **zu etw** *dat* **haben** to have a question about sth; **jdm eine** ~ **stellen** to ask sb a question ❷ (*Problem*) question, problem, issue; **keine** ~ no problem; **ohne** ~ without [a] doubt; **eine strittige** ~ a controversial issue; **ungelöste** ~**en** unresolved issues; ~**en aufwerfen** to raise questions ❸ (*Betracht*) **in** ~ **kommen** to be worthy of consideration; **für diese Aufgabe kommt nur ein Spezialist in** ~ this task requires an expert; **nicht in** ~ **kommen** to be out of the question

Fragebogen *m* questionnaire

fragen ['fra:gn] **I.** *vi* to ask; **man wird ja wohl noch** ~ **dürfen** (*fam*) I was only asking; **ohne** [**lange**] **zu** ~ without asking [a lot of] questions; ■ **nach jdm** ~ to ask for sb; **nach der Uhrzeit** ~ to ask [for] the time; **nach dem Weg** ~ to ask for directions; **nach jds Gesundheit** ~ to inquire about sb's health **II.** *vr* ■ **sich** *akk* ~, **ob/wann/wie ...** to wonder whether/when/ how ...; ■ **es fragt sich, ob ...** it is doubtful whether ... **III.** *vt* ■ [**jdn**] **etw** ~ to ask [sb] sth

Fragesatz *m* LING interrogative clause

Fragestellung *f* ❶ (*Formulierung*) formulation of a question ❷ (*Problem*) problem

Fragezeichen *nt* question mark

fraglich ['fra:k·lɪç] *adj* ❶ (*fragwürdig*) suspect; **eine** ~**e Angelegenheit** a suspicious matter ❷ (*unsicher*) doubtful; ■ **es ist** ~, **ob ...** it's doubtful whether ... ❸ *attr* (*betreffend*) in question *pred*; **zur** ~**en Zeit** at the time in question

Fragment <-[e]s, -e> [fra·'gmɛnt] *nt* fragment

fragmentarisch [frag·mɛn·'ta:·rɪʃ] **I.** *adj* fragmentary **II.** *adv* in fragments

fragwürdig ['fra:k·vvr·dɪç] *adj* (*pej*) dubious

Fraktion <-, -en> [frak·'tsi̯oːn] *f* faction

Fraktionsvorsitzende(r) *f(m) dekl wie adj* chairman of a political party

frankieren* [fraŋ·'kiː·rən] *vt* to stamp, to put postage on; (*mit Frankiermaschine*) to meter

Frankierung <-, -en> *f* ❶ (*das Frankieren*) stamping ❷ (*Porto*) postage

Frankreich <-s> ['fraŋk·raiç] *nt* France; *s. a.* **Deutschland**

Franse <-, -n> ['fran·zə] *f* fringe

Franzose <-n, -n> [fran·'tsoː·zə] *m* adjustable wrench

Franzose, Französin <-n, -n> [fran·'tsoː·zə, fran·'tsø·zɪn] *m, f* Frenchman *masc*, Frenchwoman *fem*; ~ **sein** to be French; ■**die ~n** the French; *s. a.* **Deutsche(r)**

französisch [fran·'tsø·zɪʃ] *adj* French; ~**es Bett** double bed; *s. a.* **deutsch**

Französisch [fran·'tsø·zɪʃ] *nt dekl wie adj* French; **auf ~** in French; *s. a.* **Deutsch**

fräsen ['frɛː·zn̩] *vt* to mill

Fräsmaschine *f* router

Fraß <-es, *selten* -e> [fraːs] *m* (*pej fam: schlechtes Essen*) slop

fraß ['fraːs] *imp von* **fressen**

Fratze <-, -n> ['fra·tsə] *f* ❶ (*hässliches Gesicht*) grotesque face ❷ (*Grimasse*) grimace; [jdm] **eine ~ schneiden** to make a face [at sb]

Frau <-, -en> [frau] *f* ❶ (*weiblicher Mensch*) woman ❷ (*Ehefrau*) wife ❸ (*Anrede*) Mrs., Ms.; ~ **Doktor** Doctor; **gnädige ~** (*geh*) my dear lady

Frauenarzt, -ärztin *m, f* gynecologist

Frauenbewegung *f kein pl* women's rights movement

frauenfeindlich *adj* misogynous

Frauenhaus *nt* women's shelter

Frauenheilkunde *f* gynecology

Frauenheld *m* ladies' man

Frauenklinik *f* gynecological clinic

Fräulein <-s, *o* -s> ['frɔy·lain] *nt* (*fam*) ❶ (*veraltend: unverheiratete Frau*) young [unmarried] woman ❷ (*veraltend: Anrede*) Miss

> **i** Unmarried women used to be addressed as **Fräulein** (Miss). However, since the 1970s, the women's liberation movement has been campaigning against this form of address since the male equivalent *Herrlein* – literally *little man* – does not exist. Today, the normal form of address for both married and unmarried women is *Frau* (Mrs. or Ms.).

frech [frɛç] **I.** *adj* ❶ (*dreist*) brazen; ~ **sein** to be rude; *Kind* to backtalk ❷ (*kess*) daring; *Frisur* sassy **II.** *adv* ❶ (*dreist*) brazenly ❷ (*kess*) daringly; ~ **angezogen sein** to be provocatively dressed

Frechdachs *m* (*fam*) little rascal

Frechheit <-, -en> *f* ❶ *kein pl* (*Dreistigkeit*)

impudence; (*Unverfrorenheit*) shamelessness; **die ~ haben, etw zu tun** to have the nerve to do sth ❷ (*freche Äußerung*) rude remark; (*freche Handlung*) insolent behavior

frei [frai] **I.** *adj* ❶ (*nicht gefangen, unabhängig*) free; ~**e Meinungsäußerung** freedom of speech; ~**e(r) Mitarbeiter(in)** freelance[r]; **aus ~en Stücken** of one's own free will ❷ (*freie Zeit*) ~ **haben/nehmen** to have/take time off; **er hat heute ~** he's off today; **eine Woche ~ haben** to have a week off ❸ (*verfügbar*) available; ■**sich** *akk* [**für jdn/etw**] ~ **machen** to make oneself available [for sb/sth] ❹ (*nicht besetzt*) free; *Stelle, Zimmer* vacant; **ist dieser Platz ~?** is this seat taken? **eine Zeile ~ lassen** to skip a line ❺ (*kostenlos*) free; „**Eintritt ~**" "admission free"; „**Lieferung ~ Haus**" "free [home] delivery" ❻ (*ohne etw*) ■~ **von etw** *dat* **sein** to be free of sth ❼ (*ohne Hilfsmittel*) off-the-cuff; *Rede* impromptu ❽ (*offen*) *Gelände* open ❾ (*ungezwungen*) free and easy ❿ (*unbekleidet*) bare; **sich** *akk* ~ **machen** to get undressed ⓫ (*ungefähr*) ~ **nach ...** roughly quoting... **II.** *adv* ❶ (*unbeeinträchtigt*) freely; **er läuft immer noch ~ herum!** he is still on the loose!; ~ **atmen** to breathe easy ❷ (*uneingeschränkt*) casually; **sich** *akk* ~ **bewegen können** to be able to move [around] freely ❸ (*nach eigenem Belieben*) ~ **erfunden** to be completely made up ❹ (*ohne Hilfsmittel*) ~ **sprechen** to speak off the cuff; ~ **in der Luft schweben** to hover in the air ❺ (*nicht gefangen*) ~ **laufend** *Tiere* free-range; ~ **lebend** living in the wild

Freibad *nt* outdoor swimming pool

freibekommen* *vt irreg* ❶ (*fam: nicht arbeiten müssen*) **einen Tag ~** to be given a day off ❷ (*befreien*) ■**jdn ~** to have sb released

Freiberufler(in) <-s, -> *m(f)* freelance[r]

freiberuflich *adj* freelance

Freibetrag *m* allowance

Freibier *nt* free beer

Freibrief *m* charter

Freie(r) *f(m) dekl wie adj* freeman

Freier <-s, -> *m* ❶ (*Kunde einer Hure*) John ❷ (*veraltet: Bewerber*) suitor

Freiexemplar *nt* free copy

freigeben *irreg vt* ❶ (*nicht mehr zurückhalten*) to unblock; (*zur Verfügung stellen*) to make accessible ❷ (*Urlaub geben*) to give time off

freihaben *vi irreg* to have time off; **ich habe heute frei** I have the day off today

freihalten *vt irreg* ❶ (*nicht versperren*) to keep clear ❷ (*reservieren*) to save

Freihandelszone *f* free trade zone

freihändig ['frai·hɛn·dɪç] *adv* ~ **zeichnen** to draw freehand; ~ **Rad fahren** to ride a bike with no hands

Freiheit <-, -en> ['frai·hait] *f* ❶ *kein pl* (*das Nichtgefangensein*) freedom; **in ~ sein** to have escaped ❷ ([*Vor*]*recht*) liberty; **sich** *dat* **die ~ nehmen, etw zu tun** to take the liberty

of doing sth; **dichterische** ~ poetic license
freiheitlich *adj* liberal
Freiheitsberaubung *f* unlawful detention
Freiheitskampf *m* struggle for freedom
Freiheitsstatue *f* ■ **die** ~ the Statue of Liberty
Freiheitsstrafe *f* prison sentence
Freikarte *f* free [*or* complimentary] ticket
frei|kaufen I. *vt* ■ **jdn** ~ to pay for sb's release II. *vr* ■ **sich** *akk* ~ to buy one's freedom; ■ **sich** *akk* **von etw** *dat* ~ to buy one's way out of sth
frei|kommen *vi irreg sein* to be freed (**aus** +*dat* from)
Freikörperkultur *f kein pl* nudism
Freilandei *nt* cage-free egg
Freilandgemüse *nt* vegetables grown outdoors
frei|lassen *vt irreg* to free
Freilassung <-, -en> *f* release
freilaufend *adj s.* **frei II 5**
frei|legen *vt* to uncover
freilich ['frai·lɪç] *adv* ❶ (*allerdings*) though, however ❷ *bes* SÜDD (*natürlich*) of course
Freilichtbühne *f* open-air theater
frei|machen I. *vt* (*frankieren*) to stamp II. *vi* (*fam: nicht arbeiten*) to take time off
Freimaurer ['frai·mau·re] *m* Freemason
freimütig ['frai·my:·tɪç] *adj* frank
Freimütigkeit <-> *f kein pl* frankness
Freiraum *m* freedom
freischaffend *adj attr* freelance
frei|setzen *vt* to release
Freisetzung <-, -en> *f* release
frei|sprechen *vt irreg* JUR to acquit
Freisprechmikrofon *nt* wireless headset
Freispruch *m* acquittal; **auf** ~ **plädieren** to plead for an acquittal
Freistaat *m* free state
frei|stehen *vi irreg* ■ **jdm steht es frei, etw zu tun** sb is free to do sth
frei|stellen *vt* ❶ (*selbst entscheiden lassen*) ■ **jdm etw** ~ to leave sth up to sb ❷ (*befreien*) to release; **vom Wehrdienst** to exempt ❸ (*euph: entlassen*) ■ **jdn** ~ to lay sb off *sep*
Freistoß *m* free kick
Freitag <- [e]s, -e> ['frai·ta:k, *pl* -ta:·gə] *m* Friday; *s. a.* **Dienstag**
freitags ['frai·ta:ks] *adv* [on] Fridays
Freitod *m* (*euph*) suicide
Freitreppe *f* flight of stairs
freiwillig ['frai·vɪ·lɪç] I. *adj* voluntary II. *adv* voluntarily; **sich** *akk* ~ **versichern** to take out a voluntary insurance policy
Freiwillige(r) ['frai·vɪ·lɪ·gə, 'frai·vɪ·lɪ·ge] *f(m) dekl wie adj* volunteer
Freiwilligkeit <-> *f kein pl* voluntary nature
Freizeichen *nt* dial tone
Freizeit *f* free time
Freizeitaktivitäten *pl* leisure activities *pl*
Freizeitkleidung *f* leisurewear
Freizeitpark *m* amusement park
freizügig *adj* ❶ (*großzügig*) generous ❷ (*liberal*) liberal ❸ (*offenherzig*) revealing *a. hum*
Freizügigkeit <-> *f kein pl* ❶ (*Großzügigkeit*)

generosity ❷ (*lockere Einstellung*) liberalness ❸ (*Freiheit in der Wahl des Wohnortes*) freedom of movement
fremd [frɛmt] *adj* ❶ (*anderen gehörig*) somebody else's ❷ (*fremdländisch*) *Länder, Sitten* foreign; *bes* ADMIN alien ❸ (*unbekannt*) strange, unfamiliar; **ich bin hier** ~ I'm not from around here
fremdartig ['frɛmt·ʔa:ɐ̯·tɪç] *adj* (*ungewöhnlich*) strange; (*exotisch*) exotic
Fremdartigkeit <-> *f kein pl* (*Ungewöhnlichkeit*) strangeness; (*exotische Art*) exoticism
fremdbestimmt *adj* heteronomous
Fremdbestimmung *f* SOZIOL, POL foreign control
Fremde <-> ['frɛm·də] *f kein pl* (*geh*) ■ **die** ~ foreign territory *npl*; **in der** ~ **sein** to be abroad
fremdenfeindlich *adj* hostile to strangers *pred*, xenophobic
Fremdenfeindlichkeit *f* hostility to strangers, xenophobia
Fremdenführer(in) *m(f)* [tour] guide
Fremdenlegion *f kein pl* [French] Foreign Legion
Fremdenverkehr *m* tourism
Fremdenverkehrsamt *nt* tourist office
fremd|gehen *vi irreg sein* (*fam*) to be unfaithful
Fremdheit <-, *selten* -en> *f* strangeness
Fremdherrschaft *f kein pl* foreign rule
Fremdkörper *m* ❶ MED foreign body ❷ (*fig*) alien element
fremdländisch ['frɛmt·lɛn·dɪʃ] *adj* foreign, exotic
Fremdsprache *f* foreign language
Fremdsprachenkorrespondent(in) *m(f)* bilingual [*or* multilingual] secretary
Fremdsprachensekretär(in) *m(f)* bilingual [*or* multilingual] secretary
fremdsprachig *adj* foreign-language *attr*
fremdsprachlich *adj* foreign-language *attr*
Fremdverschulden *nt* JUR third-party responsibility
Fremdwort *nt* borrowed word
Fremdwörterbuch *nt* dictionary of borrowed words
Frequenz [fre·'kvɛnts] *f* frequency
Fresko <-s, Fresken> ['frɛs·ko, *pl* 'frɛs·kən] *nt* fresco
Fressalien [frɛ·'sa:·li̯·ən] *pl* (*fam*) grub
Fresse <-, -n> ['frɛsə] *f* (*derb*) ❶ (*Mund*) trap ❷ (*Gesicht*) mug ▶ WENDUNGEN: **die** ~ **halten** to shut up, to shut one's face; **jdm die** ~ **polieren** to smash sb's face in
fressen <fraß, gefressen> ['frɛ·sn̩] I. *vi* ❶ (*von Tieren*) to eat ❷ (*pej derb: von Menschen*) to gobble ❸ (*fig: langsam zerstören*) to eat away (**an** +*dat* at) II. *vt* ❶ *Tiere* to eat; (*sich ernähren*) to feed on; **etw leer** ~ to lick sth clean ❷ (*fig: verbrauchen*) to gobble up *sep* sth ▶ WENDUNGEN: **jdn zum F~ gernhaben** (*fam*) sb is good enough to eat

Fressen <-s> ['frɛ·sn̩] *nt kein pl* ❶ (*Tierfutter*) food, feed ❷ (*pej sl: Fraß*) slop; (*Festessen*) blowout ▶ WENDUNGEN: **ein gefundenes ~ für jdn sein** (*fam*) to be handed to sb on a plate
Fresskorb^RR *m* (*fam*) food basket
Fressnapf^RR *m* [feeding] bowl
Frettchen <-s, -> ['frɛt·çən] *nt* ferret
Freude <-, -n> ['frɔy·də] *f* pleasure, joy, delight; **was für eine ~, dich wiederzusehen!** what a pleasure to see you again!; **~ an etw** *dat* **haben** to get pleasure from sth; **jdm eine ~ machen** to make sb happy; **etw macht jdm ~** sb enjoys sth; **zu unserer großen ~** to our great delight
Freudenfest *nt* [joyful] celebration
Freudengeschrei *nt* cries of joy
Freudenhaus *nt* brothel
Freudenmädchen *nt* (*veraltend*) prostitute
Freudentanz *m* dance of joy; **einen ~ aufführen** to dance with joy
freudestrahlend I. *adj nicht pred* beaming [with delight] II. *adv* joyfully
freudig ['frɔy·dɪç] I. *adj* ❶ (*voller Freude*) joyful ❷ (*erfreulich*) pleasant II. *adv* with joy; **~ überrascht** pleasantly surprised
freudlos ['frɔyt·loːs] *adj* cheerless
freuen ['frɔy·ən] I. *vr* ❶ (*voller Freude sein*) ■ **sich** *akk* **~** to be happy (**über** +*akk* about); ■ **sich** *akk* **für jdn ~** to be happy for sb; ■ **sich** *akk* **mit jdm ~** to share sb's happiness ❷ (*freudig erwarten*) ■ **sich** *akk* **auf etw** *akk* **~** to look forward to sth ▶ WENDUNGEN: **sich** *akk* **zu früh ~** to get one's hopes up too soon, to count one's chickens before they're hatched II. *vt impers* ■ **es freut mich, dass ...** I'm pleased [*or* happy] that ...
Freund(in) <-[e]s, -e> ['frɔynt, 'frɔyn·dɪn, *pl* 'frɔyn·də] *m(f)* ❶ (*Kamerad*) friend ❷ (*intimer Bekannter*) boyfriend; (*intime Bekannte*) girlfriend; **jdn zum ~ haben** to be going [out] with sb ❸ (*fig: Anhänger*) lover; **ein ~ der Natur** a nature lover
Freundeskreis *m* circle of friends; **im engsten ~** with one's closest friends
freundlich ['frɔynt·lɪç] I. *adj* ❶ (*liebenswürdig*) kind; **das ist sehr ~ von Ihnen** that's very kind of you ❷ (*hell, heiter*) pleasant; *Himmel* beckoning; *Ambiente* friendly; *Farben* cheerful; **bitte recht ~!** smile please! ❸ (*wohlwollend*) friendly; **eine ~e Einstellung** a friendly attitude (**gegenüber** +*dat* toward) II. *adv* in a friendly way, kindly
freundlicherweise *adv* kindly; **er trug uns ~ die Koffer** he was kind enough to carry our suitcases
Freundlichkeit <-, -en> *f* ❶ *kein pl* (*Art*) friendliness ❷ (*Handlung*) kindness ❸ *meist pl* (*Bemerkung*) kind word
Freundschaft <-, -en> *f kein pl* friendship; **~ schließen** to make friends
freundschaftlich I. *adj* friendly II. *adv* **jdm ~ auf die Schulter klopfen** to give sb a friendly slap on the back; **jdm ~ gesinnt sein** to be

well-disposed toward sb
Freundschaftspreis *m* [special] price for friends
Frevel <-s, -> ['freː·fl̩] *m* (*geh*) ❶ (*Verstoß*) heinous crime ❷ REL sacrilege
Frevler(in) <-s, -> ['freː·f·lə] *m(f)* REL (*geh*) sinner
Friede <-ns, -n> ['friː·də] *m* peace; **~ seiner Asche** God rest his soul
Frieden <-s, -> ['friː·dn̩] *m* ❶ (*Gegenteil von Krieg*) peace; **~ schließen** to make peace; **im ~** in peacetime ❷ (*Friedensschluss*) peace treaty ❸ (*Harmonie*) peace, tranquillity; **ich traue dem ~ nicht** there's something fishy going on; **der häusliche ~** domestic harmony; **jdn in ~ lassen** to leave sb in peace; **~ stiften** to bring about peace
Friedensbewegung *f* peace movement
Friedenseinsatz *m* MIL peacekeeping troops [*or* forces] *pl*
Friedensmarsch *m* peace march
Friedensnobelpreis *m* Nobel peace prize
Friedenspfeife *f* peace pipe
Friedensrichter(in) *m(f)* justice of the peace
Friedenstaube *f* peace dove
Friedensverhandlungen *pl* peace negotiations
Friedensvertrag *m* peace treaty
friedfertig *adj* peaceable
Friedhof *m* graveyard; (*in Städten*) cemetery
friedlich ['friːt·lɪç] I. *adj* ❶ (*gewaltlos*) peaceful ❷ (*friedfertig*) peaceable; *Tier* placid ❸ *Gegend* peaceful II. *adv* peacefully
frieren <fror, gefroren> ['friː·rən] I. *vi* ❶ *haben* (*sich kalt fühlen*) ■ **jd friert** sb is freezing ❷ *sein* (*gefrieren*) to freeze II. *vi impers haben* ■ **es friert** it's freezing
Friese, Friesin <-n, -n> ['friː·zə, 'friː·zɪn] *m, f* Fri[e]sian; *s. a.* **Deutsche(r)**
friesisch ['friː·zɪʃ] *adj* Fri[e]sian; *s. a.* **deutsch**
Frikadelle <-, -n> [fri·ka·'dɛ·lə] *f* hamburger
frisch [frɪʃ] I. *adj* ❶ (*noch nicht alt*) fresh ❷ (*neu, rein*) fresh, clean; **sich** *akk* **~ machen** to freshen up ❸ *Farbe* wet ❹ (*gesund*) *Hautfarbe* fresh, healthy; **~ und munter sein** (*fam*) to be [as] fresh as a daisy ❺ (*kühl*) *Wind* fresh, cool II. *adv* (*gerade erst, neu*) freshly; **die Betten ~ beziehen** to change the sheets; **~ gebacken** freshly baked; **~ gestrichen** newly painted
Frische <-> ['frɪ·ʃə] *f kein pl* ❶ *von Backwaren, Obst, etc.* freshness ❷ (*Kühle*) freshness, coolness ❸ (*Sauberkeit*) freshness, cleanness ❹ (*Fitness*) health; **in alter ~** (*fam*) as always
Frischfleisch *nt* fresh meat
frischgebacken *adj s.* **frisch** II
Frischhaltebox *f* airtight container
Frischhaltefolie *f* plastic wrap
Frischkäse *m* cream cheese
Friseur <-s, -e> [fri·'zøːɐ] *m* hairdresser's; (*Herrensalon*) barbershop; **zum ~ gehen** to go to the hairdresser's/barbershop
Friseur(in) <-s, -e> [fri·'zøːɐ] *m(f)*, **Friseuse**

<-, -n> [fri·'zø:·zə] *f* hairdresser; (*Herrenfriseur*) barber

frisieren* [fri·'zi:·rən] *vt* ❶ *Haare* ■jdn ~ to do sb's hair ❷(*fam: fälschen*) *Bericht, Beweis* to doctor ❸(*fam*) *Auto, Mofa* to soup up *sep*

Frisiersalon *m* hair stylist['s]; (*für Damen*) hairdresser's; (*für Herren*) barbershop

Frisör <-s, -e> [fri·'zø:ɐ̯] *m*, **Frisöse** <-, -n> [fri·'zø:·zə] *f s.* Friseur(in)

friss[RR], **friß**[ALT] *imp sing von* fressen

Frist <-, -en> [frɪst] *f* ❶(*Zeitspanne*) period; **festgesetzte** ~ fixed time; **gesetzliche** ~ statutory period; **innerhalb einer** ~ **von zwei Wochen** within two week deadline ❷(*Aufschub*) respite; (*bei Zahlung*) extension

fristlos I. *adj* instant **II.** *adv* without notice; **jdn** ~ **entlassen** to fire sb on the spot

Frisur <-, -en> [fri·'zu:ɐ̯] *f* hairstyle

frittieren*[RR], **fritieren***[ALT] [frɪ·'ti:·rən] *vt* to [deep-]fry

frivol [fri·'vo:l] *adj* ❶(*anzüglich*) suggestive ❷(*leichtfertig*) frivolous

Frl. *nt* (*veraltend*) *Abk von* Fräulein Miss

froh [fro:] *adj*❶(*erfreut*) happy; ■~ **sein** to be pleased (**über** +*akk* with/about); ~ **gelaunt** cheerful ❷(*erfreulich*) pleasing; **die F~e Botschaft** the Gospel; **eine ~e Nachricht** good news ❸(*glücklich*) ~**e Feiertage!** have a nice holiday!; ~**e Ostern!** Happy Easter!; ~**e Weihnachten!** Merry Christmas!

fröhlich ['frø:·lɪç] **I.** *adj* ❶(*heiter*) cheerful ❷(*glücklich*) *s.* froh 3 **II.** *adv* cheerfully

Fröhlichkeit <-> *f kein pl* cheerfulness

fromm <frömmer *o* -er, frömmste *o* -ste> [frɔm] *adj* devout

Frömmigkeit <-> ['frœ·mɪç·kait] *f kein pl* devoutness

Fronleichnam <-[e]s> [fro:n·'laiç·na:m] *m kein pl, meist ohne art* [the Feast of] Corpus Christi

Front <-, -en> [frɔnt] *f* ❶(*Vorderseite*) face, front, frontage ❷ MIL front; **in vorderster ~ stehen** to be on the front lines ❸(*Opposition*) ~ **gegen jdn/etw machen** to make a stand against sb/sth ▸ WENDUNGEN: **klare ~en schaffen** to clarify one's position

frontal [frɔn·'ta:l] **I.** *adj attr* frontal; *Zusammenstoß* head-on **II.** *adv* frontally; ~ **zusammenstoßen** to collide head-on

Frontalzusammenstoß *m* head-on collision

Frontantrieb *m* front-wheel drive

Frontscheibe *f* AUTO windshield

fror ['fro:ɐ̯] *imp von* frieren

Frosch <-[e]s, Frösche> [frɔʃ, *pl* 'frœ·ʃə] *m* frog ▸ WENDUNGEN: **einen** ~ **im Hals haben** (*fam*) to have a frog in one's throat

Froschperspektive *f* worm's-eye view

Froschschenkel *m* frog's leg

Frost <-[e]s, Fröste> [frɔst, *pl* 'frœs·tə] *m* frost; ~ **abbekommen** to get frostbitten

frösteln ['frœs·t|n] *vi* to shiver

frostig ['frɔs·tɪç] *adj* frosty

Frostschaden *m* frost damage

Frostschutzmittel *nt* antifreeze

Frottee <-s, -s> [frɔ·'te:] *nt o m* terrycloth

frotzeln ['frɔ·tsl̩n] *vi* (*fam*) to tease

Frucht <-, Früchte> [frʊxt, *pl* 'frʏç·tə] *f* fruit; **kandierte Früchte** candied fruit; **Früchte tragen** to bear fruit

fruchtbar ['frʊxt·ba:ɐ̯] *adj* fertile

Fruchtbarkeit <-> *f kein pl* fertility

Fruchtblase *f* ANAT amniotic sac

fruchten ['frʊx·tn̩] *vi meist verneint* ■nichts/wenig ~ to be of no/little use

Fruchtfleisch *nt* [fruit] pulp

fruchtig *adj* fruity

fruchtlos *adj* (*fig*) fruitless

Fruchtsaft *m* fruit juice

Fruchtwasser *nt* MED amniotic fluid

Fruchtzucker *m* fructose

früh [fry:] **I.** *adj* early; ~ **am Morgen** early in the morning; **der ~e Goethe** the young Goethe; **ein ~er Picasso** an early Picasso **II.** *adv* early; **Montag** ~ Monday morning; ~ **genug** early [*or* soon] enough; **von** ~ **bis spät** from morning until night

Frühaufsteher(in) <-s, -> *m(f)* early riser

Frühdienst *m* early duty

Frühe <-> ['fry:·ə] *f kein pl* **in aller** ~ at the crack of dawn; SÜDD, ÖSTERR **in der** ~ early in the morning

früher ['fry:·e] **I.** *adj* ❶(*vergangen*) earlier; **in ~en Zeiten** in the past ❷(*ehemalig*) former; *Adresse* previous; ~**e Freundin** ex[-girlfriend] **II.** *adv*❶(*eher*) earlier; ~ **geht's nicht** it can't be done any earlier; ~ **oder später** sooner or later ❷(*ehemals*) **ich habe ihn** ~ [mal] **gekannt** I used to know him; ~ **war das alles anders** things were different in the [good] old days; **von** ~ from the past

Früherkennung *f* early diagnosis

frühestens *adv* at the earliest

frühestmöglich *adj attr* earliest possible

Frühgeburt *f* ❶(*zu frühe Geburt*) premature birth ❷(*zu früh geborenes Kind*) premature baby

Frühjahr ['fry:·ja:ɐ̯] *nt* spring

Frühjahrsmüdigkeit *f* springtime lethargy

Frühling <-s, -e> ['fry:·lɪŋ] *m* spring[time]; **es wird** ~ spring is coming

Frühlingsanfang *m* first day of spring

frühlingshaft *adj* spring-like

Frühlingsrolle *f* spring roll

frühmorgens [fry:·'mɔr·gn̩s] *adv* early in the morning

Frühnebel *m* early morning fog

Frühpensionierung *f* early retirement

frühreif *adj* precocious

Frührentner(in) *m(f)* person who has retired early

Frühschicht *f* morning shift; ~ **haben** to be on the morning shift

Frühschoppen *m* eye-opener

Frühsport *m* [early] morning workout

Frühstadium *nt* early stage

Frühstart *m* SPORT false start

Frühstück <-s, -e> ['fry:·ʃtʏk] *nt* breakfast; **zum ~** for breakfast; **zweites ~** midmorning snack

frühstücken ['fry:·ʃtʏ·kn̩] I. *vi* to have [one's] breakfast II. *vt* ■ **etw ~** to have sth for breakfast

Frühstückspause *f* morning break

Frühwerk *nt kein pl eines Künstlers* early work

frühzeitig ['fry:·tsai·tɪç] I. *adj* early II. *adv* early; **möglichst ~** as soon as possible

Frust <-[e]s> [frʊst] *m kein pl* (*fam*) frustration; **einen ~ haben** to be frustrated

Frustration <-, -en> [frʊs·tra·'tsi̯oːn] *f* frustration

frustrieren* [frʊs·'triː·rən] *vt* (*fam*) ■ **jdn frustriert etw** sth is frustrating sb

frustrierend *adj* frustrating

F-Schlüssel ['ɛf-] *m* MUS F clef

Fuchs, Füchsin <-es, Füchse> [fʊks, 'fʏk·sɪn, *pl* 'fʏk·sə] *m, f* ① (*Tier*) fox; (*weibliches Tier*) vixen ② (*fam: schlauer Mensch*) sly fox

Fuchsbau *m* [fox's] den

Fuchsschwanz *m* ① (*Schwanz des Fuchses*) [fox's] tail ② (*Säge*) [straight back] hand saw

fuchsteufelswild ['fʊks·'tɔy·fls·'vɪlt] *adj* (*fam*) mad as hell

Fuchtel <-, -n> ['fʊx·tl̩] *f* ÖSTERR, SÜDD (*fam*) shrew; **unter jds ~ stehen** to be [well] under sb's control

fuchteln ['fʊx·tl̩n] *vi* (*fam*) ■ **mit etw** *dat* **~** to wave sth about [wildly]; (*drohend*) to brandish sth

fuffzig ['fʊf·tsɪç] (*fam*) *s.* **fünfzig**

Fuffziger <-s, -> ['fʊf·tsɪ·gɐ] *m* DIAL fifty-cent piece

Fuge <-, -n> ['fuː·gə] *f* joint; **aus den ~n geraten** (*fig*) to be turned upside down

fügen ['fyː·gn̩] I. *vt* ① (*anfügen*) to add; **Wort an Wort ~** to string words together ② (*geh: bewirken*) ■ **etw fügt etw** sth brings about sth II. *vr* ① (*sich unterordnen*) ■ **sich ~** to toe the line; ■ **sich** *akk* **jdm ~** to bow to sb; **sich** *akk* **den Anordnungen ~** to obey instructions ② (*akzeptieren*) ■ **sich** *akk* **in etw** *akk* **~** to submit to sth ③ ([*hinein*]*passen*) ■ **sich** *akk* **in etw** *akk* **~** to fit into sth ④ *impers* (*geh: geschehen*) **es wird sich schon alles ~** it'll all work out in the end

fügsam ['fyːk·zaːm] *adj* (*geh*) obedient

Fügung <-, -en> *f* stroke of fate; **eine ~ des Schicksals** an act of fate; **eine glückliche ~** a stroke of luck; **eine göttliche ~** divine providence

fühlbar *adj* noticeable

fühlen ['fyː·lən] I. *vt* to feel (**nach** +*dat* for) II. *vr* ① (*das Empfinden haben*) **wie ~ Sie sich?** how do you feel?; **sich** *akk* **besser ~** to feel better ② (*sich einschätzen*) ■ **sich** *akk* **als jd ~** to regard oneself as sb

Fühler <-s, -> *m* ① (*Tastorgan*) antenna; (*von Schnecke*) horn ② (*Messfühler*) sensor ▶ WENDUNGEN: **die ~ [nach etw** *dat*] **ausstrecken** (*fam*) to put out [one's] feelers [for sth]

fuhr ['fuːɐ̯] *imp von* **fahren**

Fuhre <-, -n> ['fuː·rə] *f* [cart]load

führen ['fyː·rən] I. *vt* ① (*geleiten*) to take (**zu** +*dat* to), **durch** +*akk* through, **über** +*akk* across); (*vorangehen*) to lead; **was führt Sie zu mir?** (*geh*) what brings you to me?; **jdn durch ein Museum ~** to show sb around a museum ② (*leiten*) *Geschäft* to run; *Armee* to command; *Gruppe* to lead ③ (*lenken*) ■ **jdn ~** to lead sb (**auf** +*akk* to); **jdn auf Abwege ~** to lead sb astray ④ (*registriert haben*) **jdn auf einer Liste ~** to have a record of sb on a list ⑤ (*handhaben*) *Bogen, Pinsel* to wield; *Kamera* to pan; **etw zum Mund[e] ~** to raise sth to one's mouth ⑥ (*geh*) *Titel, Namen* to bear ⑦ (*geh: haben*) ■ **etw mit sich** *dat* **~** to carry sth ⑧ (*im Angebot haben*) to stock II. *vi* ① (*in Führung liegen*) **mit drei Punkten ~** to lead by three points ② (*verlaufen*) *Weg, etc.* to lead; *Kabel* to run ③ (*als Ergebnis haben*) ■ **zu etw** *akk* **~** to lead to sth

führend *adj* leading *attr*

Führer <-s, -> ['fyː·rɐ] *m* (*Buch*) guide[book]

Führer(in) <-s, -> ['fyː·rɐ] *m(f)* ① (*Leiter*) leader; ■ **der ~** HIST (*Hitler*) the Führer ② (*Fremdenführer*) [tour] guide

Führerhaus *nt* AUTO [driver's] cab

Führerschein *m* driver's license; **den ~ machen** (*das Fahren lernen*) to learn to drive; (*die Fahrprüfung ablegen*) to take one's driving test

Führerscheinentzug *m* driver's license revocation

Fuhrpark *m* fleet [of vehicles]

Führung <-, -en> *f* ① *kein pl* (*Leitung*) leadership; MIL command ② *kein pl* (*die Direktion*) management ③ (*Besichtigung*) guided tour (**durch** +*akk* of) ④ *kein pl* (*Vorsprung*) lead; (*in einer Liga o. Tabelle*) first place; **in ~ liegen/gehen** to be in/take the lead ⑤ *kein pl* (*Betragen*) conduct; **bei guter ~** for good conduct ⑥ *kein pl* (*das fortlaufende Eintragen*) **die ~ der Akten** keeping the files

Führungselite *f* POL leadership elite

Führungsetage *f* management level

Führungskraft *f* executive [officer]

Führungsqualitäten *pl* leadership qualities *pl*

Führungszeugnis *nt* **polizeiliches ~** [criminal] background check

Fuhrunternehmen [fuːɐ̯-] *nt* trucking company

Fuhrwerk [fuːɐ̯-] *nt* wagon; (*mit Pferden*) horse and cart

Fülle <-> ['fʏ·lə] *f kein pl* ① (*Körperfülle*) portliness ② (*Intensität*) richness; (*Volumen*) *Haar* volume ③ (*Menge*) wealth; **in [Hülle und] ~** in abundance

füllen ['fʏ·lən] I. *vt* ① (*vollmachen*) to fill ② KOCHK to stuff ③ (*einfüllen*) ■ **etw in etw** *akk* **~** to put sth into sth; **etw in Flaschen ~** to bottle sth II. *vr* ■ **sich** *akk* **~** to fill [up]

Füller <-s, -> ['fʏ·lɐ] *m* fountain pen; (*mit Tintenpatrone*) cartridge pen

Füllgewicht nt ❶ ÖKON net weight ❷ (Fassungsvermögen) maximum load

Füllung <-, -en> f stuffing

fummeln ['fʊ·mln] vi (fam) ❶ (hantieren) to fumble [around] ❷ (Petting betreiben) to pet

Fund <-[e]s, -e> [fʊnt, pl 'fʊn·də] m ❶ kein pl (geh: das Entdecken) discovery ❷ (das Gefundene) find

Fundament <-[e]s, -e> [fʊn·da·'mɛnt] nt foundation[s npl]; das ~ für etw akk sein to form a basis for sth

fundamental [fʊn·da·mɛn·'taːl] I. adj fundamental II. adv fundamentally

Fundamentalismus <-> [fʊn·da·mɛn·ta·'lɪs·mʊs] m kein pl fundamentalism

fundamentalistisch adj fundamentalist

Fundbüro nt lost-and-found [office]

fundiert adj sound; **gut** ~ well-founded; **schlecht** ~ unsound

fündig ['fʏn·dɪç] adj ~ **werden** to discover what one is looking for

Fundsache f found object; (in Fundbüro) lost and found item; ■ ~ **n** lost and found items

fünf [fʏnf] adj five; s. a. **acht**[1]

Fünf <-, -en> [fʏnf] f ❶ (Zahl) five; s. a. **Acht**[1] ❷ (Note: mangelhaft) "unsatisfactory", ≈ "F"

Fünfer <-s, -> ['fʏn·fɐ] m SCH (fam: Note: mangelhaft) "unsatisfactory", ≈ "F"

fünffach, 5fach ['fʏnf·fax] I. adj fivefold; **die** ~ **e Menge** five times the amount II. adv fivefold, five times over

fünfhundert ['fʏnf·'hʊn·dɐt] adj five hundred

Fünfling <-s, -e> m quintuplet

fünfmal, 5-mal[RR] adv five times; s. a. **achtmal**

Fünfprozenthürde f POL five-percent hurdle

Fünftagewoche f five-day week

fünftausend ['fʏnf·'tau·znt] adj five thousand

fünfte(r, s) ['fʏnf·tə, 'fʏnf·tɐ, 'fʏnf·təs] adj ❶ (an fünfter Stelle) fifth; s. a. **achte(r, s)** 1 ❷ (Datum) fifth, 5th; s. a. **achte(r, s)** 2

fünftel ['fʏnf·tl] adj fifth

Fünftel <-s, -> ['fʏnf·tl] nt fifth

fünftens ['fʏnf·tns] adv fifth[ly], in [the] fifth place

Fünfunddreißigstundenwoche, 35-Stunden-Woche f thirty-five-hour work week

fünfzehn ['fʏnf·tseːn] adj fifteen; ~ **Uhr** 3 p.m.; s. a. **acht**[1]

fünfzehnte(r, s) adj ❶ (an fünfzehnter Stelle) fifteenth; s. a. **achte(r, s)** 1 ❷ (Datum) fifteenth, 15th; s. a. **achte(r, s)** 2

fünfzig ['fʏnf·tsɪç] adj fifty; s. a. **achtzig** 1, 2

Fünfziger <-s, -> ['fʏnf·tsɪ·gɐ] m (Fünfzigcentstück) fifty-cent piece

fünfzigste(r, s) adj fiftieth; s. a. **achte(r, s)** 1

Funk <-s> [fʊŋk] m kein pl radio; **etw über** ~ **durchgeben** to announce sth on the radio

Funkausstellung f radio and television exhibition

Funke <-ns, -n> ['fʊŋ·kə], **Funken** <-s, -> ['fʊŋ·kn] m ❶ (glimmendes Teilchen) spark; ~ **n sprühen** to emit sparks; **der zündende** ~ (fig) the vital spark ❷ (geringes

Maß) scrap; **ein** ~ [**von**] **Anstand** a shred of decency; **ein** ~ **Hoffnung** a gleam of hope

funkeln ['fʊŋ·kln] vi to sparkle; Edelsteine, Gold to glitter

funken ['fʊŋ·kn] I. vt to radio; **SOS** ~ to send out sep an SOS II. vi ❶ (senden) to radio ❷ (Funken sprühen) to spark III. vi impers (fam) ❶ (verstehen) to click; **endlich hat es [bei ihm] gefunkt!** it finally clicked [with him] ❷ (sich verlieben) **zwischen den beiden hat's gefunkt** those two have really clicked

Funker(in) <-s, -> m(f) radio operator

Funkgerät nt ❶ (Sende- und Empfangsgerät) radiotelephone unit ❷ (Sprechfunkgerät) walkie-talkie

Funksignal nt radio signal

Funkspruch m radio message

Funkstille f radio silence; **bei jdm herrscht** ~ (fig) sb is [completely] incommunicado

Funktelefon nt cordless phone

Funktion <-, -en> [fʊŋk·'tsi̯oːn] f ❶ kein pl (Zweck) function ❷ (Stellung) position; **in jds** ~ **als etw** in sb's capacity as sth ❸ MATH function ❹ (Benutzbarkeit) function; **in/außer** ~ **sein** to [not] be working

funktional [fʊŋk·tsi̯o·'naːl] adj s. **funktionell**

Funktionär(in) <-s, -e> [fʊŋk·tsi̯o·'nɛɐ̯] m(f) official; **ein hoher** ~ a high-ranking official

funktionell [fʊŋk·tsi̯o·'nɛl] adj ❶ MED functional; **eine** ~ **e Störung** a dysfunction ❷ (funktionsgerecht) practical

funktionieren* [fʊŋk·tsi̯o·'niː·rən] vi ❶ (betrieben werden, aufgebaut sein) to work; Maschine a. to operate ❷ (reibungslos ablaufen, intakt sein) to work [out]; Organisation to run smoothly

funktionsfähig adj in working order pred; Anlage operative; **voll** ~ fully operative, in full working order

Funktionsweise f functioning

Funkverbindung f radio contact

Funkverkehr m radio communication no art

für [fyːɐ̯] präp + akk ❶ (Zweck betreffend) ■ ~ **jdn/etw** for sb/sth; **sind Sie** ~ **den Gemeinsamen Markt?** do you support the Common Market?; ~ **was ist denn dieses Werkzeug?** DIAL what's this tool [used] for?; ~ **ganz** SCHWEIZ (für immer) for good, forever; ~ **sich** akk **bleiben** to remain by oneself ❷ (was ... angeht) for; ~ **ihr Alter ist sie noch rüstig** she's in great shape for someone her age; ~ **diese Jahreszeit ist es ziemlich kalt** it's pretty cold for this time of year ❸ MED (gegen) for; **gut** ~ **Migräne** good for migraines ❹ (zugunsten) for, in favor of; **was Sie da sagen, hat manches** ~ **sich** there's something to what you're saying ❺ (in Austausch mit) for; **er hat es** ~ **45 Euro bekommen** he got it for 45 euros ❻ (statt) for, instead of ❼ (als etw) ■ **ich halte sie** ~ **intelligent** I think she is intelligent ❽ + was **was** ~ **ein Blödsinn!** what nonsense!; **was** ~ **ein Pilz ist das?** what kind of mushroom is that?

Für <-> [fyːɐ̯] *nt* **das ~ und Wider** the pros and cons

Fürbitte ['fyːɐ̯·bɪ·tə] *f* intercession

Furche <-, -n> ['fʊr·çə] *f* ❶ (*Ackerfurche*) furrow ❷ (*Wagenspur*) rut

Furcht <-> ['fʊrçt] *f kein pl* fear; **~ [vor jdm/ etw] haben** to fear sb/sth; **hab' keine ~!** don't be afraid!; **~ erregend** terrifying

furchtbar I. *adj* terrible II. *adv* terribly

fürchten ['fʏrç·tn̩] I. *vt* to fear; ■**zum F~** (*furchtbar*) frightful; ■**~, dass ...** to be afraid that ... II. *vr*■ **sich** *akk* **~** to be afraid (**vor** + *dat* of); **sich** *akk* **im Dunkeln ~** to be afraid of the dark

fürchterlich *adj s.* **furchtbar**

furchterregend *adj s.* **Furcht**

furchtlos I. *adj* fearless II. *adv* fearlessly, without fear

Furchtlosigkeit <-> *f kein pl* fearlessness

füreinander [fyːɐ̯·ʔai̯·'nan·dɐ] *adv* for each other; **~ einspringen** to help each other out

Furie <-, -n> ['fuː·riə] *f* ❶ (*pej: wütende Frau*) hellcat ❷ (*mythisches Wesen*) fury

Furnier <-s, -e> [fʊr·'niːɐ̯] *nt* veneer

furnieren* [fʊr·'niː·rən] *vt* to veneer

Fürsorge ['fyːɐ̯·zɔr·gə] *f kein pl* ❶ (*Betreuung*) care ❷ (*fam: Sozialamt*) Department of Social [*or* Human] Services *npl* ❸ (*fam: Sozialhilfe*) social security *no art,* welfare; **von der ~ leben** to live on welfare

Fürsorgepflicht *f employer's obligation to provide welfare benefits*

fürsorglich ['fyːɐ̯·zɔrk·lɪç] I. *adj* considerate (**zu** + *dat* toward) II. *adv* with care

Fürsorglichkeit <-> *f kein pl* care

Fürsprache ['fyːɐ̯·ʃpraː·xə] *f* recommendation

Fürsprecher(in) ['fyːɐ̯·ʃprɛ·çɐ] *m(f)* ❶ (*Interessenvertreter*) advocate ❷ JUR SCHWEIZ (*Anwalt*) attorney

Fürst(in) <-en, -en> [fʏrst] *m(f)* prince *masc,* princess *fem*

Fürstentum *nt* principality; **das ~ Monaco** the principality of Monaco

fürstlich ['fʏrst·lɪç] I. *adj* ❶ (*den Fürsten betreffend*) princely ❷ (*fig: prächtig*) lavish II. *adv* lavishly; **~ speisen** to eat like a king

Furt <-, -en> ['fʊrt] *f* ford

Furz <-[e]s, Fürze> [fʊrts, *pl* 'fʏr·tsə] *m* (*derb*) fart

furzen ['fʊr·tsn̩] *vi* (*derb*) to fart

Fusion <-, -en> [fu·'zi̯oːn] *f* ❶ ÖKON merger ❷ PHYS fusion

fusionieren* [fu·zi̯o·'niː·rən] *vi* ÖKON to merge (**zu** + *dat* into, **mit** + *dat* with)

Fuß <-es, Füße> [fuːs, *pl* 'fyː·sə] *m* ❶ (*Körperteil*) foot; **gut/schlecht zu ~ sein** to be steady/not so steady on one's feet; **etw ist zu ~ zu erreichen** sth is within walking distance; **zu ~ gehen** to walk; **jdm auf die Füße treten** to step on sb's feet; (*fig: jdn beleidigen*) to step on sb's toes; **bei ~!** (*Befehl für Hunde*) heel! ❷ SÜDD, ÖSTERR (*Bein*) leg ❸ (*Sockel*) base; (*vom Schrank, Berg*) foot ❹ *kein pl* (*Län-*

genmaß) foot; **sie ist sechs ~ groß** she's six feet tall ▸ WENDUNGEN: **keinen ~ vor die Tür setzen** to not set foot outside; **auf eigenen Füßen stehen** to stand on one's own two feet; **jdn auf dem falschen ~ erwischen** to catch sb by surprise; **sich** *akk* **auf freiem ~[e] befinden** to be free; *Ausbrecher* to be at large; **auf großem ~[e] leben** to live the high life; **kalte Füße bekommen** to get cold feet; **auf wackligen Füßen stehen** to rest on shaky ground; **jdm zu Füßen fallen** to get down on one's knees in front of sb; **[festen] ~ fassen** to gain a [solid] foothold; **jdm zu Füßen liegen** to lie at sb's feet; **sich** *dat* **die Füße vertreten** to stretch one's legs

Fußball ['fuːs·bal] *m* ❶ *kein pl* (*Spiel*) soccer ❷ (*Ball*) soccer ball

Fußballer(in) <-s, -> ['fuːs·ba·lɐ] *m(f)* (*fam*) soccer player

Fußballfan *m* soccer fan

Fußballmannschaft *f* soccer team

Fußballplatz *m* soccer field

Fußballspiel *nt* soccer game

Fußballspieler(in) *m(f)* soccer player

Fußballstadion *nt* soccer stadium

Fußballverein *m* soccer club

Fußballweltmeisterschaft *f* soccer world championship[s]

Fußbank <-bänke> *f* footrest

Fußboden *m* floor

Fußbodenbelag *m* floor covering

Fußbremse *f* [foot] brake

Fussel <-s, -> ['fʊ·sl̩] *m* lint; **ein(e) ~** a piece of lint

fusselig ['fʊ·sə·lɪç] *adj* fluffy, lint-covered *attr,* full of lint *pred*

fusseln ['fʊ·sl̩n] *vi* to pill

Fußgänger(in) <-s, -> *m(f)* pedestrian

Fußgängerbrücke *f* footbridge

Fußgängerüberweg *m,* **Fußgängerstreifen** *m* SCHWEIZ pedestrian crossing

Fußgängerzone *f* pedestrian zone

Fußgelenk *nt* ankle

fusslig^RR, **fußlig**^ALT ['fʊs·lɪç] *adj s.* **fusselig**

Fußmarsch *m* ❶ MIL march ❷ (*anstrengender Marsch*) long hike

Fußmatte *f* doormat

Fußnagel *m* toenail

Fußnote *f* LIT footnote

Fußpilz *m kein pl* athlete's foot

Fußsohle *f* sole

Fußspitze *f* toes *pl*

Fußspur *f meist pl* footprints *pl*

Fußstapfen <-s, -> *m* footprint; **in jds ~ treten** (*fig*) to follow in sb's footsteps

Fußtritt *m* kick

Fußvolk *nt kein pl* ❶ MIL (*veraltet*) infantry ❷ (*pej: bedeutungslose Masse*) ■**das ~** the rank and file

Fußweg *m* ❶ (*Pfad*) footpath ❷ (*beanspruchte Zeit zu Fuß*) **es sind nur 15 Minuten ~** it's only a 15 minute walk

Fußzeile *f* COMPUT footer

Futter¹ <-s, -> ['fʊ·tɐ] *nt* ([*tierische*] *Nahrung*) [animal] feed; *von Pferd, Vieh a.* fodder

Futter² <-s> ['fʊ·tɐ] *nt kein pl* (*Innenstoff*) lining

Futteral <-s, -e> [fʊ·tə·'ra:l] *nt* case

füttern¹ ['fʏ·tɐn] *vt* to feed

füttern² ['fʏ·tɐn] *vt* (*mit Stofffutter versehen*) to line

futtern ['fʊ·tɐn] **I.** *vi* (*hum fam*) to stuff oneself **II.** *vt* (*hum fam*) ■**etw** ~ to scarf sth down *sep sl*

Futternapf *m* [feeding] bowl

Fütterung <-, -en> *f* feeding

Futur <-s, -e> [fu·'tu:ɐ̯] *nt* LING future [tense]

Futurismus <-> [fu·tu·'rɪs·mʊs] *m kein pl* futurism

futuristisch [fu·tu·'rɪs·tɪʃ] *adj* futurist[ic]

G

G, g <-, - *o fam* -s, -s> [ge:] *nt* ❶ (*Buchstabe*) G, g; ~ **wie Gustav** G as in Golf ❷ MUS G, g

g *Abk von* **Gramm** g

gab ['ga:p] *imp von* **geben**

Gabe <-, -n> ['ga:·bə] *f* ❶ (*geh: Geschenk*) gift; **eine milde** ~ alms *pl* ❷ (*Begabung*) gift ❸ SCHWEIZ (*Preis, Gewinn*) prize

Gabel <-, -n> ['ga:·bl̩] *f* ❶ (*Essensgabel*) fork ❷ (*Heu-, Mistgabel*) pitchfork ❸ (*Radgabel*) fork ❹ TELEK cradle

gabeln ['ga:·bl̩n] *vr* ■ **sich** ~ *Straße, Ast* to fork

Gabelstapler <-s, -> [-ʃta:p·lɐ] *m* forklift

Gabelung <-, -en> ['ga:·bə·lʊŋ] *f* fork

gackern ['ga·kɐn] *vi* ❶ *Huhn* to cluck ❷ (*fig fam*) to cackle

Gag <-s, -s> [gɛk] *m* (*fam*) gag

Gage <-, -n> ['ga:·ʒə] *f* THEAT fee

gähnen ['gɛː·nən] *vi* to yawn

Gala <-, -s> ['ga:·la] *f* ❶ *kein pl* formal dress ❷ (*Vorstellung*) gala performance

galant [ga·'lant] *adj* (*veraltend*) chivalrous

Galaxie <-, -n> [ga·la·'ksi:, *pl* ga·la·'ksi:·ən] *f* galaxy

Galeere <-, -n> [ga·'le:·rə] *f* galley

Galerie <-, -n> [ga·lə·'ri:, *pl* -'ri:·ən] *f* ❶ ARCHIT gallery ❷ (*Gemäldegalerie*) art gallery; (*Kunsthandlung*) art dealership ❸ ÖSTERR, SCHWEIZ (*Tunnel mit fensterartigen Öffnungen*) gallery

Galgen <-s, -> ['gal·gn̩] *m* gallows + *sing vb*

Galgenfrist *f* (*fam*) stay of execution

Galle <-, -n> ['ga·lə] *f* ❶ (*Gallenblase*) gall bladder ❷ (*Gallenflüssigkeit*) bile

Gallien <-s> ['ga·li̯·ən] *nt* HIST Gaul

gallisch ['ga·lɪʃ] *adj* Gallic; *s. a.* **deutsch**

Galopp <-s, -s *o* -e> [ga·'lɔp] *m* gallop

galoppieren* [ga·lɔ·'pi:·rən] *vi sein o haben* to gallop

galt ['galt] *imp von* **gelten**

galvanisieren* [gal·va·ni·'zi:·rən] *vt* to galvanize

gammelig ['ga·mə·lɪç] *adj* (*pej fam*) ❶ (*ungenießbar*) bad ❷ (*unordentlich*) scruffy

gammeln ['ga·ml̩n] *vi* ❶ (*ungenießbar werden*) to go bad ❷ (*herumhängen*) to hang around

Gämseᴿᴿ <-, -n> ['gɛm·zə] *f* chamois

Gang¹ <-[e]s, Gänge> ['gaŋ, *pl* 'gɛŋə] *m* ❶ *kein pl* (*Gangart*) gait ❷ (*Weg*) walk; (*Besorgung*) errand ❸ *kein pl* TECH **den Motor in** ~ **halten** to keep the engine running; (*a. fig*) **etw in** ~ **bringen** to get sth going; (*a. fig*) **in** ~ **kommen** *Mensch* to get going; *Geschäft* to get off the ground ❹ (*Ablauf*) course; **alles geht wieder seinen gewohnten** ~ everything is back to normal ❺ (*in einer Speisenfolge*) course ❻ AUTO gear; (*Fahrrad a.*) speed ❼ (*eingefriedeter Weg*) passageway; (*Korridor*) corridor; *Theater, Flugzeug, Laden* aisle

Gang² <-, -s> [gɛn] *f* (*Bande*) gang

Gangart *f* walk; (*bei Pferden*) pace

gangbar *adj* ❶ (*begehbar*) passable ❷ (*fig*) practicable

gängig ['gɛŋɪç] *adj* ❶ (*üblich*) common ❷ (*gut verkäuflich*) in demand ❸ (*im Umlauf befindlich*) current

Gangschaltung *f* gearshift

Ganove <-n, -n> [ga·'no:·və] *m* (*pej fam*) crook

Gans <-, Gänse> ['gans, *pl* 'gɛn·zə] *f* goose

Gänseblümchen *nt* daisy

Gänsefüßchen *pl* (*fam*) quotation marks *pl*

Gänsehaut *f kein pl* goose bumps *pl*

Gänsemarsch *m kein pl* **im** ~ in single file

Gänserich <-s, -e> ['gɛn·zə·rɪç] *m* gander

ganz ['gants] **I.** *adj* ❶ (*vollständig*) all; **die** ~ **e Wahrheit** the whole truth; **den** ~ **en Tag** all [*or* the whole] day ❷ (*unbestimmtes Zahlwort*) **eine** ~ **e Drehung** a complete turn; **eine** ~ **e Menge** quite a lot; **eine** ~ **e Note** a whole note ❸ (*fam: unbeschädigt*) intact; **etw wieder** ~ **machen** to fix sth ❹ (*fam: nicht mehr als*) no more than **II.** *adv* ❶ (*sehr, wirklich*) really; **das war** ~ **lieb von dir** that was really kind of you; ~ **besonders** particularly ❷ (*ziemlich*) quite ❸ (*vollkommen*) completely; ~ **und gar** completely; ~ **und gar nicht** not at all ❹ (*räumliche Position ausdrückend*) ~ **hinten/vorne** all the way in [the] back/up front

Ganze(s) *nt* ❶ (*alles zusammen*) whole; **im** ~ **n** on the whole ❷ (*die ganze Angelegenheit*) the whole business

Ganzheit <-, *selten* -en> *f* (*Einheit*) unity; (*Vollständigkeit*) entirety

ganzheitlich I. *adj* integral *attr* **II.** *adv* all in all

gänzlich ['gɛnts·lɪç] **I.** *adj* (*selten*) complete **II.** *adv* completely

ganztägig I. *adj* all-day **II.** *adv* all day

Ganztagsschule *f* all-day school

gar¹ ['ga:ɐ̯] *adj* KOCHK done

gar² ['ga:ɐ̯] *adv* ❶ (*überhaupt*) at all, whatsoever; ~ **keine[r]** no one at all; **hattest du denn**

~ keine Angst? weren't you even the least bit scared?; **~ nichts** nothing at all [*or* whatsoever] ② ÖSTERR, SCHWEIZ, SÜDD (*sehr*) really

Garage <-, -n> [gaˈraːʒə] *f* garage

Garantie <-, -n> [gaˈranˈtiː, *pl* -ˈtiːən] *f* guarantee

garantieren* [gaˈranˈtiːrən] *vt, vi* to guarantee

Garde <-, -n> [ˈɡardə] *f* guard

Garderobe <-, -n> [ɡarˈdəˈroːbə] *f* ① (*Kleiderablage*) coat rack; (*Aufbewahrungsraum*) cloakroom ② *kein pl* (*geh: Kleidung*) wardrobe ③ THEAT (*Ankleideraum*) dressing room

Gardine <-, -n> [ɡarˈdiːnə] *f* curtain

garen [ˈɡaːrən] *vt, vi* to cook

gären [ˈɡɛːrən] *vi sein o haben* ① (*sich in Gärung befinden*) to ferment ② (*fig*) to seethe

Garn <-[e]s, -e> [ˈɡarn] *nt* thread

Garnele <-, -n> [ɡarˈneːlə] *f* prawn

garnieren* [ɡarˈniːrən] *vt* ■ **etw ~** ① KOCHK to garnish sth (**mit** +*dat* with) ② (*fig*) to embellish sth (**mit** +*dat* with)

Garnitur <-, -en> [ɡarˈniˈtuːɐ̯] *f* set

Garten <-s, Gärten> [ˈɡarˈtn̩, *pl* ˈɡɛrˈtn̩] *m* garden

Gartenarbeit *f* gardening

Gartenarchitekt(in) *m(f)* landscape gardener

Gartenbau *m kein pl* horticulture

Gartenlokal *nt* open-air restaurant

Gartenzwerg *m* garden gnome

Gärtner(in) <-s, -> [ˈɡɛrtˈnɐ] *m(f)* gardener

Gärtnerei <-, -en> [ɡɛrtˈnəˈrai] *f* nursery

Gärung <-, -en> [ˈɡɛːrʊŋ] *f* fermentation

Gas <-es, -e> [ˈɡaːs, *pl* ˈɡaːzə] *nt* ① (*luftförmiger Stoff*) gas ② (*fam*) **~ geben** to accelerate; (*fig*) to speed up on it

Gasflasche *f* gas canister

gasförmig *adj* gaseous

Gasheizung *f* gas heating [system]

Gasherd *m* gas stove

Gaskammer *f* HIST gas chamber

Gaskocher *m* camping stove

Gasleitung *f* gas pipe

Gasmaske *f* gas mask

Gaspedal *nt* gas [pedal], accelerator

Gasse <-, -n> [ˈɡasə] *f* ① (*schmale Straße*) alley[way] ② ÖSTERR (*Straße*) street

Gast <-es, Gäste> [ˈɡast, *pl* ˈɡɛsˈtə] *m* ① (*eingeladene Person*) guest ② (*Besucher einer fremden Umgebung*) **~ in einer Stadt/einem Land sein** to be visiting a city/country ③ (*Besucher eines Lokals, Hotels*) customer

Gastarbeiter(in) *m(f)* guest worker

---

i **Gastarbeiter** are foreign workers who live and work in Germany on a temporary basis. During the economic boom of the 1950s and 1960s, workers from southern European countries and Turkey were invited to work in the FRG. Many of them have made Germany their home.

Gästebuch *nt* guest book

Gästezimmer *nt* guestroom

gastfreundlich *adj* hospitable

Gastfreundschaft *f* hospitality

Gastgeber(in) <-s, -> *m(f)* host *masc,* hostess *fem*

Gasthaus, Gasthof *m* inn

Gastland *nt* host country

gastlich [ˈɡastˈlɪç] (*geh*) I. *adj* hospitable II. *adv* hospitably

Gastritis <-, Gastritiden> [ɡasˈtriːˈtɪs, *pl* ɡasˈtriˈtiːˈdn̩] *f* gastritis

Gastronomie <-,-n> [ɡasˈtroˈnoˈmiː, *pl* -ˈmiːən] *f* ① (*geh: Gaststättengewerbe*) catering trade ② (*geh: Kochkunst*) gastronomy

gastronomisch *adj* gastronomic

Gastspiel *nt* THEAT guest performance

Gaststätte *f* restaurant

Gastwirt(in) *m(f)* restaurant manager; *einer Kneipe* barkeeper

Gastwirtschaft *f s.* **Gaststätte**

Gaswerk *nt* gasworks + *sing vb*

Gaszähler *m* gas meter

Gatte, Gattin <-n, -n> [ˈɡaˈtə, ˈɡaˈtɪn] *m, f* (*geh*) spouse

Gatter <-s, -> [ˈɡaˈtɐ] *nt* fence

Gattung <-, -en> [ˈɡaˈtʊŋ] *f* ① BIOL genus ② KUNST, LIT genre

GAU <-s, -s> [ˈɡau] *m Akr von* **größter anzunehmender Unfall** MCA

Gaudi <-s> [ˈɡauˈdi] *f o nt kein pl* ÖSTERR, SÜDD (*fam: Spaß*) fun

Gaukler(in) <-s, -> [ˈɡaukˈlɐ] *m(f)* (*veraltet*) traveling performer

Gaul <-[e]s, Gäule> [ˈɡaul, *pl* ˈɡɔyˈlə] *m* (*pej*) nag

Gaumen <-s, -> [ˈɡauˈmən] *m* palate

Gauner(in) <-s, -> [ˈɡauˈnɐ] *m(f)* ① (*Betrüger*) crook ② (*Schelm*) rogue

Gaunerei <-, -en> [ɡauˈnəˈrai] *f* cheating

Gazelle <-, -n> [ɡaˈtsɛˈlə] *f* gazelle

geartet [ɡəˈʔaːɐ̯ˈtət] *adj* ① (*veranlagt*) natured ② (*beschaffen*) constituted

Geäst <-[e]s> [ɡəˈʔɛst] *nt kein pl* branches *pl*

geb. *Abk von* **geboren** née, born

Gebäck <-[e]s, -e> [ɡəˈbɛk] *nt pl selten* (*Plätzchen*) cookies *pl;* (*Teilchen*) pastries *pl*

gebacken *pp von* **backen**

Gebälk <-[e]s, -e> [ɡəˈbɛlk] *nt pl selten* timberwork

geballt I. *adj* ① (*konzentriert*) concentrated ② (*zur Faust gemacht*) **~e Fäuste** clenched fists II. *adv* in clusters

gebannt *adj* fascinated; (*stärker*) spellbound

gebar [ɡəˈbaːɐ̯] *imp von* **gebären**

Gebärde <-, -n> [ɡəˈbɛːɐ̯ˈdə] *f* gesture

gebärden* [ɡəˈbɛːɐ̯ˈdn̩] *vr haben* ■ **sich** *akk* **~** to behave

gebären <gebiert, gebar, geboren> [ɡəˈbɛːrən] I. *vt* ① (*zur Welt bringen*) ■ **geboren werden** to be born ② (*eine natürliche Begabung haben*) ■ **zu etw** *dat* **geboren sein** to be born to sth II. *vi* (*ein Kind zur Welt brin-*

gen) to give birth

Gebärmutter *f* womb

Gebäude <-s, -> [gə·'bɔy·də] *nt* ❶ (*Bauwerk*) building ❷ (*Gefüge*) structure

gebaut *adj* built; ■ **gut/stark ~ sein** to be well-built

Gebein <-[e]s, -e> [gə·'bain] *nt* ■ ~**e** *pl* bones *pl*; *eines Heiligen* relics *pl*

geben <gibt, gab, gegeben> ['ge:·bn̩] I. *vt* ❶ (*reichen*) ■ **jdm etw** *akk* ~ to give sb sth [*or* sth to sb]; (*beim Kartenspiel*) to deal sb sth ❷ (*schenken*) to give [as a present] ❸ (*mitteilen*) **jdm seine Telefonnummer** ~ to give sb one's telephone number ❹ (*verkaufen*) ■ **jdm etw** *akk* ~ to get sb sth; ~ **Sie mir bitte fünf Brötchen** I'd like five rolls please ❺ (*spenden*) ■ **etw gibt jdm etw** *akk* sth gives [sb] sth; *Schutz, Schatten* to provide ❻ TELEK ■ **jdm jdn** ~ to put sb through to sb; ~ **Sie mir bitte Frau Schmidt** can I please speak to Mrs. Schmidt? ❼ (*stellen*) **eine Aufgabe/ein Problem/ein Thema** ~ to assign a task/problem/topic; **jdm etw zu tun** ~ to give sb sth to do ❽ *Pressekonferenz* to hold ❾ (*zukommen lassen*) **jdm einen Namen** ~ to name sb ❿ (*veranstalten*) **ein Fest** ~ to give a party ⓫ KOCHK to add ⓬ (*ergeben*) **7 mal 7 gibt 49** 7 times 7 equals 49; **keinen Sinn** ~ to make no sense ⓭ (*äußern*) ■ **etw von sich** *dat* ~ to utter sth II. *vi* ❶ KARTEN to deal ❷ SPORT to serve; **du gibst!** it's your serve III. *vt impers* ❶ (*gereicht werden*) **was gibt es zum Frühstück?** what's for breakfast?; **freitags gibt es bei uns immer Fisch** we always have fish on Fridays ❷ (*eintreten*) **heute gibt es noch Regen** it's going to rain [later] today ❸ (*existieren, passieren*) **das gibt's doch nicht!** (*fam*) that's unbelievable!, I can't believe it!; **was gibt's?** (*fam*) what's up? IV. *vr* ❶ (*nachlassen*) ■ **etw gibt sich** sth is letting up; (*sich erledigen*) sth sorts itself out ❷ (*sich benehmen, aufführen*) **sie gab sich sehr überrascht** she acted very surprised; **nach außen gab er sich heiter** outwardly, he acted cheerful

Gebet <-[e]s, -e> [gə·'be:t] *nt* prayer

gebeten [gə·'be:·tn̩] *pp von* **bitten**

gebiert [gə·'bi:ɐ̯t] *3. pers sing pres von* **gebären**

Gebiet <-[e]s, -e> [gə·'bi:t] *nt* ❶ (*Fläche*) area; (*Region a.*) region; (*Staatsgebiet*) territory ❷ (*Fach*) field

ge|bieten* [gə·'bi:·tn̩] *irreg* (*geh*) I. *vt* ❶ (*befehlen*) ■ **jdm] etw** *akk* ~ to command [sb] to do sth; **Einhalt** ~ to put an end to sth ❷ (*verlangen, erfordern*) ■ **etw** ~ to demand sth II. *vi* ❶ (*herrschen*) ■ **über jdn/etw** ~ to have control over sb/sth ❷ (*verfügen*) ■ **über etw** *akk* ~ to have sth at one's disposal

Gebilde <-s, -> [gə·'bɪl·də] *nt* ❶ (*Ding*) thing ❷ (*Form*) shape; (*Struktur*) structure

gebildet *adj* educated

Gebirge <-s, -> [gə·'bɪr·gə] *nt* mountain range

gebirgig [gə·'bɪr·gɪç] *adj* mountainous

Gebiss^RR <-es, -e>, **Gebiß**^ALT <-sses, -sse> [gə·'bɪs] *nt* ❶ (*Zähne*) [set of] teeth ❷ (*Zahnprothese*) dentures *npl*

gebissen [gə·'bɪ·sn̩] *pp von* **beißen**

geblasen *pp von* **blasen**

geblieben [gə·'bli:·bn̩] *pp von* **bleiben**

gebogen [gə·'bo:·gn̩] I. *pp von* **biegen** II. *adj* bent

geboren [gə·'bo:·rən] I. *pp von* **gebären** II. *adj* **der ~e Koch sein** to be a born cook

geborgen [gə·'bɔr·gn̩] I. *pp von* **bergen** II. *adj* safe

Geborgenheit <-> *f kein pl* safety, security

geborsten [gə·'bɔr·stn̩] *pp von* **bersten**

Gebot <-[e]s, -e> [gə·'bo:t] *nt* ❶ (*Gesetz*) law; (*Verordnung*) decree ❷ REL **die zehn ~e** the Ten Commandments ❸ (*geh: Erfordernis*) requirement ❹ ÖKON bid

geboten [gə·'bo:·tn̩] I. ❶ *pp von* **gebieten** ❷ *pp von* **bieten** II. *adj* (*geh: notwendig*) necessary; (*angebracht*) advisable

gebracht [gə·'braxt] *pp von* **bringen**

gebrannt [gə·'brant] I. *pp von* **brennen** II. *adj* burned, burnt; ~**e Mandeln** roasted almonds

gebraten *pp von* **braten**

Gebrauch <-[e]s, Gebräuche> [gə·'braux, *pl* gə·'brɔy·çə] *m* ❶ *kein pl* (*Verwendung*) use; (*Anwendung*) application ❷ *usu pl* Sitten und Gebräuche manners and customs

ge|brauchen* *vt* (*verwenden*) to use

gebräuchlich [gə·'brɔyç·lɪç] *adj* ❶ (*allgemein üblich*) customary; (*in Gebrauch*) in use ❷ (*herkömmlich*) conventional

Gebrauchsanweisung *f* operating instructions *pl*, directions *pl*

gebraucht *adj* secondhand

Gebrauchtwagen *m* used car

gebrechlich [gə·'brɛç·lɪç] *adj* frail

gebrochen [gə·'brɔ·xn̩] I. *pp von* **brechen** II. *adj* (*völlig entmutigt*) broken III. *adv* imperfectly; **sie sprach nur ~ Deutsch** she only spoke broken German

Gebrüder [gə·'bry·dɐ] *pl* (*veraltet*) brothers

Gebrüll <-[e]s> [gə·'brʏl] *nt kein pl Löwe* roaring; (*pej*) *Kind* bawling; *Mensch* screaming

Gebühr <-, -en> [gə·'by:ɐ̯] *f* charge; (*Honorar, Beitrag*) fee

ge|bühren* [gə·'by:·rən] (*geh*) I. *vi* (*zukommen*) ■ **jdm/etw gebührt etw** *akk* sb/sth deserves sth II. *vr* ■ **sich** ~ to be fitting

gebührend I. *adj* (*zustehend*) due; (*angemessen*) appropriate II. *adv* appropriately

gebührenfrei *adj, adv* free [of charge]

gebührenpflichtig I. *adj* subject to a charge II. *adv* **jdn** ~ **verwarnen** to fine sb

gebunden [gə·'bʊn·dn̩] I. *pp von* **binden** II. *adj* ~**es Buch** hardcover; **vertraglich** ~ **sein** to be bound by contract

Geburt <-, -en> [gə·'bu:ɐ̯t] *f* birth

Geburtenkontrolle *f kein pl* birth control

Geburtenrückgang *m* decline in the birth rate

Geburtenzahl *f* birth rate

gebürtig [gəˈbʏr·tɪç] *adj* by birth; **er ist ~er Neu Engländer** he is a native New Englander

Geburtsdatum *nt* date of birth

Geburtshilfe *f kein pl* obstetrics

Geburtsjahr *nt* year of birth

Geburtsort *m* place of birth

Geburtstag *m* birthday; (*Geburtsdatum*) date of birth; **„herzlichen Glückwunsch zum ~"** "Happy Birthday [to you]"

Geburtstagskind *nt* (*hum*) birthday boy/girl

Geburtstermin *m* due date

Geburtsurkunde *f* birth certificate

Gebüsch <-[e]s, -e> [gəˈbʏʃ] *nt* bushes *pl;* (*Unterholz*) undergrowth

gedacht [gəˈdaxt] ❶ *pp von* **denken** ❷ *pp von* **gedenken**

Gedächtnis <-ses, -se> [gəˈdɛçt·nɪs, *pl* -nɪ·sə] *nt* memory

Gedächtnisverlust *m kein pl* memory loss

gedämpft *adj* ~**er Schall/~e Stimme** muffled echo/voice

Gedanke <-ns, -n> [gəˈdaŋ·kə] *m* ❶ (*das Gedachte, Überlegung*) thought; **jdn auf andere ~n bringen** to take sb's mind off [of] sth; **sich** *dat* **über etw** *akk* ~**n machen** to be worried about sth ❷ (*Einfall*) idea

Gedankenaustausch *m* exchange of ideas

gedankenlos I. *adj* thoughtless II. *adv* thoughtlessly

Gedankenstrich *m* dash

gedanklich [gəˈdaŋk·lɪç] *adj* intellectual

Gedärm <-[e]s, -e> [gəˈdɛrm] *nt,* **Gedärme** <-s, -> [gəˈdɛr·mə] *nt* (*selten*) entrails *pl old liter*

Gedeck <-[e]s, -e> [gəˈdɛk] *nt* place setting

gedeckt I. *pp von* **decken** II. *adj* muted

gedeihen <gedieh, gediehen> [gəˈdai·ən] *vi sein* ❶ (*sich gut entwickeln*) to flourish ❷ (*vorankommen*) to make headway

gedenken* *vi irreg* (*geh*) ❶ (*ehrend zurückdenken*) ■**jds/einer S.** ~ to remember sb/sth ❷ (*beabsichtigen*) ■~**, etw zu tun** to intend to do sth

Gedenken <-s> [gəˈdɛŋ·kŋ] *nt kein pl* memory

Gedenkfeier *f* commemoration

Gedenkminute *f* moment of silence

Gedenkstätte *f* memorial

Gedenktag *m* day of remembrance

Gedicht <-[e]s, -e> [gəˈdɪçt] *nt* poem

gediegen [gəˈdiː·gn] *adj* ❶ (*rein*) pure ❷ (*solide gearbeitet*) high quality ❸ (*geschmackvoll*) tasteful ❹ (*gründlich*) ~**e Kenntnisse haben** to have sound knowledge

gedieh [gəˈdiː] *imp von* **gedeihen**

gediehen [gəˈdiː·ən] *pp von* **gedeihen**

Gedränge <-s> [gəˈdrɛŋə] *nt kein pl* ❶ (*drängende Menschenmenge*) crowd ❷ (*das Drängen*) jostling

gedroschen [gəˈdrɔ·ʃn] *pp von* **dreschen**

gedrungen [gəˈdrʊŋən] I. *pp von* **dringen** II. *adj* stocky

Geduld <-> [gəˈdʊlt] *f kein pl* patience

geldulden* *vr* ■**sich** *akk* ~ to be patient

geduldig [gəˈdʊl·dɪç] *adj* patient

gedurft [gəˈdʊrft] *pp von* **dürfen**

geehrt *adj* honored; **sehr ~e Damen, sehr ~e Herren!** ladies and gentlemen!; (*Anrede in Briefen*) **sehr ~e Damen und Herren!** Dear Sir or Madam

geeignet [gəˈʔaig·nət] *adj* suitable

Gefahr <-, -en> [gəˈfaːɐ̯] *f* danger; **jdn in ~ bringen** to endanger sb; **auf eigene ~** at one's own risk

geIfährden* [gəˈfɛːɐ̯·dn] *vt* ■**sich/jdn/ etw ~** to endanger oneself/sb/sth; **den Erfolg einer S.** *gen* ~ to jeopardize the success of sth

Gefährdung <-, -en> *f* threat

gefahren *pp von* **fahren**

gefährlich [gəˈfɛːɐ̯·lɪç] I. *adj* dangerous; (*risikoreich*) risky II. *adv* dangerously

gefahrlos [gəˈfaːɐ̯·loːs] *adj* safe

Gefährte, Gefährtin <-n, -n> [gəˈfɛːɐ̯·tə, gəˈfɛːɐ̯·tɪn] *m, f* (*geh*) companion

Gefälle <-s, -> [gəˈfɛ·lə] *nt* ❶ (*Neigungsgrad*) gradient; (*Land*) slope; (*Fluss*) drop ❷ (*fig: Unterschied*) difference

geIfallen <gefiel, gefallen> I. *vi* ■**etw gefällt jdm** sth pleases sb, sb likes sth II. *vr* (*fam*) ■**sich** *dat* **etw ~ lassen** to put up with sth

Gefallen¹ <-s, -> *m* favor; **jdn um einen ~ bitten** to ask sb for a favor; **jdm einen ~ tun** to do sb a favor

Gefallen² <-s> *nt kein pl* (*geh*) pleasure

Gefallene(r) *f(m)* soldier killed in action

gefällig [gəˈfɛ·lɪç] *adj* ❶ (*hilfsbereit*) helpful ❷ (*ansprechend*) pleasant ❸ (*a. iron form: gewünscht*) **Kaffee ~?** would you care for [some] coffee? *form*

Gefälligkeit <-, -en> *f* ❶ (*Gefallen*) favor ❷ *kein pl* (*Hilfsbereitschaft*) helpfulness

gefangen [gəˈfaŋən] I. *pp von* **fangen** II. *adj* ❶ (*in Gefangenschaft*) **jdn ~ halten** to hold sb captive; **jdn ~ nehmen** MIL to take sb prisoner; (*verhaften*) to arrest sb ❷ (*beeindruckt*) **jdn ~ halten** to captivate sb

Gefangene(r) *f(m)* captive; (*im Gefängnis*) prisoner; (*im Krieg*) prisoner of war

gefangenIhaltenᴬᴸᵀ *vt irreg s.* **gefangen** II 2

Gefangennahme <-, -n> *f* ❶ MIL capture ❷ (*Verhaftung*) arrest

gefangenInehmenᴬᴸᵀ *vt irreg s.* **gefangen** II 1

Gefangenschaft <-, *selten* -en> *f* captivity

Gefängnis <-ses, -se> [gəˈfɛŋ·nɪs, *pl* -nɪ·sə] *nt* ❶ (*Haftanstalt*) prison, jail; **ins ~ kommen** to be sent to prison ❷ *kein pl* (*Haftstrafe*) imprisonment

Gefängnisstrafe *f* prison sentence

Gefäß <-es, -e> [gəˈfɛːs] *nt* ❶ (*Behälter*) container ❷ (*Ader*) vessel

gefasstᴿᴿ**, gefaßt**ᴬᴸᵀ I. *adj* ❶ (*beherrscht*) composed ❷ (*eingestellt*) ■**auf etw** *akk* ~ **sein** to be prepared for sth II. *adv* calmly

Gefecht <-[e]s, -e> [gəˈfɛçt] *nt* (*a. fig*) battle

G

Gefieder <-s, -> [gəˈfiː·dɐ] *nt* plumage
Geflecht <-[e]s, -e> [gəˈflɛçt] *nt* ❶ (*Flechtwerk*) wickerwork ❷ (*Gewirr*) tangle
geflochten [gəˈflɔx·tn̩] *pp von* **flechten**
geflogen [gəˈfloː·gn̩] *pp von* **fliegen**
geflohen [gəˈfloː·ən] *pp von* **fliehen**
geflossen [gəˈflɔ·sn̩] *pp von* **fließen**
Geflügel <-s> [gəˈflyː·gl̩] *nt kein pl* poultry
geflügelt [gəˈflyː·glt] *adj* winged
Geflüster <-s> [gəˈflʏs·tɐ] *nt kein pl* whispering
gefochten [gəˈfɔx·tn̩] *pp von* **fechten**
Gefolge <-s, -> [gəˈfɔl·gə] *nt* retinue
Gefolgschaft <-, -en> *f* ❶ (*Anhängerschaft*) following ❷ HIST retinue ❸ *kein pl* (*veraltend: Treue*) allegiance (**gegenüber** +*dat* to)
gefragt *adj* in demand *pred*
gefräßig [gəˈfrɛː·sɪç] *adj* ❶ (*fressgierig*) voracious ❷ (*pej: unersättlich*) greedy
gefressen [gəˈfrɛ·sn̩] *pp von* **fressen**
ge|frieren* *vi irreg sein* to freeze
Gefrierfach *nt* freezer [compartment]
Gefrierpunkt *m* freezing point
gefroren [gəˈfroː·rən] *pp von* **frieren, gefrieren**
gefügig [gəˈfyː·gɪç] *adj* compliant
Gefühl <-[e]s, -e> [gəˈfyːl] *nt* ❶ (*Sinneswahrnehmung*) feeling ❷ (*seelische Empfindung, Instinkt*) feeling ❸ (*Sinn*) sense; **ein ~ für etw** *akk* [**haben**] [to have] a feeling for sth
gefühllos I. *adj* ❶ (*ohne Sinneswahrnehmung*) numb ❷ (*herzlos*) insensitive II. *adv* insensitively
Gefühlsausbruch *m* emotional outburst
gefühlsbetont *adj* emotional
gefühlskalt *adj* cold
gefühlsmäßig *adv* instinctively
gefühlvoll I. *adj* (*empfindsam*) sensitive II. *adv* with feeling
gefunden [gəˈfʊn·dn̩] *pp von* **finden**
gegangen [gəˈgaŋən] *pp von* **gehen**
gegeben [gəˈgeː·bn̩] I. *pp von* **geben** II. *adj* ❶ (*vorhanden*) given ❷ (*geeignet*) right
gegebenenfalls [gəˈgeː·bə·nən·fals] *adv* if necessary
Gegebenheit <-, -en> *f meist pl* fact
gegen [ˈgeː·gn̩] I. *präp* + *akk* ❶ (*wider*) against; **etwas ~ eine Erkältung** sth for a cold ❷ (*ablehnend*) **■ ~ jdn/etw sein** to be against sb/sth ❸ (*entgegen*) contrary to ❹ JUR, SPORT versus ❺ (*an*) against ❻ (*gegenüber*) toward, to ❼ (*für*) for; **~ Kaution/Quittung** with a deposit/receipt ❽ (*verglichen mit*) compared with ❾ (*ungefähr*) **~ Morgen/Abend** toward morning/evening II. *adv* **er kommt ~ drei Uhr an** he's arriving around three o'clock
Gegenangriff *m* counterattack
Gegenargument *nt* counterargument
Gegenbeispiel *nt* counterexample
Gegend <-, -en> [ˈgeː·gnt, *pl* ˈgeː·gn̩·dən] *f* ❶ (*Gebiet*) region; **durch die ~ fahren/laufen** (*fam*) to drive/walk around ❷ (*Wohngegend*) neighborhood ❸ (*Nähe*) area

Gegendarstellung *f* ❶ MEDIA reply ❷ (*gegensätzliche Darstellung*) the other side of the story
gegeneinander [geː·gn̩·ʔai·ˈnan·dɐ] *adv* against each other
gegeneinander|halten *vt irreg* **■ etw ~** to hold up side by side
gegeneinander|prallen *vi sein* to collide
Gegengift *nt* antidote
Gegenleistung *f* **eine/keine ~ erwarten** to expect something/nothing in return
Gegenmaßnahme *f* countermeasure
Gegenmittel *nt* (*gegen Gift*) antidote; (*gegen Krankheit*) remedy
Gegenrichtung *f* opposite direction
Gegensatz *m* ❶ (*Gegenteil*) opposite; **im ~ zu jdm/etw** unlike sb/sth ❷ *pl* differences; **unüberbrückbare Gegensätze** irreconcilable differences
gegensätzlich [ˈgeː·gn̩·zɛts·lɪç] I. *adj* conflicting; *Menschen, Temperamente* different II. *adv* differently
Gegensätzlichkeit <-, -en> *f* difference[s *pl*]
Gegenseite *f* other side
gegenseitig [ˈgeː·gn̩·zai·tɪç] I. *adj* mutual II. *adv* mutually
Gegenseitigkeit <-> *f kein pl* mutuality
Gegenspieler(in) *m(f)* opponent
Gegenstand <-[e]s, Gegenstände> *m* ❶ (*Ding*) object ❷ (*Thema*) subject
gegenständlich [ˈgeː·gn̩·ʃtɛnt·lɪç] KUNST I. *adj* representational II. *adv* representationally
gegenstandslos *adj* ❶ (*unbegründet*) unfounded ❷ (*hinfällig*) invalid
Gegenteil [ˈgeː·gn̩·tail] *nt* opposite
gegenteilig [ˈgeː·gn̩·tai·lɪç] I. *adj* opposite II. *adv* to the contrary
gegenüber [geː·gn̩·ˈʔyː·bɐ] I. *präp* +*dat* ❶ (*örtlich*) **■ jdm/einer S. ~** opposite sb/sth ❷ (*in Bezug auf*) **■ jdm/einer S. ~** toward sb/sth ❸ (*vor*) **■ jdm ~** in front of sb ❹ (*im Vergleich zu*) **■ jdm ~** in comparison with sb II. *adv* opposite
Gegenüber <-s, -> [geː·gn̩·ˈʔyː·bɐ] *nt* ❶ (*Mensch*) person on the opposite side; (*beim Sport*) opponent ❷ (*Terrain*) land on the opposite side
gegenüberliegend *adj attr* opposite
gegenüber|stehen *irreg* I. *vi* ❶ (*zugewandt stehen*) **■ jdm ~** to stand opposite sb ❷ (*eingestellt sein*) **■ jdm/einer S. [...] ~** to have a [...] attitude toward sb/sth II. *vr* **■ sich** *dat* **als etw ~** to face each other as sth
gegenüber|stellen *vt* ❶ (*konfrontieren*) **■ jdm jdn ~** to confront sb with sb ❷ (*vergleichen*) **■ einer S.** *dat* **etw ~** to compare sth with sth
Gegenüberstellung *f* ❶ (*Konfrontation*) confrontation ❷ (*Vergleich*) comparison
Gegenverkehr *m* oncoming traffic
Gegenwart <-> [ˈgeː·gn̩·vart] *f kein pl* ❶ (*jetziger Augenblick*) present ❷ (*heutiges Zeitalter*) present [day]; **die Literatur/Musik der ~**

contemporary literature/music ❸ LING present [tense] ❹ (*Anwesenheit*) presence
gegenwärtig ['geː·gn·vɛr·tɪç] I. *adj* ❶ *attr* (*derzeitig*) present ❷ (*heutig*) present[-day] II. *adv* currently
Gegenwert *m* equivalent; **im ~ von etw** *dat* in the value of sth
Gegenwind *m* headwind
Gegenzug *m* counter[move]
gegessen [gə·'gɛ·sn̩] *pp von* essen
geglichen [gə·'glɪ·çn̩] *pp von* gleichen
geglitten [gə·'glɪ·tn̩] *pp von* gleiten
geglommen [gə·'glɔ·mən] *pp von* glimmen
Gegner(in) <-s, -> ['geː·g·nɐ] *m(f)* ❶ (*Feind*) enemy ❷ (*Gegenspieler*) *a.* SPORT opponent
gegnerisch *adj attr* opposing
Gegnerschaft <-, -en> *f* opposition
gegolten [gə·'gɔl·tn̩] *pp von* gelten
gegoren [gə·'goː·rən] *pp von* gären
gegossen [gə·'gɔ·sn̩] *pp von* gießen
gegraben *pp von* graben
gegriffen [gə·'grɪ·fn̩] *pp von* greifen
Gehackte(s) *nt* ground meat
Gehalt¹ <-[e]s, Gehälter> [gə·'halt, *pl* gə·'hɛl·tɐ] *nt o* ÖSTERR *m* salary
Gehalt² <-[e]s, -e> [gə·'halt] *m* ❶ (*Anteil*) content ❷ (*geistiger Wert*) meaning
gehalten *pp von* halten
gehaltlos *adj* ❶ (*nährstoffarm*) without nutritional value ❷ (*oberflächlich*) insubstantial
Gehaltserhöhung *f* pay raise
gehaltvoll *adj* ❶ (*nahrhaft*) nutritious, nourishing ❷ (*gedankliche Tiefe aufweisend*) stimulating
gehangen [gə·'haŋən] *pp von* hängen
gehässig [gə·'hɛ·sɪç] I. *adj* spiteful II. *adv* spitefully
Gehässigkeit <-, -en> *f* ❶ *kein pl* (*Boshaftigkeit*) spite[fulness] ❷ (*gehässige Bemerkung*) spiteful remark
gehauen *pp von* hauen
gehäuft I. *adj* ❶ (*hoch gefüllt*) heaped ❷ (*wiederholt*) repeated II. *adv* in large numbers
Gehäuse <-s, -> [gə·'hɔy·zə] *nt* ❶ (*Schale*) casing; (*Kamera a.*) body ❷ (*Schneckengehäuse*) shell ❸ (*Kerngehäuse*) core
gehbehindert *adj* leicht/stark ~ **sein** to have a slight/severe mobility handicap
Gehege <-s, -> [gə·'heː·gə] *nt* enclosure, cage
geheim [gə·'haɪm] I. *adj* secret II. *adv* secretly; **etw [vor jdm]** ~ **halten** to keep sth secret [from sb]
Geheimagent(in) *m(f)* secret agent
Geheimdienst *m* secret service
geheim|haltenᴬᴸᵀ *vt irreg s.* geheim II
Geheimnis <-ses, -se> [gə·'haɪm·nɪs, *pl* -nɪ·sə] *nt* secret
geheimnisvoll I. *adj* mysterious II. *adv* mysteriously
Geheimnummer *f* ❶ TELEK unlisted number ❷ (*Geheimzahl*) PIN
Geheimtippᴿᴿ *m* inside tip
Geheimzahl *f* FIN PIN

geheißen *pp von* heißen
gehemmt I. *adj* inhibited II. *adv* sich *akk* ~ **benehmen** to act self-conscious
gehen <ging, gegangen> ['geː·ən] I. *vi sein* ❶ (*sich fortbewegen*) to go; (*zu Fuß*) to walk ❷ (*besuchen*) ■ **zu jdm** ~ to go [and] visit sb; **in die Kirche/Schule/ins Theater** ~ to go to church/school/the theater ❸ (*weggehen*) to go; (*abfahren a.*) to leave; **ich muss jetzt** ~ I have to go; **wann geht der Zug nach Hamburg?** when does the train to Hamburg leave? ❹ (*führen*) to go; **die Brücke geht über den Fluss** the bridge crosses the river; **wohin geht dieser Weg?** where does this path lead [to]? ❺ (*funktionieren*) to work; **meine Uhr geht nicht mehr** my watch [has] stopped ❻ (*gelingen*) **versuch's einfach, es geht ganz leicht** just try it — it's really easy; **kannst du mir bitte erklären, wie das Spiel geht?** can you please explain how the game goes? ❼ ÖKON **das Geschäft geht vor Weihnachten immer gut** business is always good before Christmas ❽ (*hineinpassen*) **es** ~ **über 450 Besucher in das neue Theater** the new theater holds over 450 people; **wie viele Leute** ~ **in deinen Wagen?** how many people [can] fit in your car? ❾ (*dauern*) **dieser Film geht drei Stunden** this movie lasts three hours ❿ (*reichen*) **der Rock geht ihr bis zum Knie** the skirt goes down to her knee; **in die Tausende** ~ to run into the thousands ⓫ KOCHK *Teig* to rise ⓬ (*verkleidet sein*) ■ **als etw** ~ to go as sth ⓭ (*möglich sein*) **haben Sie am nächsten Mittwoch Zeit? – nein, das geht [bei mir] nicht** are you free next Wednesday? — no, that's no good [for me]; **ich muss mal telefonieren – geht das?** I have to make a phone call — would that be alright? ⓮ (*beeinträchtigen*) **zu viel Alkohol geht auf die Leber** too much alcohol is bad for your liver; **das geht [mir] ganz schön an die Nerven** that really wears on my nerves ⓯ (*gerichtet sein*) ■ **an jdn** ~ to be addressed to sb ⓰ (*fam: liiert sein*) ■ **mit jdm** ~ to be going out with sb ⓱ (*überschreiten*) **zu weit** ~ to go too far ⓲ (*fam: akzeptabel sein*) **er geht gerade noch, aber seine Frau ist furchtbar** he's not that bad, but his wife is awful; **wie ist das Hotel? – es geht [so]** how's the hotel? — it's ok ▶ WENDUNGEN: **es geht nichts über jdn/etw** *akk* there's nothing like sb/sth; **[ach] geh, ...!** (*fam*) [oh] come on, ...!; ÖSTERR, SÜDD **geh, was du nicht sagst!** come on, you're kidding! II. *vi impers sein* ❶ + *adv* (*sich befinden*) **wie geht es Ihnen? – danke, mir geht es gut!** how are you? — fine, thank you!; **nachher ging es ihr wieder besser** afterwards she felt better again ❷ + *adv* (*verlaufen*) **wie war denn die Prüfung? – ach, es ging ganz gut** how was the exam? — oh, it went quite well ❸ (*sich handeln um*) **worum geht es in diesem Film?** what is this movie about? ❹ (*wichtig sein*) **worum geht es dir eigent-**

G

lich? what are you trying to say?; **es geht mir ums Prinzip** it's a matter of principle ❺ *(ergehen)* **mir ist es ähnlich/genauso/nicht anders gegangen** it was the same/just the same/no different with me; **lass es dir/lasst es euch gut ~!** take care of yourself/yourselves! ❻ *(sich machen lassen)* **ich werde arbeiten, solange es geht** I will continue working as long as possible; **geht es, oder soll ich dir tragen helfen?** can you manage, or should I help you carry it/them? ❼ *(nach jds Kopf gehen)* **wenn es nach mir ginge** if it were up to me ▶ WENDUNGEN: **geht's noch!?** SCHWEIZ *(iron)* are you crazy?! **III.** *vt sein* **ich gehe immer diese Straße/diesen Weg** I always take this road/walk this way **IV.** *vr haben* ❶ *impers* **in diesen Schuhen geht es sich bequem** these shoes are very comfortable for walking ❷ *(sich nicht beherrschen)* **sich** *akk* **~ lassen** to lose one's self-control; *(nachlässig sein)* to let oneself go

gehen‖lassen* *vr irreg s.* **gehen IV 2**
geheuer [gə·'hɔy·ɐ] *adj* [jdm] **nicht** [ganz] **~ sein** to seem [a bit] suspicious [to sb]
Gehilfe, Gehilfin <-n, -n> [gə·'hɪl·fə, gə·'hɪl·fɪn] *m, f* assistant
Gehirn <-[e]s, -e> [gə·'hɪrn] *nt* brain
Gehirnerschütterung *f* concussion
Gehirnschlag *m* stroke
gehoben [gə·'ho:·bn̩] **I.** *pp von* **heben II.** *adj* ❶ LING formal ❷ *Stimmung* festive
geholfen [gə·'hɔl·fn̩] *pp von* **helfen**
Gehör <-[e]s, selten -e> [gə·'høː·ɐ̯] *nt* hearing; **sich** *dat* **~ verschaffen** to make oneself heard
gehorchen* *vi* ❶ *(gefügig sein)* to obey ❷ *(reagieren)* ■ **jdm ~** to respond to sb
ge‖hören* I. *vi* ❶ *(jds Eigentum sein)* ■ **jdm ~** to belong to sb; **ihm ~ mehrere Häuser** he owns several houses ❷ *(jdm zugewandt sein)* ■ **jdm/einer S. ~** to belong to sb/sth; **ihre ganze Liebe gehört ihrem Sohn** she gives all her love to her son ❸ *(den richtigen Platz haben)* **die Kinder ~ ins Bett** the children belong in bed ❹ *(angebracht sein)* **nicht zum Thema ~** to be beside the point, irrelevant ❺ *(Mitglied sein)* ■ **zu jdm/einer S. ~** to belong to sb/sth; **zur Familie ~** to be one of the family ❻ *(Teil sein von)* ■ **zu etw** *dat* **~** to be [a] part of sth ❼ *(Voraussetzung, nötig sein)* to require; **es gehört viel Mut dazu, ...** it takes a lot of courage to ... **II.** *vr* ■ **sich ~** to be fitting; **wie es sich gehört** as it should be; **sich** [einfach/eben] **nicht ~** to be [simply/just] not good manners
gehörig [gə·'høː·rɪç] **I.** *adj* ❶ *attr* *(fam: beträchtlich)* good *attr;* **eine ~e Achtung vor jdm haben** to have a healthy respect for sb ❷ *attr* *(entsprechend)* proper ❸ *(geh: gehörend)* ■ **zu etw** *dat* **~** belonging to sth; **nicht zur Sache ~ sein** to not be relevant **II.** *adv* *(fam)* **jdn ~ ausschimpfen** to really tell sb off
Gehörlose(r) *f(m)* *(geh)* deaf person
gehorsam [gə·'hoːɐ̯·za:m] **I.** *adj* obedient

II. *adv* obediently
Gehorsam <-s> [gə·'hoːɐ̯·za:m] *m kein pl* obedience
Gehsteig *m s.* **Bürgersteig**
Gehweg *m* ❶ *s.* **Bürgersteig** ❷ *(Fußweg)* walk
Geier <-s, -> ['gai·ɐ] *m* vulture
Geige <-, -n> ['gai·gə] *f* violin, fiddle *fam*
geigen ['gai·gn̩] **I.** *vi* to play the violin **II.** *vt* ■ **etw ~** to play sth on the violin
Geiger(in) <-s, -> ['gai·gɐ] *m(f)* violinist
geil ['gail] **I.** *adj* ❶ *(lüstern)* lecherous; ■ **~ auf jdn sein** to have the hots for sb ❷ *(sl: toll)* cool, awesome **II.** *adv* ❶ *(lüstern)* lecherously ❷ *(sl)* cool
Geisel <-, -n> ['gai·zl̩] *f* hostage
Geiselnehmer(in) <-s, -> *m(f)* kidnapper, abductor
Geiß <-, -en> ['gais] *f* SÜDD, ÖSTERR, SCHWEIZ [nanny] goat
Geißbock *m* SÜDD, ÖSTERR, SCHWEIZ billy goat
geißeln ['gai·sl̩n] *vt* ❶ *(mit der Geißel schlagen)* ■ **jdn/sich ~** to flagellate sb/oneself ❷ *(anprangern)* ■ **etw ~** to castigate sth
Geist <-[e]s, -er> ['gaist] *m* ❶ *kein pl* *(Vernunft)* mind ❷ *kein pl* *(Esprit)* wit ❸ *kein pl* *(Wesen, Sinn, Gesinnung)* spirit ❹ *(körperloses Wesen)* ghost; **böse/gute ~er** evil/good spirits; **der Heilige ~** the Holy Ghost ▶ WENDUNGEN: **von allen guten ~ern verlassen sein** *(fam)* to have taken leave of one's senses; **den ~ aufgeben** *(fig fam)* to give up the ghost
geisterhaft I. *adj* ghostly **II.** *adv* eerily
Geisterhand *f* ▶ WENDUNGEN: **wie von ~** as if by magic
geistern ['gais·tɐn] *vi sein* ■ **durch etw** *akk* **~** ❶ *(herumgehen)* to wander around sth like a ghost ❷ *(spuken)* to haunt sth
geistesabwesend I. *adj* absent-minded **II.** *adv* absent-mindedly
Geistesgegenwart *f* presence of mind
geistesgegenwärtig I. *adj* quick-witted **II.** *adv* with great presence of mind
geistesgestört *adj* mentally disturbed
Geisteskrankheit *f* mental illness
Geisteswissenschaften *pl* humanities
Geisteswissenschaftler(in) *m(f)* ❶ *(Wissenschaftler)* humanities scholar ❷ *(Student)* humanities student
geistig ['gais·tɪç] **I.** *adj* ❶ *(verstandesmäßig)* mental ❷ *(spirituell)* spiritual **II.** *adv* mentally
geistlich ['gaist·lɪç] **I.** *adj* ❶ *(religiös)* religious ❷ *(kirchlich)* ecclesiastical; *Amt* religious **II.** *adv* spiritually
Geistliche(r) *f(m)* clergyman *masc,* clergywoman *fem*
geistlos *adj* ❶ *(dumm)* witless ❷ *(einfallslos)* inane
geistreich *adj Mensch* witty
Geiz <-es> ['gaits] *m kein pl* stinginess
geizen ['gai·tsn̩] *vi* ■ **mit etw** *dat* **~** ❶ *(knauserig sein)* to be stingy with sth ❷ *(zurückhaltend sein)* to be sparing with sth
Geizhals *m* cheapskate

geizig ['gai·tsɪç] *adj* stingy, cheap *fam*

Gejammer <-s> [gə·'ja·mɐ] *nt kein pl* (*pej fam*) whining

gekannt [gə·'kant] *pp von* **kennen**

Geklimper <-s> [gə·'klɪm·pɐ] *nt kein pl* (*pej fam*) ❶ (*auf dem Klavier*) plunking ❷ (*mit Saiteninstrument*) twanging

geklommen [gə·'klɔ·mən] *pp von* **klimmen**

geklungen [gə·'klʊŋən] *pp von* **klingen**

geknickt *adj* (*fam*) glum

gekniffen [gə·'knɪ·fn̩] *pp von* **kneifen**

gekommen *pp von* **kommen**

gekonnt [gə·'kɔnt] I. *pp von* **können** II. *adj* accomplished

Gekritzel <-s> [gə·'krɪtsl̩] *nt kein pl* (*pej*) scrawl

gekrochen [gə·'krɔ·xn̩] *pp von* **kriechen**

gekünstelt *adj* (*pej*) artificial; ~**es Lächeln** forced smile; *Sprache, Benehmen* affected

Gel <-s, -e> ['ge:l] *nt* gel

Gelächter <-s, *selten* -> [gə·'lɛç·tɐ] *nt* laughter

geladen I. *pp von* **laden** II. *adj* (*fam*) ■ ~ **sein** to be furious

gelähmt I. *pp von* **lähmen** II. *adj* paralyzed

Gelände <-s, -> [gə·'lɛn·də] *nt* ❶ (*Land*) terrain ❷ (*bestimmtes Stück Land*) site

Geländer <-s, -> [gə·'lɛn·dɐ] *nt* handrail; (*Treppengeländer*) banister

Geländewagen *m* all-terrain vehicle, ATV

gelang [gə·'laŋ] *imp von* **gelingen**

gelangen* *vi sein* ❶ (*hinkommen*) **ans Ziel** ~ to reach one's destination ❷ (*erwerben*) ■ **zu etw** *dat* ~ to achieve sth; *Ruhm, Reichtum* to gain ❸ SCHWEIZ ■ **an jdn** ~ to turn to sb (**mit** +*dat* about)

gelangweilt *adj, adv* bored

gelassen [gə·'la·sn̩] I. *pp von* **lassen** II. *adj* calm III. *adv* calmly

Gelassenheit <-> *f kein pl* calmness

Gelatine <-> [ʒe·la·'ti:·nə] *f kein pl* gelatin[e]

gelaufen *pp von* **laufen**

geläufig [gə·'lɔy·fɪç] *adj* familiar

gelaunt [gə·'launt] *adj pred* ■ **gut/schlecht** ~ **sein** to be in a good/bad mood

gelb ['gɛlp] *adj* yellow

Gelb <-s, - *o* -s> ['gɛlp] *nt* yellow

Geld <-[e]s, -er> ['gɛlt, *pl* 'gɛl·dɐ] *nt kein pl* (*Zahlungsmittel*) money; **bares** ~ cash ▶ WENDUNGEN: **jdm das** ~ **aus der** Tasche **ziehen** to squeeze money out of sb

Geldanlage *f* [financial] investment

Geldautomat *m* automated teller machine, ATM

Geldbetrag *m* sum

Geldbeutel *m* SÜDD, **Geldbörse** *f* ÖSTERR (*sonst geh: Portmonee*) wallet

Geldbuße *f* fine

Geldgeber(in) <-s, -> *m(f)* [financial] backer

Geldinstitut *nt* financial institution

Geldschein *m* bill

Geldschrank *m* safe

Geldstrafe *f* fine

Geldwechsel *m* foreign exchange

Gelee <-s, -s> [ʒe·'le:, ʒə·'le:] *m o nt* jelly

gelegen [gə·'le:·gn̩] I. *pp von* **liegen** II. *adj* (*passend*) convenient; **jdm** ~ **kommen** to come at the right time for sb

Gelegenheit <-, -en> [gə·'le:·gn̩·hait] *f* ❶ (*günstiger Moment*) opportunity ❷ (*Anlass*) occasion

Gelegenheitsarbeit *f* casual labor

Gelegenheitsarbeiter(in) *m(f)* casual laborer

gelegentlich [gə·'le:·gn̩t·lɪç] I. *adj attr* occasional II. *adv* ❶ (*manchmal*) occasionally ❷ (*bei Gelegenheit*) **wenn Sie** ~ **in der Nachbarschaft sind ...** if you happen to be in the neighborhood ...

gelehrig [gə·'le:·rɪç] I. *adj* quick to learn II. *adv* **sich** *akk* ~ **anstellen** to be quick to learn

gelehrt *adj* ❶ (*gebildet*) learned ❷ (*wissenschaftlich*) scholarly

geleiten* *vt* (*geh*) to escort

Geleitschutz *m* escort; **jdm/einer S.** ~ **geben** to escort sb/sth

Gelenk <-[e]s, -e> [gə·'lɛŋk] *nt* ANAT, TECH joint

Gelenkentzündung *f* arthritis

gelenkig [gə·'lɛŋ·kɪç] *adj* supple

gelernt *adj* skilled *attr;* (*qualifiziert*) trained *attr*

gelesen *pp von* **lesen**

Geliebte(r) *f(m)* lover

geliehen [gə·'li:·ən] *pp von* **leihen**

gelingen <gelang, gelungen> [gə·'lɪŋən] *vi sein* ■ **jdm gelingt es, etw zu tun** sb manages to do sth; ■ **jdm gelingt es nicht, etw zu tun** sb fails to do sth

gelitten [gə·'lɪ·tn̩] *pp von* **leiden**

gell ['gɛl], **gelle** ['gɛl(ə)] *interj* SÜDD, SCHWEIZ right?

geloben* *vt* (*geh*) ■ **[jdm] etw** ~ to vow sth [to sb]

Gelöbnis <-ses, -se> [gə·'lø:p·nɪs, *pl* -nɪ·sə] *nt* (*geh*) vow

gelogen [gə·'lo:·gn̩] *pp von* **lügen**

gelöst *adj* relaxed

gelten <gilt, galt, gegolten> ['gɛl·tn̩] I. *vi* ❶ (*gültig sein*) ■ [**für jdn**] ~ *Regelung* to be valid [for sb]; *Bestimmungen* to apply [to sb]; *Gesetz* to be in force ❷ (*bestimmt sein für*) ■ **jdm/einer S.** ~ to be meant for sb/sth; *Buhrufe* to be aimed at sb/sth; *Frage* to be directed at sb ❸ (*gehalten werden*) ■ **als etw** ~ to be regarded as sth ▶ WENDUNGEN: **etw** ~ lassen to accept sth II. *vi impers* (*geh*) ■ **es gilt, etw zu tun** it is necessary to do sth; **das gilt nicht!** that's not allowed!

geltend *adj attr* (*gültig*) current; (*vorherrschend*) prevailing; **Ansprüche/Forderungen** ~ **machen** to make claims/demands

Geltung <-> *f kein pl* ❶ (*Gültigkeit*) validity ❷ (*Ansehen*) prestige; **etw zur** ~ **bringen** to show off *sep* sth to its advantage

Gelübde <-s, -> [gə·'lʏp·də] *nt* (*geh*) vow

gelungen [gə·'lʊŋən] I. *pp von* **gelingen**

II. *adj attr* successful

gemächlich [gə·'mɛːç·lɪç] **I.** *adj* leisurely; *Leben* quiet **II.** *adv* leisurely

Gemälde <-s, -> [gə·'mɛːl·də] *nt* painting

gemäß [gə·'mɛːs] **I.** *präp* +*dat* in accordance with; ~ § 198 according to § 198 **II.** *adj* ■ **jdm/einer S.** ~ appropriate for sb/sth

gemäßigt *adj* ❶ METEO temperate ❷ (*moderat*) moderate

gemein [gə·'main] **I.** *adj* ❶ (*niederträchtig*) mean; (*böse*) nasty ❷ *attr, kein komp/superl* BOT, ZOOL common ❸ *pred* (*geh: gemeinsam*) etw mit jdm/etw ~ haben to have sth in common with sb/sth **II.** *adv* (*fam*) horribly

Gemeinde <-, -n> [gə·'main·də] *f* ❶ (*Kommune*) community; (*politische Einheit*) municipality ❷ (*Pfarrgemeinde*) parish; (*Gläubige a.*) parishioners *pl*

Gemeindehaus *nt* REL parish house

Gemeinderat[1] *m* town council

Gemeinderat, -rätin[2] *m, f* (*Gemeinderatsmitglied*) councilman *masc,* councilwoman *fem*

Gemeindeverwaltung *f* town council

gemeingefährlich *adj* constituting a public danger *pred*

Gemeinheit <-, -en> *f* ❶ *kein pl* (*Niedertracht*) meanness ❷ (*niederträchtiges Handeln*) **so eine ~!** that was a mean thing to do/say!; (*Bemerkung*) mean remark

gemeinhin *adv* generally

gemeinnützig [gə·'main·nʏ·tsɪç] *adj* charitable

gemeinsam [gə·'main·zaːm] **I.** *adj* ❶ (*mehreren gehörend*) common; *Konto* joint; *Freund* mutual ❷ (*von mehreren unternommen*) joint *attr;* **etw ~ haben** to have sth in common **II.** *adv* jointly

Gemeinsamkeit <-, -en> *f* common ground

Gemeinschaft <-, -en> *f* ❶ POL community ❷ *kein pl* (*gegenseitige Verbundenheit*) sense of community

gemeinschaftlich *adj s.* gemeinsam

Gemeinschaftsarbeit *f* teamwork

Gemeinschaftspraxis *f* joint practice

Gemeinschaftsproduktion *f* ❶ *kein pl* joint production ❷ MEDIA, FILM co-production *spec*

Gemeinschaftssinn *m kein pl* community spirit

Gemeinwohl *nt* ■ **das** ~ the public welfare

Gemenge <-s, -> [gə·'mɛŋə] *nt* ❶ (*Mischung*) mixture (**aus** +*dat* of) ❷ (*Gewühl*) crowd ❸ (*Durcheinander*) jumble

gemessen [gə·'mɛ·sn̩] **I.** *pp von* messen **II.** *adj* (*geh*) proper; (*würdig langsam*) measured

Gemetzel <-s, -> [gə·'mɛ·tsl̩] *nt* bloodbath

gemieden [gə·'miː·dn̩] *pp von* meiden

Gemisch <-[e]s, -e> [gə·'mɪʃ] *nt* mixture (**aus** +*dat* of)

gemischt *adj* mixed

gemocht [gə·'mɔxt] *pp von* mögen

gemolken [gə·'mɔl·kn̩] *pp von* melken

Gemse[ALT] <-, -n> *f s.* Gämse

Gemurmel <-s> [gə·'mʊr·ml̩] *nt kein pl* murmuring

Gemüse <-s, *selten* -> [gə·'myː·zə] *nt* vegetables *pl;* ■ **ein** ~ a vegetable

Gemüsehändler(in) *m(f)* produce market

Gemüseschäler *m* vegetable peeler

gemusst[RR], gemußt[ALT] [gə·'mʊst] *pp von* müssen

gemustert *adj* patterned

Gemüt <-[e]s, -er> [gə·'myːt] *nt* ❶ (*Mensch, Seele*) soul ❷ (*Emotionen*) feelings *pl*

gemütlich **I.** *adj* ❶ (*bequem*) cozy, comfy *fam;* **es sich/jdm** *dat* ~ **machen** to make oneself/sb comfortable ❷ (*gesellig*) pleasant; (*ungezwungen*) informal **II.** *adv* ❶ (*gemächlich*) leisurely ❷ (*behaglich*) comfortably

Gemütlichkeit <-> *f kein pl* coziness; (*Ungezwungenheit*) informality

Gemütsbewegung *f* [signs *pl* of] emotion

gemütskrank *adj* emotionally disturbed

Gemütsmensch *m* (*fam*) good-natured person

Gemütsruhe *f* calmness; **in aller** ~ (*fam*) at one's own pace

Gemütsverfassung *f,* **Gemütszustand** *m* mood

Gen <-s, -e> ['geːn] *nt* gene

genannt [gə·'nant] *pp von* nennen

genas [gə·'naːs] *imp von* genesen

genau [gə·'nau] **I.** *adj* ❶ (*exakt*) exact; **man weiß noch nichts G~es** nobody knows any details yet ❷ (*gewissenhaft*) meticulous **II.** *adv* exactly; ~ **in der Mitte** right in the middle; ~ **genommen** strictly speaking

genaugenommen *adv s.* genau II

Genauigkeit <-> [gə·'nau·ɪç·kait] *f kein pl* exactness; *Daten* accuracy; (*Sorgfalt*) meticulousness

genauso [gə·'nau·zoː] *adv* just the same; ~ **gut/viel/wenig** just as well/much/little

Gendarm <-en, -en> [ʒan·'darm, ʒã·'darm] *m* ÖSTERR (*Polizist*) policeman

Gendarmerie <-, -n> [ʒan·dar·mə·'riː, ʒã·dar·mə·'riː, *pl* -'riː·ən] *f* ÖSTERR (*Polizeistation*) police station

Gendefekt *m* BIOL, MED genetic defect

genehm [gə·'neːm] *adj* (*geh*) acceptable; ■ **jdm** [nicht] ~ **sein** to [not] be agreeable to sb

genehmigen* [gə·'neː·mɪ·gn̩] **I.** *vt* ■ **jdm** **etw** ~ to grant [sb] permission to do sth **II.** *vr* ■ **sich** *dat* **etw** ~ to indulge in sth

Genehmigung <-, -en> *f* ❶ (*das Genehmigen*) approval ❷ (*Berechtigungsschein*) permit

geneigt *adj* (*geh*) ■ ~ **sein, etw zu tun** to be inclined to do sth

Genera ['gɛ·ne·ra] *pl von* Genus

General(in) <-[e]s, -e *o* Generäle> [ge·nə·'raːl, *pl* ge·nə·'rɛː·lə] *m(f)* general

Generaldirektor(in) *m(f)* general manager

Generalprobe *f* THEAT dress rehearsal; MUS final rehearsal

Generalsekretär(in) *m(f)* secretary general

Generalstreik *m* general strike

Generaluntersuchung *f* complete checkup
Generation <-, -en> [ge·nə·ra·'tsi̯o:n] *f* generation
Generationskonflikt *m* generation gap
Generationswechsel *m* ❶ SOZIOL generation change ❷ BIOL alternation of generations
Generator <-s, -toren> [ge·nə·'ra:·to:ɐ̯, *pl* -'to:·rən] *m* generator
generell [ge·nə·'rɛl] I. *adj* general II. *adv* generally
genervt [gə·'nɛrft] *adj* annoyed; *(stärker)* at the end of one's rope
ge|nesen <genas, genesen> [gə·'ne:·zn̩] *vi sein (geh)* to recover (**von** +*dat* from)
Genesung <-, *selten* -en> [gə·'ne:·zʊŋ] *f (geh)* convalescence
Genetik <-> [ge·'ne:·tɪk] *f kein pl* genetics + *sing vb*
genetisch [ge·'ne:·tɪʃ] *adj* genetic
Genforscher(in) *m(f)* genetic researcher
Genforschung *f* genetic research
genial [ge·'ni̯a:l] *adj* ❶ *(überragend)* brilliant; *(erfinderisch)* ingenious ❷ *Idee* inspired
Genialität <-> [ge·ni̯a·li·'tɛ:t] *f kein pl* ❶ *(überragende Art)* genius ❷ *(Erfindungsreichtum)* ingenuity
Genick <-[e]s, -e> [gə·'nɪk] *nt* neck ▶ WENDUNGEN: **jdm das ~ brechen** *(fig)* to finish [off *sep*] sb
Genie <-s, -s> [ʒe·'ni:] *nt* genius
genieren* [ʒe·'ni:·rən] *vr* ■ **sich** *akk* ~ to be embarrassed
genießbar *adj (essbar)* edible; *(trinkbar)* drinkable
ge|nießen <genoss, genossen> [gə·'ni:·sn̩] *vt* ❶ *(auskosten)* to enjoy sth; *(bewusst kosten)* to savor sth ❷ *(essen)* to eat sth
Genießer(in) <-s, -> *m(f)* gourmet
genießerisch I. *adj* appreciative II. *adv* with pleasure
genital [ge·ni·'ta:l] *adj* genital
Genitalbereich *m* genital area
Genitalien [ge·ni·'ta:·li̯·ən] *pl* genitals *npl*
Genitiv <-s, -e> ['ge:·ni·ti:f, *pl* 'ge:·ni·ti:·və] *m* genitive [case]
Genmanipulation *f* gene[tic] manipulation
genommen [gə·'nɔ·mən] *pp von* **nehmen**
genormt *adj* standardized
genoss^RR, **genoß**^ALT [gə·'nɔs] *imp von* **genießen**
Genosse, Genossin <-n, -n> [gə·'nɔ·sə, gə·'nɔ·sɪn] *m, f* comrade
genossen [gə·'nɔ·sn̩] *pp von* **genießen**
Genossenschaft <-, -en> [gə·'nɔ·sn̩·ʃaft] *f* cooperative
genossenschaftlich I. *adj* cooperative II. *adv* **~ organisiert** organized as a cooperative
genötigt *adj* forced
Genre <-s, -s> ['ʒã·rə] *nt* genre
Gentechnik *f* genetic engineering
Gentechniker(in) *m(f)* genetic engineer
gentechnisch I. *adj* **~e Methoden** genetic

engineering methods II. *adv* **etw ~ manipulieren** to genetically manipulate sth
Gentechnologie *f* genetic engineering
genug [gə·'nu:k] *adv* enough
Genüge [gə·'ny:·gə] *f kein pl* **zur ~** [quite] enough; *(oft genug)* often enough
ge|nügen* [gə·'ny:·gn̩] *vi* ❶ *(ausreichen)* ■ **[jdm]** ~ to be enough [for sb] ❷ *(gerecht werden)* ■ **einer S.** *dat* ~ to fulfill sth
genügend [gə·'ny:·gn̩t] *adv* enough
genügsam [gə·'ny:k·za:m] I. *adj (bescheiden)* modest; *(pflegeleicht)* undemanding II. *adv* modestly
Genugtuung <-, *selten* -en> [gə·'nu:k·tu:·ʊŋ] *f* satisfaction
Genus <-, Genera> ['gɛ·nʊs, *pl* 'gɛ·nera] *nt* gender
Genuss^RR <-es, Genüsse>, **Genuß**^ALT <-sses, Genüsse> [gə·'nʊs, *pl* gə·'ny·sə] *m* ❶ *(Köstlichkeit)* [culinary] delight ❷ *kein pl (geh: das Zusichnehmen)* consumption ❸ *(das Genießen)* enjoyment; **in den ~ einer S.** *gen* **kommen** to [come to] enjoy sth; *(aus etw Nutzen ziehen a.)* to benefit from sth
genüsslich^RR, **genüßlich**^ALT I. *adj* pleasurable II. *adv* with [great] pleasure
Genussmittel^RR *nt* luxury foods, alcohol and tobacco
genussvoll^RR, **genußvoll**^ALT I. *adv* **essen, trinken** with [great] pleasure II. *adj (genüsslich)* appreciative; *(erfreulich)* highly enjoyable
Geograf(in)^RR <-en, -en> *m(f) s.* **Geograph**
Geografie^RR <-> *f kein pl s.* **Geographie**
geografisch^RR *adj s.* **geographisch**
Geograph(in) <-en, -en> [geo·'gra:f] *m(f)* geographer
Geographie <-> [geo·gra·'fi:] *f kein pl* geography
geographisch [geo·'gra:·fɪʃ] *adj* geograph·ic[al]
Geologe, Geologin <-n, -n> [geo·'lo:·gə, geo·'lo:·gɪn] *m, f* geologist
Geologie <-> [geo·lo·'gi:] *f kein pl* geology
geologisch [geo·'lo:·gɪʃ] *adj* geological
Geometrie <-> [geo·me·'tri:] *f kein pl* geometry
geometrisch [geo·'me:·trɪʃ] *adj* geometric
Geoökologie [geo·ʔøko·lo·'gi:] *f* geoecology
Geophysik [geo·fy·'zi:k] *f* geophysics *no art,* + *sing vb*
Gepäck <-[e]s> [gə·'pɛk] *nt kein pl* baggage, luggage
Gepäckabfertigung *f* baggage [*or* luggage] check-in
Gepäckablage *f* baggage [*or* luggage] rack
Gepäckannahme *f* baggage [*or* luggage] check-in
Gepäckausgabe *f* baggage [*or* luggage] claim
Gepäckkontrolle *f* baggage [*or* luggage] inspection
Gepäckstück *nt* piece of baggage [*or* luggage]
Gepäckträger *m (am Fahrrad)* rear rack

G

Gepäckträger(in) *m(f)* porter
Gepäckwagen *m* baggage cart
Gepard <-s, -e> ['ge:·part, *pl* 'ge:·par·də] *m* cheetah
gepfeffert I. *pp von* **pfeffern** II. *adj* (*fam*) *Preis, Miete* steep
gepfiffen [gə·'pfɪ·fn̩] *pp von* **pfeifen**
gepflegt I. *adj* ❶ (*nicht vernachlässigt*) well looked after; *Aussehen* well-groomed; *Garten* well-tended; *Park* well-kept ❷ (*fam: kultiviert*) civilized; *Ausdrucksweise* sophisticated ❸ (*erstklassig*) first-rate II. *adv* ❶ (*kultiviert*) **sich** *akk* ~ **ausdrücken** to speak in a sophisticated manner ❷ (*erstklassig*) ~ **essen gehen** to go to a fine restaurant
Geplärr <-[e]s> [gə·'plɛr], **Geplärre** <-s> [gə·'plɛ·rə] *nt kein pl* (*pej fam*) bawling
Geplauder <-s> [gə·'plau·dɐ] *nt kein pl* small talk
gepriesen [gə·'pri:·zn̩] *pp von* **preisen**
gepunktet *adj* ❶ *Linie* dotted ❷ *Stoff* spotted
gequält I. *adj* forced II. *adv* ~ **lachen/seufzen** to give a forced smile/sigh
Gequatsche <-s> [gə·'kva·tʃə] *nt kein pl* (*pej sl*) gabbing
gequollen [gə·'kvɔ·lən] *pp von* **quellen**
gerade [gə·'ra:·də] I. *adj* ❶ (*nicht krumm*) straight; (*aufrecht*) upright; **etw** ~ **biegen** to straighten out *sep* sth; **etw** ~ **halten** to hold sth straight; ~ **sitzen/stehen** to sit/stand up straight ❷ (*opp: ungerade*) even II. *adv* (*fam*) ❶ (*im Augenblick, soeben*) just; **haben Sie** ~ **einen Moment Zeit?** do you have a minute?; **da du** ~ **da bist, ...** while you're here, ...; **ich wollte mich** ~ **ins Bad begeben, da ...** I was just about to take a bath when ...; **da wir** ~ **von Geld sprechen, ...** speaking of money, ... ❷ (*knapp*) just; **sie hat die Prüfung** ~ **so bestanden** she [just] barely passed the exam ❸ (*genau*) just; ~ **heute hab' ich an dich gedacht** I was just thinking of you today III. *part* (*ausgerechnet*) **warum** ~ **er/ich?** why him/me of all people?; **warum** ~ **jetzt?** why now of all times?; ~ **deswegen** that's exactly why ▶ WENDUNGEN: **das hat** ~ **noch gefehlt!** (*iron*) that's all I need!; ~ **, weil ...** especially because ...
Gerade <-n, -n> [gə·'ra:·də] *f* ❶ MATH straight line ❷ SPORT stretch, straightaway
geradeaus [gə·ra:·də·'ʔaus] *adv* straight ahead
gerade|biegen *vt irreg* ■ **etw** ~ (*fam: in Ordnung bringen*) to straighten out *sep* sth
geradeheraus [gə·ra:·də·hɛ·'raus] I. *adj pred* (*fam*) straightforward II. *adv* (*fam*) frankly
gerade|stehenᴬᴸᵀ¹ *vi irreg* (*aufrecht stehen*) *s.* **gerade I 1**
gerade|stehen² *vi irreg* (*einstehen*) ■ **für jdn/etw** ~ to answer for sb/sth
geradewegs [gə·'ra:·də·ve:ks] *adv* straight; ~ **nach Hause** straight home
geradezu [gə·'ra:·də·tsu:] *adv* really
geradlinig *adj, adv* straight

gerammelt *adv* ~ **voll** (*fam*) jam-packed
Gerangel <-s> [gə·'raŋl̩] *nt kein pl* ❶ (*Balgerei*) scrap; (*Geschubse*) scuffle ❷ (*Auseinandersetzung*) fight, skirmish
Geranie <-, -n> [ge·'ra:·ni̯ə] *f* geranium
gerann [gə·'ran] *imp von* **gerinnen**
gerannt [gə·'rant] *pp von* **rennen**
Gerät <-[e]s, -e> [gə·'rɛ:t] *nt* ❶ (*Vorrichtung*) device, gadget; (*Gartengerät*) tool ❷ ELEK, TECH appliance ❸ SPORT (*Turngerät*) apparatus ❹ *kein pl* (*Ausrüstung*) equipment; *eines Handwerkers* tools *pl*
ge|raten¹ <gerät, geriet, geraten> *vi sein* ❶ (*zufällig gelangen*) **in eine Schlägerei/ einen Stau** ~ to get into a fight/get stuck in a traffic jam ❷ (*unbeabsichtigt kommen*) to fall; **in einen Sturm** ~ to get caught in a storm ❸ (*sich konfrontiert sehen mit*) ■ **in etw** *akk* ~ to get into sth; **in Armut** ~ to end up in poverty; **in eine Falle** ~ to fall into a trap; **in Gefangenschaft** ~ to be taken prisoner; **in Schwierigkeiten/eine Situation** ❹ (*erfüllt werden von*) **in Panik** ~ to start to panic; **in Verlegenheit/Wut** ~ to get embarrassed/angry ❺ (*beginnen, etw zu tun*) **in Brand** ~ to catch fire; **ins Schleudern** ~ to go into a skid; **ins Schwärmen/Träumen** ~ to fall into a rapture/dream; **ins Stocken** ~ to come to a halt; **in Vergessenheit** ~ to fall into oblivion ❻ (*ausfallen*) **zu groß/klein** ~ to turn out too big/short ❼ (*gelingen*) to turn out; **das Soufflé ist mir** ~ /**mir nicht** ~ my soufflé turned out/didn't turn out well ❽ (*fam: kennen lernen*) ■ **an jdn** ~ to come across sb ❾ (*arten*) ■ **nach jdm** ~ to take after sb
geraten² I. *pp von* **raten** II. *adj* (*geh*) advisable
Geratewohl [gə·ra:·tə·'vo:l, gə·'ra:·tə·vo:l] *nt* ▶ WENDUNGEN: **aufs** ~ (*fam: auf gut Glück*) on the off chance; (*willkürlich*) randomly
geraum [gə·'raum] *adj attr* (*geh*) some *attr;* **seit** ~ **er Zeit** for some time; **vor** ~ **er Zeit** some time ago
geräumig [gə·'rɔy·mɪç] *adj* spacious
Geräusch <-[e]s, -e> [gə·'rɔyʃ] *nt* sound; (*unerwartet, unangenehm a.*) noise
geräuschempfindlich *adj* sensitive to noise *pred*
Geräuschkulisse *f* background noise
geräuschlos I. *adj* silent II. *adv* silently
geräuschvoll I. *adj* loud II. *adv* loudly
gerben ['gɛr·bn̩] *vt* to tan
Gerber(in) <-s, -> ['gɛr·bɐ] *m(f)* tanner
Gerberei <-, -en> [gɛr·bə·'rai] *f* tannery
gerecht [gə·'rɛçt] I. *adj* ❶ (*rechtgemäß*) just; ■ ~ **sein** to be fair [*or* just] ❷ (*verdient*) just; **einen** ~ **en Lohn** (*Geld*) a fair wage; (*Anerkennung*) a just reward ❸ (*berechtigt*) **eine** ~ **e Sache** a just cause ❹ (*angemessen beurteilen*) ■ **jdm/einer S.** ~ **werden** to do justice to sb/sth ❺ (*eine Aufgabe erfüllen*) ■ **einer S.** *dat* ~ **werden** to fulfill sth; **Erwartungen** ~ **werden** to meet expectations II. *adv* justly

gerechtfertigt *adj* justified

Gerechtigkeit <-> [gə·'rɛç·tɪç·kait] *f kein pl* ❶ (*das Gerechtsein*) justice ❷ (*Unparteilichkeit*) fairness

Gerechtigkeitsgefühl *nt,* **Gerechtigkeitssinn** *m kein pl* sense of justice

Gerede <-s> [gə·'re:·də] *nt kein pl* gossip; (*Geschwätz*) talk; **kümmere dich nicht um das ~ der Leute** don't worry about what [other] people are saying

geregelt *adj* regular

gereizt I. *adj* (*verärgert*) irritated; (*nervös*) edgy II. *adv* irritably

Gericht[1] <-[e]s, -e> [gə·'rɪçt] *nt* (*Speise*) dish

Gericht[2] <-[e]s, -e> [gə·'rɪçt] *nt* ❶ JUR court [of justice]; (*Gebäude*) law courts *pl* ❷ (*die Richter*) court ▶ WENDUNGEN: **mit jdm ins ~ gehen** to sharply criticize sb

gerichtlich I. *adj attr* judicial II. *adv* legally; **~ gegen jdn vorgehen** to take sb to court

Gerichtsakten *pl* court records *pl*

Gerichtsbarkeit <-, -en> *f* jurisdiction

Gerichtshof *m* court of law

Gerichtsmedizin *f* forensic medicine

Gerichtssaal *m* courtroom

Gerichtsstand *m* court of jurisdiction

Gerichtsverfahren *nt* legal proceedings *pl;* **ein ~ gegen jdn einleiten** to take legal action against sb

Gerichtsverhandlung *f* trial; (*zivil*) hearing

Gerichtsvollzieher(in) <-s, -> *m(f)* U.S. Marshal

gerieben [gə·'ri:·bn̩] *pp von* **reiben**

geriet [gə·'ri:t] *imp von* **geraten**[1]

gering [gə·'rɪŋ] I. *adj* ❶ (*niedrig*) low; *Anzahl, Menge* small; **von ~em Wert** of little value; **nicht das G~ste** nothing at all; **das stört mich nicht im G~sten** it doesn't bother me in the slightest ❷ (*unerheblich*) slight; *Bedeutung* minor; *Chance* slim II. *adv* **jdn/etw ~ schätzen** to have a low opinion of sb/sth

geringfügig [gə·'rɪŋ·fy:·gɪç] I. *adj* insignificant; *Betrag, Einkommen* small; *Unterschied* slight; *Vergehen, Verletzung* minor II. *adv* slightly

Geringfügigkeit <-, -en> *f* insignificance

gering|schätzen *vt s.* geringschätzig

geringschätzig [gə·'rɪŋ·ʃɛ·tsɪç] I. *adj* contemptuous II. *adv* disparagingly

Geringschätzung *f kein pl* contempt

ge|rinnen <gerann, geronnen> *vi sein* to coagulate; *Blut a.* to clot; *Milch a.* to curdle

Gerinnsel <-s, -> [gə·'rɪn·zl̩] *nt* [blood] clot

Gerinnung <-, *selten* -en> *f* coagulation; *von Blut a.* clotting; *von Milch a.* curdling

Gerippe <-s, -> [gə·'rɪ·pə] *nt* skeleton

gerissen [gə·'rɪ·sn̩] I. *pp von* **reißen** II. *adj* (*fam*) crafty; *Plan* cunning

Gerissenheit <-> *f kein pl* (*fam*) cunning

geritten [gə·'rɪ·tn̩] *pp von* **reiten**

Germane, Germanin <-n, -n> [gɛr·'ma:·nə, gɛr·'ma:·nɪn] *m, f* Teuton

germanisch [gɛr·'ma:·nɪʃ] *adj* ❶ HIST Teutonic

❷ LING Germanic

Germanistik <-> [gɛr·ma·'nɪs·tɪk] *f kein pl* German [studies *npl*]

gern(e) <lieber, am liebsten> ['gɛr·n(ə)] *adv* ❶ (*freudig*) with pleasure; **ich mag ihn sehr ~** I like him a lot; **etw ~ tun** to like doing/to do sth; **seine Arbeit ~ machen** to enjoy one's work; **ich hätte ~ gewusst, ...** I would like to know ... ❷ (*ohne weiteres*) **das kannst du ~ haben** you're welcome to [have] it; **das glaube ich ~!** I [really] believe it! ▶ WENDUNGEN: **~ geschehen!** don't mention it!

gerochen [gə·'rɔ·xn̩] *pp von* **riechen**

Geröll <-[e]s, -e> [gə·'rœl] *nt* scree *spec,* talus; (*größer*) boulders *pl*

geronnen [gə·'rɔ·nən] *pp von* **rinnen, gerinnen**

Gerste <-, -n> ['gɛrs·tə] *f* barley

Gerte <-, -n> ['gɛr·tə] *f* switch

Geruch <-[e]s, Gerüche> [gə·'rʊx, *pl* gə·'ry·çə] *m* smell; *einer Blume, eines Parfüms* scent; (*Gestank*) stench

geruchlos *adj* odorless

Geruch(s)sinn *m kein pl* sense of smell

Gerücht <-[e]s, -e> [gə·'rʏçt] *nt* rumor; **ein ~ in die Welt setzen** to start a rumor

gerufen *pp von* **rufen**

geruhsam I. *adj* peaceful II. *adv* leisurely

Gerümpel <-s> [gə·'rʏm·pl̩] *nt kein pl* junk

Gerundium <-s, -ien> [ge·'rʊn·di·ʊm, *pl* ge·'rʊn·di·ən] *nt* gerund *spec*

gerungen [gə·'rʊŋən] *pp von* **ringen**

Gerüst <-[e]s, -e> [gə·'rʏst] *nt* ❶ BAU scaffold[ing] ❷ (*Grundplan*) framework

ges, Ges <-, -> ['gɛs] *nt* MUS G flat

gesalzen [gə·'zal·tsn̩] I. *pp von* **salzen** II. *adj* (*fam: überteuert*) steep

gesamt [gə·'zamt] *adj attr* whole, entire; *Kosten* total

Gesamtausgabe *f* complete edition

Gesamtbetrag *m* total [amount]

Gesamteindruck *m* overall impression

Gesamtgewicht *nt* AUTO gross [vehicle] weight

Gesamtheit <-> *f kein pl* totality; **in seiner ~** in its entirety

Gesamtkosten *pl* total cost[s *pl*]

Gesamtschule *f* ≈ integrated school

Gesamtwerk *nt* complete works *pl*

Gesamtwert *m* total value

gesandt [gə·'zant] *pp von* **senden**[2]

Gesandte(r) [gə·'zan·tə] *f(m),* **Gesandtin** [gə·'zan·tɪn] *f* envoy

Gesang <-[e]s, Gesänge> [gə·'zaŋ, *pl* gə·'zɛŋə] *m* ❶ *kein pl* (*das Singen*) singing ❷ (*Lied*) song; **ein Gregorianischer ~** a Gregorian chant

Gesangbuch *nt* hymn book

Gesangverein *m* glee club

Gesäß <-es, -e> [gə·'zɛːs] *nt* rear end *fam*

geschaffen *pp von* **schaffen**[2]

Geschäft <-[e]s, -e> [gə·'ʃɛft] *nt* ❶ (*Laden*) store, shop ❷ (*Gewerbe, Handel*) business; **mit jdm ins ~ kommen** (*einmalig*) to make a

G

deal with sb; (*dauerhaft*) to do business with sb; **wie gehen die ~e?** how's business? ❸(*Geschäftsabschluss*) deal; **ein gutes ~ machen** to get a good deal ❹DIAL (*Firma*) work; **ich gehe um 8 Uhr ins ~** I go to work at 8 o'clock ❺DIAL (*große, mühsame Arbeit*) job *fam* ❻(*Angelegenheit*) business ▶ WENDUNGEN: **kleines/großes ~** (*fam*) number one/ number two

geschäftig [gə·ˈʃɛf·tɪç] I. *adj* busy II. *adv* busily

geschäftlich [gə·ˈʃɛft·lɪç] I. *adj* business *attr* II. *adv* on business; **~ verreist** away on business

Geschäftsbedingungen *pl* terms and conditions [of sale] *pl*

Geschäftsbeziehung *f* business connection; **gute ~en** good business relationships

Geschäftsbrief *m* business letter

Geschäftsessen *nt* business lunch/dinner

geschäftsfähig *adj* legally competent

Geschäftsfrau *f fem form von* **Geschäftsmann** businesswoman *fem*

Geschäftsfreund(in) *m(f)* business associate

geschäftsführend *adj attr* acting

Geschäftsführer(in) *m(f)* ❶ADMIN manager ❷(*in einem Verein*) secretary

Geschäftsführung *f s.* **Geschäftsleitung**

Geschäftsleitung *f* management

Geschäftsmann *m* businessman

Geschäftsreise *f* business trip

geschäftsschädigend *adj* bad for business

Geschäftsschluss^RR *m* ❶(*Ladenschluss*) closing time ❷(*Büroschluss*) **nach ~** after work

Geschäftsstelle *f* (*Büro*) office; *einer Bank, Firma* branch

geschäftstüchtig *adj* business-minded

Geschäftswagen *m* company car

Geschäftszeit *f* business hours

geschah [gə·ˈʃaː] *imp von* **geschehen**

ge|schehen <geschah, geschehen> [gə·ˈʃeː·ən] *vi sein* ❶(*stattfinden*) to happen; **es muss etwas ~** something has to be done ❷(*ausgeführt werden*) to be carried out ❸(*widerfahren*) ■**jdm geschieht etw** sth happens to sb; **das geschieht dir recht!** [it] serves you right! ❹(*verfahren werden*) **es ist um etw** *akk* **~** sth is ruined; **nicht wissen, wie einem geschieht** to not know whether one is coming or going

Geschehen <-s, -> [gə·ˈʃeː·ən] *nt* events *pl*

gescheit [gə·ˈʃait] *adj* clever; **du bist wohl nicht [recht] ~?** (*fam*) are you out of your mind?; **sei ~!** be sensible!; **aus etw** *dat* **nicht ~ werden** to be unable to make heads or tails of sth

Geschenk <-[e]s, -e> [gə·ˈʃɛŋk] *nt* present

Geschenkgutschein *m* gift certificate

Geschenkpapier *nt*, **Geschenkspapier** *nt* ÖSTERR gift wrap, wrapping paper

Geschichte <-, -n> [gə·ˈʃɪçtə] *f* ❶ *kein pl* (*Historie*) history; **Alte/Neue ~** ancient/modern

history ❷(*Erzählung*) story ❸(*fam: Angelegenheit, Sache*) business; **die ganze ~** everything; **das sind ja schöne ~n!** (*iron*) that's a fine state of affairs!

geschichtlich [gə·ˈʃɪçt·lɪç] I. *adj* ❶(*die Geschichte betreffend*) historical ❷(*bedeutend*) historic II. *adv* historically

Geschichtsbuch *nt* history book

Geschick[1] <-[e]s> [gə·ˈʃɪk] *nt kein pl* skill

Geschick[2] <-[e]s, -e> [gə·ˈʃɪk] *nt* (*Schicksal*) fate

Geschicklichkeit <-> *f kein pl* skill

geschickt I. *adj* skillful; *Verhalten* diplomatic; **mit den Händen ~ sein** to be clever with one's hands II. *adv* skillfully

geschieden [gə·ˈʃiː·dn̩] I. *pp von* **scheiden** II. *adj* divorced

geschienen [gə·ˈʃiː·nən] *pp von* **scheinen**

Geschirr <-[e]s, -e> [gə·ˈʃɪr] *nt* ❶ *kein pl* (*Haushaltsgefäße*) dishes *pl* ❷(*Service*) [tea/dinner] service ❸(*Riemenzeug*) harness

Geschirrspülmaschine *f* dishwasher

Geschirrspülmittel *nt* dish soap

Geschirrtuch *nt* dishcloth

geschissen [gə·ˈʃɪ·sn̩] *pp von* **scheißen**

geschlafen *pp von* **schlafen**

geschlagen *pp von* **schlagen**

Geschlecht <-[e]s, -er> [gə·ˈʃlɛçt] *nt* ❶ *kein pl* BIOL gender; **das andere ~** the opposite sex; **männlichen/weiblichen ~s** (*geh*) male/female ❷(*Sippe*) family ❸LING gender

geschlechtlich [gə·ˈʃlɛçt·lɪç] I. *adj* sexual II. *adv* sexually

Geschlechtskrankheit *f* sexually transmitted disease

Geschlechtsorgan *nt* sexual organ

Geschlechtsteil *nt* genitals *npl*

Geschlechtstrieb *m* sex drive

Geschlechtsumwandlung *f* sex change

Geschlechtsverkehr *m* sexual intercourse

geschlichen [gə·ˈʃlɪ·çn̩] *pp von* **schleichen**

geschliffen [gə·ˈʃlɪ·fn̩] I. *pp von* **schleifen**[2] II. *adj* polished

geschlossen [gə·ˈʃlɔ·sn̩] I. *pp von* **schließen** II. *adj* ❶(*gemeinsam*) united; *Ablehnung* unanimous ❷(*nicht geöffnet*) closed III. *adv* (*einheitlich*) unanimously

geschlungen [gə·ˈʃlʊŋən] *pp von* **schlingen**

Geschmack <-[e]s, Geschmäcke> [gə·ˈʃmak, *pl* gə·ˈʃmɛ·kə] *m* ❶ *kein pl* (*Aroma*) taste ❷ *kein pl* (*Geschmackssinn*) sense of taste ❸(*ästhetisches Empfinden*) taste; **einen guten/keinen guten ~ haben** to have good/ bad taste; **auf den ~ kommen** to acquire a taste for sth ▶ WENDUNGEN: **über ~ lässt sich [nicht] streiten** (*prov*) there's no accounting for taste

geschmacklich *adj, adv* in terms of taste

geschmacklos *adj* ❶KOCHK bland ❷(*taktlos*) tasteless

Geschmacklosigkeit <-, -en> *f* ❶ *kein pl* (*Taktlosigkeit*) *a.* KOCHK tastelessness ❷(*taktlose Bemerkung*) tasteless remark

Geschmạckssache *f* ~ **sein** to be a matter of taste

geschmạckvoll I. *adj* tasteful II. *adv* tastefully

geschmeidig [gə·ˈʃmai·dɪç] I. *adj* ❶ (*schmiegsam*) sleek; *Haar, Fell* silky; *Haut* soft; ~**es Leder** supple leather; *Masse, Teig* smooth ❷ (*biegsam*) supple II. *adv* (*biegsam*) supplely

geschmissen [gə·ˈʃmɪ·sn̩] *pp von* **schmeißen**

geschmolzen [gə·ˈʃmɔl·tsn̩] *pp von* **schmelzen**

geschniegelt [gə·ˈʃniː·glt] *adj* ~ **und gebügelt** (*fam*) dressed to the nines *pred*

geschnitten [gə·ˈʃnɪ·tn̩] *pp von* **schneiden**

geschoben [gə·ˈʃoː·bn̩] *pp von* **schieben**

gescholten [gə·ˈʃɔl·tn̩] *pp von* **schelten**

Geschöpf <-[e]s, -e> [gə·ˈʃœpf] *nt* ❶ (*Lebewesen*) creature ❷ (*Fantasiefigur*) creation

geschoren [gə·ˈʃoː·rən] *pp von* **scheren**[1]

GeschossRR <-es, -e>, **Geschoß**ALT <-sses, -sse> [gə·ˈʃɔs] *nt* ❶ MIL projectile ❷ (*Wurfgeschoss*) missile ❸ (*Stockwerk*) floor, story

geschossen [gə·ˈʃɔ·sn̩] *pp von* **schießen**

geschraubt I. *adj* (*pej*) affected II. *adv* affectedly

Geschrei <-s> [gə·ˈʃrai] *nt kein pl* ❶ (*Schreien*) shouting; (*schrill*) shrieking ❷ (*fam: Lamentieren*) fuss

geschrieben [gə·ˈʃriː·bn̩] *pp von* **schreiben**

geschrie(e)n [gə·ˈʃriː(·ə)n] *pp von* **schreien**

geschritten [gə·ˈʃrɪ·tn̩] *pp von* **schreiten**

geschunden [gə·ˈʃʊn·dn̩] *pp von* **schinden**

Geschütz <-es, -e> [gə·ˈʃʏts] *nt* gun

Geschwätz <-es> [gə·ˈʃvɛts] *nt kein pl* (*pej fam*) ❶ (*dummes Gerede*) hot air *pej fam* ❷ (*Klatsch*) gossip

geschwätzig [gə·ˈʃvɛ·tsɪç] *adj* (*pej*) talkative

Geschwätzigkeit <-> *f kein pl* (*pej*) talkativeness

geschweige [gə·ˈʃvai·gə] *konj* ■ ~ [**denn**] never mind, let alone

geschwiegen [gə·ˈʃviː·gn̩] *pp von* **schweigen**

geschwind [gə·ˈʃvɪnt] I. *adj* SÜDD (*veraltet: rasch*) swift II. *adv* quickly

Geschwindigkeit <-, -en> [gə·ˈʃvɪn·dɪç·kait] *f* speed

Geschwindigkeitsbegrenzung *f*, **Geschwindigkeitsbeschränkung** *f* speed limit

Geschwindigkeitsüberschreitung *f* speeding

Geschwister [gə·ˈʃvɪs·tɐ] *pl* siblings *pl*

geschwollen [gə·ˈʃvɔ·lən] I. *pp von* **schwellen** II. *adj* (*pej*) pompous III. *adv* in a pompous way

geschwommen [gə·ˈʃvɔ·mən] *pp von* **schwimmen**

geschworen [gə·ˈʃvoː·rən] I. *pp von* **schwören** II. *adj attr* sworn *attr*

Geschworene(r) *f(m)* juror; **die** ~**n** the jury

Geschwulst <-, Geschwülste> [gə·ˈʃvʊlst, *pl* gə·ˈʃvʏls·tə] *f* tumor

geschwunden [gə·ˈʃvʊn·dn̩] *pp von* **schwin-**

den

geschwungen [gə·ˈʃvʊŋən] I. *pp von* **schwingen** II. *adj* curved

Geschwür <-s, -e> [gə·ˈʃvyːɐ̯] *nt* abscess; **Magengeschwür** [stomach] ulcer

gesehen *pp von* **sehen**

Geselle, Gesellin <-n, -n> [gə·ˈzɛ·lə, gə·ˈzɛ·lɪn] *m, f* ❶ (*Handwerksgeselle*) journeyman ❷ (*Kerl*) guy

ge|sellen* [gə·ˈzɛ·lən] *vr* (*geh*) ❶ (*sich anschließen*) ■ **sich** *akk* **zu jdm** ~ to join sb ❷ (*hinzukommen*) ■ **sich** *akk* **zu etw** *dat* ~ to add to sth

gesellig [gə·ˈzɛ·lɪç] I. *adj* sociable; *Abend* convivial; **ein** ~**es Beisammensein** a friendly get-together II. *adv* ~ **zusammensitzen** to sit together and chat

Geselligkeit <-, -en> *f* gregariousness

Gesellschaft <-, -en> [gə·ˈzɛl·ʃaft] *f* ❶ (*Gemeinschaft*) society ❷ ÖKON corporation ❸ (*Fest*) party ❹ (*Kreis von Menschen*) group of people; **in schlechte** ~ **geraten** to get in with the wrong crowd; **jdm** ~ **leisten** to join sb ❺ (*Umgang*) company

Gesellschafter(in) <-s, -> *m(f)* (*Teilhaber*) shareholder

gesellschaftlich *adj* social

gesellschaftsfähig *adj* socially acceptable

Gesellschaftsschicht *f* social class

Gesellschaftsvertrag *m* ÖKON partnership agreement

gesessen [gə·ˈzɛ·sn̩] *pp von* **sitzen**

Gesetz <-es, -e> [gə·ˈzɛts] *nt* law

Gesetzbuch *nt* statute book; **Bürgerliches** ~ Civil Code

Gesetzentwurf *m* draft legislation

gesetzestreu *adj* law-abiding

gesetzgebend *adj attr* legislative

Gesetzgeber <-s, -> *m* legislature

Gesetzgebung <-, -en> *f* legislation

gesetzlich [gə·ˈzɛts·lɪç] I. *adj* legal; *Verpflichtung* statutory II. *adv* legally

gesetzmäßig I. *adj* ❶ (*gesetzlich*) lawful ❷ (*regelmäßig*) regular II. *adv* (*einem Naturgesetz folgend*) according to the law of nature; (*rechtmäßig*) lawfully

Gesetzmäßigkeit <-, -en> *f* ❶ (*Gesetzlichkeit*) legality ❷ (*Rechtmäßigkeit*) legitimacy ❸ (*Regelmäßigkeit*) regularity

gesetzt I. *adj* dignified II. *konj* (*angenommen, ...*) ■ ~, **...** assuming that ...; (*vorausgesetzt, dass ...*) providing that ...

gesetzwidrig I. *adj* unlawful *form* II. *adv* illegally

gesichert I. *pp von* **sichern** II. *adj* secure[d]; *Erkenntnisse* solid; ~**es Einkommen** fixed income; ~ **e Existenz** secure livelihood

Gesicht[1] <-[e]s, -er> [gə·ˈzɪçt] *nt* (*Antlitz*) face; **jdn/etw zu** ~ **bekommen** to set eyes on sb/sth; **jdm etw** *akk* **vom** ~ **ablesen** to see sth from sb's expression; **ein böses/trauriges** ~ **machen** to look angry/sad ▶ WENDUNGEN: **sein** <u>wahres</u> ~ **zeigen** to show one's true

colors; **jdm wie aus dem ~ geschnitten sein** to be the spitting image of sb
Gesicht² <-[e]s, -e> [gə·'zıçt] *nt* (*Anblick*) sight
Gesichtsfarbe *f* complexion
Gesichtspunkt *m* point of view
Gesichtszug *m meist pl* facial feature
Gesindel <-s> [gə·'zın·dl̩] *nt kein pl* (*pej*) riffraff
gesinnt [gə·'zınt] *adj meist pred* minded; **jdm gut/übel ~ sein** to be well-disposed/ill-disposed toward sb
Gesinnung <-, -en> *f* conviction
Gesinnungswandel *m* change in attitude
gesittet [gə·'zı·tət] **I.** *adj* well-brought up **II.** *adv* **sich** *akk* **~ aufführen** to be well-behaved
gesoffen [gə·'zɔ·fn̩] *pp von* saufen
gesogen [gə·'zo:·gn̩] *pp von* saugen
gesondert [gə·'zɔn·dɐt] **I.** *adj* separate; (*für sich*) individual **II.** *adv* separately; (*für sich*) individually
gesonnen [gə·'zɔ·nən] **I.** *pp von* sinnen **II.** *adj* (*geh*) ■ **~ sein, etw zu tun** to feel inclined to do sth
gespalten [gə·'ʃpal·tn̩] *pp von* spalten
gespannt *adj* ❶ (*sehr erwartungsvoll*) expectant; ■ **~ sein, ob/was ...** to be anxious to see [*or* know] whether/what ...; **ich bin auf seine Reaktion ~** I wonder what his reaction will be *a. iron* ❷ (*konfliktträchtig*) tense
Gespenst <-[e]s, -er> [gə·'ʃpɛnst] *nt* ghost
gespenstisch [gə·'ʃpɛns·tıʃ] *adj* eerie
gespielt *adj* feigned
gesponnen [gə·'ʃpɔ·nən] *pp von* spinnen
Gespött <-[e]s> [gə·'ʃpœt] *nt kein pl* mockery; **jdn/sich zum ~** [*der Leute*] **machen** to make a laughing stock of sb/oneself
Gespräch <-[e]s, -e> [gə·'ʃprɛːç] *nt* ❶ (*Unterredung*) conversation; **mit jdm ins ~ kommen** to get into a conversation with sb; **im ~ sein** to be under consideration ❷ (*Anruf*) [tele]phone call
gesprächig [gə·'ʃprɛː·çıç] *adj* talkative
gesprächsbereit *adj* ready to talk; (*bereit zu verhandeln*) ready to begin talks
Gesprächspartner(in) *m(f)* **ein angenehmer ~** a pleasant person to talk to
Gesprächsstoff *m* conversation topics
Gesprächsthema *nt* topic of conversation
gesprochen [gə·'ʃprɔ·xn̩] *pp von* sprechen
gesprossen [gə·'ʃprɔ·sn̩] *pp von* sprießen
gesprungen [gə·'ʃprʊ·ŋən] *pp von* springen
Gespür <-s> [gə·'ʃpy:ɐ̯] *nt kein pl* instinct; **ein gutes ~ für Farben** a good feel for colors
Gestalt <-, -en> [gə·'ʃtalt] *f* ❶ (*Mensch*) figure; **eine verdächtige ~** a suspicious character ❷ (*Wuchs*) build ❸ (*Person, Persönlichkeit*) character; **in ~ jds** in the form of sb ▶ WENDUNGEN: **~ annehmen** to take shape
gestalten* [gə·'ʃtal·tn̩] **I.** *vt* ■ **etw irgendwie ~** ❶ (*einrichten*) to design sth; *Garten* to lay out; *Schaufenster* to dress; **etw anders/**

neu ~ to redesign sth ❷ (*organisieren*) to organize sth ❸ ARCHIT to build sth **II.** *vr* (*geh*) ■ **sich irgendwie ~** to turn out to be somehow
gestalterisch [gə·'ʃtal·tə·rıʃ] **I.** *adj* (*Design betreffend*) **eine ~e Frage** a question of design; *Talent* creative **II.** *adv* **~ gelungen** well-designed; (*schöpferisch*) creatively
Gestaltung <-, -en> *f* ❶ (*das Einrichten*) design; *eines Gartens* laying out; *eines Schaufensters* window dressing ❷ (*das Organisieren*) organization ❸ ARCHIT building
gestand *imp von* gestehen
gestanden [gə·'ʃtan·dn̩] **I.** *pp von* stehen, gestehen **II.** *adj attr* experienced
geständig [gə·'ʃtɛn·dıç] *adj* ■ **~ sein** to have confessed
Geständnis <-ses, -se> [gə·'ʃtɛnt·nıs, *pl* gə·'ʃtɛnt·nı·sə] *nt* admission; *eines Verbrechens* confession
Gestank <-[e]s> [gə·'ʃtaŋk] *m kein pl* stench
ge|statten* [gə·'ʃta·tn̩] (*geh*) **I.** *vt* ❶ (*erlauben*) to permit ❷ (*als Höflichkeitsformel*) ■ **jdm ~, etw zu tun** to allow sb to do sth **II.** *vi* **wenn Sie ~, das war mein Platz!** if you don't mind, that was my seat! **III.** *vr* (*sich erlauben*) ■ **sich** *dat* **etw ~** to allow oneself sth
Geste <-, -n> ['ge:s·tə, 'gɛs·tə] *f* gesture
ge|stehen <gestand, gestanden> *vi, vt* to confess
Gestein <-[e]s, -e> [gə·'ʃtain] *nt* rock
Gestell <-[e]s, -e> [gə·'ʃtɛl] *nt* ❶ (*Bretterregal*) shelves *pl* ❷ (*Brillengestell*) frame ❸ (*Fahrgestell*) chassis
gestellt *adj* arranged
gestern [gɛs·tɐn] *adv* (*der Tag vor heute*) yesterday; **~ vor einer Woche** a week ago yesterday ❷ (*von früher*) **nicht von ~ sein** (*fig fam*) to not be born yesterday
gestiegen [gə·'ʃti:·gn̩] *pp von* steigen
Gestik <-> ['ge:s·tık, 'gɛs·tık] *f kein pl* gestures *pl*
gestikulieren* [gɛs·ti·ku·'li:·rən] *vi* to gesticulate
Gestirn <-[e]s, -e> [gə·'ʃtırn] *nt* (*geh: Stern*) star
gestochen [gə·'ʃtɔ·xn̩] **I.** *pp von* stechen **II.** *adj* (*sehr exakt*) exact **III.** *adv* **~ scharf** crystal clear
gestohlen [gə·'ʃto:·lən] *pp von* stehlen
gestorben [gə·'ʃtɔr·bn̩] *pp von* sterben
gestört *adj* PSYCH ❶ (*beeinträchtigt*) disturbed ❷ (*fam: verrückt*) insane
gestoßen [gə·'ʃto:·sn̩] *pp von* stoßen
Gestotter <-s> [gə·'ʃtɔ·tɐ] *nt kein pl* stammering
gestreift **I.** *pp von* streifen **II.** *adj* striped
gestresst^RR, **gestreßt**^ALT *adj* stressed [out]
gestrichen [gə·'ʃtrı·çn̩] **I.** *pp von* streichen **II.** *adj* level **III.** *adv* **~ voll** full to the brim
gestrig ['gɛst·rıç] *adj attr* yesterday's *attr*, [of] yesterday *pred*

gestritten [gə·'ʃtrɪ·tn̩] *pp von* **streiten**

Gestrüpp <-[e]s, -e> [gə·'ʃtrʏp] *nt* undergrowth

gestunken [gə·'ʃtʊŋ·kn̩] *pp von* **stinken**

Gesuch <-[e]s, -e> [gə·'zuːx] *nt* (*veraltend*) request; (*Antrag*) application

gesucht *adj* (*gefragt*) in demand *pred,* much sought-after

gesund <gesünder, gesündeste> [gə·'zʊnt] *adj* healthy; **geistig und körperlich ~** of sound mind and body; **~ und munter** in good shape; **Rauchen ist nicht ~** smoking is bad for you

Gesundheit <-> *f kein pl* health; **~!** gesundheit!, bless you!

gesundheitlich I. *adj* health; **aus ~en Gründen** for health reasons **II.** *adv* (*hinsichtlich der Gesundheit*) with regard to health; **wie geht es Ihnen ~?** how are you doing, healthwise?

Gesundheitsamt *nt* local public health department

gesundheitsbewusstᴿᴿ *adj* health conscious

gesundheitsschädlich *adj* bad for one's health

Gesundheitsversorgung *f kein pl* healthcare

gesungen [gə·'zʊŋən] *pp von* **singen**

gesunken [gə·'zʊŋ·kn̩] *pp von* **sinken**

getan [gə·'taːn] *pp von* **tun**

getragen [gə·'traː·gn̩] **I.** *pp von* **tragen II.** *adj* ❶(*feierlich*) solemn ❷(*gebraucht*) secondhand

Getränk <-[e]s, -e> [gə·'trɛŋk] *nt* drink

Getränkeautomat *m* drink dispenser

ge|trauen* *vr* (*wagen*) ■ **sich** *akk* **~, etw zu tun** to dare to do sth

Getreide <-s, -> [gə·'trai·də] *nt* cereal; (*geerntet*) grain

getrennt I. *adj* separate **II.** *adv* separately

getreten *pp von* **treten**

getreu¹ [gə·'trɔy] *adj* ❶(*genau*) exact; *Wiedergabe* faithful ❷(*geh: treu*) loyal

getreu² [gə·'trɔy] *präp* +*dat* (*gemäß*) ■ **~ einer** S. *dat* in accordance with sth

Getriebe <-s, -> [gə·'triː·bə] *nt* TECH transmission

getrieben [gə·'triː·bn̩] *pp von* **treiben**

getroffen [gə·'trɔ·fn̩] *pp von* **treffen, triefen**

getrogen [gə·'troː·gn̩] *pp von* **trügen**

getrost [gə·'troːst] *adv* (*ohne weiteres*) safely

getrunken [gə·'trʊŋ·kn̩] *pp von* **trinken**

Getto <-s, -s> ['gɛ·to] *nt* ghetto

gettoisieren [gɛ·toi·'ziː·rən] *vt* to ghettoize

Getue <-s> [gə·'tuː·ə] *nt kein pl* (*pej*) fuss

getüpfelt [gə·'tʏp·fəlt] *adj* spotted; *Ei, Fell* speckled

Getuschel <-s> [gə·'tʊ·ʃl̩] *nt kein pl* whispering

geübt *adj* experienced; *Auge, Ohr, Griff* trained

Gewächs <-es, -e> [gə·'vɛks] *nt* ❶(*Pflanze*) plant ❷(*Geschwulst*) growth

gewachsen I. *pp von* **wachsen**¹ **II.** *adj* (*ebenbürtig*) equal; **einem Gegner ~ sein** to be a match for an opponent; **sie ist der Aufgabe ~** she is certainly up to the task

Gewächshaus *nt* greenhouse

gewagt *adj* ❶(*kühn*) audacious; (*gefährlich*) risky ❷(*freizügig*) risqué

gewählt I. *adj* refined **II.** *adv* in an elegant way

Gewähr <-> [gə·'vɛːɐ̯] *f kein pl* guarantee; **ohne ~** subject to change

ge|währen* [gə·'vɛː·rən] *vt* ❶(*einräumen*) ■ [jdm] **etw ~** to grant [sb] sth; **jdm einen Rabatt ~** to give sb a discount; **jdn ~ lassen** (*geh*) to give sb free rein ❷(*zuteilwerden lassen*) *Trost* to afford; *Sicherheit* to provide

gewährleisten* [gə·'vɛːɐ̯·lais·tn̩] *vt* to guarantee

Gewährleistung *f* guarantee

Gewahrsam <-s> [gə·'vaːɐ̯·za:m] *m kein pl* ❶(*Verwahrung*) place; **etw in ~ nehmen** to put sth into safekeeping ❷(*Haft*) custody

Gewalt <-, -en> [gə·'valt] *f* ❶(*Machtbefugnis, Macht*) power; **elterliche ~** parental authority; **höhere ~** act of God, circumstances beyond sb's control; **ein Gebiet/ein Land in seine ~ bringen** to bring a region/a country under one's control; **~ über jdn haben** to exercise [complete] control over sb; **sich** *akk* **in der ~ haben** to have oneself under control; **in jds ~ sein** to be in sb's hands ❷ *kein pl* (*gewaltsames Vorgehen*) force; (*Gewalttätigkeit*) violence; **nackte ~** brute force; **sich** *dat* **~ antun** to force oneself ❸ *kein pl* (*Heftigkeit*) force

gewaltbereit *adj* violent

Gewaltbereitschaft *f* willingness to use violence

gewaltfrei *adj* nonviolent, peaceful *attr*

Gewaltherrschaft *f kein pl* tyranny

gewaltig [gə·'val·tɪç] **I.** *adj* ❶(*heftig*) enormous ❷(*wuchtig*) powerful; *Last* heavy; (*riesig*) huge ❸(*fam: sehr groß*) tremendous **II.** *adv* (*fam: sehr*) considerably; **sich** *akk* **~ irren** to be very much mistaken

gewaltlos I. *adj* nonviolent, peaceful, without violence *pred* **II.** *adv* without violence

Gewaltlosigkeit <-> *f kein pl* nonviolence

gewaltsam [gə·'valt·za:m] **I.** *adj* violent; **~es Aufbrechen** forced opening **II.** *adv* by force

Gewalttat *f* act of violence

Gewalttäter(in) *m(f)* violent criminal

gewalttätig *adj* violent

Gewalttätigkeit *f* violence

Gewaltverbrechen *nt* violent crime

Gewaltverbrecher(in) *m(f)* violent criminal

gewandt [gə·'vant] **I.** *pp von* **wenden II.** *adj* skillful; *Auftreten* confident; *Bewegung* deft; *Redner* good **III.** *adv* skillfully

gewann [gə·'van] *imp von* **gewinnen**

gewaschen *pp von* **waschen**

Gewässer <-s, -> [gə·'vɛ·sɐ] *nt* body of water

Gewebe <-s, -> [gə·'veː·bə] *nt* ❶(*Stoff*) fabric ❷ ANAT, BIOL tissue

Gewehr <-[e]s, -e> [gə·'veːɐ̯] *nt* rifle; (*Schrotflinte*) shotgun

Gewehrlauf *m* rifle [*or* shotgun] barrel

Geweih <-[e]s, -e> [gə·'vai] *nt* antlers *pl*
Gewerbe <-s, -> [gə·'vɛr·bə] *nt* ❶ (*Betrieb*) [commercial] business ❷ (*Handwerk, Handel*) trade
Gewerbegebiet *nt* industrial park
Gewerbeschein *m* business license
Gewerbesteuer *f* business tax
Gewerbetreibende(r) *f(m)* business person; (*Handwerker*) tradesperson
gewerblich [gə·'vɛrp·lɪç] I. *adj* (*handwerklich*) trade; (*kaufmännisch*) commercial; (*industriell*) industrial II. *adv* **Räume ~ nutzen** to use rooms for commercial purposes
Gewerkschaft <-, -en> [gə·'vɛrk·ʃaft] *f* [trade] union
Gewerkschaft(l)er(in) <-s, -> [gə·'vɛrk·ʃaft(l)ɐ] *m(f)* trade unionist
gewerkschaftlich I. *adj* [trade] union II. *adv* **~ organisiert sein** to belong to a [trade] union
Gewerkschaftsbund *m* federation of trade unions
Gewerkschaftsführer(in) *m(f)* [trade] union leader
Gewerkschaftsmitglied *nt* [trade] union member
gewesen [gə·'veː·zn̩] I. *pp von* **sein**[1] II. *adj attr* (*ehemalig*) former *attr*
gewichen [gə·'vɪ·çn̩] *pp von* **weichen**
Gewicht <-[e]s, -e> [gə·'vɪçt] *nt* ❶ *kein pl* (*Schwere eines Körpers*) weight + *sing vb;* **ein großes/geringes ~ haben** to be very heavy/light ❷ *kein pl* (*fig: Wichtigkeit*) weight; **ins ~ fallen** to count; **auf etw** *akk* **[großes] ~ legen** to attach importance to sth ❸ (*Metallstück zum Beschweren*) weight
ge|wichten* [gə·'vɪç·tn̩] *vt* to weight
Gewichtheben <-s> *nt kein pl* weightlifting
gewichtig [gə·'vɪç·tɪç] *adj* significant
Gewichtsverlust *m* weight loss
Gewichtszunahme *f* weight gain
gewieft [gə·'viːft] (*fam*) I. *adj* crafty II. *adv* with cunning
gewiesen [gə·'viː·zn̩] *pp von* **weisen**
gewillt [gə·'vɪlt] *adj* ■ **~ sein, etw zu tun** to be inclined to do sth
Gewimmel <-s> [gə·'vɪ·ml̩] *nt kein pl* (*Insekten*) swarm; (*Menschen*) throng
Gewinde <-s, -> [gə·'vɪn·də] *nt* TECH thread
Gewinn <-[e]s, -e> [gə·'vɪn] *m* ❶ ÖKON profit; **~ bringen** to make a profit ❷ (*Preis*) prize; (*beim Lotto, Wetten*) winnings *npl* ❸ *kein pl* ([*innere*] *Bereicherung*) gain
Gewinnbeteiligung *f* profit sharing
gewinnbringend *adj* profitable
ge|winnen <gewann, gewonnen> [gə·'vɪ·nən] I. *vt* ❶ (*als Gewinn erhalten*) to win ❷ (*überzeugen*) ■ **jdn ~** to win sb over; **jdn als Freund ~** to win sb as a friend; **jdn als Kunden ~** to gain sb as a customer ❸ (*erzeugen*) to obtain; *Kohle, Metall* to extract (**aus** + *dat* from) ❹ *Einfluss, Selbstsicherheit* to gain II. *vi* ❶ (*Gewinner sein*) to win (**bei/in** + *dat* at) ❷ (*profitieren*) to profit (**bei** + *dat* from)

gewinnend *adj* charming, winning *attr*
Gewinner(in) <-s, -> *m(f)* winner; MIL *a.* victor
Gewinnlos *nt* winning ticket
Gewinnmarge <-, -n> [-mar·ʒə] *f* ÖKON profit margin
Gewinnspanne *f* profit margin
Gewinnung <-> *f kein pl* extraction
Gewinnzahl *f* winning number
Gewirr <-[e]s> [gə·'vɪr] *nt kein pl* (*Drähte, Fäden*) tangle; (*Gedanken*) confusion; *Stimmen* babble; *Straßen* maze
gewiss[RR], **gewiß**[ALT] [gə·'vɪs] I. *adj* ❶ *attr* (*nicht näher bezeichnet*) certain; **eine ~e Frau Schmidt** a [certain] Ms. Schmidt ❷ (*geh: sicher*) ■ **sich** *dat* **einer S. *gen* ~ sein** to be certain of sth II. *adv* (*geh*) certainly; **aber ~!** sure!, of course!
Gewissen <-s> [gə·'vɪ·sn̩] *nt kein pl* conscience; **jdn/etw auf dem ~ haben** to have sb/sth on one's conscience; **jdm ins ~ reden** to appeal to sb's conscience
gewissenhaft *adj* conscientious
gewissenlos I. *adj* unscrupulous II. *adv* without scruple[s *pl*]
Gewissenlosigkeit <-, -en> *f* unscrupulousness
Gewissensbisse *pl* **~ haben** to have a bad [*or* guilty] conscience
Gewissensentscheidung *f* question of conscience
Gewissensgründe *pl* conscientious reasons
Gewissenskonflikt *m* moral conflict
gewissermaßen *adv* so to speak
Gewissheit[RR], **Gewißheit**[ALT] <-, -en> *f selten pl* certainty; **~ haben** to be certain; **sich** *dat* **[über etw *akk*] verschaffen** to find out for certain [about sth]
Gewitter <-s, -> [gə·'vɪ·tɐ] *nt* thunderstorm
ge|wittern* *vi impers* ■ **es gewittert** it's thundering
Gewitterstimmung *f* **es herrscht ~** there is thunder in the air *fig*
gewittrig [gə·'vɪt·rɪç] *adj* thundery; **~e Schwüle** oppressive heat
gewitzt [gə·'vɪtst] *adj* wily
gewoben [gə·'voː·bn̩] *pp von* **weben**
gewogen [gə·'voː·gn̩] I. *pp von* **wiegen**[1] II. *adj* (*geh*) well-disposed
ge|wöhnen* [gə·'vøː·nən] I. *vt* ■ **jdn an etw** *akk* **~** to accustom sb to sth II. *vr* ■ **sich** *akk* **an jdn/etw ~** to get used to sb/sth; ■ **sich** *akk* **daran ~, etw zu tun** to get used to doing sth
Gewohnheit <-, -en> *f* habit
Gewohnheitsmensch *m* creature of habit
Gewohnheitsrecht *nt* (*als Rechtssystem*) common law *no art*
Gewohnheitstrinker(in) *m(f)* habitual drinker
gewöhnlich [gə·'vøːn·lɪç] I. *adj* ❶ *attr* (*üblich*) usual ❷ (*normal*) normal ❸ (*pej: ordinär*) common II. *adv* ❶ (*üblicherweise*) usually; **für ~** normally; **wie ~** as usual ❷ (*pej*) **sich** *akk* **~ ausdrücken** to use common language
gewohnt [gə·'voːnt] *adj* usual; *Umgebung* fa-

miliar; ■etw ~ sein to be used to sth; ■es ~ sein, etw zu tun to be used to doing sth

Gewöhnung <-> f kein pl habituation form; das ist [alles] ~ it's [all] a question of habit

gewöhnungsbedürftig adj requiring getting used to

Gewöhnungssache f matter of getting used to [it]

Gewölbe <-s, -> [gə·'vœl·bə] nt vault

gewölbt adj Dach, Decke vaulted; Stirn domed; Rücken rounded

gewonnen [gə·'vɔ·nən] pp von gewinnen

geworben [gə·'vɔr·bn̩] pp von werben

geworden [gə·'vɔr·dn̩] pp von werden

geworfen [gə·'vɔr·fn̩] pp von werfen

Gewühl <-[e]s> [gə·'vy:l] nt kein pl ❶ (Gedränge) throng ❷ (pej: andauerndes Kramen) rummaging around

gewunden [gə·'vʊn·dn̩] I. pp von winden¹ II. adj ❶ (in Windungen verlaufend) winding ❷ (umständlich) tortuous

gewunken [gə·'vʊŋ·kn̩] DIAL pp von winken

Gewürz <-es, -e> [gə·'vʏrts] nt spice

Gewürzgurke f gherkin

Gewürzpflanze f spice plant; (Kräutersorte) herb

gewusstᴿᴿ, **gewußt**ᴬᴸᵀ [gə·'vʊst] pp von wissen

gez. Abk von gezeichnet sgd

gezackt adj jagged; Hahnenkamm toothed; Blatt serrated

Gezänk <-s> [gə·'tsɛŋk], **Gezanke** <-s> [gə·'tsaŋ·kə] nt kein pl (pej fam) squabbling

gezeichnet adj marked

Gezeiten [gə·'tsai·tn̩] pl tide[s pl]

Gezeitenwechsel m turn of the tide

Gezeter <-s> [gə·'tse:·tɐ] nt kein pl (pej fam) racket

gezielt I. adj well-directed; Fragen specific II. adv specifically; ~ fragen to ask questions with sth mind

geziemen* vr impers (veraltend) ■es geziemt sich it is proper; wie es sich für ein artiges Kind geziemt as befits a well-behaved child form

geziert (pej) I. adj affected II. adv affectedly

gezogen [gə·'tso:·gn̩] pp von ziehen

Gezwitscher <-s> [gə·'tsvɪ·tʃə] nt kein pl chirping

gezwungen [gə·'tsvʊŋən] I. pp von zwingen II. adj (gekünstelt) forced; Benehmen stiff III. adv (gekünstelt) stiffly; ~ lachen to give a forced laugh

gezwungenermaßen adv of necessity

ggf. adv Abk von gegebenenfalls

Ghetto <-s, -s> nt s. Getto

ghettoisieren* vt s. gettoisieren

Gicht <-> ['gɪçt] f kein pl gout

Giebel <-s, -> ['gi:·bl̩] m gable [end]

Gier <-> ['gi:ɐ] f kein pl greed (nach +dat for); (nach etw Ungewöhnlichem) craving (nach +dat for)

gieren ['gi:·rən] vi ■nach etw dat ~ to crave

gierig ['gi:·rɪç] I. adj greedy; ~ nach Macht/ Reichtum sein to crave power/riches II. adv greedily; etw ~ trinken to gulp down sep sth

gießen <goss, gegossen> ['gi:·sn̩] I. vt ❶ (bewässern) to water ❷ (schütten) to pour (auf +akk on, über +akk over) ❸ TECH etw [in Barren/Bronze] ~ to cast sth [into bars/in bronze] II. vi impers (stark regnen) es gießt in Strömen it's pouring

Gießerei <-, -en> [gi:·sə·'rai] f foundry

Gießkanne f watering can

Gift <-[e]s, -e> ['gɪft] nt ❶ (giftige Substanz) poison; (Schlangengift) venom; jdm ~ geben to poison sb; darauf kannst du ~ nehmen (fig fam) you can bet your life on that ❷ (fig: Bosheit) venom; ~ und Galle spucken (fam) to vent one's spleen

Giftgas nt poison gas

giftgrün adj garish green

giftig ['gɪf·tɪç] I. adj ❶ (Gift enthaltend) poisonous ❷ (boshaft) venomous ❸ (grell) garish II. adv (pej) ~ antworten to give a nasty reply

Giftmüll m toxic waste

Giftschlange f poisonous snake

Giftstoff m toxic substance

Giftwolke f cloud of toxins

Gigant(in) <-en, -en> [gi·'gant] m(f) giant; (fig a.) colossus

gigantisch [gi·'gan·tɪʃ] adj gigantic

gilt ['gɪlt] 3. pers sing pres von gelten

ging ['gɪŋ] imp von gehen

Ginster <-s, -> ['gɪns·tɐ] m broom

Gipfel <-s, -> ['gɪp·fl̩] m ❶ (Bergspitze) peak; (höchster Punkt) summit; DIAL (Wipfel) treetop ❷ (fig: Zenit) peak; (Höhepunkt) height ❸ POL summit

Gipfelkonferenz f summit conference

gipfeln ['gɪp·fl̩n] vi ■in etw dat ~ to culminate in sth

Gipfelpunkt m high point

Gipfeltreffen nt summit [meeting]

Gips <-es, -e> ['gɪps] m ❶ (Baumaterial) plaster; (in Mineralform) gypsum; (zum Modellieren) plaster of Paris ❷ (Kurzform für Gipsverband) [plaster] cast; den Arm/Fuß in ~ haben to have one's arm/foot in a cast

Gipsabdruck <-abdrücke> m, **Gipsabguss**ᴿᴿ m plaster cast

Gipsbein nt (fam) leg in a cast

gipsen ['gɪp·sn̩] vt ■etw ~ ❶ (mit Gips reparieren) to plaster sth ❷ MED to put sth in a cast

Gipsverband m plaster cast

Giraffe <-, -n> [gi·'ra·fə] f giraffe

Girlande <-, -n> [gɪr·'lan·də] f garland (aus +dat of)

Giro <-s, -s o Giri> ['ʒi:·ro, pl 'ʒi:·ri] nt FIN ÖSTERR [bank] transfer

Girokonto ['ʒi:·ro-] nt ≈ checking account

Gischt <-[e]s, -e (m) o -, -en (f)> ['gɪʃt] m o f pl selten [sea] spray

Gitarre <-, -n> [gi·'ta·rə] f guitar

Gitarrist(in) <-en, -en> [gi·ta·'rɪst] m(f) guitarist

Gitter <-s, -> ['gɪtɐ] *nt* ❶ *(Absperrung)* fencing; *(vor Türen, Fenstern: engmaschig)* screen; *(grobmaschig)* grate; *(parallel laufende Stäbe)* bars *pl; (für Gewächse)* trellis ❷ *(fig fam)* **jdn hinter ~ bringen** to put sb behind bars

Gitterfenster *nt* barred window

Gitterrost *m* grate

Glace <-, -n> ['glasə] *f* SCHWEIZ ice cream

glamourös [gla·mu·'rø:s] *adj* glamorous

Glanz <-es> ['glants] *m kein pl* ❶ *(das Glänzen)* shine; *Augen* sparkle; *Lack* gloss; *Perlen, Seide* sheen ❷ *(herrliche Pracht)* splendor

glänzen ['glɛn·tsn̩] *vi* ❶ *(widerscheinen)* to shine; *(von polierter Oberfläche)* to gleam; *Augen* to sparkle; *Haut, Stoff* to be shiny; *Wasseroberfläche* to glisten; *Sterne* to twinkle ❷ *(sich hervortun)* to shine

glänzend ['glɛn·tsn̩t] **I.** *adj* ❶ *(widerscheinend)* shining; *Oberfläche* gleaming; *Augen* sparkling; *Haar* shiny; *Papier* glossy ❷ *(hervorragend)* brilliant **II.** *adv (hervorragenderweise)* splendidly; **sich** *akk* **~ amüsieren** to have a great time

Glanzleistung *f* brilliant achievement

glanzvoll *adj* brilliant

Glas <-es, Gläser> ['gla:s, *pl* 'glɛ:·zɐ] *nt* ❶ *(Werkstoff)* glass *no indef art, + sing vb;* **„Vorsicht ~!"** "glass — handle with care" ❷ *(Trinkgefäß)* glass ❸ *(Brillenglas)* lens; *(Fernglas)* binoculars *npl*

Glasbläser(in) *m(f)* glassblower

Glascontainer [-kɔn·te:·nɐ] *m* recycling container for glass

Glaser(in) <-s, -> ['gla:·zɐ] *m(f)* glazier

Glaserei [gla:·zə·'rai] *f* glazier's workshop

gläsern ['glɛ:·zɐn] *adj* ❶ *(aus Glas)* glass *attr,* [made] of glass *pred* ❷ *(fig)* **~e Augen/~er Blick** glassy eyes/gaze

Glasfaser *f meist pl* fiber glass

Glasfaserkabel *nt* fiber optic cable

Glashaus *nt* greenhouse; *(in botanischen Gärten)* glass house

glasieren* [gla·'zi:·rən] *vt* to glaze

glasig ['gla:·zɪç] *adj* ❶ *(ausdruckslos)* glassy ❷ KOCHK *Zwiebeln* transparent

glasklar **I.** *adj* ❶ *(durchsichtig)* transparent ❷ *(fig: klar und deutlich)* crystal clear **II.** *adv (klar und deutlich)* in no uncertain terms

Glasscheibe *f* ❶ *(dünne Glasplatte)* sheet of glass ❷ *(Fensterscheibe)* pane of glass

Glasscherbe *f* glass shard

Glasur [gla·'zu:ɐ] *f* ❶ *(Keramikglasur)* glaze ❷ KOCHK icing

glatt <-er *o fam* glätter, -este *o fam* glätteste> ['glat] **I.** *adj* ❶ *Fläche, Haut* smooth; *Gesicht* unlined; *Haar* straight; **~ rasiert** clean-shaven; **etw ~ hobeln/schmirgeln** to plane down/sand down sth; **etw ~ streichen** to smooth out *sep* sth ❷ *Straße* slippery ❸ *(problemlos)* smooth ❹ *attr (fam: eindeutig)* outright; *Lüge* downright **II.** *adv (fam: rundweg)* plainly;

(ohne Umschweife) straight up; *leugnen* flatly

Glätte <-> ['glɛ·tə] *f kein pl* ❶ *(Ebenheit)* smoothness ❷ *(Rutschigkeit)* slipperiness

Glatteis *nt* [thin sheet of] ice; **„Vorsicht ~!"** "danger — black ice" ▶ WENDUNGEN: **sich** *akk* **auf ~ begeben** to skate on thin ice

Glatteisgefahr <-> *f kein pl* danger of black ice

glätten ['glɛ·tn̩] **I.** *vt* ❶ *(glatt streichen)* to smooth out *sep;* **sich** *dat* **die Haare ~** to smooth down *sep* one's hair ❷ *(besänftigen)* **jds Zorn ~** to calm sb's anger **II.** *vr* ■ **sich ~** ❶ *Meer, Wellen* to subside ❷ *(fig) Wut, Erregung* to die down

glattrasiert *adj s.* **glatt I 1**

glattstreichen *vt irreg s.* **glatt I 1**

glattweg ['glat·vɛk] *adv (fam)* just like that; **etw ~ ablehnen** to turn sth down flat out; **etw ~ abstreiten** to flatly deny sth

Glatze <-, -n> ['glatsə] *f* bald head; **eine ~ bekommen/haben** to go/be bald

Glatzkopf *m (fam)* ❶ *(Kopf)* bald head ❷ *(Mann)* baldy

glatzköpfig ['glats·kœp·fɪç] *adj* bald[-headed]

Glaube <-ns> ['glau·bə] *m kein pl* ❶ *(Überzeugung)* belief (**an** +*akk* in); *(gefühlsmäßige Gewissheit)* faith (**an** +*akk* in); **den festen ~n haben, dass ...** to firmly believe that ...; **in gutem ~n** in good faith; **jdm/einer S. [keinen] ~n schenken** to [not] believe sb/sth; **den ~n an jdn/etw verlieren** to lose faith in sb/sth ❷ REL [religious] faith

glauben ['glau·bn̩] **I.** *vt* ❶ *(für wahr halten)* ■ **etw ~** to believe sth; **kaum zu ~** unbelievable, incredible ❷ *(wähnen)* **sich** *akk* **allein/unbeobachtet ~** to think [that] one is alone/nobody is watching **II.** *vi* ❶ *(vertrauen)* ■ **jdm ~** to believe sb; **jdm aufs Wort ~** to take sb's word for it; ■ **an jdn/etw ~** to believe in sb/sth ❷ *(für wirklich halten)* ■ **an etw** *akk* **~** to believe in sth ▶ WENDUNGEN: **dran ~ müssen** *(sl: sterben müssen)* to kick the bucket; *(weggeworfen werden müssen)* to get tossed out; *(etw tun müssen)* to be stuck with it

Glauben <-s> ['glau·bn̩] *m kein pl s.* **Glaube**

Glaubensbekenntnis *nt (Religionszugehörigkeit)* profession [of faith]

Glaubensfreiheit *f* religious freedom

Glaubensgemeinschaft *f* denomination

glaubhaft **I.** *adj* believable **II.** *adv* convincingly

Glaubhaftigkeit <-> *f kein pl* credibility

gläubig ['glɔy·bɪç] *adj* ❶ *(religiös)* religious ❷ *(vertrauensvoll)* trusting

Gläubige(r) ['glɔy·bɪ·gə] *f(m)* believer

Gläubiger(in) <-s, -> ['glɔy·bɪ·gɐ] *m(f)* ÖKON creditor

glaubwürdig *adj* credible

Glaubwürdigkeit <-> *f kein pl* credibility

gleich ['glaiç] **I.** *adj* ❶ *(übereinstimmend)* same; **2 mal 2 [ist] ~ 4** 2 times 2 is 4; **~ alt** the same age; **~ groß/lang** equal in size/length; **~ schwer** equally heavy; **~ gesinnt** like-minded ❷ *(unverändert)* **es ist immer das [ewig]**

G~e it's always the same [old thing]; ~ **bleibend gut** consistently good ❸(*gleichgültig*) ■**jdm** ~ **sein** to be all the same to sb; ■**ganz** ~ **wer/was** [...] no matter who/what [...] II. *adv* ❶(*sofort, bald*) right away; **bis** ~**!** see you soon!; (*sofort*) see you in a minute!; **ich komme** ~**!** I'll be right there!; ~ **darauf** soon afterward; (*sofort*) right away; ~ **heute/morgen** [first thing] today/tomorrow; ~ **nach dem Frühstück** right after breakfast ❷(*unmittelbar daneben/danach*) immediately; ■~ **als** as soon as ...; ~ **daneben** right beside it ❸(*zugleich*) at once III. *part* ❶ *in Aussagesätzen*(*emph*) just as well ❷ *in Fragesätzen* (*noch*) again; **wie war doch** ~ **Ihr Name?** what was your name again? IV. *präp* +*dat* (*geh: wie*) like

gleichalt(e)rig ['glaiç·ʔalt(ə)·rɪç] *adj* [of] the same age *pred*

gleichartig *adj* of the same kind *pred;* (*ähnlich*) similar

Gleichbehandlung *f* equal treatment

gleichberechtigt *adj* ■~ **sein** to have equal rights

Gleichberechtigung *f kein pl* equal rights + *sing/pl vb*

gleichbleibend *adj, adv s.* **gleich I 2**

gleichen <glich, geglichen> ['glai·çn̩] *vt* ■jdm/einer S. ~ to be [just] like sb/sth; ■sich *dat* ~ to be alike

gleichermaßen *adv* equally

gleichfalls *adv* likewise; **danke** ~**!** thanks, [and the] same to you *a. iron*

gleichförmig I. *adj* uniform II. *adv* uniformly

gleichgeschlechtlich *adj* (*homosexuell*) homosexual

gleichgesinnt *adj s.* **gleich I 1**

Gleichgewicht *nt kein pl* balance; **im** ~ **sein** to be balanced; **aus dem** ~ **kommen** to lose one's balance

Gleichgewichtsstörung *f* problem with one's equilibrium

gleichgültig I. *adj* ❶(*uninteressiert*) indifferent (**gegenüber** +*dat* to[ward]); (*apathisch*) apathetic (**gegenüber** +*dat* toward) ❷(*unwichtig*) immaterial; ■**etw ist jdm** ~ sb couldn't care less about sth II. *adv* (*uninteressiert*) with indifference; (*apathisch*) with apathy

Gleichgültigkeit ['glaiç·gʏl·tɪç·kait] *f kein pl* (*Desinteresse*) indifference; (*Apathie*) apathy

Gleichheit <-, -en> *f* ❶(*Übereinstimmung*) similarity ❷ *kein pl* (*gleiche Stellung*) equality

Gleichheitszeichen *nt* equal[s] sign

gleichkommen *vi irreg sein* ❶(*Gleiches erreichen*) ■jdm/einer S. ~ to equal sb/sth (**an** +*dat* in) ❷(*gleichbedeutend sein*) ■**einer S.** *dat* ~ to be tantamount to sth

gleichmachen *vt* ■**etw/alles** ~ to make sth/everything the same

gleichmäßig I. *adj* even; *Bewegungen* regular; *Puls, Tempo* steady II. *adv* ❶(*in gleicher Stärke/Menge*) equally; ~ **schlagen** *Herz,*

Puls to beat steadily; ~ **atmen** to breathe regularly ❷(*ohne Veränderungen*) consistently

Gleichmäßigkeit ['glaiç·mɛ·sɪç·kait] *f* regularity; *von Puls, Tempo a.* steadiness

Gleichnis <-ses, -se> ['glaiç·nɪs, *pl* -nɪ·sə] *nt* allegory; (*aus der Bibel*) parable

gleichrangig *adj* equal in rank *pred,* at the same level *pred*

Gleichschritt *m kein pl* im ~ **marschieren** to march in step

gleichseitig ['glaiç·zai·tɪç] *adj* equilateral

gleichsetzen *vt* to equate (**mit** +*dat* with)

Gleichstand *m kein pl* tie

gleichstellen *vt* ■**jdn jdm** ~ to give sb the same rights as sb

Gleichstellung *f kein pl* equality (+*gen* of/for)

Gleichstrom *m* ELEK direct current

gleichtun *vt impers, irreg* ❶(*imitieren*) ■es jdm ~ to follow sb['s example] ❷(*gleichkommen*) ■es jdm ~ to match sb (**in** +*dat* in)

Gleichung <-, -en> ['glai·çʊŋ] *f* equation

gleichwertig *adj* equal; ■~ **sein** to be equally matched

gleichzeitig I. *adj* simultaneous II. *adv* ❶(*zur gleichen Zeit*) simultaneously ❷(*ebenso, zugleich*) at the same time

gleichziehen *vi irreg* (*fam*) ■[mit jdm] ~ to catch up [to *or* with] sb]

Gleis <-es, -e> ['glais, *pl* 'glai·zə] *nt* track; (*einzelne Schiene*) rail; (*Bahnsteig*) platform; ~ **2** ... platform [*or* track] 2 ...

gleiten <glitt, geglitten> ['glai·tn̩] *vi* ❶ *sein* (*schweben*) to glide; *Wolke* to sail ❷ *sein* (*streichen, huschen*) ■**über etw** *akk* ~ *Augen* to wander over sth; *Blick* to pass over sth; *Finger* to explore sth; *Hand* to slide over sth ❸ *sein* (*rutschen*) to slide; **zu Boden/ins Wasser** ~ to slip to the ground/into the water

Gleitmittel *nt* lubricant

Gleitzeit *f* (*fam*) flextime

Gletscher <-s, -> ['glɛ·tʃe] *m* glacier

Gletscherspalte *f* crevasse

glich ['glɪç] *imp von* **gleichen**

Glied <-[e]s, -er> ['gliːt, *pl* 'gliː·de] *nt* ❶(*Körperteil*) limb; (*Fingerspitze*) fingertip; **an allen** ~**ern zittern** to be shivering all over ❷(*Penis*) [male] member *form* ❸(*Kettenglied*) link *a. fig* ❹(*Teil*) part

gliedern ['gliː·den] I. *vt* ■**etw** ~ (*unterteilen*) to [sub]divide sth (**in** +*akk* into); (*ordnen*) to organize sth (**in** +*akk* into); (*einordnen*) to classify sth (**in** +*akk* under) II. *vr* ■**sich in etw** *akk* ~ to be [sub]divided into sth

Gliederschmerz *m meist pl* rheumatic pains *pl*

Gliederung <-, -en> *f* ❶ *kein pl* (*das Gliedern*) structuring (**in** +*akk* into); (*das Unterteilen*) subdivision (**in** +*akk* into); (*nach Eigenschaften a.*) classification ❷(*Aufbau*) structure

Gliedmaßen *pl* limbs

glimmen <glomm, geglommen> ['glɪ·mən] *vi* to glow; *Feuer, Asche a.* to smolder

Glimmstängel[RR], **Glimmstengel**[ALT] *m* (*hum fam*) smoke

glimpflich ['glɪmpf·lɪç] I. *adj* ❶ (*ohne schlimmere Folgen*) without serious consequences *pred* ❷ (*mild*) mild II. *adv* ❶ (*ohne schlimmere Folgen*) ~ **abgehen** to pass [by] without serious consequences; ~ **davonkommen** to get off lightly ❷ (*mild*) **mit jdm ~ umgehen** to treat sb leniently

glitschig ['glɪt·ʃɪç] *adj* (*fam*) slippery

glitt ['glɪt] *imp von* **gleiten**

glitzerig ['glɪ·tsə·rɪç], **glitzrig** ['glɪts·rɪç] *adj* (*fam*) sparkly

glitzern ['glɪ·tsɐn] *vi* to glitter; *Stern* to twinkle

global [glo·'baːl] I. *adj* ❶ (*weltweit*) global ❷ (*umfassend*) general II. *adv* ❶ (*weltweit*) globally ❷ (*ungefähr*) generally

Globalisierung <-> *f* globalization

Globus <- *o* -ses, Globen *o* -se> ['gloː·bʊs, *pl* 'gloː·bn̩] *m* globe

Glocke <-, -n> ['glɔ·kə] *f* ❶ (*Läutewerk*) bell ❷ (*glockenförmiger Deckel*) [glass] cover ▶ WENDUNGEN: **etw an die große ~ hängen** (*fam*) to shout sth from the rooftops

Glockenblume *f* bellflower

glockenförmig *adj* bell-shaped

Glockengeläut(e) *nt kein pl* peal of bells

Glockenspiel *nt* ❶ (*in Kirch- oder Stadttürmen*) carillon ❷ (*Musikinstrument*) glockenspiel

Glockenturm *m* belfry

glomm ['glɔm] *imp von* **glimmen**

glorifizieren* [glo·ri·fi·'tsiː·rən] *vt* to glorify (**als** +*akk* as)

glorreich *adj* ❶ (*meist iron*) magnificent ❷ (*großartig*) glorious

Glossar <-s, -e> [glɔ·'saːɐ̯] *nt* glossary

Glosse <-, -n> ['glɔ·sə] *f* commentary; (*polemisch*) ironic comment[ary]

Glotze <-, -n> ['glɔ·tsə] *f* (*fam*) boob tube

glotzen ['glɔ·tsn̩] *vi* (*pej fam*) to gape [*or* stare] (**auf** +*akk* at)

Glück <-[e]s> ['glʏk] *nt kein pl* ❶ (*günstige Fügung*) luck; (*Fortuna*) fortune; **ein ~, dass ... it is/was lucky that ...**; **jdm zum Geburtstag ~ wünschen** to wish sb [a] happy birthday; **mehr ~ als Verstand haben** (*fam*) to have more luck than brains; **viel ~ [bei etw** *dat*]! good luck [with sth]!; ~/**kein ~ haben** to be lucky/unlucky; **zum** ~ (*Freude*) happiness ▶ WENDUNGEN: **etw auf gut ~ tun** to do sth on the off chance; ~ **im Unglück haben** it could have been much worse [for sb]

glücken ['glʏ·kn̩] *vi sein* ❶ (*gelingen*) to be successful; ■**jdm glückt etw** sb succeeds in sth ❷ (*vorteilhaft werden*) to turn out well

gluckern ['glʊ·kɐn] *vi* to gurgle

glücklich ['glʏk·lɪç] I. *adj* ❶ (*vom Glück begünstigt*) lucky ❷ (*vorteilhaft, erfreulich*) happy; ~**er Ausgang** a happy ending; **eine ~e Nachricht** [some] good news +*sing vb*; *Umstand* fortunate ❸ (*froh*) happy (**mit** +*dat* with, **über** +*akk* about) II. *adv* ❶ (*vorteilhaft, erfreulich*) happily ❷ (*froh und zufrieden*) ~ **[mit jdm] verheiratet sein** to be happily

married [to sb] ❸ (*fam: zu guter Letzt*) after all

glücklicherweise *adv* luckily

Glücksbringer <-s, -> *m* lucky charm

Glücksfall *m* stroke of luck

Glückskind *nt* (*fam*) a lucky person

Glückspilz *m* (*fam*) lucky devil

Glückssache *f* ■**etw ist [reine]** ~ sth's a matter of [sheer] luck

Glücksspiel *nt* game of chance

Glückssträhne *f* lucky streak

Glückstag *m* lucky day

Glückstreffer *m* stroke of luck; (*beim Schießen*) lucky shot

Glückwunsch *m* congratulations *npl* (**zu** +*dat* on)

Glückwunschkarte *f* greeting card

Glühbirne *f* light bulb

glühen ['glyː·ən] *vi* ❶ (*rot vor Hitze sein*) to glow ❷ (*geh*) ■**vor etw** *dat* ~ to burn with sth

glühend I. *adj* ❶ (*rot vor Hitze*) glowing; *Metall* [red-]hot ❷ (*brennend, sehr heiß*) burning; *Hitze* blazing II. *adv* ~ **heiß** burning hot

Glühlampe *f* (*geh*) light bulb

Glühwein *m* [hot] mulled wine

> **i** **Glühwein** (hot red wine, spiced with cinnamon, sugar, aniseed, and cloves) is traditionally sold in winter, especially at the Christmas markets.

Glühwürmchen <-s, -> *nt* glowworm; (*fliegend*) firefly

Glut <-, -en> ['gluːt] *f* embers *npl;* (*Tabak*) burning ash

glutrot *adj* fiery red

GmbH <-, -s> [geː·ʔɛm·beː·'haː:] *f Abk von* **Gesellschaft mit beschränkter Haftung** ≈ Inc.

g-Moll <-> ['geː·mɔl] *nt kein pl* MUS G flat minor

Gnade <-, -n> ['gnaː·də] *f* ❶ (*Gunst*) favor ❷ (*Nachsicht*) mercy; ~ **vor Recht ergehen lassen** to temper justice with mercy

Gnadenfrist *f* [temporary] reprieve

gnadenlos I. *adj* merciless II. *adv* mercilessly

gnädig ['gnɛ·dɪç] I. *adj* ❶ (*herablassend*) gracious *a. iron* ❷ (*Nachsicht zeigend*) merciful ❸ (*veraltend: verehrt*) ~**e Frau** madam; ~**es Fräulein** madam; (*jünger*) miss; ~**er Herr** (*veraltet*) sir II. *adv* ❶ (*herablassend*) graciously ❷ (*milde*) leniently

Gnom <-en, -en> ['gnoːm] *m* (*pej*) gnome

Gnu <-s, -s> ['gnuː] *nt* gnu

Goal <-s, -s> [goːl] *nt* FBALL ÖSTERR, SCHWEIZ goal

Gockel <-s, -> ['gɔ·kl̩] *m bes* SÜDD rooster

Gold <-[e]s> ['gɔlt] *nt kein pl* gold; **nicht mit ~ zu bezahlen sein** to be worth one's/its weight in gold; **aus** ~ **gold** ▶ WENDUNGEN: **es ist nicht alles** ~, **was glänzt** (*prov*) all that glitters is not gold

Goldader *f* vein of gold

Goldbarren *m* gold ingot
golden ['gɔl·dn̩] I. *adj attr* gold[en *liter*] II. *adv* like gold
Goldfisch *m* goldfish
goldgelb *adj* golden yellow; KOCHK golden brown
Goldgräber(in) <-s, -> *m(f)* gold digger
Goldgrube *f* (*fig*) goldmine
Goldhamster *m* [golden] hamster
goldig ['gɔl·dɪç] *adj* ❶ (*fam: allerliebst*) cute ❷ *pred* DIAL (*fam: rührend nett*) sweet *a.* iron ❸ DIAL (*iron fam*) **du bist aber ~!** very [*or* you're] funny!
Goldmedaille [-me·dal·jə] *f* gold [medal]
goldrichtig *adj* (*fam*) ❶ (*völlig richtig*) absolutely right ❷ *pred* (*in Ordnung*) all right
Goldschatz *m* ❶ (*Schatz*) golden treasure ❷ (*Kosewort*) treasure *fam*
Goldschmied(in) *m(f)* goldsmith
Goldschnitt *m kein pl* gilt edging
Goldstück *nt* ❶ (*veraltet*) piece of gold ❷ (*Kosewort*) treasure *fam*
Goldwaage *f* gold scales; **bei ihm muss man jedes Wort auf die ~ legen** one really has to weigh one's words with him
Golf¹ <-[e]s, -e> ['gɔlf] *m* GEOL gulf
Golf² <-s> ['gɔlf] *nt kein pl* SPORT golf
Golfkrieg *m* ■ **der ~** the Gulf War
Golfplatz *m* golf course + *sing/pl vb*
Golfspieler(in) *m(f)* golfer
Golfstaat *m* ■ **die ~en** the Gulf States
Golfstrom *m* GEOL ■ **der ~** the Gulf Stream
Gondel <-, -n> ['gɔn·dl] *f* ❶ (*Boot in Venedig*) gondola ❷ (*Seilbahngondel*) cable car ❸ (*Ballongondel*) basket
Gong <-s, -s> ['gɔŋ] *m* gong; SPORT bell
gönnen ['gœ·nən] I. *vt* ❶ (*gern zugestehen*) ■ **jdm etw ~** to not begrudge sb sth; **ich gönne ihm diesen Erfolg von ganzem Herzen!** I'm absolutely delighted that he succeeded! ❷ (*iron: es gern sehen*) ■ **es jdm ~, dass ...** to be pleased [to see] that sb ... II. *vr* ■ **sich** *dat* **etw ~** to allow oneself sth; **sich ein Glas Wein ~** to treat oneself to a glass of wine
Gönner(in) <-s, -> ['gœ·nɐ] *m(f)* patron *masc*, patroness *fem*
gönnerhaft I. *adj* (*pej*) patronizing II. *adv* patronizingly
gor ['goːɐ̯] *imp von* **gären**
Göre <-, -n> ['gøː·rə] *f* (*fam*) brat
Gorilla <-s, -s> [go'rɪ·la] *m* gorilla
Gospel <-s, -s> ['gɔs·pl̩] *nt o m* gospel
gossᴿᴿ, **goß**ᴬᴸᵀ ['gɔs] *imp von* **gießen**
Gosse <-, -n> ['gɔ·sə] *f* (*veraltend: Rinnstein*) gutter
Gotik <-> ['goː·tɪk] *f kein pl* Gothic period
gotisch ['goː·tɪʃ] *adj* Gothic
Gott, Göttin <-es, Götter> ['gɔt, *pl* 'gœ·tə] *m, f* ❶ (*ein Gott*) god *masc*, goddess *fem* ❷ *kein pl* (*das höchste Wesen*) God; **~ sei Dank!** (*a. fig fam*) thank God!; **bei ~ schwören** to swear to Almighty God ▸ WENDUNGEN: **wie ~ in** Frankreich **leben** (*fam*) to live in

the lap of luxury; **über ~ und die** Welt **reden** to talk about everything under the sun; **ach du** lieber **~!** good heavens!, oh Lord!; **~** bewahre**!** God forbid!; grüß **~!** *bes* SÜDD, ÖSTERR hello!; **~** weiß **was/wann ...** (*fam*) God [only] knows what/when ...; **das** wissen **die Götter** (*fam*) heaven [*or* God] only knows; **ach ~** (*resignierend*) oh God!; (*tröstend*) oh dear; **um ~es willen!** (*emph: o je!*) [oh] my God!; (*bitte*) for God's sake!
Gottesdienst *m* [church] service
Gotteshaus *nt* place of worship
Gotteslästerung *f* blasphemy
Gottheit <-, -en> *f* deity
Göttin <-, -nen> ['gœ·tɪn] *f fem form von* **Gott** goddess
göttlich ['gœt·lɪç] *adj* divine
gottlos *adj* godless
gottverdammt *adj attr* (*emph sl*) [god]-damn[ed]
gottverlassen *adj* (*emph fam*) godforsaken *pej*
Götze <-n, -n> ['gœ·tsə] *m* (*pej*) ❶ (*heidnischer Gott*) false god ❷ *s.* **Götzenbild**
Götzenbild *nt* (*pej*) idol, graven image
Gouverneur(in) <-s, -e> [gu·vɛr·'nøːɐ̯] *m(f)* governor
Grab <-[e]s, Gräber> ['graːp, *pl* 'grɛː·bɐ] *nt* grave ▸ WENDUNGEN: **sich** *dat* **sein eigenes ~** schaufeln to dig one's own grave; schweigen **können wie ein ~** to be [as] silent as the grave; **jd würde sich** *akk* **im ~[e]** umdrehen, **wenn ...** (*fam*) sb would turn in their grave if ...
graben <grub, gegraben> ['graː·bn̩] I. *vi* to dig (**nach** +*dat* for) II. *vt* **Loch** to dig III. *vr* ■ **sich** *akk* **in etw** *akk* **~** to sink into sth
Graben <-s, Gräben> ['graː·bn̩, *pl* 'grɛː·bn̩] *m* ❶ (*Vertiefung in der Erde*) ditch ❷ MIL trench ❸ (*Festungsgraben*) moat
Grabkammer *f* burial chamber
Grabmal *nt* ❶ (*Grabstätte*) mausoleum ❷ (*Gedenkstätte*) memorial
Grabrede *f* funeral speech, eulogy
Grabschändung *f* desecration of a grave
Grabstein *m* gravestone
Grad <-[e]s, -e> ['graːt, *pl* 'graː·də] *m* ❶ SCI, MATH degree; **2 ~ unter/über null** 2 degrees below/above [zero] ❷ (*Maß, Stufe*) level; **im höchsten/in hohem ~[e]** extremely/to a great extent ▸ WENDUNGEN: **um [ein]hundertachtzig ~** (*fam*) complete[ly]
grade ['graː·də] *adj, adv* (*fam*) *s.* **gerade**
Graf, Gräfin¹ <-en, -en> ['graːf, *pl* 'grɛː·fən] *m, f* count *masc*, countess *fem*
Grafᴿᴿ² <-en, -en> *m* LING, SCI *s.* **Graph**
Grafik ['graː·fɪk] *f* ❶ *kein pl* (*grafische Technik*) graphic arts *pl* ❷ (*grafische Darstellung*) graphic ❸ (*Schaubild*) diagram
Grafiker(in) <-s, -> ['graː·fi·kɐ] *m(f)* graphic artist
Grafikkarte *f* COMPUT graphics card
Gräfin <-, -nen> ['grɛː·fɪn] *f fem form von*

Graf countess *fem*
grafisch ['graːfɪʃ] I. *adj* ❶ KUNST graphic ❷ (*schematisch*) diagrammatic II. *adv* diagrammatically
Grafit^{RR} <-s, -e> [graˈfiːt] *m s.* **Graphit**
Grafschaft <-, -en> *f* HIST count's land
grämen ['grɛːmən] *vr* (*geh*) ■sich *akk* ~ to grieve (**über** +*akk* over)
Gramm <-s, -e *o bei Zahlenangaben* -> ['gram] *nt* gram
Grammatik <-, -en> [graˈmaˌtɪk] *f* grammar
grammatikalisch [graˈmaˌtiˈkaːlɪʃ] *adj s.* **grammatisch**
grammatisch [graˈmaˌtɪʃ] *adj* grammatical
Grammofon^{RR}, **Grammophon**® <-s, -e> [graˈmoˈfoːn] *nt* gramophone
Granat <-[e]s, -e *o* ÖSTERR -en> [graˈnaːt] *m* garnet
Granate <-, -n> [graˈnaːtə] *f* shell, grenade
grandios [granˈdi̯oːs] *adj* magnificent
Granit <-s, -e> [graˈniːt] *m* granite
Grapefruit <-, -s> ['greːpˌfruːt] *f* grapefruit
Graph <-en, -en> [graːf] *m* SCI graph
Graphik <-, -en> *f s.* **Grafik**
Graphiker(in) <-s, -> *m(f) s.* **Grafiker(in)**
graphisch *adj, adv s.* **grafisch**
Graphit <-s, -e> [graˈfiːt] *m* graphite
grapschen ['grapʃn̩] I. *vr* (*fam*) ❶ (*an sich raffen*) ■sich *dat* etw ~ to grab sth [for oneself] ❷ (*packen*) ■sich *dat* jdn ~ to grab hold of sb II. *vi* (*fam*) ■nach etw *dat* ~ to make a grab for sth
Gras <-es, Gräser> ['graːs, *pl* 'grɛːˌzə] *nt* BOT grass ▶ WENDUNGEN: **ins ~ beißen** (*sl*) to bite the dust; **das ~ wachsen hören** to have a sixth sense; **über etw** *akk* **wächst ~** (*fam*) [the] dust settles on sth
grasen ['graːzn̩] *vi* to graze
Grashalm *m* blade of grass
Grashüpfer <-s, -> *m* (*fam*) grasshopper
grassieren* [graˈsiːrən] *vi* ❶ (*sich verbreiten*) to be rampant ❷ (*um sich greifen*) to be rife
grässlich^{RR}, **gräßlich**^{ALT} ['grɛsˌlɪç] I. *adj* ❶ (*furchtbar*) horrible; **~e Kopfschmerzen haben** to have a splitting headache ❷ (*fam: widerlich*) horrible; **was für ein ~es Wetter!** what lousy weather! II. *adv* (*fam*) terribly
Grat <-[e]s, -e> ['graːt] *m* ❶ (*oberste Kante*) ridge ❷ ARCHIT hip
Gräte <-, -n> ['grɛːtə] *f* [fish]bone
gratinieren* [gratiˈniːrən] *vt* KOCHK ■etw ~ to brown [the top of] sth
gratis ['graːtɪs] *adv* free [of charge]
Gratisprobe *f* free sample
Gratulant(in) <-en, -en> [gratuˈlant] *m(f)* well-wisher
Gratulation <-, -en> [gratulaˈtsi̯oːn] *f* ❶ (*das Gratulieren*) congratulating ❷ (*Glückwunsch*) congratulations *npl*
gratulieren* [gratuˈliːrən] *vi* ■jdm] ~ to congratulate [sb] (**zu** +*dat* on); **jdm zum Geburtstag ~** to wish sb a happy birthday;

[ich] **gratuliere** [my] congratulations!
grau ['grau] *adj* ❶ (*Farbe*) gray; **~ meliert** (*leicht ergraut*) graying; MODE flecked with gray *pred* ❷ (*trostlos*) drab; **der ~e Alltag** the dullness of everyday life
Graubrot *nt* DIAL (*Mischbrot*) bread made from rye and wheat flour
Gräueltat^{RR} *f* atrocity
grauen¹ ['grauən] *vi* (*geh: dämmern*) to dawn; **der Tag graut** day is breaking
grauen² ['grauən] *vi impers* ■es graut jdm vor jdm/etw sb is terrified of sb/sth
Grauen <-s> ['grauən] *nt kein pl* horror; **~ erregend** terrible
grauenerregend *adj s.* **Grauen**
grauenhaft, grauenvoll *adj* ❶ (*furchtbar*) terrible ❷ (*fam: schlimm*) dreadful
grauhaarig *adj* gray-haired
gräulich¹ ['grɔyˌlɪç] *adj* grayish
gräulich^{RR2} *adj s.* **grässlich**
Graupelschauer *m* sleet shower
grausam ['grauˌzaːm] I. *adj* ❶ (*brutal*) cruel ❷ (*furchtbar*) terrible II. *adv* cruelly
Grausamkeit <-, -en> *f* ❶ *kein pl* (*Brutalität*) cruelty ❷ (*grausame Tat*) act of cruelty
grausen ['grauzn̩] *vi impers s.* **grauen**²
Grausen <-s> ['grauzn̩] *nt kein pl* horror
Grauzone *f* gray area
gravieren* [graˈviːrən] *vt* to engrave (**in** +*akk* on)
gravierend [graˈviːrənt] *adj* serious; *Unterschiede* considerable
Gravierung <-, -en> *f* engraving
Gravitation <-> [gravitaˈtsi̯oːn] *f kein pl* gravitation[al pull]
Gravur <-, -en> [graˈvuːɐ̯] *f* engraving
Grazie <-, -n> ['graːtsi̯ə] *f* ❶ *kein pl* (*Anmut*) grace ❷ (*hum veraltet: schöne junge Frau*) lovely
gregorianisch [gregoˈri̯aːnɪʃ] *adj* Gregorian
greifbar *adj* ❶ *pred* (*verfügbar*) **etw ~ haben/halten** to have/keep sth handy ❷ (*konkret*) tangible
greifen <griff, gegriffen> ['graifn̩] I. *vt* ■[sich *dat*] etw ~ to take hold of sth II. *vi* ❶ (*fassen*) ■in etw *akk* ~ to reach into sth; **sie griff mich bei der Hand** she took my hand; ■nach etw *dat* ~ to reach for sth ❷ (*einsetzen*) **zu Drogen/zur Zigarette ~** to turn to drugs/reach for a cigarette ❸ TECH *Reifen, Zahnrad* ■etw greift sth grips ❹ (*wirksam werden*) *Methoden* to take effect ▶ WENDUNGEN: **um sich ~** (*sich ausbreiten*) to spread
Greis(in) <-es, -e> ['grais, *pl* 'graiˌzə] *m(f)* very old man/woman
grell ['grɛl] I. *adj* ❶ (*hell*) *Licht, Sonne* glaring, bright ❷ (*schrill*) *Stimme, Schrei* piercing ❸ (*auffallend*) *Muster* loud II. *adv* ❶ (*sehr hell*) dazzlingly ❷ (*schrill*) **~ klingen** to sound shrill
Gremium <-s, -ien> ['greːmi̯ʊm, *pl* 'greːˌmi̯ən] *nt* committee

Grenze <-, -n> ['grɛn·tsə] f ❶ (*Landesgrenze*) border; **an der ~** on the border; **über die ~ fahren/gehen** to cross the border ❷ (*Trennlinie*) boundary ❸ (*äußerstes Maß*) limit; **alles hat seine ~n** there is a limit to everything; **seine ~n kennen** to know one's limitations; **sich in ~n halten** to be limited

grenzen ['grɛn·tsn̩] *vi* ■**an etw** *akk* **~** to border on sth

grenzenlos I. *adj* ❶ (*unbegrenzt*) endless ❷ (*maßlos*) extreme; *Vertrauen* blind II. *adv* extremely

Grenzfall *m* borderline case

Grenzgebiet *nt* POL border area

Grenzkontrolle *f* border control

Grenzlinie *f* SPORT line [marking the boundary of a playing surface]

Grenzstein *m* boundary stone

Grenzstreitigkeit *f meist pl* border dispute

Grenzübergang *m* border crossing point

grenzüberschreitend *adj attr* JUR, ÖKON **~er Handel** international trade; **~er Verkehr** cross-border traffic

Grenzwert *m* limiting value

Grieche, Griechin <-n, -n> ['gri:·çə] *m, f* Greek; *s. a.* **Deutsche(r)**

Griechenland <-s> ['gri:·çn̩·lant] *nt* Greece; *s. a.* **Deutschland**

griechisch ['gri:·çɪʃ] *adj* Greek; *s. a.* **deutsch**

Griesgram <-[e]s, -e> ['gri:s·gra:m] *m* (*pej*) grouch

griesgrämig ['gri:s·grɛ:·mɪç] *adj* grumpy

Grieß <-es, -e> ['gri:s] *m* semolina

Grießbrei *m* semolina

griff ['grɪf] *imp von* **greifen**

Griff <-[e]s, -e> ['grɪf] *m* ❶ (*Zugriff*) grip ❷ (*Handgriff*) movement; **mit einem ~** in a flash ❸ SPORT hold ❹ (*Öffnungsmechanismus*) *Tür, Revolver* handle; *Messer* hilt ▶ WENDUNGEN: **etw in den ~ bekommen** (*fam*) to get the hang of sth; **jdn/etw im ~ haben** to have sb/sth under control

griffbereit *adj* **etw ~ haben** to have sth handy; **~ liegen** to be readily accessible

griffig ['grɪ·fɪç] *adj* ❶ (*festen Griff ermöglichend*) easy to grip *pred* ❷ (*Widerstand bietend*) nonslip; *Fußboden, Profil* antiskid ❸ (*eingängig*) **ein ~er Slogan** a catchy slogan

Grill <-s, -s> ['grɪl] *m* ❶ (*Gerät*) grill ❷ (*Grillrost*) barbecue; **vom ~** grilled

Grille <-, -n> ['grɪ·lə] *f* cricket

grillen ['grɪ·lən] I. *vi* to have a barbecue II. *vt* to barbecue, to grill

Grimasse <-, -n> [gri·'ma·sə] *f* grimace; **~n schneiden** to make faces

grimmig ['grɪ·mɪç] I. *adj* ❶ (*zornig*) furious; *Gesicht* angry ❷ (*sehr groß, heftig*) severe; *Hunger* ravenous II. *adv* angrily; **~ lächeln** to smile grimly

grinsen ['grɪn·zn̩] *vi* to grin; **frech ~** to smirk; **höhnisch ~** to sneer

Grinsen <-s> ['grɪn·zn̩] *nt kein pl* grin; **freches ~** smirk; **höhnisches ~** sneer

Grippe <-, -n> ['grɪ·pə] *f* influenza, flu

Grippemittel *nt* flu medicine *fam*

Grippevirus *nt o m* influenza [*or* flu] virus

Grips <-es, *selten* -e> ['grɪps] *m* (*fam*) brains *pl;* **~ haben** to have plenty up top

grob <gröber, gröbste> ['gro:p] I. *adj* ❶ (*nicht fein*) coarse ❷ (*ungefähr*) rough; **in ~en Umrissen** roughly ❸ (*unhöflich*) rude; ■**~ werden** to get rude ❹ (*unsanft, unsensibel*) rough ▶ WENDUNGEN: **aus dem Gröbsten heraus sein** the worst is over II. *adv* ❶ (*nicht fein*) coarsely; **~ gemahlen** coarsely ground ❷ (*in etwa*) roughly; **~ geschätzt** at a rough estimate; **etw ~ erklären/wiedergeben** to give a rough explanation/account of sth ❸ (*unhöflich*) rudely ❹ (*unsanft, unsensibel*) roughly ❺ (*schlimm*) **sich** *akk* **~ täuschen** to be badly mistaken

grobgemahlen *adj attr s.* **grob** II 1

Grobheit <-, -en> *f* ❶ *kein pl* (*gefühllose Art*) rudeness ❷ (*grobe Äußerung*) rude remark ❸ (*unsanfte Art, Behandlung*) roughness

Grobian <-[e]s, -e> ['gro:·bi̯·a:n] *m* (*pej*) boor

grobkörnig *adj* coarse-grained

groggy ['grɔgi] *adj pred* ❶ (*schwer angeschlagen*) groggy ❷ (*fam: erschöpft*) exhausted

grölen ['grø:·lən] I. *vi* (*pej fam*) to shout [loudly] II. *vt* (*pej fam*) to bellow

Groll <-[e]s> ['grɔl] *m kein pl* (*geh*) resentment; [**einen**] **~ gegen jdn hegen** to harbor a grudge against sb

grollen ['grɔ·lən] *vi* (*geh*) ❶ (*zürnen*) ■**[jdm] ~** to be resentful [of sb] ❷ (*dumpf hallen*) to rumble

Grönland ['grø:n·lant] *nt* Greenland; *s. a.* **Deutschland**

Grönländer(in) <-s, -> ['grø:n·lɛn·de] *m(f)* Greenlander; *s. a.* **Deutsche(r)**

grönländisch ['grø:n·lɛn·dɪʃ] *adj* Greenlandic; *s. a.* **deutsch**

Gros <-, -> [gro:] *nt* ■**das ~** the majority

Groschen <-s, -> ['grɔ·ʃn̩] *m* ÖSTERR groschen ▶ WENDUNGEN: **der ~ fällt** (*hum fam*) a big light went on

groß <größer, größte> ['gro:s] I. *adj* ❶ (*flächenmäßig*) large, big ❷ (*lang*) long; **ein ~er Turm** a high tower ❸ (*das Maß oder Ausmaß betreffend*) great; **in ~en/größeren Formaten/Größen** in large/larger formats/sizes; **mit ~er Geschwindigkeit** at high speed ❹ (*hoch gewachsen*) tall; **du bist ~ geworden** you've grown; **er ist 1,78 m ~** he is 1.78 m [*or* 5 feet 10 inches] [tall] ❺ (*älter*) big, elder ❻ (*zeitlich ausgedehnt*) lengthy; **auf große[r] Fahrt** on a long journey ❼ (*bevölkerungsreich*) large; **die ~e Masse** the majority of [the] people ❽ (*erheblich*) great; *Durchbruch, Reinfall* major; *Misserfolg* abject ❾ (*hoch*) large ❿ (*beträchtlich*) great; *Nachfrage* big; *Schrecken* nasty; *Schwierigkeiten* serious; **~e Angst haben** to be terribly afraid; **eine ~e Dummheit** sheer stupidity ⓫ (*bedeu-*

tend) great; *Unternehmen, Supermarkt* leading ⑫ (*in Eigennamen*) **Friedrich der G~e** Frederick the Great ⑬ (*besonders* [*gut*]) **im Meckern ist sie ganz ~** she's moans about everything; **ich bin kein ~er Redner** I'm no great speaker ▶ WENDUNGEN: **im G~en und Ganzen** [**gesehen**] on the whole **II.** *adv* ① (*fam: besonders*) **was soll man da schon ~ sagen?** there's really not much to say; **ich habe mich nie ~ für Politik interessiert** I've never been particularly interested in politics ② MODE **etw größer machen** to let out *sep* sth ③ (*von weitem Ausmaß*) **~ angelegt** large-scale

Großalarm *m* red alert

großartig ['groːsˌʔaːɐ̯tɪç] **I.** *adj* ① (*prächtig*) magnificent ② (*hervorragend*) brilliant ③ (*wundervoll*) wonderful **II.** *adv* magnificently

Großaufnahme *f* close-up

Großbetrieb *m* large business; AGR large farm

Großbritannien <-s> [groːsˈbriˈtanjən] *nt* Great Britain; *s. a.* **Deutschland**

Großbuchstabe *m* capital [letter]

Größe <-, -n> ['grøːˌsə] *f* ① (*räumliche Ausdehnung*) *a.* ÖKON, MODE size ② (*Höhe, Länge*) height ③ MATH, PHYS quantity ④ *kein pl* (*Erheblichkeit*) magnitude; *eines Problems* seriousness; *eines Erfolgs* extent ⑤ *kein pl* (*Bedeutsamkeit*) significance

Großeinkauf *m* bulk purchase

Großeinsatz *m* large-scale operation

Großeltern *pl* grandparents *pl*

Großenkel(in) *m(f)* great-grandchild, great-grandson *masc*, great-granddaughter *fem*

Größenordnung *f* order of magnitude

großenteils *adv* largely

Größenwahn(sinn) *m* megalomania

größenwahnsinnig *adj* megalomanic

größer ['grøːˌsə] *adj komp von* **groß**

Großfahndung *f* large-scale search

Großfamilie *f* extended family

Großhandel *m* wholesale trade; **etw im ~ kaufen** to buy sth wholesale

Großhändler(in) *m(f)* wholesaler

großherzig *adj* (*geh*) magnanimous

Großherzigkeit <-> *f kein pl* (*geh*) magnanimity

Großherzog(in) ['groːsˌhɛr̯ˌtsoːk] *m(f)* grand duke *masc*, grand duchess *fem*

Großherzogtum *nt* grand duchy

Großhirn *nt* cerebrum

Großkind *nt* SCHWEIZ (*Enkelkind*) grandchild

großkotzig *adj* (*pej sl*) swanky

Großmacht *f* great power

Großmaul *nt* (*pej fam*) big mouth

Großmut *f s.* **Großherzigkeit**

großmütig ['groːsˌmyːˌtɪç] *adj s.* **großherzig**

Großmutter *f* grandmother, grandma *fam*, granny *fam*

Großraum *m* metropolitan area; **im ~ Berlin** in Greater Berlin

Großraumabteil *nt* BAHN open-plan car

Großraumbüro *nt* open-plan office, office with an open floor plan

großräumig *adj* ① (*geräumig*) spacious ② (*große Flächen betreffend*) extensive

groß|schreiben *vt irreg* ① (*mit großem Anfangsbuchstaben*) ■ **etw ~** to capitalize sth ② (*fam: wichtig nehmen*) ■ **etw wird bei jdm großgeschrieben** to be high on sb's list of priorities

Großschreibung *f* capitalization

großspurig *adj* (*pej*) boastful

Großstadt ['groːsˌʃtat] *f* [big] city

großstädtisch ['groːsˌʃtɛːˌtɪʃ] *adj* big-city *attr*

größte(r, s) ['grøːˌstə] *adj superl von* **groß**

Großteil *m* ① (*ein großer Teil*) ■ **ein ~** a large part ② (*der überwiegende Teil*) ■ **der ~** the majority; **zum ~** for the most part

größtenteils *adv* for the most part

größtmöglich ['grøːstˈmøːkˌlɪç] *adj attr* greatest possible

groß|tun *irreg* **I.** *vi* (*pej*) to boast **II.** *vr* ■ **sich** *akk* **mit etw ~** *dat* to boast about sth

Großunternehmen *nt s.* **Großbetrieb**

Großunternehmer(in) *m(f)* entrepreneur

Großvater *m* grandfather, grandpa *fam*

Großverdiener(in) *m(f)* high-income earner

groß|ziehen ['groːsˌtsiːən] *vt irreg* **ein Kind ~** to raise a child; **ein Tier ~** to rear an animal

großzügig **I.** *adj* ① (*generös*) generous ② (*nachsichtig*) lenient ③ (*in großem Stil*) grand; **ein ~er Plan** a large-scale plan **II.** *adv* ① (*generös*) generously ② (*nachsichtig*) leniently ③ (*weiträumig*) spaciously

Großzügigkeit <-> *f kein pl* ① (*Generosität*) generosity ② (*Toleranz*) leniency ③ (*Weiträumigkeit*) spaciousness

grotesk [groˈtɛsk] *adj* grotesque

Grotte <-, -n> ['grɔˌtə] *f* grotto

grub ['gruːp] *imp von* **graben**

Grübchen <-s, -> ['gryːpˌçən] *nt* dimple

Grube <-, -n> ['gruːˌbə] *f* ① (*größeres Erdloch*) [large] hole ② (*Bergwerk*) pit ▶ WENDUNGEN: **wer andern eine ~ gräbt, fällt selbst hinein** (*prov*) you can easily fall into your own trap

Grübelei <-, -en> [gryːbəˈlai] *f* brooding

grübeln ['gryːbl̩n] *vi* to brood (**über** +*akk* over)

Grubenarbeiter *m* miner

Grubenunglück *nt* mine [*or* mining] disaster

grüblerisch ['gryːbˌləˌrɪʃ] *adj* broody

grüezi ['gryːˌɛtsi] *interj* SCHWEIZ (*fam*) hi

Gruft <-, Grüfte> ['gruft, *pl* 'grʏfˌtə] *f* (*Grabgewölbe*) vault; (*Kirche*) crypt

grummeln ['gruˌml̩n] *vi* (*fam*) ① (*brummeln*) to mumble ② (*leise rollen*) to rumble

grün ['gryːn] *adj* (*Farbe*) *a.* POL green ▶ WENDUNGEN: **sich ~ und blau ärgern** to be furious; **jdn ~ und blau schlagen** (*fam*) to beat sb black and blue

Grün <-s, -*o fam* -s> ['gryːn] *nt* ① (*Farbe*) green ② (*Grünflächen*) green spaces; *am Golfplatz* green ③ (*grüne Pflanzen*) greenery; **das**

erste ~ nach dem Winter the first green shoots of spring ▶ WENDUNGEN: **das ist dasselbe in ~** (*fam*) it's one and the same [thing]
Grünanlage *f* green space
Grund <-[e]s, Gründe> ['grʊnt, *pl* 'grʏn·də] *m* ❶ (*Ursache, Veranlassung*) reason, cause; **keinen/nicht den geringsten ~** no/not the slightest reason; **jdm ~ [zu etw** *dat*] **geben** to give sb reason [to do sth]; ▪ **ein/kein ~ zu etw** *dat* [no] reason for sth ❷ (*Motiv*) grounds *pl*; **~ zu der Annahme haben, dass ...** to have reason to believe that ...; **aus finanziellen/gesundheitlichen Gründen** for financial/health reasons; **aus gutem ~** with good reason; **aus unerfindlichen Gründen** for some obscure reason; **aus diesem/welchem ~[e]** for this/what reason ❸ *kein pl* (*Erdboden*) ground ❹ DIAL (*Land, Acker*) land; **~ und Boden** land ❺ (*Boden eines Gewässers*) bed; **am ~e des Meeres** at the bottom of the sea ❻ *kein pl* (*Untergrund*) background ▶ WENDUNGEN: **jdn in ~ und Boden reden** to shoot sb's arguments to pieces; **im ~e jds Herzens** (*geh*) in one's heart of hearts; **auf ~ einer S.** *gen* on the basis of sth; **im ~e [genommen]** basically; **von ~ auf** [*o* **aus**] completely; (*von Anfang an*) from scratch
Grundausbildung *f* basic training
Grundbedeutung *f* fundamental meaning; LING original meaning
Grundbegriff *m meist pl* ❶ (*elementarer Begriff*) basic notion ❷ SCH rudiments *npl*
Grundbesitz *m* real estate, property
Grundbesitzer(in) *m(f)* landowner
Grundbuch *nt* real property register
grundehrlich [grʊnt·'ʔeːɐ̯·lɪç] *adj* (*emph*) thoroughly honest
gründen ['grʏn·dn̩] I. *vt* ❶ (*neu schaffen*) to found; *Firma* to set up; *Partei* to form ❷ (*fußen lassen*) ▪ **etw auf etw** *akk* **~** to base sth on sth II. *vr* ▪ **sich auf etw** *akk* **~** to be based on sth
Gründer(in) <-s, -> *m(f)* founder
grundfalsch ['grʊnt·'falʃ] *adj* (*emph*) completely wrong
Grundfarbe *f* ❶ (*Primärfarbe*) primary color ❷ (*als Untergrund aufgetragene Farbe*) primer
Grundfläche *f* area
Grundgebühr *f* basic charge [*or* fee]
Grundgedanke *m* basic idea
Grundgesetz *nt* basic [*or* fundamental] law

ⓘ The **Grundgesetz** is the constitution of the Federal Republic of Germany. It outlines Germany's legal and political system, and defines, among other things, the basic rights of people living in Germany and the relationship between the *Länder* (Federal States) and the federal government.

grundieren* ['grʊn·'diː·rən] *vt* to prime
Grundierung <-, -en> *f* primary coat

Grundkenntnis *f meist pl* basic knowledge
Grundkurs *m* SCH basic course [*or* class]; (*Einführungskurs*) introductory course
Grundlage *f* basis
grundlegend I. *adj* fundamental II. *adv* fundamentally
gründlich ['grʏnt·lɪç] I. *adj* thorough; **eine ~e Bildung** a broad education II. *adv* ❶ (*fam: total*) completely ❷ (*gewissenhaft*) thoroughly
Gründlichkeit <-> *f kein pl* thoroughness
Grundlinie *f* ❶ MATH ground line ❷ SPORT baseline
grundlos I. *adj* ❶ (*unbegründet*) unfounded ❷ (*ohne festen Boden*) bottomless II. *adv* groundlessly
Grundmauer *f* foundation wall
Grundnahrungsmittel *nt* basic food[stuff]
Gründonnerstag [gryːn·'dɔnɐs·taːk] *m* Maundy Thursday
Grundpfeiler *m* ❶ (*tragender Pfeiler*) supporting pillar; *Brücke* supporting pier ❷ (*fig: wesentliches Element*) cornerstone
Grundrecht *nt* basic right
Grundregel *f* basic rule
Grundrissᴿᴿ *m* ❶ BAU floor plan ❷ (*Abriss*) outline
Grundsatz ['grʊnt·zats] *m* principle
grundsätzlich ['grʊnt·zɛts·lɪç] I. *adj* ❶ (*grundlegend*) fundamental; *Bedenken, Zweifel* serious ❷ (*prinzipiell*) in principle *pred* II. *adv* ❶ (*völlig*) completely ❷ (*prinzipiell*) in principle ❸ (*kategorisch*) absolutely
Grundschule *f* elementary school
Grundstein *m* foundation stone; **den ~ zu etw** *dat* **legen** to lay the foundation for sth
Grundstoff *m* ❶ (*Rohstoff*) raw material ❷ CHEM element
Grundstück *nt* [piece of] property
Grundstücksmakler(in) *m(f)* real estate agent
Grundton *m* ❶ (*eines Akkords*) root; (*einer Tonleiter*) keynote ❷ (*Grundfarbe*) primer
Gründung <-, -en> *f* ❶ (*das Gründen*) foundation; *eines Betriebs* establishment ❷ BAU foundation
grundverschieden ['grʊnt·fɛɐ̯·'ʃiː·dn̩] *adj* (*emph*) completely different
Grundwasser *nt* ground water
Grundwasserspiegel *m* groundwater level
Grundwortschatz *m* basic vocabulary
Grüne(r) ['gryː·nə] *f(m)* POL [member of the] Green [Party]; **die ~n** the Green Party
Grüne(s) ['gryː·nə(s)] *nt* ❶ (*Schmuckreisig*) ▪ **~s** greenery *sing* ❷ (*Gemüse*) ▪ **~s** greens ▶ WENDUNGEN: **ins ~ fahren** (*fam*) to drive into the country

ⓘ Many bottles, cans, cartons, and other packages and containers are marked with a special **Grüner Punkt** (green dot) which indicates that they can be recycled according to the *Duales System* (recycling system). The recycling leads to the elimination of mountains of garbage.

Grünfläche _f_ green space
Grünkohl _m_ |curly| kale
grünlich ['gry:n·lɪç] _adj_ greenish
Grünschnabel _m_ (_fam_) greenhorn
Grünspan ['gry:n·ʃpa:n] _m kein pl_ verdigris
Grünstreifen _m_ median |strip|; (_am Straßenrand_) grassy shoulder
grunzen ['grʊn·tsn̩] _vi, vt_ to grunt
Grünzeug _nt_ (_fam_) ❶ (_Kräuter_) herbs _pl_ ❷ (_Salat_) green salad; (_Gemüse_) greens _pl_
Gruppe <-, -n> ['grʊ·pə] _f_ group
Gruppenarbeit _f kein pl_ teamwork
Gruppenaufnahme, Gruppenbild _nt_ group photograph
Gruppendynamik _f_ group dynamics + _sing/pl vb, no art_
Gruppenleiter(in) _m(f)_ team leader
Gruppenreise _f_ group travel
gruppenweise _adv_ in groups
gruppieren* [grʊˈpiː·rən] I. _vt_ ▪etw ~ to group sth II. _vr_ ▪sich ~ to be grouped
Gruppierung <-, -en> _f_ ❶ (_Gruppe_) group ❷ (_Aufstellung_) grouping
Gruselfilm _m_ horror film
Gruselgeschichte _f_ horror story
gruselig ['gru:·zə·lɪç], **gruslig** ['gru:z·lɪç] _adj_ gruesome, creepy
gruseln ['gru:·zl̩n] I. _vt, vi impers_ ▪jdn gruselt es sb gets the creeps II. _vr_ ▪sich _akk_ |vor jdm| ~ to shudder |at the sight of sb|
Gruß <-es, Grüße> ['gru:s, _pl_ 'gry:·sə] _m_ ❶ (_Begrüßung_) greeting; MIL salute; **einen** |**schönen**| **~ an Ihre Gattin** |please| give my regards to your wife, say hi to your wife for me _fam_ ❷ (_am Briefschluss_) regards; **mit freundlichen Grüßen** sincerely; **herzliche Grüße** best wishes
grüßen ['gry:·sn̩] I. _vt_ ❶ (_begrüßen_) ▪jdn ~ to greet sb; MIL to salute sb; **grüß dich!** (_fam_) hello |there|! ❷ (_Grüße übermitteln_) ▪jdn von jdm ~ to send sb sb's regards; **jdn ~ lassen** to say hello to sb II. _vi_ to say hello III. _vr_ ▪sich ~ to say hello to one another
Grußwort _nt_ welcome speech
gucken ['gʊ·kn̩] _vi_ ❶ (_sehen_) to look; (_heimlich_) to peek; **was guckst du so dumm!** wipe that silly look off your face! ❷ (_ragen_) ▪aus etw _dat_ ~ to stick out of sth
Guckloch _nt_ peephole
Guerillakämpfer(in) [ge·ˈrɪ·lja-] _m(f)_ guerrilla
Guerillakrieg [ge·ˈrɪ·lja-] _m_ guerrilla war|fare|
Guillotine <-, -n> [gɪl·jo·ˈtiː·nə, gi·jo·ˈtiː·nə] _f_ guillotine
Gulasch <-[e]s, -e _o_ -s> ['gu·laʃ] _nt o m_ goulash, stew
Gulden <-s, -> ['gʊl·dn̩] _m_ guilder
Gully <-s, -s> ['gʊ·li] _m o nt_ drain
gültig ['gʏl·tɪç] _adj_ ❶ (_Geltung besitzend_) valid; **der Sommerfahrplan ist ab dem 1.4. ~**

the summer schedule takes effect April 1st ❷ (_allgemein anerkannt_) universal
Gültigkeit <-> _f kein pl_ ❶ (_Geltung_) validity ❷ (_gesetzliche Wirksamkeit_) legal force
Gummi <-s, -s> ['gʊmi] _nt o m_ ❶ (_Material_) rubber (_fam: Radiergummi_) eraser ❸ (_fam: Gummiband_) rubber band ❹ (_Gummizug_) elastic ❺ (_fam: Kondom_) rubber _sl_
Gummiband _nt_ rubber band
Gummibaum _m_ ❶ (_Kautschukbaum_) rubber tree ❷ (_Zimmerpflanze_) rubber plant
Gummihandschuh _m_ rubber glove
Gummistiefel _m_ rubber boot
Gummizelle _f_ padded cell
Gummizug _m_ elastic
Gunst <-> ['gʊnst] _f kein pl_ ❶ (_Wohlwollen_) goodwill; **in jds ~ stehen** to be in sb's favor ❷ (_Vergünstigung_) **zu jds ~en** in sb's favor
günstig ['gʏns·tɪç] I. _adj_ ❶ (_zeitlich gut gelegen_) convenient ❷ (_begünstigend_) favorable ❸ (_preisgünstig_) reasonable II. _adv_ ❶ (_preisgünstig_) reasonably ❷ (_passend, geeignet_) favorably
Gurgel <-, -n> ['gʊr·gl̩] _f_ throat
gurgeln ['gʊr·gl̩n] _vi_ ❶ (_den Rachen spülen_) to gargle ❷ (_von ablaufender Flüssigkeit_) to gurgle
Gurke <-, -n> ['gʊr·kə] _f_ cucumber; (_Essiggurke_) pickle
gurren ['gʊ·rən] _vi Tauben_ to coo; (_fam_) _Mensch_ to purr
Gurt <-[e]s, -e> ['gʊrt] _m_ ❶ (_Riemen_) strap ❷ (_Sicherheitsgurt_) seat belt ❸ (_breiter Gürtel_) belt
Gürtel <-s, -> ['gʏr·tl̩] _m_ belt
Gürtellinie _f_ waist|line|
Gürtelschnalle _f_ belt buckle
Gürteltasche _f_ fanny pack
Gürteltier _nt_ armadillo
Gurtpflicht _f_ seatbelt law
Guru <-s, -s> ['gu:ru] _m_ guru
Guss[RR] <-es, Güsse>, **Guß**[ALT] <-sses, Güsse> ['gʊs, _pl_ 'gʏ·sə] _m_ ❶ (_fam: Regenguss_) downpour ❷ (_Zuckerguss_) icing
Gusseisen[RR] _nt_ cast iron
Gussform[RR] _f_ mold
gut <_besser, beste_> ['gu:t] I. _adj_ ❶ (_ausgezeichnet, hervorragend_) good; **jdm geht es ~/nicht ~** sb is fine/not well ❷ (_fachlich qualifiziert_) good ❸ _attr_ (_lieb_) good; (_intim_) close ❹ _meist attr_ (_untadelig_) good ❺ (_nicht übel, vorteilhaft_) good; **das kann nicht ~ gehen!** there's no way that'll work!, this won't be good! ❻ (_in Wünschen_) good; **~en Appetit!** enjoy your meal!; **~e Besserung/Erholung!** get well soon!; **~e Fahrt/Reise!** have a good |_or_ nice| trip!; **ein ~es neues Jahr!** Happy New Year! ► WENDUNGEN: **~ beieinander sein** SÜDD to be a bit chubby; **~ drauf sein** (_fam_) to be in a good mood; **~ gegen etw** _akk_ **sein** (_fam_) to be good for sth; **~ in etw** _dat_ **sein** to be good at sth; **lass mal ~ sein!** (_fam_) let's drop the subject!; **wer weiß, wozu es ~ ist**

perhaps it's for the best; ~ **werden** to turn out all right; **wieder** ~ **werden** to be all right; **also** ~! well, all right then!; **schon** ~! (*fam*) all right!; ~ **so!** that's great! [*or* perfect!]; **und das ist auch** ~ **so** and it's/that's a good thing, too; **sei so** ~ **und ...** would you be kind enough to ...; **wozu ist das** ~? (*fam*) what's the use of that?; [**wie**] ~, **dass ...** it's a good thing that ...; ~! (*in Ordnung!*) OK!; ~, ~! okay, okay! **II.** *adv* ❶ (*nicht schlecht*) well; ~ **aussehend** *attr* good-looking; ~ **bezahlt** *attr* well-paid; ~ **gehend** *attr* flourishing; ~ **gelaunt** in a good mood; ~ **gemeint** *attr* well-meant; **du sprichst aber** ~ **Englisch!** your English is really good, you speak English really well; ~ **verdienend** *attr* high-income *attr* ❷ (*geschickt*) well ❸ (*reichlich*) **es dauert noch** ~ **eine Stunde, bis Sie an der Reihe sind** it'll be a good hour before it's your turn ❹ (*einfach, recht*) **ich kann ihn jetzt nicht** ~ **im Stich lassen** I can't just leave him like that [now] ❺ (*leicht, mühelos*) **hast du die Prüfung** ~ **hinter dich gebracht?** did you make it through the exam all right?; ~ **leserlich** very legible ❻ (*angenehm*) **hm, wonach riecht das denn so** ~ **in der Küche?** hmm, what's that great smell coming from the kitchen?; **schmeckt es dir auch** ~? do you like it, too? ▸ WENDUNGEN: ~ **und gern** easily; **so** ~ **es geht** as best one can; [**das hast du**] ~ **gemacht!** good job!; **es** ~ **haben** to be lucky, to have it good; **das kann** ~ **sein** that's quite possible; **mach's** ~! (*fam*) bye!; **pass** ~ **auf!** be [very] careful!; **sich** *akk* ~ **mit jdm stellen** to get in good with sb

Gut <-[e]s, Güter> ['gu:t, *pl* 'gy:tɐ] *nt* ❶ (*Landgut*) estate ❷ (*Ware*) commodity ❸ *kein pl* (*das Gute*) good; ~ **und Böse** good and evil

Gutachten <-s, -> ['gu:t·ʔax·tn̩] *nt* [expert's] report

Gutachter(in) <-s, -> *m(f)* expert

gutartig *adj* ❶ MED benign ❷ (*nicht widerspenstig*) good-natured

gutbürgerlich ['gu:t·bʏr·gɐ·lɪç] *adj* middle-class; KOCHK homemade; ~**e Küche** home-style cooking

Gutdünken <-s> *nt kein pl* discretion

Gute(s) *nt* ❶ (*Positives*) ■~**s** good; **man hört viel** ~**s über ihn** you hear a lot of good things about him; ■**etwas** ~**s** something good; **er tat in seinem Leben viel** ~**s** he did a lot of good [things] in his life; [**auch**] **sein** ~**s haben** to have its good points [too]; **ein** ~**s hat die Sache** there is one good thing about it; **jdm schwant nichts** ~**s** sb has a bad feeling about sth; **nichts** ~**s versprechen** to not sound very promising; **jdm** ~**s tun** to be good to sb; **was kann ich dir denn** ~**s tun?** how can I spoil you?; **sich zum** ~**n wenden** to take a turn for the better; **alles** ~! all the best!; **das** ~ **daran** the good thing about it ❷ (*friedlich*) **im** ~**n** amicably; **lass dir's im** ~**n gesagt sein, dass**

ich das nicht dulde take a bit of friendly advice — I won't put up with it/that!; **sich** *akk* **im** ~**n trennen** to part on friendly terms ❸ (*gute Charakterzüge*) **das** ~ **im Menschen** the good in man; ~**s tun** to do good ▸ WENDUNGEN: ~**s mit Bösem/**~**m vergelten** (*geh*) to return evil/good for good; **des** ~**n zu viel sein** to be too much [of a good thing]; **das ist wirklich des** ~**n zu viel!** that's really overdoing it/things!; **alles hat sein** ~**s** (*prov*) every cloud has a silver lining *prov;* **im** ~**n wie im Bösen** (*mit Güte wie mit Strenge*) every way possible; (*in guten und schlechten Zeiten*) through good [times] and bad

Güte <-> ['gy:·tə] *f kein pl* ❶ (*milde Einstellung*) kindness; **die** ~ **haben, zu ...** to be so kind as to ... ❷ (*Qualität*) [good] quality ▸ WENDUNGEN: **erster** ~ (*fam*) of the first order; **ach du liebe** ~! (*fam*) oh my goodness! *fam;* **in** ~ amicably

Gutenachtgeschichte [gu:·tə·'naxt-] *f* bedtime story

Güterbahnhof *m* freight depot

Gütergemeinschaft *f* JUR community property; **in** ~ **leben** to have community property

Gütertrennung *f* JUR separate [*or* separation of] property; **in** ~ **leben** to have separate property

Güterzug *m* freight train

Gütezeichen *nt* mark of quality

gutgläubig *adj* trusting, gullible

Gutgläubigkeit *f* gullibility

gut|haben *vt irreg* ■**etw bei jdm** ~ to be owed sth by sb

Guthaben <-s, -> *nt* credit balance

gut|heißen *vt irreg* ■**etw** ~ to approve of sth

gütig ['gy:·tɪç] *adj* kind; **würden Sie so** ~ **sein, zu ...** (*geh*) would you be so kind as to ...; [**danke,**] **zu** ~! (*iron*) [thank you,] you're too kind!

gütlich ['gy:t·lɪç] **I.** *adj* amicable **II.** *adv* amicably ▸ WENDUNGEN: **sich** *akk* **an etw** *dat* ~ **tun** to help oneself freely to sth

gut|machen *vt* ❶ (*in Ordnung bringen*) ■**etw** ~ to make sth right; **etw an jdm gutzumachen haben** to owe sb sth ❷ (*entgelten*) ■**etw** ~ to repay sth ❸ (*wettmachen*) ■**etw mit etw** *dat* ~ to make up for sth by doing sth

gutmütig ['gu:t·my:·tɪç] *adj* good-natured

Gutmütigkeit <-> *f kein pl* good nature

Gutsbesitzer(in) *m(f)* landowner

Gutschein *m* coupon, gift certificate

gut|schreiben *vt irreg* ■**jdm etw** *akk* ~ to credit sb with sth

Gutschrift *f* ❶ *kein pl* (*Vorgang*) crediting ❷ (*Bescheinigung*) voucher

Gutsherr(in) *m(f)* lord/lady of the manor

Gutshof *m* estate, manor

gut|tun *vi irreg* ■**es tut jdm gut, etw zu tun** it does sb good to do sth

gutwillig **I.** *adj* (*entgegenkommend*) willing, obliging **II.** *adv* (*freiwillig*) voluntarily

Gymnasiallehrer(in) *m(f)*, **Gymnasialprofessor(in)** *m(f)* ÖSTERR ≈ high-school teacher

Gymnasiast(in) <-en, -en> [gʏm·na·ˈziˌast] *m(f)* ≈ high-school student

Gymnasium <-s, -ien> [gʏm·ˈnaːˌziˌʊm, *pl* gʏm·ˈnaːˌziˌən] *nt* ≈ high school

> **ℹ** After finishing elementary school, Germans who plan to study at a university attend a **Gymnasium** for grades 5–13. In Austria, students attend a Gymnasium for eight years. In Switzerland, students may attend a Gymnasium starting at the age of 13. Traditionally, secondary schools specialize in one of four categories: the classical languages (Latin and Greek); modern languages (including Latin sometimes); math and either science or economics; and music and art.

Gymnastik <-> [gʏm·ˈnasˌtɪk] *f kein pl* gymnastics + *sing vb*

Gynäkologe, Gynäkologin <-n, -n> [gy·nɛ·ko·ˈloː·gə] *m, f* gynecologist

Gynäkologie <-> [gy·nɛ·ko·lo·ˈgiː] *f kein pl* gynecology

gynäkologisch [gy·nɛ·ko·ˈloːˌgɪʃ] *adj* gynecological

H

H, h <-, - *o fam* -s, -s> [haː] *nt* ❶ (*Buchstabe*) H, h; ~ **wie Heinrich** H as in Hotel ❷ MUS B, b

h *Abk von* **hora[e]** hr. ❶ *gesprochen: Uhr* (*Stunde der Uhrzeit*) **22** ~ 2200 hrs.; **Abfahrt des Zuges: 9 h 17** train departure: 9:17 a.m. ❷ *gesprochen: Stunde* (*Stunde*) h

ha [haː] *Abk von* **Hektar** ha

Haar <-[e]s, -e> [haːɐ̯] *nt* ❶ (*einzelnes Haar*) hair ❷ *sing o pl* (*gesamtes Kopfhaar*) hair; **graue ~e bekommen** to go gray; **sich** *dat* **die ~e schneiden lassen** to have one's hair cut ▶WENDUNGEN: **jdm stehen die ~e zu Berge** (*fam*) sb's hair is standing on end; **sich** *dat* **in die ~e geraten** to argue; **etw ist an den ~en herbeigezogen** sth is far-fetched; **um ein ~** within a hair's breadth

Haarausfall *m* hair loss

Haarbürste *f* hairbrush

Haarbüschel *nt* tuft of hair

haaren [ˈhaːˌrən] *vi* to molt

Haarfarbe *f* color of one's hair

haargenau *adj* exact

haarig [ˈhaːˌrɪç] *adj* ❶ (*behaart*) hairy ❷ (*fig: heikel*) hairy; *Angelegenheit* tricky

haarklein [ˈhaːɐ̯ˈklain] *adv* in minute detail

Haarnadel *f* hairpin

haarscharf *adv* ❶ (*ganz knapp*) by a hair's breadth ❷ (*sehr exakt*) exactly

Haarschnitt *m* haircut

Haarspalterei <-, -en> [haːɐ̯ˌʃpal·te·ˈrai] *f* (*pej*) splitting hairs

Haarspange *f* barrette

haarsträubend [ˈhaːɐ̯ˌʃtrɔy·bn̩t] *adj* hair-raising

Haartrockner *m* hair dryer

Hab [haːp] *nt* ~ **und Gut** (*geh*) belongings *npl*, possessions *pl*

Habe <-> [ˈhaːˌbə] *f kein pl* (*geh*) belongings *npl*, possessions *pl*

haben <hatte, gehabt> [ˈhaːˌbn̩] **I.** *vt* ❶ (*besitzen, aufweisen*) to have ❷ (*erhalten*) to have; **ich hätte gern ein Bier** I'd like a beer, please ❸ *in Maßangaben* **ein Meter hat 100 Zentimeter** there are 100 centimeters in a meter ❹ (*von etw erfüllt sein*) **Durst/Hunger/ Angst/Sorgen ~** to be thirsty/hungry/afraid/ worried; **gute/schlechte Laune ~** to be in a good/bad mood ❺ (*herrschen*) **wir ~ heute den 13.** it's the 13th today, today is the 13th ❻ + *adj* **es bei jdm gut ~** to have got it made with sb ❼ (*tun müssen*) ■ **etw zu tun ~** to have sth to do; **ich habe noch zu arbeiten** I still have work to do ❽ DIAL (*geben*) ■ **es hat ... there is/are ...** ❾ + *prep* ■ **etw an sich** *dat* ~ to be sth about one; **jetzt weiß ich, was ich an ihr habe** now I know how lucky I am to have her; **das hast du jetzt davon!** now look where it's gotten you!; **nichts davon ~** to not gain a thing from it; ■ **jdn vor sich** *dat* **haben** to deal with sb; **wissen Sie überhaupt, wen Sie vor sich haben?** do you have any idea who you are dealing with? ▶WENDUNGEN: **noch/nicht mehr zu ~ sein** (*fam*) to still/no longer be available; **da hast du's** [*o* ~ **wir's**]! (*fam*) there you are [*or* go]!; **was hat es damit auf sich?** what's all this about?; **wie gehabt** as usual **II.** *aux vb* ■ **etw getan ~** to have done sth; **also, ich hätte das nicht gemacht** well, I wouldn't have done that

Haben <-s> [ˈhaːˌbn̩] *nt kein pl* credit; **mit etw** *dat* **im ~ sein** to be in the black by sth

Habenichts <-[es], -e> [ˈhaːˌbə·nɪçts] *m* (*fam*) have-not *usu pl*

Habgier [ˈhaːp·giːɐ̯] *f* (*pej*) greed

habgierig [ˈhaːp·giːˌrɪç] *adj* (*pej*) greedy

Habicht <-s, -e> [ˈhaːˌbɪçt] *m* hawk

Habsburger(in) <-s, -> [ˈhaːps·bʊr·gɐ] *m(f)* Hapsburg

Habseligkeiten [ˈhaːp·zeːˌlɪç·kaitn̩] *pl* (*meager*) belongings *npl*

Habsucht *f s.* **Habgier**

habsüchtig [ˈhaːp·zʏç·tɪç] *adj s.* **habgierig**

Hackbraten *m* meat loaf

Hacke <-, -n> [ˈhaːˌkə] *f* ❶ (*Gartengerät*) hoe ❷ ÖSTERR (*Axt*) ax ❸ DIAL (*Ferse*) heel

hacken¹ [ˈhaːˌkn̩] **I.** *vt* ❶ *Gemüse, Nüsse* to chop [up *sep*] ❷ *Boden* to hoe ❸ *Stücke* to hack (**in** +*akk* into) **II.** *vi* ❶ (*mit dem Schnabel*) to peck ❷ (*mit der Hacke*) to hoe

hacken² [ˈhɛ·kn̩] *vi* COMPUT (*sl*) ■ **das H~** hacking

Hacker(in) <-s, -> ['hɛ·kə] *m(f)* (*sl: Computerpirat*) hacker
Hackfleisch *nt* ground meat
hadern ['ha:·dɐn] *vi* (*geh*) to argue (**mit** +*dat* with); **mit seinem Schicksal** ~ to rail against one's fate
Hafen¹ <-s, Häfen> ['ha:·fn̩, *pl* 'hɛ:·fn̩] *m* ❶ (*Ankerplatz*) harbor, port ❷ (*geh: Zufluchtsort*) [safe] haven
Hafen² <-s, Häfen *o* -> ['ha:·fn̩, *pl* 'hɛ:·fn̩] *m o nt* DIAL, BES ÖSTERR ❶ (*größerer Topf*) pot ❷ (*Nachttopf*) chamber pot
Hafenarbeiter(in) *m(f)* docker
Hafenbehörde *f* port authority
Hafenstadt *f* port [city]
Hafer <-s, -> ['ha:·fɐ] *m* oats *pl*
Haferflocken *pl* oatmeal
Haft <-> [haft] *f kein pl* (*Haftstrafe*) imprisonment; (*Haftzeit*) prison sentence; **in** ~ **sein** to be in custody
Haftanstalt *f* detention center, prison
haftbar ['haft·ba:ɐ̯] *adj* ■ **für etw** *akk* ~ **sein** to be liable for sth; **jdn für etw** *akk* ~ **machen** to hold sb responsible for sth
Haftbefehl *m* [arrest] warrant
haften¹ ['haf·tn̩] *vi* ❶ ÖKON to be liable (**mit** +*dat* for) ❷ (*die Haftung übernehmen*) to be responsible (**für** +*akk* for)
haften² ['haf·tn̩] *vi* ❶ (*festkleben*) ■ **auf etw** *dat* ~ to adhere to sth ❷ (*sich festsetzen*) ■ **an etw** *dat* ~ to cling to sth ❸ (*hängen bleiben*) ■ **an jdm** ~ to stick to sb
Haftentlassung *f* release from custody
Häftling <-s, -e> ['hɛft·lɪŋ] *m* prisoner
Haftnotiz *f* sticky note, Post-it®
Haftpflicht *f* ❶ (*Schadenersatzpflicht*) liability ❷ (*fam: Haftpflichtversicherung*) personal liability insurance; AUTO third-party insurance
Haftpflichtversicherung *f* personal liability insurance; AUTO third-party insurance
Haftrichter(in) *m(f)* magistrate
Haftstrafe *f* (*veraltend*) *s.* **Freiheitsstrafe**
Haftung¹ <-, -en> ['haf·tʊŋ] *f* JUR liability
Haftung² <-> ['haf·tʊŋ] *f kein pl* AUTO road handling
Hafturlaub *m* parole
Hagebutte <-, -n> ['ha:·gə·bu·tə] *f* rose hip
Hagel <-s> ['ha:·gl̩] *m kein pl* ❶ METEO hail ❷ (*Kanonade*) torrent
Hagelkorn <-körner> *nt* hailstone
hageln ['ha:·gl̩n] **I.** *vi impers* to hail **II.** *vt impers* (*fam*) ■ **es hagelt etw** there is a hail of sth
hager ['ha:·gɐ] *adj* gaunt
haha [ha·'ha:], **hahaha** [ha·ha·'ha:] *interj* haha, ha, ha, ha
Hahn¹ <-[e]s, Hähne> ['ha:n, *pl* 'hɛ·nə] *m* rooster
Hahn² <-[e]s, Hähne *o* -en> ['ha:n, *pl* 'hɛ·nə] *m* ❶ (*Wasserhahn*) faucet ❷ (*an Schusswaffen*) hammer
Hähnchen <-s, -> ['hɛn·çən] *nt* chicken
Hai <-[e]s, -e> ['hai] *m*, **Haifisch** ['hai·fɪʃ] *m*

shark
Hain <-[e]s, -e> [hain] *m* (*poet, geh*) grove
Haiti <-s> [ha·'i:ti] *nt* Haiti; *s. a.* **Deutschland**
häkeln ['hɛ·kl̩n] *vi, vt* to crochet
Häkelnadel *f* crochet hook
Haken <-s, -> ['ha:·kn̩] *m* ❶ (*gebogene Halterung*) hook ❷ (*beim Boxen*) hook ❸ (*hakenförmiges Zeichen*) check [mark] ❹ (*fam: hindernde Schwierigkeit*) **einen** ~ **haben** (*fam*) to have a catch
Hakenkreuz *nt* swastika
Hakennase *f* hooked nose
halb [halp] **I.** *adj* ❶ (*die Hälfte von*) half ❷ (*halbe Stunde der Uhrzeit*) **es ist genau ~ sieben** it is exactly six[-]thirty ❸ *kein art* (*ein Großteil*) ~ **Deutschland verfolgt die Fußballweltmeisterschaft** half of Germany is following the World Cup ▸ WENDUNGEN: **nichts H~es und nichts Ganzes** neither this nor that **II.** *adv* ❶ *vor vb* (*zur Hälfte*) half; **etw nur ~ machen** to only half do sth; ~ **so** ... **sein** to be half as ...; ~ ..., ~ ... half ..., half ... ❷ *vor adj, adv* (*halbwegs*) half; ~ **nackt/offen/voll** half-naked/half-open/half-full ▸ WENDUNGEN: [**mit jdm**] ~ **e** ~ **e** **machen** to go halves with sb; **das ist** ~ **so** **schlimm** it's not as bad as all that
Halbbruder *m* half brother
Halbdunkel ['halp·dʊn·kl̩] *nt* semidarkness
Halbedelstein *m* semiprecious stone
halber ['hal·bɐ] *präp* +*gen nachgestellt* (*geh*) ■ **der** ... ~ for the sake of ...
halbfertig *adj attr* half-finished
Halbfinale *nt* semifinal[s]
Halbgott, -göttin *m, f* demigod *masc*, demigoddess *fem*
halbherzig *adj* half-hearted
halbieren* [hal·'bi:·rən] *vt* ❶ (*teilen*) to divide in half ❷ (*um die Hälfte vermindern*) to halve
Halbinsel ['halp·ʔɪn·zl̩] *f* peninsula
Halbjahr *nt* half year
halbjährig ['halp·jɛ:·rɪç] *adj attr* ❶ (*ein halbes Jahr dauernd*) six-month *attr* ❷ (*ein halbes Jahr alt*) six-month-old *attr*
halbjährlich ['halp·jɛ:ɐ̯·lɪç] **I.** *adj* half-yearly **II.** *adv* every six months, twice a year
Halbkreis *m* semicircle
Halbkugel *f* hemisphere
halblang *adj* MODE mid-calf length; *Haar* medium-length ▸ WENDUNGEN: [**nun**] **mach mal** ~! (*fam*) cut it out!
halblaut **I.** *adj* quiet **II.** *adv* quietly
Halbleiter *m* ELEK semiconductor
halbmast ['halp·mast] *adv* at half mast
Halbmond *m* ❶ ASTRON half moon ❷ (*Figur*) crescent
Halbpension *f* breakfast and dinner
halbrund *adj* semicircular
Halbschlaf *m* light sleep; **im** ~ **sein** to be half asleep
Halbschuh *m* shoe
Halbschwester *f* half sister
Halbstarke(r) *f(m) dekl wie adj* (*veraltend*

fam) [young] hooligan

halbstündig ['halp·ʃtʏn·dɪç] *adj attr* half-hour *attr*

halbstündlich ['halp·ʃtʏnt·lɪç] I. *adj* half-hourly II. *adv* every half hour

halbtags *adv* on a part-time basis; ~ **arbeiten** to work half-time

Halbtagsbeschäftigung *f* half-time [*or* part-time] job

Halbtagskraft *f* part-time worker

Halbton *m* MUS semitone

Halbwaise *f* child without a father/mother; ~ **sein** to be fatherless/motherless

halbwegs ['halp·'ve:ks] *adv* ❶ (*einigermaßen*) partly ❷ (*nahezu*) almost ❸ (*veraltend: auf halbem Wege*) halfway

Halbwert(s)zeit *f* PHYS half-life

Halbwüchsige(r) *f(m) dekl wie adj* adolescent

Halbzeit *f* halftime

Halde <-, -n> ['hal·də] *f* ❶ (*Müllhalde*) landfill ❷ BERGB slag heap ❸ (*unverkaufte Ware*) stockpile

half ['half] *imp von* **helfen**

Hälfte <-, -n> ['hɛlf·tə] *f* half; **um die** ~ by half

Halfter¹ <-s, -> ['half·tɐ] *m o nt* (*Zaum*) halter

Halfter² <-s, - *o* -, -n> ['half·tɐ] *nt o f* (*Tasche für Pistolen*) holster

Hall <-[e]s, -e> [hal] *m* ❶ (*dumpfer Schall*) reverberation ❷ (*Widerhall*) echo

Halle <-, -n> ['halə] *f* ❶ (*großer Raum*) hall ❷ (*Werkshalle*) workshop ❸ (*Sporthalle*) gymnasium; **in der** ~ indoors ❹ (*Hangar*) hangar

hallen ['ha·lən] *vi* to echo

Hallenbad *nt* indoor swimming pool

Halligalli <-s> ['ha·li·ga·li] *nt kein pl* (*meist pej fam*) hubbub

hallo [ha·'lo:] *interj* hello

Hallo <-s, -s> [ha·'lo:] *nt* hello

Halluzination <-, -en> [ha·lu·tsi·na·'tsi̯o:n] *f* hallucination

Halm <-[e]s, -e> [halm] *m* ❶ (*Stängel*) stalk ❷ (*Trinkhalm*) straw

Halogenscheinwerfer *f* AUTO halogen headlamp

Hals <-es, Hälse> [hals, *pl* 'hɛl·zə] *m* ❶ ANAT neck; **den** ~ **recken** to crane one's neck ❷ (*Kehle*) throat ❸ (*Flaschenhals*) neck ▶ WENDUNGEN: ~ **über** Kopf in a hurry; **aus** vollem ~ [e] at the top of one's voice

Halsabschneider(in) *m(f)* (*pej fam*) shark

Halsband *nt* ❶ (*für Haustiere*) collar ❷ (*Samtband*) choker

halsbrecherisch ['hals·brɛ·çə·rɪʃ] *adj* breakneck *attr*

Halsentzündung *f* sore throat

Halskette *f* necklace

Hals-Nasen-Ohren-Arzt, **-Ärztin** *m, f* ear, nose, and throat specialist

Halsschlagader *f* carotid [artery]

Halsschmerzen *pl* sore throat

Halstuch *nt* scarf, neckerchief

halt¹ [halt] *interj* halt!

halt² [halt] *adv* DIAL (*eben*) just; **du musst es** ~

noch mal machen you'll just have to do it again

Halt <-[e]s, -e> [halt] *m* ❶ (*Stütze*) hold; ~ **geben** to support; **den** ~ **verlieren** to lose one's grip [*or* footing] ❷ (*inneres Gleichgewicht*) stability ❸ (*Stopp*) stop; ~ **machen** to stop

haltbar ['halt·ba:ɐ̯] *adj* ❶ (*nicht leicht verderblich*) nonperishable; ■ ~ **sein** to keep; ~ **machen** to preserve ❷ (*widerstandsfähig*) durable

Haltbarkeit <-> *f kein pl* ❶ (*Lagerfähigkeit*) shelf life ❷ (*Widerstandsfähigkeit*) durability

Haltbarkeitsdatum *nt* sell-by date

halten <hielt, gehalten> ['hal·tn̩] I. *vt* ❶ (*festhalten, stützen*) to hold ❷ (*zum Bleiben veranlassen*) to stop, to keep ❸ (*in Position bringen*) to put; **er hielt die Hand in die Höhe** he put his hand up ❹ (*besitzen*) to keep ❺ (*weiter innehaben*) to hold on to ❻ (*in einem Zustand erhalten*) to keep ❼ (*abhalten*) *Rede, Vortrag* to give ❽ (*erfüllen*) **der Film hält nicht, was der Titel verspricht** the film doesn't live up to its title ▶ WENDUNGEN: **das** kannst du ~, **wie du willst** that's completely up to you; **viel/nichts** davon ~, **etw zu tun** to consider/not consider it important to do sth; **jdn/etw für** jdn/etw ~ to take sb/sth for sb/sth; **etw von** jdm/etw ~ to think sth of sb/sth II. *vi* ❶ (*festhalten*) to hold ❷ (*haltbar sein*) to keep ❸ (*anhalten*) to stop ▶ WENDUNGEN: **an** sich *akk* ~ to control oneself; **zu** jdm ~ to stand by sb III. *vr* ❶ (*sich festhalten*) ■ sich *akk* **an etw** *dat* ~ to hold on to sth ❷ METEO (*konstant bleiben*) ■ sich *akk* ~ to last ❸ (*eine Richtung beibehalten*) ■ sich *akk* **irgendwohin/nach ...** ~ to keep to somewhere/heading toward ... ❹ (*sich richten nach*) ■ sich *akk* **an etw** *akk* ~ to stick to sth ❺ (*eine bestimmte Haltung haben*) ■ sich *akk* **irgendwie** ~ to carry oneself in a certain manner ▶ WENDUNGEN: **sich** *akk* **gut gehalten haben** (*fam*) to have worn well

Halter <-s, -> *m* holder

Halterung <-, -en> *f* mounting, support

Haltestelle *f* stop

Halteverbot *nt kein pl* no stopping [any time]; **eingeschränktes** ~ ≈ loading/unloading zone

haltlos *adj* ❶ (*labil*) weak; *Mensch* unsteady ❷ (*unbegründet*) groundless, unfounded

Haltung¹ <-, -en> ['hal·tʊŋ] *f* ❶ (*Körperhaltung*) posture; (*typische Stellung*) stance ❷ (*Einstellung*) attitude ❸ *kein pl* (*Verhalten*) manner ▶ WENDUNGEN: ~ **bewahren** to keep one's composure

Haltung² <-> ['hal·tʊŋ] *f kein pl von Tieren* keeping

Haltungsfehler *m* bad posture

Halunke <-n, -n> [ha·'lʊŋ·kə] *m* ❶ (*pej: Gauner*) scoundrel ❷ (*hum: Schlingel*) rascal

hämisch ['hɛː·mɪʃ] I. *adj* malicious II. *adv* maliciously

Hammel <-s, -> ['ha·ml̩] *m* ❶ (*Tier*) wether

② *kein pl* (*Fleisch*) mutton
Hammelfleisch *nt* mutton
Hammer <-s, Hämmer> ['ha·mɐ, *pl* 'hɛ·mɐ] *m* **①** (*Werkzeug*) hammer **②** SPORT (*Wurfgerät*) hammer **③** (*sl: schwerer Fehler*) major mistake **④** (*Unverschämtheit*) outrageous thing
hämmern ['hɛ·mɐn] *vi, vt* **①** (*mit dem Hammer arbeiten*) to hammer **②** (*wie Hammerschläge ertönen*) to make a hammering noise **③** (*fam: auf dem Klavier spielen*) to hammer away on the piano **④** (*rasch pulsieren*) to pound
Hämorrhoide, Hämorride <-, -n> [hɛ·mɔ·'riː·də] *f meist pl* hemorrhoids *pl*
Hampelmann <-männer> ['ham·pl̩·man, *pl* -mɛ·nɐ] *m* **①** (*Spielzeug*) jumping jack **②** (*pej fam: labiler Mensch*) puppet
hampeln ['ham·pl̩n] *vi* (*fam*) to fidget
Hamster <-s, -> ['ham·stɐ] *m* hamster
Hamsterbacken *pl* (*fam*) chubby cheeks
Hamsterkauf *m* panic buying
hamstern ['ham·stɐn] *vt, vi* to hoard
Hand <-, Hände> [hant, *pl* 'hɛn·də] *f* **①** ANAT hand; **Hände hoch!** hands up!; **linker/rechter** ~ on the left/right; **jdm etw in die** ~ **drücken** to slip sth into sb's hand; **jdm die** ~ **geben** to shake sb's hand; **etw in die** ~ **nehmen** to pick up *sep* sth; **Hände weg!** [get your] hands off! **②** *kein pl* SPORT (*Handspiel*) handball **③** (*Besitz*) **der Besitz gelangte in fremde Hände** the property passed into foreign hands ▶ WENDUNGEN: ~ **und Fuß haben** to be well thought-out; **die Hände in den Schoß legen** to sit back and do nothing; [**bei etw** *dat*] **die Hände im Spiel haben** to have a hand in sth; **mit der bloßen** ~ with one's bare hand[s]; **aus erster/zweiter** ~ firsthand/secondhand; **in festen Händen sein** (*fam*) to be spoken for; **jds rechte** ~ **sein** to be sb's right-hand man; **eine starke** ~ a firm hand; **alle Hände voll zu tun haben** to have one's hands full; **etw gegen jdn in der** ~ **haben** to have sth on sb; **zur** ~ **sein** to be on hand; [**klar**] **auf der** ~ **liegen** (*fam*) to be [perfectly] obvious; **an** ~ **einer S.** *gen* with the aid of sth; [**bar**] **auf die** ~ (*fam*) cash in hand; ~ **in** ~ hand in hand; **von** ~ by hand; **zu Händen von jdm** attn: sb, for sb's attention
Handarbeit *f* **①** (*Gegenstand*) handicraft; ~ **sein** to be handmade; **in** ~ by hand **②** *kein pl* (*körperliche Arbeit*) manual labor **③** (*Nähen, Stricken etc.*) needlework; (*Gegenstand*) needlework
Handball *m o fam nt* SPORT handball
Handbewegung *f* movement of the hand, gesture
Handbreit <-, -> ['hant·brait] *f* a couple inches
Handbremse *f* hand brake
Handbuch *nt* manual
Händchen <-s, -> ['hɛnt·çən] *nt dim von*

Hand small hand; **für etw** *akk* **ein** ~ **haben** (*fam*) to have a knack for sth; ~ **halten** (*fam*) to hold hands
Handcreme [-kreːm] *f* hand cream [*or* lotion]
Händedruck *m kein pl* handshake
Handel <-s> ['han·dl̩] *m kein pl* **①** (*Wirtschaftszweig der Händler*) commerce **②** (*Warenverkehr*) trade **③** (*fam: Abmachung, Geschäft*) deal **④** (*das Handeln*) dealing, trading (**mit** + *dat* in) **⑤** (*Laden*) business; **im** ~ **sein** to be on the market
handeln ['han·dl̩n] I. *vi* **①** (*kaufen und verkaufen*) to trade (**mit** + *dat* in); **mit Drogen** ~ to deal drugs **②** (*feilschen*) to haggle (**um** + *akk* about/over) **③** (*agieren*) to act **④** (*befassen*) ■**von etw** *dat* ~ to be about [*or* deal with] sth II. *vr impers* ■**sich** *akk* **um jdn/etw** ~ to concern [*or* be about] sb/sth III. *vt* (*angeboten und verkauft werden*) ■**[für etw** *akk*] **gehandelt werden** to be traded [at/for sth]
Handelsabkommen *nt* trade agreement
Handelsbank *f* merchant bank
Handelsbeziehungen *pl* trade relations
Handelsbilanz *f* **aktive/passive** ~ balance of trade surplus/deficit
handelseinig ['han·dl̩s·ʔai·nɪç], **handelseins** ['han·dl̩s·ʔains] *adj pred* ■ ~ **sein/werden** to come to an agreement
Handelskammer *f* chamber of commerce
Handelsmarke *f* trademark, brand
Handelsrecht *nt* commercial law
Handelsregister *nt* register of business names
Handelsschiff *nt* trading vessel
Handelsschule *f* business school
handelsüblich *adj* in accordance with standard commercial practice; **eine** ~**e Größe** a standard size
Handelsvertrag *m* JUR trade agreement
Handelsvertreter(in) *m(f)* commercial agent
Handelsware *f* commodity
Handeltreibende(r) *f(m) dekl wie adj* trader
Handfeger <-s, -> *m* hand brush
Handfertigkeit *f* dexterity
handfest *adj* **①** (*deftig*) substantial **②** (*robust*) sturdy; **ein** ~**er Skandal** a full-blown scandal **③** (*hieb- und stichfest*) well-founded; ~**e Beweise** solid proof
Handfeuerwaffe *f* handgun
Handfläche *f* palm of one's hand
handgearbeitet *adj* handmade
Handgelenk *nt* wrist ▶ WENDUNGEN: **etw aus dem** ~ **schütteln** (*fam*) to do sth effortlessly
Handgemenge *nt* scuffle
Handgepäck *nt* carry-on luggage
handgeschrieben *adj* handwritten
Handgranate *f* hand grenade
handgreiflich ['hant·graif·lɪç] *adj* violent (**gegen** + *akk* toward)
Handgreiflichkeit <-, -en> *f kein pl* (*Tätlichkeit*) fight; **bei dem Streit kam es zu** ~**en** the argument became violent
Handgriff *m* **①** (*Aktion*) movement; **mit einem** ~ with a flick of the wrist **②** (*Griff*) han-

dle

handhaben ['hant·ha:·bn̩] *vt* ❶ (*bedienen*) to handle; *Maschine a.* to operate ❷ (*anwenden*) to apply ❸ (*verfahren*) to manage

Handhabung <-> *f kein pl* ❶ (*Bedienung*) operation ❷ (*Anwendung*) application

Handicap, Handikap <-s, -s> ['hɛn·di·kɛp] *nt* handicap

Handkoffer *m* small suitcase

Handkussᴿᴿ *m* kiss on the hand

Handlanger(in) <-s, -> ['hant·laŋe] *m(f)* ❶ (*Helfer*) laborer ❷ (*pej: Erfüllungsgehilfe*) stooge

Händler(in) <-s, -> ['hɛnd·lɐ] *m(f)* dealer; **fliegender ~** hawker

handlich ['hant·lɪç] *adj* ❶ (*bequem zu handhaben*) easy to handle, manageable ❷ (*leicht lenkbar*) maneuverable

Handlung <-, -en> ['hand·lʊŋ] *f* ❶ (*Tat*) act ❷ (*im Buch, Film*) action, plot, story

Handlungsbevollmächtigte(r) *f(m)* authorized agent

handlungsfähig *adj* capable of acting

Handlungsfreiheit *f kein pl* freedom of action

Handlungsspielraum *m* room for maneuvering

handlungsunfähig *adj* incapable of acting

Handlungsweise *f* conduct

Handrücken *m* back of the hand

Handschelle *f meist pl* handcuffs *pl*

Handschlag *m* handshake

Handschrift ['hant·ʃrɪft] *f* ❶ (*Schrift*) handwriting ❷ (*Text*) manuscript

handschriftlich **I.** *adj* ❶ (*von Hand geschrieben*) handwritten ❷ (*als Handschrift überliefert*) in manuscript form **II.** *adv* (*von Hand*) by hand

Handschuh *m* glove

Handschuhfach *nt* glove compartment

Handtasche *f* handbag, purse

Handtuch <-tücher> *nt* towel

Handumdrehen ['hant·ʔʊm·dre:·ən] *nt* ▶ WENDUNGEN: **im ~** in a jiffy

Handvoll <-, -> *f* handful

Handwäsche *f* ❶ (*Vorgang*) hand wash ❷ *kein pl* (*Wäschestücke*) laundry to be hand-washed

Handwerk *nt* trade ▶ WENDUNGEN: **jdm das ~ legen** to put an end to sb's game; **sein ~ verstehen** to know one's job

Handwerker(in) <-s, -> *m(f)* tradesman

handwerklich **I.** *adj* relating to a trade; **~es Können** craftsmanship **II.** *adv* concerning craftsmanship

Handwerkszeug *nt kein pl* tools of the trade, equipment

Handy <-s, -s> ['hɛn·di] *nt* TELEK cell[ular] [tele]phone

Handzeichen *nt* gesture, sign

Handzettel *m* leaflet

Hanf <-[e]s> [hanf] *m kein pl* hemp

Hang <-[e]s, Hänge> [haŋ, *pl* 'hɛŋə] *m* ❶ (*Abhang*) slope ❷ *kein pl* (*Neigung*) tendency; **sie hat einen ~ zu Übertreibungen** she tends to exaggerate; **den ~ haben, etw zu tun** to be inclined to do sth

Hängebrücke *f* suspension bridge

Hängematte *f* hammock

hängen ['hɛŋ·ən] **I.** *vi* <hing, gehangen> ❶ (*angebracht sein*) Gegenstand, Verbrecher to hang (**an** +*dat* on, **über** +*dat* over, **von** +*dat* from) ❷ (*sich neigen*) to lean ❸ (*befestigt sein*) **■an etw** *dat* **~ Anhänger, Wohnwagen** to be attached to sth ❹ (*fam: angeschlossen sein*) **■an etw** *dat* **~ Patient** to be connected to sth ❺ (*fam: emotional*) **■an etw/jdm ~** to be attached to sth/sb ❻ (*festhängen*) [**mit etw** *dat*] **an etw** *dat* **~ bleiben** to get [sth] caught on sth ❼ (*fam: sich aufhalten*) **er hängt den ganzen Tag vorm Fernseher** he spends all day in front of the television ❽ (*fam: zu erledigen sein*) **etw bleibt an jdm ~** sth is up to sb ❾ (*fam: in der Erinnerung bleiben*) **■[bei jdm] ~ bleiben** to stick [in sb's mind] ❿ (*nach unten*) **etw ~ lassen** to dangle sth **II.** *vt* <hängte *o* DIAL hing, gehängt *o* DIAL gehangen> ❶ (*anbringen*) **■etw an-/auf etw** *akk* **~** to hang sth on sth ❷ (*henken*) to hang ❸ (*anschließen*) **■etw an etw** *akk* **~** to attach sth to sth ❹ (*im Stich lassen*) **■jdn ~ lassen** to let sb down **III.** *vr* <hängte *o* DIAL hing, gehängt *o* DIAL gehangen> ❶ (*sich festhalten*) **■sich** *akk* **an jdn/etw ~** to hang on to sb/sth ❷ (*sich gehen lassen*) **■sich** *akk* **~ lassen** to let oneself go

Hanse <-> ['hanzə] *f kein pl* HIST Hanseatic League

i The **Hanse** (Hanseatic League) was originally an association of towns lying on important trade routes. The aim of these *Hansestädte* was to protect and control trade. The German Hanse had a trade monopoly on the Baltic for 200 years. Today, seven cities in northern Germany still call themselves *Hansestädte*: Hamburg, Bremen, Lübeck, Greifswald, Rostock, Stralsund, and Wismar.

Hänselei <-, -en> *f* teasing

hänseln ['hɛn·zl̩n] *vt* to tease (**wegen** +*gen* about)

Hansestadt *f* ❶ (*eine der sieben nordd. Städte*) Hanseatic city ❷ HIST city of [*or* in] the Hanseatic League

Hantel <-, -n> ['han·tl̩] *f* SPORT dumbbell

hantieren* [han·'ti:·rən] *vi* ❶ (*sich beschäftigen*) to be busy (**mit** +*dat* with) ❷ (*herumwerkeln*) to work (**an** +*dat* on)

hapern ['ha:·pɐn] *vi impers* (*fam*) ❶ (*fehlen*) **■an etw** *dat* **~** to be lacking sth ❷ (*schlecht bestellt sein*) **■es hapert [bei jdm] mit etw** *dat* sb has a problem with sth

häppchenweise *adv* (*fam*) in small mouthfuls; (*nach und nach*) bit by bit

Happen <-s, -> ['hapn̩] *m* (*fam: kleine Mahlzeit*) snack
happig ['ha·pɪç] *adj* (*fam: hoch*) *Preis* steep
happy ['hɛ·pi] *adj* (*fam*) happy
Harem <-s, -s> ['ha:·rɛm] *m* harem
Harfe <-, -n> ['har·fə] *f* harp
Harke <-, -n> ['har·kə] *f bes* NORDD rake
Harlekin <-s, -e> ['har·le·ki:n] *m* Harlequin
harmlos I. *adj* ❶ (*ungefährlich*) harmless ❷ (*arglos*) innocent II. *adv* ❶ (*ungefährlich*) harmlessly ❷ (*arglos*) innocently
Harmonie <-, -n> [har·mo·'ni:, *pl* -'ni:·ən] *f* harmony
harmonieren* [har·mo·'ni:·rən] *vi* ❶ (*zusammenklingen*) to harmonize ❷ (*zueinander passen*) to go with ❸ (*gut zusammenpassen*) to get along well [with each other]
Harmonika <-, -s *o* Harmoniken> [har·'mo:·ni·ka] *f* accordion
harmonisch [har·'mo:·nɪʃ] I. *adj* harmonious II. *adv* harmoniously
harmonisieren* [har·mo·ni·'zi:·rən] *vt* to harmonize
Harmonium <-s, -ien> [har·'mo:·ni̯·ʊm, *pl* -'mo:·ni·ən] *nt* harmonium
Harn <-[e]s, -e> [harn] *m* urine
Harnblase *f* bladder
Harnsäure *f* uric acid
harntreibend I. *adj* (*geh*) diuretic II. *adv* (*geh*) having a diuretic effect
Harpune <-, -n> [har·'pu:·nə] *f* harpoon
harren ['ha·rən] *vi* (*geh*) ■ **einer S.** *gen* ~ to await sth
hart <härter, härteste> [hart] I. *adj* ❶ (*nicht weich*) hard; (*straff*) firm ❷ (*heftig*) *Aufprall, Ruck, Winter* severe ❸ *Akzent* harsh ❹ *Schnaps* strong; *Drogen* hard; hard-core ❺ (*brutal*) *Film, Konflikt* violent ❻ (*abgehärtet*) *Kerl* tough ❼ (*streng, unerbittlich*) *Regime, Gesetze, Worte* harsh; *Mensch* hard; *Strafe* severe; ■ ~ **mit jdm sein** to be hard on sb ❽ (*schwer zu ertragen*) cruel; *Zeiten* hard; *Realität, Wahrheit* harsh; **der Tod ihres Mannes war für sie ein ~er Schlag** the death of her husband was a cruel blow for her ❾ (*mühevoll*) tough; *Arbeit* hard ▶ WENDUNGEN: [**in etw** *dat*] ~ **bleiben** to remain firm [about sth]; ~ **im Nehmen sein** to be resilient II. *adv* ❶ (*nicht weich*) hard; ~ **gefroren** frozen hard *pred*; ~ **gekocht** hard-boiled ❷ (*heftig*) **bei dem Sturz ist er** ~ **gefallen** he had a severe fall ❸ (*rau*) harshly; **die Sprache klingt ziemlich** ~ the language sounds quite harsh ❹ (*mühevoll*) hard; ~ **arbeiten** to work hard ▶ WENDUNGEN: **jdn** ~ **treffen** to hit sb hard
Härte <-, -n> ['hɛr·tə] *f* ❶ (*Härtegrad*) hardness ❷ *kein pl* (*Wucht*) force ❸ *kein pl* (*Robustheit*) robustness ❹ *kein pl* (*Stabilität*) stability ❺ *kein pl* (*Strenge*) severity; (*Unerbittlichkeit*) relentlessness ❻ (*schwere Erträglichkeit*) cruelty
Härtefall *m* hardship case
Härtetest *m* endurance test

hartherzig *adj* hard-hearted
hartnäckig I. *adj* ❶ (*beharrlich*) persistent ❷ (*langwierig*) stubborn II. *adv* (*beharrlich*) persistently
Hartnäckigkeit <-> *f kein pl* ❶ (*Beharrlichkeit*) persistence ❷ (*Langwierigkeit*) stubbornness
Hartz IV [ha:ɐ̯ts·'fi:ɐ̯] German labor market reform
Harz¹ <-es, -e> [ha:ɐ̯ts] *nt* resin
Harz² <-es> [ha:ɐ̯ts] *m* ■ **der** ~ the Harz Mountains
harzig ['ha:ɐ̯·tsɪç] *adj* resinous
Haschisch <-[s]> ['ha·ʃɪʃ] *nt o m kein pl* hashish
Hase <-n, -n> ['ha:·zə] *m* ❶ (*wild lebendes Nagetier*) hare ❷ (*Kaninchen*) rabbit
Haselnussᴿᴿ ['ha:·zl̩·nʊs] *f* ❶ (*Nuss*) hazelnut ❷ (*Hasel*) hazel
Hassᴿᴿ <-es>, **Haß**ᴬᴸᵀ <-sses> [has] *m kein pl* hate, hatred, loathing; **einen** ~ **auf jdn haben** to hate sb; **aus** ~ out of hatred
hassen ['ha·sn̩] *vt* to hate; ■ **es** ~, **etw zu tun** to hate doing sth
hasserfülltᴿᴿ *adj, adv* full of hate
hässlichᴿᴿ, **häßlich**ᴬᴸᵀ ['hɛs·lɪç] I. *adj* ❶ (*unschön*) ugly ❷ (*gemein*) nasty ❸ (*unerfreulich*) unpleasant II. *adv* (*gemein*) nastily
Hässlichkeitᴿᴿ, **Häßlichkeit**ᴬᴸᵀ <-, -en> *f* ugliness, nastiness
hasten ['has·tn̩] *vi sein* (*geh*) to hurry
hastig ['has·tɪç] I. *adj* hurried, rushed; **nicht so** ~! not so fast! II. *adv* hastily, hurriedly
hat *3. pers sing pres von* **haben**
hätscheln ['hɛ:·tʃln̩] *vt* ❶ (*liebkosen*) to cuddle ❷ (*gut behandeln*) to pamper ❸ (*gerne pflegen*) to cherish
hatschi [ha·'tʃi:] *interj* atchoo
hatte ['ha·tə] *imp von* **haben**
Haube <-, -n> ['hau·bə] *f* ❶ (*weibliche Kopfbedeckung*) bonnet ❷ (*Trockenhaube*) hair dryer ❸ (*Motorhaube*) hood ❹ ÖSTERR, SÜDD (*Mütze*) cap
Hauch <-[e]s, -e> [haux] *m* (*geh, poet*) ❶ (*Atemhauch*) breath ❷ (*Luftzug*) breath of air ❸ (*leichter Duft*) whiff, waft ❹ (*Flair*) aura
hauchdünn ['haux·'dʏn] *adj* ❶ (*äußerst dünn*) wafer-thin; *Stoff* airy, gauzy ❷ (*äußerst knapp*) **eine** ~**e Mehrheit** a narrow majority
hauchen ['hau·xn̩] I. *vi* (*sanft blasen*) to breathe II. *vt* (*flüstern*) to whisper
Haue <-, -n> ['hauə] *f* ❶ SÜDD, SCHWEIZ, ÖSTERR (*Hacke*) hoe ❷ *kein pl* (*fam: Prügel*) thrashing
hauen <haute, gehauen *o* DIAL gehaut> ['hau·ən,] I. *vt* ❶ <haute, gehauen> (*fam: schlagen*) to hit ❷ <haute, gehauen> (*fam: verprügeln*) to hit; ■ **sie** ~ **sich** they're beating each other up ❸ <haute, gehauen> (*meißeln*) to carve II. *vr* (*fam: sich setzen, legen*) ■ **sich** *akk* **auf/in etw** *akk* ~ to throw oneself onto/into sth
Häufchen <-s, -> ['hɔyf·çən] *nt dim von* **Haufen** small pile ▶ WENDUNGEN: **ein** ~ **Elend**

(*fam*) a picture of misery

Haufen <-s, -> ['hau·fṇ] *m* ❶ (*Anhäufung*) heap, pile ❷ (*fam: große Menge*) ton; **du erzählst da einen ~ Quatsch!** what a bunch of nonsense! ❸ (*Schar*) crowd ❹ (*Gruppe, Gemeinschaft*) bunch ▶ WENDUNGEN: **jdn über den ~ rennen/fahren** (*fam*) to run over *sep* sb; **etw über den ~ werfen** (*fam*) to mess up *sep* sth; **auf einem ~** (*fam*) in one place

häufen ['hɔy·fṇ] **I.** *vt* (*aufhäufen*) to pile on **II.** *vr* ■ **sich** *akk* ~ ❶ (*zahlreicher werden*) to accumulate, to become more frequent, to multiply ❷ (*türmen*) to pile up

haufenweise *adv* ❶ (*in Haufen*) in piles ❷ (*fam*) in great quantities; **etw ~ haben** to have tons of sth

häufig ['hɔy·fɪç] **I.** *adj* frequent **II.** *adv* frequently, often

Häufigkeit <-, -en> *f* frequency

Haupt <-[e]s, Häupter> [haupt, *pl* 'hɔyp·tɐ] *nt* (*geh*) head; **gesenkten/erhobenen ~es** with one's head bowed/raised

hauptamtlich I. *adj* full-time **II.** *adv* on a full-time basis

Hauptaspekt *m eines Experiments* central focus; *eines Romans* main theme

Hauptaufgabe *f* main duty

Hauptausgang *m* main exit

Hauptbahnhof *m* main [train] station

hauptberuflich I. *adj* full-time **II.** *adv* on a full-time basis

Hauptdarsteller(in) *m(f)* leading man [*or* actor]

Haupteingang *m* main entrance

Hauptfach *nt* SCH major

Hauptfigur *f* LIT main character

Hauptgang *m* ❶ (*Hauptgericht*) main course ❷ (*zentraler Gang*) main corridor ❸ (*Waschgang*) main [wash] cycle

Hauptgericht *nt* main course

Hauptgeschäftszeit *f* peak shopping hours *pl*, main business hours *pl*

Hauptgewinn *m* first prize

Hauptleute *pl von* **Hauptmann**

Häuptling <-s, -e> ['hɔypt·lɪŋ] *m* chief

Hauptmann <-leute> ['haupt·man] *m* captain

Hauptmenü *nt* COMPUT main menu

Hauptperson *f* ❶ (*wichtigste Person*) central figure ❷ (*die tonangebende Person*) center of attention, main person

Hauptquartier *nt* headquarters *npl*

Hauptrolle *f* leading role ▶ WENDUNGEN: [**bei etw** *dat*] **die ~ spielen** to play a leading part [in sth]

Hauptsache ['haupt·za·xə] *f* main thing; **~, du bist glücklich!** the main thing is that you're happy!

hauptsächlich ['haupt·zeç·lɪç] **I.** *adj* main, chief **II.** *adv* mainly, especially, above all

Hauptsaison [-zɛ·zɔŋ] *f* peak season

Hauptsatz *m* LING main clause

Hauptschlagader *f* aorta

Hauptschule *f* ≈ junior high school (*a school*

for grades 5 to 10 in Germany or grades 5 to 8 in Austria)

i A **Hauptschule** is a type of junior high school that caters to students whose grade point average at the end of elementary school does not satisfy the entrance requirements of the *Realschule* or the *Gymnasium*. Students who graduate from a *Hauptschule* often have trouble obtaining the additional training required for most kinds of employment. In Austria, students who meet the necessary standards can transfer to a *Gymnasium* after completing four years in a *Hauptschule*.

Hauptschüler(in) *m(f)* a student at a Hauptschule

Hauptsitz *m* headquarters *npl*, main office

Hauptspeise *f* main course

Hauptstadt *f* capital [city]

Hauptverkehrsstraße *f* main road [*or* thoroughfare]

Hauptverkehrszeit *f* rush hour

Hauptversammlung *f* general meeting

Hauptverwaltung *f* ADMIN main office, headquarters *npl*

Hauptwohnsitz *m* permanent residence

Hauptwort *nt* noun

Haus <-es, Häuser> [haus, *pl* 'hɔy·zɐ] *nt* ❶ (*Gebäude*) house; **jdn nach ~ bringen** to take [*or* bring] sb home; **sich** *akk* **wie zu ~e fühlen** to feel at home; **außer ~ essen** to eat out; [**etw**] **ins ~ liefern** to deliver [sth] to the door; **frei ~ liefern** to deliver free of charge; **nach ~e** [*o* ÖSTERR, SCHWEIZ *a.* **nachhause**RR] home; **zu ~e** [*o* ÖSTERR, SCHWEIZ *a.* **zuhause**RR] at home; **bei jdm zu ~e** [*o* ÖSTERR, SCHWEIZ *a.* **zuhause**] at sb's house ❷ (*Familie*) household; **er ist ein alter Freund des ~es** he's an old friend of the family; **aus gutem ~e** from a good family ❸ (*geh: Unternehmen*) company; **das erste ~ am Platze** the best company in the area; **im ~e sein** to be in ❹ POL (*Kammer*) House ▶ WENDUNGEN: **~ halten** to be economical; **von ~ aus** originally

Hausangestellte(r) *f/m)* domestic servant

Hausarbeit *f* ❶ (*Arbeit im Haushalt*) housework ❷ SCH (*Schulaufgaben*) homework; (*wissenschaftliche Arbeit*) assignment

Hausarrest *m* ❶ (*elterliche Strafe*) **~ haben** to be grounded ❷ JUR house arrest

Hausarzt, -ärztin *m, f* family physician

Hausaufgabe *f* homework assignment; ■ **~n** homework

Hausbesitzer(in) *m(f)* homeowner; (*Vermieter*) landlord

Hausbewohner(in) *m(f)* tenant

Hausboot *nt* houseboat

Häuschen <-s, -> ['hɔys·çən] *nt* ❶ *dim von* **Haus** small house ❷ SCHWEIZ (*Kästchen auf*

kariertem Papier) square

Hausdurchsuchung *f* JUR house search

Hauseingang *m* entrance [to a house]

hausen ['hau·zn̩] *vi* ❶ (*pej fam: erbärmlich wohnen*) to live [in poor conditions] ❷ (*wüten*) to wreak havoc

Hausflur *m* entrance hall

Hausfrau *f* ❶ (*nicht berufstätige Frau*) housewife ❷ ÖSTERR, SÜDD (*Zimmerwirtin*) landlady

Hausfreund(in) *m(f)* ❶ (*Freund der Familie*) friend of the family ❷ *nur m* (*euph fam: Liebhaber der Ehefrau*) man friend

Hausfriedensbruch *m* trespassing

Hausgebrauch *m* **für den ~** for domestic use; (*für durchschnittliche Ansprüche*) for average requirements

Haushalt <-[e]s, -e> *m* ❶ (*Hausgemeinschaft*) household ❷ (*Haushaltsführung*) housekeeping; [jdm] **den ~ führen** to keep house [for sb] ❸ MED, BIOL balance ❹ ÖKON budget

haus|halten *vi irreg* to be economical (**mit** +*dat* with)

Haushaltsgeld *nt* money for household expenses

Haushaltshilfe *f* household help

Haushaltsplan *m* budget

Hausherr(in) <-en, -en> *m(f)* head of the household; (*Gastgeber*) host

haushoch ['haus·hox] I. *adj* ❶ (*euph: sehr hoch*) huge, as high as a house; *Flammen, Wellen* gigantic ❷ SPORT (*eindeutig*) clear; *Niederlage* crushing; *Sieg* overwhelming; *Favorit* obvious II. *adv* (*eindeutig*) clearly

hausieren* [hau·'ziː·rən] *vi* to hawk; **H~ verboten!** no soliciting!

Hausierer(in) <-s, -> *m(f)* solicitor

Hauslehrer(in) *m(f)* private tutor

häuslich ['hɔys·lɪç] I. *adj* ❶ (*die Hausgemeinschaft betreffend*) domestic ❷ (*das Zuhause liebend*) home-loving II. *adv* **sich** *akk* **~ einrichten** to make oneself at home; **sich** *akk* **~ niederlassen** to settle down

Hausmädchen *nt* maid

Hausmann ['haus·man] *m* house husband

Hausmannskost *f kein pl* KOCHK home cooking

Hausmeister(in) *m(f)* janitor, custodian

Hausmittel *nt* household remedy

Hausordnung *f* house rules *pl*

Hausrat *m kein pl* household contents *pl*

Hausratversicherung *f* home owner's insurance

Hausschlüssel *m* house key

Hausschuh *m* slipper

Hausse <-, -n> ['hoː·sə] *f* BÖRSE bull market

Haustier *nt* pet

Haustür *f* front door

Hausverbot *nt* jdm **~ erteilen** to ban sb from entering sb's/one's premises

Hauswirt(in) *m(f)* landlord *masc,* landlady *fem*

Hauswirtschaft *f kein pl* home economics + *sing vb*

Haut <-, Häute> [haut, *pl* 'hɔy·tə] *f* skin; **nass bis auf die ~** soaked to the skin [*or* bone]

▶ WENDUNGEN: **mit ~ und Haar[en]** (*fam*) completely; **auf der faulen ~ liegen** (*fam*) to take it easy; **mit heiler ~ davonkommen** (*fam*) to escape unscathed; **sich** *akk* **nicht wohl in seiner ~ fühlen** (*fam*) to not feel too good; **aus der ~ fahren** (*fam*) to hit the roof; **jd möchte nicht in jds ~ stecken** sb would not like to be in sb's shoes

Hautabschürfung *f* graze

Hautarzt, -ärztin *m, f* dermatologist

Hautausschlag *m* [skin] rash

Hautcreme *f* skin cream [*or* lotion]

häuten ['hɔy·tn̩] I. *vt* to skin II. *vr* ■ **sich** *akk* ~ *Schlange* to shed one's skin

hauteng *adj, adv* skin-tight

Hautfarbe *f* skin color

hautnah I. *adj* ❶ (*sehr eng*) very close ❷ (*fam: wirklichkeitsnah*) vivid II. *adv* ❶ (*sehr eng*) very closely ❷ (*fam: wirklichkeitsnah*) vividly

Häutung <-, -en> *f* ❶ (*das Häuten*) skinning ❷ (*das Sichhäuten*) shedding of the skin

Hbf. *Abk von* **Hauptbahnhof**

h.c. [haː·'ʔtseː] *Abk von* **honoris causa** h.c.

he [heː] *interj* hey!

Hebamme <-, -n> ['heːp·ʔamə] *f* midwife

Hebebühne *f* hydraulic lift

Hebel <-s, -> ['heː·bl̩] *m* lever ▶ WENDUNGEN: **am längeren ~ sitzen** (*fam*) to hold the upper hand

heben <hob, gehoben> ['heː·bn̩] I. *vt* ❶ (*nach oben bewegen*) to lift; **den Kopf ~** to raise one's head ❷ (*ans Tageslicht befördern*) to dig up; *Wrack* to raise ❸ (*verbessern*) *Stimmung, Niveau* to improve ❹ SÜDD (*halten*) to hold II. *vr* ■ **sich** *akk* ~ *Vorhang* to rise III. *vi* ❶ (*Lasten hochhieven*) to lift loads; **er musste den ganzen Tag schwer ~** he had to do a lot of heavy lifting all day ❷ SÜDD (*haltbar sein*) *Lebensmittel* to keep

Hebräer(in) <-s, -> [he·'brɛː·ɐ] *m(f)* Hebrew

hebräisch [he·'brɛː·ɪʃ] *adj* Hebrew

Hebung <-, -en> *f* ❶ (*das Hinaufbefördern*) raising ❷ GEOL elevation ❸ (*Verbesserung*) improvement

hecheln ['hɛ·çl̩n] *vi* to pant

Hecht <-[e]s, -e> [hɛçt] *m* pike ▶ WENDUNGEN: **ein toller ~** (*fam*) an incredible guy

Heck <-[e]s, -e *o* -s> [hɛk] *nt* AUTO rear, back; NAUT stern; LUFT tail

Hecke <-, -n> ['hɛ·kə] *f* hedge

Heckenschere *f* hedge clippers *npl*

Heckenschütze, -schützin *m, f* sniper

Heckklappe *f* AUTO tailgate

Heckscheibe *f* AUTO rear window

Heer <-[e]s, -e> [heːɐ̯] *nt* ❶ (*Armee*) armed forces *npl* ❷ (*fig: große Anzahl*) ■ **ein ~ von ...** an army of ...

Heerschar *f meist pl* ❶ (*veraltet: Truppe*) troop[s] ❷ (*fig: Horde*) horde ❸ REL **die himmlischen ~en** the heavenly host

Hefe <-, -n> ['heː·fə] *f* yeast

Hefeteig *m* yeast dough

Heft <-[e]s, -e> [hɛft] *nt* ❶ (*Schreibheft*) notebook ❷(*Zeitschrift*) magazine; (*Ausgabe*) issue ❸(*geheftetes Büchlein*) booklet

heften ['hɛf·tn̩] *vt* ❶(*befestigen*) to stick (**an** +*akk* to) ❷(*nähen*) Naht, Saum to baste ❸(*mit Heftklammern*) to staple (**an** +*akk* to)

Hefter <-s, -> *m* ❶(*Mappe*) [loose-leaf] folder ❷(*Heftmaschine*) stapler

heftig ['hɛf·tɪç] I. *adj* ❶(*stark*) Aufprall, Schlag violent; *Kopfschmerzen* splitting; *Schneefälle* heavy; *Kämpfe* fierce ❷(*intensiv*) Leidenschaft, Sehnsucht intense ❸(*scharf*) Reaktion vehement; *Kritik* fierce II. *adv* violently; **es schneite ~** it snowed heavily; **etw ~ dementieren** to vehemently deny sth

Heftigkeit <-> *f kein pl* ❶(*Stärke*) violence ❷(*Intensität*) intensity; (*Diskussion*) ferocity; (*Widerstand* severity ❸(*Schärfe*) Reaktion vehemence

Heftklammer *f* staple

Heftpflaster *nt* Band-Aid®

Heftzwecke *f* thumbtack

hegen ['he:·gn̩] *vt* ❶ Wild to preserve ❷(*sorgsam bewahren*) to look after; **jdn ~ und pflegen** to lavish care and attention on sb

Heide <-, -n> ['hai·də] *f* ❶(*Heideland*) heath, moor ❷(*Heidekraut*) heather

Heide, Heidin <-n, -n> ['hai·də, 'hai·dɪn] *m, f* heathen, pagan

Heidekraut *nt* heather

Heidelbeere ['hai·dl̩·be:·rə] *f* blueberry

Heidenangst *f* mortal fear; ■**eine ~ vor etw** *dat* **haben** to be scared stiff of sth

Heidenlärm *m* awful racket

Heidenspaß *m* (*fam*) great fun

Heidentum *nt kein pl* ■**das ~** paganism; (*die Heiden*) pagans *pl*

heikel ['hai·kl̩] *adj* ❶(*schwierig, gefährlich*) delicate; *Frage, Situation a.* tricky ❷ DIAL ■**in etw** *dat* **~ sein** to be fussy about sth

heil [hail] *adj, adv* ❶(*unverletzt*) uninjured ❷(*unbeschädigt*) intact

Heil [hail] I. *nt* <-s> *kein pl* well-being; **sein ~ in etw** *dat* **suchen** to seek one's salvation in sth II. *interj* **~ dem Kaiser!** hail to the emperor!

Heiland <-[e]s, -e> ['hai·lant] *m* Savior

Heilanstalt *f* (*veraltet*) ❶(*Trinkerheilanstalt*) rehab[ilitation center] ❷(*Irrenanstalt*) psychiatric hospital

heilbar *adj* curable

Heilbutt <-s, -e> ['hail·bʊt] *m* halibut

heilen ['hai·lən] I. *vi sein* (*gesund werden*) to heal [up] II. *vt* ❶(*gesund machen*) to cure (**von** +*dat* of) ❷(*kurieren*) ■**von jdm/etw geheilt sein** to have gotten over sb/sth

Heilfasten *nt kein pl* therapeutic fasting

heilfroh ['hail·'fro:] *adj pred* (*fam*) really glad

heilig ['hai·lɪç] *adj* ❶(*geweiht*) holy; **die ~e Kommunion** Holy Communion ❷(*bei Namen von Heiligen*) Saint; **die H~e Jungfrau** the Blessed Virgin

Heiligabend [hai·lɪç·'ʔa:bn̩t] *m* Christmas Eve

Heilige(r) ['hai·lɪ·gə, -gə] *f(m) dekl wie adj* saint

heiligen ['hai·lɪ·gn̩] *vt* ❶(*weihen*) to hallow; ■**geheiligt** hallowed ❷(*heilighalten*) to keep holy

Heiligenschein *m* halo

heilig|sprechen *vt irreg* ■**jdn ~** to canonize sb

Heiligtum <-[e]s, -tümer> ['hai·lɪç·tu:m, *pl* -ty:·mɐ] *nt* shrine; **jds ~ sein** (*fam*) to be sb's sanctuary

Heilkraft *f* healing power

Heilkraut *nt meist pl* medicinal herb

Heilkunde *f kein pl* medicine

heillos ['hail·lo:s] I. *adj* terrible II. *adv* hopelessly

Heilmittel *nt* remedy (**gegen** +*akk* for); (*Präparat*) medicine

Heilpflanze *f* medicinal plant

Heilpraktiker(in) *m(f)* nonmedical practitioner

Heilquelle *f* medicinal spring

heilsam ['hail·za:m] *adj* salutary

Heilung <-, -en> ['hai·lʊŋ] *f* ❶(*Genesungsprozess*) recovery ❷(*Krankenbehandlung*) curing ❸(*Abheilen einer Wunde*) healing

heim [haim] *adv* DIAL home

Heim <-[e]s, -e> [haim] *nt* ❶(*Zuhause*) home ❷(*Seniorenheim, Jugendanstalt*) home ❸(*Stätte eines Clubs*) club[house] ❹(*Erholungsheim*) convalescent home

Heimat <-, -en> ['hai·ma:t] *f* ❶(*Gegend, Ort*) hometown; (*Heimatland*) homeland ❷ BOT, ZOOL (*Herkunftsland*) natural habitat

Heimatland *nt* native country

heimatlich *adj* native; *Brauchtum, Lieder* local

heimatlos *adj* homeless; POL stateless

Heimatlose(r) *f(m) dekl wie adj* stateless person; (*durch den Krieg*) displaced person

Heimatstadt *f* hometown

heim|bringen *vt irreg* DIAL to take home

heim|fahren *irreg* DIAL I. *vi sein* to drive home II. *vt haben* ■**jdn ~** to drive sb home

Heimfahrt *f* trip [*or* ride] home

heim|gehen *vi irreg sein* DIAL to go home

heimisch ['hai·mɪʃ] *adj* ❶(*einheimisch*) indigenous, native; **sich** *akk* **~ fühlen** to feel at home ❷(*bewandert*) ■**in etw** *dat* **~ sein** to be at home with sth

Heimkehr <-> *f kein pl* return home, homecoming

heim|kehren ['haim·ke:·rən] *vi sein* (*geh*) to return home (**aus/von** +*dat* from)

heim|kommen *vi irreg sein* DIAL to come home

heimlich ['haim·lɪç] I. *adj* ❶(*geheim*) secret ❷(*verstohlen*) furtive II. *adv* ❶(*unbemerkt*) secretly ❷(*verstohlen*) furtively

Heimlichkeit <-, -en> *f* ❶ *kein pl* (*heimliche Art*) secrecy ❷(*Geheimnis*) secret

Heimlichtuerei <-, -en> [haim·lɪç·tu:·ə·'rai] *f* (*pej*) secrecy, secretiveness

heim|müssen *vi irreg* DIAL to have to go home

Heimreise *f* trip home

heim|schicken *vt* DIAL to send home

Heimspiel *nt* SPORT home game

heim|suchen ['haim·zu:·xn̩] *vt* ❶(*überfallen*)

to strike; **von Armut/Dürre heimgesucht** poverty-/drought-stricken ❷ (*bedrängen*) to haunt; **von Albträumen heimgesucht werden** to be haunted by nightmares

heimtückisch ['haim·tʏ·kɪʃ] **I.** *adj* ❶ (*tückisch*) malicious ❷ (*gefährlich*) insidious **II.** *adv* maliciously

Heimweg *m* way home; **sich** *akk* **auf den ~ machen** to head home

Heimweh <-[e]s> *nt kein pl* homesickness; *kein art, kein pl;* **~ haben** to be homesick (**nach** +*dat* for)

Heimwerker(in) *m(f)* handyman

heim|zahlen *vt* ■**jdm etw ~** to pay sb back for sth, to get sb for sth

Heirat <-, -en> ['hai·ra:t] *f* marriage

heiraten ['hai·ra:·tn̩] **I.** *vt* to marry **II.** *vi* to get married; **sie hat reich geheiratet** she married into money

Heiratsantrag *m* [marriage] proposal; **jdm einen ~ machen** to propose to sb

Heiratsanzeige *f* ❶ (*Briefkarte*) wedding announcement ❷ (*Annonce für Partnersuche*) ad for a marriage partner

Heiratsurkunde *f* marriage license

heiser ['hai·ze] **I.** *adj Stimme* hoarse; (*rauchig*) husky **II.** *adv* hoarsely, in a hoarse voice

Heiserkeit <-, *selten* -en> *f* hoarseness

heiß [hais] **I.** *adj* ❶ (*sehr warm*) hot; **etw ~ machen** to heat up *sep* sth; ■**jdm ist/wird es ~** sb is/is getting hot ❷ *Debatte* heated; *Kampf* fierce ❸ *Liebe* burning; *Wunsch* fervent ❹ (*fam: aufreizend*) hot; *Kleid* sexy ❺ (*fam: gestohlen*) hot ❻ (*brisant*) **ein ~es Thema** an explosive issue ❼ (*aufregend*) *Musik, Party* hot ❽ *attr* (*fam: aussichtsreich*) hot; **die Polizei ist auf einer ~en Fährte** the police are on a hot trail ❾ (*sl: großartig*) fantastic; **echt ~** really cool ❿ (*fam: brünstig*) in heat ⓫ (*fam: neugierig*) ■**auf etw** *akk* **~ sein** to be dying to know [about] sth **II.** *adv* ❶ (*sehr warm*) hot; **~ laufen** (*Maschinenteil*) to overheat ❷ (*innig*) ardently, fervently; **~ ersehnt** greatly longed for; **~ geliebt** dearly beloved ❸ (*erbittert*) fiercely; **~ umstritten** hotly disputed

heißblütig ['hais·bly:·tɪç] *adj* ❶ (*impulsiv*) hot-tempered ❷ (*leidenschaftlich*) passionate

heißen <hieß, geheißen> ['hai·sn̩] **I.** *vi* ❶ (*den Namen haben*) to be called; **wie ~ Sie?** what's your name? ❷ (*bedeuten*) to mean; „**ja**" **heißt auf Japanisch** „**hai**" "hai" is Japanese for "yes"; **was heißt eigentlich** „**Liebe**" **auf Russisch?** how do you say "love" in Russian?; **was soll das** [**denn**] **~?** what's that supposed to mean?; **das heißt, ...** that is to say ...; (*vorausgesetzt*) that is, ...; (*sich verbessernd*) or should I say, ... ❸ (*lauten*) **das Sprichwort heißt anders** that's not how the proverb goes **II.** *vi impers* ❶ (*zu lesen sein*) **Auge um Auge, wie es im Alten Testament heißt** an eye for an eye, as it says in the Old Testament ❷ (*als Gerücht kursieren*) ■**es heißt, dass ...** there is a rumor [going

around] that ...

Heißhunger *m* craving; **mit ~** ravenously

heiß|laufenALT1 *vi irreg sein* (*Maschinenteil*) *s.* heiß II 1

heiß|laufen[2] *vi irreg sein* (*Debatte, Gespräch*) to become heated

Heißluft *f kein pl* hot air

heiter ['hai·te] *adj* ❶ (*fröhlich*) cheerful ❷ (*fröhlich stimmend*) amusing ❸ METEO bright

Heiterkeit <-> *f kein pl* ❶ (*heitere Stimmung*) cheerfulness ❷ (*Belustigung*) amusement

Heizanlage *f* heater

Heizdecke *f* electric blanket

heizen ['hai·tsn̩] **I.** *vi* ❶ (*die Heizung betreiben*) **mit Gas/Öl ~** to heat with natural gas/oil ❷ (*Wärme abgeben*) to give off heat **II.** *vt* ❶ (*beheizen*) to heat ❷ (*anheizen*) to stoke

Heizkessel *m* boiler

Heizkissen *nt* heating pad

Heizkörper *m* radiator

Heizlüfter *m* fan heater

Heizöl *nt* fuel oil

Heizstrahler *m* radiant heater

Heizung <-, -en> *f* ❶ (*Zentralheizung*) heating ❷ (*Heizkörper*) radiator

Heizungskeller *m* boiler room

Heizungsrohr *nt* heating pipe

Hektar <-s, -e *o bei Maßangaben* -> [hɛkt·'a:ɐ̯] *nt o m* hectare

Hektare <-, -n> ['hɛk·ta:·rə] *f* SCHWEIZ hectare

Hektik <-> ['hɛk·tɪk] *f kein pl* hectic pace; **nur keine ~!** take it easy!

hektisch ['hɛk·tɪʃ] **I.** *adj* hectic **II.** *adv* frantically

Held(in) <-en, -en> [hɛlt] *m(f)* hero *masc,* heroine *fem*

heldenhaft *adj* heroic

Heldenmut *m* heroic courage

Heldensage *f* heroic saga

Heldentat *f* heroic deed

Heldentod *m* (*euph geh*) death in battle; **den ~ sterben** to die in battle

Heldentum <-s> *nt kein pl* heroism

Heldin <-, -nen> *f fem form von* Held heroine

helfen <half, geholfen> ['hɛl·fn̩] *vi* ❶ (*unterstützen*) to help (**bei** +*dat* with); **warte mal, ich helfe dir** wait, I'll help you ❷ (*dienen, nützen*) ■**jdm ist mit etw** *dat* **geholfen/nicht geholfen** sth is of help/no help to sb; **Knoblauch soll gegen Arteriosklerose ~** garlic is supposed to help prevent arteriosclerosis ▶ WENDUNGEN: **ich kann mir nicht ~,** [**aber**] **...** I'm sorry, but ...; **man muss sich** *dat* **nur zu ~ wissen** you just have to be resourceful

Helfer(in) <-s, -> ['hɛl·fe] *m(f)* ❶ (*unterstützende Person*) helper; (*Komplize*) accomplice ❷ (*fam: nützliches Gerät*) aid

Helikopter <-s, -> [he·li·'kɔp·te] *m* helicopter

Helium <-s> ['he:·li·ʊm] *nt kein pl* helium

hell [hɛl] **I.** *adj* ❶ (*nicht dunkel*) light; **es wird ~** it's getting light [out] ❷ (*kräftig leuch-*

H

tend) bright ❸(*gering gefärbt*) light-colored; *Haar, Haut* fair ❹ *Stimme, Ton* clear ❺(*fam: aufgeweckt*) bright; **du bist ein ~es Köpfchen** you've got brains ❻ *attr* (*rein, pur*) *Freude* sheer, pure **II.** *adv* ❶(*licht*) brightly ❷(*hoch*) high and clear

hellhäutig *adj* fair-skinned

hellhörig ['hɛl·høː·rɪç] *adj* badly soundproofed
▶WENDUNGEN: ~ **werden** to prick up one's ears

Helligkeit <-, -en> *f* ❶ *kein pl* (*Lichtfülle*) lightness; (*helles Licht*) [bright] light ❷(*Lichtstärke*) brightness ❸ASTRON (*Leuchtkraft*) luminosity

hellsehen *vi nur Infinitiv* ~ **können** to be clairvoyant

Hellseher(in) ['hɛl·zeː·ɐ] *m(f)* clairvoyant

hellwach ['hɛl·'vax] *adj* wide-awake

Helm <-[e]s, -e> ['hɛlm] *m* helmet

Hemd <-[e]s, -en> [hɛmt, *pl* 'hɛm·dən] *nt* shirt; (*Unterhemd*) undershirt

hemmen [hɛ·mən] *vt* ❶(*ein Hemmnis sein*) to hinder ❷(*bremsen*) to stop ❸PSYCH to inhibit

Hemmschwelle *f* inhibition level

Hemmung <-, -en> *f* ❶ *kein pl* (*das Hemmen*) obstruction ❷ *pl* PSYCH inhibitions *pl* ❸(*Bedenken, Skrupel*) ~**en haben** to feel inhibited; **nur keine ~en!** don't hold back!

hemmungslos **I.** *adj* ❶(*zügellos*) unrestrained, uncontrolled ❷(*skrupellos*) unscrupulous **II.** *adv* ❶(*zügellos*) unrestrainedly, without restraint ❷(*skrupellos*) unscrupulously

Hengst <-[e]s, -e> [hɛŋst] *m* stallion; (*Esel, Kamel*) male

Henkel <-s, -> ['hɛŋ·kl̩] *m* handle

Henker <-s, -> *m* executioner

Henne <-, -n> ['hɛ·nə] *f* hen

Hepatitis <-, Hepatitiden> [he·pa·'tiː·tɪs, *pl* he·pa·ti·'tiː·dn̩] *f* hepatitis

her [heːɐ] *adv* ❶(*raus*) here, to me; ~ **damit!** (*fam*) give it here! ❷(*herum*) ~ **um jdn** ~ all around sb ❸(*von einem Punkt aus*) ~**von etw** *dat* ~ *räumlich* from sth; **von weit** ~ from a long way away; ■**von ... ~** *zeitlich* from ...; **ich kenne ihn von meiner Studienzeit** ~ I know him from my college days; **lang** ~ **sein, dass ...** to have been a long time since ... ❹(*verfolgen*) ■**hinter etw** *dat* ~ **sein** to be after sth

herab [hɛ·'rap] *adv* (*geh*) down

herab|blicken *vi* (*geh*) *s.* **herabsehen**

herab|fallen *vi irreg* (*geh*) to fall down (**von** +*dat* from)

herab|lassen *irreg* **I.** *vt* (*geh: herunterlassen*) to let down *sep,* to lower **II.** *vr* ■**sich** *akk* [**zu etw** *dat*] ~ to lower oneself [to [do] sth]; ■**sich** *akk* [**dazu**] ~, **etw zu tun** to condescend to doing sth

herablassend **I.** *adj* condescending, patronizing **II.** *adv* condescendingly, patronizingly

herab|sehen *vi irreg* to look down (**auf** +*akk* [up]on)

herab|setzen *vt* ❶(*reduzieren*) *Geschwindigkeit, Preise* to reduce ❷(*schlechtmachen*) to belittle

heran [hɛ·'ran] *adv verstärkend* close up, near

heran|bringen *vt irreg* ❶(*räumlich*) to bring [up] to ❷(*vertraut machen*) to introduce to

heran|fahren *vi irreg sein* to drive up (**an** +*akk* to)

heran|führen **I.** *vt* ❶(*hinbringen*) ■**jdn** [**an etw** *akk*] ~ to bring sb [to sth] ❷(*einweihen in*) ■**jdn** ~ to introduce sb (**an** +*akk* to) **II.** *vi* ■**an etw** *akk* ~ to lead [up] to sth

heran|gehen *vi irreg sein* ❶(*zu etw hingehen*) to go up to ❷(*in Angriff nehmen*) to tackle

Herangehensweise *f* approach

heran|kommen *vi irreg sein* ❶(*herbeikommen*) to approach; (*bis an etw kommen*) to get to ❷(*herangelangen können*) to reach ❸(*sich beschaffen können*) to get [a] hold of ❹(*in persönlichen Kontakt kommen*) ■**an jdn** ~ to get a hold of sb ❺(*gleichwertig sein*) to be up to the standard of

heran|machen *vr* (*fam*) ■**sich** *akk* **an jdn** ~ to approach sb

heran|reichen *vi* ❶(*gleichkommen*) to measure up to [the standard of] ❷(*bis an etw reichen*) to reach [as far as]

heran|tasten *vr* ■**sich** *akk* **an jdn/etw** ~ ❶(*sich tastend nähern*) to feel one's way toward sb/sth ❷(*sich vorsichtig heranarbeiten*) to approach sb/sth cautiously

heran|wachsen [-'vak·sn̩] *vi irreg sein* (*geh*) to grow up (**zu** +*dat* into)

Heranwachsende [-vak·sn̩·də] *pl* adolescents *pl*

heran|wagen *vr* ■**sich** *akk* **an etw** *akk* ~ ❶(*heranzukommen wagen*) to dare to go near sth ❷(*sich zu beschäftigen wagen*) to dare to attempt sth

heran|ziehen *irreg* **I.** *vt* ❶(*näher holen*) to pull (**an** +*akk* to/toward) ❷(*einsetzen*) ■**jdn** [**zu etw** *dat*] ~ to use sb [for [or as] sth] ❸(*aufziehen*) *Pflanze* to grow; **ein Tier** [**zu etw** *dat*] ~ to rear an animal [to be sth] **II.** *vi sein* MIL (*näher ziehen*) to advance

herauf [hɛ·'rauf] **I.** *adv* ■**von ... ~:** **von da unten bis oben** ~ from down there all the way up here **II.** *präp* +*akk* up; **sie ging die Treppe** ~ she went up the stairs

herauf|beschwören* *vt irreg* ❶(*wachrufen*) to evoke ❷(*herbeiführen*) to cause

herauf|kommen *vi irreg sein* to come up (**zu** +*dat* to)

herauf|ziehen *irreg* **I.** *vt haben* to pull up *sep* **II.** *vi sein Gewitter* to approach

heraus [hɛ·'raus] *adv* ❶(*nach draußen*) out; ■**aus etw** *dat* ~ out of sth ❷(*entfernt sein*) ■ ~ **sein** to have been taken out [*or* removed] ❸MEDIA (*veröffentlicht sein*) ■~ **sein** to be out ❹(*entschieden sein*) ■~ **sein** to have been decided ❺(*hinter sich haben*) ■**aus etw** *dat* ~ **sein** to leave behind *sep* sth; **aus dem Alter bin ich** ~ that's all behind me ❻(*gesagt* *worden sein*) ■ ~ **sein** to have been said

heraus|bekommen* *vt irreg* ❶ (*entfernen*) to get out (**aus** +*dat* of) ❷ (*herausfinden*) to find out *sep* ❸ (*ausgezahlt bekommen*) to get back

heraus|bilden *vr* ■ **sich** *akk* [**aus etw** *dat*] ~ to develop [out of sth]

heraus|bringen *vt irreg* ❶ (*nach draußen bringen*) to bring sth out[side] ❷ (*auf den Markt bringen*) to launch ❸ (*der Öffentlichkeit vorstellen*) to publish ❹ (*sagen*) to utter

heraus|finden *irreg* **I.** *vt* ❶ (*dahinterkommen*) to find out, to discover ❷ (*herauslesen*) to find (**aus** +*dat* from amongst) **II.** *vi* (*den Weg finden*) to find one's way out (**aus** +*dat* of)

Herausforderer, -forderin <-s, -> *m, f* challenger

heraus|fordern **I.** *vt* ❶ (*auffordern*) to challenge (**zu** +*dat* to) ❷ (*provozieren*) to provoke ❸ (*heraufbeschwören*) to invite; *Gefahr* to court; **das Schicksal** ~ to tempt fate **II.** *vi* ■ **etw fordert zu etw** *dat* **heraus** sth invites sth

heraus|fordernd **I.** *adj* provocative, challenging **II.** *adv* provocatively

Herausforderung *f* ❶ (*Aufforderung*) challenge ❷ (*Provokation*) provocation ❸ (*Bewährungsprobe*) **die ~ annehmen** to accept the challenge

Herausgabe <-, -n> *f* ❶ MEDIA (*Veröffentlichung*) publication ❷ (*Rückgabe*) return ❸ ADMIN *Banknoten, Briefmarken* issue

heraus|geben *irreg* **I.** *vt* ❶ (*veröffentlichen*) to publish ❷ (*zurückgeben*) to return ❸ (*herausreichen*) to pass **II.** *vi* to give change; **falsch** ~ to give [back] the wrong change

Herausgeber(in) <-s, -> *m(f)* MEDIA (*Verleger*) publisher; (*editierender Lektor*) editor

heraus|gehen *vi irreg sein* ❶ (*herauskommen*) to go out (**aus/von** +*dat* of) ❷ (*entfernt werden können*) to come out (**aus** +*dat* of) ❸ (*lebhaft werden*) ■ **aus sich** *dat* ~ to come out of one's shell

heraus|greifen *vt irreg* to pick out *sep* (**aus** +*dat* from)

heraus|haben *vt irreg* (*fam*) ❶ (*entfernt haben*) ■ **etw** [**aus etw** *dat*] ~ to have gotten sth out [of sth] ❷ (*begriffen haben*) to get the knack of ❸ (*herausgefunden haben*) to have solved; *Geheimnis, Namen, Ursache* to have found out

heraus|halten *irreg* **I.** *vt* ❶ (*nach draußen halten*) to hold out (**aus** +*dat* of) ❷ (*nicht verwickeln*) to keep out (**aus** +*dat* of) **II.** *vr* ■ **sich** *akk* [**aus etw** *dat*] ~ to keep out [of sth]

heraus|hängen **I.** *vi* to hang out (**aus** +*dat* of) **II.** *vt* ❶ (*nach außen hängen*) to hang out ❷ (*herauskehren, zeigen*) to show off

heraus|heben *vr irreg* ■ **sich** *akk* **aus etw** *dat* ~ *Masse, Hintergrund* to stand out from sth

heraus|holen *vt* to get out (**aus** +*dat* of)

heraus|hören *vt* ■ **etw** [**aus etw** *dat*] ~ ❶ (*durch Hinhören wahrnehmen*) to hear sth [in sth] ❷ (*abwägend erkennen*) to detect sth [in sth]

heraus|kommen [hɛraus·kɔ·mən] *vi irreg sein* ❶ (*nach draußen kommen*) to come out (**aus** +*dat* of) ❷ (*etw verlassen können*) ■ **aus etw** *dat* ~ to get out of sth ❸ (*aufhören können*) ■ **aus etw** *dat* **kaum/nicht** ~ to hardly/not be able to stop doing sth ❹ (*fam: überwinden können*) **aus Schwierigkeiten/Sorgen** ~ to get over one's difficulties/worries ❺ (*auf den Markt kommen*) to be launched; (*erscheinen*) to come out ❻ (*bekannt gegeben werden*) to be published; *Gesetz, Verordnung* to be enacted ❼ (*bekannt werden*) ■ **es kam heraus, dass** ... it came out that ... ❽ (*zur Sprache bringen*) ■ **mit etw** *dat* ~ to come out with sth ❾ (*als Resultat haben*) ■ **bei etw** *dat* ~ to come of sth; **und was soll dabei ~?** and what good will that do?; **auf dasselbe** ~ to amount to the same thing ▶ WENDUNGEN: **groß** ~ (*fam*) to be a great success

heraus|nehmen *irreg* **I.** *vt* ❶ (*entnehmen*) to take out (**aus** +*dat* of); *Zahn* to pull, to extract ❷ (*aus einer Umgebung entfernen*) ■ **jdn aus etw** *dat* ~ to take sb away from sth **II.** *vr* ❶ (*pej: frech für sich reklamieren*) ■ **sich** *dat* **etw** ~ to take liberties; **sich** *dat* **zu viel** ~ to go too far ❷ (*sich erlauben*) ■ **sich** *dat* ~, **etw zu tun** to have the nerve to do sth

heraus|putzen *vt* ■ **jdn** ~ to smarten up *sep* sb; ■ **etw** ~ to deck out *sep* sth; ■ **sich** *akk* ~ to dress oneself up

heraus|ragen *vi s.* **hervorragen**

heraus|reden *vr* ■ **sich** *akk* ~ to talk one's way out of it

heraus|reißen *vt irreg* ❶ (*aus etw reißen*) to tear out (**aus** +*dat* of); *Baum, Wurzel* to pull out ❷ (*ablenken*) **jdn aus seiner Arbeit** ~ to interrupt sb in their work ❸ (*fam: wettmachen*) to save

heraus|rücken **I.** *vt haben* (*fam*) to hand over *sep* **II.** *vi sein* (*fam*) ■ **mit etw** *dat* ~ to come out with sth

heraus|rutschen *vi sein* ❶ (*aus etw rutschen*) to slip out [of sth] ❷ (*fam: ungewollt entschlüpfen*) ■ **etw rutscht jdm heraus** sb lets sth slip out

heraus|schauen *vi* DIAL ❶ (*zu sehen sein*) to be showing ❷ (*nach draußen schauen*) to look out

heraus|schneiden *vt irreg* to cut out *sep* (**aus** +*dat* of)

heraußen *adv* SÜDD, ÖSTERR (*hier draußen*) out here

heraus|springen *vi irreg sein* ❶ (*aus etw springen*) to jump out (**aus** +*dat* of) ❷ (*abbrechen*) to chip off ❸ ELEK (*den Kontakt unterbrechen*) to blow

heraus|spritzen *vi* to squirt out

heraus|stellen **I.** *vt* ❶ (*nach draußen stellen*) to put outside ❷ (*hervorheben*) to emphasize **II.** *vr* ■ **sich** *akk* ~ to come to light; ■ **sich als etw** *akk* ~ to be shown to be sth; **es stellte sich heraus, dass** ... it turned out that ...

heraus|streichen *vt irreg* ❶ (*aus etw tilgen*) to cross out *sep* ❷ (*betonen*) to stress

heraus|suchen *vt* to pick out *sep* (**aus** +*dat* from)

heraus|wagen *vr* ■ **sich** ~ to venture out

heraus|ziehen I. *vt irreg haben* ❶ *Schublade* to pull out; *Stecker* to unplug ❷ *Truppen* to pull out (**aus** +*dat* of) ❸ *Zahn* to extract (**aus** +*dat* from). II. *vi irreg sein* (*wegziehen*) to move away

herb [hɛrp] I. *adj* ❶ (*bitter-würzig*) sharp, astringent; *Duft, Parfüm* tangy; *Wein* dry ❷ (*schmerzlich*) bitter; *Erkenntnis* sobering ❸ (*etwas streng*) severe; *Schönheit* austere ❹ (*scharf*) *Kritik* harsh II. *adv* ~ **schmecken** to taste sharp; ~ **duften/riechen** to smell tangy

herbei [hɛɐ̯ˈbai] *adv* (*geh*) ~ **zu mir!** come here [*or old* hither]!

herbei|eilen *vi sein* to rush over

herbei|führen [hɛɐ̯ˈbai·fyː·rən] *vt* ❶ (*bewirken*) to bring about *sep* ❷ MED (*verursachen*) to cause, to lead to

herbei|rufen *vt irreg* (*geh*) ■ **jdn** ~ to call sb

herbei|sehnen *vt* (*geh*) to long for

Herberge <-, -n> [ˈhɛr·bɛr·gə] *f* hostel

her|bestellen* *vt* to ask to come, to summon

her|bringen *vt irreg* to bring [over] here

Herbst <-[e]s, -e> [hɛrpst] *m pl selten* fall, autumn

herbstlich [ˈhɛrpst·lɪç] *adj* fall *attr,* autumnal

Herd <-[e]s, -e> [heːɐ̯t, *pl* ˈheːɐ̯·də] *m* ❶ (*Küchenherd*) stove ❷ (*Krankheitsherd*) focus ❸ GEOL (*Zentrum*) epicenter

Herde <-, -n> [ˈheːɐ̯·də] *f* herd; *Schafe* flock

Herdentier *nt* ❶ (*Tier*) gregarious animal ❷ (*pej: unselbstständiger Mensch*) sb who follows the crowd

Herdplatte *f* burner

herein [hɛˈrain] *adv* in [here]; ~! come in!

herein|bitten *vt irreg* to ask [to come] in[to one's office]

herein|brechen [hɛˈrain·brɛ·çn̩] *vi irreg sein* ❶ (*zusammenstürzen*) to collapse (**über** +*dat* on top of) ❷ (*hart treffen*) *Katastrophe, Unglück* ■ |**über jdn/etw**| ~ to befall [sb/sth] ❸ (*geh: anbrechen*) to fall; *Winter* to set in

herein|bringen *vt irreg* to bring in *sep*

herein|dürfen *vi irreg* (*fam*) to be allowed [to come] in

herein|fallen *vi irreg sein* ❶ (*nach innen fallen*) ■ |**in etw** *akk*| ~ to fall in[to sth] ❷ (*fam: betrogen werden*) to be taken in (**auf** +*akk* by)

herein|holen *vt* to bring in *sep*

herein|kommen *vi irreg sein* to come in; **wie bist du hier hereingekommen?** how did you get in here?

herein|lassen *vt irreg* to let in

herein|legen *vt* ❶ (*fam: betrügen*) to cheat, to take sb for a ride (**mit** +*dat* with) ❷ (*nach drinnen legen*) to put in

herein|platzen *vi sein* (*fam*) ■ |**bei jdm**| ~ to burst in [on sb]; ■ **bei etw** *dat* ~ to burst into sth

her|fahren *irreg vi sein* to drive [over] here; ■ **hinter jdm/etw** ~ to drive behind sb/sth, to follow sb/sth [in a vehicle]; ■ **vor jdm/etw** ~ to drive [along] in front of sb/sth

Herfahrt *f* trip [*or* ride] [over] here; **auf der** ~ on the way here

her|fallen *vi irreg sein* ❶ (*überfallen*) ■ **über jdn** ~ to attack sb; (*kritisieren*) to tear sb to pieces; (*mit Fragen*) to besiege sb (**mit** +*dat* with) ❷ (*sich stürzen*) ■ **über jdn/etw** ~ to fall upon sth

her|finden *vi irreg* to find one's way [over] here

Hergang <-[e]s> *m kein pl* course of events

her|geben *irreg* I. *vt* ❶ (*weggeben*) to give away *sep* ❷ (*aushändigen*) to hand over *sep* [to] ❸ (*fam: erbringen*) to say; **der Artikel gibt eine Fülle an Information her** the article contains a lot of information ❹ (*leihen*) **seinen guten Namen für etw** *akk* ~ to lend one's name to sth II. *vr* ■ **sich** *akk* **für etw** *akk* ~ to have something to do with sth

her|gehen *irreg* I. *vi sein* ❶ (*entlanggehen*) ■ **hinter/neben/vor jdm** ~ to walk behind/beside/in front of sb ❷ (*sich erdreisten*) ■ ~ **und ...** to just go [ahead] and ... ❸ SÜDD, ÖSTERR (*herkommen*) to come [[over] here] II. *vi impers sein* (*fam: zugehen*) **bei der Diskussion ging es heiß her** it was a heated discussion

her|haben *vt irreg* (*fam*) **wo haben Sie das her?** where did you get that [from]?

her|halten *irreg* I. *vt* to hold out II. *vi* ■ **als etw** ~ **müssen** to be used as sth

her|hören *vi* (*fam*) to listen; **alle mal** ~! listen [up], everybody!

Hering <-s, -e> [ˈheː·rɪŋ] *m* ❶ (*Fisch*) herring ❷ (*Zeltpflock*) [tent] peg

herinnen [hɛˈrɪ·nən] *adv* SÜDD, ÖSTERR (*drinnen*) in here

her|kommen *vi irreg sein* ❶ (*herbeikommen*) to come [over] here ❷ (*herstammen*) to come from

herkömmlich *adj* traditional, conventional

Herkunft <-, *selten* Herkünfte> [ˈheːɐ̯·kʊnft, *pl* ˈheːr·kʏnf·tə] *f* ❶ (*Abstammung*) origins *pl,* descent ❷ (*Ursprung*) origin; **von ...** ~ **sein** to have a/an ... origin

Herkunftsland *nt* country of origin

her|laufen *vi irreg sein* ❶ (*gelaufen kommen*) to run over here (**zu** +*dat* to) ❷ (*begleiten*) ■ **hinter/neben/vor jdm** ~ to run [along] behind/beside/in front of sb

her|leiten I. *vt* ■ **etw aus etw** *dat* ~ ❶ (*ableiten*) to derive sth from sth ❷ (*folgern*) to deduce sth from sth II. *vr* ■ **sich** *akk* **von etw** *dat* ~ to derive from sth

her|machen I. *vr* (*fam*) ❶ (*beschäftigen*) ■ **sich** *akk* **über etw** *akk* ~ to dive into sth ❷ (*Besitz ergreifen*) ■ **sich** *akk* **über etw** *akk* ~ to pounce on sth ❸ (*herfallen*) ■ **sich** *akk* **über jdn** ~ to attack sb II. *vt* (*fam*) **das macht doch nicht viel her!** that's not very impressive!

Hermelin <-s, -e> [hɛr·mə·'liːn] *nt* ZOOL (*braun*) stoat; (*weiß*) ermine

hermetisch [hɛr·'meː·tɪʃ] **I.** *adj* hermetic **II.** *adv* hermetically, airtight

her|nehmen *vt irreg* ❶ (*beschaffen*) ■**etw irgendwo** ~ to get sth [from] somewhere ❷ DIAL (*fam: stark fordern*) ■**jdn** ~ to overwork sb

Heroin <-s> [he·ro·'iːn] *nt kein pl* heroin

Herpes <-> ['hɛr·pɛs] *m kein pl* herpes

Herr <-n, -en> [hɛr] *m(f)* ❶ *nur m* (*männliche Anrede*) Mr.; **die ~en Schmidt und Müller** Mr. Schmidt and Mr. Müller; **sehr geehrter ~ ...** Dear Mr. ...; **sehr geehrte ~en!** Dear Sirs! ❷ *nur m* (*Tanzpartner, Begleiter*) [male] companion, partner ❸ *nur m* (*geh: Mann*) gentleman ❹ (*Herrscher*) ruler; ■**~/~in über jdn/etw sein** to be [the] ruler of sb/sth; (*Gebieter*) master *masc*, mistress *fem*; **~ der Lage sein** to be master of the situation; **sein eigener ~ sein** to be one's own boss ❺ REL (*Gott*) Lord ▶ WENDUNGEN: **aus aller ~en Länder** from all over the world

Herrenbekanntschaft *f* male acquaintance

Herrenbekleidung *f* menswear

Herren(fahr)rad *nt* men's bicycle

Herrenfriseur, -friseuse *m*, *f* barber

Herrenhaus *nt* manor house

herrenlos *adj* abandoned; *Hund, Katze* stray

Herrenmode *f* men's fashion

Herrentoilette *f* men's restroom

Herrgott ['hɛr·gɔt] *m* SÜDD, ÖSTERR (*fam*) ■**der/unser** ~ God, the Lord [God]; **~!** (*fam*) for God's sake!

her|richten **I.** *vt* ❶ (*vorbereiten*) to prepare, to arrange ❷ (*in Stand setzen, ausbessern*) to repair, to fix **II.** *vr* DIAL (*sich zurechtmachen*) ■**sich** *akk* ~ to get [oneself] ready

Herrin <-, -nen> *f fem form von* **Herr** mistress, lady

herrisch ['hɛ·rɪʃ] **I.** *adj* domineering, overbearing; *Ton* commanding **II.** *adv* imperiously

herrje(h) [hɛr·'jeː], **herrjemine** [hɛr·'jeː·mi·ne] *interj* goodness gracious!

herrlich **I.** *adj* ❶ (*prächtig*) marvelous; *Aussicht* magnificent; *Sonnenschein* glorious; *Urlaub* delightful; **das Wetter ist ~ heute!** the weather is great today! ❷ (*köstlich*) delicious, exquisite **II.** *adv* ❶ (*prächtig*) **sich** *akk* ~ **amüsieren** to have a wonderful time ❷ (*köstlich*) **~ schmecken** to taste delicious

Herrlichkeit <-, -en> *f kein pl* magnificence; **die ~ Gottes** REL the glory of God

Herrschaft <-, -en> ['hɛr·ʃaft] *f* ❶ *kein pl* (*Macht, Kontrolle*) rule, reign ❷ *pl* (*Damen und Herren*) ■**die ~en** ladies and gentlemen; **darf ich den ~en sonst noch etwas bringen?** would any of you ladies or gentlemen care for anything else?

herrschaftlich *adj* grand

herrschen ['hɛrʃn̩] **I.** *vi* to rule (**über** +*akk* over); *Meinung* to prevail; *Ruhe, Stille* to reign; *Hunger, Krankheit, Not* to be rampant **II.** *vi impers* **es herrscht Stille** silence reigns; **es herrscht Zweifel, ob ...** there is doubt whether ...

herrschend *adj* ruling, dominant; *Meinung* prevailing; *Mode* current; ■**die H~en** those in power

Herrscher(in) <-s, -> *m(f)* ruler, sovereign; ■**~ über jdn/etw** *akk* ruler of sb/sth

Herrschergeschlecht *nt*, **Herrscherhaus** *nt* [ruling] dynasty

Herrschsucht *f* thirst for power; PSYCH domineering nature

herrschsüchtig *adj* domineering

her|rufen *vt irreg* ❶ (*zu jdm rufen*) to call [over *sep*] ❷ (*nachrufen*) ■**etw hinter jdm** ~ to yell sth to sb (*after the person has just left*)

her|rühren *vi* (*geh*) ■**von etw** *dat* ~ to come from sth

her|schicken *vt* ❶ (*zu jdm schicken*) to send over [here] ❷ (*nachschicken*) ■**etw hinter jdm** ~ to send sth on to sb

her|schieben *irreg* **I.** *vt* (*schieben*) to pull toward oneself **II.** *vr* ■**etw vor sich** *dat* ~ ❶ (*schieben*) to push sth ❷ (*fig: verschieben*) to put off

her|stammen *vi* to originate from

her|stellen *vt* ❶ (*erzeugen*) to produce, to manufacture ❷ (*gesundheitlich*) ■**jdn wieder** ~ to restore sb back to health ❸ (*irgendwohin stellen*) to put [over] here

Hersteller(in) <-s, -> *m(f)* manufacturer, producer

Herstellung *f kein pl* production, manufacturing, making

her|trauen *vr* ■**sich** *akk* ~ to dare to come over [here]

Hertz <-, -> [hɛrts] *nt* hertz

herüben *adv* SÜDD, ÖSTERR (*auf dieser Seite*) over here

herüber [hɛ·'ryː·bɐ] *adv* over here

herum [hɛ·'rʊm] *adv* ❶ (*um etw im Kreis*) ■**um etw** *akk* ~ around sth ❷ (*überall in jds Nähe*) ■**um jdn** ~ [all] around sb ❸ (*gegen*) ■**um ... ~** around ...

herum|albern *vi* (*fam*) to fool around

herum|ärgern *vr* (*fam*) ■**sich** *akk* **mit jdm/etw** ~ to keep getting worked up about sb/sth

herum|bekommen* *vt irreg* ■**jdn [zu etw** *dat*] ~ to talk sb around [to [doing] sth]

herum|bummeln *vi* (*fam*) ❶ *haben* (*trödeln*) to dawdle ❷ *sein* (*herumspazieren*) to stroll around

herum|doktern *vi* (*fam*) ■**an jdm/etw** ~ ❶ (*zu kurieren versuchen*) to try treating sb ❷ (*zu reparieren versuchen*) to tinker around with sth

herum|drehen **I.** *vt* ❶ (*um die Achse drehen*) to turn ❷ (*wenden*) to turn over **II.** *vr* ■**sich** *akk* ~ to turn around

herum|fahren *irreg* *vi, vt* ❶ *sein* (*umherfahren*) to drive around ❷ *sein* (*im Kreis darum fahren*) ■**um jdn/etw** ~ to drive around sb/

sth ❸ *sein* (*sich rasch umdrehen*) to spin around quickly

herum|fuchteln *vi* (*fam*) ■ [mit etw *dat*] ~ to wave sth around, to fidget with sth

herum|führen I. *vt* ■ jdn ~ to show sb around II. *vi* ■ um etw *akk* ~ to go around sth

herum|fummeln *vi* (*fam*) ❶ (*hantieren*) to fiddle around (an +*dat* with) ❷ (*mit sexueller Absicht*) to grope

herum|geben *vt irreg* to pass around, to circulate

herum|gehen *vi irreg sein* ❶ (*einen Kreis gehen*) to walk around (*in a circular pattern*) ❷ (*ziellos umhergehen*) to wander around ❸ (*herumgereicht werden*) to be passed around ❹ (*weitererzählt werden*) to go around ❺ (*vorübergehen*) to go by, to pass

herum|hängen *vi irreg sein* (*sl*) ❶ (*an einem Ort*) to hang around ❷ (*untätig sein*) to lounge [*or* bum] around

herum|irren *vi sein* to wander around

herum|kommandieren* I. *vt* (*fam*) to boss around II. *vi* (*fam*) to give orders

herum|kommen *vi irreg sein* (*fam*) ❶ (*herumfahren können*) to get around ❷ (*vermeiden können*) to get out of ❸ (*reisen*) to get around; viel ~ to do a lot of traveling

herum|kriegen *vt* (*fam*) *s.* **herumbekommen**

herum|laufen *vi irreg sein* ❶ (*um etw laufen*) to run around ❷ (*fam: umherlaufen*) to go around; [noch] frei ~ to be [still] at large

herum|liegen *vi irreg* (*fam*) to lie around; ■ etw ~ lassen to leave sth lying around

herum|lungern *vi* (*fam*) to hang around; JUR to loiter

herum|quälen *vr* (*fam*) ❶ (*sich befassen*) ■ sich *akk* mit jdm/etw ~ to struggle with sb/sth ❷ (*leiden*) ■ sich *akk* [mit etw *dat*] ~ to be plagued [by sth]

herum|reden *vi* (*fam*) to beat around the bush; ■ um etw *akk* ~ to talk around sth

herum|schlagen *irreg* I. *vt* (*geh*) ■ etw um etw *akk* ~ to wrap sth around sth II. *vr* (*fam*) ■ sich mit jdm/etw ~ to struggle with sb/sth

herum|schnüffeln *vi* (*pej fam: spionieren*) to snoop around (in +*dat* in)

herum|sitzen *vi irreg sein* ❶ (*fam: untätig dasitzen*) to sit around ❷ (*sitzend gruppiert sein*) ■ um jdn/etw ~ to sit around sb/sth

herum|sprechen *vr irreg* ■ sich *akk* ~ to get around

herum|stehen *vi irreg sein* ❶ (*fam: in der Gegend stehen*) to stand around ❷ (*stehend gruppiert sein*) ■ um jdn/etw ~ to stand around sb/sth

herum|toben *vi* (*fam*) ❶ *sein o haben* (*ausgelassen umherlaufen*) to run around ❷ *haben* (*wüst schimpfen*) to rant and rave

herum|treiben *vr irreg* ■ sich *akk* irgendwo ~ to hang around somewhere

Herumtreiber(in) <-s, -> *m(f)* (*pej*) ❶ (*Mensch ohne feste Arbeit, Wohnsitz*)

down-and-out, tramp ❷ (*fam: Streuner*) lazybones, good-for-nothing

herum|ziehen *irreg vi sein* ■ mit jdm ~ to move around with sb

herunten [hɛˈrʊn·tn̩] *adv* SÜDD, ÖSTERR (*hier unten*) down here

herunter [hɛˈrʊn·tɐ] I. *adv* down; sie liefen den Berg ~ they ran down the hill II. *präp nachgestellt* ■ etw ~ down sth

herunter|fallen *vi irreg sein* to fall off; mir ist der Hammer heruntergefallen I dropped the hammer

herunter|gehen *vi irreg sein* ❶ (*nach unten gehen*) to go down; ■ von etw *dat* ~ to get off [of] sth ❷ (*fig: sinken*) Preise to drop, to go down ❸ (*Flughöhe verringern*) to descend ❹ (*reduzieren*) to reduce, to lower; mit der Geschwindigkeit ~ to slow down

heruntergekommen *adj* (*pej*) ❶ (*abgewohnt*) rundown, dilapidated ❷ (*verwahrlost*) down-and-out

herunter|handeln *vt* (*fam*) to talk down *sep*

herunter|hängen *vi irreg* to hang down (von +*dat* from, auf +*akk* over)

herunter|hauen *vt irreg* (*fam*) ■ jdm eine ~ to slap sb

herunter|kippen *vt* (*fam*) ■ etw ~ Schnaps, Bier to chug [down *sep*] sth

herunter|klappen *vt* to put down *sep; Kragen* to turn down; *Deckel* to close

herunter|kommen *vi irreg sein* to come down

herunter|laden *vt* COMPUT to download

herunter|machen *vt* (*fam*) ❶ (*schlechtmachen*) to tear to pieces ❷ (*zurechtweisen*) to tell off

herunter|purzeln *vt* Treppe to tumble down; (*vom Baum*) to fall out of

herunter|reißen *vt irreg* ❶ (*abreißen*) to pull off *sep;* (*von der Wand*) to tear down ❷ (*sl: absitzen*) to get through

herunter|spielen *vt* ■ etw ~ (*verharmlosen*) to play down *sep* sth

herunter|springen *vi irreg* to jump down

herunter|werfen *vt irreg* to throw down *sep*

herunter|wirtschaften *vt* (*pej fam*) to ruin

hervor [hɛɐ̯ˈfoːɐ̯] *interj* ■ ~ mit dir/euch! (*geh*) out you come!, come on out!

hervor|bringen *vt irreg* to produce

hervor|gehen *vi irreg sein* ❶ (*geh: entstammen*) ■ aus etw *dat* ~ to come from sth ❷ (*sich ergeben*) aus etw *dat* geht hervor ... it follows from sth ..., sth proves ...

hervor|gucken *vi* (*fam*) to peek out (unter +*dat* from under)

hervor|heben *vt irreg* ❶ (*betonen*) to emphasize, to stress ❷ (*besonders kennzeichnen*) to make stand out

hervor|holen *vt* to take out *sep* (aus +*dat* from)

hervor|kommen *vi irreg sein* to come out (aus +*dat* of, hinter +*dat* from behind), to emerge (aus +*dat* from)

hervor|ragen [hɛɐ̯ˈfoːɐ̯·raː·gn̩] *vi* ❶ (*sich aus-*

zeichnen) to stand out ➋ (*vorstehen*) to jut out (**aus** +*dat* from)
hervorragend I. *adj* excellent, outstanding II. *adv* excellently
hervor|rufen *vt irreg* to evoke; *Bestürzung, Entsetzen* to cause
hervor|treten *vi irreg sein* ➊ (*heraustreten*) to step out (**hinter** +*dat* from behind) ➋ *Wangenknochen, Kinn* to protrude ➌ (*erkennbar werden*) to become evident ➍ (*in Erscheinung treten*) to distinguish oneself
hervor|tun *vr irreg* (*fam*) ■ **sich** *akk* ~ ➊ (*sich auszeichnen*) to distinguish oneself (**mit** +*dat* with) ➋ (*sich wichtigtun*) to show off
hervor|wagen *vr* ■ **sich** *akk* ~ to dare to come out, to venture forth
Herz <-ens, -en> [hɛrts] *nt* ➊ ANAT heart ➋ (*Gemüt, Gefühl*) heart; **mit ganzem ~en** wholeheartedly; **von ganzem ~en** sincerely; **im Grunde seines ~ens** in his heart of hearts; **leichten ~ens** lightheartedly; **schweren ~ens** with a heavy heart; **jds ~ erweichen** to soften up *sep sb* ➌ (*Zentrum*) heart ➍ (*Schatz, Liebling*) dear, love ➎ KARTEN hearts *pl* ▸ WENDUNGEN: **ein ~ und eine Seele sein** to be the best of friends; **seinem ~en einen Stoß geben** to pluck up the courage; **jds ~ höherschlagen lassen** to make sb's heart beat faster; **jdm das ~ brechen** to break sb's heart; **etw nicht übers ~ bringen** to not have the heart to do sth; **etw auf dem ~en haben** to have sth on one's mind; **jds ~ hängt an etw** *dat* sb is attached to sth; **jdm etw ans ~ legen** to entrust sb with sth; **jdm liegt etw am ~en** sb is concerned about sth; **jdn in sein ~ schließen** to take sb into one's heart; **jd wächst jdm ans ~** sb is growing fond of sb
Herzanfall *m* heart attack
her|zeigen *vt* to show; **zeig mal her!** let me see!
Herzensangelegenheit *f* ➊ (*wichtiges Anliegen*) matter close to one's heart ➋ (*Liebe betreffende Angelegenheit*) affair of the heart
Herzensbrecher(in) *m(f)* heartbreaker, ladykiller *dated*
herzensgut [ˈhɛrtsn̩sˈguːt] *adj* good-hearted, kind-hearted
Herzenslust *f kein pl* **nach ~** to one's heart's content
Herzenswunsch *m* dearest wish, heart's desire
herzergreifend *adj* heart-rending
herzerweichend I. *adj* heart-rending II. *adv* heart-rendingly
Herzfehler *m* heart defect
herzhaft I. *adj* ➊ (*würzig-kräftig*) tasty, savory; *Essen, Eintopf* hearty ➋ (*kräftig*) hearty, substantial II. *adv* ➊ (*würzig-kräftig*) ~ **schmecken** to be tasty ➋ (*kräftig*) heartily; ~ **gähnen** to yawn loudly
her|ziehen *irreg* I. *vt haben* ➊ (*heranziehen*) to pull closer ➋ (*mitschleppen*) ■ **etw hinter/neben sich** *dat* ~ to pull sth [along] be-

hind/beside oneself II. *vi* ➊ *sein* (*hierhin ziehen*) to move [over] here ➋ *haben* (*fam: sich auslassen*) ■ **über jdn/etw** ~ to tear sb/sth to pieces
herzig [ˈhɛr·tsɪç] *adj* cute
Herzinfarkt *m* heart attack
Herzklopfen *nt kein pl* pounding of the heart, palpitations *pl*
herzkrank *adj* suffering from a heart condition *pred;* ■ ~ **sein** to have a heart condition
Herz-Kreislauf-Erkrankung *f* MED cardiovascular disease
herzlich I. *adj* ➊ (*warmherzig*) warm, friendly, cordial; *Lachen* hearty ➋ (*in Grußformeln*) kind II. *adv* ➊ (*aufrichtig*) warmly, with pleasure; **sich** *akk* **bei jdm ~ bedanken** to thank sb very much; **jdn ~ gratulieren** to congratulate sb warmly ➋ (*recht*) thoroughly, really; ~ **wenig** precious little
Herzlichkeit <-> *f kein pl* ➊ (*herzliches Wesen*) warmth ➋ (*Aufrichtigkeit*) sincerity, cordiality
herzlos *adj* heartless
Herzlosigkeit <-, -en> *f* heartlessness
Herzog(in) <-s, Herzöge> [ˈhɛr·tsoːk, *pl* ˈhɛr·tsøː·gə] *m(f)* duke *masc,* duchess *fem*
Herzogtum <-s, -tümer> *nt* duchy, dukedom
Herzschlag *m* ➊ (*Kontraktion des Herzmuskels*) heartbeat ➋ (*Herzstillstand*) heart failure, cardiac arrest
Herzschrittmacher *m* pacemaker
Herzstillstand *m* cardiac arrest
herzzerreißend *adj s.* **herzerweichend**
Hesse, Hessin <-n, -n> [ˈhɛ·sə, ˈhɛ·sɪn] *m, f* Hessian
Hessen <-s> [ˈhɛ·sn̩] *nt* Hesse
hessisch [ˈhɛ·sɪʃ] *adj* Hessian
heterogen [he·te·ro·ˈgeːn] *adj* (*geh*) heterogeneous
Heterosexualität <-> [he·te·ro·zɛ·ksu̯a·liˈtɛːt] *f kein pl* heterosexuality
heterosexuell [he·te·ro·zɛ·ˈksu̯·ɛl] *adj* heterosexual
Hetze <-, -n> [ˈhɛtsə] *f* ➊ *kein pl* (*übertriebene Hast*) mad rush ➋ *pl selten* (*pej: Aufhetzung*) smear campaign; (*gegen Minderheiten*) hate campaign
hetzen [ˈhɛtsn̩] I. *vi* ➊ *haben* (*sich abhetzen*) to rush around ➋ *sein* (*eilen*) to rush ➌ *haben* (*pej: Hass schüren*) to stir up hatred (**gegen** +*akk* against) II. *vt haben* ➊ (*jagen*) to hunt ➋ (*losgehen lassen*) ■ **jdn/einen Hund auf jdn ~** to set sb/a dog on sb ➌ (*fam: antreiben*) to rush ➍ (*vertreiben*) to chase (**von** +*dat* off)
Hetzerei <-, -en> *f* ➊ *kein pl* (*ständige Hetze*) mad rush, rushing around ➋ (*ständiges Hetzen*) rabble-rousing, malicious agitation
Hetzkampagne *f* (*pej*) smear campaign
Hetzparole *f meist pl* (*pej*) inflammatory slogan
Heu <-[e]s> [hɔy] *nt kein pl* hay ▸ WENDUNGEN: **Geld wie ~ haben** to have heaps of money
Heuchelei <-, -en> [hɔy·çə·ˈlai] *f* (*pej*)

①(*Heucheln*) hypocrisy **②**(*heuchlerische Außerung*) hypocritical remark
heucheln ['hɔy·çln] I. *vi* to be hypocritical II. *vt* ■ **etw** ~ to feign sth
Heuchler(in) <-s, -> ['hɔy·çlɐ] *m(f)* (*pej*) hypocrite
heuchlerisch I. *adj* hypocritical II. *adv* hypocritically
heuer ['hɔy·ɐ] *adv* SÜDD, ÖSTERR, SCHWEIZ (*in diesem Jahr*) this year
Heuhaufen *m* haystack
heulen ['hɔy·lən] *vi* **①**(*fam: weinen*) to cry; **es ist zum H~** (*fam*) it's enough to make you cry **②** *Wolf, Sturm* to howl; *Motor* to wail; *Motorrad, Flugzeug* to roar
Heulsuse <-, -n> *f* (*pej fam*) crybaby
Heuschnupfen *m* hay fever
Heuschrecke <-, -n> *f* grasshopper; (*Wanderheuschrecke*) locust
heute ['hɔy·tə] *adv* **①**(*an diesem Tag*) today; ~ **Abend** this evening; ~ **Nacht** tonight; ~ **früh** [early] this morning; **ab** ~ as of today; ~ **in/vor acht Tagen** a week from today/ago today **②**(*der Gegenwart*) today; **von** ~ **auf morgen** all of a sudden, overnight **③**(*heutzutage*) nowadays, today
heutig ['hɔy·tɪç] *adj attr* **①**(*heute stattfindend*) today's **②**(*von heute*) *Zeitung, Nachrichten* today's; **der** ~**e Anlass** this occasion **③**(*gegenwärtig*) **die** ~**e Zeit** nowadays; **der** ~**e Stand der Technik** today's technology
heutzutage ['hɔyt·tsu·ta:·gə] *adv* nowadays, these days
Hexe <-, -n> ['hɛ·ksə] *f* **①**(*böses Fabelwesen*) witch **②**(*pej fam: zeternde Frau*) shrew; **eine alte** ~ an old hag
hexen ['hɛ·ksn̩] *vi* to cast spells, to do magic; **ich kann doch nicht** ~ (*fig*) I can't work miracles
Hexenschuss^RR *m kein pl* (*fam*) lumbago
Hexer <-s, -> *m* sorcerer
Hexerei <-, -en> [hɛ·ksə·'rai] *f* magic, sorcery *pej*, witchcraft *pej*
hg. *Abk von* **herausgegeben** ed.
hieb ['hi:p] *imp von* **hauen**
Hieb <-[e]s, -e> [hi:p *pl* 'hi:·bə] *m* **①**(*Schlag*) blow; (*Peitschenhieb*) lash [of a whip] **②** *pl* (*Prügel*) beating *sing*, thrashing *sing*
hieb- und stichfest *adj* conclusive, irrefutable; *Alibi* iron
hielt ['hi:lt] *imp von* **halten**
hier [hi:ɐ] *adv* **①** here; **er müsste doch schon längst wieder** ~ **sein!** he should have been back a long time ago!; ~ **ist/spricht Dr. Günther** [this is] Dr. Günther [speaking]; ~ **draußen/drinnen** out/in here; ~ **entlang** this way; ~ **oben/unten** up/down here; ~ **vorn/hinten** here at the front/at the back; **von** ~ **aus** from here; **von** ~ **sein** to be from here **②**(*in diesem Moment*) at this point; **von** ~ **an** from now on ▶ WENDUNGEN: ~ **und da** (*stellenweise*) here and there; (*gelegentlich*) now and then

hieran ['hi:·'ran] *adv* here; **sich** *akk* ~ **erinnern** to remember this
Hierarchie <-, -n> [hie·rar·'çi:, *pl* -'çi:·ən] *f* hierarchy
hierarchisch [hie·'rar·çɪʃ] I. *adj* hierarchical II. *adv* hierarchically
hierauf ['hi:r·'auf] *adv* **①**(*obendrauf*) here, on this **②**(*daraufhin*) as a result of this/that
hieraus ['hi:r·'aus] *adv* **①**(*aus diesem Gegenstand*) from [*or* out of] here **②**(*aus diesem Material*) out of this **③**(*aus dem Genannten*) from this **④**(*aus diesem Werk*) from this
hierbei ['hi:ɐ·'bai] *adv* **①**(*währenddessen*) while doing this **②**(*nahe bei etw*) in the same place **③**(*dabei*) here; ~ **sind gewisse Punkte zu beachten** you need to pay attention to certain things here
hierbleiben *vi irreg sein* to stay here; **hiergeblieben!** [you] stay here!
hierdurch ['hi:ɐ·'durç] *adv* **①**(*hier hindurch*) through here **②**(*dadurch*) in this way
hierfür ['hi:ɐ·'fy:ɐ] *adv* for this
hierher ['hi:ɐ·'he:ɐ] *adv* here; ~ **kommen** to come [over] here; **bis** ~ up to here; **bis** ~ **und nicht weiter** this far and no farther
hierherum ['hi:ɐ·hɛ·'rʊm] *adv* **①**(*in diese Richtung*) around [*or* over] this way **②**(*fam: in dieser Gegend*) around here
hierhin ['hi:ɐ·'hɪn] *adv* here; ~ **und dorthin** here and there; **bis** ~ up to here
hierin ['hi:r·'ɪn] *adv* **①**(*in diesem Raum*) in here **②**(*was das angeht*) in this
hiermit ['hi:ɐ·'mɪt] *adv* (*geh*) with this; ~ **erkläre ich, dass ...** I hereby declare that ...; ~ **wird bescheinigt, dass ...** this is to certify that ...; ~ **ist die Angelegenheit erledigt** that is the end of the matter
hierüber ['hi:r·'y:bɐ] *adv* **①**(*über diese Stelle*) over here **②**(*geh: über diese Angelegenheit*) about this
hierunter ['hi:r·'ʊntɐ] *adv* **①**(*unter diesem Gegenstand*) under here **②**(*in dieser Gruppe*) among it/them; ~ **fallen** to fall in[to] this category
hiervon ['hi:ɐ·'fɔn] *adv* **①**(*von diesem Gegenstand*) of this/these **②**(*über dieses Thema*) about this [*or* it]
hierzu ['hi:ɐ·'tsu:] *adv* **①**(*dazu*) with it **②**(*zu dieser Kategorie*) ~ **gehört ...** this includes ... **③**(*zu diesem Punkt*) to this; **sich** *akk* ~ **äußern** to say something about this
hierzulande, hier zu Lande ['hi:ɐ·tsu·'lan·də] *adv* [here] in these parts, around here *fam*
hieß ['hi:s] *imp von* **heißen**
Hi-Fi-Anlage ['hai·fi-] *f* stereo system, hi-fi
hihi [hi·'hi:] *interj* hee hee
Hilfe <-, -n> ['hɪl·fə] *f* **①** *kein pl* (*Beistand, Unterstützung*) help, assistance; **jdn um** ~ **bitten** to ask sb for help; **jdm zu** ~ **kommen** to come to sb's assistance; **um** ~ **rufen** to call for help; [**zu**] ~! help!; **ohne fremde** ~ without outside help; **erste** ~ first aid **②**(*Zuschuss*) **finanzielle** ~ financial aid; (*für Notlei-*

dende) relief; **wirtschaftliche** ~ economic aid ❸ (*Hilfsmittel*) aid ❹ (*Haushaltshilfe*) help
Hilferuf *m,* **Hilfeschrei** *m* cry for help
Hilfestellung *f* jdm ~ **geben** to give sb a hand
hilflos ['hɪlf·loːs] I. *adj* ❶ (*auf Hilfe angewiesen*) helpless ❷ (*ratlos*) at a loss *pred* II. *adv* ❶ (*schutzlos*) helplessly; **jdm/etw** ~ **ausgeliefert sein** to be at the mercy of sb/sth ❷ (*ratlos*) at a loss
Hilflosigkeit <-> *f kein pl* ❶ (*Hilfsbedürftigkeit*) helplessness ❷ (*Ratlosigkeit*) bafflement, perplexity
hilfreich *adj* helpful; (*nützlich a.*) useful
Hilfsaktion *f* aid [*or* relief] program
hilfsbedürftig *adj* ❶ (*auf Hilfe angewiesen*) in need of help *pred* ❷ FIN (*bedürftig*) needy, in need *pred*
hilfsbereit *adj* helpful
Hilfsbereitschaft *f* helpfulness, willingness to help
Hilfsmittel *nt* ❶ MED [health] aid [product] ❷ *pl* (*Geldmittel*) [financial] aid
Hilfsverb *nt* auxiliary verb
Himbeere ['hɪm·beː·rə] *f* raspberry
Himmel <-s, *poet* -> ['hɪ·ml̩] *m* ❶ (*Firmament*) sky; **unter freiem** ~ outdoors ❷ (*Himmelreich*) heaven; **in den** ~ **kommen** to go to heaven ❸ (*Baldachin*) canopy ❹ AUTO [interior] roof ▸ WENDUNGEN: **aus heiterem** ~ out of the blue; **um** ~**s willen** (*fam*) for heaven's sake
himmelblau ['hɪ·ml̩·blau] *adj* sky-blue
Himmelfahrt *f* ascension into heaven; **Christi** ~**stag** Ascension Day
Himmelreich *nt kein pl* REL heaven, paradise
Himmelskörper *m* celestial [*or* heavenly] body
Himmelsrichtung *f* direction; **die vier** ~**en** the four points of the compass
himmelweit I. *adj* (*fam*) enormous; *Unterschied* considerable II. *adv* **sich** *akk* ~ **unterscheiden** to be completely different
himmlisch ['hɪm·lɪʃ] I. *adj attr* heavenly, divine II. *adv* divinely, wonderfully
hin [hɪn] *adv* ❶ *räumlich* (*dahin*) there; ~ **und her laufen** to run back and forth; **der Balkon liegt zur Straße** ~ the balcony faces the street; ~ **und zurück** there and back ❷ *zeitlich* (*sich hinziehend*) **über die Jahre** ~ over the years ❸ (*fig*) **auf jds Bitte/Vorschlag** ~ at sb's request/suggestion; **auf jds Rat** ~ on sb's advice; **auf die Gefahr** ~, **dass ich mich wiederhole** at the risk of repeating myself ▸ WENDUNGEN: **nach langem H~ und Her** after careful consideration; ~ **und wieder** from time to time
hinab [hɪ·'nap] *adv* (*geh*) *s.* **hinunter**
hin|arbeiten *vi* ▪ **auf etw** *akk* ~ to work [one's way] toward sth
hinauf [hɪ·'nauf] *adv* up; [**die Treppe**] ~**gehen** to go up[stairs]; **den Fluss** ~ upstream; **bis** ~ **zu etw** *dat* up to sth
hinauf|fahren *irreg vi sein* to go [*or* drive] up
hinauf|führen *vi* to lead up (**auf** + *akk* to)
hinauf|gehen *vi irreg sein* ❶ (*nach oben*

gehen) to go [*or* walk] up (**auf** + *akk* to) ❷ (*steigen*) *Preise* to go up, to increase ❸ (*hochgehen*) **mit dem Preis** ~ to raise the price
hinauf|steigen *vi irreg sein* to climb up (**auf** + *akk* onto)
hinaus [hɪ·'naus] I. *interj* (*nach draußen*) get out [of here]! II. *adv* ❶ (*von hier nach draußen*) out; **hier/da/dort** ~ **bitte!** this/that way out, please!; ▪ **aus etw** *dat* ~ out of sth; **nach hinten/vorne** ~ **liegen** to be [situated] at the back/front [of a house] ❷ (*fig*) ▪ **über etw** *akk* ~ **sein** to be past sth; **über etw** *akk* ~ **reichen** to include sth ❸ (*zeitlich*) **auf Jahre** ~ for years to come; ▪ **über etw** *akk* ~ more than [*or* well over] sth
hinaus|bringen *vt irreg* ❶ (*nach draußen begleiten*) ▪ **jdn** ~ to see sb out ❷ (*nach draußen bringen*) to take out
hinaus|finden *vi irreg* to find one's way out (**aus** + *dat* of)
hinaus|fliegen *vi irreg sein* ❶ (*nach draußen fliegen*) to fly out ❷ (*fam: rausfallen*) to fall out ❸ (*fam: entlassen werden*) to be kicked out
hinaus|gehen [hɪ·'naus·geː·ən] *irreg* I. *vi sein* ❶ (*nach draußen gehen*) to go out (**aus** + *dat* of); **auf die Straße** ~ to go out to the street ❷ (*abgeschickt werden*) to be sent off ❸ (*gerichtet sein*) ▪ **auf etw** *akk* ~ to look out onto sth; **nach Osten** ~ to face east ❹ (*überschreiten*) ▪ [**weit**] **über etw** *akk* ~ to go [far] beyond sth II. *vi impers sein* **es geht dort hinaus!** that's the way out!, the door is right there!
hinaus|kommen *vi irreg sein* ❶ (*nach draußen kommen*) to get out/outside ❷ (*gelangen*) ▪ **über etw** *akk* ~ to get beyond sth ❸ (*gleichbedeutend mit etw sein*) **das kommt auf dasselbe hinaus** it's all the same
hinaus|lassen *vt irreg* to let out (**aus** + *dat* of)
hinaus|laufen *vi irreg sein* ❶ (*nach draußen laufen*) to run out ❷ (*gleichbedeutend mit etw sein*) ▪ **auf etw** *akk* ~ to be [*or* mean] the same as sth; **auf was soll das** ~? what's that supposed to mean?; **auf dasselbe** ~ to come to the same thing
hinaus|lehnen *vr* ▪ **sich** *akk* ~ to lean out
hinaus|schicken *vt* to send out
hinaus|schieben *vt irreg* ❶ (*nach draußen schieben*) to push out ❷ (*auf später verschieben*) to put off, to postpone (**bis** until)
hinaus|schmeißen *vt irreg* (*fam*) to throw out (**aus** + *dat* of)
hinaus|wachsen [-vak·sn̩] *vi irreg sein* ❶ (*durch Leistung übertreffen*) ▪ **über jdn** ~ to surpass sb ❷ (*überwinden*) ▪ **über etw** *akk* ~ to rise above sth
hinaus|werfen *vt irreg* ❶ (*nach draußen werfen*) to throw out (**aus** + *dat* of) ❷ (*fam: entlassen*) to fire
hinaus|wollen *vi* ❶ (*nach draußen wollen*) **auf den Hof/in den Garten** ~ to want to go out into the courtyard/garden ❷ (*etw anstre-*

ben) ■auf etw *akk* ~ to get at sth; **worauf wollen Sie hinaus?** what are you getting at?, what is your point?

hinaus|zögern I. *vt* to put off *sep*, to delay II. *vr* ■ **sich** *akk* ~ to be delayed

hin|bekommen* *vt irreg s.* hinkriegen

hin|biegen *vt irreg* (*fam*) ❶ (*bereinigen*) to sort out *sep; Problem a.* to iron out ❷ (*pej: drehen*) ■ **es so** ~, **dass ...** to manage it so that ... ❸ (*beeinflussen*) ■**jdn** ~ to lick sb into shape

Hinblick *m* **im** ~ **auf etw** *akk* (*angesichts*) in view of sth; (*in Bezug auf*) with regard to sth

hin|bringen *vt irreg* ❶ (*bringen*) ■ [**jdm**] **etw** ~ to bring [*or* take] sth [to sb] ❷ (*begleiten*) ■**jdn** ~ to take sb

hinderlich ['hɪn·dɐ·lɪç] *adj* (*geh*) ❶ (*behindernd*) ■ ~ **sein** to be a hindrance, to get in the way ❷ (*ein Hindernis darstellend*) ■**jdm/ für etw** *akk* ~ **sein** to be an obstacle for sb/sth

hindern ['hɪn·dɐn] *vt* ❶ (*abhalten*) ■**jdn daran** ~, **etw zu tun** to stop [*or* prevent] sb from doing sth ❷ (*hemmen*) ■**jdn bei etw** *akk* ~ to hamper sb in [doing] sth

Hindernis <-ses, -se> ['hɪn·dɐ·nɪs] *nt* obstacle; **jdm** ~**se in den Weg legen** to put obstacles in sb's way; (*bei Leichtathletik*) hurdle

Hindernislauf *m* hurdle race

hin|deuten *vi* ■**auf etw** *akk* ~ to suggest sth

hin|drehen I. *vt* (*fam: ausbügeln*) to sort out *sep* II. *vr* ■ **sich** *akk* [**zu jdm/etw**] ~ to turn [to sb/sth]

Hindu <-[s], -[s]> ['hɪn·du] *m* Hindu

Hinduismus <-> [hɪn·du·'ɪs·mʊs] *m kein pl* Hinduism *no art*

hinduistisch [hɪn·du·'ɪs·tɪʃ] *adj, adv* Hindu

hindurch [hɪn·'dʊrç] *adv* ❶ *räumlich* through ❷ *zeitlich* through, throughout; **die ganze Zeit** ~ all the time

hinein [hɪ·'naɪn] *adv* in; ~ **mit dir!** (*fam*) in with you!, get in there!

hinein|denken *vr irreg* ■ **sich** *akk* **in jdn** ~ to put oneself in sb's position; ■**sich** *akk* **in etw** *akk* ~ to think one's way into sth

hinein|fressen *vt irreg* ■**etw in sich** *akk* ~ ❶ (*fam: verschlingen*) to gobble sth [up], to wolf sth down ❷ (*unterdrücken*) to bottle up [*or* suppress] sth

hinein|gehen *vi irreg sein* ❶ (*betreten*) to go in[to], to enter ❷ (*fam: hineinpassen*) ■**in etw** *akk* ~ to fit in[to] sth

hinein|geraten* *vi irreg sein* to be drawn in; **in eine Schlägerei/Unannehmlichkeit** ~ to get into a fight/difficulties

hinein|lassen *vt irreg* to let in[to]

hinein|legen I. *vt* ❶ (*in etw legen*) to put in[to] ❷ (*hineindeuten*) to read into II. *vr* ■ **sich** *akk* [**in etw** *akk*] ~ to lie down [in sth]

hinein|passen *vi* to fit in[to]

hinein|pfuschen *vi* (*fam*) ■**jdm in seine Arbeit** ~ to interfere with sb's work

hinein|reden *vi* ■**jdm in seine Angelegenheiten** ~ to meddle in sb's affairs

hinein|schlingen *vt irreg* to scarf down *sep* sth

fam

hinein|spazieren* *vi sein* (*fam*) to walk in[to]

hinein|stecken *vt* ❶ (*in etw stecken*) to put in[to]; *Nadel* to stick in[to] ❷ (*investieren*) to put in[to]

hinein|steigern *vr* ■ **sich** *akk* **in etw** *akk* ~ to get in[to] sth

hinein|versetzen* *vr* ■ **sich in jdn** ~ to put oneself in sb's place; ■ **sich** *akk* **in etw** *akk* ~ to acquaint oneself with sth

hinein|wachsen [-vak·sn̩] *vi irreg sein* ❶ (*durch Wachstum*) to grow into ❷ (*mit etw vertraut werden*) to get used to

hin|fahren *irreg* I. *vi sein* ■**irgendwo** ~ to go [*or* drive] somewhere II. *vt haben* ■**jdn** ~ to take [*or* drive] sb; **jdn zum Flughafen** ~ to drive sb to the airport

Hinfahrt *f* drive, trip; **auf der** ~ on the way there

hin|fallen *vi irreg sein* to fall [down]

hinfällig *adj* ❶ (*gebrechlich*) frail ❷ (*ungültig*) invalid

Hinflug *m* flight

hin|führen I. *vt* (*irgendwohin geleiten*) ■**jdn** [**irgendwo**] ~ to take sb [somewhere] II. *vi* (*in Richtung auf etw verlaufen*) to lead [to]

hing ['hɪŋ] *imp von* **hängen**

Hingabe *f kein pl* (*rückhaltlose Widmung*) dedication; (*zu einem Mensch*) devotion; **sie spielt die Flöte mit** ~ she plays the flute with passion

hin|geben *irreg* I. *vt* (*geh*) to give II. *vr* ■ **sich** *akk* **etw** *dat* ~ to abandon oneself to sth

Hingebung <-> *f kein pl s.* **Hingabe**

hingebungsvoll I. *adj* dedicated; *Blick, Pflege* devoted II. *adv* with dedication

hingegen [hɪn·'ge:·gn̩] *konj* (*geh*) but, however

hin|gehen *vi irreg sein* ❶ (*dorthin gehen*) to go ❷ (*geh: vergehen*) to pass, to go by

hin|gehören* *vi* (*fam*) to belong

hin|geraten* *vi irreg sein* ■**irgendwo** ~ to land somewhere; **wo bin ich denn hier** ~? what am I doing here?

hingerissen I. *adj* spellbound II. *adv* raptly, with rapt attention

hin|gucken *vi* (*fam*) to look

hin|halten *vt irreg* ❶ (*entgegenhalten*) ■**jdm etw** ~ to hold sth out to sb ❷ (*aufhalten*) to keep waiting

Hinhaltetaktik *f* stall tactics

hin|hauen *irreg* I. *vi* (*fam*) ❶ (*klappen*) to work ❷ (*ausreichen*) to be enough ❸ (*zuschlagen*) to take a swing II. *vr* (*sl*) ■ **sich** *akk* ~ ❶ (*schlafen*) to turn in ❷ (*sich hinflegeln*) to plunk [oneself] down III. *vt* (*fam: schlampig erledigen*) to rush through; (*Schriftstück*) to dash off

hin|hören *vi* to listen; **genau** ~ to listen carefully

hinken ['hɪŋ·kn̩] *vi* ❶ *haben* (*das Bein nachziehen*) to limp ❷ *haben* (*nicht ganz zutreffen*) der **Vergleich** hinkt that's not a good comparison

hin|knien *vi, vr vi: sein* to kneel down

hin|kommen *vi irreg sein* ❶ (*irgendwohin gelangen*) ■**irgendwo** ~ to get somewhere ❷ (*an bestimmten Platz gehören*) ■**etw kommt irgendwohin** sth belongs somewhere ❸ (*fam: auskommen*) to manage (**mit** +*dat* with) ❹ (*fam: stimmen*) to be [about] right

hin|kriegen *vt* (*fam*) ❶ (*reparieren*) to fix ❷ (*fertigbringen*) to manage

hin|länglich I. *adj* sufficient, adequate II. *adv* sufficiently, adequately

hin|laufen *vi irreg sein* ■ [**irgendwo**] ~ ❶ (*an eine bestimmte Stelle eilen*) to run [somewhere] ❷ DIAL (*fam: zu Fuß gehen*) to walk somewhere

hin|legen I. *vt* ❶ (*niederlegen*) to put down ❷ (*flach lagern*) to lay down ❸ (*ins Bett bringen*) to put to bed ❹ (*fam: bezahlen*) to fork out ❺ (*fam: eindrucksvoll darbieten*) to do; **eine brillante Rede** ~ to give a brilliant speech II. *vr* ■ **sich** *akk* ~ ❶ (*schlafen gehen*) to go sleep ❷ (*fam: hinfallen*) to fall [over]

hin|nehmen *vt irreg* to accept; **eine Niederlage/einen Verlust** ~ [**müssen**] to [have to] suffer a defeat/a loss

hinreichend I. *adj* sufficient; *Gehalt, Einkommen* adequate II. *adv* sufficiently, adequately; ~ **lange/oft** long/often enough

Hinreise *f* trip [somewhere]; (*mit dem Auto*) drive

hin|reißen *vt irreg* ❶ (*begeistern*) to enchant ❷ (*spontan verleiten*) **sich** *akk* **zu etw** *dat* ~ **lassen** to allow oneself to be provoked into doing sth

hinreißend I. *adj* enchanting, captivating; *Schönheit* striking II. *adv* enchantingly

hin|rennen *vi irreg sein* s. **hinlaufen 1**

hin|richten *vt* to execute

Hinrichtung *f* execution

hin|schauen *vi* DIAL to look

hin|scheiden *vi irreg* (*geh*) to pass away

hin|schicken *vt* to send [to]

hin|schmeißen *vt irreg* (*fam*) s. **hinwerfen**

hin|sehen *vi irreg* to look

hin|setzen I. *vr* ■ **sich** *akk* ~ to sit down II. *vt* to put down

Hinsicht *f kein pl* **in gewisser** ~ in certain respects

hinsichtlich *präp* +*gen* (*geh*) with regard to

hin|stellen I. *vt* ❶ (*an einen Platz stellen*) to put ❷ (*fam: bauen*) to put up ❸ *Fahrzeug* to park ❹ (*charakterisieren*) ■**jdn als etw** *akk* ~ to make sb out to be sth II. *vr* ❶ (*sich aufrichten*) ■ **sich** *akk* ~ to stand up straight ❷ (*an eine bestimmte Stelle*) ■**sich** *akk* **vor jdn** ~ to plant oneself in front of sb

hinten ['hɪn·tn̩] *adv* ❶ (*entfernt*) at the end; ~ **im Buch** at the back of the book; **sich** *akk* ~ **anstellen** to get in line [at the back]; **das wird weiter** ~ **erklärt** that's explained further toward the end ❷ (*auf der abgewandten*

Seite) at/in the back

hintendrauf ['hɪn·tn̩·'drauf] *adv* (*fam*) at/in the back; **jdm eins** ~ **geben** to slap sb on the butt

hintenherum ['hɪn·tn̩·hɛ·'rʊm] *adv* (*fam: auf Umwegen*) indirectly; **ich habe es** ~ **erfahren** a little bird told me *prov*

hinter ['hɪn·tɐ] I. *präp* +*dat* ❶ (*dahinter*) behind; ~ **dem Baum** behind the tree ❷ (*jenseits von etw*) behind; ~ **der Grenze** on the other side of the border ❸ (*fig*) ~ **etw kommen** to find out about sth; **sich** *akk* ~ **jdn stellen** to back sb up II. *präp* +*akk* ❶ (*auf die Rückseite von etw*) behind ❷ *zeitlich* after; **etw** ~ **sich** *akk* **bringen** to get sth over with III. *part* (*fam*) s. **dahinter**

Hinterachse [-ak·sə] *f* rear axle

Hinterausgang *m* rear exit; (*zu einem privaten Haus*) back door

Hinterbacke *f meist pl* (*fam*) buttock

Hinterbein *nt* hind leg

Hinterbliebene(r) [hɪn·tɐ·'bliː·bə·nə, -nɐ] *f(m) dekl wie adj* bereaved [family]; ■**die** ~**n** the surviving dependants

hintere(r, s) ['hɪn·tə·rə, -rɐ, -rəs] *adj* ■**der/die/das** ~ ... the rear ...

hintereinander [hɪn·tɐ·ʔain·'an·dɐ] *adv* ❶ *räumlich* (*einer hinter dem anderen*) one behind the other ❷ *zeitlich* (*aufeinander folgend*) one after the other; **mehrere Tage** ~ several days in a row

Hintereingang *m* the rear entrance; (*zu einem privaten Haus*) back door

hinterfotzig ['hɪn·tɐ·fɔ·tsɪç] *adj* DIAL (*derb*) underhand, devious

hinterfragen* [hɪn·tɐ·'fraː·gn̩] *vt* (*geh*) to question, to analyze

Hintergedanke *m* ulterior motive

hintergehen* [hɪn·tɐ·'geː·ən] *vt irreg* (*betrügen*) to deceive; (*sexuell*) to be unfaithful, to two-time; (*um Profit zu machen*) to cheat, to double-cross

Hintergrund *m* ❶ (*hinterer Teil des Blickfeldes*) background; **der** ~ **eines Raums** the back of a room ❷ (*Umstände*) ■**der** ~ **einer S.** *gen* the background to sth; **der** ~ **einer Geschichte** the setting of a story ❸ *pl* (*Zusammenhänge*) ■**die Hintergründe einer S.** *gen* the [true] facts about sth

hintergründig I. *adj* enigmatic, mysterious II. *adv* mysteriously

Hinterhalt *m* (*pej*) ambush

hinterhältig ['hɪn·tɐ·hɛl·tɪç] I. *adj* (*pej*) underhanded, devious II. *adv* (*pej*) in an underhanded manner

Hinterhältigkeit <-, -en> *f* (*pej*) ❶ *kein pl* (*Heimtücke*) underhandedness, deviousness ❷ (*heimtückische Tat*) underhanded act

hinterher [hɪn·tɐ·'heːɐ̯] *adv* ❶ *räumlich* behind; ■**jdm** ~ **sein** to be after sb ❷ *zeitlich* after that, afterwards

hinterher|fahren *vi irreg sein* to follow, to drive behind

hinterher|hecheln *vi* (*pej fam*) to try to catch up with

hinterher|laufen [hɪn·tɐ·ˈheːɐ̯·lau·fn̩] *vi irreg sein* to run after

Hinterhof *m* courtyard; (*Garten*) backyard

Hinterkopf *m* back of the head ▶ WENDUNGEN: **etw im ~ behalten** to keep sth in mind

Hinterland *nt kein pl* hinterland

hinterlassen* [hɪn·tɐ·ˈla·sn̩] *vt irreg* to leave; **bei jdm einen Eindruck ~** to leave an impression on sb

Hinterlassenschaft <-, -en> *f* ❶ (*literarisches Vermächtnis*) posthumous works ❷ (*fam: übrig gelassene Dinge*) leftovers *pl*

hinterlegen* [hɪn·tɐ·ˈleː·gn̩] *vt* ■ **etw** [**bei jdm**] **~** to leave sth [with sb]; *Sicherheitsleistung, Betrag* to supply [sb with] sth

Hinterlist *f kein pl* ❶ (*Heimtücke*) deceit, deception ❷ (*Trick, List*) trick, ploy

hinterlistig I. *adj* deceptive, shifty **II.** *adv* deceitfully, deceptively

hinterm [ˈhɪn·tɐm] = **hinter dem** *s.* **hinter**

Hintermann <-männer> *m* ❶ (*räumlich*) the person behind ❷ *meist pl* (*Drahtzieher*) ringleader, brains [behind the operation]

hintern [ˈhɪn·tɐn] = **hinter den** *s.* **hinter**

Hintern <-s, -> [ˈhɪn·tɐn] *m* (*fam: Gesäß*) butt, rear end

Hinterrad *nt* rear wheel

Hinterradantrieb *m* rear-wheel drive

hinterrücks [ˈhɪn·tɐ·ʀʏks] *adv* ❶ (*von hinten*) from behind ❷ (*im Verborgenen*) behind sb's back

hinters [ˈhɪn·tɐs] = **hinter das** *s.* **hinter**

hintersinnig *adj* with a deeper meaning; *Bemerkung a.* subtle, profound

Hintersitz *m* (*Rücksitz*) back seat

hinterste(r, s) [ˈhɪn·tɐs·tə, -stɐ, -stəs] *adj superl von* **hintere(r, s)** last; (*entlegenste*) farthest

Hinterteil *nt* (*fam*) *s.* **Hintern**

Hintertreffen *nt kein pl* **im ~ sein** to be at a disadvantage

Hintertür *f*, **Hintertürl** <-s, -[n]> *nt* ÖSTERR ❶ (*hintere Eingangstür*) back entrance; (*zu einem privaten Haus*) back door ❷ (*fam: Ausweg*) back door, loophole

Hinterwäldler(in) <-s, -> [ˈhɪn·tɐ·vɛlt·lɐ] *m(f)* (*pej fam*) country bumpkin

hinterwäldlerisch *adj* (*pej fam*) country bumpkin

hinterziehen* [hɪn·tɐ·ˈtsiː·ən] *vt irreg* **Steuern ~** to evade tax[es]

hin|tun *vt irreg* (*fam: hinlegen*) ■ **etw irgendwohin ~** to put sth somewhere

hinüber [hɪ·ˈnyː·bɐ] *adv* ❶ (*nach drüben*) across, over ❷ (*fam: verdorben*) bad ❸ (*fam: kaputt, erschöpft*) ■ **etw/jd ist ~** sth has had it

hinunter [hɪ·ˈnʊn·tɐ] *adv* down

hinunter|fahren *irreg* **I.** *vi sein* to go [*or* drive] down **II.** *vt* to go [*or* drive] down

hinunter|fallen *irreg sein* **I.** *vi* to fall down/off

II. *vt* ■ **etw ~** to fall down sth

hinunter|gehen [hɪ·ˈnʊn·tɐ·geː·ən] *irreg sein* **I.** *vi* ❶ (*nach unten gehen*) to go down ❷ (*die Flughöhe verringern*) to descend (**auf** +*akk* to) **II.** *vt* ■ **etw ~** to go down sth

hinunter|schlucken *vt* ❶ (*schlucken*) to swallow [down *sep*] ❷ (*fam: sich verkneifen*) to suppress; **eine Antwort ~** to stifle a reply

hinunter|spülen *vt* ❶ (*wegspülen*) to flush down *sep* ❷ (*mit einem Getränk*) to wash down *sep* (**mit** +*dat* with)

hinunter|werfen *vt irreg* to throw down

hinunter|würgen *vt* to choke down *sep*

hin|wagen *vr* ■ **sich** *akk* **~** to dare [to] approach

hinweg [hɪn·ˈvɛk] *adv* (*geh*) ■ **~!** (*veraltend*) begone!; **über jdn/etw ~ sein** to have gotten over sb/sth; **über lange Jahre ~** for many [long] years

Hinweg [ˈhɪn·veːk] *m* way there

hinweg|gehen [hɪn·ˈvɛk·geː·ən] *vi irreg sein* ■ **über etw** *akk* **~** to disregard sth

hinweg|helfen *vi irreg* ■ **jdm über etw** *akk* **~** to help sb [to] get over sth

hinweg|kommen *vi irreg sein* ■ **über etw** *akk* **~** to get over sth

hinweg|sehen *vi irreg* ■ **über jdn/etw ~** ❶ (*darüber sehen*) to see over sb['s head]/sth ❷ (*nicht wichtig nehmen*) to overlook sb/sth

hinweg|setzen *vr* ■ **sich** *akk* **über etw** *akk* **~** to disregard sth

Hinweis <-es, -e> [ˈhɪn·vais, *pl* -vai·zə] *m* ❶ (*Rat*) advice, tip ❷ (*Anhaltspunkt*) clue, indication

hin|weisen *irreg* **I.** *vt* ■ **jdn darauf ~, dass ...** to point out [to sb] that ... **II.** *vi* ■ **auf jdn/etw ~** to point to sb/sth

Hinweisschild *nt* sign

hin|werfen *irreg vt* ❶ (*zuwerfen*) ■ **jdm etw ~** to throw sth to sb ❷ (*auf den Boden werfen*) to throw down *sep* ❸ (*fam: aufgeben*) to give up *sep* ❹ *Bemerkung* to drop ❺ (*flüchtig zu Papier bringen*) to dash off

hin|wollen *vi* (*fam*) to want to go

hin|ziehen *irreg* **I.** *vt haben* ❶ (*zu sich ziehen*) ■ **jdn/etw zu sich** *dat* **~** to pull sb/sth toward oneself ❷ (*anziehen*) ■ **es zieht jdn zu etw/jdm hin** *dat* sb is attracted to sth/sb ❸ (*hinauszögern*) to delay **II.** *vi sein* (*an einen Ort*) to move **III.** *vr* ■ **sich** *akk* **~** ❶ (*sich verzögern*) to drag on ❷ (*sich erstrecken*) to extend along

hin|zielen *vi* ■ **auf etw** *akk* **~** (*zum Ziel haben*) to aim at sth; (*auf etw gerichtet sein*) to be aimed at sth

hinzu [hɪn·ˈtsuː] *adv* in addition, besides

hinzu|fügen *vt* ❶ (*beilegen*) to enclose ❷ (*zusätzlich bemerken*) to add ❸ (*nachträglich hineingeben*) to add

hinzu|kommen [hɪn·ˈtsuː·kɔ·mən] *vi irreg sein* ❶ (*eintreffen*) to arrive; **die anderen Gäste kommen dann später hinzu** the other guests will come along later ❷ (*sich noch ereignen*) ■ **es kommt [noch] hinzu, dass ...** there is also the fact that ... ❸ (*dazukommen*)

kommt sonst noch etwas hinzu? can I get you anything else?

hinzu|ziehen *vt irreg* to consult

Hiobsbotschaft ['hiː‧ops-] *f* bad news

Hippie <-s, -s> ['hɪ‧pi] *m* hippie

Hirn <-[e]s, -e> [hɪrn] *nt* ❶ (*Gehirn*) brain ❷ (*Hirnmasse*) brains *pl*

Hirngespinst *nt* fantasy

Hirnhaut *f* meninx *spec*

Hirnhautentzündung *f* meningitis

hirnrissig *adj* (*pej fam*) harebrained

Hirnschlag *m* MED stroke

Hirnstrom *m meist pl* BIOL, MED brain wave activity

Hirntod *m* brain death

hirnverbrannt *adj* (*fam*) *s.* **hirnrissig**

Hirsch <-es, -e> [hɪrʃ] *m* ❶ (*Rothirsch*) deer ❷ (*Hirschfleisch*) venison

Hirschgeweih *nt* antlers *pl*

Hirschkäfer *m* stag beetle

Hirschkuh *f* hind

Hirse <-, -n> ['hɪr‧zə] *f* millet

Hirt(in) <-en, -en> ['hɪrt] *m(f)* herdsman *masc;* (*Schafhirt*) shepherd *masc,* shepherdess *fem*

Hirtenbrief *m* REL pastoral letter

his, His <-, -> [hɪs] *nt* MUS B sharp

hissen ['hɪ‧sn̩] *vt* to hoist

Histamin <-s> [hɪs‧ta‧'miːn] *nt kein pl* histamine

Historiker(in) <-s, -> [hɪs‧'toː‧ri‧kɐ] *m(f)* historian

historisch [hɪs‧'toː‧rɪʃ] **I.** *adj* ❶ (*die Geschichte betreffend*) historical ❷ (*geschichtlich bedeutsam*) historic **II.** *adv* historically

Hit <-s, -s> [hɪt] *m* (*fam*) ❶ (*erfolgreicher Schlager*) hit ❷ (*Umsatzrenner*) huge success

Hitliste *f* charts *npl*

Hitparade *f* ❶ (*Musiksendung*) ≈ weekly top 40 [countdown] ❷ *s.* **Hitliste**

Hitze <-, *fachspr* -n> ['hɪ‧tsə] *f* heat; **bei mittlerer ~ backen** to bake at medium heat

hitzebeständig *adj* heat-resistant

Hitzewallung *f meist pl* hot flash

Hitzewelle *f* heat wave

hitzig ['hɪ‧tsɪç] **I.** *adj* ❶ (*leicht aufbrausend*) *Mensch* hotheaded, quick-tempered; *Reaktion* heated; *Temperament* fiery ❷ (*leidenschaftlich*) passionate; *Debatte* heated **II.** *adv* passionately

Hitzkopf *m* (*fam*) hothead

hitzköpfig *adj* (*fam*) hotheaded

Hitzschlag *m* heatstroke; (*von der Sonne a.*) sunstroke

HIV <-[s]> [haː‧ʔiː‧'fau] *nt Abk von* **human immunodeficiency virus** HIV

HIV-infiziert [haː‧ʔiː‧'fau-] *adj* HIV-positive

HIV-negativ [haː‧ʔiː‧'fau-] *adj* HIV-negative

HIV-positiv [haː‧ʔiː‧'fau-'poː‧zi‧tiːf] *adj* HIV-positive

Hiwi <-s, -s> ['hiː‧vi] *m* (*sl*) assistant

Hl. *Abk von* **Heilige(r)** St.

hm *interj* ❶ (*anerkennendes Brummen*) hm ❷ (*fragendes Brummen*) er[m]

H-Milch ['haː] *f* UHT milk

h-Moll ['haː‧'mɔl] *nt* MUS B minor

HNO-Arzt, -Ärztin [haː‧ʔɛn‧'ʔoː-] *m, f* ENT specialist

hob ['hoːp] *imp von* **heben**

Hobby <-s, -s> ['hɔ‧bi] *nt* hobby

Hobel <-s, -> ['hoː‧bl̩] *m* ❶ (*Werkzeug*) plane ❷ (*Küchengerät*) slicer

Hobelbank <-bänke> *f* carpenter's bench

hobeln ['hoː‧bl̩n] *vt, vi* ❶ (*mit dem Hobel glätten*) to plane ❷ (*mit dem Hobel schneiden*) to slice

hoch [hoːx] **I.** *adj* <*attr* hohe(r, s), höher, *attr* höchste(r, s)> ❶ (*räumlich*) high, tall; *Baum* tall ❷ (*beträchtlich, groß*) large; *Kosten* high; *Druck, Geschwindigkeit, Lebensstandard* high; *Verlust* severe; *Sachschaden* extensive ❸ (*bedeutend*) great, high; *Position* senior ▶ WENDUNGEN: **etw ist jdm zu hoch** sth is above sb's head **II.** *adv* <höher, am höchsten> ❶ (*nach oben*) **etw ~ halten** to hold up *sep* sth ❷ (*in einiger Höhe*) **~ gelegen** high-lying *attr;* **~ oben** high up ❸ (*sehr*) highly; **~ konzentriert arbeiten** to be completely focused on one's work; **jdm etw ~ anrechnen** to give sb a lot of credit for sth; **etw/jdn ~ schätzen** to appreciate sth/sb very much ❹ (*eine hohe Summe umfassend*) highly; **~ gewinnen** to win big *fam;* **~ verschuldet** deep in debt *pred* ❺ MATH (*Bezeichnung der Potenz*) **2 ~ 4** 2 to the power of 4 ▶ WENDUNGEN: **etw ~ und heilig versprechen** to promise sth faithfully; **wenn es ~ kommt** (*fam*) at the most

Hoch¹ <-s, -s> [hoːx] *nt* cheer

Hoch² <-s, -s> [hoːx] *nt* METEO high

Hochachtung *f* deep respect

hochachtungsvoll *adv* (*geh*) your obedient servant *dated form*

hochaktuell *adj* ❶ (*äußerst aktuell*) [most] up-to-date ❷ MODE highly fashionable, all the rage *pred*

hochanständig *adj* very decent

hoch|arbeiten *vr* ■ **sich** *akk* **~** to work one's way up

Hochbahn *f* elevated railroad

Hochbau *m kein pl* structural engineering

hoch|bekommen* *vt irreg* to [manage to] lift up

hochberühmt *adj* very famous

hochbetagt *adj* (*geh*) aged

Hochbetrieb *m* intense activity; **~ haben** to be very busy

Hochburg *f* stronghold

hochdeutsch ['hoːx‧dɔytʃ] *adj* High [*or* Standard] German

ⓘ The term **Hochdeutsch** describes German that is free of regional accents or dialects. Although **Hochdeutsch** is spoken in most public institutions throughout Germany, the German that is spoken in and around the city of Hanover, in northern Germany, is considered the best example of **Hochdeutsch**.

Hochdruck *m kein pl* high pressure
Hochebene *f* plateau
hocherfreut *adj* overjoyed
hoch|fahren *irreg* **I.** *vi sein* ❶ (*nach oben fahren*) to go up ❷ (*sich plötzlich aufrichten*) **aus dem Schlaf ~** to wake up with a start ❸ (*aufbrausen*) to flare up **II.** *vt haben* ❶ (*nach oben fahren*) **können Sie uns nach Hamburg ~?** can you drive us up to Hamburg? ❷ (*auf volle Leistung bringen*) *Produktion* to raise; *Computer* to boot
Hochformat *nt* portrait format
Hochfrequenz *f* high frequency
Hochgarage *f* multistory parking lot
Hochgebirge *nt* high mountains *pl*
Hochgefühl *nt* elation
hoch|gehen *irreg sein* **I.** *vi* ❶ (*hinaufgehen*) to go up ❷ (*fam: detonieren*) to go off *sep* ❸ (*fam: wütend werden*) to blow one's top ❹ (*fam*) *Preise* to go up ❺ (*fam: enttarnt werden*) to get caught **II.** *vt* ■ **etw ~** to go up sth
Hochgenussᴿᴿ *m* real delight
Hochgeschwindigkeitszug *m* high-speed train
Hochglanz *m* FOTO high gloss
Hochglanzmagazin *nt* glossy magazine
hochgradig **I.** *adj* extreme **II.** *adv* extremely
hochhackig *adj* high-heeled
hoch|halten *vt irreg* ❶ (*in die Höhe halten*) to hold up *sep* ❷ (*ehren*) to uphold
Hochhaus *nt* high-rise building
hoch|heben *vt irreg* ❶ *Last* to lift up *sep* ❷ *Arm, Hand, Kind* to put up *sep*
hochinteressant *adj* most interesting
hoch|jubeln *vt* to hype
hochkant ['hoːx·kant] *adv* **etw ~ stellen** to stand sth on end
hochkantig ['hox·kan·tɪç] *adv* on end
Hochkonjunktur *f* [economic] boom
hoch|krempeln *vt* to roll up *sep*
hoch|kriegen *vt* (*fam*) *s.* **hochbekommen**
Hochkultur *f* [very] advanced civilization
Hochland ['hoːx·lant] *nt* highland *usu pl*
Hochleistung *f* first-rate performance
Hochleistungssport *m* demanding sport
hochmodern **I.** *adj* ultramodern **II.** *adv* in the latest fashion[s]
Hochmut ['hoːx·muːt] *m* (*pej*) arrogance
hochmütig ['hoːx·myː·tɪç] *adj* (*pej*) arrogant
hochnäsig ['hoːx·nɛː·zɪç] **I.** *adj* (*pej fam*) conceited **II.** *adv* (*pej fam*) conceitedly
Hochnebel *m* METEO [low] stratus *spec*
hoch|nehmen *vt irreg* ❶ (*nach oben heben*) to lift up *sep* ❷ (*fam: auf den Arm nehmen*) ■ **jdn ~** to put sb on
hochnotpeinlich *adj* cringe-worthy
Hochofen *m* blast furnace

hochprozentig *adj* ❶ (*Alkohol enthaltend*) high-proof ❷ (*konzentriert*) highly concentrated
hochrangig *adj attr* high-ranking
hoch|rechnen *vt* to project
Hochrechnung *f* projection
hochrot ['hoːx·'roːt] *adj* bright red
Hochsaison *f* ❶ (*Zeit stärksten Betriebes*) busy season ❷ (*Hauptsaison*) high season
Hochschulabschlussᴿᴿ *m* college [*or* university] degree
Hochschulabsolvent(in) <-en, -en> *m(f)* college [*or* university] graduate
Hochschule ['hoːx·ʃuː·lə] *f* ❶ (*Universität*) university ❷ (*Fachhochschule*) college
Hochschüler(in) *m(f)* student
Hochschullehrer(in) *m(f)* college [*or* university] professor
Hochschulreife *f* entrance requirement for higher education
hochschwanger *adj* in an advanced stage of pregnancy *pred*
Hochsee *f kein pl* high sea[s *npl*]
Hochseefischerei *f* deep-sea fishing
Hochsitz *m* (*Jagdwesen*) raised blind
Hochsommer *m* midsummer, height of summer
Hochspannung *f* ❶ ELEK high voltage ❷ *kein pl* (*Belastung*) enormous tension
Hochsprache *f* standard language
Hochsprung *m* high jump
höchst [høːçst] **I.** *adj s.* **höchste(r, s)** **II.** *adv* most, extremely
Höchstalter *nt* maximum age
Hochstapler(in) <-s, -> ['hoːx·ʃtaːp·lɐ] *m(f)* (*pej*) con man
höchste(r, s) *attr* **I.** *adj superl von* **hoch** ❶ (*räumlich*) *Baum* tallest; *Berg* highest ❷ (*bedeutendste*) highest; *Profit* largest; **aufs H~** extremely, most; **von ~r Bedeutung sein** to be of the utmost importance **II.** *adv* ❶ (*räumlich*) the highest ❷ (*in größtem Ausmaß*) the most, most of all ❸ (*die größte Summe umfassend*) the most
hoch|steigen *vi irreg Angst, Freude, Wut* to well up
höchstens ['høːç·stn̩s] *adv* ❶ (*bestenfalls*) at [the] most, at best ❷ (*nicht mehr als*) not more than
Höchstfall *m* **im ~** at [the] most, at best
Höchstgebot *nt* highest bid
Höchstgeschwindigkeit *f* ❶ (*mögliche Geschwindigkeit*) maximum speed ❷ (*zulässige Geschwindigkeit*) speed limit
Höchststimmung *f kein pl* **in ~** in high spirits
Höchstmaß *nt* maximum amount
höchstpersönlich *adv* in person, personally
Höchststand *m* highest level
Höchststrafe *f* maximum penalty
höchstwahrscheinlich ['høːçst·va·ɐ̯·'ʃain·lɪç] *adv* most likely
höchstzulässig *adj attr* maximum [permissible]

Hochtechnologie *f* high technology
Hochtour *f* ❶ SPORT (*Hochgebirgstour*) high-altitude mountain climbing trip ❷ *pl* TECH (*größte Leistungsfähigkeit*) **auf ~en laufen** to operate [*or* work] at full speed; (*fig*) to be in full swing
hochtrabend (*pej*) I. *adj* pompous II. *adv* pompously
hoch|treiben *vt irreg* to drive up *sep; Kosten, Löhne, Preise a.* to force up *sep*
hochverehrt *adj attr* highly respected
Hochverrat *m* high treason
Hochwasser *nt* ❶ (*Flut*) high tide ❷ (*überhöher Wasserstand*) high [level of] water ❸ (*Überschwemmung*) flood
hochwertig ['hoːx·veːɐ̯·tɪç] *adj* ❶ (*von hoher Qualität*) [*of pred*] high quality ❷ (*von hohem Nährwert*) highly nutritious
Hochzeit[1] <-, -en> ['hɔx·tsait] *f* (*Heirat*) wedding
Hochzeit[2] <-, -en> ['hoːx·tsait] *f* (*geh: Blütezeit*) golden age
Hochzeitsfeier *f* wedding reception
Hochzeitskleid *nt* wedding dress
Hochzeitsreise *f* honeymoon
Hochzeitstag *m* ❶ (*Tag der Hochzeit*) wedding day ❷ (*Jahrestag*) wedding anniversary
hoch|ziehen *irreg vt* ❶ (*nach oben ziehen*) to pull up *sep* ❷ (*fam: rasch bauen*) to build [rapidly]
Hocke <-, -n> ['hɔ·kə] *f* ❶ (*Körperhaltung*) crouching position; **in die ~ gehen** to squat [down] ❷ (*Turnübung*) squat vault
hocken ['hɔ·kn̩] *vi* ❶ *haben* (*kauern*) to crouch, to squat ❷ *haben* (*fam: sitzen*) to sit ❸ *sein* SPORT (*in der Hocke springen*) to squatvault (**über** + *akk* over)
Hocker <-s, -> *m* stool
Höcker <-s, -> ['hœ·kɐ] *m* ❶ (*Wulst*) hump ❷ (*kleine Wölbung*) bump
Hockey <-s> ['hɔ·ki] *nt kein pl* hockey, field hockey
Hoden <-s, -> ['hoː·dn̩] *m* testicle
Hodensack *m* scrotum
Hof <-[e]s, Höfe> [hoːf, *pl* 'høː·fə] *m* ❶ (*Innenhof*) courtyard; (*Schulhof*) schoolyard, playground ❷ (*Bauernhof*) farm ❸ HIST (*Fürstensitz, Hofstaat*) court
hoffen ['hɔ·fn̩] I. *vi* to hope (**auf** + *akk* for) II. *vt* **das will ich ~** I hope so
hoffentlich ['hɔ·fn̩t·lɪç] *adv* hopefully; **~ nicht** I hope not
Hoffnung <-, -en> ['hɔf·nʊŋ] *f* hope (**auf** + *akk* for/of); **jds letzte ~ sein** to be sb's last hope; **sich** *dat* **~en machen** to have hope
hoffnungslos I. *adj* hopeless II. *adv* ❶ (*ohne Hoffnung*) without hope ❷ (*völlig*) hopelessly; **sich** *akk* **~ in jdn verlieben** to fall head over heels in love with sb
Hoffnungslosigkeit <-> *f kein pl* hopelessness; (*Verzweiflung*) despair
Hoffnungsschimmer *m* (*geh*) glimmer of hope

hoffnungsvoll I. *adj* hopeful; *Karriere* promising II. *adv* full of hope
höfisch ['høː·fɪʃ] *adj* courtly
höflich ['høː·f·lɪç] I. *adj* polite, courteous II. *adv* politely, courteously
Höflichkeit <-, -en> *f* ❶ *kein pl* (*höfliche Art*) courtesy, politeness ❷ (*höfliche Bemerkung*) compliment
Höflichkeitsfloskel *f* polite phrase
Höfling <-s, -e> ['høː·f·lɪŋ] *m* HIST courtier
Hofnarr *m* HIST court jester
hohe(r, s) ['hoː·ə, 'hoː·ɐ, 'hoː·əs] *adj s.* hoch
Höhe <-, -n> ['høː·hə] *f* ❶ (*Ausdehnung nach oben*) height; **aus der ~** from above; **auf halber ~** halfway up; **in einer ~ von** at a height of ❷ (*Gipfel*) summit, top ❸ (*Ausmaß*) amount, level; **ein Betrag in ~ von ...** an amount totaling ...; **die ~ des Schadens** the extent of the damage; **in die ~ gehen** *Preise* to rise ▶ WENDUNGEN: **das ist doch die ~!** (*fam*) that is enough [already]!
Hoheit <-, -en> ['hoː·hait] *f* ❶ (*Mitglied einer fürstlichen Familie*) member of the royal family; **Ihre Königliche ~** Your Royal Highness ❷ *kein pl* (*oberste Staatsgewalt*) sovereignty
Hoheitsgebiet *nt* sovereign territory
Hoheitsgewässer *pl* territorial waters *npl*
Hoheitsrecht *nt meist pl* POL sovereign right
Höhenangst *f* fear of heights, acrophobia
Höhenmesser *m* LUFT altimeter
Höhenunterschied *m* difference in altitude
höhenverstellbar *adj* height-adjustable
Höhepunkt *m* ❶ (*bedeutendster Teil*) high point; *einer Veranstaltung* highlight ❷ (*Gipfel*) height, peak; **die Krise hatte ihren ~ erreicht** the crisis had reached its climax ❸ (*Orgasmus*) climax
höher ['høː·ɐ] I. *adj komp von* **hoch** ❶ (*räumlich*) higher, taller ❷ (*bedeutender, größer*) *Forderungen, Druck, Verlust* greater; *Gewinn, Preis, Temperatur* higher; *Strafe* more severe II. *adv komp von* **hoch** ❶ (*weiter nach oben*) higher, taller ❷ (*mit gesteigertem Wert*) higher; **sich** *akk* **~ versichern** to increase one's insurance
höher|schrauben *vt* **seine Anforderungen ~** to increase one's demands
höher|stufen *vt* ■ **jdn ~** to upgrade sb
hohl [hoːl] *adj, adv* ❶ (*leer*) hollow; **mit der ~en Hand** with cupped hands; **~e Wangen** sunken cheeks ❷ (*pej: nichts sagend*) empty
Höhle <-, -n> ['høː·lə] *f* ❶ (*Felshöhle*) cave ❷ (*Tierbehausung*) cave, den ❸ (*Höhlung*) hollow
Höhlenmalerei *f* cave painting
Höhlenmensch *m* cave dweller, caveman *masc*, cavewoman *fem*
Hohlkopf *m* (*pej fam*) blockhead, airhead
Hohlkreuz *nt* hollow back
Hohlmaß *nt* ❶ (*Maßeinheit*) measure of capacity, cubic measure *spec* ❷ (*Messgefäß*) dry measure
Hohlraum *m* cavity, hollow space

Hohlspiegel *m* concave mirror
Hohn <-[e]s> [ho:n] *m kein pl* scorn, mockery
höhnen *vi* to sneer
höhnisch ['høː·nɪʃ] I. *adj* scornful, sneering II. *adv* scornfully, sneeringly
hoi [hɔɪ] *interj* SCHWEIZ hello, hi
Hokuspokus <-> [hoː·kʊs·'poː·kʊs] *m kein pl* ❶ (*Zauberformel*) ~ **Fidibus!** abracadabra ❷ (*fam: fauler Zauber*) hocus-pocus ❸ (*fam: Brimborium*) fuss
Holding <-, -s> ['hoːl·dɪŋ] *f,* **Holdinggesellschaft** *f* holding company
holen ['hoː·lən] I. *vt* ❶ (*hervorholen*) to get (aus +*dat* out of, von +*dat* from) ❷ (*herholen*) **Sie können den Patienten jetzt ~** you can send for the patient now; ▪jdn ~ **lassen** to go get sb; **Hilfe ~** to get help II. *vr* (*fam*) ▪ **sich** *dat* **etw ~** ❶ (*sich nehmen*) to get oneself sth (aus +*dat* out of, von +*dat* from) ❷ (*sich zuziehen*) to catch sth (an +*dat* from, bei +*dat* in); **bei dem kalten Wetter holst du dir eine Erkältung** you'll catch a cold in this chilly weather ❸ (*sich einhandeln*) *Abfuhr, Rüge* to get
Holland <-s> ['hɔ·lant] *nt* ❶ (*fam: Niederlande*) the Netherlands *npl*, Holland; *s. a.* **Deutschland** ❷ (*Provinz der Niederlande*) Holland
Holländer <-s> ['hɔ·lɛn·dɐ] *m kein pl* Dutch cheese
Holländer(in) <-s, -> ['hɔ·lɛn·dɐ] *m(f)* (*fam*) Dutchman *masc,* Dutchwoman *fem;* ▪**die ~** the Dutch + *pl vb*
holländisch ['hɔ·lɛn·dɪʃ] *adj* (*fam*) Dutch; *s. a.* **deutsch**
Hölle <-, -n> ['hœ·lə] *f* (*pl selten*) hell ▶ WENDUNGEN: **jdm die ~ heißmachen** (*fam*) to give sb hell; **die ~ ist los** (*fam*) all hell has broken loose
Höllenangst ['hœ·lən·'ʔaŋst] *f* (*fam*) awful fear
Höllenlärm ['hœ·lən·'lɛrm] *m* racket
Höllenqual ['hœ·lən·'kvaːl] *f* (*fam*) agony
höllisch ['hœ·lɪʃ] I. *adj* ❶ *attr* infernal ❷ (*fam: fürchterlich*) terrible, dreadful, hell *pred;* **ein ~er Lärm** an awful noise II. *adv* (*fam*) dreadfully, terribly
Holocaust <-s> ['hoː·lo·kaust] *m kein pl* holocaust
Hologramm <-e> [ho·lo·'gram] *nt* hologram
holperig ['hɔl·pə·rɪç] *adj* ❶ *Straße* bumpy, uneven ❷ *Sprache, Stil* clumsy
holprig ['hɔl·prɪç] *adj s.* **holperig**
Holunder <-s, -> [ho·'lʊn·dɐ] *m* elder
Holz <-es, Hölzer> [hɔlts, *pl* 'hœl·tsɐ] *nt* ❶ *kein pl* (*Material*) wood; **~ fällen** to cut down *sep* trees; **tropische Hölzer** tropical wood; **aus ~** wood[en]; **massives ~** solid wood ❷ *pl* (*Bauhölzer*) timber ❸ SPORT *Golf* wood
Holzbein *nt* wooden leg, peg leg *dated fam*
Holzblasinstrument *nt* woodwind instrument
hölzern ['hœl·tsɐn] I. *adj* wooden II. *adv* woodenly

Holzfäller(in) <-s, -> *m(f)* lumberjack
holzgetäfelt ['hɔlts·gə·tɛː·flt] *adj Raum, Wand* wood-paneled
Holzhammer *m* mallet
Holzhammermethode *f* (*fam*) sledgehammer approach
holzig ['hɔl·tsɪç] *adj Spargel, Radieschen* stringy
Holzklotz *m* wooden block
Holzkohle *f* charcoal
Holzschuh *m* clog, wooden shoe
Holzweg *m* ▶ WENDUNGEN: **auf dem ~ sein** (*fam*) to be barking up the wrong tree
Holzwurm *m* woodworm
Homecomputer ['hoːm-] *m* home computer
Homepage <-, -s> ['hoːm·peːtʃ] *f* COMPUT home page
Homo <-s, -s> ['hoː·mo] *m* (*veraltend fam*) homo
Homo-Ehe *f* (*fam*) gay marriage
homogen [ho·mo·'geːn] *adj* (*geh*) homogeneous
homogenisieren* [ho·mo·ge·ni·'ziː·rən] *vt* to homogenize
Homöopath(in) <-en, -en> [ho·møo·'paːt] *m(f)* homeopath
Homöopathie <-> [ho·møo·pa·'tiː] *f kein pl* homeopathy
homöopathisch [ho·møo·'paː·tɪʃ] *adj* homeopathic
Homosexualität [ho·mo·zɛ·ksy̆a·li·'tɛːt] *f* homosexuality
homosexuell [ho·mo·zɛ·'ksy̆·ɛl] *adj* homosexual
Homosexuelle(r) *f(m) dekl wie adj* homosexual
Honig <-s, -e> ['hoː·nɪç] *m* honey; **türkischer ~** halva[h] ▶ WENDUNGEN: **jdm ~ ums Maul schmieren** (*fam*) to butter up *sep* sb
Honigbiene *f* honeybee
Honigkuchen *m* honey cake
Honigkuchenpferd *nt* simpleton ▶ WENDUNGEN: **wie ein ~ grinsen** (*hum fam*) to grin like a Cheshire cat
Honiglecken *nt* ▶ WENDUNGEN: **kein ~ sein** (*fam*) to be no picnic
Honigmelone *f* honeydew melon
Honigwabe *f* honeycomb
Honorar <-s, -e> [ho·no·'raː·ɐ̯] *nt* fee; *eines Autors* royalties *npl;* **gegen ~** for a fee
honorieren* [ho·no·'riː·rən] *vt* ❶ (*würdigen*) to appreciate ❷ (*bezahlen*) to pay ❸ ÖKON (*akzeptieren*) to honor
Hooligan <-s, -s> ['huː·li·gn̩] *m* hooligan
Hopfen <-s, -> ['hɔp·fn̩] *m* hops *pl* ▶ WENDUNGEN: **bei jdm ist ~ und Malz verloren** (*fam*) sb is a hopeless case
hopp [hɔp] (*fam*) I. *interj* hop to it! II. *adv* ▶ WENDUNGEN: **~, ~!** look alive!
hoppeln ['hɔ·pln̩] *vi sein* to lollop [along]
hoppla ['hɔp·la] *interj* ❶ (*o je!*) [wh]oops! ❷ (*Moment!*) hang on!; **~, wer kommt denn**

da? hello, who's that [coming over this way]?

hopsen ['hɔp·sn̩] *vi sein* (*fam*) to skip; (*auf einem Bein*) to hop

hops|gehen *vi irreg sein* (*sl*) ❶ (*umkommen*) to kick the bucket ❷ (*verloren gehen*) to go missing

hörbar *adj* audible

Hörbuch *nt* audio book

horchen ['hɔr·çn̩] *vi* ❶ (*lauschen*) to listen in (**an** +*dat* on); (*heimlich a.*) to eavesdrop ❷ DIAL (*hinhören*) ■**horch!** listen!; ■**auf etw** *akk* ~ to listen [out] for sth

Horde <-, -n> ['hɔr·də] *f* ❶ (*wilde Schar*) horde ❷ HORT rack

hören ['høː·rən] **I.** *vt* ❶ (*mit dem Gehör vernehmen*) to hear; ..., **wie ich höre** I hear ...; **wie man hört,** ... word has it ...; **nie gehört!** never heard of him/her/it!; **das will ich nicht gehört haben** I'll ignore that comment; **sich** *akk* **gern reden** ~ to like the sound of one's own voice ❷ (*anhören*) to listen ▶ WENDUNGEN: **etwas [von jdm] zu** ~ **bekommen** to get chewed out [by sb]; **ich kann das nicht mehr** ~**!** enough [of that] already!; **etw/ nichts von sich** *dat* ~ **lassen** to keep/not keep in touch **II.** *vi* ❶ (*zuhören*) to listen; **hör mal!/**~ **Sie mal!** listen! ❷ (*vernehmen*) ■~**, was/wie** ... to hear what/how ...; **gut/ schlecht** ~ to have good/poor hearing ❸ (*erfahren*) ■~**, dass** ... to hear [that] ...; ■**von jdm/etw** ~ to hear of [*or* about] sb/sth ❹ (*gehorchen*) to listen (**auf** +*akk* to); **auf dich hört er!** he listens to you! ▶ WENDUNGEN: **na hör/**~ **Sie mal!** (*euph*) [now] look here!; **lass von dir/lassen Sie von sich** ~**!** keep in touch!; **man höre und staune!** would you believe it!?

Hörensagen ['høː·rən·zaː·gn̩] *nt* **vom** ~ from hearsay

Hörer <-s, -> *m* (*Telefonhörer*) receiver; **den** ~ **auflegen** to hang up [on sb]

Hörer(in) <-s, -> *m(f)* listener

Hörerschaft <-, -en> *f meist sing* audience; (*Radiohörerschaft*) listeners *pl*

Hörfunk *m* radio

Hörgerät *nt* hearing aid

hörig ['høː·rɪç] *adj* ❶ (*sexuell abhängig*) sexually dependent ❷ HIST (*an die Scholle gebunden*) in serfdom *pred*

Horizont <-[e]s, -e> [ho·ri·ˈtsɔnt] *m* horizon; **am** ~ on the horizon; **über jds** ~ **gehen** to be beyond sb

horizontal [ho·ri·tsɔn·ˈtaːl] *adj* horizontal

Horizontale [ho·ri·tsɔn·ˈtaː·lə] *f dekl wie adj* horizontal [line]

Hormon <-s, -e> [hɔr·ˈmoːn] *nt* hormone

hormonal [hɔr·mo·ˈnaːl], **hormonell** [hɔr·mo·ˈnɛl] **I.** *adj* hormone *attr*, hormonal **II.** *adv* hormonally; ~ **gesteuert** controlled by hormones

Hörmuschel *f* TELEK earpiece

Horn <-[e]s, Hörner> [hɔrn, *pl* ˈhœr·nɐ] *nt* ❶ (*Auswuchs*) horn; **das** ~ **von Afrika** the Horn of Africa ❷ (*Material*) horn ❸ MUS horn

❹ AUTO (*Hupe*) horn; (*Martinshorn*) siren

Hornbrille *f* horn-rimmed glasses *npl*

Hörnchen <-s, -> ['hœrn·çən] *nt* ❶ *dim von* **Horn** 1 small horn ❷ (*Gebäck*) crescent roll; (*aus Blätterteig*) croissant

Hornhaut *f* ❶ (*des Auges*) cornea ❷ (*der Haut*) callus

Hornisse <-, -n> [hɔr·ˈnɪ·sə] *f* hornet

Hornist(in) <-en, -en> [hɔr·ˈnɪst] *m(f)* horn player

Hornochs(e) *m* (*fam*) stupid idiot

Horoskop <-s, -e> [ho·ro·ˈskoːp] *nt* horoscope

horrend [hɔ·ˈrɛnt] *adj Preise* horrendous

Horror <-s> [ˈhɔ·roːɐ̯] *m kein pl* horror; **einen** ~ **vor etw** *dat* **haben** to have a fear of sth

Horrorfilm *m* horror movie

Horrortrip *m* ❶ (*grässliches Erlebnis*) nightmare ❷ (*negativer Drogenrausch*) bad trip

Hörsaal *m* ❶ (*Räumlichkeit*) lecture hall ❷ *kein pl* (*Zuhörerschaft*) audience

Hörspiel *nt* ❶ *kein pl* (*Gattung*) radio drama ❷ (*Stück*) radio play

Horst <-[e]s, -e> [hɔrst] *m* ❶ (*Nest*) nest, aerie ❷ MIL (*Fliegerhorst*) military airbase

Hörsturz *m* sudden hearing loss

Hort <-[e]s, -e> [hɔrt] *m* ❶ (*Kinderhort*) after-school care center ❷ (*geh: Zufluchtsort*) shelter, refuge

horten ['hɔr·tn̩] *vt* to hoard; *Rohstoffe* to stockpile

Hortensie <-, -n> [hɔr·ˈtɛn·zi̯ə] *f* hydrangea

Hörweite *f* hearing range, earshot; **in/außer** ~ within/out of earshot

Hose <-, -n> ['hoː·zə] *f* pants *npl*, trousers *npl*; **kurze** ~[**n**] shorts *npl* ▶ WENDUNGEN: **jdm ist das Herz in die** ~ **gerutscht** (*fam*) sb's heart was in their mouth; **die** ~**n** [**gestrichen**] **voll haben** (*sl*) to be scared shitless; **tote** ~ (*sl*) boring as hell; **in die** ~ **gehen** to be a failure; [**sich** *dat*] **in die** ~[**n**] **machen** to wet oneself

Hosenanzug *m* pantsuit

Hosenbein *nt* pants leg

Hosenboden *m* (*Gesäßteil der Hose*) seat [of pants] ▶ WENDUNGEN: **sich** *akk* **auf den** ~ **setzen** (*fam*) to buckle down

Hosenscheißer *m* (*sl*) ❶ (*hum: kleines Kind*) ankle-biter ❷ (*pej: Feigling*) chicken, scaredy-cat

Hosenschlitz *m* fly; **dein** ~ **ist offen!** your fly is down!

Hosenstall *m* (*hum fam*) *s.* **Hosenschlitz**

Hosentasche *f* pants pocket

Hosenträger *pl* suspenders *npl*

Hospital <-s, -e *o* Hospitäler> [hɔs·pi·ˈtaːl, *pl* hɔs·pi·ˈtɛː·lɐ] *nt* ❶ DIAL hospital ❷ (*veraltet: Pflegeheim*) home for the elderly

Hostess <-, -en> ['hɔs·tɛs] *f* ❶ (*im Flugzeug*) stewardess, flight attendant ❷ (*auf Reisen, Messen o.ä.*) [female] tour guide ❸ (*euph: Prostituierte*) escort

Hostie <-, -n> ['hɔs·ti̯ə] *f* REL host

Hotdog^{RR} <-s, -s>, **Hot Dog**^{RR} <-s, -s>, **Hot**

dog^{ALT} <-s, -s> ['hɔt·'dɔk] *nt o m* hot dog
Hotel <-s, -s> [ho·'tɛl] *nt* hotel
Hotelboy *f* bellboy
Hotelfachschule *f* school of hotel management
Hotelgewerbe *nt* hotel trade
Hotelier <-s, -s> [ho·tə·'lie:] *m* hotelier
Hotellerie <-> [ho·tɛ·lə·'ri:] *f kein pl* hospitality
Hotelzimmer *nt* hotel room
Hotline <-, -s> ['hɔt·laɪn] *f* hotline
Hr. *Abk von* **Herr**
Hrsg. *Abk von* **Herausgeber** ed.
HTML <-, -> [ha:·te:·?ɛm·'?ɛl] *nt o f kein pl* COMPUT *Abk von* **hypertext markup language** HTML
HTTP <-, -> [ha:·te:·te:·'pe:] *nt* COMPUT *Abk von* **Hypertext Transfer Protokoll** HTTP
Hubraum *m* cubic capacity
hübsch [hʏpʃ] *adj* ❶ *(Aussehen)* pretty; **na, ihr zwei H~ en?** *(fam)* well, my two lovelies?; **sich** *akk* ~ **machen** to get all dressed up ❷ *(fam: beträchtlich)* real, pretty; **ein ~ es Sümmchen** a pretty penny ❸ *(fam: sehr angenehm)* nice and ...; **das wirst du ~ bleiben lassen** you'll do no such thing
Hubschrauber <-s, -> *m* helicopter
huch [hʊx] *interj (Ausruf der Überraschung)* oh!; *(Ausruf bei unangenehmen Empfindungen)* ugh!
Hucke <-, -n> ['hʊ·kə] *f* ▶ WENDUNGEN: **jdm die ~ vollhauen** to beat up *sep* sb; **sich** *dat* **die ~ vollsaufen** to get hammered
huckepack ['hʊ·kə·pak] *adv* piggyback; **jdn ~ nehmen** to give sb a piggyback ride
Huf <-[e]s, -e> [hu:f] *m* hoof
Hufeisen *nt* horseshoe
Hufnagel *m* horseshoe nail
Hufschmied(in) *m(f)* blacksmith
Hüfte <-, -n> ['hʏf·tə] *f* ❶ *(Körperpartie)* hip ❷ *kein pl* KOCHK *(Fleischstück)* inside round; *(vom Rind)* top sirloin
Hüftgelenk *nt* hip joint
Hüfthalter *m* girdle
Hüftsteak *nt* rump steak
Hügel <-s, -> ['hy:·gl] *m* hill; *(Erdhaufen)* mound
hügelig ['hy:·gə·lɪç], **hüglig** ['hy:g·lɪç] *adj* hilly; **eine ~ e Landschaft** rolling countryside
Huhn <-[e]s, Hühner> [hu:n, *pl* 'hy:·nɐ] *nt* ❶ *(Haushuhn)* hen, chicken; **frei laufende Hühner** free-range chickens ❷ *(Hühnerfleisch)* chicken ❸ *(Person)* **dummes ~!** *(pej fam)* stupid idiot!; **ein verrücktes ~** a nutcase ▶ WENDUNGEN: **da lachen ja die Hühner** *(fam)* you must be joking
Hühnchen <-s, -> ['hy:n·çən] *nt dim von* **Huhn** spring chicken ▶ WENDUNGEN: **mit jdm ein ~ zu rupfen haben** *(fam)* to have a bone to pick with sb
Hühnerauge *nt* corn
Hühnerbrühe *f* chicken broth
Hühnerbrust *f* ❶ *(Fleisch)* chicken breast ❷ *(fig)* **eine ~ haben** to be pigeon-breasted

Hühnerei *nt* chicken egg
Hühnerstall *m* hencoop
Hühnerstange *f* chicken roost
huldigen ['hʊl·dɪgn] *vi (geh)* ❶ *(anhängen)* ■ **etw** *dat* ~ to subscribe to sth ❷ *(veraltend: seine Reverenz erweisen)* ■ **jdm** ~ to pay homage to sb
Huldigung <-, -en> *f (veraltet)* homage, tribute
Hülle <-, -n> ['hʏ·lə] *f* cover ▶ WENDUNGEN: **in ~ und Fülle** *(geh)* in abundance
hüllen ['hʏ·lən] *vt (geh)* to wrap **(in** +*akk* in**)**; **in Dunkelheit gehüllt** shrouded in darkness; **sich** *akk* **in Schweigen** ~ to maintain one's silence
hüllenlos *adj* naked, in one's birthday suit *hum*
Hülse <-, -n> ['hʏl·zə] *f* ❶ BOT *(Schote)* pod ❷ *(röhrenförmige Hülle)* capsule
Hülsenfrucht ['hʏl·zn̩-] *f meist pl* legume
human [hu·'ma:n] *adj* ❶ *(menschenwürdig)* humane; *Strafe* lenient ❷ *Chef, Lehrer* considerate **(gegenüber** +*dat* toward**)** ❸ *(Menschen betreffend)* human
Humanismus <-> [hu·ma·'nɪs·mʊs] *m kein pl* humanism
humanistisch *adj* ❶ *(im Sinne des Humanismus)* humanistic; **der ~ e Geist** the spirit of humanism ❷ HIST *(dem Humanismus angehörend)* humanist ❸ *(altsprachlich)* humanistic, classical; **eine ~ e Bildung** a classical education
humanitär [hu·ma·ni·'tɛ:ɐ] *adj* humanitarian
Humanität [hu·ma·ni·'tɛ:t] *f kein pl (geh)* humanity
Humbug <-s> ['hʊm·bʊk] *m kein pl (pej fam)* ❶ *(Unfug)* trash ❷ *(Schwindel)* humbug
Hummel <-, -n> ['hʊ·ml̩] *f* bumblebee ▶ WENDUNGEN: **~n im Hintern haben** *(fam)* to have ants in one's pants
Hummer <-s, -> ['hʊ·mɐ] *m* lobster
Humor <-s, -e> [hu·'mo:ɐ] *m (pl selten)* ❶ *(Laune)* good humor, cheerfulness ❷ *(Witz, Wesensart)* [sense of] humor; **etw mit ~ nehmen** to take sth good-humoredly; **[einen Sinn für]** ~ **haben** to have a sense of humor
humoristisch *adj* humorous, amusing
humorlos *adj* humorless
humorvoll *adj* humorous
humpeln ['hʊm·pl̩n] *vi sein o haben* to limp
Humus ['hu:·mʊs] *m kein pl* humus
Hund <-[e]s, -e> [hʊnt, *pl* 'hʊn·də] *m* ❶ *(Tier)* dog; *(Jagdhund)* hound; „**[Vorsicht,] bissiger ~!**" "beware of dog!" ❷ *(Mensch)* swine; **ein armer ~ sein** *(fam)* to be a poor soul; **[du] gemeiner ~** [you] dirty dog ▶ WENDUNGEN: **bekannt sein wie ein bunter ~** *(fam)* to be known far and wide; **das ist ja ein dicker ~** *(sl)* that is absolutely outrageous; **da liegt der ~ begraben** *(fam)* that's the crux of the matter; **~e, die bellen, beißen nicht** *(prov)* sb's bark is worse than their bite
hundeelend ['hʊn·də·'?e:lɛnt] *adj (fam)* **jd fühlt sich** *akk* ~ sb feels awful

Hundefutter *nt* dog food
Hundehütte *f* doghouse
Hundekuchen *m* dog biscuit
Hundeleine *f* dog leash
hundemüde ['hʊn·də·'myː·də] *adj pred* (*fam*) dog-tired
Hunderasse *f* breed of dog
hundert ['hʊn·dɛt] *adj* ❶ (*Zahl*) [a [*or* one]] hundred ❷ (*fam: sehr viele*) a hundred, hundreds ❸ *pl, auch großgeschrieben* (*viele hundert*) hundreds *pl; s. a.* **Hundert¹ 2**
Hundert¹ <-s, -e> ['hʊn·dɛt] *nt* ❶ (*Einheit von 100*) hundred; **mehrere ~** several hundred ❷ *pl, auch kleingeschrieben* (*viele hundert*) hundreds *pl;* **einige/viele ~ e ...** a few/several hundred ...; **~e von ...** hundreds of ...; **in die ~e gehen** (*fam*) *Kosten, Schaden* to run into the hundreds; **~e und aber ~e** hundreds upon hundreds
Hundert² <-, -en> ['hʊn·dɛt] *f* [one [*or* a]] hundred
Hunderter <-s, -> ['hʊn·dɛtɐ] *m* ❶ (*fam: Banknote zu 100 Euro*) hundred-euro [*or* hundred-dollar] bill; **es hat mich einen ~ gekostet** it cost me a hundred euros [*or* dollars] ❷ (*100 als Zahlenbestandteil*) hundred
Hunderteuroschein *m* hundred-euro bill
Hundertjahrfeier [hʊn·dɛt·'jaː·ɐ̯·faɪ·ɐ] *f* centenary [celebration]
hundertjährig, 100-jährigᴿᴿ ['hʊn·dɛt·jɛː·rɪç] *adj* ❶ (*Alter*) hundred-year-old *attr;* one hundred years old *pred; s. a.* **achtjährig 1** ❷ (*Zeitspanne*) hundred-year *attr; s. a.* **achtjährig 2**
Hundertjährige(r), 100-Jährige(r)ᴿᴿ *f(m) dekl wie adj* hundred-year-old [person], centenarian
hundertmal, 100-malᴿᴿ ['hʊn·dɛt·maːl] *adv* a hundred times
hundertprozentig ['hʊn·dɛt·pro·tsɛn·tɪç] **I.** *adj* ❶ (*100 % umfassend*) one hundred percent; (*Alkohol*) pure ❷ (*fam: typisch*) through and through; **er ist ein ~er Bayer** he's a Bavarian through and through **II.** *adv* (*fam*) absolutely, completely; **das weiß ich ~** I know that for certain; **sich** *dat* **~ sicher sein** to be absolutely sure
Hundertstel <-s, -> ['hʊn·dɛts·tl̩] *nt o* SCHWEIZ *m* hundredth
hunderttausend ['hʊn·dɛt·'tau·znt] *adj* ❶ (*Zahl*) a [*or* one] hundred thousand ❷ *auch großgeschrieben* (*ungezählte Mengen*) hundreds of thousands
Hundescheiße *f* (*derb*) dog shit
Hundeschlitten *m* dog sled
Hundewetter *nt* (*fam*) *s.* **Sauwetter**
Hündin ['hʏn·dɪn] *f* bitch
hundsgemein ['hʊnts·gə·'main] *adj* (*fam*) lowdown, rotten *fam;* **er kann ~ sein** he can be really nasty
hundsmiserabel ['hʊnts·mi·zə·'raː·bl̩] *adj* (*fam*) ❶ (*niederträchtig*) lowdown ❷ (*äußerst schlecht*) awful; **sich** *akk* **~ fühlen** to feel re-

ally lousy
Hüne <-n, -n> ['hyː·nə] *m* giant
hünenhaft *adj* gigantic, colossal
Hunger <-s> ['hʊŋɐ] *m kein pl* ❶ (*Hungergefühl*) hunger; **~ bekommen/haben** to get/be hungry; **~ auf etw** *akk* **haben** to feel like [eating] sth; **~ leiden** (*geh*) to starve, to go hungry; **~ wie ein Bär haben** to be [as] hungry as a bear ❷ (*Hungersnot*) famine ❸ (*geh: großes Verlangen*) ▪jds **~ nach etw** *dat* sb's thirst for sth ▶WENDUNGEN: **~ ist der beste** **Koch** (*prov*) hunger is the best sauce *prov*
Hungerhilfe *f kein pl* famine relief
Hungerkur *f* starvation diet
Hungerlohn *m* (*pej*) pittance; **für einen ~ arbeiten** to work for peanuts
hungern *vi* ❶ (*Hunger leiden*) to go hungry, to starve; (*fam: fasten*) to fast ❷ (*geh: verlangen*) to hunger [*or* thirst] *fig* (**nach** +*dat* for)
Hungersnot *f* famine
Hungerstreik *m* hunger strike; **in den ~ treten** to go on a hunger strike
Hungertuch *nt* ▶WENDUNGEN: **am ~** **nagen** (*hum fam*) to be starving
hungrig ['hʊŋ·rɪç] *adj* hungry; **etw macht ~** sth works up an appetite
Hupe <-, -n> ['huː·pə] *f* horn; **auf die ~ drücken** to honk the horn
hupen ['huː·pn̩] *vi* to honk [the [*or* one's] horn]
hüpfen ['hʏp·fn̩] *vi sein* to hop; *Lamm, Zicklein* to frolic; *Ball* to bounce; **vor Freude ~** to jump for joy
Hürde <-, -n> ['hʏr·də] *f* ❶ SPORT hurdle; **110 Meter ~n laufen** to run the 110-meter hurdles ❷ (*tragbare Einzäunung für Tiere*) fold, pen ▶WENDUNGEN: **eine ~ nehmen** to overcome an obstacle
Hürdenlauf *m* hurdling, hurdles *npl*
Hure <-, -n> ['huː·rə] *f* whore
Hurenbock *m* (*pej vulg*) horny bastard
Hurensohn *m* (*pej vulg*) son of a bitch
hurra [hʊ·'raː] *interj* hurray
Hurrikan <-s, -e> ['hʊ·ri·kan] *m* hurricane
huschen ['hʊ·ʃn̩] *vi sein* to dart, to flit; *Maus* to scurry; *Licht* to flash; **ein Lächeln huschte über ihr Gesicht** a smile flitted across her face
hüsteln ['hyːs·tl̩n] *vi* to cough [slightly]; **nervös ~** to clear one's throat
husten ['huːs·tn̩] **I.** *vi* to cough **II.** *vt* (*auswerfen*) **Schleim/Blut ~** to cough up mucus/blood
Husten <-s> ['huːs·tn̩] *m kein pl* cough
Hustenanfall *m* coughing fit
Hustenbonbon *m o nt* cough drop
Hustenreiz *m* tickly throat
Hustensaft *m* cough syrup
Hut¹ <-[e]s, Hüte> [huːt, *pl* 'hyː·tə] *m* ❶ (*Kopfbedeckung*) hat; **den ~ aufsetzen/abnehmen** to put on/take off one's hat ❷ BOT (*von Pilzen*) cap ▶WENDUNGEN: **vor jdm/etw den ~ ziehen** to take one's hat off to sb/sth; **~ ab** [**vor jdm**]! (*fam*) hats off to sb!; **etw unter einen ~ bringen** to reconcile sth; (*Termine*)

H

to fit in *sep* sth; **mit etw** *dat* **nichts am ~ haben** (*fam*) to not really have anything in common with sth

Hut² <-> [huːt] *f* (*geh*) protection; **auf der ~ |vor etw** *dat*| **sein** to be on one's guard |against sth|

hüten ['hyː·tn̩] **I.** *vt* ❶ (*beaufsichtigen*) to look after; *Schafe* to tend ❷ (*geh: bewahren*) to keep **II.** *vr* (*sich in Acht nehmen*) ■ **sich** *akk* **vor etw** *dat* ~ to be on one's guard against sth; ■ **sich** *akk* ~, **etw zu tun** to take care not to do sth

Hüter(in) <-s, -> *m(f)* (*geh*) guardian

Hutkrempe *f* brim

Hutmacher(in) *m(f)* hatter; *für Damen* milliner

Hütte <-, -n> ['hʏ·tə] *f* ❶ (*kleines Haus*) hut; (*ärmlich*) shack ❷ (*Berghütte*) |mountain| hut |*or* shelter|; (*Holzhütte*) cabin

Hüttenindustrie *f* iron and steel industry

Hüttenkäse *m* cottage cheese

Hyäne <-, -n> ['hy̆ɛː·nə] *f* hyena

Hyazinthe <-, -n> [hy̆a·'tsɪn·tə] *f* hyacinth

Hydrant <-en, -en> [hy·'drant] *m* hydrant

Hydraulik <-> [hy·'draṵ·lɪk] *f kein pl* hydraulics *npl*

hydraulisch [hy·'draṵ·lɪʃ] *adj* hydraulic

Hydrodynamik <-> [hy·dro·dy·'naː·mɪk] *f* hydrodynamics + *sing vb, no art*

Hydrokultur *f* hydroponics + *sing vb spec*

Hydrotherapie [hy·dro·tɛ·ra·'piː] *f* hydrotherapy

Hygiene <-> [hy·'gi̯eː·nə] *f kein pl* hygiene

hygienisch [hy·'gi̯eː·nɪʃ] *adj* hygienic

Hymne <-, -n> ['hʏm·nə] *f* hymn

hyperaktiv *adj* hyperactive

Hyperaktivität [hype·ak·ti·vi·'tɛt] *f* hyperactivity

Hyperbel <-, -n> [hy·'pɛr·bl̩] *f* ❶ MATH hyperbola ❷ LING hyperbole

hyperkorrekt [hype·kɔ·'rɛkt] *adj* hypercorrect

Hyperlink <-s, -s> ['hai·pe·lɪŋk] *m* COMPUT hyperlink

Hypermedia [hai·pe·'meː·di̯a] *nt* COMPUT hypermedia

hypermodern *adj* (*fam*) ultramodern

hypersensibel *adj* hypersensitive

Hypertext ['hai·pe·tɛkst] *m* COMPUT hypertext

Hypnose <-, -n> [hʏp·'noː·zə] *f* hypnosis; **jdn in ~ versetzen** to hypnotize sb

hypnotisch [hʏp·'noː·tɪʃ] *adj* hypnotic

hypnotisieren* *vt* to hypnotize

Hypochonder <-s, -> [hy·po·'xɔn·dɐ] *m* hypochondriac

Hypothek <-, -en> [hy·po·'teːk] *f* mortgage

Hypothekenbank <-banken> *f* mortgage bank

Hypothese <-, -n> [hy·po·'teː·zə] *f* hypothesis; **eine ~ aufstellen/widerlegen** to advance/refute a hypothesis

hypothetisch [hy·po·'teː·tɪʃ] *adj* hypothetical

Hysterie <-, -n> [hʏs·te·'riː] *f* hysteria

hysterisch [hʏs·'teː·rɪʃ] *adj* hysterical

Hz *Abk von* **Hertz** Hz

I, i <-, - *o fam* -s, -s> [iː] *nt* I, i; **~ wie Ida** I as in India

i [iː] *interj* ❶ (*fam: Ausdruck von Ablehnung, Ekel*) ugh; **~, wie ekelig** yuck, how disgusting ❷ (*abwertend*) **~ wo!** no way! *fam*

i.A. *Abk von* **im Auftrag** p.p.

iberisch [i'beː·rɪʃ] *adj* Iberian

IC <-s, -s> [iː·'tseː] *m Abk von* **Intercity**

ICE <-s, -s> [iː·tseː·'ʔeː] *m Abk von* **Intercity Express** *a high-speed train*

ich <*gen* meiner, *dat* mir, *akk* mich> ['ɪç] *pron pers* I, me; **~ bin/war es** it's/it was me; **~ nicht!** not me!; **~ selbst** I myself

Ich <-[s], -s> ['ɪç] *nt* ❶ (*das Selbst*) self ❷ PSYCH (*Ego*) ego; **jds anderes ~** sb's alter ego; **jds besseres ~** sb's better self

Ichform *f* first person form; **in der ~** in the first person

ideal [ide·'aːl] **I.** *adj* ideal **II.** *adv* ideally

Ideal <-s, -e> [ide·'aːl] *nt* ideal

Idealismus <-> [idea·'lɪs·mʊs] *m kein pl* idealism

Idealist(in) <-en, -en> [idea·'lɪst] *m(f)* idealist

Ideallösung *f* ideal solution

Idee <-, -n> [i'deː, *pl* i'deː·ən] *f* ❶ (*Einfall, Vorstellung*) idea; **eine fixe ~** an obsession; **keine ~ haben** to have no idea; **jdn auf eine ~ bringen** to give sb an idea; **jdn auf andere ~n bringen** to take sb's mind off of sth/it; **auf eine ~ kommen** to get an idea ❷ (*Leitbild*) ideal ❸ (*fam: ein wenig*) **keine ~ besser sein** to be not one bit better; **eine ~ ...** a little bit ...

Ideenreichtum *m kein pl* inventiveness

Identifikation <-, -en> [idɛn·ti·fi·ka·'tsi̯oːn] *f* identification

identifizieren* [idɛn·ti·fi·'tsiː·rən] **I.** *vt* to identify (**als** +*akk* as, **mit** +*dat* with) **II.** *vr* ■ **sich** *akk* **mit jdm/etw ~** to identify with sb/sth

Identifizierung <-, -en> *f* identification

identisch [i'dɛn·tɪʃ] *adj* identical (**mit** +*dat* to)

Identität <-> [idɛn·ti·'tɛt] *f kein pl* ❶ (*Echtheit*) identity ❷ (*Übereinstimmung*) identicalness

Identitätskarte *f bes* SCHWEIZ identity card

Ideologie <-, -n> [ideo·lo·'giː, *pl* -'giː·ən] *f* ideology

ideologisch [ideo·'loː·gɪʃ] **I.** *adj* ideologic[al] **II.** *adv* ideologically

idiomatisch [idi̯o·'maː·tɪʃ] **I.** *adj* idiomatic **II.** *adv* idiomatically

Idiot(in) <-en, -en> [i'di̯·oːt] *m(f)* (*pej fam*) idiot

idiotensicher I. *adj* (*hum fam*) foolproof **II.** *adv* (*fam*) effortlessly

idiotisch [i'di̯oː·tɪʃ] *adj* (*fam*) idiotic

Idol <-s, -e> [i'doːl] *nt* idol

Idylle <-, -n> [i'dʏ·lə] *f* idyll

idyllisch [i'dʏ·lɪʃ] **I.** *adj* idyllic **II.** *adv* idyllically

Igel <-s, -> ['iːgl̩] *m* hedgehog

igitt(igitt) [i'gɪt·(igɪt)] *interj* ugh, yuck

Iglu <-s, -s> ['iːg·lu] *m o nt* igloo

Ignoranz <-> [ɪg·no·'rants] *f kein pl (pej geh)* ignorance

ignorieren* [ɪg·no·'riː·rən] *vt* to ignore

IHK <-, -s> [iː·haː·'kaː] *f Abk von* **Industrie- und Handelskammer**

ihm [iːm] *pron pers dat von* **er, es** ① (*dem Genannten*) him; **es geht ~ nicht gut** he's not feeling very well; *nach Präpositionen* him; **ich war gestern bei ~** I was at his place yesterday; **das ist ein Freund von ~** that's a friend of his ② *bei Tieren und Dingen* (*dem genannten Tier oder Ding*) it; (*bei Haustieren*) him

ihn [iːn] *pron pers akk von* **er** ① (*den Genannten*) him ② *bei Tieren und Dingen* (*das genannte Tier oder Ding*) it; (*bei Haustieren*) him

ihnen ['iː·nən] *pron pers dat pl von* **sie** them; *nach Präpositionen* them; **ich war die ganze Zeit bei ~** I was at their place the whole time

Ihnen ['iː·nən] *pron pers dat sing o pl von* **Sie** you; *nach Präpositionen* you

ihr¹ <*gen* euer, *dat* euch, *akk* euch> ['iːɐ̯] *pron pers 2. pers pl nomin von* **sie** you [all]

ihr² ['iːɐ̯] *pron pers dat sing von* **sie** (*der Genannten*) her

ihr³ ['iːɐ̯] *pron poss, adjektivisch* ① *sing* her ② *pl* their

ihre(r, s) *pron poss, substantivisch* ① *sing* (*dieser weiblichen Person*) her; **das ist nicht seine Aufgabe, sondern ~** he's not responsible for doing that, she is; ■ **der/die/das ~** hers ② *pl* theirs

Ihre(r, s)¹ *pron poss, substantivisch, auf „Sie" bezüglich* ① *sing* your; ■ **der/die/das ~** yours ② *pl* your; ■ **der/die/das ~** yours ③ *sing und pl* (*Angehörige*) ■ **die ~n** your loved ones ④ *sing und pl* (*Eigentum*) ■ **das ~** yours; **Sie haben alle das ~ getan** you have all done your part

Ihre(r, s)² *pron poss, substantivisch, auf „sie" sing bezüglich* ① (*Angehörige*) ■ **der/[die] ~[n]** her loved one[s] ② (*Eigentum*) ■ **das ~** hers

Ihre(r, s)³ *pron poss, substantivisch, auf „sie" pl bezüglich* ① (*Angehörige*) ■ **der/[die] ~[n]** their loved ones ② (*Eigentum*) ■ **das ~** their things

ihrer *pron pers gen von* **sie** ① *sing* (*geh*) her ② *pl* them; **es waren ~ sechs** (*geh*) there were six of them

Ihrer *pron pers* (*geh*) *gen von* **Sie** ① *sing* [of] you ② *pl* you

ihrerseits ['iː·rɐ·'zaits] *adv* ① *sing* for her [or its] part ② *pl* for their part

Ihrerseits ['iː·rɐ·'zaits] *adv sing o pl* (*von Ihrer Seite aus*) for your part

ihresgleichen ['iː·rəs·'glai·çn̩] *pron inv* ① *sing* people *npl* like her; (*pej: Leute wie sie*) her [own] kind ② *pl* people like them; (*pej: Leute wie sie*) their [own] kind

Ihresgleichen ['iː·rəs·'glai·çn̩] *pron inv* ① *sing* people like you ② *pl* (*pej: Leute wie Sie*) your [own] kind; **ich kenne [Sie und] ~** I know your kind!

ihretwegen ['iː·rət·'veː·gn̩] *adv* ① *fem sing* (*wegen ihr*) as far as she is/was concerned; **~ brauchen wir uns keine Sorgen zu machen** we don't need to worry about her ② *pl* (*wegen ihnen*) as far as they are/were concerned; **ich mache mir ~ schon Sorgen** I'm starting to worry about them

Ihretwegen ['iː·rət·'veː·gn̩] *adv sing/pl* because of you, for you; **ich bin nur ~ geblieben** I've only stayed for you

Ikone <-, -n> [i'koː·nə] *f* icon

illegal ['ɪle·gaːl] *adj* illegal

Illegalität <-, -en> ['ɪle·ga·li·tɛːt, ɪle·ga·li·'tɛːt] *f* ① *kein pl* (*Gesetzwidrigkeit*) illegality ② (*illegale Tätigkeit*) something illegal

Illusion <-, -en> [ɪlu·'zi̯oːn] *f* illusion; **sich** *akk* **der ~ hingeben, [dass]** to be under the illusion [that]; **sich** *dat* **keine ~en machen** to not have any illusions

illusorisch [ɪlu·'zoː·rɪʃ] *adj* ① (*trügerisch*) illusory ② (*zwecklos*) futile

Illustration <-, -en> [ɪlʊs·tra·'tsi̯oːn] *f* illustration

illustrieren* [ɪlʊs·'triː·rən] *vt* to illustrate

Illustrierte <-n, -n> *f* magazine

Iltis <-ses, -se> ['ɪl·tɪs] *m* polecat

im ['ɪm] = **in dem** ① (*sich dort befindend*) in the; **~ Bett/Haus** in bed/the house; **~ Januar** in January; **~ Begriff sein, etw zu tun** to be about to do sth; **~ Bau sein** to be under construction ② (*dabei seiend, etw zu tun*) while; **etw ist ~ Kommen** sth is coming; **er ist noch ~ Wachsen** he is still growing

Image <-[s], -s> ['ɪm·ɪtʃ] *nt* image

Imbissᴿᴿ <-es, -e> ['ɪm·bɪs], **Imbiß**ᴬᴸᵀ <-sses, -sse> *m* ① (*kleine Mahlzeit*) snack ② (*fam*) *s.* **Imbissstand**

Imbissstandᴿᴿ *m* food stand

Imbissstubeᴿᴿ *f* snack bar

Imitat <-[e]s, -e> [imi·'taːt] *nt* imitation, fake

Imitation <-, -en> [imi·ta·'tsi̯oːn] *f* imitation

imitieren* [imi·'tiː·rən] *vt* to imitate sth; (*im Kabarett*) to impersonate

Imker(in) <-s, -> ['ɪm·kɐ] *m(f)* beekeeper

Immatrikulation <-, -en> [ɪma·tri·ku·la·'tsi̯oːn] *f* matriculation; (*an der Universität*) registration

immatrikulieren* [ɪma·tri·ku·'liː·rən] **I.** *vt* ① (*einschreiben*) to matriculate, to register ② ꜱᴄʜᴡᴇɪᴢ (*zulassen*) *Fahrzeug* to register **II.** *vr* (*sich einschreiben*) ■ **sich** *akk* **~** to matriculate, to register

immer ['ɪmɐ] **I.** *adv* ① (*ständig, jedes Mal*) always, all the time; **für ~** forever; **~ und ewig** for ever and ever; **wie ~** as usual [*or* always]; **~ weiter** keep going [*or* it up]; **~ mit der Ruhe** take it easy; **~ wenn** every time; **etw ~ wieder tun** to keep on doing sth ② (*zunehmend*) increasingly; **~ häufiger** more and

more frequently; ~ **mehr** more and more ❸ *(fam: jeweils)* each; ~ **am vierten Tag** every fourth day **II.** *part* |nur| ~ **her damit!** *(fam)* hand it/them over!; ~ **mal** *(fam)* now and again; ~ **noch** still; ~ **noch nicht** still not; **wann/was/wer/wie/wo** |auch| ~ whenever/whatever/whoever/however/wherever
immerhin ['ɪmɐ·'hɪn] *adv* ❶ *(wenigstens)* at least ❷ *(schließlich)* after all ❸ *(allerdings, trotz allem)* all the same
Immigrant(in) <-en, -en> [ɪmi·'grant] *m(f)* immigrant
Immigration <-, -en> [ɪmi·gra·'tsi̯oːn] *f* immigration
immigrieren* [ɪmi·'griː·rən] *vi sein* to immigrate
Immobilie <-, -n> [ɪmo·'biː·li̯ə] *f meist pl* real estate; ■ ~ **n** property
Immobilienmakler(in) *m(f)* real estate agent
immun [ɪ'muːn] *adj (a. fig)* ■ ~ **sein** to be immune **(gegen** +*akk* to)
Immunität <-, *selten* -en> [ɪmu·ni·'tɛːt] *f* immunity **(gegen** +*akk* to)
Immunsystem *nt* immune system
Imperativ <-s, -e> ['ɪm·pe·ra·tiːf, *pl* -tiː·ve] *m* LING imperative |form| *spec*
Imperfekt <-s, -e> ['ɪm·pɛr·fɛkt] *nt* imperfect |tense| *spec*
Imperialismus <-, *selten* -lismen> [ɪm·pe·ri̯a·'lɪs·mʊs] *m* imperialism
imperialistisch [ɪm·pe·ri̯a·'lɪs·tɪʃ] *adj (pej)* imperialist|ic|
Imperium <-s, -rien> [ɪm·'peː·ri̯·ʊm, *pl* -ri̯·ən] *nt* ❶ HIST *(Weltreich, Kaiserreich)* empire ❷ *(geh: Machtbereich)* imperium *fig*
impfen ['ɪm·pfn̩] *vt* to vaccinate **(gegen** +*akk* against)
Impfpassᴿᴿ *m* vaccination card
Impfstoff *m* vaccine
Impfung <-, -en> *f* vaccination
Implantat <-[e]s, -e> [ɪm·plan·'taːt] *nt* implant
implantieren [ɪm·plan·'tiː·rən] *vt* ■ |jdm| **etw** ~ to implant sth |into sb|
imponieren* [ɪm·po·'niː·rən] *vi* to impress
imponierend *adj* impressive
Import <-[e]s, -e> [ɪm·'pɔrt] *m* import
importieren* [ɪm·pɔr·'tiː·rən] *vt* to import
imprägnieren* [ɪm·prɛg·'niː·rən] *vt* ❶ *(wasserabweisend machen)* to waterproof ❷ *(behandeln)* to impregnate
Impressionismus <-> [ɪm·prɛ·si̯o·'nɪs·mʊs] *m* Impressionism
impressionistisch *adj* Impressionist
Impressum <-s, Impressen> [ɪm·'prɛ·sʊm] *nt* imprint
improvisieren* [ɪm·pro·vi·'ziː·rən] *vi*, *vt* to improvise
Impuls <-es, -e> [ɪm·'pʊls] *m* ❶ *(Anstoß, Auftrieb)* impetus; **etw** *akk* **aus einem ~ heraus tun** to do sth on impulse ❷ ELEK pulse ❸ PHYS impulse
impulsiv [ɪm·pʊl·'ziːf] *adj* impulsive

imstande, im Stande [ɪm·'ʃtan·də] *adj pred* ■ **zu etw** *dat* ~ **sein** to be capable of doing sth; ~ **sein, etw zu tun** to be able to do sth; **zu allem** ~ **sein** *(fam)* to be capable of anything; **zu nichts mehr** ~ **sein** *(fam)* to be exhausted
in¹ ['ɪn] *präp* ❶ +*dat (darin befindlich)* in; **bist du schon mal in New York gewesen?** have you ever been to New York?; **ich arbeite seit einem Jahr** ~ **dieser Firma** I've been working for this company for a year ❷ +*akk (hin zu einem Ziel)* into; ~ **die Kirche/Schule gehen** to go to church/school ❸ +*dat (innerhalb von)* in; ~ **diesem Augenblick** at the moment; ~ **diesem Jahr/Monat/Sommer** this year/month/summer; ~ **einem Jahr bin ich 18** in a year I'll be 18 ❹ +*akk (bis zu einer Zeit)* until ❺ +*dat o akk (Verweis auf ein Objekt)* at; **sich** *akk* ~ **jdm täuschen** to be wrong about sb; **er ist Fachmann** ~ **seinem Beruf** he is an expert in his field ❻ +*dat (auf eine Art und Weise)* in; ~ **Wirklichkeit** in reality
in² ['ɪn] *adj (fam)* in *fam;* ■ ~ **sein** to be in
Inbegriff ['ɪn·bə·grɪf] *m kein pl* epitome (of)
inbegriffen ['ɪn·bə·grɪ·fn̩] *adj pred* inclusive; ■ **in etw** *dat* ~ **sein** to be included in sth
indem [ɪn·'deːm] *konj* ❶ *(dadurch, dass)* by ❷ *(während)* while
Inder(in) <-s, -> ['ɪn·dɐ] *m(f)* Indian; *s. a.* **Deutsche(r)**
indes [ɪn·'dɛs], **indessen** [ɪn·'dɛ·sn̩] **I.** *adv* ❶ *(inzwischen)* in the meantime, meanwhile ❷ *(jedoch)* however **II.** *konj (geh)* while
Index <-[es], -e *o* Indizes> ['ɪn·dɛks, *pl* 'ɪn·di·tseːs] *m* index
Indianer(in) <-s, -> [ɪn·'di̯aː·nɐ] *m(f)* Indian *esp pej,* Native American
indianisch [ɪn·'di̯aː·nɪʃ] *adj* Native American, Indian *esp pej*
Indien <-s> ['ɪn·di̯ən] *nt* India; *s. a.* **Deutschland**
Indikativ <-s, -e> ['ɪn·di·ka·tiːf, *pl* -tiː·və] *m* indicative |mood| *spec*
Indio <-s, -s> ['ɪn·di̯o] *m* Indian *(from Central or Latin America)*
indirekt ['ɪn·di·rɛkt, ɪn·di·'rɛkt] *adj* indirect
indisch ['ɪn·dɪʃ] *adj* ❶ *(Indien betreffend)* Indian; *s. a.* **deutsch 1** ❷ LING Indian; *s. a.* **deutsch 2**
indiskret ['ɪn·dɪs·kreːt, ɪn·dɪs·'kreːt] *adj* indiscreet
Indiskretion <-, -en> [ɪn·dɪs·kre·'tsi̯oːn, 'ɪn·dɪs·kre·tsi̯oːn] *f* ❶ *(Mangel an Verschwiegenheit)* indiscretion ❷ *(Taktlosigkeit)* tactlessness
Individualität <-, en> [ɪn·di·vi·du̯·a·li·'tɛːt] *f* ❶ *(Besonderheit eines Menschen)* individuality ❷ *(Persönlichkeit)* personality
individuell [ɪn·di·vi·'du̯·ɛl] *adj* individual
Individuum <-s, -duen> [ɪn·di·'viː·du·ʊm, *pl* -du̯·ən] *nt (a. pej geh)* individual
Indiz <-es, -ien> [ɪn·'diːts, *pl* ɪn·'diː·tsi̯·ən] *nt* ❶ JUR piece of circumstantial evidence ❷ *(An-*

zeichen) ■ **ein ~ für etw** _akk_ **sein** to be a sign of sth

Indizes _pl von_ **Index**

Indonesien <-s> [ɪn·do·'neː·zi̯·ən] _nt_ Indonesia; _s. a._ **Deutschland**

Indonesier(in) <-s, -> [ɪn·do·'neː·zi̯·ɐ] _m(f)_ Indonesian; _s. a._ **Deutsche(r)**

indonesisch [ɪn·do·'neː·zɪʃ] _adj_ Indonesian; _s. a._ **deutsch**

Industrie <-, -n> [ɪn·dʊs·'triː] _f_ industry _no art_

Industriebetrieb _m_ industrial plant

Industriegebiet _nt_ industrial area

Industrie- und Handelskammer _f_ Chamber of Commerce

Industriezweig _m_ branch of industry

ineinander [ɪn·ʔai̯·'nan·dɐ] _adv_ in each other; **~ verliebt sein** to be in love with each other; **~ übergehen** to merge

ineinander|greifen _vi irreg_ to mesh

ineinander|schieben _vt irreg_ ■ **etw ~** to telescope sth

Infanterie <-, -n> [ɪn·fan·tə·'riː] _f_ infantry

Infanterist(in) <-en, -en> [ɪn·fan·tə·'rɪst] _m(f)_ infantryman

Infarkt <-[e]s, -e> [ɪn·'farkt] _m_ ❶ MED infarction _spec_ ❷ _(Herzinfarkt)_ coronary

Infekt <-[e]s, -e> [ɪn·'fɛkt] _m_ infection; **grippaler ~** influenza

Infektion <-, -en> [ɪn·fɛk·'tsi̯oːn] _f_ ❶ _(Ansteckung)_ infection ❷ _(fam: Entzündung)_ inflammation

Infinitiv <-s, -e> ['ɪn·fi·ni·tiːf, _pl_ -tiː·və] _m_ infinitive _spec_

infizieren* [ɪn·fi·'tsiː·rən] **I.** _vt_ to infect **II.** _vr_ ■ **sich** _akk_ **[an etw** _dat_**/bei jdm] ~** to be infected [by sth/sb]

Inflation <-, -en> [ɪn·fla·'tsi̯oːn] _f_ ❶ ÖKON inflation ❷ _(übermäßig häufiges Auftreten)_ proliferation

infolge [ɪn·'fɔl·gə] **I.** _präp_ +_gen_ owing to **II.** _adv_ ■ **~ von etw** _dat_ as a result of sth

infolgedessen [ɪn·fɔl·gə·'dɛ·sn̩] _adv_ consequently

Informatik <-> [ɪn·fɔr·'maː·tɪk] _f kein pl_ computer science

Informatiker(in) <-s, -> [ɪn·fɔr·'maː·ti·kɐ] _m(f)_ computer specialist

Information <-, -en> [ɪn·fɔr·ma·'tsi̯oːn] _f_ ❶ _(Mitteilung, Hinweis)_ [a piece of] information ❷ _(das Informieren)_ informing; **zu Ihrer ~** for your information ❸ _(Informationsstand)_ information desk

Informationsmaterial _nt_ informative material

informativ [ɪn·fɔr·ma·'tiːf] _(geh)_ **I.** _adj_ informative **II.** _adv_ in an informative manner _pred_

informieren* [ɪn·fɔr·'miː·rən] **I.** _vt_ to inform **(über** +_akk_ about); **jd ist gut informiert** sb is well-informed **II.** _vr_ ■ **sich** _akk_ **[über etw** _akk_**] ~** to find out [about sth]

infrage^RR [ɪn·'fraː·gə] **~ kommen** to be possible; **nicht ~ kommen** to be out of the question

infrarot ['ɪn·fra·roːt] _adj_ infrared

Infusion <-, -en> [ɪn·fu·'zi̯oːn] _f_ infusion; **eine ~ bekommen** to receive a transfusion

Ing. _Abk von_ **Ingenieur**

Ingenieur(in) <-s, -e> [ɪn·ʒe·'ni̯øːɐ̯] _m(f)_ engineer

Ingwer <-s> ['ɪŋ·vɐ] _m kein pl_ ginger

Inhaber(in) <-s, -> ['ɪn·haː·bɐ] _m(f)_ ❶ _(Besitzer)_ owner ❷ _(Halter)_ holder; _Scheck_ bearer

Inhalt <-[e]s, -e> ['ɪn·halt] _m_ ❶ _(enthaltene Gegenstände)_ contents _pl_ ❷ _(Sinngehalt)_ content ❸ _(wesentliche Bedeutung)_ meaning ❹ MATH _(Flächeninhalt)_ area; _(Volumen)_ volume

inhaltlich I. _adj_ in terms of content **II.** _adv_ with regard to content

Inhaltsangabe _f_ summary; _Buch, Film, Theaterstück_ synopsis

Inhaltsstoff _m_ ingredient

Inhaltsverzeichnis _nt_ table of contents _npl_

Initiative <-, -n> [in·itsi̯a·'tiː·və] _f_ ❶ _(erster Anstoß)_ initiative; **aus eigener ~** on one's own initiative; **[in etw** _dat_**] die ~ ergreifen** to take the initiative [in sth] ❷ _kein pl (Unternehmungsgeist)_ drive ❸ _(Bürgerinitiative)_ pressure group ❹ SCHWEIZ _(Volksbegehren)_ demand for a referendum

Injektion <-, -en> [ɪn·jɛk·'tsi̯oːn] _f_ injection

Inka <-[s], -s> ['ɪŋ·ka] _m_ Inca

inkl. _Abk von_ **inklusive** incl.

inklusive [ɪn·klu·'ziː·və] **I.** _präp_ +_gen_ including **II.** _adv_ including; **bis ~** up to and including

Inkrafttreten <-s> _nt kein pl_ coming into effect

Inland ['ɪn·lant] _nt kein pl_ ❶ _(das eigene Land)_ home ❷ _(Binnenland)_ inland

Inlandflug _m_ domestic flight

Inlandsmarkt _m_ domestic market

inmitten [ɪn·'mɪ·tn̩] **I.** _präp_ +_gen (geh)_ in the middle of **II.** _adv (geh)_ in the midst of

innen ['ɪnən] _adv_ ❶ _(im Inneren)_ on the inside; **~ und außen** [on the] inside and outside; **nach ~** inside; **die Tür geht nach ~ auf** the door opens inwards; **von ~** from the inside ❷ _(auf der Innenseite)_ on the inside ❸ _bes_ ÖSTERR _(drinnen)_ inside

Innenarchitektur _f_ interior design

Innendienst _m_ office work

Inneneinrichtung _f_ ❶ _(das Einrichten)_ interior design ❷ _(die Einrichtung)_ interior furnishings _pl_

Innenhof _m_ inner courtyard

Innenminister(in) _m(f)_ Secretary of the Interior, Interior Secretary

Innenministerium _nt_ Department of the Interior

Innenpolitik _f_ domestic policy

Innenraum _m a._ AUTO interior

Innenspiegel _m_ AUTO rearview mirror

Innenstadt _f_ downtown

innere(r, s) ['ɪnə·rə] _adj_ ❶ _Tasche_ inside ❷ _a._ MED, ANAT inner, internal

Innere(s) ['ɪnə·rə] _nt_ ❶ _(innerer Teil)_ inside ❷ GEOL center ❸ PSYCH heart; **in jds ~n** in sb's soul; **tief in seinem ~n war ihm klar, dass ...** deep down, he knew that ...

Innereien [ɪnə·'rai·ən] *pl* KOCHK innards *npl*

innerhalb ['ɪnɐ·halp] **I.** *präp+gen* ❶ *(in einem begrenzten Bereich)* inside ❷ *(binnen eines Zeitraums)* within **II.** *adv* ■ ~ **von etw** within sth

innerlich ['ɪnɐ·lɪç] **I.** *adj* ❶ MED internal ❷ PSYCH inner **II.** *adv* ❶ *(im Inneren des Körpers)* internally ❷ PSYCH inwardly; **~ war er sehr aufgewühlt** he was in inner turmoil

innerorts *adv* SCHWEIZ in a built-up area

innerste(r, s) ['ɪnɐs·tə] *adj superl von* **innere(r, s)** ❶ GEOL *Stadtbezirk, Landesteil, etc.* innermost ❷ PSYCH *(jds tiefes Inneres betreffend)* innermost

Innerste(s) ['ɪnɐs·tə(s)] *nt* core being; **tief in ihrem ~n wusste sie ...** deep down, she knew ...

innewohnen *vi* ■ **jdm/einer S.** ~ to be inherent in sb/a thing

innig ['ɪnɪç] **I.** *adj* ❶ *(tief empfunden)* deep; *Dank* heartfelt ❷ *Beziehung* intimate **II.** *adv* deeply

Innovation <-, -en> [ɪno·va·'tsi̯o:n] *f* innovation

innovativ [ɪno·va·'ti:f] **I.** *adj* innovative **II.** *adv* innovatively

Innung <-s, -en> ['ɪn·ʊŋ] *f* guild

inoffiziell *adj* unofficial

in puncto [ɪn 'pʊŋk·to] *adv* *(fam)* concerning

Input <-s, -s> ['ɪn·pʊt] *m* ❶ COMPUT input ❷ *(Anregung)* stimulus; *(Einsatz)* commitment

Inquisition <-> [ɪn·kvi·zi·'tsi̯o:n] *f kein pl* Inquisition

ins ['ɪns] = **in das** *s.* **in**

Insasse, Insassin <-n, -n> ['ɪn·za·sə] *m, f* ❶ *(Fahrgast)* passenger ❷ *(Heimbewohner)* resident ❸ *(Bewohner einer Heilanstalt)* patient ❹ *(Gefängnis- o Lager~)* inmate

insbesondere [ɪns·bə·'zɔn·də·rə] *adv* especially

Inschrift ['ɪn·ʃrɪft] *f* inscription

Insekt <-[e]s, -en> [ɪn·'zɛkt] *nt* insect

Insektenstich *m* insect sting *[or* bite*]*

Insektenvernichtungsmittel *nt* insecticide

Insel <-, -n> ['ɪn·zl̩] *f* island

Inselgruppe *f* archipelago

Inserat <-[e]s, -e> [ɪn·ze·'ra:t] *nt* advertisement

inserieren* [ɪn·ze·'ri:·rən] *vi, vt* to advertise

insgeheim [ɪns·gə·'haim] *adv* secretly

insgesamt [ɪns·gə·'zamt] *adv* ❶ *(alles zusammen)* altogether ❷ *(im Großen und Ganzen)* on the whole

Insider(in) <-s, -> ['ɪn·zai·dɐ] *m(f)* insider

insistieren* [ɪn·zɪs·'ti:·rən] *vi* *(geh)* to insist **(auf** +*dat* on)

inskünftig ['ɪns·kʏnf·tɪç] *adv* SCHWEIZ *s.* **zukünftig**

insofern [ɪn·zo·'fɛrn, ɪn·'zo:·fɛrn] **I.** *adv* in this respect; ~ **...,** **als** in that **II.** *konj* ÖSTERR *(voraus-*

gesetzt, dass) if; ~ **als** insofar as

insoweit [ɪn·zo·'vait, 'ɪn·zo·vait, ɪn·'zo·vait] **I.** *adv* in this respect **II.** *konj bes* ÖSTERR ~ **als** if

Inspektion <-, -en> [ɪn·spɛk·'tsi̯o:n] *f* ❶ *(technische Wartung)* service ❷ *(Überprüfung)* inspection

Inspektor, Inspektorin <-s, -en> [ɪn·'spɛk·to:ɐ, *pl* -'to:·rən] *m, f* ❶ ADMIN executive officer; *(Kriminalpolizei)* inspector ❷ *(Prüfer)* supervisor

Inspiration <-, -en> [ɪn·spi·ra·'tsi̯o:n] *f* *(geh)* inspiration

inspirieren* [ɪn·spi·'ri:·rən] *vt* ■ **jdn [zu etw** *dat]* ~ to inspire sb [to do sth]; ■ **sich** *akk* **von etw** *dat* **[zu etw** *dat]* ~ **lassen** to get one's inspiration from sth [to do sth]

inspizieren* [ɪn·spi·'tsi:·rən] *vt* *(geh)* to inspect

instabil ['ɪn·sta·bi:l] *adj* *(geh)* unstable

Installateur(in) <-s, -e> [ɪn·sta·la·'to:ɐ] *m(f)* *(Elektroinstallateur)* electrician; *(Klempner)* plumber

Installation <-, -en> [ɪn·sta·la·'tsi̯o:n] *f* ❶ *kein pl* *(das Installieren)* installation; *(installierte Leitungen od. Anlage)* installations *pl* ❷ SCHWEIZ *(Amtseinsetzung)* installation

installieren* [ɪn·sta·'li:·rən] *vt* ❶ TECH *(einbauen)* ■ **[jdm] etw** ~ to install sth [for sb] ❷ COMPUT *(einprogrammieren)* ■ **[jdm] etw [auf etw** *akk]* ~ to install sth [for sb] [on sth]

instand, in Stand [ɪn·'ʃtant] *adj* in working order; **etw ~ halten** to keep sth in good condition; **etw ~ setzen** to repair sth

Instandhaltung *f* *(geh)* maintenance

inständig ['ɪn·ʃtɛn·dɪç] **I.** *adj Bitte etc.* urgent **II.** *adv* urgently; ~ **um etw** *akk* **bitten** to beg for sth

Instanz <-, -en> [ɪn·'stants] *f* ❶ ADMIN authority ❷ *(Stufe eines Gerichtsverfahrens)* **in erster/zweiter/oberster** ~ trial court/appellate court/supreme court

Instinkt <-[e]s, -e> [ɪn·'stiŋkt] *m* instinct

instinktiv [ɪn·stɪŋk·'ti:f] *adj* instinctive

Institut <-[e]s, -e> [ɪn·sti·'tu:t] *nt* institute

Institution <-, -en> [ɪn·sti·tu·'tsi̯o:n] *f* institution

Instruktion <-, -en> [ɪn·strʊk·'tsi̯o:n] *f* *(Anweisung)* instruction; *(Anleitung)* instruction[s] *usu pl;* **laut** ~ according to [the] instructions

Instrument <-[e]s, -e> [ɪn·stru·'mɛnt] *nt* ❶ MUS instrument; *(Gerät für wissenschaftliche Zwecke)* instrument ❷ *(a. fig geh: Werkzeug)* tool

Insulaner(in) <-s, -> [ɪn·zu·'la:·nɐ] *m(f)* islander

Insulin <-s> [ɪn·zu·'li:n] *nt kein pl* insulin

inszenieren* [ɪns·tse·'ni:·rən] *vt* ❶ *(dramaturgisch gestalten)* to stage ❷ *(pej)* to stage-manage

Inszenierung <-, -en> *f* ❶ FILM, MUS, THEAT production ❷ *(pej: Bewerkstelligung)* engineering

intakt [ɪn·'takt] *adj* ❶ *(unversehrt)* intact

②(*voll funktionsfähig*) in working order
Integration <-, -en> [ɪn·te·gra·'tsi̯oːn] *f* integration
integrieren* [ɪn·te·'griː·rən] I. *vt* (*eingliedern*) to integrate (**in** +*akk* into) II. *vr* (*sich einfügen*) ■ **sich** *akk* [**in etw** *akk*] ~ to become integrated [into sth]
Integrität <-> [ɪn·te·gri·'tɛːt] *f kein pl* (*geh*) integrity
Intellekt <-[e]s> [ɪn·tɛ·'lɛkt] *m kein pl* intellect
intellektuell [ɪn·tɛ·lɛk·'tu̯·ɛl] *adj* intellectual
Intellektuelle(r) *f(m)* intellectual
intelligent [ɪn·tɛ·li·'gɛnt] *adj* intelligent, smart
Intelligenz <-, -en> [ɪn·tɛ·li·'gɛnts] *f* **①** *kein pl* (*Verstand*) intelligence **②** *kein pl* (*Gesamtheit der Intellektuellen*) intelligentsia **③** (*vernunftbegabtes Lebewesen*) intelligence **④** COMPUT **künstliche** ~ artificial intelligence
Intensität <-, *selten* -en> [ɪn·tɛn·zi·'tɛːt] *f* intensity
intensiv [ɪn·tɛn·'ziːf] I. *adj* **①**(*gründlich*) intensive **②**(*eindringlich, durchdringend*) *Duft, Schmerz* intense II. *adv* **①**(*gründlich*) intensively; ~ **bemüht sein, etw zu tun** to make intense efforts to do sth **②**(*eindringlich, durchdringend*) strongly
intensivieren* [ɪn·tɛn·zi·'viː·rən] *vt* to intensify
Intensivierung <-, *selten* -en> *f* intensification
Intensivkurs *m* intensive course
Intensivstation *f* intensive care unit
Intention <-, -en> [ɪn·tɛn·'tsi̯oːn] *f* (*geh*) intention
interaktiv [ɪn·te·ʔak·'tiːf] *adj* interactive
Intercity <-s, -s> [ɪn·te·'sɪ·ti], **Intercity-zug**RR *m* intercity [train]
IntercityexpressRR, **Intercity-Expreß**ALT *m* intercity express
interessant [ɪn·tə·rɛ·'sant] I. *adj* **①**(*Interesse erweckend*) interesting; **sich** *akk* [**bei jdm**] ~ **machen** to attract [sb's] attention **②**(*Angebot, Gehalt* attractive II. *adv* interestingly; **der Vorschlag hört sich ~ an** the proposal sounds interesting
interessanterweise *adv* interestingly enough
Interesse <-s, -n> [ɪn·tə·'rɛ·sə] *f* **①** *kein pl* (*Aufmerksamkeit*) interest; ~ [**an jdm/etw**] **haben** to have an interest [*or* be interested] [in sb/sth]; **hätten Sie ~ daran, für uns tätig zu werden?** would you be interested in working for us? **②** *pl* (*Neigungen*) interests *pl;* **aus ~** out of interest **③** *pl* (*Belange*) interests *pl* **④**(*Nutzen*) interest; [**für jdn**] **von ~ sein** to be of interest [to sb]; **in jds ~ liegen** to be in sb's interest
Interessengemeinschaft *f* community of interests
Interessenkonflikt *m* conflict of interest
Interessent(in) <-en, -en> [ɪn·tə·rɛ·'sɛnt] *m(f)* **①**(*an einer Teilnahme Interessierter*) interested party **②**(*an einem Kauf Interessierter*) potential buyer

interessieren* [ɪn·tə·rɛ·'siː·rən] I. *vt* **①**(*jds Interesse hervorrufen*) to interest **②**(*jds Interesse auf etw lenken*) ■ **jdn für etw** ~ *akk* to interest sb in sth II. *vr* (*mit Interesse verfolgen*) ■ **sich** *akk* **für jdn/etw** ~ to be interested in sb/sth
interessiert I. *adj* **①**(*Interesse zeigend*) interested; **sie ist politisch** ~ she is interested in politics **②**(*mit ernsthaften Absichten*) ■ **an jdm/etw** ~ **sein** to be interested in sb/sth; ■ **daran** ~ **sein, etw zu tun** to be interested in doing sth II. *adv* with interest
Interieur <-s, -s *o* -e> [ɛ̃·te·'ri̯øːɐ̯] *nt* (*geh*) interior
Interimslösung *f* interim solution
Interimsregierung *f* interim government
interkontinental [ɪn·te·kɔn·ti·nɛn·'taːl] *adj* intercontinental
Internat <-[e]s, -e> [ɪn·te·'naːt] *nt* boarding school
international [ɪn·te·na·tsi̯o·'naːl] I. *adj* international II. *adv* internationally
Internet <-s> ['ɪntɐ·nɛt] *nt kein pl* Internet; **im** ~ **surfen** to surf the Internet
Internetadresse *f* COMPUT Internet address, URL
internieren* [ɪn·te·'niː·rən] *vt* **①**(*in staatlichen Gewahrsam nehmen*) to intern **②** MED to isolate
Internierung <-, -en> *f* **①**(*Einsperrung*) internment **②** MED isolation
Internierungslager *nt* internment camp
Internist(in) <-en, -en> [ɪn·te·'nɪst] *m(f)* internist
Interpretation <-, -en> [ɪn·te·pre·ta·'tsi̯oːn] *f* interpretation
interpretieren* [ɪn·te·pre·'tiː·rən] *vt* to interpret
Interpunktion <-> [ɪn·te·pʊŋk·'tsi̯oːn] *f kein pl* punctuation
Interrailkarte ['ɪn·te·reːl-] *f* BAHN inter-rail ticket
Interregio <-s, -s> [ɪn·te·'reː·gi̯o] *m* interregional train
Intervention <-, -en> [ɪn·te·vɛn·'tsi̯oːn] *f* (*geh*) *a.* POL intervention
Interview <-s, -s> ['ɪn·te·vjuː, ɪn·te·'vjuː] *nt* interview
interviewen* [ɪn·te·'vjuː·ən, 'ɪn·te·vjuː·ən] *vt* **①**(*durch ein Interview befragen*) ■ **jdn** [**zu etw** *dat*] ~ to interview sb [about sth]; ■ **sich** *akk* [**von jdm**] ~ **lassen** to give [sb] an interview **②**(*hum fam: befragen*) ■ **jdn** ~ [**ob/wann/wo etc.**] to consult sb about [whether/when/where, etc.]
intim [ɪn·'tiːm] *adj* **①**(*innig, persönlich*) intimate; *Freund, Bekannter* close **②**(*sexuell liiert*) ■ **mit jdm** ~ **sein/werden** to be/become intimate with sb
Intimität <-, -en> [ɪn·ti·mi·'tɛːt] *f* (*geh*) **①** *kein pl* (*Vertrautheit*) intimacy **②** *pl* (*private Angelegenheit*) intimate affairs *pl* **③** *usu pl* (*sexuelle Handlung o Äußerung*) intimacy **④** *kein pl*

einer Kneipe intimacy
Intimsphäre *f* (*geh*) private life
Intimverkehr *m kein pl* (*euph*) intimate relations *pl*
intolerant ['ɪn·to·le·rant, ɪn·to·le·'rant] **I.** *adj* (*geh*) intolerant **II.** *adv* intolerantly
Intoleranz ['ɪn·to·le·rants, ɪn·to·le·'rants] *f* (*geh*) intolerance
intransitiv ['ɪn·tran·zi·ti:f] *adj* intransitive
intrigant [ɪn·tri·'gant] *adj* (*geh*) scheming
Intrigant(in) <-en, -en> [ɪn·tri·'gant] *m(f)* (*geh*) schemer
Intrige <-, -n> [ɪn·'tri:·gə] *f* (*geh*) conspiracy
intrigieren* [ɪn·tri·'gi:·rən] *vi* (*geh*) to scheme (**gegen** +*akk* against)
introvertiert [ɪn·tro·vɛr·'ti:ɐt] *adj* introverted
Intuition <-, -en> [ɪn·tui·'tsi̯o:n] *f* intuition
invalid [ɪn·va·'li:t], **invalide** [ɪn·va·'li:·də] *adj* invalid
Invalide, Invalidin <-n, -n> [ɪn·va·'li:·də] *m, f* invalid
Invalidität <-> [ɪn·va·li·di·'tɛ:t] *f kein pl* disability
Invasion <-, -en> [ɪn·va·'zi̯o:n] *f* invasion
Inventar <-s, -e> [ɪn·vɛn·'ta:ɐ] *nt* inventory
Inventur <-, -en> [ɪn·vɛn·'tu:ɐ] *f* inventory; **~ machen** to take inventory
investieren* [ɪn·vɛs·'ti:·rən] *vt* to invest
Investition <-, -en> [ɪn·vɛs·ti·'tsi̯o:n] *f* investment
Investor(in) <-s, -en> [ɪn·'vɛs·to:ɐ, *pl* -'to:rən] *m(f)* investor
involvieren* [ɪn·vɔl·'vi:·rən] *vt* (*geh*) to involve
inwiefern [ɪn·vi·'fɛrn] *adv* in what way
Inzucht ['ɪn·tsʊxt] *f* inbreeding
inzwischen [ɪn·'tsvɪ·ʃn̩] *adv* in the meantime
Irak <-s> [i'ra:k] *m* ■|**der**| ~ Iraq; *s. a.* **Deutschland**
Iraker(in) <-s, -> [i'ra:·kɐ] *m(f)* Iraqi; *s. a.* **Deutsche(r)**
irakisch [i'ra:·kɪʃ] *adj* Iraqi; *s. a.* **deutsch**
Iran <-s> [i'ra:n] *m* ■**der** ~ Iran; *s. a.* **Deutschland**
Iraner(in) <-s, -> [i'ra:·nɐ] *m(f)* Iranian; *s. a.* **Deutsche(r)**
iranisch [i'ra:·nɪʃ] *adj* ❶ (*den Iran betreffend*) Iranian; *s. a.* **deutsch 1** ❷ LING Iranian; *s. a.* **deutsch 2**
Ire, Irin <-n, -n> ['i:·rə] *m, f* Irishman *masc*, Irishwoman *fem*; ■**die ~n** the Irish; |**ein**| ~ **sein** to be Irish
irgend ['ɪr·gn̩t] *adv* at all; **wenn ~ möglich** if at all possible; „**wer war am Apparat?**" – „**ach, wieder ~ so ein Spinner!**" "who was that on the phone?" — "oh, some lunatic again"
irgendein ['ɪr·gn̩t·ʔain], **irgendeine(r, s)** ['ɪr·gn̩t·ʔainə], **irgendeins** ['ɪr·gn̩t·ʔains] *pron indef* ❶ *adjektivisch* (*was auch immer für ein*) some; **haben Sie noch irgendeinen Wunsch?** would you like anything else?; **nicht irgendein/e ...** *adjektivisch* not any |old| ...

❷ *substantivisch* (*ein Beliebiger*) any |old| one; **ich werde doch nicht irgendeinen einstellen** I'm not going to hire just anybody
irgendetwas^RR ['ɪr·gn̩t·ʔɛt·vas] *pron indef* something; (*bei Fragen*) anything; ~ **anderes** sth else; **nicht** |**einfach**| ~ not just anything
irgendjemand^RR ['ɪr·gn̩t·ʔje:·mant] *pron indef pron* someone, somebody; (*fragend, verneinend*) anyone, anybody; ~ **anderer** sb else; **nicht** |**einfach**| ~ not just anybody
irgendwann ['ɪr·gn̩t·van] *adv* some time or other
irgendwas ['ɪr·gn̩t·vas] *pron indef* (*fam*) *s.* **irgendetwas**
irgendwer ['ɪr·gn̩t·ve:ɐ] *pron indef* (*fam*) somebody; **nicht** |**einfach**| ~ not just anybody
irgendwie ['ɪr·gn̩t·vi:] *adv* somehow |or other|; **Sie kommen mir ~ bekannt vor** you seem familiar somehow
irgendwo ['ɪr·gn̩t·vo:] *adv* ❶ (*wo auch immer*) somewhere |or other| ❷ (*in irgendeiner Weise*) somehow |or other|; ~ **versteh ich das nicht** somehow I don't understand |that|
irisch ['i:·rɪʃ] *adj* ❶ (*Irland betreffend*) Irish; *s. a.* **deutsch 1** ❷ LING Irish; *s. a.* **deutsch 2**
Irland ['ɪr·lant] *nt* Ireland, Eire; *s. a.* **Deutschland**
Ironie <-, *selten* -n> [iro·'ni:, *pl* -'ni:·ən] *f* irony
ironisch [i'ro:·nɪʃ] **I.** *adj* ironic **II.** *adv* ironically; ~ **lächeln** to give an ironic smile
irrational ['ira·tsi̯o·na:l, ira·tsi̯o·'na:l] *adj* (*geh*) irrational
Irre¹ <-> ['ɪrə] *f* **jdn in die ~ führen** to mislead sb
Irre² ['ɪrə] *f(m)* lunatic
irre [ɪrə] **I.** *adj* ❶ (*verrückt*) crazy; **jdn für ~**|**e**| **halten** (*fam*) to think sb is crazy ❷ (*verstört*) crazy; **so ein Blödsinn! du redest ~s Zeug!** such nonsense! what kind of crazy talk is that!; **jdn** |**noch**| **ganz ~ machen** (*fam*) to drive sb crazy *fam* ❸ (*sl: toll*) fantastic **II.** *adv* ❶ (*verrückt, verstört*) insanely; **wie ~** (*fam*) like mad ❷ (*sl: ausgeflippt*) wacky; (*toll*) fantastically *fam* ❸ (*sl: äußerst*) incredibly
irre|führen *vt* to mislead; ■**sich** *akk* **von jdm/etw ~ lassen** to be misled by sb/sth
irreführend *adj* misleading
Irreführung *f* deception
irre|machen *vt* to confuse; ■**sich** *akk* |**durch jdn/etw**| **nicht ~ lassen** to not let oneself be thrown |by sb/sth|
irren¹ ['ɪrən] *vi sein* ■**durch/über etw** *akk* ~ to wander through/across sth
irren² ['ɪrən] **I.** *vi* (*geh*) (*sich täuschen*) to be wrong ▶WENDUNGEN: **I~ ist menschlich** (*prov*) to err is human **II.** *vr* (*sich täuschen*) ■**sich** *akk* ~ to be wrong (**in** +*dat* about); **da irrst du dich** you're wrong there; **wenn ich mich nicht irre, ...** if I am not mistaken ...
Irrenhaus *nt* (*veraltet o pej*) insane asylum; **wie im ~** (*fam*) like |in| a loony bin
Irrfahrt *f* odyssey

Irrgarten *m* maze

Irrglaube(n) *m* ❶ (*irrige Ansicht*) mistaken belief ❷ (*veraltend: falscher religiöser Glaube*) heretical belief

Irritation <-, -en> [ɪri·ta·ˈtsi̯oːn] *f* (*geh*) *a.* MED irritation

irritieren* [ɪri·ˈtiː·rən] *vt* ❶ (*verwirren*) to confuse ❷ (*stören*) to annoy

Irrläufer *m* misdirected item

Irrlicht [ˈɪr·lɪçt] *nt* jack-o'-lantern

Irrsinn [ˈɪr·zɪn] *m kein pl* ❶ (*veraltet: psychische Krankheit*) insanity ❷ (*fam: Unsinn*) [sheer] madness

irrsinnig [ˈɪr·zɪ·nɪç] I. *adj* ❶ (*veraltet: psychisch krank*) insane ❷ (*fam: völlig wirr, absurd*) crazy ❸ (*fam: stark, intensiv*) tremendous; *Hitze, Kälte, Verkehr* incredible; *Kopfschmerzen* terrible II. *adv* (*fam: äußerst*) terribly; **das schmerzt wie ~!** it hurts like crazy!

Irrtum <-[e]s, Irrtümer> [ˈɪr·tuːm, *pl* ˈɪr·tyː·mɐ] *m* ❶ (*irrige Annahme*) error; [schwer] **im ~ sein** to be [badly] mistaken ❷ (*fehlerhafte Handlung*) mistake

irrtümlich [ˈɪr·tyːm·lɪç] I. *adj attr* mistaken II. *adv* mistakenly

Irrweg *m* wrong path

Ischias <-> [ˈɪʃi̯as] *m o nt kein pl* sciatica

Islam <-s> [ɪs·ˈlaːm, ˈɪs·lam] *m kein pl* Islam; ■ **der ~** Islam

islamisch [ɪs·ˈlaː·mɪʃ] *adj* Islamic

Islamist(in) <-en, -en> [ɪs·la·ˈmɪst] *m(f)* Islamist

islamistisch [ɪs·la·ˈmɪs·tɪʃ] *adj* Islamist *attr*

Island [ˈiːs·lant] *nt* Iceland; *s. a.* **Deutschland**

Isländer(in) <-s, -> [ˈiːs·lɛn·dɐ] *m(f)* Icelander; **~ sein** to be an Icelander; *s. a.* **Deutsche(r)**

isländisch [ˈiːs·lɛn·dɪʃ] *adj* ❶ (*Island betreffend*) Icelandic; *s. a.* **deutsch 1** ❷ LING Icelandic; *s. a.* **deutsch 2**

Isolation <-, -en> [iz·ola·ˈtsi̯oːn] *f* ❶ (*das Abdichten*) insulation ❷ (*das Isolieren*) *von Patienten, Häftlingen, etc.* isolation ❸ (*Abgeschlossenheit*) isolation (**von** +*dat* from)

isolieren* [izo·ˈliː·rən] I. *vt* ❶ TECH to insulate (**gegen** +*akk* against) ❷ JUR, MED to isolate (**von** +*dat* from) II. *vr* (*sich absondern*) ■ **sich** *akk* [**von** jdm/**etw**] **~** to isolate oneself [from sb/sth]

Isolierkanne *f* thermos [flask]

isoliert I. *adj* (*aus dem Zusammenhang gegriffen*) isolated II. *adv* ❶ (*abgeschlossen, abgesondert*) isolated ❷ (*aus dem Zusammenhang gegriffen*) in an isolated way

Isolierung <-, -en> *f s.* **Isolation**

Israel <-s> [ˈɪs·ra·eːl, ˈɪs·ra·ɛl] *nt* Israel; *s. a.* **Deutschland**

Israeli [ɪs·ra·ˈeːli] *m* <-[s], -[s]>, *f* <-, -[s]> Israeli; *s. a.* **Deutsche(r)**

israelisch [ɪs·ra·ˈeːlɪʃ] *adj* Israeli; *s. a.* **deutsch**

isst^{RR} [ˈɪst], **ißt**^{ALT} *3. pers sing pres von* **essen**

ist [ˈɪst] *3. pers sing pres von* **sein¹**

Italien <-s> [iˈtaː·li̯ən] *nt* Italy; *s. a.* **Deutsch-**

land

Italiener(in) <-s, -> [ita·ˈli̯eː·nɐ] *m(f)* Italian; **~ sein** to be [an] Italian; *s. a.* **Deutsche(r)**

italienisch [ita·ˈli̯eː·nɪʃ] *adj* ❶ (*Italien betreffend*) Italian; *s. a.* **deutsch 1** ❷ LING Italian; *s. a.* **deutsch 2**

I-Tüpfelchen <-s, -> *nt* finishing touch

i.V. *Abk von* **in Vertretung** p.p.

IWF <-> [iː·veː·ˈʔɛf] *m kein pl Abk von* **Internationaler Währungsfonds** IMF

J

J, j <-, - *o fam* -s, -s> [jɔt] *nt* J, j; **~ wie Julius** J as in Juliet

ja [ˈjaː] *part* ❶ (*bestätigend: so ist es*) yes; **~, bitte?** yes, [how] may I help you?; **das sag' ich ~!** (*fam*) that's exactly what I'm talking about!; **aber ~!** [yes,] of course! ❷ (*fragend: so? tatsächlich?*) really?; **ach ~?** [oh] really? ❸ (*warnend: bloß*) make sure; **sei ~ vorsichtig mit dem Messer!** be sure to be careful with the knife! ❹ (*abschwächend, einschränkend: schließlich*) after all; **ich kann es ~ mal versuchen** I can certainly give it a try ❺ (*revidierend, steigernd: und zwar*) in fact ❻ (*anerkennend, triumphierend: doch*) **siehst du, ich habe es ~ immer gesagt!** see — what did I tell you?; **es musste ~ mal so kommen!** it was bound to happen; **wo steckt nur der verfluchte Schlüssel? ach, da ist er ~!** where's the damn key? oh, there it is! ❼ (*bekräftigend: allerdings*) **das ist ~ kaum zu glauben!** that is really hard to believe!; **ich verstehe das ~, aber trotzdem finde ich's nicht gut** I do understand what you're saying, but I still don't think it's okay; **das ist ~ die Höhe!** that is [absolutely] outrageous!; **es ist ~ immer dasselbe** some things will never change ❽ (*na*) well ❾ (*als Satzabschluss: nicht wahr?*) isn't it?; **es bleibt doch bei unserer Abmachung, ~?** we're sticking to what we agreed to, right? ❿ (*ratlos: nur*) **ich weiß ~ nicht, wie ich es ihm beibringen soll** I have no idea how [I'm going] to teach him that ⓫ (*beschwichtigend*) **ich komm ~ schon!** okay! okay! I'm coming! ▶ WENDUNGEN: **~ und amen zu etw sagen** (*fam*) to give sth one's blessing; **wenn ~** if so

Ja <-s, -[s]> [ˈjaː] *nt* yes

Jacke <-, -n> [ˈja·kə] *f* (*Stoffjacke*) jacket; (*Strickjacke*) cardigan

Jackentasche *f* jacket pocket

Jackett <-s, -s> [ʒa·ˈkɛt] *nt* jacket

Jackpot <-s, -s> [ˈdʒɛk·pɔt] *m* ❶ KARTEN stake [money] ❷ (*Lottogewinn*) jackpot

Jagd <-, -en> [ˈjaːkt] *f* ❶ (*das Jagen*) hunting; **auf der ~ sein** to be [out] hunting; **~ auf jdn/**

etw machen (*pej*) to hunt for sb/sth ❷ (*Revier*) *s.* **Jagdrevier** ❸ (*Verfolgung*) hunt (**auf** +*akk* for) ❹ (*pej: wildes Streben*) pursuit (**nach** +*dat* of)

Jagdbeute *f* kill

Jagdbomber *m* fighter-bomber

Jagdgewehr *nt* hunting rifle

Jagdhund *m* hound

Jagdrevier *nt* preserve

Jagdschein *m* hunting license

jagen ['jaː·gn̩] **I.** *vt haben* ❶ (*auf der Jagd verfolgen*) to hunt ❷ (*hetzen*) to pursue ❸ (*fam: antreiben, vertreiben*) ■**jdn aus etw** *dat* ~ to drive sb out of sth; **eine Sache jagt die andere** one thing comes after another ❹ (*fam*) **jeden Tag kriege ich eine Spritze in den Hintern gejagt** they stick a needle in my rear end every day *fam* ▶ WENDUNGEN: **jdn mit etw** *dat* ~ **können** (*fam*) to not be able to stand sth **II.** *vi* ❶ *haben* (*auf die Jagd gehen*) to hunt ❷ *sein* (*rasen*) to race (**aus** +*dat* out of, **durch, in** +*akk* through, into); **er kam plötzlich aus dem Haus gejagt** he suddenly came racing out of the house

Jäger(in) <-s, -> ['jɛː·gɐ] *m(f)* hunter

Jaguar <-s, -e> ['jaː·gu̯aːɐ̯] *m* jaguar

jäh ['jɛː] **I.** *adj* (*geh*) ❶ (*abrupt, unvorhergesehen*) abrupt; *Bewegung* sudden ❷ (*steil*) steep **II.** *adv* (*geh*) ❶ (*abrupt, unvorhergesehen*) abruptly ❷ (*steil*) steeply

Jahr <-[e]s, -e> ['jaːɐ̯] *nt* ❶ (*Zeitraum von 12 Monaten*) year; **die 20er-/30er-** ~ -**e** the twenties/thirties + *sing/pl vb*; **anderthalb** ~**e** a year and a half; **ein dreiviertel** ~ nine months; **das ganze** ~ **über** throughout the whole year, all year long; **das neue** ~ the New Year; ~ **für** ~ year after year; **zweimal im** ~ twice a year; **letztes/nächstes** ~ last/next year; **in diesem/im nächsten** ~ this/next year; **vor einem** ~ a year ago; **alle** ~**e wieder** every year; **Buch des** ~**es** book of the year ❷ (*Lebensjahre*) **er ist 10** ~**e alt** he's 10 years old ▶ WENDUNGEN: **in den besten** ~**en** [sein] [to be] in one's prime; **in die** ~**e kommen** (*euph fam*) to be getting on in years

jahrelang ['jaː·rə·laŋ] **I.** *adj attr* lasting for years; **die Frucht** ~**er Forschungen** the fruits of years of research **II.** *adv* for years

Jahresanfang, Jahresbeginn *m* beginning of the year; **bei/nach/vor** ~ at/after/before the beginning of the year

Jahresdurchschnitt *m* annual average

Jahreseinkommen *nt* annual income

Jahresende *nt* end of the year; **bis zum/vor** ~ by/before the end of the year

Jahresfrist *f* **nach** ~ after a period of one year; **vor** ~ within a period of one year

Jahresgehalt *nt* annual salary

Jahrestag *m* anniversary

Jahresurlaub *m* annual vacation

Jahreswechsel *m* turn of the year; **zum** ~ at the turn of the year

Jahreszahl *f* year

Jahreszeit *f* season

Jahrgang *m* ❶ (*Personen eines Geburtsjahrs*) people born in the same year; (*Gesamtheit der Schüler eines Schuljahres*) class of [a year] ❷ (*Erntejahr*) vintage; (*Herstellungsjahr*) year

Jahrhundert <-s, -e> [jaː·ɐ̯·'hʊn·dɐt] *nt* century

jahrhundertelang I. *adj* [lasting] for centuries *pred;* **es hat einer** ~**en Entwicklung bedurft** it required centuries of development **II.** *adv* for centuries

Jahrhundertwende *f* turn of the century

jährlich ['jɛː·ɐ̯·lɪç] *adj* annual

Jahrmarkt *m* fair

Jahrtausend <-s, -e> [jaː·ɐ̯·'tau̯·znt] *nt* millennium

Jahrzehnt <-[e]s, -e> [jaː·ɐ̯·'tseːnt] *nt* decade

jahrzehntelang I. *adj* decades of *attr* **II.** *adv* for decades

Jähzorn ['jɛː·tsɔrn] *m* violent outburst

jähzornig *adj* irascible

Jalousie <-, -n> [ʒa·lu·'ziː, *pl* -'ziː·ən] *f* venetian blind

Jamaika <-s> [ja·'mai̯·ka] *nt* Jamaica

Jammer <-s> ['ja·mɐ] *m kein pl* ❶ (*Kummer*) sorrow; **es ist ein** ~**, wie wenig Zeit wir haben** (*fig fam*) it's a real shame how little time we have ❷ (*das Wehklagen*) wailing

jämmerlich ['jɛ·mɐ·lɪç] **I.** *adj attr* ❶ (*beklagenswert*) wretched ❷ (*kummervoll*) sorrowful ❸ (*fam*) *Ausrede* pathetic ❹ (*pej fam: verächtlich*) miserable **II.** *adv* ❶ (*elend*) miserably ❷ (*fam: erbärmlich*) awfully

jammern ['ja·mɐn] *vi* ❶ (*a. pej: lamentieren*) to whine (**über** +*akk* about, **wegen** +*dat* about); **lass das J**~ stop [your] moaning ❷ (*wimmernd verlangen*) to beg (**nach** +*dat* for)

Jan. *Abk von* **Januar** Jan.

Jänner <-s, -> ['jɛ·nɐ] *m* ÖSTERR January

Januar <-[s], *selten* -e> ['ja·nu·aːɐ̯] *m* January; *s. a.* **Februar**

Japan <-s> ['jaː·pan] *nt* Japan; *s. a.* **Deutschland**

Japaner(in) <-s, -> [ja·'paː·nɐ] *m(f)* Japanese; ■**die** ~ the Japanese; *s. a.* **Deutsche(r)**

japanisch [ja·'paː·nɪʃ] *adj* ❶ (*Japan betreffend*) Japanese; *s. a.* **deutsch 1** ❷ LING Japanese; *s. a.* **deutsch 2**

Jasmin <-s, -e> [jas·'miːn] *m* jasmine

Jastimme *f* "yes" vote

jäten ['jɛː·tn̩] **I.** *vt* ❶ (*aushacken*) to hoe ❷ (*von Unkraut befreien*) to weed **II.** *vi* to weed

jauchzen ['jau̯·xtsn̩] *vi* (*geh*) to shout with joy

jaulen ['jau̯·lən] *vi* to howl

jawohl [ja·'voːl] *adv* yes

Jawort *nt* **jdm das** ~ **geben** to agree to marry sb; (*bei Trauung*) to say "I do"

Jazz <-> ['dʒɛs, 'jats] *m kein pl* jazz

je ['jeː] **I.** *adv* ❶ (*jemals*) ever ❷ (*jeweils*) each **II.** *präp* +*akk* (*pro*) per **III.** *konj* ~ **öfter du übst, desto besser kannst du dann spielen** the more you practice, the better you will be able to play; ~ **nachdem!** it [all] depends!; ~ **nachdem, ob/wann/wie ...** depending on whether/when/how ...

Jeans <-, -> ['dʒiːnz] *f meist pl* jeans *npl*

Jeansjacke ['dʒiːnz-] *f* denim jacket

jede(r, s) ['jeːdə] *pron indef* ❶ *attr* (*alle einzelnen*) each, every ❷ *attr* (*jegliche*) any ❸ *attr* (*in einem/einer beliebigen*) any; **zu ~ r Zeit** at any time ❹ *substantivisch* everyone; (*stärker*) each and every one; **das weiß doch ein ~r!** everybody knows that!; DIAL (*jeweils der/die einzelne*) each [one]; **~ e[r, s] zweite/dritte ...** one in two/three ...

jedenfalls ['jeːdn̩-'fals] *adv* ❶ (*immerhin*) in any case ❷ (*auf jeden Fall*) anyhow, anyway

jederzeit ['jeːdɐ-'tsait] *adv* ❶ (*zu jeder beliebigen Zeit*) at any time ❷ (*jeden Augenblick*) at any moment

jedesmalᴬᴸᵀ *adv s.* **Mal¹ 1**

jedoch [jeˈdɔx] *konj, adv* however

Jeep® <-s, -s> ['dʒiːp] *m* jeep

jemals ['jeːmaːls] *adv* ever

jemand ['jeːmant] *pron indef* somebody; (*bei Fragen, Negation, etc.*) anyone

Jemen <-s> ['jeːmən] *m* Yemen; *s. a.* **Deutschland**

jene(r, s) ['jeːnə] *pron dem* (*geh*) ❶ (*der/die/das Bewusste*) that *sing,* those *pl* ❷ (*der/die/das dort*) that *sing,* those *pl*

jenseits ['jeːnˌzaits] **I.** *präp* +*gen* (*auf der anderen Seite*) on the other side **II.** *adv* (*über ... hinaus*) ▪ **~ von etw** *dat* beyond sth

Jenseits <-> ['jeːnˌzaits] *nt kein pl* hereafter

Jerusalem <-s> [jeˈruːˌzaˌlɛm] *nt* Jerusalem

Jesuit <-en, -en> [jezuˈiːt] *m* Jesuit

Jesus <*gen o dat* Jesu, *akk* Jesum> ['jeːzʊs] *m* Jesus; **~ Christus** Jesus Christ

Jetlag <-s, -s> ['dʒɛtˌlɛg] *m* jet lag

Jetsetᴿᴿ, **Jet-set**ᴬᴸᵀ <-s, *selten* -s> ['dʒɛtˌsɛt] *m* (*fam*) jet set

jetzig ['jɛtsɪç] *adj attr* current

jetzt ['jɛtst] *adv* ❶ (*zurzeit*) now; **~ gleich** right now; **~ oder nie!** [it's] now or never!; **~ schon?** already?; **bis ~** so far ❷ (*verstärkend: nun*) now; **habe ich ~ den Brief eingeworfen oder nicht?** did I just mail the letter or not?; **wer ist das ~ schon wieder?** now who is it? ❸ (*heute*) now[adays]

jeweilig ['jeːˌvaiˌlɪç] *adj attr* prevailing

jeweils ['jeːˌvails] *adv* ❶ (*jedes Mal*) each time; **die Miete ist ~ monatlich im Voraus fällig** the rent is due each month in advance; **die ~ Betroffenen können gegen die Bescheide Einspruch einlegen** everyone affected by the decisions has the right to file a complaint ❷ (*immer zusammengenommen*) each; **~ drei Pfadfinder mussten sich einen Teller Eintopf teilen** there was only one plate of stew for every three scouts ❸ (*zur entsprechenden Zeit*) at the time

Jh. *Abk von* **Jahrhundert** century

JH *Abk von* **Jugendherberge** YH

Job <-s, -s> [dʒɔp] *m* (*fam*) job

jobben ['dʒɔ-bn̩] *vi* (*fam*) to work odd jobs

Jobsuche ['dʒɔp-] *f kein pl* (*fam*) job hunting

Jockei, Jockey <-s, -s> ['dʒɔ-ke, 'dʒɔ-ki] *m* jockey

jodeln ['joː-dl̩n] *vi* to yodel

Jodsalz ['joːt-] *nt kein pl* iodate; KOCHK, MED, PHARM iodized salt

Joga <-[s]> ['joː-ga] *m o nt kein pl* yoga

joggen ['dʒɔ-gn̩] *vi* ❶ *haben* (*als Jogger laufen*) to jog ❷ *sein* ▪ **irgendwohin ~** to jog somewhere

Jogger(in) <-s, -> ['dʒɔ-gɐ] *m(f)* jogger

Jogging <-s> ['dʒɔ-gɪŋ] *nt kein pl* jogging

Jogginganzug ['dʒɔ-gɪŋ-] *m* tracksuit

Joghurt, Jogurtᴿᴿ <-[s], -[s]> ['joː-gʊrt] *m o nt* yog[h]urt

Johannisbeere [joˈha-nɪs-] *f* currant; **rote/schwarze ~** red/black currant

johlen ['joː-lən] *vi* to yell

Joint <-s, -s> [dʒɔynt] *m* (*sl*) joint

Jo-Jo <-s, -s> [joˈjoː] *nt* yo-yo

Joker <-s, -> ['joː-kɐ, 'dʒoː-kɐ] *m* joker

Jongleur(in) <-s, -e> [ʒõˈgløːɐ̯, a. ʒɔŋ-'(g)løːɐ̯] *m(f)* juggler

jonglieren* [ʒɔŋˈliː-rən] *vi* to juggle

Jordan <-s> ['jɔr-dan] *m* Jordan

Jordanien <-s> [jɔrˈdaː-ni̯-ən] *nt* Jordan; *s. a.* **Deutschland**

Jordanier(in) <-s, -> [jɔrˈdaː-ni̯-ɐ] *m(f)* Jordanian; *s. a.* **Deutsche(r)**

jordanisch [jɔrˈdaː-nɪʃ] *adj* Jordanian; *s. a.* **deutsch**

Joule <-[s], -> ['ʒuːl] *nt* joule

Journal <-s, -e> [ʒʊrˈnaːl] *nt* journal

Journalismus <-> [ʒʊr-na-'lɪs-mʊs] *m kein pl* ❶ (*Pressewesen*) press ❷ (*journalistische Berichterstattung*) journalism

Journalist(in) <-en, -en> [ʒʊr-na-'lɪst] *m(f)* journalist

journalistisch [ʒʊr-na-'lɪs-tɪʃ] **I.** *adj* journalistic **II.** *adv* journalistically

jr. *adj Abk von* **junior** jr.

Jubel <-s> ['juː-bl̩] *m kein pl* cheering

jubeln ['juː-bl̩n] *vi* ▪ **[über etw** *akk*] **~** to celebrate [sth]

Jubelruf *m* cheer

Jubilar(in) <-s, -e> [ju-bi-'laːɐ̯] *m(f)* person celebrating an anniversary

Jubiläum <-s, Jubiläen> [ju-bi-'lɛː-ʊm, *pl* ju-bi-'lɛː-ən] *nt* anniversary

juchzen ['jʊx-tsn̩] *vi* (*fam*) to shout with joy

jucken ['jʊ-kn̩] **I.** *vi* (*Juckreiz erzeugen*) to itch **II.** *vi impers* to itch **III.** *vt* ❶ (*zum Kratzen reizen*) **mich juckt's am Rücken** my back's itching ❷ (*fam: reizen*) ▪ **jdn juckt es, etw zu tun** sb's itching to do sth **IV.** *vt* ❶ (*kratzen*) **das Unterhemd juckt mich** my undershirt is itchy ❷ (*meist verneint* (*fam: kümmern*) **das juckt mich doch nicht** I couldn't care less **V.** *vr* (*fam: sich kratzen*) ▪ **sich** *akk* **[an etw** *dat*] **~** to scratch [one's sth]

Juckreiz *m* itch[ing]

Jude, Jüdin <-n, -n> ['juː-də] *m, f* Jew *masc,*

Jewess *fem;* ~ **sein** to be Jewish ·
Judentum <-s> *nt kein pl* Jewry, Jews *pl*
Judenverfolgung *f* persecution of [the] Jews
Judenvernichtung *f kein pl* extermination of the Jews; (*im 3. Reich*) Holocaust
Jüdin <-, -nen> ['jyː·dɪn] *f fem form von* **Jude**
jüdisch ['jyː·dɪʃ] *adj* Jewish
Judo <-s> ['juː·do] *nt kein pl* judo
Jugend <-> ['juː·gn̩t] *f kein pl* ❶ (*Jugendzeit*) youth; **frühe/früheste** ~ early/earliest youth; **in jds** ~ in sb's youth; **in meiner** ~ ... when I was young, ... ❷ (*Jungsein*) youthfulness ❸ (*junge Menschen*) **die heutige** ~ young people today
Jugendamt *nt* ≈ *office of youth services*
Jugendarbeit *f* youth development [work]
Jugendbuch *nt* young adult book
jugendfrei *adj* (*veraltend*) Film [rated] G
Jugendfreund(in) *m(f)* childhood friend
jugendgefährdend *adj* morally damaging to minors
Jugendgruppe *f* youth group
Jugendherberge *f* youth hostel
Jugendkriminalität *f kein pl* juvenile delinquency
jugendlich ['juː·gn̩t·lɪç] I. *adj* ❶ (*jung*) young ❷ (*durch jds Jugend bedingt*) youthful ❸ (*jung wirkend*) youthful II. *adv* youthfully
Jugendliche(r) *f(m)* young person
Jugendliebe *f* childhood sweetheart
Jugendschutz *m kein pl* legal protection of minors
Jugendstil *m* Art Nouveau
Jugendstrafe *f* sentence for juvenile offenders
Jugendtraum *m* childhood dream
Jugendzeit *f kein pl* youth
Jugendzentrum *nt* youth center
Jugoslawe, Jugoslawin <-n, -n> [ju·go·'slaː·və] *m, f* (*hist*) Yugoslav; *s. a.* **Deutsche(r)**
Jugoslawien <-s> [ju·go·'slaː·vi̯·ən] *nt* (*hist*) Yugoslavia; *s. a.* **Deutschland**
Jugoslawin <-, -nen> [ju·go·'slaː·vɪn] *f* (*hist*) *fem form von* **Jugoslawe**
jugoslawisch [ju·go·'slaː·vɪʃ] *adj* (*hist*) Yugoslav[ian]; *s. a.* **deutsch**
Juli <-[s], -s> ['juː·li] *m* July; *s. a.* **Februar**
jun. *adj Abk von* **junior**
jung <jünger, jüngste> ['jʊŋ] I. *adj* ❶ (*noch nicht älter*) young; ■**jünger** [als jd] sein to be younger [than sb] ❷ (*jung wirkend*) youthful; **das hält** ~! it keeps you young! ❸ (*später geboren*) young; ■**der/die Jüngere/der/die Jüngste** the younger/the youngest ❹ (*erst kurz existierend*) new II. *adv* (*in jungen Jahren*) young; ~ **heiraten/sterben** to marry/die young
Junge <-n, -n> ['jʊŋə] *m* ❶ (*männliches Kind*) boy ❷ (*fam*) ■**Jungs** *pl* (*veraltend fam: Leute*) guys *pl* ▶ WENDUNGEN: ~ (*fam*) old buddy, dude *sl;* **mein** ~ (*fam*) my boy, son; ~, ~! (*fam*) boy, oh boy!
Junge(s) ['jʊŋə(s)] *nt* ORN, ZOOL young
jünger ['jʏŋɐ] *adj* ❶ *komp von* **jung** younger

❷ (*noch nicht allzu alt*) youngish ❸ (*wenig zurückliegend*) recent
Jünger(in) <-s, -> ['jʏŋɐ] *m(f)* disciple
Jungfernfahrt ['jʊŋ·fɐn-] *f* maiden voyage
Jungfernhäutchen *nt* hymen
Jungfrau ['jʊŋ·frau] *f* ❶ (*Frau vor ihrem ersten Koitus*) virgin; **die** ~ **Maria** the Virgin Mary; **die** ~ **von Orléans** Joan of Arc ❷ ASTROL Virgo
jungfräulich ['jʊŋ·frɔy·lɪç] *adj* (*geh*) ❶ (*Zustand*) virgin ❷ (*noch unberührt*) virgin; ~ **er Schnee** virgin snow
Junggeselle, -gesellin ['jʊŋ·gə·zɛ·lə] *m, f* bachelor
Jüngling <-s, -e> ['jʏŋ·lɪŋ] *m* (*geh: junger Mann*) young man
jüngste(r, s) *adj* ❶ *superl von* **jung** youngest; [auch] **nicht mehr der/die Jüngste sein** (*hum*) to be no spring chicken anymore [either] ❷ (*nicht lange zurückliegend*) [most] recent ❸ (*neueste*) latest
Jungtier *nt* young animal
jungverheiratet *adj inv* newlywed
Juni <-[s], -s> ['juː·ni] *m* June; *s. a.* **Februar**
junior ['juː·ni̯oːɐ̯] *adj* (*geh*) junior
Junior, Juniorin <-s, -en> ['juː·ni̯oːɐ̯, pl ju·'ni̯oː·rən] *m, f* ❶ (*Juniorchef*) boss' [or owner's] son *masc*/daughter *fem* ❷ (*fam: Sohn*) junior ❸ *pl* (*junge Sportler zwischen 18 und 23*) [members of the] junior team *npl*
Juniorchef, -chefin *m, f* boss' [or owner's] son *masc*/daughter *fem*
Juniorin <-, -nen> [ju·'ni̯oː·rɪn] *f fem form von* **Junior**
Junkie <-s, -s> ['dʒaŋ·ki] *m* (*sl*) junkie
Jupiter <-s> ['juː·pi·tɐ] *m* Jupiter
Jura[1] ['juː·ra] *kein art* SCH law
Jura[2] <-s> ['juː·ra] *m* GEOL Jurassic [period/system]
Jura[3] <-s> ['juː·ra] *m kein pl* GEOG ❶ (*Gebirge in der Ostschweiz*) Jura Mountains *pl* ❷ (*Schweizer Kanton*) Jura
Jurist(in) <-en, -en> [ju·'rɪst] *m(f)* ❶ (*Akademiker*) jurist ❷ (*fam: Jurastudent*) law student
Juristerei <-> [ju·rɪs·tə·'rai] *f kein pl* law
Juristin <-, -nen> [ju·'rɪs·tɪn] *f fem form von* **Jurist**
juristisch [ju·'rɪs·tɪʃ] I. *adj* ❶ (*Jura betreffend*) legal; ~ **es Studium** legal studies ❷ (*die Rechtsprechung betreffend*) law *attr;* **ein** ~ **es Problem** a juridical problem II. *adv* ~ **argumentiert/betrachtet** argued/seen from a legal point of view
Juror, Jurorin <-s, -en> ['juː·roːɐ̯, pl ju·'roː·rən] *m, f meist pl* juror
Jury <-, -s> [ʒy·'riː, 'ʒyː·ri, 'dʒuː·ri] *f* jury
Justiz <-> [jʊs·'tiːts] *f kein pl* JUR ❶ (*Gerichtsbarkeit*) justice ❷ (*Justizbehörden*) legal authorities *pl*
Justizbeamte(r) *f(m)* judicial officer
Justizbehörde *f* legal authority
Justizgebäude *nt* courthouse
Justizirrtum *m* miscarriage of justice
Justizminister, -ministerin *m, f* Attorney

General
Justizministerium *nt* Justice Department, Department of Justice
Justizvollzugsanstalt *f* (*geh*) place of detention
Juwel[1] <-s, -en> [juˈveːl] *m o nt* ❶ (*Schmuckstein*) gem[stone], jewel ❷ *pl* (*Schmuck*) jewelry
Juwel[2] <-s, -e> [juˈveːl] *nt* ❶ (*geschätzte Person oder Sache*) gem; **ein ~ von einer Köchin sein** to be a great cook *sl* ❷ (*kostbares Exemplar*) gem, jewel; **der Schwarzwald ist ein ~ unter den deutschen Landschaften** the Black Forest is one of the jewels of the German countryside; **das ~ der Sammlung** the jewel of the collection
Juwelier(in) <-s, -e> [juveˈliːɐ̯] *m(f)* ❶ (*Besitzer eines Juweliergeschäftes*) jeweler ❷ (*Juweliergeschäft*) jeweler's
Jux <-es, *selten* -e> [ˈjʊks] *m* (*fam: Scherz*) joke; **aus [lauter] ~ und Tollerei** (*fam*) out of sheer fun; **aus ~** as a joke

K

K, k <-, -*o fam* -s, -s> [kaː] *nt* K, k; **~ wie Kaufmann** K as in Kilo
Kabarett <-s, -e *o* -s> [kabaˈrɛt] *nt* cabaret
Kabarettist(in) <-en, -en> [kabaˈrɛˈtɪst] *m(f)* cabaret artist
Kabel <-s, -> [ˈkaːbl̩] *nt* ❶ ELEK wire; (*größer*) cable ❷ TELEK, TV cable
Kabelanschluss^RR *m* cable connection
Kabelfernsehen *nt* cable TV
Kabeljau <-s, -e *o* -s> [ˈkaːbl̩·jau] *m* cod
Kabine <-, -n> [kaˈbiːnə] *f* ❶ (*Umkleidekabine*) changing room ❷ NAUT cabin
Kabinett <-s, -e> [kabiˈnɛt] *nt* POL cabinet
Kabrio <-[s], -s> [ˈkaːbrio] *nt*, **Kabriolett** <-s, -s> [kabrioˈlɛt] *nt* convertible
Kachel <-, -n> [ˈkaxl̩] *f* tile
kacheln [ˈkaxl̩n] *vt* to tile
Kachelofen [ˈkaxl̩·ʔoːfn̩] *m* tiled masonry heater
Kacke <-> [ˈkakə] *f kein pl* (*derb*) shit
kacken [ˈkakn̩] *vi* (*derb*) to shit
Kadaver <-s, -> [kaˈdaːvɐ] *m* carcass
Kader <-s, -> [ˈkaːdɐ] *m* ❶ MIL cadre ❷ SPORT squad
Käfer <-s, -> [ˈkɛːfɐ] *m* ❶ ZOOL beetle ❷ (*fam: Volkswagen*) [VW] bug [*or* beetle]
Kaff <-s, -s *o* -e> [ˈkaf] *nt* (*pej fam*) hole
Kaffee <-s, -s> [ˈka·fe] *m* coffee
Kaffeeautomat *m* coffeemaker; (*coin-operated*) coffee vending machine
Kaffeefilter *m* coffee filter; (*Filterpapier a.*) filter paper
Kaffeehaus *nt* ÖSTERR coffee house

Kaffeekanne *f* coffeepot
Kaffeemaschine *f* coffeemaker
Kaffeepause *f* coffee break
Käfig <-s, -e> [ˈkɛː·fɪç] *m* cage
kahl [kaːl] **I.** *adj* ❶ (*ohne Kopfhaar*) bald; **~ geschoren** shaved ❷ *Baum, Wand* bare; *Landschaft* barren **II.** *adv* **etw ~ fressen** to strip sth bare; **jdn ~ scheren** to shave sb's head
Kahlkopf *m* bald head
kahlköpfig *adj* bald-headed
Kahlschlag *m* ❶ (*abgeholzte Fläche*) clearing ❷ *kein pl* (*das Abholzen*) deforestation
Kahn <-[e]s, Kähne> [kaːn, *pl* ˈkɛː·nə] *m* (*flaches Boot*) small boat; (*Schleppkahn*) barge
Kai <-s, -e *o* -s> [kai] *m* quay
Kaiser(in) <-s, -> [ˈkai·zɐ] *m(f)* emperor *masc*, empress *fem*
kaiserlich [ˈkai·zɐ·lɪç] *adj* imperial
Kaiserschmarr(e)n *m* KOCHK ÖSTERR, SÜDD *a warm dessert of sliced crepes and raisins, topped with powdered sugar, often served with apple sauce or plum jam*

ℹ **Kaiserschmarrn** is a type of thick pancake, common in Austria, southern Germany, and Switzerland. The pancake, usually filled with raisins, is split into bite-size pieces, topped with powdered sugar, and traditionally served with apple sauce or plum jam. Its origins can be traced back to Empress Elisabeth of Austria.

Kaiserschnitt *m* Caesarean [section]
Kajak <-s, -s> [ˈkaː·jak] *m o nt* kayak
Kajüte <-, -n> [kaˈjyː·tə] *f* cabin
Kakao <-s, -s> [kaˈkau] *m* cocoa; (*heiß*) hot chocolate; (*Pulver*) cocoa [powder]
Kakaobutter [kaˈkau-] *f kein pl* cocoa butter
Kakaopulver *nt* cocoa powder
Kakerlake <-, -n> [ˈka·kɐ·la·kə] *f* cockroach
Kaktee <-, -n> [kakˈteː·ə] *f*, **Kaktus** <-, Kakteen *o fam* -se> [ˈkak·tʊs, *pl* kakˈteː·ən, -ʊ·sə] *m* cactus
Kalb <-[e]s, Kälber> [kalp, *pl* ˈkɛl·bɐ] *nt* calf
kalben [ˈkal·bn̩] *vi* to calve
Kalbfleisch *nt* veal
Kalbsbraten *m* roast veal
Kalbskotelett *nt* veal chop
Kalbsschnitzel *nt* veal cutlet
Kaldaune <-, -n> [kalˈdau·nə] *f meist pl* entrails *npl*
Kaleidoskop <-s, -e> [ka·lai·do·ˈskoːp] *nt* kaleidoscope
Kalender <-s, -> [kaˈlɛn·dɐ] *m* calendar
Kalenderjahr *nt* calendar year
Kalifornien <-s> [ka·li·ˈfɔr·ni̯·ən] *nt* California
Kalium <-s> [ˈkaː·li̯·ʊm] *nt kein pl* potassium
Kalk <-[e]s, -e> [kalk] *m* ❶ (*Kalziumkarbonat*) lime ❷ BAU whitewash ❸ (*Kalzium*) calcium

kalkhaltig *adj* chalky; *Wasser* hard
Kalkulation <-, -en> [kalˈkuˈlaˈtsi̯oːn] *f* calculation
kalkulierbar *adj* calculable
kalkulieren* [kalˈkuˈliːˈrən] *vi, vt* to calculate (**mit** + *dat* with)
Kalorie <-, -n> [kaˈloˈriː, *pl* -'riːˈən] *f* calorie
kalorienarm I. *adj* low-calorie II. *adv* ~ **essen** to eat diet food
Kalorienbombe *f* (*fam*) **eine echte** ~ **sein** to be loaded with calories
kalorienreich *adj* high-calorie
kalt <kälter, kälteste> [kalt] I. *adj* cold; **mir ist** ~ I'm cold II. *adv* ❶ (*mit kaltem Wasser*) ~ **duschen** to take a cold shower ❷ (*ohne Aufwärmen*) **etw** ~ **essen** to eat sth cold ❸ (*an einen kühlen Ort*) **etw** ~ **stellen** to chill sth ▶ WENDUNGEN: **jdn überläuft es** ~ cold shivers run down sb's back
kaltblütig [ˈkaltˈblyːˈtɪç] I. *adj* cold-blooded II. *adv* in cold blood, unscrupulously
Kaltblütigkeit <-> *f kein pl* ❶ (*Emotionslosigkeit*) coolness ❷ (*Skrupellosigkeit*) unscrupulousness; *Mörder* cold-bloodedness
Kälte <-> [ˈkɛlˈtə] *f kein pl* cold; **vor** ~ with cold; **zehn Grad** ~ ten below zero
kältebeständig *adj* resistant to cold *pred*
Kälteeinbruch *m* cold snap
kälteempfindlich *adj* sensitive to cold *pred*
kälter *adj komp von* **kalt**
Kälteschutzmittel *nt* antifreeze
Kältewelle *f* cold spell
Kaltfront *f* cold front
kaltlassen *vi irreg* ■ **etw lässt jdn kalt** sth leaves sb cold
Kaltluft *f* cold air
kaltmachen *vt* ■ **jdn** ~ to do sb in
Kaltmiete *f* rent not including utilities
kaltschnäuzig (*fam*) I. *adj* callous II. *adv* callously
Kalzium <-s> [ˈkalˈtsi̯ˈʊm] *nt kein pl* calcium
kam *imp von* **kommen**
Kambodscha <-s> [kamˈbɔˈdʒa] *nt* Cambodia; *s. a.* **Deutschland**
Kamel <-[e]s, -e> [kaˈmeːl] *nt* camel
Kamelle <-, -n> [kaˈmɛˈlə] *f* DIAL candy ▶ WENDUNGEN: **das sind alte** ~ (*fam*) that's old hat
Kamera <-, -s> [ˈkaˈməˈra] *f* camera
Kamerad(in) <-en, -en> [kaˈməˈraːt, *pl* -'raːˈdn̩] *m(f)* comrade
Kameradschaft <-, -en> [kaˈməˈraːtˈʃaft] *f* camaraderie
kameradschaftlich I. *adj* friendly II. *adv* on a friendly basis
Kamerun <-s> [ˈkaˈməˈ ruːn] *nt* Cameroon; *s. a.* **Deutschland**
Kamille <-, -n> [kaˈmɪˈlə] *f* camomile
Kamin <-s, -e> [kaˈmiːn] *m* o DIAL *nt* ❶ (*offene Feuerstelle*) fireplace ❷ (*Schornstein*) chimney
Kaminfeger(in) <-s, -> *m(f)* DIAL, **Kaminkehrer(in)** <-s, -> *m(f)* DIAL (*Schornsteinfeger*) chimney sweep

Kamm <-[e]s, Kämme> [kam, *pl* ˈkɛˈmə] *m* ❶ (*Frisierkamm*) comb ❷ *eines Vogels* comb ❸ (*Bergrücken*) ridge
kämmen [ˈkɛˈmən] *vt* to comb
Kammer <-, -n> [ˈkamɐ] *f* ❶ (*kleiner Raum*) small room ❷ POL, JUR chamber ❸ (*Berufsvertretung*) professional association
Kammerjäger(in) *m(f)* pest controller
Kampagne <-, -n> [kamˈpanˈjə] *f* campaign
Kampf <-[e]s, Kämpfe> [kampf, *pl* ˈkɛmˈpfə] *m* ❶ (*a. fig: Auseinandersetzung*) fight (**gegen** + *akk* against) ❷ (*innerlich*) struggle; **innere Kämpfe** inner struggles ❸ (*das Ringen*) struggle (**um** + *akk* for) ❹ MIL battle; **im** ~ **fallen** to be killed in action; **in den** ~ [**gegen jdn/etw**] **ziehen** to take up arms [against sb/sth] ❺ SPORT fight (**um** + *akk* for) ▶ WENDUNGEN: **jdm/etw den** ~ **ansagen** to declare war on sb/sth
Kampfansage *f* declaration of war
kämpfen [ˈkɛmpˈfn̩] I. *vi* ❶ *a.* MIL, SPORT to fight ❷ (*ringen*) ■ **mit sich** *dat*/**etw** *dat* ~ to struggle with oneself/sth II. *vr* ■ **sich** *akk* **durch etw** *akk* ~ to struggle through sth
Kämpfer(in) <-s, -> [ˈkɛmpˈfɐ] *m(f)* ❶ (*engagierter Streiter*) *a.* MIL fighter ❷ SPORT contender
kämpferisch I. *adj* ❶ SPORT attacking ❷ (*Kampfgeist aufweisend*) aggressive ❸ MIL fighting II. *adv* aggressively; ~ **gestimmt** in a fighting mood
Kämpfernatur *f* fighter
Kampfflugzeug *nt* combat aircraft
Kampfgeist *m kein pl* fighting spirit
Kampfhandlung *f meist pl* MIL hostilities *pl*
Kampfhund *m* fighting dog
kampflos I. *adj* peaceful II. *adv* peacefully
Kampfsport *m kein pl* martial arts *pl*
kampfunfähig *adj* unable to fight; MIL unfit for battle
kampieren* [kamˈpiːˈrən] *vi* to camp [out]
Kanada <-s> [ˈkaˈnaˈda] *nt* Canada; *s. a.* **Deutschland**
Kanadier(in) <-s, -> [kaˈnaːˈdi̯ɐ] *m(f)* Canadian; *s. a.* **Deutsche(r)**
kanadisch [kaˈnaːˈdɪʃ] *adj* Canadian; *s. a.* **deutsch**
Kanaille <-, -n> [kaˈnalˈjə] *f* (*pej*) scoundrel
Kanake <-n, -n> [kaˈnaːˈkə] *m* ❶ (*Südseeinsulaner*) *a* South Sea Islander ❷ (*pej sl: exotischer Asylant*) dago *pej* ❸ (*pej sl: türkischer Arbeitnehmer*) Turkish immigrant worker
Kanal <-s, Kanäle> [kaˈnaːl, *pl* kaˈnɛˈlə] *m* ❶ NAUT, TRANSP canal ❷ (*Abwasserkanal*) sewer ❸ *kein pl* (*Ärmelkanal*) ■ **der** ~ the [English] Channel ❹ RADIO, TV channel
Kanalinseln *pl* ■ **die** ~ the Channel Islands *pl*
Kanalisation <-, -en> [kaˈnaˈliˈzaˈtsi̯oːn] *f* (*Abwassernetz*) sewage system, sewer [system]
kanalisieren* [kaˈnaˈliˈziːˈrən] *vt* ❶ (*mit einer Kanalisation versehen*) to install a sewage system ❷ (*geh: in Bahnen lenken*) to

channel
Kanaltunnel *m* ■**der** ~ the Channel Tunnel, the Chunnel *fam*
kanarisch [ka·'naːˑrɪʃ] *adj* Canary; **die K~en Inseln** the Canary Islands
Kandidat(in) <-en, -en> [kan·di·'daːt] *m(f)* candidate; **jdn als ~en [für etw] aufstellen** POL to nominate sb [for sth]
Kandidatur <-, -en> [kan·di·da·'tuːɐ̯] *f* candidature
kandidieren* [kan·di·'diːˑrən] *vi* POL ■**[für etw]** ~ to run [for sth]
kandiert *adj* candied
Kandis <-> *m*, **Kandiszucker** ['kan·dɪs-] *m kein pl* rock candy
KänguruRR, **Känguruh**ALT <-s, -s> ['kɛŋ·gu·ru] *nt* kangaroo
Kaninchen <-s, -> [ka·'niːn·çən] *nt* rabbit
Kanister <-s, -> [ka·'nɪs·tɐ] *m* canister
kann *3. pers sing pres von* **können**
Kanne <-, -n> ['kanə] *f (Wasserkanne)* pitcher; *(Kaffee-, Teekanne)* pot; *(Gießkanne)* watering can
Kannibale <-n, -n> [ka·ni·'baːˑlə] *m* cannibal
kannte ['kan·tə] *imp von* **kennen**
Kanone <-, -n> [ka·'noːˑnə] *f* ❶ *(Geschütz)* cannon ❷ *(sl: Pistole)* pistol ▶ WENDUNGEN: **unter aller ~ sein** *(fam)* to be lousy
Kanonenkugel *f* cannonball
Kante <-, -n> ['kan·tə] *f (Rand)* edge ▶ WENDUNGEN: **etw auf die hohe ~ legen** *(fam)* to put sth away [for a rainy day]
kantig ['kan·tɪç] *adj* ❶ *(Kanten besitzend)* squared ❷ *(markant)* angular
Kantine <-, -n> [kan·'tiːˑnə] *f* cafeteria
Kanton <-s, -e> [kan·'tɔːn] *m* canton

> ℹ️ Switzerland is a confederation of 23 **Kantone** (cantons), three of which (Unterwalden, Basel, and Appenzell) are divided into *Halbkantone* (half-cantons), for a total of 26 cantons. The cantons elect a total of 46 representatives to the *Ständerat*, one of the two chambers of the Swiss legislature. The three largest cantons in terms of area are Graubünden, Bern, and Valais.

kantonal [kan·to·'naːl] *adj* cantonal
Kanu <-s, -s> ['kaːˑnu] *nt* canoe
Kanzlei <-, -en> [kants·'lai] *f* office
Kanzler(in) <-s, -> ['kants·lɐ] *m(f)* chancellor
Kanzleramt *nt* POL ❶ *(Büro)* chancellor's office ❷ *kein pl (Amt)* chancellorship
Kanzlerin <-, -nen> *f fem form von* **Kanzler**
Kanzlerkandidat(in) *m(f)* POL candidate for chancellor
Kap <-s, -s> [kap] *nt* cape; **~ der Guten Hoffnung** Cape of Good Hope
Kap. *Abk von* **Kapitel** chap.
Kapazität <-, -en> [ka·pa·tsi·'tɛt] *f* ❶ *pl selten (Fassungsvermögen)* capacity ❷ *(Leistungs-*

vermögen) capacity
Kapelle[1] <-, -n> [ka·'pɛ·lə] *f* REL chapel
Kapelle[2] <-, -n> [ka·'pɛ·lə] *f* MUS orchestra
Kaper <-, -n> ['kaːˑpɐ] *f* caper
kapieren* [ka·'piːˑrən] *vt (fam)* to get; ■~, **dass/was/wie/wo ...** to understand that/what/how/where ...
Kapital <-s, -e *o* -ien> [ka·pi·'taːl, *pl* -'taːˑliˑən] *nt* FIN, ÖKON capital ▶ WENDUNGEN: **~ aus etw** *dat* **schlagen** to cash in on sth
Kapitalgesellschaft *f* corporation
Kapitalismus <-> [ka·pi·ta·'lɪsˑmʊs] *m kein pl* capitalism
Kapitalist(in) <-en, -en> [ka·pi·ta·'lɪst] *m(f)* capitalist
kapitalistisch *adj* capitalist[ic]
kapitalkräftig *adj* financially strong
Kapitalverbrechen *nt* capital offense
Kapitän(in) <-s, -e> [ka·pi·'tɛːn] *m(f)* captain
Kapitel <-s, -> [ka·'pɪ·tl̩] *nt* chapter
Kapitulation <-, -en> [ka·pi·tu·la·'tsi̯oːn] *f* capitulation
kapitulieren* [ka·pi·tu·'liːˑrən] *vi* ❶ *(sich ergeben)* to capitulate ❷ *(fam: aufgeben)* ■**vor etw** *dat* ~ to give up in the face of sth
Kaplan <-s, Kapläne> [ka·'plaːn, *pl* ka·'plɛːˑnə] *m* chaplain
Kappe <-, -n> ['ka·pə] *f* ❶ *(Mütze)* cap, hat ❷ *(Verschluss)* top
kappen ['ka·pn̩] *vt* ❶ *(durchtrennen)* to cut ❷ *(fam: beschneiden)* *Zuschüsse* to cut back [on]
kapriziös [ka·pri·'tsi̯øːs] *adj* capricious
Kapsel <-, -n> ['kap·sl̩] *f* ❶ PHARM, RAUM capsule ❷ *(kleiner Behälter)* small container
kaputt [ka·'pʊt] *adj (fam)* ❶ *(zerbrochen)* broken ❷ *(beschädigt)* damaged; *(Kleidung: zerrissen)* torn ❸ *(erschöpft)* shattered ❹ *(ruiniert)* ruined
kaputt|gehen *vi irreg sein (fam)* ❶ *(zerstört werden)* to break; *Gerät* to break down ❷ *(beschädigt werden)* to become damaged ❸ *(ruiniert werden)* ■**an etw** *dat* ~ to be ruined [because of sth]; *(Ehe, Partnerschaft)* to break up [because of sth]
kaputt|lachen *vr (fam)* ■**sich** *akk* ~ to die laughing
kaputt|machen *(fam)* **I.** *vt* ❶ *(zerstören)* to break ❷ *(ruinieren)* to ruin ❸ *(erschöpfen)* ■**jdn** ~ to wear sb out **II.** *vr* ■**sich** *akk* ~ to wear oneself out
Kapuze <-, -n> [ka·'puːˑtsə] *f* hood
Kapuziner <-s, -> [ka·pu·'tsiːˑnɐ] *m* ÖSTERR *(Milchkaffee)* café latté
Karacho [ka·'ra·xo] *nt* **mit ~** *(fam)* full tilt
Karaffe <-, -n> [ka·'ra·fə] *f* carafe
Karambolage <-, -n> [ka·ram·bo·'laːˑʒə] *f* pile-up
KaramelALT, **Karamell**RR <-s> [ka·ra·'mɛl] *m kein pl* caramel
Karate <-[s]> [ka·'raːˑtə] *nt kein pl* karate
Karawane <-, -n> [ka·ra·'vaːˑnə] *f* caravan
Kardamom <-s> [kar·da·'moːm] *m o nt kein*

pl cardamom

Kardinal <-s, Kardinäle> [kar·di·'na:l, *pl* -'nɛː·lə] *m* REL, ORN cardinal

Kardinalfrage *f* essential question

Kardinalzahl *f* cardinal number

Kardiologe, Kardiologin <-n, -n> [kar·djo·'lo:·gə] *m*, *f* cardiologist

Karenzzeit *f* ❶ (*Wartezeit*) waiting period ❷ ÖSTERR (*Mutterschaftsurlaub*) maternity leave

Karfiol <-s> [kar·'fjo:l] *m kein pl* SÜDD, ÖSTERR (*Blumenkohl*) cauliflower

Karfreitag [ka:ɐ̯·'frai·ta:k] *m* Good Friday

karg [kark] **I.** *adj* ❶ (*unfruchtbar*) barren ❷ (*dürftig*) sparse; *Einkommen, Mahl* meager **II.** *adv* sparsely; **die Portionen sind ~ bemessen** they're stingy with the portions

kärglich ['kɛrk·lɪç] *adj* ❶ (*ärmlich*) shabby; **ein ~es Leben führen** to live a life of poverty ❷ (*sehr dürftig*) meager; **ein ~er Lohn** a pittance, peanuts *fam*

Karibik <-> [ka·'ri:·bɪk] *f* ■ **die ~** the Caribbean

karibisch [ka·'ri:·bɪʃ] *adj* Caribbean

kariert [ka·'ri:rt] *adj* ❶ *Stoff* plaid ❷ *Papier* squared

Karies <-> ['ka·ri̯·ɛːs] *f kein pl* tooth decay; **er hat ~** he has a cavity

Karikatur <-, -en> [ka·ri·ka·'tu:ɐ̯] *f* (*a. pej*) caricature

Karikaturist(in) <-en, -en> [ka·ri·ka·tu·'rɪst] *m(f)* cartoonist

karikieren* [ka·ri·'ki:·rən] *vt* to caricature

kariös [ka·ri̯·ø:s] *adj* decayed

karitativ [ka·ri·ta·'ti:f] **I.** *adj* charitable **II.** *adv* charitably

Karneval <-s, -e *o* -s> ['kar·nə·val] *m* carnival

Karnickel <-s, -> [kar·'nɪ·kl] *nt* (*fam*) bunny [rabbit]

Kärnten <-s> ['kɛrn·tn̩] *nt* Carinthia

Karo <-s, -s> ['ka:·ro] *nt* ❶ (*Raute*) rhombus ❷ *kein pl* KARTEN diamonds *pl*

Karomuster *nt* checked pattern

Karosse <-, -n> [ka·'rɔ·sə] *f* ❶ (*Prunkkutsche*) state carriage ❷ (*fam*) *s.* **Karosserie**

Karosserie <-, -n> [ka·rɔ·sə·'ri:, *pl* -'ri:·ən] *f* bodywork

Karotte <-, -n> [ka·'rɔ·tə] *f* carrot

Karpfen <-s, -> ['kar·pfn̩] *m* carp

Karre <-, -n> ['ka·rə] *f s.* **Karren**

Karree <-s, -s> [ka·'re:] *nt* ❶ (*Quadrat*) square ❷ (*Häuserblock*) block; **ums ~** around the block ❸ ÖSTERR (*Rippenstück*) loin

Karren <-s, -> ['ka·rən] *m* ❶ (*fam: Auto*) old clunker ❷ (*Schubkarre*) wheelbarrow ❸ (*offener Pferdewagen*) cart ▶ WENDUNGEN: **den ~ [für jdn] aus dem Dreck ziehen** to get [sb] out of a mess

Karriere <-, -n> [ka·'ri̯e:·rə] *f* career

Karrierefrau *f* career woman

Karsamstag [ka:ɐ̯·'zams·ta:k] *m* Easter Saturday

Karte <-, -n> ['kar·tə] *f* ❶ (*Ansichtskarte*) [post]card ❷ (*Eintritts-, Fahrkarte*) ticket ❸ (*Visitenkarte*) [business] card ❹ FBALL **die gelbe/rote ~** the yellow/red card ❺ (*Auto-, Landkarte*) map ❻ (*Speisekarte*) menu ❼ (*Spielkarte*) card ▶ WENDUNGEN: **alles auf eine ~ setzen** to risk everything [*or* it all] on one card

Kartei <-, -en> [kar·'tai] *f* card index

Karteikarte *f* index card

Kartenspiel *nt* ❶ (*Spiel*) game of cards ❷ (*Satz Karten*) deck [*or* pack] of cards

Kartentelefon *nt* a public telephone that accepts phone cards

Kartenvorverkauf *m* advance ticket sales

Kartoffel <-, -n> [kar·'tɔ·fl̩] *f* potato

Kartoffelbrei *m* mashed potatoes *pl*

Kartoffelchips *pl* [potato] chips *pl*

Kartoffelklöße *pl* potato dumplings *pl*

Kartoffelpuffer <-s, -> *m* potato pancake, latke

Kartoffelpüree *nt s.* **Kartoffelbrei**

Kartoffelsalat *m* potato salad

Karton <-s, -s> [kar·'tɔŋ] *m* ❶ (*Schachtel*) cardboard box ❷ (*Pappe*) cardboard

Karussell <-s, -s *o* -e> [ka·rʊ·'sɛl] *nt* merry-go-round

Karwoche ['ka:ɐ̯·vɔ·xə] *f* Holy Week

Karzinom <-s, -e> [kar·tsi·'no:m] *nt* carcinoma, malignant growth

kaschieren* [ka·'ʃi:·rən] *vt* to conceal

Kaschmir¹ <-s> ['kaʃ·mi:ɐ̯] *nt* GEOG Kashmir

Kaschmir² <-s, -e> ['kaʃ·mi:ɐ̯] *m* cashmere

Käse <-s, -> ['kɛː·zə] *m* ❶ (*Lebensmittel*) cheese; **weißer ~** DIAL quark (*low-fat curd cheese*) ❷ (*pej fam: Quatsch*) nonsense

Käseblatt *nt* (*pej fam*) local rag

Käsekuchen *m* cheesecake

Käserei <-, -en> *f* cheese dairy

Kaserne <-, -n> [ka·'zɛr·nə] *f* barracks *pl*

käseweiß, käsig ['kɛ·sɪç] *adj* (*fam*) pasty

kaspern ['kas·pen] *vi* (*fam*) to fool around

Kassa <-, Kassen> ['ka·sa, *pl* 'ka·sən] *f* ÖSTERR (*Kasse*) [cash] register

Kasse <-, -n> ['ka·sə] *f* ❶ (*Zahlstelle*) [cash] register; (*im Supermarkt*) checkout counter ❷ (*Kartenverkauf*) ticket office ❸ (*Registrierkasse*) cash register ▶ WENDUNGEN: **gut/schlecht bei ~ sein** (*fam*) to be well-off/not well-off; **jdn zur ~ bitten** to ask sb to pay

Kasseler <-s> ['ka·sə·lɐ] *nt kein pl s.* **Kassler**

Kassen *pl von* **Kassa, Kassen**

Kassenarzt, -ärztin *m*, *f* ≈ HMO doctor

Kassenautomat *m* pay station

Kassenbon *m* [sales] receipt

Kassenpatient(in) *m(f)* ≈ HMO patient

Kassenschlager *m* (*fam*) ❶ (*erfolgreicher Film*) box-office smash ❷ (*Verkaufsschlager*) bestseller

Kassenzettel *m s.* **Kassenbon**

Kassette <-, -n> [ka·'sɛ·tə] *f* ❶ (*Videokassette*) videotape; (*Musikkassette*) [cassette] tape ❷ (*Kästchen*) case ❸ (*Schutzkarton*) box

Kassettenrekorder *m* cassette recorder

kassieren* [ka·'si:·rən] **I.** *vt* ❶ (*einziehen*)

■**etw** [bei jdm] ~ *Miete* to collect sth [from sb] ❷(*fam: einstreichen*) *Zinsen, Abfindung* to pick up ❸(*fam: einbehalten*) to confiscate II. *vi* to settle the bill; **darf ich schon** [bei Ihnen] ~? would you mind paying the check now?

Kassierer(in) <-s, -> [ka·'si:·rɐ] *m(f)* *Geschäft* cashier; *Bank* teller

Kassler[RR], **Kaßler**[ALT] <-s> ['kas·lɐ] *nt kein pl* lightly smoked loin of pork

Kastanie <-, -n> [kas·'ta:·nⁱə] *f* (*Rosskastanie*) [horse] chestnut; (*Esskastanie*) chestnut

Kaste <-, -n> ['kas·tə] *f* caste

Kasten <-s, Kästen> ['kas·tn̩, *pl* 'kɛs·tn̩] *m* ❶(*kantiger Behälter*) box ❷(*offene Kiste*) crate ❸ÖSTERR, SCHWEIZ (*Schrank*) cupboard

kastrieren* [kas·'tri:·rən] *vt* to castrate

Kasus <-, -> ['ka:·zʊs] *m* LING case

Kat <-s, -s> [kat] *m kurz für* **Katalysator** cat *fam*

Katalog <-[e]s, -e> [ka·ta·'lo:k, *pl* -'lo:·gə] *m* catalog

katalogisieren* [ka·ta·lo·gi·'zi:·rən] *vt* to catalog

Katalysator <-s, -toren> [ka·ta·ly·'za:·to:ɐ̯, *pl* -'to:·rən] *m* ❶AUTO catalytic converter; **geregelter** ~ regulated catalytic converter ❷CHEM catalyst

Katarr[RR], **Katarrh** <-s, -e> [ka·'tar] *m* catarrh

katastrophal [ka·tas·tro·'fa:l] I. *adj* catastrophic II. *adv* catastrophically

Katastrophe <-, -n> [ka·ta·'stro:·fə] *f* catastrophe

Katastrophenalarm *m* red alert

Katastrophengebiet *nt* disaster area

Katastrophenhilfe *f kein pl* disaster aid

Katastrophenopfer *nt* disaster victim

Katastrophenschutz *m* disaster control

Katastrophenstimmung *f* hysteria

Kategorie <-, -n> [ka·te·go·'ri:, *pl* -'ri:·ən] *f* category

kategorisch [ka·te·'go:·rɪʃ] (*emph*) I. *adj* categorical II. *adv* categorically

Kater[1] <-s, -> ['ka:·tɐ] *m* tomcat

Kater[2] <-s, -> ['ka:·tɐ] *m* (*fam*) hangover

Katerfrühstück *nt* hangover breakfast

kath. *adj Abk von* **katholisch**

Kathedrale <-, -n> [ka·te·'dra:·lə] *f* cathedral

Katholik(in) <-en, -en> [ka·to·'li:k] *m(f)* [Roman] Catholic

katholisch [ka·'to:·lɪʃ] I. *adj* Roman Catholic II. *adv* Catholic

Katholizismus <-> [ka·to·li:·'tsɪs·mʊs] *m kein pl* Catholicism

Katz <-, -e> [kats] *f* SÜDD cat ▶WENDUNGEN: ~ **und** Maus **mit jdm spielen** (*fam*) to play cat and mouse with sb

katzbuckeln ['kats·bʊ·kl̩n] *vi* (*pej fam*) ■[vor jdm] ~ to grovel [before sb]

Katze <-, -n> ['ka·tsə] *f* cat ▶WENDUNGEN: **die** ~ **aus dem** Sack **lassen** (*fam*) to let the cat out of the bag; **die** ~ **im** Sack **kaufen** (*fam*) to buy a pig in a poke

Katzenjammer *m* (*fam*) the blues + *sing vb*

Katzensprung *m* (*fam*) [nur] **einen** ~ **entfernt sein** to be [only] a stone's throw away

Katzenwäsche *f* (*hum fam*) ≈ quick shower

Kauderwelsch <-[s]> ['kau·dɐ·vɛlʃ] *nt kein pl* (*pej*) ❶(*Sprachgemisch*) gibberish ❷(*Fachsprache*) jargon

kauen ['kau·ən] *vt, vi* to chew (**an** +*dat* on)

kauern ['kau·ɐn] I. *vi* to be huddled [up] II. *vr* ■**sich** *akk* **hinter etw** *akk* ~ to crouch behind sth; **sich** *akk* **in eine Ecke** ~ to cower in a corner

Kauf <-[e]s, Käufe> [kauf, *pl* 'kɔy·fə] *m* ❶(*das Kaufen*) buying; **etw zum** ~ **anbieten** to offer sth for sale ❷(*Ware*) buy ▶WENDUNGEN: **etw in** ~ **nehmen** to accept sth

kaufen ['kau·fn̩] *vt* ❶(*einkaufen*) to buy ❷(*fam: bestechen*) ■**jdn** ~ to buy sb [off *sep*], to bribe sb

Käufer(in) <-s, -> ['kɔy·fɐ] *m(f)* buyer

Kauffrau *f* businesswoman

Kaufhaus *nt* department store

Kaufkraft *f* ❶(*Geldwert*) purchasing power ❷(*Finanzkraft*) spending power

Kaufleute *pl s.* **Kaufmann**

käuflich I. *adj* ❶(*zu kaufen*) for sale *pred* ❷(*bestechlich*) bribable II. *adv* ~ **erwerben** to purchase

Kaufmann <-leute> ['kauf·man] *m* businessman

kaufmännisch I. *adj* commercial II. *adv* commercially

Kaufpreis *m* purchase price

Kaufrausch *m kein pl* spending spree

Kaufvertrag *m* bill of sale

Kaugummi *m* chewing gum

Kaukasus <-> ['kau·ka·zʊs] *m* Caucasus

kaum [kaum] *adv* hardly; **wir haben** ~ **noch** Zeit we hardly have any time left; ~ **eine[r]** hardly anyone

kausal [kau·'za:l] I. *adj* causal II. *adv* causally

Kaution <-, -en> [kau·'tsi̯o:n] *f* ❶JUR bail ❷(*Mietkaution*) deposit

Kauz <-es, Käuze> [kauts, *pl* 'kɔy·tsə] *m* ❶(*Eulenvogel*) [tawny] owl ❷(*Sonderling*) oddball *fam*

kauzig ['kau·tsɪç] *adj* odd

Kavalier <-s, -e> [ka·va·'li:ɐ̯] *m* gentleman

Kavaliersdelikt *nt* petty offense

Kaviar <-s, -e> ['ka:·vi̯ar] *m* caviar[e]

KB ['ka:·'be:] *nt Abk von* **Kilobyte** KB, kbyte

keck [kɛk] I. *adj* cheeky II. *adv* cheekily

Kegel <-s, -> ['ke:·gl̩] *m* ❶(*Spielfigur*) pin ❷MATH, GEOG cone

Kegelbahn *f* ❶(*Anlage*) bowling alley ❷(*einzelne Bahn*) [bowling] lane

kegeln ['ke:·gl̩n] *vi* to go bowling

Kehle <-, -n> ['ke:·lə] *f* throat

Kehlkopf *m* larynx

Kehrbesen *m* SÜDD broom

Kehrblech *nt* SÜDD *s.* **Kehrschaufel**

kehren[1] ['ke:·rən] *vt* (*wenden*) ■**etw** ~ to turn sth; **jdm/etw den Rücken** ~ to turn one's back on sb/sth

kehren² ['keː·rən] *vt, vi* DIAL (*fegen*) to sweep

Kehricht <-s> ['keː·rɪçt] *m o nt kein pl* ❶ (*zusammengefegter Dreck*) sweepings *npl* ❷ SCHWEIZ (*Müll*) garbage ▶ WENDUNGEN: **jdn einen feuchten ~ angehen** (*fam*) to not be any of sb's [damned] business

Kehrschaufel *f* dustpan

Kehrseite *f* ❶ (*veraltend: Rückseite*) back ❷ (*Schattenseite*) downside ❸ (*hum: Rücken, Gesäß*) back

kehrtlmachen *vi* to turn [around and go] back

Kehrtwendung *f* (*fig*) about-face, U-turn *fam*

Kehrwoche *f* SÜDD *a week in which it is a resident's turn to clean the common areas in and around an apartment building*

ℹ️ The **Kehrwoche** (literally: sweeping week) is a Swabian invention. Residents of apartment buildings take turns cleaning the communal areas in and around their building, such as the stairwell and the sidewalks.

keifen ['kai·fn̩] *vi* (*pej*) to nag

Keil <-[e]s, -e> [kail] *m* TECH wedge

Keilerei <-, -en> [kai·lə·'rai] *f* (*fam*) scuffle

Keilriemen *m* AUTO fan belt

Keim <-[e]s, -e> [kaim] *m* ❶ BOT shoot ❷ (*befruchtete Eizelle*) embryo ❸ (*Erreger*) germ ▶ WENDUNGEN: **etw im ~ ersticken** to nip sth in the bud

keimen ['kai·mən] *vi* ❶ BOT to germinate ❷ (*fig*) to stir

keimfrei *adj* sterile; **etw ~ machen** to sterilize sth

Keimling <-s, -e> *m* BOT shoot

kein [kain] **I.** *pron indef, attr* ❶ (*verneint ein Substantiv*) no, not any; **ich habe ~ Geld/~e Freunde** I don't have any money/friends, I have no money/friends; **ich habe jetzt wirklich ~e Zeit** I really don't have any time now; **er sagte ~ Wort** he didn't say a word ❷ (*verneint ein Adjektiv*) not; **das ist ~ dummer Gedanke** that's not a bad idea; **das ist ~ großer Unterschied** that's not much of a difference ❸ (*vor Zahlwörtern*) less than, not; **er wartete ~e 3 Minuten** he waited less than 3 minutes; **die Reparatur dauert ~e 5 Minuten** it won't even take 5 minutes to repair it **II.** *pron indef, substantivisch* ❶ (*von Menschen*) nobody, no one; **~er von uns** none of us; **ich habe ~en gesehen** I didn't see anyone; **~e/~er von beiden** neither [of them] ❷ (*von Gegenständen*) none, any; **ist Saft da? – nein, ich habe ~en gekauft** is there any juice? — no, I didn't buy any; **~s von beiden** neither [of them]; **~s von beiden gefällt mir** I don't like either of them ❸ (*nachgestellt*) **Lust habe ich schon, aber Zeit habe ich ~e** I'd like to, it's just that I don't have time; **ich gehe zu der Verabredung, aber Lust hab ich ~e** I'm going to keep the appointment, but

I don't feel like going

keinerlei ['kai·nɐ·'lai] *adj attr* no ... at all

keinesfalls ['kai·nəs·'fals] *adv* under no circumstances

keineswegs ['kai·nəs·'veːks] *adv* not at all, by no means

keinmal ['kain·maːl] *adv* not [even] once, never

Keks <-es, -e> [keːks] *m* cookie ▶ WENDUNGEN: **jdm auf den ~ gehen** (*fam*) to get on someone's nerves

Keller <-s, -> ['kɛ·lɐ] *m* cellar

Kellerei <-, -en> [kɛ·lə·'rai] *f* winery

Kellergeschoss^RR *nt* basement

Kellner(in) <-s, -> ['kɛl·nɐ] *m(f)* waiter *masc*, waitress *fem*

kellnern ['kɛl·nɐn] *vi* (*fam*) to work as a waiter/waitress

Kelte, Keltin <-n, -n> ['kɛl·tə, 'kɛl·tɪn] *m, f* Celt

keltern ['kɛl·tɐn] *vt* to press

Keltin <-, -nen> *f fem form von* **Kelte**

keltisch ['kɛl·tɪʃ] *adj* Celtic

Kenia <-s> ['keː·ni̯a] *nt* Kenya; *s. a.* **Deutschland**

Kenianer(in) <-s, -> [ke·'ni̯aː·nɐ] *m(f)* Kenyan; *s. a.* **Deutsche(r)**

kenianisch [ke·'ni̯aː·nɪʃ] *adj* Kenyan; *s. a.* **deutsch**

kennen <kannte, gekannt> ['kɛ·nən] *vt* ❶ (*jdm bekannt sein*) ▪ **jdn/etw ~** to know sb/sth; **du kennst dich doch!** you know what you're like; **kennst du mich noch?** do you remember me?; **so kenne ich dich gar nicht** I've never seen you like this; **jdn ~ lernen** to get to know sb; **sich** *akk* **~ lernen** (*erstmals begegnen*) to meet ❷ (*jdm vertraut sein*) ▪ **etw ~** to be familiar with sth; **kennst du das Buch/diesen Film?** have you read this book/seen this movie?; **das ~ wir [schon]** (*iron*) we've heard all that before ▶ WENDUNGEN: **jdn noch ~ lernen** (*fam*) to still have sb to deal with

Kenner(in) <-s, -> ['kɛ·nɐ] *m(f)* expert, authority

kenntlich ['kɛnt·lɪç] *adj* ▪ **~ sein** to be recognizable (**an** +*dat* by); **etw [als etw] ~ machen** to label sth [[as] sth]

Kenntnis <-, -se> ['kɛnt·nɪs] *f* ❶ *kein pl* (*Vertrautheit*) knowledge; **etw zur ~ nehmen** to make [a] note of sth; **zur ~ nehmen, dass ...** to note that ...; **jdn von etw** *dat* **in ~ setzen** (*geh*) to inform sb of sth ❷ *pl* (*Wissen*) knowledge

Kenntnisnahme <-> *f kein pl* (*geh*) **zur ~** for sb's attention

Kennwort <-wörter> *nt* ❶ (*Codewort*) code word ❷ (*Losungswort*) password

Kennzeichen *nt* ❶ (*Autokennzeichen*) license plate ❷ (*Merkmal*) mark

kennzeichnen ['kɛn·tsaiç·nən] *vt* ❶ (*markieren*) to mark ❷ (*charakterisieren*) to characterize

kennzeichnend *adj* typical, characteristic

kentern ['kɛn·tɐn] *vi sein* to capsize

Keramik <-, -en> [ke·'ra:·mɪk] *f* ❶ *kein pl* (*Töpferwaren*) pottery *no indef art* ❷ (*einzelner Gegenstand*) piece of pottery

Kerbe <-, -n> ['kɛr·bə] *f* notch ▶WENDUNGEN: **in die gleiche ~ hauen** (*fam*) to take the same line

Kerker <-s, -> ['kɛr·kɐ] *m* ❶ HIST (*Verlies*) dungeon ❷ ÖSTERR (*Zuchthaus*) prison

Kerl <-s, -e *o* -s> [kɛrl] *m* ❶ (*fam: Bursche*) guy ❷ (*Mensch*) person

Kern <-[e]s, -e> [kɛrn] *m* ❶ *Kernobst* pip; *Steinobst* pit ❷ (*Atom-, Zellkern*) nucleus ❸ (*wichtigster Teil*) core ▶WENDUNGEN: **in ihr steckt ein guter ~** she's good at heart; **einen wahren ~ haben** to contain a core of truth

Kernenergie *f* nuclear energy

Kernforschung *f* nuclear research

Kernfrage *f* central issue

Kerngedanke *m* central idea

Kerngehäuse *nt* BOT, HORT core

kerngesund *adj* fit as a fiddle *pred*

kernig ['kɛr·nɪç] *adj* ❶ (*voller Obstkerne*) pithy ❷ (*urwüchsig*) earthy

Kernkraft *f* nuclear power

Kernkraftbefürworter(in) *m(f)* supporter of nuclear power

Kernkraftgegner(in) *m(f)* opponent of nuclear power

Kernkraftwerk *nt* nuclear power plant

Kernproblem *nt* central problem

Kernseife *f* tallow soap

Kernstück *nt* crucial part

Kernwaffe *f meist pl* nuclear weapon

Kerosin <-s, -e> [ke·ro·'zi:n] *nt* kerosene

Kerze <-, -n> ['kɛr·tsə] *f* ❶ (*Wachskerze*) candle ❷ AUTO spark plug

kerzengerade I. *adj* erect II. *adv* [as] straight as an arrow

Kerzenleuchter *m* candlestick

Kerzenlicht *nt kein pl* candlelight

Kerzenständer *m* candlestick

kessRR, **keß**ALT [kɛs] I. *adj* ❶ (*frech und pfiffig*) cheeky ❷ (*flott*) jaunty II. *adv* cheekily

Kessel <-s, -> ['kɛ·səl] *m* ❶ (*Wasserkessel*) kettle ❷ (*großer Kochtopf*) pot

Ketchup, KetchupRR <-[s], -s> ['kɛt·ʃap] *m o nt* ketchup

Kette <-, -n> ['kɛ·tə] *f* ❶ (*Gliederkette*) chain; (*Fahrradkette*) [bicycle] chain; (*Schmuckkette*) necklace ❷ (*Serie*) line; **eine ~ von Ereignissen** a chain of events; **eine ~ von Unglücksfällen** a series of accidents

ketten ['kɛ·tn̩] *vt* ■ jdn/ein Tier an etw ~ to chain sb/an animal to sth; ■ jdn an sich *akk* ~ (*fig*) to tie sb to oneself

Kettenraucher(in) *m(f)* chain smoker

Kettenreaktion *f* chain reaction

Ketzer(in) <-s, -> ['kɛ·tsɐ] *m(f)* heretic

ketzerisch *adj* heretical

keuchen ['kɔy·çn̩] *vi* to pant

Keuchhusten *m* whooping cough *no art*

Keule <-, -n> ['kɔy·lə] *f* ❶ (*Waffe*) club ❷ KOCHK leg

keusch [kɔyʃ] I. *adj* chaste II. *adv* **~ leben** to lead a chaste life

Keuschheit <-> *f kein pl* chastity

Kfz <-[s], -[s]> [ka:·ɛf·'tsɛt] *nt Abk von* **Kraftfahrzeug**

kg *Abk von* **Kilogramm** kg

Kichererbse ['kɪçɐ·ʔɛrp·sə] *f* chickpea

kichern ['kɪ·çɐn] *vi* to giggle

kicken ['kɪ·kn̩] (*fam*) I. *vi* to play soccer II. *vt* to kick

Kicker(in) <-s, -> ['kɪ·kɐ] *m(f)* (*fam*) soccer player

kidnappen ['kɪt·nɛ·pn̩] *vt* to kidnap

Kidnapper(in) <-s, -> ['kɪt·nɛ·pɐ] *m(f)* kidnapper

Kidnapping <-s, -s> ['kɪt·nɛ·pɪŋ] *nt* kidnapping

Kiefer[1] <-, -n> ['ki:·fɐ] *f* BOT pine

Kiefer[2] <-s, -> ['ki:·fɐ] *m* ANAT jaw [bone]

Kiefernnadel *f* pine needle

Kiefernwald *m* pine forest

Kieferorthopäde, -orthopädin <-n, -n> *m, f* orthodontist

kieken ['ki:·kn̩] *vi* NORDD (*gucken*) to look

Kieme <-, -n> ['ki:·mə] *f* gill

Kies <-es, -e> [ki:s] *m* ❶ (*kleines Geröll*) gravel ❷ *kein pl* (*fam: Geld*) dough *no indef art*

Kieselstein *m* pebble

Kiesgrube *f* gravel pit

Kiesweg *m* gravel path

kiffen ['kɪ·fn̩] *vi* (*sl*) to smoke weed

killen ['kɪ·lən] *vt* (*sl*) to bump off *sep*

Killer(in) <-s, -> ['kɪ·lɐ] *m(f)* (*sl*) hit man

Kilo <-s, -[s]> ['ki:·lo] *nt* kilo

Kilobyte ['ki:·lo·bait] *nt* kilobyte

Kilogramm *nt* kilogram

Kilojoule ['ki:·lo·dʒaul] *nt* kilojoule

Kilokalorie ['ki:·lo·ka·lo·ri:] *f* kilocalorie

Kilometer [ki·lo·'me:·tɐ] *m* kilometer

kilometerlang I. *adj* stretching for miles *pred* II. *adv* for miles on end

Kilometerstand *m* mileage [reading]

kilometerweit *adv* for miles [and miles]

Kilometerzähler *m* mileage counter

Kind <-[e]s, -er> [kɪnt, *pl* kɪn·dɐ] *nt* child; **ein ~ [von jdm] bekommen** to be expecting a baby [from sb]; **von ~ auf** from an early age; **ein großes ~ sein** to be a big baby ▶WENDUNGEN: **mit ~ und Kegel** (*hum fam*) with the whole family; **kein ~ von Traurigkeit sein** (*hum*) to be sb who enjoys life; **wir werden das ~ schon schaukeln** (*fam*) we'll manage to sort it out

Kinderarbeit *f* child labor

Kinderarzt, -ärztin *m, f* pediatrician

Kinderbuch *nt* children's book

Kinderei <-, -en> [kɪn·də·'rai] *f* childishness

Kindererziehung *f* bringing up children

kinderfeindlich I. *adj* not child-friendly II. *adv* with little regard for children

kinderfreundlich I. *adj* child-friendly II. *adv*

K

with children in mind

Kindergarten *m* kindergarten

> **i** In Germany, a **Kindergarten** is a public institution that is usually run by the local authorities. Children of pre-school age are supervised by specially trained teachers for 4–6 hours a day. Every German 3-year-old has the right to attend **Kindergarten**.

Kindergärtner(in) *m(f)* kindergarten teacher

Kindergeburtstag *m* child's birthday

Kindergeld *nt a monthly government subsidy paid to parents or guardians for each child under 18*

Kinderheim *nt* children's home

Kinderhort *m* daycare [facility]

Kinderklinik *f* children's clinic

Kinderkrankheit *f* ❶ (*Krankheit*) childhood disease ❷ *meist pl* (*Anfangsproblem*) teething troubles *pl*

Kinderkriegen <-s> *nt kein pl* (*fam*) giving birth *no art*

Kinderkrippe *f* daycare [facility]

Kinderlähmung *f* polio

kinderleicht ['kɪn·dɐ·laiçt] (*fam*) **I.** *adj* very easy; ■ ~ **sein** to be child's play **II.** *adv* very easily; **etw ist ~ zu bedienen** sth is easy to operate

kinderlieb ['kɪn·dɐ·liːp] *adj* fond of children *pred*

Kinderlied *nt* nursery rhyme

kinderlos *adj* childless

Kindermädchen *f* nanny

Kindermärchen *nt* (*fam*) fairy tale

Kinderpornografie^{RR} *f* child pornography

kinderreich *adj* with many children *pred;* **eine ~e Familie** a large family

Kinderschänder(in) <-s, -> *m(f)* child molester

Kinderschreck *m kein pl* bo[o]geyman

Kinderschuh *m* child's shoe ► WENDUNGEN: **etw** steckt **noch in den ~en** sth is still in its infancy

Kindersicherung *f* child[proof] safety lock

Kindersitz *m Auto* child safety seat; *Fahrrad* child carrier [seat]

Kinderspiel *nt* children's game ► WENDUNGEN: [**für jdn**] **ein ~ sein** to be child's play [for sb]

Kinderspielplatz *m* playground

Kinderstube *f* ► WENDUNGEN: **eine/keine** gute **~ gehabt haben** to have been well/poorly raised

Kindertagesstätte *f s.* **Kinderhort**

Kinderteller *m* child's portion

Kinderwagen *m* baby carriage

Kindesbeine *pl* **von ~n an** from childhood [or an early age]

Kindesentführung *f* child abduction [or kidnapping]

Kindesmissbrauch^{RR} *m* child abuse

Kindesmisshandlung^{RR} *f* child abuse

kindgemäß I. *adj* suitable for children *pred* **II.** *adv* suitably for children

Kindheit <-> *f kein pl* childhood; **von ~ an** from childhood [or an early age]

Kindheitserinnerung *f* childhood memory *usu pl*

Kindheitserlebnis *nt* childhood experience

Kindheitstraum *m* childhood dream

kindisch ['kɪn·dɪʃ] **I.** *adj* childish **II.** *adv* childishly

kindlich ['kɪnt·lɪç] **I.** *adj* childlike **II.** *adv* **~ scheinen/wirken** to appear/seem childlike

Kindskopf ['kɪnts·kɔpf] *m* (*fam*) big kid, kid at heart

King <-s> [kɪŋ] *m* **der ~ sein** (*sl*) to be [the] top dog *fam*

Kinn <-[e]s, -e> [kɪn] *nt* chin

Kinnhaken *m* hook to the chin

Kino <-s, -s> ['kiː·no] *nt* [movie] theater; **im ~ kommen** to be playing at the movies [or [movie] theater]

Kinobesucher(in) *m(f)* moviegoer

Kinofilm *m* movie

Kinogänger(in) <-s, -> *m(f)* moviegoer

Kinoprogramm *nt* movie listings

Kinovorstellung *f* showing [of a film]

Kiosk <-[e]s, -e> ['kiː·ɔsk] *m* kiosk

Kipfe(r)l <-s, -[n]> *nt* ÖSTERR (*Hörnchen*) croissant

Kippe <-, -n> ['kɪ·pə] *f* (*fam*) ❶ (*Deponie*) dump ❷ (*Zigarettenstummel*) cigarette butt; (*Zigarette*) cigarette ► WENDUNGEN: **es steht auf der ~, ob ...** it's touch and go whether ...

kippen ['kɪ·pn̩] **I.** *vt haben* ❶ (*schütten*) to tip ❷ (*schräg stellen*) to tilt ❸ (*fam: scheitern lassen*) ■ **jdn/etw ~** to topple sb/to halt sth; *Gesetzesvorlage* to vote down *sep; Urteil* to overturn ► WENDUNGEN: [**gerne**] **einen/ein** paar **~** (*fam*) to like a drink [or two] **II.** *vi sein* ❶ (*umfallen*) to topple over ❷ (*fallen*) ■ **von etw** *dat* **~** to fall off [of] sth ❸ (*scheitern*) *System* to collapse

Kirche <-, -n> ['kɪr·çə] *f* ❶ (*Gebäude, Gottesdienst*) church ❷ (*Glaubensgemeinschaft*) Church, religion ❸ (*Institution*) Church

Kirchenasyl *nt* religious asylum

Kirchenbesuch *m* church attendance

Kirchenchor *m* church choir

Kirchenfest *nt* religious festival

Kirchengemeinde *f* ❶ (*Bezirk*) parish ❷ (*Angehörige*) church members *pl*

Kirchenglocke *f* church bell

Kirchenlied *nt* hymn

Kirchensteuer *f taxes taken out of one's paycheck which are allotted to the state church one belongs to*

> **i** Everyone who belongs to a Protestant or Catholic church has to pay a **Kirchensteuer** (church tax) equivalent to about 8% of their earnings, in addition to income tax. The tax

is usually paid directly to the church by the German equivalent of the IRS. In Austria, the churches themselves collect the contributions. In Switzerland, church tax is regulated by cantonal law.

kirchlich ['kɪrç·lɪç] **I.** *adj* church *attr*, ecclesiastical; **ein ~er Feiertag** a religious holiday **II.** *adv* **~ bestattet werden** to have a church funeral; **sich** *akk* **~ trauen lassen** to get married in church
Kirchplatz *m* church square
Kirchturm *m* [church] steeple
kirre ['kɪ·rə] *adj pred* (*fam*) **jdn ~ machen** to bring sb to heel; **~ werden** to get confused
Kirschbaum ['kɪrʃ·baum] *m* cherry tree
Kirsche <-, -n> ['kɪr·ʃə] *f* cherry
Kissen <-s, -> ['kɪ·sn̩] *nt* (*Kopfkissen*) pillow; (*Zierkissen*) cushion
Kissenbezug *m* (*für Kopfkissen*) pillowcase; (*für Zierkissen*) cushion cover
Kiste <-, -n> ['kɪs·tə] *f* ❶ (*Behälter*) box, crate ❷ (*fam: Auto*) [old] clunker ❸ (*fam: Fernseher*) tube ❹ (*fam: Bett*) sack; **ab in die ~!** hit the sack!
Kitsch <-es> [kɪtʃ] *m kein pl* kitsch
kitschig ['kɪt·ʃɪç] *adj* kitschy
Kittchen <-s, -> ['kɪt·çən] *nt* (*fam*) slammer *sl*
Kittel <-s, -> ['kɪ·tl̩] *m* (*Arbeitskittel*) smock; *eines Arztes/Laboranten* lab coat
kitten ['kɪ·tn̩] *vt* ❶ (*verspachteln*) to putty ❷ (*fig: in Ordnung bringen*) to patch up *sep*
Kitzel <-s, -> ['kɪ·tsl̩] *m* ❶ (*Juckreiz*) tickling feeling ❷ (*Lust auf Verbotenes*) thrill
kitzelig ['kɪ·tsə·lɪç] *adj* ticklish
kitzeln ['kɪ·tsl̩n] **I.** *vt* ❶ **jdn irgendwo ~** to tickle sb somewhere ❷ (*reizen*) to titillate; **den Gaumen ~** to titillate the palate ❸ (*anregen*) to arouse **II.** *vi* to tickle **III.** *vt impers* ❶ (*jucken*) **es kitzelt mich** it tickles ❷ (*reizen*) **es kitzelt mich sehr, da mitzumachen** I'm really itching to join in
Kitzler <-s, -> *m* ANAT clitoris
kitzlig [kɪts·lɪç] *adj s.* **kitzelig**
Kiwi <-, -s> ['ki·vi] *f* kiwi [fruit]
kJ *Abk von* **Kilojoule** kJ
KKW <-s, -s> [ka:·ka:·'ve:] *nt Abk von* **Kernkraftwerk**
Klacks <-es, -e> [klaks] *m* (*fam*) dab ▶ WENDUNGEN: [**für jdn**] **ein ~ sein** (*einfach*) to be a piece of cake [for sb]; (*wenig*) to be nothing [to sb]
klaffen ['kla·fn̩] *vi* to yawn; *Schnitt, Wunde* to gape
kläffen ['klɛ·fn̩] *vi* (*pej fam*) to yap
Kläffer <-s, -> *m* (*pej fam*) yapper
Klage <-, -n> ['kla:·gə] *f* ❶ (*geh: Wehklage*) lament[ation] ❷ (*Beschwerde*) complaint (**über** +*akk* about) ❸ JUR [legal] action; **eine ~ abweisen** to dismiss a suit; **eine ~ [gegen jdn] einreichen** to take legal action [against

sb]; **eine ~ auf Schadenersatz** a claim for compensation [*or* damages]
klagen ['kla:·gn̩] **I.** *vi* ❶ (*jammern*) to moan (**über** +*akk* about) ❷ (*sich beklagen*) to complain (**über** +*akk* about); **ich kann nicht ~** I can't complain; **ohne zu ~** without complaining ❸ JUR ▪ **[gegen jdn] ~** to take legal action [against sb]; **auf Schadenersatz ~** to sue for damages **II.** *vt* ❶ (*Bedrückendes erzählen*) ▪ **jdm etw ~** to pour out one's sth to sb ❷ ÖSTERR (*verklagen*) ▪ **jdn ~** to take legal action against sb
klagend *adj* (*jammernd*) moaning
Kläger(in) <-s, -> *m(f)* JUR plaintiff
kläglich ['klɛ:k·lɪç] **I.** *adj* pathetic; *Anblick* pitiful **II.** *adv* pitifully; **~ scheitern** to fail miserably
klaglos ['kla:k·lo:s] *adv* without complaint [*or* complaining]
klamm [klam] *adj* ❶ (*steif vor Kälte*) numb ❷ (*nass und kalt*) dank ❸ (*sl: knapp bei Kasse*) ▪ **~ sein** to be [a little] strapped for cash *fam*
Klammer <-, -n> ['kla·mɐ] *f* ❶ (*Wäscheklammer*) clothespin; (*Heftklammer*) staple; (*Haarklammer*) [hair] clip; MED clip ❷ (*Zahnklammer*) braces *pl*, retainer ❸ (*grafisches Zeichen: rund*) parentheses; (*eckig*) square bracket; (*spitz*) angle bracket; **in ~n** (*rund*) in parentheses; (*eckig o spitz*) in brackets
Klammeraffe *m* ❶ ZOOL spider monkey ❷ INET "at" symbol
klammern ['kla·mɐn] **I.** *vt* ❶ (*zusammenheften*) to staple (**an** +*akk* to) ❷ MED to close with clips **II.** *vr* ▪ **sich** *akk* **~** (*a. fig*) to cling (**an** +*akk* to)
klammheimlich ['klam·'haim·lɪç] (*fam*) **I.** *adj* clandestine **II.** *adv* clandestinely; **sich** *akk* **~ fortstehlen** to slip away [unseen]
Klamotten [kla·'mɔ·tn̩] *pl* (*fam*) ❶ (*Kleidung*) clothes *npl* ❷ (*alte Sachen*) stuff
klang [klaŋ] *imp von* **klingen**
Klang <-[e]s, Klänge> [klaŋ, *pl* 'klɛŋə] *m* sound
klangvoll *adj* sonorous; *Melodie* tuneful; *Stimme* melodious
Klappe <-, -n> ['kla·pə] *f* ❶ (*Deckel*) flap ❷ (*sl: Mund*) trap; **halt die ~!** shut up!; **eine große ~ haben** to have a big mouth
klappen ['kla·pn̩] **I.** *vt* to fold **II.** *vi* (*fam: funktionieren*) to work out; **alles hat geklappt** everything went as planned [*or* worked out]
klapperdürr ['kla·pɐ·'dʏr] *adj* (*fam*) [as] thin as a rake *pred*
klapperig ['kla·pə·rɪç] *adj* (*fam*) ❶ (*gebrechlich*) frail ❷ (*instabil und wacklig*) rickety
Klapperkiste *f* (*fam: Auto*) rattletrap
klappern ['kla·pɐn] *vi* to rattle
Klapperschlange *f* rattlesnake
Klappfahrrad *nt* folding bicycle
Klappmesser *nt* switchblade
Klapprad *nt* folding bicycle
klapprig ['klap·rɪç] *adj s.* **klapperig**

K

Klappstuhl *m* folding chair
Klapptisch *m* folding table
Klaps <-es, -e> [klaps] *m* (*fam*) smack
Klapse <-, -n> ['klap·sə] *f* (*sl*), **Klapsmühle** *f* (*sl*) loony bin *pej*, funny farm *pej*
klar [klaːɐ̯] **I.** *adj* ❶ (*ungetrübt*) clear ❷ (*unmissverständlich*) clear; *Antwort* straight; *Frage* direct ❸ (*eindeutig*) clear; *Ergebnis* clearcut; **alles ~?** (*fam*) is everything okay?; **na ~!** (*fam*) of course! ❹ (*bewusst*) ■ jdm ~ sein to be clear to sb; ■ sich *dat* über etw ~ werden to get sth clear in one's mind ❺ (*bereit*) ready **II.** *adv* ❶ (*deutlich*) clearly; ~ im Nachteil/Vorteil sein to be at a clear disadvantage/advantage; jdm etw ~ sagen/zu verstehen geben to make sth clear to sb; ~ und deutlich clearly and unambiguously ❷ (*eindeutig*) jdn ~ besiegen to defeat sb soundly; etw ~ erkennen to see sth clearly ❸ (*ungetrübt*) ~ denkend clear-thinking
Kläranlage *f* sewage plant
Klare(r) *m* (*fam*) colorless schnapps
klären ['klɛ·rən] **I.** *vt* ❶ (*aufklären*) to clear up *sep; Frage* to settle; *Problem* to resolve ❷ *Abwässer* to treat **II.** *vr* (*sich aufklären*) ■ sich *akk* ~ to be cleared up
klar|gehen *vi irreg sein* (*fam*) to go okay
Klarheit <-> *f kein pl* ❶ (*Deutlichkeit*) clarity; sich *dat* ~ [über etw *akk*] verschaffen to get to the bottom [of sth] *fam;* jdm etw in aller ~ sagen to make sth perfectly clear to sb ❷ (*Reinheit*) clearness
klar|kommen *vi irreg sein* (*fam*) ❶ (*bewältigen*) ■ [mit etw *dat*] ~ to manage [sth] ❷ (*zurechtkommen*) ■ mit jdm ~ to cope with sb
klar|machen *vt* ■ jdm etw ~ to make sth clear to sb; ■ sich *dat* etw ~ to realize sth
klar|stellen *vt* to clear up *sep;* ■ ~, dass ... to make it clear that ...
Klarstellung *f* clarification
Klartext *m* ▶ WENDUNGEN: mit jdm ~ reden (*fam*) to be frank with sb
Klärung <-, -en> *f* ❶ (*Aufklärung*) clarification; *Frage* settling; *Problem* resolving ❷ *von Abwässern* treatment
klasse ['kla·sə] (*fam*) **I.** *adj* fantastic, great **II.** *adv* fantastically, very well
Klasse <-, -n> ['kla·sə] *f* ❶ (*Schulklasse*) class, grade; eine ~ wiederholen/überspringen to repeat/skip a grade ❷ (*Klassenraum*) classroom ❸ (*Gesellschaftsgruppe*) class ❹ (*Güteklasse*) class; wir fahren immer erster ~ we always travel first class
Klassenkamerad(in) *m(f)* classmate
Klassenlehrer(in) *m(f)* teacher
Klassenzimmer *nt* classroom
klassifizieren* [kla·si·fi·ˈtsiː·rən] *vt* to classify (als *+akk* as)
Klassik <-> ['kla·sɪk] *f kein pl* (*fam: klassische Musik*) classical music
Klassiker <-s, -> ['kla·si·kɐ] *m* (*zeitloses Werk*) classic
klassisch ['kla·sɪʃ] *adj* ❶ KUNST, LIT, MUS classi-

cal ❷ (*typisch*) classic
Klatsch <-[e]s> [klatʃ] *m kein pl* (*pej fam*) ~ [und Tratsch] gossip
Klatschbase *f* (*pej fam*) gossip[monger]
klatschen ['klat·ʃn̩] **I.** *vi* ❶ (*mit den Händen*) to clap; **in die Hände** ~ to clap one's hands ❷ (*Klaps geben*) ■ jdm irgendwohin ~ to smack sb somewhere ❸ (*platschen*) ■ auf/in etw *akk* ~ to land with a splat on/in sth ❹ (*applaudieren*) to applaud ❺ (*fam: tratschen*) to gossip (über *+akk* about) **II.** *vt* ❶ (*fam: werfen*) ■ etw irgendwohin ~ to chuck sth somewhere ❷ (*applaudieren*) jdm Beifall ~ to applaud sb
Klatschmaul *nt* (*pej fam*) gossip[monger]; (*bösartig a.*) scandalmonger *pej*
klatschnass[RR] *adj* (*fam*) soaking wet; ■ ~ sein/werden to be/get soaked
Klatschspalte *f* (*pej fam*) gossip column
Klatschtante *f*, **Klatschweib** *nt s.* **Klatschbase**
klauben ['klau·bn̩] *vt* SÜDD, ÖSTERR, SCHWEIZ ❶ (*pflücken*) to pick ❷ (*sammeln*) to collect; *Holz, Pilze* to gather; *Kartoffeln* to dig ❸ (*auslesen*) ■ etw aus/von etw *dat* ~ to pick sth out *sep* of/from sth
Klaue <-, -n> ['klau·ə] *f* ❶ (*Krallen*) claw; *Vogel a.* talon ❷ (*pej sl: Hand*) paw *hum fam* ❸ (*pej sl: Handschrift*) scrawl
klauen ['klau·ən] (*fam*) **I.** *vt* ■ [jdm] etw ~ to steal sth [from sb] **II.** *vi* to steal [things]
Klausel <-, -n> ['klau·zl̩] *f eines Vertrags* clause
Klaustrophobie <-, -n> [klau·stro·fo·ˈbiː, *pl* -ˈbiː·ən] *f* claustrophobia *spec*
Klavier <-s, -e> [kla·ˈviːɐ̯] *nt* piano
Klavierlehrer(in) *m(f)* piano teacher
Klavierspieler(in) *m(f)* pianist
Klebeband <-bänder> ['kleː·bə-] *nt* [adhesive] tape
kleben ['kleː·bn̩] **I.** *vi* ❶ (*klebrig sein*) to be sticky ❷ (*haften*) to stick (an *+dat* to); [an jdm/etw] ~ bleiben to stick [to sb/sth] ❸ (*fig: festhalten*) to cling (an *+dat* to) **II.** *vt* ❶ (*reparieren*) to glue ❷ (*befestigen*) to stick (an *+akk* to) ▶ WENDUNGEN: jdm eine ~ (*fam*) to clock sb
Kleber <-s, -> ['kleː·bɐ] *m* ❶ (*fam*) glue ❷ SÜDD, SCHWEIZ (*Aufkleber*) sticker
Klebestift *m* glue stick
Klebestreifen *m s.* **Klebstreifen**
klebrig ['kleː·brɪç] *adj* sticky
Klebstoff *m* adhesive; (*Leim*) glue
Klebstreifen *m* [adhesive] tape
Kleckerbetrag *m meist pl* peanuts *pl fam*
kleckern ['klɛ·kɐn] (*fam*) **I.** *vt* ■ etw irgendwohin ~ to spill sth somewhere **II.** *vi* (*beim Essen*) to make a mess; ■ mit etw *dat* ~ to spill sth ▶ WENDUNGEN: nicht ~, sondern klotzen! think big!
kleckerweise *adv* in dribs and drabs
Klecks <-es, -e> ['klɛks] *m* ❶ (*Fleck*) stain ❷ (*kleine Menge*) blob; ein ~ Senf a dab of mustard

klecksen ['klɛk·sn̩] I. vi ❶ haben (Kleckse verursachen) ■[mit etw dat] ~ to make a mess [with sth] ❷ haben (tropfen) to blot; Farbe to drip ❸ sein (tropfen) ■etw kleckst irgendwohin sth is spilling on[to] sth II. vt haben ■etw auf etw ~ to splatter sth on sth

Klee <-s> [kle:] m kein pl clover

Kleeblatt nt cloverleaf; **vierblättriges** ~ four-leaf clover

Kleid <-[e]s, -er> [klait, pl 'klai·dɐ] nt ❶ (Damenkleid) dress ❷ pl (Bekleidungsstücke) clothes npl

kleiden ['klai·dn̩] I. vt, vr ■[sich akk] ~ to dress II. vt (geh) **etw in schöne Worte** ~ to couch sth in fancy rhetoric [or language]

Kleiderbügel m coat hanger

Kleiderbürste f clothes brush

Kleiderhaken m coat hook

Kleiderschrank m clothes closet

Kleidung <-, -en> f pl selten clothing

Kleidungsstück nt garment

klein [klain] I. adj small, little II. adv ~ gedruckt attr in small print pred; etw ~ hacken to chop up sep sth ▶ WENDUNGEN: ~ **anfangen** (fam: ganz unten beginnen) to start at the bottom; (mit ganz wenig beginnen) to start [off] small; ~ **beigeben** to give in [quietly]; **von** ~ **auf** from childhood

Kleinasien [klain·'ʔa:zi̯·ən] nt Asia Minor

Kleinbuchstabe m small [or lower-case] letter

Kleingedruckte(s) nt fine print

kleingeistig adj (pej) small-minded

Kleingeld nt [small [or loose]] change

Kleinholz nt kein pl chopped wood ▶ WENDUNGEN: **aus jdm/etw** ~ **machen** (fam) to make mincemeat [out] of sb/sth

Kleinigkeit <-, -en> ['klai·nɪç·kait] f ❶ (Bagatelle) small matter; **wegen jeder** ~ for the slightest reason, at every opportunity ❷ (Einzelheit) minor detail; **muss ich mich um jede** ~ **kümmern?** do I have to do every little thing myself? ❸ (ein wenig) **eine** ~ **zu hoch/tief** a little too high/low ❹ (Sache) little something; **ich habe dir eine** ~ **mitgebracht** I brought you a little something; **eine** ~ **essen** to have a bite to eat ▶ WENDUNGEN: [jdn] **eine** ~ **kosten** (iron) to cost [sb] a pretty penny

kleinkariert I. adj ❶ (mit kleinen Karos) finely checkered ❷ (fam: engstirnig) narrow-minded II. adv in a narrow-minded way

Kleinkind nt toddler

Kleinkram m (fam) ❶ (Zeug) odds and ends ❷ (Trivialitäten) trivialities pl

Kleinkrämerei <-> [klain·krɛ:·mə·'rai] f kein pl (pej) tinkering around [at] the edges

Kleinkrieg m running battle

klein|kriegen vt (fam) ❶ (kaputtmachen) to smash ❷ (gefügig machen) ■jdn ~ to bring sb into line

Kleinkriminelle(r) f/m(f) petty criminal

kleinlaut I. adj sheepish; (gefügig) subdued II. adv sheepishly; ~ **fragen** to ask meekly; etw ~ **gestehen** to shamefacedly admit sth

kleinlich ['klain·lɪç] adj (pej) ❶ (knauserig) mean ❷ (engstirnig) petty

Kleinlichkeit <-> f kein pl (pej) ❶ (Knauserigkeit) meanness ❷ (Engstirnigkeit) pettiness

klein|schreiben[RR] irreg vt ■ein Wort ~ to begin a word with a lower-case letter

Kleinstadt f small town

kleinstädtisch adj small-town attr; (pej) provincial

Kleinwagen m small [or compact] car

kleinwüchsig adj short, of small stature pred

Klemme <-, -n> ['klɛ·mə] f ❶ (Haarklammer) [hair] clip ❷ (fam: schwierige Lage) jam; **in der** ~ **sitzen** to be in a jam

klemmen ['klɛ·mən] I. vt to stick II. vr sich dat **den Finger in der Tür** ~ to get one's finger caught in the door ▶ WENDUNGEN: **sich** akk **hinter etw** ~ to get on sth; **ich werde mich mal hinter die Sache** ~ I'll get on it III. vi ❶ (blockieren) to jam ❷ (angeheftet sein) to be stuck

Klempner(in) <-s, -> ['klɛmp·nɐ] m(f) plumber

Klempnerei <-, -en> ['klɛmp·nə·'rai] f plumbery

Klempnerin <-, -nen> f fem form von **Klempner**

Klerus <-> ['kle:·rʊs] m kein pl clergy

Klette <-, -n> ['klɛ·tə] f ❶ (Pflanze) burdock ❷ (pej fam: anhänglicher Mensch) nuisance; **an jdm wie eine** ~ **hängen** (fam) to stick to sb like glue

klettern ['klɛ·tɐn] vi sein to climb; **auf einen Baum** ~ to climb a tree; **aus einem/in ein Auto** ~ to climb out of/into a car

Klettverschluss[RR] m Velcro® fastener

klicken [klɪ·kn̩] vi to click

Klient(in) <-en, -en> [kli·'ɛnt] m(f) client

Klientel <-, -en> [kli·ɛn·'te:l] f clientele + sing/pl vb

Klientin <-, -nen> f fem form von **Klient**

Klima <-s, Klimata> ['kli:·ma] nt climate

Klimaanlage f air-conditioning

Klimaschutz m climate protection

klimatisch [kli·'ma:·tɪʃ] I. adj attr climatic II. adv climatically

klimatisiert adj air-conditioned

Klimaveränderung f, **Klimawechsel** m climate change

Klimazone f climatic zone

klimpern ['klɪm·pɐn] vi Münzen to jingle; Schlüssel to jangle; ■auf etw dat ~ to pluck away on sth fam

Klinge <-, -n> ['klɪŋə] f blade; (Rasierklinge) [razor] blade

Klingel <-, -n> ['klɪŋl̩] f bell

klingeln ['klɪŋl̩n] vi to ring; **an der Tür** ~ to ring the doorbell; ■[nach] jdm ~ to ring for sb ▶ WENDUNGEN: **hat es jetzt endlich geklingelt?** do you get it, finally?

Klingelzeichen nt ring

klingen <klang, geklungen> ['klɪŋən] vi ❶ (erklingen) Glas to clink; Glocke to ring ❷ (sich

anhören) to sound; **das klingt gut/interessant** that sounds good/interesting
Klinik <-, -en> ['kliː·nɪk] *f* clinic
klinisch ['kliː·nɪʃ] I. *adj* clinical II. *adv* clinically
Klinke <-, -n> ['klɪn·kə] *f* |door| handle
Klippe <-, -n> ['klɪ·pə] *f* (*Felsklippe*) cliff; (*im Meer*) |coastal| rock
klirren ['klɪ·rən] *vi* ❶ *Gläser* to tinkle; *Fensterscheiben* to rattle ❷ *Lautsprecher, Mikrophon* to crackle ❸ *Ketten, Sporen* to jangle; *Waffen* to clash
Klischee <-s, -s> [kli·'ʃeː] *nt* stereotype, cliché
Klitoris <-, - *o* Klitorides> ['kliː·to·rɪs, *pl* kliˈ'toː·ri·deːs] *f* clitoris
klitschnass^{RR} ['klɪtʃ·'nas] *adj* (*fam*) *s.* **klatschnass**
klitzeklein ['klɪtsə·'klain] *adj* (*fam*) teeny-weeny, itsy-bitsy
Klo <-s, -s> [kloː] *nt* (*fam*) john
Kloake <-, -n> [klo·'aː·kə] *f* (*a. fig*) cesspool
klobig ['kloː·bɪç] *adj* bulky; *Hände* massive
Klobrille *f* (*fam*) toilet seat
Klobürste *f* (*fam*) toilet brush
Klodeckel *m* (*fam*) toilet lid
Klon <-s, -e> [kloːn] *m* clone
klonen ['kloː·nən] *vt* to clone
klönen ['kløː·nən] *vi* (*fam*) ■|mit jdm| ~ to chat |with sb|
Klopapier *nt* (*fam*) toilet paper
klopfen ['klɔp·fn̩] I. *vi* to knock (**auf** +*akk* on, **gegen** +*akk* against); ■jdm auf etw ~ (*mit der flachen Hand*) to pat sb on sth; (*mit dem Finger*) to tap sb on sth II. *vt Teppich, Fleisch* to beat
Klopfzeichen *nt* knock
Kloppe ['klɔ·pə] *f* DIAL (*fam*) ▶WENDUNGEN: |von jdm| ~ <u>kriegen</u> NORDD to get a walloping |from sb|
kloppen ['klɔ·pn̩] *vr* DIAL (*fam*) ■sich *akk* |mit jdm| ~ to fight |with sb|
Klopperei <-, -en> [klɔ·pə·'rai] *f* NORDD (*fam*) fight; (*mit mehreren Personen a.*) brawl
Klops <-es, -e> [klɔps] *m* ❶(*Fleischkloß*) meatball ❷(*fam: Schnitzer*) blunder
Klosett <-s, -e *o* -s> [klo·'zɛt] *nt* (*veraltend*) privy *old*
Kloß <-es, Klöße> [kloːs, *pl* 'kløː·sə] *m* dumpling ▶WENDUNGEN: **einen ~ im** <u>Hals</u> **haben** (*fam*) to have a lump in one's throat
Kloster <-s, Klöster> ['kloːs·tɐ, *pl* 'kløːs·tɐ] *nt* (*Mönchskloster*) monastery; (*Nonnenkloster*) convent
Klotz <-es, Klötze> [klɔts, *pl* 'klœtsə] *m* ❶(*Holzklotz*) block |of wood| ❷(*pej fam: hässliches Gebäude*) monstrosity ▶WENDUNGEN: |jdm| **ein ~ am** <u>Bein</u> **sein** (*fam*) to be a heavy burden for sb
klotzen ['klɔ·tsən] *vi* (*fam*) ❶(*hart arbeiten*) to slave away; (*schnell arbeiten*) to work like hell ❷(*Mittel massiv einsetzen*) ■|bei etw *dat*| ~ to splurge |on sth|
Klub <-s, -s> [klʊp] *m* club

Kluft¹ <-, Klüfte> [klʊft, *pl* 'klʏf·tə] *f* ❶GEOG |deep| fissure ❷(*scharfer Gegensatz*) gulf; **tiefe ~** deep rift
Kluft² <-, -en> [klʊft] *f* DIAL (*hum*) uniform
klug <klüger, klügste> [kluːk] I. *adj* smart, clever; (*vernünftig*) wise; *Entscheidung* prudent; *Rat* sound; **es wäre klüger, ...** it would be more sensible ...; **da soll einer draus ~ werden** I can't make heads or tails of it; **genauso ~ wie zuvor sein** to be none the wiser II. *adv* (*a. iron*) cleverly
klugerweise *adv* |very| cleverly
Klugheit <-, -en> ['kluːk·hait] *f kein pl* intelligence, cleverness; (*Vernunft*) wisdom
Klugscheißer(in) <-s, -> *m(f)* (*sl*) smart-ass
klügste(r, s) *adj superl von* **klug**
klumpen ['klʊm·pn̩] *vi* to get lumpy; *Salz* to cake
Klumpen <-s, -> ['klʊm·pn̩] *m* lump; **~ bilden** to get lumpy
klumpig ['klʊm·pɪç] *adj* lumpy
Klüngel <-s, -> ['klʏŋl̩] *m* (*pej fam*) clique
km [ka·'ɛm] *m Abk von* **Kilometer** km
km/h [ka·ɛm·'haː] *m Abk von* **Kilometer pro Stunde** kmph
knabbern ['kna·bɐn] I. *vi* ■an etw *dat* ~ ❶(*knabbernd verzehren*) to nibble on sth ❷(*geistig/emotional verarbeiten*) to chew on sth II. *vt* to nibble; **etwas zum K~** something to nibble on
Knabe <-n, -n> ['knaː·bə] *m* (*veraltend geh*) boy; **na, alter ~!** (*fam*) hey, dude! *sl*
Knäckebrot *nt* crispbread
knacken [kna·kn̩] I. *vt* to crack II. *vi* ❶(*Knacklaut von sich geben*) to crack; *Diele* to creak; *Zweige* to snap ❷(*fam: schlafen*) **eine Runde ~** to catch forty winks
Knacker <-s, -> *m* DIAL (*fam*) guy; **ein alter ~** an old geezer
Knacki <-s, -s> ['kna·ki] *m* (*sl*) ex-con
knackig ['kna·kɪç] I. *adj* ❶ *Gemüse, Obst* crisp ❷(*fam: drall*) well-formed ❸(*fam: zünftig*) real; *Typ* natural II. *adv* (*fam*) really; **sie kam ~ braun aus dem Urlaub wieder** she came back from vacation really tan
Knackpunkt *m* (*fam*) crucial point
Knacks <-es, -e> [knaks] *m* ❶(*Laut*) crack ❷(*Schaden*) problem; **einen ~ haben** *Ehe* to be in trouble; *Freundschaft* to be suffering; *Mensch* to have a screw loose
Knackwurst *f* knockwurst *spec*
Knall <-[e]s, -e> [knal] *m* bang; *vom Korken* pop; *einer Tür* bang ▶WENDUNGEN: **~ auf** <u>Fall</u> (*fam*) all of a sudden; **einen ~ haben** (*fam*) to be off one's rocker
knallen ['kna·lən] I. *vi* ❶ *haben* (*ertönen*) to bang; *Auspuff* to backfire; *Feuerwerkskörper* to |go| bang; *Korken* to |go| pop; *Schuss* to ring out; **mit der Peitsche ~** to crack the whip; **mit der Tür ~** to slam the door |shut| ❷ *sein* (*fam: stoßen*) ■auf/gegen etw ~ to bang on/against sth II. *vi impers haben* ■es knallt there's a bang; **..., sonst knallt's!** (*fam: oder/*

und es gibt eine Ohrfeige!) ... or/and I'll slap you!; (*oder/und ich schieße!*) ... or/and I'll shoot! **III.** *vt* (*werfen*) to slam ▶WENDUNGEN: **jdm eine ~** (*fam*) to whack sb

knallhart ['knal·'hart] (*fam*) **I.** *adj* ❶ (*rücksichtslos*) really tough, [as] tough as nails *pred* ❷ *Schuss* fierce; *Schlag* crushing **II.** *adv* brutally; **~ verhandeln** to drive a hard bargain

knallig ['kna·lɪç] *adj* (*fam*) gaudy

Knallkopf *m*, **Knallkopp** *m* (*fam*) idiot

knallrot ['knal·'ro:t] *adj* bright red

knapp [knap] **I.** *adj* ❶ (*gering*) meager; *Geld* tight; ■[**mit etw** *dat*] **~ sein** to be short [on sth] ❷ (*eng* [*sitzend*]) tight[-fitting]; ■[**jdm**] **zu ~ sein** to be too tight [for sb] ❸ (*noch genügend*) just enough; *Mehrheit, Sieg* narrow; *Ergebnis* close ❹ (*nicht ganz*) almost; **in einer ~en Stunde** in just under an hour ❺ (*gerafft*) succinct; **in wenigen ~en Worten** in a few brief words; **er gab ihr nur eine ~e Antwort** he replied rather tersely **II.** *adv* ❶ (*mäßig*) sparingly; **~ bemessen sein** to not be very generous; **seine Zeit ist ~ bemessen** he only has a limited amount of time ❷ (*nicht ganz*) almost; **~ eine Stunde** just under an hour ❸ (*haarscharf*) narrowly

knapp|halten *vt irreg* ■**jdn** [**mit etw** *dat*] **~** to keep sb on a tight leash [with sth]

Knappheit <-> *f kein pl* shortage (**an** +*dat* of)

Knarre <-, -n> ['kna·rə] *f* (*sl*) gun

knarren ['kna·rən] *vi* to creak

Knast <-[e]s, Knäste> [knast, *pl* 'knɛs·tə] *m* (*sl*) prison; ■**im ~** in the slammer; **im ~ sitzen** to do time

Knatsch <-es> [kna:tʃ] *m kein pl* (*fam*) trouble

knatschig ['kna:·tʃɪç] *adj* (*fam: quengelig*) whiny *pej*; (*brummig*) grumpy

knattern ['kna·tɐn] *vi* to clatter; *Motorrad* to roar

Knäuel <-s, -> ['knɔ·yəl] *m o nt* ball

Knauf <-[e]s, Knäufe> [knauf, *pl* 'knɔy·fə] *m* knob

knauserig ['knau·zə·rɪç] *adj* (*pej fam*) stingy

knausern ['knau·zɐn] *vi* (*pej fam*) ■[**mit etw** *dat*] **~** to be stingy [with sth]

knautschen ['knau·tʃn] **I.** *vi* to crease **II.** *vt* to crumple

Knebel <-s, -> ['kne:·bl] *m* gag

knebeln ['kne:·bln] *vt* (*a. fig*) to gag

kneifen <kniff, gekniffen> ['knai·fn] **I.** *vt* to pinch; ■**jdn in etw ~** to pinch sb's sth **II.** *vi* ❶ (*zwicken*) to pinch ❷ (*fam: zurückscheuen*) ■[**vor etw** *dat*] **~** to chicken out [of sth]; ■**vor jdm ~** to shy away from sb

Kneifzange *f* tweezers *npl*

Kneipe <-, -n> ['knai·pə] *f* (*fam*) bar

Kneipenbummel *m*, **Kneipentour** *f* bar hop

Kneipenwirt(in) *m(f)* barkeeper

Knete <-> ['kne:·tə] *f kein pl* ❶ (*sl: Geld*) bread ❷ (*fam*) *s.* **Knetgummi**

kneten ['kne:·tn] *vt* ❶ (*durchwalken*) to knead ❷ (*formen*) to model

Knetgummi *m o nt*, **Knetmasse** *f* Play-Doh®

Knick <-[e]s, -e *o* -s> [knɪk] *m* [sharp] bend; (*im Schlauch/Draht*) kink; **einen ~ machen** *Straße* to bend [sharply]

knicken ['knɪ·kn] *vt* ❶ (*falten*) to fold; „**nicht ~!**" "[please] do not bend!" ❷ (*brechen*) to snap

knickerig ['knɪ·kə·rɪç], **knickrig** ['knɪk·rɪç] *adj* DIAL (*knauserig*) penny-pinching, stingy

Knie <-s, -> [kni:, *pl* 'kni:ə] *nt* knee; [**vor jdm**] **auf die ~ fallen** (*geh*) to fall to one's knees [before sb]; **jdm zittern die ~** sb's knees are shaking; (*aus Angst*) sb's knees are knocking ▶WENDUNGEN: **weiche ~ bekommen** (*fam*) to go weak at the knees; **etw übers ~ brechen** (*fam*) to rush into sth; **in die ~ gehen** to give in

Kniebeuge *f* knee bend

Kniegelenk *nt* knee joint

Kniekehle *f* back of the knee

knien [kni:n] **I.** *vi* to kneel **II.** *vr* ■**sich** *akk* **~** ❶ (*auf die Knie gehen*) to kneel [down] (**auf** +*akk* on) ❷ (*fam: sich intensiv beschäftigen*) ■**sich** *akk* **in etw** *akk* **~** to get down to sth

Knies <-> [kni:s] *m kein pl* DIAL (*Knatsch*) fight, argument; (*schwächer*) spat *fam*

Kniescheibe *f* kneecap

Knieschützer *m* kneepad

Kniestrumpf *m* knee sock

kniff [knɪf] *imp von* **kneifen**

Kniff <-[e]s, -e> [knɪf] *m* ❶ (*Kunstgriff*) trick ❷ (*Falte*) fold; (*unabsichtlich a.*) crease

kniffelig ['knɪ·fə·lɪç], **knifflig** ['knɪf·lɪç] *adj* (*fam*) tricky

Knilch <-s, -e> [knɪlç] *m* (*pej sl: Scheißkerl*) bastard *vulg*; (*Niete*) loser *fam*

knipsen ['knɪp·sn] **I.** *vt* ❶ (*fam: fotografieren*) ■**jdn/etw ~** to take a picture of sb/sth ❷ (*lochen*) to punch **II.** *vi* (*fam*) to take pictures; (*wild drauflos*) to snap away

Knirps <-es, -e> [knɪrps] *m* ❶ (*fam: kleiner Junge*) little guy ❷ (*Faltschirm*) folding umbrella

knirschen ['knɪr·ʃn] *vi* to crunch; *Getriebe* to grind

knistern ['knɪs·tɐn] *vi Feuer* to crackle; *Papier* to rustle; ■**mit etw** *dat* **~** to rustle sth

knittern ['knɪ·tɐn] *vi, vt* to crease

knobeln ['kno:·bln] *vi* ❶ (*würfeln*) to play dice ❷ (*nachgrübeln*) ■[**an etw** *dat*] **~** to puzzle [over sth]

Knoblauch <-[e]s> *m kein pl* garlic

Knoblauchzehe *f* clove of garlic

Knöchel <-s, -> ['knœ·çl] *m* ❶ (*Fußknöchel*) ankle ❷ (*Fingerknöchel*) knuckle

Knochen <-s, -> ['knɔ·xn] *m* bone ▶WENDUNGEN: **bis auf die ~ abgemagert sein** to be all skin and bone[s]; **bis auf die ~ nass werden** to get soaked to the bone

Knochenarbeit *f* (*fam*) backbreaking work

Knochenbruch *m* fracture

Knochengerüst *nt* skeleton

Knochenmark *nt* bone marrow

K

knochentrocken [ˈknɔ·xn̩·ˈtrɔ·kn̩] *adj* (*fam*) bone dry; *Humor, Bemerkung* wry
knochig [ˈknɔ·xɪç] *adj* bony
Knödel <-s, -> [ˈknøː·dl̩] *m* SÜDD, ÖSTERR dumpling

> **i** The **Knödel**, a southern German and Austrian specialty, is a small dumpling made with a variety of ingredients. They are cooked in hot water and served with meat dishes. *Kartoffelknödel* (potato dumplings) and *Semmelknödel* (bread dumplings) are particularly common in the south.

Knöllchen <-s, -> [ˈknœl·çən] *nt* (*fam*) [parking] ticket
Knolle <-, -n> [ˈknɔ·lə] *f* **①** BOT nodule; *der Kartoffel* tuber **②** (*fam: dicke Nase*) bulbous nose
Knollengemüse *nt kein pl* root vegetables
Knopf <-[e]s, Knöpfe> [knɔpf, *pl* knœp·fə] *m* **①** (*an Kleidung*) button **②** (*an Geräten*) [push]button
knöpfen [ˈknœp·fn̩] *vt* to button
Knopfloch *nt* buttonhole
Knorpel <-s, -> [ˈknɔr·pl̩] *m* ANAT cartilage; KOCHK gristle
knorpelig [ˈknɔr·pə·lɪç], **knorplig** [ˈknɔrp·lɪç] *adj* ANAT cartilaginous *spec;* KOCHK gristly
knorrig [ˈknɔ·rɪç] *adj* gnarled
Knospe <-, -n> [ˈknɔs·pə] *f* bud; ~n treiben to bud
knospen *vi* to bud
knoten [ˈknoː·tn̩] *vt* to knot
Knoten <-s, -> [ˈknoː·tn̩] *m* **①** (*Verschlingung*) knot **②** MED lump **③** (*Haarknoten*) bun
Knotenpunkt *m* AUTO, BAHN junction
knotig [ˈknoː·tɪç] *adj* **①** (*Knoten aufweisend*) knotty; ■~ sein *Haar* to be full of knots **②** (*knorrig*) *Baum, Holz, Finger* knotty, gnarled **③** MED nodular
Know-how <-s> [noː·ˈhau] *nt kein pl* expertise, know-how
knuddeln [ˈknʊ·dl̩n] *vt* (*fam*) ■jdn ~ to hug and kiss sb
knülle [ˈknʏ·lə] *adj* NORDD (*fam*) ■~ sein to be pie-eyed
knüllen [ˈknʏ·lən] **I.** *vt* to crumple [up *sep*] **II.** *vi* to crumple
Knüller <-s, -> [ˈknʏ·lɐ] *m* (*fam*) sensation; (*Nachricht*) scoop
knüpfen [ˈknʏp·fn̩] **I.** *vt* **①** (*verknoten*) to tie; *Netz* to mesh; *Teppich* to knot **②** (*gedanklich verbinden*) eine Bedingung an etw ~ to attach a condition to sth; Hoffnungen an etw ~ to pin hopes on sth **II.** *vr* ■sich *akk* an etw *akk* ~ to be linked with sth
Knüppel <-s, -> [ˈknʏ·pl̩] *m* cudgel, club; (*Polizeiknüppel*) nightstick
knüppeldick [ˈknʏ·pl̩·ˈdɪk] *adv* (*fam*) excessively; ~ auftragen to lay it on thick
knurren [ˈknʊ·rən] *vi, vt* to growl; (*wütend*) to snarl

knurrig [ˈknʊ·rɪç] *adj* grumpy
knusperig [ˈknʊs·pə·rɪç], **knusprig** [ˈknʊs·prɪç] *adj Brot, Braten* crisp[y]; *Brot a.* crusty; *Gebäck, Nüsse* crunchy
knutschen [ˈknuː·tʃn̩] (*fam*) **I.** *vt* to kiss **II.** *vi* ■[mit jdm] ~ to smooch [with sb]
Knutschfleck *m* (*fam*) love bite, hickey
Koala <-s, -s> [ko·ˈaː·la] *m,* **Koalabär** [ko·ˈaː·la-] *m* koala [bear]
koalieren* [ko·ʔa'liː·rən] *vi* ■[mit jdm] ~ to form a coalition [with sb]
Koalition <-, -en> [ko·ʔali·ˈtsi̯oːn] *f* coalition
Kobold <-[e]s, -e> [ˈkoː·bɔlt, *pl* ˈkoː·bɔl·də] *m* imp, goblin
Koch, Köchin <-s, Köche> [kox, ˈkœ·çɪn, *pl* ˈkœ·çə] *m, f* cook; (*Küchenchef*) chef
Kochbuch *nt* cookbook
kochen [ˈkɔ·xn̩] **I.** *vi* **①** (*Speisen zubereiten*) to cook **②** (*brodeln*) to boil; etw zum K~ bringen to bring sth to a boil; ~d heiß boiling hot **③** (*in Aufruhr sein*) to seethe; vor Wut ~ to seethe with rage **II.** *vt* **①** (*zubereiten*) to cook; Kaffee/Suppe ~ to make coffee/soup **②** *Wäsche* to wash hot
Kocher <-s, -> [ˈkɔ·xɐ] *m* cooker
Köchin <-, -nen> [ˈkœ·çɪn] *f fem form von* Koch
Kochkunst *f kein pl* art of cooking
Kochlöffel *m* wooden spoon
Kochnische *f* kitchenette
Kochplatte *f* **①** (*Herdplatte*) hotplate **②** (*transportabler Kocher*) small [electric] stove
Kochrezept *nt* recipe
Kochtopf *m* [cooking] pot; (*mit Stiel*) saucepan
Kochwäsche *f* laundry that can be washed in boiling-hot water
Kode <-s, -s> [koːt] *m* code
Köder <-s, -> [ˈkøː·dɐ] *m* bait
ködern [ˈkøː·dɐn] *vt* to lure; sich *akk* von jdm/etw ~ lassen to be tempted by sb/sth
Kodierung <-, -en> *f* coding
Koexistenz [ˈko·ʔɛksɪs·tɛnts] *f kein pl* coexistence
Koffein <-s> [kɔ·fe·ˈiːn] *nt kein pl* caffeine
koffeinfrei *adj* decaffeinated
koffeinhaltig *adj* containing caffeine *pred*
Koffer <-s, -> [ˈkɔ·fɐ] *m* suitcase
Kofferradio *nt* portable radio
Kofferraum *m* trunk
Kognak <-s, -s *o* -e> [ˈkɔn·jak] *m* brandy
kohärent [ko·hɛ·ˈrɛnt] *adj* coherent
Kohl <-[e]s, -e> [koːl] *m* cabbage
Kohldampf *m* (*fam*) ■~ haben to be starving
Kohle <-, -n> [ˈkoː·lə] *f* **①** (*Brennstoff*) coal **②** (*sl: Geld*) dough *no indef art* ▸ WENDUNGEN: wie auf [glühenden] ~n sitzen to be on tenterhooks
Kohlehydrat <-[e]s, -e> *nt s.* Kohlenhydrat
Kohlekraftwerk *nt* coal-fired power plant
Kohlendioxid *nt kein pl* carbon dioxide
Kohlengrube *f* coal mine
Kohlenhydrat <-[e]s, -e> *nt* carbohydrate
Kohlenmonoxid *nt kein pl* carbon monoxide

Kohlenpott *m* (*fam*) ▪**der** ~ the Ruhr [area]
Kohlensäure *f* carbonic acid; **mit** ~ carbonated; **ohne** ~ noncarbonated
kohlensäurehaltig *adj* carbonated
Kohleofen *m* [coal-burning] stove
Kohlkopf *m* [head of] cabbage
kohlrabenschwarz ['ko:l·'ra:·bn̩·'ʃvarts] *adj* jet-black
Kohlrabi <-[s], -[s]> [ko:l·'ra:·bi] *m* kohlrabi
Kohlroulade [-ru·la:·də] *f* stuffed cabbage
Koitus <-, - *o* -se> ['ko:i·tʊs] *m* coitus
Koje <-, -n> ['ko:·jə] *f* ❶NAUT bunk ❷(*fam: Bett*) bed; **sich** *akk* **in die** ~ **hauen** to hit the sack
Kojote <-n, -n> [ko·'jo:·tə] *m* coyote
Kokain <-s> [ko·ka·'i:n] *nt kein pl* cocaine
kokainsüchtig *adj* addicted to cocaine *pred*
kokeln ['ko:·kl̩n] *vi* (*fam*) to play with fire
kokett [ko·'kɛt] **I.** *adj* flirtatious **II.** *adv* flirtatiously
kokettieren* [ko·kɛ·'ti:·rən] *vi* ❶(*flirten*) to flirt ❷(*geh: liebäugeln*) **mit einem Gedanken** ~ to toy with an idea
Kokolores <-> [ko·ko·'lo:·rɛs] *m kein pl* (*fam*) nonsense
Kokosmilch *f* coconut milk
KokosnussRR *f* coconut
Koks[1] <-es, -e> [ko:ks] *m* ❶(*Brennstoff*) coke ❷*kein pl* (*sl: Geld*) dough *no indef art*
Koks[2] <-es> [ko:ks] *m o nt kein pl* (*sl: Kokain*) coke *fam*
koksen ['ko:k·sn̩] *vi* (*sl*) to snort [*or do*] coke
Kolben <-s, -> ['kɔl·bn̩] *m* ❶AUTO piston ❷(*Gewehrkolben*) butt ❸CHEM retort ❹(*Maiskolben*) cob
Kolbenstange *f* piston rod
Kolibakterien ['ko:·li·bak·te:·ri̯·ən] *pl* coliform bacteria *pl spec*
Kolik <-, -en> ['ko:·lɪk] *f* colic
kollabieren* [kɔ·la·'bi:·rən] *vi sein* to collapse
Kollaborateur(in) <-s, -e> [kɔ·la·bo·ra·'tø:ɐ] *m(f)* collaborator
kollaborieren* [kɔ·la·bo·'ri:·rən] *vi* to collaborate
Kollaps <-es, -e> ['kɔ·laps] *m* collapse
Kollege, Kollegin <-n, -n> [kɔ·'le:·gə] *m*, *f* colleague
kollegial [kɔ·le·'gi̯a:l] **I.** *adj* considerate and friendly (*towards one's colleagues*) **II.** *adv* in a considerate and friendly way
Kollegialität <-> [kɔ·le·gi̯a·li·'tɛːt] *f kein pl* friendly cooperation
Kollegin <-, -nen> *f fem form von* **Kollege**
Kollektion <-, -en> [kɔ·lɛk·'tsi̯o:n] *f* collection
Kollektiv <-s, -e> [kɔ·lɛk·'ti:f, *pl* -'ti:·və] *nt* collective
Koller <-s, -> ['kɔ·lɐ] *m* (*fam*) rage; **einen** ~ **bekommen** to fly into a rage
kollidieren* [kɔ·li·'di:·rən] *vi* ❶*sein* (*zusammenstoßen*) to collide ❷*sein o haben* (*unvereinbar sein*) to clash
Kollier <-s, -s> [kɔ·'li̯e:] *nt* necklace
Kollision <-, -en> [kɔ·li·'zi̯o:n] *f* collision

Kolloquium <-s, -ien> [kɔ·'lo:·kvi·ʊm, *pl* -kvi·ən] *nt* ÖSTERR (*kleinere Prüfung*) test
Köln <-s> [kœln] *nt* Cologne
Kölnischwasser, Kölnisch Wasser ['kœl·nɪʃ·va·sɐ] *nt* [eau de] cologne
kolonial [ko·lo·'ni̯a:l] *adj* colonial
Kolonie <-, -n> [ko·lo·'ni:, *pl* -'ni:·ən] *f* colony
Kolonisation <-, -en> [ko·lo·ni·za·'tsi̯o:n] *f* colonization
kolonisieren* [ko·lo·ni·'zi:·rən] *vt* ❶(*zur Kolonie machen*) to colonize ❷(*bevölkern*) ▪**etw** ~ to settle sth
Kolonne <-, -n> [ko·'lɔ·nə] *f* ❶AUTO line [of traffic]; (*von Polizei*) convoy ❷(*lange Reihe von Menschen*) column ❸(*eingeteilte Arbeitsgruppe*) gang
KolossRR <-es, -e>, **Koloß**ALT <-sses, -sse> [ko·'lɔs] *m* ❶(*fam: riesiger Mensch*) colossus ❷(*gewaltiges Gebilde*) colossal thing
kolossal [ko·lɔ·'sa:l] **I.** *adj* colossal; **eine** ~ **Dummheit begehen** to do sth incredibly stupid **II.** *adv* tremendously; **sich** *akk* ~ **verschätzen** to make a huge miscalculation
Kolumbianer(in) <-s, -> [ko·lʊm·'bi̯a·nɐ] *m(f)* Colombian; *s. a.* **Deutsche(r)**
kolumbianisch [ko·lʊm·'bi̯a·nɪʃ] *adj* Colombian; *s. a.* **deutsch**
Kolumbien <-s> [ko·'lʊm·bi̯·ən] *nt* Colombia; *s. a.* **Deutschland**
Kolumne <-, -n> [ko·'lʊm·nə] *f* column
Kolumnist(in) <-en, -en> [ko·lʊm·'nɪst] *m(f)* columnist
Koma <-s, -s *o* -ta> ['ko:·ma] *nt* coma
Kombi <-s, -s> ['kɔm·bi] *m* (*fam*) station wagon
Kombination <-, -en> [kɔm·bi·na·'tsi̯o:n] *f* ❶(*Zusammenstellung, Zahlenkombination*) combination ❷(*Schlussfolgerung*) conclusion ❸MODE outfit; (*Overall*) jumpsuit
Kombinationsgabe *f kein pl* powers *pl* of deduction
kombinieren* [kɔm·bi·'ni:·rən] **I.** *vt* to combine **II.** *vi* to deduce; **gut** ~ **können** to be good at deducing; **falsch/richtig** ~ to come to the wrong/right conclusion
Komet <-en, -en> [ko·'me:t] *m* comet
Komfort <-s> [kɔm·'fo:ɐ̯] *m kein pl* comfort
komfortabel [kɔm·fɔr·'ta:·bl̩] *adj* ❶(*großzügig ausgestattet*) luxurious ❷(*bequem*) comfortable
Komik <-> ['ko:·mɪk] *f kein pl* comic
Komiker(in) <-s, -> ['ko:·mɪ·kɐ] *m(f)* comedian
komisch ['ko:·mɪʃ] **I.** *adj* ❶(*zum Lachen reizend*) funny ❷(*sonderbar*) strange; **etw kommt jdm** ~ **vor** (*eigenartig*) sth seems funny/strange to sb; (*suspekt*) sth seems fishy to sb; **sich** *akk* ~ **fühlen** to feel funny **II.** *adv* (*eigenartig*) strangely
komischerweise *adv* (*fam*) strangely enough
Komitee <-s, -s> [ko·mi·'te:] *nt* committee
Komma <-s, -s *o* -ta> ['kɔ·ma, *pl* -ta] *nt* ❶(*Satzzeichen*) comma ❷MATH [decimal]

point

kommandieren* [kɔ·man·ˈdiː·rən] I. *vt* **①** (*befehligen*) to command **②** (*befehlen*) ■jdn irgendwohin ~ to order sb somewhere II. *vi* **①** (*befehlen*) to be in command **②** (*fam: Anweisungen erteilen*) ■[gern] ~ [to like] to give [the] orders

Kommando <-s, -s> [kɔ·ˈman·do] *nt* **①** (*Befehl, Befehlsgewalt*) command; **auf ~** on command; **das ~ haben** to be in command **②** (*abkommandierte Gruppe*) commando

Kommata *pl von* **Komma**

kommen <kam, gekommen> [ˈkɔ·mən] I. *vi sein* **①** (*eintreffen, hinkommen*) to come; **ich komme schon!** I'm coming!; **der Zug kommt aus Paris** the train is coming from Paris; **da kommt Anne/der Bus** there's Anne/the bus; **ist Post für mich gekommen?** was there any mail for me?; **wann soll das Baby ~?** when's the baby due?; **das Schlimmste kommt noch** the worst is yet to come; **als Erster/Letzter ~** to be the first/last to arrive; **mit dem Auto/Fahrrad ~** to come by car/bike; **zu Fuß ~** to come on foot **②** (*besuchen*) ■zu jdm ~ to visit sb, to come and see sb **③** (*gelangen*) ■irgendwohin ~ to get somewhere; **wie komme ich von hier zum Bahnhof?** how do I get to the train station from here?; **zu Fuß kommt man am schnellsten dahin** the quickest way [to get] there is to walk; **ans Ziel ~** to reach the finish line; **zu der Erkenntnis ~, dass ...** to realize that ...; **zu Geld ~** to come into money; **zu Kräften ~** to gain strength; **zu sich** *dat* **~** to regain consciousness **④** (*gehen, fahren*) to come; **kommst du mit uns ins Kino?** are you coming to the movies with us?; **durch einen Ort/Tunnel ~** to pass through a place/tunnel **⑤** (*stammen*) ■irgendwoher ~ to come from somewhere; **woher kommst du?** where are you from?; **ich komme aus Germersheim** I'm from Germersheim **⑥** (*an der Reihe sein*) **jd kommt an die Reihe** it's sb's turn; **ich komme zuerst an die Reihe** I'm first; **wer kommt [jetzt]?** whose turn is it [now]? **⑦** (*Aufenthalt beginnen*) **ins Gefängnis/Krankenhaus ~** to go to prison/to be admitted to a hospital; **in die Schule/Lehre ~** to start school/an apprenticeship **⑧** **den Arzt/ein Taxi ~ lassen** to send for the doctor/a taxi **⑨** (*herannahen*) to approach; (*eintreten, geschehen*) to come about; **das kam doch anders als erwartet** it/that turned out differently than expected; **es kam eins zum anderen** one thing led to another; **und so kam es, dass ...** and that's how it came about that ...; **wie kommt es, dass ...?** how come ...?; **es musste ja so ~** it/that was bound to happen; **es hätte viel schlimmer ~ können** it could have been much worse; **was auch immer ~ mag** whatever happens; **so weit ~, dass ...** to get to the point where ... **⑩** (*erfassen*) ■über jdn ~ *Gefühl* to come over sb; **jdm ~ die Trä-**

nen sb is starting to cry; **jdm ~ Zweifel, ob ...** sb doubts whether ... **⑪** (*geraten*) **wir kamen plötzlich ins Schleudern** we suddenly started to skid; **in Gefahr/Not ~** to get into danger/difficulty; **in Verlegenheit ~** to get embarrassed **⑫** (*Grund haben*) **das kommt davon, dass ...** that's because ...; **das kommt davon, wenn ...** that's what happens when ... **⑬** (*sich erinnern*) ■auf etw *akk* ~ to remember sth **⑭** (*Idee haben*) ■auf etw *akk* ~: **wie kommst du darauf?** what makes you think that? **⑮** ■hinter etw *akk* ~ *Pläne* to find out *sep* sth; **hinter ein Geheimnis ~** to uncover a secret **⑯** RADIO, TV (*gesendet werden*) to be on **⑰** (*Zeit finden*) ■zu etw *dat* ~ to get around to doing sth **⑱** (*ansprechen*) **auf etw** *akk* **zu sprechen ~** to get around to [talking about] sth; **ich werde gleich darauf ~** I'll come to that in a second; **auf einen Punkt/eine Angelegenheit ~** to broach a point/matter **⑲** (*sl: Orgasmus haben*) to come II. *vt sein* (*fam*) **die Reparatur kam mich sehr teuer** the repairs cost a lot [of money]

kommend *adj* **①** (*nächste*) coming, next **②** (*künftig*) future; **in den ~en Jahren** in the years to come

Kommentar <-s, -e> [kɔ·mɛn·ˈtaːɐ̯] *m* **①** (*Stellungnahme*) statement; (*Meinung*) opinion; **einen ~ [zu etw** *dat***] abgeben** to comment [on] sth; **kein ~!** no comment! **②** (*kommentierendes Werk*) commentary

kommentarlos *adj* without comment *pred*

Kommentator(in) <-s, -toren> [kɔ·mɛn·ˈtaː·toːɐ̯, kɔ·mɛn·ta·ˈtoː·rɪn, *pl* -ta'toːrən] *m(f)* commentator

kommentieren* [kɔ·mɛn·ˈtiː·rən] *vt* **①** (*Stellung nehmen*) ■etw ~ to comment on sth **②** (*erläutern*) to annotate

kommerzialisieren [kɔ·mɛr·tsi̯a·li·ˈziː·rən] *vt* to commercialize

kommerziell [kɔ·mɛr·ˈtsi̯ɛl] I. *adj* commercial II. *adv* commercially

Kommissar(in) <-s, -e> [kɔ·mɪ·ˈsaːɐ̯] *m(f)* commissioner

Kommissär(in) <-s, -e> [kɔ·mɪ·ˈsɛːɐ̯] *m(f)* ÖSTERR, SCHWEIZ inspector

Kommissariat <-[e]s, -e> [kɔ·mɪ·sa·ˈri̯aːt] *nt* **①** (*Amtszimmer des Polizeikommissars*) commissioner's office **②** ÖSTERR (*Polizeidienststelle*) police station

Kommissarin <-, -nen> *f fem form von* **Kommissar**

Kommissärin <-, -nen> *f fem form von* **Kommissär**

kommissarisch [kɔ·mɪ·ˈsaː·rɪʃ] I. *adj* temporary II. *adv* temporarily

Kommission <-, -en> [kɔ·mɪ·ˈsi̯oːn] *f* **①** (*Gremium, Ausschuss*) committee **②** (*EU-Kommission*) Commission **③** (*Auftrag*) commission; **etw in ~ geben** to commission sb to sell sth

Kommode <-, -n> [kɔ·ˈmoː·də] *f* bureau, dresser

kommunal [kɔ·mu·ˈnaːl] *adj* municipal

Kommunalpolitik *f* local politics *pl*
Kommunalwahl *f* local [government] elections *pl*
Kommune <-, -n> [kɔˈmuː·nə] *f* ❶ (*Gemeinde*) local authority ❷ (*Wohngemeinschaft*) commune
Kommunikation <-, -en> [kɔ·mu·ni·ka·ˈtsi̯oːn] *f* communication
Kommunikationsmittel *nt* means of communication + *sing vb*
Kommunikationsweg *m* channel of communication
Kommunion <-, -en> [kɔ·mu·ˈni̯oːn] *f* (*Sakrament der katholischen Kirche*) Holy Communion; (*Erstkommunion*) First Communion
Kommunismus <-> [kɔ·mu·ˈnɪs·mʊs] *m kein pl* communism
Kommunist(in) <-en, -en> [kɔ·mu·ˈnɪst] *m(f)* communist
kommunistisch [kɔ·mu·ˈnɪs·tɪʃ] *adj* communist
kommunizieren* [kɔ·mu·ni·ˈtsiː·rən] *vi* ❶ (*sich verständigen*) to communicate ❷ REL to receive/take Holy Communion
Komödie <-, -n> [ko·ˈmøː·di̯ə] *f* ❶ (*Bühnenstück*) comedy ❷ (*pej: Verstellung*) play-acting
Kompagnon <-s, -s> [ˈkɔm·pa·njɔŋ] *m* partner
kompakt [kɔm·ˈpakt] *adj* compact
Komparativ <-s, -e> [ˈkɔm·pa·ra·tiːf] *m* comparative
Kompass^RR <-es, -e>, **Kompaß**^ALT <-sses, -sse> [ˈkɔm·pas] *m* compass
kompatibel [kɔm·pa·ˈtiː·bl̩] *adj* compatible
Kompatibilität <-, -en> [kɔm·pa·ti·bi·li·ˈtɛt] *f* compatibility
Kompensation <-, -en> [kɔm·pɛn·za·ˈtsi̯oːn] *f* compensation
kompensieren* [kɔm·pɛn·ˈziː·rən] *vt* to compensate
kompetent [kɔm·pe·ˈtɛnt] **I.** *adj* ❶ (*sachverständig*) competent ❷ (*zuständig*) responsible **II.** *adv* competently
Kompetenz <-, -en> [kɔm·pe·ˈtɛnts] *f* ❶ (*Befähigung*) competence ❷ (*Befugnis*) responsibility
komplett [kɔm·ˈplɛt] **I.** *adj* complete **II.** *adv* completely
komplex [kɔm·ˈplɛks] **I.** *adj* complex **II.** *adv* complexly, in a complicated manner *pred*; ~ **aufgebaut sein** to have a complex structure
Komplex <-es, -e> [kɔm·ˈplɛks] *m* complex
Komplexität <-> [kɔm·plɛ·ksi·ˈtɛt] *f kein pl* (*geh*) complexity
Komplikation <-, -en> [kɔm·pli·ka·ˈtsi̯oːn] *f* complication
Kompliment <-[e]s, -e> [kɔm·pli·ˈmɛnt] *nt* compliment; **jdm ein ~ machen** to pay sb a compliment
Komplize, Komplizin <-n, -n> [kɔm·ˈpliː·tsə] *m, f* accomplice
komplizieren* [kɔm·pli·ˈtsiː·rən] **I.** *vt* to complicate **II.** *vr* ■ **sich** *akk* ~ to become complicat-

ed
kompliziert **I.** *adj* complicated **II.** *adv* in a complicated manner *pred*
Komplizin <-, -nen> *f fem form von* **Komplize**
Komplott <-[e]s, -e> [kɔm·ˈplɔt] *nt* plot
Komponente <-, -n> [kɔm·po·ˈnɛn·tə] *f* component
komponieren* [kɔm·po·ˈniː·rən] *vt, vi* to compose
Komponist(in) <-en, -en> [kɔm·po·ˈnɪst] *m(f)* composer
Kompositum <-s, Komposita> [kɔm·ˈpoː·zi·tʊm, *pl* kɔm·ˈpoː·zi·ta] *nt* compound
Kompost <-[e]s, -e> [kɔm·ˈpɔst] *m* compost
Komposthaufen *m* compost pile
kompostieren* [kɔm·pɔs·ˈtiː·rən] *vt* to compost
Kompott <-[e]s, -e> [kɔm·ˈpɔt] *nt* compote
komprimieren* [kɔm·pri·ˈmiː·rən] *vt* to compress
Kompromiss^RR <-es, -e>, **Kompromiß**^ALT <-sses, -sse> [kɔm·pro·ˈmɪs] *m* compromise; **fauler ~** false compromise
kompromissbereit^RR *adj* willing to compromise *pred*; **eine ~e Haltung** a willingness to compromise
Kompromissbereitschaft^RR *f* willingness to compromise
kompromisslos^RR *adj* ❶ (*zu keinem Kompromiss bereit*) uncompromising ❷ (*uneingeschränkt*) unqualified
Kompromisslösung^RR *f* compromise
kompromittieren* [kɔm·pro·mɪ·ˈtiː·rən] *vt* ■ **jdn ~** to compromise sb; ■ **sich** *akk* ~ to compromise oneself
kondensieren* [kɔn·dɛn·ˈziː·rən] *vi, vt sein o haben* to condense
Kondensmilch *f* condensed milk
Kondenswasser *nt kein pl* condensation
Kondition <-, -en> [kɔn·di·ˈtsi̯oːn] *f* ❶ (*Leistungsfähigkeit*) [physical] fitness; [**keine**] ~ **haben** to [not] be fit ❷ (*Bedingung*) condition
Konditionstraining *nt* fitness training
Konditor(in) <-s, -toren> [kɔn·ˈdiː·toːɐ̯, kɔn·di·ˈtoː·rɪn, *pl* -di·ˈtoː·rən] *m(f)* pastry chef, confectioner
Konditorei <-, -en> [kɔn·di·to·ˈrai] *f* pastry shop
Konditorin <-, -nen> *f fem form von* **Konditor**
Kondolenzschreiben *nt* letter of condolence
kondolieren* [kɔn·do·ˈliː·rən] *vi* (*geh*) ■ [**jdm**] ~ to pay one's condolences [to sb]
Kondom <-s, -e> [kɔn·ˈdoːm] *m o nt* condom
Kondor <-s, -e> [ˈkɔn·doːɐ̯] *m* condor
Konfekt <-[e]s, -e> [kɔn·ˈfɛkt] *nt* confections *pl*
Konfektion <-, -en> [kɔn·fɛk·ˈtsi̯oːn] *f pl selten* ready-made clothing
Konfektionsgröße *f* size
Konferenz <-, -en> [kɔn·fe·ˈrɛnts] *f* ❶ (*Besprechung*) conference ❷ (*Komitee*) committee

Konferenzsaal *m* conference hall
Konferenzschaltung *f* conference call function
Konfession <-, -en> [kɔn·fɛ·'si̯oːn] *f* denomination
konfessionell [kɔn·fɛ·si̯o·'nɛl] I. *adj* denominational II. *adv* denominationally
konfessionslos *adj* not belonging to any denomination
Konfiguration <-, -en> [kɔn·fi·gu·ra·'tsi̯oːn] *f* COMPUT configuration
konfigurieren [kɔn·fi·gu·'riː·rən] *vt* COMPUT to configure
Konfirmand(in) <-en, -en> [kɔn·fɪr·'mant, *pl* -'man·dn̩] *m(f)* confirmand
Konfirmation <-, -en> [kɔn·fɪr·ma·'tsi̯oːn] *f* confirmation
konfirmieren* [kɔn·fɪr·'miː·rən] *vt* to confirm
konfiszieren* [kɔn·fɪs·'tsiː·rən] *vt* to confiscate
Konfitüre <-, -n> [kɔn·fi·'tyː·rə] *f* jam, preserves *pl*
Konflikt <-s, -e> [kɔn·'flɪkt] *m* conflict
Konfliktherd *m* area of conflict
Konfliktlösung *f* solution to a conflict
Konfliktstoff *m* cause of conflict
Konföderation <-, -en> [kɔn·fø·de·ra·'tsi̯oːn] *f* confederation
konform [kɔn·'fɔrm] *adj* concurrent; **mit jdm** [**in etw** *dat*] ~ **gehen** to agree with sb [on sth]
konformistisch *adj* conformist
Konfrontation <-, -en> [kɔn·frɔn·ta·'tsi̯oːn] *f* confrontation
Konfrontationskurs *m* confrontational course
konfrontieren* [kɔn·frɔn·'tiː·rən] *vt* to confront
konfus [kɔn·'fuːs] I. *adj* confused II. *adv* confusedly
Konfusion <-, -en> [kɔn·fu·'zi̯oːn] *f* confusion
Kongress^RR <-es, -e>, **Kongreß**^ALT <-sses, -sse> [kɔn·'grɛs] *m* ❶ (*Fachtagung*) congress ❷ (*Parlament der USA*) ■ **der** ~ Congress
Kongresshalle^RR *f* conference hall
König <-s, -e> ['køː·nɪç] *m* king
Königin <-, -nen> ['køː·nɪ·gɪn] *f* fem form von **König** queen
königlich ['køː·nɪk·lɪç] I. *adj* ❶ (*dem König gehörend*) royal ❷ (*großzügig*) handsome II. *adv* ❶ (*fam: köstlich*) ■ **sich** *akk* ~ **amüsieren** to have a whale of a time ❷ (*großzügig*) handsomely
Königreich ['køː·nɪk·raiç] *nt* kingdom
königstreu *adj* loyal to the king *pred*
Königtum <-, -tümer> ['køː·nɪç·tuːm] *nt* ❶ *kein pl* (*Monarchie*) monarchy ❷ (*veraltend*) *s.* **Königreich**
Konjugation <-, -en> [kɔn·ju·ga·'tsi̯oːn] *f* conjugation
konjugieren* [kɔn·ju·'giː·rən] *vt* to conjugate
Konjunktur <-, -en> [kɔn·jʊŋk·'tuɐ̯] *f* state of the economy; **steigende/rückläufige** ~ [economic] boom/slump

konjunkturell [kɔn·jʊŋk·tu·'rɛl] *adj* economic
Konjunkturlage *f* state of the economy
Konjunkturpolitik *f* economic policy
konkret [kɔn·'kreːt] I. *adj* concrete II. *adv* specifically; **das kann ich Ihnen noch nicht** ~ **sagen** I can't tell you for sure yet
konkretisieren* [kɔn·kre·ti·'ziː·rən] *vt* to clearly define
Konkurrent(in) <-en, -en> [kɔn·kʊ·'rɛnt] *m(f)* competitor
Konkurrenz <-, -en> [kɔn·kʊ·'rɛnts] *f* ❶ (*Konkurrent*) competitor; **keine** ~ [**für jdn**] **sein** to be no competition [for sb] ❷ *kein pl* (*Wettbewerb*) competition; **mit jdm in** ~ **stehen** to be in competition with sb; **außer** ~ unofficially
konkurrenzfähig *adj* competitive
Konkurrenzkampf *m* competition; (*zwischen Menschen*) rivalry
konkurrenzlos I. *adj* ■ ~ **sein** to have no competition II. *adv* incomparably; **mit unseren Preisen sind wir** ~ **billig** nobody can match our low prices
konkurrieren* [kɔn·kʊ·'riː·rən] *vi* to compete
Konkurs <-es, -e> [kɔn·'kʊrs] *m* bankruptcy; ~ **machen** (*fam*) to go bankrupt; ~ **anmelden** to declare oneself bankrupt
Konkursverfahren *nt* bankruptcy proceedings *pl*
können ['kœ·nən] I. *vt* <kann, konnte, gekonnt> ❶ (*beherrschen*) ■ **etw** ~ to know sth; **eine Sprache** ~ to speak a language ❷ (*verantwortlich sein*) **etwas/nichts für etw** *akk* ~ to be able/not be able to do anything about sth ▸ WENDUNGEN: **du kannst mich mal** (*euph sl*) kiss my ass! *vulg*, fuck off! *vulg* II. *vi* <kann, konnte, gekonnt> to be able; **nicht mehr** ~ (*erschöpft sein*) to not be able to go on; (*überfordert sein*) to have had enough; (*satt sein*) to be full; **noch** ~ (*weitermachen können*) to be able to continue; (*weiteressen können*) to be able to eat more; **wie konntest du nur!** how could you?! III. *modal vb* <kann, konnte, können> ❶ (*fähig sein*) ■ **etw tun** ~ to be able to do sth ❷ (*dürfen*) **kann ich das Foto sehen?** can I see the picture? ❸ (*möglicherweise sein*) **solche Dinge** ~ **eben manchmal passieren** these things [can] happen sometimes; [**ja,**] **kann sein** [yes,] that's possible; **könnte es nicht sein, dass ...?** could it be that ...?
Können <-s> ['kœ·nən] *nt kein pl* ability
konnte ['kɔn·tə] *imp von* **können**
Konsens <-es, -e> [kɔn·'zɛns] *m* (*geh*) consensus
konsequent [kɔn·ze·'kvɛnt] I. *adj* consistent; ■ ~ **sein** to be consistent (**bei/in** +*dat* in) II. *adv* consistently
Konsequenz <-, -en> [kɔn·ze·'kvɛnts] *f* ❶ (*Folge*) consequence; ~ **en** [**für jdn**] **haben** to have consequences [for sb]; **die** ~ **en tragen** to take the consequences ❷ *kein pl* (*Unbeirrbarkeit*) consistency
konservativ [kɔn·zɛr·va·'tiːf] I. *adj* conserva-

tive **II.** *adv* ~ **eingestellt sein** to have a conservative attitude

Konserve <-, -n> [kɔn·'zɛr·və] *f* preserved food

Konservenbüchse [kɔn·'zɛr·vən-] *f*, **Konservendose** *f* can

konservieren* [kɔn·zɛr·'viː·rən] *vt* to preserve

Konservierung <-, -en> [kɔn·zɛr·'viː·rʊŋ] *f* preservation

Konservierungsmittel *nt* preservative

Konsistenz <-> [kɔn·zɪs·'tɛnts] *f kein pl* (*geh*) consistency

Konsole <-, -n> [kɔn·'zoː·lə] *f* ❶ (*Bord*) shelf ❷ (*Bedienerkonsole*) console

Konsonant <-en, -en> [kɔn·zo·'nant] *m* consonant

Konsorten [kɔn·'zɔr·tn̩] *pl* (*pej*) **Miller und ~** Miller and his gang

Konsortium <-s, -ien> [kɔn·'zɔr·tsi·ʊm, *pl* -'zɔr·tsi·ən] *nt* consortium

konspirativ [kɔn·spi·ra·'tiːf] *adj* (*geh*) conspiratorial

konstant [kɔn·'stant] **I.** *adj* constant **II.** *adv* constantly

Konstante <-[n], -n> [kɔn·'stan·tə] *f* constant

Konstellation <-, -en> [kɔn·stɛ·la·'tsi̯oːn] *f* constellation

konsternieren* [kɔn·stɛr·'niː·rən] *vt* (*geh*) to consternate

Konstitution <-, -en> [kɔn·sti·tu·'tsi̯oːn] *f* constitution

konstitutionell [kɔn·sti·tu·tsi̯o·'nɛl] *adj* constitutional; **~e Monarchie** constitutional monarchy

konstruieren* [kɔn·stru·'iː·rən] *vt* ❶ (*aufbauen*) to construct ❷ (*entwerfen*) to design

Konstrukteur(in) <-s, -e> [kɔn·strʊk·'tøːɐ̯] *m(f)* designer

Konstruktion <-, -en> [kɔn·strʊk·'tsi̯oːn] *f* ❶ (*Bauweise*) construction ❷ (*Entwurf*) design

Konstruktionsfehler *m* ❶ (*Fehler im Entwurf*) design fault ❷ (*herstellungsbedingter Fehler*) construction fault

konstruktiv [kɔn·strʊk·'tiːf] **I.** *adj* constructive **II.** *adv* constructively

Konsul(in) <-s, -n> ['kɔn·zʊl] *m(f)* consul

Konsulat <-[e]s, -e> [kɔn·zu·'laːt] *nt* consulate

Konsulin <-, -nen> *f fem form von* **Konsul**

konsultieren* [kɔn·zʊl·'tiː·rən] *vt* ■ **jdn** ~ to consult sb (**wegen** +*gen* about); ■ **etw** ~ to consult sth

Konsum <-s> [kɔn·'zuːm] *m kein pl* consumption

Konsument(in) <-en, -en> [kɔn·zu·'mɛnt] *m(f)* consumer

Konsumgesellschaft *f* consumer society

Konsumgüter *pl* consumer goods

konsumieren* [kɔn·zu·'miː·rən] *vt* to consume

konsumorientiert *adj* consumer-orientated

Konsumverhalten *nt* consumer behavior

Kontakt <-[e]s, -e> [kɔn·'takt] *m a.* ELEK contact; **mit jdm** ~ **aufnehmen** to get in touch with sb; [**mit jdm**] **in** ~ **bleiben** to keep in touch [with sb]; **keinen** ~ **mehr** [**zu jdm**] **haben** to have lost touch [with sb]; **mit jdm in** ~ **kommen** to come into contact with sb

Kontaktanzeige *f* personal [ad]

kontaktarm *adj* ■ ~ **sein** to have little contact with other people

kontaktfreudig *adj* ■ ~ **sein** to be sociable

Kontaktlinse *f* contact lens

Kontaktperson *f* contact [person]

Kontamination <-, -en> [kɔn·ta·mi·na·'tsi̯oːn] *f* contamination

kontaminieren* [kɔn·ta·mi·'niː·rən] *vt* to contaminate

Konten ['kɔn·tn̩] *pl von* **Konto**

Konter <-s, -> ['kɔn·tɐ] *m* SPORT counterattack

kontern ['kɔn·tɐn] *vt, vi* to counter

Kontext <-[e]s, -e> ['kɔn·tɛkst] *m* context

Kontinent <-[e]s, -e> ['kɔn·ti·nɛnt] *m* continent

kontinental [kɔn·ti·nɛn·'taːl] *adj* continental

Kontingent <-[e]s, -e> [kɔn·tɪŋ·'gɛnt] *nt* ❶ MIL contingent ❷ (*Teil einer Menge*) quota

kontinuierlich [kɔn·ti·nu·'iːɐ̯·lɪç] **I.** *adj* continuous **II.** *adv* continuously

Kontinuität <-> [kɔn·ti·nui·'tɛt] *f kein pl* (*geh*) continuity

Konto <-s, Konten> ['kɔnto, *pl* 'kɔn·tn̩] *nt* account ▸ WENDUNGEN: **auf jds** ~ **gehen** (*fam: verantworten*) to be sb's fault; (*bezahlen*) to be on sb

Kontoauszug *m* bank statement

Kontoinhaber(in) *m(f)* account holder

Kontonummer *f* account number

Kontostand *m* account balance

kontra ['kɔn··tra] *adv* against

Kontrahent(in) <-en, -en> [kɔn·tra·'hɛnt] *m(f)* (*geh*) adversary

kontrahieren* [kɔn·tra·'hiː·rən] *vi, vr* ■ [**sich** *akk*] ~ to contract

Kontraktion <-, -en> [kɔn·trak·'tsi̯oːn] *f* contraction

kontraproduktiv ['kɔn·tra·pro·dʊk·tiːf] *adj* counterproductive

Kontrapunkt ['kɔn·tra·pʊŋkt] *m* counterpoint

konträr [kɔn·'trɛːɐ̯] *adj* (*geh*) contrary

Kontrast <-[e]s, -e> [kɔn·'trast] *m* contrast; **im** ~ **zu etw** *dat* **stehen** to contrast with sth

kontrastieren* [kɔn·tras·'tiː·rən] *vi* (*geh*) to contrast

Kontrastprogramm *nt* alternative program

kontrastreich *adj* rich in contrast

KontrolllampeALT *f s.* **Kontrolllampe**

Kontrolle <-, -n> [kɔn·'trɔ·lə] *f* ❶ (*Überprüfung*) check; **eine** ~ **durchführen** to conduct an inspection ❷ (*Überwachung*) monitoring ❸ (*Herrschaft*) control (**über** +*akk* of); **etw unter** ~ **bringen** to bring sth under control; **jdn/etw unter** ~ **haben** to have sb/sth under control; **die** ~ **über etw/sich** *akk* **verlieren** to lose control of sth/oneself

Kontrolleur(in) <-s, -e> [kɔn·trɔ·'løːɐ̯] *m(f)* inspector

Kontrollfunktion *f* supervisory function

kontrollierbar *adj* ❶ (*beherrschbar*) controllable ❷ (*überprüfbar*) verifiable

kontrollieren* [kɔn·trɔ·'liː·rən] *vt* ❶ (*überprüfen*) to check; ■ **etw auf etw ~** to check sth for sth ❷ (*überwachen*) to monitor ❸ (*beherrschen*) to control

Kontrolllampeᴿᴿ *f* indicator light

Kontrollturm *m* control tower

kontrovers [kɔn·tro·'vɛrs] **I.** *adj* ❶ (*gegensätzlich*) *Meinungen* conflicting ❷ (*umstritten*) *Thema* controversial **II.** *adv* in an argumentative manner *pred*

Kontroverse <-, -n> [kɔn·tro·'vɛr·zə] *f* conflict

Kontur <-, -en> [kɔn·'tuːɐ̯] *f meist pl* contour; **~ gewinnen** to take shape; **an ~ verlieren** to become less clear

Konvention <-, -en> [kɔn·vɛn·'tsi̯oːn] *f* convention

Konventionalstrafe *f* fixed penalty

konventionell [kɔn·vɛn·tsi̯o·'nɛl] **I.** *adj* conventional **II.** *adv* conventionally

Konversation <-, -en> [kɔn·vɛr·za·'tsi̯oːn] *f* conversation

Konversion <-, -en> [kɔn·vɛr·'zi̯oːn] *f* conversion

konvertieren* [kɔn·vɛr·'tiː·rən] *vi sein o haben* to convert (**zu** +*dat* to)

Konvoi <-s, -s> ['kɔn·vɔy] *m* convoy

Konzentrat <-[e]s, -e> [kɔn·tsɛn·'traːt] *nt* concentrate

Konzentration <-, -en> [kɔn·tsɛn·tra·'tsi̯oːn] *f* concentration (**auf** +*akk* on)

Konzentrationsfähigkeit *f kein pl* ability to concentrate

Konzentrationslager *nt* concentration camp

Konzentrationsschwäche *f* short attention span, weak concentration

konzentrieren* [kɔn·tsɛn·'triː·rən] **I.** *vr* ■ **sich** *akk* **~** to concentrate (**auf** +*akk* on) **II.** *vt* to concentrate

konzentriert I. *adj* ❶ *Aufmerksamkeit* focused ❷ CHEM concentrated **II.** *adv* with focus; **sie haben ~ gespielt** they played with focus; **~ zuhören** to listen intently

Konzept <-[e]s, -e> [kɔn·'tsɛpt] *nt* ❶ (*Entwurf*) draft; **als ~** in draft form ❷ (*Plan*) plan, concept; **jdn aus dem ~ bringen** to throw sb for a loop *fam;* **aus dem ~ geraten** to lose one's train of thought; **jdm nicht ins ~ passen** to not fit in with sb's plans

Konzeption <-, -en> [kɔn·tsɛp·'tsi̯oːn] *f* (*geh*) concept

Konzern <-s, -e> [kɔn·'tsɛrn] *m* group

Konzert <-[e]s, -e> [kɔn·'tsɛrt] *nt* concert

Konzertflügel *m* concert grand

Konzertsaal *m* concert hall

Konzession <-, -en> [kɔn·tsɛ·'si̯oːn] *f* concession (**an** +*akk* to)

konzipieren* [kɔn·tsi·'piː·rən] *vt* to plan

Kooperation <-, -en> [ko·ʔope·ra·'tsi̯oːn] *f* cooperation

kooperativ [ko·ʔope·ra·'tiːf] *adj* cooperative

kooperieren* [ko·ʔope·'riː·rən] *vi* to cooperate

Koordinate <-, -n> [ko·ʔɔr·di·'naː·tə] *f* coordinate

Koordination <-, -en> [ko·ʔɔr·di·na·'tsi̯oːn] *f* coordination

Koordinator(in) <-s, -toren> [ko·ʔɔr·di·'naː·toɐ̯, -na·'toː·rɪn, *pl* -'toː·rən] *m(f)* coordinator

koordinieren* [ko·ʔɔr·di·'niː·rən] *vt* to coordinate

Kopf <-[e]s, Köpfe> [kɔpf, *pl* 'kœp·fə] *m* ❶ (*Haupt*) head; **von ~ bis Fuß** from head to toe; **einen roten ~ bekommen** to go red [in the face] ❷ (*oberer Teil*) head; (*Briefkopf*) letterhead; **~ oder Zahl?** (*bei Münzen*) heads or tails? ❸ (*Gedanken*) head; **etw will jdm nicht aus dem ~** sb can't get sth out of one's head; **sich** *dat* **etw durch den ~ gehen lassen** to mull sth over; **nichts als Sport/Arbeit im ~ haben** to think of nothing but sports/ work; **sich** *dat* [**über etw**] **den ~ zerbrechen** (*fam*) to rack one's brain [over sth] ❹ (*Verstand, Intellekt*) mind; **nicht ganz richtig im ~ sein** (*fam*) to be not quite right in the head ❺ (*Wille*) mind; **seinen eigenen ~ haben** (*fam*) to have a mind of one's own; **seinen ~ durchsetzen** to get one's way ❻ (*Person*) head; ■ **der ~ einer S.** *gen* the person behind sth; **pro ~** per person ▶ WENDUNGEN: [**bei etw** *dat*] **~ und Kragen riskieren** (*fam*) to risk life and limb [doing sth]; **mit dem ~ durch die Wand** [**rennen**] **wollen** (*fam*) to be determined to get one's way; **~ hoch!** [keep your] chin up!; **jdn einen ~ kürzer machen** (*sl*) to chop sb's head off; **nicht auf den ~ gefallen sein** (*fam*) to not have been born yesterday; **etw auf den ~ hauen** (*fam*) to spend all of sth; **etw auf den ~ stellen** (*gründlich durchsuchen*) to turn sth upside down; (*ins Gegenteil verkehren*) to turn sth on its head; **jdn vor den ~ stoßen** to offend sb

Kopf-an-Kopf-Rennen *nt* (*a. fig*) neck-and-neck race

Kopfarbeit *f* brain work

Kopfball *m* header

Kopfbedeckung *f* headgear

Kopfbewegung *f* movement of the head

Köpfchen ['kœpf·çən] *nt* ▶ WENDUNGEN: **~ haben** (*fam*) to have brains

köpfen ['kœp·fn̩] **I.** *vt* (*fam: enthaupten*) to behead **II.** *vi* SPORT to head the ball

Kopfende *nt* head

Kopfhaut *f* scalp

Kopfhörer *m* headphones *pl*

Kopfkissen *nt* pillow

kopflos I. *adj* ❶ (*ganz verwirrt*) confused ❷ (*enthauptet*) headless **II.** *adv* in a bewildered manner

Kopfmensch *m* (*fam*) cerebral person

Kopfrechnen *nt* mental arithmetic

Kopfsalat *m* lettuce
kopfscheu *adj* ▶WENDUNGEN: **jdn ~ machen** (*fam*) to confuse sb; **~ werden** (*fam*) to get confused
Kopfschmerz *m meist pl* headache; **jdm ~en machen** (*fam*) to give sb a headache
Kopfschmerztablette *f* pain reliever
kopfschüttelnd I. *adj* shaking one's head *pred* **II.** *adv* with a shake of the head
Kopfstand *m* headstand
Kopfsteinpflaster *nt* cobblestones *pl*
Kopfstütze *f* headrest
Kopftuch *nt* headscarf
kopfüber [kɔpf·'ʔyːbɐ] *adv* head first
Kopfweh *nt s.* **Kopfschmerz**
Kopfzeile *f* header
Kopfzerbrechen *nt* ▶WENDUNGEN: **jdm ~ bereiten** to make sb's head hurt; **sich** *dat* **über jdn/etw ~ machen** to worry about sb/sth
Kopie <-, -n> [ko·'piː, *pl* ko·'piː·ən] *f* copy
kopieren* [ko·'piː·rən] *vt* to copy
Kopierer <-s, -> *m* (*fam*), **Kopiergerät** *nt* [photo]copier
Kopierschutz *m* copy protection
Kopiersperre *f* copy protection [device]
Kopilot(in) ['koː·pi·loːt] *m(f)* copilot
Koppel <-, -n> ['kɔ·pl] *f* pasture
koppeln ['kɔ·pl̩n] *vt* ❶ (*anschließen*) to connect (**an** +*akk* to) ❷ (*miteinander verbinden*) to couple (**an** +*akk* to)
Kopp(e)lung <-, -en> *f* connection
kopulieren* [ko·pu·'liː·rən] *vi* to copulate
Koralle <-, -n> [ko·'ra·lə] *f* coral
Korallenriff *nt* coral reef
Koran <-s> [ko·'raːn] *m kein pl* Koran
Koranvers *m* REL Koranic verse, sura
Korb <-[e]s, Körbe> [kɔrp, *pl* 'kœr·bə] *m* ❶ a. SPORT basket; **einen ~ erzielen** to score a basket ❷ *kein pl* (*Weidengeflecht*) wicker ❸ (*fam: Abfuhr*) rejection; **[von jdm] einen ~ bekommen** to be rejected [by sb]; (*bei einem Date*) to get stood up [by sb]; **jdm einen ~ geben** to turn sb down; (*bei einem Date*) to stand sb up
Korbball *m* netball (*a game that resembles basketball without the backboards*)
Kord <-[e]s, -e> [kɔrt] *m s.* **Cord**
Kordel <-, -n> ['kɔr·dl̩] *f* cord
Korea <-s> [ko·'reːa] *nt* Korea; *s. a.* **Deutschland**
Koreaner(in) [ko·re·'aː·nɐ] *m(f)* Korean; *s. a.* **Deutsche(r)**
koreanisch [ko·re·'aː·nɪʃ] *adj* Korean; *s. a.* **deutsch**
Koriander <-s, -> [ko·'ri̯an·dɐ] *m* coriander
Korinthe <-, -n> [ko·'rɪn·tə] *f* current
Korinthenkacker(in) <-s, -> *m(f)* (*pej fam*) nitpicker
Kork <-[e]s, -e> [kɔrk] *m* cork
Korken <-s, -> ['kɔr·kn̩] *m* cork
Korkenzieher <-s, -> *m* corkscrew
Korn¹ <-[e]s, Körner> [kɔrn, *pl* 'kœr·nɐ] *nt*

❶ (*Samenkorn*) grain ❷ (*Getreide*) corn, grain
Korn² <-[e]s, -> [kɔrn] *m* (*Kornbranntwein*) schnapps
Körnchen <-s, -> ['kœrn·çən] *nt dim von* **Korn¹** grain; **ein ~ Wahrheit** a grain of truth
Kornfeld ['kɔrn·fɛlt] *nt* cornfield
körnig ['kœr·nɪç] *adj* granular
Körper <-s, -> ['kœr·pɐ] *m* body; **am ganzen ~** all over
Körperbau *m kein pl* physique
Körperbeherrschung *f kein pl* body control
Körperbehinderte(r) *f(m)* physically disabled person
Körperfülle *f* corpulence
Körpergeruch *m* body odor
Körpergewicht *nt* weight
Körpergröße *f* size
Körperhaltung *f* posture
Körperkontakt *m* body contact
körperlich I. *adj* physical **II.** *adv* physically; **~ arbeiten** to do physical labor
Körperpflege *f* personal hygiene
Körpersprache *f* body language
Körperteil *m* part of the body, body part
Körperverletzung *f* bodily harm; **fahrlässige ~** bodily injury caused by negligence; **schwere ~** aggravated assault
korpulent [kɔr·pu·'lɛnt] *adj* (*geh*) corpulent
korrekt [kɔ·'rɛkt] **I.** *adj* correct **II.** *adv* correctly
Korrektheit <-> *f kein pl* correctness
Korrektur <-, -en> [kɔ·rɛk·'tuːɐ] *f* correction; **von Schularbeiten** grading; **[etw] ~ lesen** to proofread [sth]
Korrespondent(in) <-en, -en> [kɔ·rɛs·pɔn·'dɛnt] *m(f)* correspondent
Korrespondenz <-, -en> [kɔ·rɛs·pɔn·'dɛnts] *f* correspondence
korrespondieren* *vi* ❶ (*in Briefwechsel stehen*) to correspond (**mit** +*dat* with) ❷ (*geh: entsprechen*) ■ **mit etw** *dat* **~** to correspond to sth
Korridor <-s, -e> ['kɔ·ri·doːɐ] *m* corridor
korrigierbar *adj* correctable
korrigieren* [kɔ·ri·'giː·rən] *vt* to correct; **Klassenarbeit, Aufsatz** to grade; **Manuskript** to proofread
korrupt [kɔ·'rʊpt] *adj* corrupt
Korruption <-, -en> [kɔ·rʊp·'tsi̯oːn] *f* corruption
Korse, Korsin <-n, -n> ['kɔr·zə] *m, f* Corsican; *s. a.* **Deutsche(r)**
Korsika <-s> ['kɔr·zi·ka] *nt kein pl* Corsica
Korsin <-, -nen> *f fem form von* **Korse**
korsisch ['kɔr·sɪʃ] *adj* Corsican; *s. a.* **deutsch**
Kosak(in) <-en, -en> [ko·'zak] *m(f)* Cossack
koscher ['koː·ʃɐ] **I.** *adj* kosher ▶WENDUNGEN: **nicht [ganz] ~ sein** to not be [entirely] on the level **II.** *adv* according to kosher requirements
Kosename *m* pet name
Kosewort *nt* term of endearment
Kosmetik <-> [kɔs·'meː·tɪk] *f kein pl* cosmetics *pl*
Kosmetiker(in) <-s, -> [kɔs·'meː·ti·kɐ] *m(f)*

K

beautician

kosmetisch [kɔs·'me:·tɪʃ] **I.** *adj* cosmetic **II.** *adv* cosmetically

kosmisch ['kɔs·mɪʃ] *adj* cosmic

Kosmonaut(in) <-en, -en> [kɔs·mo·'naut] *m(f)* cosmonaut

Kosmopolit(in) <-en, -en> [kɔs·mo·po·'li:t] *m(f)* (*geh*) cosmopolitan

Kosmos <-> ['kɔs·mɔs] *m kein pl* cosmos

Kosovo <-s> ['kɔ·sɔ·vɔ] *m* Kosovo

Kost <-> [kɔst] *f kein pl* food; [freie] **~ und Logis** [free] room and board; **geistige ~** intellectual fare

kostbar ['kɔst·ba:ɐ̯] *adj* valuable, precious; **jdm ~ sein** to mean a lot to sb

Kostbarkeit <-, -en> *f* ❶ (*wertvoller Gegenstand*) precious object ❷ *kein pl* (*Erlesenheit*) preciousness

kosten[1] ['kɔs·tn̩] *vt* ❶ (*als Preis haben*) to cost ❷ (*erfordern*) to take [up]

kosten[2] ['kɔs·tn̩] *vt, vi* (*probieren*) to taste; ▪ **von etw** *dat* **~** to have a taste of sth

Kosten ['kɔs·tn̩] *pl* costs *pl*, expenses *pl*; **~ sparend** economical; **die ~ tragen** to bear the cost[s] ▶ WENDUNGEN: **auf seine ~ kommen** to get one's money's worth; **auf ~ von jdm/etw** *dat* at the expense of sb/sth

Kostenbeteiligung *f* cost sharing

kostendeckend I. *adj* cost-effective **II.** *adv* cost-effectively

Kostenerstattung *f* reimbursement of expenses

Kostenfrage *f* question of cost

kostengünstig *adj* economical

kostenintensiv *adj* cost-intensive

kostenlos I. *adj* ▪ **~ sein** to be free [of charge] **II.** *adv* free [of charge]

Kostenvoranschlag *m* quotation; **sich** *dat* **einen ~ machen lassen** to get an estimate

Kostgeld *nt* board

köstlich ['kœst·lɪç] **I.** *adj* ❶ (*herrlich*) delicious ❷ (*fam: amüsant*) priceless **II.** *adv* (*herrlich*) delicious; **sich** *akk* **~ amüsieren** to have a wonderful time

Kostprobe *f* ❶ (*etwas zum Probieren*) taste ❷ (*Vorgeschmack, Beispiel*) sample

kostspielig *adj* expensive

Kostüm <-s, -e> [kɔs·'ty:m] *nt* ❶ MODE suit ❷ HIST, THEAT costume

Kostümball *m* costume ball

kostümieren* [kɔs·ty·'mi:·rən] *vt* ▪ **sich** *akk* [als etw] **~** to dress up [as sth]

Kot <-[e]s> [ko:t] *m kein pl* excrement

Kotelett <-s, -s> [kɔt·'lɛt] *nt* chop

Köter <-s, -> ['kø:·tɐ] *m* (*pej*) mutt

Kotflügel *m* wing

Kotzbrocken *m* (*pej sl*) slimeball

Kotze <-> ['kɔ·tsə] *f kein pl* (*fam*) puke *sl*

kotzen ['kɔ·tsn̩] *vi* (*fam*) to puke; **das ist zum K~** that makes me want to puke *sl*

kotzübel ['kɔts·'ʔy:·bl̩] *adj* (*fam*) **mir ist/ wird ~** I feel like I'm going to puke *sl*

Krabbe <-, -n> ['kra·bə] *f* ❶ ZOOL (*Taschen-*

krebs) crab ❷ KOCHK (*Garnele*) prawn

krabbeln ['kra·bl̩n] *vi sein* to crawl

Krach <-[e]s, Kräche> [krax, *pl* 'krɛ·çə] *m* ❶ *kein pl* (*Lärm*) noise ❷ (*fam: Streit*) quarrel; **~** [mit jdm] **haben** to have an argument [with sb]; **sie haben ~** they're not on speaking terms; **mit jdm ~ kriegen** to get into trouble with sb ▶ WENDUNGEN: **~ schlagen** (*fam*) to make a fuss

krachen ['kra·xn̩] **I.** *vi* ❶ *haben* (*laut hallen*) to crash; *Ast* to creak; *Schuss* to ring out ❷ *sein* (*fam: prallen*) to crash **II.** *vr* (*fam*) ▪ **sich** *akk* **~** to have an argument

krächzen ['krɛç·tsn̩] *vi, vt* ❶ ORN to caw ❷ (*fam: heiser sprechen*) to croak

Kraft <-, Kräfte> [kraft, *pl* 'krɛf·tə] *f* ❶ ([*körperliche*] *Stärke*) strength; **mit frischer ~** with renewed energy; **mit letzter ~** with one's last ounce of strength; **mit vereinten Kräften** with combined efforts; **aus eigener ~** by oneself; **die treibende ~** the driving force; **wieder zu Kräften kommen** to regain one's strength; **über jds Kräfte gehen** to be more than sb can cope with; **seine Kräfte sammeln** to gather one's strength ❷ (*Geltung*) power; **in ~ sein** to be in effect; **in ~ treten** to take effect; **außer ~ sein** to be no longer in effect; **etw außer ~ setzen** to cancel sth ❸ PHYS (*Energie*) power ❹ *meist pl* (*Einfluss ausübende Gruppe*) force

Kraftakt *m* act of strength

Kraftanstrengung *f* exertion

Kraftaufwand *m* effort

Kraftausdruck *m* swear word

Kraftfahrer(in) *m(f)* driver

Kraftfahrzeug *nt* motor vehicle

Kraftfahrzeugbrief *m* title

Kraftfahrzeugpapiere *pl* vehicle registration papers *npl*

Kraftfahrzeugschein *m* [motor vehicle] registration

Kraftfahrzeugsteuer *f* motor vehicle tax

Kraftfahrzeugversicherung *f* auto insurance

Kraftfeld *nt* force field

kräftig ['krɛf·tɪç] **I.** *adj* ❶ (*physisch stark*) strong ❷ (*kraftvoll*) powerful; *Händedruck* firm; *Haarwuchs* healthy; *Stimme* powerful ❸ (*intensiv*) strong; *Farbe* rich ❹ KOCHK (*nahrhaft*) hearty **II.** *adv* ❶ (*angestrengt*) vigorously; **etw ~ rühren** to give sth a good stir; **~ niesen** to sneeze violently ❷ METEO (*stark*) heavily ❸ (*deutlich*) substantially; **jdm ~ die Meinung sagen** to strongly express one's opinion

kraftlos I. *adj* weak **II.** *adv* feebly

Kraftlosigkeit <-> *f kein pl* weakness

Kraftprobe *f* test of strength

Kraftprotz <-es, -e> *m* (*fam*) muscle man

Kraftrad *nt* motorcycle

Kraftreserven *pl* strength reserves *pl*

Kraftstoff *m* fuel

kraftvoll I. *adj* strong; *Stimme* powerful **II.** *adv* forcefully; **~ zubeißen** to take a hearty bite

Kraftwagen *m* motor vehicle

Kraftwerk *nt* power plant
Kragen <-s, - *o* Krägen> ['kra:·gən, *pl* 'krɛ:·gn̩] *m* collar ▶ WENDUNGEN: **jdm geht es an den ~** (*derb*) sb is in for it; **etw kostet jdn den ~** (*derb*) sth is sb's downfall; **jdm platzt der ~** (*fam*) sb is blowing his/her top
Kragenweite *f* collar size ▶ WENDUNGEN: **genau/nicht jds ~ sein** (*fam*) to be just/not sb's cup of tea
Krähe <-, -n> ['krɛ:·ə] *f* crow
krähen ['krɛ:·ən] *vi* ❶ ORN to crow ❷ (*fam*) to squeal
Krakauer <-, -> *f* Polish garlic sausage
Krake <-n, -n> ['kra:·kə] *m* octopus
krakeelen* [kra·'ke:·lən] *vi* (*pej fam*) to make a racket
Krakelei <-, -en> *f* (*pej fam*) scribble
krakelig ['kra:·kə·lɪç] *adj,* *adv* (*pej fam*) scrawly
Kralle <-, -n> ['kra·lə] *f* ORN, ZOOL claw ▶ WENDUNGEN: **jdn in seine ~n bekommen** to get one's claws into sb
krallen ['kra·lən] I. *vr* ■ **sich** *akk* **an jdn/etw ~** to cling onto sb/sth II. *vt* ❶ (*fest bohren*) ■ **etw in etw ~** to dig sth into sth ❷ (*sl: klauen*) ■ **|sich** *dat*| **etw ~** to pilfer sth *fam*
Kram <-[e]s> [kra:m] *m kein pl* (*fam*) ❶ (*Krempel*) junk ❷ (*Angelegenheit*) affairs *pl;* **den ganzen ~ hinschmeißen** to pack it all in; **jdm in den ~ passen** to suit sb fine; **jdm nicht in den ~ passen** to be a real nuisance to sb
kramen ['kra:·mən] I. *vi* ❶ (*fam*) ■ **|in etw** *dat*| **~** to rummage around [in sth] (**nach** +*dat* for) ❷ SCHWEIZ (*Kleinhandel betreiben*) to hawk II. *vt* (*fam*) ■ **etw aus etw** *dat* **~** to fish sth out of sth
Krampf <-[e]s, Krämpfe> [krampf, *pl* 'krɛmp·fə] *m* cramp
krampfen ['kramp·fn̩] *vt* to clench (**um** +*akk* around)
krampfhaft I. *adj* ❶ (*angestrengt*) desperate ❷ MED convulsive II. *adv* desperately
Kran <-[e]s, Kräne> [kra:n, *pl* 'krɛ:·nə] *m* TECH crane
krank <kränker, kränkste> [kraŋk] *adj* sick, ill ▶ WENDUNGEN: **du bist wohl ~!** (*iron*) are you out of your mind?; **jdn |mit etw** *dat*| **~ machen** to get on sb's nerves [with sth]
Kranke(r) *f(m)* dekl wie adj sick person
kränkeln ['krɛŋ·kl̩n] *vi* to be in poor health
kranken ['kraŋ·kn̩] *vi* ■ **an etw** *dat* **~** to suffer from sth
kränken ['krɛŋ·kn̩] *vt* ■ **jdn ~** to hurt sb's feelings; ■ **gekränkt sein** to feel hurt; ■ **es kränkt jdn, dass ...** it hurts sb['s feelings], that ...; ■ **~d** hurtful
Krankenbesuch *m* sick call
Krankengeld *nt* sick pay
Krankengymnastik *f* physical therapy
Krankenhaus *nt* hospital, clinic; **ins ~ kommen/müssen** to go/have to go to the hospital; **im ~ liegen** to be in a hospital

Krankenkasse *f* health insurance company
Krankenpflege *f* nursing
Krankenpfleger(in) *m(f)* male nurse
Krankenschwester *f* nurse
Krankenversicherung *f* health insurance

i In Germany and Austria, everyone who is gainfully employed and not self-employed is entitled to **Krankenversicherung** (health insurance). In Switzerland, health insurance is voluntary. Nevertheless, over 95% of the Swiss have health insurance.

Krankenwagen *m* ambulance
kränker *adj komp von* **krank**
krank|feiern *vi* (*fam*) to call in sick
krankhaft I. *adj* morbid II. *adv* morbidly
Krankheit <-, -en> *f* disease; MED *a.* illness
Krankheitserreger *m* pathogen
krank|lachen *vr* (*fam*) ■ **sich** *akk* **~** to almost die laughing (**über** +*akk* about)
kränklich ['krɛŋk·lɪç] *adj* sickly
krank|machen *vi* (*fam*) *s.* **krankfeiern**
krank|melden^{RR} *vr* ■ **sich** *akk* **~** to call in sick
Krankmeldung *f* notification of illness
krank|schreiben^{RR} *vt* ■ **jdn ~** *to excuse sb from [going to] work because he/she is sick*
kränkste(r, s) *adj superl von* **krank**
Kränkung <-, -en> *f* insult
Kranz <-es, Kränze> [krants, *pl* 'krɛn·tsə] *m* ❶ (*Ring aus Pflanzen*) wreath ❷ DIAL (*Hefekranz*) Danish ring
krass^{RR}, **kraß**^{ALT} [kras] I. *adj* **~es Beispiel** glaring example; **~e Bemerkung** crass remark; **ein ~er Fall/Unterschied** an extreme case/difference; **~er Gegensatz** stark contrast II. *adv* (*sl*) crassly; **sich** *akk* **~ benehmen** to behave crassly; **~ gesagt** to put it bluntly
kratzbürstig ['krats·byrs·tɪç] *adj* (*pej fam*) prickly
Krätze <-> ['krɛ·tsə] *f kein pl* scabies
kratzen ['kra·tsn̩] I. *vt* ❶ (*mit den Nägeln ritzen*) to scratch; ■ **etw von etw** *dat* **~** to scratch sth off [of] sth ❷ (*fam: kümmern*) **das kratzt mich nicht** I couldn't care less about that II. *vi* ❶ (*jucken, scharren*) to scratch; **das Unterhemd kratzt** the undershirt itches ❷ (*beeinträchtigen*) ■ **an etw** *dat* **~** to scratch away at sth; **an jds Stellung ~** to undermine sb's position
Kratzer <-s, -> ['kra·tsɐ] *m* scratch
kraulen[1] ['krau·lən] *vi sein o haben* (*schwimmen*) to do [*or* swim] the crawl
kraulen[2] ['krau·lən] *vt* (*streicheln*) to fondle; **einen Hund zwischen den Ohren ~** to scratch a dog between its ears
kraus [kraus] *adj* Haare frizzy; *Stirn* wrinkled
kräuseln ['krɔy·zl̩n] I. *vt* Haare to crimp; *Stoff* to ruffle; **die starke Bö kräuselte die Oberfläche des Wassers** the strong gust ruffled the surface of the water II. *vr* ■ **sich** *akk* **~** *Haare* to frizz; *Wasseroberfläche* to ruffle

K

kraus|ziehen *vt irreg* **die Stirn ~** to frown
Kraut <-[e]s, Kräuter> [kraut, *pl* krɔy·tə] *nt* ❶ BOT herb ❷ *kein pl* (*grüne Teile von Pflanzen*) foliage ❸ *kein pl* DIAL (*Kohl*) cabbage; (*Sauerkraut*) sauerkraut ❹ *kein pl* DIAL (*Sirup*) syrup ▶ WENDUNGEN: **wie ~ und Rüben durcheinanderliegen** (*fam*) to lie around all over the place
Kräutermischung *f* herb mixture
Kräutertee *m* herbal tea
Krautkopf *m* SÜDD, ÖSTERR (*Kohlkopf*) head of cabbage
Krautsalat *m* coleslaw (*without carrots*)
Krawall <-s, -e> [kra·'val] *m* ❶ (*Tumult*) riot; **~ schlagen** to make a fuss ❷ *kein pl* (*fam: Lärm*) racket; **~ machen** to make a racket
Krawallmacher(in) <-s, -> *m(f)* (*pej fam*) hooligan
Krawatte <-, -n> [kra·'va·tə] *f* tie
Kreation <-, -en> [krea·'tsi̯o:n] *f* creation
kreativ [krea·'ti:f] I. *adj* creative II. *adv* creatively
Kreativität <-> [krea·ti·vi·'tɛt] *f kein pl* creativity
Kreatur <-, -en> [krea·'tu:ɐ] *f* creature
Krebs <-es, -e> [kre:ps] *m* ❶ ZOOL crayfish ❷ *kein pl* KOCHK (*Krebsfleisch*) crab ❸ MED cancer ❹ *kein pl* ASTROL Cancer
krebserregend *adj* carcinogenic
Krebserreger *m* carcinogen
Krebsforschung *f kein pl* cancer research
Krebsfrüherkennung *f kein pl* early cancer diagnosis
Krebsgeschwür *nt* cancerous ulcer
krebskrank *adj* **~ sein** to suffer from cancer
Krebskranke(r) *f(m)* cancer victim
Krebsoperation *f operation conducted on cancer patient*
krebsrot ['kre:ps·ro:t] *adj* red as a lobster
Krebsvorsorge *f kein pl* cancer prevention
Krebsvorsorgeuntersuchung *f* cancer checkup
Krebszelle *f* cancer cell
Kredit <-[e]s, -e> [kre·'di:t] *m* credit; (*Darlehen*) loan; [**bei jdm**] **~ haben** to have a credit account with sb; **einen ~** [**bei jdm**] **aufnehmen** to take out a loan [with sb]; **auf ~** on credit
Kredithai *m* (*fam*) loan shark
Kreditinstitut *nt* bank
Kreditkarte *f* credit card
kreditwürdig *adj* creditworthy
Kreide <-, -n> ['krai·də] *f* chalk ▶ WENDUNGEN: **bei jdm** [**tief**] **in der ~ stehen** (*fam*) to owe sb [a lot of] money
kreidebleich, kreideweiß *adj* as white as a sheet
Kreidezeichnung *f* chalk drawing
kreieren* [kre·'i:·rən] *vt* to create
Kreis <-es, -e> [krais, *pl* 'krai·zə] *m* ❶ MATH circle; **einen ~ um jdn bilden** to form a circle around sb; **sich** *akk* **im ~[e] drehen** to turn around in a circle ❷ (*Personengruppe*) circle;

die Hochzeit fand im engsten **~ statt** only close friends and family were invited to the wedding ❸ ADMIN district
Kreisbewegung *f* circular movement
kreischen ['krai·ʃn̩] *vi* ❶ ORN to squawk ❷ (*hysterisch schreien*) to shriek ❸ *Bremsen, Reifen* to screech
Kreisel <-s, -> ['krai·zl̩] *m* ❶ (*Spielzeug*) top ❷ TRANSP (*fam*) traffic circle
kreisen ['krai·zn̩] *vi sein o haben* ❶ ASTRON, RAUM ■ **um etw** *akk* **~** to orbit sth ❷ LUFT, ORN ■ [**über etw** *dat*] **~** to circle [above sth] ❸ (*in einem Kreislauf sein*) ■ [**in etw** *dat*] **~** to circulate [through sth] ❹ (*sich ständig drehen*) ■ **um jdn/etw ~** to revolve around sb/sth
kreisförmig I. *adj* circular II. *adv* in a circle
Kreislauf *m* ❶ MED circulation ❷ (*Zirkulation*) cycle
Kreislaufstörungen *pl* circulatory disorder
Kreisstadt *f* county seat
Kreisumfang *m* circumference
Kreisverkehr *m* traffic circle
Krematorium <-s, -rien> [krema'to:ri̯·ʊm, *pl* -'to:·ri·ən] *nt* crematorium
kremig ['kre:·mɪç] I. *adj* creamy II. *adv* **etw ~ schlagen/rühren** to whip/stir sth until it's creamy
Kreml <-s> ['krɛ:·ml̩] *m* Kremlin
Krempe <-, -n> ['krɛm·pə] *f* brim
Krempel <-s> ['krɛm·pl̩] *m kein pl* (*pej fam*) ❶ (*ungeordnete Sachen*) stuff ❷ (*Ramsch*) junk ▶ WENDUNGEN: **den ganzen ~ hinwerfen** to throw in the towel *fam*
Kreolen [kre·'o:·lən] *pl* hoop earrings *pl*
krepieren* [kre·'pi:·rən] *vi sein* (*sl: zugrunde gehen*) to croak; ■ **jdm ~** to die on sb *fam*
Krepp[1] <-s, -e *o* -s> [krɛp] *m* (*Gewebe*) crêpe
Krepp[RR2] <-s, -s> [krɛp] *m* KOCHK crêpe
Kresse <-, -n> ['krɛ·sə] *f* cress
Kreta <-s> ['kre:·ta] *nt* Crete
Kreter(in) <-s, -> ['kre:·tɐ] *m(f)* Cretan; *s. a.* **Deutsche(r)**
kretisch ['kre:·tɪʃ] *adj* Cretan; *s. a.* deutsch
kreuz [krɔyts] ▶ WENDUNGEN: **~ und quer** all over the place *fam*, all over
Kreuz <-es, -e> [krɔyts] *nt* ❶ (*Zeichen in Form eines X*) cross; **über ~** crosswise ❷ REL cross; (*Kruzifix*) crucifix; **jdn ans ~ schlagen** to crucify sb ❸ (*Teil des Rückens*) lower back; **es im ~ haben** (*fam*) to have back trouble ❹ (*Autobahnkreuz*) intersection ❺ *kein pl* KARTEN clubs *pl* ▶ WENDUNGEN: **das Rote ~** the Red Cross; **zu ~e kriechen** to eat humble pie *fam;* **jdn aufs ~ legen** (*fam*) to fool sb; **drei ~e machen** (*fam*) to be so relieved
kreuzen ['krɔy·tsn̩] I. *vt haben a.* BIOL to cross II. *vr haben* ■ **sich** *akk* **~** to cross III. *vi sein o haben* NAUT ❶ *Flugzeug, Schiff* to cruise ❷ NAUT (*wenden*) to tack
Kreuzer <-s, -> ['krɔy·tsɐ] *m* NAUT cruiser
Kreuzfahrt *f* cruise
Kreuzfeuer *nt* crossfire ▶ WENDUNGEN: [**von allen Seiten**] **ins ~** [**der Kritik**] **geraten** to

come under fire [from all sides]

kreuzigen ['krɔy·tsɪ·gn̩] *vt* to crucify

Kreuzigung <-, -en> *f* crucifixion

Kreuzotter *f* adder

Kreuzschlüssel *m* 4-way lug wrench

Kreuzspinne *f* cross [or garden] spider

Kreuzung <-, -en> *f* ❶ (*Straßenkreuzung*) crossroad *meist pl* ❷ *kein pl* BIOL (*das Kreuzen*) crossbreeding ❸ ZOOL, BIOL (*Bastard*) mongrel

Kreuzweg ['krɔyts·ve:k] *m* ▶ WENDUNGEN: **am ~ stehen** to be at a/the crossroads

kreuzweise *adv* crosswise ▶ WENDUNGEN: **du kannst mich ~!** (*derb*) fuck off! *vulg*

Kreuzworträtsel *nt* crossword [puzzle]

Kreuzzug *m* crusade

kribbelig ['krɪ·bə·lɪç] *adj* ❶ (*unruhig*) edgy ❷ (*prickelnd*) tingly

kribbeln ['krɪ·bl̩n] I. *vi* ❶ *haben* (*prickeln*) **das kribbelt so schön auf der Haut** it's so nice and tingly on the skin ❷ *sein* (*krabbeln*) **~ und krabbeln** to swarm around II. *vi impers haben* **mir kribbelt es im Rücken** my back is itching

kribblig ['krɪb·lɪç] *adj s.* **kribbelig**

Kricket <-s, -s> ['krɪ·kət] *nt* SPORT cricket

kriechen <kroch, gekrochen> ['kri:·çn̩] *vi* ❶ *sein* (*sich auf dem Bauch bewegen*) to crawl ❷ *sein* (*langsam vergehen*) to creep by ❸ *sein o haben* (*pej: unterwürfig sein*) ■ [vor jdm] ~ to grovel [before sb]

Kriecher(in) <-s, -> *m(f)* (*pej fam*) ass-kisser

kriecherisch *adj* (*pej fam*) ass-kissing

Kriechtier *nt* reptile

Krieg <-[e]s, -e> [kri:k, *pl* 'kri:·gə] *m* war; **jdm/einem Land den ~ erklären** to declare war on sb/a country; **~ [gegen jdn/mit jdm] führen** to wage war [on sb]; **in den ~ ziehen** to go to war

kriegen ['kri:·gn̩] *vt* (*fam*) ❶ (*bekommen*) to get; **den Schrank in den Aufzug ~** to get the cupboard into the elevator; **ich kriege noch 20 Euro von dir** you still owe me 20 euros; **hast du die Arbeit auch bezahlt gekriegt?** did you get paid for the work?; **etw zu sehen ~** to get to see sth; **ein Kind ~** to have a baby; **eine Krankheit ~** to get a disease; **Prügel ~** to get a beating ❷ (*erwischen*) ■ **jdn ~** to catch sb; **den Zug ~** to catch the train ❸ (*es schaffen*) ■ **jdn dazu ~, etw zu tun** to get sb to do sth; **ich kriege das schon geregelt** I'll take care of it ▶ WENDUNGEN: **es mit jdm zu tun ~** to be in trouble with sb

Krieger(in) <-s, -> ['kri:·gɐ] *m(f)* warrior

kriegerisch I. *adj* ❶ (*kämpferisch*) warlike ❷ (*militärisch*) military II. *adv* belligerently

Kriegsausbruch *m* outbreak of war

Kriegsbeil *nt* tomahawk ▶ WENDUNGEN: **das ~ begraben** to bury the hatchet

Kriegsberichterstatter(in) *m(f)* war correspondent

Kriegsbeschädigte(r) *f(m) dekl wie adj* sb wounded in action, disabled vet[eran]

Kriegsdienstverweigerer <-s, -> *m* conscientious objector

Kriegserklärung *f* declaration of war

Kriegsfilm *m* war movie

Kriegsflüchtling *m* war refugee

Kriegsfuß *m* ▶ WENDUNGEN: **mit jdm auf ~ stehen** (*fam*) to be at loggerheads with sb; **mit etw** *dat* **auf ~ stehen** to be no good with sth

Kriegsgefangene(r) *f(m)* prisoner of war

Kriegsgefangenschaft *f* captivity; **in ~ geraten** to become a prisoner of war

Kriegsgericht *nt* court martial

Kriegsindustrie *f* weapons industry

Kriegsopfer *nt* victim of war

Kriegsschauplatz *m* theater of war

Kriegsschiff *nt* warship

Kriegsverbrechen *nt* war crime

Kriegsverbrecher(in) *m(f)* war criminal

Kriegsverletzung *f* war wound

Krimi <-s, -s> ['krɪ·mi] *m* (*fam*) ❶ (*Buch*) detective novel ❷ (*Film*) [crime] thriller

Kriminalbeamte(r) *f(m)*, **-beamtin** *f* detective

Kriminalfilm *m* thriller

Kriminalität <-> [kri·mi·na·li·'tɛt] *f kein pl* ❶ (*Straffälligkeit*) criminality ❷ (*Rate der Straffälligkeit*) crime rate

Kriminalpolizei *f* criminal investigation department

Kriminalroman *m* detective novel

kriminell [kri·mi·'nɛl] *adj* criminal

Kriminelle(r) [kri·mi·'nɛ·lə, -lə] *f(m) dekl wie adj* criminal

Krimskrams <-es> ['krɪms·krams] *m kein pl* (*fam*) junk

Kringel <-s, -> ['krɪŋl̩] *m* ❶ KOCHK ring-shaped cookie ❷ (*Schnörkel*) squiggle

kringeln ['krɪŋl̩n] *vr* ❶ (*sich umbiegen*) ■ **sich** *akk* ~ to curl [up] ❷ (*fam*) ■ **sich** *akk* [**vor Lachen**] ~ to die [laughing]

Kripo <-, -s> ['krɪ·po] *f* (*fam*) *kurz für* **Kriminalpolizei**

Krippe <-, -n> ['krɪ·pə] *f* ❶ (*Futterkrippe*) *a.* REL manger ❷ (*Kinderkrippe*) daycare [center]

Krise <-, -n> ['kri:·zə] *f* crisis

kriseln ['kri:·zl̩n] *vi impers* (*fam*) **es kriselt** a crisis is looming

krisenanfällig *adj* crisis-prone

krisenfest *adj* crisis-proof

Krisengebiet *nt* crisis zone

Krisenherd *m* trouble spot

Krisenmanagement *nt* crisis management

Krisenstab *m kein pl* action committee

Kristall <-s, -e> [krɪs·'tal] *m* crystal

kristallklar *adj* crystal-clear

Kriterium <-s, -rien> [kri·'te:·ri·ʊm, *pl* -'te:·ri·ən] *nt* criterion

Kritik <-, -en> [kri·'ti:k] *f* ❶ *kein pl* (*Tadel*) criticism; **an jdm/etw ~ üben** to criticize sb/sth; **ohne jede ~** uncritically ❷ (*Beurteilung*) critique ❸ MEDIA (*Rezension*) review; **gute/schlechte ~en bekommen** to receive good/bad reviews ▶ WENDUNGEN: **unter aller ~ sein** (*pej fam*) to be beneath contempt

Kritiker(in) <-s, -> ['kri:·ti·kɐ] *m(f)* critic
kritiklos I. *adj* uncritical **II.** *adv* uncritically
kritisch ['kri:·tɪʃ] **I.** *adj* critical **II.** *adv* critically
kritisieren* [kri·ti·'zi:·rən] *vt* to criticize
Kritzelei <-, -en> [krɪ·tsə·'lai] *f* (*pej fam*)
❶ *kein pl* (*das Kritzeln*) scribbling ❷ (*Gekritzel*) scribble
kritzeln ['krɪ·tsl̩n] *vi, vt* to scribble
Kroate, Kroatin <-n, -n> [kro·'a:·tə, kro·'a:·tɪn] *m, f* Croat; *s. a.* **Deutsche(r)**
Kroatien <-s> [kro·'a:·tsi̯·ən] *nt* Croatia; *s. a.* **Deutschland**
kroatisch [kro·'a:·tɪʃ] *adj* Croatian; *s. a.* **deutsch**
kroch [krɔx] *imp von* **kriechen**
Krokette <-, -n> [kro·'kɛ·tə] *f* croquette
Krokodil <-s, -e> [kro·ko·'di:l] *nt* crocodile
Krokodilstränen *pl* (*fam*) crocodile tears *pl*
Krone <-, -n> ['kro:·nə] *f* ❶ (*Kopfschmuck, Zahnkrone*) crown ❷ (*Baumkrone*) top ❸ (*Währungseinheit: in Skandinavien*) krone; (*in der Tschechei*) crown ▸ WENDUNGEN: **einen in der ~ haben** (*fam*) to have had one too many; **die ~ sein** (*fam*) to beat everything
krönen ['krø:·nən] *vt* to crown
Kronenkorken *m* bottle cap
Kronprinz, -prinzessin *m, f* crown prince *masc*, crown princess *fem*
Krönung <-, -en> *f* ❶ (*Höhepunkt*) high point ❷ (*das Krönen*) coronation
Kropf <-[e]s, Kröpfe> [krɔpf, *pl* 'krœp·fə] *m* ORN crop
kross^RR, **kroß**^ALT [krɔs] **I.** *adj* crusty **II.** *adv* crustily
Kröte <-, -n> ['krø:·tə] *f* ❶ ZOOL toad ❷ *pl* (*sl: Geld*) pennies *pl* ❸ (*pej: Kind*) brat
Krücke <-, -n> ['krʏ·kə] *f* ❶ (*Stock*) crutch; **an ~n gehen** to walk on crutches ❷ (*sl: Nichtskönner*) loser *pej fam*
Krückstock *m* walking stick
Krug <-[e]s, Krüge> [kru:k, *pl* 'kry:·gə] *m* (*Gefäß*) jug; (*Trinkgefäß*) tankard
Krümel <-s, -> ['kry:·ml̩] *m* crumb
krümelig ['kry:·mə·lɪç] *adj* crumbly
krümeln ['kry:m·l̩n] *vi* ❶ (*Krümel machen*) to make crumbs ❷ (*leicht zerbröseln*) to crumble
krumm [krʊm] **I.** *adj* ❶ (*verbogen*) crooked; **~ und schief** askew ❷ (*gebogen*) *Nase* hooked; *Rücken* hunched; *Beine* bowed; **etw ~ biegen** to bend sth ❸ (*pej fam: unehrlich*) crooked; **ein ~es Ding drehen** to pull a fast one *sl;* **es auf die ~ Tour versuchen** to try to pull some monkey business with sth *sl* **II.** *adv* **~ gehen** to walk with a stoop; **~ sitzen/stehen** to slouch ▸ WENDUNGEN: **sich** *akk* **~ und schief lachen** (*fam*) to bust a gut laughing
krümmen ['krʏ·mən] **I.** *vt* to bend; **den Rücken ~** to arch one's back; **die Schultern ~** to slouch one's shoulders **II.** *vr* ❶ (*eine Biegung machen*) ■**sich** *akk* **~** *Fluss* to wind; *Straße* to bend ❷ (*sich beugen*) ■**sich** *akk* **~** to bend; **sich** *akk* **vor Schmerzen/Lachen ~**

to double up in pain/with laughter
krumm|lachen *vr* (*fam*) ■**sich** *akk* **~** to laugh one's head off (**über** +*akk* at)
krumm|nehmen *vt irreg* (*fam*) ■**jdm**| **etw ~** to take offense at sth [sb said or did]
Krüppel <-s, -> ['krʏ·pl̩] *m* cripple
Kruste <-, -n> ['krʊs·tə] *f* crust; *Braten* cracklings *pl; Wunde* scab
Kruzifix <-es, -e> ['kru:·tsi·fɪks] *nt* crucifix
Krypta <-, Krypten> ['krʏp·ta, *pl* 'krʏp·tən] *f* crypt
Kto. *Abk von* **Konto** acct., a/c
Kuba <-s> ['ku:·ba] *nt* Cuba; *s. a.* **Deutschland**
Kubaner(in) <-s, -> [ku·'ba:·nɐ] *m(f)* Cuban; *s. a.* **Deutsche(r)**
kubanisch [ku·'ba:·nɪʃ] *adj* Cuban; *s. a.* **deutsch**
Kübel <-s, -> ['ky:·bl̩] *m* ❶ (*großer Eimer*) bucket ❷ (*Pflanzkübel*) container
Kubikmeter [ku·'bi:k-] *m o nt* cubic meter
Küche <-, -n> ['kʏ·çə] *f* kitchen
Kuchen <-s, -> ['ku:·xn̩] *m* cake
Kuchenblech *nt* cake pan
Küchenchef(in) *m(f)* chef
Kuchenform *f* cake pan
Küchenherd *m* stove
Küchenmaschine *f* food processor
Küchenmesser *nt* kitchen knife
Küchenschabe *f* cockroach
Kuchenteig *m* [cake] batter
Kücken <-s, -> ['kʏ·kn̩] *nt* ÖSTERR (*Küken*) chick
kucken ['kʊ·kn̩] *vi* NORDD (*fam*) *s.* **gucken**
Kuckuck <-s, -e> ['kʊ·kʊk] *m* ORN cuckoo ▸ WENDUNGEN: [**das] weiß der ~!** (*fam*) God only knows!; **zum ~ [noch mal]!** (*fam*) [god]damn it!
Kuddelmuddel <-s> *m o nt kein pl* (*fam*) muddle; (*Unordnung*) mess; (*Verwirrung*) confusion
Kugel <-, -n> ['ku:·gl̩] *f* ❶ MATH sphere ❷ SPORT ball; (*Kegelkugel*) bowling ball ❸ (*Geschoss*) bullet ▸ WENDUNGEN: **eine ruhige ~ schieben** (*fam*) to have it pretty easy
kugelförmig *adj* spherical
kugeln ['ku:·gl̩n] *vi sein* to roll ▸ WENDUNGEN: **zum K~ sein** (*fam*) to be hilarious
kugelrund ['ku:·gl̩·'rʊnt] *adj* ❶ (*kugelförmig*) ■**~ sein** to be round as a ball ❷ (*fam: feist und rundlich*) tubby
Kugelschreiber *m* ballpoint pen
kugelsicher *adj* bulletproof
Kuh <-, Kühe> [ku:, *pl* 'ky:·ə] *f* ❶ ZOOL cow ❷ (*pej fam: Frau*) bitch; **blöde ~** stupid chick
Kuhdorf *nt* (*pej fam*) one-horse town
Kuhfladen *m* cow patty
Kuhhandel *m* (*pej fam*) horse trade
Kuhhaut *f* cowhide ▸ WENDUNGEN: **das geht auf keine ~** (*sl*) that's going too far *fam*
Kuhhirt(e), -hirtin *m, f* cowherd, cowboy *masc*, cowgirl *fem*
kühl [ky:l] **I.** *adj* ❶ (*recht kalt*) cool; **draußen**

wird es ~ it's getting chilly outside ❷ (*reserviert*) cool **II.** *adv* ❶ (*recht kalt*) **etw ~ lagern** to store sth in a cool place ❷ (*reserviert*) coolly

Kühlanlage *f* cold-storage facility

Kühlbox *f* cooler

Kuhle <-, -n> ['kuː·lə] *f* hollow

Kühle <-> ['kyː·lə] *f kein pl* (*geh*) ❶ (*kühle Beschaffenheit*) cool ❷ (*Reserviertheit*) coolness

kühlen ['kyː·lən] **I.** *vt* to chill **II.** *vi* to cool

Kühler <-s, -> ['kyː·lɐ] *m* AUTO radiator

Kühlerhaube *f* hood

Kühlflüssigkeit *f* coolant

Kühlhaus *nt* refrigerated warehouse

Kühlraum *m* cold [*or* refrigerated] storage room

Kühlschrank *m* refrigerator, fridge *fam*

Kühltasche *f* cooler bag

Kühltruhe *f* freezer [chest]

Kühlturm *m* cooling tower

Kühlung <-, -en> ['kyː·lʊŋ] *f* cooling; **zur ~** to cool down

Kühlwagen *m* (*Lkw*) refrigerated truck

Kühlwasser *nt kein pl* coolant

Kuhmilch *f* cow's milk

kühn [kyːn] *adj* ❶ (*wagemutig*) brave ❷ (*gewagt*) bold

Kühnheit <-, -en> *f* ❶ *kein pl* (*Wagemut*) bravery ❷ *kein pl* (*Gewagtheit*) boldness ❸ (*Dreistigkeit*) audacity

Kuhstall *m* cowshed

Küken <-s, -> ['kyː·kn̩] *nt* chick

kulant [ku·'lant] *adj* obliging

Kulanz <-> [ku·'lants] *f kein pl* willingness to oblige

Kuli <-s, -s> ['kuː·li] *m* (*fam*) pen

kulinarisch [ku·li·'naː·rɪʃ] *adj* culinary

Kulisse <-, -n> [ku·'lɪ·sə] *f* THEAT scenery
▶ WENDUNGEN: **hinter die ~n blicken** to look behind the scenes; **nur ~ sein** (*pej fam*) to be merely a facade

Kulleraugen *pl* (*fam*) big wide eyes *pl*

kullern ['kʊ·lɐn] *vi sein* (*fam*) to roll

Kult <-[e]s, -e> [kʊlt] *m* cult

Kultfigur *f* cult figure

Kultfilm *m* cult film

kultisch *adj* ritual

kultivieren* [kʊl·ti·'viː·rən] *vt* to cultivate

kultiviert [kʊl·ti·'viːɐt] **I.** *adj* ❶ (*gepflegt*) refined ❷ (*von feiner Bildung*) ▪**~ sein** to be cultured **II.** *adv* ❶ (*gepflegt*) sophisticatedly ❷ (*zivilisiert*) in a refined manner

Kultivierung <-, -en> [kʊl·ti·'viː·rʊŋ] *f* cultivation

Kultstätte *f* place of ritual worship

Kultur <-, -en> [kʊl·'tuːɐ] *f* ❶ (*Zivilisation*) civilization ❷ *kein pl* (*Zivilisationsniveau*) culture

Kulturaustausch *m* cultural exchange

Kulturbanause *m* (*pej fam*) philistine

Kulturbeutel *m* toiletries bag

Kulturdenkmal *nt* cultural monument

kulturell [kʊl·tu·'rɛl] **I.** *adj* cultural **II.** *adv* culturally

Kulturgut *nt* cultural asset

Kulturkreis *m* cultural environment

Kulturschock *m* culture shock

Kulturzentrum *nt* ❶ (*Ort des kulturellen Lebens*) cultural center ❷ (*Anlage mit kulturellen Einrichtungen*) arts center

Kultusminister(in) *m(f)* Secretary of Education and Cultural Affairs

Kümmel <-s, -> ['kʏ·ml̩] *m* caraway

Kummer <-s> ['kʊ·mɐ] *m kein pl* ❶ (*Gefühl*) grief; **jdm ~ machen** to cause sb grief ❷ (*Anlass*) worry, trouble; **wenn das dein einziger ~ ist** if that's your only problem; **~ haben** to have worries

kümmerlich ['kʏ·mɐ·lɪç] **I.** *adj* ❶ (*pej: armselig*) miserable; *Mahlzeit* measly ❷ (*miserabel*) pitiful ❸ (*unterentwickelt*) puny **II.** *adv* (*notdürftig*) in a miserable way

kümmern ['kʏ·mɐn] **I.** *vt* **etw/jd kümmert jdn** sth/sb concerns sb; **was kümmert mich das?** what concern is that of mine? **II.** *vr* ▪**sich** *akk* **um jdn ~** to look after sb; ▪**sich** *akk* **um etw ~** to take care of sth; ▪**sich** *akk* **darum ~, dass ...** to see to it that ...; **kümmere dich um deine eigenen Angelegenheiten** mind your own business

Kummerspeck *m* (*hum fam*) excess weight due to emotional problems

kummervoll I. *adj* sorrowful **II.** *adv* sorrowfully

Kumpan(in) <-s, -e> [kʊm·'paːn] *m(f)* (*pej fam*) pal

Kumpel <-s, -> *m* ❶ (*Bergmann*) miner ❷ (*fam: Kamerad*) buddy

kündbar ['kʏnt·baːɐ] *adj* terminable

Kunde, Kundin <-n,-n> ['kʊn·də, 'kʊn·dɪn] *m, f* customer

Kundenberatung *f* customer service

Kundendienst *m* ❶ *kein pl* (*Service*) customer service ❷ (*Servicestelle*) customer service [office]

Kundenkarte *f* customer card

Kundennummer *f* customer account number

Kundenstamm *m* regular clientele

Kundgebung <-, -en> *f* rally

kündigen ['kʏn·dɪ·gn̩] **I.** *vi* ❶ (*Arbeitsverhältnis beenden*) ▪**jdm ~** to give sb notice, to lay off *sep* sb; **jdm fristlos ~** to lay off *sep* sb without notice ❷ (*Mietverhältnis beenden*) **dem Mieter/Vermieter ~** to give a tenant/landlord notice **II.** *vt* ❶ (*Arbeitsverhältnis beenden*) ▪**jdn ~** to give sb notice, to lay off *sep* sb; **jdn fristlos ~** to lay off *sep* sb without notice; [**bei jdm**] **seine Stelle ~** to give one's notice [to sb] ❷ (*Mietverhältnis beenden*) **jdm eine Wohnung ~** to give notice ❸ *Kredit, Vertrag* to terminate; *Abonnement* to cancel

Kündigung <-, -en> *f* ❶ (*durch den Arbeitnehmer*) handing in one's notice; (*durch den Arbeitgeber*) dismissal, layoff; **fristlose ~** dismissal without notice ❷ *eines Kredits, eines Abonnements* cancellation; *eines Vertrags* termination

K

Kündigungsfrist *f* period of notice

Kündigungsgrund *m* reason for giving notice, grounds for dismissal

Kündin <-, -nen> *f fem form von* Kunde

Kundschaft <-, -en> ['kʊnt·ʃaft] *f* customers *pl*; (*bei Dienstleistungen*) clientele

künftig ['kʏnf·tɪç] **I.** *adj* future **II.** *adv* in the future

Kunst <-, Künste> [kʊnst, *pl* 'kʏn·stə] *f* art ▶ WENDUNGEN: **das ist die ganze ~** that's all there is to it; **keine ~ sein** (*fam*) to be easy

Kunstausstellung *f* art exhibit[ion]

Kunstfaser *f* synthetic fiber

Kunstfehler *m* professional error

kunstfertig I. *adj* skillful **II.** *adv* skillfully

Kunstgattung *f* genre

Kunstgegenstand *m* objet d'art, piece of art

Kunstgriff *m* trick

Kunstleder *nt* imitation leather

Künstler(in) <-s, -> ['kʏns·tlɐ] *m(f)* [visual] artist

künstlerisch ['kʏnst·lə·rɪʃ] **I.** *adj* artistic **II.** *adv* artistically

Künstlername *m* pseudonym; *Schauspieler* stage name

Künstlerpech *nt kein pl* (*hum fam*) hard luck

künstlich ['kʏnst·lɪç] **I.** *adj* artificial **II.** *adv* artificially

Kunstsammlung *f* art collection

Kunstseide *f* imitation silk

Kunststoff *m* synthetic material

Kunststück *nt* ❶ (*artistische Leistung*) trick ❷ (*schwierige Leistung*) feat; **das ist doch kein ~!** (*fam*) there's nothing to it!

kunstvoll I. *adj* elaborate **II.** *adv* ornately

Kunstwerk *nt* work of art

kunterbunt ['kʊn·tɐ·bʊnt] **I.** *adj* ❶ (*vielfältig*) varied ❷ (*sehr bunt*) colorful ❸ (*wahllos gemischt*) motley; **ein ~es Durcheinander** a jumble **II.** *adv* (*ungeordnet*) **~ durcheinander** completely jumbled up

Kupfer <-s, -> ['kʊ·pfɐ] *nt* copper

Kuppe <-, -n> ['kʊ·pə] *f* ❶ (*Bergkuppe*) [rounded] hilltop ❷ (*Fingerkuppe*) tip

Kuppel <-, -n> ['kʊ·pl̩] *f* dome

Kuppelei <-, -en> [kʊ·pə·'lai] *f* (*pej veraltend*) matchmaking

kuppeln ['kʊ·pl̩n] **I.** *vi* AUTO to work the clutch **II.** *vt* ■ etw an etw ~ to couple sth to sth

Kuppler(in) <-s, -> ['kʊp·lɐ] *m(f)* (*pej*) matchmaker

Kupplung <-, -en> ['kʊp·lʊŋ] *f* ❶ AUTO clutch ❷ (*Anhängevorrichtung*) coupling

Kur <-, -en> [kuːɐ̯] *f* treatment [at a health resort]; **in ~ fahren** to go to a spa

Kuraufenthalt *m* stay at a spa

Kurbel <-, -n> ['kʊr·bl̩] *f* crank

kurbeln ['kʊr·bl̩n] *vi, vt* to crank, to wind

Kurbelwelle *f* crankshaft

Kürbis <-ses, -se> ['kʏr·bɪs] *m* pumpkin

Kürbiskern *m* pumpkin seed

Kurde, Kurdin <-n, -n> ['kʊr·də] *m, f* Kurd; *s. a.* **Deutsche(r)**

kurdisch ['kʊr·dɪʃ] *adj* Kurdish; *s. a.* **deutsch**

Kurdistan <-s> ['kʊr·dɪs·taːn] *nt* Kurdistan; *s. a.* **Deutschland**

Kurgast *m* sb staying at a spa

Kurhaus *nt* main facility at a spa

Kurier <-s, -e> [ku·'riːɐ̯] *m* courier

Kurierdienst *m* ❶ (*Dienstleistung*) courier service ❷ (*Firma*) courier [service]

kurieren* [ku·'riː·rən] *vt* to cure (**von** +*dat* of)

kurios [ku·'riːoːs] (*geh*) **I.** *adj* curious **II.** *adv* curiously

Kuriosität <-, -en> [ku·rioˌ·zi·'tɛt] *f* (*geh*) ❶ *kein pl* (*kuriose Art*) oddity ❷ (*kurioser Gegenstand*) curiosity

Kurort *m* spa, health resort

Kurpfuscher(in) <-s, -> *m(f)* (*pej fam*) quack

Kurs <-es, -e> [kʊrs, *pl* 'kʊr·zə] *m* ❶ (*Richtung*) course; **vom ~ abkommen** to deviate from one's/its course ❷ (*Lehrgang*) course ❸ (*Wechselkurs*) exchange rate

Kurse ['kʊr·zə] *pl von* **Kursus**

kursieren* [kʊr·'ziː·rən] *vi Falschgeld* to be in circulation; *Gerücht* to circulate

kursiv [kʊr·'ziːf] **I.** *adj* italic **II.** *adv* in italics

Kursivschrift *f* italics

kursorisch [kʊr·'zoː·rɪʃ] (*geh*) **I.** *adj* cursory **II.** *adv* cursorily

Kursus <-, Kurse> ['kʊr·zʊs, *pl* 'kʊr·zə] *m* course

Kurswechsel *m* change of course

Kurve <-, -n> ['kʊr·və] *f* ❶ TRANSP curve; **aus der ~ fliegen** (*fam*) to wipe out on a curve; **sich** *akk* **in die ~ legen** to lean into the curve; **eine ~ machen** to curve ❷ (*gekrümmte Linie*) curve ❸ *pl* (*fam: Körperrundung*) curves *pl* ▶ WENDUNGEN: **die ~ kratzen** (*fam*) to scram *sl*, to beat it *sl*

kurvenreich ['kʊr·vən-], **kurvig** ['kʊr·vɪç] *adj* curvy

kurz <kürzer, kürzeste> [kʊrts] **I.** *adj* ❶ (*räumlich*) short ❷ (*zeitlich*) brief, short ❸ (*knapp*) brief ▶ WENDUNGEN: **den Kürzeren ziehen** (*fam*) to draw the short straw **II.** *adv* ❶ (*räumlich*) short; [jdm] **etw kürzer machen** MODE to shorten sth [for sb] ❷ (*zeitlich*) for a short time; **etw ~ braten** to flash-fry sth; **~ gesagt** in a word; **jdn ~ sprechen** to have a quick word with sb; **~ bevor** just before; **~ nachdem** shortly after; **vor ~em** just a little while ago; **bis vor ~em** up until recently ▶ WENDUNGEN: **~ entschlossen** without a moment's hesitation; **und gut** in a word; **über ~ oder lang** sooner or later; **~ und schmerzlos** (*fam*) quick[ly] and painless[ly]; [bei etw *dat*] **zu ~ kommen** to lose out [on sth]

Kurzarbeit *f kein pl* reduced working hours

kurz|arbeiten *vi* to work reduced hours

kurzärm(e)lig *adj* short-sleeved

kurzatmig *adj* short-winded

Kürze <-> ['kʏr·tsə] *f kein pl* shortness; **in aller ~** very briefly

Kürzel <-s, -> ['kʏr·tsl̩] *nt* shorthand symbol

kürzen ['kʏr·tsn̩] *vt* **❶** (*Länge/Umfang verringern*) to shorten (**um** +*akk* by); **die gekürzte Fassung eines Buches** the abridged edition of a book **❷** (*verringern*) to cut, to reduce
kürzer *adj komp von* **kurz**
kurzerhand ['kʊr·tsɐ·'hant] *adv* there and then
kürzeste(r, s) *adj superl von* **kurz**
kurzlfassenRR *vr* **sich** *akk* ~ to be brief
Kurzfassung *f* abridged version
Kurzfilm *m* short film
Kurzform *f* shortened form
kurzfristig ['kʊrts·frɪs·tɪç] **I.** *adj* **❶** (*innerhalb kurzer Zeit erfolgend*) on short notice **❷** (*für kurze Zeit geltend*) short-term **II.** *adv* **❶** (*innerhalb kurzer Zeit*) within a short [period of] time **❷** (*für kurze Zeit*) briefly
Kurzgeschichte *f* short story
kurzhaarig *adj* short-haired
kurzlebig ['kʊrts·leː·bɪç] *adj* **❶** (*nicht lange lebend*) *a.* MODE short-lived **❷** (*nicht lange haltend*) nondurable
kürzlich ['kʏrts·lɪç] *adv* not long ago
Kurznachrichten *pl* news in brief + *sing vb*
Kurzreise *f* short trip
kurzlschließen *irreg* **I.** *vt* to short-circuit **II.** *vr* ■ **sich** *akk* **mit jdm** ~ to get in touch with sb
KurzschlussRR *m* **❶** ELEK short circuit **❷** (*Affekthandlung*) moment of madness
KurzschlusshandlungRR *f*, **Kurzschlussreaktion**RR *f* knee-jerk reaction
Kurzschrift *f* shorthand
kurzsichtig **I.** *adj* (*a. fig*) shortsighted **II.** *adv* (*beschränkt*) in a shortsighted manner
Kurzsichtigkeit <-> *f kein pl* shortsightedness
Kurzstreckenflug *m* short-haul flight
kurzum [kʊrts·'ʔʊm] *adv* in short
Kürzung <-, -en> *f* **❶** *Text* abridgement **❷** FIN cut
Kurzurlaub *m* short vacation [*or* trip]
Kurzwaren *pl* dry goods *npl*
Kurzwarengeschäft *nt* dry goods store
kurzweilig ['kʊrts·vai·lɪç] *adj* entertaining
Kurzwelle *f* short wave
Kurzzeitgedächtnis *nt* short-term memory
kurzzeitig **I.** *adj* short-term, brief **II.** *adv* brief, briefly, for a short time
kuschelig ['kuʃ·əl·ɪç] **I.** *adj* cozy **II.** *adv* cozily
kuscheln ['kʊ·ʃln] **I.** *vr* ■ **sich** *akk* **an jdn** ~ to cuddle up to sb; ■ **sich** *akk* **in etw** ~ to snuggle up in sth **II.** *vi* ■ [**mit jdm**] ~ to cuddle [with [*or* up to] sb]
Kuschelrock <-s, -> *m kein pl* MUS soft rock
Kuscheltier *nt* stuffed animal
kuschen ['kʊ·ʃn] *vi* ■ [**vor jdm**] ~ to obey [sb]
Kusine <-, -n> [ku·'ziː·nə] *f fem form von* **Cousin** cousin
KussRR <-es, Küsse>, **Kuß**ALT <-sses, Küsse> [kʊs, *pl* 'kʏ·sə] *m* kiss
küssen ['kʏ·sn̩] *vt, vi* to kiss
Küste <-, -n> ['kʏs·tə] *f* coast
Küstengebiet *nt* coastal area
Küstengewässer *pl* coastal waters *pl*
KüstenschifffahrtRR *f kein pl* coastal shipping

Küstenschutz *m* coastal protection
Kutsche <-, -n> ['kʊt·ʃə] *f* carriage
Kutscher(in) <-s, -> ['kʊt·ʃɐ] *m(f)* coachman
kutschieren* [kʊt·'ʃiː·rən] **I.** *vi sein* (*fam*) ■ **irgendwohin** ~ to go for a drive somewhere **II.** *vt haben* (*fam*) ■ **jdn irgendwohin** ~ to give sb a lift [*or* ride] somewhere
Kutte <-, -n> ['kʊ·tə] *f* habit
Kuttel <-, -n> ['kʊ·tl̩] *f meist pl* tripe *sing*
Kutter <-s, -> ['kʊ·tɐ] *m* cutter
Kuvert <-s, -s> [ku·'veːɐ̯] *nt* envelope
Kuwait <-s> ['kuː·vait] *nt* Kuwait; *s. a.* **Deutschland**
Kuwaiter(in) *m(f)* Kuwaiti; *s. a.* **Deutsche(r)**
kuwaitisch [ku·'vai·tɪʃ] *adj* Kuwaiti; *s. a.* **deutsch**
KZ <-s, -s> [kaː·'tsɛt] *nt Abk von* **Konzentrationslager**

L

L, l <-, - *o fam* -s, -s> [ɛl] *nt* L, l; **~ wie Ludwig** L as in Lima
l [ɛl] *Abk von* **Liter** l
labil [la·'biːl] *adj* **❶** MED *Gesundheit, Kreislauf etc.* poor **❷** (*geh: instabil*) *a.* PSYCH unstable
Labilität <-, *selten* -en> [la·bi·li·'tɛːt] *f* **❶** MED frailty **❷** (*geh: Instabilität*) *a.* PSYCH instability
Labor <-s, -s *o* -e> [la·'boːɐ̯] *nt* laboratory, lab *fam*
Laborant(in) <-en, -en> [la·bo·'rant] *m(f)* laboratory technician
Labyrinth <-[e]s, -e> [la·by·'rɪnt] *nt* maze
Lache[1] <-, -n> ['la·xə] *f* puddle
Lache[2] <-, -n> ['la·xə] *f* (*pej fam*) laugh
lächeln ['lɛ·çln̩] *vi* **❶** (*freundlich lächeln*) to smile **❷** (*sich lustig machen*) to smirk (**über** +*akk* at)
Lächeln <-s> ['lɛ·çln̩] *nt kein pl* smile
lachen ['la·xn̩] *vi* **❶** (*auflachen*) to laugh (**über** +*akk* at) **❷** (*auslachen*) to laugh (**über** +*akk* at) ▸ WENDUNGEN: **gut ~ haben** to be all right for sb to laugh
Lachen <-s> ['la·xn̩] *nt kein pl* **❶** (*Gelächter*) laughter **❷** (*Lache*) laugh
lächerlich ['lɛ·çɐ·lɪç] **I.** *adj* **❶** (*albern*) ridiculous; **jdn/sich ~ machen** to make a fool of sb/oneself **❷** (*geringfügig*) trivial; **ein ~er Preis** a ridiculously low price **II.** *adv* (*sehr*) ridiculously
Lächerlichkeit <-, -en> *f* **❶** *kein pl* (*Albernheit*) ridiculousness **❷** (*Geringfügigkeit*) triviality
lachhaft *adj* laughable
Lachkrampf *m* (*fig*) **einen ~ bekommen** to be in stitches, to be dying of laughter
Lachs <-es, -e> [laks] *m* salmon
lachsfarben *adj* salmon pink

L

Lack <-[e]s, -e> [lak] m ❶ (*Lackierung*) paint [job] ❷ (*Lackfarbe*) glossy paint; (*transparent*) varnish

lackieren* [la·'ki:·rən] vt a. *Fingernägel* to paint; *Holz* to varnish

Lackierung <-, -en> f ❶ (*das Lackieren*) painting ❷ (*aufgetragener Lack*) paint job

Lackleder <-s> nt inv patent leather

Ladefläche f AUTO cargo area

laden¹ <lädt, lud, geladen> ['la:·dn̩] I. vt ❶ (*packen*) a. COMPUT to load (**auf, in** +akk on[to], in[to]), to unload (**aus** +dat from, out of) ❷ (*sich aufbürden*) ■ **etw auf sich** akk ~ to saddle oneself with sth ❸ (*mit Munition versehen*) to load (**mit** +dat with) ❹ ELEK to charge II. vi ▶ WENDUNGEN: **geladen sein** (*fam*) to be hopping mad

laden² <lädt, lud, geladen> ['la:·dn̩] vt ❶ (*geh: einladen*) to invite (**zu** +dat to) ❷ JUR (*geh*) to summon

Laden¹ <-s, Läden> ['la:·dn̩, pl 'lɛ:·dn̩] m ❶ (*Geschäft*) store, shop ❷ (*fam: Betrieb*) business

Laden² <-s, Läden o -> ['la:·dn̩, pl 'lɛ:·dn̩] m shutter

Ladenbesitzer(in) m(f) storeowner

Ladendieb(in) m(f) shoplifter

Ladenhüter m (*pej*) slow seller

Ladenpreis m retail price

Ladenschlussᴿᴿ m kein pl closing time

Ladentisch m store [or shop] counter

Laderampe f loading ramp

Laderaum m LUFT, NAUT cargo space

lädieren* [lɛ·'di:·rən] vt to damage; **lädiert sein** (*hum*) to be the worse for wear

Ladung¹ <-, -en> f ❶ (*Fracht*) load; *Schiff, Flugzeug* cargo ❷ (*fam: größere Menge*) load ❸ (*Munition, Sprengstoff*) charge

Ladung² <-, -en> f JUR summons + sing vb

lag [la:k] imp von **liegen**

Lage <-, -n> ['la:·gə] f ❶ (*geographisch*) location ❷ (*Liegeposition*) position ❸ (*Situation*) situation; **zu etw** +dat **in der ~ sein** to be in a position to do sth; **sich** akk **in jds ~ versetzen** to put oneself in sb's position ❹ (*Schicht*) layer

Lagebericht m status report

Lager <-s, -> ['la:·gɐ] nt ❶ (*Warenlager*) warehouse; **etw auf ~ haben** to have sth in stock ❷ (*vorübergehende Unterkunft*) camp ❸ (*ideologische Gruppierung*) camp ❹ TECH bearing

Lagerfeuer nt campfire

Lagerhalle f warehouse

lagern ['la:·gɐn] I. vt ❶ (*aufbewahren*) to store ❷ MED to lay; **die Beine hoch** ~ to lie with one's legs up II. vi ❶ (*aufbewahrt werden*) **dunkel/kühl** ~ to be stored in the dark/a cold place ❷ (*liegen*) to lie (**auf** +dat on) ❸ (*sich niederlassen*) to camp

Lagerraum m ❶ (*Raum*) storeroom ❷ (*Fläche*) storage space

Lagerung <-, -en> f storage, warehousing

lahm [la:m] adj ❶ (*gelähmt*) *Arm, Bein* lame

❷ (*fam: steif*) stiff ❸ (*fam: ohne Schwung arbeitend*) sluggish ❹ (*fam: schwach*) lame; *Erklärung* feeble

lähmen ['lɛ:·mən] vt to paralyze

lahm|legen vt ■ **etw** ~ *Verkehr* to bring sth to a standstill

Lähmung <-, -en> f paralysis

Laib <-[e]s, -e> [laip, pl 'lai·bə] m bes SÜDD loaf; (*Käse*) block

Laich <-[e]s, -e> [laiç] m spawn

laichen ['lai·çn̩] vi to spawn

Laie, Laiin <-n, -n> ['laiə, 'lai·ɪn] m, f layman, layperson

Laiendarsteller(in) m(f) amateur actor [or fem actress]

laienhaft adj amateurish

Lake <-, -n> ['la:·kə] f brine

Laken <-s, -> ['la:·kn̩] nt sheet

Lakritze <-, -n> [la·'krɪt·sə] f, **Lakritz** <-es, -e> [la·'krɪts] m DIAL licorice

lallen ['la·lən] vi, vt to slur

Lama <-s, -s> ['la:·ma] nt ZOOL llama

Lamelle <-, -n> [la·'mɛ·lə] f ❶ (*dünne Platte*) slat ❷ (*Segment*) rib ❸ BOT lamella

lamentieren* [la·mɛn·'ti:·rən] vi (*geh*) to complain (**über** +akk about)

Lametta <-s> [la·'mɛ·ta] nt kein pl tinsel

Lamm <-[e]s, Lämmer> [lam, pl 'lɛmɐ] nt (a. *Fleisch*) lamb

Lammfell nt lambskin

Lammfleisch nt lamb

Lampe <-, -n> ['lam·pə] f lamp

Lampenfieber nt stage fright

Lampenschirm m lampshade

lancieren* [lã·'si:·rən] vt (*geh*) ❶ (*publik werden lassen*) *Nachricht* to leak ❷ ÖKON, MEDIA to launch

Land <-[e]s, Länder> [lant, pl 'lɛn·də] nt ❶ (*Staat*) country; **andere Länder, andere Sitten** every country has its own customs ❷ (*Bundesland*) [federal] state ❸ NAUT land; **~ in Sicht!** land ahoy!; **an ~ gehen** to go ashore; **jdn/etw an ~ ziehen** to pull sb/sth ashore ❹ kein pl (*Gelände*) land ❺ kein pl (*ländliche Gegend*) country; **auf dem ~[e]** in the country

i The representative bodies in nearly all the **Länder** in Germany and Austria are called *Landtage* (State Parliaments). In Hamburg and Bremen, however, they are called *Bürgerschaften* (City Parliaments), and in Berlin the representative body is called the *Abgeordnetenhaus* (House of Representatives). In Vienna, Austria, the representative body is called the *Gemeinderat* (City Council). In Switzerland, depending on the canton, the representative bodies are either called *Kantonsrat* or *Landsrat* (Cantonal Council) or *Großer Rat* (Great Council).

Landarbeit *f kein pl* agricultural work
Landarbeiter(in) *m(f)* farm hand
Landebahn *f* runway
landeinwärts *adv* inland
landen ['landn̩] **I.** *vi sein* ❶ *(niedergehen)* *Flugzeug, Raumschiff, Vogel* to land (**auf** +*dat* on, **in**) ❷ *(fam: hingelangen o enden)* to end up ❸ *(fam: Eindruck machen)* **mit deinen Schmeicheleien kannst du bei mir nicht ~** your flattery won't get you very far with me **II.** *vt haben* LUFT, RAUM, MIL to land
Landeplatz *m* ❶ *(kleiner Flugplatz)* airstrip ❷ *(Landungsplatz)* landing spot
Ländereien [lɛn·də·ˈrai·ən] *pl* estates *pl*
Landesebene *f* [federal] state level (**auf** +*dat* at/on)
Landesgrenze *f* ❶ *(Staatsgrenze)* border ❷ *(Grenze eines Bundeslandes)* state border [*or* line]
Landeshauptstadt *f* state capital
Landesinnere(s) *nt* interior
Landeskunde *f kein pl* regional studies *pl*
Landesrat, -rätin *m, f* ÖSTERR member of state government
Landesregierung *f* state government
Landessprache *f* national language
Landesteil *m* region
landesüblich *adj* customary
Landesverrat *m* treason
Landeswährung *f* national currency
Landfriedensbruch *m* disturbing the peace
Landgericht *nt* district court
Landhaus *nt* country manor
Landkarte *f* map
Landkreis *m* administrative district
landläufig *adj* generally accepted; *Ansicht* popular
Landleben *nt* country life
ländlich ['lɛnt·lɪç] *adj* rural; *Idylle* pastoral
Landrat, -rätin *m, f* ❶ BRD administrative head of a county ❷ SCHWEIZ parliament of a canton
Landratsamt *nt* district administration
Landschaft <-, -en> ['lant·ʃaft] *f* ❶ *(Gegend)* landscape; *(ländlich)* countryside ❷ *(Gemälde)* landscape
landschaftlich **I.** *adj* scenic **II.** *adv* scenically
Landschaftsschutzgebiet *nt* conservation area
Landsitz *m* country estate
Landsmann, -männin <-leute> *m, f* compatriot
Landstraße *f* country road
Landstreicher(in) <-s, -> *m(f)* tramp
Landstrich *m* area
Landtag *m* state parliament
Landung <-, -en> *f a.* MIL landing
Landungsbrücke *f* pier
Landurlaub *m* shore leave
Landvermessung *f* [land] surveying
Landweg *m* overland route (**auf** +*dat* by)
Landwirt(in) *m(f)* farmer
Landwirtschaft *f* ❶ *kein pl* *(Tätigkeit)* agriculture ❷ *(landwirtschaftlicher Betrieb)* farm

landwirtschaftlich **I.** *adj* agricultural; *Betrieb* farm **II.** *adv* agriculturally
lang <länger, längste> [laŋ] **I.** *adj* ❶ *(räumlich ausgedehnt)* long ❷ *(zeitlich ausgedehnt)* long; **noch/schon ~** for a long time ❸ *(fam: groß gewachsen)* tall **II.** *adv* ❶ *(eine lange Dauer)* long; **die Verhandlungen ziehen sich schon ~e hin** the negotiations have been dragging on for a long time; **wo bist du denn so ~e geblieben?** where have you been all this time? ❷ *(für die Dauer von etw)* **sie hielt einen Moment ~ inne** she paused for a moment ❸ *(der Länge nach)* **~ gestreckt** long; **~ gezogen** prolonged
langärm(e)lig *adj* long-sleeved
langatmig *adj* *(pej)* long-winded
lange ['laŋə] *adv s.* **lang II 1**
Länge <-, -n> ['lɛŋə] *f* ❶ *(räumliche Ausdehnung)* length; **der ~ nach** lengthwise; **Pfähle von drei Metern ~** ten-foot-long poles ❷ *(zeitliche Ausdehnung)* length, duration; **in voller ~** in its entirety; **sich** *akk* **in die ~ ziehen** to drag on ❸ *(fam: Größe)* height ❹ SPORT length ❺ *(Abstand vom Nullmeridian)* longitude
langen ['laŋən] **I.** *vi* *(fam)* ❶ *(ausreichen)* ▪ [jdm] **~** to be enough [for sb] ❷ *(sich erstrecken)* to reach ❸ *(fassen)* to reach; **lange bloß nicht mit der Hand an die Herdplatte** make sure you don't touch the hot plate with your hand ❹ DIAL *(auskommen)* **mit dem Brot ~ wir bis morgen** the bread will last us until tomorrow ❺ *impers* *(fam)* **jetzt langt's aber!** I've just about had enough! **II.** *vt* *(fam)* *(reichen)* ▪ **jdm etw ~** to hand sb sth ▸ WENDUNGEN: **jdm eine ~** *(fam)* to smack sb in the mouth
Längengrad *m* degree of longitude
länger ['lɛŋɐ] *adj, adv s.* **lang**
längerfristig **I.** *adj* fairly long-term **II.** *adv* on a fairly long-term basis
Langeweile <gen - *o* Langerweile, *dat* Langenweile> ['laŋə·vai·lə] *f kein pl* boredom
langfristig **I.** *adj* long-term **II.** *adv* on a long-term basis
langhaarig *adj* long-haired
langjährig *adj* of many years' standing; *Freundschaft* long-standing
Langlauf *m kein pl* cross-country skiing
langlebig *adj* ❶ *(lange lebend)* long-lived ❷ *(lange Zeit zu gebrauchen)* long-lasting ❸ *(hartnäckig)* persistent
länglich ['lɛŋ·lɪç] *adj* longish
längs [lɛŋs] **I.** *präp* +*gen* ▪ **~ einer S.** *gen* along sth **II.** *adv* *(der Länge nach)* lengthwise; **~ gestreift** with vertical stripes
langsam ['laŋ·za:m] **I.** *adj* ❶ *(nicht schnell)* slow ❷ *(allmählich)* gradual **II.** *adv* ❶ *(nicht schnell)* slowly ❷ *(fam: allmählich)* gradually
Langsamkeit <-> *f kein pl* slowness
Langschläfer(in) *m(f)* late riser
Langspielplatte *f* long-playing record, LP
längst [lɛŋst] *adv* ❶ *(lange)* long since, for a

long time ❷ (*bei weitem*) ~ **nicht** by no means
längste(r, s) *adj, adv superl von* **lang**
längstens ['lɛŋ·stn̩s] *adv* ❶ (*höchstens*) at the most ❷ (*spätestens*) at the latest
Langstreckenflug *m* long-haul flight
Langstreckenlauf *m* long-distance race
Languste <-, -n> [laŋ·'gʊs·tə] *f* crayfish
langweilen ['laŋ·vai·lən] **I.** *vt* to bore **II.** *vi* (*pej*) to be boring **III.** *vr* ■ sich *akk* ~ to be bored
langweilig ['laŋ·vai·lɪç] **I.** *adj* boring **II.** *adv* boringly
Langwelle *f* long wave
langwierig ['laŋ·vi:·rɪç] *adj* long-drawn-out
Langzeitarbeitslose(r) *f(m) dekl wie adj* long-term unemployed person
Langzeitarbeitslosigkeit *f* long-term unemployment
Langzeitgedächtnis *nt* long-term memory
Lanze <-, -n> ['lan·tsə] *f* lance
Lappalie <-, -n> [la·'pa:·li̯ə] *f* trifle
Lappe, Lappin <-n, -n> ['lapə] *m, f* Laplander; *s. a.* **Deutsche(r)**
Lappen <-s, -> ['lapn̩] *m* rag ► WENDUNGEN: **jdm durch die ~ gehen** (*fam*) to slip through sb's fingers
läppisch ['lɛpɪʃ] **I.** *adj* ❶ (*fam: lächerlich*) *Betrag* ridiculous ❷ (*pej: albern*) silly **II.** *adv* (*pej*) in a silly manner
Lappland <-[e]s> ['lap·lant] *nt* Lapland; *s. a.* **Deutschland**
Lapsus <-, -> ['lap·sʊs] *m* (*geh*) slip
Laptop <-s, -s> ['lɛp·tɔp] *m* laptop
Lärche <-, -n> ['lɛr·çə] *f* larch
Lärm <-[e]s> [lɛrm] *m kein pl* noise
Lärmbelästigung *f* noise pollution
lärmempfindlich *adj* sensitive to noise
lärmen ['lɛr·mən] *vi* to be noisy
lärmend I. *adj* noisy; *Menge* raucous **II.** *adv* noisily
Lärmpegel *m* noise level
Lärmschutz *m* noise protection
Larve <-, -n> ['lar·fə] *f* larva, grub
las [la:s] *imp von* **lesen**
lasch [laʃ] **I.** *adj* (*fam*) ❶ (*schlaff*) feeble; *Händedruck* limp ❷ (*nachsichtig*) lax **II.** *adv* (*fam: schlaff*) limply
Lasche <-, -n> ['la·ʃə] *f* flap; (*Kleidung*) loop
Laser <-s, -> ['le:·zɐ, 'lei·zɐ] *m* laser
Laserdrucker *m* laser printer
Laserstrahl *m* laser beam
lassen <lässt, ließ, gelassen> ['la·sn̩] **I.** *vt* ❶ (*unterlassen*) to stop; **wenn du keine Lust dazu hast, dann lass es doch** if you don't feel like it, [then] don't do it; **er kann es nicht ~** he can't help [*or* stop] it ❷ (*zurücklassen*) ■ jdn/etw irgendwo ~ to leave sb/sth somewhere ❸ (*überlassen, behalten lassen*) ■ jdm etw ~ to let sb have sth; **ich lasse dir das Auto** you can have the car ❹ (*gehen lassen*) to let; **lass den Hund nicht nach draußen** don't let the dog out [*or* go outside] ❺ (*in einem Zustand lassen*) **jdn ohne Aufsicht ~**

to leave sb unsupervised ❻ (*fam: loslassen*) ■ jdn/etw ~ to let sb/sth go ❼ (*in Ruhe lassen*) ■ jdn ~ to let sb alone ❽ (*gewähren lassen*) **ich möchte so gerne mit, lässt du mich?** I really want to go along — will you let me? ❾ (*hineinlassen*) **frische Luft ins Zimmer ~** to let some fresh air into the room ❿ (*hinauslassen*) **sie haben mir die Luft aus den Reifen gelassen!** they let the air out of my tires! ⓫ (*zugestehen*) **eines muss man ihm ~, er versteht sein Handwerk** you have to give him one thing: he knows his job ► WENDUNGEN: **einen ~** (*fam*) to let one rip **II.** *aux vb* <lässt, ließ, lassen> *modal* ❶ (*veranlassen*) ■ jdn etw tun ~ to have sb do sth; **jdn kommen ~** to send for sb; **~ Sie Herrn Braun hereinkommen** send Mr. Braun in; **der Chef hat es nicht gerne, wenn man ihn warten lässt** the boss doesn't like to be kept waiting; ■ etw machen ~ to have sth done; **ich lasse mir die Haare schneiden** I'm going to get a haircut [*or* having my hair cut] ❷ (*zulassen*) ■ jdn etw tun ~ to let sb do sth; **lass sie gehen!** let her go!; **er lässt sich nicht so leicht betrügen** it won't be that easy to trick him; **das lasse ich nicht mit mir machen** I won't stand for it!; **viel mit sich machen ~** to put up with a lot ❸ (*belassen*) **das Wasser sollte man eine Minute kochen ~** the water should be allowed to boil for one minute ❹ (*Möglichkeit ausdrückend*) **das lässt sich machen!** that can be done! ❺ *als Imperativ* **lass uns jetzt lieber gehen** let's go now **III.** *vi* <lässt, ließ, gelassen> (*ablassen*) **sie kann einfach nicht von ihm ~** she simply can't part from him; **vom Alkohol ~** to give up alcohol; **lass nur!** that's all right!
lässig ['lɛsɪç] **I.** *adj* ❶ (*ungezwungen*) casual ❷ (*fam: leicht*) **die Fragen waren total ~!** the questions were really easy! **II.** *adv* ❶ (*ungezwungen*) casually ❷ (*fam: mit Leichtigkeit*) no problem
Lässigkeit <-> *f kein pl* casualness
Lasso <-s, -s> ['laso] *m o nt* lasso
Last <-, -en> [last] *f* ❶ (*zu tragender Gegenstand*) load ❷ (*schweres Gewicht*) weight ❸ (*Bürde*) burden ❹ *pl* (*finanzielle Belastung*) burden; **zu jds ~en gehen** to be charged to sb ► WENDUNGEN: **jdm zur ~ fallen** to become a burden on sb
lasten ['las·tn̩] *vi* ❶ (*als Last liegen auf*) ■ auf etw *dat* ~ to rest on sth ❷ (*eine Bürde sein*) ■ auf jdm ~ *Verantwortung* to rest with sb ❸ (*stark belasten*) ■ auf etw *dat* ~ to weigh heavily on sth
Lastenaufzug *m* freight elevator
Laster[1] <-s, -> ['las·tɐ] *m* (*fam: Lastwagen*) truck
Laster[2] <-s, -> ['las·tɐ] *nt* (*schlechte Gewohnheit*) vice
Lästerer, Lästerin <-s, -> ['lɛs·tə·rɐ] *m, f* detractor *form,* unfair critic

lästern ['lɛstɐn] *vi* to make disparaging remarks (**über** +*akk* about)

lästig ['lɛs·tɪç] *adj* ❶ (*unangenehm*) *Husten, Kopfschmerzen etc.* irritating ❷ (*störend, nervend*) annoying; *Person a.* tiresome

Lasttier *nt* pack animal

Lastwagen *m* truck

Lastzug *m* tractor-trailer

Lasur <-, -en> [la'zu:ɐ̯] *f* [clear] varnish

lasziv [las·'tsi:f] **I.** *adj* (*geh*) lascivious **II.** *adv* (*geh*) lasciviously

Latein <-s> [la·'tain] *nt* Latin ► WENDUNGEN: **mit seinem ~ am Ende sein** to be at one's wits' end

Lateinamerika *nt* Latin America

Lateinamerikaner(in) <-s, -> *m(f)* Latin American; *s. a.* **Deutsche(r)**

lateinamerikanisch *adj* Latin American

lateinisch *adj* Latin; **auf L~** in Latin

latent [la·'tɛnt] **I.** *adj* (*geh*) latent **II.** *adv* (*geh*) latently

Laterne <-, -n> [la·'tɛr·nə] *f* ❶ (*Straßenlaterne*) street lamp ❷ (*Lichtquelle mit Schutzgehäuse*) lantern ❸ (*Lampion*) Chinese lantern

Laternenpfahl *m* lamppost

Latex <-, Latizes> ['la:·tɛks, *pl* 'la:·ti·tse:s] *m* latex

latschen ['la:t·ʃn̩] *vi sein* (*fam*) ❶ (*schwerfällig gehen*) to trudge; (*lässig gehen*) to wander ❷ DIAL (*eine Ohrfeige geben*) ■ **jdm eine ~** to slap sb in the face

Latschen <-s, -> ['la:t·ʃn̩] *m* (*fam*) ❶ (*Hausschuh*) slipper ❷ (*pej: ausgetretener Schuh*) worn-out shoe ► WENDUNGEN: **aus den ~ kippen** (*fam*) to keel over; (*sehr überrascht sein*) to be bowled over

Latschenkiefer *f* mountain pine

Latte <-, -n> ['latə] *f* ❶ (*kantiges Brett*) slat ❷ SPORT bar ❸ (*Torlatte*) crossbar ► WENDUNGEN: **eine ganze ~ von etw** *dat* (*fam*) a slew of sth

Lattenzaun *m* picket fence

Latz <-es, Lätze *o* ÖSTERR -e> [lats, *pl* 'lɛtsə] *m* bib

Latzhose *f* overalls *npl*

lau [lau] *adj* ❶ (*mild*) mild ❷ (*lauwarm*) lukewarm; (*mäßig*) moderate ❸ (*halbherzig*) halfhearted

Laub <-[e]s> [laup] *nt kein pl* foliage

Laubbaum *m* deciduous tree

Laube <-, -n> ['lau·bə] *f* arbor

Laubfrosch *m* tree frog

Laubsäge *f* jigsaw

Laubwald *m* deciduous forest

Lauch <-[e]s, -e> [laux] *m* leek

Lauer <-> ['lauɐ] *f* **auf der ~ liegen** to lie in wait

lauern ['lau·ɐn] *vi* ❶ (*in einem Versteck warten*) to lie in wait (**auf** +*akk* for) ❷ (*fam*) **die anderen lauerten nur darauf, dass sie einen Fehler machte** the others were just waiting for her to make a mistake

Lauf <-[e]s, Läufe> [lauf, *pl* 'lɔy·fə] *m* ❶ *kein pl* (*das Laufen*) run ❷ SPORT (*Durchgang*) round; (*Rennen*) heat ❸ *kein pl eines Flusses* course; *eines Sterns* path ❹ (*Verlauf, Entwicklung*) course; **das ist der ~ der Dinge** that's the way things go; **seinen ~ nehmen** to take its course; **im ~e der Jahrhunderte** over the centuries ❺ (*Gewehrlauf*) barrel ► WENDUNGEN: **einer S.** *dat* **freien ~ lassen** to give sth free rein

Laufbahn *f* career

Laufbursche *m* (*veraltend: Bote*) errand boy

laufen <läuft, lief, gelaufen> ['lau·fn̩] **I.** *vi sein* ❶ (*rennen*) SPORT to run ❷ (*fam: gehen*) to go ❸ (*zu Fuß gehen*) to walk ❹ (*fließen*) to run; **jdm eiskalt über den Rücken ~** (*fig*) a chill runs down sb's spine ❺ (*funktionieren*) to work; *Getriebe, Maschine, Motor* to run; (*eingeschaltet sein*) to be on ❻ FILM, THEAT (*gezeigt werden*) **was läuft [im Kino]?** what's playing [at the movies]? ❼ (*gültig sein*) *Vertrag* to run ❽ (*seinen Gang gehen*) to go; **wie läuft es?** how's it going? ❾ (*geführt werden*) **auf jds Namen ~** to be issued in sb's name ❿ (*gut verkäuflich sein*) **das neue Produkt läuft gut** the new product is selling well ► WENDUNGEN: **die Sache ist gelaufen** it's too late now **II.** *vt* **haben** *o* **sein** ❶ SPORT to run; **einen Rekord ~** to set a record ❷ (*zurücklegen*) to run ❸ (*fahren*) Rollschuh/Schlittschuh/Ski ~ to roller-skate/ice-skate/ski **III.** *vr impers* **haben** **mit diesen Schuhen wird es sich besser ~** it will be easier to walk in these shoes

laufend **I.** *adj attr* ❶ (*geh: derzeitig*) current ❷ (*ständig*) constant ► WENDUNGEN: **jdn [über etw** *akk*] **auf dem L~en halten** to keep sb up-to-date [on sth] **II.** *adv* (*fam*) constantly

Läufer[1] <-s, -> ['lɔy·fɐ] *m* ❶ (*Schachfigur*) bishop ❷ (*Teppich*) runner

Läufer(in)[2] <-s, -; -nen> ['lɔy·fɐ] *m(f)* runner

läufig ['lɔy·fɪç] *adj* in heat

Laufkundschaft *f kein pl* window-shoppers

Laufmasche *f* run

Laufschritt *m* **im ~** at a quick pace; MIL double time

Laufstall *m* playpen

Laufsteg *m* catwalk

Laufwerk *nt einer Maschine* drive mechanism; *einer Uhr* clockwork; *eines Computers* disk drive

Laufzeit *f* duration

Lauge <-, -n> ['lau·gə] *f* ❶ (*Seifenlauge*) soapy water, suds ❷ (*wässrige Lösung einer Base*) lye; (*von Salz*) salt solution

Laune <-, -n> ['lau·nə] *f* ❶ (*Stimmung*) mood; **schlechte ~ haben** to be in a bad mood; **seine ~n an jdm auslassen** to take it out on sb *fig fam* ❷ (*abwegige Idee*) whim

launenhaft *adj* (*kapriziös*) moody; *Wetter* unsettled

Laus <-, Läuse> [laus, *pl* 'lɔy·zə] *f* ❶ (*Blut saugendes Insekt*) louse ❷ (*Blattlaus*) aphid

Lausbub *m* SÜDD (*fam*) rascal

lauschen ['lau·ʃn̩] *vi* (*heimlich zuhören*) to eavesdrop

lauschig ['lau·ʃɪç] *adj* (*veraltend: gemütlich*) snug

lausen ['lau·zn̩] *vt* to delouse

lausig ['lau·zɪç] **I.** *adj* (*pej fam*) ❶ (*entsetzlich*) *Arbeit, Zeiten etc.* awful, lousy ❷ (*geringfügig*) measly **II.** *adv* (*pej fam*) ❶ (*entsetzlich*) terribly ❷ (*geringfügig*) ~ **bezahlt** paid badly

laut¹ [laut] **I.** *adj* ❶ (*weithin hörbar*) loud; **etw ~er stellen** to turn up *sep* sth; **musst du immer gleich ~ werden?** do you always have to get so upset right away? ❷ (*voller Lärm*) noisy **II.** *adv* (*weithin hörbar*) loudly; **kannst du ~er sprechen?** can you speak up?; **~ denken** to think out loud

laut² [laut] *präp* +*gen o dat* **~ Zeitungsberichten ...** according to newspaper reports ...

Laut <-[e]s, -e> [laut] *m* noise; **keinen ~ von sich geben** to not make a sound

Laute <-, -n> ['lau·tə] *f* lute

lauten ['lau·tn̩] *vi* ❶ (*zum Inhalt haben*) to read; **wie lautet die Frage?** what is the question?; **wie lautet der letzte Absatz?** how does the final paragraph go?; **die Anklage lautete auf Erpressung** the charge is blackmail ❷ (*ausgestellt sein*) **die Papiere ~ auf seinen Namen** the papers are in his name

läuten ['lɔy·tn̩] **I.** *vi* ❶ *Klingel, Telefon* to ring; *Glocke a.* to chime; (*feierlich*) to toll ❷ ◼ **nach jdm ~** to call for sb ▶ WENDUNGEN: **ich habe davon ~ gehört, dass ...** I've heard rumors that ... **II.** *vi impers* **es hat geläutet** there was a ring at the door; **es läutet sechs Uhr** the clock is striking six

lauter ['lau·tɐ] *adj inv* just; **das sind ~ Lügen** that's nothing but lies; **vor ~ Arbeit** because of all the work I have

Läuterung <-, -en> *f* (*geh*) reformation

lauthals ['lau·thals] *adv* at the top of one's lungs *pred*

Lautlehre *f kein pl* phonetics + *sing vb*

lautlos ['lau·tlo:s] **I.** *adj* noiseless, silent **II.** *adv* noiselessly, silently

Lautschrift *f* phonetic alphabet

Lautsprecher *m* loudspeaker

Lautsprecherbox *f* speaker

lautstark **I.** *adj* loud; *Protest* strong **II.** *adv* loudly, strongly

Lautstärke *f* volume

lauwarm ['lau·varm] *adj* lukewarm

Lava <-, Laven> ['la:·va, pl 'la:·vən] *f* lava

Lavendel <-s, -> [la·'vɛn·dl̩] *m* lavender

Lawine <-, -n> [la·'vi:·nə] *f* (*a. fig*) avalanche

lax [laks] *adj* lax

Lay-out^RR, **Layout** <-s, -s> [leɪ·'aʊt] *nt* layout

layouten* [le:·'aʊ·tn̩] *vt* TYPO, COMPUT to layout

Lazarett <-[e]s, -e> [la·tsa·'rɛt] *nt* military hospital

leasen ['li:·zn̩] *vt* to lease

Leasing <-s, -s> ['li:·zɪŋ] *nt* leasing

leben ['le:·bn̩] **I.** *vi* ❶ (*lebendig sein*) to live; **Gott sei Dank, er lebt** [**noch**] thank God, he's [still] alive ❷ (*ein bestimmtes Leben führen, wohnen*) to live; **vegetarisch ~** to be [a] vegetarian; **getrennt ~** to live apart ❸ (*seinen Lebensunterhalt bestreiten*) **vom Schreiben ~** to make a living as a writer ▶ WENDUNGEN: **leb**[e] **wohl!** farewell! **II.** *vt* ❶ (*verbringen*) **ich lebe mein eigenes Leben!** I'm leading my own life! ❷ (*verwirklichen*) to live; **seinen Glauben ~** to live according to one's beliefs **III.** *vi impers* **wie lebt es sich denn als Millionär?** what's life as a millionaire like?

Leben <-s, -> ['le:·bn̩] *nt* (*das Lebendigsein*) life; **am ~ sein** to be alive; [**bei etw** *dat*] **ums ~ kommen** to die [doing sth]; **sich** *dat* **das ~ nehmen** (*euph*) to take one's life; **das tägliche ~** everyday life; **so ist das ~** [**eben**] that's life ▶ WENDUNGEN: **nie im ~** (*fam*) never; **etw ins ~ rufen** to establish sth; [**bei etw** *dat*] **sein ~ aufs Spiel setzen** to risk one's life [doing sth]; **es geht um ~ und Tod** it's a matter of life and death

lebend **I.** *adj* living **II.** *adv* alive

lebendig [le·'bɛn·dɪç] **I.** *adj* ❶ (*lebend*) living; ◼ **~ sein** to be alive ❷ (*anschaulich, lebhaft*) vivid; *Kind* lively **II.** *adv* ❶ (*lebend*) alive ❷ (*lebhaft*) **etw ~ schildern** to give a lively description of sth

Lebendigkeit <-> *f kein pl* vividness

Lebensabend *m* (*geh*) twilight years *pl*

Lebensabschnitt *m* chapter in one's life

Lebensalter *nt* age

Lebensbedingungen *pl* living conditions

lebensbedrohend *adj inv* life-threatening

Lebensdauer *f* ❶ (*Dauer des Lebens*) life span ❷ (*Dauer der Funktionsfähigkeit*) [working] life

Lebensende *nt kein pl* death; **bis ans/an jds ~** until one's/sb's death

Lebenserfahrung *f* life experience

Lebenserinnerungen *pl* memoirs

Lebenserwartung *f* life expectancy

lebensfähig *adj* capable of surviving

Lebensform *f* ❶ (*Lebensweise*) way of life ❷ (*Organisation von biol. Leben*) life form

Lebensfreude *f kein pl* joie de vivre, love of life

lebensfroh *adj* full of life *pred*

Lebensgefahr *f* mortal danger; **jd ist in/außer ~** sb's life is in/no longer in danger

lebensgefährlich **I.** *adj* extremely dangerous; (*Krankheiten*) life-threatening **II.** *adv* ❶ (*mit Lebensgefahr verbunden*) ~ **verletzt** seriously injured ❷ (*fam: sehr gefährlich*) dangerously

Lebensgefährte, -gefährtin *m, f* (*geh*) partner

Lebensgemeinschaft *f* long-term relationship

Lebensgewohnheiten *pl* habits

lebensgroß *adj* life-size[d]

Lebenshaltungskosten *pl* cost of living

Lebensjahr *nt* year [of one's life]; **im 14. ~** at 14

Lebenslage *f* situation [in life]

lebenslang I. *adj* ❶ *(das ganze Leben dauernd)* lifelong ❷ JUR *s.* **lebenslänglich** I II. *adv* *(das ganze Leben)* all one's life

lebenslänglich ['leːˈbn̩sˈlɛŋˈlɪç] I. *adj* JUR life *attr,* for life *pred;* „~" **bekommen** *(fam)* to get life [in prison] II. *adv* all one's life

Lebenslauf *m* résumé

Lebensmittel *nt meist pl* food

Lebensmittelallergie *f* food allergy

Lebensmittelgeschäft *nt* grocery store

Lebensmittelvergiftung *f* food poisoning

lebensmüde *adj* weary of life *pred;* **bist du ~?** *(hum fam)* are you tired of living?

Lebensmut *m kein pl* courage to face life

lebensnah *adj* true-to-life

Lebensqualität *f kein pl* quality of life

Lebensraum *m* ❶ *kein pl (Entfaltungsmöglichkeiten)* living space ❷ *(Biotop)* habitat

Lebensretter(in) *m(f)* lifesaver

Lebensstandard *m kein pl* standard of living

Lebensstil *m* lifestyle

Lebensunterhalt *m kein pl* living; **das deckt noch nicht einmal meinen ~** that doesn't even cover my basic needs

Lebensversicherung *f* life insurance

Lebenswandel *m kein pl* way of life; **einen einwandfreien/lockeren ~ führen** to live a clean/loose life

Lebensweise *f* lifestyle

Lebensweisheit *f* ❶ *(weise Lebenserfahrung)* worldly wisdom ❷ *(Wahlspruch)* maxim

Lebenswerk *nt* life['s] work

lebenswert *adj* worth living *pred*

lebenswichtig *adj* vital, essential

Lebenswille *m kein pl* will to live

Lebenszeichen *nt (a. fig)* sign of life

Lebenszeit *f* lifetime; **auf ~** for life

Lebensziel *nt* goal in life

Leber <-, -n> ['leːˈbɐ] *f (Organ) a.* KOCHK liver

Leberfleck *m* liver spot; *(Muttermal)* mole

Leberkäs(e) *m kein pl fine-textured meatloaf made of liver and pork*

Leberknödel *m* liver dumpling

Leberpastete *f* liver pâté

Lebertran *m* cod-liver oil

Leberwert *m meist pl* liver function reading

Leberwurst *f* liver sausage

Lebewesen *nt* living thing; **menschliches ~** human being

Lebewohl <-[e]s, -s *o geh* -e> [leːˈbəˈvoːl] *nt (geh)* farewell

lebhaft ['leːpˈhaft] I. *adj* ❶ *(temperamentvoll)* lively ❷ *(angeregt)* lively; *Beifall* thunderous ❸ *(belebt)* lively; *Verkehr* brisk ❹ *(anschaulich)* Darstellung vivid II. *adv* ❶ *(anschaulich)* vividly ❷ *(sehr stark)* intensely

Lebhaftigkeit <-> *f kein pl* ❶ *(temperamentvolle Art)* liveliness ❷ *(Anschaulichkeit)* vividness

Lebkuchen ['leːpˈkuːˈxn̩] *m* gingerbread

leblos ['leːpˈloːs] *adj (geh)* lifeless

Lebtag ['leːpˈtaːk] *m (fam)* **ihr ~ lang** for the rest of her days; **das hätte ich mein ~ nicht gedacht** never in all my life would I have thought that

Lebzeiten *pl* **zu jds ~** *(Zeit)* in sb's day; *(Leben)* in sb's lifetime

lechzen ['lɛçtsn̩] *vi (geh)* ■ **nach etw** *dat* ~ to long for sth

leck [lɛk] *adj* leaky

Leck <-[e]s, -s> [lɛk] *nt* leak

lecken¹ ['lɛˈkn̩] *vi* to leak

lecken² ['lɛˈkn̩] *vi* to lick

lecker ['lɛˈkɐ] I. *adj* delicious II. *adv* deliciously

Leckerbissen *m* delicacy

Leckerei <-, -en> [lɛˈkəˈrai] *f* ❶ KOCHK *s.* **Leckerbissen** ❷ *kein pl (pej fam: das Lecken)* licking

Leckermaul *nt (fam)* ■ **ein ~ sein** to have a sweet tooth

Leder <-s, -> ['leːˈdɐ] *nt* leather; **zäh wie ~** *(fam)* tough as nails

Lederhose *f* ❶ *(lederne Trachtenhose)* lederhosen *npl* ❷ *(Hose aus Leder)* leather pants *npl*

Lederjacke *f* leather jacket

Lederwaren *pl* leather goods

ledig ['leːˈdɪç] *adj* single

lediglich ['leːˈdɪkˈlɪç] *adv (geh)* merely

leer [leːɐ̯] I. *adj* ❶ *(ohne Inhalt)* empty; **etw ~ machen** to empty sth ❷ *(menschenleer)* empty ❸ *(nicht bedruckt)* blank ❹ *(ausdruckslos)* vacant; *Versprechungen, Worte* empty II. *adv* **wie ~ gefegt sein** to be deserted ▸ WENDUNGEN: [**bei etw** *dat*] ~ **ausgehen** to go away empty-handed

Leere <-> ['leːˈrə] *f kein pl* emptiness

leeren ['leːˈrən] I. *vt* ❶ *(entleeren)* to empty; **sie leerte ihre Tasse nur halb** she only drank half of her cup ❷ DIAL, ÖSTERR *(ausleeren)* ■ **etw in etw** *akk* ~ to empty sth into sth II. *vr* ■ **sich** *akk* ~ to empty

Leergut *nt kein pl* empties *pl fam*

Leerlauf *m* ❶ *(Gangeinstellung)* neutral [gear] ❷ *(unproduktive Phase)* unproductiveness

Leertaste *f* space bar

Leerung <-, -en> *f* emptying; *von Post* collection

legal [leˈgaːl] I. *adj* legal II. *adv* legally

legalisieren* [leˈgaˈliˈziːˈrən] *vt* to legalize

Legalität <-> [leˈgaˈliˈtɛːt] *f kein pl* legality

Legastheniker(in) <-s, -> [leˈgasˈteːˈniˈkɐ] *m(f)* dyslexic

legen ['leːˈgn̩] I. *vt* ❶ ■ **jdn/etw irgendwohin** ~ to put sb/sth somewhere; **seinen Arm um jdn** ~ to put one's arm around sb; **~ Sie ihn auf den Rücken** lay him on his back ❷ **die Stirn in Falten** ~ to frown ❸ *Teppich, Kabel, Eier* to lay II. *vr* ❶ *(hinlegen)* ■ **sich** *akk* ~ to lie down; **sich** *akk* **ins Bett/in die Sonne/auf den Rücken** ~ to go to bed/lie down in the sun/lie on one's back ❷ *(sich niederlassen)* ■ **sich** *akk* **auf etw** *akk* ~ to settle on sth; *(schädigen)* **sich auf die Bronchien ~** to settle in one's bronchial tubes ❸ *(nachlas-*

sen) ■**sich** *akk* ~ *Aufregung, Empörung, Sturm, Begeisterung* to subside; *Nebel* to lift

legendär [le·gɛn·'dɛːɐ̯] *adj* legendary

Legende <-, -n> [le·'gɛn·də] *f* ❶(*fromme Sage*) legend ❷(*Lügenmärchen*) myth

leger [le·'ʒeːɐ̯, le·'ʒɛːɐ̯] I. *adj* ❶(*bequem*) loose-fitting ❷(*ungezwungen*) casual II. *adv* casually

Leggings ['lɛg·ɪŋs] *pl* leggings

Legierung <-, -en> *f* alloy

Legion <-, -en> [le·'gi̯oːn] *f* legion

Legionär <-s, -e> [le·gi̯o·'nɛːɐ̯] *m* legionary

Legislative <-n, -n> [le·gɪs·la·'tiː·və] *f* legislative power

Legislaturperiode [le·gɪs·la·'tuːɐ̯-] *f* legislative period

Legitimation <-, -en> [le·gi·ti·ma·'tsi̯oːn] *f* (*geh*) authorization

legitimieren* [le·gi·ti·'miː·rən] I. *vt* (*geh*) ❶(*berechtigen*) to authorize (**zu** +*dat* to) ❷(*für gesetzmäßig erklären*) to legitimize (**durch** +*akk* by) II. *vr*(*geh: ausweisen*) ■**sich** *akk* ~ to identify oneself

Legitimität <-> [le·gi·ti·mi·'tɛːt] *f kein pl*(*geh*) legitimacy

Leguan <-s, -e> [le·'gu̯aːn, 'le·gu̯aːn] *m* iguana

Lehm <-[e]s, -e> [leːm] *m* clay

lehmig ['leː·mɪç] *adj* (*aus Lehm bestehend*) clay; (*voller Lehm*) clayey; *Weg* muddy

Lehne <-, -n> ['leː·nə] *f* (*Armlehne*) armrest; (*Rückenlehne*) back

lehnen ['leː·nən] I. *vt* (*anlehnen*) to lean (**an**/**gegen** +*akk* against) II. *vi* (*schräg angelehnt sein*) ■**an etw** *dat* ~ to lean against sth III. *vr* (*sich beugen*) ■**sich** *akk* **an jdn**/**etw** ~ to lean on sb/sth; ■**sich** *akk* **über etw** *akk* ~ to lean over sth

Lehnstuhl *m* armchair

Lehramt ['leː·ɐ̯-] *nt* (*geh*) ■**das** ~ the position of teacher; (*Studiengang*) teacher training [program]

Lehrbeauftragte(r) *f(m)* visiting [*or* adjunct] lecturer

Lehrberuf *m* teaching profession

Lehrbuch *nt* textbook

Lehre <-, -n> ['le·rə] *f* ❶([*handwerkliche*] *Ausbildung*) apprenticeship; **eine ~** [**als etw**] **machen** to serve an apprenticeship [as sth] ❷(*Erfahrung, aus der man lernt*) lesson; **jdm eine ~ erteilen** to teach sb a lesson ❸(*ideologisches System*) doctrine ❹(*Theorie*) theory

lehren ['leː·rən] *vt* (*unterrichten*) to teach; **die Erfahrung hat uns gelehrt, dass ...** experience has taught us that ...

Lehrer(in) <-s, -> ['leː·rɐ] *m(f)* teacher

Lehrfach *nt* subject

Lehrgang <-gänge> *m* course; **auf einem ~ sein** to be at a seminar

Lehrgeld *nt* ~ **zahlen** [**müssen**] *akk* to [have to] learn the hard way

Lehrjahr *nt* year spent as an apprentice

Lehrkörper *m* teaching staff + *sing*/*pl vb*

Lehrling <-s, -e> ['leːɐ̯·lɪŋ] *m* (*veraltend*) *s.* **Auszubildende(r)**

Lehrmittel *nt* (*fachspr*) teaching aid

Lehrplan *m* syllabus

lehrreich *adj* instructive

Lehrsatz *m* theorem

Lehrstelle *f* apprenticeship

Lehrstuhl *m* chair, professorship

Lehrzeit *f* (*veraltend*) *s.* **Lehre 1**

Leib <-[e]s, -er> [laip] *m* (*Körper*) body; **etw** *akk* **am eigenen ~ erfahren** to experience sth firsthand; **bei lebendigem ~** alive ► WENDUNGEN: **mit ~ und Seele** wholeheartedly

Leibarzt, -ärztin *m, f* personal physician *form*

Leibeskraft *f* **aus Leibeskräften** with all one's might

Leibgarde *f* bodyguard

Leibgericht *nt* favorite meal

leibhaftig [laip·'haf·tɪç] I. *adj* real; **sie ist die ~e Sanftmut** she is gentleness personified ► WENDUNGEN: **der L~e** (*euph*) the devil incarnate II. *adv* in person *pred*

leiblich ['laip·lɪç] *adj* ❶(*körperlich*) physical ❷(*blutsverwandt*) natural; **~e Verwandte** blood relations

Leibwache *f* bodyguard

Leibwächter(in) *m(f)* bodyguard

Leiche <-, -n> ['lai·çə] *f* corpse, body ► WENDUNGEN: **über ~n gehen** (*pej fam*) to stop at nothing

Leichenbeschauer(in) <-s, -> *m(f)* doctor conducting a postmortem; (*amtlich*) coroner

leichenblass[RR] *adj* deathly pale

Leichenhalle *f* mortuary

Leichenschauhaus *nt* morgue

Leichenschmaus *m* wake

Leichenverbrennung *f* cremation

Leichenwagen *m* hearse

Leichenzug *m* (*geh*) funeral procession

Leichnam <-s, -e> ['laiç·naːm] *m* (*geh*) corpse, body

leicht [laiçt] I. *adj* ❶(*geringes Gewicht habend*) light ❷(*eine dünne Konsistenz habend*) light ❸(*einfach*) easy; **nichts ~er als das!** no problem!; **~e Lektüre** light reading ❹ METEO (*schwach*) *Regen* light; *Donner* distant ❺(*sacht*) light; *Akzent* slight; *Schlag* gentle ❻ *Eingriff, Verbrennung* minor ❼(*nicht belastend*) *Mahlzeit* light; *Zigarette* mild ❽(*unbeschwert*) ■**jdm ist ~er** sb is relieved ❾(*nicht massiv*) lightweight II. *adv* ❶~ **bekleidet** dressed in light clothing ❷(*einfach*) easily; **etw geht** [**ganz**] ~ sth is [quite] easy; **es jdm ~ machen** to make it easy for sb ❸ METEO (*schwach*) lightly ❹(*nur wenig, etwas*) lightly; ~ **verärgert sein** to be slightly annoyed ❺(*schnell*) easily; **das sagst du so ~!** that's easy for you to say!; ~ **zerbrechlich** fragile ❻(*problemlos*) easily

Leichtathlet(in) *m(f)* track and field athlete

Leichtathletik *f* track and field + *sing vb, no art*

leichtfertig I. *adj* thoughtless II. *adv* thoughtlessly

Leichtgewicht nt ❶ kein pl (Gewichtsklasse) lightweight category ❷(fig: Sportler) lightweight a. fig

leichtgläubig adj gullible

Leichtgläubigkeit f kein pl gullibility

leichthin ['laiçt·'hɪn] adv ❶(ohne langes Nachdenken) unthinkingly; etw ~ versprechen to make a promise lightly; das kannst du heute so ~ sagen, aber ... you might say that today, but ... ❷(nebenbei) easily; etw ~ sagen to say sth in passing

Leichtigkeit <-> f ❶ kein pl (Einfachheit) simplicity; mit ~ effortlessly ❷(Leichtheit) lightness

Leichtmetall nt light metal

leichtlnehmen vt irreg ■etw ~ to take sth lightly

Leichtsinn ['laiçt·zɪn] m kein pl carelessness

leichtsinnig ['laiçt·zɪnɪç] I. adj careless II. adv carelessly

leid [lait] adj pred (überdrüssig) ich bin es ~, das immer tun zu müssen I'm sick of having to do this all the time

Leid <-[e]s> [lait] nt kein pl sorrow; jdm sein ~ klagen to tell sb one's troubles

leiden <litt, gelitten> ['laidn̩] I. vi ❶(Schmerzen ertragen) to suffer ❷(an einem Leiden erkrankt sein) ■an etw dat ~ to suffer from sth ❸(seelischen Schmerz empfinden) to suffer; ■unter jdm ~ to suffer because of sb; ■unter etw dat ~ to suffer from sth ❹(in Mitleidenschaft gezogen werden) Beziehung, Gesundheit to suffer; Möbelstück, Stoff to get damaged II. vt (erdulden) ■etw ~ to suffer sth ▶WENDUNGEN: jdn/etw ~ können to like sb/ sth; ich kann das nicht ~ I can't stand that

Leiden <-s, -> ['laidn̩] nt ❶(chronische Krankheit) ailment ❷ pl (leidvolle Erlebnisse) suffering

leidend adj ❶(geplagt) mournful ❷(geh: chronisch krank) ■~ sein to be sick

Leidenschaft <-, -en> ['lai·dn̩·ʃaft] f passion; mit [großer/wahrer] ~ passionately; er ist Maler aus ~ he is passionate about painting

leidenschaftlich I. adj passionate II. adv passionately; ■etw ~ gern tun to love doing sth; ich esse ~ gern Himbeereis I [absolutely] love raspberry ice cream

leidenschaftslos I. adj dispassionate II. adv dispassionately

Leidensgefährte, -gefährtin m, f, **Leidensgenosse, -genossin** m, f fellow sufferer

Leidensmiene f dejected expression

leider ['lai·dɐ] adv unfortunately; ich habe das ~ vergessen I'm sorry, I forgot about that; das ist ~ so that's just the way it is

leidig ['lai·dɪç] adj attr (pej) tedious; immer das ~e Geld! it always comes down to money!

Leidtragende(r) f(m) ■der/die ~ the one to suffer

leidltun[RR] vi irreg es tut mir leid I'm sorry; es

tut mir [so] leid, dass ... I'm [so] sorry that ...; er tut mir leid I feel sorry for him

leidvoll adj (geh) sorrowful liter

Leidwesen nt kein pl ■zu jds ~ much to sb's regret

Leier <-, -n> ['laie] f MUS lyre

Leierkasten m (fam) s. **Drehorgel**

leiern ['lai·en] vt (fam) ❶(lustlos aufsagen) Gedicht to drone [out sep] ❷(kurbeln) to wind sth

Leihbücherei f lending library

leihen <lieh, geliehen> ['lai·ən] vt ❶(ausleihen) to lend; ■geliehen borrowed ❷(borgen) ■sich dat etw akk [von jdm] ~ to borrow sth [from sb]

Leihfrist f lending [or borrowing] period

Leihgabe f loan

Leihgebühr f rental fee; (für Buch) lending [or borrowing] fee

Leihhaus nt pawn shop

Leihmutter f surrogate mother

Leihwagen m rental car

leihweise adv (geh) on loan

Leim <-[e]s, -e> [laim] m glue ▶WENDUNGEN: jdm auf den ~ gehen (fam) to fall for sb's tricks; aus dem ~ gehen (fam) to fall apart

leimen ['lai·mən] vt ❶(mit Leim zusammenfügen) to glue together ❷(fam: hereinlegen) ■jdn ~ to take sb for a ride

Leine <-, -n> ['lai·nə] f ❶(dünnes Seil) rope ❷(Wäscheleine) [clothes]line ❸(Hundeleine) leash ❹zieh ~! (sl) beat it!

leinen ['lai·nən] adj linen

Leinen <-s, -> ['lai·nən] nt linen; aus ~ made of linen

Leinsamen m linseed

Leintuch <-tücher> nt SÜDD, ÖSTERR, SCHWEIZ (Laken) sheet

Leinwand f ❶(Projektionswand) screen ❷ kein pl (Gewebe aus Flachsfasern) a. KUNST canvas

leise ['lai·zə] I. adj ❶(nicht laut) quiet; etw ~ stellen to turn down sep sth ❷(gering) slight; Ahnung, Verdacht vague; es fiel ~r Regen it was drizzling II. adv ❶(nicht laut) quietly ❷(kaum merklich) slightly

Leiste <-, -n> ['lais·tə] f ❶(schmale Latte) strip ❷(Übergang zum Oberschenkel) groin

leisten ['lais·tn̩] I. vt ❶(an Arbeitsleistung erbringen) ganze Arbeit ~ to do a good job; viel ~ to get a lot done ❷ TECH, PHYS to generate ❸ Funktionsverb Hilfe ~ to help; eine Anzahlung ~ to make a down payment; gute Dienste ~ to serve sb well II. vr ❶(sich gönnen) ■sich dat etw ~ to treat oneself to sth ❷(sich herausnehmen) da hast du dir ja was geleistet! you've really outdone yourself!; er hat sich eine Dummheit geleistet he behaved stupidly; (tragen können) tolles Kleid – sie kann es sich ~, bei der Figur! great dress — she can certainly get away with it with a figure like that! ❸(finanziell in der Lage sein) sich etw ~ können to be able to afford sth; **es sich** *dat* **~ können, etw zu tun** to be able to afford to do sth

Leistenbruch *m* hernia

Leistung <-, -en> *f* ❶ *kein pl* (*das Leisten*) performance ❷ (*geleistetes Ergebnis*) accomplishment; **eine sportliche/hervorragende** ~ an athletic achievement/outstanding piece of work; **schulische ~en** performance at school; **ihre ~en lassen zu wünschen übrig** her work leaves a lot to be desired ❸ TECH, PHYS power; *einer Fabrik* output ❹ FIN (*Entrichtung*) payment

Leistungsdruck *m kein pl* pressure to perform

leistungsfähig *adj* ❶ (*zu hoher Arbeitsleistung fähig*) efficient ❷ (*zu hoher Produktionsleistung fähig*) productive ❸ (*zur Abgabe großer Energie fähig*) powerful ❹ FIN competitive

Leistungsfähigkeit *f kein pl* ❶ (*Arbeitsleistung*) performance ❷ (*Produktionsleistung*) productivity ❸ (*Abgabe von Energie*) power ❹ FIN competitiveness

Leistungsgesellschaft *f* meritocracy

Leistungskurs *m* SCH ≈ advanced placement [*or* AP] class

Leistungsnachweis *m* SCH evidence of academic achievement

leistungsschwach *adj* weak; *Maschine, Motor* low-performance

Leistungssport *m* competitive sports *no art*

leistungsstark *adj* ❶ (*große Produktionskapazität besitzend*) [highly-]efficient ❷ AUTO, ELEK, TECH [very] powerful; *Motor* high-performance

Leistungsträger(in) *m(f)* SPORT, ÖKON go-to guy *fam*

Leistungsvermögen *nt kein pl* capability *usu pl*

Leitartikel *m* editorial [article]

Leitbild *nt* [role] model

leiten ['lai·tn̩] **I.** *vt* ❶ (*verantwortlich sein*) *Firma* to run; **eine Abteilung/Schule ~** to be head of a department/school ❷ (*den Vorsitz führen*) to lead; *Sitzung, Debatte* to chair ❸ TECH (*transportieren*) to conduct; *Erdöl* to pipe ❹ TRANSP *Zug* to divert ❺ (*führen*) to lead, to guide; ■ **sich** *akk* **durch etw** *akk* ~ **lassen** to [let oneself] be guided by sth; ■ **sich** *akk* **von etw** *dat* ~ **lassen** to [let oneself] be governed by sth **II.** *vi* PHYS to conduct; **gut/schlecht ~** to be a good/bad conductor

leitend I. *adj* ❶ (*führend*) leading ❷ (*in hoher Position*) managerial; **~er Angestellter** executive; **~er Redakteur** editor in chief ❸ PHYS conductive **II.** *adv* ~ **tätig sein** to hold a managerial position

Leiter[1] <-, -n> ['lai·tɐ] *f* (*Sprossenleiter*) ladder; (*Stehleiter*) stepladder

Leiter[2] <-s, -> ['lai·tɐ] *m* PHYS conductor

Leiter(in) <-s, -> ['lai·tɐ] *m(f)* ❶ (*leitend Tätiger*) head; *einer Firma, eines Geschäfts* manager; *einer Schule* principal ❷ (*Sprecher*) leader; *einer Delegation* head; ~ **einer Diskussion** person chairing a discussion

Leitfaden *m* MEDIA compendium

Leitfähigkeit *f* PHYS conductivity

Leitgedanke *m* central idea

Leitlinie *f* ❶ (*Grundsatz*) guideline ❷ (*Fahrbahnmarkierung*) lane marker

Leitmotiv *nt* central theme; (*in der Musik, Literatur*) leitmotiv

Leitplanke *f* guardrail

Leitsatz *m* guiding principle

Leitung <-, -en> *f* ❶ *kein pl* (*Führung*) management; **die ~ einer Sitzung haben** to chair a meeting; ■ **unter der ~ von jdm** MUS conducted by sb ❷ (*leitendes Gremium*) management ❸ (*Rohr*) pipe ❹ (*Kabel*) cable ❺ TELEK line; **die ~ ist gestört** it's a bad connection ▶ WENDUNGEN: **eine lange ~ haben** (*hum fam*) to be slow on the uptake

Leitungsrohr *nt* pipe

Leitungswasser *nt* tap water

Leitwährung *f* leading currency

Leitzins *m* prime rate

Lektion <-, -en> [lɛk·'tsi̯oːn] *f* ❶ SCH (*Kapitel*) chapter; (*Stunde*) lesson ❷ (*geh: Lehre*) lesson; **jdm eine ~ erteilen** to teach sb a lesson

Lektor(in) <-s, -toren> ['lɛk·toːɐ̯, lɛk·'toːˑrɪn, *pl* lɛk·'toːˑrən] *m(f)* ❶ (*in einem Verlag*) editor ❷ (*an der Universität*) lecturer who teaches in his/her native language at a university in a foreign country

Lektorat <-[e]s, -e> [lɛk·to·'raːt] *nt* ❶ (*Verlagsabteilung*) editorial office ❷ (*Lehrauftrag*) teaching assignment as a lecturer who teaches in his/her native language at a university in a foreign country

Lektüre <-, -n> [lɛk·'tyːˑrə] *f* ❶ *kein pl* (*das Lesen*) reading ❷ (*Lesestoff*) reading material

Lende <-, -n> ['lɛn·də] *f* ANAT, KOCHK loin

Lendenschurz *m* loincloth

Lendenstück *nt* KOCHK tenderloin

lenkbar ['lɛŋk·baːɐ̯] *adj* steerable; **gut ~ sein** to be easy to steer

lenken ['lɛŋ·kn̩] **I.** *vt* ❶ (*steuern*) to steer ❷ (*dirigieren*) to direct ❸ (*beeinflussen*) to control ❹ (*geh*) **seinen Blick auf jdn/etw ~** to turn one's gaze to [*or* toward] sb/sth ❺ (*richten*) ■ **etw auf etw** *akk* ~ to direct sth to sth; **jds Aufmerksamkeit auf etw ~** to draw sb's attention to sth; *Gespräch, Unterhaltung* to steer **II.** *vi* to drive

Lenker <-s, -> *m* handlebar *usu pl*

Lenkrad *nt* steering wheel

Lenkung <-, -en> *f* ❶ AUTO steering ❷ *kein pl* (*Beeinflussung*) controlling

Lenz <-es, -e> [lɛnts] *m* (*liter: Frühling*) springtide

Leopard <-en, -en> [leo·'part] *m* leopard

Lepra <-> ['leː·pra] *f kein pl* leprosy

Lerche <-, -n> ['lɛr·çə] *f* ORN lark

lernbegierig *adj* eager to learn *pred*

lernbehindert *adj* with learning difficulties *pred*; ■ ~ **sein** to have learning difficulties

Lerneifer *m* eagerness to learn

lernen ['lɛr·nən] **I.** *vt* ❶ (*sich als Kenntnis aneignen*) to learn; **er lernt's nie** he'll never

learn ②(*fam: eine Ausbildung machen*) ■**etw** ~ to train to be sth ▶WENDUNGEN: **gelernt ist [eben] gelernt** once learned, never forgotten; **etw will gelernt sein** sth takes [a lot of] practice **II.** *vi* ❶(*für die Schule*) to study, to [do school]work ②(*beim Lernen unterstützen*) ■**mit jdm** ~ to tutor sb ❸(*eine Ausbildung machen*) ■[**bei jdm**] ~ to apprentice [with sb]; **er hat bei verschiedenen Firmen gelernt** he has apprenticed with several companies; **sie lernt noch** she is still an apprentice

lernfähig *adj* ■ ~ **sein** to be capable of learning
Lernfähigkeit *f kein pl* ability to learn
Lernprozess^RR *m* learning process
Lernsoftware *f* educational software
Lernziel *nt* [educational] goal
Lesart ['le:s·a:ɐt] *f* version
lesbar ['le:s·ba:ɐ] *adj* ❶ *Handschrift* legible ②(*verständlich*) clear
Lesbe <-, -n> ['lɛs·bə] *f* (*fam*), **Lesbierin** <-, -nen> ['lɛs·bjə·rɪn] *f* lesbian
lesbisch ['lɛs·bɪʃ] *adj* lesbian; ■ ~ **sein** to be [a] lesbian
Lese <-, -n> ['le:·zə] *f* AGR harvest
Lesebrille *f* reading glasses *npl*
Lesebuch *nt* reader
Lesegerät *nt* COMPUT reader
Leselampe *f* reading lamp
lesen[1] <liest, las, gelesen> ['le:·zn] **I.** *vt* to read **II.** *vi* ❶(*als Lektüre*) to read ②(*Hochschulwesen*) to lecture (**über** +*akk* on, about) **III.** *vr* **etw liest sich leicht** sth is easy to read
lesen[2] <liest, las, gelesen> ['le:·zn] *vt* ❶(*sammeln*) to pick; *Ähren* to glean ②(*auflesen*) **etw vom Boden** ~ to pick sth off the floor
lesenswert *adj* worth reading *pred*
Leser(in) <-s, -> ['le:·zɐ] *m(f)* reader
Leseratte *f* (*hum fam*) bookworm
Leserbrief *m* letter to the editor
leserlich *adj* legible; **gut ~ sein** to be easy to read
Leserschaft <-, *selten* -en> *f* (*geh*) readership
Lesesaal *m* reading room
Lesestoff *m* reading material
Lesezeichen *nt* bookmark
Lesezirkel *m* magazine subscription service (*company which loans magazines to readers*)
Lesung <-, -en> *f a.* POL reading
Lette, Lettin <-n, -n> ['lɛ·tə] *m, f* Latvian
lettisch ['lɛ·tɪʃ] *adj* Latvian; *s. a.* **deutsch**
Lettland ['lɛt·lant] *nt* Latvia; *s. a.* **Deutschland**
Letzt [lɛtst] *f* ▶WENDUNGEN: **zu guter** ~ finally
letzte(r, s) *adj* ❶(*den Schluss bezeichnend*) last; **sie saß in der ~n Reihe** she sat in the back row; **der L~ des Monats** the last [day] of the month ②(*das zuletzt Mögliche bezeichnend*) last; *Versuch, Angebot* final; *Zug* last; **das ist das L~, was ...** this is the last thing that ...; **in ~r Minute** at the last minute ❸ SPORT **sie ging als** ~ **Läuferin durchs Ziel**

she was the last runner to cross the finish line; ■**L~ werden** to finish last [*or* in last place] ④(*restlich*) last; **das ~ Brot** the last of the bread ❺ **es ist das ~ Mal, dass ...** this is the last time that ...; **beim ~n Mal** last time; **zum ~n Mal** the last time; **im ~n Jahr** last year ❻(*an letzter Stelle erwähnt*) last ❼(*neueste*) *Nachricht, Mode* latest ❽(*fam: schlechteste*) **das ist doch der ~ Kerl!** what a total loser!

Letzte(s) *nt* (*letzte Bemerkung*) ■**ein ~s** one last thing ▶WENDUNGEN: **sein ~s [her]geben** to give [it] one's all; **das ist ja wohl das ~!** (*fam*) enough is enough!
letztendlich ['lɛtst·ʔɛnt·lɪç] *adv* at the end of the day
letztens ['lɛts·tns] *adv* recently; **erst** ~ just the other day
letztlich ['lɛtst·lɪç] *adv* in the end
letztmalig [-ma:·lɪç] *adj attr* final
Leuchtboje *f* light buoy
Leuchte <-, -n> ['lɔyç·tə] *f* (*Stehlampe*) floor lamp ▶WENDUNGEN: **nicht gerade eine** ~ **sein** (*fam*) to not be all that bright
leuchten ['lɔyç·tn] *vi* ❶(*Licht ausstrahlen*) to shine; *Abendsonne* to glow; **leuchte mit der Lampe mal hier in die Ecke** shine the light over here in the corner [please] ②(*Licht reflektieren*) to glow; **die Kinder hatten vor Freude ~de Augen** the children's eyes were sparkling with joy
leuchtend *adj* ❶(*strahlend*) bright ②(*herrlich*) shining *fig*; *Farben* glowing, bright
Leuchter <-s, -> *m* candlestick; (*mehrarmig*) candelabra
Leuchtfarbe *f* fluorescent paint
Leuchtfeuer *nt* beacon; (*auf der Landebahn*) runway lights
Leuchtkäfer *m* glowworm
Leuchtkraft *f kein pl* luminosity
Leuchtrakete *f* [rocket] flare
Leuchtreklame *f* neon sign
Leuchtschrift *f* neon lettering *pl*
Leuchtsignal *nt* signal flare
Leuchtturm *m* lighthouse
Leuchtzifferblatt *nt* luminous dial
leugnen ['lɔyg·nən] **I.** *vt* to deny; **es ist nicht zu ~, dass ...** there is no denying the fact that ... **II.** *vi* to deny it
Leugnung <-, -en> *f* denial
Leukämie <-, -n> [lɔy·kɛ·'mi:, *pl* lɔy·kɛ·'mi:·ən] *f* leukemia
Leute ['lɔy·tə] *pl* ❶(*Menschen*) people *npl*; **alle/keine/kaum** ~ everybody/nobody/hardly anybody; **unter** ~ **gehen** to get out and about ②(*fam: Kameraden, Verwandte*) folks *npl* ❸ MIL, NAUT (*Mitarbeiter*) men *pl*; **meine** ~ my men ▶WENDUNGEN: **etw unter die** ~ **bringen** (*fam*) to make sth known
Leutnant <-s, -s> ['lɔyt·nant] *m* second lieutenant; ~ **zur See** ensign
Level <-s, -s> ['lɛ·vl] *m* (*geh*) level
Leviten [le·'vi:·tən] *pl* ▶WENDUNGEN: **jdm die**

~ lesen (*fam*) to read sb the riot act
Lexikon <-s, Lexika> ['lɛk·si·kɔn, *pl* 'lɛk·si·ka] *nt* encyclopedia
lfd. *Abk von* **laufend** regular; (*jetzig*) current
Liaison <-, -s> [liɛ·'zõː] *f* (*geh*) liaison
Libanese, Libanesin <-n, -n> [li·ba·'neː·zə] *m*, *f* Lebanese; *s. a.* **Deutsche(r)**
libanesisch [li·ba·'neː·zɪʃ] *adj* Lebanese; *s. a.* **deutsch**
Libanon <-[s]> ['liː·ba·nɔn] *m* ■ **der** ~ Lebanon; *s. a.* **Deutschland**
Libelle <-, -n> [li·'bɛ·lə] *f* dragonfly
liberal [li·be·'raːl] **I.** *adj a.* POL liberal **II.** *adv* liberally
liberalisieren* [li·be·ra·li·'ziː·rən] *vt* to liberalize
Liberalisierung <-, -en> *f* liberalization
Liberalismus <-> [li·be·ra·'lɪs·mʊs] *m kein pl* liberalism
Liberia <-s> [li·'beː·rِi̯a] *nt* Liberia; *s. a.* **Deutschland**
Liberianer(in) <-s, -> [li·be·'rِi̯aː·nɐ] *m(f)* Liberian; *s. a.* **Deutsche(r)**
liberianisch [li·be·'rِi̯aː·nɪʃ] *adj* Liberian; *s. a.* **deutsch**
Libero <-s, -s> ['liː·be·ro] *m* sweeper
Libido <-> ['liː·bi·do, li·'biː·do] *f kein pl* libido
Libyen <-s> ['liː·bỹ·ən] *nt* Libya; *s. a.* **Deutschland**
Libyer(in) <-s, -> ['liː·bỹ·ɐ] *m(f)* Libyan; *s. a.* **Deutsche(r)**
libysch ['liː·bỹʃ] *adj* Libyan; *s. a.* **deutsch**
licht [lɪçt] *adj* ❶ (*hell*) light ❷ (*nicht dicht bewachsen*) **~es Haar haben** to have a receding hairline ❸ ARCHIT, BAU **~e Höhe/Weite** vertical [*or* height]/horizontal [*or* width] clearance
Licht <-[e]s, -er> [lɪçt] *nt* ❶ *kein pl* (*Helligkeit*) light ❷ ELEK light; **das ~ brennt** the light is on; **das ~ ausschalten** to turn out the light[s]; **etw gegen das ~ halten** to hold sth up to the light ► WENDUNGEN: **etw erscheint in einem anderen ~** sth appears in a different light; **etw ans ~ bringen** to bring sth to light; **~ in etw** *akk* **bringen** to shed [some] light on sth; **jdn hinters ~ führen** to hoodwink sb; **mir geht ein ~ auf** (*fam*) now I see, it has suddenly dawned on me; **jdm grußes ~ sein** (*fam*) to be no great genius; **grünes ~ [für etw** *akk*] **geben** to give [sth] the go-ahead; **etw ins rechte ~ rücken** to show sth in its correct light; **das ~ der Welt erblicken** (*geh*) to [first] see the light of day
Lichtbild *nt* (*veraltend*) ❶ (*geh: Passbild*) passport photograph ❷ (*Dia*) slide
Lichtblick *m* ray of hope
lichtdurchlässig *adj* translucent
Lichteffekt *m* lighting effect
Lichteinwirkung *f* effects *pl* of the light
lichtempfindlich *adj* sensitive to light *pred;* FOTO photosensitive
lichten ['lɪç·tn̩] **I.** *vt* FORST, HORT to thin out *sep* **II.** *vr* ■ **sich** *akk* ~ ❶ (*dünner werden*) to

[*grow*] thin ❷ (*spärlicher werden*) to go down ❸ (*klarer werden*) to be cleared up
Lichterkette *f* chain of lights
lichterloh ['lɪç·tɐ·'loː] *adv* ~ **brennen** to be ablaze
Lichtermeer *nt* (*geh*) sea of lights
Lichtgeschwindigkeit *f kein pl* **mit** ~ at the speed of light
Lichthupe *f* **die ~ betätigen** to flash one's high beams
Lichtjahr *nt* light year
Lichtmaschine *f* generator
Lichtquelle *f* light source
Lichtreklame *f s.* **Leuchtreklame**
Lichtschacht *m* light well
Lichtschalter *m* light switch
lichtscheu *adj* ❶ BOT, ZOOL *Pflanze* shade-loving; **ein ~es Tier** an animal that avoids the light ❷ (*fig*) **~es Gesindel** shady characters *pl*
Lichtschranke *f* light barrier
Lichtschutzfaktor *m* [sun] protection factor
Lichtstärke *f* ❶ PHYS light intensity ❷ FOTO *von Objektiv* speed
Lichtstrahl *m* light beam
lichtundurchlässig *adj* opaque
Lichtung <-, -en> *f* clearing
Lichtverhältnisse *pl* lighting conditions *pl*
Lid <-[e]s, -er> [liːt] *nt* [eye]lid
Lidschatten *m* eye shadow
Lidstrich *m* eyeliner
lieb [liːp] *adj* ❶ (*liebenswürdig*) kind, nice; **sei/seien Sie so ~ und ...** would you be so kind as to ... ❷ (*artig*) good; **sei ein ~es Mädchen!** be a good girl! ❸ (*niedlich*) cute ❹ (*geschätzt*) dear; **L~er Karl, L~e Amelie!** (*als Anrede in Briefen*) Dear Karl and Amelie,; **[mein] L~es** [my] love; **[ach] du ~e Güte** (*fam*) good heavens!; **jdn ~ haben** to love sb; **man muss ihn einfach ~ haben** it's impossible not to like him ❺ (*angenehm*) welcome; **das wäre mir weniger ~** I'd rather you didn't [do it]; **ich mag Vollmilchschokolade am ~sten** milk chocolate is my favorite; **am ~sten hätte ich ja abgelehnt** I would have rather said no
liebäugeln ['liːp·ʔɔy·gl̩n] *vi* ■ **mit etw** *dat* ~ to have one's eye on sth; ■ **damit ~, etw** *akk* **zu tun** to toy with the idea of doing sth
Liebe <-, -n> ['liː·bə] *f* ❶ *kein pl* (*Gefühl starker Zuneigung*) love; **aus ~ zu jdm** out of love for sb; **aus ~ zu etw** *dat* for the love of sth; **aus ~ heiraten** to marry for love; **käufliche ~** (*geh*) prostitution ❷ (*Mensch*) love; **die ~ meines Lebens** the love of my life ► WENDUNGEN: **~ auf den ersten Blick** love at first sight; **~ macht blind** (*prov*) love is blind
Liebelei <-, -en> [liː·bə·'lai] *f* (*fam*) flirtation
lieben ['liː·bn̩] **I.** *vt* ❶ (*Liebe entgegenbringen*) to love; ■ **sich** *akk* ~ to love each other ❷ (*gerne mögen*) to love ❸ (*euph: Geschlechtsverkehr miteinander haben*) ■ **jdn ~** to make love to sb; ■ **sich** *akk* ~ to make love **II.** *vi* to be in love

Liebende(r) *f(m)* lover
liebenswert *adj* lovable
liebenswürdig *adj* kind
liebenswürdigerweise *adv* kindly
Liebenswürdigkeit <-, -en> *f* kindness; **wür-den Sie** ~ **haben, ...?** *(geh)* would you be so kind as to ...?
lieber ['liː·bɐ] **I.** *adj komp von* lieb: **mir wäre es** ~**, wenn ...** I would prefer it if ...; **was ist Ihnen** ~**, das Theater oder das Kino?** would you prefer to go to the theater or the movies? **II.** *adv* ❶ *komp von* gern rather; **etw** ~ **mögen** to prefer sth; **ich würde** ~ **in der Karibik als an der Ostsee Urlaub machen** I would rather take a vacation in the Caribbean than on the Baltic ❷ *(besser)* better; **darüber schweige ich** ~ I think it's better to remain silent; **wir sollten** ~ **gehen** we [really] should get going; **das hätten Sie** ~ **nicht gesagt** you shouldn't have said that; **das möchte ich dir** ~ **nicht sagen** I'd rather not tell you that
Liebesabenteuer *nt* romance
Liebesaffäre *f* love affair
Liebesbeziehung *f* love affair
Liebesbrief *m* love letter
Liebeserklärung *f* declaration of love; **jdm eine** ~ **machen** to declare one's love to sb
Liebesfilm *m* love story
Liebesgeschichte *f* ❶ *(Lektüre)* love story ❷ *(fam: Liebesaffäre)* love affair
Liebeskummer *m* lovesickness; ~ **haben** to be lovesick
Liebesleben *nt* love life
Liebeslied *nt* love song
Liebesmüh(e) *f* ▶ WENDUNGEN: **vergebliche** ~ **sein** to be a waste of time
Liebespaar *nt* lovers *pl*
Liebesroman *m* romance novel
liebestoll *adj* love-crazed
liebevoll I. *adj* loving; *Kuss* affectionate **II.** *adv* ❶ *(zärtlich)* affectionately ❷ *(mit besonderer Sorgfalt)* lovingly
Liebhaber(in) <-s, -> ['liːp·haː·bɐ] *m(f)* ❶ *(Partner)* lover ❷ *(Freund (der Künste))* enthusiast
Liebhaberei <-, -en> [liːp·haː·bə·'rai] *f* hobby
Liebhaberwert *m kein pl* collector's value
liebkosen* [liːp·'koː·zn̩] *vt (geh)* to caress
Liebkosung <-, -en> *f (geh)* caress
lieblich ['liːp·lɪç] **I.** *adj* ❶ *(angenehm süß)* sweet; *Wein* medium sweet ❷ *(erhebend)* lovely; *Töne* melodious **II.** *adv* ~ **duften/schmecken** to smell/taste sweet
Liebling <-s, -e> ['liːp·lɪŋ] *m* ❶ *(Geliebte(r))* darling ❷ *(Favorit)* favorite
Lieblingsbeschäftigung *f* favorite hobby
Lieblingsgericht *nt* favorite food
lieblos ['liːp·loːs] **I.** *adj* ❶ *(keine liebevolle Zuwendung gebend)* unloving ❷ *(Nachlässigkeit zeigend)* unfeeling **II.** *adv (nachlässig)* carelessly
Lieblosigkeit <-, -en> *f* ❶ *kein pl (Mangel an liebevoller Zuwendung)* lack of feeling ❷ *(Ver-*

halten) unkind act
liebste(r, s) ['liːps·tɐ, 'liːps·tɐ, 'liːps·tɐs] *adj superl von* lieb dearest; **das mag ich am** ~**n** I like that the best; **am** ~**n möchte ich schlafen** I'd really just like to sleep
Liebste(r) ['liːps·tɐ, 'liːps·tɐ] *f(m)* sweetheart
Lied <-[e]s, -er> [liːt] *nt* song ▶ WENDUNGEN: **es ist immer das alte** ~ *(fam)* it's always the same old story; **ein** ~ **von etw** *dat* **singen können** to be able to tell sb a thing or two about sth
Liederbuch *nt* songbook
Liedermacher(in) *m(f)* singer-songwriter
lief [liːf] *imp von* laufen
Lieferant(in) <-en, -en> [li·fə·'rant] *m(f)* ❶ *(Firma)* supplier ❷ *(Auslieferer)* deliveryman *masc*, deliverywoman *fem*
lieferbar *adj* ❶ *(erhältlich)* available, in stock ❷ *(zustellbar)* **Ihre Bestellung ist leider erst später** ~ unfortunately, we won't be able to ship your order until a later date
Lieferbedingungen *pl* terms of delivery
Lieferfrist *f* delivery deadline
liefern ['liː·fɐn] **I.** *vt* ❶ *(ausliefern)* ■ *jdm* **etw** *akk* ~ to deliver sth [to sb] ❷ *Beweis* to provide ❸ *(erzeugen)* to yield ❹ SPORT **einen spannenden Spiel** ~ to put on an exciting game **II.** *vi* to deliver
Lieferschein *m* packing slip
Lieferstopp *m* suspension of deliveries
Liefertermin *m* delivery date
Lieferung <-, -en> *f* ❶ *(das Liefern)* delivery; **bei** ~ on delivery ❷ *(gelieferte Ware)* consignment
Lieferwagen *m* delivery van; *(offen)* pickup truck
Lieferzeit *f s.* Lieferfrist
Liege <-, -n> ['liː·gə] *f* ❶ *(Bett ohne Fuß-/Kopfteil)* day bed ❷ *(Liegestuhl)* lounge chair, chaise lounge
liegen <lag, gelegen> ['liː·gn̩] *vi haben o* SÜDD ❶ *(sich in horizontaler Lage befinden)* to lie; **ich liege noch im Bett** I'm still [lying] in bed; **deine Brille müsste eigentlich auf dem Schreibtisch** ~ your glasses must be on the desk; **in diesem Liegestuhl liegt man am bequemsten** this is the most comfortable lounge chair [to lie in]; ~ **bleiben** *(nicht aufstehen)* to stay in bed; *(nicht mehr aufstehen)* to remain lying down; **etw** ~ **lassen** to leave sth [where it is] ❷ *(sich abgesetzt haben)* **hier liegt oft bis Mitte April noch Schnee** there will often be snow on the ground until mid-April here; **über allen Möbeln lag eine dicke Staubschicht** a thick layer of dust covered all the furniture ❸ *(lagern)* **Hände weg, das Buch bleibt [da]** ~**!** hands off — that book's not going anywhere!; ~ **bleiben** *(nicht verkauft werden)* to remain unsold ❹ *(vergessen werden)* **irgendwo** ~ **bleiben** to be left behind somewhere ❺ *(geografisch gelegen sein)* to lie; **Cannes liegt in Frankreich** Cannes is in France ❻ *(eine bestimmte Lage*

haben) to be situated; **ihr Haus liegt an einem See** they have a house on a lake; **diese Wohnung liegt zur Straße** this apartment faces [out onto] the street ❼ (*begraben sein*) ■**irgendwo ~** to be buried somewhere ❽ NAUT to be moored ❾ AUTO ~ **bleiben** to break down ❿ SPORT to be; **wie ~ unsere Schwimmer im Wettbewerb?** how are our swimmers doing in the competition? ⓫ (*angesiedelt sein*) **der Preis dürfte bei 4.500 Euro ~** the price is probably around 4,500 euros ⓬ (*verursacht sein*) **das liegt nur an dir** it's all your fault; **woran mag es nur ~, dass ...** why is it that ... ⓭ (*wichtig sein*) **du weißt doch, wie sehr mir daran liegt** you know how important it is to me; **mir ist viel daran gelegen** this means a lot to me ⓮ *meist verneint* (*zusagen*) **Sport liegt mir nicht** I don't like sports; **körperliche Arbeit liegt ihr nicht** she's not really cut out for physical work ⓯ (*lasten*) ■**auf jdm ~** *Schuld* to weigh down on sb ⓰ (*abhängig sein*) **das liegt ganz bei Ihnen** it's entirely up to you ⓱ (*nicht ausgeführt werden*) **~ bleiben** *Arbeit* to be left undone ▶ WENDUNGEN: **an mir soll es nicht ~!** don't let me stop you!

Liegenschaft <-, -en> *f meist pl* real estate
Liegesitz *m* recliner
Liegestuhl *m* (*Liege*) chaise longue; (*Stuhl*) deck chair
Liegestütz <-es, -e> *m* pushup
Liegewagen *m* couchette car
Liegewiese *f* lawn for sunbathing
lieh [liː] *imp von* **leihen**
ließ [liːs] *imp von* **lassen**
liest *3. pers sing pres von* **lesen**
Lift <-[e]s, -e *o* -s> [lɪft] *m* elevator
Liftboy <-s, -s> ['lɪf·tbɔy] *m* elevator operator
liften ['lɪf·tn̩] *vt* MED to lift; **sich** *dat* **das Gesicht ~ lassen** to have a facelift
Liga <-, Ligen> ['liː·ga, *pl* 'liː·gn̩] *f* league
light <-[es], -e *o* -s> [laɪt] *adj Nahrungsmittel* low-calorie
liieren* [li·'iː·rən] *vr* (*geh*) ■**sich** *akk* **~** to become close friends *euph*; ■**[mit jdm] liiert sein** to have a relationship [with sb]
Likör <-s, -e> [li·'køːɐ̯] *m* liqueur
lila ['liː·la] *adj inv* purple
Lilie <-, -n> ['liː·liə] *f* lily
Liliputaner(in) <-s, -> [li·li·pu·'taː·nɐ] *m(f)* dwarf
Limit <-s, -s *o* -e> ['lɪ·mɪt] *nt* limit
limitieren* [li·mi·'tiː·rən] *vt* to limit
Limo <-, -s> ['lɪ·mo, 'liː·mo] *f* (*fam*) lemon-lime soda
Limonade <-, -n> [li·mo·'naː·də] *f* lemon-lime soda
Limousine <-, -n> [li·mu·'ziː·nə] *f* sedan; (*größerer Luxuswagen*) limousine
Linde <-, -n> ['lɪn·də] *f* linden [tree]
Lindenblütentee *m* linden blossom tea

ⓘ **Lindenstraße**, which celebrated its thousandth episode in January 2005, is the longest-running TV soap opera in Germany. The popular series is broadcast on Sunday evenings on the television station *ARD*.

lindern ['lɪn·dɐn] *vt a.* MED to alleviate; *Husten, Sonnenbrand* to soothe
Linderung <-> *f kein pl a.* MED relief
Lineal <-s, -e> [li·ne·'aːl] *nt* ruler
linear [li·ne·'aːɐ̯] *adj* linear
Linguist(in) <-en, -en> [lɪŋ·'gu̯·ɪst] *m(f)* linguist
Linguistik <-> [lɪŋ·'gu̯·ɪs·tɪk] *f kein pl* linguistics + *sing vb, no art*
linguistisch *adj* linguistic
Linie <-, -n> ['liː·ni̯ə] *f* ❶ (*längerer Strich*) line; **eine geschlängelte/gestrichelte ~** a wavy/broken line; **eine ~ ziehen** to draw a line ❷ (*Verkehrsverbindung*) **eine Bus~** a bus line; **nehmen Sie am besten die ~ 19** it's best if you take the [number] 19 ❸ POL *a.* (*allgemeine Richtung*) line ▶ WENDUNGEN: **die schlanke ~** (*fam*) one's figure; **in vorderster ~ stehen** to be on the front lines *pl*
Linienbus *m* regular [service] bus
Linienflug *m* scheduled flight
Linienrichter *m* (*beim Fußball*) linesman; (*beim Tennis*) line judge
liniert *adj inv* lined
link [lɪŋk] *adj* (*fam*) shady
Link <-s, -s> [lɪŋk] *nt* COMPUT link
Linke <-n, -n> ['lɪŋ·kə] *f* ❶ (*linke Hand*) left hand ❷ (*im Boxen*) left ❸ POL ■**die ~** the left ▶ WENDUNGEN: **zur ~n von jdm** (*geh*) to sb's left
linke(r, s) *adj attr* ❶ (*zur Seite des Herzens*) left; *Fahrbahn, Spur* left-hand ❷ POL left-wing
Linke(r) *f(m)* POL left-winger
linken ['lɪŋ·kn̩] *vt* (*sl*) to take for a ride *fam*
linkisch ['lɪŋ·kɪʃ] *adj* clumsy
links [lɪŋks] **I.** *adv* ❶ (*auf der linken Seite*) on the left; **sich ~ halten** to keep [to the] left; ■**~ neben/von ...** to the left of ...; **~ oben/unten** in the top [*or* upper]/bottom [*or* lower] left-hand corner; **nach ~** [to the] left; **von ~** from the left ❷ TRANSP **~ abbiegen** to turn [to the] left; **sich ~ einordnen** to go into the left lane; **sich ~ halten** to keep [to the] left ❸ MODE **~ stricken** to purl ❹ **etw auf ~ waschen** to wash sth inside out ❺ POL left-wing; **~ stehen** to be left-wing ❻ MIL **~ um!** left face! ▶ WENDUNGEN: **jdn ~ liegen lassen** (*fam*) to ignore sb; **mit ~** (*fam*) easily **II.** *präp* +*gen* ■**~ einer S.** to the left of sth
Linksaußen <-, -> [lɪŋks·'ʔau̯·sn̩] *m* ❶ SPORTS left winger ❷ POL (*fam*) extreme left-winger
linksextrem *adj inv* extreme left-wing *attr*
Linksextremismus *m* left-wing extremism
Linksextremist(in) *m(f)* left-wing extremist
linksextremistisch *adj inv* left-wing extremist
linksgerichtet *adj* POL left-wing oriented
Linkshänder(in) <-s, -> ['lɪŋks·hɛn·dɐ] *m(f)* left-hander

linkshändig ['lɪŋks·hɛn·dɪç] I. *adj* left-handed II. *adv* with one's left hand

linksherum ['lɪŋks·hɛ·rʊm] *adv* |around| to the left; **etw ~ drehen** to turn sth counterclockwise

Linkskurve *f* left-hand curve

linksradikal I. *adj* radical left-wing *attr* II. *adv* radically left-wing

linksrum *adv (fam) s.* **linksherum**

Linoleum <-s> [li·'noː·le·ʊm, li·noˈleː·ʊm] *nt kein pl* linoleum

Linse <-, -n> ['lɪn·zə] *f* ❶ *meist pl* BOT, KOCHK lentil ❷ ANAT, PHYS lens

Lipgloss^{RR}, **Lipgloß**^{ALT} <-, -> ['lɪp·glɔs] *nt* lip gloss

Lippe <-, -n> ['lɪpə] *f* ANAT lip ▶ WENDUNGEN: **etw nicht über die ~n bringen** to not be able to bring oneself to say sth; **an jds ~n hängen** to hang on sb's every word

Lippenbekenntnis *nt* **ein ~ ablegen** to pay lip service

Lippenstift *m* lipstick

liquid [li·'kviːt], **liquide** [li·'kviː·də] *adj* FIN ❶ *(geh: solvent)* solvent ❷ *(verfügbar)* **~es Vermögen** liquid assets *pl*

liquidieren* [li·kvi·'diː·rən] *vt (euph)* a. ÖKON to liquidate

Liquidität <-> [li·kvi·di·'tɛːt] *f kein pl* ÖKON |financial| solvency

lispeln ['lɪs·pln̩] *vi* to lisp

Lissabon <-s> ['lɪsa·bɔn, lɪsaˈbɔn] *nt* Lisbon

List <-, -en> [lɪst] *f* trick; **eine ~ anwenden** to use a little cunning ▶ WENDUNGEN: **mit ~ und Tücke** *(fam)* with cunning and trickery

Liste <-, -n> ['lɪs·tə] *f* list ▶ WENDUNGEN: **auf der schwarzen ~ stehen** to be blacklisted

listig ['lɪs·tɪç] *adj* cunning

Litauen <-s> ['liː·tau·ən] *nt* Lithuania; *s. a.* **Deutschland**

Litauer(in) <-s, -> ['liː·tau·ɐ] *m(f)* Lithuanian; *s. a.* **Deutsche(r)**

litauisch ['liː·tau·ɪʃ, 'lɪ·tau·ɪʃ] *adj* ❶ *(Litauen betreffend)* Lithuanian; *s. a.* **deutsch 1** ❷ LING Lithuanian; *s. a.* **deutsch 2**

Liter <-s, -> ['liː·tɐ] *m o nt* liter

literarisch [lɪ·tə·'raː·rɪʃ] *adj* literary

Literatur <-, -en> [lɪ·tə·ra·'tuːɐ] *f* literature

Literaturangabe *f* bibliographical reference

Literaturkritik *f* literary criticism

Literaturpreis *m* literary prize

Literaturwissenschaft *f* literary studies *pl*

Literaturwissenschaftler(in) *m(f)* literary specialist

literweise *adv* by the liter

Litfaßsäule ['lɪt·fas·zɔy·lə] *f* advertising column

Lithographie, Lithografie^{RR} <-, -n> [li·to·gra·'fiː, *pl* -gra·'fiː·ən] *f* ❶ *kein pl (Technik)* lithography ❷ *(Druck)* lithograph

litt [lɪt] *imp von* **leiden**

Liturgie <-, -n> [li·tʊr·'giː, *pl* -'giː·ən] *f* liturgy

liturgisch [li·'tʊr·gɪʃ] *adj* liturgical

live [laif] *adj pred* live

Livesendung^{RR}, **Live-Sendung** *f* live broadcast

Lizentiat <-[e]s, -e> [li·tsɛn·'tsi̯aːt] *nt s.* **Lizenziat**

Lizenz <-, -en> [li·'tsɛnts] *f* license; **in ~** under license

Lizenzausgabe *f* licensed edition

Lizenzgebühr *f* licensing fee; VERLAG royalty

Lizenziat^{RR} <-[e]s, -e> [li·tsɛn·'tsi̯aːt] *m* SCHWEIZ *(akademischer Grad)* licentiate

i The **Lizenziat** (licentiate) is the first academic degree attainable at a Swiss university. A **Lizenziat** is equivalent to a Master's degree, and, as such, qualifies the holder to carry on with postgraduate studies to work toward a doctorate.

Lkw, LKW <-[s], -[s]> [ɛl·kaː·veː] *m Abk von* **Lastkraftwagen** truck

Lob <-[e]s, *selten* -e> [loːp] *nt* praise; **~ für etw** *akk* **bekommen** to be praised for sth; **des ~es voll sein** to be full of praise

Lobby <-, -s *o* Lobbies> ['lɔbi] *f* lobby

loben ['loː·bn̩] I. *vt* to praise; **solches Engagement lob' ich mir** that's the sort of commitment I like |to see| II. *vi* to praise

lobenswert *adj* commendable

löblich ['løː·p·lɪç] *adj (geh)* laudable

Loblied *nt* ▶ WENDUNGEN: **ein ~ auf jdn/etw singen** to sing sb's praises/the praises of sth

Lobrede *f* eulogy; **eine ~ auf jdn halten** to eulogize sb

Loch <-[e]s, Löcher> [lɔx, *pl* 'lœ·çɐ] *nt* ❶ *(offene Stelle)* hole; **ein ~ im Reifen** a puncture; **schwarzes ~** ASTRON black hole ❷ *(fam: elende Wohnung)* hole ▶ WENDUNGEN: **jdm ein ~ in den Bauch fragen** *(fam)* to flood sb with questions; **Löcher in die Luft starren** *(fam)* to stare into space; **auf dem letzten ~ pfeifen** *(fam: finanziell am Ende sein)* to be broke; *(völlig erschöpft sein)* to be on one's last legs; **saufen wie ein ~** *(fam)* to drink like a fish

lochen ['lɔ·xn̩] *vt* ❶ *(mit dem Locher stanzen)* ▪ **etw ~** to punch holes in sth ❷ *(veraltend: mit der Lochzange entwerten)* to punch

Locher <-s, -> ['lɔ·xɐ] *m* hole punch|er|

löcherig ['lœ·çərɪç] *adj* full of holes *pred*, holey

löchern ['lœçɐn] *vt (fam)* to pester

Lochkarte *f* punch card

Locke <-, -n> ['lɔkə] *f* curl; **~n haben** to have curly hair

locken^1 ['lɔ·kn̩] I. *vt* to curl II. *vr* ▪ **sich** *akk* **~** to curl

locken^2 ['lɔ·kn̩] *vt* ❶ *(anlocken)* to lure; **mich lockt es jedes Jahr in die Karibik** every year I feel the lure of the Caribbean ❷ *(verlocken)* to tempt; **Ihr Vorschlag könnte mich schon ~** I'm |very| tempted by your offer

lockend *adj* tempting

Lockenstab *m* curling iron

Lockenwickler <-s, -> *m* roller

L

locker ['lɔ·kɐ] **I.** *adj* ❶ (*nicht stramm*) loose ❷ (*nicht fest*) loose, loosely-packed *attr,* loosely packed *pred* ❸ KOCHK light ❹ (*nicht gespannt*) slack; ~e **Muskeln** relaxed muscles; **ein ~es Mundwerk haben** (*fig fam*) to have a big mouth ❺ (*leger, unverkrampft*) relaxed, laid-back *attr fam,* laid back *pred fam* ❻ (*oberflächlich*) casual **II.** *adv* ❶ (*nicht stramm*) loosely; ~ **sitzen** *Kleidungsstück* to be loose ❷ (*oberflächlich*) casually; **ich kenne ihn nur ~** I only know him in passing ❸ (*sl: ohne Schwierigkeiten*) **das mache ich ganz ~** I can do it no problem *fam*

Lockerheit <-> *f kein pl* ❶ (*lockere Beschaffenheit*) looseness ❷ (*bei einem Seil*) slackness ❸ KOCHK lightness

locker|lassen *vi irreg* (*fam*) **lass nicht ~** don't give up

locker|machen *vt* (*fam*) to shell out

lockern ['lɔ·kɐn] **I.** *vt* ❶ (*locker machen*) to loosen ❷ (*entspannen*) *Muskeln* to loosen up *sep* ❸ (*weniger streng gestalten*) *Regeln* to relax **II.** *vr* ■ **sich** *akk* **~** ❶ (*locker werden*) *Backstein, Schraube, Zahn* to work loose; *Bremsen* to come loose; *Bewölkung, Nebel* to lift ❷ SPORT (*die Muskulatur entspannen*) to loosen up ❸ (*sich entkrampfen*) **die Verkrampfung lockerte sich zusehends** the tension eased visibly

lockig ['lɔ·kɪç] *adj* ❶ (*gelockt*) curly ❷ (*lockiges Haar besitzend*) curly-headed

Lockmittel *nt* lure

Lockung <-, -en> *f* temptation

Lockvogel *m* (*a. pej*) decoy

lodern ['loː·dɐn] *vi* ❶ *haben* (*emporschlagen*) to blaze ❷ *sein* (*schlagen*) **die Flammen sind zum Himmel gelodert** the flames reached up [in]to the sky

Löffel <-s, -> ['lœ·fl̩] *m* ❶ (*als Besteck*) spoon ❷ (*Maßeinheit*) a spoonful [of] ▶ WENDUNGEN: **den ~ abgeben** (*sl*) to kick the bucket; **sich** *dat* **etw hinter die ~ schreiben** to get sth into one's head

löffeln ['lœ·fl̩n] *vt* ■ **etw ~** to eat sth with a spoon

löffelweise *adv* by the spoonful

log¹ [lɔk] *m Abk von* **Logarithmus** log

log² [loːk] *imp von* **lügen**

Logarithmus <-, -rithmen> [lo·ga·'rɪt·mʊs, *pl* -'rɪt·mən] *m* logarithm

Logbuch ['lɔk·buːx] *nt* log[book]

Loge <-, -n> ['loː·ʒə] *f* ❶ FILM, THEAT box ❷ (*Pförtnerloge*) lodge ❸ (*Geheimgesellschaft von Freimaurern*) lodge

logieren* [lo·'ʒiː·rən] *vi* to stay

Logik <-> ['loː·gɪk] *f kein pl* logic

logisch ['loː·gɪʃ] *adj* ❶ (*in sich stimmig*) logical ❷ (*fam: selbstverständlich*) [na,] ~! of course!

logischerweise *adv* naturally [enough]

Logistik <-> [lo·'gɪs·tɪk] *f kein pl* logistics *npl*

logistisch [lo·'gɪs·tɪʃ] *adj inv, attr* logistic[al]

Logo <-s, -s> ['loː·go] *nt* logo

Logopäde, Logopädin <-n, -n> [lo·go·'pɛː·də] *m, f* speech therapist

Lohn <-[e]s, Löhne> [loːn, *pl* 'løː·nə] *m* ❶ (*Arbeitsentgelt*) wage[s *pl*], pay ❷ *kein pl* (*Belohnung*) reward

Lohnabrechnung *f* payroll [accounting]

Lohnausfall *m* loss of earnings

Lohnempfänger(in) *m(f)* (*geh*) wage earner

lohnen ['loː·nən] **I.** *vr* ❶ (*sich bezahlt machen*) ■ **sich** *akk* [**für jdn**] ~ to be worthwhile [for sb]; **unsere Mühe hat sich gelohnt** our efforts were worth it ❷ (*es wert sein*) ■ **sich** *akk* ~, **etw zu tun** to be worth doing sth **II.** *vt* ❶ (*rechtfertigen*) **das lohnt den Aufwand kaum** it is hardly worth the effort ❷ (*belohnen*) **sie hat mir meine Hilfe mit Undank gelohnt** she repaid my help with ingratitude

lohnend *adj* (*einträglich*) lucrative; (*nutzbringend*) worthwhile

Lohnerhöhung *f* pay raise

Lohnforderung *f* wage demand

Lohnfortzahlung *f* continued payment of wages

Lohnkosten *pl* wage costs *pl*

Lohnkürzung *f* wage cut

Lohnsteuer *f* income tax

Lohnsteuerjahresausgleich *m* ≈ tax return

Lohnsteuerkarte *f* ≈ W-2 [form]

lokal [lo·'kaːl] *adj* local

Lokal <-s, -e> [lo·'kaːl] *nt* bar, pub; (*Restaurant*) restaurant

lokalisieren* [lo·ka·li·'ziː·rən] *vt* ❶ (*örtlich bestimmen*) to locate ❷ (*eingrenzen*) to localize (**auf** +*akk* in)

Lokalität <-, -en> [lo·ka·li·'tɛːt] *f* locality

Lokalverbot *nt* ~ **bekommen/haben** to get/ be banned from a bar

Lokomotive <-, -n> [lo·ko·mo·'tiː·və, -fə] *f* locomotive

Lokomotivführer(in) *m(f)* engineer

Lolli <-s, -s> ['lɔ·li] *m* (*fam*) lollipop

Longdrink ['lɔŋ·drɪŋk] *m* long drink

Look <-s, -s> [lʊk] *m* MODE look

Looping <-s, -s> ['luː·pɪŋ] *m o nt* LUFT loop; **einen ~ machen** to loop the loop

Lorbeer <-s, -en> ['lɔr·beːɐ] *m* ❶ (*Baum*) laurel [tree] ❷ (*Gewürz*) bay leaf ▶ WENDUNGEN: **sich** *akk* **auf seinen ~en ausruhen** (*fam*) to rest on one's laurels

Lorbeerblatt *nt* bay leaf

Lord <-s, -s> [lɔrt] *m* ❶ (*Adelstitel*) Lord ❷ (*Titelträger*) lord

los [loːs] **I.** *adj pred* ❶ (*von etwas getrennt*) ■ ~ **sein** to have come off ❷ (*fam: losgeworden*) ■ **jdn/etw ~ sein** to be rid of sb/sth; **er ist sein ganzes Geld ~** he's lost all his money ▶ WENDUNGEN: **mit jdm ist etwas ~** (*fam*) sth's up with sb; **dort ist nichts ~** (*fam*) nothing is going on there; **da ist immer viel ~** (*fam*) that's where the action always is; **mit jdm ist nichts ~** (*fam: jd ist langweilig*) sb is really boring; **was ist ~?** (*fam*) what's up?; **was ist denn hier/da ~?** (*fam*) what's going on here/there? **II.** *adv* **❶** *(fortgegangen)* **Ihre Frau ist schon vor fünf Minuten ~** your wife left five minutes ago **❷** *(gelöst)* ■**etw ist ~** sth is loose; **noch ein paar Umdrehungen, dann ist die Schraube ~!** just a couple more turns and the screw is out! ▶ WENDUNGEN: **~!** *(mach!)* come on!

Los <-es, -e> [loːs] *nt* **❶** *(Lotterielos)* [lottery] ticket; *(Kirmeslos)* [raffle] ticket **❷** *(für Zufallsentscheidung)* lot; **das ~ entscheidet** to be decided by drawing lots **❸** *kein pl (geh: Schicksal)* fate ▶ WENDUNGEN: **jd hat mit jdm/ etw das große ~ gezogen** sb has hit the jackpot with sb/sth

lösbar [ˈløːsˌbaːɐ̯] *adj inv* **❶** *Problem* solvable **❷** *(löslich)* soluble

los|binden *vt irreg* to untie **(von** +*dat* from)

los|brechen *irreg* **I.** *vt haben* to break off **II.** *vi sein* **❶** *(abbrechen)* to break off **❷** *(plötzlich beginnen)* to break out

löschen [ˈlœʃn̩] **I.** *vt* **❶** *(auslöschen) Feuer, Flammen* to extinguish; *Licht* to turn off **❷** *(tilgen)* a. COMPUT to delete **❸** *(eine Aufzeichnung entfernen)* to erase **II.** *vi* to extinguish a fire

Löschfahrzeug *nt* fire engine

Löschmannschaft *f* firefighting team

Löschpapier *nt* blotting paper

Löschung <-, -en> *f* cancellation; *von Schulden* repayment; *von Eintragungen* deletion; *von Computerdaten* erasing; *von Bankkonto* closing

lose [ˈloːzə] *adj* **❶** *(locker, einzeln)* loose **❷** *(hum: frech)* **ein ~s Mundwerk haben** to have a big mouth

Lösegeld [ˈløːˌzə-] *nt* ransom

Lösegeldforderung *f* ransom demand

losen [ˈloːzn̩] *vi* to draw lots **(um** +*akk* for)

lösen [ˈløːzn̩] **I.** *vt* **❶** *(ablösen)* to remove **(von** +*dat* from) **❷** *(aufbinden)* to untie; *Fesseln, Knoten* to undo **❸** *Bremse* to release **❹** *Schraube, Verband* to loosen **❺** *(klären)* to solve; *Konflikt, Schwierigkeit* to resolve **❻** *(aufheben, annullieren)* to break off; *Verbindung* to sever; *Vertrag* to cancel **❼** *(zergehen lassen)* to dissolve **II.** *vr* **❶** *(sich ablösen)* ■**sich akk** *[von etw dat]* to come off [of sth] **❷** *(sich freimachen, trennen)* ■**sich akk von jdm ~** to free oneself of sb **❸** *(sich aufklären)* ■**sich akk ~** to be solved **❹** *(sich auflösen)* ■**sich akk** *[in etw dat]* **~** to dissolve [in sth] **❺** *(sich lockern)* to loosen; **langsam löste sich die Spannung** *(fig)* the tension [slowly] faded away

los|fahren *vi irreg sein* to drive off, to leave

los|gehen *irreg* **I.** *vi sein* **❶** *(weggehen)* to leave [on foot] **❷** *(auf ein Ziel losgehen)* ■**auf etw ~** to set off for/toward sth; **wir gingen früh los** we set off early **❸** *(fam: beginnen)* to start; **das Konzert geht erst in einer Stunde los** the concert doesn't start for another hour **❹** *(angreifen)* ■*[mit etw dat]* **auf jdn ~** to lay into sb [with sth] **❺** *Schusswaffen* to go off **II.** *vi*

impers sein (fam: beginnen) to start; **jetzt geht's los** *(fam)* here we go

los|kaufen *vt* to ransom

los|kommen *vi irreg sein (fam)* **❶** *(wegkommen)* to get away **❷** *(sich befreien)* ■**von jdm ~** to free oneself of sb; **von einem Gedanken ~** to get sth out of one's head; **von einer Sucht ~** to overcome an addiction

los|kriegen *vt (fam)* **❶** *(lösen können)* to get sth off **(von** +*dat* of) **❷** *(loswerden)* ■**jdn/ etw ~** to get rid of sb/sth **❸** *(verkaufen können)* to sell [off], to move

los|lassen *vt irreg* **❶** *(nicht mehr festhalten)* to let go **❷** *(beschäftigt halten)* **der Gedanke lässt mich nicht mehr los** I can't get the thought out of my head [*or* mind] **❸** *(fam: auf den Hals hetzen)* **die Hunde auf jdn ~** to sic dogs on sb **❹** *(fam: von sich geben)* **einen Witz ~** to crack a joke

los|laufen *vi irreg sein* to start running

los|legen *vi (fam)* ■*[mit etw dat]* **~** to start [doing sth]; **leg los!** go ahead!

löslich [ˈløːslɪç] *adj* soluble

los|lösen **I.** *vt (ablösen)* to remove **(von** +*dat* from) **II.** *vr* **❶** *(sich ablösen)* ■**sich akk** *[von etw dat]* to come off [of sth] **❷** *(sich freimachen)* ■**sich akk von jdm ~** to free oneself of sb

Lösung <-, -en> [ˈløːzʊŋ] *f* **❶** *(das Lösen)* a. CHEM solution **❷** *(Aufhebung)* cancellation; *einer Beziehung/Verlobung* breaking off **❸** *(das Sichlösen)* breaking away **(von** +*dat* from)

Lösungsmittel *nt* solvent

los|werden *vt irreg sein* **❶** *(sich entledigen)* to get rid of **❷** *(aussprechen)* to tell **❸** *(fam: ausgeben)* to shell out **❹** *(fam: verkaufen)* to sell [off], to move

Lot <-[e]s, -e> [loːt] *nt* **❶** *(Senkblei)* plumb bob; **etw ins** *[rechte]* **~ bringen** to sort sth out; **aus dem/nicht im ~ sein** *(fig)* to be in poor health; **im ~ sein** *(fig)* to be all right **❷** MATH perpendicular; **das ~ auf eine Gerade fällen** to drop a perpendicular

löten [ˈløːtn̩] *vt* to solder **(an** +*akk* to)

Lothringen <-s> [ˈloːtrɪŋən] *nt* Lorraine

Lotion <-, -en> [loˈtsi̯oːn] *f* lotion

Lötkolben [ˈløːt-] *m* soldering iron

Lotse, Lotsin <-n, -n> [ˈloːtsə] *m, f* pilot

lotsen [ˈloːtsn̩] *vt* **❶** *(als Lotse dirigieren)* to pilot **❷** *(fam: führen)* ■**jdn irgendwohin ~** to take sb somewhere

Lotterie <-, -n> [lɔtəˈriː, *pl* -ˈriːən] *f* lottery; **in der ~ spielen** to play the lottery [*or* lotto]

Lotterielos *nt* lottery ticket

Lotto <-s, -s> [ˈlɔto] *nt* **❶** *(Zahlenlotto)* lottery; **~ spielen** to play the lottery **❷** *(Spiel)* lotto

Lottozahlen *pl* winning lottery numbers

Löwe [ˈløːvə] *m* **❶** *(Raubtierart)* lion **❷** ASTROL Leo

Löwenzahn *m kein pl* dandelion

loyal [lo̯aˈi̯aːl] *adj (geh)* loyal

Loyalität <-, *selten* -en> [lɔa·ja·li·'tɛːt] *f* loyalty (**gegenüber** +*dat* to)

LP <-, -s> [ɛl·'peː, ɛl·'piː] *f Abk von* **Langspielplatte** LP

lt. *präp kurz für* **laut**[2] according to

Luchs <-es, -e> [lʊks] *m* lynx

Lücke <-, -n> ['lʏ·kə] *f* ❶ (*Zwischenraum*) gap ❷ (*Unvollständigkeit*) gap; (*Gesetzeslücke*) loophole

lückenhaft *adj* ❶ (*leere Stellen aufweisend*) full of gaps ❷ (*unvollständig*) fragmentary; *Wissen, Sammlung* incomplete; *Bericht, Erinnerung* sketchy

lückenlos *adj* ❶ (*ohne Lücke*) comprehensive ❷ (*vollständig*) complete; *Alibi* solid; *Kenntnisse* thorough; **etw ~ beweisen/nachweisen** to prove sth conclusively

lud [luːt] *imp von* **laden**[1, 2]

Luft <-, *liter* Lüfte> [lʊft, *pl* 'lʏf·tə] *f* ❶ *kein pl* (*Atemluft*) air; **die ~ anhalten** to hold one's breath; **an die [frische] ~ gehen** to get some fresh air; **[tief] ~ holen** to take a deep breath; **nach ~ schnappen** to gasp for breath ❷ *pl geh* (*Raum über dem Erdboden*) air; **in die ~ gehen** (*a. fig fam*) to explode; **etw ist aus der ~ gegriffen** (*fig*) sth is completely made up ❸ *kein pl* (*Platz, Spielraum*) space ► WENDUNGEN: **sich in ~ auflösen** to vanish into thin air; **jdm bleibt [vor Erstaunen] die ~ weg** (*fam*) sb is flabbergasted; **da ist dicke ~** (*fam*) the mood is tense; **die ~ ist rein** (*fam*) the coast is clear; **jdn/etw in der ~ zerreißen** (*sehr wütend auf jdn sein*) to [want to] make mincemeat of sb/sth; (*jdn scharf kritisieren*) to tear sb to pieces

Luftabwehr *f* air defense

Luftangriff *m* air raid

Luftballon *m* balloon

Luftblase *f* bubble

luftdicht *adj* airtight

Luftdruck *m kein pl* air pressure

lüften ['lʏf·tn̩] I. *vt* ❶ (*mit Frischluft versorgen*) to air ❷ (*preisgeben*) to reveal; *Geheimnis* to disclose II. *vi* (*Luft hereinlassen*) to let some air in

Luftfahrt *f kein pl* (*geh*) aviation

Luftfeuchtigkeit *f* humidity

Luftfracht *f* ❶ (*Frachtgut*) air freight ❷ (*Frachtgebühr*) air freight charge

Luftgewehr *nt* air gun

luftig ['lʊf·tɪç] *adj* ❶ (*gut belüftet*) well ventilated ❷ (*dünn und luftdurchlässig*) airy; *Kleid* light ❸ (*hoch gelegen*) dizzy

Luftkissenboot *nt* air-cushion vehicle

Luftkühlung *f* air-cooling

Luftkurort *m health resort area with particularly good air*

luftleer *adj pred* vacuous

Luftlinie *f* as the crow flies

Luftmatratze *f* inflatable mattress

Luftpost *f* airmail (**per** +*dat* by)

Luftpumpe *f* pump; *für Fahrrad* bicycle pump

Luftraum *m* airspace

Luftröhre *f* windpipe

Luftschlange *f* [paper] streamer

Luftschutzbunker *m* air raid bunker

Lüftung <-, -en> *f* ❶ (*das Lüften*) ventilation ❷ (*Ventilationsanlage*) ventilation system

Luftverschmutzung *f* air pollution

Luftwaffe *f* air force + *sing vb*

Luftzufuhr *f kein pl* air supply

Luftzug *m* breeze; (*durch das Fenster*) draft

Lüge <-, -n> ['lyː·gə] *f* lie; **jdm ~n auftischen** (*fam*) to tell sb lies ► WENDUNGEN: **~n haben kurze Beine** (*prov*) the truth will come out

lügen <log, gelogen> ['lyː·gn̩] I. *vt* (*selten*) to make up *sep* II. *vi* to lie; **das ist gelogen!** that's a lie! ► WENDUNGEN: **~ wie gedruckt** (*fam*) to lie one's head off

Lügengeschichte *f* made-up story

Lügner(in) <-s, -> ['lyː·g·nɐ] *m(f)* (*pej*) liar

Luke <-, -n> ['luː·kə] *f* ❶ *bes* NAUT (*verschließbarer Einstieg*) hatch ❷ (*Dachluke*) skylight; (*Kellerluke*) trapdoor

lukrativ [lu·kra·'tiːf] *adj* (*geh*) lucrative

Lumpen <-s, -> ['lʊm·pn̩] *m* ❶ *pl* (*pej: zerschlissene Kleidung, Stofffetzen*) rags *pl* ❷ DIAL (*Putzlappen*) rag

lumpig ['lʊm·pɪç] *adj* (*pej*) ❶ *attr* (*pej fam: kümmerlich*) miserable ❷ (*pej: gemein*) mean

Lunch <-[e]s *o* -, -[e]s *o* -e> [lanʃ] *m* lunch

Lunge <-, -n> ['lʊŋə] *f* lung

Lungenentzündung *f* pneumonia

lungern ['lʊŋɐn] *vi haben* (*selten fam*) to hang around

Lunte <-, -n> ['lʊn·tə] *f* (*Zündschnur*) fuse ► WENDUNGEN: **~ riechen** (*fam*) to smell a rat

Lupe <-, -n> ['luː·pə] *f* magnifying glass ► WENDUNGEN: **jdn/etw unter die ~ nehmen** (*fam*) to examine sb/sth with a fine-tooth[ed] comb

Lust <-, Lüste> [lʊst, *pl* 'lʏs·tə] *f* ❶ *kein pl* (*freudiger Drang*) desire; **~/keine ~ zu etw** *dat* **haben** to feel like/not feel like doing sth; **~ an etw** *dat* **empfinden** to enjoy doing sth; **die ~ an etw** *dat* **verlieren** to lose interest in sth ❷ (*Freude*) joy, pleasure ❸ (*sexuelle Begierde*) desire

lüstern ['lʏs·ten] *adj* (*geh*) lustful

Lustgefühl *nt* feeling of pleasure

lustig ['lʊs·tɪç] *adj* ❶ (*fröhlich*) cheerful; *Abend* fun; **sich über jdn/etw ~ machen** to make fun of sb/sth; **er kam und ging wie er ~ war** he came and went as he pleased ❷ (*fam: unbekümmert*) happily

lustlos *adj* listless

Lustschloss[RR] *nt* summer residence

Lustspiel *nt* comedy

lustvoll *adj* (*geh: mit Lust*) pleasurable; *Schrei* passionate

lutschen ['lʊ·tʃn̩] *vt, vi* to suck

Lutscher <-s, -> *m* lollipop

Luxemburg <-s> ['lʊ·ksm·bʊrk] *nt* Luxembourg; *s. a.* **Deutschland**

Luxemburger(in) <-s, -> ['lʊ·ksm·bʊr·gə] *m(f)* Luxembourger; *s. a.* **Deutsche(r)**

luxemburgisch ['lʊ·ksm·bʊr·gɪʃ] *adj* Luxembourgian; *s. a.* **deutsch**

luxuriös [lʊ·ksu·'rɪ̯ø:s] *adj* luxurious

Luxus <-> ['lʊ·ksʊs] *m kein pl* luxury

Luxusartikel *m* luxury item

Luxushotel *nt* luxury hotel

Luzifer <-s> ['lu:·tsi·fɛr] *m* Lucifer

Lymphknoten *m* lymph node

lynchen ['lʏn·çn̩] *vt* (*a hum*) to lynch

Lynchjustiz *f* lynch law

Lyrik <-> ['ly:·rɪk] *f kein pl* lyric [poetry]

lyrisch ['ly:·rɪʃ] *adj* ❶ (*zur Lyrik gehörend*) lyric ❷ (*dichterisch, stimmungsvoll*) poetic

M

M, m <-, - *o fam* -s, -s> [ɛm] *nt* M, m; **~ wie Martha** M as in Mike

m *m kurz für* **Meter** m

Maastricht <-(e)s> ['ma:st·rɪçt] *nt* Maastricht; **~er Vertrag** Maastricht Treaty

Machart *f* style

machbar *adj* feasible

Mache ['ma·xə] *f* ▶ WENDUNGEN: **etw/jdn in der ~ haben** (*sl*) to be working on sth/sb

machen ['ma·xn̩] **I.** *vt* ❶ (*tun, unternehmen*) to do; **~, was man will** to do as one pleases [*or* what one wants]; **eine Reise/einen Spaziergang ~** to go on a trip/for a walk ❷ (*erzeugen, verursachen*) to make; *Fotos* to take; **einen Fleck in etw ~** to stain sth; **jdm Angst ~** to frighten sb; **sich** *dat* **Sorgen ~** to worry; **jdm Hoffnung/Mut ~** to give sb hope/courage ❸ (*zubereiten*) *Tee, Kaffee* to make ❹ (*absolvieren*) to do; **einen Kurs ~** to take a course; **eine Ausbildung ~** to train to be sth ❺ (*kosten*) **das macht zehn Euro** that's ten euros [please]; **was macht das zusammen?** what does that come to? ❻ (*ausmachen*) **macht nichts!** no problem!; **macht das was?** does it matter?; **das macht [doch] nichts!** never mind! ▶ WENDUNGEN: **mach's gut** (*fam*) take care [*or* it easy] **II.** *vi* ❶ (*werden lassen*) **Liebe macht blind** love is blind ❷ (*aussehen lassen*) **Querstreifen ~ dick** horizontal stripes make you look fat **III.** *vr* ❶ (*viel leisten*) **die neue Sekretärin macht sich** *akk* **gut** the new secretary is doing a good job ❷ (*passen*) **das Bild macht sich gut an der Wand** the picture looks good on the wall ❸ (*sich begeben*) ■ **sich an etw** *akk* **~** to get on with sth; **sich an die Arbeit ~** to get down to work ❹ (*gewinnen*) **sich** *dat* **Feinde ~** to make enemies ❺ + *adj* (*werden*) **sich** *akk* **verständlich ~** to make oneself understood ❻ (*gelegen sein*) **sich** *dat* **etwas/viel/wenig aus jdm/etw ~** to care/care a lot/not care much for sb/sth

Machenschaft <-, -en> *pl* (*pej*) machinations

---

npl

Macher(in) <-s, -> *m(f)* (*fam*) doer

Macho <-s, -s> ['ma·tʃo] *m* (*fam*) macho

Macht <-, Mächte> ['maxt, *pl* 'mɛç·tə] *f* power; **etw liegt in jds ~** sth is within sb's power; **an die ~ kommen** to come [in]to power

Machtergreifung *f* seizure of power

Machtfrage *f* question of power

Machthaber(in) <-s, -> [-ha:·bɐ] *m(f)* ruler

mächtig **I.** *adj* ❶ (*einflussreich*) powerful ❷ (*gewaltig, beeindruckend*) mighty **II.** *adv* (*fam: sehr*) extremely; **sich** *akk* **~ beeilen** to move it

Machtkampf *m* power struggle

machtlos *adj* powerless

Machtlosigkeit <-> *f kein pl* powerlessness

Machtmissbrauch[RR] *m* abuse of power

Machtpolitik *f* power politics *npl*

Machtprobe *f* test of strength

Machtstellung *f* position of power

Machtübernahme *f s.* **Machtergreifung**

machtvoll *adj* powerful, mighty

Machtwechsel *m* change of government

Machwerk *nt* **ein übles ~** a poor piece of workmanship

Macke <-, -n> ['ma·kə] *f* (*fam*) ❶ (*Schadstelle*) defect ❷ (*fam: Tick, Eigenart*) quirk; **eine ~ haben** to have a screw loose

Mädchen <-s, -> ['mɛːt·çən] *nt* girl ▶ WENDUNGEN: **~ für alles** (*fam*) jack-of-all-trades

mädchenhaft *adj* girlish

Mädchenname *m* ❶ (*Vorname*) girl's name ❷ (*Geburtsname einer Ehefrau*) maiden name

Made <-, -n> ['ma:·də] *f* maggot ▶ WENDUNGEN: **wie die ~[n] im Speck leben** (*fam*) to live the life of Riley

Mädel <-s, -[s]> ['mɛː·dl̩] *nt,* **Madel** <-s, -n> ['ma:·dl̩] *nt* SÜDD, ÖSTERR girl

madig ['ma:·dɪç] *adj* worm-eaten

madig│machen[RR] *vt* ■ **jdm etw ~** (*fam*) to spoil sth for sb

Mafia <-, s> ['ma·fi̯a] *f* ■ **die ~** the Mafia

mag *3. pers sing pres von* **mögen**

Magazin <-s, -e> [ma·ga·'tsi:n] *nt* (*Zeitschrift*) magazine

Magen <-s, Mägen *o* -> ['ma:·gn̩, *pl* 'mɛː·gn̩] *m* stomach; **auf nüchternen ~** on an empty stomach ▶ WENDUNGEN: **jdm dreht sich der ~ um** sb's stomach is turning; **etw schlägt jdm auf den ~** (*fam*) sth gets to sb

Magenbitter <-s, -> *m* bitters *npl*

Magengeschwür *nt* stomach ulcer

Magengrube *f* pit of the stomach

Magenkrampf *m meist pl* stomach cramps *pl*

Magenleiden *nt* stomach trouble

Magensäure *f* stomach acid

Magenschmerzen *pl* stomachache

Magenverstimmung *f* upset stomach

mager ['ma:·gɐ] *adj* ❶ (*dünn*) thin ❷ (*fettarm*) low-fat; *Fleisch* lean ❸ (*dürftig*) feeble; *Ernte* poor

Magermilch *f* skim milk

Magersucht *f kein pl* anorexia

M

magersüchtig *adj* anorexic
Magie <-> [ma·'gi:] *f kein pl* magic
Magier(in) <-s, -> ['ma:·gi̯·ɐ] *m(f)* magician
magisch ['ma:·gɪʃ] **I.** *adj* magic **II.** *adv* magically; **wie ~** as if by magic
Magister, Magistra <-s, -> [ma·'gɪs·tɐ, ma·'gɪs·tra] *m, f* ❶ *kein pl* (*Universitätsgrad*) [Master's] degree ❷ ÖSTERR (*Apotheker*) pharmacist

> **i** The **Magister Artium** is the most commonly awarded degree in the humanities and social sciences. Only certain combinations of major and minor subjects are permitted in a **Magister** course of study. Generally, either two majors or one major and two minors may be combined.
> The introduction of the Bachelor's and Master's degrees a few years ago started a small revolution at German universities. The new programs give students the opportunity to complete their education faster so they can move on to the working world in a relatively short time.

Magistrat¹ <-[e]s, -e> [ma·gɪs·'tra:t] *m* (*Stadtverwaltung*) city/town council
Magistrat² <-en, -en> [ma·gɪs·'tra:t] *m* SCHWEIZ Federal Councilor
Magma <-s, Magmen> ['mag·ma, *pl* 'mag·mən] *nt* magma
Magnesium <-s> [ma·'gne:·zi̯·ʊm] *nt kein pl* magnesium
Magnet <-[e]s *o* -en, -e[n]> [ma·'gne:t] *m* magnet
Magnetband *nt* magnetic tape
Magnetfeld *nt* magnetic field
magnetisch [ma·'gne:·tɪʃ] *adj* magnetic
Magnetschwebebahn *f* magnetic levitation train, maglev [train] *fam*
Magnetstreifen *m* magnetic strip
Mahagoni <-s> [ma·ha·'go:·ni] *nt kein pl* mahogany
Mähdrescher <-s, -> *m* combine harvester
mähen ['mɛ:·ən] *vt Gras* to mow; *Feld* to harvest
Mahl <-[e]s, -e *o* Mähler> ['ma:l, *pl* 'mɛ:·lɐ] *nt pl selten* (*geh*) meal
mahlen <mahlte, gemahlen> ['ma:·lən] *vt* to grind
Mahlzeit ['ma:l·tsait] *f* meal; **~!** DIAL (*fam*) ≈ [good] afternoon! (*greeting used during the lunch break in parts of Germany and Austria*)
Mähne <-, -n> ['mɛ:·nə] *f* mane
mahnen ['ma:·nən] *vt* ❶ (*nachdrücklich erinnern*) to warn ❷ (*an eine Rechnung erinnern*) to remind
Mahngebühr *f* late fee
Mahnmal <-[e]s, -e> ['ma:n·ma:l] *nt* memorial

Mahnung <-, -en> *f* ❶ (*mahnende Äußerung*) warning ❷ (*Mahnbrief*) reminder
Mahnwache *f* vigil
Mai <-[e]s *o* -, -e> ['mai] *m* May; *s. a.* **Februar**
Maiglöckchen *nt* lily of the valley
Mailand <-s> ['mai·lant] *nt* Milan
Mailbox <-, -en> ['me:l·bɔks] *f* INET mailbox
mailen ['me:·lən] *vt, vi* INET to e-mail
Mais <-es, -e> ['mais, *pl* 'mai·zə] *m* ❶ (*Anbaupflanze*) corn ❷ (*Maisfrucht*) sweet corn
Maiskolben *m* corncob
majestätisch [ma·jɛs·'tɛ:·tɪʃ] **I.** *adj* majestic **II.** *adv* majestically
Majonäse <-, -n> [ma·jo·'nɛ:·zə] *f* mayonnaise
Majoran <-s, -e> ['ma:·jo·ran] *m* marjoram
makaber [ma·'ka:·bɐ] *adj* macabre
Makel <-s, -> ['ma:·k|] *m* flaw
makellos *adj* ❶ (*untadelig*) *Ruf* untarnished ❷ (*fehlerlos*) perfect
mäkeln ['mɛ:·k|n] *vi* to whine [about sth]
Make-up <-s, -s> [me:k·'?ap] *nt* makeup
Makkaroni [ma·ka·'ro:·ni] *pl* macaroni
Makler(in) <-s, -> ['ma:k·lɐ] *m(f)* broker; (*Immobilienmakler*) realtor
Maklergebühr *f* brokerage fee, commission
Makrele <-, -n> [ma·'kre:·lə] *f* mackerel
mal¹ ['ma:l] *adv* ❶ MATH times; **drei ~ drei ergibt neun** three times three is nine ❷ (*eben so*) **gerade ~** (*fam*) only
mal² [ma:l] *adv* (*fam*) *kurz für* **einmal**
Mal¹ <-[e]s, -e *o* nach Zahlwörtern: -> [ma:l] *nt* (*Zeitpunkt*) time; **einige/etliche ~e** sometimes/very often; **ein/kein einziges ~** once/not once; **jedes ~** every time; **zum ersten/letzten ~** for the first/last time; **bis zum nächsten ~!** see you [around]!; **das x-te ~** (*fam*) the millionth time; **das eine oder andere ~** [every] now and again ▸ WENDUNGEN: **ein für alle ~** once and for all; **mit einem ~[e]** all of a sudden
Mal² <-[e]s, -e *o* Mäler> ['ma:l, *pl* 'mɛ:·lə] *nt* mark; (*Muttermal*) birthmark
Malaria <-> [ma·'la:·ri̯a] *f kein pl* malaria
Malaysia <-s> [ma·'lai·zi̯a] *nt* Malaysia; *s. a.* **Deutschland**
Malaysier(in) <-s, -> [ma·'lai·zi̯·ɐ] *m(f)* Malaysian; *s. a.* **Deutsche(r)**
malaysisch [ma·'lai·zɪʃ] *adj* Malayan; *s. a.* **deutsch**
malen ['ma:·lən] *vt, vi* ❶ (*ein Bild herstellen*) to paint ❷ DIAL (*anstreichen*) to paint
Maler(in) <-s, -> ['ma:·lɐ] *m(f)* painter
Malerei <-, -en> [ma·lə·'rai] *f* ❶ *kein pl* (*Malkunst*) painting ❷ *meist pl* (*Gemälde*) picture, painting
malerisch *adj* picturesque
Malheur <-s, -s *o* -e> [ma·'løː̯ɐ] *nt* mishap
Mallorca <-s> [ma·'jɔr·ka] *nt* Mallorca
malnehmen ['ma:l·ne:·mən] *vt irreg* (*fam*) to multiply (**mit** +*dat* by)
Malstift *m* crayon
Malta <-s> ['mal·ta] *nt* Malta; *s. a.* **Deutsch-**

land

Malteser(in) <-s, -> [mal·'te:·zɐ] *m(f)* Maltese; *s. a.* **Deutsche(r)**

maltesisch [mal·'te:·zɪʃ] *adj* Maltese; *s. a.* **deutsch**

Malz <-es> ['malts] *nt kein pl* malt

Malzkaffee *m* malted coffee

Mama <-, -s> ['ma·ma] *f*, **Mami** <-, -s> ['ma·mi] *f (fam)* mommy

Mammut <-s, -s *o* -e> ['ma·mʊt, 'ma·mu:t] *nt* mammoth

mampfen ['mam·pfn̩] *vt, vi (sl)* to munch

man[1] <*dat* einem, *akk* einen> ['man] *pron indef* ❶ *(irgendjemand)* one *form*, you; **das hat ~ mir gesagt** that's what I was told ❷ *(die Leute)* people; **so etwas tut ~ nicht** that's not the way things work [around here] ❸ *(ich)* **~ versteht sein eigenes Wort nicht** I can't hear myself think

man[2] ['man] *adv* NORDD *(fam: nur* [*als Bekräftigung*]*)* just; **lass' ~ gut sein** just leave it alone

Management <-s, -s> ['mɛn·ɪtʃ·mənt] *nt* management + *sing/pl vb*

managen ['mɛ·nɪ·dʒn̩] *vt* to manage

Manager(in) <-s, -> ['mɛ·nɪ·dʒɐ] *m(f)* manager

manche(r, s) *pron indef* ❶ + *pl (einige)* some ❷ + *sing* **~r Mann/~ Frau** many a man/woman

mancherlei ['man·çɐ·'lai] *pron indef, adjektivisch* various

manchmal ['manç·ma:l] *adv* ❶ *(gelegentlich)* sometimes ❷ SCHWEIZ *(oft)* often

Mandarine <-, -n> [man·da·'ri:·nə] *f* mandarin

Mandel <-, -n> ['man·dl̩] *f* ❶ *(Frucht)* almond ❷ *meist pl* ANAT tonsils *pl*

Mandelentzündung *f* tonsillitis

Manege <-, -n> [ma·'ne:·ʒə] *f* ring

Mangel[1] <-s, Mängel> ['ma·ŋl̩, *pl* 'mɛ·ŋl̩] *m* ❶ *(Fehler)* flaw ❷ *kein pl (Knappheit)* lack (**an** +*dat* of); **ein ~ an Vitamin C** vitamin C deficiency

Mangel[2] ['ma·ŋl̩] *f* ▶ WENDUNGEN: **jdn in die ~ nehmen** *(fam)* to grill sb

Mangelerscheinung *f* deficiency symptom

mangelhaft *adj* ❶ *(unzureichend)* inadequate ❷ *(Mängel aufweisend)* faulty

mangeln ['ma·ŋl̩n] *vi* ■**es mangelt an etw** *dat* there is a shortage of sth; **es mangelt jdm an Ernst** sb is not serious enough

mangelnd *adj* inadequate; **~es Selbstvertrauen** lack of self-confidence

Mangelware *f* scarce commodity

Mango <-, -gonen *o* -s> ['maŋ·go, *pl* maŋ·'go:·nən] *f* mango

Mangold <-[e]s, -e> ['maŋ·gɔlt, *pl* 'maŋ·gɔl·də] *m* Swiss chard

Manie <-, -n> [ma·'ni:, *pl* ma·'ni:·ən] *f (geh)* obsession

Manier <-, -en> [ma·'ni:ɐ̯] *f* ❶ *kein pl (geh: Art und Weise)* manner; **nach bewährter ~** following a tried and true method ❷ *pl*

(Umgangsformen) manners

Manifest <-[e]s, -e> [ma·ni·'fɛst] *nt* manifesto

Maniküre <-> [ma·ni·'ky:·rə] *f kein pl* manicure

maniküren* [ma·ni·'ky:·rən] *vt* ■**jdn ~** to give sb a manicure

Manipulation <-, -en> [ma·ni·pu·la·'tsi̯o:n] *f* manipulation

manipulierbar *adj* manipulable; **leicht ~ sein** to be easily manipulated; **schwer ~ sein** to be difficult to manipulate

manipulieren* [ma·ni·pu·'li:·rən] I. *vt* to manipulate II. *vi* ■**an etw** *dat* **~** to tamper with sth

manisch ['ma:·nɪʃ] *adj* manic

manisch-depressiv *adj* manic-depressive

Manko <-s, -s> ['maŋ·ko] *nt (Nachteil)* shortcoming

Mann <-[e]s, Männer> ['man, *pl* 'mɛ·nɐ] *m* ❶ *(männlicher Mensch)* man; ■**Männer** men; *(im Gegensatz zu den Frauen a.)* males ❷ *(Ehemann)* husband ▶ WENDUNGEN: **der ~ auf der Straße** the man in the street, John Doe; **jd ist ein gemachter ~** sb has got it made

Männchen <-s, -> ['mɛn·çən] *nt (männliches Tier)* male

Mannequin <-s, -s> ['ma·nə·kɛ̃, ma·nə·'kɛ̃:] *nt* model

Männer ['mɛ·nɐ] *pl von* **Mann**

Männersache *f* man's job, sth for men

männlich ['mɛn·lɪç] *adj* ❶ ANAT male ❷ *(für den Mann typisch)* male; **ein ~er Duft** a masculine scent ❸ LING masculine

Männlichkeit <-> *f kein pl* masculinity

Mannsbild *nt* SÜDD, ÖSTERR *(fam)* he-man

Mannschaft <-, -en> *f* ❶ SPORT team ❷ *(Schiffs- o Flugzeugbesatzung)* crew ❸ *(Gruppe von Mitarbeitern)* staff + *sing/pl vb*

Manöver <-s, -> [ma·'nø:·vɐ] *nt* ❶ MIL maneuver ❷ *(Manövrieren eines Fahrzeugs)* maneuver ❸ *(pej: Winkelzug)* trick

manövrieren* [ma·nø·'vri:·rən] *vi, vt* to maneuver

Mantel <-s, Mäntel> ['man·tl̩, *pl* 'mɛn·tl̩] *m* coat

manuell [ma·'nu̯·ɛl] I. *adj* manual II. *adv* manually

Mappe <-, -n> ['ma·pə] *f* ❶ *(Schnellhefter)* folder ❷ *(Aktenmappe)* briefcase

Maracuja <-, -s> [ma·ra·'ku:·ja] *f* passion fruit

Marathon <-s, -s> ['ma:·ra·tɔn] *m (a. fig)* marathon

Märchen <-s, -> ['mɛː·ɐ̯·çən] *nt* fairy tale

märchenhaft I. *adj* fabulous II. *adv* fabulously

Marder <-s, -> ['mar·dɐ] *m* marten

Margarine <-, -n> [mar·ga·'ri:·nə] *f* margarine

Marienkäfer *m* ladybug

Marille <-, -n> [ma·'rɪ·lə] *f* ÖSTERR apricot

Marinade <-, -n> [ma·ri·'na:·də] *f* marinade

Marine <-, -n> [ma·'ri:·nə] *f* NAUT, MIL navy; ■**bei der ~** in the navy

marineblau *adj* navy blue

marinieren* [ma·ri·'ni:·rən] *vt* to marinate

Marionette <-, -n> [ma·ri̯o·'nɛ·tə] *f* puppet *a. fig*

Mark¹ <-, - *o hum* Märker> ['mark] *f* (*hist*) mark; **Deutsche ~** German mark

Mark² <-[e]s> ['mark] *nt kein pl* marrow ▶ WENDUNGEN: **etw geht jdm durch ~ und Bein** sth sets sb's teeth on edge

markant [mar·'kant] *adj* ❶ (*ausgeprägt*) bold ❷ (*auffallend*) striking

Marke <-, -n> ['mar·kə, *pl* 'mar·kn̩] *f* ❶ (*fam: Briefmarke*) stamp; **eine ~ zu 55 Cent** a 55-cent stamp ❷ (*Warensorte*) brand; **das ist ~ Eigenbau** (*hum*) I made it myself

Markenartikel *m* brand-name product

Markenname *m* brand name

Markenzeichen *nt* trademark *a. fig*

markerschütternd *adj* heart-rending

markieren* [mar·'ki:·rən] *vt* ❶ (*kennzeichnen*) to mark ❷ (*fam*) to play

Markierung <-, -en> *f* marking

Markise <-, -n> [mar·'ki:·zə] *f* awning

Markt <-[e]s, Märkte> ['markt, *pl* 'mɛrk·tə] *m* ❶ (*Wochenmarkt*) market ❷ (*Marktplatz*) marketplace ❸ ÖKON, FIN market; **etw auf den ~ bringen** to put sth on the market

Marktbude *f* [market] stand

Marktfrau *f* [female] market vendor

Marktführer *m* market leader

Markthalle *f* indoor market

Marktlage *f* state of the market

Marktlücke *f* niche in the market

Marktplatz *m* marketplace

Marktpreis *m* ÖKON market price

Marktwert *m* market value

Marmelade <-, -n> [mar·mə·'la:·də] *f* jam; (*aus Zitrusfrüchten*) marmalade

Marmor <-s, -e> ['mar·mo:ɐ̯] *m* marble

marmorieren* [mar·mo·'ri:·rən] *vt* to marble

Marmorkuchen *m* marble cake

Marokkaner(in) <-s, -> [ma·rɔ·'ka:·nɐ] *m(f)* Moroccan; *s. a.* **Deutsche(r)**

marokkanisch [ma·rɔ·'ka:·nɪʃ] *adj* Moroccan; *s. a.* **deutsch**

Marokko <-s> [ma·'rɔ·ko] *nt* Morocco; *s. a.* **Deutschland**

Marone <-, -n> [ma·'ro:·nə] *f*, **Maroni** <-, -> [ma·'ro:·ni] *f* SÜDD, ÖSTERR [edible] chestnut

Mars <-> ['mars] *m* ■ **der ~** Mars

Marsch <-[e]s, Märsche> ['marʃ, *pl* 'mɛr·ʃə] *m a.* MUS march

marschieren* [mar·'ʃi:·rən] *vi sein* ❶ MIL to march ❷ (*zu Fuß gehen*) to walk quickly

Marsmensch *m* Martian

martern ['mar·tɐn] *vt* (*geh*) to torture

Märtyrer(in) <-s, -> ['mɛr·ty·rɐ, 'mɛr·ty·rə·rɪn] *m(f)* (*a. fig*) martyr

Martyrium <-, -rien> [mar·'ty:·ri̯ʊm, *pl* mar·'ty:·ri̯·ən] *nt* martyrdom

Marxismus <-> [mar·'ksɪs·mʊs] *m kein pl* Marxism

Marxist(in) <-en, -en> [mar·'ksɪst] *m(f)* Marxist

März <-[es], -e> ['mɛrts] *m* March; *s. a.* **Februar**

Marzipan <-s, -e> [mar·tsi·'pa:n] *nt o m* marzipan

Masche <-, -n> ['ma·ʃə] *f* ❶ (*Strickmasche*) stitch ❷ SÜDD, ÖSTERR, SCHWEIZ (*Schleife*) bow ❸ (*fam: Trick*) trick

Maschendraht *m* wire mesh

Maschinbau *m kein pl* ÖSTERR *s.* **Maschinenbau**

Maschine <-, -n> [ma·'ʃi:·nə] *f* ❶ (*Automat*) machine ❷ (*Motorrad*) bike ❸ (*Schreibmaschine*) typewriter; **~ schreiben** to type

maschinell [ma·ʃi·'nɛl] **I.** *adj* machine *attr* **II.** *adv* by machine

Maschinenbau *m kein pl* ❶ (*das Bau*) machine construction ❷ (*Fachgebiet*) mechanical engineering

Maschinenpistole *f* submachine gun

Maschinenschrift *f* type[script]

Maschinschrift *f* ÖSTERR *s.* **Maschinenschrift**

Masern ['ma:·zɐn] *pl* measles

Maske <-, -n> ['mas·kə] *f* (*a. fig*) mask

Maskenball *m* masquerade [ball]

maskieren* [mas·'ki:·rən] **I.** *vt* to disguise **II.** *vr* ■ **sich** *akk* **~** ❶ (*sich verkleiden*) to dress up ❷ (*sich vermummen*) to put on a mask

Maskottchen <-s, -> [mas·'kɔt·çən] *nt* [lucky] mascot

maskulin [mas·ku·'li:n] *adj* masculine

Masochismus <-> [ma·zɔ·'xɪs·mʊs] *m kein pl* masochism

Masochist(in) <-en, -en> [ma·zɔ·'xɪst] *m(f)* masochist

masochistisch *adj* masochistic

maß ['ma:s] *imp von* **messen**

Maß¹ <-es, -e> ['ma:s] *nt* ❶ (*Maßeinheit*) measure ❷ *pl* (*gemessene Größe*) measurements; (*Raum*) dimensions; **jds ~e nehmen** to measure sb ❸ (*Ausmaß*) extent; **in besonderem ~[e]** especially; **in zunehmendem ~e** increasingly ▶ WENDUNGEN: **das ~ ist voll** enough is enough; **in ~en** in moderation

Maß² <-, -> ['ma:s] *f* SÜDD liter [mug] of beer

Massage <-, -n> [ma·'sa:·ʒə] *f* massage

Massaker <-s, -> [ma·'sa:·kɐ] *nt* massacre

massakrieren* [ma·sa·'kri:·rən] *vt* to massacre

Maßangabe *f* measurement

Maßband *nt* tape measure

Masse <-, -n> ['ma·sə] *f* ❶ (*breiiges Material*) mass ❷ (*Menschenmasse*) crowd; **in ~n** in droves ❸ (*große Anzahl*) mass; **eine [ganze] ~** a lot [of] ❹ PHYS mass

Maßeinheit *f* unit of measurement

Massenandrang *m* crush [of people]

Massenarbeitslosigkeit *f* mass unemployment *no art*

Massenartikel *m* mass-produced product

Massenentlassung *f meist pl* mass layoffs *pl*

Massengrab *nt* mass grave

massenhaft I. *adj* on a huge scale **II.** *adv* (*fam*)

in droves
Massenkarambolage [-ka·ram·bo·la:·ʒə] *f* pile-up
Massenmedien *pl* mass media + *sing/pl vb*
Massenmord *m* mass murder
Massenmörder(in) *m(f)* mass murderer
Massenproduktion *f* mass production
Massentierhaltung *f* factory farming
Massentourismus *m kein pl* mass tourism
massenweise *adv* in droves
Masseur(in) <-s, -e> [ma·'sø:·ɐ̯] *m(f)* masseur *masc,* masseuse *fem*
Masseuse <-, -n> [ma·'sø:·zə] *f* ❶ (*euph: Prostituierte*) masseuse ❷ (*veraltend*) *fem form von* **Masseur**
maßgebend, maßgeblich ['ma:s·ge:p·lɪç] **I.** *adj* ❶ (*ausschlaggebend*) decisive ❷ (*bedeutend*) significant **II.** *adv* decisively; **an etw** *dat* ~ **beteiligt sein** to play a leading role in sth
maßgeschneidert *adj* tailored
massieren* [ma·'si:·rən] *vt* to massage
massig ['ma·sɪç] *adj* massive
mäßig ['mɛ:·sɪç] **I.** *adj* ❶ (*maßvoll, gering*) moderate ❷ (*mittelmäßig*) mediocre, indifferent **II.** *adv* ❶ (*in Maßen*) with moderation ❷ (*nicht besonders*) indifferently
mäßigen ['mɛ:·sɪ·gn̩] **I.** *vt* to curb **II.** *vr* ■ **sich** *akk* ~ to restrain oneself
Mäßigung <-> *f kein pl* restraint
massiv [ma·'si:f] *adj* ❶ (*solide*) solid *attr* ❷ (*wuchtig*) solid, massive ❸ (*drastisch, heftig*) serious; *Kritik* heavy
Massiv <-s, -e> [ma·'si:f, *pl* ma·'si:·və] *nt* massif
Maßkrug *m* one-liter beer mug
maßlos I. *adj* extreme; ■ ~ **sein** to be immoderate **II.** *adv* ❶ (*äußerst*) extremely ❷ (*unerhört*) hugely
Maßlosigkeit <-> *f kein pl* excess; ■ ~ **in etw** *dat* lack of moderation in sth
Maßnahme <-, -n> [ma:s·na:·mə] *f* measure
Maßregel *f meist pl* rule
maßregeln *vt* to reprimand
Maßstab ['ma:s·ʃta:p] *m* ❶ (*Größenverhältnis*) scale; **im ~ 1:250.000** on a scale of 1:250,000 ❷ (*Kriterium*) criterion; **Maßstäbe setzen** to set standards
maßstab(s)gerecht, maßstab(s)getreu *adj* true to scale
maßvoll I. *adj* moderate; ~ **es Verhalten** moderation **II.** *adv* moderately
Mast¹ <-[e]s, -en *o* -e> ['mast] *m* ❶ NAUT mast ❷ (*Stange*) pole
Mast² <-, -en> ['mast] *f pl selten* (*das Mästen*) fattening
mästen ['mɛs·tn̩] *vt* to fatten
masturbieren* [mas·tʊr·'bi:·rən] *vi* to masturbate
Material <-s, -ien> [ma·te·'rɪ̯a:l, *pl* ma·te·'rɪ̯a:·li̯·ən] *nt* material
Materialismus <-> [ma·te·rɪ̯a·'lɪs·mʊs] *m kein pl* materialism
Materialist(in) <-en, -en> [ma·te·rɪ̯a·'lɪst] *m(f)* materialist
materialistisch [ma·te·rɪ̯a·'lɪs·tɪʃ] *adj* materialist[ic]
Materie <-, -n> [ma·'te:·rɪ̯ə] *f* ❶ *kein pl* PHYS, CHEM matter ❷ (*Thema*) subject
materiell [ma·te·'rɪ̯ɛl] *adj* ❶ (*stofflich*) material ❷ (*finanziell*) financial
Mathematik <-> [ma·te·ma·'ti:k] *f kein pl* mathematics + *sing vb,* math *fam*
mathematisch [ma·te·'ma:·tɪʃ] *adj* mathematical
Matjes <-, -> ['mat·jəs] *m,* **Matjeshering** *m* matjes herring
Matratze <-, -n> [ma·'tra·tsə] *f* mattress
Mätresse <-, -n> [mɛ·'trɛ·sə] *f* mistress
Matrikel <-, -n> [ma·'tri:·kl̩] *f* ❶ SCH matriculation register ❷ ADMIN ÖSTERR register
Matrose <-n, -n> [ma·'tro:·zə] *m* sailor
Matsch <-[e]s> ['matʃ] *m kein pl* ❶ (*schlammige Erde*) mud; (*Schneematsch*) slush ❷ (*breiige Masse*) mush
matschig ['mat·ʃɪç] *adj* (*fam*) ❶ *Erde* muddy; *Schnee* slushy ❷ (*breiig*) mushy
matt ['mat] **I.** *adj* ❶ (*erschöpft, schwach*) weak; *Händedruck* limp; *Lächeln, Stimme* faint; *Licht* dim ❷ (*glanzlos*) mat[te]; *Augen* dull; *Farben* pale **II.** *adv* ❶ (*schwach*) dimly ❷ (*ohne Nachdruck*) feebly
Matte¹ <-, -n> ['ma·tə] *f* mat
Matte² <-, -n> ['ma·tə] *f* SCHWEIZ, ÖSTERR (*Bergwiese*) alpine meadow
Mattscheibe *f* (*fam: Bildschirm*) screen; (*Fernseher*) tube ▶ WENDUNGEN: ~ **haben** (*fam*) to draw a [mental] blank
Matura <-> [ma·'tu:·ra] *f kein pl* SCHWEIZ, ÖSTERR (*Abitur*) ≈ high-school diploma
Mauer <-, -n> ['mau·ɐ] *f* (*a. fig*) wall
mauern ['mau·ɐn] *vt* to build
Maueröffnung *f kein pl* POL fall of the [Berlin] Wall
Maul <-[e]s, Mäuler> ['maul, *pl* 'mɔy·lɐ] *nt* ❶ (*bei Tieren*) mouth; *Raubtier* jaws *pl* ❷ (*derb: Mund*) trap ▶ WENDUNGEN: **halt's ~!** (*vulg*) shut up!; **jdm das ~ stopfen** (*vulg*) to shut sb up
maulen ['mau·lən] *vi* (*fam*) to grumble [*or* gripe]
Maulesel ['maul·ʔe:zl̩] *m* mule
maulfaul *adj* (*fam*) uncommunicative
Maulheld(in) *m(f)* big mouth
Maulkorb *m* muzzle
Maultaschen *pl* SÜDD KOCHK *large pasta squares filled with meat, cheese, spinach, etc.*
Maultier ['maul·ti:ɐ̯] *nt s.* **Maulesel**
Maulwurf <-[e]s, -würfe> ['maul·vʊrf, *pl* -vʏr·fə] *m* (*a. fig*) mole
Maurer(in) <-s, -> ['mau·rɐ] *m(f)* bricklayer
maurisch ['mau·rɪʃ] *adj* Moorish
Maus <-, Mäuse> ['maus, *pl* 'mɔy·zə] *f* ❶ *a.* COMPUT mouse ❷ *pl* (*sl: Geld*) dough *sing*
mauscheln ['mau·ʃl̩n] *vi* (*pej fam*) to fiddle
Mausefalle *f* mousetrap
Mauseloch *nt* mouse hole

M

mausen ['mau·zn̩] *vt* (*hum: stehlen*) to pilfer *fam*

mausern ['mau·zɐn] *vr* ■ **sich** *akk* ~ to molt; (*fig*) to blossom

mausetot ['mau·zə·'to:t] *adj* (*fam o hum*) deader than dead

Maut <-, -en> ['maut] *f,* **Mautgebühr** *f* toll [charge]

Mautstelle *f* tollbooth

Maxima ['ma·ksi·ma] *pl von* **Maximum**

maximal [ma·ksi·'ma:l] I. *adj* maximum *attr;* (*höchste a.*) highest *attr* II. *adv* at maximum; **das ~ zulässige Gesamtgewicht** the maximum weight; **~ 25.000 Euro** 25,000 euros at most

maximieren* [ma·ksi·'mi:·rən] *vt* to maximize

Maximum <-s, Maxima> ['ma·ksi·mʊm, *pl* 'ma·ksi·ma] *nt* maximum (**an** +*dat* of)

Mayonnaise <-, -n> [ma·jɔ·'nɛ:·zə] *f s.* **Majonäse**

Mazedonien <-s> [ma·tse·'do:·n̩·ən] *nt* Macedonia; *s. a.* **Deutschland**

m.E. *Abk von* **meines Erachtens** in my opinion

Mechanik <-, -en> [me·'ça:·nɪk] *f* mechanics + *sing vb*

Mechaniker(in) <-s, -> [me·'ça:·nɪ·kɐ] *m(f)* mechanic

mechanisch [me·'ça:·nɪʃ] (*a. fig*) I. *adj* mechanical II. *adv* mechanically

Mechanisierung <-, -en> *f* mechanization

Mechanismus <-, -nismen> [me·ça·'nɪs·mʊs, *pl* -'nɪs·mən] *m* mechanism

Meckerei <-, -en> *f* (*pej fam*) moaning and groaning

meckern ['mɛ·kɐn] *vi* ❶ (*der Ziege*) to bleat ❷ (*fig fam*) to complain, to bellyache *fam* (**über** +*akk* about)

Mecklenburg <-s> ['mɛk·lən·bʊrk] *nt* Mecklenburg

mecklenburgisch ['mɛk·lən·bʊr·gɪʃ] *adj* Mecklenburg *attr*

Mecklenburg-Vorpommern <-s> ['mɛk·lən·bʊrk·ˌfo:ɐ̯·pɔ·mɐn] *nt* Mecklenburg-West Pomerania

Medaille <-, -n> [me·'dal·jə] *f* medal

Medaillon <-s, -s> [me·dal·'jõ:] *nt* locket

Medien ['me:·di̯·ən] *pl* ❶ *pl von* **Medium** ❷ (*Informationsträger*) ■ **die ~** the media + *sing/pl vb*

Medienereignis *nt* media event

mediengerecht *adj* suitable for the media

Medienlandschaft *f* media landscape

Medienrummel *m* (*fam*) media excitement

Medikament <-[e]s, -e> [me·di·ka·'mɛnt] *nt* medicine

Medikamentenmissbrauch^RR *m* drug abuse

Medikamentensucht *f* drug addiction

medikamentös [me·di·ka·mɛn·'tø:s] *adj* medicinal

Meditation <-, -en> [me·di·ta·'tsi̯o:n] *f* meditation (**über** +*akk* about/on)

mediterran [me·di·tɛ·'ra:n] *adj* Mediterranean

meditieren* [me·di·'ti:·rən] *vi* to meditate

Medium <-s, Medien> ['me:·di̯·ʊm, *pl* 'me:·di̯·ən] *nt* medium

Medizin <-, -en> [me·di·'tsi:n] *f* ❶ *kein pl* (*Heilkunde*) medicine ❷ (*fam: Medikament*) medicine

Mediziner(in) <-s, -> [me·di·'tsi:·nɐ] *m(f)* doctor

medizinisch [me·di·'tsi:·nɪʃ] I. *adj* ❶ (*ärztlich*) medical ❷ (*heilend*) medicinal II. *adv* medically; **jdn ~ behandeln** to give sb medical treatment

Medizinmann <-männer> [-man, *pl* -mɛnɐ] *m* (*indianisch*) medicine man; (*afrikanisch*) witch doctor

Meer <-[e]s, -e> ['me:ɐ̯] *nt* sea; (*Weltmeer*) ocean; **das Schwarze/Tote ~** the Black/Dead Sea; **ans ~ fahren** to go to the ocean; **am ~** by the water

Meerenge *f* strait

Meeresalge *f* seaweed + *sing vb*

Meeresforschung *f* oceanography

Meeresfrüchte *pl* seafood + *sing vb*

Meeresgrund *m kein pl* seabed

Meeresspiegel *m* sea level

Meerrettich *m* horseradish

Meerschweinchen *nt* guinea pig

Meerwasser *nt* sea [*or* salt] water

Megabyte [me·ga·'bait, 'me:·ga·bait] *nt* COMPUT megabyte

Megafon^RR, **Megaphon** <-s, -e> [me·ga·'fo:n] *nt* megaphone

Mehl <-[e]s, -e> ['me:l] *nt* flour

mehlig ['me:·lɪç] *adj Kartoffeln* floury

mehr ['me:ɐ̯] I. *pron indef komp von* **viel** more; **immer ~** more and more; **~ oder weniger** more or less II. *adv* more; **nicht ~** no longer; **es war keiner ~ da** there was nobody left; **ich kann nicht ~** I can't take it any longer; **nie ~** never again; **niemand ~** nobody else

Mehr <-[s]> ['me:ɐ̯] *nt kein pl* ❶ (*zusätzlicher Aufwand*) **mit einem [kleinen] ~ an Mühe** with a [little] bit more effort ❷ POL SCHWEIZ majority

Mehraufwand *m* additional expenditure

mehrbändig *adj* multivolume *attr form,* in several volumes *pred*

Mehrbetrag *m* ❶ (*zusätzliche Kosten*) additional amount ❷ (*Überschuss*) surplus

mehrdeutig *adj* ambiguous

Mehrdeutigkeit <-> *f kein pl* ambiguity

mehrdimensional *adj* multidimensional

mehrere ['me:·rə·rə] *pron indef* ❶ *adjektivisch* (*einige*) several *attr;* (*verschiedene*) various ❷ *substantivisch* (*einige*) several; **~ davon** several [of them]

mehrfach ['me:ɐ̯·fax] I. *adj* numerous, multiple; **eine ~e Medaillengewinnerin** a winner of numerous medals; **ein ~er Meister im Hochsprung** several-time champion pole vaulter II. *adv* several times

Mehrfachsteckdose *f* multiple outlet power

strip (*without cable*)

Mehrfamilienhaus [-liən-] *nt* multi-family house

mehrfarbig *adj* multicolored

Mehrheit <-, -en> *f a.* POL majority

mehrheitlich *adv* ~ **entscheiden** to reach a majority decision; **wir sind ~ dafür** the majority of us are for it

Mehrheitsbeschluss^RR *m* POL majority decision

mehrjährig *adj attr* several years of *attr,* of several years *pred*

Mehrkosten *pl* additional costs *pl*

mehrmalig ['meːg·ma·lɪç] *adj attr* repeated

mehrmals ['meːg·maːls] *adv* repeatedly

mehrsprachig *adj* multilingual

mehrstöckig *adj* multistory

mehrstündig *adj* lasting several hours *pred*

mehrtägig *adj* lasting several days *pred*

Mehrverbrauch *m kein pl* additional consumption

Mehrwegflasche *f* deposit [*or* returnable] bottle

Mehrwegverpackung *f* reusable packaging

Mehrwertsteuer *f* ≈ sales tax

mehrwöchig *adj* lasting several weeks *pred*

Mehrzahl *f kein pl* ❶ (*Mehrheit*) majority; **die ~ aller Leute** most people ❷ LING plural [form]

meiden <mied, gemieden> ['mai·dn̩] *vt* to avoid

Meile <-, -n> ['mai·lə] *f* mile

Meilenstein *m* (*a. fig*) milestone

meilenweit ['mai·lən·vait] *adv* for miles

mein ['main] *pron poss, adjektivisch* my

meine(r, s) ['mai·nə] *pron poss, substantivisch* mine

Meineid ['main·ʔait] *m* JUR perjury; **einen ~ leisten** to commit perjury

meinen ['mai·nən] *vt, vi* ❶ (*denken, annehmen*) to think; **und was ~ Sie dazu?** and what do you think about that?; **~ Sie?** [do] you think so? ❷ (*sagen wollen*) **was ~ Sie** [damit]? what do you mean [by that]? ❸ (*ansprechen*) **damit bist du gemeint** that means you ❹ (*beabsichtigen*) to mean, to intend; **ich meine es ernst** I'm serious [about it]; **es gut ~** to mean well; **es gut mit jdm ~** to do one's best for sb; **so war das nicht gemeint** I didn't mean it like that

meiner ['mai·nɐ] *pron pers gen von* **ich**: **gedenke ~** (*geh*) remember me

meinerseits ['mai·nɐ·'zaits] *adv* for my part; **ganz ~** the pleasure was [all] mine

meinesgleichen ['mai·nəs·'glai·çn̩] *pron inv* people like me; (*pej: Leute meines Standes*) my [own] kind

meinetwegen ['mai·nət·'veː·gn̩] *adv* ❶ (*wegen mir*) because of me ❷ (*mir zuliebe*) for my sake ❸ (*von mir aus*) as far as I'm concerned; **darf ich? – ~!** may I? — sure! [*or* go right ahead!]

meinetwillen ['mai·nət·'vɪ·lən] *adv* ■ **um ~** for my sake

meins ['mains] *pron poss, substantivisch* mine

Meinung <-, -en> ['mai·nʊŋ] *f* opinion; (*Anschauung a.*) view; **geteilter ~ sein** to have differing opinions; **ähnlicher/anderer ~ sein** to have a similar/different opinion; **eine eigene ~ haben** to have one's own opinion; **die öffentliche ~** public opinion; **nach meiner ~** in my opinion; **jdm die ~ sagen** to give sb a piece of one's mind

Meinungsäußerung *f* expression of an opinion

Meinungsaustausch *m* exchange of views

Meinungsforschung *f kein pl* opinion polling

Meinungsfreiheit *f kein pl* free[dom of] speech

Meinungsumfrage *f* opinion poll

Meinungsverschiedenheit *f* ❶ (*unterschiedliche Ansichten*) difference of opinion ❷ (*Auseinandersetzung*) argument

Meise <-, -n> ['mai·zə] *f* ORN tit ▶ WENDUNGEN: **eine ~ haben** (*fam*) to have a screw loose

meist ['maist] *adv s.* **meistens**

meiste(r, s) *pron indef superl von* **viel** ❶ *adjektivisch* most; **das ~ Geld** the most money; (*als Anteil*) most of the money; **die ~ Zeit** the most time; (*meistens*) most of the time ❷ *substantivisch* ■ **die ~n** most people; **die ~n von uns** most of us; ■ **das ~ von dem, was ...** most of what ...; ■ **am ~n** [the] most

meistens ['mais·tn̩s] *adv* mostly, more often than not; (*zum größten Teil*) for the most part

Meister(in) <-s, -> ['mais·tɐ] *m(f)* ❶ (*Handwerksmeister*) master [craftsman]; **seinen ~ machen** to take one's master craftsman's exam ❷ SPORT champion ▶ WENDUNGEN: **es ist noch kein ~ vom** Himmel **gefallen** (*prov*) practice makes perfect

Meisterbrief *m* master craftsman's diploma

meisterhaft I. *adj* masterly; (*geschickt*) masterful II. *adv* in a masterly manner; (*geschickt*) masterfully

Meisterleistung *f* [real] achievement; **nicht gerade eine ~** nothing to write home about

meistern ['mais·tɐn] *vt* to master; **Schwierigkeiten ~** to overcome difficulties

Meisterschaft <-, -en> *f* ❶ (*Wettkampf*) championship; (*Veranstaltung*) championships *pl* ❷ *kein pl* (*Können*) mastery

Meisterwerk *nt* masterpiece

Melancholie <-, -n> [me·laŋ·ko·'liː, *pl* -'liː·ən] *f* melancholy

melancholisch [me·laŋ·'koː·lɪʃ] *adj* melancholy

Meldeamt *nt* (*fam*) ≈ city/town clerk['s office]

Meldefrist *f* registration period

melden ['mɛl·dn̩] I. *vt* ❶ (*anzeigen*) to report ❷ RADIO, TV to report; **für morgen ist Schneefall gemeldet** snow is in the forecast for tomorrow; **das Wahlergebnis wurde soeben gemeldet** the results of the election have just been announced ▶ WENDUNGEN: **nichts zu** haben **(fam)** to have no say II. *vr* ❶ (*sich zur Verfügung stellen*) **sich** *akk* **zur Arbeit ~** to report for [or to] work; **sich** *akk* **zu etw** *dat* **freiwillig ~** to volunteer for sth ❷ **sich** *akk* [am Telefon] **~** to answer the telephone; **es meldet sich keiner** there's no answer ❸ (*in Kontakt bleiben*) ■ **sich** *akk* [bei jdm] **~** to get in touch [with sb]

Meldepflicht *f kein pl* obligation to report sth; **polizeiliche ~** *legal obligation in Germany to register one's residence with the local authorities*

meldepflichtig *adj* **~e Krankheit** disease doctors are required to report

Meldung <-, -en> *f* ❶ (*Nachricht*) piece of news; **kurze ~en vom Tage** the day's news headlines ❷ (*offizielle Mitteilung*) report

meliert [me·'li:ɐt] *adj* ❶ (*Haar*) graying ❷ (*Gewebe*) flecked, mottled

Melisse <-, -n> [me·'lɪ·sə] *f* [lemon] balm

melken <melkte, gemolken *o* gemelkt> ['mɛl·kn̩] *vt* ❶ *Kuh* to milk ❷ (*fam*) *Person* to fleece

Melodie <-, -n> [me·lo·'di:, *pl* -'di:·ən] *f* melody, tune

melodisch [me·'lo:·dɪʃ] **I.** *adj* melodic **II.** *adv* melodically

Melone <-, -n> [me·'lo:·nə] *f* ❶ (*Frucht*) melon ❷ (*fam: Hut*) bowler [hat], derby

Memoiren [me·'mo̯a:·rən] *pl* memoirs

Menge <-, -n> ['mɛ·ŋə] *f* ❶ (*bestimmte Anzahl*) amount, quantity ❷ (*große Anzahl*) **eine ~ Geld** a lot of money; **eine ~ zu sehen** a lot to see; **jede ~ Arbeit** a ton of work ❸ (*Menschenmenge*) crowd ► WENDUNGEN: **in rauen ~n** (*fam*) in vast quantities

mengenmäßig *adv* quantitatively

Mengenrabatt *m* bulk discount

Mensa <-, Mensen> ['mɛn·za, *pl* 'mɛn·zn̩] *f* university cafeteria

Mensch <-en, -en> ['mɛnʃ] *m* ❶ (*menschliches Lebewesen*) man; ■ **die ~en** man *sing*, *no art*, human beings *pl*; **auch nur ein ~ sein** to be only human ❷ (*Person, Persönlichkeit*) person; ■ **~en** people; **kein ~** no one; **sie sollte mehr unter ~en gehen** she should get out more ► WENDUNGEN: **wie der erste ~** (*fam*) very clumsily

Menschenaffe *m* [anthropoid] ape

Menschenauflauf *m* crowd [of people]

Menschenfeind(in) *m(f)* misanthropist

Menschenfresser(in) <-s, -> *m(f)* cannibal

Menschenfreund(in) *m(f)* philanthropist

Menschengedenken ['mɛn·ʃn̩·gə·dɛŋ·kn̩] *nt* **seit ~** as long as anyone can remember

Menschenhandel *m kein pl* human trafficking

Menschenkenner(in) <-s, -> *m(f)* judge of character

Menschenkenntnis *f kein pl* ability to judge character

Menschenkette *f* human chain

Menschenleben *nt* ❶ (*Todesopfer*) life ❷ (*Lebenszeit*) lifetime

menschenleer *adj* ❶ (*unbesiedelt*) uninhabited ❷ (*unbelebt*) deserted

Menschenliebe *f* **aus reiner ~** out of the sheer goodness of one's heart

Menschenmasse *f* (*pej*), **Menschenmenge** *f* crowd [of people]

menschenmöglich ['mɛn·ʃn̩·'møːk·lɪç] *adj* **ich werde alles M~e tun** I'll do everything [that is] humanly possible

Menschenrecht *nt meist pl* human right *usu pl*

Menschenrechtsverletzung *f* human rights violation

menschenscheu *adj* afraid of people

Menschenseele ['mɛn·ʃn̩·'ze:·lə] *f* human soul; **keine ~** not a [living] soul

menschenunwürdig I. *adj* inhumane; (*Behausung*) unfit for human habitation **II.** *adv* in an inhumane way, inhumanely

menschenverachtend *adj* inhuman

Menschenverachtung *f* misanthropy, disregard for humankind

Menschenverstand *m* **gesunder ~** common sense

Menschenwürde *f kein pl* human dignity

menschenwürdig I. *adj* humane **II.** *adv* humanely; **~ leben/wohnen** to live in conditions fit for human beings

Menschheit <-> *f kein pl* ■ **die ~** mankind, humanity

menschlich ['mɛnʃ·lɪç] **I.** *adj* ❶ (*des Menschen*) human ❷ (*human*) humane; *Vorgesetzter* sympathetic **II.** *adv* ❶ (*human*) humanely ❷ (*fam*) **wieder ~ aussehen** to look presentable again

Menschlichkeit <-> *f kein pl* humanity

Mensen *pl von* **Mensa**

Menstruation <-, -en> [mɛns·trua·'tsi̯o:n] *f* menstruation

menstruieren* [mɛns·tru·'i:rən] *vi* to menstruate

mental [mɛn·'ta:l] **I.** *adj* mental **II.** *adv* mentally

Mentalität <-, -en> [mɛn·ta·li·'tɛ:t] *f* mentality

Menthol <-s, -e> [mɛn·'to:l] *nt* menthol

Menu <-s, -s> *nt* (*geh*), **Menü** <-s, -s> [me·'ny:] *nt a.* COMPUT menu

Merkblatt *nt* leaflet

merken ['mɛr·kn̩] **I.** *vt, vi* ❶ (*spüren*) to feel; **es war kaum zu ~** it was barely noticeable ❷ (*wahrnehmen*) to notice; **ich habe nichts davon gemerkt** I didn't notice a thing ❸ (*behalten*) ■ **leicht zu ~ sein** to be easy to remember **II.** *vr* ❶ (*im Gedächtnis behalten*) ■ **sich** *dat* **etw ~** to remember sth ❷ (*im Auge behalten*) ■ **sich** *dat* **jdn/etw ~** to make a mental note of sb/sth

merklich ['mɛrk·lɪç] **I.** *adj* noticeable **II.** *adv* noticeably

Merkmal <-s, -e> ['mɛrk·ma:l] *nt* feature

merkwürdig I. *adj* strange **II.** *adv* strangely

merkwürdigerweise *adv* strangely enough

messbar[RR], **meßbar**[ALT] *adj* measurable; ■ **schwer ~ sein** to be difficult to measure

Messe[1] <-, -n> ['mɛ·sə] *f* (*Gottesdienst*) mass

Messe[2] <-, -n> ['mɛ·sə] *f* (*Ausstellung*) trade

show, convention

Messegelände *nt* convention center

Messehalle *f* exhibit hall

messen <misst, maß, gemessen> ['mɛ·sn̩] I. *vt* ❶ (*Ausmaß oder Größe ermitteln*) to measure; *Blutdruck, Temperatur* to take ❷ (*beurteilen nach*) to judge (**an** +*dat* by) II. *vr* (*geh*) **sich** *akk* **mit jdm ~ können** to be able to compete with sb

Messer <-s, -> ['mɛ·sɐ] *nt* knife ▶ WENDUNGEN: **bis aufs ~** (*fam*) to the bitter end; **jdn ans ~ liefern** (*fam*) to betray sb

messerscharf ['mɛ·sɐ·'ʃarf] I. *adj* razor-sharp *a. fig* II. *adv* very astutely

Messerspitze *f* tip of a knife; **eine ~ Muskat** a pinch of nutmeg

Messerstecherei <-, -en> *f* knife fight

Messias <-> [mɛ·'si:as] *m* REL Messiah

Messing <-s> ['mɛ·sɪŋ] *nt kein pl* brass

Messinstrument[RR] *nt* measuring instrument

Messung <-, -en> *f* ❶ (*das Messen*) measuring ❷ (*Messwert*) reading

Metall <-s, -e> [me·'tal] *nt* metal

Metallarbeiter(in) *m(f)* metalworker

metallisch [me·'ta·lɪʃ] I. *adj* ❶ (*aus Metall*) metal ❷ (*metallartig*) metallic II. *adv* like metal

Metapher <-, -n> [me·'ta·fɐ] *f* metaphor

Metastase <-, -n> [me·ta·'sta:·zə] *f* MED metastasis

Meteorit <-en, -en> [me·teo·'ri:t] *m* meteorite

Meteorologe, Meteorologin <-n, -n> [me·teo·ro·'lo:·gə, me·teo·ro·'lo:·gɪn] *m, f* meteorologist

Meter <-s, -> ['me:·tɐ] *m o nt* meter

Metermaß *nt* ❶ (*Bandmaß*) tape measure ❷ (*Zollstock*) measuring stick, ≈ yardstick

meterweise *adv* by the meter

Methode <-, -n> [me·'to:·də] *f* method

Methodik <-, -en> [me·'to:·dɪk] *f* methodology

methodisch [me·'to:·dɪʃ] I. *adj* methodical II. *adv* methodically

Metier <-s, -s> [me·'tje:] *nt* forte; **sein ~ beherrschen** to know one's job

Metro <-, -s> ['me:·tro] *f* subway

Metropole <-, -n> [me·tro·'po:·lə] *f* metropolis

Mettwurst *f* smoked beef/pork sausage

Metzger(in) <-s, -> ['mɛts·gɐ] *m(f)* butcher

Metzgerei <-, -en> [mɛts·gə·'rai] *f* butcher shop

Meute <-, -n> ['mɔy·tə] *f* ❶ (*pej: Gruppe*) mob ❷ (*Jägersprache*) pack [of hounds]

Meuterei <-, -en> [mɔy·tə·'rai] *f* mutiny

Meuterer <-s, -> *m* mutineer

meutern ['mɔy·tɐn] *vi* ❶ (*sich auflehnen*) to mutiny ❷ (*fam: meckern*) to grumble, complain

Mexikaner(in) <-s, -> [mɛ·ksi·'ka:·nɐ] *m(f)* Mexican; *s. a.* **Deutsche(r)**

mexikanisch [mɛ·ksi·'ka:·nɪʃ] *adj* Mexican; *s. a.* **deutsch**

Mexiko <-s> ['mɛ·ksi·ko] *nt* Mexico; *s. a.* **Deutschland**

miauen* [mi·'au·ən] *vi* to meow

mich ['mɪç] I. *pron pers akk von* **ich** me II. *pron refl* myself; **ich fühle ~ nicht so gut** I don't feel very well

mickerig ['mɪ·kə·rɪç], **mickrig** ['mɪk·rɪç] *adj* ❶ (*sehr gering*) measly ❷ (*schwächlich*) puny ❸ (*zurückgeblieben*) stunted

mied ['mi:t] *imp von* **meiden**

Mief <-s> ['mi:f] *m kein pl* (*fam*) stench

miefen ['mi:·fn̩] *vi* (*fam*) to stink

Miene <-, -n> ['mi:·nə] *f* expression ▶ WENDUNGEN: **ohne eine ~ zu verziehen** without turning a hair

mies ['mi:s] *adj* (*fam*) lousy, rotten

Miesepeter <-s, -> ['mi:·zə·pe:·tɐ] *m* (*fam*) sourpuss

mies|machen *vt* (*fam*) ■ **etw/jdn ~** to belittle sth/sb

Miesmuschel ['mi:s·mʊ·ʃl̩] *f* [blue] mussel

Mietauto *nt* rental car

Miete <-, -n> ['mi:·tə] *f* rent; **zur ~ wohnen** to rent

mieten ['mi:·tn̩] *vt Boot, Wagen* to rent; *Haus, Wohnung, Büro a.* to lease

Mieter(in) <-s, -> *m(f)* tenant

Mieterschutz *m* legal protection of tenants

mietfrei *adj, adv* rent-free

Mietshaus *nt* apartment building

Mietvertrag *m* rental agreement

Mietwagen *m* rental car

Mietwohnung *f* rented apartment

Miezekatze *f* (*Kindersprache*) kitty cat

Migräne <-, -n> [mi·'grɛː·nə] *f* migraine

Migration <-, -en> [mi·gra·'tsi̯o:n] *f* migration

Mikro <-s, -s> ['mi:·kro] *nt* (*fam*) *kurz für* **Mikrofon** mike

Mikrobe <-, -n> [mi·'kro:·bə] *f* microbe

Mikrochip [-tʃɪp] *m* microchip

Mikrofaser *f* microfiber

Mikrofon <-s, -e> [mi·kro·'fo:n] *nt* microphone

Mikrokosmos <-> [-kɔs·mɔs] *m kein pl* microcosm

Mikroorganismus ['mi:·kro·ʔɔr·ga·nɪs·mʊs] *m* microorganism

Mikrophon <-s, -e> [mi·kro·'fo:n] *nt s.* **Mikrofon**

Mikroprozessor ['mi:·kro·pro·tsɛ·so:ɐ̯] *m* microprocessor

Mikroskop <-s, -e> [mi·kro·'sko:p] *nt* microscope

mikroskopisch I. *adj* microscopic II. *adv* microscopically; **etw ~ untersuchen** to examine sth under the microscope

Mikrowelle ['mi:·kro·vɛ·lə] *f* microwave

Milbe <-, -n> ['mɪl·bə] *f* mite

Milch <-> ['mɪlç] *f kein pl* milk

Milchflasche *f* milk bottle; (*für Babys*) baby's bottle

Milchglas *nt* milk glass

M

milchig ['mɪl·çɪç] *adj* milky
Milchkaffee *m* [caffe] latte
Milchkuh *f* dairy cow
Milchprodukt *nt* milk product
Milchpulver *nt* powdered milk
Milchreis *m* ❶ (*Gericht*) rice pudding ❷ (*Reis*) arborio rice
Milchschokolade *f* milk chocolate
Milchstraße *f* ■ **die ~** the Milky Way
Milchtüte *f* milk carton
Milchzahn *m* milk tooth
mild ['mɪlt] **I.** *adj* ❶ *a.* METEO, KOCHK mild ❷ (*nachsichtig*) lenient **II.** *adv* ❶ (*nicht würzig*) mild ❷ (*nachsichtig*) leniently
Milde <-> ['mɪl·də] *f kein pl* mildness; (*Nachsichtigkeit*) leniency
mildern ['mɪl·dɐn] *vt* ❶ (*abschwächen*) to moderate; **das Strafmaß ~** to reduce the sentence; **~ de Umstände** mitigating circumstances ❷ (*weniger schlimm machen*) to alleviate
Milieu <-s, -s> [mi·'lĭ̯øː] *nt* environment
Militär <-s> [mi·li·'tɛːɐ̯] *nt kein pl* armed forces *pl*, military; **beim ~ sein** to be in the military *pl*
Militärdienst *m kein pl* military service
Militärdiktatur *f* military dictatorship
militärisch [mi·li·'tɛː·rɪʃ] *adj* military
Militärpolizei *f* military police
Miliz <-, -en> [mi·'liːts] *f* ❶ (*Bürgerwehr*) militia ❷ (*in sozialistischen Staaten: Polizei*) police
Mille <-, -> ['mɪlə] *f* (*sl*) grand
Milliardär(in) <-s, -e> [mɪl·ĭ̯ar·'dɛːɐ̯] *m(f)* billionaire
Milliarde <-, -n> [mɪl·'lĭ̯ar·də] *f* billion
Milliliter ['mɪ·li·liː·tɐ, 'mɪ·li·lɪ·tɐ, mɪ·li·'liː·tɐ] *m o nt* milliliter
Millimeter <-s, -> ['mɪ·li·meː·tɐ, mɪ·li·'meː·tɐ] *m o nt* millimeter
Million <-, -en> [mɪ·'lĭ̯oːn] *f* million
Millionär(in) <-s, -e> [mɪ·lĭ̯o·'nɛːɐ̯] *m(f)* millionaire *masc*, millionairess *fem*
Millionengeschäft *nt* deal worth millions
Millionenstadt *f* city with a million inhabitants or more
Milz <-, -en> ['mɪlts] *f* spleen
Mimik <-> ['miː·mɪk] *f kein pl* [gestures and] facial expression[s]
Mimose <-, -n> [mi·'moː·zə] *f* ❶ BOT mimosa ❷ (*fig: sehr empfindlicher Mensch*) sensitive person
minder ['mɪn·dɐ] *adv* less; **nicht ~** no less
mindere(r, s) *adj attr* lesser; **von ~r Qualität sein** to be of inferior quality
Minderheit <-, -en> *f* minority
Minderheitenschutz *m* protection of minorities
minderjährig ['mɪn·dɐ·jɛː·rɪç] *adj* underage
Minderjährige(r) *f(m) dekl wie adj* minor
mindern ['mɪn·dɐn] *vt* to reduce (**um** +*akk* by)
Minderung <-, -en> *f* reduction
minderwertig *adj* inferior
Minderwertigkeit <-> *f kein pl* inferiority

Minderwertigkeitsgefühl *nt* feeling of inferiority
Minderwertigkeitskomplex *m* inferiority complex
Minderzahl *f kein pl* minority
Mindestabstand *m* minimum distance
Mindestalter *nt* minimum age
Mindestanforderung *f* minimum requirement
mindeste(r, s) *adj attr* slightest; **das wäre das M~ gewesen** that's the least he/she/you etc. could have done
Mindesteinkommen *nt* minimum income
mindestens ['mɪn·dəs·tn̩s] *adv* at least
Mindesthaltbarkeitsdatum *nt* best-before date
Mindestmaß *nt* minimum (**an** +*dat* of)
Mindeststrafe *f* minimum sentence
Mine <-, -n> ['miː·nə] *f* ❶ *eines Bleistifts* lead; *eines Filz-, Kugelschreibers* refill ❷ (*Sprengkörper*) mine ❸ (*Bergwerk*) mine
Minenfeld *nt* MIL minefield
Mineral <-s, -e *o* -ien> [mi·ne·'raːl, *pl* mi·ne·'raː·lĭ̯ən] *nt* mineral
mineralisch [mi·ne·'raː·lɪʃ] *adj* mineral
Mineralöl *nt* mineral oil
Mineralölsteuer *f* tax on oil
Mineralstoff *m meist pl* minerals
Mineralwasser *nt* mineral water
Mini <-s, -s> ['mɪ·ni] *m* MODE (*fam*) mini[skirt]
Miniatur <-, -en> [mi·nĭ̯a·'tuːɐ̯] *f* miniature
Minikleid *nt* minidress
Minima ['miː·ni·ma] *pl von* **Minimum**
minimal [mi·ni·'maːl] **I.** *adj* minimal **II.** *adv* minimally
minimieren* [mi·ni·'miː·rən] *vt* to minimize
Minimum <-s, Minima> ['miː·ni·mʊm, *pl* 'miː·ni·ma] *nt* minimum (**an** +*dat* of); **ein ~ an Respekt** a modicum of respect
Minirock *m* miniskirt
Minister(in) <-s, -> [mi·'nɪs·tɐ] *m(f)* POL Secretary
Ministerium <-s, -rien> [mi·nɪs·'teː·rĭ·ʊm, *pl* -'teː·rĭ̯ən] *nt* POL department
Ministerpräsident(in) *m(f)* (*eines Landes*) prime minister; (*eines Bundeslandes*) minister-president (*leader of a German state*)

> **i** The leader of a *Bundesland* (federal state) is called the **Ministerpräsident/-in**. In Austria, the **Ministerpräsident/-in** is called the *Landeshauptmann/-frau* (State Prime Minister). The head of the government of a Swiss canton is called the *Kantonalpräsident/-in* (Cantonal President).

Minorität <-, -en> [mi·no·ri·'tɛːt] *f* (*geh*) *s.* **Minderheit**
minus ['miː·nʊs] *präp, konj, adv* minus; **~ 15°C** minus 15°C
Minus <-, -> ['miː·nʊs] *nt* ❶ (*Minuszeichen*) minus ❷ ÖKON (*Fehlbetrag*) deficit; **~ machen** to lose money; [**mit etw** *dat*] **im ~ sein** to be

in the red [with sth]

Minuspol *m* negative pole

Minuspunkt *m* minus point

Minuszeichen *nt* minus sign

Minute <-, -n> [mi·'nuː·tə] *f* minute; **in letzter** ~ at the last minute; **auf die** ~ on the dot

minutenlang I. *adj attr* lasting [for] several minutes *pred* **II.** *adv* for several minutes

Minutenzeiger *m* minute hand

Minze <-, -n> ['mɪn·tsə] *f* mint

mir ['miːɐ̯] *pron* ❶ *pers dat von* **ich** me; **eine alte Bekannte von** ~ an old acquaintance of mine; **komm mit zu** ~ come back to my place ❷ *refl dat von* **sich** one's; **ich wasche** ~ **die Haare morgen** I'll wash my hair tomorrow ► WENDUNGEN: ~ **nichts, dir nichts** (*fam*) just like that

Mirabelle <-, -n> [mi·ra·'bɛlə] *f* Mirabelle [plum]

Mischbrot *nt* bread made from rye and wheat flour

Mischehe *f* mixed marriage

mischen ['mɪ·ʃn̩] **I.** *vt* to mix; KARTEN to shuffle **II.** *vr* ❶ (*sich vermengen*) ■**sich** ~ to mix (**mit** +*dat* with) ❷ **sich** *akk* **unter die Zuschauer** ~ to mingle with the crowd ❸ ■**sich** *akk* **in etw** ~ to interfere in sth; **sich in ein Gespräch** ~ to butt in on a conversation

Mischgewebe *nt* mixed fibers *pl*

Mischling <-s, -e> ['mɪʃ·lɪŋ] *m* ❶ (*Mensch*) person of mixed parentage ❷ ZOOL half-breed; (*Hund*) mongrel

Mischlingskind *nt* child of mixed parentage

Mischung <-, -en> *f* mixture; (*Kaffee, Tee, Tabak*) blend

Mischungsverhältnis *nt* ratio

Mischwald *m* mixed forest

miserabel [mi·zə·'raː·bl̩] **I.** *adj* miserable, terrible **II.** *adv* miserably, terribly; ~ **schlafen** to sleep really badly

Misere <-, -n> [mi·'zeː·rə] *f* (*geh*) misery

missachten* **RR**, **mißachten*** **ALT** [mɪs·'ʔax·tn̩] *vt* ❶ (*ignorieren*) to disregard ❷ (*gering schätzen*) ■**jdn** ~ to be disdainful of sb; ■**etw** ~ to disdain sth

Missachtung **RR**, **Mißachtung** **ALT** ['mɪs·ʔax·tʊŋ] *f* ❶ (*Ignorierung*) disregard ❷ (*Geringschätzung*) disdain

missbehagen* **RR**, **mißbehagen*** **ALT** ['mɪs·bə·ha·ːgn̩] *vi* (*geh*) to displease

Missbehagen **RR**, **Mißbehagen** **ALT** <-s> ['mɪs·bə·ha·ːgn̩] *nt kein pl* (*geh*) ❶ (*Unbehagen*) uneasiness ❷ (*Missfallen*) displeasure

Missbildung **RR**, **Mißbildung** **ALT** <-, -en> *f* deformity

missbilligen* **RR**, **mißbilligen*** **ALT** [mɪs·'bɪ·lɪ·gn̩] *vt* to disapprove of

missbilligend **RR**, **mißbilligend** **ALT** [mɪs·'bɪ·lɪ·gn̩t] **I.** *adj* disapproving **II.** *adv* disapprovingly

Missbilligung **RR**, **Mißbilligung** **ALT** <-, -en> [mɪs·'bɪ·lɪ·gʊŋ] *f pl selten* disapproval

Missbrauch **RR**, **Mißbrauch** **ALT** ['mɪs·braux] *m* abuse

missbrauchen* **RR**, **mißbrauchen*** **ALT** [mɪs·'brau·çn̩] *vt* to abuse

missdeuten* **RR**, **mißdeuten*** **ALT** [mɪs·'dɔy·tn̩] *vt* to misinterpret

Missdeutung **RR**, **Mißdeutung** **ALT** ['mɪs·dɔy·tʊŋ] *f* misinterpretation

missen ['mɪ·sn̩] *vt* ■**jdn/etw nicht ~ möchten/wollen** (*geh*) not to like/want to do without sb/sth; **mein Telefon möchte ich nicht ~** I wouldn't want to have to do without my [tele]phone

Misserfolg **RR**, **Mißerfolg** **ALT** *m* failure

Missernte **RR**, **Mißernte** **ALT** *f* crop failure

missfallen* **RR**, **mißfallen*** **ALT** [mɪs·'fa·lən] *vi irreg* **jdm missfällt etw [an jdm]** sb dislikes sth [about sb]

Missfallen **RR**, **Mißfallen** **ALT** <-s> ['mɪs·fa·lən] *nt kein pl* displeasure

missgebildet **RR**, **mißgebildet** **ALT** *adj* deformed

Missgeburt **RR**, **Mißgeburt** **ALT** ['mɪs·gə·buːɐ̯t] *f* (*pej*) monster

Missgeschick **RR**, **Mißgeschick** **ALT** <-[e]s, -e> ['mɪs·gə·ʃɪk] *nt* mishap

missglücken* **RR**, **mißglücken*** **ALT** [mɪs·'glʏ·kn̩] *vi sein* to fail

missgönnen* **RR**, **mißgönnen*** **ALT** [mɪs·'gœ·nən] *vt* **jdm seinen Erfolg ~** to resent sb's success

Missgriff **RR**, **Mißgriff** **ALT** *m* mistake

Missgunst **RR**, **Mißgunst** **ALT** ['mɪs·gʊnst] *f* envy

missgünstig **RR**, **mißgünstig** **ALT** **I.** *adj* envious **II.** *adv* enviously

misshandeln* **RR**, **mißhandeln*** **ALT** [mɪs·'han·dl̩n] *vt* to mistreat

Misshandlung **RR**, **Mißhandlung** **ALT** [mɪs·'han·dlʊŋ] *f* mistreatment

missinterpretieren* **RR**, **mißinterpretieren*** **ALT** ['mɪs·in·tɐ·pre·tiː·rən] *vt* to misinterpret

Mission <-, -en> [mɪ·'si̯oːn] *f* mission

Missionar(in) <-s, -e> [mɪ·si̯o·'naːɐ̯] *m(f)*, **Missionär(in)** <-s, -e> [mɪ·si̯o·'nɛːɐ̯] *m(f)* ÖSTERR missionary

misslang **RR**, **mißlang** **ALT** [mɪs·'laŋ] *imp von* **misslingen**

missliebig **RR**, **mißliebig** **ALT** ['mɪs·liː·bɪç] *adj* unpopular

misslingen **RR**, **mißlingen** **ALT** <misslang, misslungen> [mɪs·'lɪŋ·ən] *vi sein* to fail

Misslingen **RR**, **Mißlingen** **ALT** <-s> [mɪs·'lɪŋ·ən] *nt kein pl* failure

misslungen **RR**, **mißlungen** **ALT** *pp von* **misslingen**

Missmut **RR**, **Mißmut** **ALT** ['mɪs·muːt] *m* moroseness

missmutig **RR**, **mißmutig** **ALT** *adj* morose, sullen

missraten* **RR**, **mißraten*** **ALT** [mɪs·'raː·tn̩] *vi irreg sein* to go wrong; **ein ~es Kind** a child who has turned out badly

Missstand^{RR}, **Mißstand**^{ALT} *m* sorry state of affairs; **soziale Missstände** social evils

Missstimmung^{RR}, **Mißstimmung**^{ALT} ['mɪs·ʃtɪ·mʊŋ] *f kein pl* discord

misst^{RR}, **mißt**^{ALT} ['mɪst] *3. pers sing pres von* **messen**

misstrauen*^{RR}, **mißtrauen***^{ALT} [mɪs·'trau·ən] *vi* to mistrust

Misstrauen^{RR}, **Mißtrauen**^{ALT} <-s> ['mɪs·trau·ən] *nt kein pl* mistrust

misstrauisch^{RR}, **mißtrauisch**^{ALT} ['mɪs·trau·ɪʃ] I. *adj* mistrustful; (*argwöhnisch*) suspicious II. *adv* mistrustfully; (*argwöhnisch*) suspiciously

Missverhältnis^{RR}, **Mißverhältnis**^{ALT} ['mɪs·fɛg·hɛlt·nɪs] *nt* disproportion; **im ~ zu etw** *dat* **stehen** to be disproportionate to sth

missverständlich^{RR}, **mißverständlich**^{ALT} I. *adj* unclear; ■ [zu] ~ **sein** to be [too] easily misunderstood II. *adv* unclearly

Missverständnis^{RR}, **Mißverständnis**^{ALT} <-ses, -se> ['mɪs·fɛg·ʃtɛnt·nɪs] *nt* misunderstanding

missverstehen*^{RR}, **mißverstehen***^{ALT} ['mɪs·fɛg·ʃteː·ən] *vt irreg* to misunderstand

Misswirtschaft^{RR}, **Mißwirtschaft**^{ALT} *f* mismanagement

Mist <-es> ['mɪst] *m kein pl* ❶ (*Stalldünger*) dung; ~! shit! *vulg* ❷ (*fam: Quatsch*) nonsense ❸ (*fam: Schund*) junk ▶ WENDUNGEN: ~ **bauen** (*fam*) to screw up; **so ein ~!** (*fam*) damn [it]!

Mistel <-, -n> ['mɪs·tl̩] *f* mistletoe

Mistgabel *f* pitchfork

Misthaufen *m* dunghill

Mistkerl *m* (*fam*) bastard *vulg*

Miststück *nt* (*fam*) bastard *masc vulg*, bitch *vulg*

Mistvieh *nt* (*fam*) [god]damned animal *pej*

mit ['mɪt] I. *präp* +*dat* ❶ with; ■~ **jdm** [zusammen] [together] with sb ❷ (*per*) by; ~ **der Bahn/dem Fahrrad/der Post** by train/bicycle/mail ❸ ~ **18** [Jahren] at [the age of] 18 II. *adv* too, as well; ~ **dabei sein** to be there [too]

Mitarbeit *f kein pl* ❶ (*Arbeit an etw*) collaboration; **unter ~ von jdm** in collaboration with sb ❷ SCH participation

mit|arbeiten ['mɪt·ʔar·bai·tn̩] *vi* ❶ (*als Mitarbeiter*) ■**an etw** *dat* ~ to collaborate on sth ❷ SCH to participate (**in** +*dat* in)

Mitarbeiter(in) *m(f)* ❶ (*Mitglied der Belegschaft*) employee; **neue ~ einstellen** to hire new staff; **freier ~** freelance employee ❷ (*Kollege*) colleague

mit|bekommen* *vt irreg* ❶ (*mitgegeben bekommen*) ■**etw** [von jdm] ~ to be given sth [by sb] ❷ (*wahrnehmen*) ■**etw** ~ to be aware of sth ❸ (*verstehen*) **hast du etwas davon** ~? did you catch any of that? ❹ (*fam: vererbt bekommen*) ■**etw von jdm** ~ to get sth from sb

mit|benutzen* *vt*, **mit|benützen*** *vt* SÜDD to

share

mit|bestimmen* I. *vi* to have a say (**bei** +*dat* in) II. *vt* to have an influence on

Mitbestimmung *f kein pl* participation; **das Recht zur ~ bei** ... the right to participate in ...

Mitbewerber(in) *m(f)* ❶ (*ein weiterer Bewerber*) fellow applicant ❷ (*Konkurrent*) competitor

Mitbewohner(in) *m(f)* housemate; (*in einem Zimmer*) roommate

mit|bringen ['mɪt·ʔbrɪŋən] *vt irreg* ❶ *Gegenstand* to bring ❷ *Begleitung* **hast du denn niemanden mitgebracht?** didn't you bring anyone along [*or* with you]? ❸ *Vorraussetzungen* to meet

Mitbürger(in) *m(f)* fellow citizen

mit|denken *vi irreg* ■**bei etw** *dat* ~ to follow sth; (*bemerken*) to pick up on sth

mit|dürfen *vi irreg* (*fam*) **darf ich mit dir mit?** can I come [*or* go] [along] with you?

Miteigentümer(in) *m(f)* co-owner

miteinander [mɪt·ʔai·'nan·dɐ] *adv* ❶ (*jeder mit dem anderen*) with each other; ~ **reden** to talk to each other; ~ **verfeindet sein** to be enemies ❷ (*zusammen*) together; **alle ~** all together

Miteinander <-s> [mɪt·ʔai·'nan·dɐ] *nt kein pl* cooperation

mit|erleben* *vt Ereignisse* to live through; *eine Zeit* to witness; *im Fernsehen* to follow

mit|essen *irreg* I. *vt* **die Schale** ~ to eat the skin as well; **setz dich doch, iss einen Teller Suppe mit!** sit down and have a bowl of soup with us! II. *vi irreg* ■[bei jdm] ~ to eat along with sb, to join sb for a meal

Mitesser <-s, -> *m* blackhead

mit|fahren *vi irreg sein* ❶ (*begleiten*) **bei jdm** [im Auto] ~ to go [*or* ride along] with sb [in his/her car] ❷ (*Mitfahrgelegenheit haben*) **darf ich** [bei Ihnen] ~? can you give me a lift [*or* ride]?

Mitfahrer(in) *m(f)* fellow passenger

Mitfahrgelegenheit *f* ride, lift

Mitfahrzentrale *f* ride-sharing agency

mit|fühlen I. *vt* **etw** ~ to feel sth II. *vi* ■**mit jdm** ~ to sympathize with sb; **ich kann ~, wie dir zu Mute sein muss** I can imagine how you must feel

mitfühlend *adj* sympathetic

mit|geben *vt irreg* ■**jdm etw** ~ to give sb sth to take with him/her

Mitgefühl *nt kein pl* sympathy

mit|gehen *vi irreg sein* ❶ (*begleiten*) ■**mit jdm** ~ to come [*or* go] [along] with sb ❷ (*stehlen*) **etw** ~ **lassen** to walk off with sth

mitgenommen I. *adj* (*fam*) worn-out II. *pp von* **mitnehmen**

Mitglied ['mɪt·gliːt] *nt* member

Mitgliedsausweis *m* membership card

Mitgliedsbeitrag *m* membership fee

Mitgliedschaft <-, -en> *f* membership

Mitgliedsland *nt* member country

Mitgliedsstaat *m* member state

mit|halten *vi irreg* (*fam*) to keep up (**bei** +*dat* with)

mit|helfen *vi irreg* to help (**bei** +*dat* with)

Mithilfe ['mɪt·hɪl·fə] *f kein pl* assistance

mit|hören *vt, vi* to listen in; **ein Gespräch ~** to listen in on a conversation; (*zufällig*) to overhear a conversation

Mitinhaber(in) *m(f)* co-owner

mit|kommen *vi irreg sein* ❶ (*begleiten*) to come along ❷ (*Schritt halten können*) to keep up ❸ (*fam: verstehen*) **da komme ich nicht mit** that's [*or* it's] beyond me

mit|kriegen *vt* (*fam*) *s.* **mitbekommen**

Mitleid ['mɪt·lait] *nt kein pl* sympathy (**mit** +*dat* for), pity; **ein ~ erregender Anblick** a sorry sight

Mitleidenschaft *f* **jdn in ~ ziehen** to affect sb

mitleiderregend *adj Anblick* pitiful

mitleidig ['mɪt·lai·dɪç] **I.** *adj* ❶ (*mitfühlend*) sympathetic ❷ (*verächtlich*) pitying **II.** *adv* ❶ (*voller Mitgefühl*) sympathetically ❷ (*verächtlich*) pityingly

mit|machen I. *vi* ❶ (*teilnehmen*) to take part (**bei** +*dat* in) ❷ (*fam: gut funktionieren*) **wenn das Wetter mitmacht** if the weather cooperates; **solange meine Beine ~** as long as my legs hold out **II.** *vt* (*fam*) ❶ (*hinnehmen*) to go along with ❷ (*erleiden*) **viel ~** to go through a lot

Mitmensch *m* fellow man

mit|mischen *vi* (*fam*) to be involved (**bei** +*dat* in)

mit|müssen *vi irreg* to have to come [*or* go] along

Mitnahmemarkt *m* cash-and-carry

mit|nehmen *vt irreg* ❶ (*mit sich nehmen*) to take [along] ❷ (*transportieren*) to take [along]; **könnten Sie mich ~?** (*im Auto*) could you give me a lift? [*or* ride] ❸ (*erschöpfen*) to take it out of sb

mit|rechnen *vt* to include [in a calculation]

mit|reden *vi* ❶ (*mitbestimmen*) to have a say (**bei** +*dat* in) ❷ (*sich beteiligen*) **bei einer Diskussion ~ können** to be able to join in [on] a discussion; **da kann ich nicht ~** I wouldn't know anything about that

Mitreisende(r) *f(m)* fellow passenger

mit|reißen *vt irreg* ❶ (*mit sich reißen*) to sweep away ❷ (*begeistern*) to get going

mitsamt [mɪt·'zamt] *präp* +*dat* complete with

mit|schicken *vt* (*im Brief*) to enclose, to include, to send along

mit|schleppen *vt* (*fam*) to schlep [along]

mit|schreiben *irreg* **I.** *vt* to write [*or* take] down **II.** *vi* to take notes

Mitschuld *f* **eine ~ tragen** to be partly to blame (**an** +*dat* for)

mitschuldig *adj* ■ **an etw** *dat* **~ sein** to be partly to blame for sth

Mitschüler(in) *m(f)* classmate

mit|singen *irreg vi* to sing along

mit|spielen *vi* ❶ SPORT to play (**bei** +*dat* in); in

einer Mannschaft ~ to play on a team ❷ FILM, THEAT to act (**bei/in** +*dat* in) ❸ (*bei Kinderspielen*) to play ❹ (*fam: mitmachen*) to go [along] with it; **das Wetter spielte nicht mit** the weather didn't cooperate ❺ (*wichtig sein*) ■ [**bei etw** *dat*] **~** to play a [big] part [in sth] ❻ **jdm übel ~** to play a nasty trick on sb

Mitspracherecht *nt kein pl* right to have a say; **ein ~ bei etw** *dat* **haben** to have a say in sth

Mittag <-[e]s, -e> ['mɪ·ta:k, *pl* 'mɪ·ta·gə] *m* ❶ (*zwölf Uhr*) noon, midday; (*Essenszeit*) lunchtime; ■ **gegen ~** around noon; **zu ~ essen** to have lunch; **etw zu ~ essen** to have sth for lunch ❷ (*fam: Mittagspause*) **~ machen** to take one's lunch break

Mittagessen *nt* lunch

mittags ['mɪ·ta:ks] *adv* in the middle of the day, at lunchtime

Mittagspause *f* lunch break

Mittagsruhe *f kein pl* ≈ siesta; **~ halten** to rest after lunch

Mittagsschlaf *m* [afternoon] nap; **einen ~ machen** to take a nap

Mittagstisch *m* lunch table

Mittagszeit *f kein pl* lunchtime; ■ **in der ~** at lunchtime

Mittäter(in) *m(f)* accomplice

Mitte <-, -n> ['mɪ·tə] *f* ❶ (*räumlich*) middle; **in der ~ zwischen ...** halfway between ... ❷ (*Mittelpunkt*) center ❸ (*zur Hälfte*) **~ Januar** mid-January; **~ des Jahres** in the middle of the year; **sie ist ~ dreißig** she's in her mid-thirties ► WENDUNGEN: **die goldene ~** a happy medium

mit|teilen ['mɪt·tai·lən] **I.** *vt* to tell **II.** *vr* ■ **sich** *akk* [**jdm**] **~** to communicate [with sb]

mitteilsam *adj* talkative

Mitteilung *f* notification; **eine amtliche ~** an official communication

Mittel <-s, -> ['mɪ·tl] *nt* ❶ (*Hilfsmittel*) means *sing*; **es gibt ein ~, das herauszufinden** there is a way to find that out ❷ (*Heilmittel*) drug; **ein ~ gegen etw** a remedy for sth ❸ *pl* (*Geldmittel*) funds ❹ (*Mittelwert*) average; **im ~** on average ► WENDUNGEN: **ein ~ zum Zweck** a means to an end

Mittelalter ['mɪ·tl·ʔal·tɐ] *nt kein pl* ■ **das ~** the Middle Ages *npl*

mittelalterlich ['mɪ·tl·ʔal·tɐ·lɪç] *adj* medieval

Mittelamerika ['mɪ·tl·ʔa·me:·ri·ka] *nt* Central America

mittelamerikanisch *adj* Central American

mittelbar ['mɪ·tl·ba:ɐ̯] **I.** *adj* indirect **II.** *adv* indirectly

Mittelding *nt* (*fam*) ■ **ein ~** something in between; **ein ~ zwischen ... und ...** something between ... and ...

Mitteleuropa ['mɪ·tl·ʔɔy·'ro:·pa] *nt* Central Europe

Mitteleuropäer(in) *m(f)* Central European

mitteleuropäisch ['mɪ·tl·ʔɔy·ro·'pɛ:·ɪʃ] *adj* Central European

Mittelfinger *m* middle finger

M

mittelfristig I. *adj* medium-term *attr* II. *adv* ~ **planen** to plan for the medium term

Mittelgebirge *nt* low mountain range

mittelgroß ['mɪ·t̩l·ɡroːs] *adj* medium-sized; *Person* of medium height *pred*

Mittellinie *f* ❶ (*Straße*) center line ❷ (*Spielfeld*) center line; (*American Football*) 50-yard line; (*Basketball*) half-court line; (*Eishockey*) red line; (*Fußball*) midfield line

mittellos *adj* destitute

Mittellosigkeit <-> *f kein pl* poverty

Mittelmaß *nt kein pl* average

mittelmäßig I. *adj* average; (*pej*) mediocre II. *adv* **er spielte nur ~** his performance was just mediocre

Mittelmäßigkeit <-> *f kein pl* mediocrity

Mittelmeer ['mɪ·t̩l·meːɐ̯] *nt* ■ **das** ~ the Mediterranean [Sea]

Mittelmeerraum *m* ■ **der** ~ the Mediterranean [region]

Mittelpunkt *m* ❶ (*Zentrum*) center ❷ (*zentrale Figur*) ~ **sein/im** ~ **stehen** to be the center of attention

mittels ['mɪ·t̩ls] *präp* +*gen* (*geh*) by means of

Mittelschicht *f* SOZIOL middle class

Mittelsmann <-männer *o* -leute> *m* middleman

Mittelstand *m* ❶ SOZIOL middle class ❷ (*Unternehmen*) medium-sized business

mittelständisch *adj* medium-sized

Mittelweg *m* middle course ▶ WENDUNGEN: **der goldene** ~ a happy medium

Mittelwert *m* mean [value]

mitten ['mɪ·t̩n] *adv* ■ ~ **auf/in** *dat* in the middle of; ~ **unter Menschen** in the midst of people

mittendrin [mɪ·t̩n·'drɪn] *adv* right in the middle (**in** +*dat* of)

mittendurch [mɪ·t̩n·'dʊrç] *adv* right through the middle

Mitternacht ['mɪ·tɐ·naxt] *f kein pl* midnight *no art*

mittlere(r, s) ['mɪ·tlə·rə] *adj attr* ❶ (*in der Mitte zwischen zweien*) middle; **mein ~r Bruder** my second oldest/youngest [*or* middle] brother ❷ (*durchschnittlich*) average *attr or pred* ❸ (*mittelgroß*) medium-sized

mittlerweile ['mɪ·tlə·'vai·lə] *adv* (*unterdessen*) in the meantime; (*seit dem*) since then; (*bis zu diesem Zeitpunkt*) by now

Mittwoch <-s, -e> ['mɪt·vɔx] *m* Wednesday; *s. a.* **Dienstag**

mittwochabends^RR *adv* [on] Wednesday evenings

mittwochs ['mɪt·vɔxs] *adv* [on] Wednesdays; *s. a.* **dienstags**

mitunter [mɪt·'ʔʊn·tɐ] *adv* now and then

mitverantwortlich *adj* jointly responsible *pred*

mit|verdienen* *vi* to go out and work as well

mit|versichern* *vt* ■ **jdn/etw** ~ to include sb/sth in one's insurance [coverage]

mit|wirken *vi* ❶ (*beteiligt sein*) to collaborate (**bei/an** +*dat* on) ❷ (*wichtig sein*) to play a

part ❸ FILM, THEAT **in einem Stück** ~ to appear in a play

mit|wollen ['mɪt·vɔ·lən] *vi* to want to go [*or* come], too

mit|zählen I. *vi* to count II. *vt* to include

Mix <-, -e> ['mɪks] *m* mix (**aus** +*dat* of)

mixen ['mɪk·sn̩] *vt* to mix

Mixer <-s, -> ['mɪk·sɐ] *m* blender

Mixgetränk *nt* mixed drink

mobben *vt* (*sl*) to bully

Mobbing <-s> ['mɔ·bɪŋ] *nt kein pl* (*sl*) bullying in the workplace

Möbel <-s, -> ['møː·bl̩] *nt* ❶ *sing* piece of furniture ❷ *pl* furniture

Möbelspedition *f* moving company

mobil [mo·'biːl] *adj* ❶ (*beweglich*) mobile ❷ (*fam: munter*) lively

Mobilfunk *m* mobile communications *pl*

mobilisieren* [mo·bi·li·'ziː·rən] *vt* ❶ (*aktivieren*) to mobilize; *Kraft* to summon up ❷ (*verfügbar machen*) to make available

Mobilität <-> [mo·bi·li·'tɛːt] *f kein pl* mobility

Mobiltelefon *nt* cell phone

möblieren* [mø·'bliː·rən] *vt* to furnish

mochte *imp von* **mögen**

Mode <-, -n> ['moː·də] *f* fashion, style; **aus der/in ~ kommen** to go out of/come into fashion

modebewusst^RR *adj* fashion-conscious

Modedesigner(in) <-s, -> [-di·zai·nɐ] *m(f)* fashion designer

Modegeschäft *nt* fashion store [*or* boutique]

Model <-s, -s> ['mɔ·dl̩] *nt* (*Mannequin*) model

Modell <-s, -e> [mo·'dɛl] *nt* model

modellieren* [mo·dɛ·'liː·rən] *vt* to model

Modem <-s, -s> ['moː·dɛm] *nt o m* TELEK modem

Modenschau *f* fashion show

Moderation <-, -en> [mo·de·ra·'tsi̯oːn] *f* RADIO, TV presentation

Moderator, Moderatorin <-s, -toren> [mo·de·'raː·toɐ̯, mo·de·ra·'toː·rɪn, *pl* -'toː·rən] *m, f* RADIO, TV host, presenter

moderieren* [mo·de·'riː·rən] *vt* RADIO, TV to host, to present

moderig ['moː·də·rɪç], **modrig** ['moː·drɪç] *adj* musty

modern¹ ['moː·dɐn] *vi sein o haben* to decay, to get moldy

modern² [mo·'dɛrn] I. *adj* ❶ (*zeitgemäß*) modern; **~ste Technik** state-of-the-art technology ❷ (*modisch*) fashionable II. *adv* ❶ (*modisch*) fashionably ❷ (*fortschrittlich*) progressively; ~ **eingestellte Eltern/Lehrer** parents/teachers with progressive ideas

modernisieren* [mo·dɐr·ni·'ziː·rən] *vt* to modernize

Modernisierung <-, -en> *f* modernization

Modeschmuck *m* costume jewelry

Modeschöpfer(in) *m(f)* fashion designer

Modewort *nt* buzzword

Modezeitschrift *f* fashion magazine

Modi ['mɔ·di] *pl von* **Modus**
modisch ['mo:·dɪʃ] **I.** *adj* fashionable, trendy **II.** *adv* fashionably, trendily
modrig ['mo:·drɪç] *adj* musty
Modul <-s, -e> [mo·'du:l] *nt* module
Modus <-, Modi> ['mɔ·dʊs, *pl* 'mɔ·di] *m* COM-PUT mode
Mofa <-s, -s> ['mo:·fa] *nt* moped
mogeln ['mo:·g|n] *vi* (*fam*) to cheat (**bei** +*dat* at/on)
mögen ['mø·gn̩] **I.** *modal vb* <mag, mochte, mögen> ❶ (*wollen*) **etw tun** ~ to want to do sth; **ich möchte gerne kommen** I'd like to come ❷ (*Vermutung*) **sie mag Recht haben** she may be right; **das mag schon stimmen** that might [well] be true; **was mag das wohl bedeuten?** what's that supposed to mean? **II.** *vt* <mag, mochte, gemocht> ❶ (*gernhaben*) to like; (*lieben*) to love ❷ (*Gefallen finden*) ~ **Sie Fisch?** do you like fish?; **ich mag lieber Bier** I prefer beer; **am liebsten mag ich Eintopf** stew is my favorite [meal] ❸ (*haben wollen*) to want; **möchtest du ein Bier?** would you like a beer?; **ich möchte ein Stück Kuchen** I'd like a piece of cake
möglich ['mø:k·lɪç] *adj* possible; **alle ~en ...** all kinds [*or* sorts] of ...; **es für ~ halten, dass ...** to consider it possible that ...; **sein M~stes tun** to do everything in one's power; **schon ~** (*fam*) maybe
möglicherweise *adv* possibly
Möglichkeit <-, -en> *f* ❶ (*Gelegenheit*) opportunity ❷ (*Möglichsein*) possibility; **nach ~** if possible
möglichst *adv* ~ **bald** as soon as possible
Mohn <-[e]s, -e> ['mo:n] *m* poppy; (*Mohnsamen*) poppy seed
Möhre <-, -n> ['mø:·rə] *f*, **Mohrrübe** *f* NORDD carrot
Mokka <-s, -s> ['mɔ·ka] *m* mocha
Mole <-, -n> ['mo:·lə] *f* NAUT mole
Molke <-> ['mɔl·kə] *f kein pl* whey
Molkerei <-, -en> [mɔl·kə·'rai] *f* dairy
mollig ['mɔ·lɪç] *adj* (*fam*) ❶ (*rundlich*) plump ❷ (*behaglich*) cozy ❸ (*angenehm warm*) snug
Moment <-[e]s, -e> [mo·'mɛnt] *m* moment; ■ **im ~** at the moment; **im ersten ~** at first; **im falschen/letzten ~** at the wrong/last moment; **einen [kleinen] ~!** just a minute!
momentan [mo·mɛn·'ta:n] **I.** *adj* ❶ (*derzeitig*) present *attr*, current *attr* ❷ (*vorübergehend*) momentary **II.** *adv* ❶ (*derzeit*) at present ❷ (*vorübergehend*) momentarily
Momentaufnahme *f* snapshot
Monarch(in) <-en, -en> [mo·'narç, mo·'nar·çɪn] *m(f)* monarch
Monarchie <-, -n> [mo·nar·'çi:, *pl* -'çi:·ən] *f* monarchy
monarchistisch *adj* monarchist
Monat <-[e]s, -e> ['mo:·nat] *m* month; **im vierten ~ sein** to be four months pregnant
monatelang ['mo:·na·tə·laŋ] **I.** *adj attr* lasting for months *pred* **II.** *adv* for months

monatlich ['mo:·nat·lɪç] *adj, adv* monthly
Monatsanfang *m* beginning of the month; **am/zum ~** at the beginning of the month
Monatsbinde *f* sanitary napkin
Monatsblutung *f s.* **Menstruation**
Monatsende *nt* end of the month; **am/zum ~** at the end of the month
Monatsgehalt *nt* monthly salary
Monatsrate *f* monthly installment
Mönch <-[e]s, -e> ['mœnç] *m* monk
Mond <-[e]s, -e> ['mo:nt, *pl* 'mo:n·də] *m* moon; **der ~ nimmt ab/zu** the moon is waning/waxing ▶ WENDUNGEN: **hinter dem ~ leben** to be out of touch [with the world]
Mondfinsternis *f* eclipse of the moon
Mondschein *m* moonlight
Mongole, Mongolin <-n, -n> [mɔŋ·'go:·lə] *m, f* Mongol, Mongolian; *s. a.* **Deutsche(r)**
Mongolei <-> [mɔŋ·go·'lai] *f* ■ **die ~** Mongolia; *s. a.* **Deutschland**
mongolisch [mɔŋ·'go:·lɪʃ] *adj* Mongolian; *s. a.* **deutsch**
Mongolismus <-> [mɔŋ·go·'lɪs·mʊs] *m kein pl* MED mongolism
Monitor <-s, -toren *o* -e> ['mo:·ni·to:ɐ̯, *pl* -'to:·rən] *m* monitor
monogam [mo·no·'ga:m] *adj* monogamous
Monogamie <-> [mo·no·ga·'mi:] *f kein pl* monogamy
Monokultur ['mɔ·no·kʊl·tu:ɐ̯] *f* AGR monoculture
Monolog <-[e]s, -e> [mo·no·'lo:k, *pl* -'lo:·gə] *m* monolog[ue]
Monopol <-s, -e> [mo·no·'po:l] *nt* monopoly (**auf** +*akk* on)
monoton [mo·no·'to:n] **I.** *adj* monotonous **II.** *adv* monotonously
Monotonie <-, -n> [mo·no·to·'ni:, *pl* -'ni:·ən] *f* monotony
Monster <-s, -> ['mɔns·tɐ] *nt* monster
Monstren ['mɔns·trən] *pl von* **Monstrum**
monströs [mɔn·'strø:s] *adj* (*geh*) monstrous
Monstrum <-s, Monstren> ['mɔns·trʊm, *pl* 'mɔns·trən] *nt* monster
Monsun <-s, -e> [mɔn·'zu:n] *m* monsoon
Montag <-s, -e> ['mo:n·ta:k, *pl* -ta:·gə] *m* Monday; *s. a.* **Dienstag**
montagabendsRR *adv* [on] Monday evenings
Montage <-, -n> [mɔn·'ta:·ʒə] *f* ❶ (*Zusammenbau*) assembly ❷ (*fam*) **auf ~ sein** to be away on a job
montags ['mo:n·ta:ks] *adv* [on] Mondays; *s. a.* **dienstags**
Monteur(in) <-s, -e> [mɔn·'tø:ɐ] *m(f)* mechanic, fitter
montieren* [mɔn·'ti:·rən] *vt* ❶ (*zusammenbauen*) to assemble ❷ (*installieren*) to install (**an/auf** +*akk* to)
Montur <-, -en> [mɔn·'tu:ɐ̯] *f* work clothes *npl*
Monument <-[e]s, -e> [mo·nu·'mɛnt] *nt* monument
Moor <-[e]s, -e> ['mo:ɐ̯] *nt* swamp

M

moorig ['moːˑrɪç] *adj* swampy

Moos <-es, -e> ['moːs, *pl* 'møːˑzə] *nt* ❶ (*Pflanze*) moss ❷ *kein pl* (*fam: Geld*) dough

Moped <-s, -s> ['moːˑpɛt] *nt* moped

Mops <-es, Möpse> ['mɔps, *pl* 'mœpˑsə] *m* ❶ (*Hund*) pug [dog] ❷ (*fam: dicke Person*) pudge ❸ *pl* (*fam: Brüste*) boobs *pl sl*, tits *pl vulg*

Moral <-> [moˑ'raːl] *f kein pl* ❶ (*ethische Grundsätze*) morals *pl*; **eine doppelte ~ haben** to have double standards ❷ (*einer Geschichte*) moral

Moralapostel *m s.* **Moralprediger**

moralisch [moˑ'raːˑlɪʃ] **I.** *adj* moral **II.** *adv* morally

Moralprediger(in) *m(f)* (*pej*) moralizer

Moralpredigt *f* homily

Moralvorstellung *f* ideas on [*or* concept of] morality

Morast <-[e]s> [moˑ'rast] *pl m kein pl* mud

Mord <-[e]s, -e> ['mɔrt, *pl* 'mɔrˑdə] *m* murder ▶ WENDUNGEN: **dann gibt es ~ und Totschlag** there'll be hell to pay

Mordanschlag *m* attempt on sb's life; POL *a.* assassination attempt

Morddrohung *f* death threat

morden ['mɔrˑdn̩] *vi* to murder, to kill

Mörder(in) <-s, -> ['mœrˑdɐ] *m(f)* murderer, killer

mörderisch ['mœrˑdəˑrɪʃ] (*fam*) **I.** *adj* murderous; *Hitze* awful **II.** *adv* dreadfully; **~ weh tun** to hurt like hell

Mordfall *m* murder case

Mordkommission *f* homicide [division]

Mordsglück *nt* (*fam*) incredibly good luck; **ein ~ haben** to be incredibly lucky

Mordshunger *m* (*fam*) ravenous hunger; **einen ~ haben** to be starving *fig*

Mordskerl ['mɔrtsˑkɛrl] *m* (*fam*) great guy

Mordskrach *m* (*fam*) ❶ *kein pl* (*Lärm*) terrible racket, a real commotion ❷ (*Streit*) big argument

Mordslärm ['mɔrtsˑlɛrm] *m* (*fam*) terrible racket, a real commotion

mordsmäßig ['mɔrtsˑmɛːˑsɪç] (*fam*) **I.** *adj* terrible; **ich habe einen ~en Hunger** I'm starving *fig* **II.** *adv* terribly

Mordsschrecken *m* (*fam*) one hell of a scare

Mordsspaß *m* (*fam*) **einen ~ haben** to have a whale of a [*or* great] time

Mordswut *f* (*fam*) terrible rage

Mordverdacht *m* suspicion of murder; **unter ~ stehen** to be suspected of murder

Mordversuch *m* attempted murder

Mordwaffe *f* murder weapon

morgen ['mɔrˑgn̩] *adv* tomorrow; **~ Früh/ Mittag** tomorrow morning/at lunchtime; **bis ~!** see you tomorrow!

Morgen <-s, -> ['mɔrˑgn̩] *m* morning; **am ~** in the morning; **eines ~s** one morning; **den ganzen ~ [über]** all morning [long]; **guten ~!** good morning!; **zu ~ essen** SCHWEIZ (*frühstücken*) to have breakfast

Morgendämmerung *f s.* **Morgengrauen**

morgendlich ['mɔrˑgn̩ˑtlɪç] *adj* ❶ (*morgens üblich*) morning *attr* ❷ (*morgens stattfindend*) in the morning *pred*

Morgenessen *nt* SCHWEIZ (*Frühstück*) breakfast

Morgengrauen <-s, -> *nt* daybreak

Morgenmantel *m s.* **Morgenrock**

Morgenmuffel <-s, -> *m* (*fam*) **ein |großer| ~ sein** to always be [very] grumpy in the morning

Morgenrock *m* [bath]robe

Morgenrot *nt kein pl* red sky [in the morning]

morgens ['mɔrˑgn̩s] *adv* in the morning

morgig ['mɔrˑgɪç] *adj attr* tomorrow's; **der ~e Termin** tomorrow's appointment

Morphium <-s> ['mɔrˑfi̯ˑʊm] *nt kein pl* morphine

morsch ['mɔrʃ] *adj* rotten; **~es Holz** rotting wood

morsen ['mɔrˑzn̩] **I.** *vi* to signal in Morse [code] **II.** *vt* to send in Morse [code]

Mosaik <-s, -e[n]> [moˑzaˑ'iːk] *nt* mosaic

Moschee <-, -n> [moˑ'ʃeː, *pl* moˑ'ʃeːˑən] *f* mosque

Möse <-, -n> ['møːˑzə] *f* (*vulg*) cunt *vulg*

Mosel <-> ['moːˑzl̩] *f* ■ **die ~** the Moselle

mosern ['moːˑzɐn] *vi* (*fam*) to gripe (**über** +*akk* about)

Moskito <-s, -s> [mosˑ'kiːˑto] *m* mosquito

Moslem, Moslemin <-s, -s> ['mɔsˑlɛm, mɔsˑˈleːˑmɪn] *m, f* Muslim

moslemisch [mɔsˑ'leːˑmɪʃ] *adj attr* Muslim

Most <-[e]s> ['mɔst] *m kein pl* ❶ (*Fruchtsaft*) fruit juice ❷ SÜDD, SCHWEIZ, ÖSTERR (*Obstwein*) hard cider

Motel <-s, -s> [moˑ'tɛl] *nt* motel

Motiv <-s, -e> [moˑ'tiːf, *pl* moˑ'tiːˑvə] *nt* motive

Motivation <-, -en> [moˑtiˑvaˑ'tsi̯oːn] *f* motivation

motivieren* [moˑtiˑ'viːˑrən] *vt* to motivate

Motor <-s, Motoren> ['moːˑtoːɐ̯, *pl* moˑ'toːˑrən] *m* (*Verbrennungsmotor*) engine; (*Elektromotor*) motor

Motorboot *nt* motor boat

Motorhaube *f* hood

motorisieren* [moˑtoˑriˑ'ziːˑrən] *vt* to motorize

Motoröl *nt* motor oil

Motorrad ['moːˑtoˑrat, moˑ'toːˑrat] *nt* motorcycle, motorbike *fam*

Motorradfahrer(in) *m(f)* motorcyclist

Motorroller *m* [motor] scooter

Motorschaden *m* engine damage

Motte <-, -n> ['mɔˑtə] *f* moth

Motto <-s, -s> ['mɔˑto] *nt* motto

motzen ['mɔˑtsn̩] *vi* (*fam*) to complain (**über** +*akk* about)

Möwe <-, -n> ['møːˑvə] *f* [sea]gull

Mücke <-, -n> ['mʏˑkə] *f* mosquito ▶ WENDUNGEN: **aus einer ~ einen Elefanten machen** to make a mountain out of a molehill

Mückenstich *m* mosquito bite

Mucks ['mʊks] m (fam) **keinen ~ sagen** to not say a word; **ohne einen ~** without a murmur

mucksmäuschenstill ['mʊks·mɔys·çən·ʃtɪl] adj (fam) completely quiet; **~ sein** to not make a sound

müde ['my:·də] adj ❶ (schlafbedürftig) tired ❷ (überdrüssig) ■ **einer S.** gen ~ **sein/werden** to be/grow tired of sth; ■ **nicht ~ werden, etw zu tun** to never tire of doing sth

Müdigkeit <-> ['my:·dɪç·kait] f kein pl tiredness

Muffe <-, -n> ['mʊ·fə] f TECH sleeve ▶ WENDUNGEN: **jdm geht die ~** (sl) sb is scared stiff

Muffel <-s, -> ['mʊ·fl̩] m (fam) grouch

muffelig ['mʊ·fə·lɪç] adj (fam) grouchy

Muffensausen nt ▶ WENDUNGEN: **~ haben/ kriegen** (fam) to be/get scared stiff

muffig ['mʊ·fɪç] I. adj ❶ (dumpf) musty ❷ (schlecht gelaunt) grumpy II. adv ❶ (dumpf) musty ❷ (lustlos) listlessly

mufflig ['mʊf·lɪç] adj s. **muffelig**

Mühe <-, -n> ['my:ə] f trouble; **der ~ wert sein** to be worth the trouble; **sich** dat **[große] ~ geben[, etw zu tun]** to take [great] pains [to do sth]; **sich** dat **keine ~ geben[, etw zu tun]** to make no effort [to do sth]; **~ haben, etw zu tun** to have trouble doing sth; **[jdn] ~ kosten** to be hard work [for sb]; **machen Sie sich keine ~!** [please] don't go to any trouble! ▶ WENDUNGEN: **mit ~ und Not** [just] barely

mühelos I. adj effortless II. adv effortlessly

muhen ['mu:·ən] vi to moo

Mühle <-, -n> ['my:·lə] f mill

Mühlrad nt mill wheel

Mühlstein m millstone

mühsam ['my:·za:m] I. adj arduous II. adv laboriously; **~ verdientes Geld** hard-earned money

Mulde <-, -n> ['mʊl·də] f ❶ (Bodenvertiefung) hollow ❷ NORDD (großer Trog) big trough

Müll <-[e]s> ['mʏl] m kein pl garbage

Müllabfuhr <-, -en> f garbage [or trash] collection

Müllberg m mountain of garbage [or trash]

Müllbeseitigung f kein pl garbage [or trash] collection

Müllbeutel m garbage [or trash] bag

Mullbinde f MED gauze bandage

Mülldeponie f garbage [or trash] dump

Mülleimer m garbage [or trash] can

Müller(in) <-s, -> ['mʏ·lɐ] m(f) miller

Müllhalde f garbage [or trash] dump

Müllkippe f garbage [or trash] dump

Müllmann m (fam) garbage [or trash] man

Mülltonne f garbage [or trash] can

Mülltrennung nt garbage separation

Müllverwertung f recycling [of garbage]

mulmig ['mʊl·mɪç] adj (fam) ❶ (unbehaglich) uneasy; **jdm ist ~ zumute** sb has butterflies in their stomach ❷ (brenzlig) precarious; **es wird ~** it's getting dicey fam

Multi <-s, -s> ['mʊl·ti] m (fam) multinational [company]

multikulturell adj multicultural

multimedial ['mʊl·ti·me·dị·aːl] adj multimedia attr

Multimillionär(in) [mʊl·ti·mɪ·lịo·'nɛːɐ̯] m(f) multimillionaire

Multiplexkino ['mʊl·ti·plɛks-] nt multiplex [movie theater]

Multiplikation <-, -en> [mʊl·ti·pli·ka·'tsịoːn] f multiplication

multiplizieren* [mʊl·ti·pli·'tsiː·rən] vt to multiply (mit + dat by)

Multitalent nt all-around talent

Mumie <-, -n> ['mu:·mịə] f mummy

Mumm <-s> ['mʊm] m kein pl guts npl

Mumps <-> ['mʊmps] m kein pl MED [the] mumps + sing/pl vb

München <-s> ['mʏn·çn̩] nt Munich

Mund <-[e]s, Münder> ['mʊnt, pl 'mʏn·dɐ] m mouth; **etw in den ~ nehmen** to put sth in one's mouth; **mit vollem ~** with one's mouth full ▶ WENDUNGEN: **den ~ [zu] voll nehmen** to talk [too] big; **jdm über den ~ fahren** to cut sb off; **halt den ~!** shut up!

münden ['mʏn·dn̩] vi sein o haben Fluss to flow (in + akk into); Weg to lead (in + akk into)

Mundgeruch m bad breath no indef art, halitosis no indef art

Mundharmonika f harmonica

Mundhöhle f ANAT oral cavity

mündig ['mʏn·dɪç] adj ■ **~ sein/werden** to be/come of age

mündlich ['mʏnt·lɪç] I. adj oral II. adv orally; **etw ~ abmachen** to agree to sth verbally

Mundpropaganda f word of mouth

mundtot adj **jdn ~ machen** (fam) to silence sb

Mündung <-, -en> ['mʏn·dʊŋ] f ❶ eines Flusses mouth ❷ einer Schusswaffe muzzle

Mundwasser nt mouthwash

Mundwerk nt **ein loses ~ haben** to be foul-mouthed

Mundwinkel m corner of one's mouth

Mund-zu-Mund-Beatmung f mouth-to-mouth resuscitation

Munition <-, -en> [mu·ni·'tsịoːn] f ammunition

munkeln ['mʊŋ·kl̩n] vt to rumor; **man munkelt, dass ...** there is a rumor [going around] that ...

Münster <-s, -> ['mʏns·tɐ] nt cathedral

munter ['mʊn·tɐ] adj ❶ (aufgeweckt) bright ❷ (heiter) lively ❸ (wach) ■ **~ sein/werden** to be awake/to wake up

Muntermacher <-s, -> m stimulant; (Getränk bes.) pick-me-up

Münzautomat m vending machine

Münze <-, -n> ['mʏn·tsə] f coin ▶ WENDUNGEN: **etw für bare ~ nehmen** to take sth at face value

münzen ['mʏn·tsn̩] vt ■ **auf jdn/etw gemünzt sein** to be aimed at sb/sth

mürb ['mʏrp], **mürbe** ['mʏr·bə] adj ❶ (zart) tender; Gebäck short ❷ (brüchig) worn-out

M

mürbe|machenRR *vt* ■jdn ~ to wear sb down
Murks <-es> ['mʊrks] *m kein pl* (*fam*) screw-up; ~ **machen** to botch up a job
murksen ['mʊrk·sn̩] *vi* (*fam*) to do a botched job
Murmel <-, -n> ['mʊr·ml̩] *f* marble
murmeln ['mʊr·m|n] **I.** *vi* to murmur **II.** *vt* to mutter
Murmeltier ['mʊr·m|·ti:ɐ̯] *nt* marmot, wood-chuck ▶WENDUNGEN: **wie ein ~ schlafen** to sleep like a log
murren ['mʊ·rən] *vi* to grumble
mürrisch ['my·rɪʃ] **I.** *adj* grumpy **II.** *adv* grumpily
Mus <-es, -e> ['mu:s, *pl* 'mu:·zə] *nt* KOCHK purée
Muschel <-, -n> ['mʊ·ʃl̩] *f* ❶ *a.* KOCHK mussel ❷ (*Muschelschale*) [sea] shell
Muschi <-, -s> ['mʊ·ʃi] *f* (*sl*) pussy *vulg*
Museum <-s, Museen> [mu·'ze:·ʊm, *pl* mu·'ze:·ən] *nt* museum
Musik <-, -en> [mu·'zi:k] *f* music
musikalisch [mu·zi·'ka:·lɪʃ] **I.** *adj* musical **II.** *adv* musically
Musikant(in) <-en, -en> [mu·zi·'kant] *m(f)* musician
Musiker(in) <-s, -> ['mu:·zi·kɐ] *m(f)* musician
Musikinstrument *nt* [musical] instrument
Musikkapelle *f* band
Musikkassette *f* [cassette] tape
musizieren* [mu·zi·'tsi:·rən] *vi* to play a musical instrument
Muskat <-[e]s, -e> [mʊs·'ka:t] *m* nutmeg
Muskel <-s, -n> ['mʊs·kl̩] *m* muscle
Muskelkater *m kein pl* sore muscles *pl*
Muskelkraft *f* muscular strength
Muskelprotz <-es, -e> *m* (*fam*) muscleman
Muskelzerrung *f* pulled muscle
Muskulatur <-, -en> [mʊs·ku·la·'tu:ɐ̯] *f* musculature
muskulös [mʊs·ku·'lø:s] **I.** *adj* muscular **II.** *adv* ~ **gebaut sein** to have a muscular build
Müsli <-[s], -s> ['my:s·li] *nt* muesli
Muslim, Muslimin <-, -e> ['mʊs·lɪm, mʊs·'li:·mɪn] *m, f* Muslim
muslimisch [mʊs·'li:·mɪʃ] *adj attr* Muslim
mussRR, **muß**ALT ['mʊs] *3. pers sing pres von* **müssen**
MussRR, **Muß**ALT <-> ['mʊs] *nt kein pl* must *fam*
Muße <-> ['mu:·sə] *f kein pl* leisure
müssen ['my·sn̩] **I.** *modal vb* <muss, musste, müssen> ❶ (*gezwungen sein*) ■etw tun ~ to have to do sth ❷ (*notwendig sein*) ■etw [nicht] tun ~ to [not] need to do sth; **warum muss es heute regnen?** why does it have to rain today?; **muss das [denn] sein?** is that really necessary? ❸ (*eigentlich sollen*) ought to; ■jd müsste etw tun sb should do sth; **ich hätte es ahnen ~!** I should have known! ❹ (*Vermutung*) **es müsste jetzt acht Uhr sein** it must be eight o'clock [now]; **es müsste bald ein Gewitter geben** there's

supposed to be a thunderstorm soon; **das muss wohl stimmen** that must be true **II.** *vi* <muss, musste, gemusst> ❶ (*gehen müssen*) to have to go; **ich muss zur Post** I have to go to the post office ❷ (*gebracht werden müssen*) ■irgendwohin ~ to have to get somewhere; **dieser Brief muss heute noch zur Post** this letter has to be mailed today ❸ (*euph fam*) [mal] ~ to have to go [to the bathroom]
müßig ['my:·sɪç] *adj* (*geh: zwecklos*) futile, pointless
mussteRR, **mußte**ALT ['mʊs·tə] *imp von* **müssen**
Muster <-s, -> ['mʊs·tɐ] *nt* ❶ (*Warenmuster*) sample ❷ MODE pattern
Musterbeispiel *nt* prime example
Musterbrief *m* sample letter
Musterexemplar *nt* ❶ (*vorbildlich*) fine specimen ❷ (*Warenmuster*) sample
mustergültig, musterhaft **I.** *adj* exemplary; **ein ~es Beispiel** a perfect example **II.** *adv* exemplary
Musterknabe *m* (*iron*) paragon of virtue
mustern ['mʊs·tɐn] *vt* (*eingehend betrachten*) to scrutinize
Musterschüler(in) *m(f)* model student
Mut <-[e]s> ['mu:t] *m kein pl* courage
Mutation <-, -en> [mu·ta·'tsi̯o:n] *f* ❶ (*Missbildung*) mutation ❷ SCHWEIZ (*Änderungen im Personal*) change of personnel
mutieren* [mu·'ti:·rən] *vi* (*fam*) ■zu etw *dat* ~ to mutate into sth
mutig ['mu:·tɪç] **I.** *adj* brave **II.** *adv* bravely
mutlos *adj* discouraged; **jdn ~ machen** to discourage sb
Mutlosigkeit <-> *f kein pl* discouragement
mutmaßen ['mu:t·ma:·sn̩] **I.** *vi* to conjecture, to guess **II.** *vt* to suspect
mutmaßlich **I.** *adj attr* presumed, suspected **II.** *adv* presumably
Mutmaßung <-, -en> *f* conjecture
Mutprobe *f* test of courage
Mutter[1] <-, Mütter> ['mʊ·tɐ, *pl* 'mʏ·tɐ] *f* mother; ~ **werden** to be having a baby
Mutter[2] <-, -n> ['mʊ·tɐ] *f* TECH nut
Mutterinstinkt *m* maternal instinct
Mutter-Kind-PassRR *m* document held by pregnant women with details of the pregnancy
Mutterland *nt* mother country
Mutterleib *m* womb
mütterlich ['mʏ·tɐ·lɪç] *adj* ❶ (*von der Mutter*) maternal ❷ (*umsorgend*) motherly; **ein ~er Typ sein** to be the maternal type
mütterlicherseits *adv* on one's mother's side; **meine Oma ~** my maternal grandmother
Mutterliebe *f* motherly love
Muttermal *nt* birthmark; (*kleiner*) mole
Muttermilch *f* breast milk
Muttermund *m* ANAT cervix
Mutterschaftsurlaub *m* maternity leave
mutterseelenallein ['mʊ·tɐ·'ze:·lən·a'lain]

I. *adj pred* all alone *pred* **II.** *adv* all on one's own

Muttersöhnchen <-s, -> *nt* (*pej fam*) mama's boy *fam*

Muttersprache *f* native language

Muttersprachler(in) <-s, -> [-ʃpraː·xlɐ] *m(f)* native speaker

Muttertag *m* Mother's Day

Mutti <-, -s> ['mʊ·ti] *f* (*fam*) mommy

mutwillig I. *adj* mischievous; (*böswillig*) malicious **II.** *adv* deliberately

Mütze <-, -n> ['mʏ·tsə] *f* cap, hat ▶ WENDUNGEN: |von jdm| was auf die ~ **kriegen** (*fam*) to get smacked [by sb]

MwSt. *f Abk von* **Mehrwertsteuer** VAT, ≈ sales tax

Mysterien [mʏs·'teː·ri̯·ən] *pl von* **Mysterium**

mysteriös [mʏs·tə·'ri̯øːs] *adj* mysterious

Mysterium <-s, -ien> [mʏs·'teː·ri̯·ʊm, *pl* -'teː·ri̯·ən] *nt* (*geh*) mystery

Mythen *pl von* **Mythos**

mythisch ['myː·tɪʃ] *adj* (*geh*) mythical

Mythologie <-> [my·to·lo·'giː] *f kein pl* mythology

Mythos <-, Mythen> ['myː·tɔs] *m* myth

N

N, n <-, - *o fam* -s, -s> [ɛn] *nt* N, n; ~ **wie** Nordpol N as in November

Nabel <-s, -> ['naː·bl̩] *m* navel

Nabelschnur *f* (*a. fig*) umbilical cord

nach [naːx] *präp + dat* ❶ (*räumlich: bis hin zu*) to; **der Weg führt** ~ ... this is the way to ... ❷ (*räumlich: hinter*) behind; **du stehst** ~ **mir auf der Liste** you're after me on the list ❸ (*zeitlich: im Anschluss an*) after ❹ (*gemäß*) according to; ~ **allem, was ich gehört habe** from what I've heard ❺ (*in Anlehnung an*) after ▶ WENDUNGEN: ~ **und** ~ little by little; ~ **wie vor** still

nachlahmen *vt* ❶ (*imitieren*) to imitate ❷ (*kopieren*) to copy

nachahmenswert *adj* exemplary

Nachahmung <-, -en> *f* ❶ *kein pl* (*Imitation*) imitation ❷ (*Kopie*) copy

nachlarbeiten *vt* ❶ (*aufholen*) to make up [for] ❷ (*nachträglich bearbeiten*) to touch up *sep*

Nachbar(in) <-n *o* -s, -n> ['nax·baːɐ̯] *m(f)* neighbor; (*nebenan sitzend*) sb sitting next to one

Nachbarhaus *nt* house next door

Nachbarland *nt* neighboring country

nachbarlich *adj* ❶ (*benachbart*) neighboring *attr* ❷ (*unter Nachbarn üblich*) neighborly

Nachbarschaft <-, -en> *f* ❶ (*nähere Umgebung*) neighborhood ❷ (*die Nachbarn*) neighbors

Nachbeben *nt* aftershock

nachlbessern *vt* to retouch; *Produkt* to make improvements to; *Vertrag* to amend

nachlbestellen* *vt* to reorder

nachlbezahlen* *vt* to pay later

nachlbilden *vt* to reproduce (+*dat* from)

Nachbildung *f* reproduction; (*exakt*) copy

nachdem [naːx·'deːm] *konj* ❶ *zeitlich* after ❷ (*da*) since

nachldenken *vi irreg* to contemplate (**über** +*akk* about); **laut** ~ to think out loud

nachdenklich ['naːx·dɛŋk·lɪç] *adj* pensive; **jdn** ~ **machen** to make sb think

Nachdenklichkeit <-> *f kein pl* pensiveness

Nachdruck¹ <-[e]s, -e> *m* emphasis; ~ **auf etw** *akk* **legen** to stress sth; **etw mit** ~ **sagen** to say sth emphatically

Nachdruck² <-[e]s, -e> *m* VERLAG ❶ (*nachgedrucktes Werk*) reprint ❷ *kein pl* (*das Nachdrucken*) reprinting

nachldrucken *vt* VERLAG to reprint

nachdrücklich ['naːx·drʏk·lɪç] **I.** *adj* insistent; *Warnung* firm **II.** *adv* firmly

nachleifern *vi* (*geh*) to emulate

nacheinander [naːx·ʔai·'nan·dɐ] *adv* one after another

nachlempfinden* *vt irreg* ■**etw** ~ **können** to empathize with sth

nachlerzählen* *vt* to retell

Nachfahr(in) <-en, -en> ['naːx·faːɐ̯] *m(f)* (*geh*) *s.* **Nachkomme**

nachlfahren *vi irreg sein* ❶ (*hinterherfahren*) to follow ❷ (*später fahren*) to come [along] later

nachlfeiern *vt* to celebrate later

nachfolgend *adj* following

Nachfolger(in) <-s, -> *m(f)* successor

nachlforschen *vi* to make [further] inquiries (**in** +*dat* about); ■~, **wie/ob** ... to try to find out how/whether ...

Nachforschung *f* inquiry; (*polizeilich*) investigation

Nachfrage *f* ÖKON demand (**nach** +*dat* for)

nachlfragen *vi* to inquire

nachlfühlen *vt s.* **nachempfinden**

nachfüllbar *adj* refillable

nachlfüllen *vt Behältnis* to refill; **Zucker** ~ to fill back up with sugar

Nachfüllpack <-s, -s> *m,* **Nachfüllpackung** *f* refill [pack]

nachlgeben *irreg vi* ❶ (*einlenken*) to give in (+*dat* to) ❷ (*nicht standhalten*) *Boden, Knie* to give way

Nachgebühr *f* surcharge

nachlgehen *vi irreg sein* ❶ (*hinterhergehen*) to follow ❷ *Uhr* to be slow ❸ (*fig: verfolgen*) **einem Problem** ~ to look into a problem ❹ (*form: ausüben*) to practice; *Interessen* to pursue

Nachgeschmack *m* aftertaste

nachgiebig ['naːx·giː·bɪç] *adj* accommodating; |**jdm gegenüber**| **zu** ~ **sein** to be too soft |on sb|

Nachgiebigkeit <-> *f kein pl* softness
nach|gießen *irreg vi, vt* ■ jdm ~ to top off *sep* sb [*or* sb's glass]; **jdm Wein ~** to give sb some more wine; **darf ich ~?** would you like some more?
nach|grübeln *vi* to think (**über** +*akk* about)
nach|gucken *vi* (*fam*) to [take a] look (**in** +*dat* in)
nach|haken *vi* (*fam*) to dig deeper
Nachhall *m* echo
nachhaltig ['naːx·hal·tɪç] **I.** *adj* lasting **II.** *adv* **jdn ~ beeindrucken** to leave a lasting impression on sb
nach|hängen *vi irreg* **seinen Gedanken ~** to lose oneself in one's thoughts
Nachhauseweg [naːx·'hau·zə·veːk] *m* way home
nach|helfen *vi irreg* ❶ (*zusätzlich beeinflussen*) to help along *sep* ❷ (*auf die Sprünge helfen*) ■ **jdm ~** to give sb a helping hand
nachher [naːx·'eːɐ, 'naːx·eːɐ] *adv* ❶ (*danach*) afterwards ❷ (*irgendwann später*) later; **bis ~!** see you later! ❸ (*fam: womöglich*) possibly
Nachhilfe *f* private tutoring
Nachhilfestunde *f* private lesson
Nachhinein im ~ in retrospect; (*nachträglich*) later
Nachholbedarf *m* **großen ~ haben** to have a lot to catch up on
nach|holen *vt* ❶ (*aufholen*) to make up for ❷ (*zu sich holen*) **seine Familie ~** to have one's family join one
nach|jagen *vi sein* ❶ (*zu erreichen trachten*) to pursue ❷ (*eilends hinterherlaufen*) to chase after
nach|kaufen *vt* to buy later
Nachkomme <-n, -n> ['naːx·kɔ·mə] *m* descendant
nach|kommen *vi irreg sein* ❶ (*folgen*) to come [along] later; ■ **jdn ~ lassen** to have sb join one later; **sein Gepäck ~ lassen** to have one's luggage sent on ❷ (*Schritt halten*) to keep up ❸ (*erfüllen*) to fulfill; *Anordnung, Pflicht* to carry out *sep; Forderung* to meet ❹ SCHWEIZ (*verstehen*) to follow
nach|kontrollieren* *vt* to check over *sep* (**auf** +*akk* for); ■ **~, ob ...** to check whether ...
Nachkriegszeit *f* postwar period
NachlassRR <-es, -e *o* -lässe> *m* ❶ (*hinterlassene Werke*) unpublished works *npl* ❷ (*hinterlassener Besitz*) estate ❸ (*Rabatt*) discount (**auf** +*akk* on)
nach|lassen *irreg* **I.** *vi* to diminish; *Druck, Schmerz* to ease off; *Gehör, Sehkraft* to deteriorate; *Nachfrage* to fall; *Sturm* to die down **II.** *vt* [jdm] **10 % vom Preis ~** to give [sb] a 10% discount
nachlässig ['naːx·lɛ·sɪç] **I.** *adj* careless; *Arbeit a.* slipshod *pej* **II.** *adv* carelessly
Nachlässigkeit <-, -en> *f* ❶ *kein pl* (*Art*) carelessness ❷ (*Handlung*) negligence
nach|laufen *vi irreg sein* (*a. fig*) to run after
nach|lesen *vt irreg* to look up

nach|liefern *vt* to deliver at a later date
nach|lösen *vt* **eine [Fahr]karte ~** to buy a ticket (*after boarding a train, bus etc.*)
nach|machen *vt* ❶ (*imitieren*) to imitate ❷ (*nachahmen*) ■ **jdm etw ~** to copy sth from sb ❸ (*fam: nachträglich anfertigen*) to make up *sep*
nach|messen *irreg vt* to measure again
Nachmieter(in) *m(f)* new tenant *no indef art*
nachmittagALT *adv s.* **Nachmittag**
Nachmittag ['naːx·mɪ·taːk] *m* afternoon; **am [frühen] ~** in the [early] afternoon; **im Laufe des ~s** during [the course of] the afternoon
nachmittags *adv* in the afternoon
Nachmittagsvorstellung *f* matinee [performance]
Nachnahme <-, -n> ['naːx·na·mə] *f* cash [*or* collect] on delivery; **etw per ~ schicken** to send sth COD
Nachname *m* surname, last name
nach|plappern *vt* (*fam*) to parrot *pej*
nachprüfbar *adj* verifiable
nach|prüfen *vt, vi* to verify
nach|rechnen *vt, vi* to check again
Nachrede *f* **üble ~** slander, defamation [of character] *form*
nach|reichen *vt* to hand [*or* turn] in later
Nachricht <-, -en> ['naːx·rɪçt] *f* ❶ MEDIA news *no indef art,* + *sing vb;* ■ **eine ~** a news item; ■ **die ~en** the news + *sing vb* ❷ (*Mitteilung*) message; ■ **eine gute ~** [a piece of] good news; **jdm ~ geben** to let sb know
Nachrichtenagentur *f* news agency
Nachrichtendienst *m* ❶ (*Geheimdienst*) intelligence service ❷ *s.* **Nachrichtenagentur**
Nachrichtenmagazin *nt* news magazine
Nachrichtensperre *f* news embargo
Nachrichtensprecher(in) *m(f)* newscaster
Nachruhm *m* posthumous fame *form*
nach|rüsten **I.** *vt* to update; *Computer* to upgrade **II.** *vi* MIL to deploy new arms
Nachrüstung *f kein pl* ❶ TECH modernization ❷ MIL deployment of new arms
nach|sagen *vt* ❶ (*von jdm behaupten*) **jdm Schlechtes ~** to say bad things about sb; **es wird ihr nachgesagt, dass ...** she is accused of ..., supposedly she ... ❷ (*nachsprechen*) ■ [jdm] **etw ~** to repeat sth [after sb]
Nachsaison [-zɛ·zõː, -zɛ·zɔŋ] *f* off-season
nach|schauen **I.** *vi* ❶ (*mit Blicken folgen*) to watch ❷ (*nachschlagen*) to look it up ❸ (*prüfen*) to check **II.** *vt* (*nachschlagen*) to look up *sep* (**in** +*dat* in)
nach|schenken *vi, vt* (*geh*) *s.* **nachgießen**
nach|schicken *vt* ❶ (*nachsenden*) to forward ❷ (*hinterher schicken*) ■ **jdm jdn ~** to send sb after sb
Nachschlag *m* **von Essen** second helping, seconds *pl*
nach|schlagen *irreg* **I.** *vt* to look up *sep* (**in** +*dat* in) **II.** *vi* ❶ *haben* **in einem Wörterbuch ~** to consult a dictionary ❷ *sein* (*geh: ähneln*) ■ **jdm ~** to take after sb

Nachschlagewerk *nt* reference book
Nachschlüssel *m* duplicate key
nach|sehen *irreg* **I.** *vi* ❶ (*nachschlagen*) to look it up ❷ (*prüfen*) to have a look **II.** *vt* ❶ (*mit Blicken folgen*) to watch ❷ (*nachschlagen*) to look up *sep* (**in** +*dat* in) ❸ (*verzeihen*) ▪ **jdm etw ~** to forgive sb for sth
Nachsehen *nt* ▶ WENDUNGEN: [**bei/in etw** *dat*] **das ~ haben** to come off worse [in sth]; (*leer ausgehen*) to be left empty-handed [in sth]; (*keine Chance haben*) to not get anywhere [with sth]
Nachsendeantrag *f* application to have one's mail forwarded
nach|senden *vt irreg* to forward
Nachsicht <-> *f kein pl* leniency; **~ üben** to be lenient
nachsichtig **I.** *adj* lenient; (*verzeihend*) merciful **II.** *adv* leniently
Nachsilbe *f* suffix
nach|sinnen *vi irreg* to ponder (**über** +*akk* over)
Nachspann <-s, -e> *m* FILM, TV credits *npl*
Nachspeise *f* dessert
Nachspiel *nt* (*unangenehme Folgen*) consequences *pl*
nach|spionieren* *vi* (*fam*) to spy on
nach|sprechen *irreg vt* ▪ [**jdm**] **etw ~** to repeat sth [after sb]
nächstbeste(r, s) ['nɛːçst·'bɛs·tə] *adj attr* ▪ **der/die/das ~ ...** the first ... one/sb sees; **die ~ Gelegenheit** the next possible occasion that comes along
nächste(r, s) ['nɛːçs·tə] *adj superl von* **nahe** ❶ *räumlich* (*zuerst folgend*) next; **im ~n Haus** next door; (*nächstgelegen*) nearest ❷ *Angehörige* close ❸ *temporal* (*darauf folgend*) next; **bis zum ~n Mal!** until next time!; **am ~n Tag** the next day; **in den ~n Tagen** in the next few days; **als N~s** next
nach|stehen *vi irreg* **jdm an Intelligenz nicht ~** to be every bit as intelligent as sb; ▪ **jdm in nichts ~** to be sb's equal in every way [possible]
nach|stellen **I.** *vt* ❶ LING ▪ [**etw** *dat*] **nachgestellt werden** to be put after [sth] ❷ TECH (*neu einstellen*) to adjust; (*wieder einstellen*) to readjust; (*korrigieren*) to correct; **Uhr** to turn back *sep* ❸ (*nachspielen*) to reconstruct **II.** *vi* ▪ **jdm ~** ❶ (*geh: verfolgen*) to follow sb ❷ (*umwerben*) to pester sb
Nächstenliebe *f* compassion
nächstens ['nɛːçs·tns] *adv* ❶ (*bald*) [some time] soon ❷ (*fam: womöglich*) next
nächstgelegen *adj attr* nearest
nächstliegend *adj attr* most plausible
nächstmöglich ['nɛːçst·'møːk·lɪç] *adj attr* next possible *attr*; *Termin a.* earliest possible; *Gelegenheit* next
nach|suchen *vi* (*nachsehen*) to look (**in** +*dat* in)
Nacht <-, Nächte> ['naxt, *pl* 'nɛç·tə] *f* night; ▪ **~ sein/werden** to be/get dark; **bis weit in**

die ~ far into the night; **bei ~** at night; **in der ~** at night; **über ~** overnight; **über ~ bleiben** to stay the night; **diese/letzte ~** tonight/last night ▶ WENDUNGEN: **bei ~ und Nebel** (*fam*) in the dead of night; **die ~ zum Tage machen** to stay up all night; **zu ~ essen** SÜDD, ÖSTERR to have dinner
nachtblind *adj* night blind
Nachtdienst *m* night shift
Nachteil <-[e]s, -e> ['naːx·tail] *m* disadvantage; **jdm ~e bringen** to be disadvantageous to sb; **durch etw ~e haben** to be at a disadvantage because of sth; **sich** *akk* **zu seinem ~ verändern** to change for the worse
nachteilig ['naːx·tai·lɪç] **I.** *adj* disadvantageous (**für** +*akk* for) **II.** *adv* unfavorably
nächtelang ['nɛç·tə·laŋ] *adv* for nights on end
Nachtessen *nt* SÜDD, ÖSTERR, SCHWEIZ (*Abendessen*) dinner, supper
Nachtfalter *m* moth
Nachthemd *nt* nightgown
Nachtigall <-, -en> ['nax·tɪgal] *f* nightingale
nächtigen ['nɛç·tɪ·gn̩] *vi* (*geh*) to stay the night (**bei** +*dat* with)
Nachtisch *m s.* **Nachspeise**
Nachtleben *nt* nightlife
Nachtlokal *nt* nightclub
Nachtportier [-pɔr·tjeː] *m* night porter
Nachtquartier *nt* place to sleep [for the night]
Nachtrag <-[e]s, -träge> ['naːx·traːk, *pl* -trɛː·gə] *m* ❶ (*im Brief*) postscript ❷ *pl* (*Ergänzungen*) supplement
nach|tragen *vt irreg* ❶ (*hinterhertragen*) to carry after ❷ (*nachträglich ergänzen*) to add ❸ (*nicht verzeihen können*) ▪ **jdm etw ~** to hold sth against sb; ▪ **jdm ~, dass ...** to hold it against sb that ...
nachtragend ['naːx·traː·gn̩t] *adj* unforgiving
nachträglich ['naːx·trɛːk·lɪç] **I.** *adj* later; (*verspätet*) belated **II.** *adv* later, belatedly
nach|trauern *vi* ▪ **jdm/etw ~** to shed a tear for sb/sth
Nachtruhe *f* night's sleep
nachts ['naxts] *adv* at night; **montags ~** [on] Monday nights
Nachtschicht *f* night shift
Nachtschwester *f* night nurse
nachtsüber ['naxts·ʔyː·bɐ] *adv* at night
Nachttisch *m* bedside table
Nacht-und-Nebel-Aktion *f* cloak-and-dagger operation
Nachtwache *f* night duty
Nachtwächter(in) *m(f)* night watchman
Nachuntersuchung *f* follow-up examination
nachvollziehbar *adj* comprehensible; **es ist für mich nicht ganz ~, wie ...** I don't quite understand how ...
nach|vollziehen* *vt irreg* to understand
nach|wachsen *vi irreg sein* to grow back
Nachwehen *pl* (*geh: üble Folgen*) painful aftermath
nach|weinen *vi* ▪ **jdm/etw ~** to shed a tear for sb/sth

Nachweis <-es, -e> ['naːx·vais, *pl* -vai·zə] *m* proof

nachweisbar I. *adj* provable; *Giftstoffe* detectable; **Fehler** demonstrable **II.** *adv* provably

nach|weisen *vt irreg* ❶ (*beweisen*) to establish proof of; **man kann mir nichts ~** nothing can be proved against me ❷ (*finden*) to detect (**in** +*dat* in)

nachweislich ['naːx·vais·lɪç] **I.** *adj* provable; **~e Fehler** mistakes that can be proven **II.** *adv* provably

Nachwelt *f kein pl* ■ **die ~** posterity

nach|werfen *vt irreg* ❶ (*hinterherwerfen*) ■ **jdm etw ~** to throw sth at sb ❷ (*fam: überlassen*) ■ **jdm etw ~** to [practically] give sth away to sb

nach|wirken *vi* to continue to have an effect

Nachwirkung *f* aftereffect; (*fig*) consequence

Nachwort <-worte> *nt* epilogue

Nachwuchs *m kein pl* ❶ (*fam: Kinder*) offspring ❷ (*junge Fachkräfte*) young professionals *pl*

nach|zahlen *vt* ❶ (*nachträglich*) to pay at a later date ❷ (*zusätzlich*) to pay extra

nach|zählen *vt, vi* to check

Nachzahlung *f* ❶ (*nachträglich*) back payment ❷ (*zusätzlich*) additional payment

nach|ziehen *irreg vt* ❶ *Schraube* to tighten [up *sep*] ❷ *Bein* to drag ❸ *Linie* to go over; **sich** *dat* **die Augenbrauen ~** to pencil in *sep* one's eyebrows

Nachzügler(in) <-s, -> ['naːx·tsyː·k·lɐ] *m(f)* late arrival

Nackedei <-[e]s, -e *o* -s> ['na·kə·dai] *m* (*hum fam*) naked baby [*or* person]

Nacken <-s, -> ['na·kn̩] *m* neck ▶ WENDUNGEN: **jdm im ~ sitzen** to breathe down sb's neck

nackend ['na·knt] *adj* (*fam*) naked, nude

Nackenhaar *nt meist pl* hair[s *pl*] on the back of one's neck

Nackenstütze *f* headrest

nackig ['na·kɪç] *adj* (*fam*) naked

nackt ['nakt] **I.** *adj* ❶ (*unbekleidet*) naked, nude; *Haut, Arme* bare ❷ (*kahl*) *Wand* bare ❸ (*unverblümt*) naked; *Tatsachen* bare; *Wahrheit* plain **II.** *adv* naked, in the nude

Nacktbadestrand *m* nude beach

Nacktheit <-> *f kein pl* nudity

Nadel <-, -n> ['naː·dl̩] *f* ❶ (*Nähnadel, Tannennadel*) needle ❷ (*Zeiger*) needle ▶ WENDUNGEN: **an der ~ hängen** (*sl*) to be hooked on heroin

Nadelbaum *m* conifer

Nagel <-s, Nägel> ['naː·gl̩, *pl* 'nɛː·gl̩] *m* (*Metallstift, Fingernagel*) nail ▶ WENDUNGEN: **jdm brennt es unter den Nägeln, etw zu tun** (*fam*) sb is dying to do sth; **etw an den ~ hängen** (*fam*) to give up *sep* sth; **sich** *dat* **etw unter den ~ reißen** (*sl*) to steal [*or* make off with] sth

Nagelfeile *f* nail file

Nagellack *m* nail polish

Nagellackentferner *m* nail polish remover

nageln ['naː·gl̩n] *vt* to nail (**an** +*akk* to)

nagelneu ['naː·gl̩·'nɔy] *adj* (*fam*) brand-new

Nagelschere *f* nail scissors *npl*

nagen ['naː·gn̩] **I.** *vi, vt* to gnaw (**an** +*dat* at, on) **II.** *vi* (*quälen*) ■ **an jdm ~** to nag [at] sb

nagend ['naː·gnt] *adj* nagging; *Hunger* gnawing

Nager <-s, -> *m,* **Nagetier** *nt* rodent

nah ['naː] *adj, adv s.* **nahe** ▶ WENDUNGEN: **von ~ und fern** from near and far

Nahaufnahme *f* close-up

nahe <näher, nächste> ['naː·ə] **I.** *adj* ❶ *räumlich* nearby, close [by] *pred*; **von ~m** from close up ❷ *zeitlich* near, approaching ❸ (*eng*) close; ■ **jdm ~ sein** to be close to sb **II.** *adv* ❶ *räumlich* nearby, close [by]; ■ **~ an/bei etw** *dat* close to sth ❷ *zeitlich* close ❸ (*fast*) **sie war ~ am Aufgeben** she almost gave up ❹ (*eng*) closely; **~ mit jdm verwandt sein** to be a close relative of sb ▶ WENDUNGEN: **jdm zu ~ treten** to offend sb **III.** *präp* +*dat* near to

Nähe <-> ['nɛː·ə] *f kein pl* ❶ (*geringe Entfernung*) proximity; **aus der ~** from close up; **in der ~** near ❷ (*Anwesenheit*) closeness; **in jds ~** close to sb ❸ (*naher Zeitpunkt*) closeness

nahebei ['naː·ə·'bai] *adv* nearby

nahe|gehen *vi irreg sein* ■ **jdm ~** to upset sb

nahe|kommen *vr irreg sein* ■ **sich** *dat* **~** to become close

nahe|legen *vt* ■ **jdm ~, etw zu tun** to advise sb to do sth

naheliegend *adj* **~ sein** to seem to suggest itself; **aus ~en Gründen** for obvious reasons

nahen ['naː·ən] *vi sein* (*geh*) to approach

nähen ['nɛː·ən] *vt* to sew; MED to stitch

näher ['nɛː·ɐ] **I.** *adj komp von* **nahe** ❶ (*in geringerer Entfernung*) nearer, closer ❷ (*kürzer bevorstehend*) closer, sooner *pred; Zukunft* near ❸ (*detaillierter*) further *attr;* **die ~en Umstände** the precise circumstances ❹ (*enger*) closer; *Verwandte* immediate **II.** *adv komp von* **nahe** ❶ (*in geringeren Abstand*) closer, nearer; **kommen Sie ~!** come closer! ❷ (*eingehender*) in more detail; **etw ~ ansehen** to have a closer look at sth; **sich** *akk* **~ mit etw** *dat* **befassen** to go into sth in greater detail ❸ (*enger*) closer; **jdn/etw ~ kennen** to know sb/sth well; **jdn/etw ~ kennen lernen** to get to know sb/sth better

näher|bringen *vt irreg* ■ **jdm etw ~** to bring sth home to sb

näher|kommen *vi irreg sein* ■ **etw** *dat* [**schon**] **~** to be closer to the mark

nähern ['nɛː·ɐn] *vr* ❶ (*näher herankommen*) ■ **sich** *akk* [**jdm/etw**] **~** to get closer [to sb/sth] ❷ (*einen Zeitpunkt erreichen*) ■ **sich** *akk* **etw** *dat* **~** to get close to sth; **unser Urlaub nähert sich seinem Ende** our vacation is drawing to a close

nahe|stehen *vr irreg* ■ **sich** *dat* **~** to be close

nahezu ['naː·ə·'tsuː] *adv* almost, virtually

Nähgarn *nt* cotton

Nähkästchen *nt* ▶ WENDUNGEN: **aus dem ~**

plaudern (*fam*) to gossip about private matters
Nähkasten *m* sewing box
nahm ['naːm] *imp von* **nehmen**
Nähmaschine *f* sewing machine
Nähnadel *f* [sewing] needle
Nahost [naːˈʔɔst] *m kein art* the Middle East
nahrhaft *adj* nutritious
Nährstoff *m* nutrient
Nahrung <-> ['naːʁʊŋ] *f kein pl* food; **flüssige/feste ~** liquids/solids *pl*
Nahrungskette *f* food chain
Nahrungsmittel *nt* food
Nahrungsmittelallergie *f* food allergy
Nährwert *m* nutritional value
Naht <-, Nähte> ['naːt, *pl* 'nɛːtə] *f* ❶ (*bei Kleidung*) seam ❷ MED suture *spec* ❸ TECH weld
nahtlos I. *adj* ❶ MODE seamless ❷ (*lückenlos*) smooth **II.** *adv* smoothly
Nahverkehr *m* local traffic; **der öffentliche ~** local public transportation
Nahverkehrsmittel *pl* means of local public transportation
Nahverkehrszug *m* local train
Nähzeug *nt* sewing kit
naiv [naˈiːf] *adj* naive
Naivität <-> [naˌiviˈtɛːt] *f kein pl* naivety
Name <-ns, -n> ['naːmə] *m* name; **in jds ~n** on behalf of sb; **er ist mir nur mit ~n bekannt** I only know him by name; **sich** *dat* **einen ~n als etw** *akk* **machen** to make a name for oneself as sth
namenlos *adj* nameless; *Helfer, Spender* anonymous
namens ['naːməns] *adv* by the name of
Namensschild *nt* nameplate; (*an Kleidung*) name badge
Namenstag *m* Saint's day
Namensvetter *m* namesake
namhaft *adj* famous
nämlich ['nɛːmlɪç] *adv* namely
nannte ['nantə] *imp von* **nennen**
Napf <-[e]s, Näpfe> ['napf, *pl* 'nɛpfə] *m* bowl
Narbe <-, -n> ['naʁbə] *f* scar
Narkose <-, -n> [naʁˈkoːzə] *f* anesthesia
Narr, Närrin <-en, -en> ['naʁ, 'nɛʁɪn] *m, f* fool; **jdn zum ~en halten** to make a fool of sb; **sich** *akk* **zum ~en machen** to make a fool of oneself
Narrenfreiheit *f* ▸ WENDUNGEN: **~ haben** to have the freedom to do whatever one wants
narrensicher *adj* foolproof
närrisch ['nɛʁɪʃ] *adj* (*verrückt*) crazy; (*unvernünftig*) foolish; ■ [ganz] ~ **auf jdn/etw sein** (*fam*) to be crazy about sb/sth
Narzisse <-, -n> [naʁˈtsɪsə] *f* narcissus
naschen ['naʃn̩] **I.** *vi* to snack, to nosh *fam;* **etwas zum N~** something sweet [to snack on] **II.** *vt* (*essen*) ■ **etw ~** to snack on sth
Naschkatze *f* (*fam*) person with a sweet tooth
Nase <-, -n> ['naːzə] *f* nose; **sich** *dat* **die ~ putzen** to blow one's nose ▸ WENDUNGEN: **jdm etw auf die ~ binden** (*fam*) to tell sb sth;

sich *dat* **an seine eigene ~ fassen** (*fam*) to blame oneself; **auf die ~ fliegen** (*fam*) to fall flat on one's face; **sich** *dat* **eine goldene ~ verdienen** to earn a fortune; **die ~ vorn haben** to be one step ahead; **jdn an der ~ herumführen** (*fam*) to lead sb on; **jdm auf der ~ herumtanzen** (*fam*) to walk all over sb; **pro ~** (*hum fam*) per person; **die ~ von jdm/etw voll haben** (*fam*) to be fed up with sb/sth; **jdm etw aus der ~ ziehen** (*fam*) to get sth out of sb
näseln ['nɛːzl̩n] *vi* to talk through one's nose
Nasenbluten <-s> *nt kein pl* nosebleed
Nasenflügel *m* side of the nose
Nasenlänge *f* ▸ WENDUNGEN: **mit einer ~** (*Pferdesport*) by a nose
Nasenloch *nt* nostril
Nasenspitze *f* tip of the nose ▸ WENDUNGEN: **jdm etw an der ~ ansehen** to be able to tell sth from sb's face
Nasenspray *m o nt* nasal spray
Nasentropfen *pl* nose drops
Naseweis <-es, -e> ['naːzəvais] *m* (*Besserwisser*) know-it-all *fam,* wise guy *fam*
Nashorn *nt* rhino[ceros]
nass^RR, **naß**^ALT <nasser *o* nässer, nasseste *o* nässeste> ['nas] *adj* wet; **~ geschwitzt** soaked with sweat *pred*
Nässe <-> ['nɛsə] *f kein pl* wetness; **vor ~ triefen** to be soaking wet
nasser, nässer *adj komp von* **nass**
nasseste, nässeste *adj superl von* **nass**
nasskalt^RR *adj* cold and damp
Nassrasur^RR *f* wet shave
Nation <-, -en> [naˈtsi̯oːn] *f* nation; **die Vereinten ~en** the United Nations
national [natsi̯oˈnaːl] **I.** *adj* ❶ national ❷ (*patriotisch*) nationalist **II.** *adv* nationalistic
Nationalfeiertag *m* national holiday
Nationalhymne *f* national hymn
Nationalismus <-> [natsi̯onaˈlɪsmʊs] *m kein pl* nationalism
Nationalist(in) <-en, -en> [natsi̯onaˈlɪst] *m(f)* nationalist
nationalistisch *adj, adv* nationalist[ic]
Nationalität <-, -en> [natsi̯onaliˈtɛːt] *f* ❶ (*Staatsangehörigkeit*) nationality ❷ (*Volkszugehörigkeit*) ethnic origin
Nationalmannschaft *f* national team
Nationalpark *m* national park
Nationalrat *m kein pl* SCHWEIZ National Council; ÖSTERR National Assembly
Nationalsozialismus [natsi̯oˈnaːlzoːtsi̯aˌlɪsmʊs] *m* National Socialism
nationalsozialistisch *adj* Nazi, National Socialist
Nationalversammlung *f* National Assembly
NATO, Nato <-> ['naːto] *f kein pl Akr von* **North Atlantic Treaty Organization:** ■ **die ~** NATO
Natter <-, -n> ['natɐ] *f* adder
Natur <-, -en> [naˈtuːɐ, *pl* naˈtuːʁən] *f* ❶ *kein pl* BIOL nature ❷ *kein pl* (*Landschaft*)

countryside; **in freier** ~ in the wild ❸ (*Wesensart*) nature; **von** ~ **aus** by nature

Naturalien [-liən] *pl* natural produce; **in** ~ in kind

Naturdenkmal *nt* natural monument

Naturell <-s, -e> [na·tu·'rɛl] *nt* (*geh*) temperament

Naturereignis *nt* natural phenomenon

Naturfaser *f* natural fiber

Naturfreund(in) *m(f)* nature lover

naturgemäß I. *adj* natural II. *adv* ❶ (*natürlich*) naturally ❷ (*der Natur entsprechend*) in accordance with nature

Naturgesetz *nt* law of nature

naturgetreu *adj, adv* true to life

Naturheilmittel *nt* natural medicine

Naturkatastrophe *f* natural disaster

Naturkostladen *m* health food store

natürlich [na·'ty:ɐ·lɪç] I. *adj* natural II. *adv* ❶ (*selbstverständlich*) naturally, of course ❷ (*in der Natur*) naturally

Natürlichkeit <-> *f kein pl* naturalness

Naturpark *m* nature park

Naturprodukt *nt* natural product

Naturschutz *m* [nature] conservation; **unter** ~ **stehen** to be protected

Naturschutzgebiet *nt* nature reserve

naturverträglich *adj* eco-friendly

Naturvolk *nt* primitive people

Naturwissenschaft *f* ❶ (*Wissenschaft*) natural sciences *pl* ❷ (*Fach*) natural science

Naturwissenschaftler(in) *m(f)* natural scientist

naturwissenschaftlich *adj* natural-scientific

Navigation <-> [na·vi·ga·'tsi̯oːn] *f kein pl* navigation

Nazi <-s, -s> ['naː·tsi] *m* Nazi

n. Chr. *Abk von* **nach Christus** AD

ne ['neː] *adv* (*fam*) no

'ne ['nə] *art indef* (*fam*) *kurz für* **eine** a[n]

Neandertaler <-s, -> [ne·'an·dɐ·taː·lɐ] *m* Neanderthal man

Neapel <-s> *nt* Naples

Nebel <-s, -> ['neː·bl̩] *m* ❶ fog; **bei** ~ in foggy conditions ❷ ASTRON nebula

nebelig ['neː·bə·lɪç] *adj* foggy

Nebelscheinwerfer *m* fog light

Nebelschwaden *pl* wafts of mist *pl*

neben ['neː·bn̩] *präp* ❶ +*akk, dat* (*an der Seite*) beside, next to ❷ +*dat* (*außer*) apart from ❸ +*dat* (*verglichen mit*) compared to

nebenan [neː·bn̩·'ʔan] *adv* next door

nebenbei [neː·bn̩·'bai] *adv* ❶ (*neben der Arbeit*) on the side ❷ (*beiläufig*) incidentally; ~ [**bemerkt**] by the way

Nebenbemerkung *f* side remark

nebenberuflich I. *adj* **eine** ~**e Tätigkeit** a side [*or* second] job II. *adv* as a side [*or* second] job

Nebenbeschäftigung *f* side job, sideline

Nebenbuhler(in) <-s, -> *m(f)* rival

nebeneinander [neː·bn̩·ʔai·'nan·dɐ] *adv* ❶ (*Seite an Seite*) side by side ❷ (*zugleich*)

simultaneously, at the same time

nebeneinander|setzen *vr* ■ **sich** *akk* ~ to sit [down] next to each other

Nebenerscheinung *f* side effect

Nebenflussᴿᴿ *m* tributary

Nebengebäude *nt* ❶ outbuilding ❷ (*benachbartes Gebäude*) neighboring building

nebenher [neː·bn̩·'heːɐ] *adv* in addition

Nebenhöhle *f* ANAT sinus

Nebenkosten *pl* additional costs *pl*

Nebenmann <-es, -männer *o* -leute> *m* neighbor; **mein** ~ the person next to me

Nebenraum *m* next room [over]

Nebenrolle *f* FILM, THEAT supporting role

Nebensache *f* trivial matter; ~ **sein** to be irrelevant

nebensächlich *adj* irrelevant

Nebensaison *f* off-season

Nebensatz *m* LING subordinate clause ▶ WENDUNGEN: **im** ~ in passing

Nebenstraße *f* side street

Nebenverdienst *m* additional income

Nebenwirkung *f* side effect

Nebenzimmer *nt* next room [over]

neblig ['neː·blɪç] *adj* foggy

Necessaire <-s, -s> [ne·sɛ·'sɛːɐ] *nt* (*für Maniküre*) manicure set

necken ['nɛ·kn̩] *vt* to tease

nee ['neː] *adv* (*fam*) no

Neffe <-n, -n> ['nɛ·fə] *m* nephew

negativ ['neː·ga·tiːf] I. *adj* negative II. *adv* negatively

Negativ <-s, -e> ['neː·ga·tiːf, *pl* 'neː·ga·tiː·və] *nt* negative

Neger(in) <-s, -> ['neː·gɐ] *m(f)* (*pej: Schwarzer*) Negro *pej*, nigger *pej*

nehmen ['neː·mən] *vt* ❶ (*ergreifen, aussuchen*) to take; **nimm dir noch Kuchen** help yourself to more cake ❷ (*wegnehmen*) ■ **jdm etw** ~ to take sth [away] from sb; **jdm die Sicht** ~ to block sb's view ❸ (*annehmen*) to accept; **jdn** ~, **wie er ist** to take sb as he is ❹ (*verlangen*) to ask (**für** +*akk* for); **was nimmst du dafür?** what do you want for it? ❺ (*benutzen*) *Zutaten* to take; **den Bus/die Bahn/ein Taxi** ~ to take the bus/the train/a taxi ❻ (*einnehmen*) to take; **etw zu sich** *dat* ~ (*geh*) to have sth to eat ❼ (*überwinden*) to overcome ▶ WENDUNGEN: **es sich** *dat* **nicht** ~ **lassen, etw zu tun** to insist on doing sth

Neid <-[e]s> ['nait] *m kein pl* jealousy, envy (**auf** +*akk* of)

neiden ['nai·dn̩] *vt* ■ **jdm etw** ~ to envy sb [for] sth

Neider(in) <-s, -> *m(f)* jealous person

neiderfüllt ['naid·ɛɐ·fʏlt] I. *adj* (*geh*) filled with envy II. *adv* enviously

Neidhammel *m* (*fam*) **du alter** ~! you're just jealous!

neidisch ['nai·dɪʃ], **neidig** ['nai·dɪç] SÜDD, ÖSTERR I. *adj* jealous, envious (**auf** +*akk* of) II. *adv* jealously, enviously

neidlos I. *adj* ungrudging, without envy II. *adv* without envy

neigen ['nai·gn̩] I. *vr* ■ **sich** *akk* ~ ❶ (*sich beugen*) ■ **sich** *akk* **zu jdm** ~ to lean over to sb; **sich** *akk* **nach vorne** ~ to lean forward ❷ (*schräg abfallen*) to slope ❸ (*sich biegen*) *Äste* to bow down ❹ (*kippen*) to tilt II. *vt* ❶ (*beugen*) to bend ❷ (*kippen*) to tilt III. *vi* ❶ (*anfällig sein für*) ■ **zu etw** *dat* ~ *Krankheiten* to be prone to sth ❷ (*tendieren*) ■ **zu etw** *dat* ~ to tend to [do] sth

Neigung <-, -en> *f* ❶ (*Vorliebe*) inclination ❷ (*Tendenz*) tendency ❸ (*Gefälle*) slope

nein ['nain] *adv* no

Nein <-s> ['nain] *nt kein pl* no

Neinsager(in) <-s, -> [-za:·gɐ] *m(f)* naysayer

Neinstimme *f* no, "no" vote

Nektar <-s, -e> ['nɛk·tar] *m* nectar

Nektarine <-, -n> [nɛk·ta·'ri:·nə] *f* nectarine

Nelke <-, -n> ['nɛl·kə] *f* ❶ BOT carnation ❷ KOCHK clove

'nen [nən] *art indef* (*fam*) *kurz für* **einen** a[n]

nennen <nannte, genannt> ['nɛ·nən] *vt* ❶ (*benennen, anreden*) to call; **wie nennt man das?** what do you call that? ❷ (*sagen*) *Namen* to name; *Grund* to give; **können Sie mir einen guten Anwalt ~?** can you give me the name of a good lawyer?

nennenswert *adj* considerable; ■ **nichts N~es** nothing worth mentioning

Nennung <-, -en> *f* naming

Neofaschismus <-> ['ne:o·fa·ʃɪs·mʊs] *m kein pl* neofascism

Neon <-s> ['ne:·ɔn] *nt kein pl* neon

Neonazi <-s, -s> ['ne:o·na:·tsi] *m kurz für* **Neonazist** neo-Nazi

Neonlicht *nt* neon light

Neonreklame *f* neon sign

Neonröhre *f* strip light

Nepal <-s> ['ne:·pal, ne·'pa:l] *nt* Nepal; *s. a.* **Deutschland**

Nepalese, Nepalesin <-n, -n> [ne·pa·'le:·zə] *m, f* Nepalese; *s. a.* **Deutsche(r)**

nepalesisch [ne·pa·'le:·zɪʃ] *adj* Nepalese; *s. a.* **deutsch**

Nepp <-s> ['nɛp] *m kein pl* (*fam*) rip-off

neppen ['nɛ·pn̩] *vt* (*fam*) to rip off

Nerv <-s *o* -en, -en> ['nɛrf, *pl* 'nɛr·fn̩] *m* nerve ► WENDUNGEN: **die ~en behalten/verlieren** to keep calm/lose one's cool; **jdm auf die ~en gehen** (*fam*) to get on sb's nerves; **du hast vielleicht ~en!** (*fam*) you've got some nerve!

nerven ['nɛr·fn̩] *vt* (*fam*) **jdn [mit etw** *dat*] ~ to bug sb [with sth]

Nervenarzt, -ärztin *m, f* neurologist

nervenaufreibend *adj* nerve-racking

Nervenbelastung *f* nervous strain

Nervenbündel *nt* (*fam*) bundle of nerves

Nervengas *nt* nerve gas

Nervenkitzel <-s, -> *m* (*fam*) thrill

Nervensache *f* [eine/reine] ~ sein (*fam*) to be just a question of nerves

Nervensäge *f* (*fam*) pain in the neck

Nervensystem *nt* nervous system

Nervenzentrum *nt* nerve center

Nervenzusammenbruch *m* nervous breakdown

nervig ['nɛr·fɪç] *adj* (*sl: nervenaufreibend*) irritating

nervlich I. *adj* nervous *attr* II. *adv* **jd ist ~ erschöpft** sb's nerves have reached the breaking point; **~ bedingt** nervous

nervös [nɛr·'vø:s] *adj* nervous

Nervosität <-> [nɛr·vo·zi·'tɛ:t] *f kein pl* nervousness

nervtötend ['nɛrf·tø:·tənt] *adj* (*fam*) nerve-racking

Nerz <-es, -e> ['nɛrts] *m* mink

Nessel <-, -n> ['nɛ·sl̩] *f* BOT nettle ► WENDUNGEN: **sich** *akk* **in die ~n setzen** (*fam*) to put one's foot in one's mouth

Nessessär <-s, -s> [nɛ·sɛ·'sɛ:g] *nt s.* **Necessaire**

Nest <-[e]s, -er> ['nɛst] *nt* ❶ nest ❷ (*fam: Kaff*) hole ► WENDUNGEN: **sich** *akk* **ins gemachte ~ setzen** (*fam*) to have got it made

Nesthäkchen <-s, -> *nt* (*fam*) baby of the family

Nestwärme *f* warmth and security

Netiquette <-, -n> [nɛ·ti·'kɛ·tə] *f* netiquette

nett ['nɛt] *adj* nice; **sei so ~ und ...** would you mind ...

netterweise [nɛ·tɐ·'vai·zə] *adv* kindly

Nettigkeit <-, -en> ['nɛ·tɪç·kait] *f* ❶ *kein pl* (*Liebenswürdigkeit*) kindness ❷ (*liebenswürdige Bemerkung*) kind words *pl* ❸ *pl* (*iron fam: boshafte Bemerkung*) insult

netto ['nɛ·to] *adv* net

Nettoeinkommen *nt* net income

Nettogewicht *nt* net weight

Netz <-es, -e> ['nɛts] *nt* ❶ net ❷ (*Einkaufsnetz*) string bag; (*Gepäcknetz*) baggage net ❸ SPORT net; **ins ~ gehen** *Tennisball* to hit the net ❹ (*Spinnennetz*) web ❺ ELEK, TELEK network; (*Strom*) power grid ❻ *kein pl* COMPUT network; ■ **das ~** the Net ❼ TRANSP system, network

Netzgerät *nt* power supply unit

Netzhaut *f* retina

Netzstecker *m* power plug

Netzstrumpf *m* fishnet stocking

Netzwerk *nt a.* COMPUT network

neu ['nɔy] I. *adj* ❶ (*nicht alt*) new; **die ~este Mode** the latest fashion; **ein ~eres System** a more up-to-date system; ■ **der/die N~e** (*fam*) the newcomer; ■ **das N~e [an etw** *dat*] the new thing [about sth]; ■ **das N~este** the latest [thing]; **was gibt's N~es?** (*fam*) what's new? ❷ (*abermalig*) new; **einen ~en Anfang machen** to make a fresh start; **einen ~en Anlauf nehmen** to make another attempt ► WENDUNGEN: **auf ein N~es!** here's to a fresh start!; **seit ~[e]stem** [since] recently; **von ~em** all over again II. *adv* ❶ (*von vorn*) **~ bearbeitet** MEDIA revised; **~ anfangen** to start all over again; ~ **gestalten** to redesign ❷ (*zusätzlich*) anew; **33 Mitarbeiter ~ einstellen** to hire 33 new employees ❸ (*erneut*) again ❹ (*seit kurzem da*) newly; ~ **eröffnet** newly opened; (*erneut eröffnet*) reopened ► WENDUNGEN: **wie ~ geboren** like a new man/woman

Neuankömmling <-s, -e> *m* newcomer

neuartig ['nɔy·ʔaːɐ̯·tɪç] *adj* new, new type of

Neuauflage *f* ❶ (*unveränderter Nachdruck*) reprint ❷ (*veränderte Neuausgabe*) new edition

Neubau <-bauten> ['nɔy·bau, *pl* -bau·tn̩] *m* ❶ *kein pl* (*neue Errichtung*) [new] building ❷ (*neu erbautes Gebäude*) new building

Neubaugebiet *nt* development area; (*schon bebaut*) new development

Neubauwohnung *f* newly built apartment

Neubewertung *f* reassessment; ÖKON revaluation

Neu-Delhi <-s> [nɔy·ˈdeː·li] *nt* New Delhi

neuerdings ['nɔy·ɐ·ˈdɪŋs] *adv* recently

Neueröffnung *f* ❶ new opening ❷ (*Wiedereröffnung*) reopening

Neuerscheinung *f* new publication

Neuerung <-, -en> ['nɔy·ə·rʊŋ] *f* reform

Neufassung *f* new version; *eines Films* remake

Neufundland <-s> [nɔy·ˈfʊnt·lant] *nt* Newfoundland

Neugeborene(s) *nt* newborn

Neugier(de) <-> ['nɔy·giːɐ̯(·də)] *f kein pl* curiosity

neugierig I. *adj* curious; ~ **sein, ob ...** to be curious [to know] whether ...; **sei nicht so ~!** don't be so nosy! **II.** *adv* curiously, full of curiosity

Neuguinea <-s> [-giˈneːa] *nt* New Guinea

Neuigkeit <-, -en> ['nɔy·ɪç·kait] *f* news

Neujahr *nt kein pl* New Year; **prost ~!** here's to the New Year!

Neukaledonien <-s> [nɔy·ka·le·ˈdoː·nj̩·ən] *nt* New Caledonia

Neuland *nt* ► WENDUNGEN: ~ **betreten** to enter unknown territory

neulich ['nɔy·lɪç] *adv* the other day

Neuling <-s, -e> ['nɔy·lɪŋ] *m* beginner

neumodisch I. *adj* ❶ (*sehr modern*) fashionable ❷ (*pej: unverständlich neu*) newfangled **II.** *adv* fashionably

Neumond *m kein pl* new moon

neun ['nɔyn] *adj* nine; *s. a.* **acht¹**

neunfach, 9fach ['nɔyn·fax] **I.** *adj* **die ~e Menge nehmen** to take nine times the amount **II.** *adv* nine times

neunhundert ['nɔyn·ˈhʊn·dɐt] *adj* nine hundred; *s. a.* **hundert**

neunmal ['nɔyn·maːl] *adv* nine times; *s. a.* **achtmal**

neunmalklug ['nɔyn·maːl·kluːk] *adj* (*iron fam*) smart-aleck *attr*

neuntausend ['nɔyn·ˈtau·zn̩t] *adj* nine thousand; *s. a.* **tausend**

neunte(r, s) ['nɔyn·tə(ɐ̯, s)] *adj* ❶ (*an neunter Stelle*) ninth; *s. a.* **achte(r, s)** ❷ (*Datum*) ninth, 9th; *s. a.* **achte(r, s) 2**

neuntel ['nɔyn·tl̩] *nt* ninth

neunzehn ['nɔyn·tseːn] *adj* nineteen; *s. a.* **acht¹**

neunzehnte(r, s) *adj* ❶ (*an neunzehnter Stelle*) nineteenth; *s. a.* **achte(r, s) 1** ❷ (*Datum*) nineteenth, 19th; *s. a.* **achte(r, s) 2**

neunzig ['nɔyn·tsɪç] *adj* ninety; *s. a.* **achtzig 1, 2**

neunzigste(r, s) ['nɔyn·tsɪg·stə] *adj* ninetieth; *s. a.* **achte(r, s) 1**

Neuorientierung *f* (*geh*) reorientation

Neuregelung, Neureglung *f* revision; *Verkehr* new measures *pl*

neureich *adj* nouveau riche

Neureiche(r) *f(m)* nouveau riche

Neurodermitis <-, -dermitiden> [nɔy·ro·dɛr·ˈmiː·tɪs, *pl* -dɐr·mi·ˈtiː·dn̩] *f* neurodermatitis

Neurologe, Neurologin <-n, -n> [nɔy·ro·ˈloː·gə] *m, f* neurologist

Neurose <-, -n> [nɔy·ˈroː·zə] *f* neurosis

Neurotiker(in) <-s, -> [nɔy·ˈroː·ti·kɐ] *m(f)* neurotic

neurotisch [nɔy·ˈroː·tɪʃ] *adj* neurotic

Neuschnee *m* fresh snow

Neuseeland <-s> [nɔy·ˈzeː·lant] *nt* New Zealand; *s. a.* **Deutschland**

Neuseeländer(in) <-s, -> [nɔy·ˈzeː·lɛn·dɐ] *m(f)* New Zealander; *s. a.* **Deutsche(r)**

neuseeländisch [nɔy·ˈzeː·lɛn·dɪʃ] *adj* New Zealand *attr*; from New Zealand *pred*

neutral [nɔy·ˈtraːl] *adj, adv* neutral

neutralisieren* [nɔy·tra·li·ˈziː·rən] *vt* to neutralize

Neutralität <-> [nɔy·tra·li·ˈtɛːt] *f kein pl* neutrality

Neuverschuldung *f* new debt

Neuwahl *f* reelection

neuwertig *adj* as new

Neuzeit *f kein pl* ■ **die ~** modern times *pl*

Newsgroup <-, -s> ['njuːz·gruːp] *f* newsgroup

Nicaragua <-s> [ni·ka·ˈraː·gu̯a] *nt* Nicaragua; *s. a.* **Deutschland**

Nicaraguaner(in) <-s, -> [ni·ka·ra·ˈgu̯aː·nɐ] *m(f)* Nicaraguan; *s. a.* **Deutsche(r)**

nicaraguanisch [ni·ka·ra·ˈgu̯aː·nɪʃ] *adj* Nicaraguan; *s. a.* **deutsch**

nicht [nɪçt] *adv* not; **ich weiß ~** I don't know; **ich bin es ~ gewesen** it wasn't me; **~ öffentlich** *attr* not open to the public *pred;* ~ **[ein]mal** not even; ~ **mehr** not any more, no longer; ~ **mehr als ...** no more than ...; **bitte ~!** please don't!

Nichtbeachtung *f,* **Nichtbefolgung** *f* noncompliance

Nichte <-, -n> ['nɪç·tə] *f* niece

nichtehelich *adj* illegitimate

Nichterscheinen <-s> *nt kein pl* failure to appear

Nichteuropäer(in) *m(f)* non-European

nichtig ['nɪç·tɪç] *adj* ❶ (*ungültig*) invalid ❷ (*geh: belanglos*) trivial

Nichtigkeit <-, -en> *f* ❶ *kein pl* (*Ungültigkeit*) invalidity ❷ *meist pl* (*geh*) triviality

Nichtraucher(in) *m(f)* nonsmoker

nichts ['nɪçts] *pron indef* ❶ (*nicht etwas*) not anything, nothing; **es ist ~** it's nothing; **~ als ...** (*nur*) nothing but ...; **~ mehr** nothing more [*or* else]; **~ wie raus!** let's get out of here!; **~ ahnend** unsuspecting; **~ sagend** meaningless; **damit will ich ~ zu tun haben** I don't want anything to do with it ❷ *vor substantiviertem adj* nothing; **~ anderes** [als ...] nothing other [than ...]; **hoffentlich ist es ~ Ernstes** I hope it's nothing serious ▶ WENDUNGEN: **~ da!** (*fam*) no chance!; **für ~ und wieder ~** (*fam*) [all] for nothing

Nichts <-, -e> ['nɪçts] *nt* ❶ *kein pl* (*leerer Raum*) void ❷ (*unbedeutender Mensch*) nonentity ▶ WENDUNGEN: **aus dem ~ auftauchen** to show up from out of nowhere; **vor dem ~ stehen** to be left with nothing

Nichtschwimmer(in) *m(f)* nonswimmer

nichtsdestotrotz [nɪçts·dɛs·to·'trɔts] *adv* nonetheless

nichtsdestoweniger [nɪçts·dɛs·to·'veː·nɪ·gɐ] *adv* nevertheless

Nichtsnutz <-es, -e> ['nɪçts·nʊts] *m* (*pej*) good-for-nothing

nichtsnutzig *adj* (*pej*) useless

Nichtstun *nt* ❶ (*das Faulenzen*) idleness ❷ (*Untätigkeit*) inactivity

Nichtzahlung *f* nonpayment

Nickel <-s> ['nɪ·k̩l] *nt kein pl* nickel

nicken ['nɪ·kn̩] *vi* to nod

Nickerchen <-s, -> ['nɪ·kɐ·çən] *nt* (*fam*) nap; **ein ~ machen** to take a nap

nie ['niː] *adv* never; **~ mehr** never again; **das hätte ich ~ im Leben gedacht** I never would have thought that ▶ WENDUNGEN: **~ und nimmer** never ever

nieder|beugen *vr* ■ **sich** *akk* [**zu jdm/etw**] **~** to bend down [to sb/sth]

nieder|brennen *irreg* I. *vi sein* to burn down II. *vt haben* to burn down

niederdeutsch ['niː·dɐ·dɔytʃ] *adj* Low German

Niederfrequenz *f* low frequency

Niedergang <-[e]s> *m kein pl* decline

niedergedrückt *adj* downcast

niedergelassen [-gə·la·sn̩] *adj* SCHWEIZ resident

niedergeschlagen [-gə·ʃla·gn̩] *adj* downcast

Niedergeschlagenheit <-> *f kein pl* despondency

nieder|knien I. *vi sein* to kneel [down] (**vor** +*dat* before) II. *vr haben* ■ **sich** *akk* **~** to kneel [down] (**vor** +*dat* before)

Niederlage *f* defeat

Niederlande ['niː·dɐ·lan·də] *pl* ■ **die ~** the Netherlands; *s. a.* **Deutschland**

Niederländer(in) <-s, -> ['niː·dɐ·lɛn·dɐ] *m(f)* Dutchman *masc*, Dutchwoman *fem*; *s. a.*

Deutsche(r)

niederländisch ['niː·dɐ·lɛn·dɪʃ] *adj* Dutch; *s. a.* **deutsch**

Niederländisch ['niː·dɐ·lɛn·dɪʃ] *nt dekl wie adj* Dutch

nieder|lassen *vr irreg* ❶ (*ansiedeln*) ■ **sich** *akk* **~** to settle down ❷ (*beruflich etablieren*) ■ **sich** *akk* [**als etw**] **~** to establish oneself [as sth]; **niedergelassener Arzt** licensed doctor with his/her own practice ❸ (*geh: hinsetzen*) ■ **sich** *akk* [**auf etw** *dat*] **~** to sit down [on sth]; *Vogel* to settle [on sth]

Niederlassung <-, -en> *f* (*Zweigstelle*) branch

nieder|legen *vt* ❶ (*hinlegen*) to put down *sep* ❷ (*aufgeben*) to give up; *Amt, Mandat* to resign; *Arbeit* to stop

nieder|machen *vt* (*fam*) ❶ (*kaltblütig töten*) to butcher ❷ (*heruntermachen*) to run down *fam*

Niederösterreich ['niː·dɐ·ʔøːs·tə·raiç] *nt* Lower Austria

nieder|reißen *vt irreg* to pull down *sep*

Niedersachsen <-s> ['niː·dɐ·zak·sn̩] *nt* Lower Saxony

nieder|schießen *irreg vt* to shoot down *sep*

Niederschlag *m* ❶ (*Regen*) rainfall; (*Schnee*) snowfall; (*Hagel*) hail ❷ (*Ausdruck*) **seinen ~ in etw** *dat* **finden** to find expression in sth

nieder|schlagen *irreg* I. *vt* ❶ (*zu Boden schlagen*) to floor ❷ (*unterdrücken*) to crush; *Streik* to break up; *Unruhen* to suppress ❸ *Augen* to lower II. *vr* ❶ (*kondensieren*) ■ **sich** *akk* [**an etw** *dat*] **~** to condense [on sth] ❷ (*zum Ausdruck kommen*) ■ **sich** *akk* **in etw** *dat* **~** to find expression in sth

nieder|schmettern *vt* ❶ (*niederschlagen*) to send crashing down ❷ (*fig: erschüttern*) to devastate

niederschmetternd ['niː·dɐ·ʃmɛ·tɐnt] *adj* deeply distressing; *Nachricht* devastating

nieder|schreiben *vt irreg* to write down *sep*

Niederspannung *f* low voltage

Niedertracht <-> *f kein pl* ❶ (*Gesinnung*) malice ❷ (*Tat*) despicable act

niederträchtig *adj* contemptible; *Einstellung, Lüge, Person a.* despicable

Niederträchtigkeit <-, -en> *f* ❶ (*Tat*) despicable act ❷ *kein pl* malice

Niederung <-, -en> ['niː·də·rʊŋ] *f* (*Senke*) lowland; (*Mündungsgebiet*) flats *pl*

niedlich ['niːt·lɪç] I. *adj* cute, sweet II. *adv* sweetly

niedrig ['niː·drɪç] I. *adj* ❶ (*nicht hoch*) low ❷ (*gering*) low; *Betrag* small II. *adv* low

niemals ['niː·maːls] *adv* never

niemand ['niː·mant] *pron indef* nobody, no one; (*bei Fragen und Verneinung*) anyone, anybody

Niemandsland ['niː·mants·lant] *nt kein pl* no man's land

Niere <-, -n> ['niː·rə] *f* kidney ▶ WENDUNGEN: **jdm an die ~n gehen** (*fam*) to get to sb

N

Nierenbecken *nt* renal pelvis

Nierengurt *m* kidney belt

Nierenstein *m* kidney stone

Nierenversagen *nt kein pl* kidney failure

nieseln ['niː·z|n] *vi impers* ■**es nieselt** it's drizzling

Nieselregen ['niː·z|-] *m* drizzle

niesen ['niː·zn̩] *vi* to sneeze

Niete¹ <-, -n> ['niː·tə] *f* ❶ (*Nichttreffer*) blank ❷ (*fam: Versager*) loser

Niete² <-, -> ['niː·tə] *f* TECH rivet

nieten ['niː·tn̩] *vt* to rivet

niet- und nagelfest ['niːt·ʔʊnt·'naː·gl̩·fɛst] *adj* ▶ WENDUNGEN: **alles, was nicht ~ ist** (*fam*) everything that's not nailed down

Nigeria <-s> [ni·'geː·rɪ̯a] *nt* Nigeria; *s. a.* **Deutschland**

Nigerianer(in) <-s, -> [ni·ge·'rɪ̯aː·nɐ] *m(f)* Nigerian; *s. a.* **Deutsche(r)**

nigerianisch [ni·ge·'rɪ̯aː·nɪʃ] *adj* Nigerian; *s. a.* **deutsch**

Nikolaus <-, -e o -läuse> ['nɪ·ko·laus, *pl* -lɔy·zə] *m* ❶ (*verkleidete Gestalt*) St. Nicholas (*figure who brings children presents on December 6*) ❷ *kein pl* (*6. Dezember*) St. Nicholas' Day

Nikotin <-s> [ni·ko·'tiːn] *nt kein pl* nicotine

nikotinfrei *adj* nicotine-free

Nil <-s> ['niːl] *m* ■**der ~** the Nile

Nilpferd *nt* hippo[potamus]

nimmer ['nɪ·mɐ] *adv* ❶ (*veraltend geh: niemals*) never ❷ SÜDD, ÖSTERR (*nicht mehr*) no longer

Nimmerwiedersehen [nɪ·mɐ·'viː·de·ze:·ən] *nt* **auf ~** (*fam*) never to be seen again

nimmt ['nɪmt] *3. pers sing pres von* **nehmen**

nippen ['nɪ·pn̩] *vi* to sip (**an** +*dat* on)

Nippes ['nɪ·pəs, 'nɪps, 'nɪp] *pl* knickknacks *pl*

nirgends ['nɪr·gn̩ts], **nirgendwo** ['nɪr·gn̩t·voː] *adv* nowhere; **ich konnte ihn ~ finden** I couldn't find him anywhere

nirgendwohin ['nɪr·gn̩t·vo·'hɪn] *adv* nowhere

Nische <-, -n> ['niː·ʃə] *f* niche

nisten ['nɪs·tn̩] *vi* to nest

Nistkasten *m* nesting box

Nitrat <-[e]s, -e> [ni·'traːt] *nt* nitrate

Niveau <-s, -s> [ni·'voː] *nt* ❶ (*Anspruch*) caliber; ~ **haben** to have class; **kein ~ haben** to be lowbrow; **das ist unter meinem ~** this is beneath me *fig* ❷ (*Höhe einer Fläche*) level

niveaulos [ni·'voː-] *adj* primitive

niveauvoll *adj* intellectually stimulating

nivellieren* [ni·vɛ·'liː·rən] *vt* (*geh: einander angleichen*) to even out *sep*

nix ['nɪks] *pron indef* (*fam*) *s.* **nichts**

Nixe <-, -n> ['nɪk·sə] *f* mermaid

Nizza <-s> ['nɪ·tsa] *nt* Nice

nobel ['noː·bl̩] I. *adj* ❶ (*edel*) noble ❷ (*luxuriös*) luxurious ❸ (*großzügig*) generous II. *adv* ❶ (*edel*) honorably ❷ (*großzügig*) generously

Nobelpreis [no·'bɛl·prais] *m* Nobel Prize

Nobelpreisträger(in) *m(f)* Nobel Prize winner

noch ['nɔx] I. *adv* ❶ (*bis jetzt*) still; **ein ~**

ungelöstes Problem an as yet unsolved problem; ■**~ immer** [**nicht**] still [not]; ■**~ nicht** not yet; ■**~ nichts** nothing yet; ■**~ nie** never; **die Luft war klar wie ~ nie** the sky was clearer than ever before ❷ (*irgendwann*) some time; **er kommt schon ~** he will eventually come ❸ (*nicht später als*) by the end of; **~ gestern habe ich davon nichts gewusst** even yesterday I didn't know a thing about it; **~ heute** today ❹ (*bevor etw anderes geschieht*) **bleib ~ ein wenig** stay a little longer ❺ (*womöglich*) **wir kommen ~ zu spät** we're going to end up being late ❻ (*zusätzlich*) in addition; **möchtest du ~ etwas essen?** would you like something else to eat?; **möchten Sie ~ eine Tasse Kaffee?** would you like another cup of coffee?; ■**~ eine(r, s)** another ❼ *vor komp* (*mehr als*) even [more] II. *konj* ■**weder ... ~ ...** neither ... nor ...

nochmalig ['nɔx·ma:·lɪç] *adj attr* further

nochmals ['nɔx·ma:ls] *adv* again

Nomade, Nomadin <-n, -n> [no·'maː·də] *m, f* nomad

Nomen <-s, Nomina> ['noː·mən, *pl* 'noː·mi·na] *nt* LING noun

Nominativ <-[e]s, -e> ['noː·mi·na·ti:f, *pl* 'noː·mi·na·ti:·və] *m* nominative

nominieren* [no·mi·'niː·rən] *vt* to nominate

Nominierung <-, -en> *f* nomination

Nonameproduktᴿᴿ, **No-Name-Produkt**ᴿᴿ ['noʊ·ne:m-] *nt* no-name product

Nonne <-, -n> ['nɔ·nə] *f* nun

Nonplusultra <-> [nɔn·plʊs·'ʔʊl·tra] *nt kein pl* (*geh*) ■**das ~** the ultimate

Nonsens <-[es]> ['nɔn·zɛns] *m kein pl* nonsense

nonstop [nɔn·'ʃtɔp, nɔn·'stɔp] *adv* nonstop

Nord <-[e]s, -e> ['nɔrt, *pl* 'nɔr·də] *m kein art, kein pl* north; **aus ~** from the north

Nordamerika ['nɔrt·ʔa'meː·ri·ka] *nt* North America

norddeutsch ['nɔrt·dɔytʃ] *adj* North German

Norddeutschland ['nɔrt·dɔytʃ·lant] *nt* North Germany

Norden <-s> ['nɔr·dn̩] *m kein pl, kein indef art* ❶ (*Himmelsrichtung*) north; **im/nach ~** in/ to the north; **in Richtung ~** to[ward] the north ❷ (*nördliche Gegend*) north; **er wohnt im ~ der Stadt** he lives in the northern part of town

Nordeuropa ['nɔrt·ʔɔy·'roː·pa] *nt* Northern Europe

Nordhalbkugel *f* Northern Hemisphere

Nordirland ['nɔrt·ʔɪr·lant] *nt* Northern Ireland

Nordküste ['nɔrt·kʏs·tə] *f* north coast

nördlich ['nœrt·lɪç] I. *adj* ❶ (*Himmelsrichtung*) northern ❷ (*im Norden liegend*) northern; **weiter ~ liegen** to lie farther [to the] north ❸ (*von/nach Norden*) northerly; **in ~ e Richtung** northward II. *adv* ■**~ von ...** north of ... III. *präp* +*gen* **~ der Stadt** [to the] north of the town

Nordlicht *nt* ❶ (*Polarlicht*) northern lights *pl* ❷ (*hum, a. pej: Mensch aus Norddeutsch-*

land) North German

Nordosten [nɔrt·'ʔɔs·tn̩] *m kein indef art* northeast; *s. a.* **Norden**

nordöstlich [nɔrt·'ʔœst·lɪç] **I.** *adj* ❶ (*Himmelsrichtung*) northeastern ❷ (*im Nordosten liegend*) northeastern ❸ (*von/nach Nordosten*) northeastward **II.** *adv* ■ ~ **von ...** northeast of ... **III.** *präp* +*gen* northeast of; *s. a.* **nördlich**

Nordpol ['nɔrt·po:l] *m kein pl* ■ **der** ~ the North Pole

Nordrhein-Westfalen ['nɔrt·rain·vɛst·'fa:·lən] *nt* North Rhine-Westphalia

Nordsee ['nɔrt·ze:] *f* ■ **die** ~ the North Sea; **an der** ~ on the North Sea coast

Nord-Süd-Gefälle *nt* North-South divide

Nordwesten [nɔrt·'vɛs·tn̩] *m kein indef art* northwest; *s. a.* **Norden**

nordwestlich [nɔrt·'vɛst·lɪç] **I.** *adj* ❶ (*Himmelsrichtung*) northwestern ❷ (*im Nordwesten liegend*) northwestern ❸ (*von/nach Nordwesten*) northwestward **II.** *adv* ■ ~ **von ...** northwest of ... **III.** *präp* +*gen* northwest of; *s. a.* **nördlich**

Nordwind *m* north wind

Nörgelei <-, -en> *f* ❶ (*Äußerung*) moaning [and groaning] ❷ *kein pl* (*das Nörgeln*) nagging

nörgeln ['nœr·gl̩n] *vi* to moan (**über** +*akk* about)

Nörgler(in) <-s, -> ['nœrg·lɐ] *m(f)* moaner

Norm <-, -en> ['nɔrm] *f* ❶ (*festgelegte Größe*) standard ❷ (*verbindliche Regel*) norm ❸ (*Durchschnitt*) ■ **die** ~ the norm ❹ (*festgesetzte Arbeitsleistung*) quota

normal [nɔr·'ma:l] **I.** *adj* ❶ (*üblich*) normal ❷ *meist verneint* (*fam: zurechnungsfähig*) right in the head; **du bist wohl nicht ~!** you are out of your mind! **II.** *adv* normally

Normalbenzin *nt* regular [unleaded] [gas]

normalerweise *adv* normally

Normalfall *m* normal case; **im** ~ usually

normalisieren* [nɔr·ma·li·'zi:·rən] **I.** *vt* to normalize **II.** *vr* ■ **sich** *akk* ~ to normalize

Normalisierung <-, -en> *f* normalization

Normalität <-> [nɔr·ma·li·'tɛ:t] *f kein pl* normality

Normalverbraucher(in) *m(f)* average consumer; **Otto** ~ (*fam*) the man in the street

Normalzustand *m kein pl* normality

Normandie <-> [nɔr·man·'di:] *f* ■ **die** ~ Normandy

normen ['nɔr·mən] *vt* to standardize

normieren* [nɔr·'mi:·rən] *vt* (*geh*) to standardize

Normierung <-, -en> *f* (*geh*) standardization

Normung <-, -en> *f* standardization

Norwegen <-s> ['nɔr·ve:·gn̩] *nt* Norway; *s. a.* **Deutschland**

Norweger(in) <-s, -> ['nɔr·ve:·gɐ] *m(f)* Norwegian; *s. a.* **Deutsche(r)**

norwegisch ['nɔr·ve:·gɪʃ] *adj* Norwegian; *s. a.* **deutsch**

Norwegisch ['nɔr·ve:·gɪʃ] *nt dekl wie adj*

■ **das** ~**e** Norwegian

Nostalgie <-> [nɔs·tal·'gi:] *f kein pl* (*geh*) nostalgia

nostalgisch [nɔs·'tal·gɪʃ] *adj* (*geh*) nostalgic

Not <-, Nöte> ['no:t, *pl* 'nø:·tə] *f* ❶ *kein pl* (*Armut*) poverty ❷ (*Bedrängnis*) distress; **in** ~ **geraten** to be in dire straits; **jdm seine** ~ **klagen** to pour out one's troubles to sb ❸ (*Mühe*) **seine** [**liebe**] ~ **haben mit jdm/etw** *dat* to have one's work cut out with sb/sth; **mit knapper** ~ just ▶ WENDUNGEN: ~ **macht erfinderisch** (*prov*) necessity is the mother of invention; **zur** ~ if need[s] be

Notar(in) <-s, -e> [no·'ta:ɐ̯] *m(f)* notary [public]

Notariat <-[e]s, -e> [no·ta·'ri̯a:t] *nt* (*Kanzlei*) notary's office

notariell [no·ta·'ri̯ɛl] *adj* notarial; ~ **beglaubigt** notarized

Notarzt, -ärztin *m, f* ❶ (*bei Unfällen*) emergency doctor ❷ (*Arzt im Notdienst*) on-call physician

Notaufnahme *f* ❶ (*eines Kranken*) emergency admission ❷ (*Krankenhausstation*) emergency room

Notausgang *m* emergency exit

Notbehelf *m* stopgap [measure]

Notbremse *f* emergency brake

Notdienst *m* ~ **haben** to be on duty

notdürftig ['no:t·dʏrf·tɪç] **I.** *adj* makeshift **II.** *adv* in a makeshift manner *pred*

Note <-, -n> ['no:·tə] *f* ❶ MUS note; **ganze/halbe** ~ whole/half note; ~**n lesen** to read music ❷ (*Zensur*) grade ❸ (*Banknote*) [bank]note

Notebook <-s, -s> ['noʊt·bʊk] *nt* COMPUT notebook

Notepad-Computer ['noʊt·pæd-] *m* notepad [computer]

Notfall *m* emergency

notfalls ['no:t·fals] *adv* if need be

notgedrungen *adv* willy-nilly

notieren* [no·'ti:·rən] *vt* to write down

nötig ['nø:·tɪç] *adj* necessary; ■ **alles** N~**e** everything necessary; ■ **das** N~**ste** the essentials; **etw** [**bitter**] ~ **haben** to be in [urgent] need of sth; **das haben wir nicht** ~**!** we don't have to put up with that!

nötigen ['nø:·tɪgŋ̍] *vt* to force

nötigenfalls ['nø:·tɪ·gŋ̍·fals] *adv* (*form*) if necessary

Nötigung <-, -en> *f* (*Zwang*) coercion

Notiz <-, -en> [no·'ti:ts] *f* ❶ (*Vermerk*) note ❷ (*Zeitungsmeldung*) short report ▶ WENDUNGEN: [**keine**] ~ [**von jdm/etw**] **nehmen** to take [no] notice [of sb/sth]

Notizblock <-blöcke> *m* notepad

Notizbuch *nt* notebook

Notlage *f* desperate situation

notlanden <notlandete, notgelandet> ['no:t·lan·dn̩] *vi sein* to make an emergency landing

Notlandung *f* emergency landing

Notlösung *f* stopgap [solution]

N

Notlüge _f_ white lie
notorisch [noˑˈtoːˑrɪʃ] I. _adj_ (_geh_) notorious II. _adv_ (_geh_) notoriously
Notruf _m_ ❶ (_Anruf_) emergency call ❷ _s._ **Notrufnummer**
Notrufnummer _f_ emergency number
Notrufsäule _f_ emergency telephone
Notsignal _nt_ emergency signal
Notsitz _m_ _a small folding seat used when there is lack of space_
Notstand _m_ ❶ (_Notlage_) desperate situation ❷ JUR |state of| emergency
Notstandsgebiet _nt_ disaster area
Notunterkunft _f_ emergency accommodations _pl_
Notwehr <-> _f_ _kein pl_ self-defense
notwendig [ˈnoːtˑvɛnˑdɪç] I. _adj_ necessary II. _adv_ necessarily; **etw ~ brauchen** to absolutely need sth
notwendigerweise [ˈnoːtˑvɛnˑdɪˑgeˑˈvaiˑzə] _adv_ necessarily
Notwendigkeit <-, -en> [ˈnoːtˑvɛnˑdɪçˑkait, notˑˈvɛnˑdɪçˑkait] _f_ necessity
Nougat <-s, -s> [ˈnuːˑgat] _m_ _o_ _nt_ nougat
Nov. _Abk von_ **November** Nov.
November <-s, -> [noˑˈvɛmˑbɐ] _m_ November; _s. a._ **Februar**
Nr. _Abk von_ **Nummer** no.
NS [ɛnˑˈɛs] _Abk von_ **Nationalsozialismus** National Socialism
Nu [ˈnuː] _m_ **im ~** in a flash
Nuance <-, -n> [ˈnÿˑãːsə] _f_ nuance
nüchtern [ˈnʏçˑtɐn] _adj_ ❶ (_mit leerem Magen_) with an empty stomach ❷ (_nicht betrunken_) sober ❸ (_realitätsbewusst_) down-to-earth ❹ _Tatsachen_ plain; _Einrichtung_ austere
Nüchternheit <-> _f_ _kein pl_ ❶ (_Realitätsbewusstsein_) rationality ❷ (_nicht alkoholisierter Zustand_) soberness
Nudel <-, -n> [ˈnuːˑdl̩] _f_ _meist pl_ pasta + _sing vb, no indef art;_ (_Suppennudel_) noodle _usu pl_
Nudist(in) <-en, -en> [nuˑˈdɪst] _m(f)_ (_geh_) nudist
Nugat, Nougat <-s, -s> _m_ _o_ _nt_ nougat
nuklear [nuˑkleˑˈaːɐ̯] I. _adj attr_ nuclear II. _adv_ with nuclear weapons _pred_
Nuklearwaffe _f_ nuclear weapon
null [ˈnʊl] _adj_ zero ▶ WENDUNGEN: **gleich ~ sein** to be |practically| zero, to be extremely unrealistic; **in ~ Komma nichts** (_fam_) in a flash; **~ und nichtig sein** to be null and void
Null <-, -en> [ˈnʊl, _pl_ ˈnʊlˑn̩] _f_ ❶ (_Zahl_) zero, null _liter_ ❷ (_fam: Versager_) nothing
nullachtfuffzehn [nʊlˑʔaxtˑˈfʊfˑtseːn], **nullachtfünfzehn** [nʊlˑʔaxtˑˈfʏnfˑtseːn] _adj_ (_fam_) run-of-the-mill
Nulldiät _f_ starvation diet
NulllösungRR, **Nullösung**ALT _f_ zero option
Nullpunkt _m_ _kein pl_ freezing point ▶ WENDUNGEN: **auf den ~ sinken** to reach rock bottom
Nullrunde _f_ _round of wage negotiations in which the demand for a wage increase is dropped_

Nulltarif _m_ ▪ **zum ~** for free
Numeri [ˈnuːˑmeˑri] _pl von_ **Numerus**
numerieren★ALT [nuˑməˑˈriːˑrən] _vt s._ **nummerieren**
numerisch [nuˑˈmeːˑrɪʃ] _adj_ numeric|al|
Numerus <-, Numeri> [ˈnuːˑmeˑrʊs, _pl_ ˈnuːˑmeˑri] _m_ number; **~ clausus** enrollment limits, quota

> ℹ Universities regulate the number of students who are allowed to enroll in the most popular subjects by means of the quota-like **Numerus clausus** (N. C.), which means "closed number" in Latin. With successful completion of the _Gymnasium_ (secondary school), a student passes the so-called _Abitur_ and receives a document that confirms the passing of the exams and lists the grades. The sum of all _Abitur_ passes is used to calculate the **N. C.** for each field of study and this then determines whether a student obtains permission to study at a particular university since the number of applicants usually far exceeds the number of available spots. The N. C. can vary from semester to semester.

Nummer <-, -n> [ˈnʊˑmɐ] _f_ ❶ (_Zahl, Telefonnummer_) number ❷ MEDIA (_Ausgabe_) issue ❸ (_Größe_) size ❹ (_derb: Koitus_) fuck _vulg;_ **eine ~ mit jdm schieben** (_sl_) to get it on |with sb| _sl_ ▶ WENDUNGEN: **auf ~ Sicher gehen** (_fam_) to play it safe
nummerieren★RR _vt_ to number
Nummernschild _nt_ license plate
nun [ˈnuːn] _adv_ now; **es ist ~ |ein|mal so** that's |just| the way it is
nur [ˈnuːɐ̯] _adv_ ❶ (_lediglich_) only; **sie fährt gut, ~ zu schnell** she drives well, but too fast ❷ (_bloß_) just; **wie konnte ich das ~ vergessen!** how on earth could I forget that! ❸ (_ruhig_) just; **~ zu!** go |right| ahead!
Nürnberg <-s> [ˈnʏrnˑbɛrk] _nt_ Nuremberg
nuscheln [ˈnʊˑʃl̩n] _vi, vt_ (_fam_) to mumble
NussRR, **Nuß**ALT <-, Nüsse> [ˈnʊs, _pl_ ˈnʏˑsə] _f_ nut ▶ WENDUNGEN: **dumme ~** (_fam_) moron, idiot
NussbaumRR _m_ nut tree
NussknackerRR <-s, -> _m_ nutcracker
NussschaleRR _f_ nutshell
Nutte <-, -n> [ˈnʊˑtə] _f_ (_sl_) whore
nutz [ˈnʊts] _adj pred_ SÜDD, ÖSTERR _s._ **nütze**
nutzbar _adj_ usable
nutzbringend I. _adj_ gainful II. _adv_ gainfully
nütze [ˈnʏˑtsə] _adj pred_ ▪ **zu etw** _dat_ **~ sein** to be useful for sth; ▪ **zu nichts ~ sein** to be good for nothing
nutzen [ˈnʊˑtsn̩], **nützen** [ˈnʏˑtsn̩] I. _vi_ (_von Nutzen sein_) to be of use; ▪ **|jdm| nichts ~** to not do |sb| any good II. _vt_ ❶ (_in Gebrauch nehmen_) to use ❷ (_ausnutzen_) to exploit; **eine**

Gelegenheit ~ to take advantage of an opportunity

Nutzen <-s> ['nʊ·tsn̩] *m kein pl* benefit; **welchen ~ versprichst du dir davon?** what do you hope to gain from it?; [jdm] ~ **bringen** to be advantageous [to sb]; [jdm] **von ~ sein** to be of use [to sb]

Nutzfahrzeug *nt* utility vehicle

nützlich ['nʏts·lɪç] *adj* ❶ (*nutzbringend*) useful ❷ (*hilfreich*) helpful

nutzlos I. *adj* useless II. *adv* in vain *pred*

Nutzlosigkeit <-> *f kein pl* uselessness

Nutzpflanze *f* [economically] useful plant

Nutzung <-, -en> *f* use

Nylon® <-[s]> ['nai·lɔn] *nt kein pl* nylon

Nymphomanin <-, -nen> *f* nymphomaniac

O

O, o <-, - *o fam* -s, -s> [oː] *nt* O, o; **~ wie Otto** O as in Oscar

Oase <-, -n> [oˈaː·zə] *f* oasis

ob ['ɔp] *konj* whether; **~ er morgen kommt?** I wonder if he's coming tomorrow?

Obdach <-[e]s> ['ɔp·dax] *nt kein pl* (*geh*) shelter

obdachlos *adj* homeless

Obdachlose(r) *f(m)* homeless person

Obdachlosenasyl *nt,* **Obdachlosenheim** *nt* homeless shelter

O-Beine *pl* bow legs *pl*

oben ['oːbn̩] *adv* ❶ (*in der Höhe*) top; **ich möchte die Flasche ~ links** I'd like the bottle [that's] on the top left; **■~ auf etw** *dat o akk* on top of sth; **dort/hier ~** up there/here; **ganz ~** at the very top; **hoch ~** high; **bis ~ [hin]** up to the top; **nach ~** up; **nach ~ zu** further up; **von ~** (*vom oberen Teil*) from above ❷ (*im oberen Stockwerk*) upstairs; **nach ~** upstairs; **von ~** from upstairs ❸ (*fam: auf höherer Ebene*) **sich** *akk* **~ halten** to stay at the top; **der Befehl kommt von ~** the order comes from the top; **solche Dinge werden ~ entschieden** these things are decided by the powers that be ❹ (*vorher*) above; **der/die/das ~ erwähnte** the above-mentioned ▶WENDUNGEN: **dieser Job steht mir bis [hier] ~** (*fam*) I'm fed up with this job *sl;* **ich weiß nicht mehr, wo ~ und unten ist** (*fam*) I don't know whether I'm coming or going *sl;* **~ ohne** (*fam*) topless; **von ~ bis unten** from top to bottom

obenauf ['oːbn̩·ʔauf] *adv* ❶ DIAL (*obendrauf*) on top ❷ **~ sein** (*guter Laune*) to be in a good mood; (*im Vorteil*) to be in a strong position

obendrauf ['oːbn̩·drauf] *adv* (*fam*) on top

obendrein ['oːbn̩·drain] *adv* on top

obenherum ['oːbn̩·hɛ·rʊm] *adv* (*fam*) in the bust

obenhin ['oːbn̩·hɪn] *adv* in passing

obenrum ['oːbn̩·rʊm] *adv* (*fam*) *s.* **obenherum**

Ober <-s, -> ['oːbɐ] *m* waiter

Oberarm *m* upper arm

Oberarzt, -ärztin *m, f* assistant medical director

Oberbefehlshaber(in) *m(f)* commander in chief

Oberbegriff *m* generic term

Oberbekleidung *f* outer clothing

Oberbürgermeister(in) ['oːbɐ·bʏr·gə·mais·tə] *m(f)* mayor

obere(r, s) ['oːbə·rə, 'oːbə·rɐ, 'oːbə·rəs] *adj attr* ❶ (*oben befindlich*) top ❷ (*rangmäßig höher*) higher ❸ (*vorhergehend*) previous ❹ (*höher gelegen*) upper

Oberfläche ['oːbɐ·flɛ·çə] *f* surface; **an die ~ kommen** to surface

oberflächlich ['oːbɐ·flɛç·lɪç] I. *adj* superficial II. *adv* superficially; (*flüchtig*) in a slapdash manner *pred*

Oberflächlichkeit <-> *f kein pl* superficiality

Obergeschossᴿᴿ *nt* top floor

Obergrenze *f* upper limit

oberhalb ['oːbɐ·halp] I. *präp +gen* above II. *adv* above

Oberhand ['oːbɐ·hant] *f* ▶WENDUNGEN: **die ~ [über jdn] gewinnen** to gain the upper hand [over sb]

Oberhaupt *nt* head

Oberhaus *nt* POL upper house, Senate

Oberhemd *nt* shirt

oberirdisch I. *adj* aboveground; *Leitung* overhead II. *adv* aboveground

Oberkellner(in) *m(f)* head waiter *masc,* head waitress *fem*

Oberkiefer *m* upper jaw

Oberkörper *m* torso

Oberlippe *f* upper lip

Oberösterreich ['oːbɐ·ʔøːstə·raiç] *nt* Upper Austria

Oberschenkel *m* thigh

Oberschicht *f* (*der Gesellschaft*) upper class

Oberschwester *f* head nurse

Oberseite *f* top

oberste(r, s) ['oːbɐ·stə, 'oːbɐ·stɐ, 'oːbɐ·stəs] *adj* ❶ (*räumlich*) top ❷ (*rangmäßig*) highest

Oberstübchen *nt* ▶WENDUNGEN: **nicht ganz richtig im ~ sein** (*veraltend fam*) to have a screw loose *sl*

Oberstufe *f* ≈ sixth grade

Oberteil *nt o m* ❶ (*Aufsatz*) top part ❷ (*von Kleidung*) top

Obertrottel *m* (*fam*) prize idiot, total jerk *fam*

Oberweite *f* bust size

obgleich [ɔp·ˈglaiç] *konj* although

Obhut <-> ['ɔp·huːt] *f kein pl* (*geh*) care; **unter jds ~ stehen** to be in sb's care

Objekt <-[e]s, -e> [ɔp·ˈjɛkt] *nt* ❶ (*Gegenstand, a. Grammatik*) object ❷ (*Immobilie*) [piece of] property ❸ (*Kunstgegenstand*) objet d'art,

work of art
objektiv [ɔpjɛk·'tiːf] I. *adj* objective II. *adv* objectively
Objektiv <-s, -e> [ɔpjɛk·'tiːf, *pl* ɔpjɛk·'tiːvə] *nt* lens
Objektivität <-> [ɔpjɛk·tivi·'tɛːt] *f kein pl* objectivity
obligatorisch [obliga·'toː·rɪʃ] *adj* (*geh*) mandatory
Oboe <-, -n> [o·'boːə] *f* oboe
Obrigkeit <-, -en> ['oːbrɪç·kait] *f* (*Verwaltung*) ■**die** ~ the authorities
obskur [ɔps·'kuːɐ̯] *adj* (*geh*) ❶ (*unbekannt*) obscure ❷ (*verdächtig*) suspicious
Obst <-[e]s> ['oːpst] *nt kein pl* fruit
Obstbaum *m* fruit tree
Obstgarten *m* orchard
Obstkuchen *m* fruit tart
Obstsaft *m* fruit juice
Obstsalat *m* fruit salad
obszön [ɔps·'tsøːn] *adj* obscene
Obszönität <-, -en> [ɔps·tsø·ni·'tɛːt] *f* obscenity
obwohl [ɔp·'voːl] *konj* although
Ochse <-n, -n> ['ɔksə] *m* ox
Ochsenschwanzsuppe *f* oxtail soup
öde ['øːdə] *adj* ❶ (*verlassen*) desolate ❷ (*fade*) *Landschaft* dull ❸ (*langweilig*) tedious, dull
oder ['oːdɐ] *konj* ❶ (*eines oder anderes*) or; ~ **aber** or else; ~ **auch** or [even]; ~ **auch nicht** or [maybe] not ❷ (*stimmt's?*) **der Film hat dir auch gut gefallen, ~?** you liked the movie too, didn't you?; **er schuldet dir noch Geld, ~?** he still owes you money, doesn't he?
Ofen <-s, Öfen> ['oːfn̩, *pl* 'øːfn̩] *m* ❶ (*Heizofen*) heater; (*Kohle-, Kachel-, Ölofen*) stove ❷ (*Backofen*) oven ❸ DIAL (*Herd*) stove ▶ WENDUNGEN: **jetzt ist der ~ aus** (*fam*) that does it
ofenfrisch *adj* oven-fresh
Ofenheizung *f* stove heating
offen ['ɔfn̩] I. *adj* open; *Punkt* moot; *Problem, Rechnung* unsettled; *Frage* unanswered; **bei ~em Fenster** with the window open; ~**er Wein** wine by the glass/carafe; ~ **haben** *Laden, Geschäft* to be open II. *adv* openly; ~ **gestanden** to be [perfectly] honest
offenbar [ɔfn̩·'baːɐ̯] I. *adj* obvious II. *adv* obviously
offenbaren <*pp* offenbart *o* geoffenbart> [ɔfn̩·'baː·rən] (*geh*) I. *vt* to reveal II. *vr* ❶ ■**sich** *akk* **jdm** ~ to confide in sb ❷ (*erweisen*) **es offenbarte sich als Reinfall** it proved to be a failure
Offenbarung <-, -en> [ɔfn̩·'baː·rʊŋ] *f* revelation
Offenheit <-> *f kein pl* openness; **in aller** ~ quite frankly
offenherzig *adj* ❶ (*freimütig*) open ❷ (*hum fam: tief ausgeschnitten*) revealing
offenkundig ['ɔfn̩·kʊn·dɪç] *adj* obvious
offensichtlich ['ɔfn̩·zɪçt·lɪç] I. *adj* obvious; *Irrtum, Lüge* blatant II. *adv* obviously
offensiv [ɔfɛn·'ziːf] I. *adj* offensive; *Verhalten,*

Art aggressive II. *adv* offensively, aggressively
Offensive <-, -n> [ɔfən·'ziːvə] *f* offensive
öffentlich ['œfn̩·tlɪç] I. *adj* public II. *adv* publicly
Öffentlichkeit <-> *f kein pl* ■**die** ~ the [general] public + *sing/pl vb*; **in aller** ~ in public; **etw an die** ~ **bringen** to make sth public
Öffentlichkeitsarbeit *f kein pl* public relations *npl*
öffentlichkeitswirksam *adj* ■~ **sein** to be good publicity
öffentlich-rechtlich *adj attr* under public law *pred*; *Anstalt* public; ~**e Rundfunkanstalt** public [service] broadcasting
offerieren* [ɔfe·'riː·rən] *vt* (*geh*) to offer
Offerte <-, -n> [ɔ·'fɛr·tə] *f* offer
offiziell [ɔfi·'tsi̯ɛl] I. *adj* ❶ (*amtlich*) official ❷ (*förmlich*) *Empfang, Feier* formal II. *adv* officially
Offizier(in) <-s, -e> [ɔfi·'tsiːɐ̯] *m(f)* officer
Offlinebetriebᴿᴿ, **Off-line-Betrieb**ᴬᴸᵀ ['ɔf·lain-] *m kein pl* offline operation
öffnen ['œf·nən] I. *vt* to open II. *vi* ■**[jdm]** ~ to open the door [for sb] III. *vr* ❶ (*aufgehen*) ■**sich** *akk* ~ *Tür* to open; *Blüte, Fallschirm* to open up ❷ (*sich zuwenden*) ■**sich** *akk* **[jdm/etw]** ~ to open up [to sb/sth]
Öffner <-s, -> *m* ❶ (*Dosenöffner*) can opener; (*Flaschenöffner*) bottle opener ❷ (*Türöffner*) door opener
Öffnung <-, -en> *f* ❶ (*offene Stelle*) opening ❷ *kein pl* (*das Öffnen*) opening ❸ *kein pl* POL opening up
Öffnungszeiten *pl* hours of business *pl*
oft <öfter, am öftesten> ['ɔft] *adv* often
öfter(s) ['œf·tɐ(s)] *adv* [every] once in a while; **ist dir das schon ~ passiert?** has that happened to you often?
öftesten ['œf·təs·tən] *superl von* **oft**
oftmals *adv* often
ohne ['oːnə] I. *präp* +*akk* ❶ (*nicht versehen mit*) without; ~ **Geld** without any money; ~ **Schutz** unprotected ❷ (*nicht eingerechnet*) excluding; ~ **mich!** count me out! II. *konj* ■~ **etw zu tun** without doing sth; ■~ **dass etw geschieht** without sth happening; ■~ **dass jd etw tut** without sb doing sth
ohnegleichen [oːnə·'glai·çn̩] *adj inv* ❶ (*unnachahmlich*) unparalleled ❷ (*außergewöhnlich*) [quite] exceptional
ohnehin [oːnə·'hɪn] *adv* anyhow, anyway[s *fam*]
Ohnmacht <-, -en> ['oːn·maxt] *f* ❶ (*Bewusstseinszustand*) faint; **in** ~ **fallen** to faint ❷ (*geh: Machtlosigkeit*) powerlessness
ohnmächtig ['oːn·mɛç·tɪç] I. *adj* ❶ (*bewusstlos*) unconscious; ~ **werden** to faint ❷ (*geh: machtlos*) powerless ❸ *attr Wut* helpless II. *adv* helplessly
Ohr <-[e]s, -en> ['oːɐ̯] *nt* ear ▶ WENDUNGEN: **es faustdick hinter den** ~**en haben** to be a sly one; **ganz** ~ **sein** (*hum fam*) to be all ears; **auf dem** ~ **taub sein** (*fam*) to be deaf to that sort

of thing; **bis über beide ~en** <u>verliebt</u> **sein** to be head over heels in love; **jdm eins hinter die ~en** <u>geben</u> (*fam*) to whack sb on the back of the head; **viel um die ~en** <u>haben</u> (*fam*) to have a lot on one's plate; **jdn übers ~** <u>hauen</u> (*fam*) to pull a fast one on sb; **jdn [mit etw** *dat*] **in den ~en** <u>liegen</u> to nag sb [about sth]; **die ~en** <u>spitzen</u> (*fam*) to prick up one's ears; **seinen ~en nicht** <u>trauen</u> to not believe one's ears

Ohrenarzt, -ärztin *m, f* ear specialist
ohrenbetäubend I. *adj* deafening **II.** *adv* deafeningly
Ohrenentzündung *f* ear infection
Ohrensausen <-s> *nt kein pl* buzzing in one's ears
Ohrenschmalz *nt kein pl* earwax
Ohrenschmaus <-es> *m kein pl* (*fam*) feast for the ear[s]
Ohrenschützer <-s, -> *m meist pl* earmuff *usu pl*
Ohrentropfen *pl* eardrops *pl*
Ohrenzeuge, -zeugin *m, f* witness (*to something heard*)
Ohrfeige <-, -n> *f* slap in the face
ohrfeigen *vt* ▪**jdn ~** to give sb a slap in the face
Ohrläppchen <-s, -> *nt* earlobe
Ohrmuschel *f* outer ear
Ohrring *m* earring
Ohrwurm *m* (*fam: Lied*) catchy tune
Ökobauer, -bäuerin *m, f* organic farmer
Ökoladen ['ø:ko·la:·dn̩] *m* health food store
Ökologe, Ökologin <-n, -n> [øko·'lo:·gə] *m, f* ecologist
Ökologie <-> [øko·lo·'gi:] *f kein pl* ecology
Ökologiebewegung *f* environmental movement
ökologisch [øko·'lo:·gɪʃ] **I.** *adj* ecological **II.** *adv* ecologically
Ökonom(in) <-en, -en> [øko·'no:m] *m(f)* (*geh*) economist
Ökonomie <-, -n> [øko·no·'mi:, *pl* øko·no·'mi:ən] *f* ❶ *kein pl* (*Wirtschaftlichkeit*) economy ❷ (*Wirtschaft*) economy
ökonomisch [øko·'no:·mɪʃ] **I.** *adj* ❶ (*die Wirtschaft betreffend*) economic ❷ (*sparsam*) economical **II.** *adv* economically
Ökopartei *f* Green Party
Ökosteuer *f* environmental tax (*tax on products or processes which damage the environment*)
Ökosystem *nt* ecosystem
Ökotest *m* test designed to measure the effect sth has on the environment
Okt. *Abk von* **Oktober** Oct.
Oktober <-s, -> [ɔk·'to:·bɐ] *m* October; *s. a.* **Februar**
Okzident <-s> ['ɔktsid·ɛnt] *m kein pl* (*geh*) ▪**der ~** the Occident *form o poet*
Öl <-[e]s, -e> ['ø:l] *nt* (*fette Flüssigkeit, a. Erdöl*) oil; (*Heizöl*) fuel oil; (*Schmieröl*) lubricating oil ▶ WENDUNGEN: **~ ins** <u>Feuer</u> **gießen** to add fuel to the fire

Oldie <-s, -s> ['o:l·di] *m* oldie
Oldtimer <-s, -> ['o:lt·taimɐ] *m* (*Auto*) vintage car; (*Flugzeug*) vintage airplane
Oleander <-s, -> [ole·'andɐ] *m* oleander
ölen ['ø:lən] *vt* to oil
Ölfarbe *f* oil-based paint; KUNST oil [paint]
Ölfleck *m* oil spot
Ölgemälde *nt* oil painting
Ölgötze *m* (*pej sl*) **dastehen wie ein ~** to stand there like a zombie
Ölheizung *f* oil heater
ölig ['ø:l·ɪç] *adj* oily; (*fettig*) greasy
Olive <-, -n> [o·'li:·və] *f* olive
Olivenbaum *m* olive tree
Olivenöl *nt* olive oil
olivgrün *adj* olive-green, olive *attr*
Öljacke *f* oilskin jacket
Ölkonzern *m* oil company
Ölkrise *f* oil crisis
Ölleitung *f* oil pipe; (*Pipeline*) oil pipeline
Ölpest *f* oil pollution
Ölplattform *f* oil rig
Ölpumpe *f* oil pump
Ölquelle *f* oil well
Ölsardine *f* sardine [in oil] ▶ WENDUNGEN: **wie die ~n** (*fam*) like sardines
Ölstand *m kein pl* oil level
Ölstandsmesser *m* oil pressure gauge
Öltanker *m* oil tanker
Ölteppich *m* oil slick
Ölverbrauch *m* oil consumption
Ölwechsel *m* oil change
Olympiade <-, -n> [olym·'pi̯a:·də] *f* Olympic Games *pl*
Olympiasieger(in) *m(f)* Olympic champion
Olympionike, Olympionikin <-n, -n> [olym·pi̯o·'ni:·kə] *m, f* Olympic athlete
olympisch [o·'lym·pɪʃ] *adj* Olympic *attr*
Ölzweig *m* olive branch
Oma <-, -s> ['o:·ma] *f* (*fam*) granny *fam*, grandma *fam*
Omelett <-[e]s, -e *o* -s> *nt*, **Omelette** <-, -n> [ɔm(ə)·'lɛt, *pl* ɔm(ə)·'lɛtn̩] *f* SCHWEIZ, ÖSTERR omelette
Omen <-s, - *o* Omina> ['o:·mən, *pl* 'o:·mina] *nt* (*geh*) omen
Omnibus ['ɔmni·bʊs] *m* bus
Omnibushaltestelle *f* bus stop
onanieren* [ona·'ni:·rən] *vi* to masturbate
Onkel <-s, -> ['ɔŋ·kl̩] *m* uncle
Onlinebanking <-[s]> ['ɔn·lain·bɛŋ·kɪŋ] *nt kein pl* online banking
OnlinebetriebRR, **On-line-Betrieb**ALT ['ɔn·lain-] *m kein pl* online operation
Onlinechat ['ɔn·lain·tʃæt] *m* [online] chat
OnlinedienstRR ['ɔn·lain-] *m* online service
Onlinelernen ['ɔn·lain-] *nt kein pl* e-learning
Onlineshopping ['ɔn·lain·ʃɔ·pɪŋ] *nt* online shopping
OP <-s, -s> [o:·'pe:] *m Abk von* **Operationssaal** OR *no art*
Opa <-, -s> ['o:·pa] *m* (*fam*) grandpa
Oper <-, -n> ['o:·pɐ] *f* opera

O

Operation <-, -en> [opə·ra·'tsi̯oːn] *f* operation

Operationssaal *m* operating room

operativ [opə·ra·'tiːf] I. *adj* MED operative; ~ **er Eingriff** surgery II. *adv* MED surgically

operieren* [opə·'riː·rən] *vt* ■ jdn/etw ~ to operate on sb/sth; **jdn am Bein** ~ to operate on sb's leg; ■ **sich** *dat* **etw** ~ **lassen** to have sth operated on; ■ **sich** *akk* ~ **lassen** to have an operation

Opernhaus *nt* opera house

Opernsänger(in) *m(f)* opera singer

Opfer <-s, -> ['ɔ·pfɐ] *nt* ❶ *(verzichtende Hingabe)* a. REL sacrifice; ~ **bringen** to make sacrifices ❷ *(geschädigte Person)* victim; **von Unfall, Krieg** casualty; **jdm/etw zum ~ fallen** to fall victim to sb/sth

opfern ['ɔ·pfɐn] *vt* to sacrifice; **sein Leben** ~ to offer up one's life

Opferung <-, -en> *f* sacrifice

Opiat <-[e]s, -e> [o·'pi̯aːt] *nt* opiate

Opium <-s> ['oː·pi̯ʊm] *nt kein pl* opium

Opponent(in) <-en, -en> [ɔpo·'nɛnt] *m(f)* *(geh)* opponent

opponieren* [ɔpo·'niː·rən] *vi* *(geh)* ■ gegen jdn/etw ~ to oppose sb/sth

opportun [ɔ·pɔr·'tuːn] *adj (geh)* opportune

Opportunismus <-> [ɔpɔr·tu·'nɪs·mʊs] *m kein pl (geh)* opportunism

Opportunist(in) <-en, -en> [ɔp·ɔr·tu·'nɪst] *m(f)* opportunist

opportunistisch *adj* opportunistic

Opposition <-, -en> [ɔpo·zi·'tsi̯oːn] *f* POL ■ **die** ~ the opposition

oppositionell [ɔpo·zi·tsi̯o·'nɛl] *adj* ❶ *(geh: gegnerisch)* opposed, opposing *attr* ❷ POL opposition *attr*

Oppositionsführer(in) *m(f)* opposition leader

Oppositionspartei *f* opposition party

OP-Schwester *f* operating room nurse

optieren* [ɔp·'tiː·rən] *vi* to opt *(für +akk* for)

Optik <-> ['ɔp·tɪk] *f kein pl* ❶ PHYS ■ **die** ~ optics + *sing vb* ❷ *(Eindruck)* appearance

Optiker(in) <-s, -> ['ɔp·ti·kɐ] *m(f)* optometrist

optimal [ɔp·ti·'maːl] I. *adj* optimal II. *adv* in the best possible way

optimieren* [ɔp·ti·'miː·rən] *vt* to optimize

Optimierung <-, -en> *f* optimization

Optimismus <-> [ɔp·ti·'mɪs·mʊs] *m kein pl* optimism

Optimist(in) <-en, -en> [ɔp·ti·'mɪst] *m(f)* optimist

optimistisch I. *adj* optimistic II. *adv* optimistically

Option <-, -en> [ɔp·'tsi̯oːn] *f (Möglichkeit)* option

optisch ['ɔp·tɪʃ] I. *adj* **Täuschung, Eindruck** optical; **aus ~en Gründen** for visual effect II. *adv* optically, visually

oral [o·'raːl] I. *adj* oral II. *adv* orally

orange [o·'rãːʒə, o·'ranʒə] *adj inv* orange

Orange <-, -n> [o·'rãːʒə, o·'ranʒə] *f* orange

orangenfarben, orangenfarbig *adj* orange[-colored]

Orangensaft *m* orange juice

Orangenschale *f* orange peel

Orang-Utan <-s, -s> ['oːraŋ·'ʔuːtan] *m* orangutan

Orchester <-s, -> [ɔr·'kɛs·tɐ, ɔr·'çɛs·tɐ] *nt* orchestra

Orchidee <-, -n> [ɔr·çi·'deː·(ə)] *f* orchid

Orden <-s, -> ['ɔr·dn̩] *m* ❶ *(Ehrenzeichen)* decoration, medal; **jdm einen ~ [für etw** *akk]* **verleihen** to decorate sb [for sth] ❷ *(Gemeinschaft)* [holy] order

ordentlich ['ɔr·dn̩·tlɪç] I. *adj* ❶ *(aufgeräumt)* neat ❷ *(ordnungsliebend)* **Person** orderly, neat ❸ *(anständig)* **Leute** respectable; **Benehmen** proper ❹ *(fam: tüchtig)* proper; **Portion** decent II. *adv* ❶ *(säuberlich)* neatly ❷ *(anständig)* **sich** *akk* ~ **benehmen** to [really] behave oneself ❸ *(fam: tüchtig)* properly; ~ **essen** to eat well

Order <-, -s *o* -n> ['ɔr·dɐ] *f* order

ordern ['ɔr·dɐn] *vt* to order

Ordinalzahl [ɔr·di·'naːl-] *f* ordinal [number]

ordinär [ɔr·di·'nɛːɐ] I. *adj* ❶ *(vulgär)* vulgar ❷ *(alltäglich)* ordinary II. *adv* crudely

ordnen ['ɔrd·nən] *vt* to arrange; **neu** ~ to rearrange

Ordner <-s, -> *m* file; *(Hefter)* binder

Ordnung <-> ['ɔrd·nʊŋ] *f kein pl* order; **die öffentliche** ~ public order; ~ **schaffen** to straighten things up ► WENDUNGEN: **etw in** ~ **bringen** *(aufräumen)* to clean sth up; *(klären)* to sort sth out; *(reparieren)* to fix sth; **es [ganz] in** ~ **finden, dass ...** to find it [perfectly] all right that ...; **geht in** ~! *(fam)* that's OK; **etw ist mit jdm/etw nicht in** ~ there's something wrong with sb/sth; **wieder in** ~ **kommen** to turn out all right; **in** ~ **sein** *(fam)* to be OK; **nicht in** ~ **sein** *(nicht funktionieren)* to not be working right; *(sich nicht gehören, nicht richtig sein)* to not be OK

Ordnungsamt *nt* municipal authority responsible for registration, licensing, and regulating public events

Ordnungsgeld *nt* fine

ordnungsgemäß I. *adj* according to the rules *pred* II. *adv* in accordance with the regulations

Ordnungshüter(in) *m(f)* *(hum)* person [engaged in] maintaining law and order

Ordnungsliebe *f kein pl* love of orderliness

Ordnungssinn *m kein pl* sense of order

Ordnungsstrafe *f* fine

ordnungswidrig I. *adj* improper II. *adv* improperly

Ordnungswidrigkeit *f* infringement [of the rules/law]

Ordnungszahl *f s.* **Ordinalzahl**

Oregano <-s> [o·'reː·gano] *m kein pl* oregano

Organ <-s, -e> [ɔr·'gaːn] *nt* ❶ ANAT organ ❷ *(fam: Stimme)* voice ❸ *(form: offizielle Zeitschrift/Einrichtung)* organ

Organhandel *m* organ trafficking

Organisation <-, -en> [ɔr·ga·ni·za·'tsi̯oːn] *f*

organization

Organisationstalent *nt* ❶ *kein pl* (*Eigenschaft*) organizational ability ❷(*Mensch*) skilled organizer

Organisator, Organisatorin <-s, -toren> [ɔr·ga·ni·'za:·to:ɐ̯, ɔr·ga·ni·za·'to:·rɪn, *pl* ɔrga·ni·za·'to:·rən] *m, f* organizer

organisatorisch [ɔr·ga·ni·za·'to:·rɪʃ] I. *adj* organizational II. *adv* organizationally

organisch [ɔr·'ga:·nɪʃ] I. *adj* organic II. *adv* organically

organisieren* [ɔr·ga·ni·'zi:·rən] I. *vt, vi* to organize; **er kann ausgezeichnet ~** he's an excellent organizer II. *vt* (*fam: beschaffen*) to get hold of; **wer organisiert einen CD-Spieler für die Party?** who is going to arrange for a CD player for the party? III. *vr* ■ **sich** *akk* ~ to get organized

Organismus <-, -nismen> [ɔr·ga·'nɪs·mʊs, *pl* ɔr·ga·'nɪs·mən] *m* organism

Organspende *f* organ donation

Organspender(in) *m(f)* organ donor

Organtransplantation *f,* **Organverpflanzung** *f* organ transplant

Orgasmus <-, Orgasmen> [ɔr·'gas·mʊs, *pl* ɔr·'gas·mən] *m* orgasm

orgastisch [ɔr·'gas·tɪʃ] *adj* orgasmic

Orgel <-, -n> ['ɔr·gl̩] *f* organ

Orgie <-, -n> ['ɔr·gi̯ə] *f* orgy

Orient <-s> ['o:ri·ɛnt, o·'ri̯ɛnt] *m kein pl* ■ **der ~** the Orient *form or dated;* **der Vordere ~** the Middle East

Orientale, Orientalin <-n, -n> [o·ri̯ɛn·'ta:·lə] *m, f* Oriental

orientalisch [o·ri̯ɛn·'ta:·lɪʃ] *adj* oriental

orientieren* [o·ri̯ɛn·'ti:·rən] I. *vr* ■ **sich** *akk* ~ ❶ (*sich zurechtfinden*) to use as a point of reference; **sich an den Sternen ~** to get one's bearings by looking at the stars ❷ (*sich ausrichten*) **sich an etw** *dat* ~ *Bericht* to be based on; *Person* to adapt oneself to; **ich bin eher links orientiert** I tend more to the left ❸ (*sich informieren*) to familiarize oneself (**über** +*akk* with) II. *vt* to inform (**über** +*akk* about)

Orientierung <-, -en> [o·ri̯ɛn·'ti:·rʊŋ] *f* orientation; **die ~ verlieren** to lose one's sense of direction

Orientierungshilfe *f* orientation aid

Orientierungspunkt *m* reference point

Orientierungssinn *m kein pl* sense of direction

original [o·ri·gi·'na:l] I. *adj* ❶ (*echt*) genuine ❷ (*ursprünglich*) original II. *adv* in the original [condition]

Original <-s, -e> [o·ri·gi·'na:l] *nt* ❶ (*Urversion*) original ❷ (*Mensch*) character

Originalaufnahme *f* MUS original recording

originalgetreu I. *adj* true to the original *pred* II. *adv* in a manner true to the original

Originalität <-> [o·ri·gi·na·li·'tɛ:t] *f kein pl* (*Einfallsreichtum*) originality

originell [o·ri·gi·'nɛl] *adj* original

Orkan <-[e]s, -e> [ɔr·'ka:n] *m* hurricane

orkanartig *adj* hurricane-force *attr*

Ornament <-[e]s, -e> [ɔr·na·'mɛnt] *nt* ornament

Ornithologe, Ornithologin <-n, -n> [ɔr·ni·to'lo:·gə] *m, f* ornithologist

Oropax® <-, -> ['o:ro·paks] *nt* earplug *usu pl*

Ort¹ <-[e]s, -e> ['ɔrt] *m* ❶ (*Stelle*) place; **der ~ der Handlung** the scene of the action ❷ (*Ortschaft*) place; **am ~** in the place/[the] town ▶ WENDUNGEN: **an ~ und Stelle** on the spot, there and then

Ort² ['ɔrt] *nt* (*fam*) ▶ WENDUNGEN: **vor ~** on site

Örtchen <-s, -> ['œrt·çən] *nt* ▶ WENDUNGEN: **das [stille] ~** (*euph fam*) the john; **ich muss mal schnell aufs ~** I just have to run to the bathroom

orten ['ɔr·tn̩] *vt* ❶ (*ausfindig machen*) to locate ❷ (*fam: sehen*) to spot

OrthografieRR**, Orthographie** <-, -n> [ɔr·to·gra·'fi:, *pl* ɔr·to·gra·'fi:·ən] *f* orthography, spelling

orthografischRR**, orthographisch** [ɔr·to·'gra:·fɪʃ] I. *adj* orthographic[al] *spec* II. *adv* orthographically *spec*

Orthopäde, Orthopädin <-n, -n> [ɔr·to·'pɛ:·də] *m, f* orthopedist

orthopädisch [ɔr·to·'pɛ:·dɪʃ] *adj* orthopedic

örtlich ['œrt·lɪç] I. *adj* ❶ (*lokal*) local ❷ METEO localized II. *adv* locally; **~ verschieden sein** to vary from place to place; **jdn ~ betäuben** to give sb a local anesthetic

Örtlichkeit <-, -en> *f* area

Ortsangabe *f* (*Standortangabe*) [name of] location; (*in Anschrift*) [name of the] city/town

ortsansässig *adj* local; ■ **~ sein** to live locally

Ortsausgang *m* village/town exit

Ortschaft <-, -en> *f* village/[small] town; **eine geschlossene ~** a built-up area

Ortseingang *m* village/town entrance

ortsfremd *adj* nonlocal; ■ **~ sein** to be a stranger

Ortsgespräch *nt* local call

Ortskenntnisse *pl* local knowledge; [**gute**] **~ haben** to know the place [well]

ortskundig *adj* ■ **~ sein** to know one's way around

Ortsname *m* place name

Ortsnetz *nt* ❶ TELEK local exchange network ❷ ELEK local grid

Ortsschild *nt* sign for a town

Ortstarif *m* local [call] rate

Ortsteil *m* part of a town

Ortszeit *f* local time

Öse <-, -n> ['ø:·zə] *f* eye[let]

Ossi <-, -s> ['ɔsi] *m o f* (*fam*) East German

ℹ With the fall of the Berlin Wall as well as the rest of the border between East and West Germany, a new expression came into use in colloquial German: **Ossi**, a pejorative term for describing Germans from the former East Germany.

O

Ost <-[e]s, -e> ['ɔst] *m kein pl, kein art* east; **aus ~** from the east
Ostasien *nt* East[ern] Asia
ostdeutsch ['ɔst·dɔytʃ] *adj* East German
Ostdeutschland ['ɔst·dɔytʃ·lant] *nt* East Germany
Osten <-s> ['ɔs·tn̩] *m kein pl, no indef art* ❶ (*Himmelsrichtung*) east; **der Ferne/Nahe ~** the Far/Middle East; *s. a.* **Norden**[1] ❷ (*östliche Gegend*) east; *s. a.* **Norden**[2]
Osterei *nt* Easter egg
Osterglocke *f* BOT daffodil
Osterhase *m* Easter bunny
Osterinsel *f* ▪ **die ~** Easter Island
österlich ['øːs·tɐ·lɪç] **I.** *adj* Easter *attr* **II.** *adv* like Easter
Ostermontag ['oːs·tɐ·'moːn·taːk] *m* Easter Monday
Ostern <-, -> ['oːs·tɐn] *nt* Easter; **frohe ~!** Happy Easter!
Österreich <-s> ['øːs·tɐ·raiç] *nt* Austria; *s. a.* **Deutschland**
Österreicher(in) <-s, -> ['øːs·tɐ·rai·çɐ] *m(f)* Austrian; *s. a.* **Deutsche(r)**
österreichisch ['øːs·tɐ·rai·çɪʃ] *adj* Austrian; ▪ **das Ö~e** Austrian; *s. a.* **deutsch**
Ostersonntag ['oːs·tɐ·'zɔn·taːk] *m* Easter Sunday
Osterweiterung *f* eastward expansion
Osterwoche *f* Holy Week
Osteuropa ['ɔst·ʔɔy·'roː·pa] *nt* Eastern Europe
Ostfriese, -friesin <-n, -n> ['ɔst·'friː·zə] *m, f* East Frisian
ostfriesisch ['ɔst·'friː·zɪʃ] *adj* East Frisian
Ostfriesland ['ɔst·'friː·s·lant] *nt* East Friesland
östlich ['œst·lɪç] **I.** *adj* ❶ (*Himmelsrichtung*) eastern; *s. a.* **nördlich I 1** ❷ (*im Osten liegend*) eastern; *s. a.* **nördlich I 2** ❸ (*von/nach Osten*) eastward; *Richtung, Wind* easterly; *s. a.* **nördlich I 3 II.** *adv* ▪ **~ von ...** east of ... **III.** *präp* +*gen* [to the] east of
Ostsee ['ɔst·zeː] *f* ▪ **die ~** the Baltic [Sea]
Oststaaten *pl* (*in den USA*) Eastern states *pl*
Ost-West-Beziehungen ['ɔst·'vɛst-] *pl* East-West relations *pl*
Ostwind *m* east wind
Otter[1] <-, -n> ['ɔtɐ] *f* (*Schlangenart*) adder
Otter[2] <-s, -> ['ɔtɐ] *m* (*Fischotter*) otter
out [aut] *adj* (*fam*) ▪ **~ sein** to be out
Outfit <-s, -s> ['aut·fɪt] *nt* (*sl*) outfit
Outing <-s, -s> ['au·tɪŋ] *nt* (*fam*) coming out
Output <-s, -s> ['aut·pʊt] *m o nt* output
oval [o·'vaːl] *adj* oval
Oval <-s, -e> [o·'vaːl] *nt* oval
Overall <-s, -s> ['oːvər·aːl, -roːl] *m* (*Schutzanzug*) overalls *npl*
Oxid <-[e]s, -e> [ɔ·'ksiːt, *pl* ɔ·'ksiː·də] *nt* oxide
Oxidation <-, -en> [ɔ·ksi··da·'tsi̯oːn] *f* oxidation
oxidieren* [ɔ·ksi·'diː·rən] *vt, vi sein o haben* to oxidize
Ozean <-s, -e> ['oː·tseaːn] *m* ocean
Ozeandampfer *m* ocean liner

Ozon <-s> [o·'tsoːn] *nt o m kein pl* ozone
Ozonalarm *m* ozone warning
Ozongehalt *m* ozone concentration
Ozonloch *nt* ozone hole
Ozonschicht *f kein pl* ozone layer

P

P, p <-, - *o fam* -s, -s> [peː] *nt* P, p; **~ wie Paula** P as in Papa
paar [paːɐ̯] *adj inv* ▪ **ein ~ ...** a few ...; **ein ~ Mal** a couple of times; **alle ~ Tage** every few days
Paar <-s, -e> [paːɐ̯] *nt* ❶ (*Menschen*) couple ❷ (*Dinge*) pair; **ein ~ Würstchen** a couple [of] sausages
paaren [paː·rən] *vr* ▪ **sich ~** ❶ (*kopulieren*) to mate ❷ (*sich verbinden*) to be coupled
Paarungszeit *f* mating season
paarweise *adv* in pairs
Pacht <-, -en> [paxt] *f* lease
pachten ['pax·tn̩] *vt* to lease
Pächter(in) <-s, -> ['pɛç·tɐ] *m(f)* tenant
Pack[1] <-[e]s, -e *o* Päcke> [pak, *pl* 'pa·kə, 'pɛ·kə] *m* (*Stapel*) stack; (*zusammengeschnürt*) pack
Pack[2] <-s> [pak] *nt kein pl* (*pej: Pöbel*) riffraff + *pl vb*
Packager(in) <-s, -> ['pɛ·kɪ·tʃə] *m(f)* sb [who goes] on a package tour
Päckchen <-s, -> ['pɛk·çən] *nt* ❶ (*Postsendung*) small package ❷ (*Packung*) pack, packet ❸ (*kleiner Packen*) small bundle
packen ['pa·kn̩] *vt* ❶ (*ergreifen*) to grab [hold of] (**bei, an** +*dat* by) ❷ (*vollpacken, verstauen*) to pack (**in** +*akk* in[to]); **ein Paket ~** to box up *sep* a package ❸ (*überkommen*) to seize; **von Ekel gepackt** utterly disgusted ❹ (*sl: bewältigen*) to manage; *Prüfung* to pass
Packen <-s, -> ['pakn̩] *m* stack; (*unordentlich a.*) pile; (*zusammengeschnürt*) bundle
packend *adj* absorbing; *Buch, Film* thrilling
Packesel *m* pack mule; (*fig*) packhorse
Packung <-, -en> *f* pack[age]; **eine ~ Pralinen** a box of chocolates
Pädagoge, Pädagogin <-n, -n> [pɛ·da·'goː·gə] *m, f* ❶ (*Lehrer*) teacher ❷ (*Erziehungswissenschaftler*) education[al] theorist
Pädagogik <-> [pɛ·da·'goː·gɪk] *f kein pl* pedagogy *spec*
pädagogisch [pɛ·da·'goː·gɪʃ] **I.** *adj* educational *attr*; **~e Fähigkeiten** teaching ability **II.** *adv* educationally
Paddel <-s, -> ['pa·dl̩] *nt* paddle
Paddelboot *nt* canoe
paddeln ['pa·dl̩n] *vi sein o haben* to paddle
paffen ['pa·fn̩] **I.** *vi* (*fam: rauchen*) to puff away; (*nicht inhalieren*) to puff **II.** *vt* (*fam*)

■ **etw ~** to puff away on sth

Page <-n, -n> ['paː·ʒə] *m* page

Paket <-[e]s, -e> [pa·'keːt] *nt* ❶ (*Postsendung*) package, parcel ❷ (*umhüllter Packen*) package ❸ (*Packung*) pack, packet ❹ (*Gesamtheit*) package ❺ (*Stapel*) stack

Paketbombe *f* parcel bomb

Paketschalter *m* package counter

Pakistan <-s> ['paː·kɪ·staːn] *nt* Pakistan; *s. a.* **Deutschland**

Pakistaner(in) <-s, -> [pa·kɪs·'taː·nɐ] *m(f)*, **Pakistani** <-[s], -[s]> [pa·kɪs·'taː·ni] *m* Pakistani; *s. a.* **Deutsche(r)**

pakistanisch [pa·kɪs·'taː·nɪʃ] *adj* Pakistani; *s. a.* **deutsch**

Pakt <-[e]s, -e> [pakt] *m* pact

paktieren* [pak·'tiː·rən] *vi* ■ **mit jdm ~** to make a pact with sb

Palais <-, -> [pa·'lɛː, *pl* -'ɛːs] *nt* palace

Palast <-[e]s, Paläste> [pa·'last, *pl* pa·'lɛs·tə] *m* palace

Palästina <-s> [pa·lɛs·'tiː·na] *nt* Palestine; *s. a.* **Deutschland**

Palästinenser(in) <-s, -> [pa·lɛs·ti·'nɛn·ze] *m(f)* Palestinian; *s. a.* **Deutsche(r)**

palästinensisch [pa·lɛs·ti·'nɛn·zɪʃ] *adj* Palestinian

Palaver <-s, -> [pa·'laː·vɐ] *nt* (*fam*) palaver

palavern* [pa·'laː·vɐn] *vi* (*fam*) to palaver

Palette <-, -n> [pa·'lɛ·tə] *f* ❶ (*Stapelplatte*) pallet ❷ KUNST palette ❸ (*geh: reiche Vielfalt*) range

paletti [pa·'lɛ·ti] *adv* ▶ WENDUNGEN: **alles ~** (*sl*) everything's OK *fam*

Palme <-, -n> ['pal·mə] *f* palm [tree] ▶ WENDUNGEN: **jdn auf die ~ bringen** (*fam*) to drive sb up the wall

Palmsonntag [palm·'zɔn·taːk] *m* Palm Sunday

Palmtop <-s, -s> ['paːm·tɔp] *nt* COMPUT palmtop

Pampa <-, -s> ['pam·pa] *f* pampas + *sing/pl vb* ▶ WENDUNGEN: **[mitten] in der ~** (*fam*) in the middle of nowhere

Pampe <-> ['pam·pə] *f kein pl* DIAL (*pej fam*) mush; (*klebrig a.*) goo

Pampelmuse <-, -n> ['pam·pl̩·muː·zə, pam·pl̩·'muː·zə] *f* grapefruit

Pampers® <-, -> ['pɛm·pɐs] *f* Pampers®

pampig ['pam·pɪç] *adj* (*fam*) ❶ (*frech*) ill-tempered, snotty *fam* ❷ BES. NORDD, OSTD (*breiig*) mushy; (*klebrig a.*) gooey

Panama <-s> ['pa·na·ma] *nt* Panama; *s. a.* **Deutschland**

Panamaer(in) <-s, -> ['pa·na·ma·ɐ] *m(f)* Panamanian; *s. a.* **Deutsche(r)**

panamaisch [pa·na·'maː·ɪʃ] *adj* Panamanian; *s. a.* **deutsch**

Panda <-s, -s> ['pan·da] *m* [giant] panda

panieren* [pa·'niː·rən] *vt* to bread

Paniermehl *nt* breadcrumbs *pl*

Panik <-, -en> ['paː·nɪk] *f* panic; **in ~ geraten** to panic

panikartig *adj* panic-stricken

Panikmache <-> *f kein pl* (*pej fam*) scaremongering

panisch ['paː·nɪʃ] **I.** *adj attr* panic-stricken **II.** *adv* in panic

Panne <-, -n> ['pa·nə] *f* ❶ AUTO, TECH breakdown ❷ (*Missgeschick*) mishap

Pannendienst <-es, -e> *m* tow[ing] service

Panorama <-s, Panoramen> [pa·no·'raː·ma, *pl* -'raː·mən] *nt* panorama

panschen ['pan·ʃn̩] **I.** *vt* to water down *sep* (*an alcoholic drink*) **II.** *vi* (*fam: planschen*) to splash around

PanterRR, **Panther** <-s, -> ['pan·tɐ] *m* panther

Pantoffel <-s, -n> [pan·'tɔ·fl̩] *m* [backless] slipper

Pantoffelheld *m* (*fam*) henpecked husband

Pantomime <-, -n> [pan·to·'miː·mə] *f* mime

Panzer <-s, -> ['pan·tsɐ] *m* ❶ MIL tank ❷ (*Schutzhülle*) shell; *eines Krokodils* bony plate; *eines Nashorns, Sauriers* armor

Panzerglas *nt* bulletproof glass

panzern ['pan·tsɐn] *vt* to armor-plate

Panzerschrank *m* safe

Panzerung <-, -en> *f* (*gepanzertes Gehäuse*) armor plating; *eines Reaktors* shield

Papa <-s, -s> ['pa·pa] *m* (*fam*) dad, daddy *esp childspeak*

Papagei <-s, -en> [pa·pa·'gai] *m* parrot

Paparazzo <-s, -zzi> [pa·pa·'ra·tso] *m* paparazzo

Papaya <-, -s> [pa·'paː·ja] *f* papaya

Paperback <-s, -s> ['peː·pɐ·bɛk] *nt* paperback

Papeterie <-, -n> [pa·pɛ·tə·'riː, *pl* -'riː·ən] *f* SCHWEIZ (*Schreibwarengeschäft*) stationary store

Papi <-s, -s> ['pa·pi] *m* (*fam*) *s.* **Papa**

Papier <-s, -e> [pa·'piːɐ̯] *nt* ❶ *kein pl* (*Material*) paper ❷ (*Schriftstück*) paper, document ❸ (*Ausweise*) ■ **~e** [identification] papers *pl*

Papierfabrik *f* paper mill

Papierhandtuch *nt* paper towel

Papierkorb *m* waste paper basket

Papierkram *m* (*fam*) paperwork

Papierkrieg *m* (*fam: Schreibtischarbeit*) paperwork, red tape

Papierstau *m* paper jam

Papiertaschentuch *nt* tissue

Pappbecher *m* paper cup

Pappdeckel *m* cardboard

Pappe <-, -n> ['pa·pə] *f* cardboard

Pappel <-, -n> ['pa·pl̩] *f* poplar

pappen ['pa·pn̩] *vt, vi* (*fam*) to stick (**an, auf** +*akk* on[to])

Pappenheimer ['pa·pn̩·hai·mɐ] *pl* ▶ WENDUNGEN: **seine ~ kennen** (*fam*) to know what to expect from them

pappig ['pa·pɪç] *adj* (*fam*) ❶ (*klebrig*) sticky ❷ (*breiig*) mushy

Pappkarton *m* ❶ (*Pappschachtel*) cardboard box ❷ (*Pappe*) cardboard

Pappteller *m* paper plate

Paprika <-s, -[s]> ['pa·pri·ka] *m* ❶ (*Strauch, Schote*) pepper ❷ *kein pl* (*Gewürz*) paprika

Paprikaschote *f* pepper

Papst <-[e]s, Päpste> [pa:pst, *pl* 'pɛːps·tə] *m* ■ **der** ~ the Pope

päpstlich ['pɛːpst·lɪç] *adj* papal *a. pej*

Parabolantenne [pa·ra·'boː·l-] *f* satellite dish

Parade <-, -n> [pa·'raː·də] *f* ❶ MIL parade ❷ (*beim Ballspiel*) save

Paradebeispiel *nt* perfect example

Paradeiser <-s, -> [pa·ra·'dai·zɐ] *m* ÖSTERR tomato

Paradestück *nt* showpiece

Paradies <-es, -e> [pa·ra·'diːs, *pl* -'diː·zə] *nt* paradise *no def art* ▶ WENDUNGEN: **das ~ auf Erden** heaven on earth

paradiesisch [pa·ra·'diː·zɪʃ] **I.** *adj* heavenly **II.** *adv* ~ **ruhig sein** to be blissfully quiet; ~ **schön sein** to be [like] paradise

paradox [pa·ra·'dɔks] (*geh*) **I.** *adj* paradoxical **II.** *adv* paradoxically

paradoxerweise *adv* paradoxically

Paragliding <-s> ['paː·ra·glai·dɪŋ] *nt kein pl* paragliding

ParagrafRR, **Paragraph** <-en, -en> [pa·ra·'graːf] *m* paragraph

parallel [pa·ra·'leːl] *adj, adv* parallel

Parallele <-, -n> [pa·ra·'leː·lə] *f* ❶ MATH parallel [line] ❷ (*Entsprechung*) parallel; **eine ~ [zu etw** *dat*] **ziehen** to draw a parallel [to/with sth]

Parallelstraße *f* parallel street

Parameter <-s, -> [pa·'ra·me·tɐ] *m* parameter

paramilitärisch ['paː·ra·mi·li·tɛ·rɪʃ] *adj* paramilitary

paranoid [pa·ra·no·'iːt] *adj* paranoid

paranoisch [pa·ra·'noː·ɪʃ] *adj* paranoiac

paraphrasieren* [pa·ra·fra·'ziː·rən] *vt* to paraphrase

Parapsychologie ['paː·ra·psy·ço·lo·giː] *f* parapsychology

Parasit <-en, -en> [pa·ra·'ziːt] *m* parasite

parat [pa·'raːt] *adj* (*geh*) ready

Pärchen <-s, -> ['pɛːɐ·çən] *nt* ❶ (*Liebespaar*) couple ❷ (*zwei verbundene Teile*) pair

Pardon <-s> [par·'dõː] *m o nt kein pl* pardon; **kein ~ kennen** (*fam*) to know no mercy

Parfüm <-s, -e *o* -s> [par·'fyːm] *nt* perfume

Parfümerie <-, -n> [par·fy·mə·'riː, *pl* -'riː·ən] *f* perfumery

parfümieren* [par·fy·'miː·rən] *vt* to perfume; ■ **sich** *akk* ~ to put on *sep* perfume

parieren*1 [pa·'riː·rən] *vi* (*geh*) to obey

parieren*2 [pa·'riː·rən] *vt* (*geh*) to parry; (*beim Fußball*) to save [a goal]

Pariser1 [pa·'riː·zɐ] *adj attr* ❶ (*in Paris befindlich*) in Paris ❷ (*aus Paris stammend*) Parisian

Pariser2 <-s, -> [pa·'riː·zɐ] *m* (*sl*) condom

Park <-s, -s> [park] *m* park

Park-and-ride-System ['paːɐk·ʔɛnt·'rait-] *nt* park-and-ride system

parken ['par·kn̩] *vi, vt* to park

Parkett <-s, -e> [par·'kɛt] *nt* ❶ (*Holzfußboden*) parquet [flooring] ❷ (*Tanzfläche*) dance floor

Parkgebühr *f* parking fee

Parkhaus *nt* parking garage

parkinsonsche KrankheitRR ['par·kɪn·zɔn-] *f* Parkinson's disease

Parkkralle *f* wheel clamp

Parklücke *f* parking space

Parkplatz *m* ❶ (*Parkbereich*) parking lot ❷ (*Parklücke*) parking space

Parkscheibe *f* parking disk (*for parking spaces with time limits to show what time the car was parked*)

Parkschein *m* parking lot ticket

Parkscheinautomat *m* ticket machine

Parksünder(in) *m(f)* parking offender

Parkuhr *f* parking meter

Parkverbot *nt* ❶ (*Verbot zu parken*) parking ban ❷ (*Parkverbotszone*) no-parking zone

Parkwächter(in) *m(f)* parking lot attendant

Parlament <-[e]s, -e> [par·la·'mɛnt] *nt* parliament

Parlamentarier(in) <-s, -> [par·la·mɛn·'taː·ri̯·e] *m(f)* parliamentarian

parlamentarisch [par·la·mɛn·'taː·rɪʃ] *adj* parliamentary

ParlamentsausschussRR *m* parliamentary committee

ParlamentsbeschlussRR *m* parliamentary decision [*or* vote]

Parmesan(käse) <-s> [par·me·'zaːn-] *m kein pl* Parmesan [cheese]

Parodie <-, -n> [pa·ro·'diː, *pl* -'diː·ən] *f* parody

parodieren* [pa·ro·'diː·rən] *vt* to parody

Parole <-, -n> [pa·'roː·lə] *f* ❶ MIL password ❷ (*Leitspruch*) slogan

Paroli [pa·'roː·li] *nt* ▶ WENDUNGEN: **jdm/etw ~ bieten** (*geh*) to defy sb/to counter sth

Part <-s, -s, *o* -e> [part] *m* ❶ (*Anteil*) share ❷ THEAT, MUS part

Partei <-, -en> [par·'tai] *f* ❶ POL, JUR party ❷ (*Mietpartei*) tenant ▶ WENDUNGEN: **für/gegen jdn ~ ergreifen** to side with/against sb

Parteibuch *nt* party membership book

Parteigenosse, -genossin <-n, -n> *m, f* party member

parteiisch [par·'tai·ɪʃ] **I.** *adj* biased **II.** *adv* in a biased way

parteilos *adj* independent

Parteimitglied *nt* party member

Parteinahme <-, -n> *f* partisanship

Parteipolitik *f* party politics + *sing vb*

Parteiprogramm *nt* party platform

Parteitag *m* ❶ (*Parteikonferenz*) party conference ❷ (*Beschlussorgan*) party executive

parteiübergreifend *adj* nonpartisan

Parteivorsitzende(r) *f/m)* party chairperson, party chairman *masc* [*or fem* -woman]

parterre [par·'tɛr] *adv* on the ground floor

Partie <-, -n> [par·'tiː, *pl* -'tiː·ən] *f* ❶ (*Körperbereich*) area ❷ SPORT game; **eine ~ Schach** a game of chess ▶WENDUNGEN: **eine gute ~ machen** to marry well; **mit von der ~ sein** to be in on it

Partisan(in) <-s o -en, -en> [par·ti·'za:n] *m(f)* partisan

Partizip <-s, -ien> [par·ti·'tsi:p, *pl* -'tsi:·pi·ən] *nt* participle

Partner(in) <-s, -> ['part·nɐ] *m(f)* partner

Partnerschaft <-, -en> *f* partnership; **in einer ~ leben** to live with somebody

partnerschaftlich I. *adj* based on partnership; **~es Zusammenleben** living together as partners II. *adv* as partners

Partnerstadt *f* sister city

Partnervermittlung *f* dating service

partout [par·'tu:] *adv* **etw ~ tun wollen** to insist on doing sth; **er wollte ~ nicht mitkommen** he did not want to come under any circumstances

Party <-, -s> ['pa:ɐ̯·ti] *f* party

Partyservice ['pa:ɐ̯·ti·zø:ɐ̯·vɪs] *m* catering service

Parzelle <-, -n> [par·'tsɛ·lə] *f* plot [of land]

PassRR, **Paß**ALT <Passes, Pässe> [pas, *pl* 'pɛ·sə] *m* ❶(*Dokument*) passport ❷ GEOG pass

passabel [pa·'sa:·bl̩] *adj* (*geh*) reasonable

Passage <-, -n> [pa·'sa:·ʒə] *f* ❶ LIT, NAUT passage ❷(*Ladenstraße*) [shopping] galleria

Passagier(in) <-s, -e> [pa·sa·'ʒi:ɐ̯] *m(f)* passenger ▶WENDUNGEN: **ein blinder ~** a stowaway

Passagierflugzeug *nt* passenger airplane

Passagierliste *f* passenger list

Passant(in) <-en, -en> [pa·'sant] *m(f)* passer-by

PassbildRR *nt* passport photo[graph]

passé, **passee**RR [pa·'se:] *adj* passé

passen ['pa·sn̩] *vi* ❶(*von der Größe/Form her*) to fit ❷(*harmonieren*) ■**zu jdm ~** to suit sb; ■**zu etw** *dat* **~** to go well with sth; **sie passt einfach nicht in unser Team** she simply doesn't fit in with our team ❸(*gelegen sein*) ■**jdm ~** to suit sb; **der Termin passt mir zeitlich gar nicht** that day/time isn't convenient for me at all; **würde Ihnen der Dienstag besser ~?** would Tuesday be better for you?; **passt es Ihnen, wenn wir ...** is it okay with you if we ... ❹(*gefallen*) **ihr passt dieser Ton nicht** she doesn't like that tone of voice; ■**jdm passt etw nicht [an jdm]** sb does not like sth [about sb] ❺(*fam*) ■**bei etw** *dat*] **~ müssen** (*überfragt sein*) to have to pass [on sth]

passend *adj* ❶ Größe, Form fitting; **ein ~er Anzug** a suit that fits ❷ Farbe, Stil matching ❸(*genehm*) convenient ❹(*richtig*) suitable; (*angemessen*) appropriate; *Bemerkung* fitting; **die ~en Worte finden** to find the right words ❺(*fam*) **es ~ haben** *Geldbetrag* to have exact change

PassfotoRR *nt s.* Passbild

passierbar *adj Weg* negotiable; *Fluss* navigable

passieren* [pa·'si:·rən] I. *vi sein* to happen;

ist **was passiert?** has something happened?; **wie konnte das nur ~?** how could that happen?; **... sonst passiert was!** (*fam*) ... or else!; **so etwas passiert eben** shit happens *fam* vulg II. *vt haben* ❶(*vorbeigehen, -fahren*) to pass ❷(*überqueren*) to cross

Passierschein *m* permit

Passion <-, -en> [pa·'sio:n] *f* (*geh: Leidenschaft*) passion

passioniert [pa·sio·'ni:ɐ̯t] *adj* (*geh*) passionate

Passionsfrucht *f* passion fruit

passiv ['pa·si:f] I. *adj* passive II. *adv* passively

Passiv <-s, -e> ['pa·si:f] *nt* passive

Passivität <-> [pa·si·vi·'tɛ:t] *f kein pl* (*geh*) passivity

Passivrauchen *nt* passive smoking

PasskontrolleRR *f* ❶(*das Kontrollieren*) passport check ❷(*Kontrollstelle*) passport checkpoint

PassstelleRR *f* passport office

PassstraßeRR *f* pass

PasswortRR <-es, -wörter> *nt* password

Paste <-, -n> ['pas·tə] *f* paste

Pastellfarbe *f* pastel color

Pastete <-, -n> [pas·'te:·tə] *f* pâté

Pastor, Pastorin <-s, -toren> ['pas·to:ɐ̯, pas·'to:·rɪn, *pl* -'to:·rən] *m, f* NORDD *s.* **Pfarrer**

Pate, Patin <-n, -n> ['pa:·tə, 'pa:·tɪn] *m, f* godfather *masc*, godmother *fem*

Patenkind *nt* godchild

Patenonkel *m* godfather

Patenschaft <-, -en> *f* ❶ REL godparenthood ❷(*Fürsorgepflicht*) sponsorship

Patenstadt *f* sister city

patent [pa·'tɛnt] *adj* ❶(*sehr brauchbar*) ingenious ❷(*fam: tüchtig*) top-notch

Patent <-[e]s, -e> [pa·'tɛnt] *nt* ❶(*amtlicher Schutz*) patent ❷(*Ernennungsurkunde*) commission ❸ SCHWEIZ (*staatliche Erlaubnis*) permit

Patentamt *nt* Patent Office

Patentante *f* godmother

patentieren* [pa·tɛn·'ti:·rən] *vt* ■**[jdm] etw ~** to patent sth [for sb]

Patentlösung *f*, **Patentrezept** *nt* patent remedy, cure-all

pathetisch [pa·'te:·tɪʃ] (*geh*) I. *adj* impassioned II. *adv* [melo]dramatically

Pathologe, Pathologin <-n, -n> [pa·to·'lo:·gə] *m, f* pathologist

Pathos <-> ['pa:·tɔs] *nt kein pl* emotiveness

Patient(in) <-en, -en> [pa·'tsiɛnt] *m(f)* patient; **stationärer ~** inpatient

Patisserie <-, -n> [pa·tɪ·sə·'ri:, *pl* -'ri:·ən] *f* SCHWEIZ ❶(*Konditorei*) patisserie ❷(*Café*) café ❸(*Gebäck*) pastry

patriarchalisch [pa·tri·ar·'ça:·lɪʃ] *adj* patriarchal

Patriot(in) <-en, -en> [pa·tri·'o:t] *m(f)* patriot

patriotisch [pa·tri·'o:tɪʃ] I. *adj* patriotic II. *adv* patriotically

Patriotismus <-> [pa·trio·'tɪs·mʊs] *m kein pl*

patriotism
Patron(in) <-s, -e> [pa·'tro:n] *m(f)* ❶ REL patron saint ❷(*Schirmherr*) patron ❸ SCHWEIZ (*Arbeitgeber*) employer
Patrone <-, -n> [pa·'tro:·nə] *f* cartridge
Patrouille <-, -n> [pa·'trʊl·jə] *f* patrol
patrouillieren* [pa·trʊl·'jiː·rən, pa·tru·'liː·rən] *vi* to patrol
Patsche ['pat·ʃə] *f* ▶ WENDUNGEN: **jdm aus der ~ helfen** (*fam*) to get sb out of a jam; **in der ~ sitzen** (*fam*) to be in a jam
patschnassᴿᴿ ['patʃ·'nas] *adj* (*fam*) soaking wet
Pattsituation *f* stalemate
Patzer <-s, -> *m* ❶ (*fam: Fehler*) slip-up ❷ ÖSTERR (*Klecks*) blob
patzig ['pa·tsɪç] *adj* (*fam*) snotty
Pauke <-, -n> ['pau·kə] *f* MUS kettledrum ▶ WENDUNGEN: **auf die ~ hauen** (*fam: angeben*) to toot one's [own] horn; (*ausgelassen feiern*) to paint the town red
pauken ['pau·kn̩] *vi, vt* (*fam*) to cram; **Vokabeln/Mathe ~** to cram for a vocabulary/math test
Pauker(in) <-s, -> ['pau·kɐ] *m(f)* (*fam*) teacher
Pausbacken ['paus-] *pl* chubby cheeks *pl*
pauschal [pau·'ʃaːl] **I.** *adj* ❶ (*undifferenziert*) sweeping ❷ FIN flat-rate *attr,* all-inclusive **II.** *adv* ❶ (*allgemein*) **etw ~ beurteilen** to make a wholesale judgment on sth ❷ FIN at a flat rate; **~ bezahlen** to pay in a lump sum
Pauschalbetrag *m* lump sum
Pauschale <-, -n> [pau·'ʃaː·lə] *f* flat rate
pauschalisieren* [pau·ʃa·li·'ziː·rən] *vt* to over-simplify
Pauschalpreis *m* all-inclusive price
Pauschalreise *f* package tour [*or* trip]
Pauschalurteil *nt* sweeping statement, over-generalization
Pause <-, -n> ['pau·zə] *f* ❶ (*Unterbrechung*) break; SCH, POL recess; [**eine**] **~ machen** to take a break ❷(*Sprechpause*) pause ❸ MUS rest
Pausenbrot *nt* snack
Pausenfüller *m* filler
Pausenhof *m* schoolyard
pausenlos **I.** *adj attr* continuous **II.** *adv* continuously
Pavillon <-s, -s> ['pa·vɪl·jõ, 'pa·vɪl·jɔn] *m* pavilion
Pazifik <-s> [pa·'tsiː·fɪk] *m* ■**der ~** the Pacific
pazifisch [pa·'tsiː·fɪʃ] *adj* Pacific; ■**der P~e Ozean** the Pacific Ocean
Pazifist(in) <-en, -en> [pa·tsi·'fɪst] *m(f)* pacifist
pazifistisch *adj* pacifist
PC <-s, -s> [peː·'tseː] *m Abk von* **Personal Computer** PC
Pech <-[e]s> [pɛç] *nt kein pl* bad luck; [**bei etw** *dat*] **~ haben** to be unlucky [in/with sth]; **~ gehabt!** (*fam*) tough luck [*or fam vulg* shit]!
pechschwarz ['pɛç·'ʃvarts] *adj* (*fam*) pitch-black; *Haar* jet-black

Pechvogel *m* (*fam*) walking disaster *hum*
Pedal <-s, -e> [pe·'daːl] *nt* pedal
Pedant(in) <-en, -en> [pe·'dant] *m(f)* pedant
pedantisch [pe·'dan·tɪʃ] **I.** *adj* pedantic **II.** *adv* pedantically
Pediküre <-, -n> [pe·di·'kyː·rə] *f* pedicure
Peeling <-s, -s> ['piː·lɪŋ] *nt* exfoliation
Peepshowᴿᴿ <-, -s> ['piːp·ʃoː] *f* peep show
Pegel <-s, -> ['peː·gl̩] *m* ❶ (*Messlatte*) water level gauge ❷ *s.* **Pegelstand**
Pegelstand *m* water level
Peiniger(in) <-s, -> *m(f)* (*geh*) tormentor
peinlich ['pain·lɪç] **I.** *adj* ❶ (*unangenehm*) embarrassing; *Frage, Situation, Lage* awkward; **es war ihr sehr ~** she was really embarrassed [about it] ❷(*äußerst*) painstaking; *Genauigkeit* meticulous; *Sauberkeit* scrupulous **II.** *adv* ❶ (*unangenehm*) **jdn ~ berühren** to be awkward for sb; **auf jdn ~ wirken** to be embarrassing for sb ❷(*gewissenhaft*) painstakingly ❸ (*äußerst*) meticulously
Peitsche <-, -n> ['pai·tʃə] *f* whip
peitschen ['pai·tʃn̩] **I.** *vt haben* to whip **II.** *vi sein* to lash (**gegen** +*akk* against); **Regen peitscht gegen etw** rain is lashing against sth; **Wellen ~ an etw** waves are pounding sth
pejorativ [pe·jo·ra·'tiːf] **I.** *adj* pejorative **II.** *adv* pejoratively
Peking <-s> ['peː·kɪŋ] *nt* Beijing
Pelikan <-s, -e> ['peː·li·kaːn] *m* pelican
Pelle <-, -n> ['pɛ·lə] *f* (*fam: Haut*) skin ▶ WENDUNGEN: **jdm auf die ~ rücken** (*fam: sich dicht herandrängen*) to crowd sb; (*jdn bedrängen*) to badger sb
pellen ['pɛ·lən] *vt* (*fam*) to peel
Pellkartoffeln *pl* potatoes boiled in their skin
Pelz <-es, -e> [pɛlts] *m* fur
pelzig ['pɛl·tsɪç] *adj* furry
Pelzmantel *m* fur coat
Pendant <-s, -s> [pã·'dãː] *nt* (*geh*) counterpart (**zu** +*dat* to)
Pendel <-s, -> ['pɛn·dl̩] *nt* pendulum
pendeln ['pɛn·dl̩n] *vi* ❶ *haben* (*schwingen*) ■[**hin und her**] **~** to swing [to and fro] ❷ *sein* TRANSP to commute
Pendelverkehr *m* ❶ (*Nahverkehrsdienst*) shuttle service ❷ (*Berufsverkehr*) commuter traffic
Pendler(in) <-s, -> ['pɛnd·lɐ] *m(f)* commuter
Penes ['peː·neːs] *pl von* **Penis**
penetrant [pe·ne·'trant] **I.** *adj* ❶ (*durchdringend*) penetrating; *Geruch* pungent ❷(*aufdringlich*) overbearing **II.** *adv* penetratingly
penibel [pe·'niː·bl̩] *adj* (*geh*) *Ordnung* meticulous; *Mensch* fastidious (**in** +*dat* about)
Penicillin <-s, -e> [pe·ni·tsɪ·'liːn] *nt s.* **Penizillin**
Penis <-, -se *o* Penes> ['peː·nɪs, *pl* 'peː·nɪ·sə, 'peː·neːs] *m* penis
Penizillin <-s, -e> [pe·ni·tsɪ·'liːn] *nt* penicillin
pennen ['pɛ·nən] *vi* (*fam o a. fig*) to sleep
Penner(in) <-s, -> *m(f)* (*pej fam: Stadtstrei-*

cher) bum

Pensa ['pɛn·za], **Pensen** ['pɛn·zən] *pl von* **Pensum**

Pension <-, -en> [pã·'zi̯o:n, pɛn·'zi̯o:n] *f* ❶ TOURIST guesthouse ❷ (*Ruhegehalt*) pension; **in ~ gehen/sein** to retire/be retired

Pensionär(in) <-s, -e> [pã·zi̯o·'nɛːɐ̯, pɛn·zi̯o·'nɛːɐ̯] *m(f)* ❶ (*Ruheständler*) retiree ❷ SCHWEIZ boarding house guest

pensionieren* [pã·zi̯o·'niː·rən, pɛn·zi̯o·'niː·rən] *vt* ■**pensioniert werden** to be retired off; ■**sich** *akk* ~ **lassen** to retire

Pensionierung <-, -en> *f* retirement

Pensionsalter *nt* retirement age

Pensum <-s, Pensa *o* Pensen> ['pɛn·zʊm, *pl* 'pɛn·za, 'pɛn·zən] *nt* (*geh*) work quota

Pentagon¹ <-s, -e> [pɛn·ta·'go:n] *nt* (*Fünfeck*) pentagon

Pentagon² <-s> ['pɛn·ta·gɔn] *nt kein pl* (*US-Verteidigungsministerium*) ■**das** ~ the Pentagon

Penthaus, Penthouse <-, -s> ['pɛnt·haʊs, *pl* -haʊ·sɪz] *nt* penthouse

Pep <-[s]> [pɛp] *m kein pl* oomph

Peperoni [pe·pe·'roː·ni] *pl* ❶ (*scharfe Paprikas*) chili peppers *pl* ❷ SCHWEIZ (*Gemüsepaprikas*) bell peppers *pl*

peppig ['pɛ·pɪç] *adj* (*fam*) peppy

per [pɛr] *präp* ❶ (*durch*) by; ~ **Post/Bahn** by mail/train ❷ **mit jdm ~ du/Sie sein** to address sb with "du"/"Sie"

perfekt [pɛr·'fɛkt] **I.** *adj* ❶ (*vollkommen*) perfect ❷ *pred* (*abgemacht*) ■~ **sein** to be settled; **etw ~ machen** to settle sth **II.** *adv* perfectly

Perfekt <-s, -e> ['pɛr·fɛkt] *nt* perfect [tense]

Perfektion <-> [pɛr·fɛk·'tsi̯o:n] *f kein pl* perfection; **mit** ~ to perfection

perfektionieren* [pɛr·fɛk·tsi̯o·'niː·rən] *vt* (*geh*) to perfect

Perfektionismus <-> [pɛr·fɛk·tsi̯o·'nɪs·mʊs] *m kein pl* perfectionism

Perfektionist(in) <-en, -en> [pɛr·fɛk·tsi̯o·'nɪst] *m(f)* perfectionist

Pergamentpapier *nt* wax paper

Periode <-, -n> [pe·'ri̯o:·də] *f a.* BIOL period

periodisch [pe·'ri̯o:·dɪʃ] **I.** *adj* periodic[al] **II.** *adv* periodically

Peripherie <-, -n> [pe·ri·fe·'riː, *pl* -'riː·ən] *f* periphery; COMPUT peripheral [device]

Perle <-, -n> ['pɛr·lə] *f* ❶ (*Schmuckperle*) pearl ❷ (*Kügelchen, Tropfen*) bead

Perlenkette *f* pearl necklace

Perlon® <-s> ['pɛr·lɔn] *nt kein pl* [type of] nylon

permanent [pɛr·ma·'nɛnt] (*geh*) **I.** *adj* permanent **II.** *adv* permanently

perplex [pɛr·'plɛks] *adj* dumbfounded

Perser(in) <-s, -> ['pɛr·zɐ] *m(f)* Persian

Perserteppich *m* Persian rug

Persien <-s> ['pɛr·zi̯·ən] *nt* Persia

persisch ['pɛr·zɪʃ] *adj* Persian

Person <-, -en> [pɛr·'zo:n] *f a.* LING person;

ich für meine ~ I myself

Personal <-s> [pɛr·zo·'na:l] *nt kein pl* staff

Personalabbau *m* downsizing, staff cuts *pl*

Personalabteilung *f* personnel department, human resources

Personalausweis *m* identity card, ID

Personalchef(in) *m(f)* head of personnel [*or* human resources]

Personal Computer ['pɔː·sə·nəl-] *m* personal computer

Personalien [pɛr·zo·'na:·li̯·ən] *pl* particulars *npl*

Personalpronomen *nt* personal pronoun

personell [pɛr·zo·'nɛl] **I.** *adj* personnel *attr;* staff *attr* **II.** *adv* as regards personnel

Personenbeförderung *f* transportation of passengers

Personengedächtnis *nt* memory for faces

Personenkraftwagen *m* automobile

Personenkreis *m* group of people

Personennahverkehr *m* local passenger transportation

Personenschaden *m* personal injury

Personenschutz *m* personal security [*or* protection]

Personenverkehr *m* passenger transportation

persönlich [pɛr·'zø:n·lɪç] **I.** *adj* ❶ (*jdn selbst betreffend*) personal ❷ ~ **werden** to get personal **II.** *adv* personally; ~ **erscheinen** to appear in person; ~ **befreundet sein** to be personal friends

Persönlichkeit <-, -en> *f* ❶ *kein pl* (*Eigenart*) personality ❷ (*markanter Mensch*) character ❸ (*Prominenter*) celebrity

Perspektive <-, -n> [pɛrs·pɛk·'tiː·və] *f* ❶ (*Blickwinkel*) perspective ❷ (*geh: Zukunftsaussicht*) prospect *usu pl*

perspektivlos *adj* without prospects

Perspektivlosigkeit <-> *f kein pl* hopelessness

Perücke <-, -n> [pe·'rʏ·kə] *f* wig

pervers [pɛr·'vɛrs] *adj* ❶ (*widernatürlich*) perverted ❷ (*fam: abartig*) perverse

Perversion <-, -en> [pɛr·vɛr·'zi̯o:n] *f* perversion

pervertieren* [pɛr·vɛr·'tiː·rən] (*geh*) **I.** *vt* haben to warp **II.** *vi* sein to become perverted (**zu** + *dat* into)

pesen ['pe:·zn̩] *vi* sein (*fam*) to dash

Pessar <-s, -e> [pɛ·'saːɐ̯] *nt* MED diaphragm

Pessimismus <-> [pɛ·si·'mɪs·mʊs] *m kein pl* pessimism

Pessimist(in) <-en, -en> [pɛ·si·'mɪst] *m(f)* pessimist

pessimistisch [pɛ·si·'mɪs·tɪʃ] **I.** *adj* pessimistic **II.** *adv* pessimistically

Pest <-> [pɛst] *f kein pl* ■**die** ~ the plague ▶ WENDUNGEN: **jdn wie die** ~ **hassen** (*fam*) to hate sb's guts; **wie die** ~ **stinken** (*fam*) to stink to high heaven

Pestizid <-s, -e> [pɛs·ti·'tsiːt] *nt* pesticide

Petersilie <-, -n> [pe·tɐ·'zi:·li̯·ə] *f* parsley

Petition <-, -en> [pe·ti·'tsi̯o:n] *f* petition

Petroleum <-s> [pe·'tro:·le·ʊm] *nt kein pl*

kerosene

petto ['pɛto] *adv* ▶WENDUNGEN: **etw in ~ haben** (*fam*) to have sth up one's sleeve

Petze <-, -n> ['pɛ·tsə] *f* (*pej fam*) tattletale

petzen ['pɛ·tsn̩] **I.** *vt* (*pej fam*) ▪ [jdm] **etw ~** to tell [sb] about sth **II.** *vi* (*pej fam*) to tell

Pfad <-[e]s, -e> [pfaːt, *pl* 'pfaː·də] *m* path

Pfadfinder(in) <-s, -> *m(f)* Boy Scout; (*Mädchen*) Girl Scout

Pfaffe <-n, -n> ['pfa·fə] *m* (*pej*) cleric

Pfahl <-[e]s, Pfähle> [pfaːl, *pl* 'pfɛː·lə] *m* post, stake

Pfälzer(in) <-s, -> ['pfɛl·tsɐ] *m(f)* sb from the Palatinate

pfälzisch ['pfɛl·tsɪʃ] *adj* Palatine

Pfand <-[e]s, Pfänder> [pfant, *pl* 'pfɛn·dɐ] *nt* deposit

pfänden ['pfɛn·dn̩] *vt* ❶ (*beschlagnahmen*) to impound ❷ (*Pfandsiegel anbringen*) ▪ jdn ~ to seize some of sb's possessions

Pfandflasche *f* deposit bottle

Pfandgeld *nt* deposit

Pfandhaus *nt* pawnshop

Pfandleihe <-, -n> *f* pawnshop

Pfandschein *m* pawn ticket

Pfändung <-, -en> *f* seizure

Pfanne <-, -n> ['pfa·nə] *f* ❶ (*Bratpfanne*) [frying] pan ❷ SCHWEIZ (*Topf*) pot ▶WENDUNGEN: **jdn in die ~ hauen** (*sl*) to play a mean trick on sb

Pfannkuchen *m* pancake; (*dünner*) crepe

Pfarramt *nt* vicarage

Pfarrbezirk *m* parish

Pfarrei <-, -en> [pfa·'rai] *f* ❶ (*Gemeinde*) parish ❷ *s.* **Pfarramt**

Pfarrer(in) <-s, -> ['pfa·rɐ] *m(f)* (*katholisch*) priest; (*evangelisch*) minister

Pfarrgemeinde *f* parish

Pfau <-[e]s *o* -en, -en> [pfau] *m* peacock

Pfeffer <-s, -> ['pfɛ·fɐ] *m* pepper ▶WENDUNGEN: **hingehen, wo der ~ wächst** (*fam*) to go to hell

Pfefferkorn ['pfɛ·fɐ·kɔrn] *nt* peppercorn

Pfefferminze *f kein pl* peppermint

Pfefferminztee *m* peppermint tea

Pfeffermühle *f* pepper mill

pfeffern ['pfɛ·fɐn] *vt* ❶ KOCHK to season with pepper ❷ (*fam: schleudern*) ▪ etw irgendwohin ~ to fling sth somewhere ▶WENDUNGEN: **jdm eine ~** (*fam*) to smack sb in the face

Pfefferstreuer <-s, -> *m* pepper shaker

Pfeife <-, -n> ['pfai·fə] *f* ❶ (*Musikinstrument, Orgelpfeife*) pipe ❷ (*Trillerpfeife*) whistle ❸ (*Tabakpfeife*) pipe ❹ (*sl: Nichtskönner*) loser ▶WENDUNGEN: **nach jds ~ tanzen** to dance to sb's tune

pfeifen <pfiff, gepfiffen> ['pfaifn̩] **I.** *vi*, *vt* to whistle **II.** *vi* ▪ auf etw ~ (*fam*) to not give a damn about sth

Pfeifkonzert *nt* chorus of boos

Pfeifton *m* whistle

Pfeil <-s, -e> [pfail] *m* (*a. Richtungspfeil*) arrow

Pfeiler <-s, -> ['pfai·lɐ] *m* pillar

Pfeilspitze *f* arrowhead

Pfennig <-s, -e *o* meist nach Zahlenangaben -> ['pfɛ·nɪç] *m* (*hist*) pfennig; **keinen ~** [Geld] **haben** to be penniless ▶WENDUNGEN: **keinen ~ wert sein** (*fam*) to be worthless; **jeden ~ umdrehen** (*fam*) to think twice about every penny one spends

Pfennigfuchser(in) <-s, -> [-fʊk·sɐ] *m(f)* (*fam*) stinge

pferchen ['pfɛr·çn̩] *vt* to cram (**in** +*akk* into)

Pferd <-[e]s, -e> [pfeːɐt, *pl* -də] *nt* ❶ (*Tier*) horse ❷ (*Schachfigur*) knight ▶WENDUNGEN: **das ~ beim Schwanz[e] aufzäumen** (*fam*) to put the cart before the horse; **die ~e scheu machen** (*fam*) to put people off; **ich glaub' mich tritt ein ~!** (*fam*) well I'll be damned!

Pferdeapfel *m meist pl* horse droppings *npl*

Pferderennen *nt* horse race

Pferdeschwanz *m* ❶ (*vom Pferd*) horse's tail ❷ (*Frisur*) ponytail

Pferdestall *m* stable

pfiff [pfɪf] *imp von* **pfeifen**

Pfiff <-s, -e> [pfɪf] *m* ❶ (*Pfeifton*) whistle ❷ (*fam: Reiz*) pizzazz

Pfifferling <-[e]s, -e> ['pfɪ·fɐ·lɪŋ] *m* chanterelle ▶WENDUNGEN: **keinen ~ wert sein** to be worthless

pfiffig ['pfɪ·fɪç] **I.** *adj* smart **II.** *adv* smartly

Pfiffikus <-[ses], -se> ['pfɪ·fi·kʊs] *m* (*hum fam*) smart cookie *fig*

Pfingsten <-, -> ['pfɪŋs·tn̩] *nt meist ohne art* Whitsuntide

Pfingstmontag *m* Whitmonday

Pfingstsonntag *m* Pentecost, Whitsunday

Pfirsich <-s, -e> ['pfɪr·zɪç] *m* peach

Pflanze <-, -n> ['pflan·tsə] *f* plant

pflanzen ['pflan·tsn̩] **I.** *vt* to plant **II.** *vr* (*fam*) **sich** *akk* **auf das Sofa ~** to plunk oneself down on the sofa

Pflanzenöl *nt* vegetable oil

Pflanzenschutzmittel *nt* pesticide

pflanzlich *adj attr* ❶ (*vegetarisch*) vegetarian ❷ (*aus Pflanzen gewonnen*) plant-based

Pflaster <-s, -> ['pflas·tɐ] *nt* ❶ MED band-aid ❷ BAU pavement ▶WENDUNGEN: **ein gefährliches ~** (*fam*) a dangerous place

pflastern ['pflas·tɐn] *vt* to surface; **etw mit Steinplatten ~** to pave sth with flagstones

Pflasterstein *m* paving stone

Pflaume <-, -n> ['pflau·mə] *f* ❶ (*Frucht*) plum ❷ (*fam: Pfeife*) twit *pej*

Pflaumenmus *nt* plum jam

Pflege <-> ['pfleː·gə] *f kein pl* ❶ eines Kranken [nursing] care ❷ *des Körpers* grooming ❸ *von Pflanzen, des Gartens* care ❹ (*Obhut*) **ein Kind in ~ nehmen** to foster a child

pflegebedürftig *adj* in need of care *pred*

Pflegeeltern *pl* foster parents *pl*

Pflegefall *m* sb who needs long-term care

Pflegeheim *nt* nursing home

Pflegekind *nt* foster child

pflegeleicht *adj* easy to care for *attr; Tier;*

Mensch low-maintenance *attr*

pflegen ['pfleː·gn̩] **I.** *vt* ❶ *Kranke* to care for, to look after ❷ *Körper* to treat ❸ *Pflanzen, Garten* to tend ❹ *(gewöhnlich tun)* ■ **etw zu tun** ~ to usually do sth **II.** *vr* ■ **sich** *akk* ~ to take care of one's appearance

Pflegepersonal *nt* nursing staff + *sing/pl vb*

Pfleger(in) <-s, -> *m(f)* [male] nurse *masc,* nurse *fem*

Pflegesatz *m* [daily] hospital charges *pl*

Pflegeversicherung *f* long-term care insurance

pfleglich ['pfleː·k·lɪç] *adv* carefully, with care

Pflegschaft <-, -en> *f* guardianship

Pflicht <-, -en> [pflɪçt] *f* duty

pflichtbewusst^RR *adj* conscientious

Pflichtbewusstsein^RR *nt* sense of duty

Pflichtgefühl *nt kein pl s.* **Pflichtbewusstsein**

pflichtgemäß I. *adj* dutiful **II.** *adv* dutifully

Pflichtverteidiger(in) *m(f)* court-appointed defense lawyer

Pflock <-[e]s, Pflöcke> [pflɔk, *pl* 'pflœ·kə] *m* stake; *(Zeltpflock)* peg

pflücken ['pflʏ·kn̩] *vt* to pick

Pflug <-es, Pflüge> [pfluːk, *pl* 'pflyː·gə] *m* plow

pflügen *vi, vt* to plow

Pflümli <-, -s> *nt* SCHWEIZ plum schnapps

Pforte <-, -n> ['pfɔr·tə] *f* gate

Pförtner(in) <-s, -> ['pfœrt·nɐ] *m(f)* doorman

Pfosten <-s, -> ['pfɔs·tn̩] *m a.* SPORT post

Pfote <-, -n> ['pfoː·tə] *f* ❶ *(von Tieren)* paw ❷ *(fam: Hand)* paw

Pfropfen <-s, -> ['pfrɔp·fn̩] *m* stopper

Pfund <-[e]s, -e *o nach Zahlenangaben* -> [pfʊnt, *pl* 'pfʊn·də] *nt* ❶ *(500 Gramm)* ≈ pound ❷ *(Währungseinheit)* pound; **in** ~ in pounds

pfundig ['pfʊn·dɪç] *adj (fam)* great

Pfundskerl ['pfʊnts·kɛrl] *m* DIAL *(fam)* great guy

Pfusch <-[e]s> [pfʊʃ] *m kein pl (fam),* **Pfuscharbeit** *f kein pl (fam)* lousy *[or* sloppy*]* job

pfuschen ['pfʊ·ʃn̩] *vi* ❶ *(schlampen)* to be sloppy ❷ DIAL *(mogeln)* to cheat **(bei** +*dat* at, in, on)

Pfuscherei <-, -en> [pfʊ·ʃɛ·'rai] *f* bungling

Pfütze <-, -n> ['pfʏ·tsə] *f* puddle

Phänomen <-s, -e> [fɛ·no·'meːn] *nt* phenomenon

phänomenal [fɛ·no·me·'naːl] *adj* phenomenal

Phantasie <-, -n> [fan·ta·'ziː, *pl* -'ziː·ən] *f s.* **Fantasie**

phantasieren* [fan·ta·'ziː·rən] *s.* **fantasieren**

Phantast(in) <-en, -en> [fan·'tast] *m(f) s.* **Fantast**

Phantasterei <-, -en> [fan·tas·tə·'rai] *f s.* **Fantasterei**

phantastisch [fan·'tas·tɪʃ] *adj, adv s.* **fantastisch**

Phantom <-s, -e> [fan·'toːm] *nt* phantom

Phantombild *nt* composite sketch

Phantomschmerz *m* phantom limb pain

Pharmazie <-> [far·ma·'tsiː] *f kein pl* pharmacy

Phase <-, -n> ['faː·zə] *f a.* ELEK phase

Philippinen [fi·lɪ·'piː·nən] *pl* ■ **die** ~ the Philippines *pl*

Philippiner(in) <-s, -> [fi·lɪ·'piː·nɐ] *m(f)* Filipino; *s. a.* **Deutsche(r)**

philippinisch [fi·lɪ·'piː·nɪʃ] *adj* Filipino; *s. a.* **deutsch**

Philologe, Philologin <-n, -n> [fi·lo·'loː·gə] *m, f* philologist

Philosoph(in) <-en, -en> [fi·lo·'zoːf] *m(f)* philosopher

Philosophie <-, -n> [fi·lo·zo·'fiː, *pl* -'fiː·ən] *f* philosophy

philosophieren* [fi·lo·zo·'fiː·rən] *vi (geh)* to philosophize **(über** +*akk* about)

philosophisch [fi·lo·'zoː·fɪʃ] *adj* philosophical

phlegmatisch [flɛg·'maː·tɪʃ] *adj (geh)* phlegmatic

Phobie <-, -n> [fo·'biː, *pl* -'biː·ən] *f* phobia

Phosphat <-[e]s, -e> [fɔs·'faːt] *nt* phosphate

Phosphor <-s> ['fɔs·fo·ɐ̯] *m kein pl* phosphorus

Photo <-s, -s> ['foː·to] *nt s.* **Foto**

Phrase <-, -n> ['fraː·zə] *f (pej)* empty phrase

Physik <-> [fy·'ziːk] *f kein pl* physics + *sing vb,* no art

physikalisch [fy·zi·'kaː·lɪʃ] *adj* physical

Physiker(in) <-s, -> ['fyː·zi·kɐ] *m(f)* physicist

Physiognomie <-, -n> [fy·zi̯o·gno·'miː, *pl* -'miː·ən] *f (geh)* physiognomy

Physiologie <-> [fy·zi̯o·lo·'giː] *f kein pl* physiology

physiologisch [fy·zi̯o·'loː·gɪʃ] *adj* physiological

Physiotherapeut(in) <-en, -en> [fy·zi̯o·te·ra·'pɔyt] *m(f)* physical therapist

Physiotherapie [fy·zi̯o·te·ra·'piː] *f kein pl* physical therapy

physisch ['fyː·zɪʃ] *adj* physical

Pianist(in) <-en, -en> [pi̯a·'nɪst] *m(f)* pianist

Piano <-s, -s> ['pi̯aː·no] *nt (geh)* piano

Pickel <-s, -> ['pɪ·kl̩] *m* ❶ *(Hautunreinheit)* pimple, zit *fam* ❷ *(Spitzhacke)* pickax; *(Eispickel)* ice pick

pickelig ['pɪ·kə·lɪç] *adj* pimply

picken ['pɪ·kn̩] **I.** *vi* ORN to peck **(nach** +*dat* at) **II.** *vt* ❶ *(fam) Person* to pick, to choose ❷ ÖSTERR *(kleben)* to stick

picklig ['pɪk·lɪç] *adj s.* **pickelig**

Picknick <-s, -s *o* -e> ['pɪk·nɪk] *nt* picnic

picknicken ['pɪk·nɪ·kn̩] *vi* to [have a] picnic

Piep [piːp] *m (fam)* ▶ WENDUNGEN: **keinen** ~ **sagen** *(fam)* to not make a sound; **keinen mehr sagen** *(fam)* to be a goner

piepe ['piː·pə], **piepegal** ['piːp·ʔe·'gaːl] *adj pred (fam)* ■ **jdm** ~ **sein** to be all the same [to sb]

piepen ['piː·pn̩] *vi* ❶ *(leise Pfeiftöne erzeugen)* to peep; *(Maus)* to squeak ❷ *(hohe Töne*

erzeugen) *Gerät* to beep ❸ **bei jdm piept es** (*fam*) sb is off their rocker *sl*
piepsen ['pi:p·sn̩] **I.** *vi* ❶ *s.* **piepen 1, 2** ❷(*mit hoher Stimme sprechen/singen*) to pipe **II.** *vt* ■ **etw** ~ to say/sing sth in a squeaky voice
Piepser <-s, -> *m* (*fam*) beeper
piepsig ['pi:p·sɪç] *adj* (*fam*) *Stimme* squeaky
Pier <-s, -s *o* -e> [pi:ɐ̯] *m* pier
Piercing <-s, -s> ['pi:ɐ̯·sɪŋ] *nt* piercing
piesacken ['pi:·za·kn̩] *vt* (*fam*) to pester
pieseln ['pi:·zln̩] *vi* (*fam*) ❶(*fein regnen*) to drizzle ❷(*urinieren*) to pee
Pietät <-> [pi̯e·'tɛːt] *f kein pl* (*geh*) respect; (*Ehrfurcht*) reverence
pietätlos *adj* (*geh*) irreverent
pikant [pi·'kant] **I.** *adj* ❶ KOCHK spicy ❷(*frivol*) racy **II.** *adv* piquantly
piken ['pi:·kn̩] *vt, vi* (*fam*) *s.* **piksen**
pikiert [pi·'ki:rt] (*geh*) **I.** *adj* peeved **II.** *adv* peevishly
piksen ['pi:k·sn̩] **I.** *vt* (*fam*) to prick (**mit** +*dat* with) **II.** *vi* (*fam*) to prickle
Pilger(in) <-s, -> ['pɪl·gɐ] *m(f)* pilgrim
Pilgerfahrt *f* pilgrimage
pilgern ['pɪl·gen] *vi sein* ❶(*fam: gehen, marschieren*) to wend one's way ❷(*wallfahren*) to make a pilgrimage (**nach** to)
Pille <-, -n> ['pɪ·lə] *f* pill; ■**die** ~ (*Antibabypille*) the pill; **die** ~ **danach** the morning-after pill ▸ WENDUNGEN: **eine bittere** ~ **schlucken müssen** (*fam*) to have a bitter pill to swallow
Pilot(in) <-en, -en> [pi·'lo:t] *m(f)* pilot
Pilotprojekt *nt* pilot project
Pilotversuch *m* pilot project
Pils <-, -> [pɪls] *nt* pilsner
Pilz <-es, -e> [pɪlts] *m* ❶ BOT fungus; (*Speisepilz*) mushroom ❷ MED fungal skin infection ▸ WENDUNGEN: **wie** ~**e aus dem Boden schießen** to shoot up
Pilzerkrankung *f* fungal disease
Pimmel <-s, -> ['pɪ·ml̩] *m* (*fam*) wiener *vulg sl*, weenie *vulg sl*
pingelig ['pɪŋə·lɪç] *adj* (*fam*) fussy
Pinguin <-s, -e> ['pɪŋ·gui:n] *m* penguin
pink [pɪŋk] *adj inv* pink
Pinkel¹ <-s, -> ['pɪŋ·kl̩] *m* **ein feiner** ~ (*fam*) a dandy
Pinkel² <-, -n> ['pɪŋkl̩] *f* KOCHK NORDD spicy smoked fatty pork/beef sausage (*eaten with curly kale*)
pinkeln ['pɪŋ·kln̩] *vi* (*fam*) to pee
Pinnwand *f* bulletin board
Pinsel <-s, -> ['pɪn·zl̩] *m* brush
Pinte <-, -n> ['pɪn·tə] *f* (*fam*) bar, pub
Pinzette <-, -n> [pɪn·'tsɛ·tə] *f* tweezers *npl*
Pionier(in) <-s, -e> [pi̯o·'ni:ɐ̯] *m(f)* (*geh: Wegbereiter*) pioneer
Pionierarbeit *f* pioneering work
Pipapo <-s> [pi·pa·'po:] *nt kein pl* (*fam*) **mit allem** ~ with all the frills; **das ganze** ~ the whole shebang
Pipeline <-, -s> ['paip·lain] *f* pipeline

Pipi <-s> [pi·'pi:] *nt kein pl* (*Kindersprache*) pee-pee, wee-wee; ~ **machen** to go pee-pee
Pipifax <-> ['pi·pi·faks] *nt kein pl* (*fam*) nonsense
Piranha <-[s], -s> [pi·'ran·ja] *m* piranha
Pirat(in) <-en, -en> [pi·'ra:t] *m(f)* pirate
Pirsch [pɪrʃ] *f* **auf die** ~ **gehen** to go [deer] hunting
Pisse <-> ['pɪ·sə] *f kein pl* (*derb*) piss
pissen ['pɪ·sn̩] *vi* ❶(*derb: urinieren*) to piss ❷ *impers* (*sl: stark regnen*) **es pisst** it's pouring
Pissoir <-s, -s *o* -e> [pɪ·'soa·ɐ̯] *nt* urinal
Pistazie <-, -n> [pɪs·'ta:·tsi̯ə] *f* pistachio
Piste <-, -n> ['pɪs·tə] *f* ❶(*Skipiste*) ski slope [*or* run] ❷(*unbefestigter Weg, Rennstrecke*) track ❸(*Rollbahn*) runway
Pistole <-, -n> [pɪs·'to:·lə] *f* pistol ▸ WENDUNGEN: **jdm die** ~ **auf die Brust setzen** (*fam*) to hold a gun to sb's head
Pizza <-, -s> ['pɪt·sa] *f* pizza
Pkw <-s, -s> ['pe:·ka·ve:] *m Abk von* **Personenkraftwagen**
Plackerei <-, -en> [pla·kə·'rai] *f* (*fam*) grind
plädieren* [plɛ·'di:·rən] *vi* ❶ JUR ■**auf etw** ~ to plead sth; **auf schuldig** ~ to plead guilty ❷(*fig geh*) ■**für etw** ~ to plead for sth
Plädoyer <-s, -s> [plɛ·dọa·'je:] *nt* ❶ JUR summation ❷(*fig geh*) plea
Plage <-, -n> ['pla:·gə] *f* nuisance
Plagegeist *m* (*pej fam*) nuisance
plagen ['pla:·gn̩] **I.** *vt* ❶(*behelligen*) *mit Fragen, Bitten* to pester ❷(*quälen*) to bother; **Zweifel plagten ihn** he was plagued with doubt **II.** *vr* ■ **sich** *akk* [**mit etw** *dat*] ~ ❶(*sich abrackern*) to slave away [over sth] ❷(*sich herumplagen*) to be bothered [by sth]
Plakat <-[e]s, -e> [pla·'ka:t] *nt* poster
Plakatwand *f* billboard
Plakette <-, -n> [pla·'kɛ·tə] *f* (*Anstecker*) badge; (*Aufkleber, TÜV-Plakette*) sticker
Plan <-[e]s, Pläne> [pla:n, *pl* 'plɛ·nə] *m* ❶(*Vorhaben*) plan; **nach** ~ **laufen** to go according to plan; **jds Pläne durchkreuzen** to thwart sb's plans ❷ GEOG, TRANSP map ❸(*zeichnerische Darstellung*) plan
Plane <-, -n> ['pla:·nə] *f* tarp *fam*
planen ['pla:·nən] *vt* to plan
Planer(in) <-s, -> *m(f)* planner
Planet <-en, -en> [pla·'ne:t] *m* planet
Planetarium <-s, -tarien> [pla·ne·'ta:·ri̯·ʊm, *pl* -'ta:·ri̯·ən] *nt* planetarium
planieren* [pla·'ni:·rən] *vt* to level [off]
Planierraupe *f* bulldozer
Planke <-, -n> ['plaŋ·kə] *f* plank
planlos *adj* ❶(*ziellos*) aimless ❷(*ohne System*) unsystematic
planmäßig **I.** *adj* ❶ TRANSP scheduled ❷(*systematisch*) systematic **II.** *adv* ❶ TRANSP as scheduled, according to schedule ❷(*systematisch*) systematically
Planschbecken *nt* kiddie pool
planschen ['plan·ʃn̩] *vi* to splash around

Plantage <-, -n> [plan·'ta:·ʒə] f plantation
Planung <-, -en> f ❶ (das Planen) planning; in der ~ befindlich in the planning stage ❷ (Plan) plan
Plappermaul nt (bes pej fam) blabbermouth
plappern ['pla·pɐn] (fam) I. vi to chatter II. vt Unsinn ~ to babble nonsense
plärren ['plɛ·rən] vi (fam) ❶ (heulen) to bawl ❷ (blechern ertönen) to blare [out]
Plastik¹ <-s> ['plas·tɪk] nt kein pl plastic
Plastik² <-, -en> ['plas·tɪk] f (Kunstwerk) sculpture
Plastikbecher m plastic cup
Plastikfolie f plastic wrap
Plastikgeld nt (fam) plastic [money]
Plastiktüte f plastic bag
plastisch ['plas·tɪʃ] I. adj (anschaulich) vivid II. adv (anschaulich) vividly
Platane <-, -n> [pla·'ta:·nə] f plane tree
Plateau <-s, -s> [pla·'to:] nt plateau
Platin <-s> ['pla:·ti:n] nt kein pl platinum
Platine <-, -n> [pla·'ti:·nə] f ❶ TECH circuit board ❷ COMPUT card
platonisch [pla·'to:·nɪʃ] adj (geh) platonic
plätschern ['plɛ·tʃɐn] vi Brunnen to splash; Bach to babble; Regen to patter
platt [plat] I. adj ❶ (flach) flat ❷ (geistlos) dull ❸ (fam: verblüfft) ■ ~ sein to be flabbergasted II. adv flat; ~ drücken/walzen to flatten
Platt <-[s]> [plat] nt kein pl, **Plattdeutsch** ['plat·dɔytʃ] nt Low German
Platte <-, -n> ['pla·tə] f ❶ (Steinplatte) slab ❷ (Metalltafel) sheet ❸ (Schallplatte) record ❹ (Servierteller; Gericht) platter ❺ (Kochplatte) burner ❻ (fam: Glatze) eine ~ haben to be bald ▶ WENDUNGEN: die ~ schon kennen (fam) to have heard that one before
Plätteisen nt NORDD [smoothing] iron
Platten einen ~ haben to have a flat [tire]
plätten ['plɛ·tn̩] vt DIAL to iron
Plattenfirma f record company
Plattenlaufwerk nt disk drive
Plattenspieler m record player
Plattform f a. COMPUT platform
Plattfuß m ❶ MED flat foot ❷ (fam: platter Reifen) flat [tire]
Platz <-es, Plätze> [plats, pl 'plɛ·tsə] m ❶ (Ort, Stelle) place ❷ (öffentlicher Platz) square ❸ (Sitzplatz) seat; ~ nehmen (geh) to take a seat ❹ (freier Raum) room ❺ (Sportplatz) playing field; jdn vom ~ stellen to throw [or kick] sb out ❻ (Rang) place; er liegt jetzt auf ~ drei he's now in third place ▶ WENDUNGEN: fehl am ~[e] sein to be out of place
Platzangst f ❶ (fam) claustrophobia ❷ (Agoraphobie) agoraphobia
Plätzchen <-s, -> ['plɛts·çən] nt ❶ dim von Platz spot ❷ (Keks) cookie
platzen ['pla·tsn̩] vi sein ❶ (zerplatzen) to burst; vor Ärger/Neugier ~ (fig) to be bursting with anger/curiosity ❷ (aufplatzen) to split ❸ (fam: scheitern) to fall through; das Fest ist geplatzt the party is off

platzieren*RR [pla·'tsi:·rən] vt to place
Platzierung RR <-, -en> f place; eine ~ unter den ersten zehn a place in the top ten
Platzkarte f seat reservation
Platzmangel m lack of room
Platzpatrone f blank [cartridge]
Platzregen m cloudburst
Platzwunde f laceration
Plauderei <-, -en> [plau·də·'rai] f chat
plaudern ['plau·dɐn] vi ❶ (sich gemütlich unterhalten) to [have a] chat ❷ (fam: ausplaudern) to gossip
Plauderstündchen nt [little] chat
Plausch <-[e]s, -e> [plauʃ] m pl selten (fam) chat
plauschen ['plau·ʃn̩] vi (fam) to [have a] chat
plausibel [plau·'zi:·bl̩] adj plausible; jdm etw ~ machen to explain sth to sb
Plausibilität <-> [plau·zi·bi·li·'tɛ:t] f kein pl plausibility
Playboy <-s, -s> ['ple:·bɔy] m playboy
Plazenta <-, -s o Plazenten> [pla·'tsɛn·ta, pl pla·'tsɛn·tas, pla·'tsɛn·tən] f placenta
plazieren*ALT [pla·'tsi:·rən] vt s. platzieren
Plazierung ALT <-, -en> f s. Platzierung
pleite ['plai·tə] adj (fam) broke
Pleite <-, -n> ['plai·tə] f (fam) ❶ (Bankrott) bankruptcy; ~ machen to go bust ❷ (Reinfall) flop
pleite|gehen RR vi irreg sein to go bankrupt
Pleuelstange ['plɔy·əl·] f TECH connecting rod
Plexiglas® <-es> ['plɛksi·gla:s] nt kein pl Plexiglas®
Plombe <-, -n> ['plɔm·bə] f ❶ MED filling ❷ (Bleisiegel) lead seal
plombieren* [plɔm·'bi:·rən] vt ❶ MED to fill ❷ (amtlich versiegeln) to seal
plötzlich ['plœts·lɪç] I. adj sudden II. adv suddenly, all of a sudden; das kommt alles etwas/so ~ it's all happening rather/so suddenly; aber etwas ~! (fam) [and] hurry up!
plump [plʊmp] I. adj ❶ (massig) plump ❷ (schwerfällig) ungainly ❸ (dummdreist) obvious; Lüge blatant II. adv ❶ (schwerfällig) clumsily ❷ (dummdreist) crassly
plumpsen ['plʊmp·sn̩] vi sein (fam) to fall [with a thud]; sich akk aufs Bett ~ lassen to flop [oneself] down on the bed
Plumpsklo(sett) nt (fam) outhouse
Plunder <-s> ['plʊn·dɐ] m kein pl junk
plündern ['plʏn·dɐn] I. vt ❶ (ausrauben) to plunder ❷ (fam: leeren) to raid II. vi to plunder
Plünderung <-, -en> f looting
Plural <-s, -e> ['plu:·ra:l] m plural
pluralistisch [plu·ra·'lɪs·tɪʃ] adj (geh) pluralistic
plus [plʊs] konj, präp, adv plus; 6 ~ 4 ist 10 6 plus 4 is 10; wir haben fünf Grad ~ it's five degrees above zero
Plus <-, -> [plʊs] nt ❶ (Pluszeichen) plus ❷ ÖKON surplus; ~ machen to make a profit; [mit etw dat] im ~ sein to be in the black

P

[with sth]

Plüsch <-[e]s, -e> [plʏʃ, *auch:* plʏːʃ] *m* plush

Plüschtier *nt* stuffed animal

Pluspunkt *m* ❶ (*Vorteil*) bonus ❷ (*Wertungseinheit*) [plus] point

Plusquamperfekt <-s, -e> ['plʊs·kvam·pɛr·fɛkt] *nt* past perfect, pluperfect

Pluszeichen *nt* plus sign

Plutonium <-s> [plu·'to:·ni̯·ʊm] *nt kein pl* plutonium

PLZ <-> *f Abk von* **Postleitzahl**

pneumatisch [pnɔy·'ma:t·ɪʃ] *adj* pneumatic

Po <-s, -s> [po:] *m* (*fam*) butt

Pöbel <-s> ['pø:·bl̩] *m kein pl* (*pej*) mob

Pöbelei <-, -en> [pø:·bə·'lai] *f* (*fam*) swearing

pöbelhaft *adj* loutish

pöbeln ['pø:·bl̩n] *vi* (*ausfallend reden*) to swear; (*sich ausfallend benehmen*) to rile

pochen ['pɔ·xn̩] *vi* ❶ (*anklopfen*) to knock (**gegen/auf** +*akk* against/on) ❷ *Herz, Blut* to pound ❸ (*bestehen*) to insist (**auf** +*akk* on)

Pocken *pl* smallpox *no art*

Podest <-[e]s, -e> [po·'dɛst] *nt o m* podium, rostrum

Podium <-s, Podien> ['po:·di̯·ʊm, *pl* 'po:·di̯·ən] *nt* podium, rostrum

Podiumsdiskussion *f*, **Podiumsgespräch** *nt* panel discussion

Poesie <-> [poe·'zi:] *f kein pl* poetry

Poet(in) <-en, -en> [po·'e:t] *m(f)* poet

poetisch [po·'e:·tɪʃ] *adj* poetic[al]

pofen ['po:·fn̩] *vi* (*fam*) ❶ (*schlafen*) to sleep ❷ (*unaufmerksam sein*) to doze

Pointe <-, -n> ['pɔɛ̃:·tə] *f einer Erzählung* point; *eines Witzes* punch line

pointiert [pɔɛ̃·'ti:·et] *adj* (*geh*) pointed

Pokal <-s, -e> [po·'ka:l] *m* ❶ (*Trinkbecher*) goblet ❷ SPORT trophy, cup

Pokalspiel *nt* cup [*or* tournament] game

Poker <-s> ['po:·ke] *nt kein pl* poker

Pokerface <-, -s> ['po:·ke·fe:s] *nt*, **Pokergesicht** *nt* poker face

pokern ['po:·ken] *vi* ❶ KARTEN to play poker; ■ **um etw** ~ to gamble for sth ❷ (*viel riskieren*) to stake a lot

Pol <-s, -e> [po:l] *m* GEOG, ELEK, PHYS pole ▶ WENDUNGEN: **der ruhende** ~ the calming influence

Polarforscher(in) <-s, -> *m(f)* polar explorer

polarisieren* [po·la·ri·'zi:·rən] *vr* (*geh*) ■ **sich** *akk* ~ to polarize

Polarkreis *m* polar circle; **nördlicher/südlicher** ~ Arctic/Antarctic circle

Polarlicht *nt* polar lights *pl*

Polarstern *m* Polaris

Pole, Polin <-n, -n> ['po:·lə] *m, f* Pole; *s. a.* **Deutsche(r)**

Polemik <-, -en> [po·'le:·mɪk] *f* (*geh*) ❶ *kein pl* (*polemischer Gehalt*) polemic ❷ (*scharfe Attacke*) polemics + *sing vb*

polemisch [po·'le:·mɪʃ] (*geh*) I. *adj* polemical II. *adv* **sich** *akk* ~ **äußern** to voice a polemic

polemisieren* [po·le·mi·'zi:·rən] *vi* (*geh*) to

polemicize; ■ **gegen jdn/etw** ~ to inveigh against sb/sth

Polen <-s> ['po:·lən] *nt* Poland; *s. a.* **Deutschland**

Police <-, -n> [po·'li:·sə] *f* policy

polieren* [po·'li:·rən] *vt* to polish

Politbüro [po·'lɪt-] *nt* politburo

Politesse <-, -n> [po·li·'tɛsə] *f* meter maid

Politik <-, -en> [po·li·'ti:k] *f* ❶ *kein pl* (*die politische Welt*) politics + *sing vb, no art* ❷ (*politischer Standpunkt*) politics + *sing vb, no art* ❸ (*Strategie*) policy

Politika [po·'li:·ti·ka] *pl von* **Politikum**

Politiker(in) <-s, -> [po·'li:·ti·ke] *m(f)* politician

Politikum <-s, Politika> [po·'li:·ti·kʊm, *pl* po·'li:·ti·ka] *nt* (*geh: Sache*) political issue; (*Ereignis*) political event

politisch [po·'li:·tɪʃ] I. *adj* ❶ POL political ❷ (*klug*) politic II. *adv* ❶ POL politically ❷ (*klug*) judiciously

politisieren* [po·li·ti·'zi:·rən] I. *vi* to talk politics II. *vt* ■ **etw** ~ to politicize sth; ■ **jdn** ~ to make sb politically aware

Politologe, Politologin <-n, -n> [po·li·to·'lo:·gə] *m, f* political scientist

Politur <-, -en> [po·li·'tu:ɐ] *f* polish

Polizei <-, -en> [po·li·'tsai] *f pl selten* ❶ (*Institution*) ■ **die** ~ the police + *sing/pl vb*; **bei der** ~ **sein** to be a police officer ❷ *kein pl* (*Dienstgebäude*) police station ▶ WENDUNGEN: **dümmer als die** ~ **erlaubt** (*fam*) [as] dumb as a rock

Polizeiaufgebot *nt* police presence

Polizeibeamte(r) *f(m)*, **-beamtin** *f* police officer

Polizeidienststelle *f* police station

Polizeifunk *m* police radio

polizeilich I. *adj attr* police *attr* II. *adv* by the police; ~ **gemeldet sein** to be registered with the police

Polizeipräsident(in) *m(f)* chief of police

Polizeipräsidium *nt* police headquarters + *sing/pl vb*

Polizeirevier *nt* ❶ (*Dienststelle*) police station ❷ (*Bezirk*) [police] precinct

Polizeischutz *m* police protection

Polizeistreife *f* police patrol

Polizeiwache *f* police station

Polizist(in) <-en, -en> [po·li·'tsɪst] *m(f)* police officer, policeman *masc*, policewoman *fem*

Pollen <-s, -> ['pɔ·lən] *m* pollen

Pollenflug *m kein pl* pollen dispersal

Pollenflugvorhersage *f* pollen count forecast

polnisch ['pɔl·nɪʃ] *adj* Polish; *s. a.* **deutsch**

Polo <-s, -s> ['po:·lo] *nt* polo

Polohemd *nt* polo shirt

Polster <-s, -> ['pɔls·te] *nt o* ÖSTERR *m* ❶ *von Möbeln* upholstery ❷ *an Kleidung* pad ❸ (*Rücklage*) cushion; **ein finanzielles** ~ financial reserves *pl* ❹ ÖSTERR (*Kissen*) cushion

polstern ['pɔls·ten] *vt* ❶ (*mit Polster versehen*) to upholster ❷ (*hum fam: ziemlich dick* *sein*) **gut gepolstert sein** to have padding; (*viel Geld haben*) to be well-off

Polterabend ['pɔl·tɐ-] *m* party at the house of the bride's parents on the eve of a wedding, at which dishes are smashed to bring good luck

> ℹ️ Celebrated with friends and relatives, a **Polterabend** is held on the eve of a wedding. Traditionally, dishes and cups and other items made of earthenware are smashed to bring good luck and the bridal couple is left to sweep up the mess.

poltern ['pɔl·tɐn] *vi* ❶ *haben* (*rumpeln*) to bang ❷ *sein* (*krachend fallen*) **der Schrank polterte die Treppe hinunter** the cupboard went crashing down the stairs ❸ *sein* (*lärmend gehen*) to stomp

Polyester <-s, -> [po·ly·'ʔɛs·tɐ] *m* polyester

Polygamie <-> [po·ly·ga·'miː] *f kein pl* polygamy

Pomade <-, -n> [po·'maː·də] *f* pomade

Pommern <-s> ['pɔ·mɐn] *nt* Pomerania

Pommes ['pɔ·məs] *pl* (*fam*), **Pommes frites** [pɔm·'frɪt] *pl* [French] fries *pl*

Pomp <-[e]s> [pɔmp] *m kein pl* pomp

pompös [pɔm·'pøːs] **I.** *adj* grandiose **II.** *adv* grandiosely

Poncho <-s, -s> ['pɔn·tʃo] *m* poncho

Pony[1] <-s, -s> ['pɔ·ni] *nt* (*Pferd*) pony

Pony[2] <-s, -s> ['pɔ·ni] *m* bangs *npl*

Pool <-s, -s> [puːl] *m* pool

Poolbillard ['puːl·bɪl·jart] *nt* pool

Pop <-s> [pɔp] *m kein pl* pop

Popcorn <-s> ['pɔp·kɔrn] *nt kein pl* popcorn

Popel <-s, -> ['po·ːpl] *m* (*fam*) booger

popelig ['po·ːpə·lɪç] *adj* (*fam*) ❶ (*lausig*) lousy ❷ (*gewöhnlich*) crummy

popeln ['po·ːpl̩n] *vi* (*fam*) to pick one's nose

poplig ['po·ːp·lɪç] *adj s.* **popelig**

Popmusik *f* pop music

Popo <-s, -s> [po·'poː, *auch:* 'po·po] *m* (*fam*) butt

poppig ['pɔ·pɪç] *adj* (*fam*) trendy

populär [po·pu·'lɛːɐ] *adj* popular

popularisieren* [po·pu·la·ri·'ziː·rən] *vt* to popularize

Popularität <-> [po·pu·la·ri·'tɛːt] *f kein pl* popularity

Population <-, -en> [po·pu·la·'tsi̯oːn] *f* population

Pore <-, -n> ['po·ːrə] *f* pore

Porno <-s, -s> ['pɔr·no] *m* (*fam*) porn

Pornografie[RR], **Pornographie** <-> [pɔr·no·gra·'fiː] *f kein pl* pornography

pornografisch[RR], **pornographisch** *adj* pornographic

porös [po·'røːs] *adj* porous

Porree <-s, -s> ['pɔ·re] *m* leek

Portal <-s, -e> [pɔr·'taːl] *nt* portal

Portemonnaie <-s, -s> [pɔrt·mɔ·'neː] *nt s.* **Portmonee**

Porti ['pɔr·ti] *pl von* **Porto**

Portier <-s, -s> [pɔr·'ti̯eː] *m* doorman

Portion <-, -en> [pɔr·'tsi̯oːn] *f* ❶ (*beim Essen*) portion ❷ (*fam: Anteil*) amount ▶ WENDUNGEN: **eine halbe ~** (*fam*) a half-pint

Portmonee[RR] <-s, -s> [pɔrt·mɔ·'neː] *nt* wallet, change purse

Porto <-s, -s *o* Porti> ['pɔr·to, *pl* 'pɔr·tos, 'pɔr·ti] *nt* postage

Porträt <-s, -s> [pɔr·'trɛː] *nt* portrait

porträtieren* [pɔr·trɛ·'tiː·rən] *vt* to portray

Portugal <-s> ['pɔr·tu·gal] *nt* Portugal; *s. a.* **Deutschland**

Portugiese, Portugiesin <-n, -n> [pɔr·tu·'giː·zə] *m, f* Portuguese; *s. a.* **Deutsche(r)**

portugiesisch [pɔr·tu·'giː·zɪʃ] *adj* Portuguese; *s. a.* **deutsch**

Portugiesisch [pɔr·tu·'giː·zɪʃ] *nt dekl wie adj* ❶ LING Portuguese; *s. a.* **Deutsch 1** ❷ (*Fach*) Portuguese; *s. a.* **Deutsch 2**

Portwein ['pɔrt·vain] *m* port [wine]

Porzellan <-s, -e> [pɔr·tsɛ·'laːn] *nt* ❶ (*Material*) porcelain ❷ *kein pl* (*Geschirr*) china

Porzellangeschirr *nt* china

Posaune <-, -n> [po·'zau·nə] *f* trombone

Pose <-, -n> ['po·ːzə] *f* pose

posieren* [po·'ziː·rən] *vi* (*geh*) to pose

Position <-, -en> [po·zi·'tsi̯oːn] *f* position

positiv ['po·ːzi·tiːf] **I.** *adj* positive; **■ ~ [für jdn] sein** to be good news [for sb] **II.** *adv* positively; **etw ~ beeinflussen** to have a positive influence on sth; **etw ~ bewerten** to judge sth favorably; **sich** *akk* **~ verändern** to change for the better

Posse <-, -n> ['pɔ·sə] *f* farce

Possessivpronomen [pɔ·sɛ·'siːf-] *nt* possessive pronoun

Post <-> [pɔst] *f kein pl* ❶ (*Institution*) Post Office; **etw per/mit der ~ schicken** to send sth in the mail, to mail sth; (*Dienststelle*) post office; **auf die/zur ~ gehen** to go to the post office ❷ (*Briefsendungen*) mail; **heute ist keine ~ für dich da** there's no mail for you today; **elektronische ~** electronic mail

Postamt *nt* post office

Postanweisung *f* money order

Postauto *nt* mail truck

Postbank *f* BRD bank operated by the post office

Postbeamte(r) *f(m)*, **-beamtin** *f* post office clerk

Postbote, -botin *m, f* mail carrier, postman *masc*, mailman *masc*

Posten <-s, -> ['pɔs·tn̩] *m* ❶ (*zugewiesene Position*) post ❷ (*Anstellung*) position ❸ (*Wache*) guard; **~ beziehen** to take up position ❹ ÖKON (*Position*) item; (*Menge*) quantity ▶ WENDUNGEN: **auf verlorenem ~ kämpfen** to be fighting a losing battle; **nicht ganz auf dem ~ sein** (*fam*) to be a bit under the weather

Poster <-s, -[s]> ['po·ːs·tɐ] *nt* poster

Postfach *nt* ❶ (*Schließfach*) post office [*or* PO] box ❷ (*offenes Fach*) pigeonhole

Postgiroamt [-ʒiː·ro-] *nt bank operated by the post office*

Postgirokonto [-ʒiː·ro-] *nt* postal checking account

posthum [pɔst·'huːm] *adj* (*geh*) posthumous

Postkarte *f* postcard

Postleitzahl *f* Zip Code

postmodern ['pɔst·mo·dɛrn] *adj* postmodern

Postscheck *m* postal check

Postsendung *f* piece of mail

Postskript <-[e]s, -e> [pɔst·'skrɪpt] *nt*, **Postskriptum** <-s, -ta> [pɔst·'skrɪp·tʊm] *nt* (*geh*) postscript

Postsparkasse *f* ÖSTERR *bank operated by the post office*

Poststempel *m* ❶ (*Abdruck*) postmark ❷ (*Gerät*) canceling device

postulieren* [pɔs·tu·'liː·rən] *vt* (*geh*) to postulate

postum [pɔs·'tuːm] *adj* (*geh*) posthumous

Postweg *m* etw auf dem ~ schicken to send sth by mail

postwendend *adv* immediately

potent [po·'tɛnt] *adj* ❶ (*sexuell fähig*) potent ❷ (*zahlungskräftig*) affluent

Potential <-s, -e> [po·tɛn·'tsi̯aːl] *nt s.* **Potenzial**

potentiell [po·tɛn·'tsi̯ɛl] *adj* (*geh*) *s.* **potenziell**

Potenz <-, -en> [po·'tɛnts] *f* ❶ (*sexuell*) potency ❷ (*Leistungsfähigkeit*) strength

Potenzial^{RR} <-s, -e> *nt* potential

potenziell^{RR} *adj* (*geh*) potential

potenzieren* [po·tɛn·'tsiː·rən] *vt* (*geh*) to multiply

Potenzstörung *f* potency disorder

Potsdam <-s> ['pɔts·dam] *nt* Potsdam

Pott <-[e]s, Pötte> [pɔt, *pl* 'pœ·tə] *m* (*fam*) ❶ (*Topf*) pot ❷ (*a. pej: Schiff*) tub

potthässlich^{RR} ['pɔt·'hɛs·lɪç] *adj* (*fam*) butt-ugly *fam*

Pottwal ['pɔt·vaːl] *m* sperm whale

powern ['pau·ɐn] *vi* (*sl: sich voll einsetzen*) to give it one's all *fam*

PR-Abteilung [peː·'ɛr-] *f* PR department

Pracht <-> [praxt] *f kein pl* splendor ▶ WENDUNGEN: **eine wahre ~ sein** (*fam*) to be [really] great

Prachtexemplar *nt* fine specimen

prächtig ['prɛç·tɪç] *adj* ❶ (*prunkvoll*) magnificent ❷ (*großartig*) splendid

Prachtkerl *m* (*fam*) great guy

Prachtstück *nt s.* **Prachtexemplar**

prachtvoll *adj* (*geh*) *s.* **prächtig**

prädestinieren* [prɛ·dɛs·ti·'niː·rən] *vt* (*geh*) to predestine (**für** +*akk* for); **für etw prädestiniert sein** to be made for sth

Prädikat <-[e]s, -e> [prɛ·di·'kaːt] *nt* (*Auszeichnung*) rating

Präferenz <-, -en> [prɛ·fe·'rɛnts] *f* (*geh*) preference

Präfix <-es, -e> [prɛ·'fɪks, 'prɛː·fɪks] *nt* prefix

Prag <-s> [praːk] *nt* Prague

prägen ['prɛː·gn̩] *vt* ❶ *Münzen* to mint ❷ *Wort* to coin ❸ (*fig: formen*) ■jdn ~ to leave its/their mark on sb

pragmatisch [prag·'maː·tɪʃ] I. *adj* pragmatic II. *adv* pragmatically

prägnant [prɛ·'gnant] (*geh*) I. *adj* succinct; *Sätze* concise II. *adv* sich *akk* ~ ausdrücken to be succinct; **etw ~ beschreiben** to give a succinct description of sth

Prägnanz <-> [prɛ·'gnants] *f kein pl* (*geh*) conciseness

prähistorisch [prɛ·hɪs·'toː·rɪʃ] *adj* prehistoric

prahlen ['praː·lən] *vi* to boast, to brag *pej fam* (**mit** +*dat* about)

Prahler(in) <-s, -> *m(f)* bragger

Prahlerei <-, -en> [praː·lə·'rai] *f* ❶ *kein pl* (*das Prahlen*) boasting, bragging *pej fam* ❷ (*Äußerung*) boast

prahlerisch *adj* boastful

Prahlhans <-es, -hänse> *m* (*fam*) showoff

Praktik <-, -en> ['prak·tɪk] *f meist pl* practice

Praktika ['prak·ti·ka] *pl von* **Praktikum**

praktikabel [prak·ti·'kaː·bl̩] *adj* practicable

Praktikant(in) <-en, -en> [prak·ti·'kant] *m(f)* intern

Praktiker(in) <-s, -> ['prak·ti·kɐ] *m(f)* practical person

Praktikum <-s, Praktika> ['prak·ti·kʊm, *pl* -ka] *nt* internship

praktisch ['prak·tɪʃ] I. *adj* practical; *Beispiel* concrete II. *adv* ❶ (*so gut wie*) practically ❷ (*in der Praxis*) in practice ❸ (*praxisbezogen*) ~ arbeiten to do practical work

praktizieren* [prak·ti·'tsiː·rən] *vi, vt* to practice; ~der Arzt practicing doctor; **seinen Glauben ~** to practice one's religion

Praline <-, -n> [pra·'liː·nə] *f*, **Praliné** <-s, -s> [pra·li·'neː] *nt* ÖSTERR, SCHWEIZ, **Pralinee** <-s, -s> [pra·li·'neː] *nt* ÖSTERR, SCHWEIZ praline, [piece of] chocolate

prall [pral] *adj* ❶ (*sehr voll*) *Brüste* well-rounded; *Schenkel, Waden* sturdy; *Euter* swollen; **eine ~ gefüllte Brieftasche** a bulging wallet; **etw ~ aufblasen/füllen** to inflate/fill sth to the bursting point ❷ *Sonne* blazing

prallen ['pra·lən] *vi sein* ❶ (*heftig auftreffen*) to crash; *Ball* to bounce; [mit dem Wagen] **gegen/vor etw** *akk* ~ to crash [one's car] into sth; **mit dem Kopf gegen etw** *akk* ~ to bang one's head on sth ❷ *Sonne* to blaze

prallvoll ['pral·'fɔl] *adj* (*fam*) bulging; *Kofferraum* tightly packed

Prämie <-, -n> ['prɛː·mi̯ə] *f* ❶ (*zusätzliche Vergütung*) bonus ❷ (*Versicherungsbeitrag*) [insurance] premium ❸ (*staatliche Prämie*) [government] premium

prämieren* [prɛ·'miː·rən] *vt* jdn/etw mit Euro 50.000 ~ to award sb/sth [a prize of] 50,000 euros; **ein prämierter Film** an award-winning film

Prämisse <-, -n> [prɛ·'mɪ·sə] *f* (*geh*) condition; **unter der ~, dass ...** on the condition that ...

pränatal [prɛ·na·'ta:l] *adj* prenatal
prangen ['praŋ·ən] *vi* (*auffällig angebracht sein*) to be emblazoned
Pranger <-s, -> ['praŋ·ɐ] *m* HIST pillory ▶ WENDUNGEN: **jdn/etw an den ~ stellen** to criticize sb/sth harshly
Pranke <-, -n> ['praŋ·kə] *f* paw; (*hum a.*) mitt *sl*
Präparat <-[e]s, -e> [prɛ·pa·'ra:t] *nt* (*Arzneimittel*) medication
präparieren* [prɛ·pa·'ri:·rən] *vt* ❶ BIOL, MED (*konservieren*) to preserve ❷ (*vorbereiten*) to prepare
Präposition <-, -en> [prɛ·po·zi·'tsi̯o:n] *f* preposition
Prärie <-, -n> [prɛ·'ri:, *pl* -'ri:·ən] *f* prairie
Präsens <-, Präsentia *o* Präsenzien> ['prɛ:·zɛns, *pl* prɛ·'zɛn·tsi̯a, prɛ·'zɛn·tsi̯ən] *nt* present tense
präsent [prɛ·'zɛnt] *adj* (*geh*) present ▶ WENDUNGEN: **etw ~ haben** to remember sth
Präsent <-[e]s, -e> [prɛ·'zɛnt] *nt* (*geh*) gift
Präsentation <-, -en> [prɛ·zɛn·ta·'tsi̯o:n] *f* presentation
Präsentia *pl von* **Präsens**
präsentieren* [prɛ·zɛn·'ti:·rən] *vt* ■**jdm etw** *akk* ~ to present sb with sth
Präsentierteller *m* ▶ WENDUNGEN: **auf dem ~ sitzen** (*fam*) to be exposed to all
Präsenz <-> [prɛ·'zɛnts] *f kein pl* (*geh*) presence
Präsenzien *pl von* **Präsens**
Präser <-s, -> ['prɛ:·zɐ] *m* (*sl*) *kurz für* **Präservativ** rubber
Präservativ <-s, -e> [prɛ·zɐr·va·'ti:f] *nt* condom
Präsident(in) <-en, -en> [prɛ·zi·'dɛnt] *m(f)* president
Präsidentschaft <-, -en> *f* presidency
Präsidentschaftskandidat(in) *m(f)* presidential candidate
Präsidien *pl von* **Präsidium**
präsidieren* [prɛ·zi·'di:·rən] **I.** *vi* to preside (+*dat* over) **II.** *vt* SCHWEIZ **einen Verein ~** to be president of a society
Präsidium <-s, Präsidien> [prɛ·'zi:·di̯·ʊm, *pl* -di̯·ən] *nt* ❶ (*Vorstand, Vorsitz*) chairmanship ❷ (*Führungsgruppe*) committee ❸ (*Polizeipräsidium*) [police] headquarters + *sing/pl vb*
prasseln ['pra·sl̩n] *vi* ❶ *sein Regen* to drum; (*stärker*) to beat ❷ *haben Feuer* to crackle
prassen ['pra·sn̩] *vi* to live it up; (*schlemmen*) to pig out *fam*
Präteritum <-s, -ta> [prɛ·'te:·ri·tʊm, *pl* -ta] *nt* preterite
Prävention <-, -en> [prɛ·vɛn·'tsi̯o:n] *f* prevention
präventiv [prɛ·vɛn·'ti:f] *adj* prevent[at]ive
Praxis <-, Praxen> ['prak·sɪs, *pl* 'prak·sən] *f* ❶ (*Arztpraxis*) doctor's office; (*Anwaltspraxis*) law practice ❷ *kein pl* (*Erfahrung*) [practical] experience; **langjährige ~** many years of experience ❸ *kein pl* (*Anwendung*) practice *no*

art; **etw in die ~ umsetzen** to put sth into practice
Praxisbezug *m* practical orientation
praxisfern *adj* impractical
Praxisgebühr *f* ADMIN, MED ≈ co-pay
praxisnah I. *adj* practical **II.** *adv* practically
Präzedenzfall [prɛ·tse·'dɛnts-] *m* (*geh*) judicial precedent; **einen ~ schaffen** to set a precedent
präzis [prɛ·'tsi:s] *adj* (*geh*), **präzise** [prɛ·'tsi:·zə] *adj* (*geh*) precise; *Beschreibung* exact
präzisieren* [prɛ·tsi·'zi:·rən] *vt* (*geh*) to state more precisely
Präzision <-> [prɛ·tsi·'zi̯o:n] *f kein pl* (*geh*) precision
predigen ['pre:·dɪ·gn̩] *vt, vi* to preach; ■**jdm etw** *akk* ~ (*fam*) to lecture sb on/about sth
Prediger(in) <-s, -> *m(f)* preacher
Predigt <-, -en> ['pre:·dɪçt] *f* (*a. fam*) sermon
Preis <-es, -e> [prais] *m* ❶ (*Kaufpreis*) price (**für** +*akk* of); **zum halben ~** at [or for] half price ❷ (*Gewinn*) prize; **der erste ~** [the] first prize ▶ WENDUNGEN: **um jeden ~** at all costs
Preisanstieg *m* price increase
Preisaufschlag *m* surcharge
Preisausschreiben *nt* competition, contest
Preiselbeere ['prai·zl̩·be:·rə] *f* [mountain *spec*] cranberry
Preisempfehlung *f* recommended price
preisen <pries, gepriesen> ['prai·zn̩] *vt* (*geh*) to praise
Preisermäßigung *f* price reduction
Preisfrage *f* ❶ (*Quizfrage*) contest question ❷ (*vom Preis abhängende Entscheidung*) question of price
preis|geben ['prais·ge:·bn̩] *vt irreg* (*geh*) ❶ *Geheimnis* to divulge; ■**jdm etw** *akk* ~ to betray sth to sb ❷ **jdn der Lächerlichkeit ~** to expose sb to ridicule ❸ (*aufgeben*) to relinquish; *Gebiet* to surrender
preisgekrönt *adj* award-winning *attr*
Preisgeld <-[e]s, -er> *nt* prize money
preisgünstig *adj* inexpensive; *Angebot* very reasonable; **etw ~ bekommen** to get a good deal on sth
Preisklasse *f* price range
Preis-Leistungs-Verhältnis *nt kein pl* cost-effectiveness, cost-benefit ratio
preislich ['prais·lɪç] *adj attr* price, in price
Preisnachlassᴿᴿ *m* discount
Preisrätsel *nt* puzzle competition
Preisrichter(in) *m(f)* judge [in a competition]
Preisschild *nt* price tag
Preissenkung *f* reduction in prices
Preissteigerung *f* price increase
Preisträger(in) *m(f)* prizewinner; (*Auszeichnung*) award winner
Preisverleihung *f* presentation of awards/prizes
preiswert *adj s.* **preisgünstig**
prekär [pre·'kɛ:ɐ] *adj* (*geh*) precarious
prellen ['prɛ·lən] *vt* ❶ (*betrügen*) ■**jdn [um etw** *akk*] ~ to cheat sb [out of sth] ❷ (*verlet-*

zen) **sich** *dat* **das Knie ~** to bruise one's knee

Prellung <-, -en> *f* contusion *spec* (**an** +*dat* to)

Premiere <-, -n> [prə·'mi̯e:·rə] *f* première

Premierminister(in) *m(f)* prime minister

Presse <-, -n> ['prɛ·sə] *f* ❶ (*Gerät*) press; (*Fruchtpresse*) juice extractor ❷ *kein pl* ■ **die ~** (*Zeitungen und Zeitschriften*) the press

Presseagentur *f* press agency

Presseamt *nt* press office

Presseausweis *m* press pass

Pressechef(in) *m(f)* publicity manager

Pressedienst *m* news agency service

Presseerklärung *f* press release

Pressefreiheit *f kein pl* freedom of the press

Pressekonferenz *f* press conference

Pressemeldung *f* press report

Pressemitteilung *f* press release

pressen ['prɛ·sn̩] *vt* ❶ (*drücken, glätten, herstellen*) to press ❷ *Obst* to press; *Saft* to squeeze (**aus** +*dat* out of)

Presseschau *f* news roundup

Pressesprecher(in) *m(f)* spokesman

Pressewesen <-s> *nt kein pl* press

Pressezensur *f kein pl* censorship of the press

pressieren* [prɛ·'si:·rən] *I. vi* SÜDD, ÖSTERR, SCHWEIZ (*dringlich sein*) to be pressing *II. vi impers* SÜDD, ÖSTERR, SCHWEIZ ■ **es pressiert** it's urgent; ■ **es pressiert jdm** sb is in a hurry; **es pressiert nicht** there's no hurry

Prestige <-s> [prɛs·'ti:·ʒə] *nt kein pl* (*geh*) prestige

Prestigeobjekt [prɛs·'ti:ʒ-] *nt* object of prestige

Preuße, Preußin <-n, -n> ['prɔy·sə] *m, f* Prussian

Preußen <-s> ['prɔy·sn̩] *nt* Prussia

preußisch ['prɔy·sɪʃ] *adj* Prussian

prickeln ['prɪ·kln̩] *vi* ❶ (*kribbeln*) to tingle; **ein P~ in den Beinen** pins and needles in one's legs ❷ (*erregen, reizen*) to thrill

prickelnd *adj Gefühl* tingling; *Humor* piquant; *Champagner* sparkling

pries [pri:s] *imp von* **preisen**

Priester(in) <-s, -> ['pri:s·tɐ] *m(f)* priest *masc*, priestess *fem*

Priestertum <-s> *nt kein pl* priesthood

prima ['pri:·ma] *adj inv* (*fam*) great; **es läuft alles ~** everything is going really well

Primaballerina [pri·ma·ba·le·'ri:·na] *f* prima ballerina

Primadonna <-, -donnen> [pri·ma·'dɔ·na] *f* prima donna *a. pej*

primär [pri·'mɛːɐ̯] (*geh*) *I. adj* (*vorrangig*) primary, prime *attr II. adv* primarily

Primarschule *f* SCHWEIZ (*Grundschule*) elementary school

primitiv [pri·mi·'ti:f] *adj* primitive; **ein ~er Kerl** a big ape

Primitivität <-> [pri·mi·ti·vi·'tɛːt] *f kein pl* primitiveness

Primitivling <-s, -e> *m* (*pej fam*) peasant

Printmedien ['prɪnt-] *pl* [print] media

Prinz <-en, -en> [prɪnts] *m* prince

Prinzessin <-, -nen> ['prɪn·tsɛ·sɪn] *f* princess

Prinzip <-s, -ien> [prɪn·'tsi:p, *pl* 'prɪn·tsi:·pi̯·ən] *nt* principle; **aus/im ~** on/in principle

prinzipiell [prɪn·tsi·'pi̯·ɛl] *I. adj* fundamental *II. adv* (*aus Prinzip*) on principle; (*im Prinzip*) in principle

Prinzipienreiter(in) *m(f)* (*pej*) stickler for [one's] principles

Priorität <-, -en> [prio·ri·'tɛːt] *f* (*geh*) priority (**vor** +*dat* over)

Prise <-, -n> ['pri:·zə] *f* pinch; **eine ~ Sarkasmus** (*fig*) a touch of sarcasm

Pritsche <-, -n> ['prɪt·ʃə] *f* ❶ (*Liege*) plank bed ❷ (*Ladefläche*) platform

privat [pri·'va:t] *I. adj* private *II. adv* privately; **jdn ~ sprechen** to speak to sb in private; **sich** *akk* **~ versichern** to take out private insurance

Privatbesitz *m* private property

Privatdetektiv(in) *m(f)* private investigator

Privateigentum *nt* private property

Privatfernsehen *nt* (*fam*) privately-owned television *no art*

Privatgespräch *nt* private conversation; (*am Telefon*) personal call

Privatgrundstück *nt* private property *npl*

privatisieren* [pri·va·ti·'zi:·rən] *vt* to privatize

Privatisierung <-, -en> *f* privatization

Privatleben *nt kein pl* private life

Privatlehrer(in) *m(f)* tutor

Privatmann <-leute> *m* private citizen

Privatpatient(in) *m(f)* private patient

Privatperson *f* private person

Privatsache *f* private matter

Privatschule *f* private school

Privatsekretär(in) *m(f)* private secretary

Privatsphäre *f kein pl* privacy; **die ~ verletzen** to invade sb's privacy

Privatunterricht *m kein pl* private tutoring

Privatvermögen *nt* private property

Privatwirtschaft *f* ■ **die ~** the private sector

Privileg <-[e]s, -ien> [pri·vi·'le:k, *pl* -gi̯·ən] *nt* (*geh*) privilege

privilegieren* [pri·vi·le·'gi:·rən] *vt* (*geh*) to grant privileges to

pro [pro:] *I. präp* per; **~ Kopf** a head; **~ Person** per person; **~ Stück** each *II. adv* **sind Sie ~ oder kontra?** are you for or against [it]?

Pro <-> [pro:] *nt kein pl* **[das] ~ und [das] Kontra** (*geh*) the pros and cons *pl*

Probe <-, -n> ['pro:·bə] *f* ❶ (*Warenprobe, Testmenge*) sample ❷ MUS, THEAT rehearsal ❸ (*Prüfung*) test ▶ WENDUNGEN: **jds Geduld auf eine** harte **~ stellen** to try sb's patience; **jdn auf die ~ stellen** to put sb to the test; **auf ~** on probation; **zur ~** on a trial basis

Probealarm *m* fire drill

Probefahrt *f* test drive

Probelauf *m* trial run

proben ['pro:·bn̩] *vt, vi* to rehearse

probeweise *adv* on a trial basis

Probezeit *f* probationary period

probieren* [pro·'bi:·rən] *vt, vi* to try; ■**von etw** *dat* ~ to try some of sth; ■ ~, **ob ...** to try and see whether ...

Problem <-s, -e> [pro·'ble:m] *nt* problem; **vor einem** ~ **stehen** to be faced with a problem

Problematik <-> [pro·ble·'ma:·tɪk] *f kein pl* (*geh*) problematic nature

problematisch [pro·ble·'ma:·tɪʃ] *adj* problematic[al]; *Kind* difficult

Problemfall *m* problem; (*Mensch*) problem case

problemlos I. *adj* problem-free, unproblematic *attr* **II.** *adv* without any problems; ~ **ablaufen** to run smoothly

Procedere <-, -> [pro·'tse:·də·rə] *nt* (*geh*) procedure

Produkt <-[e]s, -e> [pro·'dʊkt] *nt* product

Produktion <-, -en> [pro·dʊk·'tsi̯o:n] *f* production

Produktionsrückgang *m* decrease in production

Produktionssteigerung *f* increase in production

produktiv [pro·dʊk·'ti:f] *adj* (*geh*) productive; ~ **zusammenarbeiten** to work together productively

Produktivität <-> [pro·dʊk·ti·vi·'tɛːt] *f kein pl* productivity

Produktpalette *f* product range

Produktpiraterie *f* [copyright] piracy

Produzent(in) <-en, -en> [pro·du·'tsɛnt] *m(f)* producer

produzieren* [pro·du·'tsi:·rən] **I.** *vt* to produce **II.** *vr* (*pej fam*) ■**sich** *akk* [**vor jdm**] ~ to show off [in front of sb]

profan [pro·'fa:n] *adj* (*geh*) ❶ (*alltäglich*) prosaic; *Probleme* mundane ❷ (*weltlich*) profane; *Bauwerke, Kunst* secular

Professionalität <-> *f kein pl* professionalism

professionell [pro·fɛ·si̯o·'nɛl] *adj* professional

Professor, Professorin <-s, -soren> [pro·'fɛ·soːɐ̯, pro·fɛ·'soː·rɪn, *pl* -'soː·rən] *m, f* ❶ (*Universitätsprofessor*) professor ❷ ÖSTERR (*Gymnasiallehrer*) ≈ high-school teacher

Profi <-s, -s> ['pro:·fi] *m* (*fam*) pro

Profil <-s, -e> [pro·'fi:l] *nt* ❶ *eines Reifens, einer Schuhsohle* tread ❷ (*Seitenansicht*) profile

profilieren* [pro·fi·'li:·rən] *vr* **sich** *akk* **politisch** ~ to make one's mark as a politician; **sie hat sich als Künstlerin profiliert** she distinguished herself as an artist

Profilneurose *f* image complex

Profit <-[e]s, -e> [pro·'fiːt, pro·'fɪt] *m* profit; **etw mit** ~ **verkaufen** to sell sth for a profit

profitabel [pro·fi·'ta:·b̩l] *adj* profitable; (*stärker*) lucrative

Profitgier *f* hunger for profit

profitieren* [pro·fi·'ti:·rən] *vi* (*geh*) to make a profit, to profit (**von, bei** + *dat* from, with)

pro forma [pro: 'fɔr·ma] *adv* pro forma, as a formality

Prognose <-, -n> [pro·'gno:·zə] *f a.* MED prognosis; (*Wetter*) forecast

prognostizieren* [pro·gnɔs·ti·'tsi:·rən] *vt* to predict

Programm <-s, -e> [pro·'gram] *nt* ❶ (*geplanter Ablauf*) program; (*Tagesordnung*) agenda; (*Zeitplan*) schedule; **ein volles** ~ **haben** to have a full day/week etc. ahead [of oneself]; **was steht für heute auf dem** ~? what's the agenda/program/schedule for today? ❷ RADIO, TV (*Sender*) channel ❸ (*Programmheft*) program ❹ COMPUT [computer] program

Programmfehler *m* COMPUT program error, bug

programmgemäß I. *adj* [as *pred*] planned **II.** *adv* [according] to plan; ~ **verlaufen** to run according to plan

programmieren* [pro·gra·'mi:·rən] *vt* COMPUT to program

Programmierer(in) <-s, -> *m(f)* programmer

Programmierung <-, -en> *f* COMPUT programming

Programmkino *nt* art cinema, repertory movie theater

Programmpunkt *m* item on the agenda; *einer Show* act

Programmsteuerung *f* COMPUT program control

Programmvorschau *f* preview, trailer

Programmzeitschrift *f* program guide; (*von Fernsehen a.*) TV guide

progressiv [pro·grɛ·'siːf] *adj* (*geh*) progressive

Projekt <-[e]s, -e> [pro·'jɛkt] *nt* project

Projektion <-, -en> [pro·jɛk·'tsi̯o:n] *f* projection

Projektleiter(in) <-s, -> *m(f)* project manager

Projektor <-s, -toren> [pro·'jɛk·toːɐ̯, *pl* -'toː·rən] *m* projector

projizieren* [pro·ji·'tsi:·rən] *vt* (*a. fig*) to project (**auf** + *akk* on[to])

proklamieren* [pro·kla·'mi:·rən] *vt* (*geh*) to proclaim

Pro-Kopf-Einkommen [pro·'kɔpf-] *nt* per capita income

Prolet <-en, -en> [pro·'le:t] *m* (*pej*) redneck *pej sl*

Proll <-s, -s> ['prɔl] *m* (*pej sl*) redneck

Prolo <-s, -s> ['pro:·lo] *m* (*pej sl*) redneck *pej fam*

Prolog <-[e]s, -e> [pro·'lo:k, *pl* -'loː·gə] *m* prolog[ue]

Promenade <-, -n> [pro·mə·'na:·də] *f* promenade

Promenadenmischung *f* (*hum fam*) mongrel, mutt

Promi <-s, -s> ['prɔ·mi] *m* (*sl*) *kurz für* **Prominente(r)** VIP

Promille <-[s], -> [pro·'mɪ·lə] *nt* ❶ (*Tausendstel*) per mill[l] ❷ *nach* ~ in per mill[l] *m* (*fam: Alkoholpegel*) [blood] alcohol level; **0,5** ~ blood alcohol level of 0.05 [percent]

Promillegrenze *f* legal [alcohol] limit

prominent [pro·mi·'nɛnt] *adj* prominent

Prominenz <-> [pro·mi·'nɛnts] *f kein pl*

❶ *(die Prominenten)* prominent figures *pl* ❷ *(geh: das Prominentsein)* fame
promoten* [proˈmoːtn̩] *vt* to promote
Promotion¹ <-, -en> [proˈmoˈtsi̯oːn] *f* ❶ *(Verleihung des Doktorgrads)* doctorate, PhD ❷ SCHWEIZ *(Versetzung)* promotion [to the next class] ❸ ÖSTERR *(offizielle Feier mit Verleihung der Doktorwürde)* doctoral graduation ceremony
Promotion² <-> [proˈmoːʃn̩] *f kein pl* promotion
prompt [prɔmpt] **I.** *adj* prompt **II.** *adv* ❶ *(sofort)* promptly ❷ *(meist iron fam: erwartungsgemäß)* sure enough; **er ist ~ auf den Trick hereingefallen** naturally, he fell for the trick
Pronomen <-s, - *o* Pronomina> [proˈnoːmən, *pl* -ˈnoːmiˈna] *nt* pronoun
Propaganda <-> [propaˈɡanˈda] *f kein pl* ❶ *(a. pej: manipulierende Verbreitung von Ideen)* propaganda ❷ *(Werbung)* publicity
propagandistisch *adj* propagandist[ic] *a. pej*
propagieren* [propaˈɡiːrən] *vt (geh)* to propagate
Propangas *nt kein pl* propane [gas]
Propeller <-s, -> [proˈpɛˈlɐ] *m* propeller
Prophet(in) <-en, -en> [proˈfeːt] *m(f)* prophet *masc,* prophetess *fem*
prophezeien* [profeˈtsai̯ən] *vt* to prophesy, to predict
Prophezeiung <-, -en> *f* prophecy
prophylaktisch [profyˈlakˈtɪʃ] *adj* ❶ MED prophylactic ❷ *(geh: zur Sicherheit)* preventative
Prophylaxe <-, -n> [profyˈlakˈsə] *f* MED prophylaxis *spec*
Proportion <-, -en> [proˈpɔrˈtsi̯oːn] *f (geh)* proportion
proportional [proˈpɔrtsi̯oˈnaːl] *adj (geh)* proportional **(zu** +*dat* to)
proppenvoll [ˈprɔˈpn̩ˈfɔl] *adj (fam)* jam-packed
Prosa <-> [ˈproːza] *f kein pl* prose
prosit [ˈproːzɪt] *interj s.* prost
Prospekt <-[e]s, -e> [prosˈpɛkt] *m (Werbebroschüre)* brochure; *(Werbezettel)* flier
prost [proːst] *interj* cheers
Prostata <-, Prostatae> [ˈprɔsˈtaˈta, *pl* ˈprɔsˈtaˈtɛ] *f* prostate gland
prosten [ˈproːsˈtn̩] *vi* ❶ *(prost rufen)* to say cheers ❷ *(ein Prost ausbringen)* ■**auf jdn/ etw ~** to toast sb/sth
prostituieren* [prosˈtiˈtuˈiːrən] *vr* ■**sich** *akk* **~** to prostitute oneself
Prostituierte(r) [prosˈtiˈtuˈiːɐˈtə, -tɐ] *f(m)* prostitute
Prostitution <-> [prosˈtiˈtuˈtsi̯oːn] *f kein pl* prostitution
Protagonist(in) <-en, -en> [proˈtaˈɡoˈnɪst] *m(f) (geh)* protagonist
Protegé <-s, -s> [proˈteˈʒeː] *m (geh)* protégé
protegieren* [proˈteˈʒiːrən] *vt (geh)* to promote
Protein <-s, -e> [proˈteˈiːn] *nt* protein

Protest <-[e]s, -e> [proˈtɛst] *m* protest
Protestant(in) <-en, -en> [proˈtɛsˈtant] *m(f)* Protestant
protestantisch [proˈtɛsˈtanˈtɪʃ] *adj* Protestant
Protestantismus <-> [proˈtɛsˈtanˈtɪsˈmʊs] *m kein pl* ■**der ~** Protestantism
protestieren* [proˈtɛsˈtiːrən] *vi* to protest
Protestkundgebung *f* [protest] rally
Protestwähler(in) *m(f)* protest voter
Prothese <-, -n> [proˈteːzə] *f* prosthesis *spec*
Protokoll <-s, -e> [proˈtoˈkɔl] *nt* ❶ *(Niederschrift)* record[s *pl*]; *(einer Sitzung)* minutes *npl;* **etw zu ~ geben** *(bei der Polizei)* to make a statement ❷ DIAL *(Strafmandat)* ticket ❸ *kein pl (Zeremoniell)* **gegen das ~ verstoßen** to break with protocol
Prototyp [ˈproːˈtoˈtyːp] *m* prototype; *(fig)* archetype
protzen [ˈprɔˈtsn̩] *vi (fam)* ■**[mit etw** *dat*] **~** to flaunt [sth]
protzig [ˈprɔˈtsɪç] *adj (fam)* showy; *Auto* fancy
Proviant <-s, -e> [proˈvi̯ant] *m pl selten* provisions; MIL supplies
Provider <-s, -> [proˈvaiˈdɐ] *m* COMPUT provider
Provinz <-, -en> [proˈvɪnts] *f* ❶ *(Verwaltungsgebiet)* province ❷ *kein pl (rückständige Gegend)* provinces *pl a. pej;* **in der ~ leben** to live [out] in the sticks *fam*
provinziell [proˈvɪnˈtsi̯ɛl] *adj* provincial *a. pej*
Provinzler(in) <-s, -> [proˈvɪntsˈlɐ] *m(f) (pej fam)* provincial
Provinzstadt *f* provincial town
Provision <-, -en> [proˈviˈzi̯oːn] *f* commission
Provisorien *pl von* **Provisorium**
provisorisch [proˈviˈzoːrɪʃ] **I.** *adj* provisional; *Unterkunft* temporary **II.** *adv* temporarily, for the time being
Provisorium <-s, -rien> [proˈviˈzoːri̯ʊm, *pl* -ri̯ən] *nt (geh)* temporary solution
provokant [proˈvoˈkant] *adj* provocative
Provokation <-, -en> [proˈvoˈkaˈtsi̯oːn] *f* provocation
provokativ [proˈvoˈkaˈtiːf] *adj* provocative
provozieren* [proˈvoˈtsiːrən] *vt* to provoke; *Streit* to cause; ■**jdn zu etw** *dat* **~** to provoke sb into [doing] sth
provozierend *adj* provocative
Prozedere <-, -> [proˈtseːˈdəˈrə] *nt (geh)* procedure
Prozedur <-, -en> [proˈtseˈduːɐ] *f (geh)* procedure
Prozent <-[e]s, -e> [proˈtsɛnt] *nt* ❶ *(Hundertstel)* percent ❷ *(Alkoholgehalt)* alcohol content ❸ *pl (Rabatt)* discount
Prozentsatz *m* percentage
prozentual [proˈtsɛnˈtu̯aːl] *adj (geh)* **etw ~ ausdrücken** to express sth as a percentage
Prozessᴿᴿ <-es, -e>, **Prozeß**ᴬᴸᵀ <-sses, -sse> [proˈtsɛs] *m* ❶ *(Gerichtsverfahren)* [court] case; *(Strafverfahren)* trial; **einen ~ [gegen jdn] führen** to take legal action

[against sb] ❷ (*geh: Vorgang*) process ❸ (*fig*) [**mit jdm/etw**] **kurzen ~ machen** (*fam*) to make short work of sb/sth
prozessieren* [pro·tsɛ·'si:·rən] *vi* ■ |**gegen jdn**| ~ to take [sb] to court
Prozession <-, -en> [pro·tsɛ·'sio̯:n] *f* procession
Prozesskostenᴿᴿ *pl* court costs
Prozessor <-s, -soren> [pro·'tsɛ·so:ɐ̯, -'so:·rən] *m* processor
prüde ['pry:·də] *adj* (*pej*) prudish
prüfen ['pry:·fn̩] *vt* ❶ (*überprüfen, untersuchen*) to check (**auf** +*akk* for); *Material* to test ❷ (*Kenntnisse abfragen*) to examine
Prüfung <-, -en> *f* ❶ (*Examen*) exam[ination]; (*für den Führerschein*) test; **mündliche ~** [in etw *dat*] oral exam[ination] [in sth] ❷ (*Überprüfung*) checking; *von Material* test ❸ (*geh: Heimsuchung*) trial
Prüfungsangst *f* pre-exam jitters
Prüfverfahren *nt* test[ing] procedure
Prügel¹ ['pry:·gl̩] *pl* thrashing; **jdm eine Tracht ~ verabreichen** to give sb a [good] beating
Prügel² <-s, -> ['pry:·gl̩] *m* DIAL cudgel
Prügelei <-, -en> [pry:·gə·'lai̯] *f* (*fam*) [fist] fight
Prügelknabe *m* whipping boy
prügeln ['pry:·gl̩n] I. *vt, vi* to hit II. *vr* ■ **sich** *akk* ~ to fight
Prügelstrafe *f* ■ **die** ~ corporal punishment
Prunk <-s> [prʊŋk] *m kein pl* magnificence
prunkvoll *adj* splendid; *Kleidung* magnificent
prusten ['pru:s·tn̩] *vi* (*fam*) to snort; (*beim Trinken*) to splutter; **vor Lachen ~** to snort with laughter
PS <-, -> [pe·'ʔɛs] *nt* ❶ *Abk von* **Pferdestärke** hp ❷ *Abk von* **Postskript(um)** PS
Pseudonym <-s, -e> [psɔy·do·'ny:m] *nt* pseudonym
Psyche <-, -n> ['psy:·çə] *f* psyche
Psychiater(in) <-s, -> [psy'çia̯:·tɐ] *m(f)* psychiatrist
Psychiatrie <-, -n> [psyçia̯·'tri:, *pl* -'tri:·ən] *f* ❶ *kein pl* (*Fachgebiet*) psychiatry *no art* ❷ (*fam: psychiatrische Abteilung*) psychiatric ward
psychiatrisch [psy'çia̯:·trɪʃ] *adj* psychiatric
psychisch ['psy:·çɪʃ] *adj* psychological, mental
Psychoanalyse [psy·ço·ʔana·'ly:·zə] *f* psychoanalysis *no art*
Psychoanalytiker(in) [psy·ço·ʔana·'ly:·ti·kɐ] *m(f)* psychoanalyst
Psychologe, Psychologin <-n -n> [psy·ço·'lo:·gə] *m, f* psychologist
Psychologie <-> [psy·ço·lo·'gi:] *f kein pl* psychology
psychologisch [psy·ço·'lo:·gɪʃ] *adj* psychological
Psychopath(in) <-en, -en> [psy·ço·'pa:t] *m(f)* psychopath
Psychopharmakon <-s, -pharmaka> [psy·ço·'far·ma·kɔn, *pl* -'far·ma·ka] *nt meist pl* psy-

chopharmaceutical [agent]
Psychose <-, -n> [psy·'ço:·zə] *f* psychosis
psychosomatisch [psy·ço·zo·'ma:·tɪʃ] I. *adj* psychosomatic II. *adv* psychosomatically
Psychoterror *m* (*fam*) psychological terror
Psychotherapeut(in) [psy·ço·te·ra·'pɔyt] *m(f)* psychotherapist
Psychotherapie [psy·ço·te·ra·'pi:] *f* psychotherapy
pubertär [pu·bɛr·'tɛ:ɐ̯] *adj* adolescent, of puberty *pred*; *Störungen* pubescent
Pubertät <-> [pu·bɛr·'tɛ:t] *f kein pl* puberty *no art*
pubertieren* [pu·bɛr·'ti:·rən] *vi* (*geh*) to reach puberty
Publicity <-> [pa·'blɪ·si·ti] *f kein pl* publicity
Public Relations ['pa·blɪk·ri·'le:·ʃn̩s] *pl* public relations + *sing vb*
publik [pu·'bli:k] *adj pred* public; ■ **~ sein/ werden** to be/become public knowledge; **etw ~ machen** to publicize sth
Publikation <-, -en> [pub·li·ka·'tsio̯:n] *f* publication
Publikum <-s> ['pu:·bli·kʊm] *nt kein pl* audience; (*im Theater a.*) house; (*beim Sport*) crowd
Publikumsandrang *m* rush of spectators
Publikumserfolg *m* hit; (*Film*) box-office hit [*or* smash]
Publikumsliebling *m* fan favorite
Publikumsmagnet *m* crowd-pleaser
publikumswirksam *adj* appealing to the public
publizieren* [pu·bli·'tsi:·rən] *vt* to publish
Pudding <-s, -s> ['pʊ·dɪŋ] *m* pudding
Pudel <-s, -> ['pu:·dl̩] *m* poodle
Pudelmütze *f* pom-pom hat
pudelnassᴿᴿ ['pu:·dl̩·'nas] *adj* (*fam*) ■ **~ sein/werden** to be/get soaking wet
pudelwohl ['pu:·dl̩·'vo:l] *adj* (*fam*) **sich** *akk* **~ fühlen** to feel like a million bucks
Puder <-s, -> ['pu:·dɐ] *m o fam nt* powder
pudern ['pu:·dɐn] *vt* to powder
Puderzucker *m* powdered [*or* confectioner's] sugar
Puerto Rico <-s> ['pu̯·ɛr·to 'ri:·ko] *nt* Puerto Rico
Puff¹ <-[e]s, Püffe> [pʊf, *pl* 'pʏ·fə] *m* (*fam: Stoß*) thump; (*in die Seite*) prod
Puff² <-[e]s, -s> [pʊf] *m* (*fam*) brothel, whorehouse
Puffer <-s, -> ['pʊ·fɐ] *m* ❶ BAHN bumper ❷ (*Reibekuchen*) potato pancake, ≈ latke
Pufferzone *f* buffer zone
pulen ['pu:·lən] I. *vt bes* NORDD (*fam*) *Krabben, Nüsse, Erbsen* to shell; ■ **etw aus etw** *dat* **~** to pick sth out of sth II. *vi bes* NORDD (*fam*) ■ **an etw** *dat* **~** to pick at sth; **in der Nase ~** to pick one's nose
Pulle <-, -n> ['pʊ·lə] *f* (*sl*) bottle ▶ WENDUNGEN: **volle ~ fahren** to drive flat out
Pulli <-s, -s> ['pʊli] *m* (*fam*) *kurz für* **Pullover** sweater

P

Pullover <-s, -s> [pʊˈloːvɐ] *m* sweater
Pullunder <-s, -> [pʊˈlʊndɐ] *m* sweater vest
Puls <-es, -e> [pʊls] *m* pulse
pulsieren* [pʊlˈziːrən] *vi* to pulsate
Pult <-[e]s, -e> [pʊlt] *nt* ❶ (*Rednerpult*) lectern ❷ (*Schaltpult*) control panel
Pulver <-s, -> [ˈpʊlvɐ] *nt* powder; (*Schießpulver*) [gun]powder
Pulverkaffee *m* instant coffee
Pulverschnee *m* powder[y] snow
Puma <-s, -s> [ˈpuːma] *m* puma, mountain lion, cougar
pummelig [ˈpʊməˌlɪç], **pummlig** [ˈpʊmˌlɪç] *adj* (*fam*) chubby
Pump [ˈpʊmp] *m* ▶ WENDUNGEN: **auf ~** (*fam*) on credit
Pumpe <-, -n> [ˈpʊmpə] *f* ❶ (*Gerät*) pump ❷ (*fam: Herz*) heart
pumpen [ˈpʊmpn̩] *vt* ❶ (*mittels einer Pumpe*) to pump ❷ (*fam: investieren*) **Geld in etw** *akk* **~** to pump money in[to] sth ❸ (*fam: leihen*) ▪**jdm etw** *akk* **~** to lend sb sth; ▪**sich** *dat* **etw** *akk* **[bei/von jdm] ~** to borrow sth [from sb]
Pumps <-, -> [pœmps] *m* pump
Punk <-s> [paŋk] *m* kein pl punk
Punker(in) <-s, -> [ˈpaŋkɐ] *m(f)* punk [rocker]
Punkrock <-s> [ˈpaŋkˌrɔk] *m* kein pl punk [rock]
Punkt <-[e]s, -e> [pʊŋkt] *m* ❶ (*runder Fleck*) spot; (*in der Mathematik*) point ❷ (*Stelle*) spot; (*genauer*) point; **bis zu einem gewissen ~** up to a certain point ❸ (*Satzzeichen*) period; (*auf i, Auslassungszeichen*) dot ❹ (*Bewertungseinheit*) point ❺ (*Detailpunkt*) point; (*auf der Tagesordnung*) item ❻ **um ~ acht** [Uhr] at exactly eight [o'clock] ▶ WENDUNGEN: **ohne ~ und Komma reden** (*fam*) to rattle on and on; **ein dunkler ~** [in jds Vergangenheit] a dark chapter [in sb's past]; **der springende ~** the crucial point; **nun mach aber mal einen ~!** (*fam*) come off it!
pünktlich [ˈpʏŋktˌlɪç] **I.** *adj* punctual **II.** *adv* punctually
Pünktlichkeit <-> *f* kein pl punctuality
Punktzahl *f* SPORT score
Punsch <-es, -e> [pʊnʃ] *m* [hot] punch
Pupille <-, -n> [puˈpɪlə] *f* pupil
Puppe <-, -n> [ˈpʊpə] *f* (*Spielzeug*) doll ▶ WENDUNGEN: **bis in die ~n** (*fam*) until the wee hours of the morning; **bis in die ~n schlafen** (*fam*) to sleep until all hours
Puppenhaus *nt* dollhouse
Puppentheater *nt* puppet theater
Puppenwagen *m* doll carriage
Pups <-es, -e> [puːps] *m* (*fam*) fart
pupsen [ˈpuːpsn̩] *vi* (*fam*) to fart
pur [puːɐ̯] *adj* ❶ (*rein, unverdünnt*) pure; **etw ~ trinken** to drink sth straight ❷ (*fam: blank, bloß*) sheer, pure; **Wahnsinn** absolute
Püree <-s, -s> [pyˈreː] *nt* ❶ (*passiertes Gemüse/Obst*) purée ❷ (*Kartoffelbrei*) mashed potatoes *pl*
pürieren [pyˈriːrən] *vt* to purée
Puritaner(in) <-s, -> [puriˈtaːnɐ] *m(f)* (*fig*) puritan
puritanisch [puriˈtaːnɪʃ] *adj* (*fig*) puritanical
purpurfarben, purpurfarbig *adj* purple
Purzelbaum [ˈpʊrtsl̩-] *m* (*fam*) somersault
purzeln [ˈpʊrtsl̩n] *vi* sein *a. Preise* to tumble
Puste <-> [ˈpuːstə] *f* kein pl (*fam*) breath; **außer ~ sein** to be out of breath; **aus der ~ kommen** to get out of breath
Pusteblume *f* (*Kindersprache*) dandelion
Pustekuchen [ˈpuːstəˌkuːxn̩] *m* [ja] **~!** (*fam*) not a chance!
Pustel <-, -n> [ˈpʊstl̩] *f* pimple
pusten [ˈpuːstn̩] *vt, vi* (*fam*) to blow
Pute <-, -n> [ˈpuːtə] *f* ❶ (*Tier*) turkey [hen] ❷ (*fam: Frau*) dumb broad *pej*
Putenfleisch <-[e]s> *nt* kein pl turkey [meat]
Puter <-s, -> [ˈpuːtɐ] *m* tom, gobbler
puterrot [ˈpuːtɐˌroːt] *adj* scarlet
Putsch <-[e]s, -e> [pʊtʃ] *m* coup [d'état]
Putschist(in) <-en, -en> [pʊtˈʃɪst] *m(f)* rebel
Putz <-es> [pʊts] *m* kein pl (*Wandverkleidung*) plaster; (*bei Außenmauern*) [soft lime] stucco; **etw mit ~ verkleiden** to plaster sth ▶ WENDUNGEN: **auf den ~ hauen** (*fam: angeben*) to show off; (*übermütig sein*) to go wild [or to town]
putzen [ˈpʊtsn̩] **I.** *vt* to clean; *Gemüse* to prepare; *Spinat* to wash; **putz dir den Dreck von den Schuhen!** wipe the mud off your shoes!; **seine Schuhe/die Brille ~** to clean one's shoes/one's glasses; **sich** *dat* **die Nase ~** to blow one's nose; **sich** *dat* **die Zähne ~** to brush one's teeth **II.** *vi* **~ gehen** to work as a housekeeper
Putzfimmel *m* (*pej*) **einen ~ haben** to be an obsessive cleaner
Putzfrau *f* maid, cleaning lady
putzig [ˈpʊtsɪç] *adj* (*fam*) ❶ (*niedlich*) sweet; **ein ~es Tier** a cute animal ❷ (*merkwürdig*) odd, strange
Putzkolonne *f* cleaning crew
Putzlappen *m* rag
Putzmittel *nt* detergent
putzmunter *adj* (*fam*) chipper, wide awake *pred*
Putzteufel *m* (*fam*) cleaning maniac
Putztuch *nt* ❶ (*Poliertuch*) [polishing] cloth ❷ *s.* Putzlappen
putzwütig *adj* (*fam*) in a cleaning frenzy
Putzzeug *nt* kein pl (*fam*) cleaning supplies *pl*
Puzzle <-s, -s> [ˈpʊzl̩, ˈpaːzl̩] *nt* jigsaw [puzzle]
PVC <-[s]> [peːfauˈtseː] *nt* kein pl Abk von **Polyvinylchlorid** PVC
Pyjama <-s, -s> [pyˈdʒaːma] *m* pajamas *npl*
Pyramide <-, -n> [pyraˈmiːdə] *f* pyramid
Pyrenäen [pyreˈnɛːən] *pl* ▪**die ~** the Pyrenees *npl*
Pyromane, Pyromanin <-n, -n> [pyroˈmaːnə] *m, f* pyromaniac

Python <-, -s> ['pyː·tɔn] *m,* **Python-schlange** *f* python

Q

Q, q <-, - *o fam* -s, -s> [kuː] *nt* Q, q; ~ **wie Quelle** Q as in Quebec

q [kuː] SCHWEIZ, ÖSTERR *Abk von* **Zentner** 100 kg

Quacksalber(in) <-s, -> ['kvak·zal·bɐ] *m(f)* (*pej*) quack [doctor]

Quadrat <-[e]s, -e> [kva·'draːt] *nt* square

quadratisch *adj* square

Quadratkilometer *m* square kilometer

Quadratlatschen *pl* (*fam*) ❶ (*Schuhe*) clodhoppers ❷ (*Füße*) [really] big feet

Quadratmeter *m* square meter

Quadratzentimeter *m* square centimeter

Quai <-s, -s> [kɛː, keː] *m o nt* SCHWEIZ (*Kai*) quay

quaken ['kva·kn̩] I. *vi* ❶ *Frosch* to croak; *Ente* to quack ❷ (*fam: reden*) to chat II. *vt* (*fam*) to waffle on *sep pej* (**über** +*akk* about)

Quäker(in) <-s, -> ['kvɛː·kɐ] *m(f)* Quaker

Qual <-, -en> ['kvaːl] *f* ❶ (*Quälerei*) struggle ❷ *meist pl* (*Pein*) agony ▶ WENDUNGEN: **die ~ der Wahl haben** (*hum*) to be spoiled for choice

quälen ['kvɛː·lən] I. *vt* ❶ (*misshandeln*) *Mensch, Tier* to be cruel to ❷ (*peinigen*) *Gedanken, Gefühle* to torment *fig; Schmerzen* to trouble ❸ (*belästigen*) to pester II. *vr* ❶ (*leiden*) ▪ **sich** *akk* ~ to suffer ❷ (*sich herumquälen*) ▪ **sich** *akk* **mit etw** *dat* ~ *Gedanken, Gefühle* to torment oneself with sth; *Hausaufgaben, Arbeit* to struggle [hard] with sth ❸ (*sich mühsam bewegen*) ▪ **sich** *akk* ~ to struggle

Quälerei <-, -en> [kvɛː·lə·'rai] *f* ❶ (*körperlich, seelisch*) torture ❷ (*Belästigung*) pestering

Quälgeist *m* (*fam*) pest *fig*

Qualifikation <-, -en> [kva·li·fi·ka·'tsi̯oːn] *f* ❶ (*berufliche Befähigung*) qualifications *pl* ❷ SPORT qualifier

qualifizieren* [kva·li·fi·'tsiː·rən] I. *vr* ▪ **sich** *akk* [**für etw**] ~ to qualify [for sth] II. *vt* ▪ **jdn für etw** *akk* ~ to qualify sb for sth

Qualität <-, -en> [kva·li·'tɛːt] *f* ❶ (*Güte, Beschaffenheit*) quality ❷ *pl* (*gute Eigenschaften*) qualities *pl*

qualitativ ['kva·li·ta·tiːf, kva·li·ta·'tiːf] I. *adj* qualitative II. *adv* qualitatively

Qualitätsarbeit *f* high-quality work[manship]

Qualitätsmerkmal *nt* sign of quality

Qualitätssicherung *f* quality assurance

Qualle <-, -n> ['kva·lə] *f* jellyfish

Qualm <-[e]s> ['kvalm] *m kein pl* [thick] smoke

qualmen ['kval·mən] I. *vi* (*a. fam: rauchen*) to smoke II. *vt* (*fam*) to puff away at

Qualmerei <-> *f kein pl* (*fam*) smoking

qualmig ['kval·mɪç] *adj* smoke-filled

qualvoll I. *adj* agonizing II. *adv* ~ **sterben** to die in agony

Quäntchenᴿᴿ <-s, -> *nt* **ein** ~ **Glück** a little bit of luck; **ein** ~ **Hoffnung** a glimmer of hope

Quanten ['kvan·tən] *pl* ❶ *pl von* **Quantum** ❷ (*sl: Füße*) boats *fig*

Quantität <-, -en> [kvan·ti·'tɛːt] *f* (*geh*) quantity

quantitativ ['kvan·ti·ta·tiːf, kvan·ti·ta·'tiːf] *adj* (*geh*) quantitative

Quantum <-s, Quanten> ['kvan·tʊm, *pl* 'kvan·tən] *nt* (*geh*) quantum

Quarantäne <-, -n> [ka·ran·'tɛː·nə] *f* quarantine; **unter** ~ **stehen/stellen** to be in/place under quarantine

Quark <-s> ['kvark] *m kein pl* ❶ KOCHK quark, ≈ fromage frais ❷ (*fam: Quatsch*) nonsense

Quartal <-s, -e> [kvar·'taːl] *nt* quarter

Quartalssäufer(in) *m(f)* (*fam*) periodic heavy drinker

Quartier <-s, -e> [kvar·'tiːɐ̯] *nt* accommodation

Quarz <-es, -e> ['kvaːɐ̯ts] *m* quartz

quasi ['kva·zi] *adv* almost, more or less *fam*

Quasselei <-, -en> [kva·sə·'lai] *f* (*fam*) babbling

quasseln ['kva·sl̩n] (*fam*) I. *vi* to babble II. *vt* **dummes Zeug** ~ to babble on about sth

Quasselstrippe <-, -n> *f* (*fam*) ❶ (*hum: Telefon*) **an der** ~ **hängen** to be on the phone ❷ (*pej: Person*) windbag

Quatsch <-es> ['kvatʃ] *m kein pl* (*fam*) ❶ (*dummes Gerede*) nonsense ❷ (*Unfug*) nonsense; ~ **machen** to mess [*or fam* screw] around

quatschen ['kva·tʃn̩] (*fam*) I. *vt* **dummes Zeug** ~ to talk nonsense II. *vi* (*fam*) ❶ (*viel und dumm reden*) to babble ❷ (*sich unterhalten*) to chat ❸ (*etw ausplaudern*) to blab

Quatschkopf *m* (*pej fam*) babbling idiot

Quecksilber ['kvɛk·zɪl·bɐ] *nt* mercury

Quelle <-, -n> ['kvɛ·lə] *f* source

quellen <quillt, quoll, gequollen> ['kvɛ·lən] *vi sein* ❶ (*herausfließen*) ▪ **aus etw** *dat* ~ to pour out [of sth] ❷ (*aufquellen*) to swell [up]

Quellgebiet *nt* GEOG head

Quellwasser *nt* spring water

Quengelei <-, -en> *f* whining

quengelig ['kvɛ·ŋə·lɪç] *adj* (*fam*) whining

quengeln ['kvɛ·ŋl̩n] *vi* (*fam*) ❶ (*weinerlich sein*) to whine ❷ (*nörgeln*) to moan

quenglig ['kvɛŋ·lɪç] *adj* (*fam*) *s.* **quengelig**

Quentchenᴬᴸᵀ <-s, -> ['kvɛnt·çən] *nt s.* **Quäntchen**

quer ['kveːɐ̯] *adv* ❶ (*der Breite nach*) diagonally; ~ **gestreift** horizontally striped ❷ ~ **durch/über etw** *akk* straight through/across sth

Querachse *f* transverse axis

Querbalken *m* crossbeam

querbeet [kveːɐ̯ˈbeːt] *adv* (*fam*) all over

Querdenker(in) *m(f)* nonconformist thinker

querdurch [kveːɐ̯ˈdʊrç] *adv* straight through

Quere [ˈkveːˑrə] *f* ▶ WENDUNGEN: **jdm in die ~ kommen** to get in sb's way

Querele <-, -n> [kvɛˈreːˑlə] *f* (*geh*) argument

querfeldein [kveːɐ̯ˈfɛltˈʔain] *adv* through the countryside

Querflöte *f* flute

Querformat *nt* landscape format

quer|gehen *vi irreg sein* (*fam*) ■**jdm ~** to go wrong for sb

Querkopf *m* (*fam*) *person with a different agenda from everyone else's*

quer|legen *vr* (*fam*) ■**sich** *akk* [**bei etw** *dat*] **~** to oppose sth actively

quer|schießen *vi irreg* (*sl*) to throw a wrench in the works

Querschläger *m* ricochet [shot]

Querschnitt *m* cross section

querschnitt(s)gelähmt *adj* paraplegic

Querschnitt(s)lähmung *f* paraplegia

Querstraße *f* crossroad

Querstrich *m* horizontal line

Querulant(in) <-en, -en> [kveˑruˈlant] *m(f)* (*geh*) querulous person

quetschen [ˈkvɛtˑʃn̩] I. *vt* **jdn an/gegen die Mauer ~** to crush sb against the wall; **Kleider in einen Koffer ~** to stuff clothes into a suitcase II. *vr, vt* (*verletzen*) ■**sich** *akk* **~** to bruise oneself; **sich** *dat* **den Fuß ~** to crush one's foot III. *vr* (*sich zwängen*) **sich** *akk* **in die U-Bahn ~** to squeeze into the subway train; **sich** *akk* **durch die Menge ~** to squeeze one's way through the crowd

Quetschung <-, -en> *f* MED (*verletzte Stelle*) bruise

Queue <-s, -s> [køː] *nt o m* cue

quieken [ˈkviːˑkn̩] *vi* ❶ *Tier* to squeak ❷ **vor Vergnügen/Schreck ~** to squeal with joy/fright

quietschen [ˈkviːtˑʃn̩] *vi* ❶ *Tür, Bett* to squeak; **mit ~den Bremsen/Reifen** with screeching brakes/tires; **unter lautem Q~ kam das Fahrzeug zum Stehen** the vehicle came to a halt with a loud screech ❷ (*fam*) *s.* **quieken 2**

quietschfidel [ˈkviːtʃˑfiˑˈdeːl], **quietschvergnügt** [ˈkviːtʃˑfɛɐ̯ˈgnyːkt] *adj* (*fam*) chipper *pred*

quillt *3. pers sing pres von* **quellen**

Quintessenz <-, -en> [ˈkvɪntˑɛsɛnts] *f* (*geh*) quintessence *form*

quirlig [ˈkvɪrˑlɪç] *adj* lively

quitt [ˈkvɪt] *adj* ■[**mit jdm**] **~ sein** (*abgerechnet haben*) to be even [with sb] *fam*; (*sich getrennt haben*) to be finished [with sb]

Quitte <-, -n> [ˈkvɪˑtə] *f* quince

quittieren* [kvɪˈtiːˑrən] *vt* ❶ (*bestätigen*) ■**etw ~** to acknowledge [the] receipt of sth; ■**jdm etw ~** to give sb a receipt for sth; **sich** *dat* **etw ~ lassen** to obtain a receipt for sth ❷ (*reagieren auf*) ■**etw mit etw** *dat* **~** to meet sth with sth

Quittung <-, -en> [ˈkvɪˑtʊŋ] *f* ❶ (*Beleg*) receipt; **jdm eine ~** [**für etw** *akk*] **ausstellen** to give sb a receipt [for sth] ❷ (*Folgen*) **das ist die ~ für deine Faulheit** that's what you get for being so lazy

Quiz <-, -> [kvɪs] *nt* quiz

quoll [ˈkvɔl] *imp von* **quellen**

Quote <-, -n> [ˈkvoːˑtə] *f* ❶ (*Anteil*) proportion ❷ (*Rate*) rate, quota; TV ratings *npl*

R

R, r <-, - *o fam* -s, -s> [ɛr] *nt* R, r; **~ wie Richard** R as in Romeo; **das ~ rollen** to roll one's r's

Rabatt <-[e]s, -e> [raˈbat] *m* discount (**auf** +*akk* on)

Rabauke <-n, -n> [raˈbauˑkə] *m* (*fam*) rowdy

Rabbi <-[s], -s *o* Rabbinen> [ˈrabi, *pl* raˈbiːˑnən] *m,* **Rabbiner** <-s, -> [raˈbiːˑnɐ] *m* rabbi

Rabe <-n, -n> [ˈraːˑbə] *m* raven

Rabeneltern *pl* (*pej fam*) ≈ neglectful parents *pl*

Rabenmutter *f* (*pej fam*) ≈ bad mother

rabenschwarz [ˈraːˑbn̩ˈʃvarts] *adj* jet-black

Rabenvater *m* (*pej fam*) ≈ distant father

rabiat [raˈbi̯aːt] I. *adj* ❶ (*gewalttätig*) aggressive ❷ (*rigoros*) ruthless II. *adv* ruthlessly

Rache <-> [ˈraˑxə] *f kein pl* revenge

Racheakt *m* act of revenge

Rachen <-s, -> [ˈraˑxn̩] *m* ❶ (*von Mensch*) throat ❷ (*von Tier*) jaws *pl*

rächen [ˈrɛˑçn̩] I. *vt* ■**etw ~** to take revenge for sth; ■**jdn ~** to avenge sb II. *vr* ■**sich** *akk* **~** to take [one's] revenge (**an** +*dat* on, **für** +*akk* for)

Rächer(in) <-s, -> *m(f)* (*geh*) avenger

Rachitis <-> [raˈxiːˑtɪs] *f kein pl* rickets

Rachsucht *f kein pl* vindictiveness

rachsüchtig *adj* vindictive

Rackerei <-> [raˑkəˈrai] *f kein pl* (*fam*) slog

rackern [ˈraˑkɐn] *vi* (*fam*) to slave away

Rad <-[e]s, Räder> [raːt, *pl* ˈrɛːˑdə] *nt* ❶ (*Fahrrad*) bicycle, bike *fam;* **~ fahren** to ride a bicycle, to bike *fam* ❷ *eines Fahrzeugs* wheel ▶ WENDUNGEN: **ein ~ ab haben** (*sl*) to have a screw loose *hum fam*

Radar <-s> [raˈdaːɐ̯] *m o nt kein pl* radar

Radarkontrolle *f* radar speed enforcement

Radau <-s> [raˈdau] *m kein pl* (*fam*) racket

radeln [ˈraːˑdl̩n] *vi sein* (*fam*) to bike

Radfahrer(in) *m(f)* bicyclist

Radiator <-s, -toren> [raˈdi̯aːˑtoːɐ̯, *pl* -ˈtoːˑrən] *m* radiator

Radien *pl von* **Radius**

Radierer <-s, -> *m,* **Radiergummi** <-s, -s> *m* eraser

Radieschen <-s, -> [raˈdiːsˑçən] *nt* radish

radikal [raˑdiˈkaːl] I. *adj* ❶ POL radical ❷ (*völ-*

lig) Beseitigung, Bruch complete ❸ *(tief greifend) Veränderung* drastic **II.** *adv* ❶ POL radically ❷ *(völlig) brechen, entfernen* completely ❸ *(tief greifend)* drastically

Radikale(r) *f(m) dekl wie adj* POL extremist

Radikalkur *f* ❶ MED drastic remedy ❷ *(Maßnahmen)* drastic measures *pl*

Radio <-s, -s> ['raː·di̯o] *nt o* SCHWEIZ, SÜDD *m* radio; **im** ~ on the radio

radioaktiv [ra·di̯o·ʔak·'tiːf] **I.** *adj* radioactive **II.** *adv* ~ **verseucht/verstrahlt** contaminated by radioactivity

Radioaktivität <-> [ra·di̯o·ʔak·ti·vi·'tɛːt] *f kein pl* radioactivity

Radiologe, Radiologin <-n, -n> [ra·di̯o·'loː·gə] *m, f* radiologist

Radiosender *m* radio transmitter

Radiowecker *m* alarm clock radio

Radius <-, Radien> ['raː·di̯·ʊs, *pl* 'raː·di̯·ən] *m* radius

Radkappe *f* AUTO hub cap

Radlager *nt* wheel bearing

Radler(in) <-s, -> ['raːd·lɐ] *m(f) (fam)* biker

Radlerhose *f* bicycle shorts *npl*

Radrennen *nt* bike race

Radsport *m* cycling

Radtour [-tuːɐ] *f* bike ride

Radwandern *nt* bike riding

Radwanderung *f s.* **Radtour**

Radweg *m* bike path

raffen ['ra·fn̩] *vt* ❶ *(eilig greifen)* to grab ❷ *(in Falten legen)* to gather ❸ *(fam: begreifen)* to get *fam*

Raffgier *f* greed

raffgierig *adj* greedy

Raffinerie <-, -n> [ra·fi·nə·'riː, *pl* -'riː·ən] *f* refinery

Raffinesse <-, -n> [ra·fi·'nɛ·sə] *f* ❶ *kein pl (Durchtriebenheit)* cunning ❷ *(Feinheit)* refinement

raffiniert I. *adj* ❶ *Öl, Zucker* refined ❷ *(gerissen) Person, Plan* cunning ❸ *(ausgefallen) Kleidung* stylish **II.** *adv* ❶ *(durchtrieben)* cunningly ❷ *(ausgefallen)* stylishly

Rage <-> ['raː·ʒə] *f kein pl* rage; **in** ~ **sein** to be furious; **jdn in** ~ **bringen** to infuriate sb

ragen ['raː·gn̩] *vi* ❶ *(in die Höhe)* to rise up **(aus** +*dat* out of); *Gebirge* to tower up ❷ *(aus etw heraus)* to stick out

Ragout <-s, -s> [ra·'guː] *nt* ragout

Rahm <-[e]s> [raːm] *m kein pl* SÜDD, SCHWEIZ *(Sahne)* cream

rahmen ['raː·mən] *vt* to frame; *Dia* to mount

Rahmen <-s, -> ['raː·mən] *m* ❶ *(Einfassung)* frame ❷ *(Gestell) Fahrrad* frame; *Auto* chassis ❸ *(begrenzter Umfang/Bereich)* framework; **sich** *akk* **im** ~ **halten** to stay within reasonable limits; **[mit etw** *dat*] **aus dem** ~ **fallen** to stand out [because of sth]

Rahmenbedingung *f meist pl* basic conditions *pl*

Rahmenhandlung *f* framework story

Rahmsoße *f* cream[y] sauce

räkeln ['rɛː·kl̩n] *vr s.* **rekeln**

Rakete <-, -n> [ra·'keː·tə] *f* rocket; MIL missile

Raketenstützpunkt *m* missile base

Rallye <-, -s> ['ra·li, 'rɛ·li] *f* rally

Rambazamba <-s> *nt kein pl (fam)* ~ **machen** to make a fuss

Rambo <-s, -s> ['ram·bo] *m (sl)* Rambo *fam*

rammeln ['ra·mln̩] *vi* ❶ *Tiere* to mate ❷ *(derb) Menschen* to screw

rammen ['ra·mən] *vt* to ram **(in** +*akk* into)

Rampe <-, -n> ['ram·pə] *f* ramp; *(Laderampe)* loading ramp

Rampenlicht *nt* THEAT spotlight, footlight ▶ WENDUNGEN: **im** ~ **[der Öffentlichkeit] stehen** to be in the limelight

ramponieren* [ram·po·'niː·rən] *vt (fam)* to ruin

Ramsch <-[e]s> [ramʃ] *m kein pl (fam)* junk

ran [ran] *adv (fam) s.* **heran**

Rand <-es, Ränder> [rant, *pl* 'rɛn·də] *m* ❶ *(obere Begrenzung) Glas, Tasse* brim; *Wanne* rim ❷ *(äußere Begrenzung)* edge; *Hut* brim ❸ *Blatt Papier* margin ❹ *(Schatten, Spur)* mark; **Ränder um die Augen haben** to have rings [*or* bags] around one's eyes ▶ WENDUNGEN: **außer** ~ **und Band geraten** *(fam)* to be beside oneself; **mit etw/jdm zu** ~ **e kommen** to cope with sth/get along with sb; **am** ~ **e** in passing

Randale <-> [ran·'daː·lə] *f kein pl (fam)* rioting; ~ **machen** to riot

randalieren* [ran·da·'liː·rən] *vi* to riot

Randalierer(in) <-s, -> *m(f)* hooligan

Randerscheinung *f* peripheral phenomenon

Randfigur *f* minor figure

Randgebiet *nt* outlying area; *(einer Stadt)* outskirts *npl*

Randgruppe *f* fringe group

Randproblem *nt* secondary problem

Randstreifen *m* shoulder; *einer Autobahn* hard shoulder

rang [ran] *imp von* **ringen**

Rang <-[e]s, Ränge> [ran, *pl* 'rɛ·ŋə] *m* ❶ *(gesellschaftliche Position)* [social] standing ❷ *kein pl (Stellenwert)* status; *einer Entdeckung, Neuerung* importance ❸ MIL rank ▶ WENDUNGEN: **alles, was** ~ **und Namen hat** everybody who is anybody

Rangelei <-, -en> [raŋə·'lai] *f (fam)* scuffle

rangeln ['ra·ŋl̩n] *vi (fam)* to scuffle

Rangfolge *f* order of priority

rangieren* [rã·'ʒiː·rən] *vi* to rank, to be ranked

Rangliste *f* rankings, ranking list

Rangordnung *f* hierarchy

ran|halten *vr irreg (fam)* ▪ **sich** *akk* ~ to put one's back into it

rank [raŋk] *adj (hum)* ~ **und schlank** slim and trim

Ranke <-, -n> ['ra·ŋkə] *f* tendril

ranken ['ra·ŋkn̩] *vr* ❶ *Pflanze* ▪ **sich** *akk* **um etw** *akk* ~ to wind itself around sth ❷ *Legende, Sage* ▪ **sich um jdn/etw** ~ to have grown up around sb/developed around sth

ran|klotzen vi (sl) to get cracking fam
ran|kommen vi irreg sein (fam) ❶ (erreichen) ■an etw akk ~ to [be able to] reach sth ❷ (vordringen) man kommt an ihn einfach nicht ran it's impossible to reach him; **an diese Frau kommt keiner ran** nobody has a chance with her
ran|machen vr (fam) ■sich akk an jdn ~ to make a pass at sb
rann [ran] imp von **rinnen**
rannte ['ran·tə] imp von **rennen**
ran|schmeißen vr irreg (fam) ■sich akk an jdn ~ to throw oneself at sb
Ranzen <-s, -> ['ran·tsn̩] m ❶ SCH ≈ backpack ❷ (fam: Bauch) gut
ranzig ['ran·tsɪç] adj rancid
rapide [ra·'piː·də] I. adj rapid II. adv rapidly
Rappel <-s, -> ['ra·pl̩] m **einen ~ kriegen** (fam) to go completely crazy
rappeln ['ra·pl̩n] vi (fam) to rattle
rappelvoll adj (fam) jam-packed
rapplig ['rap·lɪç] adj s. **rappelig**
Raps <-es, -e> [raps] m rape|seed]
rar [raːɐ̯] adj rare; ■~ **sein/werden** to be/become hard to find
Rarität <-, -en> [ra·ri·'tɛːt] f rarity
rar|machen vr (fam) ■sich akk ~ to make oneself scarce
rasant [ra·'zant] I. adj fast, rapid; Tempo breakneck II. adv (schnell) rapidly; ~ **fahren** to drive at breakneck speed
rasch [raʃ] I. adj quick II. adv quickly
rascheln ['ra·ʃl̩n] vi to rustle
rasen ['raː·zn̩] vi ❶ sein (schnell fahren) to speed; ■**gegen/in etw** ~ to crash into sth ❷ sein Zeit to fly [by] ❸ haben **sie raste [vor Wut]** she was beside herself [with rage]
Rasen <-s, -> ['raː·zn̩] m lawn
rasend I. adj ❶ (schnell) breakneck ❷ (wütend) furious; ~ **vor Wut sein** to be infuriated ❸ (furchtbar) terrible; Durst burning; Schmerz excruciating; Wut blind ❹ Beifall thunderous II. adv (fam) very; **ich würde das ~ gern tun** I'd love to do it
Rasenmäher <-s, -> m lawnmower
Rasensprenger <-s, -> m [lawn] sprinkler
Raser(in) <-s, -> ['raː·zɐ] m(f) (fam) speeder
Raserei <-, -en> [raː·zə·'rai] f ❶ (fam: schnelles Fahren) speeding ❷ kein pl (Wutanfall) rage
Rasierapparat m ❶ (Elektrorasierer) [electric] shaver ❷ (Nassrasierer) [safety] razor
rasieren* [ra·'ziː·rən] vt, vr ■(sich akk) ~ to shave; **sich** akk **trocken/nass ~** to dry-shave/wet-shave; **sich** dat **die Beine ~** to shave one's legs
Rasierer <-s, -> m (fam) s. **Rasierapparat**
Rasierklinge f razor blade
Rasiermesser nt straight razor
Rasierschaum m shaving cream
Rasierwasser nt aftershave
Raspel <-, -n> ['ras·pl̩] f KOCHK grater
raspeln ['ras·pl̩n] vt KOCHK to grate

Rasse <-, -n> ['ra·sə] f Menschen race; Tiere breed
rasseln ['ra·sl̩n] vi ❶ haben to rattle; ■**mit/an etw** dat ~ to rattle sth ❷ sein (fam) **durch eine Prüfung** ~ to fail [or flunk] an exam
Rassendiskriminierung f racial discrimination
rassig ['ra·sɪç] adj spirited
rassisch ['ra·sɪʃ] adj racial
Rassismus <-> [ra·'sɪs·mʊs] m kein pl racism
Rassist(in) <-en, -en> [ra·'sɪst] m(f) racist
rassistisch adj racist
Rast <-, -en> [rast] f break
rasten ['ras·tn̩] vi to take a break
Raster <-s, -> ['ras·tɐ] nt (Kategorie) category
Rasthaus nt roadhouse; Autobahn rest [or truck] stop
rastlos adj ❶ (unermüdlich) tireless ❷ (unruhig) restless
Rastplatz m rest area [or stop]
Raststätte f s. **Autobahnraststätte**
Rasur <-, -en> [ra·'zuːɐ̯] f ❶ (das Rasieren) shaving ❷ (Resultat des Rasierens) shave
Rat¹ <-[e]s> [raːt] m kein pl advice; **jdm den ~ geben, etw zu tun** to advise sb to do sth; **sich** dat **keinen ~ [mehr] wissen** to be at one's wit's end; **jdn/etw zu ~e ziehen** to consult sb/sth
Rat² <-[e]s, Räte> [raːt, pl 'rɛː·tə] m POL council; **Großer ~** SCHWEIZ [Swiss] cantonal parliament; **im ~ sitzen** (fam) ≈ to be a [Federal] Councilor (to be a member of a [Swiss] cantonal parliament)
rät 3. pers sing pres von **raten**
Rate <-, -n> ['raː·tə] f installment
raten <rät, riet, geraten> ['raː·tn̩] I. vi ❶ (Ratschläge geben) ■[jdm] zu etw dat ~ to advise [sb to do] sth ❷ (schätzen) to guess; **mal ~** to [take a] guess II. vt ❶ (als Ratschlag geben) ■jdm etw ~ to advise sb to do sth ❷ (erraten) to guess
Ratenkauf m installment plan
Ratenzahlung f ❶ kein pl (Zahlung in Raten) payment in installments ❷ (einzelne Zahlung) installment payment
Ratgeber <-s, -> m ❶ (Werk) manual, self-help book ❷ (beratende Person) advisor
Rathaus nt city [or town] hall
Ration <-, -en> [ra·'tsi̯oːn] f ration
rational [ra·tsi̯o·'naːl] I. adj rational II. adv rationally
rationalisieren* [ra·tsi̯o·na·li·'ziː·rən] vt, vi to streamline
Rationalisierung <-, -en> f streamlining
rationell [ra·tsi̯o·'nɛl] I. adj efficient II. adv efficiently
rationieren* [ra·tsi̯o·'niː·rən] vt to ration
Rationierung <-, -en> f rationing
ratlos I. adj helpless; **ich bin völlig ~** I'm completely at a loss II. adv helplessly
Ratlosigkeit <-> f kein pl helplessness
ratsam ['raːt·zaːm] adj advisable
Ratschlag <-s, Ratschläge> ['raːt·ʃlaːk, pl

'ra:t·ʃlɛ·gə] *m* advice; **jdm einen ~ geben** to give sb a piece of advice

Rätsel <-s, -> ['rɛ:·tsl] *nt* ❶ (*Geheimnis*) mystery; **es ist [jdm] ein ~, warum/wie ...** it is a mystery [to sb] why/how ... ❷ (*Denkaufgabe*) riddle; **vor einem ~ stehen** to be baffled

rätselhaft *adj* mysterious; ■**es ist jdm ~, warum ...** it's a mystery to sb why ...

rätseln ['rɛ:·tsln] *vi* to rack one's brains

Rätselraten <-s> *nt kein pl* ❶ (*das Lösen von Rätseln*) puzzle solving ❷ (*das Mutmaßen*) guessing game

Ratte <-, -n> ['ra·tə] *f* (*a. fig*) rat

rattern ['ra·tɐn] *vi* ❶ *haben* (*klappern*) to rattle ❷ *sein* (*sich fortbewegen*) to rattle along

ratzekahl ['ra·tsə·'ka:l] *adv* (*fam*), **ratzeputz** *adv* DIAL (*fam*) **alles ~ aufessen** to polish off *sep* everything; **den Teller ~ leer essen** to clean one's plate

rau^RR [rau] *adj* ❶ (*spröde*) *Hände, Haut* rough; *Lippen* chapped ❷ (*heiser*) *Stimme* hoarse; (*verführerisch*) husky ❸ (*unwirtlich*) *Klima, Wetter* harsh; *Gegend* inhospitable ❹ (*ungehobelt*) harsh; *Benehmen, Sitten* uncouth

Raub <-[e]s, -e> [raup] *m pl selten* ❶ (*das Rauben*) robbery ❷ (*das Geraubte*) loot

Raubdruck *m* pirate[d] edition

Raubein^RR *nt* (*fam*) diamond in the rough

raubeinig^RR *adj* (*fam*) rough-and-ready

rauben ['rau·bn] I. *vt* ❶ (*stehlen*) to rob; **das hat mir viel Zeit geraubt** this has cost me a lot of time ❷ (*entführen*) to abduct II. *vi* to rob

Räuber(in) <-s, -> ['rɔy·bɐ] *m(f)* robber

Raubkatze *f* big [predatory] cat

Raubkopie *f* pirate[d] copy

Raubmord *m* murder robbery

Raubmörder(in) *m(f)* robber and murderer

Raubtier *nt* predator

Raubüberfall *m* robbery; (*auf Geldtransport etc. a.*) holdup

Raubvogel *m* bird of prey

Rauch <-[e]s> [raux] *m kein pl* smoke ▶ WENDUNGEN: **sich in ~ auflösen** to go up in smoke

Rauchabzug *m* smoke vent

rauchen ['rau·xn] *vi, vt* to smoke

Raucher <-s, -> *m* BAHN (*fam*) *s.* **Raucherabteil**

Raucher(in) <-s, -> *m(f)* smoker

Raucherabteil *nt* BAHN smoking compartment [*or* car]

Raucherhusten *m* smoker's cough

Räucherlachs *m* smoked salmon

räuchern ['rɔy·çɐn] *vt, vi* to smoke

Räucherstäbchen *nt* [stick of] incense

Raucherzone *f* smoking area

Rauchfang *m* ❶ (*Abzugshaube*) range [*or* stove] hood ❷ ÖSTERR (*Schornstein*) chimney

rauchig ['rau·xɪç] *adj* smoky

Rauchmelder *m* smoke alarm

Rauchsignal *nt* smoke signal

Rauchverbot *nt* smoking ban

Rauchwolke *f* cloud of smoke

rauf [rauf] *adv* (*fam*) *s.* **herauf, hinauf**

Raufbold <-[e]s, -e> ['rauf·bɔlt] *m* thug

raufen ['rau·fn] *vi, vr* ■[**sich** *akk*] **~** to fight (**um** +*akk* over)

Rauferei <-, -en> [rau·fə·'rai] *f* fight

rauh^ALT [rau] *adj s.* **rau**

Rauhbein^ALT *nt s.* **Raubein**

rauhbeinig^ALT *adj s.* **raubeinig**

Rauhreif^ALT *m kein pl s.* **Raureif**

Raum <-[e]s, Räume> [raum, *pl* 'rɔy·mə] *m* ❶ (*Zimmer*) room ❷ *kein pl* (*Platz*) room *no art*, space *no art* ❸ GEOG (*Gebiet*) region, area; **im ~ Hamburg** in the Hamburg area ▶ WENDUNGEN: **im ~ stehen** to be unresolved; **etw in den ~ stellen** to raise sth

räumen ['rɔy·mən] *vt* ❶ (*entfernen*) to remove (**aus/von** +*dat* from) ❷ (*einsortieren*) to put away *sep* (**in** +*akk* in/into) ❸ *Wohnung* to vacate; *Straße* to clear ❹ (*evakuieren*) to evacuate

Raumfähre *f* space shuttle

Raumfahrt *f kein pl* space travel *no art;* (*einzelner Raumflug*) space flight

Raumfahrtbehörde *f* space agency

Räumfahrzeug *nt* bulldozer; (*für Schnee*) snowplow

Raumflug *m* ❶ (*Flug in den Weltraum*) space flight ❷ *kein pl* (*Raumfahrt*) space travel

Raumgestaltung *f* interior design

räumlich ['rɔym·lɪç] I. *adj* ❶ (*den Raum betreffend*) spatial; **in großer ~er Entfernung** a long way[s *fam*] away ❷ (*dreidimensional*) three-dimensional II. *adv* ❶ (*platzmäßig*) spatially ❷ (*dreidimensional*) three-dimensionally

Räumlichkeiten *pl* premises *pl*

Raumpfleger(in) *m(f)* cleaner

Raumschiff *nt* spaceship

Raumstation *f* space station

Räumungsarbeiten *pl* work to clear an accident

Räumungsverkauf *m* clearance sale

Raupe <-, -n> ['rau·pə] *f* ❶ ZOOL caterpillar ❷ (*Planierraupe*) bulldozer

Raureif^RR *m kein pl* hoarfrost

raus [raus] *adv* (*fam*) *s.* **heraus, hinaus**

raus|bringen *vt irreg* (*fam*) ❶ (*äußern*) **kein Wort ~** to not [be able to] utter a word ❷ *Müll* to take out *sep*

Rausch <-[e]s, Räusche> [rauʃ, *pl* 'rɔy·ʃə] *m* ❶ (*Trunkenheit*) intoxication; **einen ~ haben** to be drunk; **seinen ~ ausschlafen** to sleep it off ❷ (*Ekstase*) ecstasy

rauschen ['rau·ʃn] *vi* ❶ *haben* (*anhaltendes Geräusch erzeugen*) *Wasser, Verkehr* to roar; (*sanft*) to murmur; *Baum, Blätter* to rustle; *Lautsprecher* to hiss; *Rock, Vorhang* to swish ❷ *sein* (*sich geräuschvoll bewegen*) *Wasser* to rush; *Vogelschwarm* to swoosh ❸ *sein* (*fam: zügig gehen*) to sweep (**aus** +*dat* out of, **in** +*akk* into)

Rauschgift *nt* drug

Rauschgifthandel *m* drug trafficking

Rauschgifthändler(in) *m(f)* drug dealer;

R

(*international*) drug trafficker

Rauschgiftsucht *f* drug addiction

ra̲u̲schgiftsüchtig *adj* addicted to drugs *pred*

Ra̲u̲schgiftsüchtige(r) *f(m)* drug addict

ra̲u̲s|ekeln ['raus-ʔeː-k|n] *vt* (*fam*) ■**jdn** [**aus etw** *dat*] ~ to drive sb [out of sth]

ra̲u̲s|fliegen *vi irreg sein* (*fam*) ❶ (*hinausgeworfen werden*) **aus der Schule** ~ to be kicked out of school; **aus einem Betrieb** ~ to be given the boot ❷ (*weggeworfen werden*) to get thrown out

ra̲u̲s|gehen *vi irreg sein* (*fam*) to go out; *Fleck, Korken* to come out

ra̲u̲s|kommen *vi irreg* (*fam*) *s.* **herauskommen, hinauskommen**

ra̲u̲s|kriegen *vt* (*fam*) ■**etw** ~ to catch on to sth; *Rätsel* to figure out *sep;* ■~, **was/wer ...** to find out what/who ...

ra̲u̲s|nehmen *vt, vr irreg* (*fam*) *s.* **herausnehmen**

ra̲u̲spern ['rɔys-pən] *vr* ■**sich** *akk* ~ to clear one's throat

ra̲u̲s|rücken *vt s.* **herausrücken**

ra̲u̲s|schmeißen *vt irreg* (*fam*) to throw out

Ra̲u̲sschmeißer <-s, -> *m* (*fam*) bouncer

Raute <-, -n> ['rau-tə] *f* rhombus

Razzia <-, Razzien> ['ra-tsi̯a, *pl* 'ra-tsi-ən] *f* raid

Reagenzglas *nt* test tube

reagieren* [rea-'giː-rən] *vi a.* CHEM to react (**auf** +*akk* to, **mit** +*dat* with)

Reaktion <-, -en> [reak-'tsi̯oːn] *f* reaction (**auf** +*dat* to)

reaktionär [reak-tsi̯o-'nɛːɐ̯] (*pej*) I. *adj* reactionary II. *adv* in a reactionary way

Reaktionszeit *f* reaction time

Reaktor <-s, -toren> [re-'ak-toːɐ̯, *pl* re-ak-'toː-rən] *m* reactor

real [re-'aːl] I. *adj* real II. *adv* **ein** ~ **denkender Mensch** a realistic thinker

Realeinkommen *nt* real income

realisi̲e̲rbar *adj* realizable; **schwer** ~**e Pläne/ Projekte** plans/projects that are hard to accomplish

realisi̲e̲ren* [rea-li-'ziː-rən] *vt* to realize

Realisi̲e̲rung <-, -en> *f pl selten* realization; *Idee, Plan* implementation

Realismus <-> [rea-'lɪs-mʊs] *m kein pl* realism

Realist(in) <-en, -en> [rea-'lɪst] *m(f)* realist

realistisch [rea-'lɪs-tɪʃ] I. *adj* realistic II. *adv* realistically

Realität <-, -en> [rea-li-'tɛːt] *f* ❶ (*Wirklichkeit*) reality ❷ *pl* (*Gegebenheiten*) facts ❸ *pl* ÖSTERR (*Immobilien*) real estate

realitätsfern *adj* unrealistic; *Person* out of touch with reality

realitätsnah *adj* realistic; *Person* in touch with reality

Realitätssinn *m kein pl* sense of reality

Reallohn *m* actual earnings *pl*

Realschule *f* ≈ junior high school (*a school for grades 5–10 that prepares students either for*

the Gymnasium or for an apprenticeship in a trade or industry)

i In terms of academics, the **Realschule** lies somewhere between the *Hauptschule* and the *Gymnasium*. Students graduate after the tenth grade with a diploma called the *Mittlere Reife*. After graduation, most students complete three years of vocational training. However, students with very good grades have the chance to continue their education at a *Gymnasium*.

reanimieren* [re-ʔani-'miː-rɛn] *vt* to resuscitate

Rebe <-, -n> ['reː-bə] *f* [grape]vine

Rebell(in) <-en, -en> [re-'bɛl] *m(f)* rebel

rebelli̲e̲ren* [re-bɛ-'liː-rən] *vi* to rebel (**gegen** +*akk* against)

Rebellion <-, -en> [re-bɛ-'li̯oːn] *f* rebellion; *Studenten* revolt

rebellisch [re-'bɛ-lɪʃ] *adj* rebellious

Rebstock *m* [grape]vine

Re̲chenaufgabe *f* math problem

Re̲chenfehler *m* calculation mistake

Re̲chenschaft <-> *f kein pl* account; **jdm** [**über etw** *akk*] ~ **schulden** to be accountable to sb [for sth]; **jdn** [**für etw** *akk*] **zur** ~ **ziehen** to call sb to account [for sth]

Re̲chenzentrum *nt* computer center

Recherche <-, -n> [re-'ʃɛr-ʃə] *meist pl f* research

recherchi̲e̲ren* [re-ʃɛr-'ʃiː-rən] *vi, vt* to investigate, to research

rechnen ['rɛç-nən] I. *vt* ❶ (*mathematisch lösen*) to calculate ❷ (*zählen, messen*) to work out *sep;* **etw in Euro** ~ to convert sth to euros ❸ (*veranschlagen*) to estimate; **wir müssen mindestens zehn Stunden** ~ we have to count on at least ten hours; **zu hoch/ niedrig gerechnet sein** to be an overestimate/underestimate ❹ (*einbeziehen, miteinrechnen*) to include ❺ (*berücksichtigen*) to take into account ❻ (*einstufen, gehören*) to count (**zu** +*dat* among); **ich rechne sie zu meinen besten Freundinnen** I consider her one of my best [girl]friends II. *vi* ❶ (*Rechenaufgaben lösen*) to do math; **ich konnte noch nie gut** ~ I was never [any] good at math ❷ (*sich verlassen*) ■**auf jdn/etw** ~ to count on sb/sth ❸ (*einkalkulieren*) ■**mit etw** *dat* ~ to count on sth; **wann** ~ **Sie mit einer Antwort?** when do you expect an answer?; **mit allem/dem Schlimmsten** ~ to be prepared for anything/the worst ❹ (*fam: Haus halten*) to economize; **wir müssen mit jedem Cent** ~ we have to watch every penny III. *vr* (*Gewinn einbringen*) ■**etw rechnet sich** [**nicht**] *akk* sth is [not] profitable

Re̲chner <-s, -> *m* ❶ (*Taschenrechner*) calculator ❷ COMPUT computer

rechnerisch I. *adj* arithmetic[al] II. *adv* **①** (*kalkulatorisch*) arithmetically **②** (*durch Rechnen*) by calculation

Rechnung <-, -en> *f* **①** (*schriftliche Abrechnung*) bill; (*im Restaurant a.*) check; **das geht auf meine ~** I'll pay [for it], [you can] put that on my tab; [**jdm**] **etw in ~ stellen** to charge [sb] for sth **②** (*Berechnung*) calculation; **die ~ stimmt nicht** the numbers don't add up ▶ WENDUNGEN: **er hatte die ~ ohne den Wirt gemacht** there was one thing he failed to take into consideration

recht [rɛçt] I. *adj* **①** (*passend*) right **②** (*richtig*) right; **ganz ~!** that's right [all right]! **③** (*wirklich*) real **④** (*angenehm*) ▪**jdm ist etw ~** sth is all right with sb; **dieser Kompromiss ist mir durchaus nicht ~** I'm not at all happy with this compromise **⑤** SCHWEIZ, SÜDD (*anständig*) decent; (*angemessen*) appropriate ▶ WENDUNGEN: **jdm ~ geschehen** to serve sb right; **nach dem R~en sehen** to make sure that everything's okay II. *adv* **①** (*richtig*) correctly; **höre ich ~?** am I hearing things?; **ich sehe doch wohl nicht ~** I must be seeing things; **versteh mich bitte ~** please don't misunderstand me **②** (*genau*) really; **nicht ~ wissen** to not really know **③** (*ziemlich*) rather; (*gehörig*) properly **④** (*fam: gelegen*) **jdm gerade ~ kommen** to come just in time for sb; (*iron*) to be all sb needs [right now]; **man kann es nicht allen ~ machen** you can't please everyone ▶ WENDUNGEN: **jetzt erst ~** now more than ever

Recht <-[e]s, -e> [rɛçt] *nt* **①** *kein pl* (*Rechtsordnung*) law **②** (*Anspruch*) right; **jds gutes ~ sein** to be sb's [legal] right; **jdm ~ geben** to agree with sb; **~ haben** to be [in the] right; **ein ~ auf jdn/etw haben** to have a right to sb/sth **③** (*Befugnis*) right; **mit welchem ~?** by what right?; **mit ~** rightly; **und das mit ~!** and rightly so!

rechte(r, s) *adj attr* **①** (*Gegenteil von linke*) right; **die ~ Seite** the right-hand side; **das ~ Fenster/Haus** the window/house on the right **②** POL right[-wing] **③** MATH **ein ~r Winkel** a right angle

Rechte <-n, -n> ['rɛç·tə] *f* **①** (*rechte Hand*) right [hand] **②** POL right; **ein Vertreter der radikalen ~n** a member of the extreme right

Rechteck <-[e]s, -e> *nt* rectangle

rechteckig *adj* rectangular

rechtfertigen I. *vt* to justify (**gegenüber** +*dat* to) II. *vr* ▪**sich** *akk* **~** to justify oneself

Rechtfertigung *f* justification

rechthaberisch *adj* (*pej*) dogmatic

rechtlich I. *adj* legal II. *adv* legally

rechtlos *adj* without rights *pred*

rechtmäßig *adj* **①** (*legitim*) lawful **②** (*legal*) legal; **nicht ~** illegal

Rechtmäßigkeit <-> *f kein pl* **①** (*Legitimität*) legitimacy **②** (*Legalität*) legality

rechts [rɛçts] I. *adv* **①** (*auf der rechten Seite*) on the right; **dein Schlüsselbund liegt ~**

neben dir your keys are just to your right; **~ oben/unten** on the top/bottom right; **nach/von ~** to/from the right **②** TRANSP (*nach rechts*) [to the] right; **halte dich ganz ~** keep [to the] right; **~ abbiegen/ranfahren** to turn off/pull over to the right **③** POL right; **~ eingestellt sein** to lean to the right ▶ WENDUNGEN: **nicht mehr wissen, wo ~ und links ist** (*fam*) to not know whether one is coming or going II. *präp* +*gen* [*or* on] the right of

Rechtsabteilung *f* legal department

Rechtsanwalt, -anwältin *m*, *f* lawyer, attorney; (*vor Gericht*) lawyer

rechtschaffen ['rɛçt·ʃa·fn̩] I. *adj* honest II. *adv* honestly

Rechtschreibfehler *m* spelling mistake

---

i The Vienna accord to reform German *Rechtschreibung* (orthography) was signed on July 1, 1996 and implemented on August 1, 1998. During the seven-year transitional phase until August 1, 2005, it was permissible to use spellings according to both the old and new rules. The *Rat für deutsche Rechtschreibung* (Commission for German Spelling) revised the **deutsche Rechtschreibreform** (German Spelling Reform) and the changes went into effect on August 1, 2006.
The reform is an attempt to make German orthography easier to learn.

Rechtschreibung *f* spelling

Rechtsempfinden *nt* sense of right and wrong

rechtsextrem *adj* extreme right-wing

Rechtsextremismus *m kein pl* right-wing extremism

Rechtsextremist(in) *m(f)* right-wing extremist

rechtsextremistisch *adj* right-wing extremist

rechtsfähig *adj pred* **~ sein** to have legal capacity

Rechtsgrundlage *f* legal basis

rechtsgültig *adj* legally valid

Rechtshänder(in) <-s, -> ['rɛçts·hɛn·dɐ] *m(f)* right-hander; **~ sein** to be right-handed

rechtshändig ['rɛçts·hɛn·dɪç] I. *adj* right-handed II. *adv* right-handed, with one's right hand

rechtsherum *adv* [around] to the right; **etw ~ drehen** to turn sth clockwise

rechtskräftig I. *adj* legally valid; *Urteil* final II. *adv* with the force of law; **jdn ~ verurteilen** to pass final sentence on sb

Rechtskurve *f* right-hand curve

Rechtslage *f* legal position

Rechtsmittel *nt* legal means

Rechtsprechung <-, -en> *f pl selten* dispensation of justice

rechtsradikal I. *adj* ultra-right-wing II. *adv*

R

with ultra right-wing tendencies

rechtsrum ['rɛçts·rʊm] *adv* (*fam*) *s.* **rechtsherum**

Rechtsschutzversicherung *f insurance that covers legal expenses*

Rechtssicherheit *f* guarantee of due process of law

Rechtsstaat *m* state founded on the rule of law

rechtsstaatlich *adj* under the rule of law *pred*

Rechtsstreit *m* lawsuit

Rechtsverdreher(in) <-s, -> *m(f)* (*hum fam: Anwalt*) legal eagle

Rechtsweg *m kein pl* judicial process; **den ~ beschreiten** (*geh*) to take legal action

rechtswidrig *adj* unlawful

Rechtswissenschaft *f kein pl* jurisprudence

rechtwink(e)lig *adj* right-angled

rechtzeitig I. *adj* punctual II. *adv* on time; **Sie hätten mich ~ informieren müssen** you should have given me enough [advance] notice

recken ['rɛ·kn̩] I. *vt* to stretch; **den Hals/Kopf [nach oben] ~** to crane one's neck [upward] II. *vr* ■ **sich** *akk* **~** to stretch

Recorder <-s, -> [re·'kɔr·dɐ] *m s.* **Rekorder**

recyceln* [ri·'sai·kl̩n] *vt* to recycle

recyclebar [ri·'sai·kl̩·ba:ɐ] *adj* recyclable

Recycling <-s> [ri·'sai·klɪŋ] *nt kein pl* recycling

Recyclingpapier [ri·'sai·klɪŋ-] *nt* recycled paper

Redakteur(in) <-s, -e> [re·dak·'tø:ɐ] *m(f)* editor

Redaktion <-, -en> [re·dak·'tsi̯oːn] *f* ① (*redaktionelles Büro*) editorial department ② (*Redaktionsmitglieder*) editorial staff ③ *kein pl* (*das Redigieren*) editing

redaktionell [re·dak·tsi̯o·'nɛl] I. *adj* editorial; **~e Bearbeitung** editing II. *adv* editorially; **etw ~ bearbeiten** to edit sth

Redaktionsschluss[RR] *m* press time

Redaktor(in) <-s, -en> [re·'dak·to:ɐ] *m(f)* SCHWEIZ editor

Rede <-, -n> ['re:·də] *f* ① (*Ansprache*) speech ② (*das Reden, Gespräch*) talk; **wovon ist die ~?** what's it [all] about?; **es war gerade von dir die ~** we/they were just talking about you; **die ~ kam auf jdn/etw** the conversation turned to sb/sth ▸ WENDUNGEN: **jdm ~ und Antwort stehen** to justify oneself to sb; **davon kann keine ~ sein** that's out of the question; **jdn zur ~ stellen** to take sb to task; **nicht der ~ wert sein** to be not worth mentioning

Redefluss[RR] *m kein pl* flow of words; **ich musste seinen ~ unterbrechen** I had to interrupt him in mid-sentence

Redefreiheit *f kein pl* freedom of speech

redegewandt *adj* eloquent

Redegewandtheit <-> *f kein pl* eloquence

reden ['re:·dn̩] I. *vi* ① (*sprechen*) to talk (**mit** +*dat* to/with, **über** +*akk* about); **mit jdm zu ~ haben** to need to speak to sb ② (*eine Rede halten*) to speak (**über** +*akk* about/on) ③ (*dis-*

kutieren) **darüber lässt sich ~** that's not out of the question; **mit sich** *dat* [**über etw** *akk*] **~ lassen** to be willing to discuss [sth] ▸ WENDUNGEN: **du hast gut ~** that's easy for you to say II. *vt* ① (*sagen*) to say ② (*klatschen*) ■ **etw [über jdn/etw] ~** to say sth [about sb/sth]; **es wird über uns geredet** they're talking about us III. *vr* **sich** *akk* **in Rage/Wut ~** to talk oneself into a rage/fury; **sich** *akk* **heiser ~** to talk oneself hoarse

Redensart *f* expression, figure of speech

Rederecht *nt kein pl* right to speak [out]

Redeschwall <-[e]s> *m kein pl* (*pej*) torrent of words

Redeverbot *nt* ban on speaking

Redeweise *f* manner of speaking

Redewendung *f* idiom

redigieren* [re·di·'gi:·rən] *vt* to edit

redlich ['re:t·lɪç] I. *adj* honest II. *adv* honestly

Redlichkeit <-> *f kein pl* honesty

Redner(in) <-s, -> ['re:d·nɐ] *m(f)* speaker

Rednerpult *nt* lectern

redselig ['re:t·ze:·lɪç] *adj* talkative

Redseligkeit <-> *f kein pl* talkativeness

Reduktion <-, -en> [re·dʊk·'tsi̯o:n] *f* (*form*) reduction

reduzierbar *adj* ■ **auf etw** *akk* **~ sein** to be reducible to sth

reduzieren* [re·du·'tsi:·rən] *vt* to reduce

Reduzierung <-, -en> *f* reduction; **eine ~ der Kosten** a reduction in cost[s]

Reederei <-, -en> [re:·də·'rai] *f* shipping company

reell [re·'ɛl] *adj* ① (*tatsächlich*) real ② (*anständig*) straight; *Angebot, Preis* fair; *Geschäft* sound

Referat[1] <-[e]s, -e> [re·fe·'ra:t] *nt* [seminar] paper; SCH project; **ein ~ [über jdn/etw] halten** to give a presentation [on sb/sth]

Referat[2] <-[e]s, -e> [re·fe·'ra:t] *nt* ADMIN department

Referendum <-s, Referenden *o* Referenda> [re·fe·'rɛn·dʊm, *pl* re·fe·'rɛn·da] *nt* referendum

Referent(in) <-en, -en> [re·fe·'rɛnt] *m(f)* ① (*Berichterstatter*) speaker, presenter ② ADMIN head of an advisory department

Referenz <-, -en> [re·fe·'rɛnts] *f* ① *meist pl* (*Beurteilung*) **gute ~en aufzuweisen haben** to have good references ② (*Person*) referee

reflektieren* [re·flɛk·'ti:·rən] I. *vt* to reflect II. *vi* ① (*zurückstrahlen*) to reflect ② (*nachdenken*) to reflect (**über** +*akk* on/upon)

Reflektor <-s, -toren> [re·'flɛk·to:ɐ, *pl* -'to:·rən] *m* reflector

Reflex <-es, -e> [re·'flɛks] *m* ① (*Nervenreflex*) reflex ② (*Lichtreflex*) reflection

Reflexion <-, -en> [re·flɛ·'ksi̯o:n] *f a.* PHYS reflection

Reform <-, -en> [re·'fɔrm] *f* reform

reformbedürftig *adj* in need of reform *pred*

Reformer(in) <-s, -> [re·'fɔr·mɐ] *m(f)* reformer

reformerisch [re·ˈfɔr·mə·rɪʃ] *adj* reforming
Reformhaus *nt* health food store
reformieren* [re·fɔr·ˈmiː·rən] *vt* to reform
Reformkost *f* health food
Refrain <-s, -s> [re·ˈfrɛ̃ː, rə-] *m* refrain
Regal <-s, -e> [re·ˈgaːl] *nt* shelf, shelving, rack; **etw aus dem ~ nehmen** to take sth off the shelf; **in/auf dem ~ stehen** to be on the shelf
Regatta <-, Regatten> [re·ˈga·ta, *pl* re·ˈga·tən] *f* regatta
rege [ˈreː·gə] **I.** *adj* ❶ (*lebhaft*) lively; *Anteilnahme, Beteiligung* active ❷ (*wach*) ■**in jdm ~ werden** to be awakened in sb **II.** *adv* actively
Regel <-, -n> [ˈreː·gl̩] *f* ❶ (*Grundsatz*) rule; **sich** *dat* **etw zur ~ machen** to make a habit of sth; **in der ~** as a rule ❷ (*Menstruation*) period ▶ WENDUNGEN: **nach allen ~n der Kunst** with all the tricks of the trade
Regelblutung *f* menstruation
Regelfall *m kein pl* rule; **im ~** as a rule
regelmäßig I. *adj* regular **II.** *adv* ❶ (*immer wieder*) regularly ❷ (*ständig*) always; **sie kommt ~ zu spät** she is always late
Regelmäßigkeit <-> *f kein pl* regularity
regeln [ˈreː·gl̩n] **I.** *vt* ❶ (*in Ordnung bringen*) to settle; *Problem* to resolve ❷ (*regulieren*) to regulate **II.** *vr* ■**sich** *akk* **[von selbst] ~** to sort itself out
regelrecht [ˈreː·gl̩·rɛçt] **I.** *adj* real; *Frechheit* downright **II.** *adv* really; **~ betrunken sein** to be hammered *sl*
Regelung <-, -en> [ˈreː·gə·lʊŋ] *f* ❶ (*festgelegte Vereinbarung*) arrangement; (*Bestimmung*) ruling ❷ *kein pl* (*das Regulieren*) regulation
regelwidrig I. *adj* against the rules *pred* **II.** *adv* against the rules
regen [ˈreː·gn̩] *vr* ■**sich** *akk* ~ ❶ (*sich bewegen*) to move ❷ (*geh*) *Zweifel, Gewissen, Hoffnung* to stir
Regen <-s, -> [ˈreː·gn̩] *m* rain; **saurer ~** acid rain; **bei/in strömendem ~** in [the] pouring rain ▶ WENDUNGEN: **vom ~ in die Traufe kommen** (*prov*) to jump out of the frying pan into the fire; **jdn im ~ stehen lassen** (*fam*) to leave sb in the lurch
Regenbogen *m* rainbow
Regenbogenpresse *f* gossip magazines *pl*
Regencape [ˈreː·gn̩·keːp] *nt* waterproof poncho
regenerieren* [re·ge·ne·ˈriː·rən] *vr* ■**sich** *akk* ~ to regenerate; *Mensch* to recuperate
Regenfront *f* rain front
Regenmantel *m* raincoat
Regenrinne *f* gutter
Regenschauer *m* rain shower
Regenschirm *m* umbrella
Regent(in) <-en, -en> [re·ˈgɛnt] *m(f)* ruler; (*Vertreter des Herrschers*) regent
Regentschaft <-, -en> *f* ❶ (*Herrschaft*) reign ❷ (*Amtszeit*) regency

Regenwald *m* rainforest
Regenwetter *nt* rainy weather
Regenwurm *m* earthworm
Regie <-, -n> [re·ˈʒiː, *pl* re·ˈʒiː·ən] *f* FILM, THEAT direction; RADIO production; **[bei etw** *dat***] die ~ haben** to direct [sth] ▶ WENDUNGEN: **in eigener ~** on one's own
regieren* [re·ˈgiː·rən] *vi, vt* to rule (**über** +*akk* over); *Monarch a.* to reign
Regierung <-, -en> [re·ˈgiː·rʊŋ] *f* POL ❶ (*Kabinett*) government ❷ (*Herrschaftsgewalt*) rule; **die ~ antreten** to take power [*or* office]; **an der ~ sein** to be in power
Regierungschef(in) *m(f)* head of a government
Regierungserklärung *f* government statement
Regierungspartei *f* ruling party
Regierungsrat *m kein pl* SCHWEIZ canton government
Regierungssprecher(in) *m(f)* government spokesperson
Regime <-s, -s> [re·ˈʒiːm] *nt* (*pej*) regime
Region <-, -en> [re·ˈgi̯oːn] *f* region
regional [re·gi̯o·ˈnaːl] **I.** *adj* regional **II.** *adv* regionally
Regionalteil [re·gi̯o·ˈnaːl-] *m* MEDIA local news section
Regisseur(in) <-s, -e> [re·ʒɪ·ˈsøːɐ̯] *m(f)* FILM, THEAT director; RADIO producer
Register <-s, -> [re·ˈgɪs·tɐ] *nt* ❶ (*alphabetischer Index*) index ❷ (*amtliches Verzeichnis*) register ▶ WENDUNGEN: **alle ~ ziehen** to pull out all the stops
registrieren* [re·gɪs·ˈtriː·rən] *vt* to register
Reglement <-s, -s> *nt* ❶ SPORT rules *pl* ❷ SCHWEIZ (*Vorschriften*) regulations *pl*
Regler <-s, -> [ˈreː·glɐ] *m* ELEK regulator; AUTO governor
reglos [ˈreːk·loːs] *adj s.* **regungslos**
regnen [ˈreːg·nən] **I.** *vi impers* to rain; ■**es regnet** it's raining **II.** *vt* ■**etw ~** to rain down sth; **es regnet Beschwerden** complaints are pouring in
regnerisch *adj* rainy
Regress[RR] <-es, -e>, **Regreß**[ALT] <-sses, -sse> [re·ˈgrɛs] *m* recourse
regulär [re·gu·ˈlɛːɐ̯] **I.** *adj* ❶ (*vorgeschrieben*) regular ❷ (*normal*) normal **II.** *adv* normally
regulierbar *adj* adjustable
regulieren* [re·gu·ˈliː·rən] **I.** *vt* ❶ (*einstellen*) to regulate ❷ *Bach, Fluss* to straighten **II.** *vr* ■**sich** *akk* **[von selbst] ~** to regulate itself
Regulierung <-, -en> *f* ❶ (*Einstellung*) regulation ❷ *eines Gewässers* straightening
Regung <-, -en> *f* ❶ (*Bewegung*) movement ❷ (*Empfindung*) feeling; **menschliche ~** human emotion
regungslos *adj* motionless; *Miene* impassive
Reh <-[e]s, -e> [reː] *nt* roe deer
Rehabilitation <-, -en> [re·ha·bi·li·ta·ˈt͡si̯oːn] *f* rehabilitation
Rehabilitationszentrum *nt* rehab[ilitation

R

center]

rehabilitieren* [re·ha·bi·li·'ti:·rən] *vt* to rehabilitate

Rehrücken *m* KOCHK saddle of venison

Reibe <-, -n> ['rai·bə] *f* grater

Reibekuchen *m* KOCHK DIAL (*Kartoffelpuffer*) potato pancake, ≈ latke

reiben <rieb, gerieben> ['rai·bn̩] I. *vt* ❶ (*zerkleinern*) to grate ❷ (*reibend verteilen*) ■etw auf/in etw *akk* ~ to rub sth onto/into sth ❸ (*reibend entfernen*) ■etw aus/von etw *dat* ~ to rub sth out of/off sth II. *vr* sich *dat* die Augen/Hände ~ to rub one's eyes/hands III. *vi* to rub (an +*dat* on); die Schuhe ~ an den Zehen my toes are rubbing [up] against the front of the shoes

Reibereien [rai·bə·'rai·ən] *pl* (*fam*) friction

Reibung <-, -en> *f* ❶ *kein pl* PHYS friction ❷ *pl s.* **Reibereien**

reibungslos I. *adj* smooth II. *adv* smoothly

reich [raiç] I. *adj* ❶ (*sehr wohlhabend*) rich, wealthy ❷ (*in Fülle habend*) rich (an +*dat* in); ~ an Erfahrung sein to have a wealth of experience ❸ (*ergiebig*) rich; *Ernte* abundant; *Ölquelle* productive; *Mahlzeit* lavish; *Erbschaft* substantial ❹ (*vielfältig*) wide; *Möglichkeiten, Leben* rich; *Auswahl, Wahl* large; *Bestände* copious II. *adv* ❶ (*reichlich*) richly; jdn ~ beschenken to shower sb with presents ❷ (*mit viel Gelderwerb verbunden*) ~ heiraten/erben to marry into/inherit money ❸ (*reichhaltig*) richly

Reich <-[e]s, -e> [raiç] *nt* ❶ (*Imperium*) empire; das ~ Gottes the Kingdom of God; das Dritte ~ HIST the Third Reich; das Römische ~ HIST the Roman Empire ❷ (*fig: Bereich*) realm

Reiche(r) *f(m) dekl wie adj* rich man *masc,* rich woman *fem*

reichen ['rai·çn̩] I. *vi* ❶ (*ausreichen*) to be enough; die Vorräte ~ noch Monate there are enough supplies to last for months ❷ (*überdrüssig sein*) ■etw reicht jdm sth is enough for sb; mir reicht's! I've had enough [of this]!; jetzt reicht's [mir] [aber]! enough is enough! ❸ (*sich erstrecken*) ■bis zu etw *dat* ~ to reach to sth; von hier bis zum Horizont ~ to stretch from here to the horizon II. *vt* (*geh*) ❶ (*geben*) ■jdm etw ~ to give [*or* pass] sb sth ❷ (*zur Begrüßung*) ■jdm die Hand ~ to hold out one's hand to sb; sich [*o* einander] die Hand ~ to shake hands

reichhaltig ['raiç·hal·tɪç] *adj* ❶ (*vielfältig*) wide; *Programm* varied ❷ *Bibliothek, Sammlung* well-stocked ❸ (*üppig*) rich

reichlich ['raiç·lɪç] I. *adj* large; *Belohnung* ample; *Trinkgeld* generous; ~ Geld/Zeit haben to have plenty of money/time II. *adv* (*ziemlich*) rather

Reichtum <-[e]s, Reichtümer> ['raiç·tu:m, *pl* -ty:·mɐ] *m* ❶ *kein pl* (*große Wohlhabenheit*) wealth; zu ~ kommen to get rich ❷ *pl* (*materieller Besitz*) riches *npl* ❸ *kein pl* (*Reichhaltigkeit*) wealth (an +*dat* of)

Reichweite *f* range

reif [raif] *adj* ❶ AGR, HORT ripe ❷ (*ausgereift*) *a. Persönlichkeit* mature; im ~en Alter von ... at the ripe old age of ... ❸ (*fam*) ■~ für etw *akk* sein to be ready for sth

Reif <-[e]s> [raif] *m kein pl* METEO hoarfrost

Reife <-> ['rai·fə] *f kein pl* ❶ AGR, HORT (*das Reifen*) ripening ❷ (*Reifezustand*) ripeness ❸ (*charakterlich*) maturity

reifen ['rai·fn̩] *vi sein* ❶ AGR, HORT to ripen; BIOL to mature ❷ (*sich entwickeln*) to mature (zu +*dat* into)

Reifen <-s, -> ['rai·fn̩] *m* tire

Reifendruck *m* tire pressure

Reifenpanne *f* flat [tire]

reiflich ['raif·lɪç] I. *adj* thorough; nach ~er Überlegung after [very] careful consideration II. *adv* thoroughly, carefully

Reihe <-, -n> ['raiə] *f* ❶ (*fortlaufende Folge*) row; außer der ~ out of [the usual] order; der ~ nach in order ❷ (*das Drankommen*) ■jd ist an der ~ it's sb's turn; ich war jetzt an der ~! I was next!; jeder kommt an die ~ everyone will get a turn ❸ (*Menge*) eine [ganze] ~ von a [whole] lot of; eine ganze ~ von Beschwerden a slew of complaints ❹ (*Linie von Menschen*) line; sich *akk* in ~n aufstellen to form lines ▶ WENDUNGEN: etw auf die ~ kriegen (*fam: kapieren*) to get sth into one's head; (*in Ordnung bringen*) to get sth together; aus der ~ tanzen to step out of line

reihen ['rai·ən] I. *vr* ■sich an etw ~ to follow [after] sth II. *vt* to string (auf +*akk* on)

Reihenfolge *f* order

Reihenhaus *nt* townhouse

reihenweise *adv* ❶ (*in großer Zahl*) by the dozen ❷ (*nach Reihen*) in rows

reihum [rai·'ʔʊm] *adv* in turn; etw ~ gehen lassen to pass sth around

Reim <-[e]s, -e> [raim] *m* ❶ (*Endreim*) rhyme ❷ *pl* (*Verse*) verse[s]

reimen ['rai·mən] I. *vt, vt* ■sich *akk* ~ to rhyme (auf +*akk* with, mit +*dat* with) II. *vt* ■etw ~ to rhyme sth III. *vi* to make up rhymes

rein¹ [rain] *adv* (*fam*) *s.* **herein, hinein**

rein² [rain] I. *adj* ❶ (*unvermischt*) pure; *Wahrheit* plain ❷ (*fam: absolut*) *Zufall, Glück* pure;

Blödsinn sheer; *Unsinn* utter; **das Kinderzimmer ist der ~ste Schweinestall!** the children's room is an absolute pigsty! ❸ (*sauber*) clean; *Kleidung* fresh ❹ (*makellos*) clear ▶ WENDUNGEN: **etw [für jdn] ins R~e bringen** to clear up sth *sep* [for sb]; **mit sich** *dat* **[selbst]/etw ins R~e kommen** to come to terms with oneself/sth; **etw ins R~e schreiben** to make a fair copy of sth **II.** *adv* ❶ (*ausschließlich*) purely; **eine ~ persönliche Meinung** a purely personal opinion ❷ (*fam: absolut*) absolutely; **~ zufällig** purely by chance
Reinemachefrau *f* cleaning lady
Reinerlös *m* net profit
Reinfall ['rain·fal] *m* (*fam*) disaster
rein|fallen *vi irreg sein* (*fam*) ❶ (*eine schwere Enttäuschung erleben*) to be taken in (**mit** +*dat* by) ❷ (*hineinfallen*) to fall in
Reingewinn *m* net profit
rein|hauen *vi* (*fig fam*) to stuff oneself; **hau rein!** dig in!
Reinheit <-> ['rain·hait] *f kein pl* ❶ (*frei von Beimengungen*) purity ❷ (*Sauberkeit*) cleanliness

---

ℹ The German **Reinheitsgebot** (Beer Purity Regulation) is one of the oldest laws governing foodstuffs in Germany. Since 1516, the **Reinheitsgebot** has stipulated that only barley, hops, water, and, more recently, yeast, may be used in the production of beer.

---

reinigen ['rai·nɪ·gn̩] *vt* to clean
Reiniger <-s, -> ['rai·nɪ·ge] *m* cleaner
Reinigung <-, -en> *f* ❶ *kein pl* (*das Reinigen*) cleaning ❷ (*Reinigungsbetrieb*) cleaner's; **die chemische ~** the dry cleaner's
Reinigungskraft *f* (*form*) housekeeper, member of housekeeping staff
Reinigungsmittel *nt* cleaning agent
Reinkultur *f* monoculture; **in ~** unadulterated
rein|legen *vt* (*fam*) ❶ (*hineinlegen*) ▪ **etw in etw** *akk* **~** to put sth in sth ❷ (*hintergehen*) ▪ **jdn ~** to take sb for a ride
reinlich *adj* clean
Reinmachefrau *f s.* **Reinemachefrau**
reinrassig *adj* thoroughbred
rein|reiten *vt irreg* (*fam*) ▪ **jdn ~** to get sb into a mess
rein|schneien *vi* (*fam*) ❶ *haben* (*schneien*) **es schneit rein** the snow's getting inside ❷ *sein* (*unangemeldet kommen*) to drop in
rein|würgen *vt* (*fam: widerwillig essen*) to force down ▶ WENDUNGEN: **jdm eine[n] ~** to teach sb a lesson
rein|ziehen *vr irreg* (*sl*) ❶ (*konsumieren*) **sich** *dat* **etw ~** to have something to drink/eat ❷ **sich** *dat* **einen Film ~** to watch a movie
Reis <-es, -e> [rais] *m* AGR, BOT rice
Reise <-, -n> ['rai·zə] *f* trip, journey; **gute ~!** have a good [*or* nice] trip!; **auf ~n gehen** to

travel; **eine ~ machen** to take a trip
Reiseandenken *nt* souvenir
Reiseapotheke *f* first aid kit
Reisebüro *nt* travel agency
Reisebus *m* tour bus
reisefertig *adj* ready to go
Reisefieber *nt kein pl* **~ haben** to be nervous and excited about traveling
Reiseführer *m* travel [*or* tour] guide
Reisegepäck *nt* luggage
Reisegesellschaft *f,* **Reisegruppe** *f* tour group
Reiseland *nt* popular travel destination
Reiseleiter(in) *m(f)* guide
reisen ['rai·zn̩] *vi sein* to travel (**nach** to)
Reisende(r) *f(m) dekl wie adj* traveler
Reisepassᴿᴿ *m* passport
Reisescheck *m* traveler's check
Reisetasche *f* travel bag
Reiseveranstalter(in) *m(f)* tour operator
Reiseverkehr *m kein pl* holiday traffic
Reiseversicherung *f* travel insurance
Reisezeit *f* high [*or* tourist] season
Reiseziel *nt* destination
reißen <riss, gerissen> ['rai·sn̩] **I.** *vi* ❶ *sein* (*zerreißen*) *Seil, Faden* to break; *Papier, Stoff* to tear ❷ *haben* (*zerren*) to tug, to pull; **an seiner Leine ~** *Hund* to tug at its leash **II.** *vt haben* ❶ **etw in Fetzen/Stücke ~** to tear sth to shreds/pieces ❷ (*abreißen*) ▪ **etw von etw** *dat* **~** *Ast, Bauteil* to break sth off [of] sth; *Papier, Stoff* to tear sth off [of] sth ❸ (*wegreißen*) **jdm etw aus der Hand ~** to snatch [*or* grab] sth from sb's hands ❹ (*stoßen*) **der Wind riss sie zu Boden** the wind threw her to the ground ❺ **jdn aus seinen Gedanken ~** to make sb lose their train of thought ❻ (*sich bemächtigen*) ▪ **etw an sich** *akk* **~** to seize sth **III.** *vr haben* (*fam*) ▪ **sich** *akk* **um jdn/etw ~** to scramble to get/see sb/sth; **um diese Arbeit reiße ich mich nicht** I'm not in any hurry to do this work
reißend *adj* (*Fluss*) raging
reißerisch **I.** *adj* sensational **II.** *adv* sensationally
Reißverschlussᴿᴿ *m* zipper
Reißzwecke <-, -n> *f* thumbtack
reiten <ritt, geritten> ['rai·tn̩] **I.** *vi sein* to ride [a horse/pony]; **bist du schon mal geritten?** have you ever been horseback riding?; **im Galopp/Trab ~** to gallop/trot **II.** *vt haben* to ride
Reiter(in) <-s, -> ['rai·te] *m(f)* [horseback] rider
Reiz <-es, -e> [raits] *m* ❶ (*Verlockung*) appeal, attraction; **[für jdn] den ~ verlieren** to lose its appeal [for sb] ❷ (*Stimulus*) stimulus ❸ *pl* (*sl: nackte Haut*) charms *npl*
reizbar *adj* irritable
Reizbarkeit <-> *f kein pl* irritability
reizen ['rai·tsn̩] **I.** *vt* ❶ (*verlocken*) ▪ **jdn ~** to appeal to sb; ▪ **es reizt jdn, etw zu tun** sb is tempted to do sth ❷ MED to irritate ❸ (*provo-*

R

zieren) to provoke (**zu** +*dat* into) **II.** *vi* ❶ (*herausfordern*) ■ **zu etw** *dat* ~ to invite sth; **der Anblick reizte zum Lachen** what we saw made us laugh ❷ MED to irritate; **etw reizt jdn zum Husten** sth makes sb cough

reizend I. *adj* delightful, charming; **das ist ja ~!** (*iron*) that's charming! *iron* **II.** *adv* charmingly

reizlos *adj* dull

Reizthema *nt* emotional topic

Reizüberflutung *f* overstimulation

Reizung <-, -en> *f* irritation

reizvoll *adj* attractive

Reizwäsche *f kein pl* (*fam*) sexy underwear

Reizwort <-wörter> *nt* emotionally charged word

rekeln ['reːˑkl̩n] *vr* ■ **sich** *akk* ~ to stretch out

Reklamation <-, -en> [reˑklaˑmaˑ'tsi̯oːn] *f* complaint

Reklame <-, -n> [reˑ'klaːˑmə] *f* ❶ (*Werbespekt*) flyer ❷ (*Werbung*) commercials *pl*

Reklameschild *nt* advertising sign

Reklametafel *f* billboard

reklamieren* [reˑklaˑ'miːˑrən] *vt* ■ **etw** ~ ❶ (*bemängeln*) to complain about sth ❷ (*beanspruchen*) to claim sth

rekonstruieren* [reˑkɔnˑstruˑ'iːˑrən] *vt* to reconstruct

Rekord <-s, -e> [reˑ'kɔrt] *m* record

Rekorder <-s, -> [reˑ'kɔrˑdɐ] *m* ❶ (*Kassettenrekorder*) cassette [*or* tape] recorder ❷ (*Videorekorder*) video recorder

Rekordhalter(in) <-s, -> *m(f)* record holder

Rekordzeit *f* record time

rekrutieren* [reˑkruˑ'tiːˑrən] **I.** *vt* to recruit **II.** *vr* ■ **sich** *akk* **aus etw** *dat* ~ to consist of sth

Relation <-, -en> [reˑlaˑ'tsi̯oːn] *f* ❶ (*Verhältnismäßigkeit*) proportion; **in ~ zu etw** *dat* **stehen** to be proportional to sth; **in keiner ~ zu etw** *dat* **stehen** to bear no relation to sth ❷ (*wechselseitige Beziehung*) relationship

relativ [reˑlaˑ'tiːf] **I.** *adj* relative **II.** *adv* relatively

relaxed [ri'lɛkst] *adv* in a relaxed manner

relaxen* [riˑ'lɛˑksn̩] *vi* to relax

Religion <-, -en> [reˑliˑ'gi̯oːn] *f* religion

Religionsfreiheit *f* freedom of religion

Religionszugehörigkeit <-, -en> *f meist sing* denomination

religiös [reˑliˑ'gi̯øːs] **I.** *adj* religious **II.** *adv* in a religious manner

Religiosität <-> [reˑliˑgi̯oˑziˑ'tɛːt] *f kein pl* religiousness

Reling <-, -s *o* -e> ['reːˑlɪŋ] *f* rail

Remoulade <-, -n> [reˑmuˑ'laːˑdə] *f*, **Remouladensoße** *f* tartar sauce

rempeln ['rɛmˑpl̩n] *vi* (*fam*) to jostle

Rendezvous <-, -> [rãˑdeˑ'vuː, 'rãːˑdeˑvu] *nt* rendezvous *a. hum*

Rennbahn *f* racetrack

rennen <rannte, gerannt> ['rɛˑnən] *vi sein* ❶ (*laufen*) to run ❷ (*stoßen*) ■ **gegen etw** *akk* ~ to bump into sth

Rennen <-s, -> ['rɛˑnən] *nt* race; **gut/ schlecht im ~ liegen** (*a. fig*) to be in a good/ bad position

Renner <-s, -> ['rɛˑnɐ] *m* (*fam*) big seller

Rennfahrer(in) *m(f)* ❶ (*Autorennen*) racecar driver ❷ (*Radrennen*) bicycle racer

Rennsport *m* ❶ (*Motorrennen*) motor racing ❷ (*Radrennsport*) bicycle racing ❸ (*Pferderennsport*) horse racing

Rennwagen *m* racecar

renovieren* [reˑnoˑ'viːˑrən] *vt* to renovate

Renovierung <-, -en> *f* renovation

rentabel [rɛnˑ'taːˑbl̩] **I.** *adj* profitable **II.** *adv* profitably

Rente <-, -n> ['rɛnˑtə] *f* ❶ (*Ruhestand*) **in ~ gehen/sein** (*fam*) to retire/be retired ❷ (*Altersruhegeld*) pension; (*staatlich*) social security ❸ (*Zinseinkünfte*) annuity

Rentenalter *nt* retirement age

Rentenversicherung *f* Social Security

Rentier ['rɛnˑtiːɐ̯] *nt* reindeer

rentieren* [rɛnˑ'tiːˑrən] *vr* ■ **sich** *akk* ~ to be worthwhile

Rentner(in) <-s, -> *m(f)* retiree

Reparatur <-, -en> [reˑpaˑraˑ'tuːɐ̯] *f* repair

Reparaturwerkstatt *f* repair workshop; AUTO garage, mechanic's

reparieren* [reˑpaˑ'riːˑrən] *vt* to repair

Repertoire <-s, -s> [reˑpɛrˑ'to̯aːɐ̯] *nt* repertoire

Reportage <-, -n> [reˑpɔrˑ'taːˑʒə] *f* documentary

Reporter(in) <-s, -> [reˑ'pɔrˑtɐ] *m(f)* reporter

Repräsentant(in) <-en, -en> [reˑprɛˑzɛnˑ'tant] *m(f)* representative

Repräsentation <-, -en> [reˑprɛˑzɛnˑtaˑ'tsi̯oːn] *f* representation

repräsentativ [reˑprɛˑzɛnˑtaˑ'tiːf] **I.** *adj* ❶ (*aussagekräftig*) *Ergebnis, Querschnitt* representative ❷ (*vorzeigbar*) *Aufmachung, Auftreten* prestigious **II.** *adv* imposingly

repräsentieren* [reˑprɛˑzɛnˑ'tiːˑrən] **I.** *vt* to represent **II.** *vi* to perform official and social functions

reproduzieren* [reˑproˑduˑ'tsiːˑrən] *vt* to reproduce

Reptil <-s, -ien> [rɛpˑ'tiːl, *pl* -'tiːˑli̯ən] *nt* reptile

Republik <-, -en> [reˑpuˑ'bliːk] *f* republic

Republikaner(in) <-s, -> [reˑpuˑbliˑ'kaːˑnɐ] *m(f)* ❶ (*in den USA*) Republican ❷ (*in Deutschland*) member of the German Republican Party (*an ultra right-wing party*)

republikanisch [reˑpuˑbliˑ'kaːˑnɪʃ] *adj* republican

Reservat <-[e]s, -e> [reˑzɛrˑ'vaːt] *nt* reservation

Reserve <-, -n> [reˑ'zɛrˑvə] *f* ❶ (*Rücklage*) reserve ❷ (*Zurückhaltung*) reserve; **jdn aus der ~ locken** to bring sb out of his/her shell

Reservekanister *m* gas can

Reserverad *nt* spare tire

Reservereifen *m* spare tire

Reservespieler(in) *m(f)* substitute
reservieren* [re·zɛr·'viː·rən] *vt* to reserve
Reservierung <-, -en> *f* reservation
Reservoir <-s, -e> [re·zɛr·'voa:ɐ̯] *nt* reservoir
Residenz <-, -en> [re·zi·'dɛnts] *f* residence
resistent [re·zɪs·'tɛnt] *adj* resistant (**gegen** +*akk* to)
resolut [re·zo·'luːt] I. *adj* resolute II. *adv* resolutely
Resolution <-, -en> [re·zo·lu·'tsi̯oːn] *f* resolution
Resonanz <-, -en> [re·zo·'nants] *f* (*Entgegnung*) response (**auf** +*akk* to)
resozialisieren* [re·zo·tsi̯a·li·'ziː·rən] *vt* ■ **jdn** ~ to reintegrate sb into society
Respekt <-s> [re·'spɛkt, rɛ-] *m kein pl* respect (**vor** +*dat* for); **bei allem** ~! with all due respect!; **sich** *dat* [**bei jdm**] ~ **verschaffen** to earn [sb's] respect
respektabel [re·spɛk·'taː·bl̩, rɛ-] I. *adj* ❶ (*beachtlich*) *Leistung* considerable ❷ (*ehrbar*) *Mensch* respectable II. *adv* ❶ (*beachtlich*) considerably ❷ (*ehrbar*) respectably
respektieren* [re·spɛk·'tiː·rən, rɛ-] *vt* to respect
respektlos I. *adj* disrespectful II. *adv* disrespectfully
Respektlosigkeit <-, -en> *f* ❶ *kein pl* (*Art*) disrespect ❷ (*Bemerkung*) disrespectful comment
Respektsperson *f* person commanding respect
respektvoll I. *adj* respectful II. *adv* respectfully
Ressentiment <-s, -s> [rɛ·sã·ti·'mãː] *nt* (*geh*) resentment
Ressort <-s, -s> [rɛ·'soːɐ̯] *nt* ❶ (*Zuständigkeitsbereich*) area of responsibility ❷ (*Abteilung*) department
Ressource <-, -n> [rɛ·'sʊr·sə] *f* ❶ (*Bestand an Geldmitteln*) resources *npl* ❷ (*natürlich vorhandener Bestand*) resource; *Energie* reserves *pl*
Rest <-[e]s, -e *o* SCHWEIZ *a.* -en> [rɛst] *m* rest; *Essen* leftovers *npl*; **der ~ ist für Sie!** (*beim Bezahlen*) keep the change!; **der letzte ~** the last bit; *Kuchen* the last crumb; *Wein* the last drop ▶ WENDUNGEN: **jdm den ~ geben** (*fam*) to be the final straw for sb
Restaurant <-s, -s> [rɛsto·'rãː] *nt* restaurant
Restauration¹ <-, -en> [re·stau·ra·'tsi̯oːn, rɛ-] *f a.* POL restoration
Restauration² <-, -en> [rɛ·sto·ra·'tsi̯oːn] *f* ÖSTERR (*veraltet: Gastwirtschaft*) restaurant
Restaurator, Restauratorin <-, -toren> [re·stau·'raː·toːɐ̯, re·stau·raː·'toː·rɪn, *pl* re·stau·raː·'toː·rən] *m, f* restorer
restaurieren* [re·stau·'riː·rən, rɛ-] *vt* to restore
restlich *adj* remaining; **das ~e Geld** the rest of the money
restlos I. *adj* complete II. *adv* completely
Restposten *m* surplus
Restrisiko *nt* residual risk

Resultat <-[e]s, -e> [re·zʊl·'taːt] *nt* result
resultieren* [re·zʊl·'tiː·rən] *vi* (*geh*) to result (**aus** +*dat* from, **in** +*dat* in)
Resümee <-s, -s> [re·zy·'meː] *nt* (*geh*) ❶ (*Schlussfolgerung*) conclusion ❷ (*Zusammenfassung*) summary
resümieren* [re·zy·'miː·rən] *vi, vt* (*geh*) to summarize
Retorte <-, -n> [re·'tɔr·tə] *f* retort ▶ WENDUNGEN: **aus der ~** (*fam*) artificially produced
retour [re·'tuːɐ̯] *adv* SCHWEIZ, ÖSTERR (*geh*) back; **eine Fahrkarte nach Wien und wieder ~** a round-trip ticket to Vienna, please
Retourbillett ['rə·tuːɐ̯·bɪl·jɛt] *nt* SCHWEIZ (*Rückfahrkarte*) round-trip ticket
Retourgeld <-> *nt* SCHWEIZ (*Wechselgeld*) change
retten ['rɛtn̩] I. *vt* to save (**vor** +*dat* from); **das ist der ~de Einfall!** that's the idea that will save the day! ▶ WENDUNGEN: **bist du noch zu ~?** (*fam*) are you out of your mind? II. *vr* ■ **sich** *akk* ~ to save oneself (**vor** +*dat* from) ▶ WENDUNGEN: **rette sich, wer kann!** run for your lives!; **sich** *akk* **vor etw** *dat* **nicht mehr ~ können** to not have a chance against sth
Retter(in) <-s, -> *m(f)* rescuer, savior *liter*
Rettich <-s, -e> ['rɛ·tɪç] *m* radish
Rettung <-, -en> *f* ❶ (*das Retten*) rescue; **für jdn gibt es keine ~ mehr** there is no saving sb ❷ (*das Erhalten*) preservation ▶ WENDUNGEN: **jds letzte ~ sein** to be sb's last hope
Rettungsaktion *f* rescue operation
Rettungsboot *nt* lifeboat
Rettungshubschrauber *m* emergency rescue helicopter
rettungslos I. *adj* hopeless II. *adv* hopelessly
Rettungsring *m* ❶ NAUT life preserver ❷ (*hum fam: Fettpolster*) spare tire
Rettungsschwimmer(in) *m(f)* lifeguard
Rettungswagen *m* ambulance
Rettungsweste *f* life jacket
retuschieren* [re·tu·'ʃiː·rən] *vt* to retouch, to touch up
Reue <-> ['rɔyə] *f kein pl* remorse
reuig ['rɔy·ɪç] *adj* remorseful
reumütig ['rɔy·myː·tɪç] I. *adj* remorseful; *Sünder* repentant II. *adv* remorsefully
Revanche <-, -n> [re·'vãː·ʃə, re·'vaŋ·ʃə] *f* ❶ (*Revanchespiel*) rematch ❷ (*Rache*) revenge
revanchieren* [re·vã·'ʃiː·rən, re·vaŋ·'ʃiː·rən] *vr* ■ **sich** *akk* ~ ❶ (*sich erkenntlich zeigen*) **sich bei jdm für eine Einladung ~** to return sb's invitation ❷ (*sich rächen*) to get one's revenge (**bei** +*dat* on)
revidieren* [re·vi·'diː·rən] *vt* (*geh*) ❶ (*rückgängig machen*) to reverse ❷ (*abändern*) to revise
Revier <-s, -e> [re·'viːɐ̯] *nt* ❶ (*Polizeidienststelle*) police station ❷ (*Jagdrevier*) preserve ❸ (*Zuständigkeitsbereich*) area of responsibility
Revision <-, -en> [re·vi·'zi̯oːn] *f* ❶ FIN, ÖKON audit ❷ JUR appeal ❸ TYPO final proofreading

R

Revolte <-, -n> [re·'vɔl·tə] *f* revolt
Revolution <-, -en> [re·vo·lu·'tsi̯o:n] *f* revolution
revolutionär [re·vo·lu·tsi̯o·'nɛ:ɐ̯] *adj* revolutionary
Revolutionär(in) <-s, -e> [re·vo·lu·tsi̯o·'nɛ:ɐ̯] *m(f)* POL revolutionary
revolutionieren* [re·vo·lu·tsi̯o·'ni:·rən] *vt* to revolutionize
Revolver <-s, -> [re·'vɔl·ve] *m* revolver
Revue <-, -n> [re·'vy:, rə·'vy:, *pl* -'vy:·ən] *f* THEAT revue
rezensieren* [re·tsɛn·'zi:·rən] *vt* to review
Rezension <-, -en> [re·tsɛn·'zi̯o:n] *f* review
Rezept <-[e]s, -e> [re·'tsɛpt] *nt* ❶ KOCHK recipe ❷ MED prescription ❸ (*fig: Verfahren*) remedy (**gegen** +*akk* for)
rezeptfrei I. *adj* ~**e Medikamente** over-the-counter medicine; ■~ **sein** to be available without prescription II. *adv* over-the-counter; ~ **zu bekommen sein** to be available without prescription
Rezeption <-, -en> [re·tsɛp·'tsi̯o:n] *f* reception
rezeptpflichtig *adj* requiring a prescription; ■~ **sein** to be available only with a prescription
Rezession <-, -en> [re·tsɛ·'si̯o:n] *f* recession
R-Gespräch ['ɛr-] *nt* collect call
Rhabarber <-s, -> [ra·'bar·be] *m* rhubarb
Rhein <-s> [rain] *m* Rhine
Rheinland <-[e]s> ['rain·lant] *nt* Rhineland
Rheinländer(in) <-s, -> ['rain·lɛn·de] *m(f)* Rhinelander
Rheinland-Pfalz ['rain·lant-'pfalts] *nt* Rhineland-Palatinate
Rhetorik <-, -en> [re·'to:·rɪk] *f* rhetoric
rhetorisch [re·'to:·rɪʃ] I. *adj* rhetorical II. *adv* rhetorically
Rheuma <-s> ['rɔy·ma] *nt kein pl* (*fam*) rheumatism
rheumatisch [rɔy·'ma:·tɪʃ] *adj* rheumatic
Rheumatismus <-> [rɔy·ma·'tɪs·mʊs] *m kein pl* rheumatism
Rhinozeros <-[ses], -se> [ri·'no:·tse·rɔs] *nt* ❶ (*Nashorn*) rhinoceros ❷ (*pej fam: Dummkopf*) blockhead
Rhythmen *pl von* **Rhythmus**
rhythmisch ['rʏt·mɪʃ] *adj* rhythmic[al]
Rhythmus <-, Rhythmen> ['rʏt·mʊs, *pl* 'rʏt·mən] *m* rhythm
richten ['rɪç·tn̩] I. *vr* ❶ (*bestimmt sein*) ■**sich** *akk* **an jdn** ~ to be directed at sb; **dieser Vorwurf richtet sich an dich** you're the one being blamed ❷ (*herantreten*) ■**sich** *akk* **an jdn/etw** ~ to consult sb/sth ❸ (*sich orientieren*) ■**sich** *akk* **nach jdm/etw** ~ to comply with sb/sth; **wir richten uns ganz nach Ihnen** [we'll do] whatever is best for you ❹ (*abhängen von*) ■**sich** *akk* **nach etw** *dat* ~ to be dependent [up]on sth; **das richtet sich danach, ob ...** that depends on whether ... II. *vt* ❶ (*lenken*) to direct (**auf** +*akk* toward/

at); **seinen Blick auf etw** *akk* ~ to look at sth; **eine Schusswaffe auf jdn** ~ to point a gun at sb ❷ (*adressieren*) to address (**an** +*akk* to) ❸ (*reparieren*) to fix ❹ (*bereiten*) to prepare III. *vi* (*geh*) to pass judgment (**über** +*akk* on)
Richter(in) <-s, -> ['rɪç·te] *m(f)* judge
richterlich *adj attr* judicial
Richtgeschwindigkeit *f* recommended speed limit
richtig ['rɪç·tɪç] I. *adj* ❶ (*korrekt*) right; *Lösung* correct ❷ (*angebracht*) right; **es war ~, dass du gegangen bist** you were right to leave ❸ (*am richtigen Ort*) ■**irgendwo/bei jdm** ~ **sein** to be in the right place/at the right address ❹ (*echt*) real ❺ (*fam: regelrecht*) **du bist ein ~ er Idiot!** you're a real idiot! ❻ (*passend*) right ❼ (*ordentlich*) real; **ein ~ er Winter mit viel Schnee** a real winter with lots of snow ❽ (*fam: in Ordnung*) all right II. *adv* ❶ (*korrekt*) correctly; **Sie haben irgendwie nicht** ~ **gerechnet** you've miscalculated somehow; **ich höre doch wohl nicht** ~? you must be joking [*or* kidding]!; **eine** ~ **gehende Uhr** an accurate watch; **sehr** ~! that's correct! ❷ (*fam: regelrecht*) really; **das schmeckt** ~ **gut** this tastes really good
Richtigkeit <-> *f kein pl* correctness; **das wird schon seine** ~ **haben** I'm sure that's right
richtig | **liegen** *vi irreg* (*fam*) ■ [**mit etw** *dat*] ~ to be right [about sth]; ■**bei jdm** ~ to have come to the right person
richtig | **stellen** *vt* ■**etw** ~ to correct sth
Richtlinie *f meist pl* guideline *usu pl*
Richtpreis *m* recommended price
Richtschnur *f kein pl* (*Grundsatz*) guiding principle
Richtung <-, -en> ['rɪç·tʊŋ] *f* ❶ (*Himmelsrichtung*) direction ❷ (*Tendenz*) trend; **sie vertritt politisch eine gemäßigte** ~ she takes a politically moderate line; **irgendwas in der** ~ something along those lines
richtungweisend *adj* pointing the way [ahead]
Richtwert *m* guideline
rieb [ri:p] *imp von* **reiben**
riechen <roch, gerochen> ['ri:·çn̩] I. *vi* ❶ (*duften*) to smell (**nach** +*dat* of); (*stinken a.*) to stink *pej* ❷ (*schnuppern*) ■**an jdm/etw** ~ to smell sb/sth II. *vt* to smell; **riechst du nichts?** don't you smell anything? ▶ WENDUNGEN: **das konnte ich nicht** ~! how was I supposed to know that!; **jdn nicht** ~ **können** to not be able to stand sb
Riecher <-s, -> ['ri:·çe] *m* **einen guten** ~ [**für etw** *akk*] **haben** to have a good nose [*or* the right instinct] [for sth]
Riechkolben *m* (*hum fam*) schnoz *sl*
Ried <-(e)s, -e> ['ri:t, *pl* 'ri:·də] *nt* ❶ (*Schilf*) reeds *pl* ❷ SÜDD, SCHWEIZ (*Moor*) marsh
rief [ri:f] *imp von* **rufen**
Riegel <-s, -> ['ri:·gl̩] *m* ❶ (*Verschluss*) bolt; **vergiss nicht, den** ~ **vorzulegen** don't forget to bolt the door ❷ (*Schokoriegel*) bar ▶ WENDUNGEN: **etw** *dat* **einen** ~ **vorschieben** to put

a stop to sth

Riemen <-s, -> ['riː·mən] *m* (*schmaler Streifen*) strap ▸ WENDUNGEN: **sich** *akk* **am ~ reißen** to pull oneself together

Riese, Riesin <-n, -n> ['riː·zə, 'riː·zɪn] *m*, *f* giant

rieseln ['riː·zl̩n] *vi sein* ❶ (*rinnen*) to trickle (**auf** +*akk* onto) ❷ (*bröckeln*) ▪**von etw** *dat* ~ to flake off [of] sth

riesengroß ['riː·zn̩·ˌgroːs] *adj* (*fam*) colossal, enormous; **eine ~e Dummheit** something really stupid; **eine ~e Enttäuschung/Überraschung** a huge disappointment/surprise

Riesenhunger *m* (*fam*) enormous appetite

Riesenrad *nt* Ferris wheel

Riesenschritt *m* giant stride; **der Termin für die Prüfung nähert sich mit ~en** the day of the exam is fast approaching

riesig ['riː·zɪç] **I.** *adj* ❶ (*ungeheuer groß*) gigantic ❷ (*gewaltig*) enormous; *Anstrengung, Enttäuschung* huge ❸ *pred* (*fam: gelungen*) great; **die Party war einfach ~** the party was really great **II.** *adv* (*fam*) enormously; **das war ~ nett von Ihnen** that was terribly nice of you

riet [riːt] *imp von* **raten**

Riff <-[e]s, -e> [rɪf] *nt* reef

Rille <-, -n> ['rɪ·lə] *f* groove

Rind <-[e]s, -er> [rɪnt] *nt* ❶ (*Kuh*) cow ❷ *kein pl* (*Rindfleisch*) beef

Rinde <-, -n> ['rɪn·də] *f* ❶ *Baum* bark ❷ *Brot* crust; *Käse* rind

Rinderbraten *m* roast beef

Rinderfilet *nt* fillet of beef

Rinderwahnsinn *m kein pl* mad cow disease *fam*

Rindfleisch *nt* beef

Rindvieh <-viecher> *nt* ❶ *kein pl* (*Rinder*) cattle *no art*, + *pl vb* ❷ (*sl: Dummkopf*) ass

Ring <-[e]s, -e> [rɪŋ] *m* ❶ (*Fingerring, Öse*) ring ❷ (*Ringstraße*) beltway ❸ (*Boxring*) ring

Ringbuch *nt* ring binder

ringeln ['rɪ·ŋl̩n] **I.** *vt* to wind (**um** +*akk* around) **II.** *vr* ▪**sich** *akk* ~ to coil up

ringen <rang, gerungen> ['rɪ·ŋən] *vi* ❶ (*im Ringkampf kämpfen*) to wrestle ❷ (*kämpfen*) ▪**mit sich** *dat* ~ to wrestle with oneself; **mit den Tränen** ~ to fight back tears ❸ (*schnappen*) **nach Atem** ~ to gasp for breath ❹ (*sich bemühen*) ▪**um etw** *akk* ~ to struggle for sth

Ringen <-s> ['rɪ·ŋən] *nt kein pl* wrestling

Ringer(in) <-s, -> *m(f)* wrestler

Ringfahndung *f* manhunt [over an extensive area]

Ringfinger *m* ring finger

ringförmig I. *adj* ring-like; *Autobahn* circular **II.** *adv* in the shape of a ring; **die Umgehungsstraße führt ~ um die Ortschaft herum** the bypass circles around the town

Ringkampf *m* wrestling match

Ringkämpfer(in) *m(f) s.* **Ringer**

Ringrichter(in) *m(f)* referee

rings [rɪŋs] *adv* [all] around

ringsherum ['rɪŋs·hɛˈrʊm] *adv s.* **ringsum**

Ringstraße *f* beltway

ringsum ['rɪŋs·ˈʔʊm] *adv* [all] around

Rinne <-, -n> ['rɪ·nə] *f* ❶ (*Furche*) furrow ❷ (*Dachrinne, Regenrinne*) gutter

rinnen <rann, geronnen> ['rɪ·nən] *vi sein* ❶ (*fließen*) to run ❷ (*sickern*) *Tränen* to trickle

Rinnsal <-[e]s, -e> ['rɪn·zaːl] *nt* ❶ (*winziger Wasserlauf*) rivulet *liter* ❷ (*rinnende Flüssigkeit*) trickle

Rinnstein *m* ❶ (*Gosse*) gutter ❷ (*Bordstein*) curb

Rippchen <-s, -> ['rɪp·çən] *nt* smoked pork ribs *pl*, spare rib *usu pl*

Rippe <-, -n> ['rɪ·pə] *f* ANAT, KOCHK rib

Rippenfell *nt* [costal] pleura

Rippenfellentzündung *f* pleurisy

Rippli <-s, -> ['rɪp·li] *nt* KOCHK SCHWEIZ smoked pork ribs *pl*, spare rib *usu pl*

Risiko <-s, -s *o* Risiken *o* ÖSTERR Risken> ['riː·zi·ko] *nt* risk

risikobereit *adj* prepared to take a risk *pred*

Risikobereitschaft *f* willingness to take [great] risks

risikofreudig *adj* prepared to take risks *pred*

Risikogruppe *f* [high-]risk group

riskant [rɪs·ˈkant] *adj* risky

riskieren* [rɪs·ˈkiː·rən] *vt* **ich riskiere es!** I'll chance it!; **seinen Job** ~ to put one's job at risk; **sein Leben** ~ to risk one's life; ▪**[es]** ~, **etw zu tun** to risk doing sth

riss^RR, **riß**^ALT [rɪs] *imp von* **reißen**

Riss^RR <-es, -e>, **Riß**^ALT <Risses, Risse> [rɪs] *m* (*in Kleidung, Muskel, Wand*) tear

rissig ['rɪ·sɪç] *adj Leder, Wand* cracked; *Hände, Lippen* chapped

Riten *pl von* **Ritus**

ritt [rɪt] *imp von* **reiten**

Ritt <-[e]s, -e> [rɪt] *m* ride

Ritter <-s, -> ['rɪ·tɐ] *m* knight

ritterlich *adj* ❶ (*höflich zu Damen*) chivalrous ❷ HIST knightly *liter*

rittlings ['rɪt·lɪŋs] *adv* astride

Ritual <-s, -e *o* -ien> [ri·ˈtu̯·aːl, *pl* ri·ˈtu̯aː·li̯·ən] *nt* ritual

rituell [ri·ˈtu̯·ɛl] *adj* ritual

Ritus <-, Riten> ['riː·tʊs, *pl* 'riː·tən] *m* rite

Ritze <-, -n> ['rɪ·tsə] *f* crack

ritzen ['rɪ·tsn̩] **I.** *vt* to carve **II.** *vr* ▪**sich** *akk* ~ to cut oneself

Rivale, Rivalin <-n, -n> [ri·ˈvaː·lə, ri·ˈvaː·lɪn] *m*, *f* rival

rivalisieren* [ri·va·li·ˈziː·rən] *vi* (*geh*) ▪**mit jdm** ~ to compete with sb; ▪**~d** rival *attr*

Rivalität <-, -en> [ri·va·li·ˈtɛːt] *f* (*geh*) rivalry

Roastbeef <-s, -s> ['roːst·biːf] *nt* roast beef

Robbe <-, -n> ['rɔ·bə] *f* seal

robben ['rɔ·bn̩] *vi sein* to crawl

Robe <-, -n> ['roː·bə] *f* ❶ (*langes Abendkleid*) evening gown ❷ (*Talar*) robe[s *pl*]

Roboter <-s, -> ['rɔ·bɔ·tɐ] *m* robot

Robotik <-> ['rɔ·bɔ·tɪk] *f kein pl* robotics

robust [ro·ˈbʊst] *adj* robust

R

Robustheit <-> *f kein pl* robustness
roch [rɔx] *imp von* **riechen**
röcheln ['rœ·çļn] *vi* to breath rattles; *Sterbender* to give the death rattle *liter*
Rock <-[e]s, Röcke> [rɔk, *pl* 'rœ·kə] *m* ❶(*Damenrock*) skirt ❷DIAL (*Jackett*) jacket ❸SCHWEIZ (*Kleid*) dress
rocken ['rɔ·kņ] *vi* to rock
Rocker(in) <-s, -> ['rɔ·kɐ] *m(f)* rocker
Rockgruppe *f* rock group
Rodelbahn *f* toboggan run
rodeln ['ro:·dļn] *vi sein o haben* to sled, to toboggan
roden ['ro:·dņ] *vt* to clear
Rogen <-s, -> ['ro:·gņ] *m* roe
Roggen <-s> ['rɔ·gņ] *m kein pl* rye
Roggenbrot *nt* rye bread
roh [ro:] **I.** *adj* ❶(*nicht zubereitet*) raw ❷(*unbearbeitet*) crude; *Holzklotz* rough; *Marmorblock* unhewn ❸(*grob*) rough; **mit ~er Gewalt** by brute force, with brute strength **II.** *adv* (*grob*) roughly
Rohbau <-bauten> *m* shell
Rohgewicht *nt* gross weight
Rohkost *f* raw vegetables *npl*
Rohling <-s, -e> ['ro:·lɪŋ] *m* (*brutaler Kerl*) brute
Rohmaterial *nt* raw material
Rohöl *nt* crude oil
Rohr <-[e]s, -e> [ro:ɐ̯] *nt* ❶(*Röhre*) pipe; (*mit kleinerem Durchmesser, flexibel*) tube ❷SÜDD, ÖSTERR (*Backofen*) oven
Rohrbruch *m* burst pipe
Röhre <-, -n> ['rø:·rə] *f* ❶(*Hohlkörper*) tube ❷(*Leuchtstoffröhre*) neon tube ❸(*Backofen*) oven
röhren ['rø:·rən] *vi* ❶ *Hirsch* to bellow ❷(*fam: heiser grölen*) to bawl ❸(*laut dröhnen*) to roar
Rohrleitung *f* pipe
Rohrspatz *m* ▶WENDUNGEN: **wie ein ~ schimpfen** (*fam*) to curse like a sailor
Rohrstock *m* cane
Rohrzange *f* pipe wrench
Rohrzucker *m* cane sugar
Rohstoff *m* raw material
Rohzustand *m* **im ~** in an unfinished state
RolladenALT <-s, Rolläden *o* -> *m s.* **Rollladen**
Rollbahn *f* LUFT runway
Rollbraten *m* rolled roast
Rolle <-, -n> ['rɔ·lə] *f* ❶(*Gerolltes*) roll; **eine ~ Draht/Toilettenpapier** a roll of wire/toilet paper ❷(*Garnrolle*) reel ❸(*Laufrad*) roller; (*Möbelrolle*) caster ❹(*Turnübung*) roll ❺FILM, THEAT role, part; **eine ~ spielen** to play a part ❻(*Beteiligung, Part*) role, part; **das spielt doch keine ~!** that doesn't matter! ❼SOZIOL role ▶WENDUNGEN: **aus der ~ fallen** to behave badly
rollen ['rɔ·lən] **I.** *vi sein* to roll ▶WENDUNGEN: **etw ins R~ bringen** to set sth in motion **II.** *vt* ❶(*zusammenrollen*) to roll [up *sep*] ❷(*rol-*

lend fortbewegen) to roll **III.** *vr* ■**sich** *akk* ~ to curl up
Rollenspiel *nt* role play
Rollentausch *m kein pl* role reversal
Roller <-s, -> ['rɔ·lɐ] *m* ❶(*Kinderfahrzeug*) scooter ❷(*Motorroller*) [motor] scooter ❸ÖSTERR (*Rollo*) [roller] blind [*or* shade]
Rolli <-s, -s> ['rɔ·lli] *m* MODE (*fam*) turtleneck
Rollkragen *m* turtleneck
Rollkragenpullover [-pʊl·o:vɐ] *m* turtleneck
RollladenRR <-s, Rollläden *o* -> *m* storm shutters *npl*
Rollmops ['rɔl·mɔps] *m* [rolled] pickled herring
Rollo <-s, -s> ['rɔ·lo, rɔ·'lo:] *nt* [roller] blind, shade
Rollschuh *m* roller skate; **~ laufen** to roller-skate
Rollstuhl *m* wheelchair
Rollstuhlfahrer(in) *m(f)* wheelchair user
rollstuhlgerecht *adj* wheelchair-accessible
Rolltreppe *f* escalator
Rom <-s> [ro:m] *nt kein pl* Rome
Roman <-s, -e> [ro·'ma:n] *m* novel
romanisch [ro·'ma:·nɪʃ] *adj* ❶LING, GEOG Romance ❷HIST Romanesque *spec* ❸SCHWEIZ (*rätoromanisch*) Rhaeto-Romanic
Romanistik <-> [ro·ma·'nɪs·tɪk] *f kein pl* Romance studies
Romanschriftsteller(in) *m(f)* novelist
Romantik <-> [ro·'man·tɪk] *f kein pl* ❶(*Epoche*) ■**die ~** the Romantic period ❷(*gefühlsbetonte Stimmung*) romanticism; [einen] **Sinn für ~ haben** to be a romantic
Romantiker(in) <-s, -> [ro·'man·ti·kɐ] *m(f)* ❶(*Künstler*) Romantic writer/composer/poet ❷(*gefühlsbetonter Mensch*) romantic
romantisch [ro·'man·tɪʃ] **I.** *adj* ❶(*zur Romantik gehörend*) Romantic ❷(*gefühlvoll*) romantic ❸(*malerisch*) picturesque **II.** *adv* picturesquely
Romanze <-, -n> [ro·'man·tsə] *f* romantic affair
Römer(in) <-s, -> *m(f)* Roman
römisch ['rø:·mɪʃ] *adj* Roman
röntgen ['rœnt·gņ] *vt* to X-ray; ■**sich ~ lassen** to be X-rayed
Röntgenstrahlen *pl* X-rays *pl*
rosa ['ro:·za] *adj* pink
rosarot *adj* pink
Rose <-, -n> ['ro:·zə] *f* ❶(*Strauch*) rose bush ❷(*Blüte*) rose
Rosé <-s, -s> [ro·'ze:] *m* rosé
Rosenkohl *m* [Brussels] sprouts
Rosenmontag *m* the Monday before Shrove Tuesday, the climax of the German carnival celebration
rosig ['ro:·zɪç] *adj* rosy
Rosine <-, -n> [ro·'zi:·nə] *f* raisin
Rosmarin <-s> ['ro:s·ma·ri:n] *m kein pl* rosemary
RossRR <-es, -e *o* Rösser>, **Roß**ALT <-Rosses, Rosse *o* Rösser> [rɔs, *pl* 'rœ·sɐ] *nt*

❶(*liter: Reitpferd*) steed ❷ SÜDD, ÖSTERR, SCHWEIZ (*Pferd*) horse
Rosskastanie^{RR} [-ka·sta:·nie] *f* [horse] chestnut
Rosskur^{RR} *f* (*hum*) drastic cure
Rost¹ <-[e]s> [rɔst] *m kein pl* (*auf Eisen, Stahl*) rust
Rost² <-[e]s, -e> [rɔst] *m* ❶(*Gitter*) grating ❷(*Grillrost*) grill ❸(*Bettrost*) base
Rostbraten *m* roast beef
rostbraun *adj Haar* auburn; *Kleidungsstück, Fell* russet
rosten ['rɔs·tn̩] *vi sein o haben* to rust
rösten ['rø:·s·tn̩, 'ræs·tn̩] *vt* to roast; *Brot* to toast
rostfrei *adj* stainless
Rösti ['rø:·s·ti] *pl* SCHWEIZ ≈ hash browns *pl*
rostig ['rɔs·tɪç] *adj* rusty
rot <-er o röter, -este o röteste> [ro:t] I. *adj* red; ∎~ **werden** to turn red; (*aus Scham a.*) to blush II. *adv* red; **etw ~ unterstreichen** to underline sth in red
Rotation <-, -en> [ro·ta·'tsio:n] *f* rotation
rotblond *adj Frau* strawberry blond[e]; *Mann* sandy-haired
rotbraun *adj* reddish brown
Röte <-> ['rø:·tə] *f kein pl* (*geh*) red[ness]
Röteln ['rø:·tln̩] *pl* rubella *spec*
röten ['rø:·tn̩] I. *vr* ∎**sich** *akk* ~ to turn red; *Wangen a.* to blush II. *vt* to redden
röter *adj komp von* **rot**
röteste(r, s) *adj superl von* **rot**
rothaarig *adj* red-haired; ∎~ **sein** to have red hair
rotieren* [ro·'ti:·rən] *vi* ❶(*sich drehen*) to rotate ❷(*fam: hektisch agieren*) to run around like crazy
Rotkohl *m*, **Rotkraut** *nt* SÜDD, ÖSTERR red cabbage
rötlich ['rø:t·lɪç] *adj* reddish
Rotlichtmilieu *nt* demimonde *liter*
Rotlichtviertel *nt* red-light district
Rotschopf *m* redhead
rotlsehen *vi irreg* (*fam*) to see red
Rotstift *m* red pencil/pen ▶ WENDUNGEN: [bei etw *dat*] den ~ **ansetzen** to cut back [on sth]
Rötung <-, -en> *f* reddening
Rotwein *m* red wine
Rotz <-es> [rɔts] *m kein pl* snot ▶ WENDUNGEN: ~ **und** Wasser **heulen** (*fam*) to cry one's eyes out
Rotzfahne *f* (*sl*) snotrag *pej fam*
rotzfrech ['rɔts·'frɛç] (*fam*) I. *adj* cocky II. *adv* cockily
rotzig ['rɔ·tsɪç] *adj* ❶ *Nase, Taschentuch* snotty ❷(*unverschämt*) shameless
Rotzjunge *m* (*pej fam*) snotty little brat
Rotznase *f* (*fam*) ❶(*schleimige Nase*) snotty nose ❷(*freches Kind*) snotty little brat
Roulade <-, -n> [ru·'la:·də] *f* roulade *spec*
Route <-, -n> ['ru:·tə] *f* route
Routine <-> [ru·'ti:·nə] *f kein pl* routine
routinemäßig I. *adj* routine II. *adv* as a matter

of routine
Routinier <-s, -s> [ru·ti·'nie:] *m* experienced person
routiniert [ru·ti·'ni:ɐt] *adj* experienced
Rowdy <-s, -s> ['rau·di] *m* hooligan
rubbeln ['ru·bl̩n] *vi, vt* to rub hard
Rübe <-, -n> ['ry:·bə] *f* ❶ KOCHK, BOT turnip; **Gelbe ~** SÜDD, SCHWEIZ carrot; **Rote ~** beet ❷(*fam: Kopf*) nut; [von jdm] **eins auf die ~ kriegen** to get whacked in the head [by sb]
rüber ['ry:·bɐ] *adv* (*fam*) s. **herüber, hinüber**
rüberlbringen *vt irreg* (*fam*) ∎[jdm] **etw ~** to get across *sep* sth [to sb]
rüberlkommen *vi irreg sein* (*sl*) ∎[zu jdm] ~ to come over [to sb]
Rubrik <-, -en> [ru·'bri:k] *f* ❶(*Kategorie*) category ❷(*Spalte*) column
Ruck <-[e]s, -e> [rʊk] *m* jolt ▶ WENDUNGEN: **sich** *dat* **einen ~** geben (*fam*) to pull oneself together
ruckartig I. *adj* jerky, jolting *attr* II. *adv* with a jerk
Rückbesinnung *f* recollection (**auf** +*akk* of)
Rückblende *f* flashback
Rückblick *m* look back (**auf** +*akk* at); **im ~ auf etw** *akk* looking back at sth
rückblickend I. *adj* retrospective II. *adv* in retrospect
ruckeln ['rʊ·kl̩n] *vi* to tug (**an** +*dat* at/on)
rucken ['rʊ·kn̩] *vi* to jerk
rücken ['rʏ·kn̩] I. *vi sein* (*weiterrücken*) to move; **zur Seite ~** to move aside; (*auf einer Bank a.*) to scoot over *fam* ❷(*gelangen*) **in den Mittelpunkt des Interesses ~** to become the center of interest II. *vt* ❶(*schieben*) to move ❷(*zurechtrücken*) **er rückte den Hut in die Stirn** he pulled his hat down over his forehead; **seine Krawatte gerade ~** to straighten one's tie
Rücken <-s, -> ['rʏ·kn̩] *m* ❶ ANAT back; **jdm den ~ zudrehen** to turn one's back on sb; **~ an ~** back to back; **auf dem ~** on one's back; **hinter jds ~** (*a. fig*) behind sb's back ❷ KOCHK saddle ❸(*Buchrücken*) spine ▶ WENDUNGEN: **jdm läuft es [eis]kalt über den ~** cold shivers run down sb's spine; **jdm in den ~** fallen to stab sb in the back; **jdm den ~** stärken to give sb moral support
Rückendeckung *f* backing; **finanzielle ~** financial backing
Rückenlehne *f* seat back
Rückenmark *nt* spinal cord
Rückenschmerzen *pl* back pain, backache
Rückenschwimmen *nt* backstroke
Rückenwind *m* tail wind
rückerstatten* *vt nur Infinitiv und pp* to refund; **jdm seine Verluste ~** to reimburse sb for his/her losses *form*
Rückerstattung *f* refund; **von Verlusten** reimbursement *form*
Rückfahrkarte *f* return ticket
Rückfahrt *f* return trip
Rückfall *m* ❶ MED relapse *form* ❷ JUR second of-

fense ❸ (geh: erneutes Aufnehmen) ■ein ~ in etw akk a relapse into sth

rückfällig adj ❶ JUR Täter recidivist attr ❷ Alkoholiker, Raucher, Patient relapsed; ~ **werden** to suffer a relapse

Rückflug m return flight

Rückfrage f question (**zu** +dat regarding)

Rückgabe f return

Rückgang m drop, fall; **im ~ begriffen sein** to be dropping [or falling]

rückgängig adj etw ~ **machen** to cancel sth

Rückgewinnung f recovery

Rückgrat <-[e]s, -e> nt ❶ (Wirbelsäule) spine ❷ kein pl (fig: Stehvermögen) backbone

Rückhalt m support ▸ WENDUNGEN: **ohne ~** unreservedly

rückhaltlos I. adj ❶ (bedingungslos) Unterstützung unreserved ❷ (schonungslos) unsparing; Kritik ruthless; Offenheit complete II. adv unreservedly

Rückkehr <-> f kein pl return

Rücklage f ❶ (Ersparnisse) savings npl ❷ FIN (Reserve) reserve fund

rückläufig ['rʏk·lɔy·fɪç] adj declining, falling

Rücklicht nt tail light; eines Fahrrads a. rear light

Rücknahme <-, -n> f pl selten taking back

Rückporto nt return postage

Rückreise f return trip

Rückreiseverkehr m kein pl homebound traffic

Rückruf m ❶ (Anruf als Antwort) return call ❷ ÖKON (das Einziehen) recall

Rucksack ['rʊk·zak] m backpack

Rucksacktourist(in) [-tu·rɪst] m(f) backpacker

Rückschau <-> f kein pl ❶ (Rückblick) reflection; ~ **auf etw halten** to look back on sth ❷ MEDIA review

Rückschlag m ❶ (Verschlechterung) setback; **einen ~ erleiden** to suffer a setback ❷ (von Schusswaffe) recoil

RückschlussRR m conclusion (**aus** +dat from); [aus etw dat] **den ~ ziehen, dass ...** to conclude [from sth] that ...; [aus etw dat] **seine Rückschlüsse ziehen** to draw one's conclusions [from sth]

Rückschritt m step backwards

Rückseite f ❶ Blatt, Buch, Münze reverse [side] ❷ Gebäude, Gerät back, rear

Rücksicht <-, -en> ['rʏk·zɪçt] f consideration; **keine ~ kennen** to be ruthless; ~ [**auf jdn**] **nehmen** to show consideration [for sb]; ~ **auf etw** akk **nehmen** to take sth into consideration

Rücksichtnahme <-> f kein pl consideration

rücksichtslos I. adj inconsiderate; ■jdm gegenüber ~ **sein** to be inconsiderate toward sb; **mit ~er Offenheit** with ruthless candor II. adv inconsiderately, ruthlessly

Rücksichtslosigkeit <-> f kein pl thoughtlessness

rücksichtsvoll I. adj considerate (**zu** +dat

toward) II. adv considerately

Rücksitz m rear seat

Rückspiegel m rearview mirror

Rückspiel nt rematch

Rücksprache f consultation; ~ [**mit jdm**] **halten** to consult [with sb]

Rückstand m ❶ (Verzug) arrears npl; **mit der Miete in ~ sein** to be behind on the rent ❷ pl (fällige Zahlungen) outstanding payments pl ❸ von Chemikalien residue form

rückständig ['rʏk·ʃtɛn·dɪç] adj ❶ (überfällig) overdue ❷ (zurückgeblieben) backward

Rückstrahler <-s, -> m reflector

Rücktritt m ❶ (Amtsniederlegung) resignation ❷ von einem Vertrag withdrawal (**von** +dat from)

Rücktrittsrecht nt right of withdrawal

rück|versichern* vr nur Infinitiv und pp ■sich akk **bei jdm/etw ~** to check back with sb/up on sth

Rückwand f ❶ (rückwärtige Mauer) back wall ❷ (rückwärtige Platte) back [panel]

rückwärtig ['rʏk·vɛr·tɪç] adj back attr; Ausgang rear attr

rückwärts ['rʏk·vɛrts] adv ❶ (rücklings) backwards; ~ **einparken** to back into a parking space ❷ (nach hinten) backward; **Salto ~** backward somersault ❸ ÖSTERR (hinten) at the back; **von ~** SÜDD, ÖSTERR from behind

Rückwärtsgang m reverse [gear]

Rückweg m way back; **sich** akk **auf den ~ machen** to head back

ruckweise adv jerkily

rückwirkend I. adj retroactive II. adv retroactively

Rückwirkung f repercussion

Rückzahlung f repayment

Rückzieher <-s, -> m einen ~ **machen** (fam: eine Zusage zurückziehen) to back out [of a commitment]; (nachgeben) to back down

Rückzug m ❶ MIL retreat; **den ~ antreten** to retreat ❷ SCHWEIZ (Abhebung von einem Konto) withdrawal

Rüde <-n, -n> ['ry:·də] m [male] dog

Rudel <-s, -> ['ru:·dl̩] nt herd; Wölfe pack; Menschen swarm

Ruder <-s, -> ['ru:·dɐ] nt ❶ (langes Paddel) oar ❷ (Steuerruder) helm; eines kleineren Bootes a. rudder

Ruderboot nt rowboat

Ruderer, Ruderin <-s, -> m, f rower

rudern ['ru:·dɐn] vi sein o haben to row

Ruf <-[e]s, -e> [ru:f] m ❶ (Ausruf) shout; (an jdn gerichtet) call ❷ kein pl (Ansehen) reputation

rufen <rief, gerufen> ['ru:·fn̩] I. vi ❶ (schreien) to cry out ❷ (a. fig: nach jdm/etw verlangen) ■[nach jdm] ~ to call [for sb]; **die Pflicht ruft** duty calls II. vt ❶ (ausrufen) to shout; (herbestellen) to call; ■jdn zu sich dat ~ to summon sb; ■jdn ~ lassen to send for sb

Rüffel <-s, -> ['rʏ·fl̩] m (fam) scolding

Rufmord *m* slander, character assassination

Rufname *m* name that sb is called

Rufnummer *f* [tele]phone number

Rufschädigung *f* JUR defamation

Rufweite *f* außer/in ~ out of/[with]in earshot

Rufzeichen *nt* ❶ TELEK. ring ❷ ÖSTERR (*Ausrufungszeichen*) exclamation point

Ruhe <-> ['ruː·ə] *f kein pl* ❶ (*Stille*) quiet, silence; ~! [be] quiet!, shhh! ❷ (*Frieden*) peace; **jdm keine ~ gönnen** to not let up [for a second]; **jdn [mit etw** *dat*] **~ lassen** to leave sb alone [about sth] ❸ (*Erholung*) rest; **sich** *dat* **keine ~ gönnen** to not allow oneself any rest; **jdm keine ~ lassen** to not give sb a moment's rest ❹ (*Gelassenheit*) calm[ness]; [die] ~ **bewahren** to keep calm; **jdn aus der ~ bringen** to throw sb [for a loop]; **sich** *akk* [von jdm/etw] **nicht aus der ~ bringen lassen** to not let oneself get rattled [by sb/sth]; **in** [aller] **~** [really] calmly; **immer mit der ~!** (*fam*) take it easy!, easy does it! ► WENDUNGEN: **jdn zur** letzten **~ betten** (*geh*) to lay sb to rest; **keine ~ geben, bis ...** to not rest until ...; **sich** *akk* **zur ~ setzen** to retire; **die ~ weghaben** (*fam*) to be unflappable

ruhelos I. *adj* restless II. *adv* restlessly

Ruhelosigkeit <-> *f kein pl* restlessness

ruhen ['ruː·ən] *vi* ❶ (*ausruhen*) to rest; **nicht eher ~, bis ...** to not rest until ... ❷ *Blick* to rest (**auf** +*dat* on) ❸ (*eingestellt sein*) to be suspended ❹ **ein Projekt ~ lassen** to drop a project; **die Vergangenheit ~ lassen** to forget the past

Ruhepause *f* break

Ruhestand *m kein pl* retirement; **in den ~ gehen** to retire; **im ~** retired

Ruheständler(in) <-s, -> ['ruː·əʃtɛnt·lɐ] *m(f)* retiree

Ruhestörung *f* disturbance of the peace

Ruhetag *m* (*arbeitsfreier Tag*) day off; (*Feiertag*) day of rest

ruhig ['ruː·ɪç] I. *adj* ❶ (*still*) quiet; **sei ~!** (*fam*) [be] quiet!, shhh! ❷ (*geruhsam*) *Abend* quiet ❸ (*unbewegt*) *Meer* calm; *Blick, Hand* steady ❹ (*gelassen*) *Person, Stimme* calm; *Gewissen* clear; **jd kann ganz ~ sein** sb does not have to worry II. *adv* ❶ (*untätig*) idly; **~ dastehen** to stand idly by ❷ (*gelassen*) calmly; **~ reagieren** to react calmly III. *part* (*fam*) **geh ~, ich komme schon alleine zurecht** it's okay if you leave; I can manage on my own; **du kannst ~ hierbleiben** you're welcome to stay here

Ruhm <-es> [ruːm] *m kein pl* fame

rühmen ['ryː·mən] I. *vt* to praise II. *vr* ■**sich** *akk* **einer S.** *gen* **~** to brag about sth

Ruhmesblatt *nt* glorious chapter

rühmlich *adj* praiseworthy

ruhmreich *adj* glorious

ruhmvoll *adj* glorious

Rührei ['ryː·ɐ·ʔai] *nt* scrambled eggs *pl*

rühren ['ryː·rən] I. *vt* ❶ (*umrühren*) to stir ❷ (*innerlich*) *Herz* to touch; ■**jdn ~** to move

sb; **das kann mich nicht ~** that doesn't bother me [at all] ❸ (*bewegen*) to move II. *vi* ❶ (*umrühren*) to stir ❷ (*die Rede auf etw bringen*) to touch (**an** +*akk* [up]on) III. *vr* (*sich bewegen*) ■**sich** *akk* **~** to move

rührend I. *adj* touching, moving; **das war ~ von dir** that was sweet of you II. *adv* touchingly

Ruhrgebiet *nt kein pl* the Ruhr [region]

rührselig *adj* tear-jerking *fam*; **ein ~er Film/ ein ~es Buch** a tearjerker *fam*

Rührteig *m* sponge cake batter

Rührung <-> *f kein pl* emotion

Ruin <-s> [ruˈiːn] *m kein pl* ruin

Ruine <-, -n> [ruˈiːnə] *f* ruin[s *pl*]

ruinieren* [ruiˈniː·rən] *vt* to ruin

rülpsen ['rʏlp·sn̩] *vi* to burp

Rülpser <-s, -> *m* (*fam*) burp

Rum <-s, -s> [rʊm] *m* rum

rum [rʊm] *adv* (*fam*) *s.* **herum**

Rumäne, Rumänin <-n, -n> [ruˈmɛː·nə, ruˈmɛː·nɪn] *m, f* Romanian; *s. a.* **Deutsche(r)**

Rumänien <-s> [ruˈmɛː·ni̯ən] *nt* Romania; *s. a.* **Deutschland**

rumänisch [ruˈmɛː·nɪʃ] *adj* Romanian; *s. a.* **deutsch**

rum|diskutieren *vi* (*fam*) to blather [on]

rum|kriegen *vt* (*sl*) ❶ (*zu etw bewegen*) ■**jdn [zu etw** *dat*] **~** to talk sb into [doing] sth ❷ (*verbringen*) **einen Tag irgendwie ~** to get through a day somehow

rum|machen *vi* (*pej sl*) ■**mit jdm ~** to play around with sb

Rummel <-s> ['rʊ·ml̩] *m kein pl* ❶ (*fam: Aufhebens*) [hustle and] bustle ❷ (*Betriebsamkeit*) commotion ❸ DIAL (*Rummelplatz*) fairground

Rummelplatz *m* fairground

rumoren* [ruˈmoː·rən] *vi impers* **in meinem Magen rumort es** my stomach's rumbling

Rumpelkammer ['rʊm·pl̩-] *f* junk room

rumpeln ['rʊm·pl̩n] *vi* ❶ *haben* to rumble; *Geschirr* to clatter ❷ *sein* ■**über etw** *akk* **~** *Fahrzeug* to rumble over sth

Rumpf <-[e]s, Rümpfe> [rʊmpf, *pl* 'rʏmp·fə] *m* ❶ (*Torso*) torso ❷ *eines Flugzeugs* fuselage; *eines Schiffes* hull

rümpfen ['rʏmp·fən] *vt* **die Nase [über etw]** ~ to turn up *sep* one's nose [at sth]; (*sehr verächtlich*) to sneer [at sth]

Rumpsteak ['rʊmp·steːk, -ʃteːk] *nt* rump steak

Rumtopf *m* a dessert of rum-soaked fruit aged in a crock pot

rum|treiben *irreg vr* (*fam*) ■**sich** *akk* **~** to hang out

Rumtreiber(in) <-s, -> *m(f)* goof-off *pej fam*

Run <-s, -s> [ran] *m* run (**auf** +*akk* on)

rund [rʊnt] I. *adj* ❶ (*kreisförmig*) round ❷ (*rundlich*) plump; *Hüften* well-rounded; *Wangen* chubby ❸ (*fam*) **eine ~e Summe** a round sum; **~e fünf Jahre** a good five years ❹ *Geschmack* full II. *adv* ❶ ■**~ um ...** around

R

... ❷ (*etwa*) around; ~ **100 Euro** approximately 100 euros

Rundblick *m* panorama

Runde <-, -n> ['rʊn·də] *f* ❶ (*Gesellschaft*) company ❷ (*Rundgang*) rounds *pl*; *eines Polizisten* beat; *eines Briefträgers* route; **seine ~ machen** to make one's rounds; *Polizist* to patrol one's beat ❸ SPORT lap; (*im Boxen*) round ❹ *von* [*Tarif*]*gesprächen* round ❺ (*Bestellung*) round [of drinks]; **eine ~ spendieren** to buy a [*or* the next] round ▸ WENDUNGEN: [**mit etw** *dat*] **über die ~n kommen** to make ends meet [with sth]

Rundfahrt *f* [sightseeing] tour

Rundflug *m* sightseeing flight

Rundfunk *m* ❶ (*geh*) radio; **im ~** on the radio ❷ (*Sendeanstalt*) broadcasting

Rundgang *m* walk; (*zur Besichtigung*) tour

rund|gehen *irreg* I. *vi sein* ❶ (*herumgereicht werden*) to be passed around; ■ **etw ~ lassen** to pass around *sep* sth ❷ (*fam: herumerzählt werden*) to make the rounds II. *vi impers sein* (*fam*) **es geht rund im Büro** it's all happening at the office; **jetzt geht es rund!** (*es gibt Ärger*) now there'll be hell to pay!

rundheraus *adv* bluntly

rundherum *adv* ■ **~** [**um etw** *akk*] all around [sth]

rundlich ['rʊnt·lɪç] *adj* plump; *Hüften* well-rounded; *Wangen* chubby

Rundreise *f* tour (**durch** + *akk* of)

rundum ['rʊnt·'ʔʊm] *adv* ❶ (*ringsum*) all around ❷ (*völlig*) completely

Rundung <-, -en> *f* ❶ (*Wölbung*) curve ❷ *pl* (*fam*) curves

Rundwanderweg *m* circular trail

rundweg ['rʊnt·'vɛk] *adv* flatly

Runkelrübe ['rʊn·kl·-] *f*, **Runkel** <-, -n> *f* ÖSTERR, SCHWEIZ mangel-wurzel

runter ['rʊn·tɐ] *adv* (*fam*) *s.* **herunter, hinunter**

runter|hauen *vt* (*fam*) **jdm eine ~** to slap sb in the kisser

runter|holen *vt* ❶ (*herunternehmen*) to fetch (**von** + *dat* from) ❷ (*sl*) ■ **sich** *dat* **einen ~** to jerk off

Runzel <-, -n> ['rʊn·tsl] *f* wrinkle

runzelig ['rʊn·tsə·lɪç] *adj* wrinkled

runzeln ['rʊn·tsln] I. *vt* to crease; *Brauen* to knit; *Stirn* to wrinkle II. *vr* ■ **sich** *akk* **~** to become wrinkled

runzlig ['rʊnts·lɪç] *adj s.* **runzelig**

Rüpel <-s, -> ['ryː·pl] *m* lout

rüpelhaft *adj* loutish; **~er Kerl** lout

rupfen ['rʊp·fn] *vt* ❶ (*Huhn*) to pluck ❷ (*zupfen*) to pull up *sep* (**aus** + *dat* out of)

ruppig ['rʊ·pɪç] I. *adj* gruff; *Antwort* abrupt II. *adv* gruffly; **sich** *akk* **~ verhalten** to be gruff

Rüsche <-, -n> ['ryː·ʃə] *f* frill

Ruß <-es> [ruːs] *m kein pl* soot; *Dieselmotor* particulate; *Kerze* smoke; *Lampe* lampblack

Russe, Russin <-n, -n> ['rʊ·sə] *m*, *f* Russian;

s. a. **Deutsche(r)**

Rüssel <-s, -> ['rʏ·sl] *m* snout; *Elefant a.* trunk

rußen ['ruː·sn] I. *vi* to produce soot; *Fackel, Kerze* to smoke II. *vt* SCHWEIZ, SÜDD (*entrußen*) ■ **etw ~** to clean the soot out of sth; **den Kamin ~** to sweep the chimney

rußig ['ruː·sɪç] *adj* blackened [with soot *pred*]; (*verschmutzt a.*) sooty

russisch ['rʊ·sɪʃ] *adj* Russian; *s. a.* **deutsch**

Russland^RR, **Rußland**^ALT <-s> ['rʊs·lant] *nt* Russia; *s. a.* **Deutschland**

Russlanddeutsche(r)^RR *f(m)* ethnic German from Russia; *s. a.* **Deutsche(r)**

rüsten ['rʏs·tn] I. *vi* to arm II. *vr* (*geh*) ■ **sich** *akk* **zu etw** *dat* **~** to prepare for sth III. *vt* SCHWEIZ (*vorbereiten*) ■ **etw ~** to get together *sep* sth

rüstig ['rʏs·tɪç] *adj* sprightly

rustikal [rʊs·ti·'kaːl] I. *adj* rustic II. *adv* in a rustic style

Rüstung <-, -en> ['rʏs·tʊŋ] *f* ❶ *kein pl* (*das Rüsten*) [re]armament ❷ (*Ritterrüstung*) armor

Rüstungsindustrie *f* weapons industry

Rüstungsunternehmen *nt* arms manufacturer

Rüstzeug *nt kein pl* ❶ (*Werkzeug*) equipment ❷ (*Know-how*) skills *pl*; (*Qualifikationen*) qualifications *pl*

Rute <-, -n> ['ruː·tə] *f* ❶ (*Gerte*) switch ❷ (*Angelrute*) [fishing] rod

Rutsch <-es, -e> [rʊtʃ] *m* landslide ▸ WENDUNGEN: **in einem ~** (*fam*) in one go; **guten ~ ~!** (*fam*) Happy New Year!

Rutsche <-, -n> ['rʊt·ʃə] *f* ❶ (*Rutschbahn*) slide ❷ TECH chute

rutschen ['rʊt·ʃn] *vi sein* ❶ (*ausrutschen*) to slip; *Auto* to skid ❷ (*fam: rücken*) to move; **auf dem Stuhl hin und her ~** to fidget in one's chair; **rutsch mal!** scoot over! ❸ (*gleiten*) to slide; *Kleidung* to slip [down]

rutschfest *adj* nonslip

Rutschgefahr *f kein pl* danger of slipping; (*von Auto*) risk of skidding

rutschig ['rʊt·ʃɪç] *adj* slippery

rütteln ['rʏt·ln] I. *vt* to shake II. *vi* ■ **an etw** *dat* **~** to shake sth; **daran ist nicht zu ~** (*kein Zweifel*) there's no doubt about it

S

S, s <-, -> [ɛs] *nt* S, s; **~ wie Siegfried** S as in Sierra

s. *Abk von* **siehe**

S. *Abk von* **Seite** p[.]; (*Mehrzahl*) pp[.]

Saal <-[e]s, Säle> [zaːl, *pl* 'zɛː·lə] *m* hall

Saat <-, -en> [zaːt] *f* ❶ *kein pl* (*das Säen*) sowing ❷ (*Saatgut*) seed[s *pl*]

Sabbat <-s, -e> ['za·bat] *m* the Sabbath

Säbel <-s, -> ['zɛː·bl] *m* saber
Sabotage <-, -n> [za·bo·'taː·ʒə] *f* sabotage
Saboteur(in) <-s, -e> [za·bo·'tøːɐ] *m(f)* saboteur
sabotieren* [za·bo·'tiː·rən] **I.** *vt* to sabotage **II.** *vi* to practice sabotage
Saccharin, Sacharin <-s> [za·xa·'riːn] *nt kein pl* saccharin
Sachbearbeiter(in) *m(f)* specialist; (*in einer Behörde*) official in charge
Sachbeschädigung *f* vandalism
Sachbuch *nt* nonfiction book
sachdienlich *adj* relevant
Sache <-, -n> ['za·xə] *f* ❶ (*Ding*) thing ❷ (*Angelegenheit*) matter; **eine gute ~** a good cause; **das ist meine ~** that's my business ❸ (*Aufgabe*) **mit jdm gemeinsame ~ machen** to collude with sb; **sie macht keine halben ~n** she finishes what she starts; **er macht seine ~ gut** he's doing well ❹ (*Sachlage*) **sich** *dat* **seiner ~ sicher sein** to be confident about what one's doing; **zur ~ kommen** to get to the point; **bei der ~ sein** to concentrate, to pay attention; **nichts zur ~ tun** to be irrelevant
Sachgebiet *nt* field
sachgemäß **I.** *adj* proper; **bei ~er Verwendung** when properly used **II.** *adv* properly
Sachkenntnis *f* expert knowledge
sachkundig **I.** *adj* [well-]informed **II.** *adv* **~ antworten** to give an informed answer
Sachlage *f kein pl* situation, state of affairs
Sachleistung *f* payment in kind
sachlich ['zax·lɪç] **I.** *adj* ❶ (*objektiv*) objective ❷ (*inhaltlich*) *Fehler* factual ❸ (*schmucklos*) *Stil* functional **II.** *adv* ❶ (*objektiv*) objectively ❷ (*inhaltlich*) factually
sächlich ['zɛç·lɪç] *adj* LING neuter
Sachlichkeit <-> *f kein pl* objectivity
Sachschaden *m* property damage
Sachsen <-s> ['zak·sn̩] *nt* Saxony
sächsisch ['zɛk·sɪʃ] *adj* Saxon, of Saxony *pred*
sacht [zaxt], **sachte** ['zax·tə] **I.** *adj* gentle **II.** *adv* gently
Sachverhalt <-[e]s, -e> *m* facts *pl*
Sachverständige(r) *f(m) dekl wie adj* expert
Sachwert *m* real value
Sack <-[e]s, Säcke> [zak, *pl* 'zɛ·kə] *m* ❶ (*großer Beutel*) sack, bag ❷ SÜDD, ÖSTERR, SCHWEIZ (*Hosentasche*) [pants] pocket ▶ WENDUNGEN: **jdm auf den ~ gehen** (*derb*) to get on sb's nerves
sacken ['zakn̩] *vi sein* to subside; (*zur Seite*) to lean
Sackgasse *f* (*a. fig*) dead end *a. fig*
Sadismus <-> [za·'dɪs·mʊs] *m kein pl* sadism
Sadist(in) <-en, -en> [za·'dɪst] *m(f)* sadist
sadistisch **I.** *adj* sadistic **II.** *adv* sadistically
säen ['zɛː·ən] *vt, vi* to sow
Safari <-, -s> [za·'faː·ri] *f* safari
Safran <-s, -e> ['zaf·raːn] *m* saffron
Saft <-[e]s, Säfte> [zaft, *pl* 'zɛf·tə] *m* ❶ (*Fruchtsaft*) [fruit] juice ❷ (*Pflanzensaft*)

sap ❸ (*fam: Strom*) juice
saftig ['zaf·tɪç] *adj* ❶ (*viel Saft enthaltend*) juicy, succulent ❷ (*üppig*) *Weide* lush ❸ *Rechnung* steep
Saftpresse *f* fruit press
Sage <-, -n> ['za·gə] *f* legend
Säge <-, -n> ['zɛː·gə] *f* ❶ (*Werkzeug*) saw ❷ ÖSTERR (*Sägewerk*) sawmill
sagen ['zaː·gn̩] **I.** *vt* ❶ (*äußern*) to say; **warum haben Sie das nicht gleich gesagt?** why didn't you say so before?; **was ich noch ~ wollte, ...** [oh, and] one more thing ... ❷ (*mitteilen*) to tell; **wem ~ Sie das!** (*fam*) you don't need to tell me [that]!; **nichts zu ~ haben** to have nothing to say; **das ist nicht gesagt** that is by no means certain ❸ (*meinen*) **was ~ Sie dazu?** what do you think?; **das kann man wohl ~!** you can say that again! ❹ (*bedeuten*) ■ **jdm etwas ~** to mean something to sb; **das hat nichts zu ~** it doesn't mean a thing **II.** *vi* ■ **sag/~ Sie, ...** tell me, ...; **genauer gesagt** or to be more exact; **unter uns gesagt** between you and me; **sag bloß!** you don't say!
sägen ['zɛː·gn̩] *vt, vi* to saw
sagenhaft **I.** *adj* ❶ (*phänomenal*) incredible ❷ (*legendär*) legendary **II.** *adv* incredibly
Sägespäne *pl* wood shavings *pl*
sah [zaː] *imp von* **sehen**
Sahara <-> [za·'haː·ra, 'za·ha·ra] *f kein pl* ■ **die ~** the Sahara
Sahne <-> ['zaː·nə] *f kein pl* cream; (*Schlagsahne*) whipping cream
Sahnetorte *f* layer cake
Saison <-, -s *o* SÜDD, ÖSTERR -en> [zɛ·'zõː, zɛ·'zɔŋ] *f* season; **außerhalb der ~** in the off-season
Saisonarbeit [zɛ·'zõː-, zɛ·'zɔŋ-] *f* seasonal work
Saisonarbeiter(in) *m(f)* seasonal worker
saisonbedingt *adj* seasonal
Saite <-, -n> ['zai·tə] *f* MUS string ▶ WENDUNGEN: **andere ~n aufziehen** to get tough
Saiteninstrument *nt* string[ed] instrument
Sakko <-s, -s> ['zako] *m o nt* sports coat
Sakrament <-[e]s, -e> [za·kra·'mɛnt] *nt* sacrament
Salamander <-s, -> [za·la·'man·dɐ] *m* salamander
Salami <-, -s> [za·'laː·mi] *f* salami
Salat <-[e]s, -e> [za·'laːt] *m* ❶ (*Pflanze*) lettuce ❷ (*Gericht*) salad
Salatbesteck *nt* salad servers *pl*
Salatgurke *f* cucumber
Salatsoße *f* salad dressing
Salbe <-, -n> ['zal·bə] *f* ointment, salve
Salbei <-s> ['zal·bai] *m kein pl* sage
Saldo <-s, -s *o* Saldi *o* Salden> ['zal·do, *pl* 'zal·di, 'zal·dn̩] *m* FIN balance
Säle *pl von* **Saal**
Salmonellenvergiftung *f* salmonella poisoning
salopp [za·'lɔp] **I.** *adj* ❶ (*leger*) casual ❷ (*un-*

S

gezwungen) *Ausdrucksweise* slangy **II.** *adv* ❶ (*leger*) casually ❷ (*ungezwungen*) **sich** *akk* ~ **ausdrücken** to use slang[y] expressions
Salto <-s, -s *o* Salti> ['zal·to, *pl* 'zal·ti] *m* somersault; **einen ~ machen** to somersault
salü [za·'ly:, 'za·ly] *interj* SCHWEIZ (*fam*) ❶ (*hallo*) hi ❷ (*tschüs*) bye
Salz <-es, -e> [zalts] *nt* salt

i The **Salzburger Festspiele** (Salzburg Festival) first took place in August 1920. In the early years, Max Reinhardt achieved great acclaim for his Shakespeare productions. The "Jedermann" ("Everyman") performances on the steps of the Salzburg cathedral have also become world famous.

salzen <salzte, gesalzen> ['zal·tsn] **I.** *vt* to salt **II.** *vi* to add salt
salzhaltig *adj* salty
salzig ['zal·tsıç] *adj* salty
Salzkartoffeln *pl* boiled potatoes
Salzsäure *f kein pl* hydrochloric acid
Salzstreuer <-s, -> *m* salt shaker
Salzwasser *nt kein pl* salt water
Samen <-s, -> ['za:·mən] *m* ❶ (*Pflanzensamen*) seed ❷ *kein pl* (*Sperma*) sperm
Samenbank *f* sperm bank
Samenerguss[RR] *m* ejaculation
Samenspender *m* sperm donor
Sammelbegriff *m* collective term
Sammelbehälter *m* collection bin
sammeln ['za·mln] **I.** *vt* ❶ (*pflücken*) to pick ❷ (*aufsammeln*) to gather ❸ *Münzen, Unterschriften* to collect ❹ (*zusammentragen*) to gather; *Belege* to keep ❺ (*um sich scharen*) *Menschen* to gather **II.** *vr* ❶ (*zusammenkommen*) ▪**sich** *akk* ~ to assemble ❷ (*sich anhäufen*) ▪**sich** *akk* ~ to accumulate, to collect **III.** *vi* **für einen guten Zweck ~** to collect for a good cause
Sammeltaxi *nt* collective [*or* shared] taxi
Sammler(in) <-s, -> *m(f)* collector
Sammlung <-, -en> *f* collection
Samstag <-[e]s, -e> ['zams·ta:k] *m* Saturday; *s. a.* **Dienstag**
Samstagabend[RR] *m* Saturday evening; *s. a.* **Dienstag**
samstagabends[RR] *adv* [on] Saturday evenings
samstags *adv* [on] Saturdays
Samt <-[e]s, -e> [zamt] *m* velvet
samtartig *adj* velvety, like velvet *pred*
samtig ['zam·tıç] *adj* velvety
sämtlich ['zɛmt·lıç] *adj* all; **~e Unterlagen wurden vernichtet** all the documents were destroyed; **seine ~en Unterlagen** all his documents
Sanatorium <-, -rien> [za·na·'to:·riʊm, *pl* -ri·ən] *nt* sanatorium
Sand <-[e]s, -e> [zant] *m* sand ▶ WENDUNGEN: **das gibt es wie ~ am Meer** there are tons of them; **im ~e verlaufen** to peter out

Sandale <-, -n> [zan·'da:·lə] *f* sandal
Sandalette <-, -n> [zan·da·'lɛ·tə] *f* high-heeled sandal
Sandbank <-bänke> *f* sandbank
Sandelholz ['zan·dl·hɔlts] *nt* sandalwood
Sandgrube *f* sandpit
Sandhaufen *m* sand pile
sandig ['zan·dıç] *adj* sandy, full of sand *pred*
Sandkasten *m* sandbox
Sandsack *m* ❶ (*zum Boxen*) punching bag ❷ (*zum Schutz*) sandbag
Sandstein *m* sandstone
Sandstrand *m* sandy beach
sandte ['zan·tə] *imp von* **senden**[2]
sanft [zanft] **I.** *adj* ❶ *Berührung, Stimme* gentle ❷ *Farben, Musik* soft **II.** *adv* gently
sanftmütig *adj* gentle
sang [zaŋ] *imp von* **singen**
Sänger(in) <-s, -> ['zɛŋɐ] *m(f)* singer
sang- und klanglos *adv* (*fam*) unwept and unsung
sanieren* [za·'ni:·rən] *vt* ❶ (*renovieren*) to clean up *sep* ❷ (*wieder rentabel machen*) to rehabilitate
Sanierung <-, -en> *f* ❶ (*Renovierung*) renovation ❷ (*von Firma, etc.*) rehabilitation
sanitär [zani·'tɛ:ɐ] *adj attr* sanitary; **~e Anlagen** sanitation
Sanitäter(in) <-s, -> [zani·'tɛ:·tɐ] *m(f)* paramedic
sank [zaŋk] *imp von* **sinken**
Sanktion <-, -en> [zaŋk·'tsio:n] *f* sanction
sanktionieren* [zaŋk·tsio·'ni:·rən] *vt* to sanction
sann [zan] *imp von* **sinnen**
Saphir <-s, -e> ['za:·fɪr, 'za·fi:ɐ, za·'fi:ɐ] *m* sapphire
Sardelle <-, -n> [zar·'dɛlə] *f* anchovy
Sardine <-, -n> [zar·'di:·nə] *f* sardine
Sarg <-[e]s, Särge> [zark, *pl* 'zɛr·gə] *m* coffin, casket
saß [za:s] *imp von* **sitzen**
Satan <-s, -e> ['za:·tan] *m kein pl* Satan
satanisch [za·'ta:·nɪʃ] **I.** *adj attr* satanic, diabolical **II.** *adv* diabolically
Satellit <-en, -en> [za·tɛ·'li:t] *m* satellite
Satellitenschüssel *f* satellite dish
Satellitenstadt *f* satellite town
Satin <-s, -s> [za·'tɛ̃:] *m* satin
Satire <-, -n> [za·'ti:·rə] *f kein pl* satire (**auf** +*akk* about/on)
satirisch [za·'ti:·rɪʃ] *adj* satirical
satt [zat] *adj* ❶ (*gesättigt*) full *pred fam;* **ich bin ~** I'm full; **sich** *akk* |**an etw** *dat*| **~ essen** to eat one's fill [of sth]; **Nudeln machen ~** pasta is filling ❷ (*kräftig*) *Farben* rich, deep ❸ (*fam: überdrüssig*) **etw ~ sein** to be fed up with sth
Sattel <-s, Sättel> ['za·tl, *pl* 'zɛ·tl] *m* saddle
satteln ['za·tln] *vt* to saddle
Sattelschlepper <-s, -> *m* tractor-trailer
satt|haben[RR] *vi irreg* **etw ~** to be fed up with sth

sättigen ['zɛ·tɪ·gn̩] I. *vt* to satiate; ■**gesättigt sein** to be saturated II. *vi* to be filling
sättigend *adj* filling
Sättigung <-, *selten* -en> *f* saturation
Saturn <-s> [za·'tʊrn] *m kein pl* Saturn
Satz¹ <-es, Sätze> [zats, *pl* 'zɛ·tsə] *m* ❶ LING sentence; **mitten im** ~ in mid-sentence ❷ MUS movement ❸ (*Set*) set; **ein** ~ **Weingläser** a set of wine glasses ❹ (*Schriftsatz*) typesetting; (*das Gesetzte*) type[matter] ❺ SPORT set
Satz² <-es, Sätze> [zats, *pl* 'zɛ·tsə] *m* leap, jump; **einen** ~ **machen** to leap, to jump
Satz³ <-es> [zats] *m kein pl* dregs *npl*; (*Kaffeesatz*) grounds *npl*
Satzbau <-s> *m kein pl* sentence construction
Satzteil *m* LING part of a sentence
Satzung <-, -en> ['za·tsʊŋ] *f* constitution, statutes *npl*
Satzzeichen *nt* LING punctuation mark
Sau <-, Säue *o* Sauen> [zau, *pl* 'zɔyə, 'zau·ən] *f* ❶ *pl* a. (*weibliches Schwein*) sow ❷ (*sl: schmutziger Mensch*) filthy pig ▶ WENDUNGEN: **jdn zur** ~ **machen** to chew sb out; **die** ~ **rauslassen** to let it all hang out; **das ist unter aller** ~ it's enough to make you puke
sauber ['zau·bɐ] I. *adj* ❶ (*rein*) clean ❷ (*stubenrein*) ■~ **sein** *Tier* to be housebroken; *Kind* to be potty trained ❸ (*sorgfältig*) neat ❹ (*anständig*) honest II. *adv* ❶ (*rein*) **etw** ~ **halten** to keep sth clean ❷ (*perfekt*) neatly
Sauberkeit <-> *f kein pl* cleanliness
säuberlich ['zɔy·bɐ·lɪç] I. *adj* neat II. *adv* neatly
säubern ['zɔy·bɐn] *vt* ❶ (*reinigen*) to clean ❷ (*euph: befreien*) to purge (**von** +*dat* of)
Sauce <-, -n> ['zoː·sə] *f s.* **Soße**
saudumm *adj* (*sl*) dumb as a rock
sauer ['zau·ɐ] I. *adj* ❶ (*nicht süß*) sour; (*sauer eingelegt*) pickled ❷ (*Säure enthaltend*) acid[ic] ❸ (*übel gelaunt*) mad (**auf** +*akk* at), pissed off *pred* (**auf** +*akk* at/with) II. *adv* (*übel gelaunt*) ~ **reagieren** to get pissed [off]
Sauerampfer <-, -n> *m* sorrel
Sauerbraten *m* sauerbraten (*beef roast marinated in vinegar and herbs*)
Sauerei <-, -en> [zauə·'rai] *f* (*sl*) ❶ (*schmutziger Zustand*) mess ❷ (*unmögliches Benehmen*) [downright] disgrace
Sauerkirsche *f* sour cherry
Sauerkraut *nt* DIAL sauerkraut
säuerlich ['zɔy·ɐ·lɪç] I. *adj* ❶ (*leicht sauer*) [slightly] sour ❷ (*übellaunig*) annoyed II. *adv* ❶ (*leicht sauer*) ~ **schmecken** to taste sour [*or* tart] ❷ (*übellaunig*) sourly
Sauerrahm *m* sour cream
Sauerstoff ['zauɐ·ʃtɔf] *m kein pl* oxygen
Sauerstoffgerät *nt* (*Beatmungsgerät*) respirator
Sauerstoffmangel *m kein pl* lack of oxygen
Sauerteig *m* sourdough
saufen <säuft, soff, gesoffen> ['zau·fn̩] I. *vt* (*sl*) to drink; (*schneller*) to knock back *sep* II. *vi* ❶ (*sl: Alkoholiker sein*) to drink, to take

to the bottle ❷ (*Tiere*) to drink
Säufer(in) <-s, -> ['zɔy·fɐ] *m(f)* (*sl*) drunk[ard], boozer
Sauferei <-, -en> [zau·fə·'rai] *f* (*sl: Besäufnis*) drinking party; (*übermäßiges Trinken*) boozing *fam*
säuft [zɔyft] *3. pers sing pres von* **saufen**
saugen <sog *o* saugte, gesogen *o* gesaugt> ['zau·gn̩] *vi, vt* to suck (**an** +*dat* on)
säugen ['zɔy·gn̩] *vt* ■**sein Junges** ~ to suckle its young
Säugetier *nt* mammal
saugfähig *adj* absorbent
Säugling <-s, -e> ['zɔyk·lɪŋ] *m* baby
Säuglingsnahrung *f* baby food
saukalt ['zau·kalt] *adj* (*sl*) freezing cold
Säule <-, -n> ['zɔy·lə] *f* ❶ ARCHIT column ❷ (*a. fig: Stütze*) pillar
Saum <-[e]s, Säume> [zaum, *pl* 'zɔy·mə] *m* hem
saumäßig I. *adj* (*sl*) ❶ (*unerhört*) outrageous *attr;* **du hattest** ~**es Glück** you were damn lucky ❷ (*miserabel*) lousy II. *adv* (*sl*) like hell; ~ **kalt/schwer** cold/heavy as hell
säumen ['zɔy·mən] *vt* ❶ (*Kleidung*) to hem ❷ (*fig geh: zu beiden Seiten stehen*) to line
Sauna <-, -s *o* Saunen> ['zau·na] *f* sauna
Säure <-, -n> ['zɔy·rə] *f* ❶ CHEM acid ❷ (*saure Beschaffenheit*) acidity, sourness
Saurier <-s, -> ['zau·ri̯ɐ] *m* dinosaur
sausen ['zau·zn̩] *vi* ❶ *sein* (*sich schnell bewegen*) to dash [off]; (*schnell fahren*) to roar ❷ *haben* (*von Wind*) to whistle; (*von Sturm*) to roar ❸ (*sein lassen*) **etw** ~ **lassen** to forget sth; **lass deine Verabredung doch** ~ forget about your date
Saustall *m* pigsty
Sauwetter *nt* (*sl*) lousy weather *no indef art*
sauwohl *adj* **ich fühle mich** ~ (*sl*) I feel really good [*or* like a million bucks]
Savanne <-, -n> [za·'vanə] *f* savanna[h]
Saxofon^RR, **Saxophon** <-[e]s, -e> [zak·so·'foːn] *nt* saxophone
SB [ɛs·'beː] *Abk von* **Selbstbedienung** self-service
S-Bahn ['ɛs-] *f* rapid transit train
S-Bahnhof *m* rapid transit [*or fam* train] station
SBB ['ɛs·beː·beː] *f Abk von* **schweizerische Bundesbahnen** Swiss Rail, ≈ Amtrak
scannen ['skɛ·nən] *vt* to scan
Scanner <-s, -> ['skɛ·nɐ] *m* scanner
Schabe <-, -n> ['ʃaː·bə] *f* [cock]roach
schaben ['ʃaː·bn̩] *vt* to scrape
schäbig ['ʃɛː·bɪç] *adj* ❶ (*unansehnlich*) shabby ❷ (*gemein*) mean ❸ (*dürftig*) paltry
Schablone <-, -n> [ʃa·'bloː·nə] *f* stencil
Schach <-s> [ʃax] *nt kein pl* (*Spiel*) chess; (*Stellung*) check; **eine Partie** ~ a game of chess; ~ **und matt!** checkmate!
Schachbrett *nt* chessboard
Schachfigur *f* chess piece
schachmatt [ʃax·'mat] *adj* checkmate
Schachspiel *nt* ❶ (*Brett und Figuren*) chess

set **❷** (*das Schachspielen*) chess
Schacht <-[e]s, Schächte> [ʃaxt, *pl* 'ʃɛç·tə] *m*
shaft; *Brunnen* well
Schachtel <-, -n> ['ʃaxt|] *f* box; **eine ~ Ziga-
retten** a pack of cigarettes
Schachzug *m* move
schade ['ʃa·də] *adj pred* **❶** (*bedauerlich*) **wie
~!** that's too bad, what a shame; **ich finde es
~, dass ...** it's too bad that ...; **es ist ~ um ihn**
it's a shame about him **❷** (*zu gut*) **■für etw**
akk **zu ~ sein** to be too good for sth
Schädel <-s, -> ['ʃɛː·d|] *m* skull; **einen
dicken ~ haben** (*fam*) to have a hangover;
jdm brummt der ~ (*fam*) sb's head is throb-
bing
Schädelbruch *m* fractured skull
schaden ['ʃa·dn̩] *vi* **■jdm ~** to [do] harm [to]
sb; **■etw** *dat* **~** to damage sth
Schaden <-s, Schäden> ['ʃa·dn̩, *pl* 'ʃɛ·dn̩] *m*
damage (**durch** +*akk* caused by); **jdm ~ zufügen** to harm sb
Schadenersatz *m s.* **Schadensersatz**
Schadenfreude *f* schadenfreude
schadenfroh **I.** *adj* malicious, gloating;
■~ sein to delight in others' misfortunes
II. *adv* **~ grinsen** to grin maliciously
Schadensersatz *m kein pl* compensation;
~ fordern to claim damages
schadhaft ['ʃaːt·haft] *adj* faulty, defective
schädigen ['ʃɛː·dɪɡn̩] *vt* to harm (**durch** +*akk*
with)
Schädigung <-, -en> *f* harm (+*gen* to)
schädlich ['ʃɛːt·lɪç] *adj* harmful; (*giftig*) poi-
sonous; **■~ sein** to be damaging
Schädling <-s, -e> ['ʃɛːt·lɪŋ] *m* pest
Schädlingsbekämpfung *f* pest control
Schädlingsbekämpfungsmittel *nt* pesticide
Schadstoff *m* harmful substance; (*in der
Umwelt*) pollutant
schadstoffarm *adj Motor* low-emission
Schadstoffausstoß *m* [pollution] emissions *pl*
Schadstoffbelastung *f* pollution
Schaf <-[e]s, -e> [ʃaːf] *nt* sheep
Schafbock *m* ram
Schäfer(in) <-s, -> ['ʃɛː·fɐ] *m(f)* shepherd
masc, shepherdess *fem*
Schäferhund *m* German shepherd
Schaffell *nt* sheepskin
schaffen¹ <schaffte, geschafft> ['ʃafn̩] *vt*
❶ (*bewältigen*) to manage; *Examen* to pass;
einen Termin ~ to make an appointment [*or*a
deadline]; **es ist geschafft** it's done; **■es ~,
etw zu tun** to manage to do sth **❷** (*gelangen*)
wir müssen es bis zur Grenze ~ we have to
get to the border **❸** (*bringen*) *Ordnung* to
bring
schaffen² <schuf, geschaffen> ['ʃafn̩] *vt*
❶ (*herstellen*) to create; **dafür bist du wie
ge~** that's right up your alley *fam* **❷** (*verursachen*) to cause; **Frieden ~** to make peace
schaffen³ <schaffte, geschafft> ['ʃafn̩] *vi*
SÜDD, ÖSTERR, SCHWEIZ (*arbeiten*) to work;
nichts mit jdm/etw zu ~ haben to have

nothing to do with sb/sth; **jdm zu ~ machen**
to give sb a hard time, to cause sb trouble
Schaffner(in) <-s, -> ['ʃaf·nɐ] *m(f)* conductor
Schafherde *f* flock of sheep
Schafott <-[e]s, -e> [ʃa·'fɔt] *nt* scaffold
Schafskäse *m* feta [cheese]
Schakal <-s, -e> [ʃa·'kaːl] *m* jackal
schal [ʃaːl] *adj* flat; *Wasser* stale
Schal <-s, -s *o* -e> [ʃaːl] *m* scarf
Schale¹ <-, -n> ['ʃaː·lə] *f* **❶** (*Nussschale*)
shell **❷** (*Fruchtschale*) skin; (*abgeschält*) peel
▶ WENDUNGEN: **eine raue ~ haben** to be a
rough diamond
Schale² <-, -n> ['ʃaː·lə] *f* bowl
schälen ['ʃɛː·lən] **I.** *vt* to peel **II.** *vr* **■sich** *akk* **~**
to peel
Schalentier *nt* shellfish
Schall <-s, -e *o* Schälle> [ʃal, *pl* 'ʃɛ·lə] *m*
sound
Schalldämpfer <-s, -> *m einer Schusswaffe* silencer; *eines Auspuffs a.* muffler
schalldicht *adj* soundproof
schallen ['ʃalən] *vi* to resound
Schallgeschwindigkeit *f kein pl* PHYS speed of
sound
Schallisolierung *f* soundproofing
Schallmauer *f* sound barrier; **die ~ durchbrechen** to break the sound barrier
Schallplatte *f* record
Schallwelle *f* sound wave
schalt [ʃalt] *imp von* **schelten**
Schaltanlage ['ʃalt-] *f* switchgear
schalten ['ʃaltn̩] **I.** *vi* **❶** AUTO to change gears, to
shift **❷** (*fam: begreifen*) to get it; (*handeln*) to
act **❸** (*sich einstellen*) **auf Rot ~** to switch to
red **II.** *vt* (*einstellen*) to switch, to turn (**auf**
+*akk* to)
Schalter <-s, -> ['ʃaltɐ] *m* **❶** ELEK switch **❷** AD-
MIN, BAHN counter
Schalterbeamte(r), -beamtin *m, f dekl wie
adj* clerk
Schalterraum *m* BAHN ticket office
Schalthebel *m* AUTO gearshift
Schaltjahr *nt* leap year
Schaltknüppel *m* gearshift
Schalttafel *f* control panel
Schaltung <-, -en> *f* **❶** AUTO gearshift **❷** ELEK
circuit
Scham <-> [ʃaːm] *f kein pl* **❶** (*Beschämung*)
shame; **~ empfinden** to be [*or* feel] ashamed
❷ (*Verlegenheit*) embarrassment
Schambein *nt* pubic bone
schämen ['ʃɛː·mən] *vr* **■sich** *akk* **~** to be
ashamed (**wegen** +*dat* of); **■sich** *akk* **vor
jdm ~** to be embarrassed in front of sb; **schäm
dich!** shame on you!
Schamhaar *nt* pubic hair
schamhaft *adj* shy, bashful
Schamlippen *pl* labia *pl*
schamlos *adj* shameless, rude
Schande <-> ['ʃan·də] *f kein pl* disgrace,
shame; **eine ~ sein** to be a disgrace
schänden ['ʃɛn·dn̩] *vt Grab, Denkmal* to des-

ecrate

Schandfleck *m* blemish [on the landscape]

schändlich ['ʃɛnt·lɪç] I. *adj* ❶ *(niederträchtig)* disgraceful, shameful; *Verbrechen* despicable ❷ *(schlecht)* appalling II. *adv* shamefully, disgracefully

Schandtat *f* outrage; **zu jeder ~ bereit sein** *(hum)* to be ready for anything

Schändung <-, -en> *f* desecration; *(Vergewaltigung)* molestation

Schanze <-, -n> ['ʃan·tsə] *f* ski jump

Schar <-, -en> [ʃaːɐ̯] *f von Vögeln* flock; *von Menschen* crowd

scharen ['ʃaː·rən] I. *vt* **Dinge/Menschen um sich** *akk* ~ to gather things/people around oneself II. *vr* ■ **sich** *akk* **um jdn/etw ~** to gather around sb/sth

scharenweise *adv* in hordes

scharf <schärfer, schärfste> [ʃarf] I. *adj* ❶ *(gut geschliffen)* sharp ❷ *(spitz zulaufend)* sharp; **eine ~e Kurve** a hairpin turn ❸ KOCHK spicy; *(hochprozentig)* strong ❹ *(ätzend) Reinigungsmittel* aggressive ❺ *(schonungslos, heftig)* harsh, severe, tough; *Kontrolle* rigorous; *Konkurrenz* fierce; **eine ~e Zunge haben** to have a sharp tongue ❻ *Bombe* live ❼ *(konzentriert, präzise)* careful; *Beobachtung* astute; **einen ~en Verstand haben** to have a sharp mind ❽ *Foto, Umrisse* sharp; *Augen* keen ❾ *(sl: aufreizend)* spicy; ■ **auf jdn ~ sein** to have the hots for sb; ■ **auf etw** *akk* **~ sein** to be really interested in sth ❿ *(fam: toll)* fantastic, great II. *adv* ❶ *(intensiv gewürzt)* **ich esse gerne ~** I like [eating] spicy food; **etw ~ würzen** to highly season sth ❷ *(heftig)* sharply; *kritisieren* harshly; *verurteilen* strongly ❸ *(präzise)* **~ beobachten** to observe carefully; **~ sehen** to have good eyes ❹ *(abrupt)* abruptly; **~ links/rechts abbiegen** to take a sharp left/right; **~ bremsen** to slam on the brakes ❺ TECH, FOTO *(klar)* sharply; **das Bild ~ einstellen** to bring the picture into focus

Scharfblick *m kein pl* astuteness

Schärfe <-, -n> ['ʃɛr·fə] *f* ❶ *von Messer, Degen* sharpness; ❷ *(Heftigkeit)* severity; *von Kritik* sharpness; *von Worten* harshness; *der Augen* keenness ❸ *von Foto, Bild* sharpness; *einer Brille* strength

schärfen ['ʃɛr·fn̩] *vt* to sharpen

scharfkantig *adj* sharp-edged

scharf|machen *vt* *(sl: sexuell reizen)* ■ **jdn ~** to turn sb on

Scharfschütze, -schützin *m, f* marksman *masc,* markswoman *fem*

scharfsichtig *adj* sharp-sighted

Scharfsinn *m kein pl* astuteness

scharfsinnig I. *adj* astute, perceptive II. *adv* astutely, perceptively

Scharlach <-s> ['ʃar·lax] *m kein pl* MED scarlet fever

Scharlatan <-s, -e> ['ʃar·la·tan] *m (Betrüger)* fraud

Scharnier <-s, -e> [ʃar·'niːɐ̯] *nt* hinge

Schärpe <-, -n> ['ʃɛr·pə] *f* sash

scharren ['ʃarən] *vi* to scratch; *(mit der Pfote)* to paw

Schaschlik <-s, -s> ['ʃaʃ·lɪk] *nt* shish kebab

Schatten <-s, -> ['ʃa·tn̩] *m* ❶ *(schattige Stelle)* shade; **30°C im ~** 30°C in the shade ❷ *(schemenhafte Gestalt, Umriss)* shadow; **einen ~ |auf etw** *akk*| **werfen** to cast a shadow [over sth] ▶ WENDUNGEN: **in jds ~ stehen** to be overshadowed by sb; **jdn/etw in den ~ stellen** to outshine sb/sth

Schattenseite *f* dark side

schattig ['ʃatɪç] *adj* shady

Schatulle <-, -n> [ʃa·'tʊlə] *f* casket

Schatz <-es, Schätze> [ʃats, *pl* 'ʃɛ·tsə] *m* ❶ *(kostbare Dinge)* treasure ❷ *(fam: Liebling)* sweetheart

schätzen ['ʃɛtsn̩] I. *vt* ❶ *(einschätzen)* to guess; **meistens werde ich jünger geschätzt** people usually think I'm younger than I am; **grob geschätzt** roughly ❷ *(wertmäßig einschätzen)* to assess **(auf** +*akk* at) ❸ *(würdigen)* to value **(als** +*akk* as); ■ **jdn ~** to hold sb in high esteem; ■ **etw ~** to appreciate sth II. *vi* to guess

Schatzkammer *f* treasure house

Schatzmeister(in) *m(f)* treasurer

Schätzung <-, -en> *f* ❶ *kein pl (wertmäßiges Einschätzen)* valuation ❷ *(Anschlag)* estimate

schätzungsweise *adv* approximately

Schau <-, -en> [ʃau] *f* show; **etw zur ~ stellen** to display sth

Schaubild *nt* diagram

Schauder <-s, -> ['ʃau·dɐ] *m* shudder

schauderhaft *adj (grässlich)* ghastly, horrific; *(furchtbar)* awful

schaudern ['ʃau·dɐn] I. *vt impers* **es schaudert mich bei dem Gedanken** the thought alone makes me shudder II. *vi (erschauern)* to shudder; *vor Kälte* to shiver

schauen ['ʃau·ən] *vi* SÜDD, ÖSTERR, SCHWEIZ ❶ *(blicken)* to look **(auf** +*akk* at) ❷ *(darauf achten)* ■ **auf etw** *akk* **~** to pay attention to sth ❸ *(sich kümmern)* ■ **nach jdm/etw ~** to look after sb/sth ❹ *(suchen)* ■ **|nach etw** *dat|* **~** to look [for sth] ▶ WENDUNGEN: **da schaust du aber!** *(fam)* how about that!

Schauer <-s, -> ['ʃau·ɐ] *m* ❶ *(Regenschauer)* shower ❷ *s.* Schauder

Schauergeschichte *f (fam)* horror story

schauerlich *adj (grässlich)* ghastly, horrific; *(furchtbar)* awful

Schaufel <-, -n> ['ʃau·fl̩] *f* shovel; *(für Mehl o. Ä.)* scoop; *(für Kehricht)* dustpan

schaufeln ['ʃau·fl̩n] *vi, vt* to shovel, to dig

Schaufenster *nt* store window

Schaufensterbummel *m* window-shopping; **einen ~ machen** to go window-shopping

Schaufensterpuppe *f* mannequin

Schaukampf *m* exhibition fight

Schaukel <-, -n> ['ʃau·kl̩] *f* swing

schaukeln ['ʃau·kl̩n] I. *vi* to swing; *(auf und ab*

S

wippen) to rock **II.** *vt* to swing; *Baby* to rock

Schaukelpferd *nt* rocking horse

Schaukelstuhl *m* rocking chair

Schaum <-s, Schäume> [ʃaum, *pl* 'ʃɔy·mə] *m* foam; (*auf einer Flüssigkeit*) froth; (*Seifenschaum*) lather

Schaumbad *nt* bubble bath

schäumen ['ʃɔy·mən] *vi* to foam; (*aufschäumen*) to froth; *Seife* to lather

Schaumfestiger *m* mousse

Schaumgummi *m* foam rubber

schaumig ['ʃau·mɪç] *adj* frothy

Schaumwein *m* sparkling wine

Schauplatz *m* scene

schaurig ['ʃau·rɪç] *adj* ❶ (*unheimlich*) eerie ❷ (*gruselig*) macabre, scary

Schauspiel ['ʃau·ʃpiːl] *nt* ❶ THEAT play, drama *no indef art* ❷ (*geh: Anblick*) spectacle

Schauspieler(in) ['ʃau·ʃpiː·lɐ] *m(f)* actor *masc*, actress *fem*

Schauspielhaus *nt* theater, playhouse

Schauspielschule *f* drama school

Schautafel *f* wall chart

Scheck <-s, -s> [ʃɛk] *m* check (**über** +*akk* for); **einen ~ ausstellen** to write a check; **einen ~ einlösen** to cash a check

scheckig ['ʃɛ·kɪç] *adj* mottled

Scheckkarte *f* debit card

scheffeln ['ʃɛ·fln] *vt* to accumulate; **Geld ~** to rake in money

Scheibe <-, -n> ['ʃai·bə] *f* ❶ (*dünnes Glasstück*) [piece of] glass; (*Fensterscheibe*) window [pane] ❷ KOCHK slice ❸ (*kreisförmiger Gegenstand*) disk

Scheibenwaschanlage *f* windshield washer system

Scheibenwischer <-s, -> *m* windshield wiper

Scheich <-s, -e> [ʃaiç] *m* sheikh

Scheide <-, -n> ['ʃai·də] *f* ❶ (*Schwert-/Dolchscheide*) scabbard ❷ (*Vagina*) vagina

scheiden <schied, geschieden> ['ʃai·dn̩] **I.** *vt* *haben* to divorce; **die Ehe wurde 2002 geschieden** the marriage was dissolved in 2002; ■**sich** *akk* **~ lassen** to get divorced (**von** +*dat* from) **II.** *vi* *sein* ■**aus etw** *dat* **~** to leave sth; **aus einem Amt ~** to retire from a position

Scheidenzäpfchen *nt* MED vaginal suppository

Scheidung <-, -en> *f* divorce; **die ~ einreichen** to start divorce proceedings

Scheidungsgrund *m* grounds *npl* for divorce

Schein <-[e]s, -e> [ʃain] *m* ❶ *kein pl* (*Lichtschein*) light ❷ *kein pl* (*Anschein*) appearance; **den ~ wahren** to keep up appearances ❸ (*Banknote*) bill, banknote ❹ (*fam: Bescheinigung*) certificate

---

ⓘ At German universities, students receive **Scheine** (certificates) when they pass a class. The **Scheine** allow them to progress from one year to the next. Only those students who have a certain number or type of **Scheine** will eventually qualify for the degree examination.

---

scheinbar *adj* apparent, seeming

scheinen <schien, geschienen> ['ʃai·nən] *vi* ❶ (*leuchten*) to shine ❷ (*den Anschein haben*) to appear, to seem

Scheinfirma *f* bogus company

scheinheilig ['ʃain·hai·lɪç] **I.** *adj* hypocritical; **~ tun** to play the innocent **II.** *adv* hypocritically

Scheinschwangerschaft *f* false [*or* phantom] pregnancy

Scheinwerfer *m* ❶ (*Strahler*) spotlight ❷ AUTO headlight

Scheinwerferlicht *nt* spotlight ▸ WENDUNGEN: **im ~ stehen** to be in the public eye

Scheiß <-> [ʃais] *m kein pl* (*sl: Quatsch*) crap; **he, was soll der ~!** hey, what [the hell] are you doing?; **lass doch den ~** quit screwing around!; **mach keinen ~!** don't fuck around! *vulg;* **so ein ~!** shit! *vulg*

Scheißdreck *m* (*sl*) crap ▸ WENDUNGEN: **das geht dich einen ~ an** that's none of your [god]damn business; **wegen jedem ~** because of every little thing

Scheiße <-> ['ʃai·sə] *f kein pl* ❶ (*vulg: Darminhalt*) shit ❷ (*sl: Mist*) **~!** shit! *vulg;* **~ sein** to be a load of crap; **~ bauen** to make a complete mess [of sth] ▸ WENDUNGEN: **in der ~ sitzen** (*sl*) to be in deep shit *vulg*

scheißegal ['ʃais·ʔe'gaːl] *adj* (*sl*) **das ist mir ~** I don't give a damn *fam;* **es ist ~ who** gives a shit? *vulg*

scheißen <schiss, geschissen> ['ʃai·sn̩] *vi* ❶ (*derb*) to shit ❷ (*vulg: verzichten können*) **ich scheiße auf deine Meinung** I don't give a shit about your opinion

scheißfreundlich ['ʃais·'frɔynt·lɪç] *adj* (*sl*) ■**~ sein** to be as sweet as pie

Scheißkerl *m* (*sl*) bastard

Scheitel <-s, -> ['ʃai·tl̩] *m* part

scheitern ['ʃai·tɐn] *vi sein* to fail (**an** +*dat* because of); **kläglich ~** to fail miserably

Schellfisch *m* haddock

Schelm <-[e]s, -e> [ʃɛlm] *m* rascal

schelmisch *adj* mischievous

schelten <schilt, schalt, gescholten> ['ʃɛl·tn̩] *vt* to scold

Schema <-s, -ta *o* Schemen> ['ʃeː·ma, *pl* 'ʃeː·ma·ta, 'ʃeː·mən] *nt* ❶ (*Konzept*) concept; **nach einem ~** according to a concept ❷ (*Darstellung*) chart, diagram

schematisch [ʃe·'maː·tɪʃ] **I.** *adj* schematic **II.** *adv* schematically; **etw ~ darstellen** to show sth with a chart

Schemel <-s, -> ['ʃeː·ml̩] *m* stool

Schemen *pl von* **Schema**

schemenhaft *adj* shadowy

Schenkel <-s, -> ['ʃɛŋ·kl̩] *m* thigh

schenken ['ʃɛŋ·kn̩] **I.** *vt* ❶ (*als Geschenk geben*) ■**jdm etw ~** to give sb sth [as a present]; **er schenkte ihr ein Auto zum Geburtstag** he gave her a car for her birthday ❷ *(gewähren) Freiheit, Mut* to give; **jdm Aufmerksamkeit ~** to pay attention to sb; **jdm Vertrauen ~** to trust sb **II.** *vi* to give presents **III.** *vr (sich sparen)* ▪ **sich** *dat* **etw ~** to spare oneself sth

Schenkung <-, -en> *f* gift

Scherbe <-, -n> ['ʃɛr·bə] *f* [sharp] piece; **von Glas** piece of glass

Schere <-, -n> ['ʃeː·rə] *f* ❶ *(Werkzeug)* scissors *npl* ❷ ZOOL claw

scheren[1] <schor, geschoren> ['ʃeː·rən] *vt Fell* to shear; *Bart* to crop; *Hecke* to prune

scheren[2] ['ʃeː·rən] *vr* ❶ *(sich kümmern)* ▪ **sich** *akk* **um etw** *akk* ~ to care about sth ❷ *(fam: abhauen)* **scher dich weg!** get out of here!

Scherz <-es, -e> [ʃɛrts] *m* joke

Scherzartikel *m meist pl* gag toy

scherzen ['ʃɛr·tsn̩] *vi (geh)* to crack a joke/jokes; **mit ihm ist nicht zu ~** you shouldn't joke around with him

scherzhaft I. *adj (aus Spaß erfolgend)* jocular, joke *attr* **II.** *adv* jokingly, in a jocular fashion

scheu [ʃɔy] *adj* shy

Scheu <-> [ʃɔy] *f kein pl* shyness; **ohne jede ~** without holding back

scheuchen ['ʃɔy·çn̩] *vt (treiben)* to shoo; *Tiere* to drive

scheuen ['ʃɔy·ən] **I.** *vt* **Auseinandersetzungen ~** to avoid conflict **II.** *vi Pferd* to shy **(vor** +*dat* at)

Scheuerlappen *m* floor cloth

scheuern ['ʃɔy·ɐn] **I.** *vt* to scour ▶ WENDUNGEN: **jdm eine ~** *(sl)* to hit somebody **II.** *vi* to rub, to chafe **III.** *vr* ▪ **sich** *akk* **an etw** *dat* ~ to rub on sth

Scheuklappe *f meist pl* blinders *pl*

Scheune <-, -n> ['ʃɔy·nə] *f* barn

Scheusal <-s, -e> ['ʃɔy·zaːl] *nt* beast

scheußlich ['ʃɔys·lɪç] **I.** *adj* ❶ *(ekelhaft)* disgusting, revolting ❷ *(fam)* dreadful, awful, terrible **II.** *adv* ❶ *(widerlich)* in a disgusting manner ❷ *(fam)* terribly; **~ wehtun** to hurt like hell

Schi <-s, -er *o* -> [ʃiː, *pl* 'ʃiːɐ] *m* s. **Ski**

Schicht <-, -en> [ʃɪçt] *f* ❶ *(Lage)* layer; *Farbe* coat ❷ *(Gesellschaftsschicht)* class ❸ *(Arbeitsschicht)* shift; **~ arbeiten** to do shift work

Schichtarbeit *f kein pl* shift work

Schichtarbeiter(in) *m(f)* shift worker

schichten ['ʃɪç·tn̩] *vt* to stack [up *sep*], to layer **(auf** +*akk* on/on top of)

Schichtwechsel [-vɛksl̩] *m* shift change

schichtweise *adv* in layers, layer upon layer

schick [ʃɪk] **I.** *adj (modisch elegant)* chic, fashionable; *(gepflegt)* smart **II.** *adv (modisch elegant)* fashionably, stylishly; *(gepflegt)* smartly

schicken ['ʃɪkn̩] **I.** *vt* to send; **etw mit der Post ~** to send sth by mail **II.** *vi* ▪ **nach jdm ~** to send for sb **III.** *vr* ▪ **etw schickt sich** *akk* **nicht [für jdn]** sth is not suitable [for sb]

Schicksal <-s, -e> ['ʃɪk·zaːl] *nt* destiny, fate; **ein hartes ~** a cruel fate; **etw dem ~ überlassen** to leave sth to fate

schicksalhaft *adj* fateful

Schicksalsschlag *m* stroke of fate

Schiebedach *nt* sunroof

schieben <schob, geschoben> ['ʃiː·bn̩] *vt* ❶ *(vorwärtsbewegen)* to push ❷ *(stecken)* to put, to stick; **die Pizza in den Ofen ~** to stick the pizza in the oven ❸ *(zuweisen)* **die Schuld auf jdn ~** to lay the blame on sb; ▪ **etw auf etw/jdn ~** to blame sth/sb for sth ❹ *(abweisen)* ▪ **etw von sich** *dat* ~ to reject sth

Schiebetür *f* sliding door

Schiebung <-> *f kein pl* ❶ *(Begünstigung)* string-pulling ❷ SPORT fix

schied [ʃiːt] *imp von* **scheiden**

Schiedsgericht *nt* arbitration court

Schiedsrichter(in) *m(f)* SPORT referee; *(bei Tennis, Baseball)* umpire

schief [ʃiːf] **I.** *adj* ❶ *(schräg)* crooked, not straight *pred*, lopsided *fam* ❷ *(entstellt, falsch)* distorted **II.** *adv (schräg)* crooked, not straight, lopsided

schief|gehen *vi irreg sein (fam)* to go wrong

schief|lachen *vr (fam)* ▪ **sich** *akk* ~ to crack up

schief|liegen *vi irreg (fam)* to miss the mark

schielen ['ʃiː·lən] *vi* ❶ MED to squint, to be cross-eyed ❷ *(haben wollen)* ▪ **nach etw** *dat* ~ to steal a glance at sth

schien [ʃiːn] *imp von* **scheinen**

Schienbein ['ʃiːn·bain] *nt* shin; ANAT tibia

Schiene <-, -n> ['ʃiː·nə] *f* ❶ *(Führungsschiene)* rail *usu pl* ❷ MED splint

schienen ['ʃiː·nən] *vt* MED to splint

Schienenfahrzeug *nt* BAHN rail vehicle

Schienennetz *nt* BAHN rail network

Schienenverkehr *m kein pl* rail traffic

schier [ʃiːɐ] *adv (beinahe)* almost

Schießbude *f* shooting gallery

schießen <schoss, geschossen> ['ʃiː·sn̩] *vi, vt* ❶ *haben (feuern)* to shoot **(auf** +*akk* at) ❷ *haben* FBALL to shoot; **ein Tor ~** to score [a goal] ❸ *sein (schnell bewegen)* **das Auto kam um die Ecke geschossen** the car came flying around the corner; **jdm durch den Kopf ~** to flash through sb's mind

Schießerei <-, -en> [ʃiː·sə·'rai] *f* shooting

Schießplatz *m* firing range

Schießpulver *nt* gunpowder

Schiff <-[e]s, -e> [ʃɪf] *nt* ship

Schiffahrt[ALT] *f s.* **Schifffahrt**

schiffbar *adj* navigable

Schiffbau *m kein pl* shipbuilding

Schiffbruch *m* shipwreck; **~ erleiden** to be shipwrecked

Schiffbrüchige(r) *f(m) dekl wie adj* shipwrecked person

Schiffer(in) <-s, -> ['ʃɪfɐ] *m(f)* skipper

Schifffahrt[RR] ['ʃɪf·faːɐt] *f* shipping

Schiffsschraube *f* ship propeller

S

Schikane <-, -n> [ʃiˈkaːnə] *f* harassment *no indef art*
schikanieren* [ʃiˈkaˈniːrən] *vt* to harass
Schild[1] <-[e]s, -er> [ʃɪlt, *pl* ˈʃɪlˈdɐ] *nt* (*Hinweisschild*) sign
Schild[2] <-[e]s, -e> [ʃɪlt, *pl* ˈʃɪlˈdə] *m* shield ▸WENDUNGEN: **etw im ~e führen** to be up to sth
Schilddrüse *f* thyroid [gland]
schildern [ˈʃɪlˈdən] *vt* to describe
Schilderung <-, -en> *f* description; *Ereignisse a.* account
Schildkröte [ˈʃɪltˈkrøːˈtə] *f* tortoise; (*Seeschildkröte*) turtle
Schilf <-[e]s, -e> [ʃɪlf] *nt* reeds *pl*
schillern [ˈʃɪlən] *vi* to shimmer
schillernd *adj* shimmering; *Persönlichkeit* flamboyant
schilt [ʃɪlt] *imp sing von* **schelten**
Schimmel[1] <-s> [ˈʃɪm|] *m kein pl* mold
Schimmel[2] <-s, -> [ˈʃɪm|] *m* (*Tier*) white horse
schimmelig [ˈʃɪməˈlɪç] *adj* moldy; *Leder, Buch* mildewed
schimmeln [ˈʃɪm|n] *vi sein o haben* to get moldy
Schimmelpilz *m* mold
Schimmer <-s> [ˈʃɪmɐ] *m kein pl* shimmer; **ein ~ von Hoffnung** a glimmer of hope ▸WENDUNGEN: **keinen blassen ~** [von etw *dat*] **haben** (*fam*) to not have the faintest idea [about sth]
schimmern [ˈʃɪmɐn] *vi* to shimmer
schimmlig [ˈʃɪmˈlɪç] *adj s.* **schimmelig**
Schimpanse <-n, -n> [ʃɪmˈpanˈzə] *m* chimpanzee
schimpfen [ˈʃɪmˈpfn̩] *vi* ❶ (*sich ärgerlich äußern*) to grumble (**über/auf** +*akk* about) ❷ (*fluchen*) to swear ❸ (*zurechtweisen*) ■ **mit jdm ~** to scold sb, to tell sb off
Schimpfwort *nt* swear word
schinden <schindete, geschunden> [ˈʃɪnˈdn̩] I. *vr* ■ **sich** *akk* **~** to slave [away] II. *vt* ❶ (*grausam antreiben*) ■ **jdn ~** to work sb like a slave; *Tier* to mistreat ❷ (*fam*) **Eindruck ~** to play to the gallery; **Zeit ~** to play for time
Schinderei <-, -en> [ʃɪnˈdəˈraɪ] *f* grind
Schinken <-s, -> [ˈʃɪŋˈkn̩] *m* ham
Schippe <-, -n> [ˈʃɪpə] *f bes* NORDD shovel ▸WENDUNGEN: **jdn auf die ~ nehmen** to pull sb's leg; **etw auf die ~ nehmen** to make fun of sth
Schirm <-[e]s, -e> [ʃɪrm] *m* (*Regenschirm*) umbrella; (*Sonnenschirm*) sunshade; (*tragbar*) parasol
Schirmherr(in) *m(f)* patron
Schirmherrschaft *f* patronage
Schirmmütze *f* baseball cap
Schirmständer *m* umbrella stand
schiss[RR], **schiß**[ALT] [ʃɪs] *imp von* **scheißen**
Schiss[RR] <-es>, **Schiß**[ALT] <-sses> [ʃɪs] *m kein pl* **~** [vor jdm/etw] **haben** (*sl*) to be scared shitless [of sb/sth]
schizophren [ʃiˈtsoˈfreːn, sçiˈtsoˈfreːn] *adj*

schizophrenic
Schizophrenie <-, *selten* -n> [ʃiˈtsoˈfreˈniː, sçiˈtso-, *pl* -ˈniːˈən] *f* schizophrenia
Schlacht <-, -en> [ʃlaxt] *f* battle
schlachten [ˈʃlaxˈtn̩] *vt, vi* to slaughter
Schlachter(in) <-s, -> *m(f)* ❶ (*Metzger*) butcher ❷ (*Schlachthofangestellter*) slaughterer
Schlachtfeld *nt* battlefield
Schlachtfest *nt* KOCHK slaughter festival (*celebration and feast following the slaughtering of a farm animal*)
Schlachthof *m* slaughterhouse
Schlacke <-, -n> [ˈʃlaˈkə] *f* (*Verbrennungsrückstand*) slag
Schlaf <-[e]s> [ʃlaːf] *m kein pl* sleep; **einen festen/leichten ~ haben** to be a deep [*or* sound]/light sleeper; **jdm den ~ rauben** to keep sb awake ▸WENDUNGEN: **nicht im ~ an etw** *akk* **denken** to not dream of [doing] sth; **etw im ~ können** (*fam*) to be able to do sth in one's sleep
Schlafanzug *m* pajamas *npl*
Schlafcouch *f* sofa bed
Schläfe <-, -n> [ˈʃlɛːˈfə] *f* temple
schlafen <schlief, geschlafen> [ˈʃlaːˈfn̩] *vi* to sleep; **er schläft noch** he is still asleep; **ein Kind ~ legen** to put a child to bed; **~ gehen** to go to bed; **fest/tief ~** to sleep deeply/soundly
schlaff [ʃlaf] I. *adj* ❶ (*locker fallend*) slack ❷ (*nicht straff*) sagging; *Händedruck* limp II. *adv* ❶ (*locker fallend*) slackly ❷ (*kraftlos*) feebly
Schlaffheit <-> *f kein pl* ❶ *der Haut* slackness; *der Muskulatur* flabbiness ❷ (*fig: Trägheit*) listlessness
Schlafgelegenheit *f* place to sleep
Schlaflied *nt* lullaby
schlaflos I. *adj* sleepless II. *adv* sleeplessly
Schlaflosigkeit <-> *f kein pl* insomnia
Schlafmittel *nt* sleeping pill
Schlafmütze *f* (*fam: verschlafene Person*) sleepy head
schläfrig [ˈʃlɛːfˈrɪç] *adj* sleepy, drowsy
Schlafsaal *m* dormitory
Schlafsack *m* sleeping bag
Schlafstörungen *pl* insomnia
Schlaftablette *f* sleeping pill
schlaftrunken I. *adj* sleepy II. *adv* sleepily
Schlafwagen *m* sleeper
schlafwandeln *vi sein o haben* to sleepwalk
Schlafwandler(in) <-s, -> *m(f)* sleepwalker
Schlafzimmer *nt* bedroom
Schlag <-[e]s, Schläge> [ʃlaːk, *pl* ˈʃlɛːˈgə] *m* ❶ (*Hieb*) blow, wallop *fam*; (*mit der Faust*) punch; (*mit der Hand*) slap; SPORT stroke, hit; (*Baseball*) hit; **Schläge bekommen** to get beaten up ❷ (*dumpfer Hall*) thud; **ein ~ an der Tür** a bang on the door ❸ (*rhythmisches Geräusch*) **die Schläge des Herzens** the heartbeats; **der ~ einer Uhr** the striking of a clock ❹ (*Schicksalsschlag*) blow ❺ ÖSTERR

(*Schlagsahne*) whipped cream ❻ (*Stromstoß*) shock; **einen ~ kriegen** to get an electric shock ❼ (*Schlaganfall*) stroke; **einen ~ bekommen** to suffer a stroke ❽ MODE **eine Hose mit ~** flared pants ▶ WENDUNGEN: **ein ~ ins Gesicht** a slap in the face; **jdn trifft der ~** (*fam*) sb is flabbergasted [*or* shocked]; **etw auf einen ~ tun** to get things done all at once; **~ auf ~** in rapid succession

Schlagabtausch m ❶ (*Rededuell*) exchange of words ❷ (*beim Boxen*) exchange of blows

Schlagader f artery

Schlaganfall m stroke

schlagartig I. *adj* sudden, abrupt II. *adv* suddenly, abruptly

Schlagbaum m barrier

Schlägel <-s, -> ['ʃlɛːɡl̩] m MUS drumstick

schlagen <schlu̱g, geschla̱gen> ['ʃlaːɡn̩] I. *vt haben* ❶ (*hauen*) to hit; (*mit der Faust*) to punch; (*mit der Hand*) to slap; **die Hände vors Gesicht ~** to cover one's face with one's hands ❷ (*prügeln*) to beat; **jdn bewusstlos ~** to beat sb senseless ❸ (*besiegen*) to defeat; SPORT to beat (**in** +*dat* at); **jd ist nicht zu ~** sb is unbeatable; **sich ge~ geben** to admit defeat ❹ (*durch Schläge treiben*) **einen Nagel in die Wand ~** to hammer a nail into the wall; **den Ball ins Aus ~** to kick the ball out of play ❺ *Sahne* to whip; **Eier in die Pfanne ~** to crack eggs into the [frying] pan ❻ (*hinzufügen*) **die Unkosten auf den Verkaufspreis ~** to add the cost to the retail price ❼ (*legen*) **ein Bein über das andere ~** to cross one's legs; **die Decke zur Seite ~** to throw the blanket aside ❽ *Holz* to cut; *Bäume* to fell II. *vi* ❶ *haben* (*hauen*) to hit; ■ [**mit etw** *dat*] **um sich** *akk* **~** to lash out [with sth]; ■ **nach jdm ~** to lash out at sb ❷ *sein* (*auftreffen*) ■ **gegen etw** *akk* **~** to strike against sth ❸ *haben* (*pochen*) to beat ❹ *haben* (*läuten*) *Uhr* to strike ❺ *sein* (*fam: jdm ähneln*) ■ **nach jdm ~** to take after sb III. *vr haben* ■ **sich** *akk* **~** to fight; ■ **sich** *akk* **um etw** *akk* **~** to fight over sth

Schlager <-s, -> ['ʃlaːɡɐ] m MUS ❶ (*Lied*) pop song ❷ (*Erfolg*) [big] hit, great success

Schläger <-s, -> ['ʃlɛːɡɐ] m SPORT ❶ (*Tennisschläger*) racket; (*Tischtennisschläger*) paddle ❷ (*Stock*) stick, bat; (*Golfschläger*) golf club

Schlägerei <-, -en> [ʃlɛːɡəˈraɪ] f fight, brawl

Schlagersänger(in) m(f) pop singer

schlagfertig I. *adj* quick-witted II. *adv* quick-wittedly

Schlaginstrument nt percussion instrument

schlagkräftig *adj* ❶ (*kampfkräftig*) powerful [in combat] ❷ *Argument* forceful; *Beweis* compelling

Schlagloch nt pothole

Schlagsahne f (*flüssig*) whipping cream; (*geschlagen*) whipped cream

Schlagstock m club; (*Gummiknüppel*) night stick

Schlagwort nt ❶ <-worte> (*Parole*) slogan ❷ <-wörter> (*Stichwort*) keyword

Schlagzeile f headline

Schlagzeug <-[e]s, -e> nt drums pl; (*im Orchester*) percussion

Schlagzeuger(in) <-s, -> m(f) drummer; (*im Orchester*) percussionist

schlaksig ['ʃlaːksɪç] *adj* gangly, lanky

Schlamassel <-s, -> [ʃlaˈmaːsl̩] m *o* nt mess

Schlamm <-[e]s, -e *o* Schlämme> [ʃlam, *pl* 'ʃlɛ·mə] m mud; (*breiige Rückstände*) sludge

schlammig ['ʃlamɪç] *adj* muddy

Schlammlawine f GEOG mudslide

Schlampe <-, -n> ['ʃlam·pə] f slut

Schlamperei <-, -en> [ʃlam·pə·'raɪ] f ❶ (*Nachlässigkeit*) sloppiness ❷ (*Unordnung*) mess, untidiness

schlampig ['ʃlam·pɪç] I. *adj* ❶ (*nachlässig*) sloppy; (*liederlich*) slovenly ❷ (*ungepflegt*) unkempt II. *adv* ❶ (*nachlässig*) sloppily ❷ (*ungepflegt*) in an unkempt way

schlang [ʃlaŋ] *imp von* **schlingen**

Schlange <-, -n> ['ʃlaŋə] f ❶ ZOOL snake ❷ (*lange Reihe*) line; **~ stehen** to stand in line

schlängeln ['ʃlɛŋ·l̩n] *vr* ■ **sich** *akk* (*sich winden*) to crawl; *Fluss, Straße* to meander

Schlangenleder nt snakeskin

schlank ['ʃlaŋk] *adj* thin, slim; *Handgelenk* slender; **du bist ~ geworden** you have lost weight

Schlankheit <-> f kein pl slimness

Schlankheitskur f diet

schlapp [ʃlap] *adj* ❶ pred (*erschöpft*) worn out ❷ (*ohne Antrieb*) feeble, listless

schlapp|machen *vi* (*aufgeben*) to give up ❷ (*umkippen*) to pass out

Schlappschwanz m (*pej*) wimp

schlau [ʃlau] *adj* ❶ (*gescheit*) clever; **ich werde nicht ~ aus der Bedienungsanleitung** I can't make heads or tails of the operating instructions ❷ (*gerissen*) crafty, wily; *Plan* ingenious

Schlauch <-[e]s, Schläuche> [ʃlaux, *pl* 'ʃlɔy·çə] m ❶ (*biegsame Leitung*) tube; (*für Wasser*) hose ❷ (*Reifenschlauch*) [inner] tube

Schlauchboot nt rubber boat

schlauchen ['ʃlau·xn̩] *vt, vi* to wear sb out; **das schlaucht ganz schön!** that really takes it out of you!

Schlaufe <-, -n> ['ʃlau·fə] f loop; (*aus Leder*) strap

Schlauheit <-> f kein pl shrewdness

schlecht [ʃlɛçt] I. *adj* ❶ (*nicht gut*) bad; *Leistung, Gehalt, Qualität* poor; *Zeiten* hard; *Augen* weak ❷ (*moralisch verkommen*) bad, wicked, evil; **ein ~es Gewissen haben** to have a bad conscience ❸ (*übel*) **mir ist ~** I feel sick ❹ (*verdorben*) bad; **das Fleisch ist ~ geworden** the meat has spoiled ▶ WENDUNGEN: **es sieht ~ aus** things don't look good II. *adv* ❶ (*nicht gut*) badly, poorly; **so ~ habe ich selten gegessen** I've rarely had such bad food; **die Geschäfte gehen ~** business is bad; **~ gelaunt** in a bad mood *pred*; (*dauernd*) bad-tempered ❷ MED **jdm geht es ~** sb doesn't feel

S

good; ~ **hören** to be hard of hearing; ~ **sehen** to have poor eyesight

schlecht|machen *vt* ■jdn ~ to badmouth sb

schlecken ['ʃlɛ·kn̩] **I.** *vt* to lick; (*aufschlecken*) to lap up *sep* **II.** *vi* ❶ SÜDD, ÖSTERR, SCHWEIZ (*naschen*) to nibble ❷(*lecken*) ■**an** etw *dat* ~ to lick sth

Schlegel <-s, -> ['ʃle·ɡl̩] *m* ❶ MUS *s.* **Schlägel** ❷KOCHK SÜDD, ÖSTERR, SCHWEIZ (*Hinterkeule*) drumstick

schleichen <schlich, geschlichen> ['ʃlai·çn̩] **I.** *vi sein* ❶(*leise gehen*) to creep, to sneak ❷(*langsam gehen/fahren*) to crawl along **II.** *vr haben* ■**sich** *akk* **in das Zimmer** ~ to sneak into the room; **sich aus dem Haus** ~ to steal away softly

Schleier <-s, -> ['ʃlai·ɐ] *m* veil

schleierhaft *adj* ■~ **sein** to be a mystery

Schleife <-, -n> ['ʃlai·fə] *f* ❶ MODE bow ❷ *Straße* loop

schleifen[1] ['ʃlai·fn̩] **I.** *vt haben* (*ziehen*) to drag **II.** *vi* ❶ *haben* (*reiben*) to rub (**an** +*dat* against) ❷ *sein o haben* (*gleiten*) to slide; *Schleppe* to trail

schleifen[2] <schliff, geschliffen> ['ʃlai·fn̩] *vt* ❶(*schärfen*) to sharpen ❷(*in Form polieren*) to polish; (*mit Sandpapier*) to sand; *Edelsteine* to cut

Schleifmaschine *f* sander

Schleifpapier *nt* sandpaper

Schleim <-[e]s, -e> [ʃlaim] *m* ❶ MED mucus; (*in Bronchien*) phlegm ❷(*klebrige Masse*) slime

Schleimer(in) <-s, -> *m(f)* (*pej fam*) brownnoser

Schleimhaut *f* mucous membrane

schleimig ['ʃlai·mɪç] **I.** *adj* ❶ MED mucous ❷(*glitschig*) slimy ❸(*pej: unterwürfig*) slimy, obsequious **II.** *adv* (*pej*) in a slimy way, obsequiously

schlemmen ['ʃlɛ·mən] *vi* to have a feast

Schlemmer(in) <-s, -> ['ʃlɛ·mɐ] *m(f)* gourmet

Schlemmerei <-, -en> [ʃlɛ·mə·'rai] *f* ❶(*das Schlemmen*) feasting ❷(*Schmaus*) feast

schlendern ['ʃlɛn·dɐn] *vi sein* to stroll along

schlenkern ['ʃlɛŋ·kɐn] *vi* to dangle

Schleppe <-, -n> ['ʃlɛ·pə] *f* MODE train

schleppen ['ʃlɛ·pn̩] **I.** *vt* ❶(*tragen*) to carry, to lug *fam* ❷(*zerren*) to drag ❸(*abschleppen*) to tow **II.** *vr* (*sich mühselig fortbewegen*) ■**sich** *akk* ~ to drag oneself; *Verhandlungen* to drag on

schleppend I. *adj* ❶(*zögerlich*) slow ❷(*schwerfällig*) shuffling **II.** *adv* ❶(*zögerlich*) slowly; ~ **in Gang kommen** to be slow in getting started ❷(*schwerfällig*) ~ **gehen** to shuffle along

Schlepper[1] <-s, -> ['ʃlɛ·pɐ] *m* ❶ NAUT tug|boat] ❷(*Zugmaschine*) tractor

Schlepper(in)[2] <-s, -> ['ʃlɛ·pɐ] *m(f)* people smuggler, coyote *sl*

Schleppkahn *m* barge

Schlepplift *m* ski tow

Schlepptau *nt* towline; **im** ~ in tow

schleudern ['ʃlɔy·dɐn] **I.** *vt haben* ❶(*werfen*) to hurl ❷ *Wäsche* to spin **II.** *vi sein* to skid; **ins** S~ **geraten** to go into a skid; (*fig*) to be losing control of a situation

schleunigst *adv* right away, at once

Schleuse <-, -n> ['ʃlɔy·zə] *f* lock; (*Tor*) sluice |gate]

schleusen ['ʃlɔy·zn̩] *vt* (*fam*) ❶(*schmuggeln*) to smuggle (**in** +*akk* into) ❷(*geleiten*) ■**jdn durch etw** *akk* ~ to escort sb through sth ❸ NAUT to pass through a lock

Schleuserbande <-, -n> *f* people smugglers *pl*

schlich [ʃlɪç] *imp von* **schleichen**

schlicht [ʃlɪçt] **I.** *adj* ❶(*einfach*) simple, plain ❷(*wenig gebildet*) simple, unsophisticated ❸ *attr* (*bloß*) plain **II.** *part* (*ganz einfach*) simply

schlief [ʃliːf] *imp von* **schlafen**

schließen <schloss, geschlossen> ['ʃliː·sn̩] **I.** *vi* ❶(*zugehen*) to close ❷(*zumachen*) to close, to shut ❸(*enden*) to close; **der Vorsitzende schloss mit den Worten ...** the chairman closed by saying ... ❹(*schlussfolgern*) to conclude; **etw lässt auf etw** *akk* ~ sth indicates sth/that sth ... **II.** *vt* ❶(*zumachen*) to close ❷(*geh: beenden*) to close, to wind up ❸(*eingehen*) **ein Bündnis** ~ to enter into an alliance; **Freundschaft** ~ to become friends; **Frieden** ~ to make peace; **einen Kompromiss** ~ to reach a compromise; **einen Pakt** ~ to make a pact ❹ *Lücke* to fill ❺(*schlussfolgern*) to conclude (**aus** +*dat* from) ❻(*umfassen*) **jdn in die Arme** ~ to take sb in one's arms

Schließfach *nt* (*Gepäckschließfach*) locker; (*Bankschließfach*) safe-deposit box; (*Postfach*) post office box

schließlich ['ʃliːs·lɪç] *adv* ❶(*endlich*) at last, finally ❷(*immerhin*) after all

Schließung <-, -en> *f* closure

schliff [ʃlɪf] *imp von* **schleifen**[2]

Schliff <-[e]s, -e> [ʃlɪf] *m* ❶ *kein pl* (*das Schleifen*) *von Edelsteinen* cutting; *von Glas* cutting and polishing ❷(*geschliffener Zustand*) edge; *von Edelsteinen* cut; **einer S.** *dat* **den letzten** ~ **geben** to put the finishing touches on sth

schlimm [ʃlɪm] **I.** *adj* ❶(*übel*) bad, terrible; ■**etwas** S~es/S~eres sth terrible/worse; **das ist nicht so** ~ that's not so bad ❷(*ernst*) serious ❸(*moralisch schlecht*) bad; *Verbrechen* serious ▶ WENDUNGEN: **das ist halb so** ~ it's not as bad as all that; **ist nicht** ~! no problem!, don't worry [about it]! **II.** *adv* ❶(*gravierend*) seriously ❷(*äußerst schlecht*) dreadfully; **jdn** ~ **zurichten** to beat sb to a pulp; ~ **dran sein** (*fam*) to be hard up; **es hätte** ~**er kommen können** it could have been worse; **umso** ~**er** so much the worse

schlimmstenfalls ['ʃlɪm·stn̩·'fals] *adv* if worst comes to worst

Schlinge <-, -n> ['ʃlɪŋə] *f* ❶(*Schlaufe*) loop;

schlingen¹ <schlang, geschlungen> ['ʃlɪŋən]
I. *vt* to wind (**um** +*akk* around); **die Arme um jdn** ~ to wrap one's arms around sb II. *vr*
■ **sich** *akk* **um etw** *akk* ~ to wind itself around sth

schlingen² <schlang, geschlungen> ['ʃlɪŋən] *vi* (*fam*) to gobble one's food

schlingern ['ʃlɪŋən] *vi* NAUT to roll

Schlingpflanze *f* creeper

Schlips <-es, -e> [ʃlɪps] *m* tie

Schlitten <-s, -> ['ʃlɪ·tn̩] *m* ❶ (*Rodel*) sledge, sled; (*Rodelschlitten*) toboggan; (*mit Pferden*) sleigh ❷ (*sl: Auto*) wheels *pl*

Schlittenfahrt *f* sleigh ride

schlittern ['ʃlɪ·ten] *vi* ❶ *sein o haben* (*rutschen*) to slide; *Wagen* to skid ❷ *sein* (*fam: unversehens geraten*) ■ **in etw** *akk* ~ to slide into sth

Schlittschuh ['ʃlɪt·ʃuː] *m* [ice] skate; ~ **laufen** to [ice-]skate

Schlittschuhbahn *f* ice rink

Schlittschuhläufer(in) *m(f)* [ice] skater

Schlitz <-es, -e> [ʃlɪts] *m* ❶ (*Einsteckschlitz*) slot ❷ (*schmale Öffnung*) *a.* MODE slit

Schlitzohr *nt* rogue

schloss^RR, **schloß**^ALT [ʃlɔs] *imp von* **schließen**

Schloss^RR <-es, Schlösser>, **Schloß**^ALT <-sses, Schlösser> [ʃlɔs, *pl* 'ʃlœ·sɐ] *nt* ❶ (*Palast*) castle, palace ❷ (*Türschloss*) lock; **ins** ~ **fallen** to snap shut ❸ (*Verschluss*) catch ► WENDUNGEN: **jdn hinter** ~ **und Riegel bringen** to put sb behind bars

Schlosser(in) <-s, -> ['ʃlɔsɐ] *m(f)* locksmith

Schlosserei <-, -en> [ʃlɔ·sə·'rai] *f* locksmith's store

Schlosspark^RR *m* castle grounds *npl*

schlottern ['ʃlɔ·ten] *vi* ❶ (*zittern*) to tremble (**vor** +*dat* with) ❷ (*schlaff herabhängen*) to flap (**um** +*akk* around)

Schlucht <-, -en> [ʃlʊxt] *f* ravine; (*tiefer*) gorge

schluchzen ['ʃlʊxtsn̩] *vi* to sob

Schluchzer <-s, -> ['ʃlʊx·tsɐ] *m* sob

Schluck <-[e]s, -e> [ʃlʊk] *m* mouthful; (*größer*) gulp; (*kleiner*) sip; **in einem** ~ in one swallow

Schluckauf <-s> ['ʃlʊk·ʔauf] *m kein pl* hiccup

schlucken ['ʃlʊkn̩] *vt, vi* ❶ (*hinunterschlucken*) to swallow ❷ AUTO (*fam*) to guzzle sth; **der alte Wagen schluckt 14 Liter** the old car guzzles 14 liters for every 100 km ❸ (*fam: hinnehmen, glauben*) to swallow ❹ (*dämpfen*) to absorb

Schluckimpfung *f* oral vaccination

schluckweise *adv* in sips

schludern ['ʃluː·den] *vi* (*fam*) to do a sloppy job

schlug [ʃluːk] *imp von* **schlagen**

Schlummer <-s> ['ʃlʊ·mɐ] *m kein pl* slumber

schlummern ['ʃlʊ·men] *vi* to slumber

Schlund <-[e]s, Schlünde> [ʃlʊnt, *pl* 'ʃlʏn·də] *m* throat

schlüpfen ['ʃlʏp·fn̩] *vi sein* ❶ ORN, ZOOL to hatch (**aus** +*dat* out [of]) ❷ (*rasch kleiden*) to slip (**aus** +*dat* out of, **in** +*akk* into) ❸ (*rasch bewegen*) to slip

Schlüpfer <-s, -> ['ʃlʏp·fɐ] *m* panties *npl*

Schlupfloch *nt* ❶ (*Öffnung*) opening, hole ❷ (*fig*) loophole

schlüpfrig ['ʃlʏpf·rɪç] *adj* ❶ (*unanständig*) lewd ❷ (*glitschig*) slippery

Schlupfwinkel *m* (*Versteck*) hiding place; (*von Gangstern*) hideout

schlurfen ['ʃlʊr·fn̩] *vi sein* to shuffle; (*absichtlich*) to scuff [one's feet]

schlürfen ['ʃlʏr·fn̩] *vt, vi* to slurp

Schluss^RR <-es, Schlüsse>, **Schluß**^ALT <-Schlusses, Schlüsse> [ʃlʊs, *pl* 'ʃlʏ·sə] *m* ❶ *kein pl* (*zeitliches Ende*) end; **zum** ~ **kommen** to finish; [**mit etw** *dat*] ~ **machen** (*fam*) to stop [sth]; [**mit jdm**] ~ **machen** to break up [with sb]; ~ **für heute!** that's enough for today!; ~ **damit!** stop it!; ~ [**jetzt**]! [that's] enough [already]!; **zum** ~ at the end; (*schließlich*) in the end ❷ *kein pl* (*hinterster Teil*) end; **am** ~ **des Zuges** at the back of the train ❸ (*abschließender Abschnitt*) end, last part ❹ (*Folgerung*) conclusion

Schlussbemerkung^RR *f* final remark

Schlüssel <-s, -> ['ʃlʏ·sl̩] *m* key

Schlüsselbein *nt* clavicle

Schlüsseldienst *m* locksmith [service]

Schlüsselerlebnis *nt* crucial experience

schlüsselfertig *adj* ready for immediate occupancy

Schlüsselloch *nt* keyhole

Schlussfolgerung^RR, **Schlußfolgerung**^ALT <-, -en> *f* deduction, conclusion; **eine** ~ [**aus etw** *dat*] **ziehen** to draw a conclusion [from sth]

schlüssig ['ʃlʏ·sɪç] *adj* ❶ (*folgerichtig*) logical; *Beweisführung* conclusive ❷ (*im Klaren*) ■ **sich** *dat* ~ **werden** to make up one's mind (**über** +*akk* about)

Schlusslicht^RR *nt* AUTO rear [*or* tail] light

Schlusspfiff^RR *m* final whistle

Schlussstrich^RR *m* **einen** ~ **unter etw** *akk* **ziehen** to put an end to sth

Schlussverkauf^RR *m* sale

schmachten ['ʃmax·tn̩] *vi* (*geh*) ❶ (*leiden*) to languish ❷ (*sich sehnen*) to crave

schmächtig ['ʃmɛç·tɪç] *adj* slight

schmackhaft *adj* tasty ► WENDUNGEN: **jdm etw** ~ **machen** to make sth tempting for sb

schmal <-er *o* schmäler, -ste *o* schmälste> [ʃmaːl] *adj* narrow; *Mensch* slim

Schmalz <-es, -e> [ʃmalts] *nt* KOCHK drippings *npl*; (*vom Schwein*) lard

schmalzig ['ʃmal·tsɪç] *adj* (*pej fam*) schmaltzy, corny

schmarotzen* [ʃma·'rɔ·tsn̩] *vi* to sponge

Schmarotzer <-s, -> *m* parasite

Schmarren ['ʃma·rən], **Schmarrn** <-s, -> [ʃmarn̩] *m* SÜDD, ÖSTERR ❶ KOCHK *a warm des-*

S

sert of sliced crepes and raisins, topped with powdered sugar, often served with apple sauce or plum jam ❷ (fam: Quatsch) nonsense

schmatzen ['ʃma·tsn̩] vi to eat/drink noisily; (mit Genuss) to smack one's lips; **musst du immer so ~?** can't you eat quietly?

schmecken ['ʃmɛ·kn̩] **I.** vi ❶ (munden) **hat es geschmeckt?** did you enjoy it?; **das schmeckt aber gut** this tastes wonderful; **es sich** dat **~ lassen** to enjoy one's food; **lass es dir ~!** enjoy your meal! ❷ (Geschmack haben) to taste (**nach** +dat of) ❸ SÜDD, ÖSTERR, SCHWEIZ (riechen) smell **II.** vt to taste

Schmeichelei <-, -en> [ʃmai·çə·'lai] f flattery

schmeichelhaft adj flattering

schmeicheln ['ʃmai·çl̩n] vi to flatter; **■es schmeichelte ihm, dass ...** he was flattered that ...

Schmeichler(in) <-s, -> ['ʃmaiç·lɐ] m(f) flatterer

schmeichlerisch adj flattering

schmeißen <schmiss, geschmissen> ['ʃmai·sn̩] **I.** vt, vi (fam) ❶ (werfen) to throw; (mit Kraft) to hurl, to fling; **sie schmiss ihn aus dem Haus** she threw him out [of the house] ❷ (sl: spendieren) **eine Party ~** to throw a party; **eine Runde ~** to pay for a round of drinks ❸ (sl: managen) to run ❹ (fam: abbrechen) to quit **II.** vr (sich fallen lassen) **■sich** akk **~** to throw oneself (**auf** +akk onto, **vor** +akk in front of)

Schmeißfliege f blowfly

schmelzen <schmolz, geschmolzen> ['ʃmɛl·tsn̩] **I.** vi sein to melt **II.** vt haben to melt; Metall to smelt

Schmelzkäse m KOCHK ❶ (in Scheiben) processed cheese ❷ (streichfähig) cheese spread

Schmelzofen m smelting furnace

Schmelzpunkt m melting point

Schmerz <-es, -en> [ʃmɛrts] m ❶ (körperliche Empfindung) pain; (anhaltend und pochend) ache; **~en haben** to be in pain ❷ kein pl (Kummer) [mental] anguish

schmerzempfindlich adj sensitive to pain pred

schmerzen ['ʃmɛr·tsn̩] vi to hurt; (anhaltend und pochend) to ache; **■~d** painful, aching

Schmerzensgeld nt compensation

schmerzhaft adj painful

schmerzlich **I.** adj (geh) painful, distressing **II.** adv painfully

schmerzlindernd **I.** adj pain-relieving **II.** adv **~ wirken** to relieve pain

schmerzlos adj painless ▶ WENDUNGEN: **kurz und ~** short and sweet

Schmerzmittel nt painkiller; MED analgesic

schmerzstillend adj painkilling; **■~ sein** to be a painkiller

Schmerztablette f painkiller

Schmetterling <-s, -e> ['ʃmɛ·tɐ·lɪŋ] m butterfly

schmettern ['ʃmɛ·tɐn] vt ❶ (schleudern) to fling ❷ SPORT to smash ❸ MUS to blare out; Lied

to bawl out

Schmied(in) <-[e]s, -e> [ʃmiːt, pl 'ʃmiː·də] m(f) smith; (Hufschmied) blacksmith

Schmiede <-, -n> ['ʃmiː·də] f forge, smithy

schmiedeeisern adj wrought-iron

schmieden ['ʃmiː·dn̩] vt ❶ (glühend hämmern) to forge ❷ (aushecken) Plan to make

schmiegen ['ʃmiː·gn̩] vr to snuggle (**an** +akk up to); **■sich** akk [**an jdn**] **~** to cuddle up close [to sb]

Schmiere <-, -n> ['ʃmiː·rə] f (schmierige Masse) grease; (schmieriger Schmutz) ooze ▶ WENDUNGEN: **~ stehen** to keep a lookout

schmieren ['ʃmiː·rən] **I.** vt ❶ (streichen) to spread; Creme etc. to rub, to smear; **Salbe auf eine Wunde ~** to put cream on a wound ❷ (fetten) to lubricate, to grease ❸ (pej: malen) to scrawl ❹ (fam: bestechen) **jdn ~** to grease sb's palm ▶ WENDUNGEN: **jdm eine ~** (fam) to whack sb; **wie geschmiert** (fam) like clockwork **II.** vi (pej: unsauber schreiben) to scribble; Kuli to smudge

Schmiererei <-, -en> [ʃmiː·rə·'rai] f (pej fam) [smudgy] mess

Schmiergeld nt (fam) bribe, kickback

schmierig ['ʃmiː·rɪç] adj ❶ (nass und klebrig) greasy ❷ (pej: schleimig) slimy

Schmieröl nt lubricating oil

Schmierseife f soft soap

Schmierstoff m lubricant

Schmierzettel m piece of scratch paper

Schminke <-, -n> ['ʃmɪŋ·kə] f makeup

schminken ['ʃmɪŋ·kn̩] vt to put makeup on; **■sich** akk **~** to put on makeup

schmirgeln ['ʃmɪr·gl̩n] vt, vi to sand down

Schmirgelpapier ['ʃmɪrgl̩-] nt sandpaper

schmiss^{RR}, **schmiß**^{ALT} [ʃmɪs] imp von schmeißen

schmollen ['ʃmɔ·lən] vi to sulk

schmolz [ʃmɔlts] imp von schmelzen

Schmorbraten ['ʃmoː·ɐ̯-] m pot roast

schmoren ['ʃmoː·rən] vt, vi ❶ KOCHK to braise ❷ (fam: schwitzen) to swelter ▶ WENDUNGEN: **jdn ~ lassen** (fam) to let sb stew

Schmuck <-[e]s> [ʃmʊk] m kein pl ❶ (Schmuckstücke) jewelry ❷ (Verzierung) decoration, ornamentation

schmücken ['ʃmy·kn̩] **I.** vt (dekorieren) to decorate, to embellish **II.** vr **■sich** akk **~** to wear jewelry

schmucklos adj bare; Fassade plain

Schmuckstück nt ❶ (Schmuckgegenstand) piece of jewelry ❷ (fam: Prachtstück) jewel, masterpiece

schmuddelig ['ʃmʊdəlɪç], **schmuddlig** ['ʃmʊd·lɪç] adj grubby

Schmuggel <-s> ['ʃmʊgl̩] m kein pl smuggling

schmuggeln ['ʃmʊgl̩n] vt to smuggle

Schmuggelware f smuggled goods pl, contraband

Schmuggler(in) <-s, -> ['ʃmʊg·lɐ] m(f) smuggler

schmunzeln ['ʃmʊn·tsl̩n] *vi* to grin quietly to oneself (**über** +*akk* about)

Schmunzeln <-s> ['ʃmʊn·tsl̩n] *nt kein pl* grin

schmusen ['ʃmuː·zn̩] *vi* (*fam*) to cuddle, to neck

Schmutz <-es> [ʃmʊts] *m kein pl* dirt; **jdn/ etw in den ~ ziehen** to ruin sb's name/sth's reputation

Schmutzfleck *m* dirt stain

schmutzig ['ʃmʊ·tsɪç] *adj* ❶ (*dreckig*) dirty; **sich** *akk* [**bei etw** *dat*] **~ machen** to get dirty [doing sth] ❷ (*obszön*) smutty, lewd; *Witz* dirty ❸ (*pej: unlauter*) dubious, crooked; *Geld* dirty; *Geschäfte* shady

Schnabel <-s, Schnäbel> ['ʃnaː·bl̩, *pl* 'ʃnɛː·bl̩] *m* ❶ (*Vogelschnabel*) beak ❷ (*lange Tülle*) spout ❸ (*fam: Mund*) trap; **halt den ~!** shut up!

Schnake <-, -n> ['ʃnaː·kə] *f* ❶ (*Weberknecht*) daddy longlegs *fam* ❷ DIAL (*Stechmücke*) mosquito

Schnalle <-, -n> ['ʃnalə] *f* buckle

schnallen ['ʃna·lən] *vt* to buckle up *sep*, to fasten; **den Gürtel enger/weiter ~** to tighten/ loosen one's belt

schnalzen ['ʃnal·tsn̩] *vi* **mit den Fingern ~** to snap one's fingers; **mit der Zunge ~** to click one's tongue

Schnäppchen <-s, -> ['ʃnɛp·çən] *nt* bargain

Schnäppchenjagd *f* bargain hunting

Schnäppchenmarkt *m* ÖKON (*fam*) bargain basement

schnappen ['ʃna·pn̩] **I.** *vi* ❶ *haben* (*greifen*) to grab (**nach** +*dat* for), to snatch (**nach** +*dat* at) ❷ *haben* (*mit den Zähnen*) to snap (**nach** +*dat* at) **II.** *vt haben* (*fam*) ❶ (*ergreifen*) ▪ [**sich** *dat*] **etw ~** to grab sth; **etwas frische Luft ~** to get a breath of fresh air ❷ (*festnehmen*) to catch

Schnappschussᴿᴿ *m* snapshot

Schnaps <-es, Schnäpse> [ʃnaps, *pl* 'ʃnɛp·sə] *m* schnapps

Schnapsidee *f* harebrained idea *fam*

schnarchen ['ʃnar·çn̩] *vi* to snore

schnattern ['ʃna·ten] *vi* ❶ ORN to cackle ❷ (*fam: schwatzen*) to chatter

schnauben <schnaubte, geschnaubt> ['ʃnau·bn̩] *vi* to snort

schnaufen ['ʃnau·fn̩] *vi* ❶ *haben* (*angestrengt atmen*) to puff, to pant ❷ *haben bes* SÜDD (*atmen*) to breathe

Schnauzbart *m* walrus mustache

Schnauze <-, -n> ['ʃnau·tsə] *f* ❶ ZOOL snout ❷ (*sl: Mund*) trap; **eine große ~ haben** to have a big mouth; **die ~ halten** to shut up ▶ WENDUNGEN: **die ~** [**von etw** *dat*] **voll haben** (*sl*) to be fed up [with sth]; [**mit etw** *dat*] **auf die ~ fallen** (*sl*) to fall flat on one's face [with sth]

schnauzen ['ʃnau·tsn̩] *vi* (*fam: barsch reden*) to bark

schnäuzenᴿᴿ ['ʃnɔy·tsn̩] *vr* **sich** *akk* **~** to blow one's nose

Schnecke <-, -n> ['ʃnɛ·kə] *f* ❶ ZOOL snail; (*Nacktschnecke*) slug ❷ (*Gebäck*) ≈ cinnamon roll with raisins ▶ WENDUNGEN: **jdn zur ~ machen** to chew sb out

Schneckenhaus *nt* snail shell

Schneckentempo *nt* **im ~** at a snail's pace

Schnee <-s> [ʃneː] *m kein pl* snow ▶ WENDUNGEN: **~ von gestern** [ancient] history

Schneeball *m* snowball

schneebedeckt *adj* snow-covered

Schneebesen *m* whisk

Schneefall *m* snowfall

Schneeflocke *f* snowflake

Schneegestöber *nt* [snow] flurry

Schneeglöckchen <-s, -> *nt* snowdrop

Schneegrenze *f* snow line

Schneekette *f meist pl* snow chain[s *pl*]

Schneemann *m* snowman

Schneematsch *m* slush

Schneepflug *m* snowplow

Schneeregen *m* sleet

Schneeschaufel *f*, **Schneeschippe** *f* DIAL snow shovel

Schneesturm *m* snowstorm

schneeweiß ['ʃneː·'vais] *adj* as white as snow *pred*, snow-white

Schneewittchen <-s> [ʃneː·'vɪt·çən] *nt* Snow White

Schneide <-, -n> ['ʃnai·də] *f* edge, blade

schneiden <schnitt, geschnitten> ['ʃnai·dn̩] **I.** *vt* ❶ (*zerteilen*) to cut ❷ (*kürzen*) to cut, to trim; *Baum* to prune ❸ (*knapp einscheren*) *Auto* to cut ❹ FILM to edit ❺ (*meiden*) to snub **II.** *vr* ❶ (*sich verletzen*) to cut oneself; **sich** *akk* **in den Finger ~** to cut one's finger ❷ (*sich kreuzen*) to intersect

schneidend *adj* ❶ (*durchdringend*) biting ❷ (*scharf*) sharp

Schneider(in) <-s, -> ['ʃnai·de] *m(f)* tailor ▶ WENDUNGEN: **aus dem ~ sein** to be in the clear

Schneiderei <-, -en> [ʃnai·də·'rai] *f* tailor shop

schneidern ['ʃnai·den] **I.** *vi* to work as a tailor; (*als Hobby*) to do dressmaking **II.** *vt* to make; *Anzug* to tailor; **selbst geschneidert** homemade

Schneidersitz *m* **im ~** cross-legged

Schneidezahn *m* incisor

schneien ['ʃnai·ən] *vi impers* to snow

Schneise <-, -n> ['ʃnai·zə] *f* aisle

schnell [ʃnɛl] **I.** *adj* ❶ (*eine hohe Geschwindigkeit erreichend*) fast ❷ (*zügig*) prompt, rapid ❸ *attr* (*baldig*) swift, speedy **II.** *adv* ❶ (*mit hoher Geschwindigkeit*) fast ❷ (*zügig*) quickly; **es geht ganz ~** it won't take long; **~ machen** to hurry up

Schnellboot *nt* speedboat

schnelllebigᴬᴸᵀ *adj s.* **schnelllebig**

schnellen ['ʃnɛ·lən] *vi sein* **in die Höhe ~** to shoot up

Schnellhefter *m* loose-leaf binder

Schnelligkeit <-, *selten* -en> *f* ❶ (*Geschwin-*

digkeit) speed ❷(Zügigkeit) speediness; Ausführung promptness

Schnellimbiss^{RR} *m* fast-food stand

Schnellkochtopf *m* pressure cooker

Schnellkurs *m* crash course

schnelllebig^{RR} *adj* fast-moving

schnellstens *adv* as soon as possible

Schnellstraße *f* expressway

Schnellverfahren *nt* ❶JUR summary trial ❷(fam) im ~ in a hurry

Schnellzug *m* fast train

Schnepfe <-, -n> ['ʃnɛp·fə] *f* ❶ORN snipe ❷(pej fam) stupid chick

schneuzen^{ALT} ['ʃnɔy·tsn̩] *vr s.* **schnäuzen**

schniefen ['ʃni:·fn̩] *vi* to sniffle

schnippeln ['ʃnɪ·pl̩n] *vi* to snip (**an** +*dat* at)

schnippen ['ʃnɪ·pn̩] I. *vi* **mit den Fingern ~** to snap one's fingers II. *vt* ■**etw** [**von etw** *dat*] ~ to flick sth [off sth]

schnippisch ['ʃnɪ·pɪʃ] *adj* snippy, snotty

Schnipsel <-s, -> ['ʃnɪp·s̩l] *m o nt* shred

schnitt [ʃnɪt] *imp von* **schneiden**

Schnitt <-[e]s, -e> [ʃnɪt] *m* ❶(Schnittwunde) cut ❷(Haarschnitt) cut ❸MODE cut ❹FILM editing ❺ARCHIT, MATH section; **im ~** ARCHIT in section; (durchschnittlich) on average

Schnitte <-, -n> ['ʃnɪ·tə] *f* ❶KOCHK slice ❷(belegtes Brot) [open-faced] sandwich

Schnittfläche *f* cut surface

schnittig ['ʃnɪ·tɪç] *adj* stylish

Schnittlauch ['ʃnɪt·laux] *m kein pl* chives *npl*

Schnittpunkt *m* point of intersection

Schnittstelle *f* COMPUT interface

Schnittwunde *f* cut

Schnitzel¹ <-s, -> ['ʃnɪ·ts̩l] *nt* KOCHK veal cutlet; **Wiener ~** Wiener schnitzel

Schnitzel² <-s, -> ['ʃnɪ·ts̩l] *nt o m* shred

schnitzen ['ʃnɪ·tsn̩] *vt, vi* to carve; ■**das S~** carving

Schnitzer(in) <-s, -> ['ʃnɪ·tsɐ] *m(f)* woodcarver

Schnitzer <-s, -> ['ʃnɪ·tsɐ] *m* (fam) blunder

Schnitzerei <-, -en> [ʃnɪ·tsɐ·'rai] *f* woodcarving

schnöde ['ʃnø:·də] I. *adj* despicable II. *adv* despicably

Schnorchel <-s, -> ['ʃnɔr·çl̩] *m* snorkel

schnorcheln ['ʃnɔr·çl̩n] *vi* to go snorkeling

Schnörkel <-s, -> ['ʃnœr·kl̩] *m* scroll

schnorren ['ʃnɔ·rən] *vi, vt* to sponge [*or* mooch]

Schnorrer(in) <-s, -> *m(f)* moocher, scrounger

schnüffeln ['ʃny·fl̩n] *vi* ❶(schnuppern) to sniff ❷(fam: spionieren) to nose around

Schnüffler(in) <-s, -> *m(f)* ❶(Detektiv) detective, snoop ❷(sl: Süchtiger) glue sniffer

Schnuller <-s, -> ['ʃnu·lɐ] *m* pacifier, Binky® *fam*

Schnulze <-, -n> ['ʃnʊl·tsə] *f* corny love song

schnupfen ['ʃnʊp·fn̩] I. *vi* to sniff II. *vt* Tabak, Kokain to snort

Schnupfen <-s, -> ['ʃnʊp·fn̩] *m* cold; [einen]

~ haben to have a cold

Schnupftabak *m* snuff

schnuppern ['ʃnʊ·pɐn] *vi, vt* to sniff (**an** +*dat* at)

Schnur <-, Schnüre> [ʃnu:ɐ̯, *pl* 'ʃny:·rə] *f* cord

Schnürchen <-s, -> ['ʃny:ɐ̯·çən] *nt dim von* **Schnur** thin cord ▸ WENDUNGEN: **wie am ~** like clockwork

schnüren ['ʃny:·rən] *vt* to tie up *sep* (**zu** +*dat* into); Schuhe to tie

schnurgerade ['ʃnu:ɐ̯·gə·'ra:·də] I. *adj* [as] straight as an arrow II. *adv* in a straight line

schnurlos *adj* cordless

Schnurrbart ['ʃnʊr·ba:ɐ̯t] *m* mustache

schnurren ['ʃnʊ·rən] *vi* ❶(Katze) to purr ❷(surren) to whir

Schnurrhaare *pl* whiskers *pl*

Schnürschuh *m* shoe [with shoelaces]

Schnürsenkel *m* shoelace

Schnürstiefel *m* lace-up boot

schnurstracks ['ʃnu:ɐ̯·'ʃtraks] *adv* straight; **~ nach Hause gehen** to go straight home

schob [ʃo:p] *imp von* **schieben**

Schock <-[e]s, -s> [ʃɔk] *m* shock; **unter ~ stehen** to be in [a state of] shock

schocken ['ʃɔ·kn̩] *vt* to shock

schockieren* [ʃɔ·'ki:·rən] *vt* to shock; ■**schockiert sein** to be shocked (**über** +*akk* about)

Schöffe, Schöffin <-n, -n> ['ʃœfə, 'ʃœ·fɪn] *m, f* juror

Schokolade <-, -n> [ʃo·ko·'la:·də] *f* (Kakaomasse) chocolate; (Kakaogetränk) hot chocolate

Schokoriegel *m* chocolate bar

Scholle <-, -n> ['ʃɔ·lə] *f* ❶ZOOL plaice ❷(flacher Erdklumpen) clod [of earth] ❸(Eisbrocken) [ice] floe

schon [ʃo:n] I. *adv* ❶(bereits) already, yet; **sind wir ~ da?** are we there yet?; **du willst ~ gehen?** you want to leave already?; **~ damals** even at that time; **~ lange** for a long time; **~ mal** ever; **hast du ~ mal Austern gegessen?** have you ever eaten oysters?; **~ oft** several times [already] ❷(allein) **~ aus dem Grund** for that reason alone; **~ die Tatsache, dass ...** the fact alone that ... ❸(irgendwann) in the end, one day; **es wird ~ noch klappen** it will [all] work out in the end ❹(denn) **was macht das ~?** what does it matter? ❺(irgendwie) all right; **danke, es geht ~** thanks, I can manage ❻(ja) **ich sehe ~, ...** I can see, ...; **~ immer** always; **~ längst** for ages, ages ago; **~ wieder** [once] again; **und wenn ~!** so what? II. *part* ❶(auffordernd) **geh ~!** go on!; **gib ~ her!** come on, give it here!; **mach ~!** hurry up!; [**nun**] **sag ~!** come on, tell me! ❷(nur) **wenn ich das ~ rieche/sehe!** I can't stand the smell/sight of that!; **wenn ich das ~ höre!** I'm sick of hearing that!

schön [ʃø:n] I. *adj* ❶(hübsch) beautiful; (ansprechend) nice ❷(angenehm) good, great, nice; *Tag* beautiful; **ich wünsche euch**

~e Ferien have a nice vacation; |**das ist ja alles**| ~ **und gut, aber** ... that's all very well, but ...; **na** ~ all right then ❸(*iron: unschön*) great; **das sind ja ~e Aussichten!** the future sure looks bright!; **das wird ja immer ~er!** things are getting worse and worse!; **das S~ste kommt erst noch** the best is yet to come ❹(*beträchtlich*) great, good; **ein ~es Stück Arbeit** quite a lot of work **II.** *adv* ❶(*ansprechend*) well; ~ **singen** to sing well ❷(*fam: genau*) thoroughly ❸(*fam: besonders*) ~ **groß** nice and big ❹(*iron: ziemlich*) really; **das hat ganz ~ wehgetan!** that really hurt!

schonen ['ʃoːˑnən] **I.** *vt* ❶(*pfleglich behandeln*) to take care of ❷(*nicht überbeanspruchen*) to go easy on; **das schont die Gelenke** it's easy on the joints ❸(*verschonen*) to spare **II.** *vr* ▪ **sich** *akk* ~ to take it easy

schonend I. *adj* ❶(*nicht strapazierend*) gentle; (*pfleglich*) careful ❷(*rücksichtsvoll*) considerate **II.** *adv* ❶(*pfleglich*) carefully, with care ❷(*rücksichtsvoll*) **jdm etw ~ beibringen** to break sth to sb gently

Schonfrist *f* grace period

schöngeistig *adj* aesthetic

Schönheit <-, -en> *f* beauty

Schönheitsfehler *m* ❶(*kosmetische Beeinträchtigung*) blemish ❷(*geringer Makel*) flaw

Schönheitsoperation *f* cosmetic surgery

Schonung <-> *f kein pl* ❶(*das pflegliche Behandeln*) care ❷(*Schutz*) protection ❸(*Rücksichtnahme*) consideration

schonungslos I. *adj* blunt, merciless; *Kritik* savage; *Offenheit* unabashed **II.** *adv* bluntly, mercilessly

schöpfen¹ ['ʃœpˑfn̩] *vt* ❶(*mit einem Behältnis entnehmen*) to scoop; *Suppe* to ladle ❷(*geh: gewinnen*) to draw; *Kraft* to summon [up]

schöpfen² ['ʃœpˑfn̩] *vt* (*erschaffen*) to create; (*Ausdruck, Wort*) to coin

Schöpfer(in) <-, -> *m(f)* creator; ▪ **der ~** (*Gott*) the Creator

schöpferisch ['ʃœpˑfəˑrɪʃ] **I.** *adj* creative **II.** *adv* creatively

Schöpflöffel *m* ladle

Schöpfung <-, -en> *f* creation; ▪ **die ~** REL the Creation

Schöpfungsgeschichte *f kein pl* ▪ **die ~** the story of the Creation

schor [ʃoːɐ̯] *imp von* **scheren¹**

Schorf <-[e]s, -e> [ʃɔrf] *m* scab

Schorle <-, -n> ['ʃɔrˑlə] *f juice or wine mixed with seltzer water*

Schornstein ['ʃɔrnˑʃtain] *m* chimney

Schornsteinfeger(in) <-, -> *m(f)* chimney sweep

schossRR, **schoß**ALT [ʃɔs] *imp von* **schießen**

Schoß <-es, Schöße> [ʃoːs, *pl* 'ʃøːˑsə] *m* ❶ ANAT lap ❷(*Mutterleib*) womb ▶ WENDUN-GEN: **etw fällt jdm in den ~** sth falls into sb's lap

Schoßhund *m* lapdog

SchösslingRR, **Schößling**ALT <-s, -e> ['ʃœsˑlɪŋ] *m* shoot

Schote <-, -n> ['ʃoːˑtə] *f* pod

Schotte, Schottin <-n, -n> ['ʃɔˑtə, 'ʃɔˑtɪn] *m, f* Scot, Scotsman *masc*, Scotswoman *fem*; *s. a.* **Deutsche(r)**

Schottenrock *m* ❶(*Rock mit Schottenmuster*) plaid skirt ❷(*Kilt*) kilt

Schotter <-s, -> ['ʃɔˑtɐ] *m* gravel

schottisch ['ʃɔˑtɪʃ] *adj* Scottish; *s. a.* **deutsch**

Schottland ['ʃɔtˑlant] *nt* Scotland; *s. a.* **Deutschland**

schraffieren* [ʃraˑ'fiːˑrən] *vt* to hatch

Schraffierung <-, -en> *f kein pl* hatching

schräg [ʃrɛːk] **I.** *adj* ❶(*schief*) sloping; (*Linien*) diagonal, oblique ❷(*von der Norm abweichend*) offbeat **II.** *adv* ❶(*schief*) at an angle, askew; **das Bild hängt ~** that picture isn't hanging straight ❷(*im schiefen Winkel*) ~ **überqueren** to cross diagonally ▶ WENDUN-GEN: **jdn ~ ansehen** to look at sb suspiciously

Schräge <-, -n> ['ʃrɛːˑgə] *f* (*schräge Fläche*) slope, sloping surface

Schrägstrich *m* slash

Schramme <-, -n> ['ʃraˑmə] *f* ❶(*Schürfwunde*) scrape ❷(*Kratzer*) scratch

schrammen ['ʃraˑmən] *vi* to scrape (**über** +*akk* across)

Schrank <-[e]s, Schränke> [ʃraŋk, *pl* 'ʃrɛŋˑkə] *m* (*Geschirrschrank*) cupboard; (*Kleiderschrank*) closet

Schranke <-, -n> ['ʃraŋˑkə] *f* ❶ BAHN barrier, gate ❷(*Grenze*) limit; **jdn in seine ~n weisen** to put sb in his/her place

Schranken <-s, -> ['ʃraŋˑkn̩] *m* BAHN ÖSTERR (*Schranke*) [railroad [crossing]] gate

schrankenlos *adj* unlimited, boundless

Schrankwand *f* wall unit

Schraubdeckel *m* screw cap [*or* lid]; *Flasche* screw top

Schraube <-, -n> ['ʃrauˑbə] *f* ❶ TECH screw ❷ NAUT propeller ❸ SPORT twist ▶ WENDUNGEN: **bei jdm ist eine ~ locker** (*fam*) sb has a screw loose

schrauben ['ʃrauˑbn̩] *vt* ❶(*mit Schrauben befestigen*) to screw (**an** +*akk* into, **auf** +*akk* onto) ❷(*drehen*) **etw höher/niedriger ~** to raise/lower sth; **etw fester/loser ~** to tighten/loosen sth

Schraubenschlüssel *m* wrench

Schraubenzieher <-s, -> *m* screwdriver

Schraubstock *m* vice

SchraubverschlussRR *m* screw top

Schrebergarten ['ʃreːˑbɐ-] *m small garden plot on a piece of land managed by a gardening club*

Schreck <-s> [ʃrɛk] *m kein pl* fright; **einen ~ bekommen** to get a fright; **jdm einen ~ einjagen** to give sb a scare

Schrecken <-s, -> ['ʃrɛˑkn̩] *m* fright, horror; ~ **erregend** terrifying; **mit dem ~ davonkommen** to escape with no more than a scare

Schreckensherrschaft *f* reign of terror

Schreckgespenst nt bogey
schreckhaft adj jumpy
schrecklich ['ʃrɛk·lɪç] I. adj terrible, awful II. adv terribly, awfully
SchreckschussRR m warning shot
SchreckschusspistoleRR f blank pistol
Schrei <-[e]s, -e> [ʃrai] m scream, cry ▶ WENDUNGEN: **der letzte ~** (fam) the latest craze
Schreibblock <s, -blöcke> m writing pad
schreiben <schrieb, geschrieben> ['ʃrai·bn̩] I. vt ❶ (verfassen) to write ❷ (schriftlich darstellen) to spell; **etw falsch/richtig ~** to spell sth wrong/right II. vi ❶ (Schrift erzeugen) to write; ■**etwas zum S~** something to write with ❷ (schreibend arbeiten) **sie schreibt an einem Buch** she is writing a book ❸ (einen Brief schicken) ■**jdm ~** to write to sb III. vr (geschrieben werden) **wie schreibt sich das Wort?** how do you spell that word?
Schreiben <-s, -> ['ʃrai·bn̩] nt (geh) letter
Schreiber <-s, -> ['ʃrai·bɐ] m (fam) pen
schreibfaul adj ■**~ sein** to be lazy when it comes to letter-writing
Schreibfehler m spelling mistake
Schreibheft nt exercise book
Schreibkraft f (geh) typist
Schreibmaschine f typewriter
Schreibpapier nt writing paper
Schreibpult nt [writing] desk
Schreibtisch m desk
Schreibtischlampe f desk lamp
Schreibung <-, -en> f spelling
Schreibwaren pl stationery
Schreibwarengeschäft nt stationery store
Schreibweise f ❶ (Rechtschreibung) spelling ❷ (Stil) [writing] style
Schreibzeug nt writing utensils pl
schreien <schrie, geschrie[e]n> ['ʃrai·ən] I. vi ❶ (brüllen) to yell ❷ ORN, ZOOL to cry ❸ (laut rufen) to shout (**nach** +dat for) ❹ (heftig verlangen) to cry out; **das Kind schreit nach der Mutter** the child is crying for his/her mother II. vt (etw brüllen) to shout [out]
schreiend adj ❶ (grell) Farben loud, garish ❷ (flagrant) Ungerechtigkeit flagrant, glaring
Schreierei <-, -en> [ʃrai·ə·'rai] f yelling
Schreihals m (fam) screamer
Schrein <-[e]s, -e> [ʃrain] m (geh) shrine
Schreiner(in) <-s, -> ['ʃrai·nɐ] m(f) carpenter
Schreinerei <-, -en> [ʃrai·nə·'rai] f ❶ (Tischlerei) carpenter's workshop ❷ (das Tischlern) carpentry
schreiten <schritt, geschritten> ['ʃrai·tn̩] vi sein ❶ (gehen) to stride ❷ (etw in Angriff nehmen) to proceed (**zu** +dat with)
schrie [ʃri:] imp von **schreien**
schrieb [ʃri:p] imp von **schreiben**
Schrift <-, -en> [ʃrɪft] f ❶ (Handschrift) [hand]writing ❷ (Schriftsystem) script ❸ TYPO (Druckschrift) type; (Computer) font ❹ (Abhandlung) paper; **die Heilige ~** the [Holy] Scriptures pl
Schriftart f type[face]

Schriftdeutsch nt standard German
Schriftführer(in) m(f) secretary
Schriftgröße f font size
schriftlich ['ʃrɪft·lɪç] I. adj written; ■**etwas S~ es** something in writing II. adv in writing
Schriftsprache f standard language
Schriftsteller(in) <-s, -> ['ʃrɪft·ʃtɛ·lɐ] m(f) author, writer
Schriftstück nt document
Schriftwechsel m correspondence
schrill [ʃrɪl] I. adj ❶ (durchdringend hell) shrill ❷ (nicht moderat) brash; (Farbe) garish II. adv shrilly
schritt [ʃrɪt] imp von **schreiten**
Schritt <-[e]s, -e> [ʃrɪt] m ❶ (Tritt) step; **~e machen** to take steps; **seinen ~ beschleunigen** to quicken one's pace; [**mit jdm/etw**] **~ halten** to keep up [with sb/sth]; **~ für ~** step by step; **~e hören** to hear footsteps ❷ kein pl (Gang) walk, gait ❸ (Maßnahme) measure, step; **~e** [**gegen jdn/etw**] **unternehmen** to take steps [against sb/sth] ❹ MODE crotch
SchritttempoALT nt s. **Schritttempo**
Schrittgeschwindigkeit f walking speed
Schrittmacher <-s, -> m pacemaker
SchritttempoRR nt walking speed
schrittweise I. adj gradual II. adv gradually
schroff [ʃrɔf] I. adj ❶ (barsch) curt, brusque ❷ (steil) steep II. adv ❶ (barsch) curtly, brusquely ❷ (steil) steeply
schröpfen ['ʃrœp·fn̩] vt (fam: ausnehmen) to cheat
Schrot <-[e]s, -e> [ʃro:t] m o nt ❶ kein pl AGR coarsely ground whole wheat ❷ (aus Blei) shot
Schrotflinte f shotgun
Schrott <-[e]s> [ʃrɔt] m kein pl ❶ (Metallmüll) scrap metal ❷ (fam: wertloses Zeug) junk; **ein Auto zu ~ fahren** (fam) to total a car
Schrotthändler(in) m(f) scrap dealer
Schrotthaufen m scrapheap
Schrottplatz m junkyard
schrubben ['ʃrʊbn̩] vt, vi to scrub
Schrubber <-s, -> ['ʃrʊ·bɐ] m scrubbing brush
schrumpelig ['ʃrʊm·pə·lɪç] adj (fam) wrinkled
schrumpfen ['ʃrʊmp·fn̩] vi sein to shrink; Frucht to shrivel; Muskeln to atrophy
schrumplig ['ʃrʊmp·lɪç] adj s. **schrumpelig**
Schub <-[e]s, Schübe> [ʃu:p, pl 'ʃy:·bə] m ❶ PHYS (Vortrieb) thrust ❷ MED (einzelner Anfall) phase ❸ (Antrieb) drive
Schubkarre f, **Schubkarren** m wheelbarrow
Schublade <-, -n> ['ʃu:p·la:·də] f drawer
Schubs <-es, -e> [ʃʊps] m (fam) shove
schubsen ['ʃʊp·sn̩] vt (fam) to shove
schubweise adv ❶ MED in phases ❷ (in Gruppen) in batches
schüchtern ['ʃʏç·tɐn] adj ❶ (gehemmt) shy ❷ (zaghaft) timid; Versuch half-hearted
Schüchternheit <-> f kein pl shyness
schuf [ʃu:f] imp von **schaffen**[2]
Schuft <-[e]s, -e> [ʃʊft] m villain

schuften ['ʃʊf·tn̩] *vi* (*fam*) to slave away
Schufterei <-, -en> [ʃʊf·tə·'rai] *f* (*fam*) drudgery
Schuh <-[e]s, -e> [ʃuː] *m* shoe ▶ WENDUNGEN: **jdm etw in die ~e schieben** (*fam*) to put the blame for sth on sb
Schuhgeschäft *nt* shoe store
Schuhgröße *f* shoe size
Schuhlöffel *m* shoehorn
Schuhmacher(in) <-s, -> ['ʃuː·ma·xɐ] *m(f)* **①** (*Hersteller*) shoemaker **②** (*für Reparaturen*) cobbler
Schuhputzer(in) <-s, -> *m(f)* shoeshine
Schuhputzmittel *nt* shoe polish
Schuhsohle *f* sole [of a/one's shoe]
Schuhwerk <-[e]s> *nt kein pl* footwear
Schulabbruch *m* dropout
Schularbeit *f,* **Schulaufgabe** *f* **①** *meist pl* (*Hausaufgaben*) homework; **die/seine ~en machen** to do one's homework **②** ÖSTERR (*Klassenarbeit*) [written] test
Schulbildung *f kein pl* school education
Schulbuch *nt* schoolbook, textbook
Schulbus *m* school bus
schuld [ʃʊlt] *adj* ■ **~ sein** to be to blame (**an** +*dat* for)
Schuld <-> [ʃʊlt] *f kein pl* **①** (*Verschulden*) fault, blame; **jdm [die] ~ geben** to blame sb; **er hat ~** he did it; **es ist ihre ~, dass/wenn ...** it is their fault that/if ...; **die ~ auf sich nehmen** to take the blame **②** (*verschuldete Missetat*) guilt; REL sin; **er ist sich keiner ~ bewusst** he's not aware of having done anything wrong **③** *meist pl* FIN debt; **~en machen** to go into debt
schuldbewusst^RR I. *adj* guilty II. *adv* guiltily
Schuldbewusstsein^RR *nt* guilty conscience
schulden ['ʃʊl·dn̩] *vt* to owe
Schuldenerlass^RR *m* FIN release from debt
schuldenfrei *adj* free of debt
Schuldgefühl *nt* guilty feelings *pl*
schuldig ['ʃʊl·dɪç] *adj* **①** JUR guilty; **sich ~ bekennen** to plead guilty; **jdn ~ sprechen** to find sb guilty **②** ■ **jdm etw ~ sein** *Geld, einen Gefallen etc.* to owe sb sth
Schuldige(r) *f(m) dekl wie adj* guilty party
Schuldigkeit <-> *f kein pl* duty; **seine ~ getan haben** to have met one's obligations
schuldlos I. *adj* blameless II. *adv* blamelessly
Schuldner(in) <-s, -> ['ʃʊld·nɐ] *m(f)* debtor
Schule <-, -n> ['ʃuː·lə] *f* school; **in die ~ gehen** to go to school; **in die ~ kommen** to start school; **in der ~** at school; **morgen ist keine ~** there is no school tomorrow ▶ WENDUNGEN: **~ machen** to catch on
schulen ['ʃuː·lən] *vt* to train
Schüler(in) <-s, -> ['ʃyː·lɐ] *m(f)* student; SCH *a.* schoolchild
Schüleraustausch *m* high school exchange program
Schülerausweis *m* student ID [card]
Schülerzeitung *f* school [news]paper
Schulfach *nt* [school] subject

Schulferien *pl* summer vacation
schulfrei *adj* **~ haben** to not have school
Schulgeld *nt* tuition
Schulheft *nt* notebook
Schulhof *m* school playground
Schuljahr *nt* SCH **①** (*Zeitraum*) school year **②** (*Klasse*) grade
Schulklasse *f* [school] class
Schulleiter(in) *m(f)* principal
Schulmedizin *f* classical medicine
Schulpflicht *f kein pl* mandatory school attendance
schulpflichtig *adj* of school age; **~ sein** to be required to attend school
Schulranzen *m* backpack (*for schoolchildren*)
Schulschwänzer(in) ['ʃuːl·ʃvɛn·tsɐ] *m(f)* SCH (*fam*) truant
Schulsprecher(in) *m(f)* student body president
Schulstunde *f* period, lesson
Schultasche *f* backpack (*for schoolchildren*)
Schulter <-, -n> ['ʃʊl·tɐ] *f* shoulder; **mit den ~n zucken** to shrug one's shoulders ▶ WENDUNGEN: **jdm die kalte ~ zeigen** to give sb the cold shoulder; **jd nimmt etw auf die leichte ~** sb takes sth very lightly, sb doesn't take sth very seriously
Schulterblatt *nt* shoulder blade
schulterfrei *adj* strapless
schulterlang *adj* shoulder-length
Schulterpolster *nt* shoulder pad
Schulung <-, -en> *f* training
Schulunterricht *m kein pl* [in-]class instruction
Schulverweis *m* SCH referral; (*befristet*) suspension
Schulweg *m* way to/from school
Schulzeit *f kein pl* school days *pl*
Schulzeugnis *nt* report card
schummeln ['ʃʊ·ml̩n] *vi* (*fam*) to cheat
schummerig ['ʃʊ·mə·rɪç], **schummrig** ['ʃʊm·rɪç] *adj* dim
Schund <-[e]s> [ʃʊnt] *m kein pl* (*pej*) trash
Schuppe <-, -n> ['ʃʊpə] *f* **①** ZOOL scale **②** *pl* MED dandruff
schuppen ['ʃʊ·pn̩] I. *vt* KOCHK to remove the scales II. *vr* **sich** *akk* **~ Haut** to flake
Schuppen <-s, -> ['ʃʊ·pn̩] *m* **①** (*Verschlag*) shed **②** (*fam: Lokal*) joint
Schuppenflechte *f* psoriasis
schuppig ['ʃʊ·pɪç] *adj Haut* flaky; **~e Haare haben** to have dandruff
schüren ['ʃyː·rən] *vt* **①** (*anfachen*) to fan **②** (*anstacheln*) **etw ~** to stir up *sep* sth
schürfen ['ʃʏr·fn̩] I. *vi* **①** (*graben*) to dig (**nach** +*dat* for) **②** (*schleifen*) to scrape (**über** +*akk* across) II. *vt* **etw ~** to mine sth
Schürfwunde *f* scrape
Schurke <-n, -n> ['ʃʊr·kə] *m* (*veraltend*) scoundrel
Schurkenstaat *m* POL (*pej*) rogue state
Schurwolle *f* wool; „**reine ~**" "pure new wool"
Schürze <-, -n> ['ʃʏr·tsə] *f* apron

S

SchussRR <-es, Schüsse>, **Schuß**ALT <-sses, Schüsse> [ʃʊs, *pl* 'ʃʏ·sə] *m* ❶ (*Ab- o Einschuss*) shot ❷ (*Patrone*) round ❸ (*Spritzer*) splash ❹ FBALL shot ❺ (*sl: Drogeninjektion*) shot; **sich** *dat* **einen ~ setzen** to shoot up ▶ WENDUNGEN: **weit vom ~ sein** (*fam*) to be miles away; **in ~** in top shape; **mit ~** with a shot (*of alcohol*)

Schüssel <-, -n> ['ʃʏ·sl] *f* bowl, dish

schusselig ['ʃʊ·sə·lɪç], **schusslig**RR ['ʃʊs·lɪç] *adj* (*fam*) scatterbrained

SchusslinieRR [-li:·niə] *f* line of fire

schusssicherRR *adj* bulletproof

SchussverletzungRR *f* gunshot wound

SchusswaffeRR *f* firearm

SchusswechselRR *m* exchange of fire

SchussweiteRR *f* range [of fire]; **sich** *akk* **in/außer ~ befinden** to be within/out of range

SchusswundeRR *f* s. **Schussverletzung**

Schuster(in) <-s, -> ['ʃuː·stɐ] *m(f)* cobbler

Schutt <-[e]s> [ʃʊt] *m kein pl* rubble *no indef art* ▶ WENDUNGEN: **in ~ und Asche liegen** to be in ruins

Schüttelfrost *m* chills and fever

schütteln ['ʃʏ·tl̩n] **I.** *vt* (*rütteln*) to shake **II.** *vr* **sich** *akk* **vor Kälte ~** to shiver [with cold] **III.** *vi impers* **es schüttelte mich** I shuddered

schütten ['ʃʏ·tn̩] **I.** *vt* to pour **II.** *vi* ■ **es schüttet** *impers* (*fam*) it's pouring

schütter ['ʃʏ·tɐ] *adj* Haar, Stimme thin

Schutthaufen *m* pile of rubble

Schutz <-es, -e> [ʃʊts] *m kein pl* (*Sicherheit*) protection (**vor** +*dat* from); **~ suchen** to seek refuge; **im ~[e] der Dunkelheit** under cover of darkness; **zu Ihrem ~** for your own protection; **jdn** [**vor etw** *dat*] **in ~ nehmen** to protect sb [from sth]

Schutzanzug *m* protective clothing

Schutzbrief *m* [international] travel insurance

Schutzbrille *f* protective goggles *npl*

Schütze, Schützin <-n, -n> ['ʃʏtsə, 'ʃʏt·sɪn] *m, f* ❶ SPORT marksman *masc*, markswoman *fem*; (*beim Fußball, Eishockey*) scorer ❷ (*Jagdwesen*) hunter ❸ MIL private, rifleman ❹ *kein pl* ASTROL Sagittarius

schützen ['ʃʏtsn̩] **I.** *vt* to protect (**vor** +*dat* against/from); **vor Kälte ~!** keep away from cold!; **geschützte Pflanzen** protected plants; **urheberrechtlich geschützt** protected by copyright **II.** *vi* ■ [**vor etw** *dat*] **~** to give protection [from sth]

schützend *adj* protective

Schützenfest *nt rifle club festival featuring shooting matches*

Schutzengel *m* REL guardian angel

Schützengraben *m* trench

Schützenverein *m* rifle club

Schutzfaktor *m* safety factor; *Sonnenmilch* protection factor

Schutzgebiet *nt* ❶ POL protectorate ❷ (*Naturschutzgebiet*) [nature] preserve

Schutzgebühr *f* nominal fee

Schutzgeld *nt* protection money

Schutzhaft *f* ❶ POL preventive detention ❷ JUR protective custody

Schutzhelm *m* protective helmet, hard hat

Schutzhülle *f s.* **Schutzumschlag**

Schutzimpfung *f* vaccination

Schützling <-s, -e> ['ʃʏts·lɪŋ] *m* protégé

schutzlos I. *adj* defenseless **II.** *adv* **jdm ~ ausgeliefert sein** to be at sb's mercy

Schutzmarke *f* trademark

Schutzmaske *f* protective mask

Schutzmaßnahme *f* precaution, precautionary measure

Schutzpatron(in) <-s, -e> *m(f)* REL patron saint

Schutzraum *m* [fallout] shelter

Schutzschicht *f* protective layer

Schutzumschlag *m* dust jacket [*or* cover]

Schutzvorrichtung *f* safety device

Schutzweste *f* bulletproof vest

schwach <schwächer, schwächste> [ʃvax] **I.** *adj* ❶ (*nicht stark*) weak ❷ (*wenig leistend*) weak; Sportler, Schüler poor; Batterie low ❸ (*gering*) weak; Anzeichen faint, slight; Beteiligung poor; **ein ~es Interesse/~er Trost** little interest/comfort ❹ (*leicht*) Atmung faint; Bewegung slight; Druck, Wind, Strömung light; ■ **schwächer werden** to become fainter ▶ WENDUNGEN: [**bei jdm/etw**] **werden** (*fam*) to be unable to refuse [sb/sth]; **nur nicht ~ werden!** (*standhaft bleiben!*) stay strong!; (*durchhalten!*) don't give in! **II.** *adv* ❶ (*leicht*) faintly ❷ (*spärlich*) sparsely; **die Ausstellung war nur ~ besucht** the exhibition was poorly attended ❸ (*dürftig*) feebly; **~ spielen** to play poorly; **eine ~e Erinnerung an etw** *akk* **haben** to vaguely remember sth

Schwäche <-, -n> ['ʃvɛ·çə] *f* ❶ *kein pl* (*geringe Stärke*) weakness ❷ *kein pl* (*Unwohlsein*) [feeling of] faintness ❸ (*Vorliebe*) weakness

schwächen ['ʃvɛ·çn̩] **I.** *vt* to weaken; ■ **geschwächt** weakened **II.** *vi* to have a weakening effect

Schwachkopf *m* (*fam*) idiot, bonehead

schwächlich ['ʃvɛç·lɪç] *adj* weakly, feeble

Schwächling <-s, -e> ['ʃvɛç·lɪŋ] *m* weakling

Schwachpunkt *m* weak spot

Schwachsinn *m kein pl* (*fam: Quatsch*) nonsense

schwachsinnig *adj* (*fam: blödsinnig*) idiotic, ridiculous

Schwachstelle *f* weak spot

Schwächung <-, -en> *f* weakening

Schwaden <-s, -> ['ʃvaː·dn̩] *m* cloud

Schwager, Schwägerin <-s, Schwäger> ['ʃvaː·gɐ, 'ʃvɛː·gər·ɪn, *pl* 'ʃvɛː·gɐ] *m, f* brother-in-law *masc*, sister-in-law *fem*

Schwalbe <-, -n> ['ʃval·bə] *f* ORN swallow

Schwall <-[e]s, -e> [ʃval] *m* torrent

schwamm [ʃvam] *imp von* **schwimmen**

Schwamm <-[e]s, Schwämme> [ʃvam, *pl* 'ʃvɛ·mə] *m* ❶ (*zur Reinigung*) sponge ❷ SÜDD, ÖSTERR, SCHWEIZ (*essbarer Pilz*) mushroom ▸ WENDUNGEN: **~ drüber!** let's forget it!

schwammig ['ʃvamɪç] **I.** *adj* ❶ (*weich und porös*) spongy ❷ (*aufgedunsen*) puffy, bloated ❸ (*vage*) vague, woolly **II.** *adv* vaguely

Schwan <-[e]s, Schwäne> [ʃvaːn, *pl* 'ʃvɛː·nə] *m* swan

schwand [ʃvant] *imp von* **schwinden**

schwang [ʃvaŋ] *imp von* **schwingen**

schwanger ['ʃvaŋɐ] *adj* pregnant (**von** +*dat* by)

Schwangere *f dekl wie adj* pregnant woman

schwängern ['ʃvɛŋɐn] *vt* to get pregnant

Schwangerschaft <-, -en> *f* pregnancy

Schwangerschaftsabbruch *m* abortion

Schwangerschaftsverhütung *f* contraception

schwanken ['ʃvaŋ·kn̩] *vi* ❶ *haben* (*schwingen*) to sway; **ins S~ geraten** to begin to sway ❷ *sein* (*wanken*) to stagger ❸ *haben* (*nicht stabil sein*) to fluctuate ❹ *haben* (*unentschlossen sein*) to be undecided; **zwischen zwei Dingen ~** to be torn between two things

schwankend *adj* ❶ *Baum* swaying ❷ *Boot* rocking; (*heftiger*) rolling ❸ *Boden* shaking ❹ *Charakter* wavering; (*zögernd*) hesitant ❺ *Schritte* unsteady; *Gang* rolling ❻ *Kurs, Preis* fluctuating; *Gesundheit* unstable

Schwankung <-, -en> *f* fluctuation, variation

Schwanz <-es, Schwänze> [ʃvants, *pl* 'ʃvɛn·tsə] *m* ❶ ZOOL tail ❷ ORN train, tail ❸ (*sl: Penis*) dick, cock ▸ WENDUNGEN: **den ~ einziehen** (*fam*) to back down

schwänzen ['ʃvɛn·tsn̩] *vt, vi* SCH (*fam*) to play hooky

Schwanzflosse *f* tail fin

schwappen ['ʃva·pn̩] *vi* ❶ *sein* (*sich im Schwall ergießen*) to splash ❷ *haben* (*sich hin und her bewegen*) to slosh around

Schwarm[1] <-[e]s, Schwärme> [ʃvarm, *pl* 'ʃvɛr·mə] *m* swarm; *Fische* school; (*grösser*) shoal

Schwarm[2] <-[e]s> [ʃvarm] *m* (*fam: verehrter Mensch*) heartthrob

schwärmen[1] ['ʃvɛr·mən] *vi sein* to swarm

schwärmen[2] ['ʃvɛr·mən] *vi* ❶ *haben* (*begeistert reden*) to gush *fam* (**von** +*dat* about) ❷ (*begeistert verehren*) **■für jdn ~** to be crazy about sb ❸ (*sich begeistern*) **■für etw** *akk* **~** to have a passion for sth

Schwärmer(in) <-s, -> *m(f)* dreamer

Schwärmerei <-, -en> [ʃvɛr·mə·'rai] *f* ❶ (*Wunschtraum*) [pipe] dream ❷ (*Passion*) passion

schwärmerisch *adj* enthusiastic, impassioned

Schwarte <-, -n> ['ʃvar·tə, 'ʃva·ɐ̯·tə] *f* KOCHK rind

schwarz <schwärzer, schwärzeste> [ʃvarts] **I.** *adj* ❶ (*Farbe*) black ❷ *attr* (*fam: illegal*) illicit; *Geld* untaxed ▸ WENDUNGEN: **~ auf weiß** in black and white **II.** *adv* ❶ (*mit schwarzer Farbe*) black ❷ (*fam: auf illegale Weise*) illicitly

Schwarz <-[es]> [ʃvarts] *nt kein pl* black

Schwarzafrika *nt* sub-Saharan Africa

Schwarzafrikaner(in) *m(f)* sub-Saharan African

schwarzafrikanisch *adj* sub-Saharan African

Schwarzarbeit *f kein pl* work that pays cash

schwarzlarbeiten *vi* to work under the table [*or* for cash]

Schwarzarbeiter(in) *m(f)* worker who gets paid under the table [*or* in cash]

schwarzlärgern *vr* (*fam*) **■sich** *akk* **~** to be hopping mad

schwarzlbrennen *vt irreg Schnaps* to moonshine

Schwarzbrot *nt* brown [*or* pumpernickel] bread

Schwarze(r) *f(m) dekl wie adj* (*Mensch*) black

Schwärze <-, -n> ['ʃvɛr·tsə] *f kein pl* ❶ (*Dunkelheit*) darkness ❷ (*Farbe*) black

schwarzlfahren *vi irreg sein* to ride [public transportation] without paying the fare

Schwarzfahrer(in) *m(f)* fare dodger

Schwarzhandel *m kein pl* black market (**mit** +*dat* for)

Schwarzmarkt *m* black market

schwarzlsehen *vi irreg* **■[für jdn/etw] ~** to be pessimistic [about sb/sth]

Schwarztee *m* black tea

schwarz-weiß[RR], **schwarzweiß** [ʃvarts·'vais] *adj, adv* black-and-white *attr*; black and white *pred*

Schwarzweißfoto *nt* black-and-white photograph

Schwatz <-es, -e> [ʃvats] *m* (*fam*) chat

schwatzen ['ʃvatsn̩] *vi*, **schwätzen** ['ʃvɛtsn̩] *vi* SÜDD, ÖSTERR ❶ (*sich unterhalten*) to chat ❷ (*etw ausplaudern*) to blab *fam* ❸ (*im Unterricht reden*) to talk during class

Schwätzer(in) <-s, -> *m(f)* (*pej: Schwafler*) windbag *fam;* (*Angeber*) bragger; (*Klatschmaul*) gossip

Schwebe <-> ['ʃve:bə] *f kein pl* **in der ~ sein** to be in the balance; **etw in der ~ lassen** to leave sth undecided

Schwebebahn *f* ❶ (*an Schienen*) suspension railway ❷ *s.* **Seilbahn**

schweben ['ʃve:·bn̩] *vi haben* to float; *Vogel* to hover; **in Lebensgefahr ~** to be in danger of one's life; (*Patient*) to be in critical condition

Schwede, Schwedin <-n, -n> ['ʃve:·də, 'ʃve:·dɪn] *m, f* Swede; *s. a.* **Deutsche(r)**

Schweden <-s> ['ʃve:·dn̩] *nt* Sweden; *s. a.* **Deutschland**

schwedisch ['ʃve:·dɪʃ] *adj* Swedish; *s. a.* **deutsch**

Schwedisch ['ʃve:·dɪʃ] *nt dekl wie adj* Swedish; *s. a.* **Deutsch**

Schwefel <-s> ['ʃve:·fl̩] *m kein pl* sulfur

Schwefeldioxid *nt* sulfur dioxide

schwefelhaltig *adj* sulfurous

Schwefelsäure *f* sulfuric acid

Schweif <-[e]s, -e> [ʃvaif] *m* tail

schweifen ['ʃvai·fn̩] *vi sein* (*geh*) to roam, to wander; **seine Blicke ~ lassen** to let one's

S

gaze wander
Schweigegeld *nt* hush money
Schweigemarsch *m* silent [protest] march
Schweigeminute *f* minute of silence
schweigen <schwieg, geschwiegen> ['ʃvai·gn̩] *vi* to remain silent, to keep quiet ▶ WENDUNGEN: **ganz zu ~ von** [etw] *dat* let alone [sth]
Schweigen <-s> ['ʃvai·gn̩] *nt kein pl* silence; **jdn zum ~ bringen** to silence sb
Schweigepflicht *f* obligation to [maintain] confidentiality; **der ~ unterliegen** to be bound to maintain confidentiality
schweigsam ['ʃvaik·za:m] *adj* ❶ (*wortkarg*) taciturn ❷ (*wenig gesprächig*) ■ **~ sein** to be quiet
Schweigsamkeit <-> *f kein pl* quietness, reticence
Schwein <-s, -e> [ʃvain] *nt* ❶ ZOOL pig ❷ *kein pl* (*Schweinefleisch*) pork ❸ (*pej fam: gemeiner Kerl*) bastard ❹ (*fam: unsauberer Mensch*) pig ❺ (*fam: obszöner Mensch*) lewd person, pervert ❻ (*fam: bedauernswerter Mensch*) [ein] **armes ~** [an] unlucky bastard ▶ WENDUNGEN: [großes] **~ haben** (*fam*) to be [really] lucky; **kein ~** (*fam*) nobody
Schweinebraten *m* roast pork
Schweinefleisch *nt* pork
Schweinerei <-, -en> [ʃvai·nə·ˈrai] *f* (*fam*) ❶ (*Unordnung*) mess ❷ (*Gemeinheit*) dirty trick; **~!** bullshit! *vulg sl* ❸ (*Skandal*) scandal
Schweinestall *m* [pig]sty, [pig]pen
schweinisch I. *adj* (*fam*) smutty, dirty II. *adv* (*fam*) **sich ~ aufführen** to act like a pig
Schweinshachse, Schweinshaxe *f* SÜDD knuckle of pork
Schweiß <-es> [ʃvais] *m kein pl* sweat; **jdm bricht der ~ aus** sb breaks out in a sweat
schweißen ['ʃvai·sn̩] *vt, vi* to weld
Schweißen <-s> ['ʃvai·sn̩] *nt kein pl* welding
Schweißfuß *m meist pl* sweaty foot
schweißgebadet *adj* bathed in sweat *pred*
Schweiz <-> [ʃvaits] *f* Switzerland; **die französische/italienische ~** French-speaking/Italian-speaking Switzerland; *s. a.* **Deutschland**
Schweizer *adj attr* Swiss
Schweizer(in) <-s, -> ['ʃvai·tsɐ] *m(f)* Swiss; *s. a.* **Deutsche(r)**
schweizerdeutsch ['ʃvai·tsɐ·dɔytʃ] *adj* LING Swiss-German; *s. a.* **deutsch**
Schweizerdeutsch <-[s]> ['ʃvai·tsɐ·dɔytʃ] *nt dekl wie adj* LING Swiss German; *s. a.* **Deutsch**
schweizerisch ['ʃvai·tsɐ·rɪʃ] *adj s.* **Schweizer**
schwelgen ['ʃvɛl·gn̩] *vi* (*geh*) ❶ (*sich gütlich tun*) to indulge oneself ❷ (*übermäßig verwenden*) ■ **in etw** *dat* **~** to overindulge in sth; **in Erinnerungen ~** to wallow in memories
Schwelle <-, -n> ['ʃvɛ·lə] *f* ❶ (*Türschwelle*) threshold ❷ (*Bahnschwelle*) [railroad] tie
schwellen <schwoll, geschwollen> ['ʃvɛ·lən] *vi sein* ❶ MED to swell [up] ❷ (*sich verstärken*) to grow
Schwellung <-, -en> *f* swelling

Schwemme <-, -n> ['ʃvɛ·mə] *f* (*Überangebot*) glut
schwemmen ['ʃvɛ·mən] *vt* **an Land ~** to wash ashore
Schwenk <-[e]s, -s> [ʃvɛŋk] *m* ❶ TV, FILM (*Schwenkbewegung*) pan, panning movement ❷ (*Drehung*) twist, turn
schwenkbar *adj* swiveling; *Kamera* swivel-mounted
schwenken ['ʃvɛŋ·kn̩] I. *vt haben* ❶ (*wedeln*) to wave ❷ (*die Richtung verändern*) to swivel; *Kamera* to pan ❸ KOCHK to toss II. *vi* ❶ *sein* (*zur Seite bewegen*) to wheel [around] ❷ *haben* TV, FILM (*sich richten*) to pan
schwer <schwerer, schwerste> [ʃveːɐ̯] I. *adj* ❶ (*nicht leicht*) heavy; ■ **30 kg ~ sein** to weigh 30 kilos ❷ (*beträchtlich*) serious; *Verlust* bitter; **~e Mängel aufweisen** to be badly defective; **~e Verwüstung[en] anrichten** to cause utter devastation ❸ (*hart*) hard; *Schicksal* cruel; *Strafe* harsh ❹ (*körperlich belastend*) serious, grave; *Operation* difficult ❺ (*schwierig*) hard, difficult; *Lektüre* heavy ❻ *attr* (*heftig*) *Sturm, Gewitter, Kämpfe* heavy II. *adv* ❶ (*hart*) hard; **~ arbeiten** to work hard; **jdm ~ zu schaffen machen** to give sb a hard time, to cause sb trouble ❷ (*mit schweren Lasten*) heavily; **~ bepackt sein** to be heavily laden ❸ (*fam: sehr*) deeply; **~ betrunken** plastered *sl* ❹ (*mit Mühe*) with [great] difficulty; **ein ~ erziehbares Kind** a problem child; **~ verdaulich** indigestible ❺ (*ernstlich*) seriously; **sich** *akk* **~ erkälten** to catch a bad cold; **~ verunglückt sein** to have had a bad accident; **~ wiegend** serious ❻ (*schwierig*) difficult, not easy; **~ verständlich** (*kaum nachvollziehbar*) barely comprehensible; (*kaum zu verstehen*) hard to understand *pred;* **jdm das Leben ~ machen** to make life difficult for sb
Schwerarbeit *f kein pl* heavy labor
Schwerbehinderte(r) *f(m) dekl wie adj* severely disabled [*or dated* handicapped] person
Schwere <-> ['ʃveː·rə] *f kein pl* ❶ (*ernste Art*) seriousness; *einer Krankheit, eines Schadens* severity ❷ (*Gewicht*) heaviness, weight
schwerelos *adj* weightless
Schwerelosigkeit <-> *f kein pl* weightlessness
schwer|fallen *vi irreg sein* ■ **etw fällt jdm schwer** sth is difficult for sb [to do]
schwerfällig <-er, -ste> I. *adj* ❶ (*ungeschickt*) awkward, clumsy ❷ (*umständlich*) ponderous II. *adv* awkwardly, clumsily
Schwergewicht *nt* ❶ (*Gewichtsklasse*) heavyweight ❷ (*Schwerpunkt*) emphasis
schwergewichtig *adj* heavy
schwerhörig *adj* hard of hearing *pred*
Schwerhörigkeit *f kein pl* hardness of hearing
Schwerindustrie *f* heavy industry
Schwerkraft *f kein pl* gravity
Schwermetall *nt* heavy metal
Schwermut <-> *f kein pl* melancholy
schwermütig <-er, -ste> ['ʃveː·ɐ̯·myː·tɪç] *adj*

melancholy

schwer|nehmen *vt irreg* ■ etw ~ to take sth to heart

Schwerpunkt *m* ❶ (*Hauptgewicht*) main emphasis; ~ **e setzen** to set priorities ❷ PHYS center of gravity

schwerreich *adj attr* (*fam*) filthy rich

Schwert <-[e]s, -er> [ʃveːɐ̯t] *nt* sword

Schwertfisch *m* swordfish

Schwertlilie *f* iris

Schwertransport *m* HANDEL transportation of heavy loads

Schwertwal *m* killer whale

Schwerverbrecher(in) *m(f)* dangerous criminal, felon

Schwerverletzte(r) *f(m) dekl wie adj* critically injured person

Schwester <-, -n> [ˈʃvɛs·tɐ] *f* ❶ (*weibliches Geschwisterteil*) sister ❷ (*Krankenschwester*) nurse ❸ (*Nonne*) nun

schwieg [ʃviːk] *imp von* **schweigen**

Schwiegereltern [ˈʃviː·gɐ-] *pl* parents-in-law *pl*, in-laws *pl fam*

Schwiegermutter *f* mother-in-law

Schwiegersohn *m* son-in-law

Schwiegertochter *f* daughter-in-law

Schwiegervater *m* father-in-law

Schwiele <-, -n> [ˈʃviː·lə] *f* callus

schwierig [ˈʃviː·rɪç] **I.** *adj* ❶ (*nicht einfach*) difficult, hard ❷ (*verwickelt*) complicated; *Situation* tricky **II.** *adv* with difficulty

Schwierigkeit <-, -en> *f* ❶ *kein pl* (*Problematik*) difficulty; *einer Lage, eines Problems* complexity; *einer Situation* trickiness ❷ *pl* (*Probleme*) problems *pl*; **finanzielle ~en** financial difficulties *pl*; **jdn in ~en bringen** to get sb into trouble; **in ~en geraten** to get into trouble; **[jdm] ~en machen** to give sb trouble

Schwierigkeitsgrad *m* degree of difficulty; SCH level of difficulty

Schwimmbad *nt* swimming pool

Schwimmbecken *nt* [swimming] pool

schwimmen <schwamm, geschwommen> [ˈʃvɪ·mən] *vi* ❶ *sein* (*sich im Wasser fortbewegen*) to swim; ~ **gehen** to go swimming ❷ *haben* (*fam: sich in Flüssigkeit bewegen*) to float

Schwimmer(in) <-s, -> [ˈʃvɪ·mɐ] *m(f)* swimmer

Schwimmflosse *f* flipper

Schwimmflügel *m* water wing

Schwimmhalle *f* indoor [swimming] pool

Schwimmweste *f* life jacket

Schwindel <-s> [ˈʃvɪn·dl̩] *m kein pl* ❶ (*Betrug*) swindle, fraud ❷ MED dizziness, vertigo; ~ **erregend** (*fig*) astronomical

Schwindelanfall *m* MED dizzy spell

Schwindelei <-, -en> [ʃvɪn·də·ˈlai] *f* (*fam*) ❶ (*Lüge*) lying ❷ (*Betrügerei*) swindling

schwindelfrei *adj* ■ ~ **sein** to not suffer from vertigo

schwindelig [ˈʃvɪn·də·lɪç] *adj pred* dizzy, giddy

schwindeln [ˈʃvɪn·dl̩n] **I.** *vi* to lie **II.** *vi impers*

■ **mir schwindelt [es]** I feel dizzy

schwinden <schwand, geschwunden> [ˈʃvɪn·dn̩] *vi sein* (*geh*) to run out, to dwindle; *Wirkung* to be wearing off; *Interesse* to be waning; *Zuversicht* to be failing

Schwindler(in) <-s, -> [ˈʃvɪnd·lɐ] *m(f)* ❶ (*Betrüger*) swindler ❷ (*Lügner*) liar

schwindlig [ˈʃvɪnd·lɪç] *adj s.* **schwindelig**

schwingen <schwang, geschwungen> [ˈʃvɪŋən] **I.** *vt haben* ❶ (*mit etw wedeln*) *Fahne* to wave ❷ (*mit etw ausholen*) *Axt* to brandish ❸ (*hin und her bewegen*) to swing **II.** *vi sein o haben* ❶ (*vibrieren*) to vibrate; *Brücke* to sway ❷ (*pendeln*) to swing ❸ SCHWEIZ (*ringen*) wrestle **III.** *vr haben* (*sich schwungvoll bewegen*) ■ **sich** *akk* **auf/in etw** *akk* ~ to jump onto/into sth; **sich** *akk* **aufs Fahrrad** ~ to hop on one's bike

Schwingung <-, -en> *f* oscillation; **[etw] in** ~ **versetzen** to set [sth] swinging

Schwips <-es, -e> [ʃvɪps] *m* (*fam*) **einen** ~ **haben** to be tipsy

schwirren [ˈʃvɪ·rən] *vi sein Mücken* to buzz; *Vogel* to whir

schwitzen [ˈʃvɪtsn̩] *vi* to sweat; **nass geschwitzt** drenched with sweat

schwoll [ʃvɔl] *imp von* **schwellen**

schwören <schwor, geschworen> [ˈʃvøː·rən] **I.** *vi* to swear; **er schwört auf Vitamin C** he swears by vitamin C **II.** *vt* to promise

schwul [ʃvuːl] *adj* (*fam*) gay

schwül [ʃvyːl] *adj* humid, muggy

Schwule(r) *m dekl wie adj* (*fam*) gay

Schwüle <-> [ˈʃvyː·lə] *f kein pl* humidity, mugginess

schwülstig [ˈʃvʏls·tɪç] **I.** *adj* (*pej*) overly ornate, florid; *Stil* bombastic **II.** *adv* (*pej*) bombastically

Schwund <-[e]s> [ʃvʊnt] *m kein pl* decline, decrease; *Vorräte* dwindling; *der Muskulatur* atrophy

Schwung <-[e]s, Schwünge> [ʃvʊŋ, *pl* ˈʃvʏŋə] *m* ❶ (*schwingende Bewegung*) swing[ing movement]; ~ **holen** to build up momentum ❷ *kein pl* (*Antriebskraft*) drive; **in** ~ **kommen** (*fam*) to get going; **[richtig] in** ~ **sein** (*fam*) to be in full swing ❸ (*Linienführung*) sweep, curve

schwunghaft I. *adj* flourishing **II.** *adv* **sich** *akk* ~ **entwickeln** to be booming

schwungvoll I. *adj* ❶ (*weit ausholend*) sweeping ❷ (*mitreißend*) lively; *Rede* passionate **II.** *adv* lively

Schwur <-[e]s, Schwüre> [ʃvuːɐ̯, *pl* ˈʃvyː·rə] *m* ❶ (*Versprechen*) vow ❷ (*Eid*) oath

Schwurgericht *nt* jury court

SciencefictionRR, **Science-Fiction**RR <-, -s> [ˈsaiəns·ˈfɪk·ʃn̩] *f* science fiction, sci-fi *fam*

sec *f Abk von* **Sekunde** sec.

sechs [zɛks] *adj* six; *s. a.* **acht**[1]

Sechs <-, -en> [zɛks] *f* ❶ (*Zahl*) six ❷ SCH (*schlechteste Zensur*) ≈ F ❸ SCHWEIZ (*beste Zensur*) ≈ A

Sechseck nt hexagon
sechseckig adj hexagonal
Sechserpack m six-pack
sechsfach, 6fach ['zɛks·fax] I. adj sixfold; **die ~e Menge** six times the amount II. adv sixfold, six times
sechshundert ['zɛks·'hʊn·dɐt] adj six hundred
sechsmal, 6-malRR adv six times; s. a. **achtmal**
sechstausend ['zɛks·'tau·zn̩t] adj six thousand
sechste(r, s) ['zɛks·tə, 'zɛks·tɐ, 'zɛks·təs] adj ❶ (an sechster Stelle) sixth; s. a. **achte(r, s)** 1 ❷ (Datum) sixth, 6th; s. a. **achte(r, s)** 2
sechstel ['zɛks·tl̩] adj sixth
Sechstel <-s, -> ['zɛks·tl̩] nt sixth
sechstens ['zɛks·tn̩s] adv sixthly, in sixth place
sechzehn ['zɛç·tseːn] adj sixteen; s. a. **acht**[1]
sechzehnte(r, s) adj ❶ (an sechzehnter Stelle) sixteenth; s. a. **achte(r, s)** 1 ❷ (Datum) sixteenth, 16th; s. a. **achte(r, s)** 2
sechzig ['zɛç·tsɪç] adj sixty; s. a. **achtzig** 1, 2
Sechzigerjahre pl ■**die ~** the sixties [or 60s] npl
sechzigste(r, s) adj sixtieth; s. a. **achte(r, s)** 1
Secondhandladen m secondhand store
See[1] <-s, -n> [zeː] m lake
See[2] <-, -n> [zeː] f ❶ (Meer) sea; **an der ~** by the sea; **auf ~** at sea; **auf hoher ~** on the high seas; **in ~ stechen** to put to sea ❷ (Seegang) heavy sea, swell
Seefahrer m seafarer
Seefahrt f kein pl sea travel, seafaring no art
Seefisch m saltwater fish
Seegang m kein pl swell; **schwerer ~** heavy seas
Seehund m seal
Seekarte f nautical chart
Seeklima nt maritime climate
seekrank adj seasick
Seekrankheit f kein pl seasickness
Seelachs m coalfish
Seele <-, -n> ['zeː·lə] f soul; **mit Leib und ~** wholeheartedly; **das tut mir in der ~ weh** it breaks my heart ▶ WENDUNGEN: **ein Herz und eine ~ sein** to be inseparable; **jdm aus der ~ sprechen** (fam) to have a heart-to-heart [talk] with sb
Seelenfriede(n) m peace of mind
Seelenruhe f **in aller ~** as calm as you like
seelenruhig ['zeː·lən·'ruː·ɪç] adv calmly
Seelenwanderung f REL transmigration of souls
Seeleute pl von **Seemann**
seelisch ['zeː·lɪʃ] I. adj psychological, emotional; **~es Gleichgewicht** mental balance II. adv **~ bedingt sein** to have psychological causes
Seelöwe, -löwin <-n, -n> m, f sea lion
Seelsorge f kein pl spiritual guidance
Seelsorger(in) <-s, -> ['zeːl·zɔr·gɐ] m(f) pastor
Seemacht f naval power

Seemann <-leute> ['zeː·man, pl - lɔy·tə] m sailor, seaman
Seemeile f nautical mile
Seenot f kein pl distress [at sea]; **in ~ geraten** to get into trouble
Seepferd(chen) nt sea horse
Seeräuber(in) m(f) pirate
Seereise f voyage; (Kreuzfahrt) cruise
Seerose f water lily
Seestern m starfish
Seetang m seaweed
seetüchtig adj seaworthy
Seeufer nt lakefront, lakeshore
Seeweg m sea route; **auf dem ~** by sea
Seezunge f sole
Segel <-s, -> ['zeː·gl̩] nt sail; **die ~ hissen** to hoist the sails
Segelboot nt sailboat
Segelflugzeug nt glider
segeln ['zeː·gl̩n] vi sein to sail
Segeln <-s> ['zeː·gl̩n] nt kein pl sailing
Segelschiff nt sailing ship
Segen <-s, -> ['zeː·gn̩] m kein pl blessing; **den ~ sprechen** to say the benediction; **ein ~ für die Menschheit** a benefit for mankind; **ein wahrer ~ sein** to be a real godsend
segensreich adj (geh) beneficial; Erfindung heaven-sent
Segler(in) <-s, -> ['zeː·glɐ] m(f) yachtsman masc, yachtswoman fem
Segment <-[e]s, -e> [zɛg·'mɛnt] nt segment
segnen ['zeː·gnən] vt to bless
Segnung <-, -en> f ❶ REL (das Segnen) blessing ❷ meist pl (Vorzüge) benefits, advantages
sehbehindert adj visually impaired
sehen <sah, gesehen> ['zeː·ən] I. vt ❶ (erblicken, bemerken) to see; **gut/schlecht zu ~ sein** to be easily/poorly visible; **etw kommen ~** to see sth coming; **ich kann kein Blut ~** I can't stand the sight of blood; **sich** akk **~ lassen können** to be something to be proud of; **das muss man ge~ haben** you have to see it to believe it; **das wollen wir [doch] erst mal ~!** (fam) [well,] we'll see about that!; **so ge~** from that point of view; **das sehe ich gar nicht gern!** I don't like that at all! ❷ (ansehen, zusehen) to watch ■ (treffen) ■**jdn ~** to meet sb ❹ (einschätzen) **ich sehe das so: ...** the way I see it, ... II. vi ❶ (ansehen) to look; **lass mal ~** let me see ❷ (Sehvermögen haben) to see; **gut/schlecht ~** to have good/bad eyesight ❸ (blicken) to look; **aus dem Fenster ~** to look out [of] the window ❹ (bemerken) **~ Sie!/siehst!** (fam) [you] see? ❺ (sich kümmern um) ■**nach jdm/etw ~** to check on sb/sth; **ich werde ~, was ich für Sie tun kann** I'll see what I can do for you ❻ (abwarten) to wait and see III. vr **sich** akk **gezwungen ~, etw zu tun** to feel compelled to do sth
sehenswert adj worth seeing
Sehenswürdigkeit <-, -en> f sight; **~en besichtigen** to go sightseeing

Sehfehler *m* visual defect
Sehkraft *f kein pl* |eye|sight
Sehne <-, -n> ['ze:·nə] *f* ❶ ANAT tendon, sinew ❷ (*Bogensehne*) string
sehnen ['ze:·nən] *vr* ■ sich *akk* nach jdm/etw ~ to long for sb/sth
Sehnenscheidenentzündung *f* inflammation of a tendon, tenosynovitis *spec*
Sehnerv *m* optic nerve
sehnig ['ze:·nɪç] *adj* sinewy, stringy
Sehnsucht <-, -süchte> ['ze:n·zʊxt, *pl* -zʏç·tə] *f* longing, yearning (**nach** + *dat* for); **vor** ~ with longing
sehnsüchtig ['ze:n·zʏç·tɪç] *adj attr* longing, yearning; *Blick* wistful; *Verlangen, Wunsch* ardent
sehr <[noch] mehr, am meisten> ['ze:ɐ̯] *adv* ❶ *vor vb* (*in hohem Maße*) very much, a lot; **danke** ~! thanks a lot; **bitte** ~, **bedienen Sie sich** go ahead and help yourself; **das will ich doch** ~ **hoffen** I very much hope so ❷ *vor adj, adv* (*besonders*) very; **jdm** ~ **dankbar sein** to be very grateful to sb; **das ist aber** ~ **schade** that's a real shame
Sehschärfe *f* visual acuity
Sehstörung *f* visual defect
Sehtest *m* eye test
Sehvermögen *nt kein pl* sight
Sehweise *f* way of seeing things
seicht [zaɪçt] *adj* shallow
seid [zaɪt] 2. *pers pl pres von* **sein**
Seide <-, -n> ['zaɪ·də] *f* silk
seiden ['zaɪ·dn̩] *adj attr* silk
Seidenpapier *nt* tissue paper
Seidenraupe *f* silkworm
seidig ['zaɪ·dɪç] *adj* silky
Seife <-, -n> ['zaɪ·fə] *f* soap
Seifenblase *f* soap bubble
Seifenoper *f* TV soap opera
Seil <-[e]s, -e> [zaɪl] *nt* rope; (*Drahtseil*) cable
Seilbahn *f* (*Standseilbahn*) funicular; (*Drahtseilbahn*) gondola
Seilschaft <-, -en> ['zaɪl·ʃaft] *f* ❶ (*Bergsteiger*) group of mountain climbers who are roped together ❷ (*in der Politik*) [good] old boy[s'] network *pej*
seil|springen *vi irreg, nur infin und pp sein* to skip rope
Seiltänzer(in) *m(f)* tightrope acrobat
sein¹ <bin, bist, ist, sind, seid, war, gewesen> [zaɪn] **I.** *vi sein* ❶ (*existieren, sich befinden*) to be, to exist; ■ **[irgendwo]** ~ to be [somewhere]; **ich bin wieder da** I'm back [again]; **ist da jemand?** is anybody there? ❷ (*Eigenschaft haben*) **böse/klug** ~ to be angry/clever; **freundlich/gemein zu jdm** ~ to be friendly/mean to sb; **was ist mit dir?** what is the matter with you?; **er war so freundlich und hat das überprüft** he was kind enough to check it out; **sei so lieb und ...** I would be grateful if ...; **sie ist Geschäftsführerin** she is an executive director; **Deutscher/Däne** ~ to be German/Danish ❸ (*gehören*) **das Buch ist**

meins the book is mine; **er ist mein Cousin** he is my cousin ❹ (*ergeben*) to be, to equal ❺ (*sich ereignen*) to be, to take place; **was ist [denn schon wieder]?** what is it [now]?; **war was?** (*fam*) did anything happen?; **das wär's dann** that's it ❻ (*hergestellt sein*) ■ **aus etw** *dat* ~ to be [made of] sth ❼ (*sich fühlen*) **mir ist heiß/kalt** I'm hot/cold; **mir ist übel** I feel sick; **mir ist, als habe ich Stimmen gehört** I thought I heard voices ❽ (*passieren*) **etw kann/darf/muss** ~ sth can/might/must be; **das darf doch nicht wahr** ~! that can't be true!; **etw** ~ **lassen** (*fam*) to stop [doing sth]; **muss das** ~? do you [really] have to?; **was** ~ **muss, muss** ~ (*fam*) what will be will be; **sie ist nicht zu sehen** she cannot be seen **II.** *vi impers* ❶ (*bei Zeitangaben*) **es ist Januar/hell/Nacht** it is January/light out/night[time]; **es ist jetzt 9 Uhr** it is now 9 o'clock ❷ (*der Fall sein*) **es sei denn, dass ...** unless ...; **wie wäre es mit jdm/etw?** how about sb/sth?; **es war einmal ...** once upon a time ...; **wie dem auch sei** be that as it may, in any case; **mit etw** *dat* **ist es nichts** (*fam*) sth doesn't amount to anything; **mir ist es zu kalt** I'm too cold **III.** *aux vb* ❶ *zur Bildung des Perfekts* **jd ist gefahren/gegangen/gerannt** sb drove/left/ran ❷ *zur Bildung des Zustandspassivs* **jd ist gebissen/verurteilt worden** sb has been bitten/convicted

sein² [zaɪn] *pron poss, adjektivisch* ❶ (*einem Mann gehörend*) his; (*zu einem Gegenstand gehörend*) its; (*einer Frau gehörend*) her; (*zu einer Stadt, einem Land gehörend*) its ❷ *auf „man" bezüglich* one's; *auf „jeder" bezüglich* his, their *fam;* **jeder bekam** ~ **eigenes Zimmer** everyone got his/her own room
Sein <-s> [zaɪn] *nt kein pl* existence
seine(r, s) ['zaɪ·nə, 'zaɪ·nɐ, 'zaɪ·nəs] *pron poss, substantivisch* (*geh*) ■ **das S~** his [own]; **das S~ tun** (*geh*) to do one's part; **jedem das S~** to each his own; ■ **die S~n** his family
seiner ['zaɪ·nɐ] *pron pers gen von* **er, es** him; **sich** ~ **erbarmen** to have pity on him
seinerseits ['saɪ·nɐ·'zaɪts] *adv* (*von ihm aus*) on his part, as far as he is concerned
seinesgleichen ['zaɪ·nəs·'glaɪ·çn̩] *pron* someone like him; (*pej: Leute seines Standes*) his equals
seinetwegen ['zaɪ·nət·'ve:·gn̩] *adv* because of him
seinetwillen ['zaɪ·nət·'vɪ·lən] *adv* **um** ~ for his sake
seins *pron poss s.* **seine(r, s)**
seit [zaɪt] **I.** *präp* + *dat* (*Anfangspunkt*) since; (*Zeitspanne*) for; ~ **einiger Zeit** for a while; ~ **damals** since then; ~ **neuestem** recently; ~ **wann?** since when? **II.** *konj* (*seitdem*) since
seitdem [zaɪt·'de:m] **I.** *adv* since then; ~ **hat sie kein Wort mehr mit ihr gesprochen** she hasn't said a word to her since [then] **II.** *konj* since
Seite <-, -n> ['zaɪ·tə] *f* ❶ (*Fläche eines Kör-*

pers) side; **die vordere/hintere/untere/ obere ~** the front/back/bottom/top; **alles hat [seine] zwei ~n** there are two sides to everything ❷(*rechts oder links der Mitte*) **zur ~ gehen** to step aside; **jdn zur ~ nehmen** to take sb aside ❸(*sparen*) **etw auf die ~ legen** to put sth aside ❹(*Papierblatt*) page; **gelbe ~n** Yellow Pages; **eine ~ aufschlagen** to open to a page; (*Seite eines Blattes*) side ❺(*Beistand*) **jdm zur ~ stehen** to stand by sb; **~ an ~** side by side ❻(*Aspekt*) **sich von seiner besten ~ zeigen** to be on one's best behavior; **auf der einen ~..., auf der anderen [~]** ... on the one hand, ..., on the other [hand], ...; **jds starke ~ sein** (*fam*) to be sb's forte ❼(*Partei, Gruppe*) side; **jdn auf seine ~ bringen** to get sb on one's side; **auf jds ~ stehen** to be on sb's side; **die ~n wechseln** to change sides
Seitenangabe *f* page reference
Seitenansicht *f* side view
Seitenaufbau *m* INET page construction; **die Seite hat einen extrem langsamen ~** the page takes forever to load
Seitenausgang *m* side exit
Seitenblick *m* sidelong glance
Seiteneingang *m* side entrance
Seitenflügel *m* ARCHIT side wing
Seitenhieb *m* sideswipe; **jdm einen ~ versetzen** to sideswipe sb
Seitenlage *f* lateral position; **in der ~** on one's side
seitenlang I. *adj* several pages long II. *adv* in several pages
seitens ['zai·tns] *präp* +*gen* on the part of
Seitenscheitel *m* side part
Seitensprung *m* (*fam*) affair
Seitenstechen *nt kein pl* stitch [in one's side]; **~ haben** to have a stitch [in one's side]
Seitenstreifen *m* hard shoulder
seitenverkehrt *adj* the wrong way around
Seitenwind *m* crosswind
Seitenzahl *f* ❶(*Anzahl der Seiten*) number of pages ❷(*Ziffer*) page number
seither [zait·'he:ɐ̯] *adv* since then
seitlich ['zait·lɪç] I. *adj* side *attr* II. *adv* sideways; **~ gegen etw** *akk* **prallen** to crash sideways into sth III. *präp* +*gen* ■ **~ der Straße** at the side of the road
seitwärts ['zait·vɛrts] *adv* sideways
sek., Sek. *f Abk von* **Sekunde** sec.
Sekretär(in) <-s, -e> [zek·rɛ·'tɛ:ɐ̯] *m(f)* secretary
Sekretariat <-[e]s, -e> [zek·rɛ·ta·'ri̯a:t] *nt* administrative office
Sekt <-[e]s, -e> [zɛkt] *m* sparkling wine
Sekte <-, -n> ['zɛk·tə] *f* sect
Sektglas *nt* champagne flute [*or* glass]
Sektor <-s, -toren> ['zɛk·to:ɐ̯, *pl* zɛk·'to:·rən] *m* sector
sekundär [ze·kʊn·'dɛ:ɐ̯] *adj* secondary
Sekundärliteratur *f* secondary literature
Sekundarstufe *f* **~ I** *grades 5 through 10 at a*

Gymnasium; **~ II** *grades 11 through 13 at a Gymnasium*
Sekunde <-, -n> [ze·'kʊn·də] *f* second; **auf die ~ genau** to the second
Sekundenkleber *m* instant glue
Sekundenzeiger *m* second hand
selbe(r, s) ['zɛl·bə, 'zɛl·be, 'zɛl·bəs] *pron* ■ **der/die/das ~ ...** the same ...; **im ~n Haus** in the same house; **an der ~n Stelle** at/in the [very] same place; **zur ~n Zeit** at the same time
selber ['zɛl·be] *pron dem* (*fam*) myself/yourself/himself etc.; **ich geh lieber ~** I'd better go myself
selbst [zɛlpst] I. *pron dem* ❶(*persönlich*) myself/yourself/himself etc.; **mit jdm ~ sprechen** to speak to sb oneself ❷(*ohne Hilfe, alleine*) by oneself; **etw ~ machen** to do sth by oneself; **von ~** automatically; **das versteht sich von ~** it goes without saying ❸(*verkörpern*) **er ist die Ruhe ~** he is calmness itself II. *adv* ❶(*eigen*) self; **~ ernannt** self-appointed; **~ gemacht** homemade; **~ gestrickt** hand-knit ❷(*sogar*) even; **~ wenn** even if
Selbstachtung *f* self-respect
selbständig ['zɛlp·ʃtɛn·dɪç] *adj s.* **selbstständig**
Selbständigkeit <-> *f kein pl s.* **Selbstständigkeit**
Selbstauslöser *m* self-timer
Selbstbedienung *f* self-service
Selbstbedienungsladen *m* ~ supermarket
Selbstbefriedigung *f* masturbation
Selbstbeherrschung *f* self-control
Selbstbestätigung *f* self-affirmation
Selbstbestimmungsrecht *nt kein pl* right to self-determination
selbstbewusst[RR] *adj* self-confident
Selbstbewusstsein[RR] *nt* self-confidence
Selbstbräunungscreme *f* self-tanning cream
Selbsterhaltungstrieb *m* survival instinct
Selbsterkenntnis *f kein pl* self-knowledge
selbstgefällig *adj* self-satisfied
selbstgerecht *adj* (*pej*) self-righteous
Selbstgespräch *nt* monologue; **Selbstgespräche führen** to talk to oneself
selbstherrlich *adj* (*pej*) highhanded
Selbsthilfegruppe *f* self-help group
Selbstjustiz *f* vigilantism
selbstklebend *adj* self-adhesive
Selbstkostenpreis *m* cost; **zum ~** at cost
Selbstkritik *f kein pl* self-criticism; **~ üben** to criticize oneself
selbstkritisch *adj* self-critical
selbstlos *adj* selfless, unselfish
Selbstmitleid *nt* self-pity
Selbstmord *m* suicide; **~ begehen** to commit suicide
Selbstmörder(in) *m(f)* suicidal person
selbstmörderisch *adj* suicidal
Selbstmordversuch *m* suicide attempt
Selbstschutz *m* self-protection
selbstsicher *adj* self-confident

Selbstsicherheit *f kein pl* self-confidence
selbstständig^RR ['zɛlpst·ʃtɛn·dɪç] *adj* ❶ (*eigenständig*) independent ❷ (*beruflich unabhängig*) self-employed; **sich** *akk ~* **machen** to start up *sep* one's own business
Selbstständige(r)^RR *f(m) dekl wie adj* self-employed person
Selbstständigkeit^RR <-> *f kein pl* ❶ (*Eigenständigkeit*) independence ❷ (*selbstständige Stellung*) self-employment
Selbsttäuschung *f* self-delusion
Selbstüberschätzung *f* overestimation of one's abilities
Selbstüberwindung *f* self-discipline
selbstverständlich I. *adj* natural; **das ist doch ~** don't mention it; **etw für** *akk* **~ halten** to take sth for granted II. *adv* naturally, of course; **wie ~** as if it were the most natural thing in the world; |**aber**| **~!** |but| of course!
Selbstverständlichkeit <-, -en> *f* naturalness; **eine ~ sein** to be the least that could be done
Selbstverteidigung *f* self-defense
Selbstvertrauen *nt* self-confidence
Selbstverwaltung *f* self-government
Selbstverwirklichung *f* self-realization
selbstzerstörerisch *adj* self-destructive
Selbstzweck *m kein pl* end in itself
Selen <-s> [ze'le:n] *nt* selenium
selig ['ze:·lɪç] *adj* (*überglücklich*) overjoyed ▶ WENDUNGEN: **wer's glaubt, wird ~** (*iron fam*) that's a likely story
Seligkeit <-> *f kein pl* bliss
selig|sprechen *vt irreg* REL ■ **jdn ~** to beatify sb
Sellerie <-s, -[s]> ['zɛ·ləri] *m* (*Knollensellerie*) celeriac; (*Stangensellerie*) celery
selten ['zɛl·tn̩] *adj* ❶ (*nicht häufig*) rare ❷ (*besonders*) exceptional
Seltenheit <-, -en> *f* ❶ *kein pl* (*seltenes Vorkommen*) rare occurrence ❷ (*seltene Sache*) rarity
Seltenheitswert *m kein pl* rarity value
seltsam ['zɛlt·za:m] *adj* strange, weird, peculiar
seltsamerweise *adv* strangely enough
Semester <-s, -> [ze·'mɛs·tɐ] *nt* semester, term
Semesterferien *pl* semester break
Semifinale ['ze:·mi·fi·na:·lə] *nt* semifinal
Semikolon <-s, -s *o* -kola> [ze·mi·'ko:·lɔn, *pl* -'ko:·la] *nt* semicolon
Seminar <-s, -e *o* ÖSTERR -ien> [ze·mi·'na:ɐ̯, *pl* ze·mi·'na:·ri̯ən] *nt* ❶ (*Lehrveranstaltung*) seminar ❷ (*Universitätsinstitut*) department; **das historische ~** the History Department
Semit(in) <-en, -en> [ze·'mi:t] *m(f)* Semite
semitisch [ze·'mi:·tɪʃ] *adj* Semitic
Semmel <-, -n> [zɛml] *f* DIAL roll ▶ WENDUNGEN: **weggehen wie warme ~n** (*fam*) to go like hot cakes
sen. *adj Abk von* **senior**
Senat <-[e]s, -e> [ze·'na:t] *m* senate

Senator, Senatorin <-s, -toren> [ze·'na:·to:ɐ̯, ze·na·'to:·rɪn, *pl* -'to:·rən] *m, f* senator
Sendeanstalt *f* broadcasting station
Sendegebiet *nt* broadcast area
senden[1] ['zɛn·dn̩] I. *vt* to broadcast; *Botschaft* to transmit II. *vi* to be on the air
senden[2] <sandte *o* sendete, gesandt *o* gesendet> ['zɛn·dn̩] *vt* to send; *Truppen* to dispatch
Sender <-s, -> ['zɛn·dɐ] *m* ❶ (*Sendeanstalt*) channel; *Radio* station ❷ (*Sendegerät*) transmitter
Sendereihe *f* series + *sing vb*
Sendeschluss^RR *m* end of a broadcast
Sendezeit *f* airtime; **zur besten ~** at prime time
Sendung[1] <-, -en> *f* TV, RADIO ❶ (*Ausstrahlung*) broadcasting; *Signal* transmission; **auf ~ gehen/sein** to go/be on the air ❷ (*Rundfunk-, Fernsehsendung*) program
Sendung[2] <-, -en> *f* (*Briefsendung*) letter; (*Paketsendung*) package; (*Warensendung*) shipment
Senf <-[e]s, -e> [zɛnf] *m* mustard ▶ WENDUNGEN: **seinen ~ dazugeben** *dat* (*fam*) to have one's say
senil [ze·'ni:l] *adj* senile
senior ['ze:·ni̯o:ɐ̯] *adj* senior
Senior <-s, Senioren> ['ze:·ni̯o:ɐ̯, *pl* ze·'ni̯o:·rən] *m meist pl* (*ältere Menschen*) senior citizen
Seniorenheim *nt* nursing [*or* retirement] home
Senke <-, -n> ['zɛŋ·kə] *f* depression
senken ['zɛŋ·kn̩] I. *vt* ❶ (*niedriger machen*) to lower; *Fieber* to reduce ❷ (*abwärtsbewegen*) **den Kopf ~** to bow one's head; **die Stimme ~** (*fig*) to lower one's voice II. *vr* ❶ (*niedriger werden*) to sink; ■ **sich** *akk* **~** to drop (**um** +*akk* by) ❷ (*sich niedersenken*) ■ **sich** *akk* **~** to lower itself (**auf** +*akk* onto)
senkrecht ['zɛŋk·rɛçt] *adj* vertical
Senkrechte <-n, -n> *f dekl wie adj* (*senkrechte Linie*) vertical line
Senkung <-, -en> *f* ❶ *kein pl der Preise* reduction; *der Löhne* cut; *der Steuern* decrease ❷ (*das Senken*) drop, subsidence; *der Stimme* lowering
Sensation <-, -en> [zɛn·za·'tsi̯o:n] *f* sensation
sensationell [zɛn·za·tsi̯o·'nɛl] *adj* sensational
Sensationslust *f* craving for sensation
Sense <-, -n> ['zɛn·zə] *f* scythe
sensibel [zɛn·'zi:·bl̩] *adj* sensitive
Sensibilität <-, -en> [zɛn·zi·bi·li·'tɛ:t] *f* sensitivity
Sensor <-s, -soren> ['zɛn·zo:ɐ̯, *pl* -'zo:·rən] *m* sensor
sentimental [zɛn·ti·mɛn·'ta:l] *adj* sentimental
Sentimentalität <-, -en> [zɛn·ti·mɛn·ta·li·'tɛ:t] *f* sentimentality
separat [ze·pa·'ra:t] *adj* separate
Separatismus <-> [ze·pa·ra·'tɪs·mʊs] *m kein pl* separatism

S

Separatist(in) <-en, -en> [ze·pa·ra·'tɪst] *m(f)* separatist
separatistisch *adj* separatist
Sept. *Abk von* **September** Sept.
September <-[s], -> [zɛp·'tɛm·bɐ] *m* September; *s. a.* **Februar**
Sequenz <-, -en> [ze·'kvɛnts] *f* sequence
Sera *pl von* **Serum**
Serbien <-s> ['zɛr·bi̯ən] *nt* Serbia; *s. a.* **Deutschland**
Seren *pl von* **Serum**
Serenade <-, -n> [ze·re·'na:·də] *f* serenade
Serie ['ze:·ri̯ə] *f* ❶ (*Reihe*) MEDIA, TV series + *sing vb* ❷ ÖKON line; **in ~ gehen** to go into production
serienmäßig *adj* ❶ (*in Serienfertigung*) mass-produced ❷ (*bereits eingebaut sein*) standard
Serienmörder(in) *m(f)* serial killer
Seriennummer *f* serial number
Serienproduktion *f* mass production
Serientäter(in) *m(f)* repeat offender
seriös [ze·'ri̯ø:s] I. *adj* ❶ *Mensch* respectable; *Angebot* serious ❷ (*vertrauenswürdig*) respectable; *Unternehmen* reputable II. *adv* respectably
Serpentine <-, -n> [zɛr·pɛn·'ti:nə] *f* winding road
Serum <-s, Seren *o* Sera> ['ze:·rʊm, *pl* 'ze:·rən, 'ze:·ra] *nt* serum
Server <-s, -> ['sœːr·vɐ] *m* COMPUT server
Service¹ <-, -s> ['zœr·vɪs] *m* ❶ *kein pl* (*Bedienung*) service ❷ TENNIS serve
Service² <-[s], -> [zɛr·'vi:s] *nt* dinner/coffee service
servieren* [zɛr·'vi:·rən] *vt* to serve
Serviette <-, -n> [zɛr·'vi̯ɛ·tə] *f* napkin
Servobremse ['zɛr·vo-] *f* power[-assisted] brake
Servolenkung *f* power[-assisted] steering
servus ['zɛr·vʊs] *interj* ÖSTERR, SÜDD (*hallo*) hi; (*tschüs*) [good]bye
Sesam <-s, -s> ['ze:·zam] *m* sesame
Sessel <-s, -> ['zɛ·sl] *m* armchair
Sessellift *m* chair lift
sesshaftᴿᴿ**, seßhaft**ᴬᴸᵀ ['zɛs·haft] *adj* ❶ (*bodenständig*) settled ❷ (*ansässig*) **er ist in Berlin ~** he lives in Berlin; **in Berlin ~ werden** to settle in Berlin
Set <-s, -s> [zɛt] *m o nt* set
setzen ['zɛ·tsn̩] I. *vt* haben ❶ (*platzieren*) to put, to place ❷ (*festlegen*) to set; **eine Frist/ein Ziel ~** to set a deadline/a goal ❸ (*bringen*) **etw in Betrieb ~** to set sth in motion; **jdn auf Diät ~** to put sb on a diet ❹ (*pflanzen*) to plant ❺ (*wetten*) **Geld auf jdn/etw ~** to bet money on sb/sth ❻ TYPO to set II. *vr* haben ■**sich** *akk* **~** ❶ (*sich niederlassen*) to sit [down]; **sich** *akk* **ins Auto ~** to get in the car; **bitte ~ Sie sich doch!** please sit down!; ■**sich** *akk* **zu jdm ~** to sit next to sb; **wollen Sie sich nicht zu uns ~?** won't you join us? ❷ (*sich senken*) *Kaffeesatz* to settle III. *vi* ❶ haben (*wetten*) ■**auf jdn/etw ~** to bet on sb/sth ❷ *sein o* haben

■**über etw** *akk* **~** (*springen*) to jump over sth; (*überschiffen*) to cross sth
Seuche <-, -n> ['zɔy·çə] *f* epidemic
Seuchenbekämpfung *f* epidemic control
Seuchengebiet *nt* epidemic zone
seufzen ['zɔyf·tsn̩] *vi* to sigh
Seufzer <-s, -> *m* sigh; **einen ~ ausstoßen** to heave a sigh
Sex <-[es]> [zɛks] *m kein pl* sex
Showgeschäft *nt kein pl* show business
Showmaster <-s, -> [-ma:stɐ] *m* host, emcee
siamesisch [zi̯a·'me:·zɪʃ] *adj* Siamese
Sibirien <-s> [zi·'bi:·ri̯ən] *nt* Siberia
sich [zɪç] *pron refl* ❶ *akk* oneself; ■**er/sie/es** ... **~** he/she/it ... himself/herself/itself; ■**Sie** ... **~** you ... yourself/yourselves; ■**sie** ... **~** they ... themselves; **man fragt ~, was das soll** one wonders what it's all about; **~ freuen/gedulden/wundern** to be pleased/patient/surprised; **~ schämen** to be ashamed of oneself ❷ *dat* one's; **~ etw einbilden** to imagine sth; **~ etw kaufen** to buy sth for oneself; **die Katze leckte ~ die Pfote** the cat licked its paw ❸ *pl* (*einander*) each other, one another; **~ lieben** to love each other ❹ *unpersönlich* **hier arbeitet es ~ gut** it's good to work here; **das Auto fährt ~ prima** the car drives really well ❺ + *prep* **wieder zu ~ kommen** to regain consciousness; **etw von ~ aus tun** to do sth of one's own accord; **er denkt immer nur an ~** he only ever thinks of himself
Sichel <-, -n> ['zɪ·çl] *f* ❶ (*Werkzeug*) sickle ❷ (*Gebilde, von Mond*) crescent
sicher ['zɪ·çɐ] I. *adj* ❶ (*gewiss*) certain, sure; *Zusage* definite; **sind Sie ~?** are you sure?; **es ist nicht ~, dass er kommt** it is not certain that he will come; ■**sich** *dat* **einer S.** *gen* **~ sein** to be sure of sth; **so viel ist ~** that much is certain ❷ (*ungefährdet*) safe (**vor** +*dat* from); *Anlage, Arbeitsplatz* secure; **~ ist ~** you can't be too careful ❸ (*zuverlässig*) reliable; *Methode* foolproof ❹ (*geübt*) competent ❺ (*selbstsicher*) self-assured II. *adv* ❶ (*gewiss*) surely; **du hast ~ Recht** you are certainly right; **es ist ~ nicht das letzte Mal** this is surely not the last time; [**aber**] **~!** (*fam*) sure!; **ich weiß das ganz ~** I know that for sure ❷ (*ungefährdet*) **sich** *akk* **~ fühlen** to feel safe; **etw ~ aufbewahren** to keep sth in a safe place
sicher|gehen *vi irreg sein* to make sure
Sicherheit <-, -en> *f* ❶ *kein pl* (*gesicherter Zustand*) safety; **die öffentliche ~** public safety; **etw in ~ bringen** to get sth to a safe place; **in ~ sein** to be safe ❷ *kein pl* (*Gewissheit*) certainty; **mit ~** for certain ❸ *kein pl* (*Gewandtheit*) competence ❹ (*Kaution*) surety
Sicherheitsabstand *m* safe distance
Sicherheitsbeamte(r), -beamtin *m, f* security officer
Sicherheitsbindung *f* safety binding

Sicherheitsgurt *m* seat [*or* safety] belt
sicherheitshalber *adv* to be on the safe side
Sicherheitskopie *f* COMPUT backup
Sicherheitsnadel *f* safety pin
Sicherheitsrat *m kein pl* Security Council
sicherlich *adv* surely
sichern ['zɪ·çen] *vt* ❶ (*schützen*) to safeguard (**gegen** +*akk* against) ❷ *Schusswaffe* to put a safety on ❸ (*absichern*) to protect; *Bergsteiger, Tatort, Tür* to secure; ■**gesichert sein** to be protected ❹ (*sicherstellen*) to secure ❺ COMPUT to save
sicher|stellen *vt* ❶ (*in Gewahrsam nehmen*) to confiscate ❷ (*garantieren*) to guarantee
Sicherung <-, -en> *f* ❶ (*das Sichern*) securing, safeguarding ❷ ELEK fuse ❸ (*Schutzvorrichtung*) safety [catch] ❹ COMPUT backup
Sicherungskasten *m* fuse box
Sicherungskopie *f* COMPUT backup copy
Sicht <-, *selten* -en> [zɪçt] *f* ❶ (*Aussicht*) view; **du nimmst mir die ~** you're blocking my view; **die ~ beträgt heute nur 20 Meter** visibility is down to about 20 meters today; **auf kurze/mittlere/lange ~** (*fig*) in the short/medium/long term; **in ~ sein** to be in sight; **Land in ~!** land ahoy!; **etw ist in ~** (*fig*) sth is on the horizon ❷ (*Meinung*) [point of] view; **aus jds ~** from sb's point of view
sichtbar *adj* (*wahrnehmbar*) visible; (*offensichtlich*) apparent
sichten ['zɪ·çtn̩] *vt* ❶ (*ausmachen*) to sight ❷ (*durchsehen*) **die Akten ~** to look through the files
sichtlich *adv* **~ beeindruckt sein** to be visibly impressed
Sichtverhältnisse *pl* visibility
Sichtweite *f* visibility; **außer/in ~ sein** to be out of/in sight
sickern ['zɪ·ken] *vi sein* to seep (**aus** +*dat* from, **durch** +*akk* through)
sie [zi:] *pron pers, 3. pers* ❶ <*gen* ihrer, *dat* ihr, *akk* sie> *sing* she; **~ ist es!** it's her!; (*weibliche Sache bezeichnend*) it; (*Tier bezeichnend*) it; (*bei weiblichen Haustieren*) she ❷ <*gen* ihrer, *dat* ihnen, *akk* sie> *pl* they
Sie[1] <*gen* Ihrer, *dat* Ihnen, *akk* Sie> [zi:] *pron pers, 2. pers sing o pl* (*förmliche Anrede*) you
Sie[2] <-s> [zi:] *nt kein pl* **jdn mit ~ anreden** to address sb using the "Sie" form
Sieb <-[e]s, -e> [zi:p, *pl* 'zi:·bə] *nt* (*Küchensieb*) sieve; (*größer*) colander; (*Kaffeesieb, Teesieb*) strainer
Siebdruck *m* ❶ *kein pl* (*Druckverfahren*) silk-screen printing ❷ (*Druckerzeugnis*) silk-screen print
sieben[1] ['zi:·bn̩] *adj* seven; *s. a.* **acht**[1]
sieben[2] ['zi:·bn̩] *vt* to sieve
siebenfach, 7fach ['zi:·bn̩·fax] **I.** *adj* sevenfold; **die ~e Menge** seven times the amount **II.** *adv* sevenfold, seven times
siebenhundert ['zi:·bn̩·'hʊn·det] *adj* seven hundred
siebenmal ['zi:·bn̩·ma:l] *adv* seven times; *s. a.*

achtmal
siebentägig, 7-tägig[RR] *adj* seven-day *attr*
siebentausend ['zi:·bn̩·'tau·znt] *adj* seven thousand
siebte(r, s) ['zi:·p·tə, 'zi:·p·te, 'zi:·p·təs] *adj* ❶ (*an siebter Stelle*) seventh; *s. a.* **achte(r, s)** 1 ❷ (*Datum*) seventh, 7th; *s. a.* **achte(r, s)** 2
Siebtel <-s, -> ['zi:·p·tl̩] *nt* seventh
siebzehn ['zi:·p·tse:n] *adj* seventeen; *s. a.* **acht**[1]
siebzehnte(r, s) *adj* ❶ (*an siebzehnter Stelle*) seventeenth; *s. a.* **achte(r, s)** 1 ❷ (*Datum*) seventeenth, 17th; *s. a.* **achte(r, s)** 2
siebzig ['zi:·p·tsɪç] *adj* seventy; *s. a.* **achtzig** 1, 2
Siebzigerjahre *pl* **in den ~n** in the seventies
siebzigste(r, s) *adj* seventieth; *s. a.* **achte(r, s)** 1
siedeln ['zi:·dl̩n] *vi* to settle
sieden <siedete, gesiedet> ['zi:·dn̩] *vi* to boil
Siedepunkt *m* boiling point
Siedler(in) <-s, -> ['zi:d·le] *m(f)* settler
Siedlung <-, -en> ['zi:d·lʊŋ] *f* ❶ (*Wohnhausgruppe*) housing development ❷ (*Ansiedlung*) settlement
Sieg <-[e]s, -e> [zi:k, *pl* 'zi:·gə] *m* victory (**über** +*akk* over)
Siegel <-s, -> ['zi:·gl̩] *nt* seal; (*privates a.*) signet
siegen ['zi:·gn̩] *vi* to win [sth]; **haushoch ~** to win hands down
Sieger(in) <-s, -> *m(f)* ❶ MIL victor ❷ SPORT winner; **der zweite ~** the runner-up
Siegerehrung *f* SPORT victory ceremony
Siegerpodest *nt* victory podium
Siegerurkunde *f* SPORT winner's certificate
siegesbewusst[RR] *adj s.* **siegessicher**
siegessicher *adj* certain of victory *pred;* **ein ~es Lächeln** a confident smile
Siegeszug *m* MIL triumphal procession; (*fig: gewaltiger Erfolg*) triumph
siegreich I. *adj* ❶ MIL victorious ❷ SPORT winning *attr;* successful **II.** *adv* in triumph
sieh [zi:], **siehe** ['zi:·ə] (*geh*) *imp sing von* **sehen**
siezen ['zi:·tsn̩] *vt* **jdn/sich ~** to address sb/each other using the "Sie" form
Signal <-s, -e> [zɪ·'gna:l] *nt* ❶ (*Zeichen*) signal ❷ BAHN signal; **ein ~ überfahren** to run a signal ❸ *pl* (*geh: Ansätze*) signs; **~e setzen** to blaze a trail
signalisieren* [zɪ·gna·li·'zi:·rən] *vt* ❶ (*durch Signale übermitteln*) to signal ❷ (*zu verstehen geben*) to indicate
Signatur <-, -en> [zɪ·gna·'tu:ɐ] *f* signature
signieren* [zɪ·'gni:·rən] *vt* to sign; (*bei einer Autogrammstunde*) to autograph; ■**signiert** signed, autographed
Silbe <-, -n> ['zɪl·bə] *f* syllable
Silbenrätsel *nt a word game in which words are made up from a given list of syllables*
Silbentrennung *f* hyphenation
Silber <-s> ['zɪl·be] *nt kein pl* silver

Silberhochzeit f silver wedding anniversary

Silbermedaille f silver medal; **die ~ holen** to win [a] silver [or a silver medal]

silbern ['zɪl·bən] adj ❶ (aus Silber bestehend) silver ❷ (Farbe) silver[y]

silbrig ['zɪl·brɪç] I. adj silver[y] II. adv ~ **glänzen** to have a silvery luster

Silhouette <-, -n> [zi·'lŭɛta] f silhouette

Silikon <-s, -e> [zi·li·'koːn] nt silicone

Silizium <-s> [zi·'liː·tsi̯·ʊm] nt kein pl silicon

Silvester <-s, -> [zɪl·'vɛs·tɐ] m o nt New Year's Eve

simpel ['zɪm·pl̩] I. adj simple II. adv simply

Sims <-es, -e> [zɪms] m o nt (Fenstersims) windowsill; (Kaminsims) mantelpiece

simsen ['zɪm·zən] vt, vi TELEK (fam) to text, to send a text message

Simulant(in) <-en, -en> [zi·mu·'lant] m(f) malingerer

Simulation <-, -en> [zi·mu·la·'tsi̯oːn] f simulation

Simulator <-s, -toren> [zi·mu·'laː·toɐ̯, pl -'toː·rən] m simulator

simulieren* [zi·mu·'liː·rən] I. vi to malinger II. vt ❶ (vortäuschen) **eine Krankheit ~** to pretend to be sick ❷ SCI to [computer-]simulate

simultan [zi·mʊl·'taːn] I. adj simultaneous II. adv simultaneously, at the same time; **~ dolmetschen** to simultaneously interpret

sind [zɪnt] 1. und 3. pers pl von **sein**

Sinfonie <-, -n> [zɪn·fo·'niː, pl -fo·'niː·ən] f symphony

Sinfonieorchester nt symphony orchestra

singen <sang, gesungen> ['zɪŋ·ən] vi, vt to sing

Single¹ <-, -[s]> ['zɪŋl̩] f (Schallplatte) single

Single² <-s, -s> ['zɪŋl̩] m (Ledige[r]) single person

Singular <-s, -e> ['zɪŋ·gu·la:ɐ̯] m LING singular

Singvogel m songbird

sinken <sank, gesunken> ['zɪŋ·kn̩] vi sein ❶ (versinken) to sink; Schiff to go down ❷ (herabsinken) to descend ❸ (niedersinken) to drop, to fall; **ins Bett ~** to fall into bed ❹ (abnehmen) to go down, to abate; Fieber, Preis to fall ❺ (schwinden) to diminish, to decline; Hoffnung to sink; **den Mut ~ lassen** to lose courage

Sinn <-[e]s, -e> [zɪn] m ❶ meist pl (Organ der Wahrnehmung) sense; **bist du noch bei ~en?** (geh) have you taken leave of your senses?; **von ~en sein** to be out of one's mind ❷ kein pl (Bedeutung) meaning; **im wahrsten ~e des Wortes** in the truest sense of the word; **im übertragenen ~e** in the figurative sense; **in diesem ~e** in that respect ❸ (Zweck) point; **der ~ des Lebens** the meaning of life; **einen bestimmten ~ haben** to have a particular purpose; **es hat keinen ~ [, etw zu tun]** there's no point [in doing sth] ❹ kein pl (Verständnis) **~ für etw** akk **haben** to appreciate sth ❺ (Intention, Gedanke) incli-

nation; **in jds** dat **~ handeln** to act according to sb's wishes; **was hast du mit ihm im ~?** what do you have in mind with him?; **sich** dat **etw aus dem ~ schlagen** (fam) to put sth out of one's mind

Sinnbild nt symbol

sinnbildlich I. adj symbolic II. adv symbolically

sinnen <sann, gesonnen> ['zɪnən] vi ■**auf** etw akk ~ to think of sth; **auf Rache ~** to plot revenge

Sinnesorgan nt sense organ

Sinnestäuschung f (Illusion) illusion; (Halluzination) hallucination

sinngemäß I. adj **eine ~e Wiedergabe einer Rede** a summary of a speech II. adv in the general sense; **etw ~ wiedergeben** to give the gist of sth

sinnlich I. adj ❶ (sexuell) carnal form ❷ (sexuell verlangend) sensual; (stärker) voluptuous ❸ (gern genießend) sensuous, sensual ❹ (die Sinne ansprechend) sensory, sensorial II. adv (mit den Sinnen) sensuously

Sinnlichkeit <-> f kein pl sensuality

sinnlos adj ❶ (unsinnig) senseless; Bemühungen futile; Geschwätz meaningless; **das ist doch ~!** that's pointless! ❷ (pej: maßlos) frenzied; Hass, Wut blind

Sinnlosigkeit <-, -en> f senselessness, meaninglessness, futility

sinnvoll I. adj ❶ (zweckmäßig) practical, appropriate ❷ (Erfüllung bietend) meaningful ❸ (eine Bedeutung habend) meaningful, coherent II. adv sensibly

Sintflut ['zɪnt·fluːt] f ■**die ~** the Flood ▶ WENDUNGEN: **nach mir die ~** (fam) I don't care what happens after I leave

Sippe <-, -n> ['zɪ·pə] f ❶ SOZIOL [extended] family ❷ (hum fam: Verwandtschaft) family, clan fam

Sippschaft <-, -en> f (pej fam) clan, relatives pl

Sirene <-, -n> [zi·'reː·nə] f siren

Sirenengeheul nt wail of a siren

Sirup <-s, -e> ['ziː·rʊp] m syrup

Sitte <-, -n> ['zɪtə] f ❶ (Gepflogenheit) custom; **es ist bei uns ~, ...** it is our custom ...; **nach alter ~** traditionally ❷ meist pl (Manieren) manners npl; (moralische Normen) moral standards pl ▶ WENDUNGEN: **andere Länder, andere ~n** other countries, other customs

sittenwidrig adj immoral

sittlich adj moral

Sittlichkeitsverbrechen nt sex crime

Situation <-, -en> [zi·tu̯a·'tsi̯oːn] f situation; (persönlich a.) position

Sitz <-es, -e> [zɪts] m ❶ (Sitzgelegenheit) seat ❷ (Amtssitz) seat; von Verwaltung headquarters + sing/pl vb; von Unternehmen head office

Sitzbank f bench

sitzen <saß, gesessen> ['zɪtsn̩] vi haben o SÜDD, ÖSTERR, SCHWEIZ sein ❶ (sich gesetzt *haben*) to sit; **gut** ~ to be comfortable; **im S~** while seated, sitting down; **bitte bleiben Sie ~!** please don't get up! ❷ (*beschäftigt sein*) **an einem Aufsatz** ~ to be laboring over an essay; **er sitzt im Vorstand** he has a seat on the board of directors ❸ (*fam: inhaftiert sein*) to do time ❹ (*befestigt sein*) to be [installed]; **locker/schief** ~ to be loose/lopsided ❺ (*Passform haben*) *Hosen, Rock* to fit ❻ (*treffen, wirken*) *Schlag* to hit home ❼ SCH ~ **bleiben** (*fam*) to repeat a grade ❽ (*nicht absetzen können*) **auf etw** *dat* ~ **bleiben** to be left with sth ▶ WENDUNGEN: **sie hat einen** ~ (*fam*) she's had one too many; **jdn** ~ **lassen** (*fam: im Stich lassen*) to leave sb in the lurch [*or sl* hanging]; (*versetzen*) to stand sb up; (*nicht heiraten*) to jilt sb; **das lasse ich nicht auf mir** ~! I won't stand for this/that!

Sitzgelegenheit *f* seats *pl*, seating [accommodation]

Sitzordnung *f* seating plan

Sitzplatz *m* seat

Sitzreihe *f* row [of seats]; (*in Theater*) tier

Sitzstreik *m* sit-in

Sitzung <-, -en> *f* ❶ (*Konferenz*) meeting; (*im Parlament*) [parliamentary] session ❷ (*Behandlung*) visit

Sitzungssaal *m* conference hall

Sitzverteilung *f* POL distribution of seats

Sizilien <-s> [zi·'tsi:·li̯ən] *nt* Sicily; *s. a.* Deutschland

Skala <-, Skalen *o* -s> ['ska:·la, *pl* 'ska:·lən] *f* ❶ (*Maßeinteilung*) scale ❷ (*Palette*) range

Skalp <-s, -e> [skalp] *m* scalp

Skalpell <-s, -e> [skal·'pɛl] *nt* scalpel

skalpieren* [skal·'pi:·rən] *vt* to scalp

Skandal <-s, -e> [skan·'da:l] *m* scandal

skandalös [skan·da·'lø:s] I. *adj* scandalous, outrageous II. *adv* outrageously, shockingly

Skandinavien <-s> [skan·di·'na:·vi̯ən] *nt* Scandinavia

Skandinavier(in) <-s, -> [skan·di·'na:·vi̯e] *m(f)* Scandinavian

skandinavisch [skan·di·'na:·vɪʃ] *adj* Scandinavian

Skateboard <-s, -s> ['ske:t·bo:ɐ̯t] *nt* skateboard; ~ **fahren** to skateboard

skaten ['ske:·tn̩] *vi* (*fam*) to ice-skate, to Rollerblade, to roller-skate, to skateboard

Skelett <-[e]s, -e> [ske·'lɛt] *nt* skeleton

Skepsis <-> ['skɛp·sɪs] *f kein pl* skepticism; **etw** *dat* **mit** ~ **begegnen** to be very skeptical about sth

skeptisch ['skɛp·tɪʃ] I. *adj* skeptical II. *adv* skeptically

Sketch, SketschRR <-es, -e[s]> [skɛtʃ] *m* sketch

Ski <-s, -*o* -er> [ʃi:, 'ʃi:·ɐ] *m* ski; ~ **laufen** to ski

Skianzug *m* ski suit

Skier ['ʃi:·ɐ] *pl von* Ski

Skifahrer(in) *m(f)* skier

Skiläufer(in) *m(f)* skier

Skilehrer(in) *m(f)* ski instructor

Skilift *m* ski lift

Skinhead <-s, -s> ['skɪn·hɛt] *m* skinhead

Skipiste *f* ski run

Skispringen *nt kein pl* ski jumping

Skispringer(in) *m(f)* ski jumper

Skizze <-, -n> ['skɪ·tsə] *f* sketch

skizzenhaft I. *adj Zeichnung, Beschreibung* rough II. *adv* **etw** ~ **zeichnen** to sketch sth roughly

skizzieren* [skɪ·'tsi:·rən] *vt* ❶ (*umreißen*) *Plan* to outline ❷ KUNST (*als Skizze darstellen*) to sketch

Sklave, Sklavin <-n, -n> ['skla:·və, 'skla:·vɪn] *m, f* slave

Sklavenhandel *m kein pl* slave trade

Sklaverei <-, -en> [skla:·və·'rai] *f* slavery *no art*

Sklerose <-, -n> [skle·'ro:·zə] *f* sclerosis; **multiple** ~ multiple sclerosis

Skorpion <-s, -e> [skɔr·'pi̯o:n] *m* ❶ ZOOL scorpion ❷ ASTROL Scorpio

Skript <-[e]s, -en> [skrɪpt] *nt* ❶ SCH lecture notes *pl* ❷ (*schriftliche Vorlage*) transcript ❸ FILM [movie] script

Skrupel <-s, -> ['skru:·pl̩] *m meist pl* scruple, qualms *pl*

skrupellos (*pej*) I. *adj* unscrupulous II. *adv* without scruple

Skrupellosigkeit <-> *f kein pl* (*pej*) unscrupulousness

Skulptur <-, -en> [skʊlp·'tu:ɐ̯] *f* sculpture

skurril [skʊ·'ri:l] *adj* bizarre

Slalom <-s, -s> ['sla:·lɔm] *m* slalom

Slang <-s> [slɛŋ] *m kein pl* ❶ (*Umgangssprache*) slang *no art* ❷ (*Fachjargon*) jargon

Slawe, Slawin <-n, -n> ['sla:·və, 'sla:·vɪn] *m, f* Slav; *s. a.* Deutsche(r)

slawisch ['sla:·vɪʃ] *adj* Slav[on]ic; *s. a.* deutsch

Slip <-s, -s> [slɪp] *m* panties *pl*

Slipeinlage *f* panty liner

Slogan <-s, -s> ['slo:·gn̩] *m* slogan

Slowakei <-> [slo·va·'kai] *f* ■ **die** ~ Slovakia; *s. a.* Deutschland

Slowenien <-s> [slo·'ve:·ni̯ən] *nt* Slovenia; *s. a.* Deutschland

Slum <-s, -s> [slam] *m* slum

Smaragd <-[e]s, -e> [sma·'rakt] *m* emerald

Smog <-[s], -s> [smɔk] *m* smog

Smogalarm *m* smog alert

Smoking <-s, -s> ['smo:·kɪŋ] *m* tuxedo, dinner jacket

SMS <-, -> [ɛs·ʔɛm·'ɛs] *f* MEDIA, TELEK *Abk von* **Short Message Service** text [message], IM

Snob <-s, -s> [snɔp] *m* snob

snobistisch [sno·'bɪs·tɪʃ] *adj* snobby, snobbish

Snowboard <-s, -s> ['sno:·bo:ɐ̯t] *nt* snowboard

so [zo:] I. *adv* ❶ + *adj und adv* (*derart*) so; ~ **viel** [**wie**] as much [as]; **das ist** ~ **weit richtig, aber ...** generally speaking that is right, but ...; ~ **weit sein** (*fam*) to be ready; ~ **wenig wie möglich** as little as possible; **es ist** ~**, wie du sagst** it is [just] as you say

S

❷ + *vb* (*derart*) **sie hat sich ~ darauf gefreut** she was really looking forward to it; **ich habe mich ~ über ihn geärgert!** I was so angry with him **❸** (*auf diese Weise*) like this/that, this/that way, thus *form;* **~ musst du es machen** this is how you have to do it; **~ ist das nun mal** (*fam*) that's the way things are; **~ ist es** that's [just] the way it is; **~, als so ...** as if ...; **~ oder ~** either way, in the end; **und ~ weiter** |und **~ fort**| et cetera[, et cetera]; **~ genannt** so-called **❹** (*solch*) **~ ein Buch haben wir nicht** we don't have a book like that; **~ etwas** such a thing; **~ etwas sagt man nicht** you shouldn't say such things **❺** (*fam: etwa*) **wir treffen uns ~ gegen 7 Uhr** we'll meet at around 7 o'clock **❻** (*fam*) **und/ oder ~** or so; **ich gehe um 5 oder ~** I'm going around 5 or so **❼** (*fam: umsonst*) for nothing; **das können Sie ~ haben** you can have it [for free] **II.** *konj* **❶** (*konsekutiv*) ■~ **dass** [*o* **sodass**] so that **❷** (*obwohl*) **~ leid es mir auch tut** as sorry as I am **III.** *interj* **❶** (*also*) so, right; **~, jetzt gehen wir einkaufen** so, now let's go shopping **❷** (*ätsch*) so there! **❸** (*ach*) **~, ~!** (*fam*) is that a fact! *iron*

s.o. *Abk von* **siehe oben** see above

sobald [zoˈbalt] *konj* as soon as

Socke <-, -n> [ˈzɔ·kə] *f* sock ▶WENDUNGEN: **sich auf die ~n machen** (*fam*) to get a move on

Sockel <-s, -> [ˈzɔ·kl̩] *m* **❶** *von Statue* plinth, pedestal **❷** (*von Gebäude*) plinth, base course

Soda <-s> [ˈzoː·da] *nt kein pl* **❶** CHEM soda **❷** (*Sodawasser*) carbonated water

Sodbrennen [zoːt-] *nt* heartburn

soeben [zoˈʔeːbn̩] *adv* (*geh*) **er hat ~ das Haus verlassen** he just left the building

Sofa <-s, -s> [ˈzoː·fa] *nt* sofa

sofern [zoˈfɛrn] *konj* if, provided that

soff [zɔf] *imp von* **saufen**

sofort [zoˈfɔrt] *adv* immediately; **sie kam ~** she came right away; **ich mache es ~** I'll do it right now [*or* this instant]

Sofortbildkamera *f* instant camera

sofortig [zoˈfɔr·tɪç] *adj* immediate; **mit ~er Wirkung** with immediate effect

Sofortmaßnahme *f* immediate measure; **~n ergreifen** to take immediate action

Softie <-s, -s> [ˈzɔf·ti] *m* (*fam*) softie

Softporno [ˈsɔft-] *m* soft[-core] porn [movie]

Software <-, -s> [ˈsɔft·vɛːɐ̯] *f* software

Softwarepaket *nt* software package

sog [zoːk] *imp von* **saugen**

sog. *adj Abk von* **so genannt** so-called

Sog <-[e]s, -e> [zoːk] *m* suction

sogar [zoˈgaːɐ̯] *adv* even

Sohle <-, -n> [ˈzoː·lə] *f* sole

Sohn <-[e]s, Söhne> [zoːn, *pl* ˈzøː·nə] *m* son

Soja <-s, Sojen> [ˈzoː·ja, *pl* ˈzoː·jən] *meist sing f* soy

Sojabohne *f* soybean

Sojasoße *f* soy sauce

solang [zoˈlaŋ], **solange** [zoˈlaŋə] *konj* as long as

Solarenergie *f* solar energy

Solarium <-s, -rien> [zoˈlaː·ri̯·ʊm, *pl* -ˈlaː·ri̯·ən] *nt* solarium

Solarzelle *f* solar cell

solch [zɔlç] *adj* such; **~ ein Mann** such a man

solche(r, s) *adj* **❶** *attr* such; **~ Frauen** women like that; **ich machte mir ~ Sorgen** I was really worried; **~n Kuchen mag ich nicht** I don't like that kind of cake; **sie hatte ~ Angst ...** she was so afraid ... **❷** *substantivisch* (*solche Menschen*) people like that; (*ein solcher Mensch*) a person like this/that; **als ~(r, s)** as such, in itself; **der Mensch als ~r** man as such; **es gibt ~ und ~ Kunden** there are customers and then there are customers

Sold <-[e]s> [zɔlt] *m kein pl* MIL pay

Soldat(in) <-en, -en> [zɔlˈdaːt] *m(f)* soldier

Söldner(in) <-s, -> [ˈzœld·nɐ] *m(f)* mercenary

Soli [ˈzoː·li] *pl von* **Solo**

solid [zoˈliːt] *adj, adv s.* **solide**

solidarisch [zoˈliˈdaː·rɪʃ] **I.** *adj* **sich** *akk* [**mit jdm/etw**] **~ erklären** to declare one's solidarity [with sb/sth] **II.** *adv* in solidarity

solidarisieren* [zoˈliˈda·riˈziː·rən] *vr* ■**sich** *akk* **~** to show [one's] solidarity

Solidarität <-> [zoˈliˈda·riˈtɛːt] *f kein pl* solidarity

Solidaritätszuschlag *m* POL solidarity tax (*a tax to help finance the cost of the German reunification*)

solide [zoˈliː·də] **I.** *adj* **❶** (*haltbar, fest*) solid; *Kleidung* durable **❷** (*fundiert*) *Kenntnisse* sound, thorough **❸** (*untadelig*) *Leben* respectable **❹** (*seriös*) *Unternehmen* well-established *attr*; sound **II.** *adv* (*haltbar, fest*) solidly

Solist(in) <-en, -en> [zoˈlɪst] *m(f)* MUS soloist

Soll <-[s], -[s]> [zɔl] *nt* **❶** (*Sollseite*) debit side; **~ und Haben** debit and credit **❷** (*Produktionsnorm*) target; **sein ~ erfüllen** to reach one's target

sollen [ˈzɔ·lən] **I.** *aux vb* <sollte, sollen> **❶** (*etw zu tun haben*) **du sollst herkommen, habe ich gesagt!** I said [you should] come here!; **man hat mir gesagt, ich soll Sie fragen** I was told to ask you; **was ~ wir machen?** what should we do? **❷** (*falls*) **sollte das passieren, ...** should that happen ... **❸** (*eigentlich müssen*) **du sollst dich schämen!** you should be ashamed [of yourself]; **das solltest du unbedingt sehen** you have to see this; **so soll es sein** that's how it ought to be **❹** (*angeblich sein, tun*) to be supposed to; **sie soll mitgemacht haben** she supposedly took part in it; **sie soll sehr reich sein** she is said to be very rich; **was soll das heißen?** what's that supposed to mean? **❺** (*dürfen*) **du hättest das nicht tun ~** you should not have done that **❻** *in der Vergangenheit* **es sollte ganz anders kommen** things were supposed to turn out quite differently **II.** *vi* <sollte, gesollt> **❶** (*eine Anweisung befolgen*) **soll er reinkommen? – ja, er soll** should he come in? — yes, he should ② (*müssen*) **du sollst sofort nach Hause** you should go home right away ③ (*bedeuten*) **was soll der Blödsinn?** (*fam*) what's all this nonsense about?; **was soll das?** (*fam*) what's that supposed to mean?; **was soll's?** (*fam*) who cares?

Solo <-s, Soli> ['zoː·lo, *pl* 'zoː·li] *nt* MUS solo

somit [zo·'mɪt] *adv* therefore, hence *form*

Sommer <-s, -> ['zɔ·mɐ] *m* summer

Sommerferien *pl* summer vacation

sommerlich I. *adj* summer *attr*; **~es Wetter** summer weather II. *adv* like in summer; **sich ~ kleiden** to wear summer clothing

Sommersemester *nt* summer semester

Sommersprosse *f meist pl* freckle

Sommerurlaub <-(e)s, -e> *m* summer vacation

Sommerzeit *f* ① (*Jahreszeit*) summertime ② (*Uhrzeit*) summer time

Sonate <-, -n> [zo·'naː·tə] *f* sonata

Sonde <-, -n> ['zɔn·də] *f* ① MED (*Schlauchsonde*) tube; (*Operationssonde*) probe ② (*Raumsonde*) probe

Sonderangebot *nt* special offer; **etw im ~ haben** to have sth on sale

Sonderausgabe *f* ① MEDIA special edition ② *kein* ÖKON contingent expenses *pl*

sonderbar ['zɔn·dɐ·baːɐ̯] I. *adj* peculiar, strange, odd II. *adv* strangely

Sonderfall *m* special case

Sondergenehmigung *f* special authorization *no art*

sonderlich ['zɔn·dɐ·lɪç] I. *adj* ① *attr* (*besonders*) particular; **ohne ~es Interesse** without any particular interest ② (*seltsam*) peculiar, strange II. *adv* particularly; **nicht ~ begeistert** not particularly enthusiastic

Sonderling <-s, -e> ['zɔn·dɐ·lɪŋ] *m* oddball

Sondermarke *f* commemorative [stamp]

Sondermüll *m* hazardous waste

sondern ['zɔn·dɐn] *konj* but; **nicht sie war es, ~ er** it wasn't her, it was him

Sonderpreis *m* special [reduced] [*or* sale] price

Sonderregelung *f* special provision

Sonderschule *f* school for special education

Sonderstellung *f* special position

Sonderzug *m* special [*or* chartered] train

Sonett <-[e]s, -e> [zo·'nɛt] *nt* sonnet

Song <-s, -s> [zɔŋ] *m* song

Sonnabend ['zɔn·ʔaːbn̩t] *m* DIAL (*Samstag*) Saturday

sonnabends *adv* DIAL (*samstags*) [on] Saturdays

Sonne <-, -n> ['zɔnə] *f kein pl* sun; **die ~ geht auf/unter** the sun rises/sets

sonnen ['zɔ·nən] *vr* ① (*sonnenbaden*) ■**sich** *akk* **~** to sunbathe ② (*genießen*) ■**sich** *akk* **in etw** *dat* **~** to bask in sth

Sonnenaufgang *m* sunrise, sunup

Sonnenbad *nt* sunbathing; **ein ~ nehmen** to sunbathe

Sonnenblume *f* sunflower

Sonnenbrand *m* sunburn *no art*

Sonnenbrille *f* sunglasses *npl*, shades *npl sl*

Sonnencreme *f* suntan lotion

Sonnenenergie *f* solar energy

Sonnenfinsternis *f* solar eclipse

sonnenklar ['zɔ·nən·'klaːɐ̯] *adj* (*fam*) crystal-clear, clear as daylight *pred*

Sonnenkollektor *m* solar panel

Sonnenlicht *nt kein pl* sunlight

Sonnenmilch *f* suntan lotion

Sonnenöl *nt* suntan oil

Sonnenschein *m* sunshine; **bei strahlendem ~** in the bright sunshine

Sonnenschirm *m* sunshade; (*tragbar*) parasol

Sonnenstich *m* sunstroke *no art*

Sonnenstrahl *m* sunbeam

Sonnensystem *nt* solar system

Sonnenuhr *f* sundial

Sonnenuntergang *m* sunset, sundown

sonnig ['zɔ·nɪç] *adj* sunny

Sonntag ['zɔn·taːk] *m* Sunday; *s. a.* **Dienstag**

sonntäglich *adj* [regular] Sunday *attr*

Sonntagnachmittag^RR *m* Sunday afternoon; *s. a.* **Dienstag**

sonntags *adv* [on] Sundays

sonst [zɔnst] *adv* ① (*andernfalls*) or [else], otherwise ② (*gewöhnlich*) usually; **du hast doch ~ keine Bedenken** you don't usually have any doubts; **kälter als ~** colder than usual ③ (*außerdem*) **~ noch Fragen?** any more questions?; **gibt es ~ noch etwas?** is there anything else?; ■**~ keine(r,s)** nothing/nobody else; **~ nichts** nothing else; **~ was** whatever

sonstig ['zɔns·tɪç] *adj attr* (*weitere[s]*) other; „**Sonstiges**" "miscellaneous"; **und wie sind ihre ~en Leistungen?** and how is her performance otherwise?

sooft [zo·'ʔɔft] *konj* whenever

Sopran <-s, -e> [zo·'praːn] *m kein pl* soprano

Sorbet <-s, -s> ['zɔr·bɛt, zɔr·'beː] *m o nt* sherbe[r]t

Sorge <-, -n> ['zɔr·gə] *f* worry; **~n haben** to have problems; **es macht mir ~n, dass ...** it worries me that ...; **wir haben uns solche ~n gemacht!** we were so worried; **machen Sie sich deswegen keine ~n!** don't worry about that; **lassen Sie das meine ~ sein!** let me worry about that; **keine ~!** (*fam*) don't [you] worry

sorgen ['zɔr·gn̩] I. *vi* ① (*sich kümmern*) ■**für jdn ~** to provide for [*or* look after] sb ② (*besorgen*) **für etw** *akk* **~** to get sth; **für die Musik ~** to take care of the music; **ich sorge dafür, dass ...** I'll see to it that ...; **dafür ist gesorgt** that's taken care of ③ (*bewirken*) **für Aufsehen ~** to cause a sensation II. *vr* ■**sich** *akk* **um jdn/etw ~** to be worried about sb/sth

sorgenfrei I. *adj* carefree, free of care *pred* II. *adv* free of care

Sorgenkind *nt* problem child

sorgenvoll I. *adj* (*besorgt*) worried II. *adv* worriedly, anxiously

Sorgerecht *nt kein pl* custody

Sorgfalt <-> ['zɔrk·falt] *f kein pl* care

sorgfältig I. *adj* careful II. *adv* carefully, with care
sorglos ['zɔrk·loːs] I. *adj* ❶ (*achtlos*) careless ❷ *s.* **sorgenfrei** II. *adv* ❶ (*achtlos*) carelessly ❷ (*sorgenfrei*) free of care
Sorte <-, -n> ['zɔr·tə] *f* ❶ (*Art*) kind, variety ❷ (*Marke*) brand
sortieren* [zɔr·'tiː·rən] *vt* to sort; **etw nach Farbe** ~ to sort sth by color; **gestern habe ich meine Unterlagen sortiert** yesterday I sorted out my documents
Sortiment <-[e]s, -e> [zɔr·ti·'mɛnt] *nt* range [of products]
SOS <-, -> [ɛs·ʔoː·'ʔɛs] *nt* SOS; ~ **funken** to put out an SOS
sosehr [zo·'zeːɐ̯] *konj* ■~ [... **auch**] however much ..., no matter how much ...
Soße <-, -n> ['zoː·sə] *f* sauce; (*Bratensoße*) gravy
Soufflé, SouffleeRR <-s, -s> [zu·'fleː] *nt* KOCHK soufflé
soufflieren* [zu·'fliː·rən] *vi* THEAT to prompt
Sound <-s, -s> [saʊnd] *m* MUS sound
Soundkarte ['zaʊnt-] *f* COMPUT sound card
soundso ['zoː·ʔʊnt·zoː] I. *adv* (*fam*) such and such; ~ **breit/groß** this wide/big; ~ **viele** this many II. *adj* such and such; **auf Seite** ~ on page such and such
Souterrain <-s, -s> [su·tɛ·'rɛ̃ː, 'zuː·tɛ·rɛ̃] *nt* basement
Souvenir <-s, -s> [zu·və·'niːɐ̯] *nt* souvenir
souverän [zu·və·'rɛːn] I. *adj* ❶ (*unabhängig*) sovereign *attr* ❷ (*überlegen*) superior II. *adv* with superior ease; **etw** ~ **machen** to do sth confidently
Souveränität <-> [zu·və·rɛ·ni·'tɛːt] *f kein pl* sovereignty; (*Überlegenheit*) supremacy
soviel [zo·'fiːl] *konj* as far as; ~ **ich weiß** ... as far as I know ...; ~ **ich auch trinke** ... no matter how much I drink ...
soweit [zo·'vait] *konj* as far as
sowie [zo·'viː] *konj* ❶ (*sobald*) as soon as, the moment [that] ❷ (*und auch*) as well as
sowieso [zo·vi·'zoː] *adv* anyway, anyhow
sowohl [zo·'voːl] *konj* ■~ ... **als auch** ... both ... and ..., ... as well as ...
sozial [zo·'tsi̯aːl] I. *adj* ❶ (*gesellschaftlich*) social ❷ (*für Hilfsbedürftige gedacht*) welfare *attr* ❸ (*gesellschaftlich verantwortlich*) public-spirited II. *adv* ~ **schwache Familien** low-income families; ~ **denken** to be socially minded
Sozialabbau *m kein pl* cuts in social services
Sozialabgaben *pl* social security contributions
Sozialamt *nt* Department of Social Services
Sozialarbeiter(in) *m(f)* social worker
Sozialdemokrat(in) *m(f)* social democrat
Sozialdemokratie *f kein pl* social democracy
sozialdemokratisch *adj* social democratic
Sozialfall *m* welfare case
Sozialhilfe *f kein pl* welfare
Sozialismus <-> [zo·tsi̯a·'lɪs·mʊs] *m kein pl* socialism

Sozialist(in) <-en, -en> [zo·tsi̯a·'lɪst] *m(f)* socialist
sozialistisch [zo·tsi̯a·'lɪstɪʃ] *adj* ❶ (*Sozialismus betreffend*) socialist ❷ ÖSTERR (*sozialdemokratisch*) social democratic
Sozialleistungen *pl* social security benefits
Sozialstaat *m* welfare state
Sozialwohnung *f* [housing] project
Soziologe, Soziologin <-n, -n> [zo·tsi̯o·'loː·gə, -'loː·gɪn] *m, f* sociologist
Soziologie <-> [zo·tsi̯o·lo·'giː] *f kein pl* sociology
sozusagen [zoː·tsu·'za·gn̩] *adv* as it were, so to speak
Spachtel <-s, -> ['ʃpa·xtl̩] *m* putty knife
Spagat <-[e]s, -e> [ʃpa·'gaːt] *m o nt* split, the splits *npl*
SpagettiRR, **Spaghetti** [ʃpa·'gɛ·ti] *pl* spaghetti + *sing vb*
spähen ['ʃpɛː·ən] *vi* ❶ (*suchend blicken*) **aus dem Fenster** ~ to peer out [of] the window; ■**durch etw** *akk* ~ to peek through sth ❷ (*Ausschau halten*) to look out (**nach** +*dat* for)
Spalt <-[e]s, -e> [ʃpalt] *m* gap; (*Riss*) crack; (*Felsspalt*) crevice; **die Tür einen** ~ **öffnen/offen lassen** to open the door slightly/leave the door ajar
Spalte <-, -n> ['ʃpal·tə] *f* ❶ (*Öffnung*) fissure; (*Felsspalte a.*) crevice ❷ TYPO, MEDIA column
spalten ['ʃpal·tn̩] I. *vt* <*pp* gespalten *o* gespaltet> ❶ (*zerteilen*) to split; *Holz a.* to chop ❷ (*trennen*) to divide II. *vr* <*pp* gespalten> ■**sich** *akk* ~ ❶ (*der Länge nach reißen*) to split ❷ (*sich teilen*) to divide
Spaltung <-, -en> *f* ❶ (*Kernphysik*) splitting, fission ❷ (*Aufspaltung in Fraktionen*) division; (*von Partei a.*) split
Span <-[e]s, Späne> [ʃpaːn, *pl* 'ʃpɛː·nə] *m* (*Holzspan*) [wood] chip; (*Bohrspan*) swarf, turnings *pl*
Spanferkel ['ʃpaːn·fɛr·kl̩] *nt* suckling pig
Spange <-, -n> ['ʃpaŋə] *f* ❶ (*Haarspange*) barrette ❷ (*Zahnspange*) braces *pl*, retainer
Spanien <-s> ['ʃpaː·ni̯ən] *nt* Spain; *s. a.* **Deutschland**
Spanier(in) <-s, -> ['ʃpaː·ni̯ɐ] *m(f)* Spaniard; ■**die** ~ the Spanish; *s. a.* **Deutsche(r)**
spanisch ['ʃpaː·nɪʃ] *adj* Spanish; *s. a.* **deutsch**
Spanisch ['ʃpaː·nɪʃ] *nt dekl wie adj* Spanish; **auf S**~ in Spanish; *s. a.* **Deutsch**
spann [ʃpan] *imp von* **spinnen**
SpannbetttuchRR *nt* fitted sheet
Spanne <-, -n> ['ʃpanə] *f* ❶ (*Gewinnspanne*) [profit] margin ❷ (*Zeitspanne*) span
spannen ['ʃpa·nən] I. *vt* ❶ (*straffen*) to tighten ❷ (*aufspannen*) to put up *sep;* **ein Seil zwischen etw** *akk* ~ to stretch a rope between sth ❸ (*anspannen*) ■**ein Tier vor etw** *akk* ~ to harness an animal to sth II. *vr* ■**sich** *akk* ~ *Seil* to become taut III. *vi* (*zu eng sitzen*) *Hose* to be [too] tight
spannend *adj* exciting; (*stärker*) thrilling

Spanner(in) <-s, -> *m(f)* (*sl: Voyeur*) peeping Tom

Spannung <-, -en> *f* ① *kein pl* (*gespannte Erwartung*) suspense; **etw mit ~ erwarten** to anxiously await sth ② *meist pl* (*Anspannung*) tension ③ *kein pl* (*straffe Beschaffenheit*) tension, tautness ④ ELEK voltage; **unter ~ stehen** to be live

Sparbuch *nt* bankbook

Sparbüchse *f* piggy bank

sparen ['ʃpaː·rən] **I.** *vt* ① (*einsparen*) to save ② (*ersparen*) ■ **jdm/sich etw ~** to spare sb/oneself sth; **den Weg hätten wir uns ~ können** we could have saved ourselves that trip; **deine Ratschläge kannst du dir ~** [you can] keep your advice to yourself **II.** *vi* ① FIN (*Geld zurücklegen*) to save; ■ **für etw** *akk* **~** to save [up] for sth ② (*sparsam sein*) to economize (**an** +*dat* on)

Sparer(in) <-s, -> *m(f)* saver

Spargel <-s, -> ['ʃpar·gl̩] *m* asparagus

Sparkasse *f* bank (*supported publicly by a commune or district*)

Sparkonto *nt* savings account

spärlich ['ʃpɛːɐ̯·lɪç] **I.** *adj Haarwuchs, Vegetation* sparse; *Ausbeute, Reste* meager **II.** *adv* sparsely; **~ bekleidet** scantily dressed; **~ besucht** poorly attended

Sparmaßnahme *f* cost-cutting measure

Sparpackung *f* economy pack

Sparpreis *m* budget [*or* economy] price

sparsam ['ʃpaː·ɐ·zaːm] **I.** *adj* ① (*wenig verbrauchend*) thrifty ② (*ökonomisch*) economical **II.** *adv* ① (*wenig verbrauchend*) thriftily, sparingly ② (*ökonomisch*) sparingly

Sparsamkeit <-> *f kein pl* thriftiness

Sparschwein *nt* piggy bank

Spartarif *m* TELEK, INET, TRANSP budget [*or* economy] rate

Sparte <-, -n> ['ʃpar·tə] *f* ① (*Branche*) line of business ② (*Spezialbereich*) area, branch ③ (*Rubrik*) section, column

Sparvertrag *m* savings agreement

Spaß <-es, Späße> ['ʃpaːs, *pl* 'ʃpɛː·sə] *m* ① *kein pl* (*Vergnügen*) fun; **es macht mir ~, das zu tun** I enjoy doing that; **jdm den ~ verderben** to spoil sb's fun; **viel ~!** have fun! ② (*Scherz*) joke; **da hört der ~ auf** that's going a bit too far; **~ muss sein** (*fam*) there's no harm in a joke; **keinen ~ verstehen** to not have a sense of humor; **~ beiseite** joking apart; **[nur] ~ machen** to be [just] kidding ► WENDUNGEN: **ein teurer ~ sein** to be an expensive business

spaßen ['ʃpaː·sn̩] *vi* to joke; **mit etw** *dat* **ist nicht zu ~** sth is no joking matter

spaßig ['ʃpaː·sɪç] *adj* funny

Spaßverderber(in) <-s, -> *m(f)* spoilsport

Spaßvogel *m* joker

spät [ʃpɛːt] **I.** *adj* late; **am ~en Abend** late in the evening **II.** *adv* late; **du kommst zu ~** you're too late; **~ dran sein** to be [running] late ► WENDUNGEN: **wie ~ ist es?** what time is

it?; **wie ~ kommst du heute nach Hause?** what time are you coming home today?

Spaten <-s, -> ['ʃpaː·tn̩] *m* spade

später ['ʃpɛː·tɐ] **I.** *adj* later **II.** *adv* ① (*zeitlich danach*) later [on]; **bis ~!** see you later!; **nicht ~ als** not later than ② (*die Zukunft*) the future; **jeder sollte für ~ vorsorgen** everybody should make provisions for the future; **~ [ein]mal** at a later date, some other time

spätestens ['ʃpɛː·təs·tn̩s] *adv* at the [very] latest

Spätfolge <-, -n> *f meist pl* long-term consequence

Spätschicht *f* late shift

Spätsommer *m* late summer

Spätvorstellung *f* late show[ing]

Spatz <-en *o* -es, -en> [ʃpats] *m* ORN sparrow

spazieren* [ʃpaˈtsiː·rən] *vi sein* to stroll, to walk; **den Hund ~ führen** to take the dog for a walk; **~ fahren** to go for a drive; **~ gehen** to go for a walk

Spazierfahrt *f* drive; **eine ~ machen** to go for a drive

Spaziergang <-gänge> *m* walk, stroll; **einen ~ machen** to go for a walk

Spaziergänger(in) <-s, -> *m(f)* stroller

Specht <-[e]s, -e> [ʃpɛçt] *m* woodpecker

Speck <-[e]s, -e> [ʃpɛk] *m* bacon

Spediteur(in) <-s, -e> [ʃpe·diˈtøːɐ̯] *m(f)* freight forwarder, shipper

Spedition <-, -en> [ʃpe·diˈtsi̯oːn] *f* (*Transportunternehmen*) trucking company; (*Umzugsunternehmen*) moving company

Speed <-s, -s> [spiːt] *nt* speed

Speer <-[e]s, -e> [ʃpeːɐ̯] *m* ① SPORT javelin ② (*Waffe*) spear

Speerwerfen *nt kein pl* SPORT the javelin

Speiche <-, -n> ['ʃpai̯·çə] *f* spoke

Speichel <-s> ['ʃpai̯·çl̩] *m kein pl* saliva

Speicher <-s, -> ['ʃpai̯·çɐ] *m* ① (*Dachboden*) attic, loft; **auf dem ~** in the attic ② (*Lagerhaus*) storehouse ③ COMPUT memory

Speicherfunktion *f* COMPUT memory function

Speicherkapazität *f* COMPUT memory capacity

speichern ['ʃpai̯·çɐn] *vt, vi* ① COMPUT to save; **etw ~ unter ...** to save sth as ...; *Nummern in Handy* to store ② (*aufbewahren*) to store

Speicherplatz *m* COMPUT memory space; (*auf Festplatte*) disk space

Speicherung <-, -en> *f* COMPUT storage

Speise <-, -n> ['ʃpai̯·zə] *f meist pl* meal

Speisekammer *f* pantry

Speisekarte *f* menu

speisen ['ʃpai̯·zn̩] *vi* to dine, to eat

Speiseöl *nt* cooking oil

Speiseröhre *f* esophagus, gullet

Speisesaal *m* dining hall [*or* room]

Speisewagen *m* dining car

Spektakel¹ <-s, -> [ʃpɛkˈtaː·kl̩] *m* (*fam*) ① (*Lärm*) racket ② (*Ärger*) scene

Spektakel² <-s, -> [ʃpɛkˈtaː·kl̩] *nt* spectacle

spektakulär [ʃpɛk·ta·kuˈlɛːɐ̯] *adj* spectacular

Spekulant(in) <-en, -en> [ʃpe·kuˈlant] *m(f)*

speculator

Spekulation <-, -en> [ʃpe·ku·la·'tsi̯oːn] f speculation; [über etw akk] ~en anstellen to speculate [about sth]

spekulieren* [ʃpe·ku·'liːrən] vi to speculate (mit +dat in, auf +akk on)

spendabel [ʃpɛn·'daː·bl̩] adj generous

Spende <-, -n> ['ʃpɛn·də] f donation

spenden ['ʃpɛn·dn̩] vt, vi to donate; Blut to give

Spender <-s, -> ['ʃpɛn·dɐ] m (Dosierer) dispenser

Spender(in) <-s, -> ['ʃpɛn·dɐ] m(f) ❶ (jd, der spendet) don[at]or ❷ MED donor

Spenderausweis m donor card

spendieren* [ʃpɛn·'diː·rən] vt (fam) ■[jdm] etw ~ to buy [sb] sth; das Essen spendiere ich [the] dinner's on me

Sperling <-s, -e> ['ʃpɛr·lɪŋ] m sparrow

Sperma <-s, Spermen o -ta> ['ʃpɛr·ma, 'spɛr·ma, pl -ma·ta] nt sperm

Sperre <-, -n> ['ʃpɛ·rə] f ❶ (Sperrvorrichtung) barrier ❷ (Spielverbot) ban

sperren ['ʃpɛ·rən] I. vt ❶ SÜDD, ÖSTERR (schließen) to close off (für +akk to) ❷ (blockieren) to block; Konto to freeze; Scheck to stop payment on ❸ (einschließen) to lock [up] ❹ (ein Spielverbot verhängen) to ban II. vr ■sich akk ~ to back away (gegen +akk from)

Sperrgebiet nt restricted area

Sperrholz nt plywood

Sperrmüll m bulky trash

Sperrstunde f closing time

Sperrung <-, -en> f ❶ (Schließung) closing off ❷ (Blockierung) blocking

Spesen ['ʃpe·ːzn̩] pl expenses npl

Spezialeffekt m special effect

Spezialgebiet nt special field

spezialisieren* [ʃpe·tsi̯a·li·'ziː·rən] vr ■sich akk ~ to specialize (auf +akk in)

Spezialisierung <-, -en> f specialization

Spezialist(in) <-en, -en> [ʃpe·tsi̯a·'lɪst] m(f) specialist

Spezialität <-, -en> [ʃpe·tsi̯a·li·'tɛːt] f specialty

speziell [ʃpe·'tsi̯ɛl] I. adj special II. adv [e]specially

Spezies <-, -> ['ʃpe·ːtsi̯ɛs, 'sp-] f species + sing vb

spezifisch [ʃpe·'tsiː·fɪʃ] I. adj specific II. adv typically

Sphäre <-, -n> ['sfɛː·rə] f sphere

sphärisch ['sfɛː·rɪʃ] adj spherical

spicken ['ʃpɪ·kn̩] vt ❶ KOCHK (durchsetzen) to lard ❷ (fam: abschreiben) to copy

Spickzettel m cheat sheet

Spiegel <-s, -> ['ʃpiː·gl̩] m mirror

Spiegelbild nt mirror image

Spiegelei nt egg sunny side up

spiegeln ['ʃpiː·gl̩n] I. vi to reflect II. vr ■sich akk in etw dat ~ to be reflected in sth

Spiegelreflexkamera f reflex camera

Spiegelung <-, -en> ['ʃpiː·gə·lʊŋ] f ❶ MED en-

doscopy ❷ (Abbild) reflection

Spiel <-[e]s, -e> [ʃpiːl] nt ❶ (Gesellschafts-, Kinder-, Glücksspiel) game ❷ (im Baseball, Basketball, Fußball, Hockey) game; (im Tennis, Volleyball) match; die Olympischen ~e the Olympic Games ► WENDUNGEN: ein abgekartetes ~ (fam) a fix; leichtes ~ haben to have an easy job of it; etw [mit] ins ~ bringen to bring up sep sth; [bei etw] im ~ sein to be involved [in sth]; jdn/etw aus dem ~ lassen to keep sb/sth out of it; etw aufs ~ setzen to put sth on the line; auf dem ~ stehen to be at stake; jdm das ~ verderben (fam) to ruin sb's plans

Spielautomat m gambling machine

Spielbank f casino

spielen ['ʃpiː·lən] I. vt to play ► WENDUNGEN: was wird hier gespielt? what's going on here? II. vi ❶ (ein Spiel machen) to play ❷ (auftreten) in einem Stück ~ to star in a play; gut/schlecht ~ to play well/poorly ❸ (als Szenario haben) in Italien/im Mittelalter ~ to be set in Italy/in the Middle Ages ❹ SPORT to play ❺ (Glücksspiel betreiben) to gamble

spielend adv easily

Spieler(in) <-s, -> ['ʃpiː·lɐ] m(f) ❶ (Mitspieler) player ❷ (Glücksspieler) gambler

spielerisch I. adj playful II. adv playfully

Spielfeld ['ʃpiːl·fɛlt] nt [playing] field

Spielfilm m feature film

Spielhalle f arcade

Spielkamerad(in) m(f) playmate

Spielkarte f playing card

Spielkasino nt casino

Spielplan m schedule; THEAT program

Spielplatz m playground

Spielraum m leeway

Spielregel f meist pl rules pl

Spielsachen pl toys pl

Spielsucht f compulsive gambling

Spieluhr f music box

Spielverderber(in) <-s, -> m(f) spoilsport

Spielzeit f ❶ THEAT season ❷ SPORT playing time

Spielzeug nt toy

Spieß <-es, -e> [ʃpiːs] m ❶ (Bratspieß) spit; (kleiner) skewer ❷ MIL (sl) sarge ❸ (Stoßwaffe) spike ► WENDUNGEN: wie am ~ brüllen to scream at the top of one's lungs; den ~ umdrehen to turn the tables

Spießbürger(in) m(f) s. Spießer

spießbürgerlich adj s. spießig

spießen ['ʃpiː·sn̩] vt ■etw auf etw akk ~ to skewer sth on sth

Spießer(in) <-s, -> ['ʃpiː·sɐ] m(f) (fam) narrow-minded person

spießig ['ʃpiː·sɪç] adj (fam) narrow-minded

Spießigkeit <-> f kein pl (pej fam) narrow-mindedness

Spikes [ʃpaiks, sp-] pl (an Schuhen) spikes pl; (an Reifen) studs pl

Spinat <-[e]s> [ʃpi·'naːt] m kein pl spinach

Spind <-[e]s, -e> [ʃpɪnt, pl 'ʃpɪn·də] m locker

Spindel <-, -n> ['ʃpɪn·dl̩] *f* spindle
Spinne <-, -n> ['ʃpɪ·nə] *f* spider
spinnen <spann, gesponnen> ['ʃpɪ·nən] **I.** *vt* ❶ *Wolle* to spin ❷ *Geschichte* to invent **II.** *vi* (*fam: nicht bei Trost sein*) to be crazy [*or sl* nuts]; **sag mal, spinnt der?** is he out of his mind?
Spinnennetz *nt* spiderweb
Spinner(in) <-s, -> ['ʃpɪ·nɐ] *m(f)* (*fam*) nutcase
Spinnerei <-, -en> [ʃpɪ·nə·'rai] *f* ❶ (*Betrieb*) spinning mill ❷ *kein pl* (*fam: Blödsinn*) nonsense
Spinnwebe <-, -n> *f* cobweb
Spion(in) <-s, -e> [ʃpi̯·o:n] *m(f)* spy
Spionage <-> [ʃpi̯o·'na:·ʒə] *f kein pl* espionage
Spionageabwehr *f* counterespionage, counterintelligence
spionieren* [ʃpi̯o·'ni:·rən] *vi* to spy
Spirale <-, -n> [ʃpi·'ra:·lə] *f* ❶ (*gewundene Linie*) spiral ❷ MED IUD
spirituell [ʃpi·ri·'tu̯·ɛl, sp-] *adj* spiritual
Spirituosen [ʃpi·ri·'tu̯o:·zn̩, sp-] *pl* spirits *pl*
Spital <-s, Spitäler> [ʃpi·'ta:l, *pl* -'tɛ:·lɐ] *nt* ÖSTERR, SCHWEIZ hospital
spitz [ʃpɪts] **I.** *adj* ❶ (*mit einer Spitze*) pointed; *Bleistift, Messer* sharp ❷ (*spitz zulaufend*) tapered; *Nase, Kinn* pointy ❸ *Bemerkung* sharp **II.** *adv* ❶ (*V-förmig*) tapered ❷ (*spitzzüngig*) sharply
Spitze <-, -n> ['ʃpɪtsə] *f* ❶ (*spitzes Ende*) point ❷ (*vorderster Teil*) front ❸ (*erster Platz, höchste Stelle eines Turms, Berges*) top ❹ (*Höchstwert*) peak ❺ *pl* (*führende Leute*) *der Gesellschaft* the top; *eines Unternehmen* the heads ▶ MODE lace ▶ WENDUNGEN: ~ **sein** (*fam*) to be great; **etw auf die** ~ **treiben** to take sth to extremes
Spitzel <-s, -> ['ʃpɪtsl̩] *m* informer
spitzen ['ʃpɪtsn̩] *vt* to sharpen
Spitzengeschwindigkeit *f* top speed
Spitzenklasse *f* elite, top of the line
Spitzenleistung *f* outstanding [*or* first-rate] performance
spitzenmäßig I. *adj* (*sl*) brilliant **II.** *adv* (*sl*) brilliantly
Spitzensportler(in) *m(f)* top athlete
spitzfindig *adj* hairsplitting
spitzlkriegen *vt* (*fam*) to catch on to
Spitzname *m* nickname
spitzwinkelig, spitzwinklig *adj Dreieck* acute
Spleen <-s, -s> [ʃpli:n, sp-] *m* (*fam*) eccentricity
Splitter <-s, -> ['ʃplɪ·tɐ] *m* splinter
splittern *vi sein o haben* to splinter
splitternackt ['ʃplɪ·tɐ·'nakt] *adj* stark naked
sponsern ['ʃpɔn·zɐn, 'sp-] *vt* to sponsor

ⓘ The **Sponsion** is an academic ceremony in Austria at which Master's degrees are awarded.

Sponsor, Sponsorin <-s, -soren> ['ʃpɔn·zɐ, 'sp-, ʃpɔn·'zo:r·ɪn, *pl* -'zo:·rən] *m, f* sponsor
Sponsoring <-s> ['ʃpɔn·zor·ɪŋ, 'sp-] *nt kein pl* sponsoring
spontan [ʃpɔn·'ta:n, sp-] *adj* spontaneous
Spontaneität <-> [ʃpɔn·ta·nei·'tɛ:t, sp-] *f kein pl* spontaneity
sporadisch [ʃpo·'ra:·dɪʃ, sp-] *adj* sporadic
Sport <-[e]s, *selten* -e> [ʃpɔrt] *m* ❶ SPORT sport[s *pl*]; ~ **treiben** to play sports ❷ SCH PE, gym ❸ MEDIA sports [news]; ~ **sehen** to watch sports
Sportart *f* discipline, kind of sport
Sportbericht *m* sports report
Sportlehrer(in) *m(f)* PE [*or* gym] teacher
Sportler(in) <-s, -> ['ʃpɔrt·lɐ] *m(f)* athlete
sportlich ['ʃpɔrt·lɪç] **I.** *adj* ❶ (*den Sport betreffend*) sporting ❷ (*trainiert*) *Figur* athletic; *Mensch* sporty ❸ MODE casual **II.** *adv* ❶ SPORT (*in einer Sportart*) in sports ❷ (*flott*) casually
Sportplatz *m* [playing [*or* sports]] field
Sportveranstaltung *f* sports event
Sportverein *m* sports club
Sportwagen *m* AUTO sports car
Spot <-s, -s> [spɔt, ʃp-] *m* ❶ MEDIA commercial, ad *fam* ❷ ELEK spot
Spott <-[e]s> [ʃpɔt] *m kein pl* mockery
spottbillig ['ʃpɔt·'bɪ·lɪç] *adj* dirt cheap
spotten ['ʃpɔ·tn̩] *vi* to mock; ■|**über jdn/ etw]** ~ to make fun [of sb/sth]
Spötter(in) <-s, -> ['ʃpœ·tɐ] *m(f)* mocker
spöttisch ['ʃpœ·tɪʃ] *adj* mocking
sprach [ʃpra:x] *imp von* **sprechen**
sprachbegabt *adj* linguistically talented; ■~ **sein** to be good at languages
Sprachcomputer *m* computer with a voice synthesizer
Sprache <-, -n> ['ʃpra:·xə] *f* ❶ (*Kommunikationssystem*) language ❷ *kein pl* (*Sprechweise*) way of speaking ❸ *kein pl* (*das Sprechen*) speech; **etw zur** ~ **bringen** to bring up *sep* sth; **zur** ~ **kommen** to come up ▶ WENDUNGEN: **mit der** ~ **herausrücken** (*fam*) to come out with it; **jdm die** ~ **verschlagen** to leave sb speechless; **heraus mit der** ~! (*fam*) out with it!
Spracherkennung *f* COMPUT voice recognition
Sprachfehler *m* speech impediment
Sprachführer *m* phrase book
Sprachgefühl *nt kein pl* feel for language
Sprachkenntnisse *pl* language skills *pl*
Sprachkurs *m* language class [*or* course]
sprachlich I. *adj* linguistic **II.** *adv* ❶ LING grammatically ❷ (*stilistisch*) stylistically
sprachlos *adj* speechless
Sprachschule *f* language school
Sprachstörung *f* speech disorder
Sprachwissenschaft *f* linguistics + *sing vb*
sprang [ʃpraŋ] *imp von* **springen**
Spray <-s, -s> [ʃpre:, spre:] *m o nt* spray
Spraydose ['ʃpre:-, 'spre:-] *f* aerosol [*or* spray] can
Sprechanlage *f* intercom

S

sprechen <spricht, sprach, gesprochen> [ˈʃprɛ·çn̩] **I.** *vi* ❶ (*reden*) to speak, to talk; **sprich nicht so laut** don't talk so loud; **sprich nicht in diesem Ton mit mir!** don't speak to me like that!; **wovon ~ Sie eigentlich?** what are you talking about?; **sein Benehmen spricht für sich [selbst]** his behavior speaks for itself; **mit sich selbst ~** to talk to oneself; **„hallo, wer spricht denn da?"** "hello, who's speaking?" ❷ (*empfehlen*) ■**für jdn/etw ~** to speak well for sb/sth; ■**gegen jdn/etw ~** to not be in sb's/sth's favor **II.** *vt* ❶ (*können*) to speak; **~ Sie Chinesisch?** can you speak Chinese? ❷ (*sich unterreden*) ■**jdn ~** to speak to sb ▶ WENDUNGEN: **nicht gut auf jdn zu ~ sein** to be on bad terms with sb; **für jdn/niemanden zu ~ sein** to be available for sb/to not be available for anyone; **wir ~ uns noch!** you haven't heard the last of this!

Sprecher(in) <-s, -> *m(f)* ❶ (*Wortführer*) spokesperson ❷ (*Beauftragter*) speaker ❸ RADIO, TV announcer; (*Nachrichtensprecher*) newscaster, anchorperson

Sprechstunde *f* office hours *pl*

Sprechstundenhilfe *f* receptionist

Sprechzimmer *nt* consultation room

spreizen [ˈʃpraɪ·tsn̩] *vt* to spread

sprengen¹ [ˈʃprɛŋən] **I.** *vt* ❶ (*zur Explosion bringen*) to blow up *sep* ❷ (*bersten lassen*) to burst ❸ (*gewaltsam auflösen*) to break up *sep* **II.** *vi* to blast

sprengen² [ˈʃprɛŋən] *vt Rasen* to water

Sprengkopf *m* warhead

Sprengkörper *m* explosive device

Sprengkraft *f kein pl* explosive force

Sprengsatz *m* explosive device

Sprengstoff *m* explosive

Sprengstoffanschlag *m* bomb attack

Sprengung <-, -en> *f* blasting

Spreu <-> [ˈʃprɔy] *f kein pl* AGR chaff

Sprichwort <-wörter> [ˈʃprɪç·vɔrt, *pl* -vœrtə] *nt* proverb

sprichwörtlich *adj* proverbial

sprießen <spross *o* sprießte, gesprossen> [ˈʃpriː·sn̩] *vi sein* BOT to sprout; *Haare* to grow

Springbrunnen *m* fountain

springen¹ <sprang, gesprungen> [ˈʃprɪŋən] *vi sein* to shatter; (*einen Sprung bekommen*) to crack

springen² <sprang, gesprungen> [ˈʃprɪŋən] *vi sein* to jump; (*in Sprüngen*) to leap; **er sprang hin und her** he jumped around ▶ WENDUNGEN: **etw ~ lassen** (*fam*) to fork out sth

Springflut *f* spring tide

Springreiten *nt* show jumping

Sprit <-[e]s> [ˈʃprɪt] *m kein pl* ❶ (*Benzin*) gas[oline] ❷ (*Schnaps*) booze

Spritze <-, -n> [ˈʃprɪ·tsə] *f* ❶ (*Injektionsspritze*) syringe, needle ❷ (*Injektion*) injection, shot

spritzen [ˈʃprɪ·tsn̩] **I.** *vi* ❶ *haben* (*in Tropfen*) to spray; *Fett* to spit; *Farbe* to splash ❷ *sein* (*im Strahl*) to spurt **II.** *vt haben* ❶ (*im Strahl vertei-*

len) to squirt ❷ (*bewässern*) to sprinkle ❸ (*injizieren*) to inject ❹ (*mit Bekämpfungsmittel besprühen*) to spray (**gegen** +*akk* against)

Spritzer <-s, -> *m* splash

spritzig [ˈʃprɪ·tsɪç] *adj* ❶ (*prickelnd*) tangy ❷ (*flott*) sparkling

Spritztour *f* spin

spröde [ˈʃprøː·də] *adj* ❶ (*unelastisch*) brittle ❷ (*rau*) rough; *Haar* brittle; *Lippen* chapped ❸ (*abweisend*) aloof

spross^RR, **sproß**^ALT [ʃprɔs] *imp von* **sprießen**

Spross^RR <-es, -e>, **Sproß**^ALT <-sses, -sse> [ʃprɔs] *m* ❶ (*Schössling*) shoot ❷ (*Nachkomme*) offspring

Sprosse <-, -n> [ˈʃprɔ·sə] *f* rung, step

Spruch <-[e]s, Sprüche> [ʃprʊx, *pl* ˈʃprʏ·çə] *m* ❶ (*Ausspruch*) saying; (*Parole*) slogan ❷ (*Richterspruch*) verdict ▶ WENDUNGEN: **Sprüche klopfen** (*fam*) to talk big

Spruchband <-bänder> *nt* banner

Sprudel <-s, -> [ˈʃpruː·d̩l] *m* ❶ (*Mineralwasser*) sparkling mineral water ❷ ÖSTERR (*Erfrischungsgetränk*) soft drink

sprudeln [ˈʃpruː·d̩ln] *vi* ❶ *haben* (*aufschäumen*) to bubble, to foam ❷ *sein* (*heraussprudeln*) to bubble out

Sprühdose *f* aerosol [*or* spray] can

sprühen [ˈʃpryː·ən] **I.** *vt* to spray **II.** *vi* ❶ (*spritzen*) to spray ❷ (*lebhaft sein*) to sparkle; **vor Begeisterung ~** to bubble with excitement

Sprung <-[e]s, Sprünge> [ʃprʊŋ, *pl* ˈʃprʏŋə] *m* ❶ (*Riss*) crack ❷ (*Satz*) leap, jump; **einen ~ machen** to leap, to jump ▶ WENDUNGEN: [**mit etw** *dat*] **keine großen Sprünge machen können** (*fam*) to not be able to live it up [with sth]; **jdm etw die Sprünge helfen** to give sb a helping hand; **auf dem ~ sein** to be in a hurry; **auf einen ~ [bei jdm] vorbeikommen** (*fam*) to pop in [to see sb]

Sprungbrett *nt* ❶ (*ins Wasser*) diving board ❷ (*Turngerät*) springboard

sprunghaft **I.** *adj* ❶ (*in Schüben erfolgend*) rapid; (*abrupt*) sudden ❷ (*unstet*) volatile, fickle **II.** *adv* in leaps and bounds; **~ ansteigen** to rise sharply

Sprungschanze *f* ski jump

Spucke <-, -[e]s> [ˈʃpʊ·kə] *f kein pl* (*fam*) spit ▶ WENDUNGEN: **jdm bleibt die ~ weg** sb is flabbergasted

spucken [ˈʃpʊ·kn̩] **I.** *vi* to spit **II.** *vt* to spit out *sep*

Spuk <-[e]s, -e> [ʃpuːk] *m* spook

spuken [ˈʃpuː·kn̩] *vi impers* to haunt; **hier spukt es** this place is haunted

Spülbecken *nt* sink

Spule <-, -n> [ˈʃpuː·lə] *f* (*Garnrolle*) bobbin; FILM spool; ELEK coil

Spüle <-, -n> [ˈʃpyː·lə] *f* [kitchen] sink

spulen [ˈʃpuː·lən] *vt, vi* to wind [on[to]]

spülen [ˈʃpyː·lən] **I.** *vi* ❶ *Geschirr* to do the dishes ❷ *Toilette* to flush **II.** *vt* ❶ (*abspülen*) to do [the dishes] ❷ (*schwemmen*) to rinse

Spülmaschine *f* dishwasher
Spülmittel *nt* dish soap
Spülstein *m* sink
Spülung <-, -en> *f* ❶ (*Wasserspülung*) flush
❷ (*Haarspülung*) conditioner
Spur <-, -en> [ʃpuːɐ̯] *f* ❶ (*Anzeichen*) trace;
~**en der Verwüstung** signs of devastation;
~**en hinterlassen** to leave traces; *Schicksal a.*
to leave its mark; *Verbrecher a.* to leave clues;
jdm auf der ~ sein to be on sb's trail; **auf der**
falschen/richtigen ~ sein to be on the
wrong/right track; **eine heiße ~** a firm lead;
jdm auf die ~ kommen to be onto sb ❷ (*Fuß-*
spuren) track[s *pl*], trail ❸ (*kleine Menge*)
trace; *Knoblauch, etc.* touch; **eine ~ von Mit-**
leid a hint of pity ❹ (*Fahrstreifen*) lane; **aus**
der ~ geraten to swerve out of one's/a lane
spürbar *adj* perceptible, noticeable
spüren [ˈʃpyːɐ̯ən] **I.** *vt* ❶ (*körperlich wahrneh-*
men) to feel ❷ (*merken*) to sense; **jdn seine**
Verärgerung ~ lassen to let sb know that one
is annoyed; **etw zu ~ bekommen** to feel the
brunt of sth **II.** *vi* ■ ~, **dass ...** to sense that ...;
■**jdn ~ lassen, dass ...** to leave sb with no
doubt that ...
Spürhund *m* tracker dog
spurlos I. *adj* without a trace *pred* **II.** *adv* without [leaving] a trace; **die Scheidung ging**
nicht ~ an ihm vorüber the divorce left its
mark on him
Spurt <-s, -s *o* -e> [ʃpʊrt] *m* spurt
spurten [ˈʃpʊr·tn̩] *vi sein* to spurt
Spurweite <-, -n> *f* AUTO track; BAHN gauge
Squash <-> [skvɔʃ] *nt* squash
St. ❶ *Abk von* **Stück** pc[.], pcs[.] *pl* ❷ *Abk von*
Sankt St., SS *pl*
Staat <-[e]s, -en> [ʃtaːt] *m* ❶ (*Land*) country
❷ (*staatliche Institutionen*) state ❸ *pl* (*USA*)
■**die ~en** the States
Staatenbund <-bünde> *m* confederation [of
states]
staatenlos *adj* stateless
Staatenlose(r) *f(m) dekl wie adj* stateless person
staatlich I. *adj* ❶ (*staatseigen*) state-owned;
(*staatlich geführt*) state-run; **~ e Einrichtun-**
gen government facilities ❷ (*den Staat betref-*
fend) state *attr,* national ❸ (*aus dem Staats-*
haushalt stammend) government *attr,* state
attr **II.** *adv* ~ **anerkannt** state-approved; SCH,
UNIV state-accredited; ~ **gefördert** govern-
ment-sponsored; ~ **geprüft** [state-]certified
Staatsakt *m* state ceremony
Staatsangehörige(r) *f(m) dekl wie adj* citizen
Staatsangehörigkeit *f* nationality
Staatsanwalt, -anwältin *m, f* district attorney
Staatsanwaltschaft <-, -en> *f* office of the
district attorney, DA's office
Staatsbeamte(r), -beamtin *m, f* civil servant
Staatsbesuch *m* state visit
Staatsbürger(in) *m(f)* citizen
Staatsbürgerschaft *f* nationality, citizenship;
doppelte ~ dual citizenship

Staatschef(in) [-ʃɛf] *m(f)* head of state
Staatsdienst *m* civil service
Staatseigentum *nt* state [*or* government] prop-
erty
Staatsexamen *nt* state exam[ination]; (*zur*
Übernahme in den Staatsdienst) civil service
exam[ination]

i In Germany, some university courses of
study, such as medicine, education, and law,
end with one or two sets of **Staatsexamen**
(state examinations), which are administered
by university professors and government-ap-
proved examiners. The **Staatsexamen** is
equivalent to the *Diplom* and the *Magister.*

Staatsfeind(in) *m(f)* enemy of the state
Staatsform *f* form of government
Staatsgebiet *nt* national territory
Staatsgeheimnis *nt* state secret
Staatsgewalt *f kein pl* state [*or* government[al]]
authority
Staatshaushalt *m* national budget
Staatskosten *pl* public expenses *pl*
Staatsmann *m* statesman
Staatsminister(in) <-s, -> *m(f)* secretary of
state
Staatsoberhaupt *nt* head of state
Staatspräsident(in) *m(f)* president [of a re-
public]
Staatsstreich *m* coup [d'état]
Staatstheater *nt* national theater
Staatsverschuldung *f* national debt
Stab <-[e]s, Stäbe> [ʃtaːp, *pl* ˈʃtɛː·bə] *m*
❶ (*runde Holzlatte*) rod; (*Gitterstab*) bar
❷ (*Stabhochsprungstab*) pole; (*Staffelstab*) baton ❸ (*beigeordnete Gruppe*) staff; *von Exper-*
ten panel
Stäbchen <-s, -> [ˈʃtɛː·p·çən] *nt* (*Essstäbchen*)
chopstick
Stabhochsprung *m* pole vault
stabil [ʃtaˈbiːl, st-] *adj* ❶ (*strapazierfähig*) sturdy ❷ (*beständig*) *Preise, Zustand, Währung*
stable ❸ (*nicht labil*) steady; *Gesundheit*
sound
stabilisieren [ʃta·bi·liˈziː·rən] *vt* to stabilize
Stabilisierung <-, -en> *f* stabilization
Stabilität <-> [ʃta·bi·liˈtɛːt, st-] *f kein pl* stability, solidity
Stabmixer *m* handheld blender
stach [ʃtaːx] *imp von* **stechen**
Stachel <-s, -n> [ˈʃtaːxl̩] *m* ❶ (*von Rose*)
thorn; (*von Kakteen*) spine ❷ (*Giftstachel*)
sting
Stachelbeere *f* gooseberry
Stacheldraht *m* barbed wire
stachelig [ˈʃtaːxə·lɪç] *adj* prickly; *Rosen*
thorny; *Kakteen* spiny
Stachelschwein *nt* porcupine
stachlig [ˈʃtaːxlɪç] *adj s.* **stachelig**
Stadion <-s, Stadien> [ˈʃtaː·di̯ɔn, *pl* ˈʃtaː·di̯·
ən] *nt* stadium, bowl

S

Stadium <-s, Stadien> ['ʃtaː·di̯·ʊm, pl 'ʃtaːdi̯·ən] nt stage; **im letzten ~** MED at a terminal stage

Stadt <-, Städte> [ʃtat, pl 'ʃtɛː·tə] f ❶ (Ort) town; (Großstadt) city; **am Rande der ~** at the edge of town ❷ (Stadtverwaltung) city/town council

Stadtbezirk m city/town district

Stadtbibliothek f city/town library

Städtchen <-s, -> ['ʃtɛːt·çən] nt dim von Stadt small town

Städtepartnerschaft f sister city arrangement

Städter(in) <-s, -> ['ʃtɛː·tɐ] m(f) city/town dweller

Stadtgebiet nt municipal area

Stadthalle f city/town hall

städtisch ['ʃtɛː·tɪʃ] adj ❶ (kommunal) municipal, city/town attr ❷ (urban) urban

Stadtkern m city/town center

Stadtmauer f city/town wall

Stadtmitte f downtown

Stadtplan m [street] map [of a city/town]

Stadtrand m edge of town, outskirts npl of the city

Stadtrat m city/town council

Stadtrundfahrt f sightseeing tour of a city/town

Stadtstaat m city-state

Stadtteil m district, part of town

Stadtverwaltung f city/town council

Stadtviertel nt district, part of town

Stadtwerke pl public utilities pl

Stadtzentrum nt city/town center

Staffel <-, -n> ['ʃta·fl̩] f ❶ (Luftwaffeneinheit) squadron; (Formation) echelon ❷ SPORT relay team ❸ TV season

Staffelei <-, -en> [ʃta·fə·'lai] f easel

Staffellauf m relay [race]

staffeln ['ʃta·fl̩n] vt ❶ (einteilen) to grade, to graduate ❷ (formieren) to stack [up sep]

Staffelung, Stafflung <-, -en> f ❶ (Einteilung) graduation ❷ SPORT von Startzeiten staggering

Stagnation <-, -en> [ʃta·gna·'tsi̯oːn, st-] f stagnation, stagnancy

stagnieren* [ʃta·'gniː·rən, st-] vi to stagnate

stahl [ʃtaːl] imp von stehlen

Stahl <-[e]s, -e o Stähle> [ʃtaːl, pl 'ʃtɛː·lə] m steel

Stahlbeton m reinforced concrete

Stahlhelm m steel helmet

Stahlindustrie f kein pl steel industry

Stahlwerk nt steel mill

stak [ʃtaːk] imp von stecken

Stall <-[e]s, Ställe> [ʃtal, pl 'ʃtɛ·lə] m (Hühnerstall) coop; (Kaninchenstall) hutch; (Kuhstall) cowshed, [cow] barn; (Pferdestall) stable; (Schweinestall) [pig]sty, [pig]pen

Stamm <-[e]s, Stämme> [ʃtam, pl 'ʃtɛ·mə] m ❶ (Baumstamm) [tree] trunk ❷ LING stem ❸ (Volksstamm) tribe

Stammbaum m family tree

stammeln ['ʃta·ml̩n] vi, vt to stammer

stammen ['ʃta·mən] vi ❶ (gebürtig sein) **aus Berlin ~** to come from Berlin; **woher ~ Sie?** where are you from [originally]? ❷ (herrühren) **aus dem 16. Jahrhundert ~** to date from the 16th century; **diese Unterschrift stammt nicht von mir** this isn't my signature

Stammgast m regular [guest]

Stammkneipe f usual [or favorite] bar

Stammkunde, -kundin m, f regular [customer]

Stammlokal nt usual [or favorite] café/restaurant/bar

Stammplatz m usual [or favorite] seat

Stammtisch m ❶ (Tisch für Stammgäste) table reserved for the regulars ❷ (regelmäßiges Zusammentreffen) [group of] regulars

> **i** Most restaurants and bars have a **Stammtisch** (table reserved for regular customers).

stampfen ['ʃtamp·fn̩] I. vi ❶ haben (aufstampfen) to stomp [one's foot] ❷ sein ■ **irgendwohin ~** to stomp off somewhere II. vt haben ❶ (feststampfen) to tamp [or pack] [down sep] ❷ (zerstampfen) to mash

stand [ʃtant] imp von stehen

Stand <-[e]s, Stände> [ʃtant, pl 'ʃtɛn·də] m ❶ (das Stehen) **aus dem ~** from a standing position ❷ (Verkaufsstand) stand ❸ (Anzeige) reading; **laut ~ des Barometers** according to the barometer [reading] ❹ kein pl (Zustand) state; **der ~ der Forschung** the [current] status of the research; **auf dem neuesten ~ der Technik** state of the art; **der ~ der Dinge** the [present] state of affairs; **sich auf dem neuesten ~ befinden** to be up-to-date ❺ (Spielstand) score ❻ SCHWEIZ (Kanton) canton

Standard <-s, -s> ['ʃtan·dart, 'st-] m standard

standardisieren* [ʃtan·dar·di·'ziː·rən, st-] vt to standardize

Standbild nt statue

Ständer <-s, -> ['ʃtɛn·dɐ] m ❶ (Gestell) stand ❷ (sl: erigierter Penis) hard-on

Ständerat m SCHWEIZ upper house [or chamber] (of the Swiss parliament)

Standesamt nt justice of the peace['s office]

standesamtlich adv **sich ~ trauen lassen** to be married by the Justice of the Peace

Standesbeamte(r), -beamtin m, f Justice of the Peace

standesgemäß I. adj befitting one's social status pred II. adv **~ heiraten** to marry within one's social class

standhaft I. adj steadfast II. adv steadfastly

stand|halten ['ʃtant·hal·tn̩] vi irreg ■ **[einer S. dat] ~** to hold out against sth

ständig ['ʃtɛn·dɪç] I. adj constant, permanent II. adv constantly, all the time

Standlicht nt kein pl parking lights pl

Standort <-[e]s, -e> m ❶ (Unternehmenssitz) location ❷ (Standpunkt) position

Standpauke f (fam) **jdm eine ~ halten** to lecture sb

Standpunkt *m* ❶ (*Meinung*) [point of] view, standpoint; **den ~ vertreten, dass ...** to take the view that ... ❷ (*Beobachtungsplatz*) vantage point, viewpoint

Standspur *f* (*Teil einer Fahrbahn*) shoulder

Standuhr *f* grandfather clock

Stange <-, -n> ['ʃtaŋə] *f* ❶ (*Stab*) pole; (*kürzer*) rod ❷ (*Metallstange*) bar ❸ *Zigaretten* carton ▶ WENDUNGEN: **bei der ~ bleiben** (*fam*) to keep at it; **eine** [**schöne**] **~ Geld kosten** (*fam*) to cost a pretty penny; **von der ~** (*fam*) off the rack

Stängelᴿᴿ <-s, -> ['ʃtɛŋl̩] *m* stalk, stem

stank [ʃtaŋk] *imp von* **stinken**

stänkern ['ʃtɛŋ·kɐn] *vi* to stir things up

stanzen ['ʃtan·tsn̩] *vt* ❶ (*ausstanzen*) to press ❷ (*einstanzen*) **Löcher in etw** *akk* **~** to punch holes in sth

Stapel <-s, -> ['ʃtaː·pl̩] *m* ❶ (*geschichteter Haufen*) stack; (*unordentlicher Haufen*) pile ❷ NAUT **vom ~ laufen** to be launched

Stapellauf *m* NAUT launch[ing]

stapeln ['ʃtaː·pl̩n] I. *vt* to stack [up *sep*] II. *vr* ◼ **sich** *akk* **~** to pile up

stapfen ['ʃtap·fn̩] *vi sein* ◼ **durch etw** *akk* **~** to tramp through sth

Star¹ <-[e]s, -e> [ʃtaːɐ̯] *m* ❶ (*Vogel*) starling ❷ MED [**grauer**] **~** cataract; **grüner ~** glaucoma

Star² <-s, -s> [ʃtaːɐ̯, st-] *m* (*berühmte Person*) star

starb [ʃtarp] *imp von* **sterben**

stark <stärker, stärkste> [ʃtark] I. *adj* ❶ (*kräftig*) strong ❷ (*mächtig*) powerful, strong ❸ (*dick*) thick ❹ *Hitze, Kälte* severe; *Regen* heavy; *Strömung* strong; *Sturm* violent ❺ *Erkältung* bad; *Fieber* high ❻ *Schlag* hard; *Druck* high ❼ *Gefühle, Schmerzen* intense; *Bedenken* considerable; *Liebe* deep ❽ (*leistungsfähig*) powerful ❾ *Medikamente, Schnaps* strong II. *adv* ❶ (*heftig*) a lot; **~ regnen** to rain heavily ❷ (*erheblich*) **~ beschädigt** badly damaged; **~ bluten** to bleed profusely; **~ erkältet sein** to have a bad cold; **~ gewürzt** very spicy ❸ (*in höherem Maße*) greatly, a lot; **~ vertreten** strongly represented

Stärke <-, -n> ['ʃtɛr·kə] *f* ❶ (*Kraft*) strength ❷ (*Macht, von Motor*) power ❸ (*Dicke*) thickness ❹ (*zahlenmäßiges Ausmaß*) size; *Armee* strength ❺ (*Fähigkeit*) **jds ~ sein** to be sb's strong point ❻ CHEM starch

stärken ['ʃtɛr·kn̩] I. *vt* to strengthen II. *vi* ◼ **~ d** fortifying III. *vr* ◼ **sich** *akk* **~** to fortify oneself

stark|machenᴿᴿ *vr* (*fam*) ◼ **sich** *akk* **für jdn/ etw ~** to stand up for sb/sth

Starkstrom *m* high voltage

Stärkung <-, -en> *f kein pl* strengthening

starr [ʃtar] I. *adj* ❶ (*steif*) rigid ❷ (*erstarrt*) stiff; **~ vor Angst** paralyzed with fear; **~ vor Kälte** numb with cold; **~er Blick** [fixed] stare ❸ (*rigide*) inflexible; *Haltung* unbending II. *adv* **~ an etw** *dat* **festhalten** to adhere to sth

starren ['ʃta·rən] *vi* ❶ (*starr blicken*) to stare ❷ (*bedeckt sein*) **vor Dreck ~** to be covered with dirt

Starrsinn *m* stubbornness

starrsinnig *adj* stubborn

Start <-s, -s> [ʃtart, start] *m* ❶ LUFT takeoff; RAUM liftoff, launch ❷ SPORT start; **am ~ sein** (*von Läufern*) to be on the starting line; (*von Rennwagen*) to be on the starting grid ❸ (*Beginn*) start; *Projekt* launch[ing]

Startbahn *f* LUFT runway

startbereit *adj* ❶ LUFT ready for takeoff *pred* ❷ SPORT ready to go *pred*

starten ['ʃtar·tn̩, 'st-] I. *vi sein* ❶ LUFT to take off; RAUM to lift off ❷ SPORT to start; ◼ **für etw ~** to compete for [*or* represent] sth ❸ (*beginnen*) to start; *Projekt* to be launched II. *vt haben* ❶ *Auto* to start; *Computer* to initialize, to boot [up *sep*]; COMPUT *Programm* to run ❷ (*beginnen lassen*) to launch, to start

Starterlaubnis *f* takeoff clearance

Starthilfe *f* ❶ (*Zuschuss*) initial aid ❷ AUTO **jdm ~ geben** to give sb a jump-start

Startkapital *nt* seed money

startklar *adj s.* **startbereit**

Startlinie *f* starting line

Startschussᴿᴿ *m* starting signal

Stasi <-> ['ʃtaː·zi] *f kein pl kurz für* **Staatssicherheit(sdienst)** *secret police of the former GDR*

Statik <-> ['ʃtaː·tɪk, 'st-] *f* ❶ *kein pl* (*Stabilität*) stability ❷ *kein pl* PHYS statics + *sing vb*

Station <-, -en> [ʃta·'tsi̯oːn] *f* ❶ (*Haltestelle*) stop ❷ (*Aufenthalt*) stopover; **~ machen** to make a stop ❸ (*Klinikabteilung*) ward ❹ METEO, SCI, RADIO station

stationär [ʃta·tsi̯o·'nɛːɐ̯] I. *adj* MED inpatient *attr*; **ein ~er Aufenthalt** a stay in a hospital II. *adv* MED in the hospital

stationieren* [ʃta·tsi̯o·'niː·rən] *vt* ❶ (*installieren*) to station ❷ (*aufstellen*) to deploy

Stationierung <-, -en> *f* ❶ (*das Installieren*) stationing, posting ❷ (*Aufstellung*) deployment

Stationsarzt, -ärztin *m, f* departmental physician

Stationsschwester *f* senior nurse

statisch ['ʃta·tɪʃ, 'st-] *adj* ❶ BAU, ELEK static ❷ (*keine Entwicklung aufweisend*) in abeyance *pred*

Statist(in) <-en, -en> [ʃta·'tɪst] *m(f)* extra

Statistik <-, -en> [ʃta·'tɪs·tɪk] *f* statistics + *sing vb*

statistisch [ʃta·'tɪs·tɪʃ] I. *adj* statistical; **~e Zahlen** statistics II. *adv* statistically

Stativ <-s, -e> [ʃta·'tiːf, *pl* ʃta·'tiː·və] *nt* tripod

statt [ʃtat] I. *präp* +*gen* instead of II. *konj* (*anstatt*) instead of

stattdessenᴿᴿ *adv* instead

Stätte <-, -n> ['ʃtɛ·tə] *f* place

statt|finden ['ʃtat·fɪn·dn̩] *vi irreg* to take place; *Veranstaltung a.* to be held

stattlich ['ʃtat·lɪç] *adj* ❶ (*imposant*) imposing

S

② (*beträchtlich*) considerable
Statue <-, -n> [ˈʃtaː·tu̯ə, ˈst-] *f* statue
Status <-, -> [ˈʃtaː·tʊs, ˈst-] *m* status, position
Statussymbol *nt* status symbol
Stau <-[e]s, -e *o* -s> [ʃtau] *m* **①** (*Verkehrs-stau*) traffic jam **②** (*von Wasser etc.*) build-up
Staub <-[e]s, -e *o* Stäube> [ʃtaup, *pl* ˈʃtɔy·bə] *m kein pl* dust; ~ **saugen** to vacuum; ~ **wischen** to dust ▸WENDUNGEN: **sich aus dem ~**[e] **machen** (*fam*) to bolt
stauben [ˈʃtau·bn̩] *vi impers* **bei etw** *dat* ~ **staubt es sehr** sth makes a lot of dust
staubig [ˈʃtau·bɪç] *adj* dusty
staubsaugen <*pp* staubgesaugt>, **Staub saugen** <*pp* Staub gesaugt> *vi, vt* to vacuum
Staubsauger *m* vacuum [cleaner]
Staubtuch *nt* dust cloth
Staudamm *m* dam
Staude <-, -n> [ˈʃtau·də] *f* HORT perennial [plant]
Staudensellerie *m kein pl* celery
stauen [ˈʃtau·ən] I. *vt* to dam [up *sep*] II. *vr* ▪**sich** *akk* ~ **①** (*sich anstauen*) to collect; (*von Wasser a.*) to rise **②** (*Schlange bilden*) *Autos* to pile up
Staumeldung *f* traffic report
staunen [ˈʃtau·nən] *vi* to be astonished (**über** +*akk* at); **da staunst du, was?** you weren't expecting that, were you?
Stausee *m* reservoir
Steak <-s, -s> [steːk, ʃteːk] *nt* steak
stechen <sticht, stach, gestochen> [ˈʃtɛ·çn̩] I. *vi* **①** (*pieksen*) to prick **②** (*von Insekten*) to sting; *Mücken* to bite **③** (*mit spitzem Gegenstand eindringen*) to stab **④** KARTEN to take the trick II. *vt* to stab; (*Insekt*) to sting; *Mücken* to bite III. *vr* ▪**sich** *akk* ~ to prick oneself
stechend *adj* **①** (*scharf*) sharp **②** (*durchdringend*) *Schmerzen* stabbing **③** (*beißend*) *Geruch* acrid
Stechmücke *f* mosquito
Stechuhr *f* time clock
Steckbrief *m* "wanted" poster
Steckdose *f* [wall] socket, electrical outlet
stecken [ˈʃtɛ·kn̩] I. *vi* <steckte *o geh* stak, gesteckt> **①** (*festsitzen*) ▪**in etw** *dat* ~ to be stuck in sth; ~ **bleiben** to get stuck **②** (*eingesteckt sein*) ▪**hinter/in/zwischen etw** *dat* ~ to be behind/in/among sth; **den Schlüssel** ~ **lassen** to leave the key in the lock **③** (*verborgen sein*) **wo hast du denn gesteckt?** (*fam*) where have you been [hiding]?; **wo steckt er denn bloß wieder?** (*fam*) where did he disappear to again? **④** (*verwickelt sein*) [**tief**] **in der Arbeit** ~ to be bogged down in [one's] work; **in einer Krise** ~ to be in the middle of a crisis; **in Schwierigkeiten** ~ to be in trouble **⑤** (*stocken*) ~ **bleiben** *in einer Rede* to falter; *im Verkehr* to get stuck II. *vt* <steckte, gesteckt> **①** (*schieben*) ▪**etw hinter/in/unter etw** *akk* ~ to put sth behind/in[to]/under sth **②** (*fam: befördern*)

jdn ins Bett ~ to put sb to bed; **jdn ins Gefängnis** ~ to stick sb in prison **③** (*fam: investieren*) **Geld in eine Firma** ~ to put money into a company; **viel Zeit in etw** *akk* ~ to devote a lot of time to sth
Stecker <-s, -> *m* plug
Stecknadel *f* pin
Steckrübe *f* rutabaga
Steg <-[e]s, -e> [ʃteːk] *m* **①** (*schmale Holzbrücke*) footbridge **②** (*Bootssteg*) dock, pier
Stegreif [ˈʃteːk·raif] *m* ▪**etw aus dem** ~ **tun** to do sth off the cuff
Stehcafé *nt* stand-up cafe
stehen <stand, gestanden> [ˈʃteː·ən] I. *vi* *haben o* SÜDD, ÖSTERR, SCHWEIZ *sein* **①** (*in aufrechter Stellung sein*) to stand **②** (*hingestellt sein*) to be; ~ **bleiben** to be left [behind]; ~ **lassen** to leave; (*nicht anfassen*) to leave sth where it is; (*vergessen*) to leave sth behind; **alles** ~ **und liegen lassen** to drop everything **③** (*gedruckt sein*) **in einem Buch** ~ to be in a book; **das steht auf Seite sechs** that's on page six; **wo steht das?** where does it say that?; **was steht in seinem Brief?** what does his letter say? **④** (*nicht mehr in Betrieb sein*) to have stopped; (*von Maschine a.*) to be at a standstill; **zum S~ kommen** to come to a stop **⑤** (*anhalten*) ~ **bleiben** to stop; **wo steht das Auto?** where did you park the car? **⑥** (*nicht verzehren*) **das Essen** ~ **lassen** to leave the food untouched **⑦** (*von etw betroffen sein*) **unter Drogen** ~ to be under the influence of drugs; **unter Schock** ~ to be in a state of shock **⑧** (*passen zu*) **jdm** [**gut**] ~ to suit sb [well]; **das steht dir nicht** it doesn't suit you **⑨** (*einen bestimmten Spielstand haben*) **wie steht das Spiel?** what's the score? **⑩** (*allein lassen*) **jdn einfach** ~ **lassen** to walk out on sb **⑪** (*fam: fest sein*) *Termin, Abmachung* to be finally settled; (*fertig sein*) to be ready **⑫** (*unterstützen*) ▪**zu jdm/etw** ~ to stand by sb/sth **⑬** (*eingestellt sein*) **wie** ~ **Sie dazu?** what is your opinion on this? **⑭** (*unterstützen*) ▪**hinter jdm/etw** ~ to support sb/sth **⑮** (*anzeigen*) ▪**auf etw** *dat* ~ to indicate sth; **die Ampel steht auf Rot** the traffic light is red **⑯** (*sl: gut finden*) ▪**auf jdn** ~ to be crazy about sb; **stehst du auf Techno?** are you into techno? ▸ WENDUNGEN: **jdm steht etw bis** hier (*fam*) sb is sick and tired of sth II. *vi impers* **①** (*sich darstellen*) **es steht gut/schlecht mit jdm/etw** it's looking good/bad for sb/sth **②** (*gesundheitlich*) **es steht gut/schlecht um jdn** sb is in good/bad shape
Stehlampe *f* floor lamp
stehlen <stahl, gestohlen> [ˈʃteː·lən] I. *vt, vi* to steal; ▪**das S~** stealing ▸ WENDUNGEN: **jdm die Zeit** ~ to take up sb's time; **das kann mir gestohlen** bleiben! (*fam*) to hell with it! II. *vr* to sneak; ▪**sich** *akk* **von etw** *dat* ~ to sneak away from sth
Steiermark <-> [ˈʃtaiɐ·mark] *f* ▪**die** ~ Styria
steif [ʃtaif] *adj* **①** (*starr*) stiff; *Begrüßung* formal

② (*erigiert*) erect ▶ WENDUNGEN: **etw ~ und fest behaupten** to stubbornly maintain sth
steif|halten *vt irreg* **die Ohren ~** to keep one's chin up
Steigbügel ['ʃtaik-] *m* stirrup
steigen <stieg, gestiegen> ['ʃtai·gn̩] **I.** *vi sein* **①** (*klettern*) to climb; **durchs Fenster ~** to climb through the window; ■ **auf etw** *akk* **~** to climb [up] sth **②** (*besteigen*) ■ **auf etw** *akk* **~** to get on|to] sth **③** (*einsteigen*) ■ **in etw** *akk* **~** to get in|to] sth; **in einen Zug ~** to get on a train **④** (*aussteigen*) ■ **aus etw** *dat* **~** to get out of sth; **aus einem Bus ~** to get off a bus **⑤** (*absteigen*) ■ **von etw** *dat* **~** to get off [of] sth **⑥** (*sich aufwärts bewegen*) to rise [up]; **das Blut stieg ihm ins Gesicht** the blood rushed to his face; **der Sekt ist mir zu Kopf gestiegen** the sparkling wine has gone to my head **⑦** *Achtung* to rise; *Flut* to swell; *Preis, Wert* to increase; *Temperatur* to climb **⑧** (*sich intensivieren*) to increase; (*von Spannung, Ungeduld, a.*) to mount **II.** *vt sein* ■ **Treppen ~** to climb [up] stairs
steigend *adj* **①** (*sich erhöhend*) *Preise, Löhne* rising **②** (*sich intensivierend*) *Spannung, Ungeduld* mounting
steigern ['ʃtai·gn̩] **I.** *vt* **①** (*erhöhen*) to increase (**auf** +*akk* to, **um** +*akk* by) **②** (*verbessern*) to improve **II.** *vr* **①** (*sich intensivieren*) ■ **sich** *akk* **~** to increase; *Spannung a.* to mount **②** (*seine Leistung verbessern*) ■ **sich** *akk* **~** to improve
Steigerung <-, -en> *f* **①** (*Erhöhung*) increase (+*gen* in), rise (+*gen* in) **②** (*Verbesserung*) improvement (+*gen* to)
Steigung <-, -en> *f* **①** (*ansteigende Strecke*) ascent **②** (*Anstieg*) slope; **eine ~ von 10 %** a 10% gradient
steil [ʃtail] **I.** *adj* **①** (*stark abfallend/ansteigend*) steep **②** (*sehr rasch*) rapid **II.** *adv* steeply
Steilhang *m* steep slope
Steilküste *f* bluff
Stein <-[e]s, -e> [ʃtain] *m* **①** (*Gesteinsstück*) stone, rock **②** (*Obstkern*) stone ▶ WENDUNGEN: **bei jdm einen ~ im Brett haben** (*fam*) to be in good with sb; **mir fällt ein ~ vom Herzen!** that's [taken] a load off [of] my mind!; **den ~ ins Rollen bringen** (*fam*) to start the ball rolling; **jdm ~e in den Weg legen** to put obstacles in sb's way
Steinbock *m* **①** ZOOL ibex **②** ASTROL Capricorn
Steinbruch *m* quarry
steinhart ['ʃtain·'hart] *adj* rock-hard, [as] hard as [a] rock *pred*
steinig ['ʃtai·nɪç] *adj* stony
steinigen ['ʃtai·nɪ·gn̩] *vt* to stone
Steinmetz(in) <-en, -en> ['ʃtain·mɛts] *m(f)* stonemason
Steinobst *nt* stone fruit[s *pl*]
Steinpilz *m* porcino
steinreich ['ʃtain·'raiç] *adj* filthy rich
Steinschlag *m* falling rocks *pl*

Steinzeit *f kein pl* ■ **die ~** the Stone Age
Steißbein *nt* ANAT COCCYX
Stelle <-, -n> ['ʃtɛ·lə] *f* **①** (*Platz*) place; (*genauer*) spot; **an dieser ~** in this place, here; (*fig*) at this point; **auf der ~ laufen** to run in place; **sich nicht von der ~ rühren** to not move [an inch]; **an anderer ~** elsewhere; **an erster/zweiter ~** in the first/second place **②** (*umrissener Bereich*) spot; **fettige/rostige ~** grease/rust spot **③** (*Abschnitt im Buch*) passage **④** MATH digit; **eine Zahl mit sieben ~n** a seven-digit number **⑤** (*Posten*) place; **an jds ~ treten** to take sb's place; **an ~ von etw** *dat* instead of sth; **an deiner ~ würde ich ...** if I were you, I would ... **⑥** (*Arbeitsplatz*) job; **eine freie ~** a vacancy ▶ WENDUNGEN: **zur ~ sein** to be on hand; **auf der ~ treten** to not make any progress; **auf der ~ at once**; **er war auf der ~ tot** he died instantly
stellen ['ʃtɛ·lən] **I.** *vt* **①** (*hin-, abstellen*) to put; **das Auto in die Garage ~** to put the car in the garage; **den Wein kalt ~** to chill the wine **②** (*aufrecht hinstellen*) to stand [up *sep*] **③** (*einstellen*) **die Heizung höher/kleiner ~** to turn up/down *sep* the heat; **den Fernseher lauter/leiser ~** to turn the television up/down; **den Wecker auf 7 Uhr ~** to set the alarm for 7 o'clock **④** (*zur Aufgabe zwingen*) ■ **jdn ~** to hunt down *sep* sb **⑤** (*vorgeben*) *Aufgabe* to set; *Bedingungen* to stipulate; **[jdm] eine Frage ~** to ask [sb] a question **⑥** (*richten*) **einen Antrag ~** to put forward a motion; **Forderungen ~** to make demands **⑦** (*konfrontieren*) ■ **jdn vor etw** *akk* **~** to confront sb with sth **⑧** (*zur Verfügung stellen*) ■ **[jdm] etw ~** to provide [sb with] sth ▶ WENDUNGEN: **auf sich** *akk* **selbst gestellt sein** to have to fend for oneself **II.** *vr* **①** (*sich hinstellen*) ■ **sich** *akk* **~** to take up position **②** (*entgegentreten*) ■ **sich** *akk* **jdm/einer S. ~** to face sb/sth **③** (*sich melden*) **sich** *akk* **der Polizei ~** to turn oneself in to the police **④** (*etw vorgeben*) **sich** *akk* **dumm/ahnungslos ~** to play dumb/innocent; **sich** *akk* **tot ~** to pretend to be dead
Stellenangebot *nt* job offer; „**~e**" "job market", "help wanted"
Stellenanzeige *f* job advertisement [*or fam* ad]
Stellenbeschreibung *f* job description
Stellengesuch *nt* "employment wanted" advertisement
Stellenvermittlung *f* **①** (*das Vermitteln*) job placement **②** (*Einrichtung*) employment agency
stellenweise *adv* in [some] places
Stellplatz *m* parking space
Stellung <-, -en> *f* **①** (*Arbeitsplatz*) job **②** (*Rang, Körperhaltung, Position*) position; **in ~ gehen** to take up position; **die ~ halten** to hold the fort **③** (*Standpunkt*) **~ zu etw** *dat* **beziehen** to take a stand on sth; **~ zu etw** *dat* **nehmen** to express an opinion about/on sth
Stellungnahme <-, -n> *f* statement; **eine ~**

S

[**zu** etw *dat*] **abgeben** to make a statement [about sth]

stellvertretend I. *adj attr* (*vorübergehend*) acting *attr;* (*an zweiter Stelle stehen*) deputy *attr* **II.** *adv* ■ ~ **für jdn** on sb's behalf

Stellvertreter(in) *m(f)* deputy, substitute

Stellvertretung *f* (*Stellvertreter*) deputy, substitute; **die ~ von jdm übernehmen** to stand in for sb

Stemmeisen *nt* chisel

stemmen ['ʃtɛ·mən] **I.** *vt* ❶ (*hochdrücken*) to lift ❷ (*stützen*) **die Arme in die Seiten ~** to put one's hands on one's hips **II.** *vr* ■ **sich** *akk* **gegen etw** *akk* **~** to brace oneself against sth

Stempel <-s, -> ['ʃtɛm·pl] *m* ❶ (*Gummistempel*) [rubber] stamp ❷ (*Stempelabdruck*) stamp ❸ (*Punzierung*) hallmark

stempeln ['ʃtɛm·pln] *vt, vi* to stamp

Stengel^ALT <-s, -> ['ʃtɛŋl] *m s.* **Stängel**

Steno <-> ['ʃte:·no] *f kein pl* (*fam*) *Abk von* **Stenografie**

Stenografie <-, -n> [ʃte·no·gra·'fi:] *f* shorthand, stenography

Stenogramm <-gramme> [ʃte·no·'gram] *nt* text written in shorthand

Stenographie <-, -n> [ʃte·no·gra·'fi:] *f s.* **Stenografie**

Stenotypist(in) <-en, -en> [ʃte·no·ty·'pɪst] *m(f)* stenographer

Steppdecke *f* comforter

Steppe <-, -n> ['ʃtɛ·pə] *f* steppe

Stepptanz^RR, **Steptanz**^ALT ['ʃt-, 'st-] *m* tap dance

Sterbebett *nt* deathbed

Sterbehilfe *f kein pl* euthanasia

sterben <starb, gestorben> ['ʃtɛr·bn] *vi sein* to die (**an** +*dat* of); **daran wirst du** [**schon**] **nicht ~!** (*hum fam*) it won't kill you!; **ich sterbe vor Durst** (*fig*) I'm dying of thirst ▶ WENDUNGEN: **für jdn** ist **jd/etw gestorben** sb is finished with sb/sth; **er ist für mich gestorben** I'm finished with him

Sterberate *f* death rate

Sterbeurkunde *f* death certificate

sterblich ['ʃtɛrp·lɪç] *adj* (*geh*) mortal

Sterblichkeit <-> *f kein pl* mortality

Sterblichkeitsrate *f* mortality rate

Stereo <-> ['ʃte:·reo, 'st-] *nt kein pl* stereo

Stereoanlage *f* stereo [system]

stereotyp [ʃte·reo·'ty:p, st-] **I.** *adj* stereotype *attr;* stereotypical **II.** *adv* stereotypically

Stereotyp <-s, -e> [ʃte·reo·'ty:p, st-] *nt* stereotype

steril [ʃte·'ri:l, st-] *adj* ❶ (*keimfrei*) sterile ❷ (*unfruchtbar*) infertile

Sterilisation <-, -en> [ʃte·ri·li·za·'tsi̯o:n, st-] *f* sterilization

sterilisieren* [ʃte·ri·li·'zi:·rən] *vt* to sterilize; ■ **sich** *akk~* **lassen** to get sterilized

Sterilität <-> [ʃte·ri·li·'tɛ:t, st-] *f kein pl* ❶ (*Keimfreiheit*) sterility ❷ (*Unfruchtbarkeit*) infertility

Stern <-[e]s, -e> [ʃtɛrn] *m* star ▶ WENDUNGEN:

in den ~en stehen to be written in the stars

Sternbild *nt* constellation

Sternenhimmel *m* starry sky

sternklar ['ʃtɛrn·kla:ɐ̯] *adj* starlit, starry

Sternschnuppe <-, -n> *f* shooting star

Sternwarte *f* observatory

Sternzeichen *nt* [star] sign

Stethoskop <-s, -e> [ʃte·to·'sko:p] *nt* stethoscope

stetig ['ʃte:·tɪç] *adj* steady

stets [ʃte:ts] *adv* at all times

Steuer¹ <-s, -> ['ʃtɔy·ɐ] *nt* ❶ AUTO [steering] wheel; **hinterm ~ sitzen** (*fam*) to be behind the wheel ❷ NAUT helm; **am ~ stehen** to be at the helm

Steuer² <-, -n> ['ʃtɔy·ɐ] *f* ÖKON tax; **etw von der ~ absetzen** to deduct sth from one's taxes

steuerbegünstigt *adj* tax-deductible

Steuerbelastung *meist sing f* tax burden

Steuerberater(in) *m(f)* tax consultant

Steuerbescheid *m* tax assessment

Steuerbetrug *m kein pl* tax evasion

Steuerbord ['ʃtɔy·ɐ·bɔrt] *nt kein pl* starboard

Steuererhöhung *f* tax increase

Steuererklärung *f* tax return

Steuerermäßigung *f* FIN tax reduction

steuerfrei I. *adj* tax-exempt *attr;* exempt from tax *pred* **II.** *adv* without paying tax

Steuergelder *pl* taxes *pl,* tax revenue[s *pl*]

Steuerhinterziehung *f* tax evasion

Steuerklasse *f* tax category

steuerlich I. *adj attr* **II.** *adv* ~ **absetzbar** tax-deductible; **etw ~ berücksichtigen** to deduct sth from one's taxes; ~ **vorteilhaft sein** to carry tax benefits

Steuermann <-männer *o* -leute> ['ʃtɔy·ɐ·man, *pl* -mɛ·nɐ, -bʏ·tə] *m* NAUT helmsman

steuern ['ʃtɔy·ɐn] **I.** *vt* ❶ (*lenken*) to steer ❷ LUFT to fly ❸ (*regulieren*) to control **II.** *vi* AUTO to drive

steuerpflichtig *adj* ❶ (*zu versteuern*) taxable ❷ (*zur Steuerzahlung verpflichtet*) obligated to pay tax *pred*

Steuerprüfung *f* tax audit

Steuerrad *nt* wheel, helm

Steuerreform *f* tax reform

Steuerruder *nt* rudder

Steuersatz *m* tax rate

Steuersenkung *f* tax cut

Steuerung <-> *f kein pl* (*Regulierung*) control; (*das Lenken*) steering *no art*

Steuervergünstigung *f* tax concession

Steuerzahler(in) *m(f)* taxpayer

Steward <-s, -s> ['stju:·ɐt, 'ʃt(j)u:·ɐt] *m* steward

Stewardess^RR <-, -en>, **Stewardeß**^ALT <-, -ssen> ['stju:·e·dɛs, stju:e·'dɛs] *f* stewardess

Stich <-[e]s, -e> [ʃtɪç] *m* ❶ (*Messerstich*) stab; (*Stichwunde*) stab wound ❷ (*Insektenstich*) sting; (*Mückenstich*) bite ❸ (*stechender Schmerz*) stabbing pain ❹ (*Nadelstich*) stitch ❺ KUNST engraving ❻ (*Farbschattierung*) **ein ~ ins Rote** a tinge of red ▶ WENDUNGEN: **einen ~**

haben (*fam: verdorben sein*) to be spoiled; (*übergeschnappt sein*) to be nuts; **jdn im ~ lassen** to leave sb in the lurch [*or sl* hanging]

Stichelei <-, -en> [ʃtɪ·çə·'lai] *f* ❶ (*das Sticheln*) needling ❷ (*Bemerkung*) gibe, dig

sticheln ['ʃtɪ·çl̩n] *vi* to make nasty remarks

stichhaltig *adj,* **stichhältig** *adj* ÖSTERR *Alibi* solid; *Argumentation* sound; *Beweis* conclusive; ■ [**nicht**] **~ sein** to [not] hold water

Stichprobe *f* spot check; **~n machen** to carry out a spot check

Stichtag *m* deadline

Stichwahl *f* runoff [election]

Stichwort ['ʃtɪç·vɔrt] *nt* ❶ (*Haupteintrag*) headword ❷ *meist pl* (*Wort als Gedächtnisstütze*) cue; (*Schlüsselwort*) keyword; **jdm das ~ geben** to give sb the cue; THEAT to cue in *sep* sb

stichwortartig *adv* briefly

Stichwunde *f* knife wound

sticken ['ʃtɪ·kn̩] *vt, vi* to embroider

Stickerei <-, -en> [ʃtɪ·kə·'rai] *f* embroidery

stickig ['ʃtɪ·kɪç] *adj* stuffy; *Luft* stale

Stickstoff ['ʃtɪk·ʃtɔf] *m kein pl* nitrogen

Stiefbruder ['ʃti:f-] *m* stepbrother

Stiefel <-s, -> ['ʃti:·fl̩] *m* boot

Stiefelette <-, -n> [ʃti:·fə·'lɛ·tə] *f* ankle boot

Stiefeltern *pl* stepparents *pl*

Stiefkind *nt* stepchild

Stiefmutter *f* stepmother

Stiefmütterchen *nt* BOT pansy

stiefmütterlich *adv* **jdn/etw ~ behandeln** to pay little attention to sb/sth

Stiefschwester *f* stepsister

Stiefsohn *m* stepson

Stieftochter *f* stepdaughter

Stiefvater *m* stepfather

stieg [ʃti:k] *imp von* **steigen**

Stiel <-[e]s, -e> [ʃti:l] *m* ❶ (*Handgriff*) handle; (*Besenstiel*) broomstick ❷ (*Blumenstiel*) stem, stalk

Stier <-[e]s, -e> [ʃti:ɐ̯] *m* ❶ (*Bulle*) bull ❷ ASTROL Taurus

stieren ['ʃti:·rən] *vi* to stare

Stierkampf *m* bullfight

stieß [ʃti:s] *imp von* **stoßen**

Stift <-[e]s, -e> [ʃtɪft] *m* ❶ (*Stahlstift*) [steel] pin [*or* tack] ❷ (*zum Schreiben*) pen, pencil

stiften ['ʃtɪf·tn̩] *vt* ❶ (*spenden*) to donate ❷ (*verursachen*) to cause; **Unruhe ~** to create unrest

Stifter(in) <-s, -> ['ʃtɪf·tɐ] *m(f)* ❶ (*Spender*) don[at]or ❷ (*Gründer*) founder

Stiftung <-, -en> *f* ❶ (*Organisation*) foundation ❷ (*Schenkung*) donation

Stigmatisierung [ʃtɪg·ma·ti·'zi:·rʊŋ] *f* SOZIOL (*geh*) stigmatization

Stil <-[e]s, -e> [ʃti:l, st-] *m* (*Ausdrucksform*) style; **das ist nicht unser ~** that's not the way we do things [around here] ▶ WENDUNGEN: **im großen ~** on a grand scale

Stilbruch *m* inconsistency in style; KUNST, LING stylistic incongruity

stilecht I. *adj* period *usu attr* II. *adv* in period style

stilisieren* [ʃti·li·'zi:·rən, st-] *vt* to stylize

stilistisch I. *adj* stylistic II. *adv* stylistically

still [ʃtɪl] *adj* ❶ (*ruhig*) quiet, peaceful; **sei ~!** be quiet!; **in einer ~en Stunde** in a quiet moment ❷ (*geräuschlos*) silent; **es wurde ~ im Raum** the room went still ❸ (*verschwiegen*) *Vorwurf* silent ❹ (*unbewegt*) still; **etw ~ halten** to keep sth still ❺ (*heimlich*) **im S~en** in secret; **im S~en hoffen** to secretly hope ▶ WENDUNGEN: **es ist um ihn ~ geworden** you don't hear much about him anymore

Stille <-> ['ʃtɪ·lə] *f kein pl* ❶ (*Ruhe*) quiet; (*ohne Geräusch*) silence; **in aller ~** quietly ❷ (*Abgeschiedenheit*) peace

Stilleben ALT *nt s.* **Stillleben**

stillegen ALT <stillgelegt> *vt s.* **stilllegen**

Stillegung ALT <-, -en> *f s.* **Stilllegung**

stillen ['ʃtɪ·lən] *vt* ❶ (*säugen*) to breastfeed ❷ (*befriedigen*) to satisfy; **den Durst ~** to quench sb's thirst ❸ (*aufhören lassen*) to stop; *Blutverlust* to stanch

still\|halten *vi irreg* to keep still, to not move

Stillleben RR ['ʃtɪl·le:bn̩] *nt* still life

still\|legen RR <stillgelegt> *vt* to close [down *sep*]; ■ **stillgelegt** closed [down]

Stilllegung RR <-, -en> *f* closure

stillos *adj* lacking any definite style *pred*

Stillschweigen *nt* silence; **über etw** *akk* **~ bewahren** to keep quiet about sth

stillschweigend ['ʃtɪl·ʃvai·gn̩t] I. *adj* tacit II. *adv* tacitly; **etw ~ billigen** to give sth one's tacit approval

still\|sitzen *vi irreg sein o haben* to sit still

Stillstand *m kein pl* standstill; **zum ~ kommen** (*zum Erliegen*) to come to a standstill; (*aufhören*) to stop

still\|stehen *vi irreg sein o haben* ❶ (*außer Betrieb sein*) to stand idle; *Verkehr, Verhandlungen* to be at a standstill ❷ (*a. fig: sich nicht bewegen*) to stand still

Stilmöbel *nt meist pl* period furniture

stilvoll *adj* stylish

Stimmband *nt meist pl* vocal cord

stimmberechtigt *adj* entitled to vote *pred*

Stimmbruch *m* **er war mit 12 im ~** his voice broke when he was 12

Stimme <-, -n> ['ʃtɪ·mə] *f* ❶ (*Art des Sprechens*) voice ❷ POL vote; **sich** *akk* **der ~ enthalten** to abstain ❸ (*Meinungsäußerung*) voice

stimmen¹ ['ʃtɪ·mən] *vi* ❶ (*zutreffen*) to be right; ■ **es stimmt, dass ...** it is true that ...; **stimmt!** right! ❷ (*korrekt sein*) to be correct; **diese Rechnung stimmt nicht** there's something wrong with this bill; **da stimmt was nicht** there's something wrong here; **stimmt so** keep the change

stimmen² ['ʃtɪ·mən] *vt* MUS to tune

Stimmengleichheit *f* tie

Stimmenmehrheit *f* majority of votes; **jdn durch ~ besiegen** to outvote sb

S

Stimmenthaltung *f* abstention
Stimmgabel *f* tuning fork
stimmhaft *adj* LING voiced
stimmlos *adj* LING voiceless
Stimmrecht *nt* right to vote
Stimmung <-, -en> *f* ❶ (*Gemütslage*) mood; ■**in der ~ sein** to be in the mood (**zu** +*dat* for); **in ~ kommen** to get in the [right] mood ❷ (*Atmosphäre*) atmosphere ❸ (*öffentliche Einstellung*) public opinion; **~ für/gegen etw** *akk* **machen** to stir up [public] opinion for/ against sth
Stimmzettel *m* ballot
stimulieren* [ʃti·mu·'liː·rən] *vt* to stimulate
stinken <stank, gestunken> ['ʃtɪŋ·kn̩] *vi* ❶ (*unangenehm riechen*) to stink (**nach** +*dat* of) ❷ (*verdächtig sein*) **die Sache stinkt** the whole business stinks ❸ (*sl: zuwider sein*) ■**jdm stinkt etw** sb is sick and tired of sth
stinkfaul ['ʃtɪŋk·'faul] *adj* lazy as hell *pred fam*
stinklangweilig *adj* boring as hell *pred fam*
stinksauer ['ʃtɪŋk·'zau·ɐ] *adj* **~ auf jdn sein** to be pissed off at/with sb
Stinktier *nt* skunk
Stinkwut ['ʃtɪŋk·'vuːt] *f* rage; ■**eine ~ haben** to seethe with rage; ■**eine ~ auf jdn haben** to be furious with sb
Stipendiat(in) <-en, -en> [ʃti·pɛn·'dǐaːt] *m(f)* scholarship recipient
Stipendium <-s, -dien> [ʃti·'pɛn·dǐʊm, *pl* -dǐən] *nt* scholarship
Stippvisite ['ʃtɪp·vi·'ziː·tə] *f* (*fam*) quick visit; **bei jdm eine ~ machen** to pop by
Stirn <-, -en> [ʃtɪrn] *f* forehead; **die ~ runzeln** to frown ▸ WENDUNGEN: **jdm die ~ bieten** to stand up to sb
Stirnband <-bänder> *nt* headband
Stirnhöhle *f* sinus
Stirnhöhlenentzündung *f* sinus infection
stöbern ['ʃtøː·bɐn] *vi* ■**in etw** *dat* **~** to rummage in sth
Stock¹ <-[e]s, Stöcke> [ʃtɔk, *pl* 'ʃtœ·kə] *m* ❶ (*Holzstange*) stick ❷ (*Topfpflanze*) plant
Stock² <-[e]s, -> [ʃtɔk] *m* floor, story; **der 1. ~** the second floor
stockbesoffen ['ʃtɔk·bə·'zɔ·fn̩] *adj* (*fam*) plastered *fam*
stockdunkel ['ʃtɔk·'dʊŋ·kl̩] *adj* pitch-dark
Stöckelschuh *m* high-heeled shoe
stocken ['ʃtɔ·kn̩] *vi* ❶ (*innehalten*) to falter ❷ (*zeitweilig stillstehen*) to come to a halt
stockend *adj* ❶ *Unterhaltung* flagging ❷ *Verkehr* stop-and-go
stocksauer ['ʃtɔk·'zau·ɐ] *adj* (*fam*) ■**~ sein** to be pissed off
Stockwerk *nt s.* **Stock²**
Stoff <-[e]s, -e> [ʃtɔf] *m* ❶ (*Textil*) material, fabric ❷ (*Material*) material ❸ CHEM substance ❹ (*thematisches Material*) material ❺ (*Lehrstoff*) subject material ❻ *kein pl* (*sl: Rauschgift*) dope
Stofftier *nt* stuffed animal
Stoffwechsel [-vɛksl̩] *m* metabolism

stöhnen ['ʃtøː·nən] *vi* to moan; (*vor Schmerz*) to groan
Stollen <-s, -> ['ʃtɔ·lən] *m* ❶ BERGB tunnel ❷ KOCHK stollen (*a sweet Christmas bread-like cake made with dried fruit, often filled with marzipan*)
stolpern ['ʃtɔl·pɐn] *vi sein* to trip, to stumble
stolz [ʃtɔlts] *adj* proud
Stolz <-es> [ʃtɔlts] *m kein pl* pride; **jds ganzer ~ sein** to be sb's pride and joy
Stop^ALT <-s, -s> [ʃtɔp] *m s.* **Stopp**
stopfen ['ʃtɔp·fn̩] **I.** *vt* ❶ (*hineinzwängen*) to stuff; *Loch* to fill ❷ (*mit Nadel und Faden*) to darn **II.** *vi* (*die Verdauung hemmen*) to cause constipation
Stopp^RR <-s, -s> [ʃtɔp] *m* stop; **ohne ~** without stopping
Stoppel <-, -n> ['ʃtɔ·pl̩] *f meist pl* stubble
Stoppelbart *m* stubbly beard
stoppen ['ʃtɔ·pn̩] *vt, vi* ❶ (*anhalten*) to stop ❷ (*Zeit nehmen*) to time
Stoppschild <-schilder> *nt* stop sign
Stoppuhr *f* stopwatch
Stöpsel <-s, -> ['ʃtœp·sl̩] *m* stopper; (*für Badewanne*) plug
Storch <-[e]s, Störche> [ʃtɔrç, *pl* 'ʃtœr·çə] *m* stork
stören ['ʃtøː·rən] **I.** *vt* ❶ (*unterbrechen*) to disturb; **jdn bei der Arbeit ~** to disturb sb while he/she is working; **entschuldigen Sie, wenn ich Sie störe** I'm sorry to bother you ❷ (*beeinträchtigen*) **jds Pläne ~** to interfere with sb's plans ❸ (*unangenehm berühren*) **stört es Sie, wenn ich ...?** do you mind if I ...?; **das stört mich nicht** that doesn't bother me; **das stört mich!** that's getting on my nerves [*or* annoying [me]]! **II.** *vi* ❶ (*bei etw unterbrechen*) to disturb; **ich will nicht ~, aber ...** I'm sorry to bother you, but ... ❷ (*lästig sein*) to be irritating **III.** *vr* **er stört sich aber auch an allem** he lets absolutely everything bother him
stornieren* [ʃtɔr·'niː·rən] *vt* to cancel
Stornierung <-, -en> *f* ❶ HANDEL *eines Auftrags* cancellation ❷ FIN *einer Buchung* reversal, cancellation of an entry
störrisch ['ʃtœ·rɪʃ] **I.** *adj* obstinate, stubborn **II.** *adv* obstinately, stubbornly
Störung <-, -en> *f* ❶ (*Unterbrechung*) interruption, disruption, disturbance ❷ (*Störsignale*) interference ❸ (*technischer Defekt*) fault; (*Fehlfunktion*) malfunction
Störungsstelle *f* TELEK customer hotline
Story <-, -s> ['stoː·ri, 'stɔ·ri] *f* story
Stoß <-es, Stöße> [ʃtoːs, *pl* 'ʃtøː·sə] *m* ❶ (*Schubs*) push; (*mit dem Ellbogen*) dig; (*mit der Faust*) punch; (*mit dem Fuß*) kick; **jdm einen ~ versetzen** to give sb a push etc. ❷ *einer Waffe* thrust ❸ (*Erschütterung*) bump ❹ (*Stapel*) pile, stack ▸ WENDUNGEN: **sich** *dat* **einen ~ geben** to pull oneself together
Stoßdämpfer *m* shock absorber
stoßen <stößt, stieß, gestoßen> ['ʃtoː·sn̩] **I.** *vt* (*schubsen*) to push, to shove (**aus** +*dat*

out of, **von** +*dat* off) **II.** *vr* ■ **sich** *akk* [an etw *dat*] ~ to hurt oneself [on sth]; [sich *dat*] den Kopf ~ to bang one's head **III.** *vi* ❶ *sein* (*aufschlagen*) ■ **an/gegen etw** *akk* ~ to bump against/into sth; **mit dem Kopf an etw** *akk* ~ to bang one's head on sth ❷ *sein* (*grenzen*) ■ **an etw** *akk* ~ to border on sth ❸ *sein* (*treffen*) ■ **zu jdm** ~ to join sb ❹ *sein* (*finden*) ■ **auf etw** *akk* ~ to find sth; **auf Erdöl** ~ to strike oil; **ich stieß auf ein interessantes Gebäude** I came across an interesting building ❺ *sein* (*konfrontiert werden*) **auf Ablehnung/Zustimmung** ~ to meet with disapproval/approval ❻ SCHWEIZ (*schieben*) to push, to shove

Stoßstange *f* bumper

stoßweise *adv* ❶ (*ruckartig*) in fits and starts ❷ (*in Stapeln*) in piles

Stoßzahn *m* tusk

Stoßzeit *f* ❶ (*Hauptverkehrszeit*) rush hour ❷ (*Hauptgeschäftszeit*) peak business hour[s *pl*], busy time of day

stottern ['ʃtɔ·tɐn] *vi* ❶ (*stockend sprechen*) to stutter ❷ *Motor* to splutter

Stövchen <-s, -> ['ʃtøːf·çən] *nt* [teapot/coffee pot] warmer

Str. *Abk von* **Straße** St.

Strafanstalt *f* penal institution

Strafanzeige *f* [criminal] charge

Strafarbeit *f* extra work (*assigned as punishment*)

Strafbank *f* SPORT penalty box

strafbar *adj* punishable [by law]; **sich** *akk* ~ **machen** to make oneself liable to prosecution

Strafbefehl *m* penalty order (*requested by the office of the district attorney*)

Strafe <-, -n> ['ʃtraː·fə] *f* ❶ (*Bestrafung*) punishment; JUR penalty; **zur** ~ as a punishment ❷ (*Geldstrafe*) fine; (*Haftstrafe*) sentence; **seine** ~ **absitzen** to serve [out] one's sentence

strafen ['ʃtraː·fn̩] *vt* ❶ (*bestrafen*) to punish; **mit dieser Arbeit/Frau bin ich wirklich gestraft** this work/woman is a real pain [in the neck] ❷ (*behandeln*) **jdn mit Verachtung** ~ to treat sb with contempt

Straferlass^RR *m* remission of a sentence

straff [ʃtraf] **I.** *adj* ❶ (*fest gespannt*) taut, tight ❷ (*nicht schlaff*) firm **II.** *adv* tightly

straffällig *adj* JUR punishable, criminal *attr*; **ein** ~ **er Jugendlicher** a young offender; ■ ~ **werden** to become a criminal

straffen ['ʃtra·fn̩] *vt* ❶ (*straff anziehen*) to tighten ❷ (*kürzen*) *Artikel, Text* to shorten; (*präziser machen*) to tighten up *sep*

straffrei *adj* unpunished; ~ **bleiben** to go unpunished

Straffreiheit *f kein pl* immunity from criminal prosecution

Strafgefangene(r) *f(m) dekl wie adj* prisoner

Strafgesetzbuch *nt* penal code

sträflich ['ʃtrɛːf·lɪç] *adj* criminal *attr*

Sträfling <-s, -e> ['ʃtrɛːf·lɪŋ] *m* prisoner

straflos *adj* unpunished

Strafmaß *nt* sentence

strafmildernd *adj* mitigating

strafmündig *adj* of the age of criminal responsibility

Strafporto *nt* postage due

Strafprozess^RR *m* trial

Strafpunkt *m* SPORT penalty point

Strafraum *m* FBALL penalty area [*or* box]

Strafrecht *nt* criminal law

Strafstoß *m* SPORT penalty [kick]

Straftat *f* [criminal] offense

Straftäter(in) *m(f)* criminal, offender

Strafverfahren *nt* criminal proceedings *pl*

Strafversetzung *f* transfer for disciplinary reasons

Strafverteidiger(in) *m(f)* defense attorney

Strafvollzug *m* penal system

Strafvollzugsanstalt *f* penal institution

Strafzettel *m* ticket

Strahl <-[e]s, -en> [ʃtraːl] *m* ❶ (*Lichtstrahl*) ray [of light]; (*Sonnenstrahl*) sunbeam; (*konzentriertes Licht*) beam ❷ (*Wasserstrahl*) jet

strahlen ['ʃtraː·lən] *vi* ❶ (*leuchten*) to shine ❷ (*Radioaktivität abgeben*) to be radioactive ❸ (*ein freudiges Gesicht machen*) to beam (**vor** +*dat* with) ❹ (*glänzen*) to shine

Strahlenbelastung *f* radiation, radioactive contamination

Strahlentherapie *f* radiotherapy

strahlenverseucht *adj* contaminated with radioactivity *pred*

Strahler <-s, -> *m* (*Leuchte*) spotlight, spot *fam*

Strahlung <-, -en> *f* PHYS radiation; **radioaktive** ~ radioactivity

Strähnchen <-s, -> *nt meist pl* streaks *pl;* ~ **machen lassen** to have highlights put in

Strähne <-, -n> ['ʃtrɛː·nə] *f* strand; **eine weiße** ~ a white streak

strähnig ['ʃtrɛː·nɪç] *adj* straggly

stramm [ʃtram] **I.** *adj* ❶ (*straff*) tight; **etw** ~ **ziehen** to tighten sth ❷ (*kräftig*) strong, brawny, strapping *hum fam* ❸ (*drall*) taut; *Beine* sturdy ❹ *Marsch* brisk **II.** *adv* ❶ (*eng anliegend*) tightly ❷ (*fam: intensiv*) intensively; ~ **marschieren** to march briskly

stramm|stehen *vi irreg* to stand at attention

strampeln ['ʃtram·pl̩n] *vi* ❶ *haben* (*heftig treten*) to kick around ❷ *haben* (*fam: sich abmühen*) to struggle

Strand <-[e]s, Strände> [ʃtrant, *pl* 'ʃtrɛn·də] *m* beach

stranden ['ʃtran·dn̩] *vi sein* (*auf Grund laufen*) to run aground ▶ WENDUNGEN: **irgendwo gestrandet sein** to be stranded somewhere

Strandgut *nt kein pl* flotsam and jetsam + *sing vb*

Strandkorb *m* beach chair

ℹ **Strandkörbe** are a common sight on the beaches along the North Sea and Baltic Sea coasts. They are large, sturdy, two-seater

S

chairs made of wickerwork and are designed with a hood and sides to protect the occupants from the harsh sunshine as well as the cold wind and rain, which are fairly common.

Strang <-[e]s, Stränge> [ʃtraŋ, pl 'ʃtrɛŋə] m ❶ (dicker Strick) rope ❷ (Bündel von Fäden) skein ► WENDUNGEN: **am gleichen ~ ziehen** to [all] pull together; **über die Stränge schlagen** (fam) to be out of control

strangulieren* [ʃtraŋ·gu·'liː·rən] vt to strangle

Strapaze <-, -n> [ʃtra·'paː·tsə] f stress, strain

strapazieren* [ʃtra·pa·'tsiː·rən] I. vt ❶ (stark beanspruchen) to wear; (abnutzen) to wear out sep ❷ (überbeanspruchen) **jds Geduld ~** to tax sb's patience; **jds Nerven ~** to get on sb's nerves II. vr ■ **sich** akk [bei etw dat] ~ to overdo it [when doing sth], to wear oneself out

strapazierfähig adj durable

strapaziös [ʃtra·pa·'tsɪ̯øːs] adj strenuous

Straps <-es, -e> [ʃtraps] m meist pl garter

Straßburg <-s> ['ʃtraːs·bʊrk] nt Strasbourg

Straße <-, -n> ['ʃtraː·sə] f (Verkehrsweg) road; (bewohnte Straße) street; (enge Straße auf dem Land) lane ► WENDUNGEN: **auf die ~ gehen** to demonstrate; **auf der ~ sitzen** (fam) to be [out] on the streets; **auf offener ~** in broad daylight; **jdn auf die ~ setzen** (fam) to throw sb out

Straßenbahn f streetcar

Straßenbahnhaltestelle f streetcar stop

Straßenbahnlinie f streetcar line

Straßenbau m kein pl road construction no art

Straßenbelag m road surface

Straßenfest nt street party

Straßengraben m [roadside] ditch

Straßenkarte f road map

Straßenkehrer(in) <-s, -> m(f) street sweeper

Straßenkind nt street child [or urchin]

Straßenlaterne f street lamp [or light]

Straßenrand m roadside

Straßenschild nt street sign

Straßenseite f (einer Straße) roadside; (eines Gebäudes) side next to the road/street

Straßensperre f roadblock

Straßenstrich m (fam) red-light district

Straßenverhältnisse pl road conditions pl

Straßenverkehr m [road] traffic

Stratege, Strategin <-n, -n> [ʃtra·'teː·gə, st-, 'ʃtra·'teː·gɪn] m, f strategist

Strategie <-, -en> [ʃtra·te·'giː, st-, pl -'giː·ən] f strategy

strategisch [ʃtra·'teː·gɪʃ, st-] adj strategic

Stratosphäre [ʃtra·to·'sfɛː·rə, st-] f kein pl stratosphere

sträuben ['ʃtrɔy·bn̩] vr ❶ (sich widersetzen) ■ **sich** akk [gegen etw akk] ~ to resist [sth] ❷ (sich aufrichten) Fell, Haar to stand on end

Strauch <-[e]s, Sträucher> [ʃtraux, pl 'ʃtrɔy·çe] m shrub, bush

straucheln ['ʃtrau·xl̩n] vi sein (geh) ❶ (stolpern) to stumble ❷ (straffällig werden) to go astray

Strauß¹ <-es, Sträuße> [ʃtraus, pl 'ʃtrɔy·sə] m bunch [of flowers], bouquet

Strauß² <-es, -e> [ʃtraus] m ostrich

streben ['ʃtreː·bn̩] vi ❶ haben (sich bemühen) to strive (**nach** +dat for) ❷ sein (geh: sich hinbewegen) **zum Ausgang ~** to make for the exit

Streber(in) <-s, -> ['ʃtreː·be] m(f) (pej fam) dweeb sl

strebsam ['ʃtreː·p·zaːm] adj industrious

Strecke <-, -n> ['ʃtrɛ·kə] f ❶ (Wegstrecke) distance; **ich habe auf der ganzen ~ geschlafen** I slept the whole way; **auf halber ~** halfway; **über weite ~n** for long stretches ❷ BAHN stretch; **auf freier ~** between stations ► WENDUNGEN: **auf der ~ bleiben** dat (fam) to fall by the wayside; **jdn zur ~ bringen** to hunt sb down

strecken ['ʃtrɛ·kn̩] I. vt ❶ (recken) to stretch; **den Finger ~** to raise one's finger ❷ (ergiebiger machen) to stretch; Drogen etc. to dilute II. vr ■ **sich** akk ~ to stretch

Streckenabschnitt m BAHN [rail] line

Streckennetz nt BAHN rail network

streckenweise adv in parts

Streich <-[e]s, -e> [ʃtraiç] m ❶ (Schabernack) prank; **ein böser ~** a dirty trick; **jdm einen ~ spielen** to play a trick on sb ❷ (geh: Schlag) blow

streicheln ['ʃtrai·çl̩n] vt to caress; Katze, Hund to pet

streichen <strich, gestrichen> ['ʃtrai·çn̩] I. vt haben ❶ (anmalen) to paint ❷ (schmieren) to spread ❸ (ausstreichen) to delete ❹ (zurückziehen) Auftrag, Projekt to cancel; Zuschüsse to withdraw II. vi ❶ haben (darüberfahren) ■ **über etw** akk ~ to stroke sth ❷ sein (streifen) to prowl

Streichholz nt match

Streichinstrument nt string[ed] instrument

Streichorchester nt string orchestra

Streichung <-, -en> f ❶ (das Streichen) deletion ❷ (das Zurückziehen) von Auftrag, Projekt cancellation; von Zuschüssen withdrawal

Streichwurst f spreadable sausage

Streife <-, -n> ['ʃtrai·fə] f patrol; **auf ~ sein** to be on patrol

streifen ['ʃtrai·fn̩] I. vt haben ❶ (flüchtig berühren) to touch; **der Schuss streifte ihn nur** the shot just grazed him ❷ (flüchtig erwähnen) **ein Thema nur ~** to just touch on a subject ❸ (überziehen) ■ **etw auf/über etw** akk ~ to slip sth on/over sth ❹ (abstreifen) ■ **etw von etw** dat ~ to slip sth off [of] sth II. vi sein (geh) to roam

Streifen <-s, -> ['ʃtrai·fn̩] m ❶ (schmaler Abschnitt) stripe ❷ (schmales Stück) strip

Streifenpolizist(in) m(f) police officer on patrol

Streifenwagen m patrol car

Streik <-[e]s, -s> [ʃtraik] *m* strike; **in den ~ treten** to go on strike
Streikbrecher(in) *m(f)* strikebreaker, scab *pej fam*
streiken [ˈʃtrai·kn̩] *vi* ❶ (*nicht arbeiten*) to be on strike, to strike ❷ (*hum fam: nicht funktionieren*) to call it quits ❸ (*fam: sich weigern*) to go on strike
Streikende(r) *f(m) dekl wie adj* striker
Streikposten *m* picket; **~ aufstellen** to set up a picket line
Streikrecht *nt kein pl* right to strike
Streit <-[e]s, -e> [ʃtrait] *m* argument, dispute, fight; **[mit jdm] ~ [wegen etw** *dat*] **bekommen** to get into an argument [with sb] [about sth]; **~ haben/suchen** to have/be looking for an argument; **im ~** during an argument
streiten <stritt, gestritten> [ˈʃtrai·tn̩] *vi, vr* to argue, to fight (**über** +*akk* about); ■ **sich** *akk* **um etw** *akk* **~** to argue [*or* fight] over sth
Streiterei <-, -en> [ʃtrai·tə·ˈrai] *f* (*fam*) arguing
Streitfall *m* dispute, conflict; **im ~** in case of dispute
Streitgespräch *nt* debate
streitig [ˈʃrai·tɪç] *adj* disputed; JUR contentious; **jdm eine Stellung ~ machen** to challenge sb's position
Streitigkeit *f meist pl* dispute
Streitkräfte *pl* [armed] forces *pl*
streitlustig *adj* argumentative
Streitpunkt *m* POL contentious issue
streitsüchtig *adj* quarrelsome, contentious
streng [ʃtrɛŋ] **I.** *adj* ❶ (*auf Disziplin achtend*) strict ❷ (*unnachsichtig*) severe; *Kontrolle* strict ❸ *Geruch* pungent ❹ *Winter* severe ❺ (*konsequent*) strict; **ich bin ~er Vegetarier/Moslem** I am a strict vegetarian/Muslim ❻ SCHWEIZ (*anstrengend*) strenuous **II.** *adv* ❶ (*unnachsichtig*) strictly; **~ durchgreifen** to crack down ❷ (*durchdringend*) pungently; **was riecht hier so ~?** what's that strong smell?
Strenge <-> [ˈʃtrɛŋə] *f kein pl* ❶ (*Unnachsichtigkeit*) strictness ❷ (*Härte*) severity ❸ *von Geschmack* sharpness; *von Geruch* pungency
strenggläubig *adj* strict; ■ **~ sein** to be strictly religious
Stressᴿᴿ <-es, -e>, **Streß**ᴬᴸᵀ <-sses, -sse> [ʃtrɛs, ʃt-] *m* stress; **~ haben** to experience stress; **im ~ sein/unter ~ stehen** to be under stress; **ich bin voll im ~** I am completely stressed out
stressen [ˈʃtrɛ·sn̩] *vt* to put under stress
stressig [ˈʃtrɛ·sɪç] *adj* stressful
Streu <-> [ʃtrɔy] *f kein pl* litter
streuen [ˈʃtrɔy·ən] **I.** *vt* ❶ (*hinstreuen*) to scatter, to spread ❷ (*verbreiten*) to spread **II.** *vi* (*Streumittel anwenden*) to put down sand; *Salz* to salt [the roads]
streunen *vi* ❶ *sein o haben* (*umherstreifen*) to roam around; **~de Hunde/Katzen** stray dogs/cats ❷ *sein* (*ziellos umherziehen*) to

wander around; **durch die Straßen ~** to roam the streets
Streusel <-s, -> [ˈʃtrɔy·zl̩] *nt* streusel
Streuselkuchen *m* streusel [cake]
strich [ʃtrɪç] *imp von* **streichen**
Strich <-[e]s, -e> [ʃtrɪç] *m* ❶ (*gezogene Linie*) line; **einen ~ [unter etw** *akk*] **ziehen** to draw a line [under sth] ❷ (*fam: Prostitution*) **auf den ~ gehen** to become a streetwalker ▶ WENDUNGEN: **nach ~ und Faden** (*fam*) good and proper; **jd/etw macht jdm einen ~ durch die Rechnung** sb/sth messes up sb's plans; **jdm gegen den ~ gehen** (*fam*) to go against the grain; **einen ~ unter etw** *akk* **ziehen** to put an end to sth; **unterm ~** (*fam*) at the end of the day
Strichcode [-ko:t] *m* bar code
stricheln [ˈʃtrɪ·çln̩] *vt* to sketch in *sep*; ■ **gestrichelte Linie** dotted line; *auf Straße* broken line
Stricher <-s, -> *m* (*sl*) young male prostitute
Strichkode [-ko:t] *f s.* **Strichcode**
Strichpunkt *m* semicolon
strichweise *adv* METEO here and there, in places
Strick <-[e]s, -e> [ʃtrɪk] *m* rope ▶ WENDUNGEN: **wenn alle ~e reißen** (*fam*) if all else fails
stricken [ˈʃtrɪ·kn̩] *vi, vt* to knit
Strickgarn *nt* knitting yarn
Strickjacke *f* cardigan
Strickwaren *pl* knitwear
Strickzeug *nt* knitting
striegeln [ˈʃtriː·gln̩] *vt* to groom
Striemen <-s, -> [ˈʃtriː·mən] *m* weal
strikt [ʃtrɪkt, ʃt-] **I.** *adj* strict; *Weigerung* point-blank **II.** *adv* strictly; **~ gegen etw** *akk* **sein** to be totally against sth
Strip <-s, -s> [ʃtrɪp, ʃt-] *m* (*sl*) strip[tease]
Striplokal [ˈʃtrɪp·lo·ka:l] *nt* (*fam*) strip joint
Strippe <-, -n> [ˈʃtrɪ·pə] *f* (*fam: Telefonleitung*) line
strippen [ˈʃtrɪ·pn̩, ˈʃt-] *vi* to strip
Striptease <-> [ˈʃtrɪp·tiːs, ˈʃt-] *m o nt kein pl* striptease
stritt [ʃtrɪt] *imp von* **streiten**
strittig [ˈʃtrɪ·tɪç] *adj* contentious; *Fall* controversial; *Grenze* disputed; **der ~e Punkt** the point at issue; ■ **~ sein** to be in dispute
Stroh <-[e]s> [ʃtro:] *nt kein pl* straw
strohblond *adj Mensch* with sandy blonde hair; *Haare* sandy [blonde]
strohdumm *adj* (*fam*) brainless
Strohhalm *m* straw
Strohhut *m* straw hat
Strohmann *m* front man
Strom <-[e]s, Ströme> [ʃtro:m, *pl* ˈʃtrøː·mə] *m* ❶ ELEK electricity; **elektrischer ~** electric current; **unter ~ stehen** (*elektrisch geladen sein*) to be live; (*überaus aktiv sein*) to be a live wire *fig* ❷ (*großer Fluss*) [large] river ❸ (*Schwarm*) stream; **Ströme von Besuchern** streams of visitors ▶ WENDUNGEN: **in Strömen gießen** to pour [down] [rain]; **mit**

dem/gegen den ~ schwimmen to swim with/against the current

stromabwärts [ʃtroːmˈʔapˌvɛrts] *adv* downstream

stromaufwärts [ʃtroːmˈʔaufˌvɛrts] *adv* upstream

Stromausfall *m* power outage

strömen [ˈʃtrøːmən] *vi sein* ❶ (*in Mengen fließen*) to pour (**aus** +*dat* out of) ❷ (*in Scharen eilen*) to stream (**aus** +*dat* out of); **die Touristen strömten zum Palast** the tourists flocked to the palace

Stromerzeugung *f* electricity generation

Stromkabel *nt* power line

Stromkreis *m* [electric[al]] circuit

Stromleitung *f* power supply line

stromlinienförmig [-liːˈniˌən-] *adj* streamlined

Strommast *m* high-voltage tower

Stromnetz *nt* power grid

Stromschnelle *f meist pl* rapids *npl*

Stromstärke *f* current [strength]

Stromstoß *m* electric shock

Strömung <-, -en> *f* ❶ (*fließendes Wasser*) current ❷ (*Tendenz*) trend

Stromverbrauch *m* power consumption

Stromversorgung *f* power supply

Stromzähler *m* electric meter

Strophe <-, -n> [ˈʃtroːfə] *f* verse

strubbelig [ˈʃtrʊbəlɪç], **strubblig** [ˈʃtrʊblɪç] *adj* (*fam*) tousled; *Fell* tangled

Strudel <-s, -> [ˈʃtruːdl̩] *m* ❶ (*Wasserwirbel*) whirlpool; (*kleiner*) eddy ❷ (*Gebäck*) strudel

Struktur [ʃtrʊkˈtuːɐ̯, ʃtrʊ-] *f* ❶ (*Aufbau*) structure ❷ (*von Stoff etc.*) texture

strukturell [ʃtrʊktuˈrɛl] *adj* structural

strukturieren* [ʃtrʊktuˈriːrən, st-] *vt* to structure

Strukturierung <-, -en> *f* ❶ *kein pl* (*das Strukturieren*) structuring ❷ (*Struktur*) structure; (*von Stoff etc.*) texture

strukturschwach *adj* economically underdeveloped

Strukturwandel *m* structural change

Strumpf <-[e]s, Strümpfe> [ʃtrʊmpf, ˈʃtrʏmpfə] *m* ❶ (*Kniestrumpf*) knee-high; (*Socke*) sock ❷ (*Damenstrumpf*) stocking

Strumpfhalter <-s, -> *m* garter

Strumpfhose *f* pantyhose, stockings; (*fester*) tights *npl*

struppig [ˈʃtrʊpɪç] *adj Haare* tousled; *Fell* shaggy

Stube <-, -n> [ˈʃtuːbə] *f* DIAL (*Wohnzimmer*) living room; **die gute ~** the front room

Stubenarrest *m* **~ haben** (*fam*) to be confined to one's room

stubenrein *adj* housebroken

Stuck <-[e]s> [ʃtʊk] *m kein pl* stucco, cornices *pl*

Stück <-[e]s, -e *o nach Zahlenangaben* -> [ʃtʏk] *nt* ❶ (*einzelnes Teil*) piece; **ein ~ Kuchen** a piece of cake; **etw in ~e reißen** to tear sth to pieces; **~ für ~** bit by bit; **am ~ in** one piece; **geschnitten oder am ~?** sliced or unsliced?; **5 Euro das** [*o* pro] **~** 5 euros each ❷ (*besonderer Gegenstand*) piece, item ❸ (*Abschnitt*) part; **ich begleite dich noch ein ~** I'll go part of the way with you; **ein ~ Acker/Land** part of a field/a plot of land ❹ THEAT play ❺ MUS piece ❻ **ein ziemliches ~ Arbeit** quite a job; **jds bestes ~** (*hum fam*) sb's pride and joy; **aus freien ~en** of one's own free will; **große ~e auf jdn halten** (*fam*) to think highly of sb

Stückpreis *m* unit price

stückweise *adv* individually, separately

Student(in) <-en, -en> [ʃtuˈdɛnt] *m(f)* student

Studentenausweis *m* [college] student ID [card]

Studentenwerk *nt* student union

Studentenwohnheim *nt* residence hall

Studie <-, -n> [ˈʃtuːdi̯ə] *f* study

Studien [ˈʃtuːdiˌən] *pl von* **Studium**

Studienabbrecher(in) <-s, -> *m(f)* dropout *fam*

Studienabschluss[RR] *m* degree

Studienfach *nt* subject

Studiengang *m* program

Studiengebühren *pl* tuition

Studienplatz *m* a spot for a student at a university/college

Studienrat, -rätin *m, f* ≈ school board member

Studienreise *f* study trip

studieren* [ʃtuˈdiːrən] *vi, vt* to study; **sie studiert noch** she is still a student; **ich will ~** I want to go to college

Studio <-s, -s> [ˈʃtuːdi̯o] *nt* studio

Studium <-, Studien> [ˈʃtuːdi̯ʊm, *pl* ˈʃtuː-di̯ən] *nt* ❶ *an Universität* studies *pl*; **ein ~ aufnehmen** to begin one's studies ❷ (*eingehende Beschäftigung*) study ❸ *kein pl* (*genaues Durchlesen*) study; **das ~ der Akten ist noch nicht abgeschlossen** the files are still being scrutinized

Stufe <-, -n> [ˈʃtuːfə] *f* ❶ (*Treppenabschnitt*) step; **~ um ~** step by step ❷ (*geh: Niveau*) level ❸ (*Abschnitt*) stage, phase

stufenförmig *adj* terraced

stufenlos **I.** *adj* continuously variable **II.** *adv* smoothly

Stufenschnitt *m* (*Frisur*) layered cut

stufenweise **I.** *adj* phased **II.** *adv* step by step

stufig [ˈʃtuːfɪç] **I.** *adj Haarschnitt* layered **II.** *adv* in layers; **~ schneiden** to layer

Stuhl <-[e]s, Stühle> [ʃtuːl, *pl* ˈʃtyːlə] *m* chair ▸ WENDUNGEN: **jdn vom ~ hauen** (*sl*) to bowl sb over; **sich zwischen zwei Stühle setzen** to fall between the cracks

Stuhlbein *nt* chair leg

Stuhlgang *m kein pl* MED (*geh*) bowel movement[s]

Stuhllehne *f* chair back

stumm [ʃtʊm] **I.** *adj* ❶ (*nicht sprechen können-nend*) dumb ❷ (*schweigend*) silent; **■ ~ werden** to go silent ❸ LING silent **II.** *adv* silently

Stummel <-s, -> ['ʃtʊ·ml] *m* Glied stump; Bleistift, Kerze stub
Stummfilm *m* silent movie
Stümper(in) <-s, -> ['ʃtʏm·pɐ] *m(f)* (pej) incompetent
stumpf [ʃtʊmpf] *adj* ❶ (nicht scharf) blunt ❷ (glanzlos) dull ❸ (abgestumpft) apathetic
Stumpfsinn *m* kein pl ❶ (geistige Trägheit) apathy ❷ (Stupidität) mindlessness, tedium
stumpfsinnig *adj* ❶ (geistig träge) apathetic ❷ (stupide) mindless, tedious
Stunde <-, -n> ['ʃtʊn·də] *f* ❶ (60 Minuten) hour; **nur noch eine knappe** ~ just under an hour to go; **zu später** ~ at a late hour; **in einer stillen** ~ in a quiet moment; **eine Viertel~** a quarter of an hour, fifteen minutes; **eine halbe** ~ half an hour; **eine Dreiviertel~** three-quarters of an hour, forty-five minutes; **anderthalb** ~**n** an hour and a half; **volle** ~ on the hour; **der Zug fährt jede volle** ~ the train departs every hour on the hour; **alle [halbe]** ~ every [half [an]] hour ❷ kein pl (festgesetzter Zeitpunkt) time, hour form; **bis zur** ~ up to the present moment, as yet; **zur gewohnten** ~ at the usual time ❸ (Unterrichtsstunde) lesson, period ❹ meist pl (Zeitraum von kurzer Dauer) times pl; **sich nur an die angenehmen** ~**n erinnern** to only remember the good times ❺ **die** ~ **der Wahrheit** the moment of truth; **jds große** ~ sb's big moment; **jds letzte** ~ **hat geschlagen** sb's hour has come; **die** ~ **null** zero hour, the new beginning
stunden ['ʃtʊn·dn̩] *vt* ■jdm etw ~ to give sb time to pay [for] sth
Stundengeschwindigkeit *f* speed per hour; **bei einer** ~ **von 80 km** at a speed of 80 kmph
Stundenkilometer *pl* kilometers pl per hour
stundenlang I. *adj* lasting several hours pred; **nach** ~**em Warten** after hours of waiting II. *adv* for hours
Stundenlohn *m* hourly wage
Stundenplan *m* timetable, schedule
Stundentakt *m* ■im ~ at hourly intervals
stundenweise I. *adv* for an hour or two [at a time] II. *adj* for a few hours pred
stündlich ['ʃtʏnt·lɪç] I. *adj* hourly II. *adv* hourly, every hour
Stupsnase *f* snub nose
stur [ʃtuːɐ̯] I. *adj* stubborn, obstinate II. *adv* ❶ (ohne abzuweichen) doggedly; ~ **nach Vorschrift arbeiten** to work strictly according to regulations ❷ (uneinsichtig) obstinately; **sich** akk ~ **stellen** (fam) to dig one's heels in
Sturheit <-> *f* kein pl stubbornness, obstinacy
Sturm <-[e]s, Stürme> [ʃtʊrm, pl 'ʃtʏr·mə] *m* ❶ (starker Wind) storm ❷ FBALL forward line; **im** ~ **spielen** to play forward ❸ (heftiger Andrang) rush (**auf** +akk for) ► WENDUNGEN: **gegen etw** akk ~ **laufen** to be up in arms against sth; ~ **läuten** to keep ringing the doorbell
stürmen ['ʃtʏr·mən] I. *vi impers haben* ■es **stürmt** it's really windy out II. *vi* ❶ haben SPORT to attack ❷ sein (rennen) to storm; **aus dem Haus** ~ to storm out of the house III. *vt* haben ❶ (erobern) to storm ❷ (fam: auf, in etw eindringen) to storm; **die Bühne** ~ to storm the stage
Stürmer(in) <-s, -> ['ʃtʏr·mɐ] *m(f)* forward; FBALL striker
Sturmflut *f* storm tide
stürmisch ['ʃtʏr·mɪʃ] I. *adj* ❶ METEO blustery; (mit Regen) stormy; ~**e See** rough sea ❷ (vehement) tumultuous; Mensch impetuous; Beziehung passionate; **nicht so** ~! take it easy! II. *adv* tumultuously
Sturmwarnung *f* storm warning
Sturz <-es, Stürze> [ʃtʊrts, pl 'ʃtʏr·tsə] *m* ❶ (Fall) fall; **ein** ~ **der Temperatur** a drop in temperature ❷ **einer Regierung, eines Diktators** downfall
stürzen ['ʃtʏr·tsn̩] I. *vi sein* ❶ (fallen) to fall; **vom Dach/Fahrrad** ~ to fall off a roof/bicycle ❷ (rennen) to rush; **ins Zimmer** ~ to burst into the room II. *vt haben* ❶ (werfen) **jdn/sich aus dem Fenster** ~ to throw sb/oneself out the window ❷ POL (absetzen) ■jdn/etw ~ to bring sb/sth down; Minister to force to resign; Diktator to overthrow; Regierung to topple ❸ KOCHK (aus der Form kippen) to turn upside down III. *vr* ❶ (sich werfen) ■sich akk **auf jdn** ~ to pounce on sb; **die Gäste stürzten sich aufs kalte Büfett** the guests stormed the cold buffet ❷ (sich mit etw belasten) ■sich akk in etw akk ~ to plunge into sth; **sich in große Unkosten** ~ to go to great expense
Sturzflug *m* LUFT nosedive; ORN steep dive
Sturzhelm *m* crash helmet
Stute <-, -n> ['ʃtuː·tə] *f* mare
Stütze <-, -n> ['ʃtʏ·tsə] *f* ❶ (Stützpfeiler) support [pillar] ❷ (Halt) support, prop ❸ (Unterstützung) support ❹ (sl: finanzielle Hilfe vom Staat) welfare
stutzen¹ ['ʃtʊ·tsn̩] *vi* to hesitate, to stop short
stutzen² ['ʃtʊ·tsn̩] *vt* ❶ HORT to prune ❷ ZOOL to clip; **gestutzte Flügel** clipped wings ❸ (kürzen) to trim
stützen ['ʃtʏ·tsn̩] I. *vt* ❶ (Halt geben) to support ❷ (aufstützen) ■etw auf etw akk ~ to rest sth on sth ❸ (gründen) ■etw auf etw akk ~ to base sth on sth ❹ (untermauern) to back up sep; Theorie to support II. *vr* ❶ (sich aufstützen) ■sich akk auf jdn/etw ~ to lean on sb/sth ❷ (basieren) ■sich akk auf etw akk ~ to be based on sth
stutzig ['ʃtʊ·tsɪç] *adj* jdn ~ **machen** to make sb suspicious; ~ **werden** to begin to wonder
Stützpunkt *m* MIL base
stylen ['stai·lən] *vt* to design; Haar to style
Styropor® <-s> [ʃty·ro·'poːɐ̯] *nt* kein pl Styrofoam®
s.u. Abk von siehe unten see below
Subjekt <-[e]s, -e> [zʊp·'jɛkt] *nt* subject
subjektiv [zʊp·jɛk·'tiːf, 'zʊp-] *adj* subjective
Subjektivität <-> [zʊp·jɛk·ti·vi·'tɛːt] *f* kein pl

subjectivity
Substantiv <-s, -e> ['zʊp·stan·tiːf] *nt* noun
Substanz <-, -en> [zʊp·'stants] *f* ❶ (*Material*) substance ❷ *kein pl* (*geh: Essenz*) essence
subtil [zʊp·'tiːl] *adj* subtle
subtrahieren* [zʊp·tra·'hiː·rən] *vt, vi* to subtract (**von** +*dat* from)
Subtraktion <-, -en> [zʊp·trak·'tsi̯oːn] *f* subtraction
Subunternehmer(in) <-s, -> ['zʊp·ʔʊn·te·neː·mɐ] *m(f)* subcontractor
Subvention <-, -en> [zʊp·vɛn·'tsi̯oːn] *f* subsidy
subventionieren* [zʊp·vɛn·tsi̯o·'niː·rən] *vt* to subsidize
subversiv [zʊp·vɛr·'ziːf] I. *adj* subversive II. *adv* subversively
Suchaktion *f* organized search
Suchbegriff *m* target word; COMPUT search key
Suchdienst *m* missing persons tracking service
Suche <-, -n> ['zuː·xə] *f* search (**nach** +*dat* for); **sich** *akk* **auf die ~** [**nach jdm/etw**] **machen** to go in search [of sb/sth]; **auf der ~** [**nach jdm/etw**] **sein** to be looking [for sb/sth]
suchen ['zuː·xn̩] I. *vt* ❶ (*zu finden versuchen*) ■**etw ~** to look for sth; (*intensiver*) to search for sth; **du hast hier nichts zu ~!** you've got no business being here! ❷ (*nach etw trachten*) to seek; **den Nervenkitzel ~** to be looking for thrills II. *vi* to search, to look (**nach** +*dat* for)
Sucher <-s, -> *m* viewfinder
Suchfunktion *f* COMPUT search function
Suchlauf *m* search process
Suchmannschaft *f* search party
Suchmaschine *f* search engine
Sucht <-, Süchte> [zʊxt, *pl* 'zʏç·tə] *f* ❶ (*Abhängigkeit*) addiction; **~ erzeugend** addictive ❷ (*Verlangen*) obsession; ■**jds ~ nach etw** *dat* sb's craving for sth
Suchtgefahr *f* danger of addiction
süchtig ['zʏç·tɪç] *adj* ❶ (*abhängig*) addicted *pred*; **~ machen** to be addictive ❷ (*begierig*) ■**~ sein** to be hooked (**nach** +*dat* on)
Süchtige(r) *f/m) dekl wie adj* addict
Suchtkranke(r) <-n, -n> *f (m) dekl wie adj* addict
Süd <-[e]s, -e> [zyːt] *m kein pl, kein art* south; **aus ~** from the South
Südafrika ['zyːt·'ʔaːf·ri·ka] *nt* South Africa; *s. a.* **Deutschland**
südafrikanisch ['zyːt·ʔafri·'kaː·nɪʃ] *adj* South African; *s. a.* **deutsch**
Südamerika ['zyːt·ʔa'meː·ri·ka] *nt* South America; *s. a.* **Deutschland**
südamerikanisch *adj* South American; *s. a.* **deutsch**
süddeutsch ['zyːt·dɔytʃ] *adj* Southern German; *s. a.* **deutsch**
Süddeutschland ['zyːt·dɔytʃ·lant] *nt* Southern Germany; *s. a.* **Deutschland**
Süden <-s> ['zyː·dn̩] *m kein pl, kein indef art* ❶ (*Himmelsrichtung*) south; *s. a.* **Norden 1**

❷ (*südliche Gegend*) south; **gen ~ ziehen** to fly south; *s. a.* **Norden 2**
Südeuropa <-s> ['zyːt·ʔɔy·'roː·pa] *nt* Southern Europe
Südfrankreich *nt* South[ern] France, the south of France
Südfrucht *f* tropical fruit
Südhalbkugel *f* Southern Hemisphere
Südkorea ['zyːt·ko·'reːa], *nt* (*fam*) South Korea; *s. a.* **Deutschland**
Südküste *f* south[ern] coast
Südländer(in) <-s, -> ['zyːt·lɛn·dɐ] *m(f)* Southern European
südländisch *adj* Southern European
südlich ['zyːt·lɪç] I. *adj* ❶ (*Himmelsrichtung*) southern; *s. a.* **nördlich I 1** ❷ (*im Süden liegend*) southern; *s. a.* **nördlich I 2** ❸ (*von/nach Süden*) southward, southerly; *s. a.* **nördlich I 3** II. *adv* ■**~ von ...** south of ... III. *präp* +*gen* **~ der Stadt** [to the] south of the city/town
Südostasien [zyːt·'ʔɔst·'ʔaːzi̯·ən] *nt* Southeast Asia
Südosten [zyːt·'ʔɔs·tn̩] *m kein pl, kein indef art* southeast
südöstlich [zyːt·'ʔœst·lɪç] I. *adj* ❶ (*im Südosten gelegen*) southeastern ❷ (*von/nach Südosten*) southeastward, southeasterly II. *adv* southeast III. *präp* +*gen* [to the] southeast of sth
Südpol ['zyːt·poːl] *m* ■**der ~** the South Pole
Südsee ['zyːt·zeː] *f kein pl* ■**die ~** the South Seas *pl*, the South Pacific
Südspanien <-s, -> *nt* South[ern] Spain
Südstaaten ['zyːt·ʃtaː·tn̩] *pl* (*in den USA*) ■**die ~** the South
Südwesten [zyːt·'vɛs·tn̩] *m kein pl, kein indef art* southwest
südwestlich [zyːt·'vɛst·lɪç] I. *adj* ❶ (*im Südwesten liegend*) southwestern ❷ (*von/nach Südwesten*) southwestward II. *adv* [to the] southwest III. *präp* +*gen* [to the] southwest of sth
Suff <-[e]s> [zʊf] *m kein pl* (*fam*) boozing; **im ~** while under the influence
suggerieren* [zʊ·ɡe·'riː·rən] *vt* to suggest
suggestiv [zʊ·ɡɛs·'tiːf] *adj* suggestive
Sühne <-, -n> ['zyː·nə] *f* atonement
sühnen ['zyː·nən] *vt* ■**etw ~** to atone for sth
Suite <-, -n> ['svɪː·tə, zu·'iːtə] *f* suite
Sujet <-s, -s> [zy·'ʒeː] *nt* subject
sukzessiv [zʊk·tsɛ·'siːf] *adj* (*geh*) gradual
Sultan, Sultanin <-s, -e> ['zʊl·taːn, 'zʊl·ta·nɪn, zʊl·'taː·nɪn] *m, f* sultan *masc*, sultana *fem*
Summe <-, -n> ['zʊ·mə] *f* ❶ (*Additionsergebnis*) sum, total ❷ (*Betrag*) sum, amount
summen ['zʊ·mən] *vi, vt* to hum; *Biene* to buzz
summieren* [zʊ·'miː·rən] I. *vt* to add up *sep* II. *vr* ■**sich** *akk* **auf etw** *akk* **~** to amount [*or* add up] to sth
Sumpf <-[e]s, Sümpfe> [zʊmpf, *pl* 'zʏm·

pfə] *m* marsh, swamp; (*Moor*) bog
Sumpffieber *nt* malaria
Sumpfgebiet *nt* marsh[land], swamp[land]
sumpfig ['zʊm·pfɪç] *adj* marshy, swampy
Sünde <-, -n> ['zʏn·də] *f* sin
Sündenbock *m* scapegoat
Sündenfall *m kein pl* ■ **der** ~ the Fall [of Man]
Sünder(in) <-s, -> *m(f)* sinner
sündhaft ['zʏnt·haft] *adj* ❶ (*exorbitant hoch*) outrageous ❷ (*unmoralisch*) sinful
sündig ['zʏn·dɪç] *adj* ❶ REL sinful ❷ (*lasterhaft*) dissolute
sündigen ['zʏn·dɪ·gn̩] *vi* to sin
super ['zu:·pɐ] I. *adj* super II. *adv* great; **sie kann** ~ **singen** she's a great singer
Super <-s> ['zu:·pɐ] *nt kein pl* AUTO super, premium
Superlativ <-[e]s, -e> ['zu:·pɐ·la·ti:f] *m* superlative
Supermacht *f* superpower
Supermarkt ['zu:·pɐ·markt] *m* supermarket
superreich ['zu:·pɐ-] *adj* (*pej*) superrich
Superstar *m* superstar
Suppe <-, -n> ['zʊ·pə] *f* soup; **klare** ~ consommé, broth ▶ WENDUNGEN: **die** ~ **auslöffeln müssen** (*fam*) to have to face the music
Suppenhuhn *nt* boiling chicken
Suppenlöffel *m* soup spoon
Suppenschüssel *f* soup tureen
Suppenteller *m* soup plate [*or* bowl]
Suppenwürfel *m* bouillon cube
Surfbrett ['zœɐf-] *nt* ❶ (*zum Windsurfen*) windsurfer ❷ (*zum Wellensurfen*) surfboard
Surfen <-s> ['zɔːɐ̯·fn̩] *nt kein pl* surfing
surfen ['zœr·fn̩, 'zɔːɐ̯·fn̩] *vi* to surf; **im Internet** ~ to surf the Internet
Surfer(in) <-s, -> *m(f)* surfer
Surrealismus <-> [zʊ·rea·'lɪs·mʊs, zʏr-] *m kein pl* surrealism
surrealistisch [zʊ·rea·'lɪs·tɪʃ, zʏr-] *adj Autor, Maler* surrealist; *Film, Buch* surrealistic
surren ['zʊ·rən] *vi Insekt* to buzz; *Motor* to hum
suspekt *adj* (*geh*) suspicious; ■ **jdm** ~ **sein** to look suspicious to sb
suspendieren* [zʊs·pɛn·'diː·rən] *vt* to suspend (**von** + *dat* from)
süß [zy:s] I. *adj* sweet II. *adv* ❶ (*mit Zucker zubereitet*) with sugar; **ich trinke meinen Kaffee nie** ~ I never take sugar with my coffee ❷ (*lieblich*) sweetly
süßen ['zy:·sn̩] *vt* to sweeten
Süßigkeit <-, -en> ['zy:·sɪç·kait] *f meist pl* sweets *pl*, candy
süßlich *adj* sickly sweet
süßsauer ['zy:s·'zau·ɐ] *adj* sweet-and-sour
Süßspeise *f* dessert
Süßstoff *m* sweetener
Süßwaren *pl* sweets *pl*
Süßwarengeschäft *nt* candy store
Süßwasser *nt* fresh water
Swimmingpool <-s, -s> ['svɪ·mɪŋ·pu:l] *m* swimming pool

Symbol <-s, -e> [zʏm·'bo:l] *nt* symbol
Symbolfigur *f* symbol[ic figure]
symbolisch [zʏm·'bo:·lɪʃ] *adj* symbolic
symbolisieren* [zʏm·bo·li·'zi:·rən] *vt* to symbolize
Symbolleiste *f* COMPUT toolbar
Symmetrie <-, -n> [zʏ·me·'tri:, *pl* -'tri:·ən] *f* symmetry
symmetrisch [zʏ·'me:·trɪʃ] *adj* symmetrical
Sympathie <-, -en> [zʏm·pa·'ti:, *pl* -'ti:·ən] *f* sympathy
Sympathisant(in) <-en, -en> [zʏm·pati·'zant] *m(f)* sympathizer
sympathisch [zʏm·'pa:·tɪʃ] *adj* nice, likeable; **sie war mir gleich** ~ I liked her right away
sympathisieren* [zʏm·pa·ti·'zi:·rən] *vi* to sympathize
Symphonie <-, -en> [zʏm·fo·'ni:, *pl* -'ni:·ən] *f* symphony
Symposium <-s, -ien> [zʏm·'po:·zi̯·ʊm, *pl* -i̯·ən] *nt* symposium
Symptom <-s, -e> [zʏmp·'to:m] *nt* symptom (**für** + *akk* of)
Synagoge <-, -n> [zy·na·'go:·gə] *f* synagogue
synchron [zʏn·'kro:n] I. *adj* synchronous II. *adv* synchronously
Synchronisation <-, -en> [zʏn·kro·ni·za·'tsi̯o:n] *f* ❶ FILM, TV dubbing ❷ (*Abstimmung*) synchronization
synchronisieren* [zʏn·kro·ni·'zi:·rən] *vt* ❶ FILM, TV to dub ❷ (*zeitlich abstimmen*) to synchronize
Syndrom <-s, -e> [zʏn·'dro:m] *nt* syndrome
synonym [zy·no·'ny:m] *adj* synonym
Synonym <-s, -e> [zy·no·'ny:m] *nt* synonym
Syntax <-, -en> ['zʏn·taks] *f* syntax
Synthese <-, -n> [zʏn·'te:·zə] *f* synthesis
Synthesizer <-s, -> ['zʏn·tə·sai·zɐ] *m* synthesizer
Synthetik <-> [zʏn·'te:·tɪk] *nt kein pl* synthetic fiber; **das Hemd ist aus** ~ the shirt is made of artificial fibers
synthetisch [zʏn·'te:·tɪʃ] *adj* synthetic; **eine** ~ **e Faser** a man-made fiber
Syphilis <-> ['zy:·fi·lɪs] *f kein pl* syphilis
System <-s, -e> [zʏs·'te:m] *nt* system; ~ **in etw** *akk* **bringen** to bring some order to sth; **mit** ~ systematically
Systematik <-, -en> [zʏs·te·'ma:·tɪk] *f* system
systematisch [zʏs·te·'ma:·tɪʃ] *adj* systematic
Systemfehler *m* system error
Szenarium <-s, -ien> [stse·'na:·ri̯·ʊm, *pl* -i̯·ən] *nt* (*a. fig*) scenario
Szene <-, -n> ['stse:·nə] *f* ❶ THEAT, FILM scene; **etw in** ~ **setzen** (*a. fig*) to stage sth; **sich** *akk* **in** ~ **setzen** (*fig*) to play to the gallery ❷ (*Krach*) scene; **eine** ~ **machen** to make a scene ❸ *kein pl* (*Milieu*) scene
Szeneladen *m* (*fam: Kneipe*) trendy bar; (*Disco oder Club*) trendy club
Szenenwechsel *m* change of scene
Szenerie <-, -n> [stse·nə·'ri:, *pl* -'ri:·ən] *f* ❶ (*Umgebung*) scenery ❷ FILM, LIT setting

S

T

T, t <-, - *o fam* -s, -s> [teː] *nt* T, t; ~ **wie Theodor** T as in Tango

t *Abk von* **Tonne**

Tabak <-s, -e> ['taːbak, 'tabak] *m* tobacco

Tabakladen *m* tobacco store

Tabaksteuer *f* tobacco tax

Tabakwaren *pl* tobacco products *pl*

tabellarisch [tabɛ'laːrɪʃ] **I.** *adj* tabular **II.** *adv* in tabular form

Tabelle <-, -n> [ta'bɛlə] *f* table; SPORTS [league] standings

Tabellenführer(in) *m(f)* SPORTS league leader

Tabellenkalkulation *f* spreadsheet

Tablett <-[e]s, -s *o* -e> [ta'blɛt] *nt* tray

Tablette <-, -n> [ta'blɛtə] *f* pill

tabu [ta'buː] *adj inv* taboo

tabuisieren* [tabui'ziːrən] *vt* ■ **etw** ~ **to** make sth [a] taboo [subject]

Tabula rasa ['taːbula 'raːza] *f kein pl* ► WENDUNGEN: ~ ~ **machen** (*fam*) to make a clean sweep of sth

Tach(e)les ['taːx(ə·)ləs] ► WENDUNGEN: [**mit jdm**] ~ **reden** (*fam*) to talk turkey [with sb] *fam*

Tacho <-s, -s> ['taxo] *m* (*fam*) *kurz für* **Tachometer** speedometer

Tachometer *m o nt* speedometer

Tadel <-s, -> ['taːdl] *m* ❶ (*Verweis*) reprimand, reproach ❷ (*Makel*) **ohne** ~ faultless

tadellos I. *adj* (*einwandfrei*) perfect **II.** *adv* perfectly

tadeln *vt* ❶ (*zurechtweisen*) to reprimand, to reproach ❷ (*missbilligen*) ■ **etw** ~ **to** express one's disapproval of sth

Tadschikistan <-s> [ta'dʒiːkisˈtaːn] *nt* Tajikistan; *s. a.* **Deutschland**

Tafel <-, -n> ['taːfl] *f* ❶ (*Platte*) board; **eine** ~ **Schokolade** a bar of chocolate; (*Anzeigetafel*) SPORTS scoreboard; AVIAT, RAIL departure and arrivals [information] board; (*Gedenktafel*) plaque; SCH [black]board ❷ (*Bildtafel*) plate ❸ (*geh: festlicher Esstisch*) table

täfeln [tɛːfln] *vt* to panel

Täfelung <-, -en> *f* paneling

Tafelwasser *nt* table water

Tafelwein *m* table wine

Tag <-[e]s, -e> ['taːk, *pl* 'taːgə] *m* ❶ (*Abschnitt von 24 Stunden*) day; **ein freier** ~ a day off; **den ganzen** ~ [**lang**] all day; **guten** ~! hello!, good afternoon/morning!; ~ **für** ~ every day, day after day; **von einem** ~ **auf den anderen** overnight; **eines** [**schönen**] ~**es** one [fine] day; **der Brief muss jeden** ~ **kommen** the letter should arrive any day now ❷ (*Datum*) day; ~ **der offenen Tür** open house; **der** ~ **X** D-Day *fig*; **bis zum heutigen** ~ up to the present day ❸ (*Tageslicht*) light; **es ist noch nicht** ~ it's not light out yet; **am** ~ during the day ❹ *pl* (*fam: Menstrua-*

tion) period ► WENDUNGEN: **es ist noch nicht aller** ~**e Abend** it's not over yet; **man soll den** ~ **nicht vor dem Abend loben** (*prov*) don't count your chickens before they're hatched; **etw kommt an den** ~ sth comes to light; **in den** ~ **hinein leben** to live from day to day; **über/unter** ~**e** above/below ground

tagaus [taːkˈʔaus] *adv* ~, **tagein** day in, day out

Tagebau *m kein pl* strip mining

Tagebuch *nt* ❶ (*tägliche Aufzeichnungen*) diary ❷ (*Terminkalender*) appointment book

Tagedieb(in) *m(f)* (*pej veraltet*) idler

Tagegeld *nt* ❶ (*tägliches Krankengeld*) daily disability pay ❷ (*tägliche Spesenpauschale*) per diem

tagein [taːkˈʔain] *adv s.* **tagaus**

tagelang I. *adj* lasting for days; **nach** ~**em Warten** after days of waiting **II.** *adv* for days

Tagelöhner(in) <-s, -> ['taːgəløːnə] *m(f)* (*veraltend*) day laborer

tagen[1] ['taːgn] *vi impers* (*geh*) **es tagt!** day is breaking!

tagen[2] *vi* to meet; **der Kongress tagt** Congress is in session

Tagesablauf *m* daily routine

Tagesanbruch *m* daybreak (**bei, nach, vor** at, after, before)

Tageseinnahmen *pl* day's receipts *npl*

Tagesfahrt *f* day trip

Tagesgericht *nt* special of the day

Tagesgeschäft *nt* BÖRSE day order

Tagesgespräch *nt* topic of the day

Tageskarte *f* ❶ (*Speisekarte*) menu of the day ❷ (*einen Tag gültige Eintrittskarte*) [one-]day pass

Tageslicht *nt kein pl* daylight (**bei** by/in); (*vor Einbruch der Dunkelheit*) before dark ► WENDUNGEN: **etw ans** ~ **bringen** to bring sth to light

Tagesmutter *f* nanny

Tagesordnung *f* agenda; **etw auf die** ~ **setzen** to put sth on the agenda; **auf der** ~ **stehen** to be on the agenda ► WENDUNGEN: [**wieder**] **zur** ~ **übergehen** to carry on [with business] as usual

Tagesumsatz *m* day's sales *pl*

Tageszeit *f* time [of day]

Tageszeitung *f* daily [[news]paper]

tageweise *adv* on a daily basis

täglich ['tɛːklɪç] **I.** *adj attr* daily **II.** *adv* daily

Tagschicht *f* day shift

tagsüber ['taːksˈʔyːbɐ] *adv* during the day

Tagung <-, -en> *f* ❶ (*Fachtagung*) conference ❷ (*Sitzung*) meeting

Taifun <-s, -e> [tai'fuːn] *m* typhoon

Taille <-, -n> ['taljə] *f* waist

tailliert [ta(l)'jiːɐt] *adj* fitted at the waist

Taiwan <-s> [tai'vaːn] *nt* Taiwan

Taiwaner(in) <-s, -> [tai'vaːnɐ] *m(f)* Taiwanese

taiwanisch [tai'vaːnɪʃ] *adj* Taiwanese; *s. a.* **deutsch**

Takt <-[e]s, -e> ['takt] *m* ❶ MUS bar ❷ *kein pl* (*Rhythmus*) rhythm; **den ~ angeben** to beat time; **im ~** in time to sth ❸ *kein pl* (*Taktgefühl*) tact

Taktgefühl *nt* ❶ (*Feingefühl*) sense of tact ❷ MUS sense of rhythm

taktieren* [tak·'tiː··rən] *vi* to use tactics

Taktik <-, -en> ['tak·tɪk] *f* tactics *pl*

Taktiker(in) <-s, -> ['tak·ti·kɐ] *m(f)* tactician

taktisch ['tak·tɪʃ] **I.** *adj* tactic[al] **II.** *adv* tactically

taktlos *adj* tactless

Taktlosigkeit <-, -en> *f* ❶ *kein pl* (*taktlose Art*) tactlessness ❷ (*taktlose Aktion*) tactless act

Taktstock *m* baton

taktvoll *adj* tactful

Tal <-[e]s, Täler> [taːl, *pl* tɛː·lɐ] *nt* valley

Talar <-s, -e> [ta·'laːɐ̯] *m* JUR robe; REL cassock; SCH gown

Talent <-[e]s, -e> [ta·'lɛnt] *nt* talent

talentiert [tal·ɛn·'tiːɐ̯t] **I.** *adj* talented **II.** *adv* in a talented way

Taler <-s, -> ['taː·lɐ] *m* taler, thaler

Talisman <-s, -e> ['taː·lɪs·man] *m* lucky charm

Talkshow[RR] <-, -s> ['tɔː·kʃoː] *f* talk show

Tamburin <-s, -e> [tam·bu·'riːn, 'tam·bu·riːn] *nt* tambourine

Tampon <-s, -s> ['tam·pɔn, tam·'poːn, tã'põː] *m* tampon

Tandem <-s, -s> ['tan·dɛm] *nt* tandem

Tang <-[e]s, -e> ['taŋ] *m* seaweed

Tanga <-s, -s> ['taŋ·ga] *m* thong

Tangente <-, -n> [taŋ·'gɛn·tə] *f* MATH tangent

tangieren* [taŋ·'giː··rən] *vt* ❶ (*geh: streifen*) to touch upon ❷ (*geh: betreffen*) to affect; **jdn nicht ~** (*fam*) to not bother sb ❸ MATH ■ **etw ~** to be tangent to

Tango <-s, -s> ['taŋ·go] *m* tango

Tank <-s, -s> [taŋk] *m* tank

tanken ['taŋ·kn̩] **I.** *vi* (*Auto*) to get gas; (*Flugzeug*) to refuel **II.** *vt* ❶ (*als Tankfüllung*) ■ **etw ~** to fill up sth *sep* [with sth] ❷ (*fam: in sich aufnehmen*) **frische Luft/Sonne ~** to get some fresh air/sun ▶ WENDUNGEN: [**ganz schön**] **getankt haben** (*fam*) to have drunk a fair share

Tanker <-s, -> ['taŋ·kɐ] *m* tanker

Tankfüllung *f* tankful

Tanklastzug *m* tanker

Tanksäule *f* gas pump

Tankstelle *f* gas station

Tankwart(in) *m(f)* gas station attendant

Tanne <-, -n> ['ta·nə] *f* fir

Tannenbaum *m* ❶ (*Weihnachtsbaum*) Christmas tree ❷ (*fam: Tanne*) fir [tree]

Tannennadel *f* pine needle

Tannenzapfen *m* pinecone

Tante <-, -n> ['tan·tə] *f* aunt

Tante-Emma-Laden [-'ɛma-] *m* (*fam*) corner store

Tantieme <-, -n> [tã·'ti̯eː·mə] *f* ❶ (*Absatzho-*

norar) royalty ❷ *meist pl* (*Gewinnbeteiligung*) percentage of the profits

Tanz <-es, Tänze> ['tants, *pl* 'tɛn·tsə] *m* dance

tänzeln ['tɛn·tsl̩n] *vi* ❶ *haben* (*auf und ab federn*) *Boxer* to dance; *Pferd* to prance ❷ *sein* (*sich leichtfüßig fortbewegen*) to skip

tanzen ['tan·tsn̩] **I.** *vi* ❶ *haben* (*einen Tanz ausführen*) to dance ❷ *sein* (*sich tanzend fortbewegen*) to dance ❸ *haben* (*hüpfen*) *Gläser, Würfel* to jump in the air; **das kleine Boot tanzte auf den Wellen** the little boat bobbed up and down on the waves; **ihm tanzte alles vor den Augen** the room was spinning before his eyes **II.** *vt haben* to dance

Tänzer(in) <-s, -> ['tɛn·tsɐ] *m(f)* dancer

Tanzfläche *f* dance floor

Tanzmusik *f* dance music

Tanzpartner(in) *m(f)* dance [*or* dancing] partner

Tanzschule *f* dance school

Tanzstunde *f* ❶ *kein pl* (*Kurs*) dance class ❷ (*Unterrichtsstunde*) dance [*or* dancing] lesson

Tapete <-, -n> [ta·'peː·tə] *f* wallpaper

tapezieren* [ta·pe·'tsiː·rən] *vt* to wallpaper

tapfer ['tap·fɐ] *adj* brave

Tapferkeit <-> *f kein pl* courage

tappen ['ta·pn̩] *vi* ❶ *sein* (*schwerfällig gehen*) **schlaftrunken tappte er zum Telefon** he shuffled drowsily to the phone ❷ *haben* (*tasten*) ■ **nach etw** *dat* ~ to feel [for sth]

tapsen ['tap·sn̩] *vi sein* (*fam*) *Kleinkind* to toddle; *Bär* to lumber

Tarantel <-, -n> [ta·'ran·tl̩] *f* tarantula

Tarif <-[e]s, -e> [ta·'riːf] *m* ❶ (*gewerkschaftliche Gehaltsvereinbarung*) pay scale (**nach, über, unter** +*dat* according to, above, below) ❷ (*festgesetzter Einheitspreis*) charge

Tarifabschluss[RR] *m* wage agreement

Tarifgruppe *f* wage group

tariflich **I.** *adj* negotiated **II.** *adv* by negotiation

Tariflohn *m* standard wage

Tarifrunde *f* round of collective bargaining

Tarifverhandlung *f meist pl* collective bargaining negotiations *pl*

Tarifvertrag *m* collective bargaining agreement

tarnen ['tar·nən] *vt* ❶ MIL to camouflage (**gegen** +*akk* against) ❷ (*Identität wechseln*) ■ **etw** [**durch etw** *akk*] ~ to disguise sth [by doing sth]; ■ **sich** *akk* [**als jd**] ~ to disguise oneself [as sb]

Tarnfarbe *f* camouflage paint

Tarnname *m* cover name

Tarnung <-, -en> *f* ❶ *kein pl* (*das Tarnen*) a. MIL camouflage ❷ (*tarnende Identität*) cover

Tasche <-, -n> ['ta·ʃə] *f* ❶ (*Handtasche*) [hand]bag; (*Einkaufstasche*) [shopping] bag; (*Aktentasche*) briefcase ❷ (*in Kleidungsstücken*) pocket ▶ WENDUNGEN: **jdm auf der ~ liegen** (*fam*) to live off [*of*] sb['s money]; **jdn in die ~ stecken** (*fam*) to be head and shoulders above sb; **in die eigene ~ wirtschaften**

(*fam*) to line one's own pocket[s]
Taschenbuch *nt* paperback
Taschenbuchausgabe *f* paperback edition
Taschencomputer *m* hand-held computer
Taschendieb(in) *m(f)* pickpocket
Taschengeld *nt* allowance, spending money
Taschenlampe *f* [pocket] flashlight
Taschenmesser *nt* pocketknife
Taschenrechner *m* pocket calculator
Taschentuch *nt* handkerchief
Taschenuhr *f* pocket watch
Tasse <-, -n> ['ta·sə] *f* cup; **eine ~ Tee** a cup of tea ▶ WENDUNGEN: **nicht alle ~n im Schrank haben** (*fam*) to have a screw loose
Tastatur <-, -en> [tas·ta·'tuːɐ̯] *f* keyboard
Taste <-, -n> ['tas·tə] *f* (*Schreibmaschine*) key; (*Telefon*) button
tasten ['tas·tn̩] **I.** *vi* (*fühlend suchen*) to feel (**nach** +*dat* for) **II.** *vr* (*sich vortasten*) ■**sich** *akk* **irgendwohin ~** to feel one's way somewhere **III.** *vt* ❶ (*fühlend wahrnehmen*) to feel ❷ (*per Tastendruck eingeben*) to enter; **taste eine 9** press [the] 9
Tasteninstrument *nt* keyboard instrument
Tastsinn *m kein pl* sense of touch
tat ['taːt] *imp von* **tun**
Tat <-, -en> ['taːt] *f* ❶ (*Handlung*) act; **eine gute ~** a good deed; **etw in die ~ umsetzen** to put sth into effect ❷ (*Straftat*) crime; **jdn auf frischer ~ ertappen** to catch sb redhanded *fig* ▶ WENDUNGEN: **in der ~** indeed
Tatbestand *m* ❶ (*Sachlage*) facts [of the matter] ❷ JUR elements of an offense
tatenlos *adj inv* idle; **~ zusehen** to stand back and do nothing
Täter(in) <-s, -> ['tɛː·tɐ] *m(f)* perpetrator
tätig ['tɛː·tɪç] *adj* ❶ (*beschäftigt*) employed; ■[irgendwo] **~ sein** to work [somewhere] ❷ *attr* (*tatkräftig*) active ❸ (*aktiv*) active; ■[in etw *dat*] **~ werden** (*geh*) to act [on sth]
Tätigkeit <-, -en> *f* ❶ (*Beschäftigung*) occupation ❷ *kein pl* (*Aktivität*) activity; **in ~ sein** to be operating
Tätigkeitsbereich *m* field of activity
Tatkraft *f kein pl* drive
tatkräftig *adj* active
tätlich ['tɛːt·lɪç] *adj* violent (**gegen** +*akk* toward)
Tatmotiv *nt* motive
Tatort *m* scene of the crime
tätowieren* [tɛ·to·'viː·rən] *vt* to tattoo
Tätowierung <-, -en> *f* ❶ (*eingeritztes Motiv*) tattoo ❷ *kein pl* (*das Tätowieren*) tattooing
Tatsache ['taːt·za·xə] *f* fact; **~ ist [aber], dass ...** the fact of the matter is [however] that ... ▶ WENDUNGEN: **den ~n ins Auge sehen** to face the facts
tatsächlich ['taːt·zɛç·lɪç, taːt·'zɛç·lɪç] **I.** *adj inv*, *attr* (*wirklich*) actual *attr*, ❶ (*in Wirklichkeit*) actually ❷ (*in der Tat*) really
tätscheln ['tɛːt·ʃln̩] *vt* to pat
Tatverdacht *m* suspicion
tatverdächtig *adj* under suspicion

Tatverdächtige(r) *f(m)* suspect
Tatwaffe *f* murder weapon
Tatze <-, -n> ['ta·tsə] *f* (*a. pej fam*) paw
Tatzeuge, -zeugin *m, f* JUR incident witness
Tau¹ <-[e]s> ['tau] *m kein pl* (*Tautropfen*) dew
Tau² <-[e]s, -e> ['tau] *nt* rope
taub ['taup] *adj* ❶ (*gehörlos*) deaf; **sich** *akk* **~ stellen** to turn a deaf ear ❷ (*gefühllos*) numb ❸ *Nuss* empty; *Boden* barren; *Metall* dull
Taube <-, -n> ['tau·bə] *f* pigeon
Taubheit <-> *f kein pl* ❶ (*Gehörlosigkeit*) deafness ❷ (*Gefühllosigkeit*) numbness
taubstumm *adj* deaf and dumb
Taubstumme(r) *f(m)* deaf-mute
Taubstummensprache *f* sign language
tauchen [tau·xn̩] **I.** *vi* ❶ *haben o sein* (*untertauchen*) to dive (**nach** +*dat* for) ❷ *sein* (*auftauchen*) ■[**aus etw** *dat*] **~** to emerge **II.** *vt* *haben* ❶ (*eintauchen*) to dip; **in [gleißendes] Licht getaucht** bathed in [glistening] light ❷ (*untertauchen*) to duck
Tauchen <-s> ['tau·xn̩] *nt kein pl* diving
Taucher(in) <-s, -> ['tau·xɐ] *m(f) a.* ORN diver
Taucheranzug *m* diving suit
Taucherbrille *f* diving goggles *npl*
Tauchsieder <-s, -> *m* immersion heater
tauen ['tau·ən] **I.** *vi* ❶ *haben* (*Tauwetter setzt ein*) ■**es taut** it's thawing [*or* starting to thaw] ❷ *sein* ([*ab*]*schmelzen*) to melt **II.** *vt* to melt
Taufbecken *nt* baptismal font
Taufe <-, -n> ['tau·fə] *f* (*christliches Aufnahmeritual*) baptism ▶ WENDUNGEN: **etw aus der ~ heben** (*hum fam*) to launch sth
taufen ['tau·fn̩] *vt* ❶ (*die Taufe vollziehen*) to baptize ❷ (*in der Taufe benennen*) to christen ❸ (*fam: benennen*) to christen
Täufling <-s, -e> *m* person to be baptized
Taufname *m* Christian name
Taufpate, -patin *m, f* godfather *masc,* godmother *fem*
taugen ['tau·gn̩] *vi* ❶ (*wert sein*) ■**etw/viel/nichts ~** to be useful/very useful/useless ❷ (*geeignet sein*) to be suitable (**als/zu/für** for)
Taugenichts <-[es], -e> ['tau·gə·nɪçts] *m* (*veraltend*) good-for-nothing
tauglich ['tauk·lɪç] *adj* ❶ (*geeignet*) suitable ❷ MIL fit [for military service]
Tauglichkeit <-> *f kein pl* ❶ (*Eignung für einen Zweck*) suitability ❷ MIL fitness [for military service]
Taumel <-s> ['tau·ml̩] *m kein pl* (*geh*) ❶ (*Schwindelgefühl*) dizziness ❷ (*geh: Überschwang*) frenzy
taumeln ['tau·ml̩n] *vi sein* to stagger
Tausch <-[e]s, *selten* -e> ['tauʃ] *m* swap, trade; **im ~ gegen** [**etw** *akk*] in exchange for [sth]
tauschen ['tau·ʃn̩] **I.** *vt* ❶ (*gegeneinander einwechseln*) to swap [*or* trade] (**mit** +*dat* with, **gegen** +*akk* for) ❷ (*geh: austauschen*) to exchange **II.** *vi* to swap [*or* trade] ▶ WENDUNGEN:

mit niemandem ~ wollen to not wish to trade places with anyone

täuschen ['tɔy·ʃn̩] **I.** *vt* (*irreführen*) to deceive; ■**sich** *akk* [von jdm/etw] **nicht ~ lassen** to not be fooled [by sb/sth]; **wenn mich nicht alles täuscht ....** if I'm not completely mistaken ... **II.** *vr* (*sich irren*) ■**sich** *akk* ~ to be mistaken [*or* wrong] (**in** +*dat* about) **III.** *vi* (*irreführen*) to be deceptive

täuschend I. *adj inv* (*trügerisch*) deceptive; *Ähnlichkeit* striking **II.** *adv* (*trügerisch*) deceptively; **sie sieht ihrer Mutter ~ ähnlich** she bears a striking resemblance to her mother

Tauschgeschäft *nt* exchange

Täuschung <-, -en> ['tɔy·ʃʊŋ] *f* ❶ (*Betrug*) deception ❷ (*Irrtum*) error; **optische ~** optical illusion

Täuschungsmanöver *nt* ploy

tausend ['tauz·n̩t] *adj* ❶ (*Zahl*) a [*or* one] thousand ❷ (*fam: sehr viele*) thousands of ...

Tausend[1] <-s, -e o -> ['tauz·n̩t, *pl* -n̩·də] *nt* ❶ (*Einheit von 1000 Dingen*) a [*or* one] thousand ❷ *pl, auch kleingeschrieben* (*viele tausend*) thousands *pl* (**von** +*dat* of); **einige ~e ...** several thousand ...; **einer von ~** one in a thousand; **zu ~en** by the thousands

Tausend[2] <-, -en> ['tauzn̩t, *pl* -n̩·dn̩] *f* thousand

Tausender <-s, -> ['tau·zn̩·dɐ] *m* (*1000 als Bestandteil einer Zahl*) thousands

tausendfach, 1000fach ['tau·zn̩t·fax] **I.** *adj* thousandfold **II.** *adv* thousandfold, a thousand times over

Tausendfüßler <-s, -> ['tau·zn̩t·fy:s·lɐ] *m* centipede

tausendjährig, 1000-jährig[RR] ['tau·zn̩t·jɛ:rɪç] *adj* ❶ (*Alter*) thousand-year-old *attr*; one thousand years old *pred*; *s. a.* **achtjährig 1** ❷ (*Zeitspanne*) thousand-year *attr*; *s. a.* **achtjährig 2**

tausendmal, 1000-mal[RR] ['tau·zn̩t·ma:l] *adv* ❶ a thousand times; *s. a.* **achtmal** ❷ (*fam: sehr viel, sehr oft*) a thousand times; **bitte ~ um Entschuldigung!** (*fam*) a thousand apologies!

Tausendstel ['tau·zn̩t·stl̩] *nt o* SCHWEIZ *m* thousandth

Tautropfen *m* dewdrop

Tauwasser *nt* melt water

Tauwetter *nt* thaw

Tauziehen *nt kein pl* (*a. fig*) tug of war

Taxameter <-s, -> [tak·sa·'me:·tɐ] *m* taximeter, clock *fam*

Taxe <-, -n> ['tak·sə] *f* ❶ (*Kurtaxe*) charge ❷ (*Schätzwert*) estimate ❸ DIAL (*Taxi*) taxi

Taxi <-s, -s> ['tak·si] *nt* taxi, cab

Taxifahrer(in) *m(f)* taxi [*or* cab] driver

Taxistand *m* taxi [*or* cab] stand

Tb <-, -s> [te:·'be:] *f*, **Tbc** <-, -s> [te:·be:·'tse:] *f Abk von* **Tuberkulose** TB

Team <-s, -s> [ti:m] *nt* team

Teamarbeit <-s, -s> ['ti:m-] *f* teamwork

teamfähig ['ti:m-] *adj* able to work in a team

Technik <-, -en> ['tɛç·nɪk] *f* ❶ *kein pl* (*Technologie*) technology ❷ *kein pl* (*technische Ausstattung*) technical equipment ❸ *kein pl* (*technische Konstruktion*) technology ❹ (*besondere Methode*) technique ❺ ÖSTERR (*technische Hochschule*) college of technology

Techniker(in) <-s, -> ['tɛç·nɪ·kɐ] *m(f)* (*Fachmann der Technik*) engineer; *in der Kunst* technician

technisch ['tɛç·nɪʃ] **I.** *adj* ❶ *attr* (*technologisch*) technical ❷ (*technisches Wissen vermittelnd*) technical ❸ *Können, Probleme* technical **II.** *adv* technically

Technische Hochschule <-n -, -n -n> *f vocational college providing degree courses in technical and scientific subjects*

Technologie <-, -n> [tɛç·no·lo·'gi:] *f* technology

technologisch [tɛç·no·'lo:·gɪʃ] *adj* technological

Teddybär ['tɛ·di-] *m* teddy [bear]

Tee <-s, -s> [te:] *m* (*Getränk*) tea; (*aus Heilkräutern*) herbal tea; **eine Tasse ~** a cup of tea; **grüner/schwarzer ~** green/black tea ▶ WENDUNGEN: **abwarten und ~ trinken** (*fam*) to wait and see

Teebeutel *m* tea bag

Teefilter *m* tea strainer

Teekanne *f* teapot

Teelicht *nt* tea candle

Teelöffel *m* ❶ (*Löffel*) teaspoon ❷ (*Menge*) teaspoon[ful]

Teen <-s, -s> [ti:n] *m*, **Teenager** <-s, -> ['ti:n·e:dʒɐ] *m* teenager

Teer <-[e]s, -e> [te:ɐ] *m* tar

teeren ['te:·rən] *vt* to tar

Teeservice *nt* tea set

Teflon® <-s> ['tɛf·lo:n] *nt kein pl* Teflon®

Teich <-[e]s, -e> [taiç] *m* pond

Teig <-[e]s, -e> [taik] *m* (*Hefe-, Rühr-, Nudelteig*) dough; (*Mürbe-, Blätterteig*) pastry; (*flüssig*) batter

Teigwaren *pl* (*geh*) pasta + *sing vb*

Teil[1] <-[e]s, -e> [tail] *m* ❶ (*Bruchteil*) part; **in zwei ~e zerbrechen** to break in two; **zum größten ~** for the most part; **zum ~** partly; (*gelegentlich*) on occasion ❷ (*Anteil*) share; **zu gleichen ~en** equally ❸ (*Bereich*) *einer Stadt* district; (*einer Strecke*) stretch; (*eines Gebäudes, einer Zeitung, eines Buches*) section ▶ WENDUNGEN: **sich** *dat* **seinen ~ denken** (*fam*) to draw one's own conclusions

Teil[2] <-[e]s, -e> [tail] *nt* ❶ (*Einzelteil*) component ❷ (*sl: Ding*) thing

Teilansicht *f* partial view

teilbar *adj* ❶ (*aufzuteilen*) ■**in etw** *akk* **~ sein** to be able to be divided [into sth] ❷ MATH (*dividierbar*) ■[**durch etw** *akk*] **~ sein** to be divisible [by sth]

Teilbereich *m* section

Teilbetrag *m* installment

Teilchen <-s, -> *nt dim von* **Teil**[1] **1** ❶ (*Partikel*) particle ❷ (*Kernphysik*) nuclear particle

❸ KOCHK DIAL pastries pl
teilen ['tai·lən] **I.** vt ❶ (aufteilen) to share
❷ MATH (dividieren) to divide (**durch** +akk by)
❸ (trennen) to separate **II.** vr ❶ (sich aufteilen) ■ **sich** [in etw akk] ~ to split up [into sth]
❷ (sich gabeln) ■ **sich** [in etw akk] ~ to fork
[into sth] ❸ (unter sich aufteilen) ■ **sich** dat
etw [mit jdm] ~ to share sth [with sb] ❹ (gemeinsam benutzen) ■ **sich** dat etw ~ to share
sth **III.** vi (abgeben) to share
Teilhaber(in) <-s, -> m(f) partner
Teilnahme <-, -en> ['tail·na:·mə] f ❶ (Beteiligung) participation (**an** +dat in) ❷ (geh: Mitgefühl) sympathy ❸ (geh: Interesse) interest
teilnahmslos adj apathetic
Teilnahmslosigkeit <-> f kein pl apathy
teil|nehmen vi irreg ❶ (anwesend sein) ■ [an
etw dat] ~ to attend [sth] ❷ (sich beteiligen)
to participate (**an** +dat in); Wettbewerb to take
part; Kurs to attend
Teilnehmer(in) <-s, -> m(f) ❶ (Anwesender)
person present ❷ (Beteiligter) participant (**an**
+dat in) ❸ (Telefoninhaber) subscriber
teils ['tails] adv partly; ~, ~ (fam) yes and no
Teilstück nt part
Teilung <-, -en> f division
teilweise ['tail·vai·zə] **I.** adv partly **II.** adj attr
partial
Teilzeitarbeit f part-time work
Teint <-s, -s> ['tɛ̃:] m complexion
Telearbeit ['te:lə-] f kein pl telework
Telebanking ['te:·lə·bɛŋ·kɪŋ] nt home banking
Telefax ['te:·lə·faks] nt fax
Telefon <-s, -e> [te·le·'fo:n, a. 'te:·le·fo:n] nt
telephone, phone fam
Telefonanschluss^RR m [tele]phone connection
Telefonat <-[e]s, -e> [te·le·fo·'na:t] nt (geh)
[tele]phone call
Telefonauskunft f directory assistance
Telefonbuch nt [tele]phone book
Telefongesellschaft f [tele]phone company
Telefongespräch nt [tele]phone call
Telefonhörer m [[tele]phone] receiver
telefonieren* [te·le·fo·'ni:·rən] vi to be on the
phone; ■ **mit jdm** ~ to talk on the phone
with sb
telefonisch **I.** adj [tele]phone **II.** adv by
[tele]phone
Telefonkarte f calling card
Telefonleitung f [tele]phone line
Telefonnummer f [tele]phone number
Telefonrechnung f [tele]phone bill
Telefonzelle f phone booth
Telefonzentrale f switchboard
Telegraf <-en, -en> [te·le·'gra:f] m telegraph
telegrafieren* [te·le·gra:·'fi:·rən] vi, vt to telegraph
Telegramm <-s, -e> [te·le·'gram] nt telegram
Telegrammstil m kein pl telegraphese
Telegraph <-s, -en> m s. **Telegraf**
telegraphieren vi, vt s. **telegrafieren**

Telekom <-> ['te:·lə·kɔm] f kein pl kurz für
Deutsche Telekom AG: ■ **die** ~ German
Telecommunications Company
Telekommunikation f telecommunication
Teleobjektiv nt telephoto lens
Telepathie <-> [te·le·pa·'ti:] f kein pl telepathy
Teleskop <-s, -e> [te·le·'sko:p] nt telescope
Teller <-s, -> ['tɛ·lɐ] m ❶ (Geschirrteil)
plate; **flacher/tiefer** ~ dinner/soup plate
❷ (Menge) plate[ful]
Tellergericht nt KOCHK one-course meal
Tellerrand m ▶ WENDUNGEN: **über den** ~
hinausschauen (fam) to think outside the
box; **über den** ~ **nicht hinausschauen**
(fam) to not see farther than [the end of] one's
nose
Tellerwäscher(in) m(f) dishwasher
Tempel <-s, -> ['tɛm·pl̩] m temple
Temperament <-[e]s, -e> [tɛm·pə·ra·
'mɛnt] nt ❶ (Wesensart) temperament ❷ kein
pl (Lebhaftigkeit) vivacity; ~ **haben** to be very
lively
temperamentvoll **I.** adj lively, vivacious **II.** adv
vivaciously
Temperatur <-, -en> [tɛm·pə·ra·'tu:ɐ] f temperature; [seine/die] ~ **messen** to take one's
temperature; [erhöhte] ~ **haben** to have a
temperature
Temperaturanstieg m rise in temperature
Temperaturrückgang m drop in temperature
Temperaturschwankung f fluctuation in temperature
Tempo¹ <-s, -s> ['tɛm·po] nt ❶ (Geschwindigkeit) speed; **mit hohem** ~ at high speed
❷ (musikalisches Zeitmaß) tempo
Tempo®² <-s, -s> nt (fam: Papiertaschentuch) tissue, Kleenex®
Tempolimit nt speed limit
Tendenz <-, -en> [tɛn·'dɛnts] f ❶ (Trend)
trend ❷ (Neigung) tendency (**zu** +dat to)
tendenziell [tɛn·dɛn·'tsi̯ɛl] adj inv es zeichnet sich eine ~ e Entwicklung zum Besseren ab trends indicate a change for the better
tendieren* [tɛn·'di:·rən] vi ❶ (hinneigen) to
tend (**zu** +dat toward); ■ **dazu** ~, etw zu tun
to tend to do sth ❷ (sich entwickeln) ■ [irgendwohin] ~ to have a tendency [to move in
a certain direction]
Teneriffa [te·ne·'rɪ·fa] nt Tenerife
Tennis <-> ['tɛ·nɪs] nt kein pl tennis
Tennisball m tennis ball
Tennisplatz m ❶ (Spielfeld) tennis court
❷ (Anlage) outdoor tennis complex
Tennisschläger m tennis racket
Tennisspiel nt ❶ (Sportart) tennis ❷ (Einzelspiel) game of tennis
Tennisspieler(in) m(f) tennis player
Tenor <-s, Tenöre> [te·'no:ɐ, pl te·'nø:·rə] m
MUS tenor
Teppich <-s, -e> ['tɛ·pɪç] m (Fußbodenbedeckung) carpet; (klein) rug; (Wandteppich) tapestry
Teppichboden m wall-to-wall carpeting

Termin <-s, -e> [tɛr·'miːn] *m* ❶ (*verabredeter Zeitpunkt*) appointment; **sich** *dat* **einen ~ [für etw** *akk*] **geben lassen** to make an appointment [for sth]; **einen ~ vereinbaren/ verpassen** to set up/miss an appointment ❷ (*festgelegter Zeitpunkt*) deadline

Terminal[1] <-s-, -s> ['tøː·ɐ·minl] *nt* COMPUT terminal

Terminal[2] <-s, -s> ['tøː·ɐ·mi·nl] *m o nt* LUFT, TRANSP terminal

Termindruck *m kein pl* time pressure, pressure to meet a deadline

termingerecht **I.** *adj* according to schedule **II.** *adv* on time

Terminkalender *m* [appointment] calendar, schedule

Terminologie <-, -n> [tɛr·mi·no·lo·'giː, *pl* -'giː·ən] *f* terminology

Terminplaner <-s, -> *m* ❶ (*Kalender*) [appointment] calendar, schedule ❷ TECH, COMPUT electronic organizer

Termite <-, -n> [tɛr·'miː·tə] *f* termite

Terpentin <-s, -e> [tɛr·pɛn·'tiːn] *nt o* ÖSTERR *m* turpentine; (*Terpentinöl a.*) oil of turpentine

Terrain <-s, -s> [tɛ·'rɛ̃ː] *nt* ❶ (*Gelände*) terrain ❷ (*a. fig:* [*Bau*]*grundstück*) site

Terrarium <-s, -rien> [tɛ·'raː·ri̯·ʊm, *pl* -ri̯·ən] *nt* terrarium

Terrasse <-, -n> [tɛ·'ra·sə] *f* ❶ (*Freisitz*) terrace; (*Balkon*) [large] balcony ❷ (*Geländestufe*) terrace

Territorium <-s, -rien> [tɛ·ri·'toː·ri̯·ʊm, *pl* -ri̯·ən] *nt* territory

Terror <-s> ['tɛ·roːɐ] *m kein pl* ❶ (*terroristische Aktivitäten*) terrorism ❷ (*Furcht und Schrecken*) terror ❸ (*fam: Stunk*) huge fuss

Terrorakt *m* act of terrorism

Terroranschlag *m* terror[ist] attack

terrorisieren* [tɛ·ro·ri·'ziː·rən] *vt* ❶ (*fam: schikanieren*) to intimidate ❷ (*in Angst und Schrecken versetzen*) to terrorize

Terrorismus <-> [tɛ·ro·'rɪs·mʊs] *m kein pl* terrorism

Terrorist(in) <-en, -en> [tɛ·ro·'rɪst] *m(f)* terrorist

terroristisch *adj* terrorist *attr*

Terz <-, -en> ['tɛrts] *f* MUS third

Terzett <-[e]s, -e> [tɛr·'tsɛt] *nt* MUS trio

Tesafilm® ['teː·za·fɪlm] *m* Scotch tape®

Test <-[e]s, -s *o* -e> [tɛst] *m* test

Testament <-[e]s, -e> [tɛs·ta·'mɛnt] *nt* ❶ JUR will ❷ REL **Altes/Neues ~** Old/New Testament

testamentarisch [tɛs·ta·mɛn·'taː·rɪʃ] **I.** *adj* testamentary **II.** *adv* in the will

Testamentseröffnung *f* reading of the will

Testbild *nt* TV test pattern

testen ['tɛs·tn̩] *vt* to test (**auf** +*akk* for)

teuer ['tɔy·ɐ] **I.** *adj* ❶ (*viel kostend*) expensive ❷ (*geh: geschätzt*) dear **II.** *adv* (*zu einem hohen Preis*) expensively; **das hast du aber zu ~ eingekauft** you paid too much for that; **sich** *dat* **etw** *akk* **~ bezahlen lassen** to de-

mand a high price for sth ▸ WENDUNGEN: **etw** *akk* **~ bezahlen müssen** to pay a high price for sth; **jdn ~ zu stehen kommen** to cost sb dearly

Teuerungsrate *f* rate of price increase

Teufel <-s, -> ['tɔyfl] *m* ❶ *kein pl* (*Satan*) ■ **der ~** the Devil ❷ (*teuflischer Mensch*) devil ▸ WENDUNGEN: **in ~s Küche kommen** (*fam*) to get into a hell of a mess; **den ~ an die Wand malen** to imagine the worst; **geh zum ~!** (*fam*) go to hell!; **soll jdn** [**doch**] **der ~ holen** (*fam*) to hell with sb; **irgendwo ist der ~ los** (*fam*) all hell is breaking loose somewhere; **weiß der ~** (*fam*) who the hell knows

Teufelskreis *m* vicious circle

teuflisch ['tɔyf·lɪʃ] **I.** *adj* diabolical **II.** *adv* ❶ (*diabolisch*) diabolically ❷ (*fam: höllisch*) like hell

Text <-[e]s, -e> [tɛkst] *m* ❶ (*schriftliche Darstellung*) text ❷ (*Lied*) lyrics ❸ (*Wortlaut*) text; *einer Rede* script ▸ WENDUNGEN: **jdn aus dem ~ bringen** (*fam*) to confuse sb

texten ['tɛks·tn̩] **I.** *vt* to write **II.** *vi* to write songs; (*in der Werbung*) to write copy

Texter(in) <-s, -> *m(f)* songwriter; (*in der Werbung*) copywriter

Textilfabrik *f* textile factory

Textilien [tɛks·'tiː·li̯·ən] *pl* textiles *pl*

Textilindustrie *f* textile industry

Textstelle *f* passage

Textverarbeitungsprogramm *nt* word processing program

TH <-, -s> [teː'ha] *f Abk von* **Technische Hochschule**

Thai ['tai] *nt* Thai; *s. a.* **Deutsch**

Thailand ['tai·lant] *nt* Thailand

Thailänder(in) <-s, -> ['tai·lɛn·dɐ] *m(f)* Thai

thailändisch ['tai·lɛn·dɪʃ] *adj* Thai; *s. a.* **deutsch**

Theater <-s, -> [te·'aː·tɐ] *nt* ❶ (*Gebäude*) theater ❷ *kein pl* (*Schauspielkunst*) theater; **~ spielen** to act; **nur ~ sein** to be only an act ❸ *kein pl* (*fam: Umstände*) fuss; [**ein**] **~ machen** to make a fuss

Theateraufführung *f* theater performance

Theaterbesucher(in) *m(f)* theatergoer

Theaterkarte *f* theater ticket

Theaterstück *nt* play

Theke <-, -n> ['teː·kə] *f* counter; (*in einem Lokal*) bar

Thema <-s, Themen *o* -ta> ['teː·ma, *pl* -mən, -ta] *nt* ❶ (*Gesprächsthema*) topic; **jdn vom ~ abbringen** to get [*or* throw] sb off the subject; **beim ~ bleiben** to stick to the subject; **ein ~ ist** [**für jdn**] **erledigt** (*fam*) a matter is closed [as far as sb is concerned] ❷ (*schriftliches Thema*) subject ❸ (*Bereich*) subject area ❹ MUS theme ▸ WENDUNGEN: **ein/kein ~ sein** to be/not be an issue

Thematik <-> [te·'maː·tɪk] *f kein pl* topic

Themen ['teː·mən] *pl von* **Thema**

Theologe, Theologin <-n, -n> [teo·'loː·gə] *m, f* theologian

Theologie <-, -n> [teo·lo·'giː, *pl* -'giː·ən] *f* theology

theologisch [teo·'loː·gɪʃ] **I.** *adj* theological **II.** *adv* ❶ (*in der Theologie*) in theological matters ❷ (*für die Theologie*) theologically

Theoretiker(in) <-s, -> [teo·'reː·ti·kɐ] *m(f)* theorist

theoretisch [teo·'reː·tɪʃ] **I.** *adj* theoretical **II.** *adv* theoretically

Theorie <-, -n> [teo·'riː, *pl* -'riː·ən] *f* theory

Therapeut(in) <-en, -en> [te·ra·'pɔyt] *m(f)* therapist

therapeutisch [te·ra·'pɔy·tɪʃ] **I.** *adj* therapeutic **II.** *adv* as therapy

Therapie <-, -n> [te·ra·'piː, *pl* -'piː·ən] *f* therapy

therapieren [te·ra·'piː·rən] *vt* to treat

Thermalquelle [tɛr·'maːl-] *f* thermal spring

Thermometer <-s, -> [tɛr·mo·'meː·tɐ] *nt* thermometer

Thermometerstand *m* temperature

Thermoskanne ['tɛr·mɔs-] *f* thermos flask

Thermostat <-[e]s *o* -en, -e[n]> [tɛr·mo·'staːt] *m* thermostat

These <-, -n> ['teː·zə] *f* (*geh*) thesis

Thriller <-s, -> [θrɪ·lɐ] *m* thriller

Thrombose <-, -n> [trɔm·'boː·sə] *f* thrombosis

Thron <-[e]s, -e> ['troːn] *m* throne

Thronfolge *f* line of succession

Thronfolger(in) <-s, -> *m(f)* heir to the throne

Thunfisch ['tuːn·fɪʃ] *m* tuna [fish]

Thüringen <-s> ['tyː·rɪŋən] *nt* Thuringia

Thüringer(in) <-s, -> ['tyː·rɪŋɐ] *m(f)* Thuringian

thüringisch ['tyː·rɪŋɪʃ] *adj* Thuringian

Thymian <-s, -e> ['tyː·mi̯·aːn] *m* thyme

Tibet <-s> ['tiː·bɛt, ti·'beːt] *nt* Tibet; *s. a.* **Deutschland**

ticken ['tɪkn̩] *vi* (*ein klickendes Geräusch machen*) to tick ▶ WENDUNGEN: **nicht richtig ~** (*sl*) to be off one's rocker *sl*

tief ['tiːf] **I.** *adj* ❶ (*eine große Tiefe/Dicke aufweisend*) deep; **ein Meter ~** a meter deep ❷ (*niedrig*) low ❸ MUS (*tief klingend*) low; *Stimme* deep ❹ (*intensiv empfunden*) intense ❺ (*tiefgründig*) profound ❻ (*mitten in etw liegend*) deep; **im ~sten Winter** in the middle of winter ❼ (*weit hineinreichend*) deep; *Ausschnitt* low **II.** *adv* ❶ (*weit eindringend*) deep; **~ greifend** far-reaching ❷ (*vertikal weit hinunter*) deep; **er stürzte 300 Meter ~** he fell 300 meters [down] ❸ (*dumpf tönend*) low; **zu ~ singen** to sing flat; **~ sprechen** to talk in a deep voice ❹ (*zutiefst*) deeply; **etw ~ bedauern** to deeply regret sth; **jdn ~ erschrecken** to frighten sb terribly ❺ (*intensiv*) deeply; **~ schlafen** to sleep soundly ❻ (*niedrig*) low; **~ liegend** low-lying; **~ stehend** (*fig*) low-level

Tief <-[e]s, -s> ['tiːf] *nt* ❶ METEO low ❷ (*depressive Phase*) low [point]

Tiefdruck *m kein pl* METEO low pressure

Tiefe <-, -n> ['tiː·fə] *f* ❶ (*Wassertiefe*) depth ❷ (*vertikal hinabreichende Ausdehnung*) depth; **der Schacht führt hinab bis in 1200 Meter ~** the shaft goes down to a depth of nearly 1200 meters ❸ (*horizontal hineinreichende Ausdehnung*) depth ❹ *kein pl* (*Intensität*) intensity; *einer Farbe* depth ❺ (*Tiefgründigkeit*) depth ❻ (*dunkler Klang*) deepness

Tiefebene *f* lowland plain

Tiefenschärfe *f kein pl* depth of field

Tiefenwirkung *f eines Kosmetikums* deep action; ▪ **mit ~** deep-acting

Tiefgang *m* NAUT draft ▶ WENDUNGEN: **~ haben** to be profound

Tiefgarage *f* underground parking lot

tiefgefroren, tiefgekühlt *adj* frozen

tiefgreifend *adj s.* **tief II, 1**

Tiefkühlkost *f* frozen food

Tiefkühlschrank *m* freezer

Tiefkühltruhe *f* freezer chest

Tiefland ['tiːf·lant] *nt* lowlands *pl*

Tiefpunkt *m* low point

Tiefschlaf *m kein pl* deep sleep

Tiefschlag *m* ❶ (*schwerer Schicksalsschlag*) cruel stroke of fate ❷ SPORT blow below the belt

tiefsinnig *adj* profound

Tier <-[e]s, -e> ['tiːɐ] *nt* animal

Tierart *f* animal species + *sing vb*

Tierarzt, -ärztin *m, f* veterinarian, vet *fam*

Tiergarten *m* zoo

Tierhandlung *f* pet store

tierisch ['tiː·rɪʃ] **I.** *adj* ❶ (*bei Tieren anzutreffend*) animal *attr* ❷ (*sl: gewaltig*) **einen ~en Durst/Hunger haben** to be dying of thirst/hunger *fig* **II.** *adv* (*sl*) **~ schuften/schwitzen** to work/sweat like hell; **~ wehtun** to hurt like crazy, to kill *sl or fig*

Tierkreiszeichen *nt* zodiac sign

tierlieb *adj* animal-loving *attr;* ▪ **~ sein** to be an animal lover

Tierpfleger(in) *m(f)* zookeeper

Tierquäler(in) <-s, -> *m(f)* person who is cruel to animals

Tierquälerei [tiː·ɡ·kvɛ·lə·'rai] *f* cruelty to animals

Tierschutz *m* protection of animals

Tierschützer(in) *m(f)* animal welfare activist

Tierversuch *m* animal testing [*or* experimentation]

Tiger <-s, -> ['tiː·ɡɐ] *m* tiger

tilgen ['tɪlɡn̩] *vt* (*geh*) ❶ FIN (*abtragen*) to pay off ❷ (*beseitigen*) to wipe out *sep;* ▪ **etw** *akk* **von etw** *dat* **~** to erase sth from sth

Tilgung <-, -en> *f* (*geh*) ❶ FIN (*das Tilgen*) repayment ❷ (*Beseitigung*) deletion

Tinte <-, -n> ['tɪn·tə] *f* ink ▶ WENDUNGEN: **in der ~ sitzen** (*fam*) to be in a scrape

Tintenfisch *m* squid

Tintenstrahldrucker *m* ink-jet printer

Tipp[RR]**, Tip**[ALT] <-s, -s> ['tɪp] *m a.* SPORT tip; **guter/schlechter/sicherer Tipp** good/bad/safe bet

tippen¹ [tɪpn̩] **I.** *vi* ❶ (*Wettscheine ausfüllen*)

to fill out betting slips; **im Lotto** ~ to play the lottery ❷ (*fam: etw vorhersagen*) to guess; ■ **auf jdn/etw** ~ to put one's money on sb/sth; ■ **darauf** ~, **dass ...** to bet that ... **II.** *vt* **eine Zahl** ~ to play a number

tippen² [tɪ·pn̩] **I.** *vi* ❶ (*fam: Schreibmaschine schreiben*) to type ❷ (*kurz anstoßen*) to tap (**an/auf, gegen** +*akk* on, against) **II.** *vt* (*fam*) to type

Tippfehler *m* typo

Tippschein *m* lottery ticket

Tirol <-s> [ti·'roːl] *nt* Tyrol

Tiroler(in) <-s, -> [ti·'roː·lɐ] *m(f)* Tyrolean

Tisch <-[e]s, -e> [tɪʃ] *m* table ▶ WENDUNGEN: **reinen** ~ **machen** to sort things out; **unter den** ~ **fallen** (*fam*) to fall by the wayside; **vom** ~ **sein** to be [all] cleared up; **sich** *akk* [**mit jdm**] **an einen** ~ **setzen** to come to the table [with sb]; **jdn über den** ~ **ziehen** (*fam*) to put one over [*or* pull a fast one] on sb

Tischbein ['tɪʃ·bain] *nt* table leg

Tischdecke *f* tablecloth

Tischgespräch *nt* table talk

Tischkante *f* table edge, edge of a table

Tischler(in) <-s -> ['tɪʃ·lɐ] *m(f)* carpenter

Tischlerei <-, -en> [tɪʃ·lə·'rai] *f* carpenter's workshop

Tischmanieren ['tɪʃ·ma·niː·rən] *pl* table manners *pl*

Tischtennis *nt* table tennis, ping-pong

Tischtennisplatte *f* table-tennis [*or* ping-pong] table

Tischtennisschläger *m* table-tennis [*or* ping-pong] paddle

Titel <-s, -> ['tiː·tl̩] *m* ❶ (*Überschrift*) heading ❷ (*Namenszusatz*) [academic] title ❸ (*Adelstitel*) title ❹ MEDIA, SPORT title

Titelanwärter(in) *m(f)* title contender

Titelbild *nt* cover [picture]

Titelblatt *nt* ❶ (*Buchseite mit dem Titel*) title page ❷ *einer Zeitung* front page; *einer Zeitschrift* cover

Titelrolle *f* title role

Titelverteidiger(in) *m(f)* title holder

tja [tja] *interj* well

Toast¹ <-[e]s, -e *o* -s> ['toːst] *m* ❶ *kein pl* (*Toastbrot*) toast ❷ (*Scheibe Toastbrot*) ■ **ein** ~ a slice of toast

Toast² <-[e]s, -e *o* -s> ['toːst] *m* toast; **einen** ~ **auf jdn/etw ausbringen** to propose a toast to sb/sth

Toastbrot ['toːst-] *nt* white bread

toasten [toːs·tn̩] *vt* ■ **etw** ~ to toast sth

Toaster <-s, -> ['toːs·tɐ] *m* toaster

toben ['toː·bn̩] *vi* ❶ *haben* (*wüten*) ■ [**vor etw** *dat*] ~ to be raging [with sth] ❷ *haben* (*ausgelassen spielen*) to romp [around] ❸ *sein* (*fam: sich ausgelassen fortbewegen*) ■ **irgendwohin** ~ to romp somewhere

tobsüchtig *adj* stark raving mad

Tobsuchtsanfall *m* (*fam*) fit of rage

Tochter <-, Töchter> ['tɔx·tɐ, *pl* 'tœçtɐ] *f* ❶ (*weibliches Kind*) daughter ❷ (*Tochter-*

firma) subsidiary

Tochtergesellschaft *f* subsidiary [company]

Tod <-[e]s, -e> ['toːt] *m* death; ~ **durch Ertrinken** death by drowning; **etw mit dem** ~**e bezahlen** *akk* (*geh*) to pay for sth with one's life ▶ WENDUNGEN: **jdn/etw auf den** ~ **nicht ausstehen können** (*fam*) to be unable to stand sb/sth; **sich** *dat* **den** ~ **holen** (*fam*) to catch one's death [of cold]; **sich** *akk* **zu** ~**e langweilen** (*fam*) to be bored to death; **sich** *akk* **zu** ~**e schämen** (*fam*) to be utterly ashamed

todernst ['toːt·'ʔɛrnst] **I.** *adj* deadly serious **II.** *adv* in a deadly serious manner

Todesangst *f* ❶ (*fam: entsetzliche Angst*) mortal fear; **Todesängste ausstehen** (*fam*) to be scared to death ❷ (*Angst vor dem Sterben*) fear of death

Todesanzeige *f* obituary

Todesfall *m* death

Todesfolge *f kein pl* JUR **Körperverletzung mit** ~ physical injury resulting in death

Todesgefahr *f* mortal danger

todesmutig **I.** *adj* [absolutely] fearless **II.** *adv* fearlessly

Todesopfer *nt* casualty

Todesstrafe *f* death penalty; **auf etw** *akk* **steht die** ~ sth is punishable by death

Todestag *m* anniversary of sb's death

Todesursache *f* cause of death

Todesurteil *nt* death sentence

Todfeind(in) ['toːt·faint] *m(f)* mortal enemy

todkrank ['toːt·'kraŋk] *adj* terminally ill

todlangweilig ['toːt·'laŋ·vai·lɪç] *adj inv* so boring

tödlich ['tøːt·lɪç] **I.** *adj* ❶ (*den Tod verursachend*) deadly ❷ (*fam: absolut*) deadly; **das ist mein** ~**er Ernst** I'm dead serious **II.** *adv* ❶ (*mit dem Tod als Folge*) ~ **verunglücken** to be killed in an accident ❷ (*fam: entsetzlich*) **sich** *akk* ~ **langweilen** to be bored to death; **jdm ist** ~ **übel** sb feels really sick [to one's stomach]

todmüde ['toːt·'myː·də] *adj* (*fam*) dead tired

todsicher ['toːt·'zɪ·çɐ] **I.** *adj* (*fam*) dead certain; **Methode** sure-fire *fam* **II.** *adv* (*fam*) for sure

Todsünde *f* deadly sin

Toilette <-, -n> [tɔa·'lɛ·tə] *f* restroom, bathroom *fam;* **ich muss mal auf die** ~ I need to go to the restroom; **öffentliche** ~ public restroom

Toilettenartikel *pl* toiletries *pl*

Toilettenfrau *f* [female] bathroom attendant

Toilettenpapier *nt* toilet paper

tolerant [to·le·'rant] *adj* tolerant (**gegen, gegenüber** +*dat* of, toward)

Toleranz <-, en> [to·le·'rants] *f kein pl* (*geh*) tolerance (**gegen, gegenüber** +*dat* of, toward)

Toleranzbereich *m* range of tolerance

tolerieren* [to·le·'riː·rən] *vt* (*geh*) to tolerate

toll ['tɔl] **I.** *adj* (*fam*) great **II.** *adv* ❶ (*wild*)

T

wild; **ihr treibt es manchmal wirklich zu
~!** you [guys] really [do] go too far sometimes!
② (*fam: sehr gut*) very well
TollpatschRR <-es, -e> ['tɔl·patʃ] *m* (*fam*)
clumsy fool
tollpatschigRR ['tɔl·pat·ʃɪç] **I.** *adj* clumsy
II. *adv* **sich** *akk* ~ **anstellen** to act clumsily
Tollwut *f* rabies
tollwütig *adj* ■~ **sein** ① ZOOL to have rabies
② (*rasend*) to be stark raving mad
TolpatschALT <-es, -e> *m s.* **Tollpatsch**
tolpatschigALT *adj, adv s.* **tollpatschig**
Tölpel <-s, -> ['tœl·pl̩] *m* (*fam*) fool
Tomate <-, -n> [to·'ma:·tə] *f* (*Frucht o
Strauch*) tomato ▶WENDUNGEN: **~n auf den
Augen haben** (*fam*) to be blind; **du treulose
~!** (*fam*) you're a fine friend! *iron*
TomatenketschupRR, **Tomatenketchup** *nt*
[tomato] ketchup [*or* catsup]
Tomatenmark *nt* tomato paste
Tomatensauce *f* tomato sauce
Tombola <-, -s *o* Tombolen> ['tɔm·bo·la, *pl*
'tɔm·bo·lən] *f* raffle
Tomographie, TomografieRR <-, -n> [to·
mo·gra·'fi:] *f* tomography
Ton¹ <-[e]s, -e> ['to:n] *m* clay
Ton² <-[e]s, Töne> ['to:n, *pl* 'tø:·nə] *m* ① (*hör-
bare Schwingung*) sound; **halber/ganzer ~**
half/whole step ② FILM, RADIO, TV sound
③ (*fam: Wort*) sound; **ich will keinen ~
mehr hören!** I don't want to hear another
sound out of you!; **große Töne spucken** (*sl*)
to brag about sth *fam;* **keinen ~ herausbringen** to not be able to utter a word ④ (*Tonfall*)
tone; **einen anderen ~ anschlagen** to
change one's tune; **ich verbitte mir diesen
~!** I will not be spoken to like that! ⑤ (*Farbton*) tone ▶WENDUNGEN: **der ~ macht die
Musik** (*prov*) it's not what you say, but the
way you say it; **den ~ angeben** to set the
tone; **hast du Töne!** (*fam*) you can't be serious!
Tonart *f* ① MUS key ② (*Typ von Ton*¹) type of
clay
Tonaufnahme *f* sound recording
Tonband *nt* tape; **etw** *akk* **auf ~ aufnehmen**
to tape sth
Tonbandgerät *nt* tape recorder
tönen ['tø:·nən] *vt* to tint; *Haare* to color
Tonfall *m* tone of voice
Tonfilm *m* sound film
Tongefäß *nt* earthenware vessel
Tonhöhe *f* pitch
Toningenieur, -ingenieurin [-ɪn·ʒe·ni̯ø:ɐ̯]
m, f sound engineer
Tonlage *f* pitch
Tonleiter *f* scale
tonlos *adj* flat
Tonne <-, -n> ['tɔ·nə] *f* ① (*zylindrischer
Behälter*) barrel ② (*Mülltonne*) garbage can;
grüne ~ recycling container for paper ③ (*Ge-
wichtseinheit*) ton ④ (*fam: fetter Mensch*) fat-
so *sl*

tonnenweise *adv* by the ton
Tonstörung *f* sound interference
Tontechniker(in) *m(f)* sound technician
Tonträger *m* sound carrier
Tönung <-, -en> *f* ① (*das Tönen*) tinting
② (*Produkt für Haare*) hair color ③ (*Farbton*)
shade
Topf <-[e]s, Töpfe> ['tɔpf, *pl* 'tœp·fə] *m*
① (*Kochtopf*) pot, sauce pan ② (*Nachttopf*)
bedpan ③ (*Topf für Kleinkinder*) potty *fam*
▶WENDUNGEN: **alles in einen ~ werfen** to
lump everything together
Töpfer(in) <-s, -> ['tœp·fɐ] *m(f)* potter
Töpferei <-, -en> [tœp·fə·'rai] *f* pottery
töpfern ['tœp·fɐn] **I.** *vi* to do pottery **II.** *vt*
■ **etw** ~ to make sth from clay
Töpferscheibe *f* potter's wheel
Töpferwaren *pl* pottery
Topflappen *m* pot holder
Topfpflanze *f* potted plant
Topmodel ['tɔp·mɔ·dl̩] *nt* supermodel
Tor <-[e]s, -e> ['to:ɐ̯] *nt* ① (*breite Tür*) gate;
Garage door ② (*Torbau*) gateway ③ SPORT goal;
ein ~ schießen to score a goal; **im ~ stehen**
to be the goalkeeper [*or* goalie]
Torbogen *m* archway
Torf <-[e]s, -e> ['tɔrf] *m* peat
töricht ['tœ·rɪçt] **I.** *adj* (*geh*) foolish **II.** *adv*
(*geh*) foolishly
torkeln ['tɔr·kl̩n] *vi sein* ① (*taumeln*) to reel
② (*irgendwohin taumeln*) to stagger
Torlinie *f* goal line
Tornado <-s, -s> [tɔr·'na:·do] *m* tornado,
twister
Torpedo <-s, -s> [tɔr·'pe:·do] *m* torpedo
TorschlusspanikRR *f* (*fam*) **~ haben** to be
afraid of missing the boat
Torschütze, -schützin *m, f* scorer
Torte <-, -n> ['tɔr·tə] *f* torte, cake; (*Obstkuchen*) tart
Tortenboden *m* tart shell [*or* base]
Tortenheber <-s, -> *m* cake server
Torwart(in) *m(f)* goalkeeper, goalie
Toskana <-> [tɔs·'ka:·na] *f* Tuscany
tot ['to:t] *adj* ① (*gestorben*) dead; **sich** *akk*
~ **stellen** to play dead; **~ umfallen** to drop
dead ② (*abgestorben*) dead ③ (*nicht mehr
genutzt*) no longer in use
total [to·'ta:l] *adj* total
Totalausverkauf *m* clearance sale
totalitär [to·ta·li·'tɛ:ɐ̯] **I.** *adj* totalitarian **II.** *adv*
in a totalitarian manner
Totalschaden *m* write-off
Tote(r) ['to:·tə] *f(m)* (*toter Mensch*) dead person; (*Todesopfer*) fatality
töten ['tø:·tn̩] *vt* to kill
Totenkopf *m* ① ANAT skull ② (*Zeichen*) skull
and crossbones
Totenschädel *m s.* **Totenkopf 1**
Totenschein *m* death certificate
totenstill ['to:·tn̩·'ʃtɪl] *adj* ■ **es/alles ist ~** it/
everything is deadly silent
Totenwache *f* **die ~ halten** to hold the wake

tot|fahren *irreg vt* (*fam*) ■jdn/etw ~ to run over [and kill] sb/sth

Totgeburt *f* stillbirth

tot|lachen *vr* (*fam*) ■sich *akk* [über etw/jdn] ~ to die laughing [about sth/sb]

tot|schießen *vt irreg* (*fam*) ■jdn/etw ~ to shoot sb/sth dead

Totschlag *m kein pl* manslaughter

Totschlagargument *nt* (*pej fam*) dead-end argument

tot|schlagen *vt irreg* (*fam*) ■jdn/etw ~ to beat sb/sth to death

tot|schweigen *vt irreg* ❶ (*über etw nicht sprechen*) to hush up ❷ (*über jdn nicht sprechen*) ■jdn ~ to keep quiet about sb

Tötung <-, *selten* -en> *f* killing; **fahrlässige** ~ [involuntary] manslaughter

Tötungsversuch *m* JUR attempted murder

Toupet <-s, -s> [tu·'pe:] *nt* toupee

toupieren* [tu·'pi:·rən] *vt* ■jdm/sich die Haare ~ to tease sb's/one's hair

Tour <-, -en> [tu:ɐ̯] *f* ❶ (*Geschäftsfahrt*) trip ❷ (*Ausflugsfahrt*) tour; **eine ~ machen** to go on a tour ❸ (*fam: Vorhaben*) wheeling and dealing *fam;* **jdm auf die dumme ~ kommen** to try to cheat sb ▶ WENDUNGEN: **auf ~en kommen** (*fam*) to get into high gear; **in einer ~** (*fam*) nonstop

Tourismus <-> [tu·'rɪs·mʊs] *m kein pl* tourism

Tourist(in) <-en, -en> [tu·'rɪst] *m(f)* tourist

Touristik <-> [tu·'rɪs·tɪk] *f kein pl* tourism

touristisch *adj inv* touristic *attr*

Tournee <-, -n *o* -s> [tʊr·'ne:, *pl* -'ne:ən] *f* tour; **auf ~ gehen/sein** to go/be on tour

toxisch ['tɔk·sɪʃ] *adj* toxic

Trab <-[e]s> [tra:p] *m kein pl* trot ▶ WENDUNGEN: **jdn auf ~ bringen** (*fam*) to make sb get a move on

traben ['tra:·bn̩] *vi* ❶ *haben o sein* (*im Trab laufen o reiten*) to trot ❷ *sein* (*sich im Trab irgendwohin bewegen*) to trot

Tracht <-, -en> [traxt] *f* ❶ (*Volkstracht*) traditional attire ❷ (*Berufskleidung*) uniform ▶ WENDUNGEN: **eine ~ Prügel** (*fam*) a walloping

trächtig ['trɛç·tiç] *adj Tier* pregnant

Tradition <-, -en> [tra·di·'tsi̯oːn] *f* tradition; **aus ~** traditionally

traditionell [tra·di·tsi̯o·'nɛl] *adj meist attr* traditional

traf [tra:f] *imp von* **treffen**

Trafo <-[s], -s> ['tra:·fo] *m* (*fam*) *kurz für* **Transformator** transformer

tragbar *adj* ❶ (*portabel konstruiert*) portable ❷ (*akzeptabel*) acceptable

träge ['trɛː·gə] **I.** *adj* ❶ (*schwerfällig*) lethargic ❷ PHYS, CHEM inert **II.** *adv* lethargically

tragen <trägt, trug, getragen> ['tra:·gn̩] **I.** *vt* ❶ (*schleppen*) to carry ❷ (*mit sich führen*) ■etw bei sich *dat* ~: **tragen Sie Waffen bei sich?** do you have any weapons on you? ❸ (*anhaben*) to wear ❹ (*in bestimmter Weise frisiert sein*) **einen Bart ~** to have a beard;

das Haar kurz/lang ~ to have short/long hair ❺ (*stützen*) to support ❻ AGR, HORT to produce ❼ (*ertragen*) to bear ❽ (*für etw aufkommen*) to bear **II.** *vi* ❶ AGR, HORT to produce ❷ (*trächtig sein*) to be pregnant ❸ (*das Begehen aushalten*) to withstand weight ❹ MODE to wear; **sie trägt lieber kurz** she prefers to wear short clothing ▶ WENDUNGEN: **an etw** *dat* **schwer zu ~ haben** to have a heavy cross to bear with sth; **zum T~ kommen** to come into effect **III.** *vr* ❶ (*sich schleppen lassen*) **sich leicht/schwer ~** to be easy/hard to carry ❷ MODE **die Hose trägt sich bequem** the pants are comfortable ❸ (*geh: in Erwägung ziehen*) ■sich *akk* **mit etw** *dat* ~ to contemplate sth ❹ FIN ■sich ~ to pay for itself

Träger <-s, -> *m* ❶ *meist pl* MODE strap; *Hose* suspenders *npl* ❷ BAU girder

Tragetasche *f* [tote] bag

Tragfläche *f* wing

Trägheit <-, *selten* -en> *f* ❶ *kein pl* (*Schwerfälligkeit*) sluggishness; (*Faulheit*) laziness ❷ PHYS inertia

Tragik <-> ['tra:·gɪk] *f kein pl* tragedy

tragisch ['tra:·gɪʃ] **I.** *adj* tragic; **es ist nicht** [so] ~ (*fam*) it's not the end of the world **II.** *adv* tragically; **nimm's nicht so ~!** (*fam*) don't take it to heart!

Tragödie <-, -n> [tra·'gø:·di̯ə] *f a.* LIT, THEAT tragedy

Tragweite *f* scale; (*einer Entscheidung, Handlung*) consequence

Trainer <-s, -> ['trɛː·nɐ] *m* SCHWEIZ tracksuit

Trainer(in) <-s, -> ['trɛː·nɐ] *m(f)* coach

trainieren* [trɛ·'niː·rən] **I.** *vt* ❶ (*durch Training üben*) to practice ❷ (*auf Wettkämpfe vorbereiten*) ■jdn ~ to coach sb **II.** *vi* ❶ (*üben*) to practice ❷ (*sich auf Wettkämpfe vorbereiten*) to train

Training <-s, -s> ['trɛː·nɪŋ] *nt* practice

Trainingsanzug <-s, -züge> ['trɛː·nɪŋs-] *m* tracksuit

Trakt <-[e]s, -e> ['trakt] *m* ARCHIT wing

Traktor <-s, -toren> ['trak·to:ɐ̯, *pl* -'to:·rən] *m* tractor

Tram <-, -s *o* nt, -s> ['tram] *f o nt* SCHWEIZ streetcar

Trambahn *f* SÜDD streetcar

Trampel <-s, -> ['tram·pl̩] *m o nt* (*fam*) klutz

trampeln ['tram·pl̩n] *vi* ❶ *haben* (*stampfen*) **mit den Füßen** ~ to stamp one's feet ❷ *sein* (*sich trampelnd bewegen*) to stomp along; **sie trampelten die Treppe hinunter** they stomped down the stairs

Trampelpfad *m* trail

trampen ['trɛmpn̩] *vi sein* to hitchhike

Tramper(in) <-s, -> ['trɛm·pɐ] *m(f)* hitchhiker

Trampolin <-s, -e> ['tram·po·li:n] *nt* trampoline

Tramway <-, -s> ['tram·vai] *f* ÖSTERR (*Straßenbahn*) streetcar

Trance <-, -n> ['trã:s(ə)] *f* trance

Träne <-, -n> ['trɛː·nə] *f* tear; **in ~n aufgelöst** in tears; **den ~n nahe sein** to be close to tears; **jdm kommen die ~n** sb is starting to cry; **~n lachen** to laugh until one cries

tränen ['trɛː·nən] *vi* to water

trank [traŋk] *imp von* **trinken**

tränken ['trɛŋ·kn̩] *vt* ➊ (*durchnässen*) to soak ➋ *Tier* to water

Transfer <-s, -s> [trans·'feːɐ̯] *m* transfer

Transformator <-s, -en> [trans·fɔr·'maː·toːɐ̯, *pl* -ma·'toː·rən] *m* transformer

Transistor <-s, -en> [tran·'zɪs·toːɐ̯, *pl* -'toː·rən] *m* transistor

transitiv ['tran·zi·tiːf] *adj* LING transitive

Transitverkehr [tran·'zɪt-] *m* transit traffic

Transkription <-, -en> [trans·krɪp·'tsi̯oːn] *f* LING, MUS transcription

transparent [trans·pa·'rɛnt] *adj* transparent

Transparent <-[e]s, -e> [trans·pa·'rɛnt] *nt* banner

Transparenz <-> [trans·pa·'rɛnts] *f kein pl* (*geh*) transparency

Transplantation <-, -en> [trans·plan·ta·'tsi̯oːn] *f* transplant; (*Haut*) graft

transplantieren* [trans·plan·'tiː·rən] *vt* to transplant

Transport <-[e]s, -e> [trans·'pɔrt] *m* transport

Transporter <-s, -> [trans·'pɔr·tɐ] *m* ➊ (*Lieferwagen*) van ➋ LUFT cargo plane

transportfähig *adj* transportable

transportieren* [trans·pɔr·'tiː·rən] *vt* ➊ (*befördern*) to transport; (*Person*) to move ➋ FOTO to wind

Transportmittel *nt* means of transportation

Transportunternehmen *nt* trucking company

transsexuell [trans·zɛ·'ksu̯·ɛl] *adj* transsexual

Transvestit <-en, -en> [trans·vɛs·'tiːt] *m* transvestite

Trapez <-es, -e> [tra·'peːts] *nt* ➊ MATH trapezoid ➋ (*Artistenschaukel*) trapeze

trat [traːt] *imp von* **treten**

Tratsch <-[e]s> [traːtʃ] *m kein pl* (*fam*) gossip

tratschen ['traː·tʃn̩] *vi* (*fam*) to gossip (**über** +*akk* about)

Traualtar *m* altar; **[mit jdm] vor den ~ treten** (*geh*) to walk down the aisle [with sb]

Traube <-, -n> ['trau·bə] *f* ➊ *meist pl* (*Weintraube*) grape *usu pl* ➋ (*Ansammlung*) cluster

Traubensaft *m* grape juice

Traubenzucker *m* glucose

trauen[1] ['trau·ən] *vt* ■ **jdn ~** to join sb in marriage; ■ **sich** *akk* **~ lassen** to marry

trauen[2] ['trau·ən] **I.** *vi* (*vertrauen*) to trust **II.** *vr* ■ **sich** *akk* **~, etw** *akk* **zu tun** to dare to do sth

Trauer <-> ['trau·ɐ] *f kein pl* grief

Trauerfall *m* bereavement

Trauergottesdienst *m* funeral service

Trauerkleidung *f* mourning attire [*or* dress]

trauern ['trau·ɐn] *vi* to mourn (**um** +*akk* for)

Traum <-[e]s, Träume> ['traum, *pl* 'trɔy·mə] *m* dream; **es war immer mein ~, mal so eine Luxuslimousine zu fahren** I've always dreamed of driving a luxury car like this ▶ WENDUNGEN: **etw fällt jdm im ~ nicht ein** sb wouldn't dream of it; **aus der ~!** so much for

that!

Trauma <-s, Traumen *o* -ta> ['trau·ma, *pl* 'trau·mən, -ta] *nt* trauma

traumatisch [trau·'maː·tɪʃ] *adj* traumatic

Traumen *pl von* **Trauma**

träumen ['trɔy·mən] **I.** *vi* ➊ (*Träume haben*) to dream; **schlecht ~** to have bad dreams ➋ (*Wünsche*) ■ **von jdm/etw ~** to dream about sb/sth; **jd hätte sich** *dat* **etw** *akk* **nie ~ lassen** sb never would have dreamed of [doing] sth; **jd hätte sich** *dat* **nie ~ lassen, dass ...** sb never would have thought it possible that ... ➌ (*abwesend sein*) to daydream **II.** *vt* to dream

Träumer(in) <-s, -> ['trɔy·mɐ] *m(f)* [day]dreamer

Träumerei <-, -en> [trɔy·mə·'rai] *f meist pl* dream *usu pl*

traumhaft *adj* (*fam*) dreamlike

Traumpaar *nt* perfect couple

traurig ['trau·rɪç] **I.** *adj* ➊ (*betrübt*) sad ➋ (*betrüblich*) sorry; **die ~e Tatsache ist, dass ...** the sad fact of the matter is that ... ➌ (*sehr bedauerlich*) ■ **[es ist] ~, dass ...** it's unfortunate that ..., unfortunately ... **II.** *adv* (*betrübt*) sadly ▶ WENDUNGEN: **mit etw** *dat* **sieht es ~ aus** sth doesn't look too good

Traurigkeit <-> *f kein pl* sadness

Trauring *m* wedding ring [*or* band]

Trauschein *m* marriage certificate

Trauung <-, -en> ['trau·ʊŋ] *f* marriage [*or* wedding] ceremony

Trauzeuge, -zeugin *m, f* best man, witness to a marriage

Treff <-s, -s> [trɛf] *m* (*fam*) ➊ (*Treffen*) get-together ➋ (*Treffpunkt*) meeting point

treffen <trifft, traf, getroffen> [trɛ·fn̩] **I.** *vt haben* ➊ (*mit jdm zusammenkommen*) to meet ➋ (*antreffen*) to find; **ich habe ihn zufällig in der Stadt getroffen** I bumped into him in town ➌ (*mit einem Wurf, Schlag etc. erreichen*) to hit ➍ (*innerlich bewegen*) ■ **jdn mit etw** *dat* **~** to hit a sore spot with sb; ■ **jdn ~** to affect sb; **sich** *akk* **durch etw** *akk* **getroffen fühlen** to take sth personally ➎ *Maßnahmen, Vorkehrungen* to take ➏ *Entscheidung* to make; **eine Abmachung ~** to have an agreement ➐ (*wählen*) **den richtigen Ton ~** to strike the right chord; **auf dem Foto bis du wirklich gut getroffen** that's a really good picture of you; **du hättest es auch schlechter ~ können** it could have been worse **II.** *vi* ➊ *sein* (*antreffen*) ■ **auf jdn ~** to meet sb ➋ *haben* (*sein Ziel erreichen*) to meet, to hit ➌ *haben* (*verletzen*) to hurt **III.** *vr haben* ■ **sich** *akk* **[mit jdm] ~** to meet [sb]; **das trifft sich [gut]** that works out [great]

Treffen <-s, -> [trɛ·fn̩] *nt* meeting

treffend *adj* appropriate

Treffer <-s, -> *m* ➊ (*ins Ziel gegangener Schuss*) hit, bull's-eye ➋ (*Tor*) goal ➌ (*Gewinnlos*) winner

Trefferquote *f* hit ratio

Treffpunkt *m* meeting point

treiben <trieb, getrieben> ['traɪ·bn̩] **I.** *vt* haben ❶ (*durch Antreiben drängen*) to drive ❷ (*fortbewegen*) ■ jdn/etw [irgendwohin] ~ (*durch Wasser*) to wash sb/sth [somewhere]; (*durch Wind*) to blow sb/sth [somewhere] ❸ (*bringen*) ■ jdn zu etw *dat* ~ to drive sb to sth; jdn in den Wahnsinn ~ to drive sb mad; jdn zur Eile ~ to rush sb ❹ *Nagel* to drive (in +*akk* into) ❺ TECH to propel ❻ (*fam: anstellen*) ■ etw ~ to be up to sth; dass ihr mir bloß keinen Blödsinn treibt! don't you [guys] try to pull any nonsense now! ❼ *Tiere* to drive ❽ BOT to sprout ❾ (*betreiben*) *Gewerbe* to carry out; *Handel* to trade ❿ (*fam*) es zu bunt/wild ~ to go too far ⓫ (*sl: Sex haben*) es [mit jdm] ~ to do it [with sb] **II.** *vi* ❶ *sein* (*sich fortbewegen*) to drift; ■ sich *akk* [von etw *dat*] ~ lassen to let oneself be carried along [by sth] ❷ *haben* BOT to sprout ❸ *haben* KOCHK to rise ❹ *haben* (*diuretisch wirken*) to have a diuretic effect ▶ WENDUNGEN: sich *akk* ~ lassen to drift

Treiben <-s> ['traɪ·bn̩] *nt kein pl* ❶ (*pej: üble Aktivität*) dirty tricks ❷ (*geschäftige Aktivität*) hustle and bustle

Treibgas *nt* propellant

Treibhaus *nt* greenhouse

Treibhauseffekt *m kein pl* ■ der ~ the greenhouse effect

Treibholz *nt kein pl* driftwood

Treibstoff *m* fuel

Trend <-s, -s> ['trɛnt] *m* trend; voll im ~ liegen to be very popular at the moment

Trendsetter(in) <-s, -> *m(f)* trendsetter

Trendwende *f* change [of direction]

trennen ['trɛ·nən] **I.** *vt* ❶ (*abtrennen*) ■ etw von etw *dat* ~ to cut sth off [of/from] sth; (*bei einem Unfall*) to sever sth from sth ❷ (*ablösen*) die Knöpfe von etw *dat* ~ to remove the buttons from sth ❸ (*auseinanderbringen*) to separate (von +*dat* from) ❹ (*teilen*) to separate (von +*dat* from) ❺ LING to divide **II.** *vr* ❶ (*getrennt weitergehen*) ■ sich *akk* ~ to part company ❷ (*die Beziehung lösen*) ■ sich *akk* von jdm ~ to split up with sb ❸ (*von etw lassen*) ■ sich *akk* von etw *dat* ~ to part with sth **III.** *vi* ■ [zwischen ihnen] ~ to differentiate [between them]

Trennung <-, -en> *f* ❶ (*Scheidung*) separation; in ~ leben to be separated ❷ (*Unterscheidung*) distinction ❸ LING division

Trennungsstrich *m* hyphen

Trennwand *f* partition [wall]

treppab [trɛp·'ʔap] *adv inv* downstairs; **trepp-auf, ~** up and down the stairs

treppauf [trɛp·'ʔauf] *adv inv* upstairs

Treppe <-, -n> ['trɛ·pə] *f* stairs *pl*

Treppenabsatz *m* landing

Treppengeländer *nt* handrail

Treppenhaus *nt* stairwell

Treppenstufe *f* step

Tresen <-s, -> ['tre:·zn̩] *m* ❶ (*Theke*) bar ❷ (*Ladentisch*) counter

Tresor <-s, -e> [tre·'zo:ɐ̯] *m* ❶ (*Safe*) safe ❷ (*Tresorraum*) strongroom

treten <tritt, trat, getreten> ['tre:·tn̩] **I.** *vt* haben ❶ (*mit dem Fuß stoßen*) to kick ❷ (*mit dem Fuß betätigen*) to step on; die Bremse ~ to brake **II.** *vi* ❶ *haben* (*mit dem Fuß stoßen*) to kick; ■ nach jdm ~ to kick out at sb; sie trat ihm in den Bauch she kicked him in the stomach ❷ *sein* (*einen Schritt machen*) to step; ~ Sie bitte zur Seite please step aside; pass auf, wohin du trittst watch where you step [or your step] ❸ *sein o haben* (*den Fuß setzen*) to tread (auf +*akk* on) ❹ *sein o haben* (*betätigen*) to step (auf +*akk* on); auf die Bremse ~ to put on the brakes ❺ *sein* (*hervorkommen*) ■ aus etw *dat* ~ to come out of sth; der Fluss trat über seine Ufer the river overflowed its banks; Schweiß trat ihm auf die Stirn sweat appeared on his forehead **III.** *vr* sie trat sich einen Nagel in den Fuß she stepped on a nail

Tretmine *f* antipersonnel mine

treu ['trɔy] **I.** *adj* ❶ (*loyal*) loyal; sich *dat* selbst ~ bleiben to remain true to oneself ❷ (*verlässlich*) loyal ❸ (*keinen Seitensprung machend*) faithful ❹ (*fig*) der Erfolg blieb ihm ~ he had continued success **II.** *adv* ❶ (*loyal*) loyally ❷ (*treuherzig*) trustingly

Treue <-> ['trɔyə] *f kein pl* ❶ (*Loyalität, Verlässlichkeit*) loyalty ❷ (*monogames Verhalten*) fidelity; jdm die ~ halten to be faithful to sb

Treueschwur *m* ❶ (*Schwur, jdm treu zu sein*) vow to be faithful ❷ HIST (*Eid*) oath of allegiance

Treuhandgesellschaft *f* trust company

treulos **I.** *adj* ❶ *Ehemann* unfaithful ❷ (*ungetreu*) disloyal **II.** *adv* disloyally

Treulosigkeit <-> *f kein pl* disloyalty, unfaithfulness

Triangel <-s, -> ['tri:·aŋl̩] *m o* ÖSTERR *nt* triangle

Tribunal <-s, -e> [tri·bu·'na:l] *nt* (*geh*) tribunal

Tribüne <-, -n> [tri·'by:·nə] *f* stand

Tribut <-[e]s, -e> [tri·'bu:t] *m* HIST tribute

Trichter <-s, -> ['trɪç·tɐ] *m* ❶ (*Einfülltrichter*) funnel ❷ (*Explosionskrater*) crater

Trick <-s, -s> ['trɪk] *m* ❶ (*Täuschungsmanöver*) trick; keine faulen ~s! (*fam*) no funny business! ❷ (*Kunstgriff*) trick; den ~ raushaben[, wie etw gemacht wird] (*fam*) to get the hang of sth

Trickaufnahme *f* FILM special effect

Trickbetrüger(in) *m(f)* con artist [or man]

Trickfilm *m* cartoon [or animated] movie

trieb ['tri:p] *imp von* **treiben**

Trieb¹ <-[e]s, -e> ['tri:p, *pl* 'tri:·bə] *m* BOT shoot

Trieb² <-[e]s, -e> ['tri:p, *pl* 'tri:·bə] *m* ❶ (*innerer Antrieb*) drive ❷ (*Sexualtrieb*) sex[ual] drive

Triebkraft *f* ❶ (*fig*) driving force ❷ BOT germinating power

Triebtäter(in) *m(f)* sex offender

Triebverbrechen *nt* sex crime

Triebwerk *nt* engine

triefen <triefte *o geh* troff, getrieft> ['triː·fn̩] *vi* ❶ (*rinnen*) to run; (*Auge*) to water; ■ **aus etw** *dat* ~ to pour from [*or* out of] sth ❷ **vor Nässe** ~ to be dripping wet ❸ (*geh: strotzen*) ■ **vor etw** *dat* ~ to be dripping with sth *fig*

trifft ['trɪft] *3. pers sing pres von* **treffen**

triftig ['trɪf·tɪç] **I.** *adj* good; *Argument, Grund* convincing **II.** *adv* convincingly; |jdm **etw** *akk*| ~ **begründen** to make a valid argument [to sb for [*or* about] sth]

Trikot¹ <-s> [tri·'koː, 'trɪ·ko] *m o nt kein pl* (*dehnbares Gewebe*) tricot

Trikot² <-s, -s> [tri·'koː, 'trɪ·ko] *nt* MODE, SPORT jersey

Trillerpfeife ['trɪ·lə-] *f* whistle

Trilogie <-, -n> [tri·lo·'giː, *pl* -'giː·ən] *f* trilogy

Trimm-dich-Pfad *m* fitness course

trimmen ['trɪ·mən] **I.** *vt* ❶ (*trainieren*) to train (**auf** *+akk* for) ❷ (*scheren*) to trim **II.** *vr* ■ **sich** *akk* |**durch etw** *akk*| ~ to stay fit [by doing sth]

trinkbar *adj* drinkable

trinken <trank, getrunken> ['trɪŋ·kn̩] **I.** *vt* ❶ (*Flüssigkeit schlucken*) to drink; **möchten Sie lieber Kaffee oder Tee** ~**?** would you prefer coffee or tea [to drink]?; ■ **etw zu** ~ sth to drink; |**mit jdm**| **einen** ~ **gehen** (*fam*) to go for a drink [with sb] ❷ (*anstoßen*) ■ **auf jdn/etw** ~ to drink to sb/sth **II.** *vi* to drink

Trinker(in) <-s, -> *m(f)* drunk[ard]; (*Alkoholiker*) alcoholic

trinkfest *adj* ■ ~ **sein** to be able to hold one's alcohol

Trinkgeld *nt* tip; ~ **geben** to give a tip

ℹ️ Tipping is voluntary but usually expected, as the wages in the service industry are very low. If a customer is happy with the service, a **Trinkgeld** (tip) of 5–10% (around 15% in Austria) is standard in cafés and restaurants.

Trinkspruch *m* toast

Trinkwasser *nt* drinking water

Trinkwasseraufbereitung *f* drinking water purification

Trio <-s, -s> ['triːo] *nt* trio

Trip <-s, -s> [trɪp] *m* ❶ (*fam: Ausflug*) trip ❷ (*sl: Drogenrausch*) trip *fam;* **auf einem** ~ **sein** to be tripping *fam*

tritt [trɪt] *3. pers sing pres von* **treten**

Tritt <-[e]s, -e> [trɪt] *m* ❶ (*Fußtritt*) kick; jdm/etw **einen** ~ **geben** to kick sb/sth ❷ *kein pl* (*Gang*) step ❸ (*Stufe*) step

Trittbrettfahrer(in) *m(f)* (*fam*) fare evader, freeloader; (*fig: Nachahmer*) copycat

Triumph <-[e]s, -e> [tri·'ʊmf] *m* triumph

Triumphbogen *m* triumphal arch

triumphieren* [tri·ʊm·'fiː·rən] *vi* (*geh*) ❶ (*frohlocken*) to rejoice; **höhnisch** ~ to gloat ❷ (*erfolgreich sein*) to triumph (**über** *+akk* over)

triumphierend I. *adj* triumphant **II.** *adv* triumphantly

Triumphzug *m* triumphal procession

trocken ['trɔ·kn̩] **I.** *adj* ❶ (*ausgetrocknet*) dry ❷ (*nicht mehr nass*) dry; **im T~en** out of the rain ❸ *a.* METEO *Gebiet* dry ❹ *Wein* dry ❺ *Buch* dull; *Zahlen* dry ▶ WENDUNGEN: **auf dem T~en sitzen** (*fam*) to be broke **II.** *adv* ~ **aufbewahren** to keep in a dry place; **sich** *akk* ~ **rasieren** to use an electric razor, to dry shave

Trockenhaube *f* [salon] hair dryer

Trockenheit <-, *selten* -en> *f* ❶ (*Dürreperiode*) drought ❷ (*trockene Beschaffenheit*) *a. eines Gebietes* dryness

trocken|legen *vt* ❶ (*windeln*) **ein Baby** ~ to change a baby['s diaper] ❷ (*entwässern*) to drain

Trockenobst *nt kein pl* dried fruit

trocken|reiben *vt irreg* ■ jdn/**etw** ~ to rub sb/sth dry

Trockenzeit *f* dry season

trocknen ['trɔk·nən] **I.** *vi sein* to dry **II.** *vt haben* ❶ (*trocken machen*) *a.* KOCHK to dry ❷ (*abtupfen*) **sie trocknete ihm den Schweiß von der Stirn** she wiped the sweat from his forehead; **komm, ich trockne dir die Tränen** come here and let me dry your tears

Trockner <-s, -> *m* drier

Trödel <-s> ['trøː·dl̩] *m kein pl* (*fam*) junk

Trödelei <-, -en> [trøː·də·'lai] *f* (*fam*) dilly-dallying

Trödelmarkt *m s.* **Flohmarkt**

trödeln ['trøː·dln̩] *vi* ❶ *haben* (*langsam sein*) to dilly-dally ❷ *sein* (*langsam schlendern*) to [take a] stroll

Trödler(in) <-s, -> ['trøː·d·lɐ] *m(f)* ❶ (*Altwarenhändler*) second-hand dealer ❷ (*fam: trödelnder Mensch*) dilly-dallier

troff ['trɔf] *imp von* **triefen**

trog ['troːk] *imp von* **trügen**

Trog <-[e]s, Tröge> ['troːk, *pl* 'trøː·gə] *m* trough

Troll <-s, -e> ['trɔl] *m* troll

Trolleybus ['trɔ·li·bʊs] *m bes* SCHWEIZ trolley bus

Trommel <-, -n> ['trɔ·ml̩] *f* MUS, TECH, COMPUT drum

Trommelfell *nt* eardrum

trommeln ['trɔ·mln̩] **I.** *vi* to drum **II.** *vt* MUS **einen Rhythmus** ~ to beat out a *sep* rhythm

Trommler(in) <-s, -> *m(f)* drummer

Trompete <-, -n> [trɔm·'peː·tə] *f* trumpet

Trompeter(in) <-s, -> *m(f)* trumpeter

Tropen ['troː·pn̩] *pl* ■ **die** ~ the tropics *pl*

Tropenkrankheit *f* tropical disease

Tropenwald *m* tropical rain forest

Tropf <-[e]s, -e> ['trɔpf] *m* MED drip

tröpfeln ['trœp·fln̩] **I.** *vi* ❶ *haben* (*ständig tropfen*) to drip ❷ *sein* (*rinnen*) to drip (**aus** *+dat* from) **II.** *vi impers* to drizzle **III.** *vt* ■ **etw auf/in etw** *akk* ~ to put sth onto/into sth

tropfen ['trɔp·fn̩] *vi* ❶ *haben* (*Tropfen fallen lassen*) to drip; (*Nase*) to run ❷ *sein* (*tropfenweise gelangen*) ■**aus etw** *dat* [irgendwohin] ~ to drip from sth [somewhere]

Tropfen <-s, -> ['trɔp·fn̩] *m* ❶ (*kleine Menge Flüssigkeit*) drop; **bis auf den letzten** ~ [down] to the last drop ❷ *pl* PHARM, MED drops *pl* ▶ WENDUNGEN: **ein** ~ **auf den heißen Stein** (*fam*) just a drop in the ocean

Tropfstein *m* ❶ (*Stalaktit*) stalactite ❷ (*Stalagmit*) stalagmite

Tropfsteinhöhle *f* cave with stalactites and stalagmites

Trophäe <-, -n> [tro·'fɛ:ə] *f* trophy

tropisch ['tro:·pɪʃ] *adj* tropical

Trost <-[e]s> ['tro:st] *m kein pl* ❶ (*Linderung*) consolation; **ein schwacher** ~ **sein** to be of little consolation; **das ist ein schöner** ~ (*iron*) some comfort that is ❷ (*Zuspruch*) words of comfort; **jdm** ~ **spenden** to comfort sb ▶ WENDUNGEN: **nicht** [ganz] **bei** ~ **sein** (*fam*) to have taken leave of one's senses

trösten ['trø:s·tn̩] I. *vt* (*jds Kummer lindern*) to comfort; **sie war von nichts und niemandem zu** ~ she was utterly inconsolable; ■**etw tröstet jdn** sth is of consolation to sb II. *vr* ■**sich** *akk* [mit jdm] ~ to find consolation [with sb]; ■**sich** *akk* [mit etw *dat*] ~ to console oneself [with sth]

tröstlich *adj* comforting

trostlos *adj* ❶ (*deprimierend*) miserable ❷ (*öde und hässlich*) desolate; *Landschaft* bleak

Trostlosigkeit <-> *f kein pl* ❶ (*deprimierende Art*) miserableness ❷ (*triste Beschaffenheit*) desolateness

Trostpreis *m* consolation prize

Trott <-s> ['trɔt] *m kein pl* routine

Trottel <-s, -> ['trɔ·tl̩] *m* (*fam*) bonehead *sl*

trotten ['trɔ·tn̩] *vi sein* to trudge [along]

trotz ['trɔts] *präp* + *gen* despite

Trotz <-es> ['trɔts] *m kein pl* defiance; **aus** ~ [gegen jdn/etw] out of spite [for sb/sth]; **jdm/einer S. zum** ~ in defiance of sb/sth

Trotzalter *nt* difficult age, the terrible twos

trotzdem ['trɔts·de:m] *adv* nevertheless; (*aber*) still

trotzen ['trɔ·tsn̩] *vi* ■**jdm/einer S.** ~ (*die Stirn bieten*) to resist sb/brave sth; (*sich widersetzen*) to defy sb/sth; **einer Herausforderung** ~ to meet a challenge

trotzig ['trɔ·tsɪç] *adj* defiant

Trotzkopf *m* (*fam: trotziges Kind*) [little] brat

trübe ['try:·bə] *adj* ❶ (*unklar*) murky; *Saft, Urin* cloudy; *Glas, Spiegel* dull ❷ (*matt*) dim ❸ *Himmel* dull ❹ (*deprimierend*) bleak; *Stimmung* gloomy ▶ WENDUNGEN: **mit etw** *dat* **sieht es** ~ **aus** the prospects [for sth] are [looking] bleak

Trubel <-s> ['tru:·bl̩] *m kein pl* hustle and bustle

trüben ['try:·bn̩] I. *vt* ■**etw** ~ ❶ (*unklar machen*) to make sth murky [*or* cloudy] ❷ (*be-*

einträchtigen) to cast a cloud over sth; *Beziehungen, ein Verhältnis* to strain II. *vr* ❶ (*unklar werden*) ■**sich** *akk* ~ to become murky ❷ (*geh*) **sein Gedächtnis trübte sich im Alter** his memory is becoming cloudy in his old age

Trübsal ['try:p·za:l] *f kein pl* (*geh*) ❶ (*Betrübtheit*) grief ❷ (*Leid*) suffering ▶ WENDUNGEN: ~ **blasen** (*fam*) to mope

trübselig *adj* ❶ (*betrübt*) miserable; *Miene* gloomy ❷ (*trostlos*) bleak

Trübsinn *m kein pl* gloom[iness]

Trübung <-, -en> *f* ❶ (*Veränderung zum Unklaren*) clouding ❷ (*Beeinträchtigung*) straining

Trüffel¹ <-, -> ['tryfl̩] *f* (*Pilz*) truffle

Trüffel² <-, -n> ['try·fl̩] *f* (*gefüllte Praline*) truffle

trug ['k] *imp von* **tragen**

Trug <-[e]s> [':k] *m kein pl* (*Betrug*) delusion; **Lug und** ~ lies and deception

Trugbild *nt* (*veraltend geh*) illusion

trügen <trog, getrogen> ['try:gn̩] I. *vt* **wenn mich nicht alles trügt** unless I'm very much mistaken II. *vi* to be deceptive

trügerisch ['try:·gə·rɪʃ] *adj* deceptive

Trugschluss^RR *m* fallacy

Truhe <-, -n> ['tru:ə] *f* chest

Trümmer ['trʏ·mɐ] *pl* rubble; *eines Flugzeugs* wreckage; **in** ~**n liegen** to lie in ruins *pl*

Trümmerhaufen *m* pile of rubble

Trumpf <-[e]s, Trümpfe> ['trʊmpf, *pl* 'trʏm·pfə] *m* ❶ KARTEN trump [card]; ~ **sein** to be trumps ❷ (*fig: entscheidender Vorteil*) trump card; **noch einen** ~ **in der Hand haben** to have another ace up one's sleeve

Trunk <-[e]s, Trünke> ['trʊŋk, *pl* 'trʏŋ·kə] *m* (*geh*) beverage

trunken ['trʊŋ·kn̩] *adj* (*geh*) ■~ **vor etw** *dat* **sein** to be intoxicated with sth

Trunkenheit <-> *f kein pl* drunkenness; ~ **am Steuer** drunk driving

Truppe <-, -n> ['trʊ·pə] *f* ❶ *kein pl* (*Soldaten an der Front*) combat unit ❷ (*Soldatenverband mit bestimmter Aufgabe*) squad ❸ (*gemeinsam auftretende Gruppe*) company

Truthahn ['tru:t·ha:n] *m* turkey

Tschad <-s> ['tʃat] *nt* Chad; *s. a.* **Deutschland**

Tscheche, Tschechin <-n, -n> ['tʃɛ·çə] *m, f* Czech; *s. a.* **Deutsche(r)**

Tschechien <-s> ['tʃɛ·çiən] *nt* Czech Republic; *s. a.* **Deutschland**

tschechisch ['tʃɛ·çɪʃ] *adj* ❶ GEOG Czech; *s. a.* **deutsch 1** ❷ LING Czech; *s. a.* **deutsch 2**

Tschechische Republik *f* Czech Republic; *s. a.* **Deutschland**

tschüs, tschüss ['tʃʏs] *interj* (*fam*) bye

T-Shirt <-s, -s> ['ti:·ʃø:ɐt] *nt* T-shirt

TU <-, -s> [te:·'ʔu:] *f Abk von* **technische Universität** technical university

Tuba <-, Tuben> ['tu:·ba, *pl* 'tu:·bn̩] *f* tuba

Tube <-, -n> ['tu:·bə] *f* tube ▶ WENDUNGEN: **auf**

T

die ~ **drücken** (*fam*) to step on it

Tuberkulose <-, -n> [tu·bɛr·ku·ˈloː·zə] *f* tuberculosis

Tuch¹ <-[e]s, Tücher> [ˈtuːx, *pl* ˈtyː·çɐ] *nt* ❶ (*Kopftuch*) [head]scarf; (*Halstuch*) scarf ❷ (*dünne Decke*) cloth

Tuch² <-[e]s, -e> [ˈtuːx] *nt* (*textiles Gewebe*) cloth

tüchtig [ˈtyç·tɪç] **I.** *adj* ❶ (*fähig*) capable; (*fleißig*) hard-working ❷ (*fam: groß*) big **II.** *adv* (*fam*) ❶ (*viel*) ~ **anpacken** to [eagerly] help out; ~ **essen** to eat heartily ❷ (*stark*) ~ **regnen/schneien** to rain/snow hard

Tücke <-, -n> [ˈtykə] *f* ❶ *kein pl* (*Heimtücke*) malice; (*einer Tat*) maliciousness ❷ *kein pl* (*Gefährlichkeit*) dangerousness; (*von Krankheiten*) deadly ❸ (*Unwägbarkeiten*) ■ ~**n** *pl* vagaries *pl;* **seine ~n haben** to be temperamental ▶ WENDUNGEN: **das ist die ~ des Objekts** these things have a will of their own!

tückisch [ˈtʏ·kɪʃ] *adj* ❶ (*hinterhältig*) malicious ❷ (*heimtückisch*) pernicious ❸ (*gefährlich*) treacherous

tüfteln [ˈtyf·tl̩n] *vi* (*fam*) to fiddle around (**an** +*dat* with)

Tugend <-, -en> [ˈtuː·gn̩t, *pl* -n̩·dən] *f* virtue

Tulpe <-, -n> [ˈtʊl·pə] *f* tulip

tummeln [ˈtʊ·ml̩n] *vr* ■ **sich** *akk* ~ ❶ (*froh umherbewegen*) to romp [around] ❷ (*sich beeilen*) to hurry [up]

Tumor <-s, -en> [ˈtuː·moːɐ̯, tuˈmoːɐ̯, *pl* tuˈmoː·rən] *m* tumor

Tumult <-[e]s, -e> [tuˈmʊlt] *m* ❶ *kein pl* (*lärmendes Durcheinander*) commotion ❷ *meist pl* (*Aufruhr*) disturbance

tun <tat, getan> [ˈtuːn] **I.** *vt* ❶ + *unbestimmtem Objekt* (*machen*) to do; **was sollen wir bloß ~?** what the heck should we do?; **was tut er nur den ganzen Tag?** what does he do all day?; **noch viel ~ müssen** to still have a lot to do; **etw aus Liebe ~** to do sth out of love; **er tut nichts, als sich zu beklagen** he does nothing but complain; ~ **und lassen können, was man will** to do as one pleases; ~, **was man nicht lassen kann** (*fam*) to do sth if one has to; **so etwas tut man nicht!** you just don't do [things like] that! ❷ (*unternehmen*) ■ **etw/nichts/einiges für jdn** ~ to do something/nothing/a lot for sb; **was tut man nicht alles für seine Nichten und Neffen!** the things we do for our nephews and nieces!; **etw gegen etw** *akk* ~ *Beschwerden, Pickel, Belästigungen, Unrecht* to do sth about sth; **ich will versuchen, was sich da ~ lässt** I'll see what I can do [about it] [*or* do what I can] ❸ (*fam: legen o stecken*) ■ **etw irgendwohin** ~ to put sth somewhere ❹ (*fam*) **tut es dein altes Tonbandgerät eigentlich noch?** [by the way,] is your old tape recorder still working? ❺ (*fam: ausmachen*) **das tut nichts** it doesn't matter, no problem ❻ (*fam*) **für heute tut's das** that'll do for today ▶ WENDUNGEN: **was kann ich für Sie ~?** ÖKON can [*or* may] I help

you?; **es** [**mit jdm**] ~ (*sl*) to do it [with sb] **II.** *vr impers* ■ **etw/nichts/einiges tut sich** something/nothing/a lot is happening **III.** *vi* ❶ (*sich benehmen*) to act; **albern/dumm ~** to play dumb; **so ~, als ob** to pretend that; **er ist doch gar nicht wütend, er tut nur so** he's not angry at all; he's just pretending [to be] ❷ (*Dinge erledigen*) ■ **zu ~ haben** to be busy ▶ WENDUNGEN: **es mit jdm zu ~ bekommen** (*fam*) to get into trouble with sb; **es mit jdm zu ~ haben** to be dealing with sb; **etw/nichts mit jdm/etw zu ~ haben** to have something/nothing to do with sb/sth **IV.** *aux vb modal* ❶ + *vorgestelltem Infinitiv* **singen tut sie ja gut** she sure is a good singer [*or* can sing] ❷ + *nachgestelltem Infinitiv* DIAL **ich tu nur schnell den Braten anbraten** I'll just quickly sear the roast; **tust du die Kinder ins Bett bringen?** will you [please] put the children to bed?; **er tut sich schrecklich ärgern** he's really getting worked up ❸ *konjunktivisch,* + *vorgestelltem Infinitiv* DIAL **deine Gründe täten mich schon interessieren** I would be interested to hear your reasons; **er täte zu gerne wissen, warum ...** he would love to know why ...

Tun <-s> [ˈtuːn] *nt kein pl* action; **ihr ganzes ~ und Trachten** everything she does

Tunesien <-s> [tuˈneː·ziən] *nt* Tunisia; *s. a.* **Deutschland**

Tunesier(in) <-s, -> [tuˈneː·ziɐ] *m(f)* Tunisian; *s. a.* **Deutsche(r)**

tunesisch [tuˈneː·zɪʃ] *adj* ❶ (*Tunesien betreffend*) Tunisian; *s. a.* **deutsch 1** ❷ LING Tunisian; *s. a.* **deutsch 2**

Tunfischᴿᴿ *m s.* **Thunfisch**

Tunnel <-s, - *o* -s> [ˈtʊnl̩] *m* tunnel; (*für Fußgänger*) pedestrian underpass

Tüpfelchen <-s, -> *nt* dot ▶ WENDUNGEN: **das ~ auf dem i** the final touch

tupfen [ˈtʊp·fn̩] *vt* ■ **etw von etw** *dat* ~ to dab sth from sth; ■ **sich** *dat* **etw** ~ to dab one's sth

Tür <-, -en> [ˈtyːɐ̯] *f* door; **an die ~ gehen** to get the door ▶ WENDUNGEN: **zwischen ~ und Angel** (*fam*) in passing; **mit der ~ ins Haus fallen** (*fam*) to blurt it [right] out; [**bei jdm**] [**mit etw** *dat*] **offene ~en einrennen** to be preaching to the choir [with sth]; **jdm** [**fast**] **die ~ einrennen** (*fam*) to pester sb constantly; **vor der ~ sein** to be just around the corner; **jdn vor die ~ setzen** (*fam*) to kick sb out

Turban <-s, -e> [ˈtʊr·baːn] *m* turban

Turbine <-, -n> [tʊrˈbiːnə] *f* turbine

Turbo <-s, -s> [ˈtʊrbo] *m* AUTO ❶ (*Turbolader*) turbocharger ❷ (*Auto mit Turbomotor*) turbo

turbulent [tʊr·buˈlɛnt] **I.** *adj* turbulent; *Wochenende* tumultuous; **die Wochen vor Weihnachten waren reichlich** ~ the weeks leading up to Christmas were really chaotic **II.** *adv* turbulently; ~ **verlaufen** to be turbulent

Turbulenz <-, -en> [tʊr·buˈlɛnts] *f a.* METEO turbulence

Türgriff *m* door handle, doorknob
Türke(in) <-n, -n> ['tʏr·kə] *m(f)* Turk; *s. a.* **Deutsche(r)**
Türkei <-> [tʏr·'kai] *f* ■**die** ~ Turkey; *s. a.* **Deutschland**
türkis [tʏr·'ki:s] *adj* turquoise
türkisch ['tʏr·kɪʃ] *adj* ❶ (*die Türkei betreffend*) Turkish; *s. a.* **deutsch 1** ❷ LING Turkish; *s. a.* **deutsch 2**
Turm <-[e]s, Türme> ['tʊrm, *pl* 'tʏr·mə] *m* ❶ ARCHIT tower; (*spitzer Kirchturm*) spire, steeple ❷ SPORT (*Sprungturm*) diving platform ❸ (*Schachfigur*) castle
türmen¹ ['tʏr·mən] **I.** *vt haben* ■etw [auf etw *akk*] ~ to pile up sth *sep* [on sth] **II.** *vr* ■sich *akk* [auf etw *dat*] ~ to pile up [on sth]
türmen² ['tʏr·mən] *vi sein* (*fam*) ■[aus etw *dat*/irgendwohin] ~ to storm [out of sth/ toward sb/sth]; **aus dem Knast** ~ to break out of jail
Turmspringen *nt kein pl* high diving
Turmuhr *f* [tower] clock
turnen ['tʊr·nən] **I.** *vi haben* ❶ SPORT to do gymnastics ❷ *sein* (*fam: sich flink bewegen*) to dash **II.** *vt haben* SPORT ■etw ~ to do sth; **für diese fehlerfrei geturnte Übung erhielt er 9,9 Punkte** he received a score of 9.9 for this flawless routine
Turnen <-s> ['tʊr·nən] *nt kein pl* ❶ SPORT gymnastics + *sing vb* ❷ SCH physical education, PE
Turner(in) <-s, -> ['tʊr·nɐ] *m(f)* gymnast
Turngerät *nt* gymnastics equipment
Turnhalle *f* gymnasium, gym *fam*
Turnier <-s, -e> [tʊr·'ni:ɐ̯] *nt* ❶ SPORT (*längerer Wettbewerb*) tournament; **der Springreiter** show jumping competition ❷ HIST tournament
Turnschuh *m* tennis shoe
Turnübung *f* gymnastics exercise
Turnus <-, -se> ['tʊr·nʊs, *pl* -ʊ·sə] *m* ❶ (*regelmäßige Abfolge*) regular cycle; **für die Kontrollgänge gibt es einen festgesetzten** ~ there is a set rotation for making the rounds; **im [regelmäßigen]** ~ **[von etw *dat*]** at regular intervals [of sth] ❷ ÖSTERR MED residency
Türöffner *m* automatic door opener
Türpfosten *m* doorjamb
Türschild *nt* nameplate
Türschlossᴿᴿ *nt* door lock
Türschwelle *f* threshold
Türsteher *m* doorman
Tusche <-, -n> ['tʊ·ʃə] *f* Indian ink
tuscheln ['tʊ·ʃln̩] *vi* (*heimlich reden*) ■[über jdn/etw] ~ to gossip secretly [about sb/sth]
Tüte <-, -n> ['ty:·tə] *f* bag; **Suppe aus der** ~ instant soup; **eine** ~ **Popcorn** a bag of popcorn ► WENDUNGEN: **[das] kommt nicht in die** ~! (*fam*) no way!
Tutor, Tutorin <-s, Tutoren> ['tu:·to:ɐ̯, *pl* tu·'to:·rən] *m, f* (*Mentor*) tutor
TÜV <-s, -s> [tʏf] *m Akr von* **Technischer Überwachungsverein** Technical Inspection Association (*performs vehicle inspections*);

jds/der ~ **läuft ab** sb's/the annual car inspection needs to be renewed; **durch den** ~ **kommen** to get [a vehicle] through its inspection

> **i** Every vehicle licensed for the public roadways must regularly undergo a **TÜV** inspection. When a vehicle passes the inspection, a *TÜV-Plakette* (sticker) valid for two years is attached to the vehicle's rear license plate.

TV <-[s], -s> [te:·'fau, *a.* ti:·'vi:] *nt Abk von* **Television** TV
Typ <-s, -en> ['ty:p] *m* ❶ (*Ausführung*) model ❷ (*Art Mensch*) type [of person] *fam;* **was ist er für ein** ~, **dein neuer Chef?** what type of person is your new boss?; ■**der** ~ ... **sein, der** ... to be the type of ... who ...; **dein** ~ **ist nicht gefragt** (*fam*) we don't want your type [around] here ❸ (*sl: Kerl, Freund*) guy ❹ (*fam: merkwürdiger Mensch*) character; **was ist denn das für ein** ~? what a weirdo!
Type <-, -n> ['ty:·pə] *f* TYPO type
Typen ['ty:·pn̩] *pl von* **Typus**
typisch ['ty:·pɪʃ] **I.** *adj* typical; ■~ **für jdn sein** to be typical of sb; **[das ist]** ~! (*fam*) [that's] [just] typical! **II.** *adv* ■~ **jd** [that's] typical of sb; ~ **Frau/Mann!** typical woman/ man!; ~ **amerikanisch/deutsch** typically American/German; **sein unterkühlter Humor ist** ~ **hamburgisch** his dry humor is typical of a person from Hamburg
Typus <-, Typen> ['ty:·pʊs, *pl* 'ty:·pn̩] *m* ❶ (*Menschenschlag*) race [*or* breed] [of people] ❷ (*geh: Typ*) type
Tyrann(in) <-en, -en> [ty·'ran] *m(f)* tyrant
tyrannisch [ty·'ra·nɪʃ] **I.** *adj* tyrannical **II.** *adv* tyrannically
tyrannisieren* [ty·ra·ni·'zi:·rən] *vt* ■jdn ~ to tyrannize sb; ■sich *akk* [von jdm/etw] ~ lassen to [allow oneself to] be tyrannized [by sb/ sth]

U

U, u <-, - *o fam* -s, -s> [u:] *nt* U, u; ~ **wie Ulrich** U as in Uniform
u. *konj Abk von* **und**
u.a. ❶ *Abk von* **und andere(s)** and other things ❷ *Abk von* **unter anderem** among other things
U-Bahn [u:-] *f* ❶ (*Untergrundbahn*) subway ❷ (*U-Bahn-Zug*) [subway] train
U-Bahn-Station *f* subway station
übel ['y:bl̩] **I.** *adj* ❶ (*schlimm*) bad, nasty; *Affäre* ugly ❷ (*unangenehm*) nasty ❸ (*ungut*) bad ❹ (*verkommen*) rotten; *Stadtviertel* bad ❺ (*schlecht*) ■jdm ist/wird ~ sb feels nau-

seous **II.** *adv* **❶** (*unangenehm*) **was riecht hier so ~?** what's that awful smell [[in] here]?; **nicht ~** not that bad [at all] **❷** (*schlecht*) badly; **sich** *akk* **~ fühlen** to feel awful; **jdn ~ behandeln** to treat sb badly **❸** (*nachteilig*) **jdm etw ~ auslegen** to hold sth against sb

Übel <-s, -> ['y:bḷ] *nt* evil ▶ WENDUNGEN: **das kleinere ~** the lesser evil; **ein notwendiges ~** a necessary evil

Übelkeit <-, -en> *f* nausea

Übeltäter(in) *m(f)* wrongdoer

üben ['y:bn̩] **I.** *vt, vi a.* SPORT, MUS to practice **II.** *vr* ■ **sich** *akk* **in etw** *dat* **~** to practice sth

über ['y:bɐ] **I.** *präp* **❶** +*dat* (*oberhalb von*) above **❷** +*akk* (*quer hinüber*) over **❸** +*akk* (*höher als*) above, over **❹** +*akk* (*etw erfassend*) over; **ein Überblick ~ etw** an overview of sth **❺** +*akk* (*quer darüber*) over; **er strich ihr ~ das Haar/die Wange** he stroked her hair/cheek **❻** +*akk* (*jdn/etw betreffend*) about **❼** +*dat* (*zahlenmäßig größer als*) above **❽** (*durch jdn/etw*) via **❾** (*via*) via **❿** (*während*) over; **habt ihr ~ die Feiertage/das Wochenende schon was vor?** do you have anything planned for the holiday/weekend? ▶ WENDUNGEN: **~ alles** more than anything **II.** *adv* **❶** (*älter als*) over **❷** (*mehr als*) more than ▶ WENDUNGEN: **~ und ~** completely **III.** *adj* (*fam*) **❶** (*übrig*) ■ **~ sein** to be left; *Essen* to be left [over] **❷** (*überlegen*) **jdm auf einem bestimmten Gebiet ~ sein** to be better than sb in a certain field

überall [y:bɐ·'ʔal] *adv* **❶** (*an allen Orten*) everywhere; (*an jeder Stelle*) all over [the place]; **~ wo** wherever **❷** (*wer weiß wo*) anywhere **❸** (*in allen Dingen*) everything; **er kennt sich** *akk* **~ aus** he knows something about everything **❹** (*bei jedermann*) everyone; **er ist ~ beliebt** everyone likes him

überallher [y:bɐ·ʔal·'heːɐ̯] *adv* ■ **von ~** from all over

überallhin [y:bɐ·ʔal·'hɪn] *adv* all over; **sie kann ~ verschwunden sein** she could have disappeared anywhere

Überangebot *nt* surplus (**an** +*dat* of)

überanstrengen* [y:bɐ·'ʔan·ʃtrɛŋ·ən] **I.** *vt* ■ **etw ~** to put too great a strain on sth **II.** *vr* ■ **sich** *akk* **~** to overexert oneself

Überanstrengung *f* **❶** *kein pl* (*das Überbeanspruchen*) overstraining **❷** (*zu große Beanspruchung*) overexertion

überarbeiten* [y:bɐ·'ʔar·bai·tn̩] **I.** *vt* to revise **II.** *vr* ■ **sich** *akk* **~** to overwork oneself

überaus ['y:bɐ·ʔaus] *adv* extremely

überbacken* [y:bɐ·'ba·kn̩] *vt irreg* **etw mit Käse ~** to top sth with cheese and bake it

überbelasten* *vt* to overload

überbelichten* *vt* to overexpose

Überbevölkerung *f kein pl* overpopulation

überbewerten* *vt* **❶** (*zu gut bewerten*) to overvalue **❷** (*überbetonen*) to overestimate; **du überbewertest diese Äußerung** you're placing too much importance on this comment

überbieten* [y:bɐ·'biː·tn̩] *irreg vt* **❶** SPORT to better (**um** +*akk* by); *Rekord* to break **❷** (*durch höheres Gebot übertreffen*) to outbid (**um** +*akk* by)

Überbleibsel <-s, -> ['y:bɐ·blaip·sl̩] *nt* (*fam*) **❶** (*Relikt*) relic **❷** (*Rest*) remnant

Überblick ['y:bɐ·blɪk] *m* view (**über** +*akk* of) ▶ WENDUNGEN: **einen ~** [**über etw** *akk*] **haben** to have an overview [of sth]; **den ~** [**über etw** *akk*] **verlieren** to lose track [of sth]

überblicken* [y:bɐ·'blɪ·kn̩] *vt* **❶** (*überschauen*) to look out over **❷** (*in der Gesamtheit einschätzen*) to have an overview of

überboten [y:bɐ·'boː·tn̩] *pp von* **überbieten**

überbracht [y:bɐ·'braxt] *pp von* **überbringen**

überbringen* [y:bɐ·'brɪ·ŋən] *vt irreg* to deliver

überbrücken* [y:bɐ·'brʏ·kn̩] *vt* **❶** (*notdürftig bewältigen*) to get through; *Krise* to ride out **❷** (*ausgleichen*) to reconcile

überdachen* [y:bɐ·'da·xn̩] *vt* to roof over *sep;* ■ **überdacht** covered

überdacht [y:bɐ·'daxt] *pp von* **überdachen**

überdauern* *vt* to survive

überdenken* [y:bɐ·'dɛŋ·kn̩] *vt irreg* to think over *sep*

Überdosis *f* overdose (**an** +*dat* of)

Überdruck *m* excess pressure

Überdruss^RR <-es>, **Überdruß**^ALT <-sses> ['y:bɐ·drʊs] *m kein pl* aversion; **aus ~** [**an etw** *dat*] out of an aversion [to sth]; **ich habe das nun schon bis zum ~ gehört** [by now] I've heard that ad nauseam

überdrüssig ['y:bɐ·drʏ·sɪç] *adj* ■ **jds/einer S.** *gen* **~ sein/werden** to be/grow tired of sb/sth

überdurchschnittlich I. *adj* above-average *attr,* above average *pred* **II.** *adv* above average

übereinander [y:bɐ·ʔai·'nan·dɐ] *adv* **❶** (*eins über dem anderen/das andere*) on top of each other **❷** (*über sich*) about each other

übereinander|schlagen *vt irreg* **die Beine ~** to cross one's legs

überein|kommen [y:bɐ·'ʔain·kɔ·mən] *vi irreg sein* to agree

Übereinkommen [y:bɐ·'ʔain·kɔ·mən] *nt* agreement; **ein ~ erzielen** to reach an agreement (**in** +*dat* on)

überein|stimmen [y:bɐ·'ʔain·ʃtɪ·mən] *vi* **❶** (*der gleichen Meinung sein*) to agree (**in** +*dat* on) **❷** (*sich gleichen*) ■ [**mit etw** *dat*] **~** to match [sth]

übereinstimmend I. *adj* **❶** (*einhellig*) unanimous **❷** (*sich gleichend*) corresponding **II.** *adv* **❶** (*einhellig*) unanimously **❷** (*in gleicher Weise*) concurrently

Übereinstimmung *f* agreement (**in** +*dat* on)

überempfindlich I. *adj* oversensitive; MED hypersensitive (**gegen** +*akk* to) **II.** *adv* oversensitively; MED hypersensitively

überfahren* [y:bɐ·'fa·rən] *vt irreg* **❶** (*niederfahren*) to run over *sep* **❷** (*nicht beachten*) **eine rote Ampel ~** to run a red light **❸** (*fam:*

übertölpeln) ■jdn ~ to railroad sb
Überfall *m* attack; (*Raubüberfall*) robbery
überfallen* [y:bɐ·'fal·ən] *vt irreg* ❶(*angreifen*) to mug; *Bank* to rob; *Land* to attack; MIL to raid ❷(*überkommen*) **Heimweh überfiel sie** she was overcome by homesickness ❸(*überraschend besuchen*) to descend (+*akk* [up]on) ❹(*bestürmen*) to bombard (**mit** +*dat* with)
überfällig *adj* ❶TRANSP delayed; **der Zug ist seit 20 Minuten ~** the train is 20 minutes late ❷(*längst zu tätigen*) overdue
überfliegen* [y:bɐ·'fliː·gn̩] *vt irreg* ❶LUFT to fly over ❷(*flüchtig ansehen*) to take a quick look at; *Text a.* to skim through
überflogen [y:bɐ·'floː·gn̩] *pp von* **überfliegen**
Überfluss^RR *m kein pl* abundance; **im ~ vorhanden sein** to be in plentiful supply; **etw im ~ haben** to have plenty of sth ▶WENDUNGEN: **zu allem ~** to top it all off
überflüssig *adj* superfluous; *Anschaffungen, Bemerkung* unnecessary
überfluten* [y:bɐ·'fluː·tn̩] *vt* (*a. fig*) to flood
Überflutung <-, -en> [y:bɐ·'fluː·tʊŋ] *f* flooding
überfordern* [y:bɐ·'fɔr·dɐn] *vt* to overtax, to be too much for; ■**überfordert sein** to be out of one's league
überfragt [y:bɐ·'fra:kt] *vt* **da bin ich ~** I don't know [the answer to that]
überführen*[1] [y:bɐ·'fyː·rən] *vt* (*woandershin transportieren*) to transfer; *Leiche* to transport
überführen*[2] [y:bɐ·'fyː·rən] *vt* JUR to convict; **jdn des Mordes ~** to convict sb of murder
überfüllt *adj* overcrowded
Überfunktion *f* MED hyperactivity
Übergabe *f* ❶(*das Übergeben*) handing over ❷MIL surrender
Übergang *m* ❶(*an der Grenze*) border crossing [point] ❷(*Wechsel*) transition ❸*kein pl* (*Übergangszeit*) interim ❹*kein pl* (*Zwischenlösung*) interim solution
Übergangsfrist *f* transition period
übergangslos *adv* seamless
Übergangslösung *f* temporary solution
Übergangsphase <-, -n> *f* transitional phase
Übergangszeit *f* ❶(*Zeit zwischen zwei Phasen*) transition ❷(*Zeit zwischen Jahreszeiten*) off-season
übergeben* [y:bɐ·'geː·bn̩] *irreg* I. *vt* ❶(*überreichen*) ■**jdm** etw ~ to hand over *sep* sth [to sb] ❷(*ausliefern*) ■**jdn jdm** ~ to hand over *sep* sb to sb ❸MIL (*überlassen*) to surrender II. *vr* ■**sich** *akk* ~ to vomit
über|gehen[1] ['y:bɐ·geː·ən] *vi irreg sein* ❶(*überwechseln*) to move on (**zu** +*dat* to); ■**dazu ~, etw zu tun** to move on to sth ❷(*übertragen werden*) **in anderen Besitz ~** to become sb else's property ❸(*einen anderen Zustand erreichen*) **in Fäulnis/Gärung/Verwesung ~** to begin to rot/ferment/decay ❹(*verschwimmen*) ■**ineinander ~** to merge into one another
übergehen*[2] [y:bɐ·'geː·ən] *vt irreg* ❶(*nicht*

berücksichtigen) to pass over *sep* ❷(*nicht beachten*) to ignore ❸(*auslassen*) to skip [over *sep*]
übergeordnet *adj* ❶(*vorrangig*) superior ❷(*vorgesetzt*) higher
übergeschnappt *adj* (*fam*) crazy
Übergewicht *nt kein pl* ❶(*zu hohes Körpergewicht*) excess weight; **~ haben** to be overweight ❷(*vorrangige Bedeutung*) predominance
übergewichtig *adj* overweight
überglücklich I. *adj* extremely happy, overjoyed *pred* II. *adv* **~ lächeln** to smile blissfully
über|greifen *vi irreg* to spread (**auf** +*akk* to)
Übergröße *f* extra large size
überhand|nehmen [y:bɐ·'hant-] *vi irreg* to get out of hand
über|hängen[1] ['y:bɐ·hɛ·ŋən] *vt* ■**jdm/sich** *dat* **etw ~** to put sth around sb's/one's shoulders; **sich eine Tasche ~** to hang a bag over one's shoulder
über|hängen[2] ['y:bɐ·hɛ·ŋən] *vi irreg* ❶(*hinausragen*) to hang over ❷(*vorragen*) to project
überhäufen* [y:bɐ·'hɔy·fn̩] *vt* ■**jdn mit etw** *dat* ~ (*a. fig*) to heap sth [up]on sb; **jdn mit Beschwerden ~** to inundate sb with complaints
überhaupt [y:bɐ·'haupt] I. *adv* ❶(*zudem*) **das ist ~ die Höhe!** this is insufferable! ❷(*in Verneinungen*) ■**~ kein(e, r)** nobody/nothing/none at all; **~ kein Geld haben** to have no money at all; ■**~ nicht/nichts** not/nothing at all; ■**~ [noch] nie** never [at all]; ■**und ~, ...?** and anyway, ...?; **Sie bekommen nicht mehr als 4.200 Euro, wenn ~** you'll get no more than 4,200 euros, if that II. *part* (*eigentlich*) **was soll das ~?** what's that supposed to mean?; **wissen Sie ~, wer ich bin?** don't you even know who I am?
überheblich [y:bɐ·'heːp·lɪç] I. *adj* arrogant II. *adv* arrogantly
Überheblichkeit <-> *f kein pl* arrogance
überhöht *adj* excessive; **mit ~er Geschwindigkeit fahren** to speed
überholen* [y:bɐ·'hoː·ln̩] *vt* ❶(*schneller vorbeifahren*) to pass ❷(*übertreffen*) to surpass ❸*Motor, Gerät* to overhaul
Überholspur *f* fast lane
überholt *adj* outdated
Überholverbot *nt* restriction on passing; (*Strecke*) no passing zone
überhören* [y:bɐ·'hø·rən] *vt* ❶(*nicht hören*) to not hear ❷(*nicht hören wollen*) to ignore
überinterpretieren* *vt* to overinterpret
überirdisch ['y:bɐ·ʔɪr·dɪʃ] *adj* celestial *poet*; *Schönheit* divine
über|kochen ['y:bɐ·kɔ·xn̩] *vi sein* to boil over
überkommen* [y:bɐ·'kɔ·mən] *irreg vt* **es überkam mich plötzlich** it suddenly overcame me
überkreuzen* [y:bɐ·'krɔy·tsn̩] I. *vt* (*verschränken*) **die Arme ~** to fold one's arms

II. *vr* **sich ~de Linien** intersecting lines

überladen[*1] [y:bɐ·'la:·dn̩] *vt irreg* to overload

überladen[2] [y:bɐ·'la:·dn̩] *adj* **❶** *(zu stark beladen)* overloaded **❷** *(geh: überreich ausgestattet)* overornate; *Stil* florid

überlappen* [y:bɐ·'la·pn̩] **I.** *vi* to overlap **II.** *vr* ■ **sich ~** to overlap

überlassen* [y:bɐ·'la·sn̩] *vt irreg* **❶** *(zur Verfügung stellen, verkaufen)* ■ **jdm etw ~** to let sb have sth **❷** *(lassen)* ■ **jdm etw ~** to leave sth to sb; **ich überlasse dir die Wahl** it's your choice; **jdm ~ sein** to be up to sb **❸** *(preisgeben)* ■ **jdn jdm/etw ~** to leave sb to sb/sth; **sich** *dat* **selbst ~ sein** to be left to one's own devices

überlasten* [y:bɐ·'las·tn̩] *vt* **❶** *(zu stark in Anspruch nehmen)* ■ **jdn ~** to overburden sb; ■ **etw ~** to overstrain sth **❷** *(zu stark belasten)* ■ **etw ~** to overload sth

Überlastung <-, -en> *f* **❶** *(zu starke Inanspruchnahme)* excess strain **❷** *(zu starke Belastung)* overloading

überlaufen[*1] [y:bɐ·'lau·fn̩] *vt irreg* ■ **etw überläuft jdn** sb is seized with sth; **es überlief mich kalt** a cold shiver ran down my spine

über|laufen[2] ['y:bɐ·lau·fn̩] *vi irreg sein* **❶** *(über den Rand fließen)* to overflow; *Tasse a.* to run over *a. poet* **❷** *(überkochen)* to boil over **❸** MIL to desert

überlaufen[3] [y:bɐ·'lau·fn̩] *adj* overrun

Überläufer(in) *m(f)* MIL deserter

überleben* [y:bɐ·'le:·bn̩] **I.** *vt* **❶** *(lebend überstehen)* to survive **❷** *(lebend überdauern)* ■ **etw ~** to live through sth **❸** *(über jds Tod hinaus leben)* ■ **jdn ~** to outlive sb **II.** *vi* to survive

Überlebende(r) *f(m) dekl wie adj* survivor

Überlebenschance *f* chance of survival

überlegen[*1] [y:bɐ·'le:·gn̩] **I.** *vi, vt* to think [about it]; **nach kurzem/langem Ü~** after short/long deliberation; **ohne zu ~** without thinking; **das wäre zu ~** it is worth considering; **überleg [doch] mal!** just [stop and] think about it! **II.** *vr* ■ **sich** *dat* **etw ~** to consider sth; **sich etw reiflich ~** to give serious thought to sth; **ich will es mir noch einmal ~** I'll think it over again; **es sich [anders] ~** to change one's mind; **wenn man es sich recht überlegt** on second thought

über|legen[2] ['y:bɐ·le:·gn̩] *vt* ■ **jdm etw ~** to put sth over sb; **sich** *dat* **etw ~** to put on *sep* sth

überlegen[3] [y:bɐ·'le:·gn̩] **I.** *adj* **❶** *(jdn weit übertreffend)* superior; *Sieg* convincing; ■ **jdm ~ sein** to be superior to sb **(auf/in** +*dat* in**)** **❷** *(herablassend)* superior **II.** *adv* **❶** *(mit großem Vorsprung)* convincingly **❷** *(herablassend)* superciliously *pej*

Überlegenheit <-> *f kein pl* superiority

überlegt [y:bɐ·'le:kt] **I.** *adj* [well-]considered **II.** *adv* with consideration, in a [carefully] thought-out manner

Überlegung <-, -en> *f* **❶** *kein pl (das Überlegen)* consideration, thought; **nach eingehender ~** after close reflection **❷** *pl (Erwägungen)* considerations *pl;* *(Bemerkungen)* observations *pl*

über|leiten *vi* to lead **(zu** +*dat* to**)**

Überleitung *f* transition

überliefern* [y:bɐ·'li:·fɐn] *vt* to hand down *sep*

Überlieferung *f* tradition; **mündliche ~** oral tradition

überlisten* [y:bɐ·'lɪs·tn̩] *vt* to outwit

überm ['y:bɐm] *(fam)* = **über dem** *s.* **über**

Übermacht *f kein pl* superiority; **in der ~ sein** to have the greater strength

übermächtig *adj* **❶** *(die Übermacht besitzend)* superior **❷** *(geh: alles beherrschend)* overpowering; *Verlangen* overwhelming

Übermaß *nt kein pl* ■ **das ~ einer S.** *gen* the excess[ive amount] of sth; ■ **ein ~ an/von etw** *dat* an excess[ive amount] of sth

übermäßig I. *adj* excessive; *Freude, Trauer* intense; *Schmerz* violent **II.** *adv* **❶** *(in zu hohem Maße)* excessively; **sich** *akk* **~ anstrengen** to try too hard **❷** *(unmäßig)* too much

übermenschlich *adj* superhuman

übermitteln* [y:bɐ·'mɪ·tln̩] *vt* **❶** *(überbringen)* ■ **jdm etw ~** to bring sth to sb **❷** *(zukommen lassen)* ■ **[jdm] etw ~** to convey sth [to sb] *form*

übermorgen ['y:bɐ·mɔr·gn̩] *adv* the day after tomorrow, in two days

übermüdet [y:bɐ·'my:·dət] *adj* overtired; *(erschöpft a.)* overfatigued *form*

Übermüdung <-> *f kein pl* overtiredness; *(Erschöpfung a.)* overfatigue *form*

Übermut *m* high spirits *npl;* **aus ~** just for the hell of it *fam*

übermütig ['y:bɐ·my:·tɪç] **I.** *adj* high-spirited; *(zu dreist)* cocky *fam* **II.** *adv* boisterously

übern ['y:bɐn] *(fam)* = **über den** *s.* **über**

übernächste(r, s) ['y:bɐ·nɛːçs·tə, -tɐ, -təs] *adj* *attr* **~s Jahr/~ Woche** the year/week after next, in two years/weeks; **die ~ Tür** two doors down

übernachten* [y:bɐ·'nax·tn̩] *vi* ■ **[bei jdm] ~** to spend the night [at sb's place]

übernächtigt [y:bɐ·'nɛç·tɪçt] *adj,* **übernächtig** [y:bɐ·'nɛç·tɪç] *adj* ÖSTERR worn out [from lack of sleep] *pred;* *(a. mit trüben Augen)* bleary-eyed

Übernachtung <-, -en> *f* **❶** *kein pl (das Übernachten)* spending the night [or a]; *(bei Kindern)* sleepover **❷** *(verbrachte Nacht)* overnight stay; **mit zwei ~en in Bangkok** with two nights in Bangkok; **~ mit Frühstück** bed and breakfast

Übernahme <-, -n> ['y:bɐ·na:·ma] *f* **❶** *(Inbesitznahme)* taking possession **❷** *(das Übernehmen)* assumption; *von Verantwortung a.* acceptance **❸** ÖKON takeover

übernatürlich *adj* supernatural

übernehmen* [y:bɐ·'ne:·mən] *irreg* **I.** *vt* **❶** *(in*

Besitz nehmen) to take; (*kaufen*) to buy; *Geschäft* to take over *sep* ❷ (*auf sich nehmen, annehmen*) to accept; *Auftrag, Verantwortung a.* to take on *sep;* *Kosten* to pay; *Verpflichtungen* to assume ❸ (*fortführen*) to take over *sep* ❹ (*verwenden*) to take ❺ (*weiterbeschäftigen*) to take over *sep;* **jdn ins Angestelltenverhältnis ~** to employ sb on a permanent basis **II.** *vr* ■ **sich** *akk* **~** to take on too much

über|ordnen *vt* ■ **jdn jdm ~** to place sb over sb; ■ **etw einer S.** *dat* **~** to give sth precedence over sth

überprüfen* [yːbɐˈpryːfn̩] *vt* ❶ (*durchchecken*) to vet; *Papiere, Rechnung* to check (**auf** +*akk* for) ❷ (*die Funktion von etw nachprüfen*) to examine ❸ (*erneut bedenken*) to examine

Überprüfung *f* ❶ *kein pl* (*das Durchchecken*) vetting; (*das Kontrollieren*) check ❷ (*Funktionsprüfung*) check ❸ (*erneutes Bedenken*) review

überqueren* [yːbɐˈkveːrən] *vt* ❶ (*sich über etw hinweg bewegen*) to cross [over] ❷ (*über etw hinwegführen*) to lead over

über|ragen*¹ [yːbɐˈraːgn̩] *vt* ❶ (*größer sein*) to tower above (**um** +*akk* by); (*um ein kleineres Maß*) to be taller than ❷ (*übertreffen*) to outclass

über|ragen² [ˈyːbɐˌraːgn̩] *vi* (*überstehen*) to project

überraschen* [yːbɐˈraʃn̩] *vt* ❶ (*unerwartet erscheinen*) to surprise (**mit** +*dat* with) ❷ (*ertappen*) ■ **jdn bei etw** *dat* **~** to surprise sb doing sth; ■ **jdn dabei ~, wie er etw tut** to catch sb doing sth ❸ (*überraschend erfreuen*) to surprise (**mit** +*dat* with); **lassen wir uns ~!** (*fam*) let's wait and see [what happens] ❹ (*erstaunen*) to surprise; (*stärker*) to astound (**mit** +*dat* with) ❺ (*unerwartet überfallen*) ■ **jdn ~** to take sb by surprise; **vom Regen überrascht werden** to get caught in the rain

überraschend I. *adj* unexpected **II.** *adv* unexpectedly

überraschenderweise *adv* surprisingly

Überraschung <-, -en> *f* ❶ *kein pl* (*Erstaunen*) surprise; (*stärker*) astonishment ❷ (*etwas Unerwartetes*) surprise

Überraschungseffekt *m* surprise effect; *von Plan* element of surprise

Überreaktion *f* overreaction

überreden* [yːbɐˈreːdn̩] *vt* to persuade; ■ **jdn zu etw** *dat* **~** to talk sb into [doing] sth

überreichen* [yːbɐˈraɪçn̩] *vt* ■ **jdm etw ~** to hand over *sep* sth to sb; (*feierlich*) to present sth to sb

Überrest *m meist pl* remains *npl;* **jds sterbliche ~e** sb's [mortal] remains

überrunden* [yːbɐˈrʊndn̩] *vt* ❶ SPORT to lap ❷ (*leistungsmäßig übertreffen*) to outstrip; *Schüler* to outperform

übers [ˈyːbɐs] (*fam*) = **über das** *s.* **über**

übersät [yːbɐˈzɛːt] *adj* covered

überschatten* [yːbɐˈʃatn̩] *vt* to cast a shad-

ow over

überschätzen* [yːbɐˈʃɛtsn̩] **I.** *vt* to overestimate **II.** *vr* ■ **sich** *akk* **~** to think too highly of oneself

überschaubar *adj* ❶ (*abschätzbar*) *Größe* manageable; *Kosten, Preis* clear; *Risiko* contained ❷ (*einen begrenzten Rahmen habend*) tightly structured

über|schäumen [ˈyːbɐˌʃɔymən] *vi sein* ❶ (*mit Schaum überlaufen*) to foam over ❷ (*fig: ganz ausgelassen sein*) ■ **vor etw** *dat* **~** to brim [over] with sth

überschlagen*¹ [yːbɐˈʃlaːgn̩] *irreg* **I.** *vt* ❶ (*beim Lesen auslassen*) to skip [over] ❷ (*überschläglich berechnen*) to [roughly] estimate **II.** *vr* ❶ (*eine vertikale Drehung ausführen*) ■ **sich** *akk* **~** *Mensch* to fall head over heels; *Fahrzeug* to overturn ❷ (*rasend schnell aufeinander folgen*) ■ **sich ~** to follow in quick succession ❸ (*besonders beflissen sein*) **sich** *akk* [**vor Freundlichkeit/Hilfsbereitschaft**] **~** to bend over backwards [to be friendly/helpful] ❹ (*schrill werden*) ■ **sich ~** to crack

über|schlagen² [ˈyːbɐˌʃlaːgn̩] *irreg* **I.** *vt haben* **die Beine ~** to cross one's legs; **mit übergeschlagenen Beinen sitzen** to sit cross-legged **II.** *vi sein* ❶ (*fig*) ■ **in etw** *akk* **~** to turn into sth ❷ (*brechen*) to overturn; **die Wellen schlugen über** the waves broke ❸ (*übergreifen*) to spread (**auf** +*akk* to)

über|schnappen *vi sein* (*fam*) to crack up, to lose one's mind

überschneiden* [yːbɐˈʃnaɪdn̩] *vr irreg* ■ **sich ~** ❶ (*sich zeitlich überlappen*) to overlap (**um** +*akk* by) ❷ (*sich mehrfach kreuzen*) to intersect

überschreiben* [yːbɐˈʃraɪbn̩] *vt irreg* ❶ (*betiteln*) to head ❷ (*darüberschreiben*) to write over; COMPUT to overwrite ❸ (*übertragen*) ■ **jdm etw ~** to sign over sth to sb

überschreiten* [yːbɐˈʃraɪtn̩] *vt irreg* ❶ (*geh: zu Fuß überqueren*) to cross [over] ❷ (*über etw hinausgehen*) to exceed (**um** +*akk* by) ❸ (*sich nicht im Rahmen von etw halten*) to overstep

Überschrift *f* title; *Zeitung* headline

Überschuss^RR *m* ❶ (*Reingewinn*) profit ❷ (*überschüssige Menge*) surplus (**an** +*dat* of)

überschüssig [ˈyːbɐˌʃyˌsɪç] *adj* surplus *attr*

überschütten* [yːbɐˈʃytn̩] *vt* ❶ (*übergießen*) ■ **etw mit etw** *dat* **~** to pour sth over sth ❷ (*bedecken*) to cover ❸ (*überhäufen*) to inundate; **jdn mit Geschenken/Komplimenten ~** to shower sb with presents/compliments

überschwänglich^RR **I.** *adj* effusive **II.** *adv* effusively

überschwemmen* [yːbɐˈʃvɛmən] *vt* ❶ (*überfluten*) to flood ❷ (*in Mengen hineinströmen*) to pour into ❸ (*mit großen Mengen eindecken*) to flood

Überschwemmung <-, -en> *f* flood[ing]

U

überschwenglich^{ALT} ['yːbɐ·ʃvɛŋ·lɪç] *adj, adv* s. überschwänglich

Übersee ['yːbɐ·zeː] *kein art* ■ **aus** ~ from overseas; ■ **in/nach** ~ overseas

übersehbar [yːbɐ·'zeː·baːɐ̯] *adj* ❶ (*abschätzbar*) *Auswirkungen* containable; *Dauer, Kosten, Schäden* assessable; *Konsequenzen* clear; ■ **etw ist/ist noch nicht** ~ sth is in sight/sth is still not known ❷ (*mit Blicken zu erfassen*) visible

übersehen* [yːbɐ·'zeː·ən] *vt irreg* ❶ (*versehentlich nicht erkennen*) to overlook ❷ (*abschätzen*) to assess ❸ (*mit Blicken erfassen*) to have a view of

übersetzen*¹ [yːbɐ·'zɛ·tsn̩] *vt, vi* to translate; [etw] aus dem Deutschen ins Englische ~ to translate [sth] from German into English

über|setzen² ['yːbɐ·zɛ·tsn̩] I. *vt haben* ■ **jdn** ~ to ferry across *sep sb* II. *vi sein* to cross [over]

Übersetzer(in) <-s, -> *m(f)* translator

Übersetzung <-, -en> *f* ❶ (*übersetzter Text*) translation ❷ *pl selten* (*das Übersetzen*) translation ❸ TECH transmission ratio

Übersicht <-, -en> *f* ❶ *kein pl* (*Überblick*) overall view ❷ (*knappe Darstellung*) outline

übersichtlich I. *adj* ❶ (*rasch erfassbar*) clear ❷ (*gut zu überschauen*) open *attr;* ■ [nicht] ~ **sein** to [not] be clearly visible [from all sides]; (*wenig Deckung bietend*) to be exposed II. *adv* ❶ (*rasch erfassbar*) clearly ❷ (*gut überschaubar*) **etw** ~ **anlegen** to give sth an open layout

Übersichtlichkeit <-> *f kein pl* ❶ (*rasche Erfassbarkeit*) clarity ❷ (*übersichtliche Anlage*) openness

über|siedeln ['yːbɐ·ziː·dl̩n] *vi sein* to move (in +*akk* to, nach +*dat* to)

Übersiedler(in) *m(f)* migrant; (*Einwanderer*) immigrant; (*Auswanderer*) emigrant

übersinnlich *adj* paranormal

überspielen* [yːbɐ·'ʃpiː·lən] *vt* ❶ (*audiovisuell übertragen*) to record (auf +*akk* on[to]); **etw auf Kassette** ~ to tape sth ❷ (*verdecken*) to cover up *sep* (durch +*akk* with)

überspitzt I. *adj* exaggerated II. *adv* in an exaggerated fashion

überspringen*¹ [yːbɐ·'ʃprɪ·ŋən] *vt irreg* ❶ (*über etw hinwegspringen*) to jump; *Mauer* to vault ❷ (*auslassen*) to skip [over] ❸ SCH *Klasse* to skip

über|springen² ['yːbɐ·ʃprɪ·ŋən] *vi irreg sein* ❶ (*sich übertragen*) *a.* MED to spread (auf +*akk* to) ❷ (*plötzlich übergreifen*) to spread quickly

überstehen*¹ [yːbɐ·'ʃteː·ən] *vt irreg* (*durchstehen*) to get through; *Krankheit, Operation* to get over; **die Belastung** ~ to hold out under the stress; **die nächsten Tage** ~ to make it through the next few days

über|stehen² ['yːbɐ·ʃteː·ən] *vi irreg sein o haben* (*herausragen*) to jut out, to project

übersteigen* [yːbɐ·'ʃtai·gn̩] *vt irreg* ❶ (*über etw klettern*) to climb over; *Mauer* to scale ❷ (*über etw hinausgehen*) to exceed

überstimmen* [yːbɐ·'ʃtɪ·mən] *vt* ❶ (*mit Stimmenmehrheit besiegen*) to outvote ❷ (*mit Stimmenmehrheit ablehnen*) to defeat

überstrapazieren* *vt* ❶ (*zu sehr ausnutzen*) to abuse ❷ (*zu oft verwenden*) to wear out *sep*

Überstunde *f* hour of overtime; ■ ~ **n** overtime

überstürzen* [yːbɐ·'ʃtyr·tsn̩] I. *vt* ■ **etw** ~ to rush into sth II. *vr* ■ **sich** ~ to follow in quick succession

übertönen* *vt* to drown out *sep*

Übertopf *m* planter

übertragbar [yːbɐ·'traːk·baːɐ̯] *adj* ❶ (*durch Infektion weiterzugeben*) communicable *form* (auf +*akk* to); (*durch Berührung*) contagious ❷ (*anderweitig anwendbar*) to be applicable (auf +*akk* to) ❸ (*von anderen zu benutzen*) ■ ~ **sein** to be transferable

übertragen*¹ [yːbɐ·'traː·gn̩] *irreg* I. *vt* ❶ (*senden*) to broadcast ❷ (*geh: übersetzen*) to translate ❸ (*infizieren*) to communicate (auf +*akk* to) ❹ (*woanders eintragen*) to transfer (auf +*akk* to, in +*akk* into) ❺ (*übergeben*) *Besitz* to transfer (auf +*akk* to); ■ **jdm die Verantwortung** ~ to entrust sb with the responsibility ❻ (*überspielen*) to record (auf +*akk* on[to]) ❼ (*anwenden*) to apply (auf +*akk* to) ❽ TECH to transmit (auf +*akk* to) II. *vr* ❶ MED ■ **sich [auf jdn]** ~ to be communicated [to sb] ❷ (*ebenfalls beeinflussen*) ■ **sich auf jdn** ~ to spread to sb

übertragen² [yːbɐ·'traː·gn̩] I. *adj* figurative II. *adv* figuratively

Übertragung <-, -en> *f* ❶ (*das Senden*) transmission; (*übertragene Sendung*) broadcast ❷ (*geh: das Übersetzen*) translation ❸ (*das Infizieren*) transmission ❹ (*das Eintragen an anderer Stelle*) carryover ❺ *von Verantwortung* entrusting ❻ JUR transfer; *von Rechten a.* assignment ❼ (*das Anwenden*) application (auf +*akk* to) ❽ *kein pl* TECH transmission (auf +*akk* to)

übertreffen* *vt irreg* ❶ (*besser/größer sein*) to surpass (an/in +*dat* in) ❷ (*über etw hinausgehen*) to exceed (um +*akk* by)

übertreiben* [yːbɐ·'trai·bn̩] *irreg* I. *vi* to exaggerate II. *vt* to overdo; ■ **ohne zu** ~ I'm not joking

Übertreibung <-, -en> *f* exaggeration

über|treten¹ ['yːbɐ·treː·tn̩] *vi irreg sein* ❶ (*konvertieren*) to convert (zu +*dat* to) ❷ SPORT to overstep

übertreten*² [yːbɐ·'treː·tn̩] *vt irreg Gesetz, Vorschrift* to break

Übertretung <-, -en> [yːbɐ·'treː·tʊŋ] *f* violation

übertrieben I. *adj* exaggerated; (*zu stark*) excessive II. *adv* excessively

überwachen* [yːbɐ·'va·xn̩] *vt* ❶ (*heimlich kontrollieren*) to keep under surveillance; *Telefon* to bug ❷ (*durch Kontrollen sicherstellen*) to supervise; (*durch eine Kamera*) to monitor

Überwachung <-, -en> *f* ❶ (*das heimliche*

Kontrollieren) surveillance; *eines Telefons* bugging ❷ (*das Überwachen*) supervision; (*durch eine Kamera*) monitoring
Überwachungskamera *f* security camera
Überwachungsstaat *m* police state
Überwachungssystem *nt* surveillance system
überwältigen* [y:bɐ·'vɛl·tɪ·gn̩] *vt* ❶ (*bezwingen*) to overpower ❷ (*geh: übermannen*) ■etw überwältigt jdn sth overwhelms sb
überwältigend *adj* overwhelming; *Schönheit* stunning; *Sieg* crushing
über|wechseln ['y:bɐ·vɛk·s|n̩] *vi sein* ❶ (*sich jd anderem anschließen*) to go over (**zu** +*dat* to); ■**zu jdm** ~ to go over to sb's side ❷ (*ausscheren*) ■**auf etw** *akk* ~ to move [in]to sth ❸ (*umsatteln*) ■**von etw** *dat* **zu etw** *dat* ~ to change from sth to sth
überweisen* [y:bɐ·'vai·sn̩] *vt irreg* ❶ *Geld* to transfer ❷ *Patienten* to refer (**an** +*akk* to) .
Überweisung <-, -en> *f* ❶ *von Geld* transfer ❷ *eines Patienten* referral (**an** +*akk* to); (*Überweisungsformular*) referral form
überwiegen* [y:bɐ·'vi:·gn̩] *irreg* **I.** *vi* to be predominant **II.** *vt* to outweigh
überwiegend ['y:bɐ·vi:·gn̩t] **I.** *adj* predominant; *Mehrheit* vast **II.** *adv* mainly
überwinden* [y:bɐ·'vɪn·dn̩] *irreg* **I.** *vt* ❶ (*nicht länger an etw festhalten*) to overcome ❷ (*im Kampf besiegen*) to defeat ❸ (*ersteigen*) to surmount **II.** *vr* ■**sich** *akk* ~ to overcome one's feelings/inclinations etc.; ■**sich** *akk* **zu etw** *dat* ~ to force oneself to do sth
Überwindung <-> *f kein pl* ❶ (*das Überwinden*) overcoming; *Minenfeld* negotiation ❷ (*Selbstüberwindung*) conscious effort; **jdn** ~ **kosten[, etw zu tun]** to take sb a lot of will power [to do sth]
überwintern* [y:bɐ·'vɪn·tɐn] *vi* to [spend the] winter; *Pflanzen* to overwinter
überzählig *adj* (*überschüssig*) surplus *attr;* (*übrig*) spare
überzeugen* [y:bɐ·'tsɔy·gn̩] **I.** *vt* to convince (**von** +*dat* of); (*umstimmen a.*) to persuade **II.** *vi* ❶ (*überzeugend sein*) to be convincing ❷ (*eine überzeugende Leistung zeigen*) ■**bei etw** *dat* ~ to prove oneself in sth **III.** *vr* ■**sich** *akk* [**selbst**] ~ to convince oneself; ~ **Sie sich selbst!** [go and] see for yourself!
überzeugend I. *adj* convincing; (*umstimmend a.*) persuasive **II.** *adv* convincingly
überzeugt *adj* convinced (**von** +*dat* of); [**sehr**] **von sich** *dat* ~ **sein** to be [very] sure of oneself
Überzeugung <-, -en> [y:bɐ·'tsɔy·gʊŋ] *f* convictions *npl;* **zu der** ~ **gelangen, dass ...** to become convinced that ...
überziehen*¹ [y:bɐ·'tsi:·ən] *irreg vt* ❶ (*bedecken*) to cover; *Belag* to coat ❷ *Konto* to overdraw (**um** +*akk* by) ❸ (*überbeanspruchen*) to overrun (**um** +*akk* by) ❹ (*zu weit treiben*) ■**etw** ~ to carry sth too far; ■**überzogen** exaggerated

über|ziehen² ['y:bɐ·tsi:·ən] *vt irreg* ❶ (*anlegen*) ■[**sich** *dat*] **etw** ~ to put on *sep* sth ❷ (*fam: schlagen*) **jdm eins** [**mit etw** *dat*] ~ to whack sb [with sth]
Überzug *m* ❶ (*überziehende Schicht*) coat[ing]; (*dünner*) film; (*Zuckerguss*) frosting ❷ (*Hülle*) cover
üblich ['y:p·lɪç] *adj* usual; **es ist bei uns hier** [**so**] ~ that's the custom around here
U-Boot ['u:bo:t] *nt* submarine
übrig ['y:b·rɪç] *adj* remaining, rest of *attr;* (*andere a.*) other *attr;* ■**die Ü~en** the remaining ones; ■**das Ü~e** the rest; **es wird ihm nichts anderes** ~ **bleiben** he won't have any [other] choice; [**jdm**] **etw** ~ **lassen** to leave sth [for sb]; ■~ **sein** to be left [over]
übrigens ['y:b·rɪ·gn̩s] *adv* by the way
übrig|habenᴿᴿ *vt irreg* ■**für jdn/etw nichts/viel** ~ to be not at all/very interested in sb/sth
Übung <-, -en> ['y:bʊŋ] *f* ❶ *kein pl* (*das Üben*) practice; **das ist alles nur** ~ it [all] comes with practice; **zur** ~ for practice ❷ (*Übungsstück*) exercise ❸ sᴘᴏʀᴛ exercise ❹ (*Probe für den Ernstfall*) drill ❺ (*Lehrveranstaltung*) lab (**zu** +*dat* on) ▸ ᴡᴇɴᴅᴜɴɢᴇɴ: ~ **macht den Meister** (*prov*) practice makes perfect
Ufer <-s, -> ['u:fɐ] *nt* (*Flussufer*) bank; (*Seeufer*) shore; **ans** ~ **schwimmen** to swim ashore
Ufo, UFO <-[s], -s> ['u:fo] *nt Abk von* **Unbekanntes Flugobjekt** UFO
Uganda <-> [u'gan·da] *nt* Uganda; *s. a.* **Deutschland**
Ugander(in) <-s, -> [u'gan·dɐ] *m(f)* Ugandan; *s. a.* **Deutsche(r)**
ugandisch [u'gan·dɪʃ] *adj* Ugandan; *s. a.* **deutsch**
U-Haft ['u:-] *f* (*fam*) *s.* **Untersuchungshaft**
Uhr <-, -en> [u:ɐ] *f* ❶ (*Instrument zur Zeitanzeige*) clock; (*Armbanduhr*) watch; **die** ~ [**auf Sommer-/Winterzeit**] **umstellen** to set the clock/one's watch [an hour forward/backward at daylight saving time]; **diese** ~ **geht nach/vor** this watch is slow/fast; ■**rund um die** ~ round-the-clock, 24 hours a day ❷ (*Zeitangabe*) o'clock; **15** ~ 3 o'clock [in the afternoon], 3 p.m.; **7** ~ **30** half past 7, seven thirty; **8** ~ **23** 23 minutes after 8, eight twenty-three; **10** ~ **früh/abends/nachts** ten [o'clock] in the morning/in the evening/at night; **wie viel** ~ **ist es?** what time is it?; **um wie viel** ~**?** [at] what time?; **um 10** ~ at ten [o'clock]
Uhrmacher(in) <-s, -> *m(f)* watchmaker/clockmaker
Uhrwerk *nt* clockwork
Uhrzeigersinn *m* ■**im** ~ clockwise; ■**gegen den** ~ counterclockwise
Uhrzeit *f* time [of day]
Uhu <-s, -s> ['u:hu] *m* eagle owl
Ukraine <-> [ukra·'i:nə] *f* ■**die** ~ [the] Ukraine; *s. a.* **Deutschland**
Ukrainer(in) <-s, -> [ukra·'i:nɐ] *m(f)* Ukrain-

ian; *s. a.* **Deutsche(r)**

ukrainisch [ukra·'i:nɪʃ] *adj* Ukrainian; *s. a.* **deutsch**

UKW <-> [u:·ka:·'ve:] *f kein pl, ohne art Abk von* **Ultrakurzwelle** ≈ VHF

ulkig ['ʊl·kɪç] *adj* ❶ (*lustig*) funny ❷ (*seltsam*) odd

Ultimaten *pl von* **Ultimatum**

ultimativ [ʊl·ti·ma·'ti:f] I. *adj* ▪**eine ~e Forderung** an ultimatum II. *adv* in the form of an ultimatum; **jdn ~ auffordern, etw zu tun** to give sb an ultimatum to do sth

Ultimatum <-s, -s *o* Ultimaten> [ʊl·ti·'ma:·tʊm, *pl* ʊl·ti·'ma:·tən] *nt* ultimatum; **jdm ein ~ stellen** to give sb an ultimatum

Ultraschall ['ʊl·tra·ʃal] *m* ultrasound

Ultraschallgerät *nt* [ultrasound] scanner

Ultraschalluntersuchung *f* ultrasound

ultraviolett [ʊl·tra·vi̯o·'lɛt] *adj* ultraviolet

um [ʊm] I. *präp* +*akk* ❶ (*etw umgebend*) ▪**~ etw [herum]** around sth; **ganz um etw [herum]** all around sth ❷ (*gegen*) **~ Ostern/ den 15./die Mitte des Monats [herum]** around Easter/the 15th/the middle of the month ❸ (*über*) **~ etw streiten** to argue about sth ❹ *Unterschiede im Vergleich ausdrückend* **~ einiges besser** quite a bit better; **~ einen Kopf größer/kleiner** taller/shorter by a head; **~ 10 cm länger/kürzer** 4 inches longer/shorter ❺ (*wegen*) ▪**~ jdn/etw** for sb/sth; ▪**~ jds/einer S.** *gen* **willen** for sb's sake/for the sake of sth; **~ meinetwillen** for my sake ❻ (*für*) **Minute ~ Minute** minute by minute ❼ (*nach allen Richtungen*) **~ sich** *akk* **schlagen/treten** to hit/kick out in all directions ❽ (*vorüber*) ▪**~ sein** to be over; *Zeit* to be up; *Frist* to expire II. *konj* ▪**~ etw zu tun** [in order] to do sth III. *adv* **~ die 80 Meter** about 250 feet

um|ändern *vt* to alter

umarmen* [ʊm·'ʔar·mən] *vt* to embrace; (*fester*) to hug

Umarmung <-, -en> *f* embrace, hug

Umbau *m kein pl* rebuilding, renovation; (*zu etw anderem a.*) conversion

um|bauen ['ʊm·bau·ən] I. *vt* to convert II. *vi* to renovate

um|benennen* *vt irreg* to rename

Umbenennung *f* renaming

um|besetzen* *vt* ❶ FILM, THEAT to recast ❷ POL to reassign

um|bestellen* *vt, vi* to change the order

um|biegen *irreg* I. *vt haben* ❶ (*durch Biegen krümmen*) to bend ❷ (*auf den Rücken biegen*) **jdm den Arm ~** to twist sb's arm [behind sb's back] II. *vi sein* ❶ (*kehrtmachen*) to turn back ❷ (*abbiegen*) **nach links/rechts ~** to take a left/right; *Pfad, Straße* to curve to the left/ right

um|bilden *vt* to reshuffle, to reorganize

Umbildung *f* reshuffle, reorganization

um|binden ['ʊm·bɪn·dn̩] *vt irreg* ▪**jdm ein Tuch ~** to put a scarf around sb's neck; (*mit*

Knoten *a.*) to tie a scarf around sb's neck; ▪**sich** *dat* **etw ~** to put [*or* tie] on *sep* sth

um|blättern *vi* to turn over

um|blicken *vr* ❶ (*nach hinten blicken*) ▪**sich** *akk* **~** to look back; ▪**sich** *akk* **nach jdm/ etw ~** to turn around to look at sb/sth ❷ (*zur Seite blicken*) **sich** *akk* **nach links/rechts/ allen Seiten ~** to look to the left/right/in all directions; (*vor Straßenüberquerung a.*) to look left/right/both ways

um|bringen *irreg* I. *vt* to kill; (*vorsätzlich a.*) to murder (**durch** +*akk* with); **jdn mit einem Messer ~** to stab sb to death II. *vr* ❶ ▪**sich** *akk* **~** to kill oneself ❷ **sich** *akk* **vor Freundlichkeit/Höflichkeit [fast] ~** to go out of one's way to be friendly/polite

Umbruch ['ʊm·brʊx] *m* radical change

um|buchen *vt* ❶ *Reise* to change one's booking/reservation (+*akk* for, **auf** +*akk* to); **den Flug auf einen anderen Tag ~** to change one's flight reservation to another day ❷ *Geld* to transfer (**auf** +*akk* to)

um|definieren* *vt* to redefine

um|denken *vi irreg* ▪**[in etw** *dat*] **~** to change one's ideas/views [of sth]

um|disponieren* *vi* to change one's plans

um|drehen I. *vt haben* ❶ (*auf die andere Seite drehen*) to turn over *sep* ❷ (*herumdrehen*) to turn II. *vr haben* ▪**sich** *akk* **~** to turn around III. *vi sein o haben* to turn around; *Mensch a.* to turn back

Umdrehung [ʊm·'dre:·ʊŋ] *f* AUTO revolutions *pl* [per minute/second]

Umdrehungszahl *f* number of revolutions [per minute/second]

umeinander [ʊm·ʔai·'nan·dɐ] *adv* about each other; **wir haben uns nie groß ~ gekümmert** we never really had much to do with each other

um|erziehen* ['ʊm·ɛɐ̯·tsi:·ən] *vt irreg* to re-educate

um|fahren¹ ['ʊm·fa:·rən] *irreg vt* (*fam*) ❶ (*überfahren*) to run over *sep* ❷ *Baum etc.* to hit

umfahren*² [ʊm·'fa:·rən] *vt irreg* (*vor etw ausweichen*) to circumvent *form; Auto a.* to drive around

Umfahrung <-, -en> [ʊm·'fa:·rʊŋ] *f* ÖSTERR, SCHWEIZ bypass

um|fallen *vi irreg sein* ❶ (*umkippen*) to topple over; *Baum a.* to fall [down] ❷ (*zu Boden fallen*) to fall over; (*schwerfällig*) to slump to the floor/ground; **tot ~** to drop dead ❸ (*fam: die Aussage widerrufen*) to retract one's statement

Umfang <-[e]s, Umfänge> *m* ❶ (*Perimeter*) circumference; *eines Baums a.* girth ❷ (*Ausdehnung*) area ❸ (*Ausmaß*) **in großem ~** on a large scale; **in vollem ~** completely

umfangreich *adj* extensive; *Buch* thick

umfassen* [ʊm·'fa·sn̩] *vt* ❶ (*umschließen*) to clasp; (*umarmen*) to embrace ❷ (*aus etw bestehen*) to comprise

umfassend [ʊm·'fa·snt] I. *adj* ❶ (*weitgehend*)

extensive ❷(*alles enthaltend*) full **II.** *adv*
~ **über etw berichten** to report all the details
of sth; **jdn** ~ **informieren** to keep sb informed
about everything
Ụmfeld *nt* sphere
ụm|formen *vt* to transform
Ụmfrage *f* survey; POL [opinion] poll; **eine** ~
machen to conduct a survey (**zu** +*dat* on/
about, **über** +*akk* on/about)
Ụmgang *m* ❶(*gesellschaftlicher Verkehr*)
dealings *pl*; **kein** ~ **für jdn sein** to not be fit
company for sb ❷ (*Beschäftigung*) ■**jds** ~ **mit**
etw *dat* sb's dealing[s] with sth
umgänglich ['ʊm·gɛŋ·lɪç] *adj* friendly; (*entge-*
genkommend) obliging
Ụmgangsformen *pl* [social] manners *pl*
Ụmgangssprache *f* ❶LING colloquial speech;
die griechische ~ colloquial Greek ❷(*übli-*
che Sprache) **in dieser Schule ist Franzö-**
sisch die ~ French is spoken at this school
ụmgangssprachlich *adj* colloquial
Ụmgangston *m* way of speaking
umgeben* [ʊm·'geː·bn̩] *irreg* **I.** *vt* ❶(*einfas-*
sen) to surround ❷(*sich rings erstrecken*)
etw von drei Seiten ~ to surround sth on
three sides **II.** *vr* ■**sich** *akk* **mit jdm/etw** ~ to
surround oneself with sb/sth
Ụmgebung <-, -en> [ʊm·'geː·bʊŋ] *f* ❶(*um-*
gebende Landschaft) environment, surroundings *pl*; *einer Stadt a.* environs *npl*; (*Nachbar-*
schaft) vicinity ❷(*jdn umgebender Kreis*)
people around one
ụm|gehen¹ ['ʊm·geː·ən] *vi irreg sein* ❶(*be-*
handeln) to treat; **mit jdm nicht** ~ **können**
to not know how to deal with sb; **mit etw** *dat*
gleichgültig/vorsichtig ~ to handle sth indif-
ferently/carefully ❷ *Gerücht* to circulate
umgehen*² [ʊm·'geː·ən] *vt irreg* (*vermeiden*)
to avoid
umgehend ['ʊm·geː·ənt] **I.** *adj* immediate
II. *adv* immediately
Ụmgehung <-, -en> [ʊm·'geː·ʊŋ] *f*, **Ụmge-**
hungsstraße *f* bypass
ụmgekehrt I. *adj* reverse *attr*; *Richtung* opposite; **in** ~ **er Reihenfolge** in reverse order;
(*rückwärts*) backward; [**es ist**] **gerade** ~! [it's]
just the opposite! **II.** *adv* the other way around
Ụmgestaltung <-, -en> *f* reorganization; *von*
Gesetzeswerk, Verfassung reformation; *eines*
Parks, Schaufensters redesign
ụm|gewöhnen* *vr* ■**sich** *akk* ~ to readapt, to
readjust
ụm|graben *vt irreg* to dig over *sep*
Ụmhang *m* cape
ụm|hängen ['ʊm·hɛ·ŋən] *vt* ❶(*umlegen*)
■**sich** *dat* **etw** ~ to put on *sep* sth; ■**jdm**
etw ~ to wrap sth around sb ❷(*woanders hin-*
hängen) ■**etw** ~ to rehang sth, to hang sth
somewhere else
Ụmhängetasche *f* shoulder bag
ụm|hauen ['ʊm·hau·ən] *vt irreg* (*fam*) ❶(*fäl-*
len) to chop down *sep; Bäume* to fell ❷(*völlig*
verblüffen) to stagger ❸(*lähmen*) to knock

out *sep*
umher [ʊm·'heːɐ̯] *adv* around; **überall** ~
everywhere; **weit** ~ all around
umher|blicken [ʊm·'heːɐ̯·blɪ·kn̩] *vi* to glance
around
umher|gehen *vi irreg sein* ■**in etw** *dat* ~ to
walk around sth
umher|irren *vi sein* to wander around
umher|laufen *vi irreg sein* ■ [**in etw** *dat*] ~ to
walk around [sth]; (*rennen*) to run around [sth]
umhin|können [ʊm·'hɪn·kœ·nən] *vi irreg* **jd**
kann nicht umhin, etw zu tun sb cannot
avoid doing sth
ụm|hören *vr* ■**sich** *akk* ~ to ask around
umkämpft [ʊm·'kɛmpft] *adj* disputed
ụm|kehren I. *vi sein* to turn back **II.** *vt haben* to
reverse
ụm|kippen I. *vi sein* ❶(*seitlich umfallen*) to tip
over; *Stuhl, Fahrrad* to fall over ❷(*fam:*
bewusstlos zu Boden fallen) to pass out ❸(*sl:*
die Meinung ändern) to come around ❹ÖKOL
to become polluted ❺(*ins Gegenteil umschla-*
gen) *Laune* to change; ■**in etw** *akk* ~ to turn
into sth **II.** *vt haben* to tip over *sep*
umklammern* [ʊm·'kla·mɐn] *vt* ■**jdn** ~ to
cling [on] to sb; ■**etw** ~ to hold sth tight
ụm|klappen *vt* to fold down *sep*
Ụmkleidekabine *f* changing room
Ụmkleideraum *m* changing room
ụm|knicken I. *vi sein* ❶(*brechen*) *Stab, Zweig*
to snap ❷(*zur Seite knicken*) [**mit dem**
Fuß] ~ to twist one's ankle **II.** *vt haben* to snap;
Papier, Pappe to fold over; *Pflanze, Trinkhalm*
to bend [over]
ụm|kommen *vi irreg sein* ❶(*sterben*) to be
killed (**bei/in** +*dat* in) ❷(*fam: verderben*) to
go bad ❸(*fam: es nicht mehr aushalten*) **vor**
Hunger/Durst ~ to be dying of hunger/thirst;
vor Langeweile ~ to be bored to death
Ụmkreis *m* vicinity; **im** ~ **von 100 Metern**
within a radius of 100 Meters
umkreisen* [ʊm·'krai·zn̩] *vt* ASTRON, RAUM to
orbit
ụm|krempeln *vt* ❶(*aufkrempeln*) ■**sich** *dat*
etw *akk* ~ to roll up *sep* sth; *Hosenbein* to
turn up *sep* sth ❷(*gründlich durchsuchen*)
■**etw** ~ to turn sth upside down ❸(*grundle-*
gend umgestalten) ■**etw/jdn** ~ to shake up
sep sth/sb
umlagern* [ʊm·'laː·gɐn] *vt* to surround
Ụmland *nt kein pl* surrounding area
Ụmlauf ['ʊm·lauf, *pl* 'ʊm·lɔy·fə] *m* ❶ASTRON
rotation ❷(*internes Rundschreiben*) circular
❸(*Weitergabe von Person zu Person*) **etw in**
~ **bringen** to circulate sth; *Gerücht, Lüge* to
spread sth; (*etw kursieren lassen*) *Geld* to put
into circulation
Ụmlaufbahn *f* orbit
Ụmlaut *m* umlaut
ụm|legen ['ʊm·leː·gn̩] *vt* ❶*Schalter* to turn
❷(*um Körperteil legen*) ■**jdm/sich** *dat*
etw ~ to put sth around sb/oneself ❸(*flach-*
drücken) to flatten ❹(*fällen*) to bring down

U

sep ⑤ (*sl: umbringen*) ■**jdn** ~ to bump off *sep* sb ⑥ ([*auf einen anderen Zeitpunkt*] *verlegen*) to reschedule (**auf** +*akk* for)

um|leiten *vt* to divert

Umleitung *f* detour

umliegend ['ʊm·liː·gn̩t] *adj* surrounding

um|melden *vt, vr* **jdn/sich** *akk* ~ to notify the authorities of sb's/one's change of address

um|münzen *vt* (*pej fam*) to convert (**zu** +*dat* into)

um|organisieren* *vt* to reorganize

um|pflügen ['ʊm·pflyː·gn̩] *vt* to plow up *sep*

um|programmieren* *vt* COMPUT to reprogram

umrahmen* [ʊm·'raː·mən] *vt* ❶ (*einrahmen*) to frame ❷ HORT to border

um|räumen **I.** *vi* to rearrange **II.** *vt Möbel, Zimmer* to rearrange; ■**etw** [**irgendwohin**] ~ to move sth [somewhere]

um|rechnen *vt* to convert (**in** +*akk* into)

Umrechnung *f* conversion

Umrechnungskurs *m* exchange rate

umreißen* [ʊm·'rai·sn̩] *vt irreg Situation, Lage* to outline; *Ausmaß, Kosten* to estimate

um|rennen *vt irreg* to [run into and] knock over

Umriss^RR *m meist pl* contour, outline; **in** ~ **en** in outline

umrissen *adj* well-defined; **fest** ~**e Vorstellungen** clear-cut impressions

um|rühren *vi, vt* to stir

ums [ʊms] (*fam*) = **um das** *s.* **um**

um|satteln *vi* (*fam*) [**auf einen anderen Beruf**] ~ to change jobs

Umsatz *m* turnover

Umsatzsteuer *f* sales tax

um|schalten **I.** *vi* ❶ RADIO, TV to switch over; **auf einen anderen Kanal/Sender** ~ to change the channel/station ❷ *Ampel* to change; **auf Rot/Gelb/Grün** ~ to turn red/yellow/green ❸ (*fam: sich einstellen*) to shift gears *fig* (**auf** +*akk* to) **II.** *vt* RADIO, TV to switch (**auf** +*akk* to); **das Fernsehgerät/Radio** ~ to change the TV channel/radio station

um|schauen *vr s.* **umsehen**

Umschlag *m* ❶ (*Briefumschlag*) envelope ❷ (*Schutzumschlag*) jacket ❸ MED compress ❹ *kein pl* ÖKON transfer

um|schlagen ['ʊm·ʃlaː·gn̩] *irreg* **I.** *vt haben* ❶ *Kragen* to turn down *sep; Ärmel* to turn up *sep* ❷ (*umladen*) to transfer **II.** *vi sein* METEO to change

umschließen* [ʊm·'ʃliː·sn̩] *vt irreg* ❶ (*umgeben, umzingeln*) to enclose ❷ (*umarmen*) **jdn/etw mit den Armen** ~ to take sb/sth into one's arms ❸ (*eng anliegen*) ■**jdn/etw** ~ to fit sb/sth closely ❹ (*einschließen*) to include

umschlingen* [ʊm·'ʃlɪŋ·ən] *vt irreg* ❶ (*eng umfassen*) to embrace; **jdn mit den Armen** ~ to wrap one's arms around sb ❷ BOT to climb

umschlungen *adj* **jdn** [**fest**] ~ **halten** to hold sb [tightly] in one's arms

um|schnallen *vt* to buckle on *sep*

umschreiben¹ ['ʊm·ʃrai·bn̩] *vt irreg* ❶ (*grundlegend umarbeiten*) to rewrite ❷ (*im Grundbuch übertragen*) to transfer (**auf** +*akk* to)

umschreiben*² [ʊm·'ʃrai·bn̩] *vt irreg* ❶ (*indirekt ausdrücken*) to talk around ❷ (*beschreiben*) to outline; (*in andere Worten fassen*) to paraphrase

um|schulen *vt* ❶ (*für andere Tätigkeit ausbilden*) to retrain (**zu** +*dat* as) ❷ (*auf andere Schule schicken*) to transfer to another school

Umschulung *f* ❶ (*Ausbildung für andere Tätigkeit*) retraining ❷ SCH transfer

Umschweife ['ʊm·ʃvai·fə] *pl* **ohne** ~ without mincing one's words; **keine** ~**!** stop beating about the bush!

Umschwung *m* ❶ (*plötzliche Veränderung*) drastic change ❷ SCHWEIZ (*umgebendes Gelände*) surrounding property

um|sehen *vr irreg* ❶ (*in Augenschein nehmen*) ■**sich** *akk* **irgendwo/bei jdm** ~ to have a look around somewhere/in sb's home ❷ (*nach hinten blicken*) ■**sich** *akk* ~ to look back ❸ (*suchen*) ■**sich** *akk* **nach jdm/etw** ~ to look around for sb/sth

um|setzen ['ʊm·zɛ·tsn̩] *vt* ❶ (*an anderen Platz setzen*) to move ❷ (*umwandeln*) to convert (**in** +*akk* to); **etw in die Praxis** ~ to put sth [in]to practice ❸ (*verkaufen*) to turn over

umsonst [ʊm·'zɔnst] *adv* ❶ (*gratis*) for free, free of charge ❷ (*vergebens*) in vain; ■~ **sein** to be pointless; **nicht** ~ not without reason

umsorgen* [ʊm·'zɔr·gn̩] *vt* to look after

um|springen ['ʊm·ʃprɪŋ·ən] *vi irreg sein* ❶ (*grob behandeln*) ■**mit jdm grob** ~ to treat sb roughly ❷ METEO to veer around ❸ *Ampel* to change (**auf** +*akk* to)

Umstand *m* ❶ (*wichtige Tatsache*) fact; **mildernde Umstände** JUR mitigating circumstances; **den Umständen entsprechend** [**gut**] [as good] as can be expected under the circumstances; **unter diesen Umständen** under these circumstances; **unter Umständen** possibly ❷ *pl* (*Schwierigkeiten*) trouble; **bitte keine Umstände!** please don't go to any trouble! ▶ WENDUNGEN: **in anderen Umständen sein** to be expecting

umständlich ['ʊm·ʃtɛnt·lɪç] **I.** *adj* ❶ (*mit großem Aufwand verbunden*) laborious; *Anweisung, Beschreibung* elaborate; *Aufgabe, Reise* complicated; *Erklärung, Anleitung* longwinded; ■~ **sein** to be inconvenient ❷ (*unpraktisch veranlagt*) ■~ **sein** to be awkward **II.** *adv* ❶ (*weitschweifig*) long-windedly ❷ (*mühselig und aufwändig*) laboriously

Umstandskleid *nt* maternity dress

um|steigen *vi irreg sein* ❶ TRANSP to change ❷ (*überwechseln*) to switch [over] (**auf** +*akk* to)

um|stellen¹ ['ʊm·ʃtɛ·lən] **I.** *vt* ❶ (*anders hinstellen*) to move ❷ (*anders anordnen*) to reorder ❸ (*anders einstellen*) to switch over *sep* (**auf** +*akk* to); **die Uhr** ~ to turn the clock back/forward ❹ (*zu etw anderem übergehen*) to convert (**auf** +*akk* to); **die Ernährung** ~ to change one's diet **II.** *vi* (*zu etw anderem übergehen*) ■ **auf etw** *akk* ~ to change over to sth **III.** *vr* (*sich anpassen*) ■ **sich** *akk* ~ to adapt (**auf** +*akk* to)

umstellen*² [ʊmˈʃtɛ·lən] *vt* (*umringen*) ■ **jdn/etw** ~ to surround sb/sth

Umstellung *f* ❶ (*Übergang*) change (**auf** +*akk* to); *Beheizung, Ernährung* conversion ❷ (*Anpassung*) adjustment

um|stimmen *vt* ■ **jdn** ~ to change sb's mind; ■ **sich** *akk* **|von jdm|** ~ **lassen** to let oneself be persuaded [by sb]

umstritten [ʊmˈʃtrɪ·tn̩] *adj* ❶ (*noch nicht entschieden*) disputed ❷ (*in Frage gestellt*) controversial

Umsturz *m* coup [d'état]

um|stürzen I. *vi sein* to fall **II.** *vt haben* to knock over *sep; politisches Regime etc.* to overthrow

Umtausch *m a.* FIN exchange

um|tauschen *vt* to exchange (**in/gegen** +*akk* for); *Währung* to change (**in** +*akk* into)

um|topfen *vt* to repot

um|wandeln [ʊmˈvan·dl̩n] *vt* to convert (**in** +*akk* into); **wie umgewandelt sein** to be a changed person

Umwandlung *f* conversion

Umweg *m* detour

Umwelt [ˈʊm·vɛlt] *f kein pl* environment

umweltbelastend *adj* damaging to the environment *pred,* environmentally harmful

Umweltbelastung *f* environmental damage

umweltbewusst^RR *adj* environmentally aware

Umweltbewusstsein^RR *nt kein pl* environmental consciousness

Umwelteinfluss^RR *m* environmental impact

umweltfeindlich *adj* harmful to the environment

umweltfreundlich *adj* environmentally friendly

Umweltgefahr *f* environmental hazards *pl*

Umweltgefährdung *f* environmental threat

Umweltpolitik *f* environmental policy

Umweltschäden *pl* environmental damage

Umweltschutz *m* environmental protection

Umweltschützer(in) *m(f)* environmentalist

Umweltschutzpapier *nt* recycled paper

Umweltverschmutzer(in) <-s, -> *m(f)* ❶ (*die Umwelt verschmutzender Mensch*) **ein** ~ **sein** to be environmentally irresponsible ❷ (*Quelle der Umweltverschmutzung*) pollutant

Umweltverschmutzung *f* pollution

umweltverträglich *adj* environmentally friendly

Umweltvorschrift *f* environmental regulation *usu pl*

Umweltzerstörung *f* destruction of the environment

umwerben* [ʊmˈvɛr·bn̩] *vt irreg* to woo

um|werfen *vt irreg* ❶ (*zum Umfallen bringen*) to knock over *sep* ❷ (*fam: fassungslos*

machen) to bowl over *sep* ❸ (*zunichtemachen*) *Ordnung, Plan* to upset ❹ (*rasch umlegen*) ■ **jdm etw** ~ to throw sth on sb

um|ziehen [ˈʊm·tsiː·ən] *irreg* **I.** *vi sein* to move [house] **II.** *vr* ■ **sich** *akk* ~ to get changed

umzingeln* [ʊmˈtsɪŋ·l̩n] *vt* to surround; (*durch die Polizei*) to cordon off *sep*

Umzug *m* ❶ (*Wohnungswechsel*) move ❷ (*Parade*) parade

UN <-> [uːˈʔɛn] *pl Abk von* **Vereinte Nationen** UN

unabhängig [ˈʊn·ʔap·hɛ·ŋɪç] *adj* ❶ (*von niemandem abhängig*) independent (**von** +*dat* of/from) ❷ (*ungeachtet*) ■ ~ **von etw** *dat* regardless of sth; ~ **davon, ob/wann ...** regardless of whether/when ...; ~ **voneinander** separately

Unabhängigkeit *f kein pl a.* POL independence (**von** +*dat* of/from)

unabsichtlich [ˈʊn·ʔap·zɪçt·lɪç] **I.** *adj* unintentional; *Beschädigung* accidental **II.** *adv* accidentally

Unachtsamkeit *f* carelessness

unangebracht [ˈʊn·ʔan·gə·braxt] *adj* ❶ (*nicht angebracht*) misplaced ❷ (*unpassend*) inappropriate

unangemessen [ˈʊn·ʔan·gə·mɛ·sn̩] **I.** *adj* ❶ (*überhöht*) unreasonable ❷ (*nicht angemessen*) inappropriate **II.** *adv* unreasonably

unangenehm [ˈʊn·ʔan·gə·neːm] **I.** *adj* ❶ (*nicht angenehm*) unpleasant ❷ (*peinlich*) ■ **jdm ist etw** ~ sb feels bad about sth ❸ (*unsympathisch*) unpleasant; **sie kann ganz schön** ~ **werden** she can get quite nasty **II.** *adv* unpleasantly

Unannehmlichkeit [ˈʊn·ʔan·neːm·lɪç·kait] *f meist pl* trouble

unanständig [ˈʊn·ʔan·ʃtɛn·dɪç] **I.** *adj* ❶ (*obszön*) dirty ❷ (*rüpelhaft*) rude **II.** *adv* rudely

unantastbar [ʊn·ʔanˈtast·baːɐ̯] *adj* sacrosanct

unappetitlich [ˈʊn·ʔape·tiːt·lɪç] *adj* ❶ (*nicht appetitlich*) unappetizing ❷ (*ekelhaft*) disgusting

unartig [ˈʊn·ʔaːɐ̯·tɪç] *adj* naughty

unaufdringlich [ˈʊn·ʔauf·drɪŋ·lɪç] *adj* ❶ (*dezent*) unobtrusive ❷ (*nicht aufdringlich*) discrete

unauffällig [ˈʊn·ʔauf·fɛ·lɪç] **I.** *adj* discrete **II.** *adv* discretely

unaufgefordert [ˈʊn·ʔauf·gə·fɔr·dət] **I.** *adj* unsolicited; *Kommentar, Bemerkung* uninvited **II.** *adv* without having been asked; ~ **eingesandte Manuskripte** unsolicited manuscripts

unaufhaltsam [ʊn·ʔaufˈhalt·zaːm] **I.** *adj* unstoppable **II.** *adv* relentlessly

unaufhörlich [ʊn·ʔaufˈhøːɐ̯·lɪç] **I.** *adj* constant **II.** *adv* ❶ (*fortwährend*) constantly ❷ (*ununterbrochen*) incessantly

unaufmerksam [ˈʊn·ʔauf·mɛrk·zaːm] *adj* ❶ (*nicht aufmerksam*) inattentive ❷ (*nicht zuvorkommend*) thoughtless

Unaufmerksamkeit *f kein pl* ❶ (*unaufmerksa-*

U

mes Verhalten) inattentiveness ❷(*unzuvor-kommende Art*) thoughtlessness

unausgeglichen ['ʊn·ʔaʊs·gə·glɪ·çn̩] *adj* unbalanced; *Mensch* moody; *Wesensart* uneven

Ụnausgeglichenheit *f* moodiness

ụnausgewogen *adj* unbalanced

unausstehlich [ʊn·ʔaʊs·'ʃteː·lɪç] *adj* intolerable; *Mensch, Art a.* insufferable

unausweichlich [ʊn·ʔaʊs·'vaɪç·lɪç] **I.** *adj* inevitable **II.** *adv* inevitably

unbarmherzig ['ʊn·barm·hɛr·tsɪç] **I.** *adj* merciless **II.** *adv* mercilessly

Ụnbarmherzigkeit *f* mercilessness

ụnbeabsichtigt I. *adj* (*versehentlich*) accidental; (*nicht beabsichtigt*) unintentional **II.** *adv* accidentally

unbeachtet ['ʊn·bə·ʔax·tət] **I.** *adj* overlooked *pred,* unnoticed **II.** *adv* without any notice

ụnbeaufsichtigt *adj* unattended

unbedenklich ['ʊn·bə·dɛŋk·lɪç] **I.** *adj* harmless; *Situation, Vorhaben* acceptable **II.** *adv* quite safely

unbedeutend ['ʊn·bə·dɔy·tn̩t] **I.** *adj* ❶(*nicht bedeutend*) insignificant ❷(*geringfügig*) minimal; *Änderung, Modifikation* minor **II.** *adv* insignificantly

unbedingt ['ʊn·bə·dɪŋt] **I.** *adj attr* absolute **II.** *adv* (*auf jeden Fall*) really; **erinnere mich ~ daran, sie anzurufen** [whatever you do,] don't forget to remind me to call her; **nicht ~** not necessarily; **~!** absolutely!

unbefangen ['ʊn·bə·faŋ·ən] **I.** *adj* ❶(*unvoreingenommen*) objective; *Ansicht* unbiased ❷(*nicht gehemmt*) uninhibited **II.** *adv* ❶(*unvoreingenommen*) objectively ❷(*nicht gehemmt*) uninhibitedly

Ụnbefangenheit *f kein pl* ❶(*Unvoreingenommenheit*) objectiveness ❷(*ungehemmte Art*) uninhibitedness

unbefriedigend ['ʊn·bə·friː·dɪ·gn̩t] **I.** *adj* unsatisfactory **II.** *adv* in an unsatisfactory way

unbefriedigt ['ʊn·bə·friː·dɪçt] *adj* unsatisfied; *Gefühl, Mensch* dissatisfied

unbefristet ['ʊn·bə·frɪs·tət] **I.** *adj* lasting for an indefinite period; *Aufenthaltserlaubnis, Visum* permanent; ■**~ sein** to be [valid] for an indefinite period **II.** *adv* indefinitely

unbefugt ['ʊn·bə·fuːkt] **I.** *adj* unauthorized **II.** *adv* without authorization

Ụnbefugte(r) *f(m) dekl wie adj* unauthorized person

unbegrenzt ['ʊn·bə·grɛntst] **I.** *adj* unlimited; *Vertrauen* boundless **II.** *adv* indefinitely

unbegründet ['ʊn·bə·grʏn·dət] *adj* ❶(*grundlos*) unfounded; *Kritik, Maßnahme* unwarranted ❷JUR unfounded

unbehaglich ['ʊn·bə·haːk·lɪç] **I.** *adj* uneasy **II.** *adv* uneasily

unbeherrscht ['ʊn·bə·hɛrʃt] **I.** *adj* uncontrolled; ■**~ sein** to lack self-control **II.** *adv* ❶(*ohne Selbstbeherrschung*) without self-control ❷(*gierig*) greedily

unbeholfen ['ʊn·bə·hɔl·fn̩] **I.** *adj* (*schwerfäl-*

lig) clumsy; (*wenig gewandt*) awkward **II.** *adv* clumsily

unbeirrbar [ʊn·bə·'ʔɪr·baːɐ̯] **I.** *adj* unwavering **II.** *adv* perseveringly

unbekannt ['ʊn·bə·kant] *adj* unknown; ■**jdm ~ sein** to be unknown to sb; *Gesicht, Name, Wort* to be unfamiliar to sb; „**~ verzogen**" "moved — address unknown"

Ụnbekannte(r) *f(m)* stranger

unbekümmert ['ʊn·bə·kʏ·mɛt] **I.** *adj* carefree **II.** *adv* in a carefree manner

unbelastet ['ʊn·bə·las·tət] **I.** *adj* ❶(*frei*) ■**von etw** *dat* **~** [sein] [to be] free of sth ❷FIN unencumbered **II.** *adv* freely

unbelehrbar ['ʊn·bə·leːɐ̯·baːɐ̯] *adj* obstinate

unbeliebt ['ʊn·bəliːpt] *adj* unpopular

unbenutzt ['ʊn·bə·nʊtst] *adj* unused; *Bett* not slept in; *Kleidung* unworn

unbeobachtet ['ʊn·bə·ʔoːbax·tət] *adj* unnoticed; *Gebäude, Platz* unwatched

unbequem ['ʊn·bə·kveːm] **I.** *adj* ❶ *Stuhl, Sofa* uncomfortable ❷ *Frage* awkward **II.** *adv* ❶(*nicht bequem*) uncomfortably ❷(*lästig*) awkwardly

unberechenbar [ʊn·bə·'rɛ·çn̩·baːɐ̯] *adj* ❶(*nicht einschätzbar*) *Gegner, Mensch* unpredictable ❷(*nicht vorhersehbar*) unforeseeable

unberechtigt ['ʊn·bə·rɛç·tɪçt] *adj* unfounded; *Vorwurf* unwarranted

unberücksichtigt ['ʊn·bə·rʏk·zɪç·tɪçt] *adj* unconsidered

unberührt ['ʊn·bə·ryːɐ̯t] *adj* ❶(*im Naturzustand erhalten*) unspoiled ❷(*nicht benutzt*) untouched

unbeschädigt *adj, adv* undamaged

unbeschränkt ['ʊn·bə·ʃrɛŋkt] *adj* unrestricted; *Macht* limitless; *Möglichkeiten* unlimited

unbeschreiblich ['ʊn·bɛ·ʃraip·lɪç] **I.** *adj* ❶(*maßlos*) tremendous ❷(*nicht zu beschreiben*) indescribable **II.** *adv* **sich** *akk* **~ freuen/ärgern** to be enormously happy/terribly angry

unbeschwert ['ʊn·bə·ʃveːɐ̯t] *adj* carefree

unbesiegbar [ʊn·bə·'ziːk·baːɐ̯] *adj* ❶MIL (*a. fig*) invincible ❷SPORT unbeatable

unbesonnen ['ʊn·bə·zɔ·nən] *adj Entschluss* rash; *Wesensart* impulsive

unbesorgt ['ʊn·bə·zɔrkt] **I.** *adj* unconcerned **II.** *adv* without worrying

unbeständig ['ʊn·bə·ʃtɛn·dɪç] *adj* ❶METEO unsettled ❷(*wankelmütig*) fickle

unbestechlich ['ʊn·bɛ·ʃtɛç·lɪç] *adj* ❶(*nicht bestechlich*) incorruptible ❷(*nicht zu täuschen*) unerring

unbestimmt ['ʊn·bə·ʃtɪmt] *adj* ❶(*unklar*) vague ❷(*nicht festlegbar*) indefinite; *Alter* uncertain; *Anzahl, Menge* indeterminate; *Grund, Zeitspanne* unspecified

unbestreitbar ['ʊn·bə·ʃtrait·baːɐ̯] **I.** *adj* unquestionable **II.** *adv* unquestionably

unbestritten ['ʊn·bɛ·ʃtrɪ·tn̩] **I.** *adj* ❶(*nicht bestritten*) undisputed; *Argument* irrefutable ❷JUR uncontested **II.** *adv* ❶(*wie nicht bestrit-*

ten wird) unquestionably ❷ (*unstreitig*) unarguably

unbeteiligt ['ʊn·bə·tai·lɪçt] *adj* ❶ (*an etw nicht beteiligt*) uninvolved ❷ (*desinteressiert*) indifferent; (*in einem Gespräch*) uninterested

unbeweglich ['ʊn·bɛ·ve:k·lɪç] *adj* ❶ (*starr*) fixed; *Konstruktion, Teil* immovable ❷ (*unveränderlich*) inflexible; *Gesichtsausdruck* rigid; (*fig*) unmoved

unbewohnbar [ʊn·bə·'vo:n·ba:ɐ̯] *adj* uninhabitable

unbewohnt *adj* ❶ (*nicht besiedelt*) uninhabited ❷ (*nicht bewohnt*) unoccupied

unbewusst^RR ['ʊn·bə·vʊst] I. *adj a.* PSYCH unconscious II. *adv* unconsciously

unbezahlbar [ʊn·bə·'tsa:l·ba:ɐ̯] *adj* ❶ (*nicht aufzubringen*) unaffordable ❷ (*äußerst nützlich*) invaluable ❸ (*immens wertvoll*) priceless

unblutig ['ʊn·blu:·tɪç] I. *adj* bloodless II. *adv* without bloodshed

unbrauchbar ['ʊn·braux·ba:ɐ̯] *adj* useless

und [ʊnt] *konj* and; ~ **dann?** then what?; (*nun*) well?; **na ~?** so what?

undankbar ['ʊn·daŋk·ba:ɐ̯] *adj* ❶ (*nicht dankbar*) ungrateful ❷ (*nicht lohnend*) thankless

undenkbar [ʊn·'dɛŋk·ba:ɐ̯] *adj* unthinkable

undeutlich ['ʊn·dɔyt·lɪç] I. *adj* ❶ (*nicht deutlich vernehmbar*) unclear ❷ (*nicht klar sichtbar*) blurred; *Schrift* illegible ❸ (*vage*) vague II. *adv* ❶ (*nicht deutlich vernehmbar*) unclearly; ~ **sprechen** to mumble ❷ (*nicht klar*) unclearly ❸ (*vage*) vaguely

undicht ['ʊn·dɪçt] *adj* (*luftdurchlässig*) not airtight; (*wasserdurchlässig*) not watertight

Unding ['ʊn·dɪŋ] *nt kein pl* **ein ~ sein**[, **etw zu tun**] to be absurd [to do sth]

undurchdringlich ['ʊn·dʊrç·drɪŋ·lɪç] *adj* ❶ (*kein Durchdringen ermöglichend*) impenetrable ❷ (*verschlossen*) inscrutable

undurchschaubar [ʊn·dʊrç·'ʃau·ba:ɐ̯] *adj* unfathomable; *Verbrechen* baffling; *Wesensart, Miene* enigmatic

undurchsichtig ['ʊn·dʊrç·zɪç·tɪç] *adj* ❶ (*nicht transparent*) nontransparent; *Glas* opaque ❷ (*fig*) *Geschäfte* shadowy ❸ (*fig: zweifelhaft*) obscure

uneben ['ʊn·ʔe:bn̩] *adj* uneven; *Straße* bumpy

Unebenheit <-, -en> *f* ❶ *kein pl* (*unebene Beschaffenheit*) unevenness ❷ (*unebene Stelle*) bump

unecht ['ʊn·ʔɛçt] *adj* ❶ (*imitiert*) fake *usu pej*; *Haar* artificial; *Zähne* false ❷ (*unaufrichtig*) false

unehelich ['ʊn·ʔe:ə·lɪç] *adj Kind* illegitimate

uneigennützig ['ʊn·ʔai·gn̩·nʏ·tsɪç] *adj* selfless

uneingeschränkt ['ʊn·ʔain·gə·ʃrɛŋkt] I. *adj* absolute; *Handel* free; *Lob* unreserved II. *adv* absolutely, unreservedly

unempfindlich ['ʊn·ʔɛmp·fɪnt·lɪç] *adj* insensitive (**gegen** +*akk* to); (*durch Erfahrung*) hardened, seasoned; *Pflanze* hardy; *Material* practical

unendlich [ʊn·'ʔɛnt·lɪç] *adj* ❶ (*nicht über-*

schaubar) infinite ❷ (*unbegrenzt*) endless

Unendlichkeit <-> *f kein pl* infinity

unentbehrlich ['ʊn·ʔɛnt·be:ɐ̯·lɪç] *adj* ❶ (*unbedingt erforderlich*) essential ❷ (*unverzichtbar*) indispensable

unentgeltlich ['ʊn·ʔɛnt·gɛlt·lɪç] I. *adj* free of charge; **die ~e Benutzung von etw** *dat* the free use of sth II. *adv* for free

unentschieden ['ʊn·ʔɛnt·ʃi:·dn̩] I. *adj* ❶ SPORT tied ❷ (*noch nicht entschieden*) undecided II. *adv* SPORT ~ **ausgehen** to end in a tie; ~ **spielen** to tie

Unentschieden <-s, -> ['ʊn·ʔɛnt·ʃi:·dn̩] *nt* SPORT tie

unentschlossen ['ʊn·ʔɛnt·ʃlɔ·sn̩] I. *adj* indecisive II. *adv* indecisively

Unentschlossenheit *f* indecision

unentschuldigt ['ʊn·ʔɛnt·ʃʊl·dɪçt] I. *adj* unexcused II. *adv* unexcused; ~ **fehlen** to cut class

unerbittlich [ʊn·ʔɛɐ̯·'bɪt·lɪç] *adj* ❶ (*nicht umzustimmen*) unrelenting ❷ (*gnadenlos*) merciless

unerfahren [ʊn·ʔɛɐ̯·fa:·rən] *adj* inexperienced

Unerfahrenheit *f* lack of experience

unerfreulich [ʊn·ʔɛɐ̯·frɔy·lɪç] I. *adj* unpleasant; *Neuigkeiten, Nachrichten* bad; *Zwischenfall* unfortunate II. *adv* unpleasantly

unergründbar [ʊn·ʔɛɐ̯·'grʏnt·ba:ɐ̯], **unergründlich** [ʊn·ʔɛɐ̯·'grʏnt·lɪç] *adj* puzzling; *Blick, Lächeln* enigmatic

unerheblich ['ʊn·ʔɛɐ̯·he:p·lɪç] I. *adj* insignificant; ■ ~ **sein, ob** ... to be irrelevant whether ... II. *adv* insignificantly

unerhört ['ʊn·ʔɛɐ̯·'hø:ɐ̯t] *adj attr* ❶ (*pej: skandalös*) outrageous ❷ (*außerordentlich*) incredible

unerkannt ['ʊn·ʔɛɐ̯·kant] *adv* unrecognized

unerklärbar [ʊn·ʔɛɐ̯·'klɛ:ɐ̯·ba:ɐ̯], **unerklärlich** [ʊn·ʔɛɐ̯·'klɛ:ɐ̯·lɪç] *adj* inexplicable; ■ **jdm ist** ~, **warum/wie** ... sb cannot understand why/how ...

unerlässlich^RR, **unerläßlich**^ALT [ʊn·ʔɛɐ̯·'lɛs·lɪç] *adj* essential

unerlaubt ['ʊn·ʔɛɐ̯·laupt] I. *adj* unauthorized; JUR illegal II. *adv* without permission

unerledigt ['ʊn·ʔɛɐ̯·le:·dɪçt] I. *adj* unfinished; *Antrag* incomplete; *Post* unanswered II. *adv* unfinished

unermüdlich [ʊn·ʔɛɐ̯·'my:t·lɪç] I. *adj* tireless II. *adv* tirelessly

unerreichbar [ʊn·ʔɛɐ̯·'raiç·ba:ɐ̯] *adj* unattainable; (*telefonisch*) unavailable

unersättlich [ʊn·ʔɛɐ̯·'zɛt·lɪç] *adj* insatiable; *Wissensdurst* unquenchable

unerschrocken ['ʊn·ʔɛɐ̯·ʃrɔ·kn̩] I. *adj* fearless II. *adv* fearlessly

unerschütterlich [ʊn·ʔɛɐ̯·'ʃʏ·te·lɪç] I. *adj* unshakable II. *adv* unshakably

unerschwinglich [ʊn·ʔɛɐ̯·'ʃvɪŋ·lɪç] *adj* exorbitant; ■ **für jdn** ~ **sein** to be beyond sb's means

unersetzlich [ʊn·ʔɛɐ̯·'zɛts·lɪç] *adj* indispens-

U

able; *Wertgegenstand* irreplaceable; *Schaden* irreparable

unerträglich [ʊn·ʔɛɐ̯·ˈtrɛːk·lɪç] I. *adj* ❶ (*nicht auszuhalten*) unbearable ❷ (*pej: unmöglich*) impossible II. *adv* ❶ (*nicht auszuhalten*) unbearably ❷ (*pej: unmöglich*) impossibly

unerwartet [ʊn·ʔɛɐ̯·var·tət] I. *adj* unexpected II. *adv* unexpectedly

unerwünscht [ʊn·ʔɛɐ̯·vʏnʃt] *adj* ❶ (*nicht willkommen*) unwelcome ❷ (*lästig*) undesirable

UNESCO <-> [uˈnɛs·ko] *f Akr von* United Nations Educational, Scientific, and Cultural Organization UNESCO

unfähig [ˈʊn·fɛː·ɪç] *adj* ❶ (*inkompetent*) incompetent ❷ (*nicht imstande*) incapable (**zu** +*dat* of)

Unfähigkeit *f kein pl* incompetence, inability

unfair [ˈʊn·fɛːɐ̯] I. *adj* unfair (**gegenüber** +*dat* to[ward]) II. *adv* unfairly

Unfall [ˈʊn·fal] *m* accident

Unfallchirurgie *f* emergency surgery

Unfallflucht *f* leaving the scene of an accident, hit-and-run

Unfallort *m* scene of an accident

Unfallstation *f* emergency room

Unfallstelle *f* scene of an accident

Unfallursache *f* cause of an accident

Unfallversicherung *f* accident insurance

unfassbar[RR], **unfaßbar**[ALT] [ʊn·ˈfas·baːɐ̯], **unfasslich**[RR], **unfaßlich**[ALT] [ʊn·ˈfas·lɪç] *adj* ❶ (*unbegreiflich*) incomprehensible; *Phänomen* incredible ❷ (*unerhört*) outrageous

unfehlbar [ʊn·ˈfeːl·baːɐ̯] I. *adj* infallible; *Geschmack* impeccable; *Gespür, Instinkt* unerring II. *adv* without fail

Unfehlbarkeit <-> *f kein pl* infallibility

unförmig [ˈʊn·fœr·mɪç] I. *adj* shapeless; (*groß*) cumbersome; *Gesicht* misshapen; *Bein* unshapely II. *adv* shapelessly

unfreiwillig [ˈʊn·frai·vɪ·lɪç] I. *adj* ❶ (*gezwungen*) compulsory ❷ (*unbeabsichtigt*) unintentional II. *adv* ■**etw ~ tun** to be forced to do sth

unfreundlich [ˈʊn·frɔynt·lɪç] I. *adj* ❶ (*nicht liebenswürdig*) unfriendly ❷ (*unangenehm*) unpleasant; *Klima* inhospitable; *Jahreszeit, Tag* dreary; *Raum* cheerless II. *adv* **jdn ~ behandeln** to be unfriendly to sb

unfruchtbar [ˈʊn·frʊxt·baːɐ̯] *adj* MED infertile; AGR *a.* barren

Unfruchtbarkeit *f kein pl* ❶ MED infertility ❷ AGR barrenness

Unfug <-s> [ˈʊn·fuːk] *m kein pl* nonsense; **~ machen** to be up to no good

Ungar(in) <-n, -n> [ˈʊŋ·gar] *m(f)* Hungarian; *s. a.* **Deutsche(r)**

ungarisch [ˈʊŋ·ga·rɪʃ] *adj* Hungarian; *s. a.* **deutsch**

Ungarn <-s> [ˈʊŋ·garn] *nt* Hungary; *s. a.* **Deutschland**

ungebeten [ˈʊn·gə·beː·tn̩] I. *adj* unwelcome II. *adv* ❶ (*ohne eingeladen zu sein*) without being invited ❷ (*ohne aufgefordert zu sein*) without an invitation

ungebildet [ˈʊn·gə·bɪl·dət] *adj* uneducated

ungeboren [ˈʊn·gəboː·rən] *adj* unborn

ungebräuchlich [ˈʊn·gə·brɔyç·lɪç] *adj* uncommon, not in use *pred*

ungebunden [ˈʊn·gə·bʊn·dn̩] *adj* unattached

Ungeduld [ˈʊn·gə·dʊlt] *f* impatience

ungeduldig [ˈʊn·gə·dʊl·dɪç] I. *adj* impatient II. *adv* impatiently

ungeeignet [ˈʊn·gə·ʔaig·nət] *adj* unsuitable; ■**~ sein** to be unsuited (**für** +*akk* for/to)

ungefähr [ˈʊn·gə·fɛːɐ̯] I. *adv* ❶ (*zirka*) approximately, about *fam;* **um ~ ...** *Zeit* at around ... ❷ (*etwa*) **~ da/hier** around there/here; **~ so** something like this/that ❸ (*in etwa*) more or less II. *adj attr* approximate

ungefährlich [ˈʊn·gəfɛːɐ̯·lɪç] *adj* harmless; ■**~ sein, etw zu tun** to be safe to do sth

ungeheuer [ˈʊn·gə·hɔy·ɐ] I. *adj* ❶ (*ein gewaltiges Ausmaß besitzend*) enormous ❷ (*größte Intensität o. Bedeutung besitzend*) tremendous II. *adv* ❶ (*äußerst*) terribly ❷ (*ganz besonders*) enormously

Ungeheuer <-s, -> [ˈʊn·gə·hɔy·ɐ] *nt* monster

ungehindert [ˈʊn·gə·hɪn·dət] I. *adj* unhindered II. *adv* without hindrance

ungehorsam [ˈʊn·gə·hoːɐ̯·za:m] *adj* disobedient (**gegenüber** +*dat* toward)

Ungehorsam [ˈʊn·gə·hoːɐ̯·za:m] *m* disobedience

ungeklärt [ˈʊn·gəklɛːɐ̯t] *adj, adv* ❶ (*nicht aufgeklärt*) unsolved ❷ *Abwässer* untreated

ungekürzt [ˈʊn·gə·kʏrtst] I. *adj* MEDIA unabridged; FILM uncut II. *adv* in its unabridged version; FILM in its uncut version

ungelegen [ˈʊn·gə·le:·gn̩] *adj* inconvenient; [**jdm**] **~ kommen** to be inconvenient [for sb]; (*zeitlich*) to be at an inconvenient time [for sb]

ungelenkig [ˈʊn·gə·lɛŋ·kɪç] *adj* inflexible

ungelernt [ˈʊn·gə·lɛrnt] *adj attr* unskilled

ungelöst [ˈʊn·gə·løːst] *adj* unsolved; *Frage* unresolved

ungemein [ˈʊn·gə·main] I. *adj* immense II. *adv* immensely

ungemütlich [ˈʊn·gə·myːt·lɪç] *adj* ❶ (*nicht gemütlich*) uninviting ❷ (*unerfreulich*) uncomfortable ▶ WENDUNGEN: **~ werden** (*fam*) to become nasty

ungenau [ˈʊn·gə·nau] I. *adj* ❶ (*nicht exakt*) vague ❷ (*nicht korrekt*) inaccurate II. *adv* ❶ (*nicht exakt*) vaguely ❷ (*nicht korrekt*) incorrectly

Ungenauigkeit <-, -en> *f* ❶ *kein pl* (*nicht exakte Beschaffenheit*) vagueness ❷ (*mangelnde Korrektheit*) inaccuracy

ungenießbar [ˈʊn·gə·ni:s·ba:ɐ̯] *adj* ❶ (*nicht zum Genuss geeignet*) inedible; *Getränke* undrinkable ❷ (*schlecht schmeckend*) unpalatable ❸ (*fam: unausstehlich*) unbearable

ungenügend [ˈʊn·gə·ny:·gn̩t] I. *adj* ❶ (*nicht ausreichend*) insufficient; *Information* inadequate ❷ SCH unsatisfactory, ≈ F II. *adv* insufficiently, inadequately

ungenutzt ['ʊn·gə·nʊtst] *adj* unused; *materielle/personelle Ressourcen* unexploited; *Gelegenheit* missed

ungepflegt ['ʊn·gə·pfleːkt] *adj Haus, Garten* neglected; *Person* unkempt

ungerade ['ʊn·gə·raː·də] *adj* odd

ungerecht ['ʊn·gə·rɛçt] I. *adj* unjust; ■ ~ **sein** to be unfair (**gegen** +*akk* to); **ein ~er Richter** a partial judge II. *adv* unjustly, unfairly

ungerechtfertigt ['ʊn·gə·rɛçt·fɛr·tɪçt] *adj* unjustified

Ungerechtigkeit <-, -en> *f* injustice

ungern ['ʊn·gɛrn] *adv* reluctantly

ungerührt ['ʊn·gə·ryːɐ̯t] *adj, adv* unmoved

ungeschehen ['ʊn·gə·ʃeː·ən] *adj* undone; **etw ~ machen** to undo sth

ungeschickt ['ʊn·gə·ʃɪkt] *adj* ❶(*unbeholfen*) clumsy; (*unbedacht*) careless ❷ DIAL, SÜDD (*unhandlich*) unwieldy; (*ungelegen*) awkward

ungeschoren ['ʊn·gə·ʃoː·rən] I. *adj* unshorn II. *adv* unscathed; **~ davonkommen** to get away with it

ungesehen ['ʊn·gə·zeː·ən] *adv* unseen, without being seen

ungesetzlich ['ʊn·gə·zɛts·lɪç] *adj* unlawful

ungestört ['ʊn·gə·ʃtøːɐ̯t] I. *adj* undisturbed; **~ sein wollen** to want to be left alone II. *adv* without being disturbed

ungestraft ['ʊn·gə·ʃtraːft] *adv* with impunity; **~ davonkommen** to get away scot-free

ungestüm ['ʊn·gə·ʃtyːm] I. *adj Art, Temperament* impetuous; *Wind* gusty; *Begrüßung* enthusiastic II. *adv* enthusiastically

ungesund ['ʊn·gə·zʊnt] I. *adj* unhealthy II. *adv* unhealthily

ungeteilt ['ʊn·gə·tailt] *adj* ❶(*vollständig*) complete ❷(*ganz*) **mit ~er Freude** with total pleasure

ungetrübt ['ʊn·gə·tryːpt] *adj Freude, Glück* unclouded; *Tage, Zeit* perfect

Ungetüm <-[e]s, -e> ['ʊn·gə·tyːm] *nt* monster

ungeübt ['ʊn·gə·ʔyːpt] *adj* unpracticed; *Lehrlinge* inexperienced; ■ **in etw** *dat* **~ sein** to lack experience in sth

ungewissRR ['ʊn·gə·vɪs] *adj* uncertain

UngewissheitRR <-, -en> *f* uncertainty

ungewöhnlich ['ʊn·gə·vøːn·lɪç] I. *adj* ❶(*vom Üblichen abweichend*) unusual ❷(*außergewöhnlich*) remarkable II. *adv* ❶(*äußerst*) exceptionally ❷(*in nicht üblicher Weise*) unusually

ungewohnt ['ʊn·gə·voːnt] *adj* unusual

ungewollt ['ʊn·gə·vɔlt] I. *adj* unintentional; *Schwangerschaft* unwanted II. *adv* unintentionally; **ich musste ~ grinsen** I couldn't help grinning

Ungeziefer <-s> ['ʊn·gə·tsiː·fɐ] *nt kein pl* pests *pl*

ungezogen ['ʊn·gə·tsoː·gn̩] I. *adj Kind* naughty; *Bemerkung* impertinent; ■ **~ sein** to be ill-mannered II. *adv* impertinently; **sich** *akk* **~ benehmen** to behave badly

ungezwungen ['ʊn·gə·tsvʊ·ŋən] *adj* informal

Unglaube ['ʊn·glau·bə] *m* ❶(*Zweifel*) disbelief ❷(*Gottlosigkeit*) unbelief

unglaubhaft ['ʊn·glaup·haft] I. *adj* unbelievable II. *adv* unbelievably

ungläubig ['ʊn·glɔy·bɪç] *adj* ❶(*etw nicht glauben wollend*) disbelieving; **ein ~es Kopfschütteln** an incredulous shake of the head ❷(*gottlos*) unbelieving

unglaublich ['ʊn·glaup·lɪç] I. *adj* ❶(*nicht glaubhaft*) unbelievable ❷(*unerhört*) outrageous II. *adv* (*fam: überaus*) incredibly

unglaubwürdig ['ʊn·glaup·vyːɐ̯·dɪç] I. *adj* implausible; *Zeuge* unreliable II. *adv* implausibly

ungleich ['ʊn·glaiç] I. *adj* ❶(*unterschiedlich*) *Bezahlung* unequal; *Belastung* uneven; *Paar* odd; *Gegenstände* dissimilar ❷(*unterschiedliche Voraussetzungen*) unequal II. *adv* ❶(*unterschiedlich*) unequally ❷ *vor komp* (*weitaus*) far III. *präp* +*dat* (*geh*) unlike

Ungleichgewicht *nt* imbalance

ungleichmäßig I. *adj* ❶(*unregelmäßig*) irregular ❷(*nicht zu gleichen Teilen*) uneven II. *adv* ❶(*unregelmäßig*) irregularly ❷(*ungleich*) unevenly

Unglück <-glücke> ['ʊn·glʏk] *nt* ❶ *kein pl* (*Pech*) bad luck; **zu allem ~** to make matters worse ❷(*katastrophales Ereignis*) disaster ❸ *kein pl* (*Elend*) unhappiness ▶ WENDUNGEN: **ein ~ kommt selten allein** (*prov*) when it rains it pours

unglücklich ['ʊn·glʏk·lɪç] I. *adj* ❶(*betrübt*) unhappy ❷(*ungünstig, ungeschickt*) unfortunate II. *adv* unfortunately; **~ verliebt sein** to be lovelorn

unglücklicherweise *adv* unfortunately

Unglücksfall *m* ❶(*Unfall*) accident ❷(*unglückliche Begebenheit*) mishap

Ungnade ['ʊn·gnaː·də] *f* disgrace

ungnädig ['ʊn·gnɛː·dɪç] I. *adj* ❶(*gereizt, unfreundlich*) ungracious ❷(*geh: verhängnisvoll*) fated; *Schicksal* cruel II. *adv* ungraciously

ungültig ['ʊn·gʏl·tɪç] *adj* ❶(*nicht mehr gültig*) invalid; *Tor, Treffer* disallowed ❷(*nichtig*) [null and] void

Ungültigkeit *f* invalidity

ungünstig ['ʊn·gʏns·tɪç] *adj Zeit*[*punkt*] inconvenient; *Wetter* inclement

ungut ['ʊn·guːt] *adj* bad; *Verhältnis* strained ▶ WENDUNGEN: **nichts für ~!** no offense!

unhaltbar ['ʊn·halt·baːɐ̯] *adj* ❶(*haltlos*) untenable ❷(*unerträglich*) intolerable ❸ SPORT unstoppable

unhandlich ['ʊn·hant·lɪç] *adj* unwieldy

Unheil ['ʊn·hail] *nt* disaster; **großes/viel ~ anrichten** to wreak havoc

unheilbar ['ʊn·hail·baːɐ̯] I. *adj* incurable II. *adv* incurably

unheilvoll ['ʊn·hail·fɔl] *adj* fateful; *Blick* ominous

unheimlich ['ʊn·haim·lɪç] I. *adj* ❶(*Grauen erregend*) eerie ❷(*fam: unglaublich, sehr*) incredible ❸(*fam: sehr groß, sehr viel*) terrific *fig* II. *adv* (*fam*) incredibly

unhöflich ['ʊn·høː·f·lɪç] **I.** *adj* impolite **II.** *adv* impolitely

unhygienisch ['ʊn·hy·gi̯eː·nɪʃ] *adj* unhygienic

Uni <-, -s> ['ʊni] *f* (*fam*) *kurz für* **Universität** university

UNICEF <-> ['uː·ni·tsɛf] *f Akr von* **United Nations International Children's Emergency Fund** UNICEF

Uniform <-, -en> [uni·'fɔrm, 'ʊni·fɔrm] *f* uniform

Unikat <-[e]s, -e> [uni·'kaːt] *nt* ❶ (*einzigartiges Exemplar*) unique specimen ❷ (*einzigartiges Schriftstück*) unicum *spec,* unique copy [of a text]

Union <-, -en> [u'ni̯oːn] *f* union

universal [uni·vɛr·'zaːl], **universell** [uni·vɛr·'zɛl] **I.** *adj* universal **II.** *adv* universally

Universen *pl von* **Universum**

Universität <-, -en> [uni·vɛr·zi·'tɛːt] *f* university

Universitätsbibliothek *f* university library

Universitätsstadt *f* university town

Universum <-s, Universen> [uni·'vɛr·zʊm] *nt* universe

unkenntlich ['ʊn·kɛnt·lɪç] *adj* unrecognizable; *Eintragung* indecipherable

Unkenntnis ['ʊn·kɛnt·nɪs] *f kein pl* ignorance

unklar ['ʊn·klaːɐ̯] **I.** *adj* ❶ (*unverständlich*) unclear ❷ (*ungeklärt*) unclear; [sich *dat*] im U~en sein to be uncertain (über +*akk* about); jdn im U~en lassen to leave sb in the dark (über +*akk* about) ❸ (*verschwommen*) indistinct; *Wetter* hazy; *Umrisse* blurred; *Erinnerungen* vague **II.** *adv* (*unverständlich*) unclearly

Unklarheit <-, -en> *f* ❶ *kein pl* (*Ungewissheit*) uncertainty ❷ (*Undeutlichkeit*) lack of clarity

unklug ['ʊn·kluːk] *adj* unwise

unkompliziert ['ʊn·kɔmp·li·tsiːɐ̯t] *adj* straightforward; *Fall* simple; *Mensch* uncomplicated

unkonzentriert ['ʊn·kɔn·tsɛn·triːɐ̯t] *adj* distracted

Unkosten ['ʊn·kɔs·tn̩] *pl* costs *npl*

Unkraut ['ʊn·kraut] *nt* weed

Unkrautbekämpfungsmittel *nt,* **Unkrautvernichter** <-s, -> *m* herbicide

unkritisch ['ʊn·kriː·tɪʃ] **I.** *adj* *Denken, Meinung* uncritical **II.** *adv* uncritically

unkündbar ['ʊn·kʏnt·baːɐ̯] *adj* *Stellung* tenured; *Vertrag* not subject to termination

unleserlich ['ʊn·leː·zɐ·lɪç] **I.** *adj* *Schrift* illegible **II.** *adv* illegibly

unlogisch **I.** *adj* illogical **II.** *adv* illogically

unlösbar ['ʊn·'løːs·baːɐ̯], **unlöslich** [ʊn·'løːs·lɪç] *adj* ❶ (*nicht zu lösen*) *Problem* unsolvable; *Widerspruch* irreconcilable ❷ CHEM insoluble

Unlust ['ʊn·lʊst] *f kein pl* reluctance

unmäßig ['ʊn·mɛː·sɪç] **I.** *adj* excessive **II.** *adv* excessively

Unmenge ['ʊn·mɛ·ŋə] *f* enormous amount (an +*dat* of)

unmenschlich ['ʊn·mɛnʃ·lɪç] **I.** *adj* ❶ *Bedingungen, Verhältnisse* appalling, inhuman[e]; *Diktator, Grausamkeit* brutal ❷ *Hitze, Leid* tremendous **II.** *adv* ❶ (*grausam*) in an inhuman[e] manner ❷ (*entsetzlich*) appallingly

Unmenschlichkeit <-, -en> *f* ❶ *kein pl* (*Art*) inhumanity ❷ (*Tat*) inhuman act

unmerklich ['ʊn·mɛrk·lɪç] **I.** *adj* imperceptible **II.** *adv* imperceptibly

unmissverständlich^RR ['ʊn·mɪs·fɛɐ̯·ʃtɛnt·lɪç] **I.** *adj* unequivocal; *Antwort* blunt **II.** *adv* unequivocally

unmittelbar ['ʊn·mɪ·tl̩·baːɐ̯] **I.** *adj* ❶ (*direkt*) direct ❷ (*räumlich/zeitlich nicht getrennt*) immediate; **ein ~er Nachbar** a next-door neighbor **II.** *adv* ❶ (*sofort*) immediately ❷ (*ohne Umweg*) directly ❸ (*direkt*) imminently; **etw ~ erleben** to experience sth first hand

unmodern ['ʊn·mo·dɛrn] **I.** *adj* old-fashioned **II.** *adv* in an old-fashioned way

unmöglich ['ʊn·møːk·lɪç] **I.** *adj* ❶ (*nicht machbar*) impossible; *Vorhaben* infeasible ❷ (*pej fam: nicht tragbar, lächerlich*) impossible **II.** *adv* (*fam*) not possibly

Unmöglichkeit *f kein pl* impossibility

unmoralisch ['ʊn·mo·ra:·lɪʃ] *adj* immoral

unmotiviert ['ʊn·mo·ti·viːɐ̯t] *adj* *Person, Wutausbruch, Angriff* unmotivated, unprovoked **II.** *adv* without motivation; **~ loslachen** to start laughing for no reason

unmündig ['ʊn·mʏn·dɪç] *adj* ❶ (*noch nicht volljährig*) underage ❷ (*geistig unselbstständig*) dependent

unmusikalisch ['ʊn·mu·zi·ka:·lɪʃ] *adj* unmusical

unnachahmlich ['ʊn·na:x·ʔa:m·lɪç] *adj* inimitable

unnachgiebig ['ʊn·na:x·gi:·bɪç] **I.** *adj* adamant **II.** *adv* adamantly

unnahbar [ʊn·'na:·baːɐ̯] *adj* unapproachable

unnatürlich ['ʊn·na·ty:ɐ̯·lɪç] *adj* ❶ (*nicht natürlich*) unnatural; (*abnorm*) abnormal ❷ (*gekünstelt*) artificial

unnormal ['ʊn·nɔr·ma:l] *adj* abnormal

unnötig ['ʊn·nøː·tɪç] *adj* unnecessary

unnötigerweise *adv* unnecessarily

unnütz ['ʊn·nʏts] **I.** *adj* useless **II.** *adv* needlessly

UNO <-> ['uː·no] *f Akr von* **United Nations Organization** UN

UNO-Friedenstruppen *pl* UN peacekeeping forces *npl*

unordentlich ['ʊn·ʔɔr·dn̩t·lɪç] **I.** *adj* messy; *Schrift* sloppy **II.** *adv* messily; *schreiben* sloppily; **~ arbeiten** to work carelessly

Unordnung ['ʊn·ʔɔrd·nʊŋ] *f kein pl* mess

unparteiisch ['ʊn·par·tai·ɪʃ] **I.** *adj* impartial **II.** *adv* impartially

unpassend ['ʊn·pa·sn̩t] *adj* ❶ (*unangebracht*) inappropriate ❷ (*ungelegen*) inconvenient; *Augenblick* inopportune

unpersönlich ['ʊn·pɛr·zøː·n·lɪç] *adj* ❶ (*distan-*

ziert) *Mensch* distant; *Gespräch, Art* impersonal ➋ LING impersonal

unpraktisch ['ʊn·prak·tɪʃ] *adj* ➊ (*nicht handwerklich veranlagt*) unpractical ➋ (*nicht praxisgerecht*) impractical

unproblematisch ['ʊn·pro·ble·maː·tɪʃ] I. *adj* unproblematic II. *adv* without problem

unpünktlich ['ʊn·pʏŋkt·lɪç] I. *adj* ➊ (*generell nicht pünktlich*) unpunctual ➋ (*verspätet*) late II. *adv* late

Unpünktlichkeit *f* ➊ (*unpünktliche Art*) unpunctuality ➋ (*verspätetes Eintreffen*) late arrival

unrealistisch ['ʊn·rea·lɪs·tɪʃ] I. *adj* unrealistic II. *adv* unrealistically

Unrecht ['ʊn·rɛçt] *nt kein pl* ➊ (*unrechte Handlung*) wrong; **jdm ein ~ antun** to do sb an injustice ➋ (*dem Recht entgegengesetztes Prinzip*) **im ~ sein** to be [in the] wrong; **zu ~** wrongly

unrechtmäßig ['ʊn·rɛçt·mɛː·sɪç] I. *adj* illegal II. *adv* illegally

unregelmäßig ['ʊn·reː·gl·mɛː·sɪç] I. *adj* irregular II. *adv* irregularly

Unregelmäßigkeit <-, -en> *f* irregularity

unreif ['ʊn·raif] *adj* ➊ AGR, HORT unripe, green ➋ *Person* immature

unrein ['ʊn·rain] *adj* impure; *Haut* bad; *Teint* poor

Unruhe ['ʊn·ruː·ə] *f* ➊ (*Ruhelosigkeit*) restlessness ➋ (*ständige Bewegung*) agitation ➌ (*erregte Stimmung*) agitation; **~ stiften** to cause trouble ➍ (*Aufstand*) ▪**~n** *pl* riots *pl*

Unruhestifter(in) <-s, -> *m(f)* troublemaker

unruhig ['ʊn·ruː·ɪç] I. *adj* ➊ (*ständig gestört*) restless; *Zeit* troubled; (*ungleichmäßig*) uneven; *Herzschlag* irregular ➋ (*laut*) noisy ➌ (*ruhelos*) agitated; *Leben* eventful; *Geist* restless; *Schlaf* fitful II. *adv* ➊ (*ruhelos*) anxiously ➋ (*unter ständigen Störungen*) restlessly

uns [ʊns] I. *pron pers* ➊ *dat von* **wir** [to/for] us; ▪**bei ~** at our house ➋ *akk von* **wir** us II. *pron refl* ➊ *akk o dat von* **wir** ourselves ➋ (*einander*) each other

unsachgemäß ['ʊn·zax·gə·mɛːs] I. *adj* improper II. *adv* improperly

unsachlich ['ʊn·zax·lɪç] *adj* unobjective

unsanft ['ʊn·zanft] I. *adj* rough; *Erwachen* rude II. *adv* roughly

unsauber ['ʊn·zau·bɐ] I. *adj* ➊ (*schmutzig*) dirty ➋ (*unordentlich, nachlässig*) careless; (*unpräzise*) unclear II. *adv* carelessly

unschädlich ['ʊn·ʃɛːt·lɪç] *adj* harmless

unscharf ['ʊn·ʃarf] I. *adj* ➊ (*ohne klare Konturen*) blurred ➋ (*nicht scharf*) out of focus ➌ (*nicht präzise*) imprecise II. *adv* ➊ (*nicht präzise*) out of focus ➋ (*nicht exakt*) imprecisely

unschätzbar [ʊn·'ʃɛts·baːɐ] *adj* inestimable; **etw ist von ~em Wert** sth is priceless

unscheinbar ['ʊn·ʃain·baːɐ] *adj* inconspicuous

unschlagbar [ʊn·'ʃlaːk·baːɐ] *adj* unbeatable (**in** +*dat* at)

unschlüssig ['ʊn·ʃlʏ·sɪç] *adj* ➊ (*unentschlossen*) indecisive ➋ (*selten: nicht schlüssig*) undecided

Unschuld ['ʊn·ʃʊlt] *f* ➊ (*Schuldlosigkeit*) innocence ➋ (*Reinheit*) purity; (*Naivität*) innocence ➌ (*veraltend: Jungfräulichkeit*) virginity

unschuldig ['ʊn·ʃʊl·dɪç] I. *adj* innocent II. *adv* ➊ JUR despite sb's/one's innocence ➋ (*arglos*) innocently

unselbständig ['ʊn·zɛlp·ʃtɛn·dɪç], **unselbstständig**[RR] ['ʊn·zɛlp·stʃtɛn·dɪç] *adj* dependent [on others]

unser ['ʊn·zɐ] I. *pron poss, adjektivisch* our II. *pron pers gen von* **wir** (*geh*) of us

unsere(r, s) ['ʊn·zə·rə, -zərɐ, -zə·rəs] *pron poss, substantivisch* (*geh*) ours

unsererseits ['ʊn·zə·rɐ·'zaits] *adv* (*von uns aus*) on our part

unseresgleichen ['ʊn·zes·'glai·çn̩] *pron inv* people *npl* like us

unseriös ['ʊn·ze·ri̯·øːs] *adj Firma, Geschäftsmann* untrustworthy; *Angebot* dubious

unsicher ['ʊn·zɪ·çɐ] I. *adj* ➊ (*gefährlich*) unsafe; *Gegend* dangerous ➋ (*gefährdet*) insecure, at risk *pred* ➌ (*nicht selbstsicher*) unsure; *Blick* uncertain ➍ (*unerfahren, ungeübt*) **sich** *akk* **~ fühlen** to feel unsure of oneself ➎ (*schwankend*) unsteady; *Hand* shaky ➏ (*ungewiss*) uncertain ➐ (*nicht verlässlich*) unreliable *fam* II. *adv* ➊ (*schwankend*) unsteadily ➋ (*nicht selbstsicher*) **~ fahren** to drive with little confidence

Unsicherheit *f* ➊ *kein pl* (*mangelnde Selbstsicherheit*) insecurity ➋ *kein pl* (*mangelnde Verlässlichkeit*) unreliability ➌ *kein pl* (*Ungewissheit*) uncertainty ➍ (*Gefährlichkeit*) dangers *pl* ➎ *meist pl* (*Unwägbarkeit*) uncertainty

unsichtbar ['ʊn·zɪçt·baːɐ] *adj* invisible

Unsinn ['ʊn·zɪn] *m kein pl* nonsense; **~ machen** to mess around

unsinnig ['ʊn·zɪ·nɪç] I. *adj* ridiculous II. *adv* (*fam: unerhört*) terribly

Unsitte ['ʊn·zɪ·tə] *f* bad habit

unsittlich ['ʊn·zɪt·lɪç] I. *adj* indecent II. *adv* indecently

unsolide ['ʊn·zo·liː·də] *adj* dissolute; *Arbeit* shoddy; *Bildung* superficial; *Möbel* flimsy

unsozial ['ʊn·zo·tsi̯aːl] I. *adj* antisocial II. *adv* antisocially

unsportlich ['ʊn·ʃpɔrt·lɪç] I. *adj* ➊ *Person* unathletic ➋ (*nicht fair*) unsportsmanlike II. *adv* (*nicht fair*) **sich ~ verhalten** to behave in an unsportsmanlike way

unsterblich ['ʊn·ʃtɛrp·lɪç] I. *adj* ➊ (*ewig lebend*) immortal ➋ (*unvergänglich*) *Liebe* undying II. *adv* (*fam: über alle Maßen*) incredibly

Unsterblichkeit <-> *f kein pl* immortality

Unstimmigkeit <-, -en> ['ʊn·ʃtɪ·mɪç·kait] *f* ➊ *meist pl* (*Differenz*) differences *pl* ➋ (*Ungenauigkeit*) discrepancy

U

unsymmetrisch ['ʊn·zʏ·meː·trɪʃ] *adj* asymmetric

unsympathisch ['ʊn·zʏm·paː·tɪʃ] *adj* unpleasant

untätig ['ʊn·tɛː·tɪç] **I.** *adj* idle **II.** *adv* idly

untauglich ['ʊn·tauk·lɪç] *adj* unsuitable; MIL unfit

unteilbar [ʊn·'tail·baːɐ̯] *adj* indivisible

unten ['ʊn·tn̩] *adv* ① (*an einer tieferen Stelle*) down; **dort** ~ down there; **weiter** ~ farther down; **ich habe die Bücher ~ ins Regal gelegt** I put the books down below on the shelf; ~ **links/rechts** on the bottom left/right ② (*Unterseite*) bottom ③ (*in einem tieferen Stockwerk*) downstairs; **der Aufzug fährt nach** ~ the elevator is going down ④ (*in sozial niedriger Position*) bottom ⑤ (*hinten im Text*) **siehe** ~ see below ⑥ (*am hinteren Ende*) at the bottom

unter ['ʊn·tɐ] **I.** *präp* ① +*dat* (*unterhalb von etw*) under, underneath; ~ **freiem Himmel** outdoors ② +*akk* (*unterhalb von etw*) under; ■ **sich** *akk* ~ **einen Baum stellen** to stand under a tree ③ +*dat* (*weniger, niedriger*) less; ~ **dem Durchschnitt liegen** to be below average ④ +*dat* (*zwischen*) among[st]; (*von*) among; ~ **uns gesagt** between you and me; ~ **anderem** among other things ⑤ +*dat* (*begleitet von, hervorgerufen durch*) under; ~ **Zwang** under duress; ~ **Lebensgefahr** at risk to one's life; ~ **der Bedingung, dass ...** on the condition that ...; ~ **Umständen** possibly ⑥ +*dat* (*in einem Zustand*) under; ~ **Druck stehen** to be under pressure; ~ **einer Krankheit leiden** to suffer from an illness ⑦ +*dat* SÜDD (*während*) during; ~ **der Woche** during the week **II.** *adv* ① (*jünger als*) under ② (*weniger als*) less than

Unterarm ['ʊn·tɐ·ʔarm] *m* forearm

unterbelichten* *vt* to underexpose

unterbewerten* *vt* to undervalue

unterbewusstᴿᴿ *adj* subconscious

Unterbewusstseinᴿᴿ ['ʊn·tɐ·bə·vʊst·zain] *nt* ■ **das/jds** ~ the/sb's subconscious; **im** ~ subconsciously

unterbezahlt *adj* underpaid

unterbieten* [ʊn·tɐ·'biː·tn̩] *vt irreg* ① (*billiger sein*) to undercut (**um** +*akk* by) ② SPORT **einen Rekord** ~ to break a record

unterbrechen* [ʊn·tɐ·'brɛ·çn̩] *vt irreg* ① (*vorübergehend beenden*) to interrupt ② (*räumlich auflockern*) to break up *sep*

Unterbrechung <-, -en> *f* interruption; **mit ~en** with breaks

unterbreiten* [ʊn·tɐ·'brai·tn̩] *vt* (*geh*) ① (*vorlegen*) ■ **jdm etw** ~ to present sth to sb ② (*informieren*) ■ **jdm ~, dass ...** to advise sb that ...

unter|bringen *vt irreg* ① (*Unterkunft verschaffen*) ■ **jdn** ~ to put sb up; **die Kinder sind gut untergebracht** (*fig*) the children are being well looked after ② (*abstellen*) ■ **etw** ~ to put sth somewhere ③ (*fam: eine Anstellung verschaffen*) ■ **jdn** ~ to get sb a job

Unterbringung <-, -en> *f* ① (*das Unterbringen*) accommodation ② (*Unterkunft*) accommodations *pl, no indef art*

Unterdruck <-drücke> *m* ① PHYS vacuum ② *kein pl* (*niedriger Blutdruck*) low blood pressure

unterdrücken* [ʊn·tɐ·'drʏ·kn̩] *vt* ① (*niederhalten*) ■ **jdn** ~ to oppress sb; ■ **etw** ~ to suppress sth ② (*zurückhalten*) to suppress

Unterdrückung <-, -en> *f* ① *kein pl* (*das Unterdrücken*) Bürger, Einwohner, Volk oppression; Aufstand, Unruhen suppression ② (*das Unterdrücktsein*) oppression

untere(r, s) ['ʊn·tə·rə, -tə·rɐ, -tə·rəs] *adj attr* lower

untereinander [ʊn·tɐ·ʔai·'nan·dɐ] *adv* ① (*miteinander*) among yourselves/themselves etc.; **sich ~ helfen** to help each other ② (*eines unterhalb des anderen*) one below the other

unterentwickelt *adj* underdeveloped

unterernährt *adj* undernourished

Unterernährung *f* malnutrition

Unterführung [ʊn·tɐ·'fyː·rʊŋ] *f* underpass

Untergang *m* ① Schiff sinking ② Sonne setting ③ (*Zerstörung*) destruction; **der ~ einer Zivilisation** the decline of a civilization

Untergebene(r) *f(m) dekl wie adj* subordinate

unter|gehen *vi irreg sein* ① (*versinken*) to sink; **im Lärm** ~ (*fig*) to drown in noise ② Sonne to set ③ (*zugrunde gehen*) to be destroyed

untergeordnet *adj* ① (*zweitrangig*) secondary ② (*subaltern*) subordinate

Untergeschossᴿᴿ *nt* basement

Untergewicht *nt kein pl* insufficient weight; ~ **haben** to be underweight

untergewichtig *adj* underweight

untergliedern* *vt* to subdivide (**in** +*akk* into)

Untergrund ['ʊn·tɐ·grʊnt] *m* ① GEOL subsoil ② *kein pl* (*politische Illegalität*) underground; **im** ~ underground ③ KUNST (*unterste Farbschicht*) undercoat

unterhalb ['ʊn·tɐ·halp] **I.** *präp* +*gen* (*darunter befindlich*) below **II.** *adv* (*tiefer gelegen*) below; Fluss downstream; ■ ~ **von etw** *dat* below sth

Unterhalt <-[e]s> ['ʊn·tɐ·halt] *m kein pl* ① (*Lebensunterhalt*) keep; (*Unterhaltsgeld*) alimony ② (*Instandhaltung*) upkeep

unterhalten* [ʊn·tɐ·'hal·tn̩] *irreg* **I.** *vt* ① (*für jds Lebensunterhalt sorgen*) to support ② (*instand halten, pflegen*) to maintain ③ (*betreiben*) to run ④ (*die Zeit vertreiben*) to entertain **II.** *vr* ① (*sich vergnügen*) ■ **sich** *akk* ~ to keep oneself amused ② (*sprechen*) ■ **sich** *akk* [**mit jdm**] ~ to talk [to sb] (**über** +*akk* about); **wir müssen uns mal** ~ we need to have a talk

unterhaltend [ʊn·tɐ·'hal·tənt], **unterhaltsam** [ʊn·tɐ·'halt·za:m] *adj* entertaining

Unterhaltsanspruch *m* entitlement to [child/spousal] support

unterhaltsberechtigt *adj* entitled to [child/spousal] support

Unterhaltsberechtigte(r) *f(m) dekl wie adj* person entitled to [child/spousal] support

Unterhaltskosten *pl* ❶ JUR [child/spousal] support ❷ (*Instandhaltungskosten*) maintenance costs *npl* ❸ (*Betriebskosten*) operating costs *pl*

Unterhaltspflicht *f kein pl* obligation to pay maintenance

Unterhaltszahlung *f* alimony

Unterhaltung <-, -en> *f* ❶ *kein pl* (*Instandhaltung*) maintenance ❷ *kein pl* (*Betrieb*) running ❸ (*Gespräch*) conversation ❹ *kein pl* (*Zeitvertreib*) entertainment; **gute ~!** enjoy [yourselves]!

Unterhaus ['ʊn·tɐ·haus] *nt* lower house, ≈ House of Representatives

Unterhemd ['ʊn·tɐ·hɛmt] *nt* undershirt

Unterhose ['ʊn·tɐ·hoː·zə] *f* underwear

unterirdisch ['ʊn·tɐ·ʔɪr·dɪʃ] **I.** *adj* underground; *Fluss* subterranean **II.** *adv* underground

unterkommen *vi irreg sein* ❶ (*eine Unterkunft finden*) ▪**bei jdm/irgendwo ~** to find accommodation at sb's house/somewhere ❷ (*fam: eine Anstellung bekommen*) ▪**|als etw| ~** to find a job [as sth]

Unterkörper *m* lower [part of the] body

unterkühlt *adj* ❶ (*mit niedriger Körpertemperatur*) suffering from hypothermia ❷ (*betont kühl, distanziert*) cool

Unterkunft <-, Unterkünfte> ['ʊn·tɐ·kʊnft, *pl* 'ʊn·tɐ·kʏnf·tə] *f* accommodation; **~ mit Frühstück** bed and breakfast; **~ und Verpflegung** room and board

Unterlage ['ʊn·tɐ·laː·gə] *f* ❶ (*etw zum Unterlegen*) mat ❷ *meist pl* (*Dokument*) document *usu pl*

Unterlass^RR, **Unterlaß**^ALT ['ʊn·tɐ·las] *m* **ohne ~** (*geh*) incessantly

unterlassen* [ʊn·tɐ·ˈla·sn̩] *vt irreg* ❶ (*nicht ausführen*) ▪**etw ~** to fail to do sth ❷ (*mit etw aufhören*) ▪**etw ~** to refrain from doing sth

unterlaufen* [ʊn·tɐ·ˈlau·fn̩] *irreg* **I.** *vt haben* (*umgehen*) to evade **II.** *vi sein* ❶ (*versehentlich vorkommen*) ▪**jdm unterläuft etw** sth happens to sb; **da muss mir ein Fehler ~ sein** I must have made a mistake ❷ (*fam: passieren*) ▪**jdm ~** to happen to sb

unterlegen[1] ['ʊn·tɐ·leː·gn̩] *vt* (*darunter platzieren*) to put under[neath]

unterlegen*[2] [ʊn·tɐ·ˈleː·gn̩] *vt* ❶ (*mit einer Unterlage versehen*) to underlay ❷ **einen Film mit Musik ~** to put music to a film

unterlegen[3] [ʊn·tɐ·ˈleː·gn̩] *adj* ❶ (*schwächer als andere*) inferior; **zahlenmäßig ~ sein** to be outnumbered ❷ SPORT ▪**jdm ~ sein** to be defeated by sb

Unterlegenheit <-, -en> *f pl selten* inferiority

Unterleib *m* [lower] abdomen

unterliegen* ['ʊn·tɐ·liː·gn̩] *vi irreg* ❶ *sein* (*besiegt werden*) ▪**|jdm| ~** to lose [to sb] ❷ *haben* (*unterworfen sein*) **einer Täuschung ~** to be the victim of deception; **der Schweigepflicht ~** to be bound to maintain confidentiality

Unterlippe *f* lower lip

unterm ['ʊn·tem] (*fam*) = **unter dem** *s.* **unter**

untermauern* [ʊn·tɐ·ˈmau·ɐn] *vt* ❶ *These, Behauptung* to support ❷ BAU to underpin

Untermiete ['ʊn·tɐ·miː·tə] *f* ❶ (*Mieten eines Zimmers, einer Wohnung*) subtenancy; **zur ~ wohnen** to sublet [a room/apartment] ❷ (*das Untervermieten*) sublease; **jdn in ~ nehmen** to sublet a room/apartment to sb

Untermieter(in) *m(f)* subtenant

untern ['ʊn·tɐn] (*fam*) = **unter den** *s.* **unter**

unternehmen* [ʊn·tɐ·ˈneː·mən] *vt irreg* ❶ (*in die Wege leiten*) ▪**etw/nichts ~** to take action/no action (**gegen** +*akk* against) ❷ (*Vergnügliches durchführen*) **wollen wir nicht etwas zusammen ~?** why don't we do something together? ❸ (*geh: machen*) **einen Ausflug ~** to take a trip; **einen Versuch ~** to make an attempt

Unternehmen <-s, -> [ʊn·tɐ·ˈneː·mən] *nt* ❶ ÖKON company ❷ (*Vorhaben*) venture

Unternehmensberater(in) *m(f)* management consultant

Unternehmer(in) <-s, -> [ʊn·tɐ·ˈneː·mɐ] *m(f)* entrepreneur

Unternehmungsgeist *m kein pl* entrepreneurial spirit

unternehmungslustig *adj* enterprising

Unteroffizier ['ʊn·tɐ·ʔɔfi·tsiːɐ̯] *m* noncommissioned officer

unterordnen **I.** *vt* ❶ (*hintanstellen*) ▪**etw einer S.** *dat* **~** to put sth before sth ❷ (*jdm/einer Institution unterstellen*) ▪**jdm/einer S.** *dat* **untergeordnet sein** to be subordinate to sb/sth **II.** *vr* ▪**sich** *akk* **|jdm| ~** to take on a subordinate role [to sb]

Unterredung <-, -en> *f* discussion

Unterricht <-[e]s, -e> ['ʊn·tɐ·rɪçt] *m pl selten* lesson, class; **theoretischer/praktischer ~** theoretical/practical classes; **der ~ beginnt um zehn vor acht** classes begin at ten to eight; **im ~ sein** to be in class; **heute fällt der ~ in Mathe aus** there's no math class today

unterrichten* [ʊn·tɐ·ˈrɪç·tn̩] **I.** *vt* ❶ (*lehren*) to teach ❷ (*informieren*) to inform (**über** +*akk* about) **II.** *vi* (*als Lehrer tätig sein*) **in einem Fach ~** to teach a subject; **an welcher Schule ~ Sie?** which school do you teach at?

Unterrichtsfach *nt* subject

Unterrichtsstunde *f* lesson, class

Unterrock ['ʊn·tɐ·rɔk] *m* petticoat

unters ['ʊn·tes] (*fam*) = **unter das** *s.* **unter**

untersagen* [ʊn·tɐ·ˈza·gn̩] *vt* ▪**jdm etw ~** to forbid sb to do sth; **das Rauchen ist in diesen Räumen untersagt** smoking is prohibited in these rooms

Untersatz ['ʊn·tɐ·zats] *m* mat

unterschätzen* [ʊn·tɐ·ˈʃɛ·tsn̩] *vt* to underestimate

unterscheiden* [ʊn·tɐ·ˈʃai·dn̩] *irreg* **I.** *vt* ❶ (*differenzieren*) to distinguish (**zwischen** +*dat* between); ■ **etw von etw** *dat* ~ to tell sth from sth ❷ (*auseinanderhalten*) to tell the difference between; **ich kann die beiden nie** ~ I can never tell the difference between the two; **Ulmen und Linden kann man leicht** ~ you can easily tell elm trees from lime trees **II.** *vi* [**zwischen Dingen**] ~ to differentiate [between things] **III.** *vr* ■ **sich** *akk* **von jdm/etw** ~ to differ from sb/sth

Unterscheidung *f* distinction

Unterschenkel *m* lower leg; *Hähnchen* drumstick

Unterschicht *f* lower class

Unterschied <-[e]s, -e> [ˈʊn·tɐ·ʃiːt] *m* difference; **einen/keinen** ~ [**zwischen Dingen**] **machen** to draw a/no distinction [between things]; **im** ~ **zu dir bin ich vorsichtiger** unlike you, I'm more careful; **ohne** ~ indiscriminately

unterschiedlich [ˈʊn·tɐ·ʃiːt·lɪç] **I.** *adj* different; ~ **er Auffassung sein** to have different views **II.** *adv* differently

unterschlagen* [ʊn·tɐ·ˈʃlaː·gn̩] *vt irreg* ❶ (*unrechtmäßig für sich behalten*) to misappropriate; *Geld* to embezzle; *Brief, Beweise* to withhold ❷ (*vorenthalten*) ■ **jdm etw** ~ to withhold sth from sb

Unterschlupf <-[e]s, -e> [ˈʊn·tɐ·ʃlʊpf] *m* hideout; **bei jdm** ~ **suchen/finden** to look for/find shelter with sb

unterschreiben* [ʊn·tɐ·ˈʃrai·bn̩] *irreg vt, vi* to sign

Unterschrift [ˈʊn·tɐ·ʃrɪft] *f* ❶ (*eigene Signatur*) signature ❷ (*Bildunterschrift*) caption

Unterschriftenliste *f* petition

Unterseeboot [ˈʊn·tɐ·zeː·boːt] *nt* submarine

Unterseite *f* underside

Untersetzer <-s, -> [ˈʊn·tɐ·zɛ·tse] *m* (*für Gläser*) coaster; (*für heisse Töpfe*) trivet

untersetzt [ʊn·tɐ·ˈzɛtst] *adj* stocky

unterste(r, s) [ˈʊn·tɐs·tə, -tɐs·tɐ, -tɐs·tɐs] *adj superl von* **untere(r, s)** ▶ WENDUNGEN: **das U~ zuoberst kehren** (*fam*) to turn everything upside down

unterstehen*¹ [ʊn·tɐ·ˈʃteː·ən] *irreg* **I.** *vi* ■ **jdm/einer S.** *dat* ~ to be subordinate to sb/ sth; **der Abteilungsleiterin** ~ **17 Mitarbeiter** seventeen employees report to the departmental head; **jds Befehl** ~ to be under sb's command **II.** *vr* ■ **sich** *akk* ~ **etw zu tun** to have the audacity to do sth; **untersteh dich!** don't you dare!

unter|stehen² [ˈʊn·tɐ·ʃteː·ən] *vi irreg haben* SÜDD, ÖSTERR, SCHWEIZ (*Schutz suchen*) to take shelter

unterstellen*¹ [ʊn·tɐ·ˈʃtɛ·lən] *vt* ❶ (*unterordnen*) ■ **jdm jdn/etw** ~ to put sb in charge of sb/sth; **Sie sind ab sofort der Redaktion III unterstellt** from now on, you report to Editorial Department III ❷ (*unterschieben*) ■ **jdm etw** ~ to imply that sb has said/done sth

❸ (*annehmen*) to suppose

unter|stellen² [ˈʊn·tɐ·ʃtɛ·lən] **I.** *vt* ❶ (*abstellen*) ■ **etw irgendwo/bei jdm** ~ to store sth somewhere/at sb's house; **ein Auto bei jdm** ~ to leave one's car at sb's house ❷ (*darunterstellen*) **einen Eimer** ~ to put a bucket underneath **II.** *vr* ■ **sich** *akk* ~ to take shelter

Unterstellung *f* ❶ (*falsche Behauptung*) insinuation ❷ *kein pl* (*Unterordnung*) subordination

unterstreichen* [ʊn·tɐ·ˈʃtrai·çn̩] *vt irreg* ❶ (*markieren*) to underline ❷ (*betonen*) to emphasize

unterstützen* [ʊn·tɐ·ˈʃtʏ·tsn̩] *vt* ❶ (*helfen*) to support (**bei/in** +*dat* in) ❷ (*sich dafür einsetzen*) to back

Unterstützung *f* ❶ *kein pl* (*Hilfe*) support ❷ (*finanzielle Hilfe*) financial aid; (*Arbeitslosenunterstützung*) unemployment benefit

untersuchen* [ʊn·tɐ·ˈzuː·xn̩] *vt* ❶ (*den Gesundheitszustand überprüfen*) to examine (**auf** +*akk* for) ❷ (*überprüfen*) to investigate; *Fahrzeug* to check ❸ (*genau betrachten*) to scrutinize ❹ (*durchsuchen*) to search (**auf** +*akk* for) ❺ (*aufzuklären suchen*) to investigate

Untersuchung <-, -en> *f* ❶ (*Überprüfung des Gesundheitszustandes*) [medical] examination ❷ (*Durchsuchung*) search ❸ (*Überprüfung*) investigation ❹ (*analysierende Arbeit*) investigation

Untersuchungsausschuss[RR] *m* investigating committee

Untersuchungsergebnis *nt* ❶ JUR findings *pl* ❷ MED results *pl*

Untersuchungshaft *f* custody; **in** ~ **sein** to be in detention pending trial

Untersuchungsrichter(in) *m(f)* magistrate judge

Untertan(in) <-en, -en> [ˈʊn·tɐ·taːn] *m(f)* subject

Untertasse *f* saucer

unter|tauchen [ˈʊn·tɐ·tau·xn̩] **I.** *vt haben* ■ **jdn** ~ to dunk sb's head under the water **II.** *vi sein* ❶ (*tauchen*) to dive [under]; *U-Boot* to submerge ❷ (*sich verstecken*) to go underground; ■ **bei jdm** ~ to hide out at sb's place; **im Ausland** ~ to go underground abroad ❸ (*verschwinden*) ■ **irgendwo** ~ to disappear somewhere

Unterteil [ˈʊn·tɐ·tail] *nt o m* bottom part

unterteilen* [ʊn·tɐ·ˈtai·lən] *vt* ❶ (*einteilen*) to subdivide (**in** +*akk* into) ❷ (*aufteilen*) to partition (**in** +*akk* into)

Unterteilung <-, -en> *f* subdivision

Unterteller *m* SCHWEIZ, SÜDD saucer

Untertitel [ˈʊn·tɐ·tiː·tl̩] *m* subtitle

untertreiben* [ʊn·tɐ·ˈtrai·bn̩] *irreg* **I.** *vt* to understate **II.** *vi* to play sth down

untervermieten* *vt, vi* to sublet

unterversorgt *adj* undersupplied

Unterversorgung *f kein pl* shortage

Unterwäsche <-> [ˈʊn·tɐ·vɛ·ʃə] *f kein pl*

underwear

unterwegs [ʊn·tɐ·'veːks] *adv* on the way; **für** ~ for the trip; **Herr Müller ist gerade nach München** ~ Mr. Müller is on his way to Munich at the moment; **er hat mich von** ~ **angerufen** he called me while he was on the road

Unterwelt ['ʊn·tɐ·vɛlt] *f kein pl* underworld

unterwerfen* [ʊn·tɐ·'vɛr·fn̩] *irreg* I. *vt* ❶ (*unterjochen*) to subjugate ❷ (*unterziehen*) ▪ **jdn einer S.** *dat* ~ to subject sb to sth II. *vr* ❶ (*sich fügen*) **einem Herrscher** to obey; **sich** *akk* **jds Willkür** ~ to bow to sb's will ❷ (*sich unterziehen*) ▪ **sich** *akk* **einer S.** *dat* ~ to submit to sth

Unterwerfung <-, -en> *f* subjugation

unterworfen *adj* ▪ **jdm/einer S.** *dat* ~ **sein** to be subject to sb/sth

unterzeichnen* [ʊn·tɐ·'tsaiç·nən] *vt* to sign

unterziehen*¹ [ʊn·tɐ·'tsiː·ən] *irreg* I. *vt* ▪ **jdn/etw einer S.** *dat* ~ to subject sb/sth to sth II. *vr* ▪ **sich** *akk* **einer S.** *dat* ~ to undergo sth

unter|ziehen² ['ʊn·tɐ·tsiː·ən] *vt irreg* to put on *sep* underneath; **Sie sollten sich** *dat* **einen Pullover** ~ you should put a sweater on underneath

Untiefe ['ʊn·tiː·fə] *f* ❶ (*seichte Stelle*) shallow *usu pl* ❷ (*geh: große Tiefe*) depth *usu pl*

untragbar [ʊn·'traːk·baːɐ] *adj* ❶ (*unerträglich*) unbearable ❷ (*nicht tolerabel*) intolerable

untrennbar [ʊn·'trɛn·baːɐ] *adj* inseparable

untreu ['ʊn·trɔy] *adj* unfaithful; ▪ **jdm** ~ **sein** to be unfaithful to sb; **sich** *dat* ~ **werden** (*geh*) to be untrue to oneself; **einer S.** *dat* ~ **werden** to be disloyal to sth

Untreue *f* ❶ (*untreues Verhalten*) unfaithfulness ❷ JUR embezzlement

untröstlich [ʊn·'trøːst·lɪç] *adj* inconsolable

Untugend ['ʊn·tuː·gn̩t] *f* bad habit

untypisch *adj* untypical

unüberlegt ['ʊn·ʔy·bɐ·leːkt] I. *adj* rash II. *adv* rashly

unübersehbar [ʊn·ʔy·bɐ·'zeː·baːɐ] *adj* ❶ (*nicht zu übersehen*) obvious ❷ (*nicht abschätzbar*) incalculable; *Konsequenzen* unforeseeable

unübersichtlich ['ʊn·ʔy·bɐ·zɪçt·lɪç] *adj* ❶ (*nicht übersichtlich*) confusing ❷ (*schwer zu überblicken*) unclear

unübertroffen [ʊn·ʔy·bɐ·'trɔ·fn̩] *adj* unsurpassed; *Rekord* unbroken

unüberwindlich [ʊn·ʔy·bɐ·'vɪnt·lɪç] *adj* ❶ (*nicht abzulegen*) deep[-rooted] ❷ (*nicht zu meistern*) insurmountable ❸ (*unbesiegbar*) invincible

unüblich ['ʊn·ʔy·p·lɪç] I. *adj* uncustomary II. *adv* unusually

unumstößlich [ʊn·ʔʊm·'ʃtøːs·lɪç] I. *adj* irrefutable; *Entschluss* irrevocable II. *adv* irrefutably

unumstritten [ʊn·ʔʊm·'ʃtrɪ·tn̩] I. *adj* undisputed II. *adv* undisputedly

ununterbrochen ['ʊn·ʔʊn·tɐ·brɔ·xn̩] I. *adj*

❶ (*unaufhörlich andauernd*) incessant ❷ (*nicht unterbrochen*) uninterrupted II. *adv* incessantly

unveränderlich [ʊn·fɛɐ·'ʔɛn·dɐ·lɪç] *adj* unchanging

unverändert ['ʊn·fɛɐ·ʔɛn·dɐt] I. *adj* ❶ (*keine Änderungen aufweisend*) unrevised ❷ (*gleich bleibend*) unchanged; *Einsatz, Fleiß* unchanging II. *adv* **auch morgen ist es wieder** ~ **kalt** it will remain [just as] cold tomorrow

unverantwortlich [ʊn·fɛɐ·'ʔant·vɔrt·lɪç] I. *adj* irresponsible II. *adv* irresponsibly

unverbesserlich [ʊn·fɛɐ·'bɛ·sɐ·lɪç] *adj* incorrigible; *Optimist* incurable

unverbindlich ['ʊn·fɛɐ·bɪnt·lɪç] I. *adj* ❶ (*nicht verpflichtend*) not binding *pred* ❷ (*distanziert*) detached II. *adv* without obligation

unvereinbar [ʊn·fɛɐ·'ʔain·baːɐ] *adj* incompatible; *Gegensätze* irreconcilable

unverfälscht ['ʊn·fɛɐ·fɛlʃt] *adj* unadulterated

unverfroren ['ʊn·fɛɐ·froː·rən] *adj* insolent

unvergänglich ['ʊn·fɛɐ·gɛŋ·lɪç] *adj* ❶ (*bleibend*) abiding; *Eindruck* lasting ❷ (*nicht vergänglich*) immortal

unvergesslichᴿᴿ [ʊn·fɛɐ·'gɛs·lɪç] *adj* unforgettable

unvergleichlich [ʊn·fɛɐ·'glaiç·lɪç] I. *adj* incomparable II. *adv* incomparably

unverhältnismäßig ['ʊn·fɛɐ·hɛlt·nɪs·mɛː·sɪç] *adv* excessively

unverhofft ['ʊn·fɛɐ·hɔft] I. *adj* unexpected II. *adv* unexpectedly; **sie besuchten uns** ~ they paid us an unexpected visit

unverhüllt ['ʊn·fɛ·ɡhʏlt] *adj* undisguised

unverkäuflich ['ʊn·fɛɐ·kɔyf·lɪç] *adj* not for sale *pred*

unverkennbar [ʊn·fɛɐ·'kɛn·baːɐ] *adj* unmistakable; ▪ ~ **sein/werden, dass ...** to be/become clear that ...

unverletzt ['ʊn·fɛɐ·lɛtst] *adj* unhurt

unvermeidbar [ʊn·fɛɐ·'mait·baːɐ] *adj* unavoidable

unvermeidlich [ʊn·fɛɐ·'mait·lɪç] *adj* unavoidable

unvermindert ['ʊn·fɛɐ·mɪn·dɐt] I. *adj* undiminished II. *adv* unabated

unvermittelt ['ʊn·fɛɐ·mɪ·tl̩t] I. *adj* sudden II. *adv* suddenly

Unvermögen ['ʊn·fɛɐ·møː·ɡn̩] *nt kein pl* powerlessness; ▪ **jds** ~, **etw zu tun** sb's inability to do sth

unvermutet ['ʊn·fɛɐ·muː·tət] I. *adj* unexpected II. *adv* unexpectedly

Unvernunft ['ʊn·fɛɐ·nʊnft] *f* stupidity

unvernünftig ['ʊn·fɛɐ·nʏnf·tɪç] *adj* unreasonable

unveröffentlicht ['ʊn·fɛɐ·ʔœfn̩t·lɪçt] *adj* unpublished

unverrichtet ['ʊn·fɛɐ·rɪç·tət] *adj* ~**er Dinge** without having achieved anything

unverschämt ['ʊn·fɛɐ·ʃɛːmt] I. *adj* ❶ (*dreist*) impudent ❷ (*fam: unerhört*) outrageous II. *adv* ❶ (*dreist*) insolently; ~ **lügen** to tell

U

barefaced lies ❷ (*fam: unerhört*) outrageously
Unverschämtheit <-, -en> *f* ❶ *kein pl* (*Dreistigkeit*) insolence ❷ (*Bemerkung*) impertinent remark; |**das ist eine**| ~! that's outrageous! ❸ (*Handlung*) impertinence
unverschuldet ['ʊn·fɛɐ̯·ʃʊl·dət] *adj, adv* through no fault of one's own
unversehens ['ʊn·fɛɐ̯·ze:·əns] *adv* unexpectedly
unversehrt ['ʊn·fɛɐ̯·ze:ɐ̯t] *adj* undamaged; *Mensch* unscathed
unversöhnlich ['ʊn·fɛɐ̯·zø:n·lɪç] *adj* irreconcilable
unverständlich ['ʊn·fɛɐ̯·ʃtɛnt·lɪç] *adj* ❶ (*akustisch nicht zu verstehen*) unintelligible ❷ (*unbegreifbar*) incomprehensible
Unverständnis *nt kein pl* lack of understanding
unversucht ['ʊn·fɛɐ̯·zu:xt] *adj* **nichts ~ lassen** to leave no stone unturned
unverträglich ['ʊn·fɛɐ̯·trɛk·lɪç] *adj* indigestible
Unverträglichkeit *f* <-> *kein pl* ❶ MED intolerance ❷ (*Unvereinbarkeit*) incompatibility
unverwechselbar [ʊn·fɛɐ̯·ˈvɛk·sl̩·ba:ɐ̯] *adj* unmistakable
unverwundbar [ʊn·fɛɐ̯·ˈvʊnt·ba:ɐ̯] *adj* invulnerable
unverwüstlich [ʊn·fɛɐ̯·ˈvy:st·lɪç] *adj* tough; *Gesundheit* robust
unverzeihlich [ʊn·fɛɐ̯·ˈtsai·lɪç] *adj* inexcusable
unverzollt ['ʊn·fɛɐ̯·tsɔlt] *adj* duty-free
unverzüglich [ʊn·fɛɐ̯·ˈtsy:k·lɪç] I. *adj* immediate II. *adv* immediately; ~ **gegen jdn vorgehen** to take immediate action against sb
unvollendet ['ʊn·fɔl·ˈʔɛn·dət] *adj* unfinished
unvollkommen ['ʊn·fɔl·kɔ·mən] *adj* incomplete
Unvollkommenheit *f* imperfection
unvollständig ['ʊn·fɔl·ʃtɛn·dɪç] I. *adj* incomplete II. *adv* incompletely
Unvollständigkeit *f* incompleteness
unvorbereitet ['ʊn·fo:ɐ̯·bə·rai·tət] I. *adj* unprepared II. *adv* ❶ (*ohne sich vorbereitet zu haben*) without [any] preparation ❷ (*unerwartet*) unexpectedly
unvoreingenommen ['ʊn·fo:ɐ̯·ʔain·gə·nɔ·mən] I. *adj* unbiased II. *adv* impartially
Unvoreingenommenheit *f* impartiality
unvorhergesehen ['ʊn·fo:ɐ̯·he:ɐ̯·gə·ze:·ən] I. *adj* unforeseen; *Besuch* unexpected II. *adv* unexpectedly
unvorsichtig ['ʊn·fo:ɐ̯·zɪç·tɪç] I. *adj* ❶ (*unbedacht*) rash ❷ (*nicht vorsichtig*) careless II. *adv* ❶ (*unbedacht*) rashly ❷ (*nicht vorsichtig*) carelessly
unvorsichtigerweise *adv* carelessly
Unvorsichtigkeit <-, -en> *f* ❶ *kein pl* (*unbedachte Art*) rashness ❷ (*Bemerkung*) rash comment ❸ (*Handlung*) rash act
unvorstellbar [ʊn·fo:ɐ̯·ˈʃtɛl·ba:ɐ̯] I. *adj* inconceivable II. *adv* inconceivably

unvorteilhaft ['ʊn·fɔr·tail·haft] I. *adj* ❶ (*nicht vorteilhaft aussehend*) unflattering ❷ (*nachteilig*) disadvantageous II. *adv* unflatteringly; **sich** *akk* ~ **kleiden** to not dress well
Unwägbarkeit <-, -en> *f* unpredictability
unwahr ['ʊn·va:ɐ̯] *adj* untrue, false
unwahrscheinlich ['ʊn·va:ɐ̯·ʃain·lɪç] I. *adj* ❶ (*kaum denkbar*) unlikely; *Zufall* remarkable ❷ (*fam: unerhört*) incredible; *Mistkerl* absolute II. *adv* (*fam*) incredibly; **letzten Winter haben wir** ~ **gefroren** we froze our butts off last winter; **du hast ja** ~ **abgenommen!** you've lost a hell of a lot of weight!
Unwahrscheinlichkeit <-, -en> *f* improbability
unweigerlich ['ʊn·vai·gɐ·lɪç] I. *adj attr* inevitable II. *adv* inevitably
unweit ['ʊn·vait] *adv* ■ ~ **von etw** *dat* not far from sth
Unwesen ['ʊn·ve:·zn̩] *nt kein pl* deplorable state of affairs; **sein** ~ **treiben** to be up to no good
unwesentlich ['ʊn·ve:·zn̩t·lɪç] I. *adj* insignificant II. *adv* slightly
Unwetter <-s, -> ['ʊn·vɛ·tɐ] *nt* thunderstorm
unwichtig ['ʊn·vɪç·tɪç] *adj* unimportant
unwiderruflich [ʊn·vi:·dɐ·ˈru:f·lɪç] I. *adj* irrevocable II. *adv* irrevocably
unwiderstehlich [ʊn·vi:·dɐ·ˈʃte:·lɪç] *adj* irresistible
Unwille ['ʊn·vɪ·lə] *m* displeasure
unwillig ['ʊn·vɪ·lɪç] I. *adj* ❶ (*verärgert*) angry ❷ (*widerwillig*) reluctant II. *adv* reluctantly
unwillkürlich ['ʊn·vɪl·ky:ɐ̯·lɪç] I. *adj* involuntary II. *adv* involuntarily
unwirklich ['ʊn·vɪrk·lɪç] *adj* unreal
unwirksam ['ʊn·vɪrk·za:m] *adj* ineffective
unwirsch ['ʊn·vɪrʃ] *adj* curt
unwissend ['ʊn·vɪ·sn̩t] *adj* (*über kein Wissen verfügend*) ignorant; (*ahnungslos*) unsuspecting
Unwissenheit <-> ['ʊn·vɪ·sn̩·hait] *f kein pl* ignorance
unwohl ['ʊn·vo:l] *adj* ■ **jdm ist** ~ ❶ (*gesundheitlich nicht gut*) sb feels sick ❷ (*unbehaglich*) sb feels uneasy
Unwohlsein <-s> ['ʊn·vo:l·zain] *nt kein pl* [slight] nausea
unwürdig ['ʊn·vyr·dɪç] *adj* ❶ (*nicht würdig*) unworthy ❷ (*schändlich*) disgraceful
unzählig [ʊn·ˈtsɛː·lɪç] *adj* countless
unzeitgemäß ['ʊn·tsait·gə·mɛːs] *adj* old-fashioned
unzerbrechlich [ʊn·tsɛɐ̯·breç·lɪç] *adj* unbreakable
unzufrieden ['ʊn·tsu·fri:·dn̩] *adj* dissatisfied
Unzufriedenheit *f* dissatisfaction
unzugänglich ['ʊn·tsu:·gɛŋ·lɪç] *adj* ❶ (*schwer erreichbar*) inaccessible ❷ (*nicht aufgeschlossen*) unapproachable
unzulänglich ['ʊn·tsu:·lɛŋ·lɪç] I. *adj* inadequate; *Erfahrungen, Kenntnisse* insufficient II. *adv* inadequately
unzulässig ['ʊn·tsu:·lɛ·sɪç] *adj* inadmissible

unzumutbar ['ʊn·tsu:·mu:t·ba:ɐ̯] *adj* unreasonable

unzurechnungsfähig ['ʊn·tsu:·rɛç·nʊŋs·fɛː·ɪç] *adj* of unsound mind *pred;* **jdn für ~ erklären** to certify [*or* declare] sb mentally incompetent

unzusammenhängend ['ʊn·tsu·za·mən·hɛŋ·ənt] *adj* incoherent

unzustellbar ['ʊn·tsu:·ʃtɛl·ba:ɐ̯] *adj* undeliverable

unzutreffend ['ʊn·tsu:·trɛ·fn̩t] *adj* inapplicable; *(falsch)* incorrect

unzuverlässig ['ʊn·tsu:·fɛɐ̯·lɛ·sɪç] *adj* unreliable

üppig ['ʏpɪç] *adj* ❶ *(schwellend)* voluptuous ❷ *(reichhaltig)* sumptuous ❸ *(geh: in großer Fülle vorhanden)* luxuriant

Urahn(e) <-en, -en> ['u:ɐ̯·ʔa:n] *m(f)* ancestor

uralt ['u:ɐ̯·ʔalt] *adj* ❶ *(sehr alt)* very old ❷ *(schon lange existent)* ancient ❸ *(fam: schon lange bekannt)* ancient; *Problem* old, perennial

Uran <-s> [u'ra:n] *nt kein pl* uranium

uraufführen ['u:ɐ̯·ʔauf·fy:·rən] *vt nur Infinitiv und pp* to première

Uraufführung *f* THEAT debut; *Film* première

Ureinwohner(in) *m(f)* indigenous person

Urenkel(in) ['u:ɐ̯·ʔɛŋ·kl̩] *m(f)* great-grandchild, great-grandson *masc,* great-granddaughter *fem*

Urgeschichte ['u:ɐ̯·gə·ʃɪç·tə] *f kein pl* prehistory

Urgroßeltern ['u:ɐ̯·gro:s·ʔɛl·tən] *pl* great-grandparents *pl*

Urgroßmutter ['u:ɐ̯·gro:s·mʊ·tɐ] *f* great-grandmother

Urgroßvater *m* great-grandfather

Urheber(in) <-s, -> ['u:ɐ̯·he:·bɐ] *m(f)* ❶ *(Autor)* author ❷ *(Initiator)* originator

Urheberrecht *nt* ❶ *(Recht des Autors)* copyright **(an** +*dat* on) ❷ *(urheberrechtliche Bestimmungen)* copyright law

urheberrechtlich I. *adj* copyright *attr* II. *adv* **~ geschützt** copyright[ed]

urig ['u:rɪç] *adj (fam)* ❶ *(originell)* eccentric ❷ *(Lokalkolorit besitzend)* with a local flavor *pred;* **dieses Lokal ist besonders ~** this bar has a real local flavor

Urin <-s, -e> [u'ri:n] *m* urine

urinieren* [ur·i'ni:·rən] *vi (geh)* to urinate

Urinprobe *f* urine sample

Urknall *m* big bang

urkomisch ['u:ɐ̯·'ko:·mɪʃ] *adj* hilarious

Urkunde <-, -n> ['u:ɐ̯·kʊn·də] *f (Auszeichnung)* certificate; *(rechtskräftig)* document

Urkundenfälschung *f* document forgery

Urlaub <-[e]s, -e> ['u:ɐ̯·laup] *m* vacation; **~ machen** to go on vacation; **in ~ sein** to be on vacation

Urlauber(in) <-s, -> *m(f)* vacationer

Urlaubsgeld *nt* vacation pay

urlaubsreif *adj* ■ **~ sein** to be ready for a vacation

Urlaubsreise *f* vacation trip

Urne <-, -n> ['ʊr·nə] *f* ❶ *(Graburne)* urn ❷ *(Wahlurne)* ballot box; **zu den ~n gehen** to go to the polls

Urnengang *m* election

Urologie <-> [uro·lo·'gi:] *f kein pl* urology

urplötzlich I. *adj attr* very sudden II. *adv* very suddenly

Ursache *f* reason; **die ~ für etwas sein** to be the cause of sth ▶ WENDUNGEN: **keine ~!** you're welcome

Ursprung ['u:ɐ̯·ʃprʊŋ] *m* origin

ursprünglich ['u:ɐ̯·ʃprʏŋ·lɪç] I. *adj* ❶ *attr (anfänglich)* original ❷ *(im Urzustand befindlich)* unspoiled ❸ *(urtümlich)* ancient II. *adv* originally

Urteil <-s, -e> ['ʊr·tail] *nt* ❶ JUR judgment, verdict ❷ *(Meinung)* opinion **(über** +*akk* on)

urteilen ['ʊr·tai·lən] *vi* to pass judgment **(über** +*akk* on)

Urteilsbegründung *f* basis for a judgment

Urteilsspruch *m* verdict

Uruguay <-s> ['u:ru·gu̯ai] *nt* Uruguay; *s. a.* **Deutschland**

Uruguayer(in) <-s, -> ['u:ru·gu̯ai·ɐ] *m(f)* Uruguayan; *s. a.* **Deutsche(r)**

uruguayisch ['u:ru·gu̯ai·ɪʃ] *adj* Uruguayan; *s. a.* **deutsch**

Urwald ['u:ɐ̯·valt] *m* primeval [*or* virgin] forest

urwüchsig *adj* ❶ *(im Urzustand erhalten)* unspoiled ❷ *(unverbildet)* earthy ❸ *(ursprünglich)* original

Urzeit *f* ■ **die ~** primeval times *pl* ▶ WENDUNGEN: **seit ~en** for eons; **vor ~en** eons ago

urzeitlich *adj* primeval

Urzustand *m kein pl* original state

USA [u:·ʔɛs·'ʔa:] *pl Abk von* **United States of America**; ■ **die ~** the US[A] + *sing vb*

US-amerikanisch [u:·'ʔɛs·ʔame·ri·ka:·nɪʃ] *adj* American, US

usw. *Abk von* **und so weiter** etc.

Utensil <-s, Utensilien> [utɛn·'zi:l, *pl* utɛn·'zi:·li̯·ən] *nt meist pl* utensil

Utopie <-, -n> [uto·'pi:, *pl* -'pi:·ən] *f* Utopia

utopisch [u'to:·pɪʃ] *adj* utopian

u. U. *Abk von* **unter Umständen** possibly

UV-Strahlen *pl* UV rays *pl*

V

V, v <-, - *o fam* -s, -s> [fau] *nt* V, v; **~ wie Viktor** V as in Victor

V *Abk von* **Volt** V

Vagabund(in) <-en, -en> [va·ga·'bʊnt] *m(f)* vagabond

vage ['va:·gə] I. *adj* vague II. *adv* vaguely

Vagina <-, Vaginen> [va·'gi:·na, 'va:·gi·na] *f* vagina

Vakuum <-s, Vakuen *o* Vakua> ['va:·ku·ʊm,

pl ['va:·ku·ən, 'va:·kua] *nt* vacuum
vakuumverpackt *adj* vacuum-packed
Vamp <-s, -s> [vɛmp] *m* vamp
Vampir <-s, -e> [vam·'pi:ɐ̯] *m* vampire
Vandale, Vandalin <-n, -n> [van·'da:·lə, van·
'da:·lɪn] *m, f* vandal
Vandalismus <-> [van·da·'lɪs·mʊs] *m kein pl*
vandalism
Vanille <-, -en> [va·'nɪljə] *f* vanilla
variabel [va·'rɪ̯a:·bļ] *adj* variable
Variable <-n, -n> [va·'rɪ̯a:·blə] *dekl wie adj f*
variable
Variante <-, -n> [va·'rɪ̯an·tə] *f* ❶ (*Abwand-
lung*) variation ❷ (*veränderte Ausführung*)
variant
Variation <-, -en> [va·rɪ̯a·'tsi̯o:n] *f* variation
variieren* [va·rɪ̯·'i:rən] *vi* to vary
Vase <-, -n> ['va:·zə] *f* vase
Vater <-s, Väter> ['fa:·tɐ, *pl* 'fɛ·tɐ] *m* father
Vaterland *nt* fatherland
väterlich ['fɛ·tɐ·lɪç] I. *adj* ❶ (*dem Vater gehö-
rend*) das ~e Geschäft his/her father's busi-
ness ❷ (*zum Vater gehörend*) paternal ❸ (*für-
sorglich*) fatherly II. *adv* like a father
väterlicherseits *adv* on sb's father's side
Vaterschaft <-, -en> *f* paternity
Vaterschaftsklage *f* paternity suit
Vatertag *m* Father's Day
Vaterunser <-s, -> [fa:·tɐ·'ʔʊn·zɐ] *nt* REL
■das ~ the Lord's Prayer
Vati <-s, -s> ['fa:·ti] *m* (*fam*) daddy
Vatikan <-s> [va·ti·'ka:n] *m* Vatican
V-Ausschnitt ['fau-] *m* V-neck; **ein Pullover
mit** ~ a V-neck sweater
v.Chr. *Abk von* **vor Christus** BC
Vegetarier(in) <-s, -> [ve·ge·'ta:·rɪ̯·ɐ] *m(f)*
vegetarian
vegetarisch [ve·ge·'ta·rɪʃ] I. *adj* vegetarian
II. *adv* **sich** *akk* ~ **ernähren** to be a vegetarian
Vegetation <-, -en> [ve·ge·ta·'tsi̯o:n] *f* veg-
etation
vegetieren* [ve·ge·'ti:·rən] *vi* to vegetate
Vehikel <-s, -> [ve·'hi:·kļ] *nt* (*fam*) vehicle
Veilchen <-s, -> ['fail·çən] *nt* violet
Velo <-s, -s> ['ve:·lo] *nt* SCHWEIZ (*Fahrrad*) bicycle, bike *fam*
Velours <-, -> [və·'luːɐ̯] *nt,* **Veloursleder** *nt*
suede
Vene <-, -n> ['ve:·nə] *f* vein
Venedig <-s> [ve·'ne:·dɪç] *nt kein pl* Venice;
s. a. **Deutschland**
Ventil <-s, -e> [vɛn·'ti:l] *nt* valve
Ventilator <-s, -toren> [vɛn·ti·'la:·to:ɐ̯, *pl*
-'to:·rən] *m* fan
Venus <-s> ['ve:·nʊs] *f kein pl* Venus
verabreden* I. *vr* ■sich *akk* [mit jdm] ~ to set
up a date [*or* make plans] [with sb]; ■[mit jdm]
verabredet sein to have plans [*or* a date] [with
sb] II. *vt* ■etw [mit jdm] ~ to arrange [*or* set
up] sth [with sb]; ■**verabredet** agreed
Verabredung <-, -en> *f* ❶ (*Treffen*) meeting;
(*Rendezvous*) date ❷ (*Vereinbarung*) arrangement

verabscheuen* *vt* to detest, to loathe
verabschieden* I. *vr* ■ **sich** *akk* ~ to say goodbye (**von** +*dat* to) II. *vt Gesetz* to pass
verachten* *vt* ❶ (*verächtlich finden*) to despise ❷ (*nicht achten*) to scorn; **nicht zu** ~
sein [sth is] not to be sneezed at *fam*
verächtlich [fɛɐ̯·'ʔɛçt·lɪç] I. *adj* ❶ (*Verachtung
zeigend*) contemptuous, scornful ❷ (*verab-
scheuungswürdig*) despicable II. *adv* contemptuously, scornfully
Verachtung *f* contempt, scorn
verallgemeinern* I. *vt* ■etw ~ to generalize
about sth II. *vi* to generalize
Verallgemeinerung <-, -en> *f* generalization
veralten* [fɛɐ̯·'ʔal·tn̩] *vi sein* to become obsolete; *Ansichten, Methoden* to become outdated; ■**veraltet** obsolete; *Reiseführer, Stadtplan*
old
Veranda <-, Veranden> [ve·'ran·da, *pl* ve·
'ran·dən] *f* veranda
veränderlich *adj a.* METEO variable
verändern* *vt, vr* to change
Veränderung *f* change; (*leicht*) alteration,
modification
verängstigen* *vt* to frighten; ■**verängstigt**
frightened, scared
veranlagt [fɛɐ̯·'ʔan·la:kt] *adj* **ein künstlerisch ~er Mensch** a person with an artistic
disposition; **er ist praktisch** ~ he is practically
minded
Veranlagung <-, -en> *f* disposition; **eine ~ zu
etw** *dat* **haben** to have a tendency toward sth
veranlassen* I. *vt* ❶ (*in die Wege leiten*) to arrange ❷ (*dazu bringen*) ■**jdn zu etw** *dat* ~ to
cause sb to do sth II. *vi* ■~, **dass etw
geschieht** to see to it that sth happens
Veranlassung <-, -en> *f* ❶ (*Einleitung*) **auf
jds** ~ at sb's instigation ❷ (*Anlass*) cause, reason
veranschaulichen* [fɛɐ̯·'ʔan·ʃau·lɪ·çn̩] *vt* to
illustrate
veranschlagen* *vt* to estimate (**mit** +*dat* at)
veranstalten* [fɛɐ̯·'ʔan·ʃtal·tn̩] *vt* to organize
Veranstalter(in) <-s, -> *m(f)* organizer
Veranstaltung <-, -en> *f* ❶ *kein pl* (*das
Durchführen*) organizing ❷ (*Ereignis*) event
Veranstaltungsort *m* venue
verantworten* I. *vt* ■etw ~ to take responsibility for sth II. *vr* ■**sich** *akk* [vor jdm] ~ to
answer [to sb] (**für** +*akk* for)
verantwortlich *adj* responsible
Verantwortliche(r) *f(m) dekl wie adj* person responsible, responsible party
Verantwortung <-, -en> *f* responsibility; **die ~
[für etw] tragen/übernehmen** to be respon-
sible/take responsibility [for sth]; **auf eigene ~**
on one's own responsibility, at one's own risk
verantwortungsbewusst[RR] I. *adj* responsible
II. *adv* responsibly
verantwortungslos I. *adj* irresponsible II. *adv*
irresponsibly
verantwortungsvoll *adj* responsible
verarbeiten* *vt* ❶ (*verwenden*) to use;

Lebensmittel, Rohstoffe to process; ■**etw zu etw** *dat* ~ to make sth into sth ➋PSYCH to assimilate, to come to terms with

Verarbeitung <-, -en> f ➊(*das Verarbeiten*) processing ➋(*Fertigungsqualität*) workmanship

verärgern* *vt* to annoy

Verärgerung <-, -en> f annoyance

verarmen* [fɛɐ̯ˈʔarˌmən] *vi sein* to become poor; ■**verarmt** impoverished

Verarmung <-, -en> f impoverishment

verarschen* [fɛɐ̯ˈʔarˌʃn̩] *vt* (*derb*) ■**jdn** ~ to mess around with sb

verarzten* [fɛɐ̯ˈʔaːɐ̯tsˌtn̩] *vt* (*fam*) to treat

verausgaben* [fɛɐ̯ˈʔausˌɡaːbn̩] *vr*■**sich** *akk* ~ (*körperlich*) to overexert; (*finanziell*) to overspend

Verb <-s, -en> [vɛrp] *nt* verb

verbal [vɛrˈbaːl] I. *adj* verbal II. *adv* verbally

Verband <-[e]s, Verbände> [fɛɐ̯ˈbant, *pl* fɛɐ̯ˈbɛn·də] *m* ➊(*Bund*) association ➋MED bandage, dressing

Verband(s)kasten *m* first-aid kit

verbannen* *vt* ➊(*ins Exil schicken*) to banish ➋(*ausmerzen*) to ban (**aus** +*dat* from)

Verbannung <-, -en> f exile, banishment

verbarrikadieren* I. *vt* to barricade II. *vr* ■**sich** *akk* ~ to barricade oneself

verbauen* *vt* ➊(*verderben*) to spoil, to ruin *a. fig* ➋(*versperren*) *Aussicht* to block

verbergen* *vt irreg* to hide, to conceal (**vor** +*dat* from)

verbessern* I. *vt* ➊(*besser machen*) to improve ➋(*korrigieren*) to correct II. *vr* ■**sich** *akk* ~ to improve

Verbesserung <-, -en> f ➊(*qualitative Anhebung*) improvement ➋(*Korrektur*) correction

verbeugen* *vr* ■**sich** *akk* ~ to bow

Verbeugung f bow

verbiegen* *irreg vt, vr* to bend; ■**verbogen** bent

verbieten <verbot, verboten> *vt* to forbid, to ban; (*offiziell*) to outlaw; ■**jdm** ~, **etw zu tun** to forbid sb to do sth; **ich habe es dir doch verboten** I told you you weren't allowed to do that

verbilligen* *vt* to reduce [in price] (**um** +*akk* by)

verbinden*[1] *vt irreg* (*einen Verband anlegen*) ■**jdn** ~ to dress sb's wound[s]; ■**etw** ~ to dress sth

verbinden*[2] *irreg vt* ➊(*zusammenfügen*) to join (**mit** +*dat* to) ➋TELEK ■**jdn** [**mit jdm**] ~ to connect sb [to sb]; **falsch verbunden!** wrong number! ➌TRANSP to connect, to link ➍(*verknüpfen*) to combine; **das Nützliche mit dem Angenehmen** ~ to combine business with pleasure ➎(*assoziieren*) ■**etw** [**mit etw** *dat*] ~ to associate sth [with sth]

verbindlich [fɛɐ̯ˈbɪntˌlɪç] I. *adj* ➊(*bindend*) binding ➋(*entgegenkommend*) friendly II. *adv* ➊(*bindend*) ~ **zusagen** to make a binding commitment ➋(*entgegenkommend*)

in a friendly manner

Verbindung f ➊(*direkte Beziehung*) contact; **in** ~ **bleiben** to keep in touch; ~**en zu jdm/ etw haben** to have connections *pl* with sb/ sth; **sich** *akk* **mit jdm in** ~ **setzen** to contact sb ➋TELEK connection ➌TRANSP connection (**nach** +*dat* to) ➍(*Verknüpfung*) combination; **in** ~ **mit etw** *dat* in conjunction with sth ➎(*Zusammenhang*) **jdn mit etw** *dat* **in** ~ **bringen** to connect sb with sth; **in** ~ **mit** in connection with ➏CHEM compound ➐(*für Männer*) fraternity; (*für Frauen*) sorority

verbissen I. *adj* ➊(*hartnäckig*) dogged ➋(*verkrampft*) grim II. *adv* doggedly

verbitten* *vr irreg* ■**sich** *dat* **etw** ~ to not tolerate sth

verbittert I. *adj* embittered, bitter II. *adv* bitterly

Verbitterung <-, *selten* -en> f bitterness

verblassen* *vi sein* ➊(*blasser werden*) to pale ➋(*schwächer werden*) to fade

Verbleib <-[e]s> [fɛɐ̯ˈblaip] *m kein pl* (*geh*) whereabouts *npl*

verbleiben* *vi irreg sein* ➊(*eine Vereinbarung treffen*) ~ **wir so, dass ...?** is it agreed that ...? ➋(*geh: bleiben*) to remain

verbleichen *vi irreg sein* to fade

verbleit *adj* leaded

verblöden* [fɛɐ̯ˈbløːˌdn̩] *vi sein* (*fam*) to turn into a zombie

verblüffen* [fɛɐ̯ˈblʏˌfn̩] *vt* to astonish

verblühen* *vi sein* to wilt

verbluten* *vi sein* to bleed to death

verbohrt *adj* obstinate

verborgen *adj* hidden

Verbot <-[e]s, -e> [fɛɐ̯ˈboːt] *nt* ban

verboten [fɛɐ̯ˈboːˌtn̩] *adj* prohibited, forbidden; **hier ist das Parken** ~**!** you're not allowed to park here!

Verbotsschild *nt* sign prohibiting sth

Verbrauch *m kein pl* consumption (**an** +*dat* of)

verbrauchen* *vt Vorräte* to use up *sep*, to consume *form*

Verbraucher(in) <-s, -> *m(f)* consumer

verbraucherfreundlich *adj* consumer-friendly

Verbraucherschutz *m* consumer protection

verbraucht *adj* (*aufgebraucht*) exhausted; (*Mensch a.*) burned-out *fam*

verbrechen <verbrach, verbrochen> *vt* (*fam*) to be up to

Verbrechen <-s, -> *nt* crime

Verbrecher(in) <-s, -> *m(f)* criminal

verbrecherisch *adj* criminal

verbreiten* *vt, vr* to spread

verbreitern* [fɛɐ̯ˈbraiˌtɐn] *vt* to widen

verbreitet *adj* popular; ■[**weit**] ~ **sein** to be [very] widespread

Verbreitung <-, -en> f ➊*kein pl* (*das Verbreiten*) dissemination ➋MEDIA distribution ➌MED spread

verbrennen* *irreg* I. *vt haben* ➊(*in Flammen aufgehen lassen*) to burn ➋(*versengen*) to scorch II. *vr haben* **sich** *dat* **die Zunge** ~ to burn one's tongue; **sich** *dat* **die Finger** [an etw *dat*] ~ to burn one's fingers [on sth] **III.** *vi sein* to burn; ■**verbrannt** burned

Verbrennung <-, -en> *f* ❶ *kein pl* (*das Verbrennen*) burning ❷ MED burn

verbringen* *vt irreg* to spend

verbrochen *pp von* **verbrechen**

Verbrüderung <-, -en> *f* fraternization

verbrühen* *vt* to scald

verbuchen* *vt* to mark up *sep* (**als** +*akk* as)

verbummeln* *vt* (*fam*) ❶ (*vertrödeln*) to waste ❷ (*verlieren*) to misplace

verbünden* [fɛɐ̯ˈbʏn·dn̩] *vr* ■**sich** *akk* ~ to form an alliance

Verbundenheit <-> *f kein pl* closeness

Verbündete(r) *f(m) dekl wie adj* ally

verbürgen* **I.** *vr* ■**sich** *akk* **für jdn/etw** ~ to vouch for sb/sth **II.** *vt* to guarantee

verbüßen* *vt* JUR to serve

verchromt *adj* chrome-plated

Verdacht <-[e]s> [fɛɐ̯ˈdaxt] *m kein pl* suspicion; ~ **erregen** to arouse suspicion; **jdn im ~ haben** to suspect sb

verdächtig [fɛɐ̯ˈdɛç·tɪç] **I.** *adj* suspicious; **jdm** ~ **vorkommen** to seem suspicious to sb; **sich** *akk* ~ **machen** to arouse suspicion **II.** *adv* suspiciously

Verdächtige(r) *f(m) dekl wie adj* suspect

verdächtigen* [fɛɐ̯ˈdɛç·tɪ·ɡn̩] *vt* to suspect

verdammen* [fɛɐ̯ˈda·mən] *vt* to condemn

verdammt *adj* ❶ (*sl: Ärger ausdrückend*) damned; ~! damn! ❷ (*sehr groß*) **wir hatten ~ es Glück!** we were damn lucky!

verdampfen* *vi sein* to evaporate

verdanken* *vt* ❶ (*durch etw erhalten*) **diesen Erfolg verdanke ich dir** thanks to you, this has been a success; **es ist ihnen zu ~, wenn ...** we should thank them if ... ❷ SCHWEIZ (*Dank aussprechen*) ■[**jdm**] **etw** ~ to express one's thanks [to sb]

verdarb [fɛɐ̯ˈdarp] *imp von* **verderben**

verdauen* [fɛɐ̯ˈdau·ən] *vt* ❶ *Nahrung* to digest ❷ *Niederlage etc.* to get over

verdaulich *adj* digestible; **gut/schwer** ~ easy/hard to digest

Verdauung <-> *f kein pl* digestion

Verdauungsapparat *m* digestive system

Verdauungsstörung *f meist pl* indigestion

Verdeck <-[e]s, -e> *nt* convertible top

verdecken* *vt* ❶ (*die Sicht nehmen*) to cover [up *sep*] ❷ (*maskieren*) to conceal

verdeckt *adj* ❶ (*geheim*) undercover ❷ (*verborgen*) hidden

verderben <verdarb, verdorben> [fɛɐ̯ˈdɛr·bn̩] **I.** *vt haben* ❶ (*moralisch korrumpieren*) to corrupt ❷ (*ruinieren*) to ruin ❸ (*zunichtemachen*) *Spaß* to spoil ❹ (*verscherzen*) **sie will es mit niemandem ~** she's always trying to please everyone **II.** *vi sein* to spoil; *Lebensmittel* to go bad

Verderben <-s> [fɛɐ̯ˈdɛr·bn̩] *nt kein pl* doom

verderblich [fɛɐ̯ˈdɛrp·lɪç] *adj* ❶ (*nicht lange haltbar*) perishable ❷ (*unheilvoll*) corrupting

verdeutlichen* [fɛɐ̯ˈdɔyt·lɪ·çn̩] *vt* to explain

verdichten* **I.** *vt* PHYS to compress **II.** *vr* ■**sich** *akk* ~ *Eindruck, Gefühl* to intensify; *Verdacht* to grow

verdienen* **I.** *vt* ❶ (*als Verdienst bekommen*) to earn ❷ (*Gewinn machen*) to make (**an** +*dat* off of) ❸ (*zustehen*) to deserve **II.** *vi* ❶ (*einen Verdienst bekommen*) to earn [money] ❷ (*Gewinn machen*) to make a profit (**an** +*dat* off of)

Verdienst¹ <-[e]s, -e> [fɛɐ̯ˈdiːnst] *m* FIN income, earnings *npl*

Verdienst² <-[e]s, -e> [fɛɐ̯ˈdiːnst] *nt* merit; **es ist sein ~, dass ...** it's thanks to him [*or* to his credit] that ...

Verdienstausfall *m* loss of earnings *pl*

verdient [fɛɐ̯ˈdiːnt] **I.** *adj* ❶ (*zustehend*) well-deserved; *Strafe* rightful ❷ (*Verdienste aufweisend*) of outstanding merit **II.** *adv* (*leistungsgemäß*) deservedly

verdirbt [fɛɐ̯ˈdɪrpt] *3. pers sing pres von* **verderben**

verdonnern* *vt* (*fam*) ■**jdn** [**zu etw** *dat*] ~ ❶ (*verurteilen*) to sentence sb [to sth] ❷ (*anweisen*) to order sb [to do sth]

verdoppeln* **I.** *vt* ❶ (*erhöhen*) to double ❷ (*verstärken*) to redouble **II.** *vr* ■**sich** *akk* ~ to double

Verdoppelung, Verdopplung <-, -en> *f* doubling

verdorben [fɛɐ̯ˈdɔr·bn̩] **I.** *pp von* **verderben** **II.** *adj* ❶ (*ungenießbar*) bad ❷ (*moralisch korrumpiert*) corrupt ❸ MED **einen ~en Magen haben** to have an upset stomach

verdorren* [fɛɐ̯ˈdɔ·rən] *vi sein* to wither

verdrängen* *vt* ❶ (*vertreiben*) to drive out ❷ (*unterdrücken*) *Erinnerung, Gefühl* to suppress

Verdrängung <-, -en> *f* ❶ (*Vertreibung*) driving out ❷ (*Unterdrückung*) suppression

verdreckt *adj* filthy

verdrehen* *vt* ❶ (*wenden*) to twist; *Augen* to roll ❷ *Tatsachen* to distort ▸ WENDUNGEN: **jdm den Kopf** ~ to turn sb's head

verdreifachen* [fɛɐ̯ˈdrai·fa·xn̩] **I.** *vt* to triple **II.** *vr* ■**sich** *akk* ~ to triple

verdreschen* *vt irreg* (*fam*) to beat up *sep*

verdrießlich [fɛɐ̯ˈdriː·s·lɪç] *adj* (*geh*) ❶ *Gesicht* sullen; *Stimmung* morose ❷ (*misslich*) tiresome

verdrossen [fɛɐ̯ˈdrɔ·sn̩] *adj* sullen, morose

verdrücken* **I.** *vt* (*fam: verzehren*) to polish off *sep* **II.** *vr* (*fam: verschwinden*) ■**sich** *akk* ~ to slip away

Verdrussᴿᴿ <-es, -e>, **Verdruß**ᴬᴸᵀ <-sses, -sse> [fɛɐ̯ˈdrʊs] *m meist sing* annoyance; **jdm ~ bereiten** to annoy sb

verduften* *vi sein* (*fam*) to beat it

Verdummung <-> *f kein pl* dumbing down

verdunkeln* **I.** *vt* ❶ (*abdunkeln*) to black out ❷ (*verdüstern*) to darken **II.** *vr* (*dunkler werden*) ■**sich** *akk* ~ to darken

verdünnen* [fɛɐ̯ˈdʏ·nən] *vt* to dilute

verdunsten* *vi sein* to evaporate

Verdunstung <-> *f kein pl* evaporation
verdursten* *vi sein* to die of thirst
verdutzt [fɛɐ̯·'dʊtst] I. *adj* (*fam*) ❶ (*verwirrt*) baffled, confused ❷ (*überrascht*) taken aback *pred* II. *adv* in a baffled manner
verehren* *vt* ❶ (*bewundernd*) to admire ❷ REL to worship
Verehrer(in) <-s, -> *m(f)* admirer
Verehrung *f kein pl* ❶ (*Bewunderung*) admiration ❷ REL worship
vereidigen* [fɛɐ̯·'ʔai·dɪ·gn̩] *vt* to swear in *sep*
vereidigt [fɛɐ̯·'ʔai·dɪçt] *adj* sworn; **gerichtlich ~** certified before the court
Vereidigung <-, -en> *f* swearing in
Verein <-[e]s, -e> [fɛɐ̯·'ʔain] *m* club, association; **eingetragener ~** registered association; **gemeinnütziger ~** charitable organization
vereinbar *adj* compatible (**mit** +*dat* with)
vereinbaren* [fɛɐ̯·'ʔain·ba:·rən] *vt* ❶ (*absprechen*) ■**etw** [**mit jdm**] **~** to agree to [*or* arrange] sth [with sb] ❷ (*in Einklang bringen*) to reconcile; ■**sich** *akk* **~ lassen** to be compatible
Vereinbarung <-, -en> *f* ❶ *kein pl* (*das Vereinbaren*) arranging ❷ (*Abmachung*) agreement; **laut ~** as agreed; **nach ~** by arrangement
vereinen* *vt* to unite
vereinfachen* [fɛɐ̯·'ʔain·fa·xn̩] *vt* to simplify
Vereinfachung <-, -en> *f* simplification
vereinheitlichen* [fɛɐ̯·'ʔain·hait·lɪ·çn̩] *vt* to standardize
vereinigen* I. *vt* to unite; *Firmen, Organisationen* to merge II. *vr* ■**sich** *akk* **~** to merge
vereinigt *adj* united
Vereinigung <-, -en> *f* ❶ (*Organisation*) organization ❷ *kein pl* (*Zusammenschluss*) amalgamation
vereinsamen* [fɛɐ̯·'ʔain·za:·mən] *vi sein* to become lonely
vereinsamt *adj* ❶ (*einsam*) lonely ❷ (*abgeschieden*) isolated
Vereinsamung <-> *f kein pl* loneliness
vereinzelt [fɛɐ̯·'ʔain·tsl̩t] *adj* occasional
vereisen* I. *vi sein* to ice up; **eine vereiste Fahrbahn** an icy road II. *vt haben* (*lokal anästhesieren*) to freeze
vereiteln* [fɛɐ̯·'ʔait·l̩n] *vt* to thwart
vereitern* *vi sein* to go septic
verenden* *vi sein* to perish
verengen [fɛɐ̯·'ʔɛŋ·ən] *vr* ■**sich** *akk* **~** *Pupillen* to contract; *Gefäße* to become constricted
vererben* I. *vt* ■**jdm**] **etw ~** ❶ (*hinterlassen*) to leave [sb] sth ❷ (*durch Vererbung weitergeben*) to pass on *sep* sth [to sb]; (*schenken*) to hand down *sep* sth [to sb] II. *vr* ■**sich** *akk* **~** to be hereditary
vererblich *adj* hereditary
verewigen* [fɛɐ̯·'ʔe:vɪ·gn̩] I. *vr* ■**sich** *akk* **~** to leave one's mark [for posterity] II. *vt* (*unsterblich machen*) to immortalize
verfahren*¹ [fɛɐ̯·'ʔfa:·rən] *vi irreg sein* ❶ (*vorgehen*) to proceed ❷ (*umgehen*) ■**mit jdm ~** to deal with sb

verfahren*² [fɛɐ̯·'ʔfa:·rən] *irreg* I. *vt Benzin* to use up *sep* II. *vr* ■**sich** *akk* **~** to get lost [while driving]
verfahren³ [fɛɐ̯·'ʔfa:·rən] *adj* muddled; **völlig ~ sein** to be a total mess
Verfahren <-s, -> [fɛɐ̯·'ʔfa:·rən] *nt* ❶ (*Methode*) process ❷ (*Gerichtsverfahren*) [legal [*or* criminal]] proceedings *npl*
Verfall [fɛɐ̯·'fal] *m kein pl* ❶ (*das Verfallen*) dilapidation ❷ (*das Ungültigwerden*) expiration ❸ (*geh: Niedergang*) decline
Verfalldatum *nt s.* **Verfallsdatum**
verfallen*¹ *vi irreg sein* ❶ (*zerfallen*) to decay ❷ (*immer schwächer werden*) to deteriorate ❸ (*ungültig werden*) *Ticket, Gutschein* to expire; *Anspruch* to lapse ❹ (*erliegen*) ■**jdm ~** to be captivated by sb; ■**einer S.** *dat* **~** to become addicted to sth
verfallen² *adj* ❶ (*völlig baufällig*) dilapidated ❷ (*abgelaufen*) expired
Verfallsdatum *nt* ÖKON ❶ (*der Haltbarkeit*) use-by date ❷ (*der Gültigkeit*) expiration date
verfälschen* *vt* ❶ (*falsch darstellen*) to distort ❷ (*in der Qualität mindern*) to adulterate (**durch** +*akk* with)
Verfälschung *f* ❶ (*das Verfälschen*) distortion ❷ (*Qualitätsminderung*) adulteration
verfänglich [fɛɐ̯·'fɛŋ·lɪç] *adj* embarrassing
verfärben* I. *vr* ■**sich** *akk* **~** to change color; *Wäsche* to discolor II. *vt* to discolor
verfassen* *vt* to write; *Gesetz, Urkunde* to draw up
Verfasser(in) <-s, -> [fɛɐ̯·'fa·sɐ] *m(f)* author
Verfassung *f* ❶ *kein pl* (*Zustand*) condition; (*körperlich*) state [of health]; (*seelisch*) state [of mind] ❷ POL constitution
Verfassungsgericht *nt* constitutional court
Verfassungsschutz *m* domestic intelligence agency
verfassungswidrig *adj* unconstitutional
verfaulen* *vi sein* to rot
Verfechter(in) *m(f)* advocate, champion
verfehlen* *vt* ❶ (*nicht treffen, verpassen*) to miss; ■**nicht zu ~ sein** to be impossible to miss ❷ (*nicht erreichen*) to not achieve; **das Thema ~** to be off the subject; **seinen Beruf ~** to miss one's calling
verfehlt *adj* ❶ (*misslungen*) unsuccessful ❷ (*unangebracht*) inappropriate
verfeinden* [fɛɐ̯·'fain·dn̩] *vr* ■**sich** *akk* **~** to fall out; ■**verfeindet sein** to be enemies; **verfeindete Staaten** enemy states
verfeinern* [fɛɐ̯·'fai·nɐn] *vt* ❶ KOCHK to improve ❷ (*raffinierter gestalten*) to refine
verfilmen* *vt* to film
Verfilmung <-, -en> *f* ❶ *kein pl* (*das Verfilmen*) filming ❷ (*Film*) film
verfinstern* [fɛɐ̯·'fɪns·tɐn] *vr* ■**sich** *akk* **~** to darken
Verflechtung <-, -en> *f* interconnection
verfliegen* *irreg* I. *vi sein* ❶ *Zorn* to pass; *Kummer* to vanish ❷ *Geruch* to evaporate II. *vr* **haben** ■**sich** *akk* **~** *Pilot* to lose one's bearings

pl; Flugzeug to stray off course

verflixt [fɛɐ̯·ˈflɪkst] **I.** *adj* (*fam*) ❶ (*verdammt*) damn[ed] ❷ (*ärgerlich*) unpleasant **II.** *adv* (*fam: ziemlich*) damn[ed]

verfluchen* *vt* to curse

verflucht I. *adj* (*fam*) damn[ed] **II.** *adv* (*fam*) damn[ed]

verflüchtigen* [fɛɐ̯·ˈflʏç·tɪ·ɡn̩] *vr* ■ **sich** *akk* ~ to evaporate

verflüssigen* [fɛɐ̯·ˈflʏ·sɪ·ɡn̩] *vt, vr* to liquefy

verfolgen* *vt* ❶ (*nachgehen*) to follow ❷ (*aus politischen etc. Gründen*) to persecute ❸ (*zu erreichen suchen*) to pursue; **eine Absicht** ~ to have sth in mind ❹ (*belasten*) **vom Pech verfolgt sein** to be dogged by bad luck

Verfolger(in) <-s, -> *m(f)* pursuer

Verfolgte(r) [fɛɐ̯·ˈfɔlk·tə, -tɐ] *f(m) dekl wie adj* victim of persecution

Verfolgung <-, -en> *f* ❶ (*das Verfolgen*) pursuit ❷ (*aus politischen Gründen*) persecution ❸ JUR prosecution

Verfolgungsjagd *f* pursuit, chase

Verfolgungswahn *m* persecution complex

verformen* **I.** *vt* to distort **II.** *vr* ■ **sich** *akk* ~ to become distorted [*or* misshapen]

verfremden *vt* to alienate

Verfremdung <-, -en> *f* alienation

verfressen* *adj* (*pej sl*) [overly] greedy

verfrüht *adj* premature

verfügbar *adj* available

verfügen* **I.** *vi* ■ **über etw** *akk* ~ to have sth at one's disposal **II.** *vt* (*anordnen*) to order

Verfügung <-, -en> *f* ❶ (*Anordnung*) order; **einstweilige** ~ JUR temporary injunction ❷ (*Disposition*) ■ **etw zur** ~ **haben** to have sth at one's disposal; ■ **jdm zur** ~ **stehen** to be available to sb; ■ [**jdm**] **etw zur** ~ **stellen** to make sth available [to sb]

verführen* *vt* ❶ (*verleiten*) to entice; (*sexuell*) to seduce ❷ (*hum: verlocken*) to tempt

Verführer(in) *m(f)* seducer *masc*, seductress *fem*

verführerisch [fɛɐ̯·ˈfyː·rə·rɪʃ] *adj* ❶ (*verlockend*) tempting ❷ (*aufreizend*) seductive

Verführung *f* ❶ (*Verleitung*) seduction; ~ **Minderjähriger** JUR seduction of minors ❷ (*Verlockung*) temptation

Vergabe [fɛɐ̯·ˈɡaː·bə] *f von Arbeit, Studienplätzen* allocation; *eines Auftrags, Preises* award

vergammeln* *vi sein Essen* to go bad

vergammelt <-er, -este> *adj* (*fam*) scruffy

vergangen *adj* past, former

Vergangenheit <-, *selten* -en> [fɛɐ̯·ˈɡaŋən·haɪt] *f* ❶ *kein pl* (*Vergangenes*) past ❷ LING past [tense]

vergänglich [fɛɐ̯·ˈɡɛŋ·lɪç] *adj* transient

Vergänglichkeit <-> *f kein pl* transience

vergasen* *vt* to gas

Vergaser <-s, -> *m* AUTO carburetor

vergaß [fɛɐ̯·ˈɡaːs] *imp von* **vergessen**

vergeben* *irreg* **I.** *vi* to forgive **II.** *vt* ❶ (*verzeihen*) to forgive ❷ (*zuteilen*) to allocate sth (**an** +*akk* to); *Preis, Auftrag* to award

vergebens [fɛɐ̯·ˈɡeː·bn̩s] **I.** *adj pred* in vain *pred* **II.** *adv s.* **vergeblich**

vergeblich [fɛɐ̯·ˈɡeː·p·lɪç] **I.** *adj* (*erfolglos bleibend*) futile **II.** *adv* (*umsonst*) in vain

Vergebung <-, -en> *f* forgiveness

vergehen* [fɛɐ̯·ˈɡeː·ən] *irreg* **I.** *vi sein* ❶ (*verstreichen*) to go by, to pass ❷ (*schwinden*) to wear off; **igitt! da vergeht einem ja der Appetit** yuck! it's enough to make you lose your appetite ❸ (*sich zermürben*) to die (**vor** +*dat* of); **vor Sehnsucht** ~ to pine away **II.** *vr* **haben** ■ **sich** *akk* **an jdm** ~ to sexually assault sb

Vergehen <-s, -> [fɛɐ̯·ˈɡeː·ən] *nt* offense

vergelten *vt irreg* ■ [**jdm**] **etw** ~ to repay sb for sth

Vergeltung <-, -en> *f* revenge

Vergeltungsmaßnahme *f* reprisal

Vergeltungsschlag *m* retaliatory strike

vergessen <vergisst, vergaß, vergessen> [fɛɐ̯·ˈɡɛ·sn̩] **I.** *vt* ❶ (*nicht mehr daran denken*) to forget; **nicht zu** ~ ... keep [*or* bear] in mind that ... ❷ (*liegen lassen*) to leave behind **II.** *vr* (*die Beherrschung verlieren*) ■ **sich** *akk* ~ to lose oneself

Vergessenheit <-> *f kein pl* oblivion

vergesslichRR, **vergeßlich**ALT [fɛɐ̯·ˈɡɛs·lɪç] *adj* forgetful

VergesslichkeitRR <-> *f kein pl* forgetfulness

vergeuden* [fɛɐ̯·ˈɡɔy·dn̩] *vt* to waste

vergewaltigen* [fɛɐ̯·ɡə·ˈval·tɪ·ɡn̩] *vt* to rape

Vergewaltigung <-, -en> *f* rape

vergewissern* [fɛɐ̯·ɡə·ˈvɪ·sən] *vr* ■ **sich** *akk* ~, **dass** ... to make sure that ...

vergießen* *vt irreg* ❶ (*danebengießen*) to spill ❷ *Tränen, Blut* to shed

vergiften* *vt* to poison

Vergiftung <-, -en> *f kein pl* poisoning

vergilbt *adj* yellowed

VergissmeinnichtRR, **Vergißmeinnicht**ALT <-[e]s, -[e]> [fɛɐ̯·ˈɡɪs·main·nɪçt] *nt* forget-me-not

vergisstRR, **vergißt**ALT [fɛɐ̯·ˈɡɪst] *3. pers sing pres von* **vergessen**

Vergleich <-[e]s, -e> [fɛɐ̯·ˈɡlaiç] *m* comparison; **im** ~ [**zu jdm/etw**] in comparison [with sb/sth], compared to [sb/sth] ▸ WENDUNGEN: **der** ~ **hinkt** that's a poor comparison

vergleichbar *adj* comparable (**mit** +*dat* to/with)

vergleichen* *irreg vt* to compare (**mit** +*dat* to/with)

vergleichsweise *adv* comparatively; **das ist** ~ **wenig/viel** that is a little/a lot in comparison

vergnügen* [fɛɐ̯·ˈɡnyː·ɡn̩] *vr* ■ **sich** *akk* ~ to amuse [*or* enjoy] oneself

Vergnügen <-s, -> [fɛɐ̯·ˈɡnyː·ɡn̩] *nt* (*Freude*) enjoyment; (*Genuss*) pleasure ▸ WENDUNGEN: **viel** ~! have a good time!

vergnügt [fɛɐ̯·ˈɡnyːkt] **I.** *adj* happy, cheerful **II.** *adv* happily, cheerfully

Vergnügungspark *m* amusement park

vergolden* [fɛɐ̯·ˈɡɔl·dn̩] *vt* to gold-plate

vergöttern* [fɛɐ̯ˈgœ·tɐn] *vt* to idolize
vergraben* *irreg* **I.** *vt* to bury **II.** *vr* ■ **sich** *akk* **in Arbeit ~** to bury oneself in work
vergrämt *adj* troubled
vergraulen* *vt* (*fam*) to scare away
vergreifen* *vr irreg* ❶ (*stehlen*) ■ **sich** *akk* **an etw** *dat* **~** to steal sth ❷ (*Gewalt antun*) ■ **sich** *akk* **an jdm ~** to assault sb ❸ (*sich unpassend ausdrücken*) ■ **sich** *akk* **im Ton ~** to adopt the wrong tone
vergreisen [fɛɐ̯ˈgrai·zn̩] *vi sein* ❶ (*senil werden*) to become senile ❷ *Bevölkerung* to age
vergriffen *adj Buch* out of print *pred; Ware* unavailable
vergrößern [fɛɐ̯ˈgrø·sɐn] **I.** *vt* ❶ *Fläche, Umfang* to extend, to enlarge (**um** +*akk* by, **auf** +*akk* to) ❷ *Distanz* to increase ❸ *Firma* to expand ❹ (*größer erscheinen lassen*) to magnify ❺ FOTO to enlarge, to blow up *sep* **II.** *vr* ■ **sich** *akk* **~** (*anschwellen*) to become enlarged
Vergrößerung <-, -en> *f* ❶ (*das Vergrößern*) enlargement, increase; *einer Firma* expansion; (*technisch*) magnification ❷ (*vergrößertes Foto*) enlargement, blowup ❸ (*Anschwellung*) enlargement
Vergrößerungsglas *nt* magnifying glass
vergünstigt [fɛɐ̯ˈgʏns·tɪçt] *adj* cheaper
Vergünstigung <-, -en> *f* ❶ (*finanzieller Vorteil*) perk ❷ (*Ermäßigung*) reduction, concession
vergüten* [fɛɐ̯ˈgyː·tn̩] *vt* ■ **[jdm] etw ~** ❶ (*ersetzen*) to reimburse sb for sth ❷ (*bezahlen*) to pay sb for sth
Vergütung <-, -en> *f* ❶ (*das Ersetzen*) refund, reimbursement ❷ (*Geldsumme*) payment, remuneration; (*Honorar*) fee
verhaften* *vt* to arrest; **Sie sind verhaftet!** you're under arrest!
Verhaftete(r) *f(m)* *dekl wie adj* person under arrest
Verhaftung <-, -en> *f* arrest
verhallen* *vi sein* to fade away
verhalten*[1] [fɛɐ̯ˈhal·tn̩] *vr irreg* ■ **sich** *akk* **~** ❶ (*sich benehmen*) to behave ❷ (*beschaffen sein*) to be; **die Sache verhält sich anders, als du denkst** it's not what you think
verhalten[2] [fɛɐ̯ˈhal·tn̩] **I.** *adj* ❶ (*zurückhaltend*) restrained ❷ (*unterdrückt*) suppressed **II.** *adv* in a restrained manner
Verhalten <-s> [fɛɐ̯ˈhal·tn̩] *nt kein pl* behavior
Verhaltensforschung *f kein pl* behavioral research
verhaltensgestört *adj* disturbed
Verhaltensstörung *f meist pl* behavioral problem
Verhaltensweise *f* behavior
Verhältnis <-ses, -se> [fɛɐ̯ˈhɛlt·nɪs] *nt* ❶ (*Relation*) ratio; **in keinem ~ zu etw** *dat* **stehen** to bear no relation to sth; **im ~** in a ratio (**von** +*dat* of, **zu** +*dat* to); **im ~ [zu jdm]** compared to [sb] ❷ (*persönliche Beziehung*) relationship (**zu** +*dat* with); (*Affäre*) affair ❸ *pl* (*Bedingun-*

gen) conditions *pl* ❹ *pl* (*Lebensumstände*) circumstances *pl;* **über seine ~se** *pl* **leben** to live beyond one's means *pl;* **klare ~se schaffen** to get things straightened out
verhältnismäßig *adv* relatively
Verhältniswort *nt* LING preposition
verhandeln* **I.** *vi* to negotiate **II.** *vt* ❶ (*aushandeln*) to negotiate ❷ JUR to hear
Verhandlung *f* ❶ *meist pl* (*das Verhandeln*) negotiations *npl* ❷ JUR trial, hearing
verhängen* *vt* ❶ (*zuhängen*) to cover (**mit** +*dat* with) ❷ SPORT (*aussprechen*) to award ❸ (*verfügen*) to impose; *Ausnahmezustand* to declare
Verhängnis <-, -se> [fɛɐ̯ˈhɛŋ·nɪs] *nt* disaster; **jdm zum ~ werden** to be sb's undoing
verhängnisvoll *adj* disastrous, fatal
verharmlosen* [fɛɐ̯ˈharm·loː·zn̩] *vt* to play down *sep*
Verharmlosung <-, -en> *f* playing down
verharren* *vi sein o haben* (*geh*) to pause
verhärten* **I.** *vt* to harden **II.** *vr* ■ **sich** *akk* **~** to become hardened
verhaspeln* *vr* ■ **sich** *akk* **~** to get [all] mixed up
verhasstRR, **verhaßt**ALT [fɛɐ̯ˈhast] *adj* hated
verhätscheln *vt* to spoil, to pamper
verhauen* <verhaute, verhauen> **I.** *vt* (*fam*) ❶ (*verprügeln*) to beat up *sep* ❷ SCH **ich habe den Aufsatz [gründlich] ~!** I've made a [complete] mess of the essay! **II.** *vr* (*fam: sich verkalkulieren*) ■ **sich** *akk* **~** to slip up
verheddern* [fɛɐ̯ˈhɛ·dɐn] *vr* ■ **sich** *akk* **~** ❶ (*sich verfangen*) to get tangled up ❷ (*sich versprechen*) to get [all] mixed up
verheerend **I.** *adj* devastating **II.** *adv* devastatingly; **sich** *akk* **~ auswirken** to have a devastating effect
verheilen* *vi sein* to heal [up]
verheimlichen* [fɛɐ̯ˈhaim·lɪ·çn̩] *vt* ■ **[jdm] etw ~** to conceal sth [*or* keep sth secret] [from sb]; **ich habe nichts zu ~** I have nothing to hide
verheiratet *adj* married; ■ **[mit jdm] ~ sein** to be married [to sb]
verheißen* *vt irreg* to promise
verheißungsvoll **I.** *adj* promising; **wenig ~** not very promising **II.** *adv* full of promise
verhelfen* *vi irreg* ■ **jdm zu etw** *dat* **~** to help sb [to] achieve sth
verherrlichen* [fɛɐ̯ˈhɛr·lɪ·çn̩] *vt* to glorify
Verherrlichung <-, -en> *f* glorification
verheult *adj Augen* swollen from crying
verhexen* *vt* to bewitch
verhindern* *vt* to prevent
verhindert *adj* ■ **~ sein** to be unable to come
verhöhnen* *vt* to mock
verhökern* *vt* (*fam*) to get rid of
Verhör <-[e]s, -e> [fɛɐ̯ˈhøːɐ̯] *nt* questioning, interrogation
verhören* **I.** *vt* (*offiziell befragen*) to question, to interrogate **II.** *vr* (*falsch hören*) ■ **sich** *akk* **~** to mishear, to not hear correctly

verhüllen* *vt* to cover

verhungern* *vi sein* to starve [to death]

verhüten* *vt* to prevent; *Schwangerschaft* to use contraception

Verhütung <-, -en> *f* ❶ (*das Verhindern*) prevention ❷ (*Empfängnisverhütung*) contraception

Verhütungsmittel *nt* contraceptive

verifizieren* [ve·ri·fi·ˈtsiː·rən] *vt* to verify

verirren* *vr* ■ **sich** *akk* ~ to get lost

verjagen* *vt* to chase away *sep*

verjähren* *vi sein* to pass the statute of limitations; ■**verjährt** barred by the statute of limitations

Verjährungsfrist *f* statute of limitations

verjubeln* *vt* to blow

verjüngen* [fɛɐ̯·ˈjvŋən] **I.** *vi* (*vitalisieren*) to make one feel younger **II.** *vt Haut* to rejuvenate **III.** *vr* ■ **sich** *akk* ~ (*schmaler werden*) to narrow

Verjüngung <-, -en> *f* rejuvenation

verkabeln* *vt* to connect to the cable network

Verkabelung <-, -en> *f* connecting to the cable network

verkalken* *vi sein* ❶ (*Kalk einlagern*) to clog up; ■**verkalkt** clogged up ❷ *Arterien* to harden

verkalkulieren* *vr* ■ **sich** *akk* ~ ❶ (*sich verrechnen*) to miscalculate ❷ (*sich irren*) to be mistaken

Verkalkung <-, -en> *f* ❶ (*das Verkalken*) clogging ❷ *von Arterien* hardening

verkannt *adj* unrecognized

verkappt *adj attr* disguised; **ein ~er Kommunist** a communist in disguise

verkatert [fɛɐ̯·ˈkaː·tɐt] *adj* (*fam*) hung-over *pred*

Verkauf <-s, Verkäufe> [fɛɐ̯·ˈkauf, *pl* fɛɐ̯·ˈkɔy·fə] *m* ❶ (*das Verkaufen*) sale, selling; **zum ~ stehen** to be [up] for sale ❷ *kein pl* (*Verkaufsabteilung*) sales *no art*, + *sing/pl vb*

verkaufen* **I.** *vt* to sell (**an** +*akk* to); **zu ~ sein** to be for sale **II.** *vr* ■ **sich** *akk* ~ to sell; **das Buch verkauft sich gut** the book is selling well

Verkäufer(in) [fɛɐ̯·ˈkɔy·fɐ] *m(f)* ❶ (*in Geschäft*) sales assistant ❷ (*verkaufender Eigentümer*) seller; JUR vendor

verkäuflich *adj* for sale *pred*

Verkaufspreis *m* retail price

Verkaufszahlen *pl* sales figures *pl*

Verkehr <-[e]s> [fɛɐ̯·ˈkeːɐ̯] *m kein pl* ❶ (*Straßenverkehr*) traffic ❷ (*Umgang*) contact, dealings *pl* ❸ (*Handel*) **etw aus dem ~ ziehen** to withdraw sth from circulation ❹ (*Geschlechtsverkehr*) intercourse

verkehren* **I.** *vi* ❶ *sein o haben* (*fahren*) to run; **der Zug verkehrt nur zweimal am Tag** the train only runs twice a day ❷ *haben* (*häufiger Gast sein*) to visit regularly ❸ *haben* (*Umgang pflegen*) ■[**mit jdm**] ~ to associate [with sb] **II.** *vr haben* (*sich umkehren*) ■**sich** *akk* **in etw** *akk* ~ to turn into sth

Verkehrsampel *f* traffic lights *pl*

verkehrsberuhigt *adj* traffic-calmed

Verkehrschaos *nt* traffic mess

Verkehrsfunk *m* traffic report

verkehrsgünstig *adj* close to public transportation

Verkehrshinweis *m* traffic announcement

Verkehrskontrolle *f* police checkpoint

Verkehrslage *f* traffic [conditions *pl*]

Verkehrsmittel *nt* means + *sing/pl vb* of transportation; **öffentliches/privates ~** public/private transportation

Verkehrsnetz *nt* transportation system

Verkehrspolizei *f* traffic police

Verkehrsregel *f* traffic regulation

Verkehrsschild *nt* traffic sign

verkehrssicher *adj Fahrzeug* safe; (*bes. Auto*) roadworthy

Verkehrssünder(in) *m(f)* (*fam*) traffic offender

Verkehrstote(r) *f(m) dekl wie adj* traffic fatality

Verkehrsverein *m* tourist [information] office

verkehrswidrig *adj* in violation of traffic regulations *pl*

Verkehrszeichen *nt s.* **Verkehrsschild**

verkehrt **I.** *adj* (*falsch*) wrong; **die ~e Richtung** the wrong direction; ■**der V~e** the wrong person **II.** *adv* wrong; **~ herum** the wrong way around

verkennen* *vt irreg* (*falsch einschätzen*) to misjudge

verklagen* *vt* ■**jdn ~** to take sb to court; **jdn auf Schadenersatz ~** to sue sb for damages

verkleiden* **I.** *vt* ❶ (*kostümieren*) to dress up *sep* ❷ (*überdecken*) to cover; (*innen*) to line **II.** *vr* ■ **sich** *akk* ~ to dress up

Verkleidung *f* ❶ (*zur Tarnung*) disguise; (*Kostüm*) costume ❷ (*Auskleidung*) lining

verkleinern* [fɛɐ̯·ˈklai·nɐn] **I.** *vt* ❶ (*verringern*) to reduce ❷ FOTO to reduce; COMPUT to scale down **II.** *vr* ■ **sich** *akk* ~ ❶ (*sich verringern*) to be reduced in size ❷ (*schrumpfen*) to shrink

Verkleinerung <-, -en> *f* reduction

Verkleinerungsform *f* LING diminutive [form]

verklemmt *adj* uptight [about sex *pred*]

verklingen* *vi irreg sein* to fade away

verknacksen* *vt* **sich** *akk* **den Fuß ~** to sprain one's ankle

verknallen* *vr* (*fam*) ■**sich** *akk* ~ to fall head over heels in love (**in** +*akk* with)

Verknappung *f* shortage

verkneifen* *vr irreg* (*fam*) ■**sich** *dat* **etw ~** ❶ (*nicht offen zeigen*) to repress sth; **ich konnte mir ein Grinsen nicht ~** I couldn't help grinning ❷ (*sich versagen*) to do without sth

verknittern* *vt* to crumple

verknoten* *vt* ■**etw miteinander ~** to knot together *sep* sth

verknüpfen* *vt* ❶ (*verknoten*) to tie [together *sep*] ❷ (*verbinden*) to combine ❸ (*in Zusammenhang bringen*) to link (**mit** +*dat* to)

Verknüpfung <-, -en> f ❶ (*Verbindung*) combination ❷ (*Zusammenhang*) link, connection
verkochen* vi sein to get mushy *fam*
verkommen*¹ vi irreg sein ❶ (*verwahrlosen*) to decay; *Mensch* to go downhill ❷ (*herunterkommen*) to go to the dogs; ■ **zu etw** dat ~ to degenerate into sth
verkommen² adj ❶ (*verwahrlost*) degenerate ❷ (*im Verfall begriffen*) dilapidated
verkorksen* [fɛɐ̯ˈkɔrk·sn̩] vt (*fam*) ■ **etw/ jdn** ~ to screw up *sep* sb/sth
verkorkst <-er, -este> adj screwed-up; *Magen* upset
verkörpern* [fɛɐ̯ˈkœr·pɐn] vt ❶ FILM, THEAT to play [the part of] ❷ (*personifizieren*) to personify
Verkörperung <-, -en> f ❶ kein pl FILM, THEAT portrayal ❷ (*Inbegriff*) personification ❸ (*Abbild*) embodiment
verköstigen* [fɛɐ̯ˈkœs·tɪ·gn̩] vt bes ÖSTERR ■ **jdn** ~ to cater for sb
verkrachen* vr (*fam*) ■ **sich** akk ~ to fall out
verkracht adj (*fam*) failed
verkraften* [fɛɐ̯ˈkraf·tn̩] vt ■ **etw** ~ to cope with sth
verkrampfen* vr ■ **sich** akk ~ ❶ (*zusammenkrümmen*) to cramp [up] ❷ (*sich anspannen*) to tense [up]
verkrampft I. adj tense II. adv tensely
verkriechen* vr irreg ■ **sich** akk ~ to crawl away
verkrüppelt <-er, -este> adj ❶ *Pflanzen* stunted ❷ *Mensch, Körperteil* crippled
verkümmern* vi sein ❶ (*eingehen*) to [shrivel up and] die ❷ (*verloren gehen*) to wither away ❸ (*die Lebenslust verlieren*) to waste away
verkünden* vt to announce; **ein Urteil** ~ to pronounce sentence; **Gutes/Unheil** ~ to bode/not bode well
verkündigen* vt to proclaim
Verkündigung f (*geh*) ❶ (*das Verkündigen*) announcement ❷ (*Proklamation*) proclamation
Verkündung <-, -en> f announcement; *von Urteil* pronouncement
verkuppeln* vt to pair off *sep*
verkürzen* I. vt ❶ (*kürzer machen*) to shorten (**auf** +akk to, **um** +akk by) ❷ (*zeitlich vermindern*) to reduce (**auf** +akk to, **um** +akk by); *Urlaub* to cut short *sep* II. vr ■ **sich** akk ~ to become shorter
Verkürzung f ❶ (*das Verkürzen*) shortening, cutting short ❷ (*zeitliche Verminderung*) reduction
verladen* vt irreg to load
Verladung f loading
Verlag <-[e]s, -e> [fɛɐ̯ˈlaːk, pl -ˈlaː·gə] m publisher, publishing house
verlagern* vt to move; **den Schwerpunkt** ~ to shift the emphasis
verlangen* I. vt ❶ (*fordern*) to demand (**von** +dat of); *Preis* to ask ❷ (*erfordern*) to require ❸ (*erwarten*) to expect; **das ist nicht zu viel**

verlangt that is not too much to expect II. vi ■ **nach etw** dat ~ ❶ (*fordern*) to demand sth ❷ (*um etw bitten*) to ask for sth
Verlangen <-s, -> nt ❶ (*dringender Wunsch*) desire (**nach** +dat for) ❷ (*Forderung*) demand; **auf** ~ [up]on demand; **auf ihr** ~ [hin] at her request
verlängern* [fɛɐ̯ˈlɛŋɐn] I. vt ❶ (*länger machen*) to lengthen, to extend (**um** +akk by) ❷ (*länger dauern lassen*) to extend; *Leben* to prolong; *Vertrag* to renew II. vr ■ **sich** akk ~ to increase (**um** +akk by), to become longer (**um** +akk by); *Leben, Leid* to be prolonged
Verlängerung <-, -en> f ❶ kein pl (*räumlich*) lengthening; (*durch ein Zusatzteil*) extension ❷ kein pl (*zeitliche*) extension ❸ SPORT overtime
Verlängerungskabel nt, **Verlängerungsschnur** f extension cord
verlangsamen* [fɛɐ̯ˈlaŋ·zaː·mən] I. vt to slow down *sep* II. vr ■ **sich** akk ~ to slow [down]
Verlass^RR <-es>, **Verlaß**^ALT <-sses> [fɛɐ̯ˈlas] m kein pl ■ **auf jdn ist/ist kein** ~ you can/cannot rely on sb
verlassen*¹ irreg I. vt ❶ (*im Stich lassen*) to abandon ❷ (*hinausgehen, fortgehen*) to leave ❸ (*verloren gehen*) ■ **jdn** ~ to desert sb; **der Mut verließ ihn** he lost [his] courage II. vr ■ **sich** akk **auf jdn/etw** ~ to rely on sb/sth; **worauf du dich** ~ **kannst!** you bet!, I guarantee it!
verlassen² adj deserted; (*verwahrlost*) desolate
verlässlich^RR, **verläßlich**^ALT [fɛɐ̯ˈlɛs·lɪç] adj reliable
Verlauf [fɛɐ̯ˈlauf] m course; **einen guten** ~ **nehmen** to go well; **im** ~ **der nächsten Monate** over the course of the next few months
verlaufen* irreg I. vi sein ❶ (*ablaufen*) **das Gespräch verlief nicht wie erhofft** the discussion didn't go as hoped ❷ (*sich erstrecken*) to run II. vr ■ **sich** akk ~ ❶ (*sich verirren*) to get lost ❷ (*auseinandergehen*) to disperse; (*panisch*) to scatter
Verlaufsform f LING continuous form
verleben* vt to spend
verlebt adj ruined, haggard
verlegen*¹ [fɛɐ̯ˈleː·gn̩] vt ❶ *Schlüssel etc.* to misplace ❷ *Termin* to postpone (**auf** +akk until) ❸ *Gleise, Teppich, Kabel* to lay ❹ *Buch* to publish ❺ *Patient, Abteilung* to transfer
verlegen² [fɛɐ̯ˈleː·gn̩] I. adj embarrassed; **er ist nie um eine Entschuldigung** ~ he's never lost for an excuse II. adv in embarrassment
Verlegenheit <-, -en> f kein pl embarrassment
Verleger(in) <-s, -> m(f) publisher
Verlegung <-, -en> f ❶ (*Verschiebung*) rescheduling; (*auf einen späteren Zeitpunkt*) postponement ❷ TECH installation, laying ❸ (*Ortswechsel*) transfer
Verleih <-[e]s, -e> [fɛɐ̯ˈlai] m ❶ (*Unterneh-*

men) rental company ❷ *kein pl* (*das Verleihen*) renting out

verleihen* *vt irreg* ❶ (*verborgen*) to lend (**an** +*akk* to); (*gegen Geld*) to rent out *sep* ❷ (*jdn mit etw auszeichnen*) **jdm einen Preis ~** to award sb a prize ❸ (*geben*) to give; **die Wut verlieh ihm neue Kräfte** anger gave him new strength

Verleihung <-, -en> *f* ❶ (*das Verleihen*) lending; (*für Geld*) renting out ❷ (*Zuerkennung*) award

verleiten* *vt* ■ **jdn** [**zu etw** *dat*] **~** ❶ (*dazu bringen*) to persuade sb [to do sth] ❷ (*verführen*) to entice sb [to do sth]

verlernen* *vt* to forget; **das Tanzen ~** to forget how to dance

verlesen*¹ *irreg* **I.** *vt* (*vorlesen*) to read [aloud *sep*] **II.** *vr* ■ **sich** *akk* **~** to read sth wrong

verlesen*² *vt irreg* (*aussortieren*) to sort

verletzbar *adj s.* **verletzlich**

verletzen* [fɛɐ̯ˈlɛtsn̩] *vt* ❶ (*verwunden*) ■ [**sich/etw** *akk*] **~** to injure [*or* hurt] [oneself/ sth] ❷ (*kränken*) to offend; *Gefühle* to hurt ❸ (*übertreten*) to violate

verletzend *adj* hurtful

verletzlich *adj* vulnerable

Verletzte(r) *f(m) dekl wie adj* injured person; (*Opfer*) casualty; ■ **die ~n** the injured + *pl vb*

Verletzung <-, -en> *f* ❶ MED injury ❷ *kein pl* (*Übertretung*) violation

verleugnen* *vt* to deny

verleumden* [fɛɐ̯ˈlɔym·dn̩] *vt* to slander; (*schriftlich*) to libel

Verleumdung <-, -en> *f* slander, libel

Verleumdungskampagne *f* smear campaign

verlieben* *vr* ■ **sich** *akk* **~** to fall in love (**in** +*akk* with); (*für jdn schwärmen*) to have a crush on sb

verliebt *adj* infatuated; ■ **~ sein** to be in love (**in** +*akk* with)

verlieren <verlor, verloren> [fɛɐ̯ˈliː·rən] **I.** *vt* to lose ▸ WENDUNGEN: **du hast hier nichts verloren** (*fam*) you have no business being here **II.** *vr* ■ **sich** *akk* **~** to disappear

Verlierer(in) <-s, -> *m(f)* loser

Verlies <-es, -e> [fɛɐ̯ˈliːs, *pl* ˈliː·zə] *nt* dungeon

verlinken* [fɛɐ̯ˈlɪŋ·kən] *vt* ■ **etw mit etw** *dat* **~** INET to link sth to sth

verloben* *vr* ■ **sich** *akk* **~** to get engaged (**mit** +*dat* to)

Verlobte(r) *f(m) dekl wie adj* fiancé *masc*, fiancée *fem*

Verlobung <-, -en> *f* engagement

verlocken* *vi* to tempt

verlockend *adj* tempting

Verlockung <-, -en> *f* temptation

verlogen [fɛɐ̯ˈloː·ɡn̩] *adj* ❶ (*lügnerisch*) lying *attr*; **~ sein** *Behauptung* to be a lie; *Mensch* to be a liar ❷ (*heuchlerisch*) insincere, phony

verlor [fɛɐ̯ˈloːɐ̯] *imp von* **verlieren**

verloren [fɛɐ̯ˈloː·rən] **I.** *pp von* **verlieren** **II.** *adj* ■ **~ sein** to be finished; **sich ~ fühlen**

to feel lost; **~ gehen** to get lost

verlosen* *vt* to raffle

Verlosung *f* raffle, drawing

Verlust <-[e]s, -e> [fɛɐ̯ˈlʊst] *m* loss; **~e machen** to be losing money

vermachen* *vt* to bequeath

Vermächtnis <-ses, -se> [fɛɐ̯ˈmɛçt·nɪs] *nt* legacy

vermählen* [fɛɐ̯ˈmɛː·lən] *vr* ■ **sich** *akk* [**mit jdm**] **~** to marry [sb] *attr*

Vermählung <-, -en> *f* (*geh*) marriage, wedding

vermarkten* *vt* to market

Vermarktung <-, -en> *f* marketing

vermasseln* [fɛɐ̯ˈma·sl̩n] *vt* to mess up *sep*

vermehren* *vr* ■ **sich** *akk* **~** ❶ (*sich fortpflanzen*) to reproduce; (*stärker*) to multiply ❷ (*zunehmen*) to increase (**um** +*akk* by)

Vermehrung <-, -en> *f* ❶ (*Fortpflanzung*) reproduction; (*stärker*) multiplying ❷ (*das Anwachsen*) increase

vermeidbar *adj* avoidable

vermeiden* *vt irreg* to avoid; **sich nicht ~ lassen** to be inevitable

vermeintlich [fɛɐ̯ˈmaɪnt·lɪç] **I.** *adj attr* supposed *attr* **II.** *adv* supposedly

Vermerk <-[e]s, -e> [fɛɐ̯ˈmɛrk] *m* note

vermerken* *vt* to make note of

vermessen*¹ [fɛɐ̯ˈmɛ·sn̩] *irreg* **I.** *vt* to measure; *Grundstück, Gebäude* to survey **II.** *vr* ■ **sich** *akk* **~** to measure [sth] wrong

vermessen² [fɛɐ̯ˈmɛ·sn̩] *adj* presumptuous

Vermessenheit <-, -en> *f* presumption

vermiesen* [fɛɐ̯ˈmiː·zn̩] *vt* (*fam*) ■ [**jdm**] **etw ~** to spoil sth [for sb]

vermieten* *vt* to rent out *sep* (**an** +*akk* to); **„zu ~"** "for rent"

Vermieter(in) *m(f)* landlord *masc*, landlady *fem*

vermindern* **I.** *vt* to reduce **II.** *vr* ■ **sich** *akk* **~** to decrease, to diminish

Verminderung *f* reduction, decrease

vermischen* **I.** *vt* to mix; (*um eine bestimmte Qualität zu erreichen*) to blend **II.** *vr* ■ **sich** *akk* [**miteinander**] **~** to mix

vermissen* *vt* ❶ (*das Fehlen bemerken*) ■ **etw ~** to have lost sth ❷ (*jds Abwesenheit bedauern*) ■ **jdn ~** to miss sb ❸ (*jds Abwesenheit feststellen*) **wir ~ unsere Tochter** our daughter is missing

Vermisstenanzeigeᴿᴿ *f* **eine ~ aufgeben** to report sb [as] missing

Vermisste(r)ᴿᴿ, **Vermißte(r)**ᴬᴸᵀ *f(m) dekl wie adj* missing person

vermittelbar *adj* employable; **ältere Arbeitnehmer sind kaum mehr ~** it is almost impossible to find jobs for older people

vermitteln* **I.** *vt* ❶ (*beschaffen*) **jdm eine Stellung ~** to find sb a job; **jdn an eine Firma ~** to place sb with a company ❷ (*weitergeben*) to pass on *sep*; **jdm ein schönes Gefühl ~** to give sb a good feeling ❸ (*arrangieren*) to arrange **II.** *vi* to mediate

Vermittler(in) <-s, -> *m(f)* ❶ (*Schlichter*) mediator ❷ (*Unterhändler*) negotiator ❸ (*Makler*) agent

Vermittlung <-, -en> *f* ❶ (*Vermitteln*) *einer Stelle, Wohnung* finding ❷ (*Schlichtung*) mediation ❸ (*Telefonzentrale*) operator ❹ (*das Weitergeben*) imparting

Vermittlungsgebühr *f* commission

vermodern* *vi sein* to rot, to decay

Vermögen <-s, -> [fɛɐ̯ˈmøːɡn̩] *nt* ❶ FIN assets *pl;* (*Geld*) capital; (*Eigentum*) property; (*Reichtum*) fortune, wealth ❷ *kein pl* (*geh: Fähigkeit*) ability

vermögend [fɛɐ̯ˈmøːɡn̩t] *adj* wealthy

Vermögenssteuer *f* property tax

vermummt *adj* masked

vermuten* *vt* to suspect; **er wird in Paris vermutet** he is thought to be in Paris

vermutlich I. *adj attr* probable, likely **II.** *adv* probably

Vermutung <-, -en> *f* assumption

vernachlässigen* [fɛɐ̯ˈnax·lɛ·sɪ·ɡn̩] *vt* ❶ (*sich nicht genügend kümmern*) to neglect ❷ (*unberücksichtigt lassen*) to ignore

Vernachlässigung <-, -en> *f* ❶ *kein pl* (*das Vernachlässigen*) neglect ❷ (*die Nichtberücksichtigung*) disregard

vernarben* *vi sein* to form a scar; ■**vernarbt** scarred

vernarren* *vr* (*fam*) ■**in jdn/etw vernarrt sein** to be crazy about sb/sth

vernehmen* *vt irreg* ❶ JUR to question ❷ (*geh: hören*) to hear

Vernehmen *nt* **dem ~ nach** from what one hears

Vernehmung <-, -en> *f* questioning

verneigen* *vr* ■**sich** *akk* ~ to bow

verneinen* [fɛɐ̯ˈnai·nən] *vt* ❶ (*negieren*) to say no; **eine Frage ~** to answer a question in the negative ❷ (*leugnen*) to deny

Verneinung <-, -en> *f* LING negative

vernetzen* *vt* ❶ COMPUT to network, to link up *sep* ❷ (*fig: verknüpfen*) ■**[mit etw** *dat*] **vernetzt sein** to be linked [up] [to sth]

vernetzt *adj* networked

Vernetzung <-, -en> *f* ❶ COMPUT networking ❷ (*Verflechtung*) network

vernichten* [fɛɐ̯ˈnɪç·tn̩] *vt* ❶ (*zerstören*) to destroy ❷ (*ausrotten*) to exterminate

vernichtend I. *adj* devastating; *Niederlage* crushing **II.** *adv* **jdn ~ schlagen** to inflict a crushing defeat on sb

Vernichtung <-, -en> *f* ❶ (*Zerstörung*) destruction ❷ (*Ausrottung*) extermination

Vernichtungslager *nt* extermination camp

verniedlichen* [fɛɐ̯ˈniːt·lɪ·çn̩] *vt* to play down *sep*

Vernissage <-, -n> [vɛr·nɪ·ˈsaːʒə] *f* private viewing

Vernunft <-> [fɛɐ̯ˈnʊnft] *f kein pl* reason, common sense; **jdn zur ~ bringen** to bring sb to his/her senses

vernünftig [fɛɐ̯ˈnʏnf·tɪç] **I.** *adj* ❶ (*klug*) rea-

sonable, sensible ❷ (*fam: ordentlich*) proper; (*anständig, gut*) decent; **~e Preise** decent prices **II.** *adv* (*fam*) properly, decently

veröffentlichen* [fɛɐ̯ˈʔœfn̩t·lɪ·çn̩] *vt* to publish

Veröffentlichung <-, -en> *f* publication

verordnen* *vt* ❶ (*verschreiben*) to prescribe ❷ (*geh: anordnen*) to decree

Verordnung <-, -en> *f* ❶ (*Verschreibung*) prescribing ❷ (*geh: Anordnung*) order, enforcement

verpachten* *vt* to lease (**an** +*akk* to)

Verpachtung <-, -en> *f* leasing

verpacken* *vt* to pack [up *sep*]; (*als Geschenk*) to wrap [up *sep*]

Verpackung <-, -en> *f* ❶ *kein pl* (*das Verpacken*) packing ❷ (*Hülle*) packaging

verpassen* *vt* ❶ (*versäumen*) to miss ❷ (*fam: aufzwingen*) ■**jdm etw** ~ to give sb sth; **jdm einen Denkzettel** ~ to give sb a warning

verpatzen* *vt* ■**etw** ~ to make a mess of sth

verpennen* (*fam*) **I.** *vt* to miss **II.** *vi* to oversleep

verpesten* [fɛɐ̯ˈpɛs·tn̩] *vt* to pollute

verpetzen* *vt* (*fam*) ■**jdn** ~ to tell on sb

verpfänden* *vt* to pawn; *Grundstück, Haus* to mortgage

verpfeifen* *vt irreg* ■**jdn** ~ to inform on sb

verpflanzen* *vt* ❶ (*umpflanzen*) to replant ❷ MED ■**jdm ein Organ** ~ to give sb an organ transplant

verpflegen* *vt* ■**jdn** ~ to look after sb

Verpflegung <-, *selten* -en> *f* ❶ *kein pl* (*das Verpflegen*) catering; **mit voller** ~ with full board ❷ (*Nahrung*) food

verpflichten* [fɛɐ̯ˈpflɪç·tn̩] **I.** *vt* ❶ (*eine Pflicht auferlegen*) ■**jdn** [**zu etw** *dat*] ~ to oblige sb to do sth ❷ (*einstellen*) ■**jdn** [**für etw** *akk*] ~ to hire sb [to do sth] **II.** *vr* ■**sich** *akk* **zu etw** *dat* ~ to commit oneself to doing sth

Verpflichtung <-, -en> *f* ❶ *meist pl* (*Pflichten*) duty; **seinen ~en nachkommen** to fulfill one's obligations; **finanzielle ~en** financial commitments ❷ *kein pl* (*das Engagieren*) engagement

verpfuschen* *vt* ■**etw** ~ to make a mess of sth

verpissen *vr* (*vulg*) **verpiss dich!** get lost!, fuck off! *vulg*

verplanen* *vt* ❶ (*falsch planen*) to plan poorly ❷ (*fam*) ■**verplant sein** to be booked [up]

verplappern* *vr* ■**sich** *akk* ~ to blab

verplempern* *vt* (*fam*) to waste

verpönt [fɛɐ̯ˈpøːnt] *adj* deprecated

verprassen* *vt* to squander

verprügeln* *vt* to beat up *sep;* (*als Strafe*) to give sb a beating

verpuffen* *vi sein* ❶ (*plötzlich abbrennen*) to blow out ❷ (*ohne Wirkung bleiben*) to fizzle out

Verputz *m* plaster

verputzen* *vt* ❶ (*mit Putz versehen*) to plaster

②(*fam: aufessen*) to polish off *sep*

verqualmt <-er, -este> *adj* smoke-filled *attr;* full of smoke *pred*

verquollen *adj* swollen

verramschen* *vt* to sell dirt cheap

Verrat <-[e]s> [fɛɐ̯ˈraːt] *m* **①** *kein pl* betrayal (**an** +*dat* of) **②** JUR treason

verraten <verriet, verraten> **I.** *vt* **①**(*ausplaudern*) to give away *sep* **②**(*Verrat üben, preisgeben*) to betray **③**(*erkennen lassen*) to show **II.** *vr* ■ **sich** *akk* ~ to give oneself away

Verräter(in) <-s, -> [fɛɐ̯ˈrɛː·tɐ] *m(f)* traitor

verräterisch I. *adj* **①**(*auf Verrat zielend*) treacherous **②**(*etw andeutend*) meaningful, telltale *attr* **II.** *adv* meaningfully

verrechnen* I. *vr* ■ **sich** *akk* ~ to miscalculate **II.** *vt* ■ **etw mit etw** *dat* ~ to set off *sep* sth against sth

Verrechnungsscheck *m* a check [endorsed] for deposit only

verrecken* *vi sein* (*sl*) to die a miserable death ▶ WENDUNGEN: **nicht ums V~!** (*sl*) not on your life!

verregnet <-er, -este> *adj* spoiled by rain; *Tag* rainy

verreiben* *vt irreg* to rub in *sep*

verreisen* *vi sein* to go away; **geschäftlich verreist sein** to be away on business

verreißen* *vt irreg* to tear apart

verrenken* *vt* to twist; **sich** *dat* **ein Gelenk** ~ to dislocate a joint

Verrenkung <-, -en> *f* distortion; *Gelenk* dislocation

verrichten* *vt* to perform

verriegeln* *vt* to bolt

verringern [fɛɐ̯ˈrɪŋɐn] **I.** *vt* to reduce (**um** +*akk* by) **II.** *vr* ■ **sich** *akk* ~ to decrease

Verringerung <-> *f kein pl* reduction

verrosten* *vi sein* to rust

verrotten* [fɛɐ̯ˈrɔ·tn̩] *vi sein* **①**(*faulen*) to rot **②**(*verwahrlosen*) to decay

verrücken* *vt* to move

verrückt [fɛɐ̯ˈrʏkt] *adj* **①**(*wahnsinnig*) nuts, crazy; **bist du ~?** are you out of your mind?; **jdn ~ machen** to drive sb crazy **②**(*in starkem Maße*) **wie** ~ like crazy **③**(*ausgefallen*) crazy, wild **④**(*versessen*) ■ **~ nach etw/jdm sein** to be crazy about sth/sb

Verrückte(r) *f(m) dekl wie adj* lunatic

Verruf *m kein pl* **in** ~ **kommen** to fall into disrepute

verrufen *adj* disreputable

verrühren* *vt* to stir

verrutschen* *vi sein* to slip

Vers <-es, -e> [fɛrs, *pl* ˈfɛr·zə] *m* verse, lines *pl*

versagen* I. *vi* to fail, to choke *sl* **II.** *vt* ■ **jdm etw** ~ to refuse sb sth

Versagen <-s> *nt kein pl* failure; **menschliches** ~ human error

Versager(in) <-s, -> *m(f)* failure

versalzen* *vt irreg* to put too much salt in/on

versammeln* I. *vr* ■ **sich** *akk* ~ to gather, to assemble **II.** *vt* (*zusammenkommen lassen*) to call together; *Truppen* to rally

Versammlung *f* **①**(*Zusammenkunft*) meeting **②**(*versammelte Menschen*) assembly

Versand <-[e]s> [fɛɐ̯ˈzant] *m kein pl* **①**(*das Versenden*) dispatch **②**(*Versandabteilung*) dispatch, distribution

Versandhandel *m* mail order *no art*

Versandhaus *nt* mail-order company

versauen* *vt* (*sl*) **①**(*verdrecken*) to make filthy **②**(*verderben*) to ruin

versäumen* *vt* to miss

verschaffen* *vt* **①**(*beschaffen*) ■ **jdm/sich etw** ~ to get [a hold of] sth for sb/oneself **②**(*vermitteln*) to earn; **jdm Respekt** ~ to earn sb respect; **jdm eine Stellung** ~ to get sb a job; **sich** *dat* **Gewissheit** ~ to make certain

verschämt [fɛɐ̯ˈʃɛːmt] *adj* shy, bashful

verschandeln* [fɛɐ̯ˈʃan·dl̩n] *vt* to ruin

verschanzen* I. *vt* MIL to fortify **II.** *vr* ■ **sich** *akk* ~ **①** MIL to take up a fortified position **②**(*verstecken*) to take refuge

verschärfen* I. *vr* ■ **sich** *akk* ~ to get worse; *Krise* to intensify **II.** *vt* **①**(*rigoroser machen*) to make more rigorous; *Strafe* to make more severe **②**(*zuspitzen*) *Situation* to aggravate

Verschärfung <-, -en> *f* **①**(*Zuspitzung*) intensification, worsening **②**(*das Verschärfen*) tightening up

verschätzen* *vr* ■ **sich** *akk* ~ to misjudge

verschenken* *vt* **①**(*schenken*) to give away *sep* (**an** +*akk* to) **②**(*ungenutzt lassen*) to waste

verscherbeln* *vt* to sell [off *sep*]

verscherzen* *vr* ■ **sich** *dat* **etw** ~ to lose sth; ■ **es sich** *dat* **mit jdm** ~ to have a falling out with sb

verscheuchen* *vt* to chase away *sep*

verschicken* *vt* to send

verschieben* *irreg* **I.** *vt* **①** *Gegenstand* to move (**um** +*akk* by) **②** *Termin* to postpone (**auf** +*akk* until, **um** +*akk* by) **II.** *vr* ■ **sich** *akk* ~ **①**(*später stattfinden*) to be postponed **②**(*verrutschen*) to slip

Verschiebung *f* postponement

verschieden [fɛɐ̯ˈʃiː·dn̩] **I.** *adj* **①**(*unterschiedlich*) different; (*mehrere*) various **②** *attr* (*einige*) several *attr;* a few *attr;* ■ **V~es** various things *pl* **II.** *adv* differently

verschiedenartig *adj* different kinds of *attr;* diverse

Verschiedenheit <-, -en> *f* (*Unterschiedlichkeit*) difference; (*Unähnlichkeit*) dissimilarity

verschiedentlich [fɛɐ̯ˈʃiː·dn̩t·lɪç] *adv* **①**(*mehrmals*) several times, on several occasions **②**(*vereinzelt*) occasionally

verschimmeln* *vi sein* to get moldy

verschissen *adj* (*sl*) **du hast bei mir ~!** I'm finished with you!

verschlafen*¹ *irreg* **I.** *vi* to oversleep **II.** *vt* **①**(*fam*) to miss **②**(*schlafend verbringen*) to sleep through

verschlafen² *adj* sleepy

Verschlag <-[e]s, -schläge> *m* shed

verschlagen*[1] *vt irreg* ❶ (*nehmen*) **jdm die Sprache** ~ to leave sb speechless ❷ (*geraten*) **es hatte mich nach Argentinien** ~ I ended up in Argentina

verschlagen[2] **I.** *adj* devious, sly *pej;* **ein ~er Blick** a furtive glance **II.** *adv* slyly; (*verdächtig*) shiftily

verschlampen* *vt* ■**etw** ~ to manage to lose sth

verschlechtern* [fɛɐ̯·ˈʃlɛç·tən] **I.** *vt* to make worse **II.** *vr* ■**sich** *akk* ~ to get worse, to worsen

Verschlechterung <-, -en> *f* worsening (+*gen* of)

verschleiern* [fɛɐ̯·ˈʃlai·ɐn] *vt* ❶ (*mit einem Schleier bedecken*) to cover with a veil ❷ (*verdecken*) to cover up *sep*

verschleiert *adj Gesicht* veiled

Verschleiß <-es, -e> [fɛɐ̯·ˈʃlais] *m* wear [and tear]

verschleißen <verschliss, verschlissen> *vi, vt sein* to wear out

verschleppen* *vt* ❶ (*deportieren*) to take away *sep* ❷ (*hinauszögern*) to prolong ❸ MED to delay treatment

Verschleppung <-, -en> *f* ❶ (*Deportation*) taking away *sep* ❷ (*Hinauszögerung*) prolonging

verschleudern* *vt* to sell off *sep* cheaply

verschließen* *irreg* **I.** *vt* ❶ (*zumachen*) to close ❷ (*zuschließen*) to lock ❸ (*wegschließen*) to lock away *sep* ❹ (*versagt bleiben*) ■**jdm verschlossen bleiben** to be closed off to sb **II.** *vr* ■**sich** *akk* **einer S.** *dat* ~ to ignore sth

verschlimmern* **I.** *vt* to make worse **II.** *vr* ■**sich** *akk* ~ to get worse; *Zustand, Lage a.* to deteriorate

Verschlimmerung <-, -en> *f* deterioration (+*gen* in)

verschlingen* *vt irreg Essen, Buch* to devour

verschliss[RR], **verschliß**[ALT] *imp von* **verschleißen**

verschlissen I. *pp von* **verschleißen II.** *adj* worn-out

verschlossen [fɛɐ̯·ˈʃlɔ·sn̩] *adj* ❶ (*zugemacht*) closed ❷ (*abgeschlossen*) locked ❸ (*zurückhaltend*) reserved; (*schweigsam*) taciturn

verschlucken* **I.** *vt* ❶ (*hinunterschlucken*) to swallow ❷ (*undeutlich aussprechen*) to slur; (*nicht aussprechen*) to bite back **II.** *vr* ■**sich** *akk* ~ to choke (**an** +*dat* on)

verschlungen I. *pp von* **verschlingen II.** *adj* entwined

Verschluss[RR], **Verschluß**[ALT] *m* ❶ *von Tasche, Brosche* clasp; **etw unter ~ halten** to keep sth under lock and key ❷ (*Deckel*) lid; *Flasche* top

verschlüsseln* [fɛɐ̯·ˈʃlʏ·sl̩n] *vt* to [en]code

verschmähen* *vt* to reject; (*stärker*) to scorn

verschmelzen* *irreg* **I.** *vi sein* to melt together **II.** *vt* (*löten*) to solder; (*verschweißen*) to weld

Verschmelzung <-, -en> *f* ❶ (*das Verschmel-*

zen) fusing ❷ ÖKON merger

verschmerzen* *vt* to get over

verschmieren* **I.** *vt* ❶ (*verstreichen*) to apply; *Creme etc.* to spread ❷ (*verwischen*) to smear ❸ (*beschmieren*) to make dirty **II.** *vi* to smear, to get smeared

verschmutzen* **I.** *vt* to make dirty; ÖKOL to pollute **II.** *vi sein* to get dirty; ÖKOL to get polluted

Verschmutzung <-, -en> *f* ❶ *kein pl* dirt ❷ ÖKOL pollution

verschnaufen* *vi, vr* to take a breather

Verschnaufpause *f* breather; **eine ~ einlegen** to take a breather

verschneit *adj* snow-covered *attr;* ■**~ sein** to be covered in snow

verschnörkelt *adj* adorned with flourishes

verschnupft [fɛɐ̯·ˈʃnʊpft] *adj* (*fam*) ■**~ sein** ❶ (*erkältet*) to have a cold ❷ (*indigniert*) to be in a huff

verschnüren* *vt* to tie up *sep* [with a string]

verschollen [fɛɐ̯·ˈʃɔ·lən] *adj* missing; ■**~ sein** to have disappeared

verschonen* *vt* to spare; **verschone mich mit den Einzelheiten!** spare me the details!; **von etw** *dat* **verschont bleiben** to escape sth

verschönern* [fɛɐ̯·ˈʃøː·nɐn] *vt* to brighten up *sep*

verschränken* *vt* **die Arme/Beine** ~ to fold one's arms/cross one's legs

verschreiben* *irreg* **I.** *vt* ■**jdm etw** ~ to prescribe sb sth (**gegen** +*akk* for) **II.** *vr* ❶ (*falsch schreiben*) ■**sich** *akk* ~ to make a slip of the pen ❷ (*sich widmen*) ■**sich** *akk* **einer S.** *dat* ~ to devote oneself to sth

verschreibungspflichtig *adj* available by prescription only *pred*

verschrieen [fɛɐ̯·ˈʃriːən], **verschrien** [fɛɐ̯·ˈʃriːn] *adj* notorious

verschrotten* *vt* to scrap

Verschrottung <-, -en> *f* scrapping

verschüchtert *adj* intimidated

verschulden* **I.** *vt* ■**etw** ~ to be to blame for sth **II.** *vi sein* ■**verschuldet sein** to be in debt **III.** *vr* ■**sich** *akk* ~ to get into debt

Verschulden <-s> *nt kein pl* fault

Verschuldung <-, -en> *f* (*Schulden*) debts *pl*

verschütten* [fɛɐ̯·ˈʃʏ·tən] *vt* ❶ (*danebenschütten*) to spill ❷ (*unter etw begraben*) to bury

verschwägert [fɛɐ̯·ˈʃvɛː·gɐt] *adj* related by marriage *pred*

verschweigen* *vt irreg* to keep secret (**vor** +*dat* from); (*Informationen*) to withhold; ■**jdm ~, dass ...** to keep from sb the fact that ...

verschwenden* *vt* to waste

Verschwender(in) <-s, -> *m(f)* wasteful person; *Geld a.* spendthrift

verschwenderisch I. *adj* ❶ (*sinnlos ausgebend*) wasteful ❷ (*sehr üppig*) extravagant, sumptuous **II.** *adv* wastefully

Verschwendung <-, -en> *f* waste

verschwiegen [fɛɐ̯·ˈʃviː·gn̩] *adj* discreet

verschwimmen* *vi irreg sein* to become blurred

verschwinden* *vi irreg sein* ❶ (*nicht mehr da sein*) to disappear; ■**verschwunden** [sein] [to be] missing; **etw in etw** *dat* ~ **lassen** to slip sth into sth ❷ (*sich auflösen*) to vanish ❸ (*fam: sich davonmachen*) to disappear; **verschwinde!** beat it!, scram!

Verschwinden <-s> *nt kein pl* disappearance (+*gen* of)

verschwitzt <-er, -este> *adj* ❶ (*mit Schweiß durchsetzt*) sweaty ❷ (*fam: vergessen*) forgotten

verschwommen *adj* ❶ (*undeutlich*) blurred ❷ (*unklar*) hazy, vague

verschwören* *vr irreg* ■**sich** *akk* ~ to conspire [*or* plot] (**gegen** +*akk* against)

Verschwörer(in) <-s, -> *m(f)* conspirator

Verschwörung <-, -en> *f* conspiracy, plot

versehen* [fɛɐ̯ˈzeːən] *irreg vt* to provide; **etw mit einem Vermerk** ~ to add a note to sth ▶WENDUNGEN: **ehe man sich's versieht** before you know it

Versehen <-s, -> [fɛɐ̯ˈzeːən] *nt* (*Irrtum*) mistake; (*Unachtsamkeit*) oversight; **aus** ~ inadvertently; (*aufgrund einer Verwechslung a.*) by mistake

versehentlich [fɛɐ̯ˈzeːənt·lɪç] *adv* inadvertently; (*aufgrund einer Verwechslung a.*) by mistake

versenden* *vt irreg o reg* to send

versengen* *vt* to singe

versenken* *vt* ❶ (*sinken lassen*) to sink ❷ (*einklappen, hinunterlassen*) to lower

Versenkung *f* (*das Versenken*) sinking, lowering ▶WENDUNGEN: **aus der** ~ **auftauchen** (*fam*) to reemerge on the scene; **in der** ~ **verschwinden** to vanish from the scene

versessen [fɛɐ̯ˈzɛ·sn̩] *adj* ■**auf etw** *akk* ~ **sein** to be crazy about sth; *Geld* to be obsessed with sth

versetzen* **I.** *vt* ❶ (*an eine andere Stelle*) to move; (*aus Berufsgründen*) to transfer ❷ SCH **einen Schüler** ~ to move up *sep* [*or* promote] a student ❸ (*bringen*) **jdn in Begeisterung** ~ to fill sb with enthusiasm; **jdn in Panik/ Wut** ~ to send sb into a panic/a rage ❹ (*verpfänden*) to pawn ❺ (*warten lassen*) ■**jdn** ~ to stand sb up ❻ (*mischen*) ■**etw mit etw** *dat* ~ to mix sth with sth **II.** *vr* (*sich hineindenken*) ■**sich** *akk* **in jdn** ~ to put oneself in sb's place

Versetzung <-, -en> *f* ❶ (*beruflich*) transfer ❷ SCH moving up, promotion

verseuchen* [fɛɐ̯ˈzɔy·çn̩] *vt* to contaminate; *Umwelt* to pollute

Verseuchung <-, -en> *f* contamination, pollution

versichern*¹ *vt* to insure

versichern*² *vt* ■**jdm** ~ , [dass] ... to assure sb [that] ...

Versicherte(r) *f(m) dekl wie adj* insured

Versichertenkarte *f* insurance card

Versicherung¹ *f* ❶ (*Vertrag*) insurance policy

❷ (*Gesellschaft*) insurance company

Versicherung² *f* (*Beteuerung*) assurance

Versicherungsanspruch *m* insurance claim

Versicherungsbetrug *m* insurance fraud

Versicherungsschutz *m kein pl* insurance coverage

Versicherungsvertreter(in) *m(f)* insurance agent

versickern* *vi sein* to seep away

versiegeln* *vt* to seal [up *sep*]

versiegen* *vi sein* to dry up

versilbern* [fɛɐ̯ˈzɪl·bɐn] *vt* to silver-plate

versinken *vi irreg sein* to sink

Version <-, -en> [vɛɐ̯ˈzi̯oːn] *f* version

Versklavung <-, -en> *f* enslavement

versöhnen* [fɛɐ̯ˈzøː·nən] **I.** *vr* ■**sich** *akk* **mit jdm** ~ to make up with sb **II.** *vt* ❶ (*aussöhnen*) to reconcile ❷ (*besänftigen*) to mollify

Versöhnung <-, -en> *f* reconciliation

versorgen* *vt* ❶ (*betreuen*) ■**jdn** ~ to take care [*or* look after] sb ❷ (*versehen*) to supply; ■**sich** *akk* **mit etw** *dat* ~ to provide oneself with sth; **sich** *akk* **selbst** ~ to look after oneself

Versorgung <-> *f kein pl* ❶ (*das Versorgen*) care ❷ (*das Ausstatten*) supply

verspäten* [fɛɐ̯ˈʃpɛː·tn̩] *vr* ■**sich** *akk* ~ to be [running] late

verspätet **I.** *adj* ❶ (*zu spät eintreffend*) delayed ❷ (*zu spät erfolgend*) late **II.** *adv* late; (*nachträglich*) belatedly

Verspätung <-, -en> *f* delay; ~ **haben** to be late; **mit einer Stunde** ~ **ankommen** to arrive an hour late

versperren* *vt* to block

verspielen* **I.** *vt* ❶ (*beim Glücksspiel verlieren*) to gamble away *sep* ❷ (*sich um etw bringen*) to squander **II.** *vr* ■**sich** *akk* ~ to miss a note

verspielt *adj* playful

verspotten* *vt* to mock

versprechen* *irreg* **I.** *vt* to promise; **das Wetter verspricht schön zu werden** the weather looks promising **II.** *vr* ❶ (*sich erhoffen*) ■**sich** *dat* **etw von jdm/etw** ~ to hope for sth from sb/sth; **ich versprach mir nicht viel davon** I didn't expect much ❷ (*falsch sprechen*) ■**sich** *akk* ~ to misspeak

Versprechen <-s, -> *nt* promise

Versprecher <-s, -> *m* slip of the tongue

Versprechung <-, -en> *f meist pl* promise

verspritzen* *vt* to spray

versprühen* *vt* to spray; *Optimismus* to spread

verspüren* *vt* to feel

verstaatlichen* [fɛɐ̯ˈʃtaːt·lɪ·çn̩] *vt* to nationalize

Verstaatlichung <-, -en> *f* nationalization

verstand [fɛɐ̯ˈʃtant] *imp von* **verstehen**

Verstand <-[e]s> [fɛɐ̯ˈʃtant] *m kein pl* reason; **bei klarem** ~ **sein** to be lucid; **jdn um den** ~ **bringen** to drive sb out of his/her mind; **du bist wohl nicht bei** ~! you're out of your

mind!
verstanden *pp von* **verstehen**
verständig [fɛɐ̯·ʃtɛn·dɪç] *adj* (*vernünftig*) sensible; (*einsichtig*) cooperative; **sich ~ zeigen** to show a willingness to cooperate
verständigen* [fɛɐ̯·ʃtɛn·dɪ·gn̩] **I.** *vt* to notify (**von** +*dat* of) **II.** *vr* ■ **sich** *akk* ~ ❶ (*sich verständlich machen*) to communicate ❷ (*sich einigen*) to reach an agreement
Verständigung <-, *selten* -en> *f* ❶ (*Benachrichtigung*) notification ❷ (*Kommunikation*) communication ❸ (*Einigung*) agreement, understanding
verständlich [fɛɐ̯·ʃtɛnt·lɪç] **I.** *adj* ❶ (*begreiflich*) understandable; **sich ~ machen** to make oneself understood (*gut zu hören*) clear, intelligible ❸ (*leicht zu verstehen*) clear, comprehensible **II.** *adv* ❶ (*vernehmbar*) clearly ❷ (*verstehbar*) comprehensibly
verständlicherweise *adv* understandably
Verständnis <-ses, *selten* -se> [fɛɐ̯·ʃtɛnt·nɪs] *nt* ❶ (*Einfühlungsvermögen*) understanding; **für etw** *akk* ~ **haben** to have sympathy for sth ❷ (*das Verstehen*) comprehension, understanding
verständnislos I. *adj* uncomprehending; **ein ~er Blick** a blank look **II.** *adv* uncomprehendingly, blankly
verständnisvoll *adj* understanding, sympathetic
verstärken* *vt* ❶ (*stärker machen*) to strengthen; (*durch stärkeres Material a.*) to reinforce ❷ (*intensivieren*) *Gefühle* to intensify ❸ (*erhöhen*) to increase
Verstärker <-s, -> *m* TECH amplifier, amp *fam*
Verstärkung *f* ❶ (*das Verstärken*) strengthening ❷ (*Vergrößerung*) reinforcement ❸ (*Erhöhung*) increase
verstauben* *vi sein* (*staubig werden*) to get dusty; (*unberührt liegen*) to gather dust
verstauchen* *vt* ■ **sich** *dat* **das Handgelenk** ~ to sprain one's wrist
verstauen* *vt* to pack [away *sep*]
Versteck <-[e]s, -e> [fɛɐ̯·ʃtɛk] *nt* hiding place
verstecken* *vt* to hide (**vor** +*dat* from)
Versteckspiel *nt* [game of] hide-and-seek
versteckt *adj* ❶ (*verborgen*) hidden; (*vorsätzlich a.*) concealed ❷ (*abgelegen*) secluded ❸ (*unausgesprochen*) veiled
verstehen <verstand verstanden> **I.** *vt* ❶ (*hören*) to hear; **~ Sie mich gut?** can you hear me okay? ❷ (*begreifen*) to understand ❸ (*können*) to understand; **sie ~ es zu kochen** they [certainly] know how to cook; **er versteht nichts von Musik** he doesn't know a thing about music ❹ (*auslegen*) **was verstehst du unter teuer?** what's "expensive" to you?; **wie darf ich das ~?** how am I supposed to interpret that?; **dieser Brief ist als Drohung zu ~** this letter has to be taken as a threat **II.** *vr* ❶ (*auskommen*) ■ **sich** *akk* **mit jdm** ~ to get along with sb ❷ (*beherrschen*) ■ **sich** *akk* **auf etw** *akk* ~ to know all about sth ❸ (*zu verste-*

hen sein) **etw versteht sich von selbst** sth goes without saying **III.** *vi* **verstehst du?** [do you] understand?, you know?
versteifen* *vr* ■ **sich** *akk* ~ ❶ (*auf etw beharren*) to insist (**auf** +*akk* on) ❷ MED to stiffen [up]
versteigern* *vt* to auction [off]
Versteigerung *f* auction
Versteinerung <-, -en> *f* fossil
verstellbar *adj* adjustable
verstellen* I. *vt* ❶ (*anders einstellen*) to adjust ❷ (*woandershin stellen*) to move ❸ (*unzugänglich machen*) to block ❹ (*verändern*) to disguise **II.** *vr* ■ **sich** *akk* ~ to put on an act
Verstellung *f* ❶ (*das Verstellen*) adjustment ❷ *kein pl* (*Heuchelei*) pretence
versteuern* *vt* ■ **etw** ~ to pay tax on sth
verstimmt *adj* ❶ MUS out of tune ❷ (*verärgert*) ■ ~ **sein** to be disgruntled ❸ *Magen* upset
verstockt *adj* obstinate
verstohlen [fɛɐ̯·ʃtoː·lən] **I.** *adj* furtive **II.** *adv* furtively
verstopfen* I. *vt* to block up *sep* **II.** *vi sein* to get blocked [up]
verstopft *adj* blocked, congested
Verstopfung <-, -en> *f* MED constipation; **~ haben** to be constipated
verstorben [fɛɐ̯·ʃtɔr·bn̩] *adj* deceased, late *attr*
Verstorbene(r) *f(m) dekl wie adj* deceased
verstört [fɛɐ̯·ʃtøːɐ̯t] **I.** *adj* distraught **II.** *adv* in distress
Verstoß [fɛɐ̯·ʃtoːs] *m* violation (**gegen** +*akk* of); JUR offense
verstoßen* *irreg* **I.** *vi* ■ **gegen etw** *akk* ~ to violate sth **II.** *vt* ■ **jdn** ~ to expel sb
verstrahlen *vt* to contaminate with radiation
verstreichen* *irreg* **I.** *vt Farbe* to apply; *Butter* to spread **II.** *vi sein Zeit* to pass [by]; *Zeitspanne a.* to elapse
verstreut *adj* (*einzeln liegend*) isolated; (*verteilt*) scattered
verstricken* I. *vt* ■ **jdn in etw** *akk* ~ to involve sb in sth **II.** *vr* ■ **sich** *akk* **in etw** *akk* ~ to get caught up in sth
verstümmeln* [fɛɐ̯·ʃtʏ·mln̩] *vt* to mutilate; (*verkrüppeln*) to maim
Verstümmelung <-, -en> *f* mutilation
verstummen* [fɛɐ̯·ʃtʊ·mən] *vi sein* to fall silent
Versuch <-[e]s, -e> [fɛɐ̯·zuːx] *m* ❶ (*Bemühen*) attempt, try ❷ (*Experiment*) experiment
versuchen* I. *vt* ❶ (*probieren*) to try; ■ **es mit jdm/etw** ~ to give sb/sth a try ❷ (*neugierig*) ■ **versucht sein, etw zu tun** to be tempted to do sth **II.** *vi* ■ **~, etw zu tun** to try doing/to do sth **III.** *vr* ■ **sich** *akk* **an/in etw** *dat* ~ to try one's hand at sth
Versuchskaninchen *nt* guinea pig
Versuchsperson *f* test subject
Versuchstier *nt* laboratory animal
versuchsweise *adv* on a trial basis
Versuchung <-, -en> *f* temptation; **jdn in ~ führen** to tempt sb; **in ~ geraten** to be temp-

V

ted

versunken [fɛɐ̯ˈzʊŋ·kn̩] *adj* ❶ (*untergegangen*) sunken *attr; Kultur* submerged ❷ (*vertieft*) ■ **in etw** *akk* ~ **sein** to be absorbed in sth; **in Gedanken** ~ **sein** to be lost in thought

versüßen* *vt* to sweeten

vertagen* *vt* to adjourn (**auf** +*akk* until); *Entscheidung* to postpone

Vertagung *f* adjournment

vertauschen* *vt* to switch; (*unabsichtlich*) to mix up *sep*

verteidigen* [fɛɐ̯ˈtai·dɪ·gn̩] *vt, vi* to defend

Verteidiger(in) <-s, -> *m(f)* ❶ JUR defense counsel ❷ SPORT defender

Verteidigung <-, -en> *f* defense

Verteidigungsministerium *nt* Defense Department

verteilen* I. *vt* ❶ (*austeilen*) to distribute (**an** +*akk* to) ❷ (*platzieren*) to place ❸ (*ausstreuen, verstreichen*) to spread (**auf** +*dat* on) II. *vr* (*sich verbreiten*) ■ **sich** *akk* ~ to spread out

Verteilung *f* distribution

verteuern* [fɛɐ̯ˈtɔy·ɐn] I. *vt* to increase the price (**um** +*akk* by) II. *vr* ■ **sich** *akk* ~ to become more expensive

Verteuerung *f* price increase

verteufeln* [fɛɐ̯ˈtɔy·fl̩n] *vt* to demonize, to condemn

vertiefen* [fɛɐ̯ˈtiː·fn̩] I. *vt* to deepen II. *vr* ■ **sich** *akk* **in etw** *akk* ~ to become absorbed in sth; **in Gedanken vertieft sein** to be deep in thought

Vertiefung <-, -en> *f* ❶ (*vertiefte Stelle*) depression; (*Boden a.*) hollow ❷ *kein pl* (*das Vertiefen*) deepening ❸ (*Festigung*) consolidation

vertikal [vɛr·ti·ˈkaːl] I. *adj* vertical II. *adv* vertically

vertippen* *vr* (*fam*) ■ **sich** *akk* ~ to make a typo *fam*

vertonen* *vt* to set to music

vertrackt [fɛɐ̯ˈtrakt] *adj* tricky

Vertrag <-[e]s, Verträge> [fɛɐ̯ˈtraːk, *pl* -ˈtrɛː·gə] *m* contract; (*international*) treaty; **jdn unter** ~ **nehmen** to contract sb

vertragen* *irreg* I. *vt* ❶ (*aushalten*) to bear, to stand ❷ (*wegstecken können*) to tolerate ❸ (*fam: zu sich nehmen können*) **ich vertrage keinen Alkohol** alcohol doesn't agree with me ❹ (*fam: benötigen*) **das Haus könnte einen neuen Anstrich** ~ the house could use a new coat of paint ❺ SCHWEIZ (*austragen*) to deliver II. *vr* ❶ (*auskommen*) ■ **sich** *akk* **mit jdm** ~ to get along with sb ❷ (*zusammenpassen*) ■ **sich** *akk* **mit etw** *dat* ~ to go with sth

vertraglich [fɛɐ̯ˈtraːk·lɪç] I. *adj* contractual II. *adv* contractually, by contract; ~ **festgelegt werden** to be laid down in a contract

verträglich [fɛɐ̯ˈtrɛː·k·lɪç] *adj* ❶ (*umgänglich*) good-natured ❷ (*bekömmlich*) **gut/schwer** ~ easily digestible/hard to digest; *Medikament* well[-]/not well[-]tolerated

Verträglichkeit <-> *f kein pl* digestibility

Vertragsabschluss^RR *m* acceptance of the terms and conditions of a contract

Vertragsbruch *m* breach of contract

vertrauen* *vi* ■ **jdm** ~ to trust sb; ■ **auf jdn** ~ to trust in sb; **auf Gott** ~ to put one's trust in God; ■ **darauf** ~, **dass** ... to be confident that ...

Vertrauen <-s> *nt kein pl* trust, confidence (**zu** +*dat* in); ~ **erweckend sein** to inspire confidence; **im** ~ [**gesagt**] [told] in [strict] confidence

Vertrauensbruch *m* breach of confidence

Vertrauensfrage *f* **es ist eine** ~, **ob** ... it is a question of trust whether ...; **die** ~ **stellen** POL to ask for a vote of confidence

Vertrauenssache *f* ❶ (*vertrauliche Angelegenheit*) confidential matter ❷ *s.* **Vertrauensfrage**

vertrauensvoll I. *adj* trusting, based on trust *pred* II. *adv* trustingly

Vertrauensvotum *nt* POL vote of confidence

vertrauenswürdig *adj* trustworthy

vertraulich I. *adj* ❶ (*geheim*) [**streng**] ~ [strictly] confidential ❷ (*freundschaftlich*) familiar, chummy *fam* II. *adv* confidentially

Vertraulichkeit <-, -en> *f* ❶ *kein pl* (*das Vertraulichsein*) confidentiality ❷ *pl* (*Zudringlichkeit*) familiarity

verträumt *adj* ❶ (*idyllisch*) sleepy ❷ (*realitätsfern*) dreamy

vertraut *adj* ❶ (*wohlbekannt*) familiar; **sich** *akk* **mit etw** *dat* ~ **machen** to familiarize oneself with sth; **sich mit dem Gedanken** ~ **machen, dass** ... to get used to the idea that ... ❷ (*eng verbunden*) close, intimate

Vertraute(r) *f(m) dekl wie adj* confidant *masc*, confidante *fem*

Vertrautheit <-, -en> *f* ❶ *kein pl* (*gute Kenntnis*) familiarity ❷ (*Verbundenheit*) closeness, intimacy

vertreiben*[1] *vt irreg* (*verjagen*) to drive away [*or* out] *sep*

vertreiben*[2] *vt irreg* (*verkaufen*) to sell

Vertreibung <-, -en> *f* expulsion

vertretbar *adj* ❶ (*zu vertreten*) tenable ❷ (*akzeptabel*) justifiable

vertreten*[1] *vt irreg* ❶ (*jdn vorübergehend ersetzen*) ■ **jdn** ~ to cover for sb; **vertreten werden** to be replaced by sb ❷ (*repräsentieren*) to represent ❸ (*verfechten*) to support; *Ansicht* to take; *Meinung* to hold

vertreten*[2] *vr irreg* (*verstauchen*) **sich** *dat* **den Fuß** ~ to twist one's ankle ▸ WENDUNGEN: **sich** *dat* **die Beine** ~ to stretch one's legs

Vertreter(in) <-s, -> *m(f)* ❶ (*Stellvertreter*) deputy, stand-in ❷ (*Handelsvertreter*) sales representative ❸ (*Repräsentant*) representative

Vertretung <-, -en> *f* ❶ (*das Vertreten*) deputizing; **die** ~ **von jdm übernehmen** to stand in for sb ❷ (*Stellvertreter*) deputy, stand-in; **eine diplomatische** ~ a diplomatic mission

❸ (*Handelsvertretung*) agency, branch

Vertrieb <-[e]s, -e> *m* **❶** *kein pl* (*das Vertreiben*) sale[s *pl*] **❷** (*Vertriebsabteilung*) sales department

Vertriebene(r) *f/m) dekl wie adj* deportee, displaced person

vertrocknen* *vi sein Vegetation* to dry out

vertrödeln* *vt* to idle away *sep*

vertrösten* *vt* to put off *sep* (**auf** +*akk* until)

vertun* *irreg vr* ■ **sich** *akk* ~ to make a mistake

vertuschen* *vt* to hush up *sep*

verübeln* [fɛɐ̯ˈʔyːb|n] *vt* ■ **jdm etw** ~ to hold sth against sb

verüben* *vt* to commit; **einen Anschlag auf jdn** ~ to make an attempt on sb's life; **ein Attentat auf jdn** ~ to assassinate sb

verunglimpfen* [fɛɐ̯ˈʔʊnˌɡlɪmˌpfn̩] *vt* to denigrate

verunglücken* [fɛɐ̯ˈʔʊnˌɡlʏˌkn̩] *vi sein* to have an accident; **tödlich** ~ to be killed in an accident

verunreinigen* *vt* (*mit schädlichen Stoffen*) to contaminate; *Umwelt* to pollute

verunsichern* [fɛɐ̯ˈʔʊnˌzɪˌçɐn] *vt* to unsettle

verunsichert <-er, -este> *adj* insecure

Verunsicherung <-, -en> *f* **❶** (*das Verunsichern*) unsettling **❷** (*verunsicherte Stimmung*) [feeling of] uncertainty

verunstalten* [fɛɐ̯ˈʔʊnˌʃtalˌtn̩] *vt* to disfigure

veruntreuen* [fɛɐ̯ˈʔʊnˌtrɔy·ən] *vt* to embezzle

Veruntreuung <-, -en> *f* embezzlement

verursachen* [fɛɐ̯ˈʔuːɐ̯ˌzaˌxn̩] *vt* to cause; [jdm] **Schwierigkeiten** ~ to create difficulties [for sb]

Verursacher(in) <-s, -> *m(f)* cause; (*Person*) person responsible

verurteilen* *vt* **❶** (*für schuldig befinden*) to convict; ■ **jdn zu etw** *dat* ~ to sentence sb to sth **❷** (*verdammen*) to condemn **❸** (*bestimmt sein*) ■ **zu etw** *dat* **verurteilt sein** to be condemned to sth; **zum Scheitern verurteilt sein** to be bound to fail

Verurteilte(r) *f/m) dekl wie adj* convicted man *masc* [*or fem* woman]

Verurteilung <-, -en> *f* conviction, sentencing

vervielfachen* [fɛɐ̯ˈfiːlˌfaˌxn̩] **I.** *vt* to increase greatly **II.** *vr* ■ **sich** *akk* ~ to multiply

vervielfältigen* [fɛɐ̯ˈfiːlˌfɛlˌtɪˌɡn̩] *vt* to duplicate; (*fotokopieren*) to photocopy

vervierfachen* [fɛɐ̯ˈfiːɐ̯ˌfaˌxn̩] *vt, vr* to quadruple

vervollkommnen* [fɛɐ̯ˈfɔlˌkɔmˌnən] *vt* to perfect

vervollständigen* [fɛɐ̯ˈfɔlˌʃtɛnˌdɪˌɡn̩] *vt* to complete

verwählen* *vr* TELEK ■ **sich** *akk* ~ to dial the wrong number

verwahren* [fɛɐ̯ˈvaːˌrən] **I.** *vt* to keep safe **II.** *vr* ■ **sich** *akk* **gegen etw** *akk* ~ to protest against sth

verwahrlosen* [fɛɐ̯ˈvaːɐ̯ˌloːˌzn̩] *vi sein* to fall into disrepair, to go to seed

verwahrlost <-er, -este> *adj* neglected

verwaist *adj inv* orphaned; (*fig: verlassen*) deserted, abandoned

verwalten* *vt* **❶** FIN, ADMIN to administer; *Besitz* to manage **❷** COMPUT to manage

Verwalter(in) <-s, -> *m(f)* administrator; *Gut* manager; *Nachlass* trustee

Verwaltung <-, -en> *f* **❶** *kein pl* (*das Verwalten*) administration, management **❷** (*Verwaltungsabteilung*) administration, admin *fam;* **städtische** ~ municipal authority

Verwaltungsbezirk *m* administrative district

Verwaltungsgericht *nt* administrative court

verwandeln* **I.** *vt* **❶** (*umwandeln*) ■ **jdn in etw** *akk* ~ to turn sb into sth; **er ist wie verwandelt** he is a changed person **❷** TECH to convert **❸** (*anders erscheinen lassen*) to transform **II.** *vr* ■ **sich** *akk* **in etw** *akk* ~ to turn into sth

Verwandlung *f* **❶** (*Umformung*) transformation **❷** TECH conversion

verwandt[1] [fɛɐ̯ˈvant] *adj* related (**mit** +*dat* to); *Methoden* similar

verwandt[2] [fɛɐ̯ˈvant] *pp von* **verwenden**

verwandte *imp von* **verwenden**

Verwandte(r) *f/m) dekl wie adj* relative, relation

Verwandtschaft <-, -en> *f* **❶** (*die Verwandten*) relatives *pl* **❷** (*gemeinsamer Ursprung*) affinity

verwarnen* *vt* to warn

Verwarnung *f* warning, caution

verwaschen *adj* faded

verwechseln* [-ˈvɛkˌsl̩n] *vt* ■ **etw** ~ to get sth mixed up; ■ **jdn mit jdm** ~ to confuse sb with sb

Verwechslung <-, -en> [-ˈvɛksˌlʊŋ] *f* mix-up, confusion

verwegen [fɛɐ̯ˈveːˌɡn̩] *adj* daring, bold

verwehren* *vt* ■ **jdm etw** ~ to refuse sb sth

Verweigerer, Verweigerin <-s, -> *m, f* objector; (*Kriegsdienstverweigerer*) conscientious objector

verweigern* *vt, vi* to refuse; **jede Auskunft** ~ to refuse to give any information; **einen Befehl** ~ to refuse to obey an order

Verweigerung *f* refusal

verweilen* *vi* (*geh*) to stay; **vor einem Gemälde** ~ to linger in front of a painting; **bei einem Gedanken** ~ to dwell on a thought

verweint *adj Augen* red from crying; *Gesicht* tear-stained

Verweis <-es, -e> [fɛɐ̯ˈvais] *m* **❶** (*Tadel*) reprimand; **jdm einen** ~ **erteilen** to reprimand sb **❷** (*Hinweis*) reference (**auf** +*akk* to); (*Querverweis*) cross-reference

verweisen* *irreg vt, vi* to refer (**an**/**auf** +*akk* to)

verwelken* *vi sein* to wilt

verwendbar *adj* usable

verwenden <verwendete *o* verwandte, verwendet *o* verwandt> *vt* to use (**für** +*akk* for)

Verwendung <-, -en> *f* use

V

Verwendungszweck *m* purpose
verwerfen* *irreg vt Plan, Vorschlag* to reject; *Gedanken* to dismiss
verwertbar *adj* usable
verwerten* *vt* ❶ (*ausnutzen, heranziehen*) to use ❷ (*nutzbringend anwenden*) to exploit
Verwertung <-, -en> *f* use
verwesen* [fɛɐ̯·'veː·zn̩] *vi sein* to rot, to decompose
Verwesung <-> *f kein pl* decomposition
verwetten* *vt* to gamble away *sep*
verwickeln* I. *vt* ■ jdn in etw *akk* ~ to involve sb in sth; **jdn in ein Gespräch** ~ to engage sb in conversation II. *vr* ■ **sich** *akk* ~ to get tangled up
verwickelt *adj* complicated, intricate
Verwickelung <-, -en>, **Verwicklung** <-, -en> *f* ❶ (*Verstrickung*) entanglement ❷ *pl* (*Komplikationen*) complications *pl*
verwildern* *vi sein* ❶ *Garten* to become overgrown ❷ *Tier* to go wild
verwildert *adj* ❶ *Garten* overgrown ❷ *Tier* feral
verwirklichen* [fɛɐ̯·'vɪrk·lɪ·çn̩] I. *vt* to realize; *Idee, Plan* to put into practice; *Projekt* to carry out *sep* II. *vr* ■ **sich** *akk* ~ to fulfill oneself
Verwirklichung <-, -en> *f* realization
verwirren* *vt* to confuse
verwirrend <-er, -este> *adj* confusing
verwirrt <-er, -este> *adj* confused
Verwirrung <-, -en> *f* ❶ (*Verstörtheit*) confusion ❷ (*Chaos*) chaos
verwischen* I. *vt* ❶ (*verschmieren*) to smudge; *Farbe* to smear ❷ (*unkenntlich machen*) to cover [up *sep*] II. *vr* ■ **sich** *akk* ~ to become blurred; (*Erinnerung*) to fade
verwittern* *vi sein* to weather
verwittert I. *pp von* **verwittern** II. *adj* weathered
verwitwet [fɛɐ̯·'vɪt·vət] *adj* widowed
verwöhnen* [fɛɐ̯·'vøː·nən] *vt* to spoil
verwöhnt *adj* (*anspruchsvoll*) discriminating
verworren [fɛɐ̯·'vɔ·rən] *adj* confused
verwundbar *adj* vulnerable
verwunden* [fɛɐ̯·'vʊn·dn̩] *vt* to wound
verwunderlich *adj* odd, strange; **das ist nicht** ~ that's not surprising
verwundert I. *adj* astonished, surprised (**über** +*akk* at) II. *adv* in amazement
Verwunderung <-> *f kein pl* amazement
verwundet *adj* (*fig a.*) wounded, hurt
Verwundete(r) *f(m)* *dekl wie adj* casualty, wounded person
Verwundung <-, -en> *f* wound
verwünschen* *vt* ❶ (*verfluchen*) to curse ❷ (*verzaubern*) to cast a spell on
verwurzelt *adj* rooted
verwüsten* *vt* to devastate; *Wohnung* to wreck; *Land* to ravage
Verwüstung <-, -en> *f meist pl* devastation
verzählen* *vr* ■ **sich** *akk* ~ to miscount
verzaubern* *vt* ❶ (*verhexen*) ■ jdn ~ to cast a spell on sb; **jdn in einen Vogel** ~ to turn sb

into a bird ❷ (*betören*) to enchant
Verzauberung <-, -en> *f* enchantment
verzehnfachen* [fɛɐ̯·'tseːn·fa·xn̩] *vt, vr* to increase tenfold
Verzehr <-[e]s> [fɛɐ̯·'tseːɐ̯] *m kein pl* consumption
verzehren* I. *vt* ❶ (*essen*) to consume ❷ (*verbrauchen*) to use up II. *vr* ■ **sich** *akk* **nach jdm** ~ to pine for sb
verzeichnen* *vt* to list; **einen Erfolg** ~ to score a success
Verzeichnis <-ses, -se> *nt* list; (*Tabelle*) table; (*Computer*) directory
verzeihen <verzieh, verziehen> I. *vt* to forgive II. *vi* to excuse; *Unrecht, Sünde* to forgive; ~ **Sie!** excuse me!, I beg your pardon!
Verzeihung <-> *f kein pl* forgiveness; [jdn] **um** ~ **bitten** to apologize [to sb]; ~! sorry!
verzerren* I. *vt* ❶ (*verziehen, entstellen*) to distort ❷ *Muskel* to pull; *Sehne* to strain II. *vr* (*sich verziehen*) ■ **sich** *akk* ~ to become contorted
Verzerrung *f* distortion
verzetteln* *vr* ■ **sich** *akk* ~ to take on too much at once
Verzicht <-[e]s, -e> [fɛɐ̯·'tsɪçt] *m* ~ **auf etw** *akk* **ueben** to forgo [*or* do without] sth
verzichten* [fɛɐ̯·'tsɪç·tn̩] *vi* to go without, to forgo; ■ **auf etw** *akk* ~ to do without sth; *auf ein Amt, auf Eigentum* to relinquish sth; **auf sein Recht** ~ to waive one's right
verzieh *imp von* **verzeihen**
verziehen*¹ *irreg* I. *vi sein* (*umziehen*) to move II. *vr haben* (*verschwinden*) ■ **sich** *akk* ~ to disappear; *Gewitter* to pass; **verzieh dich!** beat it!, scram!
verziehen*² *irreg* I. *vt* to twist; **das Gesicht** [**vor Schmerz**] ~ to grimace [with pain] II. *vr* ■ **sich** *akk* ~ ❶ (*verzerren*) to contort, to twist ❷ (*verformen*) to become misshapen
verziehen³ *pp von* **verzeihen**
verzieren* *vt* to decorate
Verzierung <-, -en> *f* decoration; (*an Gebäuden*) ornamentation
verzinsen* *vt* etw [mit 3 Prozent] ~ to pay [3 Percent] interest on sth
verzocken *vt* to gamble away *sep*
verzogen [fɛɐ̯·'tsoː·gn̩] *adj* badly brought up; *Kinder* spoiled
verzögern* I. *vt* ❶ (*später erfolgen lassen*) to delay (**um** +*akk* by/for) ❷ (*verlangsamen*) to slow down II. *vr* (*später erfolgen*) ■ **sich** *akk* ~ to be delayed (**um** +*akk* by/for)
Verzögerung <-, -en> *f* delay, holdup *fam*; (*Verlangsamung*) slowing down
Verzögerungstaktik *f* stall tactics *pl*
verzollen* *vt* ■ **etw** ~ to pay customs on sth; **haben Sie etwas zu** ~? do you have anything to declare?
Verzug <-[e]s> *m kein pl* delay; [mit etw *dat*] **in** ~ **geraten** to fall behind [with sth]
verzweifeln* *vi sein* to despair (**an** +*dat* of)
verzweifelt I. *adj* ❶ (*völlig verzagt*) despairing;

ein ~es Gesicht machen to look desperate; **ich bin völlig ~** I'm at my wits' end ❷ (*hoffnungslos*) desperate **II.** *adv* (*völlig verzagt*) despairingly, desperately

Verzweiflung <-> *f kein pl* (*Gemütszustand*) despair; (*Ratlosigkeit*) desperation; **jdn zur ~ bringen** to drive sb to despair

verzweigen* [fɛɐ̯ˈtsvai̯·gn̩] *vr* ■ **sich** *akk* ~ to branch out; *Straße* to branch off

verzwickt [fɛɐ̯ˈtsvɪkt] *adj* tricky

Vesper <-s, -> [ˈfɛs·pɐ] *f o nt* DIAL snack

Veteran <-en, -en> [ve·te·ˈraːn] *m* veteran

Veto <-s, -s> [ˈveː·to] *nt* veto

Vetorecht *nt* right of veto

Vetter <-s, -n> [ˈfɛ·tɐ] *m* cousin

Vetternwirtschaft *f kein pl* nepotism

vgl. *interj Abk von* **vergleiche** cf.

Viadukt <-[e]s, -e> [via·ˈdʊkt] *m o nt* viaduct

Vibration <-, -en> [vi·bra·ˈtsi̯oːn] *f* vibration

Vibrator <-s, -toren> [vi·ˈbraː·toːɐ̯, *pl* -ˈtoːr·ən] *m* vibrator

vibrieren* [vi·ˈbriː·rən] *vi* to vibrate

Video <-s, -s> [ˈviː·deo] *nt* video

Videoaufzeichnung *f* video recording

Videokamera *f* video camera

Videorecorder, Videorekorder <-s, -> *m* VCR, video recorder

Videotext *m kein pl* videotex[t]

Videoüberwachung *f* [monitoring by] closed-circuit television

Vieh <-[e]s> [fiː] *nt kein pl* ❶ AGR livestock; (*Rinder*) cattle ❷ (*fam: Tier*) animal, beast

Viehbestand *m* livestock

Viehhaltung <-> *f kein pl* animal husbandry

Viehzucht *f* cattle [*or* livestock] breeding

Viehzüchter(in) *m(f)* cattle [*or* livestock] breeder

viel [fiːl] **I.** *adj* <mehr, meiste> ❶ *sing, adjektivisch* a lot of; **er braucht ~ Geld** he needs lots of money; **~ Erfolg!** good luck!; **~ Spaß!** have a good time! ❷ *sing, + art, poss* **das ~e Essen ist mir nicht bekommen** all that food hasn't done me any good; **sein ~es Geld nützt ihm wenig** all his money is no good to him ❸ *substantivisch* a lot, much; **ich habe zu ~ zu tun** I have too much to do; **obwohl er ~ weiß, ...** although he knows a lot, ... ❹ *pl, adjektivisch* ■~e a lot of, many; **und ~e andere** and many others; ~e **deiner Bücher kenne ich schon** I know a lot of your books already ❺ + *pl, substantivisch* (*eine große Anzahl*) ■~e a lot; (*von Menschen*) many; **diese Ansicht wird von ~en vertreten** many people hold this view **II.** *adv* <mehr, am meisten> ❶ (*häufig*) a lot; **sie hat ihre Mutter immer ~ besucht** she used to visit her mother a lot; **~ diskutiert** much-discussed; **eine ~ befahrene Straße** a [very] busy street ❷ (*wesentlich*) a lot; **die Mütze ist ~ zu groß** the hat is way [*or* much] too big

vieldeutig *adj* ambiguous

vielfach [ˈfiːl·fax] **I.** *adj* ❶ (*mehrere Male so groß*) many times ❷ (*mehrfach*) multiple

II. *adv* (*häufig*) frequently, in many cases; (*mehrfach*) many times

Vielfache(s) *nt dekl wie adj* multiple; **um ein ~s** many times over

Vielfalt <-> [ˈfiːl·falt] *f* diversity, [great] variety (**an** + *dat* of)

vielfältig [ˈfiːl·fɛl·tɪç] *adj* diverse, varied

Vielfraß <-es, -e> [ˈfiːl·fraːs] *m* glutton

vielleicht [fi·ˈlai̯çt] **I.** *adv* ❶ (*eventuell*) perhaps, maybe ❷ (*ungefähr*) about; **er ist ~ 30 Jahre alt** he is about 30 years old **II.** *part* ❶ (*bitte* [*mahnend*]) please; **würdest du mich ~ einmal ausreden lassen?** would you please let me finish what I'm saying for once? ❷ (*etwa*) by any chance; **erwarten Sie ~, dass ich Ihnen das Geld gebe?** I don't suppose you expect me to give you the money, do you? ❸ (*wirklich*) really; **du erzählst ~ einen Quatsch** what are you talking about?

vielmals [ˈfiːl·maːls] *adv* **danke ~!** thank you very much!

vielmehr [ˈfiːl·meːɐ̯] *adv* rather; **ich bin ~ der Meinung, dass ...** I prefer to think that ...

vielseitig [ˈfiːl·zai̯·tɪç] **I.** *adj Mensch, Maschine* versatile; *Angebot, Arbeit* varied **II.** *adv* ❶ (*in vieler Hinsicht*) widely ❷ (*in verschiedener Weise*) **etw ist ~ anwendbar** sth can be used in a variety of ways

Vielzahl *f kein pl* ■ **eine ~ von etw** *dat* a large number of sth

vier [fiːɐ̯] *adj* four; *s. a.* **acht**[1] ▶ WENDUNGEN: **ein Gespräch unter ~ Augen führen** to have a private conversation

Vier <-, -en> [fiːɐ̯] *f* ❶ (*Zahl*) four ❷ (*Zeugnisnote*) **er hat in Deutsch eine ~ ≈** he got a D in German ▶ WENDUNGEN: **auf allen ~en** on all fours

Vierbeiner <-s, -> *m* four-legged friend *hum*

Viereck [ˈfiːɐ̯·ʔɛk] *nt* square; MATH quadrilateral

viereckig [ˈfiːɐ̯·ʔɛkɪç] *adj* rectangular

vierfach, 4fach I. *adj* fourfold; **die ~e Menge** four times the amount **II.** *adv* fourfold, four times over

vierhundert [ˈfiːɐ̯·ˈhʊn·dɐt] *adj* four hundred

Vierling <-s, -e> [ˈfiːɐ̯·lɪŋ] *m* quadruplet

viermal, 4-malRR [ˈfiːɐ̯·maːl] *adv* four times; *s. a.* **achtmal**

Vierradantrieb *m* four-wheel drive

vierspurig *adj* four-lane *attr*

vierstellig *adj* **eine ~e Zahl** a four-digit number

viert [ˈfiːɐ̯t] *adv* **zu ~ sein** to be a party of four; **wir waren zu ~** there were four of us

viertausend [ˈfiːɐ̯·tau̯·zn̩t] *adj* four thousand

vierte(r, s) [ˈfiːɐ̯·tə -te -təs] *adj* ❶ (*an vierter Stelle*) fourth; *s. a.* **achte(r, s)** 1 ❷ (*Datum*) fourth, 4th; *s. a.* **achte(r, s)** 2

viertel [ˈfɪr·tl̩] *adj* quarter, fourth; **drei ~** three-quarters, three-fourths

Viertel[1] <-s, -> [ˈfɪr·tl̩] *nt* district, quarter

Viertel[2] <-s, -> [ˈfɪr·tl̩] *nt o* SCHWEIZ *m* ❶ (*der vierte Teil*) quarter ❷ (*15 Minuten*) **~ vor/nach drei** [a] quarter to [*or* of]/after three

Viertelfinale *nt* quarterfinal

Vierteljahr [fɪr·tl̩·'jaːɐ̯] *nt* three months, quarter *spec*

vierteljährlich ['fɪr·tl̩·jɛːɐ̯·lɪç] *adj, adv* quarterly

vierteln ['fɪr·tl̩n] *vt* to divide into quarters

Viertelstunde [fɪr·tl̩·'ʃtʊn·də] *f* quarter of an hour, fifteen minutes

viertens ['fiːɐ̯·tn̩s] *adv* fourth[ly], in the fourth place

vierzehn ['fɪr·tseːn] *adj* fourteen; ~ **Tage** two weeks; *s. a.* **acht**[1]

vierzehntägig ['fɪr·tseːn-] *adj* two-week *attr*

vierzehntäglich *adj, adv* every two weeks

vierzehnte(r, s) *adj* ❶ (*an vierzehnter Stelle*) fourteenth; *s. a.* **achte(r, s) 1** ❷ (*Datum*) fourteenth, 14th; *s. a.* **achte(r, s) 2**

vierzig ['fɪr·tsɪç] *adj* forty; *s. a.* **achtzig 1, 2**

vierziger, 40er ['fɪr·tsɪ·gɐ] *adj attr* the forties, the 40s

vierzigste(r, s) *adj* fortieth; *s. a.* **achte(r, s) 1**

Vierzigstundenwoche *f* 40-hour week

Vietnam <-s> [vi̯ɛt·'nam] *nt* Vietnam; *s. a.* **Deutschland**

Vikar(in) <-s, -e> [vi·'kaːɐ̯] *m(f)* vicar

Villa <-, Villen> ['vɪla, *pl* 'vɪ·lən] *f* villa

violett [vi̯o·'lɛt] *adj* violet, purple

Violine <-, -n> [vi̯o·'liː·nə] *f* violin

Violinist(in) <-en, -en> [vi̯o·li·'nɪst] *m(f)* violinist

VIP <-, -s> [vɪp] *m Abk von* **very important person** VIP

Viren ['viː·rən] *pl von* **Virus**

Virensuchprogramm *nt* COMPUT antivirus software

virtuell [vɪr·'tu·ɛl] *adj* virtual

virtuos [vɪr·'tu̯·oːs] **I.** *adj* virtuoso **II.** *adv* in a virtuoso manner

Virus <-, Viren> ['viː·rʊs, *pl* 'viː·rən] *nt o m* virus

Virusinfektion *f* viral infection

Visa ['viː·za], **Visen** ['viː·zen] *pl von* **Visum**

Visier <-s, -e> [vi·'ziːɐ̯] *nt* ❶ (*Zielvorrichtung*) sight ❷ (*Klappe am Helm*) visor ▶ WENDUNGEN: **jdn/etw im ~ haben** to have one's sights on sb/sth

Vision <-, -en> [vi·'zi̯oːn] *f* vision; ~ **en haben** to be seeing things

Visite <-, -n> [vi·'ziː·tə] *f* (*Arztbesuch*) round

Visitenkarte [vi·'ziː·tən-] *f* business card

Viskose <-> [vɪs·'koː·zə] *f kein pl* viscose

visuell [vi·'zu̯·ɛl] *adj* visual

Visum <-s, Visa *o* Visen> ['viː·zʊm, *pl* 'viː·za, 'viː·zən] *nt* visa

vital [vi·'taːl] *adj* (*geh*) ❶ (*Lebenskraft besitzend*) lively, vigorous ❷ (*lebenswichtig*) vital

Vitalität <-> [vi·ta·li·'tɛt] *f kein pl* vitality, vigor

Vitamin <-s, -e> [vi·ta·'miːn] *nt* vitamin

Vitaminmangel *m* vitamin deficiency

Vitaminpräparat *nt* vitamin supplement

Vitrine <-, -n> [vi·'triː·nə] *f* (*Schaukasten*) display case; (*Glasvitrine*) glass cabinet

Vizekanzler(in) *m(f)* vice chancellor

Vizepräsident(in) *m(f)* vice president

Vogel <-s, Vögel> ['foː·gl̩, *pl* 'føː·gl̩] *m* ❶ (*Tier*) bird ❷ (*fam: auffallender Mensch*) **ein lustiger ~** a real joker; **ein seltsamer ~** a strange bird ▶ WENDUNGEN: **einen ~ haben** to have a screw loose

Vogelfutter *nt* bird food

vögeln ['føː·gl̩n] *vi* (*derb*) to screw

Vogelperspektive *f* bird's-eye view

Vogelscheuche <-, -n> *f* scarecrow

Vogelschutzgebiet *nt* bird refuge

Vokabel <-, -n> [vo·'kaː·bl̩] *f* word; ~ **n** *pl* **lernen** to memorize vocabulary words

Vokabular <-s, -e> [vo·ka·bu·'laːɐ̯] *nt* vocabulary

Vokal <-s, -e> [vo·'kaːl] *m* vowel

Volk <-[e]s, Völker> [fɔlk, *pl* 'fœl·kɐ] *nt* ❶ (*Nation*) nation, people ❷ *kein pl* (*fam: Menschenmenge*) masses *pl*; **das ~ aufwiegeln** to incite the masses; **sich unters ~ mischen** to mingle with the people ❸ *kein pl* (*untere Bevölkerungsschicht*) people *npl*; **ein Mann aus dem ~** a man of the people

Völkergemeinschaft *f* international community

Völkerkunde <-> *f kein pl* ethnology

Völkermord *m* genocide

Völkerrecht *nt kein pl* international law

Völkerwanderung *f* ❶ HIST migration of peoples ❷ (*fam*) mass exodus

Volksabstimmung *f* referendum

Volksfest *nt* folk festival

> **i** A **Volksfest** is a traditional festival lasting several days with such attractions as a Ferris wheel, roller coasters, and beer tents. Possibly the most famous **Volksfest** is the *Oktoberfest* in Munich.

Volksheld(in) *m(f)* national hero

Volkshochschule *f* adult education center

> **i** **Volkshochschulen** are autonomous, public education institutions. They offer a variety of courses on such subjects as computer science, foreign languages, philosophy, and dance. Classes are intended for people from all walks of life and nearly every age group. **Volkshochschulen** are becoming increasingly recognized as valid providers of additional vocational training.

Volkslied *nt* folk song

Volksmärchen *nt* folk tale

Volksmund *m kein pl* vernacular

Volksmusik *f* folk music

Volksschule *f* ÖSTERR (*Grundschule*) ≈ elementary school, *for children aged 6–10*

Volkssport *m* national sport

Volksstamm *m* tribe

Volkstanz *m* folk dance
volkstümlich ['fɔlks·ty:m·lɪç] *adj* traditional
Volkswirtschaft *f* national economy
volkswirtschaftlich I. *adj* economic II. *adv* economically
Volkswirtschaftslehre *f* economics *nsing*
Volkszählung *f* [national] census
voll [fɔl] I. *adj* ❶ (*gefüllt*) full; **das Glas ist ~ Wasser** the glass is full of water; **eine Hand ~ Reis** a handful of rice; **~ sein** (*fam: satt*) to be full ❷ (*vollständig*) full, whole; **etw in ~en Zügen genießen** to enjoy sth to the fullest; **ein ~er Erfolg** a total success; **jede ~e Stunde** every hour on the hour; **in ~er Größe** full-size; **bei ~em Bewusstsein** fully conscious ❸ (*kräftig*) *Stimme* rich; *Haar* thick ❹ (*sl: betrunken*) ■ **~ sein** to be hammered ▶ WENDUNGEN: **sie nimmt ihn nicht für ~** she doesn't take him seriously; **aus dem V~en schöpfen** to draw on plentiful resources II. *adv* ❶ (*vollkommen*) completely ❷ (*uneingeschränkt*) fully; **~ und ganz** totally; **etw ~ ausnutzen** to take full advantage of sth; **er war nicht ~ da** he was not quite with it ❸ (*mit aller Wucht*) right, smack; **der Wagen war ~ gegen den Pfeiler geprallt** the car ran smack into the pillar
vollauf ['fɔl·ʔauf] *adv* fully, completely
vollautomatisch I. *adj* fully automatic II. *adv* fully automatically
Vollbart *m* full beard
Vollbeschäftigung *f kein pl* full-time employment
Vollblut *nt* thoroughbred
vollbringen * *vt irreg* to accomplish; *Wunder* to perform
vollbusig *adj* buxom, busty
vollenden * [fɔl·'ʔɛn·dn̩] *vt* to complete
vollendet *adj Redner* accomplished; *Schönheit* perfect
vollends ['fɔl·ɛnts] *adv* (*völlig*) completely, totally
Vollendung <-, -en> [fɔl·'ʔɛn·dʊŋ] *f* ❶ (*das Vollenden*) completion; **mit ~ des 50. Lebensjahres** on his/her fiftieth birthday ❷ *kein pl* (*Perfektion*) perfection
voller *adj* ❶ (*voll bedeckt*) **ein Hemd ~ Flecken** a shirt covered with stains ❷ (*erfüllt*) full of; **ein Leben ~ Schmerzen** a life full of pain
Volleyball ['vɔli-] *m* volleyball
vollführen * [fɔl·'fy:·rən] *vt* to perform
Vollgas *nt kein pl* full speed; **~ geben** to put one's foot down
vollgestopft *adj Koffer* jam-packed
Vollidiot(in) *m(f)* complete idiot
völlig ['fœ·lɪç] I. *adj* complete II. *adv* completely; **Sie haben ~ recht** you're absolutely right
volljährig ['fɔl·jɛː·rɪç] *adj* of age; ■ **~ werden** to come of age
Volljährigkeit <-> *f kein pl* majority
Vollkaskoversicherung *f* comprehensive car insurance [coverage]
vollklimatisiert *adj* fully air-conditioned

vollkommen [fɔl·'kɔ·mən] I. *adj* ❶ (*perfekt*) perfect ❷ (*völlig*) complete II. *adv* completely
Vollkornbrot *nt* whole-grain bread
Vollmacht <-, -en> ['fɔl·maxt] *f* ❶ (*Ermächtigung*) authorization; **jdm** [**die**] **~ für etw** *akk* **geben** to authorize sb to do sth ❷ (*Schriftstück*) power of attorney; **eine ~ haben** to have power of attorney
Vollmilch *f* whole milk
Vollmilchschokolade *f* milk chocolate
Vollmond *m kein pl* full moon; **bei ~** when there's a full moon
Vollnarkose *f* general anesthetic
Vollpension *f kein pl* [**mit**] **~** full board
Vollrausch *m* drunken stupor
vollschlank *adj* plump
vollständig ['fɔl·ʃtɛn·dɪç] I. *adj* complete, entire; **nicht ~** incomplete II. *adv* completely
Vollständigkeit <-> *f kein pl* completeness; **der ~ halber** for the sake of completeness
vollstrecken * [fɔl·'ʃtrɛ·kn̩] *vt* to carry out; *Testament* to execute
Vollstreckung <-, -en> *f* execution
volltanken *vt* to fill up
Volltreffer *m* ❶ (*direkter Treffer*) direct hit, bull's eye *fig fam;* **einen ~ landen** to land a good punch ❷ (*fam: voller Erfolg*) complete success
Vollversammlung *f* general meeting
vollwertig *adj* ❶ **~e Kost** whole foods ❷ *Ersatz* fully adequate
Vollwertkost *f kein pl* whole foods *pl*
vollzählig ['fɔl·tsɛː·lɪç] I. *adj* (*komplett*) complete, whole; ■ **~ sein** to be all present II. *adv* at full strength
vollziehen * [fɔl·'tsi:·ən] *irreg* I. *vt* to carry out *sep; Urteil* to execute; *Ehe* consummate II. *vr* ■ **sich** *akk* **~** to take place
Vollzug [fɔl·'tsu:k] *m kein pl* ❶ (*das Vollziehen*) execution ❷ (*Strafvollzug*) imprisonment
Vollzugsanstalt *f* penal institution
Vollzugsbeamte(r) *f(m) dekl wie adj* [prison] warden
Volontär(in) <-s, -e> [vo·lɔn·'tɛːɐ̯] *m(f)* intern, trainee
Volontariat <-[e]s, -e> [vo·lɔn·ta·'ri·a:t] *nt* ❶ (*Ausbildungszeit*) internship, period of training ❷ (*Stelle*) internship, trainee position
Volt <-[e]s, -> [vɔlt] *nt* volt
Volumen <-s, - *o* Volumina> [vo·'lu:·mən, *pl* vo·'lu:·mi·na] *nt* volume
vom [fɔm] = **von dem** from
von [fɔn] *präp* +*dat* ❶ *räumlich* (*ab, herkommend*) from; **~ woher...?** where ... from?, from where...?; **~ rechts** from the right; **~ diesem Fenster kann man alles sehen** you can see everything from this window; **~ unserem eigenen Garten** from our own garden; (*aus ... herab/heraus*) off; **er fiel ~ der Leiter** he fell off [*or* from] the ladder ❷ *räumlich* (*etw entfernend*) from, off; **die Wäsche ~ der Leine nehmen** to take the laundry off the line; **Schweiß ~ der Stirn wischen** to wipe sweat

from one's brow ❸ *zeitlich* (*stammend*) from; **die Zeitung ~ gestern** yesterday's [news]paper; **ich kenne sie ~ früher** I know her from a long time ago; **~ jetzt an** from now on ❹ (*Urheber, Ursache*) **~ jdm gelobt werden** to be praised by sb; **~ wem ist dieses Geschenk?** who is this present from?; **~ wem weißt du das?** who told you that?; **~ wem ist dieser Roman?** who wrote this novel?; **das war nicht nett ~ dir!** that wasn't nice of you! ❺ *statt gen* (*Zugehörigkeit*) of; **die Musik ~ Beethoven** Beethoven's music ❻ (*Gruppenangabe*) of; **einer ~ vielen** one of many; **keiner ~ uns** none of us; **ein Student ~ mir** a student of mine, one of my students ❼ (*bei Maßangaben*) of; **eine Pause ~ zehn Minuten** a ten-minute break; **ein Abstand ~ zwei Metern** a distance of six feet ▶ WENDUNGEN: **~ wegen!** no way!

voneinander [fɔn·ʔai·'nan·dɐ] *adv* from each other; **die beiden Städte sind 25 Kilometer ~ entfernt** the two cities are 25 kilometers apart

vor [foːɐ̯] **I.** *präp* ❶ (*davor befindlich*) in front of; **sie ließ ihn ~ sich her gehen** she let him go in front of her; **~ sich hin summen** (*fam*) to hum to oneself; **8 km ~ der Stadt** 8 km outside of town; **~ etw** *dat* **davonlaufen** (*fig*) to run away from sth; **etw ~ sich** *dat* **haben** to have sth ahead of you ❷ (*in Bezug auf*) regarding, with regard to; **jdn ~ jdm warnen** to warn sb about sb ❸ (*eher*) before; **vor kurzem/hundert Jahren** a short time/a hundred years ago; **es ist zehn ~ zwölf** it is ten to twelve; **ich war ~ dir dran** I was before you ❹ (*bedingt durch*) with; **starr ~ Schreck** scared stiff; **~ Kälte zittern** to shiver [with cold] **II.** *adv* forward; **~ und zurück** forwards and backwards; **Freiwillige ~!** volunteers, take one step forward!

Vorabend <-s,-e> ['foːɐ̯·ʔaːbn̩t] *m* **am ~** [einer S. *gen*] on the evening before [sth], on the eve [of sth]

Vorahnung *f* premonition

voran [fo·'ran] *adv* first; **der Lehrer geht ~** the teacher goes first

voran|bringen [fo·'ran·brɪŋ·ən] *vt irreg* to advance

voran|gehen *vi irreg sein* ❶ (*an der Spitze gehen*) ■ **jdm ~** to go ahead of sb ❷ *a. impers* (*Fortschritte machen*) to make progress; **die Arbeiten gehen zügig voran** the work is progressing rapidly ❸ (*einer Sache vorausgehen*) to precede

voran|kommen *vi irreg sein* ❶ (*vorwärtskommen*) to make headway ❷ (*Fortschritte machen*) to make progress; **wie kommt ihr voran mit der Arbeit?** how's your work coming along[, guys]?

Voranmeldung ['foːɐ̯·ʔan·mɛl·dʊŋ] *f* appointment, booking

voran|treiben *vt irreg* to push ahead

Vorarbeiter(in) *m(f)* foreman *masc,* forewom-

an *fem*

voraus [fo·'raus] *adv* in front, ahead; **jdm ~ sein** to be ahead of sb; **im V~** in advance

voraus|fahren *vi irreg sein* to go [*or* drive] on ahead

voraus|gehen [fo·'raus·geː·ən] *vi irreg sein* to go on ahead; **einem Unwetter geht meistens ein Sturm voraus** bad weather is usually preceded by a storm

vorausgesetzt *adj* ■ **~, [dass]** ... provided [that] ...

Voraussage <-, -en> *f* prediction

voraus|sagen *vt* to predict

voraus|schicken *vt* ❶ (*vor jdm losschicken*) to send on ahead ❷ (*vorher sagen*) to say in advance

voraus|sehen *vt irreg* to foresee; **das war vorauszusehen!** that was to be expected!

voraus|setzen *vt* ❶ (*als selbstverständlich erachten*) to assume ❷ (*erfordern*) to require

Voraussetzung <-, -en> *f* ❶ (*Vorbedingung*) condition; ■ **~en** (*für eine Arbeit*) qualifications *npl;* **unter der ~, dass** ... on the condition that ...; **unter bestimmten ~en** under certain conditions ❷ (*Annahme*) assumption, premise

Voraussicht *f kein pl* foresight; **aller ~ nach** in all probability

voraussichtlich [fo·'raus·zɪçt·lɪç] **I.** *adj* (*erwartet*) expected **II.** *adv* (*wahrscheinlich*) probably

voraus|zahlen *vt* to pay in advance

Vorauszahlung *f* advance payment

Vorbehalt <-[e]s, -e> ['foːɐ̯·bə·halt] *m* reservation (**gegen** +*akk* about); **ohne ~** without reservation; **unter ~** with reservations *pl*

vor|behalten* *vt irreg* ■ **sich** *dat* [etw] **~** to reserve [sth] for oneself; **Änderungen ~** subject to changes; **alle Rechte ~** all rights reserved

vorbehaltlos **I.** *adj* unreserved **II.** *adv* unreservedly, without reservation

vorbei [foːɐ̯·'bai] *adv* ❶ (*vorüber*) ■ **an etw** *dat* **~** past sth; **wir sind schon an München ~** we already passed Munich; **schon wieder ~, ich treffe nie** missed again — I never hit the target ❷ (*vergangen*) ■ **~ sein** to be over; **es ist drei Uhr ~** it's [already] past three o'clock; **aus und ~** over and done

vorbei|bringen *vt irreg* to drop off

vorbei|fahren *irreg vi sein* ❶ (*vorüberfahren*) to drive past; **im V~** while driving past ❷ (*kurz aufsuchen*) ■ **bei etw** *dat* **~ Supermarkt, Apotheke** to stop off at sth

vorbei|führen *vi* ■ **an etw** *dat* **~** to lead past sth

vorbei|gehen [foːɐ̯·'bai·geː·ən] *vi irreg sein* ❶ (*vorübergehen*) to go past; (*überholen*) to pass; (*danebengehen*) *Schuss* to miss; **sie ging dicht an uns vorbei** she walked right past us ❷ (*aufsuchen*) to go to; **gehe doch bitte bei der Apotheke vorbei** please stop off at the drugstore ❸ (*vergehen*) **die Ferien gingen schnell ~** vacation went by fast

vorbeilkommen *vi irreg sein* ❶ (*passieren*) to pass ❷ (*besuchen*) to drop in (**bei** +*dat* at) ❸ (*vorbeigehen können*) to get past

vorbeillassen *vt irreg* to let past; **lassen Sie uns bitte vorbei!** please let us through!

vorbeilreden *vi* **am Thema** ~ to miss the point; **aneinander** ~ to be talking at cross-purposes *pl*

vorbelastet *adj* at a disadvantage; **erblich** ~ **sein** to have a genetic predisposition

vorlbereiten* I. *vt* to prepare II. *vr* ∎ **sich** *akk* ~ to prepare oneself

Vorbereitung <-, -en> *f* preparation

Vorbesitzer(in) <-s, -> *m(f)* previous owner

vorlbestellen* *vt* to order in advance; **ich möchte zwei Karten** ~ I'd like to reserve two tickets

Vorbestellung *f* advance booking

vorbestraft *adj* previously convicted (**wegen** +*dat* for/of); **nicht** ~ **sein** to not have a criminal record

Vorbestrafte(r) *f(m) dekl wie adj* person with a previous conviction

vorlbeugen I. *vt* (*nach vorne beugen*) to bend forward II. *vi* (*Prophylaxe betreiben*) **einer Krankheit/Gefahr** ~ to prevent an illness/danger III. *vr* ∎ **sich** *akk* ~ to lean forward

Vorbeugung <-, -en> *f* prevention; **zur** ~ [**gegen etw** *akk*] as a preventive measure [against sth]

Vorbild <-[e]s, -er> ['foːɐ̯·bɪlt] *nt* example; [**jdm**] **als** ~ **dienen** to serve as an example [for sb]

vorbildlich I. *adj* exemplary II. *adv* in an exemplary manner

Vorbote *m* harbinger, herald

vorlbringen *vt irreg* **Argument** to put forward; **Bedenken** to express; **Einwand** to raise

vorchristlich *adj attr* **in** ~**er Zeit** in pre-Christian times

Vordach *nt* canopy

vorldatieren* [foːɐ̯·da·tiː·rən] *vt* to post-date

Vorderachse *f* front axle

Vorderasien <-s> *nt* Near East

vordere(r, s) ['fɔr·də·rə, -rə, -rəs] *adj* front

Vordergrund *m a.* KUNST, FOTO foreground; **etw in den** ~ **stellen** to give priority to sth; **im** ~ **stehen** to be the center of attention; **in den** ~ **treten** to come to the fore

vordergründig I. *adj* superficial II. *adv* at first glance

Vordermann *m* ∎ **mein** ~ the person in front of me

Vorderrad *nt* front wheel

Vorderradantrieb *m* front-wheel drive

Vorderseite *f* front [side]

vorderste(r, s) ['fɔr·de·stə, -stə, -stəs] *adj superl von* **vordere(r, s)** foremost; **die** ~**n Plätze** the seats at the very front

vorldrängeln, vorldrängen *vr* ∎ **sich** *akk* ~ to push one's way to the front

vorldringen *vi irreg sein* to reach, to get as far as

vorehelich *adj attr* premarital

voreilig ['foːɐ̯·ʔai·lɪç] I. *adj* rash, over-hasty II. *adv* rashly, hastily

voreinander [foːɐ̯·ʔai'nan·dɐ] *adv* in front of each other; **Angst** ~ **haben** to be afraid of each other; **Geheimnisse** ~ **haben** to keep secrets from each other

voreingenommen ['foːɐ̯·ʔain·gə·nɔ·mən] *adj* prejudiced (**gegenüber** +*dat* against)

vorlenthalten* ['foːɐ̯·ʔɛnt·hal·tn̩] *vt irreg* ∎ [**jdm**] **etw** ~ to withhold sth [from sb]

Vorentscheidung *f* preliminary decision

vorerst ['foːɐ̯·ʔeːɐ̯st] *adv* for the time being

Vorfahr(in) <-en, -en> ['foːɐ̯·faːɐ̯] *m(f)* ancestor

vorlfahren *irreg* I. *vi sein* ❶ (*vor ein Gebäude fahren*) to drive up ❷ (*ein Stück weiterfahren*) to move up ❸ (*früher fahren*) to drive on ahead II. *vt haben* (*vor ein Gebäude fahren*) **Wagen** to bring around

Vorfahrt ['foːɐ̯·faːɐ̯t] *f kein pl* right of way; **jdm die** ~ **nehmen** to not yield to sb

Vorfahrtsschild *nt* yield sign

Vorfahrtsstraße *f* main road

Vorfall *m* incident, occurrence

vorlfallen *vi irreg sein* to happen, to occur

Vorfeld *nt* ▸ WENDUNGEN: **im** ~ **von etw** *dat* in the run-up to sth

vorlfinden *vt irreg* to find

Vorfreude *f* [excited] anticipation (**auf** +*akk* of)

vorlführen *vt* ❶ (*präsentieren*) **Gerät** to demonstrate; MODE to model ❷ (*darbieten*) to perform ❸ JUR **jdn dem Richter** ~ to bring sb before the judge

Vorführung *f* ❶ demonstration ❷ FILM screening

Vorgabe *f* ❶ *meist pl* (*Richtwert*) guideline ❷ SPORT head start

Vorgang <-gänge> *m* ❶ (*Geschehnis*) event ❷ (*Prozess*) process

Vorgänger(in) <-s, -> *m(f)* predecessor

Vorgarten *m* front yard

vorlgeben *irreg* I. *vt* ❶ (*vorschützen*) to use as an excuse ❷ (*nach vorn geben*) to pass forward ❸ (*festlegen*) to set in advance II. *vi* ∎ ~ [, **dass ...**] to pretend [that ...]

Vorgebirge *nt* foothills *pl*

vorgefasstᴿᴿ, **vorgefaßt**ᴬᴸᵀ *adj* preconceived

vorgefertigt *adj* prefabricated

vorlgehen *vi irreg sein* ❶ (*vorausgehen*) to go on ahead ❷ (*zu schnell gehen*) to be fast; **meine Uhr geht fünf Minuten vor** my watch is five minutes fast ❸ (*Priorität haben*) to have priority, to come first ❹ (*Schritte ergreifen*) to take action ❺ (*sich abspielen*) to be going on; **was ging in ihr vor?** what was going on inside her? ❻ (*verfahren*) to proceed (**bei** +*dat* in/with)

Vorgehensweise *f* procedure

vorgelagert *adj* GEOG offshore

Vorgeschmack *m kein pl* foretaste

Vorgesetzte(r) *f(m) dekl wie adj* superior

vorgestern ['foːɐ̯·gɛs·tən] *adv* the day before

yesterday; ~ **Morgen**/**Nacht** the morning/ night before last

vor|**haben** ['foːɐ̯·haː·bn̩] *vt irreg* to have planned; **wir haben große Dinge mit Ihnen vor** we've got great plans for you; **hast du etwa vor, noch weiterzuarbeiten?** do you intend to keep on working?

Vorhaben <-s, -> ['foːɐ̯·haː·bn̩] *nt* plan, project

vor|**halten** *irreg* I. *vt* ■**jdm etw ~** ❶ *(vorwerfen)* to reproach sb for sth ❷ *(davorhalten) Spiegel* to hold sth in front of sb II. *vi* to last

Vorhaltung *f meist pl* reproach; **jdm ~en machen** to reproach sb **(wegen** +*dat* for)

vorhanden ['foːɐ̯·'handn̩] *adj* ❶ *(verfügbar)* available; ■**~ sein** to be left ❷ *(existierend)* existing; ■**~ sein** to exist

Vorhang <-s, Vorhänge> ['foːɐ̯·haŋ, *pl* 'foːɐ̯·hɛŋə] *m* curtain

Vorhängeschloss[RR] *nt* padlock

Vorhaut *f* ANAT foreskin

vorher [foːɐ̯·'heːɐ̯] *adv* beforehand; **kurz ~** just before; **ich muss ~ noch essen** I have to eat first

vorher|**bestimmen*** *vt* to predetermine; ■**vorherbestimmt sein** to be predestined

vorhergehend *adj* previous *attr,* preceding

vorherig [foːɐ̯·'heː·rɪç] *adj attr* prior; *Abmachung, Vereinbarung* previous

Vorherrschaft *f* POL hegemony, [pre]dominance

vor|**herrschen** *vi* to predominate

Vorhersage [foːɐ̯·'heːɐ̯·zaː·gə] *f* ❶ METEO forecast ❷ *(Voraussage)* prediction

vorher|**sagen** *vt* to predict

vorhersehbar *adj* foreseeable

vorher|**sehen** *vt irreg* to foresee

vorhin [foːɐ̯·'hɪn] *adv* a moment ago, just [now]

Vorhut <-, -en> *f* MIL vanguard

vorig ['foː·rɪç] *adj attr* last, previous

Vorjahr *nt* last year

vor|**jammern** *vt* ■**jdm etw ~** to moan to sb

Vorkämpfer(in) *m(f)* pioneer

Vorkaufsrecht *nt* right of first refusal

Vorkehrung <-, -en> *f* precaution; **~en treffen** to take precautions

Vorkenntnis *f meist pl* previous experience

vor|**knöpfen** *vt* ■**sich** *dat* **jdn ~** to give sb a good talking-to

vor|**kochen** *vt* KOCHK to precook

vor|**kommen** *vi irreg sein* ❶ *(passieren)* to happen; ■**es kommt vor, dass ...** it can happen that ...; **das kann [schon mal] ~** these things [can] happen ❷ *(vorhanden sein)* to be found, to occur ❸ *(erscheinen)* to seem; **jdm bekannt ~** to sound familiar to sb; **du kommst dir wohl sehr schlau vor?** you think you're real clever, don't you? ❹ *(nach vorn kommen)* to come [up] to the front ❺ *(zum Vorschein kommen)* [**hinter etw** *dat*] **~** to come out [from behind sth]

Vorkommen <-s, -> *nt* ❶ *kein pl (Auftreten)* incidence ❷ *meist pl* GEOL deposit

Vorkommnis <-ses, -se> ['foːɐ̯·kɔm·nɪs] *nt* incident, occurrence; **keine besonderen ~se**

nothing out of the ordinary

Vorkriegszeit *f* prewar period

vor|**laden** *vt irreg* JUR to summon

Vorladung *f* JUR ❶ *(das Vorladen)* summoning ❷ *(Schreiben)* summons

Vorlage *f* ❶ *kein pl (das Vorlegen)* presentation ❷ *(Muster)* pattern ❸ SCHWEIZ *(Vorleger)* mat

vor|**lassen** *vt irreg* ❶ *(den Vortritt lassen)* to let go first ❷ *(nach vorn durchlassen)* to let past

Vorläufer(in) *m(f)* precursor

vorläufig ['foːɐ̯·lɔy·fɪç] I. *adj* temporary; *Ergebnis* provisional; *Regelung* interim II. *adv* for the time being

vorlaut ['foːɐ̯·laut] *adj* cheeky, impertinent

vor|**legen** *vt* ❶ *(einreichen)* ■**jdm] etw ~** to present sth [to sb]; **[jdm] Beweise ~** to provide [sb with] evidence

vor|**lesen** *irreg* I. *vt* to read aloud *sep;* **soll ich dir den Artikel ~?** should I read you the article? II. *vi* to read aloud **(aus** +*dat* from)

Vorlesung *f* lecture **(über** +*akk* on)

Vorlesungsverzeichnis *nt* ≈ schedule of classes

vorletzte(r, s) ['foːɐ̯·lɛts·tə, -s·tɐ, -s·təs] *adj* ❶ *(vor dem Letzten liegend)* before last *pred;* **das ~ Treffen** the meeting before last ❷ *(in einer Aufstellung)* penultimate, next to last

Vorliebe [foːɐ̯·'liː·bə] *f* preference; **eine ~ für jdn/etw haben** to be particularly fond of sb/ sth

vorlieb|**nehmen** [foːɐ̯·'liː·p-] *vi irreg* ■**[mit jdn/etw] ~** to make do [with sb/sth]

vor|**liegen** *vi irreg* ❶ *(eingereicht sein)* ■**jdm ~** to have been received by sb; **uns liegen keine Beweise vor** we have no proof ❷ *(bestehen)* to be

vor|**lügen** *vt irreg* ■**jdm etw ~** to lie to sb

vor|**machen** *vt* ❶ *(täuschen)* ■**jdm/sich etw ~** to fool sb/oneself; **machen wir uns doch nichts vor** let's not kid ourselves ❷ *(demonstrieren)* ■**jdm etw ~** to show sb [how to do] sth

Vormachtstellung *f kein pl* POL hegemony, supremacy

vormalig ['foːɐ̯·maː·l·ɪç] *adj attr* former

Vormarsch *m a.* MIL advance; **auf dem ~ sein** to be advancing; *(fig)* to be gaining ground

vor|**merken** *vt* **lassen Sie bitte zwei Zimmer ~** please book two rooms for me; **ich habe mir den Termin vorgemerkt** I've made a note of the appointment

Vormittag ['foːɐ̯·mɪ·taːk] *m* morning; **am [frühen/späten] ~** [early/late] in the morning

vormittags ['foːɐ̯·mɪ·taːks] *adv* in the morning

Vormund <-[e]s, -e *o* Vormünder> ['foːɐ̯·mʊnt, *pl* 'foːɐ̯·mʏn·dɐ] *m* guardian

Vormundschaft <-, -en> ['foːɐ̯·mʊnt·ʃaft] *f* guardianship

vorn [fɔrn] *adv* at the front; **~ im Bus** at the front of the bus; **nach ~** to the front; **von ~** *(von der Vorderseite her)* from the front; *(von Anfang an)* from the beginning; **von ~ bis**

hinten (*fam*) from beginning to end; **jetzt kann ich wieder von ~ anfangen** now I have to start from scratch all over again

Vorname *m* first name

vorne *adv s.* **vorn**

vornehm ['foːɐ̯·neːm] *adj* ❶ (*elegant*) elegant; *Mensch, Benehmen* distinguished ❷ (*luxuriös*) *Gegend, Restaurant* exclusive ▶ WENDUNGEN: ~ **tun** (*pej*) to put on airs

vor|nehmen *vt irreg* ❶ (*einplanen*) ■**sich** *dat* **etw** ~ to plan sth ❷ (*sich eingehend beschäftigen*) ■**sich** *dat* **etw** ~ to get to work on sth ❸ (*fam: sich vorknöpfen*) ■**sich** *dat* **jdn** ~ to give sb a good talking-to ❹ (*ausführen*) to carry out *sep;* **Änderungen** ~ to make changes

vornherein ['fɔrn·hɛ·rain] *adv* ■**von** ~ from the start

Vorort ['foːɐ̯·ʔɔrt] *m* suburb

Vorplatz *m* forecourt

vorprogrammiert *adj* pre-programmed; (*vorbestimmt*) predetermined

Vorrang *m kein pl* ❶ (*Priorität*) priority (**vor** +*dat* over); **mit** ~ as a matter of priority ❷ ÖS-TERR (*Vorfahrt*) right of way

vorrangig **I.** *adj* priority *attr,* of prime importance *pred;* ■~ **sein** to have priority **II.** *adv* as a matter of priority

Vorrat <-[e]s, Vorräte> ['foːɐ̯·raːt, *pl* 'foːɐ̯·rɛ·tə] *m* stock, supply (**an** +*dat* of); **etw auf** ~ **kaufen** to stock up on sth; **Vorräte anlegen** to stock up on sth; **so lange der** ~ **reicht** while supplies last

vorrätig ['foːɐ̯·rɛ·tɪç] *adj* in stock *pred;* **etw** ~ **haben** to have sth in stock

Vorratskammer *f* pantry

Vorrecht *nt* privilege

Vorreiter(in) *m(f)* pioneer

Vorrichtung <-, -en> *f* device, gadget

vor|rücken **I.** *vi sein* ❶ MIL to advance (**gegen** +*akk* on) ❷ (*nach vorn rücken*) to move forward **II.** *vt haben* to move forward

Vorruhestand *m* early retirement

Vorrunde *f* SPORT preliminary round

Vorsaison *f* low season

Vorsatz <-[e]s, Vorsätze> ['foːɐ̯·zats, *pl* foːɐ̯·zɛ·tsə] *m* resolution; **den** ~ **fassen, etw zu tun** to resolve to do sth

vorsätzlich ['foːɐ̯·zɛts·lɪç] **I.** *adj* deliberate, intentional **II.** *adv* deliberately, intentionally

Vorschau <-, -en> *f* FILM, TV trailer (**auf** +*akk* for), preview (**auf** +*akk* of)

Vorschein *m* **etw zum** ~ **bringen** (*finden*) to find sth; (*zeigen*) to produce sth; **zum** ~ **kommen** (*sich bei Suche zeigen*) to turn up; (*offenbar werden*) to come to light

vor|schieben *vt irreg* ❶ (*vorschützen*) to use as an excuse ❷ (*für sich agieren lassen*) ■**jdn** ~ to use sb as a front man/woman ❸ (*nach vorn schieben*) to push forward ❹ (*vor etw schieben*) *Riegel* to push across

vor|schießen *vt irreg Geld* to advance

Vorschlag *m* suggestion; (*jdm*) **einen** ~ **machen** to make a suggestion [to sb]; **auf jds**

~ [hin] on sb's recommendation

vor|schlagen *vt irreg* ❶ (*als Vorschlag unterbreiten*) to suggest ❷ (*empfehlen*) to recommend

Vorschlaghammer *m* sledgehammer

vor|schreiben *vt irreg* ■**jdm etw** ~ to stipulate sth to sb; **schreib mir nicht vor, was ich machen soll!** don't tell me what to do!

Vorschrift *f* ADMIN regulation, rule; (*Anweisung*) instructions *pl;* (*polizeilich*) orders *pl;* ~ **sein** to be the rule[s]; **jdm ~en machen** to tell sb what to do

vorschriftsmäßig *adj, adv* according to [the] regulations

Vorschub *m* **einer S.** *dat* ~ **leisten** to encourage sth

Vorschulalter *nt kein pl* preschool age; **im** ~ **sein** to be of preschool age

Vorschule *f* preschool

> ℹ️ In Switzerland, every child has the right to attend a **Vorschule** for at least one or two years. The **Vorschule** is voluntary and free. In most cantons, children attend such schools for 4–5 hours a day and are prepared for elementary school.

VorschussᴿᴿRR <-es, Vorschüsse>, **VorschußᴬᴸᵀALT** <-sses, Vorschüsse> ['foːɐ̯·ʃʊs] *m* advance

vor|schweben *vi* to have in mind

vor|sehen *irreg* **I.** *vr* ■**sich** *akk* ~ to watch out (**vor** +*dat* for); **sieh dich vor!** watch it! **II.** *vt* ❶ (*eingeplant haben*) **das Geld war für den Urlaub vorgesehen** the money was intended for the vacation; ■**jdn** ~ to designate sb; **Sie hatte ich für eine andere Aufgabe** ~ I had you in mind for a different job ❷ (*bestimmen*) to call for; (*in Gesetz, Vertrag*) to provide for **III.** *vi* (*bestimmen*) **es ist vorgesehen, [dass ...]** it is planned [that ...]

Vorsehung <-> ['foːɐ̯·zeː·ʊŋ] *f kein pl* providence

Vorsicht <-> ['foːɐ̯·zɪçt] *f kein pl* care; **etw ist mit** ~ **zu genießen** (*fam*) sth should be taken with a grain of salt; **mit** ~ carefully; **zur** ~ as a precaution; ~! watch out!

vorsichtig **I.** *adj* ❶ (*umsichtig*) careful ❷ (*zurückhaltend*) cautious **II.** *adv* ❶ (*umsichtig*) carefully ❷ (*zurückhaltend*) cautiously

vorsichtshalber *adv* as a precaution, just to be on the safe side

Vorsichtsmaßnahme *f* precaution; ~**n treffen** to take precautions

Vorsilbe *f* prefix

vor|singen *irreg vt* to sing first

vorsintflutlich ['foːɐ̯·zɪnt·fluːt·lɪç] *adj* (*fam*) ancient

Vorsitz ['foːɐ̯·zɪts] *m* chairmanship; **den** ~ **haben** to be chairman/-woman/-person; **den** ~ **bei etw** *dat* **haben** to chair sth

Vorsitzende(r) *f(m) dekl wie adj* chairman/

V

-woman/-person
Vorsorge *f* provisions *pl;* ~ **für etw** *akk* **treffen** to make provisions for sth
vorlsorgen *vi* to provide
Vorsorgeuntersuchung *f* medical checkup
vorsorglich I. *adj* precautionary II. *adv* as a precaution
Vorspann <-[e]s, -e> ['fo:ɐ̯.ʃpan] *m* FILM, TV opening credits *npl*
Vorspeise *f* starter, appetizer
Vorspiel *nt* ❶ MUS prelude; (*zur Probe*) audition ❷ (*vor dem Liebesakt*) foreplay
vorlspielen I. *vt* ❶ MUS to play ❷ (*vorheucheln*) to put on II. *vi* MUS to play
vorlsprechen *irreg* I. *vt* ■ **jdm etw** ~ to say sth for sb first II. *vi* (*offiziell aufsuchen*) ■ **bei jdm/etw** ~ to pay sb/sth a [formal] visit
Vorsprung *m* lead
Vorstadium *nt* early stage
Vorstadt *f* suburb
Vorstand *m* ❶ (*Geschäftsführung*) [management] board; (*einer Partei, eines Vereins*) [executive] committee ❷ (*Vorstandsmitglied*) director, board member; (*einer Partei*) executive; (*eines Vereins*) [member of the] executive [committee]
vorlstehen *vi irreg sein o haben* ❶ (*hervorragen*) to be prominent, to protrude ❷ (*Vorsteher sein*) ■ **einer S.** *dat* ~ to be the head of sth
Vorsteher(in) <-s, -> ['fo:ɐ̯.ʃte:ɐ] *m(f)* head
vorstellbar *adj* conceivable, imaginable; **kaum** ~ almost inconceivable
vorlstellen I. *vt* ❶ (*gedanklich sehen*) ■ **sich** *dat* **etw** ~ to imagine sth; **das muss man sich mal** ~! just imagine [it]!; **unter dem Namen Schlüter kann ich mir nichts** ~ the name Schlüter doesn't mean a thing to me ❷ (*als angemessen betrachten*) ■ **sich** *dat* **etw** ~ to have sth in mind ❸ (*bekannt machen*) ■ **jdm jdn** ~ to introduce sb to sb ❹ (*präsentieren*) ■ **jdm etw** ~ to present sth to sb ❺ (*vorrücken*) *Uhr* to set forward II. *vr* ■ **sich** *akk* ~ ❶ (*bekannt machen*) to introduce oneself ❷ **bei Arbeitgeber** to have an interview
Vorstellung *f* ❶ (*gedankliches Bild*) idea; **in jds** ~ in sb's mind; **das Gehalt entspricht nicht ganz meinen** ~**en** the salary doesn't quite meet my expectations; **bestimmte** ~**en haben** to have certain ideas; **falsche** ~**en haben** to have false hopes ❷ THEAT performance; FILM screening ❸ (*Präsentation*) presentation
Vorstellungsgespräch *nt* interview
Vorstellungskraft *f kein pl,* **Vorstellungsvermögen** *nt kein pl* [powers *npl* of] imagination
vorlstoßen *irreg vi sein* to venture; *Truppen* to advance
Vorstrafe *f* previous conviction
vorlstrecken *vt* ❶ (*leihen*) **jdm einen Geldbetrag** ~ to advance sb a sum of money ❷ (*nach vorn strecken*) to stretch forward; **den Arm/die Hand** ~ to stretch out one's arm/hand

Vorstufe *f* preliminary stage
Vortag *m* **am** ~ the day before; **vom** ~ from yesterday
vorltäuschen *vt Unfall* to fake; *Interesse* to feign
Vorteil <-s, -e> ['fo:ɐ̯.tail] *m* advantage; **er ist nur auf seinen** ~ **bedacht** he only ever thinks of his own interests; **im** ~ **sein** to have an advantage (**gegenüber** +*dat* over); **von** ~ **sein** to be advantageous (**für** +*akk* for/to)
vorteilhaft *adj* favorable (**für** +*akk* for); *Geschäft* lucrative, profitable
Vortrag <-[e]s, Vorträge> ['fo:ɐ̯.tra:k, *pl* 'fo:ɐ̯.trɛ:.gə] *m* lecture; **einen** ~ **halten** to give a lecture (**über** +*akk* about/on)
vorltragen *vt irreg* ❶ (*berichten*) to present; *Wunsch* to express ❷ (*rezitieren*) to recite; *Lied* to sing
vortrefflich [fo:ɐ̯.trɛf.lɪç] I. *adj* excellent; (*Gedanke, Idee a.*) splendid II. *adv* excellently
vorltreten *vi irreg sein* ❶ (*nach vorn treten*) to step forward ❷ (*vorstehen*) to jut out
Vortritt¹ *m* precedence, priority; ■ **jdm den** ~ **lassen** to let sb go first
Vortritt² *m kein pl* SCHWEIZ (*Vorfahrt*) right of way
vorüber [fo.'ry:.bɐ] *adv* ■ ~ **sein** ❶ *räumlich* to have gone past ❷ *zeitlich* to be over; *Schmerz* to be gone
vorüberlgehen [fo.'ry:.bɐ.ge:.ən] *vi irreg sein* to pass; *Schmerz* to go
vorübergehend I. *adj* temporary II. *adv* for a short time; ~ **geschlossen** temporarily closed
Vorurteil ['fo:ɐ̯.ʔʊr.tail] *nt* prejudice; ~**e haben** to be prejudiced (**gegenüber** +*dat* against)
vorurteilslos I. *adj* unprejudiced II. *adv* without prejudice
Vorverkauf *m* advance sale
Vorverkaufsstelle *f* advance ticket office
vorlverlegen* *vt* to move up (**auf** +*akk* to)
Vorwahl *f* ❶ (*vorherige Auswahl*) pre-selection [process] ❷ POL primary [election] ❸ TELEK area code
vorlwählen *vt* TELEK to dial first
Vorwand <-[e]s, Vorwände> ['fo:ɐ̯.vant, *pl* 'fo:ɐ̯.vɛn.də] *m* pretext, excuse; **unter einem** ~ on a pretext
vorlwarnen *vt* to warn [in advance]
Vorwarnung *f* [advance] warning
vorwärts ['fo:ɐ̯.vɛrts] *adv* forward; ~! onward!, move it!
vorwärtslbringen *vt irreg* ■ **jdn** ~ to help sb make progress
Vorwärtsgang <-gänge> *m* forward gear
vorwärtslkommen *vi irreg sein* to make progress
Vorwäsche <-, -n> *f* prewash [cycle]
vorlwaschen *vt irreg* to prewash
vorweg [fo:ɐ̯.'vɛk] *adv* ❶ (*zuvor*) beforehand ❷ (*an der Spitze*) in front
vorweglnehmen [fo:ɐ̯.'vɛk.ne:.mən] *vt irreg* to anticipate

vorweihnachtlich *adj* pre-Christmas

vor|weisen *vt irreg* ❶ (*nachweisen*) **Erfahrung ~ können** to have experience ❷ (*vorzeigen*) to show

vor|werfen *vt irreg* ❶ (*als Vorwurf vorhalten*) ■ **jdm etw ~** to reproach sb for [doing] sth; **sich** *dat* **nichts vorzuwerfen haben** to have a clear conscience ❷ (*als Futter hinwerfen*) ■ **einem Tier etw ~** to throw sth to an animal

vorwiegend *adv* predominantly, mainly

vorwitzig *adj* cocky

Vorwort <-worte> *nt* foreword, preface

Vorwurf <-[e]s, Vorwürfe> *m* reproach; ■ **jdm Vorwürfe machen** to reproach sb (**wegen** +*dat* for)

vorwurfsvoll I. *adj* reproachful II. *adv* reproachfully

Vorzeichen *nt* ❶ (*Omen*) omen ❷ (*Anzeichen*) sign

Vorzeit ['foːɐ̯·tsait] *f* prehistoric times

vorzeitig ['foːɐ̯·tsai·tɪç] *adj* early; *Tod* untimely

vorzeitlich ['foːɐ̯·tsait·lɪç] *adj* prehistoric

vor|ziehen *vt irreg* ❶ (*bevorzugen*) to prefer ❷ (*zuerst erfolgen lassen*) *Termin* to move up ❸ (*nach vorn ziehen*) to pull forward

Vorzimmer *nt* ❶ (*Sekretariat*) secretary's office ❷ ÖSTERR (*Diele*) hall

Vorzug <-[e]s, Vorzüge> ['foːɐ̯·tsuːk, *pl* 'foːɐ̯·tsyː·gə] *m* ❶ (*gute Eigenschaft*) asset, merit ❷ (*Vorteil*) advantage ❸ (*Bevorzugung*) **einer S. den ~ geben** to prefer sth

vorzüglich [foːɐ̯·'tsyː·g·lɪç] I. *adj* excellent, first-rate II. *adv* excellently; **~ speisen** to have a sumptuous meal

Vorzugspreis *m* discount fare

vorzugsweise *adv* primarily

Votum <-s, Voten *o* Vota> ['voː·tʊm, *pl* 'voː·tən, 'voː·ta] *nt* ❶ (*Entscheidung*) decision ❷ POL vote

Voyeur <-s, -e> [voa·'jøːɐ̯] *m* voyeur

Voyeurismus <-> [voa·'jøː·ɐɪs·mʊs] *m kein pl* voyeurism

voyeuristisch *adj* voyeuristic

vulgär [vʊl·'gɛːɐ̯] I. *adj* vulgar II. *adv* **sich ~ ausdrücken** to use vulgar language

Vulkan <-[e]s, -e> [vʊl·'kaːn] *m* volcano

Vulkanausbruch [vʊ-] *m* volcanic eruption

vulkanisch [vʊl·'kaː·nɪʃ] *adj* volcanic

W

W, w <-, - *o fam* -s, -s> [veː] *nt* W, w; **~ wie Wilhelm** W as in Whiskey

Waadt <-> [vaːt] *f* Vaud

Waage <-, -n> ['vaː·gə] *f* ❶ TECH scale ❷ *kein pl* ASTROL Libra

waagerecht ['vaː·gə·rɛçt] I. *adj* horizontal

II. *adv* horizontally

Waagerechte <-n, -n> *f* horizontal [line]; **in der ~n** level

wabbelig ['va·bə·lɪç], **wabblig** ['vab·lɪç] *adj* wobbly

wach [vax] *adj* awake; ■ **~ werden** to wake up

Wache <-, -n> ['va·xə] *f* ❶ *kein pl* (*Wachdienst*) guard duty; **~ stehen** to be on guard duty ❷ (*Wachposten*) guard ❸ (*Polizeiwache*) police station

wachen ['va·xn] *vi* ❶ (*Wache halten*) to keep watch ❷ ■ **über etw** *akk* **~** to ensure that sth is done

Wachhund *m* watchdog

Wachmann <-leute *o* -männer> *m* ❶ (*Wächter*) [night] watchman ❷ ÖSTERR (*Polizist*) policeman

wach|rufen *vt irreg Erinnerungen* to evoke

Wachs <-es, -e> [vaks] *nt* wax

wachsam ['vax·zaːm] I. *adj* vigilant, watchful II. *adv* vigilantly, watchfully

Wachsamkeit <-> *f kein pl* vigilance

wachsen¹ <wächst, wuchs, gewachsen> ['vak·sn̩] *vi sein* to grow (**um** +*akk* by); **in die Breite/Höhe ~** to grow broader/taller

wachsen² ['vak·sn̩] *vt* (*mit Wachs einreiben*) to wax

wächst 3. *pers sing pres von* **wachsen¹**

Wachstum <-[e]s> ['vaks·tuːm] *nt kein pl* growth

Wachtel <-, -n> ['vax·tl̩] *f* quail

Wächter(in) <-s, -> ['vɛç·tɐ] *m(f)* ❶ (*einer Anstalt*) guard; (*Wachmann*) [night] watchman ❷ ([*moralischer*] *Hüter*) guardian

Wach(t)turm *m* watchtower

wackelig ['va·kə·lɪç] *adj Konstruktion* rickety; *Stuhl* unsteady

Wackelkontakt *m* loose connection

wackeln ['va·kl̩n] *vi* ❶ (*wackelig sein*) to wobble; *Konstruktion* to shake ❷ (*hin und her bewegen*) **mit dem Stuhl ~** to rock [in] one's chair; **mit dem Kopf ~** to shake one's head; **mit den Ohren ~** to wiggle one's ears

Wackelpudding *m* (*fam*) jello

wacklig ['vak·lɪç] *adj s.* **wackelig**

Wade <-, -n> ['vaː·də] *f* calf

Waffe <-, -n> ['va·fə] *f* weapon; **zu den ~n greifen** to take up arms ▶ WENDUNGEN: **jdn mit seinen eigenen ~n schlagen** to beat sb at his own game

Waffel <-, -n> ['va·fl̩] *f* waffle

Waffeleisen *nt* waffle iron

Waffenbesitz *m* possession of firearms

Waffenhandel *m* arms trade

Waffenhändler *m* arms dealer

Waffenruhe *f* ceasefire

Waffenschein *m* gun license

Waffenstillstand *m* armistice

wagemutig *adj* daring

wagen ['vaː·gn̩] I. *vt* ❶ (*riskieren*) to risk ❷ (*sich trauen*) ■ **es ~, etw zu tun** to dare [to] do sth ▶ WENDUNGEN: **wer nicht wagt, der nicht gewinnt** (*prov*) nothing ventured, nothing gained **II.** *vr* ■ **sich** *akk* **irgendwohin** ~ to venture out to somewhere

Wagen <-, - *o* SÜDD, ÖSTERR Wägen> ['vaː·gn̩] *m* (*Auto, Zug*) car

Wagenheber <-s, -> *m* jack

Waggon <-s, -s> [va·'gõ, va·'gɔn] *m* RAIL car

waghalsig ['vaːk·hal·zɪç] *adj* daring

Wagnis <-ses, -se> ['vaːk·nɪs] *nt* ❶ (*riskantes Vorhaben*) risky venture ❷ (*Risiko*) risk

Wagon <-s, -s> [va·'gõ, va·'gɔn] *m s.* **Waggon**

Wahl <-, -en> [vaːl] *f* ❶ POL election; **zur** ~ **gehen** to [go to] vote ❷ (*Auswahl*) choice; **eine** ~ **treffen** to make a choice; **jdm die** ~ **lassen** to let sb choose; **jdm keine** ~ **lassen** to leave sb no choice

wahlberechtigt *adj* entitled to vote *pred*

Wahlbeteiligung *f* [voter] turnout

wählen ['vɛː·lən] *vi, vt* ❶ (*auswählen*) to choose ❷ POL to vote; ■ **jdn** ~ to vote for sb; ■ **jdn zu etw** *dat* ~ to elect sb [as] sth ❸ TELEK to dial

Wähler(in) <-s, -> *m(f)* voter

Wahlergebnis *nt* election result

wählerisch ['vɛː·lə·rɪʃ] *adj* particular, choos[e]y *fam;* (*Kunde*) discerning

Wahlgang *m* ballot

Wahlkampf *m* election campaign

wahllos ['vaːl·loːs] **I.** *adj* indiscriminate **II.** *adv* indiscriminately

Wahlniederlage *f* electoral defeat

Wahlplakat *nt* election poster

Wahlrecht *nt kein pl* [right to] vote; **das allgemeine** ~ universal suffrage

Wahlsieg *m* election victory

Wahlspruch *m* motto, slogan

wahlweise *adv* as desired

Wahlwiederholung *f* TELEK automatic redial

Wahn <-[e]s> [vaːn] *m kein pl* ❶ (*irrige Vorstellung*) delusion ❷ (*Manie*) mania

Wahnsinn *m kein pl* ❶ (*Geisteskrankheit*) insanity ❷ (*fam: Unsinn*) madness; ~! amazing!

wahnsinnig I. *adj* ❶ (*geisteskrank*) insane; **jdn** ~ **machen** (*fam*) to drive sb crazy ❷ (*fam: unsinnig*) crazy ❸ *attr* (*fam: gewaltig*) terrible, dreadful **II.** *adv* (*fam: sehr*) terribly, dreadfully; ~ **viel** a whole lot

Wahnsinnige(r) *f(m) dekl wie adj* lunatic

Wahnvorstellung *f* delusion

wahr [vaːɐ̯] *adj* ❶ (*zutreffend*) true ❷ *attr* (*wirklich*) real; ~ **werden** to become a reality; **etw** ~ **machen** to carry out sth ▸ WENDUNGEN: **das darf doch nicht** ~ **sein!** (*verärgert*) I don't believe this [is happening]!; (*entsetzt*) this can't be true!; **da ist etwas W~es dran** there is some truth in it; (*als Antwort*) you're right about that; **etw ist** [**auch**] **nicht das W~e** sth is not the real McCoy *fam*

wahren ['vaː·rən] *vt* ❶ (*erhalten*) to maintain; **die Form** ~ (*geh*) to maintain etiquette [*or* social graces] ❷ (*schützen*) to protect; **jds Interessen** ~ to look after sb's interests

während ['vɛː·rənt] **I.** *präp* +*gen* during **II.** *konj* ❶ (*zur selben Zeit*) while ❷ (*wohinge-*

gen) whereas

währenddessen ['vɛː·rənt·'dɛ·sn̩] *adv* meanwhile, in the meantime

wahrhaben *vt* ■ **etw nicht** ~ **wollen** to not want to admit sth

wahrhaftig [vaːɐ̯·'haf·tɪç] *adv* really

Wahrheit <-, -en> ['vaːɐ̯·hait] *f* truth; **es mit der** ~ **nicht so genau nehmen** to stretch the truth

wahrlich ['vaːɐ̯·lɪç] *adv* really

wahrnehmbar *adj* perceptible; *Geräusch* audible

wahr|nehmen ['vaːɐ̯·neː·mən] *vt irreg* ❶ (*merken*) to perceive; *Geräusch, Geschmack* to detect ❷ (*nutzen*) *Gelegenheit* to take advantage of; *Interessen* to look after; *Termin* to keep

Wahrnehmung <-, -en> *f Geräusch* detection; *Geruch* perception

wahr|sagen ['vaːɐ̯·za·gn̩] *vi* to tell fortunes

Wahrsager(in) <-s, -> ['vaːɐ̯·za·gɐ] *m(f)* fortune teller

wahrscheinlich [vaːɐ̯·'ʃain·lɪç] **I.** *adj* probable, likely **II.** *adv* probably

Wahrscheinlichkeit <-, -en> *f* probability; **aller** ~ **nach** in all probability

Währung <-, -en> ['vɛː·rʊŋ] *f* currency

Währungspolitik *f* monetary policy

Währungsreform *f* currency reform

Wahrzeichen ['vaːɐ̯·tsai·çn̩] *nt* landmark

Waise <-, -n> ['vai·zə] *f* orphan

Waisenhaus *nt* orphanage

Waisenkind *nt* orphan

Waisenrente *f a living subsidy for a juvenile orphan*

Wal <-[e]s, -e> [vaːl] *m* whale

Wald <-[e]s, Wälder> [valt, *pl* 'vɛl·dɐ] *m* forest, woods *pl*

Waldbrand *m* forest fire

Waldlauf *m* cross-country run

Waldschaden *m* damage to forests

Waldsterben *nt* [forest] dieback

Waldweg *m* forest path

Wales <-> [weɪls] *nt* Wales; *s. a.* **Deutschland**

Walfang ['vaːl·faŋ] *m kein pl* whaling

Waliser(in) <-s, -> [va·'liː·zɐ] *m(f)* Welshman *masc,* Welshwoman *fem; s. a.* **Deutsche(r)**

walisisch [va·'liː·zɪʃ] *adj* Welsh; *s. a.* **deutsch**

Walisische <-n> [va·'liː·zɪ·ʃə] *nt* ■ **das** ~ Welsh, the Welsh language; *s. a.* **Deutsche**

Wall <-[e]s, Wälle> [val, *pl* 'vɛ·lə] *m* embankment; *Burg* rampart

Wallfahrer(in) *m(f)* pilgrim

Wallfahrt ['val·faːɐ̯t] *f* pilgrimage

Wallfahrtsort *m* place of pilgrimage

Wallis <-> ['va·lɪs] *nt* Valais (*Swiss Canton*)

Walliser(in) <-s, -> [va·'li·zɐ] *m(f)* inhabitant of Valais (*in Switzerland*)

Wallung <-, -en> *f* (*Hitzewallung*) [hot] flash *usu pl* ▸ WENDUNGEN: **jdn in** ~ **bringen** to make sb's blood surge

Walnuss^{RR} ['val·nʊs] *f* walnut

Walnussbaum^{RR} *m* walnut [tree]

i The **Walpurgisnacht** is the eve of May 1st and, according to ancient German folklore, is the night of the Witches' Sabbat on the Blocksberg (that used to be called the Brocken), the highest peak in the Harz mountains of central Germany.

Walrossᴿᴿ <-es, -e>, **Walroß**ᴬᴸᵀ <-rosses, -rosse> ['val·rɔs] *nt* walrus

walten ['val·tn̩] *vi* (*geh*) ❶ (*herrschen*) to reign ❷ (*üben*) **Nachsicht ~ lassen** to show leniency

Walze <-, -n> ['val·tsə] *f* roller

wälzen ['vɛl·tsn̩] **I.** *vt* ❶ (*rollen*) to roll ❷ *Probleme* to turn over in one's mind ❸ *Bücher* to pore over **II.** *vr* ▪ **sich ~** to roll (**in** +*dat* in); **sie wälzte sich im Bett hin und her** she tossed and turned in bed

Walzer <-s, -> ['val·tsɐ] *m* waltz

Wampe <-, -n> ['vam·pə] *f* (*fam*) [beer] belly

wand *imp von* **winden**[1]

Wand <-, Wände> [vant, *pl* 'vɛn·də] *f* wall; **da könnte ich die Wände hochgehen!** (*fig fam*) that drives me up the wall!

Wandalismus <-> [van·da·'lɪs·mʊs] *m kein pl* s. **Vandalismus**

Wandel <-s> ['van·dl̩] *m kein pl* change

wandeln ['van·dl̩n] *vt, vr* ▪ **[sich] ~** to change

Wanderausstellung *f* traveling exhibit

Wanderer, Wanderin <-s, -> ['van·də·rɐ] *m, f* hiker

Wanderkarte *f* trail map

wandern ['van·dɐn] *vi sein* ❶ (*eine Wanderung machen*) to hike ❷ *ZOOL* to migrate ❸ (*fam*) **in den Müll ~** to be thrown in the garbage

Wanderung <-, -en> ['van·də·rʊŋ] *f* hike

Wandervogel *m* ❶ (*Zugvogel*) migratory bird ❷ (*hum*) avid hiker

Wanderweg *m* [hiking] trail

Wanderzirkus *m* traveling circus

Wandlung <-, -en> ['vand·lʊŋ] *f* change

Wandschrank *m* built-in wall closet

wandte ['van·tə] *imp von* **wenden**

Wange <-, -n> ['va·ŋə] *f* cheek

wankelmütig ['vaŋ·kl̩·my:·tɪç] *adj* inconsistent

wanken ['vaŋ·kn̩] *vi* ❶ *haben* (*schwanken*) to sway ❷ *sein* (*wankend gehen*) to stagger

wann [van] *adv* when; **seit ~** since when; **~ [auch] immer** whenever

Wanne <-, -n> ['va·nə] *f* tub

Wanst <-[e]s, Wänste> [vanst, *pl* 'vɛns·tə] *m* belly

Wanze <-, -n> ['van·tsə] *f* bug

wappnen ['vap·nən] *vr* ▪ **sich** *akk* [**gegen etw**] **~** to prepare oneself [for sth]

war [va:ɐ] *imp von* **sein**[1]

warb [varp] *imp von* **werben**

Ware <-, -n> ['va:·rə] *f* article, product

Warenangebot *nt* range of products

Warenbestand *m* stock

Warenhaus *nt* department store

Warenlager *nt* warehouse

warf [varf] *imp von* **werfen**

warm <wärmer, wärmste> [varm] *adj* warm; **etw ~ halten** to keep sth warm; **etw ~ machen** to heat sth up; **den Motor ~ laufen lassen** to let the engine warm up; **mir ist zu ~** I'm hot ▶ WENDUNGEN: **etw wärmstens empfehlen** to highly recommend sth; **mit jdm ~ werden** to warm to sb

Wärme <-> ['vɛr·mə] *f kein pl* warmth

Wärmekraftwerk *nt* thermal power plant

wärmen ['vɛr·mən] **I.** *vt* to warm up; ▪ **sich** [**gegenseitig**] **~** to keep each other warm **II.** *vi* to be warm

wärmer *adj komp von* **warm**

Wärmeregler *m* thermostat

Wärmflasche *f* hot-water bottle

Wärmhaltekanne *f* thermos

warm|halten *vr irreg* ▪ **sich** *dat* **jdn ~** to maintain a good relationship with sb

Warmhalteplatte *f* hot plate

warmherzig *adj* warm-hearted

Warmmiete *f* rent including heat

Warmstart *m* COMPUT soft reset

wärmste(r, s) *adj superl von* **warm**

Warmwasserversorgung *f* hot water supply

Warnblinkanlage *f* AUTO hazard lights *pl*, hazards *pl fam*

Warndreieck *nt* hazard warning triangle

warnen ['var·nən] *vt* to warn (**vor** +*dat* about)

Warnlicht *nt* AUTO hazard lights *pl*, harzards *pl fam*

Warnschild *nt* warning sign

Warnschussᴿᴿ *m* warning shot

Warnsignal *nt* warning signal

Warnstreik *m* warning strike

Warnung <-, -en> *f* warning (**vor** +*dat* about)

Warschau <-s> ['var·ʃau] *nt* Warsaw

Wartehalle *f* waiting room

Warteliste *f* waiting list

warten ['var·tn̩] **I.** *vi* to wait (**auf** +*akk* for); **auf sich ~ lassen** to be a long time [in] coming; **warte mal!** hold on!; **na warte!** just you wait! **II.** *vt Gerät* to service

Wärter(in) <-s, -> ['vɛr·tɐ] *m(f)* ❶ (*Gefängniswärter*) prison guard ❷ (*Tierpfleger*) keeper

Warteraum *m* waiting room

Warteschlange *f* line

Wartezeit *f* wait

Wartezimmer *nt* waiting room

Wartung <-, -en> *f* service, maintenance

warum [va·'rʊm] *adv* why

Warze <-, -n> ['var·tsə] *f* wart

was [vas] **I.** *pron interrog* what; **~ bedeutet das?** what does that mean?; **~ kostet das?** how much does that cost?; **~ ist?** what's up?; **~ für ein ...** what kind of ...; **~ für ein Glück!** what luck! **II.** *pron rel* what; **alles, ~ du willst** everything you want; **alles, ~ ich weiß** all [that] I know **III.** *pron indef* (*fam: etwas*) something; (*in Fragesätzen*) anything; **ist ~?** is

W

anything wrong?; **gibt es ~ Neues?** have you heard anything [new]?; **kann ich ~ helfen?** is there anything I can do to help?

Waschanlage *f* car wash

Waschanleitung *f* washing instructions *pl*

waschbar *adj* washable

Waschbär *m* raccoon

Waschbecken *nt* sink

Wäsche <-> *f kein pl* ❶ *(das Waschen, Schmutzwäsche)* laundry, wash ❷ *(Unterwäsche)* underwear ❸ *(Haushaltswäsche)* linens *pl*

waschecht *adj* ❶ *(typisch)* genuine, real ❷ *(nicht verbleichend)* colorfast

Wäscheklammer *f* clothespin

Wäschekorb *m* laundry basket

Wäscheleine *f* [clothes]line

waschen <wäscht, wusch, gewaschen> ['va·ʃn] *vt* to wash

Wäscherei <-, -en> [vɛ·ʃə·'rai] *f* laundry

Wäscheschrank *m* linen cupboard

Wäscheständer *m* clotheshorse, drying rack

Wäschetrockner <-s, -> *m* drier

Waschküche *f* laundry room

Waschlappen *m* ❶ *(Lappen)* washcloth ❷ *(fam: Feigling)* wimp

Waschmaschine *f* washing machine

Waschmittel *nt* detergent

Waschpulver *nt* laundry powder

Waschraum *m* laundry room

Waschsalon *m* laundromat

Waschstraße *f* car wash

wäscht *3. pers sing pres von* **waschen**

Wasser <-s, - *o* Wässer> ['va·sɐ, *pl* 'vɛ·sɐ] *nt* water; **~ abweisend** water-repellent; **etw unter ~ setzen** to flood sth; **unter ~ stehen** to be flooded ▸ WENDUNGEN: **ins ~ fallen** to fall through; **das ~ bis zum Hals stehen haben** to be up to one's ears in debt; **sich über ~ halten** to keep oneself above water; **jdm läuft das ~ im Mund zusammen** *(fam)* sb's mouth is watering

Wasseranschlussᴿᴿ *m* water main connection

Wasseraufbereitungsanlage *f* water treatment plant

Wasserball *m* ❶ *kein pl (Sport)* water polo ❷ *(Ball)* beach ball

Wasserbett *nt* waterbed

Wasserdampf *m* steam

wasserdicht *adj* watertight, waterproof

Wasserfall *m* waterfall

wasserfest *adj* waterproof, water-resistant

Wasserflugzeug *nt* seaplane

Wasserglas *nt* glass, tumbler

Wassergraben *m* ditch

Wasserhahn *m* [water] faucet

Wasserhärte *f* hardness of the water

wässerig ['vɛ·sə·rɪç] *adj s.* **wäss(e)rig**

Wasserkessel *m* KOCH [tea]kettle; TECH boiler

Wasserkraft *f kein pl* water power

Wasserkraftwerk *nt* hydroelectric power station

Wasserleitung *f* water pipe

wasserlöslich *adj* water-soluble

Wassermann ['va·sə·man] *m* ASTROL Aquarius

Wassermelone *f* watermelon

Wassermühle *f* water mill

wässern ['vɛ·sɐn] *vt* to water

Wasserpistole *f* water pistol

Wasserrohr *nt* water pipe

Wasserschaden *m* water damage

wasserscheu *adj* scared of water

Wasserschutzgebiet *nt* water protection area

Wasserschutzpolizei *f* river police

Wasserski *m* ❶ *kein pl (Sportart)* waterskiing ❷ *(Sportgerät)* waterski

Wasserspiegel *m* water level

Wassersport *m* water sports *pl*

Wassersportler(in) *m(f)* water sports enthusiast

Wasserspülung *f* flush

Wasserstand *m* water level

Wasserstrahl *m* jet of water

Wasserverbrauch *m* water consumption

Wasserverschmutzung *f* water pollution

Wasserversorgung *f* water supply

Wasserwaage *f* level

Wasserwerfer *m* water cannon

Wasserwerk *nt* waterworks + *sing/pl vb*

Wasserzähler *m* water meter

wäss(e)rigᴿᴿ, **wäß(e)rig**ᴬᴸᵀ ['vɛs(ə)·rɪç] *adj* **Suppe** watery

waten ['va:·tn] *vi sein* to wade

Watsche <-, -n> ['va:·tʃə] *f*, **Watschen** <-, -> ['va:·tʃn] *f* ÖSTERR, SÜDD *(fam)* slap in the face

watscheln ['va:·tʃln] *vi sein* to waddle

Watt¹ <-s, -> [vat] *nt* PHYS watt

Watt² <-[e]s, -en> [vat] *nt* mudflats *pl*

ℹ️ The **Watt** is a large area of tidal mudflats (similar to tideland in the USA) on the North Sea coast. At low tide, one can walk on the sandy seabed. At high tide, the **Watt** lies several feet underwater and flat-bottomed coastal ships sail over it.

Watte <-, -n> ['va·tə] *f* cotton wool

Wattenmeer *nt kein pl* mudflats *pl*

Wattestäbchen *nt* cotton swab, Q-tip®

wattieren* [va·'ti:·rən] *vt* to pad

WC <-s, -s> [ve:·'tse:] *nt* bathroom

weben <webte *o geh* wob, gewebt *o geh* gewoben> ['ve:·bn] *vt, vi* to weave

Webseite *f* INET Web page

Webserver *m* INET Web server

Website <-, -s> ['wɛb·ˌsaɪt] *f* INET Web site

Wechsel <-s, -> ['vɛk·sl] *m* ❶ *(Änderung)* change; **in stündlichem ~** on an hourly rotation ❷ SPORT *(Spielerwechsel)* substitution, change

Wechselbeziehung *f* correlation, interrelation

Wechselgeld *nt kein pl* change

wechselhaft ['vɛk·sl·] *adj* changeable

Wechseljahre *pl* menopause; **in die ~ kom-**

men to reach menopause

Wẹchselkurs *m* exchange rate

wechseln ['vɛk·sļn] *vt, vi* to change

wẹchselnd *adj* changing; **mit ~em Erfolg** with varying [degrees of] success

wẹchselseitig *adj* mutual

Wẹchselstrom *m* alternating current

Wẹchselstube *f* exchange booth

wẹchselweise *adv* alternately

Wẹchselwirkung *f* interaction

wecken ['vɛ·kn̩] *vt* ❶ (*aufwecken*) to wake [up] ❷ (*hervorrufen*) to bring back *sep; Assoziationen* to create; *Interesse, Verdacht* to arouse

Wecken <-s, -> ['vɛ·kn̩] *m* ÖSTERR, SÜDD (*Brötchen*) loaf of bread

Wecker <-s, -> ['vɛ·kɐ] *m* alarm clock

wedeln ['ve:·dļn] *vi* ■ **mit etw** *dat* ~ to wave sth; *Schwanz* to wag

weder ['ve:·dɐ] *konj* ~ ... **noch** ... neither ... nor ...; ~ **du noch er** neither you nor him; ~ **noch** neither

weg [vɛk] *adv* ❶ (*fort*) ■ ~ **sein** to have left, to be gone; ~ **mit dir!** go away!; **nichts wie ~ hier!** let's get out of here!; ~ **da!** [get] out of the way! ❷ (*fam: hinweggekommen*) ■ **über etw** *akk* ~ **sein** to have gotten over sth

Weg <-[e]s, -e> [ve:k, *pl* 've:·gə] *m* ❶ (*Pfad*) path ❷ (*unbefestigte Straße*) track ❸ (*Strecke*) way; **auf dem ~ sein** to be on one's way; **auf jds ~ liegen** to be on sb's way; **sich** *akk* **auf den ~ machen** to take off ❹ (*Methode*) way; **auf friedlichem ~e** by peaceful means ▸ WEN-DUNGEN: **auf dem ~e der** Besserung **sein** to be on the road to recovery; **jdm auf** halbem **~e entgegenkommen** to meet sb halfway; **jdm/etw aus dem ~ gehen** to avoid sb/sth; **jdm über den ~ laufen** to run into sb; **etw in die ~e leiten** to arrange sth; **etw aus dem ~ räumen** to remove sth; **sich** *akk* **jdm in den ~ stellen** to block sb's path; **jdm nicht über den ~ trauen** to not trust sb for a second

wẹg|bekommen* *vt irreg* (*fam*) ❶ (*entfernen können*) to remove ❷ (*fortbewegen können*) to move away

Wẹgbereiter(in) <-s, -> *m(f)* forerunner, precursor

wẹg|bleiben *vi irreg sein* to stay away; **bleib nicht so lange weg!** don't stay out too long

wẹg|bringen *vt irreg* to take away

wẹg|denken *vt irreg* ■ **sich** *dat* **etw** ~ to imagine sth without sth

wẹg|drehen *vt* to turn away *sep*

wẹg|dürfen *vi irreg* (*fam*) to be allowed to go out

wegen ['ve:·gn̩] *präp* +*gen* ❶ (*aufgrund von*) because of, due to; ■ ~ **ihm** (*fam*) because of him ❷ (*bezüglich*) regarding

wẹg|fahren *irreg* **I.** *vi sein* ❶ (*abfahren*) to drive off, to leave ❷ (*verreisen*) to leave on a trip **II.** *vt haben* (*wegbringen*) to drive [*or* take] away

wẹg|fallen *vi irreg sein* to cease to apply

wẹg|fliegen *vi irreg sein* ❶ *Vogel* to fly away

❷ *Hut, Blätter* to be blown away, to fly off

wẹg|führen *vt, vi* to lead away

wẹg|geben *vt irreg* to give away *sep*

wẹg|gehen *vi irreg sein* ❶ (*fortgehen*) to walk away; (*fam: ausgehen*) to go out ❷ (*fam: sich entfernen lassen*) to go away; **der Fleck geht nicht weg** the stain won't come out

wẹggetreten *adj* ~ **sein** to be miles away

wẹg|gießen *vt irreg* to pour away *sep*

wẹg|gucken *vi* (*fam*) *s.* **wegsehen**

wẹg|hören *vi* to stop listening

wẹg|jagen *vt* to drive away *sep*

wẹg|kommen *vi irreg sein* (*fam*) ❶ (*weggehen können*) to get away ❷ **mach, dass du wegkommst!** get out of here! ❸ (*abhandenkommen*) to disappear ❹ (*fam: abschneiden*) [**bei etw** *dat*] **gut/schlecht** ~ to do/not do well [on sth]

Wẹgkreuzung *f* crossroads

wẹg|kriegen *vt* (*fam*) *s.* **wegbekommen**

wẹg|lassen *vt irreg* ❶ (*auslassen*) to leave out *sep* ❷ (*weggehen lassen*) to let go

wẹg|laufen *vi irreg sein* to run away (**vor** +*dat* from)

wẹg|legen *vt* ❶ (*beiseitelegen*) to put down *sep* ❷ (*aufbewahren*) to put aside *sep*

wẹg|machen *vt* to get rid of

wẹg|müssen *vi irreg* to have to go

wẹg|nehmen *vt irreg* ■ **jdm etw** ~ to take away sth *sep* from sb; ■ **etw** [**von etw** *dat*] ~ to take sth [off sth]

Wẹgrand *m* side of the road

wẹg|rationalisieren* *vt* ■ **jdn/etw** ~ to downsize sb/sth

wẹg|räumen *vt* to clear away *sep*

wẹg|rennen *vi irreg sein* (*fam*) *s.* **weglaufen**

wẹg|rutschen *vi sein* to slip away

wẹg|schaffen *vt* to remove

wẹg|schauen *vi s.* **wegsehen**

wẹg|schicken *vt* ❶ *Person* to send away ❷ *Brief* to send off *sep*

wẹg|schieben *vt irreg* to push away *sep*

wẹg|schleppen *vt* to drag away *sep*

wẹg|schließen *vt irreg* to lock away *sep* (**vor** +*dat* from)

wẹg|schmeißen *vt irreg* (*fam*) *s.* **wegwerfen**

wẹg|schütten *vt s.* **weggießen**

wẹg|sehen *vi irreg* to look away

wẹg|setzen *vr* ■ **sich** ~ to move away

wẹg|stecken *vt* ❶ (*einstecken*) to put away *sep* ❷ (*verkraften*) to get over

wẹg|stellen *vt* to move out of the way

wẹg|stoßen *vt irreg* to push away *sep*; (*mit dem Fuß*) to kick away *sep*

wẹg|tragen *vt irreg* to carry away *sep*

wẹg|tun *vt irreg* ❶ (*wegwerfen*) to throw away *sep* ❷ (*weglegen*) to put down *sep*

wẹgweisend *adj Taten* pioneering; *Erfindung* revolutionary

Wẹgweiser <-s, -> *m* signpost

wẹg|werfen *vt irreg* to throw away *sep*

Wẹgwerfgesellschaft *f* throwaway society

Wẹgwerfpackung *f* disposable packaging

W

weg|wischen *vt* to wipe away *sep*

weg|ziehen *irreg* **I.** *vi sein* to move away; **aus Köln ~** to move from Cologne **II.** *vt haben* **die Hand ~** to pull away one's hand

Wehe[1] <-, -n> ['ve:·ə] *f* (*Schnee-, Sandwehe*) drift

Wehe[2] <-, -n> ['ve:·ə] *f meist pl* (*Geburtswehe*) contraction; **in den ~n liegen** to be in labor

wehen ['ve:·ən] *vi* ❶ *Wind* to blow ❷ *Haare* to blow around; *Fahne* to flutter

wehleidig *adj* oversensitive

wehmütig ['ve:·my:·tɪç] *adj* (*geh*) melancholy; *Erinnerung* nostalgic

Wehr [ve:ɐ̯] *f* **sich zur ~ setzen** to defend oneself

Wehrdienst *m kein pl* military service

wehrdiensttauglich *adj* fit for military service

Wehrdienstverweigerer *m* conscientious objector

wehren ['ve:·rən] *vr* ❶ (*sich widersetzen*) ■**sich** *akk* **gegen etw ~** to fight against sth ❷ (*sich sträuben*) ■**sich** *akk* **dagegen ~, etw zu tun** to resist doing sth

Wehrersatzdienst *m* alternative to military service

wehrlos **I.** *adj* defenseless (**gegen** +*akk* against) **II.** *adv* in a defenseless state; **etw** *dat* **~ gegenüberstehen** to be defenseless against sth

Wehrpflicht *f kein pl* mandatory military service

wehrpflichtig *adj* obliged to enlist for military service

wehrtauglich *adj* fit for military service

weh|tun *vt* to hurt

Weib <-[e]s, -er> [vaip, *pl* 'vai·bɐ] *nt* woman

Weibchen <-s, -> ['vaip·çən] *nt* female

Weiberheld *m* (*pej*) ladykiller *sl*

weiblich ['vaip·lɪç] *adj* ❶ (*fraulich*) feminine ❷ ANAT female ❸ LING feminine

Weiblichkeit <-> *f kein pl* femininity

weich [vaiç] **I.** *adj* soft ▶ WENDUNGEN: **~ werden** to weaken **II.** *adv* softly

weichen <wich, gewichen> ['vai·çn] *vi sein* (*weggehen*) to go; **jdm nicht von der Seite ~** to not leave sb's side; **er wich nicht von der Stelle** he didn't budge from the spot

weichherzig *adj* soft-hearted

Weichkäse *m* soft cheese

weichlich *adj* weak

Weichling <-s, -e> ['vaiç·lɪŋ] *m* (*pej*) weakling

Weichteile *pl* ❶ (*knochenlose Körperteile*) soft parts [of one's body] *pl* ❷ (*fam: männliche Geschlechtsteile*) private parts *pl*

Weide <-, -n> ['vai·də] *f* ❶ BOT willow ❷ AGR meadow

Weideland *nt* pastureland

weiden ['vai·dn] **I.** *vi* (*grasen*) to graze **II.** *vr* ■**sich an etw** *dat* **~** to feast one's eyes on sth; (*schadenfroh*) to revel in sth

weigern ['vai·gɐn] *vr* ■**sich ~** to refuse

Weigerung <-, -en> *f* refusal

Weihnachten <-, -> ['vai·nax·tn̩] *nt* Christmas, Xmas *fam;* **fröhliche ~!** Merry Christmas!

weihnachtlich **I.** *adj* Christmassy, festive **II.** *adv* festively

Weihnachtsabend *m* Christmas Eve

Weihnachtsbaum *m* Christmas tree

Weihnachtsfeier *f* Christmas party

Weihnachtsfest *nt* Christmas

Weihnachtsgeld *nt* Christmas bonus

Weihnachtsgeschenk *nt* Christmas present

Weihnachtslied *nt* [Christmas] carol

Weihnachtsmann *m* Santa Claus, Father Christmas

Weihnachtsmarkt *m* Christmas market

ⓘ The **Weihnachtsmarkt** (Christmas market) is a staple of most cities at Christmastime where people can enjoy all sorts of special food, drink *Glühwein* (mulled wine), and purchase Christmas decorations, presents, and handicrafts. The most famous **Weihnachtsmarkt** in Germany takes place in Nürnberg (Nuremberg).

---

weil [vail] *konj* because, since

Weilchen <-s> *nt kein pl* ■**ein ~** a little while

Weile <-> ['vai·lə] *f kein pl* while; **eine ganze ~** quite a while

Wein <-[e]s, -e> [vain] *m* ❶ (*Getränk*) wine ❷ *kein pl* (*Weinrebe*) [grape]vines *pl* ▶ WENDUNGEN: **jdm reinen ~ einschenken** to tell sb the truth

Weinbau *m kein pl* wine growing

Weinbaugebiet *nt* wine-growing area

Weinbeere *f* ❶ (*Traube*) grape ❷ SÜDD, ÖSTERR, SCHWEIZ (*Rosine*) raisin

Weinberg *m* vineyard

Weinbrand *m* brandy

weinen ['vai·nən] *vi* to cry (**um** +*akk* for)

weinerlich **I.** *adj* tearful **II.** *adv* tearfully

Weinflasche *f* wine bottle

Weinglas *nt* wine glass

Weingut *nt* winery

Weinkeller *m* wine cellar

Weinlese *f* grape harvest

Weinprobe *f* wine tasting

Weinrebe *f* grape[vine]

weinrot *adj* burgundy[-colored]

Weinstube *f* wine bar

Weintraube *f* grape

weise ['vai·zə] **I.** *adj* wise **II.** *adv* wisely

Weise <-, -n> ['vai·zə] *f* way; **auf diese/ bestimmte ~** in this/a certain way; **in gewisser ~** in certain respects

weisen <wies, gewiesen> ['vai·zn̩] **I.** *vt* ❶ **jdm den Weg ~** to show sb the way ❷ **jdn aus dem Zimmer ~** to send sb out of the room ❸ **etw von sich** *dat* **~** to reject sth **II.** *vi* ■**irgendwohin ~** to point somewhere

Weisheit <-, -en> ['vais·hait] *f* ❶ *kein pl* (*Klugheit*) wisdom ❷ *meist pl* (*weiser Rat*) word *usu pl* of wisdom; **eine alte ~ sein** to be a wise old saying ▶ WENDUNGEN: **mit seiner ~ am** Ende **sein** to be at one's wits' end

Weisheitszahn *m* wisdom tooth

weis|machen *vt* ■ **jdm etw ~** to lead sb to believe sth

weiß¹ [vais] *adj* white

weiß² [vais] *3. pers sing pres von* **wissen**

weissagen I. *vi* ■ **jdm ~** to tell sb's fortune II. *vt* ■ |jdm| **etw ~** to prophesy sth [to sb]

Weissagung <-, -en> *f* prophecy

Weißbier *nt* Weissbier (*light, top-fermented beer*)

Weißbrot *nt* white bread

Weiße(r) *f(m) dekl wie adj* white, white man/woman; ■ **die ~n** white people

Weißglut *f* ▶ WENDUNGEN: **jdn zur ~ bringen** to make sb livid with rage

weißhaarig *adj* white-haired

Weißkohl *m*, **Weißkraut** *nt* SÜDD, ÖSTERR white cabbage

Weißrussland^RR *nt* White Russia; *s. a.* Deutschland

Weißwein *m* white wine

Weißwurst *f* Bavarian veal sausage (*simmered and served midmorning with sweet mustard*)

weit [vait] I. *adj* ❶ (*räumlich/zeitlich ausgedehnt*) long; **bis dahin ist es noch ~** we still have a way to go before we get there ❷ (*breit*) wide, vast; (*Meer, Wüste*) open; (*Kleidung*) baggy; **~er werden** to widen II. *adv* ❶ (*eine große Strecke*) far, a long way; **8 km ~er** 8 km ahead; **am ~esten** farthest; **es noch ~ haben** to have a long way to go; **~ weg** far away; **von ~ her** from far away ❷ **etw ~ öffnen** to open sth wide ❸ (*erheblich*) far; **~ besser** far better; **~ schöner** far more beautiful ❹ **~ reichend** extensive; **~ verbreitet** widespread ❺ (*zeitlich lang*) **~ nach etw** *dat* well after sth; **~ zurückliegen** to be a long time ago ▶ WENDUNGEN: **bei/von ~em** by/from far; **bei ~em nicht** not nearly; **~ und breit** for miles around; **jdn so ~ bringen, dass er etw tut** to bring sb to the point of doing sth; **~ hergeholt** far-fetched; **mit etw** *dat* **ist es nicht ~ her** sth is nothing much to write home about

weitab ['vait·ʔap] *adv* far away; ■ **~ von etw** *dat* far from sth

weitaus ['vait·ʔaus] *adv* ❶ *vor komp* (*erheblich*) far, much; **~ schlechter sein** to be far [*or* much] worse ❷ *vor superl* (*bei weitem*) [by] far

Weitblick *m kein pl* (*Voraussicht*) farsightedness, vision

Weite¹ <-, -n> ['vai·tə] *f* ❶ (*weite Ausdehnung*) expanse, vastness ❷ (*Breite*) width

Weite² ['vai·tə] *nt* ▶ WENDUNGEN: **das ~ suchen** to take to one's heels

weiten ['vai·tn̩] I. *vt* MODE to widen II. *vr* ■ **sich** *akk* **~** to widen; (*Pupille*) to dilate

weiter ['vai·tɐ] *adv* ❶ (*sonst*) **wenn es ~ nichts ist, ...** well, if that's all ... ❷ (*weiterhin*)

~ bestehen to continue to exist

weiter|arbeiten ['vai·tɐ·ʔar·bai·tn̩] *vi* to keep working (**an** +*dat* on)

weiter|bilden *vr* ■ **sich** *akk* **in etw** *dat* **~** to [further] develop one's knowledge of sth

Weiterbildung *f kein pl* continuing education

weiter|bringen *vt irreg* to help along

weitere(r, s) *adj* (*zusätzlich*) further, additional; **alles W~** everything else ▶ WENDUNGEN: **bis auf ~s** until further notice, for the time being; **ohne ~s** easily, just like that

weiter|empfehlen* *vt irreg* to recommend

weiter|entwickeln* *vt, vr* ■ |**sich** *akk*| **~** to develop further

Weiterentwicklung *f* further development

weiter|erzählen* *vt* to pass on *sep*

weiter|fahren *irreg vi sein* to continue driving; **nach München ~** to drive on to Munich

weiter|führen *vt* (*fortsetzen*) to continue

weiter|geben *vt irreg* to pass on *sep* (**an** +*akk* to)

weiter|gehen *vi irreg sein* ❶ (*seinen Weg fortsetzen*) to keep going ❷ (*seinen Fortgang nehmen*) to go on; **so kann es nicht ~** things can't go on like this

weiter|helfen *vi irreg* to keep helping; (*auf die Sprünge helfen*) to help along

weiterhin ['vai·tɐ·'hɪn] *adv* ❶ (*immer noch*) still ❷ (*außerdem*) furthermore, in addition

weiter|kommen *vi irreg sein* to get farther along

weiter|leben *vi* to live on

weiter|leiten *vt* to pass on *sep* (**an** +*akk* to)

weiter|machen *vi* to continue

weiter|sagen *vt* to pass on *sep;* **nicht ~!** don't tell anyone!

weiter|verarbeiten* *vt* to process (**zu** +*dat* into)

weitestgehend I. *adj* most extensive II. *adv* to the greatest possible extent

weitgehend I. *adj* (*umfassend*) extensive II. *adv* extensively, to a large extent

weitläufig ['vait·lɔy·fɪç] I. *adj* ❶ (*ausgedehnt*) extensive ❷ (*entfernt*) distant II. *adv* extensively, distantly

weiträumig I. *adj* spacious II. *adv* spaciously; **den Verkehr ~ umleiten** to divert [the] traffic around a wide area

weitreichend *adj* extensive

weitschweifig ['vait·ʃvai·fɪç] I. *adj* long-winded II. *adv* long-windedly, at great length

Weitsicht ['vait·zɪçt] *f* farsightedness, vision

weitsichtig ['vait·zɪç·tɪç] *adj* ❶ MED farsighted ❷ (*weitblickend*) ■ **~ sein** to be farsighted

Weitsichtigkeit <-> *f kein pl* MED farsightedness

Weitspringer(in) *m(f)* long jumper

Weizen <-s, -> ['vai·tsn̩] *m* wheat

Weizenbier *nt* Weissbier (*light, top-fermented beer*)

welche(r, s) I. *pron interrog* which II. *pron rel* (*der, die, das: Mensch*) who; (*Sache*) which III. *pron indef* ❶ (*etwas*) some; **wenn du**

W

Geld brauchst, kann ich dir ~s leihen if you need money, I can lend you some ❷ *pl* (*einige*) some; ■ ~, die ... some [people], who
welk [vɛlk] *adj* ❶ (*verwelkt*) wilted ❷ (*schlaff*) worn-out
welken ['vɛl·kn̩] *vi sein* to wilt
Wellblech *nt* corrugated iron
Welle <-, -n> ['vɛ·lə] *f* wave
wellen ['vɛ·lən] *vr* ■ **sich** ~ to be/become wavy; (*Papier*) to crinkle
Wellenbad *nt* wave pool
Wellenbrecher <-s, -> *m* breakwater
Wellengang <-[e]s> *m kein pl* waves *pl*; **starker** ~ heavy seas *pl*
Wellenlänge *f* PHYS wavelength
Wellenreiten *nt* surfing
Wellensittich *m* parakeet
wellig ['vɛ·lɪç] *adj* ❶ (*gewellt*) wavy ❷ (*wellenförmig*) uneven
Welpe <-n, -n> ['vɛl·pə] *m* puppy, whelp
Welt <-, -en> [vɛlt] *f* world; **auf der** ~ in the world; **die** ~ **des Films** the world of film ▶ WENDUNGEN: **alle** ~ (*fam*) the whole world; **in aller** ~ all over the world; **die Dritte** ~ the Third World; **auf die** ~ **kommen** to be born; **in einer anderen** ~ **leben** to live on another planet; **um nichts in der** ~ not for the world
Weltall *nt* universe
Weltanschauung *f* worldview, philosophy of life
Weltausstellung *f* world's fair
weltberühmt *adj* world-famous
Weltbevölkerung *f kein pl* world population
weltbewegend *adj* earthshaking
Weltbürger(in) *m(f)* citizen of the world
Weltcup <-s, -s> [-kap] *m* World Cup
Weltenbummler(in) <-s, -> *m(f)* globetrotter
Welterfolg *m* worldwide success
weltfremd *adj* unworldly
Welthandel *m* global trade
Weltkarte *f* world map
Weltkrieg *m* world war; **der Erste/Zweite** ~ World War I/II
Weltkugel *f* globe
weltlich ['vɛlt·lɪç] *adj* ❶ (*irdisch*) worldly ❷ (*profan*) mundane
Weltmacht *f* world power
Weltmeer *nt* ocean
Weltmeister(in) *m(f)* world champion (**in** +*dat* in)
Weltmeisterschaft *f* world championship
weltoffen *adj* cosmopolitan
Weltraum *m kein pl* [outer] space
Weltraumbehörde *f* space agency
Weltraumfähre *f* space shuttle
Weltraumstation *f* space station
Weltreich *nt* empire
Weltreise *f* **eine** ~ **machen** to go on a trip around the world
Weltrekord *m* world record
Weltruhm *m* world[wide] fame
Weltschmerz *m kein pl* world-weariness
Weltsicherheitsrat *m* [United Nations] Security Council

Weltstadt *f* international city
Weltstar *m* international star
Weltuntergang *m* end of the world
Weltuntergangsstimmung *f* apocalyptic mood
Weltverbesserer, -verbesserin *m*, *f* (*pej*) do-gooder
weltweit I. *adj* global, worldwide II. *adv* globally
Weltwirtschaft *f* world economy
Weltwirtschaftsgipfel *m* world economic summit
Weltwirtschaftskrise *f* world economic crisis
Weltwunder *nt* **die sieben** ~ the Seven Wonders of the World
wem [ve:m] I. *pron indef dat von* **wer** (*fam*) to/for somebody II. *pron interrog* who ... to, to whom *form;* ~ **gehört dieser Schlüssel?** who does this key belong to?; **mit/von** ~ with/from whom III. *pron rel* ■ ~ ..., [**der**] ... the person to whom ..., the person who ...
wen [ve:n] I. *pron indef akk von* **wer** (*fam*) somebody II. *pron interrog* who, whom; **an/für** ~ to/for whom *form,* who ... to/for III. *pron rel* ■ ~ ..., [**der**] ... the person who[m] ...; **an/für** ~ to/for whom *form,* who ... to/for
Wende <-, -n> ['vɛn·də] *f* change, turn
Wendekreis *m* AUTO turning circle
Wendeltreppe *f* spiral staircase
wenden ['vɛn·dn̩] I. *vr* <wendete *o geh* wandte, gewendet *o geh* gewandt> ❶ (*sich drehen*) **sich nach links/rechts** ~ to turn left/right ❷ (*kontaktieren*) ■ **sich** [**in etw** *dat*] **an jdn** ~ to turn to sb [regarding sth] ❸ (*zielen*) ■ **sich an jdn** ~ to be directed at sb ❹ (*entgegentreten*) ■ **sich gegen jdn** ~ to turn against sb; ■ **sich gegen etw** ~ to oppose sth ❺ (*sich verkehren*) **sich zum Besseren/Schlechteren** ~ to take a turn for the better/worse II. *vt* <wendete, gewendet> (*umdrehen*) to turn over *sep* III. *vi* <wendete, gewendet> AUTO to turn
Wendeplatz *m* turnaround
Wendepunkt *m* turning point
wendig ['vɛn·dɪç] *adj* maneuverable
Wendung <-, -en> *f* ❶ (*Veränderung*) turn ❷ (*Redewendung*) expression
wenig ['ve:·nɪç] I. *pron indef* ❶ *sing* (*nicht viel*) little; ~ **Zeit/Geld haben** to have little time/money; **zu** ~ **Freizeit** not enough free time; ■ ~ **sein** to be not [very] much ❷ *pl* (*nicht viele*) ■ ~**e** a few; ~**e Stunden später** a few hours later; **das wissen nur** ~**e** only a few [people] know about it II. *adv* little; ~ **interessant** of little interest; **zu** ~ **schlafen** to not get enough sleep
weniger ['ve:·nɪ·gɐ] I. *adj komp von* **wenig**; ■ ~ **als** ... less ... than II. *pron indef* ❶ (*unzählbar*) *Zeit, Geld* less ❷ (*zählbar*) *Menschen, Bücher* fewer III. *adv* less; ~ **bekannt sein** to be less known; **das ist** ~ **angenehm** that is not very pleasant

wenigste(r, s) I. *pron* ▪ die ~n very few; ▪ das ~, was ... the least that ... II. *adv* least; *pl* fewest; am ~n least of all

wenigstens ['ve:·nɪçs·tn̩s] *adv* at least

wenn [vɛn] *konj* ❶ (*falls*) if; ~ das so ist if that's true [*or* the way it is] ❷ (*sobald*) as soon as

wenngleich [vɛn·'glaɪç] *konj* although

wer <*gen* wessen, *dat* wem, *akk* wen> [ve:ɐ̯] I. *pron interrog* who; ~ von beiden? which of the two? II. *pron rel* ~ das sagt, [der] lügt whoever says that is lying III. *pron indef* (*fam*) somebody; (*in Fragesätzen*) someone, somebody; *fragend, verneinend* anyone, anybody; da ist ~ für dich an der Tür there's somebody at the door for you; ist da ~? is anyone there? ▶ WENDUNGEN: ~ **sein** to be somebody *fam*

Werbeagentur *f* advertising agency

Werbeanzeige *f* advertisement

Werbebroschüre *f* promotional brochure

Werbefernsehen *nt* commercials *pl*

Werbefilm *m* promotional film

Werbegeschenk *nt* promotional gift

Werbekampagne *f* advertising campaign

werben <wirbt, warb, geworben> ['vɛr·bn̩] I. *vt* ▪ jdn [für etw] ~ to recruit sb [for sth] II. *vi* ❶ (*Reklame machen*) ▪ für etw ~ to advertise [*or* promote] sth ❷ (*zu erhalten suchen*) um eine Frau ~ to woo a woman; um neue Wähler ~ to try to attract new voters

Werbeslogan *m* advertising slogan

Werbespot *m* commercial

Werbetrommel *f* ▶ WENDUNGEN: die ~ für jdn/ etw rühren to beat the drum for sb/sth

Werbeunterbrechung *f* TV commercial break

Werbung <-> *f kein pl* ❶ (*Reklame*) advertisement; ~ für etw machen to advertise sth ❷ (*Werbespot*) commercial; (*Werbeprospekt*) promotional brochure ❸ (*Branche*) advertising

Werdegang *m* career

werden ['ve:ɐ̯·dn̩] I. *vi* <wird, wurde, geworden> sein ❶ (*seinen Zustand ändern*) to become, to get; alt/älter ~ to get old/older; kalt ~ to get cold; es wird dunkel it is getting dark; es wird besser ~ it is going to get better; es wird Sommer summer is coming [*or* almost here]; jdm wird heiß/übel sb feels hot/sick; sie ist gerade 98 geworden she [has] just turned 98 ❷ (*eine Ausbildung machen*) ▪ etw ~ to become sth; sie will Ärztin werden she wants to become a doctor; was möchtest du einmal ~? what do you want to be [when you grow up]? ❸ (*sich entwickeln*) Wirklichkeit/Mode ~ to become reality/fashionable; ▪ zu etw dat ~ to turn into sth; es wird schon [wieder] ~ it'll turn out okay in the end II. *aux vb* ❶ *zur Bildung des Futurs* ▪ etw tun ~ to be going to do sth; ▪ es wird etw geschehen sth is going to happen; ▪ jd wird etw getan haben sb will have done sth ❷ *zur Bildung des Konjunktivs* ▪ jd würde

etw tun sb would do sth ❸ *mutmaßend* es wird gegen 20 Uhr sein it's probably [*or* I'm guessing it's] about 8 o'clock III. *aux vb* <wird, wurde, worden> *sein zur Bildung des Passivs* du wirst gerufen you are being called; gebissen ~ to be bitten; sie wurde entlassen she was laid off [*or* fired]; das wird bei uns häufig gemacht we do that a lot here

werfen <wirft, warf, geworfen> ['vɛr·fn̩] *vt, vi* ❶ (*schleudern*) to throw (nach +*dat* at) ❷ (*Junge gebären*) to throw *spec*, to give birth

Werft <-, -en> [vɛrft] *f* shipyard

Werk <-[e]s, -e> [vɛrk] *nt* ❶ (*Buch, Kunstwerk*) work ❷ (*Gesamtwerk*) works *pl* ❸ ans ~ gehen to go to work; am ~ sein to be at work ❹ (*Fabrik*) factory ▶ WENDUNGEN: ein gutes ~ tun to do a good deed

Werk(s)angehörige(r) *f(m) dekl wie adj* factory employee

Werksgelände *nt* factory premises *npl*

Werkstatt *f* ❶ (*Arbeitsraum*) workshop ❷ AUTO garage

Werktag *m* workday

werktags *adv* on workdays

werktätig ['vɛrk·tɛː·tɪç] *adj* die ~e Bevölkerung the working population

Werktätige(r) *f(m) dekl wie adj* working person

Werkzeug <-[e]s, -e> *nt* tool *usu pl*

Werkzeugkasten *m* toolbox

Wermutstropfen *m* (*geh*) a bitter pill

wert [ve:ɐ̯t] *adj* ❶ (*einen Wert besitzen*) ▪ [jdm] etw ~ sein to be worth sth [to sb] ❷ (*verdienen*) ▪ einer S. *gen* ~ sein to be worthy of sth

Wert <-[e]s, -e> [ve:ɐ̯t] *m* ❶ (*Preis*) value; im ~ steigen to increase in value; an ~ verlieren to decrease in value; im ~e von etw worth sth ❷ *pl* (*Daten*) results *pl* ❸ (*Wichtigkeit*) ~ auf etw *akk* legen to think sth is important; ~ darauf legen, etw zu tun to find it important to do sth ❹ (*Wertvorstellung*) value ▶ WENDUNGEN: das hat keinen ~ (*fam*) it's useless

Wertegemeinschaft *f* POL community of [shared] values

werten *vt* to rate

Wertewandel *m* change in values

wertfrei *adj* impartial

Wertgegenstand *m* valuable object; ▪ Wertgegenstände valuables

wertlos *adj* worthless

Wertmaßstab *m* standard

Wertsache *f meist pl* valuable object; ▪ ~n valuables

Wertschätzung *f* esteem

Wertstoff *m* recyclable material

wertvoll *adj* valuable

Wertvorstellung *f meist pl* moral concept *usu pl*

Wesen <-s, -> ['ve:·zn̩] *nt* ❶ (*Geschöpf*) being; (*tierisch*) creature ❷ *kein pl* (*Grundzüge*) nature

Wesensart *f* nature

Wesenszug *m* characteristic
wesentlich ['veː·zṇt·lɪç] **I.** *adj* ❶ (*erheblich*) considerable ❷ (*wichtig*) essential; ■ **das W~e** the essential part; **im W~en** essentially **II.** *adv* considerably
weshalb [vɛs·'halp] *adv* why
Wespe <-, -n> ['vɛs·pə] *f* yellow jacket
Wespenstich *m* yellow jacket sting
wessen ['vɛ·sṇ] *pron interrog gen von* **wer** whose
Wessi <-, -s> ['vɛ·si] *m o f* (*fam*) West German

---

i The expression **Wessi** emerged after reunification as a counterpart to the term *Ossi*. The citizens of the former East Germany use **Wessi** to describe — often pejoratively — their fellow citizens in the former West Germany.

West <-[e]s, -e> [vɛst] *m kein pl, kein art* west; **aus ~** from the west
westdeutsch ['vɛst·dɔytʃ] *adj* West German, in West Germany
Westdeutschland ['vɛst·dɔytʃ·lant] *nt* West Germany
Weste <-, -n> ['vɛs·tə] *f* vest
Westen <-s> ['vɛs·tṇ] *m kein indef art, kein pl* ❶ (*Himmelsrichtung*) west; *s. a.* **Norden**[1] ❷ (*westliche Gegend*) West; **der Wilde ~** the Wild West; *s. a.* **Norden**[2]
Westentasche *f* vest pocket
Western <-[s], -> ['vɛs·tɐn] *m* western
Westeuropa ['vɛst·ʔɔy·'roː·pa] *nt* Western Europe
westeuropäisch ['vɛst·ʔɔy·ro·'pɛː·ɪʃ] *adj* West European
Westfale, Westfälin <-n, -n> [vɛst·'faː·lə, vɛst·'fɛː·lɪn] *m, f* Westphalian
Westfalen <-s> [vɛst·'faː·lən] *nt* Westphalia
westfälisch [vɛst·'fɛː·lɪʃ] *adj* Westphalian
Westküste *f* West Coast
westlich ['vɛst·lɪç] **I.** *adj* ❶ (*Himmelsrichtung*) western; *s. a.* **nördlich I 1** ❷ (*im Westen liegend*) western; *s. a.* **nördlich I 2** ❸ (*von/nach Westen*) westward, westerly; *s. a.* **nördlich I 3 II.** *adv* ■ **~ von** to the west of **III.** *präp* +*gen* [to the] west of
Westwind *m* west wind
weswegen [vɛs·'veː·gṇ] *adv* why
Wettbewerb <-[e]s, -e> ['vɛt·bə·vɛrp] *m* competition
Wettbewerber(in) *m(f)* competitor
wettbewerbsfähig *adj* competitive
Wette <-, -n> ['vɛ·tə] *f* bet; ■ **jede ~ eingehen, dass** to bet anything that; **die ~ gilt!** you're on!; **um die ~ essen/singen** to have an eating/singing contest; **um die ~ laufen** to race [each other]
Wetteifer <-s> ['vɛt·ʔai·fɐ] *m kein pl* competitiveness
wetteifern *vi* ■ **miteinander ~** to contend with each other

wetten ['vɛ·tṇ] *vi, vt* to bet (**auf** +*akk* on); ■ [**mit jdm**] **um etw ~** to bet [sb] sth; [**wollen wir**] **~?** [do you] want to bet?
Wetter <-s> ['vɛ·tɐ] *nt kein pl* weather; **bei jedem ~** rain or shine
Wetterbericht *m* weather report
Wetterdienst *m* weather service
wetterfest *adj* weatherproof
wetterfühlig *adj* sensitive to weather changes *pred*
Wetterhahn *m* rooster weathervane
Wetterkarte *f* weather map
Wetterlage *f* weather situation
wettern ['vɛ·tɐn] *vi* ■ [**gegen jdn/etw**] **~** to curse [sb/sth]
Wetterprognose *f* weather forecast
Wetterumschwung *m* sudden change in the weather
Wettervorhersage *f* weather forecast
Wettkampf *m* competition
Wettkämpfer(in) *m(f)* competitor, contestant
Wettlauf *m* race
wett|machen ['vɛt·ma·xṇ] *vt* ❶ (*aufholen*) to make up ❷ (*gutmachen*) to make up for
Wettrennen *nt* race
Wettrüsten <-s> *nt kein pl* arms race; **das atomare ~** the nuclear arms race
Wettstreit ['vɛt·ʃtrait] *m* competition
wetzen ['vɛ·tsṇ] **I.** *vt haben* ❶ (*schleifen*) to whet ❷ (*reiben*) to rub (**an** +*dat* on) **II.** *vi sein* (*fam: rennen*) to scoot [off]
WG <-, -s> [veː·'geː] *f Abk von* **Wohngemeinschaft**
wich [vɪç] *imp von* **weichen**
wichsen ['vik·sṇ] **I.** *vi* (*vulg*) to jack [*or* jerk] off *vulg sl* **II.** *vt Schuhe* to polish
Wichser <-s, -> *m* (*vulg*) jerk-off
wichtig ['vɪç·tɪç] *adj* important; **sich** *dat* **~ vorkommen** to be full of oneself
Wichtigkeit <-> *f kein pl* importance, significance
wichtig|machenᴿᴿ *vr* ■ **sich** *akk* **~** to try to act important
Wichtigmacher(in) <-s, -> *m(f)* ÖSTERR, **Wichtigtuer(in)** <-s, -> [-tuːɐ] *m(f)* stuffed shirt
wichtig|tunᴿᴿ *vi, vr irreg* ■ [**sich**] **~** to act important
Wickel <-s, -> ['vɪ·kḷ] *m* (*Umschlag*) compress ▶ WENDUNGEN: **jdn beim ~ packen** (*fam*) to grab sb by the scruff of the neck
wickeln ['vɪ·kḷn] *vt* ❶ (*binden*) to wrap (**um** +*akk* around, **in** +*akk* in); ■ **etw von etw** *dat* **~** to unwrap sth from sth ❷ *Baby* to change
Widder <-s, -> ['vɪ·dɐ] *m* ❶ ZOOL ram ❷ *kein pl* ASTROL Aries
widerborstig ['viː·dɐ·bɔrs·tɪç] *adj Mensch* contrary, unruly; *Haare* unmanageable
widerfahren* [viː·dɐ·'faː·rən] *vi irreg sein* to happen, to befall
Widerhall <-s, -e> ['viː·dɐ·hal] *m* echo
widerlegen* [viː·dɐ·'leː·gṇ] *vt* to refute
widerlich ['viː·dɐ·lɪç] **I.** *adj* ❶ (*ekelhaft*) disgusting ❷ (*unsympatisch*) repulsive **II.** *adv*

(*überaus*) *süß, kalt* awfully

widernatürlich ['viː·dɐ·na·tyːɐ̯·lɪç] *adj* perverted, unnatural

widerrechtlich I. *adj* unlawful II. *adv* unlawfully

Widerrede ['viː·dɐ·reː·də] *f* **ohne ~** without protest; **keine ~!** don't argue [with me]!

widerrufen* [viː·dɐ·'ruː·fn̩] *irreg vt* ❶ (*für ungültig erklären*) to revoke ❷ (*zurücknehmen*) to retract

Widersacher(in) <-s, -> ['viː·dɐ·za·xɐ] *m(f)* antagonist

widersetzen* [viː·dɐ·'zɛ·tsn̩] *vr* ■ **sich** *akk* **jdm ~** to resist sb; ■ **sich** *akk* **etw** *dat* **~** to refuse to comply with sth

widerspenstig ['viː·dɐ·ʃpɛns·tɪç] *adj* unruly; *Mensch, Pferd* stubborn; *Haar* unmanageable

wider|spiegeln ['viː·dɐ·ʃpiː·gl̩n] I. *vt* to mirror, to reflect II. *vr* **sich ~** to be reflected

widersprechen* [viː·dɐ·'ʃprɛ·çn̩] *irreg* I. *vi* to contradict II. *vr* ■ **sich** *dat* **~** *Aussage, Angaben* to be contradictory

Widerspruch ['viː·dɐ·ʃprʊx] *m* ❶ *kein pl* (*das Widersprechen*) contradiction; **auf ~ stoßen** to meet with opposition ❷ (*Unvereinbarkeit*) inconsistency; **in ~ zu etw** *dat* **stehen** to conflict with sth

widersprüchlich ['viː·dɐ·ʃprʏç·lɪç] *adj* inconsistent; ■ **~ sein** to be contradictory

widerspruchslos *adv* without protest

Widerstand <-[e]s, -stände> ['viː·dɐ·ʃtant, *pl* -ʃtɛn·də] *m* ❶ *kein pl* (*Gegenwehr*) opposition, resistance ❷ ELEK (*Schaltelement*) resistor

Widerstandsbewegung *f* resistance movement; (*bewaffnet*) partisan movement

widerstandsfähig *adj* resistant (**gegen** +*akk* to)

Widerstandsfähigkeit *f kein pl* robustness; ■ **jds ~ gegen etw** sb's resistance to sth

Widerstandskämpfer(in) *m(f)* resistance fighter

Widerstandskraft *f s.* **Widerstandsfähigkeit**

widerstandslos *adv* without resistance

widerstehen* [viː·dɐ·'ʃteː·ən] *vi irreg* ❶ (*standhalten*) to withstand ❷ (*nicht nachgeben*) *Person, Versuchung* to resist

widerstreben* [viː·dɐ·'ʃtreː·bn̩] *vi* ■ **jdm widerstrebt es, etw zu tun** sb is reluctant to do sth

Widerstreben <-s> [viː·dɐ·'ʃtreː·bn̩] *nt kein pl* reluctance

widerwärtig ['viː·dɐ·vɛr·tɪç] I. *adj* disgusting; (*Kerl*) nasty II. *adv* disgustingly

Widerwille ['viː·dɐ·vɪlə] *m* distaste (**gegen** +*akk* for)

widerwillig I. *adj* reluctant II. *adv* reluctantly

widmen ['vɪt·mən] I. *vt* to dedicate to II. *vr* ❶ (*sich kümmern*) ■ **sich** *akk* **jdm ~** to attend to sb ❷ (*sich beschäftigen*) ■ **sich** *akk* **etw** *dat* **~** to devote oneself to sth

Widmung <-, -en> ['vɪt·mʊŋ] *f* dedication

widrig ['viː·drɪç] *adj* adverse; *Umstände, Verhältnisse* unfavorable

wie [viː] I. *adv* how; **~ geht es dir?** how are you?; **~ heißt er?** what's his name?; **~ war das Wetter?** what was the weather like?; **~ viel/viele** how much/many; **~ sehr** how much; **~ wär's mit ...?** how about ...? II. *konj* ❶ (*vergleichend*) **so alt/groß ~ ...** as big/old as ...; **er ist genau ~ du** he's just like you ❷ (*beispielsweise*) like

wieder ['viː·dɐ] *adv* again, once more; **~ mal** again; **Verhandlungen ~ aufnehmen** to resume negotiations; **Kontakt ~ aufnehmen** to reestablish contact; **etw ~ einführen** to reintroduce sth

Wiederaufbau [viː·dɐ·'ʔauf·bau] *m kein pl* reconstruction

Wiederaufbereitung <-, -en> *f* recycling; (*von Atommüll*) reprocessing

Wiederaufnahme [viː·dɐ·'ʔauf·naː·mə] *f von Verhandlungen* resumption; *von Kontakten* reestablishment

wieder|bekommen* *vt irreg* to get back

wieder|beleben* *vt* to revive

wiederbeschreibbar *adj CD* rewritable

wieder|bringen ['viː·dɐ·brɪ·ŋən] *vt irreg* to bring back *sep*

wieder|entdecken* *vt* to rediscover

wieder|erkennen* *vt irreg* to recognize; **nicht wiederzuerkennen sein** to be unrecognizable

Wiedereröffnung *f* reopening

wieder|erstatten* ['viː·dɐ·ʔɛɐ̯·ʃta·tn̩] *vt* to refund; ■ **jdm etw ~** to reimburse sb for sth

wieder|finden *irreg* I. *vt* ❶ (*auffinden*) to find again ❷ *Fassung* to regain II. *vr* ■ **sich ~** to turn up again; **der Schlüssel findet sich bestimmt wieder** the key is sure to turn up again

Wiedergabe <-, -n> ['viː·dɐ·gaː·bə] *f* ❶ (*Schilderung*) account, report ❷ PHOTO, TYPO reproduction

wieder|geben ['viː·dɐ·geː·bn̩] *vt irreg* ❶ (*zurückgeben*) to give back ❷ (*zitieren*) to quote

wieder|gewinnen* ['viː·dɐ·gə·vɪ·nən] *vt irreg* ❶ (*zurückgewinnen*) to reclaim ❷ (*wiedererlangen*) to regain

wieder|gut|machen *vt* **wie kann ich das nur je ~?** how can I ever repay you?

Wiedergutmachung <-, -en> *f* compensation

wieder|her|stellen [viː·dɐ·'heːɐ̯·ʃtɛ·lən] *vt* ❶ (*restaurieren*) to restore ❷ *Ordnung, Kontakt, Gesundheit* to reestablish

wiederholen*1 [viː·dɐ·'hoː·lən] I. *vt* ❶ (*erneut sagen/machen*) to repeat ❷ *Lernstoff* to revise II. *vr* ■ **sich ~** *Ereignis* to happen again; *Person* to repeat oneself

wieder|holen² ['viː·dɐ·hoː·lən] *vt* ■ **jdn ~** to get sb back; ■ **jdm] etw ~** to bring sth back [for sb]

wiederholt I. *adj* repeated II. *adv* repeatedly

Wiederholung <-, -en> [viː·dɐ·'hoː·lʊŋ] *f* ❶ (*erneutes Tun*) repetition ❷ (*im Radio/TV*) repeat ❸ *von Lernstoff* review

Wiederholungstäter(in) *m(f)* repeat offender

W

wieder|kehren ['viː·dɐ·keː·rən] *vi sein* ❶ *Mensch* to return ❷ *Problem* to reoccur

wieder|kommen ['viː·dɐ·kɔ·mən] *vi irreg sein* ❶ (*zurückkommen*) to come back ❷ (*erneut kommen*) to come again; *Gelegenheit* to reoccur

wieder|sehen ['viː·dɐ·zeː·ən] *vt irreg* ❶ ■jdn ~ to see sb again ❷ ■sich *akk* ~ to meet again

Wiedersehen <-s, -> ['viː·dɐ·zeː·ən] *nt* [another] meeting; (*nach längerer Zeit*) reunion; |auf| ~ **sagen** to say goodbye

wiederum ['viː·dɐ·ʊm] *adv* ❶ (*abermals*) again ❷ (*andererseits*) on the other hand, though ❸ (*für jds Teil*) in turn

wieder|vereinigen* *vt* POL to reunify

Wiedervereinigung ['viː·dɐ·fɛɐ·ʔai·nɪ·gʊŋ] *f* POL reunification

wiederverwendbar *adj* reusable

Wiederverwendung *f* reuse

wieder|verwerten* *vt* to reuse

Wiederverwertung *f* recycling

Wiederwahl ['viː·dɐ·vaːl] *f* POL reelection

Wiege <-, -n> ['viː·gə] *f* cradle

wiegen¹ <wog, gewogen> ['viː·gn̩] *vt, vi* to weigh

wiegen² ['viː·gn̩] *vt* (*hin und her bewegen*) to rock; *Hüften* to sway

Wiegenlied *nt* lullaby

wiehern ['viː·ɐn] *vi* to neigh

Wien <-s> [viːn] *nt* Vienna

Wiener ['viː·nɐ] *adj attr* Viennese

wienern ['viː·nɐn] *vt* to polish

wies [viːs] *imp von* **weisen**

Wiese <-, -n> ['viː·zə] *f* meadow

Wiesel <-s, -> ['viː·zl̩] *nt* weasel

wieso [vi·ˈzoː] *adv* why

wievielmal [vi·fiːl·ˈmaːl] *adv* how many times

wievielte(r, s) ['viː·fiːl·tə, -tɐ, -təs] *adj* ■der/die/das ~ ...? how many ...?, which...?; den W~n haben wir heute? what's today's date?

wild [vɪlt] I. *adj* ❶ BOT, ZOOL wild ❷ *Kampf* frenzied ❸ (*illegal*) illegal ❹ (*sehr gereizt*) furious; ~ **werden** to go wild ▶ WENDUNGEN: **halb so** ~ **sein** (*fam*) to not be important; ~ **auf** jdn/etw **sein** (*fam*) to be crazy about sb/sth; **wie** ~ (*fam*) wildly II. *adv* ❶ (*ungeordnet*) strewn around ❷ (*hemmungslos*) wildly, furiously ❸ (*in freier Natur*) wild *pred*

Wild <-[e]s> [vɪlt] *nt kein pl* ❶ KOCHK game ❷ ZOOL wild animals

Wilderer, Wilderin <-s, -> ['vɪl·də·rɐ] *m, f* poacher

wildern ['vɪl·dɐn] *vi* to poach

wildfremd ['vɪlt·ˈfrɛmt] *adj* completely strange

Wildhüter(in) <-s, -> *m(f)* gamekeeper

Wildkatze *f* wildcat

Wildnis <-, -se> ['vɪlt·nɪs] *f* wilderness

Wildpark *m* wildlife park

Wildschwein *nt* wild boar

Wildwestfilm [vɪlt·ˈvɛst-] *m* western

will 3. *pers sing pres von* **wollen²**

Wille <-ns> ['vɪ·lə] *m kein pl* will; seinen eigenen ~n **haben** to have a mind of one's own; guter/schlechter ~ good/ill will; **seinen** ~n **durchsetzen** to get one's way ▶ WENDUNGEN: sein/ihr letzter ~ his/her last will and testament

willen ['vɪ·lən] *präp +gen* um jds/einer S. ~ for the sake of sb/sth

willenlos *adj* spineless

Willenskraft *f kein pl* willpower

willensstark *adj* strong-willed

willig ['vɪ·lɪç] *adj* willing

willkommen [vɪl·ˈkɔ·mən] *adj* welcome; ■|jdm| ~ **sein** to be welcomed [by sb]; jdn ~ **heißen** to welcome sb

Willkommen <-s, -> [vɪl·ˈkɔ·mən] *nt* welcome; **ein herzliches** ~ a warm welcome

Willkür <-> ['vɪl·kyːɐ] *f kein pl* arbitrariness

willkürlich ['vɪl·kyːɐ·lɪç] I. *adj* arbitrary II. *adv* arbitrarily

wimmeln ['vɪ·ml̩n] *vi impers* ■es wimmelt von etw *dat* it is teeming with sth; *Menschen* it is swarming with

wimmern ['vɪ·mɐn] *vi* to whimper

Wimper <-, -n> ['vɪm·pɐ] *f* |eye|lash ▶ WENDUNGEN: **ohne mit der** ~ **zu zucken** without batting an eyelid

Wimperntusche *f* mascara

Wind <-[e]s, -e> [vɪnt, *pl* 'vɪn·də] *m* wind ▶ WENDUNGEN: **viel** ~ **um etw machen** to make a fuss about sth; **bei** ~ **und Wetter** rain or shine

Windböe *f* gust of wind

Winde <-, -n> ['vɪn·də] *f* TECH winch

Windel <-, -n> ['vɪn·dl̩] *f* diaper

windelweich *adv* jdn ~ **schlagen** to beat sb black and blue

winden¹ <wand, gewunden> ['vɪn·dn̩] I. *vr* ■sich *akk* ~ ❶ (*nach Ausflüchten suchen*) to attempt to wriggle out ❷ (*sich krümmen*) to writhe (**vor** +*dat* in); **sich vor Schmerzen** ~ to writhe in pain ❸ *Weg* to wind its way; *Bach* to meander ❹ BOT to wind |itself| (**um** +*akk* around) II. *vt* ■etw **um etw** ~ to wind sth around sth

winden² ['vɪn·dn̩] *vi impers* ■es windet it's windy

Windenergie *f* wind energy

windgeschützt I. *adj* sheltered [from the wind] II. *adv* in a sheltered place

Windgeschwindigkeit *f* wind speed

windig ['vɪn·dɪç] *adj* windy

Windjacke *f* windbreaker

Windkraftanlage *f*, **Windkraftwerk** *nt* wind [-driven] power plant

Windmühle *f* windmill

Windpark *m* wind farm

Windpocken *pl* chickenpox *sing*

Windrad *nt* wind turbine

windschief *adj* crooked

Windschutzscheibe *f* windshield

Windseite *f* windward side

Windstärke *f* wind force

windstill *adj* windless; ■~ **sein** to be calm

Windstille f calm

Windstoß m gust of wind

windsurfen ['vɪnt·zøː·ɐ̯·fn̩] vi to windsurf

Windsurfer(in) m(f) windsurfer

Windsurfing ['vɪnt·zøː·ɐ̯·fɪŋ] nt windsurfing

Wink <-[e]s, -e> [vɪŋk] m ❶ (Hinweis) hint; **einen ~ bekommen** to receive a tip ❷ (Handbewegung) signal ▶ WENDUNGEN: **ein ~ mit dem Zaunpfahl** a broad hint

Winkel <-s, -> ['vɪŋ·kl̩] m ❶ MATH angle; **rechter ~** right angle ❷ (Ecke) corner ❸ (Bereich) place, spot ▶ WENDUNGEN: **toter ~** blind spot

winkelig ['vɪŋ·kə·lɪç] adj s. **winklig**

winken <gewinkt o DIAL gewunken> ['vɪŋ·kn̩] I. vi to wave; ■ **mit etw** dat **~** to wave sth; **einem Taxi ~** to hail a taxi II. vt ■ **jdn zu sich** dat **~** to beckon sb over [to one's side]

winklig ['vɪŋk·lɪç] adj full of nooks and crannies; Gasse windy

winseln ['vɪn·zl̩n] vi to whimper; ■ **um etw ~** to plead for sth

Winter <-s, -> ['vɪn·te] m winter

Wintereinbruch m onset of winter

Winterfell nt winter coat

Winterferien pl winter vacation

winterfest adj suitable for winter; **ein Auto ~ machen** to get a car ready for winter

Wintergarten m winter garden

Winterkleidung f winter clothes pl

winterlich ['vɪn·te·lɪç] I. adj wintry; **~e Temperaturen** winter temperatures II. adv **~ gekleidet** dressed for winter

Wintermantel m winter coat

Winterreifen m winter tire

Winterschlaf m hibernation; **~ halten** to hibernate

WinterschlussverkaufRR m end-of-winter sale

Winterspeck m kein pl (hum) [layer of] winter fat, holiday pounds pl fam

Wintersport m winter sport

Winterurlaub m winter vacation

Winzer(in) <-s, -> ['vɪn·tse] m(f) wine grower

winzig ['vɪn·tsɪç] adj tiny; **~ klein** minute

Winzling <-s, -e> ['vɪnts·lɪŋ] m tiny thing

Wipfel <-s, -> ['vɪp·fl̩] m treetop

Wippe <-, -n> ['vɪ·pə] f seesaw

wippen ['vɪ·pn̩] vi to bob up and down (auf +dat on); (auf einer Wippe) to seesaw

wir <gen unser, dat uns, akk uns> [viːɐ̯] pron pers we; **~ nicht** not us

Wirbel <-s, -> ['vɪr·bl̩] m ❶ (Rückenwirbel) vertebra ❷ (Haarwirbel) cowlick ❸ (fam: Trubel) turmoil

Wirbelsäule f spinal column

Wirbelsturm m whirlwind

wirbt 3. pers sing pres von **werben**

wird 3. pers sing pres von **werden**

wirft 3. pers sing pres von **werfen**

wirken ['vɪr·kn̩] vi ❶ (Wirkung haben) to have an effect; (beabsichtigten Effekt haben) to work; **dieses Medikament wirkt sofort** this medicine takes effect immediately; **etw auf**

sich akk **~ lassen** to take sth in ❷ (erscheinen) to seem, to appear

wirklich ['vɪrk·lɪç] I. adj real II. adv really

Wirklichkeit <-, -en> f reality; **~ werden** to come true

wirksam ['vɪrk·zaːm] I. adj effective II. adv effectively

Wirksamkeit <-> f kein pl effectiveness

Wirkstoff m active ingredient

Wirkung <-, -en> ['vɪr·kʊŋ] f effect

wirkungslos adj ineffective

wirkungsvoll adj effective

wirr [vɪr] adj ❶ (unordentlich) tangled ❷ (verworren) weird ❸ (durcheinander) confused

Wirren ['vɪ·rən] pl confusion sing

Wirrwarr <-s> ['vɪr·var] m kein pl ❶ (Durcheinander) confusion ❷ (Unordnung) tangle

Wirsing <-s> ['vɪr·zɪŋ] m kein pl, **Wirsingkohl** m savoy cabbage

Wirt(in) <-[e]s, -e> [vɪrt] m(f) innkeeper, ≈ restaurant/tavern manager/owner

Wirtschaft <-, -en> ['vɪrt·ʃaft] f ❶ ÖKON economy ❷ (Gastwirtschaft) tavern, pub

wirtschaftlich ['vɪrt·ʃaft·lɪç] I. adj ❶ ÖKON economic ❷ (sparsam) economical II. adv economically

Wirtschaftlichkeit <-> f kein pl economy

Wirtschaftsabkommen nt economic agreement [or treaty]

Wirtschaftsflüchtling m economic refugee

Wirtschaftshilfe f economic aid

Wirtschaftskriminalität f white-collar crime

Wirtschaftslage f economic situation

Wirtschaftsminister(in) m(f) Secretary of Commerce, Commerce Secretary

Wirtschaftsministerium nt Department of Commerce, Commerce Department

Wirtschaftspolitik f economic policy

Wirtschaftssanktionen pl economic sanctions pl

Wirtschaftswachstum nt economic growth

Wirtschaftswissenschaft f meist pl economics sing

Wirtschaftswissenschaftler(in) m(f) economist

Wirtschaftswunder nt economic miracle

i Triggered by the currency reform of 1948, the **Wirtschaftswunder** was a period of dramatic recovery of the German economy during the post-war years. The **Wirtschaftswunder** led to renewed stability and prosperity in West Germany.

W

Wirtschaftszweig m branch of industry

Wirtshaus nt tavern, restaurant, inn

Wirtsleute pl the people, often husband and wife, who own and/or operate a restaurant/tavern

Wisch <-[e]s, -e> [vɪʃ] m (pej fam) worthless official document [or form]

wischen ['vɪ·ʃn̩] vt ❶ (abwischen) to wipe

❷ SCHWEIZ (*fegen*) to sweep ▶ WENDUNGEN: [von jdm] eine gewischt <u>bekommen</u> (*fam*) to get whacked [by sb]

Wischiwaschi <-s> [vɪ·ʃi·'va·ʃi] *nt kein pl* (*fam*) wish-wash, drivel

Wischlappen *m* cloth

wispern ['vɪs·pɛn] *vt, vi* to whisper

Wissbegier(de)^{RR}, **Wißbegier(de)**^{ALT} <-> ['vɪs·bə·giːɐ̯(·də)] *f kein pl* thirst for knowledge

wissbegierig^{RR}, **wißbegierig**^{ALT} *adj* eager to learn

wissen <weiß, wusste, gewusst> ['vɪ·sn̩] *vt, vi* ❶ (*Kenntnis haben*) to know; **man kann nie ~!** you never know!; **jdn etw ~ lassen** to let sb know sth; **woher soll ich das ~?** how should I know that?; **wenn ich nur wüsste, ...** if only I knew ...; **soviel [*o* soweit] ich weiß** as far as I know ❷ (*sich erinnern*) **weißt du noch?** do you remember? ❸ (*können*) **etw zu schätzen ~** to appreciate sth; **sich** *dat* **zu helfen ~** to be resourceful ▶ WENDUNGEN: **von jdm/etw nichts [mehr] ~** <u>wollen</u> (*fam*) to not want to have anything [more] to do with sb/sth

Wissen <-s> ['vɪ·sn̩] *nt kein pl* knowledge

Wissenschaft <-, -en> ['vɪ·sn̩·ʃaft] *f* science

Wissenschaftler(in) <-s, -> *m(f)* scientist

wissenschaftlich ['vɪ·sn̩·ʃaft·lɪç] I. *adj* scientific; (*akademisch*) academic II. *adv* scientifically; (*akademisch*) academically

Wissensdrang *m,* **Wissensdurst** *m* thirst for knowledge

Wissensgebiet *nt* field of knowledge

Wissenslücke *f* gap in sb's knowledge

wissenswert *adj* worth knowing

wissentlich ['vɪ·sn̩t·lɪç] I. *adj* deliberate II. *adv* deliberately, knowingly

wittern ['vɪ·tɛn] *vt* (*ahnen*) to suspect

Witterung <-, -en> *f* METEO weather

Witterungsverhältnisse *pl* weather conditions *pl*

Witwe <-, -n> ['vɪt·və] *f fem form von* **Witwer** widow *fem;* **~ werden** to be widowed

Witwer <-s, -> ['vɪt·vɐ] *m* widower *masc;* **~ werden** to be widowed

Witz <-es, -e> [vɪts] *m* ❶ (*Scherz*) joke; **einen ~ machen** to tell [*or fam* crack] a joke ❷ *kein pl* (*Esprit*) wit

Witzbold <-[e]s, -e> *m* joker

witzeln ['vɪ·tsl̩n] *vi* to joke (**über** +*akk* about)

Witzfigur *f* laughingstock

witzig ['vɪ·tsɪç] *adj* funny

witzlos *adj* pointless

WM <-, -s> *f Abk von* **Weltmeisterschaft** world championship; (*im Fußball*) World Cup

wo [voː] I. *adv* ❶ (*räumlich*) where; **pass auf, ~ du hintrittst!** watch your step! [*or* where you're going!] ❷ (*zeitlich*) when; **zu dem Zeitpunkt, ~ ...** when ... II. *konj* (*zumal*) when, as; **~ er doch wusste, dass ich keine Zeit hatte** when he knew that I had no time

woanders [vo·'ʔan·dɐs] *adv* somewhere else, elsewhere

woandershin [vo·'ʔan·dɐs·'hɪn] *adv* somewhere else

wob *imp von* **weben**

wobei [vo·'bai] *adv* ❶ *interrog* how; **~ ist das passiert?** how did that happen? ❷ *rel* in which; **~ mir gerade einfällt ...** which reminds me ...

Woche <-, -n> ['vɔ·xə] *f* week

Wochenblatt *nt* weekly

Wochenende ['vɔ·xn̩·ʔɛn·də] *nt* weekend; **schönes ~!** have a nice weekend!; **am ~** on the weekend

Wochenendhaus ['vɔ·xn̩·ʔɛnt·haus] *nt* weekend home

Wochenendticket [-tɪ·kət] *nt* TRANSP discount train ticket for weekend travel

Wochenkarte *f* TRANSP weekly pass

wochenlang ['vɔ·xn̩·laŋ] *adj, adv* for weeks

Wochenmarkt *m* weekly market

Wochentag *m* weekday; **was ist heute für ein ~?** what day of the week is it today?

wochentags ['vɔ·xn̩·taːks] *adv* on weekdays

wöchentlich ['vœ·çn̩t·lɪç] *adj, adv* weekly

Wochenzeitung *f* weekly [newspaper]

Wodka <-s, -s> ['vɔt·ka] *m* vodka

wodurch [vo·'dʊrç] *adv* ❶ *interrog* how ❷ *rel* which

wofür [vo·'fyːɐ̯] *adv* ❶ *interrog* for what, what ... for; **~ hast du denn so viel Geld bezahlt?** what did you pay so much money for? ❷ *rel* for which

wog [voːk] *imp von* **wiegen**[1]

Woge <-, -n> ['voː·gə] *f* wave ▶ WENDUNGEN: **wenn sich die ~n** <u>geglättet</u> **haben** when things have calmed down

wogegen [vo·'geː·gn̩] *adv* ❶ *interrog* against what; **~ hilft dieses Mittel?** what is this medicine for? ❷ *rel* against what/which

woher [vo·'heːɐ̯] *adv* ❶ *interrog* where ... from; **~ hast du dieses Buch?** where did you get this book [from]? ❷ *rel* from which, where ... [from]

wohin [vo·'hɪn] *adv* ❶ *interrog* where [to]; **~ damit?** where should I put it? ❷ *rel* where

wohingegen [vo·hɪn·'geː·gn̩] *konj* while, whereas

wohl [voːl] *adv* ❶ (*gut, gesund*) well; **sich** *akk* **~ fühlen** to feel well; **sich** *akk* **irgendwo ~ fühlen** to feel at home somewhere ❷ (*gut*) **jdm ~ bekannt sein** to be well-known to sb; **~ geformt** well-formed; *Körperteil* shapely; **~ überlegt** well thought out ❸ (*wahrscheinlich*) probably; **~ kaum** hardly ❹ **jdm ist ~ bei etw** *dat* sb is comfortable with sth; **jdm ist nicht ~ bei etw** *dat* sb is uneasy about sth ❺ (*zirka*) about ▶ WENDUNGEN: **~ oder** <u>übel</u> whether you like it or not

Wohl <-[e]s> [voːl] *nt kein pl* welfare, well-being; **auf jds ~ trinken** to drink to sb's health; **zum ~!** cheers!

wohlauf [voːl·'ʔauf] *adj pred* ■ **~ sein** to be well

Wohlbefinden <-s> *nt kein pl* well-being
Wohlbehagen <-s> *nt kein pl* feeling of well-being
wohlbehalten *adv* safe and sound
Wohlfahrtsstaat *m* welfare state
Wohlgefallen ['voːlˈɡəˈfaˈlən] *nt* ▶WENDUNGEN: **sich in ~ auflösen** (*fam*) to vanish into thin air
wohlgesinnt <wohlgesinnter, wohlgesinnteste> *adj* ▪jdm ~ **sein** to be well-disposed toward sb
wohlhabend <wohlhabender, wohlhabendste> *adj* well-to-do
wohlig ['voːˈlɪç] I. *adj* (*behaglich*) pleasant II. *adv* (*genießerisch*) luxuriously
wohlklingend <wohlklingender, wohlklingendste> *adj* melodious
wohlmeinend <wohlmeinender, wohlmeinendste> *adj* well-meaning
wohlriechend <wohlriechender, wohlriechendste> *adj* fragrant
wohlschmeckend <wohlschmeckender, wohlschmeckendste> *adj* palatable
Wohlstand *m kein pl* affluence, prosperity
Wohlstandsgesellschaft *f* affluent society
Wohlstandsmüll *m* trash of the affluent [society]
Wohltat *f* ❶ *kein pl* (*Erleichterung*) relief ❷ (*Unterstützung*) good deed
Wohltäter(in) *m(f)* benefactor *masc,* benefactress *fem*
wohltätig *adj* charitable
Wohltätigkeit *f kein pl* charity
Wohltätigkeitsveranstaltung *f* charity event
Wohltätigkeitsverein *m* charity
wohltuend <wohltuender, wohltuendste> *adj* agreeable
wohlverdient *adj* well-earned; **seine ~e Strafe erhalten** to get one's just deserts
wohlweislich ['voːlˈvaisˈlɪç] *adv* very wisely
Wohlwollen <-s> ['voːlˈvɔˈlən] *nt kein pl* goodwill
wohlwollend <wohlwollender, wohlwollendste> I. *adj* benevolent II. *adv* benevolently
Wohnanlage *f* housing development
Wohnbezirk *m* residential district
Wohnblock *m* apartment building
Wohncontainer *m* temporary housing unit
wohnen ['voːˈnən] *vi* to live; (*im Hotel*) to stay
Wohnfläche *f* living space
Wohngebiet *nt* residential area
Wohngegend *f* residential area; **eine gute ~ sein** to be a nice area to live in
Wohngeld *nt* housing subsidy
Wohngemeinschaft *f* communal residence, shared house [*or* apartment]; **in einer ~ leben** to share a house/apartment with sb
Wohnhaus *nt* residential building
Wohnheim *nt* (*Studentenwohnheim*) residence hall, dormitory; (*Arbeiterwohnheim*) rooming house [for workers]
Wohnküche *f* eat-in kitchen

wohnlich ['voːnˈlɪç] *adj* cozy
Wohnmobil <-s, -e> *nt* camper
Wohnort *m* place of residence
Wohnraum *m kein pl* living space
Wohnsitz *m* ADMIN domicile; **erster ~** permanent residence; **ohne festen ~** without a fixed residence
Wohnung <-, -en> *f* apartment
Wohnungsbesetzer(in) <-s, -> *m(f)* squatter
Wohnungseigentümer(in) *m(f)* property owner
Wohnungseinrichtung *f* furnishings *pl*
Wohnungsmarkt *m* housing market
Wohnungsnot *f kein pl* serious housing shortage
Wohnungssuche *f* apartment hunting; **auf ~ sein** to be apartment hunting
Wohnungstür *f* front door
Wohnviertel *nt* residential area
Wohnwagen *m* (*zum Campen*) RV
Wohnzimmer *nt* living room
wölben ['vœlˈbn̩] *vr* ▪**sich ~** ❶ (*sich biegen*) to bend ❷ ▪**sich über etw** *akk* ~ to arch over sth
Wölbung <-, -en> *f* (*Rundung*) bulge
Wolf <-[e]s, Wölfe> [vɔlf, *pl* 'vœlˈfə] *m* wolf
Wolke <-, -n> ['vɔlˈkə] *f* cloud ▶WENDUNGEN: **aus allen ~n fallen** (*fam*) to be flabbergasted
Wolkenbruch *m* cloudburst
Wolkendecke *f* cloud cover
Wolkenkratzer *m* skyscraper
wolkenlos *adj* cloudless
wolkig ['vɔlˈkɪç] *adj* cloudy
Wolldecke *f* [wool] blanket
Wolle <-, -n> ['vɔˈlə] *f* wool
wollen¹ ['vɔˈlən] *adj attr* (*aus Wolle*) wool
wollen² ['vɔˈlən] I. *aux vb* <will, wollte, wollen> *modal* ❶ (*zu tun beabsichtigen*) ▪**etw tun ~** to want to do sth; ▪**etw gerade tun ~** to be [just] about to do sth; ▪**etw haben ~** to want [to have] sth; **~ wir uns nicht setzen?** why don't we sit down? ❷ (*behaupten*) ▪**etw getan haben ~** to claim to have done sth; **und so jemand will Arzt sein!** and he calls himself a doctor! ❸ *passivisch* **diese Aktion will gut vorbereitet sein** this operation has to be carefully planned II. *vi* <will, wollte, gewollt> ❶ (*den Willen haben*) to want; **ob du willst oder nicht** whether you like it or not; **wenn du willst** if you['d] like; **[ganz] wie du willst** whatever is good for you, as you wish ❷ (*gehen wollen*) ▪**irgendwohin ~** to want to go somewhere; **zu wem ~ Sie?** who[m] do you wish to see? III. *vt* <will, wollte, gewollt> ❶ (*haben wollen*) ▪**etw [von jdm] ~** to want sth [from sb]; **willst du lieber Tee oder Kaffee?** would you prefer tea or coffee?; **ich will, dass du jetzt sofort gehst!** I want you to go right now [*or* leave immediately] ❷ (*bezwecken*) ▪**etw mit etw** *dat* ~ to want sth with [*or* for] sth; **ohne es zu ~** without wanting to
Wolljacke *f* wool cardigan
Wollust <-, Wollüste> ['vɔˈlʊst, *pl* 'vɔˈlʏsˈtə] *f*

W

lust

wollüstig ['vɔ·lʏs·tɪç] *adj* lascivious

womit [vo·'mɪt] *adv* ❶ *interrog* with what, what ... with; ~ **reinigt man Seidenhemden?** what do you use to clean silk shirts [with]?; ~ **habe ich das verdient?** what did I do to deserve this? ❷ *rel* with which

womöglich [vo·'møːk·lɪç] *adv* possibly

wonach [vo·'naːx] *adv* ❶ *interrog* what ... for, what ... of; ~ **suchst du?** what are you looking for?; ~ **riecht das hier?** what's that smell [in here]? ❷ *rel* which [*or* what] ... for, of which

Wonne <-, -n> ['vɔ·nə] *f* joy, delight

woran [vo·'ran] *adv* ❶ *interrog* (*an welchem/welchen Gegenstand*) what ... on, on what; ~ **soll ich das befestigen?** what should I fasten this to? ❷ *interrog* (*an welchem/welchen Umstand*) what ... of, of what; ~ **haben Sie ihn erkannt?** how did you recognize him?; ~ **denkst du?** what are you thinking of?; ~ **ist sie gestorben?** what did she die of? ❸ *rel* (*an welchem/welchen Gegenstand*) on which; **das Seil, ~ der Kübel befestigt war, riss** the rope [that] the pail was fastened to broke ❹ *rel* (*an welchem/welchen Umstand*) by which; **das ist das einzige, ~ ich mich noch erinnere** that's the only thing I can remember

worauf [vo·'rauf] *adv* ❶ *interrog* on what ..., what ... on; ~ **wartest du noch?** what are you waiting for?; ~ **stützen sich deine Behauptungen?** what do you base your claims on? ❷ *rel* on which; **das Bett, ~ wir liegen ...** the bed [that] we're lying on ...

woraufhin *adv* ❶ *interrog* for what reason ❷ *rel* whereupon, after which

woraus [vo·'raus] *adv* ❶ *interrog* what ... out of, out of what; **und ~ schließen Sie das?** and what do you base your conclusion[s] on? ❷ *rel* from which, what ... out of, out of which; **das Material, ~ die Socken bestehen, kratzt** the material [that] the socks are made of is itchy

worden *pp von* **werden**

worin [vo·'rɪn] *adv* ❶ *interrog* in what, what ... in; ~ **besteht der Unterschied?** where is the difference? ❷ *rel* in which; **es gibt etwas, ~ sich Original und Fälschung unterscheiden** there is something that the original and the forgery do not have in common

Workaholic <-s, -s> [vø:ɐ̯k·ə'hɔ·lɪk] *m* workaholic

Workshop <-s, -s> ['vø:ɐ̯k·ʃɔp] *m* workshop

Wort <-[e]s, Wörter *o* -e> [vɔrt] *nt* ❶ LING word; **im wahrsten Sinne des ~es** in the true sense of the word ❷ *meist pl* (*Äußerung*) word *usu pl*; **mit anderen ~en** in other words; **etw in ~e fassen** to put sth into words; **jdm fehlen die ~e** sb is speechless; **kein ~ herausbringen** to not get a word out; **ein ernstes ~ mit jdm reden** to have a serious talk with sb; **kein ~ verstehen** to not understand a word; (*hören*) to be unable to hear a word ❸ *kein pl* (*Ehrenwort*) **jdm sein ~ geben** to give sb one's word; **sein ~ brechen/halten** to break/keep one's word; **jdn beim ~ nehmen** to take sb's word for it; **das glaube ich dir aufs ~** I can believe it, trust me, I believe you ❹ *kein pl* (*Rede*[*erlaubnis*]) **jdm das ~ abschneiden** to cut sb short; **jdm ins ~ fallen** to interrupt sb; **zu ~ kommen** to get a chance to speak; **das ~ an jdn richten** to address sb ▶ WENDUNGEN: **das ist ein ~!** [it's [*or* that's] a] deal!; **jdm das ~ im Munde herumdrehen** to twist sb's words

wortbrüchig *adj* treacherous

Wörtchen ['vœrt·çən] *nt* ▶ WENDUNGEN: **ein ~ mitzureden haben** (*fam*) to have a say in sth; **mit jdm noch ein ~ zu reden haben** (*fam*) to have a bone to pick with sb

Wörterbuch *nt* dictionary

Wortfetzen *pl* scraps of conversation *pl*

Wortführer(in) *m(f)* spokesperson, spokesman *masc*, spokeswoman *fem*

Wortgefecht *nt* battle of words

wortgewandt *adj* eloquent

wortkarg *adj* taciturn

Wortklauberei <-, -en> [vɔrt·klau·bə·'rai] *f* (*pej*) hairsplitting

wörtlich ['vœrt·lɪç] **I.** *adj* ❶ *Wiedergabe* word-for-word, verbatim ❷ *Übersetzung* literal **II.** *adv* ❶ *wiedergeben* word for word ❷ *übersetzen* literally

wortlos I. *adj* silent **II.** *adv* silently, without saying a word

Wortschatz *m* vocabulary

Wortspiel *nt* play on words

Wortstellung *f* word order

Wortwechsel *m* verbal exchange

wortwörtlich ['vɔrt·'vœrt·lɪç] **I.** *adj* word-for-word **II.** *adv* word for word

worüber [vo·'ryː·bɐ] *adv* what ... about, about what; ~ **habt ihr euch unterhalten?** what was it you talked about? [*or fam* did you guys talk about?]

worum [vo·'rʊm] *adv* what ... about; ~ **handelt es sich?** what is it about?

worunter [vo·'rʊn·tɐ] *adv* what ... from; ~ **leidet Ihre Frau?** what is your wife suffering from?

wovon [vo·'fɔn] *adv* what ... about; ~ **bist du denn so müde?** what has made you so tired?; ~ **soll ich leben?** what am I supposed to live on?

wovor [vo·'foːɐ̯] *adv* what ... of; ~ **fürchtest du dich denn?** what are you afraid of?

wozu [vo·'tsuː] *adv* why, how come, what ... for; ~ **soll das gut sein?** what's the purpose of that?; ~ **hast du das gemacht?** what did you do that for?

Wrack <-[e]s, -s> [vrak] *nt* ❶ (*Schiffswrack*) wreck; (*Flugzeug-, Autowrack*) wreckage ❷ (*pej: Mensch*) wreck

Wucher <-s> ['vuː·xɐ] *m kein pl* extortion; (*Zinsen*) usury; **das ist ~!** that's highway robbery!

Wucherer, Wucherin <-s, -> ['vuː·xə·rə] *m, f*

(*pej*) profiteer, usurer

wuchern ['vuː·xən] *vi sein o haben* ❶ *Pflanze* to grow rampant ❷ *Geschwür* to proliferate

Wucherpreis *m* (*pej*) extortionate price

wuchs [vuːks] *imp von* **wachsen**[1]

Wucht <-> [vʊxt] *f kein pl* force; *eines Schlags* brunt; **mit voller ~** with full force ▸ WENDUNGEN: **eine ~ sein** (*fam*) to be smashing

wuchtig ['vʊx·tɪç] *adj* ❶ (*mit großer Wucht*) forceful; *Schlag* powerful ❷ (*massig*) massive

wühlen ['vyː·lən] I. *vi* ■**in etw** *dat* |**nach etw** *dat*| **~** ❶ (*kramen*) to rummage through sth |for sth| ❷ (*graben, aufwühlen*) to root through sth |[looking] for sth|; **in jds Haaren ~** to tousle sb's hair II. *vr* ■**sich** *akk* **durch etw ~** ❶ (*sich vorwärtsarbeiten*) to burrow one's way through sth ❷ (*fam: sich durcharbeiten*) to slog through sth

Wühltisch *m* discount table

Wulst [vʊlst] *pl* 'vʏl·stə] *m* <-[e]s, Wülste>, *f* <-, Wülste> bulge

wulstig ['vʊls·tɪç] *adj* bulging; (*Lippen*) thick

wummern ['vʊ·mɐn] *vi* to boom

wund [vʊnt] I. *adj* sore II. *adv* **sich** *akk* **~ liegen** to get bedsores; **sich** *dat* **die Füße ~ laufen** to walk until one's feet are sore

Wunde <-, -n> ['vʊn·də] *f* wound

Wunder <-s, -> ['vʊn·dɐ] *nt* miracle; **wie durch ein ~** miraculously; **die ~ der Natur** the wonders of nature ▸ WENDUNGEN: **sein blaues ~ erleben** (*fam*) to be in for a nasty surprise; **es ist kein ~, dass ...** (*fam*) it is no wonder that ...; **~ wirken** (*fam*) to work wonders

wunderbar ['vʊn·dɐ·baːɐ] I. *adj* ❶ (*herrlich*) wonderful, marvelous ❷ (*wie ein Wunder*) miraculous II. *adv* (*fam*) wonderfully

Wunderheiler(in) <-s, -> *m(f)* miracle healer

Wunderkerze *f* sparkler

Wunderkind *nt* child prodigy

wunderlich ['vʊn·dɐ·lɪç] *adj* odd, strange

Wundermittel *nt* miracle cure; (*Zaubertrank*) magic potion

wundern ['vʊn·dɐn] I. *vt* ■**jdn ~** to surprise sb; **das wundert mich [nicht]** I'm [not] surprised at that II. *vr* ■**sich** *akk* **~** to be surprised (**über** +*akk* at/about); **du wirst dich ~!** you'll be surprised!

wunderschön ['vʊn·dɐ·ʃøːn] *adj* wonderful

wundervoll *adj, adv s.* **wunderbar**

Wundsalbe *f* ointment

Wundstarrkrampf *m kein pl* tetanus

Wunsch <-[e]s, Wünsche> [vʊnʃ, *pl* 'vʏn·ʃə] *m* ❶ (*Verlangen*) wish; (*stärker*) desire; (*Bitte*) request; **jdm jeden ~ erfüllen** to grant sb's every wish; **auf jds ~ [hin]** at/on sb's request ❷ *meist pl* (*Glückwunsch*) wish; **mit besten Wünschen** best wishes

Wunschbild *nt* ideal

Wunschdenken <-s> *nt kein pl* wishful thinking

wünschen ['vʏn·ʃn] *vt* ❶ (*als Geschenk erbitten*) ■**sich** *dat* **etw [von jdm]** **~** to ask for sth

[from sb]; **was wünschst du dir?** what would you like? |*or* can I get [for] you?|; **nun darfst du dir etwas ~** now you can say what you'd like for a present ❷ (*erhoffen*) to wish; **ich wünschte, der Regen würde aufhören** I wish the rain would stop; ■**jdm etw ~** to wish sb sth; **jdm zum Geburtstag alles Gute ~** to wish sb a happy birthday; **ich will dir ja nichts Böses ~** I don't mean to wish you any harm; ■**~, dass** to hope that ❸ (*haben wollen*) ■**sich** *dat* **etw ~** to want sth; **man hätte sich kein besseres Wetter ~ können** one couldn't have wished for better weather ▸ WENDUNGEN: **nichts/viel zu ~ übrig lassen** to leave nothing/much to be desired

wünschenswert *adj* desirable

Wunschkind *nt* planned child

wunschlos *adj* **~ glücklich sein** to be perfectly happy

Wunschtraum *m* dream

Wunschzettel *m* wish list

wurde ['vʊr·də] *imp von* **werden**

Würde <-> ['vʏr·də] *f kein pl* dignity

würdevoll *adj* dignified

würdig ['vʏr·dɪç] I. *adj* ❶ (*ehrbar*) dignified ❷ (*wert, angemessen*) worthy; **einer S.** *gen* [nicht] **~ sein** to [not] be worthy of sth II. *adv* (*mit Würde*) with dignity; (*gebührend*) worthy

würdigen ['vʏr·dɪ·gn̩] *vt* ❶ (*anerkennend erwähnen*) to acknowledge ❷ (*schätzen*) **etw zu ~ wissen** to appreciate sth

Würdigung <-, -en> *f* appreciation, acknowledgement

Wurf <-[e]s, Würfe> [vʊrf, *pl* 'vʏr·fə] *m* ❶ (*das Werfen*) throw; (*gezielter Wurf*) shot; (*vom Pitcher*) pitch; (*Kegeln*) bowl; (*Würfel*) throw; **zum ~ ausholen** to get ready to throw ❷ (*Tierjunge*) litter

Würfel <-s, -> ['vʏr·fl̩] *m* ❶ (*Spielwürfel*) dice *pl*, die ❷ (*Kubus*) cube; **etw in ~ schneiden** to dice sth ▸ WENDUNGEN: **die ~ sind gefallen** the die is cast

Würfelbecher *m* shaker

würfeln ['vʏr·fl̩n] I. *vi* to throw the dice; ■**um etw** *akk* **~** to throw dice for sth II. *vt* ❶ (*Würfel werfen*) **eine Sechs ~** to throw a six ❷ (*in Würfel schneiden*) to dice

Würfelspiel *nt* dice game

Würfelzucker *m kein pl* sugar cube[s]

würgen ['vʏr·gn̩] I. *vt* ■**jdn ~** to strangle sb II. *vi* ■**an etw** *akk* **~** to choke on sth

Wurm <-[e]s, Würmer> [vʊrm, *pl* 'vʏr·mɐ] *m* worm ▸ WENDUNGEN: **da ist der ~ drin** (*fam*) there's something fishy about it

wurmen ['vʊr·mən] *vt* (*fam*) to bug; **das wurmt mich sehr** that really bugs me

wurmstichig ['vʊrm·ʃtɪ·çɪç] *adj Apfel* maggoty; *Holz* full of woodworms

wurscht, wurst *adj* ■**jdm ~ sein** (*fam*) to be all the same to sb

Wurst <-, Würste> [vʊrst, *pl* 'vʏr·stə] *f* sausage; (*Brotauflage*) cold cuts *pl* ▸ WENDUNGEN:

jetzt <u>geht</u> es um die ~ (*fam*) the moment of truth has come

Wurstbrot *nt* open sandwich with cold cuts

Würstchen <-s, -> ['vʏrst·çən] *nt dim von* **Wurst** little sausage; **Frankfurter/Wiener** ~ hot dog, frankfurter

Würstchenbude *f,* **Würstchenstand** *m* hot dog stand

Wurstsalat *m* sausage salad

Wurzel <-, -n> ['vʊr·ts|] *f* (*a. fig*) root; ~**n schlagen** (*a. fig*) to put down roots

wurzeln ['vʊr·ts|n] *vi* ■**in etw** *dat* ~ to be rooted in sth

würzen ['vʏr·tsn̩] *vt* to season

würzig ['vʏr·tsɪç] I. *adj* tasty II. *adv* tastily

Würzstoff *m* flavoring

wusch [vuːʃ] *imp von* **waschen**

wuschelig ['vʊ·ʃə·lɪç] *adj* (*fam*) woolly, fuzzy *fam;* *Tier* shaggy

Wuschelkopf *m* (*fam*) moptop *sl*

wuschlig ['vʊʃ·lɪç] *adj s.* **wuschelig**

wuseln ['vuː·z|n] *vi* to bustle around

wusste[RR], **wußte**[ALT] *imp von* **wissen**

Wust <-[e]s> [vʊst] *m kein pl* (*fam*) pile; **ein** ~ **von Problemen** a load of problems

wüst [vyːst] I. *adj* ❶ (*öde*) waste, desolate ❷ (*fig: wild, derb*) vile, rude ❸ (*unordentlich*) hopeless, terrible II. *adv* vilely, terribly; **jdn** ~ **beschimpfen** to curse at sb

Wüste <-, -n> ['vyː·stə] *f* desert, wasteland *fig;* **die** ~ **Gobi** the Gobi Desert

Wüstenklima *nt kein pl* desert climate

Wüstling <-s, -e> ['vyːst·lɪŋ] *m* (*pej*) lecher

Wut <-> [vuːt] *f kein pl* fury, rage; **seine** ~ **an jdm/etw auslassen** to take one's anger out on sb/sth; **eine** ~ [**auf jdn**] **haben** to be furious [with sb]; **vor** ~ **kochen** to seethe with rage

Wutanfall *m* fit of rage; (*Kind*) tantrum; **einen** ~ **bekommen** to lose one's temper

Wutausbruch *m* tantrum

wüten ['vyː·tn̩] *vi* to rage; *Sturm* to cause havoc

wütend I. *adj* furious, enraged; **auf jdn** ~ **sein** to be furious with sb II. *adv* furiously, in a rage

wutentbrannt *adv* in a fury

WWW <-[s]> [veː·veː·'veː] *nt* INET *Abk von* **World Wide Web** WWW

X

X, x <-, -> [ɪks] *nt* ❶ (*Buchstabe*) X, x; ~ **wie Xanthippe** X as in X-ray ❷ (*eine unbestimmte Zahl*) x amount of; ~ **Bücher** x number of books

x-Achse *f* x-axis

X-Beine ['ɪks·bai·nə] *pl* knock-knees *pl;* ~ **haben** to be knock-kneed

x-beliebig [ɪks·bə·'liː·bɪç] I. *adj* (*fam*) any old;

jeder ~**e Ort** any old place II. *adv* (*fam*) as often as one likes

x-fach ['ɪks·fax] I. *adj* (*fam*) umpteen; **die** ~**e Menge** n times the amount II. *adv* (*fam*) umpteen times

x-förmig[RR] *adj* X-shaped *pred*

x-mal ['ɪks·maːl] *adv* (*fam*) umpteen times

x-te(r, s) ['ɪks·tə, 'ɪks·tɐ, 'ɪks·təs] *adj* (*fam*) ■**der/die/das** ~ the umpteenth; **beim/zum** ~**n Mal** after/for the umpteenth time

Xylofon[RR], **Xylophon** <-s, -e> [ksy·lo·'foːn] *nt* xylophone

Y

Y, y <-, - *o fam* -s, -s> ['ʏpsi·lɔn] *nt* Y, y; ~ **wie Ypsilon** Y as in Yankee

y-Achse ['ʏpsi·lɔn·ʔaksə] *f* y-axis

Yacht <-, -en> [jaxt] *f* yacht

Yankee <-s, -s> ['jɛŋ·ki] *m* (*pej*) Yankee

Yoga <-[s]> ['joː·ga] *m o nt* yoga

Yoghurt <-s, -s> ['joː·gʊrt] *m o nt s.* **Joghurt**

Ypsilon <-[s], -s> ['ʏpsi·lɔn] *nt s.* **Y**

Yuppie <-s, -s> ['jʊ·pi] *m* yuppie

Z

Z, z <-, -> [tsɛt] *nt* Z, z; ~ **wie Zacharias** Z as in Zulu

zack [tsak] *interj* (*fam*) zap; ~, ~! chop-chop!

Zacke <-, -n> ['tsa·kə] *f* point; *eines Kamms* tooth; *eines Berges* peak; *einer Gabel* prong

Zacken <-s, -> ['tsa·kn̩] *m* DIAL *s.* **Zacke**

zackig ['tsa·kɪç] *adj* ❶ (*gezackt*) jagged; *Stern* pointed ❷ (*schnell*) *Bewegungen* brisk; *Musik* upbeat

zaghaft ['tsaːk·haft] *adj* timid

Zaghaftigkeit *f* timidity

zäh [tsɛː] I. *adj* ❶ (*eine feste Konsistenz aufweisend*) tough ❷ (*zähflüssig*) glutinous ❸ (*hartnäckig*) tenacious; *Gespräch* long-drawn-out; *Verhandlungen* tough II. *adv* tenaciously

zähflüssig *adj* thick; (*fig*) *Verkehr* slow-moving

Zahl <-, -en> [tsaːl] *f* ❶ MATH number, figure; **eine ganze/gerade/ungerade/vierstellige** ~ whole/even/odd/four-digit number ❷ *pl* (*Zahlenangaben*) numbers; (*Verkaufszahlen*) figures; **arabische/römische** ~**en** Arabic/Roman numerals ❸ *kein pl* (*Anzahl*) number

zählbar *adj* countable

zahlen ['tsaː·lən] *vt, vi* to pay; ~ **bitte!** the

check please!
zählen ['tsɛː·lən] **I.** *vt* ❶ (*addieren*) to count ❷ (*geh: dazurechnen*) ■**jdn/sich zu etw** *dat* ~ to regard sb/oneself as belonging to sth **II.** *vi* ❶ (*Zahlen aufsagen*) **bis zehn** ~ to count to ten ❷ (*addieren*) to count; **falsch** ~ to miscount ❸ (*gehören*) to belong (**zu** +*dat* to) ❹ (*sich verlassen*) to count (**auf** +*akk* on) ❺ (*gültig sein*) to count

zahlenmäßig I. *adj* numerical **II.** *adv* (*an Anzahl*) in number

Zahlenschloss[RR] *nt* combination lock

Zähler <-s, -> *m* ❶ TECH meter ❷ MATH numerator

zahllos *adj* countless

zahlreich I. *adj* ❶ (*sehr viele*) numerous ❷ (*eine große Anzahl*) large **II.** *adv* (*in großer Anzahl*) ~ **erscheinen** to appear in large numbers

Zahlung <-, -en> *f* payment

Zählung <-, -en> *f* count

zahlungsfähig *adj* solvent

zahlungskräftig *adj* wealthy

Zahlungsmittel *nt* means of payment + *sing vb*

zahlungsunfähig *adj* insolvent

Zahlungsverkehr *m* payment transactions *pl*

Zahlwort <-wörter> *nt* numeral

zahm [tsaːm] *adj* tame

zähmen ['tsɛː·mən] *vt* to tame

Zähmung <-, -en> *f* taming

Zahn <-[e]s, Zähne> [tsaːn, *pl* tsɛː·nə] *m* ❶ (*Teil des Gebisses*) tooth; **Zähne bekommen** to be teething; **sich** *dat* **die Zähne putzen** to brush one's teeth; **sich** *dat* **einen** ~ **ziehen lassen** to have a tooth pulled ❷ (*fam: Tempo*) **einen** ~ **draufhaben** to drive at breakneck speed; **einen** ~ **zulegen** to step on it ▶ WENDUNGEN: **sich** *dat* **an jdm/etw die Zähne ausbeißen** (*fam*) to have a tough time with sb/sth; **jdm auf den** ~ **fühlen** (*fam*) to grill sb

Zahnarzt, -ärztin *m, f* dentist

zahnärztlich I. *adj* dental *attr* **II.** *adv* ~ **behandelt werden** to have dental treatment

Zahnbehandlung *f* dental treatment

Zahnbelag *m kein pl* plaque

Zahnbürste *f* toothbrush

Zahncreme *f* toothpaste

zähneknirschend *adv* grinding one's teeth

zahnen ['tsaː·nən] *vi Baby* to teethe

Zahnfäule *f kein pl* tooth decay

Zahnfleisch *nt* gum[s *pl*]

Zahnfüllung *f* filling

Zahnlücke *f* gap between the teeth

Zahnpasta *f* toothpaste

Zahnpflege *f kein pl* dental hygiene

Zahnprothese *f* dentures *pl*

Zahnrad *nt* AUTO gearwheel; TECH cogwheel

Zahnradbahn *f* cog railway [*or* railroad]

Zahnschmelz *m* [tooth] enamel

Zahnschmerzen *pl* toothache

Zahnseide *f* dental floss

Zahnspange *f* braces *pl*

Zahnstein *m kein pl* tartar

Zahnstocher <-s, -> *m* toothpick

Zahnweh *nt kein pl* (*fam*) toothache

Zander <-s, -> ['tsan·dɐ] *m* pikeperch

Zange <-, -n> ['tsaŋə] *f* pliers *npl*, a pair of pliers; *Hummer, Krebs* pincers *npl*; MED forceps *npl*; (*für Zucker*) tongs *npl* ▶ WENDUNGEN: **jdn in die** ~ **nehmen** (*fam*) to give sb the third degree

Zank <-[e]s> [tsaŋk] *m kein pl* fight

zanken ['tsaŋ·kn̩] **I.** *vi* to fight **II.** *vr* ■**sich** ~ to have a fight (**um** +*akk* over)

zänkisch ['tsɛn·kɪʃ] *adj* quarrelsome

Zäpfchen <-s, -> ['tsɛpf·çən] *nt* MED suppository

zapfen ['tsap·fn̩] *vt Bier* to draw

Zapfen <-s, -> ['tsap·fn̩] *m* ❶ BOT, ANAT cone ❷ (*Eiszapfen*) icicle

Zapfenstreich *m* (*Signal*) taps

Zapfhahn *m* tap

Zapfsäule *f* gas pump

zappelig ['tsa·pə·lɪç] *adj* ❶ (*sich unruhig bewegend*) fidgety ❷ (*voller Unruhe*) restless

zappeln ['tsa·pl̩n] *vi* to fidget ▶ WENDUNGEN: **jdn** ~ **lassen** (*fam*) to keep sb in suspense

zappen ['tsa·pn̩] *vi* TV (*sl*) to channel-surf

zapplig ['tsap·lɪç] *adj s.* **zappelig**

Zar(in) <-en, -en> [tsaːɐ̯] *m(f)* czar *masc*, czarina *fem*

zart [tsaːɐ̯t] *adj* ❶ (*mürbe*) tender; *Gebäck* delicate ❷ (*weich*) delicate; *Haut* soft ❸ (*leicht*) mild; *Berührung, Andeutung* gentle; *Farbe, Duft* delicate

zartbitter *adj Schokolade* dark

zartgliederig ['tsaːɐ̯t·gliː·də·rɪç], **zartgliedrig** ['tsaːɐ̯t·gliːd·rɪç] *adj* (*fein*) dainty; (*zerbrechlich*) delicate

zärtlich ['tsɛːɐ̯t·lɪç] **I.** *adj* tender, affectionate **II.** *adv* tenderly, affectionately

Zärtlichkeit <-, -en> *f* ❶ *kein pl* (*zärtliches Wesen*) tenderness ❷ *pl* (*Liebkosung*) caresses *pl*; (*zärtliche Worte*) tender words *pl*

Zäsur <-, -en> [tsɛ·ˈzuːɐ̯] *f* (*geh: Einschnitt*) break [with tradition]

Zauber <-s, -> ['tsau·bɐ] *m* ❶ (*magische Handlung*) magic; (*magische Wirkung*) spell; **einen** ~ **anwenden/aufheben** to cast/break a spell ❷ *kein pl* (*Faszination, Reiz*) charm

Zauberei <-, -en> [tsau·bə·ˈrai] *f kein pl* magic

Zauberer, Zauberin <-s, -> ['tsau·bə·rɐ, 'tsau·bə·rɪn] *m, f* ❶ (*Magier*) sorcerer *masc*, sorceress *fem*, wizard ❷ (*Zauberkünstler*) magician

Zauberformel *f* magic words *npl*

zauberhaft *adj* enchanting; *Kleid* gorgeous; *Abend, Urlaub* splendid

Zauberkünstler(in) *m(f)* magician

Zauberkunststück *nt* magic trick

zaubern ['tsau·bɐn] **I.** *vt* ❶ (*erscheinen lassen*) to conjure (**aus** +*dat* from); **einen Hasen aus einem Hut** ~ to pull a rabbit out of a hat ❷ (*a. fam: schaffen*) ■**etw** ~ to conjure up sth

X
Y
Z

II. *vi* (*Magie anwenden*) to do magic; (*Zauber-kunststücke vorführen*) to do magic tricks
Zauberspruch *m* magic spell
Zauberstab *m* magic wand
Zaum <-[e]s, Zäume> [tsaum, *pl* 'tsɔy·mə] *m* bridle; **etw/jdn/sich in ~ halten** (*fig*) to keep sth/sb/oneself in check
zäumen ['tsɔy·mən] *vt* ■**ein Tier ~** to bridle an animal
Zaun <-[e]s, Zäune> [tsaun, *pl* 'tsɔy·nə] *m* fence
Zaungast <-gäste> *m* onlooker
Zaunkönig *m* wren
zausen ['tsau·zn] *vt Haar* to tousle
z. B. *Abk von* **zum Beispiel** e.g.
Zebra <-s, -s> ['tse:·bra] *nt* zebra
Zebrastreifen *m* pedestrian crossing, cross-walk
Zeche[1] <-, -n> ['tsɛ·çə] *f* BERGB coal mine
Zeche[2] <-, -n> ['tsɛ·çə] *f* (*Rechnung für Ver-zehr*) bill
Zechpreller(in) <-s, -> *m(f)* walkout
Zechtour *f* bar hop
Zecke <-, -n> ['tsɛ·kə] *f,* **Zeck** <-[e]s, -en> [tsɛk] *m* ÖSTERR (*fam*) tick
Zeckenbiss[RR] *m* tick bite
Zeh <-s, -en> [tse:] *m,* **Zehe** <-, -n> ['tse:·ə] *f* ❶ ANAT toe ❷ (*Knoblauchzehe*) clove
Zehennagel *m* toenail
Zehenspitze *f* tip of the toe; ■**auf den ~n** on one's tiptoes
zehn [tse:n] *adj* ten; *s. a.* **acht**[1]
Zehn <-, -en> [tse:n] *f* ❶ (*Zahl*) ten ❷ KARTEN ten; *s. a.* **Acht**[1] ❸ (*Verkehrslinie*) ■**die ~** the [number] ten
Zehnerkarte *f* TRANSP ten-trip ticket; TOURIST ticket good for ten admissions
zehnfach, 10fach ['tse:n·fax] **I.** *adj* tenfold; **die ~e Menge** ten times the amount **II.** *adv* tenfold, ten times over
Zehnkampf ['tse:n·kampf] *m* decathlon
Zehnkämpfer(in) *m(f)* decathlete
zehnmal, 10-mal[RR] ['tse:n·ma:l] *adv* ten times; *s. a.* **achtmal**
zehntausend ['tse:n·'tau·znt] *adj* ❶ (*Zahl*) ten thousand ❷ (*sehr viele*) ■**Z~e von ...** tens of thousands of ...
zehnte(r, s) ['tse:n·tə, 'tse:n·tɐ, 'tse:n·təs] *adj* ❶ (*nach dem neunten kommend*) tenth; *s. a.* **achte(r, s)** 1 ❷ (*Datum*) tenth, 10th; *s. a.* **ach-te(r, s)** 2
zehntel ['tse:n·tl] *adj* tenth
Zehntel <-s, -> ['tse:n·tl] *nt* ■**ein ~** a tenth
zehren ['tse:·rən] *vi* ❶ (*erschöpfen, schwä-chen*) ■**an jdm/etw** to wear sb/sth out; **an jds Gesundheit ~** to ruin sb's health ❷ (*sich ernähren*) ■**von etw** *dat* ~ to live on sth
Zeichen <-s, -> ['tsai·çn] *nt* ❶ (*Symbol*) sym-bol; (*Schriftzeichen*) character; (*Satzzeichen*) punctuation mark ❷ (*Markierung*) sign; **ein ~ auf etw** *akk* **machen** to mark sth [on sth] ❸ (*Hinweis*) sign; (*Symptom*) symptom ❹ (*Si-gnal*) signal; **das ~ zu etw** *dat* **geben** to give

the signal to do sth; **ein ~ setzen** to set an ex-ample; **zum ~, dass ...** to show that ... ❺ AS-TROL sign; **im ~ einer S.** *gen* **geboren sein** to be born under the sign of sth
Zeichenblock <-blöcke *o* -blocks> *m* sketch pad
Zeichenbrett *nt* drawing board
Zeichenerklärung *f* key; (*Landkarte*) legend
Zeichensetzung <-> *f kein pl* punctuation
Zeichensprache *f* sign language
Zeichentrickfilm *m* cartoon
zeichnen ['tsaiç·nən] **I.** *vt* ❶ KUNST, ARCHIT to draw ❷ (*schriftlich anerkennen*) **einen Scheck ~** to sign a check ❸ (*mit Zeichen ver-sehen*) to mark **II.** *vi* ❶ KUNST ■**an etw** *dat* ~ to draw sth ❷ (*geh: verantwortlich sein*) **für etw** *akk* [**verantwortlich**] ~ to be responsible for sth
Zeichner(in) <-s, -> *m(f)* ❶ KUNST draftsman *masc,* draftswoman *fem* ❷ FIN subscriber
zeichnerisch I. *adj* graphic; **~e Begabung** tal-ent for drawing **II.** *adv* graphically
Zeichnung <-, -en> *f* ❶ KUNST drawing ❷ BOT, ZOOL markings *pl* ❸ FIN subscription
Zeigefinger *m* index finger
zeigen ['tsai·gn] **I.** *vt* ❶ (*deutlich machen*) to show ❷ (*vorführen*) to show; **zeig mal, was du kannst!** (*fam*) let's see what you can do!; **es jdm ~** (*fam*) to show sb **II.** *vi* ❶ (*deuten*) to point (**auf** +*akk* at); **nach rechts/hinten ~** to point to the right/back ❷ (*erkennen lassen*) ■**~, dass ...** to show that ... **III.** *vr* ❶ (*sich sehen lassen*) ■**sich** [**jdm**] ~ to show oneself [to sb]; **komm, zeig dich mal!** come on, let me see what you look like; **sich von seiner besten Seite ~** to show oneself at one's best ❷ (*erkennbar werden*) ■**sich** ~ to appear
Zeiger <-s, -> ['tsai·gɐ] *m* (*Uhrzeiger*) hand
Zeigestock *m* pointer
Zeile <-, -n> ['tsai·lə] *f* ❶ (*geschriebene Reihe*) line; **jdm ein paar ~n schreiben** (*fam*) to drop sb a line; **zwischen den ~n lesen** to read between the lines ❷ (*Reihe*) row
zeit [tsait] *präp* +*gen* ~ **meines Lebens** all my life
Zeit <-, -en> [tsait] *f* ❶ *kein pl* (*verstrichener zeitlicher Ablauf*) time; **mit der ~** in time; **~ raubend** time-consuming; **~ sparend** time-saving ❷ (*Zeitraum*) time; ■**eine ~ lang** for a while; **die ganze ~** [über] the whole time; **in letzter ~** lately; **in nächster ~** in the near fu-ture; **auf unbestimmte ~** for an indefinite pe-riod; **~ gewinnen** to gain time; **zwei Tage ~ haben**[, **etw zu tun**] to have two days [to do sth]; **haben Sie einen Augenblick ~?** do you have a moment to spare?; **das hat noch ~** that can wait; **sich** [**mit etw** *dat*] ~ **lassen** to take one's time [with sth]; **jdm die ~ stehlen** to waste sb's time; **jdn auf ~ beschäftigen** to employ sb on a temporary basis ❸ (*Zeitpunkt*) time; **es ist höchste Zeit, dass wir die Tickets kaufen** it's about time we bought the tickets; **seit dieser ~** since then; **von ~ zu ~**

from time to time; **zur** ~ at the moment; **zu jeder** ~ [at] any time ④ (*Epoche, Lebensabschnitt*) time, age; **die** ~ **der Aufklärung** the age of enlightenment; **für alle** ~**en** forever; **zu jener** ~ at that time ⑤ LING tense ⑥ SPORT time; **eine gute** ~ **laufen** to run a good time

Zeitabschnitt *m* period [of time]

Zeitalter *nt* age; **in unserem** ~ nowadays

Zeitansage *f* announcement of the time; TELEK telephone time service; RADIO time check

Zeitarbeit *f kein pl* temporary work

Zeitarbeitsfirma *f* temp agency

Zeitaufwand *m* expenditure of time; **mit großem** ~ **verbunden sein** to be extremely time-consuming

zeitaufwändig^{RR} *adj* time-consuming

Zeitbombe *f* time bomb

Zeitdruck *m kein pl* time pressure

Zeiteinteilung *f* time management

Zeitgefühl *nt kein pl* sense of time

zeitgemäß *adj, adv* up-to-date, modern

Zeitgenosse, **-genossin** ['tsait·gə·nɔ·sə, -gənɔ·sɪn] *m, f* contemporary

zeitgenössisch ['tsait·gə·nœ·sɪʃ] *adj* contemporary

Zeitgeschichte *f kein pl* contemporary history

Zeitgewinn *m* timesaving

zeitgleich I. *adj* contemporaneous II. *adv* at the same time

zeitig ['tsai·tɪç] *adj, adv* early

Zeitkarte *f* TRANSP monthly/weekly/weekend pass

Zeitlang *f s.* **Zeit 2**

zeitlebens [tsait·'le:·bn̩s] *adv* all one's life

zeitlich I. *adj* chronological II. *adv* ❶ (*terminlich*) timewise *fam;* ~ **zusammenfallen** to coincide; **etw** ~ **abstimmen** to synchronize sth ❷ (*vom Zeitraum her*) ~ **begrenzt** for a limited time

zeitlos *adj* timeless; *Kleidung* classic; ~**er Stil** style that doesn't go out of fashion

Zeitlupe *f kein pl* slow motion *no art*

Zeitlupentempo *nt* **im** ~ in slow motion

Zeitnot *f kein pl* shortage of time; **in** ~ **sein** to be short of time

Zeitplan *m* schedule

Zeitpunkt *m* time; **zum jetzigen** ~ at this moment in time

Zeitraffer <-s> *m kein pl* time-lapse photography

Zeitraum *m* period of time

Zeitrechnung *f* calendar; **vor unserer** ~ before Christ, BC; **unserer** ~ Anno Domini, AD

Zeitschrift ['tsait·ʃrɪft] *f* magazine; (*wissenschaftlich*) journal

Zeitspanne *f* period of time

Zeitumstellung *f* changing of the clocks

Zeitung <-, -en> ['tsai·tʊŋ] *f* newspaper

Zeitungsannonce *f* newspaper advertisement; (*Geburt, Tod, Ehe*) announcement

Zeitungsanzeige *f* newspaper advertisement

Zeitungsartikel *m* newspaper article

Zeitungsbericht *m* newspaper article

Zeitungsmeldung *f* newspaper report

Zeitungspapier *nt* newspaper

Zeitungsverkäufer(in) *m(f)* newspaper salesman

Zeitverschiebung *f* time difference

Zeitverschwendung *f kein pl* waste of time

Zeitvertrag *m* temporary contract

Zeitvertreib <-[e]s, -e> *m* pastime; **zum** ~ to pass the time

zeitweise *adv* ❶ (*gelegentlich*) occasionally ❷ (*vorübergehend*) temporarily

zelebrieren* [tse·le·'bri:·ran] *vt* to celebrate

Zelle <-, -n> ['tsɛ·lə] *f* cell

Zellgewebe *nt* cell tissue

Zellkern *m* nucleus [of a cell]

Zellkultur *f* cell culture

Zellophan <-s> [tsɛ·lo·'fa:n] *nt kein pl s.* **Cellophan**

Zellstoff ['tsɛl·ʃtɔf] *m s.* **Zellulose**

Zellteilung *f* cell division

Zellulitis <-, Zellulitiden> [tsɛ·lu·'li:·tɪs, *pl* -'ti:·dn̩] *f meist sing* MED cellulitis

Zelluloid <-[e]s> [tsɛ·lu·'lɔyt] *nt kein pl* celluloid

Zellulose <-, -n> [tsɛ·lu·'lo:·zə] *f* cellulose

Zelt <-[e]s, -e> [tsɛlt] *nt* tent; (*Festzelt*) exhibit tent; (*Zirkuszelt*) big top; **ein** ~ **aufschlagen** to pitch a tent

zelten ['tsɛl·tn̩] *vi* to camp

Zeltlager *nt* camp

Zeltplane *f* tarpaulin, tarp *fam*

Zeltplatz *m* campsite

Zement <-[e]s, -e> [tse·'mɛnt] *m* cement

zementieren* [tse·mɛn·'ti:·ran] *vt* (*a. fig*) to cement

Zenit <-[e]s> [tse·'ni:t] *m kein pl* zenith

zensieren* [tsɛn·'zi:·ran] *vt* ❶ SCH to grade ❷ (*der Zensur unterwerfen*) to censor

Zensor, Zensorin <-s, Zensoren> ['tsɛn·zo·ɐ̯, tsɛn·'zo:·rɪn, *pl* tsɛn·'zo:·ran] *m, f* censor

Zensur <-, -en> [tsɛn·'zu:ɐ̯] *f* ❶ SCH grade ❷ *kein pl* (*prüfende Kontrolle*) censorship

zensurieren* [tsɛn·zu·'ri:·ran] *vt* ÖSTERR, SCHWEIZ *s.* **zensieren**

Zentimeter [tsɛn·ti·'me:·tɐ] *m o nt* centimeter

Zentner <-s, -> ['tsɛnt·nɐ] *m* 50 kg (*110 lbs*); ÖSTERR, SCHWEIZ 100 kg (*220 lbs*)

zentral [tsɛn·'tra:l] I. *adj* central II. *adv* centrally

Zentralafrika *nt* Central Africa

Zentralamerika <-s> *nt* Central America

Zentrale <-, -n> [tsɛn·'tra:·lə] *f* ❶ (*Hauptgeschäftsstelle: Bank, Firma*) head office; (*Militär, Polizei, Taxiunternehmen*) headquarters + *sing/pl vb;* (*Busse*) depot ❷ TELEK operator; *Firma* switchboard

Zentralheizung *f* central heating

zentralisieren* [tsɛn·tra·li·'zi:·ran] *vt* to centralize

Zentralnervensystem *nt* central nervous system

Zentralrat *m* central committee

Zentralverriegelung <-, -en> *f* power locks

Z

npl

Zentren *pl von* **Zentrum**

Zentrifugalkraft *f* centrifugal force

Zentrifuge <-, -n> [tsɛn·tri·ˈfuː·gə] *f* centrifuge

Zentripetalkraft *f kein pl* centripetal force

Zentrum <-s, Zentren> [ˈtsɛn·trʊm, *pl* ˈtsɛn·trən] *nt* center

Zeppelin <-s, -e> [ˈtsɛ·pə·liːn] *m* blimp, zeppelin

Zepter <-s, -> [ˈtsɛp·tɐ] *nt* scepter

zerbeißen* [tsɛɐ̯·ˈbai̯·sn̩] *vt irreg* ① (*kaputtbeißen*) to chew; *Bonbon* to crunch ② (*überall stechen*) to bite

zerbomben* *vt* ■ etw ~ to bomb sth to smithereens

zerbrechen* *irreg* I. *vt haben* (*in Stücke zerbrechen*) ■ etw ~ to break sth [in]to pieces; *Glas, Teller* to smash; *Kette* to break II. *vi sein* ① (*entzweibrechen*) to break [in]to pieces ② (*in die Brüche gehen*) to be destroyed; *Partnerschaft* to break up ③ (*seelisch zugrunde gehen*) ■ an etw *dat* ~ to be destroyed by sth

zerbrechlich *adj* ① (*leicht zerbrechend*) fragile ② (*geh: zart*) frail

zerbröckeln* I. *vt haben* to crumble II. *vi sein* to crumble

zerdrücken* *vt* ① (*zu einer Masse pressen*) to crush; *Kartoffeln* to mash ② *Zigarette* to put out *sep* ③ *Stoff* to crease

Zeremonie <-, -n> [tse·re·mo·ˈniː, *pl* -ˈniː·ən] *f* ceremony

zeremoniell [tse·re·mo·ˈni̯ɛl] I. *adj* (*geh*) ceremonial II. *adv* (*geh*) ceremonially

Zeremoniell <-s, -e> [tse·re·mo·ˈni̯ɛl] *nt* (*geh*) ceremonial

Zerfall *m* ① *kein pl* (*das Auflösen*) disintegration; *Fassade, Gebäude* decay; *Leiche, Holz* decomposition ② *Land, Kultur* decline

zerfallen* *vi irreg sein* ① (*sich zersetzen*) *Fassade, Gebäude* to disintegrate; *Körper, Materie* to decompose; *Gesundheit* to decline ② (*auseinanderbrechen*) *Reich, Sitte* to decline ③ (*sich gliedern*) ■ in etw *akk* ~ to fall into sth

zerfetzen* *vt* ① (*klein reißen*) ■ etw ~ to tear sth to shreds ② (*zerreißen*) ■ jdn/etw ~ to tear sb/sth to pieces

zerfleddern*, **zerfledern*** [tsɛɐ̯·ˈfleː·dɐn] *vt* (*fam*) ■ etw ~ to cause sth to become ragged and worn

zerfließen* *vi irreg sein* ① (*sich verflüssigen*) *Butter, Make-up, Salbe* to run; *Eis* to melt ② (*fig*) **vor Mitleid** ~ to be overcome with compassion

zerfranst *adj* frayed

zerfressen* *vt irreg* ① (*korrodieren*) to corrode ② (*durch Fraß/Wuchern zerstören*) to eat

zergehen* *vi irreg sein* to melt (**auf** *+dat* on)

zerkauen* *vt* ① (*zerkleinern*) to chew ② (*beschädigen*) to chew up *sep*

zerkleinern* [tsɛɐ̯·ˈklai̯·nɐn] *vt* to cut up *sep*; *Holz* to chop; *Pfefferkörner* to crush

zerknirscht [tsɛɐ̯·ˈknɪrʃt] *adj* remorseful

zerknittern* *vt* to crease

zerknüllen* *vt* to crumple up *sep*

zerkochen* *vi sein* to overcook

zerkratzen* *vt* to scratch

zerkrümeln* *vt* to crumble; *Erde* to loosen

zerlassen* *vt irreg Butter* to melt

zerlegen* *vt* ① KOCHK to cut [up *sep*]; *Braten* to carve ② (*auseinandernehmen*) to take apart *sep*; *Maschine* to dismantle; *Getriebe, Motor* to strip down *sep*

zerlumpt *adj* ragged; ~ **sein** to be in tatters

zermalmen* *vt* to crush

zermürben* [tsɛɐ̯·ˈmyr·bn̩] *vt* to wear down *sep*

zerquetschen* *vt* ① (*zermalmen*) to squash ② *Kartoffeln* to mash

Zerrbild *nt* distorted picture

zerreiben* *vt irreg* to crush

zerreißen* *irreg* I. *vt haben* ① (*in Stücke reißen*) ■ etw ~ to tear sth to pieces ② (*durchreißen*) to tear; *Brief, Scheck* to tear up *sep* ③ (*durchreißen*) to tear apart *sep* II. *vi sein* to tear; *Seil, Faden* to break

Zerreißprobe *f* real test

zerren [ˈtsɛ·rən] I. *vt* to drag II. *vi* to tug (**an** *+dat* at/on); **an den Nerven** ~ to be nerve-racking III. *vr* MED ■ sich *dat* einen **Muskel** ~ to pull a muscle

zerrinnen* *vi irreg sein* to melt away

Zerrung <-, -en> *f* MED (*Muskelzerrung*) pulled muscle; (*Sehnenzerrung*) pulled tendon

zerrütten* [tsɛɐ̯·ˈry·tn̩] *vt* to destroy; *Ehe* to ruin

zersägen* *vt* to saw up *sep*

zerschellen* *vi sein* to be smashed to pieces

zerschlagen*[1] *irreg* I. *vt* ① ■ etw ~ *Glas, Teller etc.* to smash sth to pieces ② (*zerstören*) to break up *sep*; *Angriff* to crush; *Plan* to shatter II. *vr* ■ sich ~ *Plan* to fall through

zerschlagen[2] *adj pred* shattered

zerschmettern* *vt* to shatter

zerschneiden* *vt irreg* ① (*in Stücke schneiden*) to cut up *sep* ② (*durchschneiden*) ■ etw ~ to cut sth in two

zersetzen* I. *vt Metall* to corrode II. *vr* (*sich auflösen*) ■ sich ~ to decompose

zerspalten* *vt* to split

zersplittern* I. *vt haben* to shatter; *Gruppe, Partei* to fragment II. *vi sein* to shatter; *Holz, Knochen* to splinter

zerspringen* *vi irreg sein* ① (*zerbrechen*) to shatter ② (*einen Sprung bekommen*) to crack

zerstampfen* *vt* ① (*zerkleinern*) to crush; *Kartoffeln* to mash ② (*zertreten*) to stamp on *sep*

zerstäuben* *vt* to spray

Zerstäuber <-s, -> *m* atomizer

zerstechen* *vt irreg* ① (*beschädigen*) ■ etw ~ to lay into sth with a knife ② *Mücken, Moskitos* ■ jdn/etw ~ to bite sb/sth [all over]; *Bienen* to sting sb/sth [all over]

zerstören* *vt* ① (*kaputtmachen*) to destroy ② (*zugrunde richten*) *Plan, Gesundheit* to

ruin
zerstörerisch I. *adj* destructive **II.** *adv* destructively
Zerstörung <-, -en> *f* ❶ *kein pl* destruction ❷ (*Verwüstung*) devastation
zerstreuen* I. *vt* ❶ (*auseinandertreiben*) to disperse ❷ (*unterhalten*) ▪ **jdn** ~ to take sb's mind off sth ❸ *Ängste, Sorgen* to dispel **II.** *vr* ▪ **sich** ~ ❶ *Menge* to disperse ❷ (*sich auflösen*) to be dispelled
zerstreut *adj* ❶ (*gedankenlos*) absent-minded ❷ (*weit verteilt*) scattered
Zerstreutheit <-> *f kein pl* absent-mindedness
Zerstreuung <-, -en> *f* (*Unterhaltung*) diversion
zerstückeln* *vt* to cut up *sep; Leiche* to dismember; *Land* to carve up *sep*
zerteilen* *vt* to cut up *sep* (**in** +*akk* into)
Zertifikat <-[e]s, -e> [tsɛr·ti·fi·'ka:t] *nt* certificate
zertreten* *vt irreg* to crush
zertrümmern* [tsɛɐ·'trʏ·mɐn] *vt* to smash
zerwühlen* *vt Haare* to tousle; *Bett* to rumple
zerzausen* *vt Haare* to ruffle
zetern ['tse:·tɐn] *vi* (*pej*) to nag
Zettel <-s, -> ['tsɛ·tl̩] *m* piece of paper
Zeug <-[e]s> [tsɔʏk] *nt kein pl* (*fam*) ❶ (*Sachen*) stuff; **altes** ~ junk ❷ (*Quatsch*) crap *fam* ▶ WENDUNGEN: **was das** ~ **hält** (*fam*) for all one is worth; **sich ins** ~ **legen** (*fam*) to put one's shoulder to the wheel
Zeuge, Zeugin <-n, -n> ['tsɔʏ·gə, 'tsɔʏ·gɪn] *m, f* witness
zeugen¹ ['tsɔʏ·gn̩] *vt* ▪ **jdn** ~ to father sb
zeugen² ['tsɔʏ·gn̩] *vi* ❶ (*auf etw schließen lassen*) ▪ **von etw** *dat* ~ to show sth ❷ JUR to testify
Zeugenaussage *f* testimony
Zeugenstand *m* witness stand
Zeugnis <-ses, -se> ['tsɔʏk·nɪs] *nt* ❶ SCH report card ❷ (*Empfehlung*) certificate of recommendation; (*Arbeitszeugnis*) reference
Zeugung <-, -en> *f* fathering
zeugungsfähig *adj* fertile
zeugungsunfähig *adj* sterile
z.H(d). *Abk von* **zu Händen** attn.
Zicke <-, -n> ['tsɪ·kə] *f* ❶ (*weibliche Ziege*) nanny goat ❷ (*pej fam: launische Frau*) bitch
zicken ['tsɪ·kən] *vi* (*sl*) to kick up a fuss
zickig ['tsɪ·kɪç] *adj* uptight, snotty
Zickzack ['tsɪk·tsak] *m* zigzag
Ziege <-, -n> ['tsi:·gə] *f* goat
Ziegel <-s, -> ['tsi:·gl̩] *m* ❶ (*Ziegelstein*) brick ❷ (*Dachziegel*) tile
Ziegeldach *nt* tiled roof
Ziegelstein *m* brick
Ziegenbart *m* goat's beard; (*hum fam: Spitzbart*) goatee
Ziegenbock *m* billy goat
Ziegenkäse *m* goat cheese
Ziegenpeter <-s, -> ['tsi:·gn̩·pe:·tɐ] *m* (*fam: Mumps*) mumps + *sing/pl vb*
ziehen <zog, gezogen> ['tsi:·ən] **I.** *vt haben*

❶ (*hinter sich her schleppen, zerren*) to pull; (*fester*) to drag; (*am Ärmel*) to tug ❷ (*bewegen*) *Choke, Starter* to pull out *sep; Handbremse* to put on *sep; Vorhänge* to draw; *Rollläden* to raise; **die Knie in die Höhe** ~ to raise one's knees; **die Stirn in Falten** ~ to knit one's brow ❸ (*herausziehen*) *Fäden, Zahn* to take out *sep; Revolver, Spielkarte* to draw ❹ (*züchten*) *Pflanzen* to grow; *Tiere* to breed ❺ *Kreis, Linie* to draw ❻ (*anziehen*) ▪ **etw auf sich** *akk* ~ to attract sth; **jdn ins Gespräch** ~ to draw sb into the conversation ❼ (*zur Folge haben*) ▪ **etw nach sich** *dat* ~ to have consequences **II.** *vi* ❶ *haben* (*zerren*) to pull (**an** +*dat* on) ❷ *sein* (*umziehen*) to move; ▪ **zu jdm** ~ to move in with sb; **nach München** ~ to move to Munich ❸ *sein* (*einen bestimmten Weg einschlagen*) *Menschenmenge* to march; *Wanderer* to wander; *Rauch, Wolke* to drift; *Gewitter* to move; **durch die Stadt** ~ to wander through [the] town/the city; **in den Krieg** ~ to go to war ❹ *haben* (*saugen*) **an einer Zigarette** ~ to drag on a cigarette ❺ *haben Tee* to brew **III.** *vi impers haben* **es zieht** there is a draft **IV.** *vt impers haben* **es zog ihn in die weite Welt** he felt a strong urge to see the world; **was zieht dich hierhin?** what brings you here? **V.** *vr haben* ▪ **sich** ~ *Gespräch, Verhandlungen* to drag on
Ziehen <-s> ['tsi:·ən] *nt kein pl* ache
Ziehharmonika *f* concertina
Ziehung <-, -en> *f* drawing
Ziel <-[e]s, -e> [tsi:l] *nt* ❶ (*angestrebtes Ergebnis*) goal, aim; **am** ~ **sein** to be at one's destination; **sich** *dat* **ein** ~ **setzen** to set a goal for oneself ❷ SPORT, MIL target; **ins** ~ **treffen** to hit the target ❸ (*Rennen*) finish; **durchs** ~ **gehen** to cross the finish line ❹ (*Reiseziel*) destination ▶ WENDUNGEN: **über das** ~ **hinausschießen** (*fam*) to overshoot the mark
zielbewusstᴿᴿ, **zielbewußt**ᴬᴸᵀ **I.** *adj* purposeful **II.** *adv* purposefully
zielen ['tsi:·lən] *vi* ❶ (*anvisieren*) to aim (**auf** +*akk* at/for) ❷ (*gerichtet sein*) ▪ **auf jdn/ etw** ~ to be aimed at sb/sth
Zielfernrohr *nt* scope
Zielgerade *f* home stretch
Zielgruppe *f* target group
ziellos I. *adj* aimless **II.** *adv* aimlessly
Zielort *m* destination
Zielscheibe *f* target
Zielsetzung <-, -en> *f* aim
zielsicher *adj* unerring
zielstrebig ['tsi:l·ʃtre:·bɪç] **I.** *adj* single-minded **II.** *adv* single-mindedly
Zielstrebigkeit <-> *f kein pl* single-mindedness
ziemlich ['tsi:m·lɪç] **I.** *adj attr* (*beträchtlich*) considerable **II.** *adv* ❶ (*weitgehend*) quite ❷ (*beinahe*) almost; **so** ~ more or less; **so** ~ **alles** just about everything; **so** ~ **dasselbe** pretty much the same
Zierde <-, -n> ['tsi:ɐ·də] *f* decoration
zieren ['tsi:·rən] **I.** *vr* ▪ **sich** ~ to make a fuss;

Z

Mädchen to act coyly; **ohne sich zu ~** without having to be pressed **II.** *vt* to adorn
zierlich ['tsiːɐ̯·lɪç] *adj* dainty
Zierpflanze *f* ornamental plant
Ziffer <-, -n> ['tsɪ·fɐ] *f* (*Zahlzeichen*) digit; (*Zahl*) figure; **römische/arabische ~n** Roman/Arabic numerals
Zifferblatt *nt* face
zig [tsɪç] *adj* (*fam*) umpteen; **~mal** umpteen times
Zigarette <-, -n> [tsi·ga·'rɛ·tə] *f* cigarette
Zigarettenpackung *f* cigarette pack
Zigarettenpause *f* cigarette break
Zigarettenstummel *m* cigarette butt
Zigarillo <-s, -s> [tsi·ga·'rɪ·lo] *m o nt* cigarillo
Zigarre <-, -n> [tsi·'ga·rə] *f* cigar
Zigeuner(in) <-s, -> [tsi·'gɔy·nɐ] *m(f)* Gypsy
zigmal ['tsɪç··maːl] *adv* (*fam*) umpteen times
Zikade <-, -n> [tsi·'kaː·də] *f* cicada
Zimmer <-s, -> ['tsɪ·mɐ] *nt* room; **~ frei haben** to have vacancies
Zimmerantenne *f* indoor antenna
Zimmerdecke *f* ceiling
Zimmermädchen *nt* [chamber]maid
Zimmermann <-leute> *m* carpenter
zimmern ['tsɪ·mɐn] *vt* ■**etw ~** to make sth from wood
Zimmerpflanze *f* house plant
Zimmerservice *m* room service
Zimmervermittlung *f* accommodations service
zimperlich ['tsɪm·pe·lɪç] *adj* prim, squeamish; (*empfindlich*) [hyper]sensitive
Zimt <-[e]s, -e> [tsɪmt] *m* cinnamon
Zink <-[e]s> [tsɪŋk] *nt kein pl* zinc
Zinke <-, -n> ['tsɪŋ·kə] *f* eines *Kamms, Rechens* tooth; *einer Gabel* prong
Zinn <-[e]s> [tsɪn] *nt kein pl* tin
zinnoberrot *adj* vermilion
Zins¹ <-es, -en> [tsɪns] *m* FIN interest; **~en bringen** to earn interest; **zu hohen/niedrigen ~en** at a high/low rate of interest
Zins² <-es, -e> [tsɪns] *m* SÜDD, ÖSTERR, SCHWEIZ (*Miete*) rent
Zinsertrag *m* interest yield
Zinseszins *m* compound interest
zinslos *adj* interest-free
Zipfel <-s, -> ['tsɪp·fl̩] *m* corner; *Hemd, Jacke* tail
Zipfelmütze *f* pointed cap
zirka ['tsɪr·ka] *adv* about
Zirkel <-s, -> ['tsɪr·kl̩] *m* ❶ (*Gerät*) compass ❷ (*Gruppe*) group
Zirkulation <-, -en> [tsɪr·ku·la·'tsi̯oːn] *f* circulation
zirkulieren* [tsɪr·ku·'liː·rən] *vi* to circulate
Zirkus <-, -se> ['tsɪr·kʊs] *m* circus; **mach nicht so einen ~!** (*fig fam*) don't make such a fuss!
Zirkuszelt *nt* big top
zirpen ['tsɪr·pn̩] *vi* ZOOL to chirp
zisch [tsɪʃ] *interj* hiss
zischen ['tsɪ·ʃn̩] *vi haben* to hiss; *Fett* to sizzle

Zischen <-s> ['tsɪ·ʃn̩] *nt kein pl* hiss
Zitadelle <-, -n> [tsi·ta·'dɛ·lə] *f* citadel
Zitat <-[e]s, -e> [tsi·'taːt] *nt* quotation
zitieren* [tsi·'tiː·rən] *vt* to quote
Zitrone <-, -n> [tsi·'troː·nə] *f* lemon
zitronengelb *adj* lemon-yellow
Zitronensaft *m* lemon juice
Zitronensäure *f kein pl* citric acid
Zitronenschale *f* lemon peel
Zitrusfrucht ['tsiː·trʊs-] *f* citrus fruit
zitterig ['tsɪ·tə·rɪç], **zittrig** ['tsɪt·rɪç] *adj* shaky
zittern ['tsɪ·tɐn] *vi* ❶ (*hin und her bewegen*) to shake (**vor** +*dat* with/in); **vor Angst ~** to tremble with fear; *Blätter, Gräser, Lippen* to tremble ❷ (*fig*) ■**[vor jdm/etw] ~** to be terrified [of sb/sth]
zittrig ['tsɪt·rɪç] *adj s.* zitterig
Zivi <-s, -s> ['tsiː·vi] *m* (*fam*) *kurz für* **Zivildienstleistender**
zivil [tsi·'viːl] *adj* civilian
Zivil <-s> [tsi·'viːl] *nt kein pl* civilian clothes *npl*
Zivilbevölkerung *f* civilian population
Zivildienst *m kein pl community service as an alternative to military service*

i Conscientious objectors in Germany are required to complete nine months of **Zivildienst** (community service) — the time required for military service. In Germany, most *Zivildienstleistende*, or *Zivis*, care for the elderly, serve as drivers for the handicapped, or work as assistants in youth hostels. In Austria, **Zivildienst** lasts for 12 months. Since October 1996, community service has also been a valid option in Switzerland, with most conscientious objectors there working in the health-care field. In Switzerland, the length of service is 390 days.

Zivildienstleistender *m young man doing community service instead of military service*
Zivilgericht *nt* civil court
Zivilgesetzbuch *nt* SCHWEIZ (*Bürgerliches Gesetzbuch*) code of civil law
Zivilisation <-, -en> [tsi·vi·li·za·'tsi̯oːn] *f* civilization
zivilisieren* [tsi·vi·li·'ziː·rən] *vt* to civilize
zivilisiert I. *adj* civilized **II.** *adv* civilly
Zivilist(in) <-en, -en> [tsi·vi·'lɪst] *m(f)* civilian
Zivilprozess^RR *m* civil action
Zivilrecht *nt* civil law
Zobel <-s, -> ['tsoː·bl̩] *m* sable
zocken ['tsɔ·kn̩] *vi* (*sl*) to gamble
Zoff <-s> [tsɔf] *m kein pl* (*sl*) trouble
zog [tsoːk] *imp von* ziehen
zögerlich ['tsøː·gə·lɪç] **I.** *adj* hesitant **II.** *adv* hesitantly
zögern ['tsøː·gɐn] *vi* to hesitate; **ohne zu ~**

without hesitation

Zölibat <-[e]s, -e> [tsø·li·'ba:t] *nt o m* celibacy

Zoll[1] <-[e]s, -> [tsɔl] *m* (*Maß*) inch

Zoll[2] <-[e]s, Zölle> [tsɔl, *pl* 'tsœ·lə] *m* ❶ ÖKON customs *npl*, duty; ▪ **für etw** *akk* ~ **bezahlen** to pay customs on sth ❷ *kein pl* (*Zollverwaltung*) customs *npl*

Zollamt *nt* customs office

Zollbeamte(r), **-beamtin** *m*, *f* customs officer

zollen ['tsɔ·lən] *vt* (*geh*) to give; **jdm Anerkennung** ~ to show one's appreciation for sb

Zollfahnder(in) <-s, -> *m(f)* customs investigator

Zollfahndung *f* customs investigation department

zollfrei *adj*, *adv* duty-free

Zollgebühren *pl* customs *npl*, duty

Zöllner <-s, -> ['tsœl·nɐ] *m* customs officer

zollpflichtig *adj* dutiable

Zollstock *m* ruler

Zone <-, -n> ['tso:·nə] *f* zone

Zoo <-s, -s> [tso:] *m* zoo

Zoologie <-> [tsoo·lo·'gi:] *f kein pl* zoology

zoologisch [tsoo·'lo:·gɪʃ] I. *adj* zoological II. *adv* zoologically

Zoom <-s, -s> [zu:m, tso:m] *nt* zoom lens

zoomen ['zu:·mən, 'tso:·mən] *vt* ▪ **jdn/etw** ~ to zoom in on sb/sth

Zopf <-[e]s, Zöpfe> [tsɔpf, *pl* tsœp·fə] *m* braid

Zorn <-[e]s> [tsɔrn] *m kein pl* anger

zornig ['tsɔr·nɪç] *adj* angry (**auf** +*akk* with/at)

Zote <-, -n> ['tso:·tə] *f* dirty joke

zottelig ['tsɔ·tə·lɪç] *adj* (*fam*) shaggy

z.T. *Abk von* **zum Teil** partly

zu [tsu:] I. *präp* +*dat* ❶ (*wohin*) to; **ich muss ~m Arzt** I have to go see a doctor; ~ **Fuß/Pferd** on foot/horseback ❷ (*örtlich: Richtung*) ~**m Meer/~r Stadtmitte hin** toward the sea/downtown; **das Zimmer liegt ~r Straße hin** the room faces the street ❸ (*neben*) ▪~ **jdm/etw** next to sb/sth; **setz dich ~ uns** [come and] sit with us ❹ *zeitlich* at; ~ **Ostern/Weihnachten** at Easter/Christmas; ~**m Wochenende fahren wir weg** we're going away on the weekend ❺ (*anlässlich*) **etw ~m Geburtstag bekommen** to get sth for one's birthday; **jdn ~m Essen einladen** to invite sb for a meal; ~ **dieser Frage möchte ich Folgendes sagen** I would like to say the following regarding this question ❻ (*für etw bestimmt*) **das Zeichen ~m Aufbruch** the signal to leave; **mögen Sie Zucker ~m Kaffee?** do you take sugar with your coffee?; ~**m Frühstück trinkt sie immer Tee** she always has tea with breakfast ❼ (*um etw herbeizuführen*) ~**r Entschuldigung** in apology; ~ **was soll das gut sein?** what is that [supposed to be good] for? ❽ + *substantiviertem Infinitiv* **nichts** ~**m Essen** nothing to eat; **etwas ~m Spielen** something to play with; **das ist ja ~m Lachen** that's ridiculous ❾ (*Veränderung*) ~ **etw werden** to turn into sth; ~**m Vorsitzenden gewählt werden** to

be elected [to the post of] chairman ❿ (*Beziehung*) **Liebe** ~ **jdm** love for sb; **aus Freundschaft** ~ **jdm** because of one's friendship with sb; **meine Beziehung** ~ **ihr** my relationship with her ⓫ (*Verhältnis*) **im Verhältnis 1** ~ **4** in a 1:4 [*or* 1 to 4] ratio; **unsere Chancen stehen 50** ~ **50** we have a fifty-fifty chance; SPORT **sie gewannen mit 5** ~ **1** they won 5-1, 5 to 1 ⓬ (*Zugehörigkeit*) **wo ist der Korken** ~ **der Flasche?** where is the cork for this bottle?; **der Schlüssel** ~ **dieser Tür** the key to this door ⓭ *bei Mengenangaben* ~ **drei Prozent** at three percent; **sechs [Stück]** ~ **fünfzig Cent** six for fifty cents; ~**m halben Preis** at [*or* for] half price; ~**m ersten Mal** for the first time ⓮ (*örtlich: Lage*) in; ~ **Hause** at home; ~ **seiner Rechten/Linken** on his right/left[-hand side] ⓯ (*in Wendungen*) ~**m Beispiel** for example; ~**r Belohnung/Strafe** as a reward/punishment; ~**m Glück** luckily; **jdm** ~ **Hilfe kommen** to come to sb's aid; ~ **Hilfe!** help!; ~**r Probe** on a trial basis; SCHWEIZ ~**r Hauptsache** mainly II. *adv* ❶ (*allzu*) too; ~ **sehr** too much; **ich wäre** ~ **gern mitgefahren** I would have loved to have gone along ❷ (*geschlossen*) shut, closed; **Tür** ~ **!** shut the door!; **mach die Augen** ~ close your eyes ❸ (*fam: betrunken sein*) ▪~ **sein** to be drunk ❹ (*in Wendungen*) **nur** ~ **!** go [right] ahead; **mach** ~ hurry up III. *konj* ❶ + *Infinitiv* to; ▪ **etw** ~ **essen** sth to eat; **sie hat** ~ **gehorchen** she has to obey; **ohne es** ~ **wissen** without knowing it ❷ + *Partizip* ~ **bezahlende Rechnungen** outstanding bills; **nicht** ~ **unterschätzende Probleme** problems [that are] not to be underestimated

zuallererst [tsu·'ʔale·'ʔeːɐ̯st] *adv* first of all

zuallerletzt [tsu·'ʔale·lɛtst] *adv* last of all

Zubehör <-[e]s, *selten* -e> ['tsu:·bə·hø:ɐ̯] *nt o m* equipment; (*Accessoires*) accessories *pl*

zu|beißen *vi irreg* to bite

zu|bereiten* *vt* ▪ **etw** ~ to prepare sth

Zubereitung <-, -en> *f* preparation

zu|billigen *vt* ▪ **jdm etw** ~ to grant sb sth

zu|binden *vt irreg* **Schuhe** to tie

zu|blinzeln *vi* ▪ **jdm** ~ to wink at sb

zu|bringen *vt irreg* **Zeit** to spend

Zubringer <-s, -> *m* TRANSP (*Bus, Zug*) shuttle

Zucchini <-, -> [tsu·'ki:·ni] *f meist pl* zucchini

Zucht <-, -en> [tsʊxt] *f kein pl* (*Pflanzenzucht*) cultivation; (*Tierzucht*) breeding

züchten ['tsʏç·tn̩] *vt Pflanzen* to grow; *Tiere* to breed

Züchter(in) <-s, -> *m(f)* *Tierzüchter* breeder; *Pflanzenzüchter* grower

Zuchthaus *nt* HIST prison

Zuchthengst *m* stud horse

züchtigen ['tsʏç·tɪ·gn̩] *vt* (*geh*) to beat

Zuchtperle *f* cultured pearl

Zuchttier *nt* breeding animal

Züchtung <-, -en> *f kein pl* (*Pflanzenzüchtung*) cultivation; (*Tierzüchtung*) breeding

zucken ['tsʊ·kn̩] *vi* ❶ *haben* (*ruckartig bewe-*

Z

gen) *Augenlid* to flutter; *Mundwinkel* to twitch; **mit den Achseln** ~ to shrug one's shoulders ❷ *haben Blitz* to flash

zücken ['tsʏ·kn̩] *vt Messer* to draw

Zucker[1] <-s, -> ['tsʊ·kɐ] *m* sugar

Zucker[2] <-s> ['tsʊ·kɐ] *m kein pl* MED diabetes

Zuckerbrot *nt* ▶ WENDUNGEN: **mit ~ und Peit-sche** (*prov*) with the carrot and the stick

Zuckerguss[RR] *m* icing

Zuckerhut ['tsʊ·kɐ·huːt] *m* GEOL sugar loaf

zuckerkrank *adj* diabetic

Zuckerkranke(r) *f(m)* diabetic

Zuckerkrankheit *f* diabetes

zuckern ['tsʊ·kɐn] *vt* to sugar

Zuckerrohr *nt* sugar cane

Zuckerrübe *f* sugar beet

zuckersüß ['tsʊ·kɐ·'zyːs] *adj* as sweet as sugar *pred*

Zuckerwatte *f* cotton candy

Zuckung <-, -en> *f meist pl* twitch

zu|decken *vt* to cover [up *sep*]

zu|drehen *vt* ❶ (*verschließen*) to screw on *sep* ❷ (*abstellen*) to turn off *sep* ❸ (*festdrehen*) to tighten ❹ (*zuwenden*) **jdm den Rücken ~** to turn one's back on sb

zudringlich ['tsuː·drɪŋ·lɪç] *adj* pushy

Zudringlichkeit <-, -en> *f* ❶ *kein pl* (*zudringliche Art*) pushiness *pej* ❷ *meist pl* (*zudringliche Handlung*) advances *pl*

zu|dröhnen *vr* (*sl*) ■**sich ~** to be/become intoxicated; **sich mit Rauschgift ~** to get high [on drugs]

zu|drücken *vt* to press shut *sep*

zueinander [tsu·?ai·'nan·dɐ] *adv* to each other; **~ passen** *Menschen* to suit each other; *Farben, Kleider* to go well together

zuerst [tsu·'?eːɐ̯st] *adv* ❶ (*als Erster*) the first; (*als Erstes*) first ❷ (*anfangs*) at first ❸ (*zum ersten Mal*) for the first time

Zufahrt ['tsuː·faːɐ̯t] *f* entrance

Zufahrtsstraße *f* access road; (*zur Autobahn*) approach road

Zufall *m* coincidence; (*Schicksal*) chance; **etw dem ~ überlassen** to leave sth to chance

zu|fallen *vi irreg sein* ❶ *Tür* to close ❷ (*zuteilwerden*) ■**jdm ~** to go to sb

zufällig I. *adj* chance *attr* II. *adv* by chance; **rein ~** by pure chance; **jdn ~ treffen** to happen to meet sb; **wissen Sie ~, ob ...?** do you happen to know whether ...?

zufälligerweise *adv s.* zufällig II

Zufallstreffer *m* fluke *fam*

Zuflucht <-, -en> ['tsuː·flʊxt] *f* refuge ▶ WENDUNGEN: **jds letzte ~ sein** to be sb's last resort

Zufluchtsort *m* place of refuge

Zufluss[RR], **Zufluß**[ALT] *m* ❶ *kein pl* (*das Zufließen*) inflow ❷ (*Nebenfluss*) tributary

zu|flüstern *vt* ■**jdm etw ~** to whisper sth to sb

zufolge [tsu·'fɔl·ɡə] *präp* +*dat* (*geh*) according to

zufrieden [tsu·'friː·dn̩] I. *adj* (*befriedigt*) satisfied (**mit** +*dat* with); (*glücklich*) contented (**mit** +*dat* with) II. *adv* with satisfaction;

(*glücklich*) contentedly; **~ stellend** satisfactory

zufrieden|geben *vr irreg* ■**sich** [**mit etw** *dat*] **~** to be satisfied [with sth]

Zufriedenheit <-> *f kein pl* satisfaction; (*Glücklichsein*) contentedness

zufrieden|lassen *vt irreg* ■**jdn ~** to leave sb alone

zu|frieren *vi irreg sein* to freeze [over]

zu|fügen *vt* to cause; **jdm Schaden ~** to harm sb; **jdm Unrecht ~** to do sb an injustice

Zufuhr <-, -en> ['tsuː·fuːɐ̯] *f* supply

Zug[1] <-[e]s, Züge> [tsuːk, *pl* 'tsyː·ɡə] *m* train ▶ WENDUNGEN: **der ~ ist abgefahren** (*fam*) you missed the boat

Zug[2] <-[e]s, Züge> [tsuːk, *pl* 'tsyː·ɡə] *m* ❶ (*inhalierte Menge*) puff (**an** +*dat* on/at), drag *fam* (**an** +*dat* of/on); **einen ~ machen** to take a drag *fam* ❷ (*Schluck*) gulp ❸ *kein pl* (*Luftzug*) draft ❹ (*Spielzug*) move; **am ~ sein** to be sb's move ❺ (*Kolonne*) procession ❻ (*Gesichtszug*) feature ❼ (*Charakterzug*) characteristic ❽ (*Schritt*) ■**~ um ~** step by step; ■**in einem ~** in one stroke ❾ (*Umriss*) **in groben Zügen** in broad terms

Zugabe ['tsuː·ɡaː·bə] *f* MUS encore

Zugabteil *nt* train compartment

Zugang <-[e]s, Zugänge> ['tsuː·ɡaŋ, *pl* 'tsuː·ɡɛŋə] *m* ❶ (*Eingang*) entrance ❷ *kein pl* (*Zutritt, Zugriff*) access (**zu** +*dat* to)

zugänglich ['tsuː·ɡɛŋ·lɪç] *adj* ❶ (*erreichbar*) accessible ❷ *Mensch* approachable; ■**für etw** *akk* **~ sein** to be receptive to sth

Zugbegleiter(in) *m(f)* BAHN conductor

Zugbrücke *f* drawbridge

zu|geben *vt irreg* to admit

zugegen [tsu·'ɡeː·ɡn̩] *adj* (*geh*) ■**bei etw** *dat* **~ sein** to be present at sth

zu|gehen *irreg* I. *vi sein* ❶ *Tür* to shut ❷ (*zubewegen*) ■**auf jdn/etw ~** to approach sb/sth ❸ (*sich versöhnen*) ■**aufeinander ~** to become reconciled II. *vi impers sein* **auf ihren Partys geht es immer sehr lustig zu** her parties are always great fun

zu|gehören* *vi* (*geh*) ■**jdm/etw ~** to belong to sb/sth

zugehörig ['tsuː·ɡə·høː·rɪç] *adj attr* accompanying *attr*

Zugehörigkeit <-> *f kein pl* (*Verbundenheit*) affiliation (**zu** +*dat* to); **ein Gefühl der ~** a sense of belonging

zugekifft ['tsuː·ɡəkɪft] *adj* (*sl*) stoned

zugeknöpft *adj* ❶ *Hemd* buttoned-up ❷ *Mensch* reserved

Zügel <-s, -> ['tsyː·ɡl̩] *m* reins *npl*

zügellos *adj* unrestrained

zügeln ['tsyː·ɡln̩] I. *vt* ❶ (*im Zaum halten*) to rein in *sep* ❷ (*beherrschen*) to curb ❸ (*zurückhalten*) ■**jdn/sich ~** to restrain sb/oneself II. *vi sein* SCHWEIZ (*umziehen*) ■[**irgendwohin**] **~** to move [somewhere]

Zugeständnis ['tsuː·ɡə·ʃtɛnt·nɪs] *nt* concession

zu|gestehen* *vt irreg* to concede

zugetan ['tsu:·gə·ta:n] *adj* (*geh*) ■ **jdm/etw ~ sein** to be taken with sb/sth

Zugführer(in) *m(f)* BAHN conductor

zugig ['tsu:·gɪç] *adj* drafty

zügig ['tsy:·gɪç] **I.** *adj* ❶ (*rasch erfolgend*) speedy ❷ SCHWEIZ (*eingängig*) catchy **II.** *adv* rapidly

Zugkraft *f* ❶ PHYS tensile force *spec* ❷ *kein pl* (*Anziehungskraft*) appeal

zugkräftig *adj* appealing

zugleich [tsu·'glaiç] *adv* ❶ (*ebenso*) both ❷ (*gleichzeitig*) at the same time

Zugluft *f kein pl* draft

Zugmaschine *f* AUTO tractor

Zugpferd *nt* ❶ (*Tier*) draft horse ❷ (*besondere Attraktion*) crowd pleaser

zu|greifen *vi irreg* ❶ (*sich bedienen*) to help oneself ❷ COMPUT ■ **auf etw** *akk* **~** to access sth

Zugrestaurant *nt* dining car

Zugriff *m* COMPUT access (**auf** +*akk* to)

Zugriffsberechtigung *f* COMPUT access authorization

Zugriffsrecht *nt* COMPUT access rights *pl*

zugrunde, zu Grunde^RR [tsu·'grʊn·də] *adv* [an etw *dat*] **~ gehen** to be destroyed [by sth]; **einer S.** *dat* **~ liegen** to form the basis of sth

Zugschaffner(in) *m(f)* train conductor

zu|gucken *vi* (*fam*) *s.* zusehen

zugunsten, zu Gunsten^RR [tsu·'gʊns·tn̩] *präp* +*gen* in favor of

zugute|halten^RR [tsu·'gu:·tə-] *vt irreg* ■ **jdm etw ~** to make allowances for sb's sth

zugute|kommen^RR *vi irreg sein* ■ **jdm/etw ~** to be for the benefit of sb/sth

Zugverbindung *f* train connection

Zugverkehr *m* train service

Zugvogel *m* migratory bird

Zugzwang *m* pressure to act

zu|haben *irreg vi* (*fam*) to be closed

zu|halten *irreg vt* ■ **etw ~** to hold sth closed; ■ **jdm/sich den Mund ~** to hold one's hand over sb's/one's mouth; **sich** *dat* **die Nase ~** to hold one's nose

Zuhälter(in) <-s, -> ['tsu:·hɛl·tɐ] *m(f)* pimp

Zuhause <-s> [tsu·'hau·zə] *nt kein pl* home

zu|hören *vi* to listen (+*dat* to)

Zuhörer(in) *m(f)* listener; ■ **die ~** (*Publikum*) the audience + *sing/pl vb*; (*Radiozuhörer a.*) the listeners

Zuhörerschaft *f kein pl* audience

zu|jubeln *vi* to cheer

zu|kehren *vt* **jdm den Rücken ~** to turn one's back on sb

zu|klappen *vt, vi* to snap shut

zu|kleben *vt* to glue down *sep*

zu|knallen *vt, vi* (*fam*) to slam shut

zu|kneifen *vt irreg* ■ **etw ~** to shut sth tight[ly]

zu|knöpfen *vt* ■ **etw ~** to button up *sep* sth

zu|kommen *vi irreg sein* ❶ (*sich nähern*) ■ **auf jdn/etw ~** to come toward sb/sth ❷ (*bevorstehen*) ■ **auf jdn ~** to be in store for sb; **alles auf sich ~ lassen** to take things as they come

❸ (*geben*) **jdm etw ~ lassen** (*geh*) to send sb sth

Zukunft <-> ['tsu:·kʊnft] *f kein pl* ❶ (*das Bevorstehende*) future; **in ferner/naher ~** in the distant/near future ❷ LING future [tense]

zukünftig ['tsu:·kʏnf·tɪç] **I.** *adj* future *attr* **II.** *adv* in future

Zukunftsaussichten *pl* future prospects *pl*

Zukunftsfähigkeit *f* forward compatibility

Zukunftsmusik *f* ▸ WENDUNGEN: **~ sein** (*fam*) to be a long way off

Zukunftspläne *pl* plans *pl* for the future

Zukunftstechnologie *f* technology of the future

zukunft(s)weisend *adj* forward-looking

zu|lächeln *vi* ■ **jdm ~** to smile at sb

Zulage <-, -n> ['tsu:·la:·gə] *f* bonus

zu|langen *vi* (*fam*) ❶ (*zugreifen*) to help oneself ❷ *Händler* to ask a fortune

zu|lassen *vt irreg* ❶ (*dulden*) to allow ❷ (*fam*) *Tür* to keep shut *sep* ❸ (*die Genehmigung erteilen*) ■ **jdn ~** to admit sb (**zu** +*dat* to) ❹ (*anmelden*) to register

zulässig ['tsu:·lɛ·sɪç] *adj* permissible

Zulassung <-, -en> *f* ❶ *kein pl* (*Genehmigung*) authorization; (*Lizenz*) license; **die ~ entziehen** to revoke sb's license ❷ (*Anmeldung*) registration ❸ (*Fahrzeugschein*) [motor vehicle] registration

Zulassungsbeschränkung *f* admission restriction

Zulassungspapier *nt meist pl* registration papers *npl;* AUTO [motor vehicle] registration

zulassungspflichtig *adj* (*geh*) requiring licensing

Zulassungsprüfung *f* ADMIN, SCH entrance exam

Zulauf ['tsu:·lauf] *m* inlet

zu|laufen *vi irreg sein* ❶ (*zubewegen*) ■ **auf jdn/etw ~** to run toward sb/sth; (*direkt*) to run up to sb/sth ❷ *Haustier* **ein zugelaufener Hund/eine zugelaufene Katze** a stray [dog/cat]

zu|legen I. *vt* (*fam: zunehmen*) to put on *sep* ▸ WENDUNGEN: **einen Zahn ~** (*fam*) to step on it **II.** *vi* ❶ (*fam: zunehmen*) to put on weight ❷ (*fam: das Tempo steigern*) to get a move on; *Läufer* to increase the pace **III.** *vr* (*fam*) ■ **sich** *dat* **jdn/etw ~** to get oneself sb/sth

zuleide, zu Leide^RR [tsu·'lai·də] *adv* **jdm etw/nichts ~ tun** (*veraltend*) to harm/not harm sb

zuletzt [tsu·'lɛtst] *adv* ❶ (*als Letzte[r]*) **~ eingetroffen** to be the last to arrive; **~ durchs Ziel gehen** to finish last ❷ (*zum Schluss*) **bis ~** until the end; **ganz ~** right at the end ❸ (*letztmalig*) last; **nicht ~** not least [of all]

zuliebe [tsu·'li:·bə] *adv* ■ **jdm/etw ~** for sb['s sake]

Zulieferbetrieb *m,* **Zulieferer** <-s, -> *m* supplier

zu|liefern *vi* to supply

zum [tsʊm] = **zu dem** *s.* **zu**

Z

zu|machen *vt, vi* ❶ (*verschließen*) to close; **eine Flasche/ein Glas ~** to put the top on a bottle/lid on a jar ❷ (*zukleben*) *Brief* to seal ❸ (*zuknöpfen*) ▪ **etw ~** to button [up *sep*] sth ❹ (*den Betrieb einstellen*) to close [down *sep*]

zumal [tsuˈmaːl] **I.** *konj* particularly as **II.** *adv* particularly

zu|mauern *vt* to wall up *sep*

zumindest [tsuˈmɪn·dəst] *adv* at least

zumutbar *adj* reasonable

zumute, zu Mute^{RR} [tsuˈmuː·tə] *adv* **mir ist so merkwürdig ~** I feel so strange; **mir ist nicht zum Scherzen ~** I'm not in a joking mood

zu|muten [ˈtsuː·muː·tn̩] *vt* ▪ **jdm etw ~** to expect sth of sb; **jdm zu viel ~** to expect too much of sb; ▪ **sich** *dat* **etw ~** to undertake sth; **sich zu viel ~** to overtax oneself

Zumutung *f* unreasonable demand; **das ist eine ~!** it's just too much!

zunächst [tsuˈnɛçst] *adv* ❶ (*anfangs*) initially ❷ (*vorerst*) for the moment

zu|nageln *vt* to nail up *sep*

zu|nähen *vt* to sew up *sep*; *Wunde* to stitch up

Zunahme <-, -n> [ˈtsuː·naː·mə] *f* increase

Zuname [ˈtsuː·naː·mə] *m* (*geh*) surname

zünden [ˈtsʏndn̩] *vi, vt* ❶ TECH to fire *spec* ❷ (*zu brennen anfangen*) to catch fire; *Streichholz* to light

zündend *adj Rede* stirring; *Idee* great

Zünder <-s, -> [ˈtsʏn·dɐ] *m* detonator

Zündholz <-es, -hölzer> *nt bes* SÜDD, ÖSTERR match

Zündholzschachtel *f* matchbox

Zündkabel *nt* ignition cable

Zündkerze *f* spark plug

Zündschlüssel *m* ignition key

Zündschnur *f* fuse

Zündung <-, -en> *f* ❶ AUTO ignition ❷ TECH firing

zu|nehmen *irreg vi* ❶ *Gewicht* to gain weight ❷ (*sich verstärken*) to increase

zunehmend I. *adj* increasing *attr; Verbesserung* growing *attr* **II.** *adv* increasingly

zu|neigen I. *vi* ▪ **einer S.** *dat* **~** to be inclined toward sth **II.** *vr* **sich dem Ende ~** to draw to a close

Zuneigung *f* affection

Zunft <-, Zünfte> [tsʊnft, *pl* ˈtsʏnf·tə] *f* HIST guild

zünftig [ˈtsʏnf·tɪç] *adj* (*veraltend fam*) proper

Zunge <-, -n> [ˈtsʊŋə] *f* tongue; **auf der ~ zergehen** to melt in one's mouth ▸ WENDUNGEN: **etw liegt jdm auf der ~** sth is on the tip of sb's tongue

züngeln [ˈtsʏŋln̩] *vi* ❶ *Schlange* to dart its tongue in and out ❷ (*hin und her bewegen*) to dart

Zungenbrecher <-s, -> *m* (*fam*) tongue twister

Zungenkuss^{RR} *m* French kiss

Zungenspitze *f* tip of the tongue

zunichte|machen^{RR} [tsuˈnɪç·tə-] *vt* (*geh*)

▪ **etw ~** to wreck sth; *Hoffnungen* to ruin sth

zu|nicken *vi* ▪ **jdm ~** to nod to sb

zunutze, zu Nutze^{RR} [tsuˈnʊ·tsə] *adv* **sich** *dat* **etw ~ machen** to make use of sth

zu|ordnen [ˈtsuː·ʔɔrd·nən] *vt* ▪ **etw einer S.** *dat* **~** to assign sth to sth

Zuordnung *f* assignment

zu|packen *vi* ❶ (*zufassen*) to grip; (*schneller*) to make a grab ❷ (*mithelfen*) ▪ [mit] **~** to lend a [helping] hand

zupfen [ˈtsʊp·fn̩] *vt* ❶ (*ziehen*) ▪ **jdn an etw** *dat* **~** to pluck at sb's sth; (*stärker*) to tug at sb's sth ❷ (*herausziehen*) ▪ **etw aus/von etw** *dat* **~** to pull sth out of/off [of] sth; **sich die Augenbrauen ~** to pluck one's eyebrows

Zupfinstrument *nt* plucked instrument

zur [tsuːɐ̯, tsʊr] = **zu der** *s.* **zu**

Zürcher [ˈtsʏr·çɐ] *adj* Zurich *attr*

zurechnungsfähig *adj* JUR responsible for one's [own] actions *pred*

zurecht|biegen *vt irreg* ❶ (*in Form biegen*) to bend into shape ❷ (*fam*) ▪ **jdn ~** to whip sb into shape; **etw wieder ~** to get sth straightened out again

zurecht|finden [tsuˈrɛçt·fɪn·dn̩] *vr irreg* ▪ **sich irgendwo ~** to get used to a place; **sich in einer Großstadt ~** to find one's way around a city

zurecht|kommen *vi irreg sein* ❶ (*auskommen*) to get along (**mit** +*dat* with) ❷ (*klarkommen*) to cope (**mit** +*dat* with)

zurecht|legen *vr* ▪ **sich** *dat* **etw ~** (*sich etw griffbereit hinlegen*) to get sth ready; (*sich im Voraus überlegen*) to work out *sep* sth

zurecht|machen *vt* (*fam*) ❶ (*vorbereiten*) ▪ **etw ~** to get sth ready ❷ (*zubereiten*) ▪ **etw ~** to prepare sth ❸ (*schminken*) ▪ **sich ~** to put on *sep* one's makeup ❹ (*schick machen*) ▪ **sich/jdn ~** to get [oneself]/sb ready

zurecht|weisen *vt irreg* to reprimand (**wegen** +*gen* for)

zu|reden [ˈtsuː·reː·dn̩] *vi* ▪ **jdm [gut] ~** to encourage sb

Zürich <-s> [ˈtsyː·rɪç] *nt* Zurich

zu|richten [ˈtsuː·rɪç·tn̩] *vt* **jdn übel ~** to beat up *sep* sb badly; **etw übel ~** to make a mess of sth

Zurschaustellung *f* (*meist pej*) flaunting

zurück [tsuˈrʏk] *adv* ❶ (*wieder da*) back; ▪ **~ sein** to be back (**von** +*dat* from) ❷ (*Rückfahrt, -flug*) return; **hin und ~ oder einfach?** round-trip or one-way? ▸ WENDUNGEN: **~!** back up!

zurück|bekommen* *vt irreg* to get back *sep*

zurück|beugen I. *vt* to lean back *sep* **II.** *vr* ▪ **sich ~** to lean back

zurück|bezahlen* *vt* to repay, to pay back *sep*

zurück|bilden *vr* ▪ **sich ~** to recede

zurück|bleiben *vi irreg sein* ❶ (*nicht mitkommen*) to stay behind ❷ (*zurückgelassen werden*) to be left [behind] ❸ (*nicht mithalten können*) to fall behind

zurück|blicken [tsuˈrʏk·blɪ·kn̩] *vi* to look back (**auf** +*akk* on, at)

zurück|bringen *vt irreg* to bring back *sep*

zurück|denken *vi irreg* to think back (**an** +*akk* to)

zurück|drängen *vt* to force back *sep*

zurück|erobern* *vt* ❶ MIL to recapture ❷ POL (*erneut gewinnen*) to win back *sep*

zurück|erstatten* *vt* ■[jdm] etw ~ to refund [sb's] sth

zurück|fahren *irreg* **I.** *vi sein* (*zum Ausgangspunkt fahren*) to drive back **II.** *vt* ❶(*rückwärtsfahren*) to reverse ❷(*mit dem Auto*) to drive back *sep* ❸(*reduzieren*) to cut back *sep*

zurück|fallen *vi irreg sein* ❶ SPORT to fall behind ❷(*zurückkehren*) ■in etw *akk* ~ to lapse back into sth ❸(*darunterbleiben*) ■hinter etw *akk* ~ to fall short of sth ❹(*angelastet werden*) ■auf jdn ~ to reflect on sb

zurück|finden *vi irreg* to find one's way back

zurück|fordern *vt* ■etw ~ to demand sth back (**von** +*dat* from)

zurück|führen *vt* ❶(*Ursache bestimmen*) ■etw auf etw *akk* ~ to attribute sth to sth ❷(*zum Ausgangsort zurückbringen*) ■jdn irgendwohin ~ to take sb back somewhere

zurück|geben *vt irreg* to return; **ein Kompliment** ~ to return a compliment

zurückgeblieben *adj* slow

zurück|gehen *vi irreg sein* ❶(*zurückkehren*) to return, to go back ❷(*abnehmen*) to go down ❸ MED (*sich zurückbilden*) to go down; *Geschwulst* to be in recession

zurück|gewinnen* *vt irreg* to win back

zurückgezogen *adj, adv* secluded

zurück|greifen *vi irreg* ■auf etw *akk* ~ to fall back [up]on sth

zurück|halten *irreg* **I.** *vr* ■sich ~ ❶(*sich beherrschen*) to restrain oneself ❷(*reserviert sein*) to be reserved **II.** *vt* ❶(*aufhalten*) to hold up *sep* ❷(*abhalten*) ■jdn [von etw *dat*] ~ to keep sb from doing sth

zurückhaltend **I.** *adj* ❶(*reserviert*) reserved ❷(*vorsichtig*) cautious **II.** *adv* cautiously

Zurückhaltung *f kein pl* reserve

zurück|holen *vt* (*zurückbringen*) to bring back *sep;* (*in seinen Besitz*) to get back *sep*

zurück|kehren *vi sein* to return (**zu** +*dat* to); **nach Hause** ~ to return home

zurück|kommen *vi irreg sein* ❶(*erneut zum Ausgangsort kommen*) to return; **nach Hause/aus dem Ausland** ~ to return home/from abroad ❷(*erneut aufgreifen*) ■auf etw *akk* ~ to come back to sth; ■auf jdn ~ to get back to sb

zurück|kriegen *vt* (*fam*) *s.* **zurückbekommen**

zurück|lassen *vt irreg* to leave behind *sep*

zurück|legen *vt* ❶(*wieder hinlegen*) to put back *sep* ❷(*reservieren*) ■jdm etw ~ to set sth aside for sb ❸(*hinter sich bringen*) **5 km** ~ to go 5 km; (*zu Fuss a.*) to walk 5 km; (*mit dem Auto a.*) to drive 5 km ❹(*sparen*) to

put away *sep*

zurück|lehnen *vr* ■sich ~ to lean back

zurück|liegen *vi irreg* **etw liegt vier Jahre zurück** it's been four years since sth

zurück|melden *vr* ■sich ~ to be back

zurück|nehmen *vt irreg* ❶(*als Retour annehmen*) to take back *sep* ❷(*widerrufen*) to take back *sep* ❸(*rückgängig machen*) to withdraw; **ich nehme alles zurück** I take it all back

zurück|prallen *vi sein* ■von etw *dat* ~ to bounce off [of] sth

zurück|reichen *vi* ■irgendwohin ~ to go back to sth; **ins 16. Jahrhundert** ~ to go back to the 16th century

zurück|reisen *vi sein* to travel back

zurück|rufen *irreg* **I.** *vt* ❶(*zurück telefonieren*) to call back *sep* ❷(*zurückbeordern*) to recall **II.** *vi* to call back

zurück|schalten *vi* AUTO to downshift (**in** +*akk* into)

zurück|schauen *vi* to look back (**auf** +*akk* on, at)

zurück|schicken *vt* to send back *sep*

zurück|schlagen *irreg* **I.** *vt* ❶ SPORT to hit back ❷(*umschlagen*) to turn back *sep* **II.** *vi* ■auf jdn/etw ~ to have an effect on sb/sth

zurück|schrauben *vt* (*fam*) *Ansprüche* to lower (**auf** +*akk* to)

zurück|schrecken *vi irreg sein* ❶(*Bedenken vor etw haben*) to shrink (**vor** +*dat* from); **vor nichts** ~ (*völlig skrupellos sein*) to stop at nothing; (*keine Angst haben*) to not flinch at anything ❷(*erschrecken*) to start back

zurück|schreiben *vt* to write back

zurück|sehnen *vr* **sich nach Hause** ~ to long to return home

zurück|setzen **I.** *vt* ❶(*zurückstellen*) to put back *sep* ❷(*zurückfahren*) to reverse ❸(*benachteiligen*) to neglect **II.** *vr* ■sich ~ ❶(*sich zurücklehnen*) to sit back ❷(*den Platz wechseln*) **setzen wir uns einige Reihen zurück** let's sit a few rows back **III.** *vi* (*zurückfahren*) ■mit etw *dat*] ~ to reverse [sth]

zurück|spulen *vt* to rewind

zurück|stecken **I.** *vt* to put back *sep* **II.** *vi* to back down

zurück|stehen *vi irreg* ❶(*weiter entfernt stehen*) to stand back ❷(*hintangesetzt werden*) ■[hinter jdm] ~ to be behind [sb]

zurück|stellen *vt* ❶(*wieder hinstellen*) to put back *sep* ❷(*nach hinten stellen*) to move back *sep* ❸ *Heizung* to turn down *sep* ❹(*aufschieben*) to put back *sep;* (*verschieben*) to postpone; **die Uhr** ~ to turn back *sep* the clock ❺ *Wünsche* to put aside ❻ ÖSTERR (*zurückgeben*) to return

zurück|stoßen *vt irreg* to push away *sep*

zurück|stufen *vt* to downgrade

zurück|treten *vi irreg sein* ❶(*nach hinten treten*) to step back (**von** +*dat* from) ❷(*von einem Amt*) to resign

zurück|verfolgen* *vt* to trace back *sep*

Z

zurück|versetzen* I. *vt* ■jdn ~ to transfer sb back II. *vr* ■ sich ~ to be transported back
zurück|weichen *vi irreg sein* to draw back (vor +*dat* from)
zurück|weisen *vt irreg* ■jdn ~ to turn away *sep* sb; ■etw ~ to reject sth
Zurückweisung *f* rejection
zurück|werfen *vt irreg* ❶ (*jdm etw wieder zuwerfen*) ■etw ~ to throw back *sep* sth ❷ (*Position verschlechtern*) **das wirft uns um Jahre zurück** that will set us back years
zurück|wollen I. *vi* (*fam*) to want to return II. *vi* ■etw ~ to want sth back
zurück|zahlen *vt* ■[jdm] etw ~ to repay [sb] sth
zurück|ziehen *irreg* I. *vt* ❶ (*nach hinten ziehen*) to pull back *sep; Vorhang* to draw back *sep* ❷ (*widerrufen*) to withdraw II. *vr* ■ sich ~ to withdraw (aus +*dat* from) III. *vi sein* **nach Hamburg** ~ to move back to Hamburg
Zuruf ['tsu:ru:f] *m* call; (*nach Hilfe*) cry
zu|rufen *vt irreg* ■jdm etw ~ to shout sth to sb
zurzeit [tsʊr'tsait] *adv* at present
Zusage ['tsu:za:gə] *f* acceptance
zu|sagen I. *vt* ■[jdm] ~ to promise II. *vi* ■[jdm] ~ ❶ (*die Teilnahme versichern*) to accept sb ❷ (*gefallen*) to appeal to sb
zusammen [tsu·'za·mən] *adv* ❶ (*gemeinsam*) together (mit +*dat* with); ■ mit jdm ~ sein to be with sb ❷ (*ein Paar sein*) ■ ~ sein to be going out ❸ (*insgesamt*) altogether
Zusammenarbeit *f kein pl* cooperation
zusammen|arbeiten *vi* ■ mit jdm ~ to cooperate [or work [together]] with sb
zusammen|bauen *vt* to assemble
zusammen|beißen *vt* die Zähne ~ to clench one's teeth
zusammen|binden *vt irreg* to tie together *sep*
zusammen|bleiben *vi irreg sein* to stay together; ■ mit jdm ~ to stay with sb
zusammen|brechen *vi irreg sein* to collapse
zusammen|bringen *vt irreg* ❶ (*in Kontakt bringen*) ■jdn [mit jdm] ~ to introduce sb [to sb] ❷ (*anhäufen*) to amass
Zusammenbruch *m* collapse
zusammen|drängen I. *vr* ■ sich ~ to crowd [together] II. *vt* to concentrate
zusammen|drücken *vt* ❶ (*zerdrücken*) to crush ❷ (*aneinanderdrücken*) to press together
zusammen|fahren *vi irreg sein* to start; (*vor Schmerzen*) to flinch
zusammen|fallen *vi irreg sein* ❶ (*einstürzen*) ■ [in sich] ~ to collapse; *Gebäude a.* to cave in ❷ *Ereignisse* to coincide
zusammen|falten *vt* to fold [up *sep*]
zusammen|fassen I. *vt* ❶ (*resümieren*) to summarize ❷ (*vereinigen*) **die Bewerber in Gruppen** ~ to divide the applicants into groups; ■jdn/etw in etw *dat* ~ to unite sb/sth into sth; ■etw unter etw *dat* ~ to classify sth under sth II. *vi* to summarize; ..., **wenn ich kurz** ~ **darf** to sum up, ...

Zusammenfassung *f* summary
zusammen|fließen *vi irreg sein* to flow together
zusammen|fügen I. *vt* to assemble; **die Teile eines Puzzles** ~ to piece together a jigsaw puzzle II. *vr* **die Teile fügen sich nahtlos zusammen** the parts fit together seamlessly
zusammen|führen *vt* to bring together *sep; eine Familie* to reunite
zusammen|gehören* *vi* ❶ (*zueinander gehören*) to belong together ❷ (*ein Ganzes bilden*) to go together; *Socken* to form a pair
zusammengehörig *adj pred* ❶ (*eng verbunden*) close ❷ (*zusammengehörend*) matching
Zusammengehörigkeit <-> *f kein pl* unity
Zusammengehörigkeitsgefühl *nt kein pl* sense of togetherness
zusammengesetzt *adj* compound *attr*
zusammengestöpselt [tsu·'za·mən·gə·ʃtœp·slt] *adj* (*pej fam*) [hastily] thrown together
zusammengewürfelt *adj* mismatched
Zusammenhalt *m kein pl* solidarity
zusammen|halten *irreg* I. *vi* to stick together II. *vt* ❶ (*beisammenhalten*) **seine Gedanken** ~ to keep one's thoughts together; **sein Geld** ~ **müssen** to have to be careful with one's money ❷ (*verbinden*) to hold together
Zusammenhang <-[e]s, -hänge> *m* connection; (*Verbindung*) link (zwischen +*dat* between); jdn/etw mit etw *dat* in ~ bringen to connect sb/sth with [or to] sth; etw aus dem ~ reißen to take sth out of context; im ~ mit etw *dat* in connection with [or to] sth; im ~ mit etw *dat* stehen to be connected with [or to] sth
zusammen|hängen *vi irreg* ❶ (*in Zusammenhang stehen*) ■ mit etw *dat* ~ to be connected with [or to] sth ❷ (*verbunden sein*) to be joined [together]
zusammenhängend I. *adj* ❶ (*kohärent*) coherent ❷ (*betreffend*) ■ mit etw *dat* ~ connected with [or to] sth II. *adv* coherently
zusammenhang(s)los I. *adj* incoherent II. *adv* incoherently
zusammen|heften *vt* to clip together *sep;* (*mit einem Hefter*) to staple together *sep*
zusammen|klappen I. *vt haben* to fold up *sep* II. *vi sein* (*a. fig fam*) to collapse
zusammen|knoten *vt* to tie together *sep*
zusammen|kommen *vi irreg sein* ❶ (*sich treffen*) to come together; ■ mit jdm ~ to meet sb; **zu einer Besprechung** ~ to get together for a discussion ❷ (*sich akkumulieren*) to combine; **heute kommt wieder alles zusammen!** it's another of those days! ❸ *Schulden* to mount [up]; *Spenden* to be collected
zusammen|krachen *vi sein* (*fam*) ❶ (*einstürzen*) *Brücke* to crash down; *Bett, Stuhl* to collapse with a crash; *Börse, Wirtschaft* to crash ❷ (*zusammenstoßen*) to smash together; *Auto a.* to crash [into each other]
zusammen|kratzen *vt* (*fam*) to scrape together *sep*

Zusammenkunft <-, -künfte> [tsu·ˈza·mən·kʊnft, pl -kʏnf·tə] f meeting

zusammen|läppern vr (fam) ■sich ~ to add up

zusammen|laufen vi irreg sein to meet (**in** +dat at), to converge (**in** +dat at); Flüsse to flow together; Menschen to gather

zusammen|leben vi to live together

Zusammenleben nt kein pl living together no art

zusammen|legen I. vt ❶ (zusammenfalten) to fold [up sep] ❷ (vereinigen) to combine (**mit** +dat into), to join II. vi (Geld sammeln) to pitch in

zusammen|nehmen irreg I. vt to summon [up sep]; **den Verstand** ~ to get one's thoughts together; ■**alles zusammengenommen** all in all II. vr ■sich ~ to control oneself

zusammen|passen vi Menschen to suit each other; **gut/schlecht** ~ to be well-matched/a poor match; Farben to go together; Kleidungsstücke to match

zusammen|pferchen vt to herd together sep

Zusammenprall m collision

zusammen|prallen vi sein to collide

zusammen|pressen vt to press together sep; **die Faust** ~ to clench one's fist; **zusammengepresste Lippen** pinched lips

zusammen|raufen vr (fam) ■sich ~ to get it together

zusammen|rechnen vt to add up sep; **alles zusammengerechnet** all in all

zusammen|reimen vr ■sich dat etw ~ to put two and two together from [doing] sth; **ich kann es mir einfach nicht** ~ I just don't get it

zusammen|reißen irreg vr (fam) ■**sich** ~ to pull oneself together, to get a grip fam

zusammen|rücken I. vi sein (enger aneinanderrücken) to move up closer; (enger zusammenhalten) to join in a common cause II. vt haben ■etw ~ to move sth closer together

zusammen|rufen vt irreg to call together sep; **die Mitglieder** ~ to convene [a meeting of] the members form

zusammen|sacken vi sein to collapse

zusammen|scheißen vt irreg (derb) ■jdn ~ to read sb the riot act fig

zusammen|schlagen irreg vt irreg haben ❶ (verprügeln) to beat up sep ❷ (zertrümmern) to smash [up sep]

zusammen|schließen irreg I. vt to lock together sep II. vr ■sich ~ ❶ (sich vereinigen) to join together ❷ (sich verbinden) to join forces

Zusammenschluss[RR], **Zusammenschluß**[ALT] m union; Firmen merger

zusammen|schrauben vt to screw together

zusammen|schreiben vt irreg ■etw ~ to write sth as one word

zusammen|schustern vt (pej fam) to throw together sep

Zusammensein <-s> nt kein pl meeting; (zwanglos) get-together

zusammen|setzen I. vt ❶ (aus Teilen herstellen) to assemble ❷ (nebeneinandersetzen) Schüler/Tischgäste ~ to seat students/guests beside each other II. vr ❶ (sich zueinandersetzen) ■sich ~ to sit together; (um etw zu besprechen) to get together ❷ (bestehen) ■sich aus etw dat ~ to be composed of sth

Zusammensetzung <-, -en> f ❶ (Struktur) composition; Mannschaft lineup ❷ (Kombination der Bestandteile) ingredients pl; Rezeptur, Präparat composition; Teile assembly

Zusammenspiel nt kein pl ❶ SPORT teamwork ❷ MUS ensemble playing ❸ (fig) interplay

zusammen|stauchen vt (fam) ❶ (maßregeln) ■jdn ~ to reprimand sb ❷ (zusammendrücken) ■etw ist zusammengestaucht sth is crushed

zusammen|stecken I. vt to pin together sep II. vi (fam) **die beiden stecken aber auch immer zusammen!** the two of them are inseparable!

zusammen|stellen vt ❶ (auf einen Fleck stellen) to place side by side ❷ (aufstellen) to compile; Delegation to assemble

Zusammenstellung f compilation; (Liste) list

Zusammenstoß m ❶ (Zusammenprall) collision ❷ (Auseinandersetzung) clash

zusammen|stoßen vi irreg sein ❶ (kollidieren) to collide; ■mit jdm ~ to bump into sb ❷ (aneinandergrenzen) to adjoin

zusammen|strömen vi sein to flock together

zusammen|stürzen vi sein to collapse

zusammen|tragen vt irreg to collect

zusammen|treffen vi irreg sein ❶ (sich treffen) to meet; ■mit jdm ~ to meet sb; (unverhofft) to encounter sb ❷ Umstände to coincide

Zusammentreffen nt ❶ (Treffen) meeting ❷ von Umständen coincidence

zusammen|treiben vt Menschen/Tiere ~ to drive people/animals together

zusammen|trommeln vt (fam) Anhänger/Mitglieder ~ to rally supporters/members

zusammen|tun irreg I. vt (fam) to put together II. vr (fam) ■sich ~ to get together

zusammen|wirken vi (geh) ❶ (gemeinsam tätig sein) to work together ❷ (vereint wirken) to combine

Zusammenwirken nt kein pl interaction

zusammen|zählen vt to add up sep; **alles zusammengezählt** all in all

zusammen|ziehen irreg I. vi sein to move in together II. vr ■sich ~ ❶ (sich verengen) to contract; Schlinge to tighten ❷ Sturm, Unheil to be brewing; Wolken to gather III. vt **die Augenbrauen** ~ to frown

zusammen|zucken vi sein to start; (vor Schmerz) to flinch

Zusatz [ˈtsuː·zats] m ❶ (zugefügter Teil) appendix ❷ (Nahrungszusatz) additive; **ohne** ~ **von Farbstoffen** no artificial colors added

Zusatzgerät nt attachment; COMPUT peripheral [device]

zusätzlich [ˈtsuː·zɛts·lɪç] I. adj further attr;

Z

Kosten additional **II.** *adv* in addition; **jdn ~ belasten** to put extra pressure on sb

Zusatzstoff *m* additive

zu|schauen *vi s.* **zusehen**

Zuschauer(in) <-s, -> *m(f)* ❶ SPORT spectator; TV viewer ❷ FILM, THEAT ■**die ~** the audience

Zuschauerraum *m* auditorium

Zuschauertribüne *f* stands *pl*

zu|schicken *vt* to send; ■**sich** *dat* **etw ~ lassen** to send for sth

Zuschlag <-[e]s, Zuschläge> *m* ❶ (*Preisaufschlag*) surcharge ❷ (*zusätzliches Entgelt*) bonus

zu|schlagen *irreg* **I.** *vt haben* ❶ (*schließen*) to slam [shut] *sep; Buch* to close ❷ (*zuspielen*) **jdm den Ball ~** to kick [*or* hit] the ball to sb **II.** *vi* ❶ *haben* (*einen Hieb versetzen*) to strike ❷ *sein Tür* to slam shut

zu|schließen *irreg vt* to lock

zu|schnappen *vi* ❶ *haben* to snap ❷ *sein* to snap shut

zu|schneiden *vt irreg* ❶ MODE ■**etw ~** to cut sth to size; *Stoff* to cut out *sep* ❷ (*fig*) ■**auf jdn** [**genau**] **zugeschnitten sein** to be cut out for sb

zu|schnüren *vt* ❶ (*durch Schnüren verschließen*) to tie ❷ (*fig*) **die Angst schnürte ihr die Kehle zu** she was choked with fear

zu|schrauben *vt* to screw on *sep*

zu|schreiben *vt irreg* ❶ (*beimessen*) ■**jdm etw ~** to attribute sth to sb ❷ (*zur Last legen*) **jdm/etw die Schuld an etw** *dat* **~** to blame sb/sth for sth

Zuschrift *f* (*geh*) reply

zuschulden, zu Schulden^{RR} [tsu·'ʃʊl·dn̩] *adv* **sich** *dat* **etwas/nichts ~ kommen lassen** to do something/nothing wrong

Zuschuss^{RR} <-es, Zuschüsse>, **Zuschuß**^{ALT} <-sses, Zuschüsse> ['tsu·ʃʊs, *pl* 'tsu·ʃʏ·sə] *m* subsidy

zu|schütten I. *vt* to fill in *sep* **II.** *vr* (*fam*) ■**sich ~** to get drunk

zu|sehen *vi irreg* ❶ (*mit Blicken verfolgen*) to watch ❷ (*etw geschehen lassen*) ■**einer S.** *dat* **~** to sit back and watch sth; **tatenlos musste er ~, wie ...** he could only stand and watch while ... ❸ (*dafür sorgen*) ■**~, dass ...** to see [to it] that ...

zusehends ['tsu:·ze:·ənts] *adv* noticeably

zu|senden *vt irreg s.* **zuschicken**

zu|setzen I. *vt* ■[**einer S.** *dat*] **etw ~** to add sth [to sth] **II.** *vi* (*bedrängen*) ■**jdm ~** to badger sb

zu|sichern *vt* ■**jdm etw ~** to assure sb of sth; **jdm seine Hilfe ~** to promise to help sb

zu|sperren *vt* to lock

zu|spielen *vt* ❶ SPORT ■**jdm den Ball ~** to pass the ball to sb ❷ (*zukommen lassen*) **etw der Presse ~** to leak sth [to the press]

zu|spitzen I. *vr* ■**sich ~** to come to a head **II.** *vt* to sharpen

zu|sprechen *irreg* **I.** *vt* ❶ (*offiziell zugestehen*) ■**jdm etw ~** to award sth to sb ❷ (*geh*) **jdm**

Mut/Trost ~ to encourage/comfort sb ❸ (*zuerkennen*) ■**jdm/einer S. etw ~** to attribute sth to sb/sth **II.** *vi* (*geh*) **jdm ermutigend ~** to encourage sb

Zuspruch *m kein pl* (*geh*) ❶ (*Popularität, Anklang*) **sich großen ~s erfreuen** to be very popular ❷ (*Worte*) **ermutigender ~** words of encouragement

Zustand <-[e]s, Zustände> ['tsu:·ʃtant, *pl* 'tsu:·ʃtɛn·də] *m* ❶ (*Verfassung*) state, condition; **im wachen ~** while awake ❷ *pl* (*Verhältnisse*) conditions; **das ist doch kein ~!** what a disgrace!

zustande, zu Stande^{RR} [tsu·'ʃtan·də] *adv* **etw ~ bringen** to manage [to do] sth; **die Arbeit ~ bringen** to get the work done; **eine Einigung ~ bringen** to reach an agreement; **~ kommen** to materialize; (*stattfinden*) to take place

zuständig ['tsu:·ʃtɛn·dɪç] *adj* responsible; **der ~e Beamte** the official in charge; **dafür ist er ~** that's his responsibility

Zuständigkeit <-, -en> *f* competence

zu|stecken *vt* ■**jdm etw ~** to slip sb sth

zu|stehen *vi irreg* ❶ (*gehören*) ■**etw steht jdm zu** sb is entitled to sth ❷ (*zukommen*) **es steht dir nicht zu, so über ihn zu reden** it's not for you to speak of him like that

zu|steigen *vi irreg sein* to get on; **noch jemand zugestiegen?** (*im Bus, Zug*) tickets please!

zu|stellen *vt* ❶ (*form: überbringen*) ■**jdm etw ~** to deliver sth [to sb] ❷ (*fam: blockieren*) to block

Zustellung <-, -en> *f* delivery

zu|stimmen *vi* ■[**jdm/einer S.** *dat*] **~** to agree [with sb/to sth]

zustimmend I. *adj* affirmative; **ein ~es Nicken** a nod of agreement **II.** *adv* in agreement

Zustimmung *f* agreement; (*Einwilligung*) consent

zu|stoßen *irreg* **I.** *vi sein* ■**jdm ~** to happen to sb **II.** *vt* **die Tür mit dem Fuß ~** to kick the door shut

Zustrom *m kein pl* ❶ METEO inflow ❷ *von Menschen* influx, stream

zutage, zu Tage^{RR} [tsu·'ta:·gə] *adj* **etw ~ bringen** to bring sth to light; **~ treten** to come to light

Zutat <-, -en> ['tsu:·ta:t] *f meist pl* ❶ (*Bestandteil*) ingredient ❷ (*benötigte Dinge*) necessaries *pl*

zu|teilen *vt* to allocate; **jdm eine Aufgabe/Rolle ~** to assign a task/role to sb

Zuteilung *f* allocation; *von Mitarbeitern* assignment

zuteil|werden^{RR} [tsu·'tail-] *vi* (*geh*) ■**jdm wird etw zuteil** sb is given sth; ■**jdm etw ~ lassen** to grant sb sth

zutiefst [tsu·'ti:·fst] *adv* deeply

zu|trauen *vt* **jdm viel Mut ~** to believe sb has great courage; **sich** *dat* **nichts ~** to have no self-confidence; **sich** *dat* **zu viel** ~ to take on too much; **das hätte ich dir nie zugetraut!** I never would have expected that from you!

Zutrauen <-s> *nt kein pl* confidence (**zu** + *dat* in)

zutraulich ['tsu:·trau·lɪç] *adj* trusting; *Hund* friendly

zu|treffen *vi irreg* ❶ (*richtig sein*) to be correct; (*wahr sein*) to be true ❷ (*anwendbar sein*) ■ **auf jdn** [**nicht**] ~ to [not] apply to sb; **genau auf jdn** ~ *Beschreibung* to fit sb['s description] perfectly

zutreffend I. *adj* ❶ (*richtig*) correct; **Z~es bitte ankreuzen** [please] check where applicable ❷ (*anwendbar*) **eine auf jdn ~e Beschreibung** a fitting description sb **II.** *adv* correctly

Zutritt *m kein pl* admission (**zu** + *dat* to); (*Zugang*) access; [**keinen**] ~ **zu etw** *dat* **haben** to [not] be admitted to sth; ~ **verboten!** [*o* **kein** ~!] no admittance

Zutun *nt* **ohne jds** ~ (*ohne jds Hilfe*) without sb's help; (*ohne jds Schuld*) through no fault of sb's own

zuverlässig ['tsu:·fɛg·lɛ·sɪç] *adj* reliable

Zuverlässigkeit <-> *f kein pl* reliability

Zuversicht <-> ['tsu:·fɛg·zɪçt] *f kein pl* confidence

zuversichtlich *adj* confident

zuvor [tsu·'fo:ɐ] *adv* before; (*zunächst*) beforehand; **im Jahr** ~ the year before; **noch nie** ~ never before

zuvor|kommen *vi irreg sein* ❶ (*schneller handeln*) ■ **jdm** ~ to beat sb to it ❷ (*verhindern*) ■ **einer S.** *dat* ~ to forestall

zuvorkommend I. *adj* (*gefällig*) accommodating; (*höflich*) courteous **II.** *adv* (*gefällig*) obligingly; (*höflich*) courteously

Zuvorkommenheit <-> *f kein pl* courtesy

Zuwachs <-es, Zuwächse> ['tsu:·vaks, *pl* 'tsu:·vɛk·sə] *m* increase

zu|wachsen *vi irreg sein* ❶ (*überwuchert werden*) to become overgrown ❷ *Wunde* to heal [over [*or* up]]

Zuwachsrate *f* growth rate

Zuwanderer, Zuwanderin *m, f* immigrant

zu|wandern *vi sein* to immigrate

Zuwanderung *f* immigration

zuwege, zu WegeRR [tsu·'ve:·gə] *adv* **gut** ~ **sein** to be in good health; **etw** ~ **bringen** to achieve sth

zu|weisen *vt irreg* ■ **jdm etw** ~ *Aufgabe* to assign sth to sb

zu|wenden *irreg* **I.** *vt* **jdm das Gesicht/den Rücken** ~ to turn one's face toward/back on sb; **einer S.** *dat* **seine Aufmerksamkeit** ~ to turn one's attention to sth **II.** *vr* ■ **sich** jdm/ **einer S.** ~ to devote oneself to sb/sth; **wollen wir uns dem nächsten Thema ~?** shall we go on to the next topic?

Zuwendung *f* ❶ *kein pl* (*intensive Hinwendung*) love and care ❷ (*Geld*) [financial] contri-

bution

zuwider[1] [tsu·'vi:·də] *adv* ■ **jdm ist jd/etw** ~ sb finds sb/sth unpleasant; (*stärker*) sb loathes sb/sth

zuwider[2] [tsu·'vi:·də] *präp* ■ **einer S.** *dat* ~ contrary to sth; **allen Verboten** ~ in defiance of all bans

zu|winken *vi* ■ **jdm** ~ to wave to sb

zu|ziehen *irreg* **I.** *vt* **haben** ❶ *Schnur* to tighten ❷ *Gardinen* to draw; *Tür* to pull ❸ *Experten, Gutachter* to consult **II.** *vr* **haben** ❶ (*erleiden*) **sich** *dat* **eine Krankheit** ~ to catch a disease; **sich** *dat* **eine Verletzung** ~ to sustain an injury *form* ❷ (*einhandeln*) **sich** *dat* **jds Zorn** ~ to incur sb's wrath *form* ❸ (*sich eng zusammenziehen*) ■ **sich** ~ to tighten **III.** *vi sein* to move into the area

zuzüglich ['tsu:·tsy:g·lɪç] *präp* ■ ~ **einer S.** *gen* plus sth

zu|zwinkern *vi* ■ **jdm** ~ to wink at sb

zwang [tsvaŋ] *imp von* **zwingen**

Zwang <-[e]s, Zwänge> [tsvaŋ, *pl* 'tsvɛ·ŋə] *m* ❶ (*Gewalt*) force; (*Druck*) pressure; **gesellschaftliche Zwänge** social constraints ❷ (*Notwendigkeit*) compulsion; **aus** ~ out of necessity

zwängen ['tsvɛŋ·ən] *vt* **Sachen in einen Koffer** ~ to cram things into a suitcase; **sich durch die Menge** ~ to force one's way through the crowd

zwanglos I. *adj* (*ungezwungen*) casual; (*ohne Förmlichkeit*) informal **II.** *adv* (*ungezwungen*) casually; (*ohne Förmlichkeit*) informally

Zwangsarbeit *f kein pl* hard labor

Zwangseinweisung *f* compulsory hospitalization

Zwangsernährung *f* force-feeding *no indef art*

Zwangshandlung *f* compulsive act

Zwangsjacke *f* straitjacket

Zwangslage *f* predicament

zwangsläufig I. *adj* inevitable **II.** *adv* inevitably; **dazu musste es ja ~ kommen** it had to happen

Zwangsräumung *f* eviction

Zwangsversteigerung *f* foreclosure sale

Zwangsvorstellung *f* obsession

zwangsweise I. *adj* compulsory **II.** *adv* compulsorily

zwanzig ['tsvan·tsɪç] *adj* twenty; *s. a.* **achtzig 1, 2**

Zwanziger[1] <-s, -> ['tsvan·tsɪ·gə] *m* ❶ (*fam*) twenty-euro bill ❷ SCHWEIZ twenty-rappen coin

Zwanziger[2] ['tsvan·tsɪ·gə] *pl* ■ **die** ~ the twenties; (*geschrieben a.*) the 20[']s; **in den ~n sein** to be in one's twenties

zwanzigjährig, 20-jährigRR ['tsvan·tsɪç·jɛː·rɪç] *adj* twenty-year-old *attr*; twenty years old *pred*

zwanzigste(r, s) ['tsvan·tsɪç·stə, -stə, -stəs] *adj* ❶ (*an zwanzigster Stelle*) twentieth; *s. a.* **achte(r, s) 1** ❷ (*Datum*) twentieth, 20th; *s. a.* **achte(r, s) 2**

zwar [tsva:ɐ] *adv* (*einschränkend*) **sie ist ~ 47, sieht aber wie 30 aus** she may be 47,

Z

but she looks like 30; **das mag ~ stimmen, aber ...** that may be true, but ...; ■**und ~** namely

Zweck <-[e]s, -e> [tsvɛk] m ❶ (*Verwendungszweck*) purpose; **ein guter ~** a good cause ❷ (*Absicht*) aim; **seinen ~ verfehlen** to fail to achieve its/one's object; **zu welchem ~?** for what purpose? ❸ (*Sinn*) point; **das hat doch alles keinen ~!** there's no point in any of that ▶ WENDUNGEN: **der ~ heiligt die** Mittel (*prov*) the end justifies the means

Zwecke <-, -n> ['tsvɛ·kə] f DIAL (*Nagel*) nail; (*Reißzwecke*) thumbtack

zweckentfremden* vt to use for an unintended purpose

Zweckgemeinschaft f partnership of convenience

zwecklos adj futile

Zwecklosigkeit <-> f kein pl futility

zweckmäßig adj ❶ (*geeignet*) suitable ❷ (*sinnvoll*) appropriate

Zweckmäßigkeit <-, -en> f usefulness

zwecks [tsvɛks] präp (*geh*) ■**~ einer S.** gen for the purpose of sth

zwei [tsvai] adj two; s. a. **acht¹**

zweibändig adj two-volume attr; in two volumes pred

Zweibettzimmer nt double room

zweideutig ['tsvai·dɔy·tɪç] I. adj ambiguous; (*anrüchig*) suggestive II. adv ambiguously; (*anrüchig*) suggestively

Zweideutigkeit <-, -en> f ambiguity

zweidimensional I. adj two-dimensional II. adv in two dimensions

Zweidrittelmehrheit f two-thirds majority

zweieinhalb ['tsvai·ʔain·'halp] adj two-and-a-half

Zweierbeziehung f relationship

Zweieurostück nt two-euro coin

zweifach, 2fach ['tsvai·fax] I. adj **die ~e Menge** twice as much; **in ~er Ausfertigung** in duplicate II. adv **etw ~ ausfertigen** to issue sth in duplicate

Zweifamilienhaus [tsvai·fa·'mi:·li̯ən·haus] nt two-family house

Zweifel <-s, -> ['tsvai·fl̩] m doubt; **da habe ich meine ~!** I'm not sure about that!; **jdm kommen ~** sb begins to doubt; **es steht außer ~, dass ...** it is beyond [all] doubt that ...

zweifelhaft adj ❶ (*anzuzweifeln*) doubtful ❷ (*pej*) dubious

zweifellos ['tsvai·fl̩·lo:s] adv undoubtedly

zweifeln ['tsvai·fl̩n] vi ■**an jdm/etw ~** to doubt sb/sth; ■**[daran] ~, ob ...** to doubt whether ...

Zweifelsfall m ■**im ~** if [or when] in doubt

Zweig <-[e]s, -e> [tsvaik] m ❶ (*Ast*) branch; (*kleiner*) twig ❷ (*Sparte*) branch ▶ WENDUNGEN: **auf keinen grünen ~ kommen** (*fam*) to get nowhere

zweigleisig ['tsvai·glai·zɪç] I. adj two-track attr II. adv ❶ on two tracks ❷ (*fig*) **~ fahren** to pursue a dual-track policy

Zweigniederlassung f subsidiary

Zweigstelle f branch office

zweihändig ['tsvai·hɛn·dɪç] adj two-handed

zweihundert ['tsvai·'hʊn·dɛt] adj two hundred

zweijährig, 2-jährig^RR^ adj ❶ (*Alter*) two-year-old attr; two years old pred; s. a. **achtjährig 1** ❷ (*Zeitspanne*) two-year attr; two years pred; s. a. **achtjährig 2**

Zweikampf m duel

Zweiklassengesellschaft f SOZIOL, POL divided society

zweimal, 2-mal^RR^ ['tsvai·ma:l] adv twice, two times; **sich** dat **etw ~ überlegen** to think over sep sth carefully; s. a. **achtmal**

Zweirad nt (*Fahrrad*) bicycle; (*Motorrad*) motorcycle

zweireihig ['tsvai·rai·ɪç] adj Anzug double-breasted

zweischneidig ['tsvai·ʃnai·dɪç] adj two-edged ▶ WENDUNGEN: **ein ~es** Schwert a double-edged sword

zweiseitig adj two-page attr; **~ sein** to be two pages

zweisprachig ['tsvai·ʃpra:·xɪç] I. adj bilingual II. adv **~ erzogen sein** to be brought up speaking two languages

Zweisprachigkeit <-> f kein pl bilingualism form

zweispurig adj two-lane attr; ■**~ sein** to have two lanes

zweistellig adj two-digit attr; with two digits pred

zweistündig, 2-stündig^RR^ ['tsvai·ʃtʏn·dɪç] adj two-hour attr; lasting two hours pred

zweit [tsvait] adv **wir sind zu ~** there are two of us

zweitägig, 2-tägig^RR^ adj two-day attr

Zweitaktmotor m two-stroke engine

zweitausend ['tsvai·'tau·znt] adj two thousand

zweitbeste(r, s) ['tsvait·'bɛs·tə, -'bɛs·tɐ, -'bɛs·təs] adj second best; ■**Z~ [r] werden** to finish second

zweite(r, s) ['tsvai·tə, 'tsvai·tɐ, 'tsvai·təs] adj ❶ (*an zweiter Stelle*) second; s. a. **achte(r, s)** 1 ❷ (*Datum*) second, 2nd; s. a. **achte(r, s) 2**

zweitens ['tsvai·tn̩s] adv secondly; (*bei Aufzählung a.*) second

zweitklassig adj (*pej*) second-rate

zweitrangig adj s. **zweitklassig**

Zweitschlüssel m duplicate key

Zweitstimme f second vote

Zweitürer m two-door [car]

Zweitwohnung f second home

Zwerchfell ['tsvɛr·çfɛl] nt diaphragm

Zwerg(in) <-[e]s, -e> [tsvɛrk, pl 'tsvɛr·gə] m(f) dwarf

Zwergwuchs m dwarfism

Zwetschge <-, -n> ['tsvɛtʃ·gə] f damson plum

Zwetschgenmus nt plum jam

Zwetschgenwasser nt plum brandy

Zwickel <-s, -> ['tsvɪ·kl̩] *m* MODE gusset
zwicken ['tsvɪ·kn̩] *vi, vt* to pinch
Zwickmühle *f* ► WENDUNGEN: **in** der ~ **sein** (*fam*) to be in a dilemma
Zwieback <-[e]s, -e *o* -bäcke> ['tsvi:·bak, *pl* -bɛ·kə] *m* zwieback
Zwiebel <-, -n> ['tsvi:·bl̩] *f* ❶ (*Gemüse*) onion ❷ (*Blumenzwiebel*) bulb
Zwiebelturm *m* cupola
Zwiegespräch *nt* (*geh*) tête-à-tête
Zwielicht ['tsvi:·lɪçt] *nt kein pl* twilight
zwielichtig *adj* (*pej*) dubious
Zwiespalt ['tsvi:·ʃpalt] *m kein pl* (*geh*) conflict
zwiespältig ['tsvi:·ʃpɛl·tɪç] *adj* conflicting; *Charakter* ambivalent; *Gefühle* mixed
Zwietracht <-> ['tsvi:·traxt] *f kein pl* (*geh*) discord
Zwilling <-s, -e> ['tsvɪ·lɪŋ] *m* ❶ *meist pl* twin ❷ *pl* ASTROL Gemini
Zwillingsbruder *m* twin brother
Zwillingspaar *nt* twins *pl*
Zwillingsschwester *f* twin sister
Zwinge <-, -n> ['tsvɪ·ŋə] *f* TECH [screw] clamp
zwingen <zwang, gezwungen> ['tsvɪ·ŋən] **I.** *vt* to force; ▪**gezwungen sein, etw zu tun** to be forced into doing [*or* to do] sth **II.** *vr* ▪**sich zu etw** *dat* ~ to force oneself to do sth
zwingend I. *adj* urgent; *Gründe* compelling **II.** *adv* **sich ~ ergeben** to follow conclusively
Zwinger <-s, -> ['tsvɪ·ŋe] *m* cage
zwinkern ['tsvɪŋ·ken] *vi* to blink; **mit einem Auge** to wink
Zwirn <-s, -e> [tsvɪrn] *m* thread
zwischen ['tsvɪ·ʃn̩] *präp* ❶ +*dat* (*räumlich: zwischen 2 Personen, Dingen*) between; (*zwischen mehreren: unter*) among[st] ❷ +*dat* (*zeitlich*) between ❸ +*dat* (*Beziehung*) ~ **dir und mir** between you and me
Zwischenaufenthalt *m* stopover
Zwischenbemerkung *f* interruption
Zwischenbericht *m* interim report
Zwischenbilanz *f* FIN interim balance
zwischendurch [tsvɪ·ʃn̩·'dʊrç] *adv* ❶ *zeitlich* in between times ❷ *örtlich* in between [them]
Zwischenfall *m* ❶ (*unerwartetes Ereignis*) incident ❷ *pl* (*Ausschreitungen*) serious incidents
Zwischenfrage *f* question [thrown in]
Zwischengröße *f* in-between size
Zwischenhändler(in) *m(f)* middleman

Zwischenlager *nt* temporary storage [facility]
zwischen‖lagern *vt* to store [temporarily]
zwischenlanden *vi sein* to stop over
Zwischenlandung *f* stopover
zwischenmenschlich *adj* interpersonal
Zwischenprüfung *f* ≈ qualifying exams *npl*
Zwischenraum *m* ❶ (*Lücke*) gap ❷ (*zeitlicher Intervall*) interval
Zwischenruf *m* interruption; ▪ ~**e** heckling
Zwischenrunde *f* SPORT intermediate round
zwischenspeichern *vt* COMPUT to buffer
Zwischenstation *f* stop; **in einer Stadt ~ machen** to stop [off] in a town
Zwischenstück *nt* connecting [*or* middle] piece
Zwischenzeit *f* ▪**in der** ~ [in the] meantime
zwischenzeitlich *adv* meanwhile
Zwischenzeugnis *nt* (*vorläufiges Schulzeugnis*) midterm report card
Zwist <-es, -e> [tsvɪst] *m* (*geh*) discord
zwitschern ['tsvɪt·ʃen] *vi, vt* to twitter, to chirp
Zwitter <-s, -> ['tsvɪ·te] *m* hermaphrodite
zwo [tsvo:] *adj* (*fam*) two
zwölf [tsvœlf] *adj* twelve; *s. a.* **acht**[1]
Zwölffingerdarm [tsvœlf·'fɪŋe·darm] *m* duodenum
zwölfte(r, s) ['tsvœlf·tə, 'tsvœlf·te, 'tsvœlf·təs] *adj attr* ❶ (*an zwölfter Stelle*) twelfth; *s. a.* **achte(r, s)** 1 ❷ (*Datum*) twelfth, 12th; *s. a.* **achte(r, s)** 2
Zyankali <-s> [tsỹ·a:n·'ka:·li] *nt kein pl* potassium cyanide
zyklisch ['tsy:·klɪʃ] *adj* cyclical
Zyklon <-s, -e> [tsy·'klo:n] *m* cyclone
Zyklop <-en, -en> [tsy·'klo:p] *m* Cyclops
Zyklus <-, Zyklen> ['tsy:·klʊs, *pl* 'tsy:·klən] *m* cycle; *von Vorträgen* series
Zylinder <-s, -> [tsi·'lɪn·de] *m* ❶ MATH, TECH cylinder ❷ (*Hut*) top hat
zylinderförmig *adj s.* **zylindrisch**
Zylinderkopf *m* cylinder head
zylindrisch [tsi·'lɪn·drɪʃ] *adj* cylindrical
Zyniker(in) <-s, -> ['tsy:·ni·ke] *m(f)* cynic
zynisch ['tsy:·nɪʃ] **I.** *adj* cynical **II.** *adv* cynically
Zypern ['tsy:·pen] *nt* Cyprus; *s. a.* **Deutschland**
Zypresse <-, -n> [tsy·'prɛ·sə] *f* cypress
Zyste <-, -n> ['tsʏs·tə] *f* cyst
z. Z(t). *Abk von* **zur Zeit** in sb's times

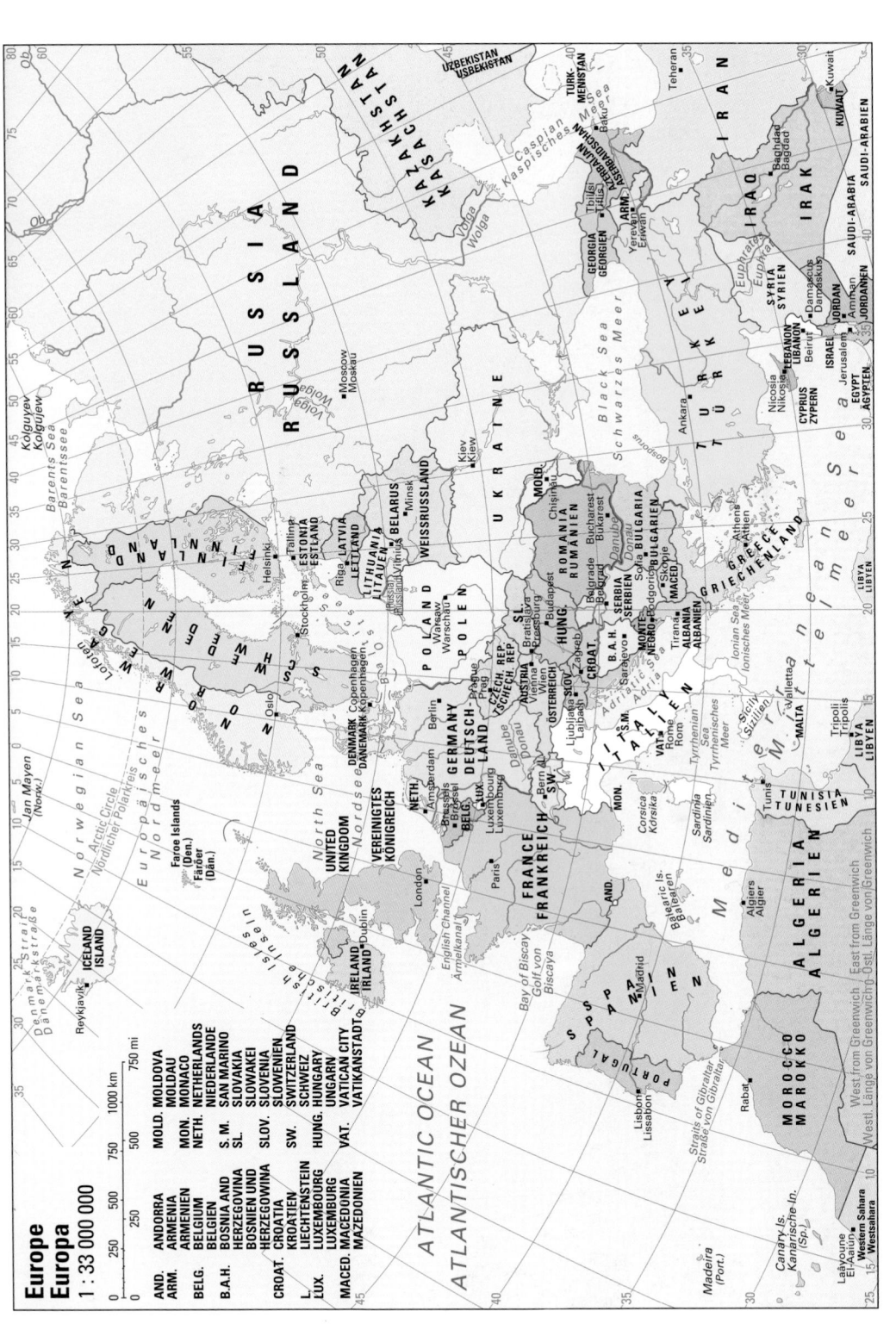

N o r d s e e
N o r t h   S e a

O s t s e e
B a l t i c   S e a

DÄNEMARK
DENMARK

6

9

12

15

54

54

Rügen

Nordfriesische Inseln
North Frisian Islands

● Kiel

Schleswig-

Holstein

Ostfriesische Inseln
East Frisian Islands *(zu/to Hamburg)*

(zu/to Bremen)

Hamburg
● Hamburg

Mecklenburg-Vorpommern
Mecklenburg-West Pomerania

● Schwerin

Elbe

POLEN
POLAND

Bremen
● Bremen

N i e d e r s a c h s e n
L o w e r   S a x o n y

Branden-

● Berlin
Berlin

Oder

● Hannover
Hanover

Sachsen-
Anhalt

Potsdam ●

b u r g

Oder

N
I
E
D
E
R
L
A
N
D
E

N
E
T
H
E
R
L
A
N
D
S

N o r d r h e i n -
W e s t f a l e n

N o r t h   R h i n e -
W e s t p h a l i a

● Magdeburg

Weser

51

● Düsseldorf

Saxony-Anhalt

Elbe

S a c h s e n

● Köln
Cologne

BEL.

H e s s e n

Rhein
Rhine

T h ü r i n g e n
T h u r i n g i a

● Erfurt

S a x o n y

Dresden ●

51

H e s s e

LUX.

Rheinland-Pfalz

Wiesbaden ●
● Mainz ● Frankfurt

Rhineland-
Palatinate

TSCHECHISCHE
REPUBLIK

CZECH REPUBLIC

Saarland
● Saarbrücken

B a y e r n

● Nürnberg
Nuremberg

FRANKREICH

Baden-

Donau
Danube

FRANCE

● Stuttgart

B a v a r i a

Donau
Danube

48

W ü r t t e m b e r g

Rhein
Rhine

München
Munich ●

Ö

48

Bodensee
Lake Constance

S

T

E

R

R

E

I

C

H

S C H W E I Z
S W I T Z E R L A N D

A

U

S

T

R

I

A

9

12

15

Deutschland
Germany

1 : 4 900 000

| 0 | 50 | 100 | 150 | 200 km |

| 0 | 50 | 100 | 150 mi |

BELG. BELGIEN
            BELGIUM
L.   LIECHTENSTEIN
LUX.   LUXEMBURG
            LUXEMBOURG

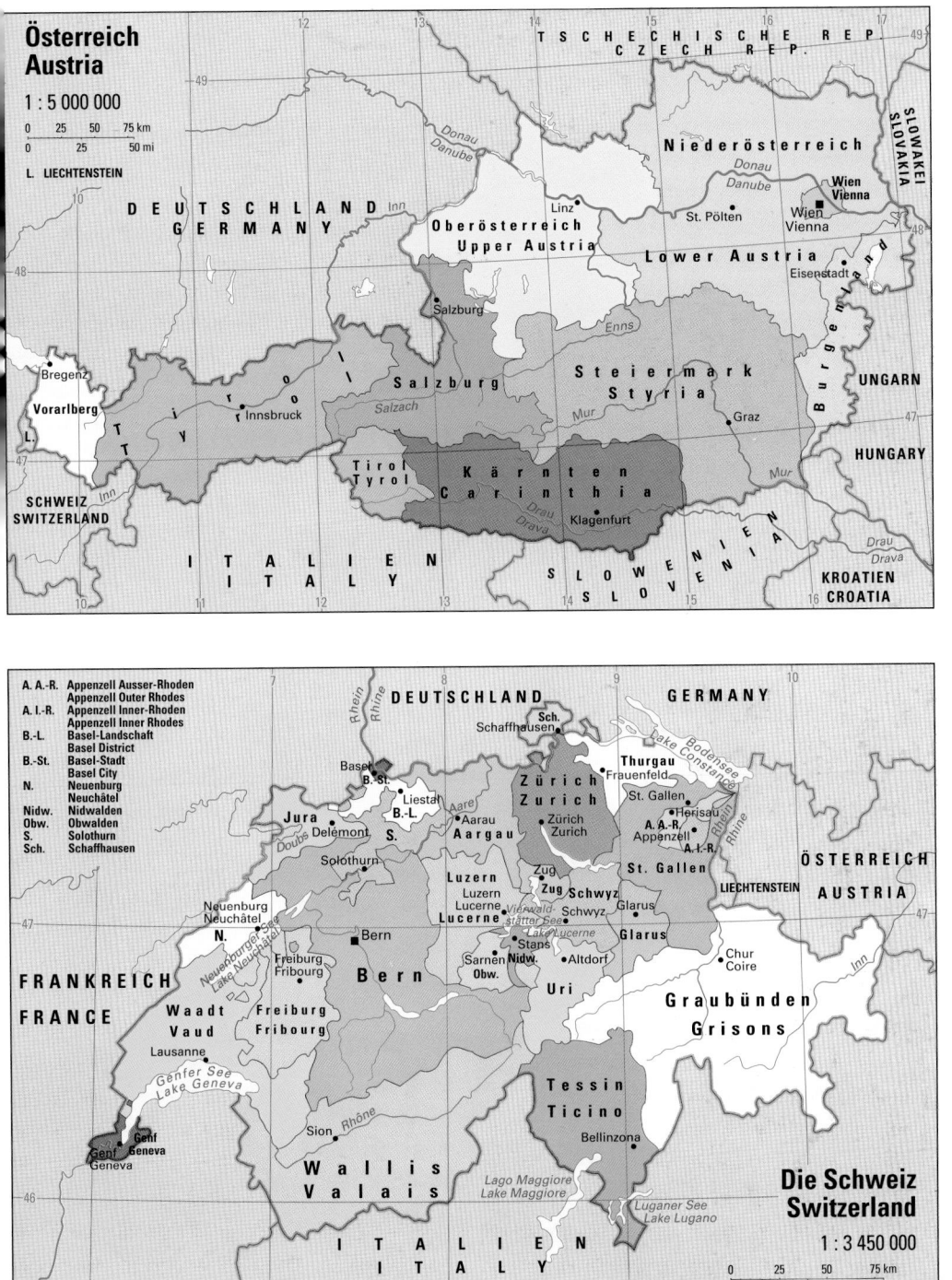

Österreich
Austria

1 : 5 000 000

```
0    25    50    75 km
0    25         50 mi
```

L. LIECHTENSTEIN

TSCHECHISCHE REP.
CZECH REP.

Niederösterreich

Donau / Danube

Wien / Vienna

SLOWAKEI / SLOVAKIA

DEUTSCHLAND
GERMANY

Inn

Linz

Donau / Danube

St. Pölten

Wien / Vienna

Oberösterreich
Upper Austria

Lower Austria

Eisenstadt

Bregenz

Salzburg

Enns

Burgenland

UNGARN

Vorarlberg

Tirol / Tyrol

Innsbruck

Salzburg

Salzach

Steiermark
Styria

Mur

Graz

HUNGARY

L.

47

Inn

Tirol
Tyrol

Kärnten
Carinthia

Drau / Drava

Klagenfurt

Mur

Drau
Drava

SCHWEIZ
SWITZERLAND

ITALIEN
ITALY

SLOWENIEN
SLOVENIA

KROATIEN
CROATIA

A.A.-R.   Appenzell Ausser-Rhoden
          Appenzell Outer Rhodes
A. I.-R. Appenzell Inner-Rhoden
          Appenzell Inner Rhodes
B.-L.   Basel-Landschaft
          Basel District
B.-St.   Basel-Stadt
          Basel City
N.   Neuenburg
          Neuchâtel
Nidw.   Nidwalden
          Nidwalden
S.   Solothurn
Sch.   Schaffhausen

DEUTSCHLAND   GERMANY

Rhein / Rhine

Schaffhausen

Sch.

Thurgau
Frauenfeld

Lake Constance / Bodensee

Basel

B.-St.

Liestal

B.-L.

Aare

Aarau

Zürich
Zurich

St. Gallen

Herisau

A. A.-R.
Appenzell

A. I.-R.

Rhein / Rhine

ÖSTERREICH
AUSTRIA

Jura

Delémont

Doubs

S.

Solothurn

Aargau

Zürich
Zurich

Luzern
Lucerne

Zug
Zug

Schwyz

St. Gallen

LIECHTENSTEIN

FRANKREICH
FRANCE

Neuenburg
Neuchâtel

N.

Neuenburger See
Lake Neuchâtel

Freiburg
Fribourg

Bern

Luzern
Lucerne

Vierwald-
stätter See
Lake Lucerne

Schwyz

Glarus

Glarus

Inn

Stans

Sarnen
Obw.

Nidw.

Altdorf

Chur
Coire

Waadt
Vaud

Freiburg
Fribourg

Uri

Graubünden
Grisons

Lausanne

Genfer See
Lake Geneva

Sion

Rhône

Tessin
Ticino

Bellinzona

Genf
Geneva

Geneva

Wallis
Valais

Lago Maggiore
Lake Maggiore

Die Schweiz
Switzerland

1 : 3 450 000

```
0    25    50    75 km
0    25         50 mi
```

Luganer See
Lake Lugano

ITALIEN
ITALY

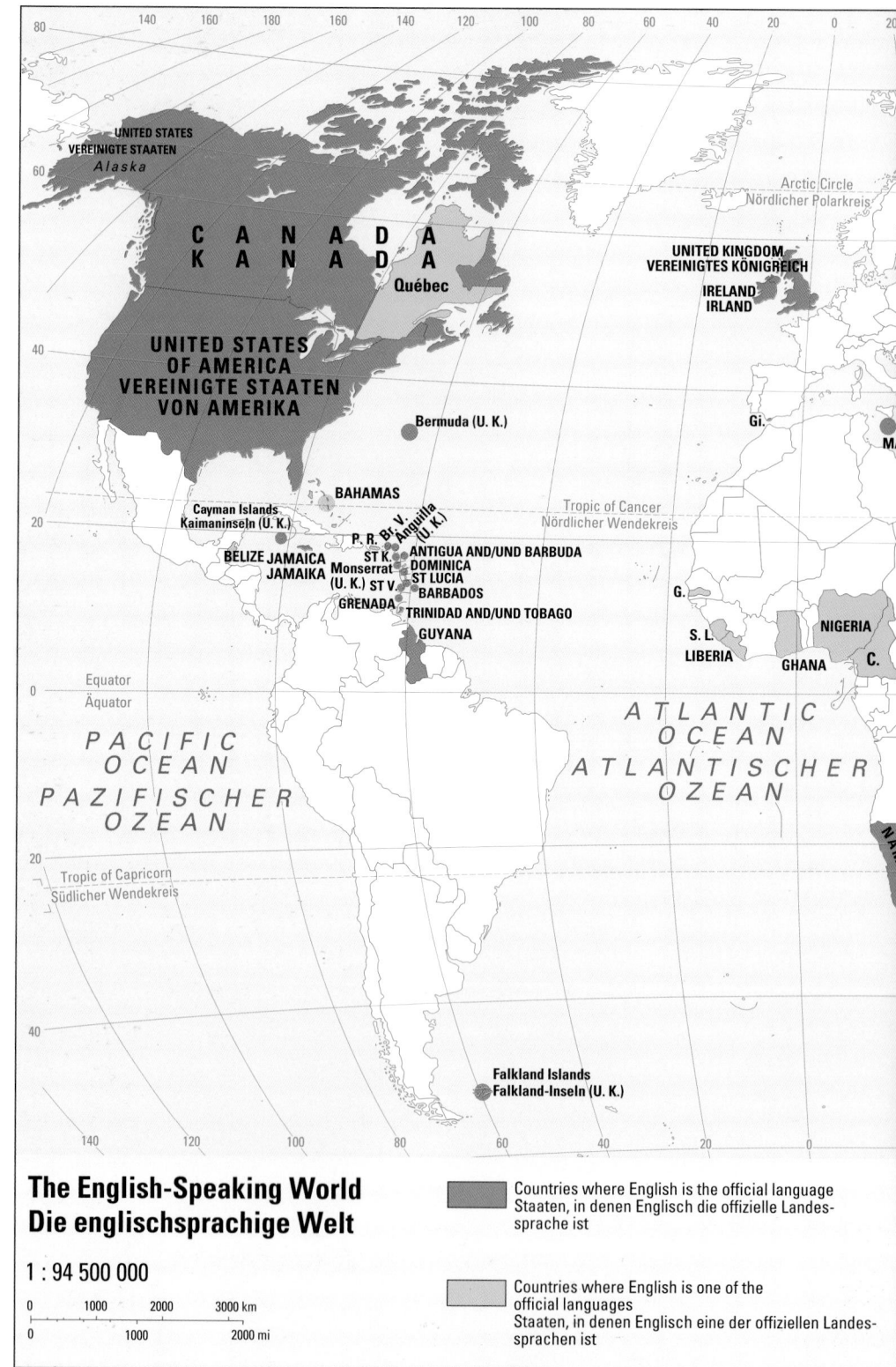

80 140 160 180 160 140 120 100 80 60 40 20 0 20

UNITED STATES
VEREINIGTE STAATEN
60 *Alaska*

Arctic Circle
Nördlicher Polarkreis

C A N A D A
K A N A D A
Québec

UNITED KINGDOM
VEREINIGTES KÖNIGREICH
IRELAND
IRLAND

40 UNITED STATES
OF AMERICA
VEREINIGTE STAATEN
VON AMERIKA

Bermuda (U. K.)

Gi.

M.

BAHAMAS

Cayman Islands
Kaimaninseln (U. K.)

Tropic of Cancer
Nördlicher Wendekreis

20

P. R. Br. V.
Anguilla
(U. K.)
BELIZE JAMAICA
JAMAIKA
Monserrat
(U. K.)
ST K.
ST V.
GRENADA

ANTIGUA AND/UND BARBUDA
DOMINICA
ST LUCIA
BARBADOS
TRINIDAD AND/UND TOBAGO
GUYANA

G.

S. L.
LIBERIA

NIGERIA

GHANA
C.

0 Equator
Äquator

ATLANTIC
OCEAN
ATLANTISCHER
OZEAN

PACIFIC
OCEAN
PAZIFISCHER
OZEAN

NAM.

20 Tropic of Capricorn
Südlicher Wendekreis

40

Falkland Islands
Falkland-Inseln (U. K.)

140 120 100 80 60 40 20 0

The English-Speaking World
Die englischsprachige Welt

1 : 94 500 000

0   1000   2000   3000 km

0   1000   2000 mi

Countries where English is the official language
Staaten, in denen Englisch die offizielle Landessprache ist

Countries where English is one of the
official languages
Staaten, in denen Englisch eine der offiziellen Landes-
sprachen ist

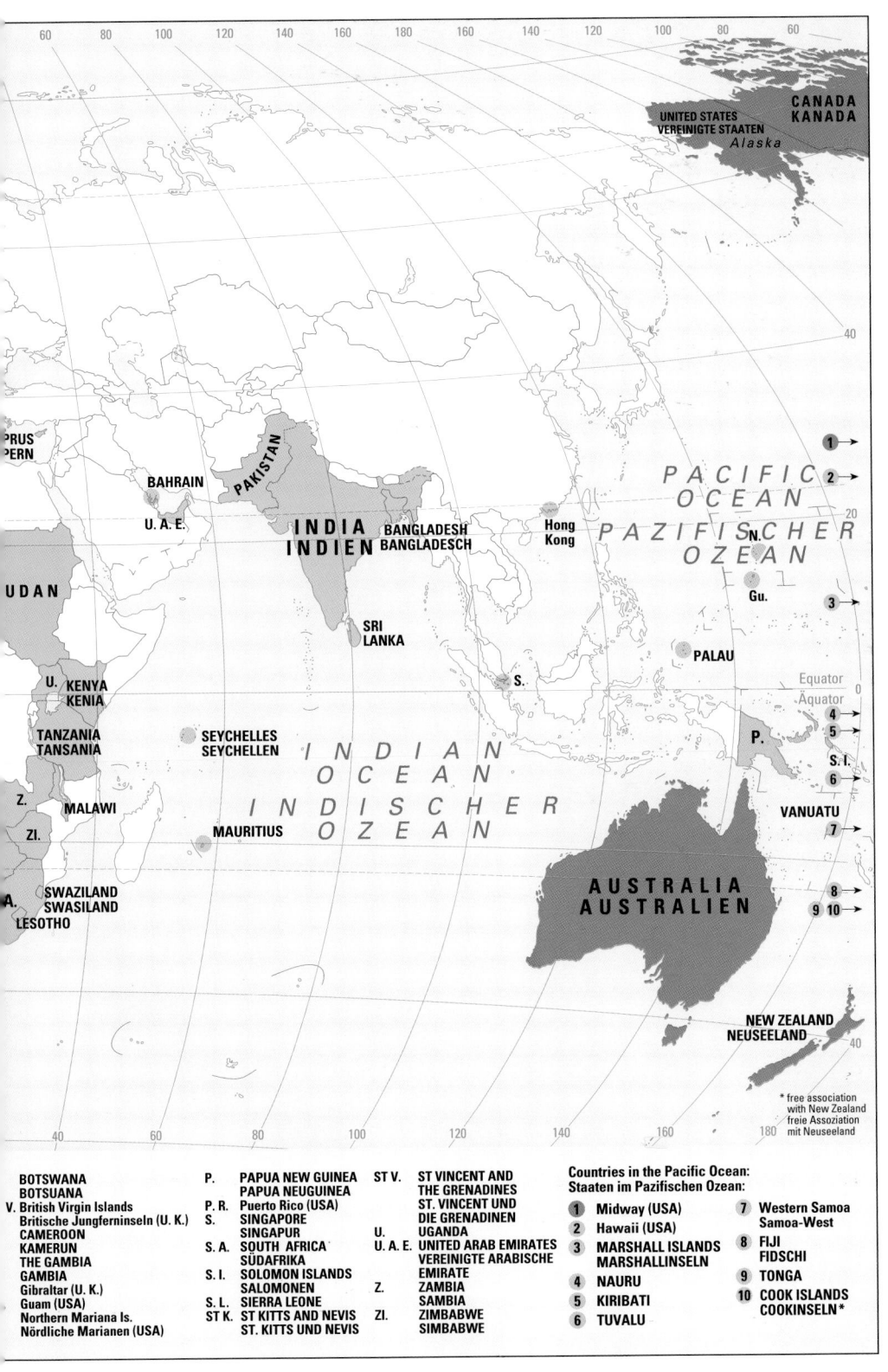

| | 60 | 80 | 100 | 120 | 140 | 160 | 180 | 160 | 140 | 120 | 100 | 80 | 60 |

CANADA
KANADA

UNITED STATES
VEREINIGTE STAATEN
Alaska

40

PRUS
PERN

BAHRAIN

PAKISTAN

U. A. E.

INDIA
INDIEN

BANGLADESH
BANGLADESCH

Hong
Kong

PACIFIC
OCEAN

PAZIFISCHER
OZEAN

N.

Gu.

20

UDAN

SRI
LANKA

S.

PALAU

Equator
Äquator   0

U. KENYA
KENIA

P.

SEYCHELLES
SEYCHELLEN

INDIAN
OCEAN

TANZANIA
TANSANIA

S. I.

Z.

MALAWI

INDISCHER
OZEAN

VANUATU

ZI.

MAURITIUS

A.

SWAZILAND
SWASILAND

AUSTRALIA
AUSTRALIEN

LESOTHO

NEW ZEALAND
NEUSEELAND

40

* free association
with New Zealand
freie Assoziation
mit Neuseeland

40   60   80   100   120   140   160   180

BOTSWANA
BOTSUANA
V. British Virgin Islands
Britische Jungferninseln (U. K.)
CAMEROON
KAMERUN
THE GAMBIA
GAMBIA
Gibraltar (U. K.)
Guam (USA)
Northern Mariana Is.
Nördliche Marianen (USA)

P.   PAPUA NEW GUINEA
      PAPUA NEUGUINEA
P. R. Puerto Rico (USA)
S.   SINGAPORE
      SINGAPUR
S. A. SOUTH AFRICA
      SÜDAFRIKA
S. I. SOLOMON ISLANDS
      SALOMONEN
S. L. SIERRA LEONE
ST K. ST KITTS AND NEVIS
      ST. KITTS UND NEVIS

ST V. ST VINCENT AND
      THE GRENADINES
      ST. VINCENT UND
      DIE GRENADINEN
U.   UGANDA
U. A. E. UNITED ARAB EMIRATES
      VEREINIGTE ARABISCHE
      EMIRATE
Z.   ZAMBIA
      SAMBIA
ZI.   ZIMBABWE
      SIMBABWE

Countries in the Pacific Ocean:
Staaten im Pazifischen Ozean:

① Midway (USA)
② Hawaii (USA)
③ MARSHALL ISLANDS
  MARSHALLINSELN
④ NAURU
⑤ KIRIBATI
⑥ TUVALU

⑦ Western Samoa
  Samoa-West
⑧ FIJI
  FIDSCHI
⑨ TONGA
⑩ COOK ISLANDS
  COOKINSELN *

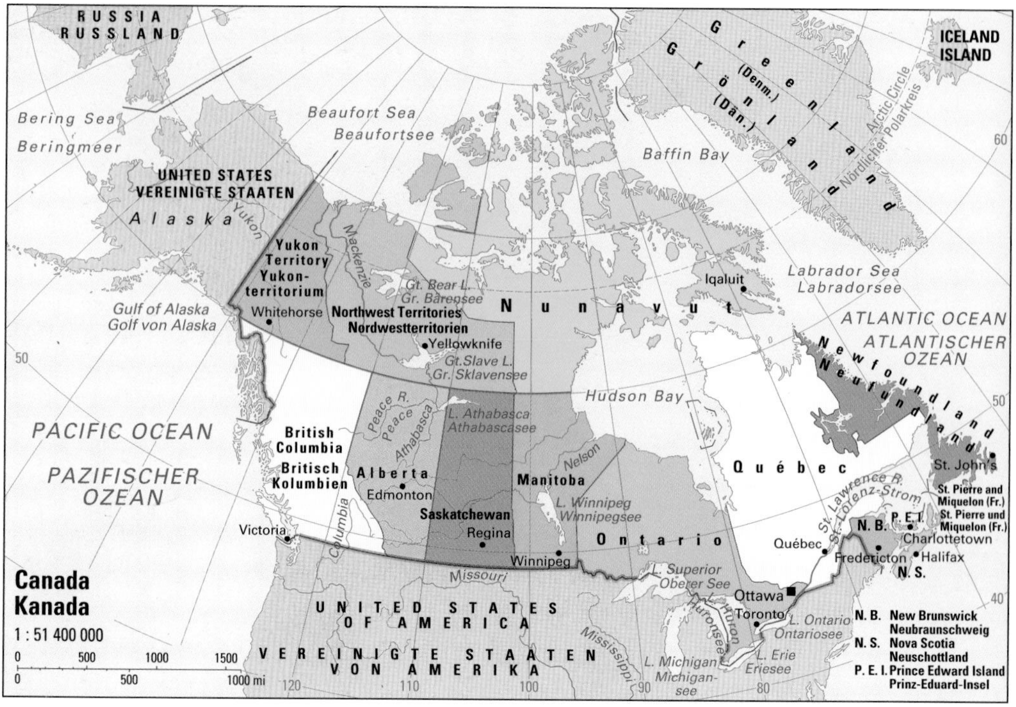

Canada / Kanada

RUSSIA
RUSSLAND

ICELAND
ISLAND

Bering Sea
Beringmeer

Beaufort Sea
Beaufortsee

Greenland
Grönland
(Denm.)
(Dän.)

Baffin Bay

Arctic Circle
Nördlicher Polarkreis

60

UNITED STATES
VEREINIGTE STAATEN

Alaska

Yukon

Mackenzie

Labrador Sea
Labradorsee

ATLANTIC OCEAN
ATLANTISCHER
OZEAN

Gulf of Alaska
Golf von Alaska

Yukon
Territory
Yukon-
territorium

Gt. Bear L.
Gr. Bärensee

Iqaluit

N u n a v u t

Newfoundland
Neufundland

Whitehorse

Northwest Territories
Nordwestterritorien

Yellowknife

Gt. Slave L.
Gr. Sklavensee

50

50

PACIFIC OCEAN

PAZIFISCHER
OZEAN

British
Columbia
Britisch
Kolumbien

Peace R.
Peace

Athabasca

L. Athabasca
Athabascasee

Hudson Bay

Québec

St. John's

Alberta

Nelson

St. Pierre and
Miquelon (Fr.)
St. Pierre und
Miquelon (Fr.)

Edmonton

Saskatchewan

Manitoba

L. Winnipeg
Winnipegsee

Ontario

St. Lawrence R.
St. Lorenz-Strom

N. B.

P. E. I.

Charlottetown

Victoria

Columbia

Regina

Québec

Fredericton

Halifax

Missouri

Winnipeg

L. Superior
Oberer See

Ottawa

L. Ontario
Ontariosee

N. S.

Canada
Kanada

1 : 51 400 000

0   500   1000   1500

0   500   1000 mi

UNITED STATES
OF AMERICA

VEREINIGTE STAATEN
VON AMERIKA

Toronto

L. Huron
Huronsee

L. Michigan
Michigansee

L. Erie
Eriesee

N. B. New Brunswick
Neubraunschweig
N. S. Nova Scotia
Neuschottland
P. E. I. Prince Edward Island
Prinz-Eduard-Insel

120   110   100   90   80   40

United States of America / Vereinigte Staaten von Amerika

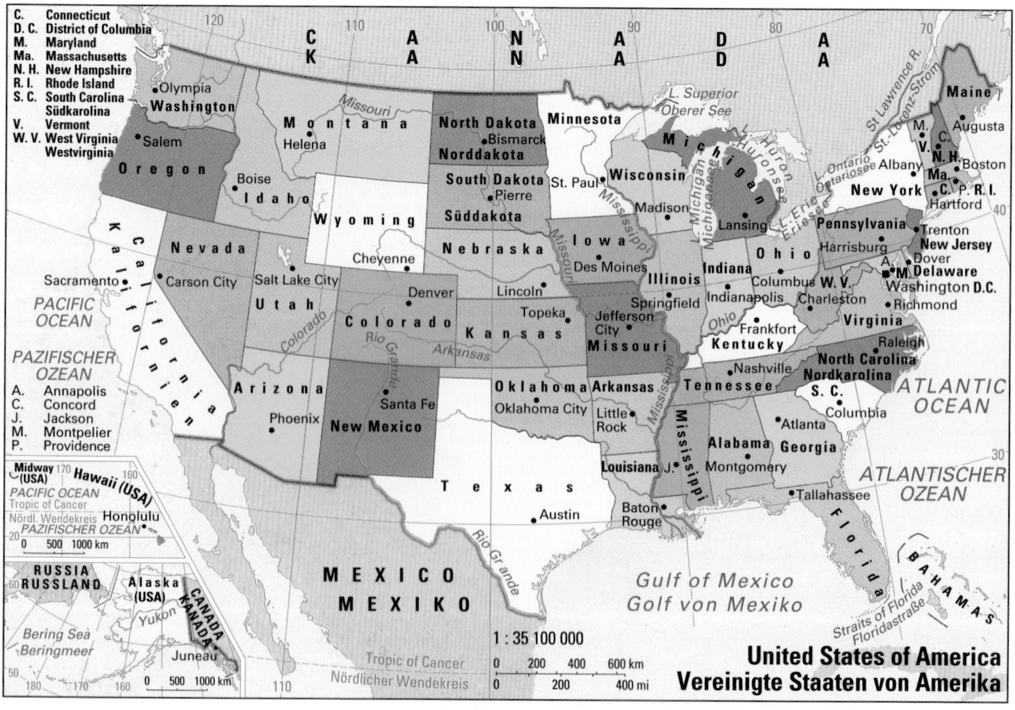

C. Connecticut
D. C. District of Columbia
M. Maryland
Ma. Massachusetts
N. H. New Hampshire
R. I. Rhode Island
S. C. South Carolina
Südkarolina
V. Vermont
W. V. West Virginia
Westvirginia

120   110   100   90   80   70

C A N A D A
K A N A D A

Olympia
Washington

Montana

Missouri

North Dakota
Norddakota

Minnesota

L. Superior
Oberer See

Maine

M.

Augusta

Salem

Helena

Bismarck

St. Paul

Wisconsin

Michigan

V. C.
N. H.

Oregon

Boise

South Dakota
Süddakota

Pierre

Madison

Lansing

Albany

Boston

Ma.

C. P. R. I.

Idaho

Wyoming

Nebraska

Iowa

Des Moines

Michigan

L. Erie
Eriesee

New York

Hartford

Nevada

Carson City

Cheyenne

Lincoln

Illinois

Indiana

Ohio

Pennsylvania

Harrisburg

Trenton

New Jersey

Sacramento

Salt Lake City

Denver

Topeka

Springfield

Indianapolis

Columbus

W. V.

Delaware
Dover

PACIFIC
OCEAN

California

Utah

Colorado

Kansas

Jefferson
City

Missouri

Frankfort

Charleston

Washington D.C.
Richmond

PAZIFISCHER
OZEAN

A. Annapolis
C. Concord
J. Jackson
M. Montpelier
P. Providence

Kalifornien

Arizona

Rio Grande

Arkansas

Kentucky

Nashville

Virginia

Raleigh

North Carolina
Nordkarolina

ATLANTIC
OCEAN

S. C.

Phoenix

Santa Fe

Oklahoma

Arkansas

Tennessee

Columbia

New Mexico

Oklahoma City

Little
Rock

Mississippi

Alabama

Georgia

Atlanta

ATLANTISCHER
OZEAN

Midway
(USA)

170   160

Hawaii (USA)

PACIFIC OCEAN
Tropic of Cancer
Nördl. Wendekreis
PAZIFISCHER OZEAN

Honolulu

0   500   1000 km

Texas

Louisiana

J.

Baton
Rouge

Montgomery

Tallahassee

BAHAMAS

RUSSIA
RUSSLAND

Alaska
(USA)

Canada
Kanada

Yukon

MEXICO
MEXIKO

Austin

Gulf of Mexico
Golf von Mexiko

Florida

Bering Sea
Beringmeer

Juneau

Tropic of Cancer
Nördlicher Wendekreis

1 : 35 100 000

0   200   400   600 km

0   200   400 mi

Straits of Florida
Floridastraße

United States of America
Vereinigte Staaten von Amerika

180   170   160   110

British Isles
Britische Inseln

1 : 6 000 000

| 0 | 50 | 100 | 150 | 200 km |
| 0 | 50 | 100 | 150 mi |

Shetland Islands
Shetland-Inseln

Orkney Islands
Orkney-Inseln

Outer Hebrides
Äußere Hebriden

ATLANTIC
OCEAN
ATLANTISCHER
OZEAN

Spey

Scotland
Schottland

North Sea
Nordsee

Glasgow
Edinburgh
Tay
Tweed

North Channel/Nordkanal

UNITED KINGDOM

Northern Ireland
Nordirland
Belfast

Isle of Man

VEREINIGTES

KÖNIGREICH

IRELAND
IRLAND

Irish Sea
Irische See

Dublin

Manchester
Liverpool

Shannon

Barrow

Suir

St George's Channel
St.-Georgs-Kanal

Wales

Trent

Birmingham
Ouse

Severn

E n g l a n d

Cardiff

Thames
Themse

Oxford

London

Scilly Isles
Scilly-Inseln

Isle of Wight

English Channel
Ärmelkanal

Channel Is. (U. K.)
Kanalinseln
Alderney
Sark
Guernsey
Jersey

FRANCE
FRANKREICH

Seine

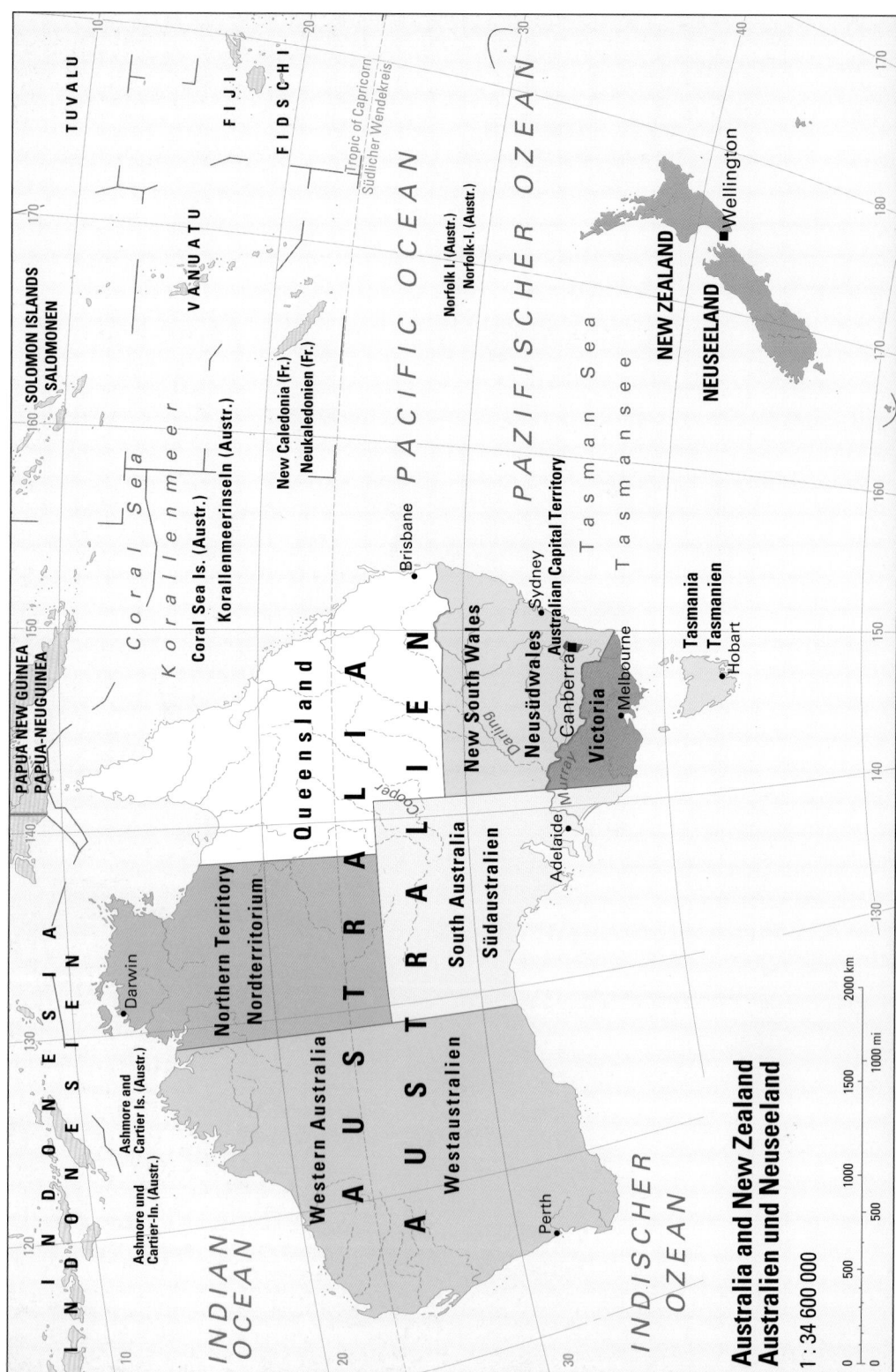

**Australia and New Zealand
Australien und Neuseeland**

1 : 34 600 000

INDONESIEN

PAPUA NEW GUINEA
PAPUA-NEUGUINEA

SOLOMON ISLANDS
SALOMONEN

TUVALU

FIJI
FIDSCHI

VANUATU

New Caledonia (Fr.)
Neukaledonien (Fr.)

Coral Sea
Korallenmeer

Coral Sea Is. (Austr.)
Korallenmeerinseln (Austr.)

PACIFIC OCEAN

PAZIFISCHER OZEAN

Tropic of Capricorn
Südlicher Wendekreis

Norfolk I. (Austr.)
Norfolk-I. (Austr.)

NEW ZEALAND

NEUSEELAND

Wellington

AUSTRALIEN

AUSTRALIA

Ashmore and
Cartier Is. (Austr.)
Ashmore und
Cartier-In. (Austr.)

Darwin

Northern Territory
Nordterritorium

Queensland

Western Australia
Westaustralien

South Australia
Südaustralien

New South Wales
Neusüdwales

Brisbane

Sydney

Australian Capital Territory

Canberra

Victoria

Melbourne

Murray

Darling

Cooper

Adelaide

Perth

Tasman Sea
Tasmansee

Tasmania
Tasmanien

Hobart

INDIAN
OCEAN

INDISCHER
OZEAN

0   500   1000   1500   2000 km

0   500   1000 mi

A

A <pl -'s or -s>, **a** <pl -'s> [eɪ] n ❶ (letter) A nt, a nt; ~ **as in Alpha** A wie Anton ❷ MUS A nt, a nt; ~ **major** A-Dur nt; ~ **minor** a-Moll nt ❸ (school grade) ≈ Eins f; **to get an** ~ eine Eins schreiben

a [eɪ, ə], before vowel **an** [æn, ən] art indef ❶ (undefined) ein(e) ❷ after neg ◼**not** ~ kein(e); **there was not ~ person to be seen** es war niemand zu sehen ❸ (one) ein(e); **can I have ~ knife and fork, please?** kann ich bitte Messer und Gabel haben?; **for half ~ mile** eine halbe Meile; **to count to ~ thousand** bis tausend zählen; **one and ~ half** eineinhalb ❹ before profession, nationality **she's ~ teacher** sie ist Lehrerin ❺ (per) **three times ~ day** dreimal täglich

aback [ə-'bæk] adv **to be taken ~** erstaunt sein; (sad) betroffen sein

abacus <pl -es> ['æb-ə-kəs] n MATH Abakus m

abandon [ə-'bæn-dən] I. vt ❶ (leave) verlassen; baby aussetzen; **to ~ sb to his/her fate** jdn seinem Schicksal überlassen ❷ (leave behind) zurücklassen; car stehen lassen ❸ (give up) aufgeben; attempt abbrechen; plan fallen lassen; search einstellen II. n **with ~** mit Leib und Seele

abandoned [ə-'bæn-dənd] adj ❶ (discarded) verlassen; baby ausgesetzt ❷ (empty) building leer stehend; property herrenlos

abashed [ə-'bæʃt] adj verlegen

abate [ə-'beɪt] vi (form) rain nachlassen; storm, anger abflauen; pain, fever abklingen

abattoir ['æb-ə-twar] n Schlachthof m

abbey ['æb-i] n Abtei[kirche] f

abbot ['æb-ət] n Abt m

abbreviate [ə-'bri-vi-eɪt] vt abkürzen; **Susan is often ~d to Sue** Susan wird oft mit Sue abgekürzt

abbreviation [ə-ˌbri-vɪ-'eɪ-ʃən] n Abkürzung f

ABC [ˌeɪ-bi-'si] n (alphabet) ABC nt; **as easy as ~** kinderleicht ▶ PHRASES: **the ~s of sth** das Einmaleins einer S. gen

abdicate ['æb-dɪ-keɪt] I. vi monarch abdanken II. vt **to ~ the throne** auf den Thron verzichten

abdication [ˌæb-dɪ-'keɪ-ʃən] n Abdankung f

abdomen ['æb-də-mən] n ❶ MED Unterleib m ❷ ZOOL Hinterleib m

abdominal [æb-'dam-ə-nəl] adj Unterleibs-; ~ **wall** Bauchdecke f

abduction [æb-'dʌk-ʃən] n Entführung f

aberration [ˌæb-ə-'reɪ-ʃən] n (deviation) Abweichung f

abet <-tt-> [ə-'bet] vt unterstützen, Beihilfe leisten

abeyance [ə-'beɪ-əns] n **in** ~ [vorübergehend] außer Kraft [gesetzt]

abhorrent [æb-'hɔr-ənt] adj abscheulich; **I find his cynicism ~** sein Zynismus ist mir

zuwider

abide [ə-'baɪd] I. vt <abode or abided, abode or abided> usu neg (not like) ausstehen II. vi (continue) fortbestehen

◆**abide by** vt rules befolgen; **to ~ by the law** sich an das Gesetz halten

abiding [ə-'baɪ-dɪŋ] adj beständig; love immer während; values bleibend

ability [ə-'bɪl-ɪ-ti] n ❶ (capability) Fähigkeit f; **to the best of my ~** so gut ich kann ❷ (talent) Talent nt

abject ['æb-dʒekt] adj ❶ (extreme) äußerste(r, s); failure komplett; poverty bitter ❷ (humble) unterwürfig; apology a. demütig; failure kläglich

ablaze [ə-'bleɪz] adj ❶ (burning) ◼**to be ~ in Flammen** stehen ❷ (bright) **to be ~ with lights** hell erleuchtet sein ❸ (fig: impassioned) **to be ~ with anger** vor Zorn glühen

able ['eɪ-bəl] adj ❶ <more or better ~, most or best ~> (can do) ◼**to [not] be ~ to do sth** etw [nicht] tun können ❷ <abler or more ~, ablest or most ~> (bright) talentiert; mind fähig

able-bodied [ˌeɪ-bəl-'bad-ɪd] adj gesund; MIL [wehr]tauglich

ABM [eɪ-bi-'em] n abbrev of **antiballistic missile** Antiraketenrakete f

abnormal [æb-'nɔr-məl] adj anormal; weather a. ungewöhnlich

abnormality [ˌæb-nɔr-'mæl-ɪ-ti] n ❶ MED Anomalie f ❷ (unusualness) Abnormität f; of a situation Außergewöhnlichkeit f

aboard [ə-'bɔrd] adv, prep (on plane, ship) an Bord; (on train) im Zug; **all ~!** (on train, bus) alles einsteigen!; (on plane, ship) alle Mann an Bord!

abode [ə-'boʊd] n ❶ (hum: home) Wohnung f ❷ (residence) Wohnsitz m; **of no fixed ~** ohne festen Wohnsitz

abolish [ə-'bal-ɪʃ] vt abschaffen; law aufheben

abolition [ˌæb-ə-'lɪʃ-ən] n Abschaffung f; of a law Aufhebung f

abominable [ə-'bam-ə-nə-bəl] adj furchtbar

abomination [ə-ˌbam-ə-'neɪ-ʃən] n ❶ (loathing) Abscheu m (of vor +dat) ❷ (detestable thing) Abscheulichkeit f

Aboriginal [ˌæb-ə-'rɪdʒ-ə-nəl] adj der Aborigines nach n

Aborigine [ˌæb-ə-'rɪdʒ-ə-ni] n Aborigine m, f

abort [ə-'bɔrt] vt ❶ (prevent birth) baby, fetus abtreiben; pregnancy abbrechen ❷ (stop) abbrechen

abortion [ə-'bɔr-ʃən] n Schwangerschaftsabbruch m, Abtreibung f

abortive [ə-'bɔr-tɪv] adj attempt gescheitert; plan misslungen

abound [ə-'baʊnd] vi [sehr] zahlreich sein; **rumors ~ that ...** zahlreiche Gerüchte kursieren, dass ...; ◼**to ~ in** reich sein an +dat

about [ə-'baʊt] I. prep ❶ (on the subject of) über +akk; **anxiety ~ the future** Angst f vor der Zukunft; **what's that book** ~**?** worum geht es in dem Buch?; **to ask sb** ~ **sth/sb** jdn nach etw/jdm fragen ❷(*affecting*) gegen +*akk;* **to do something** ~ **sth** etw gegen etw machen ❸(*surrounding*) um +*akk* ❹ *after vb* (*expressing movement*) **to wander** ~ **the house** im Haus herumlaufen ▶ PHRASES: **how** ~ **sb/sth?** wie wäre es mit jdm/etw?; **what** ~ **it?** was ist damit? **II.** *adv* ❶(*approximately*) ungefähr; ~ **eight** [o'**clock**] [so] gegen acht [Uhr]; ~ **two days ago** vor etwa zwei Tagen ❷(*almost*) fast ❸(*barely*) **we just** ~ **made it** wir haben es gerade noch [so] geschafft ❹(*intending*) **we're just** ~ **to have supper** wir wollen gerade zu Abend essen ▶ PHRASES: **that's** ~ **all** [or **it**] das wär's

about-'face *n* ❶ *esp* MIL Kehrtwendung *f* ❷(*fig*) **they've done a complete** ~ sie haben ihre Meinung um 180° geändert

above [ə·'bʌv] **I.** *prep* ❶(*over*) über +*dat;* ~ **the spectators** über den Zuschauern ❷(*greater than*) über +*akk;* **to be barely** ~ **freezing** kaum über dem Gefrierpunkt sein; **to be** ~ **and beyond all expectation[s]** weit über allen Erwartungen *dat* liegen ❸(*more importantly than*) **they value freedom** ~ **all else** für sie ist die Freiheit wichtiger als alles andere; ~ **all** vor allem ▶ PHRASES: **that's** ~ **me** das ist mir zu hoch **II.** *adv* ❶(*on higher level*) oberhalb, darüber; **they live in the apartment** ~ sie wohnen in der Wohnung darüber; (*above oneself*) sie wohnen in der Wohnung über mir/uns ❷(*overhead*) **from** ~ von oben ❸(*in the sky*) am Himmel; **he looked up to the stars** ~ er blickte hinauf zu den Sternen ❹(*earlier in text*) oben; **the address given** ~ die oben genannte Adresse **III.** *adj* obige(r, s); **the** ~ **address** die oben genannte Adresse **IV.** *n* ■**the** ~ (*thing*) das Obengenannte; (*person*) der/die Obengenannte

above'board *adj* (*fam*) einwandfrei

above'mentioned *adj* oben genannte(r, s)

abracadabra [ˌæb·rə·kə'·dæb·rə] *interj* (*fam*) Simsalabim!

abrasion [ə·'breɪ·ʒən] *n* (*injury*) Abschürfung *f*

abrasive [ə·'breɪ·sɪv] **I.** *adj* ❶(*rubbing*) abreibend; ~ **cleaner** Scheuermittel *nt* ❷(*unpleasant*) aggressiv **II.** *n* MECH Schleifmittel *nt*

abreast [ə·'brest] *adv* ❶(*side by side*) nebeneinander ❷(*up to date*) **to keep** ~ **of sth** sich über etw *akk* auf dem Laufenden halten; **to keep sb** ~ **of sth** jdn über etw *akk* auf dem Laufenden halten

abridge [ə·'brɪdʒ] *vt* kürzen

abroad [ə·'brɔd] *adv* (*in foreign country*) im Ausland; **to go** ~ ins Ausland fahren; **from** ~ aus dem Ausland

abrupt [ə·'brʌpt] *adj* ❶(*sudden*) abrupt; *departure* plötzlich; **to come to an** ~ **end** ein jähes Ende finden ❷(*brusque*) schroff

ABS [ˌeɪ·bi·'es] *n abbrev of* **antilock braking system** ABS *nt*

abs [æbs] *n* ANAT (*fam*) *pl short for* **abductors** Abduktionsmuskeln *pl*

abscess <*pl* -es> ['æb·ses] *n* Abszess *m*

abscond [əb·'skɑnd] *vi* (*form: run away*) sich davonmachen; ■**to** ~ **with sb** mit jdm durchbrennen *fam*

absence ['æb·səns] *n* ❶(*nonappearance*) Abwesenheit *f;* (*from school, work*) Fehlen *nt* ❷(*lack*) Fehlen *nt;* ■**in the** ~ **of sth** in Ermangelung einer S. *gen* ▶ PHRASES: ~ **makes the heart grow fonder** (*prov*) die Liebe wächst mit der Entfernung

absent I. *adj* ['æb·sənt] ❶(*not there*) abwesend; **to be** ~ **from work/school** auf der Arbeit/in der Schule fehlen ❷(*lacking*) ■**to be** ~ fehlen **II.** *vt* [æb·'sent] ■**to** ~ **oneself** sich zurückziehen

absentee [ˌæb·sən·'ti] *n* Abwesende(r) *f(m),* Fehlende(r) *f(m)*

absenteeism [ˌæb·sən·'ti·ɪz·əm] *n* häufiges Fernbleiben

absent-'minded *adj* (*momentarily*) geistesabwesend; (*habitually*) zerstreut

absent-mindedness *n* (*momentary*) Geistesabwesenheit *f;* (*habitual*) Zerstreutheit *f*

absolute ['æb·sə·lut] *adj* ❶absolut ❷ *angel* wahr; *disaster, mess* einzig; *idiot* ausgemacht; *nonsense* komplett; *ruler* unumschränkt; **in** ~ **terms** absolut gesehen

absolutely [ˌæb·sə·'lut·li] *adv* absolut; **you're** ~ **right** Sie haben vollkommen Recht; ~ **not!** nein, überhaupt nicht!; ~ **delicious** einfach köstlich; ~ **nothing** überhaupt nichts; **to trust sb** ~ jdm bedingungslos vertrauen

absolve [əb·'zalv] *vt from blame* freisprechen; *from sins* lossprechen

absorb [əb·'sɔrb] *vt* ❶(*soak up*) aufnehmen; *attention* in Anspruch nehmen ❷(*reduce*) *blow* abfangen; *light* absorbieren; *noise* dämpfen ❸■**to be** ~**ed in sth** in etw *akk* vertieft sein

absorbent [əb·'sɔr·bənt] *adj* absorptionsfähig; *cotton, paper* saugfähig

absorbing [əb·'sɔr·bɪŋ] *adj* fesselnd; *problem* kniffelig

absorption [əb·'sɔrp·ʃən] *n* ❶(*absorbing*) Aufnahme *f* ❷(*engrossment*) Vertieftsein *nt*

abstain [əb·'steɪn] *vi* ❶(*eschew*) ■**to** ~ **from** [*from* **sth**] sich [einer S. *gen*] enthalten ❷(*not vote*) sich der Stimme enthalten

abstention [əb·'sten·ʃən] *n* POL [Stimm]enthaltung *f*

abstinence ['æb·stə·nəns] *n* Abstinenz *f*

abstract I. *adj* ['æb·strækt] abstrakt; ~ **noun** Abstraktum *nt* **II.** *n* ❶(*summary*) Zusammenfassung *f* ❷(*generalized form*) ■**the** ~ das Abstrakte; **in the** ~ abstrakt **III.** *vt* [æb·'strækt] (*summarize*) zusammenfassen

abstraction [əb·'stræk·ʃən] *n* ❶(*generalization*) Abstraktion *f* ❷(*distraction*) [Geistes]abwesenheit *f*

absurd [əb·'sɜrd] *adj* absurd; **don't be** ~**!** sei nicht albern!; **to look** ~ lächerlich aussehen

absurdity [əb·'sɜr·dɪ·ti] *n* Absurdität *f*

abundance [ə·'bʌn·dəns] *n* Fülle *f;* **to have an ~ of sth** reich an etw *dat* sein; **in ~** in Hülle und Fülle

abundant [ə·'bʌn·dənt] *adj* reichlich; *harvest* reich; *vegetation* üppig

abuse I. *n* [ə·'bjus] ① (*affront*) [**verbal**] ~ Beschimpfung[en] *f* [*pl*]; **a term of ~** ein Schimpfwort *nt* ② (*mistreatment*) Missbrauch *m;* **child ~** Kindesmissbrauch *m* ③ (*misuse*) Missbrauch *m;* **drug ~** Drogenmissbrauch *m* II. *vt* [ə·'bjuz] ① (*verbally*) beschimpfen ② (*maltreat*) missbrauchen, misshandeln ③ (*exploit*) *authority, trust* missbrauchen; *kindness* ausnützen

abusive [ə·'bju·sɪv] *adj* ① (*insulting*) beleidigend; **~ language** Beleidigungen *pl* ② (*mistreating*) misshandelnd

abysmal [ə·'bɪz·məl] *adj* entsetzlich

abyss [ə·'bɪs] *n* (*a. fig*) Abgrund *m*

AC [ˌeɪ·'si] *n* ① *abbrev of* **air conditioning** ② *abbrev of* **alternating current** WS

academic [ˌæk·ə·'dem·ɪk] I. *adj* akademisch; **~ year** Studienjahr *nt* II. *n* Lehrkraft *f* an der Universität

academy [ə·'kæd·ə·mi] *n* ① Akademie *f* ② (*school*) [höhere] Schule

accede [æk·'sid] *vi* ① (*agree*) ■ **to ~ to sth** etw *dat* zustimmen; *demands* nachgeben ② (*assume*) übernehmen; **to ~ to the throne** den Thron besteigen

accelerate [æk·'sel·ə·reɪt] I. *vi* ① (*go faster*) beschleunigen; *driver* Gas geben *fam* ② (*increase*) zunehmen II. *vt* beschleunigen

acceleration [æk·ˌsel·ə·'reɪ·ʃən] *n* Beschleunigung *f*

accelerator [æk·'sel·ə·reɪ·tər] *n* (*in car*) Gas[pedal] *nt*

accent ['æk·sent] *n* ① LING Akzent *m* ② (*stress*) Betonung *f;* **to put the ~ on sth** etw in den Mittelpunkt stellen

accentuate [æk·'sen·tʃʊ·eɪt] *vt* ① betonen ② MUS, LING akzentuieren

accept [æk·'sept] *vt* ① (*take*) annehmen; *award* entgegennehmen; *bribe* sich bestechen lassen; **do you ~ credit cards?** kann man bei Ihnen mit Kreditkarte zahlen? ② (*believe*) glauben ③ (*acknowledge*) anerkennen; *blame* auf sich *akk* nehmen; *decision* akzeptieren; *fate* sich abfinden mit +*dat; responsibility* übernehmen; ■ **to ~** [**that**] ... akzeptieren, dass ...

acceptable [æk·'sep·tə·bəl] *adj* ① (*satisfactory*) akzeptabel (**to** für +*akk*) ② (*welcome*) willkommen

acceptance [æk·'sep·təns] *n* ① (*accepting*) Annahme *f; of idea* Zustimmung *f* ② (*positive answer*) Zusage *f; letter of ~* schriftliche Zusage ③ (*recognition*) Anerkennung *f*

accepted [æk·'sep·tɪd] *adj* anerkannt

access ['æk·ses] I. *n* Zugang *m;* (*to room, building*) Zutritt *m;* **the only ~ to the village is by boat** das Dorf ist nur mit dem Boot zu erreichen; **~ to information** Zugriff *m* auf

Informationen II. *vt* COMPUT *data* zugreifen auf +*akk; file* öffnen

accessibility [æk·ˌses·ə·'bɪl·ɪ·ti] *n* Zugänglichkeit *f*

accessible [æk·'ses·ə·bəl] *adj* ① (*approachable*) [leicht] erreichbar ② ■ **to be ~ to sb** jdm zugänglich sein

accession [æk·'seʃ·ən] *n* Antritt *m;* **~ to the throne** Thronbesteigung *f*

accessory [æk·'ses·ə·ri] *n* ① FASHION Accessoire *nt* ② (*equipment*) Zubehör *nt* ③ (*criminal*) Helfershelfer(in) *m(f); he became an ~ to the crime* er machte sich am Verbrechen mitschuldig

accident ['æk·sɪ·dənt] *n* ① (*with injury*) Unfall *m; car ~* Verkehrsunfall *m* ② (*chance*) Zufall *m; by ~* zufällig ③ (*mishap*) Missgeschick *nt; by ~* aus Versehen ▶ PHRASES: **~s will happen** so was kommt vor

accidental [ˌæk·sɪ·'den·təl] *adj* ① (*unintentional*) unbeabsichtigt; **it was ~** es war ein Versehen ② (*chance*) zufällig

acclaim [ə·'kleɪm] I. *vt* ■ **to be ~ed** gefeiert werden II. *n* Anerkennung *f*

acclimate ['ə·klaɪ·mɪt] *vt, vi* sich akklimatisieren (**to** an +*akk*); *to new conditions* sich gewöhnen

acclimation [ˌæk·lə·'meɪ·ʃən], **acclimatization** [ə·ˌklaɪ·mə·tɪ·'zeɪ·ʃən] *n* Akklimatisation *f; ~* **to a new environment** Eingewöhnung *f* in eine neue Umgebung

acclimatize [ə·'klaɪ·mə·taɪz] *vi, vt* see **acclimate**

accommodate [ə·'kam·ə·deɪt] *vt* (*have room for*) unterbringen; **the cabin ~s up to 6 people** die Hütte bietet Platz für bis zu 6 Personen

accommodating [ə·'kam·ə·deɪ·ʈɪŋ] *adj* entgegenkommend

accommodation [ə·ˌkam·ə·'deɪ·ʃən] *n* ① (*lodging*) ■ **~s** *pl* Unterkunft *f* ② (*compromise*) Einigung *f*

accompaniment [ə·'kʌm·pə·nɪ·mənt] *n* Begleitung *f;* **to be the perfect ~ to ...** ideal passen zu ...; **to the ~ of** begleitet von +*dat*

accompanist [ə·'kʌm·pə·nɪst] *n* MUS Begleiter(in) *m(f)*

accompany <-ie-> [ə·'kʌm·pə·ni] *vt* ① begleiten ② (*occur together*) ■ **to be accompanied by sth** mit etw *dat* einhergehen

accomplice [ə·'kam·plɪs] *n* Komplize *m*, Komplizin *f*

accomplish [ə·'kam·plɪʃ] *vt* schaffen; *goal* erreichen; *task* erledigen

accomplished [ə·'kam·plɪʃt] *adj* fähig; *actor* versiert; *performance* gelungen

accomplishment [ə·'kam·plɪʃ·mənt] *n* ① (*completion*) Vollendung *f; of a goal* Erreichen *nt; of a task* [erfolgreiche] Beendigung ② *usu pl* (*skill*) Fähigkeit *f* ③ (*achievement*) Leistung *f*

accord [ə·'kɔrd] I. *n* ① (*treaty*) Vereinbarung *f* ② (*agreement*) Übereinstimmung *f* ▶ PHRASES:

of one's/its <u>own</u> ~ (voluntarily) von sich dat aus; (without external cause) von alleine **II.** vt gewähren

accordance [ə·'kɔr·dəns] prep in ~ with gemäß +dat

accordingly [ə·'kɔr·dɪŋ·li] adv ➊ (appropriately) [dem]entsprechend ➋ (thus) folglich

according to [ə·'kɔr·dɪŋ·tə] prep nach +dat; ~ the weather report dem Wetterbericht zufolge

accordion [ə·'kɔr·di·ən] n Akkordeon nt

accost [ə·'kɔst] vt ansprechen; (more aggressively) anpöbeln

account [ə·'kaʊnt] n ➊ (description) Bericht m; by [or from] all ~s nach allem, was man so hört; by his own ~ eigenen Aussagen zufolge ➋ (bank service) Konto nt (with bei +dat) ➌ (bill) Rechnung f ➍ (records) ■~s pl [Geschäfts]bücher pl; to keep the ~s die Buchhaltung machen ➎ (consideration) to take into ~ berücksichtigen ➏ (reason) ■on ~ of aufgrund +gen; on my ~ meinetwegen; on no ~ auf keinen Fall ➐ (importance) to be of no ~ keinerlei Bedeutung haben ▶ PHRASES: to be <u>brought</u> to ~ zur Rechenschaft gezogen werden; to <u>settle</u> ~s with sb mit jdm abrechnen

◆**account for** vt ➊ (explain) erklären; there's no ~ing for taste[s] über Geschmack lässt sich streiten ➋ (represent) ausmachen

accountability [ə·ˌkaʊn·tə·'bɪl·ɪ·t̬i] n Verantwortlichkeit f (to gegenüber +dat, for für +akk)

accountable [ə·'kaʊn·tə·bəl] adj verantwortlich

accountant [ə·'kaʊn·tənt] n [Bilanz]buchhalter(in) m(f)

accounting [ə·'kaʊn·tɪŋ] n Buchhaltung f

accredit [ə·'kred·ɪt] vt ➊ (approve) ■to have been ~ed degree, school anerkannt worden sein ➋ (authorize) ■to be ~ed to sb/sth ambassador bei jdm/etw akkreditiert sein

acct. n abbrev of **account** Kto.

accumulate [ə·'kjum·jə·leɪt] vt, vi [sich] ansammeln

accumulation [ə·ˌkjum·jə·'leɪ·ʃən] n (quantity) Ansammlung f; of sand Anhäufung f

accuracy ['æk·jər·ə·si] n Genauigkeit f

accurate ['æk·jər·ɪt] adj ➊ (precise) genau ➋ (correct) richtig; report getreu

accusation [ˌæk·ju·'zeɪ·ʃən] n ➊ (charge) Anschuldigung f; LAW Anklage f (of wegen +gen); to make [or level] an ~ against sb jdn beschuldigen ➋ (accusing) Vorwurf m

accusative [ə·'kju·zə·t̬ɪv] n ~ [case] Akkusativ m

accusatory [ə·'kju·zə·tɔr·i] adj look anklagend; tone vorwurfsvoll

accuse [ə·'kjuz] vt ➊ (charge) ■to ~ sb [of sth] jdn [wegen einer S. gen] anklagen ➋ (claim) ■to ~ sb of sth jdn einer S. gen beschuldigen; I'm often ~d of ... mir wird oft vorgeworfen, dass ...

accused <pl -> [ə·'kjuzd] n ■the ~ die/der Angeklagte

accustomed [ə·'kʌs·təmd] adj ■to be ~ to sth etw gewohnt sein; to become [or get] ~ to sth sich an etw akk gewöhnen

AC/DC [ˌeɪ·si·'di·si] **I.** n abbrev of **alternating current/direct current** WS/GS **II.** adj (sl: bisexual) bi fam

ace [eɪs] **I.** n (all meanings) Ass nt; ~ of spades Pikass nt **II.** adj (fam) klasse **III.** vt (fam) to ~ a test einen Test mit Leichtigkeit bestehen

acetate ['æs·ɪ·teɪt] n CHEM Acetat nt

acetic 'acid n Essigsäure f

ache [eɪk] **I.** n (pain) Schmerz[en] m[pl]; ~s and pains Wehwehchen pl **II.** vi (feel pain) schmerzen; I'm aching all over mir tut alles weh

achieve [ə·'tʃiv] vt erreichen; fame erlangen; success erzielen; victory erringen

achievement [ə·'tʃiv·mənt] n ➊ (feat) Leistung f ➋ (achieving) Erreichen nt

acid ['æs·ɪd] **I.** n ➊ CHEM Säure f ➋ (sl: LSD) Acid nt sl **II.** adj ➊ CHEM sauer; ~ solution saure Lösung ➋ (sour) sauer

acidic [ə·'sɪd·ɪk] adj ➊ CHEM säurehaltig ➋ (sour) sauer

acidity [ə·'sɪd·ɪ·t̬i] n ➊ CHEM Säuregehalt m ➋ (sourness) Säure f

acid 'rain n saurer Regen

'acid test n ➊ CHEM Säureprobe f ➋ (fig) Feuerprobe f

acknowledge [ək·'nal·ɪdʒ] vt ➊ (admit) zugeben ➋ (respect) anerkennen; he was generally ~d to be an expert er galt allgemein als Experte ➌ (reply to) greeting erwidern; receipt bestätigen

acknowledge(e)ment [ək·'nal·ɪdʒ·mənt] n ➊ (admission) Bekenntnis (of zu +dat); ~ of guilt Schuldeingeständnis nt ➋ (respect) Anerkennung f ➌ (reply) Erwiderung f

acne ['æk·ni] n Akne f

acorn ['eɪ·kɔrn] n Eichel f

acoustic [ə·'ku·stɪk] adj akustisch

acoustic gui'tar n Akustikgitarre f

acoustics [ə·'ku·stɪks] n ➊ + pl vb (of hall) Akustik f ➋ + sing vb PHYS Akustik f

acquaint [ə·'kweɪnt] vt vertraut machen

acquaintance [ə·'kweɪn·təns] n ➊ (friend) Bekannte(r) f(m) ➋ (relationship) Bekanntschaft f

acquiesce [ˌæk·wi·'es] vi ■to ~ [to sth] [in etw akk] einwilligen

acquiescence [ˌæk·wi·'es·əns] n Einwilligung f (to in +akk)

acquire [ə·'kwaɪr] vt erwerben; knowledge sich dat aneignen; reputation bekommen; to be an ~d taste gewöhnungsbedürftig sein

acquisition [ˌæk·wɪ·'zɪʃ·ən] n ➊ (purchase) Anschaffung f ➋ (acquiring) Erwerb m; of company Übernahme f; of knowledge Aneignung f

acquit <-tt-> [ə·'kwɪt] vt ➊ (free) freisprechen

A

❷ (*perform*) **to ~ oneself well** seine Sache gut machen

acquittal [əˈkwɪṯ·əl] *n* Freispruch *m* (**on** von +*dat*)

acre [ˈeɪ·kər] *n* (*unit*) ≈ Morgen *m*

acrid [ˈæk·rɪd] *adj smell* stechend; *smoke* beißend; *taste* bitter

acrimonious [ˌæk·rɪ·ˈmoʊ·ni·əs] *adj* erbittert

acrimony [ˈæk·rɪ·moʊ·ni] *n* Verbitterung *f*; *of argument* Schärfe *f*

acrobat [ˈæk·rə·bæt] *n* Akrobat(in) *m(f)*

acrobatic [ˌæk·rə·ˈbæt̬·ɪk] *adj* akrobatisch

acronym [ˈæk·rə·nɪm] *n* Akronym *nt*

across [əˈkrɔs] **I.** *prep* ❶ (*on other side of*) über +*dat*; **~ town** am anderen Ende der Stadt ❷ (*from one side to other*) über +*akk*; **~ country** über Land ▶ PHRASES: **~ the board** allgemein **II.** *adv* ❶ (*to other side*) hinüber; (*from other side*) herüber ❷ (*on other side*) drüben; **~ from sb/sth** jdm/etw gegenüber ❸ (*wide*) breit; *of circle* im Durchmesser ▶ PHRASES: **to get one's point ~** sich verständlich machen

act [ækt] **I.** *n* ❶ (*deed*) Tat *f*; **~ of kindness** Akt *m* der Güte; **an ~ of God** höhere Gewalt; **to catch sb in the ~** jdn auf frischer Tat ertappen ❷ (*of a play*) Akt *m*; **one-~ play** Einakter *m* ❸ (*pretence*) Schau *f*; **to put on an ~** Theater spielen ▶ PHRASES: **to get in on the ~** mitmischen; **to get one's ~ together** sich am Riemen reißen **II.** *vi* ❶ (*take action*) handeln; (*proceed*) vorgehen; **to ~** [up]**on sb's advice** jds Rat befolgen ❷ (*represent*) ■ **to ~ for** [*or* **on behalf of**] **sb** jdn vertreten ❸ (*behave*) sich benehmen; ■ **to ~ as if ...** so tun, als ob ... ❹ (*play*) spielen; (*be an actor*) Schauspieler(in) sein ❺ (*take effect*) ■ **to ~** [**on sth**] [auf etw *akk*] wirken **III.** *vt* ❶ THEAT spielen ❷ (*behave appropriate to*) **~ your age!** benimm dich gefälligst deinem Alter entsprechend! ▶ PHRASES: **to ~ a part** (*pej*) schauspielern; **to ~ the part** überzeugend sein

♦ **act out** *vt* ❶ (*realize*) ausleben ❷ (*perform*) nachspielen

♦ **act up** *vi* (*fam*) ❶ *person* Theater machen ❷ *thing* Ärger machen

acting [ˈæk·tɪŋ] **I.** *adj* stellvertretend **II.** *n* Schauspielerei *f*

action [ˈæk·ʃən] *n* ❶ (*activeness*) Handeln *nt*; (*proceeding*) Vorgehen *nt*; (*measures*) Maßnahmen *pl*; **decisive ~** ein entschlossenes Vorgehen; **course of ~** Vorgehensweise *f*; **to spring into ~** in Aktion treten; **to put into ~** in die Tat umsetzen; **to take ~** etwas unternehmen ❷ (*act*) Handlung *f*, Tat *f* ❸ FILM Action *f* ❹ (*combat*) Einsatz *m*; **to go into ~** ins Gefecht ziehen; **to be killed in ~** fallen; **to see ~** im Einsatz sein ❺ LAW Klage *f* ▶ PHRASES: **~s speak louder than words** (*prov*) Taten sagen mehr als Worte; **to want a piece of the ~** eine Scheibe vom Kuchen abhaben wollen

'action-packed *adj* spannungsgeladen

activate [ˈæk·tə·veɪt] *vt* aktivieren; *alarm* auslösen

active [ˈæk·tɪv] *adj* aktiv; *children* lebhaft

actively [ˈæk·tɪv·li] *adv* aktiv

activist [ˈæk·tə·vɪst] *n* Aktivist(in) *m(f)*

activity [ækˈtɪv·ɪ·t̬i] *n* ❶ (*activeness*) Aktivität *f* ❷ *usu pl* (*pastime*) Aktivität *f*; **classroom activities** schulische Tätigkeiten

actor [ˈæk·tər] *n* Schauspieler *m*

actress <*pl* -**es**> [ˈæk·trɪs] *n* Schauspielerin *f*

actual [ˈæk·tʃʊ·əl] *adj* (*real*) eigentlich; *facts* konkret; **in ~ fact** tatsächlich

actually [ˈæk·tʃʊ·ə·li] *adv* ❶ (*in fact*) eigentlich ❷ (*really*) wirklich; **did you ~ say that?** hast du das tatsächlich gesagt?

actuate [ˈæk·tʃʊ·eɪt] *vt* in Gang setzen

acumen [əˈkju·mən] *n* Scharfsinn *m*; **business ~** Geschäftssinn *m*

acupuncture [ˈæk·jʊ·pʌŋk·tʃər] *n* Akupunktur *f*

acute [əˈkjut] *adj* ❶ (*serious*) akut; *anxiety* ernsthaft; *pain* heftig ❷ *hearing* fein; *sense of smell* ausgeprägt ❸ MATH *angle* spitz

acutely [əˈkjut·li] *adv* ❶ (*extremely*) äußerst; **to be ~ aware of sth** sich *dat* einer S. *gen* sehr bewusst sein ❷ (*shrewdly*) scharfsinnig

ad [æd] *n* (*fam*) *short for* **advertisement** Anzeige *f*

AD [ˌeɪˈdi] *adj abbrev of* **Anno Domini** n. Chr.

adamant [ˈæd·ə·mənt] *adj* unnachgiebig; ■ **to be ~ about sth** auf etw *dat* beharren

Adam's 'apple *n* Adamsapfel *m*

adapt [əˈdæpt] **I.** *vt* ❶ (*modify*) anpassen (**to** an +*akk*); *machine* umstellen ❷ (*rewrite*) bearbeiten **II.** *vi* ■ **to ~** [**to sth**] sich [einer S. *dat*] anpassen

adaptable [əˈdæp·tə·bəl] *adj* anpassungsfähig; *machine* vielseitig

adaptation [ˌæd·æp·ˈteɪ·ʃən] *n* ❶ (*adapting*) Anpassung *f* (**to** an +*akk*) ❷ (*modification*) Umbau *m* (**to** +*gen*); *of machine* Umstellung *f* (**to** auf +*akk*) ❸ (*composition*) Bearbeitung *f*

adapter, adaptor [əˈdæp·tər] *n* ELEC Adapter *m*

add [æd] **I.** *vt* ❶ hinzufügen ❷ MATH ■ **to ~** [**together**] addieren; ■ **to ~ sth to sth** etw zu etw *dat* [dazu]zählen **II.** *vi* addieren

♦ **add up I.** *vi* (*fam: make sense*) **it doesn't ~ up** es macht keinen Sinn ❷ (*total*) ■ **to ~ up to sth** *bill* sich auf etw *akk* belaufen ❸ (*accumulate*) *debt* sich anhäufen **II.** *vt* addieren

addendum <*pl* -**da**> [əˈden·dəm] *n* ❶ (*addition*) Nachtrag *m* ❷ (*in book*) ■ **addenda** *pl* Addenda *pl*

adder [ˈæd·ər] *n* Otter *f*

addict [ˈæd·ɪkt] *n* Süchtige(r) *f(m)*; **drug ~** Drogenabhängige(r) *f(m)*

addicted [əˈdɪk·tɪd] *adj* süchtig (**to** nach +*dat*)

addiction [əˈdɪk·ʃən] *n* Sucht *f* (**to** nach +*dat*)

addictive [əˈdɪk·tɪv] *adj* süchtig; **~ substance** Suchtmittel *nt*

addition [əˈdɪʃ·ən] *n* ❶ MATH Addition *f*

② *(attaching)* Hinzufügen *nt* (**to** an +*akk*) **③** *(extra)* Ergänzung *f* **④** ■**in** ~ außerdem; ■**in** ~ **to** zusätzlich zu +*dat*

additional [ə·'dɪʃ·ən·əl] *adj* zusätzlich; ~ **charge** Aufpreis *m*, Zuschlag *m*

additionally [ə·'dɪʃ·ən·əl·i] *adv* außerdem

additive ['æd·ɪ·ţɪv] *n* Zusatz *m*

address ['æd·res] **I.** *n* <*pl* -es> **①** a. COMPUT Adresse *f* **②** *(speech)* Rede *f* (**to** an +*akk*) **II.** *vt* **①** *(write address)* adressieren (**to** an +*akk*) **②** *(direct)* remark richten (**to** an +*akk*) **③** *(speak to)* anreden

addressee [,æd·re·'si] *n* Empfänger(in) *m(f);* ~ **unknown** Empfänger unbekannt

adept [ə·'dept] *adj* geschickt (**at** in +*dat*)

adequacy ['æd·ɪ·kwə·si] *n* **①** *(sufficiency)* Angemessenheit *f* **②** *(suitability)* Tauglichkeit *f*

adequate ['æd·ɪ·kwət] *adj* **①** *(sufficient)* ausreichend **②** *(barely sufficient)* zulänglich

adhere [æd·'hɪr] *vi* **①** *(stick)* kleben (**to** an +*akk*) **②** *(follow)* rules sich halten (**to** an +*akk*)

adherence [æd·'hɪr·əns] *n* Festhalten *nt* (**to** an +*dat*); *of rule* Befolgung *f* (**to** +*gen*)

adherent [æd·'hɪr·ənt] *n* Anhänger(in) *m(f)*

adhesive [æd·'hi·sɪv] **I.** *adj* haftend **II.** *n* Klebstoff *m*

ad hoc [æd·'hak] *adv* ad hoc

adjacent [ə·'dʒeɪ·sənt] *adj* angrenzend; **her room was** ~ **to mine** ihr Zimmer lag neben meinem

adjectival [,æd·dʒ·ɪk·'taɪ·vəl] *adj* adjektivisch; ~ **ending** Adjektivendung *f*

adjective ['æd·dʒ·ɪk·tɪv] *n* Adjektiv *nt*, Eigenschaftswort *nt*

adjoining [ə·'dʒɔɪ·nɪŋ] *adj* angrenzend

adjourn [ə·'dʒɜrn] **I.** *vt* *(interrupt)* unterbrechen; *(suspend)* LAW vertagen **II.** *vi* *(stop temporarily)* eine Pause einlegen

adjudicate [ə·'dʒu·dɪ·keɪt] *vi, vt* ■**to** ~ [**on**] **sth** über etw *akk* entscheiden; LAW über etw *akk* ein Urteil fällen

adjust [ə·'dʒʌst] **I.** *vt* **①** *(set)* [richtig] einstellen; *lever* verstellen **②** *clothing* in Ordnung bringen **II.** *vi* *(adapt)* ■**to** ~ **to sth** sich an etw *akk* anpassen; *(feel comfortable with)* sich an etw *akk* gewöhnen

adjustable [ə·'dʒʌst·ə·bəl] *adj* verstellbar

adjustment [ə·'dʒʌst·mənt] *n* **①** *(mental)* Anpassung *f*; **to make an** ~ **to sth** sich auf etw *akk* umstellen **②** *(mechanical)* Einstellung *f*

ad-lib <-bb-> [,æd·'lɪb] *vi, vt* improvisieren

admin ['æd·mɪn] *n* *(fam)* short for **administration**

administer [æd·'mɪn·ɪ·stər] *vt* **①** *(manage)* verwalten **②** *(dispense)* geben; *(issue)* ausgeben; **to** ~ **first aid** [**to sb**] [bei jdm] erste Hilfe leisten

administration [æd·,mɪn·ɪ·'streɪ·ʃən] *n* **①** Verwaltung *f* **②** *(term in office)* Amtszeit *f* **③** *(government)* Regierung *f*

administrative [æd·'mɪn·ɪ·streɪ·tɪv] *adj* administrativ, Verwaltungs·

administrator [æd·'mɪn·ɪ·streɪ·ţər] *n* **①** *(person in charge)* Leiter(in) *m(f)* **②** *(clerk)* Verwaltungsbeamte(r) *m/*-beamtin *f*

admirable ['æd·mər·ə·bəl] *adj* bewundernswert; *job* hervorragend

admiral ['æd·mər·əl] *n* Admiral(in) *m(f)*

admiration [,æd·mə·'reɪ·ʃən] *n* **①** *(respect)* Hochachtung *f* (**for** vor +*dat*) **②** *(wonderment)* Bewunderung *f*

admire [əd·'maɪr] *vt* bewundern

admirer [əd·'maɪr·ər] *n* **①** *(with romantic interest)* Verehrer(in) *m(f)* **②** *(supporter)* Anhänger(in) *m(f)*

admissible [æd·'mɪs·ə·bəl] *adj* zulässig

admission [æd·'mɪʃ·ən] *n* **①** *(entering)* Eintritt *m;* *(acceptance)* Zutritt *m;* *(into university)* Zulassung *f; (into a hospital)* Einlieferung *f* **②** *(entrance fee)* Eintritt[spreis] *m* **③** *(acknowledgment)* Eingeständnis *nt*

admit <-tt-> [æd·'mɪt] **I.** *vt* **①** *(acknowledge)* zugeben; *defeat* eingestehen **②** *(allow entrance)* hereinlassen/hineinlassen; ■**to** ~ **sb to the hospital** jdn ins Krankenhaus einliefern **II.** *vi* ■**to** ~ **to sth** etw zugeben

admittance [æd·'mɪt·əns] *n* *(entrance)* Zutritt *m; to club* Aufnahme *f;* "**no** ~" „Betreten verboten"

admittedly [æd·'mɪţ·ɪd·li] *adv* zugegebenermaßen

ado [ə·'du] *n* großer Aufwand; **without further** ~ ohne weitere Umstände

adolescence [,æd·əl·'es·əns] *n* Jugend[zeit] *f*

adolescent [,æd·əl·'es·ənt] **I.** *adj* **①** *(of teenagers)* heranwachsend, jugendlich **②** *(pej: immature)* pubertär **II.** *n* Jugendliche(r) *f(m)*

adopt [ə·'dapt] *vt* **①** *(raise)* adoptieren **②** *(sponsor)* die Patenschaft übernehmen **③** *(put into practice)* annehmen; *pose* einnehmen; *strategy* verfolgen

adoption [ə·'dap·ʃən] *n* **①** Adoption *f;* **to give up one's child to** ~ sein Kind zur Adoption freigeben **②** *(taking on)* Annahme *f; of a technology* Übernahme *f; of a method* Aneignung *f*

adorable [ə·'dɔr·ə·bəl] *adj* entzückend

adoration [,æd·ə·'reɪ·ʃən] *n* Verehrung *f*

adore [ə·'dɔr] *vt* **①** *(love)* über alles lieben; *(admire)* aufrichtig bewundern **②** *(like very much)* ■**to** ~ **sb** für jdn schwärmen; **to** ~ **sth** etw wunderbar finden

adoring [ə·'dɔr·ɪŋ] *adj* *(loving)* liebend; *(devoted)* hingebungsvoll

adorn [ə·'dɔrn] *vt* schmücken

adornment [ə·'dɔrn·mənt] *n* **①** *(ornament)* Schmuck *m* **②** *(act)* Verschönerung *f*

adrenalin(e) [ə·'dren·ə·lɪn] *n* Adrenalin *nt*

adrift [ə·'drɪft] **I.** *adv* **to cut** ~ losmachen **II.** *adj* **to be** ~ treiben

adroit [ə·'drɔɪt] *adj* geschickt

adulation [,æd·ʒ·ə·'leɪ·ʃən] *n* *(admiration)* Vergötterung *f; (flattery)* Schmeichelei *f*

adult [ə·'dʌlt] **I.** *n* **①** *(grownup)* Erwachsene(r) *f(m);* ■**to be an** ~ erwachsen sein **②** *(animal)* ausgewachsenes Tier **II.** *adj*

❶ (*grown-up*) erwachsen; *animal* ausgewachsen; *behavior* reif ❷ (*sexually explicit*) [nur] für Erwachsene

adult edu'cation *n* Erwachsenenbildung *f*

adulterate [ə·'dʌl·tə·reɪt] *vt* verfälschen; *wine* panschen

adultery [ə·'dʌl·tə·ri] *n* Ehebruch *m*

adulthood [ə·'dʌlt·hʊd] *n* (*state*) Erwachsensein *nt;* (*period*) Erwachsenenalter *nt*

advance [əd·'væns] I. *vi* ❶ (*make progress*) Fortschritte machen ❷ (*move forward*) sich vorwärtsbewegen; MIL vorrücken II. *vt* ❶ (*develop*) voranbringen; *career* vorantreiben ❷ (*make earlier*) vorverlegen; *money* vorschießen III. *n* ❶ (*forward movement*) Vorrücken *nt* ❷ (*progress*) Fortschritt *m* ❸ (*ahead of time*) im Voraus; **thank you in ~** vielen Dank im Voraus ❹ (*payment*) Vorschuss *m* (**on** auf + *akk*) IV. *adj* vorherig

advanced [əd·'vænst] *adj* ❶ (*in skills*) fortgeschritten; **~ mathematics** höhere Mathematik ❷ (*in development*) fortschrittlich ❸ (*in time*) fortgeschritten; *age* vorgerückt

advancement [əd·'væns·mənt] *n* ❶ (*improvement*) Verbesserung *f;* (*furtherance*) Förderung *f* ❷ (*in career*) Aufstieg *m*

advance 'notice *n* Vorankündigung *f*

advantage [əd·'væn·tɪdʒ] *n* Vorteil *m;* **to take ~ of sb** (*pej*) jdn ausnutzen; **to take ~ of sth** (*approv*) etw nutzen

advantageous [ˌæd·væn·'teɪ·dʒəs] *adj* günstig

advent ['æd·vənt] *n* REL ∎**A~** Advent *m*

adventure [əd·'ven·tʃər] *n* Abenteuer *nt;* **to have an ~** ein Abenteuer erleben

adventurer [əd·'ven·tʃər·ər] *n* Abenteurer(in) *m(f)*

adventurous [əd·'ven·tʃər·əs] *adj* ❶ (*filled with adventures*) abenteuerlich ❷ (*daring*) abenteuerlustig

adverb ['æd·vɜrb] *n* Adverb *nt*

adverbial [æd·'vɜr·bi·əl] *adj* adverbial

adversary ['æd·vər·ser·i] *n* Gegner(in) *m(f)*

adverse [æd·'vɜrs] *adj* ungünstig; *criticism, effect* negativ; *conditions* widrig

adversity [æd·'vɜr·sɪ·ti] *n* Not *f*

advertise ['æd·vər·taɪz] I. *vt* ❶ Werbung machen für + *akk;* (*in a newspaper*) inserieren; (*on a bulletin board*) in einem Aushang anbieten ❷ (*announce*) ankündigen II. *vi* ❶ (*publicize*) werben ❷ (*in a newspaper*) inserieren; (*on a bulletin board*) einen Aushang machen; ∎**to ~ for sb/sth** jdn/etw per Inserat suchen

advertisement [ˌæd·vər·'taɪz·mənt] *n* Werbung *f;* (*in a newspaper*) Anzeige *f;* (*on a bulletin board*) Aushang *m;* **TV ~** Werbespot *m;* (*fig*) Reklame *f*

advertiser ['æd·vər·taɪ·zər] *n* Werbungtreibende(r) *f(m);* (*in a newspaper*) Inserent(in) *m(f)*

advertising ['æd·vər·ˌtaɪ·zɪŋ] *n* Werbung *f*

'advertising agency *n* Werbeagentur *f*

'advertising campaign *n* Werbekampagne *f*

advice [æd·'vaɪs] *n* (*recommendation*) Rat *m;*

some ~ ein Rat[schlag] *m;* **to seek legal ~** sich juristisch beraten lassen; **to take sb's ~** jds Rat[schlag] *m* befolgen

advisable [æd·'vaɪ·zə·bəl] *adj* ratsam

advise [æd·'vaɪz] I. *vt* beraten; ∎**to ~ sb against sth** jdm von etw *dat* abraten; ∎**to ~ sb to do sth** jdm [dazu] raten, etw zu tun II. *vi* raten; ∎**to ~ against sth** von etw *dat* abraten; ∎**to ~ on sth** bei etw *dat* beraten

adviser, advisor [əd·'vaɪ·zər] *n* Berater(in) *m(f)*

advisory [əd·'vaɪ·zə·ri] *adj* beratend; **~ committee** Beratungsausschuss *m*

advocate I. *vt* ['æd·və·keɪt] befürworten II. *n* ['æd·və·kət] ❶ Befürworter(in) *m(f)* ❷ LAW [Rechts]anwalt *m,* [Rechts]anwältin *f*

aerate ['er·eɪt] *vt* durchlüften; *soil* auflockern; *liquid* mit Kohlensäure versetzen

aerial ['er·i·əl] I. *adj* Luft- II. *n* Antenne *f*

aerobatics [ˌer·ə·'bæt̬·ɪks] *npl* ❶ (*maneuvers*) Flugkunststücke *pl* ❷ + *sing vb* (*stunt flying*) Kunstflug *m*

aerobics [ə·'roʊ·bɪks] *n* (*exercise*) Aerobic *nt*

aerodynamic [ˌer·oʊ·daɪ·'næm·ɪk] *adj* aerodynamisch

aerodynamics [ˌer·oʊ·daɪ·'næm·ɪks] *n* Aerodynamik *f*

aeronautic ['er·ə·nɔ·t̬ik] *adj* aeronautisch

aeronautics [ˌer·ə·'nɔ·t̬ɪks] *n* + *sing vb* Luftfahrt[technik] *f*

aerosol ['er·ə·sɔl] *n* ❶ (*mixture*) Aerosol *nt* ❷ (*spray container*) Spraydose *f*

aesthetic [es·'θet̬·ɪk] *adj* ästhetisch

aesthetics [es·'θet̬·ɪks] *n* Ästhetik *f*

afar [ə·'far] *adv* **from ~** aus der Ferne

affable ['æf·ə·bəl] *adj* freundlich

affair [ə·'fer] *n* ❶ (*matter, event*) Angelegenheit *f;* **the state of ~s** der Stand der Dinge; **to handle sb's ~s** jds Geschäfte *pl* besorgen ❷ (*controversial situation, relationship*) Affäre *f*

affect [ə·'fekt] *vt* ❶ (*have effect on*) ∎**to ~ sb/sth** sich auf jdn/etw auswirken; (*negatively*) **to ~ one's health** seiner Gesundheit schaden; (*concern*) jdn/etw betreffen ❷ (*move*) ∎**to be ~ed by sth** von etw *dat* bewegt sein

affectation [ˌæf·ek·'teɪ·ʃən] *n* Affektiertheit *f*

affected [ə·'fek·tɪd] *adj* ❶ (*insincere*) affektiert ❷ (*influenced*) betroffen

affection [ə·'fek·ʃən] *n* Zuneigung *f* (**for** zu + *dat*)

affectionate [ə·'fek·ʃə·nɪt] *adj* liebevoll

affiliate [ə·'fɪl·i·eɪt] I. *vt* ∎**to be ~d with sth** mit etw *dat* assoziiert sein; (*in subordinate position*) etw *dat* angeschlossen sein II. *n* Konzernunternehmen *nt*

affiliation [ə·ˌfɪl·i·'eɪ·ʃən] *n* Angliederung *f;* **political ~s** politische Zugehörigkeit *f*

affinity [ə·'fɪn·ɪ·t̬i] *n* ❶ (*solidarity*) Verbundenheit *f;* **to feel an ~ for sb** sich jdm verbunden fühlen ❷ (*similarity*) Gemeinsamkeit *f*

affirm [ə·'fɜrm] *vt* beteuern

affirmation [ˌæf·ər·'meɪ·ʃən] *n* ❶ (*positive*

assertion) Bekräftigung *f* ❷ (*declaration*) Beteuerung *f*

affirmative [ə·'fɜr·mə·t̬ɪv] **I.** *adj* zustimmend; *answer* positiv **II.** *n* Bejahung *f;* **to answer in the** ~ mit Ja antworten **III.** *interj* ~! jawohl!

affix [ə·'fɪks] *vt* (*attach*) befestigen (**to** an +*dat*); (*stick on*) ankleben (**to** an +*akk*); (*clip on*) anheften (**to** an +*akk*)

afflict [ə·'flɪkt] *vt* plagen; **he is ~ed with severe rheumatism** er leidet an schwerem Rheumatismus

affliction [ə·'flɪk·ʃən] *n* ❶ (*illness*) Leiden *nt* ❷ (*distress*) Kummer *m*

affluence ['æf·lʊ·əns] *n* Wohlstand *m*

affluent ['æf·lʊ·ənt] *adj* reich; ~ **society** Wohlstandsgesellschaft *f*

afford [ə·'fɔrd] *vt* (*have money, time for*) sich *dat* leisten; **you can't ~ to miss this opportunity** diese Gelegenheit darfst du dir nicht entgehen lassen

affordable [ə·'fɔr·də·bəl] *adj* erschwinglich

affront [ə·'frʌnt] **I.** *n* Beleidigung *f* **II.** *vt* beleidigen

Afghan ['æf·gæn] **I.** *n* ❶ (*person*) Afghane *m*, Afghanin *f* ❷ (*dog*) Afghane *m* **II.** *adj* afghanisch

Afghanistan [æf·'gæn·ɪ·stæn] *n* Afghanistan *nt*

afield [ə·'fild] *adv* entfernt

afloat [ə·'floʊt] *adj* (*a. fig*) über Wasser; ■**to be ~** schwimmen

afoot [ə·'fʊt] **I.** *adj* im Gange **II.** *adv* zu Fuß

aforementioned [ə·ˌfɔr·'men·ʃənd], **aforesaid** [ə·'fɔr·sed] *adj* (*form*) oben erwähnt

afraid [ə·'freɪd] *adj* ❶ (*frightened*) verängstigt; **to** [not] **be ~** [of sb/sth] [keine] Angst haben [vor jdm/etw]; **to be ~ that ...** befürchten, dass ... ❷ (*expressing regret*) **I'm ~ not/so** leider nicht/ja

afresh [ə·'freʃ] *adv* [noch einmal] von vorn

Africa ['æf·rɪ·kə] *n* Afrika *nt*

African ['æf·rɪ·kən] **I.** *n* Afrikaner(in) *m(f)* **II.** *adj* afrikanisch

African American [ˌæf·rɪ·kən·ə·'mer·ɪ·kən] *n* Afroamerikaner(in) *m(f)*

Afrikaans [ˌæf·rɪ·'kans] *n* Afrikaans *nt*

Afro-American [ˌæf·roʊ·ə·'mer·ɪ·kən] **I.** *n* Afroamerikaner(in) *m(f)* **II.** *adj* afroamerikanisch

after ['æf·tər] **I.** *prep* ❶ (*later time*) nach +*dat;* ~ **lunch** nach dem Mittagessen; [a] **quarter ~ six** [um] Viertel nach Sechs ❷ (*in pursuit of*) ■**to be ~ sb/sth** hinter jdm/etw her sein ❸ (*following*) nach +*dat* ❹ (*behind*) **he shut the door ~ them** er machte die Tür hinter ihnen zu ❺ ~ **all** schließlich; (*in spite of*) trotz +*gen;* **he couldn't come ~ all** er konnte doch nicht kommen; **she promised it, ~ all** sie hat es immerhin versprochen **II.** *adv* danach; **shortly ~** kurz darauf

'**aftereffect** *n* Nachwirkung *f*

'**afterlife** *n* Leben *nt* nach dem Tod

'**aftermath** [-mæθ] *n* Folgen *pl;* ■**in the ~ of**

infolge +*gen*

afternoon [ˌæf·tər·'nun] *n* Nachmittag *m;* **good ~!** guten Tag!; **early/late ~** am frühen/späten Nachmittag; **this ~** heute Nachmittag; **in the ~** am Nachmittag, nachmittags; **on the ~ of May 23rd** am Nachmittag des 23. Mai; **on Wednesday ~** [*am*] Mittwochnachmittag

'**aftershave** *n* Aftershave *nt*

'**aftershock** *n usu pl* GEOL Nachbeben *nt*

'**aftertaste** *n* Nachgeschmack *m*

'**afterthought** *n* **as an ~** im Nachhinein; **sth was added as an ~** etw kam erst später hinzu

afterward, **afterwards** ['æf·tər·wərdz] *adv* (*later*) später; (*after something*) danach; **shortly ~** kurz danach

again [ə·'gen] *adv* ❶ (*as a repetition*) wieder; (*one more time*) noch einmal; ~ **and ~** immer wieder; **what's her name ~?** wie ist noch mal ihr Name? ❷ (*anew*) noch einmal

against [ə·'genst] **I.** *prep* gegen +*akk*; ~ **one's better judgment** wider besseres Wissen; **the dollar rose ~ the euro** der Dollar stieg gegenüber dem Euro **II.** *adv* gegen; **only 14 voted ~** es gab nur 14 Gegenstimmen

age [eɪdʒ] **I.** *n* ❶ (*length of existence*) Alter *nt;* **he's about your ~** er ist ungefähr so alt wie du; **to be 45 years of ~** 45 [Jahre alt] sein; **sb looks their ~** man sieht jdm sein Alter an; **at the ~ of 80** mit achtzig [Jahren]; **at your ~** in deinem Alter; **to come of ~** volljährig werden ❷ (*era*) Zeitalter *nt;* **in this day and ~** heutzutage ❸ (*long time*) ■**an ~** eine Ewigkeit, Ewigkeiten; **the meeting took ~s** die Besprechung dauerte ewig [lang] **II.** *vi* ❶ altern ❷ FOOD reifen **III.** *vt* ❶ FOOD reifen lassen; *wine* ablagern lassen ❷ (*make look older*) älter machen; *strain, suffering* altern lassen

'**age bracket** *n* Altersgruppe *f*

aged[1] [eɪdʒd] *adj* (*old*) alt **II.** *n* ■**the ~** *pl* die alten Menschen *pl*

age group *n* Altersgruppe *f*

ageless ['eɪdʒ·lɪs] *adj* zeitlos

'**age limit** *n* Altersgrenze *f*

agency ['eɪ·dʒən·si] *n* ❶ (*private business*) Agentur *f* ❷ (*of government*) Behörde *f*

agenda [ə·'dʒen·də] *n* ❶ (*for a meeting*) Tagesordnung *f* ❷ (*for action*) Programm *nt;* **to have a hidden ~** geheime Pläne haben

agent ['eɪ·dʒənt] *n* ❶ (*representative*) [Stell]vertreter(in) *m(f);* (*for artists, athletes*) Agent(in) *m(f)* ❷ (*of a secret service*) Agent(in) *m(f)*

aggravate ['æg·rə·veɪt] *vt* ❶ (*worsen*) verschlechtern ❷ (*fam: annoy*) auf die Nerven gehen

aggravating ['æg·rə·veɪ·t̬ɪŋ] *adj* (*fam: annoying*) ärgerlich

aggravation [ˌæg·rə·'veɪ·ʃən] *n* ❶ (*worsening*) Verschlimmerung *f* ❷ (*fam: annoyance*) Ärger *m*

aggregate ['æg·rɪ·gɪt] **I.** *n* Gesamtmenge *f*

II. *adj* Gesamt-
aggression [ə·'greʃ·ən] *n* Aggression *f;* **act of** ~ Angriffshandlung *f*
aggressive [ə·'gres·ɪv] *adj* aggressiv; *salesman* aufdringlich
aggressor [ə·'gres·ər] *n* Angreifer(in) *m(f)*
aggrieved [ə·'grivd] *adj* gekränkt (**at** wegen +*akk*)
aghast [ə·'gæst] *adj* entsetzt (**at** über +*akk*)
agile ['ædʒ·əl] *adj* geschickt; *fingers* flink; *mind* rege
agility [ə·'dʒɪl·ɪ·ti] *n* Flinkheit *f*
aging ['eɪ·dʒɪŋ] *adj person* alternd; *machinery* veraltend
agitate ['ædʒ·ɪ·teɪt] *vt* ❶ (*make nervous*) aufregen; ■**to get** ~**d** sich aufregen ❷ (*shake*) schütteln; (*stir*) [um]rühren
agitation [ˌædʒ·ɪ·'teɪ·ʃən] *n* ❶ (*nervousness*) Aufregung *f* ❷ (*of a liquid*) [Auf]rühren *nt*
agitator ['ædʒ·ɪ·teɪ·ţər] *n* (*person*) Agitator(in) *m(f)*
agnostic [æg·'nas·tɪk] I. *n* Agnostiker(in) *m(f)* II. *adj* agnostisch
ago [ə·'goʊ] *adv* **a year** ~ vor einem Jahr; [**not**] **long** ~ vor [nicht] langer Zeit; **how long** ~ **was that?** wie lange ist das her?
agonize ['æg·ə·naɪz] *vi* ■**to** ~ **about** [*or* **over**] **sth** sich über etw *akk* den Kopf zermartern
agonizing ['æg·ə·naɪ·zɪŋ] *adj* qualvoll; *pain* unerträglich
agony ['æg·ə·ni] *n* Todesqualen *pl;* ■**to be in** ~ große Schmerzen leiden
agree [ə·'gri] I. *vi* ❶ (*have same opinion*) zustimmen; **to** ~ **to sth** mit etw *dat* einverstanden sein; **to be unable to** ~ sich nicht einigen können; ■**to** ~ **with sb** mit jdm einer Meinung sein; ■**to** ~ **on sth** über etw *akk* einer Meinung sein; *date* vereinbaren ❷ (*consent to*) zustimmen; ~**d!** einverstanden!; **let's** ~ **to disagree** [*or* **differ**] ich fürchte, wir können uns nicht einigen ❸ ■**to** ~ **with sb** *food* jdm [gut] bekommen II. *vt* ■**to** ~ **that ...** sich darauf einigen, dass ...
agreeable [ə·'gri·ə·bəl] *adj* ❶ (*pleasant*) angenehm; *weather* freundlich ❷ (*acceptable*) ■**to be** ~ **to sb** für jdn akzeptabel sein
agreement [ə·'gri·mənt] *n* ❶ (*same opinion*) Übereinstimmung *f;* **to reach an** ~ zu einer Einigung kommen; ■**to be in** ~ **with sb** mit jdm übereinstimmen ❷ (*approval*) Zustimmung *f* ❸ (*contract*) Vertrag *m*
agricultural [ˌæg·rɪ·'kʌl·tʃər·əl] *adj* landwirtschaftlich; ~ **land** Agrarland *nt*
agriculture ['æg·rɪ·kʌl·tʃər] *n* Landwirtschaft *f*
aground [ə·'graʊnd] I. *adv* **to run** ~ auf Grund laufen II. *adj after n* auf Grund gelaufen
ah [a] *interj* (*in realization*) ach so; (*in happiness*) ah; (*in sympathy*) oh; (*in pain*) au[tsch]
aha [a·'ha] *interj* (*in understanding*) aha; (*in glee*) haha
ahead [ə·'hed] *adv* ❶ (*in front*) vorn; **the road** ~ die Straße vor uns; **full speed** ~ volle Kraft voraus; **to go** ~ *project* vorangehen

❷ (*more advanced*) **to be way** ~ **of sb** jdm um einiges voraus sein ❸ (*in the future*) **he has a lonely year** ~ es liegt ein einsames Jahr vor ihm; **to look** ~ nach vorne sehen
AI [ˌeɪ·'aɪ] *n* ❶ COMPUT *abbrev of* **artificial intelligence** künstliche Intelligenz ❷ SCI *abbrev of* **artificial insemination** künstliche Befruchtung
aid [eɪd] I. *n* ❶ (*assistance*) Hilfe *f;* **to come to sb's** ~ jdm zu Hilfe kommen ❷ (*helpful tool*) [Hilfs]mittel *nt;* **hearing** ~ Hörgerät *nt* II. *vt* helfen +*dat* ▸ PHRASES: **to** ~ **and abet** LAW begünstigen
aide [eɪd] *n* ❶ (*advisor*) Berater(in) *m(f)* ❷ (*assistant*) Hilfskraft *f* (*im Unterricht*)
AIDS [eɪdz] *n abbrev of* **acquired immune deficiency syndrome** Aids *nt*
ailment ['eɪl·mənt] *n* Leiden *nt*
aim [eɪm] I. *vi* ❶ (*point*) zielen (**at** auf +*akk*) ❷ (*try to achieve*) ■**to** ~ **at** [*or* **for**] **sth** etw zum Ziel haben; **to** ~ **for next week** nächste Woche anpeilen; **to** ~ **to please** bezüglich wollen ▸ PHRASES: **to** ~ **high** hoch hinaus wollen II. *vt* ❶ (*point*) ■**to** ~ **sth at sb/sth** mit etw *dat* auf jdn/etw zielen; **to** ~ **a camera at sb/sth** eine Kamera auf jdn/etw richten; **to** ~ **a punch at sb** nach jdm schlagen ❷ (*direct at*) *remark* richten (**at** an +*akk*) III. *n* ❶ (*skill*) Zielen *nt;* **to take** ~ [**at sb/sth**] [auf jdn/etw] zielen ❷ (*goal*) Ziel *nt;* ■**with the** ~ **of doing sth** in der Absicht, etw zu tun
aimless ['eɪm·lɪs] *adj* ziellos
ain't [eɪnt] (*sl*) ❶ = **am not, is not, are not** *see* **be** ❷ = **has not, have not** *see* **have**
air [er] I. *n* ❶ Luft *f;* **by** ~ mit dem Flugzeug; **to be** [**up**] **in the** ~ (*fig*) in der Schwebe sein ❷ TV, RADIO Äther *m;* **on/off the** ~ auf Sendung/nicht mehr auf Sendung sein ❸ (*facial expression*) Miene *f;* (*manner*) Auftreten *nt;* **she has an** ~ **of confidence** [**about her**] sie strahlt eine gewisse Selbstsicherheit aus II. *vt* ❶ (*ventilate*) lüften; *clothes* auslüften [lassen] ❷ (*express*) *feelings, thoughts* äußern ❸ (*broadcast*) senden III. *vi* ❶ TV, RADIO gesendet werden ❷ (*ventilate*) auslüften
'**air bag** *n* Airbag *m*
'**airbase** *n* Luftwaffenstützpunkt *m*
'**airborne** *adj* ❶ (*transported by air*) in der Luft befindlich; *disease* durch die Luft übertragen; ~ **troops** Luftlandetruppen *pl* ❷ (*flying*) ■**to be** ~ in der Luft sein
'**air brake** *n* AUTO Druckluftbremse *f;* AVIAT Luftbremse *f*
'**air bubble** *n* Luftblase *f*
'**air-conditioned** *adj* klimatisiert
'**air conditioner** *n* Klimaanlage *f*
'**air conditioning** *n* ❶ (*process*) Klimatisierung *f* ❷ (*device*) Klimaanlage *f*
'**air-cooled** *adj* luftgekühlt
'**aircraft** <*pl* -> *n* Luftfahrzeug *nt;* **commercial** ~ Verkehrsflugzeug *nt*
'**aircraft carrier** *n* Flugzeugträger *m*
'**aircraft industry** *n* Flugzeugindustrie *f*

'aircrew *n* Crew *f*, Flugpersonal *nt*
'air cushion *n* Luftkissen *nt*
'airfield *n* Flugplatz *m*
'air filter *n* Luftfilter *m*
'air force *n* Luftwaffe *f*
'air freight *n* Luftfracht *f*
'air hole *n* Luftloch *nt*
airless ['er·lɪs] *adj* stickig
'airlift I. *n* Luftbrücke *f* II. *vt sth in* über eine Luftbrücke befördern; *sb out* per Flugzeug evakuieren
'airline *n* Fluggesellschaft *f*
'airliner *n* Verkehrsflugzeug *nt*
'airmail I. *n* Luftpost *f* II. *vt* per Luftpost schicken
'airman *n* MIL Flieger *m*
airplane ['er·pleɪn] *n* Flugzeug *nt*
'airport *n* Flughafen *m;* ~ **tax** Flughafengebühr *f*
'air raid *n* Luftangriff *m*
'airsick *adj* luftkrank
'airspace *n* Luftraum *m*
'airstrip *n* Start- und Landebahn *f*
'airtight *adj* luftdicht; (*fig*) hieb- und stichfest
'air traffic *n* Flugverkehr *m;* **high volume of** ~ hohes Flugaufkommen
air traffic con'trol *n* ❶ (*job*) Flugsicherung *f* ❷ (*facility*) Flugleitung *f*
air traffic con'troller *n* Fluglotse *m*, Fluglotsin *f*
'airway *n* ❶ ANAT Luftröhre *f* ❷ *see* **airline**
airy ['er·i] *adj* ❶ ARCHIT luftig ❷ (*lacking substance*) leichtfertig
aisle [aɪl] *n* Gang *m; of church* Seitenschiff *nt*
  ▶ PHRASES: **to have sb** rolling **in the** ~ **s** jdn dazu bringen, sich vor Lachen zu kugeln
ajar [ə·'dʒar] *adj* einen Spalt offen
AK *abbrev of* **Alaska**
aka [ˌeɪ·keɪ·'eɪ] *abbrev of* **also known as** alias
akin [ə·'kɪn] *adj* ■ ~ **to sth** etw *dat* ähnlich sein
AL, Ala. *abbrev of* **Alabama**
Alabama [ˌæl·ə·'bæm·ə] *n* Alabama *nt*
alarm [ə·'larm] I. *n* ❶ (*worry*) Angst *f;* **to give sb cause for** ~ jdn einen Grund zur Sorge geben ❷ (*signal*) Alarm *m* ❸ (*device*) Alarmanlage *f* II. *vt* ❶ (*worry*) beunruhigen; (*frighten*) erschrecken ❷ (*warn of danger*) alarmieren
'alarm clock *n* Wecker *m*
alarming [ə·'lar·mɪŋ] *adj* (*worrying*) beunruhigend; (*frightening*) erschreckend
alarmist [ə·'lar·mɪst] (*pej*) I. *adj* schwarzseherisch II. *n* Schwarzseher(in) *m(f)*
Alas. *abbrev of* **Alaska**
Alaska [ə·'læs·kə] *n* Alaska *nt*
Albania [æl·'beɪ·ni·ə] *n* Albanien *nt*
Albanian [æl·'beɪ·ni·ən] I. *n* ❶ (*person*) Albaner(in) *m(f)* ❷ (*language*) Albanisch *nt* II. *adj* albanisch
albatross <*pl* -es> ['æl·bə·trɔs] *n* Albatros *m*
albeit [ɔl·'bi·ɪt] *conj* wenn auch
albino [æl·'baɪ·noʊ] I. *adj* Albino- II. *n* Albino *m*
album ['æl·bəm] *n* Album *nt*

alcohol ['æl·kə·hɔl] *n* Alkohol *m*
alcohol-free [ˌæl·kə·hɔl·'fri] *adj* alkoholfrei
alcoholic [ˌæl·kə·'hɔ·lɪk] I. *n* Alkoholiker(in) *m(f)* II. *adj person* alkoholsüchtig; *drink* alkoholisch
alcoholism ['æl·kə·hɔ·lɪz·əm] *n* Alkoholismus *m*
alcove ['æl·koʊv] *n* (*niche*) Nische *f;* (*for sleeping*) Alkoven *m*
ale [eɪl] *n* Ale *nt*
alert [ə·'lɜrt] I. *adj* ❶ (*mentally*) aufgeweckt ❷ (*watchful*) wachsam; (*attentive*) aufmerksam; (*conscious*) bewusst II. *n* ❶ (*alarm*) Alarmsignal *nt* ❷ (*period of watchfulness*) Alarmbereitschaft *f;* **on full** ~ *army* in Gefechtsbereitschaft; ■ **to be on the** ~ [for sth] [vor etw] auf der Hut sein III. *vt* ■ **to** ~ **sb to** [*or of*] **sth** ❶ (*notify*) jdn auf etw *akk* aufmerksam machen ❷ (*warn*) jdn vor etw *dat* warnen
algae <*pl* -e> ['æl·gə] *n usu pl* Alge *f*
algebra ['æl·dʒə·brə] *n* Algebra *f*
Algeria [æl·'dʒɪr·i·ə] *n* Algerien *nt*
Algerian [æl·'dʒɪr·i·ən] I. *n* Algerier(in) *m(f)* II. *adj* algerisch
alias ['eɪ·li·əs] I. *n* Deckname *m* II. *adv* alias
alibi ['æl·ə·baɪ] *n* Alibi *nt*
alien ['eɪ·li·ən] I. *adj* ❶ (*foreign*) ausländisch ❷ (*strange*) fremd II. *n* ❶ (*foreigner*) Ausländer(in) *m(f)* ❷ (*from space*) Außerirdische(r) *f(m)*
alienate ['eɪ·li·ə·neɪt] *vt* befremden
alienation [ˌeɪ·li·ə·'neɪ·ʃən] *n* Entfremdung *f*
alight[1] [ə·'laɪt] *vi* ❶ (*from train, bus*) aussteigen (**from** aus +*dat*) ❷ *bird, butterfly* landen (**on** auf +*dat*); (*fig*) *eyes, glance* fallen (**on** auf +*akk*)
alight[2] [ə·'laɪt] *adj* (*on fire*) **to be** ~ brennen; **to set** ~ in Brand stecken
align [ə·'laɪn] *vt* ❶ (*move into line*) ■ **to** ~ **sth** [**with sth**] etw [auf etw *akk*] ausrichten ❷ (*move into position*) *wheels* die Spur einstellen ❸ (*fig: support*) ■ **to** ~ **oneself with sb/sth** sich hinter jdn/etw stellen
alignment [ə·'laɪn·mənt] *n* Ausrichten *nt;* **the wheels are in/out of** ~ die Spur ist richtig/falsch eingestellt
alike [ə·'laɪk] I. *adj* ❶ (*identical*) gleich ❷ (*similar*) ähnlich II. *adv* ❶ (*similarly*) gleich; **to look** ~ sich *dat* ähnlich sehen; **to think** ~ gleicher Ansicht sein ❷ (*both*) gleichermaßen
alimony ['æl·ɪ·moʊ·ni] *n* Unterhalt *m*
alive [ə·'laɪv] *adj* ❶ (*not dead*) lebendig, lebend; ■ **to be** ~ leben, am Leben sein; **to keep sb** ~ jdn am Leben erhalten; **to make sth come** ~ *story* etw lebendig werden lassen ❷ (*swarming*) **to be** ~ **with sth** von etw *dat* wimmeln
alkali <*pl* -s *or* -es> ['æl·kə·laɪ] *n* Alkali *nt*
alkaline ['æl·kə·laɪn] *adj* alkalisch
Allah ['æl·ə] *n* Allah *m*
all-'around *adj* Allround-; ~ **athlete** Allroundsportler(in) *m(f)*

allay ['ə·leɪ] *vt* beschwichtigen; *suspicions* zerstreuen

all 'clear *n* Entwarnung *f;* **to give the ~** Entwarnung geben

allegation [ˌæl·ɪ·'geɪ·ʃən] *n* Behauptung *f;* **to make an ~ against sb** jdn beschuldigen

allege [ə·'ledʒ] *vt* behaupten

alleged [ə·'ledʒd] *adj* angeblich

allegedly [ə·'ledʒ·ɪd·li] *adv* angeblich

allegiance [ə·'li·dʒəns] *n* Loyalität *f;* **to pledge ~ to sb** jdm Treue schwören

allegorical [ˌæl·ɪ·'gɔr·ɪk·əl] *adj* allegorisch

allegory ['æl·ɪ·gɔr·i] *n* Allegorie *f*

allergen ['æl·ər·dʒən] *n* Allergen *nt*

allergenic [æl·ər·'dʒen·ɪk] *adj* allergen

allergic [ə·'lɜr·dʒɪk] *adj* allergisch (**to** gegen +*akk*)

allergy ['æl·ər·dʒi] *n* Allergie *f* (**to** gegen +*akk*)

alleviate [ə·'li·vi·eɪt] *vt fears* abbauen; *pain* lindern; *stress* verringern

alley ['æl·i] *n (between buildings)* Gasse *f*

alliance [ə·'laɪ·əns] *n* Allianz *f;* **to form an ~** ein Bündnis schließen

allied ['æl·aɪd] *adj* ❶ *(united)* verbündet; MIL alliiert ❷ *(related)* verwandt

alligator ['æl·ɪ·geɪ·tər] *n* Alligator *m*

allocate ['æl·ə·keɪt] *vt* zuteilen; *funds* bereitstellen

allocation [æl·ə·'keɪ·ʃən] *n usu sing (assignment)* Zuteilung *f;* *(distribution)* Verteilung *f;* *of funds* Bereitstellung *f*

allot <-tt-> [ə·'lat] *vt* zuteilen; *time* vorsehen

all-'out *adj* umfassend; **~ attack** Großangriff *m*

allow [ə·'laʊ] *vt* ❶ *(permit)* erlauben; *access* gewähren; *goal* anerkennen; **~ me** erlauben Sie; ■**to ~ oneself sth** sich *dat* etw gönnen ❷ *(allocate)* einplanen
◆**allow for** *vt* berücksichtigen; *error, delay* einkalkulieren

allowable [ə·'laʊ·ə·bəl] *adj* zulässig

allowance [ə·'laʊ·əns] *n* ❶ *(permitted amount)* Zuteilung *f* ❷ *(pocket money)* Taschengeld *nt* ❸ **to make ~s for sth** etw berücksichtigen; **to make ~s for sb** mit jdm nachsichtig sein ❹ *(additional pay)* Zulage *f;* **cost of living ~** Teuerungszulage *f*

alloy ['æl·ɔɪ] *n* Legierung *f;* **~ wheels** Alu-Felgen *pl*

all-'purpose *adj* Allzweck-

all 'right I. *adj* ❶ *(OK)* in Ordnung; **that's ~** *(apologetically)* das macht nichts; *(you're welcome)* keine Ursache; **it was ~, nothing special** na ja, es war nichts Besonderes; **it'll be ~ to leave your car here** du kannst deinen Wagen ruhig hierlassen; ■**to be ~ with sb** jdm recht sein ❷ *(healthy)* gesund; *(safe)* gut II. *interj* ❶ *(in agreement)* o.k., in Ordnung ❷ *(approv fam)* bravo III. *adv* ❶ *(doubtless)* auf jeden Fall ❷ *(quite well)* ganz gut

all-'round *adj see* **all-around**

All 'Saints' Day *n* Allerheiligen *nt*

alluring [ə·'lʊr·ɪŋ] *adj (attractive)* anziehend;

(enticing) verführerisch

allusion [ə·'lu·ʒən] *n* Anspielung *f* (**to** auf +*akk*)

'all-weather *adj* Allwetter-

ally I. *n* ['æl·aɪ] Verbündete(r) *f(m);* HIST Alliierte(r) *m* II. *vt* <-ie-> [ə·'laɪ] ■**to ~ oneself with** sich verbünden mit +*dat*

almanac ['ɔl·mə·næk] *n* Almanach *m*

almighty [ɔl·'maɪ·t̮i] *adj* ❶ REL allmächtig ❷ *(fam: huge)* Riesen-

almond ['a·mənd] *n (nut)* Mandel *f;* *(tree)* Mandelbaum *m*

almost ['ɔl·moʊst] *adv* fast, beinahe; **we're ~ there** wir sind gleich da

alms [amz] *npl* Almosen *pl*

aloe vera [ˌal·oʊ·'ver·ə] *n* Aloe vera *f*

alone [ə·'loʊn] *adj, adv* allein; **am I ~ in thinking that ...** bin ich als Einzige der Meinung, dass ...; **to leave sb ~** jdn in Ruhe lassen ▶ PHRASES: **to go it ~** sich selbständig machen; *(act independently)* etw im Alleingang machen

along [ə·'lan] I. *prep* entlang; *before n* + *dat;* **the trees ~ the river** die Bäume entlang dem Fluss; *after n* + *akk;* **~ the way** unterwegs, auf dem Weg II. *adv* **you go ahead — I'll be ~ in a minute** geh du vor – ich komme gleich nach; ■**~ with** [zusammen] mit +*dat;* **to bring ~** mitbringen

alongside [ə·'laŋ·saɪd] I. *prep* neben +*dat;* NAUT längsseits +*gen* II. *adv* daneben; **the truck pulled up ~** der Laster fuhr heran

aloof [ə·'luf] I. *adj* zurückhaltend II. *adv* **to remain ~ [from sth]** sich [von etw *dat*] fernhalten

aloud [ə·'laʊd] *adv* laut

alphabet ['æl·fə·bet] *n* Alphabet *nt*

alphabetical [ˌæl·fə·'bet̮·ɪ·kəl] *adj* alphabetisch

alphabetize ['æl·fə·bɪ·taɪz] *vt* ■**to ~ sth** etw *akk* alphabetisch ordnen

alphanumeric [ˌæl·fə·nu·'mer·ɪk] *adj* alphanumerisch

alpine ['æl·paɪn] I. *adj* alpin II. *n* BOT [Hoch]gebirgspflanze *f*

Alps [ælps] *npl* ■**the ~** die Alpen

already [ɔl·'red·i] *adv* ❶ schon ❷ *(fam: indicating impatience)* endlich

alright ['ɔl·raɪt] *adj, adv, interj see* **all right**

Alsace ['æl·sæs] *n* Elsass *nt*

Alsatian [æl·'seɪ·ʃən] *adj* elsässisch

also ['ɔl·soʊ] *adv* ❶ *(too)* auch ❷ *(furthermore)* außerdem

altar ['ɔl·tər] *n* Altar *m*

'altar boy *n* Ministrant *m*

alter ['ɔl·tər] I. *vt* ändern; **that doesn't ~ the fact that ...** das ändert nichts an der Tatsache, dass ... II. *vi* sich ändern

alteration [ɔl·tər·'eɪ·ʃən] *n* Änderung *f*

alternate I. *vi* ['ɔl·tər·neɪt] abwechseln II. *vt* **he ~d working in the office with working at home** abwechselnd arbeitete er mal im Büro und mal zu Hause III. *adj* ['ɔl·tɜr·nət] *attr,*

inv ❶ (*by turns*) abwechselnd; **on ~ days** jeden zweiten Tag ❷ (*alternative*) alternativ
alternating ['ɔl·tər·nei·tɪŋ] *adj* alternierend
alternative [ɔl·'tɜr·nə·tɪv] I. *n* Alternative *f* (**to** zu +*dat*) II. *adj* alternativ; **~ date** Ausweichtermin *m*
alternatively [ɔl·'tɜr·nə·tɪv·li] *adv* stattdessen
alternator ['ɔl·tər·nei·tər] *n* [Drehstrom]generator *m*
although [ɔl·'ðoʊ] *conj* obwohl
altimeter [æl·'tɪm·ɪ·tər] *n* Höhenmesser *m*
altitude ['æl·tə·tud] *n* Höhe *f;* **at high ~** in großer Höhe
alto ['æl·toʊ] I. *n* ❶ (*singer*) Altist(in) *m(f)* ❷ (*vocal range*) Altstimme *f;* **to sing ~** Alt singen II. *adj* Alt-
altogether [ɔl·tə·'geð·ər] *also adv* ❶ (*completely*) völlig, ganz ❷ (*in total*) insgesamt
altruistic [æl·tru·'ɪs·tɪk] *adj* altruistisch
aluminum [ə·'lu·mə·nəm] *n* Aluminium *nt*
aluminum 'foil *n* Alufolie *f*
alumna <*pl* -nae> [ə·'lʌm·nə] *n* Absolventin *f*
alumnus <*pl* -ni> [ə·'lʌm·nəs] *n* Absolvent *m*
always ['ɔl·weiz] *adv* ❶ (*at all times*) immer ❷ (*as last resort*) immer noch
am [əm, *stressed:* æm] *vi first pers. sing of* **be**
a.m. [ˌei·'em] *abbrev of* **ante meridiem: at 6 ~** um sechs Uhr morgens
amalgam [ə·'mæl·gəm] *n* Mischung *f* (**of** aus +*dat*)
amalgamate [ə·'mæl·gə·meit] I. *vt companies* fusionieren; *departments* zusammenlegen II. *vi* sich zusammenschließen
amalgamation [ə·ˌmæl·gə·'mei·ʃən] *n* Vereinigung *f*
amass [ə·'mæs] *vt* anhäufen
amateur ['æm·ə·tʃər] I. *n* Amateur(in) *m(f);* (*pej*) Dilettant(in) *m(f)* II. *adj* Hobby-; SPORTS Amateur-; **~ theater** Laienspiel *nt*
amateurish [æm·ə·'tʃʊr·ɪʃ] *adj* (*pej*) dilettantisch
amaze [ə·'meiz] *vt* erstaunen
amazement [ə·'meiz·mənt] *n* Verwunderung *f*
amazing [ə·'mei·zɪŋ] *adj* ❶ (*very surprising*) erstaunlich ❷ (*fam: excellent*) toll
Amazon ['æm·ə·zan] *n* ■**the ~** [River] der Amazonas
ambassador [æm·'bæs·ə·dər] *n* (*of a country*) Botschafter(in) *m(f)* (**to** in +*dat*)
amber ['æm·bər] *n* ❶ (*fossil*) Bernstein *m* ❷ (*color*) Bernsteingelb *nt*
ambidextrous [ˌæm·bɪ·'dek·strəs] *adj* beidhändig
ambiguity [ˌæm·bɪ·'gju·ɪ·ti] *n* Zweideutigkeit *f*
ambiguous [æm·'bɪg·ju·əs] *adj* zweideutig, mehrdeutig; *feelings* gemischt
ambition [æm·'bɪʃ·ən] *n* ❶ (*wish to succeed*) Ehrgeiz *m* ❷ (*aim*) Ambition[en] *f[pl]*
ambitious [æm·'bɪʃ·əs] *adj* ehrgeizig; *target* hochgesteckt
ambivalent [æm·'bɪv·ə·lənt] *adj* zwiespältig; *attitude* ambivalent (**toward[s]** gegenüber

+*dat*)
amble ['æm·bəl] *vi* schlendern
ambulance ['æm·bju·ləns] *n* Krankenwagen *m;* **~ service** Rettungsdienst *m*
ambush ['æm·bʊʃ] I. *vt* ■**to be ~ed** aus dem Hinterhalt überfallen werden II. *n* Überfall *m* aus dem Hinterhalt; **to lie in ~ for sb** jdm auflauern
ameba <*pl* -s *or* -bae> [ə·'mi·bə] *n see* **amoeba**
amebic [ə·'mi·bɪk] *adj* Amöben-
ameliorate [ə·'mil·jə·reit] *vt* verbessern; *symptoms* lindern
amen [ei·'men] *interj* Amen; **~ to that!** Gott sei's gedankt!
amenable [ə·'mi·nə·bəl] *adj* aufgeschlossen (**to** gegenüber +*dat*)
amend [ə·'mend] *vt* [ab]ändern
amendment [ə·'mend·mənt] *n* Änderung *f;* **the Fifth A~** der Fünfte Zusatzartikel [zur Verfassung]
amenities [ə·'men·ə·tiz] *n* Freizeiteinrichtungen *pl;* **public ~** öffentliche Einrichtungen
America [ə·'mer·ɪ·kə] *n* Amerika *nt;* ■**the ~s** Nord-, Süd- und Mittelamerika *nt*
American [ə·'mer·ɪ·kən] I. *adj* amerikanisch II. *n* Amerikaner(in) *m(f)*

i Mit dem ersten Schuss, der in der Schlacht von Lexington und Concord 1775 fiel, *The shot heard 'round the world,* begann der amerikanische Unabhängigkeitskrieg, der **American Revolutionary War,** der 1781 mit dem Rückzug der englischen Armee bei der Schlacht von Yorktown endete. Die Amerikaner – unter der Führung von General George Washington – bekamen schließlich Unterstützung von Frankreich, Spanien und den Niederlanden im Krieg gegen die englischen Soldaten, die *redcoats* genannt wurden, und gegen die von letzteren angeheuerten deutschen Söldner. Diese Revolte gegen das wirtschaftliche System und die Einschränkung der individuellen Freiheiten in den amerikanischen Kolonien war mit der Anerkennung der Unabhängigkeit der Vereinigten Staaten von Amerika, die im Frieden von Paris 1783 protokolliert wurde, zu Ende.

American 'Indian *n* Indianer(in) *m(f)*
Americanize [ə·'mer·ɪ·kə·naiz] *vt* amerikanisieren
amethyst ['æm·ɪ·θɪst] I. *n* Amethyst *m* II. *adj* amethystfarben
amiable ['ei·mi·ə·bəl] *adj* freundlich
amicable ['æm·ɪ·kə·bəl] *adj* freundlich; *divorce* einvernehmlich; *settlement* gütlich
amid [ə·'mɪd], **amidst** [ə·'mɪdst] *prep* inmit-

ten +*gen*

amino acid [ə·'mi·noʊ·'æs·ɪd] *n* Aminosäure *f*

amiss [ə·'mɪs] *adj* **there's something ~** etwas stimmt nicht

ammonia [ə·'moʊn·jə] *n* ❶ (*gas*) Ammoniak *nt* ❷ (*liquid*) Salmiakgeist *m*

ammunition [,æm·jə·'nɪʃ·ən] *n* Munition *f*

amnesia [æm·'ni·ʒə] *n* Amnesie *f*

amnesty ['æm·nɪ·sti] *n* Amnestie *f*

amoeba <*pl* -s *or* -bae> [ə·'mi·bə] *n* Amöbe *f*

amoebic [ə·'mi·bɪk] *adj* Amöben-

amok [ə·'mʌk] *adv see* **amuck**

among [ə·'mʌŋ], **amongst** [ə·'mʌŋst] *prep* ❶ (*between*) unter +*dat*; [just] **one ~ many** [nur] eine(r, s) von vielen; **~ other things** unter anderem ❷ (*in midst of*) inmitten +*gen*

amoral [,eɪ·'mɔr·əl] *adj* amoralisch

amorous ['æm·ər·əs] *adj* amourös; *look* verliebt

amortization [æm·ər·ţɪ·'zeɪ·ʃən] *n* Amortisation *f*

amortize [ə·'mɔr·taɪz] *vt* amortisieren

amount [ə·'maʊnt] **I.** *n* (*quantity*) Menge *f*; *of land* Fläche *f*; *of money* Betrag *m* **II.** *vi* (*add up to*) ■**to ~ to sth** sich auf etw *akk* belaufen; (*fig*) etw *dat* gleichkommen

amp [æmp] ❶ *short for* **ampere** Ampere *nt* ❷ *short for* **amplifier** Verstärker *m*

ampere ['æm·pɪr] *n* Ampere *nt*

amphetamine [æm·'fet·ə·min] *n* Amphetamin *nt*

amphibian [æm·'fɪb·i·ən] *n* (*animal*) Amphibie *f*

amphibious [æm·'fɪb·i·əs] *adj* amphibisch; **~ vehicle** Amphibienfahrzeug *nt*

amphitheater ['æm·fə,θi·ə·ţər] *n* Amphitheater *nt*

ample <-r, -st> ['æm·pəl] *adj* ❶ (*plentiful*) reichlich; (*enough*) genügend ❷ (*large*) groß

amplification [,æm·plə·fɪ·'keɪ·ʃən] *n* (*making loud*) Verstärkung *f*

amplifier ['æm·plə·faɪ·ər] *n* Verstärker *m*

amplify <-ie-> ['æm·plə·faɪ] *vt* ❶ (*make louder*) verstärken ❷ (*enlarge upon*) weiter ausführen

amputate ['æm·pju·teɪt] *vt*, *vi* amputieren

amputation [,æm·pju·'teɪ·ʃən] *n* Amputation *f*

amputee [,æm·pju·'ti] *n* Amputierte(r) *f(m)*

amuck [ə·'mʌk] *adv* **to run ~** Amok laufen

amuse [ə·'mjuz] *vt* ❶ (*make laugh*) amüsieren; ■**to be ~d by sth** sich über etw *akk* amüsieren ❷ (*entertain*) unterhalten

amusement [ə·'mjuz·mənt] *n* Belustigung *f*; [much] **to her ~** [sehr] zu ihrem Vergnügen

a'musement park *n* Freizeitpark *m*

amusing [ə·'mju·zɪŋ] *adj* amüsant; **that's [not] very ~** das ist [nicht] sehr witzig

an [ən, *stressed:* æn] *art indef* ein(e) (*unbestimmter Artikel vor Vokalen oder stimmlosem h*); *see also* **a**

anabolic steroid [æn·ə·'bɑl·ɪk·'ster·ɔɪd] *n* anaboles Steroid

anachronism [ə·'næk·rə·nɪz·əm] *n* Anachro-

anachronistic [ə,næk·rə·'nɪs·tɪk] *adj* anachronistisch

anagram ['æn·ə·græm] *n* Anagramm *nt*

anal ['eɪ·nəl] *adj* ❶ ANAT anal ❷ (*fam*) hyperordentlich

analgesic [,æn·əl·'dʒi·zɪk] **I.** *adj* schmerzlindernd **II.** *n* Analgetikum *nt*

analog ['æn·ə·lag] **I.** *n* Entsprechung *f* **II.** *adj* analog

analogous [ə·'næl·ə·gəs] *adj* analog; ■**to be ~ to sth** etw *dat* entsprechen

analogy [ə·'næl·ə·dʒi] *n* (*similarity*) Analogie *f*; **by ~** [**with**] in Analogie [zu +*dat*]

analysis <*pl* -ses> [ə·'næl·ə·sɪs] *n* ❶ Analyse *f* ❷ PSYCH [Psycho]analyse *f*

analyst ['æn·ə·lɪst] *n* Analytiker(in) *m(f)*; FIN Analyst(in) *m(f)*; (*psychoanalyst*) Psychoanalytiker(in) *m(f)*

analytical [,æn·ə·'lɪt·ɪ·kəl] *adj* analytisch

analyze ['æn·ə·laɪz] *vt* analysieren

anarchic(al) [æn·'ar·kɪk(əl)] *adj* anarchisch

anarchism ['æn·ər·kɪ·zəm] *n* Anarchismus *m*

anarchist ['æn·ər·kɪst] **I.** *n* Anarchist(in) *m(f)* **II.** *adj* anarchistisch

anarchy ['æn·ər·ki] *n* Anarchie *f*

anatomical [,æn·ə·'tam·ɪ·kəl] *adj* anatomisch

anatomy [ə·'næţ·ə·mi] *n* Anatomie *f*

ancestor ['æn·ses·tər] *n* Vorfahr[e] *m*, Vorfahrin *f*

ancestral [æn·'ses·trəl] *adj* Ahnen-; *rights* angestammt

ancestry ['æn·ses·tri] *n* Abstammung *f*

anchor ['æŋ·kər] **I.** *n* ❶ Anker *m* ❷ TV Moderator(in) *m(f)* **II.** *vt* ❶ verankern ❷ *radio/TV program* moderieren **III.** *vi* vor Anker gehen

anchorage ['æŋ·kər·ɪdʒ] *n* Ankerplatz *m*

'anchorman *n* TV Moderator *m*

'anchorwoman *n* TV Moderatorin *f*

anchovy ['æn·tʃoʊ·vi] *n* An[s]chovis *f*, Sardelle *f*

ancient ['eɪn·ʃənt] *adj* alt; (*fam: very old*) uralt; **~ Rome** das antike Rom ▶ PHRASES: **to be ~ history** ein alter Hut sein

and [ænd, ənd] *conj* und; **nice ~ hot** schön heiß; **more ~ more** immer mehr; **~ so on** und so weiter; **let's wait ~ see** warten wir mal ab

Andes ['æn·diz] *npl* ■**the ~** die Anden *pl*

android ['æn·drɔɪd] *n* Androide *m*

anecdotal [,æn·ɪk·'doʊţ·əl] *adj* anekdotisch

anecdote ['æn·ɪk·doʊt] *n* Anekdote *f*

anemia [ə·'ni·mi·ə] *n* Anämie *f*

anemic [ə·'ni·mɪk] *adj* anämisch; (*fig*) saft- und kraftlos

anemone [ə·'nem·ə·ni] *n* Anemone *f*

anesthesia [,æn·ɪs·'θi·ʒə] *n* Anästhesie *f*

anesthesiologist [,æn·ɪs,θi·zi·'ɑl·ə·dʒɪst] *n* Anästhesist(in) *m(f) fachspr*, Narkosearzt, -ärztin *m*, *f*

anesthetic [,æn·ɪs·'θeţ·ɪk] **I.** *n* Betäubungsmittel *nt*; **under ~** in Narkose **II.** *adj* betäubend

anesthetize [ə·'nes·θɪ·taɪz] *vt* betäuben

anew [ə·'nu] *adv* aufs Neue

angel ['eɪn·dʒl] *n* Engel *m*
angelic [æn·'dʒel·ɪk] *adj* engelhaft
anger ['æŋ·gər] I. *n* Ärger *m* (**at** über +*akk*); (*fury*) Wut *f* (**at** auf +*akk*); (*wrath*) Zorn *m* II. *vt* ärgern; (*more violently*) wütend machen
angina [æn·'dʒaɪ·nə], **angina pectoris** [æn·'dʒaɪ·nə·'pek·tər·ɪs] *n* MED Angina pectoris *f*
angle ['æŋ·gəl] *n* ❶ Winkel *m;* **at an ~ of 20°** in einem Winkel von 20° ❷ (*perspective*) Blickwinkel *m;* **from all ~s** von allen Seiten
angler ['æŋ·glər] *n* Angler(in) *m(f)*
anglicize ['æŋ·glɪ·saɪz] *vt* anglisieren
angling ['æŋ·glɪŋ] *n* Angeln *nt*
Anglophile ['æŋ·glə·faɪl] I. *n* Englandliebhaber(in) *m(f)* II. *adj* anglophil
Anglo-'Saxon I. *n* ❶ (*person*) Angelsachse *m*, Angelsächsin *f* ❷ (*language*) Angelsächsisch *nt* II. *adj* angelsächsisch
angora [æŋ·'gɔ·rə] *n* Angorawolle *f*
angry ['æŋ·gri] *adj* ❶ (*annoyed*) verärgert; (*stronger*) zornig; (*enraged*) wütend; **to make sb ~** jdn verärgern; (*stronger*) jdn wütend machen ❷ (*fig*) *sky* bedrohlich; *wound* böse
angst [æŋkst] *n* [neurotische] Angst
anguish ['æŋ·gwɪʃ] *n* Qual *f*
angular ['æŋ·gju·lər] *adj* kantig; (*bony*) knochig
animal ['æn·ɪ·məl] *n* Tier *nt; ~* **fat** tierisches Fett
animal 'kingdom *n* Tierreich *nt*
animal 'rights *npl* das Recht der Tiere auf Leben und artgerechte Haltung
animate I. *adj* ['æn·ɪ·mət] belebt II. *vt* ['æn·ɪ·meɪt] beleben
animated ['æn·ɪ·meɪ·t̮ɪd] *adj* ❶ *discussion* lebhaft ❷ *~* **cartoon** [Zeichen]trickfilm *m*
animation [æn·ɪ·'meɪ·ʃən] *n* ❶ (*energy*) Lebhaftigkeit *f* ❷ FILM Animation *f*
animator ['æn·ɪ·meɪ·t̮ər] *n* Trickfilmzeichner(in) *m(f)*
animosity [æn·ɪ·'mas·ɪ·t̮i] *n* Feindseligkeit *f* (**toward[s]** gegenüber +*dat*)
anise ['æn·ɪs] *n* Anis *m*
aniseed ['æn·ɪ·sid] *n* Anis[samen] *m*
ankle ['æŋ·kəl] *n* [Fuß]knöchel *m*
'ankle bone *n* Sprungbein *nt*
'ankle-deep *adj* knöcheltief
'ankle sock *n* Söckchen *nt*
annex I. *vt* [ə·'neks] annektieren II. *n* <*pl* -*es*> ['æn·eks] ❶ (*building*) Anbau *m* ❷ (*appendix*) *to a letter* Anlage *f; to an e-mail* Anhang *m*
annexation [æn·ɪk·'seɪ·ʃən] *n* Annektierung *f*
annihilate [ə·'naɪ·ə·leɪt] *vt* vernichten
annihilation [ə·ˌnaɪ·ə·'leɪ·ʃən] *n* Vernichtung *f*
anniversary [æn·ə·'vɜr·sə·ri] *n* Jahrestag *m*
annotate ['æn·ə·teɪt] *vt* kommentieren
annotation [æn·ə·'teɪ·ʃən] *n* ❶ (*act*) Kommentierung *f* ❷ (*note*) Kommentar *m*
announce [ə·'naʊns] *vt* bekannt geben; *result* verkünden
announcement [ə·'naʊns·mənt] *n* Bekanntmachung *f;* (*on train, at airport*) Durchsage *f;*

(*on radio*) Ansage *f;* (*in newspaper*) Anzeige *f*
announcer [ə·'naʊn·sər] *n* [Radio-/Fernseh]sprecher(in) *m(f)*
annoy [ə·'nɔɪ] *vt* ärgern
annoyance [ə·'nɔɪ·əns] *n* ❶ (*anger*) Ärger *m;* (*weaker*) Verärgerung *f* ❷ (*pest*) Ärgernis *nt*
annoying [ə·'nɔɪ·ɪŋ] *adj* ärgerlich; *habit* lästig
annual ['æn·ju·əl] I. *adj* jährlich; *event* alljährlich; *~* **income** Jahreseinkommen *nt* II. *n* ❶ (*publication*) Jahrbuch *nt* ❷ (*plant*) einjährige Pflanze
annually ['æn·ju·ə·li] *adv* [all]jährlich
annuity [ə·'nu·ə·t̮i] *n* Jahresrente *f*
annul <-ll-> [ə·'nʌl] *vt* annullieren; *contract* auflösen
annulment [ə·'nʌl·mənt] *n* Annullierung *f; of a contract* Auflösung *f*
anode ['æn·oʊd] *n* Anode *f*
anodyne ['æn·ə·daɪn] *adj* (*pej*) einlullend; *music* unauffällig; *approach* neutral
anoint [ə·'nɔɪnt] *vt* (*with oil*) einölen
anomalous [ə·'nam·ə·ləs] *adj* anomal
anomaly [ə·'nam·ə·li] *n* ❶ (*irregularity*) Anomalie *f* ❷ (*state*) Absonderlichkeit *f*
anonymity [æn·ə·'nɪm·ɪ·t̮i] *n* Anonymität *f*
anonymous [ə·'nan·ə·məs] *adj* anonym
anorak ['æn·ə·ræk] *n* (*jacket*) Anorak *m*
anorexia [æn·ə·'rek·si·ə], **anorexia nervosa** [æn·ə·'rek·si·ə nɜr·'voʊ·sə] *n* Magersucht *f*
anorexic [æn·ə·'rek·sɪk] I. *adj* magersüchtig II. *n* Magersüchtige(r) *f(m)*
another [ə·'nʌð·ər] I. *adj* ❶ (*one more*) noch eine(r, s); *~* **piece of cake** noch ein Stück Kuchen ❷ (*similar to*) ein zweiter/zweites/eine zweite; **the Gulf War could have been ~ Vietnam** der Golfkrieg hätte ein zweites Vietnam sein können ❸ (*not the same*) ein anderer/anderes/eine andere; **that's ~ story** das ist eine andere Geschichte II. *pron* ❶ (*different one*) ein anderer/eine andere/ein anderes; **one way or ~** irgendwie ❷ (*additional one*) noch eine(r, s); **yet ~** noch eine(r, s) ❸ (*each other*) **one ~** einander
answer ['æn·sər] I. *n* ❶ (*reply*) Antwort *f* (**to** auf +*akk*); (*reaction a.*) Reaktion *f* ❷ MATH Ergebnis *nt; ~* **to a problem** Lösung *f* eines Problems II. *vt* ❶ (*reply*) beantworten, antworten auf +*akk; door* öffnen; **to ~ the telephone** ans Telefon gehen; ■ **to ~ sb** jdm antworten ❷ MATH *problem* lösen III. *vi* antworten; **nobody ~ed** (*telephone*) es ist keiner rangegangen; (*doorbell*) es hat keiner aufgemacht
◆**answer for** *vt* Verantwortung tragen für +*akk*
◆**answer to** *vt* ❶ (*take orders*) ■ **to ~ to sb** jdm Rede und Antwort stehen ❷ *description* entsprechen +*dat* ❸ **to ~ to the name of ...** auf den Namen ... hören
answerable ['æn·sər·ə·bəl] *adj* ❶ (*responsible*) verantwortlich ❷ (*accountable*) **to be ~ to sb** jdm gegenüber haftbar sein
'answering machine *n* Anrufbeantworter *m*
ant [ænt] *n* Ameise *f*

antagonism [æn·'tæg·ə·nɪz·əm] n Feindseligkeit f (**toward[s]** gegenüber +dat)
antagonistic [æn·ˌtæg·ə·'nɪs·tɪk] adj ■to be ~ **toward[s] sb** jdm gegenüber feindselig eingestellt sein
antagonize [æn·'tæg·ə·naɪz] vt sich dat zum Feind machen
Antarctic [ænt·'ark·tɪk] I. n ■the ~ die Antarktis II. adj antarktisch; expedition, explorer Antarktis-; ~ **Circle** südlicher Polarkreis
Antarctica [ænt·'ark·tɪ·kə] n die Antarktis
anteater ['ænt·ˌi·tər] n Ameisenbär m
antecedent [ˌæn·tɪ·'si·dənt] n (forerunner) Vorläufer(in) m(f)
antelope <pl -s or -> ['æn·tɪ·loup] n Antilope f
antenna [æn·'ten·ə] n ❶<pl -nae> of an insect Fühler m ❷<pl -s> (aerial) Antenne f
anterior [æn·'tɪr·i·ər] adj vordere(r, s)
anteroom ['æn·tɪ·rum] n Vorzimmer nt
anthem ['æn·θəm] n Hymne f
anthill ['ænt·hɪl] n Ameisenhaufen m
anthology [æn·'θal·ə·dʒi] n Anthologie f
anthracite ['æn·θrə·saɪt] n Anthrazit m
anthropological [ˌæn·θrə·pə·'ladʒ·ɪ·kəl] adj anthropologisch
anthropologist [ˌæn·θrə·'pal·ə·dʒɪst] n Anthropologe m, Anthropologin f
anthropology [ˌæn·θrə·'pal·ə·dʒi] n Anthropologie f
anti ['æn·ti] I. n Gegner(in) m(f) II. adj ■to be ~ dagegen sein III. prep gegen +akk
anti'aircraft adj Flugabwehr- f
antibiotic [ˌæn·tɪ·baɪ·'at·ɪk] I. n Antibiotikum nt II. adj antibiotisch
'antibody n Antikörper m
anticipate [æn·'tɪs·ə·peɪt] vt ❶ (expect) erwarten; (foresee) vorhersehen ❷ (act in advance) vorgreifen
anticipation [æn·ˌtɪs·ə·'peɪ·ʃən] n (expecting) Erwartung f; (pleasure in advance) Vorfreude f
anti'climax n Enttäuschung f; LIT Antiklimax m
anticor'rosive adj Korrosionsschutz-
antics ['æn·tɪks] npl Kapriolen pl
anti'cyclone n Hochdruckgebiet nt
antide'pressant n Antidepressivum nt
antidote ['æn·tɪ·dout] n Gegenmittel nt
'antifreeze n Frostschutzmittel nt
antigen ['æn·tɪ·dʒən] n Antigen nt
'antihero n Antiheld m
anti'histamine n Antihistamin nt
antilock 'braking system n Antiblockiersystem nt
anti'oxidant n Antioxidationsmittel nt
antipathy [æn·'tɪp·ə·θi] n Antipathie f
antiperspirant [ˌæn·tɪ·'pɜr·spər·ənt] n Antitranspirant nt
Antipodes [æn·'tɪp·ə·diz] npl (fam) ■the ~ Australien nt und Neuseeland nt
antiquarian [ˌæn·tɪ·'kwer·i·ən] I. n Antiquitätensammler(in) m(f) II. adj antiquarisch
antiquated ['æn·tɪ·kwer·tɪd] adj antiquiert
antique [æn·'tik] I. n (iron a.) Antiquität f;

~ **dealer** Antiquitätenhändler(in) m(f) II. adj antik
antiquity [æn·'tɪk·wə·ti] n ❶ (ancient times) Altertum nt ❷ (relics) ■antiquities pl Altertümer
anti'rust adj Rostschutz-
anti-'Semite n Antisemit(in) m(f)
anti-'Semitic adj antisemitisch
anti-'Semitism n Antisemitismus m
anti'septic I. n Antiseptikum nt II. adj antiseptisch; (fig) steril
anti'social adj ❶ (harmful) unsozial; (alienated) asozial ❷ (not sociable) ungesellig
anti'static adj antistatisch
anti'tank adj Panzerabwehr-
antithesis <pl -ses> [æn·'tɪθ·ə·sɪs] n Gegenteil nt
anti'toxin n Gegengift nt
antler ['ænt·lər] n Geweihstange f; **pair of ~s** Geweih nt
antonym ['æn·tə·nɪm] n Antonym nt
antsy ['ænt·si] adj (fam) child zappelig fam
anus ['eɪ·nəs] n Anus m
anvil ['æn·vɪl] n Amboss m
anxiety [æŋ·'zaɪ·ɪ·ti] n ❶ (feeling of concern) Sorge f ❷ (concern) Angst f ❸ (desire) Verlangen nt
anxious ['æŋk·ʃəs] adj ❶ (concerned) besorgt ❷ (eager) bestrebt; ■to be ~ **for sth** ungeduldig auf etw akk warten
any ['en·i] I. adj ❶ (in questions, conditional) [irgend]ein(e); (with uncountables) etwas; **do you have ~ brothers or sisters?** haben Sie Geschwister?; **if I had ~ money ...** wenn ich [etwas] Geld hätte, ... ❷ (with negative) **I don't have ~ money** ich habe kein Geld ❸ (every) jede(r, s); **~ time** jederzeit; **in ~ case** (whatever happens) auf jeden Fall; (anyway) außerdem ❹ (whichever you like) jede(r, s) [beliebige]; (with uncountables, pl n) alle; (not important which) irgendein(e); (with pl n) irgendwelche; **~ number** beliebig viele II. pron ❶ (some of many) welche; (one of many) eine(r, s); **do you have ~** [**at all**]? haben Sie [überhaupt] welche?; **did ~ of you hear anything?** hat jemand von euch etwas gehört? ❷ (some of a quantity) welche(r, s); **~ at all** überhaupt welche(r, s); **hardly ~** kaum etwas ❸ (with negative) **don't you have ~ at all?** haben Sie denn überhaupt keine? ❹ (not important which) irgendeine(r, s); (replacing pl n) irgendwelche; **~ will do** egal welche III. adv ❶ (emphasizing) noch; (a little) etwas; (at all) überhaupt; **if I have to stay here ~ longer, ...** wenn ich noch länger hierbleiben muss, ...; **are you feeling ~ better?** fühlst du dich [denn] etwas besser?; **~ more** noch mehr ❷ (expressing termination) **not ~ longer/more** nicht mehr
anybody ['en·i·bad·i] pron ❶ (each person) jede(r, s) ❷ (someone) jemand; **does ~ else want coffee?** möchte noch jemand Kaffee?
anyhow ['en·i·hau] adv ❶ (in any case) sowie-

so ❷ (*in a disorderly way*) irgendwie
anyone ['en·ɪ·wʌn] *pron see* **anybody**
anyplace ['en·ɪ·pleɪs] *adv* (*fam*) irgendwo
anything ['en·ɪ·θɪŋ] *pron* ❶ (*each thing*) alles
❷ (*something*) **is there ~ I can do to help?**
kann ich irgendwie helfen?; **hardly ~** kaum
etwas ❸ (*nothing*) **not ~** nichts; **not ~ like**
... nicht annähernd ...; **you don't have to**
sing or ~ du musst weder singen noch sonst
was ▶ PHRASES: [**as**] ... **as ~** ausgesprochen ...;
not for **~** [**in the world**] um nichts in der
Welt
anytime ['en·i·taɪm] *adv* jederzeit
anyway ['en·ɪ·weɪ] *adv*, **anyways** ['en·ɪ·weɪz]
adv (*fam*) ❶ (*in any case*) sowieso; **what's he**
doing there ~? was macht er dort überhaupt?
❷ (*well*) jedenfalls; **~!** na ja!
anywhere ['en·ɪ·wer] *adv* ❶ (*in any place*)
überall; **~ else** irgendwo anders ❷ (*some*
place) irgendwo; **I'm not getting ~** ich
komme einfach nicht weiter; **to go ~** irgendwohin gehen; **miles from ~** am Ende der
Welt
aorta [eɪ·'ɔr·tə] *n* Aorta *f*
apart [ə·'part] *adv* ❶ (*not together*) auseinander; **to live ~** getrennt leben ❷ ■ **~ from** abgesehen von +*dat*
apartheid [ə·'part·heɪt] *n* Apartheid *f*
apartment [ə·'part·mənt] *n* Wohnung *f*;
(*smaller*) Ap[p]art[e]ment *nt*
a'partment building, **a'partment house** *n*
Wohnhaus *nt*; (*with smaller apartments*)
Ap[p]art[e]menthaus *nt*
apathetic [ˌæp·ə·'θeṭ·ɪk] *adj* apathisch
apathy ['æp·ə·θi] *n* Apathie *f*
ape [eɪp] **I.** *n* [Menschen]affe *m* **II.** *vt* nachahmen
aperitif [ə·ˌper·ə·'tif] *n* Aperitif *m*
aperture ['æp·ər·tʃʊr] *n* [kleine] Öffnung; PHOT
Blende *f*
apex <*pl* -es *or* apices> ['eɪ·peks] *n* Spitze *f*
aphid ['eɪ·fɪd] *n* Blattlaus *f*
aphrodisiac [ˌæf·rə·'dɪ·zi·æk] *n* Aphrodisiakum *nt*
apiary ['eɪ·pi·er·i] *n* Bienenhaus *nt*
apiece [ə·'pis] *adv* das Stück; (*per person*) jeder
aplomb [ə·'plam] *n* Aplomb *m*
apocalypse [ə·'pak·ə·lɪps] *n* Apokalypse *f*
apocalyptic [ə·ˌpak·ə·'lɪp·tɪk] *adj* apokalyptisch
apologetic [ə·ˌpal·ə·'dʒeṭ·ɪk] *adj* ❶ (*showing*
regret) entschuldigend; ■ **to be ~ about** sich
entschuldigen für +*akk* ❷ (*diffident*) bescheiden
apologetically [ə·ˌpal·ə·'dʒeṭ·ɪk·li] *adv* entschuldigend; **to smile ~** zaghaft lächeln
apologize [ə·'pal·ə·dʒaɪz] *vi* sich entschuldigen (**to** bei +*dat*)
apology [ə·'pal·ə·dʒi] *n* Entschuldigung *f*; **to**
make an ~ um Entschuldigung bitten
apostle [ə·'pas·əl] *n* Apostel *m*
apostrophe [ə·'pas·trə·fi] *n* Apostroph *m*

i Die **Appalachian Mountains** (die Appalachen) erstrecken sich über ca. 2.000 Meilen (3.200 km) im östlichen Teil Nordamerikas von Neufundland/Kanada bis nach Alabama/USA. Da sie älter und somit zerklüfteter als die *Rocky Mountains* im Westen
Nordamerikas sind, ist dieses Gebirge fabelhaft bewaldet und von Straßen und Wegen
wie dem *Blue Ridge Parkway* und dem *Skyline Drive* durchzogen, die eine prächtige
Landschaft zu bieten haben, oder dem
Appalachian Trail, einem 2.175 Meilen
(3.500 km) langen Wanderweg, der von
Maine bis nach Georgia führt.

appall [ə·'pɔl] *vt* entsetzen; ■ **to be ~led at** [*or*
by] sth über etw *akk* entsetzt sein
appalling [ə·'pɔ·lɪŋ] *adj* entsetzlich
apparatus [ˌæp·ə·'ræṭ·əs] *n* ❶ (*equipment*)
[**piece of**] Gerät *nt* ❷ (*system*) Apparat *m*
apparent [ə·'pær·ənt] *adj* ❶ (*obvious*) offensichtlich; **for no ~ reason** aus keinem ersichtlichen Grund ❷ (*seeming*) scheinbar
apparently [ə·'pær·ənt·li] *adv* ❶ (*obviously*)
offensichtlich ❷ (*seemingly*) anscheinend
apparition [ˌæp·ə·'rɪʃ·ən] *n* (*ghost*) Erscheinung *f*
appeal [ə·'pil] **I.** *vi* ❶ (*attract*) ■ **to ~ to sb/sth**
jdn/etw reizen; (*aim to please*) jdn/etw ansprechen ❷ (*protest formally*) Einspruch einlegen (**against** gegen +*akk*) ❸ (*plead*) bitten; **to**
~ to sb's conscience an jds Gewissen *nt* appellieren **II.** *n* ❶ (*attraction*) Reiz *m* ❷ (*formal*
protest) Einspruch *m* (**against** gegen +*akk*);
Court of A~ Berufungsgericht *nt* ❸ (*request*)
Appell *m*; **to make an ~** appellieren (**to** an
+*akk*)
appealing [ə·'pi·lɪŋ] *adj* ❶ (*attractive*) attraktiv; **idea** verlockend; ■ **to be ~** [**to sb**] [für jdn]
verlockend sein ❷ (*beseeching*) flehend
appealingly [ə·'pi·lɪŋ·li] *adv* ❶ (*attractively*)
reizvoll ❷ (*beseechingly*) flehend
appear [ə·'pɪr] *vi* ❶ (*become visible*) erscheinen; (*be seen a.*) sich *dat* zeigen; (*arrive a.*)
auftauchen; (*come out a.*) herauskommen
❷ (*come out*) **film** anlaufen; **newspaper** erscheinen; (*perform*) auftreten ❸ (*seem*) scheinen; **to ~** [**to be**] **calm** ruhig erscheinen
appearance [ə·'pɪr·əns] *n* ❶ (*instance of*
appearing) Erscheinen *nt*; (*on TV, theater*)
Auftritt *m*; **to make an ~** auftreten ❷ (*looks*)
Aussehen *nt*; **neat ~** gepflegtes Äußeres
▶ PHRASES: **to all ~s** allem Anschein nach; **to**
keep up ~s den Schein wahren
appease [ə·'piz] *vt* besänftigen
appeasement [ə·'piz·mənt] *n* Besänftigung *f*
append [ə·'pend] *vt* hinzufügen
appendicitis [ə·ˌpen·dɪ·'saɪ·tɪs] *n* Blinddarmentzündung *f*
appendix [ə·'pen·dɪks] *n* ❶ <*pl* -es> (*body*

part) Blinddarm *m* ❷ <*pl* -dices *or* -es> (*in book*) Anhang *m*

appetite ['æp·ə·taɪt] *n* Appetit *m;* **to give sb an** ~ jdn hungrig machen

appetizer ['æp·ə·taɪ·zər] *n* (*before meal*) Vorspeise *f,* Appetithappen *m*

appetizing ['æp·ə·taɪ·ʃɪŋ] *adj* (*enticing*) appetitlich; (*fig: attractive*) reizvoll

applaud [ə·'plɔd] **I.** *vi* applaudieren, Beifall klatschen **II.** *vt* ❶ (*clap*) ■ **to** ~ **sb** jdm applaudieren ❷ (*praise*) loben; *decision* begrüßen

applause [ə·'plɔz] *n* [a round of] ~ Applaus *m*

apple ['æp·əl] *n* Apfel *m*

'apple juice *n* Apfelsaft *m*

apple 'pie *n* FOOD gedeckter Apfelkuchen

'applesauce *n* Apfelmus *nt*

'apple tree *n* Apfelbaum *m*

appliance [ə·'plaɪ·əns] *n* Gerät *nt*

applicable [ə·'plɪ·kə·bəl] *adj* anwendbar (**to** auf +*akk*); (*on application form*) **not** ~ nicht zutreffend

applicant ['æp·lɪ·kənt] *n* Bewerber(in) *m(f)* (**for** für +*akk*)

application [ˌæp·lɪ·'keɪ·ʃən] *n* ❶ *for a job* Bewerbung *f* (**for** um +*akk*); *for a permit* Antrag *m* (**for** auf +*akk*) ❷ (*implementation*) Anwendung *f* ❸ (*coating*) Anstrich *m; of ointment* Auftragen *nt* ❹ COMPUT Anwendung *f*

appli'cation form *n* (*for job*) Bewerbungsformular *nt;* (*for permit*) Antragsformular *nt*

applied [ə·'plaɪd] *adj* angewandt

apply <-ie-> [ə·'plaɪ] **I.** *vi* ❶ (*formally request*) ■ **to** ~ [**to sb**] [**for sth**] (*for a job*) sich [bei jdm] [um etw *akk*] bewerben; (*for permission, passport*) etw [bei jdm] beantragen ❷ (*pertain*) gelten; ■ **to** ~ **to** betreffen **II.** *vt* ❶ (*put on*) anwenden (**to** auf +*akk*); *cream, makeup* auftragen ❷ (*use*) gebrauchen; *force* anwenden; *sanctions* verhängen; **to** ~ **the brakes** bremsen; **to** ~ **pressure to sth** auf etw *akk* drücken

appoint [ə·'pɔɪnt] *vt* ■ **to** ~ **sb** [**to do sth**] jdn [dazu] berufen[, etw zu tun]; ■ **to** ~ **sb** [**as**] **sth** jdn zu etw *dat* ernennen

appointed [ə·'pɔɪn·tɪd] *adj* ❶ (*selected*) ernannt ❷ (*designated*) vereinbart

appointee [ə·pɔɪn·'ti] *n* Ernannte(r) *f(m)*

appointment [ə·'pɔɪnt·mənt] *n* ❶ (*being selected*) Ernennung *f* (**as** zu +*dat*) ❷ (*selection*) Einstellung *f* ❸ (*official meeting*) Verabredung *f;* **dentist** ~ Zahnarzttermin *m;* **by** ~ **only** nur nach Absprache

apportion [ə·'pɔr·ʃən] *vt* aufteilen; *blame* zuweisen

appraisal [ə·'preɪ·zəl] *n* ❶ (*evaluation*) Bewertung *f,* Beurteilung *f* ❷ (*estimation*) [Ab]schätzung *f*

appraise [ə·'preɪz] *vt* ❶ (*evaluate*) bewerten; *situation* einschätzen ❷ (*estimate*) schätzen

appreciable [ə·'pri·ʃə·bəl] *adj* beträchtlich; *difference* nennenswert

appreciate [ə·'pri·ʃi·eɪt] **I.** *vt* ❶ (*value*) schätzen; (*be grateful for*) zu schätzen wissen ❷ (*understand*) Verständnis haben für +*akk;*

■ **to** ~ **that ...** verstehen, dass ... **II.** *vi* **to** ~ **in value** im Wert steigen

appreciation [ə·ˌpri·ʃi·'eɪ·ʃən] *n* ❶ (*gratitude*) Anerkennung *f* ❷ (*understanding*) Verständnis *nt* (**of** für +*akk*) ❸ (*increase in value*) [Wert]steigerung *f*

appreciative [ə·'pri·ʃə· t̩ɪv] *adj* ❶ (*grateful*) dankbar (**of** für +*akk*) ❷ (*showing appreciation*) anerkennend; *audience* dankbar

apprehend [ˌæp·rɪ·'hend] *vt* festnehmen

apprehension [ˌæp·rɪ·'hen·ʃən] *n* ❶ (*arrest*) Festnahme *f* ❷ (*anxiety*) Besorgnis *f*

apprehensive [ˌæp·rɪ·'hen·sɪv] *adj* besorgt; (*scared*) ängstlich; ■ **to be** ~ **about sth** vor etw *dat* Angst haben

apprentice [ə·'pren·tɪs] *n* Auszubildende(r) *f(m)*

apprenticeship [ə·'pren·tɪs·ʃɪp] *n* ❶ (*training*) Ausbildung *f* ❷ (*period of training*) Lehrzeit *f*

approach [ə·'proʊtʃ] **I.** *vt* ❶ (*come closer*) ■ **to** ~ **sb/sth** sich jdm/etw nähern; (*come toward[s]*) auf jdn/etw zukommen; **it's** ~**ing lunchtime** es geht auf Mittag zu ❷ (*ask*) ■ **to** ~ **sb** jdn ansprechen (**about** wegen +*gen*); ■ **to** ~ **sb for sth** jdn um etw *akk* bitten ❸ (*handle*) *problem, issue* angehen **II.** *vi* sich nähern **III.** *n* ❶ (*coming*) Nähern *nt;* **at the** ~ **of winter ...** wenn der Winter naht, ... ❷ (*preparation to land*) [Lande]anflug *m* ❸ (*method*) Ansatz *m* ❹ (*proposal*) Vorstoß *m;* **to make an** ~ **to sb** sich an jdn wenden

approachable [ə·'proʊ·tʃə·bəl] *adj person* umgänglich; *place* zugänglich

appropriate I. *adj* [ə·'proʊ·pri·ət] ❶ (*suitable*) angemessen, angebracht; *words* richtig ❷ (*relevant*) entsprechend **II.** *vt* [ə·'proʊ·pri·eɪt] sich *dat* aneignen

appropriation [ə·ˌproʊ·pri·'eɪ·ʃən] *n* Aneignung *f*

approval [ə·'pru·vəl] *n* ❶ (*consent*) Zustimmung *f* ❷ (*praise*) Anerkennung *f* ▶ PHRASES: **on** ~ ECON zur Ansicht; (*to try*) zur Probe

approve [ə·'pruv] **I.** *vi* ❶ (*agree with*) ■ **to** ~ **of sth** etw *dat* zustimmen ❷ (*like*) ■ **to** ~/**not** ~ **of sb** etwas/nichts von jdm halten; ■ **to** ~ **of sth** etw gutheißen **II.** *vt* (*permit*) genehmigen; (*consent to*) billigen; *minutes* annehmen

approved [ə·'pruvd] *adj* ❶ (*agreed*) bewährt ❷ (*sanctioned*) [offiziell] anerkannt

approving [ə·'pru·vɪŋ] *adj* zustimmend

approvingly [ə·'pru·vɪŋ·li] *adv* anerkennend, zustimmend

approx. *adv abbrev of* **approximately** ca.

approximate I. *adj* [ə·'prak·sɪ·mət] ungefähr; ~ **number** [An]näherungswert *m* **II.** *vt* [ə·'prak·sɪ·meɪt] sich nähern **III.** *vi* [ə·'prak·sɪ·meɪt] ■ **to** ~ **to sth** etw *dat* annähernd gleichkommen

approximately [ə·'prak·sɪ·mət·li] *adv* ungefähr

approximation [ə·ˌprak·sɪ·'meɪ·ʃən] *n* Annäherung *f;* **that's only an** ~ das ist nur eine grobe Schätzung

APR [ˌeɪ·piˈar] *n* FIN *abbrev of* **annual percentage rate** Jahreszinssatz *m*

Apr. *n abbrev of* **April** Apr.

apricot ['eɪ·prɪ·kat] I. *n* (*fruit*) Aprikose *f,* Marille *f* ÖSTERR II. *adj* aprikosenfarben, apricot

April ['eɪ·prəl] *n* April *m; see also* **February**

April 'Fools' Day *n* der erste April

apron ['eɪ·prən] *n* Schürze *f*

apropos [ˌæp·rəˈpoʊ] *adv, prep* apropos

apt [æpt] *adj* ❶ (*appropriate*) passend; *description, remark* treffend; *moment* geeignet ❷ (*likely*) ■to be ~ to do sth dazu neigen, etw zu tun

aptitude ['æp·tɪ·tud] *n* Begabung *f*

'aptitude test *n* Eignungstest *m*

aquarium <*pl* -s *or* -ria> [əˈkwer·i·əm] *n* Aquarium *nt*

Aquarius [əˈkwer·i·əs] *n* ASTROL Wassermann *m*

aquatic [əˈkwæt̬·ɪk] *adj* Wasser-

AR *abbrev of* **Arkansas**

Arab ['ær·əb] I. *n* Araber(in) *m(f)* II. *adj* arabisch

Arabian [əˈreɪ·bi·ən] *adj* arabisch

Arabic ['ær·ə·bɪk] I. *n* Arabisch *nt* II. *adj* arabisch

arable ['ær·ə·bəl] *adj* ~ **land** Ackerland *nt*

arbitrary ['ar·bɪ·trer·i] *adj* willkürlich

arbitrate ['ar·bɪ·treɪt] I. *vt* schlichten II. *vi* vermitteln

arbitration [ˌar·bɪˈtreɪ·ʃən] *n* Schlichtung *f;* **to go to** ~ einen Schlichter anrufen

arbitrator ['ar·bɪ·treɪ·t̬ər] *n* Schlichter(in) *m(f)*

arbor ['ar·bər] *n* Laube *f*

arc [ark] I. *n* Bogen *m* II. *vi* einen Bogen beschreiben

arcade [ær·'keɪd] *n* ❶ (*for playing games*) Spielhalle *f* ❷ ARCHIT Arkade *f*

arch [artʃ] I. *n* Bogen *m;* ~ **of the foot** Fußgewölbe *nt* II. *vi* sich wölben III. *vt* back krümmen; *eyebrows* heben

archaic [ar·'keɪ·ɪk] *adj* veraltet

archangel ['ark·eɪn·dʒl] *n* Erzengel *m*

arch'bishop *n* Erzbischof *m*

arch'diocese *n* Erzdiözese *f*

arch'enemy *n* Erzfeind(in) *m(f)*

archeological [ˌar·ki·ə·ˈladʒ·ɪ·kəl] *adj* archäologisch; ~ **dig** [Aus]grabungsort *m*

archeologist [ˌar·ki·ˈal·ə·dʒɪst] *n* Archäologe *m,* Archäologin *f*

archeology [ˌar·ki·ˈal·ə·dʒi] *n* Archäologie *f*

archer ['ar·tʃər] *n* Bogenschütze *m,* Bogenschützin *f*

archery ['ar·tʃə·ri] *n* Bogenschießen *nt*

archipelago <*pl* -s *or* -es> [ˌar·kə·ˈpel·ə·goʊ] *n* Archipel *m*

architect ['ar·kɪ·tekt] *n* Architekt(in) *m(f)*

architecture ['ar·kɪ·tek·tʃər] *n* Architektur *f*

archive ['ar·kaɪv] *n* Archiv *nt*

archivist ['ar·kə·vɪst] *n* Archivar(in) *m(f)*

'archway *n* Torbogen *m*

'arc lamp, 'arc light *n* Bogenlampe *f*

Arctic ['ark·tɪk] I. *n* ■the ~ die Arktis II. *adj* arktisch; *expedition, explorer* Arktis-; ~ **Circle** nördlicher Polarkreis; ~ **Ocean** nördliches Eismeer

ardent ['ar·dənt] *adj* leidenschaftlich; ~ **admirer** glühender Verehrer/glühende Verehrerin

ardor ['ar·dər] *n* Leidenschaft *f*

arduous ['ar·dʒu·əs] *adj* anstrengend

are [ər, *stressed:* ar] *vi, vt see* **be**

area ['er·i·ə] *n* ❶ Gebiet *nt;* ~ **of the brain** Hirnregion *f* ❷ (*surface measure*) Fläche *f* ❸ (*approximately*) ■in the ~ of ... ungefähr ...

'area code *n* Vorwahl *f*

arena [əˈri·nə] *n* Arena *f*

Argentina [ˌar·dʒən·ˈti·nə] *n* Argentinien *nt*

Argentine ['ar·dʒən·tin], **Argentinean** [ˌar·dʒən·ˈtɪn·i·ən] I. *adj* argentinisch II. *n* Argentinier(in) *m(f)*

arguable ['ar·gju·ə·bəl] *adj* fragwürdig

arguably ['ar·gju·ə·bli] *adv* wohl

argue ['ar·gju] I. *vi* ❶ (*disagree*) [sich] streiten; **don't** ~ |with me|! keine Widerrede! ❷ (*reason*) argumentieren; ■to ~ **for sth** sich für etw *akk* aussprechen II. *vt* erörtern; ■to ~ **that** ... dafür sprechen, dass ...

argument ['ar·gjə·mənt] *n* ❶ (*heated discussion*) Auseinandersetzung *f* ❷ (*case*) Argument *nt*

argumentative [ˌar·gjə·ˈmen·t̬ə·t̬ɪv] *adj* streitsüchtig

aria ['a·ri·ə] *n* Arie *f*

arid ['ær·ɪd] *adj* dürr

Aries ['er·iz] *n* ASTROL Widder *m*

arise <arose, arisen> [əˈraɪz] *vi* (*come about*) sich ergeben; **should the need** ~, ... sollte es notwendig werden, ...

arisen [əˈrɪz·ən] *pp of* **arise**

aristocracy [ˌær·ɪ·ˈstak·rə·si] *n* + *pl/sing vb* Aristokratie *f*

aristocrat [əˈrɪs·tə·kræt] *n* Aristokrat(in) *m(f)*

aristocratic [e·ˌrɪs·tə·ˈkræt̬·ɪk] *adj* aristokratisch

arithmetic I. *n* [əˈrɪθ·mɪ·tɪk] Arithmetik *f* II. *adj* [ˌer·ɪθ·ˈmet̬·ɪk] arithmetisch

Ariz. *abbrev of* **Arizona**

Arizona [ˌær·ɪ·ˈzoʊ·nə] *n* Arizona *nt*

ark [ark] *n* Arche *f*

Ark. *abbrev of* **Arkansas**

Arkansas ['ar·kən·sɔ] *n* Arkansas *nt*

i Der **Arlington National Cemetery** (Nationalfriedhof Arlington) befindet sich am Potomac River, südöstlich von Washington, D.C. Er hat eine Fläche von 1 Quadratmeile (2,6 km²) und beherbergt die Gräber von mehr als 60.000 amerikanischen Soldaten sowie die bekannter amerikanischer Persönlichkeiten wie Präsident William Howard

Taft, Präsident John F. Kennedy, General John J. Pershing, Admiral Robert E. Peary und schließlich das des „Unbekannten Soldaten", der das ganze Jahr rund um die Uhr bewacht wird.

arm¹ [arm] *n* ❶ ANAT, GEOG Arm *m;* **on one's ~** am Arm ❷ (*armrest*) Armlehne *f* ❸ (*division*) Abteilung *f* ▶ PHRASES: **to cost an ~ and a leg** Unsummen kosten; **to keep sb at ~'s length** jdn auf Distanz halten
arm² [arm] **I.** *vt* ❶ (*supply with weapons*) bewaffnen; ■ **to ~ oneself** (*fig*) sich wappnen ❷ (*prime*) *bomb* scharf machen **II.** *n* ■ **~s** *pl* ❶ (*weapons*) Waffen *pl;* **under ~s** kampfbereit ❷ (*heraldic insignia*) Wappen *nt*
'armband *n* Armbinde *f*
'armchair *n* Sessel *m;* **~ politician** Stammtischpolitiker(in) *m(f)*
armed [armd] *adj* bewaffnet
armed 'forces *npl* Streitkräfte *pl*
Armenia [ar·'mi·ni·ə] *n* Armenien *nt*
Armenian [ar·'mi·ni·ən] **I.** *adj* armenisch **II.** *n* ❶ (*person*) Armenier(in) *m(f)* ❷ (*language*) Armenisch *nt*
armful ['arm·fʊl] *n* Armvoll *m*
armhole ['arm·hoʊl] *n* Armloch *nt*
armistice ['ar·mə·stɪs] *n* Waffenstillstand *m*
armor ['ar·mər] *n* HIST Rüstung *f;* **suit of ~** Panzerkleid *nt;* **~ plate** Panzerplatte *f*
armored ['ar·mərd] *adj* gepanzert; **~ car** Panzer[späh]wagen *m*
armor-'plated *adj* gepanzert
'armpit *n* Achselhöhle *f*
'armrest *n* Armlehne *f*
'arms control *n* Abrüstung *f*
'arms race *n* Wettrüsten *nt*
army ['ar·mi] *n* ❶ Armee *f;* ■ **the ~** das Heer; **to join the ~** zum Militär gehen ❷ (*fig*) Heer *nt*
aroma [ə·'roʊ·mə] *n* Duft *m*
aroma'therapy *n* Aromatherapie *f*
aromatic [ˌær·ə·'mæt·ɪk] *adj* aromatisch
arose [ə·'roʊz] *pt of* **arise**
around [ə·'raʊnd] **I.** *adv* ❶ (*on all sides*) rundum; **from miles ~** von weither; **he's the biggest crook ~** er ist der größte Gauner, den es gibt ❷ (*with circular motion*) umher; **to wave one's arms ~** mit den Armen [herum]fuchteln ❸ (*here and there*) herum; **to show sb ~** jdn herumführen; **to get ~** herumkommen ▶ PHRASES: **see you ~** bis demnächst mal **II.** *prep* ❶ um +*akk;* **~ the table** um den Tisch herum; **from all ~ the world** aus aller Welt ❷ ungefähr; **~ 12:15** um ungefähr 12.15 Uhr ❸ (*expressing location*) **she must be ~ here somewhere** sie muss hier irgendwo sein
arouse [ə·'raʊz] *vt* ❶ (*stir*) erwecken; *suspicion* erregen ❷ (*sexually excite*) erregen
arraign [ə·'reɪn] *vt* ■ **to ~ sb** jdn vor Gericht stellen

arrange [ə·'reɪndʒ] **I.** *vt* ❶ (*organize*) arrangieren; *date* vereinbaren; *matters* regeln ❷ (*put in order*) ordnen; *flowers* arrangieren ❸ MUS arrangieren **II.** *vi* festlegen; ■ **to ~ to do sth** etw vereinbaren; ■ **to ~ for sb to do sth** etw für jdn organisieren
arrangement [ə·'reɪndʒ·mənt] *n* ❶ ■ **~s** *pl* (*preparations*) Vorbereitungen *pl* ❷ (*agreement*) Abmachung *f;* **by [prior] ~** nach [vorheriger] Absprache ❸ (*ordering, a. music*) Arrangement *nt;* **an ~ of dried flowers** ein Gesteck *nt* von Trockenblumen
array [ə·'reɪ] **I.** *n* stattliche Reihe **II.** *vt* (*display*) aufreihen
arrears [ə·'rɪrz] *npl* Rückstände *pl;* **in ~** in Verzug
arrest [ə·'rest] **I.** *vt* (*apprehend*) verhaften **II.** *n* Verhaftung *f;* **to place under ~** in Haft nehmen
arresting [ə·'res·tɪŋ] *adj* (*striking*) faszinierend; *account* fesselnd; *performance* eindrucksvoll
arrival [ə·'raɪ·vəl] *n* ❶ (*at a destination*) Ankunft *f;* *of a baby* Geburt *f* ❷ (*person*) Ankommende(r) *f(m);* **new ~** Baby *nt*
arrive [ə·'raɪv] *vi* ❶ *bus* ankommen; *baby, mail, season* kommen; **to ~ at a conclusion** zu einem Schluss gelangen ❷ (*establish one's reputation*) es schaffen
arrogance ['ær·ə·gəns] *n* Arroganz *f*
arrogant ['ær·ə·gənt] *adj* arrogant
arrow ['ær·oʊ] *n* Pfeil *m*
'arrowhead *n* Pfeilspitze *f*
arsenic ['ar·sə·nɪk] *n* Arsen *nt*
arson ['ar·sən] *n* Brandstiftung *f*
art [art] *n* Kunst *f;* ■ **the ~s** *pl* die Kunst
artefact ['ar·tə·fækt] *n see* **artefact**
arteriosclerosis [ar·ˌtɪr·i·oʊ·sklə·'roʊ·səs] *n* Arterienverkalkung *f*
artery ['ar·tə·ri] *n* ❶ ANAT Arterie *f* ❷ TRANSP Hauptverkehrsader *f*
arthritic [ar·'θrɪt̬·ɪk] *adj* arthritisch
arthritis [ar·'θraɪ·t̬ɪs] *n* Gelenkentzündung *f*
artichoke ['ar·t̬ɪ·tʃoʊk] *n* Artischocke *f*
article ['ar·t̬ɪ·kəl] *n* ❶ Artikel *m;* **~ of clothing** Kleidungsstück *nt* ❷ LAW Paragraph *m*
articulate I. *adj* [ar·'tɪk·jə·lət] ❶ *person* redegewandt ❷ *speech* verständlich **II.** *vt* [ar·'tɪk·ju·leɪt] ❶ (*express*) aussprechen; *idea* äußern ❷ (*pronounce*) artikulieren; *sound* bilden
artifact ['ar·tə·fækt] *n* Artefakt *nt*
artificial [ˌar·tə·'fɪʃ·əl] *adj* ❶ (*not natural*) künstlich; **~ color[ing]** Farbstoff *m;* **~ leg** Beinprothese *f;* **~ sweetener** Süßstoff *m* ❷ (*pej: not genuine*) aufgesetzt; *smile* unecht
artillery [ar·'tɪl·ə·ri] *n* Artillerie *f*
artisan ['ar·t̬ɪ·zən] *n* Handwerker(in) *m(f)*
artist ['ar·t̬ɪst] *n* Künstler(in) *m(f)*
artiste [ar·'tist] *n* THEAT, TV Artist(in) *m(f)*
artistic [ar·'tɪs·tɪk] *adj* künstlerisch; *arrangement* kunstvoll
artistry ['ar·t̬ɪ·stri] *n* Kunstfertigkeit *f*
'artwork *n* ❶ (*work of art*) Kunstwerk *nt* ❷ (*il-*

lustrations) Illustrationen *pl*

arty ['ar·ṭi], **artsy** ['art·si] *adj* gewollt bohemienhaft

Aryan ['er·i·ən] I. *n* Arier(in) *m(f)* II. *adj* arisch

as [æz, əz] I. *conj* ❶ (*while*) während ❷ (*in the way that, like*) wie; **do ~ I say!** mach, was ich sage!; ~ **it were** sozusagen; ~ **if** [*or* **though**] als ob; ~ **if!** wohl kaum! ❸ (*because*) weil ▶ PHRASES: ~ **for** ... was ... betrifft; ~ **of** ab; ~ **to** ... was ... angeht II. *prep* als; ~ **a child** als Kind; **dressed ~ a banana** als Banane verkleidet; **the news came ~ no surprise** die Nachricht war keine Überraschung; **such big names ~** ... so große Namen wie ...; ~ **a matter of principle** aus Prinzip III. *adv* ❶ (*in comparisons*) wie; ■ [**just**] ~ ... ~ ... [genau]so ... wie ...; **if you play ~ well ~ that, ...** wenn du so gut spielst, ... ❷ (*indicating an extreme*) ~ **tall ~ 8 ft.** bis zu 8 Fuß hoch; ~ **little ~** nur

asbestos [æs·'bes·təs] *n* Asbest *m*

ascend [ə·'send] I. *vt* hinaufsteigen; (*fig*) *throne* besteigen II. *vi* ❶ (*move upwards*) aufsteigen; *elevator* hinauffahren; **in ~ing order of importance** nach zunehmender Wichtigkeit ❷ (*lead up*) *path* hinaufführen

ascendancy, ascendency [ə·'sen·dən·si] *n* Vormachtstellung *f*

ascendant, ascendent [ə·'sen·dənt] *n* **to be in the ~** (*be gaining influence*) im Kommen sein; (*have supremacy*) beherrschenden Einfluss haben

ascent [ə·'sent] *n* ❶ (*upward movement*) Aufstieg *m; of a mountain* Besteigung *f* ❷ (*slope*) Anstieg *m*

ascertain [ˌæs·ər·'teɪn] *vt* feststellen

ascetic [ə·'seṭ·ɪk] I. *n* Asket(in) *m(f)* II. *adj* asketisch

asexual [ˌeɪ·'sek·ʃu·əl] *adj* asexuell; *reproduction* ungeschlechtlich

ash[1] [æʃ] *n* (*from burning*) Asche *f;* ■ **-es** *pl* Asche *f kein pl;* **to reduce to ~es** völlig niederbrennen

ash[2] [æʃ] *n* (*tree*) Esche *f;* (*wood*) Eschenholz *nt*

ashamed [ə·'ʃeɪmd] *adj* ■ **to be ~** [**of sb/sth**] sich [für jdn/etw] schämen; **that's nothing to be ~ of!** deswegen brauchst du dich [doch] nicht zu schämen!

ashore [ə·'ʃɔr] *adv* an Land; **to swim ~** ans Ufer schwimmen

'ashtray *n* Aschenbecher *m*

Ash 'Wednesday *n* Aschermittwoch *m*

Asia ['eɪ·ʒə] *n* Asien *nt*

Asia 'Minor *n* Kleinasien *nt*

Asian ['eɪ·ʒən] I. *n* Asiat *m*, Asiatin *f* II. *adj* asiatisch

Asiatic [ˌeɪ·ʒi·'æṭ·ɪk] (*esp pej*) I. *n* Asiat *m*, Asiatin *f* II. *adj* asiatisch

aside [ə·'saɪd] I. *adv* zur Seite; **to take sb ~** jdn beiseitenehmen; **to leave sth ~** etw [weg]lassen II. *n* Nebenbemerkung *f*

aside from *prep* abgesehen von +*dat*

ask [æsk] I. *vt* ❶ (*request information*) fragen;

to ~ a question [**about sth**] [zu etw *dat*] eine Frage stellen; **may I ~ you a question?** darf ich Sie etwas fragen? ❷ (*request*) *favor* bitten [um +*dat*]; **she ~ed me for help** sie bat mich, ihr zu helfen ❸ (*invite*) einladen II. *vi* ❶ (*request information*) fragen; **you may well ~** gute Frage; ■ **to ~ about sb/sth** nach jdm/ etw fragen; **I was only ~ing!** war ja nur 'ne Frage! ❷ (*request*) bitten ❸ (*fig: take a risk*) ■ **to be ~ing for sth** etw geradezu herausfordern; **you're ~ing for trouble** du willst wohl Ärger haben!

askew [ə·'skju] *adj, adv* schief

asking ['æs·kɪŋ] *n* **it's yours for the ~** du kannst es gerne haben

asleep [ə·'slip] *adj* ❶ (*sleeping*) ■ **to be ~** schlafen; **to fall ~** einschlafen ❷ (*numb*) eingeschlafen

asparagus [ə·'spær·ə·gəs] *n* Spargel *m*

aspect ['æs·pekt] *n* ❶ Aspekt *m* ❷ (*outlook*) Lage *f*

aspen ['æs·pən] *n* Espe *f*

aspersion [ə·'spɜr·ʒən] *n* **to cast ~s on sb** jdn verleumden

asphalt ['æs·fɔlt] I. *n* Asphalt *m* II. *vt* asphaltieren

asphyxia [æs·'fɪk·si·ə] *n* Asphyxie *f*

asphyxiate [əs·'fɪk·si·eɪt] *vi, vt* ersticken

asphyxiation [əs·ˌfɪk·si·'eɪ·ʃən] *n* Erstickung *f*

aspiration [ˌæs·pə·'reɪ·ʃən] *n* Ambition *f*

aspire [ə·'spaɪr] *vi* anstreben; **to ~ to be president** danach trachten, Präsident zu werden

aspirin ['æs·pə·rɪn] *n* Aspirin *nt*

aspiring [ə·'spaɪr·ɪŋ] *adj* aufstrebend

ass[1] < *pl* -es> [æs] *n* Esel *m;* **to make an ~ of oneself** sich lächerlich machen

ass[2] < *pl* -es> [æs] *n* (*vulg: rear end*) Arsch *m* ▶ PHRASES: **my ~!** (*fam: emphatically not*) wahrlich nicht; **beautiful? beautiful my ~!** schön? wahrlich nicht!

assail [ə·'seɪl] *vt* ❶ (*attack*) angreifen ❷ **to be ~ed by doubts** von Zweifeln geplagt werden

assailant [ə·'seɪ·lənt] *n* Angreifer(in) *m(f)*

assassin [ə·'sæs·ɪn] *n* Mörder(in) *m(f);* (*esp political*) Attentäter(in) *m(f)*

assassinate [ə·'sæs·ə·neɪt] *vt* ■ **to ~ sb** ein Attentat auf jdn verüben

assassination [ə·ˌsæs·ə·'neɪ·ʃən] *n* Attentat *nt* (**of** auf +*akk*)

assault [ə·'sɔlt] I. *n* Angriff *m* (**on** auf +*akk*) II. *vt* angreifen

assemble [ə·'sem·bəl] I. *vi* sich versammeln II. *vt* zusammenbauen

assembly [ə·'sem·bli] *n* ❶ (*gathering*) Versammlung *f;* ■ **the A~** das Unterhaus ❷ TECH Montage *f;* ~ **line** Fließband *nt*

assert [ə·'sɜrt] *vt* ❶ (*state firmly*) beteuern ❷ *independence* behaupten ❸ (*act confidently*) ■ **to ~ oneself** sich durchsetzen

assertion [ə·'sɜr·ʃən] *n* ❶ (*claim*) Behauptung *f; of innocence* Beteuerung *f* ❷ *of authority* Geltendmachung *f*

assertive [ə-'sɜr-ţɪv] *adj* ∎**to be ~** Durchsetzungsvermögen zeigen

assertiveness [ə-'sɜr-tɪv-nɪs] *n* Durchsetzungsvermögen *nt*

assess [ə-'ses] *vt* ❶(*evaluate*) einschätzen; *cost* veranschlagen; *damage* schätzen (**at** auf +*akk*) ❷FIN ∎**to be ~ed** *person, property* steuerlich geschätzt werden

assessment [ə-'ses-mənt] *n* ❶*of damage* Schätzung *f* ❷*of tax* Veranlagung *f* ❸(*evaluation*) Beurteilung *f*

assessor [ə-'ses-ər] *n* Taxator(in) *m(f)*, Schätzer(in) *m(f)*

asset ['æs-et] *n* ❶(*good quality*) Pluspunkt *m* ❷(*valuable person*) Bereicherung *f*; (*useful thing*) Vorteil *m* ❸FIN ∎**~s** *pl* Vermögenswerte *pl*

assign [ə-'saɪn] *vt* zuweisen; *task* zuteilen; ∎**to ~ sb to do sth** jdn damit betrauen, etw zu tun

assignment [ə-'saɪn-mənt] *n* (*task*) Aufgabe *f*; (*job*) Auftrag *m*

assimilate [ə-'sɪm-ə-leɪt] **I.** *vt* integrieren; *information* aufnehmen **II.** *vi* sich eingliedern

assimilation [ə-,sɪm-ə-'leɪ-ʃən] *n* (*integration*) Eingliederung *f*

assist [ə-'sɪst] *vt, vi* helfen (**with** bei +*dat*)

assistance [ə-'sɪs-təns] *n* Hilfe *f*; **can I be of any ~?** kann ich Ihnen irgendwie behilflich sein?

assistant [ə-'sɪs-tənt] **I.** *n* Assistent(in) *m(f)*; (*in store*) Verkäufer(in) *m(f)* **II.** *adj* stellvertretend

associate I. *n* [ə-'soʊ-ʃi-ət] (*friend*) Gefährte *m*, Gefährtin *f*; (*colleague*) Kollege *m*, Kollegin *f*; (*of criminals*) Komplize *m*, Komplizin *f*; **business ~** Geschäftspartner(in) *m(f)* **II.** *vt* [ə-'soʊ-ʃi-eɪt] in Verbindung bringen; ∎**to be ~d with sth** in Zusammenhang mit etw *dat* stehen **III.** *vi* verkehren

association [ə-,soʊ-si-'eɪ-ʃən] *n* ❶(*organization*) Vereinigung *f*; (*corporation*) Verband *m* ❷(*involvement*) Verbundenheit *f*; **in ~ with** in Verbindung mit +*dat* ❸(*mental connection*) Assoziation *f*

assorted [ə-'sɔr-ţɪd] *adj* gemischt; *colors* verschieden

assortment [ə-'sɔrt-mənt] *n* Sortiment *nt*

assume [ə-'sum] *vt* ❶(*regard as true*) annehmen ❷(*adopt*) annehmen; *role* übernehmen ❸(*take on*) **to ~ office** sein Amt antreten; *power* ergreifen; *responsibility* übernehmen

assumed [ə-'sumd] *adj* **under an ~ name** unter einem Decknamen

assumption [ə-'sʌmp-ʃən] *n* (*supposition*) Annahme *f*; (*presupposition*) Voraussetzung *f*; **on the ~ that ...** wenn man davon ausgeht, dass ...

assurance [ə-'ʃʊr-əns] *n* ❶(*promise*) Zusicherung *f* ❷(*self-confidence*) Selbstsicherheit *f*

assure [ə-'ʃʊr] *vt* ❶(*confirm certainty*) zusichern; ∎**to ~ oneself of sth** sich *dat* etw sichern ❷(*promise*) ∎**to ~ sb of sth** jdm etw

zusichern

assured [ə-'ʃʊrd] *adj* ❶(*confident*) selbstsicher ❷(*certain*) sicher

assuredly [ə-'ʃʊr-ɪd-li] *adv* ❶(*confidently*) selbstsicher ❷(*certainly*) sicher[lich]

asterisk ['æs-tə-rɪsk] **I.** *n* Sternchen *nt* **II.** *vt* mit einem Sternchen versehen

asteroid ['æs-tə-rɔɪd] *n* Asteroid *m*

asthma ['æz-mə] *n* Asthma *nt*

asthmatic [æz-'mæţ-ɪk] **I.** *n* Asthmatiker(in) *m(f)* **II.** *adj* asthmatisch

astonish [ə-'stan-ɪʃ] *vt* erstaunen

astonished [ə-'stan-ɪʃt] *adj* erstaunt

astonishing [ə-'stan-ɪʃ-ɪŋ] *adj* erstaunlich

astonishment [ə-'stan-ɪʃ-mənt] *n* Erstaunen *nt*; **to stare in ~** verblüfft starren

astound [ə-'staʊnd] *vt* verblüffen

astounding [ə-'staʊn-dɪŋ] *adj* erstaunlich; *fact* verblüffend

astray [ə-'streɪ] *adv* verloren; **to lead sb ~** (*fig*) jdn auf Abwege bringen

astride [ə-'straɪd] *prep* rittlings auf +*dat*

astrologer [ə-'stral-ə-dʒər] *n* Astrologe *m*, Astrologin *f*

astrological [,æs-trə-'ladʒ-ɪ-kəl] *adj* astrologisch

astrology [ə-'stral-ə-dʒi] *n* Astrologie *f*

astronaut ['æs-trə-nɔt] *n* Astronaut(in) *m(f)*

astronomer [ə-'stran-ə-mər] *n* Astronom(in) *m(f)*

astronomical [,æs-trə-'nam-ɪ-kəl] *adj* (*a. fig*) astronomisch

astronomy [ə-'stran-ə-mi] *n* Astronomie *f*

astute [ə-'stut] *adj* scharfsinnig

asylum [ə-'saɪ-ləm] *n* (*protection*) Asyl *nt*; **~ seeker** Asylbewerber(in) *m(f)*

asymmetric(al) [,eɪ-sɪ-'met-rɪk(əl)] *adj* asymmetrisch

at [ət, æt] *prep* ❶(*in location of*) an +*dat*; **~ the bakery** beim Bäcker; **~ home** zu Hause; **~ the party** auf der Party; **~ school** in der Schule; **~ work** bei der Arbeit ❷(*during time of*) **~ night** in der Nacht, nachts; **~ 10:00 [a.m.]** um 10:00 Uhr; **~ the moment** im Moment; **~ this stage** bei diesem Stand; **several things ~ a time** mehrere Sachen auf einmal; **~ the time** zu diesem Zeitpunkt; **~ the same time** (*simultaneously*) zur gleichen Zeit; (*on the other hand*) auf der anderen Seite ❸(*to amount of*) **~ a distance of 165 feet** auf eine Entfernung von 50 Metern; **~ 80 miles per hour** mit 80 Meilen pro Stunde; **~ a gallop** im Galopp; **~ regular intervals in** regelmäßigen Abständen ❹(*in state of*) **~ war** im Krieg; **~ a disadvantage** im Nachteil; **~ fault** im Unrecht ❺(*in ability to*) bei +*dat*; **good ~ math** gut in Mathematik ▶PHRASES: **~ all** überhaupt; **did she suffer ~ all?** hat sie denn gelitten?; **not ~ all** (*definitely not*) keineswegs

ate [eɪt] *pt of* **eat**

atheism ['eɪ-θi-ɪz-əm] *n* Atheismus *m*

atheist ['eɪ-θi-ɪst] **I.** *n* Atheist(in) *m(f)* **II.** *adj*

atheistisch
Athens ['æθ·ənz] *n* Athen *nt*
athlete ['æθ·lit] *n* Athlet(in) *m(f)*
athletic [æθ·'let·ɪk] *adj* athletisch, sportlich
athletics [æθ·'let·ɪks] *n* SCH, UNIV [Schul]sport *m kein pl*
Atlantic [ət·'læn·tɪk] *n* ■the ~ [Ocean] der Atlantik
atlas <*pl* -es> ['æt·ləs] *n* Atlas *m*
ATM [ˌeɪ·ti·'em] *n abbrev of* **automated teller machine** Geldautomat *m*
atmosphere ['æt·mə·sfɪr] *n* Atmosphäre *f a. fig*
atmospheric [ˌæt·mə·'sfer·ɪk] *adj* ❶ atmosphärisch ❷ (*fig*) stimmungsvoll
atoll ['æt·ɔl] *n* Atoll *nt*
atom ['æt̬·əm] *n* PHYS Atom *nt;* (*fig*) Bisschen *nt*
'atom bomb *n* Atombombe *f*
atomic [ə·'tam·ɪk] *adj* Atom-, atomar
atomize ['æt̬·ə·maɪz] *vt* zerstäuben
atone [ə·'toun] I. *vi* ■to ~ for sth etw wiedergutmachen II. *vt* to ~ one's sins für seine Sünden büßen
atrocious [ə·'trou·ʃəs] *adj* grässlich; *weather, food* scheußlich; *conditions* grauenhaft
atrocity [ə·'tras·ɪ·t̬i] *n* Gräueltat *f*
attach [ə·'tætʃ] *vt* ❶ (*fix*) befestigen (to an +*dat*) ❷ (*connect*) verbinden (to mit +*dat*) ❸ (*send as enclosure*) ■to ~ sth [to sth] etw [etw *dat*] beilegen ❹ (*join*) ■to ~ oneself to sb sich jdm anschließen ❺ (*assign*) ■to be ~ed to sth etw *dat* zugeteilt sein
attaché [ˌæt̬·ə·'ʃeɪ] *n* Attaché *m*
atta'ché case *n* Aktenkoffer *m*
attachment [ə·'tætʃ·mənt] *n* ❶ (*fondness*) Sympathie *f;* to form an ~ to sb sich mit jdm anfreunden ❷ (*support*) Unterstützung *f* ❸ (*for appliances*) Zusatzgerät *nt* ❹ COMPUT Anhang *m*
attack [ə·'tæk] I. *n* ❶ (*assault*) Angriff *m* (on auf +*akk*) ❷ (*bout*) Anfall *m* II. *vt* ❶ angreifen; *by criminal* überfallen ❷ (*fig*) anpacken III. *vi* angreifen
attacker [ə·'tæ·kər] *n* Angreifer(in) *m(f)*
attain [ə·'teɪn] *vt* erreichen; *independence* erlangen
attainable [ə·'teɪn·ə·bəl] *adj* erreichbar
attainment [ə·'teɪn·mənt] *n* ❶ Leistung *f* ❷ ■-s *pl* (*accomplishments*) Fertigkeiten *pl*
attempt [ə·'tempt] I. *n* Versuch *m;* make an ~ on sb's life einen Mordanschlag auf jdn verüben II. *vt* versuchen
attend [ə·'tend] I. *vt* ❶ (*be present at*) besuchen; to ~ a wedding zu einer Hochzeit gehen ❷ (*care for*) [ärztlich] behandeln II. *vi* (*be present*) teilnehmen
attendance [ə·'ten·dəns] *n* ❶ (*being present*) Anwesenheit *f;* in ~ anwesend ❷ (*number of people present*) Besucherzahl *f*
attendant [ə·'ten·dənt] *n* Aufseher(in) *m(f);* flight ~ Flugbegleiter(in) *m(f)*
attention [ə·'ten·ʃən] *n* ❶ (*notice*) Aufmerk-

samkeit *m;* ~! Achtung!; to pay ~ to sb jdm Aufmerksamkeit schenken; to pay ~ to sth auf etw *akk* achten ❷ (*care*) Pflege *f;* MED Behandlung *f* ❸ (*in letters*) to sb's ~ zu Händen von ❹ MIL to stand at ~ stillstehen
at'tention span *n* Konzentrationsvermögen *f*
attentive [ə·'ten·tɪv] *adj* ❶ (*caring*) fürsorglich ❷ (*paying attention*) aufmerksam
attic ['æt̬·ɪk] *n* Dachboden *m;* in the ~ auf dem Dachboden
attitude ['æt̬·ɪ·tud] *n* (*way of thinking*) Haltung *f,* Einstellung *f*
attorney [ə·'tɜr·ni] *n* Anwalt *m,* Anwältin *f*
attorney 'general <*pl* attornies general> *n* Justizminister [und Generalstaatsanwalt], Justizministerin [und Generalstaatsanwältin] *m, f*
attract [ə·'trækt] *vt* anziehen; *attention* erregen; *criticism* stoßen auf
attraction [ə·'træk·ʃən] *n* ❶ PHYS Anziehungskraft *f* ❷ (*between people*) Anziehung *f;* she felt an ~ to him sie fühlte sich zu ihm hingezogen ❸ (*appeal*) Reiz *m*
attractive [ə·'træk·tɪv] *adj* attraktiv
attribute [ə·'trɪb·jut] I. *vt* [ə·'trɪb·jut] ❶ (*ascribe*) zurückführen (to auf +*dat*) ❷ (*give credit for*) zuschreiben (to +*dat*) II. *n* ['æt̬·rɪ·bjut] Eigenschaft *f*
attrition [ə·'trɪʃ·ən] *n* ❶ Zermürbung *f* ❷ *Personalabbau durch Einstellungsstopp*
auburn ['ɔ·bərn] *adj* rotbraun
auction ['ɔk·ʃən] I. *n* Auktion *f,* Versteigerung *f* II. *vt* ■to ~ [off] versteigern
auctioneer [ˌɔk·ʃə·'nɪr] *n* Auktionator(in) *m(f)*
audacious [ɔ·'deɪ·ʃəs] *adj* ❶ (*bold*) kühn ❷ (*impudent*) dreist
audaciousness [ɔ·'deɪ·ʃəs·nɪs], **audacity** [ɔ·'dæs·ɪ·t̬i] *n* ❶ (*boldness*) Kühnheit *f* ❷ (*impudence*) Dreistigkeit *f*
audible ['ɔ·də·bəl] *adj* hörbar
audience ['ɔ·di·əns] *n* ❶ (*at performance*) Publikum *nt; a.* THEAT Besucher *pl;* TV Zuschauer *pl;* RADIO [Zu]hörer *pl* ❷ (*formal interview*) Audienz *f* (with bei +*dat*)
audio ['ɔ·di·ou] *adj* Audio-; ~ book Hörbuch *nt*
audit ['ɔ·dɪt] I. *n* Rechnungsprüfung *f* II. *vt* ❶ [amtlich] prüfen ❷ UNIV *class* [nur] als Gasthörer besuchen
audition [ɔ·'dɪʃ·ən] I. *n* (*for actor*) Vorsprechen *nt;* (*for singer*) Vorsingen *nt;* (*for dancer*) Vortanzen *nt;* (*for instrumentalist*) Vorspielen *nt* II. *vi* vorsprechen, vorsingen, vortanzen III. *vt* vorsprechen/vorsingen/vortanzen lassen
auditor ['ɔ·də·t̬ər] *n* Rechnungsprüfer(in) *m(f)*
auditorium <*pl* -s *or* -ria> [ɔ·də·'tɔr·i·əm] *n* THEAT Zuschauerraum *m;* (*hall*) Zuhörersaal *m;* (*for concerts*) Konzerthalle *f*
Aug. *n abbrev of* **August** Aug.
augment [ɔg·'ment] *vt* vergrößern; *income* verbessern
August ['ɔ·gəst] *n* August *m; see also* **February**

aunt [ænt] *n* Tante *f*
au pair [oʊ·'per] *n* au pair *nt*
aura ['ɔr·ə] *n* Aura *f*
aural ['ɔr·əl] *adj* akustisch; MED aural
auspices ['ɔ·spɪ·sɪz] *npl* Schirmherrschaft *f*
auspicious [ɔ·'spɪʃ·əs] *adj* viel versprechend
austere [ɔ·'stɪr] *adj* ❶ (*without comfort*) karg; (*severely plain*) nüchtern; *room* schmucklos; (*ascetic*) asketisch ❷ (*joyless and strict*) streng
austerity [ɔ·'ster·ɪ·ti] *n* ❶ (*absence of comfort*) Rauheit *f* ❷ (*sparseness*) Kargheit *f*; (*asceticism*) Askese *f* ❸ (*strictness*) Strenge *f*
Australia [ɔ·'streɪl·jə] *n* Australien *nt*
Australian [ɔ·'streɪl·jən] **I.** *n* (*person*) Australier(in) *m(f)* **II.** *adj* australisch
Austria ['ɔ·stri·ə] *n* Österreich *nt*
Austrian ['ɔ·stri·ən] **I.** *n* (*person*) Österreicher(in) *m(f)* **II.** *adj* österreichisch
authentic [ɔ·'θen·tɪk] *adj* authentisch
authenticate [ɔ·'θen·tɪ·keɪt] *vt* [die Echtheit] bestätigen; LAW beglaubigen
authentication [ɔ·ˌθen·tɪ·'keɪ·ʃən] *n* Bestätigung *f* [der Echtheit]; LAW Beglaubigung *f*
authenticity [ɔ·θən·'tɪs·ɪ·ti] *n* Echtheit *f*
author ['ɔ·θər] *n* (*profession*) Schriftsteller(in) *m(f)*; *of particular book* Autor(in) *m(f)*
authoritarian [ə·ˌθɔr·ə·'ter·i·ən] *adj* autoritär
authoritative [ə·'θɔr·ə·teɪ·tɪv] *adj* ❶ (*definitive*) maßgebend ❷ (*commanding*) Respekt einflößend
authority [ə·'θɔr·ɪ·ti] *n* ❶ (*right of control*) Autorität *f*; **in ~** verantwortlich ❷ (*permission*) Befugnis *f*; (*to act on sb's behalf*) Vollmacht *f*; **to have the ~ to do sth** befugt/bevollmächtigt sein, etw zu tun; **on whose ~?** wer hat das genehmigt? ❸ (*expert*) **an ~ on microbiology** eine Autorität auf dem Gebiet der Mikrobiologie ❹ (*organization*) Behörde *f*
authorization [ɔ·θər·ɪ·'zeɪ·ʃən] *n* (*approval*) Genehmigung *f*; (*delegation of power*) Bevollmächtigung *f*
authorize ['ɔ·θə·raɪz] *vt* genehmigen; ■**to ~ sb** jdn bevollmächtigen
authorship ['ɔ·θər·ʃɪp] *n* Autorschaft *f*
autistic [ɔ·'tɪs·tɪk] *adj* autistisch
auto ['ɔ·toʊ] **I.** *n* Auto *nt* **II.** *adj* ❶ (*concerning cars*) Auto- ❷ (*automatic*) automatisch; **~ restart** COMPUT Selbstanlauf *m*
autobiographical [ɔ·tə·baɪ·ə·'græf·ɪ·kəl] *adj* autobiografisch
autobiography [ɔ·tə·baɪ·'ag·rə·fi] *n* Autobiografie *f*
autocratic [ɔ·tə·'kræt·ɪk] *adj* autokratisch
autograph ['ɔ·tə·græf] **I.** *n* Autogramm *nt* **II.** *vt* signieren
automate ['ɔ·tə·meɪt] *vt* automatisieren
automated 'teller machine *n* Geldautomat *m*
automatic [ɔ·tə·'mæt·ɪk] **I.** *adj* automatisch; **~ washing machine** Waschautomat *m* **II.** *n* ❶ (*nonmanual machine*) Automat *m* ❷ (*rifle*) Selbstladegewehr *nt*
automatic 'pilot *n* Autopilot *m*
automatic 'teller machine *n see* **automated**

teller machine
automation [ɔ·tə·'meɪ·ʃən] *n* Automatisierung *f*
automobile ['ɔ·tə·moʊ·bil] *n* Auto *nt*
automotive [ɔ·tə·'moʊ·tɪv] *adj attr, inv industry, trade, manufacturing* Auto-
autonomy [ɔ·'tan·ə·mi] *n* Autonomie *f*
autopsy ['ɔ·tap·si] *n* Autopsie *f*
autumn ['ɔ·təm] *n* Herbst *m;* **in the ~** im Herbst
autumnal [ɔ·'tʌm·nəl] *adj* (*liter*) herbstlich
auxiliary [ɔg·'zɪl·jə·ri] **I.** *n* ❶ Hilfskraft *f*; (*soldier*) Soldat(in) *m(f)* der Hilfstruppen ❷ LING Hilfsverb *nt* **II.** *adj* Hilfs-; (*additional*) Zusatz-
avail [ə·'veɪl] *n* Nutzen *m;* **to no ~** vergeblich
available [ə·'veɪ·lə·bəl] *adj* ❶ (*free for use*) verfügbar; **in the time ~** in der vorhandenen Zeit; **to make ~** zur Verfügung stellen ❷ (*not busy*) abkömmlich ❸ ECON erhältlich; (*in stock*) lieferbar; *size* vorrätig
avalanche ['æv·ə·læntʃ] *n* Lawine *f*
avant-garde [ˌa·vant·'gard] **I.** *n* Avantgarde *f* **II.** *adj* avantgardistisch
avarice ['æv·ə·rɪs] *n* (*form*) Habgier *f*
Ave. *n abbrev of* **avenue**
avenge [ə·'vendʒ] *vt* rächen; ■**to ~ oneself on sb** sich an jdm rächen
avenue ['æv·ə·nu] *n* ❶ (*broad street*) Avenue *f* ❷ (*fig: possibility*) Weg *m*
average ['æv·ər·ɪdʒ] **I.** *n* Durchschnitt *m;* **on ~** im Durchschnitt; **[to be] [way] below ~** [weit] unter dem Durchschnitt [liegen]; **law of ~s** Gesetz *nt* der Serie **II.** *adj* durchschnittlich; **~ income** Durchschnittseinkommen *nt* **III.** *vt* im Durchschnitt betragen; **to ~ 40 hours a week** durchschnittlich 40 Stunden pro Woche arbeiten
averse [ə·'vɜrs] *adj* ■**to be ~ to sth** etw *dat* abgeneigt sein
aversion [ə·'vɜr·ʒən] *n* ❶ (*intense dislike*) Abneigung *f* (**to** gegen +*akk*) ❷ (*hated thing*) Gräuel *m*
avert [ə·'vɜrt] *vt* ❶ (*turn away*) abwenden ❷ (*prevent*) verhindern
avg. *n, adj abbrev of* **average**
aviation [ˌeɪ·vi·'eɪ·ʃən] *n* Luftfahrt *f*; **~ industry** Flugzeugindustrie *f*
avid ['æv·ɪd] *adj* eifrig, begeistert
avocado <*pl* -s *or* -es> [æv·ə·'ka·doʊ] *n* Avocado *f*
avoid [ə·'vɔɪd] *vt* ❶ (*stay away from*) meiden ❷ (*prevent sth from happening*) vermeiden; **to narrowly ~ sth** etw *dat* knapp entgehen ❸ (*not hit*) ausweichen +*dat*
avoidable [ə·'vɔɪd·ə·bəl] *adj* vermeidbar
avoidance [ə·'vɔɪd·əns] *n* Vermeidung *f*; *of taxes* Umgehung *f*
await [ə·'weɪt] *vt* erwarten; **long ~ed** lang ersehnt
awake [ə·'weɪk] **I.** *adj* (*not asleep*) wach **II.** *vi* <awoke *or* awaked, awoken *or* awaked> (*stop sleeping*) erwachen **III.** *vt* <awoke *or* awaked, awoken *or* awaked> (*from sleep*)

[auf]wecken

awakening [ə-'weɪ-kə-nɪŋ] *n* **rude** ~ böses Erwachen

award [ə-'wɔrd] **I.** *vt* ■**to** ~ **sb sth** *damages* jdm etw zusprechen; *grant* jdm etw gewähren; *prize* jdm etw verleihen **II.** *n* ❶ *(prize)* Auszeichnung *f* ❷ *(compensation)* Entschädigung *f*

aware [ə-'wer] *adj* ❶ *(knowing)* ■**to be** ~ **of sth** sich *dat* einer S. *gen* bewusst sein; **as far as I'm** ~ soviel ich weiß ❷ *(physically sensing)* ■**to be** ~ **of sb/sth** jdn/etw [be]merken ❸ *(well informed)* informiert; **environmentally** ~ umweltbewusst

awareness [ə-'wer-nɪs] *n* Bewusstsein *nt*

awash [ə-'waʃ] *adj* ❶ ■**to be** ~ unter Wasser stehen ❷ *(fig)* ■**to be** ~ **with sth** voll von etw *dat* sein

away [ə-'weɪ] **I.** *adv* ❶ *(distant)* weg; **to be** ~ **on business** geschäftlich unterwegs sein; ~ **from each other** voneinander entfernt; **two days** ~ in zwei Tagen ❷ *(continuously)* dahin-; **you're dreaming your life** ~ du verträumst noch dein ganzes Leben; **to be working** ~ ständig am Arbeiten sein ❸ SPORTS auswärts **II.** *adj* SPORTS auswärts; ~ **game** Auswärtsspiel *nt*

awe [ɔ] **I.** *n* Ehrfurcht *f;* **to hold sb in** ~ großen Respekt vor jdm haben **II.** *vt* <awing> einschüchtern

'**awe-inspiring** *adj* Ehrfurcht gebietend

awesome ['ɔ-səm] *adj* ❶ *(impressive)* beeindruckend ❷ *(intimidating)* beängstigend ❸ *(sl: very good)* spitze

awestruck ['ɔ-,strʌk], **awestricken** ['ɔ-,strɪk-ən] *adj* [von Ehrfurcht] ergriffen; *expression* ehrfurchtsvoll

awful ['ɔ-fəl] *adj* ❶ *(extremely bad)* furchtbar; **what an** ~ **thing to say!** das war aber gemein von dir!; **to look** ~ schrecklich aussehen ❷ *(great)* außerordentlich; **an** ~ **lot** eine riesige Menge

awfully ['ɔ-fə-li] *adv* furchtbar; ~ **good** besonders gut; **an** ~ **long way** ein schrecklich weiter Weg

awhile [ə-'hwaɪl] *adv* eine Weile

awkward ['ɔk-wərd] *adj* ❶ *(difficult)* schwierig ❷ *(embarrassing)* peinlich; **to feel** ~ sich unbehaglich fühlen ❸ *(inconvenient)* ungünstig ❹ *(clumsy)* unbeholfen

awning ['ɔ-nɪŋ] *n* *(on building)* Markise *f;* *(on camper)* Vorzelt *nt*

awoke [ə-'wouk] *pt of* **awake**

awoken [ə-'wou-kən] *pp of* **awake**

ax, axe [æks] **I.** *n* Axt *f* ▶ PHRASES: **to get the** ~ *workers* entlassen werden; *projects* gestrichen werden **II.** *vt* *things* streichen; *people* entlassen

axis <*pl* axes> ['æk-sɪs] *n* Achse *f*

axle ['æk-səl] *n* Achse *f*

aye [aɪ] **I.** *interj* NAUT ~, ~, **sir!** zu Befehl, Herr Kapitän! **II.** *n* POL Jastimme *f*

AZ *abbrev of* **Arizona**

azalea [ə-'zeɪl-jə] *n* Azalee *f*

Aztec ['æz-tek] **I.** *n* Azteke *m,* Aztekin *f* **II.** *adj* aztekisch; ~ **language** Aztekisch *nt*

azure ['æʒ-ər] **I.** *n* Azur[blau] *nt* **II.** *adj* azur[blau]

B

B <*pl* -'s *or* -s>, **b** <*pl* -'s> [bi] *n* ❶ *(letter)* B *nt,* b *nt;* ~ **as in Bravo** B wie Berta ❷ MUS H *nt,* h *nt* ❸ *(school mark)* ≈ Zwei *f;* **to get a** ~ eine Zwei schreiben

BA [,bi-'eɪ] *n* *abbrev of* **Bachelor of Arts** B.A.

babble ['bæb-əl] **I.** *n* ❶ *(confused speech)* Geplapper *nt* ❷ *of water* Plätschern *nt* **II.** *vi* ❶ *(talk incoherently)* plappern; *baby* babbeln ❷ *water* plätschern **III.** *vt* stammeln

babe [beɪb] *n* *(fam)* ❶ *(address)* Schatz *m* ❷ *(person)* Süße(r) *f(m)*

baboon [bæ-'bun] *n* Pavian *m*

baby ['beɪ-bi] **I.** *n* ❶ *(child)* Baby *nt;* **to have a** ~ ein Baby bekommen ❷ *(youngest person)* Jüngste(r) *f(m)* ❸ *(fam: address)* Baby *nt* ▶ PHRASES: **to throw the** ~ **out with the bathwater** das Kind mit dem Bade ausschütten **II.** *adj* klein; ~ **carrots** Babymöhren *pl* **III.** *vt* <-ie-> ■**to** ~ **sb** jdn wie ein kleines Kind behandeln

'**baby boom** *n* Babyboom *m fam*

'**baby boomer** *n* *(generation)* Nachkriegsgeneration *f kein pl*

'**baby carriage** *n* Kinderwagen *m*

'**baby food** *n* Babynahrung *f*

babyish ['beɪ-bi-ɪʃ] *adj* kindisch

'**babysit** **I.** *vi* babysitten *fam;* ■**to** ~ **for sb** bei jdm babysitten *fam* **II.** *vt* ■**to** ~ **sb** auf jdn aufpassen

'**babysitter** *n* Babysitter(in) *m(f)*

'**baby tooth** *n* Milchzahn *m*

bachelor ['bætʃ-ə-lər] *n* ❶ *(unmarried man)* Junggeselle *m* ❷ UNIV **B~ of Arts/Science** Bakkalaureus *m* der philosophischen/naturwissenschaftlichen Fakultät *(unterster akademischer Grad in englischsprachigen Ländern)*

bachelorette [,bætʃ-ə-lə-'ret] *n* *(unmarried woman)* Junggesellin *f*

Ein **Bachelor's degree** ist ein Universitätsabschluss, den Studenten in der Regel nach vier Jahren Studium an einem College oder einer Universität erhalten. Die wichtigsten Abschlüsse sind *B.A.* *(Bachelor of Arts)* für geisteswissenschaftliche Fächer und *B.S.* *(Bachelor of Science)* für naturwissenschaftliche Fächer. Die Studenten wählen ein oder zwei *majors* (Hauptfächer). In den ersten ein bis zwei Jahren werden allgemeinbildende Fächer absolviert und in den letzten beiden Jahren wird der Schwerpunkt auf die Hauptfächer gelegt.

bacillus <*pl* bacilli> [bə·'sɪl·əs] *n* Bazillus *m*
back [bæk] **I.** *n* ❶ (*of body*) Rücken *m;* ~ **to** ~ Rücken an Rücken ❷ *of building, page* Rückseite *f; of car* Heck *nt; of chair* Lehne *f;* (*in car*) Rücksitz[e] *m*[*pl*]; **at** [*or* **in**] **the** ~ **of the theater** hinten im Theater; **the** ~ **of the hand/head/leg** Handrücken *m*/Hinterkopf *m*/Wade *f* ▶ PHRASES: **to know sth like the** ~ **of one's hand** etw in- und auswendig kennen; **in the** ~ **of one's mind** im Hinterkopf **II.** *adj* ❶ (*rear*) Hinter-; ~ **pocket** Gesäßtasche *f* ❷ (*of body*) Rücken- **III.** *adv* ❶ (*to previous place*) [wieder] zurück; **there and** ~ hin und zurück; ~ **and forth** hin und her ❷ (*to past*) **that was** ~ **in 1950** das war [schon] 1950; **two months** ~ vor zwei Monaten **IV.** *vt* ❶ (*support*) unterstützen ❷ (*drive*) **she** ~**ed the car into the garage** sie fuhr rückwärts in die Garage **V.** *vi car* zurücksetzen
◆**back away** *vi* zurückweichen (**from** vor +*dat*)
◆**back down** *vi* nachgeben
◆**back off** *vi* sich zurückziehen; ~ **off!** lass mich in Ruhe!
◆**back out** **I.** *vi* ❶ *of a commitment* einen Rückzieher machen ❷ AUTO rückwärts herausfahren **II.** *vt car* rückwärts herausfahren
◆**back up** **I.** *vi traffic* sich stauen **II.** *vt* ❶ (*support*) unterstützen; (*confirm*) bestätigen ❷ COMPUT sichern ❸ (*reverse*) zurücksetzen
'**backbone** *n* Rückgrat *nt a. fig*
back 'door *n* Hintertür *f*
backer ['bæk·ər] *n* Förderer, Förderin *m, f*
'**backfire** *vi* ❶ AUTO frühzünden ❷ (*go wrong*) fehlschlagen
background ['bæk·graʊnd] *n* ❶ Hintergrund *m;* ~ **noise** Geräuschkulisse ❷ **with a** ~ **in ...** mit Erfahrung in ...
'**backhand** *n* Rückhand *f*
backing ['bæk·ɪŋ] *n* ❶ (*support*) Unterstützung *f* ❷ (*stiffener*) Verstärkung *f*
back 'issue *n* alte Ausgabe
'**backlash** *n* Gegenreaktion *f*
'**backlog** *n usu sing* Rückstand *m*
'**backpack** **I.** *n* Rucksack *m* **II.** *vi* mit dem Rucksack reisen
'**backpacker** *n* Rucksackreisende(r) *f(m)*
'**back pay** *n* (*of wages*) Lohnnachzahlung *f;* (*of salaries*) Gehaltsnachzahlung *f*
'**back seat** *n* ❶ Rücksitz *m* ❷ (*fig*) **to take a** ~ in den Hintergrund treten
'**backside** *n* (*fam*) Hintern *m*
'**backslash** *n* Backslash *m*
'**backspace**, '**backspace key** *n* Backspace-Taste *f*
'**backstage** **I.** *n* Garderobe *f* **II.** *adj, adv* hinter der Bühne

'**backstroke** *n* Rückenschwimmen *nt*
'**back talk** *n* (*fam*) Widerrede *f*
'**backtrack** *vi* ❶ (*go back*) [wieder] zurückgehen ❷ (*change opinion*) einlenken
'**backup** ['bæk·ʌp] *n* ❶ (*support*) Unterstützung *f;* ~ **generator** Notstromaggregat *nt* ❷ COMPUT Sicherung *f*, Backup *nt*
backward ['bæk·wərd] *adj* ❶ (*facing rear*) rückwärtsgewandt; (*reversed*) Rück[wärts]-; **a** ~ **step** ein Schritt *m* nach hinten ❷ (*slow in learning*) zurückgeblieben ❸ (*underdeveloped*) rückständig
backward(s) ['bæk·wərd(z)] *adv* ❶ (*toward the back*) nach hinten ❷ (*in reverse*) rückwärts ❸ (*into past*) zurück
'**backwater** *n* ❶ (*of river*) stehendes Gewässer ❷ (*isolated place*) toter Fleck
back'yard *n* Hinterhof *m* ▶ PHRASES: **in one's own** ~ vor der eigenen Haustür
bacon ['beɪ·kən] *n* [Schinken]speck *m*
bacteria [bæk·'tɪr·i·ə] *n pl of* **bacterium** Bakterien *pl*
bacterium <*pl* -ria> [bæk·'tɪr·i·əm] *n* Bakterie *f*
bad <worse, worst> [bæd] **I.** *adj* schlecht; *dream* böse; *smell* übel; *cold* schlimm; *storm* heftig; ~ **at math** schlecht in Mathe; ~ **blood** böses Blut; ~ **language** Kraftausdrücke *pl;* ~ **luck** Pech *nt;* **too** ~ zu schade **II.** *adv* ❶ (*fam*) sehr ❷ (*in bad condition*) schlecht; **to go** ~ sich verschlechtern; *food* schlecht werden **III.** *n* **to take the** ~ **with the good** auch das Schlechte in Kauf nehmen
badge [bædʒ] *n* Abzeichen *nt*
badger ['bædʒ·ər] **I.** *n* Dachs *m* **II.** *vt* bedrängen
badly <worse, worst> ['bæd·li] *adv* schlecht; **to be** ~ **in need of sth** etw dringend benötigen; ~ **hurt** schwer verletzt
badminton ['bæd·mɪn·tən] *n* Federball *m*
baffle ['bæf·əl] *vt* verwirren
baffling ['bæf·əl·ɪŋ] *adj* (*confusing*) verwirrend; (*mysterious*) rätselhaft
bag [bæg] **I.** *n* ❶ (*container*) Tasche *f;* (*drawstring*) Beutel *m;* (*sack*) Sack *m;* **paper/plastic** ~ Papier-/Plastiktüte *f* ❷ (*handbag*) Handtasche *f;* (*traveling*) Reisetasche *f;* **to pack one's** ~**s** die Koffer packen ❸ **to have** ~**s under one's eyes** Ringe unter den Augen haben **II.** *vt* <-gg-> eintüten
bagel ['beɪ·gəl] *n* Bagel *m*
baggage ['bæg·ɪdʒ] *n* Gepäck *nt*
'**baggage allowance** *n* Freigepäck *nt*
'**baggage car** *n* Gepäckwagen *m*
'**baggage check** *n* Gepäckkontrolle *f*
'**baggage claim** *n* Gepäckausgabe *f*
baggy ['bæg·i] *adj* [weit] geschnitten
'**bag lady** *n* Obdachlose *f*
'**bagpipes** *npl* Dudelsack *m*
Bahamas [bə·'ha·məz] *npl* ■**the** ~ die Bahamas
Bahamian [bə·'hæ·mi·ən] **I.** *n* Bahamaer(in) *m(f)* **II.** *adj* bahamaisch

bail [beɪl] I. *n* Kaution *f* II. *vt* (*release*) ■to ~ sb jdn gegen Kaution freilassen
◆**bail out** I. *vt* ❶ (*pay*) ■to ~ out ↻ sb für jdn [die] Kaution stellen ❷ (*help*) ■to ~ sb out jdm aus der Klemme helfen II. *vi* ❶ (*jump*) [mit dem Fallschirm] abspringen ❷ (*fig*) aussteigen
bailiff ['beɪ·lɪf] *n* Justizwachtmeister(in) *m(f)*
bait [beɪt] I. *n* Köder *m a. fig;* to take the ~ anbeißen II. *vt* ❶ (*put bait on*) mit einem Köder versehen ❷ (*harass*) *person* schikanieren
bake [beɪk] I. *vi* ❶ (*cook*) backen ❷ (*fam*) it's baking outside draußen ist es wie im Backofen II. *vt* ❶ (*cook*) [im Ofen] backen ❷ *pottery* brennen
baker ['beɪ·kər] *n* Bäcker(in) *m(f)*
bakery ['beɪ·kə·ri] *n* Bäckerei *f*
'baking powder *n* Backpulver *nt*
'baking soda *n* Natron *nt*
balance ['bæl·ənts] I. *n* ❶ Gleichgewicht *nt a. fig;* to hang [*or* be] in the ~ (*fig*) in der Schwebe sein; to strike a ~ den goldenen Mittelweg finden ❷ FIN Kontostand *m;* ~ of payments Zahlungsbilanz *f* ❸ (*scale*) Waage *f* ❹ (*harmony*) Ausgewogenheit *f* II. *vt* ❶ (*compare*) abwägen ❷ (*keep steady*) balancieren ❸ (*achieve equilibrium*) ein Gleichgewicht herstellen ❹ FIN *account* ausgleichen III. *vi* ❶ (*a. fig: keep steady*) das Gleichgewicht halten ❷ FIN ausgeglichen sein
balanced ['bæl·ənst] *adj* ausgewogen; *personality* ausgeglichen
'balance sheet *n* Bilanz *f*
balcony ['bæl·kə·ni] *n* Balkon *m*
bald [bɔld] *adj* ❶ (*hairless*) glatzköpfig; to go ~ eine Glatze bekommen ❷ *tire* abgefahren
baldly ['bɔld·li] *adv* unumwunden
baldness ['bɔld·nɪs] *n* Kahlheit *f*
bale [beɪl] I. *n* Ballen *m* II. *vt* bündeln
baleful ['beɪl·fʊl] *adj* böse
balk [bɔk] *vi* ❶ (*stop*) *horse* scheuen ❷ (*be unwilling*) zurückschrecken (at vor +*dat*)
Balkan States [ˌbɔl·kən·'steɪts] *npl* ■the ~ die Balkanstaaten
ball [bɔl] *n* ❶ Ball *m* ❷ (*ball-shaped*) *of yarn* Knäuel *m o nt; of dough* Kugel *f* ❸ ~ of the foot Fußballen *m* ❹ (*dance*) Ball *m* ▶ PHRASES: to be on the ~ auf Zack sein; to have a ~ Spaß haben; to play ~ (*cooperate*) mitmachen
ballad ['bæl·əd] *n* Ballade *f*
ballast ['bæl·əst] *n* ❶ Ballast *m* ❷ RAIL Schotter *m*
ball 'bearing *n* Kugellager *nt*
ballerina [ˌbæl·ə·'ri·nə] *n* Ballerina *f*
ballet [bæ·'leɪ] *n* Ballett *nt*
bal'let dancer *n* Balletttänzer(in) *m(f)*
'ball game *n* Baseballspiel *nt* ▶ PHRASES: that's a whole new ~ das ist eine ganz andere Sache
ballistic [bə·'lɪs·tɪk] *adj* ballistisch ▶ PHRASES: to go ~ (*fam*) ausflippen *fam*
balloon [bə·'lun] *n* Ballon *m*
ballot ['bæl·ət] I. *n* ❶ (*paper*) Stimmzettel *m* ❷ secret ~ (*vote*) geheime Abstimmung; (*election*) Geheimwahl *f* II. *vi* abstimmen

'ballot box *n* Wahlurne *f*
'ballpark *n* Baseballstadion *nt* ▶ PHRASES: in the ~ [of sth] in der Größenordnung [von etw]
'ballplayer *n* Baseballspieler(in) *m(f)*
ballpoint, ballpoint 'pen *n* Kugelschreiber *m*
'ballroom *n* Ballsaal *m*
ballroom 'dancing *n* Gesellschaftstanz *m*
balls ['bɔlz] *n pl* (*vulg, sl*) ❶ (*testicles*) Eier *pl derb* ❷ (*guts*) to have the ~ to do sth den Mumm haben, etw zu tun
balm [bam] *n* Balsam *m*
balmy ['ba·mi] *adj* mild
baloney [bə·'loʊ·ni] *n* ❶ (*bologna*) ≈ Fleischwurst *f* ❷ (*fam: nonsense*) Quatsch *m fam*
Baltic ['bɔl·tɪk] I. *adj* baltisch II. *n* ■the ~ die Ostsee
bamboo [bæm·'bu] *n* Bambus *m*
bamboozle [bæm·'bu·zəl] *vt* (*fam*) ❶ (*confuse*) verwirren ❷ (*trick*) übers Ohr hauen
ban [bæn] I. *n* Verbot *nt;* ~ on smoking Rauchverbot *nt* II. *vt* <-nn-> ■to ~ sth etw verbieten; ■to ~ sb jdn ausschließen
banal [bə·'nal] *adj* banal
banality [bə·'næl·ɪ·t̬i] *n* Banalität *f*
banana [bə·'næn·ə] *n* Banane *f*
banana re'public *n* (*pej*) Bananenrepublik *f usu pej*
band[1] [bænd] I. *n* ❶ *of metal, cloth* Band *nt* ❷ *of color* Streifen *m;* (*section a.*) Abschnitt *m* ❸ (*range*) Bereich *m* II. *vt* zusammenbinden
◆**band together** *vi* sich vereinigen
band[2] [bænd] *n* ❶ MUS (*modern*) Band *f;* (*traditional*) Kapelle *f* ❷ (*group*) *of criminals* Bande
bandage ['bæn·dɪdʒ] I. *n* Verband *m;* (*of cloth*) Binde *f;* (*for support*) Bandage *f* II. *vt limb* bandagieren; *wound* verbinden
'Band-Aid® *n* Hansaplast® *nt,* Pflaster *nt*
B & B [ˌbi·ən(d)·'bi] *n abbrev of* bed and breakfast
bandit ['bæn·dɪt] *n* Bandit(in) *m(f)*
'band member *n* Mitglied *nt* einer Kapelle/ Band
'bandstand *n* Musikpavillon *m*
'bandwagon *n* ▶ PHRASES: to jump on the ~ auf den fahrenden Zug aufspringen
'bandwidth *n* Bandbreite *f*
bandy ['bæn·di] *vt* ■to be bandied about verbreitet werden
bang [bæŋ] I. *n* ❶ (*loud sound*) Knall *m* ❷ (*blow*) Schlag *m* ❸ ■ ~s *pl* (*fringe*) [kurzer] Pony ▶ PHRASES: to go over with a ~ ein echter Knaller sein II. *adv* to go ~ [mit einem lauten Knall] explodieren III. *interj* ■ ~! peng! IV. *vi* Krach machen; *door* knallen V. *vt* (*hit*) *door* zuschlagen
◆**bang away** *vi* herumhämmern
Bangladeshi [ˌbæŋ·glə·'deʃi] I. *n* Bangale, -in *m, f* II. *adj* bangalisch
bangle ['bæŋ·gəl] *n* Armreif[en] *m*
banish ['bæn·ɪʃ] *vt* verbannen (from aus +*dat*); *from country* ausweisen
banister ['bæn·ə·stər] *n usu pl* [Treppen]geländer *nt*

banjo <*pl* -s *or* -es> ['bæn·ʒoʊ] *n* Banjo *nt*
bank¹ [bæŋk] **I.** *n of river* Ufer *nt;* (*elevated area*) Abhang *m* **II.** *vi* AVIAT in die Querlage gehen **III.** *vt* AVIAT in die Querlage bringen
bank² [bæŋk] **I.** *n* ❶ (*financial institution*) Bank *f;* **in**|**to**) **the ~** auf die Bank ❷ (*storage place*) Bank *f* **II.** *vi* ■**to ~ with sb** bei jdm ein Konto haben **III.** *vt* |auf der Bank| einzahlen
◆**bank on** *vt* (*rely on*) zählen (auf +*dat*); (*expect*) rechnen (mit +*dat*)
'**bank account** *n* Bankkonto *nt*
'**bank balance** *n* Kontostand *m*
'**bank book** *n* Sparbuch *nt*
'**bank charges** *npl* Bankgebühren
banker ['bæŋ·kər] *n* ❶ (*in bank*) Banker(in) *m(f)* ❷ (*in games*) Bankhalter(in) *m(f)*
banking ['bæŋ·kɪŋ] *n* Bankwesen *nt;* **to be in ~** bei einer Bank arbeiten
bank 'manager *n* Filialleiter(in) *m(f)* einer Bank
'**banknote** *n* Banknote *f*
'**bank robber** *n* Bankräuber(in) *m(f)*
bankrupt ['bæŋk·rʌpt] **I.** *adj* bankrott; **to go ~** in Konkurs gehen **II.** *vt* |finanziell| ruinieren **III.** *n* Konkursschuldner(in) *m(f)*
bankruptcy ['bæŋk·rəp·si] *n* ❶ (*insolvency*) Konkurs *m* ❷ (*individual case*) Konkursfall *m*
'**bank statement** *n* Kontoauszug *m*
'**bank transfer** *n* Überweisung *f*
banner ['bæn·ər] *n* ❶ (*sign*) Transparent *nt* ❷ (*flag*) Banner *nt*
banquet ['bæn·kwət] **I.** *n* Bankett *nt* **II.** *vi* festlich speisen
bantam ['bæn·təm] *n* Bantamhuhn *nt*
banter ['bæn·tər] **I.** *n* scherzhaftes Gerede **II.** *vi* herumscherzen
baptism ['bæp·tɪz·əm] *n* Taufe *f*
baptismal [bæp·'tɪz·məl] *adj* Tauf-
Baptist ['bæp·tɪst] *n* Baptist(in) *m(f)*
baptize ['bæp·taɪz] *vt* taufen
bar [bar] *n* ❶ (*rod*) Stange *f; of cage* Gitterstab *m;* **to be behind ~s** hinter Schloss und Riegel sein; **to put sb behind ~s** jdn einlochen, jdn hinter Gitter bringen ❷ *of chocolate* Riegel *m; of soap* Stück *nt;* **~ of gold** Goldbarren *m* ❸ (*for drinking*) Lokal *nt,* Bar *f;* (*counter*) Bar *f,* Theke *f* ❹ LAW **to be admitted to the ~** als Anwalt/Anwältin |vor Gericht| zugelassen werden **II.** *vt* <-rr->
❶ (*fasten*) verriegeln ❷ (*obstruct*) blockieren ❸ (*prohibit*) *something* verbieten; *somebody* ausschließen **III.** *prep* außer; **~ none** |alle| ohne Ausnahme
barb [barb] *n* ❶ *of hook, arrow* Widerhaken *m* ❷ (*insult*) Gehässigkeit *f*
barbarian [bar·'ber·i·ən] *n* Barbar(in) *m(f)*
barbaric [bar·'ber·ɪk] *adj* barbarisch
barbarity [bar·'ber·ɪ·ti] *n* Barbarei *f*
barbarous ['barbər·əs] *adj* grausam
barbecue ['bar·bɪ·kju] **I.** *n* (*utensil*) Grill *m;* (*event*) Grillparty *f* **II.** *vt* grillen

ℹ Der Name, der einem Fest gegeben wird, bezieht sich häufig auf das, was dabei gegessen wird.
Ein **Barbecue**, auch *cookout* genannt, ist eine Art Grillparty.
Ein **clambake** wird im Normalfall am Strand ausgerichtet und besteht darin, dass Steine erhitzt und mit Seetang bedeckt werden. Anschließend kocht man darauf Venusmuscheln, Maiskolben, Kartoffeln, Hähnchen, Meeresfrüchte etc.
Bei einem **corn roast** röstet man Maiskolben über einem Holzfeuer. Man isst sie heiß, mit Butter und Salz.
Bei einem **pancake breakfast** werden amerikanische Pfannkuchen mit Butter oder Ahornsirup serviert.

B

barbed [barbd] *adj* ❶ *hook, arrow* mit Widerhaken *nach n* ❷ (*fig: hurtful*) bissig
barbed 'wire *n* Stacheldraht *m*
barber ['bar·bər] *n* |Herren|friseur *m*
'**barbershop** *n* Friseurgeschäft *nt*
barbiturate [bar·'bɪtʃ·ər·ɪt] *n* Barbiturat *nt*
'**bar chart** *n see* **bar graph**
'**bar code** *n* Strichcode *m*
bare [ber] **I.** *adj* ❶ (*unclothed*) nackt; **with one's ~ hands** (*fig*) mit seinen bloßen Händen ❷ (*uncovered*) *branch* kahl; *landscape* karg ❸ (*unadorned*) nackt; *room* karg ❹ (*basic*) **the ~ minimum** das absolute Minimum; **the ~ essentials** das Allernotwendigste **II.** *vt* **to ~ one's heart/soul to sb** jdm sein Herz ausschütten
'**bareback I.** *adj rider* auf ungesatteltem Pferd *nach n* **II.** *adv* ohne Sattel
'**barefaced** *adj* unverschämt
'**barefoot, bare'footed I.** *adj* barfüßig **II.** *adv* barfuß
barely ['ber·li] *adv* ❶ (*hardly*) kaum ❷ (*scantily*) karg
barf [barf] (*fam*) **I.** *vi* kotzen *derb* **II.** *n* Kotze *f derb*
bargain ['bar·gɪn] **I.** *n* ❶ (*agreement*) Handel *m;* **to drive a hard ~** hart verhandeln ❷ (*good buy*) guter Kauf; **a real ~** ein echtes Schnäppchen **II.** *vi* (*negotiate*) |ver|handeln; (*haggle*) feilschen (**for** um +*akk*)
◆**bargain for** *vt* rechnen mit; **to get more than one ~ed for** eine unangenehme Überraschung erleben
bargain 'basement *n* Untergeschoss *nt* mit Sonderangeboten
barge [bardʒ] **I.** *n* (*for cargo*) Lastkahn *m* **II.** *vi* ■**to ~ into sb** jdn anrempeln **III.** *vt* **to ~ one's way to the front** sich nach vorne drängeln
◆**barge in** *vi, vt* (*enter*) hinein-/hereinplatzen
◆**barge in on** *vt* (*interrupt*) ins Wort fallen
'**bar graph,** '**bar chart** *n* Histogramm *nt*

baritone ['ber·ə·toʊn] *n* Bariton *m*
bark¹ [bark] *n* (*rind*) [Baum]rinde *f*
bark² [bark] **I.** *n* Bellen *nt;* (*fig*) Anblaffen *nt*
II. *vi* bellen
◆ **bark out** *vt* [barsch] bellen
barley ['bar·li] *n* Gerste *f*
'barmaid *n* Bardame *f*
'barman *n* Barmann *m*
barn [barn] *n* Scheune *f*
barnacle ['bar·nə·kəl] *n* Rankenfußkrebs *m*
'barnyard ['barn·jard] *n* [Bauern]hof *m*
barometer [bə·'ram·ə·t̬ər] *n* Barometer *nt*
baron ['bær·ən] *n* Baron *m,* Freiherr *m;*
press ~ Pressezar *m*
baroness ['bær·ə·nɪs] *n* Baronin *f*
baroque [bə·'roʊk] **I.** *adj* barock **II.** *n* ■the ~
der [*o* das] Barock
barracks ['bær·əks] *npl* + *sing/pl vb* Kaserne *f*
barrage [bə·'raʒ] *n* ❶ MIL Sperrfeuer *nt* ❷ (*fig*)
~ of questions Schwall *m* von Fragen ❸ (*river
barrier*) Wehr *nt*
barrel ['bær·əl] *n* ❶ (*container*) Fass *nt*
❷ (*measure*) Barrel *nt* ❸ *of gun* Lauf *m; of
cannon* Rohr *nt*
barren ['bær·ən] *adj* ❶ unfruchtbar; *landscape*
karg ❷ (*fig*) unproduktiv; *years* mager
barrette [bə·'ret] *n* Haarspange *f*
barricade ['bær·ə·keɪd] **I.** *n* Barrikade *f* **II.** *vt*
verbarrikadieren
barrier ['bær·i·ər] *n* Barriere *f;* (*man-made*) Absperrung *f;* (*at railroad crossing*) Schranke *f*
barring ['bar·ɪŋ] *prep* ausgenommen; ~ any
delays wenn es keine Verspätungen gibt
barrio [ba·rioʊ] *n* Barrio *m* (*vorwiegend spa-
nischsprachiges Viertel in amerikanischen
Städten*)
barrow ['bær·oʊ] *n* (*wheelbarrow*) Schubkarren *m*
bartender ['bar·ten·dər] *n* Barkeeper *m*
barter ['bar·t̬ər] **I.** *n* Tausch[handel] *m* **II.** *vi*
Tauschhandel [be]treiben; to ~ for sth um etw
akk handeln **III.** *vt* ■to ~ sth for etw tauschen
gegen + *akk*
base¹ [beɪs] **I.** *n* ❶ (*bottom*) Fuß *m; of spine*
Basis *f* ❷ (*HQ*) Hauptsitz *m;* MIL Basis *f* ❸ (*ingredient*) Hauptbestandteil *m* ❹ (*substrate*)
Grundlage *f;* (*for painting*) Grundierung *f*
❺ SPORTS Base *f* ▶ PHRASES: to touch ~ sich kurz
mit jdm in Verbindung setzen **II.** *vt* ❶ ■to be
~d *company* seinen Sitz haben; *soldier*
stationiert sein ❷ (*taken from*) ■to be ~d on
sth auf etw *dat* basieren
base² [beɪs] *adj* ❶ (*immoral*) niederträchtig
❷ (*inferior*) *metal* unedel
'baseball *n* Baseball *m o nt*

> ℹ️ **Baseball** ist eine traditionsreiche Ball-
> und Mannschaftssportart US-amerikanischer
> Herkunft. Zusammen mit American Football
> und Basketball zählt sie dort zu den belieb-
> testen Sportarten.

Zwei Mannschaften zu je neun Spielern
haben abwechselnd das Schlagrecht
(*offense*) und können runs (Punkte) erzielen, während die andere (*defense*) das Feld
verteidigen und den Ball unter Kontrolle halten muss. Die Spieler der *offense* sind *at bat*
und versuchen runs zu machen, indem die
Spieler vier bases (Bases) nacheinander
berühren, die in einem *diamond* (Innenfeld)
angeordnet sind. Der *pitcher* (Werfer) wirft
den Ball und der *batter* (Schlagmann) der
Gegenmannschaft versucht, den Ball mit seinem Schläger zu treffen. Trifft er den Ball
und schlägt ihn zurück ins Feld, wird er zum
runner (Läufer) und muss gegen den Uhrzeigersinn zur ersten Base rennen. Die
Gegenseite, in diesem Fall die *defense*, kann
das verhindern, wenn die Spieler den Ball
schnell unter Kontrolle bekommen. Die
Spieler der *defense* können ein *out* (Aus) des
batters erzielen, indem sie den Ball direkt
aus der Luft fangen oder ihn vom Boden aufnehmen und dem ersten Basemann zuwerfen, wenn dieser die erste Base berührt,
bevor der *batter* dort ankommt. Gelingt es
dem *pitcher* den Ball drei Mal so durch die
Strike Zone (Fenster, durch das der *pitcher*
den Ball werfen muss) zu werfen, dass der
batter ihn nur schwach oder gar nicht schlagen kann, ist der Schlagmann ebenfalls *out*.
Jeder *runner*, der nicht gerade eine Base
berührt, ist auch *out*, wenn er von einem
Feldspieler mit dem Ball selbst oder dem
Handschuh berührt wird, in dem sich der
Ball befindet (*tag out*). Wenn drei Schlag-
männer oder Läufer *out* sind, wechseln die
Teams die Seiten.
Ein Spielabschnitt heißt *inning* und ein Spiel
besteht in der Regel aus neun solcher
innings.

'base camp *n* Basislager *nt*
baseless ['beɪs·lɪs] *adj* unbegründet
'base rate *n* FIN Leitzins *m*
bash [bæʃ] (*fam*) **I.** *n* <*pl* -es> ❶ (*blow*) [hef-
tiger] Schlag ❷ (*party*) **birthday** ~ Geburtstagsparty **II.** *vi* ■to ~ into zusammenstoßen
mit + *dat* **III.** *vt* ■to ~ sb jdn verhauen
bashful ['bæʃ·fəl] *adj* schüchtern
basic ['beɪ·sɪk] *adj* ❶ (*fundamental*) grundlegend; ~ requirements Grundvorausset-
zungen *pl;* ■the ~s *pl* die Grundlagen; to go
back to [the] ~s zum Wesentlichen zurückkehren ❷ (*very simple*) [sehr] einfach
basically ['beɪ·sɪ·kə·li] *adv* im Grunde

basic 'salary *n* Grundgehalt *nt*
basil ['beɪ·zəl] *n* Basilikum *nt*
basilica [bə-'sɪl·ɪ·kə] *n* ARCHIT Basilika *f*
basin ['beɪ·sɪn] *n* ❶ (*in kitchen*) Schüssel *f*; (*washbasin*) Waschbecken *nt* ❷ GEOG Becken *nt*
basis <*pl* bases> ['beɪ·sɪs] *n* Basis *f*; ■ to be the ~ for sth als Grundlage für etw *akk* dienen; on a regular ~ regelmäßig
bask [bæsk] *vi* ❶ to ~ in the sun sich in der Sonne aalen ❷ (*fig*) ■ to ~ in sth *success* sich in etw *dat* sonnen
basket ['bæs·kɪt] *n* Korb *m*
'basketball *n* Basketball *m*
'basket case *n* (*fam*) hoffnungsloser Fall
Basque [bæsk] I. *n* ❶ (*person*) Baske, -in *m, f* ❷ (*language*) Baskisch *nt* II. *adj* baskisch
bass¹ [beɪs] *n* MUS Bass *m*
bass² [bæs] *n* (*fish*) Barsch *m*
bassoon [bə-'sun] *n* Fagott *nt*
bastard ['bæs·tərd] *n* ❶ (*fam*) Dreckskerl *m*; lucky ~ (*fam*) Glückspilz *m* ❷ (*pej old: illegitimate*) uneheliches Kind
baste¹ [beɪst] *vt* FOOD mit [Braten]saft beträufeln
baste² [beɪst] *vt* (*tack*) [an]heften
bastion ['bæs·tʃən] *n* Bollwerk *nt a. fig*
bat¹ [bæt] *n* ❶ (*animal*) Fledermaus *f* ❷ (*fam*) old ~ alte Schrulle ▶ PHRASES: [as] **blind** as a ~ blind wie ein Maulwurf
bat² [bæt] *vt* to not ~ an eyelash (*fig*) nicht mal mit der Wimper zucken
bat³ [bæt] I. *n* SPORTS Schläger *m* ▶ PHRASES: [right] off the ~ prompt II. *vi, vt* <-tt-> SPORTS schlagen
batch <*pl* -es> [bætʃ] *n* Stapel *m*; *of bread* Schub *m*
bated ['beɪ·tɪd] *adj* with ~ breath mit angehaltenem Atem
bath [bæθ] *n* ❶ (*washing*) Bad *nt*; to take [*or* have] a ~ ein Bad nehmen, baden ❷ (*water*) Bad[ewasser] *nt*; to run [sb] a ~ [jdm] ein Bad einlassen ❸ (*tub*) [Bade]wanne *f*
bathe [beɪð] I. *vi* ❶ (*take bath*) ein Bad nehmen ❷ (*swim*) schwimmen II. *vt* ❶ (*bath*) [sich] baden ❷ MED baden; to ~ one's eyes ein Augenbad machen ❸ (*fig: cover*) tauchen; to be ~d in sweat schweißgebadet sein
bather ['beɪ·ðər] *n* Badende(r) *f(m)*
bathing ['beɪ·ðɪŋ] *n* Baden *nt*
'bathing cap *n* Bademütze *f*
'bathing suit *n* (*top and bottom*) Badeanzug *m*; (*trunks*) Badehose *f*
'bathrobe *n* Bademantel *m*
'bathroom *n* Bad[ezimmer] *nt*; to go to the ~ auf die Toilette gehen
'bath towel *n* Bade[hand]tuch *nt*
'bathtub *n* Badewanne *f*
baton [bə-'tan] *n* ❶ (*in conducting*) Taktstock *m* ❷ (*in relay races*) Staffelholz *nt*
battalion [bə-'tæl·jən] *n* Bataillon *nt*
batten ['bæt·ən] *n* Latte *f*
◆**batten down** *vt* mit Latten befestigen; to ~

down the hatches (*fig*) sich auf etwas gefasst machen
batter¹ ['bæt̬·ər] FOOD I. *n* [Back]teig *m* II. *vt* panieren
batter² ['bæt̬·ər] *n* SPORTS Schlagmann *m*
batter³ ['bæt̬·ər] I. *vt* ■ to ~ sb jdn verprügeln; ■ to ~ sth auf etw *akk* einschlagen II. *vi* schlagen; (*with fists*) hämmern
battered ['bæt̬·ərd] *adj* ❶ (*beaten*) misshandelt ❷ (*damaged*) böse zugerichtet; *car* verbeult; *equipment* schadhaft; *furniture, image* ramponiert ❸ (*covered in batter*) paniert
battering ['bæt̬·ər·ɪŋ] *n* ❶ (*attack*) Prügel *pl* ❷ (*fam: defeat*) Niederlage *f*
'battering ram *n* Rammbock *m*
battery ['bæt̬·ə·ri] *n* ❶ (*power*) Batterie *f*; ~-operated [*or* -powered] batteriebetrieben ❷ MIL Batterie *f* ❸ (*assault*) tätlicher Angriff
'battery charger *n* [Batterie]ladegerät *nt*
battle ['bæt̬·əl] I. *n* Kampf *m*; ~ of wills Machtkampf *m* ▶ PHRASES: to fight a losing ~ auf verlorenem Posten kämpfen II. *vi* kämpfen *a. fig* III. *vt* ■ to ~ sth gegen etw *akk* [an]kämpfen
'battle-ax, 'battle-axe *n* ❶ (*hist*) Streitaxt *f* ❷ (*fam: woman*) Schreckschraube *f*
'battle cry *n* Schlachtruf *m*
'battle dress *n* Kampfanzug *m*
'battlefield, 'battleground *n* ❶ Schlachtfeld *nt* ❷ (*fig*) Reizthema *nt*
'battleship *n* Schlachtschiff *nt*
bauxite ['bɔk·saɪt] *n* Bauxit *m*
bawdy ['bɔ·di] *adj* schlüpfrig, zweideutig
bawl [bɔl] I. *vi* ❶ (*weep*) heulen, plärren ❷ (*bellow*) brüllen II. *vt* schreien
bay¹ [beɪ] *n* GEOG Bucht *f*; the San Francisco B~ der Golf von San Francisco
bay² [beɪ] *n* (*for loading*) Ladeplatz *m*
bay³ [beɪ] I. *n* ▶ PHRASES: at ~ in die Enge getrieben; to keep sb at ~ sich *dat* jdn vom Leib halten II. *vi* bellen; HUNT melden
'bay leaf *n* FOOD Lorbeerblatt *nt*
bayonet [ˌbeɪ·ə·'net] I. *n* Bajonett *nt* II. *vt* mit dem Bajonett aufspießen
bay 'window *n* Erkerfenster *nt*
bazaar [bə-'zar] *n* Basar *m*
BBC [ˌbi·bi·'si] *n abbrev of* British Broadcasting Corporation: ■ the ~ die BBC
BC [ˌbi·'si] *adv abbrev of* before Christ v. Chr.
be <was, been> [bi] *vi* + *n/adj* ❶ (*describes*) sein; what is that? was ist das?; she's a doctor sie ist Ärztin; what do you want to ~ when you grow up? was willst du einmal werden, wenn du erwachsen bist?; to ~ [all] for sth [ganz] für etw *akk* sein ❷ (*location*) sein; *town, country* liegen; the keys are in that box die Schlüssel befinden sich in der Schachtel; to ~ in a fix in der Klemme stecken ❸ (*do*) to ~ on welfare Sozialhilfe bekommen; to ~ on a diet auf Diät sein; to ~ on the pill die Pille nehmen; ■ to ~ up to sth etw im Schild[e] führen ❹ (*exist*) to ~ or not to ~, that is the question Sein oder Nichtsein, das

B

ist die Frage; **there is/are ...** es gibt ... ⑤ (*expressing future*) **we are going to visit Europe in the spring** im Frühling reisen wir nach Europa; (*expressing future in past*) **she was never to see her brother again** sie sollte ihren Bruder nie mehr wiedersehen; **what are we to do?** was sollen wir tun?; (*in conditionals*) **if I were you, I'd ...** an deiner Stelle würde ich ... ⑥ (*impersonal use*) **what's it gonna ~?** (*what are you drinking*) was möchten Sie trinken?; (*please decide now*) was soll es denn [nun] sein?; **is it true that ...?** stimmt es, dass ...?; **as it were** sozusagen ⑦ (*expressing imperatives*) **~ quiet or I'll ...!** sei still oder ich ...!; **please ~ seated!** setzen Sie sich bitte! ⑧ (*expressing continuation*) **while I'm eating** während ich beim Essen bin; **it's raining** es regnet; **you're always complaining** du beklagst dich dauernd ⑨ (*expressing passive*) **to ~ asked** gefragt werden; **to ~ left speechless** sprachlos sein; **what is to ~ done?** was kann getan werden? ▶ PHRASES: **~ that** as it may wie dem auch sei; **so ~ it** so sei es; **to ~ off** (*go away*) weggehen

beach [bitʃ] **I.** *n* <*pl* -es> Strand *m* **II.** *vt* auf [den] Strand setzen

'beach ball *n* Wasserball *m*

'beachfront I. *n* Strandpromenade *f* **II.** *adj attr location, house, property* am Strand

'beachwear *n* Strandkleidung *f*

beacon ['bi·kən] *n* ❶ (*signal*) Leuchtfeuer *nt* ❷ (*fig: inspiration*) Leitstern *m*

bead [bid] *n* ❶ Perle *f* ❷ (*fig*) **~s of perspiration** Schweißtropfen *pl* ❸ REL ■**~s** *pl* Rosenkranz *m*

beading ['bi·dɪŋ] *n* Perlstab *m*

beady ['bi·di] *adj* **~ eyes** [glänzende] Knopfaugen

beak [bik] *n* Schnabel *m*

beaker ['bi·kər] *n* SCI Becherglas *nt*

beam [bim] **I.** *n* ❶ (*light*) [Licht]strahl *m* ❷ (*rafter*) Balken *m* ❸ SPORTS Schwebebalken *m* **II.** *vt* ausstrahlen **III.** *vi* strahlen

beaming ['bi·mɪŋ] *adj* strahlend

bean [bin] *n* (*seed*) Bohne *f*; (*pod*) [Bohnen]hülse *f*; **baked ~s** Baked Beans *pl*

'bean sprouts *npl* Sojabohnensprossen *pl*

bear[1] [ber] *n* (*animal*) Bär(in) *m(f)*

bear[2] <bore, born(e)> [ber] **I.** *vt* ❶ (*carry*) tragen; *gifts* mitbringen; (*liter*) *tidings* überbringen; **to ~ the blame** die Schuld auf sich *akk* nehmen ❷ (*endure*) ertragen; *suspense* aushalten; *criticism* vertragen ❸ (*harbor*) **to ~ sb a grudge** einen Groll gegen jdn hegen ❹ (*keep*) **I'll ~ that in mind** ich werde das berücksichtigen ❺ (*give birth to*) gebären; **his wife bore him a son** seine Frau schenkte ihm einen Sohn ❻ BOT **to ~ fruit** Früchte tragen *a. fig* **II.** *vi* ❶ (*tend*) **to ~ right** sich rechts halten ❷ (*be patient*) ■**to ~ with sb** mit jdm Geduld haben ❸ (*approach*) ■**to ~ down on** zusteuern auf +*akk* ❹ ■**to ~ on** (*be relevant*) betreffen; (*have effect on*) beeinflussen

◆**bear down** *vi* überwältigen

bearable ['ber·ə·bəl] *adj* erträglich

beard [bɪrd] *n* Bart *m;* **to have a ~** einen Bart tragen [*o* haben]

bearded ['bɪr·dɪd] *adj* bärtig

bearer ['ber·ər] *n* Überbringer(in) *m(f)*

bearing ['ber·ɪŋ] *n* ❶ NAUT Peilung *f;* ■**~s** *pl* (*position*) Lage *f;* (*direction*) Kurs *m;* **to lose one's ~s** die Orientierung verlieren ❷ (*deportment*) Benehmen *nt;* (*posture*) Haltung *f* ❸ TECH Lager *nt*

'bearskin *n* (*fur*) Bärenfell *nt*

beast [bist] *n* ❶ (*animal*) Tier *nt;* **~ of burden** Lasttier *nt* ❷ (*person*) Biest *nt;* (*cruel*) Bestie *f*

beastly ['bist·li] *adj* (*nasty*) scheußlich, ekelhaft

beat [bit] **I.** *n* ❶ (*throb*) Schlag *m* ❷ (*act*) Schlagen *nt; of heart* Klopfen *nt* ❸ MUS Takt *m* ❹ *usu sing* (*patrol*) Runde *f* **II.** *adj* (*fam*) fix und fertig; **dead ~** total geschafft **III.** *vt* <beat, beaten *or* beat> ❶ (*hit*) schlagen; ■**to ~ sth** gegen/auf etw *akk* schlagen; *carpet* [aus]klopfen; **to ~ sb to death** jdn totschlagen; **to ~ a drum** trommeln ❷ FOOD schlagen ❸ (*defeat*) schlagen, besiegen; (*outscore*) übertreffen; ■**to ~ sb to sth** jdm bei etw *dat* zuvorkommen; **you just can't ~ their prices** (*fam*) ihre Preise sind schlichtweg nicht zu unterbieten; **it ~s me how/why ...** (*fam*) es ist mir ein Rätsel, wie/warum ... ▶ PHRASES: **~ it!** (*fam*) hau ab! **IV.** *vi* <beat, beaten *or* beat> ❶ (*throb*) schlagen; *heart a.* klopfen, pochen; *drum* dröhnen ❷ (*strike*) ■**to ~ against/on sth** gegen etw *akk* schlagen ❸ *rain* prasseln; *sun* [nieder]brennen; *waves* schlagen ▶ PHRASES: **to ~ around the bush** um den heißen Brei herumreden

◆**beat down I.** *vi rain* [her]niederprasseln; *sun* [her]niederbrennen **II.** *vt* herunterhandeln (**to** auf +*akk*)

◆**beat off I.** *vt* abwehren; MIL zurückschlagen **II.** *vi* (*vulg, sl*) sich *dat* einen runterholen *vulg*

◆**beat out** *vt* ❶ (*extinguish*) ausschlagen ❷ (*drum*) schlagen ▶ PHRASES: **to ~ sb's brains out** (*fam*) jdm den Schädel einschlagen

◆**beat up I.** *vt* verprügeln, zusammenschlagen **II.** *vi* ■**to ~ up on** verprügeln

beaten ['bit·ən] *adj* geschlagen; *metal* gehämmert ▶ PHRASES: **off the ~ track** abgelegen

beater ['bi·tər] *n* (*for cooking*) Rührbesen *m*

beatify [bɪ·'æt·ə·faɪ] *vt* seligsprechen

beating ['bi·tɪŋ] *n* ❶ (*smacking*) Prügel *pl* ❷ (*defeat*) Niederlage *f*

beatnik ['bit·nɪk] *n* Beatnik *m*

'beat poetry *n* Beatlyrik *f*

beautician [bju·'tɪʃ·ən] *n* Kosmetiker(in) *m(f)*

beautiful ['bju·tə·fəl] *adj* ❶ (*attractive*) schön; **extremely ~** wunderschön ❷ (*uplifting*) herrlich, großartig

beautify ['bju·tə·faɪ] *vt* verschönern; (*hum*) **to ~ oneself** sich schön machen

beauty ['bju·ti] *n* ❶ (*attractiveness*) Schönheit *f* ❷ (*woman*) Schönheit *f* ❸ (*attraction*) the ~ **of our plan ...** das Schöne an unserem Plan ...

'**beauty contest,** '**beauty pageant** *n* Schönheitswettbewerb *m*

'**beauty parlor** *n* Schönheitssalon *m*, Kosmetiksalon *m*

'**beauty spot** *n* (*on face*) Schönheitsfleck *m*

beaver ['biˑvər] I. *n* ❶ Biber *m* ❷ (*fig*) **eager ~** Arbeitstier *nt* II. *vi* (*fam*) **to ~ away** schuften

became [bɪˈkeɪm] *pt of* **become**

because [bɪˈkɔz] I. *conj* weil; (*since*) da; (*for*) denn ▶ PHRASES: **just ~!** [einfach] nur so! II. *prep* ■**~ of** wegen +*gen*

beckon ['bekˑən] I. *vt* ■**to ~ sb over** jdn herüberwinken II. *vi* winken *a. fig*

become <became, become> [bɪˈkʌm] I. *vi* werden; **to ~ extinct** aussterben; **what became of ...?** was ist aus ... geworden?; **to ~ interested in sb/sth** anfangen, sich für jdn/etw zu interessieren II. *vt* ❶ werden; **she wants to ~ an actress** sie will Schauspielerin werden ❷ (*look good*) ■**sth ~s sb** etw steht jdm

becoming [bɪˈkʌmˑɪŋ] *adj dress, hat* vorteilhaft

bed [bed] *n* ❶ (*furniture*) Bett *nt;* **to go to ~** zu [*o* ins] Bett gehen ❷ (*flower patch*) Beet *nt* ❸ (*base*) **sea~** Meeresgrund *m;* **served on a ~ of rice** auf Reis serviert ▶ PHRASES: **as you** make **your ~ so you must lie on it** (*prov*) wie man sich bettet, so liegt man

bed and '**breakfast** *n* Übernachtung *f* mit Frühstück

'**bedbug** *n* [Bett]wanze *f*

'**bedclothes** *npl* Bettzeug *nt kein pl*

bedding ['bedˑɪŋ] *n* ❶ Bettzeug *nt* ❷ AGR [Ein]streu *f;* **~ plant** Freilandpflanze *f*

'**bedfellow** *n* Verbündete(r) *f(m);* **the priest and the politician made strange ~s** der Pfarrer und der Politiker gaben ein merkwürdiges Gespann ab

bedlam ['bedˑləm] *n* Chaos *nt*

'**bed linen** *n* Bettwäsche *f*

bedraggled [bɪˈdrægˑəld] *adj* durchnässt [und verdreckt]

'**bedridden** *adj* bettlägerig

'**bedrock** *n* Grundgestein *nt;* (*fig*) Fundament *nt*

'**bedroom** *n* Schlafzimmer *nt*

'**bedside** *n* Seite *f* des Bett[e]s; **to be at sb's ~** an jds Bett sitzen

bedside '**table** *n* Nachttisch *m*

'**bedsore** *n* wund gelegene Stelle

'**bedspread** *n* Tagesdecke *f*

'**bedstead** *n* Bettgestell *nt*

'**bedtime** *n* Schlafenszeit *f;* **it's ~** Zeit fürs Bett!; **at ~** vor dem Schlafengehen

'**bed-wetting** *n* Bettnässen *nt*

bee [bi] *n* ❶ (*insect*) Biene *f* ❷ (*meet*) Treffen *nt;* **spelling ~** Buchstabierwettbewerb; **quilting ~** Patchworkkränzchen *nt* ▶ PHRASES: **to have a ~ in one's** bonnet einen Tick haben; **to be a** busy **~** fleißig wie eine Biene sein

beech [bitʃ] *n* Buche *f*

'**beechnut** *n* Buchecker *f*

beef [bif] I. *n* ❶ (*meat*) Rindfleisch *nt;* **ground ~** Rinderhack[fleisch] *nt* ❷ (*fam: complaint*) Beschwerde *f* II. *vi* (*fam*) sich beschweren (**about** über +*akk*)

'**beefcake** *n* (*fam*) Muskelpakete *pl*

'**beefsteak** *n* Beefsteak *nt*

beefy ['biˑfi] *adj* ❶ (*fam: muscular*) muskulös ❷ (*like beef*) Rindfleisch-

'**beehive** *n* ❶ (*of bees*) Bienenstock *m;* (*rounded*) Bienenkorb *m* ❷ (*hairstyle*) toupierte Hochfrisur

'**beekeeper** [-ˌkiˑpər] *n* Imker(in) *m(f)*

'**beeline** *n* **to make a ~ for sb/sth** schnurstracks auf jdn/etw zugehen

been [bɪn] *pp of* **be**

beep [bip] I. *vt* ❶ (*make brief noise*) **to ~ one's horn** hupen ❷ (*on pager*) ■**to ~ sb** jdn anpiepen II. *vi* piepen; (*in car*) hupen III. *n* Piep[s]ton *m; of car* Hupen *nt*

beeper ['biˑpər] *n* Piepser *m*

beer [bɪr] *n* Bier *nt*

'**beer garden** *n* Biergarten *m*

'**beeswax** *n* Bienenwachs *nt*

beet [bit] *n* ❶ (*plant*) [Runkel]rübe *f* ❷ (*edible root*) Rote Bete

beetle ['biˑtəl] *n* Käfer *m*

befit <-tt-> [bɪˈfɪt] *vt* **as ~s a princess** wie es einer Prinzessin geziemt

before [bɪˈfɔr] I. *prep* ❶ (*earlier*) vor +*dat;* **~ everything else** zuallererst; **~ long** in Kürze; **the day ~ yesterday** vorgestern ❷ (*in front of*) vor +*dat;* **with verbs of motion** vor +*akk;* **the letter K comes ~ L** der Buchstabe K kommt vor dem L; **the task ~ us** die Aufgabe, vor der wir stehen II. *conj* ❶ (*at previous time*) bevor; **just ~ ...** kurz bevor ...; **but ~ I knew it, she was gone** doch ehe ich mich versah, war sie schon verschwunden ❷ (*rather than*) bevor, ehe ❸ (*until*) bis; ■**not ~** erst wenn ❹ (*so that ... do not*) damit; **stop that ~ you make a mess!** hör auf damit, bevor du eine Schweinerei veranstaltest! III. *adv* zuvor, vorher; **I have never seen that ~** das habe ich noch nie gesehen; **she has seen it all ~** sie kennt das alles schon; **~ and after** davor und danach IV. *adj after n* zuvor; **it had rained the day ~** tags zuvor hatte es geregnet

beforehand [bɪˈfɔrˌhænd] *adv* vorher

befriend [bɪˈfrend] *vt* ❶ (*become friends with*) sich anfreunden mit ❷ (*look after*) sich annehmen

beg <-gg-> [beg] I. *vt* (*request*) bitten; **to ~ sb's forgiveness** jdn um Verzeihung bitten; **I ~ your pardon** entschuldigen Sie bitte II. *vi* ❶ (*seek charity*) betteln (**for** um +*akk*) ❷ (*request*) ■**to ~ of sb** jdn anflehen; **to ~ for mercy** um Gnade flehen ❸ *dog* Männchen machen

began [bɪˈgæn] *pt of* **begin**

beggar ['begˑər] I. *n* Bettler(in) *m(f)* II. *vt* ▶ PHRASES: **to ~** belief [einfach] unglaublich sein

begin <-nn-, began, begun> [bɪ·'gɪn] *vt, vi* anfangen, beginnen; **I began this book two months ago** ich habe mit diesem Buch vor zwei Monaten angefangen; **to ~ work** mit der Arbeit beginnen; **I began to think he'd never come** ich dachte schon, er würde nie kommen; **she was ~ning to get angry** sie wurde allmählich wütend; **to ~ to roll/stutter** ins Rollen/Stottern kommen; **I don't know where to ~** ich weiß nicht, wo ich anfangen soll; **before school ~s** vor Schulanfang; **to ~ again** neu anfangen; **to ~ with, I want to ...** zunächst einmal möchte ich ...; **there were six of us to ~ with** anfangs waren wir noch zu sechst; **he began by saying ...** zunächst einmal sagte er ...

beginner [bɪ·'gɪn·ər] *n* Anfänger(in) *m(f)*

beginning [bɪ·'gɪn·ɪŋ] *n* ❶ (*starting point*) Anfang *m*; (*in time*) Beginn *m*; **at** [*or* **in**] **the ~** am Anfang, zu Beginn; **from ~ to end** (*place*) von vorn bis hinten; (*temporal*) von Anfang bis Ende ❷ ■**-s** *pl* (*origin*) Anfänge *pl*; (*start*) erste Anzeichen ▶ PHRASES: **the ~ of the end** der Anfang vom Ende

begrudge [bɪ·'grʌdʒ] *vt* ■**to ~ sb sth** jdm etw missgönnen; **I don't ~ him his freedom** ich gönne ihm seine Freiheit

begun [bɪ·'gʌn] *pp of* **begin**

behalf [bɪ·'hæf] *n* **on ~ of sb** [*or* **on sb's ~**] (*speaking for*) im Namen einer Person; (*as authorized by*) im Auftrag von jdm

behave [bɪ·'heɪv] **I.** *vi* ❶ *people* sich verhalten; **to ~ badly** sich schlecht benehmen; **~!** benimm dich! ❷ *object, substance* sich verhalten **II.** *vt* ■**to ~ oneself** sich [anständig] benehmen

behavior [bɪ·'heɪv·jər] *n* ❶ *of person* Benehmen *nt*, Verhalten *nt*; **to be on one's best ~** sich von seiner besten Seite zeigen; **~ pattern** Verhaltensmuster *nt* ❷ *of car* [Fahr]verhalten *nt*

behavioral [bɪ·'heɪv·jər·əl] *adj* Verhaltens-

behead [bɪ·'hed] *vt* köpfen

behind [bɪ·'haɪnd] **I.** *prep* ❶ hinter +*dat*; *with verbs of motion* hinter +*akk*; **~ the wheel** hinterm Lenkrad; **to fall ~ sb** hinter jdn zurückfallen; **~ schedule** in Verzug ❷ (*fig*) **I'm ~ you all the way** ich stehe voll hinter dir; **who's ~ [all] this?** wer steckt dahinter? ▶ PHRASES: **~ the times** hinter der Zeit zurück[geblieben] **II.** *adv* hinter **III.** *adj* ❶ (*in arrears*) im Rückstand ❷ (*slow*) **to be** [**way**] **~** [weit] zurück sein **IV.** *n* (*fam*) Hintern *m*

behold <beheld, beheld> [bɪ·'hoʊld] *vt* (*liter or old*) erblicken

beige [beɪʒ] *adj* beige[farben]

being [ˈbiː·ɪŋ] **I.** *n* ❶ (*creature*) Wesen *nt* ❷ (*existence*) Dasein *nt*; **to come into ~** entstehen **II.** *adj* **for the time ~** vorerst **III.** *see* **be**

belated [bɪ·'leɪ·t̬ɪd] *adj* verspätet; **~ birthday greetings** nachträgliche Geburtstagsgrüße

belch [beltʃ] **I.** *n* <*pl* -es> Rülpser *m* **II.** *vi* rülpsen **III.** *vt* ausstoßen; *volcano* aussp[e]ien

belfry ['bel·fri] *n* Glockenturm *m* ▶ PHRASES: **to have bats in the ~** einen Vogel haben

Belgian ['bel·dʒən] **I.** *n* Belgier(in) *m(f)* **II.** *adj* belgisch

Belgium ['bel·dʒəm] *n* Belgien *nt*

belief [bɪ·'lif] *n* ❶ (*faith*) Glaube *m kein pl* (**in** an +*akk*); **to be beyond ~** [einfach] unglaublich sein ❷ (*view*) Überzeugung *f*; **it is my firm ~ that ...** ich bin der festen Überzeugung, dass ...; **to the best of my ~** nach bestem Wissen und Gewissen

believable [bɪ·'li·və·bəl] *adj* glaubwürdig

believe [bɪ·'liv] **I.** *vt* ❶ (*presume true*) glauben; **would you ~ it?** kannst du dir das vorstellen?; **I couldn't ~ my luck** ich konnte mein Glück [gar] nicht fassen; **I can't ~ how ...** ich kann gar nicht verstehen, wie ...; ■**to ~ sb to be sth** jdn für etw *akk* halten ❷ (*pretend*) **to make ~** [**that**] ... so tun, als ob ... ▶ PHRASES: **seeing is believing** was ich sehe, glaube ich **II.** *vi* ❶ (*be certain of*) glauben (**in** an +*akk*) ❷ (*have confidence*) ■**to ~ in sb/sth** auf jdn/etw vertrauen ❸ (*support sincerely*) ■**to ~ in sth** viel von etw *dat* halten ❹ (*think*) glauben; **we have** [**every**] **reason to ~ that ...** wir haben [allen] Grund zu der Annahme, dass ...; **I ~ so** ich glaube schon

believer [bɪ·'li·vər] *n* ❶ REL Gläubige(r) *f(m)* ❷ (*enthusiast*) [überzeugter] Anhänger/[überzeugte] Anhängerin; **to be a** [**great**] **~ in sth** [sehr] viel von etw *dat* halten

belittle [bɪ·'lɪt̬·əl] *vt* herabsetzen; *successes* schmälern

bell [bel] *n* ❶ (*for ringing*) Glocke *f*; (*small one*) Glöckchen *nt*; **door ~** [Tür]klingel *f* ❷ (*signal*) Läuten *nt kein pl*, Klingeln *nt kein pl*; **there's the ~ for lunch** es läutet zur Mittagspause ▶ PHRASES: **sth rings a ~** [**with sb**] etw kommt jdm bekannt vor

'bellboy *n* [Hotel]page *m*

belligerent [bɪ·'lɪdʒ·ər·ənt] *adj* kampflustig

'bell jar *n* Glasglocke *f*

bellow ['bel·oʊ] **I.** *vt, vi* brüllen **II.** *n* Gebrüll *nt*

bellows ['bel·oʊz] *npl* Blasebalg *m*

belly ['bel·i] *n* Bauch *m*

'bellyache (*fam*) **I.** *n* Bauchschmerzen *pl*, Bauchweh *nt kein pl* **II.** *vi* jammern

'belly button *n* (*fam*) [Bauch]nabel *m*

'belly dancer *n* Bauchtänzerin *f*

'bellyflop *n* Bauchklatscher *m*

belong [bɪ·'lɑŋ] *vi* ❶ (*be owned*) gehören (**to** +*dat*); (*be in right place*) hingehören; **where do these spoons ~?** wohin gehören diese Löffel? ❷ (*be welcome*) **you don't ~ here** Sie haben hier nichts zu suchen ❸ (*fit in*) [dazu]gehören; **she doesn't really ~ here** sie passt eigentlich nicht hierher

belongings [bɪ·'lɑŋ·ɪŋz] *npl* Hab und Gut *nt kein pl*; **personal ~** persönliche Sachen

beloved [bɪ·'lʌv·ɪd] **I.** *n* Geliebte(r) *f(m)* **II.** *adj* geliebt

below [bɪˈloʊ] **I.** adv ❶ (lower) unten, darunter; **down ~** NAUT unter Deck ❷ (on page) unten; **see ~** siehe unten **II.** prep ❶ unter + dat; with verbs of motion unter + akk; **~ average** unter dem Durchschnitt; **~ zero** temperature unter null ❷ (south of) unterhalb + gen

belt [belt] **I.** n ❶ (for waist) Gürtel m; **below the ~** unter der Gürtellinie ❷ (conveyor) Band nt ❸ (area) Gebiet nt; **commuter ~** Einzugsbereich m [einer Großstadt]; **green ~** Grüngürtel m ▶ PHRASES: **to tighten one's ~** den Gürtel enger schnallen **II.** vt (fam) hauen; ball knallen

◆**belt out** vt song schmettern

bemoan [bɪˈmoʊn] vt beklagen

bemused [bɪˈmjuzd] adj verwirrt

bench <pl -es> [bentʃ] n ❶ Bank f ❷ LAW ■**the ~** die [Richter]bank

'**benchmark** n ❶ (standard) Maßstab m ❷ (in surveying) Höhenmarke f

'**benchwarmer** n SPORT (substitute) Ersatzspieler(in) m(f) (der/die kaum eingesetzt wird)

bend [bend] **I.** n ❶ (in road) Kurve f; (in pipe) Krümmung f; (in river) Biegung f ❷ ■**the ~s** pl MED die Caissonkrankheit kein pl ▶ PHRASES: **to go around the ~** (fam) durchdrehen **II.** vi <bent, bent> ❶ (turn) road biegen; **to ~ forward** sich vorbeugen; **to be bent double** sich krümmen ❷ (be flexible) sich biegen; tree sich neigen **III.** vt biegen; (deform) verbiegen; **to ~ the rules** (fig) sich nicht ganz an die Regeln halten

◆**bend back I.** vt zurückbiegen; **to ~ sth back into shape** etw wieder in [die ursprüngliche] Form bringen **II.** vi sich nach hinten beugen

◆**bend down** vi sich niederbeugen

◆**bend over** vi sich vorbeugen ▶ PHRASES: **to ~ over backwards** sich dat die allergrößte Mühe geben

beneath [bɪˈniθ] **I.** prep unter + dat; with verbs of motion unter + akk; **to be ~ sb** (lower rank than) unter jdm stehen; (lower standard than) unter jds Würde sein **II.** adv unten, darunter

benediction [ˌben·ɪ·ˈdɪk·ʃən] n Segnung f

benefactor [ˈben·ə·fæk·tər] n Wohltäter(in) m(f)

beneficiary [ˌben·ə·ˈfɪʃ·i·ər·i] n Nutznießer(in) m(f)

benefit [ˈben·ə·fɪt] **I.** n ❶ (advantage) Vorteil m; (profit) Nutzen m; **to derive** [or **get**] [much] **~ from sth** einen [großen] Nutzen aus etw dat ziehen; **to give sb the ~ of the doubt** im Zweifelsfall zu jds Gunsten entscheiden ❷ (welfare) Beihilfe f; **unemployment ~** Arbeitslosengeld nt **II.** vi <-t- or -tt-> ■**to ~ from sth** von etw dat profitieren, aus etw dat Nutzen ziehen **III.** vt <-t- or -tt-> ■**to ~ sb/sth** jdm/etw nützen

bent [bent] **I.** pt, pp of **bend II.** n Neigung f; ■**a** [natural] **~ for sth** ein [natürlicher] Hang zu etw dat **III.** adj umgebogen; wire verbogen;

person gekrümmt

benzene [ˈben·zin] n Benzol nt

bequeath [bɪˈkwið] vt hinterlassen

bequest [bɪˈkwest] n Vermächtnis nt

bereaved [bɪˈrivd] **I.** adj trauernd **II.** n ■**the ~** pl die Hinterbliebenen

bereavement [bɪˈriv·mənt] n (death) Trauerfall m; (loss) schmerzlicher Verlust

beret [bəˈreɪ] n Baskenmütze f; MIL Barett nt

Bermuda shorts [bərˌmju·də·ˈʃɔrts] npl Bermudas pl

berry [ˈber·i] n Beere f

berserk [bərˈsɜrk] adj außer sich dat; **to go ~** [fuchsteufels]wild werden

berth [bɜrθ] **I.** n ❶ (for ship) Liegeplatz m ❷ NAUT (bed) [Schlaf]koje f; RAIL Schlafwagenbett nt **II.** vt, vi festmachen

beset <-tt-, beset, beset> [bɪˈset] vt usu passive ■**to be ~ by sth** von etw dat bedrängt werden; by worries von etw dat geplagt werden

beside [bɪˈsaɪd] prep ❶ (next to) neben + dat; with verbs of motion neben + akk ❷ (irrelevant to) **~ the point** nebensächlich

besides [bɪˈsaɪdz] **I.** adv außerdem; **many more ~** noch viele mehr **II.** prep ❶ (in addition to) außer + dat ❷ (except for) abgesehen von + dat

besiege [bɪˈsidʒ] vt ❶ MIL (surround) belagern ❷ (overwhelm) überschütten

besotted [bɪˈsa·t̬ɪd] adj ■**~ with sb** in jdn völlig vernarrt

best [best] **I.** adj superl of **good** ❶ (finest) ■**the ~ ...** der/die/das beste ...; **the ~ days of my life** die schönste Zeit meines Lebens; **~ regards** [or **wishes**] viele [o herzliche] Grüße; **give my ~ wishes to your wife** richten Sie Ihrer Frau herzliche Grüße von mir aus ❷ (most favorable) **he is acting in her ~ interest[s]** er handelt nur zu ihrem Besten; **what's the ~ way to the train station?** wie komme ich am besten zum Bahnhof?; ■**to be ~** to mach besten sein ▶ PHRASES: **bet your ~ bet** (fam) **your ~ bet would be to take a taxi** am besten nehmen Sie ein Taxi **II.** adv superl of **well** am besten; **to do as one thinks ~** tun, was man für richtig hält; **~ of all** am allerbesten **III.** n ❶ (finest person, thing) ■**the ~** der/die/das Beste; **at its ~** vom Feinsten; **the ~ of friends** die besten Freunde; **in the ~ of health** bei bester Gesundheit; **to the ~ of my knowledge** meines Wissens; **at one's ~** (performance) in Höchstform; (condition) in bester Verfassung ❷ (most favorable) **all the ~!** (fam) alles Gute!; **at ~** bestenfalls ▶ PHRASES: **to make the ~ of things** [or **it**] das Beste daraus machen; **the ~ of both worlds** das Beste von beidem

bestiality [ˌbes·tʃi·ˈæl·ɪ·t̬i] n Bestialität f

best 'man n Trauzeuge m (des Bräutigams)

best'seller n Bestseller m

bet [bet] **I.** n ❶ (gamble) Wette f; **to place** [or **make**] **a ~ on sth** auf etw akk wetten; **to**

make a ~ with sb mit jdm wetten ❷ (*fig: guess*) Tipp *m;* **all ~s are off** alles ist möglich **II.** *vt, vi* <-tt-, bet *or* -ted, bet *or* -ted> wetten; **I ~ you 25 dollars that ...** ich wette mit dir um 25 Dollar, dass ... ► PHRASES: **you ~!** (*fam*) das kannst du mir aber glauben!

beta ['beɪ·tə] *n* Beta *nt*

'**beta-blocker** *n* Betablocker *m*

betray [bɪ·'treɪ] *vt* ❶ (*be disloyal*) verraten; *trust* missbrauchen; ■**to ~ sb** (*be unfaithful*) jdm untreu sein; (*deceive*) jdn betrügen ❷ (*reveal*) *feelings* zeigen; *ignorance* verraten

betrayal [bɪ·'treɪ·əl] *n* Verrat *m; of trust* Enttäuschung *f*

better[1] ['bet·ər] **I.** *adj comp of* **good** ❶ (*superior*) besser; **~ luck next time** vielleicht klappt's ja beim nächsten Mal; **she is much ~ at tennis than I am** sie spielt viel besser Tennis als ich ❷ (*healthier*) besser; **to get ~** sich erholen ❸ (*most*) **the ~ part** der größte Teil; **the ~ part of sth** der Großteil einer S. *gen;* **the ~ part of an hour** fast eine Stunde [lang] **II.** *adv comp of* **well** ❶ (*in superior manner*) besser; **or ~ yet ...** oder noch besser ... ❷ (*to a greater degree*) mehr; *like* lieber; **she is much ~-looking** sie sieht viel besser aus; **to think ~ of sth** sich *dat* etw anders überlegen **III.** *n* ❶ (*improvement*) **to change for the ~** sich zum Guten wenden; **all** [*or* **so much**] **the ~** umso besser ❷ ■**one's ~s** *pl* (*hum dated*) *Leute, die über einem stehen* ► PHRASES: **to get the ~ of sb** über jdn die Oberhand gewinnen **IV.** *vt* verbessern; **to ~ oneself** (*improve social position*) sich verbessern; (*further one's knowledge*) sich weiterbilden

better[2] ['bet·ər] *n see* **bettor**

betting ['bet·ɪŋ] *n* Wetten *nt*

bettor ['bet·ər] *n jd, der eine Wette abschließt*

between [bɪ·'twin] **I.** *prep* zwischen +*dat; with verbs of motion* zwischen +*akk;* **halfway ~ Miami and Tampa** auf halbem Weg zwischen Miami und Tampa; **~ you and me** unter uns gesagt **II.** *adv* ■ [**in**] ~ dazwischen

beverage ['bev·ər·ɪdʒ] *n* Getränk *nt*

bevy ['bev·i] *n* Schar *f*

beware [bɪ·'wer] *vi, vt* sich in Acht nehmen (of vor +*dat*); **~!** Vorsicht!; "**~ of the dog**" „[Vorsicht,] bissiger Hund!"; ■**to ~ of doing sth** sich davor hüten, etw zu tun

bewilder [bɪ·'wɪl·dər] *vt* verwirren

bewilderment [bɪ·'wɪl·dər·mənt] *n* Verwirrung *f*

bewitch [bɪ·'wɪtʃ] *vt* ❶ (*put under spell*) verzaubern ❷ (*enchant*) bezaubern

bewitching [bɪ·'wɪtʃ·ɪŋ] *adj* bezaubernd

beyond [bɪ·'jand] **I.** *prep* ❶ (*on the other side of*) über +*akk*, jenseits +*gen* ❷ (*after*) nach +*dat* ❸ (*further than*) über +*akk;* **to be ~ the reach of sb** außerhalb jds Reichweite sein; **to see ~ sth** über etw *akk* hinaus sehen ❹ (*surpassing*) **damaged ~ repair** irreparabel beschädigt; **~ help** nicht mehr zu helfen **II.** *adv* (*in space*) jenseits; (*in time*) darüber hinaus;

with the mountains ~ mit den Bergen dahinter; **to go ~** hinausgehen über +*akk*

biannual [,baɪ·'æn·ju·əl] *adj* halbjährlich; **~ report** Halbjahresbericht *m*

bias ['baɪ·əs] **I.** *n usu sing* ❶ (*prejudice*) Vorurteil *nt* ❷ (*one-sidedness*) Befangenheit *f* (**against** gegenüber +*dat*) ❸ (*predisposition*) Neigung *f* (**in favor of, toward**[s] für +*akk*) **II.** *vt* <-ss- *or* -s-> ■**to ~ sth** etw einseitig darstellen; ■**to ~ sb against sth** jdn gegen etw *akk* einnehmen

biased ['baɪ·əst] *adj* voreingenommen

bib [bɪb] *n* Lätzchen *nt*

Bible ['baɪ·bəl] *n* Bibel *f*

biblical ['bɪb·lɪ·kəl] *adj* biblisch

bibliographer [,bɪb·lɪ·'ag·rə·fər] *n* Bibliograf(in) *m(f)*

bibliographic [,bɪb·lɪ·ə·'græf·ɪk], **bibliographical** [,bɪb·lɪ·ə·'græf·ɪ·kəl] *adj* bibliografisch

bibliography [,bɪb·li·'ag·rə·fi] *n* Bibliografie *f*

bicarbonate [,baɪ·'kar·bə·nɪt], **bicarbonate of 'soda** *n* Natriumbikarbonat *nt;* (*in cooking*) Natron *nt*

bicentennial [baɪ·sen·'ten·i·əl], **bicentenary** [baɪ·'sen·ten·ə·ri] *n* zweihundertjähriges Jubiläum

biceps <*pl* ~> ['baɪ·seps] *n* Bizeps *m*

bicker ['bɪk·ər] *vi* sich zanken

bickering ['bɪk·ər·ɪŋ] *n* Gezänk *nt*

bicycle ['baɪ·sɪk·əl] *n* Fahrrad *nt;* **by ~** mit dem Fahrrad

bid[1] <-dd-, bid *or* bade, bid *or* bidden> [bɪd] *vt* **to ~ sb farewell** jdm Lebewohl sagen

bid[2] [bɪd] **I.** *n* ❶ (*offer*) Angebot *nt;* (*at auction*) Gebot *nt* ❷ (*attempt*) Versuch *m;* **to make a ~ for power** nach der Macht greifen **II.** *vi* <-dd-, bid, bid> ❶ (*offer money*) bieten ❷ (*tender*) ein Angebot unterbreiten; **to ~ on a contract** sich um einen Auftrag bewerben **III.** *vt* <-dd-, bid, bid> bieten

bidder ['bɪd·ər] *n* Bieter(in) *m(f);* **highest ~** Meistbietende(r) *f(m)*

bidding ['bɪd·ɪŋ] *n* Bieten *nt;* (*at auction*) Steigern *nt*

bide [baɪd] *vt* **to ~ one's time** den rechten Augenblick abwarten

bidet [bɪ·'deɪ] *n* Bidet *nt*

biennial [baɪ·'en·i·əl] **I.** *adj* zweijährlich **II.** *n* zweijährige Pflanze

big <-gg-> [bɪg] *adj* ❶ (*of size, amount*) groß; *meal* üppig; *tip* großzügig; **the ~ger the better** je größer, desto besser ❷ (*significant*) bedeutend; *decision* schwerwiegend ► PHRASES: **a ~ fish in a small pond** der Hecht im Karpfenteich

◆**big up** *vt* (*sl*) ■**to ~ up ↻ sb/sth** jdn/etw groß herausbringen

bigamist ['bɪg·ə·mɪst] *n* Bigamist(in) *m(f)*

bigamy ['bɪg·ə·mi] *n* Bigamie *f*

Big 'Apple *n* (*fam*) ■**the ~** New York *nt*

big 'business *n* ■**to be ~** ein lukratives Geschäft sein

big 'cheese n (fam) hohes Tier fam
Big 'Easy n ■the ~ New Orleans nt
big 'game n Großwild nt
big 'government n (pej) übermächtige Regierung
bigot ['bɪg·ət] n Eiferer, Eiferin m, f
bigoted ['bɪg·ə·t̮ɪd] adj fanatisch
bigotry ['bɪg·ə·tri] n Fanatismus m
'big shot n (fam) hohes Tier
'big time n (fam) ■the ~ eine große Nummer fam; **to hit** [or **make**] **the** ~ den großen Durchbruch schaffen
'big-time (fam) I. adj attr criminal berühmt-berüchtigt II. adv (in a big way) großartig
'big top n großes Zirkuszelt
'bigwig n (fam) hohes Tier
bike [baɪk] (fam) I. n ❶ (bicycle) [Fahr]rad nt; **by** ~ mit dem [Fahr]rad ❷ (motorcycle) Motorrad nt II. vi mit dem Fahrrad fahren
biker ['baɪ·kər] n (fam: bicycle rider) Fahrradfahrer; (motorcycle rider) Motorradfahrer(in) m(f); (in gang) Rocker(in) m(f)
bikini [bɪ·'ki·ni] n Bikini m
bilateral [ˌbaɪ·'læt̮·ər·əl] adj bilateral
bile [baɪl] n ❶ Galle f; ~ **duct** Gallengang m meist pl ❷ (fig) Bitterkeit f
bilingual [baɪ·'lɪŋ·gwəl] adj zweisprachig
bilious ['bɪl·jəs] adj ❶ MED ~ **attack** Gallenkolik f ❷ (fig: bad-tempered) übellaunig
bill¹ [bɪl] I. n ❶ (invoice) Rechnung f; **could we have the** ~, **please?** zahlen bitte! ❷ (money) Geldschein m; [one-]dollar ~ Dollarschein m ❸ (placard) Plakat nt ▶ PHRASES: **to fit the** ~ der/die/das Richtige sein II. vt ■**to** ~ **sb** jdm eine Rechnung ausstellen; ■**to** ~ **sb for sth** jdm etw in Rechnung stellen
bill² [bɪl] n of bird Schnabel m
'billboard n Reklamefläche f, Plakatwand f
billet ['bɪl·ət] MIL I. n Quartier nt II. vt usu passive ■**to be** ~**ed** einquartiert werden
'billfold n Brieftasche f
billiards ['bɪl·jərdz] n + sing vb Billard nt
billing ['bɪl·ɪŋ] n Programm nt
billion ['bɪl·jən] n Milliarde f
billow ['bɪl·oʊ] vi cloth sich blähen; smoke in Schwaden aufsteigen; skirt sich bauschen
'billy goat n Ziegenbock m
bimbo <pl -es or -s> ['bɪm·boʊ] n (pej fam) Puppe f
bin [bɪn] I. n ❶ garbage ~ Mülleimer m, Mülltonne f ❷ (for storage) Behälter m II. vt einlagern
binary ['baɪ·nə·ri] adj binär
bind [baɪnd] I. n (fam) ❶ **to be a** ~ lästig sein ❷ **to be in a** ~ in der Klemme stecken II. vi <bound, bound> binden III. vt <bound, bound> (fasten) ■**to** ~ **sb** jdn fesseln (**to** an +akk); ■**to** ~ **sth** etw festbinden (**to** an +akk); feet einbinden
binder ['baɪn·dər] n Einband m
binding ['baɪn·dɪŋ] I. n ❶ (covering) Einband m ❷ (act) Binden nt ❸ (on ski) Bindung f II. adj verbindlich

binge [bɪndʒ] (fam) I. n Gelage nt; **shopping** ~ Kaufrausch m II. vi ■**to** ~ **on sth** sich mit etw dat vollstopfen
bingo ['bɪŋ·goʊ] I. n Bingo nt II. interj ■~! bingo!
binoculars [bɪ·'nak·jə·lərz] npl [pair of] ~ Fernglas nt
bio'chemical adj biochemisch
bio'chemist n Biochemiker(in) m(f)
bio'chemistry n Biochemie f
biode'gradable adj biologisch abbaubar
biode'grade vi sich zersetzen
biodi'versity n Artenvielfalt f
bioengi'neering n Biotechnik f
'biofuel n Biotreibstoff m
'biogas n Biogas nt
biographer [baɪ·'ag·rə·fər] n Biograf(in) m(f)
biographical [ˌbaɪ·oʊ·'græf·ɪ·kəl] adj biografisch
biography [baɪ·'ag·rə·fi] n Biografie f
biological [ˌbaɪ·ə·'ladʒ·ɪ·kəl] adj biologisch
biologist [baɪ·'al·ə·dʒɪst] n Biologe, -in m, f
biology [baɪ·'al·ə·dʒi] n Biologie f
biomass ['baɪ·oʊ·ˌmæs] n Biomasse f
biopsy ['baɪ·ap·si] n Biopsie f
'biorhythm n Biorhythmus m
'biosphere n Biosphäre f
biotech'nology n Biotechnologie f
biotope ['baɪ·ə·toʊp] n Biotop m o nt
bipartisan [ˌbaɪ·'par·t̮ə·zən] adj von zwei Parteien getragen
biped ['baɪ·ped] n Zweifüß[l]er(in) m(f)
biplane ['baɪ·pleɪn] n Doppeldecker m
bipolar [ˌbaɪ·'poʊ·lər] adj bipolar
birch <pl -es> [bɜrtʃ] n Birke f
bird [bɜrd] n Vogel m ▶ PHRASES: **a** ~ **in the hand is worth two in the bush** (prov) besser ein Spatz in der Hand als eine Taube auf dem Dach; **the early** ~ **gets** [or **catches**] **the worm** (prov) Morgenstunde hat Gold im Munde; [strictly] **for the** ~**s** (fam) für die Katz
'birdbath n Vogelbad nt
'birdcage n Vogelkäfig m
birdie ['bɜr·di] n ❶ (esp childspeak) Piepmatz m ❷ SPORT Federball m
bird of 'paradise <pl birds of paradise> n Paradiesvogel m
'birdseed n Vogelfutter nt
bird's-eye 'view n Vogelperspektive f
'birdwatching n das Beobachten von Vögeln
birth [bɜrθ] I. n ❶ (event of being born) Geburt f; **date of** ~ Geburtsdatum nt; **to give** ~ **to a child** ein Kind zur Welt bringen ❷ (family) Abstammung f; **American by** ~ gebürtiger Amerikaner/gebürtige Amerikanerin II. vt ❶ (give birth to) baby zur Welt bringen ❷ (create) idea, project hervorbringen
'birth certificate n Geburtsurkunde f
'birth control n Geburtenkontrolle f; ~ **pill** Antibabypille f
birthday ['bɜrθ·deɪ] n Geburtstag m; **happy** ~ [to you]! alles Gute zum Geburtstag!

'birthday cake *n* Geburtstagstorte *f*
'birthday card *n* Geburtstagskarte *f*
'birthday party *n* Geburtstagsparty *f*
'birthday present *n* Geburtstagsgeschenk *nt*
'birthday suit *n* ▶ PHRASES: **in** one's ~ (*hum*) im Adamskostüm
'birthmark *n* Muttermal *nt*
'birthplace *n* Geburtsort *m*
'birth rate *n* Geburtenrate *f*
biscuit ['bɪs·kɪt] *n* ❶ (*bread type*) Brötchen *nt* ❷ **dog** ~ Hundekuchen *m*

ⓘ **Biscuits and gravy**, eine Mahlzeit, die aus den Südstaaten stammt, werden in den USA oft zum Frühstück gegessen. Die *biscuits* sind eine Art flache Brötchen, die man mit *gravy* (Bratensoße) serviert.

---

bisect ['baɪ·sekt] *vt* zweiteilen
bisexual [ˌbaɪ·'sek·ʃʊ·əl] **I.** *n* Bisexuelle(r) *f(m)* **II.** *adj* bisexuell
bishop ['bɪʃ·əp] *n* ❶ REL Bischof *m* ❷ CHESS Läufer *m*
bison <*pl* -s *or* -> ['baɪ·sən] *n* ❶ (*American*) amerikanischer Bison ❷ (*European*) europäischer Bison, Wisent *m*
bit¹ [bɪt] *n* ❶ (*piece*) Stück *nt*; (*fig: some*) ~ **of advice** Rat *m*; ~ **s of glass** Glasscherben *pl*; ~ **s of paper** Papierfetzen *pl*; **to smash sth to** ~ **s** etw zerschmettern ❷ (*part*) Teil *m*; *of a story, film* Stelle *f*; ~ **by** ~ Stück für Stück ❸ (*a little*) ■ **a** ~ ein bisschen; **just a** ~ ein klein bisschen ❹ (*quite*) ■ **a** ~ ziemlich; [**quite**] **a** ~ **of money** ziemlich viel Geld ❺ (*short time*) **I'm just going out for a** ~ ich gehe mal kurz raus ❻ (*in negations*) ■ **not a** ~ kein bisschen
bit² [bɪt] *vt, vi pt of* **bite**
bit³ [bɪt] *n* COMPUT Bit *nt*
bit⁴ [bɪt] *n* (*for horse*) Gebiss *nt*
bitch [bɪtʃ] **I.** *n* <*pl* -es> ❶ (*pej fam: woman*) Miststück *nt* ❷ (*dog*) Hündin *f* **II.** *vi* (*fam*) ■ **to** ~ **about sb/sth** über jdn/etw lästern
bitchy ['bɪtʃ·i] *adj* (*fam*) gehässig
bite [baɪt] **I.** *n* ❶ (*using teeth*) Biss *m*; *of insect* Stich *m*; ~ **mark** Bisswunde *f*; **to have a** ~ **to eat** (*fam*) eine Kleinigkeit essen ❷ (*fig: sharpness*) Biss *m* ❸ (*pungency*) Schärfe *f* **II.** *vt* <bit, bitten> beißen; *insect* stechen; **to** ~ **one's nails** an seinen Nägeln kauen; **to** ~ **one's tongue** sich *dat* auf die Zunge beißen *a. fig* **III.** *vi* <bit, bitten> *dog, snake* beißen; *insect* stechen
biting ['baɪ·tɪŋ] *adj* beißend *a. fig*
bitten ['bɪt·ən] *vt, vi pp of* **bite**
bitter ['bɪt̬·ər] *adj* <-er, -est> ❶ (*sour*) *taste* bitter ❷ (*fig: painful*) bitter ❸ (*resentful*) verbittert
bitterly ['bɪt̬·ər·li] *adv* bitter; ~ **cold** bitterkalt; ~ **disappointed** schwer enttäuscht
bitterness ['bɪt̬·ər·nɪs] *n* ❶ (*rancor*) Verbitterung *f* (**toward** gegenüber +*dat*) ❷ FOOD Bitterkeit *f*

bizarre [bɪ·'zar] *adj* bizarr; *behavior* seltsam
blab <-bb-> [blæb] (*fam*) **I.** *vt* ausplaudern **II.** *vi* plaudern; ■ **to** ~ **to sb** jdm gegenüber nicht dichthalten
black [blæk] **I.** *adj* schwarz *a. fig*; ~ **and blue** grün und blau **II.** *n* ❶ (*person*) Schwarze(r) *f(m)* ❷ (*color*) Schwarz *nt* ❸ (*not in debt*) **in the** ~ in den schwarzen Zahlen ◆ **black out I.** *vi* [kurz] das Bewusstsein verlieren **II.** *vt* verdunkeln
'blackball *vt* ■ **to** ~ **sb** (*vote against*) gegen jdn stimmen; (*reject*) jdn ausschließen
blackberry ['blæk·ˌber·i] *n* Brombeere *f*
'blackbird *n* Amsel *f*
'blackboard *n* Tafel *f*
black 'box *n* AEROSP Flugschreiber *m*
blacken ['blæk·ən] **I.** *vt* ❶ (*make black*) schwärzen ❷ (*malign*) anschwärzen; **to** ~ **sb's name** dem Ruf einer Person schaden **II.** *vi* schwarz werden
black 'eye *n* blaues Auge
'blackhead *n* Mitesser *m*
black 'hole *n* schwarzes Loch *a. fig*
black 'ice *n* Glatteis *nt*
blackjack ['blæk·dʒæk] *n* CARDS Siebzehnundvier *nt*
'blacklist I. *vt* auf die schwarze Liste setzen **II.** *n* schwarze Liste
'blackmail I. *n* Erpressung *f*; **open to** ~ erpressbar **II.** *vt* erpressen
'blackmailer *n* Erpresser(in) *m(f)*
black 'market *n* Schwarzmarkt *m*
black marke'teer *n* Schwarzhändler(in) *m(f)*
blackness ['blæk·nɪs] *n* Schwärze *f*
blackout ['blæk·aʊt] *n* ❶ (*unconsciousness*) Ohnmachtsanfall *m* ❷ ELEC [Strom]ausfall *m* ❸ (*censor*) Sperre *f*; **news** ~ Nachrichtensperre *f*
Black 'Sea *n* ■ **the** ~ das Schwarze Meer
black 'sheep *n* (*fig*) schwarzes Schaf
'blacksmith *n* [Huf]schmied(in) *m(f)*
bladder ['blæd·ər] *n* [Harn]blase *f*
blade [bleɪd] *n* Klinge *f*; ~ **of grass** Grashalm *m*; ~ **of an oar** Ruderblatt *nt*
blame [bleɪm] **I.** *vt* ■ **to** ~ **sb/sth for sth** [*or* **sth on sb/sth**] jdm/etw die Schuld an etw *dat* geben; ■ **to** ~ **sb for doing sth** jdn beschuldigen, etw getan zu haben **II.** *n* ❶ (*guilt*) Schuld *f*; **to take the** ~ die Schuld auf sich nehmen ❷ (*censure*) Tadel *m*
blameless ['bleɪm·lɪs] *adj* schuldlos; *life* untadelig
blanch [blæntʃ] **I.** *vi* erblassen **II.** *vt* ❶ (*cause to whiten*) bleichen ❷ (*parboil*) blanchieren
bland [blænd] *adj* fade; (*fig*) vage
blank [blæŋk] **I.** *adj* ❶ (*empty*) leer; ~ **tape** Leerband *nt*; **my mind went** ~ ich hatte ein Brett vor dem Kopf ❷ (*without emotion*) ausdruckslos; (*without comprehension*) verständnislos **II.** *n* ❶ (*empty space*) Leerstelle *f*, Lücke *f* ❷ (*mental void*) Gedächtnislücke *f* ▶ PHRASES: **to draw a** ~ kein Glück haben **III.** *vt* ■ **to** ~ **out** ausstreichen

blanket ['blæŋ·kɪt] **I.** *n* [Bett]decke *f;* (*fig*) Decke *f* **II.** *vt* bedecken **III.** *adj* umfassend; *coverage* ausführlich

blankly ['blæŋk·li] *adv* (*without expression*) ausdruckslos; (*without comprehension*) verständnislos

blare [bler] **I.** *n* Geplärr[e] *nt* **II.** *vi radio* plärren; *music* dröhnen; *trumpets* schmettern

blaspheme ['blæs·fim] *vi* [Gott] lästern

blasphemy ['blæs·fə·mi] *n* Blasphemie *f*

blast [blæst] **I.** *n* ❶ (*explosion*) Explosion *f* ❷ (*air*) ~ **of air** Luftstoß *m* ❸ (*noise*) ~ **of music** Schwall *m* Musik; **a ~ from the past** (*fam*) eine Begegnung mit der Vergangenheit; **at full ~** *radio* in voller Lautstärke ❹ (*fam: fun*) tolle Zeit **II.** *vt* ❶ (*explode*) sprengen ❷ (*fig*) heftig angreifen

blasted ['blæs·tɪd] *adj attr* (*fam*) verdammt

'blast furnace *n* Hochofen *m*

blastoff ['blæst·af] *n* [Raketen]start *m*

blatant ['bleɪ·tənt] *adj* offensichtlich; *lie* unverfroren

blaze [bleɪz] **I.** *n* ❶ (*fire*) Brand *m* ❷ (*light*) Glanz *m;* (*fig*) ~ **of color** Farbenpracht *f* **II.** *vi* glühen; *eyes* glänzen; *fire* [hell] lodern; *sun* brennen
♦ **blaze away** *vi* ❶ (*shine*) [nicht aufhören zu] strahlen ❷ (*shoot*) drauflosfeuern
♦ **blaze up** *vi* aufflammen

blazer ['bleɪ·zər] *n* Blazer *m*

blazing ['bleɪ·zɪŋ] *adj fire* lodernd; *argument* heftig; *sun* grell

bleach [blitʃ] **I.** *vt* bleichen **II.** *n* <*pl* -es> (*chemical*) Bleichmittel *nt;* (*for hair*) Blondierungsmittel *nt*

bleachers ['bli·tʃərz] *npl* unüberdachte [Zuschauer]tribüne

bleak [blik] *adj* kahl, öde; (*fig*) trostlos

bleary ['blɪr·i] *adj* (*sleepy*) verschlafen; ~ **eyes** müde Augen

bleary-'eyed *adj* mit müden Augen *nach n;* **to look ~** verschlafen aussehen

bleat [blit] **I.** *vi sheep* blöken; *goat* meckern; *person* jammern **II.** *n of sheep* Blöken *nt; of goat* Meckern *nt*

bled [bled] *pt, pp of* **bleed**

bleed [blid] **I.** *vi* <bled, bled> bluten **II.** *vt* <bled, bled> ❶ (*hist: take blood*) ■ **to ~ sb** jdn zur Ader lassen ❷ *brakes, radiator* entlüften

bleeder ['bli·dər] *n* (*fam: hemophiliac*) Bluter(in) *m(f)*

bleep [blip] **I.** *n* TECH Piepton *m* **II.** *vi* piepsen **III.** *vt* **to ~ sb** jdn über einen Piepser rufen

blemish <*pl* -es> ['blem·ɪʃ] *n* Makel *m*

blend [blend] **I.** *n* Mischung *f; of wine* Verschnitt *m* **II.** *vt* [miteinander] vermischen **III.** *vi* ❶ (*match*) ■ **to ~ with sb/sth** zu jdm/etw passen; MUS mit jdm/etw harmonisieren ❷ (*not be noticeable*) ■ **to ~ into sth** mit etw *dat* verschmelzen

blender ['blen·dər] *n* Mixer *m*

bless <-ed *or* blest, -ed *or* blest> [bles] *vt* seg-

nen ▶ PHRASES: ~ [**him**/**her**]! der/die Gute!; ~ **you!** (*after a sneeze*) Gesundheit!; (*as thanks*) das ist lieb von dir!

blessed ['bles·ɪd] *adj* gesegnet

blessing ['bles·ɪŋ] *n* Segen *m* ▶ PHRASES: **to count one's ~ s** für das dankbar sein, was man hat

blew [blu] *pt of* **blow**

blight [blaɪt] **I.** *vt* vernichten; (*fig*) zunichtemachen **II.** *n* Pflanzenkrankheit *f;* (*fig*) Plage *f*

blind [blaɪnd] **I.** *n* ❶ (*for window*) Jalousie *f;* **roller ~** Rollo *nt* ❷ (*people*) ■ **the ~** *pl* die Blinden ❸ (*shelter for concealing*) Tarnung *f* **II.** *vt* ❶ (*permanently*) blind machen; (*temporarily*) blenden; ~ **ed by tears** blind vor Tränen ❷ (*fig: impress*) **to ~ sb with science** jdn mit seinem Wissen beeindrucken **III.** *adj* ❶ (*sightless*) blind; **to go ~** blind werden ❷ (*fig: unable to perceive*) blind; ■ **to be ~ to sth** etw nicht bemerken ❸ (*fig: unprepared*) unvorbereitet ❹ (*fig: lacking judgment*) blind; *acceptance* bedingungslos ❺ (*concealed*) *curve* schwer einsehbar ▶ PHRASES: **to turn a ~ eye to sth** vor etw *dat* die Augen verschließen

blind 'alley *n* Sackgasse *f a. fig*

blinders ['blaɪn·dərz] *n pl* Scheuklappen *pl a. fig*

blindfold ['blaɪnd·foʊld] **I.** *n* Augenbinde *f* **II.** *vt* ■ **to ~ sb** jdm die Augen verbinden

blindfolded ['blaɪnd·foʊld·ɪd] *adj* mit verbundenen Augen; **to be able to do sth ~** etw im Schlaf tun können

blinding ['blaɪnd·ɪŋ] *adj flash* blendend; *light a.* grell; *headache* rasend

blindman's 'bluff, blindman's 'buff *n* Blindekuh

blindness ['blaɪnd·nɪs] *n* Blindheit *f*

'blind spot *n* ❶ ANAT blinder Fleck ❷ TRANSP toter Winkel ❸ (*weakness*) Schwachpunkt *m*

blink [blɪŋk] **I.** *vt* **to ~ one's eyes** mit den Augen zwinkern; **to ~ back tears** die Tränen zurückhalten **II.** *vi* ❶ (*as protective reflex*) blinzeln; (*intentionally*) zwinkern ❷ *of light* blinken **III.** *n* Blinzeln *nt;* (*intentionally*) Zwinkern *nt* ▶ PHRASES: **to be on the ~** (*fam*) kaputt sein

blinker ['blɪŋ·kər] *n* AUTO Blinker *m*

bliss [blɪs] *n* [Glück]seligkeit *f;* **what ~!** herrlich!

blissful ['blɪs·fəl] *adj* glückselig; *couple* glücklich; *smile* selig

blister ['blɪs·tər] **I.** *n* Blase *f* **II.** *vt* Blasen hervorrufen auf *+dat* **III.** *vi paint* Blasen werfen; *skin* Blasen bekommen

blistering ['blɪs·tər·ɪŋ] *adj* Wahnsinns-; *attack* massiv; *heat* brütend; *pace* mörderisch

blitz [blɪts] **I.** *n* ❶ (*air attack*) [plötzlicher] Luftangriff *m* ❷ (*fig*) **to have** [*or* **make**] **a ~ on sth** etw in Angriff nehmen **II.** *vt* ❶ **to ~ a city** Luftangriffe auf eine Stadt fliegen ❷ (*fig*) in Angriff nehmen

blitzed [blɪtst] *adj* (*sl: on alcohol*) voll; (*on drugs*) total zu

blizzard ['blɪz·ərd] *n* Schneesturm *m*
bloated ['bloʊ·tɪd] *adj* ❶ (*swollen*) aufgedunsen ❷ (*overindulged*) vollgestopft
blob [blab] *n* ❶ (*spot*) Klecks *m* ❷ (*mass*) Klümpchen *nt*
bloc [blak] *n* POL Block *m*
block [blak] I. *n* ❶ (*lump*) Block *m*; ~ of wood Holzklotz *m* ❷ (*toy*) **building** ~ Bauklötzchen *nt* ❸ (*neighborhood*) [Häuser]block *m* ❹ SPORTS **starting** ~ Startblock *m* II. *vt* blockieren; *artery, pipeline* verstopfen; *exit, passage* versperren; *progress* aufhalten; *account* sperren; *ball* abblocken
 ◆**block off** *vt* [ver]sperren
 ◆**block up** *vt* (*obstruct*) blockieren; (*clog*) verstopfen
blockade [bla·'keɪd] I. *n* Blockade *f* II. *vt* abriegeln
blockage ['blak·ɪdʒ] *n* Verstopfung *f*
block 'capitals, block 'letters *npl* Blockbuchstaben; **in** ~ in Blockschrift
'blockhead *n* (*pej fam*) Strohkopf *m pej fam*, Trottel *m pej fam*
blond(e) [bland] I. *adj* blond II. *n* (*person*) Blonde(r) *f(m)*; (*woman a.*) Blondine *f*
blood [blʌd] *n* Blut *nt* ▶ PHRASES: ~ **is thicker than** <u>water</u> (*prov*) Blut ist dicker als Wasser; **in** <u>cold</u> ~ kaltblütig; **to be** <u>after</u> sb's ~ es jdm heimzahlen wollen
'blood bank *n* Blutbank *f*
'bloodbath *n* Blutbad *nt*
'blood clot *n* Blutgerinnsel *nt*
'bloodcurdling *adj* markerschütternd
'blood donor *n* Blutspender(in) *m(f)*
'blood group *n* Blutgruppe *f*
'bloodhound *n* Bluthund *m*
bloodless ['blʌd·lɪs] *adj* ❶ (*without violence*) unblutig ❷ (*pale*) blutleer
'blood poisoning *n* Blutvergiftung *f*
'blood pressure *n* Blutdruck *m*
blood 'relative *n* Blutsverwandte(r) *f(m)*
'bloodshed *n* Blutvergießen *nt*
'bloodshot *adj* blutunterlaufen
'bloodstained *adj* blutbefleckt
'bloodstream *n* Blutkreislauf *m*
'bloodsucker *n* Blutsauger *m a. fig*
'blood sugar *n* Blutzucker *m*
'blood test *n* Bluttest *m*
'bloodthirsty *adj* blutrünstig
'blood transfusion *n* [Blut]transfusion *f*
'blood type *n* Blutgruppe *f*
'blood vessel *n* Blutgefäß *nt;* **to burst a** ~ (*fig*) ausflippen *fam*
bloody ['blʌd·i] *adj* blutig; **to give sb a** ~ **nose** jdm die Nase blutig schlagen
bloom [blum] I. *n* Blüte *f;* **to come into** ~ aufblühen II. *vi* ❶ (*produce flowers*) blühen ❷ (*fig: flourish*) seinen Höhepunkt erreichen
bloomer ['blu·mər] *n* ❶ (*plant*) Blüher ❷ (*person*) **early/late** ~ Früh-/ Spätzünder
blossom ['blas·əm] I. *n* [Baum]blüte *f* II. *vi* blühen *a. fig*
blot [blat] *n* ❶ (*mark*) Klecks *m* ❷ (*ugly fea-*

ture) ~ **on the landscape** Schandfleck *m* in der Landschaft
blotch <*pl* -es> [blatʃ] *n* Fleck *m*
blotchy ['blatʃ·i] *adj* fleckig
blotter ['blat·ər] *n* [Tinten]löscher *m*
'blotting paper *n* Löschpapier *nt*
blouse [blaʊs] *n* Bluse *f*
blow¹ [bloʊ] I. *vi* <blew, blown> ❶ *wind* wehen; **the window blew open** das Fenster wurde aufgeweht ❷ (*exhale*) blasen, pusten ❸ *whale* spritzen; **there she** ~**s!** Wal in Sicht! ❹ (*break*) *fuse* durchbrennen; *gasket* undicht werden; *tire* platzen II. *vt* <blew, blown> ❶ (*propel*) blasen; *wind* wehen ❷ (*send*) **to** ~ **sb a kiss** jdm ein Küsschen zuwerfen ❸ (*play*) blasen; **to** ~ **the whistle** (*start a game*) [das Spiel] anpfeifen; (*stop, end a game*) [das Spiel] abpfeifen ❹ (*clear*) **to** ~ **one's nose** sich *dat* die Nase putzen ❺ (*create*) **to** ~ **bubbles** [Seifen]blasen machen ❻ (*destroy*) **we blew a tire** uns ist ein Reifen geplatzt; **to** ~ **a safe** [*open*] einen Safe [auf]sprengen ❼ (*fam: squander*) *lead* verpulvern ❽ (*fam: botch*) vermasseln III. *n* ❶ **to give your nose a** [good] ~ sich *dat* [gründlich] die Nase putzen ❷ (*sl: cocaine*) Koks *m,* Schnee
 ◆**blow around** *vi* herumgewirbelt werden
 ◆**blow away** I. *vt* ❶ *wind* wegwehen ❷ (*fam: kill*) wegpusten ❸ (*fig fam: impress*) ■**to** ~ **away** ⊂ sb jdn [fast] umhauen *fig fam* ❹ (*fam: defeat*) erledigen *fam* II. *vi* wegfliegen, verwehen
 ◆**blow back** *vi, vt* zurückwehen
 ◆**blow down** I. *vi* umgeweht werden II. *vt* umwehen
 ◆**blow in** I. *vi* ❶ *window* eingedrückt werden ❷ *sand* hineinwehen II. *vt* ❶ *window* eindrücken ❷ *sand* hineinwehen
 ◆**blow off** I. *vt* ❶ (*release*) *steam* ablassen ❷ (*fam*) ■**to** ~ **off** ⊂ sth (*ignore*) etw nicht ernst nehmen; (*neglect*) etw sausen lassen *fam* ❸ (*remove*) wegblasen; *wind* wegwehen ❹ (*rip off*) wegreißen II. *vi* (*blow away*) weggeweht werden
 ◆**blow out** I. *vt* ❶ (*extinguish*) ausblasen ❷ **to** ~ **out** ⊂ one's brains sich *dat* eine Kugel durch den Kopf jagen ❸ (*fill*) *cheeks* aufblasen II. *vi* ❶ *candle* verlöschen ❷ *tire* platzen
 ◆**blow over** I. *vi* ❶ (*fall*) umstürzen ❷ (*die down*) *storm* sich legen II. *vt* umwerfen
 ◆**blow up** I. *vi* ❶ (*explode*) explodieren; (*fig: get angry*) an die Decke gehen ❷ (*come up*) *storm* [her]aufziehen II. *vt* ❶ (*inflate*) aufblasen ❷ (*fig: exaggerate*) hochspielen ❸ (*enlarge*) vergrößern ❹ (*destroy*) [in die Luft] sprengen
blow² [bloʊ] *n* ❶ (*hit*) Schlag *m;* **to come to** ~**s over sth** sich wegen einer S. *gen* prügeln ❷ (*setback*) [Schicksals]schlag *m;* **to take a** ~ (*fam*) einen Tiefschlag erleiden; (*in confidence*) einen Knacks bekommen; **to come as a** ~ [**to** *or* **for**] **sb**] ein schwerer Schlag [für jdn]

sein ❸ (*helping action*) **to strike a ~ for** [*or* **against**] **sth** eine Lanze für etw brechen

blow-by-'blow *adj, adv account, description* haarklein

'blow-dry I. *vt* <-ie-> fönen **II.** *n* Fönen *nt*

'blow dryer *n* Fön *m*

'blowhole *n* Atemloch *nt*

blown [bloʊn] *vt, vi pp of* **blow**

blowout ['bloʊ·aʊt] *n* ❶ (*of tire*) Platzen *nt* [eines Reifens] ❷ (*fam: meal*) Schlemmerei *f* ❸ (*party*) Fete *f*

'blowpipe *n* Blasrohr *nt*

'blowtorch *n* Lötlampe *f*

'blowup I. *n* ❶ PHOT Vergrößerung *f* ❷ (*fam: argument*) Krach *m* **II.** *adj* aufblasbar

blubber ['blʌb·ər] *n* Speck *m a. fig*

bludgeon ['blʌdʒ·ən] **I.** *n* Schlagstock *m* **II.** *vt* verprügeln

blue [blu] **I.** *adj* <-r, -st> ❶ (*color*) blau ❷ (*depressed*) traurig ❸ (*fam*) **~ movie** Pornofilm *m* ▶ PHRASES: **once in a ~ moon** alle Jubeljahre einmal **II.** *n* Blau *nt* ▶ PHRASES: **out of the ~** aus heiterem Himmel

'bluebell *n* [blaue Wiesen]glockenblume

'blueberry *n* Heidelbeere *f*

'blue chip *n* FIN Blue Chip *m*

blue-'collar *adj* **~ worker** Arbeiter(in) *m(f)*

'blueprint *n* Blaupause *f*; (*fig*) Plan *m*

blues [bluz] *npl* ❶ (*fam*) **to have the ~** melancholisch gestimmt sein ❷ (*music*) Blues *m*

bluff¹ [blʌf] **I.** *vi* bluffen **II.** *vt* täuschen; **to ~ one's way into sth** sich in etw *akk* hineinmogeln **III.** *n* Bluff *m*; **to call sb's ~** jdn bloßstellen

bluff² [blʌf] **I.** *n* (*bank*) Steilhang *m*; (*shore*) Steilküste *f* **II.** *adj* *manner* direkt

bluffer ['blʌf·ər] *n* Bluffer(in) *m(f)*

bluish ['blu·ɪʃ] *adj* bläulich

blunder ['blʌn·dər] **I.** *n* schwer[wiegend]er Fehler **II.** *vi* ❶ (*make a bad mistake*) einen groben Fehler machen ❷ ■ **to ~ into sth** in etw *akk* hineinplatzen

blunt [blʌnt] **I.** *adj* ❶ (*not sharp*) stumpf ❷ (*outspoken*) direkt **II.** *vt* ❶ stumpf machen ❷ (*fig*) *enthusiasm* dämpfen

bluntly ['blʌnt·li] *adv* direkt

bluntness ['blʌnt·nɪs] *n* Direktheit *f*

blur [blɜr] **I.** *vi* <-rr-> verschwimmen **II.** *vt* <-rr-> verschwimmen lassen **III.** *n* undeutliches Bild; ■ **to be a ~** verschwimmen; (*fig*) **it's all just a ~ to me now** ich erinnere mich nur noch vage daran

blurb [blɜrb] *n* Klappentext *m*

blurred [blɜrd], **blurry** ['blɜri] *adj* ❶ (*vague*) verschwommen; *picture* unscharf ❷ (*not clearly separated*) nicht klar voneinander getrennt

blush [blʌʃ] **I.** *vi* erröten **II.** *n* ❶ (*reddening of face*) (Scham-)röte *f* ❷ (*makeup*) Rouge *nt*

blusher ['blʌʃ·ər] *n* Rouge *nt*

blushing ['blʌʃ·ɪŋ] *adj* errötend

bluster ['blʌs·tər] **I.** *vi* ❶ (*speak angrily*) poltern ❷ *wind* toben **II.** *n* Theater *nt*

BO [ˌbi·'oʊ] *n abbrev of* **body odor** Körpergeruch *m*

boa ['boʊ·ə] *n* Boa *f*

boar [bɔr] *n* Eber *m*, Keiler *m*; **wild ~** Wildschwein *nt*

board [bɔrd] **I.** *n* ❶ Brett *nt*; (*blackboard*) Tafel *f*; (*bulletin board*) Schwarzes Brett; (*sign*) [Aushänge]schild *nt*; (*floorboard*) Diele *f* ❷ AD‐MIN Behörde *f*; **~ of directors** Vorstand *m*; **B~ of Trade** Handelskammer *f*; **the school ~** der Schulbeirat ❸ (*meals*) **room and ~** Kost und Logis, Unterkunft und Verpflegung ❹ TRANSP **on ~** an Bord *a. fig* ▶ PHRASES: **across the ~** rundum; **to win across the ~** alles gewinnen **II.** *vt* ❶ ■ **to ~ up** mit Brettern vernageln ❷ *plane, ship* besteigen; *bus, train* einsteigen **III.** *vi* ❶ SCH im Internat wohnen ❷ AVIAT **United flight 345 is now ~ing at Gate C22** die Passagiere für Flug 345 können jetzt über Gate C22 zusteigen

boarder ['bɔr·dər] *n* ❶ SCH Internatsschüler(in) *m(f)* ❷ (*lodger*) Pensionsgast *m*

'board game *n* Brettspiel *nt*

'boarding card *n* Bordkarte *f*

'boarding house *n* Pension *f*

'boarding pass *n* Bordkarte *f*

'boarding school *n* Internat *nt*

'board meeting *n* *of executives* Vorstandssitzung *f*; *of owners' representatives* Aufsichtsratssitzung *f*

'boardroom *n* Sitzungssaal *m*

'boardwalk *n* Uferpromenade *f* (*aus Holz*)

boast [boʊst] **I.** *vi* prahlen; ■ **to ~ about** [*or* **of**] **sth** mit etw *dat* angeben **II.** *n* großspurige Behauptung

boastful ['boʊst·fəl] *adj* großspurig; ■ **to be ~** prahlen

boat [boʊt] *n* Boot *nt*; (*bigger*) Schiff *nt*; **to travel by ~** mit dem Schiff fahren ▶ PHRASES: **to be in the same ~** im selben Boot sitzen; **to miss the ~** den Anschluss verpassen

'boathouse *n* Bootshaus *nt*

boating ['boʊ·tɪŋ] *n* Bootfahren *nt*

'boatman *n* Bootsführer *m*

'boat race *n* Bootsrennen *nt*

'boat trip *n* Bootsfahrt *f*

bob¹ [bab] *n* Bubikopf *m*

bob² [bab] *n abbrev of* **bobsleigh** Bob *m*

bob³ <-bb-> [bab] **I.** *vi* ❶ (*move*) ■ **to ~** [**up and down**] sich auf und ab bewegen; ■ **to ~** [**up**] [plötzlich] auftauchen *a. fig* ❷ (*curtsy*) knicksen **II.** *n* [angedeuteter] Knicks

bobbin ['bab·ɪn] *n* Spule *f*

'bobsled *n* Bob[sleigh] *m*

bode [boʊd] *vi, vt* **to ~ well** etwas Gutes bedeuten

bodice ['bad·ɪs] *n* Oberteil *nt*

bodily ['bad·əl·i] **I.** *adj* körperlich; [**great**] **~ harm** [schwere] Körperverletzung **II.** *adv* gewaltsam

body ['bad·i] *n* ❶ (*physical structure*) Körper *m*; **~ and soul** mit Leib und Seele ❷ (*organized group*) Gruppe *f*; **advisory ~** bera‐

tendes Gremium; **governing** ~ Leitung *f*
❸ *(central part)* Hauptteil *m; of church* Hauptschiff *nt; of plane, ship* Rumpf *m* ❹ AUTO Karosserie *f* ❺ *(corpse)* Leiche *f; (of animal)* Kadaver *m;* SCI Körper *m;* **foreign** ~ Fremdkörper *m* ❻ *(substance) of hair* Fülle *f* ▶ PHRASES:
over my <u>dead</u> ~ nur über meine Leiche
'**body bag** *n* Leichensack *m*
'**bodybuilder** *n* Bodybuilder(in) *m(f)*
'**bodybuilding** *n* Bodybuilding *nt*
'**bodyguard** *n* ❶ *(person)* Bodyguard *m*
❷ *(group)* Leibwache *f*
'**body language** *n* Körpersprache *f*
'**body lotion** *n* Körperlotion *f*
'**body search** *n* Leibesvisitation *f*
'**body shop** *n* AUTO Karosseriewerkstatt *f*
'**bodysuit** *n* Body[suit] *m*
'**bodywork** *n* AUTO Karosserie *f*
bog [bag] *n* Sumpf *m*
  ◆**bog down** *vt* ■**to be** ~**ged down** stecken
bleiben; **to get** ~**ged down** sich verheddern *a.*
fig
bogey ['boʊ·gi] *n (golf score)* Bogey *nt*
'**bogeyman** *n* Schreckgespenst *nt*
boggle ['bag·əl] I. *vi* sprachlos sein; **the mind**
~**s** man fasst sich an den Kopf II. *vt* **to** ~ **the**
mind unglaublich sein
boggy ['bag·i] *adj* morastig
bogie *n see* **bogey**
bogus ['boʊ·gəs] *adj* unecht; *documents,*
name falsch; ~ **company** Scheinfirma *f*
bogy *n see* **bogey**
bohemian [boʊ·'hi·mi·ən] I. *n* Bohemien *m*
II. *adj* ~ **life** Künstlerleben *nt*
boil [bɔɪl] I. *n* ❶ **to let sth come to a** ~ etw
aufkochen lassen ❷ MED Furunkel *m o nt* II. *vi*
❶ kochen; **to** ~ **dry** verkochen ❷ CHEM den
Siedepunkt erreichen ❸ *(fig: be angry)* **to** ~
with rage vor Wut kochen; *(be hot)* **I'm** ~**ing**
ich schwitze mich zu Tode III. *vt* ❶ *(heat)* kochen ❷ *(bring to boil)* zum Kochen bringen
  ◆**boil away** *vi, vt* verkochen
  ◆**boil down** I. *vi (reduce) sauce* einkochen
  ▶ PHRASES: **it** <u>all</u> ~**s down to ...** es läuft auf ...
hinaus II. *vt* ❶ *(reduce)* einkochen ❷ *(fig: con-*
dense) zusammenfassen
  ◆**boil over** *vi* ❶ überkochen ❷ *(fig) situation*
außer Kontrolle geraten; *person* ausrasten
boiler ['bɔɪ·lər] *n* Boiler *m*
'**boiler room** *n* Kesselraum *m*
boiling ['bɔɪ·lɪŋ] *adj* ❶ *water* kochend
❷ *weather* sehr heiß; **I'm** ~ ich komme um
vor Hitze; ~ [**hot**] **weather** unerträgliche
Hitze
'**boiling point** *n* Siedepunkt *m a. fig*
boisterous ['bɔɪ·stər·əs] *adj* ❶ *(rough)* wild;
(noisy) laut ❷ *(exuberant)* übermütig
bold [boʊld] *adj* ❶ *(brave)* mutig; **to take a** ~
step ein Wagnis eingehen ❷ *colors* kräftig;
pattern auffällig; *handwriting* schwungvoll;
~ **type** Fettdruck *m*
boldness ['boʊld·nɪs] *n* Mut *m*
bolero [bə·'ler·oʊ] *n* Bolero *m*

bologna [bə·'loʊ·ni] *n* ≈ Fleischwurst *f*
bolster ['boʊl·stər] I. *n* Nackenrolle *f* II. *vt*
❶ *(prop up)* stützen ❷ *(increase)* erhöhen
bolt [boʊlt] I. *vi* ❶ *(move quickly)* rasen ❷ *(run*
away) ausreißen; *horse* durchgehen II. *vt*
❶ *(gulp down)* ■**to** ~ [**down** ⟳] **sth** etw hi-
nunterschlingen ❷ *(lock)* verriegeln ❸ *(fix)*
■**to** ~ **sth on**[**to**] **sth** etw mit etw *dat* ver-
bolzen III. *n* ❶ ~ **of lightning** Blitz[schlag] *m*
❷ *(lock)* Riegel *m* ❸ *(screw)* Schraubenbol-
zen *m* ❹ *(cloth)* [Stoff]ballen *m* ▶ PHRASES: **to**
be a ~ **from the** <u>blue</u> aus heiterem Himmel
kommen
bomb [bam] I. *n* ❶ *(explosive)* Bombe *f*
❷ *(fam)* Flop ❸ *(sl: sb/sth great)* ■**the** ~ das
Coolste *sl*, das Fetteste *sl* II. *vt* bombardieren
III. *vi (fam)* [völlig] danebengehen
bombard [bam·'bard] *vt* bombardieren *a. fig*
bombardment [bam·'bard·mənt] *n* Bombardierung *f*
bombastic [bam·'bæs·tɪk] *adj* bombastisch
bombed [bamd] *adj (sl: on drugs)* total zu;
(on alcohol) voll
bomber ['bam·ər] *n* ❶ *(plane)* Bombenflug-
zeug *nt* ❷ *(person)* Bombenleger(in) *m(f)*
bombing ['bam·ɪŋ] *n* MIL Bombardierung *f;*
(terrorist attack) Bombenanschlag *m*
'**bombproof** *adj* bombensicher
'**bombshell** *n* Bombe *f a. fig;* **to drop a** ~ *(fig)*
die Bombe platzen lassen
'**bomb squad** *n* Bombenräumkommando *nt*
bona fide [ˌboʊ·nə·'faɪd] *adj* echt; *offer* seriös
bonanza [bə·'næn·zə] *n* Goldgrube *f*
bond [band] *n* ❶ *(emotional connection)*
Bindung *f* ❷ FIN Schuldschein *m;* **govern-**
ment ~ Staatsanleihe *f* ❸ LAW schriftliche Verpflichtung ❹ CHEM Bindung *f* II. *vt* ❶ *(unite*
emotionally) verbinden ❷ *(stick together)*
■**to** ~ **together** zusammenfügen III. *vi* haften
bondage ['ban·dɪdʒ] *n* ❶ *(slavery)* Sklaverei *f*
❷ *(sexual act)* Fesseln *nt*
bone [boʊn] I. *n* ❶ Knochen *m; of fish* Gräte *f*
❷ *(material)* Bein *nt* ▶ PHRASES: **to work one's**
<u>fingers</u> **to the** ~ sich abrackern; **to be** <u>close</u>
to the ~ unter die Haut gehen; **to** <u>feel</u> **sth in**
one's ~**s** etw instinktiv fühlen; **to** <u>make</u> **no**
~**s about sth** kein Geheimnis aus etw *dat* machen II. *vt fish* entgräten; *meat* ausbeinen
'**bonehead** *n (fam)* Holzkopf *m*
'**bone marrow** *n* Knochenmark *nt*
bonfire ['ban·faɪr] *n* Freudenfeuer *nt*
bonkers ['baŋ·kərz] *adj pred (fam)* verrückt
bonnet ['ban·ɪt] *n* Mütze *f; (dated)* Haube *f*
bonus ['boʊ·nəs] *n* ❶ FIN Prämie *f;* **productiv-**
ity ~ Ertragszulage *f;* ~ **share** Gratisaktie *f*
❷ *(fig: sth extra)* Bonus *m*
bony ['boʊ·ni] *adj* ❶ *(with prominent bones)*
knochig ❷ *(full of bones) fish* voller Gräten;
meat knochig
boo [bu] I. *interj* ❶ *(to surprise)* huh ❷ *(to*
show disapproval) buh II. *vi* buhen III. *vt* ausbuhen; **to** ~ **sb off the stage** jdn von der Bühne wegbuhen IV. *n* Buhruf *m*

boob [bʊb] *n usu pl* (*vulg, sl: breast*) **big ~s** große Titten *derb*

'booby prize *n* Trostpreis *m*

'booby trap *n* getarnte Bombe

book [bʊk] **I.** *n* ❶ Buch *nt;* **to be in the ~** im Telefonbuch stehen; **~ of stamps** Briefmarkenheftchen *nt* ❷ *pl* FIN ▪ **the ~s** die [Geschäfts]bücher *pl* ▶ PHRASES: **to do sth by the ~** etw nach Vorschrift machen; **to throw the ~ at sb** jdm gehörig den Kopf waschen **II.** *vt* ❶ (*reserve*) buchen; ▪ **to ~ sth for sb** etw für jdn reservieren; **to be fully ~ed** *hotel* ausgebucht sein ❷ LAW (*charge*) **to ~ sb** jdn verwarnen **III.** *vi* buchen, reservieren

◆ **book up** *vi* buchen; ▪ **to be ~ed up** ausgebucht sein

bookable ['bʊk·ə·bəl] *adj* im Vorverkauf erhältlich

'bookbinding *n* Buchbinderhandwerk *nt*

'bookcase *n* Bücherschrank *m*

'book club *n* Buchklub *m*

'bookend *n* Buchstütze *f*

bookie ['bʊk·i] *n* (*fam*) Buchmacher(in) *m(f)*

booking ['bʊk·ɪŋ] *n* Reservierung *f;* **to make a ~** etw buchen

bookish ['bʊk·ɪʃ] *adj* ❶ (*studious*) streberhaft ❷ (*unworldly*) weltfremd

'bookkeeper *n* Buchhalter(in) *m(f)*

'bookkeeping *n* Buchhaltung *f*

booklet ['bʊk·lɪt] *n* Broschüre *f*

'bookmark I. *n* (*in book, Internet*) Lesezeichen *nt* **II.** *vt* **to ~ a website** bei einer Webseite ein Lesezeichen setzen

'book review *n* Buchbesprechung *f*

'bookseller *n* Buchhändler(in) *m(f)*

'bookshelf *n* Bücherregal *nt*

'bookshop *n* Buchgeschäft *nt*

'bookstore *n* Buchgeschäft *nt*

'bookworm *n* Bücherwurm *m*

boom¹ [bum] ECON **I.** *vi* florieren **II.** *n* Boom *m,* Aufschwung *m* **III.** *adj* florierend; *town* aufstrebend

boom² [bum] **I.** *n* Dröhnen *nt kein pl* **II.** *vi* ▪ **to ~** [*out*] dröhnen **III.** *vt* ▪ **to ~** [*out* ◯] **sth** etw mit dröhnender Stimme befehlen

boom³ [bum] *n* ❶ (*barrier*) Baum *m* ❷ FILM, TV Galgen *m*

boomerang ['bu·mə·ræŋ] **I.** *n* Bumerang *m* **II.** *vi* (*fig*) ▪ **to ~ on sb** *plan* sich für jdn als Bumerang erweisen

boor [bʊr] *n* Rüpel *m*

boorish ['bʊr·ɪʃ] *adj* rüpelhaft

boost [bust] **I.** *n* Auftrieb *m* **II.** *vt* ansteigen lassen; *morale* heben; ELEC verstärken

booster ['bu·stər] *n* ❶ (*improvement*) Verbesserung *f;* **to be a confidence ~** das Selbstvertrauen heben ❷ MED **~ vaccination** [*or fam* **shot**] Auffrischungsimpfung *f*

'booster rocket *n* Trägerrakete *f*

'booster seat *n* AUTO Kindersitz *m*

boot [but] **I.** *n* ❶ (*shoe*) Stiefel *m* ❷ (*fam: kick*) Stoß *m;* **to get the ~** (*fig fam*) hinausfliegen; **to give sb the ~** (*fig fam*) jdn hinauswerfen

❸ AUTO **Denver ~** Wegfahrsperre *f* ▶ PHRASES: **to be too big for one's ~s** (*fam*) hochnäsig sein **II.** *vt* ▪ **to ~ sth** etw *dat* einen Tritt versetzen

◆ **boot out** *vt* (*fam*) rausschmeißen

bootee ['bu·ti] *n* gestrickter Babyschuh

booth [buθ] *n* ❶ (*cubicle*) Kabine *f;* (*in restaurant*) Sitzecke *f* ❷ (*at fair*) Stand *m*

'bootleg *adj* ❶ (*sold illegally*) geschmuggelt ❷ (*illegally made*) illegal hergestellt; **~ alcohol** schwarzgebrannter Alkohol; **~ tapes** Raubkopien

'bootmaker *n* Schuhmacher(in) *m(f)*

booty¹ ['bu·ti] *n* (*loot*) Beutegut *nt*

booty² ['bu·ti] *n* (*fam*) Hintern *m*

booze [buz] (*fam*) **I.** *n* Alk *m;* **to be off the ~** nicht mehr trinken **II.** *vi* saufen

boozer ['bu·zər] *n* (*fam*) Säufer(in) *m(f)*

boozy ['bu·zi] *adj* (*fam*) versoffen

border ['bɔr·dər] **I.** *n* ❶ (*boundary*) Grenze *f;* **~ dispute** Grenzstreit *m* ❷ (*edge*) Begrenzung *f; of picture* Umrahmung *f;* FASHION Borte *f* ❸ (*in garden*) Rabatte *f* **II.** *vt* ❶ (*be or act as frontier*) grenzen an +*akk* ❷ (*bound*) begrenzen

◆ **border on** *vi* grenzen an *akk*

bordering ['bɔr·dər·ɪŋ] *adj* angrenzend

borderland ['bɔr·dər·lænd] *n* ❶ GEOG Grenzgebiet *nt* ❷ (*fig*) Grenzbereich *m*

borderline ['bɔr·dər·laɪn] **I.** *n* Grenze *f* **II.** *adj* Grenz-

bore¹ [bɔr] **I.** *n* ❶ (*thing*) langweilige Sache; **what a ~** wie langweilig ❷ (*person*) Langweiler(in) *m(f)* **II.** *vt* langweilen

bore² [bɔr] *pt of* **bear**

bore³ [bɔr] **I.** *n* ❶ *of pipe* Innendurchmesser *m* ❷ *of gun* Kaliber *nt* **II.** *vt* bohren **III.** *vi* ▪ **to ~ through/into sth** etw durchbohren

bored [bɔrd] *adj* gelangweilt

boredom ['bɔr·dəm] *n* Langeweile *f*

boring ['bɔr·ɪŋ] *adj* langweilig

born [bɔrn] *adj* geboren; (*fig*) *idea* entstanden; **American-~** in Amerika geboren

'born-again *adj* überzeugt

borne [bɔrn] *vi pt of* **bear**

borough ['bɜr·oʊ] *n* Verwaltungsbezirk *m*

borrow ['bar·oʊ] **I.** *vt* ❶ (*take temporarily*) leihen; (*from library*) ausleihen ❷ LING entlehnen ❸ MATH borgen **II.** *vi* Geld leihen

borrower ['bar·oʊ·ər] *n* ❶ (*from bank*) Kreditnehmer(in) *m(f)* ❷ (*from library*) Entleiher(in) *m(f)*

borrowing ['bar·oʊ·ɪŋ] *n* ❶ (*taking temporarily*) Ausleihen *nt* ❷ LING Entlehnen *nt* ❸ FIN **public ~** Staatsverschuldung *f*

Bosnia ['baz·ni·ə] *n* Bosnien *nt*

Bosnian ['baz·ni·ən] **I.** *adj* bosnisch **II.** *n* Bosnier(in) *m(f)*

bosom ['bʊz·əm] *n usu sing* ❶ (*breasts*) Busen *m* ❷ (*fig*) **in the ~ of one's family** im Schoß der Familie

bosom 'buddy *n* Busenfreund(in) *m(f)*

boss [bas] **I.** *n* Chef(in) *m(f);* **to be one's**

own ~ sein eigener Herr sein **II.** *vt* ■to ~ [around ◯] **sb** jdn herumkommandieren
bossy ['ba·si] *adj* (*fam*) herrschsüchtig

---

i Die **Boston Tea Party** 1773 war ein Akt des Misstrauens der Kolonien in Amerika gegenüber der britischen Kontrolle. Als Indianer verkleidete Kolonialisten, unter anderem auch Samuel Adams und Paul Revere, stiegen auf britische Boote und warfen hunderte von Teekisten über Bord, um dagegen zu protestieren, dass die Kolonien besteuert wurden, obwohl ihnen keine Sitze im britischen Parlament zustanden. Es handelt sich dabei um eines der Schlüsselereignisse, die zum Unabhängigkeitskrieg der USA gegen England führten.

---

botanical [bə·'tæn·ɪ·kəl] *adj* botanisch
botanist ['bat·ən·ɪst] *n* Botaniker(in) *m(f)*
botany ['bat·ən·i] *n* Botanik *f*
botch [batʃ] *vt* (*fam*) ■to ~ [up ◯] sth etw verpfuschen
both [boʊθ] **I.** *adj, pron* beide; ~ sexes Männer und Frauen; **a picture of** ~ **of us** ein Bild von uns beiden **II.** *adv* **to be competitive in terms of** ~ **quality and price** sowohl bei der Qualität als auch beim Preis wettbewerbsfähig sein; ~ **men and women** sowohl Männer als auch Frauen
bother ['baθ·ər] **I.** *n* ❶ (*effort*) Mühe *f*; (*work*) Aufwand *m*; **to be not worth the** ~ kaum der Mühe wert sein ❷ (*nuisance*) **to be a** ~ lästig sein **II.** *vi* **shall I wait?** – **no, don't** ~ soll ich warten? – nein, nicht nötig; **he hasn't even** ~**ed to write** er hat sich nicht mal die Mühe gemacht, zu schreiben **III.** *vt* ❶ (*worry*) beunruhigen; **what's** ~**ing you?** was hast du?; **you shouldn't let that** ~ **you** du solltest dir darüber keine Gedanken machen ❷ (*concern*) **it doesn't** ~ **me** das macht mir nichts aus ❸ (*disturb*) stören; **don't** ~ **me** [**with that**]! verschone mich [damit]!; **I'm sorry to** ~ **you, but ...** entschuldigen Sie bitte [die Störung], aber ... ❹ (*annoy*) belästigen; **my tooth is** ~**ing me** mein Zahn macht mir zu schaffen
bothersome ['baθ·ər·səm] *adj* lästig
bottle ['bat·əl] **I.** *n* Flasche *f*; **baby's** ~ Fläschchen *nt* **II.** *vt* abfüllen
bottled ['bat·əld] *adj* in Flaschen abgefüllt; ~ **beer** Flaschenbier *nt*
'**bottle-fed** *adj* mit der Flasche gefüttert
'**bottle-feed** *vt* mit der Flasche füttern
'**bottleneck** *n* Engpass *m a. fig*
'**bottle opener** *n* Flaschenöffner *m*
bottom ['bat·əm] **I.** *n* ❶ (*lowest part*) Boden *m*; **on chair** Sitz *m*; **in valley** Talsohle *f*; **pajama** ~**s** Pyjamahose *f*; **rock** ~ (*fig*) Tiefststand *m*; **from top to** ~ von oben bis unten; **to sink to the** ~ auf den Grund sinken ❷ (*end*)

at the ~ **of the street** am Ende der Straße ❸ ANAT Hinterteil *nt* ▸ PHRASES: **to get to the** ~ **of sth** einer Sache *dat* auf den Grund gehen **II.** *adj* untere(r, s); **the** ~ **shelf** das unterste Regal **III.** *vi* ECON ■to ~ **out** seinen Tiefstand erreichen
bottomless ['bat·əm·lɪs] *adj* ❶ (*without limit*) unerschöpflich ❷ (*fig: very deep*) unendlich; ~ **pit** Fass *nt* ohne Boden
bottom 'line *n usu sing* ❶ FIN Bilanz *f* ❷ (*fig: main point*) Wahrheit *f*
botulism ['batʃ·ə·lɪz·əm] *n* MED Nahrungsmittelvergiftung *f*
bought [bɔt] *vt pt of* **buy**
boulder ['boʊl·dər] *n* Felsbrocken *m*
boulevard ['bʊl·ə·vard] *n* Boulevard *m*
bounce [baʊns] **I.** *n* ❶ *of ball* Aufprall *m* ❷ (*spring*) Sprungkraft *f*; *hair* Elastizität *f* ❸ (*fig: vitality*) Schwung *m* **II.** *vi* ❶ *ball* aufspringen ❷ (*bob*) hüpfen ❸ FIN (*fam*) *check* platzen **III.** *vt* ❶ aufspringen lassen; *baby* schaukeln ❷ FIN (*fam*) *check* platzen
♦**bounce back** *vi* ❶ (*rebound*) zurückspringen ❷ (*fig: recover*) wieder auf die Beine kommen
bouncer ['baʊn·sər] *n* Rausschmeißer(in) *m(f)*
bouncing ['baʊn·sɪŋ] *adj* lebhaft; ~ **baby boy** strammer Junge
bouncy ['baʊn·si] *adj* ❶ *mattress* federnd ❷ (*lively*) frisch und munter
bound[1] [baʊnd] **I.** *vi* springen; *kangaroo* hüpfen **II.** *n* Sprung *m*
bound[2] [baʊnd] *vt usu passive* (*border*) ■to **be** ~**ed by sth** von etw *dat* begrenzt werden
bound[3] [baʊnd] *adj* ■to **be** ~ **for X** unterwegs nach X sein
bound[4] [baʊnd] **I.** *pt, pp of* **bind II.** *adj* **to be** ~ **to happen** zwangsläufig geschehen; **it was** ~ **to happen** das musste so kommen
boundary ['baʊn·də·ri] *n* Grenze *f*
boundless ['baʊnd·lɪs] *adj* grenzenlos
bounds [baʊndz] *npl* Grenzen *pl*; **to be out of** ~**s** *ball* im Aus sein; *area* Sperrgebiet sein
bounty ['baʊn·ti] *n* ❶ Kopfgeld *nt* ❷ (*liter: generosity*) Freigebigkeit *f*
bouquet [boʊ·'keɪ] *n* Bukett *nt*
bourbon ['bɜr·bən] *n* Bourbon *m*
bourgeois [bʊr·'ʒwa] *adj* bürgerlich, spießbürgerlich
bout [baʊt] *n* ❶ (*short attack*) Anfall *m*; **drinking** ~ Trinkgelage *nt* ❷ (*in boxing*) Boxkampf *m*; (*in wrestling*) Ringkampf *m*
boutique [bu·'tik] *n* Boutique *f*
bovine ['boʊ·vaɪn] *adj* Rinder-
bow[1] [boʊ] *n* ❶ (*weapon*) Bogen *m* ❷ (*for instrument*) Bogen *m* ❸ (*knot*) Schleife *f*
bow[2] [baʊ] **I.** *vi* sich verbeugen (**to** vor +*dat*) **II.** *vt* **to** ~ **one's head** den Kopf senken **III.** *n* ❶ (*bending over*) Verbeugung *f*; **to take a** ~ sich [unter Applaus] verbeugen ❷ NAUT Bug *m*
♦**bow out** *vi* sich verabschieden
bowel ['baʊ·əl] *n usu pl* MED ■~**s** Darm *m*
'**bowel movement** *n* Stuhl[gang] *m*

bowl¹ [boʊl] *n* (*dish*) Schüssel *f;* (*shallower*) Schale *f;* ~ **of soup** Tasse *f* Suppe; (*for doing dishes*) Spülschüssel *f*

bowl² [boʊl] SPORTS **I.** *vi* (*in alley*) bowlen, Bowling spielen; (*lawn bowling*) Bowls spielen **II.** *vt* SPORTS (*bowling*) werfen; (*lawn bowling*) rollen **III.** *n* Kugel *f*

◆**bowl over** *vt* umwerfen *a. fig*

bow-legged ['boʊ‚leg·ɪd] *adj* O-beinig

bowler ['boʊ·lər] *n* ❶ (*bowling*) Bowling-spieler(in) *m(f);* (*lawn bowling*) Bowls-spieler(in) *m(f)* ❷ (*hat*) Bowler *m,* Melone *f*

bowling ['boʊ·lɪŋ] *n* Bowling *nt*

'**bowling alley** *n* Bowlingbahn *f*

'**bowling green** *n* Rasenfläche *f* für Bowls

bowman ['boʊ·mən] *n* Bogenschütze *m*

'**bowstring** *n* Bogensehne *f*

bow 'tie *n* Fliege *f*

box¹ [baks] **I.** *vi* boxen **II.** *vt* ❶ ■**to** ~ **sb** gegen jdn boxen ❷ (*slap*) **to** ~ **sb's ears** jdn ohrfeigen

box² [baks] **I.** *n* ❶ (*container*) Kiste *f;* carton Karton *m; of candy, cigars, matches* Schachtel *f* ❷ (*space*) Kästchen *nt;* ■**the penalty** ~ (*in soccer*) der Strafraum; (*in hockey*) Strafbank **II.** *vt* ■**to** ~ **[up ⟲] sth** etw [in einen Karton/eine Schachtel] verpacken

◆**box in** *vt car* einparken; **to feel** ~**ed in** (*fig*) sich eingeengt fühlen

◆**box up** *vt* [in Kartons] einpacken

boxer ['bak·sər] *n* ❶ (*dog*) Boxer *m* ❷ (*person*) Boxer(in) *m(f)*

boxers ['bak·sərz], '**boxer shorts** *npl* Boxershorts *pl*

boxing ['bak·sɪŋ] *n* Boxen *nt*

'**boxing gloves** *npl* Boxhandschuhe *pl*

'**boxing match** *n* Boxkampf *m*

'**boxing ring** *n* Boxring *m*

'**box number** *n* Chiffre[nummer] *f*

'**box office** *n* Kasse *f* (*im Theater oder Kino*)

box 'spring *n* Sprungfederrahmen *m*

boy [bɔɪ] **I.** *n* ❶ Junge *m* ❷ (*fam: friends*) ■**the** ~**s** *pl* die Kumpels *pl* ▶ PHRASES: **the big** ~**s** die Großen; ~**s will be** ~**s** Jungs sind nun mal so **II.** *interj* [oh] ~! Junge, Junge!

boycott ['bɔɪ·kat] **I.** *vt* boykottieren **II.** *n* Boykott *m*

'**boyfriend** *n* Freund *m*

boyhood ['bɔɪ·hʊd] *n* Kindheit *f*

boyish ['bɔɪ·ɪʃ] *adj* jungenhaft

'**Boy Scout** *n* Pfadfinder *m*

bra [bra] *n* BH *m*

brace [breɪs] **I.** *n* (*for back*) Stützapparat *m;* (*for knee*) Kniestütze *f;* (*for teeth*) ■~**s** *pl* Zahnspange *f* **II.** *vt* ❶ (*prepare for*) ■**to** ~ **oneself for sth** sich auf etw *akk* vorbereiten ❷ (*support*) [ab]stützen; (*horizontally*) verstreben

bracelet ['breɪs·lɪt] *n* Armband *nt*

bracken ['bræk·ən] *n* Adlerfarn *m*

bracket ['bræk·ɪt] **I.** *n* ❶ *usu pl* (*in writing*) **in** [round/square/angle] ~**s** in [runden/eckigen/spitzen] Klammern ❷ (*class*) **age** ~ Al-

tersgruppe *f;* **income** ~ Einkommensstufe *f;* **tax** ~ Steuerklasse *f* ❸ (*support*) [Winkel]stütze *f* **II.** *vt* in Klammern setzen

brackish ['bræk·ɪʃ] *adj* brackig

brag <-gg-> [bræg] *vi, vt* ■**to** ~ [**about sth**] [mit etw] prahlen

braid [breɪd] **I.** *n* ❶ (*on cloth*) Borte *f;* (*on uniform*) Litze *f;* (*with metal threads*) Tresse[n] *f pl* ❷ (*in hair*) Zopf *m* **II.** *vt, vi* flechten

Braille [breɪl] *n* Blindenschrift *f*

brain [breɪn] **I.** *n* ❶ (*organ*) Gehirn *nt;* ■~**s** *pl* [Ge]hirn *nt* ❷ (*intelligence*) Verstand *m;* ■~**s** *pl* Intelligenz *f kein pl;* (*fam*) Grips *m* ❸ (*fam: intelligent person*) heller Kopf; **the best** ~**s** die fähigsten Köpfe ▶ PHRASES: **to have sth on the** ~ (*fam*) immer nur an etw *akk* denken **II.** *vt* (*fam*) ■**to** ~ **sb** jdm den Schädel einschlagen

'**brainchild** *n* genialer Einfall

'**brain damage** *n* [Ge]hirnschaden *m*

'**brain dead** *adj* [ge]hirntot

'**brain death** *n* [Ge]hirntod *m*

'**brain drain** *n* Braindrain *m*

brainless ['breɪn·lɪs] *adj* hirnlos

'**brain scan** *n* Computertomographie *f* des Schädels

'**brainstorm** **I.** *vi* ein Brainstorming machen **II.** *n* (*fam: idea*) Geistesblitz *m*

'**brainstorming** *n* Brainstorming *nt*

'**brain tumor** *n* [Ge]hirntumor *m*

'**brainwash** *vt* ■**to** ~ **sb** jdn einer Gehirnwäsche unterziehen

'**brainwashing** *n* Gehirnwäsche *f*

'**brainwave** *n* Geistesblitz *m*

'**brainwork** *n* Kopfarbeit *f*

brainy ['breɪ·ni] *adj* (*fam*) gescheit

braise [breɪz] *vt* FOOD schmoren

brake [breɪk] **I.** *n* Bremse *f* **II.** *vi* bremsen

'**brake fluid** *n* Bremsflüssigkeit *f*

'**brake shoe** *n* Bremsklotz *f*

braking ['breɪ·kɪŋ] *n* Bremsen *nt*

'**braking distance** *n* Bremsweg *m*

bran [bræn] *n* Kleie *f*

branch [bræntʃ] **I.** *n* ❶ *of bough* Zweig *m; of trunk* Ast *m* ❷ ~ **of a river** Flussarm *m* ❸ (*office*) Zweigstelle *f,* Filiale *f* **II.** *vi* ❶ (*form branches*) Zweige treiben ❷ (*fig: fork*) sich gabeln

◆**branch off** **I.** *vi* sich verzweigen **II.** *vt* ~ **off a subject** vom Thema abkommen

◆**branch out** *vi* seine Aktivitäten ausdehnen; *socially* gesellschaftlich mehr unternehmen; **to** ~ **out on one's own** sich selbstständig machen

'**branch office** *n* Filiale *f*

brand [brænd] **I.** *n* ❶ (*product*) Marke *f;* **store** ~ Hausmarke *f* ❷ (*fig: type*) Art *f* ❸ (*mark*) Brandzeichen *nt* **II.** *vt* ❶ (*label*) ■**to be** ~**ed** [**as**] **sth** als etw gebrandmarkt sein ❷ *animal* mit einem Brandzeichen versehen

brandish ['bræn·dɪʃ] *vt* [drohend] schwingen

'**brand name** *n* Markenname *m*

brand 'new *adj* [funkel]nagelneu

brandy ['bræn·di] *n* Weinbrand *m*

brash [bræʃ] *adj* ❶(*cocky*) dreist ❷(*gaudy*) grell

brass [bræs] *n* ❶(*metal*) Messing *nt* ❷+ *sing/pl vb* MUS ■**the ~** die Blechinstrumente *pl*

brass 'band *n* Blaskapelle *f*

brassy ['bræs·i] *adj* ❶(*like brass*) messingartig ❷*sound* blechern

brat [bræt] *n* (*hum o pej*) Balg *m o nt*

bravado [brə·'va·doʊ] *n* Draufgängertum *nt*

brave [breɪv] **I.** *adj* ❶(*fearless*) mutig ❷(*stoical*) tapfer ▶ PHRASES: **to put on a ~ face** sich *dat* nichts anmerken lassen **II.** *vt* trotzen +*dat*

bravery ['breɪ·və·ri] *n* Tapferkeit *f*, Mut *m*

brawl [brɔl] **I.** *n* [lautstarke] Schlägerei **II.** *vi* sich [lautstark] schlagen

brawn [brɔn] *n* Muskelkraft *f*

brawny ['brɔ·ni] *adj* (*fam*) muskulös

bray [breɪ] **I.** *vi donkey* schreien; *person* kreischen **II.** *n* [Esels]schrei *m*

brazen ['breɪ·zən] *adj* unverschämt

brazier ['breɪ·zər] *n* ❶(*pan*) [große, flache] Kohlenpfanne ❷(*barbecue*) [Grill]rost *m*

Brazil [brə·'zɪl] *n* Brasilien *nt*

Brazilian [brə·'zɪl·jən] **I.** *n* Brasilianer(in) *m(f)* **II.** *adj* brasilianisch

Bra'zil nut *n* Paranuss *f*

breach [britʃ] **I.** *n* ❶(*infringement*) Verletzung *f;* **~ of trust** Vertrauensbruch *m;* **~ of contract** Vertragsbruch *m;* **security ~** Verstoß *m* gegen die Sicherheitsbestimmungen ❷(*estrangement*) Bruch *m* **II.** *vt* ❶(*break*) verletzen; *contract* brechen ❷ *defense* durchbrechen

bread [bred] *n* Brot *nt* ▶ PHRASES: **to know which side one's ~ is** buttered **on** seinen Vorteil kennen

bread and 'butter *n* ❶Butterbrot *nt* ❷(*fig: income*) Lebensunterhalt *m;* (*job*) Broterwerb *m*

'breadbasket *n* ❶(*container*) Brotkorb *m* ❷(*region*) Kornkammer *f*

'breadbox *n* Brotkasten *m*

'breadcrumb *n* Brotkrume *f;* ■**~s** *pl* (*for coating food*) Paniermehl *nt kein pl;* **to coat with ~s** panieren

breadth [bredθ] *n* ❶Breite *f* ❷(*fig*) Ausdehnung *f*

'breadwinner *n* Ernährer(in) *m(f)*

break [breɪk] **I.** *n* ❶(*fracture*) Bruch *m* ❷(*gap*) Lücke *f* ❸(*interruption*) Unterbrechung *f;* (*shorter*) Pause *f;* **coffee ~** Kaffeepause *f* ❹(*end of relationship*) **to make a clean ~** einen sauberen Schlussstrich ziehen ❺(*opportunity*) Chance *f* **II.** *vt* <broke, broken> ❶(*shatter*) zerbrechen; (*into two pieces*) entzweibrechen; (*damage*) kaputtmachen; *window* einschlagen; (*fracture*) brechen; **to ~ one's arm** sich *dat* den Arm brechen ❷(*momentarily interrupt*) unterbrechen; *fall* abfangen ❸(*put an end to*) brechen; *habit* aufgeben; **to ~ a deadlock** einen toten

Punkt überwinden ❹(*violate*) *agreement* verletzen; *law* übertreten; *promise* brechen; *treaty* verstoßen (gegen +*akk*) ❺ *code* entschlüsseln ❻ *bad news* ■**to ~ sth to sb** jdm etw mitteilen **III.** *vi* <broke, broken> ❶(*stop working*) kaputtgehen; (*collapse*) zusammenbrechen; (*fall apart*) auseinanderbrechen; (*shatter*) zerbrechen ❷ *voice* **the boy's voice is ~ing** der Junge ist [gerade] im Stimmbruch ❸METEO *dawn, day* anbrechen; *storm* losbrechen ❹ *news* bekannt werden ❺(*billiards*) anstoßen; (*boxing*) sich trennen ▶ PHRASES: **to ~ even** kostendeckend arbeiten; **to ~ free** ausbrechen

◆**break away** *vi* ❶(*move away forcibly*) sich losreißen ❷(*split off*) sich absetzen

◆**break down** *vi* ❶(*stop working*) stehen bleiben; *engine* versagen ❷(*dissolve*) sich auflösen; *marriage* scheitern ❸(*emotionally*) zusammenbrechen **II.** *vt* ❶(*force open*) aufbrechen; (*with foot*) eintreten ❷(*separate into parts*) aufgliedern; CHEM aufspalten; *figures* aufschlüsseln

◆**break in I.** *vi* ❶(*enter by force*) einbrechen ❷(*interrupt*) unterbrechen **II.** *vt* ❶(*condition*) *shoes* einlaufen ❷(*tame*) zähmen; (*train*) abrichten; *horse* zureiten

◆**break into** *vt* ❶(*forcefully enter*) einbrechen in +*akk; car* aufbrechen ❷(*start doing sth*) **to ~ into a run** [plötzlich] zu laufen anfangen

◆**break off I.** *vt* ❶(*separate forcefully*) abbrechen ❷(*terminate*) beenden; *engagement* lösen; *talks* abbrechen **II.** *vi* abbrechen

◆**break out** *vi* ❶(*escape*) ausbrechen ❷(*begin*) ausbrechen; *storm* losbrechen ❸**to ~ out in a rash** einen Ausschlag bekommen; **to ~ out in a sweat** ins Schwitzen kommen

◆**break through** *vi* ❶(*make one's way*) sich durchdrängen ❷(*be successful*) einschlagen

◆**break up I.** *vt* ❶(*end*) beenden; *marriage* zerstören; (*dissolve*) auflösen ❷(*split up*) aufspalten; *gang, monopoly* zerschlagen; *coalition* auflösen; *collection, family* auseinanderreißen; **~ it up, you two!** auseinander, ihr beiden! **II.** *vi* ❶(*end relationship*) sich trennen ❷(*come to an end*) enden; *meeting* sich auflösen; *marriage* scheitern ❸(*fall apart*) auseinandergehen; *coalition* auseinanderbrechen; *aircraft, ship* zerschellen; (*in air*) zerbersten

breakable ['breɪ·kə·bəl] *adj* zerbrechlich

breakage ['breɪ·kɪdʒ] *n* Bruch *m;* **~ must be paid for** zerbrochene Ware muss bezahlt werden

'breakaway I. *n* Lossagung *f;* (*splitting off*) Absplitterung *f* **II.** *adj* Splitter-

'breakdown *n* ❶(*collapse*) Zusammenbruch *m;* (*failure*) Scheitern *nt;* (*decomposition*) Zersetzung *f* ❷AUTO Panne *f* ❸(*list*) Aufgliederung *f*, Aufschlüsselung *f* ❹PSYCH [Nerven]zusammenbruch *m*

breaker ['breɪ·kər] *n* (*wave*) Brecher *m*

breakfast ['brek·fəst] *n* Frühstück *nt;* **to have**

[*or* **eat**] ~ frühstücken

> **i** In den USA ist das **breakfast** (Frühstück) eine wichtige Mahlzeit. Zum traditionellen Frühstück werden häufig Rühreier, gebratene oder hartgekochte Eier, Speck, *French toast, pancakes* (eine Art dicker Pfannkuchen), *waffles* (Waffeln), gebratene Würstchen, Bagels, Toast und *hash browns* (Bratkartoffeln aus geriebenen Kartoffeln) serviert. Für die Zubereitung von *French toast* werden Brotscheiben ohne Rinde oder Toastbrot in einer Masse aus Eiern, Milch und Zucker getränkt und anschließend in Butterschmalz goldbraun gebraten. Sie werden unter anderem mit Ahornsirup, Honig oder Marmelade gegessen.

'**break-in** *n* Einbruch *m*
'**breaking point** *n* Belastungsgrenze *f*
'**breakneck** *adj* at ~ **speed** mit halsbrecherischer Geschwindigkeit
'**breakout** *n* Ausbruch *m*
'**breakthrough** *n* Durchbruch *m* (**in** bei +*dat*)
'**breakup** *n* Auseinanderbrechen *nt; of marriage* Scheitern *nt; of group* Auflösung *f*
'**breakwater** *n* Wellenbrecher *m*
breast [brest] *n* ❶ (*mammary gland*) Brust *f*; (*bust*) Busen *m* ❷ (*of bird*) Brust *f* ▶ PHRASES: **to make a clean ~ of sth** etw gestehen
'**breastbone** *n* Brustbein *nt*
'**breast cancer** *n* Brustkrebs *m*
'**breastfeed** <-fed, -fed> *vi, vt* stillen
'**breast-feeding** *n* Stillen *nt*
breast 'pocket *n* Brusttasche *f*
'**breaststroke** *n* Brustschwimmen *nt*
breath [breθ] *n* ❶ (*air*) Atem *m; (inhalation)* Atemzug *m;* **bad ~** Mundgeruch *m;* **out of ~** außer Atem; **to catch one's ~** [*or* **get one's ~ back**] verschnaufen; **to take a deep ~** tief Luft holen; **to take sb's ~ away** jdm den Atem rauben ❷ (*wind*) **~ of air** Hauch *m;* **to go out for a ~ of fresh air** frische Luft schnappen gehen
breathalyze ['breθ·ə·laɪz] *vt* blasen lassen
Breathalyzer® ['breθ·ə·laɪ·zər] *n* Alcotest® *m*, Alkoholtestgerät *nt*
breathe [brið] **I.** *vi* atmen; **to ~ again/more easily** (*fig*) [erleichtert] aufatmen ▶ PHRASES: **to ~ down sb's neck** jdm im Nacken sitzen **II.** *vt* ❶ (*exhale*) [aus]atmen; **to ~ a sigh of relief** erleichtert aufatmen ❷ (*whisper*) flüstern ▶ PHRASES: **to not ~ a word** kein Sterbenswörtchen sagen
breather ['bri·ðər] *n* [Verschnauf]pause *f*
breathing ['bri·ðɪŋ] *n* Atmung *f*
'**breathing apparatus** *n* Sauerstoffgerät *nt*
'**breathing room**, '**breathing space** *n* (*fig*) Bewegungsfreiheit *f*
breathless ['breθ·lɪs] *adj* atemlos

'**breathtaking** *adj* atemberaubend
'**breath test** *n* Alkoholtest *m*
bred [bred] *pt, pp of* **breed**
breeches ['brɪtʃ·ɪz] *npl* Kniehose *f;* **riding ~** Reithose *f*
breed [brid] **I.** *vt* <bred, bred> züchten; (*fig*) *crime* hervorbringen; *resentment* hervorrufen **II.** *vi* <bred, bred> sich fortpflanzen; *birds* brüten; *rabbits* sich vermehren **III.** *n* (*of animal*) Rasse *f;* (*of plant*) Sorte *f*
breeder ['bri·dər] *n* Züchter(in) *m(f)*
breeding ['bri·dɪŋ] *n* ❶ (*of animals*) Zucht *f* ❷ (*of people*) Erziehung *f*
'**breeding ground** *n* Brutstätte *f a. fig*
breeze [briz] **I.** *n* ❶ (*light wind*) Brise *f* ❷ (*fam: sth very easy*) Kinderspiel *nt* **II.** *vi* (*fam*) ■ **to ~ through sth** etw spielend schaffen
breezy ['bri·zi] *adj* ❶ (*windy*) windig ❷ (*jovial*) unbeschwert
brevity ['brev·ɪ·t̬i] *n* Kürze *f*
brew [bru] **I.** *n* Gebräu *nt;* (*fig*) Mischung *f* **II.** *vi* (*fig*) *trouble* sich zusammenbrauen **III.** *vt* brauen
brewer ['bru·ər] *n* [Bier]brauer(in) *m(f)*
brewery ['bru·ə·ri] *n* Brauerei *f*
briar ['braɪ·ər] *n* Dornbusch *m*
bribe [braɪb] **I.** *vt* bestechen **II.** *n* Bestechung *f*, Schmiergeld *nt;* **to take a ~** sich bestechen lassen
bribery ['braɪ·bə·ri] *n* Bestechung *f*
bric-a-brac ['brɪk·ə·bræk] *n* Nippes *pl*
brick [brɪk] *n* Ziegel[stein] *m*, Backstein *m*
◆ **brick up** *vt* zumauern
bricklayer *n* Maurer(in) *m(f)*
brick 'wall *n* [Ziegelstein]mauer *f*, [Backstein]mauer *f* ▶ PHRASES: **to be talking to a ~** gegen eine Wand reden
'**brickwork** *n* Mauerwerk *nt*
bridal ['braɪd·əl] *adj* (*of wedding*) Hochzeits-; (*of bride*) Braut-
bride [braɪd] *n* Braut *f*
bridegroom ['braɪd·ˌgrum] *n* Bräutigam *m*
'**bridesmaid** *n* Brautjungfer *f*
bridge [brɪdʒ] **I.** *n* ❶ Brücke *f* ❷ (*for teeth*) [Zahn]brücke *f* ❸ *of nose* Nasenrücken *m* ❹ *of glasses* Brillensteg *m;* (*of instrument*) Steg *m* ❺ (*on ship*) Kommandobrücke *f* ❻ (*card game*) Bridge *nt* **II.** *vt valley* eine Brücke schlagen (über +*akk*); (*fig*) *gap* überwinden
bridle ['braɪd·əl] **I.** *n* Zaumzeug *nt* **II.** *vt* aufzäumen **III.** *vi* ■ **to ~ at sth** sich über etw *akk* entrüsten
'**bridle path** *n* Reitweg *m*
brief [brif] **I.** *adj* kurz; ■ **to be ~** sich kurzfassen; **in ~** kurz gesagt **II.** *n* ❶ LAW Unterlagen *pl* zu einer Rechtssache ❷ ■ **~s** *pl* (*for men*) Herrenunterhose *f;* (*for women*) Slip *m*, [Damen]schlüpfer *m* **III.** *vt* informieren
briefcase ['brif·keɪs] *n* Aktentasche *f*
briefing ['bri·fɪŋ] *n* ❶ (*meeting*) [Einsatz]besprechung *f* ❷ (*information*) Anweisung[en] *f[pl]*
briefly ['brif·li] *adv* kurz

briefness ['brif·nɪs] *n* Kürze *f*

brigade [brɪ·'geɪd] *n* Brigade *f*

bright [braɪt] **I.** *adj* ❶(*shining*) *light* hell; (*blinding*) grell; *star* leuchtend; *sunshine* strahlend ❷(*vivid*) ~ **blue** strahlend blau; ~ **red** leuchtend rot ❸(*intelligent*) intelligent; *child* aufgeweckt; *idea* glänzend *a. iron* ❹(*promising*) viel versprechend ▶ PHRASES: **to look on the** ~ **side** [of sth] etw positiv sehen **II.** *n* AUTO ■~**s** *pl* Fernlicht *nt*

brighten ['braɪt·ən] **I.** *vt* ❶(*make brighter*) heller machen ❷(*make more cheerful*) auflockern **II.** *vi* ■**to** ~ [**up**] ❶(*become cheerful*) fröhlicher werden; *eyes* aufleuchten ❷ METEO sich aufklären

brightness ['braɪt·nɪs] *n of light* Helligkeit *f; of sun* Strahlen *nt; of eyes* Leuchten *nt*

brilliance ['brɪl·jəns] ❶(*ability*) Brillanz *f;* (*intelligence*) Scharfsinn *m; of idea* Genialität *f* ❷(*brightness*) *of sun* Strahlen *nt; of stars, eyes* Funkeln *nt; of snow* Glitzern *nt*

brilliant ['brɪl·jənt] *adj* ❶(*shining*) *color, eyes* leuchtend; *smile, sun* strahlend ❷(*intelligent*) *person* hoch begabt; *plan* brillant; *idea* glänzend

brim [brɪm] **I.** *n* ❶ *of hat* Krempe *f* ❷(*top*) Rand *m;* **filled** [*or* **full**] **to the** ~ randvoll **II.** *vi* <-mm-> **her eyes** ~**med with tears** ihr standen die Tränen in den Augen; **to be** ~**ming with confidence** vor Selbstbewusstsein nur so strotzen

brimful [ˌbrɪm·'fʊl] *adj* ~ **of ideas** voller Ideen

brine [braɪn] *n* [Salz]lake *f*

bring <brought, brought> [brɪŋ] *vt* ❶(*convey*) mitbringen; **I didn't** ~ **my keys with me** ich habe meine Schlüssel nicht mitgenommen; **to** ~ **sth to sb's attention** jdn auf etw *akk* aufmerksam machen; **to** ~ **news** Nachrichten überbringen ❷(*cause to come, happen*) bringen; **to** ~ **sb luck** jdm Glück bringen; **so what** ~**s you here to Chicago?** was hat dich hier nach Chicago verschlagen?; (*fig*) **this** ~**s me to the second part of my talk** damit komme ich zum zweiten Teil meiner Rede ❸ LAW **to** ~ **charges against sb** Anklage gegen jdn erheben

◆**bring about** *vt* verursachen

◆**bring along** *vt* mitbringen

◆**bring around** *vt* ❶(*persuade*) überreden ❷(*bring back to consciousness*) wieder zu Bewusstsein bringen ❸(*bring along*) mitbringen

◆**bring back** *vt* ❶(*return*) zurückbringen ❷(*reintroduce*) wieder einführen ❸(*call to mind*) memories wecken

◆**bring down** *vt* ❶(*get down*) herunterbringen ❷(*trip*) zu Fall bringen ❸(*shoot down*) abschießen ❹(*depose*) stürzen ❺(*reduce*) senken ▶ PHRASES: **to** ~ **the house** ○ **down** einen Beifallssturm auslösen

◆**bring forth** *vt* (*form, liter*) hervorbringen

◆**bring forward** *vt* vorverlegen

◆**bring in** *vt* ❶(*fetch in*) hereinbringen; *harvest* einbringen ❷(*introduce*) einführen ❸(*earn*) [ein]bringen

◆**bring off** *vt* zustande bringen

◆**bring on** *vt* herbeiführen; MED verursachen; **she brought disgrace on the whole family** sie brachte Schande über die ganze Familie

◆**bring out** *vt* ❶(*get out*) herausbringen ❷(*encourage*) ■**to** ~ **sb out of his/her shell** jdm die Hemmungen nehmen ❸ COMM (*launch*) herausbringen

◆**bring over** *vt* ❶(*take over*) herbeibringen ❷(*persuade*) **to** ~ **sb over to one's side** jdn auf seine Seite bringen

◆**bring up** *vt* ❶(*carry up*) heraufbringen ❷(*rear*) großziehen ❸(*mention*) zur Sprache bringen; **to** ~ **up** ○ **sth for discussion** etw zur Diskussion stellen ❹ COMPUT aufrufen ▶ PHRASES: **to** ~ **up the rear** das Schlusslicht bilden

brink [brɪŋk] *n* Rand *m a. fig*

briny ['braɪ·ni] *adj* salzig

briquet(te) [brɪ·'ket] *n* Brikett *nt*

brisk [brɪsk] *adj* ❶(*quick*) zügig; *walk* stramm ❷(*busy*) lebhaft ❸ *wind* frisch

briskness ['brɪsk·nɪs] *n of pace* Zügigkeit *f; of trade* Lebhaftigkeit *f*

bristle ['brɪs·əl] **I.** *n* Borste *f;* (*on face*) [Bart]stoppel *f meist pl* **II.** *vi* ❶ *fur* sich sträuben ❷(*fig*) ■**to** ~ [**at sth**] sich [über etw *akk*] empören

bristly ['brɪs·li] *adj* borstig; *chin* stoppelig

Brit [brɪt] *n* (*fam*) Brite, -in *m, f*

Britain ['brɪt·ən] *n* Großbritannien *nt*

British ['brɪt̬·ɪʃ] **I.** *adj* britisch **II.** *npl* ■**the** ~ die Briten *pl*

British 'Isles *npl* **the** ~ die Britischen Inseln

Briton ['brɪt·ən] *n* Brite, -in *m, f*

brittle ['brɪt̬·əl] *adj* ❶(*fragile*) zerbrechlich; *bones* brüchig ❷(*fig*) *laugh* schrill

broach [broʊtʃ] **I.** *vt subject* anschneiden **II.** *n* <*pl* -es> *see* brooch

broad [brɔd] *adj* ❶(*wide*) breit; *expanse* weit ❷(*general*) allgemein; *generalization* grob ❸(*wide-ranging*) weitreichend; *interests* vielseitig ▶ PHRASES: **in** ~ **daylight** am helllichten Tag[e]

'broadband *n* INET Breitband *nt*

broadcast ['brɔd·kæst] **I.** *n* Übertragung *f;* (*program*) Sendung *f* **II.** *vi, vt* <broadcast *or* broadcasted, broadcast *or* broadcasted> senden; *game* übertragen; *rumor* [überall] verbreiten

broadcaster ['brɔd·kæst·ər] *n* (*announcer*) Sprecher(in) *m(f);* (*host*) Moderator(in) *m(f)*

broadcasting ['brɔd·kæst·ɪŋ] *n* (*radio*) Rundfunk *m;* (*TV*) Fernsehen *nt*

broaden ['brɔd·ən] **I.** *vi* breiter werden **II.** *vt* ❶(*make wider*) verbreitern ❷(*fig*) vergrößern; *discussion* ausweiten; **to** ~ **one's mind** seinen Horizont erweitern

broadly ['brɔd·li] *adv* ❶(*widely*) breit ❷(*generally*) *agree* weitgehend; ~ **speaking, ...** ganz allgemein gesehen, ...

broad-'minded *adj* tolerant

'broadsheet *n* großformatige [seriöse] Zeitung
'broadside *n* Breitseite *f a. fig*

> **i** Der **Broadway** ist eine große Straße in New York, die sich durch den gesamten Stadtteil Manhattan zieht. In dieser Straße befindet sich in der Nähe des Times Square das berühmte Theaterviertel mit gleichem Namen. **Broadway** ist gleichbedeutend mit großer amerikanischer Schauspielkunst und es wurden dort so gut wie alle Theaterstücke aufgeführt, die auf irgendeine Weise wichtig sind. Stücke, die dort nicht gespielt werden, sind oft Experimentalstücke oder Niedrigbudget-Stücke, die *off-Broadway plays* genannt werden.

brocade [broʊˈkeɪd] *n* Brokat *m*
broccoli [ˈbrak·ə·li] *n* Brokkoli *m*
brochure [broʊˈʃʊr] *n* Broschüre *f*
brogue¹ [broʊg] *n* LING *irischer oder schottischer Akzent*
brogue² [broʊg] *n* (*shoe*) Brogue *m*
broil [brɔɪl] *vt* grillen
broiler [ˈbrɔɪ·lər] *n* (*stove part*) Bratrost *nt*
broke [broʊk] I. *pt of* **break** II. *adj pred* (*fam*) pleite
broken [ˈbroʊ·kən] I. *pp of* **break** II. *adj* ❶ *arm* gebrochen; *bottle* zerbrochen; *watch* kaputt; ~ **glass** Glasscherben *pl* ❷ **in** ~ **Spanish** in gebrochenem Spanisch
'broken-down *adj* ❶ (*not working*) kaputt ❷ (*dilapidated*) verfallen
broken'hearted *adj* untröstlich
broker [ˈbroʊ·kər] I. *n* ❶ ECON [Börsen]makler(in) *m(f)* ❷ (*negotiator*) Vermittler(in) *m(f)* II. *vt* aushandeln
brokerage [ˈbroʊ·kər·ɪdʒ] *n* ECON ❶ (*activity*) Maklergeschäft *nt* ❷ (*fee*) Maklergebühr *f*
bromide [ˈbroʊ·maɪd] *n* CHEM Bromid *nt*
bromine [ˈbroʊ·min] *n* CHEM Brom *nt*
bronchial [ˈbraŋ·ki·əl] *adj* Bronchial-
bronchitis [braŋˈkaɪ·tɪs] *n* Bronchitis *f*
bronco [ˈbraŋ·koʊ] *n wildes Pferd im Westen der USA*
bronze [branz] I. *n* Bronze *f* II. *adj* **the B~ Age** die Bronzezeit; ~ **medal** Bronzemedaille *f*
brooch <*pl* -es> [broʊtʃ] *n* Brosche *f*
brood [brud] I. *n* Brut *f a. fig* II. *vi* ■**to** ~ **on** [*or* **over**] **sth** über etw *dat* brüten
brooding [ˈbru·d] *adj* ❶ (*thinking*) nachdenklich ❷ (*threatening*) *atmosphere* drückend; *sky* dunkel
brook [brʊk] *n* Bach *m*
broom [brum] *n* ❶ (*brush*) Besen *m* ❷ BOT Ginster *m*
'broom handle, broomstick [ˈbrum·stɪk] *n* Besenstiel *m*
broth [brɔθ] *n* Brühe *f*
brothel [ˈbraθ·əl] *n* Bordell *nt*

brother [ˈbrʌð·ər] I. *n* ❶ Bruder *m;* ~**s and sisters** Geschwister *pl* ❷ (*fam*) Kumpel *m* II. *interj* oh, ~! Mann!
brotherhood [ˈbrʌð·ər·hʊd] *n* ❶ (*group*) Bruderschaft *f* ❷ (*feeling*) Brüderlichkeit *f*
'brother-in-law <*pl* brothers-in-law> *n* Schwager *m*
brotherly [ˈbrʌð·ər·li] *adj* brüderlich
brought [brɔt] *pp, pt of* **bring**
brow [braʊ] *n* Stirn *f; of hill* Bergkuppe *f*
browbeat <-beat, -beaten> [ˈbraʊ·bit] *vt* einschüchtern; ■**to** ~ **sb into doing sth** jdn so unter Druck setzen, dass er etw tut
brown [braʊn] I. *n* Braun *nt* II. *adj* braun III. *vt onion* [an]bräunen; *meat* anbraten
brown 'bread *n locker gebackenes Brot aus dunklerem Mehl, etwa wie Mischbrot*
brownie [ˈbraʊ·ni] *n* FOOD *kleiner Schokoladenkuchen mit Nüssen*
Brownie [ˈbraʊ·ni] *n* (*Girl Scout*) junge Pfadfinderin
'brownie point *n* (*hum fam*) Pluspunkt *m;* **to get ~s** Pluspunkte machen
brownish [ˈbraʊ·nɪʃ] *adj* bräunlich
brown 'rice *n* ungeschälter Reis
'brownstone *n* ❶ (*stone*) rötlich brauner Sandstein ❷ (*house*) [rotbraunes] Sandsteinhaus
browse [braʊz] I. *vi* ❶ ■**to** ~ **through a magazine** eine Zeitschrift durchblättern ❷ **to** ~ **[around a store]** sich [in einem Geschäft] umsehen ❸ (*graze*) grasen II. *vt* COMPUT etw durchsehen; **to** ~ **the Internet** im Internet surfen
browser [ˈbraʊ·zər] *n* COMPUT Browser *m*
bruise [bruz] I. *n* blauer Fleck, Prellung *f;* (*on fruit*) Druckstelle *f* II. *vt* **to** ~ **one's arm** sich am Arm stoßen III. *vi* einen blauen Fleck bekommen; *fruit* Druckstellen bekommen
bruiser [ˈbru·zər] *n* (*pej fam*) Schläger[typ] *m*
brunch <*pl* -es> [brʌntʃ] *n* Brunch *m*
brunette [bruˈnet] I. *n* Brünette *f* II. *adj* brünett
brunt [brʌnt] *n* **to bear the** ~ **of sth** etw am stärksten zu spüren bekommen
brush [brʌʃ] I. *n* <*pl* -es> ❶ (*for hair, cleaning*) Bürste *f;* (*broom*) Besen *m;* (*for painting*) Pinsel *m* ❷ (*act*) Bürsten *nt* ❸ (*encounter*) Zusammenstoß *m;* **to have a** ~ **with the law** mit dem Gesetz in Konflikt geraten ❹ (*brushwood*) Unterholz *nt* II. *vt* ❶ (*clean*) abbürsten; **to** ~ **one's hair** sich *dat* die Haare bürsten ❷ (*touch lightly*) leicht berühren ❸ (*apply a substance*) bestreichen III. *vi* ■**to** ~ **against sb/sth** jdn/etw streifen; ■**to** ~ **by sb/sth** an jdm/etw vorbeieilen
◆**brush aside** *vt* ❶ (*move aside*) wegschieben ❷ (*dismiss*) *thing* abtun; *person* ignorieren
◆**brush away** *vt* wegwischen; *fly* verscheuchen; *tears* sich *dat* abwischen
◆**brush off** *vt* ❶ (*remove with brush*) abbürsten ❷ (*ignore*) *person* abblitzen lassen; *thing* zurückweisen

◆**brush up I.** *vi* ■to ~ up on sth etw auffrischen **II.** *vt* auffrischen

'brush-off *n* to get the ~ from sb von jdm einen Korb bekommen

'brushwood *n* Reisig *nt*

brusque [brʌsk] *adj* schroff

brusqueness ['brʌsk·nɪs] *n* Schroffheit *f*

Brussels ['brʌs·əlz] *n* Brüssel *nt*

Brussel(s) 'sprout *n* ■~s *pl* Rosenkohl *m* kein *pl*

brutal ['bruṯ·əl] *adj* brutal *a. fig; honesty* schonungslos; *truth* ungeschminkt

brutality [bru·'tæl·ɪ·ṯi] *n* Brutalität *f*

brutalize ['bruṯ·əl·aɪz] *vt* ❶ (*treat cruelly*) brutal behandeln ❷ (*make brutal*) brutalisieren

brute [brut] **I.** *n* ❶ (*savage*) Bestie *f* ❷ (*person*) brutaler Kerl **II.** *adj* ~ **force** rohe Gewalt

brutish ['bru·ṯɪʃ] *adj* brutal

BS [ˌbi·es] *n* ❶ *abbrev of* **Bachelor of Science** Bakkalaureus *m* der Naturwissenschaften ❷ (*vulg*) *abbrev of* **bullshit**

BSE [ˌbi·es·'i] *n* *abbrev of* **bovine spongiform encephalopathy** BSE *f*

bubble ['bʌb·əl] **I.** *n* Blase *f* **II.** *vi* kochen *a. fig; coffee, stew* brodeln; *water, fountain* sprudeln; *champagne* perlen; (*make bubbling sound*) blubbern

◆**bubble over** *vi* ■to ~ over with sth vor etw *dat* [über]sprudeln

'bubble bath *n* Schaumbad *nt*

'bubblegum *n* Bubblegum *m o nt*

'bubble pack, 'bubble wrap *n* Luftpolsterfolie *f*

bubbly ['bʌb·li] **I.** *n* (*fam*) Schampus *m* **II.** *adj* ❶ *drink* sprudelnd ❷ *person* temperamentvoll

bubonic plague [bu·ˌban·ɪk·'pleɪg] *n* Beulenpest *f*

buccaneer [ˌbʌk·ə·'nɪr] *n* Seeräuber(in) *m(f)*

buck¹ [bʌk] *n* (*fam*) Dollar *m;* to make a fast [*or* an easy] ~ eine schnelle Mark machen

buck² [bʌk] **I.** *n* <*pl* - *or* -s> (*deer*) Bock *m;* (*rabbit*) Rammler *m* **II.** *vi* bocken

buck³ [bʌk] *n* (*fam*) to pass the ~ [to sb] die Verantwortung [auf jdn] abwälzen

◆**buck up I.** *vi* [wieder] Mut fassen; ~ up! Kopf hoch! **II.** *vt* aufmuntern

bucket ['bʌk·ɪt] *n* ❶ (*pail*) Eimer *m;* **champagne** ~ Sektkübel *m* ❷ (*fam: large amounts*) ■~s *pl* Unmengen *pl* ▶ PHRASES: to kick the ~ (*fam*) ins Gras beißen

'bucketful <*pl* -s *or* bucketsful> *n* Eimer *m*

buckle ['bʌk·əl] **I.** *n* Schnalle *f* **II.** *vt* ❶ *belt* [zu]schnallen ❷ (*bend*) verbiegen **III.** *vi* sich verbiegen; **my knees began to** ~ ich bekam weiche Knie

◆**buckle up** *vi* (*fam*) AUTO sich anschnallen

buckshot *n* grobkörniger Schrot

buckskin ['bʌk·skɪn] *n* Wildleder *nt*

'buckwheat *n* Buchweizen *m*

bud [bʌd] **I.** *n* Knospe *f* **II.** *vi* <-dd-> knospen

Buddhism ['bu·dɪz·əm] *n* Buddhismus *m*

Buddhist ['bu·dɪst] **I.** *n* Buddhist(in) *m(f)* **II.** *adj* buddhistisch

budding ['bʌd·ɪŋ] *adj* (*fig*) angehend

buddy ['bʌd·i] *n* (*fam*) Kumpel *m*

budge [bʌdʒ] **I.** *vi* ❶ (*move*) sich [vom Fleck] rühren ❷ (*change mind*) nachgeben **II.** *vt* ❶ (*move*) [von der Stelle] bewegen ❷ (*cause to change mind*) umstimmen

budget ['bʌdʒ·ɪt] **I.** *n* Budget *nt;* ■the B~ der öffentliche Haushalt[splan] **II.** *vi* ■to ~ for sth etw [im Budget] vorsehen **III.** *adj* preiswert; ~ **travel** Billigreisen *pl*

buff¹ [bʌf] **I.** *n* ▶ PHRASES: **in the** ~ (*fam*) nackt **II.** *adj* ❶ (*color*) gelbbraun ❷ (*sl: fit*) muskulös **III.** *vt* ■to ~ [up] sth etw polieren

buff² [bʌf] *n* (*fam*) Fan *m*

buffalo <*pl* - *or* -oes> ['bʌf·ə·loʊ] *n* Büffel *m*

buffer ['bʌf·ər] *n* ❶ (*shock absorber*) Puffer *m* ❷ COMPUT Puffer *m*, Zwischenspeicher *m* ❸ (*polisher*) Poliermaschine *f*

'buffer zone *n* Pufferzone *f*

buffet¹ [bə·'feɪ] *n* (*food*) Büfett *nt*

buffet² ['bʌf·ɪt] *vt* (*heftig*) hin und her bewegen

buffoon [bə·'fun] *n* Clown *m*

bug [bʌg] **I.** *n* ❶ (*insect*) ■~s *pl* Ungeziefer *nt* kein *pl;* **bed** ~ Bettwanze *f* ❷ (*fam*) MED Bazillus *m* ❸ COMPUT (*fault*) Bug *m* ❹ (*listening device*) Wanze *f* **II.** *vt* <-gg-> ❶ (*fam: annoy*) ■to ~ sb [about sth] jdm [mit etw *dat*] auf die Nerven gehen; **stop** ~**ging me!** hör auf zu nerven! ❷ (*install bugs*) verwanzen ❸ (*eavesdrop on*) abhören

'bugbear *n* Ärgernis *nt*

buggy ['bʌg·i] *n* ❶ (*horse-drawn*) Pferdewagen *m*, leichter Einspänner *m* ❷ (*baby carriage*) Kinderwagen *m*, Buggy *m* ❸ (*off-road vehicle*) Buggy *m*

bugle ['bju·gəl] *n* Horn *nt*

bugler ['bju·glər] *n* Hornist(in) *m(f)*

build [bɪld] **I.** *n* Körperbau *m* **II.** *vt* <built, built> ❶ (*construct*) bauen; *building a.* errichten; *fire* machen; *wall* ziehen ❷ (*fig*) aufbauen **III.** *vi* <built, built> ❶ (*construct*) bauen ❷ (*increase*) zunehmen; *tension* steigen

◆**build in** *vt* einbauen

◆**build on** *vt* ❶ (*develop*) bauen auf +*akk* ❷ (*add extension*) anbauen

◆**build up I.** *vt* aufbauen; *lead* ausbauen; *speed* erhöhen **II.** *vi* (*increase*) zunehmen; *traffic* sich verdichten; *backlog* größer werden; *pressure* sich erhöhen

builder ['bɪl·dər] *n* (*worker*) Bauarbeiter(in) *m(f);* (*contractor*) Bauherr(in) *m(f)*

building ['bɪl·dɪŋ] *n* Gebäude *nt*

'building contractor *n* Bauunternehmer(in) *m(f)*

'building site *n* Baustelle *f*

'buildup *n* ❶ (*increase*) Zunahme *f;* ~ **of traffic** Verkehrsverdichtung *f* ❷ (*accumulation*) Ansammlung *f* ❸ (*hype*) Werbung *f* ❹ (*preparations*) Vorbereitung *f*

built [bɪlt] *pp, pt of* **build**

built-in ['bɪlt·ɪn] *adj* eingebaut; ~ **cupboard** Einbauschrank *m*

built-up ['bɪlt·ʌp] *adj* ❶ *area* verbaut ❷ *heels*

erhöht

bulb [bʌlb] n ❶ BOT Zwiebel f ❷ ELEC [Glüh]bir-ne f

bulbous ['bʌl·bəs] adj knollig

Bulgaria [bʌl·'ger·i·ə] n Bulgarien nt

Bulgarian [bʌl·'ger·i·ən] I. adj bulgarisch II. n ❶ (person) Bulgare, -in m, f ❷ (language) Bulgarisch nt

bulge [bʌldʒ] I. n (protrusion) Wölbung f; (in tire) Wulst m II. vi sich runden; eyes hervortreten

bulging ['bʌldʒ·ɪŋ] adj ❶ (full) container zum Bersten voll; stomach, wallet prall gefüllt ❷ (protruding) eyes hervorquellend

bulimia [bu·'li·mi·ə] n Bulimie f

bulk [bʌlk] n ❶ (mass) Masse f ❷ (size) Ausmaß nt ❸ (quantity) **in** ~ in großen Mengen ❹ (largest part) Großteil m; **the** ~ **of the work** die meiste Arbeit

bulk 'buying n Großeinkauf m

bulky ['bʌl·ki] adj ❶ luggage sperrig ❷ person massig

bull [bʊl] n ❶ (steer) Stier m; **elephant, walrus also** Bulle m ❷ (fig) Bulle m ❸ STOCKEX Haussier m ▸ PHRASES: **like a ~ in a china shop** wie ein Elefant im Porzellanladen; **to be [like] a red flag to a ~** [wie] ein rotes Tuch sein

'bulldog n Bulldogge f

bulldoze ['bʊl·doʊz] vt ❶ (level off) einebnen; (clear) räumen; (tear down) abreißen ❷ (fig) **to ~ through** ↺ sth etw durchboxen

bulldozer ['bʊl·doʊ·zər] n Bulldozer m

bullet ['bʊl·ɪt] n ❶ Kugel f; ~ **wound** Schusswunde f ❷ TYPO großer Punkt ▸ PHRASES: **to bite the** ~ in den sauren Apfel beißen

bulletin ['bʊl·ə·tɪn] n Bulletin nt; (update) [kurzer] Lagebericht; [**news**] ~ [Kurz]nachrichten pl

'bulletin board n schwarzes Brett, Pinnwand f

'bullet point n Stichpunkt m

'bulletproof adj kugelsicher

'bullfight n Stierkampf m

'bullfighter n Stierkämpfer(in) m(f)

'bullfrog n Ochsenfrosch m

bullion ['bʊl·jən] n gold ~ Goldbarren pl

bullock ['bʊl·ək] n Ochse m

'bullring n Stierkampfarena f

'bull's eye n Zentrum nt der Zielscheibe; **to hit the** ~ einen Volltreffer landen a. fig

'bullshit (vulg, sl) I. n Schwachsinn m; **don't give me that** ~ komm mir nicht mit so 'nem Scheiß pej derb II. vt <-tt-> verscheißern III. vi <-tt-> Scheiß erzählen pej derb

bully ['bʊl·i] I. n Rabauke m II. vt <-ie-> tyrannisieren; ■**to ~ sb into doing sth** jdn so weit einschüchtern, dass er etw tut

bulrush <pl -es> ['bʊl·rʌʃ] n [große] Binse

bulwark ['bʊl·wərk] n Bollwerk nt

bum [bʌm] n (fam) I. n ❶ (good-for-nothing) Penner(in) m(f) II. adj attr mies; ~ **steer** Verschaukelung f III. vt <-mm-> ■**to ~ sth off sb** etw von jdm schnorren

◆**bum around** vi (fam) ❶ (hang out) herumgammeln fam ❷ (travel) herumziehen

◆**bum out** vt (fam: disappoint) ■**to ~ sb out** jdm die Stimmung vermiesen fam

bumblebee ['bʌm·bəl·bi] n Hummel f

bumbling ['bʌm·blɪŋ] adj tollpatschig; ~ **idiot** ausgemachter Volltrottel

bummer ['bʌm·ər] n (sl) ■**to be a** ~ saublöd sein sl

bump [bʌmp] I. n ❶ (on head) Beule f; (in road) Unebenheit f ❷ (light blow) leichter Stoß ❸ (thud) Bums m; **to go** ~ rumsen II. vt ❶ AUTO zusammenstoßen mit +dat ❷ ■**to ~ oneself** sich [an]stoßen ❸ usu passive **to get ~ed from a flight** von der Passagierliste gestrichen werden III. vi ■**to ~ along** entlangrumpeln

◆**bump into** vi ■**to ~ into sb** ❶ (knock) mit jdm zusammenstoßen; ■**to ~ into sth** gegen etw akk stoßen ❷ (fig: meet) jdm [zufällig] in die Arme laufen

◆**bump off** vt (fam) umlegen

bumper ['bʌm·pər] n Stoßstange f; RAIL Prellbock m

'bumper car n [Auto]skooter m

'bumper sticker n Autoaufkleber m

bumpkin ['bʌmp·kɪn] n **country** ~ Bauerntölpel m

bumptious ['bʌmp·ʃəs] adj überheblich

bumpy ['bʌm·pi] adj holp[e]rig; flight, ride unruhig

bun [bʌn] n ❶ (for burger) Brötchen nt (für Hamburger verwendetes weiches Brötchen) ❷ (hair style) [Haar]knoten m ❸ (fam: buttock) ■~**s** Po m kein pl fam, Hintern m kein pl fam

bunch <pl -es> [bʌntʃ] I. n ❶ (group) of bananas Büschel m; of carrots, parsley, keys Bund m; of files Bündel nt; of flowers Strauß m; of people Haufen m; ~ **of grapes** Weintraube f; **a whole** ~ **of problems** jede Menge Probleme ❷ (wad) **in a** ~ aufgebauscht ▸ PHRASES: **to be the best of the** ~ der/die/das Beste von allen sein II. vt bündeln III. vi sich bauschen

bundle ['bʌn·dəl] I. n Bündel nt II. vt **to ~ sb into a car** jdn in ein Auto verfrachten

◆**bundle up** I. vt bündeln II. vi sich warm einpacken

bung [bʌŋ] n Pfropfen m

bungalow ['bʌŋ·gə·loʊ] n Bungalow m

'bungee jumping ['bʌn·dʒi-] n Bungeespringen nt

bungle ['bʌŋ·gəl] I. vt verpfuschen II. vi Mist bauen

bungler ['bʌŋ·gəl·ər] n (pej) Pfuscher(in) m(f)

bungling ['bʌŋ·gəl·ɪŋ] I. n Stümperei f II. adj attr ungeschickt; ~ **idiot** ausgemachter Trottel

bunk [bʌŋk] I. n ❶ (in boat) Koje f ❷ (part of bed) **bottom/top** ~ unteres/oberes Bett (eines Etagenbetts) II. vi (fam) ■**to ~ [down]** sich aufs Ohr legen

'bunk bed n Etagenbett nt

bunker ['bʌŋ·kər] *n* Bunker *m*
bunny ['bʌn·i] *n* Häschen *nt*
'**bunny slope** *n* Anfängerhügel *m*
bunting ['bʌn·tɪŋ] *n* Schmücken *nt* mit Fähnchen
buoy [bɔɪ] **I.** *n* Boje *f* **II.** *vt* ■to ~ up ○ sb/sth jdm/etw Auftrieb geben
buoyancy ['bɔɪ·jən·si] *n* Schwimmfähigkeit *f*
buoyant ['bɔɪ·jənt] *adj* ❶(*able to float*) schwimmfähig ❷(*cheerful*) **to be in a ~ mood** in bester Stimmung sein ❸ ECON lebhaft
burble ['bɜr·bəl] **I.** *vi water* plätschern **II.** *vt* brabbeln
burden ['bɜr·dən] **I.** *n* ❶Last *f* ❷(*fig*) Belastung *f* (**to** für +*akk*) **II.** *vt* ❶(*load*) beladen ❷(*bother*) belasten
burdensome ['bɜr·dən·səm] *adj* belastend
bureau <*pl* -x *or* -s> ['bjʊr·oʊ] *n* ❶(*government department*) Amt *nt*, Behörde *f* ❷(*office*) [Informations]büro *nt* ❸(*chest of drawers*) Kommode *f*
bureaucracy [bjʊ·'rak·rə·si] *n* Bürokratie *f*
bureaucrat ['bjʊr·ə·kræt] *n* Bürokrat(in) *m(f)*
bureaucratic [ˌbjʊr·ə·'kræt·ɪk] *adj* bürokratisch
burger ['bɜr·gər] *n short for* **hamburger** [Ham]burger *m*
burglar ['bɜr·glər] *n* Einbrecher(in) *m(f)*
'**burglar alarm** *n* Alarmanlage *f*
burglarize ['bɜr·glə·raɪz] *vt* einbrechen in +*akk*
burglary ['bɜr·glə·ri] *n* Einbruch[diebstahl] *m*
burgundy ['bɜr·gən·di] **I.** *n* ❶(*red wine*) Burgunder *m* ❷(*red color*) Burgunderrot *nt* **II.** *adj* (*dark red*) burgunderrot
burial ['ber·i·əl] *n* Beerdigung *f*; ~ **at sea** Seebestattung *f*
'**burial ground** *n* Friedhof *m*
burlap ['bɜr·læp] *n* Sackleinen *nt*
burlesque [bɜr·'lesk] *n* ❶(*written*) Parodie *f* ❷(*genre*) Burleske *f*
burly ['bɜr·li] *adj* kräftig [gebaut]
burn [bɜrn] **I.** *n* ❶(*injury*) Verbrennung *f*, Brandwunde *f*; (*sunburn*) Sonnenbrand *m* ❷(*damage*) Brandfleck *m* **II.** *vi* <burned *or* burnt, burned *or* burnt> ❶(*be in flames*) brennen; *house* in Flammen stehen; **to ~ to death** verbrennen ❷ FOOD anbrennen ❸(*sunburn*) einen Sonnenbrand bekommen **III.** *vt* <burned *or* burnt, burned *or* burnt> ❶(*damage with heat*) verbrennen; *village* niederbrennen; **I ~t my tongue** ich habe mir die Zunge verbrannt; **to ~ one's fingers** (*a. fig*) sich *dat* die Finger verbrennen ❷ FOOD anbrennen lassen ❸(*use up*) *calories* verbrennen; *oil* verbrauchen ❹ COMPUT brennen
◆**burn away I.** *vi* herunterbrennen; (*continuously*) vor sich hinbrennen **II.** *vt* abbrennen
◆**burn down I.** *vt* abbrennen **II.** *vi building* niederbrennen; *forest* abbrennen; *candle, fire* herunterbrennen
◆**burn out I.** *vi* ❶*fire, candle* herunterbrennen ❷*rocket* ausbrennen ❸*bulb* durchbren-

nen; (*slowly*) durchschmoren **II.** *vt* ❶(*stop burning*) **the candle ~ed itself out** die Kerze brannte herunter ❷(*person*) ■to ~ [oneself] out sich völlig verausgaben
◆**burn up I.** *vi* ❶verbrennen ❷(*fig: be feverish*) glühen ❸*rocket* verglühen **II.** *vt* verbrauchen; *calories* verbrennen
burner ['bɜr·nər] *n* Brenner *m*; (*on stove*) Kochplatte *f*
burning ['bɜr·nɪŋ] **I.** *adj* ❶(*on fire, stinging*) brennend; *face* glühend ❷(*fig: intense*) brennend ❸(*controversial*) *issue* heiß diskutiert; *question* brennend **II.** *n* **there's a smell of ~** es riecht verbrannt
'**burnout** *n* ausgebrannter Mensch
burnt [bɜrnt] **I.** *vt, vi pt, pp of* **burn II.** *adj* (*completely*) verbrannt; (*partly*) *food* angebrannt; (*from sun*) verbrannt
burp [bɜrp] **I.** *n* Rülpser *m*; *of baby* Bäuerchen *nt* **II.** *vi* aufstoßen, rülpsen *fam; baby* ein Bäuerchen machen **III.** *vt baby* aufstoßen lassen
burr [bɜr] *n* BOT Klette *f*
burrow ['bɜr·oʊ] **I.** *n* Bau *m* **II.** *vt* graben **III.** *vi* einen Bau graben
bursar ['bɜr·sər] *n* Finanzverwalter(in) *m(f)*
burst [bɜrst] **I.** *n* ~ **of speed** Spurt *m*; ~ **of activity** plötzliche Geschäftigkeit **II.** *vi* <burst, burst> ❶(*explode*) platzen *a. fig; bubble* zerplatzen; *dam* bersten ❷(*fig*) ■to be ~ing to do sth darauf brennen, etw zu tun ❸(*be full*) *suitcase* zum Bersten voll sein; **to be ~ing with pride** vor Stolz platzen; **to be ~ing with energy** vor Kraft [nur so] strotzen **III.** *vt* <burst, burst> zum Platzen bringen; *balloon* platzen lassen; **the river ~ its banks** der Fluss trat über die Ufer
◆**burst in** *vi* herein-/hineinstürzen; **to ~ in on a meeting** in eine Versammlung hineinplatzen
◆**burst out** *vi* ❶(*hurry out*) herausstürzen ❷to ~ out crying/laughing in Tränen/Gelächter ausbrechen ❸(*speak*) ■to ~ out with sth mit etw losplatzen
◆**burst through** *vi* durchbrechen
bury <-ie-> ['ber·i] *vt person* begraben; *thing* vergraben *a. fig*
bus [bʌs] *n* <*pl* -es *or* -ses> [Omni]bus *m*; **to go by ~** mit dem Bus fahren **II.** *vt* <-ss- *or* -s-> mit dem Bus befördern
'**busboy** *n* Abräumer *m*, Hilfskellner *m*
'**bus driver** *n* Busfahrer(in) *m(f)*
bush <*pl* -es> [bʊʃ] *n* ❶Busch *m*; **in the ~es** im Gebüsch ❷(*in Africa, Australia*) Busch *m* ▶ PHRASES: **to beat about the ~** um den heißen Brei herumreden
bushel ['bʊʃ·əl] *n* ▶ PHRASES: **to hide one's light under a ~** sein Licht unter den Scheffel stellen
'**Bushman** *n see* San
bushy ['bʊʃ·i] *adj* buschig
busily ['bɪz·ɪ·li] *adv* eifrig; ~ **working on sth** intensiv mit etw *dat* beschäftigt
business <*pl* -es> ['bɪz·nɪs] *n* ❶(*commerce*)

Handel *m;* **to do ~ with sb** mit jdm Geschäfte machen; **to go out of ~** das Geschäft aufgeben; **on ~** beruflich, dienstlich, geschäftlich ❷ (*profession*) Branche *f* ❸ (*company*) Unternehmen *nt* ❹ (*matter*) Angelegenheit *f;* **that's none of your ~** das geht dich nichts an; **to have no ~ doing sth** nicht das Recht haben, etw zu tun ▶ PHRASES: **~ before pleasure** (*prov*) erst die Arbeit, dann das Vergnügen; **to get down to ~** zur Sache kommen

'**business address** *n* Geschäftsadresse *f*
'**business card** *n* Visitenkarte *f*
'**business class** *n* Businessclass *f*
'**business hours** *npl* Geschäftszeiten *pl*
'**business letter** *n* Geschäftsbrief *m*
'**businesslike** *adj* geschäftsmäßig
'**businessman** *n* Geschäftsmann *m*
'**business park** *n* Industriepark *m*
'**business trip** *n* Dienstreise *f,* Geschäftsreise *f*
'**businesswoman** *n* Geschäftsfrau *f*
'**busload** *n* Busladung *f*
'**bus station** *n* Busbahnhof *m*
'**bus stop** *n* Bushaltestelle *f*
bust[1] [bʌst] *n* ❶ (*statue*) Büste *f* ❷ (*breasts*) Büste *f;* (*measurement*) Oberweite *f*
bust[2] [bʌst] (*fam*) **I.** *n* ❶ (*recession*) [wirtschaftlicher] Niedergang ❷ (*raid*) Razzia *f* **II.** *adj* ❶ (*broken*) kaputt ❷ (*bankrupt*) **to go ~** Pleite machen **III.** *vt* <bust *or* busted, bust *or* busted> ❶ (*break*) kaputtmachen ❷ (*arrest*) festnehmen
bustle ['bʌs·əl] **I.** *n* Getriebe *nt* **II.** *vi* **the street ~d with activity** auf der Straße herrschte reger Betrieb; ▪**to ~ about** herumwuseln
bustling ['bʌs·əl·ɪŋ] *adj place* belebt
busy ['bɪz·i] **I.** *adj* ❶ (*occupied*) beschäftigt; **I'm very ~ this week** ich habe diese Woche viel zu tun; **to keep oneself ~** sich beschäftigen ❷ (*active*) *day* arbeitsreich; *life* bewegt; *street* verkehrsreich; **the busiest time of year** die Jahreszeit, in der am meisten los ist ❸ TELEC besetzt **II.** *vt* <-ie-> ▪**to ~ oneself with sth** sich mit etw *dat* beschäftigen
'**busybody** *n* Wichtigtuer(in) *m(f)*
'**busy signal** *n* TELEC Besetztzeichen *nt*
but [bʌt] **I.** *conj* ❶ (*although, however*) aber; **~ [then,] I'm no expert** ich bin allerdings keine Expertin ❷ (*except*) als ❸ (*rather*) sondern; **not only ... ~ also ...** nicht nur[,] ... sondern auch ... **II.** *prep* außer; **nothing ~ trouble** nichts als Ärger **III.** *n* **no [ifs, ands, or] ~s about it** da gibt es kein Wenn und Aber ▶ PHRASES: **~ for** bis auf; **~ for the storm, ...** wäre der Sturm nicht gewesen, ...
butane ['bju·teɪn] *n* Butan[gas] *nt*
butch [bʊtʃ] *adj* maskulin
butcher ['bʊtʃ·ər] **I.** *n* Metzger(in) *m(f)* **II.** *vt* ❶ (*slaughter*) schlachten ❷ (*murder*) niedermetzeln ❸ (*screw up*) *one's lines* verpfuschen, verhauen
butchery ['bʊtʃ·ə·ri] *n* Abschlachten *nt*
butler ['bʌt·lər] *n* Butler *m*

butt [bʌt] **I.** *n* ❶ *of rifle* Kolben *m; of cigarette* Stummel *m* ❷ (*fam*) Hintern *m;* **to get off one's ~** seinen Hintern in Bewegung setzen ❸ (*hit with head*) Stoß *m* [mit dem Kopf] **II.** *vt* ▪**to ~ sb/sth** jdm/etw einen Stoß mit dem Kopf versetzen **III.** *vi person* mit dem Kopf stoßen; *goat* mit den Hörnern stoßen
butter ['bʌt·ər] **I.** *n* Butter *f* **II.** *vt* mit Butter bestreichen
♦**butter up** *vt* ▪**to ~ up ○ sb** jdm Honig um den Bart schmieren
'**buttercup** *n* Butterblume *f*
'**butter dish** *n* Butterdose *f*
'**butterfingers** <*pl* -> *n* (*fam*) Tollpatsch *m*
butterfly ['bʌt·ər·flaɪ] *n* ❶ Schmetterling *m* ❷ (*in swimming*) Butterfly *m* ▶ PHRASES: **to have butterflies [in one's stomach]** ein flaues Gefühl [im Magen] haben
'**buttermilk** *n* Buttermilch *f*
buttery ['bʌt·ə·ri] *adj* butt[e]rig
buttock ['bʌt·ək] *n* [Hinter]backe *f;* ▪**~s** *pl* Gesäß *nt*
button ['bʌt·ən] **I.** *n* ❶ Knopf *m* ❷ (*badge*) Button *m* ▶ PHRASES: **at the push of a ~** auf Knopfdruck; **to be right on the ~** den Nagel auf den Kopf treffen **II.** *vt garment* zuknöpfen **III.** *vi* **to ~ down the front/the back** sich vorn/hinten knöpfen lassen
♦**button up** *vt garment* zuknöpfen
'**buttonhole I.** *n* Knopfloch *nt* **II.** *vt* (*fam*) zu fassen kriegen
buttress <*pl* -es> ['bʌt·rɪs] **I.** *n* ARCHIT Strebepfeiler *m* **II.** *vt argument* untermauern
buxom ['bʌk·səm] *adj* vollbusig
buy [baɪ] **I.** *n* Kauf *m* **II.** *vt* <bought, bought> ❶ ▪**to ~ sb sth** [*or* **sth for sb**] jdm etw kaufen; ▪**to ~ sth from** [*or fam* **off**] **sb** jdm etw abkaufen; *silence* erkaufen; *time* gewinnen ❷ (*fam: believe*) abkaufen
♦**buy off** *vt* kaufen, bestechen
♦**buy out** *vt company* aufkaufen; *person* auszahlen
♦**buy up** *vt* aufkaufen
buyer ['baɪ·ər] *n* Käufer(in) *m(f);* (*as job*) Einkäufer(in) *m(f)*
'**buyout** *n* Übernahme *f*
buzz [bʌz] **I.** *vi bee, buzzer* summen; *fly* brummen; *ears* dröhnen; **the room was ~ing with conversation** das Zimmer war von Stimmengewirr erfüllt **II.** *vt* (*fam: telephone*) anrufen **III.** *n* <*pl* -es> ❶ *of bee, buzzer* Summen *nt; of fly* Brummen *nt;* **~ of conversation** Stimmengewirr *nt* ❷ (*fam: call*) **to give sb a ~** jdn anrufen ❸ (*fam: high feeling*) Kick *m;* (*from alcohol*) Rausch *m*
♦**buzz off** *vi* (*fam*) abzischen
buzzard ['bʌz·ərd] *n* (*vulture*) Truthahngeier *m*
buzzer ['bʌz·ər] *n* Summer *m*
'**buzzword** *n* Schlagwort *nt*
by [baɪ] **I.** *prep* ❶ (*beside*) neben +*akk/dat;* **come and sit ~ me** komm und setz dich zu mir ❷ (*not later than*) bis +*akk;* **~ February**

14th [spätestens] bis zum 14.02.; **~ now** [*or* **this time**] inzwischen ❸ (*during*) bei +*dat*; **~ day/night** tagsüber/nachts ❹ (*happening progressively*) **little ~ little** nach und nach; **day ~ day** Tag für Tag ❺ (*agent*) von +*dat*; **a painting ~ Picasso** ein Gemälde von Picasso ❻ (*by means of*) durch +*akk*, mit +*dat*; **you turn it on ~ pressing this button** man schaltet es ein, indem man auf diesen Knopf drückt; **~ hand** mit der Hand; **~ boat/bus** mit dem Schiff/Bus; **~ chance** durch Zufall; **~ check** mit einem Scheck; **~ contrast** im Gegensatz; **to travel ~ sea** auf dem Seeweg reisen ❼ (*quantity*) **~ the hour** stundenweise; **~ the foot** fußweise; **~ the thousand** zu Tausenden ❽ (*margin*) um +*akk*; **to go up ~ 20%** um 20 % steigen II. *adv* ❶ (*past*) vorbei; **excuse me, I can't get ~** Entschuldigung, ich komme nicht vorbei ❷ **close ~** ganz in der Nähe ▶ PHRASES: **~ and large** im Großen und Ganzen; **~ oneself** (*alone*) allein; (*unaided*) selbst

bye [baɪ] *interj* (*fam*) tschüs
bye-bye [ˌbaɪ·'baɪ] *interj* (*fam*) tschüs
'bygone I. *adj attr* vergangen II. *n* ▶ PHRASES: **to let ~s be ~s** die Vergangenheit ruhen lassen
'bylaw *n* Gemeindeverordnung *f*
'bypass I. *n* ❶ TRANSP Umgehungsstraße *f* ❷ MED Bypass *m* II. *vt* ❶ (*detour*) umfahren ❷ (*not consult*) übergehen
'byproduct *n* Nebenprodukt *nt*; (*fig*) Begleiterscheinung *f*
'bystander *n* Zuschauer(in) *m(f)*
byte [baɪt] *n* COMPUT Byte *nt*
'byway *n* Nebenstraße *f*, Seitenweg *m*
'byword *n* Musterbeispiel *nt*

C

C <*pl* -'s *or* -s>, **c** <*pl* -'s> [siː] *n* ❶ (*letter*) C *nt*, c *nt*; **~ as in Charlie** C wie Cäsar ❷ MUS C *nt*, c *nt*; **~ flat** ces *nt*, Ces *nt*; **~ sharp** Cis *nt*, cis *nt* ❸ (*school grade*) ≈ Drei *f*; **to get a ~** eine Drei schreiben
C *after n abbrev of* **Celsius** C
CA *abbrev of* **California**
ca. *abbrev of* **circa** ca.
cab [kæb] *n* ❶ (*taxi*) Taxi *nt* ❷ (*of a truck*) Führerhaus *nt*
cabaret [ˌkæb·ə·'reɪ] *n* (*performance*) Varietee *nt*
cabbage ['kæb·ɪdʒ] *n* Kohl *m kein pl*, Kraut *nt kein pl bes* SÜDD
cabbie, cabby ['kæb·i], **'cabdriver** *n* Taxifahrer(in) *m(f)*
cabin ['kæb·ɪn] *n* ❶ (*wooden house*) [Block]hütte *f*; (*for vacation*) Ferienhütte *f* ❷ (*on ship*) Kabine *f*

cabinet ['kæb·ɪ·nɪt] *n* ❶ (*storage place*) Schrank *m* ❷ POL Kabinett *nt*
cable ['keɪ·bəl] *n* ❶ ELEC [Leitungs]kabel *nt*, Leitung *f* ❷ NAUT Tau *nt* ❸ TV Kabelfernsehen *nt* ❹ TELEC Telegramm *nt*
'cable car *n* Drahtseilbahn *f*; (*on street*) Kabelbahn *f*
'cable network *n* TV Kabelnetz *nt*
cable 'television, cable T'V *n* Kabelfernsehen *nt*
cache [kæʃ] *n* ❶ (*hiding place*) Versteck *nt*; **~ of weapons** geheimes Waffenlager ❷ COMPUT Cache *m*
cachet [kæ·'ʃeɪ] *n* Ansehen *nt*
cackle ['kæk·əl] I. *vi* gackern II. *n* ❶ (*chicken noise*) Gackern *nt kein pl* ❷ (*laughter*) Gegacker *nt*
cacophony [kə·'kaf·ə·ni] *n* (*form*) Missklang *m*
cactus <*pl* -es *or* cacti> ['kæk·təs] *n* Kaktus *m*
CAD [kæd] *n abbrev of* **computer-aided design** CAD *nt*
cadaver [kə·'dæv·ər] *n* (*form*) *of humans* Leiche *f*
caddie, caddy ['kæd·i] I. *n* Caddie *m* II. *vi* ■ **to ~ for sb** jds Caddie sein
cadence ['keɪd·əns] *n* Tonfall *m*; (*rhythm*) Rhythmus *m*
cadet [kə·'det] *n* MIL Kadett *m*
Caesarean [sɪ·'ze·ri·ən] MED I. *adj* **~ section** Kaiserschnitt *m* II. *n* Kaiserschnitt *m*
café, cafe [kæ·'feɪ] *n* Café *nt*
cafeteria [ˌkæf·ɪ·'tɪr·i·ə] *n* Cafeteria *f*; UNIV Mensa *f*
caffeine [kæf·'in] *n* Koffein *nt*
cage [keɪdʒ] *n* Käfig *m*
cagey ['keɪ·dʒi] *adj* (*fam: secretive*) verschlossen
cajole [kə·'dʒoʊl] *vt* beschwatzen
cake [keɪk] I. *n* ❶ (*in baking*) Kuchen *m*; (*layered*) Torte *f* ❷ (*patty*) Küchlein *nt*; **fish ~** Fischfrikadelle *f* ▶ PHRASES: **a piece of ~** (*fam*) ein Klacks II. *vt* **~d with mud** dreckverkrustet
cal. *n abbrev of* **calorie** cal
calamity [kə·'læm·ə·ti] *n* Katastrophe *f*
calcium ['kæl·si·əm] *n* Kalzium *nt*
calculate ['kæl·kjə·leɪt] I. *vt* berechnen; (*estimate*) veranschlagen II. *vi* ■ **to ~ [on sth]** [mit etw *dat*] rechnen
calculated ['kæl·kjə·leɪ·tɪd] *adj* beabsichtigt; **risk** kalkuliert
calculating ['kæl·kjə·leɪ·tɪŋ] *adj* berechnend
calculation [ˌkæl·kjə·'leɪ·ʃən] *n* ❶ MATH Berechnung *f*; **to do ~s** rechnen; (*estimate*) Schätzung *f* ❷ (*process*) Rechnen *nt* ❸ (*pej: selfish planning*) Berechnung *f*
calculator ['kæl·kjə·leɪ·tər] *n* Rechner *m*
calendar ['kæl·ən·dər] *n* Kalender *m*
calf <*pl* calves> [kæf] *n* ❶ (*animal*) Kalb *nt* ❷ ANAT Wade *f*
caliber ['kæl·ə·bər] *n* ❶ (*diameter*) Kaliber *nt* ❷ (*quality*) Niveau *nt*
Calif. *abbrev of* **California**

California [ˌkæl·ə·ˈfɔr·njə] n Kalifornien nt
call [kɔl] I. n ❶ (on the telephone) [Telefon]anruf m, [Telefon]gespräch nt; **to make a ~** telefonieren ❷ (visit) Besuch m; of a doctor, nurse; **house ~** Hausbesuch m ❸ (request to come) **to be on ~** Bereitschaftsdienst haben ❹ (shout) Ruf m; **a ~ for help** ein Hilferuf m ❺ (summoning) Aufruf m (**for** zu + dat) II. vt ❶ (on the telephone) anrufen; ■ **to ~ sb back** jdn zurückrufen ❷ (name) nennen; **what's that animal ~ed again?** wie heißt dieses Tier nochmal?; **to ~ sb names** jdn beschimpfen ❸ (summon) [auf]rufen; **to ~ a doctor** einen Arzt kommen lassen; **to ~ sb into a room** jdn in ein Zimmer bitten ❹ (bring) **to ~ attention to oneself** auf sich aufmerksam machen; **to ~ into question** ❺ LAW witness aufrufen; **to ~ sb as a witness** jdn als Zeugen benennen III. vi ❶ (shout) rufen; animal schreien; ■ **to ~ to sb** jdm zurufen; **to ~ for sb** jdn rufen ❷ (telephone) anrufen; **who's ~ing, please?** wer ist am Apparat? ❸ (drop by) vorbeischauen; (return) wiederkommen
◆ **call away** vt wegrufen
◆ **call back** I. vt zurückrufen II. vi zurückrufen
◆ **call for** vi ❶ (order) taxi, food kommen lassen, bestellen ❷ (shout) **to ~ for help** um Hilfe rufen ❸ (demand) **this ~s for a celebration** das muss gefeiert werden
◆ **call in** I. vt ❶ (consult) specialist, expert hinzuziehen; (ask to come) kommen lassen ❷ (report) results, score ■ **to ~ in** ⟳ sth etw akk telefonisch durchgeben II. vi sich telefonisch melden; **to ~ in sick** sich telefonisch krankmelden
◆ **call off** vt ❶ (cancel) engagement absagen; (stop) abbrechen ❷ (order back) dog zurückrufen
◆ **call on** vt ■ **to ~ on sb to do sth** jdn dazu auffordern, etw zu tun
◆ **call out** vt ❶ (shout) rufen; **to ~ out** ⟳ sth **to sb** jdm etw zurufen; ■ **to ~ out** ⟳ **sb's name** jdn [o jds Namen] aufrufen ❷ (summon) fire department alarmieren ❸ **to ~ sb out on strike** jdn zum Streik aufrufen
◆ **call over** vt ■ **to ~ sb over** jdn zu sich herüber-/hinüberrufen
◆ **call up** vt ❶ (telephone) anrufen ❷ COMPUT aufrufen ❸ MIL einberufen
◆ **call upon** vi ❶ (appeal to) ■ **to ~ upon sb to do sth** jdn dazu auffordern, etw zu tun ❷ (use) in Anspruch nehmen; courage zusammennehmen
caller [ˈkɔ·lər] n ❶ (on telephone) Anrufer(in) m(f) ❷ (visitor) Besucher(in) m(f)
calligraphy [kəˈlɪg·rə·fi] n Kalligraphie f
'**call-in** adj **~ show** Sendung, bei der sich das Publikum telefonisch beteiligen kann
calling [ˈkɔ·lɪŋ] n ❶ (profession) Beruf m ❷ (inner impulse) Berufung f
'**calling card** n ❶ (personal) Visitenkarte f, Visitkarte f ÖSTERR ❷ TELEC see **phone card**

callous [ˈkæl·əs] adj hartherzig
calm [kam] I. adj ruhig II. n ❶ (calmness) Ruhe f ❷ METEO Windstille f ▶ PHRASES: **the ~ before the storm** die Ruhe vor dem Sturm III. vt beruhigen
◆ **calm down** vi, vt beruhigen
calmness [ˈkalm·nɪs] n Ruhe f
calorie [ˈkæl·ə·ri] n Kalorie f; **low in ~s** kalorienarm
Cambodia [kæmˈboʊ·di·ə] n Kambodscha nt
camcorder [ˈkæm·kɔr·dər] n Camcorder m
came [keɪm] vi pt of **come**
camel [ˈkæm·əl] n Kamel nt
cameo <pl -os> [ˈkæm·i·oʊ] n ❶ (stone) Kamee f ❷ FILM Miniaturrolle f
camera [ˈkæm·ər·ə] n Kamera f
'**cameraman** n Kameramann m
'**camera-shy** adj kamerascheu
'**camerawoman** n Kamerafrau f
camomile [ˈkæm·ə·mil] n Kamille f
camouflage [ˈkæm·ə·flaʒ] I. n (a. fig) Tarnung f II. vt (a. fig) tarnen
camp[1] [kæmp] I. n MIL [Feld]lager nt; **prison ~** Gefangenenlager nt II. vi ■ **to ~ [out]** zelten; **to go ~ing** campen gehen
camp[2] [kæmp] adj ❶ (pej: theatrical) manieriert ❷ (effeminate) tuntenhaft
campaign [kæmˈpeɪn] I. n ❶ Kampagne f ❷ (for election) [election] **~** Wahlkampf m; **~ pledge** Wahlversprechen nt ❸ MIL Feldzug m II. vi kämpfen, sich engagieren
campaigner [kæmˈpeɪ·nər] n ❶ (in election) Wahlwerber(in) m(f) ❷ (advocate) Kämpfer(in) m(f); **environmental ~** Umweltschützer(in) m(f)
camper [ˈkæm·pər] n ❶ (person) Camper(in) m(f) ❷ (vehicle) Wohnmobil nt
'**campfire** n Lagerfeuer nt
'**campground** n Campingplatz m
camping [ˈkæm·pɪŋ] n Camping nt; **to go ~** zelten gehen
'**campsite** n Campingplatz m
campus [ˈkæm·pəs] n Campus m; **on ~** auf dem Campus
can[1] <could, could> [kæn] aux vb (be able to) können; (be allowed to) dürfen; (less formal) können; **~ you hear me?** kannst du mich hören?, hörst du mich?; **you ~'t park here** hier dürfen [o können] Sie nicht parken; **you could [always] try** du könntest es ja mal versuchen; **you ~'t** [or **cannot**] **be serious!** das ist nicht dein Ernst!; **who ~ blame her?** wer will es ihr verdenken?; **no ~ do** tut mir leid
can[2] [kæn] I. n ❶ (container) Dose f, Büchse f; **gasoline ~** Benzinkanister m; of paint Farbtopf m ❷ (sl: bathroom) Klo nt ▶ PHRASES: **in the ~** FILM im Kasten; **a ~ of worms** eine verzwickte Angelegenheit II. vt <-nn-> eindosen, in Dosen konservieren; fruit einmachen
Canada [ˈkæn·ə·də] n Kanada nt
Canadian [kəˈneɪ·di·ən] I. n Kanadier(in) m(f) II. adj kanadisch
canal [kəˈnæl] n Kanal m

canary [kə·'ner·i] *n* Kanarienvogel *m*

Ca'nary Islands *npl* Kanarische Inseln

cancel <-l- *or* -ll-> ['kæn·səl] **I.** *vt* ❶ (*call off*) absagen; (*while in progress*) *game* abbrechen ❷ (*remove from schedule*) streichen ❸ (*annul*) annullieren; *check, reservation* stornieren; (*revoke*) *privileges* widerrufen ❹ (*discontinue*) *subscription* kündigen; COMPUT abbrechen **II.** *vi* absagen

cancellation [ˌkæn·sə·'leɪ·ʃən] *n* ❶ (*calling off*) Absage *f* ❷ (*from schedule*) Streichung *f* ❸ (*annulling*) Annullierung *f;* (*revocation*) Widerruf *m* ❹ (*discontinuation*) Kündigung *f; of a subscription* Abbestellung *f* ❺ FIN Stornierung *f*

cancer ['kæn·sər] *n* ❶ (*a. fig: disease*) Krebs *m;* **stomach** ~ Magenkrebs *m;* ~ **research** Krebsforschung *f* ❷ (*growth*) Krebsgeschwulst *f*

Cancer ['kæn·sər] *n* Krebs *m*

cancerous ['kæn·sər·əs] *adj* krebsartig

candelabra <*pl* - *or* -s> [ˌkæn·dəl·'a·brə] *n* Leuchter *m*

candid ['kæn·dɪd] *adj* offen

candidate ['kæn·dɪ·dət] *n* ❶ POL, SCH Kandidat(in) *m(f)* ❷ (*possible choice*) [möglicher] Kandidat

candied ['kæn·dɪd] *adj* kandiert

candle ['kæn·dəl] *n* Kerze *f* ▶ PHRASES: **to burn the ~ at both ends** Raubbau mit seiner Gesundheit treiben

'candlelight *n* Kerzenlicht *nt*

'candlestick *n* Kerzenständer *m*

candor ['kæn·dər] *n* Offenheit *f*

candy ['kæn·di] *n* Süßigkeiten *pl;* (*piece*) Bonbon *m o nt*

'candy bar *n* Schokoriegel *m*

'candy store *n* Süßwarenladen *m*

cane [keɪn] **I.** *n* ❶ (*of plant*) Rohr *nt;* ~ **sugar** Rohrzucker *m* ❷ (*stick*) [Rohr]stock *m* **II.** *vt* [mit einem Stock] züchtigen

canine ['keɪ·naɪn] *adj* (*of dogs*) Hunde-

canister ['kæn·ɪ·stər] *n* Behälter *m;* (*for oil, gasoline*) Kanister *m*

cannabis ['kæn·ə·bɪs] *n* Cannabis *m*

canned [kænd] *adj* FOOD Dosen-, konserviert; ~ **milk** Dosenmilch *f*

cannibal ['kæn·ɪ·bəl] *n* Kannibale *m*, Kannibalin *f*

cannibalism ['kæn·ɪ·bəl·ɪz·əm] *n* Kannibalismus *m*

canning ['kæn·ɪŋ] *n* Konservierung *f;* ~ **factory** Konservenfabrik *f*

cannon ['kæn·ən] *n* MIL Kanone *f*

'cannonball *n* Kanonenkugel *f*

'cannon fodder *n* Kanonenfutter *nt*

cannot ['kæn·at] *aux vb* = **can not** *see* **can**

canoe [kə·'nu] *n* Kanu *nt*

canoeing [kə·'nu·ɪŋ] *n* Paddeln *nt;* SPORTS Kanufahren *nt*

canoeist [kə·'nu·ɪst] *n* Kanufahrer(in) *m(f)*

canon[1] ['kæn·ən] *n* Grundregel *f*

canon[2] ['kæn·ən] *n* (*priest*) Kanoniker *m*

canonize ['kæn·ə·naɪz] *vt* heiligsprechen

'can opener *n* Dosenöffner *m*

canopy ['kæn·ə·pi] *n* ❶ (*awning*) Überdachung *f;* (*over throne, bed*) Baldachin *m* ❷ (*sunshade*) Sonnendach *nt*

can't [kænt] (*fam*) = **cannot** *see* **can**

cantaloupe ['kæn·ṭə·loʊp] *n* Honigmelone *f*

cantankerous [kæn·'tæŋ·kər·əs] *adj* streitsüchtig

canteen [kæn·'tin] *n* (*flask*) Feldflasche *f*

canter ['kæn·ṭər] **I.** *n* (*gait*) Handgalopp *m* **II.** *vi* leicht galoppieren

cantilever ['kæn·ṭəl·i·vər] *n* ~ **bridge** Auslegerbrücke *f*

canvas <*pl* -es> ['kæn·vəs] *n* ❶ (*cloth*) Segeltuch *nt;* (*for painting*) Leinwand *f* ❷ (*painting*) [Öl]gemälde *nt*

canvass ['kæn·vəs] **I.** *vt* ❶ (*poll*) befragen ❷ POL werben **II.** *vi* POL ~ **for votes** um Stimmen werben

canvassing ['kæn·və·sɪŋ] *n* POL Wahlwerbung *f*

canyon ['kæn·jən] *n* Schlucht *f*

cap [kæp] **I.** *n* ❶ (*hat*) Mütze *f*, Kappe *f* ❷ (*top*) Verschlusskappe *f;* (*on tooth*) Schutzkappe *f;* **lens** ~ PHOT Objektivdeckel *m* ❸ (*limit*) Obergrenze *f* **II.** *vt* <-pp-> ❶ (*limit*) begrenzen ❷ (*cover*) bedecken; *teeth* überkronen

capability [ˌkeɪ·pə·'bɪl·ɪ·ti] *n* Fähigkeit *f*

capable ['keɪ·pə·bəl] *adj* ❶ (*competent*) fähig; *worker* tüchtig ❷ (*able*) fähig; ▪**to be ~ of doing sth** in der Lage sein, etw zu tun

capacity [kə·'pæs·ɪ·ti] *n* ❶ (*available space*) Fassungsvermögen *nt* ❷ (*maximum*) Kapazität *f;* **at full** ~ voll ausgelastet; **a** ~ **crowd** ein volles Haus ❸ (*position*) Funktion *f;* (*role*) Eigenschaft *f*

cape[1] [keɪp] *n* Umhang *m*, Cape *nt*

cape[2] [keɪp] *n* Kap *nt;* **C~ Horn** Kap Hoorn

caper[1] ['keɪ·pər] *n* (*sl: dubious activity*) krumme Sache, Ding

caper[2] ['keɪ·pər] *n usu pl* FOOD Kaper *f*

capillary ['kæp·ə·ler·i] *n* Kapillare *f*

capital ['kæp·ɪ·təl] *n* ❶ (*city*) Hauptstadt *f* ❷ (*letter*) Großbuchstabe *m* ❸ FIN Kapital *nt*

capital 'assets *npl* FIN Kapitalvermögen *nt kein pl*

capital 'city *n* Hauptstadt *f*

capital 'crime *n* Kapitalverbrechen *nt*

capital 'gains tax *n* Kapitalgewinnsteuer *f*

capital in'vestment *n* FIN Kapitalanlage *f*

capitalism ['kæp·ɪ·təl·ɪz·əm] *n* Kapitalismus *m*

capitalist ['kæp·ɪ·təl·ɪst] **I.** *n* Kapitalist(in) *m(f)* **II.** *adj* kapitalistisch

capitalization [ˌkæp·ɪ·təl·ɪ·'zeɪ·ʃən] *n* ❶ LING Großschreibung *f* ❷ FIN Kapitalisierung *f*

capitalize ['kæp·ɪ·tə·laɪz] *vt* ❶ LING großschreiben ❷ FIN kapitalisieren

capital 'letter *n* Großbuchstabe *m*

capital 'punishment *n* Todesstrafe *f*

Capitol ['kæ·pə·təl] *n* ▪**the** ~ das Kapitol

Capitol 'Hill *n* Capitol Hill; **on** ~ im amerikanischen Kongress

capitulate [kə·'pɪtʃ·ə·leɪt] *vi* kapitulieren (**to** vor +*dat*)

capitulation [kə·'pɪtʃ·ə·'leɪ·ʃən] *n* Kapitulation *f* (**to** vor +*dat*)

cappuccino <*pl* -s> [ˌkæp·ə·'tʃi·noʊ] *n* Cappuccino *m*

capricious [kə·'prɪʃ·əs] *adj* (*liter*) *person* launisch

Capricorn ['kæp·rɪ·kɔrn] *n* Steinbock *m*

capsize ['kæp·saɪz] NAUT **I.** *vi* kentern **II.** *vt* zum Kentern bringen

capsule ['kæp·səl] *n* Kapsel *f*

captain ['kæp·tɪn] **I.** *n* Kapitän(in) *m(f)*; (*in army*) Hauptmann *m* **II.** *vt* anführen; MIL befehligen

caption ['kæp·ʃən] *n* ❶ (*under illustration*) Bildunterschrift *f* ❷ TV, FILM (*for the hearing-impaired*) Untertitel *m* ❸ (*heading*) Überschrift *f*

captivate ['kæp·tə·veɪt] *vt* faszinieren

captive ['kæp·tɪv] **I.** *n* Gefangene(r) *f(m)* **II.** *adj* gefangen; **be taken** ~ gefangen genommen werden

captivity [kæp·'tɪv·ɪ·ti] *n* Gefangenschaft *f*

capture ['kæp·tʃər] **I.** *vt* ❶ (*take prisoner*) gefangen nehmen; *person* festnehmen; *city* einnehmen ❷ COMPUT erfassen **II.** *n of a person* Gefangennahme *f*; (*by police*) Festnahme *f; of a city* Einnahme *f*

car [kar] *n* ❶ (*vehicle*) Auto *nt*, Wagen *m*; **by** ~ mit dem Auto ❷ TRAIN Waggon *m*, Wagen *m*; **passenger** ~ Personenwagen *m*

carafe [kə·'ræf] *n* Karaffe *f*

caramel ['kar·məl] *n* ❶ (*toffee*) Karamellbonbon *nt* ❷ (*burnt sugar*) Karamell *m*

carat <*pl* -s *or* -> ['ker·ət] *n* Karat *nt*

caraway ['kær·ə·weɪ] *n* Kümmel *m*

carbohydrate [ˌkar·boʊ·'haɪ·dreɪt] *n* Kohle[n]hydrat *nt*

'car bomb *n* Autobombe *f*

carbon ['kar·bən] *n* CHEM Kohlenstoff *m*

carbonated ['kar·bə·neɪ·tɪd] *adj* sprudelnd; ~ **beverage** Getränk *nt* mit Kohlensäure

'carbon copy *n* Durchschlag *m*; (*fig*) Ebenbild *nt*

carbon di'oxide *n* Kohlendioxid *nt*

carbon mon'oxide *n* Kohlenmonoxid *nt*

'carbon paper *n* Kohlepapier *nt*

carbs *n pl* (*fam*) *see* **carbohydrates** Kohle[n]hydrat *nt*

carbuncle ['kar·bʌŋ·kəl] *n* MED Karbunkel *m*

carburetor ['kar·bə·reɪ·tər] *n* AUTO Vergaser *m*

carcass <*pl* -es> ['kar·kəs] *n* ❶ (*of an animal*) Tierleiche *f*; (*of a meat animal*) Rumpf *m*; (*of poultry*) Gerippe *nt* ❷ (*of a vehicle*) [Auto]wrack *nt*

carcinogen [kar·'sɪn·ə·dʒen] *n* Krebserreger *m*

carcinogenic [ˌkar·sɪn·ə·'dʒen·ɪk] *adj* Krebs erregend

card [kard] *n* Karte *f*; (*postcard*) [Post]karte *f*, Ansichtskarte *f*; (*with a message*) [Glückwunsch]karte *f*; **anniversary** ~ Jubiläums-

karte *f*; (*for games*) [Spiel]karte *f*; **[game of]** ~s *pl* Kartenspiel *nt*; **ID** ~ Ausweis *m* ▶ PHRASES: **to have a** ~ **up one's sleeve** noch etwas in petto haben; **to play one's** ~s **right** geschickt vorgehen; **in the** ~s zu erwarten

'cardboard *n* Pappe *f*, [Papp]karton *m*

cardiac ['kar·di·æk] *adj* Herz-

cardigan ['kar·dɪ·gən] *n* Strickjacke *f*

cardinal ['kar·dɪn·əl] **I.** *n* ❶ REL Kardinal *m* ❷ ORN Rotkardinal *m* **II.** *adj* ~ **number** Kardinalzahl *f*; ~ **rule** Grundregel *f*; ~ **sin** Todsünde *f*

'card index *n* Kartei *f*

care [ker] **I.** *n* ❶ (*looking after*) Betreuung *f*; (*of children, the elderly*) Pflege *f*; (*in a hospital*) Versorgung *f*; **to take good** ~ **of sth** jdn/ etw schonen; **take** ~ **[of yourself]**! pass auf dich auf!; ▪ **to take** ~ **of sth** für etw *akk* sorgen; **let me take** ~ **of it** lass mich das übernehmen; ~ **of ...** c/o ..., zu Händen von ... ❷ (*carefulness*) Sorgfalt *f*; **to do sth with** ~ etw sorgfältig machen; **to handle sth with** ~ mit etw *dat* vorsichtig umgehen; **"handle with** ~" „Vorsicht, zerbrechlich!" ❸ (*worry*) Sorge *f*; **to not have a** ~ **in the world** keinerlei Sorgen haben **II.** *vi* ❶ (*be concerned*) betroffen sein; **I think he really** ~s **a lot** ich glaube, es macht ihm eine ganze Menge aus; **for all I** ~ meinetwegen; **who** ~s? (*it's not important*) wen interessiert das schon?; (*so what*) was soll's? ❷ (*want*) ▪ **to** ~ **for sth** drink, dessert etw mögen ❸ (*look after*) ▪ **to** ~ **for sb/sth** sich um jdn/etw kümmern **III.** *vt* ▪ **sb does not** ~ **what/who/whether ...** jdm ist es egal, was/wer/ob ...

career [kə·'rɪr] **I.** *n* ❶ (*profession*) Beruf *m*; ~ **politician** Berufspolitiker(in) *m(f)* ❷ (*working life*) Karriere *f*, Laufbahn *f* **II.** *vi* rasen; **to** ~ **out of control** außer Kontrolle geraten

ca'reer woman *n* Karrierefrau *f*

'carefree *adj* sorgenfrei

careful ['ker·fəl] *adj* ❶ (*cautious*) vorsichtig; *driver* umsichtig; **to be** ~ **with sb/sth** mit jdm/etw *dat* vorsichtig umgehen; ▪ **to be** ~ **[that** [*or* to**]]** ... darauf achten, dass ... ❷ (*meticulous*) sorgfältig; *analysis* umfassend; *consideration* reiflich; *examination* gründlich; *worker* gewissenhaft

carefulness ['ker·fəl·nɪs] *n* ❶ (*caution*) Vorsicht *f* ❷ (*meticulousness*) Sorgfalt *f*

careless ['ker·lɪs] *adj* ❶ (*lacking attention*) unvorsichtig; *driver* leichtsinnig ❷ (*unthinking*) *remark* unbedacht; *talk* gedankenlos ❸ (*not painstaking*) nachlässig

carelessness ['ker·lɪs·nɪs] *n* ❶ (*lack of care*) Nachlässigkeit *f* ❷ (*lack of carefulness*) Unvorsichtigkeit *f*

caress [kə·'res] **I.** *n* <*pl* -es> Streicheln *nt*; ▪ ~**es** *pl* Zärtlichkeiten *pl* **II.** *vt* streicheln

'caretaker I. *n* Hausverwalter(in) *m(f)* **II.** *adj* ~ **government** Übergangsregierung *f*

cargo <*pl* -s *or* -es> ['kar·goʊ] *n* ❶ (*goods*) Fracht *f* ❷ (*load*) Ladung *f*

Caribbean [ˌker·ɪ·'bi·ən] I. *n* ■ **the** ~ die Karibik II. *adj* karibisch; **the** ~ **Islands** die Karibischen Inseln

caricature ['ker·ə·kə·tjʊr] I. *n* Karikatur *f* II. *vt* (*draw*) karikieren; (*parody*) parodieren

caricaturist ['kær·ə·kə·tʃʊr·ɪst] *n* Karikaturist(in) *m(f)*

caring ['ker·ɪŋ] *adj* warmherzig; *person* fürsorglich; *society* sozial

'**car insurance** *n* Kfz-Versicherung *f*

'**carjacking** *n* Autoentführung *f*

carnage ['kar·nɪdʒ] *n* Gemetzel *nt*

carnal ['kar·nəl] *adj* sinnlich

carnation [kar·'neɪ·ʃən] *n* Nelke *f;* ~ **pink** zartrosa

carnival ['kar·nə·vəl] I. *n* ❶ (*festival*) Volksfest *nt* ❷ (*traveling amusement park*) Jahrmarkt *m* ❸ (*pre-Lent*) Karneval *m*, Fasching *m bes* SÜDD, ÖSTERR II. *adj* Fest-, Karnevals-; ~ **atmosphere** ausgelassene Stimmung

carnivore ['kar·nə·vɔr] *n* Fleischfresser *m*

carnivorous [kar·'nɪv·ər·əs] *adj* Fleisch fressend

carol ['ker·əl] *n* [**Christmas**] ~ Weihnachtslied *nt*

caroler ['ker·əl·ər] *n* Sternsinger(in) *m(f)*

carotene ['kær·ə·tin] *n* Karotin *nt*

carousel [ˌkær·ə·'sel] *n* ❶ (*merry-go-round*) Karussell *nt* ❷ AVIAT [Gepäck]ausgabeband *nt*

'**car owner** *n* Autobesitzer(in) *m(f)*

carp[1] [karp] *vi* meckern

carp[2] <*pl* - *or* -s> [karp] *n* Karpfen *m*

carpenter ['kar·pən·tər] *n* Zimmermann *m*, Schreiner(in) *m(f)*, Tischler(in) *m(f)*

carpentry ['kar·pən·tri] *n* (*activity*) Zimmer-/ Schreiner-/Tischlerhandwerk *nt*

carpet ['kar·pət] I. *n* Teppich *m a. fig;* (*fitted*) Teppichboden *m* II. *vt* [mit einem Teppich] auslegen

carpeting ['kar·pɪ·ţɪŋ] *n* Teppich[boden] *m*

'**carpet sweeper** *n* Teppichkehrer *m*

'**carpool** I. *n* Fahrgemeinschaft *f* II. *vi* eine Fahrgemeinschaft *akk* bilden, an einer Fahrgemeinschaft *dat* teilnehmen

'**car rental** *n* Autovermietung *f*

carriage ['ker·ɪdʒ] *n* Kutsche *f*

carrier ['kær·i·ər] *n* ❶ (*person*) Träger(in) *m(f);* MED [Über]träger(in) *m(f)* ❷ (*company*) Transportunternehmen *nt,* Spedition *f;* (*person*) Frachtunternehmer(in) *m(f)*, Spediteur(in) *m(f)*

carrion ['ker·i·ən] *n* Aas *nt*

carrot ['ker·ət] *n* ❶ (*vegetable*) Möhre *f,* Karotte *f,* Mohrrübe *f* NORDD, gelbe Rübe SÜDD, Rüebli *nt* SCHWEIZ ❷ (*fam: reward*) Belohnung *f;* **the** ~ **and** [**the**] **stick** Zuckerbrot und Peitsche

carry <-ie-> ['ker·i] I. *vt* ❶ (*bear*) tragen *a. fig;* ■ **to** ~ **sth around** etw mit sich herumtragen; **to be carried downstream** flussabwärts treiben ❷ (*transport*) transportieren ❸ (*have, incur*) **to** ~ **a penalty** eine [Geld]strafe nach sich ziehen; **to** ~ **weight with sb** Einfluss auf jdn haben ❹ MED (*transmit*) übertragen; elec-

tricity, oil leiten ❺ *usu passive* (*approve*) *motion* annehmen ❻ MATH *numbers* übertragen; (*mentally*) behalten II. *vi* (*reach*) *sound* zu hören sein

◆**carry away** *vt* ❶ (*take away*) wegtragen; *current* wegtreiben; (*stronger*) [mit sich] fortreißen ❷ *usu passive* ■ **to get carried away** (*be overcome by*) sich mitreißen lassen; (*be enchanted by*) hingerissen sein

◆**carry forward** *vt* FIN übertragen

◆**carry off** *vt* ❶ (*take away*) wegtragen; SPORTS vom Spielfeld tragen ❷ (*succeed*) hinbekommen

◆**carry on** I. *vt* ❶ (*continue*) fortführen; *discussion* fortsetzen; **to** ~ **on reading** weiterlesen ❷ (*conduct*) führen; **to** ~ **on one's work** arbeiten II. *vi* ❶ (*continue*) weitermachen (**with** mit +*dat*) ❷ (*fam: behave silly*) sich danebenbenehmen; (*make a fuss*) ein [furchtbares] Theater machen (**about** wegen +*gen*)

◆**carry out** *vt* ❶ hinaus-/heraustragen; *current* hinaustreiben ❷ (*perform*) durchführen; *order, plan* ausführen; *threat* wahr machen

◆**carry over** *vt* ❶ (*postpone*) verschieben (**until** auf +*akk*) ❷ FIN vortragen

◆**carry through** *vt* ❶ (*sustain*) durchbringen ❷ (*complete*) durchführen

'**carry-on** *adj attr* ~ **bag** Handgepäck *nt*

cart [kart] I. *n* ❶ (*pulled vehicle*) Wagen *m*, Karren *m;* **luggage** ~ Gepäckwagen *m;* (*for serving*) Servierwagen *m* ❷ (*in supermarket*) Einkaufswagen *m* ▶ PHRASES: **to put the** ~ **before the** <u>horse</u> das Pferd beim Schwanz aufzäumen II. *vt* (*fam*) schleppen

carte blanche [ˌkart·'blanʃ] *n* **to give sb** ~ jdm freie Hand geben

cartel [kar·'tel] *n* Kartell *nt*

cartilage ['kar·ţəl·ɪdʒ] *n* MED Knorpel *m*

cartographer [kar·'tag·rə·fər] *n* Kartograph(in) *m(f)*

cartography [kar·'tag·rə·fi] *n* Kartographie *f*

carton ['kar·tən] *n* Karton *m;* (*small*) Schachtel *f;* **milk** ~ Milchtüte *f*

cartoon [kar·'tun] *n* ❶ (*drawing*) Cartoon *m o nt* ❷ FILM Zeichentrickfilm *m*

car'toonist *n* ❶ ART Karikaturist(in) *m(f)* ❷ FILM Trickzeichner(in) *m(f)*

cartridge ['kar·trɪdʒ] *n* ❶ (*for ink, ammunition*) Patrone *f* ❷ (*for film*) Kassette *f*

'**cartwheel** I. *n* SPORTS Rad *nt;* **to do** [*or* **turn**] **a** ~ ein Rad schlagen II. *vi* Rad schlagen

carve [karv] I. *vt* ❶ (*cut a figure*) schnitzen; (*with a chisel*) meißeln; (*cut a pattern*) [ein]ritzen ❷ FOOD tranchieren II. *vi* tranchieren

carver ['kar·vər] *n* ❶ (*person*) Bildhauer(in) *m(f);* *wood* Holzschnitzer(in) *m(f)* ❷ (*carving knife*) Tranchiermesser *nt*

carving ['kar·vɪŋ] *n* ART *of wood* Schnitzerei *f;* *in/from stone* Skulptur *f*

'**carving knife** *n* Tranchiermesser *nt*

'**car wash** *n* Autowaschanlage *f*

cascade [kæs·'keɪd] I. *n* (*natural*) Wasserfall m; (artificial) Kaskade f a. fig II. vi sich ergießen

case[1] [keɪs] n ❶ (situation, instance) Fall m; **in ~ of [an] emergency** im Notfall; **in most ~s** meistens; **in ~ ...** falls ...; **in any ~** (regardless) jedenfalls ❷ LAW [Rechts]fall m; (suit) Verfahren nt; **there was no ~ against her** es lag nichts gegen sie vor ❸ MED Fall m ❹ LING Fall m, Kasus m; **to be in the accusative ~** im Akkusativ stehen

case[2] [keɪs] I. n ❶ (small container) Schatulle f; (for hat) Schachtel f; (for eyeglasses) Etui nt; (for musical instrument) Kasten m; (for CD, umbrella) Hülle f ❷ (packaging plus contents) of beer Kiste f ❸ (suitcase) Koffer m ❹ TYPO **written in lower/upper ~** klein-/großgeschrieben II. vt (sl) **to ~ the joint** sich dat den Laden mal ansehen

'case study n Fallstudie f

cash [kæʃ] I. n Bargeld nt; **to pay [by [or in]] ~** bar bezahlen II. vt ■**to ~ [in]** ⊃ **sth** etw einlösen; chips eintauschen
♦ **cash in** vi ■**to ~ in on sth** von etw dat profitieren

'cash crop n ausschließlich zum Verkauf bestimmte Agrarprodukte

cashew ['kæʃ·u] n Cashewnuss f

'cash flow n Cashflow m

cashier [kæ·'ʃɪr] n Kassierer(in) m(f)

'cash machine n Geldautomat m, Bankomat m SCHWEIZ, ÖSTERR

cashmere ['kæʒ·mɪr] n FASHION Kaschmir m

'cash register n Registrierkasse f

casing ['keɪ·sɪŋ] n Hülle f; of a machine Verkleidung f

casino <pl -os> [kə·'si·noʊ] n [Spiel]kasino nt

cask [kæsk] n Fass nt

casket ['kæs·kɪt] n ❶ (coffin) Sarg m ❷ (box) Kästchen nt

casserole ['kæs·ə·roʊl] n ❶ (baking dish) Auflaufform f, Schmortopf m ❷ (baked food) **tuna/potato ~** Thunfisch-/Kartoffelauflauf

cassette [kə·'set] n Kassette f

cas'sette deck n Kassettendeck nt

cas'sette player, cas'sette recorder n Kassettenrecorder m

cast [kæst] I. n ❶ THEAT, FILM Besetzung f ❷ (molded object) [Ab]guss m ❸ MED Gips[verband] m II. vt <cast, cast> ❶ (throw) werfen a. fig; fishing line auswerfen; **to ~ doubt on sth** etw zweifelhaft erscheinen lassen ❷ (give) ballots, votes abgeben ❸ THEAT, FILM part, role besetzen; **to ~ a film** das Casting für einen Film machen; **to ~ sb in a role** jdm eine Rolle geben ❹ (make in a mold) gießen
♦ **cast away** vt (discard) wegwerfen
♦ **cast off** I. vt losmachen II. vi ablegen
♦ **cast out** vt vertreiben

castanet [ˌkæs·tə·'net] n Kastagnette f

castaway ['kæst·ə·weɪ] n Schiffbrüchige(r) f(m)

caste [kæst] n Kaste f

caster ['kæs·tər] n (wheel) Laufrolle f

casting ['kæs·tɪŋ] n ❶ (mold) Guss m; (molding) Gießen nt ❷ THEAT Casting nt

'casting vote n entscheidende Stimme

cast 'iron n Gusseisen nt

cast-'iron adj ❶ aus Gusseisen ❷ (fig) alibi wasserdicht; guarantee sicher

castle ['kæs·əl] n ❶ (fortress) Burg f; (mansion) Schloss nt ❷ (fam) CHESS Turm m

'castoff I. n ■**~s** pl abgelegte Kleidung II. adj (secondhand) gebraucht; (discarded) abgelegt

castor ['kæs·tər] n see caster

castrate ['kæs·treɪt] vt kastrieren

casual ['kæʒ·u·əl] adj ❶ (informal) lässig, salopp; clothing leger; **~ shirt** Freizeithemd nt ❷ (not planned) zufällig; acquaintance, glance flüchtig ❸ (irregular) gelegentlich; **~ sex** Gelegenheitssex m

casually ['kæʒ·u·əl·i] adv ❶ (informally) lässig, leger; **~ dressed** salopp gekleidet ❷ (accidentally) zufällig ❸ (without seriousness) beiläufig

casualty ['kæʒ·u·əl·ti] n (accident victim) [Unfall]opfer nt; (injured person) Verletzte(r) f(m); (dead person) Todesfall m

cat [kæt] n Katze f ▸ PHRASES: **to be raining ~s and dogs** wie aus Eimern schütten

CAT [kæt] n MED abbrev of **computerized axial tomography** Computertomographie f

catalog ['kæt·əl·ag] I. n Katalog m II. vt katalogisieren

catalyst ['kæt·əl·ɪst] n ❶ AUTO, CHEM Katalysator m ❷ (fig) Auslöser m

catalytic [kæt·ə·'lɪt·ɪk] adj katalytisch

catamaran [ˌkæt·ə·mə·'ræn] n Katamaran m

catapult ['kæt·ə·pʌlt] I. n Katapult nt II. vt katapultieren

cataract ['kæt·ə·rækt] n ❶ MED grauer Star ❷ GEOG Katarakt m

catastrophe [kə·'tæs·trə·fi] n Katastrophe f

catastrophic [ˌkæt·ə·'straf·ɪk] adj katastrophal

'catcall I. n Hinterherpfeifen nt II. vi pfeifen

catch [kætʃ] I. n <pl -es> ❶ of a ball Fang m; **nice ~!** gut gefangen! ❷ (fish) Fang m kein pl ❸ (fastener) Verschluss m; (bolt) Riegel m; (hook) Haken m; **window ~** Fensterverriegelung f ❹ (trick) Haken m II. vt <caught, caught> ❶ (intercept) fangen; light einfangen; person, liquid auffangen ❷ (capture) person ergreifen; (arrest) festnehmen; animal fangen; escaped animal einfangen ❸ (surprise, get hold of) erwischen; **to ~ sb in the act** jdn auf frischer Tat ertappen; **to be caught in a thunderstorm** von einem Gewitter überrascht werden; ■**to ~ sb/oneself doing sth** jdn/sich bei etw dat ertappen ❹ MED ■**to ~ sth from sb** sich bei jdm mit etw dat anstecken; **to ~ [a] cold** sich erkälten ❺ ■**to ~ sth in sth** (trap) etw in etw akk einklemmen; (entangle) mit etw dat in etw dat hängen bleiben; ■**to get caught [in sth]** sich [in etw dat] verfangen; (fig: become involved) in etw akk verwickelt werden; ■**to get caught on sth** an etw dat hängen bleiben ❻ (take) bus/train nehmen; (*arrive in time for*) kriegen ❼ (*attract*) *attention* erregen; *imagination* anregen ❽ (*notice*) bemerken; **to ~ sight** [*or* a **glimpse**] **of sb/sth** etw [kurz] sehen; (*by chance*) etw [zufällig] sehen; (*hear*) mitbekommen ▶ PHRASES: **to ~ fire** Feuer fangen; **to ~ sb off guard** jdn überrumpeln **III.** *vi* <caught, caught> ❶ (*entangle*) sich in etw *dat* verfangen; ■**to ~ on sth** an etw *dat* hängen bleiben ❷ (*ignite*) **to get a fire to ~** ein Feuer zum Brennen bringen; *engine* zünden

◆ **catch on** *vi* (*fam*) ❶ (*understand*) kapieren ❷ (*become popular*) sich durchsetzen

◆ **catch up** **I.** *vi* ❶ (*reach*) ■**to ~ up with** [*or* to] **sb** jdn einholen *a. fig;* **she's ~ing up!** sie holt auf! ❷ (*fig: complete*) ■**to ~ up with** [*or* on] **sth** etw aufarbeiten; *sleep* nachholen **II.** *vt usu passive* **to get caught up** [**in sth**] sich [in etw *dat*] verfangen; (*fig*) in etw *akk* verwickelt werden

catcher ['kætʃ·ər] *n* Fänger(in) *m(f);* (*in baseball*) Catcher *m*

catching ['kætʃ·ɪŋ] *adj* ansteckend

'**catch phrase** *n* Slogan *m*

catchup ['kætʃ·əp] *n* FOOD *see* **ketchup**

catchy ['kætʃ·i] *adj* eingängig; **~ tune** Ohrwurm *m*

categorical [ˌkæt·ə·'gɔr·ɪ·kəl] *adj* kategorisch

categorically [ˌkæt·ə·'gɔr·ɪ·kli] *adv* **to ~ deny sth** etw kategorisch abstreiten

categorize ['kæt·ə·gə·raɪz] *vt* kategorisieren, einstufen

category ['kæt·ə·gɔr·i] *n* Kategorie *f*

cater ['keɪ·tər] *vi* ❶ (*provide food, drink*) für Speise und Getränke sorgen; *company* Speisen und Getränke liefern ❷ (*minister*) sich kümmern (**to** um + *akk*)

caterer ['keɪ·tər·ər] *n* (*company*) Cateringservice *m;* (*for parties*) Partyservice *m*

catering ['keɪ·tər·ɪŋ] *n* ❶ (*trade*) Catering *nt* ❷ (*service*) Cateringservice *m;* (*for parties*) Partyservice *m*

caterpillar ['kæt·ər·pɪl·ər] *n* Raupe *f*

Caterpillar® *n* Raupenfahrzeug *nt*

'**catfish** *n* <*pl* -> Seewolf *m*

'**catgut** *n* MUS [Darm]saite *f*

cathedral [kə·'θi·drəl] *n* Kathedrale *f,* Dom *m,* Münster *nt*

cathode ['kæθ·oʊd] *n* Kat[h]ode *f*

Catholic ['kæθ·ə·lɪk] **I.** *n* Katholik(in) *m(f)* **II.** *adj* katholisch

Catholicism [kə·'θæl·ə·sɪz·əm] *n* Katholizismus *m*

'**cat litter** *n* Katzenstreu *f*

'**catnap** (*fam*) **I.** *n* **to take a ~** ein Nickerchen machen **II.** *vi* <-pp-> kurz schlafen

catsup ['ketʃ·əp] *n* FOOD *see* **ketchup**

cattle ['kæt·əl] *npl* Rinder *pl*

catty ['kæt·i] *adj* gehässig; *remark* bissig

'**catwalk** *n* FASHION Laufsteg *m*

Caucasian [kɔ·'keɪ·ʒən] **I.** *n* (*white person*) Weiße(r) *f/m* **II.** *adj* ❶ (*white-skinned*) weiß ❷ (*of Caucasus*) kaukasisch

caught [kɔt] *pt, pp of* **catch**

cauldron ['kɔl·drən] *n* (*pot*) [großer] Kessel

cauliflower ['kɔ·lɪ·ˌflaʊ·ər] *n* Blumenkohl *m,* Karfiol *m* SÜDD, ÖSTERR

causal ['kɔ·zəl] *adj* (*form*) kausal

causality [kɔ·'zæl·ɪ·ti] *n* (*form*) Kausalität *f*

cause [kɔz] **I.** *n* ❶ (*of effect*) Ursache *f;* **~ of death** Todesursache *f* ❷ (*reason*) Grund *m;* **~ for concern** Anlass *m* zur Sorge; ■**to be the ~ of sth** der Grund für etw *akk* sein ❸ (*object of support*) Sache *f;* **a good ~** ein guter Zweck; **a lost ~** eine verlorene Sache **II.** *vt* verursachen; *trouble* stiften; ■**to ~ sb to do sth** jdn veranlassen, etw zu tun; **the bright light ~d her to blink** das helle Licht ließ sie blinzeln

'**cause** [kəz] *conj* (*fam*) *abbrev of* **because**

causeway ['kɔz·ˌweɪ] *n* Damm *m*

caustic ['kɔ·stɪk] *adj* ätzend *a. fig; humor* beißend

caution ['kɔ·ʃən] **I.** *n* ❶ (*carefulness*) Vorsicht *f;* **to treat sth with ~** etw mit Vorbehalt aufnehmen ❷ (*warning*) Vorwarnung *f* **II.** *vt* (*form*) ■**to ~ sb** [**against sth**] jdn [vor etw] warnen

cautionary ['kɔ·ʃə·ner·i] *adj* warnend; **~ tale** Geschichte *f* mit einer Moral

cautious ['kɔ·ʃəs] *adj* (*careful*) vorsichtig; (*prudent*) umsichtig; *optimism* verhalten

cavalier [ˌkæv·ə·'lɪr] **I.** *n* Kavalier *m* **II.** *adj* unbekümmert

cavalry ['kæv·əl·ri] *n usu + pl vb* ■**the ~** die Kavallerie

cave [keɪv] *n* Höhle *f*

◆ **cave in** *vi* ❶ (*collapse*) einstürzen ❷ (*give in*) kapitulieren; ■**to ~ in to sth** sich etw *dat* beugen

'**caveman** *n* Höhlenmensch *m*

'**cavern** ['kæv·ərn] *n* Höhle *f*

cavernous ['kæv·ər·nəs] *adj* ❶ (*cave-like*) höhlenartig ❷ (*fig*) *cheeks* hohl; *eyes* tiefliegend

caviar(e) ['kæv·i·ar] *n* Kaviar *m*

cavity ['kæv·ɪ·ti] *n* ❶ (*hole*) Loch *nt;* (*hollow space*) Hohlraum *m* ❷ MED (*in tooth*) Loch (im Zahn)

caw [kɔ] **I.** *n* Krächzen *nt* **II.** *vi* krächzen

cayenne [kaɪ·'en], **cayenne 'pepper** [kaɪ·'en-] *n* Cayennepfeffer *m*

CB [ˌsi·'bi] *n* RADIO *abbrev of* **citizens band** CB-Funk *m*

cc <*pl* - *or* -s> [ˌsi·'si] *n abbrev of* **cubic centimeter** cm³

CD [ˌsi·'di] *n abbrev of* **compact disc** CD *f*

C'D player *n* CD-Spieler *m*

CD-ROM [ˌsi·di·'ram] *n abbrev of* **compact disc read-only memory** CD-ROM *f*

CD-'ROM drive *n* CD-ROM-Laufwerk *nt*

cease [sis] (*form*) **I.** *vi* aufhören **II.** *vt* beenden; *fire* einstellen

'**ceasefire** *n* Waffenruhe *f*

ceaseless ['sis·lɪs] *adj* endlos; *noise* ständig

cedar ['si·dər] *n* Zeder *f*

ceiling ['si·lɪŋ] *n* [Zimmer]decke *f;* (*fig*) Obergrenze *f*
celebrate ['sel·ɪ·breɪt] *vi, vt* feiern
celebrated ['sel·ɪ·breɪ·tɪd] *adj* berühmt
celebration [ˌsel·ɪ·'breɪ·ʃən] *n* Feier *f;* **cause for** ~ Grund *m* zum Feiern
celebrity [sə·'leb·rɪ·ti] *n* ❶ (*person*) berühmte Persönlichkeit ❷ (*fame*) Ruhm *m*
celeriac [sə·'ler·ɪ·æk] *n* [Knollen]sellerie *m o f*
celery ['sel·ə·ri] *n* [Stangen]sellerie *m o f*
celestial [sɪ·'les·tʃəl] *adj* ASTRON Himmels-
celibacy ['sel·ɪ·bə·si] *n* Zölibat *m o nt*
celibate ['sel·ɪ·bət] I. *n* Zölibatär *m* II. *adj* zölibatär
cell [sel] *n* ❶ BIOL Zelle *f* ❷ (*prison room*) Zelle *f* ❸ (*fam*) *see* **cell phone**
cellar ['sel·ər] *n* Keller *m*
cellist ['tʃel·ɪst] *n* Cellist(in) *m(f)*
cello <*pl* -s> ['tʃel·oʊ] *n* Cello *nt*
cellophane ['sel·ə·feɪn] *n* Cellophan® *nt*
'cell phone *n* Mobiltelefon *nt,* Handy *nt*
cellular ['sel·jʊ·lər] *adj* zellular
cellular 'phone *n* Mobiltelefon *nt,* Handy *nt*
cellulite ['sel·jə·laɪt] *n* Zellulitis *f*
celluloid ['sel·jʊ·lɔɪd] *n* Zelluloid *nt*
cellulose ['sel·jʊ·loʊs] *n* Zellulose *f*
Celsius ['sel·si·əs] *n* Celsius
Celtic ['kel·tik, 'sel·tɪk] *adj* keltisch
cement [sɪ·'ment] I. *n* Zement *m* II. *vt* ❶ (*with concrete*) betonieren; (*with cement*) zementieren ❷ (*a. fig: bind*) festigen
ce'ment mixer *n* Betonmischmaschine *f*
cemetery ['sem·ə·ter·i] *n* Friedhof *m*
censor ['sen·sər] I. *n* Zensor(in) *m(f)* II. *vt* zensieren
censorious [sen·'sɔr·i·əs] *adj* [übertrieben] kritisch
censorship ['sen·sər·ʃɪp] *n* Zensur *f*
censure ['sen·ʃər] I. *n* Tadel *m* II. *vt* tadeln
census ['sen·səs] *n* Zählung *f*
cent [sent] *n* Cent *m;* **to not be worth a** [red] ~ keinen Pfifferling wert sein
centenarian [ˌsen·tə·'ner·i·ən] *n* Hundertjährige(r) *f(m)*
centennial [sen·'teni·əl] *n* Hundertjahrfeier *f*
center ['sen·tər] I. *n* ❶ Zentrum *nt;* *of chocolates* Füllung *f;* POL Mitte *f* ❷ SPORTS (*in basketball, hockey*) Center *m;* (*in soccer*) Mittelfeldspieler(in) *m(f)* II. *vt* zentrieren III. *vi* ■ **to ~ upon sth** sich um etw *akk* drehen
'centerpiece *n* ❶ (*on table*) Tafelaufsatz *m;* (*in room*) Mittelstück *nt* ❷ (*central feature*) Kernstück *nt*
centigrade ['sen·tə·greɪd] *n* Celsius
centigram ['sen·tə·græm] *n* Zentigramm *nt*
centimeter ['sen·tə·ˌmi·tər] *n* Zentimeter *m*
centipede ['sen·tə·pid] *n* Tausendfüßler *m*
central ['sen·trəl] *adj* ❶ (*in the middle*) zentral ❷ (*paramount*) wesentlich
centralization [ˌsen·trə·lɪ·'zeɪ·ʃən] *n* Zentralisierung *f*
centralize ['sen·trə·laɪz] *vt* zentralisieren
centrifugal [sen·'trɪf·jə·gəl] *adj* zentrifugal

century ['sen·tʃə·ri] *n* (*period*) Jahrhundert *nt;* **turn of the ~** Jahrhundertwende *f*
CEO [ˌsi·i·'oʊ] *n* *abbrev of* **chief executive officer** Generaldirektor(in) *m(f)*
ceramic [sə·'ræm·ɪk] *adj* keramisch
ceramics [sə·'ræm·ɪks] *n* + *sing vb* Keramik *f*
cereal ['sɪr·i·əl] *n* ❶ (*for breakfast*) Frühstückszerealien *pl* (*Cornflakes, Müsli ...*) ❷ Getreide *nt*
cerebral ['ser·ə·brəl] *adj* ❶ ANAT Gehirn- ❷ (*intellectual*) hochgeistig
ceremonial [ˌser·ə·'moʊ·ni·əl] I. *adj* zeremoniell II. *n* (*form*) Zeremoniell *nt*
ceremonious [ˌser·ə·'moʊ·ni·əs] *adj* förmlich
ceremony ['ser·ə·moʊ·ni] *n* Zeremonie *f,* Feier *f;* **to stand on ~** förmlich sein
certain ['sɜr·tən] I. *adj* ❶ (*sure*) sicher; (*unavoidable*) bestimmt; **to mean ~ death** den sicheren Tod bedeuten; **to make ~** [that ...] darauf achten[, dass ...]; **to make ~ of sth** sich einer S. *gen* vergewissern; ■ **for ~** ganz sicher ❷ (*particular*) **at a ~ age** in einem bestimmten Alter; **in ~ circumstances** unter gewissen Umständen II. *pron* (*form*) einige
certainly ['sɜr·tən·li] *adv* ❶ (*surely*) sicher[lich]; (*without a doubt*) bestimmt, gewiss ❷ (*gladly*) gern[e]; (*of course*) [aber] selbstverständlich; **~ not** auf [gar] keinen Fall
certainty ['sɜr·tən·ti] *n* Gewissheit *f;* **with ~** mit Sicherheit
certifiable ['sɜr·tə·ˌfaɪ·ə·bəl] *adj* ❶ (*officially admissible*) nachweisbar ❷ (*psychologically ill*) unzurechnungsfähig
certificate [sər·'tɪf·ɪ·kət] *n* (*official document*) Urkunde *f;* (*attestation*) Bescheinigung *f;* **birth ~** Geburtsurkunde *f;* **death ~** Totenschein *m;* **marriage ~** Trauschein *m*
certification [ˌsɜr·tə·fɪ·'keɪ·ʃən] *n* ❶ (*state*) Qualifikation *f;* (*process*) Qualifizierung *f* ❷ (*document*) Zertifikat *nt;* (*attestation*) Beglaubigung *f*
certified ['sɜr·tə·faɪd] *adj* ❶ (*official*) *copy* beglaubigte Kopie ❷ (*trained*) ausgebildet, -meister, -in *m, f;* (*by the state*) staatlich anerkannt
certify <-ie-> ['sɜr·tə·faɪ] *vt* (*declare as true*) bescheinigen, bestätigen; LAW beglaubigen
cervical ['sɜr·vɪ·kəl] *adj* ANAT ❶ (*of neck*) zervikal ❷ (*of cervix*) Gebärmutterhals-
cervix <*pl* -es *or* -vices> ['sɜr·vɪks] *n* ANAT Gebärmutterhals *m*
cessation [se·'seɪ·ʃən] *n* (*form: end*) Ende *nt;* (*process*) Beendigung *f;* *of hostilities* Einstellung *f*
cesspit ['ses·pɪt], **cesspool** ['ses·pul] *n* Jauchegrube *f;* (*fig, pej*) Sumpf *m*
cf. ['si·ef] *vt* (*form*) *abbrev of* **compare** vgl.
CFC [ˌsi·ef·'si] *n* *abbrev of* **chlorofluorocarbon** FCKW *nt*
CFO [ˌsi·ef·'oʊ] *n* *abbrev of* **chief financial officer** Leiter(in) *m(f)* der Finanzabteilung
chafe [tʃeɪf] I. *vi* (*make sore*) sich [wund]scheuern; *hands* wund werden II. *vt*

C

(*rub sore*) [wund]scheuern

chaff [tʃæf] *n* Spreu *f*

chain [tʃeɪn] **I.** *n* ❶ Kette *f; of prisoner;* ■~s *pl* Fesseln *pl* ❷ (*fig: series*) Reihe *f; of mishaps* Verkettung *f; of shops* [Laden]kette *f;* ~ **of command** Hierarchie *f* **II.** *vt* ■**to** ~ [up] [an]ketten (**to** an +*akk*)

'**chain letter** *n* Kettenbrief *m*

'**chain mail** *n* Kettenhemd *nt*

chain re'action *n* Kettenreaktion *f*

'**chain saw** *n* Kettensäge *f*

'**chain smoker** *n* Kettenraucher(in) *m(f)*

'**chain store** *n* Kettenladen *m*

chair [tʃer] **I.** *n* ❶ (*seat*) Stuhl *m;* **easy** ~ Sessel *m;* ■**the** ~ (*sl*) der elektrische Stuhl ❷ UNIV (*professorship*) Lehrstuhl *m;* **to hold a** ~ einen Lehrstuhl innehaben ❸ (*chairperson*) Vorsitzende(r) *f(m)* **II.** *vt* (*be leader*) ■**to** ~ **sth** bei etw *dat* den Vorsitz führen

'**chair lift** *n* Sessellift *m*

'**chairman** *n* Vorsitzende(r) *m*

'**chairmanship** *n* Vorsitz *m*

'**chairperson** *n* Vorsitzende(r) *f(m)*

'**chairwoman** *n* Vorsitzende *f*

chalet [ʃæ·'leɪ] *n* Chalet *nt*

chalk [tʃɔk] **I.** *n* ❶ (*for writing*) Kreide *f* ❷ (*type of stone*) Kalkstein *m* **II.** *vt* mit Kreide schreiben/zeichnen

◆**chalk out** *vt design* entwerfen; *strategy* planen

◆**chalk up** *vt* ❶ (*achieve*) *victory* verbuchen können ❷ (*attribute*) ■**to** ~ **sth up to sth** etw einer S. zuschreiben

'**chalkboard** *n* Tafel *f*

chalky ['tʃɔk·i] *adj* ❶ (*of chalk*) kalk[halt]ig ❷ (*chalk-like*) kreideartig

challenge ['tʃæl·ɪndʒ] **I.** *n* Herausforderung *f;* **to find sth a** ~ etw schwierig finden **II.** *vt* ❶ (*ask to compete*) herausfordern ❷ (*call into question*) *findings* in Frage stellen ❸ (*stimulate*) *the imagination* anregen

challenger ['tʃæl·ɪn·dʒər] *n* Herausforderer *m,* Herausforderin *f;* ~ **for a title** Titelanwärter(in) *m(f)*

challenging ['tʃæl·ɪn·dʒɪŋ] *adj* [heraus]fordernd

chamber ['tʃeɪm·bər] *n* ❶ (*old: room*) [Schlaf]gemach *nt geh* ❷ (*judge's offices*) ■~s Amtszimmer *nt* ❸ (*cavity*) Kammer *f* ❹ (*in a firearm*) Patronenlager

'**chambermaid** *n* Zimmermädchen *nt*

'**chamber music** *n* Kammermusik *f*

chameleon [kə·'mi·li·ən] *n* Chamäleon *nt a. fig*

chamois <*pl* -> ['ʃæm·i] *n* ❶ ZOOL Gämse *f* ❷ (*polishing cloth*) Fensterleder *nt*

champ [tʃæmp] *n short for* **champion** Champion *m*

champagne [ʃæm·'peɪn] *n* Champagner *m*

champion ['tʃæm·pi·ən] **I.** *n* ❶ SPORTS Champion *m;* **world** ~ Weltmeister(in) *m(f);* **defending** ~ Titelverteidiger(in) *m(f)* ❷ (*supporter*) Verfechter(in) *m(f)* (**of**) **II.** *vt* verfechten; *cause*

eintreten (**für** +*akk*) **III.** *adj* ~ **boxer** Boxchampion *m*

championship ['tʃæm·pi·ən·ʃɪp] *n* SPORTS Meisterschaft *f*

chance [tʃæns] **I.** *n* ❶ Zufall *m;* **by** ~ zufällig ❷ (*prospect*) Chance *f;* **to have** [*or* stand] **a** ~ eine Chance haben; **no** ~! (*fam*) niemals!; **the** ~ **of a lifetime** eine einmalige Chance ❸ (*risk*) Risiko *nt;* **to take** ~s [*or* a ~] etwas riskieren **II.** *vt* (*fam*) riskieren; **to** ~ **it** sein Glück versuchen, es wagen

◆**chance on, chance upon** *vi person* zufällig treffen; *thing* zufällig stoßen (**auf** +*akk*)

chancellor ['tʃæn·sə·lər] *n* ❶ Kanzler(in) *m(f);* (*of federal state*) [Bundes]kanzler(in) *m(f)* ❷ UNIV (*president*) Rektor(in) *m(f)*

chancy ['tʃæn·si] *adj* riskant

chandelier [ʃæn·də·'lɪr] *n* Kronleuchter *m*

change ['tʃeɪndʒ] **I.** *n* ❶ (*alteration*) [Ver]änderung *f;* ~ **of direction** Richtungsänderung *f a. fig;* **to be a** ~ **for the better/worse** eine Verbesserung/eine Verschlechterung darstellen ❷ (*substitution*) Wechsel *m;* ~ **of scene** THEAT Szenenwechsel *m;* (*fig*) Tapetenwechsel *m* ❸ (*variety*) Abwechslung *f;* **for a** ~ zur Abwechslung ❹ (*coins*) Kleingeld *nt;* (*money returned*) Wechselgeld *nt,* Retourgeld *nt* SCHWEIZ; **to have** [the] **right** ~ es passend haben; **to give the wrong** ~ falsch herausgeben **II.** *vi* ❶ (*alter*) sich [ver]ändern; *traffic light* umspringen; *weather* umschlagen; *wind* sich drehen; **nothing** [**ever**] ~**s** alles bleibt beim Alten; **to** ~ **into sth** in etw *akk* verwandeln ❷ (*substitute, move*) ■**to** ~ [**over**] **to sth** zu etw *dat* wechseln ❸ TRANSP umsteigen ❹ (*dress*) sich umziehen **III.** *vt* ❶ (*make different*) [ver]ändern; (*transform*) verwandeln; **to** ~ **one's mind** seine Meinung ändern ❷ (*exchange, move*) wechseln; **to** ~ **places with sb** mit jdm den Platz tauschen; (*fig*) mit jdm tauschen ❸ (*make fresh*) *baby* [frisch] wickeln; *bed* neu beziehen; **to** ~ [**one's**] **clothes** sich umziehen ❹ (*money*) wechseln; **to** ~ **$100 into euros** $100 in Euros umtauschen ❺ TRANSP *buses, trains* umsteigen

changeable ['tʃeɪn·dʒə·bəl] *adj* unbeständig; *moods* wechselnd

'**changeover** *n usu sing* Umstellung *f* (**to** auf +*akk*)

changing ['tʃeɪn·dʒɪŋ] *adj* wechselnd

channel ['tʃæn·əl] **I.** *n* ❶ RADIO, TV Programm *nt;* **cable** ~ Kabelkanal *m;* **to change** ~**s** umschalten; **to turn** [one's TV] **to** ~ **four** ins vierte Programm umschalten ❷ (*waterway*) [Fluss]bett *nt;* (*artificial*) Kanal *m;* **the English C~** der Ärmelkanal ❸ (*means*) Weg *m;* **to go through** [the] **official** ~**s** den Dienstweg gehen **II.** *vt* <-l- *or* -ll-> (*direct*) leiten; *one's energies, money* stecken

chant [tʃænt] **I.** *n* ❶ REL [Sprech]gesang *m* ❷ SPORTS Sprechchor *m* **II.** *vi* ❶ REL einen Sprechgesang anstimmen ❷ *crowd* im Sprechchor rufen **III.** *vt* ❶ REL (*sing*) singen ❷ SPORTS

im Sprechchor rufen
chanterelle [ˌʃæn·tə·'rel] *n* Pfifferling *m*
chaos ['keɪ·as] *n* Chaos *nt,* Durcheinander *nt*
chaotic [keɪ·'aṭ·ɪk] *adj* chaotisch
chap <-pp-> [tʃæp] **I.** *vi skin* aufspringen **II.** *vt lips* aufspringen
chap. *n abbrev of* **chapter** Kap.
chapel ['tʃæp·əl] *n* Kapelle *f*
chaperon(e) ['ʃæp·ə·roʊn] **I.** *n* ❶ (*adult supervisor*) Aufsichtsperson *f* ❷ (*dated*) Anstandsdame *f* **II.** *vt* ❶ (*supervise*) beaufsichtigen ❷ (*dated: accompany*) begleiten
chaplain ['tʃæp·lɪn] *n* Kaplan *m*
Chap Stick® *n* ≈ Labello® *m*
chapter ['tʃæp·tər] *n* ❶ Kapitel *nt;* **to quote ~ and verse** den genauen Wortlaut [einer S. *gen*] wiedergeben ❷ (*of organization*) Zweig *m*
char <-rr-> [tʃar] *vi, vt* verkohlen
character ['ker·ək·ṭər] *n* ❶ Charakter *m;* **out of ~** ungewöhnlich ❷ LIT [Roman]figur *f* ❸ TYPO Zeichen *nt*
'character actor *n* Charakterdarsteller *m*
characteristic [ˌker·ək·tə·'rɪs·tɪk] **I.** *n* charakteristisches Merkmal **II.** *adj* charakteristisch; ▪ **to be ~ of sth** typisch (**of** für +*akk*)
characteristically [ˌker·ək·tə·'rɪs·tɪk·li] *adv* typisch
characterization [ˌker·ək·tər·rɪ·'zeɪ·ʃən] *n* ❶ LIT [Personen]beschreibung *f;* FILM Darstellung *f* ❷ (*description*) Charakterisierung *f*
characterize ['ker·ək·tə·raɪz] *vt* kennzeichnen (**as** als +*akk*)
charade [ʃə·'reɪd] *n* ❶ *usu pl* (*game*) Scharade *f* ❷ (*lie*) Farce *f*
charcoal ['tʃar·koʊl] *n* ❶ (*fuel*) Holzkohle *f* ❷ (*for drawing*) Kohle *f*
charge [tʃardʒ] **I.** *n* ❶ (*cost*) Gebühr *f;* **free of ~** kostenlos ❷ LAW Anklage *f* (**of** wegen +*gen*); ▪ **~s** *pl* Anklagepunkte *pl;* (*in civil cases*) Ansprüche *pl;* **to press ~s against sb** Anklage gegen jdn erheben ❸ (*responsibility*) Verantwortung *f;* **to be in ~** die Verantwortung tragen; **who's in ~ here?** wer ist hier zuständig?; **she's in ~ of the department** sie leitet die Abteilung; (*care*) Obhut *f;* **to be placed in sb's ~** in jds Obhut gegeben werden ❹ ELEC Ladung *f* ❺ (*attack*) Angriff *m* **II.** *vi* ❶ (*attack*) [vorwärts]stürmen; **~!** vorwärts! ❷ (*move quickly*) stürmen (**in, into** in +*akk*) **III.** *vt* ❶ (*demand payment*) berechnen; **how much do you ~ for that?** was [o wie viel] kostet das bei Ihnen?; ▪ **to ~ sth to sb** jdm etw in Rechnung stellen ❷ LAW **to ~ sb with murder** jdn des Mordes anklagen ❸ ELEC *battery* aufladen
'charge account *n* Kreditkonto *nt*
'charge card *n* [Kunden]kreditkarte *f*
chariot ['tʃær·i·ət] *n* Streitwagen *m*
charisma [kə·'rɪz·mə] *n* Charisma *nt*
charitable ['tʃer·ɪ·tə·bəl] *adj* ❶ (*generous*) großzügig; (*uncritical*) gütig ❷ (*of charity*) karitativ; **~ organization** Wohltätigkeitsorgani-

charity ['tʃer·ɪ·ti] *n* ❶ (*generosity*) Barmherzigkeit *f* ❷ (*assistance*) **the proceeds go to ~** die Erträge sind für wohltätige Zwecke bestimmt ❸ (*organization*) Wohltätigkeitsorganisation *f*
charm [tʃarm] **I.** *n* ❶ (*attractive quality*) Charme *m* ❷ (*jewelry*) Anhänger *m;* **lucky ~** Glücksbringer *m* ▸ PHRASES: **to work like a ~** (*fam*) gut funktionieren **II.** *vt* bezaubern
charmed [tʃarmd] *adj* ❶ (*delighted*) bezaubert ❷ (*fortunate*) vom Glück gesegnet; **to lead a ~ life** ein [richtiges] Glückskind sein
charmer ['tʃar·mər] *n* (*pej*) Schmeichler(in) *m(f)*
charming ['tʃar·mɪŋ] *adj* (*approv*) bezaubernd, reizend
charred [tʃard] *adj* verkohlt
chart [tʃart] **I.** *n* ❶ (*visual*) Diagramm *nt;* **medical ~** Krankenblatt *nt* ❷ MUS ▪ **the ~s** *pl* die Charts **II.** *vt* (*plot*) aufzeichnen; (*record*) erfassen
charter ['tʃar·ṭər] **I.** *n* ❶ (*constitution*) Charta *f;* (*of society*) Satzung *f* ❷ TRANSP Charter *m* **II.** *vt* chartern
'charter flight *n* Charterflug *m*
chase [tʃeɪs] **I.** *n* ❶ (*pursuit*) Verfolgungsjagd *f;* **to give ~ [to sb/sth]** jdn/etw verfolgen ❷ HUNT Jagd *f* **II.** *vi* ▪ **to ~ after sb** hinter jdm herlaufen **III.** *vt* ❶ (*pursue*) verfolgen ❷ (*scare away*) ▪ **to ~ away** vertreiben, verjagen; ▪ **to ~ off** verscheuchen
chasm ['kæz·əm] *n* Kluft *f a. fig*
chassis <*pl* -> ['ʃæs·i] *n* Fahrgestell *nt*
chaste [tʃeɪst] *adj* (*form*) keusch
chastity ['tʃæs·tɪ·ṭi] *n* Keuschheit *f*
chat [tʃæt] **I.** *n* ❶ (*informal conversation*) Unterhaltung *f;* (*fam*) Schwatz *m;* **to have a ~ [with sb]** [mit jdm] quatschen ❷ COMPUT chatten **II.** *vi* <-tt-> ❶ (*talk informally*) plaudern; (*fam*) quatschen ❷ COMPUT chatten
'chat room *n* COMPUT Chatroom *m*
chatter ['tʃæṭ·ər] **I.** *n* Geschwätz *nt* **II.** *vi* ❶ (*converse*) plaudern ❷ (*make clacking noises*) *teeth* klappern; *machines* knattern
chatty ['tʃæṭ·i] *adj* (*fam: person*) gesprächig; *letter* unterhaltsam; (*pej*) geschwätzig
chauffeur ['ʃoʊ·'fər] **I.** *n* Chauffeur(in) *m(f)* **II.** *vt* ▪ **to ~ sb around** jdn herumfahren
chauvinism ['ʃoʊ·vɪ·nɪz·əm] *n* Chauvinismus *m*
chauvinist ['ʃoʊ·vɪ·nɪst] *n* Chauvinist(in) *m(f)*
chauvinistic [ˌʃoʊ·vɪ·'nɪs·tɪk] *adj* (*pej*) chauvinistisch
cheap [tʃip] *adj* billig *a. fig;* (*reduced*) ermäßigt ▸ PHRASES: **a ~ shot** ein Schuss *m* unter die Gürtellinie
cheapen ['tʃi·pən] *vt* schlechtmachen
cheaply ['tʃip·li] *adv* billig
cheapness ['tʃip·nɪs] *n* ❶ (*low price*) Billigkeit *f* ❷ (*fam: miserliness*) Geiz *m*
'cheapskate *n* (*pej fam*) Geizkragen *m*
cheat [tʃit] **I.** *n* ❶ (*person*) Betrüger(in) *m(f);*

(*in game*) Mogler(in) *m(f)*; (*in school*) Schummler(in) *m(f)* ❷(*fraud*) Täuschung *f* II. *vi* betrügen; ■to ~ on sb jdn betrügen; (*on exam*) abschreiben, mogeln; (*in game*) mogeln (at, in bei +*dat*) III. *vt* (*treat dishonestly*) täuschen; (*financially*) betrügen (out of um +*akk*)

cheater ['tʃi·tər] *n* (*in game*) Mogler(in) *m(f)*; (*in school*) Schummler(in) *m(f)*

check [tʃek] I. *n* ❶(*inspection*) Kontrolle *f* ❷(*search for information*) Suchlauf *m* ❸(*restraint*) Kontrolle *f*; to keep sth in ~ etw unter Kontrolle halten ❹(*mark*) Haken *m* ❺ CHESS Schach *nt*; to be in ~ im Schach stehen ❻ FIN Scheck *m* (for über +*akk*); (*bill*) Rechnung *f* (for über +*akk*) ❼(*pattern*) Karo[muster] *nt* II. *adj* Karo- III. *vt* ❶(*inspect*) überprüfen ❷(*prevent*) attack aufhalten ❸ CHESS Schach bieten ❹(*mark off*) abhaken IV. *vi* ❶(*examine*) nachsehen, nachschauen *bes* SÜDD, ÖSTERR, SCHWEIZ ❷(*consult*) ■to ~ with sb bei jdm nachfragen

◆**check in** I. *vi* (*at airport*) einchecken; (*at hotel*) sich [an der Rezeption] anmelden II. *vt* (*at airport*) *passengers* abfertigen; (*at hotel*) *guests* anmelden; *luggage* einchecken

◆**check off** *vt* abhaken

◆**check out** I. *vi* sich abmelden; to ~ out of a room ein [Hotel]zimmer räumen II. *vt* ❶(*investigate*) untersuchen ❷(*sl: observe*) ~ it out! schau dir bloß mal das an!

◆**check up** *vi* ■to ~ up on sb/sth jdn/etw überprüfen [*o* kontrollieren]

'**checkbook** *n* Scheckheft *nt*

checked [tʃekt] *adj* kariert

'**checkerboard** *n* Damebrett *nt*

checkered ['tʃek·ərd] *adj* ❶(*patterned*) kariert ❷(*inconsistent*) *past, career* bewegt

'**check-in** ['tʃek·ɪn] *n* ❶(*registration for flight*) Einchecken *nt*, Abfertigung *f* ❷(*desk in airport*) Abfertigungsschalter *m*; (*in hotel*) Rezeption *f*

'**check-in counter**, '**check-in desk** *n* (*in airport*) Abfertigungsschalter *m*; (*in hotel*) Rezeption *f*

'**checking account** *n* Girokonto *nt*

'**checklist** *n* Checkliste *f*

'**checkmate** I. *n* ❶ CHESS Schachmatt *nt* ❷(*fig*) das Aus II. *vt* CHESS schachmatt setzen

'**checkout** *n* Kasse *f*

'**checkpoint** *n* Kontrollpunkt *m*

'**check room** *n* (*for coats*) Garderobe *f*; (*for luggage*) Gepäckaufbewahrung *f*

'**checkup** *n* [Kontroll]untersuchung *f*; to go [in] for a ~ einen Check-up machen lassen

cheddar ['tʃed·ər] *n* Cheddar[käse] *m*

cheek [tʃik] *n* ❶(*of face*) Backe *f* ❷(*impertinence*) Frechheit *f*

'**cheekbone** *n usu pl* Backenknochen *m*

cheeky ['tʃi·ki] *adj* frech

cheep [tʃip] I. *n* (*of bird*) Piepser *m*; (*act*) Piepen *nt* II. *vi* piep[s]en

cheer [tʃɪr] I. *n* ❶(*shout*) Beifallsruf *m*; (*cheer-*

ing) Jubel *m*; three ~s for the champion! ein dreifaches Hoch auf den Sieger! ❷(*source of joy*) Freude *f* II. *vi* ■to ~ for sb jdn anfeuern

◆**cheer on** *vt* anfeuern

◆**cheer up** I. *vi* ~ up! Kopf hoch! II. *vt* aufmuntern

cheerful ['tʃɪr·fʊl] *adj* ❶(*happy*) fröhlich, heiter ❷(*bright*) heiter; *color, tune* fröhlich

cheerfully ['tʃɪr·fəl·i] *adv* vergnügt

cheerfulness ['tʃɪr·fəl·nɪs] *n* Fröhlichkeit *f*

cheering ['tʃɪr·ɪŋ] I. *n* Jubel *m* II. *adj* jubelnd

'**cheerleader** *n* Cheerleader *m*

cheers [tʃɪrz] *interj* (*fam*) prost

cheery ['tʃɪr·i] *adj* fröhlich

cheese [tʃiz] *n* Käse *m*

'**cheeseburger** *n* Cheeseburger *m*

'**cheesecake** *n* Käsekuchen *m*

'**cheesecloth** *n* indische Baumwolle

cheesy ['tʃi·zi] *adj* ❶(*with cheese flavor*) käsig ❷(*fam or pej: uncool*) abgedroschen *fam*, geschmacklos ❸(*fam or pej: not genuine*) ~ grin Zahnpastalächeln *nt*

cheetah ['tʃi·tə] *n* Gepard *m*

chef [ʃef] *n* Koch *m*, Köchin *f*

chemical ['kem·ɪ·kəl] I. *n* (*substance*) Chemikalie *f*; (*additive*) chemischer Zusatz II. *adj* chemisch

chemist ['kem·ɪst] *n* Chemiker(in) *m(f)*

chemistry ['kem·ɪ·stri] *n* ❶Chemie *f a. fig* ❷(*composition*) chemische Zusammensetzung

chemotherapy [ˌki·mou·'θer·ə·pi] *n* Chemotherapie *f*

cherish ['tʃer·ɪʃ] *vt* hegen

cherry ['tʃer·i] *n* ❶(*fruit*) Kirsche *f* ❷(*tree*) Kirschbaum *m*

'**cherry blossom** *n* Kirschblüte *f*

cherry to'mato *n* Cocktailtomate *f*

cherub <*pl* -s *or* -im> ['tʃer·əb] *n* ART Putte *f*, Putto *m*

chervil ['tʃɜr·vɪl] *n* Kerbel *m*

chess [tʃes] *n* Schach[spiel] *nt*

'**chessboard** *n* Schachbrett *nt*

'**chessman**, '**chesspiece** *n* Schachfigur *f*

chest [tʃest] *n* ❶(*torso*) Brust *f* ❷(*trunk*) Truhe *f*; (*box*) Kiste *f* ► PHRASES: to get sth off one's ~ sich *dat* etw von der Seele reden

chestnut ['tʃes·nʌt] I. *n* ❶(*nut, tree*) Kastanie *f* ❷old ~ (*fam: joke*) Witz *m* mit Bart II. *adj* (*color*) kastanienbraun

chesty ['tʃes·ti] *adj* (*fam*) ❶(*arrogant*) eingebildet ❷ *blonde* vollbusig

chew [tʃu] I. *n* ❶(*act of chewing*) to have a ~ on sth auf etw *dat* herumkauen ❷(*food*) Bissen *m* II. *vt, vi* kauen; to ~ one's fingernails an den Nägeln kauen ► PHRASES: to bite off more than one can ~ sich zu viel zumuten

'**chewing gum** *n* Kaugummi *m o nt*

chewy ['tʃu·i] *adj meat* zäh; *toffee* weich

chic [ʃik] I. *n* Schick *m* II. *adj* schick

chick [tʃɪk] *n* ❶(*baby chicken*) Küken *nt* ❷(*sl: good-looking female*) Puppe *f*

chicken ['tʃɪk·ən] I. *n* ❶ (*farm bird*) Huhn *nt* ❷ (*meat*) Hähnchen *nt* ❸ (*pej sl: coward*) Angsthase *m;* **to play ~** eine Mutprobe machen ▶ PHRASES: **don't count your ~s before they're hatched** (*prov*) man soll den Tag nicht vor dem Abend loben II. *adj* (*pej sl*) feige
'**chicken broth** *n* Hühnerbrühe *f*
'**chickenfeed** *n* ❶ (*fodder*) Hühnerfutter *nt* ❷ (*sl: money*) nur ein paar Groschen
'**chickenpox** *n* Windpocken *pl*
'**chick flick** *n* (*sl*) Frauenfilm *f* (*Film mit besonders emotionaler Handlung*)
chickpea ['tʃɪk·pi] *n* Kichererbse *f*
chicory ['tʃɪk·ə·ri] *n* ❶ (*vegetable*) Chicorée *m* *o f* ❷ (*in drink*) Zichorie *f*
chief [tʃif] I. *n* ❶ (*head of organization*) Chef(in) *m(f)* ❷ (*leader of people*) Führer(in) *m(f);* (*head of clan*) Oberhaupt *nt;* (*head of tribe*) Häuptling *m* II. *adj* ❶ (*main*) Haupt- ❷ (*head*) **~ administrator** Verwaltungschef(in) *m(f)*
chief ex'ecutive *n* ❶ (*head of state*) Präsident(in) *m(f)* ❷ (*head of organization*) **~** [**officer**] Generaldirektor(in) *m(f)*
chief 'justice *n* Oberrichter(in) *m(f)*
chiefly ['tʃif·li] *adv* hauptsächlich
chieftain ['tʃif·tən] *n* (*head of a tribe*) Häuptling *m;* (*of a clan*) Oberhaupt *nt*
chiffon [ʃɪ·'fan] *n* Chiffon *m*
child <*pl* -dren> [tʃaɪld] *n* Kind *nt*
'**child abuse** *n* Kindesmisshandlung *f;* (*sexually*) Kindesmissbrauch *m*
'**childbearing** I. *n* [Kinder]gebären *nt* II. *adj* **of ~ age** im gebärfähigen Alter
'**childbirth** *n* Geburt *f*
'**childcare** *n* Kinderpflege *f;* (*social services department*) Kinderfürsorge *f;* (*for older children*) Jugendfürsorge *f*
childhood ['tʃaɪld·hʊd] *n* Kindheit *f*
childish ['tʃaɪl·dɪʃ] *adj* (*pej*) kindisch
childless ['tʃaɪld·lɪs] *adj* kinderlos
'**childlike** *adj* kindlich
child por'nography *n* Kinderpornographie *f*
'**childproof** *adj* kindersicher
children ['tʃɪl·drən] *n pl of* **child**
'**child's play** *n* **to be ~** ein Kinderspiel sein, kinderleicht sein
'**child support** *n* Unterhalt *m*
chili <*pl* -es> ['tʃɪl·i] *n* Chili *m*
chili con carne [ˌtʃɪ·li·kan·'kar·ni] *n* Chili con Carne *nt*
chill [tʃɪl] I. *n* (*coldness*) Kühle *f;* (*feeling of coldness*) Kältegefühl *nt* II. *vi* ❶ abkühlen ❷ (*fam: relax*) **~** [**out**] chillen *sl* III. *vt* [ab]kühlen [lassen]
chilling ['tʃɪl·ɪŋ] *adj* ❶ (*making cold*) eisig ❷ (*causing fear*) abschreckend
chill-out ['tʃɪl·aʊt] *adj attr* **room, area** Ruhe-
chilly ['tʃɪl·i] *adj* kühl, frisch *a. fig;* **to feel ~** frösteln
chime [tʃaɪm] I. *n* (*bell tones*) Geläute *nt;* (*single one*) Glockenschlag *m;* (*of doorbell*) Läuten *nt kein pl* II. *vi* klingen; *church bells* läuten

chimney ['tʃɪm·ni] *n* ❶ Schornstein *m;* (*of factory*) Schlot *m;* (*of stove*) Rauchfang *m* ❷ (*in rock*) Kamin *m*
'**chimney sweep** *n* Schornsteinfeger(in) *m(f)*
chimpanzee [tʃɪm·'pæn·zi] *n* Schimpanse *m*
chin [tʃɪn] *n* Kinn *nt* ▶ PHRASES: **to keep one's ~ up** sich nicht unterkriegen lassen
china ['tʃaɪ·nə] *n* ❶ (*porcelain*) Porzellan *nt* ❷ (*tableware*) Geschirr *nt*
China ['tʃaɪ·nə] *n* China *nt*
Chinese <*pl* -> [tʃaɪ·'niz] I. *n* ❶ (*person*) Chinese, -in *m, f;* ■ **the ~** *pl* die Chinesen ❷ (*language*) Chinesisch *nt* II. *adj* chinesisch
chink [tʃɪŋk] *n* Spalt *m;* **a ~ in sb's armor** (*fig*) jds Schwachstelle *f*
Chink [tʃɪŋk] *n* (*pej sl*) Schlitzauge *nt*
chintzy ['tʃɪnt·si] *adj* (*sl or pej: of bad quality*) schäbig; (*cheap*) billig
'**chin-up** *n* (*exercise*) Klimmzug *m*
chip [tʃɪp] I. *n* ❶ (*broken-off piece*) Splitter *m;* (*of wood*) Span *m* ❷ (*crack*) ausgeschlagene Ecke; (*on blade*) Scharte *f;* **this cup has a ~ in it** diese Tasse ist angeschlagen ❸ *usu pl* FOOD **potato ~s** Chips *pl* ❹ COMPUT Chip *m* ▶ PHRASES: **to be a ~ off the old block** ganz der Vater/die Mutter sein; **when the ~s are down** wenn es drauf ankommt II. *vt* <-pp-> ❶ (*damage*) abschlagen; (*break off*) abbrechen ❷ SPORTS *ball, puck* chippen III. *vi* <-pp-> [leicht] abbrechen
◆**chip in** I. *vi* ❶ (*pay*) beisteuern ❷ (*help*) mithelfen II. *vt money* etw beisteuern
chipmunk ['tʃɪp·mʌŋk] *n* Backenhörnchen *nt*
chipped [tʃɪpt] *adj* abgeschlagen; (*of blade*) schartig; *plate* angeschlagen; *tooth* abgebrochen
chiropractor ['kaɪ·roʊ·ˌpræk·tər] *n* Chiropraktiker(in) *m(f)*
chirp [tʃɜrp] I. *n* Zwitschern *nt* II. *vi, vt* zwitschern
chisel ['tʃɪz·əl] I. *n* Meißel *m;* (*for wood*) Beitel *m* II. *vt* <-l- *or* -ll-> meißeln; *wood* hauen
chitchat ['tʃɪt·ˌtʃæt] *n* (*fam*) Geplauder *nt*
chivalrous ['ʃɪv·əl·rəs] *adj* ritterlich
chivalry ['ʃɪv·əl·ri] *n* Ritterlichkeit *f*
chive [tʃaɪv] *n* ■ **~s** *pl* Schnittlauch *m kein pl*
chloride ['klɔr·aɪd] *n* Chlorid *nt*
chlorinate ['klɔr·ɪ·neɪt] *vt* chloren
chlorine ['klɔr·in] *n* Chlor *nt*
chlorofluorocarbon [ˌklɔr·oʊ·ˌflʊr·oʊ·'kar·bən] *n* Fluorchlorkohlenwasserstoff *m*
chloroform ['klɔr·ə·fɔrm] *n* Chloroform *nt*
chlorophyll ['klɔr·ə·fɪl] *n* Chlorophyll *nt*
chock [tʃak] *n* Bremsklotz *m*
chock-'full *adj* (*fam: full*) proppenvoll, vollgestopft
chocolate ['tʃak·lət] *n* ❶ Schokolade *f;* **dark ~** Zartbitterschokolade *f* ❷ (*in fancy box*) Praline *f*
chocolate 'chip *n* Schokoladenstückchen *nt*
choice [tʃɔɪs] I. *n* ❶ (*selection*) Wahl *f;* **to make a ~** eine Wahl treffen ❷ (*variety*) **a**

wide ~ **of sth** eine reiche Auswahl an etw *dat* **II.** *adj* ❶ (*top quality*) erstklassig ❷ (*iron: abusive*) *language* deftig; *words* beißend

choir ['kwaɪr] *n* Chor *m*

choke [tʃoʊk] **I.** *n* AUTO Choke *m* **II.** *vt* ❶ (*strangle*) erwürgen; (*suffocate*) ersticken ❷ (*block*) *pipe, gutter* verstopfen **III.** *vi* ❶ (*have problems breathing*) keine Luft bekommen; **to** ~ **to death** ersticken ❷ (*fail*) versagen

◆ **choke back** *vt* unterdrücken

◆ **choke off** *vt* drosseln

◆ **choke up** *vt* überwältigen

choker ['tʃoʊ·kər] *n* (*necklace*) eng anliegende Halskette; (*ribbon*) Halsband *nt*

cholera ['kal·ər·ə] *n* Cholera *f*

cholesterol [kə·'les·tə·ral] *n* Cholesterin *nt*

chomp [tʃamp] **I.** *vt* kauen, mampfen **II.** *vi* ■**to** ~ **on sth** auf etw draufbeißen ▶ PHRASES: **to** ~ **at the bit** vor Ungeduld fiebern

choose <chose, chosen> [tʃuz] **I.** *vt* [aus]wählen; **they chose her to lead the project** sie haben sie zur Projektleiterin gewählt **II.** *vi* (*select*) wählen; (*decide*) sich entscheiden; **you can** ~ **from these prizes** Sie können sich etwas unter diesen Preisen aussuchen ▶ PHRASES: **there is little** ~ **between them** sie unterscheiden sich kaum

choosy ['tʃu·zi] *adj* (*fam*) wählerisch (**about** bei +*dat*)

chop [tʃap] **I.** *vt* <-pp-> ❶ (*cut*) ■**to** ~ **sth** ⟳ [**up**] etw klein schneiden; *wood* hacken ❷ (*reduce*) kürzen **II.** *vi* <-pp-> hacken **III.** *n* ❶ (*cut of meat*) Kotelett *nt* ❷ (*blow*) Schlag *m*

◆ **chop down** *vt* fällen

◆ **chop off** *vt* abhacken

chopper ['tʃap·ər] *n* ❶ (*sl: helicopter*) Hubschrauber *m* ❷ (*sl: motorcycle*) Chopper *m* ❸ (*for meat*) Hackbeil *nt*; (*for wood*) Hackbeil *nt*, Häcksler *nt*

'**chopping block** *n* Hackklotz *m*

'**chopping board** *n* Hackbrett *nt*

choppy ['tʃap·i] *adj* NAUT bewegt

'**chopstick** *n usu pl* [Ess]stäbchen *nt*

choral ['kɔr·əl] *adj* Chor-

chord [kɔrd] *n* Akkord *m* ▶ PHRASES: **to strike a** ~ **with sb** jdn berühren

chore [tʃɔr] *n* Routinearbeit *f*, lästige Aufgabe

choreographer [ˌkɔr·ɪ·'ag·rə·fər] *n* Choreograf(in) *m(f)*

choreography [ˌkɔr·ɪ·'ag·rə·fi] *n* Choreografie *f*

chorus ['kɔr·əs] **I.** *n* <*pl* -es> ❶ (*refrain*) Refrain *m* ❷ (*group of singers*) Chor *m* **II.** *vi* im Chor sprechen

chose [tʃoʊz] *pt of* **choose**

chosen ['tʃoʊ·zən] *pp of* **choose**

chow [tʃaʊ] *n* (*sl: food*) Futter *nt*

chowder ['tʃaʊ·dər] *n sämige Suppe mit Fisch, Muscheln etc.*

Christ [kraɪst] **I.** *n* Christus *m* **II.** *interj* (*sl*) ~ **almighty!** Herrgott noch mal!

christen ['krɪs·ən] *vt* ❶ (*give name to*) taufen; (*give nickname to*) einen Spitznamen geben ❷ (*use for first time*) einweihen

christening ['krɪs·ə·nɪŋ] *n* Taufe *f*

Christian ['krɪs·tʃən] **I.** *n* Christ(in) *m(f)* **II.** *adj* christlich *a. fig*; (*decent*) anständig

Christianity [ˌkrɪs·tʃi·'æn·ɪ·ti] *n* Christentum *nt*

Christmas <*pl* -es *or* -ses> ['krɪs·məs] *n* Weihnachten *nt*; **Merry** ~! Frohe [*o* Fröhliche] Weihnachten!

'**Christmas card** *n* Weihnachtskarte *f*

'**Christmas carol** *n* Weihnachtslied *n*

Christmas 'Day *n* erster Weihnachtsfeiertag

Christmas 'Eve *n* Heiligabend *m*

'**Christmas tree** *n* Weihnachtsbaum *m*

chrome [kroʊm], **chromium** ['kroʊ·mi·əm] *n* Chrom *m*; ~-**plated** verchromt

chromosome ['kroʊ·mə·soʊm] *n* Chromosom *nt*

chronic ['kran·ɪk] *adj* ❶ (*continual*) chronisch ❷ (*habitual*) *liar* notorisch

chronicle ['kran·ɪ·kəl] **I.** *vt* aufzeichnen **II.** *n* Chronik *f*

chronological [ˌkran·ə·'ladʒ·ɪ·kəl] *adj* chronologisch

chronology [krə·'nal·ə·dʒi] *n* Chronologie *f*

chrysalis <*pl* -es> ['krɪs·ə·lɪs] *n* BIOL Puppe *f*

chubby ['tʃʌb·i] *adj* pummelig; *face* pausbäckig

chuck [tʃʌk] *vt* (*fam*) ❶ (*throw*) schmeißen ❷ (*fam: discard*) *old clothes* wegschmeißen

◆ **chuck out** *vt* (*fam*) wegschmeißen

chuckle ['tʃʌk·əl] **I.** *n* Gekicher *nt kein pl* **II.** *vi* in sich hineinlachen

chug[1] [tʃʌg] **I.** *vi* <-gg-> tuckern **II.** *n* Tuckern *nt*

chug[2] [tʃʌg] (*sl*) **I.** *n* **to down sth in one** ~ etw in einem Zug hinunterkippen **II.** *vt, vi* auf Ex trinken

chum [tʃʌm] *n* (*fam*) Freund(in) *m(f)*

chummy ['tʃʌm·i] *adj* (*fam*) freundlich

chump [tʃʌmp] *n* (*fam*) Trottel *m*

chump change *n* (*sl*) Kleingeld *nt*

chunk [tʃʌŋk] *n* ❶ (*thick lump*) Brocken *m*; ~ **of bread** [großes] Stück Brot ❷ (*fig fam: large part of sth*) großer Batzen

chunky ['tʃʌŋ·ki] *adj person* stämmig; *peanut butter* mit ganzen Stücken; *garments* grob; *jewelry* klobig

church [tʃɜrtʃ] *n* <*pl* -es> Kirche *f*; **to go to** [*or* **attend**] ~ in die [*o* zur] Kirche gehen

'**churchgoer** *n* Kirchgänger(in) *m(f)*

churlish ['tʃɜr·lɪʃ] *adj* ungehobelt

churn [tʃɜrn] **I.** *n* Butterfass *nt*; **milk** ~ Milchkanne *f* **II.** *vt milk* quirlen; *ground, sea* aufwühlen **III.** *vi* (*fig*) sich heftig drehen

chute[1] [ʃut] *n* Rutsche *f*; **garbage** ~ Müllschlucker *m*

chute[2] [ʃut] *n short for* **parachute** Fallschirm *m*

CIA [ˌsi·aɪ·'eɪ] *n abbrev of* **Central Intelligence Agency** CIA *m o f*

C

cider ['saɪ·dər] *n* Apfelmost *m*
cigar [sɪ·'gar] *n* Zigarre *f*
ci'gar box *n* Zigarrenkiste *f*
cigarette [ˌsɪg·ə·'ret] *n* Zigarette *f;* (*fam*) Kippe *f*, Glimmstängel *m*
cigarette butt *n* Kippe *f*
ciga'rette case *n* Zigarettenetui *nt*
ciga'rette holder *n* Zigarettenspitze *f*
cinch <*pl* -es> [sɪntʃ] *n usu sing* ■ a ~ ein Kinderspiel *nt*
cinder ['sɪn·dər] *n* Zinder *m;* ■ ~s *pl* Asche *f kein pl;* ~ **track** Aschenbahn *f*
'**cinder block** *n* Bimsstein *m*
Cinderella [ˌsɪn·də·'rel·ə] *n* Aschenputtel *nt*
cinema ['sɪn·ə·mə] *n* Kino *nt*
cinematic [ˌsɪn·ə·'mæt̬·ɪk] *adj* Film-
cinnamon ['sɪn·ə·mən] *n* Zimt *m*
cipher ['saɪ·fər] *n* (*secret code*) [Geheim]code *m;* (*symbol*) Chiffre *f*
circa ['sɜr·kə] *prep* (*form*) circa
circle ['sɜr·kəl] I. *n* Kreis *m;* **to go around in** ~ **s** sich im Kreis drehen *a. fig;* **vicious** ~ Teufelskreis *m* II. *vt* ❶ (*draw*) umkringeln; **to [put a]** ~ **[around] sth** etw einkreisen ❷ (*walk around*) umkreisen III. *vi* kreisen
circuit ['sɜr·kɪt] *n* ❶ ELEC Schaltsystem *nt* ❷ (*circular route*) Rundgang *m* (**around/ through** um/durch +*akk*); **the lecture** ~ UNIV Vorlesung *f* ❸ SPORTS (*series of competitions*) (Turnier)runde *f*
'**circuit board** *n* Schaltbrett *nt*
'**circuit breaker** *n* Schutzschalter *m*
circuitous [sər·'kju·ə·t̬əs] *adj* umständlich; ~ **route** Umweg *m*
circular ['sɜr·kjə·lər] I. *adj* [kreis]rund II. *n* Rundschreiben *nt;* (*advertisement*) Wurfsendung *f*
circular 'saw *n* Kreissäge *f*
circulate ['sɜr·kjə·leɪt] I. *vt news* in Umlauf bringen; *petition* herumgehen lassen II. *vi* zirkulieren; *rumors* kursieren
circulation [ˌsɜr·kju·'leɪ·ʃən] *n* ❶ MED [Blut]kreislauf *m*, Durchblutung *f;* **poor** ~ Durchblutungsstörungen *pl* ❷ (*copies sold*) Auflage *f* ► PHRASES: **to be** back **in** ~ wieder mitmischen
circumcise ['sɜr·kəm·saɪz] *vt* beschneiden
circumcision [ˌsɜr·kəm·'sɪʒ·ən] *n* Beschneidung *f*
circumference [sər·'kʌm·fər·əns] *n* Umfang *m*
circumnavigate [ˌsɜr·kəm·'næv·ɪ·geɪt] *vt* umfahren; (*by sailing boat*) umsegeln

circumspect ['sɜr·kəm·spekt] *adj* umsichtig
circumstance ['sɜr·kəm·stæns] *n* Umstände *pl;* **in** [*or* **under**] **no/these** ~ **s** unter keinen/ diesen Umständen
circumstantial [ˌsɜr·kəm·'stæn·ʃəl] *adj* indirekt; ~ **evidence** Indizienbeweis *m*
circumvent [ˌsɜr·kəm·'vent] *vt* umgehen
circus ['sɜr·kəs] *n* Zirkus *m a. fig*
cirrus <*pl* -ri> ['sɪr·əs] *n* METEO Zirrus *m*
cistern ['sɪs·tərn] *n* (*water container*) Wasserspeicher *m*
citadel ['sɪt̬·ə·dəl] *n* Zitadelle *f*
citation [saɪ·'teɪ·ʃən] *n* ❶ (*quotation*) Zitat *nt* ❷ (*commendation*) lobende Erwähnung ❸ LAW (*ticket*) **traffic** ~ Strafzettel *m*
cite [saɪt] *vt* ❶ (*mention*) anführen ❷ (*quote*) zitieren ❸ LAW verwarnen; **to be** ~ **ed for speeding** eine Verwarnung wegen erhöhter Geschwindigkeit bekommen
citizen ['sɪt̬·ɪ·zən] *n* [Staats]bürger(in) *m(f)*
citizens band 'radio *n* CB-Funk *m*
citizenship ['sɪt̬·ɪ·zən·ʃɪp] *n* (*national status*) Staatsbürgerschaft *f*
citric ['sɪt·rɪk] *adj* Zitrus-; ~ **acid** Zitronensäure *f*
citrus <*pl* - *or* -es> ['sɪt·rəs] *n* Zitrusgewächs *nt;* ~ **fruit** Zitrusfrucht *f*
city ['sɪt̬·i] *n* [Groß]stadt *f*

city 'clerk *n* Magistratsbeamte(r), -beamtin *m, f*
city 'council *n* Stadtrat *m*, Stadtverwaltung *f*
city 'hall *n* Rathaus *nt;* ■ C~ Stadtverwaltung *f*
city 'planning *n* Stadtplanung *f*
cityscape ['sɪt̬·i·skeɪp] *n* Stadtbild *nt;* (*picture of town*) Stadtansicht *f*
'**city slicker** *n* (*pej fam*) Großstädter(in) *m(f)*, Großstadtsnob *m pej*
civic ['sɪv·ɪk] *adj* städtisch; (*of citizenship*) bürgerlich
civics ['sɪv·ɪks] *n* + *sing vb* SCH Gemeinschaftskunde *f*
civil ['sɪv·əl] *adj* ❶ (*nonmilitary*) zivil; (*of ordinary citizens*) bürgerlich ❷ (*courteous*) höflich
civil 'court *n* Zivilgericht *nt*

civil de'fense *n* Zivilschutz *m*
civil diso'bedience *n* ziviler Ungehorsam
civil engi'neer *n* Bauingenieur(in) *m(f)*
civilian [sɪ·'vɪl·jən] I. *n* Zivilist(in) *m(f)* II. *adj* Zivil-
civility [sɪ·'vɪl·ɪ·ti] *n* (*politeness*) Höflichkeit *f*
civilization [ˌsɪv·ə·lɪ·'zeɪ·ʃən] *n* Zivilisation *f*
civilize ['sɪv·ə·laɪz] *vt* zivilisieren
civil 'law *n* Zivilrecht *nt*
civil 'liberties *npl* [bürgerliche] Freiheitsrechte *pl*
civil 'rights *npl* Bürgerrechte *pl*
civil 'servant *n* [Staats]beamte(r) *m,* [Staats]beamte [*o* -in] *f*
civil 'service *n* öffentlicher Dienst
civil 'war *n* Bürgerkrieg *m*

> **i** Im **Civil War** (1861–1865) (Sezessionskrieg) standen einander die 24 im Wesentlichen industriellen Nordstaaten, die gegen Sklaverei waren, und die 11 hauptsächlich landwirtschaftlichen Südstaaten, die die Sklavenhaltung beibehalten wollten, gegenüber. Die Südstaaten spalteten sich schließlich von den Nordstaaten ab und gründeten die *Confederate States of America* (die Konföderierten Staaten von Amerika). Der Krieg forderte mehr als 970.000 Opfer, darunter 620.000 Tote. Das ist der größte Verlust von Menschenleben in der amerikanischen Geschichte.

clack [klæk] *vi* klappern
claim [kleɪm] I. *n* ❶ (*assertion*) Behauptung *f* ❷ (*demand for money*) Forderung *f* ❸ (*right*) Anspruch *m* (**to** auf +*akk*) ❹ **insurance ~** Versicherungsanspruch *m* II. *vt* ❶ (*declare ownership*) auf etw *akk* Anspruch erheben, Besitzansprüche geltend machen; *luggage* abholen; *throne* beanspruchen ❷ (*demand in writing*) beantragen; *damages, a refund* fordern ❸ (*assert*) behaupten; *responsibility* übernehmen; *victory* für sich in Anspruch nehmen; *diplomatic immunity* sich berufen auf ❹ (*take violently*) *lives* fordern ❺ (*require*) *attention* in Anspruch nehmen
claimant ['kleɪ·mənt] *n* Anspruchsteller(in) *m(f);* (*for benefits*) Antragsteller(in) *m(f)*
clairvoyant [ˌkler·'vɔɪ·ənt] I. *n* Hellseher(in) *m(f)* II. *adj* hellseherisch; ■ **to be ~** hellsehen können
clam [klæm] I. *n* Venusmuschel *f* II. *vi* <-mm-> ■ **to ~ up** keinen Piep[s] mehr sagen
clamber ['klæm·bər] *vi* klettern
clam 'chowder *n* [sämige] Muschelsuppe
clammy ['klæm·i] *adj* feuchtkalt
clamor ['klæm·ər] I. *vi* (*demand*) schreien (**for** nach +*dat*); (*protest*) protestieren II. *n* ❶ (*popular outcry*) Aufschrei *m;* (*demand*)

lautstarke Forderung ❷ (*loud noise*) Lärm *m*
clamp [klæmp] I. *n* Klammer *f;* (*screwable*) Klemme *f* II. *vt* ❶ (*fasten together*) ■ **to ~ sth to sth** [*or* **sth together**] etw zusammenklammern ❷ (*hold tightly*) fest halten; **he ~ed his hand over her mouth** er hielt ihr mit der Hand den Mund zu
◆ **clamp down** *vi* scharf vorgehen (**on** gegen +*akk*)
clan [klæn] *n* ❶ (*group with common ancestors*) Clan *m* ❷ (*fam: group with shared aim*) Sippschaft *f pej*
clandestine [klæn·'des·tɪn] *adj* heimlich
clang [klæŋ] I. *vi* scheppern; *bell* [laut] läuten II. *vt* klappern mit, schlagen III. *n usu sing* Scheppern *nt; bell* [lautes] Läuten
clank [klæŋk] I. *vi* klirren; *chain* rasseln II. *vt* klirren mit III. *n usu sing* Klirren *nt*
clap [klæp] I. *n* ❶ (*act*) Klatschen *nt* ❷ (*noise*) Krachen *nt; ~* **of thunder** Donner[schlag] *m* II. *vt* <-pp-> ❶ **to ~ one's hands** [**together**] in die Hände klatschen ❷ (*place quickly*) **she ~ped her hand over her mouth** sie hielt sich schnell den Mund zu; **to ~ handcuffs on sb** jdm Handschellen anlegen III. *vi* <-pp-> [Beifall] klatschen
clapper ['klæp·ər] *n* Klöppel *m*
claptrap ['klæp·træp] *n* (*pej fam*) Unsinn *m*
claret ['kler·ət] *n* ❶ (*wine*) roter Bordeaux ❷ (*color*) Weinrot *nt*
clarification [ˌkler·ɪ·fɪ·'keɪ·ʃən] *n* Klarstellung *f*
clarify <-ie-> ['kler·ɪ·faɪ] *vt* klarstellen
clarinet [ˌkler·ə·'net] *n* Klarinette *f*
clarity ['kler·ɪ·ti] *n* Klarheit *f*
clash [klæʃ] I. *vi* ❶ (*come into conflict*) zusammenstoßen ❷ (*compete against*) aufeinandertreffen ❸ (*contradict*) im Widerspruch stehen ❹ (*be discordant*) nicht harmonieren; *colors* sich beißen II. *vt cymbals* gegeneinanderschlagen III. *n* <*pl* -es> ❶ (*hostile encounter*) Zusammenstoß *m* ❷ (*contest*) Aufeinandertreffen *nt* ❸ (*conflict*) Konflikt *m* ❹ (*incompatibility*) Unvereinbarkeit *f*
clasp [klæsp] I. *n* ❶ (*fastening device*) Verschluss *m* ❷ (*firm grip*) Griff *m* II. *vt* umklammern; **to ~ one's hands** die Hände ringen
'clasp knife *n* Klappmesser *nt*
class [klæs] I. *n* <*pl* -es> ❶ (*lesson*) [Unterrichts]stunde *f;* SPORTS Kurs[us] *m* ❷ (*pupils*) [Schul]klasse *f* ❸ (*stratum*) Klasse *f,* Schicht *f* ❹ (*category, quality*) Klasse *f* II. *vt* einstufen
class 'act *n* (*fam*) spitze
class-'conscious *adj* klassenbewusst
classic ['klæs·ɪk] I. *adj* klassisch II. *n* Klassiker *m*
classical ['klæs·ɪ·kəl] *adj* klassisch
classics ['klæs·ɪks] *n* + *sing vb* Altphilologie *f*
classification [ˌklæs·ə·fɪ·'keɪ·ʃən] *n* Klassifikation *f*
classified ['klæs·ɪ·faɪd] *adj* geheim; *~* **advertisement** Kleinanzeige *f*
classify <-ie-> ['klæs·ɪ·faɪ] *vt* klassifizieren

classless ['klæs·lɪs] adj klassenlos
'classmate n Klassenkamerad(in) m(f)
'classroom n Klassenzimmer nt
classy ['klæs·i] adj erstklassig
clatter ['klæt·ər] I. vt klappern mit II. vi
❶ (rattle) klappern ❷ hooves trappeln III. n
Klappern nt; hooves Getrappel nt
clause [klɔz] n ❶ (part of sentence)
Satzglied nt ❷ (in a contract) Klausel f
claustrophobia [ˌklɔ·strə·'fou·bi·ə] n Klaustrophobie f
claustrophobic [ˌklɔ·strə·'fou·bɪk] adj person
klaustrophobisch
claw [klɔ] I. n Kralle f; of birds of prey, big cats
Klaue[n] f[pl]; (of sea creatures) Sche-
re[n] f[pl] II. vt [zer]kratzen
clay [kleɪ] n ❶ (earth) Lehm m; (for pottery)
Ton m ❷ TENNIS Sand m
clean [klin] I. adj ❶ (not dirty) sauber; sheets
frisch ❷ LAW to have a ~ record nicht vorbestraft sein ❸ joke anständig; living makellos
❹ MED break glatt dat II. adv ❶ (so as to be
unsoiled) to sweep sth ~ etw (gründlich) säubern ❷ (without polluting) to burn ~ fuel sauber verbrennen ❸ (fam: completely) total,
glatt III. vt (remove dirt) sauber machen; car
waschen; floor wischen; furniture reinigen;
shoes, teeth putzen; wound reinigen IV. vi
❶ (remove dirt) reinigen ❷ (become rid of
dirt) sich reinigen lassen V. n to give sth a
[good] ~ etw [gründlich] sauber machen;
shoes, teeth, room [gründlich] putzen; furniture, carpet [gründlich] reinigen
◆clean out vt ❶ (clean thoroughly) [gründ-
lich] sauber machen; (with water) auswaschen; (throw away) entrümpeln ❷ (fam: take
all resources) person [wie eine Weihnachts-
gans] ausnehmen; (in games) sprengen; to be
completely ~ed out völlig blank sein
◆clean up I. vt ❶ (make clean) sauber machen; building reinigen; room, mess aufräumen ❷ (fig) säubern II. vi ❶ (make clean) aufräumen; (freshen oneself) sich frisch machen;
■to ~ up after sb jdm hinterherräumen ❷ (sl:
make profit) absahnen
'clean-cut adj anständig
cleaner ['kli·nər] n ❶ (substance) Reiniger m
❷ (person) Reinigungskraft f, Putzfrau f
cleaning ['kli·nɪŋ] n Reinigung f; to do the ~
sauber machen
'cleaning lady, 'cleaning woman n Putzfrau f
cleanliness ['klen·lɪ·nɪs] n Sauberkeit f
cleanly ['klen·li] adv sauber
cleanse [klenz] vt reinigen
cleanser ['klen·zər] n Reiniger m; (for skin)
Reinigungscreme f
clean-'shaven adj glatt rasiert
'cleanup n Reinigung f
clear [klɪr] I. adj ❶ (easily understandable)
instructions klar; (definite) eindeutig; signs
deutlich; to make oneself ~ sich deutlich ausdrücken ❷ (unmistakable) klar; he's got a ~

lead er führt eindeutig; ■to be ~ about sth
sich dat über etw akk im Klaren sein ❸ (transparent) glass durchsichtig; liquid klar ❹ (un-
obstructed) path, view frei ❺ (guilt-free) conscience rein ❻ (distinct) picture scharf;
sounds klar; to make oneself ~ sich verständlich machen ❼ (pure) complexion rein ❽ ME-
TEO klar II. n ■to be in the ~ außer Verdacht
sein III. adv ❶ (away from) to be thrown ~ of
sth aus etw dat herausgeschleudert werden
❷ (distinctly) loud and ~ klar und deutlich
IV. vt ❶ (remove confusion) to ~ one's head
einen klaren Kopf bekommen ❷ (remove
obstruction) [weg]räumen; to ~ one's throat
sich räuspern ❸ (remove blemish) reinigen
❹ (empty) ausräumen; building räumen;
table, desks abräumen ❺ (acquit) freisprechen; name reinwaschen ❻ (give permission)
genehmigen; to ~ a plane for takeoff ein
Flugzeug zum Start freigeben ❼ (earn after
deductions) Netto verdienen ❽ FIN debts begleichen ❾ COMPUT (delete) löschen ▶ PHRASES:
to ~ the decks klar Schiff machen V. vi
❶ (become transparent) water sich klären
❷ (weather) sich [auf]klären; fog sich auflösen
❸ FIN check freigeben
◆clear away vt wegräumen
◆clear off vt abräumen
◆clear out I. vt ausräumen; attic entrümpeln
II. vi (fam) verschwinden
◆clear up I. vt ❶ (explain) klären; mystery
aufklären ❷ (fig: put in order) mess aufräumen II. vi ❶ (stop raining) aufhören zu regnen; (brighten up) sich aufklären ❷ (become
cured) verschwinden, sich legen
clearance ['klɪr·əns] n ❶ (act of clearing) Beseitigung f; of slums Sanierung f ❷ (space)
Spielraum m; of a door lichte Höhe ❸ (official
permission) Genehmigung f; (for takeoff)
Starterlaubnis f; (for landing) Landeerlaubnis f
'clearance sale n Räumungsverkauf m
'clear-cut adj ❶ (sharply outlined) scharf
geschnitten; features markant ❷ (not ambiguous) klar; case eindeutig
clearing ['klɪr·ɪŋ] n Lichtung f
'clearinghouse n Abrechnungsstelle f
clearly ['klɪr·li] adv ❶ (distinctly) klar, deutlich
❷ (obviously) offensichtlich; (unambiguously)
eindeutig; (undoubtedly) zweifellos
clearness ['klɪr·nɪs] n Klarheit f; (unambigu-
ousness) Eindeutigkeit f
cleavage ['kli·vɪdʒ] n Dekolletee nt
cleaver ['kli·vər] n Hackbeil nt
clef [klef] n [Noten]schlüssel m
cleft [kleft] I. adj gespalten; ~ palate Gaumen-
spalte f II. n Spalt m
clematis <pl -> ['klem·ə·ţəs] n Klematis f
clemency ['klem·ən·si] n Milde f
clench [klentʃ] vt [fest] umklammern; fist ballen; teeth fest zusammenbeißen; between
one's teeth klemmen
clergy ['klɪr·dʒi] n + sing/pl vb ■the ~ die
Geistlichkeit

C

'**clergyman** n Geistliche(r) m
'**clergywoman** n Geistliche f
cleric ['kler·ɪk] n Kleriker(in) m(f)
clerical ['kler·ɪ·kəl] adj ❶ (of offices) Büro-;
~ **error** Versehen nt ❷ (of the clergy) geistlich
'**clerical work** n Büroarbeit f
clerk [klɜrk] n Büroangestellte(r) f(m); **sales** ~
Verkäufer(in) m(f); (hotel receptionist) Empfangschef m/Empfangsdame f
clever ['klev·ər] adj ❶ (intelligent) klug;
(ingenious) clever a. pej; trick raffiniert
❷ (dexterous) geschickt (**with** mit +dat)
❸ attr (quick-witted) schlagfertig; wit scharf
cleverness ['klev·ər·nɪs] n ❶ (intelligence)
Klugheit ❷ (dexterity) Geschicklichkeit f
❸ (quick-wittedness) Schlauheit f
cliché [kli·ˈʃeɪ] n Klischee nt
click [klɪk] I. n ❶ (short, sharp sound) Klicken nt; of heels Zusammenklappen nt; of lock
Einschnappen nt ❷ COMPUT Klick m II. vi
❶ (short, sharp sound) klicken; lock einschnappen ❷ (fam: become friendly) sich auf
Anhieb verstehen ❸ (fam: become understandable) [plötzlich] klar werden ❹ COMPUT
klicken; ■**to** ~ **on sth** etw anklicken III. vt
❶ (make sound) **to** ~ **one's fingers** [mit den
Fingern] schnippen; heels zusammenklappen
❷ COMPUT anklicken
client ['klaɪ·ənt] n Kunde m, Kundin f; LAW Kli-
ent(in) m(f)
clientele [ˌklaɪ·ən·ˈtel] n Kundschaft f
cliff [klɪf] n Klippe f
'**cliffhanger** n Thriller m
climate ['klaɪ·mɪt] n Klima nt a. fig; **the** ~ **of
opinion** die allgemeine Meinung
'**climate change** n Klimaveränderung f
climatic [klaɪ·ˈmæt̬·ɪk] adj klimatisch
climatology [ˌklaɪ·mə·ˈtal·ə·dʒi] n Klimatolo-
gie f
climax ['klaɪ·mæks] I. n ❶ (culmination) Höhepunkt m ❷ (orgasm) Orgasmus II. vi
❶ (reach a high point) einen Höhepunkt erreichen; ■**to** ~ **with sth** in etw dat gipfeln
❷ (achieve orgasm) einen Orgasmus haben
climb [klaɪm] I. n ❶ (ascent) Aufstieg m a. fig
❷ (increase) Anstieg m (**in** +gen) II. vt ❶ (ascend) **to** ~ [up] **a hill** auf einen Hügel [hi-
nauf]steigen; **to** ~ [up] **a tree** auf einen Baum
[hoch]klettern ❷ (conquer) ersteigen III. vi
❶ (ascend) [auf]steigen a. fig; ■**to** ~ **up** path
sich hochschlängeln; plant hochklettern ❷ (increase rapidly) [an]steigen ❸ (get out)
herausklettern (**out of** aus +dat)
◆**climb down** vi heruntersteigen; from summit absteigen; from tree herunterklettern (von
+dat)
climber ['klaɪ·mər] n ❶ (mountaineer) Berg-
steiger(in) m(f); of rock faces Kletterer m, Klet-
terin f ❷ (climbing plant) Kletterpflanze f
climbing ['klaɪ·mɪŋ] I. n mountains Bergsteigen nt; rock faces Klettern nt II. adj Kletter-
clinch [klɪntʃ] I. n <pl -es> Umschlingung f
II. vt entscheiden; deal perfekt machen

clincher ['klɪn·tʃər] n (fam) entscheidender
Faktor
cling <clung, clung> [klɪŋ] vi ❶ (hold tightly)
[sich] klammern (**to** an +akk) ❷ (stick) kleben;
smell hängen bleiben
clinging ['klɪŋ·ɪŋ] adj ❶ (close-fitting) eng anliegend ❷ (emotionally) klammernd
clingy ['klɪŋ·i] adj ❶ (pej: dependent) klammernd ❷ FASHION fabric elastisch
clinic ['klɪn·ɪk] n MED Klinik f, Ärztepraxis f
clinical ['klɪn·ɪ·kəl] adj ❶ MED klinisch ❷ (emotionless) distanziert
clink¹ [klɪŋk] I. vt, vi klirren [mit]; esp metal
klimpern [mit] II. n Klirren nt; coins Klimpern nt
clink² [klɪŋk] n (sl: jail) Kittchen nt
clip¹ [klɪp] I. n ❶ (trim) Haarschnitt m ❷ FILM
Ausschnitt m ❸ (fam: pace) **at a fast** ~ mit
gewaltigem Tempo II. vt <-pp-> ❶ (trim) dog
trimmen; hedge stutzen; sheep scheren; nails
schneiden ❷ (cut out) coupons abtrennen, abschneiden ❸ (fig: reduce) verkürzen ▶ PHRASES:
to ~ **sb's wings** (fig) jdm die Flügel stutzen
clip² [klɪp] I. n ❶ (fastener) Klipp m; (for
wires) Klemme f; **hair** ~ [Haar]spange f;
paper ~ Büroklammer f ❷ (for gun) Lade-
streifen m II. vt <-pp-> (attach) paper anheften; rope klemmen (**to** an +akk); ■**to** ~
together zusammenklammern
'**clipboard** n Klemmbrett nt
clipped [klɪpt] adj (trimmed) hedges gestutzt
clipping ['klɪp·ɪŋ] n nail ~**s** abgeschnittene
Nägel; **newspaper** ~ Zeitungsausschnitt m
clique [klik] n (pej) Clique f
cliquish ['kli·kɪʃ], **cliquey** ['kli·ki] adj (pej) cli-
quenhaft
clitoris ['klɪt̬·ər·əs] n Klitoris f, Kitzler m
cloak [kloʊk] I. n ❶ (garment) Umhang m
❷ (fig) Deckmantel m II. vt verhüllen
'**cloakroom** n Garderobe f
clobber ['klab·ər] vt (fam) ❶ (strike) verprügeln; **to** ~ **sb** [**with sth**] jdm eins [mit etw dat]
überziehen ❷ (defeat) vernichtend schlagen
clock [klak] I. n Uhr f; **to work against the** ~
gegen die Zeit arbeiten; **around the** ~ rund
um die Uhr II. vt ❶ (measure speed) **the
police** ~**ed him doing 90 miles per hour**
die Polizei blitzte ihn mit 90 Meilen pro Stunde ❷ (fam: strike) ■**to** ~ **sb** jdm eine kleben
'**clock face** n Zifferblatt nt
◆**clock in, clock out** vi stechen
clock 'radio n Radiowecker m
'**clock-watcher** n (pej) jd, der ständig auf die
Uhr sieht
clockwise ['klak·waɪz] adj, adv im Uhrzeigersinn
'**clockwork** n Uhrwerk nt; **everything is
going like** ~ alles läuft wie am Schnürchen; **as
regular as** ~ [so] pünktlich wie ein Uhrwerk
clod [klad] n Klumpen m
clog [klag] I. n Holzschuh m; (modern)
Clog[s] m[pl] II. vi, vt <-gg-> ■**to** ~ [**up**] verstopfen

cloister ['klɔɪ·stər] *n usu pl* Kreuzgang *m*
clone [kloʊn] **I.** *n* Klon *m* **II.** *vt* klonen
cloning ['kloʊ·nɪŋ] *n* Klonen *nt*
close[1] [kloʊs] **I.** *adj* ❶ *(near)* nah[e]; **the ~st bar** die nächste Bar; ■**to be ~ to sth** in der Nähe einer S. *gen* liegen ❷ *(intimate)* eng; *relatives* nah; ■**to be ~ to sb** jdm [sehr] nahestehen ❸ *(almost equal)* knapp; **~ race** Kopf-an-Kopf-Rennen *nt* ❹ *(exact)* genau; **to pay ~ attention to sb** jdm gut zuhören; **to keep a ~ eye on sb/sth** jdn/etw gut im Auge behalten ❺ *(crowded) quarters* eng **II.** *adv* *(near)* nahe; **please come ~r** kommen Sie doch näher!; **she came ~ to getting the job** fast hätte sie die Stelle bekommen; **to hold sb ~** jdn fest an sich drücken; ■**~ together** dicht beieinander ▶ PHRASES: **cut it ~** knapp kalkulieren [*o* bemessen]
close[2] [kloʊz] **I.** *vt* ❶ *(shut)* schließen; *book, door, mouth* zumachen; *curtains* zuziehen; *road* sperren; *factory a.* stilllegen ❷ *(end)* abschließen; *bank account* auflösen; *meeting* beenden **II.** *vi* ❶ *(shut) wound* sich schließen; *door, lid* zugehen; *shop* schließen; *eyes* zufallen ❷ *(shut down)* schließen; *shop* zumachen; *factory a.* stilllegen ❸ *(end)* zu Ende gehen; *meeting* schließen; **the Dow Jones ~d at 10,500** der Dow Jones schloss bei 10.500 [Punkten] **III.** *n* Ende *nt*, Schluss *m;* **to come to a ~** zu Ende gehen, enden
◆**close down I.** *vi business* schließen, zumachen; *factory* stillgelegt werden **II.** *vt* schließen; *factory* stilllegen
◆**close in** *vi* ■**to ~ in on sb/sth** sich jdm/etw nähern; *(surround)* jdn/etw umzingeln; *darkness* hereinbrechen
◆**close off** *vt* absperren
◆**close up I.** *vi* ❶ *(lock up)* abschließen ❷ *(shut) flower, oyster, wound* sich schließen ❸ *(get nearer) people* zusammenrücken; *troops* aufschließen **II.** *vt* [ab]schließen
closed [kloʊzd] *adj* geschlossen, zu; **behind ~ doors** *(fig)* hinter verschlossenen Türen
closed-'door *adj* geheim; **~ meeting** Besprechung *f* hinter verschlossenen Türen
'**close-knit** *adj family* eng verbunden
closely ['kloʊs·li] *adv* ❶ *(near)* dicht ❷ *(intimately)* eng ❸ *(exactly)* genau ❹ *(carefully)* sorgfältig
closeness ['kloʊs·nɪs] *n* ❶ *(nearness)* Nähe *f* ❷ *(intimacy)* Vertrautheit *f*
closet ['klaz·ɪt] *n (storage)* Abstellraum *m* ▶ PHRASES: **to come out of the ~** seine Homosexualität bekennen
'**close-up** *n* Nahaufnahme *f*
closing ['kloʊ·zɪŋ] **I.** *adj* abschließend; **~ argument** LAW Schlussplädoyer **II.** *n* ❶ *(bringing to an end)* Beenden *nt kein pl; (action of closing)* Schließung *f* ❷ *(end of business hours)* Geschäftsschluss *m*
'**closing date** *n* Schlusstermin *m; (for competition)* Einsendeschluss *m*
'**closing time** *n (for shop)* Ladenschluss *m;*

(for staff) Feierabend *m; (for bars)* Sperrstunde *f*
closure ['kloʊ·ʒər] *n* ❶ *of institution* Schließung *f; of street* Sperrung *f; of mine* Stilllegung *f* ❷ **to have ~** *(conclusion)* etw verarbeiten
clot [klat] **I.** *n* MED [**blood**] **~** [Blut]gerinnsel *nt* **II.** *vi* <-tt-> gerinnen
cloth [klɔθ] *n* ❶ *(material)* Tuch *nt*, Stoff *m* ❷ *(for cleaning)* Lappen *m*
clothe [kloʊð] *vt* <clothed *or* clad, clothed *or* clad> [be]kleiden *a. fig*
clothes [kloʊz] *npl* Kleider *pl; (collectively)* Kleidung *f kein pl*
'**clothes hanger** *n* Kleiderbügel *m*
'**clothesline** *n* Wäscheleine *f*
'**clothespin** *n* Wäscheklammer *f*
clothing ['kloʊ·ðɪŋ] *n* Kleidung *f*
cloud [klaʊd] **I.** *n* Wolke *f; of insects* Schwarm *m* ▶ PHRASES: **every ~ has a silver lining** *(prov)* jedes Unglück hat auch sein Gutes **II.** *vt issue* verschleiern
◆**cloud over** *vi* ❶ *sky* sich bewölken ❷ *(fig) face* sich verfinstern
'**cloudburst** *n* Wolkenbruch *m*
clouded ['klaʊ·dɪd] *adj* ❶ *(cloudy)* bewölkt, bedeckt ❷ *liquid* trüb ❸ *mind* vernebelt, getrübt
cloudless ['klaʊd·lɪs] *adj* wolkenlos
cloudy ['klaʊ·di] *adj* ❶ *(overcast)* bewölkt, bedeckt ❷ *liquid* trüb
clout [klaʊt] *n (fam)* ❶ *(fam: influence)* Schlagkraft *f* ❷ *(hit)* Schlag *m*
clove [kloʊv] *n* ❶ Gewürznelke *f* ❷ **garlic ~** Knoblauchzehe *f*
clover ['kloʊ·vər] *n* Klee *m*
clown [klaʊn] **I.** *n* ❶ *(entertainer)* Clown *m* ❷ *(funny person)* Kasper *m; (pej)* Trottel *m* **II.** *vi* ■**to ~ around** herumalbern
club [klʌb] **I.** *n* ❶ *(group)* Klub *m*, Verein *m* ❷ *(nightclub)* Diskothek *f*, Klub *m* ❸ *(golf)* Schläger *m* ❹ *(weapon)* Knüppel *m* ❺ CARDS Kreuz *nt;* **queen of ~s** Kreuzdame *f* **II.** *vt* <-bb-> einknüppeln auf; **to ~ to death** erschlagen
clubbing ['klʌb·ɪŋ] *n* **to go ~** clubben gehen
club'foot *n* MED Klumpfuß *m*
'**clubhouse** *n* Klubhaus *nt*
club 'sandwich *n* Klubsandwich *nt*
club 'soda *n* Sodawasser *nt*
cluck [klʌk] *vi* gackern
clue [klu] *n* ❶ *(evidence)* Hinweis *m; (hint)* Tipp *m; (in criminal investigation)* Spur *f* ❷ *(idea)* Ahnung *f;* **I don't have a ~!** [ich hab'] keine Ahnung!
◆**clue in** *vt* ■**to ~ sb in** [on sth] jdn [über etw] informieren
clueless ['klu·lɪs] *adj (fam)* ahnungslos; ■**to be ~ about sth** von etw *dat* keine Ahnung haben
clump [klʌmp] **I.** *n* ❶ *(group)* Gruppe *f;* **~ of bushes** Gebüsch *nt* ❷ *(lump)* Klumpen *m* ❸ *(sound)* Sta[m]pfen *nt* **II.** *vi* ■**to ~ around**

herumtrampeln

clumsiness ['klʌm·zɪ·nɪs] *n* Ungeschicktheit *f*

clumsy ['klʌm·zi] *adj* ❶ (*bungling*) ungeschickt, unbeholfen; *attempt* plump ❷ (*ungainly*) klobig

clung [klʌŋ] *pp, pt of* **cling**

clunk [klʌŋk] *n* dumpfes Geräusch

clunker ['klʌŋ·kər] *n* (*fam*) Klapperkiste *f*

cluster ['klʌs·tər] I. *n* Bündel *nt; of people* Traube *f; of eggs* Gelege *nt* II. *vi* ▪to ~ **around sth** sich um etw *akk* scharen

clutch[1] [klʌtʃ] I. *vi* sich klammern (**at** an +*akk*) II. *vt* umklammern III. *n* ❶ *usu sing* AUTO Kupplung *f* ❷ (*control*) **to fall into the ~es of sb** jdm in die Klauen fallen

clutch[2] [klʌtʃ] *n* (*group*) ~ **of eggs** Gelege *nt;* (*fig*) Schar *f*

'clutch bag *n* Unterarmtasche *f*

clutter ['klʌt̬·ər] I. *n* ❶ (*mess*) Durcheinander *nt* ❷ (*unorganized stuff*) Kram *m* II. *vt* durcheinanderbringen

◆**clutter up** *vt* ▪**to be ~ed up** vollgestopft sein, übersät sein

cm <*pl* -> *n abbrev of* **centimeter** cm

c'mon [kə'man] (*fam*) *see* **come on**

CO [ˌsi·'oʊ] *n* ❶ GEOG *abbrev of* **Colorado** ❷ MIL *abbrev of* **Commanding Officer** Befehlshaber(in) *m(f)*

Co. [koʊ] *n abbrev of* **company**

c/o [ˌsi·'oʊ] *abbrev of* **care of** c/o, bei

coach [koʊtʃ] I. *n* ❶ SPORTS Trainer(in) *m(f);* (*teacher*) Nachhilfelehrer(in) *m(f)* ❷ *horse-drawn* Kutsche *f;* RAIL [Eisenbahn]wagen *m* ❸ (*private bus*) Reisebus *m* II. *vt* ❶ SPORTS trainieren ❷ (*help to learn*) Nachhilfe geben

coaching ['koʊtʃ·ɪŋ] *n* ❶ SPORTS Training *nt* ❷ (*teaching*) Nachhilfe *f*

coagulate [koʊ·'æg·jə·leɪt] I. *vi* gerinnen II. *vt* gerinnen lassen

coal [koʊl] *n* Kohle *f*

'coal-black *adj* kohlrabenschwarz

coalesce [koʊ·ə·'les] *vi* (*form*) sich verbinden

coalition [ˌkoʊ·ə·'lɪʃ·ən] *n* Koalition *f*

'coal mine *n* Kohlenbergwerk *nt*

'coal miner *n* Bergmann *m*

'coal mining *n* Kohle[n]bergbau *m*

coarse [kɔrs] *adj* ❶ (*rough*) grob ❷ (*vulgar*) derb

coarsely ['kɔrs·li] *adv* derb

coarsen ['kɔr·sən] I. *vt* rau machen II. *vi* rau werden

coarseness ['kɔrs·nɪs] *n* Grobheit *f*

coast [koʊst] I. *n* Küste *f;* **off the ~** vor der Küste ▶ PHRASES: **the ~ is clear** die Luft ist rein II. *vi* dahinrollen; **to ~ [along]** mühelos vorankommen

coastal ['koʊ·stəl] *adj* Küsten-

coaster ['koʊ·stər] *n* ❶ (*mat for glass*) Untersetzer *m* ❷ (*ship*) Küstenmotorschiff *nt* ❸ (*roller coaster*) Achterbahn

'coast guard, 'Coast Guard *n* Küstenwache *f*

'coastline *n* Küste[nlinie] *f*

coast-to-'coast *adj* von Küste zu Küste

coat [koʊt] I. *n* ❶ (*outer garment*) Mantel *m* ❷ (*animal's fur*) Fell *nt* ❸ (*layer*) Schicht *f;* ~ **of paint** Farbanstrich *m* II. *vt* überziehen; ▪**to ~ sth with breadcrumbs** etw *akk* panieren

coated ['koʊ·t̬ɪd] *adj* überzogen; *tongue* belegt; *textiles* imprägniert; *glass* getönt

'coat hanger *n* Kleiderbügel *m*

coating ['koʊ·t̬ɪŋ] *n* Schicht *f,* Überzug *m; of paint* Anstrich *m*

co-author [koʊ·'ɔ·θər] I. *n* Mitautor(in) *m(f)* II. *vt* gemeinsam verfassen

coax [koʊks] *vt* ▪**to ~ sb into doing sth** jdn dazu bringen, etw zu tun; **to ~ a smile out of sb** jdm ein Lächeln entlocken

coaxing ['koʊk·sɪŋ] I. *n* Zuspruch *m* II. *adj* schmeichelnd

cobble ['kab·əl] *n* Kopfstein *m*

◆**cobble together** *vt* zusammenschustern

cobbled ['kab·əld] *adj* ~ **streets** Straßen *pl* mit Kopfsteinpflaster

cobbler[1] ['kab·lər] *n* (*sb who repairs shoes*) [Flick]schuster *m*

cobbler[2] ['kab·lər] *n* FOOD (*fruit pie*) **apple/ peach ~** Apfel-/Pfirsichauflauf mit Teigkruste

'cobblestone *n* Kopfstein *m*

cobra ['koʊ·brə] *n* Kobra *f*

cobweb ['kab·web] *n* (*web*) Spinnennetz *nt*

cocaine [koʊ·'keɪn] *n* Kokain *nt*

cock [kak] I. *n* ❶ (*male chicken*) Hahn *m* ❷ (*gun part*) Gewehrhahn ❸ (*vulg, sl: penis*) Schwanz *m* II. *vt* ❶ *head* auf die Seite legen; *ears* spitzen ❷ **to ~ a gun** den Hahn spannen

cock-a-doodle-doo [ˌkak·ə·ˌdu·dəl·'du] *n* Kikeriki *nt*

cockatoo <*pl* -s *or* -> ['kak·ə·'tu] *n* Kakadu *m*

cocked [kakt] *adj hat* aufgestülpt

cockeyed ['kak·aɪd] *adj* (*fam*) ❶ (*not straight*) schief ❷ (*ridiculous*) verrückt

'cockfight *n* Hahnenkampf *m*

cockiness ['kak·ɪ·nɪs] *n* Großspurigkeit *f*

cockle ['kak·əl] *n* Herzmuschel *f*

cockpit ['kak·pɪt] *n* Cockpit *nt*

cockroach ['kak·roʊtʃ] *n* Küchenschabe *f*

cocktail ['kak·teɪl] *n* Cocktail *m*

'cocktail dress *n* Cocktailkleid *nt*

'cocktail lounge *n* Cocktailbar *f*

'cocktail stick *n* Spießchen *nt*

cocky ['kak·i] *adj* (*fam*) großspurig

cocoa ['koʊ·koʊ] *n* Kakao *m*

coconut ['koʊ·kə·nʌt] *n* Kokosnuss *f;* **grated ~** Kokosraspel *pl,* Kokosette *f* ÖSTERR

coconut 'milk *n* Kokosmilch *f*

coconut 'oil *n* Kokosöl *nt*

cocoon [kə·'kun] I. *n* Kokon *m* II. *vt* (*fig*) abschirmen

cod <*pl* - *or* -s> [kad] *n* Kabeljau *m*

coddle ['kad·əl] *vt* ❶ (*treat tenderly*) verhätscheln ❷ (*cook gently*) langsam köcheln lassen; *eggs* pochieren

code [koʊd] I. *n* ❶ (*ciphered language*) Kode *m;* **to write sth in ~** etw verschlüsseln ❷ LAW Kodex *m* II. *vt* chiffrieren

codeine ['koʊ·din] *n* Kodein *nt*

'**code name** *n* Deckname *m*

'**code number** *n* Kodenummer *f;* ADMIN Kennziffer *f*

code of '**conduct** *n* Verhaltensregeln *pl*

'**code word** *n* Kennwort *nt*

codicil ['kad·ɪ·sɪl] *n* Kodizill *nt*

cod-liver '**oil** *n* Lebertran *m*

co-ed [ˌkoʊ·'ed] *adj* SCH gemischt

coeducation [ˌkoʊ·edʒ·ʊ·'keɪ·ʃən] *n* Koedukation *f*

coefficient [ˌkoʊ·ɪ·'fɪʃ·ənt] *n* Koeffizient *m*

coerce [koʊ·'ɜrs] *vt* (*form*) ■**to ~ sb into doing sth** jdn dazu zwingen, etw zu tun

coercion [koʊ·'ɜr·ʒən] *n* (*form*) Zwang *m*

coexist [ˌkoʊ·ɪg·'zɪst] *vi* nebeneinander bestehen

coexistence [ˌkoʊ·ɪg·'zɪs·təns] *n* Koexistenz *f*

coffee ['kɔ·fi] *n* Kaffee *m*

'**coffee bean** *n* Kaffeebohne *f*

'**coffee break** *n* Kaffeepause *f;* **to take a ~** eine Kaffeepause machen

'**coffeecake** *n* Kuchen *m*

'**coffee cup** *n* Kaffeetasse *f*

'**coffee grinder** *n* Kaffeemühle *f*

'**coffee grounds** *npl* Kaffeesatz *m kein pl*

'**coffeehouse** *n* Café *nt*

'**coffeemaker** *n* Kaffeemaschine *f*

'**coffee mill** *n* Kaffeemühle *f*

'**coffeepot** *n* Kaffeekanne *f*

'**coffee shop** *n* Café *nt*

'**coffee table** *n* Couchtisch *m*

coffer ['kɔ·fər] *n pl* (*money reserves*) Rücklagen *pl; of the state* Staatssäckel *nt*

coffin ['kɔ·fɪn] *n* Sarg *m*

cog [kag] *n* ❶ (*part of wheel*) Zahn *m* ❷ (*wheel*) Zahnrad *nt* ❸ (*fig*) Rädchen *nt*

cognac ['koʊn·jæk] *n* Cognac *m*

cognitive ['kag·nə·tɪv] *adj* (*form*) kognitiv; **~ therapy** Kognitionstherapie *f*

cognoscenti [ˌkag·nə·'ʃen·ti] *npl* (*form*) Kenner(innen) *mpl(fpl)*

cohabit [koʊ·'hæb·ɪt] *vi* (*form*) zusammenleben; LAW in eheähnlicher Gemeinschaft leben

cohabitant [koʊ·'hæb·ɪ·tənt] *n* (*form*) Lebensgefährte, -gefährtin *m, f*

cohabitation [koʊˌhæb·ɪ·'teɪ·ʃən] *n* Zusammenleben *nt;* LAW eheähnliche Gemeinschaft

cohere [koʊ·'hɪr] *vi* (*form*) zusammenhängen

coherence [koʊ·'hɪr·əns] *n* Zusammenhang *m*

coherent [koʊ·'hɪr·ənt] *adj* zusammenhängend

coherently [koʊ·'hɪr·ənt·li] *adv* zusammenhängend; *speak* verständlich

cohesion [koʊ·'hi·ʒən] *n* Zusammenhalt *m*

cohesive [koʊ·'hi·sɪv] *adj* geschlossen

cohesiveness [koʊ·'hi·sɪv·nɪs] *n* (*in physics*) Kohäsionskraft *f;* (*in group*) Zusammenhalt *m*

cohort ['koʊ·hɔrt] *n* ❶ (*subgroup*) [Personen]gruppe *f* ❷ (*pej: crony*) ■**~s** *pl* Konsorten *pl*

coil [kɔɪl] I. *n* ❶ (*wound spiral*) Rolle *f* ❷ ELEC Spule *f* II. *vi* sich winden III. *vt* aufwickeln;

■**to ~ oneself around sth** sich um etw *akk* winden

coiled [kɔɪld] *adj* gewunden; **~ spring** Sprungfeder *f*

coin [kɔɪn] I. *n* Münze *f* II. *vt* ▶ PHRASES: **to ~ a phrase** ... ich will mal so sagen ...

> **i** Die **coins** (Münzen) der USA haben spezielle Namen. Ein *dollar* besteht aus 100 *cents.* Eine Ein-Cent-Münze wird *penny* und eine Fünf-Cent-Münze *nickel* genannt. Eine Zehn-Cent-Münze wird als *dime* bezeichnet und eine 25-Cent-Münze als *quarter* (Vierteldollar).

coinage ['kɔɪ·nɪdʒ] *n* ❶ (*coins*) Münzen *pl* ❷ (*act*) Prägung *f* ❸ (*new word/phrase*) [Wort-]Prägung

coincide [ˌkoʊ·ɪn·'saɪd] *vi* ❶ (*happen at same time*) *events* zusammenfallen ❷ (*correspond*) *subjects* übereinstimmen ❸ (*concur*) übereinstimmen

coincidence [koʊ·'ɪn·sɪ·dəns] *n* ❶ (*chance happening*) Zufall *m* ❷ (*simultaneous occurrence*) *of events* Zusammenfallen *nt;* **bad ~** unglückliches Zusammentreffen ❸ (*concurrence*) *of opinion* Übereinstimmung *f*

coincidental [koʊˌɪn·sɪ·'den·təl] *adj* zufällig

coincidentally [koʊˌɪn·sɪ·'dən·təl·i] *adv* zufällig[erweise]

coke [koʊk] *n* (*sl*) Koks *m*

Coke® [koʊk] *n short for* **Coca Cola**® Cola *f*

col. [kal] *n abbrev of* **column** Sp.

Col. *n abbrev of* **colonel**

colander ['kʌl·ən·dər] *n* Sieb *nt*

cold [koʊld] I. *adj* kalt; **as ~ as ice** eiskalt; **to be** [*or* **feel**] **~** frieren; **I'm ~** mir ist kalt ▶ PHRASES: **to pour ~ water on sth** etw *dat* einen Dämpfer versetzen II. *n* ❶ (*low temperature*) Kälte *f;* **with ~** vor Kälte ❷ MED Erkältung *f,* Schnupfen *m;* **to have a ~** erkältet sein; **to catch a ~** sich erkälten

cold-blooded [ˌkoʊld·'blʌd·ɪd] *adj* kaltblütig

'**cold call** *n* unangemeldeter Vertreterbesuch

'**cold cream** *n* Cold Cream *f* (*halbfette Feuchtigkeitscreme*)

'**cold cuts** *npl* Aufschnitt *m kein pl*

'**cold front** *n* Kaltfront *f*

cold-'hearted *adj* kaltherzig

coldness ['koʊld·nɪs] *n* Kälte *f*

cold 'shoulder *n* (*fig*) **to give sb the ~** jdn schneiden

'**cold snap** *n* kurze Kälteperiode

'**cold sore** *n* Bläschenausschlag *m*

cold 'storage *n* **to put in ~** kühl lagern; (*fig*) auf Eis legen

cold 'sweat *n* kalter Schweiß

cold 'turkey *n* (*sl*) kalter Entzug

'**cold war** *n* kalter Krieg

coleslaw ['koʊl·slɔ] *n* Krautsalat *m*

colic ['kal·ɪk] *n* Kolik *f*

collaborate [kə·'læb·ə·reɪt] *vi* ❶ zusammenarbeiten (**on** an +*dat*) ❷ (*with enemy*) kollaborieren

collaboration [kə·ˌlæb·ə·ˈreɪ·ʃən] *n* ❶ Zusammenarbeit *f* ❷ (*with enemy*) Kollaboration *f*

collaborative [kə·ˈlæb·ə·rə·tɪv] *adj effort* gemeinsam

collaborator [kə·ˈlæb·ə·reɪ·tər] *n* ❶ (*colleague*) Mitarbeiter(in) *m(f)* ❷ (*pej: traitor*) Kollaborateur(in) *m(f)*

collage [kə·ˈlaʒ] *n* Collage *f*

collapse [kə·ˈlæps] **I.** *vi* ❶ (*fall down*) *things, buildings* zusammenbrechen, einstürzen; *people* zusammenbrechen; **to ~ from exhaustion** zusammenklappen ❷ (*fail*) zusammenbrechen; *enterprise* zugrunde gehen; *hopes* sich zerschlagen; *prices* einbrechen; *society* zerfallen; *talks* scheitern **II.** *n* ❶ (*act of falling down*) Einsturz *m*, Zusammenbruch *m* ❷ (*failure*) Zusammenbruch *m* ❸ MED Kollaps *m*

collar [ˈkɑl·ər] **I.** *n* Kragen *m;* (*for animals*) Halsband *nt* **II.** *vt* (*fam*) ▪ **to ~ sb** jdn schnappen

'collarbone *n* Schlüsselbein *nt*

collate [kə·ˈleɪt] *vt* ❶ (*analyze*) vergleichen ❷ (*arrange*) zusammenstellen

collateral [kə·ˈlæt·ər·əl] *n* FIN [zusätzliche] Sicherheit

collateral 'damage *n* Kollateralschaden *m*

colleague [ˈkɑl·ig] *n* [Arbeits]kollege, -in *m, f*

collect [kə·ˈlekt] **I.** *adj* TELEC **~ call** R-Gespräch *nt* **II.** *adv* TELEC **to call** [**sb**] **~** jdn per R-Gespräch anrufen **III.** *vi* (*gather*) sich versammeln; (*accumulate*) sich ansammeln **IV.** *vt* ❶ (*gather*) einsammeln; *money, stamps* sammeln ❷ (*pick up*) abholen

collectable [kə·ˈlek·tə·bəl] *adj, n see* **collectible**

col'lect call *n* R-Gespräch *nt*

collected [kə·ˈlek·tɪd] *adj* (*calm*) beherrscht

collectible [kə·ˈlek·tə·bəl] **I.** *adj* sammelbar **II.** *n* Sammlerstück *nt*

collection [kə·ˈlek·ʃən] *n* ❶ *of money, objects* Sammlung *f;* (*in church*) Kollekte *f;* **to start a ~** [**for sb**] [für jdn] sammeln ❷ *of people* Ansammlung *f* ❸ FASHION Kollektion *f* ❹ (*act of collecting*) Abholung *f;* *garbage* **~** Müllabfuhr *f;* (*from mailbox*) [Briefkasten]leerung *f*

collective [kə·ˈlek·tɪv] **I.** *adj* gemeinsam; *leadership* kollektiv; **~ interests** Gesamtinteressen *pl* **II.** *n* Gemeinschaft *f;* POL Kollektiv *nt;* ECON Genossenschaftsbetrieb *m*

collective 'bargaining *n* Tarifverhandlungen *pl*

collective 'noun *n* LING Sammelbegriff *m*

collector [kə·ˈlek·tər] *n* Sammler(in) *m(f);* **tax ~** Steuereintreiber(in) *m(f)*

col'lector's item *n* Sammlerstück *nt*

college [ˈkɑl·ɪdʒ] *n* ❶ (*institution of higher learning*) Universität *f*, College *nt*, Hochschule *f;* **art ~** Kunstakademie *f;* **to go to ~** auf die Universität gehen, studieren ❷ (*division of an institution*) Abteilung *f*, Fakultät *f*

i | **College** entspricht in etwa dem Begriff Hochschule. Es bezeichnet häufig auch die Zeit an der *university* (Universität) bis zum Abschluss des *bachelor's degree*, normalerweise vier Jahre. **Colleges** können sowohl eigenständige Einrichtungen, die ausschließlich Undergraduate-Programme anbieten, als auch *schools* (Fakultäten) einer Universität sein. An diesen integrierten *colleges* werden ebenfalls *bachelor's degrees* vergeben, während die Universitäten *higher degrees* (höhere Abschlüsse) anbieten, wie *master's degrees* (entspricht etwa dem Magister) und *doctorates* oder *Ph. D.'s* (Promotionen). An *junior colleges* kann man die ersten zwei Collegejahre absolvieren oder einen technischen Beruf erlernen.

college 'graduate *n* Hochschulabsolvent(in) *m(f)*

college of education *n* Lehrerbildungsanstalt *f*

collide [kə·ˈlaɪd] *vi* zusammenstoßen; ▪ **to ~ into sb/sth** mit jdm/etw zusammenprallen

collie [ˈkɑl·i] *n* Collie *m*

collision [kə·ˈlɪʒ·ən] *n* Zusammenstoß *m*

collocation [ˌkɑl·ə·ˈkeɪ·ʃən] *n* LING Kollokation *f*

colloquial [kə·ˈloʊ·kwi·əl] *adj* umgangssprachlich; **~ language** Umgangssprache *f*

colloquialism [kə·ˈloʊ·kwi·ə·lɪz·əm] *n* umgangssprachlicher Ausdruck

collude [kə·ˈlud] *vi* unter einer Decke stecken

collusion [kə·ˈlu·ʒən] *n* geheime Absprache; **to act in ~ with sb** mit jdm gemeinsame Sache machen

Colo. *abbrev of* **Colorado**

cologne [kə·ˈloʊn] *n* Eau *nt* de Cologne, Kölnischwasser *nt*

colon [ˈkoʊ·lən] *n* ❶ ANAT Dickdarm *m* ❷ LING Doppelpunkt *m*

colonel [ˈkɜr·nəl] *n* Oberst *m*

colonial [kə·ˈloʊ·ni·əl] **I.** *adj* Kolonial- **II.** *n* Kolonist(in) *m(f)*

colonialism [kə·ˈloʊ·ni·ə·lɪz·əm] *n* Kolonialismus *m*

colonialist [kə·ˈloʊ·ni·ə·lɪst] **I.** *n* Kolonialist(in) *m(f)* **II.** *adj* kolonialistisch

colonist [ˈkɑl·ə·nɪst] *n* Kolonist(in) *m(f)*

colonization [ˌkɑl·ə·nɪ·ˈzeɪ·ʃən] *n* Kolonisation *f*

colonize [ˈkɑl·ə·naɪz] *vt* kolonisieren

colony [ˈkɑl·ə·ni] *n* Kolonie *f*

color [ˈkʌl·ər] **I.** *n* ❶ Farbe *f;* **~ photos** *pl* ❷ *of complexion* Gesichtsfarbe *f; of skin* Hautfarbe *f; of hair* Haarfarbe *f* ▶ PHRASES: **to pass with** flying **~ s** glänzend abschneiden; **to show one's** true **~ s** sein wahres Gesicht zeigen **II.** *vt* ❶ (*change color of*) färben ❷ (*dis-*

tort) beeinflussen **III.** *vi face* rot werden; *leaves* sich *akk* verfärben

Colorado [ˌkal·ərad·ˈoʊ] *n* Colorado *nt*

coloration [ˌkʌl·ə·ˈreɪ·ʃən] *n* Färbung *f*

'colorblind *adj* farbenblind

'colorblindness *n* Farbenblindheit *f*

colored [ˈkʌl·ərd] *adj* farbig; **~ pencil** [*or* **crayon**] Buntstift *m*

'colorfast *adj* farbecht

'color filter *n* Farbfilter *m o nt*

colorful [ˈkʌl·ər·fəl] *adj* ❶ (*full of color*) *paintings* farbenfroh; *clothing* bunt ❷ (*vivid*) lebendig; *description* anschaulich ❸ (*interesting*) [bunt] schillernd; *past* bewegt

coloring [ˈkʌl·ər·ɪŋ] *n* ❶ (*complexion*) Gesichtsfarbe *f* ❷ (*chemical*) Farbstoff *m*

colorless [ˈkʌl·ər·lɪs] *adj* farblos

color-safe [ˈkʌl·ər·seɪf] *adj detergent, bleach* mit Farbschutz *nach n*; **~ detergents** Colorwaschmittel *nt*

'color scheme *n* Farbzusammenstellung *f*

color 'television *n* Farbfernseher *m*

colossal [kə·ˈlas·əl] *adj* ungeheuer, riesig

colossus <*pl* **-es** *or* **colossi**> [kə·ˈlas·əs] *n* (*person*) Gigant(in) *m(f)*

colt [koʊlt] *n* [Hengst]fohlen *nt*

---

i **Columbus Day** ist der Jahrestag der Entdeckung der Neuen Welt durch den genuesischen Seefahrer Christoph Kolumbus am 12. Oktober 1492. In den USA wird seit 1971 der **Columbus Day** immer am zweiten Montag im Oktober gefeiert. In vielen amerikanischen Städten finden an diesem Tag *parades* (Umzüge) statt.

---

column [ˈkal·əm] *n* ❶ (*pillar*) Säule *f* ❷ JOURN (*article*) Kolumne *f*, Spalte *f* ❸ (*vertical row*) Kolonne *f*, Reihe *f*

columnist [ˈkal·əm·nɪst] *n* Kolumnist(in) *m(f)*

coma [ˈkoʊ·mə] *n* MED Koma *nt*

comatose [ˈkoʊ·mə·toʊs] *adj* ❶ MED komatös ❷ (*fig*) apathisch

comb [koʊm] **I.** *n* Kamm *m* **II.** *vt* ❶ kämmen ❷ (*search thoroughly*) durchkämmen

combat [ˈkam·bæt] **I.** *n* Kampf *m* **II.** *vt* <-tt- *or* -t-> bekämpfen

combatant [kəm·ˈbæt·ənt] *n* Kämpfer(in) *m(f)*

combination [ˌkam·bə·ˈneɪ·ʃən] *n* Kombination *f* (**of** aus +*dat*)

combine[1] [kəm·ˈbaɪn] **I.** *vt* verbinden; **to ~ family life with a career** Familie und Karriere unter einen Hut bringen **II.** *vi* ❶ (*mix together*) sich verbinden ❷ (*work together*) sich verbünden

combine[2] [ˈkam·baɪn] *n* Mähdrescher *m*

combined [kəm·ˈbaɪnd] *adj* vereint; **~ total** Gesamtsumme *f*

combustible [kəm·ˈbʌs·tə·bəl] *adj* (*form*) ❶ brennbar ❷ (*fig*) reizbar

combustion [kəm·ˈbʌs·tʃən] *n* Verbrennung *f*

---

come [kʌm] *vi* <came, come> ❶ (*move towards*) kommen; **~ here for a second** kommst du mal einen Moment [her]?; **did you ~ straight from the airport?** kommen Sie direkt vom Flughafen?; ■**to ~ toward[s] sb** auf jdn zugehen ❷ (*arrive*) ankommen; **Christmas is coming** bald ist Weihnachten; **I think the time has ~ to ...** ich denke, es ist an der Zeit, ...; **in the year to ~** im kommenden Jahr; **I've ~ to read the gas meter** ich soll den Gaszähler ablesen; ■**to ~ for sb/sth** jdn/etw abholen ❸ (*accompany someone*) mitkommen; **do you want to ~ to the bar with us?** kommst du mit einen trinken? ❹ (*originate from*) stammen; **where is that awful smell coming from?** wo kommt dieser schreckliche Gestank her? ❺ (*have priority*) **to ~ before sth** wichtiger als etw sein; **to ~ first** [bei jdm] an erster Stelle stehen ❻ (*happen*) geschehen; **~ what may** komme, was wolle; **you could see it coming** das war ja zu erwarten; **how ~?** wieso? ❼ (*be, become*) **to ~ under pressure** unter Druck geraten; **to ~ open** sich öffnen; *door* aufgehen; **all my dreams came true** all meine Träume haben sich erfüllt; **nothing came of it** daraus ist nichts geworden ▸ PHRASES: **~ again?** [wie] bitte?

◆**come about** *vi* (*happen*) passieren

◆**come across** *vi* ❶ (*by chance*) *person* [zufällig] begegnen +*dat*; *thing* [zufällig] stoßen (**auf** +*akk*) ❷ (*encounter*) **have you ever ~ across anything like this before?** ist dir so etwas schon einmal begegnet? ❸ (*be evident*) *feelings* zum Ausdruck kommen ❹ (*create an impression*) wirken

◆**come along** *vi* ❶ (*go too*) mitgehen, mitkommen; **I'll ~ along later** ich komme später nach ❷ (*progress*) Fortschritte machen; *person* sich gut machen; **how is the project coming along?** wie geht's mit dem Projekt voran? ❸ (*improve*) vorankommen; **how's your English coming along?** wie geht's mit deinem Englisch voran?

◆**come apart** *vi* auseinanderfallen

◆**come around** *vi* ❶ (*regain consciousness*) [wieder] zu sich kommen ❷ (*change one's mind*) seine Meinung ändern; **to ~ around to sb's point of view** sich jds Standpunkt *m* anschließen

◆**come away** *vi* ❶ (*leave*) weggehen ❷ (*become detached*) sich lösen

◆**come back** *vi* ❶ (*return*) zurückkommen ❷ (*be remembered*) *name* wieder einfallen ❸ SPORTS aufholen

◆**come by** *vi* ❶ (*visit*) vorbeikommen ❷ (*obtain*) kriegen; **how did you ~ by that black eye?** wie bist du denn zu dem blauen Auge gekommen?

◆**come down** *vi* ❶ (*fall*) fallen; *pants* rutschen ❷ (*collapse*) einstürzen; **the building will have to ~ down** das Gebäude muss abgerissen werden ❸ (*move down*) herunterkommen ❹ (*become less*) sinken ❺ (*depend on*)

ankommen (to auf +*akk*) ❻ (*amount to*) hinauslaufen (to auf +*akk*) ❼ (*be taken ill*) ■to ~ **down with** sth sich *dat* etw eingefangen haben; **to ~ down with the flu** die Grippe bekommen
◆**come forward** *vi* sich melden
◆**come in** *vi* ❶ (*enter*) hereinkommen; ~ **in!** herein! ❷ (*arrive*) ankommen; *results* eintreffen; *ship* einlaufen; *train* einfahren; *plane* landen; *fruit, vegetables* geerntet werden; *tide* kommen; *money* reinkommen; *news* hereinkommen ❸ (*become fashionable*) in Mode kommen ❹ + *adj* (*be*) **to ~ in handy** gelegen kommen; **to ~ in useful** sich als nützlich erweisen ❺ (*play a part*) **where do I ~ in?** welche Rolle spiele ich dabei?; **and that's where you ~ in** und hier kommst du dann ins Spiel ❻ (*begin to participate*) sich *akk* einschalten; ■**to ~ in on** sth sich *akk* an etw *dat* beteiligen
◆**come into** *vi* (*inherit*) erben
◆**come off** *vi* ❶ (*become detached*) abgehen ❷ (*take place*) stattfinden ❸ (*fam: succeed*) klappen ❹ (*end up*) abschneiden; **to always ~ off worse** immer den Kürzeren ziehen
◆**come on** *vi* ❶ (*hurry*) **~ on!** (*impatient*) komm jetzt [endlich]!, jetzt komm [endlich]!; (*encouraging*) komm schon!; (*expressing disbelief*) ach, komm!; (*annoyed*) jetzt hör aber auf! ❷ (*slowly advance*) *darkness, night* hereinbrechen, einsetzen ❸ (*appear*) *actor* auftreten ❹ (*begin*) *movie, show* anfangen; (*start to work*) *heat* angehen ❺ (*sl: show sexual interest*) ■**to ~ on to** sb jdn anmachen, jdn angraben
◆**come out** *vi* ❶ (*go outside*) herauskommen; (*go out socially*) ausgehen ❷ (*be released*) *book, CD* herauskommen; (*onto the market*) auf den Markt kommen; *movie* anlaufen; **to ~ out of prison** aus dem Gefängnis kommen ❸ (*become known*) bekannt werden ❹ PHOT [gut] herauskommen ❺ (*end up*) herauskommen, enden ❻ (*tell*) ■**to ~ out with** sth *truth* mit etw *dat* herausrücken; **to ~ out with a remark** eine Bemerkung loslassen ❼ (*appear*) *flowers, buds* herauskommen; *stars* zu sehen sein ❽ (*reveal homosexuality*) sich outen ❾ (*fade*) *stain* herausgehen ❿ (*remove itself*) *tooth* herausfallen
◆**come over** *vi* ❶ (*to a place*) [her]überkommen; (*to sb's home*) vorbeischauen ❷ (*create impression*) wirken
◆**come through** *vi* ❶ (*become noticeable*) durchkommen ❷ (*survive*) überleben ❸ (*help out*) **to ~ through** [for sb] für jdn da sein
◆**come to** *vi* ❶ (*regain consciousness*) [wieder] zu sich kommen ❷ (*amount to*) sich belaufen auf +*akk*; **your bill ~s to 25 dollars** das macht 25 Dollar ❸ (*reach*) **what is the world coming to?** wo soll das alles nur hinführen?; **he won't ~ to any harm** ihm wird nichts passieren; **to ~ to the conclusion ...** zu dem Schluss kommen, dass ...; **to ~ to**

nothing zu nichts führen; **to ~ to the point** zum Punkt kommen ❹ (*concern*) **when it ~ s to traveling ...** wenn's ums Reisen geht, ...
◆**come under** *vi* ❶ (*be listed under*) stehen unter; **soups ~ under** [the heading] **"appetizers"** Suppen sind als Vorspeisen aufgeführt ❷ (*subject to*) **to ~ under fire** unter Beschuss geraten
◆**come up** *vi* ❶ (*to higher place*) hochkommen; *sun, moon* aufgehen; **do you ~ up to New England often?** kommen Sie oft nach New England? ❷ (*be mentioned*) *topic* angeschnitten werden; *name* erwähnt werden ❸ (*happen unexpectedly*) [unerwartet] passieren ❹ (*become vacant*) *job* frei werden ❺ (*of plants*) herauskommen
◆**come upon** *vi thing* [zufällig] stoßen (auf +*akk*); *person* [zufällig] begegnen +*dat*
comeback ['kʌm·bæk] *n* ❶ (*return*) Comeback *nt* ❷ (*retort*) Reaktion *f*
comedian [kə·'mi·di·ən] *n* ❶ (*professional*) Komiker(in) *m(f)* ❷ (*amateur*) Clown *m*
comedienne [kə·ˌmi·di·'ən] *n* Komikerin *f*
comedown ['kʌm·daʊn] *n* (*fam*) Abstieg *m*
comedy ['kam·ə·di] *n* Komödie *f*
come-on ['kʌm·ɔn] *n* (*fam*) Anmache *f*
comet ['kam·ɪt] *n* Komet *m*
comeuppance [kʌm·'ʌp·əns] *n* **to get one's ~** die Quittung kriegen
comfort ['kʌm·fərt] **I.** *n* ❶ (*comfortable feeling*) Bequemlichkeit *f*; **the deadline is getting too close for ~** der Termin rückt bedrohlich näher ❷ (*consolation*) Trost *m* ❸ (*pleasurable things in life*) ■**~ s** *pl* Komfort *m kein pl* **II.** *vt* trösten
comfortable ['kʌm·fər·tə·bəl] *adj* ❶ (*offering comfort*) bequem; *house, room* komfortabel; *income* ausreichend; *temperature* angenehm ❷ (*at ease*) **to be** [*or* **feel**] **~** sich wohl fühlen; **are you ~?** sitzt du bequem?; **to make oneself ~** es sich *dat* bequem machen
comfortably ['kʌm·fər·tə·bli] *adv* ❶ (*in a comfortable manner*) bequem ❷ (*easily*) leicht ❸ (*in financially stable manner*) **they are ~ off** es geht ihnen [finanziell] gut
comforter ['kʌm·fər·tər] *n* Oberbett *nt*, Federbett *nt*
comforting ['kʌm·fər·tɪŋ] *adj thoughts* beruhigend; *words* tröstend
comfy ['kʌm·fi] *adj* (*fam*) bequem
comic ['kam·ɪk] **I.** *n* ❶ (*strip*) ■**~ s** *pl* Comicstrip *m* ❷ (*comedian*) *amateur* Clown *m*; *professional* Komiker(in) *m(f)* **II.** *adj* komisch
comical ['kam·ɪ·kəl] *adj* komisch
'**comic book** *n* Comicheft *nt*
'**comic strip** *n* Comic[strip] *m* (*in einer Zeitung*)
coming ['kʌm·ɪŋ] **I.** *adj* (*next*) kommend; (*approaching*) herannahend; *elections* anstehend; **this ~ Friday** nächsten Freitag **II.** *n* ❶ (*arrival*) Ankunft *f* ❷ **~ s and goings** ein Kommen und Gehen *nt*
coming 'out <*pl* comings out> *n* Outing *nt*,

Coming-out *nt*

comma ['kam·ə] *n* Komma *nt*

command [kə·'mænd] **I.** *vt* ❶ *(order)* ■to ~ **sb** jdm einen Befehl geben ❷ MIL ■to ~ **sth** den Oberbefehl über etw *akk* haben; *company* leiten; *ship* befehligen **II.** *vi* Befehle erteilen **III.** *n* ❶ *(order)* Befehl *m* ❷ *(authority)* Kommando *nt;* **to be in** ~ **of** befehligen; ■**to be at sb's** ~ *(hum)* jdm zur Verfügung stehen ❸ *(knowledge)* Beherrschung *f*

commandant ['kam·ən·dænt] *n* Kommandant(in) *m(f)*

commandeer [,kam·ən·'dɪr] *vt* beschlagnahmen

commander [kə·'mæn·dər] *n* ❶ MIL Kommandant(in) *m(f)* ❷ NAUT Fregattenkapitän(in) *m(f)*

commanding [kə·'mæn·dɪŋ] *adj* ❶ *(authoritative)* gebieterisch ❷ *(dominant) position, lead* beherrschend

com'mand key *n* COMPUT Befehlstaste *f*

commandment [kə·'mænd·mənt] *n* REL **the Ten C~s** die Zehn Gebote *pl*

com'mand module *n* Kommandokapsel *f*

commando <*pl* -s *or* -es> [kə·'mæn·doʊ] *n* MIL ❶ *(group)* Kommando *nt* ❷ *(member)* Angehörige(r) *f(m)* eines Kommandotrupps ▶ PHRASES: **to go** ~ *(fam or hum)* keine Unterwäsche tragen

commemorate [kə·'mem·ə·reɪt] *vt* gedenken +*gen*

commemoration [kə·,mem·ə·'reɪ·ʃən] *n* **in** ~ **of sb** zum Gedenken an jdn; **in** ~ **of sth** zur Erinnerung an etw *akk*

commemorative [kə·'mem·ər·ə·tɪv] *adj* ~ **issue** Gedächtnisausgabe *f;* ~ **plaque** Gedenktafel *f*

commence [kə·'mens] *vi (form)* beginnen, anfangen

commencement [kə·'mens·mənt] *n (form)* ❶ *(beginning)* Beginn *m,* Anfang *m* ❷ SCH, UNIV *(ceremony)* Abschlussfeier *(mit Verleihung der Diplome)*

commend [kə·'mend] *vt* ❶ *(praise)* loben ❷ *(recommend)* empfehlen

commendable [kə·'men·də·bəl] *adj* lobenswert

commendation [,kam·ən·'deɪ·ʃən] *n* ❶ *(praise)* Belobigung *f* ❷ *(honor)* Auszeichnung *f*

comment ['kam·ent] **I.** *n* Kommentar *m* **II.** *vi* einen Kommentar abgeben, bemerken; ■**to** ~ **on sth** sich zu etw *dat* äußern

commentary ['kam·ən·ter·i] *n* Kommentar *m* (**on** über +*akk*)

commentator ['kam·ən·teɪ·tər] *n* Kommentator(in) *m(f)*, Reporter(in) *m(f)*

commerce ['kam·ərs] *n* Handel *m*

commercial [kə·'mɜr·ʃəl] **I.** *adj* ❶ *(relating to commerce)* kaufmännisch, Handels-; *(engaged in commerce)* Güter- ❷ *(profit-orientated)* kommerziell **II.** *n* Werbespot *m*

commercialism [kə·'mɜr·ʃə·lɪz·əm], **com-**

mercialization [kə·,mɜr·ʃə·lɪ·'zeɪ·ʃən] *n* Kommerzialisierung *f*

commercialize [kə·'mɜr·ʃə·laɪz] *vt* kommerzialisieren

commiserate [kə·'mɪz·ə·reɪt] *vi* mitfühlen

commiseration [kə·,mɪz·ə·'reɪ·ʃən] *n* ❶ *(sympathy)* Mitgefühl *nt* ❷ *(expression of sympathy)* ■~**s** *pl* Beileid *nt kein pl*

commission [kə·'mɪʃ·ən] **I.** *vt (order)* ■**to** ~ **sth** etw in Auftrag geben; ■**to** ~ **sb** [**to do sth**] jdn beauftragen[, etw zu tun] **II.** *n* ❶ *(order)* Auftrag *m* ❷ *(system of payment)* Provision *f* ❸ *(investigative body)* Kommission *f* ❹ **in/out of** ~ *machine* in/außer Betrieb; *battleship* in/außer Dienst; *(fig)* außer Gefecht

commissioner [kə·'mɪʃ·ə·nər] *n* Beauftragte(r) *f(m);* **police** ~ Polizeipräsident(in) *m(f)*

commit <-tt-> [kə·'mɪt] **I.** *vt* ❶ *(carry out)* begehen ❷ *(bind) money* bereitstellen; *soldiers* entsenden; ■**to** ~ **oneself to doing sth** sich verpflichten, etw zu tun **II.** *vi (bind oneself)* ■**to** ~ **to sth** sich auf etw *akk* festlegen

commitment [kə·'mɪt·mənt] *n* ❶ *(responsibility)* Verpflichtung *f* (**to** gegenüber +*dat*) ❷ *(dedication)* Engagement *nt* (**to** gegenüber +*dat*)

committed [kə·'mɪt·ɪd] *adj* ❶ *(obliged)* verpflichtet; ■**to be** ~ **to sth** auf etw *akk* festgelegt sein ❷ *(dedicated)* engagiert; *Christian* überzeugt; ■**to be** ~ **to sth** sich für etw *akk* engagieren

committee [kə·'mɪt·i] *n* +*sing/pl vb* Ausschuss *m,* Komitee *nt*

commode [kə·'moʊd] *n* ❶ *(euph: toilet)* Toilettenstuhl *m* ❷ *(chair with toilet)* Nachtstuhl *m* ❸ *(chest of drawers)* [dekorative] Kommode

commodity [kə·'mad·ɪ·ti] *n (product)* Ware *f;* *(raw material)* Rohstoff *m*

commodore ['kam·ə·dɔr] *n (in navy)* Kommodore *m*

common ['kam·ən] **I.** *adj* <-er, -est *or* more ~, most ~> ❶ *(often encountered)* üblich, gewöhnlich; *disease* weit verbreitet; *name* gängig ❷ *(normal)* normal; **it is** ~ **knowledge/practice ...** es ist allgemein bekannt/üblich ... ❸ *(shared)* gemeinsam; **by** ~ **consent** mit allgemeiner Einwilligung; **in** ~ gemeinsam ❹ <-er, -est> *(pej: vulgar) behavior* vulgär **II.** *n* Gemeindeland *nt*

common de'nominator *n* gemeinsamer Nenner

commoner ['kam·ə·nər] *n* Bürgerliche(r) *f(m)*

commonly ['kam·ən·li] *adv* ❶ *(often)* häufig; *(usually)* gemeinhin; **a** ~ **held belief** eine weit verbreitete Annahme; ~ **known as ...** oft auch ... genannt ❷ *(pej: vulgarly)* gewöhnlich

'commonplace **I.** *adj* ❶ *(normal)* alltäglich ❷ *(pej: trite)* banal **II.** *n* Gemeinplatz *m*

common 'sense *n* gesunder Menschenverstand

common 'stocks *npl* STOCKEX Stammaktien *pl*

commotion [kə·'moʊ·ʃən] n ① (fuss) Theater-nt (over um +akk) ② (noisy confusion) Spektakel m

communal [kə·'mju·nəl] adj ① (shared) gemeinsam; ~ **bathroom** Gemeinschaftsbad nt ② (of religious communities) Gemeinde-; ~ **prayer** gemeinsames Gebet

commune ['kam·jun] n Kommune f

communicable [kə·'mju·nɪ·kə·bəl] adj vermittelbar; disease übertragbar

communicate [kə·'mju·nɪ·keɪt] I. vt ① (pass on) mitteilen; knowledge vermitteln ② disease übertragen auf +akk II. vi ① (give information) kommunizieren ② (be in touch) in Verbindung stehen; (socially) sich verstehen

communication [kə·ˌmju·nɪ·'keɪ·ʃən] n ① (being in touch) Kommunikation f; ~ **gap** Informationslücke f ② (passing on) of ideas Vermittlung f; of information Übermittlung f; of emotions Ausdruck m ③ (form: thing communicated) Mitteilung f

communicative [kə·'mju·nə·keɪ·tɪv] adj gesprächig; ~ **skills** kommunikatives Talent

Communion [kəm·'jun·jən] n ■[Holy] ~ (Protestant) das [heilige] Abendmahl; (Catholic) die [heilige] Kommunion

communiqué [kə·ˌmju·nɪ·'keɪ] n Kommuniqué nt

communism ['kam·jə·nɪz·əm] n Kommunismus m

communist ['kam·jə·nɪst] I. n Kommunist(in) m(f) II. adj kommunistisch

community [kə·'mju·nɪ·ti] n ① ADMIN Gemeinde f ② (group) **the business** ~ die Geschäftswelt ③ (public) ■**the** ~ die Allgemeinheit

community 'service n gemeinnützige Arbeit

commute [kə·'mjut] I. n (fam) Pendelstrecke f II. vi pendeln

commuter [kə·'mju·tər] n Pendler(in) m(f)

com'muter belt n städtischer Einzugsbereich

com'muter traffic n Pendelverkehr m

com'muter train n Pendlerzug m

compact ['kam·pækt] I. adj kompakt; snow fest; style knapp II. vt (form: by a person) festtreten; (by a vehicle) festfahren III. n ① (cosmetics) Puderdose f ② AUTO Kompaktwagen m

compact 'disc, compact 'disk n Compact-disc f

compactness [kəm·'pækt·nɪs] n Kompaktheit f; of style Knappheit f

companion [kəm·'pæn·jən] n (person accompanying sb) Begleiter(in) m(f); (associate) Gefährte, -in m, f

companionable [kəm·'pæn·jə·nə·bəl] adj angenehm

companionship [kəm·'pæn·jən·ʃɪp] n (company) Gesellschaft f; (friendship) Kameradschaft f

company ['kʌm·pə·ni] n ① COMM Firma f, Unternehmen nt; shipping ~ Reederei f; ~ **policy** Firmenpolitik f ② (companionship) Gesellschaft f; **to keep sb** ~ jdm Gesellschaft leisten ③ (visitors) Besuch m kein pl, Gäste pl ④ THEAT

(group) Schauspieltruppe f; MIL Kompanie f

comparable ['kam·pər·ə·bəl] adj vergleichbar (to/with mit +dat)

comparative [kəm·'per·ə·tɪv] I. n Komparativ m II. adj ① (involving comparison) vergleichend ② (relative) relativ

comparatively [kəm·'per·ə·tɪv·li] adv ① (relatively) verhältnismäßig ② (by comparison) im Vergleich

compare [kəm·'per] I. vt vergleichen (to/with mit); **to ~ notes on sth** (fig) Meinungen über etw akk austauschen II. vi vergleichbar sein; **to ~ favorably** vergleichsweise gut abschneiden

comparison [kəm·'per·ɪ·sən] n Vergleich m; **by ~ with** verglichen mit; **to draw [or make] a ~** einen Vergleich anstellen; **there's no ~ between them** man kann sie nicht vergleichen

compartment [kəm·'part·mənt] n ① RAIL [Zug]abteil nt, Coupé nt ÖSTERR ② (section) Fach nt

compass <pl -es> ['kʌm·pəs] n ① (for showing direction) Kompass m ② (for drawing circles) Zirkel m

compassion [kəm·'pæʃ·ən] n **to feel ~ for** [or **toward**] **sb** Mitleid mit jdm haben; **to show ~ for** [or **toward**] **sb** Mitgefühl für jdn zeigen

compassionate [kəm·'pæʃ·ə·nɪt] adj mitfühlend

compatibility [kəm·ˌpæt̬·ə·'bɪl·ɪ·ti] n Vereinbarkeit f; COMPUT, MED Kompatibilität f

compatible [kəm·'pæt̬·ə·bəl] adj ① ■**to be ~** zusammenpassen ② COMPUT, MED kompatibel ③ (consistent) vereinbar

compel <-ll-> [kəm·'pel] vt ■**to ~ sb to do sth** jdn [dazu] zwingen, etw zu tun

compelling [kəm·'pel·ɪŋ] adj reason zwingend; performance fesselnd

compensate ['kam·pən·seɪt] I. vt (finanziell) entschädigen II. vi kompensieren; ■**to ~ for sth** etw ausgleichen

compensation [ˌkam·pen·'seɪ·ʃən] n Entschädigung[sleistung] f, Schadenersatz m

compete [kəm·'pit] vi ■**to ~ [with sb]** [gegen jdn] kämpfen (for um +akk); ~ **in a race** an einem Rennen teilnehmen

competence ['kam·pɪ·təns], **competency** ['kam·pɪ·tən·si] n ① (ability) Fähigkeiten pl, Kompetenz f ② LAW Zuständigkeit f

competent ['kam·pɪ·t̬ənt] adj ① (capable) fähig; (qualified) kompetent ② LAW zuständig

competition [ˌkam·pə·'tɪʃ·ən] n ① COMM (state of competing) Konkurrenz f, Wettbewerb m; ■**to be in ~ with sb** mit jdm konkurrieren ② (contest) Wettbewerb m ③ (competitor) Konkurrent(in) m(f)

competitive [kəm·'pet̬·ɪ·t̬ɪv] adj ① (characterized by competition) konkurrierend; (eager to compete) kampfbereit; ~ **sports** Leistungssport m ② COMM konkurrenzfähig, wettbewerbsfähig; ~ **edge** Wettbewerbsvorteil m

competitiveness [kəm·'pet̬·ə·t̬ɪv·nɪs] n ① (ambition) Konkurrenzdenken nt ② COMM

Wettbewerbsfähigkeit *f*

competitor [kəm·'peṭ·ɪ·ṭər] *n* ❶ (*one who competes*) [Wettkampf]gegner(in) *m(f)*; (*participant*) [Wettbewerbs]teilnehmer(in) *m(f)* ❷ COMM Konkurrent(in) *m(f)*

compilation [ˌkam·pə·'leɪ·ʃən] *n* ❶ (*act of compiling*) Zusammenstellung *f* ❷ (*collection*) Sammlung *f*

compile [kəm·'paɪl] *vt* ❶ (*put together*) *list* erstellen ❷ (*gather*) *facts* zusammentragen ❸ COMPUT kompilieren

compiler [kəm·'paɪ·lər] *n* ❶ Sammler(in) *m(f)* ❷ COMPUT Compiler *m*

complacence [kəm·'pleɪ·səns], **complacency** [kəm·'pleɪ·sən·si] *n* (*pej*) Selbstzufriedenheit *f*

complacent [kəm·'pleɪ·sənt] *adj* (*pej*) selbstzufrieden

complain [kəm·'pleɪn] *vi* klagen, sich beklagen (**about/of** über +*akk*)

complaint [kəm·'pleɪnt] *n* ❶ (*expression of displeasure*) Beschwerde *f*, Klage *f* ❷ LAW Klageschrift *f*; **to file** [*or* **make**] **a ~ against sb** jdn verklagen, gegen jdn Anzeige erstatten ❸ COMM Mängelrüge *f*

complement ['kam·plɪ·mənt] **I.** *vt* ergänzen; **to ~ each other** sich [gegenseitig] ergänzen **II.** *n* ❶ Ergänzung *f* ❷ **a full ~ of staff** eine komplette Ersatzmannschaft

complementary [ˌkam·plə·'men·tə·ri] *adj* [einander] ergänzend

complete [kəm·'plit] **I.** *vt* ❶ (*add what is missing*) vervollständigen; *form* [vollständig] ausfüllen ❷ (*finish*) fertigstellen; *course* absolvieren; *studies* zu Ende bringen **II.** *adj* ❶ (*with nothing missing*) vollständig, komplett ❷ (*including*) **~ with** inklusive ❸ (*total*) absolut; *breakdown* total; *darkness, stranger, surprise* völlig; **a ~ fool** ein Vollidiot *m*

completely [kəm·'plit·li] *adv* völlig; **~ certain** absolut sicher; **to be ~ convinced** der vollen Überzeugung sein

completeness [kəm·'plit·nɪs] *n* Vollständigkeit *f*

completion [kəm·'pli·ʃən] *n* Fertigstellung *f*; **upon ~ of the project** nach Abschluss des Projekts

complex ['kam·pleks] **I.** *adj* komplex; (*complicated*) kompliziert; *issue, personality* vielschichtig; *plot* verwickelt **II.** *n* <*pl* -es> ❶ ARCHIT Komplex *m*; **sports and recreation ~** Sport- und Freizeitzentrum *nt* ❷ PSYCH Komplex *m* (**about** wegen +*dat*)

complexion [kəm·'plek·ʃən] *n* Teint *m*; **clear ~** reine Haut

complexity [kəm·'plek·sɪ·ti] *n* (*intricacy*) Komplexität *f*

compliance [kəm·'plaɪ·əns] *n* (*form: conformity*) Übereinstimmung *f*; **in ~ with the regulations** unter Einhaltung der Bestimmungen

compliant [kəm·'plaɪ·ənt] *adj* (*form*) gefügig

complicate ['kam·plɪ·keɪt] *vt* [noch] komplizierter machen

complicated ['kam·plɪ·keɪ·ṭɪd] *adj* kompliziert

complication [ˌkam·plɪ·'keɪ·ʃən] *n* Komplikation *f*

compliment ['kam·plə·mənt] **I.** *n* Kompliment *nt*; **to pay sb a ~** jdm ein Kompliment machen ▸ PHRASES: **to be fishing for ~s** auf Komplimente aus sein **II.** *vt* ■**to ~ sb** jdm ein Kompliment machen

complimentary [ˌkam·plə·'men·tə·ri] *adj* ❶ (*expressing a compliment*) schmeichelhaft ❷ (*free*) Frei-

comply [kəm·'plaɪ] *vi* sich fügen; **to ~ with the regulations** die Bestimmungen erfüllen

component [kəm·'poʊ·nənt] *n* [Bestand]teil *m*

compose [kəm·'poʊz] **I.** *vi* komponieren **II.** *vt* ❶ MUS komponieren ❷ LIT verfassen; *letter* aufsetzen ❸ (*comprise*) ■**to be ~d of sth** aus etw *dat* bestehen

composed [kəm·'poʊzd] *adj* gefasst

composer [kəm·'poʊ·zər] *n* Komponist(in) *m(f)*

composite [kəm·'paz·ɪt] **I.** *n* Gemisch *nt* **II.** *adj* zusammengesetzt

composite sketch *n* Phantombild *nt*

composition [ˌkam·pə·'zɪʃ·ən] *n* ❶ (*in music*) Komponieren *nt*; (*in literature*) Verfassen *nt* ❷ (*piece*) Komposition *f* ❸ (*arrangement*) Gestaltung *f*; (*of painting*) Komposition *f* ❹ (*makeup*) Zusammenstellung *f*; CHEM Zusammensetzung *f*

compost ['kam·poʊst] **I.** *n* Kompost *m* **II.** *vt* kompostieren

composure [kəm·'poʊ·ʒər] *n* Fassung *f*

compound[1] **I.** *vt* [kam·'paʊnd, kəm-] verschlimmern **II.** *adj* ['kam·paʊnd] zusammengesetzt **III.** *n* ['kam·paʊnd] ❶ (*combination*) Mischung *f* ❷ CHEM Verbindung *f*

compound[2] ['kam·paʊnd] *n* MIL Truppenlager *nt*; **embassy ~** Botschaftsgelände *nt*

compound 'interest *n* FIN Zinseszins *m meist pl*

comprehend [ˌkam·prɪ·'hend] *vi, vt* begreifen, verstehen

comprehensible [ˌkam·prɪ·'hen·sə·bəl] *adj* verständlich (**to** für +*akk*)

comprehension [ˌkam·prɪ·'hen·ʃən] *n* Verständnis *nt*

comprehensive [ˌkam·prɪ·'hen·sɪv] *adj* umfassend; *answer* ausführlich; *list* vollständig

comprehensively [ˌkam·prɪ·'hen·sɪv·li] *adv* umfassend

compress[1] [kəm·'pres] *vt* ❶ (*squeeze together*) zusammendrücken ❷ (*condense*) zusammenfassen

compress[2] <*pl* -es> ['kam·pres] *n* MED Kompresse *f*

compressed [kəm·'prest] *adj* komprimiert

compression [kəm·'preʃ·ən] *n* Kompression *f*

compressor [kəm·'pres·ər] *n* Kompressor *m*, Verdichter *m*

comprise [kəm·'praɪz] *vt* (*form*) ■**to ~ sth**

C

aus etw *dat* bestehen

compromise ['kam·prə·maɪz] I. *n* Kompromiss *m;* **false** ~ fauler Kompromiss II. *vi* Kompromisse eingehen III. *vt* etw *dat* schaden; ■**to** ~ **oneself** sich kompromittieren

compromising ['kam·prə·maɪ·zɪŋ] *adj* kompromittierend

compulsion [kəm·'pʌl·ʃən] *n* Zwang *m*

compulsive [kəm·'pʌl·sɪv] *adj* ❶ (*obsessive*) zwanghaft; *liar* notorisch ❷ (*captivating*) fesselnd; ~ **viewing** TV Pflichttermin *m*

compulsory [kəm·'pʌl·sə·ri] *adj* obligatorisch; ~ **subject** Pflichtfach *nt*

compute [kəm·'pjut] *vt* berechnen ▶ PHRASES: **that doesn't** ~ das ergibt keinen Sinn

computer [kəm·'pju·tər] *n* Computer *m*

com'puter game *n* Computerspiel *nt*

computer 'graphics *n* + *sing/pl vb* Computergrafik *f*

computerization [kəm·ˌpju·tər·ɪ·'zeɪ·ʃən] *n* ❶ (*equipping with computers*) Ausrüstung *f* mit Computern ❷ (*computer storage*) Computerisierung *f*

computerize [kəm·'pju·tə·raɪz] I. *vt* ❶ (*store on computer*) [im Computer] speichern ❷ (*equip with computers*) computerisieren II. *vi* auf EDV umstellen

computer 'network *n* Rechnernetz *nt*

computer 'programmer *n* Programmierer(in) *m(f)*

computer 'science *n* Informatik *f*

computer 'scientist *n* Informatiker(in) *m(f)*

com'puter virus *n* Virus *m*

computing [kəm·'pju·tɪŋ] *n* ❶ (*calculating*) Berechnen *nt* ❷ COMPUT EDV *f*

comrade ['kam·ræd] *n* ❶ POL Genosse, -in *m, f* ❷ (*friend*) Kamerad(in) *m(f)*

con[1] [kan] *n usu pl* (*fam*) **the pros and** ~**s** das Pro und Kontra

con[2] [kan] (*fam*) I. *vt* <-nn-> *person* reinlegen; **to** ~ **sb into believing** [*or* **thinking**] **that** ... jdm weismachen wollen, dass ... II. *n* (*trick*) Schwindel *m kein pl*

con[3] [kan] *n* (*sl: convict*) Knacki *m sl*

'con artist *n* Schwindler(in) *m(f)*

concave ['kan·keɪv] *adj* konkav

conceal [kən·'sil] *vt* verbergen (**from** vor +*dat*)

concealment [kən·'sil·mənt] *n* Verheimlichung *f; of feelings* Verbergen *nt*

concede [kən·'sid] I. *vt* ❶ (*acknowledge*) zugeben; **to** ~ **defeat** sich geschlagen geben ❷ (*grant*) *privileges, rights* einräumen ❸ SPORTS *point, match* abgeben II. *vi* sich geschlagen geben

conceit [kən·'sit] *n* Einbildung *f*

conceited [kən·'si·t̬ɪd] *adj* eingebildet

conceivable [kən·'siv·ə·bəl] *adj* vorstellbar

conceive [kən·'siv] I. *vt* ❶ (*conceptualize*) kommen auf +*akk* ❷ (*imagine*) sich *dat* vorstellen ❸ (*become pregnant with*) empfangen II. *vi* ❶ (*imagine*) ■**to** ~ **of sth** sich *dat* etw vorstellen ❷ (*become pregnant*) empfangen

concentrate ['kan·sən·treɪt] I. *vi* ❶ (*focus one's thoughts*) sich konzentrieren ❷ (*come together*) sich sammeln II. *vt* konzentrieren; **to** ~ **one's mind on sth** sich auf etw *akk* konzentrieren III. *n* Konzentrat *nt*

concentrated ['kan·sən·treɪ·t̬ɪd] *adj* konzentriert; *attack* geballt; *effort* gezielt

concentration [ˌkan·sən·'treɪ·ʃən] *n* ❶ (*mental focus*) Konzentration *f* (**on** auf +*akk*) ❷ (*accumulation*) Konzentrierung *f; of troops* Zusammenziehung *f* ❸ CHEM Konzentration *f*

concen'tration camp *n* Konzentrationslager *nt*

concept ['kan·sept] *n* ❶ (*abstract idea*) Vorstellung *f* ❷ (*plan*) Entwurf *m*, Konzept *nt* (**for** für +*akk*)

conception [kən·'sep·ʃən] *n* ❶ (*basic understanding*) Vorstellung *f* ❷ (*idea*) Idee *f*, Konzept *nt; (creation*) Konzeption *f* ❸ BIOL Empfängnis *f*

conceptual [kən·'sep·tʃu·əl] *adj* begrifflich

concern [kən·'sɜrn] I. *n* ❶ (*interest*) Anliegen *nt*, Angelegenheit *f* ❷ (*worry*) Besorgnis *f* (**about** um +*akk*); **my** ~ **is that** ... ich mache mir Sorgen, dass ...; **there's no cause for** ~ es besteht kein Grund zur Sorge ❸ (*commercial enterprise*) Handelsunternehmen *nt* II. *vt* ❶ (*be about*) handeln von ❷ (*apply to, be sb's business*) angehen; (*affect*) betreffen; **as far as I'm** ~**ed** was mich betrifft ❸ (*involve*) ■**to** ~ **oneself with sth** sich mit etw *dat* befassen ❹ (*worry*) beunruhigen

concerning [kən·'sɜr·nɪŋ] *prep* bezüglich +*gen*

concert ['kan·sərt] *n* ❶ MUS Konzert *nt*; **in** ~ **live** ❷ (*unity*) **to act in** ~ an einem Strang ziehen

concerted [kən·'sɜr·t̬ɪd] *adj* (*joint*) *effort* gemeinsam

concerto <*pl* -s *or* -ti> [kən·'tʃer·toʊ] *n* Konzert *nt*

concession [kən·'seʃ·ən] *n* ❶ Zugeständnis *nt; as a* ~ als Ausgleich; **to make no** ~ **to sb/sth** auf jdn/etw *akk* keine Rücksicht nehmen ❷ (*admission of defeat*) Eingeständnis *nt* [einer Niederlage] ❸ ECON Konzession *f*

con'cession stand *n* Snacktheke *f*, Erfrischungstheke *f*

conciliation [kən·ˌsɪl·i·'eɪ·ʃən] *n* (*form*) ❶ (*reconciliation*) Besänftigung *f* ❷ (*mediation*) Schlichtung *f*

conciliatory [kən·'sɪl·i·ə·tɔr·i] *adj* versöhnlich; (*mediating*) beschwichtigend

concise [kən·'saɪs] *adj* präzise; *answer* kurz und bündig; *style a.* knapp

conciseness [kən·'saɪs·nɪs] *n*, **concision** [kən·'sɪʒ·ən] *n* Prägnanz *f*

conclude [kən·'klud] I. *vi* enden, schließen; "**that's all I have to say,**" **he** ~**d** „mehr habe ich nicht zu sagen", meinte er abschließend II. *vt* ❶ (*finish*) [ab]schließen ❷ (*infer*) ■**to** ~ [**from sth**] **that** ... [aus etw] schließen, dass ...

concluding [kən·'klu·dɪŋ] *adj* abschließend;

~ **remark** Schlussbemerkung *f*
conclusion [kən·'klu·ʒən] *n* ❶ (*end*) Abschluss *m*; *of a story* Schluss *m*; **in** ~ zum Abschluss, abschließend ❷ (*decision*) **to come to a** ~ einen Beschluss fassen ❸ (*inference*) Schluss *m*, Schlussfolgerung *f*; **to draw** [*or* **reach**] **the** ~ **that** ... zu dem Schluss gelangen, dass ...
conclusive [kən·'klu·sɪv] *adj* ❶ (*convincing*) schlüssig ❷ (*decisive*) eindeutig; *evidence* stichhaltig
concoct [kən·'kakt] *vt dish* zusammenstellen; *drink* mixen; *excuse* sich *dat* zurechtbasteln; *story* sich *dat* ausdenken
concoction [kən·'kak·ʃən] *n* (*dish*) Kreation *f*; (*drink*) Gebräu *nt*
concourse ['kan·kɔrs] *n* Halle *f*
concrete ['kan·krit] **I.** *n* Beton *m* **II.** *adj* ❶ *surface* betoniert ❷ *proof* eindeutig ❸ *suggestion* konkret **III.** *vt* betonieren
'**concrete mixer** *n* Betonmischmaschine *f*
concur <-rr-> [kən·'kɜr] *vi* übereinstimmen; **to** ~ **with sb's opinion** jds Meinung *f* zustimmen; ■**to** ~ **with sb** [in [*or* on] **sth**] jdm [in etw *dat*] beipflichten
concurrent [kən·'kʌr·ənt] *adj* gleichzeitig
concussion [kən·'kʌʃ·ən] *n* Gehirnerschütterung *f*
condemn [kən·'dem] *vt* ❶ verurteilen; (*fig*) verdammen ❷ (*declare unsafe*) für unbrauchbar erklären; *building* für unbewohnbar erklären
condemnation [ˌkan·dem·'neɪ·ʃən] *n* Verurteilung *f*; (*fig*) Verdammung *f*
condensation [ˌkan·den·'seɪ·ʃən] *n* ❶ (*process*) Kondensation *f* ❷ (*droplets*) Kondenswasser *nt*
condense [kən·'dens] **I.** *vt* ❶ (*concentrate*) *gas* komprimieren; *liquid* eindicken; ~**d milk** Kondensmilch *f* ❷ (*form droplets from*) kondensieren ❸ (*shorten*) zusammenfassen **II.** *vi* kondensieren
condescending [ˌkan·dɪ·'sen·dɪŋ] *adj* herablassend
condiment ['kan·də·mənt] *n* Würzmittel *nt*; (*sauce*) Soße *f*
condition [kən·'dɪʃ·ən] **I.** *n* ❶ (*state*) Zustand *m*; *person* Verfassung *f*; **in good/bad** ~ gut/schlecht in Schuss *fam* ❷ (*circumstances*) ■~**s** *pl* Bedingungen *pl* ❸ (*stipulation*) Bedingung *f*; ■**on the** ~ **that** ... unter der Bedingung, dass ... **II.** *vt* ❶ (*train*) konditionieren ❷ (*accustom*) gewöhnen; *hair* eine Pflegespülung machen
conditional [kən·'dɪʃ·ə·nəl] **I.** *adj* bedingt; ■**to be** ~ [up]**on sth** von etw *dat* abhängen **II.** *n* LING ■**the** ~ der Konditional
conditionally [kən·'dɪʃ·ə·nə·li] *adv* unter Vorbehalt
conditioner [kən·'dɪʃ·ə·nər] *n* (*for hair*) Pflegespülung *f*
condo ['kan·doʊ] *n* (*fam*) *short for* **condominium** Eigentumswohnung *f*

condolence [kən·'doʊ·ləns] *n* ■~**s** Beileid *nt kein pl*
condom ['kan·dəm] *n* Kondom *nt*, Pariser *m sl*
condominium [ˌkan·də·'mɪn·i·əm] *n* (*owned apartment*) Eigentumswohnung *f*
condone [kən·'doʊn] *vt* [stillschweigend] dulden
conducive [kən·'du·sɪv] *adj* förderlich
conduct I. *vt* [ˌkən·'dʌkt] ❶ (*carry out*) durchführen; *negotiations* führen; *service* abhalten ❷ (*direct*) leiten; *orchestra* dirigieren; *traffic* [um]leiten ❸ ELEC leiten ❹ (*guide*) führen **II.** *vi* [ˌkən·'dʌkt] MUS dirigieren **III.** *n* ['kan·dʌkt] (*behavior*) Benehmen *nt*, Verhalten *nt*
conductive [kən·'dʌk·tɪv] *adj* ELEC leitfähig
conductor [kən·'dʌk·tər] *n* ❶ MUS Dirigent(in) *m(f)* ❷ PHYS Leiter *m* ❸ RAIL Schaffner(in) *m(f)*, Zugführer(in) *m(f)*, Zugbegleiter(in) *m(f)*
conduit ['kan·du·ɪt] *n* (*pipe*) [Rohr]leitung *f*; (*channel*) Kanal *m*
cone [koʊn] *n* ❶ MATH Kegel *m*; **traffic** ~ Leitkegel *m*; **ice cream** ~ Eistüte *f* ❷ BOT Zapfen *m*
confectioner [kən·'fek·ʃə·nər] *n* Süßwarenhändler(in) *m(f)*
confectioners' sugar *n* Puderzucker *m*
confectionery [kən·'fek·ʃə·ner·i] *n* (*candy*) Süßwaren *pl*; (*chocolate*) Konfekt *nt*
confederacy [kən·'fed·ər·ə·si] *n* Konföderation *f*; ■**the C**~ HIST die Konföderierten Staaten *pl* von Amerika
confederate [kən·'fed·ər·ət] **I.** *n* Komplize, -in *m*, *f* **II.** *adj* HIST ■**C**~ Südstaaten-
confederation [kən·ˌfed·ə·'reɪ·ʃən] *n* ❶ POL Bund *m* ❷ ECON Verband *m*
confer <-rr-> [kən·'fɜr] **I.** *vt* ■**to** ~ **sth** [up]**on sb** jdm etw verleihen; *rights* übertragen **II.** *vi* ■**to** ~ **with sb** sich mit jdm beraten
conference ['kan·fər·əns] *n* Konferenz *f*, Tagung *f* (**on** über +*akk*)
confess [kən·'fes] *vi*, *vt* ❶ (*admit*) zugeben; ■**to** ~ **to sth** etw gestehen ❷ REL beichten
confession [kən·'feʃ·ən] *n* ❶ (*admission*) Geständnis *nt*; **to have a** ~ **to make** etw gestehen müssen ❷ REL Beichte *f*
confessional [kən·'feʃ·ə·nəl] *n* Beichtstuhl *m*
confessor [kən·'fes·ər] *n* Beichtvater *m*
confetti [kən·'fet·i] *n* Konfetti *nt*
confidant ['kan·fɪ·dant] *n* Vertraute(r) *m*
confidante ['kan·fɪ·dant] *n* Vertraute *f*
confide [kən·'faɪd] **I.** *vt* gestehen; ■**to** ~ [**to sb**] ... jdm anvertrauen, dass ... **II.** *vi* ■**to** ~ **in sb** sich jdm anvertrauen
confidence ['kan·fɪ·dəns] *n* ❶ (*trust*) Vertrauen *nt*; **to have no** ~ **in sb** kein Vertrauen zu jdm haben; **in** ~ im Vertrauen ❷ *kein pl* (*self-assurance*) Selbstvertrauen *nt* ❸ (*secrets*) ■~**s** *pl* Vertraulichkeiten *pl*
confident ['kan·fɪ·dant] *adj* ❶ (*certain*) zuversichtlich; ■**to be** ~ **of sth** von etw *dat* überzeugt sein ❷ (*self-assured*) selbstbewusst
confidential [ˌkan·fɪ·'den·ʃəl] *adj* vertraulich
confidentially [ˌkan·fɪ·'den·ʃə·li] *adv* vertrau-

C

lich

configuration [kən·ˌfɪg·jə·ˈreɪ·ʃən] *n* Konfiguration *f*

configure [kən·ˈfɪg·jər] *vt* konfigurieren

confine I. *vt* [kən·ˈfaɪn] ❶ (*restrict*) beschränken (**to** auf +*akk*) ❷ (*shut in*) einsperren II. *n* [ˈkan·faɪn] ■ **the ~ s** *pl* die Grenzen *pl*

confinement [kən·ˈfaɪn·mənt] *n* ❶ Einsperrung *f*; **solitary ~** Einzelhaft *f*; (*restriction*) Gebundenheit *f* ❷ MED Geburt *f*

confirm [kən·ˈfɜrm] I. *vt* ❶ (*verify*) bestätigen ❷ REL ■ **to be ~ ed** (*Catholic*) gefirmt werden; (*Protestant*) konfirmiert werden II. *vi* bestätigen

confirmation [ˌkan·fər·ˈmeɪ·ʃən] *n* ❶ (*verification*) Bestätigung *f* ❷ REL (*Catholic*) Firmung *f*; (*Protestant*) Konfirmation *f*

confirmed [kən·ˈfɜrmd] *adj* erklärt; *atheist* überzeugt; *bachelor* eingefleischt

confiscate [ˈkan·fɪ·skeɪt] *vt* beschlagnahmen

conflict I. *n* [ˈkan·flɪkt] ❶ (*clash*) Konflikt *m*; **to be in ~ with sb** mit jdm im Streit liegen ❷ (*battle*) Kampf *m* II. *vi* [kən·ˈflɪkt] ■ **to ~ with sth** im Widerspruch zu etw *dat* stehen; *dates, events* sich überschneiden

conflicting [kən·ˈflɪk·tɪŋ] *adj* widersprüchlich; *claims* entgegengesetzt

conform [kən·ˈfɔrm] *vi* sich einfügen; (*agree*) übereinstimmen; ■ **to ~ to** [*or* **with**] **sth** etw *dat* entsprechen

conformist [kən·ˈfɔr·mɪst] I. *n* Konformist(in) *m(f)* II. *adj* konformistisch

conformity [kən·ˈfɔr·mɪ·ti] *n* (*uniformity*) Konformismus *m*

confound [kən·ˈfaʊnd] *vt* ❶ (*astonish*) verblüffen ❷ (*confuse*) verwirren

confront [kən·ˈfrʌnt] *vt* ❶ (*face*) ■ **to ~ sth** sich etw *dat* stellen; *danger* ins Auge sehen; *enemy* entgegentreten; ■ **to ~ sb** [**about sth**] jdn [wegen einer S. *gen*] zur Rede stellen ❷ (*compel to deal with*) konfrontieren

confrontation [ˌkan·frən·ˈteɪ·ʃən] *n* Konfrontation *f*; (*during inquiry*) Gegenüberstellung *f*

confrontational [ˌkan·frən·ˈteɪ·ʃə·nəl] *adj* herausfordernd

confuse [kən·ˈfjuz] *vt* ❶ (*perplex*) verwirren, durcheinanderbringen ❷ (*misidentify*) verwechseln

confused [kən·ˈfjuzd] *adj* ❶ *people* verwirrt, durcheinander ❷ *situation* verworren, konfus

confusing [kən·ˈfju·zɪŋ] *adj* verwirrend

confusion [kən·ˈfju·ʒən] *n* ❶ (*perplexity*) Verwirrung *f* ❷ (*mix-up*) Verwechslung *f* ❸ (*disorder*) Durcheinander *nt*

congeal [kən·ˈdʒil] *vi fat* fest werden

congenial [kən·ˈdʒin·jəl] *adj* angenehm; *people* sympathisch

congenital [kən·ˈdʒen·ɪ·təl] *adj* angeboren; **~ defect** Geburtsfehler *m*

congested [kən·ˈdʒes·tɪd] *adj* ❶ (*overcrowded*) überfüllt; *road* verstopft ❷ MED verstopft

congestion [kən·ˈdʒes·tʃən] *n* ❶ (*overcrowd-*

ing) Überfüllung *f*; (*on roads*) Stau *m* ❷ MED

nasal ~ verstopfte Nase

conglomerate [kən·ˈglam·ə·reɪt] *n* Konglomerat *nt*

congratulate [kən·ˈgrætʃ·ə·leɪt] *vt* ■ **to ~ sb** [**on sth**] (*wish well*) jdm [zu etw] gratulieren

congratulation [kən·ˌgrætʃ·ə·ˈleɪ·ʃən] *n* Gratulation *f*, Glückwunsch *m*; **~ s!** herzlichen Glückwunsch!

congregate [ˈkaŋ·grɪ·geɪt] *vi* sich [ver]sammeln

congregation [ˌkaŋ·grɪ·ˈgeɪ·ʃən] *n* REL [Kirchen]gemeinde *f*

congress [ˈkaŋ·gres] *n* Kongress *m*; **C~** POL der Kongress

congressional [kən·ˈgreʃ·ə·nəl] *adj* **~ elections** Wahlen *pl* zum US-Kongress

'congressman *n* [Kongress]abgeordneter *m*

'congresswoman *n* [Kongress]abgeordnete *f*

conical [ˈkan·ɪ·kəl] *adj* konisch, kegelförmig

conifer [ˈkan·ə·fər] *n* Nadelbaum *m*

coniferous [koʊ·ˈnɪf·ər·əs] *adj* Nadel-

conjecture [kən·ˈdʒek·tʃər] *n* Vermutung *f*

conjoined [kən·ˈdʒɔɪnd] *adj inv* (*form*) verbunden; **~ twins** siamesische Zwillinge

conjugate [ˈkan·dʒə·geɪt] LING I. *vi* konjugiert werden II. *vt* konjugieren

conjugation [ˌkan·dʒə·ˈgeɪ·ʃən] *n* LING Konjugation *f*

conjunction [kən·ˈdʒʌŋk·ʃən] *n* ❶ LING Bindewort *nt* ❷ (*combination*) ■ **in ~ with sth** in Verbindung mit etw *dat*; ■ **in ~ with sb** zusammen mit jdm

conjunctivitis [kən·ˌdʒʌŋk·tə·ˈvaɪ·tɪs] *n* Bindehautentzündung *f*

conjure [ˈkan·dʒər] I. *vi* zaubern II. *vt* hervorzaubern

◆ **conjure up** *vt* ❶ (*produce*) *images, pictures* hervorzaubern; *meal* zaubern ❷ (*call upon*) beschwören

conjurer [ˈkan·dʒər·ər] *n* Zauberkünstler(in) *m(f)*

conjuring [ˈkan·dʒər·ɪŋ] *n* Zaubern *nt*, Zauberei *f*

conjuror *n see* **conjurer**

◆ **conk out** *vi* **to ~ out** (*fam*) kaputtgehen; (*completely*) den Geist aufgeben

'con man *n* Schwindler *m*

Conn. *abbrev of* **Connecticut**

connect [kə·ˈnekt] I. *vi* ❶ (*plug in*) ■ **to ~ to sth** an etw *akk* angeschlossen werden ❷ (*feel affinity*) ■ **to ~ with sb** sich auf Anhieb gut mit jdm verstehen ❸ (*become joined*) miteinander verbunden sein II. *vt* ❶ (*plug in*) anschließen (**to/with** mit +*dat*); (*plug in*) anschließen (**to/with** an +*akk*) ❷ (*associate*) in Verbindung bringen; ■ **to be ~ed with sb/sth** mit jdm/etw *dat* zusammenhängen ❸ TELEC verbinden

Connecticut [kə·ˈneṭ·ɪ·kət] *n* Connecticut *nt*

connection [kə·ˈnek·ʃən] *n* ❶ (*joining, link*) Verbindung *f* (**to/with** mit +*dat*); ELEC Anschluss *m* (**to** an +*akk*); **to get a ~ through** [**to**

sb] TELEC [zu jdm] durchkommen; **there was no ~ between the two phenomena** die beiden Phänomene hingen nicht zusammen ❷ TRANSP Verbindung *f;* (*connecting train, flight*) Anschluss *m* ❸ (*contacts*) ■**~s** *pl* Beziehungen *pl* (**to/with** zu +*dat*) ❹ (*reference*) **in that/this ~** in diesem Zusammenhang *m*

connector [kə·'nek·tər] *n* ELEC Verbindungselement *nt*

conniving [kə·'naɪ·vɪŋ] *adj* hinterhältig

connoisseur [ˌkan·ə·'sɜr] *n* Kenner(in) *m(f)*

connotation [ˌkan·ə·'teɪ·ʃən] *n* Konnotation *f*

conquer ['kaŋ·kər] *vt person, disease* besiegen; *thing* erobern *a. fig; mountain* bezwingen ▶ PHRASES: **I came, I saw, I ~ed** (*saying*) ich kam, sah und siegte

conqueror ['kaŋ·kər·ər] *n* (*of sth*) Eroberer, Eroberin *m, f;* (*of sb*) Sieger(in) *m(f)* (**of** über +*akk*)

conquest ['kan·kwest] *n* ❶ *of a thing* Eroberung *f; of a person* Sieg *m* (**of** über +*akk*) ❷ (*climbing*) Bezwingung *f*

conscience ['kan·ʃəns] *n* Gewissen *nt;* **to do sth with a clear ~** ruhigen Gewissens etw tun

conscientious [ˌkan·ʃi·'en·ʃəs] *adj* ❶ (*thorough*) gewissenhaft; (*with sense of duty*) pflichtbewusst; *work* gründlich ❷ (*moral*) **on ~ grounds** aus Gewissensgründen

conscientiousness [ˌkan·ʃi·'en·ʃəs·nɪs] *n* (*thoroughness*) Gewissenhaftigkeit *f;* (*sense of duty*) Pflichtbewusstsein *nt*

conscientious ob'jector *n* Kriegsdienstverweigerer, -verweigerin *m, f*

conscious ['kan·ʃəs] *adj* ❶ MED ■**to be [fully] ~** bei [vollem] Bewusstsein sein ❷ (*deliberate*) *decision* bewusst ❸ (*aware*) bewusst; **fashion-~** modebewusst

consciousness ['kan·ʃəs·nɪs] *n* Bewusstsein *nt a. fig;* **to lose ~** das Bewusstsein verlieren

conscript I. *n* ['kan·skrɪpt] Wehrpflichtige(r) *m* II. *vt* [kən·'skrɪpt] *soldier* einziehen, einberufen

conscription [kən·'skrɪp·ʃən] *n* MIL Wehrpflicht *f;* (*act of conscripting*) Einberufung *f*

consecrate ['kan·sə·kreɪt] *vt* weihen

consecration [ˌkan·sə·'kreɪ·ʃən] *n* Weihe *f*

consecutive [kən·'sek·jə·t̬ɪv] *adj* (*following*) *days, months* aufeinanderfolgend; *numbers* fortlaufend

consecutively [kən·'sek·jə·t̬ɪv·li] *adv* hintereinander; **~ numbered** fortlaufend nummeriert

consensus [kən·'sen·səs] *n* Übereinstimmung *f;* **to reach a ~ on sth** sich in etw *dat* einigen

consent [kən·'sent] (*form*) I. *n* Zustimmung *f;* **by mutual ~** im gegenseitigen Einverständnis II. *vi* ■**to ~ to sth** etw *dat* zustimmen; ■**to ~ to do sth** einwilligen, etw zu tun

consequence ['kan·sɪ·kwəns] *n* ❶ (*result*) Folge *f,* Auswirkung *f;* **as a** [*or* **in**] **~** folglich; **as**

a ~ of sth als Folge einer S. *gen* ❷ (*significance*) Bedeutung *f;* **of no ~** unwichtig

consequent ['kan·sɪ·kwənt], **consequential** [ˌkan·sɪ·'kwən·ʃəl] *adj* daraus folgend

consequently ['kan·sɪ·kwənt·li] *adv* folglich

conservation [ˌkan·sər·'veɪ·ʃən] *n* (*protection*) Schutz *m;* (*preservation*) Erhaltung *f*

conservationist [ˌkan·sər·'veɪ·ʃə·nɪst] *n* Naturschützer(in) *m(f);* **~ groups** Umweltschutzgruppen *pl*

conservative [kən·'sɜr·və·t̬ɪv] I. *adj* ❶ (*in dress, opinion*) konservativ ❷ (*low*) *estimate* vorsichtig II. *n* POL Konservative(r) *f(m)*

conservatory [kən·'sɜr·və·tɔr·i] *n* ❶ (*for plants*) Wintergarten *m* ❷ MUS Konservatorium *nt*

conserve I. *vt* [kən·'sɜrv] (*save*) sparen; *strength* schonen II. *n* ['kan·sɜrv] Eingemachtes *nt kein pl*

consider [kən·'sɪd·ər] *vt* ❶ (*contemplate*) sich *dat* überlegen; ■**to ~ doing sth** daran denken, etw zu tun ❷ (*look at*) betrachten; (*think of*) denken an +*akk;* (*take into account*) bedenken; **all things ~ed** alles in allem ❸ (*regard as*) ■**to ~ sb/sth** [**as** *or* **to be**]] **sth** jdn/etw für etw *akk* halten; ■**to be ~ed** [**to be**] **sth** als etw gelten; **many ~ him the frontrunner for President** er gilt bei vielen als der nächste Präsident

considerable [kən·'sɪd·ər·ə·bəl] *adj* erheblich, beträchtlich

considerate [kən·'sɪd·ər·ɪt] *adj* rücksichtsvoll

consideration [kən·ˌsɪd·ə·'reɪ·ʃən] *n* ❶ (*thought*) Überlegung *f;* **to give sth one's ~** etw in Erwägung ziehen; ■**to be under ~** geprüft werden ❷ (*account*) **to take into ~** berücksichtigen ❸ (*factor*) Gesichtspunkt *m* ❹ (*regard*) Rücksicht *f* (**for** auf +*akk*)

considered [kən·'sɪd·ərd] *adj opinion* wohl überlegt

considering [kən·'sɪd·ər·ɪŋ] I. *prep* ■**~ how/what ...** wenn man bedenkt, wie/was ... II. *conj* ■**~ that ...** dafür, dass ...

consignment [kən·'saɪn·mənt] *n* Warensendung *f;* **on ~** in Kommission

consist [kən·'sɪst] *vi* (*comprise*) ■**to ~ of sth** aus etw *dat* bestehen

consistency [kən·'sɪs·tən·si] *n* ❶ (*firmness*) Konsistenz *f* ❷ (*constancy*) Beständigkeit *f*

consistent [kən·'sɪs·tənt] *adj* ❶ (*compatible*) vereinbar ❷ (*steady*) beständig; *way of doing sth* gleich bleibend; *improvement* ständig

consolation [ˌkan·sə·'leɪ·ʃən] *n* Trost *m*

conso'lation prize *n* Trostpreis *m*

console¹ [kən·'soʊl] *vt* trösten

console² ['kan·soʊl] *n* ❶ (*control desk*) Schaltpult *nt* ❷ COMPUT Konsole *f*

consolidate [kən·'sal·ə·deɪt] *vi, vt* ❶ (*unite*) [sich] vereinigen ❷ (*strengthen*) [sich] festigen

consolidated [kən·'sal·ə·deɪ·t̬ɪd] *adj* vereint

consolidation [kən·ˌsal·ə·'deɪ·ʃən] *n* ❶ (*merging*) Fusion *f* ❷ (*strengthening*) Festigung *f*

consonant ['kan·sə·nənt] *n* Konsonant *m*

consort I. *vi* [kən·'sɔrt] verkehren II. *n* ['kan·sɔrt] Gemahl(in) *m(f)*

consortium <*pl* -s *or* -tia> [kən·'sɔr·ţi·əm] *n* Konsortium *nt*

conspicuous [kən·'spɪk·ju·əs] *adj* (*noticeable*) auffallend; (*clearly visible*) unübersehbar; *behavior, clothing* auffällig

conspiracy [kən·'spɪr·ə·si] *n* Verschwörung *f*

conspirator [kən·'spɪr·ə·ţər] *n* Verschwörer(in) *m(f)*

conspire [kən·'spaɪr] *vi* (*a. fig*) sich verschwören; ■to ~ [together] to do sth heimlich planen, etw zu tun

constant ['kan·stənt] I. *n* MATH Konstante *f* II. *adj* ❶(*continuous*) ständig ❷(*unchanging*) gleich bleibend; MATH konstant

constantly ['kan·stənt·li] *adv* ständig

constellation [ˌkan·stə·'leɪ·ʃən] *n* Sternbild *nt*

consternation [ˌkan·stər·'neɪ·ʃən] *n* Bestürzung *f*; in ~ bestürzt

constipated ['kan·stə·peɪ·ţɪd] *adj* verstopft; to be ~ [eine] Verstopfung haben

constipation ['kan·stə·'peɪ·ʃən] *n* Verstopfung *f*

constituency [kən·'stɪtʃ·u·ən·si] *n* POL Wahlkreis *m;* (*voters a.*) Wählerschaft *f* eines Wahlkreises

constituent [kən·'stɪtʃ·u·ənt] I. *n* ❶(*voter*) Wähler(in) *m(f)* ❷(*part*) Bestandteil *m* II. *adj* (*component*) einzeln; ~ part Bestandteil *m*

constitute ['kan·stɪ·tut] *vt* ❶(*make up*) bilden ❷(*form: be*) sein

constitution [ˌkan·stɪ·'tu·ʃən] *n* ❶(*structure*) Zusammensetzung *f* ❷POL Verfassung *f* ❸(*health*) Konstitution *f*

ℹ️ Die **Constitution** (Verfassung) der Vereinigten Staaten wurde 1787 geschrieben und trat 1789 in Kraft. Sie führte die Gewaltenteilung der amerikanischen Regierung in Legislative, Exekutive und Judikative ein. Die nach der Ratifizierung durch die ersten 13 amerikanischen Staaten seit 1789 rechtskräftige Verfassung ist die älteste schriftlich niedergelegte ihrer Art, die heute immer noch gültig ist. Der erste amerikanische Präsident, George Washington, wurde beim ersten Verfassungskongress am 6. April 1789 einstimmig gewählt.

constitutional [ˌkan·stɪ·'tu·ʃə·nəl] I. *adj* konstitutionell; ~ right Grundrecht *nt* II. *n* (*hum*) [regelmäßiger] Spaziergang *m*

constraint [kən·'streɪnt] *n* ❶(*compulsion*) Zwang *m* ❷(*restriction*) Beschränkung *f*

constrict [kən·'strɪkt] I. *vt* ❶(*narrow*) verengen; (*squeeze*) einschnüren ❷(*hinder*) behindern II. *vi* sich zusammenziehen

constriction [kən·'strɪk·ʃən] *n* ❶(*narrowing*) Verengung *f;* (*squeezing*) Einschnüren *nt*

construct [kən·'strʌkt] *vt* ❶(*build*) bauen; *dam* errichten ❷(*develop*) *theory* entwickeln

construction [kən·'strʌk·ʃən] *n* ❶(*act of building*) Bau *m;* the ~ industry die Bauindustrie; ~ site Baustelle *f;* under ~ im Bau ❷(*how sth is built*) Bauweise *f* ❸(*object*) Konstruktion *f;* (*architectural feature*) Bau *m,* Bauwerk *nt;* (*building*) Gebäude *nt*

constructive [kən·'strʌk·tɪv] *adj* konstruktiv

constructor [kən·'strʌk·tər] *n* (*tech*) Konstrukteur(in) *m(f);* ARCHIT Erbauer(in) *m(f)*

consul ['kan·səl] *n* Konsul(in) *m(f)*

consular ['kan·sə·lər] *adj* konsularisch; ~ staff Konsulatsbelegschaft *f*

consulate ['kan·sə·lət] *n* (*building*) Konsulat *nt*

consult [kən·'sʌlt] I. *vi* sich beraten II. *vt* ❶(*ask*) ■to ~ sb [about [*or* on] sth] jdn [bezüglich einer S. *gen*] um Rat fragen; *doctor, lawyer, specialist* konsultieren, zu Rate ziehen ❷(*look at*) *dictionary* nachschlagen in +*dat; oracle* befragen

consultancy [kən·'sʌl·tən·si] *n* (*company*) Beratungsdienst *m*

consultant [kən·'sʌl·tənt] *n* Berater(in) *m(f)*

consultation [ˌkan·sʌl·'teɪ·ʃən] *n* ❶Beratung *f* (on über +*akk*); in ~ with in Absprache mit; *with lawyer, accountant* Rücksprache *f* ❷MED Konsultation *f*

consulting [kən·'sʌl·tɪŋ] I. *n* Beratung *f* II. *adj* beratend

consume [kən·'sum] *vt* ❶(*eat, drink*) konsumieren; *food a.* verzehren; (*fig*) to be ~d by jealousy vor Eifersucht [fast] vergehen ❷*fire* zerstören ❸(*use up*) verbrauchen

consumer [kən·'su·mər] *n* Verbraucher(in) *m(f)*

consumerism [kən·'su·mə·rɪz·əm] *n* Konsumdenken *nt*

consummate ['kan·sə·meɪt] *adj* (*form*) vollendet; ~ athlete Spitzensportler(in) *m(f);* liar ausgebufft

consumption [kən·'sʌmp·ʃən] *n* ❶(*using up*) Verbrauch *m;* (*using*) Konsum *m* ❷(*eating, drinking*) Konsum *m;* of food a. Verzehr *m;* to declare sth unfit for ~ etw als ungeeignet für den Verzehr erklären ❸(*fig: use*) for internal ~ zur internen Nutzung

contact ['kan·tækt] I. *n* ❶(*communication*) Kontakt *m,* Verbindung *f;* to be in ~ [with sb] [mit jdm] in Verbindung stehen; to make ~ with sb sich mit jdm in Verbindung setzen ❷(*person*) Kontaktperson *f;* business ~s Geschäftskontakte *pl* ❸(*touch*) Kontakt *m;* to come into ~ with sth mit etw *dat* in Berührung kommen *a. fig* ❹ELEC Kontakt *m* ❺*see* **contact lens** II. *vt* ■to ~ sb sich mit jdm in Verbindung setzen; (*by phone*) jdn [telefonisch] erreichen

'contact lens *n* Kontaktlinse *f*

contagious [kən·'teɪ·dʒəs] *adj* ansteckend *a. fig*

contain [kən·'teɪn] vt ❶ (hold, include) enthalten ❷ (limit) in Grenzen halten; (hold back) aufhalten; (suppress) zurückhalten; **she could barely ~ herself** sie konnte kaum an sich halten

container [kən·'teɪ·nər] n ❶ Behälter m; of yogurt, cream Becher m ❷ TRANSP Container m

containment [kən·'teɪn·mənt] n (limitation) Eindämmung f

contaminate [kən·'tæm·ə·neɪt] vt verunreinigen; (with radioactivity, a. food) verseuchen

contamination [kən·ˌtæm·ɪ·'neɪ·ʃən] n Verunreinigung f; (by radioactivity, a. of food) Verseuchung f

contemplate ['kan·tem·pleɪt] I. vi nachdenken II. vt ❶ (consider) in Erwägung ziehen; (reflect upon) über etw akk nachdenken; suicide denken an +akk ❷ (gaze at) betrachten

contemplation [ˌkan·tem·'pleɪ·ʃən] n ❶ (thought) Nachdenken nt (of über +akk) ❷ (gazing) Betrachtung f

contemplative [kən·'tem·plə·tɪv] adj ❶ (reflective) mood nachdenklich ❷ REL besinnlich; life beschaulich

contemporary [kən·'tem·pə·rer·i] I. n ❶ (from same period) Zeitgenosse, -in m, f ❷ (of same age) Altersgenosse, -in m, f II. adj zeitgenössisch

contempt [kən·'tempt] n ❶ (scorn) Verachtung f; (disregard) Geringschätzung f (for +gen); **to treat sb/sth with ~** jdn/etw mit Verachtung strafen ❷ LAW ~ [of court] Missachtung f [des Gerichts]; **to hold sb in ~ of court** jdn wegen Missachtung des Gerichts festhalten

contemptuous [kən·'temp·tʃu·əs] adj verächtlich; look, remark a. geringschätzig

contend [kən·'tend] I. vi ❶ (compete) kämpfen (for um +akk) ❷ (cope) ■**to ~ with sth** mit etw dat fertigwerden müssen II. vt ■**to ~ that ...** behaupten, dass ...

contender [kən·'ten·dər] n Bewerber(in) m(f) (for für +akk), Anwärter(in) m(f) (for auf +akk)

content¹ ['kan·tent] n ❶ (what is inside) Inhalt m ❷ (amount contained) Gehalt (of an +dat); **to have a high/low fat ~** einen hohen/niedrigen Fettgehalt aufweisen

content² [kən·'tent] I. adj zufrieden II. vt **to be easily ~ed** leicht zufrieden zu stellen sein; ■**to ~ oneself with sth** sich mit etw dat zufriedengeben

contented [kən·'ten·ṭɪd] adj zufrieden

contention [kən·'ten·ʃən] n ❶ (dispute) Streit m ❷ SPORTS **in/out of ~ for sth** [noch] im/aus dem Rennen um etw akk

contentious [kən·'ten·ʃəs] adj umstritten

contentment [kən·'tent·mənt] n Zufriedenheit f

contents ['kan·tents] npl Inhalt m; [table of] ~ Inhaltsverzeichnis nt

contest I. n ['kan·test] ❶ (event) Wettbewerb m; SPORTS Wettkampf m; dance ~ Tanzturnier nt ❷ a. POL Wettstreit m (for um +akk)

▶ PHRASES: **no ~** ungleicher Kampf II. vt [kən·'test] ❶ (compete for) kämpfen um ❷ (dispute) bestreiten; decision in Frage stellen

contestant [kən·'tes·tənt] n (in a competition) Wettbewerbsteilnehmer(in) m(f); SPORTS Wettkampfteilnehmer(in) m(f); (on a game show) Kandidat(in) m(f)

context ['kan·tekst] n Kontext m; **to take** [or use] **sth out of ~** etw aus dem Zusammenhang reißen

continent ['kan·tə·nənt] n GEOG Kontinent m, Erdteil m

continental [ˌkan·tə·'nən·təl] adj ❶ kontinental; ~ **breakfast** kontinentales Frühstück ❷ (of the colonies) Kontinental-; **C~ Congress** Kontinentalkongress m

contingent [kən·'tɪn·dʒənt] I. n ❶ (group) Gruppe f ❷ MIL [Truppen]kontingent nt II. adj ■**to be ~** [up]on sth von etw dat abhängig sein

continual [kən·'tɪn·ju·əl] adj ständig, andauernd

continually [kən·'tɪn·ju·əl·i] adv ständig, [an]dauernd

continuation [kən·ˌtɪn·ju·'eɪ·ʃən] n Fortsetzung f

continue [kən·'tɪn·ju] I. vi ❶ (persist) andauern; (go on) weitergehen; rain anhalten; (in an activity) weitermachen; ■**to ~ doing/to do sth** weiter[hin] etw tun; ■**to ~ with sth** mit etw dat weitermachen ❷ (remain) bleiben; **to ~ in power** an der Macht bleiben ❸ (resume) weitergehen; speaking fortfahren; ■**to ~ doing/to do sth** weiter[hin] etw tun; ■**to ~ with sth** mit etw dat weitermachen II. vt ❶ (keep up, carry on) fortführen; an action mit etw dat weitermachen; career weiterverfolgen; education fortsetzen ❷ (resume) fortsetzen; ~**d on the following page** Fortsetzung f umseitig, auf der nächsten Seite weitergehen

continued [kən·'tɪn·jud] adj fortwährend; ~ **existence** Weiterbestehen nt

continuity [ˌkan·tə·'nu·ɪ·ṭi] n ❶ (consistency) Kontinuität f ❷ FILM Drehbuch nt

continuous [kən·'tɪn·ju·əs] adj (permanent) ununterbrochen; (steady) stetig; (unbroken) durchgehend; line a. durchgezogen; pain anhaltend

contort [kən·'tɔrt] I. vt **to ~ one's body** sich verrenken II. vi (in pain) sich verzerren

contortion [kən·'tɔr·ʃən] n Verrenkung f

contortionist [kən·'tɔr·ʃə·nɪst] n Schlangenmensch m

contour ['kan·tʊr] n ❶ (outline) Kontur f meist pl ❷ GEOG ~ [line] Höhenlinie f

contraband ['kan·trə·bænd] I. n Schmuggelware f II. adj geschmuggelt

contraception [ˌkan·trə·'sep·ʃən] n [Empfängnis]verhütung f

contraceptive [ˌkan·trə·'sep·tɪv] I. n Verhütungsmittel nt II. adj empfängnisverhütend

contract¹ I. n ['kan·trækt] Vertrag m; **to be**

under ~ [to [*or* **with**] **sb**] [bei jdm] unter Vertrag stehen; **breach of ~** Vertragsbruch *m* **II.** *vt* (*formally agree to do*) vertraglich vereinbaren; ■ **to ~ sb to do sth** jdn vertraglich dazu verpflichten, etw zu tun **III.** *vi* ■ **to ~ to do sth** sich vertraglich verpflichten, etw zu tun
◆ **contract out** *vt* vergeben (**to** an +*akk*)
contract² [kən·ˈtrækt] **I.** *vt* ❶ (*tense*) *muscles* zusammenziehen ❷ (*shrink*) *metal* zusammenschrumpfen ❸ MED bekommen; *pneumonia* sich *dat* zuziehen ❹ LING (*shorten*) *word, phrase* zusammenziehen, kontrahieren **II.** *vi* [kən·ˈtrækt] ❶ (*tense*) *muscles* sich zusammenziehen ❷ (*shrink*) sich *akk* zusammenziehen; *pupils* sich verengen
contraction [kən·ˈtræk·ʃən] *n* ❶ (*shrinkage*) Zusammenziehen *nt;* *of pupils* Verengung *f* ❷ *of a muscle* Kontraktion *f* ❸ LING Kontraktion *f*
contractor [ˈkan·træk·tər] *n* (*person*) Auftragnehmer(in) *m(f);* (*company*) beauftragte Firma; **building ~** Bauunternehmer *m*
contractual [kən·ˈtræk·tʃu·əl] *adj* vertraglich
contradict [ˌkan·trə·ˈdɪkt] *vt* ■ **to ~ sb/sth** jdm/etw widersprechen; ■ **to ~ oneself** sich *dat* [selbst] widersprechen
contradiction [ˌkan·trə·ˈdɪk·ʃən] *n* Widerspruch *m* (**of** gegen +*akk*)
contradictory [ˌkan·trə·ˈdɪk·tə·ri] *adj* widersprüchlich
contralto <*pl* -s *or* -ti> [kən·ˈtræl·toʊ] *n* ❶ (*singer*) Altist(in) *m(f)* ❷ (*voice*) Alt *m*
contraption [kən·ˈtræp·ʃən] *n* Apparat *m;* (*vehicle*) Vehikel *nt*
contrary [ˈkan·trer·i] **I.** *n* ■ **the ~** das Gegenteil; **on the ~** ganz im Gegenteil **II.** *adj* ❶ (*conflicting*) *interests, opinions, views* entgegengesetzt; **~ to popular opinion** im Gegensatz zur allgemeinen Meinung ❷ (*opposite in direction*) *course, direction* entgegengesetzt ❸ (*argumentative*) widerspenstig
contrast I. *n* [ˈkan·træst] ❶ (*difference*) Gegensatz *m,* Kontrast *m* (**to/with** zu +*dat*); **to be in stark ~ to sth** in krassem Gegensatz zu etw *dat* stehen ❷ TV Kontrast *m* **II.** *vt* [kən·ˈtræst] ■ **to ~ sth with sth** etw etw *dat* gegenüberstellen **III.** *vi* [kən·ˈtræst] kontrastieren
contrasting [kən·ˈtræs·tɪŋ] *adj* gegensätzlich; *colors/flavors* konträr; *techniques* unterschiedlich
contribute [kən·ˈtrɪb·jut] *vi, vt money, food, equipment* beisteuern; *ideas* beitragen; *article* schreiben (**to** für +*akk*); (*pay in*) *to retirement plan etc.* einen Beitrag leisten
contribution [ˌkan·trɪ·ˈbju·ʃən] *n* Beitrag *m* (**to/toward** zu +*dat*); (*to charity*) Spende *f* (**to/toward** für +*akk*)
contributor [kən·ˈtrɪb·jə·tər] *n* ❶ (*donor*) Spender(in) *m(f)* ❷ (*writer*) Mitarbeiter(in) *m(f)* (**to** bei +*dat*)
contributory [kən·ˈtrɪb·jə·tɔr·i] *adj* (*causing*) **to be a ~ factor to sth** ein Faktor sein, der zu etw *dat* beiträgt

contrive [kən·ˈtraɪv] **I.** *vt* ❶ (*devise*) sich *dat* ausdenken ❷ (*fabricate*) entwerfen, einfädeln **II.** *vi* ■ **to ~ to do sth** es schaffen, etw zu tun
contrived [kən·ˈtraɪvd] *adj* (*pej: artificial*) gestellt, gekünstelt
control [kən·ˈtroʊl] **I.** *n* ❶ Kontrolle *f; of a country* Gewalt *f; of a company* Leitung *f;* **to be in ~ of sth** etw unter Kontrolle haben; *a territory* etw in seiner Gewalt haben; **out of ~** außer Kontrolle sein; **to get** [*or* **go**] **out of ~** außer Kontrolle geraten; **arms ~** Rüstungsbegrenzung *f;* **birth ~** Geburtenkontrolle *f* ❷ TECH Schalter *m,* Regler *m; ~* **panel** Schalttafel *f;* **volume ~** Lautstärkeregler *m* ❸ COMPUT Steuerung *f* **II.** *vt* <-ll-> ❶ (*direct*) kontrollieren; *car* steuern; *company* leiten ❷ TECH (*limit*) *valve, volume* regulieren; *inflation* eindämmen; *pain* in Schach halten ❸ *emotions* beherrschen; *temper* zügeln
controllable [kən·ˈtroʊl·əb·əl] *adj* kontrollierbar, steuerbar
controlled [kən·ˈtroʊld] *adj* ❶ kontrolliert; *voice* beherrscht ❷ MED verschreibungspflichtig
controller [kən·ˈtroʊ·lər] *n* ❶ (*director*) Leiter(in) *m(f);* (*of a radio station*) Intendant(in) *m(f);* (*supervisor*) Aufseher(in) *m(f)* ❷ AVIAT **air traffic** [*or* **flight**] *~* Fluglotse, Fluglotsin *m, f* ❸ FIN Controller(in) *m(f)*
controversial [ˌkan·trə·ˈvɜr·ʃəl] *adj* umstritten
controversy [ˈkan·trə·vɜr·si] *n* Kontroverse *f*
convalesce [ˌkan·və·ˈles] *vi* genesen
convalescence [ˌkan·və·ˈles·əns] *n* ❶ (*recovery*) Genesung *f* ❷ (*time*) Genesungszeit *f*
convalescent [ˌkan·və·ˈles·ənt] **I.** *n* Genesende(r) *f(m)* **II.** *adj* ❶ *person* genesend ❷ *for convalescents* Genesungs-
convection [kən·ˈvek·ʃən] *n* Konvektion *f*
con'vection oven *n* Heißluftherd *m*
convene [kən·ˈvin] (*form*) **I.** *vi* sich versammeln; *committee* zusammentreten **II.** *vt people* zusammenrufen; *committee, meeting* einberufen
convenience [kən·ˈvin·jəns] *n* ❶ (*comfort*) Annehmlichkeit *f;* **at your earliest ~** baldmöglichst ❷ (*device*) Annehmlichkeit *f;* **with all modern ~s** mit allem Komfort
con'venience store *n* Laden *m* an der Ecke
convenient [kən·ˈvin·jənt] *adj* ❶ (*useful*) zweckmäßig; (*comfortable*) bequem; *excuse* passend ❷ *date, time* passend, günstig ❸ (*accessible*) *location* günstig gelegen
convent [ˈkan·vənt] *n* [Nonnen]kloster *nt*
convention [kən·ˈven·ʃən] *n* ❶ (*custom*) Brauch *m; (social code*) Konvention *f; ~* **dictates that ...** es ist Brauch, dass ... ❷ (*agreement*) Abkommen *nt; on human rights* Konvention *f* ❸ (*assembly*) [Mitglieder]versammlung *f;* (*conference*) Konferenz *f; ~* **center** Tagungszentrum *nt*
conventional [kən·ˈven·ʃə·nəl] *adj* konventionell; **~ medicine** Schulmedizin *f*
converge [kən·ˈvɜrdʒ] *vi* ❶ *lines* zusammen-

C

laufen ② *people* **to ~ on a city** scharenweise in eine Stadt kommen ③ MATH konvergieren

convergence [kən·'vɜr·dʒəns] *n of lines* Zusammenlaufen *nt;* **point of ~** Schnittpunkt *m*

convergent [kən·'vɜr·dʒent] *adj* ① *lines* konvergent ② (*similar*) ähnlich; *opinions* konvergierend

conversation [ˌkan·vər·'seɪ·ʃən] *n* Gespräch *nt*, Unterhaltung *f;* **to be in** [*or* **have a**] **~** [**with sb**] sich [mit jdm] unterhalten; **to carry on** [*or* **hold**] **a ~** sich unterhalten, ein Gespräch führen; **to make ~** (*small talk*) Konversation machen

conversational [ˌkan·vər·'seɪ·ʃə·nəl] *adj* Gesprächs-, Unterhaltungs-; **~ tone** Plauderton *m*

conversationally [ˌkan·vər·'seɪ·ʃən·əl·i] *adv* im Plauderton

converse[1] [kən·'vɜrs] *vi* (*form*) sich *akk* unterhalten

converse[2] ['kan·vɜrs] (*form*) I. *n* ■**the ~** das Gegenteil II. *adj* gegenteilig

conversely [kən·'vɜrs·li] *adv* umgekehrt

conversion [kən·'vɜr·ʒən] *n* ① (*change of form or function*) Umwandlung *f* (**into** in +*akk*); TECH Umrüstung *f* (**into** zu +*dat*) ② REL Konversion *f*, Übertritt *m*, Bekehrung *f* ③ MATH Umrechnung *f* ④ (*in football*) Conversion *f;* (*in hockey, soccer*) Verwandlung *f*

convert I. *n* ['kan·vɜrt] REL Bekehrte(r) *f(m)*, Konvertit(in) *m(f);* **to become a ~ to Islam** zum Islam übertreten II. *vi* [kən·'vɜrt] ① REL übertreten; **he ~ed to his wife's religion** er nahm die Religion seiner Frau an ② (*change in function*) sich verwandeln lassen III. *vt* [kən·'vɜrt] ① REL (*a. fig*) bekehren ② (*change in form or function*) ■**to ~ sth** [**into**] etw umwandeln [in] +*akk;* ARCHIT etw umbauen [zu]; TECH etw umrüsten [zu] ③ (*calculate*) umrechnen; (*exchange*) umtauschen ④ (*in football*) *extra point* erfolgreich abschliessen; (*in hockey, soccer*) *penalty* verwandeln

converter [kən·'vɜr·ṭər] *n* ① ELEC Umwandler *m* ② AUTO **catalytic ~** Katalysator *m*

convertible [kən·'vɜr·ṭə·bəl] I. *n* Kabrio[lett] *nt*, Kabriole *nt* ÖSTERR II. *adj* ① (*changeable*) verwandelbar ② FIN konvertierbar

convex ['kan·veks] *adj* konvex

convey [kən·'veɪ] *vt* ① (*transport*) befördern ② (*transmit*) überbringen; (*impart*) vermitteln; (*make clear*) deutlich machen

conveyance [kən·'veɪ·əns] *n* (*form: vehicle*) Verkehrsmittel *nt*

conveyor [kən·'veɪ·ər] *n* ① **~** [**belt**] Förderband *nt;* (*in factory*) Fliessband *nt* ② (*bearer*) Überbringer(in) *m(f)*

convict I. *n* ['kan·vɪkt] Strafgefangene(r) *f(m)* II. *vi* [kən·'vɪkt] auf schuldig erkennen III. *vt* [kən·'vɪkt] verurteilen

conviction [kən·'vɪk·ʃən] *n* ① (*judgment*) Verurteilung *f* (**for** wegen +*dat*); **previous ~s** Vorstrafen *pl* ② (*belief*) Überzeugung *f;* **to**

have a deep ~ that ... der festen Überzeugung sein, dass ...

convince [kən·'vɪns] *vt* überzeugen (**of** von +*dat*)

convincing [kən·'vɪn·sɪŋ] *adj* überzeugend

convoluted [ˌkan·və·'luːṭɪd] *adj* (*form*) ① (*twisted*) verwickelt ② (*difficult*) *sentences* verschachtelt; *plot* verschlungen

convoy ['kan·vɔɪ] *n* Konvoi *m*

convulse [kən·'vʌls] I. *vi* **to ~ with laughter** sich vor Lachen biegen II. *vt* erschüttern; **to be ~d with laughter** sich vor Lachen biegen

convulsion [kən·'vʌl·ʃən] *n usu pl* Krampf *m;* **to go into ~s** Krämpfe bekommen

coo [kuː] *vi* gurren

cook [kʊk] I. *n* Koch, Köchin *m, f* II. *vi* ① (*make meals*) kochen ② (*in water*) kochen; *fish, meat* garen; (*fry, roast*) braten ▶ PHRASES: **what's ~ing?** (*sl*) was ist los? III. *vt* ① (*make*) kochen; **how do you ~ this fish?** wie wird dieser Fisch zubereitet? ② (*heat*) kochen; *fish, meat* garen; (*fry, roast*) braten

'cookbook *n* Kochbuch *nt*

cookie ['kʊk·i] *n* ① (*crisp cake*) Keks *m*, Plätzchen *nt* ② (*sl: person*) **he's one tough ~** er ist eine harte Nuss ③ COMPUT Cookie *nt* ▶ PHRASES: **that's the way the ~ crumbles** (*saying*) so ist das nun mal im Leben

cooking ['kʊk·ɪŋ] *n* ① (*act*) Kochen *nt;* **to do the ~** kochen ② (*style*) **French ~** die französische Küche

cool [kuːl] I. *adj* ① (*pleasantly cold*) kühl; (*unpleasantly cold*) kalt; *clothing, material* luftig; *color* kühl ② (*calm*) ruhig, cool *sl;* (*level-headed*) besonnen; **to keep a ~ head** einen kühlen Kopf bewahren ③ (*unfriendly, unfeeling*) *reception* kühl; (*not showing interest*) abweisend ④ (*fam: trendy, great*) cool *sl*, geil *sl* II. *interj* (*fam*) cool *sl*, geil *sl* III. *n* ① (*cold*) Kühle *f;* **in the ~ of the evening** in der Abendkühle ② (*calm*) Ruhe *f* IV. *vi* ① (*lose heat*) abkühlen; (**to** auf +*akk*) ② (*die down*) *tempers* nachlassen V. *vt* ① (*make cold*) kühlen; (*cool down*) abkühlen ② (*sl: calm down*) **just ~ it!** reg dich ab!

cooler ['kuː·lər] *n* Kühlbox *f;* *for wine bottles* Kühler *m*

cool'headed *adj* besonnen

cooling ['kuː·lɪŋ] *adj* [ab]kühlend

coolly ['kuː·li] *adv* (*coldly*) kühl, distanziert; (*in a relaxed manner*) cool *sl*, gelassen

coolness ['kuːl·nɪs] *n* ① (*low temperature*) Kühle *f* ② (*unfriendliness*) Kühle *f*, Distanziertheit *f*

coop [kuːp] I. *n* Hühnerstall *m* II. *vt* ■**to ~ up** einsperren

co-op ['koʊ·ap] *n abbrev of* **cooperative** I

cooperate [koʊ·'ap·ə·reɪt] *vi* ① (*help*) kooperieren; (*comply a.*) mitmachen ② (*act jointly*) kooperieren, zusammenarbeiten (**in/with** bei +*dat*)

cooperation [koʊ·ˌap·ə·'reɪ·ʃən] *n* ① (*assistance*) Kooperation *f*, Mitarbeit *f* (**in/with** bei

+*dat*) ❷(*joint work*) Zusammenarbeit *f,* Kooperation *f* (**in/with** bei +*dat*)
cooperative [koʊˈap·ər·ə·t̬ɪv] I. *n* Genossenschaft *f,* Kooperative *f* II. *adj* ❶ ECON genossenschaftlich, kooperativ; ~ **farm** landwirtschaftliche Genossenschaft ❷(*willing*) kooperativ
coordinate [ˌkoʊˈɔr·dɪn·eɪt] I. *n usu ul* MATH Koordinate *f* II. *vi* [gut] zusammenarbeiten III. *vt* koordinieren
coordination [ˌkoʊ·ɔr·də·ˈneɪ·ʃən] *n* ❶(*coordinating*) Koordination *f* ❷(*cooperation*) Zusammenarbeit *f* ❸(*dexterity*) Sinn *m* für Koordination
coordinator [koʊ·ˈɔr·də·neɪ·t̬ər] *n* Koordinator(in) *m(f)*
cop [kap] I. *n* (*fam: police officer*) Bulle *m* II. *vt* <-pp-> **to ~ a plea** LAW *sich schuldig bekennen und dafür eine mildere Strafe aushandeln*
cope [koʊp] *vi* ❶(*mentally*) zurechtkommen; **to ~ with a problem** ein Problem bewältigen ❷(*physically*) gewachsen sein
Copenhagen [ˈkoʊ·pən·ˌheɪ·gən, -ˈha-] *n* Kopenhagen *nt*
copier [ˈkap·i·ər] *n* (*machine*) Kopiergerät *nt*
copilot [ˈkoʊ·ˌpaɪ·lət] *n* Kopilot(in) *m(f)*
copious [ˈkoʊ·pi·əs] *adj* zahlreich; ~ **amounts of** Unmengen von
copper [ˈkap·ər] *n* (*metal*) Kupfer *nt*
copulate [ˈkap·jə·leɪt] *vi* kopulieren
copy [ˈkap·i] I. *n* ❶(*duplicate*) Kopie *f;* (*of a document*) Abschrift *f;* (*of a photo*) Abzug *m* ❷(*issue*) Exemplar *nt;* **hard** ~ COMPUT [Computer]ausdruck *m* ❸ PUBL Manuskript *nt;* (*in advertising*) Werbetext *m* II. *vt* <-ie-> ❶(*duplicate*) kopieren; (*write down*) ~ [**down**] *from text* abschreiben; *from words* niederschreiben ❷(*imitate*) *person* nachmachen; *style* nachahmen; *picture* abmalen ❸(*plagiarize*) abschreiben *f* III. *vi* <-ie-> (*in school*) abschreiben
'**copycat** I. *n* (*pej fam*) Nachmacher(in) *m(f);* (*of written work*) Abschreiber(in) *m(f)* II. *adj* imitiert
'**copyeditor** *n* Manuskriptbearbeiter(in) *m(f);* (*for news media*) Redakteur(in) *m(f);* (*in a publishing house*) Lektor(in) *m(f)*
copy pro'tection *n* COMPUT Kopierschutz *m*
copyright [ˈkap·i·raɪt] *n* Copyright *nt,* Urheberrecht *nt;* **out of** ~ nicht [mehr] urheberrechtlich geschützt II. *vt* urheberrechtlich schützen
'**copywriter** *n* [Werbe]texter(in) *m(f)*
coral [ˈkɔr·əl] *n* Koralle *f*
'**coral reef** *n* Korallenriff *nt*
cord [kɔrd] *n* ❶(*for package*) Schnur *f;* **electrical** ~ Kabel *nt* ❷(*fam: pants*) ▪~**s** *pl* Cordhose *f*
cordial [ˈkɔr·dʒəl] I. *adj* ❶(*friendly*) freundlich, herzlich; *relations* freundschaftlich ❷(*form: fervent*) heftig; *dislike* tief II. *n* (*liqueur*) Likör *m*
cordless [ˈkɔrd·lɪs] *adj* schnurlos

cordon [ˈkɔr·dən] I. *n* Kordon *m* II. *vt* ▪**to ~ off** ⟳ **sth** etw absperren
corduroy [ˈkɔr·də·rɔɪ] *n* ❶(*material*) Cordsamt *m;* ~ **jacket** Cordjacke *f* ❷(*pants*) ▪~**s** *pl* Cordhose *f*
core [kɔr] I. *n* ❶(*center*) *of apple* Kerngehäuse *nt; of rock* Innere[s] *nt; of planet* Mittelpunkt *m; of reactor* [Reaktor]kern *m* ❷(*fig*) Kern *m;* **rotten to the** ~ bis ins Mark verdorben ❸ ELEC Leiter *m* II. *adj* zentral III. *vt* entkernen
coriander [ˈkɔr·i·æn·dər] *n* Koriander *m*
cork [kɔrk] I. *n* ❶(*material*) Kork *m* ❷(*stopper*) Korken *m* II. *vt* zukorken
'**corkscrew** *n* Korkenzieher *m*
corn¹ [kɔrn] *n* FOOD Mais *m*
corn² [kɔrn] *n* MED Hühnerauge *nt*

---

i Der Mais, **corn,** kommt aus der „Neuen Welt". In den USA isst man gerne *corn on the cob* (Maiskolben) an Feiertagen oder bei einem Picknick. *Popcorn* wird eher bei einem Kinobesuch genossen. Aufgereiht auf einen Faden wird es auch gerne benutzt, um den Christbaum zu schmücken. Das *cornmeal* (Maismehl) wird dazu verwendet, *Indian pudding,* eine Süßspeise aus Maismehl und Melasse, oder *corn bread,* eine Art Maisbrot, zu machen.

'**corncob** *n* Maiskolben *m*
corner [ˈkɔr·nər] I. *n* ❶ Ecke *f;* **on the** ~ [of the street] an der Straßenecke; *of table* Kante *f;* **to fold the** ~ **of a page** ein Eselsohr machen; **the four ~s of the world** alle vier Himmelsrichtungen; **out of the** ~ **of one's eye** aus dem Augenwinkel ❷(*in soccer*) Ecke *f,* Eckball *m* ▶ PHRASES: **to cut ~s** (*financially*) Kosten sparen; (*in procedure*) das Verfahren abkürzen; **to turn the** ~ um die Ecke biegen II. *adj* Eck- III. *vt* ❶(*trap*) in die Enge treiben ❷ COMM monopolisieren; *market* beherrschen IV. *vi vehicle* eine Kurve/Kurven nehmen; **to** ~ **well** gut in der Kurve liegen
'**cornerstone** *n* ARCHIT (*a. fig*) Eckstein *m*
cornet [kɔr·ˈnet] *n* MUS Kornett *nt*
'**corn flakes** *npl* Cornflakes *pl*
'**cornflower** *n* Kornblume *f*
'**cornstarch** *n* Maisstärke *f*
corny [ˈkɔr·ni] *adj* (*fam: sentimental*) kitschig; (*dopey*) blöd
coronary [ˈkɔr·ə·ner·i] I. *n* Herzinfarkt *m* II. *adj* koronar, Herzkranz-
coronation [ˌkɔr·ə·ˈneɪ·ʃən] *n* Krönung[szeremonie] *f*
coroner [ˈkɔr·ə·nər] *n* Coroner *m* (*Beamter, der unter verdächtigen Umständen eingetretene Todesfälle untersucht*)
corp. [kɔrp] *n* ❶ *short for* **corporation** ❷ *short for* **corporal**
corporal [ˈkɔr·pər·əl] *n* Unteroffizier *m*

corporate ['kɔr·pər·ət] *adj* (*of corporation*) körperschaftlich; ~ **policy** Firmenpolitik *f*
corporate income tax *n* Körperschaftssteuer *f*
corporation [ˌkɔr·pə·'reɪ·ʃən] *n* COMM [Kapital]gesellschaft *f*
corps <*pl* -> [kɔr] *n* Korps *nt;* **medical ~** Sanitätstruppe *f*
corpse [kɔrps] *n* Leiche *f*
corpuscle ['kɔr·pʌs·əl] *n* Blutkörperchen *nt*
corral [kə·'ræl] **I.** *n* [Fang]gehege *nt* **II.** *vt* <-ll-> *animals* in den Korral treiben; ■**to ~ sth off** etw absperren
correct [kə·'rekt] **I.** *vt* korrigieren; **I stand ~ed** ich nehme alles zurück **II.** *adj* (*accurate*) richtig; *proper a.* korrekt; **that is ~** das stimmt
correcting [kə·'rek·tɪŋ] *n* SCH (*checking work*) Korrigieren *nt;* (*checking spelling*) Korrekturen *pl*
correction [kə·'rek·ʃən] *n* ❶(*change*) Korrektur *f* ❷(*improvement*) Verbesserung *f,* Berichtigung *f*
correctional [kə·'rek·ʃə·nəl] *adj* ~ **facility** *Strafanstalt für junge Straftäter*
corrective [kə·'rek·tɪv] **I.** *adj* ❶(*counteractive*) korrigierend; ~ **surgery** Korrekturoperation *f* ❷(*improving behavior*) Besserungs- **II.** *n* Korrektiv *nt*
correctly [kə·'rekt·li] *adv* korrekt, richtig
correctness [kə·'rekt·nɪs] *n* Korrektheit *f,* Richtigkeit *f*
correlate ['kɔr·ə·leɪt] *vi* sich *dat* entsprechen
correlation [ˌkɔr·ə·'leɪ·ʃən] *n* ❶[Wechsel]beziehung *f,* Zusammenhang *m* ❷(*in statistics*) Korrelation *f*
correspond [ˌkɔr·ə·'spand] *vi* ❶(*be equivalent of*) entsprechen (**to** +*dat*); (*be same as*) übereinstimmen (**with** mit +*dat*) ❷(*write*) korrespondieren
correspondence [ˌkɔr·ə·'span·dəns] *n* (*letter writing*) Korrespondenz *f*
correspondent [ˌkɔr·ə·'span·dənt] *n* ❶(*of letters*) Briefeschreiber(in) *m(f)* ❷(*journalist*) Berichterstatter(in) *m(f)*, Korrespondent(in) *m(f)*
corresponding [ˌkɔr·ə·'span·dɪŋ] *adj* ❶(*same*) entsprechend ❷(*accompanying*) dazugehörig
corridor ['kɔr·ɪ·dər] *n* ❶(*inside*) Flur *m,* Gang *m,* Korridor *m* ❷(*strip of land, air space*) Korridor *m*
corroborate [kə·'rab·ə·reɪt] *vt* bestätigen
corroboration [kə·ˌrab·ə·'reɪ·ʃən] *n* Bestätigung *f*
corrode [kə·'roʊd] **I.** *vi* korrodieren **II.** *vt metal* korrodieren; (*fig*) zerstören
corrosion [kə·'roʊ·ʒən] *n* ❶Korrosion *f* ❷(*fig*) Verfall *m*
corrosive [kə·'roʊ·sɪv] *adj* ❶korrosiv; *acid* ätzend ❷(*fig*) zerstörerisch
corrugated ['kɔr·ə·geɪ·ţɪd] *adj iron, cardboard* gewellt
corrupt [kə·'rʌpt] **I.** *adj* ❶(*dishonest*) korrupt; (*bribable*) bestechlich ❷(*ruined*) *text* ent-

stellt; *file* unlesbar; *disk* kaputt **II.** *vt* ❶(*debase ethically*) korrumpieren; (*morally*) [moralisch] verderben; (*influence by bribes*) bestechen ❷(*change*) entstellen; *text* verfälschen ❸ COMPUT *data, file* ruinieren
corruption [kə·'rʌp·ʃən] *n* ❶(*action*) *of moral standards* Korruption *f; of a text* Entstellung *f; of computer file* Zerstörung *f* ❷(*dishonesty*) Unehrenhaftigkeit *f;* (*bribery*) Korruption *f* ❸(*decay*) Zersetzung *f*
corset ['kɔr·sɪt] *n* (*undergarment*) Korsett *nt;* MED Stützkorsett *nt*
Corsica ['kɔr·sɪ·kə] *n* Korsika *nt*
Corsican ['kɔr·sɪ·kən] **I.** *adj* korsisch **II.** *n* ❶(*person*) Korse, -in *m, f* ❷(*language*) Korsisch *nt*
cosignatory [ˌkoʊ·'sɪg·nə·tɔr·i] *n* Mitunterzeichner(in) *m(f)*
cosmetic [kaz·'met·ɪk] **I.** *n* Kosmetik *f;* ~ **s** *pl* Kosmetika *pl* **II.** *adj* kosmetisch *a. fig*
cosmic ['kaz·mɪk] *adj* kosmisch *a. fig*
cosmology [kaz·'mal·ə·dʒi] *n* Kosmologie *f*
cosmonaut ['kaz·mə·nɔt] *n* Kosmonaut(in) *m(f)*
cosmopolitan [ˌkaz·mə·'pal·ɪ·tən] *adj* kosmopolitisch
cosmos ['kaz·məs] *n* Kosmos *m*
cost [kɔst] **I.** *vt* ❶<cost, cost> kosten ❷<-ed, -ed> FIN ■**to ~** [**out**] *expenses* [durch]kalkulieren **II.** *n* ❶(*price*) Preis *m,* Kosten *pl* (**of** für +*akk*); **at no extra ~** ohne Aufpreis; **to buy sth at ~** etw zum Selbstkostenpreis kaufen ❷(*fig*) Aufwand *m kein pl;* **at no ~ to the environment** ohne Beeinträchtigung für die Umwelt; **at all ~**[**s**] [*or* **at any ~**] um jeden Preis ❸■**~s** *pl* Kosten *pl* (**of** für +*akk*)
costar [ˌkoʊ·'star] **I.** *n* einer der Hauptdarsteller; **to be sb's ~** neben jdm die Hauptrolle spielen **II.** *vt, vi* <-rr-> ■**to ~** [**with**] *sb* neben jdm die Hauptrolle spielen
cost-cutting *n* kostensenkend; **to be taking ~ measures** auf dem Spartrip sein
costly ['kɔst·li] *adj* kostspielig *a. fig*
costume ['kas·tum] *n* ❶(*national dress*) Tracht *f;* **historical ~** historisches Kostüm ❷(*decorative dress*) Kostüm *nt;* **to wear a witch**[**'s**] ~ Hexe verkleidet sein
cosy ['koʊ·zi] *adj, i see* **cozy**
cot [kat] *n* (*camping bed*) Feldbett *nt;* (*foldout bed*) Klappbett *nt*
cottage ['kaţ·ɪdʒ] *n* Cottage *nt*
cottage 'cheese *n* Hüttenkäse *m*
cottage 'industry *n* Heimindustrie *f*
cotton ['kat·ən] **I.** *n* ❶(*material, plant*) Baumwolle *f* ❷(*thread*) Garn *nt* **II.** *adj* Baumwoll- **III.** *vi* (*fam: understand*) ■**to ~ on** [**to**] *sth* [etw] kapieren
cotton 'candy *n* Zuckerwatte *f*
'cotton mill *n* Baumwollspinnerei *f*
'cottonseed *n* Baumwollsamen *m*
couch [kaʊtʃ] **I.** *n* <*pl* -es> Couch *f* **II.** *vt* formulieren
'couch potato *n* (*fam*) Couchpotato *f,* Fern-

sehglotzer(in) *m(f)*

cougar ['ku·gər] *n* ZOOL Puma *m*

cough [kɔf] **I.** *n* Husten *m* **II.** *vi* ❶ *person* husten; (*as warning*) hüsteln ❷ *motor* stottern **III.** *vt blood* husten

◆ **cough up I.** *vt* ❶ *blood* husten ❷ (*fam: pay*) herausrücken **II.** *vi* (*fam*) herausrücken

'**cough drop** *n* Hustenbonbon *m*

'**cough medicine** *n* (*in liquid form*) Hustensaft *m*

cough syrup *n* Hustensaft *m*

could [kʊd] *pt, subjunctive of* **can**

council ['kaʊn·səl] *n* Rat *m;* **city** ~ Stadtrat *m*

councilor, councillor ['kaʊn·sə·lər] *n* Ratsmitglied *nt;* **city** ~ Stadtrat, -rätin *m, f*

counsel ['kaʊn·səl] **I.** *vt* <-l- *or* -ll-> empfehlen; ■ **to** ~ **sb about** [*or* **on**] **sth** jdn bei etw *dat* beraten; ■ **to** ~ **sb against sth** jdm von etw *dat* abraten **II.** *n* (*lawyer*) Anwalt, Anwältin *m, f;* ~ **for the defense** Verteidiger(in) *m(f)*

counseling, counselling ['kaʊn·sə·lɪŋ] **I.** *n* psychologische Betreuung **II.** *adj* Beratungs-

counselor, counsellor ['kaʊn·sə·lər] *n* ❶ (*advisor*) Berater(in) *m(f)* ❷ (*lawyer*) Anwalt *m*, Anwältin *f*

count² [kaʊnt] **I.** *n* ❶ (*action of calculating*) Zählung *f;* POL Auszählung *f;* **to lose** ~ beim Zählen durcheinanderkommen; **on the** ~ **of three** bei drei ❷ (*total*) [An]zahl *f*, Ergebnis *nt* ❸ LAW Anklagepunkt *m;* **on all** ~**s** in allen [Anklage]punkten ❹ (*in boxing*) Auszählung ❺ (*in baseball*) Count *m*, Zählung *f* ▶ PHRASES: **to be out for the** ~ k.o. sein **II.** *vt* ❶ (*number*) zählen; *change* nachzählen; ~ [**off**] abzählen ❷ (*consider*) **to** ~ **sb as a friend** jdn als Freund betrachten; **to** ~ **oneself lucky** sich glücklich schätzen ▶ PHRASES: **to** ~ **the cost** [of sth] [etw] bereuen **III.** *vi* zählen; ■ **to** ~ **against sb** gegen jdn sprechen; ■ **to be** ~**ed as sth** als etw gelten; **that's what** ~**s** darauf kommt es an

◆ **count down** *vi* rückwärts bis null zählen; AEROSP den Countdown durchführen

◆ **count on** *vi* zählen auf +*akk*

◆ **count out** *vt* ❶ (*count one by one*) *money* abzählen ❷ (*fam: exclude*) ■ **to** ~ **sb out** jdn nicht einplanen; **you can** ~ **me out** ich mache nicht mit ❸ SPORTS *boxer* auszählen

count² [kaʊnt] *n* Graf *m*

countdown ['kaʊnt·daʊn] *n* Countdown *m* (**to** +*gen*)

countenance ['kaʊn·tə·nəns] **I.** *n* (*liter: face*) Antlitz *nt* **II.** *vt* (*form*) gutheißen; ■ **to not** ~ **sth** etw nicht dulden

counter¹ ['kaʊn·tər] **I.** *vt* ausgleichen; *arguments* widersprechen; *orders* aufheben **II.** *vi* kontern **III.** *adv* entgegen; **to run** ~ **to sth** etw *dat* zuwiderlaufen

counter² ['kaʊn·tər] *n* ❶ (*service point*) Theke *f;* (*in bank, post office*) Schalter *m;* [**kitchen**] ~ [Küchen]arbeitsplatte *f;* **over the** ~ *medication* rezeptfrei; **under the** ~

(*fig*) unterm Ladentisch ❷ (*disc*) Spielmarke *f*

counter³ ['kaʊn·tər] *n* (*person*) Zähler(in) *m(f);* (*machine*) Zählwerk *nt*

counter'act *vt* entgegenwirken +*dat; poison* neutralisieren

'**counterattack I.** *n* Gegenangriff *m* **II.** *vt* im Gegenzug angreifen **III.** *vi* zurückschlagen; SPORTS kontern

counterbalance I. *n* ['kaʊn·tər·ˌbæl·əns] Gegengewicht *nt* **II.** *vt* [ˌkaʊn·tər·'bæl·əns] ausgleichen; (*fig*) ein Gegengewicht zu etw *dat* darstellen

'**countercharge** *n* ❶ LAW Gegenklage *f* ❷ MIL Gegenattacke

counter'clockwise *adv* gegen den Uhrzeigersinn

counter'espionage *n* Spionageabwehr *f*

counterfeit ['kaʊn·tər·fɪt] **I.** *adj* gefälscht; ~ **money** Falschgeld *nt* **II.** *vt* fälschen **III.** *n* Fälschung *f*

counterin'telligence *n* Spionageabwehr *f*

'**countermeasure** *n* Gegenmaßnahme *f*

'**counterpart** *n* Gegenstück *nt*, Pendant *nt;* POL Amtskollege, -in *m, f*

counterpro'ductive *adj* kontraproduktiv

'**countersign** *vt* gegenzeichnen

counter'terrorism *n* Terrorismusbekämpfung *f*

countess <*pl* -es> ['kaʊn·tɪs] *n* Gräfin *f*

countless ['kaʊnt·lɪs] *adj* zahllos

country ['kʌn·tri] **I.** *n* ❶ (*nation*) Land *nt;* ~ **of origin** Herkunftsland *nt;* **native** ~ Heimat *f*, Heimatland *nt* ❷ (*rural areas*) **town and** ~ Stadt und Land; ■ **in the** ~ auf dem Land ❸ (*land*) Land *nt*, Gebiet *nt;* **open** ~ freies Land ❹ (*music*) Countrymusic *f* **II.** *adj cottage, road* Land-; *customs* ländlich

country 'bumpkin *n* (*pej*) Bauerntölpel *m;* (*woman*) Bauerntrampel *m*

'**country club** *n* Country Club *m*

'**countryman** *n* [**fellow**] ~ Landsmann *m*

'**country music** *n* Countrymusic *f*

'**countryside** *n* Land *nt;* (*scenery*) Landschaft *f;* **through the** ~ (*not on roads*) querfeldein; (*avoiding towns*) über Land

'**countrywide I.** *adj* landesweit **II.** *adv* im ganzen Land

'**countrywoman** *n* [**fellow**] ~ Landsmännin *f*

county ['kaʊn·ti] *n* [Verwaltungs]bezirk *m*

county 'seat *n* Bezirkshauptstadt *f*

coup [ku] *n* ❶ (*unexpected achievement*) Coup *m* ❷ POL Staatsstreich *m*

coup de grâce <*pl* coups de grâce> [ˌku·də·'gras] *n* Gnadenstoß *m*

coup d'état <*pl* coups d'état> [ˌku·deɪ·'ta] *n* Staatsstreich *m*

coupé [kuː·'peɪ] *n* Coupé *nt*

couple ['kʌp·əl] **I.** *n* ❶ (*a few*) ■ **a** ~ **of ...** einige ..., ein paar ...; **every** ~ **of days** alle paar Tage; **in a** ~ **more minutes** in wenigen Minuten; **the first** ~ **of weeks** die ersten Wochen ❷ (*two people*) Paar *nt* **II.** *vt* ❶ (*join*) koppeln (**to** mit +*dat*) ❷ *usu passive* (*put together*) ■ **to be** ~**d with sth** mit etw *dat* verbunden sein

couplet ['kʌp·lɪt] *n* Verspaar *nt;* **rhyming ~** Reimpaar *nt*

coupling ['kʌp·lɪŋ] *n* Kupplung *f*

coupon ['ku·pan] *n* Coupon *m,* Gutschein *m*

courage ['kʌr·ɪdʒ] *n* Mut *m;* **to have/lack the ~ to do sth** den Mut haben/nicht den Mut haben etw zu tun

courageous [kə·'reɪ·dʒəs] *adj* mutig

courier ['kʊr·i·ər] *n* Kurier(in) *m(f);* **motorcycle ~** Motorradbote, -in *m, f*

course [kɔrs] **I.** *n* ❶ *(series) of classes* Kurs *m;* **to take a ~ [in sth]** einen Kurs [für etw] besuchen; **training ~** Lehrgang *m;* MED **~ [of treatment]** Behandlung *f* ❷ *(of aircraft, ship)* Kurs *m;* **to change ~** den Kurs ändern; **off ~** nicht auf Kurs; *(fig)* aus der Bahn geraten; **on ~** auf Kurs; *(fig)* auf dem [richtigen] Weg ❸ *(of road)* Verlauf *m;* *(of river, history, justice)* Lauf *m;* **to change ~** einen anderen Verlauf nehmen ❹ *(way of acting) ~* **[of action]** Vorgehen *nt;* **of the three ~s open to us ...** von den drei Wegen, die uns offenstehen, ... ❺ **in the ~ of sth** *(during)* im Verlauf einer S. *gen;* **in the normal ~ of events** normalerweise ❻ **[golf]** ~ Golfplatz *m* ❼ *(part of meal)* Gang *m* ▶ PHRASES: **in due ~** zu gegebener Zeit; **of ~** natürlich; **of ~ not** natürlich nicht; **to be par for the ~** normal sein; **to take its ~** seinen Weg gehen **II.** *vi (flow)* tears strömen

court [kɔrt] **I.** *n* ❶ *(judicial body)* Gericht *nt;* **to go to ~** vor Gericht gehen; **out of ~** außergerichtlich; **to take sb to ~** jdn vor Gericht bringen ❷ *(room)* Gerichtssaal *m* ❸ *(playing area)* [Spiel]platz *m;* **basketball ~** Basketballcourt *m;* **grass ~** Rasenplatz *m* ❹ *(of king, queen)* Hof *m* **II.** *vt* ❶ *(try to gain) fame, wealth* suchen ❷ *(ingratiate oneself)* hofieren ❸ *(dated: woo)* umwerben

courteous ['kɜr·ţi·əs] *adj* höflich

courtesy ['kɜr·ţə·si] *n* ❶ *(politeness)* Höflichkeit *f* ❷ *(courteous gesture)* Höflichkeit *f* ▶ PHRASES: **~ of sb/sth** *(thanks to)* dank jdm/etw; *(with the permission of)* mit freundlicher Genehmigung von jdm/etw

'courthouse *n* Gerichtsgebäude *nt*

courtier ['kɔr·ti·ər] *n* Höfling *m*

court-'martial *n* <*pl* **-s** *or form* courts martial> Kriegsgericht *nt* **II.** *vt* <-l- *or* -ll-> vor ein Kriegsgericht stellen

'courtroom *n* Gerichtssaal *m*

courtship ['kɔrt·ʃɪp] *n* Werben *nt* (**of** um +*akk*)

'courtyard *n* Hof *m;* *(walled-in)* Innenhof *m;* ■ **in the ~** auf dem Hof

cousin ['kʌz·ɪn] *n* Vetter *m,* Cousin, Cousine *m, f*

cove [koʊv] *n* kleine Bucht

covenant ['kʌv·ə·nənt] **I.** *n* ❶ *(legal agreement)* vertragliches Abkommen; **restrictive ~** restriktive Vertragsklausel ❷ REL Bündnis *nt* **II.** *vt, vi* vertraglich vereinbaren

cover ['kʌv·ər] **I.** *n* ❶ *(covering)* Abdeckung *f;*

(sheath-like) Hülle *f;* *(protective top)* Deckel *m;* *(for bed)* [Bett]decke *f;* *(for furniture)* [Schon]bezug *m;* *(tarp)* Plane *f;* ■ **the ~s** *pl* das Bettzeug ❷ *(of a book)* Einband *m;* *of a magazine* Titelseite *f,* Cover *m* ❸ *(shelter)* Schutz *m;* **under ~ of darkness** im Schutze der Dunkelheit [*o* Nacht]; **to take ~** *(from rain)* sich unterstellen; *(from danger)* sich verstecken ❹ MIL Deckung *f* ▶ PHRASES: **never judge a book by its ~** man sollte niemals nur nach dem Äußeren urteilen **II.** *vt* ❶ *(put over)* bedecken; *(against dust a.)* überziehen; **to be ~ed [in** *or* **with] sth** [mit etw] bedeckt sein; **~ed in ink** voller Tinte ❷ *(to protect)* abdecken; **to ~ one's eyes with one's hands** die Augen mit den Händen bedecken ❸ *(to hide)* verdecken; *(fig) one's confusion* überspielen ❹ *(extend over)* sich erstrecken über +*akk* *(fig)* zuständig sein ❺ *(travel)* fahren; **to ~ a lot of ground** eine große Strecke zurücklegen; *(make progress)* gut vorankommen *a. fig;* *(be wide-ranging)* sehr umfassend sein ❻ *(deal with)* sich befassen mit ❼ *(report on)* berichten über +*akk* ❽ *(insure)* versichern (**against/for** gegen +*akk*) ❾ MIL decken; **~ me!** gib mir Deckung! ❿ MUS *song* covern ▶ PHRASES: **to ~ one's tracks** seine Spuren verwischen **III.** *vi* ❶ *(substitute)* ■ **to ~ for sb** jdn vertreten ❷ **to ~ well** *paint* gut decken

◆ **cover up I.** *vt* ❶ *(protect)* ■ **to ~ [oneself] up** sich bedecken ❷ *(hide)* verdecken; *spot* abdecken ❸ *(keep secret)* vertuschen **II.** *vi* alles vertuschen; ■ **to ~ up for sb** jdn decken

coverage ['kʌv·ər·ɪdʒ] *n* ❶ *(reporting)* Berichterstattung *f* (**of** über +*akk*) ❷ *(dealing with)* Behandlung *f;* **to give comprehensive ~ of sth** etw ausführlich behandeln ❸ *(insurance)* Versicherungsschutz *m* ❹ *(staffing)* **to provide emergency ~** einen Notdienst aufrechterhalten

'coveralls *npl* Overall *m*

'cover charge *n (in a nightclub)* Eintritt *m;* *(in a restaurant)* Kosten *pl* für das Gedeck

covered ['kʌv·ərd] *adj* ❶ *(roofed over)* überdacht; **~ bridge** gedeckte [Holz]brücke; **~ wagon** Planwagen *m* ❷ *(insured)* versichert

'cover girl *n* Covergirl *nt*

covering ['kʌv·ər·ɪŋ] *n* Bedeckung *f;* **floor ~** Bodenbelag *m*

'cover letter *n* Begleitbrief *m,* Begleitschreiben *nt*

'cover story *n* Coverstory *f,* Titelgeschichte *f*

covert ['koʊ·vɜrt] *adj* verdeckt, geheim; *glance* verstohlen

'cover-up *n* Vertuschung *f*

cow [kaʊ] *n* Kuh *f a. pej* ▶ PHRASES: **until the ~s come home** bis in alle Ewigkeit

coward ['kaʊ·ərd] *n* Feigling *m*

cowardice ['kaʊ·ər·dɪs], **cowardliness** ['kaʊ·ərd·li·nɪs] *n* Feigheit *f*

cowardly ['kaʊ·ərd·li] *adj* feige

'cowboy *n* Cowboy *m*

cower ['kaʊ·ər] *vi* kauern; **to ~ behind sb/sth**

sich hinter jdn/etw ducken
'**cowhide** n Rindsleder nt
cowl [kaʊl] n (hood) Kapuze f
coworker ['koʊˌwɜrˈkər] n Mitarbeiter(in) m(f)
coxswain ['kak·sən] n Steuermann m (beim Rudern)
coy [kɔɪ] adj ❶ (pretending to be shy) geziert ❷ (secretive) geheimnistuerisch; ■**to be ~ about sth** aus etw dat ein Geheimnis machen
coyote [kaɪ·ˈoʊ·ti] n (animal) Kojote m
coziness ['koʊ·zɪ·nɪs] n Gemütlichkeit f
cozy, cosy ['koʊ·zi] I. adj ❶ gemütlich, behaglich; (nice and warm) mollig warm; atmosphere heimelig; relationship traut ❷ (pej) bequem; **~ deal** Kuhhandel m II. vi <-ie-> ■**to ~ up to sb/sth** ❶ (snuggle up to) sich an jdn/etw anschmiegen ❷ (fam: ingratiate oneself) mit jdm/etw einen Kuhhandel machen
CPA [ˌsi·pi·ˈeɪ] n ECON, FIN abbrev of **certified public accountant** Wirtschaftsprüfer(in) m(f)
Cpl, Cpl., CPL. n short for **corporal**
CPR [ˌsi·pi·ˈar] n MED abbrev of **cardiopulmonary resuscitation** CPR f
CPU [ˌsi·pi·ˈju] n COMPUT abbrev of **central processing unit** CPU f
crab¹ [kræb] n Krebs m
crab² [kræb] vi <-bb-> (fam) nörgeln
'**crab apple** n Holzapfel[baum] m
crabby ['kræb·i] adj (fam) mürrisch
crack [kræk] I. n ❶ (fissure) Riss m ❷ (narrow space) Ritze f; **to open sth a ~** etw einen Spalt öffnen ❸ (sharp noise) of a breaking branch Knacken nt; of breaking ice, thunder Krachen nt ❹ (sharp blow) Schlag m ❺ (illegal drug) Crack nt o m ❻ (attempt) Versuch m; **to take a ~ at sth** etw. [mal] ausprobieren ▶ PHRASES: **at the ~ of dawn** im Morgengrauen II. adj erstklassig; **~ shot** Meisterschütze, -in m, f; **~ regiment** Eliteregiment nt III. vt ❶ (break) **to ~ sth** einen Sprung in eine S. akk machen ❷ (open) ■**to ~ sth** ⟳ [open] etw aufbrechen; bottle aufmachen; egg aufschlagen; nuts, safe knacken ❸ (hit) **to ~ one's head open** sich den Kopf aufschlagen ❹ (make noise) **to ~ one's knuckles** mit den Fingern knacken; **to ~ a whip** mit einer Peitsche knallen ▶ PHRASES: **to ~ a joke** einen Witz reißen IV. vi ❶ (break) [zer]brechen, zerspringen; lips, paint aufspringen, rissig werden ❷ (break down) zusammenbrechen; voice versagen ❸ (make noise) ice, thunder krachen; shot, whip knallen
◆**crack down** vi vorgehen (**on** gegen +akk)
◆**crack up** I. vi (fam) ❶ (find sth hilarious) lachen müssen ❷ (have nervous breakdown) zusammenbrechen; (go crazy) durchdrehen II. vt ❶ (assert) **it's not all it's ~ed up to be** es hält nicht alles, was es verspricht ❷ (fam: amuse) zum Lachen bringen; **it ~s me up** ich könnte mich kaputtlachen
'**crackdown** n scharfes Vorgehen (**on** gegen +akk)

cracked [krækt] adj (having cracks) rissig; cup, glass gesprungen; lips aufgesprungen
cracker ['kræk·ər] n ❶ (biscuit) Kräcker m ❷ (pej: poor white person) abwertende Bezeichnung für Weiße
crackle ['kræk·əl] I. vi knistern a. fig; telephone line knacken II. vt ■**to ~ sth** mit etw dat knistern III. n (on a telephone line, radio) Knacken nt; of paper Knistern nt; of fire a. Prasseln nt
crackling ['kræk·lɪŋ] n ❶ of paper Knistern nt; (of fire a.) Prasseln nt; (on the radio) Knacken nt ❷ (pork skin) ■**~s** pl [Braten]kruste f
'**crackpot** I. n (fam) Spinner(in) m(f) II. adj (fam) bescheuert
cradle ['kreɪ·dəl] I. n ❶ (baby's bed) Wiege f a. fig ❷ (origin) Ursprung m ❸ (hanging platform) Hängebühne f II. vt [sanft] halten; sb's head betten
craft [kræft] I. n ❶ <pl -> (ship) Schiff nt; (boat) Boot nt; (plane) Flugzeug nt ❷ (trade) Handwerk nt kein pl; (handmade objects) ■**~s** pl Kunsthandwerk nt kein pl ❸ (skill) Kunst f II. vt kunstvoll fertigen; **a cleverly ~ed poem** ein geschickt verfasstes Gedicht
craftiness ['kræf·tɪ·nɪs] n Gerissenheit f
'**craftsman** n gelernter Handwerker; **master ~** Handwerksmeister m
crafty ['kræf·ti] adj schlau, gerissen
crag [kræg] n Felsmassiv nt
craggy ['kræg·i] adj zerklüftet; features markant
cram <-mm-> [kræm] I. vt stopfen; **six children were ~med into the back of the car** sechs Kinder saßen gedrängt auf dem Rücksitz des Autos II. vi büffeln, pauken
cramp [kræmp] I. n [Muskel]krampf m; **to get a ~** einen Krampf bekommen II. vi [sich] verkrampfen III. vt einengen ▶ PHRASES: **to ~ sb's style** (hum) jdn nicht zum Zug kommen lassen
cramped [kræmpt] adj beengt; **to be [pretty] ~ for space** [ziemlich] wenig Platz haben
cranberry ['kræn·ˌber·i] n Kranichbeere f
crane [kreɪn] I. n ❶ (device) Kran m ❷ (bird) Kranich m II. vt **to ~ one's neck** den Hals recken
crank [kræŋk] I. n ❶ MECH Kurbel f ❷ (fam: eccentric) Spinner(in) m(f); **~ call** Juxanruf m II. vt ❶ (start) engine ankurbeln ❷ (make louder) music, volume aufdrehen; **~ it!** Mach mal lauter!
◆**crank up** vt ❶ (make louder) music, volume aufdrehen ❷ (start up) device, machine ankurbeln
'**crankshaft** n Kurbelwelle f
cranky ['kræn·ki] adj (fam: grouchy) mürrisch
cranny ['kræn·i] n Ritze f
crap [kræp] I. vi <-pp-> (vulg) kacken II. n usu sing (vulg) Scheiße f a. fig; **to take a ~** kacken III. adj (fam) mies
crappy ['kræp·i] adj (vulg) Scheiß-
crash [kræʃ] I. n <pl -es> ❶ (accident) Un-

fall *m; of plane* Absturz *m* ❷ (*noise*) Krach *m* kein *pl* ❸ COMM Zusammenbruch *m;* **stock market** ~ Börsenkrach *m* ❹ COMPUT Absturz *m* II. *vi* ❶ (*have an accident*) *driver, car* verunglücken; *plane* abstürzen ❷ (*collide with*) ▪**to** ~ **into sb/sth** mit etw/jdm zusammenstoßen ❸ (*make loud noise*) *cymbals, thunder* donnern; *door* knallen; (*move noisily*) poltern; **to come** ~**ing to the ground** auf den Boden knallen ❹ COMM *stock market* zusammenbrechen ❺ COMPUT abstürzen ❻ (*sl*) pennen III. *vt* ❶ (*damage in accident*) zu Bruch fahren; *plane* eine Bruchlandung machen; (*deliberately*) einen Unfall/Absturz absichtlich verursachen; **to** ~ **sth into sth** etw gegen eine S. *akk* fahren/in eine S. *akk* fliegen ❷ (*cause to make noise*) knallen ❸ (*fam: gatecrash*) **to** ~ **a party** uneingeladen zu einer Party kommen

'**crash course** *n* Intensivkurs *m,* Crashkurs *m*

crash '**diet** *n* radikale Abmagerungskur, Crashdiät *f*

'**crash helmet** *n* Sturzhelm *m*

crash-'**land** *vi* bruchlanden

crash '**landing** *n* Bruchlandung *f*

crass [kræs] *adj* krass, grob; *behavior* derb

crate [kreɪt] I. *n* (*open box*) Kiste *f;* (*for bottles*) [Getränke]kasten *m* II. *vt* ▪**to** ~ [**up**] in eine Kiste einpacken

crater [ˈkreɪ·tər] *n* Krater *m; of bomb* Trichter *m*

crave [kreɪv] *vt* begehren; **to** ~ **attention** sich nach Aufmerksamkeit sehnen

craving [ˈkreɪ·vɪŋ] *n* heftiges Verlangen (**for** nach +*dat*)

crawfish [ˈkrɔ·fɪʃ] *n* Languste *f*

crawl [krɔl] I. *vi* ❶ (*go on all fours*) krabbeln ❷ (*move slowly*) kriechen II. *n* ❶ (*slow pace*) **to move at a** ~ im Schneckentempo fahren ❷ (*style of swimming*) Kraulen *nt*

crawler [ˈkrɔ·lər] *n* ❶ (*tracked vehicle*) Raupe *f* ❷ COMPUT *Suchmaschine, die Internetseiten automatisch durchsucht* ❸ ZOOL Kriechtier *nt*

crayfish [ˈkreɪ·fɪʃ] *n* Flusskrebs *m*

crayon [ˈkreɪ·ɑn] I. *n* Buntstift *m* II. *vt* ▪**to** ~ [**in**] ⟳ **sth** etw [mit Buntstift] ausmalen

craze [kreɪz] *n* Mode[erscheinung] *f,* Fimmel *m pej;* ▪~ **for sth** Begeisterung *f* für etw *akk*

crazed [kreɪzd] *adj* wahnsinnig

craziness [ˈkreɪ·zɪ·nɪs] *n* Verrücktheit *f*

crazy [ˈkreɪ·zi] I. *adj* verrückt (**about** nach +*dat*); **to drive sb** ~ jdn zum Wahnsinn treiben II. *n* (*sl*) Verrückte(r) *f(m)*

creak [krik] I. *vi furniture* knarren; *door* quietschen; *bones* knirschen II. *n of furniture* Knarren *nt; of a door* Quietschen *nt; of bones* Knirschen *nt*

cream [krim] I. *n* ❶ FOOD Sahne *f,* Obers *nt* ÖSTERR; ~ **of mushroom soup** Champignoncremesuppe *f* ❷ (*cosmetic*) Creme *f;* **to put** ~ **on** [**sb's**] **sth** [jdm] etw eincremen ❸ (*color*) Creme *nt* ❹ (*fig: the best*) Creme *f,* Elite *f;* **the** ~ **of the crop** das Beste vom Besten II. *adj* cremefarben III. *vt* (*beat*) cremig rühren; ~**ed**

potatoes Kartoffelpüree *nt*

cream '**cheese** *n* [Doppelrahm]frischkäse *m*

'**cream-colored** *adj* cremefarben

creamy [ˈkri·mi] *adj* ❶ (*smooth*) cremig, sahnig ❷ (*off-white*) cremefarben

crease [kris] I. *n* (*fold*) [Bügel]falte *f* II. *vt* zerknittern III. *vi* knittern

create [kri·ˈeɪt] *vt* ❶ (*make*) erschaffen ❷ (*cause*) erzeugen; *confusion* stiften; *impression* erwecken; *sensation* erregen

creation [kri·ˈeɪ·ʃən] *n* ❶ (*making*) [Er]schaffung *f;* (*founding*) Gründung *f;* REL Schöpfung *f* ❷ (*product*) Produkt *nt,* Erzeugnis *nt;* FASHION Kreation *f;* (*of arts a.*) Werk *nt*

creative [kri·ˈeɪ·tɪv] *adj* kreativ, schöpferisch; ~ **ability** [*or* **talent**] Kreativität *f*

creator [kri·ˈeɪ·tər] *n* Schöpfer(in) *m(f)*

creature [ˈkri·tʃər] *n* ❶ (*being*) Kreatur *f,* Wesen *nt;* **living** ~**s** Lebewesen *pl* ❷ (*person*) Kreatur *f,* Geschöpf *nt*

credence [ˈkrid·əns] *n* (*form*) Glaube *m;* **to add** [*or* **lend**] ~ **to sth** etw glaubwürdig machen

credentials [krɪ·ˈden·ʃəlz] *npl* ❶ (*documents*) Zeugnisse *pl* ❷ (*letter of recommendation*) Empfehlungsschreiben *nt*

credibility [ˌkred·ə·ˈbɪl·ɪ·ti] *n* Glaubwürdigkeit *f*

credible [ˈkred·ə·bəl] *adj* glaubwürdig

credit [ˈkred·ɪt] I. *n* ❶ (*recognition, praise*) Anerkennung *f;* (*respect*) Achtung *f;* (*honor*) Ehre *f;* (*standing*) Ansehen *nt;* **to do sb's/sth** ~ jdm/etw Ehre machen; **it is to sb's** ~ **that ...** es ist jds Verdienst, dass ... ❷ COMM Kredit *m;* **to buy sth on** ~ etw auf Kredit kaufen ❸ FIN Haben *nt* ❹ (*contributors*) ▪~**s** *pl* FILM, TV Abspann *m;* **opening/closing** ~**s** Vor-/Nachspann *m* ❺ UNIV (*unit of study*) Credit [Point] *m,* Leistungspunkt *m* II. *vt* ❶ (*believe*) glauben ❷ (*attribute*) zuschreiben; **I** ~**ed her with far more determination than she showed** ich hatte ihr viel mehr Entschlossenheit zugetraut ❸ FIN gutschreiben

creditable [ˈkred·ɪ·tə·bəl] *adj* ehrenwert; *result* verdient

'**credit card** *n* Kreditkarte *f*

'**credit limit** *n* Kredit[höchst]grenze *f*

creditor [ˈkred·ɪ·tər] *n* Gläubiger(in) *m(f)*

'**credit rating** *n* Kreditwürdigkeit *f kein pl*

'**credit slip** *n* Gutschrift *f*

credulous [ˈkredʒ·ə·ləs] *adj* (*form*) leichtgläubig

creed [krid] *n* Glaubensbekenntnis *nt*

creek [krik] *n* (*stream*) Bach *m;* (*tributary*) Nebenfluss *m* ▶ PHRASES: **to be up the** ~ [**without a paddle**] (*fam*) in der Patsche sitzen, in Teufels Küche kommen

creep [krip] I. *n* (*fam*) ❶ (*unpleasant person*) Mistkerl *m* ❷ (*unpleasant feeling*) ▪**the** ~**s** *pl* das Gruseln *kein pl;* **that gives me the** ~**s** das ist mir nicht ganz geheuer II. *vi* <crept, crept> ❶ kriechen; *water* steigen ❷ (*fig*) **doubts began to** ~ **into people's minds** den Men-

schen kamen langsam Zweifel
◆**creep up** vi ❶ (*increase steadily*) [an]steigen
❷ (*sneak up on*) sich anschleichen *a. fig*
(**behind/on** an +*akk*)
creeper ['kri·pər] *n* BOT (*along ground*) Kriech-
gewächs *nt;* (*up a wall*) Kletterpflanze *f*
creepy ['kri·pi] *adj* (*fam*) grus[e]lig, schaurig
creepy-'crawly [-'krɔ·li] *n* (*fam*) Krabbeltier *nt*
cremate ['kri·meɪt] *vt* verbrennen, einäschern
cremation [krɪ·'meɪ·ʃən] *n* Einäscherung *f*
crematorium <*pl* -s *or* -ria> [ˌkri·mə·'tɔr·i·
əm], **crematory** ['kri·mə·tɔr·i] *n* Krematorium *nt*
crêpe [kreɪp] *n* ❶ FOOD Crêpe *f* ❷ (*fabric*)
Krepp *m* ❸ ~ **rubber** Kreppgummi *m*
crept [krept] *pp, pt of* **creep**
crescendo [krɪ·'ʃen·dou] *n* ❶ MUS Crescendo *nt* ❷ (*fig*) Anstieg *m;* **to reach a** ~ einen
Höhepunkt erreichen
crescent ['kres·ənt] *n* ❶ (*moon*) Mondsichel *f*
❷ *halbkreisförmige Straße*
crest [krest] I. *n* ❶ (*peak*) Kamm *m;* ~ **of a hill**
Hügelkuppe *f;* ~ **of a wave** Wellenkamm *m*
❷ ZOOL *of a rooster* Kamm *m; of a bird*
Schopf *m* ❸ (*insignia*) Emblem *nt;* **family** ~
Familienwappen *nt* II. *vt hill* erklimmen
'**crestfallen** *adj* niedergeschlagen
Crete [krit] *n* Kreta *nt*
cretin ['kri·tən] *n* (*pej fam*) Schwachkopf *m*
Creutzfeldt-Jakob disease [ˌkrɔts·felt·'jæ·
kɔb-] *n* Creutzfeldt-Jakob-Syndrom *nt*
crevasse [krə·'væs] *n* Gletscherspalte *f*
crevice ['krev·ɪs] *n* Spalte *f*
crew [kru] I. *n* ❶ AVIAT, NAUT Crew *f,* Besatzung *f;* **ambulance/lifeboat** ~ Rettungs-
mannschaft *f;* **film** ~ Filmteam *nt;* **ground** ~
Bodenpersonal *nt* ❷ (*fam: gang*) Bande *f* II. *vt,*
vi Mannschaftsmitglied sein; ■**to** ~ **for sb** zu
jds Mannschaft gehören
'**crew cut** *n* Bürstenschnitt *m*
'**crewman**, '**crewmember** *n* Besatzungsmit-
glied *nt*
crib [krɪb] *n* ❶ Kinderbett *nt,* Gitterbett *nt;* REL
Krippe *f*
'**crib death** *n see* **sudden infant death syndrome**
crib sheet *n* ❶ *fam* SCH Spickzettel *m,*
Schummler *m* ÖSTERR
cricket[1] ['krɪk·ɪt] *n* ZOOL Grille *f*
cricket[2] ['krɪk·ɪt] *n* SPORTS Kricket *nt*
crime [kraɪm] *n* ❶ (*illegal act*) Verbrechen *nt*
❷ (*criminality*) Kriminalität *f;* **to lead a life**
of ~ das Leben eines/einer Kriminellen führen
'**crime prevention** *n* Verbrechensverhütung *f*
'**crime wave** *n* Welle *f* der Kriminalität
criminal ['krɪm·ə·nəl] I. *n* Verbrecher(in) *m(f)*
II. *adj* ❶ (*illegal*) verbrecherisch; *behavior* kriminell; *offense* strafbar ❷ (*fig*) schändlich; **it's**
~ **to charge so much** es ist eine Schande, so
viel Geld zu verlangen
criminality [ˌkrɪm·ə·'næl·ɪ·ti] *n* Kriminalität *f*
criminologist [ˌkrɪm·ə·'nal·ə·dʒɪst] *n* Krimi-
nologe, -in *m, f*

criminology [ˌkrɪm·ə·'nal·ə·dʒi] *n* Kriminolo-
gie *f*
crimp [krɪmp] *vt* ❶ kräuseln ❷ **to** ~ **one's hair**
sich *dat* das Haar wellen
crimson ['krɪm·zən] I. *n* Purpur[rot] *nt* II. *adj*
purpurrot
cringe [krɪndʒ] *vi* ❶ (*cower*) sich ducken
❷ (*shiver*) schaudern; (*feel uncomfortable*)
we all ~**d with embarrassment** das war uns
allen furchtbar peinlich
crinkle ['krɪŋ·kəl] I. *vt* [zer]knittern II. *vi dress,*
paper knittern; *face, skin* [Lach]fältchen bekommen III. *n* [Knitter]falte *f;* (*in hair*) Krau-
se *f*
crinkly ['krɪŋ·kli] *adj* ❶ (*full of wrinkles*) *paper*
zerknittert; *skin* knittrig ❷ (*wavy and curly*)
gekräuselt
cripple ['krɪp·əl] I. *n* Krüppel *m* II. *vt person*
zum Krüppel machen; *thing* gefechtsunfähig
machen; (*fig*) lahmlegen
crippling ['krɪp·əl·ɪŋ] *adj debts* erdrückend;
pain lähmend
crisis <*pl* -ses> ['kraɪ·sɪs] *n* Krise *f;* **to be in** ~
in einer Krise stecken; ~ **of confidence** Ver-
trauenskrise *f*
crisis 'management *n* Krisenmanagement *nt*
crisp [krɪsp] I. *adj* ❶ (*hard and brittle*) knusprig; *snow* knirschend ❷ (*firm and fresh*)
apple, lettuce knackig ❸ (*stiff and smooth*)
paper, tablecloth steif; *banknote* druckfrisch
❹ (*quick and precise*) *manner, style* präzise;
answer, reply knapp II. *n* ❶ (*easily crumbled*
state) **burnt to a** ~ verkohlt ❷ FOOD
Obstdessert *nt* (*mit Streuseln überbacken*)
'**crispbread** *n* Knäckebrot *nt*
crispy ['krɪs·pi] *adj* (*approv*) knusprig
'**criss-cross** I. *vt* durchqueren II. *vi* sich kreuzen
criterion <*pl* -ria> [kraɪ·'tɪr·i·ən] *n* Kriterium *nt*
critic ['krɪt̬·ɪk] *n* Kritiker(in) *m(f)*
critical ['krɪt̬·ɪ·kəl] *adj* ❶ (*judgmental*) kritisch; ~ **success** Erfolg *m* bei der Kritik; ■**to**
be ~ **of sb** an jdm etwas auszusetzen haben
❷ (*crucial*) entscheidend ❸ MED kritisch
criticism ['krɪt̬·ɪ·sɪz·əm] *n* (*general*) Kritik *f;*
(*specific*) Kritikpunkt *m*
criticize ['krɪt̬·ɪ·saɪz] I. *vt* kritisch beurteilen;
■**to** ~ **sb/sth for sth** jdn/etw wegen einer S.
gen kritisieren II. *vi* kritisieren
critter ['krɪt̬·ər] *n* (*fam*) ❶ (*creature*) Lebewesen *nt,* Kreatur *f* ❷ (*person*) Typ *m fam*
croak [krouk] I. *vi* ❶ (*frog*) quaken; *person*
krächzen ❷ (*sl: die*) abkratzen II. *vt* krächzen
III. *n of a crow, person* Krächzen *nt; of a frog*
Quaken *nt*
Croatia [krou·'eɪ·ʃə] *n* Kroatien *nt*
crochet [krou·'ʃeɪ] *vi, vt* häkeln
crockery ['krak·ə·ri] *n* Geschirr *nt*
crocodile <*pl* - *or* -s> ['krak·ə·daɪl] *n* ZOOL
Krokodil *nt;* ~ **skin** Krokodilleder *nt*
crocus ['krou·kəs] *n* Krokus *m*
croissant [krwa·'saŋ] *n* Croissant *nt*

crony ['kroʊ·ni] *adj* (*pej fam*) Spießgeselle *m*, Haberer *m* ÖSTERR

crook [krʊk] **I.** *n* ❶ (*fam: rogue*) Gauner *m* ❷ (*of a shepherd*) Hirtenstab *m* **II.** *vt arm* beugen; *finger* krümmen

crooked ['krʊk·ɪd] *adj* ❶ (*fam: dishonest*) unehrlich; (*illegal*) krumm; *police officer, politician* korrupt; *salesman* betrügerisch ❷ (*not straight*) krumm; *grin, teeth* schief

crop [krap] **I.** *n* ❶ (*plant*) Feldfrucht *f*; (*harvest*) Ernte *f* ❷ (*short hair cut*) Kurzhaarschnitt *m* ❸ (*whip*) Reitgerte *f* **II.** *vt* <-pp-> ❶ (*cut short*) *hair* kurz schneiden ❷ PHOT zurechtschneiden

♦**crop up** *vi* (*fam*) auftauchen; **something ~ped up** es ist etwas dazwischengekommen

'**crop rotation** *n* Fruchtfolge *f*

croquet [kroʊ·'keɪ] *n* Krocket[spiel] *nt*

cross [krɔs] **I.** *n* ❶ Kreuz *nt a. fig*; **to mark sth with a [red] ~** etw [rot] ankreuzen ❷ (*hybrid*) Kreuzung *f*; (*fig*) Mittelding *nt* (**between** zwischen +*dat*); (*person*) Mischung *f* (**between** aus +*dat*) ❸ (*in soccer*) Flanke *f* **II.** *vt* ❶ (*cross over*) überqueren; (*a. on foot*) *bridge, road* gehen über; *border* passieren; *threshold* überschreiten; (*traverse*) durchqueren; **the bridge ~es the river** die Brücke führt über den Fluss ❷ (*in soccer*) flanken ❸ (*place crosswise*) [über]kreuzen; *arms* verschränken; *legs* übereinanderschlagen ❹ REL ■**to ~ oneself** sich bekreuz[ig]en ❺ (*breed*) kreuzen ▶ PHRASES: **to keep** [*or* **have**] **one's fingers ~ed** [**for sb**] [jdm] die Daumen drücken; **to ~ one's mind** jdm einfallen **III.** *vi* ❶ (*intersect*) sich kreuzen ❷ (*traverse a road*) die Straße überqueren; (*on foot*) über die Straße gehen; **to ~ into a country** die Grenze in ein Land passieren ❸ (*meet*) **our paths have ~ed several times** wir sind uns schon mehrmals über den Weg gelaufen

♦**cross off** *vt* streichen [von]

♦**cross out** *vt* ausstreichen; ■**to ~ out sth** etw [durch]streichen

♦**cross over** *vi* hinübergehen, überqueren; (*on boat*) übersetzen

'**crossbar** *n* SPORT Querlatte *f*; *of bicycle* [Quer]stange *f*

'**crossbow** *n* Armbrust *f*

'**crossbreed** **I.** *n* ZOOL Kreuzung *f*; (*half-breed*) Mischling *m* **II.** *vt* kreuzen

'**crosscheck** *vt* nachprüfen

cross-'country **I.** *adj* Querfeldein-; **~ race** Geländerennen *nt*; **~ skiing** Langlauf *m* **II.** *adv* ❶ (*across a country*) quer durchs Land ❷ (*through countryside*) querfeldein

'**crosscurrent** *n* Gegenströmung *f*

cross-exami'nation *n* Kreuzverhör *nt*; **under ~** im Kreuzverhör

cross-ex'amine *vt* ■**to ~ sb** jdn ins Kreuzverhör nehmen *a. fig*

'**cross-eyed** *adj* schielend; ■**to be ~** schielen

'**crossfire** *n* Kreuzfeuer *nt*; **to be caught in the ~** ins Kreuzfeuer geraten *a. fig*

crossing ['krɔ·sɪŋ] *n* ❶ (*place to cross*) Übergang *m*; (*crossroads*) [Straßen]kreuzung *f* ❷ (*journey*) Überfahrt *f*

cross-'legged [ˌkrɔs·'leg·əd] **I.** *adj* **in a ~ position** mit gekreuzten Beinen **II.** *adv* **to sit ~** im Schneidersitz [da]sitzen

cross-'reference *n* Querverweis *m* (**to** auf +*akk*)

'**crossroads** <*pl* -> *n* Kreuzung *f*; (*fig*) Wendepunkt *m*; ■**at a** [*or* **the**] **~** am Scheideweg

cross-'section *n* ❶ (*cut*) Querschnitt *m* (**of** durch +*akk*) ❷ (*sample*) repräsentative Auswahl

'**crosswalk** *n* Fußgängerübergang *m*

'**crosswind** *n* Seitenwind *m*

'**crossword**, '**crossword puzzle** *n* Kreuzworträtsel *nt*

crotch [kratʃ] *n* Unterleib *m*; *of pants* Schritt *m*

crotchety ['kratʃ·ə·ti] *adj* (*fam*) quengelig

crouch [kraʊtʃ] **I.** *n usu sing* Hocke *f* **II.** *vi* sich kauern

crow[1] [kroʊ] *n* Krähe *f* ▶ PHRASES: **as the ~ flies** [in der] Luftlinie

crow[2] [kroʊ] *vi* <crowed, crowed> ❶ (*cry*) *rooster* krähen ❷ (*express happiness*) jauchzen; (*gloatingly*) triumphieren

'**crowbar** *n* Brecheisen *nt*

crowd [kraʊd] **I.** *n* ❶ (*throng*) [Menschen]menge *f*; SPORTS, MUS Zuschauermenge *f*; **to follow the ~** (*fig*) mit der Masse gehen ❷ (*fam: clique*) Clique *f*; **a bad ~** ein übler Haufen **II.** *vt* ❶ (*fill*) *stadium* füllen; *streets* bevölkern ❷ (*fam: pressure*) ■**to ~ sb** jdn [be]drängen **III.** *vi* ■**to ~ into sth** sich in etw *akk* hineindrängen

♦**crowd out** *vt* herausdrängen

crowded ['kraʊ·dɪd] *adj* überfüllt; *schedule* übervoll

crown [kraʊn] **I.** *n* ❶ (*of a monarch, a. fin*) Krone *f* ❷ (*top of head*) Scheitel *m*; (*of hill*) Kuppe *f*; (*of tooth, tree, hat*) Krone *f* **II.** *vt* krönen; **to ~ sb world champion** jdn zum Weltmeister krönen; *teeth* überkronen

crown 'jewels *npl* Kronjuwelen *pl*

crown 'prince *n* Kronprinz *m*

'**crow's feet** *npl* (*wrinkles*) Krähenfüße *pl*

crucial ['kru·ʃəl] *adj* (*decisive*) entscheidend (**to** für +*akk*); (*critical*) kritisch; (*very important*) äußerst wichtig

crucible ['kru·sɪ·bəl] *n* TECH Schmelztiegel *m*

crucifix ['kru·sɪ·fɪks] *n* Kruzifix *nt*

crucifixion [ˌkru·sɪ·'fɪk·ʃən] *n* Kreuzigung *f*

crucify ['kru·sɪ·faɪ] *vt* kreuzigen; (*fig fam*) verreißen

crude [krud] **I.** *adj* ❶ (*rudimentary*) primitiv ❷ (*vulgar*) derb ❸ (*unprocessed*) roh; **~ oil** Rohöl *nt* **II.** *n* Rohöl *nt*

cruel <-l- *or* -ll-> ['kru·əl] *adj* ❶ (*deliberately mean*) grausam; *remark* gemein ❷ (*harsh*) hart; *disappointment* schrecklich ▶ PHRASES: **to be ~ to be kind** (*saying*) jdm beinhart die Wahrheit sagen

cruelty ['kru·əl·ti] *n* Grausamkeit *f* (**to** gegen

+*akk*); ~ **to animals** Tierquälerei *f;* ~ **to children** Kindesmisshandlung *f*
cruise [kruz] **I.** *n* Kreuzfahrt *f;* **to go on a ~** eine Kreuzfahrt machen **II.** *vi* ❶ (*take a cruise*) eine Kreuzfahrt machen; (*ship*) kreuzen ❷ (*travel at constant speed*) *airplane* [mit Reisegeschwindigkeit] fliegen; *car* [konstante Geschwindigkeit] fahren ❸ (*fam: drive around aimlessly*) herumfahren **III.** *vt* (*sl*) **to ~ the bars** in den Bars aufreißen gehen
'**cruise control** *n* Temporegler *m*
cruiser ['kru·zər] *n* ❶ (*warship*) Kreuzer *m* ❷ (*pleasure boat*) Motoryacht *f* ❸ *see* **squad car**
'**cruise ship** *n* Kreuzfahrtschiff *nt*
crumb [krʌm] *n* ❶ Krümel *m*, Brösel *m* ÖSTERR *a. nt; of bread a.* Krume *f* ❷ (*fig*) **a small ~ of comfort** ein kleiner Trost
crumble ['krʌm·bəl] **I.** *vt* zerkrümeln, zerbröckeln **II.** *vi* ❶ (*disintegrate*) zerbröckeln ❷ (*fig*) *empire* zerfallen; *opposition, relationship* [allmählich] zerbrechen; *resistance* schwinden; *support* abbröckeln
crummy ['krʌm·i] *adj* (*fam*) mies; *house* schäbig
crumple ['krʌm·pəl] **I.** *vt* zerknittern; *paper* zerknüllen, zusammenknüllen **II.** *vi* ❶ (*become wrinkled*) sich verziehen ❷ (*collapse*) zusammenbrechen
crunch [krʌntʃ] **I.** *n* ❶ *usu sing* (*noise*) Knirschen *nt kein pl* ❷ (*fam: difficult situation*) Krise *f* **II.** *vt* FOOD geräuschvoll verzehren **III.** *vi* *gravel, snow* knirschen
'**crunch time** *n* **it's ~** (*fam*) jetzt kommt es drauf an!
crunchy ['krʌn·tʃi] *adj* *apple* knackig; *cereal, toast* knusprig; *snow* verharscht
crusade [kru·'seɪd] **I.** *n* Kreuzzug *m;* ▪**the C~s** *pl* HIST die Kreuzzüge *pl* **II.** *vi* ▪**to ~ for/against sth** einen Kreuzzug für/gegen etw *akk* führen
crusader [kru·'seɪ·dər] *n* ❶ (*campaigner*) ▪**a ~ for/against sth** jd, der für/gegen etw *akk* zu Felde zieht ❷ HIST Kreuzritter *m*
crush [krʌʃ] **I.** *vt* ❶ (*compress*) zusammendrücken; (*causing serious damage*) zerquetschen; MED [sich] etw quetschen ❷ FOOD zerdrücken; *grapes* zerstampfen; *ice* zerstoßen ❸ (*defeat*) vernichten; *hopes* zunichtemachen; *rebellion* niederschlagen; *resistance* zerschlagen **II.** *n* ❶ (*crowd*) Gedränge *nt* ❷ (*drink*) Fruchtsaft *m* mit zerstoßenem Eis ❸ (*infatuation*) Schwarm *m;* **to have a ~ on sb** in jdn verknallt sein
crushing ['krʌʃ·ɪŋ] *adj* schrecklich; *blow* hart; *defeat* vernichtend
crust [krʌst] *n* Kruste *f;* (*pastry shell*) Boden *m*
crustacean [krʌ·'steɪ·ʃən] *n* Krustentier *nt*
crusty ['krʌs·ti] *adj* *bread* knusprig
crutch [krʌtʃ] *n* ❶ MED Krücke *f* ❷ (*fig*) Stütze *f*, Halt *m*
crux [krʌks] *n* Kernfrage *f*
cry <-ie-> [kraɪ] **I.** *n* ❶ (*act of shedding tears*)

Weinen *nt* ❷ (*loud emotional utterance*) Schrei *m;* (*shout a.*) Ruf *m* (**for** nach +*dat*); ~ **for help** Hilferuf *m;* **a ~ of pain** ein Schmerzensschrei *m* ❸ ZOOL, ORN Schreien *nt kein pl,* Geschrei *nt kein pl* **II.** *vi* weinen (**for** nach +*dat*); *baby* schreien **III.** *vt* ❶ (*shed tears*) weinen ❷ (*exclaim*) rufen
◆**cry out I.** *vi* ❶ (*shout*) aufschreien ❷ (*fig: need*) schreien (**for** nach +*dat*) ▶ PHRASES: **for ~ing out loud** (*fam*) verdammt nochmal! **II.** *vt* rufen; (*scream*) schreien
crying ['kraɪ·ɪŋ] *n* Weinen *nt;* (*screaming*) Schreien *nt*
crypt [krɪpt] *n* Krypta *f*
cryptic ['krɪp·tɪk] *adj* rätselhaft; *message a.* geheimnisvoll; *look* unergründlich
crystal ['krɪs·təl] **I.** *n* ❶ CHEM Kristall *m* ❷ (*glass*) Kristallglas *nt* ❸ (*on a watch, clock*) [Uhr]glas *nt* **II.** *adj* ❶ CHEM kristallin ❷ (*made of crystal*) Kristall-
crystal 'ball *n* Kristallkugel *f*
crystal 'clear *adj* ❶ (*transparent*) *water* kristallklar ❷ (*obvious*) glasklar; **she made it ~ that ...** sie stellte unmissverständlich klar, dass ...
crystalline ['krɪs·tə·laɪn] *adj* ❶ CHEM kristallin ❷ (*liter: crystal clear*) kristallklar
crystallize ['krɪs·tə·laɪz] **I.** *vi* CHEM kristallisieren; (*fig*) *feelings* fassbar werden **II.** *vt* (*fig*) herausbilden
CST [ˌsi·es·'ti] *n abbrev of* **Central Standard Time** Zentral Standardzeit *f*
CT *abbrev of* **Connecticut**
cub [kʌb] *n* ❶ ZOOL Junge[s] *nt* ❷ (*Cub Scout*) Wölfling *m*
Cuba ['kju·bə] *n* Kuba *nt*
cubbyhole ['kʌb·i·hoʊl] *n* Kämmerchen *nt*
cube [kjub] **I.** *n* ❶ (*shape*) Würfel *m* ❷ MATH Kubikzahl *f* **II.** *vt* ❶ FOOD in Würfel schneiden ❷ MATH hoch drei nehmen; **2 ~d equals 8** 2 hoch 3 ist 8
cubic ['kju·bɪk] *adj* MATH Kubik-
cubicle ['kju·bɪ·kəl] *n* (*for working*) Arbeitsnische *f*
cuckoo ['ku·ku] **I.** *n* ORN Kuckuck *m* **II.** *adj* (*fam*) übergeschnappt
'**cuckoo clock** *n* Kuckucksuhr *f*
cucumber ['kju·kʌm·bər] *n* [Salat]gurke *f* ▶ PHRASES: **to be [as] cool as a ~** immer einen kühlen Kopf behalten
cuddle ['kʌd·əl] **I.** *n* [liebevolle] Umarmung **II.** *vt* liebkosen **III.** *vi* kuscheln
cuddly ['kʌd·əl·i] *adj* knudd[e]lig
cue¹ [kju] *n* (*billiards*) Queue *nt* ÖSTERR *a. m,* Billardstock *m*
cue² [kju] **I.** *n* THEAT Stichwort *nt;* (*fig a.*) Zeichen *nt;* **to take one's ~ from sb** jds Beispiel *nt* folgen ▶ PHRASES: [**right**] **on ~** wie gerufen **II.** *vt* ▪**to ~ in** ↻ **sb** jdm das Stichwort geben
cuff¹ [kʌf] **I.** *n* ❶ (*of sleeve*) Manschette *f* ❷ (*of pants leg*) [Hosen]aufschlag *m* ❸ (*fam*) LAW ▪**~s** *pl* Handschellen *pl* ▶ PHRASES: **off the ~** aus dem Stegreif **II.** *vt* ▪**to ~ sb** (*fam: hand-*

cuff) jdm Handschellen anlegen

cuff² [kʌf] *vt* ■**to ~ sb** (*strike*) jdm einen Klaps geben

'cuff link *n* Manschettenknopf *m*

cuisine [kwɪˈzin] *n* Küche *f*

cul-de-sac <*pl* -s *or* culs-de-sac> ['kʌl·də·sæk] *n* Sackgasse *f a. fig*

culinary ['kʌl·ə·ner·i] *adj* kulinarisch; **~ skills** Kochkünste *pl*

cull [kʌl] **I.** *vt* ❶ (*select*) herausfiltern ❷ (*kill*) erlegen (*um den Bestand zu reduzieren*) **II.** *n* Abschlachten *nt kein pl;* (*fig*) Abschuss *m kein pl*

culminate ['kʌl·mɪ·neɪt] *vi* gipfeln (**in** in +*dat*)

culmination [ˌkʌl·mɪ·ˈneɪ·ʃən] *n* Höhepunkt *m*

culpable ['kʌl·pə·bəl] *adj* (*form*) schuldig; **to hold sb ~ for sth** jdm die Schuld an etw *dat* geben

culprit ['kʌl·prɪt] *n* Schuldige(r) *f(m);* (*hum*) Missetäter(in) *m(f)*

cult [kʌlt] *n* Kult *m*

cultivate ['kʌl·tə·veɪt] *vt* ❶ *crops* anbauen; *land* bestellen ❷ (*fig form*) entwickeln; *accent, contacts* pflegen; *sb's talent* fördern

cultivated ['kʌl·tə·veɪ·t̬ɪd] *adj* ❶ *field* bestellt; *land, soil a.* bebaut ❷ (*fig*) kultiviert

cultivation [ˌkʌl·tə·ˈveɪ·ʃən] *n* of crops, vegetables Anbau *m;* of land Bebauung *m,* Bestellung *m*

cultivator ['kʌl·tə·veɪ·t̬ər] *n* Grubber *m*

cultural ['kʌl·tʃər·əl] *adj* kulturell

culture ['kʌl·tʃər] **I.** *n* Kultur *f* **II.** *vt* BIOL züchten

cultured ['kʌl·tʃərd] *adj* kultiviert

cumbersome ['kʌm·bər·səm] *adj luggage* unhandlich; *clothing* unbequem

cumin ['kju·mɪn] *n* Kreuzkümmel *m*

cumulative ['kju·mjə·lə·t̬ɪv] *adj* kumulativ; **~ total** Gesamtbetrag *m*

cunning ['kʌn·ɪŋ] **I.** *adj* (*ingenious*) *idea* clever, raffiniert; *person a.* schlau, gerissen **II.** *n* Cleverness *f,* Gerissenheit *f*

cup [kʌp] **I.** *n* ❶ (*container*) Tasse *f;* **a ~ of coffee/tea** eine Tasse Kaffee/Tee; (*of paper, plastic*) Becher *m* ❷ SPORTS Pokal *m;* **the World C~** die Weltmeisterschaft ❸ (*part of bra*) Körbchen *nt;* (*size*) Körbchengröße *f* ▶ PHRASES: **that's just** [*or* not] **my ~ of tea** das ist genau [*o* überhaupt nicht] mein Fall **II.** *vt* <-pp-> **to ~ one's hands** mit den Händen eine Schale bilden; **she ~ped her hands around her mug** sie legte die Hände um den Becher

cupboard ['kʌb·ərd] *n* Schrank *m,* Kasten *m* ÖSTERR

cupful <*pl* -s> ['kʌp·fʊl] *n* Tasse *f*

curator ['kju·reɪ·t̬ər] *n* Konservator(in) *m(f)*

curb [kɜrb] **I.** *vt* zügeln; *expenditures* senken; *inflation* bremsen **II.** *n* ❶ (*concrete border*) Randstein *m* ❷ (*restraint*) Beschränkung *f*

curd [kɜrd] *n* Quark *m*

curdle ['kɜr·dəl] **I.** *vi* gerinnen ▶ PHRASES: **to make sb's <u>blood</u> ~** jdm das Blut in den Adern

gerinnen lassen **II.** *vt* gerinnen lassen

cure [kjʊr] **I.** *vt* ❶ (*heal*) heilen *a. fig* (**of** von +*dat*); *cancer* besiegen ❷ FOOD haltbar machen; (*by smoking*) räuchern; (*by salting*) pökeln; (*by drying*) trocknen **II.** *n* ❶ (*remedy*) [Heil]mittel *nt* (**for** gegen +*akk*) ❷ (*recovery*) Heilung *f;* (*fig: solution*) Lösung *f*

'cure-all *n* Allheilmittel *nt* (**for** gegen +*akk*)

curfew ['kɜr·fju] *n* Ausgangssperre *f*

curiosity [ˌkjʊr·ɪ·ˈas·ɪ·ti] *n* ❶ (*desire to know*) Neugier[de] *f* ❷ (*object*) Kuriosität *f*

curious ['kjʊr·i·əs] *adj* ❶ (*inquisitive*) neugierig (**about** auf +*akk*); **to be ~ to see sb/sth** neugierig darauf sein, jdn/etw zu sehen ❷ (*peculiar*) seltsam, merkwürdig

curl [kɜrl] **I.** *n* ❶ (*loop of hair*) Locke *f* ❷ (*spiral*) Kringel *m* ❸ SPORTS Hantelübung *f* **II.** *vi* ❶ (*of hair*) sich locken ❷ (*of a road*) sich schlängeln **III.** *vt* ❶ **to ~ one's hair** sich *dat* Locken drehen ❷ *lips, leaves* kräuseln

curler ['kɜr·lər] *n* Lockenwickler *m*

curling ['kɜr·lɪŋ] *n* SPORTS Curling *nt,* Eisstockschießen *nt*

'curling iron *npl* Lockenstab *m*

curly ['kɜr·li] *adj leaves* gewellt, gekräuselt; *hair a.* lockig

currency ['kɜr·ən·si] *n* ❶ (*money*) Währung *f;* [foreign] **~** Devisen *pl* ❷ (*acceptance*) [weite] Verbreitung *f;* **to gain ~** sich verbreiten

current ['kɜr·ənt] **I.** *adj* gegenwärtig; *issue* aktuell; **in ~ use** gebräuchlich **II.** *n* ❶ (*of air, water*) Strömung *f;* **to swim against the ~** gegen den Strom schwimmen *a. fig* ❷ ELEC Strom *m*

current af'fairs, current e'vents *npl* POL Zeitgeschehen *nt kein pl*

currently ['kɜr·ənt·li] *adv* zurzeit

curriculum vitae <*pl* -s *or* curricula vitae> [-ˈvi·taɪ] *n* Lebenslauf *m*

curry ['kɜr·i] *n* FOOD Curry *nt o m*

curse [kɜrs] **I.** *vi* fluchen **II.** *vt* ❶ (*swear at*) verfluchen ❷ (*put a magic spell on*) verwünschen; ■**to be ~d with sth** mit etw *dat* geschlagen sein **III.** *n* Fluch *m;* **to put a ~ on sb** jdn verwünschen

cursed ['kɜr·sɪd] *adj* (*liter: under a curse*) verhext

cursive ['kɜr·sɪv] **I.** *adj* **~ writing** Schreibschrift *f* **II.** *n* Schreibschrift *f;* **to write sth in ~** etw in Schreibschrift schreiben

cursor ['kɜr·sər] *n* COMPUT Cursor *m*

cursory ['kɜr·sə·ri] *adj* (*form*) *glance* flüchtig; *examination* oberflächlich

curt [kɜrt] *adj* (*pej*) schroff, barsch

curtail [kər·ˈteɪl] *vt* ❶ (*reduce*) kürzen ❷ (*shorten*) verkürzen; *vacation* frühzeitig abbrechen

curtain ['kɜr·tən] *n* ❶ Vorhang *m,* Gardine *f* ❷ (*fig*) Schleier *m,* Vorhang *m;* **~ of smoke** Rauchwand *f*

'curtain call *n* THEAT Vorhang *m;* **to take a ~** einen Vorhang bekommen

curtsy, curtsey ['kɜrt·si] **I.** *vi* knicksen (**to** vor

+*dat*) II. *n* [Hof]knicks *m*

curvature ['kɜr·və·tʃər] *n* Krümmung *f;* ~ **of the spine** Rückgratverkrümmung *f*

curve [kɜrv] I. *n* ❶ (*bending line*) *of a figure, vase* Rundung *f,* Wölbung *f; of a road* Kurve *f; of a river* Bogen *m* ❷ MATH Kurve *f* II. *vi river, road* eine Kurve machen; *line* eine Kurve beschreiben III. *vt* biegen

cushion ['kʊʃ·ən] I. *n* ❶ (*pillow*) Kissen *nt,* Polster *m* ÖSTERR ❷ (*fig: buffer*) Polster *nt o* ÖSTERR *a. m;* ~ **of air** Luftkissen *nt* II. *vt* dämpfen *a. fig*

cushy ['kʊʃ·i] *adj* (*pej fam*) bequem; *job* ruhig

custard ['kʌs·tərd] *n* (*dessert*) ≈ Vanillepudding *m*

custodial [kʌs·'toʊ·di·əl] *adj* ❶ (*janitorial*) pflegerisch ❷ LAW Wach-; ~ **sentence** Freiheitsstrafe *f*

custodian [kʌs·'toʊ·di·ən] *n* ❶ (*janitor*) Hausmeister(in) *m(f)* ❷ (*keeper*) Aufseher(in) *m(f); of valuables* Hüter(in) *m(f)*

custody ['kʌs·tə·di] *n* ❶ (*guardianship*) Obhut *f;* LAW Sorgerecht *nt* (**of** für +*akk*) ❷ (*detention*) Haft *f;* **to keep sb in** ~ jdn in Gewahrsam halten; **to take sb into** ~ jdn verhaften

custom ['kʌs·təm] I. *n* ❶ (*tradition*) Brauch *m,* Sitte *f* ❷ (*usual behavior*) Gewohnheit *f* II. *adj attr* maßgeschneidert

customary ['kʌs·tə·mer·i] *adj* üblich

'custom-built *adj* spezialangefertigt

customer ['kʌs·tə·mər] *n* ❶ (*buyer, patron*) Kunde, -in *m, f* ❷ (*fam: person*) Typ *m*

'customer number *n* Kundennummer *f*

customer 'service *n* Kundendienst *m*

customize ['kʌs·tə·maɪz] *vt* nach Kundenwünschen anfertigen

custom-'made *adj* auf den Kunden zugeschnitten; *shirt* maßgeschneidert; *shoes* maßgefertigt

customs ['kʌs·təmz] *npl* Zoll *m*

'customs declaration *n* Zollerklärung *f*

'customs duties *npl* Zollabgaben *pl*

'customs officer, 'customs official *n* Zollbeamte(r), -in *m, f*

'customs union *n* Zollunion *f*

cut [kʌt] I. *n* ❶ (*act*) Schnitt *m;* **my hair needs a** ~ mein Haar muss geschnitten werden; **to make a** ~ **[in sth]** [in etw *akk*] einen Einschnitt machen ❷ (*piece of meat*) Stück *nt* ❸ (*fit*) [Zu]schnitt *m; of shirt, pants* Schnitt *m* ❹ (*wound*) Schnittwunde *f;* **to get a** ~ sich schneiden ❺ (*decrease*) Senkung *f;* ~ **in production** Produktionseinschränkung *f;* ~ **in staff** Personalabbau *m* ❻ (*less spending*) ■ ~**s** *pl* Kürzungen *pl* ❼ *in film* Schnitt *m* ▸ PHRASES: **to be a** ~ **above** sth jdm/etw um einiges überlegen sein II. *adj* ❶ (*sliced*) *bread* [auf]geschnitten; ~ **flowers** Schnittblumen *pl* ❷ (*fitted*) *glass, gemstones* geschliffen III. *interj* FILM ~! Schnitt! IV. *vt* <-tt-, cut, cut> ❶ (*slice*) schneiden; *bread* aufschneiden; *slice of bread* abschneiden; **to** ~ **sth in[to]** several

pieces etw in mehrere Teile zerschneiden; **to** ~ **open** aufschneiden ❷ (*sever*) durchschneiden ❸ (*trim*) [ab]schneiden; *hair, fingernails* schneiden; *grass* mähen; **to have** [*or* get] **one's hair** ~ sich *dat* die Haare schneiden lassen ❹ (*decrease*) *costs* senken; *prices* herabsetzen; *overtime* reduzieren; *wages* kürzen (**by** um +*akk*) ❺ *film* kürzen; *scene* herausschneiden; **to** ~ **sb short** jdn unterbrechen ❻ (*shape*) *diamond* schleifen ❼ AUTO *corner* schneiden ❽ *teeth* bekommen ❾ CARDS abheben ❿ COMPUT ausschneiden ▸ PHRASES: **to** [**not**] ~ **it** [k]ein hohes Niveau erreichen V. *vi* <-tt-, cut, cut> ❶ (*slice*) *knife* schneiden ❷ (*slice easily*) *material* sich schneiden lassen ❸ (*take short cut*) eine Abkürzung nehmen ❹ (*withdraw*) ■**to** ~ **loose** sich trennen (**from** von +*dat*); (*fig*) alle Hemmungen verlieren ▸ PHRASES: **to** ~ **to the chase** (*fam*) auf den Punkt kommen; **to** ~ **and run** Reißaus nehmen

♦**cut across** *vi* ❶ (*to other side*) hinüberfahren ❷ (*take short cut*) durchqueren

♦**cut away** *vt* wegschneiden

♦**cut back** I. *vt* ❶ FIN kürzen; *production* zurückschrauben ❷ HORT zurückschneiden II. *vi* (*reduce*) ■**to** ~ **back on sth** etw kürzen; **to** ~ **back on spending** die Ausgaben reduzieren

♦**cut down** I. *vt* ❶ (*fell*) *tree* umhauen ❷ (*reduce*) einschränken; *workforce* abbauen; *production* zurückfahren ❸ (*abridge*) kürzen ▸ PHRASES: **to** ~ **sb down to size** jdn in seine Schranken verweisen II. *vi* ■**to** ~ **down on sth** *smoking, spending* etw einschränken

♦**cut in** I. *vi* ❶ (*interrupt*) unterbrechen ❷ AUTO einscheren; ■**to** ~ **in in front of sb** jdn schneiden ❸ (*jump line*) sich vordränge[l]n; ■**to** ~ **in on** [*or* in front of] sb vor jdn drängeln ❹ (*activate*) sich einschalten II. *vt* ■**to** ~ **sb in** (*share with*) jdn [am Gewinn] beteiligen

♦**cut into** *vi* ❶ (*slice*) anschneiden ❷ (*decrease*) *profits* verkürzen

♦**cut off** *vt* ❶ (*remove*) abschneiden; ■**to** ~ **sth off** [**of**] **sth** etw von etw *dat* abschneiden ❷ (*silence*) unterbrechen; **to** ~ **sb off midsentence** jdm den Satz abschneiden ❸ (*disconnect*) unterbinden; *electricity* abstellen; *gas supply* abdrehen; *phone conversation* unterbrechen ❹ (*isolate*) abschneiden; ■**to** ~ **oneself off** sich zurückziehen

♦**cut out** I. *vt* ❶ (*excise*) herausschneiden ❷ (*from paper*) ausschneiden ❸ (*abridge*) streichen ❹ (*fam: desist*) aufhören mit; ~ **it** [*or* that] **out!** hör auf damit! ❺ (*block*) *light* abschirmen ❻ (*disinherit*) **to** ~ **sb out of one's will** jdn aus seinem Testament streichen ▸ PHRASES: **to have one's work** ~ **out** alle Hände voll zu tun haben; **to be** ~ **out for** sth für etw *akk* geeignet sein II. *vi* ❶ (*stop operating*) sich ausschalten; *plane's engine* aussetzen ❷ AUTO ausscheren; **to** ~ **out of traffic** plötzlich die Spur wechseln

♦**cut up** *vt* ❶ (*slice*) zerschneiden; *food for a*

child klein schneiden ❷ (*injure*) ■**to ~ up** ↻ **sb** jdm Schnittwunden zufügen

cut-and-'dried *adj* ❶ (*fixed*) abgemacht; *decision* klar ❷ (*routine*) eindeutig; ~ **solution** Patentlösung *f*

cutback ['kʌt·bæk] *n* Kürzung *f*

cute <-r, -st> [kjut] *adj* ❶ (*sweet*) süß, niedlich ❷ (*clever*) schlau

cuticle ['kju·t̬ə·kəl] *n* Nagelhaut *f*

cutlery ['kʌt·lə·ri] *n* Besteck *nt*

cutlet ['kʌt·lɪt] *n* ❶ (*meat*) Kotelett *nt* ❷ (*patty*) Frikadelle *f*

cutoff ['kʌt̬·ɔf] *n* ❶ (*limit*) Obergrenze *f* ❷ (*stop*) Beendigung *f;* ~ **date** Endtermin *m*

cutoffs *npl* abgeschnittene Jeans *f*

cutout ['kʌt̬·aʊt] I. *n* ❶ (*shape*) Ausschneidefigur *f* ❷ (*stereotype*) **cardboard** ~ [Reklame]puppe *f* ❸ (*switch*) Unterbrecher *m* II. *adj* ausgeschnitten

'**cut-price** *adj goods* Billig-; *clothing* herabgesetzt

cutter ['kʌt̬·ər] *n* ❶ (*tool*) Schneider *m* ❷ (*person*) [Zu]schneider(in) *m(f);* FILM Cutter(in) *m(f)* ❸ NAUT Kutter *m*

'**cutthroat** *adj competition, pricing* gnadenlos

cutting ['kʌt̬·ɪŋ] I. *n* HORT Ableger *m* II. *adj* ❶ (*capable of severing*) *tool* schneidend ❷ (*abrasive*) *comment* scharf; *remark* bissig

cutting 'edge I. *n* ❶ (*blade*) Schneide *f* ❷ (*latest stage*) ■**to be at the ~** an vorderster Front stehen II. *adj attr* supermodern, Hightech-

cyanide ['saɪ·ə·naɪd] *n* Zyanid *nt*

cybernetics [ˌsaɪ·bər·'net̬·ɪks] *n + sing vb* Kybernetik *f*

cyberspace ['saɪ·bər·speɪs] *n* Cyberspace *m*

cycle[1] ['saɪ·kəl] *short for* **bicycle** I. *n* [Fahr]rad *nt* II. *vi* Rad fahren

cycle[2] ['saɪ·kəl] *n* Zyklus *m; of washing machine* Arbeitsgang *m; ~* **of life** Lebenskreislauf *m*

cyclical ['saɪ·klɪ·kəl, 'sɪk·-] *adj* zyklisch

cyclist ['saɪ·klɪst] *n* Radfahrer(in) *m(f)*

cyclone ['saɪ·kloʊn] *n* METEO Zyklon *m*

cygnet ['sɪg·nɪt] *n* junger Schwan

cylinder ['sɪl·ɪn·dər] *n* ❶ AUTO, MATH Zylinder *m* ❷ TECH Walze *f* ❸ (*vessel*) Flasche *f*

cylindrical [sɪ·'lɪn·drɪ·kəl] *adj* zylindrisch

cymbal ['sɪm·bəl] *n usu pl* Beckenteller *m;* ■~**s** Becken *nt*

cynic ['sɪn·ɪk] *n* Zyniker(in) *m(f)*

cynical ['sɪn·ɪ·kəl] *adj* zynisch

cynicism ['sɪn·ɪ·sɪz·əm] *n* Zynismus *m*

cypher *n see* **cipher**

cypress ['saɪ·prəs] *n* Zypresse *f*

Cyprus ['saɪ·prəs] *n* Zypern *nt*

cyst [sɪst] *n* MED Zyste *f*

cystitis [sɪ·'staɪ·t̬ɪs] *n* Blasenentzündung *f*

czar [zar] *n* Zar *m;* **drug ~** Drogenzar *m*

czarina [za·'ri·nə] *n* Zarin *f*

Czech [tʃek] I. *n* ❶ (*person*) Tscheche, -in *m, f* ❷ (*language*) Tschechisch *nt* II. *adj* tschechisch

Czech Re'public *n* ■**the ~** die Tschechische Republik

D

D <*pl* -'s *or* -s>, **d** <*pl* -'s> [di] *n* ❶ (*letter*) D *nt*, d *nt;* ~ **as in Delta** D wie Dora ❷ MUS D *nt*, d *nt* ❸ (*school grade*) ≈ Vier *f;* **to get a ~** eine Vier schreiben

DA [ˌdi·'eɪ] *n* LAW *abbrev of* **district attorney**

dab [dæb] I. *vt* <-bb-> betupfen; **to ~ one's eyes** sich *dat* die Augen [trocken] tupfen II. *vi* <-bb-> ■**to ~ at sth** etw betupfen

dabble ['dæb·əl] I. *vi* dilettieren; ■**to ~ in** [*or* **with**] **sth** sich nebenbei mit etw *dat* beschäftigen II. *vt* **to ~ one's feet in the water** mit den Füßen im Wasser planschen

dad [dæd] *n* (*fam*) Papa *m*

daddy ['dæd·i] *n* (*fam*) Vati *m*, Papi *m*

daddy 'longlegs <*pl* -> *n* (*fam*) Weberknecht *m*

daffodil ['dæf·ə·dɪl] *n* Osterglocke *f*

daffy ['dæf·i] *adj* (*fam*) doof *pej sl*, blöd *fam,* bescheuert *sl*

dagger ['dæg·ər] *n* Dolch *m*

daily ['deɪ·li] I. *adj, adv* täglich; ~ **routine** Alltagsroutine *f* II. *n* Tageszeitung *f*

dainty ['deɪn·ti] *adj* fein

dairy ['der·i] *n* ❶ (*company*) Molkerei *f;* ~ **products** Molkereiprodukte *pl* ❷ (*farm*) Milchbetrieb *m;* ~ **farmer** Milchbauer, Milchbäuerin *m, f*

daisy ['deɪ·zi] *n* Gänseblümchen *nt* ▶ PHRASES: **as fresh as a ~** putzmunter

dam [dæm] I. *n* [Stau]damm *m* II. *vt* <-mm-> stauen

damage ['dæm·ɪdʒ] I. *vt* ■**to ~ sth** ❶ (*wreck*) *vehicle* etw [be]schädigen ❷ (*blemish*) *reputation* etw *dat* schaden II. *n* Schaden *m* (**to an** +*dat*); **brain ~** Gehirnschaden *m* ▶ PHRASES: **what's the ~?** (*fam*) was kostet der Spaß?

'**damage limitation** *n* ❶ POL Schadensbegrenzung *f* ❷ MIL Vermeidung *f* von Verlusten

damn [dæm] (*inf*) I. *interj* (*in anger*) ■~ [it]! verdammt [noch mal]!; [oh] ~! [so ein] Mist!; (*in surprise*) Wahnsinn! II. *adj* ❶ (*cursed*) Scheiß- ❷ (*emph: extreme*) verdammt; **to be a ~ sight better** entschieden besser sein ❸ **not a ~ thing** überhaupt nichts III. *vt* ❶ (*curse*) verfluchen; ~ **you!** hol dich der Teufel! ❷ (*condemn*) verurteilen ▶ PHRASES: **I'll be ~ed if I'm going to invite her** es fällt mir nicht im Traum ein, sie einzuladen IV. *adv* (*vulg*) verdammt V. *n* **to not give a ~ about sb/sth** sich nicht den Teufel um jdn/etw scheren *fam*

damnation [dæm·'neɪ·ʃən] I. *n* Verdammnis *f* II. *interj* verdammt!

damned [dæmd] **I.** *adj* (*vulg*) ❶(*cursed*) Scheiß- ❷(*emph: extreme*) verdammt **II.** *adv* (*vulg*) verdammt

damning ['dæm·ɪŋ] *adj comment* vernichtend; *evidence* erdrückend; *report* belastend

damp [dæmp] **I.** *adj* feucht **II.** *n* Feuchtigkeit *f*

dampen ['dæm·pən] *vt* ❶(*wet*) befeuchten, anfeuchten ❷(*suppress*) dämpfen

dampness ['dæmp·nɪs] *n* Feuchtigkeit *f*

dance [dæns] **I.** *vi, vt* tanzen *a. fig* **II.** *n* Tanz *m*

'dance music *n* Tanzmusik *f*

dancer ['dæn·sər] *n* Tänzer(in) *m(f)*

dancing ['dæn·sɪŋ] *n* Tanzen *nt*

dandelion ['dæn·də·laɪ·ən] *n* Löwenzahn *m*

dandruff ['dæn·drəf] *n* [Kopf]schuppen *pl*

Dane [deɪn] *n* Däne, -in *m, f*

danger ['deɪn·dʒər] *n* Gefahr *f;* ~! keep out! Zutritt verboten! Lebensgefahr!; **to be in ~ of extinction** vom Aussterben bedroht sein; ■ **to be in ~ of doing sth** Gefahr laufen, etw zu tun

dangerous ['deɪn·dʒər·əs] *adj* gefährlich

'danger zone *n* Gefahrenzone *f*

dangle ['dæn·gəl] **I.** *vi* herabhängen; *earrings* baumeln (**from** an +*dat*) **II.** *vt* ❶(*swing*) **to ~ one's feet** mit den Füßen baumeln ❷(*tempt with*) ■ **to ~ sth before** [*or* **in front of**] **sb** jdm etw [verlockend] in Aussicht stellen

Danish ['deɪ·nɪʃ] **I.** *n* <*pl* -es> ❶(*language*) Dänisch *nt* ❷(*people*) ■ **the ~** *pl* die Dänen ❸(*cake*) *see* **Danish pastry II.** *adj* dänisch

Danish 'pastry *n* Blätterteiggebäck *nt*

dank [dæŋk] *adj* nasskalt

Danube ['dæn·jub] *n* ■ **the ~** die Donau

dappled ['dæp·əld] *adj horse* scheckig; *light* gesprenkelt

dare [der] **I.** *vt* herausfordern; **I ~ you!** trau dich! **II.** *vi* sich trauen; ■ **to ~** [*to*] **do sth** es wagen, etw zu tun ▶ PHRASES: **don't you ~**! untersteh dich!; **I ~ say** (*supposing*) ich nehme an; (*confirming*) das glaube ich gern **III.** *n* Mutprobe *f;* ■ **to do sth on a ~** etw als Mutprobe tun

'daredevil (*fam*) **I.** *n* Draufgänger(in) *m(f)* **II.** *adj* tollkühn; *stunt, tactics* halsbrecherisch

daring ['der·ɪŋ] **I.** *adj person* kühn, wagemutig; *action* waghalsig **II.** *n* Kühnheit *f*

dark [dark] **I.** *adj* ❶(*unlit*) dunkel, finster; (*gloomy*) düster ❷(*in color*) dunkel ❸(*fig*) *chapter* dunkel; *look* finster **II.** *n* ■ **the ~** die Dunkelheit; **to see in the ~** im Dunkeln sehen; **after ~** nach Einbruch der Dunkelheit ▶ PHRASES: **to keep sb in the ~** jdn im Dunkeln lassen

'Dark Ages *npl* HIST ■ **the ~** das frühe Mittelalter

darken ['dar·kən] **I.** *vi* ❶ *sky* dunkel werden ❷ *face, mood* sich verdüstern **II.** *vt* verdunkeln; *room* abdunkeln

dark 'horse *n* ❶(*talent*) unbekannte Größe ❷(*victor*) erfolgreicher Außenseiter

darkly ['dark·li] *adv* ❶(*dimly*) dunkel, finster ❷(*ominously*) böse

darkness ['dark·nɪs] *n* ❶(*no light*) Dunkelheit *f* ❷(*night*) Finsternis *f*

'darkroom *n* Dunkelkammer *f*

'dark-skinned <darker-, darkest-> *adj* dunkelhäutig

darling ['dar·lɪŋ] **I.** *n* Liebling *m,* Schatz *m,* Schätzchen *nt;* ■ **to be sb's ~** jds Liebling *nt* sein **II.** *adj* entzückend

darn¹ [darn] **I.** *vt* stopfen **II.** *n* gestopfte Stelle

darn² [darn] *interj* (*euph*) *see* **damn**

dart [dart] **I.** *n* ❶(*weapon*) Pfeil *m* ❷ SPORT Wurfpfeil *m; ~***s** + *sing vb* (*game*) Darts *nt* **II.** *vi* flitzen

'dartboard *n* Dartscheibe *f*

dash [dæʃ] **I.** *n* <*pl* -es> ❶(*rush*) Hetze *f;* **to make a ~ for the door** zur Tür stürzen ❷ SPORTS Kurzstreckenlauf *m* ❸(*little bit*) ■ **a ~** [*of*] ein kleiner Zusatz; *of spice* eine Messerspitze; *of salt* eine Prise; *of originality* ein Hauch von ❹(*punctuation*) Gedankenstrich *m* **II.** *vi* (*hurry*) sausen; **to ~ off** ich muss fort; **to ~ out of the room** aus dem Zimmer stürmen; ■ **to ~ around** herumrennen; ■ **to ~ off** davonjagen **III.** *vt* ❶(*strike forcefully*) schleudern; **to ~ to pieces** zerschmettern ❷(*destroy*) *hopes* zunichtemachen

'dashboard *n* Armaturenbrett *nt*

dashing ['dæʃ·ɪŋ] *adj* schneidig

data ['deɪ·tə] *npl* + *sing/pl vb* Daten *pl*

'database *n* Datenbank *f*

data 'processing *n* Datenverarbeitung *f*

date¹ [deɪt] **I.** *n* ❶(*calendar day*) Datum *nt; out of ~* überholt; **up to ~** *technology* auf dem neuesten Stand; *style* zeitgemäß ❷(*on coins*) Jahreszahl *f* ❸(*engagement*) *business* Termin *m; social* Verabredung *f; romantic* Date *nt;* **to make a ~** sich verabreden; **to go out on a ~** ausgehen ❹(*person*) Date *nt* **II.** *vt* ❶(*have relationship*) ■ **to ~ sb** mit jdm gehen ❷(*establish the age of*) datieren; **that sure ~s you!** daran merkt man, wie alt du bist!; **a letter ~d November 2nd** ein Brief vom 2. November **III.** *vi* ❶(*have a relationship*) miteinander gehen ❷(*go back to*) ■ **to ~ from** [*or* **back to**] **sth** auf etw *akk* zurückgehen; *tradition* aus etw *dat* stammen

date² [deɪt] *n* FOOD Dattel *f*

ℹ️ Beim **dating** (sich Verabreden) gibt es in den Vereinigten Staaten mehrere Ausdrücke, die die Beziehung zwischen einem Mädchen und einem Jungen beschreiben. *Seeing each other* heißt, dass sich zwei Menschen häufig treffen, sich dabei aber die Möglichkeit offen halten, auch mit anderen Partnern auszugehen. *Going out* weist darauf hin, dass sie einander regelmäßig sehen und dass ihre Beziehung ernst ist.

dated ['deɪ·tɪd] *adj* überholt

'dateline *n* JOURN Datumszeile *f*

'date rape *n* Vergewaltigung *f* durch eine dem Opfer bekannte Person

'date stamp *n* Datumsstempel *m*

dative ['deɪ·ṭɪv] **I.** *n* LING Dativ *m;* **to be in the ~** im Dativ stehen **II.** *adj* **the ~ case** der Dativ

daub [dɔb] **I.** *vt* beschmieren **II.** *n* Spritzer *m;* **~ of paint** Farbklecks *m*

daughter ['dɔ·ṭər] *n* Tochter *f a. fig*

'daughter-in-law <*pl* daughters-> *n* Schwiegertochter *f*

daunt [dɔnt] *vt usu passive* entmutigen

daunting ['dɔn·tɪŋ] *adj* entmutigend

dawdle ['dɔd·əl] *vi* trödeln

dawdler ['dɔd·lər] *n* Trödler(in) *m(f)*

dawn [dɔn] **I.** *n* ❶ (*daybreak*) [Morgen]dämmerung *f;* **at** [the break of] **~** bei Tagesanbruch, im Morgengrauen ❷ (*fig*) Anfang *m* **II.** *vi* ❶ (*start*) anbrechen *a. fig* ❷ (*become apparent*) bewusst werden, dämmern; **it suddenly ~ed on me that ...** auf einmal fiel mir siedend heiß ein, dass ...

day [deɪ] *n* Tag *m;* **ten ~s from now** heute in zehn Tagen; **any ~** [now] jeden Tag; **from one ~ to the next** von heute auf morgen; **one ~** eines Tages; **the other ~** neulich; **some ~** irgendwann [einmal]; **from that ~** on[ward] von dem Tag an; **the ~ after tomorrow** übermorgen; **the ~ before yesterday** vorgestern; **from ~ to ~** von Tag zu Tag; **to the ~** auf den Tag genau; **to this ~** bis heute; **these ~s** (*recently*) in letzter Zeit; (*nowadays*) heutzutage; (*at the moment*) zurzeit; **one of these ~s** eines Tages; (*soon*) demnächst [einmal]; **those were the ~s** das waren noch Zeiten; **in the good old** [*or* ol'] **~s** in der guten alten Zeit; **in those ~s** damals; **in this ~ and age** heutzutage ► PHRASES: **to call it a ~** Schluss machen [für heute]; **at the end of the ~** (*in the final analysis*) letzten Endes; (*eventually*) schließlich; **to make sb's ~** jds Tag retten; **to pass the time of ~** plaudern; **that will be the ~!** das möchte ich zu gern[e] einmal erleben!

'daybreak *n* **at ~** bei Tagesanbruch

'daycare *n* **of preschoolers** Vorschulkinderbetreuung *f;* **of the elderly** Altenbetreuung *f;* **~ center** (*for preschoolers*) Kindertagesstätte *f,* Kinderkrippe *f;* (*for the elderly*) Altentagesstätte *f*

'daydream I. *vi* vor sich *akk* hinträumen **II.** *n* Tagtraum *m*

'daylight *n* Tageslicht *nt;* **in broad ~** am helllichten Tag[e] ► PHRASES: **to scare the** living **~s out of sb** jdn zu Tode erschrecken

daylight-'saving time *n* Sommerzeit *f*

'day shift *n* Tagschicht *f*

'daytime I. *n* Tag *m;* **in** [*or* during] **the ~** tagsüber **II.** *adj* Tages-

day-to-'day *adj* (*daily*) [tag]täglich; (*normal*) alltäglich; **on a ~ basis** tageweise

'day trip *n* Tagesausflug *m*

daze [deɪz] **I.** *n* Betäubung *f;* **in a ~** ganz benommen **II.** *vt* ■ **to be ~d** wie betäubt sein

dazzle ['dæz·əl] **I.** *vt* ❶ (*blind*) blenden ❷ (*amaze*) verwundern **II.** *n* ❶ blendendes Licht ❷ (*fig*) Glanz *m*

'dazzled *adj* geblendet *a.fig,* überwältigt *fig*

DC [ˌdiˈsi] *n* ❶ ELEC *abbrev of* **direct current** Gleichstrom *m* ❷ *abbrev of* **District of Columbia** D.C.

'D-Day *n no art* ❶ HIST *6.Juni 1944, Tag der Landung der Alliierten in der Normandie* ❷ (*fig*) der Tag X

DE *abbrev of* **Delaware**

dead [ded] **I.** *adj* ❶ (*not alive*) tot; **~ body** Leiche *f;* **to drop ~** tot umfallen ❷ *custom* ausgestorben; *feelings* erloschen; *fire, match, volcano* erloschen; *language* tot ❸ (*numb*) *limbs* taub ❹ (*deserted*) *city* [wie] ausgestorben; *party* öde ❺ (*fig fam: exhausted*) tot *fam,* kaputt *fam* ❻ (*not functioning*) *phone* tot ❼ (*fig: used up*) verbraucht; *batteries* leer ► PHRASES: **I wouldn't be** caught **~ in that dress** so ein Kleid würde ich nie im Leben anziehen **II.** *adv* ❶ (*fam: totally*) absolut; **~ certain** todsicher *fam;* **~ drunk** stockbetrunken; **to be ~ set against sth** absolut gegen etw *akk* sein; **to be ~ set on sth** etw felsenfest vorhaben; **~ silent** totenstill; **~ tired** todmüde ❷ (*exactly*) genau; **~ on time** auf die Minute genau ► PHRASES: **to stop sth ~ in its** tracks etw völlig zum Stillstand bringen **III.** *n* ❶ (*people*) ■ **the ~** *pl* die Toten ❷ (*in the middle*) **in the ~ of night** mitten in der Nacht; **in the ~ of winter** im tiefsten Winter

'deadbeat (*sl*) **I.** *n* ❶ (*chronic debtor*) Schnorrer(in) *m(f)* ❷ (*lazy person*) Faulpelz *m;* (*feckless person*) Gammler(in) *m(f)* **II.** *adj* säumig

'deadbolt *n* Schließriegel *m*

deaden ['ded·ən] *vt* ❶ (*numb*) *pain* abtöten *a. fig* ❷ (*diminish*) *sound* dämpfen

dead 'end *n* Sackgasse *f a. fig*

dead-'end *adj* **~ street** Sackgasse *f;* (*fig*) aussichtslos

dead 'heat *n* totes Rennen

'deadline *n* letzter Termin, Deadline *f*

deadlock ['ded·lak] *n* toter Punkt; **to end in a ~** an einem toten Punkt enden

deadly ['ded·li] **I.** *adj* ❶ (*capable of killing*) *weapons* tödlich ❷ (*implacable*) **~ enemies** Todfeinde *pl* ❸ (*pej fam: very boring*) **~** todlangweilig ► PHRASES: **the seven ~** sins die sieben Todsünden *pl* **II.** *adv* **~ serious** todernst

'deadpan *adj* ausdruckslos; *humor* trocken

Dead 'Sea *n* ■ **the ~** das Tote Meer

'deadwood *n* ❶ BOT totes Holz ❷ (*fig*) Ballast *m*

deaf [def] **I.** *adj* (*unable to hear*) taub; (*hard of hearing*) schwerhörig; **to go ~** taub werden; ■ **to be ~ to sth** (*fig*) taube Ohren für etw *akk* haben **II.** *n* ■ **the ~** *pl* die Tauben

deafen ['def·ən] *vt* taub machen; (*fig*) betäuben

deafening ['def·ə·nɪŋ] *adj* ohrenbetäubend

deaf-'mute *n* Taubstumme(r) *f(m)*

deafness ['def·nɪs] *n* (*complete*) Taubheit *f;*

(*partial*) Schwerhörigkeit *f*

deal [di:l] **I.** *n* **❶** Menge *f;* a great [*or* good] ~ eine Menge **❷** (*in business*) Geschäft *nt,* Deal *m sl;* **we got a good ~ on that computer** mit dem Rechner haben wir ein gutes Geschäft gemacht; **to make a ~ with sb** mit jdm ein Geschäft abschließen **❸** (*general agreement*) Abmachung *f;* **it's a ~** abgemacht; **to make a ~** [**with sb**] eine Vereinbarung [mit jdm] treffen **❹** (*treatment*) **a raw** [*or* rough] **~** eine ungerechte Behandlung *nt* ▶ PHRASES: **big ~!** (*fam*) was soll's?; **what's the big ~?** (*fam*) na und? **II.** *vi* <-t, -t> **❶** CARDS geben **❷** (*sl: sell drugs*) dealen **III.** *vt* <-t, -t> **❶** (*give*) ■ **to** ~ [out] verteilen; **to ~ sb a blow** jdm einen Schlag versetzen *a. fig* **❷** (*sell*) ■ **to ~ sth** drugs mit etw *dat* dealen ◆**deal with** *vi* **❶** (*handle*) sich befassen mit, sich kümmern um; ■ **to ~ with sth** mit etw *dat* zurande kommen *fam;* ■ **to ~ with sb/sth** mit jdm/etw *dat* zurechtkommen **❷** (*treat*) handeln von **❸** (*do business*) Geschäfte machen mit

dealer ['di:lər] *n* **❶** COMM Händler(in) *m(f);* of drugs Dealer(in) *m(f)* **❷** CARDS [Karten]geber(in) *m(f)*

dealership ['di:lər·ʃɪp] *n* Verkaufsstelle *f*

dealing ['di:lɪŋ] *n* **❶** ■ ~**s** *pl* (*transactions*) Geschäfte *pl;* (*contact*) Umgang *m kein pl* **❷** (*way of behaving*) Verhalten *nt;* (*in business*) Geschäftsgebaren *nt*

dealt [delt] *pt, pp of* **deal**

dean [di:n] *n* Dekan(in) *m(f)*

dear [dɪr] **I.** *adj* **❶** (*much loved*) lieb; (*lovely*) baby, kitten süß; thing *a.* entzückend **❷** (*in letters*) **D~ Mr. Jones** Sehr geehrter Herr Jones; **D~ Jane** Liebe Jane **❸** (*costly*) teuer **II.** *interj* ~ **me!** du liebe Zeit!; **oh ~!** du meine Güte! **III.** *n* **❶** (*nice person*) Schatz *m* **❷** (*term of endearment*) **my ~** [**est**] [mein] Liebling *m*

dearly ['dɪr·li] *adv* von ganzem Herzen; **to pay ~** (*fig*) teuer bezahlen

dearth [dɜrθ] *n* (*form*) Mangel *m* (**of** an +*dat*)

death [deθ] *n* Tod *m;* **to be bored to ~** sich zu Tode langweilen; **to be put to ~** getötet werden; **accidental ~** Tod durch Unfall ▶ PHRASES: **to be at ~'s door** an der Schwelle des Todes stehen; **to be the ~ of sb** jdn das Leben kosten; **to look like ~ warmed over** wie eine Leiche auf Urlaub aussehen

'deathbed *n* Sterbebett *nt*

'deathblow *n* Todesstoß *m*

'death certificate *n* Sterbeurkunde *f*

deathly ['deθ·li] *adj, adv* tödlich; ~ **silence** Totenstille *f*

'death penalty *n* Todesstrafe *f;* **to receive the ~** zum Tode verurteilt werden

'death rate *n* Sterblichkeitsziffer *f*

death 'row *n* Todestrakt *m*

'death sentence *n* Todesurteil *nt*

'death tax *n see* **inheritance tax**

'death trap *n* Todesfalle *f*

debacle [dɪ·'ba·kəl] *n* Debakel *nt*

debar <-rr-> [dɪ·'bar] *vt* ausschließen

debase [dɪ·'beɪs] *vt* **❶** thing herabsetzen; currency schmälern **❷** person entwürdigen

debatable [dɪ·'beɪ·ṭə·bəl] *adj* umstritten; ■ **it's ~ whether ...** es ist fraglich, ob ...

debate [dɪ·'beɪt] **I.** *n* Debatte *f* **II.** *vt, vi* debattieren

debauch [dɪ·'bɔtʃ] *vt* [sittlich] verderben

debauchery [dɪ·'bɔ·tʃə·ri] *n* Ausschweifungen *pl*

debilitate [dɪ·'bɪl·ɪ·ṭeɪt] *vt* schwächen

debilitating [dɪ·'bɪl·ɪ·teɪ·ṭɪŋ] *adj* schwächend

debility [dɪ·'bɪl·ɪ·ṭi] *n* Schwäche *f*

debit ['deb·ɪt] **I.** *n* Debet *nt,* Soll *nt;* **to be in ~** im Minus sein **II.** *vt* abbuchen

'debit card *n* Debitkarte *f,* Geldautomatenkarte *f*

debris [də·'bri] *n* Trümmer *pl*

debt [det] *n* Schuld *f;* **to be** [**heavily**] **in ~** [**to sb**] [große] Schulden [bei jdm] haben

'debt collector *n* Schuldeneintreiber(in) *m(f)*

debtor ['deṭ·ər] *n* Schuldner(in) *m(f)*

'debtor country, 'debtor nation *n* Schuldnerstaat *m*

debug <-gg-> [ˌdi·'bʌg] *vt* ■ **to ~ sth** **❶** COMPUT bei etw *dat* die Fehler beseitigen; **to ~ a program** ein Programm auf Viren hin absuchen **❷** (*remove hidden microphones*) etw entwanzen

debut [deɪ·'bju] **I.** *n* of a performer Debüt *nt* **II.** *vi* debütieren

debutante ['deb·ju·tant] *n* Debütantin *f a. fig*

Dec. *n abbrev of* **December** Dez.

decade ['dek·eɪd] *n* Jahrzehnt *nt*

decadence ['dek·ə·dəns] *n* Dekadenz *f*

decadent ['dek·ə·dənt] *adj* dekadent; (*hum*) üppig

decaf ['di·kæf] (*fam*) **I.** *adj abbrev of* **decaffeinated** entkoffeiniert, koffeinfrei **II.** *n abbrev of* **decaffeinated coffee** entkoffeinierter Kaffee

decaffeinated [ˌdi·'kæf·ɪ·neɪ·ṭɪd] *adj* entkoffeiniert, koffeinfrei

decant [dɪ·'kænt] *vt* umfüllen

decanter [dɪ·'kæn·tər] *n* Karaffe *f*

decapitate [dɪ·'kæp·ɪ·teɪt] *vt* köpfen

decapitation [dɪ·ˌkæp·ɪ·'teɪ·ʃən] *n* Enthauptung *f*

decathlete [dɪ·'kæθ·lit] *n* Zehnkämpfer(in) *m(f)*

decathlon [dɪ·'kæθ·lan] *n* Zehnkampf *m*

decay [dɪ·'keɪ] **I.** *n* **❶** (*deterioration*) Verfall *m;* **to fall into ~** verfallen **❷** BIOL Verwesung *f;* BOT Fäulnis *f;* PHYS Zerfall *m;* **tooth ~** Zahnfäule *f* **II.** *vi* **❶** (*deteriorate*) verfallen **❷** BIOL verwesen, [ver]faulen; BOT verblühen; PHYS zerfallen

deceased [dɪ·'sist] (*form*) **I.** *n* <*pl* -> ■ **the ~** der/die Verstorbene, die Verstorbenen *pl* **II.** *adj* verstorben

deceit [dɪ·'sit] *n* Betrug *m*

deceitful [dɪ·'sit·fəl] *adj* [be]trügerisch

deceive [dɪ·'siv] *vt* betrügen; ■ **to ~ sb** jdn hintergehen; ■ **to ~ oneself** sich [selbst] täuschen; ■ **to be ~d by sth** von etw *dat* getäuscht werden

deceiver [dɪ·ˈsi·vər] *n* Betrüger(in) *m(f)*

decelerate [di·ˈsel·ə·reɪt] *vi* sich verlangsamen; *vehicle, driver* langsamer fahren

December [dɪ·ˈsem·bər] *n* Dezember *m; see also* **February**

decency [ˈdi·sən·si] *n* ❶ (*respectability*) Anstand *m;* (*goodness*) Anständigkeit *f* ❷ (*approved behavior*) ■**decencies** *pl* Anstandsformen *pl*

decent [ˈdi·sənt] *adj* ❶ (*socially acceptable*) anständig ❷ (*good*) *person* nett ❸ (*appropriate*) angemessen; **to do the ~ thing** das [einzig] Richtige tun ❹ (*good-sized*) anständig; *helping* ordentlich ❺ (*acceptable*) *job, proposal* annehmbar ❻ (*fam: dressed*) angezogen

decentralization [di·ˌsen·trə·lɪ·ˈzeɪ·ʃən] *n* Dezentralisierung *f*

decentralize [di·ˈsen·trə·laɪz] *vt* dezentralisieren

deception [dɪ·ˈsep·ʃən] *n* Täuschung *f*

deceptive [dɪ·ˈsep·tɪv] *adj* täuschend

decibel [ˈdes·ə·bəl] *n* Dezibel *nt*

decide [dɪ·ˈsaɪd] **I.** *vi* sich entscheiden (**on** für +*akk*); ■**to ~ to do sth** beschließen [*o* sich entschließen], etw zu tun **II.** *vt* entscheiden; *sb's fate* entscheiden über +*akk*

decided [dɪ·ˈsaɪ·dɪd] *adj* (*definite*) entschieden; *dislike* ausgesprochen

deciduous [dɪ·ˈsɪdʒ·u·əs] *adj* **~ tree** Laubbaum *m*

decimal [ˈdes·ə·məl] *n* Dezimalzahl *f,* Dezimale *f;* **~ place** Dezimalstelle *f;* **~ point** Komma *nt*

decipher [dɪ·ˈsaɪ·fər] *vt* entziffern; *code* entschlüsseln

decision [dɪ·ˈsɪʒ·ən] *n* Entscheidung *f* (**about/on** über +*akk*), Entschluss *m;* **to come to** [*or* **reach**] **a ~** zu einer Entscheidung gelangen; **to make a ~** eine Entscheidung treffen

de'cision-making *n* Entscheidungsfindung *f*

decisive [dɪ·ˈsaɪ·sɪv] *adj* ❶ (*determining*) bestimmend; *battle* entscheidend; *part* maßgeblich ❷ (*firm*) *measure* entschlossen

deck [dek] **I.** *n* ❶ (*on a ship, bus*) Deck *nt;* **on ~** an Deck ❷ (*raised porch*) Veranda *f* ❸ CARDS **~ of cards** Spiel *nt* Karten ❹ MUS **tape ~** Tapedeck *nt* ▶ PHRASES: **to clear the ~s** klar Schiff machen; **to have all hands on ~** jede erdenkliche Unterstützung haben **II.** *vt* ❶ (*adorn*) ■**to ~ sth** [**out**] etw [aus]schmücken ❷ (*sl: knock down*) ■**to ~ sb** jdm eine verpassen

'deck chair *n* Liegestuhl *m;* (*on ship*) Deckchair *m*

declaration [ˌde·klə·ˈreɪ·ʃən] *n* Erklärung *f;* **to make a ~** eine Erklärung abgeben

ⓘ In der **Declaration of Independence**, der Unabhängigkeitserklärung, erklärten sich die 13 Kolonien Nordamerikas als unab-

hängig von Großbritannien, gaben sich selbst den Namen der 13 Vereinigten Staaten von Amerika und verteidigten die Gründe, die sie dazu gebracht hatten, so zu handeln. Die Erklärung wurde am 4. Juli 1776 durch den *Continental Congress* (Kontinentalkongress) ratifiziert und dieser Tag wird heute in den Vereinigten Staaten jedes Jahr als *Independence Day* (Unabhängigkeitstag) gefeiert.

declare [dɪ·ˈkler] **I.** *vt* ❶ (*make known*) verkünden; *intention* kundtun; *support* zusagen; **to ~ one's love for sb** jdm eine Liebeserklärung machen ❷ (*state*) erklären; **to ~ war on sb** jdm den Krieg erklären ❸ (*for customs, tax*) deklarieren; **do you have anything to ~?** haben Sie etwas zu verzollen? **II.** *vi* sich aussprechen

decline [dɪ·ˈklaɪn] **I.** *n* ❶ (*decrease*) Rückgang *m* ❷ (*deterioration*) Verschlechterung *f;* **industrial ~** Niedergang *m* der Industrie **II.** *vi* ❶ (*refuse*) ablehnen ❷ (*diminish*) *interest, popularity* sinken, nachlassen; *health* sich verschlechtern; *strength* abnehmen ❸ (*sink in position*) abfallen **III.** *vt* ❶ (*refuse*) ablehnen ❷ LING deklinieren, beugen

decode [ˌdi·ˈkoʊd] *vt* entschlüsseln

decoder [dɪ·ˈkoʊ·dər] *n* Decoder *m*

decompose [ˌdi·kəm·ˈpoʊz] *vi* sich zersetzen

decomposition [ˌdi·kam·pə·ˈzɪʃ·ən] *n* Zersetzung *f*

decompress [ˌdi·kəm·ˈpres] *vt, vi* dekomprimieren

decompression [ˌdi·kəm·ˈpreʃ·ən] *n* Dekompression *f;* COMPUT Entpacken *nt*

decongestant [ˌdi·kən·ˈdʒes·tənt] *n* abschwellendes Mittel, Mittel, das die Atemwege frei macht

decontaminate [ˌdi·kən·ˈtæm·ɪ·neɪt] *vt* entseuchen

decontamination [ˌdi·kən·ˌtæm·ɪ·ˈneɪ·ʃən] *n* Entseuchung *f*

decor [ˈdeɪ·kɔr] *n* Ausstattung *f;* THEAT Dekor *m o nt*

decorate [ˈdek·ə·reɪt] *vt* ❶ (*adorn*) schmücken; *cake, store window* dekorieren ❷ *usu passive* (*honor*) ■**to be ~** [**for sth**] [für etw *akk*] ausgezeichnet werden

decoration [ˌdek·ə·ˈreɪ·ʃən] *n* ❶ (*for party*) Dekoration *f;* (*for Christmas tree*) Schmuck *m kein pl* ❷ (*medal*) Auszeichnung *f*

decorative [ˈdek·ər·ə· t̬ɪv] *adj* dekorativ

decorum [dɪ·ˈkɔr·əm] *n* (*form*) Schicklichkeit *f*

decoy [ˈdi·kɔɪ] *n* Lockvogel *m*

decrease I. *vi* [dɪ·ˈkris] abnehmen, zurückgehen **II.** *vt* [dɪ·ˈkris] reduzieren; *production* drosseln **III.** *n* [ˈdi·kris] Abnahme *f;* *numbers* Rückgang *m*

decree [dɪ·ˈkri] **I.** *n* (*form*) Erlass *m* **II.** *vt* verfügen

decrepit [dɪ·ˈkrep·ɪt] *adj* klapprig

decriminalize [ˌdiˈkrɪm·ə·nə·laɪz] *vt* legalisieren

dedicate ['ded·ɪ·keɪt] *vt* ■**to** ~ **sth to sb** jdm etw *akk* widmen; ■**to** ~ **oneself to sth** sich etw *dat* widmen

dedicated ['ded·ɪ·keɪ·tɪd] *adj* engagiert

dedication [ˌded·ɪ·ˈkeɪ·ʃən] *n* ❶ (*hard work*) Engagement *nt* (**to** für +*akk*) ❷ (*in book*) Widmung *f*

deduce [dɪˈdus] *vt* folgern; ■**to** ~ **whether ...** feststellen, ob ...

deduct [dɪˈdʌkt] *vt* abziehen; FIN ausgleichen; **to** ~ **sth from your taxes** etw von der Steuer absetzen

deductible [dɪˈdʌk·tə·bəl] *adj* absetzbar

deduction [dɪˈdʌk·ʃən] *n* ❶ (*inference*) Schlussfolgerung *f* ❷ (*subtraction*) Abzug *m*

deed [did] *n* ❶ (*action*) Tat *f;* **dirty** ~**s** Drecksarbeit *f;* **to do a good** ~ eine gute Tat vollbringen ❷ LAW Eigentumsurkunde *f*

deep [dip] I. *adj, adv* tief; *disappointment* schwer; *regret* groß; **the snow was 3 feet** ~ der Schnee lag 3 Fuß hoch; **to take a** ~ **breath** tief Luft holen; **to be** ~ **in conversation** in ein Gespräch vertieft sein; ~ **in debt** hoch verschuldet; **to be in** ~ **trouble** in großen Schwierigkeiten stecken; ~ **blue** tiefblau; ~ **space** äußerer Weltraum II. *n* (*liter*) ■**the** ~ die Tiefe

deepen ['di·pən] I. *vt* ❶ (*make deeper*) tiefer machen ❷ (*intensify*) vertiefen II. *vi* ❶ *voice, water* tiefer werden ❷ (*intensify*) sich vertiefen; *crisis* sich verschärfen

'**deep freeze** *n* Tiefkühlschrank *m;* (*chest*) Tiefkühltruhe *f*

deep-'fry *vt* frittieren

'**deep fryer** *n* Fritteuse *f*

deeply ['dip·li] *adv* tief, äußerst; **to** ~ **regret sth** etw sehr bereuen

deep-'seated *adj* tief sitzend

deer <*pl* -> [dɪr] *n* Hirsch *m;* (*roe deer*) Reh *nt*

deface [dɪˈfeɪs] *vt* verunstalten; *building* verschandeln

defamation [ˌdef·ə·ˈmeɪ·ʃən] *n* (*form*) Diffamierung *f*

defamatory [dɪˈfæm·ə·tɔr·i] *adj* (*form*) diffamierend

defame [dɪˈfeɪm] *vt* (*form*) diffamieren

default [dɪˈfɔlt] I. *vi* ❶ (*fail to pay*) in Verzug geraten (**on** mit +*dat*) ❷ COMPUT ■**to** ~ **to sth** standardmäßig eingestellt sein II. *n* ❶ *of contract* Nichterfüllung *f;* (*failure to pay debt*) Versäumnis *nt;* **in** ~ **of payment ...** bei Zahlungsverzug ... ❷ ■**by** ~ automatisch ❸ COMPUT Voreinstellung *f* III. *adj* Standard-; ~ **program** Standardprogramm *nt*

defeat [dɪˈfit] I. *vt* besiegen; (*at games, sports*) schlagen; *hopes* zerschlagen; *proposal, government bill* ablehnen II. *n* Niederlage *f*

defeatism [dɪˈfi·ṭɪ·zəm] *n* (*pej*) Defätismus *m,* Defaitismus *m* SCHWEIZ

defeatist [dɪˈfi·ṭɪst] I. *adj* defätistisch, defaitistisch SCHWEIZ II. *n* Defätist(in) *m(f),* Defai-

tist(in) *m(f)* SCHWEIZ

defecate ['def·ə·keɪt] *vi* (*form*) den Darm entleeren

defecation [ˌdef·ə·ˈkeɪ·ʃən] *n* (*form*) Stuhlentleerung *f*

defect[1] ['di·fekt] *n* Fehler *m;* TECH Defekt *m* (**in** an +*dat*)

defect[2] [dɪˈfekt] *vi* POL überlaufen (**to** in +*akk*)

defection [dɪˈfek·ʃən] *n* Flucht *f;* POL Überlaufen *nt*

defective [dɪˈfek·tɪv] *adj* fehlerhaft; TECH defekt

defend [dɪˈfend] *vt, vi* verteidigen; ■**to** ~ **oneself** (*fight off*) sich wehren

defendant [dɪˈfen·dənt] *n* LAW Angeklagte(r) *f(m)*

defense[1] [dɪˈfens] *n* ❶ Verteidigung *f* a. *fig;* ~ **witness** Zeuge, -in *m, f* der Verteidigung ❷ MED ■~**s** *pl* Abwehrkräfte *pl*

defense[2] ['di·fens] *n esp* SPORTS Abwehr *f;* **to play** [**on**] ~ Abwehrspieler/Abwehrspielerin sein; CHESS Verteidigungsstellung *f*

defenseless [dɪˈfens·lɪs] *adj* wehrlos

De'fense Secretary *n* Verteidigungsminister(in) *m(f)*

defensible [dɪˈfen·sə·bəl] *adj* vertretbar

defensive [dɪˈfen·sɪv] I. *adj* defensiv II. *n* Defensive *f;* **to be on the** ~ in der Defensive sein

defer <-rr-> [dɪˈfɜr] I. *vi* (*form*) ■**to** ~ **to sb/ sth** sich jdm/etw beugen; *to sb's judgment* sich fügen II. *vt* verschieben; FIN, LAW aufschieben; *decision* vertagen

deference ['def·ər·əns] *n* (*form*) Respekt *m;* **in** ~ **to** aus Respekt vor

deferential [ˌdef·ə·ˈren·tʃəl] *adj* respektvoll

defiance [dɪˈfaɪ·əns] *n* Aufsässigkeit *f;* ■**in** ~ **of sb/sth** jdm/etw zum Trotz

defiant [dɪˈfaɪ·ənt] *adj* aufsässig

deficiency [dɪˈfɪʃ·ən·si] *n* Mangel *m* (**in** an +*dat*)

deficient [dɪˈfɪʃ·ənt] *adj* unzureichend; ■**to be** ~ **in sth** an etw *dat* mangeln

deficit ['def·ɪ·sɪt] *n* Defizit *nt* (**in** in +*dat*)

defile [dɪˈfaɪl] *vt* (*form*) beschmutzen; *tomb* schänden

define [dɪˈfaɪn] *vt* ❶ (*give definition*) definieren (**by** über +*akk*) ❷ (*specify*) festlegen

definite ['def·ə·nɪt] *adj* sicher; *answer* klar; *decision* definitiv; *improvement, increase* eindeutig; *place, time limit* bestimmt; **there's nothing** ~ **yet** es steht noch nichts fest; ■**to be** ~ **about sth** sich *dat* einer S. *gen* sicher sein

definite 'article *n* LING bestimmter Artikel

definitely ['def·ɪ·nət·li] *adv* eindeutig; **to decide sth** ~ etw endgültig beschließen

definition [ˌdef·ɪ·ˈnɪʃ·ən] *n* ❶ (*meaning*) Definition *f* ❷ (*distinctness*) Schärfe *f;* **to lack** ~ unscharf sein

definitive [dɪˈfɪn·ɪ·ṭɪv] *adj* ❶ (*conclusive*) endgültig; *proof* eindeutig ❷ (*most authoritative*) ultimativ

deflate [dɪˈfleɪt] I. *vt* ❶ Luft ablassen aus; *tire*

D

die Luft aus einem Reifen lassen ❷ (*fig*) *hopes* zunichtemachen ❸ ECON *currency* deflationieren **II.** *vi* Luft verlieren

deflation [dɪ·'fleɪ·ʃən] *n* ECON Deflation *f*

deflationary [dɪ·'fleɪ·ʃən·er·i] *adj tactics* deflationär

deflect [dɪ·'flekt] **I.** *vt* ablenken; ▪ **to** ~ **sth** etw ablenken; *ball* abfälschen; *blow* abwehren; PHYS *light* beugen; ▪ **to** ~ **sb from doing sth** jdn davon abbringen, etw zu tun **II.** *vi* ▪ **to** ~ **off sb/ sth** *ball* von jdm/etw *dat* abprallen

deflection [dɪ·'flek·ʃən] *n* Ablenkung *f;* SPORTS Abpraller *m*

defogger [ˌdi·'fɔ·gər] *n* AUTO Gebläse *nt*

deforest [ˌdi·'fɔr·ɪst] *vt* abholzen

deforestation [di·ˌfɔr·ɪ·'steɪ·ʃən] *n* Abholzung *f,* Entwaldung *f*

deform [dɪ·'fɔrm] **I.** *vt* deformieren **II.** *vi* sich verformen

deformation [ˌdi·fɔr·'meɪ·ʃən] *n* Deformation *f,* Verformung *f*

deformed [dɪ·'fɔrmd] *adj* verformt; *face* entstellt

deformity [dɪ·'fɔr·mɪ·ti] *n* Missbildung *f*

defraud [dɪ·'frɔd] *vt* betrügen (**of** um + *akk*)

defray [dɪ·'freɪ] *vt* (*form*) *costs* tragen

defrost [ˌdi·'frɔst] *vt, vi* auftauen; *refrigerator* abtauen; *window, windshield* enteisen

deft [deft] *adj* geschickt

defunct [dɪ·'fʌŋkt] *adj* (*form*) gestorben; (*hum*) hinüber *fam; institution* ausgedient; *process* überholt

defy <-ie-> [dɪ·'faɪ] *vt* ❶ (*disobey*) ▪ **to** ~ **sb/ sth** sich jdm/etw widersetzen; (*fig: resist, withstand*) sich etw *dat* entziehen; **to** ~ **description** jeder Beschreibung spotten ❷ (*challenge*) *one's accusers* auffordern

deg. *n abbrev of* **degree**

degenerate I. *vi* [dɪ·'dʒen·ə·reɪt] degenerieren; ▪ **to** ~ **into sth** zu etw *dat* entarten **II.** *adj* [dɪ·'dʒen·ə·rət] degeneriert **III.** *n* [dɪ·'dʒen·ə·rət] *jd, der keine moralischen Werte mehr hat*

degeneration [dɪ·ˌdʒen·ə·'reɪ·ʃən] *n* Degeneration *f*

degrade [dɪ·'greɪd] **I.** *vt* ❶ *person* erniedrigen ❷ CHEM abbauen **II.** *vi* CHEM ▪ **to** ~ **into sth** zu etw *dat* abgebaut werden

degree [dɪ·'gri] *n* ❶ (*amount*) Maß *nt;* (*extent*) Grad *m;* **a high** ~ **of skill** ein hohes Maß an Können; **by** ~**s** nach und nach; **to some** ~ bis zu einem gewissen Grad ❷ MATH, METEO Grad *m* ❸ UNIV Abschluss *m;* (*document*) Abschlusszeugnis *nt*

dehumanize [ˌdi·'hju·mə·naɪz] *vt* entmenschlichen

dehydrate [ˌdi·haɪ·'dreɪt] **I.** *vt* ▪ **to** ~ **sb/sth** jdm/etw *dat* das Wasser entziehen; **to become** ~**d** austrocknen **II.** *vi* MED dehydrieren

dehydrated [ˌdi·haɪ·'dreɪ·ţɪd] *adj food* getrocknet; *skin* ausgetrocknet

dehydration [ˌdi·haɪ·'dreɪ·ʃən] *n* MED Dehydration *f*

deice [ˌdi·'aɪs] *vt* enteisen

deity ['di·ə·ţi] *n* Gottheit *f*

dejected [dɪ·'dʒek·tɪd] *adj* niedergeschlagen

dejection [dɪ·'dʒek·ʃən] *n* Niedergeschlagenheit *f*

Del. *abbrev of* **Delaware**

Delaware ['del·ə·wer] *n* Delaware *nt*

delay [dɪ·'leɪ] **I.** *vt* ❶ (*postpone*) verschieben ❷ (*hold up*) **to be** ~**ed** [**by 10 minutes**] [zehn Minuten] Verspätung haben; **I was** ~**ed** ich wurde aufgehalten **II.** *vi* verschieben **III.** *n* Verzögerung *f;* TRANSP Verspätung *f*

delaying [dɪ·'leɪ·ɪŋ] *adj* verzögernd; ~ **tactics** Verzögerungstaktiken *pl*

delectable [dɪ·'lek·tə·bəl] *adj food, drink* köstlich; (*esp hum*) *person* bezaubernd

delectation [ˌdi·lek·'teɪ·ʃən] *n* (*form or hum*) Vergnügen *nt*

delegate I. *n* ['del·ɪ·gət] Delegierte(r) *f(m)* **II.** *vt* ['del·ɪ·geɪt] ❶ (*appoint*) als Vertreter(in) [aus]wählen; ▪ **to** ~ **sb to do sth** jdn dazu bestimmen, etw zu tun ❷ (*assign*) ▪ **to** ~ **sth to sb** etw auf jdn übertragen; ▪ **to** ~ **sb to do sth** jdn zu etw *dat* ermächtigen **III.** *vi* ['del·ɪ·geɪt] delegieren

delegation [ˌdel·ɪ·'geɪ·ʃən] *n* Delegation *f*

delete [dɪ·'lit] **I.** *vt* ❶ (*in writing*) streichen (**from** aus + *dat*) ❷ COMPUT löschen **II.** *vi* löschen

deletion [dɪ·'li·ʃən] *n* Streichung *f,* Löschung *f; of a file* Löschen *nt*

deli ['del·i] *n* (*fam*) *short for* **delicatessen** Feinkostgeschäft *nt;* (*in a supermarket*) Frischtheke, *an der Wurst- und Käseaufschnitt, frische Salate etc. verkauft werden*

deliberate I. *adj* [dɪ·'lɪb·ər·ət] ❶ (*intentional*) absichtlich; *decision, lie* bewusst ❷ (*careful*) *pace* vorsichtig **II.** *vi* [dɪ·'lɪb·ə·reɪt] (*form*) [gründlich] nachdenken (**on** über + *akk*) **III.** *vt* [dɪ·'lɪb·ə·reɪt] (*form: consider*) ▪ **to** ~ **whether ...** überlegen, ob ...

deliberately [dɪ·'lɪb·ər·ət·li] *adv* absichtlich

deliberation [dɪ·ˌlɪb·ə·'reɪ·ʃən] *n* ❶ (*carefulness*) Bedächtigkeit *f* ❷ (*form: consideration*) Überlegung *f*

delicacy ['del·ɪ·kə·si] *n* ❶ FOOD Delikatesse *f* ❷ (*discretion*) Feingefühl *nt* ❸ (*fineness*) Feinheit *f; of features* Zartheit *f*

delicate ['del·ɪ·kət] *adj* ❶ (*sensitive*) empfindlich; *china* zerbrechlich ❷ (*tricky*) heikel ❸ (*fine*) fein; *aroma, color* zart; ~ **cycle** Feinwaschgang *m*

delicatessen [ˌdel·ɪ·kə·'tes·ən] *n* Feinkostgeschäft *nt*

delicious [dɪ·'lɪʃ·əs] *adj* köstlich, lecker

delight [dɪ·'laɪt] **I.** *n* Freude *f;* **in** ~ vor Freude **II.** *vt* erfreuen **III.** *vi* ▪ **to** ~ **in sth** Vergnügen bei etw *dat* empfinden

delighted [dɪ·'laɪ·ţɪd] *adj* hocherfreut; *smile* vergnügt; ▪ **to be** ~ **to do sth** etw mit [großem] Vergnügen tun

delightful [dɪ·'laɪt·fəl] *adj* wunderbar; *evening, village* reizend; *smile, person* charmant

delinquency [dɪ·'lɪŋ·kwən·si] *n* Straffällig-keit *f*
delinquent [dɪ·'lɪŋ·kwənt] **I.** *n* Delin-quent(in) *m(f)* **II.** *adj* straffällig
delirious [dɪ·'lɪr·i·əs] *adj* ❶ im Delirium ❷ (*extremely happy*) *crowd* taumelnd
deliver [dɪ·'lɪv·ər] **I.** *vt* ❶ (*bring*) liefern; (*by mail*) zustellen; *newspapers* austragen; (*by car*) ausfahren; **to ~ a message to sb** jdm eine Nachricht überbringen ❷ (*recite*) *speech* halten; *verdict* verkünden ❸ (*direct*) *blow* geben; *rebuke* halten ❹ SPORTS *ball* werfen; *punch* landen ❺ (*give birth*) zur Welt bringen; (*aid in giving birth*) entbinden **II.** *vi* ❶ (*supply*) liefern ❷ (*fulfill*) ▪**to ~ on sth** *promise* etw einhalten
deliverance [dɪ·'lɪv·ər·əns] *n* (*form*) Erlö-sung *f*
delivery [dɪ·'lɪv·ə·ri] *n* ❶ (*of goods*) Liefe-rung *f*; (*of mail*) Zustellung *f* ❷ (*manner of speaking*) Vortragsweise *f* ❸ (*birth*) Entbin-dung *f*
de'livery room *n* Kreißsaal *m*
de'livery van *n* Lieferwagen *m*
delta ['del·tə] *n* Delta *nt*
delude [dɪ·'lud] *vt* täuschen; ▪**to ~ oneself** sich *dat* etwas vormachen
deluge ['del·judʒ] **I.** *n* ❶ (*downpour*) Regen-guss *m*; (*flood*) Flut *f* ❷ (*fig*) Flut *f* **II.** *vt* ▪**to be ~d** überflutet werden; (*fig*) überschüttet werden
delusion [dɪ·'lu·ʒən] *n* Täuschung *f*; **to suffer from** [*or* **be under**] **the ~ that ...** sich *dat* ein-bilden, dass ...
deluxe [dɪ·'lʌks] *adj* Luxus-
delve [delv] *vi* suchen (**for** nach +*dat*); **to ~ into sb's past** in jds Vergangenheit nachfor-schen
demagogue, demagog ['dem·ə·gɔg] *n* (*pej*) Demagoge, -in *m, f*
demand [dɪ·'mænd] **I.** *vt* ❶ (*insist upon*) ver-langen ❷ (*need*) *skill, patience* erfordern **II.** *n* ❶ (*insistent request*) Forderung *f* (**for** nach +*dat*) ❷ (*requirement*) Bedarf *m*; COMM Nach-frage *f*; **in ~** gefragt ❸ (*expectations*) **to make ~s on sb/sth** Anforderungen *pl* an jdn/etw stellen; **she has a lot of ~s on her time** sie ist zeitlich sehr beansprucht
demanding [dɪ·'mæn·dɪŋ] *adj child, work* an-strengend; *job, person, test* anspruchsvoll
demarcation [‚di·mar·'keɪ·ʃən] *n* Abgren-zung *f*
demean [dɪ·'min] *vt* erniedrigen
demeaning [dɪ·'mi·nɪŋ] *adj* erniedrigend
demeanor [dɪ·'mi·nər] *n* (*form: behavior*) Ver-halten *nt*; (*bearing*) Erscheinungsbild *nt*
demented [dɪ·'men·tɪd] *adj* verrückt
demerit [dɪ·'mer·ɪt] *n* ❶ (*fault*) Schwäche *f* ❷ (*black mark*) Minuspunkt *m*
demilitarize [‚di·'mɪl·ɪ·tə·raɪz] *vt* entmilitari-sieren
demise [dɪ·'maɪz] *n* (*form*) Ableben *nt*; (*fig*) Niedergang *m*

demobilize [‚di·'mou·bə·laɪz] **I.** *vt people* aus dem Kriegsdienst entlassen; *things* demobili-sieren **II.** *vi* demobilisieren
democracy [dɪ·'mak·rə·si] *n* Demokratie *f*
democrat ['dem·ə·kræt] *n* Demokrat(in) *m(f)*
democratic [‚dem·ə·'kræt̬·ɪk] *adj* demokra-tisch
democratization [dɪ·‚mak·rə·tɪ·'zeɪ·ʃən] *n* Demokratisierung *f*
democratize [dɪ·'mak·rə·taɪz] *vt* demokrati-sieren
demolish [dɪ·'mal·ɪʃ] *vt* ❶ *building* abreißen; *wall* einreißen ❷ (*refute, defeat*) zunichtema-chen; *argument* widerlegen
demolition [‚dem·ə·'lɪʃ·ən] *n* Abriss *m*; (*fig*) Widerlegung *f*
demon ['di·mən] *n* (*evil spirit*) Dämon *m*; (*fig: wicked person*) Fiesling *m*
demonic [dɪ·'mɔn·ɪk] *adj* ❶ (*devilish*) dämo-nisch ❷ (*evil*) bösartig
demonstrable [dɪ·'man·strə·bəl] *adj* nach-weislich
demonstrate ['dem·ən·streɪt] **I.** *vt* ❶ (*show*) zeigen; *operation* vorführen; *authority, knowledge* demonstrieren; *loyalty* beweisen ❷ (*prove*) nachweisen **II.** *vi* demonstrieren
demonstration [‚dem·ən·'streɪ·ʃən] *n* ❶ (*act of showing*) Demonstration *f*, Vorführung *f* ❷ (*proof*) Beweis *m* ❸ (*open expression*) *of one's feelings* Ausdruck *m* ❹ (*protest march*) Demonstration *f*
demonstrative [dɪ·'man·strə·t̬ɪv] *adj* ❶ (*form: illustrative*) schlüssig ❷ (*expressing feelings*) offen ❸ LING **~ pronoun** Demonstra-tivpronomen *nt*
demonstrator ['dem·ən·streɪ·t̬ər] *n* ❶ (*of a product*) Vorführer(in) *m(f)* ❷ (*protester*) De-monstrant(in) *m(f)*
demoralize [dɪ·'mɔr·ə·laɪz] *vt* demoralisieren
demote [dɪ·'mout] *vt* zurückstufen; MIL degra-dieren
demotion [dɪ·'mou·ʃən] *n* MIL Degradierung *f*
demure [dɪ·'mjʊr] *adj* ❶ (*shy*) [sehr] schüch-tern ❷ (*composed and reserved*) gesetzt
den [den] *n* ❶ (*lair*) Bau *m* ❷ (*study*) Arbeits-zimmer *nt*; (*private room*) Bude *f*, Hobby-raum *m* ❸ (*children's playhouse*) Verschlag *m*
denial [dɪ·'naɪ·əl] *n* ❶ (*statement*) Dementi *nt*; (*action*) Leugnen *nt kein pl* ❷ (*refusal*) Ablehnung *f* ❸ PSYCH **to be in ~** sich der Reali-tät verschließen
denigrate ['den·ɪ·greɪt] *vt* verunglimpfen
denim ['den·ɪm] **I.** *n* ❶ (*material*) Denim® *m* ❷ (*fam*) ▪**~s** *pl* Jeans *f*[*pl*] **II.** *adj* Jeans-
Denmark ['den·mark] *n* Dänemark *nt*
denomination [dɪ·‚nam·ə·'neɪ·ʃən] *n* ❶ (*reli-gious group*) Konfessionsgemeinschaft *f* ❷ (*unit of value*) Währungseinheit *f*
denominational [dɪ·‚nam·ə·'neɪ·ʃə·nəl] *adj* Konfessions-
denominator [dɪ·'nam·ə·neɪ·t̬ər] *n* MATH Nen-ner *m*
denote [dɪ·'nout] *vt* bedeuten

denouement [deɪ·'nu·maŋ] *n* (*form*) Ende *nt;* *film* Ausgang *m*

denounce [dɪ·'naʊns] *vt* ❶ (*criticize*) anprangern ❷ (*accuse*) entlarven; ■**to ~ sb to sb** jdn bei jdm denunzieren

dense <-r, -st> [dens] *adj* ❶ (*thick*) dicht ❷ (*fam: stupid*) dumm

densely ['dens·li] *adv* dicht

density ['den·sə·ti̪] *n* Dichte *f*

dent [dent] I. *n* ❶ (*hollow*) Beule *f*, Delle *f* ❷ (*fig*) Loch *nt* II. *vt* einbeulen

dental ['den·təl] *adj* Zahn-

dentist ['den·tɪst] *n* Zahnarzt, Zahnärztin *m, f*

dentistry ['den·tɪ·stri] *n* Zahnmedizin *f*

dentures ['den·tʃərz] *npl* [Zahn]prothese *f*

denunciation [dɪ·ˌnʌn·si·'eɪ·ʃən] *n* ❶ (*condemnation*) Anprangerung *f* ❷ LAW (*denouncing*) Denunziation *f*

Denver boot *n* Parkkralle *f*

deny <-ie-> [dɪ·'naɪ] *vt* ❶ (*declare untrue*) abstreiten; *accusation* zurückweisen ❷ (*refuse to grant*) ■**to ~ sth to sb** [*or* **sb sth**] jdm etw verweigern; *request* ablehnen

deodorant [di·'oʊ·dər·ənt] *n* Deo[dorant] *nt*

dep. [dep] *n* ❶ TRANSP *short for* **departure** Abf. *f; aircraft* Abfl. *m* ❷ *short for* **department** Abt.

depart [dɪ·'part] *vi* ❶ (*leave*) fortgehen; *plane* abfliegen, starten; *train* abfahren; *ship a.* ablegen ❷ (*differ*) abweichen (**from** von +*dat*)

department [dɪ·'part·mənt] *n* ❶ UNIV Institut *nt;* **the Philosophy D~** die philosophische Fakultät ❷ COMM Abteilung *f* ❸ POL Ministerium *nt;* **State D~** Außenministerium *nt* ❹ ADMIN Amt *nt*

departmental [ˌdi·part·'men·təl] *adj* ❶ UNIV Instituts- ❷ COMM Abteilungs- ❸ POL Ministerial- ❹ ADMIN Amts-

Department of De'fense *n* Verteidigungsministerium *nt*

Department of Motor 'Vehicles *n* Kfz-Zulassungsstelle *f*

de'partment store *n* Kaufhaus *nt*

departure [dɪ·'par·tʃər] *n* ❶ (*on a trip*) Abreise *f*, Abfahrt *f; plane* Abflug *m; ship* Ablegen *nt*, Abfahrt *f* ❷ (*deviation*) Abweichung *f; from policy* Abkehr *f*

de'parture lounge *n* Abfahrthalle *f;* AVIAT Abflughalle *f*

de'parture time *n* Abfahrtzeit *f;* AVIAT Abflugzeit *f*

depend [dɪ·'pend] *vi* ❶ (*rely on circumstance*) ■**to ~** [**up**]**on sth** von etw *dat* abhängen; **that ~s** kommt darauf an ❷ (*get help from*) ■**to ~** [**up**]**on sb/sth** von jdm/etw abhängig sein; *financially* finanziell auf jdn/etw angewiesen sein ❸ (*rely on*) ■**to ~** [**up**]**on sb/sth** sich auf jdn/etw verlassen

dependability [dɪ·ˌpen·də·'bɪl·ɪ·ti̪] *n* Zuverlässigkeit *f*, Verlässlichkeit *f*

dependable [dɪ·'pen·də·bəl] *adj* zuverlässig, verlässlich

dependence [dɪ·'pen·dəns] *n* Abhängigkeit *f*

dependency [dɪ·'pen·dən·si] *n* ❶ Abhängigkeit *f* ❷ (*dependent state*) Territorium *nt*

dependent [dɪ·'pen·dənt] I. *adj* ❶ (*conditional*) ■**to be ~** [**up**]**on sth** von etw *dat* abhängen ❷ (*relying on*) ■**to be ~** [**up**]**on sth** von etw *dat* abhängig sein; *help, goodwill* auf etw *akk* angewiesen sein II. *n* [finanziell] abhängige(r) Angehörige(r) *f(m)*

depict [dɪ·'pɪkt] *vt* (*form*) darstellen

depiction [dɪ·'pɪk·ʃən] *n* Darstellung *f*

deplete [dɪ·'plit] *vt* vermindern

depleted [dɪ·'pli·ti̪d] *adj* verbraucht

depletion [dɪ·'pli·ʃən] *n* Abbau *m; of resources, capital* Erschöpfung *f*

deplorable [dɪ·'plɔr·ə·bəl] *adj* beklagenswert; *conditions* erbärmlich

deplore [dɪ·'plɔr] *vt* ❶ (*disapprove*) verurteilen ❷ (*regret*) beklagen

deploy [dɪ·'plɔɪ] *vt* einsetzen

deployment [dɪ·'plɔɪ·mənt] *n* Einsatz *m*

depopulate [ˌdi·'pap·jə·leɪt] *vt* entvölkern

deport [dɪ·'pɔrt] *vt* ausweisen; *prisoner* deportieren

deportation [ˌdi·pɔr·'teɪ·ʃən] *n* Ausweisung *f*, Abschiebung *f; of prisoner* Deportation *f*

deportee [ˌdi·pɔr·'ti] *n* (*waiting to be deported*) Abzuschiebende(r) *f(m);* (*already deported*) Abgeschobene(r) *f(m)*

deportment [dɪ·'pɔrt·mənt] *n* (*form*) Benehmen *nt*

depose [dɪ·'poʊz] *vt* absetzen; *monarch* entthronen

deposit [dɪ·'paz·ɪt] I. *vt* ❶ (*leave*) *person* absetzen; *thing* ablegen, abstellen; *luggage* deponieren ❷ (*in bank*) einzahlen; (*pay as first installment*) anzahlen II. *n* ❶ (*sediment*) Bodensatz *m;* (*layer*) Ablagerung *f;* (*underground layer*) Vorkommen *nt* ❷ (*in bank*) Einzahlung *f;* (*first installment*) Anzahlung *f;* (*security*) Kaution *f;* (*on a bottle*) Pfand *nt*

deposition [ˌdep·ə·'zɪʃ·ən] *n* ❶ (*form: removal from power*) Absetzung *f; of dictator* Sturz *m* ❷ LAW (*written statement*) Aussage *f*

depositor [dɪ·'paz·ə·t̮ər] *n* Anleger(in) *m(f)*

depot ['di·poʊ] *n* Depot *nt*

depraved [dɪ·'preɪvd] *adj* verdorben

depravity [dɪ·'præv·ɪ·ti̪] *n* Verdorbenheit *f*

deprecate ['dep·rɪ·keɪt] *vt* (*form*) ❶ (*show disapproval of*) missbilligen ❷ (*disparage*) schlechtmachen

deprecating ['dep·rə·keɪ·t̮ɪŋ] *adj* (*form*) ❶ (*strongly disapproving*) missbilligend; *stare* strafend ❷ (*disparaging*) herablassend; (*apologetic*) entschuldigend

depreciate [dɪ·'pri·ʃi·eɪt] I. *vi* an Wert verlieren II. *vt* entwerten

depreciation [dɪ·ˌpri·ʃi·'eɪ·ʃən] *n* Wertminderung *f; of currencies* Entwertung *f*

depress [dɪ·'pres] *vt* ❶ (*deject*) deprimieren ❷ (*reduce*) *prices* drücken ❸ (*push*) *button, lever* niederdrücken; **to ~ a pedal** auf ein Pedal treten

depressant [dɪ·'pres·ənt] I. *n* Beruhigungsmittel *nt* **II.** *adj* beruhigend

depressed [dɪ·'prest] *adj* ❶ (*dejected*) deprimiert (**about, at, by, over** wegen +*gen*); **to feel ~** sich niedergeschlagen fühlen ❷ (*reduced*) *levels* reduziert, verringert ❸ ECON *region, sector* heruntergekommen *fam*

depressing [dɪ·'pres·ɪŋ] *adj* deprimierend

depression [dɪ·'preʃ·ən] *n* ❶ (*sadness*) Depression *f*; **to suffer from ~** unter Depressionen leiden ❷ ECON Wirtschaftskrise *f* ❸ METEO Tiefdruckgebiet *nt*

depressive [dɪ·'pres·ɪv] **I.** *n* Depressive(r) *f(m)* **II.** *adj* depressiv

deprivation [ˌdep·rɪ·'veɪ·ʃən] *n* Entbehrung *f*

deprive [dɪ·'praɪv] *vt* ▪**to ~ sb [of]** sth jdm etw entziehen [*o* vorenthalten]

deprived [dɪ·'praɪvd] *adj* sozial benachteiligt

dept. *n abbrev of* **department** Abt.

depth [depθ] *n* Tiefe *f a. fig*; **in the ~s of the forest** mitten im Wald; **in the ~s of despair** zutiefst verzweifelt; **in ~** gründlich ▶ PHRASES: **to be out of one's ~** für jdn zu hoch sein

'depth charge *n* Wasserbombe *f*

deputation [ˌdep·jə·'teɪ·ʃən] *n* Abordnung *f*

deputize ['dep·jə·taɪz] *vi* ▪**to ~ for sb** für jdn einspringen, jdn vertreten

deputy ['dep·jə·t̬i] **I.** *n* Stellvertreter(in) *m(f)* **II.** *adj* stellvertretend

derail [dɪ·'reɪl] *vt* ❶ *train* entgleisen lassen; ▪**to be ~ed** entgleisen ❷ *plan, process* zum Scheitern bringen

derailment [dɪ·'reɪl·mənt] *n* Entgleisung *f*

deranged [dɪ·'reɪndʒd] *adj* geistesgestört

derby ['dɜr·bi] *n* ❶ SPORTS Derby *nt* ❷ (*hat*) Melone *f*

deregulate [di·'reg·jə·leɪt] *vt* ▪**to ~ sth** etw deregulieren

deregulation [ˌdi·reg·jə·'leɪ·ʃən] *n* Deregulierung *f*

derelict ['der·ə·lɪkt] **I.** *adj* verlassen; **to lie ~** brachliegen **II.** *n* Obdachlose(r) *f(m)*

dereliction [ˌder·ə·'lɪk·ʃən] *n* ❶ (*negligence*) **~ of duty** Pflichtvernachlässigung *f* ❷ (*dilapidation*) Verwahrlosung *f*

deride [dɪ·'raɪd] *vt* (*form*) verspotten

derision [dɪ·'rɪʒ·ən] *n* Spott *m*

derisive [dɪ·'raɪ·sɪv] *adj* spöttisch

derisory [dɪ·'raɪ·sə·ri] *adj* ❶ (*derisive*) spöttisch ❷ (*ridiculously small*) lächerlich

derivation [ˌder·ɪ·'veɪ·ʃən] *n* ❶ (*origin*) Ursprung *m* ❷ (*process of evolving*) Ableitung *f*

derivative [dɪ·'rɪv·ə·t̬ɪv] **I.** *adj* (*pej*) nachgemacht **II.** *n* Ableitung *f*, Derivat *nt*

derive [dɪ·'raɪv] **I.** *vt* gewinnen; **sb ~s pleasure from doing sth** etw bereitet jdm Vergnügen **II.** *vi* ▪**to ~ from sth** sich von etw *dat* ableiten [lassen]

dermatitis [ˌdɜr·mə·'taɪ·t̬əs] *n* Hautreizung *f*, Dermatitis *f*

dermatologist [ˌdɜr·mə·'tɑl·ə·dʒɪst] *n* Dermatologe, -in *m, f*, Hautarzt, Hautärztin *m, f*

dermatology [ˌdɜr·mə·'tɑl·ə·dʒi] *n* Dermatologie *f*

derogatory [dɪ·'rɑg·ə·tɔr·i] *adj* abfällig

derrick ['der·ɪk] *n* ❶ (*crane*) Lastkran *m* ❷ (*over oil well*) Bohrturm *m*

desalinate [ˌdi·'sæl·ɪ·neɪt] *vt* entsalzen

desalination [di·ˌsæl·ɪ·'neɪ·ʃən] *n* Entsalzung *f*

descend [dɪ·'send] **I.** *vi* ❶ (*go down*) *path* herunterführen; *person* heruntergehen ❷ (*be related*) ▪**to be ~ed from sb/sth** von jdm/ etw abstammen ❸ (*fall*) herabsinken ❹ (*fig: deteriorate*) ▪**to ~ into sth** in etw *akk* umschlagen **II.** *vt* hinuntersteigen

descendant [dɪ·'sen·dənt] *n* Nachkomme *m*

descent [dɪ·'sent] *n* ❶ (*landing approach*) [Lande]anflug *m* ❷ (*way down*) Abstieg *m kein pl* ❸ (*fig: ancestry*) Abstammung *f*

describe [dɪ·'skraɪb] *vt* beschreiben; *experience* schildern

description [dɪ·'skrɪp·ʃən] *n* Beschreibung *f*; **of every ~** jeglicher Art

descriptive [dɪ·'skrɪp·tɪv] *adj* beschreibend

desecrate ['des·ɪ·kreɪt] *vt* schänden

desecration [ˌdes·ɪ·'kreɪ·ʃən] *n* Schändung *f*

desegregate [ˌdi·'seg·rɪ·geɪt] *vt* ▪**to ~ armed forces/schools/universities** die Rassentrennung in der Armee/in der Schule/an der Universität aufheben

desegregation [di·ˌseg·rɪ·'geɪ·ʃən] *n* Aufhebung *f* der Rassentrennung

desensitize [ˌdi·'sen·sɪ·taɪz] *vt* ❶ (*make less sensitive to*) abstumpfen ❷ MED desensibilisieren

desert[1] ['dez·ərt] *n* Wüste *f a. fig*; **~ island** verlassene Insel

desert[2] [dɪ·'zɜrt] **I.** *vi* MIL desertieren **II.** *vt* verlassen

deserted [dɪ·'zɜr·t̬ɪd] *adj* verlassen; *of town* ausgestorben

deserter [dɪ·'zɜr·tər] *n* Deserteur(in) *m(f)*

desertion [dɪ·'zɜr·ʃən] *n* Verlassen *nt*; MIL Desertion *f*

deserts [dɪ·'zɜrts] *npl* ▪**to get one's [just] ~** seine Quittung bekommen

deserve [dɪ·'zɜrv] *vt* (*merit*) verdienen

deservedly [dɪ·'zɜr·vɪd·li] *adv* verdientermaßen

deserving [dɪ·'zɜr·vɪŋ] *adj* verdienstvoll; **a ~ cause** eine gute Sache

design [dɪ·'zaɪn] **I.** *vt* ❶ (*plan*) entwerfen; *books* gestalten; *cars* konstruieren ❷ (*intend*) ▪**to be ~ed for sb** für jdn konzipiert sein; **these measures are ~ed to reduce pollution** diese Maßnahmen sollen die Luftverschmutzung verringern **II.** *n* ❶ (*plan or drawing*) Entwurf *m* ❷ (*art*) Design *nt*; *of building* Bauart *f*; *of machine* Konstruktion *f*; (*pattern*) Muster *nt* **III.** *adj* Konstruktions-

designate ['dez·ɪg·neɪt] **I.** *vt* ▪**to ~ sb** jdn ernennen (**as** zu +*dat*); ▪**to ~ sb to do sth** jdn mit etw *dat* beauftragen **II.** *adj after n* designiert

designated 'driver *n* Person, die sich bereit erklärt, nüchtern zu bleiben und die Freunde sicher nach Hause zu fahren

designation [ˌdez·ɪɡ·'neɪ·ʃən] *n* ❶ (*title*) Bezeichnung *f* ❷ (*act of designating*) Festlegung *f*
designer [dɪ·'zaɪ·nər] *n* Designer(in) *m(f)*
desirable [dɪ·'zaɪr·ə·bəl] *adj* ❶ (*worth having*) erstrebenswert; (*popular*) begehrt; *advantageous* erwünscht ❷ (*sexually attractive*) begehrenswert
desire [dɪ·'zaɪr] **I.** *vt* ❶ (*want*) wünschen ❷ (*be sexually attracted to*) begehren **II.** *n* ❶ (*strong wish*) Verlangen *nt;* (*stronger*) Sehnsucht *f;* (*request*) Wunsch *m* ❷ (*sexual need*) Begierde *f*
desist [dɪ·'sɪst] *vi* (*form*) einhalten; **to ~ from doing sth** davon absehen, etw zu tun
desk [desk] *n* ❶ (*table for writing*) Schreibtisch *m* ❷ (*service counter*) Schalter *m*
'desk lamp *n* Schreibtischlampe *f*
'desktop *n* ❶ COMPUT Desktop *m* ❷ (*desk surface*) Tischoberfläche *f*
desolate ['des·ə·lət] *adj* ❶ (*barren*) trostlos ❷ (*unhappy*) niedergeschlagen
desolation [ˌdes·ə·'leɪ·ʃən] *n* ❶ (*barrenness*) Trostlosigkeit *f* ❷ (*sadness*) Verzweiflung *f*
despair [dɪ·'sper] **I.** *n* (*feeling of hopelessness*) Verzweiflung *f;* **in ~** verzweifelt **II.** *vi* verzweifeln (**at, of** an +*dat*); **to ~ of doing sth** die Hoffnung aufgeben, etw zu tun
despairing [dɪ·'sper·ɪŋ] *adj* verzweifelt
despatch [dɪ·'spætʃ] *n, vt see* **dispatch**
desperate ['des·pər·ɪt] *adj attempt* verzweifelt; (*great*) dringend; ■ **to be ~ for sth** etw dringendst brauchen
desperation [ˌdes·pə·'reɪ·ʃən] *n* Verzweiflung *f;* **in** [*or* **out of**] **~** aus Verzweiflung
despicable [dɪ·'spɪk·ə·bəl] *adj* abscheulich
despise [dɪ·'spaɪz] *vt* verachten
despite [dɪ·'spaɪt] *prep* trotz +*gen*
despondent [dɪ·'span·dənt] *adj* niedergeschlagen
dessert [dɪ·'zɜrt] *n* Nachtisch *m,* Dessert *nt*
destabilization [ˌdi·ˌsteɪ·bə·lɪ·'zeɪ·ʃən] *n* Destabilisierung *f*
destabilize [ˌdi·'steɪ·bə·laɪz] *vt* destabilisieren
destination [ˌdes·tə·'neɪ·ʃən] *n* Ziel *nt; of trip* Reiseziel *nt; of letter* Bestimmungsort *m*
destiny ['des·tə·ni] *n* Schicksal *nt*
destitute ['des·tɪ·tut] **I.** *adj* mittellos **II.** *n* ■ **the ~** *pl* die Bedürftigen
destitution [ˌdes·tɪ·'tu·ʃən] *n* Armut *f*
destroy [dɪ·'strɔɪ] *vt* ❶ (*demolish*) *structure* zerstören ❷ (*do away with*) *possibility* vernichten ❸ (*kill*) *herd* abschlachten; *pet* einschläfern ❹ (*ruin*) *reputation* ruinieren
destroyer [dɪ·'strɔɪ·ər] *n* MIL Zerstörer *m*
destructible [dɪ·'strʌk·tə·bəl] *adj* zerstörbar
destruction [dɪ·'strʌk·ʃən] *n* Zerstörung *f;* **mass ~** Massenvernichtung *f*
destructive [dɪ·'strʌk·tɪv] *adj* zerstörerisch; *influence, person* destruktiv
destructiveness [dɪ·'strʌk·tɪv·nɪs] *n of person* Zerstörungswut *f; of explosive* Spreng-

kraft *f*
desultory ['des·əl·tɔr·i] *adj* (*form*) halbherzig
detach [dɪ·'tætʃ] *vt* abnehmen; (*without reattaching*) abtrennen
detachable [dɪ·'tætʃ·ə·bəl] *adj* abnehmbar
detached [dɪ·'tætʃt] *adj* ❶ (*separated*) abgelöst ❷ (*aloof*) distanziert
detachment [dɪ·'tætʃ·mənt] *n* ❶ (*aloofness*) Distanziertheit *f* ❷ (*of soldiers*) Einsatztruppe *f*
detail [dɪ·'teɪl] **I.** *n* ❶ (*item of information*) Detail *nt,* Einzelheit *f;* **further ~s** nähere Informationen; **to go into ~** ins Detail gehen, auf die Einzelheiten eingehen; **in ~** im Detail ❷ (*unimportant item*) Kleinigkeit *f* ❸ ■ **~s** *pl* (*vital statistics*) Personalien *pl* **II.** *vt* ❶ (*explain*) ausführlich erläutern ❷ (*specify*) einzeln aufführen
detailed [dɪ·'teɪld] *adj* detailliert; *description, report* ausführlich; *study* eingehend
detain [dɪ·'teɪn] *vt* ❶ LAW in Haft nehmen, inhaftieren ❷ (*form: delay*) aufhalten
detainee [ˌdi·teɪ·'ni] *n* Häftling *m*
detect [dɪ·'tekt] *vt* ❶ (*discover presence of*) entdecken; *disease* feststellen; *mine* aufspüren; *smell* bemerken; *sound* wahrnehmen ❷ (*catch in act*) ertappen
detectable [dɪ·'tek·tə·bəl] *adj* feststellbar; *change* wahrnehmbar
detection [dɪ·'tek·ʃən] *n* ❶ Entdeckung *f; of cancer* Feststellung *f* ❷ (*by detective*) Ermittlungsarbeit *f*
detective [dɪ·'tek·tɪv] *n* ❶ (*police officer*) Kriminalbeamte(r) *m,* Kriminalbeamte [*o* -in] *f* ❷ (*private*) [Privat]detektiv(in) *m(f)*
detector [dɪ·'tek·tər] *n* Detektor *m;* **smoke ~** Rauchmelder *m*
detention [dɪ·'ten·ʃən] *n* ❶ (*state*) Haft *f;* **to be kept in ~** in Haft gehalten werden; **to be kept in pretrial ~** in Untersuchungshaft sitzen *fam* ❷ (*act*) Festnahme *f* ❸ SCH Nachsitzen *nt kein pl;* **to get** [*or* **have**] **~** nachsitzen müssen
de'tention center *n* Untersuchungsgefängnis *nt*
deter <-rr-> [dɪ·'tɜr] *vt* verhindern; (*put off*) *person* abschrecken, abhalten (**from** von +*dat*)
detergent [dɪ·'tɜr·dʒənt] *n* Reinigungsmittel *nt;* **laundry ~** Waschmittel *nt*
deteriorate [dɪ·'tɪr·i·ə·reɪt] *vi* ❶ (*become worse*) sich verschlechtern; *sales* zurückgehen ❷ (*disintegrate*) verfallen; *leather, wood* sich zersetzen; *rubber, leather* brüchig werden
deterioration [dɪ·ˌtɪr·i·ə·'reɪ·ʃən] *n* ❶ (*worsening*) Verschlechterung *f* ❷ ECON, TECH Qualitätsverlust *m* ❸ (*disintegration*) Verfall *m; of metal, wood* Zersetzung *f*
determination [dɪ·ˌtɜr·mɪ·'neɪ·ʃən] *n* ❶ (*resolve*) Entschlossenheit *f* ❷ (*determining*) Bestimmung *f*
determine [dɪ·'tɜr·mɪn] *vt* ❶ (*decide*) entscheiden; ■ **to ~ that ...** beschließen, dass ... ❷ (*find out*) ermitteln, feststellen, herausfin-

den ❸ (*influence*) bestimmen; **genetically**
~**d** genetisch festgelegt
determined [dɪˈtɜr·mɪnd] *adj* entschlossen
deterrent [dɪˈtɜr·ənt] **I.** *n* Abschreckung *f*, Ab-
schreckungsmittel *nt* **II.** *adj* abschreckend
detest [dɪˈtest] *vt* verabscheuen
dethrone [dɪˈθroʊn] *vt* entthronen
detonate [ˈdet·ə·neɪt] *vi, vt* detonieren
detonation [ˌdet·əˈneɪ·ʃən] *n* Detonation *f*
detonator [ˈdet·ə·neɪ·ţər] *n* [Spreng]zünder *m*
detour [ˈdiˈtʊr] *n* ❶ TRANSP Umleitung *f* ❷ (*devi-ation*) Umweg *m*
detox [ˈdiˈtaks] *n* *see* **detoxification** Ent-
zug *m;* ▪ **to be in** ~ auf Entzug sein
detract [dɪˈtrækt] *vi* ▪ **to** ~ **from sth** etw beeinträchtigen
detractor [dɪˈtræk·tər] *n* Kritiker(in) *m(f)*
detriment [ˈdet·rə·mənt] *n* Nachteil *m*
detrimental [ˌdet·rɪˈmen·ţəl] *adj* schädlich
deuce [dus] *n* ❶ (*cards, dice*) Zwei *f* ❷ TENNIS Einstand *m*
devaluation [ˌdi·væl·ju·ˈeɪ·ʃən] *n* Abwertung *f*
devalue [ˌdi·ˈvæl·ju] *vt* abwerten
devastate [ˈdev·ə·steɪt] *vt* vernichten; *region* verwüsten; (*fam*) umhauen
devastated [ˈdev·ə·steɪ·ţɪd] *adj* völlig fertig *fam*, total down *sl*
devastating [ˈdev·ə·steɪ·ţɪŋ] *adj* ❶ (*destruc-tive*) verheerend, vernichtend *a. fig* ❷ (*fig fam: positively overwhelming*) umwerfend; *smile* unwiderstehlich; (*negatively*) niederschmet-ternd
devastation [ˌdev·ə·ˈsteɪ·ʃən] *n* ❶ (*destruc-tion*) Verwüstung *f* ❷ (*of person*) Verzweif-lung *f*
develop [dɪˈvel·əp] **I.** *vi* sich entwickeln (**into** zu + *dat*); *abilities* sich entfalten **II.** *vt* ❶ entwi-ckeln; *habit* annehmen; *plan* ausarbeiten; *skills* weiterentwickeln ❷ ARCHIT erschließen [und bebauen] ❸ PHOT entwickeln
developed [dɪˈvel·əpt] *adj* ❶ entwickelt ❷ AR-CHIT erschlossen
developer [dɪˈvel·ə·pər] *n* ❶ late ~ Spätent-wickler(in) *m(f)* ❷ (*person*) Bauunterneh-mer(in) *m(f)*; (*company*) Baufirma *f*, Bauun-ternehmen *nt* ❸ PHOT Entwickler *m*
developing [dɪˈvel·ə·pɪŋ] *adj* sich entwi-ckelnd
development [dɪˈvel·əp·mənt] *n* ❶ (*act, event, process*) Entwicklung *f* ❷ ARCHIT Bau *m*; (*area*) Baugebiet *nt;* (*buildings*) **housing** ~ Siedlung *f;* **industrial** ~ Industriegebiet *nt*
deviant [ˈdi·vi·ənt] SOCIOL **I.** *n* ▪ **to be a** [**sex-ual**] ~ [im sexuellen Verhalten] von der Norm abweichen **II.** *adj* *behavior* abweichend
deviate [ˈdi·vi·eɪt] *vi* *from norm* abweichen; *from route* sich entfernen
deviation [ˌdi·vi·ˈeɪ·ʃən] *n* Abweichung *f*
device [dɪˈvaɪs] *n* ❶ (*machine*) Gerät *nt*, Vor-richtung *f* ❷ (*method*) Verfahren *nt;* **sty-listic** ~ Stilmittel *nt* ❸ (*bomb*) **incendiary** ~ Brandsatz *m*
devil [ˈdev·əl] *n* ❶ Teufel *m;* ▪ **the D~** der Teu-

fel ❷ (*fig*) Teufel(in) *m(f)* ❸ (*fam: sly person*) alter Fuchs; (*daring person*) Teufelskerl *m* ❹ (*fam: affectionately*) **little** ~ kleiner Schlin-gel *fam;* **lucky** ~ Glückspilz *m* ▶ PHRASES: **to be between the** ~ **and the deep blue sea** sich in einer Zwickmühle befinden; **like the** ~ wie besessen
devilish [ˈdev·ə·lɪʃ] *adj* teuflisch; *situation* ver-teufelt
devious [ˈdi·vi·əs] *adj* ❶ (*dishonest*) *person* verschlagen; *plan* krumm ❷ (*roundabout*) ge-wunden; **to take a** ~ **route** einen Umweg fah-ren
devise [dɪˈvaɪz] *vt* erdenken; *plan* aushecken
devoid [dɪˈvɔɪd] *adj* ▪ **to be** ~ **of sth** ohne etw sein
devolve [dɪˈvalv] (*form*) **I.** *vi* ❶ (*transfer*) übergehen ([**up**]**on** auf + *akk*) ❷ (*deteriorate*) entarten (**into** zu + *dat*) **II.** *vt* übertragen ([**up**]**on** auf + *akk*)
devote [dɪˈvoʊt] *vt* widmen; *one's time* op-fern
devoted [dɪˈvoʊ·ţɪd] *adj* *admirer* begeistert; *dog* anhänglich; *follower, friend* treu; *hus-band, mother* hingebungsvoll
devotee [ˌdev·ə·ˈti] *n* *of an artist* Vereh-rer(in) *m(f); of a leader* Anhänger(in) *m(f); of a cause* Verfechter(in) *m(f); of music* Liebha-ber(in) *m(f)*
devotion [dɪˈvoʊ·ʃən] *n* ❶ (*loyalty*) Ergeben-heit *f* ❷ (*dedication*) Hingabe *f* (**to** an + *akk*) ❸ (*affection*) *of husband, wife* Liebe *f; of children* Anhänglichkeit *f; of an admirer* Ver-ehrung *f*
devour [dɪˈvaʊ·ər] *vt* verschlingen *a. fig*
devouring [dɪˈvaʊ·ər·ɪŋ] *adj* verzehrend
devout [dɪˈvaʊt] *adj* REL fromm; (*fig*) [sehr] en-gagiert; *hope, wish* sehnlich
dew [du] *n* Tau *m*
'dewdrop *n* Tautropfen *m*
dexterity [dek·ˈster·ɪ·ţi] *n* ❶ (*of hands*) Ge-schicklichkeit *f* ❷ (*cleverness*) Gewandtheit *f;* (*of speech*) Redegewandtheit *f*
dexterous [ˈdek·stər·əs] *adj* gewandt; *fingers* geschickt
dextrose [ˈdek·stroʊs] *n* Traubenzucker *m*
dextrous [ˈdek·strəs] *adj see* **dexterous**
diabetes [ˌdaɪ·ə·ˈbi·ţɪz] *n* Zuckerkrankheit *f*
diabetic [ˌdaɪ·ə·ˈbeţ·ɪk] **I.** *n* Diabeti-ker(in) *m(f)* **II.** *adj* ❶ (*having diabetes*) zu-ckerkrank ❷ (*for diabetics*) Diabetiker-
diabolical [ˌdaɪ·ə·ˈbal·ɪ·kəl] *adj* ❶ (*of Devil*) Teufels- ❷ (*evil*) teuflisch
diagnose [ˌdaɪ·əg·ˈnoʊs] *vt* ❶ MED diagnosti-zieren ❷ (*discover*) erkennen; *fault, problem* feststellen
diagnosis <*pl* -ses> [ˌdaɪ·əg·ˈnoʊ·sɪs] *n* ❶ *of a disease* Diagnose *f* ❷ *of a problem* Beurtei-lung *f*
diagnostic [ˌdaɪ·əg·ˈnas·tɪk] *adj* diagnostisch
diagonal [daɪˈæg·ə·nəl] **I.** *adj* *line* diagonal, schräg **II.** *n* Diagonale *f*
diagram [ˈdaɪ·ə·græm] *n* schematische Dar-

stellung; MATH Diagramm *nt*

dial ['daɪ·əl] **I.** *n of clock* Zifferblatt; *of instrument, radio* Skala *f; of telephone* Wählscheibe *f* **II.** *vi, vt* <-l- *or* -ll-> wählen; **to ~ the wrong number** sich verwählen

dialect ['daɪ·ə·lekt] *n* Dialekt *m*

dialing ['daɪ·əl·ɪŋ] *n* Wählen *nt*

dialogue, dialog ['daɪ·ə·lag] *n* Dialog *m*

'**dial tone** *n* Wählton *m*

dialysis [daɪ·'æl·ə·sɪs] *n* Dialyse *f*

diameter [daɪ·'æm·ə·ţər] *n* Durchmesser *m*

diametrically [ˌdaɪ·ə·'met·rɪ·kə·li] *adv* **~ opposed** völlig entgegengesetzt

diamond ['daɪ·ə·mənd] *n* ❶ (*stone*) Diamant *m* ❷ MATH Raute *f*, Rhombus *m* ❸ CARDS Karo *nt;* **ace/king of ~s** Karoass *nt/*-könig *m* ❹ (*fig: person*) **he's a ~ in the rough** er ist rau, aber herzlich

diamond anni'versary *n* diamantene Hochzeit

diaper ['daɪ·pər] *n* Windel *f;* **disposable ~** Wegwerfwindel *f*

diaphanous [daɪ·'æf·ə·nəs] *adj* (*liter*) durchscheinend

diaphragm ['daɪ·ə·fræm] *n* Diaphragma *nt*, Pessar *nt*

diarrhea [ˌdaɪ·ə·'ri·ə] *n* Durchfall *m*

diary ['daɪ·ə·ri] *n* ❶ (*book*) Tagebuch *nt* ❷ (*schedule*) [Termin]kalender *m*

diatribe ['daɪ·ə·traɪb] *n* (*form: verbal*) Schmährede *f;* (*written*) Schmähschrift *f*

dice [daɪs] **I.** *n* ❶ *pl of* **die** Würfel *m* ❷ (*game*) Würfelspiel *nt* ▶ PHRASES: **no ~** (*sl*) kommt [überhaupt] nicht in Frage *fam;* (*of no use*) vergiss es *fam* **II.** *vt* FOOD würfeln

dicey ['daɪ·si] *adj* (*fam*) riskant

dick [dɪk] *n* ❶ (*vulg: penis*) Schwanz *m* ❷ (*offensive: jerk*) Idiot *m pej*

Dictaphone® ['dɪk·tə·foʊn] *n* Diktaphon® *nt*

dictate ['dɪk·teɪt] **I.** *vt* ❶ (*command*) befehlen ❷ *a letter, memo* diktieren **II.** *vi* ❶ (*issue commands*) ■**to ~ to sb** jdm Vorschriften machen ❷ (*read aloud*) diktieren

dictation [dɪk·'teɪ·ʃən] *n* Diktat *nt*

dictator ['dɪk·teɪ·ţər] *n* ❶ POL (*a. fig*) Diktator *m* ❷ (*of text*) Diktierende(r) *f(m)*

dictatorial [ˌdɪk·tə·'bɾ·i·əl] *adj* diktatorisch

dictatorship [dɪk·'teɪ·ţər·ʃɪp] *n* Diktatur *f*

diction ['dɪk·ʃən] *n* Ausdrucksweise *f*

dictionary ['dɪk·ʃə·ner·i] *n* Wörterbuch *nt*

did [dɪd] *pt of* **do**

didactic [daɪ·'dæk·tɪk] *adj* didaktisch

diddle ['dɪd·əl] *vi* (*fam: tinker*) ■**to ~** [**around**] **with sth** an etw *dat* [he]rummachen

didn't ['dɪd·ənt] = **did not** *see* **do**

die[1] <-y-> [daɪ] **I.** *vi* ❶ (*cease to live*) sterben, umkommen (**of** *vor* +*dat*); **to ~ of** [*or* **from**] **cancer** an Krebs sterben; **to ~ laughing** sich totlachen, sich kaputtlachen; **to ~ of hunger** verhungern; **to ~ of thirst** verdursten ❷ (*fig: end*) vergehen; *love* sterben ❸ (*fam: stop functioning*) kaputtgehen; *engine* stehen bleiben; *battery* leer werden; *flame, light* [v]erlö-

schen ▶ PHRASES: **to be dying to do sth** darauf brennen, etw zu tun; **I'm dying to hear the news** ich bin wahnsinnig gespannt, die Neuigkeiten zu erfahren; **to be dying for sth** großes Verlangen nach etw *dat* haben **II.** *vt* sterben; **he ~d a lonely death** einsam sterben

◆**die away** *vi* schwinden; *anger, enthusiasm, wind* sich allmählich legen; *sound* verhallen

◆**die back** *vi* absterben

◆**die down** *vi noise* leiser werden; *rain, wind* schwächer werden; *storm* sich legen; *excitement* abklingen

◆**die off** *vi* aussterben; BOT absterben

◆**die out** *vi* aussterben

die[2] [daɪ] *n* <*pl* **dice**> (*for games*) Würfel *m* ▶ PHRASES: **the ~ is cast** die Würfel sind gefallen

'**diehard I.** *n* (*pej*) Dickschädel *m* **II.** *adj* unermüdlich; *liberal* Erz-

diesel ['di·zəl] *n* ❶ (*fuel*) Diesel[kraftstoff] *m;* **to run on ~** mit Diesel fahren ❷ (*vehicle*) Dieselfahrzeug *nt*, Diesel *m*

'**diesel engine** *n* Dieselmotor *m*

'**diesel oil** *n* Dieselöl *nt*

diet ['daɪ·ət] **I.** *n* ❶ (*food and drink*) Nahrung *f;* **balanced ~** ausgewogene Kost ❷ MED Diät *f,* Schonkost *f;* **on a ~** auf Diät ❸ (*plan for losing weight*) Diät *f,* Schlankheitskur *f;* **to go on a ~** eine Diät machen **II.** *vi* Diät halten **III.** *adj* Diät-

dietary ['daɪ·ɪ·ter·i] *adj* ❶ (*of usual food*) Ernährungs-, Ess- ❷ (*of medical diet*) Diät-

dietary 'fiber *n* Ballaststoffe *pl*

dieter [ˌdaɪ·ə·ţər] *n* Person, die eine Diät macht

dietician, dietitian [ˌdaɪ·ə·'tɪʃ·ən] *n* Diätassistent(in) *m(f)*

'**diet pill** *n* Schlankheitspille *f*

differ ['dɪf·ər] *vi* ❶ (*be unlike*) sich unterscheiden ❷ (*not agree*) verschiedener Meinung sein

difference ['dɪf·ər·əns] *n* ❶ Unterschied *m;* **to make all the ~** die Sache völlig ändern ❷ FIN Differenz *f;* MATH (*after subtraction*) Rest *m* ❸ (*disagreement*) **~** [**of opinion**] Meinungsverschiedenheit *f*

different ['dɪf·ər·ənt] *adj* ❶ anders *präd,* andere(r, s) *attr;* ■**to be ~ from** [*or* **than**] **sb/sth** sich von jdm/etw unterscheiden ❷ (*unusual*) ungewöhnlich; **to do something ~** etwas Außergewöhnliches tun

differential [ˌdɪf·ə·'ren·tʃəl] **I.** *n* ❶ MATH Differenzial *nt* ❷ MECH Differenzial[getriebe] *nt* ❸ (*difference*) Unterschied *m;* ECON Gefälle *nt* **II.** *adj* ❶ (*different*) unterschiedlich; **~ treatment** Ungleichbehandlung *f* ❷ MATH, MECH Differenzial-

differentiate [ˌdɪf·ə·'ren·tʃi·eɪt] *vi, vt* unterscheiden

differentiation [ˌdɪf·ə·ren·tʃi·'eɪ·ʃən] *n* Differenzierung *f*

difficult ['dɪf·ɪ·kəlt] *adj* schwierig, schwer; **to find it ~ to do sth** es schwer finden, etw zu tun; *job, trip* beschwerlich

difficulty ['dɪf·ɪ·kəl·ti] *n* ❶ (*effort*) with ~ mit Mühe ❷ (*problematic nature*) *of a task* Schwierigkeit *f* ❸ (*trouble*) Problem *nt,* Schwierigkeit *f;* **to have ~ doing sth** Schwierigkeiten dabei haben, etw zu tun

diffident ['dɪf·ɪ·dənt] *adj* (*form*) ❶ (*shy*) zaghaft ❷ (*reserved*) zurückhaltend

diffusion [dɪ·'fju·ʒən] *n* Verbreitung *f;* SOCIOL Ausbreitung *f;* CHEM, PHYS Diffusion *f*

dig [dɪg] I. *n* ❶ ARCHEOL Ausgrabung *f* ❷ (*thrust*) Stoß *m* ❸ (*fig: cutting remark*) Seitenhieb *m* (**at** auf +*akk*) II. *vi* <-gg-, dug, dug> graben (**for** nach +*dat*); **her nails dug into his palm** ihre Nägel gruben sich in seine Hand; **to ~ in one's pocket** in der Tasche graben III. *vt* <-gg-, dug, dug> ❶ (*with a shovel*) graben; *ditch* ausheben ❷ ARCHEOL ausgraben ❸ **to ~ sb in the ribs** jdn [mit dem Ellenbogen] anstoßen ❹ (*sl: enjoy*) ▪**to ~ sth** auf etw *akk* stehen *sl*
◆**dig in I.** *vi* ❶ MIL sich eingraben ❷ (*fam: start eating*) reinhauen *fam* II. *vt fertilizer* untergraben ▸PHRASES: **to ~ in one's heels** auf stur schalten
◆**dig out** *vt* ausgraben *a. fig*
◆**dig up** *vt* ❶ (*turn over*) umgraben ❷ (*remove*) ausgraben; ARCHEOL freilegen ❸ (*fig: find out*) herausfinden

digest I. *vt* [daɪ·'dʒest] ❶ verdauen *a. fig* ❷ CHEM auflösen II. *n* ['daɪ·dʒest] Auswahl *f* (**of** aus +*dat*)

digestible [daɪ·'dʒes·tə·bəl] *adj* verdaulich

digestion [daɪ·'dʒes·tʃən] *n* Verdauung *f*

digger ['dɪg·ər] *n* (*sb who digs*) Gräber(in) *m(f);* ARCHEOL Ausgräber(in) *m(f)*

digit ['dɪdʒ·ɪt] *n* ❶ MATH Ziffer *f;* **three-~ number** dreistellige Zahl ❷ (*finger*) Finger *m;* (*toe*) Zehe *f*

digital ['dɪdʒ·ɪ·təl] *adj* digital, Digital-
digital 'radio *n* Digitalradio *nt*

digitize ['dɪdʒ·ɪ·taɪz] *vt* COMPUT digitalisieren

dignified ['dɪg·nɪ·faɪd] *adj* würdig, würdevoll; *silence* ehrfürchtig

dignify <-ie-> ['dɪg·nɪ·faɪ] *vt* Würde verleihen

dignitary ['dɪg·nə·ter·i] *n* Würdenträger(in) *m(f)*

dignity ['dɪg·nɪ·ţi] *n* Würde *f*

digress [daɪ·'gres] *vi* abschweifen

dike[1] [daɪk] *n* ❶ (*wall*) Deich *m* ❷ (*drainage channel*) [Abfluss]graben *m*

dike[2] *n* (*pej sl*) *see* **dyke**[2]

dilapidated [dɪ·'læp·ɪ·deɪ·ţɪd] *adj house* verfallen; *estate* heruntergekommen; *car* klapprig

dilate ['daɪ·leɪt] I. *vi* sich weiten II. *vt* erweitern

dilation [daɪ·'leɪ·ʃən] *n* Erweiterung *f*

dilemma [dɪ·'lem·ə] *n* Dilemma *nt*

dilettante [ˌdɪl·ə·'tant] *n* <*pl* -s *or* -ti> Dilettant(in) *m(f)*

diligence ['dɪl·ɪ·dʒəns] *n* ❶ (*industriousness*) Fleiß *m;* (*enthusiasm*) Eifer *m* ❷ LAW (*carefulness*) Sorgfalt *f*

diligent ['dɪl·ɪ·dʒənt] *adj* ❶ (*hard-working*) fleißig; (*enthusiastic*) eifrig ❷ (*painstaking*) sorgfältig

dill [dɪl] *n* Dill *m*

dilly-dally <-ie-> ['dɪl·i·dæl·i] *vi* (*pej fam*) schwanken

dilute [daɪ·'lut] I. *vt* ❶ (*mix*) verdünnen ❷ (*fig*) abschwächen II. *adj* verdünnt

dilution [daɪ·'lu·ʃən] *n* ❶ (*act*) Verdünnen *nt* ❷ (*liquid*) Verdünnung *f*

dim <-mm-> [dɪm] I. *adj* ❶ (*not bright*) schwach, trüb; (*poorly lit*) schumm[e]rig ❷ (*indistinct*) undeutlich; *recollection, shape* verschwommen ❸ (*fam: slow to understand*) schwer von Begriff II. *vt* abdunkeln; *headlights* abblenden; **to ~ the lights** das Licht dämpfen III. *vi lights* dunkler werden; *hopes* schwächer werden

dime [daɪm] *n* Dime *m,* Zehncentstück *nt*
▸PHRASES: **a ~ a dozen** spottbillig

dimension [dɪ·'men·ʃən] *n* Dimension *f*
-dimensional [dɪ·'men·ʃə·nəl] *in compounds* (*1-, 2-, 3-*) -dimensional

diminish [dɪ·'mɪn·ɪʃ] I. *vt* vermindern II. *vi* sich vermindern; *pain* nachlassen; *influence, value* abnehmen

diminutive [dɪ·'mɪn·jə·ţɪv] I. *adj* ❶ (*tiny*) winzig ❷ LING diminutiv II. *n* LING Verkleinerungsform *f*

dimmer ['dɪm·ər], **dimmer switch** ['dɪm·ər-] *n* Dimmer *m,* Helligkeitsregler *m;* AUTO Abblendschalter *m*

dimness ['dɪm·nɪs] *n* ❶ (*lack of light*) Trübheit *f; of a lamp* Mattheit *f; of a memory* Undeutlichkeit *f; of an outline* Unschärfe *f; of a room* Düsterkeit *f* ❷ (*lack of intelligence*) Beschränktheit *f*

dimple ['dɪm·pəl] *n* (*in cheeks, chin*) Grübchen *nt*

dimpled ['dɪm·pəld] *adj* mit Grübchen; ▪**to be ~** Grübchen haben

din [dɪn] *n* (*liter*) Lärm *m;* **to make a ~** Krach machen

dine [daɪn] *vi* (*form*) speisen

diner ['daɪ·nər] *n* ❶ (*person*) Speisende(r) *f(m);* (*in restaurant*) Gast *m* ❷ Restaurant am Straßenrand mit Theke und Tischen ❸ RAIL *see* **dining car**

> **i** In den USA ist ein **diner** eine Art Restaurant, das aus einer Theke und aus in Abteilen angeordneten Tischen besteht. Ursprünglich hatten die **diners** der 50er Hamburger, Pommes frites und weitere schnelle Gerichte im Sortiment. Heute sind sie für ihre Karten bekannt, die so lange wie ein Roman sind. Man kann dort ebenso Sandwiches, Steaks, Hähnchen und Eiergerichte bekommen. Viele **diners** werden von griechischen Immigranten geführt und bieten somit auch griechische Spezialitäten an.

dinghy ['dɪŋ·i] *n* Ding[h]i *nt*

dingy ['dɪn·dʒi] *adj* düster, schmuddelig; *color* trüb

dining car ['daɪ·nɪŋ‚-] *n* RAIL Speisewagen *m*

'**dining room** *n* (*in house*) Esszimmer *nt;* (*in public building*) Speisesaal *m*

dinky ['dɪŋ·ki] *adj* (*fam or pej*) klein

dinner ['dɪn·ər] *n* ❶ (*evening meal*) Abendessen *nt;* DIAL (*warm lunch*) Mittagessen *nt;* **to go out for ~** essen gehen; **to make ~** das Essen zubereiten; **for ~** zum Essen ❷ (*formal meal*) Diner *nt,* Festessen *nt*

'**dinner party** *n* Abendgesellschaft *f* [mit Essen]

'**dinner table** *n* (*in house*) Esstisch *m;* (*at formal event*) Tafel *f*

'**dinnertime** *n* Essenszeit *f*

dinosaur ['daɪ·nə·sɔr] *n* Dinosaurier *m a. fig*

diocese ['daɪ·ə·sɪs] *n* Diözese *f*

dioxide [daɪ·'ak·saɪd] *n* Dioxyd *nt*

dioxin [daɪ·'ak·sɪn] *n* Dioxin *nt*

dip [dɪp] **I.** *n* ❶ (*dipping*) [kurzes] Eintauchen *kein pl* ❷ FOOD Dip *m* ❸ (*brief swim*) kurzes Bad; **to go for a ~** kurz reinspringen ❹ *in the road*Vertiefung *f,* Senke *f* ❺ (*sl: stupid person*) Idiot *m pej* **II.** *vi* <-pp-> ❶ (*go down*) [ver]sinken; (*lower*) sich senken ❷ (*decline*) fallen; *profits* zurückgehen ❸ (*go under water*) eintauchen **III.** *vt* <-pp-> ❶ (*immerse*) [ein]tauchen; FOOD [ein]tunken ❷ (*put into*) [hinein]stecken; **to ~ [one's hand] into sth** [mit der Hand] in etw *akk* hineingreifen ❸ (*lower*) senken; *flag* dippen

◆**dip into** *vi* ❶ (*study casually*) ■**to ~ into sth** *book* einen kurzen Blick auf etw *akk* werfen ❷ *savings* angreifen

diphtheria [dɪf·'θɪr·i·ə] *n* MED Diphtherie *f*

diphthong ['dɪf·θaŋ] *n* LING Doppellaut *m*

diploma [dɪ·'plou·mə] *n* ❶ SCH, UNIV Diplom *nt* ❷ (*honorary document*) [Ehren]urkunde *f*

diplomacy [dɪ·'plou·mə·si] *n* Diplomatie *f a. fig*

diplomat ['dɪp·lə·mæt] *n* Diplomat(in) *m(f) a. fig*

diplomatic [‚dɪp·lə·'mæṭ·ɪk] *adj* diplomatisch *a. fig*

'**dipstick** *n* ❶ AUTO [Öl]messstab *m* ❷ (*sl: idiot*) Idiot(in) *m(f) pej,* Dummkopf *m pej*

dire ['daɪr] *adj* ❶ (*dreadful*) entsetzlich, furchtbar; *situation* aussichtslos; **in ~ straits** in einer ernsten Notlage ❷ (*ominous*) *warning, forecast* unheilvoll

direct [dɪ·'rekt] **I.** *adj* direkt; **~ route** kürzester Weg; **the ~ opposite** das genaue Gegenteil **II.** *adv* direkt **III.** *vt* ❶ (*control*) leiten, führen; *traffic* regeln ❷ (*aim*) richten (**at, to** an +*akk*); *attention* lenken (**at, to** auf +*akk*); **to ~ a blow at sb** nach jdm schlagen ❸ (*give directions*) ■**to ~ sb to sth** jdm den Weg zu etw *dat* zeigen ❹ THEAT, FILM Regie führen bei; MUS dirigieren **IV.** *vi* THEAT, FILM Regie führen; MUS dirigieren

direct 'current *n* ELEC Gleichstrom *m*

direct 'hit *n* Volltreffer *m*

direction [dɪ·'rek·ʃən] *n* ❶ (*course taken*) Richtung *f;* **in the ~ of the bedroom** in Richtung Schlafzimmer; **sense of ~** Orientierungssinn *m;* **to lack ~** orientierungslos sein; **in opposite ~s** in entgegengesetzter Richtung; **to give sb ~s** jdm den Weg beschreiben ❷ (*supervision*) Leitung *f,* Führung *f* ❸ (*instructions*) ■**~s** *pl* Anweisungen *pl*

directional [dɪ·'rek·ʃə·nəl] *adj* RADIO Richt-

directive [dɪ·'rek·tɪv] *n* [An]weisung *f*

directly [dɪ·'rekt·li] *adv* direkt; **~ after/before ...** unmittelbar danach/davor ...

direct 'object *n* direktes Objekt

director [dɪ·'rek·tər] *n* ❶ ADMIN *of company* Direktor(in) *m(f); of information center* Leiter(in) *m(f);* **board of ~s** COMM Vorstand *m* ❷ (*member of board*) Mitglied *nt* des Board of Directors ❸ FILM, THEAT Regisseur(in) *m(f); of orchestra* Dirigent(in) *m(f); of choir* Chorleiter(in) *m(f)*

directorate [dɪ·'rek·tər·ət] *n* ❶ ADMIN Direktorat *nt* ❷ (*board*) Direktorium *nt*

directorship [dɪ·'rek·tər·ʃɪp] *n* Direktorenstelle *f*

directory [dɪ·'rek·tə·ri] *n* **telephone ~** Telefonbuch *nt;* (*list*) Verzeichnis *nt*

directory as'sistance *n* [Telefon]auskunft *f kein pl*

dirt [dɜrt] *n* ❶ (*filth*) Schmutz *m,* Dreck *m* ❷ (*soil*) Erde *f* ❸ (*scandal*) **to dig for ~** nach Skandalen suchen ▸ PHRASES: **to treat sb like ~** jdn wie [den letzten] Dreck behandeln

dirt 'cheap I. *adj* (*fam*) spottbillig **II.** *adv* **to sell sth ~** etw verschleudern

dirt 'road *n* Schotterstraße *f*

dirty ['dɜr·ti] **I.** *adj* ❶ (*unclean*) dreckig, schmutzig; *needle* benutzt ❷ (*fam: nasty*) gemein; *liar* dreckig; *rascal* gerissen ❸ (*fam: lewd*) schmutzig; *language* vulgär ❹ (*unfriendly*) **to give sb a ~ look** jdm einen bösen Blick zuwerfen **II.** *adv* ❶ (*dishonestly*) **to play ~** unfair spielen ❷ (*obscenely*) **to talk ~** sich vulgär ausdrücken **III.** *vt* beschmutzen

disability [‚dɪs·ə·'bɪl·ɪ·ti] *n* Behinderung *f;* **~ benefit** Erwerbsunfähigkeitsrente *f*

disable [dɪs·'eɪ·bəl] *vt person* arbeitsunfähig machen; *thing* funktionsunfähig machen

disabled [dɪs·'eɪ·bəld] **I.** *adj* ❶ (*handicapped*) behindert ❷ (*for the handicapped*) Behinderten- **II.** *n* ■**the ~** *pl* die Behinderten

disadvantage [‚dɪs·əd·'væn·tɪdʒ] **I.** *n* Nachteil *m;* (*state*) Benachteiligung *f;* **to put sb at a ~** jdn benachteiligen **II.** *vt* benachteiligen

disadvantageous [‚dɪs·‚æd·væn·'teɪ·dʒəs] *adj* nachteilig

disaffected [‚dɪs·ə·'fek·tɪd] *adj* (*form: dissatisfied*) unzufrieden; (*estranged*) entfremdet

disaffection [‚dɪs·ə·'fek·ʃən] *n* (*form: dissatisfaction*) Unzufriedenheit *f;* (*estrangement*) Entfremdung *f*

disagree [‚dɪs·ə·'gri] *vi* ❶ (*dissent*) nicht übereinstimmen; (*with plan, decision*) nicht einverstanden sein; (*with sb else*) anderer Meinung sein ❷ (*argue*) eine Auseinandersetzung haben ❸ FOOD **I must have eaten something that ~ d with me** ich muss etwas gegessen haben, das mir nicht bekommt

disagreeable [ˌdɪs·ə·ˈgri·ə·bəl] *adj* ❶ (*unpleasant*) unangenehm ❷ (*unfriendly*) unsympathisch

disagreement [ˌdɪs·ə·ˈgri·mənt] *n* ❶ (*lack of agreement*) Uneinigkeit *f* ❷ (*argument*) Meinungsverschiedenheit *f* (**over/about** um/über +*akk*)

disallow [ˌdɪs·ə·ˈlaʊ] *vt* ❶ (*rule out*) nicht erlauben; SPORTS nicht anerkennen; *goal* annullieren ❷ LAW abweisen

disappear [ˌdɪs·ə·ˈpɪr] *vi* ❶ (*vanish*) verschwinden ❷ (*become extinct*) aussterben

disappearance [ˌdɪs·ə·ˈpɪr·əns] *n* ❶ (*vanishing*) Verschwinden *nt* ❷ (*becoming extinct*) Aussterben *nt*

disappoint [ˌdɪs·ə·ˈpɔɪnt] *vt* enttäuschen

disappointed [ˌdɪs·ə·ˈpɔɪn·ṭɪd] *adj* enttäuscht (**at/about** über +*akk*, **in/with** mit +*dat*)

disappointing [ˌdɪs·ə·ˈpɔɪn·ṭɪŋ] *adj* enttäuschend

disappointment [ˌdɪs·ə·ˈpɔɪnt·mənt] *n* Enttäuschung *f* (**at/about** über +*akk*, **in/with** mit +*dat*)

disapproval [ˌdɪs·ə·ˈpru·vəl] *n* Missbilligung *f*

disapprove [ˌdɪs·ə·ˈpruv] *vi* dagegen sein; ■ **to ~ of sth** etw missbilligen; ■ **to ~ of sb** jdn ablehnen

disarm [dɪs·ˈarm] **I.** *vt person* entwaffnen *a. fig; bomb* entschärfen **II.** *vi* abrüsten

disarmament [dɪs·ˈar·mə·mənt] *n* Abrüstung *f*

disarming [dɪs·ˈar·mɪŋ] *adj* entwaffnend

disarray [ˌdɪs·ə·ˈreɪ] *n* ❶ (*disorder*) Unordnung *f* ❷ (*confusion*) Verwirrung *f*

disaster [dɪ·ˈzæs·tər] *n* Katastrophe *f a. fig*

disastrous [dɪ·ˈzæs·trəs] *adj* katastrophal; *decision, impact* verhängnisvoll

disband [dɪs·ˈbænd] **I.** *vi* sich auflösen **II.** *vt meeting, club* auflösen

disbelief [ˌdɪs·bɪ·ˈlif] *n* Unglaube *m;* **she shook her head in ~** sie schüttelte ungläubig den Kopf

disbelieve [ˌdɪs·bɪ·ˈliv] *vt* (*form*) ■ **to ~ sb** jdm nicht glauben; ■ **to ~ sth** etw bezweifeln

disc [dɪsk] *n see* **disk**

discard [ˈdɪs·kard] *vt* ❶ (*throw away*) wegwerfen; (*fig*) *idea* fallen lassen ❷ CARDS abwerfen

'disc brake *n* Scheibenbremse *f*

discern [dɪ·ˈsɜrn] *vt* (*form*) wahrnehmen

discernible [dɪ·ˈsɜr·nə·bəl] *adj* wahrnehmbar, erkennbar

discerning [dɪ·ˈsɜr·nɪŋ] *adj* urteilsfähig; *palate* fein; *reader* kritisch

discernment [dɪ·ˈsɜrn·mənt] *n* (*good judgment*) Urteilskraft *f*

discharge I. *vt* [dɪs·ˈtʃardʒ] ❶ (*release*) entlassen (**from** aus +*dat*); *soldier* verabschieden ❷ (*emit*) absondern; *sewage* ablassen ❸ (*shoot*) *weapon* abfeuern ❹ (*pay off*) *debt*

begleichen ❺ PHYS entladen **II.** *vi* [dɪs·ˈtʃardʒ] ❶ (*pour out*) sich ergießen; *wound* eitern ❷ (*go off*) *bomb* hochgehen **III.** *n* [ˈdɪs·tʃardʒ] ❶ *of person* Entlassung *f* ❷ (*discharging of liquid*) Ausströmen *nt kein pl* ❸ (*liquid emitted*) Ausfluss *m kein pl; from wound* Absonderung *f* ❹ *of weapon* Abfeuern *nt kein pl* ❺ PHYS Entladung *f*

disciple [dɪ·ˈsaɪ·pəl] *n* Anhänger(in) *m(f);* (*of Jesus*) Jünger *m*

disciplinary [ˈdɪs·ə·plə·ner·i] *adj* Disziplinar-

discipline [ˈdɪs·ə·plɪn] **I.** *n* Disziplin *f* **II.** *vt* ❶ (*have self-control*) ■ **to ~ oneself** sich disziplinieren ❷ (*punish*) bestrafen

'disc jockey *n* Diskjockey *m*

disclaim [dɪs·ˈkleɪm] *vt* abstreiten; *responsibility* ablehnen

disclaimer [dɪs·ˈkleɪ·mər] *n* Verzichtserklärung *f*

disclose [dɪs·ˈkloʊz] *vt* ❶ (*reveal*) bekannt geben ❷ (*uncover*) enthüllen

disclosure [dɪs·ˈkloʊ·ʒər] *n* (*form*) *of information, news* Bekanntgabe *f; of secret* Enthüllung *f*

disco [ˈdɪs·koʊ] *n short for* **discotheque** Disco *f*, Disko *f*

discolor [dɪs·ˈkʌl·ər] **I.** *vi* sich verfärben **II.** *vt* verfärben

discomfort [dɪs·ˈkʌm·fərt] *n* ❶ (*slight pain*) Beschwerden *pl* (**in** mit +*dat*) ❷ (*inconvenience*) Unannehmlichkeit *f*

disconcert [ˌdɪs·kən·ˈsɜrt] *vt* beunruhigen

disconnect [ˌdɪs·kə·ˈnekt] *vt* trennen; *electricity, gas, phone* abstellen

disconnected [ˌdɪs·kə·ˈnek·tɪd] *adj* ❶ (*turned off*) [ab]getrennt; (*left without supply*) abgestellt ❷ (*incoherent*) *speech* zusammenhang[s]los

disconsolate [dɪs·ˈkan·sə·lət] *adj* (*dejected*) niedergeschlagen; (*inconsolable*) untröstlich

discontent [ˌdɪs·kən·ˈtent] *n* Unzufriedenheit *f*

discontented [ˌdɪs·kən·ˈten·tɪd] *adj* unzufrieden (**with, about** mit +*dat*)

discontentment [ˌdɪs·kən·ˈtent·mənt] *n see* **discontent**

discontinue [ˌdɪs·kən·ˈtɪn·ju] *vt* abbrechen; *product* auslaufen lassen; *service* einstellen; *subscription* kündigen; *visits* aufgeben

discord [ˈdɪs·kɔrd] *n* (*form*) Uneinigkeit *f*, Zwietracht *f*

discordant [dɪ·ˈskɔr·dənt] *adj* ❶ (*disagreeing*) entgegengesetzt; *views* gegensätzlich ❷ MUS disharmonisch

discotheque [ˈdɪs·kə·tek] *n* Diskothek *f*

discount I. *n* [ˈdɪs·kaʊnt] Rabatt *m; ~* **for cash** Skonto *nt o m* **II.** *vt* [dɪs·ˈkaʊnt] ❶ (*disregard*) unberücksichtigt lassen; *possibility* nicht berücksichtigen; *testimony* nicht einbeziehen ❷ (*reduce*) *article* herabsetzen; *price* reduzieren

'discount store *n* Discountladen *m*

discourage [dɪ·ˈskɜr·ɪdʒ] *vt* ❶ (*dishearten*)

entmutigen ❷ (*dissuade*) ■**to** ~ **sth** von etw *dat* abraten; ■**to** ~ **sb from doing sth** jdm davon abraten, etw zu tun ❸ (*stop*) abhalten; ■**to** ~ **sb from doing sth** jdn davon abhalten, etw zu tun

discouragement [dɪˈskɜr·ɪdʒ·mənt] *n* ❶ (*action*) Entmutigung *f;* (*feeling*) Mutlosigkeit *f* ❷ (*deterrence*) Abschreckung *f;* (*dissuasion*) Abraten *nt*

discouraging [dɪˈskɜr·ɪdʒ·ɪŋ] *adj* entmutigend

discourteous [dɪsˈkɜr· t̬i·əs] *adj* (*form*) unhöflich

discover [dɪˈskʌv·ər] *vt* ❶ (*find out*) herausfinden ❷ (*find first*) entdecken *a. fig* ❸ (*find*) finden

discoverer [dɪˈskʌv·ə·rər] *n* Entdecker(in) *m(f)*

discovery [dɪˈskʌv·ə·ri] *n* Entdeckung *f a. fig*

discredit [dɪsˈkred·ɪt] I. *vt* ❶ (*disgrace*) in Verruf bringen, diskreditieren ❷ (*cause to appear false*) unglaubwürdig machen II. *n* Misskredit *m*

discreet [dɪˈskrit] *adj* ❶ (*unobtrusive*) diskret; *color, pattern* dezent ❷ (*tactful*) taktvoll

discrepancy [dɪˈskrep·ən·si] *n* (*form*) Diskrepanz *f*

discrete [dɪˈskrit] *adj* eigenständig

discretion [dɪˈskreʃ·ən] *n* ❶ (*behavior*) Diskretion *f* ❷ (*good judgment*) **to use one's** ~ nach eigenem Ermessen handeln

discriminate [dɪˈskrɪm·ə·neɪt] *vi* ❶ (*differentiate*) unterscheiden ❷ (*be prejudiced*) diskriminieren; **to** ~ **in favor of sb** jdn bevorzugen; ■**to** ~ **against sb** jdn diskriminieren

discriminating [dɪˈskrɪm·ə·neɪ·t̬ɪŋ] *adj* (*approv*) kritisch; *palate* fein

discrimination [dɪˌskrɪm·ɪˈneɪ·ʃən] *n* ❶ (*prejudice*) Diskriminierung *f* ❷ (*taste*) [kritisches] Urteilsvermögen ❸ (*ability to differentiate*) Unterscheidung *f*

discriminatory [dɪˈskrɪm·ɪ·nə·tɔr·i] *adj* diskriminierend

discus <*pl* -es> [ˈdɪs·kəs] *n* SPORTS Diskus *m;* (*event*) Diskuswerfen *nt*

discuss [dɪˈskʌs] *vt* ❶ (*talk about*) besprechen ❷ (*debate*) erörtern, diskutieren

discussion [dɪˈskʌʃ·ən] *n* Diskussion *f;* **to be open to/under** ~ zur Diskussion stehen

dis'cussion board *n* COMPUT, INET Diskussionsforum *nt*

disdain [dɪsˈdeɪn] I. *n* Verachtung *f* II. *vt* (*despise*) verachten; (*reject*) verschmähen

disdainful [dɪsˈdeɪn·fəl] *adj* (*form*) verächtlich

disease [dɪˈziz] *n* Krankheit *f a. fig*

diseased [dɪˈzizd] *adj* krank; *plant* befallen

disembark [ˌdɪs·ɪmˈbark] *vi* von Bord gehen

disembodied [ˌdɪs·ɪmˈbad·id] *adj* körperlos; *voice* geisterhaft

disenchant [ˌdɪs·ɪnˈtʃænt] *vt* ernüchtern

disengage [ˌdɪs·ɪnˈgeɪdʒ] I. *vt* ❶ ■**to** ~ **oneself** sich lösen ❷ MECH entkuppeln; **to** ~ **the**

clutch auskuppeln ❸ MIL *troops* abziehen II. *vi* ❶ sich lösen ❷ MIL sich zurückziehen

disengagement [ˌdɪs·ɪnˈgeɪdʒ·mənt] *n* ❶ MECH Lösung *f;* *of a clutch* Auskuppeln *nt* ❷ MIL Absetzen *nt*

disentangle [ˌdɪs·ɪnˈtæŋ·gəl] *vt* ❶ (*untangle*) entwirren; (*fig*) herauslösen (**from** aus +*dat*) ❷ ■**to** ~ **oneself** sich befreien

disfavor [ˌdɪsˈfeɪ·vər] *n* Missfallen *nt;* **to fall into** ~ in Ungnade fallen

disfigure [dɪsˈfɪg·jər] *vt* entstellen

disfigurement [dɪsˈfɪg·jər·mənt] *n* Entstellung *f*

disgorge [dɪsˈgɔrdʒ] *vt* ausspucken *a. fig*

disgrace [dɪsˈgreɪs] I. *n* Schande *f* II. *vt* Schande bringen (über +*akk*)

disgraced [dɪsˈgreɪst] *adj* beschämt

disgraceful [dɪsˈgreɪs·fəl] *adj* schändlich; *behavior* skandalös

disgruntled [dɪsˈgrʌn·təld] *adj* verstimmt (**with** über +*akk*)

disguise [dɪsˈgaɪz] I. *vt* ■**to** ~ **oneself** sich verkleiden; ■**to** ~ **sth** etw verbergen; *voice* verstellen II. *n* (*for body*) Verkleidung *f;* (*for face*) Maske *f;* **in** ~ verkleidet

disgust [dɪsˈgʌst] I. *n* ❶ (*revulsion*) Ekel *m;* **sth fills sb with** ~ etw ekelt jdn an ❷ (*indignation*) Empörung *f* (**at** über +*akk*); **in** ~ entrüstet, empört II. *vt* ❶ (*sicken*) anwidern, anekeln ❷ (*appall*) entrüsten, empören

disgusted [dɪsˈgʌs·tɪd] *adj* ❶ (*sickened*) angeekelt, angewidert (**at, by** von +*dat*) ❷ (*indignant*) empört, entrüstet (**at, with** über +*akk*)

disgusting [dɪsˈgʌs·tɪŋ] *adj* ❶ (*repulsive*) widerlich ❷ (*unacceptable*) empörend

dish <*pl* -es> [dɪʃ] *n* ❶ (*for serving*) Schale *f;* (*plate*) Teller *m* ❷ (*containers and utensils*) ■**the** ~**es** *pl* das Geschirr *kein pl;* **to do** [*or* **wash**] **the** ~**es** [ab]spülen ❸ (*meal*) Gericht *nt;* **side** ~ Beilage *f* ❹ TELEC Schüssel *f*

◆**dish out** *vt* ❶ (*give freely*) großzügig verteilen (**to** an +*akk*); **to** ~ **out punishment** [be]strafen ❷ (*serve*) *food* servieren

◆**dish up** *vt* (*fam*) auftischen

'**dishcloth** *n* Geschirrtuch *nt*

dishearten [dɪsˈhar·tən] *vt* entmutigen

disheveled [dɪˈʃev·əld] *adj* unordentlich; *hair* zerzaust

dishonest [dɪsˈan·ɪst] *adj* unehrlich

dishonesty [dɪsˈan·əs·ti] *n* Unehrlichkeit *f*

dishonor [dɪsˈan·ər] (*form*) I. *n* Schande *f* (**to** für +*akk*) II. *vt* ❶ (*disgrace*) ■**to** ~ **sb/sth** dem Ansehen einer Person/Sache schaden ❷ (*not respect*) *agreement* verletzen; *promise* nicht einlösen

dishonorable [dɪsˈan·ər·ə·bəl] *adj* unehrenhaft

'**dishtowel** *n* Geschirrtuch *nt*

'**dishwasher** *n* ❶ (*machine*) Geschirrspülmaschine *f* ❷ (*person*) Tellerwäscher(in) *m(f)*

'**dishwater** *n* Spülwasser *nt a. fig*

disillusion [ˌdɪs·ɪˈlu·ʒən] I. *vt* desillusionieren

II. *n* Ernüchterung *f*
disillusioned [dɪs·ɪ·'luː·ʒənd] *adj* desillusioniert
disillusionment [dɪs·ɪ·'luː·ʒən·mənt] *n* Ernüchterung *f* (**with** über +*akk*)
disinclination [ˌdɪs·ɪn·klɪ·'neɪ·ʃən] *n* Abneigung *f*
disinclined [ˌdɪs·ɪn·'klaɪnd] *adj* abgeneigt
disinfect [ˌdɪs·ɪn·'fekt] *vt* desinfizieren
disinfectant [ˌdɪs·ɪn·'fek·tənt] *n* Desinfektionsmittel *nt*
disingenuous [ˌdɪs·ɪn·'dʒen·ju·əs] *adj* (*form*) unaufrichtig
disinherit [ˌdɪs·ɪn·'her·ɪt] *vt* enterben
disintegrate [dɪs·'ɪn·tə·greɪt] *vi* zerfallen; (*fig*) *marriage* zerbrechen
disintegration [dɪs·ˌɪn·tə·'greɪ·ʃən] *n* Zerfall *m*
disinterested [dɪs·'ɪn·trɪ·stɪd] *adj* (*impartial*) unparteiisch; ~ **party** Unbeteiligte(r) *f/m*
disjointed [dɪs·'dʒɔɪn·tɪd] *adj* zusammenhanglos
disk, disc [dɪsk] *n* ❶ (*shape, object*) Scheibe *f*; MED Bandscheibe *f* ❷ MUS (*CD*) CD *f*; (*record*) [Schall]platte *f* ❸ COMPUT Diskette *f*; ~ **drive** Laufwerk *nt*
'**disk brake** *n see* **disc brake**
diskette [dɪs·'ket] *n* Diskette *f*
'**disk jockey** *n see* **disc jockey**
dislike [dɪs·'laɪk] **I.** *vt* nicht mögen; *doing sth* nicht gern tun **II.** *n* Abneigung *f* (**of, for** gegen +*akk*)
dislocate [dɪs·'loʊ·keɪt] *vt* ■**to** ~ **sth** sich *dat* etw ausrenken
dislocation [ˌdɪs·loʊ·'keɪ·ʃən] *n* Verrenkung *f*; *of shoulder* Auskugeln *nt kein pl*
dislodge [dɪs·'lɑdʒ] *vt thing* lösen; *person* verdrängen
disloyal [dɪs·'lɔɪ·əl] *adj* illoyal (**to** gegenüber +*dat*)
dismal ['dɪz·məl] *adj* ❶ (*dreary*) düster, trostlos; *outlook, weather* trüb ❷ (*inadequate*) *performance* kläglich
dismantle [dɪs·'mæn·təl] *vt* zerlegen; (*fig*) demontieren
dismay [dɪs·'meɪ] **I.** *n* Bestürzung *f* (**at/with** über +*akk*) **II.** *vt* schockieren
dismayed [dɪs·'meɪd] *adj* bestürzt; *expression* betroffen (**at/with** über +*akk*)
dismember [dɪs·'mem·bər] *vt* zerstückeln
dismiss [dɪs·'mɪs] *vt* ❶ (*ignore*) abtun; *idea* aufgeben; **to** ~ **a thought [from one's mind]** sich *dat* einen Gedanken aus dem Kopf schlagen ❷ (*send away*) wegschicken; *class* gehen lassen ❸ (*fire*) entlassen
dismissal [dɪs·'mɪs·əl] *n* ❶ (*disregard*) Abtun *nt* ❷ (*firing*) Entlassung *f* (**from** aus +*dat*) ❸ *of an assembly* Auflösung *f*
dismissive [dɪs·'mɪs·ɪv] *adj* geringschätzig
dismount [dɪs·'maʊnt] *vi* absteigen
disobedience [ˌdɪs·ə·'biː·di·əns] *n* Ungehorsam *m* (**to** gegenüber +*dat*)
disobedient [ˌdɪs·ə·'biː·di·ənt] *adj* ungehor-

sam
disobey [ˌdɪs·ə·'beɪ] **I.** *vt person* nicht gehorchen; *orders* nicht befolgen; *rules* sich nicht halten an +*akk* **II.** *vi* ungehorsam sein
disorder [dɪs·'ɔr·dər] *n* ❶ (*disarray*) Unordnung *f* ❷ MED [Funktions]störung *f*; **kidney** ~ Nierenleiden *nt;* **skin** ~ Hautirritation *f* ❸ (*riot*) Aufruhr *m;* **civil** ~ Bürgerunruhen *pl*
disorderly [dɪs·'ɔr·dər·li] *adj* ❶ (*untidy*) unordentlich ❷ (*unruly*) aufrührerisch
disorganized [dɪs·'ɔr·gə·naɪzd] *adj* schlecht organisiert
disorient [dɪs·'ɔr·i·ent] *vt usu passive* ❶ (*lose bearings*) **to be/get [or become] [totally]** ~**ed** [völlig] die Orientierung verloren haben/verlieren ❷ (*be confused*) ■**to be** ~**ed** orientierungslos sein
disown [dɪs·'oʊn] *vt* verleugnen; (*hum a.*) nicht mehr kennen
disparage [dɪ·'sper·ɪdʒ] *vt* diskreditieren
disparaging [dɪ·'sper·ɪdʒ·ɪŋ] *adj* geringschätzig
disparity [dɪ·'sper·ɪ·ţi] *n* Ungleichheit *f*
dispassionate [dɪs·'pæʃ·ə·nɪt] *adj* objektiv
dispatch¹ [dɪ·'spætʃ] *n* <*pl* -es> ❶ (*something sent*) Sendung *f* ❷ (*sending*) Verschicken *nt;* *of a person* Entsendung *f* ❸ (*press report*) [Auslands]bericht *m;* MIL [Kriegs]bericht
dispatch² [dɪ·'spætʃ] *vt* ❶ (*send*) *thing* senden; *person* entsenden ❷ (*kill*) töten
dispel <-ll-> [dɪ·'spel] *vt rumors* zerstreuen
dispensable [dɪ·'spen·sə·bəl] *adj* entbehrlich
dispensary [dɪ·'spen·sə·ri] *n* [Krankenhaus]apotheke *f*
dispensation [ˌdɪs·pen·'seɪ·ʃən] *n* (*form*) Befreiung *f*; REL Dispens *f*
dispense [dɪ·'spens] **I.** *vt* austeilen (**to** an +*akk*); *advice* erteilen; *medicine* ausgeben **II.** *vi* ■**to** ~ **with sth** auf etw *akk* verzichten
dispenser [dɪ·'spen·sər] *n* Automat *m*
dispersal [dɪ·'spɜr·səl] *n* ❶ (*scattering*) Zerstreuung *f*; *of a crowd* Auflösung *f*; (*migration*) Verbreitung *f* ❷ (*distribution*) Verstreutheit *f*
disperse [dɪ·'spɜrs] **I.** *vt* ❶ (*dispel*) auflösen; *crowd* zerstreuen ❷ (*distribute*) verteilen **II.** *vi crowd* auseinandergehen; *mist* sich auflösen
dispersion [dɪ·'spɜr·ʒən] *n* (*spread*) Verbreitung *f*
dispirited [dɪ·'spɪr·ɪ·ţɪd] *adj* entmutigt
displace [dɪs·'pleɪs] *vt* ❶ (*force out*) vertreiben ❷ (*replace*) ersetzen
displaced 'person *n* Heimatlose(r) *f/m*
displacement [dɪs·'pleɪs·mənt] *n* ❶ (*expulsion*) Vertreibung *f* ❷ (*relocation*) Umsiedlung *f* ❸ (*replacement*) Ablösung *f*
display [dɪ·'spleɪ] **I.** *vt* ❶ (*on a bulletin board*) aushängen; (*in a store window*) auslegen ❷ (*demonstrate*) *strength* zeigen **II.** *n* ❶ (*in a museum, store*) Auslage *f*; **to be on** ~ ausgestellt sein ❷ (*demonstration*) Demonstration *f*; ~ **of anger** Wutausbruch *m* ❸ COMPUT Display *nt*
dis'play case, dis'play cabinet *n* Vitrine *f*

displease [dɪs·'pliz] *vt* ■to ~ **sb** jdm missfallen

displeasure [dɪs·'pleʒ·ər] *n* Missfallen *nt* (**at/ with** über +*akk*)

disposable [dɪ·'spoʊ·zə·bəl] **I.** *adj* ❶ *articles* Wegwerf-; ~ **razor** Einwegrasierer *m* ❷ FIN *income* verfügbar **II.** *n* ■~s *pl* Wegwerfartikel *pl*

disposal [dɪ·'spoʊ·zəl] *n* ❶Beseitigung *f; of waste* Entsorgung *f* ❷**garbage** ~ Müllschlucker *m* ❸(*control*) Verfügung *f;* ■**to be at sb's** ~ zu jds Verfügung stehen

dispose [dɪ·'spoʊz] *vt* (*form*) ■**to** ~ **sb to** [*or* **toward**] **sth** jdn zu etw *dat* bewegen ◆**dispose of** *vt* (*get rid of*) beseitigen; (*sell*) veräußern

disposed [dɪ·'spoʊzd] *adj* **to be** [*or* feel] **well** ~ **toward sb/sth** jdm/etw wohlgesinnt sein

disposition [ˌdɪs·pə·'zɪʃ·ən] *n* ❶ (*nature*) Art *f* ❷ (*tendency*) Veranlagung *f*

dispossess [ˌdɪs·pə·'zes] *vt* enteignen

disproportionate [ˌdɪs·prə·'pɔr·ʃə·nɪt] *adj* unangemessen

disprove [dɪs·'pruv] *vt* widerlegen

disputable [dɪs·'spju·tə·bəl] *adj* strittig

dispute [dɪs·'spjut] **I.** *vt* ❶ (*argue*) sich streiten über +*akk* ❷ (*oppose*) bestreiten **II.** *vi* streiten **III.** *n* (*argument*) Streit *m* (**over** über +*akk*); **that is open to** ~ darüber lässt sich streiten; **to be beyond** ~ außer Frage stehen

disqualification [dɪs·ˌkwal·ə·fɪ·'keɪ·ʃən] *n* Ausschluss *m;* SPORTS Disqualifikation *f*

disqualify <-ie-> [dɪs·'kwal·ə·faɪ] *vt* ausschließen; SPORTS disqualifizieren

disquiet [dɪs·'kwaɪ·ət] (*form*) **I.** *n* Besorgnis *f* (**about** um +*akk,* **over** über +*akk*) **II.** *vt* beunruhigen

disquieting [dɪ·'skwaɪ·ə·t̬ɪŋ] *adj* (*form*) beunruhigend

disregard [ˌdɪs·rɪ·'gard] **I.** *vt* ignorieren; ■**to** ~ **sb/sth** sich über jdn/etw hinwegsetzen **II.** *n* Gleichgültigkeit *f* (**for** gegenüber +*dat*); (*for a rule, the law*) Missachtung *f* (**for, of** +*gen*)

disrepair [ˌdɪs·rɪ·'per] *n* Baufälligkeit *f;* **to fall into** ~ verfallen

disreputable [dɪs·'rep·jə·t̬ə·bəl] *adj* verrufen

disrepute [ˌdɪs·rɪ·'pjut] *n* Verruf *m kein pl*

disrespect [ˌdɪs·rɪ·'spekt] **I.** *n* Respektlosigkeit *f* (**for** gegenüber +*dat*); **to intend no** ~ nicht respektlos sein wollen **II.** *vt* (*fam*) beleidigen

disrespectful [ˌdɪs·rɪ·'spekt·fəl] *adj* respektlos

disrupt [dɪs·'rʌpt] *vt* (*disturb*) stören

disruption [dɪs·'rʌp·ʃən] *n* ❶ (*interruption*) Unterbrechung *f* ❷ (*disrupting*) Störung *f*

disruptive [dɪs·'rʌp·tɪv] *adj* störend; ~ **influence** Störelement *nt;* (*person*) Unruhestifter *m*

dissatisfaction [dɪs·ˌsæt̬·ɪs·'fæk·ʃən] *n* Unzufriedenheit *f*

dissatisfied [dɪs·'sæt̬·ɪs·faɪd] *adj* unzufrieden

dissect [dɪ·'sekt] *vt* ❶ (*cut open*) sezieren ❷ (*fig*) analysieren

dissection [dɪ·'sek·ʃən] *n* ❶ (*dissecting*) Sezieren *nt* ❷ (*instance*) Sektion *f* ❸ (*fig*) Analyse *f*

dissemble [dɪ·'sem·bəl] *vi* (*form*) sich verstellen

disseminate [dɪ·'sem·ɪ·neɪt] *vt* (*form*) verbreiten

dissemination [dɪ·ˌsem·ɪ·'neɪ·ʃən] *n* (*form*) Verbreitung *f*

dissension [dɪ·'sen·ʃən] *n* (*form*) Meinungsverschiedenheit[en] *m*[*pl*]

dissent [dɪ·'sent] **I.** *n* ❶ (*disagreement*) Meinungsverschiedenheit *f* ❷ (*protest*) Widerspruch *m* **II.** *vi* dagegen stimmen; (*disagree*) anderer Meinung sein

dissenter [dɪ·'sen·t̬ər] *n* Andersdenkende(r) *f(m);* POL Dissident(in) *m(f)*

dissertation [ˌdɪs·ər·'teɪ·ʃən] *n* Dissertation *f* (**on** über +*akk*)

disservice [ˌdɪs·'sɜr·vɪs] *n* **to do sb a** ~ jdm einen schlechten Dienst erweisen

dissident ['dɪs·ɪ·dənt] **I.** *n* Dissident(in) *m(f)* **II.** *adj* regimekritisch

dissimilar [dɪ·'sɪm·ɪ·lər] *adj* unterschiedlich

dissimilarity [ˌdɪˌsɪm·ɪ·'ler·ɪ·t̬i] *n* Unterschied *m*

dissipate ['dɪs·ɪ·peɪt] **I.** *vi* allmählich verschwinden; *crowd, mist* sich auflösen **II.** *vt* ❶ (*disperse*) auflösen ❷ (*squander*) verschwenden

dissipated ['dɪs·ɪ·peɪ·t̬ɪd] *adj* (*liter*) ausschweifend

dissipation [ˌdɪs·ɪ·'peɪ·ʃən] *n* (*form*) ❶ (*squandering*) Verschwendung *f* ❷ (*indulgence*) Übermäßigkeit *f*

dissociate [dɪ·'soʊ·ʃi·eɪt] *vt* getrennt betrachten; ■**to** ~ **oneself from sb/sth** sich von jdm/etw distanzieren

dissolute ['dɪs·ə·lut] *adj* (*liter*) *life* ausschweifend; *person* zügellos

dissolution [ˌdɪs·ə·'lu·ʃən] *n* ❶ (*annulment*) Auflösung *f* ❷ (*liter: debauchery*) Ausschweifung *f*

dissolve [dɪ·'zalv] **I.** *vi* ❶ (*be absorbed*) sich auflösen ❷ (*subside*) **to** ~ **in**[**to**] **tears** in Tränen ausbrechen ❸ (*dissipate*) verschwinden; *tension* sich lösen **II.** *vt* ❶ (*liquefy*) [auf]lösen ❷ (*annul*) auflösen; *marriage* scheiden

dissuade [dɪ·'sweɪd] *vt* abbringen

distance ['dɪs·təns] **I.** *n* ❶ (*route*) Strecke *f* ❷ (*linear measure*) Entfernung *f;* **within shouting** ~ in Rufweite ❸ (*remoteness*) Ferne *f;* **from** [*or* **at**] **a distance** von weitem **II.** *vt* ■**to** ~ **oneself** sich distanzieren

'distance learning *n* Fernunterricht *m*

distant ['dɪs·tənt] *adj* ❶ (*far away*) fern; **from the** ~ **past** aus der fernen Vergangenheit; (*fig*) *look* abwesend; *relative* entfernt ❷ (*aloof*) unnahbar

distantly ['dɪs·tənt·li] *adv* ❶ (*far away*) in der Ferne ❷ (*absently*) abwesend ❸ ~ **related** entfernt verwandt (**to** mit +*dat*)

distaste [dɪs·'teɪst] *n* Widerwille *m* (**for** gegen

+ *akk*)

distasteful [dɪsˈteɪst·fəl] *adj* abscheulich

distend [dɪˈstend] MED **I.** *vt* ▪to be ~ed aufgebläht sein **II.** *vi* sich [auf]blähen

distill [dɪˈstɪl] *vt* ❶CHEM destillieren; *brandy* brennen ❷(*fig*) zusammenfassen

distillation [ˌdɪs·tə·ˈleɪ·ʃən] *n* ❶CHEM Destillation *f* ❷(*fig*) Quintessenz *f*

distiller [dɪˈstɪl·ər] *n* ❶(*company*) Destillerie *f* ❷(*person*) Destillateur *m*

distillery [dɪˈstɪl·ə·ri] *n* Brennerei *f*

distinct [dɪˈstɪŋkt] *adj* ❶(*different*) verschieden; **as ~ from sth** im Unterschied zu etw *dat* ❷(*clear*) deutlich

distinction [dɪˈstɪŋk·ʃən] *n* ❶(*difference*) Unterschied *m* ❷(*eminence*) **of** [**great**] **~** von hohem Rang ❸(*award*) Auszeichnung *f;* ▪**with ~** ausgezeichnet

distinctive [dɪˈstɪŋk·tɪv] *adj* charakteristisch

distinguish [dɪˈstɪŋ·gwɪʃ] **I.** *vi* unterscheiden **II.** *vt* ❶(*tell apart*) unterscheiden; (*positively*) abheben ❷(*discern*) ausmachen [können] ❸(*excel*) ▪**to ~ oneself in sth** sich in etw *dat* auszeichnen

distinguishable [dɪˈstɪŋ·gwɪʃ·ə·bəl] *adj* unterscheidbar

distinguished [dɪˈstɪŋ·gwɪʃt] *adj* ❶(*eminent*) *career* hervorragend; *person* von hohem Rang ❷(*stylish*) distinguiert

distort [dɪˈstɔrt] *vt* ❶(*out of shape*) verzerren; *face* entstellen ❷(*fig*) verdrehen; *history, the truth* verfälschen

distortion [dɪˈstɔr·ʃən] *n* ❶(*twisting*) Verzerrung *f; of a face* Entstellung *f* ❷(*fig*) Verdrehung *f*

distract [dɪˈstrækt] *vt* ablenken (**from** von +*dat*); **you're really ~ing me** du bringst mich völlig raus *fam*

distracted [dɪˈstræk·tɪd] *adj* verwirrt; (*worried*) besorgt

distraction [dɪˈstræk·ʃən] *n* ❶(*disturbance*) Störung *f;* **sb finds sth a ~** etw stört jdn ❷(*diversion*) Ablenkung *f* ❸(*confusion*) Aufregung *f*

distraught [dɪˈstrɔt] *adj* verzweifelt, außer sich *dat*

distress [dɪˈstres] **I.** *n* ❶(*pain*) Leid *nt;* (*anguish*) Kummer *m,* Sorge *f* (**at** über +*akk*) ❷(*despair*) Verzweiflung *f* ❸(*emergency*) Not *f* **II.** *vt* quälen

distressed [dɪˈstrest] *adj* ❶(*unhappy*) bekümmert ❷(*shocked*) erschüttert (**at** über +*dat*) ❸(*old-looking*) *fabric* verwaschen; *jeans, furniture* Used-Look-

distressing [dɪˈstres·ɪŋ], **distressful** [dɪˈstres·fəl] *adj* ❶(*worrying*) erschreckend ❷(*painful*) schmerzlich

distribute [dɪˈstrɪb·jut] *vt* verteilen; **widely ~d** weit verbreitet; *goods* vertreiben

distribution [ˌdɪs·trɪ·ˈbju·ʃən] *n* ❶(*sharing*) Verteilung *f* ❷(*scattering*) Verbreitung *f* ❸ECON Vertrieb *m*

distributor [dɪˈstrɪb·jə·t̬ər] *n* ❶COMM Ver-

triebsgesellschaft *f* ❷AUTO Verteiler *m*

district [ˈdɪs·trɪkt] *n* (*area*) Gebiet *nt;* (*within a town/country*) Bezirk *m*

district atˈtorney *n* Staatsanwalt, Staatsanwältin *m, f*

district ˈcourt *n* [Bundes]bezirksgericht *nt*

> **i** Der **District of Columbia** (oder **D. C.**) ist der amerikanische Regierungsbezirk. Washington D. C. ist Hauptstadt und Regierungssitz der Vereinigten Staaten. Der Bezirk wurde 1791 von dem ersten amerikanischen Präsidenten, George Washington, geschaffen, der die amerikanische Hauptstadt auf neutralem Gelände gründen wollte, das keinem Staat gehören sollte. Die ursprünglichen Pläne wurden von dem franko-amerikanischen Architekten und Ingenieur Pierre Charles L'Enfant umgesetzt. Das Weiße Haus, der Supreme Court und das Kapitol, der Sitz des Kongresses, befinden sich in Washington D. C.

distrust [dɪsˈtrʌst] **I.** *vt* misstrauen +*dat* **II.** *n* Misstrauen *nt* (**of** gegen +*akk*)

distrustful [dɪsˈtrʌst·fəl] *adj* misstrauisch (**of** gegen +*akk*)

disturb [dɪˈstɜrb] **I.** *vt* ❶(*interrupt*) stören ❷(*worry*) beunruhigen **II.** *vi* stören; **"do not ~"** „bitte nicht stören"

disturbance [dɪˈstɜr·bəns] *n* ❶(*annoyance*) Belästigung *f* ❷(*riot*) **to cause a ~** Unruhe stiften

disturbed [dɪˈstɜrbd] *adj* ❶(*worried*) beunruhigt ❷PSYCH [geistig] verwirrt; **mentally ~** psychisch gestört

disturbing [dɪˈstɜr·bɪŋ] *adj* beunruhigend

disuse [dɪsˈjus] *n* Nichtgebrauch *m;* **to fall into ~** nicht mehr benutzt werden

ditch [dɪtʃ] **I.** *n* <*pl* -**es**> Graben *m* **II.** *vt* (*fam*) ❶(*discard*) wegwerfen; *getaway car* stehen lassen; *proposal, job* aufgeben ❷(*get away from*) ▪**to ~ sb** jdn versetzen ❸*plane* im Bach landen **III.** *vi* AVIAT auf dem Wasser landen

dither [ˈdɪð·ər] **I.** *n* **in a ~** ganz aufgeregt **II.** *vi* schwanken

ditto [ˈdɪt̬·oʊ] *adv* (*likewise*) dito; (*me too*) ich auch

ditty [ˈdɪt̬·i] *n* [banales] Liedchen

divan [dɪˈvan] *n* Diwan *m*

dive [daɪv] **I.** *n* ❶(*into water*) [Kopf]sprung *m* ❷*of a plane* Sturzflug *m* ❸(*sudden movement*) **to make a ~ at sb** auf jdn zuspringen ❹(*drop in price*) [Preis]sturz *m* ❺(*fam: dingy place*) Spelunke *f* **II.** *vi* <**dived** *or* **dove, dived** *or* **dove**> ❶(*into water*) einen Kopfsprung ins Wasser machen; (*underwater*) tauchen ❷*plane, bird* einen Sturzflug machen ❸(*move quickly*) ▪**to ~ for sth** nach etw *dat* hechten; **to ~ for cover** schnell in Deckung gehen

diver ['daɪ·vər] *n* ❶ (*in ocean, lake*) Taucher(in) *m(f)*; SPORTS Turmspringer(in) *m(f)* ❷ (*bird*) Taucher *m*

diverge [dɪ·'vɜrdʒ] *vi* auseinandergehen

divergence [dɪ·'vɜr·dʒəns] *n* ❶ (*difference*) Divergenz *f* ❷ (*deviation*) Abweichung *f*

divergent [dɪ·'vɜr·dʒənt] *adj* ❶ (*differing*) abweichend; *opinions* auseinandergehend ❷ MATH divergent

diverse [dɪ·'vɜrs] *adj* ❶ (*varied*) vielfältig ❷ (*not alike*) unterschiedlich

diversification [dɪ·ˌvɜr·sɪ·fɪ·'keɪ·ʃən] *n* Diversifikation *f*

diversify <-ie-> [dɪ·'vɜr·sɪ·faɪ] I. *vi* vielfältiger werden II. *vt* umfangreicher machen

diversion [dɪ·'vɜr·ʃən] *n* ❶ (*rerouting*) Verlegung *f*; **traffic ~** Umleitung *f* ❷ (*distraction*) Ablenkung *f*

diversity [dɪ·'vɜr·sɪ·t̬i] *n* Vielfalt *f*

divert [dɪ·'vɜrt] *vt* ❶ (*reroute*) verlegen; *traffic* umleiten ❷ (*reallocate*) *funds* anders einsetzen ❸ (*distract*) ablenken

diverting [dɪ·'vɜr·t̬ɪŋ] *adj* unterhaltsam

divest [dɪ·'vest] *vt* ❶ (*deprive*) berauben ❷ (*sell*) verkaufen

divide [dɪ·'vaɪd] I. *n* ❶ (*gulf*) Kluft *f* ❷ (*boundary*) Grenze *f* ❸ GEOG (*watershed*) Wasserscheide *f* II. *vt* ❶ (*split*) teilen ❷ (*share*) *profits* aufteilen ❸ MATH teilen (**by** durch +*akk*) ❹ (*separate*) trennen III. *vi* ❶ (*split*) sich teilen; **to ~ equally** [*or* **evenly**] in gleiche Teile zerfallen ❷ (*separate*) sich trennen ❸ MATH dividieren

◆**divide off** *vt* [ab]teilen

◆**divide up** I. *vt* aufteilen II. *vi* sich teilen

divided [dɪ·'vaɪ·dɪd] *adj* uneinig

divided 'highway *n* Schnellstraße *f*

dividend ['dɪv·ɪ·dend] *n* FIN Dividende *f*; (*fig*) **to pay ~s** sich bezahlt machen

dividers [dɪ·'vaɪ·dərz] *npl* [**a pair of**] **~** [ein] Zirkel *m*

di'viding line *n* Trennlinie *f*

divine [dɪ·'vaɪn] I. *adj* ❶ (*of God*) göttlich; **~ intervention** Gottes Hilfe; **~ right** heiliges Recht ❷ (*splendid*) himmlisch II. *vt* erraten; *future* vorhersehen

diving ['daɪ·vɪŋ] *n* ❶ (*into water*) Tauchen *nt*; SPORTS Turmspringen *nt* ❷ (*underwater*) Tauchen *nt*; **to go ~** tauchen gehen

'diving bell *n* Taucherglocke *f*

'diving board *n* Sprungbrett *nt*

'diving suit *n* Taucheranzug *m*

di'vining rod *n* Wünschelrute *f*

divinity [dɪ·'vɪn·ɪ·t̬i] *n* ❶ (*godliness*) Göttlichkeit *f* ❷ (*god*) Gottheit *f*

divisible [dɪ·'vɪz·ə·bəl] *adj* teilbar (**by** durch +*akk*)

division [dɪ·'vɪʒ·ən] *n* ❶ (*sharing*) Verteilung *f* ❷ (*breakup*) Teilung *f* ❸ MATH Division *f* ❹ (*section*) Teil *m* ❺ (*department*) Abteilung *f* ❻ (*league*) Liga *f* ❼ (*disagreement*) Meinungs-

verschiedenheit *f*

divisive [dɪ·'vaɪ·sɪv] *adj* entzweiend; **~ issue** Streitfrage *f*

divorce [dɪ·'vɔrs] I. *n* ❶ LAW Scheidung *f* ❷ (*fig*) Trennung *f* II. *vt* ❶ (*dissolve marriage*) ■**to ~ sb** [*or* **get ~d from sb**] sich von jdm scheiden lassen ❷ (*distance*) ■**to ~ oneself from sth** sich selbst von etw *dat* trennen III. *vi* sich scheiden lassen

divorcé [dɪ·'vɔr·seɪ] *n* Geschiedener *m*

divorced [dɪ·'vɔrst] *adj* ❶ (*no longer married*) geschieden ❷ (*out of touch*) ■**to be ~ from sth** keinen Bezug zu etw *dat* haben

divorcée [dɪ·ˌvɔr·'seɪ] *n* Geschiedene *f*

divulge [dɪ·'vʌldʒ] *vt* enthüllen; *information* weitergeben

dizziness ['dɪz·ɪ·nɪs] *n* Schwindel *m*

dizzy ['dɪz·i] *adj* ❶ (*unsteady*) schwindlig; **~ spells** Schwindelanfälle *pl* ❷ (*rapid*) atemberaubend ❸ (*fam: scatterbrained*) dumm, einfältig

DJ ['di·dʒeɪ] *n abbrev of* **disc jockey** DJ *m*

DMV [ˌdi·em·'vi] *n abbrev of* **Department of Motor Vehicles** Kfz-Zulassungsstelle *f*

DNA [ˌdi·en·'eɪ] *n abbrev of* **deoxyribonucleic acid** DNS *f*

do [du] I. *aux vb* <does, did, done> ❶ (*negating verb*) **Fred ~esn't like olives** Fred mag keine Oliven; **I ~n't want to go yet!** ich will noch nicht gehen!; **I ~n't smoke** ich rauche nicht ❷ (*forming question*) **~ you like children?** magst du Kinder?; **what did you say?** was hast du gesagt?; **~ I like cheese? — I love cheese!** ob ich Käse mag? – ich liebe Käse! ❸ (*for emphasis*) **can I come? — please ~!** kann ich mitkommen? – aber bitte!; **you ~ look tired** du siehst wirklich müde aus; **~ tell me!** sag's mir doch! ❹ (*replacing verb*) **she runs much faster than he ~es** sie läuft viel schneller als er; **who ate the cake? — I did!/didn't!** wer hat den Kuchen gegessen? – ich!/ich nicht!; **... so ~ I** ... ich auch; **so you ~n't like her — I ~!** du magst sie also nicht – doch! II. *vt* <does, did, done> ❶ tun, machen; **just ~ it!** mach's einfach!; **that was a stupid thing to ~** das war dumm!; **what did you ~ with my coat?** wo hast du meinen Mantel hingetan?; **what am I going to ~ with myself?** was soll ich nur die ganze Zeit machen?; **what are you going to ~ with that hammer?** was hast du mit dem Hammer vor?; **what ~es your father ~?** was macht dein Vater beruflich?; **today we're going to ~ Chapter 4** heute beschäftigen wir uns mit Kapitel 4; **to ~ the shopping** einkaufen; **to ~ the dishes** das Geschirr abspülen; **where ~ you get your hair done?** zu welchem Friseur gehst du?; **let me ~ the talking** überlass mir das Reden ❷ (*fam: finish*) **are you done?** bist du jetzt fertig? ❸ (*travel*) fahren ❹ (*suffice*) ■**to ~ sb** jdm genügen; **that'll ~ me nicely, thank you** das reicht mir dicke, danke! ❺ (*put on*) *play* aufführen ❻ (*impersonate*) nachma-

chen; (*fig*) **I hope she won't ~ a Helen and ...** ich hoffe, sie macht es nicht wie Helen und ... ❼ (*fam: impress*) **that movie really did something to me** dieser Film hat mich wirklich beeindruckt ❽ (*fam: serve*) *time in jail* sitzen ❾ (*fam: cheat*) ■**to ~ sb out of sth** jdn übers Ohr hauen ❿ (*vulg, sl: have sex with*) **to ~ it with sb** mit jdm schlafen *euph* ► PHRASES: **that ~es it!** so, das war's jetzt! **III.** *vi* <does, did, done> ❶ (*behave*) tun; **to ~ well to do sth** gut daran tun, etw zu tun; **~ as you're told** tu, was man dir sagt ❷ (*fare*) **sb is ~ing fine** jdm geht es gut; **mother and baby are ~ing well** Mutter und Kind sind wohlauf; **our daughter is ~ing well in school** unsere Tochter ist gut in der Schule ❸ (*fam: finish*) **I'm not done with you [just] yet** ich bin noch nicht fertig mit dir ❹ (*be acceptable, suffice*) **that'll ~** das ist o.k. so; **this will ~ just fine as a table** das wird einen guten Tisch abgeben; **will this room ~?** ist dieses Zimmer o.k. für Sie? ► PHRASES: **that will ~** jetzt reicht's aber!; **how ~ you ~?** (*form: as introduction*) angenehm **IV.** *n* ❶ (*allowed, not allowed*) **the ~s and ~n'ts** was man tun und was man nicht tun sollte ❷ (*fam: party*) Fete *f*
◆**do away with** *vi* ❶ (*discard*) abschaffen ❷ (*fam: kill*) um die Ecke bringen
◆**do over** *vt* noch einmal machen
◆**do up** *vt* ❶ (*dress*) ■**to ~ oneself up** sich zurechtmachen ❷ (*adorn*) herrichten; *house* renovieren ❸ (*close*) zumachen
◆**do with** *vi* ❶ (*fam: need*) brauchen; **I could ~ with some sleep** ich könnte jetzt etwas Schlaf gebrauchen ❷ (*be related to*) um etw *akk* gehen; **to have nothing to ~ with sth** mit etw *dat* nichts zu tun haben ❸ (*concern*) **sth has nothing to ~ with sb** etw geht jdn nichts an
◆**do without** *vi* ❶ (*not have*) auskommen ohne ❷ (*prefer not to have*) verzichten auf +*akk*
docile ['das·əl] *adj* sanftmütig
dock¹ [dak] **I.** *n* ❶ (*wharf*) Dock *nt;* ■**the ~s** *pl* die Hafenanlagen *pl;* **dry ~** Trockendock *nt* ❷ (*pier*) Kai *m* **II.** *vi* ❶ NAUT anlegen ❷ AEROSP andocken (**with** an +*akk*) **III.** *vt* ■**to ~ sth** AEROSP etw aneinanderkoppeln
dock² [dak] *n* LAW Anklagebank *f*
dock³ [dak] *vt* ❶ (*reduce*) kürzen (**by** um +*akk*); (*deduct*) abziehen ❷ (*cut off*) [den Schwanz] kupieren
docker ['dak·ər] *n* Hafenarbeiter(in) *m(f)*
docket ['dak·ɪt] *n* LAW Terminplan *m*
'dockyard *n* Werft *f*
doctor ['dak·tər] **I.** *n* ❶ (*medic*) Arzt, Ärztin *m, f;* **good morning, D~ Smith** guten Morgen, Herr/Frau Doktor Smith ❷ (*academic*) Doktor *m* ► PHRASES: **to be just what the ~ ordered** genau das Richtige sein **II.** *vt* ❶ (*falsify*) fälschen, frisieren ❷ (*poison*) vergiften
doctorate ['dak·tər·ət] *n* Doktor[titel] *m*

---

i Ein **doctorate** (Doktorwürde) oder ein **doctor's degree** (Doktortitel) in einem Fach ist der höchste akademische Grad, den man in der Regel für eine wissenschaftliche Arbeit von einer Universität verliehen bekommt. Der am häufigsten verliehene **doctorate** ist ein *Ph. D.* für eine Doktorarbeit in geisteswissenschaftlichen Fächern oder Musikwissenschaften. Weitere Doktorgrade sind: *J. D.* (*juris doctor, Doctor of Law*) (Doktor der Rechtswissenschaften), *M. D.* (*Doctor of Medicine*) (Doktor der Medizin) und *Th. D.* (*Doctor of Theology*) (Doktor der Theologie). Ein *honorary doctorate* oder *honorary Ph. D.* (Ehrendoktor) kann eine Universität einer Persönlichkeit von hohem Rang aufgrund wichtiger Veröffentlichungen oder sonstiger Arbeiten verleihen.

---

doctrine ['dak·trɪn] *n* ❶ (*set of beliefs*) Doktrin *f* ❷ (*belief*) Grundsatz *m*
document ['dak·jə·mənt] **I.** *n* Dokument *nt;* **travel ~s** Reisepapiere *pl* **II.** *vt* dokumentieren
documentary [ˌdak·jə·'men·tə·ri] **I.** *n* Dokumentation *f,* Dokumentarfilm *m* (**on**/**about** über +*akk*) **II.** *adj* ❶ (*factual*) dokumentarisch, Dokumentar- ❷ (*official*) urkundlich, Urkunden-
documentation [ˌdak·jə·men·'teɪ·ʃən] *n* ❶ (*proof*) [dokumentarischer] Nachweis ❷ COMPUT (*manual*) Informationsmaterial *nt*
doddering ['dad·ər·ɪŋ] *adj* (*fam*) tattrig
dodge [dadʒ] **I.** *vt* ❶ (*avoid*) *blow* ausweichen +*dat* ❷ (*evade*) sich entziehen; *military service* sich drücken vor; *question* ausweichend beantworten **II.** *vi* ausweichen **III.** *n* (*fam*) Trick *m*
dodger ['dadʒ·ər] *n* (*pej*) Drückeberger(in) *m(f)*
doe [doʊ] *n* ❶ (*deer*) Hirschkuh *f,* [Reh]geiß *f* ❷ (*hare or rabbit*) Häsin *f*
doer ['du·ər] *n* (*approv*) Macher *m*
does [dʌz] *vt, vi, aux vb 3rd pers. sing of* **do**
doesn't ['dʌz·ənt] = **does not** *see* **do I., II.**
dog [dɔg] **I.** *n* ❶ (*canine*) Hund *m* ❷ (*pej: nasty man*) **the [dirty] ~!** der [gemeine] Hund!; (*pej sl: ugly woman*) Bratze *f* ► PHRASES: **every ~ has its day** (*prov*) auch ein blindes Huhn findet mal ein Korn; **~ eat ~** jeder gegen jeden; **to go to the ~s** vor die Hunde gehen; **to work like a ~** arbeiten wie ein Pferd *fam* **II.** *vt* <-gg-> ❶ (*follow*) ständig verfolgen ❷ (*beset*) begleiten
'dog biscuit *n* Hundekuchen *m*
'dog collar *n* ❶ (*of a dog*) Hundehalsband *nt* ❷ (*fam: of a minister*) Halskragen *m* [eines Geistlichen]
'dog-eared *adj* mit Eselsohren

dogged ['dɔ·gɪd] *adj* verbissen, zäh
doggerel ['dɔ·gər·əl] *n* Knittelvers *m*
'**doghouse** *n* Hundehütte *f* ▶ PHRASES: **to be in the ~** in Ungnade gefallen sein
dogma ['dɔg·mə] *n* Dogma *nt*
dogmatic [dɔg·'mæt̬·ɪk] *adj* dogmatisch (**about** in +*dat*)
'**dog race** *n* Hunderennen *nt*
dog-'tired *adj* (*fam*) hundemüde
doing ['du·ɪŋ] *n* ❶ (*sb's work*) **to be sb's ~** jds Werk sein; **to take some** [*or* **a lot of**] **~** ganz schön anstrengend sein ❷ *pl* (*activities*) ■**~s** Tätigkeiten *pl*
do-it-yourself [ˌdu·ɪt·jər·'self] *n* Heimwerken *nt*
doldrums ['doʊl·drəmz] *npl* (*fig*) **to be in the ~** (*be in low spirits*) deprimiert sein; (*be in stagnant state*) in einer Flaute stecken
dole [doʊl] *vt* ■**to ~ out** sparsam austeilen (**to an** +*akk*)
doleful ['doʊl·fəl] *adj* traurig
doll [dɑl] **I.** *n* ❶ (*toy*) Puppe *f* ❷ (*fam: attractive woman*) Puppe *f* **II.** *vt* ■**to ~ oneself up** sich herausputzen
dollar ['dɑl·ər] *n* Dollar *m*
dollop ['dɑl·əp] *n* Klacks *m kein pl*
dolly ['dɑl·i] *n* ❶ TRANSP [Transport]wagen *m* ❷ (*esp childspeak: doll*) Püppchen *nt*
dolphin ['dɑl·fɪn] *n* Delphin *m*
dolt [doʊlt] *n* (*pej*) Tollpatsch *m*
domain [doʊ·'meɪn] *n* ❶ Reich *nt*, Gebiet *nt* ❷ COMPUT Domäne *f*; TELEC Domain *f*
dome [doʊm] *n* Kuppel *f*
domed [doʊmd] *adj* gewölbt; **~ ceiling** Kuppeldach *nt*
domestic [də·'mes·tɪk] *adj* ❶ (*household*) häuslich; **~ appliance** [elektrisches] Haushaltsgerät *nt* ❷ ECON, POL inländisch, Inland[s]-; **~ policy** Innenpolitik *f*; **~ correspondent** Korrespondent(in) *m(f)* für Innenpolitik; **~ airline** Inlandsfluggesellschaft *f*; **~ market** Binnenmarkt *m*; **~ transportation** Binnentransport *m*; **gross ~ product** Bruttoinlandsprodukt *nt*
domesticate [də·'mes·tɪ·keɪt] *vt* ❶ (*tame*) zähmen ❷ (*accustom to home life*) häuslich machen
domesticity [ˌdoʊ·me·'stɪs·ɪ·t̬i] *n* Häuslichkeit *f*, häusliches Leben
domestic 'violence *n* Gewalt *f* in der Familie, häusliche Gewalt
domicile ['dɑm·ə·saɪl] (*form*) **I.** *n* Wohnsitz *m* **II.** *vi* **to be ~d in ...** in ... ansässig sein
dominance ['dɑm·ə·nəns] *n* ❶ (*superior position*) Vormacht[stellung] *f* ❷ (*being dominant*) Dominanz *f*, Vorherrschaft *f* (**over** über +*akk*)
dominant ['dɑm·ə·nənt] *adj* ❶ (*controlling*) color, culture vorherrschend; issue, position beherrschend; personality dominierend ❷ BIOL, MUS dominant
dominate ['dɑm·ə·neɪt] **I.** *vt* ❶ beherrschen ❷ PSYCH dominieren **II.** *vi* dominieren
domination [ˌdɑm·ə·'neɪ·ʃən] *n* ❶ (*state of dominating*) [Vor]herrschaft *f*; **world ~** Weltherrschaft *f* ❷ (*controlling position*) Vormachtstellung *f*
domineering [ˌdɑm·ə·'nɪr·ɪŋ] *adj* herrschsüchtig, herrisch
Dominican [də·'mɪn·ɪ·kən] **I.** *adj* ❶ REL Dominikaner- ❷ (*relating to Dominican Republic*) dominikanisch **II.** *n* Dominikaner(in) *m(f)*
dominion [də·'mɪn·jən] *n* ❶ (*form: sovereignty*) Herrschaft *f* (**over** über +*akk*) ❷ (*realm*) Herrschaftsgebiet *nt*
domino <*pl* -es> ['dɑm·ə·noʊ] *n* ❶ (*piece*) Dominostein *m* ❷ (*game*) ■**~es** + *sing vb, no art* Domino[spiel] *nt*
don [dɑn] *n* (*sl*) Mafiaboss *m*
donate ['doʊ·neɪt] *vt, vi* spenden (**to** für +*akk*)
donation [doʊ·'neɪ·ʃən] *n* ❶ (*contribution*) [Geld]spende *f*; (*endowment*) Stiftung *f*; LAW Schenkung *f*; **charitable ~s** Spenden *pl* für wohltätige Zwecke ❷ (*act of donating*) Spenden *nt*
done [dʌn] *pp of* **do**
donkey ['dɑŋ·ki] *n* Esel *m a. fig*
donor ['doʊ·nər] *n* Spender(in) *m(f)*; (*for large sums*) Stifter(in) *m(f)*; LAW Schenker(in) *m(f)*
don't [doʊnt] *see* **do not** *see* **do I., II.**
donut ['doʊ·nʌt] *n see* **doughnut**
doodle ['du·dəl] **I.** *vi* vor sich *akk* hinkritzeln **II.** *n* Gekritzel *nt kein pl*
doom [dum] **I.** *n* ❶ (*grim destiny*) Verhängnis *nt kein pl*, [schlimmes] Schicksal ❷ (*disaster*) Unheil *nt* **II.** *vt* verdammen
doomed [dumd] *adj* ❶ (*destined to end badly*) verdammt ❷ (*condemned*) verurteilt
doomsday ['dumz·deɪ] *n* der Jüngste Tag
door [dɔr] *n* ❶ (*entrance*) Tür *f*; **out of ~s** im Freien, draußen ❷ (*house*) **two ~s away** zwei Häuser weiter; **next ~** nebenan; **~ to ~** von Tür zu Tür ❸ (*fig*) **to close the ~ on sth** etw ausschließen; **to open the ~ to sth** etw ermöglichen
'**doorbell** *n* Türklingel *f*
'**doorframe** *n* Türrahmen *m*
'**doorkeeper** *n* Portier, Portiersfrau *m, f*
'**doorknob** *n* Türknauf *m*
'**doorman** *n* Portier *m*
'**doormat** *n* ❶ (*thing*) Fußmatte *f*, Fußabstreifer *m bes* SÜDD ❷ (*fig, pej: person*) Waschlappen *m*
'**doornail** *n* **as dead as a ~** mausetot
'**doorstep** *n* (*step outside a house door*) Türstufe *f*; **right on one's ~** (*fig*) direkt vor der Haustür
door-to-'door *adj* von Haus zu Haus
'**doorway** *n* [Tür]eingang *m*
doozy ['du·zi] *n* (*sl: difficult job*) **to be a** [**real**] **~** eine Heidenarbeit sein
dope [doʊp] **I.** *n* ❶ (*fam: illegal drug*) Rauschgift *nt*, Stoff *m sl* ❷ (*sl: stupid person*) Trottel *m* **II.** *vt* dopen
dopey ['doʊ·pi] *adj* ❶ (*drowsy*) benebelt ❷ (*pej: stupid*) blöd
dorm [dɔrm] *n* Studentenwohnheim *nt*

D

dormant ['dɔr·mənt] *adj* ❶ (*inactive*) *volcano* untätig; *talents* brachliegend ❷ BOT, BIOL ■to be ~ ruhen; **to lie** ~ schlafen; *seeds* ruhen
dormer [dɔr·mər], **dormer window** [dɔr·mər'-] *n* Mansardenfenster *nt*
dormitory ['dɔr·mɪ·tɔr·i] *n* ❶ (*student housing*) Studentenwohnheim *nt* ❷ (*sleeping quarters*) Schlafsaal *m*
dormouse ['dɔr·maʊs] *n* Haselmaus *f*
dorsal ['dɔr·səl] *adj* Rücken-
DOS [das] *n acr for* **disk operating system** DOS *nt*
dosage ['doʊ·sɪdʒ] *n* (*size of dose*) Dosis *f*
dose [doʊs] I. *n* (*dosage*) Dosis *f a. fig* II. *vt* [medizinisch] behandeln
dossier ['das·i·eɪ] *n* Dossier *nt*
DOT [ˌdi·oʊ·'ti] *n* (*fam*) *abbrev of* **Department of Transportation** Verkehrsministerium *nt*
dot [dat] I. *n* Punkt *m;* (*on material*) Tupfen *m* II. *vt* <-tt-> ❶ (*make a dot*) mit einem Punkt versehen ❷ *usu passive* (*scatter*) ■to be ~ted with sth mit etw *dat* übersät sein
doting ['doʊ·tɪŋ] *adj* vernarrt
dot-'matrix printer *n* Matrixdrucker *m*
double ['dʌb·əl] I. *adj* ❶ (*twice, two*) doppelt; ~ the price doppelt so teuer; my telephone number is: six, eight, two, five ~ oh three meine Telefonnummer ist die sechs, acht, zwei, fünf, zweimal die Null, drei ❷ (*of two equal parts, layers*) Doppel-; ~ door[s] (*with two parts*) Flügeltür *f;* (*twofold*) Doppeltür *f; pneumonia* doppelseitig; ~ life Doppelleben *nt* II. *adv* ❶ (*twice as much*) doppelt so viel; to charge sb ~ jdm das Doppelte berechnen ❷ (*two times*) to see ~ doppelt sehen ❸ (*in the middle*) to be bent ~ sich niederbeugen; (*with laughter, pain*) sich krümmen III. *n* ❶ (*double quantity*) ■the ~ das Doppelte [*o* Zweifache] ❷ (*whiskey, gin*) Doppelte(r) *m* ❸ (*duplicate person*) Doppelgänger(in) *m(f)*; FILM Double *nt* ❹ SPORTS ■~s *pl* Doppel *nt;* mixed ~s gemischtes Doppel ❺ (*in baseball*) Double *m* ▶ PHRASES: on the ~ im Eiltempo IV. *vt* ❶ verdoppeln ❷ (*fold in two*) doppelt nehmen V. *vi* ❶ (*increase twofold*) sich verdoppeln ❷ (*serve a second purpose*) eine Doppelfunktion haben; FILM, THEAT (*play*) eine Doppelrolle spielen; the kitchen table ~s as my desk der Küchentisch dient auch als mein Schreibtisch ❸ (*in baseball*) einen Double schlagen
◆**double back** *vi* kehrtmachen
◆**double over** *vi* sich krümmen (**in, with** vor +*dat*)
◆**double up** *vi* ❶ (*bend over*) sich krümmen (**in, with** vor +*dat*) ❷ (*share a room*) sich *dat* ein Zimmer teilen
double-'barreled *adj* ❶ (*having two barrels*) doppelläufig ❷ (*having two purposes*) zweideutig
double 'bass *n* Kontrabass *m*
double 'bed *n* Doppelbett *nt*
double-'breasted *adj* zweireihig; ~ suit Zwei-

reiher *m*
double-'check *vt* noch einmal überprüfen
double 'chin *n* Doppelkinn *nt*
double-'click COMPUT I. *vt* doppelt anklicken II. *vi* doppelklicken
double-'cross[1] *vt* ■to ~ sb mit jdm ein falsches Spiel treiben
double-'cross[2], **double 'cross** *n* <*pl* -es> Doppelspiel *nt*
double-'dealing (*pej*) I. *n* Betrügerei *f* II. *adj* betrügerisch
double-'decker *n* Doppeldecker *m*
double-'edged *adj* zweischneidig *a. fig*
double 'feature *n* FILM Doppelprogramm *nt*
double-'jointed *adj* äußerst gelenkig
double-'park *vt, vi* in der zweiten Reihe parken
double 'standard *n* Doppelmoral *f kein pl;* to apply ~ mit zweierlei Maß messen
double 'take *n* verzögerte Reaktion; ■to do a ~ zweimal hinschauen
double 'time *n* ❶ (*double pay*) doppelter Stundenlohn ❷ MIL Laufschritt *m*
doubly ['dʌb·li] *adv* doppelt
doubt [daʊt] I. *n* ❶ (*lack of certainty*) Zweifel *m* (**about** an +*dat*); ■to be in ~ about sth über etw *akk* im Zweifel sein; no ~ zweifellos; open to ~ fraglich, unsicher; to cast ~ on sth etw in Zweifel ziehen ❷ (*feeling of uncertainty*) Ungewissheit *f,* Bedenken *pl* II. *vt* ❶ (*be unwilling to believe*) ■to ~ sb jdm misstrauen; ■to ~ sth Zweifel an etw *dat* haben ❷ (*call in question*) ■to ~ sb jdm nicht glauben; to ~ sb's abilities an jds Fähigkeiten zweifeln ❸ (*feel uncertain*) ■to ~ that ... bezweifeln, dass ...
doubtful ['daʊt·fəl] *adj* ❶ (*expressing doubt*) zweifelnd; the expression on her face was ~ sie blickte skeptisch ❷ (*uncertain, undecided*) unsicher, unschlüssig; ■to be ~ about sth über etw *akk* im Zweifel sein ❸ (*questionable*) fragwürdig, zweifelhaft
doubtless ['daʊt·lɪs] *adv* sicherlich
dough [doʊ] *n* ❶ (*for baking*) Teig *m* ❷ (*sl: money*) Knete *f,* Kohle *f*
doughnut ['doʊ·nʌt] *n* Donut *m*
doughy ['doʊ·i] *adj* teigig *a. fig*
dour [dʊr] *adj person* mürrisch; *face* düster; *expression* finster; *struggle* hart[näckig]
douse [daʊs] *vt* ❶ (*drench*) übergießen ❷ (*extinguish*) ausmachen; *fire* löschen
dove[1] [dʌv] *n* Taube *f a. fig*
dove[2] [doʊv] *vi pt of* **dive**
'dovetail I. *vi* übereinstimmen II. *vt* TECH *in wood* verschwalben; *in metal* verzinken III. *n* (*wood*) Schwalbenschwanz *m;* (*metal*) Zinken *m*
dowager ['daʊ·ə·dʒər] *n* [adlige] Witwe
dowdy ['daʊ·di] *adj* (*pej*) ohne jeden Schick
down[1] [daʊn] I. *adv* ❶ (*movement to a lower position*) hinunter; (*toward the speaker*) herunter; "~!" (*to a dog*) „Platz!" ❷ (*downwards*) nach unten; [with one's] head ~ mit dem Kopf nach unten ❸ (*in a lower position*)

unten; ~ **there** dort unten ❹ (*in the south*) im Süden, unten *fam;* (*toward the south*) in den Süden, runter *fam* ❺ (*ill*) **to be ~ with sth** an etw *dat* erkrankt sein ❻ SPORTS im Rückstand ❼ (*including*) **from the mayor ~** angefangen beim Bürgermeister ❽ (*on paper*) **to have sth ~ in writing** [*or* **on paper**] etw schriftlich haben ❾ (*as initial payment*) als Anzahlung; **to pay** [*or* **put**] **100 dollars ~** 100 Dollar anzahlen ❿ (*in crossword puzzles*) senkrecht **II.** *prep* ❶ (*in a downward/downhill direction*) hinunter; (*toward the speaker*) herunter; **up and ~ the stairs** die Treppe rauf und runter; **she poured the milk ~ the sink** sie schüttete die Milch in den Abfluss ❷ **to come/go ~ the mountain** den Berg herunter-/hinuntersteigen ❸ (*along*) entlang; **go ~ the street** gehen Sie die Straße entlang; **~ the river** flussabwärts ❹ (*through time*) **~ the centuries** die Jahrhunderte hindurch **III.** *adj* ❶ (*moving downward*) abwärtsführend; **the ~ escalator** die Rolltreppe nach unten ❷ (*fam: unhappy*) niedergeschlagen, down *fam* ❸ (*not functioning*) außer Betrieb; **telephone lines** tot **IV.** *vt* ❶ (*knock down*) *person* zu Fall bringen ❷ (*shoot down*) *plane* abschießen **V.** *n* ❶ (*bad fortune*) **we've had our ups and ~s** wir haben schon Höhen und Tiefen durchgemacht ❷ (*in football*) Versuch *m* **VI.** *interj* **~ with the dictator!** nieder mit dem Diktator!

down² [daʊn] *n* (*soft feathers*) Daunen *pl*

down-and-'out I. *adj* heruntergekommen **II.** *n* (*pej*) Penner(in) *m(f)*

'downbeat *adj* (*sad*) pessimistisch, düster

'downcast *adj* ❶ (*sad*) niedergeschlagen ❷ (*looking down*) gesenkt

'downfall *n* ❶ (*ruin*) Untergang *m*, Fall *m fig;* *of government* Sturz *m* ❷ (*cause of ruin*) Ruin *m*

'downgrade I. *vt person* degradieren; *thing* herunterstufen **II.** *n* Gefälle *nt*

down'hearted *adj* niedergeschlagen

'downhill I. *adv* (*downwards*) bergab, abwärts; **to go ~** *person* heruntergehen; *vehicle* herunterfahren; *road, path* bergab führen; (*fig*) *person* bergab gehen; *situation* sich verschlechtern **II.** *adj* **it's all ~ from here** von hier geht es nur noch bergab; **to be ~** [**all the way**] leichter werden

'download *vt* COMPUT herunterladen (**to** auf +*akk*)

down'market I. *adj* weniger anspruchsvoll, für den Massenmarkt **II.** *adv* auf den Massenmarkt ausgerichtet

down 'payment *n* Anzahlung *f*

down'play *vt* herunterspielen

'downpour *n* Regenguss *m*, Platzregen *m*

'downright I. *adj* völlig; *lie* glatt; *nonsense* komplett **II.** *adv* (*completely*) ausgesprochen; **~ dangerous** schlichtweg gefährlich

'downside *n* Kehrseite *f;* **the ~ of sth** die Kehrseite einer S. *gen*

'downsize *vi* ECON Personal abbauen

downsizing *n* ECON Entlassung *f* (*aus Arbeitsmangel oder Rationalisierungsgründen*)

'downstairs I. *adv* treppab, die Treppe hinunter, nach unten; **there's a man ~** unten steht ein Mann **II.** *adj* ❶ (*one floor down*) im unteren Stockwerk ❷ (*on the ground floor*) im Erdgeschoss **III.** *n* Erdgeschoss *nt*

'downstream I. *adv* stromabwärts **II.** *adj* stromabwärts gelegen

'downtime *n* MECH Ausfallzeit *f*

down-to-'earth *adj* nüchtern

'downtown I. *n* Innenstadt *f,* Zentrum *nt* **II.** *adj, adv* in der Innenstadt, im Zentrum; **go ~** in die Innenstadt, ins Zentrum

'downtrodden *adj* unterdrückt

'downturn *n* ECON Rückgang *m*

down 'under *adv* (*Australia*) in [*o* nach] Australien; (*New Zealand*) in [*o* nach] Neuseeland

downward ['daʊn·wərd] **I.** *adj* nach unten [gerichtet]; **on a ~ trend** im Abwärtstrend **II.** *adv* ❶ (*in/toward a lower position*) abwärts, nach unten, hinunter ❷ (*to a lower amount*) nach unten

downwards ['daʊn·wərdz] *adv* see **downward**

dowry ['daʊ·ri] *n* Mitgift *f*

dowse [daʊz] *vt see* **douse**

dowsing ['daʊ·zɪŋ] *n* Wünschelrutengehen *nt;* **~ rod** Wünschelrute *f*

doze [doʊz] **I.** *n* Nickerchen *nt* **II.** *vi* ■**to ~** [**off**] dösen

dozen ['dʌz·ən] *n* Dutzend *nt;* **half a ~** ein halbes Dutzend

Dr. *n abbrev of* **doctor** Dr.

drab <-bb-> [dræb] *adj* trist; *colors* trüb; *person* farblos; *surroundings* trostlos

draconian [drə·'koʊ·ni·ən] *adj* drakonisch

draft [dræft] **I.** *n* ❶ (*air current*) [Luft]zug *m kein pl;* **to sit in a ~** im Zug sitzen ❷ **on ~** vom Fass ❸ MIL Einberufung *f;* **~ card** (*hist*) Einberufungsbescheid *m* ❹ (*preliminary version*) [erster/roher] Entwurf *m* **II.** *adj* ❶ **~ animal** Zugtier *nt* ❷ **~ beer** Fassbier *nt* ❸ (*relating to military conscription*) Einberufungs-; **~ board** Wehrersatzbehörde *f* ❹ (*preliminary*) Entwurfs-; **~ contract** Vertragsentwurf *m* **III.** *vt* ❶ (*prepare*) entwerfen; *bill* verfassen; *contract* aufsetzen; *proposal* ausarbeiten ❷ MIL **to ~ sb into the army** jdn zum Wehrdienst einberufen

'draft dodger *n* (*shirker*) Drückeberger(in) *m(f);* (*conscientious objector*) Wehrdienstverweigerer, -in *m, f*

draftee [dræf·'ti] *n* Wehrpflichtige(r) *f(m)*

'draftsman *n* [technischer] Zeichner

drafty ['dræf·ti] *adj* zugig

drag [dræg] **I.** *n* ❶ PHYS Widerstand *m;* AVIAT Luftwiderstand *m;* NAUT Wasserwiderstand *m* ❷ (*fig: impediment*) Hemmschuh *m* ❸ (*fam: bore*) langweilige Sache; **what a ~!** so'n Mist! *sl* ❹ (*fam: puff*) Zug *m* ❺ (*fam: road*) **the main ~** die Hauptstraße ❻ (*fam: clothing of opposite sex*) Fummel *m;* **~ queen** Künstler,

der in Frauenkleidern auftritt **II.** *vt* <-gg-> ❶ (*pull along the ground*) ziehen; **to ~ one's heels** [*or* **feet**] schlurfen; (*fig*) sich *dat* Zeit lassen; **to ~ sth behind oneself** etw hinter sich *dat* herziehen ❷ (*take despite resistance*) schleifen; **I don't want to ~ you away** ich will dich hier nicht wegreißen ❸ (*force*) ■ **to ~ sth out of sb** etw aus jdm herausbringen; **to ~ the truth out of sb** jdm die Wahrheit entlocken **III.** *vi* <-gg-> ❶ (*trail along*) schleifen ❷ (*pej: proceed tediously*) sich [da]hinziehen; **to ~ to a close** schleppend zu Ende gehen
◆**drag along** *vi thing* wegschleppen; *person* mitschleppen; **to ~ oneself along** sich dahinschleppen
◆**drag down** *vt* ❶ (*force to lower level*) ■ **to ~ sb/sth down** jdn/etw herunterziehen ❷ (*make depressed*) ■ **to ~ sb down** jdn zermürben
◆**drag in** *vt person* hineinziehen; *thing* aufs Tapet bringen
◆**drag on** *vi* (*pej*) sich [da]hinziehen
◆**drag out** *vt* in die Länge ziehen
dragon ['dræg·ən] *n* ❶ (*mythical creature*) Drache *m* ❷ (*woman*) Drachen *m*
'**dragonfly** *n* Libelle *f*
drain [dreɪn] **I.** *n* ❶ (*pipe*) Rohr *nt*; (*under sink*) Abflussrohr *nt*; (*in road*) Gully *m*; **to go down the ~** (*fig*) vor die Hunde gehen, den Bach runtergehen *fam* ❷ (*constant outflow*) Belastung *f*; ■ **to be a ~ on sth** *resources* eine Belastung für etw *akk* darstellen **II.** *vt* ❶ (*remove liquid*) entwässern; *liquid* ablaufen lassen; *vegetables* abgießen; *noodles/rice* abtropfen lassen; *abscess* drainieren ❷ (*form: empty*) austrinken ❸ (*exhaust*) [völlig] auslaugen **III.** *vi* ❶ (*flow away*) ablaufen ❷ (*empty*) leeren ❸ (*run out*) *enthusiasm* dahinschwinden
◆**drain away** *vi liquid* ablaufen; (*fig*) [dahin]schwinden
◆**drain off** *vt water* abgießen
drainage ['dreɪ·nɪdʒ] **I.** *n* ❶ (*water removal*) Entwässerung *f* ❷ (*system*) *for land* Entwässerungssystem *nt*; *for houses* Kanalisation *f* **II.** *adj* Entwässerungs-
'**drain board** *n* Abtropfbrett *nt*
'**drainpipe** *n* (*for rainwater*) Regenrohr *nt*; (*for sewage*) Abflussrohr *nt*
drake [dreɪk] *n* Enterich *m*, Erpel *m*
drama ['dra·mə] **I.** *n* ❶ (*theater art*) Schauspielkunst *f* ❷ (*play, dramatic event*) Drama *nt* *a. fig*; **television ~** Fernsehspiel *nt* ❸ (*dramatic quality*) Dramatik *f* **II.** *adj* ~ **critic** Theaterkritiker(in) *m(f)*
dramatic [drə·'mæt̮·ɪk] *adj* ❶ dramatisch ❷ (*pej: theatrical*) theatralisch ❸ (*in theater*) ~ **irony** tragische Ironie; ~ **work** [Theater]stück *nt*
dramatics [drə·'mæt̮·ɪks] *npl* ❶ + *sing vb* (*art of acting*) Dramaturgie *f* ❷ (*usu pej: behavior*) theatralisches Getue
dramatist ['dræm·ə·t̮ɪst] *n* Dramatiker(in) *m(f)*

dramatization [ˌdræm·ə·t̮ɪ·'zeɪ·ʃən] *n* ❶ (*dramatizing of a work*) Dramatisierung *f*; THEAT Bühnenbearbeitung *f*; FILM Kinobearbeitung *f*; TV Fernsehbearbeitung *f* ❷ (*usu pej: exaggeration*) Dramatisieren *nt*
dramatize ['dræm·ə·taɪz] *vt* ❶ (*adapt*) bearbeiten ❷ (*usu pej: exaggerate*) dramatisieren
drank [dræŋk] *pt of* **drink**
drape [dreɪp] **I.** *vt* ❶ (*cover loosely*) bedecken (**in, with** mit + *dat*) ❷ (*place on*) drapieren, legen **II.** *n* ■ ~ **s** *pl* Vorhänge *pl*
drastic ['dræs·tɪk] *adj* drastisch; *change, measures* radikal
draw [drɔ] **I.** *n* ❶ (*celebrity*) Publikumsmagnet *m*; (*popular film, play, etc.*) Kassenschlager *m* ❷ (*in chess, soccer*) Unentschieden *nt*; **to end in a ~** unentschieden ausgehen ❸ (*drawing lots*) Verlosung *f* ❹ (*inhalation*) Zug *m* **II.** *vt* <drew, -n> ❶ (*make a picture*) zeichnen; *line* ziehen ❷ (*depict*) darstellen ❸ (*pull*) ziehen; (*close*) *curtains* zuziehen; (*open*) aufziehen ❹ (*attract*) anlocken; **to ~** [**sb's**] **attention** [**to sb/sth**] [jds] Aufmerksamkeit *f* [auf jdn/etw] lenken; **to ~ attention to oneself** sich in Szene setzen; ■ **to feel ~ n to** [*or* **toward**] **sb** sich zu jdm hingezogen fühlen ❺ (*involve in*) ■ **to ~ sb into sth** jdn in etw *akk* hineinziehen ❻ (*elicit*) hervorrufen; *confession* entlocken ❼ (*formulate*) *comparison* anstellen; *conclusion, parallel* ziehen ❽ (*pull out*) *weapon* ziehen ❾ (*earn, get from source*) beziehen, erhalten ❿ (*select by chance*) ziehen, auslosen; **to ~ lots for sth** um etw *akk* losen ⓫ FIN *money* abheben; *check* ausstellen ⓬ (*inhale*) **to ~ a** [**deep**] **breath** [tief] Luft holen **III.** *vi* <drew, -n> ❶ (*make pictures*) zeichnen ❷ (*proceed*) sich bewegen; *vehicle, ship* fahren; **to ~ alongside** [*or* **even with**] **sb/sth** mit etw/jdm gleichziehen; **to ~ away** wegfahren ❸ (*make use of*) ■ **to ~ on sth** auf etw *akk* zurückgreifen; **she ~ s on personal experience in her work** sie schöpft bei ihrer Arbeit aus persönlichen Erfahrungen ❹ (*in chess, soccer*) unentschieden spielen
◆**draw in** *vt* ❶ (*involve*) hineinziehen ❷ (*inhale*) **to ~ in a** [**deep**] **breath** [tief] Luft holen
◆**draw on** *vi* ❶ (*pass slowly*) *evening, summer* vergehen; **as time draw on, ...** mit der Zeit ... ❷ (*form: approach* [*in time*]) **winter ~ s on** der Winter naht ❸ *cigarette* ziehen
◆**draw out** *vt* in die Länge ziehen; *vowels* dehnen
◆**draw together I.** *vt people* zusammenbringen; *things* zusammenziehen **II.** *vi* zusammenrücken
◆**draw up** *vt* aufsetzen; *agenda, list* aufstellen; *guidelines* festlegen; *plan* entwerfen; *proposal, questionnaire* ausarbeiten; *report* erstellen; *will* errichten
'**drawback** *n* Nachteil *m*
'**drawbridge** *n* Zugbrücke *f*
drawer [drɔr] *n* ❶ (*storage*) Schublade *f*; **chest**

of ~s Kommode f ② (*hum*) ■~s *pl* (*underwear*) Unterwäsche f

drawing ['drɔ·ɪŋ] *n* ① (*art*) Zeichnen *nt* ② (*picture*) Zeichnung f

'drawing board *n* Zeichenbrett *nt;* **to go back to the ~** (*fig*) noch einmal von vorn anfangen

'drawing paper *n* Zeichenpapier *nt*

'drawing room *n* (*form*) Wohnzimmer *nt*

drawl [drɔl] **I.** *n* schleppende Sprache; **Texas ~** breites Texanisch **II.** *vi* schleppend sprechen

drawn [drɔn] *pp of* **draw** abgespannt

dread [dred] **I.** *vt* ■**to ~ sth** sich vor etw *dat* [sehr] fürchten; ■**to ~ doing sth** [große] Angst haben, etw zu tun **II.** *n* Furcht f

dreadful ['dred·fəl] *adj* ① (*awful*) schrecklich, furchtbar ② (*of very bad quality*) miserabel, erbärmlich

dreadfully ['dred·fə·li] *adv* ① (*in a terrible manner*) schrecklich, entsetzlich ② (*extremely*) schrecklich, furchtbar

dream [drim] **I.** *n* Traum *m* a. *fig;* **in your ~s!** du träumst wohl! **II.** *adj* Traum- **III.** *vi, vt* <dreamed *or* dreamt, dreamed *or* dreamt> träumen *a. fig;* ■**to not ~ of sth** nicht [einmal] im Traum an etw *akk* denken; **I wouldn't ~ of asking him for money!** es würde mir nicht im Traum einfallen, ihn um Geld zu bitten

♦**dream up** *vt* sich *dat* ausdenken

dreamer ['dri·mər] *n* Träumer(in) *m(f)* a. *fig*

dreamless ['drim·lɪs] *adj* traumlos

'dreamlike *adj* traumhaft

dreamt [dremt] *pt, pp of* **dream**

dreamy ['dri·mi] *adj* ① (*lost in thought*) verträumt ② (*fam: gorgeous*) zum Träumen

dreary ['drɪr·i] *adj* ① (*depressing*) trostlos; *day* trüb ② (*monotonous*) eintönig

dredge [dredʒ] **I.** *n* [Schwimm]bagger *m* **II.** *vt* *river* ausbaggern

dredger[1] ['dredʒ·ər] *n* (*digger*) [Schwimm]bagger *m*

dredger[2] ['dredʒ·ər] *n* FOOD Streuer *m*

dregs [dregz] *npl* ① (*drink sediment*) [Boden]satz *m kein pl* ② (*fig*) Abschaum *m kein pl*

drench [drentʃ] *vt* durchnässen; **~ed in sweat** schweißgebadet

dress [dres] **I.** *n* <*pl* -es> ① (*woman's garment*) Kleid *nt* ② (*clothing*) Kleidung f **II.** *vi* ① (*put on clothing*) ■**to ~** [*or* **get ~ed**] sich anziehen ② (*wear clothing*) sich kleiden; **to ~ casually** sich leger anziehen **III.** *vt* ① (*put on clothing*) ■**to ~ sb/oneself** jdn/sich anziehen ② FOOD *salad* anmachen ③ (*treat*) *wound* verbinden

♦**dress down I.** *vi* sich leger anziehen **II.** *vt* zurechtweisen

♦**dress up I.** *vi* ① (*wear nice clothes*) sich fein anziehen ② (*disguise oneself*) sich verkleiden **II.** *vt* ① (*in a costume*) verkleiden ② (*improve*) verschönern

dresser[1] ['dres·ər] *n* ① (*person*) **to be a stylish ~** jd sein, der sich modisch kleidet ② THEAT Garderobier(e) *m(f)*

dresser[2] ['dres·ər] *n* Kommode f

dressing ['dres·ɪŋ] *n* ① (*for salad*) Dressing *nt* ② (*for injury*) Verband *m* ③ (*of clothes*) Anziehen *nt*

dressing-'down *n* (*fam*) Standpauke f

'dressing room *n* (*in theater*) [Künstler]garderobe f; SPORTS Umkleidekabine f

'dressing table *n* Schminktisch *m*, Frisierkommode f

'dressmaker *n* [Damen]schneider(in) *m(f)*

'dressmaking *n* Schneidern *nt*

dress re'hearsal *n* THEAT Generalprobe f

dress 'uniform *n* Galauniform f

dressy ['dres·i] *adj* (*fam*) ① (*stylish*) elegant ② (*requiring formal clothes*) vornehm

drew [dru] *pt of* **draw**

dribble ['drɪb·əl] **I.** *vi* ① (*trickle*) tropfen ② *baby* sabbern ③ SPORTS dribbeln **II.** *vt* SPORTS dribbeln mit **III.** *n* ① (*saliva*) Sabber *m* ② SPORTS Dribbling *nt kein pl*

dried [draɪd] **I.** *pt, pp of* **dry II.** *adj* getrocknet; **~ fruit** Dörrobst *nt*

dried up *adj pred*, **dried-up** *adj attr* ausgetrocknet

drift [drɪft] **I.** *vi* treiben; *balloon* schweben; *mist, fog, clouds* ziehen; *snow* angeweht werden; **to ~ along** (*fig*) sich treiben lassen; **to ~ away** *people* davonschlendern; *fog* verwehen; **to ~ with the tide** mit dem Strom schwimmen **II.** *n* ① (*slow movement*) Strömen *nt* ② *of snow* Verwehung f ③ (*slow trend*) Trend *m* ④ (*general idea*) Kernaussage f; **to get** [*or* **catch**] **sb's ~** verstehen, was jd sagen will

♦**drift apart** *vi* einander fremd werden

♦**drift off** *vi* einschlummern

drifter ['drɪf·tər] *n* Gammler(in) *m(f)*

'drift ice *n* Treibeis *nt*

'driftwood *n* Treibholz *nt*

drill [drɪl] **I.** *n* ① (*tool*) Bohrer *m* ② (*exercise*) Übung f; MIL Drill *m* ③ (*fam: routine procedure*) **to know the ~** wissen, wie es geht **II.** *vt* ① *holes* bohren; ■**to ~ through sth** etw durchbohren ② MIL, SCH drillen **III.** *vi* ① (*make holes*) bohren ② MIL exerzieren **IV.** *adj* Bohr-

'drilling platform *n* Bohrinsel f

drink [drɪŋk] **I.** *n* ① Getränk *nt;* **can I get you a ~?** kann ich Ihnen etwas zu trinken bringen?; **to have a ~** etw trinken ② (*alcoholic drink*) Drink *m*, Gläschen *nt* ③ (*alcohol*) Alkohol *m;* **smelling of ~** mit einer [Alkohol]fahne; **to drive sb to ~** jdn zum Trinker/zur Trinkerin machen **II.** *vi, vt* <drank, drunk> trinken; **to not ~ and drive** nicht unter Alkoholeinfluss fahren; **I'll ~ to that** darauf trinke ich; (*fig*) dem kann ich nur zustimmen

♦**drink in** *vt* [begierig] in sich *akk* aufnehmen

drinkable ['drɪŋ·kə·bəl] *adj* trinkbar

drinker ['drɪŋ·kər] *n* Trinker(in) *m(f)*

drinking ['drɪŋ·kɪŋ] **I.** *n* Trinken *nt;* **this water is not for ~** das ist kein Trinkwasser **II.** *adj* Trink-; **~ bout** Sauftour f

'drinking fountain *n* Trinkwasserbrunnen *m*

'drinking straw *n* Trinkhalm *m*

'drinking water *n* Trinkwasser *nt*

drip [drɪp] I. *vi* <-pp-> (*continually*) tropfen; (*in individual drops*) tröpfeln II. *vt* <-pp-> [herunter]tropfen lassen; **to ~ blood** Blut verlieren III. *n* ❶ (*act of dripping*) Tropfen *nt; of rain* Tröpfeln *nt* ❷ (*drop*) Tropfen *m* ❸ MED Tropf *m* ❹ (*fam: fool*) Flasche *f pej fam*, Null *f pej fam*

drip-dry I. *vt* <-ie-> tropfnass aufhängen II. *vi clothes, dishes* abtropfen III. *adj* bügelfrei

dripping ['drɪp·ɪŋ] I. *adj* ❶ (*dropping drips*) tropfend; ■**to be ~** tropfen ❷ (*extremely wet*) klatschnass ❸ (*hum, iron: be covered with sth*) ■**to be ~ with sth** über und über mit etw *dat* behängt sein II. *adv* **~ wet** klatschnass III. *n* FOOD ■**~s** *pl* Schmalz *nt*

drive [draɪv] I. *n* ❶ (*trip*) Fahrt *f;* **to go for a ~** eine Spazierfahrt machen; **it is a 20-minute ~ to the airport** zum Flughafen sind es [mit dem Auto] 20 Minuten ❷ (*driveway*) Einfahrt *f;* (*to larger building*) Auffahrt *f;* (*approaching road*) Zufahrt[sstraße] *f* ❸ TECH Antrieb *m* ❹ (*energy*) Tatkraft *f;* (*élan, vigor*) Schwung *m*, Elan *m*, Drive *m;* (*motivation*) Tatendrang *m;* PSYCH Trieb *m* ❺ (*campaign*) Aktion *f* ❻ COMPUT Laufwerk *nt* II. *vt* <drove, -n> ❶ fahren; **to ~ a bus** einen Bus lenken; (*as a job*) Busfahrer(in) *m(f)* sein ❷ (*force onwards*) antreiben; **to ~ oneself too hard** (*fig*) sich *dat* zu viel zumuten; **he was ~n by greed** Gier bestimmte sein Handeln; **to ~ sb to suicide** jdn in den Selbstmord treiben; **to ~ sb mad/crazy** jdn wahnsinnig/verrückt machen ❸ (*power*) *engine* antreiben; COMPUT treiben III. *vi* <drove, -n> ❶ fahren; **to learn to ~** den Führerschein machen ❷ *rain, snow* peitschen; *clouds* jagen

♦**drive along** *vt* entlangfahren

♦**drive around** *vi* herumfahren

♦**drive at** *vi* **what are you driving at?** worauf wollen Sie [eigentlich] hinaus?

♦**drive away** I. *vt* ❶ (*transport*) wegfahren ❷ (*expel*) vertreiben ❸ (*fig: dispel*) zerstreuen II. *vi* wegfahren

♦**drive back** I. *vt* ❶ (*in a vehicle*) zurückfahren ❷ (*force back*) zurückdrängen; *animals* zurücktreiben; *enemy* zurückschlagen II. *vi* zurückfahren

♦**drive off** I. *vt* ❶ (*expel*) vertreiben ❷ (*repel*) zurückschlagen II. *vi* wegfahren

♦**drive out** I. *vt* hinausjagen; (*fig*) austreiben II. *vi* hinausfahren; (*come out*) herausfahren

♦**drive up** I. *vt* *prices* hochtreiben II. *vi* vorfahren

'drive-in I. *adj* Drive-in- II. *n* ❶ (*restaurant*) Drive-in *nt* ❷ (*movie theater*) Autokino *nt*

drivel ['drɪv·əl] *n* (*pej*) Gefasel *nt*

driven ['drɪv·ən] I. *pp of* **drive** II. *adj* ❶ (*very ambitious*) ehrgeizig ❷ (*powered*) angetrieben

driver ['draɪ·vər] *n* ❶ Fahrer(in) *m(f); of locomotive* Führer(in) *m(f);* **student ~** Fahrschüler(in) *m(f)* ❷ (*golf club*) Driver *m*

'driver's license *n* Führerschein *m*

driver's-side *adj attr* AUTO auf der Fahrerseite *nach n*

'drive-through I. *adj attr, inv* Drive-through- II. *n* Durchfahrt *f*

'driveway *n* (*to small building*) Einfahrt *f;* (*to larger building*) Auffahrt *f;* (*longer*) Zufahrt[sstraße] *f*

driving ['draɪ·vɪŋ] I. *n* (*of vehicle*) Fahren *nt* II. *adj* ❶ (*on road*) Fahr-; **~ conditions** Straßenverhältnisse *pl* ❷ (*lashing*) *rain* peitschend ❸ (*powerfully motivating*) treibend; *ambition* stark

'driving force *n* treibende Kraft

'driving instructor *n* Fahrlehrer(in) *m(f)*

'driving lesson *n* Fahrstunde *f;* ■**~s** *pl* Fahrunterricht *m kein pl*

'driving license *n see* **driver's license**

'driving school *n* Fahrschule *f*

'driving test *n* Fahrprüfung *f*

drizzle ['drɪz·əl] I. *n* ❶ (*light rain*) Nieselregen *m* ❷ (*small amount of liquid*) ein paar Spritzer II. *vi impers* nieseln; **it's drizzling** es nieselt III. *vt* FOOD träufeln

drizzly ['drɪz·li] *adj* Niesel-; **it was a ~ afternoon** es hat den ganzen Nachmittag genieselt

droll [droʊl] *adj* drollig

drone¹ [droʊn] *n* ❶ (*male bee*) Drohne *f* ❷ AVIAT (*aircraft*) ferngesteuertes Flugzeug; (*missile*) ferngesteuerte Rakete

drone² [droʊn] I. *n* (*sound*) *of a machine* Brummen *nt; of insects* Summen *nt;* (*pej*) *of a person* Geleier *nt* II. *vi* ❶ (*make sound*) summen; *engine* brummen ❷ (*speak monotonously*) leiern

drool [drul] I. *vi* ❶ (*dribble*) sabbern ❷ (*fig*) ■**to ~ over sb/sth** von jdm/etw hingerissen sein II. *n* Sabber *m*

droop [drup] I. *vi* ❶ (*hang down*) schlaff herunterhängen; *flowers* die Köpfe hängen lassen; *eyelids* zufallen ❷ (*lack energy*) schlapp sein II. *n* Herunterhängen *nt; of body* Gebeugtsein *nt; of eyelids* Schwere *f*

droopy ['drup·i] *adj* [schlaff] herabhängend *attr*

drop [drɑp] I. *n* ❶ (*vertical distance*) Gefälle *nt;* (*difference in level*) Höhenunterschied *m* ❷ (*decrease*) Rückgang *m;* **~ in temperature** Temperaturrückgang *m* ❸ *of liquid* Tropfen *m;* **~ of paint** Farbspritzer *pl;* ■**~s** *pl* MED Tropfen *pl* ❹ (*collection point*) [Geheim]versteck *nt* II. *vt* <-pp-> ❶ (*cause to fall*) fallen lassen; *anchor* [aus]werfen; *bomb, leaflets* abwerfen; **to ~ a bombshell** (*fig*) eine Bombe platzen lassen ❷ (*lower*) senken ❸ (*dismiss*) entlassen ❹ (*give up*) aufgeben; *charges* fallen lassen; *demands* abgehen von; **to ~ everything** alles stehen und liegen lassen ❺ (*abandon*) ■**to ~ sb** (*fig*) jdn fallen lassen; (*end a relationship*) mit jdm Schluss machen ❻ (*fam: tell indirectly*) **to ~ [sb] a hint** [jdm gegenüber] eine Anspielung machen III. *vi* <-pp-> ❶ (*descend*) [herunter]fallen; *jaw* herunterklappen ❷ (*become lower*) *land* sinken; *prices, temperatures, water level* fallen ❸ (*fam: become exhausted*) umfallen; ~ **dead!** (*fam*) scher dich zum Teufel!

◆ **drop behind** *vi* zurückfallen

◆ **drop in** *vi* (*fam*) vorbeischauen (**on** bei +*dat*)

◆ **drop off** I. *vt* (*fam*) *person* abliefern; *thing* absetzen II. *vi* ❶ (*fall off*) abfallen ❷ (*decrease*) zurückgehen; *support, interest* nachlassen ❸ (*fam: fall asleep*) einschlafen

◆ **drop out** *vi* ❶ (*give up membership*) ausscheiden; **to ~ out of college** das Studium abbrechen ❷ *of society* aussteigen

drop-down 'menu *n* COMPUT Pull-down-Menü *nt*

droplet ['drɑp·lət] *n* Tröpfchen *nt*

'**dropout** *n* ❶ (*from university*) [Studien]abbrecher(in) *m(f)*; (*from school*) Schulabgänger(in) *m(f)* ❷ (*from conventional lifestyle*) Aussteiger(in) *m(f)*

dropper ['drɑp·ər] *n* Tropfer *m*

droppings ['drɑp·ɪnz] *npl of bird* Vogeldreck *m*; (*of horse*) Pferdeäpfel *pl*; *of rodents, sheep* Köttel *pl*

'**drop shot** *n* TENNIS Stopp[ball] *m*

dross [drɑs] *n* Schrott *m a. fig*

drought [draʊt] *n* Dürre[periode] *f*

drove [droʊv] *pt of* **drive**

drown [draʊn] I. *vt* ❶ (*kill*) ertränken; ■ **to be ~ed** ertrinken ❷ (*make inaudible*) übertönen II. *vi* ertrinken *a. fig*

◆ **drown out** *vt* niederschreien

drowse [draʊz] *vi* dösen

drowsy ['draʊ·zi] *adj* schläfrig; (*after waking up*) verschlafen

drudge [drʌdʒ] *n* (*person*) Kuli *m*

drudgery ['drʌdʒ·ə·ri] *n* Schufterei *f*

drug [drʌg] I. *n* ❶ (*medicine*) Medikament *nt* ❷ (*narcotic*) Droge *f*, Rauschgift *nt*; **to take** [*or* **do**] **~s** Drogen nehmen II. *vt* <-gg-> ❶ MED ■ **to ~ sb** jdm Beruhigungsmittel verabreichen; ■ **to ~ an animal** *ein Tier durch Verabreichung von Drogen langsam machen* ❷ (*secretly*) ■ **to ~ sb** jdn unter Drogen setzen

'**drug abuse** *n* Drogenmissbrauch *m*

'**drug addict** *n* Drogensüchtige(r) *f(m)*

'**drug addiction** *n* Drogenabhängigkeit *f*

'**drug czar** *n* Drogenbeauftragte(r) der Regierung *f(m)*

'**drug dealer** *n* Drogenhändler(in) *m(f)*, Dealer(in) *m(f)*

drug-sniffing 'dog *n* Drogenspürhund *m*

'**drug squad** *n* Drogenfahndung *f*

'**drugstore** *n* Drogerie *f* [in der man auch Medikamente erhält]

'**drug trafficker** *n* Drogenhändler(in) *m(f)*

'**drug trafficking** *n* Drogenhandel *m*

druid ['druː·ɪd] *n* Druide *m*

drum [drʌm] I. *n* ❶ MUS Trommel *f*; ■ **~s** *pl* (*drum kit*) Schlagzeug *nt* ❷ (*for storage, machine part*) Trommel *f*; **oil ~** Ölfass *nt* II. *vi* <-mm-> ❶ MUS trommeln; (*on a drum kit*) Schlagzeug spielen ❷ (*strike repeatedly*) trom-

meln (**on** auf +*akk*) III. *vt* <-mm-> (*fam*) ❶ (*make noise*) **to ~ one's fingers** [**on the table**] [mit den Fingern] auf den Tisch trommeln ❷ (*repeat*) ■ **to ~ sth into sb** jdm etw einhämmern

'**drumbeat** *n* Trommelschlag *m*

drummer ['drʌm·ər] *n* MUS Trommler(in) *m(f)*; (*playing a drum kit*) Schlagzeuger(in) *m(f)*

'**drumstick** *n* ❶ MUS Trommelstock *m* ❷ FOOD Keule *f*, Schlegel *m* SÜDD, ÖSTERR

drunk [drʌŋk] I. *adj* ❶ (*inebriated*) betrunken; **blind** [*or* **dead**] ~ stockbetrunken; **to get ~** sich betrinken; ~ **driving** Trunkenheit *f* am Steuer ❷ (*fig: overcome*) trunken II. *n* (*pej*) Betrunkene(r) *f(m)* III. *vt, vi pp of* **drink**

drunkard ['drʌŋ·kərd] *n* (*pej*) Trinker(in) *m(f)*

drunken ['drʌŋ·kən] *adj* (*pej*) ❶ *person* betrunken ❷ (*involving alcohol*) ~ **brawl** Streit *m* zwischen Betrunkenen; ~ **driving** Trunkenheit *f* am Steuer

drunkenness ['drʌŋ·kən·nɪs] *n* Betrunkenheit *f*

dry [draɪ] I. *adj* <-ier, -iest *or* -er, -est> ❶ trocken; **as ~ as a bone** knochentrocken ❷ (*without alcohol*) alkoholfrei II. *vt* <-ie-> trocknen; *fruit, meat* dörren; (*dry out*) austrocknen; (*dry up*) abtrocknen; ~ **your eyes!** wisch dir die Tränen ab!; **to ~ one's hands** sich *dat* die Hände abtrocknen III. *vi* <-ie-> ❶ (*lose moisture*) trocknen ❷ (*dry up*) abtrocknen

◆ **dry up** I. *vi* ❶ (*become dry*) austrocknen; *spring, well* versiegen ❷ (*dry the dishes*) abtrocknen ❸ (*evaporate*) *liquid* trocknen ❹ (*fig: run out*) *funds* schrumpfen; *source* versiegen; *supply* ausbleiben; *conversation* versiegen II. *vt* ❶ *dishes* abtrocknen ❷ (*dry out*) austrocknen

'**dry-clean** *vt* chemisch reinigen

'**dry cleaner** *n* Reinigung *f*

'**dry cleaning** *n* [chemische] Reinigung *f*

dryer ['draɪ·ər] *n* ❶ (*for laundry*) [Wäsche]trockner *m* ❷ (*for hair*) Fön *m*; (*overhead*) Trockenhaube *f*

dry 'ice *n* Trockeneis *nt*

dry 'land *n* Festland *nt*

dryness ['draɪ·nɪs] *n* ❶ Trockenheit *f* ❷ (*drought*) Dürre *f*

'**dry rot** *n* ❶ (*in wood*) Hausschwamm *m* ❷ (*in plants*) Trockenfäule *f*

DSL [ˌdiː·es·'el] *n* INET, COMPUT, TELEC *acr for* **digital subscriber line** DSL *kein art*

DTP [ˌdiː·tiː·'piː] *n* *abbrev of* **desktop publishing** DTP *nt*

dual ['duː·əl] *adj* (*double*) doppelt; (*two different*) zweierlei; ~ **ownership** Miteigentümerschaft *f*; ~ **role** Doppelrolle *f*

dub <-bb-> [dʌb] *vt* ❶ FILM synchronisieren; **to ~ into English** ins Englische übersetzen ❷ (*call*) ■ **to ~ sb sth** jdn etw nennen

dubbing ['dʌb·ɪn] *n* FILM Synchronisation *f*

dubious ['duː·bi·əs] *adj* ❶ (*questionable*) zweifelhaft, fragwürdig ❷ (*unsure*) unsicher; **to be**

~ **about** [*or* as to] **whether** ... bezweifeln, ob
...; **to feel ~ about** sth an etw *dat* zweifeln
duchess <*pl* -es> ['dʌtʃ·ɪs] *n* Herzogin *f*
duchy ['dʌtʃ·i] *n* Herzogtum *nt*
duck[1] [dʌk] *n* Ente *f* ▶ PHRASES: **to take to** sth
like a ~ **to** water bei etw *dat* gleich in seinem
Element sein
duck[2] [dʌk] **I.** *vi* ❶ **to** ~ [down] sich ducken
❷ **to** ~ **under water** [unter]tauchen ❸ **to** ~
out of sight sich verstecken **II.** *vt* ❶ **to** ~
one's head den Kopf einziehen; **to** ~ **one's**
head under water den Kopf unter Wasser
tauchen ❷ (*avoid*) ▪ **to** ~ sth etw *dat* ausweichen *a. fig*
duckling ['dʌk·lɪŋ] *n* ❶ (*animal*) Entenkü-
ken *nt,* Entchen *nt* ❷ (*meat*) junge Ente
duct [dʌkt] *n* ❶ (*pipe*) [Rohr]leitung *f;* **air** ~
Luftkanal *m* ❷ ANAT **tear** ~ Tränenkanal *m*
'**duct tape** *n* Panzerband *nt*
dud [dʌd] (*fam*) **I.** *n* ❶ (*bomb*) Blindgänger *m*
❷ (*useless thing*) **this pen is a** ~ dieser Füller
taugt nichts; (*failure*) Reinfall *m* ❸ (*fam: cloth-*
ing) ▪ ~s *pl* Klamotten *pl* **II.** *adj* (*worthless*)
mies; *checks* gefälscht
dude [dud] *n* (*fam*) ❶ (*smartly dressed urban-*
ite) feiner Pinkel ❷ (*fellow*) Typ *m,* Kerl *m;*
what's up, ~? wie geht's, Alter? *sl*
due [du] **I.** *adj* ❶ (*payable*) fällig; ~ **date** Fällig-
keitstermin *m* ❷ (*appropriate*) gebührend;
with ~ **care** mit der nötigen Sorgfalt; **with**
[all] ~ **respect** bei allem [gebotenen] Respekt
❸ (*expected*) **in** ~ **course** zu gegebener Zeit;
~ **date** (*for work due*) Abgabetermin *m;* (*for*
entries) Einsendeschluss *m;* **their baby is** ~
in January sie erwarten ihr Baby im Januar
❹ (*because of*) ▪ ~ **to** sth wegen [*o* auf
Grund] einer S. *gen;* ▪ **to be** ~ **to** sb/sth jdm/
etw zuzuschreiben sein **II.** *n* ❶ (*fair treat-*
ment) **to give** sb **his/her** ~ jdm Gerechtigkeit widerfahren lassen ❷ (*fees*) ▪ ~s *pl* Ge-
bühren *pl* **III.** *adv* ~ **north** genau nach Norden
duel ['du·əl] **I.** *n* Duell *nt* **II.** *vi* <-l- *or* -ll-> sich
duellieren
duet [du·'et] *n* (*for instruments*) Duo *nt;* (*for*
voices) Duett *nt*
duffel bag *n see* **duffle bag**
duffle bag ['dʌf·əl·ˌbæg] *n* Matchbeutel *m;*
NAUT Seesack *m*
dug [dʌg] *pt, pp of* **dig**
'**dugout** *n* ❶ MIL Schützengraben *m* ❷ (*in*
baseball, soccer) [überdachte] Spielerbank
❸ (*canoe*) Einbaum *m*
duke [duk] *n* Herzog *m*
dull [dʌl] **I.** *adj* ❶ (*pej: boring*) langweilig, eintönig; **as** ~ **as dishwater** stinklangweilig
❷ (*not bright*) *animal's coat* glanzlos; *weather*
trüb; *color* matt; *light* schwach, trübe ❸ (*not*
sharp) stumpf **II.** *vt* (*lessen*) schwächen; *pain*
betäuben
dullness ['dʌl·nɪs] *n* Langweiligkeit *f,* Eintönigkeit *f*
duly ['du·li] *adv* ❶ (*appropriately*) gebührend
❷ (*at the expected time*) wie erwartet

dumb [dʌm] *adj* ❶ (*pej fam: stupid*) dumm
❷ (*mute*) stumm ▶ PHRASES: **to be** [as] ~ **as a**
rock (*pej*) dumm wie Bohnenstroh sein
'**dumbbell** *n* SPORTS Hantel *f*
'**dumbfound** *vt* verblüffen
'**dumbfounded** *adj* sprachlos
'**dumbstruck** *adj* sprachlos
'**dumbwaiter** *n* Speiseaufzug *m,* stummer Die-
ner
dummy ['dʌm·i] **I.** *n* ❶ (*mannequin*) Schaufensterpuppe *f;* (*for crash tests*) Dummy *m;* (*for ventriloquist*) [Bauchredner]puppe *f*
❷ (*pej: fool*) Dummkopf *m* **II.** *adj* (*duplicate*)
nachgemacht; (*false*) falsch **III.** *vi* (*fam*) ▪ **to** ~
up dichthalten
dump [dʌmp] **I.** *n* ❶ (*for garbage*) Müll[ab-
lade]platz *m;* (*fig, pej: messy place*) Dreckloch *nt;* (*badly run place*) Sauladen *m* ❷ (*stor-*
age place) Lager *nt* ❸ COMPUT Speicherab-
zug *m* ▶ PHRASES: **down in the** ~s heruntergekommen **II.** *vt* ❶ (*offload*) abladen ❷ (*put*
down carelessly) hinknallen ❸ (*fam: aban-*
don) *plan* fallen lassen; *sth unwanted* loswerden ❹ (*fam: end a relationship*) ▪ **to** ~ sb jdm
den Laufpass geben, mit jdm Schluss machen
❺ COMPUT ausgeben **III.** *vi* ❶ (*throw out gar-*
bage) "**No** ~**ing**" „Müll abladen verboten"
❷ (*fam: treat unfairly*) ▪ **to** ~ **on** sb jdn fertigmachen
'**dumping ground** *n* Müll[ablade]platz *m*
dumpling ['dʌmp·lɪŋ] *n* Knödel *m,* Kloß *m*
'**dump truck** *n* Kipper *m*
dumpy ['dʌm·pi] *adj* pummelig
dunce [dʌns] *n* (*pej: poor pupil*) schlechter
Schüler, schlechte Schülerin; (*stupid person*)
Dummkopf *m*
dune [dun] *n* Düne *f*
dung [dʌŋ] *n* Dung *m*
dungarees [ˌdʌŋ·gə·'riz] *npl* Jeans[hose] *f*
dungeon ['dʌn·dʒən] *n* Verlies *nt,* Kerker *m*
dunk [dʌŋk] **I.** *vt* ❶ (*immerse*) [ein]tunken
❷ SPORTS *basketball* dunken **II.** *vi* SPORTS
dunken **III.** *n* SPORTS Dunking *m*
duo ['du·oʊ] *n* Duo *nt*
duodenum <*pl* -na *or* -s> [ˌdu·ə·'di·nəm] *n*
Zwölffingerdarm *m*
dupe [dup] **I.** *n* Betrogene(r) *f(m)* **II.** *vt* betrügen
duplex ['du·pleks] **I.** *n* <*pl* -es> ❶ (*two-family*
dwelling) Doppelhaus *nt* ❷ (*apartment having*
two floors) Maisonette[wohnung] *f* **II.** *adj*
Doppel-
duplicate I. *vt* ['du·plɪ·keɪt] ▪ **to** ~ sth eine
zweite Anfertigung von etw *dat* machen;
(*repeat an activity*) etw noch einmal machen
II. *adj* ['du·plɪ·kət] Zweit-; ~ **key** Nachschlüssel *m* **III.** *n* ['du·plɪ·kət] Duplikat *nt; of a*
document Zweitschrift *f;* **in** ~ in zweifacher
Ausfertigung
duplicity [du·'plɪs·ɪ·ṭi] *n* (*pej: in speech*) Dop-
pelzüngigkeit *f;* (*in behavior*) Doppelspiel *nt*
durability [ˌdʊr·ə·'bɪl·ɪ·ṭi] *n* ❶ (*endurance*)
Dauerhaftigkeit *f* ❷ *of a product* Haltbarkeit *f;*

of a machine Lebensdauer *f*
durable ['dʊr·ə·bəl] *adj* ❶ (*long-lasting*) strapazierfähig, dauerhaft ❷ ECON *goods* langlebig
duration [dʊ·'reɪ·ʃən] *n* Dauer *f; of a film* Länge *f*
duress [dʊ·'res] *n* (*form*) Zwang *m,* Nötigung *f;* **under** ~ unter Zwang
during ['dʊr·ɪŋ] *prep* während +*gen*
dusk [dʌsk] *n* [Abend]dämmerung *f*
dusky ['dʌs·ki] *adj* dunkel
dust [dʌst] **I.** *n* Staub *m;* **covered in** ~ (*outside*) staubbedeckt; (*inside*) völlig verstaubt
  ▶ PHRASES: **to let the** ~ **settle, to wait until the** ~ **has settled** [ab]warten, bis sich die Wogen wieder geglättet haben; **to bite the** ~ ins Gras beißen **II.** *vt* ❶ (*clean*) *objects* abstauben; *rooms* Staub wischen in ❷ (*spread over finely*) bestäuben; (*using grated material*) bestreuen **III.** *vi* Staub wischen
'dust cover *n* (*for furniture*) Schonbezug *m;* (*for devices*) Abdeckhaube *f;* (*on a book*) Schutzumschlag *m;* (*for clothes*) Staubschutz *m kein pl*
duster ['dʌs·tər] *n* feather ~ Staubwedel *m*
'dust jacket *n* Schutzumschlag *m*
'dust mite *n* Hausmilbe *f*
'dustpan *n* Schaufel *f*
'dust storm *n* Staubsturm *m*
'dustup *n* (*fam*) ❶ (*fight*) Schlägerei *f* ❷ (*dispute*) Krach *m*
dusty ['dʌs·ti] *adj* staubig; *objects* verstaubt
Dutch [dʌtʃ] **I.** *adj* holländisch, niederländisch **II.** *n* ❶ (*language*) Holländisch *nt,* Niederländisch *nt* ❷ (*people*) ◼ **the** ~ *pl* die Holländer **III.** *adv* to go ~ getrennte Kasse machen
'Dutchman *n* Holländer *m*
'Dutchwoman *n* Holländerin *f*
dutiful ['du·tɪ·fəl] *adj* ❶ *person* pflichtbewusst; (*obedient*) gehorsam ❷ *act* pflichtschuldig
duty ['du·ti] *n* ❶ (*obligation*) Pflicht *f;* **to do sth out of** ~ etw aus Pflichtbewusstsein tun ❷ (*work*) Dienst *m;* **to be off** ~ [dienst]frei haben; **to be on** ~ Dienst haben; **to come/go on** ~ seinen Dienst antreten ❸ (*revenue*) Zoll *m* (**on** auf +*akk*); **customs duties** Zollabgaben *pl;* **to pay** ~ **on sth** etw verzollen **II.** *adj* (*nurse, officer*) diensthabend
duty-'free *adj* zollfrei
'duty roster *n* Dienstplan *m*
duvet [du·'veɪ] *n* Steppdecke *f,* Daunendecke *f*
DVD [ˌdi·vi·'di] *n abbrev of* **digital video disk** DVD *f*
DVR [ˌdi·vi·'ar] *n abbrev of* **digital video recorder** digitaler Videorecorder *m*
dwarf [dwɔrf] **I.** *n* <*pl* -s *or* dwarves> Zwerg(in) *m(f)* **II.** *adj* Zwerg- **III.** *vt* überragen; (*fig*) in den Schatten stellen
dwell <dwelt *or* dwelled, dwelt *or* dwelled> [dwel] *vi* ❶ (*reside*) wohnen ❷ (*think about*) nachdenken (**on** über +*akk*)
dweller ['dwel·ər] *n* (*form*) Bewohner(in) *m(f)*
dwelling ['dwel·ɪŋ] *n* (*form*) Wohnung *f*

dwelt [dwelt] *pp, pt of* **dwell**
dwindle ['dwɪn·dəl] *vi* abnehmen; *numbers* zurückgehen; *money, supplies* schrumpfen
dye [daɪ] **I.** *vt* färben **II.** *n* Färbemittel *nt*
dyed-in-the-'wool *adj* Erz-
dying ['daɪ·ɪŋ] *adj* sterbend; (*fig*) aussterbend
dyke¹ [daɪk] *n see* **dike¹**
dyke² [daɪk] *n* (*offensive sl: lesbian*) Lesbe *f*
dynamic [daɪ·'næm·ɪk] *adj* dynamisch
dynamics [daɪ·'næm·ɪks] *n* Dynamik *f*
dynamite ['daɪ·nə·maɪt] **I.** *n* Dynamit *nt a. fig* **II.** *vt* mit Dynamit sprengen
dynamo ['daɪ·nə·moʊ] *n* (*fig*) Energiebündel *nt*
dynasty ['daɪ·nə·sti] *n* Dynastie *f*
dysentery ['dɪs·ən·ter·i] *n* Ruhr *f*
dysfunctional [dɪs·'fʌŋk·ʃə·nəl] *adj* SOCIOL gestört
dyslexia [dɪ·'sleksiə] *n* Legasthenie *f*
dyslexic [dɪs·'lek·sɪk] *adj* legasthenisch

E

E <*pl* -'s *or* -s> [i], **e** <*pl* -'s> [i] *n* E *nt,* e *nt;* ~ **as in Echo** E wie Emil
E *n* ❶ *abbrev of* **east** O ❷ (*in baseball*) *abbrev of* **error** Fehlpass *m*
each [itʃ] *adj, adv, pron* jede(r, s); **500 miles** ~ **way** 500 Meilen in eine Richtung; ~ [one] **of the books** jedes einzelne Buch; **there are five leaflets — please take one of** ~ hier sind fünf Broschüren – nehmen Sie bitte von jeder eine
each 'other *pron after vb* einander; **to be made for** ~ füreinander bestimmt sein
eager <-er, -est *or* more ~, most ~> ['i·gər] *adj* ❶ (*hungry*) begierig (**for** auf +*akk*) ❷ (*zealous*) eifrig; ~ **to learn** lernbegierig ❸ (*expectant*) *face* erwartungsvoll; *anticipation* gespannt
eagerness ['i·gər·nəs] *n* Eifer *m*
eagle ['i·gəl] *n* Adler *m*
'eagle-eyed *adj* scharfsichtig
ear¹ [ɪr] *n* ANAT Ohr *nt;* ~, **nose, and throat specialist** Hals-Nasen-Ohren-Arzt, -Ärztin *m, f;* **from** ~ **to** ~ von einem Ohr zum anderen ▶ PHRASES: **to be up to one's** ~**s in work** bis über die Ohren in Arbeit stecken; **to keep one's** ~ **to the ground** auf dem Laufenden bleiben [*o* sein]; **to be all** ~**s** ganz Ohr sein; **sb's** ~**s are burning** jdm klingen die Ohren; **to have the** ~ **of sb** jds Vertrauen *nt* haben
ear² [ɪr] *n* AGR Ähre *f*
'earache *n* Ohrenschmerzen *pl*
'eardrum *n* Trommelfell *nt*
'ear infection *n* Ohrenentzündung *f*
earl [ɜrl] *n* Graf *m*

E

'earlobe *n* Ohrläppchen *nt*
early <-ier, -iest *or* more ~, most ~> ['ɜr·li]
I. *adj* ❶ (*in the day*) früh; **she usually has an
~ breakfast** sie frühstückt meistens zeitig; **the
~ hours** die frühen Morgenstunden; **~ morning call** Weckruf *m* ❷ (*of a period*) früh,
Früh-; **she is in her ~ thirties** sie ist Anfang
dreißig; **from an ~ age** von klein auf; **in the ~
15th century** Anfang des 15. Jahrhunderts
❸ (*ahead of time*) vorzeitig; (*comparatively
early*) [früh]zeitig; **I took an earlier train** ich
habe einen früheren Zug genommen; **to take
~ retirement** vorzeitig in den Ruhestand gehen II. *adv* ❶ (*in the day, of a period*) früh;
~ next week Anfang nächster Woche
❷ (*ahead of time*) vorzeitig; (*comparatively
early*) [früh]zeitig
'earmark *vt* ❶ (*mark*) kennzeichnen ❷ (*allocate*) vorsehen; *money* bereitstellen
'earmuffs *npl* Ohrenschützer *pl*
earn [ɜrn] *vt* ❶ verdienen; *respect* gewinnen
❷ FIN (*yield*) einbringen
earned income ['ɜrnd·'ɪn·kʌm] *n* FIN Arbeits-
einkommen *nt*
earner ['ɜr·nər] *n* ❶ (*person*) Verdie-
ner(in) *m(f)* ❷ (*fam: income source*) Einnahmequelle *f*
earnest ['ɜr·nɪst] I. *adj* ernst[haft] II. *n* Ernst *m;*
in ~ ernst
earnestly ['ɜr·nɪst·li] *adv* ernsthaft
earnings ['ɜr·nɪŋz] *npl* Einkommen *nt; of business* Ertrag *m*
'earphone *n* Kopfhörer *m*
'earpiece *n* Hörer *m*
'earplug *n usu pl* Ohrenstöpsel *nt*
'earring *n* Ohrring *m*
'earshot *n* [with|in/out of ~ in/außer Hör-
weite
earth [ɜrθ] *n* ❶ (*planet*) Erde *f;* **on ~** in der
Welt; **how/what/who on earth ...** wie/
was/wer um alles in der Welt ... ❷ (*soil*) Erde *f*, Boden *m* ▶ PHRASES: **to be down to ~** ein
natürlicher und umgänglicher Mensch sein

---

i Der **Earth Day** (Tag der Erde), der in den
USA zum ersten Mal 1970 stattfand, wird
seit 1990 alljährlich am 22. April in über 150
Ländern begangen. Ziel der Kampagne ist es,
insbesondere bei den jungen Menschen das
Umweltbewusstsein zu verschärfen und auf
die globale Gefährdung unserer Umwelt aufmerksam zu machen.
Anlässlich des ersten Tages der Erde im Jahr
1970 kamen mehr als 20 Millionen Amerikaner aus dem ganzen Land in Colleges
zusammen, um an umweltpolitischen
„Teach-ins" teilzunehmen. Initiiert wurden
die Feierlichkeiten anlässlich des Tages der
Erde von Senator Gaylord Nelson, einem
Umweltaktivisten, um Unterstützung für die

Umweltbewegung zu demonstrieren. Er
ernannte Denis Hayes, einen Stanford Absolventen, zum Organisator der Festivitäten.
In den USA finden am **Earth Day** zahlreiche
öffentliche Veranstaltungen statt. Zu den
beliebtesten gehören die Volksfeste, die typi-
scherweise im Freien stattfinden. In der
Woche oder dem Monat vor oder nach dem
Earth Day werden so genannte „clean-ups"
organisiert, in denen z. B. lokale Müllsam-
melaktionen durchgeführt werden.

---

earthly ['ɜrθ·li] *adj* ❶ (*on Earth*) irdisch
❷ (*fam: possible*) möglich; **to be of no ~ use
to sb** jdm nicht im Geringsten nützen
'earthquake *n* Erdbeben *nt*
'earthshaking, 'earthshattering *adj* welter-
schütternd
'earthworm *n* Regenwurm *m*
earthy <-ier, -iest *or* more ~, most ~> ['ɜr·θi]
adj ❶ erdig ❷ (*coarse*) derb
'earwax *n* Ohrenschmalz *m*
'earwig *n* Ohrwurm *m*
ease [iz] I. *n* ❶ (*effortlessness*) Leichtigkeit *f*
❷ (*comfort*) **to be** [*or* **feel**] **at ~** sich wohl fühlen II. *vt* ❶ (*relieve*) *pain* lindern; *strain* mindern; **to ~ the tension** die Anspannung lösen;
(*fig*) die Lage entspannen ❷ (*move*) **she ~d
the lid off** sie löste den Deckel behutsam ab
III. *vi* nachlassen; *tension* sich beruhigen
◆**ease off** *vi* ❶ (*decrease*) nachlassen
❷ (*leave alone*) ■ **to ~ off on sb** jdn in Ruhe
lassen
◆**ease up** *vi* ❶ (*abate*) nachlassen ❷ (*relax*)
sich entspannen ❸ (*be less severe*) ■ **to ~ up
on sb** zu jdm weniger streng sein
easel ['i·zəl] *n* Staffelei *f*
easily ['i·zə·li] *adv* ❶ (*without difficulty*) leicht;
(*effortlessly*) mühelos; **to win ~** spielend gewinnen ❷ (*by far*) ■ **to be ~ the ...** + *superl*
bei weitem der/die/das ... sein ❸ (*probably*)
[sehr] leicht
easiness ['i·zɪ·nɪs] *n* Leichtigkeit *f;* (*effortlessness a.*) Mühelosigkeit *f; of question* Einfachheit *f*
east [ist] I. *n* ❶ (*direction*) Osten *m;* **to the ~**
nach Osten ❷ (*part of region*) ■ **the E~** der
Osten II. *adj* östlich, Ost-; **~ wind** Ostwind *m*
III. *adv* ostwärts, nach Osten; **~ of Hollywood** östlich von Hollywood
'eastbound *adj* nach Osten; **~ train** Zug *m* in
Richtung Osten
Easter ['i·stər] *n* Ostern *nt*
'Easter egg *n* Osterei *nt*
easterly ['i·stər·li] I. *adj* östlich, Ost- II. *n* Ostwind *m*
eastern ['i·stərn] *adj* ❶ *location* östlich, Ost-;
the ~ seaboard die Ostküste ❷ ■ **E~** (*Asian*)
orientalisch
easterner ['i·stər·nər] *n* Oststaatler(in) *m(f)*

easternmost ['i·stərn·moʊst] *adj* ■the ~ ... der/die/das östlichste ...
Easter 'Sunday *n* Ostersonntag *m*
Easter va'cation *npl* Osterferien *pl*
East 'Germany *n* HIST Ostdeutschland *nt*
eastward ['ist·wərd] I. *adj* östlich, nach Osten II. *adv* ostwärts, nach Osten
eastwards ['ist·wərdz] *adv see* **eastward** II.
easy <-ier, -iest *or* more ~, most ~> ['i·zi] I. *adj* ❶ (*simple*) leicht, einfach; **he is ~ to get along with** mit ihm kann man gut auskommen; ~ **money** leicht verdientes Geld; **within ~ reach** leicht erreichbar ❷ (*effortless*) leicht, mühelos; *walk* bequem ❸ (*trouble-free*) angenehm; (*comfortable*) bequem; *life* sorglos ❹ (*sl: promiscuous*) promisk; **lady of ~ virtue** leichtes Mädchen II. *adv* ❶ (*cautiously*) vorsichtig; **to go ~ on sb** nicht zu hart mit jdm umgehen ❷ (*in a relaxed manner*) |take it| ~ |now|! immer mit der Ruhe!; **to take things** |or it| ~ (*fam: for one's health*) sich schonen; (*rest*) sich *dat* keinen Stress machen III. *interj* (*fam*) locker
'easy-care *adj* pflegeleicht
'easy chair *n* Sessel *m*
easy'going *adj* (*straightforward*) unkompliziert; (*relaxed*) gelassen
eat <ate, eaten> [it] I. *vt* essen; *animal* fressen; **to ~ breakfast** frühstücken ▶ PHRASES: **to ~ one's heart out** sich |vor Kummer| verzehren; **what's ~ing you?** was bedrückt dich? II. *vi* essen; *animal* fressen
◆ **eat away (at)** *vt, vi* zerfressen; *river, sea* auswaschen
◆ **eat into** *vi* ■to ~ into sth ❶ (*use up*) savings, profit etw angreifen ❷ (*corrode*) etw angreifen ❸ (*dig into*) sich in etw *akk* hineinfressen
◆ **eat out** *vi* auswärts essen, essen gehen
◆ **eat up** I. *vt* ❶ (*finish*) aufessen; *animal* auffressen ❷ (*consume*) money, resources verschlingen II. *vi* aufessen; *animals* auffressen
eaten ['i·t̬ən] *pp of* **eat**
eater ['i·t̬ər] *n* Esser(in) *m(f)*; (*animal*) Fresser
eatery ['i·t̬ə·ri] *n* (*fam*) Esslokal *nt*
eating ['i·t̬ɪŋ] I. *n* das Essen II. *adj* Ess-
'eating disorder *n* Essstörung *f*
eau de cologne [ˌoʊ·də·kə·'loʊn] *n* Kölnischwasser *nt*
eaves [ivz] *npl* Dachvorsprung *m*
eavesdrop <-pp-> ['ivz·drap] *vi* |heimlich| lauschen; ■to ~ on sb/sth jdn/etw belauschen
eavesdropper ['ivz·drap·ər] *n* Lauscher(in) *m(f)*
ebb [eb] I. *n* ❶ Ebbe *f* ❷ (*fig*) **to be at a low ~** auf einem Tiefstand sein; *funds* knapp bei Kasse sein II. *vi* ❶ *tide* zurückgehen ❷ (*fig: lessen*) schwinden
ebony ['eb·ə·ni] *n* Ebenholz *nt*
EC [ˌi·'si] *n* HIST *abbrev of* **European Community:** ■the ~ die EG
eccentric [ɪk·'sen·trɪk] I. *n* Exzentri-

ker(in) *m(f)* II. *adj* exzentrisch; *clothes* ausgefallen
eccentricity [ˌek·sen·'trɪs·ə·ti] *n* Exzentrizität *f*
ecclesiastic [ɪˌkli·zɪ·'æs·tɪk] (*form*) I. *n* Geistliche(r) *m* II. *adj inv* kirchlich, geistlich
ECG [ˌi·si·'dʒi] *n abbrev of* **electrocardiogram** EKG *nt*
echelon ['eʃ·ə·lan] *n* Rang *m*
echo ['ek·oʊ] I. *n* <*pl* -es> ❶ Echo *nt* ❷ (*fig*) Anklang *m* (of an +*akk*) II. *vi* ❶ |wider|hallen ❷ (*fig: repeat*) wiederholen III. *vt* ❶ (*copy*) wiedergeben; (*reflect*) widerspiegeln ❷ (*resemble*) ähneln ❸ (*parrot*) wiederholen
'echo chamber *n* Hallraum *m*
eclectic [ek·'lek·tɪk] *adj* eklektisch
eclipse [ɪ·'klɪps] I. *n* ❶ Finsternis *f* ❷ (*fig: decline*) Niedergang *m* II. *vt* ❶ verfinstern ❷ (*fig: overshadow*) in den Schatten stellen
ecological [ˌi·kə·'ladʒ·ɪ·kəl] *adj* ökologisch; ~ **catastrophe** [*or* **disaster**] Umweltkatastrophe *f*
ecologically [ˌi·kə·'ladʒ·ɪk·li] *adv* ökologisch; ~ **friendly** umweltfreundlich
ecologist [i·'kal·ə·dʒɪst] *n* ❶ (*expert*) Ökologe, -in *m, f* ❷ POL Umweltbeauftragte(r) *f(m)*
ecology [i·'kal·ə·dʒi] *n* Ökologie *f*
e-commerce ['i·kam·ɜrs] *n short for* **electronic commerce** E-Commerce *m*
economic [ˌi·kə·'nam·ɪk] *adj* ❶ ökonomisch, wirtschaftlich; ~ **downturn/upturn** Konjunkturabschwächung *f*/-aufschwung *m* ❷ (*profitable*) rentabel
economical [ˌi·kə·'nam·ɪ·kəl] *adj* ❶ (*cost-effective*) wirtschaftlich, ökonomisch; *car* sparsam ❷ (*thrifty*) sparsam
economics [ˌi·kə·'nam·ɪks] *npl* ❶ + *sing vb* (*science*) Wirtschaftswissenschaft|en| *f|pl|*; (*management studies*) Betriebswirtschaft *f* ❷ (*economic aspects*) wirtschaftlicher Aspekt
economist [ɪ·'kan·ə·mɪst] *n* Wirtschaftswissenschaftler(in) *m(f)*; (*in industrial management*) Betriebswirtschaftler(in) *m(f)*
economize [ɪ·'kan·ə·maɪz] *vi* sparen (**on** an +*dat*)
economy [ɪ·'kan·ə·mi] *n* ❶ (*system*) Wirtschaft *f* ❷ (*thriftiness*) Sparsamkeit *f kein pl*; **to make economies** Einsparungen machen ❸ (*sparing use*) Ökonomie *f*
e'conomy class *n* Touristenklasse *f*
e'conomy pack, e'conomy size *n* Sparpackung *f*
ecosystem ['e·koʊˌ-] *n* Ökosystem *nt*
'ecotourism *n* Ökotourismus *m*
'ecotourist *n* Ökotourist(in) *m(f)*
'eco-warrior *n* militanter Umweltschützer/ militante Umweltschützerin
ecstasy ['ek·stə·si] *n* ❶ (*bliss*) Ekstase *f* ❷ (*drug*) ■E~ Ecstasy *f*
ecstatic [ek·'stæt̬·ɪk] *adj* ekstatisch
ecumenical [ˌek·ju·'men·ɪ·kəl] *adj* ökumenisch
eczema ['ek·sə·mə] *n* Ekzem *nt*
eddy ['ed·i] I. *vi* <-ie-> wirbeln; *water* strudeln

II. *n* Wirbel *m;* *of water* Strudel *m*
edge [edʒ] **I.** *n* ❶ (*boundary*) Rand *m* a. *fig; of lake* Ufer *nt;* **the ~ of the table** die Tischkante ❷ (*sharp side*) Kante *f;* (*blade*) Schneide *f* ❸ (*sharpness*) Schärfe *f;* **to take the ~ off sb's appetite** jdm den Appetit nehmen ❹ (*superiority*) ▪**the ~** Überlegenheit *f;* **to have the ~ over sb** jdm überlegen sein ▸ PHRASES: **to live on the ~** ein extremes Leben führen **II.** *vt* **to ~ one's way forward** sich langsam vorwärtsbewegen **III.** *vi* **to ~ forward** langsam voranrücken
edgewise ['edʒ·waɪz] *adv* **to [not] get a word in edgewise** [nicht] zu Wort kommen
edgy ['edʒ·i] *adj* (*fam*) ❶ (*fam*) nervös ❷ *playing, piece of music* supermodern
edible ['ed·ɪ·bəl] *adj* essbar, genießbar
edifice ['ed·ɪ·fɪs] *n* Gebäude *nt*
edifying ['edɪ·faɪ·ɪŋ] *adj* erbaulich
edit ['ed·ɪt] *vt* redigieren; COMPUT editieren; FILM, TV, RADIO cutten
◆**edit out** *vt* [heraus]streichen; FILM, TV, RADIO herausschneiden
edition [ɪ·'dɪ·ʃən] *n* ❶ (*issue*) Ausgabe *f* ❷ (*broadcast*) Folge *f* ❸ (*print run*) Auflage *f*
editor ['ed·ɪ·tər] *n* ❶ (*of publication*) Herausgeber(in) *m(f)* ❷ (*of press department*) Redakteur(in) *m(f)* ❸ FILM Cutter(in) *m(f)*
editorial [ˌed·ə·'tɔr·i·əl] **I.** *n* Leitartikel *m* **II.** *adj* Redaktions-, redaktionell; **~ staff** Redaktion *f*
editor in chief [ˌed·ɪ·tər·ɪn·'tʃiːf] *n* (*of newspaper*) Chefredakteur(in) *m(f);* (*at publishing house*) Herausgeber(in) *m(f)*
educate ['edʒ·ə·keɪt] *vt* ❶ (*teach*) unterrichten; (*train*) ausbilden ❷ (*enlighten*) aufklären
educated ['edʒ·ə·keɪ·tɪd] *adj* gebildet; **to be Harvard-~** in Harvard studiert haben
education [ˌedʒ·ʊ·'keɪ·ʃən] *n* ❶ (*teaching*) Bildung *f;* (*training*) Ausbildung *f* ❷ (*system*) Erziehungswesen *nt*
educational [ˌedʒ·ʊ·'keɪ·ʃə·nəl] *adj* ❶ Bildungs-, pädagogisch; **~ qualifications** schulische Qualifikationen ❷ (*enlightening*) lehrreich
education(al) 'theorist *n* Erziehungswissenschaftler(in) *m(f)*
educator ['edʒ·ə·keɪ·tər] *n* Erzieher(in) *m(f)*
eel [il] *n* Aal *m*
eerie <-r, -st> ['ɪr·i] *adj* unheimlich
effect [ɪ·'fekt] **I.** *n* ❶ (*consequence*) Auswirkung *f* ([up]on auf +*akk*), Folge *f* ([up]on für +*akk*) ❷ (*influence*) Einfluss *m* (on auf +*akk*) ❸ (*force*) **to come into** [*or* **take**] **~** in Kraft treten ❹ (*result*) Wirkung *f;* (*success*) Erfolg *m;* **in ~** eigentlich ❺ (*summarizing*) **to say something to the ~ that ...** sinngemäß sagen, dass ... ❻ FILM, THEAT, TV ▪**~s** *pl* Effekte *pl* **II.** *vt* bewirken
effective [ɪ·'fek·tɪv] *adj* ❶ (*competent*) fähig ❷ (*efficacious*) wirksam, effektiv; (*successful*) erfolgreich ❸ (*in effect*) **~ January 1** mit Wirkung vom 1. Januar ❹ (*real*) tatsächlich, wirk-

lich
effectively [ɪ·'fek·tɪv·li] *adv* ❶ (*efficaciously*) wirksam, effektiv; (*successfully*) erfolgreich ❷ (*basically*) eigentlich
effectiveness [ɪ·'fek·tɪv·nəs] *n* Wirksamkeit *f,* Effektivität *f*
effeminate [ɪ·'fem·ə·nɪt] *adj* unmännlich
effervescence [ˌef·ər·'ves·əns] *n* Sprudeln *nt*
effervescent [ˌef·ər·'ves·ənt] *adj* sprudelnd a. *fig*
efficiency [ɪ·'fɪʃ·ən·si] *n* Leistungsfähigkeit *f;* *of person* Tüchtigkeit *f;* (*of machine*) Wirkungsgrad *m*
efficient [ɪ·'fɪʃ·ənt] *adj* ❶ (*productive*) leistungsfähig; *person* fähig, tüchtig ❷ (*economical*) wirtschaftlich
effigy ['ef·ɪ·dʒi] *n* Bild[nis] *nt*
effluent ['ef·lu·ənt] *n* Abwasser *nt*
effort ['ef·ərt] *n* Mühe *f,* Anstrengung *f;* **to make an ~** (*physically*) sich anstrengen; (*mentally*) sich bemühen; **a poor ~** eine schwache Leistung
effortless ['ef·ərt·lɪs] *adj* mühelos; *grace* natürlich
effusive [ɪ·'fju·sɪv] *adj* überschwänglich
EFL [ˌi·ef·'el] *n* *abbrev of* **English as a Foreign Language** Englisch *nt* als Fremdsprache
e.g. [ˌi·'dʒi] *abbrev of* **exempli gratia** (**Latin: for the sake of example**) z. B.
egalitarian [ɪˌgæl·ɪ·'ter·i·ən] **I.** *n* Verfechter(in) *m(f)* des Egalitarismus **II.** *adj* egalitär
e-generation [i·ˌdʒen·ə·'reɪ·ʃən] *n* Internetgeneration *f*
egg [eg] **I.** *n* ❶ Ei *nt* ❷ (*cell*) Eizelle *f* ▸ PHRASES: **to put all one's ~s in one basket** alles auf eine Karte setzen **II.** *vt* ▪**to ~ on** ○ sb jdn anstacheln
'egg cell *n* Eizelle *f*
'egghead *n* (*fam*) Eierkopf *m*
'eggplant *n* Aubergine *f*
'eggshell *n* Eierschale *f*
'egg timer *n* Eieruhr *f*
'egg white *n* Eiweiß *nt*
'egg yolk *n* Eigelb *nt*
ego ['i·goʊ] *n* Ego *nt*
egocentric [ˌi·goʊ·'sen·trɪk] *adj* egozentrisch
egoism ['i·goʊ·ɪz·əm] *n* Egoismus *m*
egoist ['i·goʊ·ɪst] *n* Egoist(in) *m(f)*
egoistic [ˌi·goʊ·'ɪs·tɪk] *adj* egoistisch
egotism ['i·goʊ·tɪz·əm] *n* Egotismus *m*
egotist ['i·goʊ·tɪst] *n* Egotist(in) *m(f)*
egotistic [ˌi·goʊ·'tɪs·tɪk] *adj* egoistisch
'ego trip *n* Egotrip *m*
Egypt ['i·dʒɪpt] *n* Ägypten *nt*
Egyptian [ɪ·'dʒɪp·ʃən] **I.** *n* Ägypter(in) *m(f)* **II.** *adj* ägyptisch
eh [eɪ] *interj* ▪**~?** (*expressing confusion*) was?, hä?; (*inviting response to statement*) nicht [wahr]?
eiderdown ['aɪ·dər·daʊn] *n* [Eider]daunen *pl*
eight [eɪt] **I.** *adj* acht; **~ times three is 24** acht mal drei ist 24; **the score is ~ to three** es steht acht zu drei; **there are ~ of us** wir sind

[zu] acht; **in packs of ~** in einer Achterpackung; **~ times** achtmal; **a family of ~** eine achtköpfige Familie; **~ and a quarter/half** achteinviertel/achteinhalb; **one in ~ [people]** jeder Achte; **at the age of ~** mit acht Jahren; **at ~ [o'clock]** um acht [Uhr]; **[at] about** [*or* **around**] **~ [o'clock]** gegen acht [Uhr]; **half past ~** halb neun; **at ~ thirty** um halb neun, um acht Uhr dreißig *gesprochen,* um 8.30 Uhr *geschrieben;* **at ~ twenty/forty-five** um zwanzig nach acht [*o* acht Uhr zwanzig]/Viertel vor neun [*o* drei viertel neun] **II.** *n* ❶ Acht *f;* **a figure ~** eine Acht ❷ CARDS Acht *f;* **~ of clubs** Kreuzacht *f*

eighteen [ˌeɪ·ˈtin] **I.** *adj* ❶ achtzehn; **there are ~ of us** wir sind achtzehn ❷ (*time*) **~ hundred hours** *spoken* achtzehn Uhr; **1800 hrs.** *written* 18:00 **II.** *n* Achtzehn *f; see also* **eight**

eighteenth [ˌeɪ·ˈtinθ] **I.** *adj* achtzehnte(r, s) **II.** *n* ■ **the ~** der/die/das Achtzehnte

eighth [eɪtθ] **I.** *adj* achte(r, s); **the ~ person** der/die Achte; **every ~ person** jeder Achte; **in ~ place** an achter Stelle; **the ~ largest ...** der/die/das achtgrößte ... **II.** *n* ❶ (*order*) ■ **the ~** der/die/das Achte; **~ [in line]** als Achter an der Reihe; **to be/finish ~ [in a race]** [bei einem Rennen] Achter sein/werden ❷ (*date*) ■ **the ~ [of the month]** *spoken* der Achte [des Monats]; ■ **the 8th [of the month]** *written* der 8. [des Monats]; **on February ~** [*or* **the ~ of February**] am achten Februar ❸ (*in titles*) **Henry the E~** *spoken* Heinrich der Achte; **Henry VIII** *written* Heinrich VIII. ❹ (*fraction*) Achtel *nt*

'eighth note *n* MUS Achtelnote *f*

'eight-hour *adj* achtstündig; **~ day** Achtstundentag *m*

eightieth [ˈeɪ·t̬i·əθ] **I.** *adj* achtzigste(r, s) **II.** *n* ❶ (*order*) ■ **the ~** der/die/das Achtzigste ❷ (*fraction*) achtzigstel *nt; see also* **eighth**

eighty [ˈeɪ·t̬i] **I.** *adj* achtzig; *see also* **eight II.** *n* ❶ Achtzig *f* ❷ (*age*) **in one's eighties** in den Achtzigern; **to be in one's early/mid-/late eighties** Anfang/Mitte/Ende achtzig sein ❸ (*decade*) ■ **the eighties** [*or written:* **80's**] *pl* die achtziger [*o* 80er] Jahre

Eire [ˈerə] *n* Eire *nt,* Irland *nt*

either [ˈi·ðər] **I.** *conj* **~ ... or ...** entweder ... oder ... **II.** *adv* ❶ + *neg* (*as well*) **she doesn't/hasn't ~** sie auch nicht ❷ + *neg* (*moreover*) **it's really good and not very expensive ~** es ist wirklich gut – und nicht einmal sehr teuer **III.** *adj* ❶ (*each of two*) **on ~ side** auf beiden Seiten ❷ (*one of two*) eine(r, s) [von beiden]; **~ way** so oder so **IV.** *pron* **~ of you** eine(r) von euch beiden

ejaculate [ɪ·ˈdʒæk·jʊ·leɪt] *vi, vt* ejakulieren

ejaculation [ɪ·ˌdʒæk·jʊ·ˈleɪ·ʃən] *n* Ejakulation *f*

eject [ɪ·ˈdʒekt] **I.** *vt* *person* hinauswerfen (**from, out of** aus +*dat*); *thing* auswerfen **II.** *vi* AVIAT den Schleudersitz betätigen

e'jector seat *n* Schleudersitz *m*

elaborate [ɪ·ˈlæb·ər·ət] **I.** *adj* *design* kompliziert; *decorations* kunstvoll [gearbeitet]; *writing* ausgefeilt; *banquet* üppig; *plan* ausgeklügelt **II.** *vi* ins Detail gehen; ■ **to ~ on sth** etw näher ausführen

elaboration [ɪ·ˌlæb·ə·ˈreɪ·ʃən] *n* ❶ *of style* Ausfeilung *f; of plan* Ausarbeitung *f* ❷ (*explanation*) [nähere] Ausführung

elapse [ɪ·ˈlæps] *vi* vergehen

elastic [ɪ·ˈlæs·tɪk] **I.** *adj* elastisch **II.** *n* elastisches Material, Gummi *m*

elastic 'band *n see* **rubber band**

elasticity [ˌe·læ·ˈstɪs·ə·ti] *n* Elastizität *f a. fig*

elated [ɪ·ˈleɪ·t̬ɪd] *adj* **to be ~ about** [*or* **at**] [*or* **by**] **sth** über etw *akk* hocherfreut sein

elation [ɪ·ˈleɪ·ʃən] *n* Hochstimmung *f*

elbow [ˈel·boʊ] **I.** *n* ❶ Ellbogen *m* ❷ (*fig: in pipe, river*) Knie *nt* **II.** *vt* **she ~ed him in the ribs** sie stieß ihm den Ellbogen in die Rippen; **to ~ sb out** jdn hinausdrängeln

'elbow grease *n* Muskelkraft *f*

'elbow room *n* ❶ Ellbogenfreiheit *f* ❷ (*fig*) Bewegungsfreiheit *f*

elder¹ [ˈel·dər] **I.** *n* Ältere(r) *f(m);* **church/village ~** Kirchen-/Dorfälteste(r) *f(m)* **II.** *adj* ältere(r, s); *statesman* erfahren

elder² [ˈel·dər] *n* BOT Holunder *m*

elderly [ˈel·dər·li] **I.** *adj* ältere(r, s), ältlich **II.** *n* ■ **the ~** *pl* ältere Menschen

eldest [ˈel·dɪst] **I.** *adj* älteste(r, s) **II.** *n* ■ **the ~** der/die Älteste

elect [ɪ·ˈlekt] **I.** *vt* ❶ (*vote*) wählen (**to** in +*akk*); **to ~ sb as chairman** jdn zum Vorsitzenden wählen ❷ (*opt for*) ■ **to ~ to do sth** sich [dafür] entscheiden, etw zu tun **II.** *adj* **the president-~** der designierte Präsident

election [ɪ·ˈlek·ʃən] *n* Wahl *f*

e'lection booth *n* Wahlkabine *f*

e'lection campaign *n* Wahlkampf *m*

E'lection Day *n* Wahltag *m*

electioneering [ɪ·ˌlek·ʃə·ˈnɪr·ɪŋ] *n* Wahlpropaganda *f*

e'lection official *n* POL Wahlleiter(in) *m(f)*

e'lection platform *n* Wahlprogramm *nt*

e'lection returns *npl* Wahlergebnisse *pl*

e'lection speech *n* Wahlrede *f*

elective [ɪ·ˈlek·tɪv] **I.** *adj* Wahl- **II.** *n* SCH, UNIV Wahlfach *nt*

elector [ɪ·ˈlek·tər] *n* Wähler(in) *m(f)*

electoral [ɪ·ˈlek·tər·əl] *adj* Wahl-

electoral 'college *n* ❶ (*electors of a leader*) Wahlausschuss *m* ❷ (*of US president*) Wahlmännergremium *nt*

electorate [ɪ·ˈlek·tər·ət] *n* Wählerschaft *f*

electric [ɪ·ˈlek·trɪk] *adj* ❶ (*powered*) elektrisch; **~ motor** Elektromotor *m* ❷ (*live*) Strom- ❸ (*fig: exciting*) elektrisierend; *atmosphere* spannungsgeladen; *performance* mitreißend

electrical [ɪ·ˈlek·trɪ·kəl] *adj* elektrisch

electrician [ɪ·ˌlek·ˈtrɪʃ·ən] *n* Elektriker(in) *m(f)*

electricity [ɪ·ˌlek·ˈtrɪs·ə·ti] *n* Elektrizität *f,* [elektrischer] Strom; **heated by ~** elektrisch beheizt

electrify [ɪ·'lek·trɪ·faɪ] *vt* ❶ TECH elektrifizieren ❷ (*fig*) elektrisieren

electrocute [ɪ·'lek·trə·kjut] *vt* ❶ (*accidentally*) durch einen Stromschlag töten ❷ (*execute*) auf dem elektrischen Stuhl hinrichten

electrocution [ɪ·ˌlek·trə·'kju·ʃən] *n* ❶ (*accidentally*) Tötung *f* durch Stromschlag ❷ LAW Hinrichtung *f* durch den elektrischen Stuhl

electrode [ɪ·'lek·troʊd] *n* Elektrode *f*

electrolysis [ɪ·ˌlek·'tral·ə·sɪs] *n* Elektrolyse *f*

electro'magnet *n* Elektromagnet *m*

electromag'netic *adj* elektromagnetisch

electron [ɪ·'lek·tran] *n* Elektron *nt*

electronic [ɪ·ˌlek·'tran·ɪk] *adj* elektronisch

electronics [ɪ·ˌlek·'tran·ɪks] *n* ❶ + *sing vb* (*technology*) Elektronik *f kein pl* ❷ + *pl vb* (*parts*) Elektronik *f*

electroplate [ɪ·'lek·troʊ·pleɪt] *vt* galvanisieren; *cutlery* versilbern

elegance ['el·ɪ·gəns] *n* Eleganz *f*

elegant ['el·ɪ·gənt] *adj* elegant

elegy ['el·ə·dʒi] *n* Elegie *f*

element ['el·ə·mənt] *n* Element *nt;* **the criminal ~** die Kriminellen *pl*

elemental [ˌel·ə·'men·təl] *adj* (*liter*) elementar

elementary [ˌel·ə·'men·tə·ri] *adj* elementar; *mistake* grob

ele'mentary school *n* Grundschule *f*

elephant ['el·ə·fənt] *n* Elefant *m*

elephantine [ˌel·ɪ·'fæn·taɪn] *adj* massig

elevate ['el·ə·veɪt] *vt* ❶ (*lift*) [empor]heben; (*raise*) erhöhen ❷ (*fig*) erheben

elevated ['el·ə·veɪ·t̬ɪd] *adj* ❶ (*raised*) erhöht, höher liegend ❷ (*important*) gehoben

elevation [ˌel·ɪ·'veɪ·ʃən] *n* ❶ (*raised area*) [Boden]erhebung *f* ❷ (*promotion*) Beförderung *f*

elevator ['el·ə·veɪ·t̬ər] *n* Aufzug *m,* Lift *m*

eleven [ɪ·'lev·ən] I. *adj* elf II. *n* Elf *f; see also* **eight**

eleventh [ɪ·'lev·ənθ] I. *adj* elfte(r, s) II. *n* ❶ **the ~** der/die/das Elfte ❷ (*fraction*) Elftel *nt; see also* **eighth**

elf <*pl* elves> [elf] *n* Elf *m,* Elfe *f*

elicit [ɪ·'lɪs·ɪt] *vt* ❶ (*obtain*) ■**to ~ sth from sb** jdm etw entlocken ❷ (*provoke*) hervorrufen

eligibility [ˌel·ɪ·dʒə·'bɪl·ə·ti] *n* ❶ (*for job*) Eignung *f;* (*suitability*) Qualifikation *f* ❷ (*entitlement*) Berechtigung *f*

eligible ['el·ɪ·dʒə·bəl] *adj* ❶ (*qualified*) ■**to be ~** in Frage kommen; ■**to be ~ for** [*or* to] **sth** für etw *akk* qualifiziert sein ❷ (*entitled*) ■**to be ~ for** [*or* to] **sth** zu etw *dat* berechtigt sein ❸ (*desirable*) begehrt

eliminate [ɪ·'lɪm·ɪ·neɪt] *vt* ❶ (*remove*) beseitigen; (*euph sl: murder*) eliminieren ❷ (*exclude*) ausschließen ❸ SPORTS ■**to be ~d** ausscheiden; ■**to be ~d by sb** gegen jdn ausscheiden

elimination [ɪ·ˌlɪm·ɪ·'neɪ·ʃən] *n* Beseitigung *f;* **process of ~** Ausleseverfahren *nt*

elite [ɪ·'lit] I. *n* Elite *f* II. *adj* Elite-

elitism [ɪ·'li·tɪz·əm] *n* Elitedenken *nt*

elitist [ɪ·'li·tɪst] *adj* elitär

elk <*pl - or -*s> [elk] *n* Wapitihirsch *m*

ellipse [ɪ·'lɪps] *n* Ellipse *f*

elliptic(al) [ɪ·'lɪp·tɪ·k(əl)] *adj* elliptisch

elm [elm] *n* Ulme *f*

elocution [ˌel·ə·'kju·ʃən] *n* Sprechtechnik *f*

elongate [ɪ·'laŋ·geɪt] I. *vt* strecken II. *vi* länger werden

elope [ɪ·'loʊp] *vi* durchbrennen *fam*

elopement [ɪ·'loʊp·mənt] *n* Durchbrennen *nt fam*

eloquent ['el·ə·kwənt] *adj* sprachgewandt

else [els] *adv* ❶ (*other*) **I didn't tell anybody ~** ich habe es niemand anders erzählt; **anyone ~ would have left** jeder andere wäre gegangen; **anywhere ~** irgendwo anders; **she doesn't want to live anywhere ~** sie will nirgendwo anders leben; **everybody ~** alle anderen; **everything ~** alles andere; **everywhere ~** überall sonst; **nobody/nothing ~** niemand/nichts anders; **someone ~** jemand anders; **something ~** etwas anderes; **somewhere ~** woanders; **how/what/where/who/why ~ ...?** wie/was/wo/wer/warum sonst ...? ❷ (*additional*) sonst noch; **I don't want anyone ~ to come but you** ich will, dass außer dir [sonst] keiner kommt; **there's nothing ~ for me to do here** es gibt hier nichts mehr für mich zu tun; **nobody/nothing ~** sonst niemand/nichts; **someone/something ~** sonst noch jemand/etwas; **somewhere ~** noch woanders ❸ (*otherwise*) sonst; **or ~!** (*fam*) sonst gibt's was!

elsewhere ['els·wer] *adv* woanders

elucidate [ɪ·'lus·ɪ·deɪt] I. *vt* erklären II. *vi* sich *akk* [auf]klären

elude [ɪ·'lud] *vt* ❶ ■**to ~ sb** jdm entkommen ❷ (*fig*) ■**to ~ sb/sth** sich jdm/etw entziehen

elusive [ɪ·'lu·sɪv] *adj* ❶ (*evasive*) ausweichend ❷ (*hard to find*) schwer zu fassen

elves [elvz] *n pl of* **elf**

emaciated [ɪ·'meɪ·ʃi·eɪ·t̬ɪd] *adj* [stark] abgemagert

e-mail ['i·meɪl] I. *n abbrev of* **electronic mail** E-Mail *f* II. *vt* [e-]mailen

emanate ['em·ə·neɪt] I. *vi heat, light* ausstrahlen; *odor* ausgehen; *documents* stammen II. *vt* ausstrahlen; *confidence* verströmen

emancipated [ɪ·'mæn·sə·peɪt·ɪd] *adj* ❶ SOCIOL emanzipiert ❷ POL frei[gelassen]

emancipation [ɪ·ˌmæn·sɪ·'peɪ·ʃən] *n* ❶ SOCIOL Emanzipation *f* ❷ POL Befreiung *f*

embalm [em·'bam] *vt* [ein]balsamieren

embankment [em·'bæŋk·mənt] *n* Damm *m; of road* [Straßen]damm *m,* Böschung *f; of river* Uferdamm *m*

embargo [em·'bar·goʊ] I. *n* <*pl -*es> Embargo *nt* II. *vt* ■**to ~ sth** über etw *akk* ein Embargo verhängen

embark [em·'bark] *vi* ❶ (*board*) sich einschiffen ❷ (*begin*) ■**to ~ [up]on sth** etw in Angriff nehmen

embarrass [em·'bær·əs] *vt* in Verlegenheit

bringen

embarrassed [em·'bær·əst] *adj* verlegen; **to feel ~** verlegen sein

embarrassing [em·'bær·əsɪŋ] *adj* peinlich; *generosity* beschämend

embarrassment [em·'bær·əs·ment] *n* (*instance*) Peinlichkeit *f;* (*feeling*) Verlegenheit *f;* ■ **to be an ~** |to sb| [jdm] peinlich sein; **to cause sb ~** jdn verlegen machen

embassy ['em·bə·si] *n* Botschaft *f*

embed <-dd-> [em·'bed] *vt* einlassen; (*fig*) verankern

embellish [em·'bel·ɪʃ] *vt* ❶ (*decorate*) schmücken ❷ (*fig*) *story* ausschmücken; *truth* beschönigen

embers ['em·bərz] *npl* Glut *f*

embezzle [ɪm·'bez·əl] *vt* unterschlagen

embezzlement [ɪm·'bez·əl·mənt] *n* Unterschlagung *f*

embezzler [em·'bez·lər] *n* Veruntreuer(in) *m(f)*

embitter [em·'bɪt·ər] *vt* verbittern

emblem ['em·bləm] *n* Emblem *nt*

embodiment [em·'bad·ɪ·mənt] *n* Verkörperung *f;* **the ~ of virtue** die Tugend selbst

embody [em·'bad·i] *vt* ❶ (*show*) zum Ausdruck bringen ❷ (*be incarnation of*) verkörpern

emboss [em·'bas] *vt* prägen

embrace [em·'breɪs] **I.** *vt* ❶ umarmen ❷ (*fig*) [bereitwillig] übernehmen; *idea* aufgreifen **II.** *n* Umarmung *f*

embroider [em·'brɔɪ·dər] *vt, vi* sticken; *cloth* besticken; (*fig*) *story* ausschmücken

embroidery [em·'brɔɪ·də·ri] *n* ❶ Stickerei *f* ❷ (*fig*) Ausschmückungen *pl*

embroil [ɪm·'brɔɪl] *vt* verwickeln

embryo ['em·bri·oʊ] *n* Embryo *m o* ÖSTERR *a. nt*

embryonic [ˌem·brɪ·'an·ɪk] *adj* embryonal; (*fig*) unentwickelt

emcee [em·'si] *n* (*fam*) Conférencier *m;* TV Showmaster *m*

emerald ['em·ər·əld] *n* Smaragd *m*

emerge [ɪ·'mɜrdʒ] *vi* ❶ (*come out*) herauskommen (**from** aus +*dat*); ■ **to ~ from behind sth** hinter etw *dat* hervorkommen ❷ (*surface*) auftauchen (**from** aus +*dat*) ❸ (*fig:* become known*) sich herausstellen; *truth* an den Tag kommen

emergence [ɪ·'mɜr·dʒəns] *n* Auftauchen *nt* (**from** aus +*dat*); *of circumstances* Auftreten *nt; of country* Entstehung *f; of facts* Bekanntwerden *nt; of ideas, trends* Aufkommen *nt*

emergency [ɪ·'mɜr·dʒən·si] **I.** *n* ❶ Notfall *m* ❷ POL Notstand *m;* **state of ~** Ausnahmezustand *m* ❸ (*emergency room*) Notaufnahme *f* **II.** *adj* Not-; **~ measures** Krisenmaßnahmen

e'mergency brake *n* Notbremse *f*

e'mergency room, ER *n* Notaufnahme *f,* Unfallstation *f*

emergent [ɪ·'mɜr·dʒənt] *adj* aufstrebend

'**emery board** *n* Nagelfeile *f*

'**emery paper** *n* Schmirgelpapier *nt*

emetic [ɪ·'met̬·ɪk] *n* Brechmittel *nt*

emigrant ['em·ɪ·grənt] *n* Auswanderer, -in *m, f;* (*esp political*) Emigrant(in) *m(f)*

emigrate ['em·ɪ·greɪt] *vi* auswandern; (*esp political*) emigrieren

emigration [ˌem·ɪ·'greɪ·ʃən] *n* Auswanderung *f;* (*esp political*) Emigration *f*

eminence ['em·ɪ·nəns] *n* hohes Ansehen

eminent ['em·ɪ·nənt] *adj* [hoch] angesehen

eminently ['em·ɪ·nənt·li] *adv* überaus

emissary ['em·ɪ·ser·i] *n* Emissär(in) *m(f)*

emission [ɪ·'mɪʃ·ən] *n* Emission *f,* Abgabe *f; of gas, liquid, odor* Ausströmen *nt; of heat, light* Ausstrahlen *nt; of sparks* Versprühen *nt; of steam* Ablassen *nt*

emit <-tt-> [ɪ·'mɪt] *vt* abgeben; *fumes, smoke, cry* ausstoßen; *gas, odor* verströmen; *heat, radiation, sound* abgeben; *liquid* absondern; *rays* aussenden; *sparks* [ver]sprühen; *steam* ablassen

emoticon [ɪ·'moʊ·tɪ·kan] *n* INET Emoticon *nt*

emotion [ɪ·'moʊ·ʃən] *n* Gefühl *nt*

emotional [ɪ·'moʊ·ʃə·nəl] *adj* ❶ emotional; *decision* gefühlsmäßig; *experience* erregend; *reception* herzlich; *speech* gefühlsbetont; *voice* gefühlvoll ❷ PSYCH *development* seelisch; *blackmail* psychologisch; *person* leicht erregbar

emotionless [ɪ·'moʊ·ʃən·lɪs] *adj* emotionslos; *face* ausdruckslos; *voice* gleichgültig

emotive [ɪ·'moʊ·t̬ɪv] *adj* emotional; **~ term** Reizwort *nt*

empathy ['em·pə·θi] *n* Empathie *f*

emperor ['em·pər·ər] *n* Kaiser *m*

emphasis <*pl* -ses> ['em·fə·sɪs] *n* Betonung *f*

emphasize ['em·fə·saɪz] *vt* betonen

emphatic [em·'fæt̬·ɪk] *adj* nachdrücklich; *denial* entschieden; *victory* deutlich

empire ['em·paɪr] *n* Imperium *nt a. fig*

empirical [em·'pɪr·ɪ·kəl] *adj* erfahrungsmäßig

employ [em·'plɔɪ] *vt* ❶ *worker* beschäftigen; (*staff*) einstellen ❷ (*fig: use*) anwenden; *means* einsetzen

employee ['em·plɔɪ·'i] *n* Angestellte(r) *f(m);* (*vs employer*) Arbeitnehmer(in) *m(f);* ■ **~s** *pl* (*in company*) Belegschaft *f*

employer [em·'plɔɪ·ər] *n* Arbeitgeber(in) *m(f)*

employment [em·'plɔɪ·mənt] *n* ❶ (*having work*) Beschäftigung *f;* (*taking on*) Anstellung *f;* **in ~** erwerbstätig ❷ (*profession*) Beruf *m* ❸ (*fig: use*) of skill Anwendung *f; of means* Einsatz *m; of concept* Verwendung *f*

em'ployment agency *n* Stellenvermittlung *f*

empower [em·'paʊ·ər] *vt* ❶ (*strengthen*) [mental] stärken ❷ (*enable*) befähigen; (*authorize*) ermächtigen

empowerment [em·'paʊ·ər·mənt] *n* Bevollmächtigung *f;* (*strengthening*) Stärkung *f*

empress <*pl* -es> ['em·prɪs] *n* Kaiserin *f*

emptiness ['emp·tɪ·nɪs] *n* Leere *f*

empty ['emp·ti] **I.** *adj* leer *a. fig; house* leer ste-

hend; *seat* frei; *stomach* nüchtern **II.** *vt* <-ie->
[ent]leeren; (*pour*) schütten; *bottle* ausleeren
III. *vi* <-ie-> sich leeren **IV.** *n* ■**empties** *pl*
Leergut *nt*

◆**empty out I.** *vt* ausleeren, ausschütten (**into**
in +*akk*) **II.** *vi* sich leeren
empty-'handed *adj* mit leeren Händen *nach n*
empty-'headed *adj* hohlköpfig
emu <*pl - or* -s> ['i·mju] *n* Emu *m*
emulate ['em·ju·leɪt] *vt* nacheifern +*dat*
emulation [ˌem·ju·'leɪ·ʃən] *n* Nacheifern *nt*;
COMPUT Emulation *f*
emulsifier [ɪ·'mʌl·sɪ·faɪ·ər] *n* Emulgator *m*
emulsion [ɪ·'mʌl·ʃən] *n* ❶ (*mixture*) Emulsion *f* ❷ PHOT (*coating*) Fotoemulsion *f*
enable [ɪ·'neɪ·bəl] *vt* ❶ ■**to ~ sb to do sth**
jdm ermöglichen, etw zu tun ❷ COMPUT aktivieren
enact [ɪ·'nækt] *vt* ❶ LAW erlassen ❷ (*perform*)
ausführen ❸ THEAT *part* spielen; *play* aufführen
enamel [ɪ·'næm·əl] **I.** *n* ❶ (*substance*)
Email *nt*; (*paint*) Emaillelack *m* ❷ (*dental*)
Zahnschmelz *m* **II.** *vt* <-l- *or* -ll-> emaillieren
enamored [ɪ·'næm·ərd] *adj* begeistert (**of**,
with von +*dat*)
encampment [en·'kæmp·mənt] *n* Lager *nt*
encapsulate [ɪn·'kæp·sə·leɪt] *vt* ❶ ummanteln
❷ (*fig*) zusammenfassen
encase [en·'keɪs] *vt* ■**to be ~d** ummantelt
sein; *waste* eingeschlossen sein
encephalitis [en·ˌsef·ə·'laɪ·t̮ɪs] *n* Gehirnent-
zündung *f*
enchant [en·'tʃænt] *vt* (*delight*) entzücken;
(*bewitch*) verzaubern
enchanting [en·'tʃæn·t̮ɪŋ] *adj* (*delightful*) bezaubernd; (*bewitching*) entzückend
encipher [en·'saɪ·fər] *vt* chiffrieren
encircle [en·'sɜr·kəl] *vt* umgeben; MIL einkes-
seln, umzingeln
encl. *adj*, *n* abbrev of **enclosed, enclosure**
Anl.
enclose [en·'kloʊz] *vt* ❶ (*surround*) umgeben;
(*shut in*) einschließen ❷ *mail* beilegen
enclosure [en·'kloʊ·ʒər] *n* ❶ (*area*) einge-
zäuntes Grundstück; (*for animals*) Gehege *nt*
❷ (*item*) Anlage *f*
encode [en·'koʊd] *vt* kodieren
encompass [en·'kʌm·pəs] *vt* umfassen
encore ['ɑn·kɔr] *n* Zugabe *f*
encounter [en·'kaʊn·tər] **I.** *vt* ❶ (*experience*)
stoßen (auf +*akk*) ❷ (*meet*) [unerwartet] treffen **II.** *n* Begegnung *f*; MIL Zusammenstoß *m*
encourage [en·'kɜr·ɪdʒ] *vt* ❶ (*give courage*)
zusprechen +*dat*; (*give confidence*) ermutigen; (*give hope*) unterstützen ❷ (*urge*) ■**to ~
sb to do sth** jdn [dazu] ermuntern, etw zu tun;
(*advise*) jdm [dazu] raten, etw zu tun ❸ (*promote*) fördern
encouragement [en·'kɜr·ɪdʒ·mənt] *n* (*incitement*) Ermutigung *f*; (*urging*) Ermunterung *f*;
SPORTS Anfeuerung *f*; (*support*) Unterstützung *f*; **to give sb ~** jdn ermutigen
encouraging [en·'kɜr·ɪdʒ·ɪŋ] *adj* ermutigend

encroach [en·'kroʊtʃ] *vi* ■**to ~ [up]on sb** zu
jdm vordringen; ■**to ~ [up]on sth** in etw *akk*
eindringen
encryption [ɪn·'krɪp·ʃən] *n* Verschlüsselung *f*
encumber [en·'kʌm·bər] *vt* ■**to be ~ed with
sth** (*burdened*) mit etw *dat* belastet sein;
(*impeded*) durch etw *akk* behindert sein
encyclopedia [en·ˌsaɪ·klə·'pi·di·ə] *n* Lexikon *nt*
encyclopedic [en·ˌsaɪ·klə·'pi·dɪk] *adj* universal
end [end] **I.** *n* ❶ Ende *nt*; (*completion*)
Schluss *m*; **until the ~** bis zuletzt; **for hours
on ~** stundenlang; **at the ~ of one's patience**
mit seiner Geduld am Ende; **no ~ of trouble**
reichlich Ärger; **~ to ~** der Länge nach; **on ~**
hochkant ❷ *usu pl* (*aims*) Ziel *nt*; (*purpose*)
Zweck *m* ❸ SPORTS [Spielfeld]hälfte *f* ▶ PHRASES:
to become an ~ in itself [zum] Selbstzweck
werden; **at the ~ of the day** [*or* **in the ~**] (*all
considered*) letzten Endes; (*finally*) schließlich; **to go off the deep ~** hochgehen; **to
make ~s meet** mit seinem Geld zurechtkommen; **~ of story** [und] Schluss; **to throw sb in
at the deep ~** jdn ins kalte Wasser werfen
II. *vt* beenden **III.** *vi* enden; **to ~ in a tie** unentschieden ausgehen

◆**end up** *vi* ❶ (*in a place*) landen; **to ~ up in
prison** [schließlich] im Gefängnis landen ❷ (*in
a situation*) enden; ■**to ~ up doing sth**
schließlich etw tun; **to ~ up teaching** schließlich Lehrer/Lehrerin werden
endanger [en·'deɪn·dʒər] *vt* gefährden; **an
~ed species** eine vom Aussterben bedrohte
Art
endear [en·'dɪr] *vt* ■**to ~ oneself to sb** sich
bei jdm beliebt machen
endearing [en·'dɪr·ɪŋ] *adj* lieb[enswert]; *smile*
gewinnend
endeavor [en·'dev·ər] **I.** *vi* sich bemühen **II.** *n*
Bemühung *f*
endemic [en·'dem·ɪk] *adj* endemisch
ending ['en·dɪŋ] *n* ❶ (*last part*) Ende *nt*,
Schluss *m*; *of day* Abschluss *m*; *of story, book*
Ausgang *m*; **happy ~** Happyend *nt* ❷ LING Endung *f*
endive ['en·daɪv] *n* ❶ Endivie *f* ❷ Chicorée *m*
endless ['end·lɪs] *adj* endlos; (*countless*) unzählig
endorse [en·'dɔrs] *vt* ❶ (*approve*) billigen;
(*promote*) unterstützen ❷ (*sign*) **to ~ a check**
einen Scheck auf der Rückseite unterschreiben
endorsement [en·'dɔrs·mənt] *n* ❶ (*support*)
Billigung *f*; COMM Befürwortung *f* ❷ (*signature*)
Giro *nt fachspr*
endow [en·'daʊ] *vt* ❶ (*give income to*) über eine Stiftung finanzieren; *prize* stiften ❷ (*give
feature*) ■**to be ~ed with sth** mit etw *dat*
ausgestattet sein
endowment [en·'daʊ·mənt] *n* FIN Stiftung *f*
end 'product *n* Endprodukt *nt*; (*fig*) Resultat *nt*
endurable [en·'dʊr·ə·bəl] *adj* erträglich

endurance [enˈdʊrˑəns] *n* Ausdauer *f,* Durchhaltevermögen *nt*

endure [enˈdʊr] **I.** *vt* (*tolerate*) ertragen; (*suffer*) erleiden **II.** *vi* fortdauern

enduring [enˈdʊrˑɪŋ] *adj* dauerhaft

enema [ˈenˑəˑmə] *n* MED Einlauf *m*

enemy [ˈenˑəˑmi] **I.** *n* Feind(in) *m(f)* **II.** *adj* feindlich; ~ **action** Feindeinwirkung *f*

energetic [ˌenˑərˈdʒetˑɪk] *adj* ❶ voller Energie *nach n,* energiegeladen, schwungvoll; (*resolute*) energisch ❷ (*overactive*) anstrengend

energize [ˈenˑərˑdʒaɪz] *vt* ❶ ELEC unter Strom setzen ❷ (*fig*) neue Energie geben +*dat*

energy [ˈenˑərˑdʒi] *n* ❶ (*vigor*) Energie *f,* Kraft *f* ❷ SCI Energie *f;* ~ **crisis** Energiekrise *f;* **sources of** ~ Energiequellen *pl*

enforce [enˈfɔrs] *vt* durchsetzen, erzwingen

enforcement [enˈfɔrsˑmənt] *n* Erzwingung *f; of regulation* Durchsetzung *f; of law* Vollstreckung *f*

enfranchise [enˈfrænˑtʃaɪz] *vt* ■**to** ~ **sb** jdm das Wahlrecht verleihen

engage [enˈgeɪdʒ] **I.** *vt* ❶ (*employ*) anstellen ❷ (*involve*) **to** ~ **sb in a conversation** jdn in ein Gespräch verwickeln ❸ (*mesh*) einschalten; TECH greifen ❹ MIL angreifen **II.** *vi* ❶ ■**to** ~ **in sth** sich an etw *dat* beteiligen; **to** ~ **in conversation** sich unterhalten; **to** ~ **in espionage** Spionage betreiben ❷ TECH eingreifen

engaged [enˈgeɪdʒd] *adj* ❶ (*fiancé*) verlobt; **to get** ~ [**to sb**] sich [mit jdm] verloben ❷ TECH *gear* im Griff

engagement [enˈgeɪdʒˑmənt] *n* ❶ (*to marry*) Verlobung *f* (**to** mit +*dat*) ❷ (*appointment*) Verabredung *f*

en'gagement ring *n* Verlobungsring *m*

engaging [enˈgeɪˑdʒɪŋ] *adj* bezaubernd; *manner* einnehmend; *smile* gewinnend

engine [ˈenˑdʒɪn] *n* Motor *m;* AVIAT Triebwerk *nt;* RAIL Lok[omotive] *f*

engineer [ˌenˑdʒɪˈnɪr] **I.** *n* ❶ Ingenieur(in) *m(f);* MIL Pionier *m;* **civil**/**electrical**/ **mechanical** ~ Bau-/Elektro-/Maschinenbauingenieur(in) *m(f)* ❷ (*train driver*) Lok[omotiv]führer(in) *m(f)* **II.** *vt* ❶ (*design*) konstruieren ❷ (*fig: contrive*) arrangieren

engineering [ˌenˑdʒɪˈnɪrˑɪŋ] *n* Technik *f,* Ingenieurwissenschaft *f; (mechanical engineering)* Maschinenbau *m*

England [ˈɪŋˑglənd] *n* England *nt*

English [ˈɪŋˑglɪʃ] **I.** *n* ❶ (*language*) Englisch *nt* ❷ (*people*) ■**the** ~ *pl* die Engländer **II.** *adj* englisch; ~ **department** UNIV Institut *nt* für Anglistik

'Englishman *n* Engländer *m*

English 'muffin *n flaches rundes Hefebrötchen, das halbiert getoastet und anschließend mit Butter (und ggf. Marmelade oder Erdnussbutter) gegessen wird*

'Englishwoman *n* Engländerin *f*

engrave [enˈgreɪv] *vt* [ein]gravieren; (*on stone*) einmeißeln; (*on wood*) einschnitzen; (*fig*) sich *dat* einprägen

engraver [enˈgreɪˑvər] *n* Graveur(in) *m(f);* (*of stone*) Steinhauer(in) *m(f);* (*of wood*) Holzschneider(in) *m(f)*

engraving [enˈgreɪˑvɪŋ] *n* ❶ (*print*) Stich *m;* (*from wood*) Holzschnitt *m* ❷ (*design*) Gravierung *f,* Gravur *f* ❸ (*art*) Gravierkunst *f*

engross [enˈgrous] *vt* fesseln; **to be** ~**ed in sth** in etw *akk* vertieft sein

engulf [enˈgʌlf] *vt* verschlingen

enhance [ɪnˈhæns] *vt* (*improve*) verbessern; (*intensify*) hervorheben

enigma [ɪˈnɪgˑmə] *n* Rätsel *nt*

enjoy [enˈdʒɔɪ] *vt* genießen; **did you** ~ **the movie?** hat dir der Film gefallen?; ■**to** ~ **doing sth** etw gern[e] tun; ■**to** ~ **oneself** sich amüsieren; ~ **yourself!** viel Spaß!

enjoyable [enˈdʒɔɪˑəˑbəl] *adj* angenehm, nett; (*entertaining*) unterhaltsam

enjoyment [enˈdʒɔɪˑmənt] *n* Vergnügen *nt,* Spaß *m* (**of** an +*dat*)

enlarge [enˈlardʒ] **I.** *vt* vergrößern; (*expand*) erweitern **II.** *vi* ❶ (*grow*) sich vergrößern ❷ ■**to** ~ [**up**]**on sth** sich zu etw *dat* ausführlich äußern

enlargement [enˈlardʒˑmənt] *n* Vergrößerung *f;* (*expansion*) Erweiterung *f*

enlighten [enˈlaɪˑtən] *vt* aufklären

enlightened [enˈlaɪˑtənd] *adj* aufgeklärt

enlightenment [enˈlaɪˑtənˑmənt] *n* ❶ PHILOS ■**the E**~ die Aufklärung ❷ (*information*) aufklärende Information

enlist [enˈlɪst] **I.** *vi* MIL sich melden **II.** *vt person* anwerben; *support* gewinnen

enliven [enˈlaɪˑvən] *vt* beleben

en masse [anˈmæs] *adv* alle zusammen

enmesh [enˈmeʃ] *vt* ■**to become** ~**ed in sth** sich in etw *akk* verfangen *a. fig*

enmity [ˈenˑməˑti] *n* Feindschaft *f*

enormity [ɪˈnɔrˑməˑti] *n* ungeheures Ausmaß; *of task* ungeheure Größe

enormous [ɪˈnɔrˑməs] *adj* enorm; *size* riesig; *mountain* gewaltig; *difficulties* ungeheuer

enough [ɪˈnʌf] **I.** *adj* genug, genügend; **that should be** ~ das dürfte reichen; **just** ~ **room** gerade Platz genug **II.** *adv* ❶ (*adequately*) genug; **are you warm** ~**?** ist es dir warm genug? ❷ (*quite*) **he seems nice** ~ er scheint so weit recht nett zu sein; **strangely** ~ seltsamerweise **III.** *pron* ❶ (*sufficient quantity*) genug; **there's** ~ **for everybody** es ist für alle genug da ❷ (*too much*) **that's** ~**!** jetzt reicht es!

enquire [enˈkwaɪr] *vi see* **inquire**

enquiry [enˈkwaɪrˑi] *n see* **inquiry**

enrage [enˈreɪdʒ] *vt* wütend machen

enraged [enˈreɪdʒd] *adj* wütend

enrich [enˈrɪtʃ] *vt* ❶ (*improve*) bereichern ❷ (*make richer*) reich machen; ■**to** ~ **oneself** sich bereichern

enroll, enrol [enˈroul] **I.** *vi* sich einschreiben; *for course* sich anmelden **II.** *vt* aufnehmen

enrollment, enrolment [enˈroulˑmənt] *n* ❶ (*act*) Einschreibung *f;* (*for course*) Anmeldung *f* ❷ (*students*) Studentenzahl *f*

E

en route [,an·'rut] *adv* unterwegs
ensemble [an·'sam·bəl] *n* Ensemble *nt*
ensign ['en·sən] *n* ❶ (*flag*) Schiffsflagge *f* ❷ MIL Fähnrich *m* zur See
enslave [en·'sleɪv] *vt* zum Sklaven machen
ensue [en·'su] *vi* folgen
ensuing [en·'su·ɪŋ] *adj* [darauf] folgend
ensure [en·'ʃʊr] *vt* sicherstellen; (*guarantee*) garantieren
entail [en·'teɪl] *vt* mit sich bringen
entangle [en·'tæŋ·gəl] *vt* **to get** [*or* **become**] **~d in sth** sich in etw *dat* verfangen; (*fig*) sich in etw *akk* verwickeln
entanglement [en·'tæŋ·gəl·mənt] *n* Verfangen *nt*; (*fig*) Verwicklung *f*
enter ['en·tər] **I.** *vt* ❶ (*go into*) hineingehen in +*akk*; *building, room* betreten; *phase* eintreten in +*akk*; (*penetrate*) eindringen in +*akk* ❷ (*insert*) *data* eingeben; (*in register*) eintragen ❸ (*join*) beitreten +*dat*; ■ **to ~ sb in sth** jdn für etw *akk* anmelden **II.** *vi* ❶ THEAT auftreten ❷ (*register*) ■ **to ~ in sth** sich für etw *akk* [an]melden **III.** *n* COMPUT Eingabe *f*
♦ **enter into** *vi* **to ~ into an alliance** ein Bündnis schließen; **to ~ into negotiations** in Verhandlungen eintreten
'**enter key** *n* COMPUT Eingabetaste *f*
enterprise ['en·tər·praɪz] *n* ❶ Unternehmen *nt*; **private ~** Privatwirtschaft *f* ❷ (*initiative*) Unternehmungsgeist *m*
enterprising ['en·tər·praɪ·zɪŋ] *adj* (*adventurous*) unternehmungslustig; (*ingenious*) einfallsreich; *idea* kühn
entertain [,en·tər·'teɪn] **I.** *vt* ❶ (*amuse*) unterhalten ❷ (*invite*) zu sich einladen; (*give meal*) bewirten **II.** *vi* Gäste haben
entertainer [,en·tər·'teɪ·nər] *n* Entertainer(in) *m(f)*
entertaining [,en·tər·'teɪ·nɪŋ] **I.** *adj* unterhaltsam **II.** *n* **to do a lot of ~** häufig Leute bewirten
entertainment [,en·tər·'teɪn·mənt] *n* Unterhaltung *f*
enthrall [en·'θrɔl] *vt* packen
enthuse [en·'θuz] **I.** *vi* schwärmen (**about, over** von +*dat*) **II.** *vt* begeistern (**with** für +*akk*)
enthusiasm [en·'θu·zɪ·æz·əm] *n* Begeisterung *f*
enthusiast [ɪn·'θu·zɪ·æst] *n* Enthusiast(in) *m(f)*
enthusiastic [en·,θu·zɪ·'æs·tɪk] *adj* enthusiastisch, begeistert (**about** von +*dat*)
entice [en·'taɪs] *vt* ■ **to ~ sb** [**away from sth**] jdn [von etw *akk* weg]locken; ■ **to ~ sb to do** [*or* **into doing**] **sth** jdn dazu verleiten, etw zu tun
entire [en·'taɪr] *adj* (*whole*) ganz; (*complete*) vollständig
entirely [en·'taɪr·li] *adv* ganz; *agree* völlig
entirety [en·'taɪ·rə·ti] *n* Gesamtheit *f*
entitle [en·'taɪ·ṭəl] *vt* ■ **to be ~d to do sth** dazu berechtigt sein, etw zu tun

entitlement [en·'taɪ·ṭəl·mənt] *n* (*right*) Berechtigung *f* (**to** zu +*dat*); (*claim*) Anspruch *m* (**to** auf +*akk*)
entity ['en·tə·ti] *n* Einheit *f*
entomology [,en·tə·'mal·ə·dʒi] *n* Insektenkunde *f*
entourage [,an·tʊ·'raʒ] *n* Gefolge *nt*
entrails ['en·treɪlz] *npl* Eingeweide *pl*
entrance¹ ['en·trəns] *n* ❶ (*door*) Eingang *m*; (*for vehicle*) Einfahrt *f* ❷ (*entering*) Eintritt *m* ❸ THEAT Auftritt *m*; **to make one's ~** auftreten *a. fig*
entrance² [en·'træns] *vt* entzücken
'**entrance exam(ination)** *n* SCH, UNIV Aufnahmeprüfung *f*, Zulassungstest *m*
'**entrance fee** *n* Eintritt *m*, ÖSTERR *a.* Entree *nt*; (*for competition*) Teilnahmegebühr *f*
'**entrance hall** *n* Eingangshalle *f*
'**entrance requirement** *n* Aufnahmebedingung *f*
entrant ['en·trənt] *n* Teilnehmer(in) *m(f)*
entreat [en·'trit] *vt* anflehen
entrepreneur [,an·trə·prə·'nɜr] *n* Unternehmer(in) *m(f)*
entrust [en·'trʌst] *vt* ■ **to ~ sth to sb** [*or* **sb with sth**] jdm etw anvertrauen; **to ~ a task to sb** jdn mit einer Aufgabe betrauen
entry ['en·tri] *n* ❶ (*entering*) Eintritt *m*; (*by car*) Einfahrt *f*; (*into country*) Einreise *f*; (*into organization or activity*) Aufnahme *f*; "**no ~**" „Zutritt verboten" ❷ (*entrance*) Eingang *m*; (*by car*) Einfahrt *f* ❸ (*right of entry*) Zugang *m*, Zutritt *m* (**into** zu +*dat*) ❹ (*data*) Eintrag *m*
'**entry fee** *n* Eintritt *m*, ÖSTERR *a.* Entree *nt*; (*for competition*) Teilnahmegebühr *f*; (*for membership*) Aufnahmegebühr *f*
'**entry form** *n* Antragsformular *nt*; (*for competition*) Teilnahmeformular *nt*
'**entry permit** *n* Passierschein *m*; (*into country*) Einreiseerlaubnis *f*, Einreisegenehmigung *f*
entwine [en·'twaɪn] *vt* [miteinander] verflechten
enumerate [ɪ·'nu·mə·reɪt] *vt* aufzählen
enunciate [ɪ·'nʌn·si·eɪt] **I.** *vi* sich artikulieren; **to ~ clearly** deutlich sprechen **II.** *vt* aussprechen
envelop [en·'vel·əp] *vt* einhüllen
envelope ['en·və·loʊp] *n* Briefumschlag *m*
enviable ['en·vi·ə·bəl] *adj* beneidenswert
envious ['en·vi·əs] *adj* neidisch (**of** auf +*akk*)
environment [en·'vaɪ·ərn·mənt] *n* ❶ ECOL ■ **the ~** die Umwelt ❷ (*surroundings*) Umgebung *f*; *social* Milieu *nt*
environmental [en·,vaɪ·ərn·'men·ṭəl] *adj* Umwelt-
environmentalist [en·,vaɪ·ərn·'men·ṭəl·ɪst] *n* Umweltschützer(in) *m(f)*
environmentally [en·,vaɪ·rən·'men·ṭəli] *adv* **~ damaging** umweltschädlich
environment-'friendly *adj* umweltfreundlich
envisage [en·'vɪz·ɪdʒ], **envision** [en·'vɪʒ·ən] *vt* sich *dat* vorstellen; ■ **to ~ doing sth** vorhaben, etw zu tun

E

envoy ['an·vɔɪ] *n* Gesandte(r) *f(m);* **special ~** Sonderbeauftragte(r) *f(m)*

envy ['en·vi] **I.** *n* Neid *m* (**of** auf +*akk*); **to feel ~ toward sb** auf jdn neidisch sein; **he's the ~ of the school with his new car** die ganze Schule beneidet ihn um sein neues Auto **II.** *vt* <-ie-> ■**to ~ sb sth** [*or* **sb for sth**] jdn um etw *akk* beneiden

enzyme ['en·zaɪm] *n* Enzym *nt*

eon ['i·an] *n* Äon *m*

ephemeral [ɪ·'fem·ər·əl] *adj* kurzlebig

epic ['ep·ɪk] **I.** *n* Epos *nt* **II.** *adj* ❶ episch; *poem* erzählend; **~ poet** Epiker(in) *m(f)* ❷ (*fig*) schwierig und abenteuerlich; *struggle* heroisch; **~ proportions** unvorstellbare Ausmaße

epicenter ['ep·ɪ·sen·tər] *n* Epizentrum *nt*

epidemic [ˌep·ɪ·'dem·ɪk] **I.** *n* Epidemie *f* **II.** *adj* epidemisch *a. fig*

epilepsy ['ep·ɪ·lep·si] *n* Epilepsie *f*

epileptic [ˌep·ɪ·'lep·tɪk] **I.** *n* Epileptiker(in) *m(f)* **II.** *adj* epileptisch

epilogue, epilog ['ep·ɪ·lag] *n* Epilog *m*

Epiphany [ɪ·'pɪf·ə·ni] *n* Dreikönigsfest *nt*

episode ['ep·ɪ·soʊd] *n* ❶ (*event*) Episode *f* ❷ *of series* Folge *f*

episodic [ˌep·ɪ·'sad·ɪk] *adj* episodisch

epistle [ɪ·'pɪs·əl] *n* Epistel *f*

epitaph ['ep·ɪ·tæf] *n* Grabinschrift *f*

epitome [ɪ·'pɪt̮·ə·mi] *n* Inbegriff *m;* **the ~ of elegance** die Eleganz selbst

epitomize [ɪ·'pɪt̮·ə·maɪz] *vt* verkörpern

epoch ['ep·ək] *n* Epoche *f*

eponymous [ɪ·'pan·ə·məs] *adj* namensgebend

equable ['ek·wə·bəl] *adj* ausgeglichen

equal ['i·kwəl] **I.** *adj* ❶ (*same*) gleich; **of ~ size** gleich groß; **~ in volume** vom Umfang her gleich ❷ (*able*) **to be ~ to a task** einer Aufgabe gewachsen sein ▶ PHRASES: **all other things being ~** unter ansonsten gleichen Bedingungen **II.** *n* Gleichgestellte(r) *f(m);* **to have no ~** unübertroffen sein **III.** *vt* <-l- *or* -ll-> ❶ MATH ergeben ❷ (*match*) herankommen an +*akk; record* erreichen

equality [ɪ·'kwal·ə·ti] *n* Gleichberechtigung *f;* **racial ~** Rassengleichheit *f*

equalization [ˌi·kwə·lɪ·'zeɪ·ʃən] *n* Gleichmachung *f*

equalize ['i·kwə·laɪz] *vt* gleichmachen; *pressure* ausgleichen; *standards* einander angleichen

equally ['i·kwə·li] *adv* ebenso; **~ good** gleich gut; **to divide** [*or* **share**] **sth ~** etw gleichmäßig aufteilen

equal oppor'tunity *n* Chancengleichheit *f*

'equal sign *n* MATH Gleichheitszeichen *nt*

equanimity [ˌek·wə·'nɪm·ə·ti] *n* Gleichmut *m*

equate [ɪ·'kweɪt] **I.** *vt* gleichsetzen (**with** mit +*dat*) **II.** *vi* ■**to ~ to sth** etw *dat* entsprechen

equation [ɪ·'kweɪ·ʒən] *n* MATH Gleichung *f*

equator [ɪ·'kweɪ·t̮ər] *n* Äquator *m;* **on the ~** am Äquator

equatorial [ˌek·wə·'tɔr·i·əl] *adj* äquatorial

equestrian [ɪ·'kwes·tri·ən] **I.** *adj* Reit[er]- **II.** *n* Reiter(in) *m(f)*

equidistant [ˌi·kwɪ·'dɪs·tənt] *adj* gleich weit entfernt (**from** von +*dat*)

equilateral [ˌi·kwɪ·'læt̮·ər·əl] *adj* MATH gleichseitig

equilibrium [ˌi·kwɪ·'lɪb·ri·əm] *n* Gleichgewicht *nt*

equinox <*pl* -es> ['i·kwɪ·naks] *n* Tagundnachtgleiche *f*

equip <-pp-> [ɪ·'kwɪp] *vt* ❶ ausstatten; *with special equipment* ausrüsten ❷ (*fig*) rüsten

equipment [ɪ·'kwɪp·mənt] *n* Ausrüstung *f,* Ausstattung *f*

equitable ['ek·wɪ·t̮ə·bəl] *adj* gerecht

equity ['ek·wə·ti] *n* ❶ (*fairness*) Gerechtigkeit *f* ❷ FIN Eigenkapital *nt;* ■**equities** *pl* [Stamm]aktien *pl*

equivalence [ɪ·'kwɪv·ə·ləns] *n* Äquivalenz *f*

equivalent [ɪ·'kwɪv·ə·lənt] **I.** *adj* äquivalent, entsprechend; ■**to be ~ to sth** etw *dat* entsprechen **II.** *n* Äquivalent *nt* (**for, of** für +*akk*), Entsprechung *f*

equivocal [ɪ·'kwɪv·ə·kəl] *adj* ❶ (*ambiguous*) zweideutig ❷ (*dubious*) zweifelhaft

ER [ˌi·'ar] *n abbrev of* **emergency room** Notaufnahme *f*

era ['ɪr·ə] *n* Ära *f*

eradicate [ɪ·'ræd·ɪ·keɪt] *vt* ausrotten

erase [ɪ·'reɪs] *vt* ❶ (*remove*) entfernen; *file* löschen; *memories* auslöschen ❷ (*rub out*) ausradieren

eraser [ɪ·'reɪ·sər] *n* Radiergummi *m*

erasure [ɪ·'reɪ·ʃər] *n* Löschung *f*

erect [ɪ·'rekt] **I.** *adj* aufrecht; *penis* erigiert **II.** *vt* ❶ (*build*) errichten ❷ (*upright*) aufstellen

erection [ɪ·'rek·ʃən] *n* ❶ (*building*) Errichtung *f* ❷ (*penis*) Erektion *f*

ergonomic [ˌɜr·gə·'nam·ɪk] *adj* ergonomisch

ermine ['ɜr·mɪn] *n* Hermelin *nt*

erode [ɪ·'roʊd] **I.** *vt* ❶ GEOL erodieren; *water* auswaschen; *soil* abtragen ❷ CHEM zerfressen ❸ (*fig*) untergraben **II.** *vi* ❶ GEOL erodiert werden; *by water* ausgewaschen werden; *soil* abgetragen werden ❷ (*fig*) abnehmen

erogenous [ɪ·'radʒ·ə·nəs] *adj* erogen

erosion [ɪ·'roʊ·ʒən] *n* ❶ GEOL Erosion *f* ❷ (*fig*) [Dahin]schwinden *nt*

erotic [ɪ·'rat̮·ɪk] *adj* erotisch

eroticism [ɪ·'rat̮·ə·sɪz·əm] *n* Eroti[zi]smus *m*

err [ɜr] *vi* (*form*) sich irren; **to ~ on the side of caution** übervorsichtig sein

errand ['er·ənd] *n* Besorgung *f;* (*with message*) Botengang *m*

errant ['er·ənt] *adj* auf Abwegen *nach n*

erratic [ɪ·'ræt̮·ɪk] *adj* ❶ (*inconsistent*) sprunghaft ❷ (*irregular*) unregelmäßig

erroneous [ɪ·'roʊ·ni·əs] *adj* falsch; *assumption* irrig

error ['er·ər] *n* Fehler *m,* Irrtum *m;* **in ~** aus Versehen; (*in baseball*) Fehlpass *m*

'error message *n* COMPUT Fehlermeldung *f*

'error-prone *adj* fehleranfällig

erudite ['er·jə·daɪt] *adj* gelehrt
erudition [ˌer·ju·'dɪʃ·ən] *n* Gelehrsamkeit *f*
erupt [ɪ·'rʌpt] *vi* ausbrechen; (*fig*) *person* explodieren
eruption [ɪ·'rʌp·ʃən] *n* Ausbruch *m a. fig*
escalate ['es·kə·leɪt] **I.** *vi* eskalieren, sich ausweiten; *incidents* stark zunehmen **II.** *vt* ausweiten
escalation [ˌes·kə·'leɪ·ʃən] *n* Eskalation *f*, Steigerung *f; of fighting* Ausweitung *f; of tension* Verschärfung *f*
escalator ['es·kə·leɪ·tər] *n* Rolltreppe *f*
escapade [ˌes·kə·'peɪd] *n* Eskapade *f*
escape [ɪ·'skeɪp] **I.** *vi* ❶ (*flee*) fliehen; (*successfully*) entkommen; (*from cage, prison*) ausbrechen; *dog, cat* entlaufen; *bird* entfliegen; ■**to ~ from sb** vor jdm fliehen; (*successfully*) jdm entkommen; ■**to ~ from sth** aus etw *dat* fliehen; (*successfully*) aus etw *dat* entkommen ❷ (*avoid harm*) [mit dem Leben] davonkommen; **to ~ unhurt** unverletzt bleiben ❸ (*leak*) entweichen, austreten **II.** *vt* ❶ (*flee*) fliehen (aus +*dat*); (*successfully*) entkommen (aus +*dat*); (*fig*) **to ~ the fire** dem Feuer entkommen; ■**to ~ sb** vor jdm fliehen; (*successfully*) jdm entkommen ❷ (*avoid*) entgehen +*dat;* **she was lucky to ~ serious injury** sie hatte Glück, dass sie nicht ernsthaft verletzt wurde ❸**to ~ sb's attention** [*or* **notice**] jds Aufmerksamkeit entgehen **III.** *n* ❶ (*act*) Flucht *f a. fig* (**from** aus +*dat*); *from prison* Ausbruch *m* ❷ (*avoidance*) Entkommen *nt;* **that was a lucky ~!** da haben wir wirklich noch einmal Glück gehabt!; **to have a narrow ~** gerade noch einmal davongekommen sein ❸ (*leak*) Austreten *nt kein pl,* Entweichen *nt kein pl*
e'scape clause *n* Rücktrittsklausel *f*
escapee [ɪ·ˌskeɪ·'pi] *n* Entflohene(r) *f(m)*
e'scape key *n* COMPUT Esc-Taste *f*
escapism [ɪ·'skeɪ·pɪz·əm] *n* Realitätsflucht *f*
escort **I.** *vt* [ɪs·'kɔrt, es·'kɔrt] eskortieren; MIL Geleitschutz geben +*dat;* **to ~ sb upstairs** jdn hinaufbringen **II.** *n* ['esk·ɔrt] ❶ (*companion*) Begleiter(in) *m(f)*, Begleitung *f* ❷ (*guard*) Eskorte *f*, Begleitschutz *m*
esophagus <*pl* -agi *or* -es> [ɪ·'saf·ə·gəs] *n* Speiseröhre *f*
esoteric [ˌes·ə·'ter·ɪk] *adj* esoterisch
esp. *adv abbrev of* **especially** bes.
especially [ɪ·'speʃ·ə·li] *adv* besonders
espionage ['es·pi·ə·naʒ] *n* Spionage *f*
espresso [ɪ·'spres·oʊ] *n* Espresso *m*
essay ['es·eɪ] *n* Essay *m o nt* (**on, about** über +*akk*)
essayist ['es·eɪ·ɪst] *n* Essayist(in) *m(f)*
essence ['es·əns] *n* ❶ PHILOS Wesen *nt* ❷ (*gist*) Wesentliche(s) *nt; of problem* Kern *m* ❸ FOOD Essenz *f*, Extrakt *m*
essential [ɪ·'sen·ʃəl] **I.** *adj* ❶ (*crucial*) unbedingt erforderlich; *vitamins* lebenswichtig ❷ (*basic*) essenziell; *element* wesentlich; *difference* grundlegend **II.** *n* ■**the ~s** *pl* das

Wesentliche; **the bare ~s** das [Aller]nötigste
essentially [ɪ·'sen·ʃə·li] *adv* im Grunde [genommen]
EST [ˌi·es·'ti] *n abbrev of* **Eastern Standard Time** Ostküsten Standardzeit *f*
est. *adj* ❶ *abbrev of* **estimated** ❷ *abbrev of* **established** gegr.
establish [ɪ·'stæb·lɪʃ] *vt* ❶ (*found*) gründen; *contact* aufnehmen; *dictatorship, monopoly* errichten; *precedent* schaffen; *priorities* setzen; *record* aufstellen; *relationship* aufbauen; *relations, rule of law* herstellen; *rule* aufstellen ❷ (*secure*) **to ~ one's authority over sb** sich *dat* Autorität gegenüber jdm verschaffen; **to ~ order** für Ordnung sorgen ❸ (*prove*) feststellen; *claim* nachweisen
established [ɪ·'stæb·lɪʃt] *adj* ❶ (*standard*) fest; **it is ~ practice ...** es ist üblich, ... ❷ (*proven*) nachgewiesen; *fact* gesichert ❸ (*founded*) gegründet
establishment [ɪ·'stæb·lɪʃ·mənt] *n* ❶ (*institution*) Unternehmen *nt; educational ~* Bildungseinrichtung *f* ❷ (*ruling group*) ■**the ~** das Establishment ❸ (*founding*) Gründung *f*
estate [ɪ·'steɪt] *n* ❶ (*landed property*) Gut *nt; country ~* Landgut *nt* ❷ LAW (*personal property*) [Privat]vermögen *nt*
esteem [ɪ·'stim] **I.** *n* Ansehen *nt;* **to hold sb in high ~** jdn hoch schätzen **II.** *vt* [hoch] schätzen
esthetic [es·'θet·ɪk] *adj see* **aesthetic**
estimate **I.** *vt* ['es·tɪ·meɪt] [ein]schätzen **II.** *n* ['es·tɪ·mɪt] Schätzung *f;* ECON Kostenvoranschlag *m;* **conservative ~** vorsichtige Einschätzung
estimated ['es·tɪ·meɪ·tɪd] *adj* geschätzt; *arrival, departure* voraussichtlich
estimation [ˌes·tɪ·'meɪ·ʃən] *n* ❶ (*opinion*) Einschätzung *f;* **in my ~** meiner Ansicht nach ❷ (*esteem*) Achtung *f*
estranged [ɪ·'streɪndʒd] *adj* ❶ (*alienated*) entfremdet ❷ *couple* getrennt
estrogen ['es·trə·dʒən] *n* Östrogen *nt*
estuary ['es·tʃu·er·i] *n* Flussmündung *f*
ETA [ˌi·ti·'eɪ] *n abbrev of* **estimated time of arrival** voraussichtliche Ankunft
etc. *adv abbrev of* **et cetera** usw., etc.
etch [etʃ] *vt* ätzen; (*in metals*) radieren; (*in copper*) kupferstechen
eternal [ɪ·'tɜr·nəl] *adj* ewig *a. fig; complaints* endlos
eternally [ɪ·'tɜr·nə·li] *adv* ewig; (*fam*) unaufhörlich
eternity [ɪ·'tɜr·nə·ti] *n* Ewigkeit *f a. fig*
ethic ['eθ·ɪk] *n* Moral *f*, Ethos *nt*
ethical ['eθ·ɪkəl] *adj* ethisch
ethics ['eθ·ɪks] *n* Ethik *f*
ethnic ['eθ·nɪk] *adj* ❶ (*national*) ethnisch; **~ costumes** Landestrachten *pl* ❷ *food, restaurants* exotisch
etiquette ['et·ɪ·kɪt] *n* Etikette *f*
etymology [ˌet·ɪ·'mal·ə·dʒi] *n* Etymologie *f*
eulogy ['ju·lə·dʒi] *n* ❶ (*at funeral*) Grabrede *f*

② (*praise*) Lobrede *f*
eunuch ['ju·nək] *n* Eunuch *m*
euphemism ['ju·fə·mɪz·əm] *n* Euphemismus *m*
euphemistic [ˌju·fə·'mɪs·tɪk] *adj* euphemistisch
euphoria [ju·'fɔr·i·ə] *n* Euphorie *f*
euphoric [ju·'fɔr·ɪk] *adj* euphorisch
euro ['jʊr·oʊ] *n* Euro *m*
Eurocrat ['jʊr·ə·kræt] *n* Eurokrat(in) *m(f)*
Europe ['jʊr·əp] *n* Europa *nt*
European [ˌjʊr·ə·'pi·ən] I. *adj* europäisch II. *n* Europäer(in) *m(f)*
European 'Union *n* Europäische Union
euthanasia [ˌju·θə·'neɪ·ʒə] *n* Sterbehilfe *f*
evacuate [ɪ·'væk·ju·eɪt] *vt* evakuieren; *area, building* räumen
evacuation [ɪ·ˌvæk·ju·'eɪ·ʃən] *n* Evakuierung *f;* (*of area, building*) Räumung *f*
evacuee [ɪ·ˌvæk·ju·'i] *n* Evakuierte(r) *f(m)*
evade [ɪ·'veɪd] *vt* ausweichen +*dat; the draft, responsibility* sich entziehen +*dat; police* entgehen +*dat; taxes* hinterziehen
evaluate [ɪ·'væl·ju·eɪt] *vt* bewerten; *results* auswerten; *person* beurteilen
evaluation [ɪ·ˌvæl·ju·'eɪ·ʃən] *n* Schätzung *f; of experience* Einschätzung *f; of treatment* Beurteilung *f; of book* Bewertung *f*
evangelical [ˌi·væn·'dʒel·ɪ·kəl] *adj* evangelisch
evangelist [ɪ·'væn·dʒə·lɪst] *n* Wanderprediger(in) *m(f)*
evaporate [ɪ·'væp·ə·reɪt] I. *vt* verdampfen lassen II. *vi* verdunsten; (*fig*) sich in Luft auflösen
evaporation [ɪ·ˌvæp·ə·'reɪ·ʃən] *n* Verdunstung *f*
evasion [ɪ·'veɪ·ʒən] *n* **①** (*excuse*) Ausweichen *nt* **②** (*avoidance*) Umgehung *f; tax ~* Steuerhinterziehung *f*
evasive [ɪ·'veɪ·sɪv] *adj* ausweichend; **to take ~ action** ein Ausweichmanöver machen
eve [iv] *n* Vorabend *m*
Eve [iv] *n* Eva *f*
even ['i·vən] I. *adv* **①** (*also*) selbst; **~ Chris was there** selbst Chris war da **②** (*indeed*) sogar; **not ~** [noch] nicht einmal; **did he ~ read the letter?** hat er überhaupt den Brief gelesen? **③** (*despite*) **~ if** [*or* **though**] ... selbst wenn ...; **~ so** trotzdem; **~ then** trotzdem **④** + *comp* **~ colder** noch kälter II. *adj* **①** (*flat*) eben; *row* gerade; *two surfaces* auf gleicher Höhe; (*fig*) ausgeglichen **②** (*equal*) gleich [groß]; *contest* ebenbürtig; *distribution* gleichmäßig; (*in race*) gleichauf; (*in points*) punktegleich; (*in standard*) gleich gut **③** MATH gerade III. *vt* ebnen
◆even out I. *vt* ausgleichen II. *vi* sich ausgleichen; *prices* sich einpendeln
◆even up I. *vt* ausgleichen II. *vi* sich ausgleichen; *prices* sich einpendeln
evening ['iv·nɪŋ] I. *n* Abend *m; on Friday ~s* freitagabends II. *adj* Abend-
'evening dress *n* **①** Abendkleid *nt* **②** (*outfit*) Abendkleidung *f*

evenly ['i·vən·li] *adv* **①** (*equally*) gleichmäßig **②** (*calmly*) gelassen
evenness ['i·vən·nɪs] *n* Ebenheit *f*
event [ɪ·'vent] *n* **①** (*occurrence*) Ereignis *nt; sporting ~* Sportveranstaltung *f* **②** (*case*) Fall *m; in the ~ that ...* falls ...; **in any ~** auf jeden Fall **③** SPORTS Wettkampf *m*
even-'tempered *adj* ausgeglichen
eventful [ɪ·'vent·fəl] *adj* ereignisreich
eventual [ɪ·'ven·tʃʊ·əl] *adj* **①** (*final*) schließlich; *cost* letztendlich **②** (*possible*) etwaig
eventuality [ɪ·ˌven·tʃʊ·'æl·ə·ti] *n* Eventualität *f*
eventually [ɪ·'ven·tʃʊ·ə·li] *adv* **①** (*finally*) schließlich, endlich **②** (*some day*) irgendwann
ever ['ev·ər] *adv* **①** (*at any time*) je[mals]; **nothing ~ happens here** hier ist nie was los; **have you ~ been to Los Angeles?** bist du schon einmal in Los Angeles gewesen?; **hardly ~** kaum; **worse than ~** schlimmer als je zuvor **②** (*always*) **happily ~ after** glücklich bis ans Ende ihrer Tage; **~ since ...** seitdem ... **③** (*of all time*) **the first performance ~** die allererste Darbietung **④** (*as intensifier*) **how could anyone ~ ...?** wie kann jemand nur ...?; **when are we ~ going to get this finished?** wann haben wir das endlich fertig?
'everglade *n* Sumpfgebiet *nt;* ■ **the E~s** *pl* die Everglades *pl*
'evergreen I. *n* immergrüne Pflanze; (*tree*) immergrüner Baum II. *adj* immergrün; (*fig*) immer aktuell
everlasting [ˌev·ər·'læs·tɪŋ] *adj* **①** (*undying*) immerwährend; *gratitude* ewig; *happiness* dauerhaft **②** (*unceasing*) endlos
every ['ev·ri] *adj* **①** (*each*) jede(r, s) **②** (*as emphasis*) ganz und gar; **~ bit as ... as ...** genauso ... wie ...; **~ which way** (*fam*) in alle Richtungen
everybody ['ev·ri·ˌbad·i], **everyone** ['ev·ri·wʌn] *pron indef, + sing vb* jede(r); **~ but Jane** alle außer Jane; **~ else** alle anderen
'everyday *adj* alltäglich; **~ life** Alltagsleben *nt*
everyone ['ev·ri·wʌn] *pron see* **everybody**
everything ['ev·ri·θɪŋ] *pron indef* alles; **to blame ~ on sth/sb** [*or* **sth/sb for ~**] etw/jdm die ganze Schuld geben; **despite** [*or* **in spite of**] **~** trotz allem
everywhere ['ev·ri·wer] *adv* überall; **~ else** überall sonst
evict [ɪ·'vɪkt] *vt* (*from home*) kündigen +*dat;* (*forcefully*) zur Räumung der Wohnung zwingen
eviction [ɪ·'vɪk·ʃən] *n* Zwangsräumung *f; ~ order* Räumungsbefehl *m*
evidence ['ev·ɪ·dəns] *n* **①** (*proof*) Beweis[e] *m[pl];* **to find no ~ of sth** keinen Anhaltspunkt für etw *akk* haben **②** LAW Beweisstück *nt;* **to present ~** aussagen (*of* über +*akk,* **against** gegen +*akk*) **③** (*be present*) ■ **to be** [*very much*] **in ~** [deutlich] sichtbar sein; **few police officers were in ~** nur ein geringes Polizeiaufgebot war zu erkennen
evident ['ev·ɪ·dənt] *adj* offensichtlich, klar

evidently ['ev·ɪ·dənt·li] *adv* offensichtlich

evil ['i·vəl] I. *adj* böse II. *n* Übel *nt;* **good and ~** das Gute und das Böse; **the lesser of two ~s** das kleinere von zwei Übeln

evocative [ɪ·'vak·ə·t̬ɪv] *adj* evokativ

evoke [ɪ·'voʊk] *vt* hervorrufen; *suspicion* erregen; (*recall*) erinnern (an +*akk*); *memories* wachrufen

evolution [ˌev·ə·'lu·ʃən] *n* Evolution *f;* (*fig*) Entwicklung *f*

evolve [ɪ·'valv] I. *vi* sich entwickeln II. *vt* entwickeln

ewe [ju] *n* Mutterschaf *nt*

ex <*pl* -es> [eks] *n* (*fam: spouse*) Ex-Mann, Ex-Frau *m, f;* (*lover*) Ex-Freund(in) *m(f)*

exacerbate [ɪg·'zæs·ər·beɪt] *vt* verschlimmern; *crisis* verschärfen

exact [ɪg·'zækt] I. *adj* genau; **the ~ opposite** ganz im Gegenteil II. *vt* fordern; *revenge* üben (**on** an +*dat*)

exactly [ɪg·'zækt·li] *adv* ❶ (*precisely*) genau; **~!** ganz genau! ❷ (*hardly*) ■**not ~** eigentlich nicht, nicht gerade

exactness [ɪg·'zækt·nɪs] *n* Genauigkeit *f*

exaggerate [ɪg·'zædʒ·ə·reɪt] *vt, vi* übertreiben; *effect* verstärken

exaggerated [ɪg·'zædʒ·ə·reɪ·t̬ɪd] *adj* übertrieben

exaggeration [ɪg·ˌzædʒ·ə·'reɪ·ʃən] *n* Übertreibung *f;* **that's a bit of an ~** das ist ein bisschen übertrieben

exalt [ɪg·'zɔlt] *vt* ❶ (*praise*) preisen ❷ (*promote*) [in einen Stand] erheben

exaltation [ˌeg·zɔl·'teɪ·ʃən] *n* Begeisterung *f*

exalted [ɪg·'zɔl·tɪd] *adj* hoch

exam [ɪg·'zæm] *n* Prüfung *f*, Examen *nt*

examination [ɪg·ˌzæm·ɪ·'neɪ·ʃən] *n* ❶ (*test*) Prüfung *f;* UNIV Examen *nt* ❷ (*investigation*) Untersuchung *f; of evidence* Überprüfung *f;* **to be under ~** untersucht werden

examine [ɪg·'zæm·ɪn] *vt* ❶ (*test*) prüfen ❷ (*scrutinize*) untersuchen ❸ LAW verhören

examinee [ɪg·ˌzæm·ɪ·'ni] *n* Examenskandidat(in) *m(f)*

examiner [ɪg·'zæm·ɪn·ər] *n* ❶ SCH, UNIV Prüfer(in) *m(f)* ❷ **medical ~** Gerichtsmediziner(in) *m(f)*

example [ɪg·'zæm·pəl] *n* Beispiel *nt;* **for ~** zum Beispiel; **to make an ~ of sb** an jdm ein Exempel statuieren, jdn exemplarisch bestrafen

exasperate [ɪg·'zæs·pə·reɪt] *vt* (*infuriate*) zur Verzweiflung bringen; (*irritate*) verärgern

exasperating [ɪg·'zæs·pə·reɪ·t̬ɪŋ] *adj* ärgerlich

exasperation [ɪg·ˌzæs·pə·'reɪ·ʃən] *n* Verzweiflung *f* (**at** über +*akk*)

excavate ['ek·skə·veɪt] I. *vt* ❶ ARCHEOL ausgraben ❷ (*dig*) ausheben II. *vi* Ausgrabungen machen

excavation [ˌek·skə·'veɪ·ʃən] *n* ARCHEOL Ausgrabung *f;* (*digging*) Ausheben *nt*

excavator ['ek·skə·veɪ·tər] *n* Bagger *m*

exceed [ɪk·'sid] *vt* übersteigen; (*outdo*) übertreffen; *limit* überschreiten

exceedingly [ɪk·'si·dɪŋ·li] *adv* äußerst

excel <-ll-> [ɪk·'sel] I. *vi* sich auszeichnen; ■**to ~ at** [*or* **in**] **sth** sich bei etw *dat* hervortun II. *vt* ■**to ~ oneself** sich *akk* selbst übertreffen

excellence ['ek·sə·ləns] *n* Vorzüglichkeit *f; of performance* hervorragende Qualität

Excellency ['ek·sə·lən·si] *n* (*form of address for certain high officials*) **His/Your ~** Seine/ Eure Exzellenz

excellent ['ek·sə·lənt] *adj* ausgezeichnet; *performance, quality* hervorragend

except [ɪk·'sept] I. *prep* ■**~** [**for**] außer +*dat* II. *conj* ❶ (*only*) **I want to buy it, ~ I don't have any money** (*fam*) ich will es kaufen, ich habe nur [*o* doch ich habe] kein Geld ❷ (*besides*) außer

excepting [ɪk·'sep·tɪŋ] *prep* außer +*dat;* **not ~** nicht ausgenommen

exception [ɪk·'sep·ʃən] *n* Ausnahme *f;* **without ~** ausnahmslos

exceptional [ɪk·'sep·ʃə·nəl] *adj* außergewöhnlich

exceptionally [ɪk·'sep·ʃə·nə·li] *adv* außergewöhnlich; **~ bright** ungewöhnlich intelligent

excerpt ['ek·sɜrpt] *n* Auszug *m* (**from** aus +*dat*)

excess [ɪk·'ses] I. *n* <*pl* -es> ❶ (*overindulgence*) Übermaß *nt* (**of** an +*dat*) ❷ (*surplus*) Überschuss *m* (**of** an +*dat*) II. *adj* Über-; **~ baggage** [*or* **luggage**] Übergepäck *nt*

excessive [ɪk·'ses·ɪv] *adj* übermäßig; *claim* übertrieben

exchange [ɪks·'tʃeɪndʒ] I. *vt* austauschen; *in a store* umtauschen (**for** gegen +*akk*); *looks, words* wechseln II. *n* ❶ (*trade*) Tausch *m;* **in ~** dafür ❷ FIN Währung *f; foreign ~* Devisen *pl* ❸ (*interchange*) Wortwechsel *m;* **~ of blows** Schlagabtausch *m*

exchangeable [ɪks·'tʃeɪndʒ·əbəl] *adj* austauschbar; *goods* umtauschbar; *token* einlösbar

ex'change rate *n* Wechselkurs *m*

ex'change student *n* SCH Austauschschüler(in) *m(f);* UNIV Austauschstudent(in) *m(f)*

excise [ek·'saɪz] *n* FIN **~ tax** Verbrauchssteuer *f* (**on** für +*akk*)

excitable [ɪk·'saɪ·t̬ə·bəl] *adj* erregbar

excite [ɪk·'saɪt] *vt* ❶ (*stimulate*) erregen; (*enthuse*) begeistern ❷ (*awaken*) hervorrufen; *curiosity* wecken; *imagination* anregen

excited [ɪk·'saɪ·t̬ɪd] *adj* aufgeregt; (*thrilled*) begeistert; **to be ~ about sth** (*now*) von etw *dat* begeistert sein; (*in near future*) sich auf etw *akk* freuen

excitement [ɪk·'saɪt·mənt] *n* Aufregung *f*

exciting [ɪk·'saɪ·t̬ɪŋ] *adj* aufregend; *game, story* spannend; (*stimulating*) anregend

excl. *adj, prep abbrev of* **excluding, exclusive** exkl.

exclaim [ɪk·'skleɪm] I. *vi* **to ~ in delight** vor Freude aufschreien II. *vt* ausrufen

exclamation [ˌek·sklə·ˈmeɪ·ʃən] *n* Ausruf *m*
excla'mation point, excla'mation mark *n* Ausrufezeichen *nt*
exclude [ɪk·ˈsklud] *vt* ausschließen
excluding [ɪk·ˈsklu·dɪŋ] *prep* ausgenommen +*gen*
exclusion [ɪk·ˈsklu·ʒən] *n* Ausschluss *m* (**from** von +*dat*)
exclusive [ɪk·ˈsklu·sɪv] **I.** *adj* ❶ (*excluding*) ausschließlich ❷ (*select*) exklusiv; **for the ~ use of ...** nur für ... bestimmt **II.** *n* Exklusivbericht *m*
excommunicate [ˌeks·kə·ˈmju·nɪ·keɪt] *vt* exkommunizieren
excommunication [ˌeks·kə·ˌmju·nɪ·ˈkeɪ·ʃən] *n* Exkommunikation *f*
ex-con [eks·ˈka·n] *n* (*sl: ex-convict*) Knacki *m sl*
excrement [ˈek·skrə·mənt] *n* Kot *m*, Exkremente *pl*
excrete [ɪk·ˈskrit] **I.** *vt* ausscheiden **II.** *vi* Exkremente ausscheiden
excruciating [ɪk·ˈskru·ʃi·eɪ·t̬ɪŋ] *adj* ❶ (*painful*) schmerzhaft; *suffering* entsetzlich ❷ (*fig*) qualvoll
excursion [ɪk·ˈskɜr·ʒən] *n* Ausflug *m*
excusable [ɪk·ˈskju·zə·bəl] *adj* verzeihlich, entschuldbar
excuse I. *vt* [ɪk·ˈskjuz] ❶ (*forgive*) entschuldigen; (*make an exception*) hinwegsehen über +*akk*; ◼**to ~ sb from sth** jdn von etw *dat* befreien ❷ (*attract attention*) **~ me!** entschuldigen Sie bitte!, Entschuldigung!; (*ask for repeat*) **~ me?** wie bitte? **II.** *n* [ɪk·ˈskjus] ❶ (*explanation*) Entschuldigung *f*; **doctor's ~** Krankmeldung *f* ❷ (*justification*) Ausrede *f*; (*cause, reason*) Anlass *m*
execute [ˈek·sɪ·kjut] *vt* ❶ (*perform*) durchführen; *maneuver, order, plan* ausführen ❷ (*kill*) hinrichten
execution [ˌek·sɪ·ˈkju·ʃən] *n* ❶ (*performing*) Durchführung *f* ❷ (*killing*) Hinrichtung *f*
executioner [ˌek·sɪ·ˈkju·ʃə·nər] *n* Scharfrichter *m*
executive [ɪg·ˈzek·jʊ·t̬ɪv] **I.** *n* (*manager*) leitender Angestellter/leitende Angestellte; **junior/senior ~** untere/höhere Führungskraft **II.** *adj* Exekutiv-; **~ editor** Chefredakteur(in) *m(f)*; **~ producer** leitender Produzent/leitende Produzentin
executive 'branch *n* POL Exekutivzweig *m*
executive com'mittee *n* Vorstand *m*
executor [ɪg·ˈzek·jʊ·t̬ər] *n* LAW Testamentsvollstrecker(in) *m(f)*
exemplary [ɪg·ˈzem·plə·ri] *adj* vorbildlich; *punishment* exemplarisch
exemplify <-ie-> [ɪg·ˈzem·plɪ·faɪ] *vt person* erläutern; *thing* veranschaulichen
exempt [ɪg·ˈzempt] **I.** *vt* befreien; *from military service* freistellen **II.** *adj* befreit; **~ from duty** [*or* **tax**] gebührenfrei
exemption [ɪg·ˈzemp·ʃən] *n* Befreiung *f*; *from military service* Freistellung *f*

exercise [ˈek·sər·saɪz] **I.** *vt* ❶ (*physically*) trainieren; *dog* spazieren führen; *horse* bewegen ❷ (*use*) üben; *authority, control* ausüben; *caution* walten lassen; *right* geltend machen; *veto* einlegen; **to ~ tact** mit Takt vorgehen **II.** *vi* trainieren, sich bewegen **III.** *n* ❶ (*exertion*) Bewegung *f*; (*training*) Übung *f*; **to do ~s** Gymnastik machen ❷ MIL (*practice*) Übung *f*; SCH, UNIV Aufgabe *f* ❸ ◼**~s** *pl* Feierlichkeiten *pl* **IV.** *adj* Trainings-; **~ video** Übungsvideo *nt*
'exercise bike *n* Heimfahrrad *nt*
'exercise book *n* Heft *nt*
exerciser [ˈek·sər·saɪ·zər] *n* Trainingsgerät *nt*
exert [ɪg·ˈzɜrt] *vt* ❶ (*use*) *control* ausüben; *influence* geltend machen ❷ (*labor*) ◼**to ~ oneself** sich anstrengen
exertion [ɪg·ˈzɜr·ʃən] *n* ❶ (*use*) Ausübung *f* ❷ (*strain*) Anstrengung *f*
ex'foliating cream *n* Rubbelcreme *f*, Peeling *nt*
exhalation [ˌeks·hə·ˈleɪ·ʃən] *n* Ausatmen *nt*
exhale [eks·ˈheɪl] *vt, vi* ausatmen
exhaust [ɪg·ˈzɔst] **I.** *vt* ❶ (*tire*) ermüden; ◼**to ~ oneself** sich strapazieren ❷ (*use up*) erschöpfen **II.** *n* ❶ **~ [fumes]** Abgase *pl* ❷ (*tailpipe*) Auspuff *m*
exhausted [ɪg·ˈzɔs·tɪd] *adj* (*tired*) erschöpft; (*used up a.*) aufgebraucht
exhausting [ɪg·ˈzɔs·tɪŋ] *adj* anstrengend
exhaustion [ɪg·ˈzɔs·tʃən] *n* Erschöpfung *f*
exhaustive [ɪg·ˈzɔs·tɪv] *adj* erschöpfend; *inquiry* eingehend; *list* vollständig; *report* ausgiebig; *research* tief greifend
ex'haust pipe *n* Auspuffrohr *nt*
exhibit [ɪg·ˈzɪb·ɪt] **I.** *n* ❶ (*display*) Ausstellungsstück *nt*, Ausstellung *f* ❷ LAW (*evidence*) Beweisstück *nt* **II.** *vt* ❶ (*display*) ausstellen ❷ (*manifest*) zeigen **III.** *vi* ausstellen
exhibition [ˌek·sɪ·ˈbɪʃ·ən] *n* (*display*) Ausstellung *f* (**about** über +*akk*); (*performance*) Vorführung *f*
exhibitionism [ˌek·sɪ·ˈbɪʃ·ə·nɪz·əm] *n* Exhibitionismus *m*
exhibitionist [ˌek·sɪ·ˈbɪʃ·ə·nɪst] *n* Exhibitionist(in) *m(f)*
exhibitor [ɪg·ˈzɪb·ɪ·tər] *n* Aussteller(in) *m(f)*
exhilarating [ɪg·ˈzɪl·ə·reɪ·t̬ɪŋ] *adj* ❶ (*thrilling*) berauschend; (*exciting*) aufregend ❷ (*energizing*) belebend
exhilaration [ɪg·ˈzɪl·ə·reɪ·ʃən] *n* Hochgefühl *nt*
exhumation [ˌeg·zju·ˈmeɪ·ʃən] *n* Exhumierung *f*
exhume [ɪg·ˈzum] *vt* exhumieren
exile [ˈek·saɪl] **I.** *n* ❶ (*banishment*) Exil *nt*, Verbannung *f* (**from** aus +*dat*); **to go into ~** ins Exil gehen ❷ (*person*) Verbannte(r) *f(m)*; **tax ~** Steuerflüchtling *m* **II.** *vt* verbannen
exist [ɪg·ˈzɪst] *vi* ❶ (*be*) existieren, bestehen ❷ (*live*) leben, existieren; (*survive*) überleben
existence [ɪg·ˈzɪs·təns] *n* ❶ (*state*) Existenz *f*, Bestehen *nt*; **to come into ~** entstehen ❷ (*life*) Leben *nt*, Existenz *f*; **means of ~** Le-

E

bensgrundlage *f*

existent [ɪg·'zɪs·tent] *adj* existent, vorhanden

existing [ɪg·'zɪs·tɪŋ] *adj* existierend, bestehend; *rules* gegenwärtig

exit ['eg·sɪt] **I.** *n* ❶ (*way out*) Ausgang *m* ❷ (*departure*) Weggehen *nt kein pl*, Abgang *m*; (*from room*) Hinausgehen *nt kein pl* ❸ (*road*) Ausfahrt *f*, Abfahrt *f* **II.** *vt* verlassen **III.** *vi* ❶ (*leave*) hinausgehen ❷ (*in car*) eine Ausfahrt nehmen

'exit visa *n* Ausreisevisum *nt*

exodus <*pl* -es> ['ek·sə·dəs] *n* Auszug *m*; **general** ~ allgemeiner Aufbruch

exonerate [ɪg·'zan·ə·reɪt] *vt* freisprechen; (*partially*) entlasten

exorbitant [ɪg·'zɔr·bə·tənt] *adj* überhöht

exorcism ['ek·sɔr·sɪz·əm] *n* Exorzismus *m*

exorcist ['ek·sɔr·sɪst] *n* Exorzist(in) *m(f)*

exorcize ['ek·sɔr·saɪz] *vt* exorzieren

exotic [ɪg·'zaṭ·ɪk] *adj* exotisch; (*fig*) fremdländisch

expand [ɪk·'spænd] **I.** *vi* ❶ (*increase*) zunehmen; *economy a.* expandieren; *population, trade* wachsen; *horizons, knowledge* sich erweitern ❷ PHYS sich ausdehnen **II.** *vt* ❶ (*enlarge*) erweitern ❷ PHYS ausdehnen ❸ (*elaborate*) weiter ausführen

expandable [ɪk·'spæn·də·bəl] *adj* *material* dehnbar; *business, project* entwicklungsfähig; *installation, system* ausbaufähig

expanse [ɪk·'spæns] *n* weite Fläche, Weite *f*; ~ **of lawn** ausgedehnte Rasenfläche

expansion [ɪk·'spæn·ʃən] *n* ❶ (*increase*) *of knowledge* Erweiterung *f*; *of territory, economy* Expansion *f*; *of population, trade* Wachstum *nt*, Zunahme *f* ❷ PHYS Ausdehnung *f* ❸ (*elaboration*) Erweiterung *f*

expansionism [ɪk·'spæn·ʃə·nɪz·əm] *n* Expansionspolitik *f*

expansive [ɪk·'spæn·sɪv] *adj* ❶ (*sociable*) umgänglich; (*effusive*) überschwänglich; *personality* aufgeschlossen ❷ (*elaborated*) ausführlich

expatriate **I.** *n* [ek·'speɪ·tri·ət] [ständig] im Ausland Lebende(r) *f(m)* **II.** *vt* [ek·'speɪ·tri·eɪt] ausbürgern

expect [ɪk·'spekt] *vt* ❶ erwarten; **that was to be ~ed** das war zu erwarten; **to half ~ sth** fast mit etw *dat* rechnen; ■ **to ~ to do sth** damit rechnen, etw zu tun ❷ (*fam: suppose*) glauben; **I ~ so** ich denke schon

expectancy [ɪk·'spek·tən·si] *n* Erwartung *f*; **air of ~** erwartungsvolle Atmosphäre; **with an air of ~** erwartungsvoll

expectant [ɪk·'spek·tənt] *adj* erwartungsvoll; *mother* werdend

expectation [ˌek·spek·'teɪ·ʃən] *n* Erwartung *f*

expedient [ɪk·'spi·di·ənt] *adj* ❶ (*useful*) zweckmäßig; (*advisable*) ratsam ❷ (*advantageous*) eigennützig

expedite ['ek·spɪ·daɪt] *vt* ❶ (*hasten*) beschleunigen ❷ (*do*) schnell erledigen

expedition [ˌek·spɪ·'dɪʃ·ən] *n* Expedition *f*; MIL

Feldzug *m*

expel <-ll-> [ɪk·'spel] *vt* ❶ (*evict*) ausschließen (**from** aus +*dat*); *from school, university* verweisen (**from** von +*dat*) ❷ (*force out*) vertreiben (**from** aus +*dat*) ❸ (*eject*) *breath* ausstoßen; *liquid* austreiben

expend [ɪk·'spend] *vt* ❶ (*spend*) *time, effort* aufwenden (**on** für +*akk*) ❷ (*use up*) aufbrauchen

expenditure [ɪk·'spen·dɪ·tʃər] *n* ❶ (*spending*) Ausgabe *f*; (*using*) *of energy, resources* Aufwand *m* (**of** an +*dat*) ❷ (*sum spent*) Ausgaben *pl*, Aufwendungen *pl* (**on** für +*akk*)

expense [ɪk·'spens] *n* ❶ [Un]kosten *pl*, Ausgaben *pl*; **at one's own ~** auf eigene Kosten ❷ ■ **~s** *pl* Spesen *pl* ❸ (*fig*) **at sb's ~** auf jds Kosten *pl*; **at the ~ of sth** auf Kosten einer S. gen ▶ PHRASES: **no ~s spared** [die] Kosten spielen keine Rolle

ex'pense account *n* Spesenrechnung *f*

expensive [ɪk·'spen·sɪv] *adj* teuer; *hobby* kostspielig

experience [ɪk·'spɪr·i·əns] **I.** *n* ❶ (*knowledge*) Erfahrung *f*; **to gain ~** Erfahrungen sammeln; **to learn by** [*or* **from**] ~ durch Erfahrung lernen ❷ (*event*) Erfahrung *f*, Erlebnis *nt*; **to have an ~** eine Erfahrung machen **II.** *vt* ❶ (*undergo*) erleben; (*endure*) kennen lernen, erfahren; *difficulties* stoßen auf +*akk* ❷ (*feel*) empfinden

experienced [ɪk·'spɪr·i·ənst] *adj* erfahren; *eye* geschult; ■ **to be ~ at** [*or* **in**] **sth** Erfahrung in etw *dat* haben

experiment **I.** *n* [ɪk·'sper·ɪ·mənt] Experiment *nt*, Versuch *m* (**on** an +*dat*/**mit** +*dat*); **by ~** durch Ausprobieren **II.** *vi* [ɪk·'sper·ɪ·ment] experimentieren, Versuche machen (**on** an +*dat*)

experimental [ɪk·ˌsper·ɪ·'men·təl] *adj* ❶ (*for experiment*) Versuchs- ❷ (*using experiments*) experimentell

experimentation [ɪk·ˌsper·ɪ·men·'teɪ·ʃən] *n* Experimentieren *nt*

expert ['ek·spɜrt] **I.** *n* Experte, -in *m*, *f*, Fachmann, Fachfrau *m*, *f*; LAW Sachverständige(r) *f(m)*; **an ~ at doing sth** ein Experte *m*/ eine Expertin in etw *dat* **II.** *adj* ❶ (*specialized*) Fach-, fachmännisch; (*skilled*) erfahren; (*clever*) geschickt; *analysis* fachkundig ❷ (*excellent*) ausgezeichnet; *liar* perfekt

expertise [ˌek·spɜr·'tiz] *n* (*knowledge*) Fachkenntnis *f*, Sachverstand *m* (**in** in +*dat*); (*skill*) Können *nt*

expert 'knowledge *n* Fachkenntnis *f*

expert o'pinion *n* Expertenmeinung *f*; LAW Sachverständigengutachten *nt*

expert 'witness *n* LAW Sachverständige(r) *f(m)*

expiration [ˌek·spə·'reɪ·ʃən] *n* ❶ (*termination*) ~ **date** *of drugs, food* Verfallsdatum *nt*; *of credit card, passport* Ablaufdatum *nt* ❷ (*exhalation*) Ausatmung *f*

expire [ɪk·'spaɪr] *vi* ❶ (*become invalid*) *passport* ablaufen; *contract, license* auslaufen; *cou-*

pon, *ticket* verfallen, ablaufen ❷(*die*) verscheiden

expiry [ɪkˈspaɪ·ri] *n* Ablauf *m*

explain [ɪkˈspleɪn] **I.** *vt* erklären; *reason, motive* erläutern; ■**to ~ oneself** (*make clear*) sich [deutlich] ausdrücken; (*justify*) **you'd better ~ yourself** du solltest mir das erklären **II.** *vi* eine Erklärung geben
◆**explain away** *vt* eine [einleuchtende] Erklärung für etw *akk* haben

explanation [ˌek·splə·ˈneɪ·ʃən] *n* Erklärung *f;* *of reason, motive* Erläuterung *f;* **in ~** [**of sth**] [*or* **by way of ~** [**for sth**]] als Erklärung [für etw *akk*]

explanatory [ɪkˈsplæn·ə·tɔr·i] *adj* erklärend; *footnotes, statement, diagram* erläuternd

expletive [ˈək·splɪ·t̬ɪv] *n* Kraftausdruck *m*

explicable [ekˈsplɪk·ə·bəl] *adj* erklärbar

explicit [ɪkˈsplɪs·ɪt] *adj* ❶(*precise*) klar, deutlich; *agreement, order* ausdrücklich ❷(*detailed*) eindeutig, unverhüllt

explode [ɪkˈsploʊd] **I.** *vi* explodieren *a. fig; tire* platzen; **to ~ in** [*or* **with**] **anger** vor Wut platzen **II.** *vt* *bomb* zünden; *container* sprengen; (*fig*) *argument* widerlegen

exploit **I.** *n* [ˈek·splɔɪt] Heldentat *f* **II.** *vt* [ɪkˈsplɔɪt] ❶*worker* ausbeuten; *friend, thing* ausnutzen ❷(*utilize*) nutzen

exploitation [ˌek·splɔɪˈteɪ·ʃən] *n* ❶*of workforce* Ausbeutung *f; of person, thing* Ausnutzung *f* ❷(*use*) Nutzung *f*

exploration [ˌek·splɔˈreɪ·ʃən] *n* ❶(*journey*) Erforschung *f; of enclosed space* Erkundung *f* ❷(*examination*) Untersuchung *f* (**of** von +*dat*)

exploratory [ɪkˈsplɔr·ə·tɔr·i] *adj* Forschungs-; *drilling, well* Probe-; *operation* explorativ; **~ talks** Sondierungsgespräche *pl*

explore [ɪkˈsplɔr] **I.** *vt* ❶(*investigate*) erforschen, erkunden ❷(*examine*) untersuchen **II.** *vi* sich umschauen

explorer [ɪkˈsplɔr·ər] *n* Forscher(in) *m(f)*

explosion [ɪkˈsploʊ·ʒən] *n* Explosion *f a. fig*

explosive [ɪkˈsploʊ·sɪv] **I.** *adj* explosiv *a. fig; issue, situation* [hoch] brisant; **to have an ~ temper** zu Wutausbrüchen neigen **II.** *n* Sprengstoff *m kein pl*

exponent [ɪkˈspoʊ·nənt] *n* (*representative*) Vertreter(in) *m(f)*, Exponent(in) *m(f)*; (*advocate*) Verfechter(in) *m(f)*

export **I.** *vt, vi* [ɪkˈspɔrt] exportieren **II.** *n* [ˈek·spɔrt] ❶(*selling*) Export *m*, Ausfuhr *f* ❷(*product*) Exportartikel *m*

exportable [ɪkˈspɔr·t̬ə·bəl] *adj* exportfähig

exportation [ˌek·spɔrˈteɪ·ʃən] *n* Export *m*, Ausfuhr *f*

'**export business** *n* Exportgeschäft *nt*

exporter [ɪkˈspɔr·t̬ər] *n* Exporteur *m;* (*person a.*) Exporthändler(in) *m(f)*; (*company a.*) Exportfirma *f;* (*country*) Exportland *nt*, Ausfuhrland *nt*

'**export goods** *npl* Exportgüter *pl*

'**export license** *n* Ausfuhrgenehmigung *f*, Exportlizenz *f*

'**export regulations** *npl* Ausfuhrbestimmungen *pl*

'**export trade** *n* Exporthandel *m*, Außenhandel *m*

expose [ɪkˈspoʊz] *vt* ❶(*bare*) freilegen; *nerves* bloßlegen ❷(*subject*) *danger, ridicule* aussetzen (**to** +*dat*) ❸(*reveal*) offenbaren; *scandal, plot* aufdecken; ■**to ~ sb** jdn entlarven ❹PHOT belichten

exposed [ɪkˈspoʊzd] *adj* ❶(*unprotected*) ungeschützt; *position* exponiert ❷(*bare*) freigelegt; *body part* unbedeckt ❸PHOT belichtet

exposition [ˌek·spə·ˈzɪʃ·ən] *n* ❶(*explanation*) Darlegung *f* ❷(*show*) Ausstellung *f* ❸LIT, MUS Exposition *f*

exposure [ɪkˈspoʊ·ʒər] *n* ❶(*being unprotected*) Aussetzung *f;* **~ to radiation** Bestrahlung *f* ❷(*contact*) Kontakt *m* (**to** mit +*dat*) ❸(*contact with elements*) Ausgesetztsein *nt* ❹(*revelation*) *of person* Entlarvung *f; of plot* Aufdeckung *f; of affair* Enthüllung *f* ❺PHOT Belichtung[szeit] *f;* (*shot*) Aufnahme *f*

expound [ɪkˈspaʊnd] **I.** *vt* ❶(*explain*) darlegen ❷(*interpret*) erläutern **II.** *vi* ■**to ~** [**up**]**on sth** etw darlegen

express [ɪkˈspres] **I.** *vt* ❶(*communicate*) ausdrücken; (*say*) aussprechen; ■**to ~ oneself** sich ausdrücken ❷MATH darstellen ❸(*send*) per Express schicken **II.** *adj* ❶(*rapid*) express; **by ~ delivery** per Eilzustellung, per Express ❷(*precise*) bestimmt; (*explicit*) ausdrücklich; **for the ~ purpose** eigens zu dem Zweck **III.** *adv* per Express **IV.** *n* (*train*) Express[zug] *m*, Schnellzug *m*, ≈ ICE *m*

expression [ɪkˈspreʃ·ən] *n* ❶ Ausdruck *m*, Äußerung *f;* **to give ~ to sth** etw zum Ausdruck bringen; **freedom of ~** Freiheit *f* der Meinungsäußerung; (*on face*) [Gesichts]ausdruck *m*

expressionless [ɪkˈspreʃ·ən·lɪs] *adj* ausdruckslos

expressive [ɪkˈspres·ɪv] *adj* ausdrucksvoll; *voice* ausdrucksstark

expressly [ɪkˈspres·li] *adv* ❶(*explicitly*) ausdrücklich ❷(*particularly*) extra

ex'pressway *n* Schnellstraße *f*

expropriate [eksˈproʊ·pri·eɪt] *vt* ❶(*dispossess*) enteignen ❷(*appropriate*) sich *dat* [widerrechtlich] aneignen; *funds* veruntreuen

expropriation [eks·proʊ·pri·ˈeɪ·ʃən] *n* ❶(*dispossessing*) Enteignung *f* ❷(*appropriation*) [widerrechtliche] Aneignung; *of funds* Veruntreuung *f*

expulsion [ɪkˈspʌl·ʃən] *n* *from club* Ausschluss *m* (**from** aus +*dat*); *from country* Ausweisung *f* (**from** aus +*dat*); *from home* Vertreibung *f* (**from** aus +*dat*); *from school, university* Verweisung *f* (**from** von +*dat*)

exquisite [ˈek·skwɪ·zɪt] *adj* erlesen, exquisit

extemporaneous [ɪk·stem·pə·ˈreɪ·ni·əs] *adj* improvisiert; *speech* aus dem Stegreif *nach n*

extemporize [ɪkˈstem·pə·raɪz] *vi* improvisieren

extend [ɪk·'stend] **I.** *vt* ❶ (*stretch*) ausstrecken; *rope* spannen ❷ (*prolong*) verlängern ❸ (*pull out*) verlängern; *ladder, table* ausziehen; *landing gear* ausfahren ❹ (*expand*) erweitern; *influence, business* ausdehnen ❺ (*build*) ausbauen **II.** *vi* sich erstrecken; *over time* sich hinziehen; **to ~ for miles** sich meilenweit hinziehen

extended [ɪk·'sten·dɪd] *adj* verlängert; *bulletin* umfassend

extension [ɪk·'sten·ʃən] **I.** *n* ❶ (*stretching*) *of extremities* Ausstrecken *nt; of muscles* Dehnung *f* ❷ (*lengthening*) Verlängerung *f;* **~ table** Ausziehtisch *m* ❸ (*expansion*) Erweiterung *f,* Vergrößerung *f; of influence, power* Ausdehnung *f;* **by ~** im weiteren Sinne ❹ (*prolongation*) Verlängerung *f* ❺ (*addition*) Anbau *m; to building* Erweiterungsbau *m* (**to an** +*dat*) ❻ (*phone line*) Nebenanschluss *m;* (*number*) [Haus]apparat *m* ❼ (*offering*) Bekundung *f* **II.** *adj* UNIV Fern-

ex'tension cord *n* Verlängerungskabel *nt*

ex'tension ladder *n* Ausziehleiter *f*

extensive [ɪk·'sten·sɪv] *adj* ❶ (*large*) ausgedehnt; *grounds* weitläufig ❷ (*far-reaching*) weitreichend ❸ (*large-scale*) *bombing* schwer; *damage* beträchtlich; *knowledge* breit; *repairs* umfangreich

extensively [ɪk·'sten·sɪv·li] *adv* ❶ (*for the most part*) weitgehend ❷ (*considerably*) beträchtlich; *damaged* erheblich ❸ (*thoroughly*) gründlich; (*in detail*) ausführlich; **to use sth ~** von etw *dat* ausgiebig Gebrauch machen

extent [ɪk·'stent] *n* ❶ (*size*) Größe *f,* Ausdehnung *f;* (*length*) Länge *f* ❷ (*range*) Umfang *m* ❸ (*degree*) Grad *m* kein *pl,* Maß *nt* kein *pl;* **to a certain ~** in gewissem Maße; **to a great** [*or* **large**] **~** in hohem Maße, weitgehend

exterior [ɪk·'stɪr·i·ər] **I.** *n* ❶ (*outside*) Außenseite *f; of building* Außenfront *f* ❷ (*appearance*) Äußere *nt* **II.** *adj* Außen-

exterminate [ɪk·'stɜr·mɪ·neɪt] *vt* ausrotten, vernichten; *vermin, weeds* vertilgen

extermination [ɪk·ˌstɜr·mɪ·'neɪ·ʃən] *n* Ausrottung *f,* Vernichtung *f; of vermin, weeds* Vertilgung *f*

external [ɪk·'stɜr·nəl] *adj* ❶ (*exterior*) äußerlich; *angle, pressure, world* Außen- ❷ (*from outside*) äußere(r, s) ❸ (*on surface*) äußerlich; **for ~ use only** nur zur äußerlichen Anwendung ❹ (*foreign*) auswärtig; **~ affairs** Außenpolitik *f*

externalize [ɪk·'stɜr·nə·laɪz] *vt* nach außen verlagern

extinct [ɪk·'stɪŋkt] *adj* ❶ (*died out*) ausgestorben; *custom, empire, people* untergegangen; *language* tot; **to become ~** aussterben ❷ (*inactive*) erloschen; **to become ~** *volcano* erlöschen

extinction [ɪk·'stɪŋk·ʃən] *n* ❶ (*dying out*) Aussterben *nt; of custom, empire, people* Untergang *m;* (*deliberate act*) Ausrottung *f* ❷ (*inac-*

tivity) *volcano* Erlöschen *nt*

extinguish [ɪk·'stɪŋ·gwɪʃ] *vt* [aus]löschen; *candle* ausmachen

extinguisher [ɪk·'stɪŋ·gwɪʃ·ər] *n* Feuerlöscher *m*

extort [ɪk·'stɔrt] *vt* erzwingen; *money* erpressen

extortion [ɪk·'stɔr·ʃən] *n* Erzwingung *f; of money* Erpressung *f;* **that's sheer ~!** das ist ja Wucher!

extortionate [ɪk·'stɔr·ʃə·nɪt] *adj* ❶ (*exorbitant*) übermäßig; **~ prices** Wucherpreise *pl* ❷ (*using force*) erpresserisch

extra ['ek·strə] **I.** *adj* zusätzlich; **some ~ money** etwas mehr Geld; **to take ~ care** besonders vorsichtig sein; **~ charge** Aufschlag *m* **II.** *adv* ❶ (*more*) mehr; **to charge ~** einen Aufpreis verlangen; **postage and handling ~** zuzüglich Porto und Versand ❷ (*especially*) besonders; **I'll try ~ hard** ich werde mich ganz besonders anstrengen **III.** *n* ❶ ECON (*perk*) Zusatzleistung *f;* AUTO Extra *nt* ❷ (*charge*) Aufschlag *m* ❸ (*actor*) Statist(in) *m(f)* ❹ PUBL (*special edition*) Sonderausgabe *f*

extract I. *vt* [ɪk·'strækt] ❶ (*remove*) [heraus]ziehen (**from** aus +*dat*); *bullet* entfernen; *tooth* ziehen (**from** aus +*dat*); *oil* fördern; *confession* abringen; *information* herausquetschen **II.** *n* ['ek·strækt] ❶ (*excerpt*) Auszug *m* (**from** aus +*dat*) ❷ (*concentrate*) Extrakt *m*

extraction [ɪk·'stræk·ʃən] *n* ❶ (*removal*) Herausziehen *nt; of bullet* Entfernen *nt; of tooth* [Zahn]ziehen *nt* ❷ (*obtainment*) Gewinnung *f; of oil* Förderung *f; of confession* Abringen *nt*

extracurricular [ˌek·strə·kə·'rɪk·jə·lər] *adj* ❶ SCH, UNIV außerhalb des Stundenplans *nach n;* ❷ (*fig*) außerplanmäßig

extradite ['ek·strə·daɪt] *vt* ausliefern (**from** von +*dat,* **to** an +*akk*)

extradition [ˌek·strə·'dɪʃ·ən] *n* Auslieferung *f*

extramarital [ˌek·strə·'mer·ɪ·təl] *adj* außerehelich

extraneous [ɪk·'streɪ·ni·əs] *adj* ❶ (*external*) von außen *nach n;* **~ substance** Fremdstoff *m* ❷ (*unrelated*) sachfremd

extraordinary [ɪk·'strɔr·də·ner·i] *adj* außerordentlich, außergewöhnlich; *achievement* herausragend; *coincidence* merkwürdig; *success* erstaunlich

extrapolate [ek·'stræp·ə·leɪt] *vt* extrapolieren

extrasensory [ˌek·strə·'sen·sə·ri] *adj* übersinnlich

extraterrestrial ['ek·strə·tə·'res·tri·əl] **I.** *adj* außerirdisch **II.** *n* außerirdisches [Lebe]wesen

extravagance [ɪk·'stræv·ə·gəns] *n* ❶ (*excess*) Verschwendungssucht *f;* (*expenditure*) Verschwendung *f* ❷ (*treat*) Luxus *m* kein *pl*

extravagant [ɪk·'stræv·ə·gənt] *adj* ❶ (*flamboyant*) extravagant ❷ (*luxurious*) üppig; *lifestyle* aufwendig; **to have ~ taste** einen teuren Geschmack haben ❸ (*wasteful*) verschwenderisch

extravaganza [ɪk·ˌstræv·ə·ˈgæn·zə] *n* opulente Veranstaltung

extreme [ɪk·ˈstrim] **I.** *adj* ❶ (*utmost*) äußerste(r, s); *difficulties, weather* extrem; *relief* außerordentlich ❷ (*radical*) radikal, extrem **II.** *n* Extrem *nt;* **to go from one ~ to the other** von einem Extrem ins andere fallen

> **i** In den USA werden die nicht-traditionellen Sportarten wie das Bungee-Jumping, das Paragliding oder das Freiklettern **extreme sports** oder **alternative sports** genannt. Andere Sportarten wie Heliskiing, Canyoning, Wakeboarding und Rennrodeln zählen ebenfalls zu den **extreme sports**. Es handelt sich um Sportarten von großer Schnelligkeit, die sehr modisch sind, weil sie für gefährlich und exzentrisch gehalten werden.

extremely [ɪk·ˈstrim·li] *adv* äußerst; **I'm ~ sorry** es tut mir außerordentlich leid

extremism [ɪk·ˈstri·mɪz·əm] *n* Extremismus *m*

extremist [ɪk·ˈstri·mɪst] **I.** *n* Extremist(in) *m(f)* **II.** *adj* radikal

extremity [ɪk·ˈstrem·ə·t̬i] *n* ❶ (*end*) äußerstes Ende ❷ (*fingers and toes*) ■**extremities** *pl* Extremitäten *pl*

extricate [ˈek·strɪ·keɪt] *vt* befreien (**from** aus +*dat*)

extrovert [ˈek·strə·vɜrt] *n* extravertierter Mensch

extroverted [ˈek·strə·vɜr·tɪd] *adj* extravertiert

extrude [ek·ˈstrud] *vt* herauspressen

exuberance [ɪg·ˈzu·bər·əns] *n of person* Überschwänglichkeit *f; of feelings* Überschwang *m*

exuberant [ɪg·ˈzu·bər·ənt] *adj person* überschwänglich, ausgelassen; *mood* überschäumend

exude [ɪg·ˈzud] *vt* ausscheiden; *aroma* verströmen; *pus, resin* absondern; (*fig*) *confidence* ausstrahlen

exult [ɪg·ˈzʌlt] *vi* frohlocken (**at, in, over** über +*akk*)

exultant [ɪg·ˈzʌl·tənt] *adj* jubelnd; *laugh* triumphierend

exultation [ˌek·sʌl·ˈteɪ·ʃən] *n* Jubel *m* (**at** über +*akk*)

eye [aɪ] **I.** *n* ❶ Auge *nt;* **a black ~** ein blaues Auge; **as far as the ~ can see** so weit das Auge reicht ❷ (*in needle*) Öhr *nt;* **~ of a needle** Nadelöhr *nt* ❸ (*eyelet*) Öse *f* ▶ PHRASES: **to cry** <u>one's</u> **~s out** sich *dat* die Augen ausheulen; **to** <u>have</u> **one's ~ on sb/sth** jdn/etw im Auge behalten, ein [wachsames] Auge auf jdn/etw haben; **to** <u>have</u> **a good ~ for sth** ein Auge für etw *akk* haben; **to** <u>keep</u> **an** [*or* **one's**] **~ on sb/sth** ein [wachsames] Auge auf jdn/etw haben; **to** <u>keep</u> **one's ~s open** [*or* **peeled**] die Augen offen halten; **to** <u>open</u> **sb's ~s** [**to sth**] jdm die Augen [für etw] öffnen; **with one's ~s** <u>shut</u> mit geschlossenen Augen; **to not** <u>take</u> **one's ~s off sb/sth** (*admire*) kein Auge von jdm/etw abwenden; (*guard*) jdn/etw keine Minute aus den Augen lassen; **to turn a blind ~** [**to sth**] [bei etw] beide Augen zudrücken **II.** *adj* Augen-; **~ specialist** Augenarzt, -ärztin *m, f* **III.** *vt* <-d, -d, -ing *or* eying> beäugen; ■**to ~ sb up and down** (*carefully*) jdn von oben bis unten mustern; (*with desire*) mit begehrlichen Blicken betrachten

'eyeball I. *n* Augapfel *m* **II.** *vt* (*fam*) ❶ (*watch*) mit einem durchdringenden Blick ansehen ❷ (*measure*) nach Augenmaß einschätzen

'eyebrow *n* Augenbraue *f*

'eye-catching *adj* auffallend

'eye contact *n* **to make ~** [**with sb**] Blickkontakt [mit jdm] aufnehmen

'eyedrops *n pl* Augentropfen *pl*

'eyeful *n* **to get an ~ of dust** Staub ins Auge bekommen ▶ PHRASES: **to** <u>get</u> **an ~ of sth** einen Blick auf etw *akk* werfen

'eyeglasses *npl* Brille *f*

'eyeglasses case *n* Brillenetui *nt*

'eyelash *n* Wimper *f*

eyelet [ˈaɪ·lɪt] *n* Öse *f*

'eyelid *n* Augenlid *nt*

'eyeliner *n* Eyeliner *m*

'eye opener *n* ■**to be an ~ for sb** (*enlightening*) jdm die Augen öffnen; (*startling*) alarmierend für jdn sein

'eyepiece *n* Okular *nt*

'eye shadow *n* Lidschatten *m*

'eyesight *n* Sehvermögen *nt*, Sehkraft *f*

'eyesore *n* Schandfleck *m*

'eyestrain *n* Überanstrengung *f* der Augen

'eyetooth *n* Augenzahn *m*; (*fig*) **I'd give my eyeteeth for that** ich würde alles darum geben

'eyewash *n* ❶ Augenwasser *nt* ❷ (*fam: nonsense*) Blödsinn *m*

eye'witness *n* Augenzeuge, -in *m, f*

eyrie [ˈer·i, ˈɪr·i] *n* ORN *see* **aerie**

F

F <*pl* -'s *or* -s>, **f** <*pl* -'s> [ef] *n* ❶ (*letter*) F *nt*, f *nt;* **~ as in Foxtrot** F wie Friedrich ❷ MUS F *nt*, f *nt* ❸ SCH (*grade*) ≈ Sechs *f*, ≈ ungenügend

fable [ˈfeɪ·bəl] *n* Fabel *f*

fabled [ˈfeɪ·bld] *adj* legendär

fabric [ˈfæb·rɪk] *n* ❶ (*textile*) Stoff *m* ❷ *of building* Bausubstanz *f*

fabricate [ˈfæb·rɪ·keɪt] *vt* ❶ (*manufacture*) herstellen ❷ (*pej: make up*) erfinden

fabulous [ˈfæb·jə·ləs] *adj* (*terrific*) fabelhaft, sagenhaft, toll *fam; meal* hervorragend

façade [fə·ˈsad] *n* Fassade *f a. fig*

face [feɪs] **I.** *n* ❶ Gesicht *nt a. fig;* **with a**

smile on one's ~ mit einem Lächeln im Gesicht; **with a puzzled/worried look on one's** ~ mit ratlosem/besorgtem Gesicht [*o* ratloser/besorgter Miene]; ~ **down/up** mit dem Gesicht nach unten/oben; **to look sb in the** ~ jdm in die Augen schauen; **to shut the door in sb's** ~ jdm die Tür vor der Nase zuschlagen; ~ **to** ~ von Angesicht zu Angesicht; **to come** ~ **to** ~ **with sth** direkt mit etw *dat* konfrontiert werden; **to speak to sb** ~ **to** ~ mit jdm persönlich sprechen; **I don't want to see your** ~ **in here again!** (*fam*) ich will dich hier nie wieder sehen! ❷ *of a building* Fassade *f; of a cliff, mountain* Wand *f; of a clock, watch* Zifferblatt *nt; of a playing card* Bildseite *f* ❸ (*reputation*) **to lose/save** ~ das Gesicht verlieren/wahren ▶ PHRASES: **to disappear** [*or* **be wiped**] **off the** ~ **of the earth** wie vom Erdboden verschluckt sein; **get out of my face!** (*fam*) lass mich in Ruhe!; **in the** ~ **of sth** (*despite*) trotz einer S. *gen;* **on the** ~ **of it** auf den ersten Blick; **to show one's** ~ sich blicken lassen **II.** *vt* ❶ (*look toward*) *person* ∎**to** ~ **sb/sth** sich jdm/etw zuwenden; **to** ~ **the audience** sich dem Publikum zuwenden; ∎**to** ~ [*or* **sit facing**] **sb** jdm gegenübersitzen; ∎**to** ~ [*or* **sit facing**] **sth** mit dem Gesicht zu etw *dat* sitzen ❷ (*look toward*) *room, window* [hinaus]gehen (auf +*akk*); **my bedroom** ~**s the street** mein Schlafzimmer geht auf die Straße; (*be situated across from*) gegenüber liegen +*dat* ❸ (*be confronted*) ∎**to be** ~**ed with sth** sich einer S. +*dat* gegenübersehen; **the nation is facing a crisis** die Nation steht vor einer Krise ❹ (*confront*) ∎**to** ~ **sth/sb** etw/jdm ins Auge sehen; **it's time we** ~**d** [**the**] **facts** es wird Zeit, dass wir den Tatsachen ins Auge sehen ❺ (*bear*) ertragen; **he can't** ~ **work today** er ist heute nicht imstande zu arbeiten ▶ PHRASES: **to** ~ **the music** für die Folgen geradestehen **III.** *vi* ❶ (*point*) **to** ~ **back-ward**[**s**]/**east** nach hinten/Osten zeigen; **a seat facing forward**[**s**] TRANSP ein Sitz in Fahrtrichtung ❷ (*look onto*) **to** ~ **south** *room, window* nach Süden [hinaus]gehen; *house, garden* nach Süden liegen ❸ (*look*) *person* blicken; **to sit facing away from sb/sth** mit dem Rücken zu jdm/etw sitzen; **facing forward**[**s**] mit dem Gesicht nach vorne
◆**face down I.** *vt* ∎**to** ~ **down** ↻ **sb/sth** jdm/etw [energisch] entgegentreten **II.** *vi* nach unten zeigen
◆**face out** *vi* nach außen zeigen
◆**face up I.** *vi* ∎**to** ~ **up to sth/sb** etw/jdm ins Auge sehen; **to** ~ **up to one's problems** sich seinen Problemen stellen **II.** *vi* nach oben zeigen
'**face cream** *n* Gesichtscreme *f*
'**facelift** *n* [Face]lifting *nt;* (*fig*) Renovierung *f;* **to have a** ~ sich liften lassen
'**face pack** *n* Gesichtsmaske *f*
'**face powder** *n* Gesichtspuder *m*
facet ['fæs·ɪt] *n* Facette *f a. fig*

facetious [fə·'si·ʃəs] *adj* (*usu pej*) [gewollt] witzig
face-to-'face *adj* persönlich
face 'value *n* Nennwert *m;* **to take sth at** ~ etw für bare Münze nehmen
facial ['feɪ·ʃəl] **I.** *adj* Gesichts- **II.** *n* [kosmetische] Gesichtsbehandlung
facile <-r, -st *or* more ~, most ~> ['fæs·ɪl] *adj* (*pej*) ❶ *person* oberflächlich ❷ (*superficially easy*) [allzu] einfach
facilitate [fə·'sɪl·ɪ·teɪt] *vt* erleichtern
facilitator [fə·'sɪl·ɪ·teɪ·ʃər] *n* Vermittler(in) *m(f)*
facility [fə·'sɪl·ə·ti] *n* ❶ (*ease*) Leichtigkeit *f* ❷ (*natural ability*) Begabung *f* (**for** für +*akk*) ❸ (*building and equipment*) Einrichtung *f*, Anlage *f;* **sports** ~ Sportanlage *f;* **bathroom** ~ Toilette *f*
facsimile [fæk·'sɪm·ə·li] *n* Faksimile *nt*
fact [fækt] *n* ❶ (*truth*) Wirklichkeit *f* ❷ (*single truth*) Tatsache *f;* **the** ~ [**of the matter**] **is that ...** Tatsache ist, dass ... ▶ PHRASES: **in** [*or* **as a matter of**] ~ genau genommen
'**fact-finding** *adj* Untersuchungs-; ~ **mission** Erkundungsmission *f*
faction ['fæk·ʃən] *n* POL ❶ (*dissenting group*) [Splitter]gruppe *f* ❷ (*disagreement*) interne Unstimmigkeiten
factor ['fæk·tər] *n* Faktor *m;* **to be a contributing** ~ **in sth** zu etw *dat* beitragen; **by a** ~ **of four** um das Vierfache
factory ['fæk·tə·ri] *n* Fabrik *f;* (*plant*) Werk *nt*
factory 'farm *n* [voll] automatisierter landwirtschaftlicher Betrieb
factory 'farming *n* [voll] automatisierte Viehhaltung
factual ['fæk·tʃu·əl] *adj* sachlich; ~ **error** Sachfehler *m*
faculty ['fæk·əl·ti] *n* ❶ SCH, UNIV Lehrkörper *m* ❷ (*natural ability*) Fähigkeit *f;* **to have** [**all**] **one's faculties** im [Voll]besitz seiner [geistigen] Kräfte sein; (*skill*) Talent *nt*
fad [fæd] *n* Modeerscheinung *f;* **the latest** ~ der letzte Schrei
fade [feɪd] **I.** *vi* ❶ (*lose color*) ausbleichen, verblassen ❷ (*lose intensity*) nachlassen; **the light is fading** (*at end of day*) es wird dunkel; *sound* verklingen; *smile* vergehen; *color* verbleichen ❸ (*disappear*) verschwinden; FILM, TV ausgeblendet werden; **day slowly** ~**d into night** der Tag ging langsam in die Nacht über **II.** *vt* ausbleichen
◆**fade away** *vi* (*disappear gradually*) *courage, hope* schwinden; *memories* verblassen; *dreams, plans* zerrinnen; *beauty* verblühen
◆**fade in** FILM, TV **I.** *vi* eingeblendet werden **II.** *vt* einblenden
◆**fade out I.** *vi* ausgeblendet werden **II.** *vt* ausblenden
fag [fæg] *n* (*pej fam: homosexual*) Schwule(r) *m*
faggot ['fæg·ət] *n* (*pej fam*) Schwule(r) *m*
fail [feɪl] **I.** *vi* ❶ (*not succeed*) *person* versagen;

attempt, plan scheitern, fehlschlagen; **if all else ~s** zur Not ❷ (*not do*) ■**to ~ to do sth** versäumen, etw zu tun; **to ~ in one's duty** [to sb] seiner Pflicht [jdm gegenüber] nicht nachkommen; **I ~ to see what ...** ich verstehe nicht, was ... ❸ SCH, UNIV durchfallen ❹ *brakes* versagen; *generator, harvest* ausfallen ❺ (*become weaker*) nachlassen; *health* schwächer werden; *heart, voice* versagen ❻ (*go bankrupt*) bankrottgehen II. *vt* ❶ (*not pass*) durchfallen; **she ~d her driving test** sie ist bei der Fahrprüfung durchgefallen; *course, subject* nicht bestehen; ■**to ~ sb** (*not grant a passing grade*) jdn durchfallen lassen ❷ (*let down*) im Stich lassen; **words ~ me** mir fehlen die Worte III. *n* negative Prüfungsarbeit; **is this one a pass or a ~?** hat dieser Kandidat bestanden oder ist er durchgefallen? ▶ PHRASES: **without ~** auf jeden Fall

failing ['feɪ·lɪŋ] I. *adj* **~ eyesight** Sehschwäche *f;* **to be in ~ health** eine angeschlagene Gesundheit haben II. *n* Schwäche *f* III. *prep* mangels +*gen;* ■**~ that** ansonsten

'**fail-safe** *adj* abgesichert

failure ['feɪl·jər] *n* ❶ (*lack of success*) Scheitern *nt*, Versagen *nt; of bank/business* Bankrott *m; of crop* Missernte *f;* **~ rate** SCH, UNI Durchfallquote *f;* **to end in ~** scheitern ❷ (*unsuccessful thing*) Misserfolg *m; person* Versager(in) *m(f)* ❸ (*omission*) Unterlassung *f* ❹ MED, TECH Versagen *nt kein pl; of an engine* Ausfall *m*

faint [feɪnt] I. *adj* ❶ (*slight*) *light, color, smile, voice* matt; *sound, suspicion, hope* leise; *scent, pattern* zart; *smell, memory, taste* schwach; *chance* gering; **to not have the ~est idea** nicht die geringste Ahnung haben ❷ (*unclear*) *line* undeutlich ❸ (*physically weak*) **to feel ~** sich schwach fühlen; **to be ~ with hunger/exhaustion** vor Hunger/Erschöpfung fast umfallen II. *vi* ohnmächtig werden III. *n* **in a** [**dead**] **~** ohnmächtig

faint-'hearted *adj* zaghaft; **to be not for the ~** nichts für schwache Nerven sein

faintly ['feɪnt·li] *adv* ❶ (*weakly*) leicht, schwach ❷ (*not clearly*) schwach; **~ visible** schwach zu sehen ❸ (*slightly*) leicht, etwas; **to ~ resemble sth** entfernt an etw *akk* erinnern

fair¹ [fer] I. *adj* ❶ (*reasonable*) fair; *salary* angemessen; (*legitimate*) berechtigt; **you're not being ~** das ist unfair; [**that's**] **~ enough!** (*fam: agreed*) dagegen ist nichts einzuwenden!; **it's ~ to say that ...** man kann [wohl] sagen, dass ... ❷ (*just, impartial*) gerecht, fair; **to get one's ~ share** seinen Anteil bekommen; ■**to be ~ to/toward**[**s**] **sb** jdm gegenüber gerecht sein ❸ (*large*) ziemlich; **there's still a ~ bit of work to do** es gibt noch einiges zu tun ❹ (*good*) ziemlich gut; **she's got a ~ chance of winning** ihre Gewinnchancen stehen ziemlich gut ❺ (*pale*) *skin* hell; *hair* blond ❻ (*clear*) *weather, sky* heiter II. *adv* (*according to rules*) **to play ~** fair

sein; SPORTS **fair spielen** ▶ PHRASES: **~ and square** klar und deutlich, ganz klar

fair² [fer] *n* ❶ (*carnival*) Jahrmarkt *m*, Rummel[platz] *m bes* NORDD, Kirmes *f* NORDD, MITTELD, Kir[ch]tag *m* ÖSTERR ❷ (*trade, industry*) Messe *f;* (*agriculture*) [Vieh]markt *m*

fair 'game *n* (*fig*) Freiwild *nt*

'**fairground** *n* Rummel[platz] *m bes* NORDD

fair-'haired <fairer-, fairest- *or* more ~, most ~> *adj* blond

fairly ['fer·li] *adv* ❶ (*quite*) ziemlich; **~ recently** vor kurzem ❷ (*justly*) fair; *divide up* gerecht

fair-'minded <fairer-, fairest- *or* more ~, most ~> *adj* unvoreingenommen

fairness ['fer·nɪs] *n* ❶ (*justice*) Fairness *f*, Gerechtigkeit *f;* **in** [**all**] **~** fairerweise ❷ *of hair, skin* Helligkeit *f*

fair 'play *n* Fairplay *nt*

fairy ['fer·i] *n* ❶ Fee *f* ❷ (*offensive fam: homosexual*) Tunte *f meist pej fam*

'**fairy tale** *n* Märchen *nt a. fig*

'**fairy-tale** *adj* Märchen-

faith [feɪθ] *n* ❶ (*trust*) Vertrauen *nt* (**in** zu +*dat*); **to put one's ~ in sb/sth** auf jdn/etw vertrauen ❷ REL Glaube *m* (**in** an +*akk*) ❸ (*sincerity*) **to act in good ~** in gutem Glauben handeln

faithful ['feɪθ·fəl] I. *adj* ❶ (*loyal*) treu; ■**to be ~ to sb/sth** jdm/etw treu sein ❷ REL gläubig ❸ (*accurate*) originalgetreu; *account* detailliert; ■**to be ~ to sth** einer S. *dat* gerecht werden II. *n* ■**the ~** *pl* die Gläubigen *pl*

faithfully ['feɪθ·fəl·i] *adv* ❶ (*loyally*) treu; **to serve sb ~** jdm treue Dienste leisten ❷ (*exactly*) genau; *reproduce* originalgetreu

'**faith healer** *n* Gesundbeter(in) *m(f)*

fake [feɪk] I. *n* ❶ (*counterfeit object*) Fälschung *f;* (*dummy*) Attrappe *f* ❷ (*impostor*) Hochstapler(in) *m(f)* II. *adj* Kunst-; *antique* falsch; *jewel* imitiert; *passport* gefälscht; **~ tan** künstliche Bräune *f* (*mittels Selbstbräuner getönte Haut*) III. *vt* ❶ (*make a copy*) fälschen ❷ (*pretend*) vortäuschen; *illness* simulieren; **to ~ it** (*fam*) so tun als ob IV. *vi* (*pretend*) markieren, so tun als ob

falcon ['fæl·kən] *n* Falke *m*

fall [fɔl] I. *n* ❶ (*tumble, drop*) Fall *m;* (*harder*) Sturz *m;* **she broke her leg in the ~** sie brach sich bei dem Sturz das Bein; **the bushes broke his ~** die Büsche haben seinen Sturz abgefangen ❷ (*decrease*) Rückgang *m* (**in** +*gen*); *in support* Nachlassen *nt* (**in** +*gen*); *a level a.* Sinken *nt* (**in** +*gen*); **~ in pressure** Druckabfall *m;* **~ in value** Wertverlust *m* ❸ (*downfall*) *of a city* Einnahme *f; of a dictator, regime* Sturz *m;* **the ~ of the Roman Empire** der Untergang des Römischen Reiches ❹ (*autumn*) Herbst *m* ▶ PHRASES: **to take a** [*or* **the**] **~ for sb/sth** für jdn/etw die Schuld auf sich *akk* nehmen II. *adj* Herbst- III. *vi* <fell, fallen> ❶ (*drop, tumble*) fallen; (*harder*) stürzen; *person* hinfallen; (*harder*) stürzen; *tree,* *post* umfallen; (*harder*) umstürzen; **to ~ to one's death** in den Tod stürzen; **to ~ flat on one's face** auf die Nase fallen; **to ~ to one's knees** auf die Knie fallen; **to ~ down dead** tot umfallen ❷ (*hang*) fallen; **her hair fell to her waist** ihr Haar reichte ihr bis zur Taille ❸ (*descend*) fallen; *darkness* hereinbrechen; *silence* eintreten ❹ (*decrease*) sinken, fallen; **church attendance has ~en dramatically** die Anzahl der Kirchenbesucher ist drastisch zurückgegangen ❺ (*be*) **the accent ~s on the second syllable** der Akzent liegt auf der zweiten Silbe ❻ (*become*) **to ~ asleep** einschlafen; **to ~ ill** krank werden ❼ (*enter a particular state*) **to ~ into debt** sich verschulden; **to ~ out of favor** [**with sb**] [bei jdm] nicht mehr gefragt sein; **to ~ in love** [**with sb/sth**] sich [in jdn/etw] verlieben

◆**fall apart** *vi* ❶ (*disintegrate*) auseinanderfallen; *clothing* sich auflösen ❷ (*fig: fail*) auseinanderfallen; *system* zusammenbrechen; *organization* sich auflösen; *marriage* auseinandergehen ❸ (*fig: not cope*) *person* zusammenbrechen

◆**fall away** *vi* ❶ (*detach itself*) abfallen ❷ (*slope*) abfallen ❸ (*decrease*) sinken, zurückgehen

◆**fall back** *vi* ❶ (*move back*) zurückweichen; MIL sich zurückziehen; SPORTS *in a race* zurückfallen ❷ (*resort to*) *thing* zurückgreifen ([**up**]**on** auf +*akk*); *person* zurückkommen ([**up**]**on** auf +*akk*)

◆**fall behind** *vi* ❶ (*slow*) zurückfallen ❷ (*achieve less*) zurückbleiben; (*at school*) hinterherhinken; ■**to ~ behind with sth** mit etw *dat* in Verzug geraten ❸ SPORTS (*in a race*) zurückfallen

◆**fall down** *vi* ❶ (*drop, tumble*) hinunterfallen; (*topple*) *person* hinfallen; (*harder*) stürzen; *object* umfallen; (*harder*) umstürzen; ■**to ~ down sth** etw hinunterfallen; *hole, well* hineinfallen in +*akk* ❷ (*collapse*) einstürzen; *tent* zusammenfallen; ■**to be ~ing down** abbruchreif sein

◆**fall for** *vt* ❶ (*love*) *person* sich verlieben in +*akk* ❷ (*be deceived by*) *trick* hereinfallen auf +*akk*

◆**fall in** *vi* ❶ (*drop*) hineinfallen ❷ (*collapse*) einstürzen ❸ MIL (*take up a position*) [in Reih und Glied] antreten; ■**to ~ in behind sb** hinter jdm herlaufen; ■**to ~ in with sb** sich jdm anschließen

◆**fall off** *vi* ❶ ■**to ~ off sth** von etw *dat* fallen ❷ (*decrease*) zurückgehen, sinken ❸ (*detach itself*) abfallen, herunterfallen; *wallpaper* sich lösen

◆**fall on** *vi* ❶ (*attack*) ■**to ~ on sb** über jdn herfallen ❷ (*be assigned to*) ■**to ~ on sb** jdm zufallen ❸ (*be directed at*) ■**to ~ on sb** jdn treffen; *suspicion* auf jdn fallen

◆**fall out** *vi* ❶ (*drop*) herausfallen; *teeth, hair* ausfallen ❷ (*argue*) ■**to ~ out** [**with sb**] sich [mit jdm] [zer]streiten

◆**fall over** *vi* ❶ (*topple*) *person* hinfallen; (*harder*) stürzen; *object* umfallen; (*harder*) umstürzen ❷ (*trip*) ■**to ~ over sth** über etw *akk* fallen

◆**fall through** *vi* scheitern; *plan* ins Wasser fallen

◆**fall to** *vi* (*be assigned to*) ■**to ~ to sb** jdm zufallen

fallacious [fə·'leɪ·ʃəs] *adj* (*form*) abwegig

fallacy ['fæl·ə·si] *n* Irrtum *m*

fallen ['fɔ·lən] **I.** *adj* ❶ (*on the ground*) *apple* abgefallen; *leaf* heruntergefallen; *tree* umgestürzt ❷ (*overthrown*) *dictator* gestürzt; (*disgraced*) *idol* einstig; *angel* gefallen **II.** *n* (*liter*) **the ~** *pl* die Gefallenen *pl*

'**fall guy** *n* (*sl*) Prügelknabe *m*

fallible ['fæl·ə·bəl] *adj person* fehlbar; *thing* fehleranfällig

'**fall-off** *n* Rückgang *m* (**in** +*gen*)

fallopian tube [fə·'loʊ·pi·ən·'tub] *n* ANAT Eileiter *m*

'**fallout** *n* ❶ radioaktive Strahlung; **~ shelter** Atombunker *m* ❷ (*fig*) Konsequenzen *pl* (**from** +*gen*)

fallow ['fæl·oʊ] *adj* ❶ AGR (*not planted*) brachliegend ❷ (*unproductive*) ruhig

false [fɔls] *adj* falsch; *bottom* doppelt; *imprisonment* unrechtmäßig; *optimism* trügerisch; **~ start** Fehlstart *m a. fig*

falsehood ['fɔls·hʊd] *n* Unwahrheit *f*

falseness ['fɔls·nɪs] *n* ❶ (*inaccuracy*) Unkorrektheit *f* ❷ (*insincerity*) Falschheit *f*

false 'teeth *n pl* Gebiss *nt*

falsetto [fɔl·'set·oʊ] *n* Kopfstimme *f*

falsification [ˌfɔl·sɪ·fɪ·'keɪ·ʃən] *n* Fälschung *f*

falsify <-ie-> ['fɔl·sɪ·faɪ] *vt* fälschen

falter ['fɔl·tər] *vi* ❶ stocken ❷ (*fig*) nachlassen; **without ~ing** ohne zu zögern

faltering ['fɔl·tər·ɪŋ] *adj* zögerlich; *economy* stagnierend; *step* stockend; **in a ~ voice** mit stockender Stimme

fame [feɪm] *n* Ruhm *m*

famed [feɪmd] *adj* berühmt

familiar [fə·'mɪl·jər] *adj* ❶ (*well-known*) vertraut; *faces* bekannt ❷ (*acquainted*) ■**to be ~ with sth/sb** etw/jdn kennen ❸ (*informal*) vertraulich; **the ~ form** [of the second person] LING die Du-Form ❹ (*too friendly*) allzu vertraulich, plumpvertraulich

familiarity [fə·ˌmɪl·i·'er·ə·ti] *n* ❶ (*well-known quality*) Vertrautheit *f* ❷ (*knowledge*) Kenntnis *f* (**with** in +*dat*) ❸ (*overfriendliness*) Vertraulichkeit *f* ▶ PHRASES: **~ breeds contempt** (*prov*) allzu große Vertrautheit erzeugt Verachtung

familiarize [fə·'mɪl·jə·raɪz] *vt* ■**to ~ oneself/ sb with sth** sich/jdn mit etw *dat* vertraut machen; *with work* sich/jdn einarbeiten (**with** in +*akk*)

family ['fæm·ə·li] **I.** *n* Familie *f*; **we've got ~ coming to visit** wir bekommen Familienbesuch; **to keep sth in the ~** etw in Familienbesitz behalten; *keep sth secret* etw für sich behalten II. *adj* Familien-

family 'doctor *n* Hausarzt, Hausärztin *m, f*

famine ['fæm·ɪn] *n* Hungersnot *f*

famished ['fæm·ɪʃt] *adj* (*fam*) ausgehungert

famous ['feɪ·məs] *adj* berühmt ▸ PHRASES: ~ last <u>words</u> wer's glaubt, wird selig!

famously ['feɪ·məs·li] *adv* (*as is well known*) bekanntermaßen

fan[1] [fæn] *n* (*enthusiast, admirer*) Bewunderer, Bewunderin *m, f;* **a football/baseball** ~ ein Football-/Baseballfan; **I'm a big** ~ **of your work** ich schätze Ihre Arbeit sehr

fan[2] [fæn] **I.** *n* **❶** (*hand-held*) Fächer *m* **❷** (*electric*) Ventilator *m* **II.** *vt* <-nn-> ▪ **to** ~ **sb/oneself** jdm/sich Luft zufächeln; *flames* anfachen; (*fig*) schüren

fanatic [fə·'næt̬·ɪk] **I.** *n* **❶** (*pej: obsessed*) Fanatiker(in) *m(f)* **❷** (*enthusiast*) **fitness** ~ ein Fitnessfan *m* **II.** *adj* fanatisch

fanatical [fə·'næt̬·ɪ·kəl] *adj* **❶** (*obsessed*) besessen (**about** von +*dat*); *support* bedingungslos **❷** (*enthusiastic*) total begeistert (**about** von +*dat*)

fanaticism [fə·'næt̬·ɪ·sɪz·əm] *n* (*pej*) Fanatismus *m*

'fan belt *n* AUTO Keilriemen *m*

fanciful ['fæn·sɪ·fəl] *adj* **❶** (*unrealistic*) unrealistisch **❷** *person* überspannt

'fan club *n* Fanclub *m*

fancy ['fæn·si] **I.** *adj* **❶** (*elaborate*) *decorations* aufwändig; *pattern* ausgefallen; *hairdo* kunstvoll; *car* schick; (*fig*) *talk* geschwollen; **nothing** ~ nichts Ausgefallenes **❷** (*whimsical*) versponnen; **don't you go filling his head with** ~ **ideas** setz ihm keinen Floh ins Ohr **II.** *n* **❶** (*liking*) Vorliebe *f;* **to take a** ~ **to sth/sb** Gefallen an etw/jdm finden **❷** (*whim*) Laune *f;* **when the** ~ **takes him** wenn ihm gerade danach ist **III.** *vt* <-ie-> (*imagine, think*) Dick fancies himself as a singer Dick bildet sich ein, ein großer Sänger zu sein; ~ **that!** stell dir das [mal] vor!

fancy-'free *adj* sorglos

fanfare ['fæn·fer] *n* Fanfare *f*

fang [fæŋ] *n* Fang[zahn] *m; of a snake* Giftzahn *m*

'fan mail *n* Fanpost *f*

fanny ['fæn·i] *n* (*fam*) Hintern *m*

fantasize ['fæn·tə·saɪz] *vi* fantasieren

fantastic [fæn·'tæs·tɪk] *adj* **❶** (*fam: wonderful*) fantastisch, toll; **to look** ~ *person* umwerfend aussehen **❷** (*fam: extremely large*) enorm, unwahrscheinlich viel **❸** (*unbelievable*) unwahrscheinlich

fantasy ['fæn·tə·si] *n* Fantasie *f;* ▪ **to have fantasies about** [**doing**] **sth** von etw *dat* träumen; LIT Fantasy *f*

fanzine ['fæn·zin] *n* Fanmagazin *nt*

far <farther *or* further, farthest *or* furthest> [far] **I.** *adv* **❶** (*in space*) weit; **how much farther is it?** wie weit ist es denn noch?; **do you have** ~ **to travel to work?** haben Sie es weit zu Ihrer Arbeitsstelle?; ~ **and wide** weit

und breit **❷** (*in time*) weit; **some time** ~ **in the future** irgendwann in ferner Zukunft; ~ **into the night** bis spät in die Nacht hinein; **to plan further ahead** weiter voraus planen; **as** ~ **back as I can remember ...** so weit ich zurückdenken kann ... **❸** (*in progress*) weit; **to not get very** ~ **with** [**doing**] **sth** mit etw *dat* nicht besonders weit kommen **❹** (*much*) weit, viel; ~ **better** viel besser; **by** ~ bei weitem ▸ PHRASES: <u>as</u> ~ **as** (*in space*) bis; **as** ~ **as the eye can see** so weit das Auge reicht; (*in degree*) **as** ~ **as I know** soweit ich weiß; ~ **and** <u>away</u> mit Abstand; **I'd** ~ **rather ...** ich würde viel lieber ...; ~ **from it!** weit gefehlt; ~ **be it** <u>from</u> **me ...** es liegt mir fern ...; **sb will** <u>go</u> ~ jd wird es zu etwas bringen; **sth won't go very** ~ etw wird nicht lange vorhalten; **a hundred dollars won't go very** ~ mit hundert Dollar kommt man nicht weit; **so** ~, **so** <u>good</u> so weit, so gut; <u>so</u> ~ (*until now*) bisher; (*to a limited extent*) **only so** ~ nur bedingt **II.** *adj* **❶** (*further away*) **at the** ~ **end** am anderen Ende **❷** (*distant*) fern; **in the** ~ **distance** in weiter Ferne ▸ PHRASES: **to be a** ~ <u>cry</u> **from sth/sb** mit etw/jdm nicht zu vergleichen sein

faraway ['far·ə·weɪ] *adj* **❶** (*distant*) fern; *sound* weit entfernt **❷** (*dreamy*) *look* verträumt

farce [fars] *n* Farce *f*

farcical ['far·sɪ·kəl] *adj* absurd

fare [fer] *n* **❶** (*money*) Fahrpreis *m* **❷** (*traveler in a taxi*) Taxifahrgast *m*

Far 'East *n* ▪ **the** ~ der Ferne Osten

farewell [ˌfer·'wel] **I.** *interj* (*form*) leb wohl; **to bid** [*or* say] ~ **to sb/sth** sich von jdm/etw verabschieden **II.** *n* Abschied *m* **III.** *adj* Abschied[s]-; **a** ~ **party** eine Abschiedsparty

far-'fetched *adj* weit hergeholt

far-'flung *adj* **❶** (*widespread*) weitläufig **❷** (*remote*) abgelegen

farm [farm] **I.** *n* Bauernhof *m;* **chicken** ~ Hühnerfarm *f* **II.** *vt* bebauen **III.** *vi* Land bebauen; **the family still** ~**s in California** die Familie hat immer noch Farmland in Kalifornien

◆**farm out** *vt work* abgeben (**to** an +*akk*); *children* anvertrauen +*dat*

farmer ['far·mər] *n* Bauer, Bäuerin *m, f*

'farmhand *n* Landarbeiter(in) *m(f)*

'farmhouse *n* Bauernhaus *nt*

'farmland *n* Ackerland *nt*

'farmstead *n* Farm *f*

'farmyard *n* Hof *m*

'far-off *adj* **❶** (*distant*) fern; (*remote*) [weit] entfernt **❷** (*time*) fern

far-'reaching *adj* weit reichend

'farsighted *adj* **❶** (*hyperopic*) weitsichtig **❷** (*shrewd*) *decision* weitsichtig; *person* vorausschauend

fart [fart] **I.** *n* **❶** (*vulg*) Furz *m* **❷** (*pej: person*) Sack *m* **II.** *vi* (*vulg*) furzen

farther ['far·ðər] **I.** *adv comp of* **far** weiter; **how much** ~ **is it to the airport?** wie weit ist es noch zum Flughafen? **II.** *adj comp of* **far: at the ~ end** am anderen Ende; *see also* **further**

farthest ['far·ðɪst] **I.** *adv superl of* **far** am weitesten; **the ~ east** am weitesten östlich **II.** *adj superl of* **far** am weitesten; **the ~ place** der am weitesten entfernte Ort

fascinate ['fæs·ə·neɪt] *vt* faszinieren

fascinating ['fæs·ə·neɪ·tɪŋ] *adj* faszinierend

fascination [ˌfæs·ə·'neɪ·ʃən] *n* Faszination *f;* **to watch in ~** fasziniert zusehen

fascism ['fæʃ·ɪz·əm] *n* Faschismus *m*

fascist ['fæʃ·ɪst] **I.** *n* Faschist(in) *m(f)* **II.** *adj* faschistisch

fashion ['fæʃ·ən] **I.** *n* ❶ (*style*) Mode *f;* **to be in/come into ~** in Mode sein/werden; **to be/go out of ~** aus der Mode sein/kommen ❷ (*clothes*) ■**~s** *pl* Mode *f* ❸ ~ [*or* **the ~ industry**] die Modebranche **II.** *vt* ausarbeiten

fashionable ['fæʃ·ə·nə·bəl] *adj* modisch, schick; ■**to be/become ~** in Mode sein/werden

'**fashion designer** *n* Modedesigner(in) *m(f)*
'**fashion show** *n* Modenschau *f*

fast¹ [fæst] **I.** *adj* ❶ (*quick*) schnell; **to be a ~ runner** schnell laufen ❷ *clock, watch* ■**to be ~** vorgehen ❸ (*permanent*) *color* waschecht **II.** *adv* ❶ (*at speed*) schnell ❷ (*firmly*) fest; **to be ~ asleep** tief schlafen

fast² [fæst] **I.** *vi* fasten **II.** *n* Fastenzeit *f;* **to break one's ~** das Fasten brechen

fasten ['fæs·ən] **I.** *vt* ❶ (*close*) schließen; *coat* zumachen; **to ~ one's seat belt** sich anschnallen ❷ (*secure*) befestigen (**on, to** an +*dat*); (*with glue*) festkleben; (*with rope*) festbinden **II.** *vi* (*close*) sich schließen lassen; **this dress ~ s at the back** dieses Kleid wird hinten zugemacht

◆**fasten down** *vt* befestigen
◆**fasten up I.** *vt* zumachen; *buttons* zuknöpfen **II.** *vi* zugemacht werden

fastener ['fæs·ə·nər] *n* Verschluss *m*

fast '**food** *n* Fast Food *nt*

fast-'**forward** *vt, vi* vorspulen

fastidious [fə·'stɪd·i·əs] *adj* ❶ wählerisch; *taste* anspruchsvoll; **to be very ~ about doing sth** sehr sorgsam darauf bedacht sein, etw zu tun ❷ (*pej*) pingelig

fat [fæt] **I.** *adj* <-tt-> ❶ (*fleshy*) dick, fett *pej; animal* fett ❷ (*thick*) dick ❸ (*substantial*) *profits* fett ❹ (*fam: little*) **do you think he'll win? — ~ chance!** glaubst du er wird gewinnen? – keine Chance! **II.** *n* Fett *nt;* **layer of ~** Fettschicht *f*

fatal ['feɪt·əl] *adj* ❶ (*lethal*) tödlich ❷ (*disastrous*) fatal; **~ blow** Todesstoß *m*

fatalism ['feɪt·əl·ɪz·əm] *n* Fatalismus *m*

fatalist ['feɪt·əl·ɪst] *n* Fatalist(in) *m(f)*

fatality [feɪ·'tæl·ə·ti] *n* Todesopfer *nt*

fatally ['feɪt·əl·i] *adv* ❶ (*mortally*) tödlich; **~ ill** sterbenskrank ❷ (*disastrously*) hoffnungslos; **his reputation was ~ damaged** sein Ansehen war für immer geschädigt

'**fat cat** *n* (*pej*) Bonze *m*

fate [feɪt] *n* Schicksal *nt;* **a twist of ~** eine Fügung des Schicksals

fated ['feɪ·tɪd] *adj* **to be ~ to fail** zum Scheitern verurteilt sein

fateful ['feɪt·fəl] *adj* schicksalhaft; *decision* verhängnisvoll

'**fat-free** *adj* fettfrei

'**fathead** *n* (*fam*) Schafskopf *m*

father ['fɑ·ðər] **I.** *n* Vater *m;* **on one's ~'s side** väterlicherseits **II.** *vt* **to ~ a child** ein Kind zeugen

fatherhood ['fɑ·ðər·hʊd] *n* Vaterschaft *f*

'**father-in-law** <*pl* **fathers->** *n* Schwiegervater *m*

'**fatherland** *n* Vaterland *nt*

fatherless ['fɑ·ðər·lɪs] *adj* vaterlos

fatherly ['fɑ·ðər·li] *adj* väterlich

fathom ['fæð·əm] **I.** *n* Faden *m* (= *ca. 1,8 m*) **II.** *vt* begreifen

fathomless ['fæð·əm·lɪs] *adj* unergründlich

fatigue [fə·'tig] **I.** *n* ❶ Ermüdung *f;* **donor ~** Nachlassen *nt* der Spendenfreudigkeit ❷ MIL ■**~s** *pl* (*uniform*) Arbeitskleidung *f kein pl* **II.** *vt, vi* ermüden

fatten ['fæt·ən] *vt animal* mästen; *person* aufpäppeln

fattening ['fæt·ən·ɪŋ] *adj* **to be ~** dick machen

fatty ['fæt·i] **I.** *adj* ❶ (*containing fat*) *food* fetthaltig, fett ❷ (*consisting of fat*) Fett-; **~ acid** Fettsäure *f;* **~ tissue** Fettgewebe *nt* **II.** *n* (*pej fam*) Dickerchen *nt*

fatuous ['fætʃ·u·əs] *adj* (*form*) albern

faucet ['fɔ·sɪt] *n* Wasserhahn *m*

fault [fɔlt] **I.** *n* ❶ (*responsibility*) Schuld *f;* **it's your own ~** du bist selbst schuld daran; **to find ~ with sb/sth** etw an jdm/etw auszusetzen haben; **through no ~ of his own** ohne sein eigenes Verschulden ❷ (*weakness*) Fehler *m;* **his main ~** seine größte Schwäche ❸ (*defect*) Fehler *m,* Defekt *m;* **a ~ on the line** eine Störung in der Leitung ❹ TENNIS Fehler *m* **II.** *vt* ■**to ~ sb/sth** [einen] Fehler an jdm/etw finden

faultless ['fɔlt·lɪs] *adj* fehlerfrei; *performance a.* fehlerlos

faulty ['fɔl·ti] *adj* ❶ (*unsound*) fehlerhaft ❷ (*defective*) defekt

fauna ['fɔ·nə] *n + sing/pl vb* Fauna *f*

favor ['feɪ·vər] **I.** *n* ❶ (*approval*) Gunst *f;* **to be in ~** dafür sein; **all those in ~, ...** alle, die dafür sind, ...; **to fall out of ~** in Ungnade fallen ❷ (*advantage*) **in ~ of** für; **to reject sb/sth in ~ of sb/sth** jdm/etw gegenüber jdm/etw den Vorzug geben; **to rule in sb's ~** SPORTS für jdn entscheiden ❸ (*kind act*) Gefallen *m kein pl;* **do it as a ~ to me** tu es mir zuliebe; **to do sb a ~** [*or* **a ~ for sb**] jdm einen Gefallen tun **II.** *vt* ❶ (*prefer*) vorziehen ❷ (*approve*) gutheißen; ■**to ~ doing sth** es gutheißen, etw zu tun ❸ (*be partial*) bevorzugen; SPORTS favorisieren

favorable ['feɪ·vər·ə·bəl] *adj* ❶ (*approving*) positiv, zustimmend; *impression* sympathisch;

in a ~ light mit Wohlwollen ❷ (*advantageous*) günstig (**to** für +*akk*)
favored ['feɪ·vərd] *adj* ❶ (*preferred*) bevorzugt ❷ (*privileged*) begünstigt
favorite ['feɪ·vər·ɪt] **I.** *adj* Lieblings- **II.** *n* ❶ (*best-liked*) *person* Liebling *m;* *thing;* **which one's your ~?** welches magst du am liebsten?; ■**to be a ~ with sb** bei jdm sehr beliebt sein ❷ (*contestant*) Favorit(in) *m(f)* ❸ (*privileged person*) Liebling *m*
favoritism ['feɪ·vər·ɪ·tɪz·əm] *n* (*pej*) Begünstigung *f*
fawn¹ [fɔn] *vi* (*pej*) ■**to ~ over sb** vor jdm katzbuckeln
fawn² [fɔn] **I.** *n* ❶ (*deer*) Rehkitz *nt* ❷ (*brown*) Rehbraun *nt* **II.** *adj* rehbraun
fawning ['fɔ·nɪŋ] *adj* (*pej*) kriecherisch; *review* schmeichelhaft
fax [fæks] **I.** *n* Fax *nt;* **by ~** per Fax **II.** *vt* faxen
'**fax machine** *n* Fax[gerät] *nt*
FBI [ˌef·biˈaɪ] *n abbrev of* **Federal Bureau of Investigation** FBI *nt*

ⓘ Das **FBI, the Federal Bureau of Investigation**, ist die Bundeskriminalpolizei. Die Amtsträger heißen *FBI agents* oder *federal agents*. Gegründet wurde die Behörde am 26. Juli 1908 und hat ihren Hauptsitz in Washington D. C. Sein Einsatzschwerpunkt dient der Aufrechterhaltung von Recht und Gesetz und dem Schutz vor terroristischen Aktivitäten.

---

fear [fir] **I.** *n* ❶ (*dread*) Angst *f,* Furcht *f;* **to have a ~ of sth** vor etw *dat* Angst haben; ■**for ~ that ...** aus Angst, dass ...; **in ~ of one's life** in Todesangst ❷ (*worry*) **~s for sb's safety** Sorge *f* um jds Sicherheit; **sb's worst ~s** jds schlimmste Befürchtungen **II.** *vt* ❶ (*dread*) fürchten; **nothing to ~** nichts zu befürchten ❷ (*form: regret*) ■**to ~** [**that**] ... befürchten, dass ... **III.** *vi* ■**to ~ for sb/sth** sich *dat* um jdn/etw Sorgen machen; **to ~ for sb's life** um jds Leben fürchten
fearful ['fir·fəl] *adj* ❶ (*anxious*) ängstlich; **she was ~ of what he might say** sie hatte Angst davor, was er sagen würde; **~ of causing a scene, ...** aus Angst, eine Szene auszulösen, ... ❷ (*terrible*) schrecklich
fearless ['fir·lɪs] *adj* furchtlos
fearsome ['fir·səm] *adj* Furcht einflößend
feasibility [ˌfi·zə·ˈbɪl·ɪ·ţi] *n* Machbarkeit *f; of plan* Durchführbarkeit *f;* **~ study** Machbarkeitsstudie *f*
feasible ['fi·zə·bəl] *adj* ❶ (*practicable*) durchführbar; **technically ~** technisch machbar ❷ (*possible*) möglich ❸ (*fam: plausible*) glaubhaft
feast [fist] **I.** *n* Festessen *nt; ~* **for the ears/ eyes** Ohrenschmaus *m*/Augenweide *f* **II.** *vi* schlemmen; ■**to ~ on sth** sich an etw *dat* gütlich tun

feat [fit] *n* ❶ (*brave deed*) Heldentat *f* ❷ (*skillful action*) [Meister]leistung *f; ~* **of engineering** technische Großtat; **no mean ~** keine schlechte Leistung
feather ['feð·ər] *n* Feder *f* ▶ PHRASES: **a ~ in sb's cap** etwas, worauf jd stolz sein kann; **to ~ one's** [**own**] **nest** seine Schäfchen ins Trockene bringen
'**featherweight** *n* Federgewicht *nt*
feathery ['feð·ə·ri] *adj* (*covered with feathers*) gefiedert; (*like a feather*) fed[e]rig
feature ['fi·tʃər] **I.** *n* ❶ (*aspect*) Merkmal *nt,* Kennzeichen *nt;* **special ~** Besonderheit *f* ❷ (*of face*) ■**~s** *pl* Gesichtszüge *pl* ❸ FILM, TV (*report*) Sonderbeitrag *m* (**on** +*gen*); (*film*) Spielfilm *m* **II.** *vt* ❶ (*show*) aufweisen ❷ (*star*) **featuring sb** mit jdm in der Hauptrolle ❸ (*report*) ■**to ~ sth** über etw *akk* groß berichten **III.** *vi* ❶ (*appear*) vorkommen; **to ~ high on the list** ganz oben auf der Liste stehen ❷ (*act*) *in a film* [mit]spielen
featureless ['fi·tʃər·lɪs] *adj* ohne Besonderheiten
Feb. *n abbrev of* **February** Febr.
February ['feb·ru·er·i] *n* Februar *m,* Feber *m* ÖSTERR; **at the beginning of** [*or* **in early**] **~** Anfang Februar; **at the end of** [*or* **in late**] **~** Ende Februar; **in the middle of ~** Mitte Februar; **in the first/second half of ~** in der ersten/ zweiten Februarhälfte; **for the whole of ~** den ganzen Februar über; **last/next/this ~** vergangenen [*o* letzten]/kommenden [*o* nächsten]/diesen Februar; **to be in ~** in den Februar fallen; **in/during ~** im Februar; **on ~ 14**[**th**] am 14. Februar; **on Friday, ~ 14**[**th**] am Freitag, dem [*o* den] 14. Februar
feces ['fi·siz] *npl* (*form*) Fäkalien *pl*
Fed [fed] *n* (*fam*) ❶ (*bank*) Zentralbankrat *m* ❷ (*police*) FBI-Agent(in) *m(f)*
federal ['fed·ər·əl] *adj* föderativ; **~ republic** Bundesrepublik *f;* **~ law** Bundesgesetz *nt;* **~ income tax** nationale Einkommensteuer
federalism ['fed·ər·ə·lɪz·əm] *n* Föderalismus *m*
federalist ['fed·ər·ə·lɪst] **I.** *n* Föderalist(in) *m(f)* **II.** *adj* föderalistisch
federation [ˌfed·ə·ˈreɪ·ʃən] *n* Föderation *f*
'**fed up** *adj* (*fam*) ■**to be ~ up** [**with sb/sth**] die Nase voll haben [von jdm/etw]
fee [fi] *n* Gebühr *f;* **legal ~s** Rechtskosten *pl;* **membership ~**[**s**] Mitgliedsbeitrag *m*
feeble <-r, -st> ['fi·bəl] *adj* schwach; *attempt* müde; *joke, excuse* lahm
feeble-'minded *adj* schwachsinnig
feebleness ['fi·bəl·nɪs] *n* Schwäche *f*
feed [fid] **I.** *n* ❶ (*fodder*) Futter *nt* ❷ TECH (*supply*) Zufuhr *f* **II.** *vt* <fed, fed> ❶ (*give food to*) ■**to ~ sb** jdm zu essen geben; *animal, invalid* füttern; *baby* füttern; (*with bottle*) die Flasche geben; *plant* düngen; ■**to ~ sth to an animal** etw an ein Tier verfüttern; **the baby can ~ himself now** das Baby kann jetzt allein

essen ❷ (*provide food for*) ernähren; **that's not going to ~ ten people** das reicht nicht für zehn Personen ❸ (*thread*) führen; *rope* fädeln; **to ~ paper into a printer** Papier nachfüllen in einen Drucker; (*to ~ a parking meter*) Münzen in eine Parkuhr einwerfen ❹ (*give*) versorgen; *information* geben III. *vi* <fed, fed> (*eat*) *animal* weiden; *baby* gefüttert werden
◆**feed off, feed on** *vi* ❶ (*eat*) sich ernähren von ❷ (*fig: gain strength from*) genährt werden von
'**feedback** *n* ❶ (*opinion*) Feedback *nt* ❷ ELEC Rückkopplung *f*
feeder ['fiˑdər] *n* (*device*) Zuführapparat *m*
'**feeding** *n* (*meal*) *for baby* Mahlzeit *f; for animals* Fütterung *f*
feel [fil] I. *vt* <felt, felt> ❶ (*sense, touch*) fühlen; **to ~ one's age** sein Alter spüren; **to ~ nothing for sb** für jdn nichts empfinden; **I had to ~ my way along the wall** ich musste mich die Wand entlangtasten ❷ (*think*) halten; **what do you ~ about it?** was hältst du davon?; ■**to ~ that ...** der Meinung sein, dass ... II. *vi* <felt, felt> ❶ + *adj* (*have a feeling*) sich fühlen; **my mouth ~s dry** mein Mund fühlt sich trocken an; **my eyes ~ sore** meine Augen brennen; **how do you ~ about it?** was sagst du dazu?; **how does it ~ to be world champion?** wie fühlt man sich als Weltmeister?; **to ~ angry** wütend sein; **to ~ better/sick** sich besser/krank fühlen; **to ~ foolish** sich *dat* dumm vorkommen; **to ~ free to do sth** etw ruhig tun; **~ free to visit any time you like** du kannst uns gern jederzeit besuchen; **sb ~s hot** jdm ist heiß; ■**to ~ as if one were doing sth** das Gefühl haben, etw zu tun; ■**to ~ like sth** sich *akk* wie etw fühlen; **to ~ like an idiot** sich *dat* wie ein Idiot vorkommen; **to ~ like one's old self [again]** [wieder] ganz der/die Alte sein; **what does it ~ like?** was für ein Gefühl ist das?; **to ~ for sb** mit jdm fühlen ❷ + *adj* (*seem*) scheinen ❸ (*search*) tasten (**for** nach +*dat*) ❹ (*want*) ■**to ~ like sth** zu etw *dat* Lust haben; ■**to ~ like doing sth** Lust haben auf +*akk* etw III. *n* ❶ (*texture*) **the ~ of wool** das Gefühl von Wolle; **to recognize sth by the ~ of it** etw beim Anfassen erkennen ❷ (*touch*) Berühren *nt;* (*by holding*) Anfassen *nt* ❸ (*talent*) Gespür *nt;* **to get the ~ for sth** ein Gespür für etw bekommen; **~ for language** Sprachgefühl *nt*
◆**feel up** I. *vt* (*fam*) begrapschen II. *vi* ■**to ~ up to sth** sich etw *dat* gewachsen fühlen
feeler ['fiˑlər] *n usu pl* Fühler *m*
'**feel-good** *adj* ein Wohlgefühl erzeugend
feeling ['fiˑlɪŋ] *n* ❶ Gefühl *nt* (**of** +*gen/*von +*dat*); **to cause bad ~s** böses Blut verursachen; **~ of tension** angespannte Stimmung; **no hard ~s!** nichts für ungut!; **to have a ~ that ...** das Gefühl haben, dass ... ❷ (*opinion*) Ansicht *f* (**about/on** über +*akk*); **what are your ~s about ...?** wie denken Sie über ...?
feet [fit] *n pl of* **foot**

feign [feɪn] *vt* vortäuschen
feline ['fiˑlaɪn] *adj* (*of cats*) Katzen-; (*catlike*) katzenartig
fell¹ [fel] *pt of* **fall**
fell² [fel] *vt* ❶ (*cut down*) fällen ❷ (*knock down*) ■**to ~ sb** jdn niederstrecken
fellow ['feˑloʊ] I. *n* ❶ (*fam: man*) Kerl *m* ❷ (*graduate student*) Fellow *m* II. *adj* **~ citizen** Mitbürger(in) *m(f);* **~ countryman** Landsmann *m,* Landsmännin *f;* **~ countrymen** *pl* Landsleute; **~ sufferer** Leidensgenosse, -in *m, f*
fellowship ['feˑloʊˑʃɪp] *n* ❶ (*group*) Gesellschaft *f* ❷ (*graduate position*) Fellowship *f* ❸ (*award*) Stipendium *nt*
felon ['feˑlən] *n* LAW [Schwer]verbrecher(in) *m(f)*
felony ['feˑlˑəˑni] *n* [Schwer]verbrechen *nt*
felt¹ [felt] *pt, pp of* **feel**
felt² [felt] *n* Filz *m*
'**felt tip, felt tip 'pen** *n* Filzstift *m*
female ['fiˑmeɪl] I. *adj* weiblich II. *n* ❶ (*animal*) Weibchen *nt* ❷ (*woman*) Frau *f*
feminine ['femˑəˑnɪn] I. *adj* feminin, weiblich II. *n* Femininum *nt*
femininity [ˌfemˑəˑ'nɪnˑɪˑt̬i] *n* Weiblichkeit *f*
feminism ['femˑəˑnɪzˑəm] *n* Feminismus *m*
feminist ['femˑəˑnɪst] I. *n* Feminist(in) *m(f)* II. *adj* feministisch
fence [fens] I. *n* ❶ (*barrier*) Zaun *m* ❷ (*in horse race*) Hindernis *nt* ❸ (*sl: criminal*) Hehler(in) *m(f)* ▸ PHRASES: **to sit on the ~** neutral bleiben II. *vi* fechten III. *vt* einzäunen
fencer ['fenˑsər] *n* Fechter(in) *m(f)*
fencing ['fenˑsɪŋ] *n* ❶ SPORTS Fechten *nt* ❷ (*barrier*) Einzäunung *f* ❸ (*materials*) Einzäunungsmaterial *nt*
fend [fend] *vi* (*care*) ■**to ~ for oneself** für sich selbst sorgen
◆**fend off** *vt* ■**to ~ off** ↻ **sb/sth** jdn/etw abwehren; *criticism* zurückweisen
fender ['fenˑdər] *n* AUTO Kotflügel *m*
fennel ['fenˑəl] *n* Fenchel *m*
ferment I. *vt* [fərˑ'ment] ❶ CHEM fermentieren ❷ (*form: arouse*) schüren II. *vi* [fərˑ'ment] gären III. *n* ['fɜrˑmənt] (*form*) Unruhe *f*
fermentation [ˌfɜrˑmənˑ'teɪˑʃən] *n* Gärung *f*
fern [fɜrn] *n* Farn *m*
ferocious [fəˑ'roʊˑʃəs] *adj* wild; *fighting* heftig; *heat* brütend
ferociousness [fəˑ'roʊˑʃəsˑnɪs], **ferocity** [fəˑ'rasˑəˑt̬i] *n* Wildheit *f; of attack, storm* Heftigkeit *f*
ferret ['ferˑɪt] I. *n* Frettchen *nt* II. *vi* (*fam*) ■**to ~ [around] [for sth]** [nach etw] wühlen
Ferris wheel ['ferˑɪsˌhwil] *n* Riesenrad *nt*
ferry ['ferˑi] I. *n* Fähre *f* II. *vt* <-ie-> ❶ (*across water*) **to ~ [across [or over]]** übersetzen ❷ (*transport*) befördern; **to ~ sb around** jdn herumfahren
'**ferryman** *n* Fährmann *m*
fertile ['fɜrˑt̬əl] *adj* fruchtbar; (*fig*) *imagination* lebhaft

fertility [fər·'tɪl·ɪ·ţi] *n* Fruchtbarkeit *f*
fertilization [ˌfɜr·ţəl·ɪ·'zeɪ·ʃən] *n* Befruchtung *f*
fertilize ['fɜr·ţəl·aɪz] *vt* ❶ AGR düngen ❷ BIOL befruchten
fertilizer ['fɜr·ţəl·aɪ·zər] *n* Dünger *m*
fervent ['fɜr·vənt] *adj* (*form*) ❶ *hope* inbrünstig ❷ *supporter* glühend
fervor ['fɜr·vər] *n* (*form*) Leidenschaft *f*
fester ['fes·tər] *vi* ❶ MED eitern ❷ (*fig*) gären
festival ['fes·tɪ·vəl] *n* ❶ (*event*) Festival *nt* ❷ (*holy day*) Fest *nt*
festive ['fes·tɪv] *adj* festlich
festivity [fes·'tɪv·ɪ·ţi] *n* ❶ (*celebrations*) ▪**festivities** *pl* Feierlichkeiten *pl* ❷ (*festiveness*) Feststimmung *f*
festoon [fe·'stun] *vt* [mit Girlanden] schmücken
fetal ['fiţ·l] *adj* fetal
fetch [fetʃ] **I.** *vt* ❶ (*get, collect*) abholen ❷ (*be sold for*) erzielen **II.** *vi* ~! bring [es] her!
fetching ['fetʃ·ɪŋ] *adj* schick
fetid ['feţ·ɪd] *adj* übel riechend
fetish ['feţ·ɪʃ] *n* Fetisch *m*
fetishist ['feţ·ɪʃ·ɪst] *n* Fetischist(in) *m(f)*
fetter ['feţ·ər] *vt* ❶ fesseln; *horse* anbinden ❷ (*fig: restrict*) einschränken
fetus ['fi·ţəs] *n* Fetus *m*
feud [fjud] **I.** *n* Fehde *f* (**over** wegen +*akk*) **II.** *vi* in Fehde liegen
feudal ['fjud·əl] *adj* Feudal-
fever ['fi·vər] *n* ❶ (*temperature*) Fieber *nt kein pl* ❷ (*excitement*) Aufregung *f;* **baseball ~** Baseballfieber *nt;* **at ~ pitch** fieberhaft
feverish ['fi·vər·ɪʃ] *adj* ❶ (*ill*) fiebrig ❷ (*frantic*) fieberhaft
few [fju] **I.** *adj* ❶ (*some*) **a ~** ein paar, einige; **can I have a ~ words with you?** kann ich mal kurz mit dir sprechen?; **quite a ~** ziemlich viele ❷ (*not many*) wenige; **~er people** weniger Menschen; **he's a man of ~ words** er sagt nie viel; **as ~ as ...** nur ... ▶ PHRASES: **~ and far between** dünn gesät **II.** *pron* ❶ (*some*) **a ~ of us** einige von uns; **quite a ~** eine ganze Menge ❷ (*not many*) wenige; **the ~ who came ...** die paar, die kamen, ...; **~ of the houses** nur wenige Häuser; **there were too ~ of us** wir waren nicht genug **III.** *n* (*minority*) ▪**the ~** *pl* die Minderheit, die Wenigen; **I was one of the lucky ~ who ...** ich gehörte zu den wenigen Glücklichen, die ...
fiancé [ˌfi·an·'seɪ] *n* Verlobte(r) *m*
fiancée [ˌfi·an·'seɪ] *n* Verlobte *f*
fiasco <*pl* -es *or* -s> [fi·'æs·koʊ] *n* Fiasko *nt*
fib [fɪb] (*fam*) **I.** *vi* <-bb-> schwindeln; ▪**to ~ to sb** jdn anschwindeln **II.** *n* Schwindelei *f*
fibber ['fɪb·ər] *n* (*fam*) Schwindler(in) *m(f)*
fiber ['faɪ·bər] *n* ❶ (*thread*) Faden *m;* (*for cloth*) Faser *f* ❷ ANAT Faser *f* ❸ FOOD Ballaststoffe *pl*
'**fiberglass** *n* ❶ (*plastic*) glasfaserverstärkter Kunststoff ❷ (*fabric*) Glasfaser *f*
fiber optic 'cable *n* Glasfaserkabel *nt*
fiber 'optics *n* + *sing vb* TELEC, COMPUT Glasfa-

sertechnik *f;* MED, PHYS [Glas]faseroptik *f*
fibula <*pl* -s *or* -lae> ['fɪb·jə·lə, *pl* -li] *n* Wadenbein *nt*
fickle ['fɪk·l] *adj* (*pej*) ❶ (*vacillating*) wankelmütig ❷ (*not loyal*) untreu
fiction ['fɪk·ʃən] *n* ❶ LIT Erzählliteratur *f* ❷ (*fabrication*) Erfindung *f*
fictional ['fɪk·ʃə·nəl] *adj* erfunden; *character* fiktiv
fictitious [fɪk·'tɪʃ·əs] *adj* ❶ (*false*) falsch ❷ (*imaginary*) [frei] erfunden; *character* fiktiv
fiddle ['fɪd·l] **I.** *n* (*fam*) MUS Fidel *f* ▶ PHRASES: [as] **fit as a ~** kerngesund **II.** *vi* ❶ MUS geigen ❷ (*finger*) herumspielen; ▪**to ~ with sth** an etw *dat* herumfummeln ❸ (*tinker*) ▪**to ~ [around] with sth** an etw *dat* herumbasteln
fiddler ['fɪd·lər] *n* (*fam*) Geiger(in) *m(f)*
fiddling ['fɪd·lɪŋ] *adj* belanglos
fidelity [fɪ·'del·ɪ·ţi] *n* Treue *f* (**to** gegenüber +*dat*)
fidget ['fɪdʒ·ɪt] *vi* zappeln
fidgety ['fɪdʒ·ɪ·ţi] *adj* zapp[e]lig
field [fild] **I.** *n* ❶ (*meadow*) Wiese *f;* (*pasture*) Weide *f;* (*for crops*) Feld *nt,* Acker *m* ❷ SPORTS (*playing area*) [Spiel]feld *nt,* Platz *m;* (*contestants*) [Teilnehmer]feld *nt* ❸ (*area of knowledge*) Gebiet *nt* ❹ MATH, PHYS Feld *nt* **II.** *vi* SPORTS als Fänger *m* spielen, fielden **III.** *vt* ❶ (*stop*) *ball* fangen, fielden ❷ (*handle*) *questions* parieren; *phone calls* abweisen
'**field day** *n* ❶ [Schul]sportfest *nt* ❷ (*fig*) **to have a ~** seinen großen Tag haben
fielder ['fil·dər] *n* SPORTS Fielder(in) *m(f)*, Fänger(in) *m(f)*
'**field events** *npl* SPORTS Sprung- und Wurfdisziplinen *pl*
'**field glasses** *npl* Feldstecher *m*
'**field mouse** *n* Feldmaus *f*
'**field trip** *n* Exkursion *f*
'**fieldwork** *n* Feldforschung *f*
fiend [find] *n* ❶ (*devil*) Teufel *m* ❷ (*fig fam: enthusiast*) Fanatiker, -in *m, f*
fiendish ['fin·dɪʃ] *adj* teuflisch
fierce [fɪrs] *adj* ❶ *animal* wild ❷ *attack, competition* scharf; *debate* hitzig; *fighting* erbittert; *opposition* entschlossen; *winds* tobend
fierceness ['fɪrs·nɪs] *n* ❶ (*hostility*) Wildheit *f* ❷ (*intensity*) Intensität *f* ❸ (*destructiveness*) Heftigkeit *f*
fiery ['faɪr·i] *adj* ❶ (*burning*) glühend ❷ (*spicy*) feurig ❸ (*passionate*) leidenschaftlich
fifteen [ˌfɪf·'tin] **I.** *adj* fünfzehn; **~ hundred hours** *spoken* fünfzehn Uhr; **1500 hours** *written* 15:00 **II.** *n* Fünfzehn *f; see also* **eight**
fifteenth [fɪf·'tinθ] **I.** *adj* fünfzehnte(r, s) **II.** *n* ❶ (*order*) ▪**the ~** der/die/das Fünfzehnte ❷ (*date*) ▪**the ~** der Fünfzehnte ❸ (*fraction*) Fünfzehntel *nt*
fifth [fɪfθ] **I.** *adj* fünfte(r, s); **every ~ person** jeder Fünfte **II.** *n* ❶ (*order*) ▪**the ~** der/die/das Fünfte ❷ (*date*) **the ~** der Fünfte ❸ (*fraction*) Fünftel *nt* ❹ (*gear*) fünfter Gang **III.** *adv* fünftens; *see also* **eighth**

F

fiftieth [ˈfɪf·ti·əθ] **I.** *adj* fünfzigste(r, s) **II.** *n* ❶ (*order*) ■the ~ der/die/das Fünfzigste ❷ (*fraction*) Fünfzigstel *nt* **III.** *adv* fünfzigstens; *see also* **eighth**

fifty [ˈfɪf·ti] **I.** *adj* fünfzig **II.** *n* ❶ (*number*) Fünfzig *f* ❷ (*paper money*) Fünfziger *m; see also* **eight**

fig [fɪg] *n* FOOD Feige *f*

fig. [fɪg] **I.** *n abbrev of* **figure** Abb. *f* **II.** *adj abbrev of* **figurative** fig.

fight [faɪt] **I.** *n* ❶ Kampf *m* (**against/for** gegen/um +*akk*); (*brawl*) Rauferei *f;* (*involving fists*) Schlägerei *f;* **to give up without a ~** kampflos aufgeben; **to put up a ~** sich wehren ❷ MIL Gefecht *nt* **II.** *vi* <fought, fought> ❶ kämpfen; *children* sich raufen; ■**to ~ with sb** (*against*) gegen jdn kämpfen; (*on same side*) an jds Seite *f* kämpfen; **to ~ for air/ one's life** nach Luft ringen/um sein Leben kämpfen ❷ (*argue*) sich streiten (**about/over** um +*akk*) **III.** *vt* <fought, fought> ❶ kämpfen (**against** gegen +*akk*); *battle* schlagen; *crime, fire* bekämpfen; *disease* ankämpfen gegen; *duel* austragen; **to ~ one's way to the top** sich an die Spitze kämpfen ❷ (*in boxing*) boxen gegen +*akk*

◆**fight back I.** *vi* zurückschlagen; (*defend oneself*) sich zur Wehr setzen **II.** *vt tears* unterdrücken

◆**fight off** *vt* ■**to ~ off** ⟳ **sb** jdn abwehren; *reporter* abwimmeln; ■**to ~ off** ⟳ **sth** etw bekämpfen

fighter [ˈfaɪ·t̬ər] *n* ❶ Kämpfer(in) *m(f)* ❷ (*boxer*) Boxer(in) *m(f)* ❸ (*plane*) Kampfflugzeug *nt*

fighting [ˈfaɪ·t̬ɪŋ] **I.** *n* ❶ (*hostilities*) Kämpfe *pl* ❷ (*fist fights*) Schlägereien *pl* **II.** *adj* kämpferisch

figment [ˈfɪg·mənt] *n* **a ~ of sb's imagination** reine Einbildung

figurative [ˈfɪg·jər·ə·t̬ɪv] *adj* (*metaphorical*) bildlich; LING figurativ; *sense* übertragen

figuratively [ˈfɪg·jər·ə·t̬ɪv·li] *adv* bildlich, figurativ

figure [ˈfɪg·jər] **I.** *n* ❶ (*shape*) Figur *f* ❷ (*person*) Gestalt *f;* (*personality*) Persönlichkeit *f* ❸ MATH (*digit*) Ziffer *f;* (*numeral*) Zahl *f;* **he is good with ~s** er ist ein guter Rechner; **column of ~s** Zahlenreihe *f* ❹ (*amount of money*) Betrag *m* **II.** *vt* ❶ (*envisage*) voraussehen; (*predict*) voraussagen; (*estimate*) schätzen ❷ (*consider*) verstehen **III.** *vi* ❶ (*feature*) eine Rolle spielen ❷ (*count on*) ■**to ~ on sth** mit etw *dat* rechnen ❸ (*make sense*) **that** [*or* **it**] **~s** das hätte ich mir denken können

◆**figure out** *vt* ❶ (*work out*) herausfinden; MATH ausrechnen ❷ (*understand*) begreifen; ■**to ~ out** ⟳ **sth/sb** etw/jdn verstehen; **we're still trying to ~ out why/how ...** wir versuchen immer noch herauszukriegen, warum/wie ...

figure ˈeight *n* SPORT Achter *m*

ˈfigurehead *n* Galionsfigur *f a.* fig

ˈfigure skater *n* Eiskunstläufer(in) *m(f)*

ˈfigure skating *n* Eiskunstlauf *m*

filament [ˈfɪl·ə·mənt] *n* ❶ (*fiber*) Faden *m* ❷ ELEC Glühfaden *m* ❸ BOT Filament *nt*

file[1] [faɪl] **I.** *n* ❶ (*folder*) [Akten]hefter *m;* (*loose-leaf*) [Akten]mappe *f* ❷ (*database*) Akte *f* (**on** über +*akk*); **to keep sth on ~** etw aufbewahren ❸ COMPUT Datei *f* **II.** *vt* ❶ (*put in folder*) ablegen, abheften; (*in order*) einordnen ❷ (*submit*) abgeben; JOURN einsenden; LAW einreichen **III.** *vi* LAW **to ~ for bankruptcy** einen Konkursantrag stellen; **to ~ for divorce** die Scheidung beantragen

◆**file away** *vt* ■**to ~ away** ⟳ **sth** etw zu den Akten legen

file[2] [faɪl] **I.** *n* (*line*) Reihe *f;* **in single ~** im Gänsemarsch **II.** *vi* nacheinander gehen

file[3] [faɪl] **I.** *n* (*tool*) Feile *f* **II.** *vt* (*smooth*) feilen; ■**to ~ down** abfeilen

filet [fɪ·ˈleɪ, ˈfɪ·leɪ] *n, vt see* **fillet**

filibuster [ˈfɪl·ɪ·bʌs·tər] **I.** *n* Obstruktion *f* **II.** *vi* Obstruktion betreiben geh

filing [ˈfaɪ·lɪŋ] *n* ❶ (*archiving*) Ablage *f* ❷ (*registration*) Einreichung *f* ❸ COMPUT Archivierung *f*

ˈfiling cabinet *n* Aktenschrank *m*

fill [fɪl] **I.** *n* **to have one's ~ of sth** genug von etw *dat* haben **II.** *vt* ❶ (*make full*) füllen; *pipe* stopfen; *tooth* plombieren; *gap* schließen; *vacancy* besetzen ❷ (*pervade*) *building, room* erfüllen ❸ (*cause to feel*) **to ~ sb with fear/ joy** jdn mit Furcht/Freude erfüllen **III.** *vi* sich füllen; **their eyes ~ed with tears** sie hatten Tränen in den Augen, ihnen traten [die] Tränen in die Augen

◆**fill in I.** *vt* ❶ (*inform*) ■**to ~ in** ⟳ **sb** [**on** sth] jdn [über etw *akk*] informieren ❷ (*seal*) [aus]füllen; *cracks* zuspachteln ❸ (*complete*) *form* ausfüllen; *name and address* eintragen **II.** *vi* ■**to ~ in** [**for sb**] [für jdn] einspringen

◆**fill out I.** *vt* ausfüllen **II.** *vi* (*expand*) sich ausdehnen; (*gain weight*) fülliger werden

◆**fill up I.** *vt* ❶ (*make full*) *bucket* vollfüllen ❷ (*occupy entire space*) ausfüllen; **the painting ~s up the entire wall** das Bild füllt die gesamte Wand aus ❸ AUTO volltanken **II.** *vi* ❶ (*become full*) sich füllen ❷ AUTO [voll]tanken

filler [ˈfɪl·ər] *n* ❶ (*for cracks*) Spachtelmasse *f; wood* ~ Porenfüller *m* ❷ (*for adding bulk*) Füllmaterial *nt*

fillet [ˈfɪl·ɪt], **filet** [fɪ·ˈleɪ, ˈfɪ·leɪ] **I.** *n* FOOD Filet *nt* **II.** *vt* ❶ (*remove bones*) *fish* entgräten; *meat* entbeinen ❷ (*cut into pieces*) filetieren

filling [ˈfɪl·ɪŋ] **I.** *n* ❶ (*material*) Füllmasse *f* ❷ (*for teeth*) Füllung *f* ❸ FOOD Füllung *f;* (*in a sandwich*) Belag *m* **II.** *adj* sättigend

ˈfilling station *n* Tankstelle *f*

fillip [ˈfɪl·ɪp] *n* ■**to give sb a ~** jdn anspornen

film [fɪlm] **I.** *n* ❶ FILM, PHOT Film *m* ❷ (*layer*) Schicht *f;* **~ of oil** Ölfilm *m* **II.** *adj* Film- **III.** *vt* filmen; *book* verfilmen; *scene* drehen **IV.** *vi* filmen, drehen

filter [ˈfɪl·tər] **I.** *n* Filter *m* **II.** *vt* ❶ (*process,*

F

purify) filtern ❷ *(fig)* selektieren **III.** *vi light, sound* dringen (**into** in +*akk*)

◆**filter out I.** *vi (leak)* durchsickern **II.** *vt* herausfiltern (**from** aus +*dat*)

◆**filter through** *vi light* durchscheinen; *liquid* durchsickern; *sound* durchdringen; *(fig) reports* durchsickern

filth [fɪlθ] *n* ❶ *(dirt)* Dreck *m,* Schmutz *m* ❷ *(pej: obscenity)* Schmutz *m,* Obszönitäten *pl*

filthy ['fɪl·θi] *adj* ❶ *(dirty)* schmutzig, dreckig *fam,* verdreckt *pej fam* ❷ *(bad-tempered) look* vernichtend; *temper* aufbrausend ❸ *(pej fam: obscene)* schmutzig; *language* obszön; *habit* widerlich

filtration [fɪl·'treɪ·ʃən] *n* Filterung *f*

fin [fɪn] *n* Flosse *f*

final ['faɪ·nəl] **I.** *adj* ❶ *(last)* letzte(r, s); **in the ~ analysis** letzten Endes; **~ chapter** Schlusskapitel *nt;* SPORTS End-; **~ score** Endstand *m;* **~ round** Endrunde *f* ❷ *(decisive)* endgültig; **to have the ~ say** [**on sth**] [bei etw] das letzte Wort haben; **that's ~!** und damit basta! **II.** *n* ❶ *(concluding match)* Endspiel *nt,* Finale *nt* ❷ *(test)* **~s** *pl* UNIV [Schluss]examen *nt;* SCH Abschlussprüfung *f*

finale [fɪ·'næl·i] *n* Finale *nt; (fig)* [krönender] Abschluss

finalist ['faɪ·nə·lɪst] *n* Finalist(in) *m(f)*

finality [faɪ·'næl·ɪ·ti] *n* ❶ *(irreversibility)* Endgültigkeit *f* ❷ *(determination)* Entschiedenheit *f*

finalize ['faɪ·nə·laɪz] *vt* ❶ *(complete)* zum Abschluss bringen ❷ *(agree on)* endgültig festlegen

finally ['faɪ·nə·li] *adv* ❶ *(at long last)* schließlich; *(expressing relief)* endlich ❷ *(in conclusion)* abschließend, zum Schluss

finance ['faɪ·næns] **I.** *n* ❶ *(money management)* Finanzwirtschaft *f* ❷ *(money)* **~s** *pl* Geldmittel *pl,* Finanzen *pl* **II.** *vt* finanzieren

'**finance company** *n* Finanzierungsgesellschaft *f*

financial [faɪ·'næn·ʃəl] *adj* finanziell, Finanz-; **~ resources** Geldmittel *pl*

financial 'aid *n* Stipendium *nt*

finch <*pl* -es> [fɪntʃ] *n* Fink *m*

find [faɪnd] **I.** *n (thing)* Fund *m; (person)* Entdeckung *f* **II.** *vt* <found, found> finden; *money for sth* aufbringen; **she was found unconscious** sie wurde bewusstlos aufgefunden; ■**to ~ oneself** *(in a place)* sich befinden; *(discover one's true nature)* zu sich selbst finden; ■**to ~ sb/sth** [**to be sth**] jdn/etw [als etw] empfinden; **to ~ sb guilty** jdn für schuldig erklären; ■**to ~ that ...** feststellen, dass ...; *(come to realize)* sehen, dass ...; **I wish I could ~ more time for reading** ich wünschte, ich hätte mehr Zeit zum Lesen; **she found her boyfriend a job** sie besorgte ihrem Freund eine Stelle

◆**find out I.** *vt* ❶ *(detect)* erwischen ❷ *(discover)* herausfinden **II.** *vi* dahinterkommen;

■**to ~ out about sb/sth** *(get information)* sich über jdn/etw informieren; *(learn)* über jdn/etw etwas erfahren

finder ['faɪn·dər] *n of sth lost* Finder(in) *m(f); of sth unknown* Entdecker(in) *m(f)*

finding ['faɪn·dɪŋ] *n* ❶ *(discovery)* Entdeckung *f* ❷ *(result of inquiry)* [Urteils]spruch *m; usu pl (result of investigation)* Ergebnis *nt*

fine[1] [faɪn] **I.** *adj* ❶ *(acceptable)* in Ordnung; **seven's ~ by me** sieben [Uhr] passt mir gut ❷ *(excellent)* glänzend; *food* ausgezeichnet; *wine* erlesen ❸ *(slender, cut small)* fein; *slice* dünn ❹ METEO schön ❺ *(subtle)* fein; **~r points** Feinheiten *pl;* **not to put too ~ a point on it ...** um ganz offen zu sein ... **II.** *adv* ❶ *(all right)* fein, [sehr] gut ❷ *(thinly)* fein

fine[2] [faɪn] **I.** *n (punishment)* Geldstrafe *f; (for minor offenses)* Bußgeld *nt* **II.** *vt person* zu einer Geldstrafe verurteilen; *(for minor offenses)* ein Bußgeld verhängen gegen +*akk*

fine 'art *n,* **fine 'arts** *npl* schöne Künste

fineness ['faɪn·nɪs] *n* Feinheit *f*

fine 'print *n* ■**the ~** das Kleingedruckte

finery ['faɪ·nə·ri] *n* Staat *m*

finesse [fɪ·'nes] **I.** *n* ❶ *(delicacy)* Feinheit *f* ❷ *(skill)* Geschick *nt* **II.** *vt* deichseln

fine-tooth 'comb, fine-toothed 'comb *n* ▸ PHRASES: **to go through** [*or* **over**] **sth with a ~** etw sorgfältig unter die Lupe nehmen

fine-'tune *vt* ■**to ~ sth** etw fein abstimmen

finger ['fɪŋ·gər] **I.** *n* Finger *m* ▸ PHRASES: **to keep one's ~s crossed** [**for sb**] [jdm] die Daumen drücken; **to not lift** [*or* **raise**] **a ~** keinen Finger rühren; **to put one's ~ on sth** etw genau ausmachen **II.** *vt* ❶ *(touch)* anfassen; *(play with)* befingern; **to ~ the strings** in die Saiten greifen ❷ *(fam: inform on)* verpfeifen (**to** bei +*dat*) ❸ *(choose)* aussuchen

fingering ['fɪŋ·gər·ɪŋ] *n* MUS ❶ *(technique)* Fingertechnik *f* ❷ *(marking)* Fingersatz *m*

'**fingernail** *n* Fingernagel *m*

'**fingerprint** *n* Fingerabdruck *m* **II.** *vt* ■**to ~ sb** jdm die Fingerabdrücke abnehmen

'**fingertip** *n* Fingerspitze *f* ▸ PHRASES: **to have sth at one's ~s** etw perfekt beherrschen

finish ['fɪn·ɪʃ] **I.** *n* ❶ *(final stage)* Ende *nt; of race* Endspurt *m,* Finish *nt; (finishing line)* Ziel *nt* ❷ *(final treatment)* letzter Schliff *m; (sealing, varnishing)* Finish *nt* ▸ PHRASES: **a fight to the ~** ein Kampf *m* bis zur Entscheidung **II.** *vi* enden, aufhören; *(conclude)* schließen; **are you ~ed yet?** *(iron)* bist du endlich fertig?; **to ~ second** als Zweiter fertig sein; SPORTS Zweiter werden; ■**to ~ with sth** etw nicht mehr brauchen; ■**to ~ with sb** Schluss machen mit jdm; **are you ~ed with the screwdriver?** brauchst du den Schraubenzieher noch? **III.** *vt* ❶ *(bring to end)* beenden; *book* zu Ende lesen; *sentence* zu Ende sprechen; ■**to ~ doing sth** mit etw *dat* fertig sein ❷ SCH abschließen ❸ *(bring to completion)* **to ~ sth** etw fertigstellen; *(give final treatment)* etw *dat* den letzten Schliff geben ❹ *food* aufessen; *drink* aus-

trinken
◆**finish off** I. vt ❶(get done) fertigstellen
❷(make nice) den letzten Schliff geben
❸(beat) bezwingen; (tire out) schaffen; (sl:
murder) erledigen II. vi ❶(end) abschließen
❷(get work done) fertig werden
◆**finish up** I. vi fertig werden II. vt food aufessen; drink austrinken
finished ['fɪn·ɪʃt] adj ❶ fertig; ■ ~ with sth mit
etw dat fertig; the ~ product das Endprodukt ❷**beautifully** ~ wunderbar bearbeitet
❸(ruined) erledigt; career zu Ende
'finish line n SPORTS Ziellinie f
finite ['faɪ·naɪt] adj begrenzt; MATH endlich;
LING verb finit
Finland ['fɪn·lənd] n Finnland nt
Finn [fɪn] n Finne, -in m, f
Finnish ['fɪn·ɪʃ] I. n Finnisch nt II. adj finnisch;
the ~ people die Finnen
fiord [fjɔrd] n Fjord m
fir [fɜr] n Tanne f
fire ['faɪr] I. n ❶ Feuer nt; to play with ~ mit
dem Feuer spielen a. fig ❷(destructive burning) Brand m; ~ prevention Brandschutz m;
destroyed by ~ völlig abgebrannt; to be on ~
brennen, in Flammen stehen; to catch ~ Feuer
fangen, in Brand geraten; to set sth on ~ etw
in Brand stecken ❸MIL Feuer nt, Beschuss m;
■to be/come under ~ beschossen werden;
(fig) unter Beschuss geraten; to open ~ das
Feuer eröffnen II. vt ❶(shoot) abfeuern; shot
abgeben; gun schießen; (fig) to ~ questions
at sb jdn mit Fragen bombardieren ❷(dismiss) feuern ❸(excite) person begeistern, anregen; imagination beflügeln ❹(bake in kiln)
brennen III. vi ❶(shoot) feuern, schießen (at
auf +akk) ❷(start up) zünden; (be operating)
funktionieren
◆**fire away** vi losschießen a. fig
◆**fire off** vt abfeuern
◆**fire up** vt person begeistern (about für
+akk); engine zünden
'fire alarm n ❶(instrument) Feuermelder m
❷(sound) Feueralarm m
'firearm n Schusswaffe f
'fireball n Feuerball m; ASTRON Feuerkugel f
'firebomb I. n Brandbombe f II. vt ■to ~ sth
eine Brandbombe auf etw akk werfen
'firebrand n Brandfackel f; (fig) Aufwieg-
ler(in) m(f)
'firecracker n Kracher m
'fire department n Feuerwehr f
'fire drill n Feueralarmübung f
'fire-eater n Feuerschlucker(in) m(f)
'fire engine n Feuerwehrauto nt, [Feuer]lösch-
fahrzeug nt
'fire escape n (staircase) Feuertreppe f;
(ladder) Feuerleiter f
'fire exit n Notausgang m
'fire extinguisher n Feuerlöscher m
'firefighter n Feuerwehrmann, -frau m, f
'firefly n Leuchtkäfer m
'fire house n see fire station

'fire hydrant n Hydrant m
'fire insurance n Feuerversicherung f
'fireman n Feuerwehrmann m
'fireplace n Kamin m
'firepower n Feuerkraft f
'fireproof I. adj feuerfest II. vt feuerfest machen
'fireside n [offener] Kamin
'fire station n Feuerwache f
'firewall n ❶ARCHIT Brandmauer f ❷COMPUT
Firewall f
'firewater n (fam) Feuerwasser nt
'firewoman n Feuerwehrfrau f
'firewood n Brennholz nt
'firework n ❶ Feuerwerkskörper m ❷■~s pl
(display) Feuerwerk nt; (fig) [Riesen]krach m
kein pl
firing ['faɪr·ɪŋ] n ❶(shooting) Abfeuern nt; of
a rocket Abschießen nt; ~ practice Schieß-
übung f ❷(dismissal) Rauswurf m ❸(in a
kiln) Brennen nt
'firing line n (fig) Schusslinie f
'firing squad n Exekutionskommando nt
firm[1] [fɜrm] I. adj fest; COMM stabil; basis sicher;
offer verbindlich; undertaking definitiv; ■to
be ~ with sb jdm gegenüber bestimmt auftreten II. adv fest; to hold [or stand] ~ standhaft
bleiben III. vi sich stabilisieren
firm[2] [fɜrm] n Firma f, Unternehmen nt
firmness ['fɜrm·nɪs] n ❶(solidity) Festigkeit f
❷(resoluteness) Entschlossenheit f
first [fɜrst] I. adj erste(r, s); ~ thing tomorrow
morgen als Erstes; [right of] ~ refusal FIN
Vorkaufsrecht nt ▸ PHRASES: in the ~ place (at
beginning) zunächst [einmal]; (from the beginning) von vornherein; (most importantly) in
erster Linie; ~ things ~ eins nach dem
anderen II. adv ❶(before doing something
else) zuerst; ■~ of all zu[aller]erst ❷(before
other things, people) als Erste(r, s); head ~
mit dem Kopf voraus ▸ PHRASES: ~ and foremost vor allem III. n ❶ the ~ der/die/das
Erste; ■to be the ~ to do sth etw als Erster/
Erste tun ❷(start) ■at ~ anfangs; from the
[very] ~ von Anfang an ❸AUTO der erste Gang
first 'aid n erste Hilfe; ~ kit Verbandskasten m
'firstborn I. adj erstgeboren II. n Erstgebo-
rene(r) m(f)
'first-class adj ❶(best quality) Erste[r]-Klasse-
❷(approv: wonderful) erstklassig
first class adv erster Klasse
first 'cousin n Cousin(e) m(f) ersten Grades
first-degree 'burn adj Verbrennung f ersten
Grades
first-degree 'murder adj schwerer Mord
first 'floor n Erdgeschoss nt
'firsthand[1] adj attr aus erster Hand; to experience sth ~ etw am eigenen Leib erfahren
first'hand[2] adv aus erster Hand
first 'lady n ■the ~ die First Lady
firstly ['fɜrst·li] adv erstens
'first name n Vorname m
first 'person n LING the ~ die erste Person

first-'rate *adj* erstklassig

first 'strike *n* MIL Erstschlag *m*

fiscal ['fɪs·kəl] *adj* fiskalisch

fiscal 'policy *n* Finanzpolitik *f*

fiscal 'year *n* Geschäftsjahr *nt*

fish [fɪʃ] I. *n* <*pl* -es *or* -> Fisch *m* ▶ PHRASES: **to have bigger ~ to fry** Wichtigeres zu tun haben; **to drink like a ~** wie ein Loch saufen II. *vi* ❶ (*catch fish*) fischen; (*with rod*) angeln (**for** auf +*akk*) ❷ (*look for*) herumsuchen; ■ **to ~ for sth** (*fig*) nach etw *dat* suchen; **to ~ for compliments** sich *dat* gerne Komplimente machen lassen; **to ~ for information** auf der Suche nach Informationen sein III. *vt* befischen

'fish bone *n* [Fisch]gräte *f*

'fishbowl *n* [Gold]fischglas *nt* ▶ PHRASES: **to be** [*or* **live**] **in a ~** auf dem Präsentierteller sitzen *fam o pej*

'fisherman *n* (*professional*) Fischer *m*; (*for hobby*) Angler *m*

fishery ['fɪʃ·ə·ri] *n* Fischfanggebiet *nt*

'fishhook *n* Angelhaken *m*

fishing ['fɪʃ·ɪŋ] *n* (*catching fish*) Fischen *nt*; (*with rod*) Angeln *nt*

'fishing line *n* Angelleine *f*, Angelschnur *f*

'fishing rod *n* Angel[rute] *f*

'fishing tackle *n* (*for industry*) Fischereigeräte *pl*; (*for sport*) Angelgeräte *pl*

'fish stick *n* Fischstäbchen *nt*

fishy ['fɪʃ·i] *adj* ❶ (*tasting of fish*) fischig; (*like fish*) fischartig ❷ (*pej fam: dubious*) verdächtig; **there is something ~ about that** daran ist irgendetwas faul

fission ['fɪʃ·ən] *n* PHYS [Kern]spaltung *f*; BIOL [Zell]teilung *f*

fissure ['fɪʃ·ər] *n* ❶ Spalte *f* ❷ (*fig*) Spaltung *f*

fist [fɪst] *n* Faust *f*

fit¹ [fɪt] I. *adj* <-tt-> ❶ (*suitable*) geeignet; **~ for human consumption** [*or* **to eat**] zum Verzehr geeignet; **that's all he's ~ for** das ist alles, wozu er taugt ❷ (*up to*) fähig; **to work** arbeitsfähig ❸ (*appropriate*) angebracht; **do as you think ~** tun, was Sie für richtig halten ❹ (*healthy*) fit II. *n* ❶ FASHION Sitz *m*; **these shoes are a good ~** diese Schuhe passen gut ❷ TECH Passung *f* III. *vt* <fitted *or* fit, fitted *or* fit> ❶ (*be the right size*) passen; **~ to ~ sb** jdm passen ❷ (*be appropriate*) ■ **to ~ sb/sth** sich für jdn/ etw eignen ❸ (*correspond with*) ■ **to ~ sth** etw *dat* entsprechen; **the punishment should always ~ the crime** die Strafe sollte immer dem Vergehen angemessen sein; **the key ~s the lock** der Schlüssel passt ins Schloss ❹ (*make correspond*) ■ **to ~ sth to sth** etw einer S. *dat* anpassen ❺ (*install*) montieren ❻ (*position as required*) einpassen ❼ (*supply*) ■ **to ~ sth with sth** etw mit etw *dat* versehen IV. *vi* <fitted *or* fit, fitted> ❶ (*be correct size*) passen, sitzen; **~ well** gut sitzen; ■ **to ~ into sth** in etw *akk* hineinpassen ❷ (*agree*) *facts* übereinstimmen

◆ **fit in I.** *vi* ❶ (*get along well*) sich einfügen

❷ (*conform*) dazupassen; **this doesn't ~ in with my plans** das passt mir nicht in den Plan II. *vt* einschieben

fit² [fɪt] *n* Anfall *m*; **to be in ~s of laughter** sich kaputtlachen; **to have a ~** (*lose consciousness*) in Ohnmacht fallen; (*fig: lose temper*) einen Anfall bekommen

fitful ['fɪt·fəl] *adj* unbeständig; *sleep* unruhig

fitness ['fɪt·nɪs] *n* ❶ (*health*) Fitness *f* ❷ (*competence*) Eignung *f*

fitted ['fɪt·ɪd] *adj* (*tailor-made*) maßgeschneidert; (*close-fitting*) *jacket* tailliert

fitter ['fɪt·ər] *n* TECH [Maschinen]schlosser(in) *m(f)*

fitting ['fɪt·ɪŋ] I. *adj* passend; **it is ~ that ...** es schickt sich, dass ... II. *n* Anprobe *f*

five [faɪv] I. *adj* fünf II. *n* ❶ (*number, symbol*) Fünf *f*; **~ o'clock shadow** nachmittäglicher Stoppelbart ❷ (*five minutes*) **to take ~** (*fam*) sich *dat* eine kurze Pause genehmigen; *see also* **eight**

'fivefold *adj, adv* fünffach

fiver ['faɪ·vər] *n* (*fam*) Fünfdollarschein *m*

fix [fɪks] I. *n* ❶ (*fam: dilemma*) Klemme *f* ❷ (*sl: drugs*) Schuss *m*, Fix *m* ❸ NAUT, AVIAT (*position*) Position *f*; **to take a ~ on sth** etw orten II. *vt* ❶ (*repair*) reparieren, in Ordnung bringen ❷ (*fasten*) festmachen (**to** an +*akk*) ❸ (*decide*) festlegen; *rent* festsetzen ❹ (*arrange*) arrangieren ❺ (*fam: prepare*) **to ~ one's hair** sich frisieren; **shall I ~ you something?** soll ich dir was zu essen machen? ❻ (*sl: take revenge on*) ■ **to ~ sb** es jdm heimzahlen ❼ (*concentrate*) *eyes, thoughts* richten (**on** auf +*akk*); **he ~ed me with a disapproving stare** er durchbohrte mich mit missbilligenden Blicken III. *vi* (*sl*) *drugs* fixen

◆ **fix on** *vt* ■ **to ~ on** [*or* **upon**] **sth** sich auf etw *akk* festlegen

◆ **fix up** *vt* ❶ (*supply*) ■ **to ~ sb** ↻ **up** jdn versorgen; (*with a date*) jdm eine Verabredung arrangieren ❷ (*arrange*) arrangieren; *time to meet* vereinbaren ❸ (*fam: repair*) in Ordnung bringen; *house* renovieren

fixation [fɪk·'seɪ·ʃən] *n* PSYCH Fixierung *f* (**with** auf +*akk*)

fixed [fɪkst] *adj* fest; *gaze* starr; *idea* fix; **how are you ~ for cash?** wie steht's bei dir mit Geld?

fixer ['fɪk·sər] *n* (*fam: person*) Schieber(in) *m(f)*

fixture ['fɪks·tʃər] *n* eingebautes Teil; ■ **~s** *pl* Ausstattung *f*, Einrichtungsgegenstände *pl*; **to be a permanent ~** (*fig, hum*) zum [lebenden] Inventar gehören

fizz [fɪz] I. *vi* ❶ (*bubble*) sprudeln ❷ (*make sound*) zischen II. *n* Sprudeln *nt*; **the tonic water has lost its ~** in dem Tonic Water ist keine Kohlensäure mehr

◆ **fizzle out** *vi* verpuffen

fjord [fjɔrd] *n* Fjord *m*

FL, Fla. *abbrev of* **Florida**

flabbergast ['flæb·ər·gæst] *vt* ■ **to be ~ed**

völlig platt sein

flabby ['flæb·i] *adj* schwabbelig; (*fig*) schlapp

flag [flæg] I. *n* ❶ (*pennant*) Fahne *f;* (*national*) Flagge *f* ❷ (*marker*) Markierung *f* II. *vt* <-gg-> ❶ (*mark*) markieren ❷ (*signal to*) **to ~** [**down**] anhalten III. *vi* <-gg-> *enthusiasm* abflauen; *interest* nachlassen; *person* ermüden; *strength* erlahmen

---

i Der **Flag Day** gedenkt des 14. Juni 1777, als der *Second Continental Congress* (zweiter Kontinentalkongress) die *Stars and Stripes* (Flagge der Vereinigten Staaten von Amerika) zur Nationalfahne ernannte. Allerdings ist der 14. Juni kein nationaler Feiertag, obwohl die Amerikaner diese Fahne als wichtigstes Symbol für ihr Land ansehen.

'**flagpole**, '**flagstaff** *n* Fahnenmast *m,* Flaggenmast *m*

flagrant ['fleɪ·grənt] *adj* offenkundig

'**flagship** *n* Flaggschiff *nt a. fig; ~* **store** Hauptgeschäft *nt*

'**flagstaff** *n see* **flagpole**

flail [fleɪl] I. *n* Dreschflegel *m* II. *vi* heftig um sich schlagen; ■ **to ~ around** herumfuchteln III. *vt* **to ~ one's arms** wild mit den Armen fuchteln

flair [fler] *n* ❶ (*talent*) Talent *nt;* **to have a ~ for languages** sprachbegabt sein ❷ (*style*) Stil *m*

flak [flæk] *n* ❶ Flakfeuer *nt* ❷ (*fig*) scharfe Kritik

flake [fleɪk] I. *n* ❶ *of chocolate* Raspel *f; of metal* Span *m; of pastry* Krümel *m; of skin* [Haut]schuppe *f; of snow* Schneeflocke *f; of soap* Seifenflocke *f* ❷ (*sl: odd person*) Spinner(in) *m(f)* II. *vi skin* sich schuppen; *paint* abblättern; *plaster* abbröckeln

◆ **flake out** *vi* (*fam*) nicht dran denken

flaky ['fleɪ·ki] *adj* ❶ (*with layers*) flockig; *pastry* blättrig; *paint* bröcklig; *skin* schuppig ❷ (*sl: unreliable*) schusselig, hirnlos *pej fam*

flamboyant [flæm·'bɔɪ·ənt] *adj* extravagant; *colors* prächtig

flame [fleɪm] I. *n* ❶ Flamme *f a. fig;* **to burst into ~s** in Brand geraten ❷ INET beleidigende E-Mail II. *vi* brennen; (*fig*) glühen III. *vt* (*sl*) COMPUT per E-Mail beleidigen

flaming ['fleɪ·mɪŋ] I. *adj color* flammend II. *n* INET *heftiges Beleidigen beim Chatten im Internet*

flamingo <*pl* -s *or* -es> [flə·'mɪŋ·goʊ] *n* Flamingo *m*

flammable ['flæm·ə·bəl] *adj* leicht entflammbar; **highly ~** feuergefährlich

flan [flæn] *n Kuchen mit einer Füllung aus Vanillepudding*

flange [flændʒ] *n* Flansch *m*

flank [flæŋk] I. *n* Flanke *f* II. *vt* flankieren

flannel ['flæn·l] *n* Flanell *m*

flap [flæp] I. *vt* <-pp-> **to ~ one's wings** mit den Flügeln schlagen; (*in short intervals*) flattern mit II. *vi* <-pp-> (*flutter*) flattern; *wings* schlagen III. *n* ❶ (*flutter*) Flattern *nt* ❷ *of cloth* Futter *nt;* **pocket ~** Taschenklappe *f* ❸ (*fam: commotion*) helle Aufregung

flapjack ['flæp·dʒæk] *n* Pfannkuchen *m*

flare [fler] I. *n* ❶ (*signal*) Leuchtkugel *f* ❷ (*of pants*) Schlag *m* II. *vi* ❶ (*burn up*) aufflammen ❷ FASHION aufweiten ❸ *nostrils* sich blähen

◆ **flare up** *vi* ❶ auflodern *a. fig; person* aufbrausen ❷ MED sich bemerkbar machen

'**flare-up** *n* ❶ Auflodern *nt a. fig* ❷ MED [erneuter] Ausbruch

flash [flæʃ] I. *n* <*pl* -es> ❶ (*light*) [Licht]blitz *m; of jewelry, metal* [Auf]blitzen *nt kein pl; of an explosion* Stichflamme *f; ~* **of lightning** Blitz *m; ~* **of the headlights** Lichthupe *f* ❷ (*fig*) **~ of temper** Temperamentsausbruch *m; ~* **of inspiration** Geistesblitz *m* ❸ PHOT Blitz *m;* **to use** [a] **~** mit Blitzlicht fotografieren ▸ PHRASES: **like a ~** blitzartig; **quick as a ~** blitzschnell; **in a ~** im Nu II. *vt* ❶ (*signal*) *light* aufleuchten lassen; *message* blinken ❷ (*exhibit*) *smile* zuwerfen ❸ (*pej fam: flaunt*) ■ **to ~ sth around** mit etw protzen ❹ (*sl: bare body*) ■ **to ~** [**sb**] sich *akk* [jdm] exhibitionistisch zeigen III. *vi* ❶ (*shine*) blitzen ❷ (*fig: appear*) kurz auftauchen; *smile* huschen; *thought* schießen ❸ (*move*) ■ **to ~ by** [*or* **past**] vorbeirasen

◆ **flash back** *vi* ■ **to ~ back to sth** sich plötzlich [wieder] an etw *akk* erinnern

'**flashback** *n* ❶ FILM Rückblende *f* ❷ CHEM [Flammen]rückschlag *m*

'**flashbulb** *n* PHOT Blitz[licht]lampe *f*

'**flash card** *n* SCH Zeigekarte *f*

flasher ['flæʃ·ər] *n* ❶ AUTO ■ **~ s** *pl* (*hazard lights*) Lichthupe *f* ❷ (*exhibitionist*) Exhibitionist *m*

flash 'flood *n* flutartige Überschwemmung

'**flashlight** *n* ❶ Taschenlampe *f* ❷ PHOT Blitzlicht *nt*

'**flashpoint** *n* ❶ CHEM Flammpunkt *m* ❷ (*fig: trouble spot*) Unruheherd *m*

flashy ['flæʃ·i] *adj* protzig

flask [flæsk] *n* ❶ (*bottle*) [bauchige] Flasche; *for wine* Ballonflasche *f; for spirits* Flachmann *m* ❷ CHEM [Glas]kolben *m*

flat[1] [flæt] I. *adj* <-tt-> ❶ (*horizontal*) flach; *path, surface* eben; *face, nose* platt ❷ (*not carbonated*) *drinks* schal ❸ (*deflated*) *tire* platt; *person* niedergeschlagen ❹ COMM, ECON (*slack*) *market* flau; (*fixed*) *rate* Einheits-, Pauschal- ❺ MUS *key* mit B-Vorzeichen *nach n; note* [um einen Halbton] erniedrigt; (*unintentionally*) zu tief [gestimmt] II. *adv* <-tt-> ❶ (*horizontally*) flach; **to fall ~ on one's face** der Länge nach hinfallen ❷ (*level*) platt; **to knock sth ~** *wall, building* etw platt walzen ❸ (*fam: absolutely*) rundheraus, glattweg ❹ MUS zu tief ▸ PHRASES: **to fall ~** (*fail*) *attempt* scheitern; *performance* durchfallen; *joke* nicht ankommen III. *n*

❶ (*level surface*) flache Seite; ~ **of the hand** Handfläche *f* **❷** (*level ground*) Ebene *f;* **salt ~s** *pl* Salzwüste *f* **❸** (*tire*) Platte(r) *m*

flat² [flæt] *n* [Etagen]wohnung *f*

flat 'feet *npl* Plattfüße *pl*

flat-'footed *adj* plattfüßig; **to be ~** Plattfüße haben

flatly ['flæt·li] *adv* **❶** (*dully*) ausdruckslos **❷** (*absolutely*) glatt|weg]

flatness ['flæt·nɪs] *n* Flachheit *f; of ground, track* Ebenheit *f*

flatten ['flæt·n] *vt* **❶** (*level*) flach machen; *ground, path* eben machen; *dent* ausbeulen; ■ **to ~ oneself against sth** sich platt gegen etw *akk* drücken **❷** (*knock down*) *thing* einebnen; *tree* umlegen; *person* niederstrecken

flatter¹ ['flæt·ər] *vt* ■ **to ~ sb** jdm schmeicheln; **don't ~ yourself!** bilde dir ja nichts ein!

flatter² ['flæt·ər] *adj comp of* **flat**

flatterer ['flæt·ə·rər] *n* Schmeichler(in) *m(f)*

flattering ['flæt·ə·rɪŋ] *adj* (*approv*) schmeichelhaft; (*pej*) schmeichlerisch

flattery ['flæt·ə·ri] *n* Schmeicheleien *pl*

flatulence ['flætʃ·ə·ləns] *n* (*form*) Blähung|en] *f|pl|*

flaunt [flɔnt] *vt* (*esp pej*) zur Schau stellen

flautist ['flɔ·tɪst] *n* Flötist(in) *m(f)*

flavor ['fleɪ·vər] **I.** *n* **❶** (*taste*) [Wohl]geschmack *m*, Aroma *nt;* (*particular taste*) Geschmacksrichtung *f*, Sorte *f* **❷** (*fig*) Anflug *m* **II.** *vt* würzen

flavoring ['fleɪ·vər·ɪŋ] *n* Aroma *nt*, Geschmacksstoff *m*

flaw [flɔ] **I.** *n* Fehler *m*, Mangel *m;* TECH Defekt *m* **II.** *vt usu passive* beeinträchtigen

flawed [flɔd] *adj* fehlerhaft; *diamond* unrein; **his argument is deeply ~** seine Argumentation hat große Schwachstellen

flawless ['flɔ·lɪs] *adj* fehlerlos; *beauty* makellos; *behavior* einwandfrei; *diamond* lupenrein; *performance* vollendet

flax [flæks] *n* Flachs *m*

flay [fleɪ] *vt* **❶** *animal* [ab]häuten **❷** (*fig*) *person* auspeitschen

flea [fli] *n* Floh *m*

'flea market *n* Flohmarkt *m*

fleck [flek] **I.** *n* Fleck|en] *m* **II.** *vt* sprenkeln

fled [fled] *vi, vt pp, pt of* **flee**

fledged [fledʒd] *adj* **fully ~** flügge *a. fig*

fledg(e)ling ['fledʒ·lɪŋ] **I.** *n* Jungvogel *m* **II.** *adj* neu, Jung-

flee <fled, fled> [fli] **I.** *vi* (*run away*) fliehen (**from** vor); (*seek safety*) flüchten **II.** *vt country* fliehen (aus +*dat*); *danger* fliehen [*o* flüchten] (vor +*dat*)

fleece [flis] **I.** *n* **❶** *of sheep* Schaffell *nt*, Vlies *nt* **❷** (*fabric*) Flausch *m*, weicher Wollstoff **❸** (*clothing*) Vliesjacke *f* **II.** *vt* **❶** *sheep* scheren **❷** (*fig fam: cheat*) schröpfen, ausnehmen

fleet [flit] *n* **❶** NAUT Flotte *f* **❷** AVIAT Staffel *f* **❸** (*group of vehicles*) Fuhrpark *m; of cars* Wagenpark *m*

fleeting ['fli·tɪŋ] *adj* flüchtig; *beauty* vergänglich; *opportunity* kurzfristig

Flemish ['flem·ɪʃ] **I.** *adj* flämisch **II.** *n* Flämisch *nt*

flesh [fleʃ] *n* Fleisch *nt; of fruit* [Frucht]fleisch-*nt* ▶ PHRASES: **to be** [only] ~ **and blood** auch [nur] ein Mensch sein; **to make one's ~ crawl** das Gruseln lernen; **in the ~** in Person

◆**flesh out** *vt* weiterentwickeln

'flesh-colored *adj* fleischfarben

'flesh wound *n* Fleischwunde *f*

flew [flu] *vi, vt pp, pt of* **fly**

flex [fleks] **I.** *vt* beugen; *muscles* [an]spannen; **to ~ one's muscles** (*fig*) seine Muskeln spielen lassen **II.** *vi* sich beugen; *muscles* sich [an]spannen **III.** *n* [Anschluss]kabel *nt*

flexibility [ˌflek·sə·ˈbɪl·ɪ·ti] *n* **❶** Biegsamkeit *f; of material* Elastizität *f* **❷** (*fig*) Flexibilität *f*

flexible ['flek·sə·bəl] *adj* **❶** biegsam **❷** (*fig*) flexibel; ~ **working hours** gleitende Arbeitszeit

flextime ['fleks·taɪm] *n* Gleitzeit *f*

flick [flɪk] **I.** *n* **❶** (*movement*) kurze Bewegung; *of switch* Klicken *nt; of whip* Schnalzen *nt; of wrist* kurze Drehung **❷** (*fam: movie*) Film *m*, Streifen *m fam* **II.** *vt* **❶** (*move*) ■ **to ~ sth** etw mit einer schnellen Bewegung ausführen; *whip* schnalzen mit; **to ~ the light switch off** das Licht ausknipsen **❷** (*remove*) wegwedeln; *with fingers* wegschnippen

flicker ['flɪk·ər] **I.** *vi* **❶** (*shine unsteadily*) flackern; *TV* flimmern; *eyelids* zucken; *tongue* züngeln **❷** (*fig*) aufkommen; *hope* aufflackern **II.** *n* **❶** Flackern *nt kein pl; of TV pictures* Flimmern *nt kein pl; of eyelids* Zucken *nt kein pl* **❷** (*fig*) Anflug *m;* **a ~ of hope** ein Hoffnungsschimmer *m*

flier ['flaɪ·ər] *n* **❶** Flieger(in) *m(f);* **frequent ~** Vielflieger(in) *m(f)* **❷** (*leaflet*) Flugblatt *nt*

flight¹ [flaɪt] *n* **❶** (*flying*) Flug *m;* **to take ~** auffliegen **❷** (*group*) *of birds, insects* Schwarm *m; of migrating birds* [Vogel]zug *m; of aircraft* [Flieger]staffel *f* **❸** (*series*) *of stairs* Treppe *f;* **we live three ~s up** wir wohnen drei Treppen hoch

flight² [flaɪt] *n* (*fleeing*) Flucht *f*

'flight attendant *n* Flugbegleiter(in) *m(f)*

'flight deck *n* **❶** (*on plane*) Cockpit *nt* **❷** (*on ship*) Flugdeck *nt*

flightless ['flaɪt·lɪs] *adj* flugunfähig

'flight number *n* Flugnummer *f*

'flight path *n of an aircraft* Flugweg *m; of an object* Flugbahn *f*

'flight recorder *n* Flugschreiber *m*

flighty ['flaɪ·ti] *adj* (*usu pej*) flatterhaft

flimsiness ['flɪm·zɪ·nɪs] *n* **❶** *of material* mangelnde Festigkeit; *of a structure* mangelnde Stabilität **❷** *of a fabric, paper* Dünnheit *f* **❸** (*fig*) *of an excuse* Fadenscheinigkeit *f*

flimsy ['flɪm·zi] *adj* **❶** *construction* instabil, unsolide **❷** *clothing* dünn, leicht **❸** (*fig*) *excuse* schwach

flinch [flɪntʃ] *vi* (*wince*) [zusammen]zucken

fling [flɪŋ] **I.** *n* **❶** (*throw*) [mit Schwung ausgeführter] Wurf **❷** (*fig: good time*) ausgelassene

Zeit; (*relationship*) **to have a ~ with sb** mit jdm etwas haben **II.** *vt* <flung, flung> werfen; **to ~ open** aufreißen; ■**to ~ oneself at sb/sth** sich auf jdn/etw stürzen; (*fig*) sich jdm an den Hals werfen; ■**to ~ oneself into sth** (*fig*) sich in etw *akk* stürzen
◆**fling off** *vt clothing* abwerfen *a. fig; blanket* wegstoßen
◆**fling on** *vt* (*fam*) sich *dat* überwerfen
flint [flɪnt] *n* Feuerstein *m*
flip [flɪp] **I.** *vt* <-pp-> ❶ (*turn on/off*) *switch* drücken ❷ (*turn over*) umdrehen; *coin* werfen; *pancake* wenden (*durch Hochwerfen*) **II.** *vi* <-pp-> ❶ ■**to ~** [*over*] sich schnell [um]drehen; *vehicle* sich überschlagen ❷ (*fig sl*) ausflippen ❸ (*with coin*) eine Münze werfen (**for** um +*akk*) **III.** *n* ❶ (*throw*) Werfen *nt* ❷ (*movement*) Ruck *m;* **to have a** [**quick**] **~ through sth** etw im Schnellverfahren tun
'**flip chart** *n* Flipchart *m o nt*
'**flip-flop I.** *n* ❶ (*shoe*) Badelatsche *f* ❷ (*fam: reversal of opinion*) plötzlicher Gesinnungswandel **II.** *vi* ständig seine Meinung ändern
flippancy ['flɪp·ən·si] *n* Leichtfertigkeit *f*
flippant ['flɪp·ənt] *adj* leichtfertig
flipper ['flɪp·ər] *n* [Schwimm]flosse *f*
'**flip side** *n* ❶ B-Seite *f* ❷ (*fig*) Kehrseite *f*
flirt [flɜrt] **I.** *vi* ❶ flirten ❷ (*fig*) spielen **II.** *n* [gern] flirtende(r) Mann/Frau
flirtation [flɜr·'teɪ·ʃən] *n* Flirt *m*
flirtatious [flɜr·'teɪ·ʃəs] *adj* kokett
flit <-tt-> [flɪt] *vi* ❶ huschen *a. fig;* (*fly*) flattern ❷ (*fig*) sich stürzen; **to ~ through one's mind** einem durch den Kopf schießen
float [floʊt] **I.** *n* ❶ (*for fishing*) [Kork]schwimmer *m* ❷ (*for swimming*) Schwimmkork *m* ❸ TECH Schwimmer *m* ❹ (*drink*) **Coke ~** (*Coca-Cola mit Eiskugeln im hohen Glas serviert*) ❺ (*in parade*) Festzugswagen *m* **II.** *vi* ❶ (*be buoyant*) schwimmen, oben bleiben ❷ (*move in liquid or gas*) *objects* treiben; *people* sich treiben lassen ❸ (*move in air*) *clouds* ziehen; *leaves* segeln; *sound* dringen **III.** *vt* ❶ ECON *business* gründen; *currency* freigeben ❷ (*on water*) treiben lassen; *logs* flößen; *ship* zu Wasser lassen ❸ (*fig*) *idea* zur Diskussion stellen
◆**float around** *vi* (*fig*) *rumor* in Umlauf sein; *objects* [he]rum[f]liegen; *person* sich herumtreiben
floatation [floʊ·'teɪ·ʃən] *n see* **flotation**
floating ['floʊ·t̬ɪŋ] *adj* ❶ (*in water*) schwimmend, treibend; *crane, dock* Schwimm- ❷ (*fluctuating*) *population* mobil; **~ voter** Wechselwähler, -in *m, f*
flock [flak] **I.** *n of animals* Herde *f; of people, birds* Schar *f,* Schwarm *m* **II.** *vi* sich scharen; ■**to ~ to sth** zu etw *dat* in Scharen kommen
floe [floʊ] *n* Eisscholle *f*
flog <-gg-> [flag] *vt* auspeitschen (**for** wegen +*akk*)
flogging ['flag·ɪŋ] *n* Auspeitschen *nt kein pl*
flood [flʌd] **I.** *n* ❶ (*excess water*) Überschwemmung *f,* Hochwasser *nt kein pl;* ■**the**

F~ REL die Sintflut ❷ (*tide*) **~** [**tide**] Flut *f* **II.** *vt* ❶ (*overflow*) überschwemmen *a. fig; room* unter Wasser setzen ❷ AUTO *engine* absaufen lassen **III.** *vi* ❶ *place* überschwemmt werden, unter Wasser stehen; *river* über die Ufer treten ❷ (*fig*) strömen; **as soon as the gates were opened, the people ~ed in** sobald die Tore geöffnet wurden, strömten die Leute herein
'**floodgate** *n* Schleusentor *nt;* **to open the ~s** [**to sth**] (*fig*) [etw *dat*] Tür und Tor öffnen
'**floodlight** *n* Flutlicht *nt*
'**floodlit** *adj building* angestrahlt; *stadium* in Flutlicht getaucht
floor [flɔr] **I.** *n* ❶ (*surface*) [Fuß]boden *m;* GEOG Boden *m* ❷ (*story*) Stock *m,* Stockwerk *nt,* Etage *f;* **first ~** Erdgeschoss *nt* **II.** *vt* ❶ zu Boden schlagen ❷ (*fig*) umhauen
'**floorboard** *n* Diele *f*
flooring ['flɔr·ɪŋ] *n* Boden[belag] *m*
'**floor lamp** *n* Stehlampe *f*
'**floor plan** *n* Grundriss *m* (*eines Stockwerks*)
flop [flap] **I.** *vi* <-pp-> ❶ (*move*) sich fallen [*o* plumpsen] lassen ❷ (*fail*) ein Flop sein; *performance* durchfallen **II.** *n* ❶ (*movement*) Plumps *m* ❷ (*failure*) *thing* Flop *m; person* Niete *f*
'**flophouse** *n* (*cheap hotel*) Absteige *f*
floppy ['flap·i] **I.** *adj* schlaff; *hair* [immer wieder] herabfallend; **~ ears** Schlappohren *pl* **II.** *n* COMPUT (*fam*) Floppy [Disk] *f*
floppy 'disk *n* COMPUT Floppy Disk *f*
flora ['flɔr·ə] *n* Flora *f*
floral ['flɔr·əl] *adj* Blumen-
florid ['flɔr·ɪd] *adj* ❶ (*form: ruddy*) kräftig rot ❷ (*fig, usu pej: very ornate*) überladen; *style* blumig; *prose, rhetoric* schwülstig
Florida ['flɔr·ɪ·də] *n* Florida *nt*
florist ['flɔr·ɪst] *n* Florist(in) *m(f);* ■**~** [**shop**] Blumengeschäft *nt*
floss [flas] **I.** *n* Zahnseide *f* **II.** *vt* **to ~ one's teeth** seine Zähne mit Zahnseide reinigen
flotation [floʊ·'teɪ·ʃən] *n* ECON *of a business* Gründung *f;* **stock-market ~** Börsengang *m*
flotilla [floʊ·'tɪl·ə] *n* Flottille *f*
flotsam ['flat·səm], **flotsam and 'jetsam** *n* Treibgut *nt;* (*ashore*) Strandgut *nt*
flounce [flaʊnts] *vi* rauschen
flounder[1] <*pl - or -s*> ['flaʊn·dər] *n* (*flatfish*) Flunder *f*
flounder[2] ['flaʊn·dər] *vi* ❶ stolpern; *in mud, snow* waten; *in water* [herum]rudern ❷ (*fig: be in difficulty*) sich abmühen; (*be confused*) nicht weiterwissen
flour ['flaʊ·ər] *n* Mehl *nt*
flourish ['flɜr·ɪʃ] **I.** *vi* blühen; COMM blühen, florieren **II.** *vt* herumfuchteln mit *dat,* schwingen **III.** *n* (*movement*) schwungvolle Bewegung; (*gesture*) überschwängliche Geste; **the team produced a late ~** die Mannschaft brachte gegen Ende noch einmal Bewegung ins Spiel
flourishing ['flɜr·ɪʃ·ɪŋ] *adj* (*a. fig*) *plants* prächtig; *business, market* blühend, florierend
flout [flaʊt] *vt* [offen] missachten

flow [floʊ] **I.** *vi* fließen *a. fig; air, light, warmth* strömen; *conversation* in Gang kommen; **many rivers ~ into the North Sea** viele Flüsse münden in die Nordsee **II.** *n usu sing* Fluss *m a. fig; (volume)* Durchflussmenge *f;* **~ of goods** Güterverkehr *m;* **to stop the ~ of blood** das Blut stillen ▸ PHRASES: **to go against/with the ~** gegen den/mit dem Strom schwimmen

'flow chart, 'flow diagram *n* Flussdiagramm *nt*

flower ['flaʊ·ər] **I.** *n* ❶ BOT *(plant)* Blume *f;* *(blossom)* Blüte *f;* **to be in ~** blühen ❷ *(fig)* Blüte *f* **II.** *vi* blühen *a. fig*

'flower arrangement *n* Blumengesteck *nt*

'flower bed *n* Blumenbeet *nt*

'flowerpot *n* Blumentopf *m*

flowery ['flaʊ·ə·ri] *adj* ❶ *material* geblümt ❷ *(fig) language* blumig

flowing ['floʊ·ɪŋ] *adj* flüssig; *clothing, movement* fließend; *hair* wallend

flown [floʊn] *vi, vt pp of* **fly**

fl. oz. *n abbrev of* **fluid ounce** 29,57 cm³

flu [flu] *n short for* **influenza** Grippe *f*

flub [flʌb] *vt (fam)* **to ~ sth** etw vermasseln [*o* ÖSTERR *a.* verhauen] *fam;* **to ~ one's lines** seinen Text verpatzen

fluctuate ['flʌk·tʃʊ·eɪt] *vi* schwanken; ECON fluktuieren

fluctuation [ˌflʌk·tʃʊ·'eɪ·ʃən] *n* Schwankung *f;* ECON Fluktuation *f*

flue [flu] *n* Abzugsrohr *nt; (in chimney)* Rauchabzug *m; (for furnace)* Flammrohr *nt*

fluency ['flu·ən·si] *n* Fluss *m; of style* Flüssigkeit *f; of foreign language* Beherrschung *f; of articulation* Gewandtheit *f*

fluent ['flu·ənt] *adj in a foreign language* fließend; *style, movements* flüssig; *rhetoric* gewandt; **to be ~ in a language** eine Sprache fließend beherrschen [*o* sprechen]

fluff [flʌf] **I.** *n* ❶ *(particle)* Fusseln *pl* ❷ ORN, ZOOL Flaum *m* **II.** *vt* vermasseln; **to ~ an exam/a test** ein Examen/eine Prüfung verhauen

fluffy ['flʌf·i] *adj* ❶ *(soft) feathers* flaumig; *pillows* flaumig weich; *towels* flauschig; *animal* kuschelig [weich] ❷ *(light) clouds* aufgelockert; *food, hair* locker; *egg whites* schaumig

fluid ['flu·ɪd] **I.** *n* Flüssigkeit *f;* **bodily ~s** Körpersäfte *pl* **II.** *adj* ❶ flüssig ❷ *(fig: changeable)* veränderlich

fluid 'ounce *n* 29,57 cm³

flung [flʌŋ] *pp, pt of* **fling**

flunk [flʌŋk] *vt (fam)* durchfallen in +*dat*

fluorescence [flɔ·'res·əns] *n* Fluoreszenz *f*

fluorescent [flɔ·'res·ənt] *adj* fluoreszierend; **~ light** Neonlicht *nt*

fluoride ['flɔr·aɪd] *n* Fluorid *nt*

flurry ['flɜr·i] *n* ❶ METEO **snow ~** [Schnee]schauer *m* ❷ *(excitement)* Unruhe *f;* **~ of excitement** große Aufregung

flush¹ [flʌʃ] *adj* ❶ *(flat)* eben; **~ with sth** mit etw *dat* auf gleicher Ebene ❷ *(fam: rich)* reich

flush² [flʌʃ] **I.** *vi* ❶ *(blush)* erröten (**with** vor +*dat*) ❷ *(empty)* spülen; **the toilet won't ~** die Spülung geht nicht **II.** *vt* spülen; **to ~ [sth down] the toilet** [etw die Toilette hinunter]spülen **III.** *n* ❶ *usu sing (blush)* Röte *f kein pl* ❷ *(emptying)* Spülen *nt kein pl*
♦**flush out** *vt* ❶ *(cleanse)* ausspülen ❷ *(drive out)* hinaustreiben

flushed [flʌʃt] *adj* rot im Gesicht

fluster ['flʌs·tər] *vt* nervös machen

flute [flut] *n* Flöte *f*

flutist ['flu·t̬ɪst] *n* Flötist(in) *m(f)*

flutter ['flʌt̬·ər] **I.** *vi* flattern **II.** *vt* flattern lassen; *wings* schlagen mit; *eyelashes* klimpern mit **III.** *n* Flattern *nt kein pl*

flux [flʌks] *n* **in a state of ~** im Fluss

fly [flaɪ] **I.** *vi* <flew, flown> ❶ *(through the air)* fliegen; **he flew across the Atlantic** er überflog den Atlantik ❷ *(in the air) flag* wehen ❸ *(speed)* sausen; **the door flew open** die Tür flog auf **II.** *vt* <flew, flown> ❶ *(pilot, transport)* fliegen ❷ *(raise) flag* wehen lassen; *kite* steigen lassen **III.** *n* ❶ *(insect)* Fliege *f* ❷ *(zipper)* Hosenschlitz *m* ▸ PHRASES: **the ~ in the ointment** das Haar in der Suppe; **to be a ~ on the wall** Mäuschen sein **IV.** *adj* <-er, -est> *(sl)* cool
♦**fly in** *vi, vt* einfliegen (**from** aus +*dat*)

'fly-by-night *adj (pej fam)* zweifelhaft

flyer ['flaɪ·ər] *n see* **flier**

flying ['flaɪ·ɪŋ] **I.** *n* Fliegen *nt* **II.** *adj* fliegend

'flyover *n* Luftparade *f*

'flypaper *n* Fliegenpapier *nt*

'flywheel *n* TECH Schwungrad *nt*

FM [ˌef·'em] *n abbrev of* **frequency modulation** FM

foal [foʊl] **I.** *n* Fohlen *nt* **II.** *vi* fohlen

foam [foʊm] **I.** *n* ❶ *(bubbles)* Schaum *m* ❷ *(plastic)* Schaumstoff *m* **II.** *vi* schäumen

foam 'rubber *n* Schaumgummi *m*

fob [fab] **I.** *n* ❶ *(for watch)* Uhrkette *f* ❷ *(for keys)* Schlüsselanhänger *m* **II.** *vt* <-bb-> ■**to ~ sb off with sth** jdn mit etw *dat* abspeisen; ■**to ~ sth off on sb** jdm etw andrehen

focal ['foʊ·kəl] *adj* im Brennpunkt stehend; **~ point** Brennpunkt *m*

focus ['foʊ·kəs, *pl* 'foʊ·saɪ] *<pl* -es *or form* foci> **I.** *n* ❶ *(center)* Mittelpunkt *m,* Brennpunkt *m;* **to be the ~ of attention** im Mittelpunkt stehen ❷ **in/out of ~** scharf/nicht scharf eingestellt **II.** *vi* <-s- *or* -ss-> ❶ *(concentrate)* sich konzentrieren ([up]on auf +*akk*) ❷ *(see)* klar sehen **III.** *vt* <-s- *or* -ss-> ❶ *(concentrate) attention, energy* konzentrieren (**on** auf +*akk*) ❷ *(direct) camera, telescope* scharf einstellen (**on** auf +*akk*); *eyes* richten (**on** auf +*akk*)

fodder ['fad·ər] *n* Futter *nt*

foe [foʊ] *n (liter)* Feind *m*

fog [fag] *n* Nebel *m*

'fogbound *adj airport* wegen Nebels geschlossen; *plane* durch Nebel festgehalten

fogey ['foʊ·gi] *n (fam) see* **fogy**

foggy ['fa·gi] *adj* neblig
'foghorn *n* Nebelhorn *nt*
'fog lamp, 'fog light *n* Nebelscheinwerfer *m*
fogy ['fou·gi] *n* (*fam*) Mensch *m* mit verstaubten Ansichten
foible ['fɔɪ·bəl] *n usu pl* Eigenart *f kein pl*
foil[1] [fɔɪl] *n* ❶ (*sheet*) Folie *f* ❷ (*sword*) Florett *nt*
foil[2] [fɔɪl] *vt thing* verhindern; *coup, person* vereiteln; *plan* durchkreuzen
foist [fɔɪst] *vt* ▪to ~ sth [up]on sb jdm etw aufzwingen
fold [fould] **I.** *n* (*crease*) Falte *f* **II.** *vt* ❶ (*bend*) falten (**into** zu +*dat*); *letter* zusammenfalten; *umbrella* zusammenklappen; *arms, hands* verschränken ❷ (*enclose*) *letter* to ~ sth into sth etw in etw einwickeln ❸ FOOD (*mix*) heben (**into** unter +*akk*) **III.** *vi* ❶ (*bend*) zusammenklappen ❷ (*fail*) eingehen ❸ (*give up*) to ~ **under pressure** bei Druck nachgeben [*o* sich beugen]
◆**fold up** *vt, vi* zusammenfalten
folder ['foul·dər] *n* ❶ Mappe *f* ❷ COMPUT Ordner *m*
folding ['foul·dɪŋ] *adj* ~ **bed** Klappbett *nt*; ~ **door** Falttür *f*; ~ **seat** Klappsitz *m*; ~ **top** Verdeck *nt*
foliage ['fou·li·ɪdʒ] *n* Laub *nt*
folk [fouk] **I.** *n* ❶ *pl* (*fam: people*) Leute *pl* ❷ *pl* (*parents*) Eltern *pl* ❸ (*music*) Folk *m* **II.** *adj* ❶ (*traditional*) Volks- ❷ (*connected with folk music*) Folk-
'folk dance *n* Volkstanz *m*
'folklore *n* Folklore *f*
'folk music *n* Folk *m*
'folk song *n* Volkslied *nt*
folksy ['fouk·si] *adj* (*fam*) volkstümlich
'folk tale *n* Volkssage *f*
follow ['fal·ou] **I.** *vt* ❶ (*take same route as*) folgen +*dat* ❷ (*pursue*) verfolgen ❸ (*happen next*) folgen auf +*akk* ❹ (*succeed*) *person* nachfolgen +*dat* ❺ (*obey*) befolgen; (*go along with*) folgen +*dat*; *guidelines* sich halten an +*akk*; *conscience* gehorchen +*dat* ❻ (*understand*) folgen +*dat* **II.** *vi* ❶ (*take the same route, happen next*) folgen; **in the hours that** ~**ed ...** in den darauffolgenden Stunden ...; **he was being** ~**ed** er wurde verfolgt ❷ (*result*) sich ergeben (**from** aus +*dat*); (*be the consequence*) die Folge sein
◆**follow through I.** *vt* zu Ende verfolgen **II.** *vi* SPORTS durchschwingen
◆**follow up I.** *vt* ❶ (*investigate*) weiterverfolgen; *rumor* nachgehen +*dat*; MED nachuntersuchen ❷ (*do next*) ▪to ~ **up** ↻ sth with [*or* by doing] sth etw *dat* etw folgen lassen **II.** *vi* ▪to ~ **up with sth** etw folgen lassen
follower ['fal·ou·ər] *n* Anhänger(in) *m(f)*
following ['fal·ou·ɪŋ] **I.** *adj* folgende(r, s); **on the** ~ **day** am nächsten Tag **II.** *n* ❶ + *pl vb* (*listed*) ▪**the** ~ *persons* folgende Personen; *objects* Folgendes ❷ *usu sing* (*fans*) Anhänger *pl* **III.** *prep* nach +*dat*

follow-up I. *n* Fortsetzung *f* (**to** von +*dat*) **II.** *adj visit, interviews* Folge-; ~ **treatment** Nachbehandlung *f*
folly ['fal·i] *n* (*stupidity*) Dummheit *f*
fond [fand] *adj hope* kühn; *memories* teuer; *smile* liebevoll; ▪to **be** ~ **of sb/sth** jdn/etw gerne mögen; ▪to **be** ~ **of doing sth** etw gerne machen
fondle ['fan·dl] *vt* streicheln
fondness ['fand·nɪs] *n* Vorliebe *f*
font[1] [fant] *n* TYPO Schriftart *f*
font[2] [fant] *n* (*basin*) Taufbecken *nt*
food [fud] *n* ❶ (*eatables*) Essen *nt*, Nahrung *f*; **cat** ~ Katzenfutter *nt* ❷ (*foodstuff*) Nahrungsmittel *pl*
'food chain *n* Nahrungskette *f*
'food poisoning *n* Lebensmittelvergiftung *f*
'food processor *n* Küchenmaschine *f*
'foodstuff *n* Nahrungsmittel *pl*
fool [ful] **I.** *n* (*idiot*) Dummkopf *m*, Trottel *m*; **to make a** ~ **of oneself** sich zum Narren machen; **he's no** ~ er ist nicht blöd ▸ PHRASES: **a** ~ **and his** money **are soon parted** (*prov*) Dummheit und Geld lassen sich nicht vereinen **II.** *adj* (*fam*) blöd **III.** *vt* täuschen; ▪to ~ **sb into doing sth** jdn [durch einen Trick] dazu bringen, etw zu tun **IV.** *vi* einen Scherz machen
◆**fool around** *vi* ❶ (*carelessly*) herumspielen ❷ (*amusingly*) herumblödeln ❸ (*fam: sexually*) ▪to ~ **around with sb** es mit jdm treiben *sl*
foolhardy ['ful·har·di] *adj* (*pej*) verwegen; *attempt* tollkühn
foolish ['fu·lɪʃ] *adj* töricht; **to look** ~ sich blamieren
'foolproof *adj* idiotensicher
foot [fut] **I.** *n* <*pl* feet> [*pl* fiːt] ❶ (*limb*) Fuß *m*; **what size are your feet?** welche Schuhgröße haben Sie?; **to be** [back/quick] **on one's feet** [wieder/schnell] auf den Beinen sein; **he can barely put one** ~ **in front of the other** er hat Schwierigkeiten beim Laufen; **to put one's feet up** die Füße hochlegen; **to set** ~ **in sth** einen Fuß in etw *akk* setzen; **at sb's feet** zu jds Füßen; **on** ~ zu Fuß ❷ <*pl* foot *or* feet> (*length*) Fuß *m* (= 0,3048 Meter) ❸ <*pl* feet> (*base*) Fuß *m*; *of page* Ende *nt*; **at the** ~ **of the bed** am Fußende des Betts ▸ PHRASES: **to get off on the** right/wrong **foot** einen guten/schlechten Start haben; **to** land **on one's feet** Glück haben; **to put one's** ~ down (*insist*) ein Machtwort sprechen; **to put one's** ~ **in** one's **mouth** ins Fettnäpfchen treten **II.** *vt* (*fam*) *bill* bezahlen
footage ['fut·ɪdʒ] *n* Filmmaterial *nt*
foot-and-'mouth disease *n* Maul- und Klauenseuche *f*
football ['fut·bɔl] *n* ❶ (*game*) [American] Football *m* ❷ (*ball*) Football *m*

i Der amerikanische **football** ist anders als der europäische Fußball, der in den USA

soccer genannt wird. Zwei Mannschaften mit je elf Spielern versuchen den eiförmigen Lederball über die gegnerische Grundlinie zu bringen. Die höchste Punktzahl kann durch einen *touchdown* erreicht werden. Dieser zählt sechs Punkte. Ein *touchdown* kann erzielt werden, indem der Ball über die Grundlinie des Gegners getragen wird oder in der *end zone* (Endzone) gefangen wird. Wird der Ball durch die gegnerischen Torstangen geschossen, spricht man von einem *field goal*. Jede der vier Spielzeiten à 15 Minuten fängt mit einem *kickoff* an, d. h. ein Spieler tritt den Ball und seine Gegenspieler versuchen diesen mit den Händen zu fangen, um damit hinter die Grundlinie zu gelangen. Die Gegenseite stoppt den Spieler mit dem Ball durch *tackling*, wobei man ihn mit den Armen festhält und zu Boden drückt. Wird der Spieler zu Boden gebracht oder verlässt er das Spielfeld (*player out of bounds*), ist der Spielzug beendet.

'**footbridge** *n* Fußgängerbrücke *f*
footer ['fʊt·ər] *n* TYPO Fußzeile *f*
'**foothills** *npl* Vorgebirge *nt sing*
'**foothold** *n* Halt *m* [für die Füße] ▸ PHRASES: **to gain a ~** Fuß fassen
footing ['fʊt·ɪŋ] *n* ❶ (*foothold*) Halt *m* ❷ (*basis*) **on** [**an**] **equal ~** auf gleicher Basis
'**footlights** *npl* Rampenlicht *nt kein pl*
'**footloose** *adj* ungebunden
'**footman** *n* Lakai *m*
'**footnote** *n* ❶ Fußnote *f* ❷ (*fig*) Anmerkung *f*
'**footpath** *n* Fußweg *m*
'**footprint** *n* Fußabdruck *m*
'**footrest** *n* Fußstütze *f*
'**footstep** *n* Schritt *m* ▸ PHRASES: **to follow in sb's ~** in jds Fußstapfen treten
'**footstool** *n* Fußbank *f*, Schemel *m* SÜDD, ÖSTERR
'**footwear** *n* Schuhe *pl*
'**footwork** *n* Beinarbeit *f*
for [fər] I. *conj* denn II. *prep* ❶ für; **to be all ~ sth** ganz für etw *akk* sein; **to make it easy ~ sb** es jdm einfach machen; **luckily ~ me** zu meinem Glück; **what did you do that ~?** wozu hast du das getan?; **what do you use these ~?** wozu brauchst du diese?; **that's not ~ eating** das ist nicht zum Essen; **to apply ~ a job** sich um eine Stelle bewerben; **I feel sorry ~ her** sie tut mir leid; **to head ~ home** sich auf den Heimweg machen, auf dem Heimweg sein; **to prepare ~ sth** sich auf etw *akk* vorbereiten; **to run ~ the bus** laufen, um den Bus zu kriegen; **say hi ~ me** grüß ihn/sie von mir; **to trade sth ~ sth** etw gegen etw *akk* [ein]tauschen; **to work ~ sb/sth** bei jdm/etw arbeiten; **~ my part** was mich betrifft; **a check ~**

100 **dollars** eine Scheck über 100 Dollar; **if it hadn't been ~ him, ...** ohne ihn ...; **~ your information** zu Ihrer Information; **he's only in it ~ the money** er tut es nur wegen des Geldes; **to be arrested ~ murder** wegen Mordes verhaftet werden; **~ various reasons** aus verschiedenen Gründen; **~ rent/sale** zu vermieten/verkaufen; **what's the Spanish word ~ "vegetarian"?** was heißt „Vegetarier" auf Spanisch? ❷ (*with time, distance*) **to practice ~ half an hour** eine halbe Stunde üben; **~ the next two days** in den beiden nächsten Tagen; **~ a while** eine Weile; **I'm just going out ~ a while** ich gehe mal kurz raus; **~ a long time** seit langem; **I hadn't seen him ~ such a long time** ich hatte ihn schon so lange nicht mehr gesehen; **~ some time** seit längerem; **~ the time being** für den Augenblick; **~ the first time** zum ersten Mal; **~ a mile** eine Meile ❸ (*despite*) trotz; **~ all that** trotz alledem
forbade [fər·'bæd] *pt of* **forbid**
forbid <-dd-, forbad(e), forbidden> [fər·'bɪd] *vt* ◼ **to ~ sb sth** jdm etw verbieten; ◼ **to ~ sb from doing** [*or* **to do**] **sth** jdm verbieten, etw zu tun
forbidden [fər·'bɪd·ən] I. *adj* verboten II. *pp of* **forbid**
forbidding [fər·'bɪd·ɪŋ] *adj* abschreckend
force [fɔrs] I. *n* ❶ (*power*) Kraft *f*; (*intensity*) Stärke *f*; *of a blow* Wucht *f*; **to be come into** [*or* **take**] **~** in Kraft treten ❷ (*violence*) Gewalt *f*; **by ~** mit Gewalt ❸ (*group*) Truppe *f*; **police ~** Polizei *f*; **armed ~s** Streitkräfte *pl* ▸ PHRASES: **to join ~s** zusammenhelfen II. *vt* (*compel*) zwingen; *confession* erzwingen; *door, lock* aufbrechen; **to ~ one's way** sich *dat* seinen Weg bahnen; ◼ **to ~ sth on sb** jdm etw aufzwingen
◆**force back** *vt* ❶ (*repel*) zurückdrängen; (*fig*) *tears* unterdrücken ❷ (*push back*) zurückdrücken
◆**force down** *vt* ❶ *plane* zur Landung zwingen ❷ *food* hinunterwürgen
◆**force open** *vt* mit Gewalt öffnen; *door, window* aufbrechen
forced [fɔrst] *adj* ❶ (*imposed*) erzwungen; **~ labor** Zwangsarbeit *f*; **~ landing** Notlandung ❷ *smile* gezwungen
'**force-feed** *vt* zwangsernähren
forceful ['fɔrs·fəl] *adj attack* kraftvoll; *personality* stark
forceps ['fɔr·seps] *npl* [**a pair of**] **~** [eine] Zange
forcible ['fɔr·sə·bəl] *adj* gewaltsam
forcibly ['fɔr·sə·bli] *adv* gewaltsam
ford [fɔrd] I. *n* Furt *f* II. *vt* durchqueren; (*on foot*) durchwaten
fore [fɔr] I. *adj* vordere(r, s) II. *n* Vordergrund *m*; ◼ **to come to the ~** in den Vordergrund treten
forearm ['fɔr·ɑrm] *n* Unterarm *m*
forebears ['fɔr·berz] *npl* (*form*) Vorfahren *pl*

foreboding [fɔr·'boʊ·dɪŋ] *n* (*liter*) [düstere] Vorahnung

forecast ['fɔr·kæst] **I.** *n* ❶ (*prediction*) Prognose *f* ❷ **weather** ~ [Wetter]vorhersage *f* **II.** *vt* <-cast *or* -casted, -cast *or* -casted> METEO vorhersagen; ECON prognostizieren

forecaster ['fɔr·kæst·ər] *n* ECON Prognostiker(in) *m(f);* METEO Meteorologe *m*/Meteorologin *f*

'forefinger *n see* **index finger**

'forefront *n* **at the** ~ an der Spitze

forego <-went, -gone> [fɔr·'goʊ] *vt see* **forgo**

foregoing ['fɔr·goʊ·ɪŋ] *adj* (*form*) vorhergehend

foregone con'clusion *n* ausgemachte Sache

'foreground *n* Vordergrund *m*

'forehand *n* Vorhand *f*

forehead ['fɔr·hed] *n* Stirn *f*

foreign ['fɔr·ɪn] *adj* ❶ (*from another country*) ausländisch, fremd; ~ **countries** Ausland *nt kein pl* ❷ (*involving other countries*) ~ **policy** Außenpolitik *f* ❸ (*not belonging*) fremd; ~ **body** Fremdkörper *m*

foreign af'fairs *npl* Außenpolitik *f kein pl*

foreign corre'spondent *n* Auslandskorrespondent(in) *m(f)*

foreigner ['fɔr·ɪ·nər] *n* Ausländer(in) *m(f)*

foreign ex'change *n* Devisen *pl*

'foreman *n* ❶ (*workman*) Vorarbeiter *m;* (*fam or fig*) Boss *m* ❷ LAW Sprecher *m* (*der Geschworenen*)

foremost ['fɔr·moʊst] *adj* führend

forensic [fə·'ren·sɪk] *adj* forensisch

'foreplay *n* Vorspiel *nt*

'forerunner *n* (*predecessor*) Vorläufer(in) *m(f)*

foresee <-saw, -seen> [fɔr·'si] *vt* vorhersehen

foreseeable [fɔr·'si·ə·bəl] *adj* absehbar; **in the** ~ **future** in absehbarer Zeit

fore'shadow *vt* ■ **to be** ~**ed** [**by sth**] [durch etw] angedeutet werden

'foresight *n* Weitblick *m;* ■ **to have the** ~ **to do sth** so vorausschauend sein, etw zu tun

'foreskin *n* Vorhaut *f*

forest ['fɔr·ɪst] *n* Wald *m a. fig;* **the Black F~** der Schwarzwald

forestall [fɔr·'stɔl] *vt* zuvorkommen + *dat*

forester ['fɔr·ɪ·stər] *n* Förster(in) *m(f)*

'forest fire *n* Waldbrand *m*

'forest ranger *n* Förster(in) *m(f)*

forestry ['fɔr·ɪ·stri] *n* Forstwirtschaft *f*

foretaste ['fɔr·teɪst] *n usu sing* Vorgeschmack *m*

foretell <-told, -told> [fɔr·'tel] *vt* vorhersagen

forever [fɔr·'ev·ər] *adv* ❶ (*for all time*) ewig *a. fig* ❷ (*continually*) ständig; ■ **to be** ~ **doing sth** etw ständig machen

forewarn [fɔr·'wɔrn] *vt* vorwarnen ▶ PHRASES: ~**ed is forearmed** (*prov*) bist du gewarnt, bist du gewappnet

'foreword *n* Vorwort *nt*

forfeit ['fɔr·fɪt] **I.** *vt* (*surrender*) einbüßen; *right* verwirken **II.** *n* (*in a game*) Pfand *nt*

forgave [fər·'geɪv] *n pt of* **forgive**

forge [fɔrdʒ] **I.** *n* ❶ (*furnace*) Glühofen *m* ❷ (*workshop*) Schmiede *f* **II.** *vt* ❶ (*heat and shape*) schmieden ❷ (*fig: develop*) etw mühsam schaffen ❸ (*copy*) fälschen

◆ **forge ahead** *vi* ❶ (*progress*) [rasch] Fortschritte machen ❷ (*take lead*) die Führung übernehmen

forger ['fɔr·dʒər] *n* Fälscher(in) *m(f)*

forgery ['fɔr·dʒə·ri] *n* ❶ (*copy*) Fälschung *f* ❷ (*crime*) Fälschen *nt*

forget <-got, -gotten *or* -got> [fər·'get] *vt, vi* vergessen; **to** ~ **the past** die Vergangenheit ruhen lassen; ■ **to** ~ **about sth**/**sb** jdn/etw vergessen

forgetful [fər·'get·fəl] *adj* vergesslich

for'get-me-not *n* BOT Vergissmeinnicht *nt*

forgive <-gave, -given> [fər·'gɪv] *vt* ■ **to** ~ **sb** [**for**] **sth** jdm etw verzeihen; *sin* vergeben; ■ **to** ~ **sb for doing sth** jdm verzeihen, dass er/sie etw getan hat; **to** ~ **and forget** vergeben und vergessen

forgiven [fər·'gɪv·ən] *pp of* **forgive**

forgiveness [fər·'gɪv·nɪs] *n* ❶ (*pardon*) Vergebung *f* ❷ (*forgiving quality*) Versöhnlichkeit *f*

forgiving [fər·'gɪv·ɪŋ] *adj* versöhnlich

forgo <-went, -gone> [fɔr·'goʊ] *vt* verzichten auf *akk*

forgot [fər·'gat] *pt of* **forget**

forgotten [fər·'gat·n] **I.** *pp of* **forget II.** *adj* vergessen

fork [fɔrk] **I.** *n* ❶ (*tool*) Gabel *f* ❷ (*division*) Gabelung *f; in road* Abzweigung *f; of tree* Astgabel *f* **II.** *vt* mit einer Gabel bearbeiten **III.** *vi* ❶ (*divide*) sich gabeln ❷ (*go*) **to** ~ **left**/**right** nach links/rechts abzweigen

◆ **fork out** *vt* **to** ~ **out $40** $40 springen lassen *fam*

forked [fɔrkt] *adj* gegabelt; *tongue* gespalten; ~ **lightning** Linienblitz *m* ▶ PHRASES: **to speak with** ~ **tongue** mit gespaltener Zuge reden

'forklift *n* Gabelstapler *m*

forlorn [fɔr·'lɔrn] *adj person* einsam; *place* verlassen; *hope* schwach

form [fɔrm] **I.** *n* ❶ (*type, variety*) Form *f*, Art *f; of a disease* Erscheinungsbild *nt; of energy* Typ *m; art* ~ Kunstform *f;* ~ **of exercise** Sportart *f; life* ~ Lebensform *f* ❷ (*particular way*) Form *f*, Gestalt *f;* **the training program takes the** ~ **of a series of workshops** die Schulung wird in Form einer Serie von Workshops abgehalten; **in some** ~ **or other** auf die eine oder andere Art ❸ (*document*) Formular *nt;* **application** ~ Bewerbungsbogen *m;* **printed** ~ Vordruck *m* ❹ (*shape*) Form *f; of a person* Gestalt *f* ❺ (*physical/mental condition*) Form *f*, Kondition *f;* **to be in peak** ~ in Höchstform sein ❻ (*past performance*) Form *f;* **true to** ~ wie zu erwarten ❼ (*procedure*) Form *f;* **a matter of** ~ eine Formsache **II.** *vt* ❶ (*shape*) formen *a. fig* (**into** zu + *dat*); GEOG **to be** ~**ed from** entstehen aus ❷ (*arrange, constitute*) bilden; **they** ~**ed themselves into three lines** sie stellten sich in drei Reihen auf ❸ (*set* up) gründen; *committee, government* bilden; *friendships* schließen; *relationship* eingehen; **to ~ an alliance with sb** sich mit jdm verbünden **III.** *vi* sich bilden; *idea* Gestalt annehmen; ■**to ~ into sth** sich zu etw *dat* formen

formal ['fɔr·məl] *adj* ❶ (*ceremonious*) formell; **~ wear** Gesellschaftskleidung *f* ❷ (*serious*) förmlich ❸ (*official*) offiziell; *education* ordentlich

formality [fɔr·'mæl·ɪ·ți] *n* ❶ (*ceremoniousness*) Förmlichkeit *f* ❷ (*matter of form*) Formalität *f,* Formsache *f*

formalize ['fɔr·mə·laɪz] *vt* ❶ (*make official*) *agreement* formell bekräftigen ❷ (*give shape to*) *thoughts* ordnen

formally ['fɔr·məl·i] *adv* ❶ (*ceremoniously*) formell ❷ (*officially*) offiziell

format ['fɔr·mæt] **I.** *n* Format *nt* **II.** *vt* <-tt-> formatieren

formation [fɔr·'meɪ·ʃən] *n* ❶ Bildung *f* ❷ GEOL, MIL Formation *f*

formative ['fɔr·mə·ţɪv] *adj* prägend

former ['fɔr·mər] **I.** *adj* ❶ (*previous*) ehemalig, früher ❷ (*first of two*) erstere(r, s) **II.** *n* ■**the ~** der/die/das Erstere

formerly ['fɔr·mər·li] *adv* früher

formidable ['fɔr·mɪ·də·bəl] *adj* ❶ (*difficult*) schwierig; (*tremendous*) kolossal; *obstacle* ernstlich; *person, opponent* Furcht erregend ❷ (*powerful*) eindrucksvoll

'**form letter** *n* Briefvorlage *f*

formula <*pl* -s *or* -e> ['fɔr·mju·lə, *pl* -li] *n* ❶ Formel *f* ❷ FOOD Babymilchpulver *nt*

formulate ['fɔr·mju·leɪt] *vt* ❶ (*draw up*) ausarbeiten; *law* formulieren; *theory* entwickeln ❷ (*articulate*) formulieren

formulation [ˌfɔr·mju·'leɪ·ʃən] *n* ❶ (*drawing up*) Entwicklung *f; of law* Fassung *f* ❷ (*articulation*) Formulierung *f*

fort [fɔrt] *n* Fort *nt* ▶ PHRASES: **to hold the ~** die Stellung halten

forte I. *n* ['fɔr·teɪ, fɔrt] *usu sing* Stärke *f* **II.** *adv* ['fɔr·teɪ] MUS forte

forth [fɔrθ] *adv* **back and ~** vor und zurück; **to set ~** ausziehen ▶ PHRASES: [**and so on**] **and so ~** und so weiter [und so fort]

forthcoming [ˌfɔrθ·'kʌm·ɪŋ] *adj* ❶ (*planned*) bevorstehend ❷ (*coming out soon*) in Kürze erscheinend; *film* in Kürze anlaufend ❸ (*informative*) mitteilsam

forthright ['fɔrθ·raɪt] *adj* direkt

fortieth ['fɔr·ți·əθ] **I.** *adj* vierzigste(r, s) **II.** *n* ❶ (*order*) ■**the ~** der/die/das Vierzigste ❷ (*fraction*) Vierzigstel *nt; see also* **eighth**

fortification [ˌfɔr·ţə·fɪ·'keɪ·ʃən] *n* ❶ (*reinforcing*) Befestigung *f* ❷ (*structures*) ■**~s** *pl* Befestigungsanlagen *pl*

fortify <-ie-> ['fɔr·ţə·faɪ] *vt* ❶ MIL befestigen ❷ ■**to ~ oneself** sich stärken

fortnight ['fɔrt·naɪt] *n* (*liter*) zwei Wochen, vierzehn Tage

fortress <*pl* -es> ['fɔr·trɪs] *n* Festung *f*

fortuitous [fɔr·'tu·ɪ·ţəs] *adj* (*form*) zufällig

fortunate ['fɔr·tʃə·nɪt] *adj* glücklich; ■**to be ~** Glück haben

fortunately ['fɔr·tʃə·nɪt·li] *adv* zum Glück; **~ for him** zu seinem Glück

fortune ['fɔr·tʃən] *n* ❶ (*money*) Vermögen *nt* ❷ (*form: luck*) Schicksal *nt;* **good/bad ~** Glück/Pech *nt;* **to tell sb's ~** jds Schicksal vorhersagen

'**fortune teller** *n* Wahrsager(in) *m(f)*

forty ['fɔr·ţi] **I.** *adj* vierzig **II.** *n* Vierzig *f; see also* **eight**

forum ['fɔr·əm] *n* Forum *nt*

forward ['fɔr·wərd] **I.** *adv* (*toward front*) nach vorn[e]; (*onwards*) vorwärts; **to lean ~** sich vorlehnen; **from that day ~** von jenem Tag an **II.** *adj* ❶ (*toward front*) Vorwärts-; **~ pass** (*in football*) Vorwärtspass *m;* (*in rugby*) Vorpass *m* ❷ (*near front*) vordere(r, s) ❸ (*of future*) *planning* Voraus- *f;* **~ buying** Terminkauf *m* **III.** *n* SPORTS Stürmer(in) *m(f)* **IV.** *vt* weiterleiten (**to** an +*akk*)

forwarding ad'dress *n* Nachsendeadresse *f*

'**forward-looking** *adj* vorausschauend

forwards ['fɔr·wərdz] *adv see* **forward**

forwent [fɔr·'went] *pt of* **forgo**

fossil ['fas·əl] *n* Fossil *nt;* **~ fuel** fossiler Brennstoff

fossilized ['fas·ə·laɪzd] *adj* versteinert

foster ['fa·stər] **I.** *vt* ❶ *child* aufziehen, in Pflege nehmen ❷ (*encourage*) fördern **II.** *vi* ein Kind in Pflege nehmen **III.** *adj* Pflege-

'**foster child** *n* Pflegekind *nt*

'**foster father** *n* Pflegevater *nt*

'**foster mother** *n* Pflegemutter *nt*

fought [fɔt] *pt, pp of* **fight**

foul [faʊl] **I.** *adj* ❶ (*disgusting*) abscheulich; *smell* faul; *taste* schlecht ❷ (*polluted*) verpestet; *air* stinkend; *water* schmutzig ❸ (*unpleasant*) *mood* fürchterlich; *language* anstößig **II.** *n* SPORTS Foul *nt* (**on** an +*dat*) **III.** *vt* ❶ (*pollute*) verschmutzen ❷ SPORTS foulen

foul-'mouthed *adj* unflätig

foul 'play *n* ❶ (*criminal activity*) Verbrechen *nt* ❷ SPORTS Foulspiel *nt*

found[1] [faʊnd] *pt, pp of* **find**

found[2] [faʊnd] *vt* gründen

foundation [faʊn·'deɪ·ʃən] *n* ❶ (*basis*) Fundament *nt a. fig* (**of, for** zu +*dat*); **to be without ~** (*fig*) der Grundlage entbehren ❷ (*establishing*) Gründung *f* ❸ (*of makeup*) **~** [**cream**] Grundierung *f*

foun'dation stone *n* Grundstein *m*

founder[1] ['faʊn·dər] *n* Gründer(in) *m(f)*

founder[2] ['faʊn·dər] *vi* ❶ (*sink*) sinken ❷ (*fig: fail*) scheitern

Founding 'Fathers *npl* Gründerväter *pl*

foundry ['faʊn·dri] *n* Gießerei *f*

fount [faʊnt] *n* Quelle *f*

fountain ['faʊn·tən] *n* ❶ Brunnen *m* ❷ (*fig: spray*) Schwall *m*

'**fountain pen** *n* Füllfederhalter *m,* Füllfeder *f bes* ÖSTERR, SÜDD, SCHWEIZ

four [fɔr] **I.** *adj* vier **II.** *n* ❶ (*number, symbol*)

F

Vier *f* ❷ (*hands and knees*) **on all ~ s** auf allen Vieren; *see also* **eight** ❸ SPORTS (*in rowing*) Vierer *m*

'**four-by-four** *n* AUTO allrad-/vierradangetriebenes Auto

'**fourfold** *adj, adv* vierfach; **to increase ~** um das Vierfache steigen

four-'footed *adj* vierfüßig

four'handed *adj inv* ❶ (*for four people*) für vier Personen ❷ (*for two pianists*) vierhändig

four-leaf 'clover *n* vierblättriges Kleeblatt

four-letter 'word *n* Schimpfwort *nt*

'**foursome** *n* Vierergruppe *f*; (*golf*) Vierer *m*

fourteen [ˌfɔr·'tin] **I.** *adj* vierzehn; **~ hundred hours** *spoken* vierzehn Uhr; **1400 hours** *written* 14:00 **II.** *n* Vierzehn *f*; *see also* **eight**

fourteenth [ˌfɔr·'tinθ] **I.** *adj* vierzehnte(r, s) **II.** *n* ❶ (*fraction*) Vierzehntel *nt* ❷ (*date*) ■**the ~** der Vierzehnte ❸ (*order*) ■**the ~** der/ die/das Vierzehnte

fourth [fɔrθ] **I.** *adj* vierte(r, s) **II.** *n* ❶ (*order*) **the ~** der/die/das Vierte ❷ (*date*) **the ~** der Vierte ❸ (*fraction*) Viertel *nt* ❹ AUTO vierter Gang **III.** *adv* viertens; *see also* **eighth**

---

i Der **Fourth of July** oder **Independence Day** (der amerikanische Unabhängigkeitstag) ist der höchste amerikanische nichtkonfessionelle Feiertag zum Gedenken an die *Declaration of Independence* (Unabhängigkeitserklärung), in der die amerikanischen Kolonien am 4. Juli 1776 ihre Unabhängigkeit von Großbritannien erklärten. Man trifft sich zu Picknicks, Familienfeiern und professionellen Baseballspielen. Als Höhepunkt des Tages findet in vielen Städten ein großes Feuerwerk statt.

---

four-wheel 'drive I. *n* Allrad-/Vierradantrieb *m* **II.** *adj* mit Allrad-/Vierradantrieb

fowl <*pl - or -s*> [faʊl] *n* Geflügel *nt kein pl*

fox [faks] **I.** *n* ❶ (*animal*) Fuchs *m a. fig*; (*fur*) Fuchspelz *m* ❷ (*sl: attractive woman*) scharfe Braut *pej sl*; (*attractive man*) heißer Typ *pej sl* **II.** *vt* ❶ (*trick*) täuschen ❷ (*baffle*) verblüffen

'**foxglove** *n* BOT Fingerhut *m*

'**foxhunt** *n* Fuchsjagd *f*

'**foxtrot I.** *n* Foxtrott *m* **II.** *vi* <-tt-> Foxtrott tanzen

foxy ['fak·si] *adj* ❶ (*crafty*) gerissen ❷ (*fam: sexy*) sexy

foyer ['fɔɪ·ər] *n* ❶ (*of public building*) Foyer *nt* ❷ (*of house*) Diele *f*

fracas <*pl -es*> ['freɪ·kəs] *n* lautstarke Auseinandersetzung

fraction ['fræk·ʃən] *n* ❶ (*number*) Bruchzahl *f*, Bruch *m* ❷ (*proportion*) Bruchteil *m*; (*fig*) **by a ~** um Haaresbreite ❸ (*a little*) **a ~** ein bisschen

fractional ['fræk·ʃə·nəl] *adj* minimal

fractious ['fræk·ʃəs] *adj* reizbar, grantig SÜDD,

ÖSTERR; *child* quengelig

fracture ['fræk·tʃər] **I.** *vt, vi* brechen **II.** *n* Bruch *m*

fragile ['fræd͡ʒ·əl] *adj* ❶ (*breakable*) zerbrechlich ❷ (*unstable*) brüchig; *agreement, peace* unsicher; *health* schwach

fragility [frə·'d͡ʒɪl·ɪ·t̬i] *n* ❶ (*delicacy*) Zerbrechlichkeit *f* ❷ (*weakness*) Brüchigkeit *f*; *of an agreement* Unsicherheit *f*

fragment ['fræg·ment] **I.** *n* ❶ (*broken piece*) Splitter *m* ❷ (*incomplete piece*) Brocken *m* **II.** *vi* zerbrechen *a. fig*; (*burst*) zerbersten

fragmentary ['fræg·mən·ter·i] *adj* bruchstückhaft

fragrance ['freɪ·grəns] *n* Duft *m*

fragrant ['freɪ·grənt] *adj* duftend

frail [freɪl] *adj person* gebrechlich; *thing* schwach

frailty ['freɪl·ti] *n* ❶ (*of person*) Gebrechlichkeit *f*; *of thing* Zerbrechlichkeit *f* ❷ (*moral weakness*) Schwäche *f*

frame [freɪm] **I.** *n* ❶ (*of picture*) Bilderrahmen *m* ❷ (*of door, window*) Rahmen *m* ❸ (*of eyeglasses*) ■**~ s** *pl* Brillengestell *nt* ❹ (*support*) Rahmen *m a. fig* ❺ (*body*) Körper *m* ❻ (*of film*) Bild *nt* **II.** *vt* ❶ (*put in framework*) einrahmen ❷ (*form framework*) umrahmen ❸ (*fam: falsely incriminate*) verleumden, anschwärzen

'**frame-up** *n* (*fam*) abgekartetes Spiel

'**framework** *n* ❶ Gerüst *nt* ❷ (*fig*) Rahmen *m*

franc [fræŋk] *n* Franc *m*; [Swiss] **~** [Schweizer] Franken *m*

France [fræns] *n* Frankreich *nt*

franchise ['fræn·tʃaɪz] *n* Franchise *nt*

Franciscan [fræn·'sɪs·kən] *n* REL Franziskaner(in) *m(f)*

Franco- ['fræŋ·koʊ] *in compounds* französisch-; **~ -German** deutsch-französisch

frank[1] [fræŋk] **I.** *adj* aufrichtig; ■**to be ~** [**with sb**] [**about sth**] ehrlich [zu jdm] [über etw *akk*] sein **II.** *vt* ❶ (*put stamp on*) *envelope* frankieren ❷ (*cancel stamp*) freistempeln

frank[2] [fræŋk] *n* (*fam: frankfurter*) Frankfurter *f*

frankincense ['fræŋ·kɪn·sens] *n* Weihrauch *m*

frankly ['fræŋk·li] *adv* offen

frantic ['fræn·t̬ɪk] *adj* ❶ (*distracted*) verrückt (**with** vor + *dat*) ❷ (*hurried*) hektisch

fraternal [frə·'tɜr·nəl] *adj* brüderlich

fraternity [frə·'tɜr·nɪ·t̬i] *n* ❶ (*feeling*) Brüderlichkeit *f* ❷ (*group*) Vereinigung *f* ❸ UNIV Burschenschaft *f*

fraternize ['fræt·ər·naɪz] *vi* sich verbrüdern

fratricide ['fræt·rə·saɪd] *n* Brudermord *m*

fraud [frɔd] *n* ❶ (*deceit*) Betrug *m* ❷ (*trick*) Schwindel *m* ❸ (*deceiver*) Betrüger(in) *m(f)*

fraudulent ['frɔ·d͡ʒə·lənt] *adj* betrügerisch

fraught [frɔt] *adj* **to be ~ with difficulties** voller Schwierigkeiten stecken

fray [freɪ] *vi* ❶ (*come apart*) ausfransen ❷ (*become strained*) anspannen

freak [frik] **I.** *n* ❶ (*abnormal thing*) etwas

Außergewöhnliches; **a ~ of nature** eine Laune der Natur ❷ (*abnormal person*) Missgeburt *f* ❸ (*fanatic*) Freak *m* **II.** *vi* (*fam*) ausflippen ◆ **freak out** (*fam*) **I.** *vi* ausflippen **II.** *vt* ausflippen lassen

freckle ['frek·əl] *n usu pl* Sommersprosse *f*
freckled ['frek·əld] *adj* sommersprossig
free [fri] **I.** *adj* ❶ frei; **~ of pain** schmerzfrei; **~ speech** Redefreiheit *f*; ▪ **to be ~ of sb/sth** jdn/etw los sein; ▪ **to be ~ [to do sth]** Zeit haben[, etw zu tun]; **you are ~ to come and go as you please** Sie können kommen und gehen, wann Sie wollen; **to break ~ [of [*or* from] sth]** sich [aus etw] befreien *a. fig;* **to break ~ [of [*or* from] sb]** sich [von jdm] losreißen *a. fig;* **to set ~** freilassen *a. fig;* **to walk ~** straffrei ausgehen ❷ (*costing nothing*) frei; **~ copy** Freiexemplar *nt* ▶ PHRASES: **there's no such thing as a ~ lunch** nichts ist umsonst **II.** *adv* frei, gratis; **~ of charge** kostenlos **III.** *vt* freilassen; *hands* frei machen; *person, animal* befreien (**from** von + *dat*) ◆ **free up** *vt* freimachen
freebie ['fri·bi] *n* (*fam*) Werbegeschenk *nt*
freedom ['fri·dəm] *n* Freiheit *f;* **~ of information** freier Informationszugang; **~ of movement** Bewegungsfreiheit *f;* **~ of speech** Redefreiheit *f*
'**free fall** *n* freier Fall; **to go into [a] ~** (*fig*) ins Bodenlose fallen
'**free-for-all** *n* allgemeines Gerangel
'**freehand I.** *adj* Freihand- **II.** *adv* freihändig
free 'kick** *n* SPORTS Freistoß *m*
freelance ['fri·læns] **I.** *n* Freiberufler(in) *m(f)* **II.** *adj, adv* freiberuflich **III.** *vi* frei[beruflich] arbeiten
'**freeload** *vi* (*pej*) schnorren (**off** bei + *dat*)
'**freeloader** *vi* (*pej*) Schnorrer(in) *m(f)*
freely ['fri·li] *adv* ❶ (*unrestrictedly*) frei ❷ (*without obstruction*) ungehindert ❸ (*frankly*) offen ❹ (*generously*) großzügig
'**freeman** *n* ❶ (*hist: not slave*) freier Mann ❷ (*honorary citizen*) Ehrenbürger *m*
'**Freemason** *n* Freimaurer *m*
free 'port** *n* Freihafen *m*
'**free-range** *adj* Freiland-; **~ eggs** Eier *pl* aus Freilandhaltung
free 'speech** *n* Redefreiheit *f*
free'standing *adj* frei stehend
'**freestyle** *n* Freistil *m*
free 'trade** *n* Freihandel *m*
'**freeware** *n* COMPUT Gratissoftware *f*, Freeware *f*
'**freeway** *n* Fern[verkehrs]straße *f*
'**freewheel** *vi* **to ~ [downhill]** im Freilauf [den Hügel hinunter]fahren
free 'will** *n* freier Wille; ▪ **to do sth of one's own ~** etw aus freien Stücken tun
freeze [friz] **I.** *n* ❶ METEO Frost *m* ❷ ECON Einfrieren *nt* **II.** *vi* <froze, frozen> ❶ (*become solid*) *water* gefrieren; *pipes, food in freezer* einfrieren; *lake* zufrieren; **to ~ solid** festfrieren ❷ (*a. fig: get very cold*) [sehr] frieren; **to ~ to**

death erfrieren ❸ (*be still*) erstarren **III.** *vt* <froze, frozen> ❶ (*turn to ice*) gefrieren lassen ❷ (*preserve*) einfrieren ❸ *image* festhalten; *film* anhalten ❹ ECON einfrieren ◆ **freeze up** *vi* einfrieren
freezer ['fri·zər] *n* (*upright*) Gefrierschrank *m;* (*chest*) Gefriertruhe *f*, Tiefkühltruhe *f*
'**freezer bag** *n* Kühltasche *f*
freezing ['fri·zɪŋ] **I.** *adj* frostig; **it's ~** es ist eiskalt; **I'm ~** mir ist eiskalt **II.** *n* ❶ (*32°F*) Gefrierpunkt *m* ❷ (*preserving*) Einfrieren *nt*
'**freezing point** *n* Gefrierpunkt *m*
freight [freɪt] **I.** *n* ❶ (*goods*) Frachtgut *nt* ❷ (*transportation*) Fracht *f;* **to send sth [by] ~** etw als Fracht senden ❸ (*charge*) Frachtgebühr *f* **II.** *adv* als Fracht **III.** *vt* als Frachtgut befördern
'**freight car** *n* Güterwagen *m*
freighter ['freɪ·tər] *n* ❶ (*ship*) Frachter *m* ❷ (*plane*) Frachtflugzeug *nt*
'**freight train** *n* Güterzug *m*
French [frentʃ] **I.** *adj* französisch **II.** *n* ❶ (*language*) Französisch *nt* ❷ (*people*) ▪ **the ~** *pl* die Franzosen
French 'doors** *npl* Verandatür *f*
'**French fries** *npl* Pommes frites *pl*
French 'horn** *n* Waldhorn *nt*
'**Frenchman** *n* Franzose *m*
French 'toast** *n* FOOD armer Ritter, Fotzelschnitte *f* SCHWEIZ
'**Frenchwoman** *n* Französin *f*
frenetic [frə·'neṭ·ɪk] *adj* hektisch
frenzied ['fren·zɪd] *adj* fieberhaft; *attack, barking* wild; *crowd* aufgebracht
frenzy ['fren·zi] *n* Raserei *f;* **media ~** Medienspektakel *nt*
frequency ['fri·kwən·si] *n* ❶ Häufigkeit *f;* **with increasing ~** immer öfter ❷ RADIO Frequenz *f*
frequent ['fri·kwənt] **I.** *adj* ['frik·wənt] (*often*) häufig; (*regular*) regelmäßig **II.** *vt* [fri·'kwent] häufig besuchen
frequently ['fri·kwənt·li] *adv* häufig
fresco <*pl* -s *or* -es> ['fres·koʊ] *n* Fresko *nt*
fresh [freʃ] *adj* ❶ frisch *a. fig;* **~ start** Neuanfang *m;* **~ water** Süßwasser *nt;* **like a breath of ~ air** (*fig*) erfrischend [anders]; **to get a breath of ~ air** frische Luft schnappen ❷ (*fam: cheeky*) frech; (*forward*) zudringlich
freshen ['freʃ·ən] **I.** *vt* *drink* auffüllen; *makeup* auffrischen; *room* durchlüften **II.** *vi* frischer werden; *wind* auffrischen
freshman ['freʃ·mən] *n* ❶ (*college student*) Studienanfänger *m* ❷ (*ninth-grade high school student*) Gymnasiast *m* im ersten Jahr

F

erst mit der 10. Klasse beginnt. Diese Begriffe werden außerdem auch für Studenten in den vier Collegejahren verwendet.

freshness ['freʃ·nɪs] n Frische f

'freshwater adj Süßwasser-

fret[1] [fret] vi <-tt-> sich dat Sorgen machen

fret[2] [fret] n MUS Bund m

friar ['fraɪ·ər] n Mönch m

friction ['frɪk·ʃən] n ❶ (force) Reibung f ❷ (disagreement) Reiberei[en] f[pl]

Friday ['fraɪ·di] n Freitag m; see also **Tuesday**

fridge [frɪdʒ] n (fam) Kühlschrank m

fried [fraɪd] adj (of food) gebraten; ~ **potatoes** Bratkartoffeln pl

fried 'egg n Spiegelei nt

friend [frend] n Freund(in) m(f); **to make ~s [with sb]** sich [mit jdm] anfreunden

friendless ['frend·lɪs] adj ohne Freund[e]

friendly ['frend·li] adj ❶ (showing friendship) freundlich; ■**to be ~ with sb** mit jdm befreundet sein ❷ (of place, atmosphere) angenehm ❸ (allied) freundlich gesinnt; country befreundet

friendship ['frend·ʃɪp] n Freundschaft f

fries [fraɪz] npl Pommes frites pl

frigate ['frɪg·ət] n Fregatte f

frigging ['frɪg·ɪŋ] adj attr, inv (sl) verdammte(r, s) fam

fright [fraɪt] n ❶ (feeling) Angst f ❷ usu sing (experience) Schrecken m; **to get a ~** erschrecken

frighten ['fraɪt·ən] I. vt ■**to ~ sb** jdm Angst machen; **to ~ the [living] daylights out of sb** jdn furchtbar erschrecken II. vi erschrecken ◆ **frighten away** vt abschrecken

frightened ['fraɪt·ənd] adj verängstigt; ■**to be ~ [that]** ... Angst haben, [dass] ...; ■**to be ~ of sth/sb** sich vor etw/jdm fürchten

frightening ['fraɪt·ən·ɪŋ] adj Furcht erregend

frightful ['fraɪt·fəl] adj (liter) ❶ (bad) entsetzlich ❷ (extreme) schrecklich, furchtbar

frigid ['frɪdʒ·ɪd] adj ❶ (of manner) frostig ❷ (sexually) frigid[e]

frigidity [frɪ·'dʒɪd·ɪ·t̮i] n ❶ (of manner, temperature) Kälte f ❷ (of sexuality) Frigidität f

frill [frɪl] n ❶ (cloth) Rüsche f ❷ (fig fam: extras) ■**~s** pl Schnickschnack m

frilly ['frɪl·i] adj mit Rüschen, Rüschen-

fringe [frɪndʒ] I. n ❶ (edging) Franse f ❷ (of area) Rand m a. fig II. vt usu passive umgeben; cloth umsäumen III. adj ~ **benefits** zusätzliche Leistungen pl

frisk [frɪsk] I. vi ■**to ~ [around]** herumtollen II. vt abtasten (**for** nach +dat)

frisky ['frɪs·ki] adj ausgelassen; horse lebhaft

fritter[1] ['frɪt̮·ər] vt ■**to ~ away** ↻ **sth** etw vergeuden; money verschleudern; time vertrödeln

fritter[2] ['frɪt̮·ər] n Fettgebackenes nt (mit Obst-/Gemüsefüllung)

frivolity [frɪ·'val·ɪ·t̮i] n (lack of seriousness)

Frivolität f

frivolous ['frɪv·ə·ləs] adj ❶ (pej) person leichtfertig ❷ (pej: unimportant) belanglos

frizzy ['frɪz·i] adj gekräuselt

fro [froʊ] adv **to and ~** hin und her

frock [frak] n (liter) Kleid nt

frog [frag] n Frosch m

frolic ['fral·ɪk] vi <-ck-> herumtollen

from [fram] prep ❶ (off) von; (out of, made of, originating in) aus ❷ (as seen from) ~ **here** von hier [aus]; ~ **my point of view** aus meiner Sicht ❸ (as starting location) von; ~ **the north** von Norden; ~ **Washington to Florida** von Washington nach Florida ❹ (as starting time) von, ab; ~ **tomorrow on[ward]** ab morgen; ~ **start to finish** vom Anfang bis zum Ende; ~ **time to time** ab und zu ❺ (as starting condition) bei; ~ **25 to 200** von 25 auf 200; ~ **Latin** aus dem Lateinischen ❻ (considering) aufgrund, wegen; ~ **the evidence** aufgrund des Beweismaterials ❼ (caused by) an +dat; **he died ~ his injuries** er starb an seinen Verletzungen; **she suffers ~ arthritis** sie leidet unter Arthritis; **the risk ~ radiation [exposure]** das Risiko einer Verstrahlung ❽ (indicating protection) vor; **to protect sb ~ sth** jdn vor etw dat schützen ❾ (indicating prevention) vor; **the truth was kept ~ the public** die Wahrheit wurde vor der Öffentlichkeit geheim gehalten; **to prevent sb ~ doing sth** jdn davon abhalten, etw zu tun ❿ (indicating distinction) von; **his opinion is different ~ mine** unsere Meinungen sind unterschiedlich

front [frʌnt] I. n ❶ usu sing (forward-facing part) Vorderseite f; of building Front f; of sweater Vorderteil m; **to lie on one's ~** auf dem Bauch liegen ❷ (front area) ■**the ~** der vordere Bereich; **at the ~** vorn[e] ❸ (ahead of) ■**in ~** vorn[e]; ■**in ~ of sth/sb** vor etw/jdm; ■**to be in ~** SPORTS in Führung liegen ❹ (in advance) ■**up ~** im Voraus ❺ (fig: deception) Fassade f oft pej; **it's a ~ for the Mafia** das ist nur eine Deckadresse für die Mafia ❻ MIL, METEO, POL Front f II. adj (at the front) vorder[st]e(r, s); ~ **wheel** Vorderrad nt; ~ **teeth** Schneidezähne pl III. vt ❶ (be head of) vorstehen +dat ❷ (fam: advance) money vorstrecken

frontage ['frʌn·tɪdʒ] n [Vorder]front f

frontal ['frʌn·təl] adj Frontal-; ~ **view** Vorderansicht f

front 'door n Vordertür f; of a house Haustür f

frontier [frʌn·'tɪr] n (outlying areas) ■**the ~** der ehemalige Wilde Westen der USA

front 'line n ❶ MIL Frontlinie f ❷ (fig) vorderste Front

front 'page n Titelseite f

'front-page adj auf der Titelseite nach n; ~ **story** Titelgeschichte f

'front-runner n Spitzenreiter(in) m(f) a. fig

front-wheel 'drive I. n Vorderradantrieb m II. adj mit Vorderradantrieb nach n

front 'yard n Vorhof m, Vorgarten m

frost [frast] **I.** *n* Frost *m* **II.** *vt* FOOD glasieren
'frostbite *n* Erfrierung *f*
'frostbitten *adj* erfroren
frosted ['fra·stɪd] *adj* ❶FOOD glasiert ❷(*opaque*) ~ **glass** Milchglas *nt*
frosting ['fra·stɪŋ] *n* FOOD Glasur *f*
frosty ['fra·sti] *adj* ❶(*very cold*) frostig; (*covered with frost*) vereist ❷(*unfriendly*) frostig; *atmosphere* kühl
froth [fraθ] **I.** *n* Schaum *m* **II.** *vi* schäumen; **to ~ at the mouth** Schaum vor dem Mund haben; (*fig*) vor Wut schäumen **III.** *vt* ■to ~ [up] aufschäumen
frothy ['fra·θi] *adj* schaumig
frown [fraʊn] **I.** *vi* ❶(*showing displeasure*) die Stirn runzeln; ■to ~ on [*or* upon] sth etw missbilligen ❷(*in thought*) nachdenklich die Stirn runzeln **II.** *n* Stirnrunzeln *nt kein pl*
froze [froʊz] *pt of* **freeze**
frozen ['froʊ·zn] **I.** *pp of* **freeze II.** *adj* ❶(*of water*) gefroren ❷FOOD [tief]gefroren; ~ **food** Tiefkühlkost *f* ❸(*fig: of person*) erfroren
frugal ['fru·gəl] *adj* ❶(*economical*) sparsam; *lifestyle* genügsam ❷*meal* karg, frugal
fruit [frut] **I.** *n* Frucht *f a. fig*; (*collectively*) Obst *nt* **II.** *vi* [Früchte] tragen
'fruitcake *n* ❶Früchtebrot *nt* ❷(*sl: eccentric*) Spinner(in) *m(f)*
fruitful ['frut·fəl] *adj* fruchtbar *a. fig*
fruition [fru·'ɪʃ·ən] *n* Verwirklichung *f*; **to come to** [*or* **reach**] ~ verwirklicht werden
fruitless ['frut·lɪs] *adj* fruchtlos
fruit 'salad *n* Obstsalat *m*
fruity ['fru·ṭi] *adj* ❶(*of taste*) fruchtig ❷(*sl: crazy*) verrückt
frumpish ['frʌm·pɪʃ], **frumpy** ['frʌm·pi] *adj* altmodisch
frustrate ['frʌs·treɪt] *vt* ❶(*annoy*) frustrieren ❷(*prevent*) hindern
frustrated ['frʌs·treɪ·ṭɪd] *adj* frustriert
frustrating ['frʌs·treɪ·ṭɪŋ] *adj* frustrierend
frustration [frʌ·'streɪ·ʃən] *n* Frustration *f*; **to work off one's ~** seinen Frust abreagieren
fry[1] [fraɪ] **I.** *vt* <-ie-> braten **II.** *vi* <-ie-> braten
fry[2] [fraɪ] *npl* junger Fisch ▸ PHRASES: **small ~** kleine Fische; (*person*) kleiner Fisch
frying pan ['fraɪ·ɪŋ-] *n* Bratpfanne *f*
ft. *n abbrev of* **feet, foot** ft
fuck [fʌk] (*vulg*) **I.** *n* ❶(*act*) Fick *m* ❷(*used as expletive*) **who gives a ~?** wen interessiert es schon? **II.** *interj* Scheiße! **III.** *vt* ❶(*have sex with*) vögeln; **go ~ yourself!** verpiss dich!, schleich dich! *bes* SÜDD, ÖSTERR ❷(*damn*) [oh] **~ it!** verdammte Scheiße!; **~ you!** leck mich am Arsch! **IV.** *vi* ❶(*have sex*) ficken ❷(*play mind games*) ■to ~ **with sb** jdn verscheißern ◆**fuck off** *vi* (*vulg*) sich verpissen
fucker ['fʌk·ər] *n* (*vulg*) ❶(*person*) Arsch *m* ❷(*thing*) Scheiß *m*
fucking ['fʌk·ɪŋ] *adj, adv* (*vulg*) verdammt, Scheiß-; **to be ~ useless** zu gar nichts taugen; (*sl*) echt, verflixt; **you must be ~ crazy!** du musst verrückt sein, verdammt!

'fuckup *n* (*vulg, sl*) ❶(*mess*) Scheiß *m pej derb*; (*confusion*) Durcheinander *nt* ❷(*person*) Tollpatsch *m*
fudge [fʌdʒ] **I.** *n* ❶(*candy*) Fondant *m o nt* ❷(*nonsense*) Unsinn *m* **II.** *vt, vi figures* frisieren *fam*
fuel ['fju·əl] **I.** *n* Brennstoff *m*; (*for engines*) Kraftstoff *m*, Treibstoff *m* **II.** *vt* <-l- *or* -ll-> ❶■to be ~ed [by sth] [mit etw] betrieben werden ❷(*fig*) nähren; *resentment* schüren; *speculation* anheizen
'fuel consumption *n* Brennstoffverbrauch *m*; TRANSP Treibstoffverbrauch *m*
'fuel gauge *n* Tankanzeige *f*
fuel-injection 'engine *n* Einspritzmotor *m*
'fuel pump *n* Kraftstoffpumpe *f*
'fuel rod *n* Brennstab *m*
fugitive ['fju·dʒɪ·ṭɪv] **I.** *n* Flüchtige(r) *f(m)* **II.** *adj* flüchtig
fulfill [fʊl·'fɪl] *vt* ❶(*satisfy*) erfüllen; *ambition* erreichen; *potential* ausschöpfen ❷(*carry out*) nachkommen +*dat*; *contract, promise* erfüllen; *function* einnehmen
fulfillment [fʊl·'fɪl·mənt] *n* Erfüllung *f*
full [fʊl] **I.** *adj* voll; (*after eating*) satt; *explanation* vollständig; *life* ausgefüllt; *skirt* weit; *theater* ausverkauft; *wine* vollmundig; ■to be ~ **of sth** (*enthusiastic*) von etw *dat* ganz begeistert sein; **to be ~ of oneself** eingebildet sein; **with one's mouth ~** mit vollem Mund; [at] ~ **speed** mit voller Geschwindigkeit; **in ~ swing** voll im Gang; **in ~ view of** direkt vor den Augen +*gen* **II.** *adv* ❶(*completely*) voll ❷(*very*) sehr; **to know ~ well [that ...]** sehr gut wissen, [dass ...] **III.** *n* **in ~** zur Gänze
'fullback *n* (*in football*) Fullback *m*; (*in soccer, rugby*) Außenverteidiger(in) *m(f)*
full-'blooded *adj* ❶(*of descent*) reinrassig ❷(*vigorous*) kraftvoll
full-'blown *adj disease* voll ausgebrochen; *scandal* ausgewachsen
full-'bodied *adj food* voll; *wine* vollmundig
full-'fledged *adj* ❶ *bird* flügge ❷ *person* ausgebildet
full-'frontal *adj* völlig nackt
full-'grown *adj* ausgewachsen
full-'length **I.** *adj film* abendfüllend; *gown, skirt* bodenlang; *mirror* groß **II.** *adv* **to lie ~ on the floor** sich der Länge nach auf den Boden legen [*o* der Länge nach auf dem Boden liegen]
full 'moon *n* Vollmond *m*
fullness ['fʊl·nɪs] *n* ❶(*being full*) Völle *f* ❷(*plumpness*) Fülle *f a. fig*
'full-page *adj* ganzseitig
'full-scale *adj* ❶(*original size*) in Originalgröße *nach n* ❷(*all-out*) umfassend; *war* ausgewachsen
full 'stop *n* **to come to a ~** zum Stillstand *m* kommen
full 'time *n* (*in soccer*) Spielende *nt*
'full-time **I.** *adj* Ganztags-; ~ **job** Vollzeitbeschäftigung *f* **II.** *adv* ganztags
fully ['fʊl·i] *adv* ❶(*completely*) völlig;

F

~ booked ausgebucht ❷ (*in detail*) detailliert
fumble [ˈfʌm·bəl] **I.** *vi* ❶ ■ **to ~ [around** [*or* **about]**] **with sth** an etw *dat* [herum]fingern; ■ **to ~ [around** [*or* **about]**] **for sth** nach etw *dat* tasten ❷ SPORTS den Ball fallen lassen, fumbeln **II.** *vt ball* fallen lassen, fumbeln **III.** *n* SPORTS [Ballannahme]fehler *m*, Fumble *m*
fume [fjum] *vi* vor Wut schäumen
fumes [fjumz] *n pl* Dämpfe *pl; of car* Abgase *pl*
fumigate [ˈfju·mɪ·geɪt] *vt building, room* ausräuchern
fun [fʌn] **I.** *n* Spaß *m;* **it was lots of ~** es hat viel Spaß gemacht; **to be full of ~** immer unternehmungslustig sein; **for ~** [*or* **for the ~ of it**] nur [so] zum Spaß; **in ~** im Spaß; **have ~!** viel Spaß!; **to make ~ of sb** sich über jdn lustig machen; **to spoil sb's ~** jdm den Spaß verderben **II.** *adj* (*fam*) lustig
function [ˈfʌŋk·ʃən] **I.** *n* ❶ (*task*) *of a person* Aufgabe *f* ❷ MATH Funktion *f* ❸ (*ceremony*) Feier *f;* (*social event*) Veranstaltung *f* **II.** *vi* funktionieren; ■ **to ~ as sth** *thing* als etw dienen; *person* als etw fungieren
functional [ˈfʌŋk·ʃə·nəl] *adj* ❶ (*with purpose*) funktional ❷ (*operational*) funktionstüchtig; ■ **to be ~** funktionieren
functionary [ˈfʌŋk·ʃə·ner·i] *n* Funktionär(in) *m(f)*
'function key *n* COMPUT Funktionstaste *f*
fund [fʌnd] **I.** *n* ❶ (*stock*) Fonds *m;* **disaster ~** Notfonds *m* ❷ (*money*) ■ **~s** *pl* [finanzielle] Mittel; **to allocate ~s** Gelder bewilligen ❸ (*fig: supply*) Vorrat *m* (**of** an *+dat*) **II.** *vt* finanzieren
fundamental [ˌfʌn·də·ˈmen·təl] *adj* grundlegend (**to** für *+akk*); *difference* wesentlich; *question* entscheidend; **~ right** Grundrecht *nt*
fundamentalism [ˌfʌn·də·ˈmen·təl·ɪz·əm] *n* Fundamentalismus *m*
fundamentalist [ˌfʌn·də·ˈmen·təl·ɪst] **I.** *n* Fundamentalist(in) *m(f)* **II.** *adj* fundamentalistisch
fundamentally [ˌfʌn·də·ˈment·əl·i] *adv* ❶ (*basically*) im Grunde ❷ (*in all important aspects*) grundsätzlich
funding [ˈfʌnd·ɪŋ] *n* Finanzierung *f*
'fundraiser *n* ❶ (*person*) Spendenbeschaffer(in) *m(f)* ❷ (*event*) Wohltätigkeitsveranstaltung *f*
'fundraising I. *adj* Wohltätigkeits-; **~ campaign** Spendenaktion *f* **II.** *n* Geldbeschaffung *f*
funeral [ˈfju·nər·əl] *n* Beerdigung *f*
'funeral director *n* Leichenbestatter(in) *m(f)*
'funeral home *n* Bestattungsinstitut *nt*, Bestattungsunternehmen *nt*
'funeral march *n* MUS Trauermarsch *m*
'funeral parlor *n see* **funeral home**
'funeral pyre *n* Scheiterhaufen *m*
funereal [fjuˈnɪr·i·əl] *adj* gedrückt; *music* getragen
fungicide [ˈfʌn·dʒɪ·saɪd] *n* Fungizid *nt*
fungus <*pl* **-es** *or* **-gi**> [ˈfʌŋ·gəs, *pl* -gaɪ] *n* Pilz *m*

funicular [fjuˈnɪk·ju·lər], **funicular 'railway** *n* Seilbahn *f*
funk [fʌŋk] *n* ❶ (*fam: depression*) **in a ~** deprimiert ❷ MUS Funk *m*
funky [ˈfʌŋ·ki] *adj* (*sl*) ❶ (*hip*) flippig ❷ MUS funkig
'fun-loving *adj* lebenslustig
funnel [ˈfʌn·əl] **I.** *n* ❶ (*tool*) Trichter *m* ❷ (*on ship*) Schornstein *m* **II.** *vt* <-l- *or* -ll-> ❶ (*pour*) [mit einem Trichter] einfüllen ❷ (*fig: direct*) zuleiten **III.** *vi people* drängen; *liquids* fließen; *gases* strömen
funnies [ˈfʌn·iz] *npl* ■ **the ~** der Witzteil (*einer Zeitung*)
funny [ˈfʌn·i] **I.** *adj* ❶ (*amusing*) lustig, witzig, komisch; **there's a ~ side to everything** alles hat auch seine komischen Seiten ❷ (*strange*) komisch, merkwürdig, seltsam; **to have a ~ feeling that ...** so eine Ahnung haben, dass ... ❸ (*dishonest*) verdächtig; **~ business** krumme Sachen ▶ PHRASES: **~ ha-ha** *or* **~ peculiar** [*or* **weird**]? lustig oder merkwürdig? **II.** *adv* (*fam*) komisch, merkwürdig
'funny bone *n* (*fam*) Musikantenknochen *m*
fur [fɜr] *n* ❶ (*on animal*) Fell *nt* ❷ FASHION Pelz *m*
fur 'coat *n* Pelzmantel *m*
furious [ˈfjʊr·i·əs] *adj* ❶ (*angry*) *person* [sehr] wütend; *argument* heftig; ■ **to be ~ with sb/ about** [*or* **at**] **sth** wütend auf jdn/über etw *akk* sein ❷ (*intense*) *storm* heftig; **at a ~ pace** in rasender Geschwindigkeit; **fast and ~** rasant; **the questions came fast and ~** die Fragen kamen Schlag auf Schlag
furl [fɜrl] *vt* einrollen
furnace [ˈfɜr·nɪs] *n* ❶ (*industrial*) Hochofen *m*, Schmelzofen *m* ❷ (*domestic*) [Haupt]heizung *f*
furnish [ˈfɜr·nɪʃ] *vt* ❶ (*provide furniture*) einrichten ❷ (*supply*) liefern; ■ **to ~ sb with sth** jdn mit etw *dat* versorgen
furnished [ˈfɜr·nɪʃt] *adj house* eingerichtet; *apartment, room* möbliert
furnishings [ˈfɜr·nɪ·ʃɪŋz] *npl* Einrichtung *f*
furniture [ˈfɜr·nɪ·tʃər] *n* Möbel *pl;* **piece** [*or* **item**] **of ~** Möbelstück *nt*
furor [ˈfjʊr·ɔr] *n* ❶ (*uproar*) Aufruhr *m* ❷ (*excitement*) Wirbel *m* (**over** um *+akk*)
furrow [ˈfɜr·oʊ] *n* ❶ (*groove*) Furche *f* ❷ (*wrinkle*) Falte *f*
furry [ˈfɜr·i] *adj* (*short fur*) pelzig; (*long fur*) wollig; *tongue* belegt
further [ˈfɜr·ðər] **I.** *adj comp of* **far** ❶ (*additional*) weiter; *until* **~ notice** bis auf weiteres ❷ (*more distant*) weiter [entfernt] **II.** *adv comp of* **far** ❶ (*to a greater degree*) weiter; **I wouldn't go any ~ than that** mehr möchte ich nicht sagen; **to take sth ~** mit etw *dat* weitermachen; (*pursue*) *matter* etw weiterverfolgen ❷ (*more*) [noch] weiter; **I have nothing ~ to say** ich habe nichts mehr zu sagen.; **to make sth go ~** *food* etw strecken ❸ (*more distant*) weiter; **nothing could be ~ from my mind** nichts liegt mir ferner; **~ back** (*in place*)

weiter zurück; (*in time*) früher **III.** *vt* fördern

furthermore ['fɜr·ðər·mɔr] *adv* außerdem

furthest ['fɜr·ðɪst] **I.** *adj superl of* **far** ❶ (*fig*) extremste(r, s) ❷ am weitesten entfernte(r, s) **II.** *adv superl of* **far** am weitesten; **that's the ~ I can see** weiter [entfernt] erkenne ich nichts mehr

furtive ['fɜr·t̬ɪv] *adj glance* verstohlen; *action* heimlich; *manner* verschlagen

fury ['fjʊr·i] *n* ❶ (*rage*) Wut *f;* **in a ~** wütend ❷ (*intensity*) Ungestüm *nt; of a storm* Heftigkeit *f*

fuse[1] [fjuz] **I.** *n* (*device*) *of a bomb* Zündvorrichtung *f;* (*string*) Zündschnur *f* ▶ PHRASES: **sb has a short ~** jd wird schnell wütend **II.** *vt to ~ a bomb* eine Bombe mit einer Zündvorrichtung versehen

fuse[2] [fjuz] **I.** *n* Sicherung *f;* **to blow a ~** die Sicherung einer S. *gen* zum Durchbrennen bringen **II.** *vi* sich vereinigen **III.** *vt* verbinden; (*with heat*) verschmelzen

'fuse box *n* Sicherungskasten *m*

fuselage ['fju·sə·laʒ] *n* [Flugzeug]rumpf *m*

fusion ['fju·ʒən] *n* Verschmelzung *f kein pl a. fig;* **nuclear ~** Kernfusion *f*

fuss [fʌs] **I.** *n* ❶ (*excitement*) [übertriebene] Aufregung ❷ (*attention*) [übertriebener] Aufwand, Getue *nt pej;* **to make** [*or* **kick up**] **a ~** einen Aufstand machen **II.** *vi* (*be nervously active*) [sehr] aufgeregt sein; ▪**to ~ over sb/ sth** (*treat with excessive attention*) für jdn/ etw einen großen Aufwand betreiben; (*overly worry*) sich *dat* übertriebene Sorgen um jdn/ etw machen

'fussbudget *n* (*fam*) **to be a ~** penibel sein

fussy ['fʌs·i] *adj* ❶ (*pej: about things*) pingelig; (*about food*) mäkelig; (*about people*) [zu] wählerisch ❷ (*pej: overly decorated*) [zu] verspielt, überladen

futile ['fju·t̬əl] *adj* sinnlos; (*pointless*) nutzlos; *attempt* vergeblich

futility [fju·'tɪl·ɪ·t̬i] *n* Sinnlosigkeit *f*

futon ['fu·tan] *n* Futon *m*

future ['fju·tʃər] **I.** *n usu sing* ❶ (*in time*) Zukunft *f;* ▪**in the ~** in Zukunft; **to have no ~** keine Zukunft[saussichten] haben; **there's no ~ for me in this company** in dieser Firma habe ich keine Aussichten ❷ LING **~ tense** Futur *nt* **II.** *adj* zukünftig; *generations* kommend; *use* später

future 'perfect *n* vollendetes Futur, Futur II

'futures market *n* ECON Terminbörse *f*

futuristic [ˌfju·tʃə·'rɪs·tɪk] *adj* futuristisch

fuze [fjuz] *n, vt see* **fuse**[1]

fuzz[1] [fʌz] *n* ❶ (*fluff*) Fussel[n] *pl* ❷ (*fluffy hair*) Flaum *m*

fuzz[2] [fʌz] *n* (*sl: police*) ▪**the ~** die Bullen *pl*

fuzzy ['fʌz·i] *adj* ❶ (*fluffy*) flaumig ❷ (*frizzy*) wuschelig ❸ (*distorted*) verschwommen, unscharf

FYI *adv* (*fam*) *abbrev of* **for your information** z. K.

G

G <*pl* -'s *or* -s>, **g** <*pl* -'s> [dʒi] *n* ❶ (*letter*) G *nt*, g *nt; ~* **as in Golf** G wie Gustav ❷ MUS G *nt*, g *nt; ~* **flat** Ges *nt*, ges *nt; ~* **sharp** Gis *nt*, gis *nt*

G *adj inv* FILM *abbrev of* **General Audiences:** **rated ~** jugendfrei

GA, Ga. *abbrev of* **Georgia**

gab [gæb] **I.** *vi* <-bb-> (*pej fam*) quatschen **II.** *n* **to have the gift of ~** überzeugend reden können

gabble ['gæb·əl] **I.** *vi* quasseln **II.** *vt* herunterrasseln

gable ['geɪ·bəl] *n* Giebel *m*

gadget ['gædʒ·ɪt] *n* [praktisches] Gerät

Gaelic ['geɪ·lɪk] **I.** *n* Gälisch *nt* **II.** *adj* gälisch

gaffe [gæf] *n* Fauxpas *m*

gaffer ['gæf·ər] *n* FILM, TV ≈ Filmtechniker *m*

gag [gæg] **I.** *n* ❶ (*for mouth*) Knebel *m* ❷ (*joke*) Gag *m* **II.** *vt* <-gg-> ▪**to ~ sb** jdn knebeln; (*fig*) jdm einen Maulkorb verpassen **III.** *vi* ▪**to ~** [**on sth**] [an etw *dat* herum]würgen

gaga ['ga·ga] *adj* (*fam*) vertrottelt

gage [geɪdʒ] *n, vt see* **gauge**

gaggle ['gæg·əl] *n* **~ of geese** Gänseherde *f*

'gag order *n* (*fam*) Nachrichtensperre *f*

gaiety ['geɪ·ə·t̬i] *n* Fröhlichkeit *f*

gaily ['geɪ·li] *adv* ❶ (*happily*) fröhlich ❷ (*brightly*) freundlich; **~ colored** farbenfroh

gain [geɪn] **I.** *n* ❶ (*increase*) Zunahme *f kein pl; in speed* Erhöhung *f kein pl;* **weight ~** Gewichtszunahme *f* ❷ (*advantage*) Vorteil *m* **II.** *vt* ❶ (*obtain*) gewinnen; *access, entry* sich *dat* verschaffen; *experience* sammeln; *independence* erlangen; *recognition* finden; *victory* erringen; **to ~ control of sth** etw unter [seine] Kontrolle bekommen ❷ (*increase*) ▪**to ~ sth** an etw *dat* gewinnen; *self-confidence* entwickeln; **to ~ ground/popularity** an Boden/Beliebtheit gewinnen; **to ~ speed** schneller werden; **to ~ weight** zunehmen **III.** *vi* ❶ (*increase*) zunehmen; *prices, numbers* [an]steigen ❷ (*profit*) profitieren; **they would ~ by reducing their prices/ improving their customer service** sie würden von einer Ermäßigung ihrer Preise/einer Verbesserung ihres Kundendienstes profitieren

gainful ['geɪn·fəl] *adj* **~ employment** Erwerbstätigkeit *f*

gait [geɪt] *n* Gang *m kein pl; of a horse* Gangart *f*

gala ['geɪ·lə] *n* (*social event*) Gala *f*

galactic [gə·'læk·tɪk] *adj* galaktisch

galaxy ['gæl·ək·si] *n* (*star system*) Galaxie *f*

gale [geɪl] *n* Sturm *m*

gall [gɔl] *n* ANAT Galle *f;* **~ bladder** Gallenblase *f* ▶ PHRASES: **to have the ~ to do sth** die Frechheit besitzen, etw zu tun

gallant ['gæl·ənt] *adj* ❶ (*chivalrous*) charmant ❷ (*brave*) tapfer
galleon ['gæl·i·ən] *n* Galeone *f*
gallery ['gæl·ə·ri] *n* Galerie *f*
galley ['gæl·i] *n* ❶ (*kitchen*) *of a ship* Kombüse *f; of an airplane* Bordküche *f* ❷ (*hist: ship*) Galeere *f*
gallivant [gæl·ə·'vænt] *vi* (*fam*) ■to ~ around sich herumtreiben
gallon ['gæl·ən] *n* Gallone *f*
gallop ['gæl·əp] I. *vi* galoppieren II. *n usu sing* Galopp *m;* to break into a ~ in Galopp verfallen
gallows ['gæl·oʊz] *n +sing vb* Galgen *m;* to send sb to the ~ jdn an den Galgen bringen
'gallstone *n* Gallenstein *m*
galore [gə·'lɔr] *adj after n* im Überfluss
galvanize ['gæl·və·naɪz] *vt* ❶ TECH galvanisieren ❷ (*fig*) wachrütteln; to ~ sb into action jdn veranlassen aktiv zu werden
gambit ['gæm·bɪt] *n* ❶ (*in chess*) Gambit *nt* ❷ (*tactic, remark*) Schachzug *m;* opening ~ Satz, mit dem man ein Gespräch anfängt
gamble ['gæm·bəl] I. *n usu sing* Risiko *nt* II. *vi* ❶ (*bet*) [um Geld] spielen; to ~ on horses auf Pferde wetten; to ~ on the stock market an der Börse spekulieren ❷ (*take a risk*) ■to ~ on/that ... sich darauf verlassen, dass ...
gambler ['gæm·blər] *n* Spieler(in) *m(f)*
gambling ['gæm·bəlɪŋ] *n* Glücksspiel *nt*
game[1] [ɡeɪm] I. *n* Spiel *nt;* a ~ of chess/tennis eine Partie Schach/Tennis; what's your ~? (*fig fam*) was soll das?; to play ~s with sb (*fig*) mit jdm spielen ▶ PHRASES: to beat sb at their own ~ jdn mit seinen eigenen Waffen schlagen; to give the ~ away alles verraten; two can play at that ~ was du kannst, kann ich schon lange; the ~'s up das Spiel ist aus II. *adj* bereit
game[2] [ɡeɪm] *n* (*animal*) Wild *nt;* big ~ Großwild *nt*
'gamekeeper *n* Wildhüter(in) *m(f)*
'game show *n* Spielshow *f;* (*quiz show*) Quizsendung *f*
gaming ['ɡeɪ·mɪŋ] *n* Spielen *nt*
gander ['gæn·dər] *n* (*goose*) Gänserich *m*
gang [ɡæŋ] I. *n of criminals* Bande *f; of youths* Gang *f; of friends* Clique *f; of workers, prisoners* Kolonne *f* II. *vi* ■to ~ up sich zusammentun; ■to ~ up on sb sich gegen jdn verbünden
gangling ['ɡæŋ·ɡlɪŋ] *adj* schlaksig
'gangplank *n* Landungssteg *m,* Landungsbrücke *f*
gangrene ['ɡæŋ·ɡrin] *n* MED Brand *m*
gangster ['ɡæŋ·stər] *n* Gangster(in) *m(f)*
gang 'warfare *n* Bandenkrieg *m*
'gangway I. *n* ❶ NAUT, AERO Gangway *f* ❷ *see* gangplank II. *interj* (*fam*) ~! Platz da!
gantry ['ɡæn·tri] *n* Gerüst *nt;* (*for crane*) Portal *nt*
gap [ɡæp] *n* ❶ (*empty space*) Lücke *f a. fig* ❷ (*difference*) Unterschied *m;* age ~ Altersunterschied *m*

gape [ɡeɪp] *vi* glotzen; ■to ~ at sb/sth jdn/ etw [mit offenem Mund] anstarren
gaping ['ɡeɪ·pɪŋ] *adj* weit geöffnet; *wound* klaffend; *hole* gähnend
garage [ɡə·'raʒ] *n* ❶ (*for cars*) Garage *f* ❷ (*repair shop*) [Kfz-]Werkstatt *f*
ga'rage sale *n* privater Flohmarkt in der Garage
garbage ['ɡar·bɪdʒ] *n* ❶ (*trash*) Müll *m a. fig* ❷ (*pej: nonsense*) Blödsinn *m*
'garbage can *n* Mülleimer *m*
'garbage man *n* Müllmann *m fam,* Kehrichtmann *m* SCHWEIZ
'garbage truck *n* Müllauto *m,* Kehrichtwagen *m* SCHWEIZ
garble ['ɡar·bəl] *vt* durcheinanderbringen; *message* verdrehen
garden ['ɡar·dən] *n* Garten *m;* ■~s *pl* Gartenanlage *f,* Gärten *pl*
gardener ['ɡard·nər] *n* Gärtner(in) *m(f)*
gardening ['ɡard·nɪŋ] *n* Gartenarbeit *f;* ~ tools Gartengeräte *pl*
gargantuan [ɡar·'ɡæn·tʃu·ən] *adj* riesig
gargle ['ɡar·ɡəl] *vi* gurgeln
gargoyle ['ɡar·ɡɔɪl] *n* Wasserspeier *m*
garish ['ɡer·ɪʃ] *adj* (*pej*) knallbunt
garland ['ɡar·lənd] I. *n* Kranz *m;* ~ of roses Rosenkranz *m* II. *vt* bekränzen
garlic ['ɡar·lɪk] *n* Knoblauch *m;* ~ bread Knoblauchbrot *nt*
garment ['ɡar·mənt] *n* Kleidungsstück *nt*
garnish ['ɡar·nɪʃ] I. *vt food* garnieren II. *n <pl -es>* Garnierung *f*
garrison ['ɡer·ə·sən] *n* Garnison *f*
garrulous ['ɡer·ə·ləs] *adj* schwatzhaft
garter ['ɡar·tər] *n* Strumpfband *nt,* Strumpfhalter *m*
gas [ɡæs] I. *n <pl -es or -sses>* ❶ (*not solid or liquid*) Gas *nt;* natural ~ Erdgas *nt* ❷ (*fam: gasoline*) Benzin *nt;* to step on the ~ (*fig*) Gas geben ❸ (*fam: flatulence*) Blähungen *pl* II. *vt <-ss->* vergasen III. *vi <-ss->* (*fam*) quatschen
'gasbag *n* (*pej sl*) Quasselstrippe *f*
'gas chamber *n* Gaskammer *f*
gaseous ['ɡæs·i·əs] *adj* gasförmig
'gas gauge *n* Benzinuhr *f*
'gas guzzler *n* (*fam*) Benzinfresser *m fam,* Benzinschlucker *m fam*
'gas-guzzling *adj* (*fam*) benzinfressend
gash [ɡæʃ] I. *n <pl -es> on the body* [tiefe] Schnittwunde; *in cloth* [tiefer] Schlitz II. *vt* aufschlitzen
'gas heating *n* [zentrale] Gasheizung
gasket ['ɡæs·kɪt] *n* Dichtung *f*
'gas lamp *n* Gaslampe *f*
'gas mask *n* Gasmaske *f*
'gas meter *n* Gaszähler *m*
gasoline ['ɡæs·ə·lin] *n* Benzin *nt*
'gas oven *n* Gasherd *m*
gasp [ɡæsp] I. *vi* (*pant*) keuchen; (*catch one's breath*) tief einatmen; ■he ~ed in pain ihm stockte der Atem vor Schmerz; to ~ for air

nach Luft schnappen **II.** *vt* hervorstoßen; **"I thought you were dead," she ~ed** „ich dachte du wärst tot," stieß sie atemlos hervor **III.** *n* hörbares Lufteinziehen; **he gave a ~ of amazement** ihm blieb vor Überraschung die Luft weg ▸ PHRASES: **the last ~** der letzte Atemzug

'gas pedal *n* Gaspedal *nt*
'gas pipe *n* Gasleitung *f*
'gas pump *n* Zapfsäule *f*
'gas station *n* Tankstelle *f*
'gas stove *n* Gasherd *m*; (*small*) Gaskocher *m*
gassy ['gæs·i] *adj* (*fam*) *digestive system* gebläht
gastric ['gæs·trɪk] *adj* MED Magen-
gastronomic [ˌgæs·trə·'nam·ɪk] *adj* kulinarisch
gastronomy [gæ·'stran·ə·mi] *n* Gastronomie *f*
gate [geɪt] *n* ❶ (*at an entrance*) Tor *nt*; (*at an airport*) Flugsteig *m*, Gate *nt*; (*to a yard, courtyard*) Pforte *f* ❷ SPORTS **starting ~** Startmaschine *f* ❸ (*spectators*) Zuschauerzahl *f*
'gatecrash *vt* (*fam*) reinplatzen (**in** +*akk*)
'gatecrasher *n* (*fam*) un[ein]geladener Gast
'gatekeeper *n* Pförtner(in) *m(f)*
'gateway *n* ❶ Eingangstor *nt* ❷ (*fig*) Tor *nt*
'gateway drug *n* Einstiegsdroge *f*
gather ['gæð·ər] **I.** *vt* ❶ (*collect*) sammeln; **to ~ intelligence** sich *dat* [geheime] Informationen beschaffen ❷ FASHION kräuseln ❸ (*increase*) **to ~ speed** schneller werden ❹ (*understand*) verstehen; ◼ **to ~ from sth that ...** aus etw *dat* schließen, dass ...; ◼ **to ~ from sb that ...** von jdm erfahren haben, dass ... **II.** *vi* (*come together*) sich sammeln; *people* sich versammeln; (*accumulate*) sich ansammeln; *storm* heraufziehen
gathering ['gæð·ər·ɪŋ] **I.** *n* Versammlung *f*; **family ~** Familientreffen *nt* **II.** *adj clouds, storm* heraufziehend; *darkness, gloom* zunehmend
gauche [goʊʃ] *adj* unbeholfen
gaudy ['gɔ·di] *adj* knallig
gauge [geɪdʒ] **I.** *n* ❶ (*device*) Messgerät *nt*; (*for tools*) [Mess]lehre *f*; (*for water level*) Pegel *m* ❷ (*thickness*) *of metal, plastic* Stärke *f*; *of a wire, tube* Dicke *f*; (*diameter*) *of a gun, bullet* Durchmesser *m* ❸ RAIL Spurweite *f* **II.** *vt* ❶ (*measure*) messen ❷ (*judge*) beurteilen; (*estimate*) [ab]schätzen
gaunt [gɔnt] *adj* hager; (*from illness*) ausgemergelt
gauntlet ['gɔnt·lɪt] *n* [Stulpen]handschuh *m* ▸ PHRASES: **to run the ~** Spießruten laufen; **to throw down the ~** den Fehdehandschuh hinwerfen *geh*
gauze [gɔz] *n* (*fabric*) Gaze *f*
gave [geɪv] *pt of* give
gavel ['gæv·əl] *n* Hammer *m*
gawk [gɔk] *vi* (*fam*) glotzen; ◼ **to ~ at sb/sth** jdn/etw anglotzen
gawky ['gɔ·ki] *adj* schlaksig, linkisch, unbeholfen

gay [geɪ] **I.** *adj* ❶ (*homosexual*) schwul, gay; **~ bar** Schwulenlokal *nt;* **~ community** Schwulengemeinschaft *f* ❷ (*liter: cheerful*) fröhlich, heiter **II.** *n* Schwule(r) *m*, Gay *m*
gaze [geɪz] **I.** *vi* starren; **to ~ into the distance/out of the window** ins Leere/aus dem Fenster starren; ◼ **to ~ at sb/sth** jdn/etw anstarren **II.** *n* Blick *m*
gazelle [gə·'zel] *n* Gazelle *f*
gazette [gə·'zet] *n* Blatt *nt*, Anzeiger *m*
GB [ˌdʒi·'bi] *n* <*pl* -> ❶ *abbrev of* **gigabyte** GByte *m* ❷ *abbrev of* **Great Britain** GB
GDP [ˌdʒi·di·'pi] *n abbrev of* **gross domestic product** BIP *nt*
gear [gɪr] **I.** *n* ❶ TECH Gang *m*; **to shift ~s** schalten ❷ (*equipment*) Ausrüstung *f*; (*clothes*) Kleidung *f*, Sachen *pl fam* **II.** *vt* ausrichten (**to** auf +*akk*) **III.** *vi* ◼ **to ~ [oneself] up** sich einstellen (**for** auf +*akk*)
'gearbox *n* Getriebe *nt*
'gearshift *n* Schalthebel *m*, Schaltknüppel *m*; *on a bicycle* Gangschaltung *f*
GED [ˌdʒi·i·'di] *n abbrev of* **general equivalency diploma** ≈ SfE *f* (*Kurs zur Erlangung der US-Hochschulreife auf dem zweiten Bildungsweg*)
gee [dʒi] *interj* (*fam*) Mannomann
geezer ['gi·zər] *n* (*fam*) [old] **~** Alte(r) *m*
gel [dʒel] **I.** *n* Gel *nt* **II.** *vi* <-ll-> ❶ gelieren ❷ (*fig*) Form annehmen
gelatin, gelatine ['dʒel·ət·ɪn] *n* ❶ (*colorless substance*) Gelatine *f* ❷ (*fruit-flavored dessert*) Wackelpudding *m*
gelding ['gel·dɪŋ] *n* (*castrated horse*) Wallach *m*
gem [dʒem] *n* ❶ (*jewel*) Edelstein *m* ❷ (*very good thing*) Juwel *nt;* **a ~ of a car/house** ein klasse Auto/prunkvolles Haus
Gemini ['dʒem·ɪ·naɪ] *n* ASTROL Zwillinge *pl;* **to be a ~** [ein] Zwilling sein
gen. [dʒen] *n* ❶ *short for* **general** allgem. ❷ *short for* **generation** Gen.
gender ['dʒen·dər] *n* Geschlecht *nt*
gene [dʒin] *n* Gen *nt*
genealogical [ˌdʒi·ni·ə·'ladʒ·ɪ·kəl] *adj* genealogisch; **~ tree** Stammbaum *m*
genealogist [ˌdʒi·ni·'æl·ə·dʒɪst] *n* Genealoge, -in *m, f*
genealogy [ˌdʒi·ni·'æl·ə·dʒi] *n* Genealogie *f*
'gene bank *n* Genbank *f*
general ['dʒen·ər·əl] **I.** *adj* allgemein; **~ idea** ungefähre Vorstellung; **~ impression** Gesamteindruck *m;* **~ meeting** Vollversammlung *f;* **it is ~ practice** es ist allgemein üblich; ◼ **the ~ view is that ...** die allgemein verbreitete Meinung ist, dass ...; **in** [*or* **as a** ~ **rule**] im Allgemeinen; **to be in ~ use** allgemein benutzt werden **II.** *n* MIL General(in) *m(f)*
General A'merican *n* die amerikanische Standardsprache
general anes'thetic *n* Vollnarkose *f*
General As'sembly *n* [UNO-]Vollversammlung *f*

general de'livery *n* postlagernd
general e'lection *n* Parlamentswahlen *pl*
generality [ˌdʒen·ə·'ræl·ə·t̬i] *n* (*general state-ment*) **to talk in generalities** (*generalize*) verallgemeinern; **to talk about/of generalities** sich über Allgemeines unterhalten
generalization [ˌdʒen·ər·ə·lɪ·'zeɪ·ʃən] *n* Verallgemeinerung *f*
generalize ['dʒen·ər·ə·laɪz] *vi, vt* ■**to ~ [about sth]** [etw] verallgemeinern
generally ['dʒen·ər·ə·li] *adv* ❶ (*usually*) normalerweise, im Allgemeinen ❷ (*mostly*) im Allgemeinen, im Großen und Ganzen ❸ (*widely, not in detail*) allgemein; **~ speaking** im Allgemeinen
general prac'titioner *n* Arzt *m*/Ärztin *f* für Allgemeinmedizin, praktischer Arzt/praktische Ärztin
general 'public *n* **the ~** die Allgemeinheit, die Öffentlichkeit
general-'purpose *adj attr, inv* Allgemein-, Universal-
general 'staff *n* MIL Generalstab *m*
general 'store *n* Gemischtwarenladen *m*
general 'strike *n* Generalstreik *m*
generate ['dʒen·ə·reɪt] *vt* *controversy, enthusiasm* hervorrufen; *electricity* erzeugen; *income* erzielen; *jobs* schaffen
generation [ˌdʒen·ə·'reɪ·ʃən] *n* ❶ (*set*) Generation *f;* **the next/younger/older ~** die nächste/jüngere/ältere Generation; **the ~ gap** der Generationsunterschied ❷ (*production*) Erzeugung *f*
generator ['dʒen·ə·reɪ·t̬ər] *n* ❶ (*dynamo*) Generator *m* ❷ (*producer*) **~ of new ideas** Ideenlieferant(in) *m(f)*
generic [dʒɪ·'ner·ɪk] *adj* ❶ (*general*) generisch; **~ term** Oberbegriff *m;* BIOL Gattungsbegriff *m* ❷ (*not name-brand*) *drug, food, product* markenlos
generosity [ˌdʒen·ə·'ras·ə·t̬i] *n* Großzügigkeit *f*
generous ['dʒen·ər·əs] *adj* *person* großzügig, freigebig; (*contribution, gesture, tip*) großzügig; *portion, helping* groß
genesis <*pl* -ses> ['dʒen·ə·sɪs, *pl* -siz] *n usu sing* ❶ (*form: origin*) Ursprung *m* ❷ REL **G~** das erste Buch Mose
gene 'therapy *n usu sing* Gentherapie *f*
genetic [dʒɪ·'net̬·ɪk] *adj* genetisch; **~ disease** Erbkrankheit *f*
genetically 'modified *adj inv* *crop, food* genmanipuliert
geneticist [dʒɪ·'net̬·ə·sɪst] *n* Genetiker(in) *m(f)*
genetics [dʒɪ·'net̬·ɪks] *n* Genetik *f*
genial ['dʒi·ni·əl] *adj* freundlich
genie <*pl* -nii *or* -s> ['dʒi·ni, *pl* -niaɪ] *n* Geist *m* (*aus einer Flasche oder Lampe*)
genitalia [dʒen·ɪ·'teɪ·li·ə] *npl* (*form*), **genitals** ['dʒen·ə·t̬əlz] *npl* Geschlechtsorgane *pl*
genitive ['dʒen·ɪ·t̬ɪv] *n* Genitiv *m;* **to be in the ~** im Genitiv stehen; **~ case** Genitiv *m*

genius <*pl* -es *or* -nii> ['dʒin·jəs, *pl* -niaɪ] *n* ❶ (*person*) Genie *nt;* **to be a ~ with numbers** genial rechnen können ❷ (*intelligence, talent*) Genialität *f*
genocide ['dʒen·ə·saɪd] *n* Völkermord *m*
genre ['ʒɑːn·rə] *n* Genre *nt*
gent [dʒent] *n* (*hum fam*) *short for* **gentleman** Gentleman *m*
genteel [dʒen·'til] *adj* vornehm
gentian ['dʒen·tiən] *n* Enzian *m*
gentile ['dʒen·taɪl] *n* Nichtjude *m*, Nichtjüdin *f*
gentle ['dʒen·t̬əl] *adj* sanft; *hint* zart; *slope* leicht; **~ exercise** leichte sportliche Betätigung; ■**to be ~ with sb** behutsam mit jdm umgehen
gentleman ['dʒen·t̬əl·mən] *n* ❶ (*polite man*) Gentleman *m;* **a perfect ~** ein wahrer Gentleman ❷ (*man*) Herr *m*
gentlemanly ['dʒen·t̬əl·mən·li] *adj* gentlemanlike
gentleness ['dʒen·t̬əl·nɪs] *n* Sanftheit *f*
gentry ['dʒen·tri] *n* [**landed**] **~** niederer [Land]adel
genuine ['dʒen·ju·ɪn] *adj* ❶ (*not fake*) echt ❷ (*sincere*) ehrlich
genus <*pl* -nera> ['dʒi·nəs, *pl* -nə·rə] *n* BIOL Gattung *f*
geographer [dʒi·'ag·rə·fər] *n* Geograph(in) *m(f)*
geographic(al) [ˌdʒi·ə·'græf·ɪk(əl)] *adj* geographisch
geography [dʒi·'ag·rə·fi] *n* ❶ (*study*) Erdkunde *f*, Geographie *f* ❷ (*layout*) Geographie *f*
geological [ˌdʒi·ə·'ladʒ·ɪ·kəl] *adj* geologisch
geologist [dʒi·'al·ə·dʒɪst] *n* Geologe, -in *m, f*
geology [dʒi·'al·ə·dʒi] *n* Geologie *f*
geometric(al) [ˌdʒi·ə·'met·rɪk(əl)] *adj* geometrisch
geometry [dʒi·'am·ə·tri] *n* Geometrie *f*
geophysical [ˌdʒi·ou·'fɪz·ɪ·kəl] *adj* geophysikalisch
geophysics [ˌdʒi·ou·'fɪz·ɪks] *n* Geophysik *f*
Georgia ['dʒɔr·dʒə] *n* Georgia *nt*
geothermal [ˌdʒi·ou·'θɜr·məl] *adj* geothermisch
geranium [dʒi·'reɪ·ni·əm] *n* Geranie *f*
geriatric [ˌdʒer·i·'æt·rɪk] **I.** *adj* geriatrisch; **~ nurse** Altenpfleger(in) *m(f)* **II.** *n* alter Mensch
geriatrics [ˌdʒer·i·'æt·rɪks] *n + sing vb* Altersheilkunde *f*
germ [dʒɜrm] *n* ❶ MED, BIOL Keim *m;* **to spread ~s** Keime verbreiten ❷ (*fig*) **the ~ of an idea** der Ansatz einer Idee
German ['dʒɜr·mən] **I.** *n* ❶ (*person*) Deutsche(r) *f(m)* ❷ (*language*) Deutsch *nt* **II.** *adj* deutsch
Germanic [dʒər·'mæn·ɪk] *adj* [indo]germanisch
German 'measles *n + sing vb* Röteln *pl*
German 'shepherd *n* (*dog*) Schäferhund *m*
Germany ['dʒɜr·mə·ni] *n* Deutschland
'germ-free *adj* keimfrei

germicide ['dʒɜr·mə·saɪd] *n* keimtötendes Mittel

germinate ['dʒɜr·mə·neɪt] **I.** *vi* keimen **II.** *vt* zum Keimen bringen

germination [ˌdʒɜr·mə·'neɪ·ʃən] *n* Keimen *nt*

germ 'warfare *n* Bakterienkrieg *m*

gerrymander ['dʒer·ə·ˌmæn·dər] **I.** *vi* POL die Wahlbezirksgrenzen manipulieren **II.** *vt* POL to ~ **election/voting districts** Wahlkreisverschiebungen vornehmen

gerund ['dʒer·ənd] *n* LING Gerundium *nt*

gestation [dʒe·'steɪ·ʃən] *n* ❶ *of humans* Schwangerschaft *f*; *of animals* Trächtigkeit *f* ❷ (*fig*) *of idea, project* Reifwerden *nt*

gesticulate [dʒe·'stɪk·jə·leɪt] *vi* (*form*) gestikulieren

gesticulation [dʒe·ˌstɪk·jə·'leɪ·ʃən] *n* (*form*) Gestik *f*

gesture ['dʒes·tʃər] **I.** *n* Geste *f*; **a ~ of defiance** eine trotzige Geste **II.** *vi*, *vt* deuten; **she ~d in the direction of the beach** sie deutete zum Strand hin

get <got, got *or* gotten> [get] **I.** *vt* ❶ (*obtain*) erhalten; **to ~ time off** frei bekommen; **where did you ~ your cell phone?** woher hast du dein Handy? ❷ (*receive*) bekommen ❸ (*experience*) erleben; **to ~ a surprise** überrascht sein; **I got quite a shock** ich habe einen ganz schönen Schock bekommen; **she ~s a lot of pleasure out of** [*or* from] **it** es bereitet ihr viel Freude ❹ (*deliver*) ■**to ~ sth to sb** jdm etw bringen; ■**to ~ sb/sth somewhere** jdn/etw irgendwohin bringen ❺ MED (*fam: contract*) sich *dat* holen; **to ~ the flu** sich *dat* die Grippe einfangen; **to ~ food poisoning** sich *dat* eine Lebensmittelvergiftung zuziehen ❻ (*go and obtain*) ■**to ~** [sb] **sth** [*or* **sth for sb**] jdm etw besorgen; **can I ~ you a drink?** möchtest du was trinken? ❼ TRANSP (*travel with*) *plane, taxi* nehmen; (*catch*) erwischen ❽ (*fam: answer*) *door* aufmachen; **to ~ the telephone** ans Telefon gehen ❾ (*fam: pay for*) bezahlen ❿ + *pp* (*cause to be*) **to ~ sth confused** etw verwechseln; **to ~ sth finished** etw fertig machen ⓫ (*induce*) ■**to ~ sb/sth to do sth** jdn/etw dazu bringen, etw zu tun ⓬ (*hear, understand*) verstehen; **to ~ the message** [*or* **picture**] [es] kapieren ⓭ (*prepare*) *meal* zubereiten **II.** *vi* ❶ (*become*) werden; **I got cold** mir wurde kalt; **~ well soon!** gute Besserung!; **to ~ used to sth** sich an etw *akk* gewöhnen; **to ~ to like sth** etw langsam mögen; **to ~ married** heiraten ❷ (*reach*) kommen; **to ~ home** nach Hause kommen ❸ (*have opportunity*) ■**to ~ to do sth** die Möglichkeit haben, etw zu tun ❹ (*must*) ■**to have got to do sth** etw machen müssen

◆**get across** *vt* verständlich machen

◆**get along** *vi* ❶ (*be friends*) sich verstehen ❷ (*continue*) ■**to ~ along with sth** *job, project* weitermachen ❸ (*progress*) ■**to ~ along in sth** *a new environment, job, position* in etw Fortschritte machen [*o* vorankommen]

◆**get around I.** *vi* ❶ ■**to ~ around to** [**doing**] **sth** es schaffen, etw zu tun ❷ (*travel*) herumkommen ❸ *news* sich verbreiten **II.** *vt* ❶ (*evade*) *the law* umgehen ❷ (*deal with*) *a problem* angehen

◆**get at** *vi* ❶ (*reach*) rankommen (an +*akk*) ❷ (*fam: suggest*) ■**to ~ at sth** auf etw *akk* hinauswollen ❸ (*discover*) ■**to ~ at sth** etw aufdecken ❹ (*fam: bribe*) bestechen

◆**get away** *vi* ❶ (*leave*) fortkommen, wegkommen ❷ (*escape*) ■**to ~ away** [**from sb/ sth**] jdm/etw entkommen ❸ (*avoid punishment*) ■**to ~ away with sth** mit etw *dat* ungestraft davonkommen; **you'll never ~ away with it!** das wird nicht gut gehen! ❹ (*succeed*) ■**to ~ away with sth** mit etw *dat* durchkommen; (*will I ~ away with wearing the same hat I wore to Peter's wedding?*) kann ich es mir erlauben, denselben Hut zu tragen, den ich an Peters Hochzeit anhatte? ▸ PHRASES: **to ~ away with murder** sich *dat* alles erlauben können

◆**get back I.** *vt* (*actively*) zurückholen; *strength* zurückgewinnen; (*passively*) zurückbekommen **II.** *vi* ❶ (*return*) zurückkommen ❷ ■**to ~ back to** [**doing**] **sth** zu etw *dat* wieder zurückgehen; **to ~ back to sleep** wieder einschlafen ❸ (*contact*) ■**to ~ back to sb** sich wieder bei jdm melden

◆**get behind** *vi* ❶ (*support*) unterstützen ❷ (*be slow*) in Rückstand geraten

◆**get by** *vi* ■**to ~ by** [**on/with sth**] mit etw *dat* auskommen

◆**get down I.** *vt* ❶ (*remove*) runternehmen (**from, off** von +*dat*) ❷ (*depress*) fertigmachen **II.** *vi* ❶ (*descend*) herunterkommen (**from, off** von +*dat*); *from the table* aufstehen ❷ (*bend down*) sich runterbeugen; (*kneel down*) niederknien ❸ (*start*) ■**to ~ down to** [**doing**] **sth** sich an etw *akk* machen

◆**get in I.** *vt* ❶ (*say*) *word* einwerfen ❷ (*fam: find time for*) reinschieben ❸ (*bring inside*) hereinholen **II.** *vi* ❶ (*arrive*) ankommen ❷ (*return*) zurückkehren; **to ~ in from work** von der Arbeit heimkommen ❸ (*become elected*) an die Macht kommen

◆**get into I.** *vi* ❶ (*enter*) [ein]steigen in +*akk* ❷ (*have interest for*) sich interessieren für **II.** *vt* (*become involved in*) *argument* verwickelt werden in +*akk*

◆**get off I.** *vi* ❶ (*exit*) *bus, train* aussteigen ❷ (*dismount*) absteigen ❸ (*evade punishment*) davonkommen ❹ (*go*) **to ~ off to bed** schlafen gehen; **to ~ off to school** zur Schule losgehen/-fahren ❺ (*sl: experience excitement*) **to ~ off on sth** bei etw *dat* ausflippen *fam* ❻ (*vulg: have orgasm*) den Höhepunkt erreichen **II.** *vt* ❶ (*remove*) nehmen von; **to ~ sb off sth** *bus, train, plane* herausbringen aus; *boat, roof* herunterholen von ❷ LAW freibekommen ❸ (*send to sleep*) [los]schicken; **to ~ sb off to sleep** jdn in den Schlaf wiegen

◆**get on I.** *vt* (*put on*) anziehen; *hat* aufsetzen; *lid* drauftun II. *vi* ❶ (*be friends*) sich verstehen ❷ (*continue*) weitermachen ❸ (*age*) alt werden; **to be ~ting on** [**in years**] an Jahren zunehmen ❹ (*criticize*) ■**to ~ on sb** auf jdm herumhacken ❺ (*nag*) **to ~ on sb to do sth** jdn dazu drängen, etw zu tun

◆**get out** I. *vi* ❶ (*become known*) *secret* herauskommen; *news* durchsickern ❷ (*socialize*) unter Leuten sein II. *vt* ❶ (*bring out*) rausbringen (**of** aus +*dat*) ❷ (*remove*) herausbekommen; *money* abheben

◆**get over** I. *vi* ❶ ■**to ~ over sb/sth** über jdn/etw hinwegkommen; *illness* sich erholen von; **I can't ~ over the way he behaved** ich komme nicht darüber hinweg, wie er sich verhalten hat ❷ ■**to ~ sth over** [**with**] etw hinter sich *akk* bringen II. *vt idea* rüberbringen

◆**get through** I. *vi* ❶ (*make oneself understood*) ■**to ~ through to sb that/how ...** jdm klarmachen, dass/wie ... ❷ (*contact*) ■**to ~ through to sb** *on the phone* zu jdm durchkommen II. *vt* ❶ (*use up*) aufbrauchen ❷ (*finish*) *work* erledigen ❸ (*survive*) *bad times* überstehen

◆**get together** *vi* sich treffen

◆**get up** I. *vt* ❶ (*climb*) hinaufsteigen ❷ (*gather*) *courage* aufbringen; *speed* sich beschleunigen ❸ (*fam: wake*) wecken II. *vi* ❶ (*get out of bed*) aufstehen ❷ (*stand up*) sich erheben

'**getaway** *n* (*fam*) ❶ (*escape*) Flucht *f;* **to make a ~** entwischen ❷ (*vacation*) Trip *m*

'**get-together** *n* (*fam*) Treffen *nt*

'**getup** *n* (*fam: outfit*) Kluft *f*

geyser ['gaɪ·zər] *n* Geysir *m*

ghastly ['gæst·li] *adj* ❶ (*fam: frightful*) *report* schrecklich ❷ **~** [**white/pale**] totenbleich ❸ (*unwell*) grässlich, scheußlich

gherkin ['gɜr·kɪn] *n* Essiggurke *f*

ghetto <*pl* -**s** *or* -**es**> ['get·ou] *n* G[h]etto *nt*

ghost [goʊst] I. *n* Geist *m* ▶ PHRASES: **to give up the ~** den Geist aufgeben II. *vt* **his autobiography was ~ed** seine Autobiografie wurde von einem Ghostwriter geschrieben

ghostly ['goʊst·li] *adj* ❶ (*ghost-like*) geisterhaft ❷ (*eerie*) *voice* gespenstisch

'**ghost town** *n* Geisterstadt *f*

'**ghostwriter** *n* Ghostwriter *m*

ghoul [gul] *n* Ghul *m*

G'I *n* (*fam: soldier*) GI *m*

giant ['dʒaɪ·ənt] I. *n* Riese *m a. fig* II. *adj* riesig; **to make ~ strides** (*fig*) große Fortschritte machen

gibber ['dʒɪb·ər] *vi* stammeln

gibberish ['dʒɪb·ər·ɪʃ] *n* (*pej*) ❶ (*spoken*) Gestammel *nt* ❷ (*written*) Quatsch *m*

gibbon ['gɪb·ən] *n* ZOOL Gibbon *m*

gibe [dʒaɪb] I. *n* Stichelei *f,* verletzende Bemerkung II. *vi* ■**to ~ at sb/sth** über jdn/etw spötteln III. *vt* sticheln

giblets ['dʒɪb·lɪts] *npl* Innereien *pl*

giddy ['gɪd·i] *adj* ❶ (*silly*) ausgelassen ❷ (*dizzy*) schwind(e)lig

gift [gɪft] *n* ❶ (*present*) Geschenk *nt a. fig* ❷ (*donation*) Spende *f* ❸ (*talent*) Talent *nt;* **to have a ~ for languages** sprachbegabt sein

'**gift certificate** *n* Geschenkgutschein *m*

gifted ['gɪft·ɪd] *adj* begabt; *musician* begnadet

'**gift horse** *n* ▶ PHRASES: **never look a ~ in the mouth** (*prov*) einem geschenkten Gaul guckt man nicht ins Maul

'**gift shop** *n* Geschenkartikelladen *m*

gig [gɪg] I. *n* Gig *m* II. *vi* <-**gg**-> auftreten

gigabyte ['gɪg·ə·baɪt] *n* COMPUT Gigabyte *nt*

gigantic [dʒaɪ·'gæn·tɪk] *adj* gigantisch; **~ bite** Riesenbissen *m*

giggle ['gɪg·əl] I. *vi* kichern (**at** über +*akk*) II. *n* Gekicher *nt kein pl*

gill [gɪl] *n usu pl* Kieme *f* ▶ PHRASES: **to look green around the ~s** grün im Gesicht sein

gilt [gɪlt] I. *adj* vergoldet II. *n* Vergoldung *f*

gimmick ['gɪm·ɪk] *n* (*esp pej*) ❶ (*trick*) Trick *m;* **advertising/sales ~** Werbetrick *m/* Verkaufstrick *m* ❷ (*attraction*) Attraktion *f*

gimmicky ['gɪm·ɪk·i] *adj* (*pej*) marktschreierisch

gin [dʒɪn] *n* (*drink*) Gin *m*

ginger ['dʒɪn·dʒər] I. *n* ❶ (*spice*) Ingwer *m* ❷ (*color*) gelbliches Braun II. *adj* gelblich braun

ginger 'ale *n* Gingerale *nt*

'**gingerbread** *n* Lebkuchen *m*

gingerly ['dʒɪn·dʒər·li] *adv* behutsam

Gipsy *n see* **Gypsy**

giraffe <*pl* -**s** *or* -> [dʒə·'ræf] *n* Giraffe *f*

girder ['gɜr·dər] *n* Träger *m*

girdle ['gɜr·dəl] *n* (*corset*) Korsett *nt*

girl [gɜrl] *n* Mädchen *nt;* (*girlfriend*) Freundin *f*

'**girlfriend** *n* Freundin *f*

girlie, girly ['gɜr·li] *adj* (*fam*) mädchenhaft; **~ magazines** Girlie-Zeitschriften

girlish ['gɜr·lɪʃ] *adj* mädchenhaft

'**Girl Scout** *n* Pfadfinderin *f*

girth [gɜrθ] *n* ❶ (*circumference*) Umfang *m;* **in ~** an Umfang ❷ (*saddle strap*) Sattelgurt *m*

gist [dʒɪst] *n* ■**the ~** das Wesentliche; **to get the ~ of sth** den Sinn von etw *dat* verstehen

give [gɪv] I. *vt* <**gave, given**> ❶ ■**to ~ sb sth** jdm etw geben; (*as present*) jdm etw schenken; (*donate*) jdm etw spenden; **to ~ sb a cold** jdn mit seiner Erkältung anstecken; **~n the choice** wenn ich die Wahl hätte; **to ~ sb his/her due** jdm Ehre erweisen; **to ~ sb encouragement** jdn ermutigen; **to ~ a speech** eine Rede halten; **to ~ sb/sth a bad name** jdn/etw in Verruf bringen; **to ~ sb the news of** [*or* **about**] **sth** jdm etw mitteilen; **to ~ sb permission** [**to do sth**] jdm die Erlaubnis erteilen[, etw zu tun]; **he couldn't ~ me a reason why ...** er konnte mir auch nicht sagen, warum ...; **don't ~ me that!** (*fig*) komm mir doch nicht damit!; **~ her my best wishes** grüß' sie schön von mir! ❷ (*emit*) **to ~ a cry/ groan** aufschreien/aufstöhnen ❸ (*produce*) *result, number* ergeben; *warmth* spenden ❹ (*do*) **to ~ sb a** [**dirty**] **look** jdm einen vernichtenden Blick zuwerfen; **to ~ a shrug** mit den Schultern zucken **II.** *vi* <gave, given> ➊ (*donate*) spenden (**to** für +*akk*); **to ~ and take** [gegenseitige] Kompromisse machen ➋ (*bend, yield*) nachgeben; *knees* weich werden; *rope* reißen ▶ PHRASES: **it is better to ~ than to receive** (*prov*) Geben ist seliger denn Nehmen; **to ~ as good as one gets** Gleiches mit Gleichem vergelten **III.** *n* Nachgiebigkeit *f;* (*elasticity*) Elastizität *f;* **to not have any/ much ~ in it** nicht [sehr] nachgeben; (*elasticity*) nicht [sehr] elastisch sein

◆**give away** *vt* ➊ (*offer for free*) verschenken ➋ *bride* zum Altar führen ➌ (*fig: lose*) *game* verschenken ➍ (*betray*) *secret, hiding place* verraten; ■**to ~ oneself away** sich verraten ▶ PHRASES: **to ~ the game away** alles verraten

◆**give back** *vt* zurückgeben (**to** +*dat*)

◆**give in I.** *vi* ➊ (*to pressure*) nachgeben (**to** +*dat*); **to ~ in to temptation** der Versuchung erliegen ➋ (*surrender*) aufgeben **II.** *vt* (*hand in*) abgeben; *document* einreichen

◆**give off** *vt* abgeben; *smell, smoke* ausströmen

◆**give out I.** *vi* ➊ (*run out*) ausgehen; *energy* zu Ende gehen; **then her patience gave out** dann war es mit ihrer Geduld vorbei ➋ (*stop working*) versagen **II.** *vt* ➊ (*distribute*) verteilen (**to** an +*akk*); *pencils, books* austeilen ➋ (*announce*) verkünden ➌ (*emit*) von sich *dat* geben

◆**give over** *vt* ➊ (*set aside*) ■**to be given over to sth** für etw *akk* beansprucht werden ➋ (*hand over*) übergeben

◆**give up I.** *vi* aufgeben **II.** *vt* ➊ (*quit*) aufgeben; *habit* ablegen; *relationship* fallen lassen; ■**to ~ up doing sth** mit etw *dat* aufhören ➋ (*surrender*) überlassen; *rights, territory* abtreten; **to ~ oneself up [to the police]** sich *akk* [der Polizei] stellen ➌ (*consider lost*) **to ~ sb up for dead** jdn für tot halten

give-and-'take *n* ➊ (*compromise*) Geben und Nehmen *nt* ➋ (*debate*) Meinungsaustausch *m*

'**giveaway I.** *n* ➊ (*fam: telltale sign*) **to be a dead ~** alles verraten ➋ (*freebie*) Werbegeschenk *nt* **II.** *adj* ➊ (*low*) **~ price** Schleuderpreis *m* ➋ (*free*) kostenlos; **~ newspaper** Gratiszeitung *f*

given ['gɪv·ən] **I.** *n* gegebene Tatsache; **to take sth as a ~** etw als gegeben annehmen **II.** *adj* ➊ (*certain*) gegeben ➋ (*specified*) festgelegt ➌ (*accustomed*) **to be ~ to doing sth** gewöhnt sein, etw zu tun **III.** *prep* ~ **sth** angesichts einer S. *gen;* ~ **the circumstances** unter diesen Umständen **IV.** *pp of* **give**

'**given name** *n* Vorname *m*

giver ['gɪv·ər] *n* Spender(in) *m(f)*

glacial ['gleɪ·ʃəl] *adj* ➊ (*left by glacier*) glazial ➋ (*a. fig: freezing*) eisig

glacier ['gleɪ·ʃər] *n* Gletscher *m*

glad <-dd-> [glæd] *adj* froh; **to be ~ about sth** sich über etw *akk* freuen; ■**to be ~ of sth** über etw *akk* froh sein; **I'd be ~ to help you**

ich würde dir gerne helfen

gladden ['glæd·ən] *vt* (*form*) erfreuen

glade [gleɪd] *n* (*liter*) Lichtung *f*

gladiator ['glæd·i·eɪ·t̬ər] *n* Gladiator *m*

gladly ['glæd·li] *adv* gerne

gladness ['glæd·nɪs] *n* Freude *f*

'**glad rags** *npl* (*hum*) Festkleidung *f*

glamor ['glæm·ər] *n see* **glamour**

glamorize ['glæm·ə·raɪz] *vt* verherrlichen

glamorous ['glæm·ə·rəs] *adj* glamourös

glamour ['glæm·ər] *n* Glanz *m*

glance [glæns] **I.** *n* Blick *m;* **at first ~** auf den ersten Blick; **to see at a ~** mit einem Blick erfassen **II.** *vi* ■**to ~ at sth** auf etw *akk* schauen; **to ~ through a letter** einen Brief überfliegen

◆**glance off** *vi* abprallen

gland [glænd] *n* Drüse *f*

glare [gler] **I.** *n* ➊ (*stare*) wütender Blick ➋ (*light*) grelles Licht **II.** *vi* (*stare*) ■**to ~ [at sb]** [jdn an]starren

glaring ['gler·ɪŋ] *adj* ➊ (*staring*) stechend ➋ (*blinding*) blendend; *light* grell ➌ (*obvious*) *mistake* eklatant; *weakness* krass; *injustice* himmelschreiend

glass [glæs] *n* ➊ Glas *nt;* **pane of ~** Glasscheibe *f;* **a ~ of water** ein Glas *nt* Wasser ➋ *pl* (*spectacles*) [**a pair of**] **~es** [eine] Brille *f;* **to wear ~es** eine Brille tragen

'**glass blower** *n* Glasbläser(in) *m(f)*

'**glassful** *n* Glas *nt* voll

'**glassware** *n* Glaswaren *pl*

'**glassworks** *n* + *sing vb* Glasfabrik *f*

glassy ['glæs·i] *adj* ➊ *surface* spiegelglatt ➋ *eyes* glasig

Glaswegian [glæs·'wi·dʒən] **I.** *n* (*person*) Glasgower(in) *m(f)* **II.** *adj* aus Glasgow *nach n*

glaze [gleɪz] **I.** *n* (*on food, pottery*) Glasur *f* **II.** *vt* ➊ *food, pottery* glasieren ➋ (*fit with glass*) verglasen **III.** *vi* ■**to ~ [over]** *eyes* glasig werden

gleam [glim] **I.** *n* Schimmer *m* **II.** *vi* schimmern

gleaming ['glim·ɪŋ] *adj* glänzend

glean [glin] *vt* in Erfahrung bringen

glee [gli] *n* Entzücken *nt;* (*gloating joy*) Schadenfreude *f*

gleeful ['gli·fəl] *adj* ausgelassen; (*gloating*) schadenfroh

glen [glɛn] *n* Schlucht *f*

glib <-bb-> [glɪb] *adj* *person* zungenfertig; *answer, remark* unbedacht

glide [glaɪd] *vi* ➊ (*move smoothly*) hingleiten ➋ (*fly*) gleiten

glider ['glaɪ·dər] *n* (*plane*) Segelflugzeug *nt*

gliding ['glaɪ·dɪŋ] *n* Segelfliegen *nt*

glimmer ['glɪm·ər] **I.** *vi* schimmern **II.** *n* Schimmer *m kein pl;* ~ **of hope/light** Hoffnungs-/Lichtschimmer *m*

glimpse [glɪmps] **I.** *vt* flüchtig sehen **II.** *n* [kurzer/flüchtiger] Blick

glint [glɪnt] **I.** *vi* glitzern **II.** *n* Glitzern *nt*

glisten ['glɪs·ən] *vi* glitzern, glänzen

glitch [glɪtʃ] *n* ➊ (*fam: fault*) Fehler *m;* **com-**

G

puter ~ Computerstörung *f* ❷ (*setback*) Verzögerung *f*

glitter ['glɪt̬·ər] **I.** *vi* glitzern; *eyes* funkeln ▶ PHRASES: **all that ~s is not gold** (*prov*) es ist nicht alles Gold, was glänzt **II.** *n* ❶ (*sparkling*) Glitzern *nt; of eyes* Funkeln *nt* ❷ (*decoration*) Glitter *m*

glittering ['glɪt̬·ər·ɪŋ] *adj* ❶ (*sparkling*) glitzernd ❷ (*impressive*) *career* glanzvoll

glitz [glɪts] *n* Glanz *m*

glitzy ['glɪt·si] *adj* glanzvoll

gloat [gloʊt] *vi* sich hämisch freuen; ▪ **to ~ over sth** sich an etw *dat* weiden

global ['gloʊ·bəl] *adj* ❶ (*worldwide*) global ❷ (*complete*) umfassend

globalization [ˌgloʊ·bə·lɪ·'zeɪ·ʃən] *n* Globalisierung *f*

globalize ['gloʊ·bə·laɪz] *vt* globalisieren

global 'warming *n* Erwärmung *f* der Erdatmosphäre

globe [gloʊb] *n* ❶ (*Earth*) ▪ **the ~** die Erde; **to circle the ~** die Welt umreisen ❷ (*map*) Globus *m*

'globetrotter *n* Globetrotter(in) *m(f)*

gloom [glum] *n* ❶ (*depression*) Hoffnungslosigkeit *f* ❷ (*darkness*) Düsterheit *f;* **to emerge from the ~** aus dem Dunkel auftauchen

gloominess ['glu·mi·nəs] *n* ❶ (*depression*) Hoffnungslosigkeit *f* ❷ (*darkness*) Düsterheit *f*

gloomy ['glu·mi] *adj* ❶ (*dismal*) trostlos; *thoughts* trübe ❷ (*dark*) düster

glorification [ˌglɔr·ə·fə·'keɪ·ʃən] *n* Verherrlichung *f*

glorify <-ie-> ['glɔr·ə·faɪ] *vt* ❶ (*make seem better*) verherrlichen ❷ (*honor*) ehren; REL [lob]preisen

glorious ['glɔr·i·əs] *adj* ❶ (*illustrious*) *victory* glorreich ❷ (*splendid*) prachtvoll; *weather* herrlich

glory ['glɔr·i] **I.** *n* ❶ (*honor*) Ruhm *m* ❷ (*splendor*) Herrlichkeit *f,* Pracht *f* **II.** *vi* <-ie-> ▪ **to ~ in [doing] sth** etw genießen

gloss [glɑs] *n* ❶ (*shine*) Glanz *m;* **in ~ or matte** glänzend oder matt; **to put a ~ on sth** etw [besonders] hervorheben ❷ (*cosmetic*) **lip ~** Lipgloss *nt* ❸ *see* **gloss paint**
◆ **gloss over** *vt* schönfärben

glossary ['glas·ə·ri] *n* Glossar *nt*

'gloss paint *n* Glanzlack *m*

glossy ['glas·i] **I.** *adj* glänzend; **~ magazine** Hochglanzmagazin *nt* **II.** *n* (*photo*) [Hoch]glanzabzug *m*

glove [glʌv] *n usu pl* Handschuh *m;* **to fit like a ~** wie angegossen passen

'glove box, 'glove compartment *n* AUTO Handschuhfach *nt*

glow [gloʊ] **I.** *n* Leuchten *nt; of a lamp, the sun* Scheinen *nt; of a cigarette, the sunset* Glühen *nt; of fire* Schein *m;* **a healthy ~** eine gesunde Farbe **II.** *vi* ❶ (*shed light*) leuchten; *fire, light* scheinen ❷ (*be red and hot*) glühen; **the embers ~ed dimly in the fireplace** die Glut glimmte im Kamin ❸ (*fig: look radiant*)

strahlen; **to ~ with health** vor Gesundheit strotzen; **to ~ with pride** vor Stolz schwellen

glower ['glaʊ·ər] *vi* verärgert aussehen; ▪ **to ~ at sb** jdn zornig anstarren

glowing ['gloʊ·ɪŋ] *adj* ❶ (*radiating light*) *candle* leuchtend; *cigarette* glühend ❷ (*radiant*) leuchtend ❸ (*very positive*) begeistert; *review* überschwänglich

'glowworm *n* Glühwürmchen *nt*

glucose ['glu·koʊs] *n* Traubenzucker *m*

glue [glu] **I.** *n* Klebstoff *m* **II.** *vt* ❶ kleben; ▪ **to ~ sth together** etw zusammenkleben ❷ (*fig*) ▪ **to be ~d to sth** an etw *dat* kleben; **we were ~d to the television** wir klebten am Fernsehen; **to be ~d to the spot** wie angewurzelt dastehen

'glue sniffing *n* Schnüffeln *nt*

'glue stick *n* Klebestift *m*

glum <-mm-> [glʌm] *adj* niedergeschlagen; *expression* mürrisch; *face* bedrückt

glut [glʌt] *n* Überangebot *nt;* **an oil ~** eine Ölschwemme

gluten ['glu·tən] *n* Gluten *nt*

glutinous ['glut·ən·əs] *adj* klebrig

glutton ['glʌt·ən] *n* ❶ (*pej: overeater*) Vielfraß *m* ❷ (*fig: enthusiast*) Unersättliche(r) *f(m);* **~ for punishment** Masochist(in) *m(f)*

gluttony ['glʌt·ən·i] *n* Gefräßigkeit *f*

gnarled [narld] *adj branch* knorrig; *finger* knotig

gnash [næʃ] *vt* ▪ **to ~ one's teeth** mit den Zähnen knirschen

gnat [næt] *n* [Stech]mücke *f*

gnaw [nɔ] **I.** *vi* nagen *a. fig* (**on, at, away at** an +*dat*) **II.** *vt* ❶ (*chew*) ▪ **to ~ sth** an etw *dat* kauen ❷ (*fig*) **to be ~ed by guilt** von Schuld geplagt sein

gnawing ['nɔ·ɪŋ] **I.** *adj* nagend **II.** *n* Nagen *nt*

gnome [noʊm] *n* Gnom *m;* [**garden**] ~ Gartenzwerg *m*

GNP [ˌdʒi·en·'pi] *n abbrev of* **Gross National Product** BSP *nt*

go [goʊ] **I.** *vi* <goes, went, gone> ❶ (*proceed*) gehen; *vehicle, train* fahren; *plane* fliegen; **we have a long way to ~** wir haben noch einen weiten Weg vor uns; ▪ **to ~ toward[s] sb/sth** auf jdn/etw zugehen; **to ~ home** nach Hause gehen; **to ~ to the hospital/a party/prison/the bathroom** ins Krankenhaus/auf eine Party/ins Gefängnis/auf die Toilette gehen ❷ (*travel*) reisen; **to ~ on vacation** in Urlaub gehen; **to ~ to Italy** nach Italien fahren; **to ~ on a trip** verreisen, eine Reise machen; **to ~ by plane** fliegen; **to ~ abroad** ins Ausland gehen ❸ (*disappear*) verschwinden; **to ~ missing** verschwinden; **where did my keys go?** wo sind meine Schlüssel hin?; **my toothache's gone!** meine Zahnschmerzen sind weg!; **half of my salary ~es on rent** die Hälfte meines Gehaltes geht für die Miete drauf; **there ~es another one!** und wieder eine/einer weniger!; **the presi-**

dent will have to ~ der Präsident wird seinen Hut nehmen müssen ❹ (*leave*) gehen; **let's ~!** los jetzt! ❺ (*do*) **to ~ biking/shopping/ swimming etc.** Rad fahren/einkaufen/ schwimmen etc. gehen; **to ~ looking for sb/ sth** jdn/etw suchen gehen ❻ (*attend*) **to ~ to church** in die Kirche gehen; **to ~ to the doctor** zum Arzt gehen; **to ~ to school/college** in die Schule/auf die Universität gehen ❼ + *adj* (*become*) werden; **to ~ bankrupt** bankrottgehen; **to ~ haywire** (*out of control*) außer Kontrolle geraten; (*malfunction*) verrücktspielen; **to ~ public** an die Öffentlichkeit treten; STOCKEX an die Börse gehen; **to ~ to sleep** einschlafen; **my mind went completely blank** ich hatte voll ein Brett vorm Kopf! ❽ + *adj* (*be*) sein; **to ~ hungry** hungern; **to ~ thirsty** dursten; **to ~ unnoticed** unbemerkt bleiben ❾ (*turn out*) gehen; **how did your party ~?** und, wie war deine Party?; **how are things ~ing?** und, wie läuft's?; **to ~ according to plan** nach Plan laufen; **to ~ from bad to worse** vom Regen in die Traufe kommen; **to ~ wrong** schieflaufen ❿ (*pass*) vergehen; **only two days to ~ ...** nur noch zwei Tage ... ⓫ (*fail*) kaputtgehen; *hearing, memory* nachlassen; *rope* reißen ⓬ (*die*) sterben ⓭ (*belong*) hingehören; **the silverware ~es in this drawer** das Besteck gehört in diese Schublade ⓮ (*lead*) *path, road* führen ⓯ (*extend*) gehen; **the meadow ~es all the way down to the stream** die Weide erstreckt sich bis hinunter zum Bach ⓰ (*function*) *business* laufen; **to get/keep sth ~ing** etw in Gang bringen/halten; **come on! keep ~ing!** ja, weiter!; **to keep a conversation ~ing** eine Unterhaltung am Laufen halten; **to keep a fire ~ing** ein Feuer am Brennen halten ⓱ (*have recourse*) gehen; **to ~ to the police** zur Polizei gehen; **to ~ to war** in den Krieg ziehen ⓲ (*match, be compatible*) ■ **to ~ together** [*or* with sth] zu etw passen; **these two colors don't ~ together** [at all] diese beiden Farben beißen sich ⓳ (*fit*) **will anything else ~ into the suitcase?** wird all das noch in den Koffer passen? ⓴ (*be accepted*) **anything ~es** alles ist erlaubt; **that ~es for all of you** das gilt für euch alle! ㉑ (*fam: use the bathroom*) **I really have to ~** ich muss ganz dringend mal! ▶ PHRASES: **there you ~** bitte schön!; **sb will ~ a long way** jd wird es weit bringen; **that ~es without saying** das versteht sich von selbst **II.** *aux vb future tense* ■ **to be ~ing to do sth** etw tun werden; **we are ~ing to have a party tomorrow** wir geben morgen eine Party **III.** *vt* <goes, went, gone> ❶ (*travel*) *northern/southern route* nehmen ❷ (*fam: say*) **she ~es to me: I never want to see you again!** sie sagt zu mir: ich will dich nie wiedersehen! **IV.** *n* <*pl* -es> ❶ (*turn*) **you've had your ~ already!** du warst schon dran!; **can I have a ~?** darf ich mal? ❷ (*attempt*) Versuch *m;* **to give sth a ~**

etw versuchen; **in one ~** auf einen Schlag ❸ (*energy*) Antrieb *m;* **full of ~** voller Elan ▶ PHRASES: **from the <u>word</u> ~** von Anfang an; **to <u>make</u> a ~ of sth** mit etw *dat* Erfolg haben **V.** *adj* [start]klar; **all systems [are] ~** alles klar

◆**go about** *vt* ❶ (*be occupied with*) **to ~ about one's business** seinen Geschäften nachgehen ❷ (*deal with*) *problem* angehen

◆**go after** *vi* ❶ (*in succession*) ■ **to ~ after sb/sth** nach jdm/etw gehen ❷ (*chase*) ■ **to ~ after sb** jdn verfolgen

◆**go against** *vi* ❶ (*be negative for*) ■ **to ~ against sb** zu jds Ungunsten *pl* ausgehen; **the jury's decision went against the defendant** die Entscheidung der Jury fiel gegen den Angeklagten aus ❷ (*contradict*) **that ~es against everything I believe in** das geht gegen all das, woran ich glaube ❸ (*disobey*) ■ **to ~ against sb** sich jdm widersetzen

◆**go ahead** *vi* ❶ (*go before*) vorgehen; (*in vehicle*) vorausfahren; (*in sports*) in Führung gehen ❷ (*proceed*) vorangehen; *event* stattfinden; **~ ahead, try it!** komm, versuch's doch einfach!; ■ **to ~ ahead with sth** etw durchführen

◆**go along** *vi* ❶ (*on foot*) entlanggehen; (*in vehicle*) entlangfahren ❷ (*accompany*) mitgehen [*o* mitkommen] ❸ (*agree*) ■ **to ~ along with sth/sb** etw/jdm zustimmen; (*join in*) sich etw/jdm anschließen

◆**go around** *vi* ❶ (*travel around*) **they went around Europe for two months** sie reisten zwei Monate lang durch Europa ❷ (*visit*) **to ~ around and see sb** [*or* to sb's house] bei jdm vorbeischauen ❸ (*be in circulation*) *rumor, illness* [he]rumgehen ❹ (*do repeatedly*) ■ **to ~ around doing sth** etw ständig tun ❺ (*move in a curve*) herumgehen um +*akk; vehicle* herumfahren um +*akk;* (*circumnavigate*) umrunden; **to ~ around the block** um den Block laufen; **to ~ around the world** eine Weltreise machen ▶ PHRASES: **what ~es around, <u>comes</u> around** (*saying*) alles rächt sich früher oder später

◆**go at** *vi* ❶ (*attack*) ■ **to ~ at sb** [with sth] auf jdn [mit etw *dat*] losgehen; (*fig: eat ravenously*) ■ **to ~ at sth** über etw *akk* herfallen ❷ (*work hard*) ■ **to ~ at sth** sich an etw *akk* machen; **to ~ at it** loslegen

◆**go away** *vi* ❶ (*travel*) weggehen; (*for vacation*) wegfahren ❷ (*leave*) [weg]gehen; **~ away!** geh' weg! ❸ (*disappear*) verschwinden

◆**go back** *vi* ❶ (*return*) zurückgehen; *school* wieder anfangen; **there's no ~ing back now** jetzt gibt es kein Zurück mehr; ■ **to ~ back to sb** zu jdm zurückkehren; **to ~ back to the beginning** noch mal von vorne anfangen; **to ~ back to normal** sich wieder normalisieren; ■ **to ~ back to doing sth** wieder mit etw *dat* anfangen ❷ (*move backwards*) zurückgehen ❸ (*not fulfill*) **to ~ back on one's promise** sein Versprechen nicht halten

◆**go beyond** *vi* ■to ~ **beyond sth** ❶ (*proceed past*) an etw *dat* vorübergehen ❷ (*exceed*) über etw *akk* hinausgehen

◆**go by** *vi* ❶ (*move past*) vorbeigehen; *vehicle* vorbeifahren ❷ (*of time*) vergehen; **in days gone by** (*form*) in früheren Tagen ❸ (*be guided by*) ■to ~ **by sth** nach etw *dat* gehen; **to ~ by the book** sich an die Vorschriften halten; **~ing by what they said ...** nach dem, was sie gesagt haben ...; **if this is anything to ~ by ...** wenn man danach gehen kann ...

◆**go down** *vi* ❶ (*move downward*) hinuntergehen; *sun, moon* untergehen; *ship a.* sinken; *plane* abstürzen; *boxer* zu Boden gehen; *curtain* fallen; **to ~ down on all fours** sich auf alle viere begeben ❷ (*decrease*) *attendance, wind* nachlassen; *prices, taxes, temperature* sinken; *currency* fallen; *tire* Luft verlieren ❸ (*break down*) *computer* ausfallen ❹ (*be defeated*) verlieren (**to** gegen +*akk*); *a.* SPORTS unterliegen; **to ~ down fighting** kämpfend untergehen ❺ (*on foot*) entlanggehen; (*in vehicle*) entlangfahren; **she was ~ing down the road on her bike** sie fuhr auf ihrem Fahrrad die Straße entlang; **to ~ down a list** eine Liste [von oben nach unten] durchgehen ❻ (*extend*) hinunterreichen; **the tree's roots ~ down six feet** die Wurzeln des Baumes reichen sechs Fuß in die Tiefe ❼ (*be received*) **to** [**not**] **~ down well** [**with sb**] [bei jdm] [nicht] gut ankommen ❽ (*be recorded*) **to ~ down in history** in die Geschichte eingehen

◆**go for** *vi* ❶ (*fetch*) holen; *food etc.* besorgen; **to ~ for a newspaper** eine Zeitung holen gehen ❷ (*try to achieve*) **~ for it!** nichts wie ran!; **if I were you, I'd ~ for it** an deiner Stelle würde ich zugreifen ❸ (*attack*) **to ~ for the jugular** (*fig*) an die Gurgel springen *fam* ❹ (*be true for*) **that ~es for me too** das gilt auch für mich ❺ (*fam: like*) ■to ~ **for sth/sb** auf etw/jdn stehen ❻ (*do*) **to ~ for a drive** [ein bisschen] rausfahren

◆**go in** *vi* ❶ (*enter*) hineingehen ❷ (*fit*) hineinpassen ❸ (*fam: be understood*) in den Kopf gehen

◆**go into** *vi* ❶ gehen in +*akk;* **to ~ into action** in Aktion treten; **to ~ into a coma** ins Koma fallen; **to ~ into effect** in Kraft treten; **to ~ into labor** [die] Wehen bekommen; **into reverse** in den Rückwärtsgang schalten ❷ (*examine*) ■to ~ **into sth** etw erörtern; **I don't want to ~ into that now** ich möchte jetzt nicht darauf eingehen; **to ~ into detail** ins Detail gehen ❸ (*join*) **to ~ into the Army** zur Armee gehen; **to ~ into the hospital** ins Krankenhaus gehen

◆**go off** *vi* ❶ (*stop working*) *lights* ausgehen; *electricity* ausfallen ❷ (*ring*) *alarm* losgehen; *alarm clock* klingeln ❸ (*detonate*) *bomb* hochgehen; *gun* losgehen ❹ (*leave*) weggehen ❺ (*diverge*) abgehen; *road* abzweigen (**to** nach +*dat*); **to ~ off the subject** vom Thema abschweifen ❻ (*criticize*) ■to ~ **off on sb** an jdm herumnörgeln

◆**go on** *vi* ❶ (*go further*) weitergehen; *vehicle* weiterfahren; **to ~ on ahead** vorausgehen; *vehicle* vorausfahren ❷ (*extend*) sich erstrecken; *time* voranschreiten; **it'll get warmer as the day ~es on** im Laufe des Tages wird es wärmer ❸ (*continue*) weitermachen; *fighting* anhalten; *negotiations* andauern; ■to ~ **on with sth** etw fortsetzen, mit etw *dat* fortfahren; **I can't ~** on ich kann nicht mehr; **to ~ on trying** es weiter versuchen; **to ~ on working** weiterarbeiten ❹ (*continue speaking*) weiterreden; (*speak incessantly*) unaufhörlich reden; **sorry, please ~ on** Entschuldigung, bitte fahren Sie fort; **he went on to say that ...** dann sagte er, dass ...; **to be always ~ing on** [**about sth**] andauernd [über etw *akk*] reden ❺ (*happen*) passieren; **what's ~ing on here?** was geht denn hier vor? ❻ (*move on, proceed*) **he went on to become a teacher** später wurde er Lehrer ❼ *lights* angehen ❽ (*as encouragement*) **~ on, have another drink** na komm, trink noch einen; **~ on!** los, mach schon!; **~ on, tell me!** jetzt sag' schon! ❾ (*start, embark on*) anfangen; **to ~ on a diet** auf Diät gehen; **to ~ on welfare** stempeln gehen; **to ~ on the pill** die Pille nehmen; **to ~ on strike** in [den] Streik treten ❿ (*base conclusions on*) ■to ~ **on sth** sich auf etw *akk* stützen; **we don't have anything to ~ on** wir haben keine Anhaltspunkte ⓫ (*belong on*) gehören auf +*akk* ⓬ (*be nearly*) **to be ~ing on nine o'clock/ninety** auf neun Uhr/die neunzig zugehen

◆**go out** *vi* ❶ (*leave home*) [hinaus]gehen; **to ~ out to work** arbeiten gehen; **to ~ out jogging** joggen gehen; **to ~ out horseback riding** ausreiten ❷ (*enjoy social life*) ausgehen; **to ~ out to eat** essen gehen ❸ (*date*) ■to ~ **out with sb** mit jdm gehen ❹ (*be extinguished*) *fire* ausgehen; *light a.* ausfallen ❺ (*be sent out*) verschickt werden; MEDIA **to ~ out on the air** ausgestrahlt werden; (*be issued*) verteilt werden ❻ (*recede*) *tide* zurückgehen; **when the tide ~es out ...** bei Ebbe ... ❼ (*become unfashionable*) unmodern werden, aus der Mode kommen; *custom* aussterben ▶ PHRASES: **to ~ all out** sich ins Zeug legen

◆**go over** *vi* ❶ (*cross*) hinübergehen; (*in vehicle*) hinüberfahren; *border, river, street* überqueren; *cliff* stürzen über +*akk* ❷ (*fig: change*) **to ~ over to sth** zu etw *dat* übergehen; POL zu etw *dat* überwechseln; REL zu etw *dat* übertreten; **to ~ over to the enemy** zum Feind überlaufen ❸ (*examine*) durchgehen; *apartment, car* durchsuchen ❹ (*exceed*) überschreiten; **to ~ over a time limit** überziehen ❺ (*redraw*) nachzeichnen; *line* nachziehen ❻ (*be received*) **to** [**not**] **~ over well** [**with sb**] [nicht] gut ankommen [bei jdm]

◆**go through** *vi* ❶ (*pass in and out of*) durchgehen; *vehicle* durchfahren ❷ (*experience*)

durchmachen ❸ (*use up*) aufbrauchen; *money* ausgeben ❹ (*look over*) durchsehen ❺ (*be approved*) *plan* durchgehen; *bill, divorce* durchkommen; *business deal* [erfolgreich] abgeschlossen werden ❻ (*carry out*) ■**to ~ through with sth** durchziehen; **he has to ~ through with it now** jetzt gibt es kein Zurück mehr für ihn
♦**go together** *vi* ❶ (*harmonize*) zusammenpassen ❷ (*date*) miteinander gehen
♦**go under** *vi* ❶ (*sink*) untergehen ❷ (*fail*) *person* scheitern; *business* eingehen ❸ (*move below*) ■**to ~ under sth** unter etw *akk* druntergehen; **the road ~es under the railroad bridge** die Straße führt unter der Eisenbahnbrücke durch
♦**go up** *vi* ❶ (*move higher*) hinaufgehen; (*on a ladder*) hinaufsteigen; *curtain* hochgehen; *balloon* aufsteigen ❷ (*increase*) steigen; **everything is ~ing up!** alles wird teurer! ❸ (*approach*) ■**to ~ up to sb/sth** auf jdn/etw zugehen ❹ (*move as far as*) ■**to ~ up to sth** [bis] zu etw hingehen; (*in vehicle*) [bis] zu etw *dat* [hin]fahren ❺ (*extend to*) **to ~ up to sth** bis zu etw hochreichen; (*of time*) bis zu einer bestimmten Zeit gehen ❻ (*be built*) entstehen ❼ (*ascend*) *mountain, street* ansteigen ▶ PHRASES: **to ~ up against sb** sich jdm widersetzen; (*in a fight*) es mit jdm aufnehmen
♦**go with** *vt* ❶ (*accompany*) ■**to ~ with sb** mit jdm mitgehen ❷ (*date*) ■**to ~ with sb** mit jdm gehen ❸ (*be associated with*) einhergehen mit ❹ (*belong*) ■**to ~ with sth** zu etw *dat* gehören ❺ (*harmonize*) passen zu
♦**go without** *vi* ■**to ~ without sth** ohne etw auskommen; **to ~ without breakfast/sleep** nicht frühstücken/schlafen
goad [goʊd] *vt* ❶ (*spur*) ■**to ~ sb** [to sth] jdn [zu etw] antreiben ❷ (*provoke*) ■**to ~ sb into** [doing] sth jdn dazu anstacheln, etw zu tun
go-ahead ['goʊ·ə·hed] *n* Erlaubnis *f* (**for** zu + *dat*); **to give/get the ~** grünes Licht geben/erhalten
goal [goʊl] *n* ❶ (*aim*) Ziel *nt* ❷ SPORTS Tor *nt*; **to play in ~** im Tor stehen
goalie ['goʊ·li] *n* (*fam*), **'goalkeeper** ['goʊl·ˌki·pər] *n* Tormann, -frau *m, f*
'goal line *n* Torlinie *f*
'goalpost *n* Torpfosten *m*
goat [goʊt] *n* Ziege *f*; **~'s milk** Ziegenmilch *f* ▶ PHRASES: **to get sb's ~** jdn auf die Palme bringen
goatee [goʊ·'ti] *n* Spitzbart *m*
gobble ['gab·əl] I. *vi turkey* kollern II. *vt* (*fam*) [hinunter]schlingen
gobbledegook ['gab·əl·di·ˌguk], **gobbledygook** *n* (*pej fam*) Kauderwelsch *nt*
go-between ['goʊ·bə·ˌtwin] *n* Vermittler(in) *m(f)*; (*between lovers*) Liebesbote, -in *m, f*
goblet ['gab·lət] *n* Kelch *m*
goblin ['gab·lɪn] *n* Kobold *m*
'go-cart *n* Gokart *m*

god [gad] *n* Gott *m*
God [gad] *n* Gott *m*; **to believe in ~** an Gott glauben; **my ~!** mein Gott!; **~ forbid!** Gott bewahre!; **~ knows where Bob is!** weiß der Himmel, wo Bob steckt!; **thank ~!** Gott sei Dank!
god-'awful *adj* (*fam*) beschissen
'godchild *n* Patenkind *nt*
'goddamn (*vulg*) I. *adj* (*emphasizing annoyance*) gottverdammt II. *interj* verdammt
'goddaughter *n* Patentochter *f*
goddess <*pl* -es> ['gad·ɪs] *n* Göttin *f*; **screen ~** [Film]diva *f*
'godfather *n* (*male godparent*) Patenonkel *m*; *a. Mafia leader* Pate *m*
'god-fearing *adj* gottesfürchtig
'godforsaken *adj* (*pej*) gottverlassen
godless ['gad·lɪs] *adj* gottlos
godlike ['gad·laɪk] *adj* göttlich
'godmother *n* Patentante *f*, Patin *f*; **fairy ~** gute Fee
'godsend *n* (*divine*) Gottesgeschenk *nt*
'godson *n* Patensohn *m*
goer ['goʊ·ər] *n* (*fam: person or thing that goes*) Geher *m*
goes [goʊz] *3rd pers. sing of* **go**
go-getter [ˌgoʊ·'geṭ·ər] *n* Tatmensch *m*
go-getting ['goʊ·ˌgeṭ·ɪŋ] *adj* tatkräftig
goggle ['gag·əl] I. *vi* (*fam*) glotzen; ■**to ~ at sb/sth** jdn/etw anglotzen II. *n* [a pair of] ~s [eine] [Schutz]brille; **ski ~s** Skibrille *f*; **swimming ~s** Schwimmbrille *f*
going ['goʊ·ɪŋ] I. *n* ❶ (*act of leaving*) Gehen *nt* ❷ (*departure*) Weggang *m* ❸ (*conditions*) **easy/rough ~** günstige/ungünstige Bedingungen; **while the ~ is good** solange es gut läuft ▶ PHRASES: **when the ~ gets tough, the tough get ~** was uns nicht umbringt, macht uns nur noch härter II. *adj* ❶ (*current*) aktuell; **what's the ~ rate for babysitters nowadays?** wie viel zahlt man heutzutage üblicherweise für einen Babysitter? ❷ (*in action*) am Laufen; **to keep sth ~** etw in Gang halten; ~ **concern** gutgehendes Unternehmen ❸ (*available*) vorhanden; **it's the best thing ~** es ist das Beste, was es gibt
going-'over <*pl* goings-over> *n* **to give sth a** [good] ~ (*search thoroughly*) etw gründlich durchsuchen; (*clean thoroughly*) etw gründlich reinigen
goings-'on *npl* Vorfälle *pl*
gold [goʊld] *n* Gold *nt* ▶ PHRASES: [as] **good as ~** mustergültig
'gold digger *n* Goldgräber *m*; **she's a ~** (*fig*) sie ist nur auf Geld aus
'gold dust *n* Goldstaub *m*
golden ['goʊl·dən] *adj* golden *a. fig*; ~ **brown** goldbraun; ~ **anniversary** goldene Hochzeit
'goldfish *n* Goldfisch *m*
gold 'leaf *n* Blattgold *nt*
gold 'medal *n* Goldmedaille *f*
'gold mine *n* Goldmine *f*; (*fig*) Goldgrube *f*
gold 'plating *n* Vergoldung *f*

'**goldsmith** *n* Goldschmied(in) *m(f)*
golf [galf] *n* Golf *nt;* **a round of** ~ eine Runde Golf
'**golf ball** *n* Golfball *m*
'**golf club** *n* ❶ (*implement*) Golfschläger *m* ❷ (*association*) Golfclub *m*
'**golf course** *n* Golfplatz *m*
golfer ['gal·fər] *n* Golfer(in) *m(f)*
golly ['gal·i] *interj* (*fam*) Donnerwetter
gondola ['gan·də·lə] *n* Gondel *f*
gondolier [,gan·də·'lɪr] *n* Gondoliere *m*
gone [gɔn] **I.** *pp* of **go II.** *adj* ❶ (*no longer there*) weg; (*used up*) verbraucht ❷ (*dead*) tot; **to be too far** ~ dem Tode zu nah sein
goner ['gɔ·nər] *n* (*fam*) **to be a** ~ (*be bound to die*) es nicht mehr lange machen; (*be irreparable*) hoffnungslos kaputt sein
gong [gaŋ] *n* Gong *m*
gonna ['gan·ə] (*sl*) *see* **going to: what you** ~ **do about it?** was willst du dagegen machen?
gonorrhea [,gan·ə·'ri·ə] *n* Tripper *m*
goo [gu] *n* (*fam*) Schmiere *f*
good [gʊd] **I.** *adj* <better, best> ❶ gut; *weather* schön; (*healthy*) *appetite, leg* gesund; ~ **morning** guten Morgen; **have a** ~ **day!** schönen Tag noch!; **to have a** ~ **time** [viel] Spaß haben; **it's** ~ **to see you again** schön, dich wiederzusehen; ~ **dog!** braver Hund!; **to do a** ~ **job** gute Arbeit leisten; **it's a** ~ **thing ...** zum Glück ...; ~ **luck!** viel Glück!; ~ **sense** Geistesgegenwart *f;* **in** ~ **time** rechtzeitig; ■**to be** ~ **at sth** gut in etw *dat* sein; **he's a** ~ **runner** er ist ein guter Läufer; **she speaks** ~ **Spanish** sie spricht gut Spanisch; **he's not very** ~ **at math** er ist nicht besonders gut in Mathe; **to be** ~ **for nothing** zu nichts taugen; **sb looks** ~ **in sth** etw steht jdm; ■**to be** ~ **with children** mit Kindern gut umgehen können; **too** ~ **to be true** zu schön, um wahr zu sein ❷ (*kind, understanding*) **it was very** ~ **of you to help us** es war sehr lieb von dir, uns zu helfen ❸ (*thorough*) gut; **to have a** ~ **cry** sich richtig ausweinen; **to have a** ~ **laugh** ordentlich lachen; **to have a** ~ **look at sth** sich *dat* etw genau ansehen ❹ (*substantial*) beträchtlich; **to make** ~ **money** gutes Geld verdienen; **a** ~ **deal of ...** jede Menge ... ❺ (*able to provide*) **he is always** ~ **for a laugh** er ist immer gut für einen Witz ❻ ■**as** ~ **as ...** (*almost*) so gut wie ...; **they as** ~ **as called me a liar** sie nannten mich praktisch eine Lügnerin ► PHRASES: **it's as** ~ **as it gets** besser wird's nicht mehr; **to make** ~ zu Geld kommen **II.** *n* ❶ (*moral force*) Gute *nt;* ~ **and evil** Gut und Böse; **to be up to no** ~ nichts Gutes im Schilde führen ❷ (*benefit*) Wohl *nt;* **this will do you a world of** ~ das wird Ihnen unglaublich guttun; **to do more harm than** ~ mehr schaden als nützen; **for the** ~ **of his health** seiner Gesundheit zuliebe; **for one's own** ~ zu seinem eigenen Besten; **a lot of** ~ **that'll do** [you]! das wird [dir] ja viel nützen! ❸ (*ability*) ■**to be no** ~ **at sth** etw nicht gut können

goodbye [gʊ(d)·'baɪ], **good-by I.** *interj* auf Wiedersehen; **to say** ~ **to sb/sth** sich von jdm/etw verabschieden; **to kiss sb** ~ jdm einen Abschiedskuss geben; **to kiss sth** ~ (*fig*) etw abschreiben **II.** *n* Abschied *m;* **to say one's** ~**s** sich verabschieden
'**good-for-nothing I.** *n* (*pej*) Taugenichts *m* **II.** *adj* (*pej*) nichtsnutzig
Good 'Friday *n no art* Karfreitag *m*
good-humored [,gʊd·'hju·mərd] *adj* fröhlich
good-'looking *adj* <more ~, most ~ *or* better-looking, best-looking> gut aussehend
good 'looks *npl* gutes Aussehen
good-'natured *adj* gutmütig
goodness ['gʊd·nɪs] *n* ❶ Güte *f* ❷ FOOD Wertvolle(s) *nt* ❸ (*for emphasis*) **for** ~' **sake** du liebe Güte; **thank** ~ Gott sei Dank
goods [gʊdz] *npl* Waren *pl,* Güter *pl;* **sporting** ~ Sportartikel *pl;* **manufactured** ~ Fertigprodukte *pl* ► PHRASES: **sb/sth comes up with the** ~ jd/etw hält, was er/es verspricht
'**good-sized** *adj* [recht] groß
'**goodwill I.** *n* ❶ guter Wille (**towards** gegenüber +*dat*); **feeling/gesture of** ~ Atmosphäre *f*/Geste *f* des guten Willens ❷ ECON Goodwill *m* **II.** *adj* **a** ~ **gesture** eine Geste des guten Willens; ~ **mission** Goodwillreise *f*
goody ['gʊd·i] **I.** *n* ❶ (*desirable object*) tolle Sache ❷ FOOD Leckerbissen *m* **II.** *interj* (*usu childspeak*) spitze
gooey ['gu·i] *adj* (*fam*) ❶ (*sticky*) klebrig ❷ (*fig, pej*) schmalzig
goof [guf] (*fam*) **I.** *n* ❶ (*silly person*) Idiot *m pej fam,* Trottel *m pej fam* ❷ (*mistake*) Patzer *m* **II.** *vi* ■**to** ~ [**up**] Mist bauen
◆ **goof around** *vt* ❶ (*clown around*) herumblödeln *fam* ❷ (*do nothing productive*) herumhängen *sl*
◆ **goof up** (*fam*) **I.** *vt* vermasseln **II.** *vi* Mist bauen
goofy ['gu·fi] *adj* (*fam*) doof
goose [gus] *n* <*pl* geese> Gans *f* ► PHRASES: **to kill the** ~ **that lays the golden egg** den Ast absägen, auf dem man sitzt; **to cook sb's** ~ jdm die Suppe versalzen
'**goose bumps** *npl,* **goose flesh** *n,* '**goose pimples** *npl* Gänsehaut *f kein pl*
'**goose-step** *vi* <-pp-> im Stechschritt marschieren
goose step *n* Stechschritt *m*
gopher ['goʊ·fər] *n* Ziesel *m*
gore¹ [gɔr] *vt* aufspießen
gore² [gɔr] *n* Blut *nt*
gorge¹ [gɔrdʒ] *n* Schlucht *f*
gorge² [gɔrdʒ] *vi* sich vollessen
gorgeous ['gɔr·dʒəs] *adj* ❶ (*very beautiful*) herrlich, großartig; **the bride looked** ~ die Braut sah zauberhaft aus ❷ (*very pleasurable*) ausgezeichnet, fabelhaft
gorilla [gə·'rɪl·ə] *n* Gorilla *m a. fig*
gory ['gɔr·i] *adj* blutig; *film* blutrünstig
gosh [gaʃ] *interj* (*fam*) Mensch
gosling ['gaz·lɪŋ] *n* Gänseküken *nt*

gospel ['gas·pəl] *n* ❶ the G~ according to Saint Mark [*or* St Mark's Gospel] das Evangelium nach Markus ❷ (*music*) Gospel *nt*
gossamer ['gas·ə·mər] I. *n* Spinnfäden *pl* II. *adj* hauchdünn
gossip ['gas·əp] I. *n* (*usu pej*) ❶ (*rumors*) Klatsch *m;* idle ~ leeres Geschwätz; the latest ~ der neueste Tratsch ❷ (*pej: person*) Tratschbase *f* II. *vi* ❶ (*chatter*) schwatzen ❷ (*spread rumors*) tratschen
'**gossip column** *n* Klatschspalte *f*
gossipy ['gas·ə·pi] *adj* schwatzhaft; ~ person Klatschmaul *nt*
got [gat] *pt, pp of* **get**
Gothic ['gaθ·ɪk] *adj* ❶ ARCHIT, TYPO gotisch ❷ LIT Schauer-
gotta ['gaṭ·ə] (*fam*) = [**have**] **got to** müssen; ■ **to ~ do sth** etw tun müssen; I ~ go now ich muss jetzt los *fam;* he's ~ be kidding das kann er nicht ernst meinen
gotten ['gat·ən] *pp of* **got**
gouge [gaʊdʒ] I. *n* (*indentation*) Rille *f* II. *vt* ❶ (*cut out*) ■ **to ~ out** aushöhlen; *eye* ausstechen ❷ (*fam: overcharge*) ■ **to ~ sb** jdn betrügen
goulash ['gu·laʃ] *n* Gulasch *nt*
gourd [gɔrd] *n* Kürbisflasche *f*
gourmand [gʊr·'mand] *n* Schlemmer(in) *m(f)*
gourmet [gʊr·'meɪ] *n* Feinschmecker(in) *m(f)*
gout [gaʊt] *n* Gicht *f*
Gov. *n* ❶ *abbrev of* **government** ❷ *abbrev of* **governor**
govern ['gʌv·ərn] I. *vt* ❶ POL, LING regieren ❷ (*regulate*) regeln; ■ **to be ~ed by sth** durch etw *akk* bestimmt werden II. *vi* regieren
governess <*pl* -es> ['gʌv·ər·nɪs] *n* (*hist*) Gouvernante *f*
governing ['gʌv·ər·ɪŋ] *adj* regierend; ~ body Vorstand *m*
government ['gʌv·ərn·mənt] *n* Regierung *f*, Staat *m;* local ~ Kommunalverwaltung *f;* ~ agency Behörde *f;* ~ department Regierungsstelle *f;* ~ grant staatlicher Zuschuss; ~ policy Regierungspolitik *f;* ~ spending Staatsausgaben *pl;* ~ securities staatliche Wertpapiere *pl;* ~ subsidy Subvention *f*
governmental [ˌgʌv·ərn·'men·təl] *adj* Regierungs-, staatlich
governor ['gʌv·ər·nər] *n* POL Gouverneur *m*
gown [gaʊn] *n* ❶ FASHION Kleid *nt* ❷ MED Kittel *m;* surgical ~ Operationskittel *m*
GP [ˌdʒi·'pi] *n* MED *abbrev of* **general practitioner**
grab [græb] I. *n* (*snatch*) Griff *m* ▶ PHRASES: to be up for ~s zu haben sein II. *vt* <-bb-> ❶ [sich *dat*] schnappen; ■ **to ~ sb by the arm** jdn am Arm packen; ■ **to ~ hold of sb/sth** jdn/etw festhalten ❷ (*fig*) *attention* erregen; *opportunity* wahrnehmen; to ~ a bite [to eat] schnell einen Happen essen; to ~ some sleep [ein wenig] schlafen III. *vi* <-bb-> (*snatch*) grapschen; ■ **to ~ at sth** nach etw *dat* greifen
grace [greɪs] I. *n* ❶ (*of movement*) Grazie *f*

❷ (*of appearance*) Anmut *f* ❸ (*of behavior*) Anstand *m* kein *pl;* social ~s gesellschaftliche Umgangsformen ❹ *a.* REL (*favor*) Gnade *f;* to fall from ~ in Ungnade fallen ❺ (*prayer*) Tischgebet *nt;* to say ~ ein Tischgebet sprechen II. *vt* (*form*) ❶ (*honor*) beehren ❷ (*adorn*) schmücken
graceful ['greɪs·fəl] *adj* ❶ (*in movement*) graziös, anmutig ❷ (*in appearance*) elegant
graceless ['greɪs·lɪs] *adj* taktlos
gracious ['greɪ·ʃəs] I. *adj* ❶ (*kind*) liebenswürdig; (*merciful*) gnädig ❷ (*dignified*) würdevoll II. *interj* [good [*or* goodness]] ~ [me] [du] meine Güte
grade [greɪd] I. *n* ❶ (*rank*) Rang *m* ❷ (*of salary*) Gehaltsstufe *f* ❸ SCH (*score*) Note *f;* (*class*) Klasse *m* ❹ (*gradient*) Neigung *f;* [gentle/steep] ~ (*upwards*) [geringe/starke] Steigung; (*downwards*) [schwaches/starkes] Gefälle ▶ PHRASES: to make the ~ den Anforderungen gerecht werden II. *vt* ❶ SCH, UNIV benoten ❷ (*categorize*) einteilen

> **i** Das übliche Notensystem der USA, das **grading system**, verwendet die Buchstaben A, B, C, D, E und F, wobei das E nie benützt wird. A ist die beste Note, und F (*Fail*) bedeutet durchgefallen. Die Buchstaben können auch mit einem Plus oder Minus versehen werden. Wer zum Beispiel ein A+ erhält, hat eine außerordentlich gute Leistung erbracht.

grader ['greɪ·dər] *n* SCH the second ~s die Schüler(innen) *mpl(fpl)* der zweiten Klasse
'**grade school** *n* Grundschule *f*
gradient ['greɪ·di·ənt] *n* Neigung *f;* [gentle/steep] ~ (*upwards*) [leichte/starke] Steigung; (*downwards*) [schwaches/starkes] Gefälle
gradual ['grædʒ·u·əl] *adj* ❶ (*not sudden*) allmählich ❷ (*not steep*) sanft
gradually ['grædʒ·u·ə·li] *adv* ❶ (*not suddenly*) allmählich ❷ (*not steeply*) sanft
graduate I. *n* ['grædʒ·u·ət] ❶ UNIV Absolvent(in) *m(f);* college ~ Hochschulabsolvent(in) *m(f);* ~ student Student(in) *m(f)* mit Universitätsabschluss (*Studenten mit einem „Bachelor's Degree", die eine weitere Stufe zur Erlangung des „Master's Degrees" absolvieren*) ❷ SCH Schulabgänger(in) *m(f)* II. *vi* ['grædʒ·u·eɪt] ❶ UNIV einen akademischen Grad erwerben; to ~ with honors seinen Abschluss mit Auszeichnung machen ❷ SCH die Abschlussprüfung bestehen; to ~ from high school das Abitur machen ❸ (*complete training*) die Ausbildung abschließen; *univ* das Studium abschließen III. *vt* ['grædʒ·u·eɪt] ❶ (*calibrate*) einteilen ❷ (*award degree*) ■ **to ~ sb** jdn graduieren
graduated ['grædʒ·uəɪ̯·ɪd] *adj* *salaries, charges* gestaffelt

graduation [ˌɡrædʒ·u·'eɪ·ʃən] *n* ❶ SCH, UNIV (*completion of studies*) [Studien]abschluss *m* ❷ (*ceremony*) Abschlussfeier *f*

graffiti [ɡrə·'fi·ti] *n* Graffiti *nt*

graft [ɡræft] I. *n* ❶ MED Transplantat *nt* ❷ HORT (*shoot*) Pfropfreis *m* ❸ (*corruption*) Schiebung *f* II. *vt* ❶ MED übertragen (**on**|**to**| auf +*akk*) ❷ HORT aufpfropfen (**on**|**to**| auf +*akk*)

Grail [ɡreɪl] *n* [**Holy**] ~ Heiliger Gral

grain [ɡreɪn] *n* ❶ (*particle*) Korn *nt*, Körnchen *nt*; ~ **of sand/wheat** Sand-/Weizenkorn *nt* ❷ (*crop*) Getreide *nt* ❸ (*texture*) of wood, marble Maserung *f* ▶ PHRASES: **to go against the** ~ jdm gegen den Strich gehen *fam*

gram [ɡræm] *n* Gramm *nt*

grammar ['ɡræm·ər] *n* Grammatik *f*; **to be good/bad** ~ grammatikalisch richtig/falsch sein

'grammar book *n* Grammatik *f*

'grammar school *n* Grundschule *f*

grammatical [ɡrə·'mæt·ɪ·kəl] *adj* grammati[kali]sch

grand [ɡrænd] I. *adj* ❶ (*splendid*) prächtig, großartig; **to make a** ~ **entrance** einen großen Auftritt haben ❷ (*excellent*) großartig ❸ (*large, far-reaching*) ~ **ambitions/ideas** große Pläne/Ideen; **on a** ~ **scale** in großem Rahmen II. *n* ❶ <*pl* -> (*fam: one thousand dollars*) Mille *f* ❷ <*pl* -s> (*grand piano*) Flügel *m*; **baby/concert** ~ Stutz-/Konzertflügel *m*

grandad ['ɡræn·dæd] *n* (*fam*) see **granddad**

'grandchild *n* Enkelkind *nt*

'granddad *n* (*fam*) ❶ (*grandfather*) Opa *m*, Opi *m* ❷ (*pej: old man*) Opa *m*, Alter *m*

'granddaughter *n* Enkeltochter *f*

grandeur ['ɡræn·dʒər] *n* Größe *f*; of scenery, music Erhabenheit *f*; **delusions of** ~ Größenwahn *m*

'grandfather *n* Großvater *m*

grandiose ['ɡræn·di·oʊs] *adj* grandios

grand 'jury *n* Anklagejury *f*

grandly ['ɡrænd·li] *adv* ❶ (*splendidly*) prachtvoll ❷ (*pej: over-importantly*) prahlerisch

'grandma *n* (*fam*) Oma *f*, Omi *f*

'grandmother *n* Großmutter *f*

'grandpa *n* (*fam*) Opa *m*, Opi *f*

grand pi'ano *n* [Konzert]flügel *m*

'grandson *n* Enkel[sohn] *m*

'grandstand I. *n* [Haupt]tribüne *f* II. *vi* Effekthascherei betreiben

grand 'sum, grand 'total *n* Gesamtsumme *f*

granite ['ɡræn·ɪt] *n* Granit *m*

grannie ['ɡræn·i], **granny** ['ɡræn·i] *n* (*fam*) Oma *f*, Omi *f*

grant [ɡrænt] I. *n* ❶ UNIV Stipendium *nt* ❷ (*from authority*) Zuschuss *m* oft pl; (*subsidy*) Subvention *f* II. *vt* ❶ (*allow*) ■**to** ~ **sb sth** jdm etw gewähren; *favor* jdm etw erweisen; *money* jdm etw bewilligen; *permission, visa* jdm etw erteilen; **to** ~ **sb a request** jds Anliegen *nt* stattgeben ❷ (*admit*) zugeben; ~**ed, ...** zugegeben, ... ▶ PHRASES: **to take sth**

for ~**ed** etw für selbstverständlich halten; (*not appreciate*) etw als [allzu] selbstverständlich betrachten

granular ['ɡræn·jə·lər] *adj* körnig

granulated ['ɡræn·jə·leɪ·tɪd] *adj* granuliert; ~ **sugar** Kristallzucker *m*

granule ['ɡræn·jul] *n* Körnchen *nt*; ■~**s** *pl* Granulat *nt*

grape [ɡreɪp] I. *n* [Wein]traube *f*; **a bunch of** ~**s** eine [ganze] Traube II. *adj* Trauben-

'grapefruit <*pl* - *or* -s> ['ɡreɪp·frut] *n* Grapefruit *f*

'grapevine *n* Weinstock *m* ▶ PHRASES: **I heard [it] on the** ~ **that ...** es ist mir zu Ohren gekommen, dass ...

graph [ɡræf] *n* Diagramm *nt*, Graph *m*; **temperature** ~ Temperaturkurve *f*; ~ **paper** Millimeterpapier *nt*

graphic ['ɡræf·ɪk] *adj* ❶ (*diagrammatic*) grafisch ❷ (*vividly descriptive*) anschaulich; **in** ~ **detail** haarklein ❸ ART Grafik-; ~ **design** Grafikdesign *nt*

graphics ['ɡræf·ɪks] *npl* Grafik *f*; ~ **card** Grafikkarte *f*

graphite ['ɡræf·aɪt] *n* Graphit *m*

grapple ['ɡræp·əl] *vi* ■**to** ~ **with sb** mit jdm ringen; **to** ~ **with a problem** mit einem Problem zu kämpfen haben

grasp [ɡræsp] I. *n* ❶ (*grip*) Griff *m* ❷ (*fig: attainability*) Reichweite *f*; **to be within sb's** ~ zum Greifen nahe sein ❸ (*fig: understanding*) Verständnis *nt*; **to have a good** ~ **of a subject** ein Fach gut beherrschen II. *vt* ❶ (*take firm hold*) [fest] [er]greifen; **to** ~ **sb by the arm/hand** jdn am Arm/an der Hand fassen ❷ (*fig: understand*) begreifen III. *vi* ❶ ■**to** ~ **at sth** nach etw *dat* greifen ❷ (*fig*) **to** ~ **at the opportunity** die Gelegenheit beim Schopfe packen

grasping ['ɡræs·pɪŋ] *adj* (*fig, pej*) habgierig

grass <*pl* -es> [ɡræs] I. *n* ❶ Gras *nt*; (*lawn*) Rasen *m*; **to put cattle out to** ~ [das] Vieh auf die Weide treiben ❷ (*sl: marijuana*) Gras *nt sl* ▶ PHRASES: **the** ~ **is always greener on the other side of the fence** (*prov*) die Kirschen in Nachbars Garten schmecken immer süßer II. *vt* mit Gras bepflanzen

'grasshopper *n* Heuschrecke *f*

'grassland *n* Grasland *nt*

grass'roots *npl* (*ordinary people*) Volk *nt kein pl*; of a party, organization Basis *f kein pl*; ~ **opinion** Volksmeinung *f*

'grass snake *n* Grasnatter *f*

grassy ['ɡræs·i] *adj* grasbewachsen

grate [ɡreɪt] I. *n* Kamin *m* II. *vi* ❶ (*annoy*) noise in den Ohren wehtun; **to** ~ **on sb['s nerves**] jdm auf die Nerven gehen ❷ (*rasp*) kratzen; ■**to** ~ **against one another** gegeneinanderreiben III. *vt* FOOD reiben; *vegetables* raspeln

grateful ['ɡreɪt·fəl] *adj* dankbar

grater ['ɡreɪ·tər] *n* Reibe *f*

gratification [ˌɡræt·ə·fɪ·'keɪ·ʃən] *n* Genugtuung *f;* **sexual** ~ sexuelle Befriedigung

gratify <-ie-> ['græt·ə·faɪ] *vt* ❶ *usu passive* (*please*) ■**to be gratified at** [*or* **by**] **sth** über etw *akk* [hoch] erfreut sein ❷ (*satisfy*) befriedigen

gratifying ['græt·ə·faɪ·ɪŋ] *adj* erfreulich

grating ['greɪ·t̬ɪŋ] **I.** *n* Gitter *nt* **II.** *adj* ❶ (*grinding*) knirschend; (*rasping*) kratzend ❷ (*annoying*) nervtötend

gratitude ['græt·ə·tud] *n* Dankbarkeit *f*

gratuitous [grə·'tu·ɪ·t̬əs] *adj* ❶ (*free*) kostenlos ❷ (*pej: unnecessary*) überflüssig; ~ **bad language** unnötige Kraftausdrücke; (*unjustifiable*) grundlos

gratuity [grə·'tu·ɪ·t̬i] *n* ❶ (*tip*) Trinkgeld *nt* ❷ (*bribe*) **illegal** ~ Bestechungsgeld *nt*

grave [greɪv] **I.** *n* Grab *nt* ▶ PHRASES: **from beyond the** ~ aus dem Jenseits **II.** *adj* ernst; *crisis* schwer; *mistake* gravierend; *news* schlimm; *reservations* schwerwiegend

'gravedigger *n* Totengräber(in) *m(f)*

gravel ['græv·əl] *n* Kies *m;* ~ **road** Schotterstraße *f*

gravelly ['græv·ə·li] *adj* ❶ *soil* kieshaltig ❷ (*fig*) *voice* rau

'gravel pit *n* Kiesgrube *f*

gravely ['greɪv·li] *adv* ernst; ~ **ill** schwer krank; **to be** ~ **mistaken** sich schwer irren

'grave robber *n* Grabräuber(in) *m(f)*

'gravestone *n* Grabstein *m*

'graveyard *n* Friedhof *m*

gravitate ['græv·ɪ·teɪt] *vi* ■**to** ~ **to**[**ward**] **sth/ sb** von etw/jdm angezogen werden

gravitation [ˌgræv·ɪ·'teɪ·ʃən] *n* ❶ (*movement*) ■~ **to**[**ward**] **sth** Bewegung *f* zu etw *dat* hin ❷ (*attracting force*) Schwerkraft *f*

gravity ['græv·ɪ·t̬i] *n* ❶ PHYS Schwerkraft *f* ❷ (*seriousness*) Ernst *m; of speech* Ernsthaftigkeit *f*

gravy ['greɪ·vi] *n* ❶ [Braten]soße *f* ❷ (*fig sl: easy money*) leicht verdientes Geld

'gravy boat *n* Sauciere *f,* Soßenschüssel *f*

'gravy train *n* (*fig*) **to get on the** ~ sich *dat* ein Stück vom Kuchen abschneiden

gray [greɪ] **I.** *n* (*color*) Grau *nt* **II.** *adj* grau *a. fig; face* [asch]grau; *horse* [weiß]grau

'gray matter *n* (*fam*) graue Zellen *pl*

graze¹ [greɪz] **I.** *vi* grasen, weiden **II.** *vt animals* weiden lassen; *meadow* abgrasen

graze² [greɪz] **I.** *n* Schürfwunde *f* **II.** *vt* streifen; **to** ~ **one's knee/elbow** sich *dat* das Knie/den Ellbogen aufschürfen

grease [gris] **I.** *n* ❶ (*fat*) Fett *nt;* ~ **mark** Fettfleck *m* ❷ (*lubricating oil*) Schmierfett *nt* **II.** *vt* [ein]fetten; MECH schmieren ▶ PHRASES: **like** ~**d lightning** wie ein geölter Blitz

'greasepaint *n* THEAT Fettschminke *f*

greasy ['gri·si] *adj hair, skin* fettig; *fingers, objects a.* schmierig; *food* fett; (*slippery*) glitschig

great [greɪt] **I.** *adj* ❶ (*very big*) groß; **a** ~ **deal of time** eine Menge Zeit; **to a** ~ **extent** im Großen und Ganzen ❷ (*famous*) groß;

(*important*) bedeutend; (*outstanding*) überragend ❸ (*inf: wonderful*) großartig, hervorragend, toll; **to feel not all that** ~ sich gar nicht gut fühlen; **we had a** ~ **time at the party** wir haben uns auf der Party großartig amüsiert; ■**to be** ~ **at** [**doing**] **sth** etw sehr gut können **II.** *adv* (*extremely*) sehr; ~ **big/long** riesengroß/-lang **III.** *n* (*person*) Größe *f;* (*in titles*) **Alexander/Catherine the G~** Alexander der Große/Katharina die Große

'great-aunt *n* Großtante *f*

Great 'Britain *n* Großbritannien *nt*

Greater ['greɪt·ər] (*in cities*) ~ **Los Angeles** Großraum *m* Los Angeles

great-'grandchild *n* Urenkel(in) *m(f)*

Great 'Lakes *npl* GEOG ■**the** ~ die Großen Seen

ⓘ Die **Great Lakes** (die Großen Seen), die entlang der Grenze zwischen den Vereinigten Staaten und Kanada liegen, stellen die größte Gruppe an Süßwasserseen auf der Erde und in Form des Sankt-Lorenz-Stroms das größte Süßwassersystem der Erde dar. Die dieses innere Meer bildenden Seen heißen - von Westen nach Osten: Oberer See, Michigansee, Huronsee, Eriesee und Ontariosee. Zwischen dem Eriesee und dem Ontariosee befinden sich die großartigen Niagarafälle, deren eine Seite auf US-Gebiet liegt, während die andere Hälfte zu Kanada gehört.

greatly ['greɪt·li] *adv* sehr; ~ **impressed** tief beeindruckt; **to** ~ **regret** zutiefst bedauern

greatness ['greɪt·nɪs] *n* Bedeutsamkeit *f*

ⓘ Die **Great Plains** (Große Ebenen) waren einst großflächige Steppen, die von Alberta und Saskatchewan im Westen Kanadas bis nach New Mexiko und Texas reichten. Die Bebauung dieser Steppen hat daraus eine der wichtigsten Getreideregionen der Welt gemacht.

great-'uncle *n* Großonkel *m*

Grecian ['gri·ʃən] *adj* griechisch

Greece [gris] *n* Griechenland *nt*

greed [grid], **greediness** ['gri·dɪ·nɪs] *n* Gier *f* (**for** nach +*dat*)

greedy ['gri·di] *adj* gierig; (*for money, things*) habgierig; ■**to be** ~ **for sth** (*fig*) gierig nach etw *dat* sein; ~ **pig** (*pej*) Vielfraß *m*

Greek [grik] **I.** *n* ❶ (*person*) Grieche, -in *m, f* ❷ (*language*) Griechisch *nt;* **ancient** ~ Altgriechisch *nt;* **modern** ~ Neugriechisch *nt* **II.** *adj* griechisch ▶ PHRASES: **it's all** ~ **to me** das sind alles böhmische Dörfer für mich

green [grin] **I.** *n* ❶ (*color*) Grün *nt* ❷ FOOD

G

■ ~s *pl* Blattgemüse *nt kein pl* ❸ (*area of grass*) bowling ~ Rasenfläche zum Bowlen II. *adj* ❶ grün; ~ **with envy** grün vor Neid ❷ (*environmental*) grün, umweltfreundlich, ökologisch; ~ **issues** *pl* Umweltschutzfragen

'greenback *n* (*fam*) Dollar\|schein\| *m,* Dollar\|bank\|note *f*

'green card *n* Aufenthaltserlaubnis *f* mit Arbeitsgenehmigung

greenery ['gri·nə·ri] *n* Grün *nt*

'greengrocer *n* Obst- und Gemüsehändler(in) *m(f)*

'greenhouse *n* Gewächshaus *nt;* ~ **effect** Treibhauseffekt *m*

greenish ['gri·nɪʃ] *adj* grünlich

greenness ['grin·nɪs] *n* Grün\[e\] *nt*

'Green Party *n* + *sing vb* die Grünen *pl*

green 'pepper *n* grüne Paprikaschote

greet [grit] *vt* ❶ (*welcome*) \[be\]grüßen; (*receive*) empfangen; **to ~ each other** \[by shaking hands\] sich \[mit Handschlag\] begrüßen; **a scene of chaos ~ed us** ein chaotischer Anblick bot sich uns dar ❷ (*react*) ■ **to ~ sth with sth** auf etw *akk* mit etw *dat* reagieren

greeting ['gri·ṭɪŋ] *n* Begrüßung *f;* ■ ~s *pl* Grüße *pl;* **birthday ~s** Geburtstagsglückwünsche *pl*

gregarious [grɪ·'ger·i·əs] *adj* gesellig

gremlin ['grem·lɪn] *n* Kobold *m*

grenade [grə·'neɪd] *n* Granate *f*

grew [gru] *pt of* **grow**

grey [greɪ] *adj see* **gray**

'greyhound *n* Windhund *m*

greying, graying ['greɪ·ɪŋ] *adj* ergrauend; ~ **hair** leicht ergrautes Haar

greyish, grayish ['greɪ·ɪʃ] *adj* gräulich

grid [grɪd] *n* ❶ (*grating*) Gitter *nt* ❷ (*pattern*) Gitternetz *nt* ❸ ELEC Netz *nt*

griddle ['grɪd·əl] I. *n* Heizplatte *f* II. *vt* auf einer Heizplatte zubereiten

gridiron ['grɪd·aɪ·ərn] *n* ❶ (*metal grid*) \[Grill\]rost *m* ❷ SPORTS Footballfeld *nt*

gridlock ['grɪd·lak] *n* ❶ (*traffic jam*) Verkehrskollaps *m;* **to cause ~** den \[gesamten\] Verkehr lahmlegen ❷ (*impasse*) Arbeitshemmnis *f*

grief [grif] *n* ❶ (*sadness*) tiefe Trauer, Kummer *m* ❷ (*fam: trouble*) **to cause ~** für Ärger sorgen

grievance ['gri·vəns] *n* ❶ (*complaint*) Beschwerde *f* ❷ (*sense of injustice*) Groll *m kein pl*

grieve [griv] I. *vi* bekümmert sein; ■ **to ~ for sb** um jdn trauern; ■ **to ~ over sth** über etw *akk* betrübt sein II. *vt* ~ **sb** (*distress*) jdm Kummer bereiten; (*make sad*) jdn traurig machen

grievous ['gri·vəs] *adj* schwer; *danger* groß

grill [grɪl] I. *n* (*over charcoal*) \[Grill\]rost *m;* (*restaurant*) Grillrestaurant *nt* II. *vt* ❶ grillen ❷ (*fig fam: interrogate*) ausquetschen

grille [grɪl] *n* Gitter *nt*

grilling ['grɪl·ɪŋ] *n* (*fig fam*) strenges Verhör

grim [grɪm] *adj* ❶ (*forbidding*) grimmig, verbissen ❷ (*very unpleasant*) *apartment, picture* trostlos; *landscape* unwirtlich; *news* entsetzlich; *outlook* düster; *reminder* bitter; *situation* schlimm; **things were looking ~** die Lage sah langsam düster aus

grimace ['grɪm·əs] I. *n* Grimasse *f* II. *vi* **to ~** \[**with pain**\] das Gesicht \[vor Schmerz\] verziehen

grime [graɪm] *n* Schmutz *m*

grimy ['graɪ·mi] *adj* schmutzig

grin [grɪn] I. *n* Grinsen *nt kein pl* II. *vi* grinsen ▶ PHRASES: **to ~ and bear it** gute Miene zum bösen Spiel machen

grind [graɪnd] I. *n* (*fam*) **the daily ~** der tägliche Trott; **to be a real ~** sehr mühsam sein II. *vt* <ground, ground> ❶ (*crush*) mahlen; *meat* fein hacken; **to ~ sth** \[**in**\]**to a powder** etw fein zermahlen; **to ~ one's teeth** mit den Zähnen knirschen ❷ (*sharpen*) schleifen III. *vi* <ground, ground> **to ~ to a halt** *machine* \[quietschend\] zum Stehen kommen; *production* stocken; *negotiations* sich festfahren

◆**grind down** *vt* ❶ (*file*) abschleifen; *mill* zerkleinern ❷ (*mentally wear out*) zermürben; (*oppress*) unterdrücken

◆**grind out** *vt* (*produce continuously*) ununterbrochen produzieren

grinder ['graɪn·dər] *n* ❶ (*mill*) Mühle *f* ❷ (*sharpener*) Schleifmaschine *f* ❸ (*mincer*) Fleischwolf *m*

grindstone ['graɪnd·stoʊn] *n* Schleifstein *m* ▶ PHRASES: **to keep one's nose to the ~** sich \[bei der Arbeit\] ranhalten

gringo ['grɪŋ·goʊ] *n* (*pej*) Gringo *m pej*

grip [grɪp] I. *n* Griff *m kein pl a. fig;* **to be in the ~ of sth** von etw *dat* betroffen sein; **to get to ~s with sth** etw in den Griff bekommen; **to get/keep a ~ on oneself** sich zusammenreißen/sich im Griff haben; **to lose one's ~ on reality** den Bezug zur Realität verlieren II. *vt* <-pp-> ❶ packen ❷ (*fig*) packen; (*interest deeply*) fesseln III. *vi* <-pp-> greifen

gripe [graɪp] (*fam*) I. *n* Nörgelei *f* II. *vi* nörgeln

gripping ['grɪp·ɪŋ] *adj* packend, fesselnd

grisly ['grɪz·li] *adj* grausig

gristle ['grɪs·əl] *n* Knorpel *m*

grit [grɪt] I. *n* ❶ (*small stones*) Splitt *m;* (*for icy roads*) Streusand *m* ❷ (*fig: courage*) Schneid *m* II. *vt* <-tt-> ❶ *roads* streuen ❷ **to ~ one's teeth** die Zähne zusammenbeißen *a. fig*

gritty ['grɪṭ·i] *adj* ❶ (*like grit*) grob\[körnig\] ❷ (*full of grit*) sandig

grizzled ['grɪz·əld] *adj* ergraut

grizzly ['grɪz·li] I. *adj* gräulich II. *n* Grizzlybär *m*

groan [groʊn] I. *n* Stöhnen *nt kein pl* II. *vi* ❶ *person* \[auf\]stöhnen; ■ **to ~ about sth** (*fig*) sich über etw *akk* beklagen ❷ *thing* ächzen

grocer ['groʊ·sər] *n* Lebensmittelhändler(in) *m(f)*

groceries ['groʊ·sə·riz] *npl* Lebensmittel *pl*

groggy ['grag·i] *adj* angeschlagen

groin [grɔɪn] *n* ANAT Leiste *f*; *(euph: genitals)* Weichteile *pl fam*

groom [grum] **I.** *n* ❶ *(bridegroom)* Bräutigam *m* ❷ *(for horses)* Pferdepfleger(in) *m(f)* **II.** *vt* *(clean fur)* das Fell pflegen; *horse* striegeln

groove [gruv] *n* Rille *f*

groovy ['gru·vi] *adj* *(sl)* klasse *fam,* cool *fam*

grope [groʊp] **I.** *n* *(fam)* Befummeln *nt kein pl* **II.** *vi* ■ **to ~ for sth** nach etw *dat* tasten **III.** *vt* ❶ **to ~ one's way** sich *dat* tastend seinen Weg suchen ❷ *(fam)* ■ **to ~ sb** jdn befummeln

gross [groʊs] **I.** *n* <*pl -* or *-es*> *(a group of 144)* Gros *nt;* **by the ~** en gros **II.** *adj* ❶ *(disgusting)* ekelhaft; *(very fat)* fett; *(big and ugly)* abstoßend ❷ FIN Brutto-; **~ national product** Bruttosozialprodukt *nt* ❸ *(extreme)* **~ error** grober Fehler **III.** *vt* FIN brutto einnehmen

grossly ['groʊs·li] *adv* extrem

grotesque [groʊ·'tesk] *adj* grotesk

grotto <*pl -es* or *-s*> ['grat·oʊ] *n* Grotte *f*

grouch [graʊtʃ] **I.** *n* <*pl -es*> ❶ *(person)* Nörgler(in) *m(f)* ❷ *(complaint)* Beschwerde *f* **II.** *vi* [herum]nörgeln (**about** an +*dat*)

grouchy ['graʊ·tʃi] *adj* griesgrämig

ground¹ [graʊnd] **I.** *n* ❶ [Erd]boden *m,* Erde *f;* **above/below ~** über/unter der Erde; MIN über/unter Tage; **to get off the ~** *plane* abheben; *(fig fam)* *project* in Gang kommen; *plan* verwirklicht werden; **to get sth off the ~** *(fig fam)* etw realisieren ❷ *(area of land)* [ein Stück] Land *nt;* **waste ~** brachliegendes Land; **to gain/lose ~** MIL Boden gewinnen/verlieren; *(fig)* an Boden gewinnen/verlieren ❸ ELEC *(earth)* Erdung *f* ❹ *(fig: area of discussion)* **to find common ~** Gemeinsamkeiten entdecken; **to be on familiar/safe ~** sich auf vertrautem/sicherem Boden bewegen; **to go back over the same ~** sich *akk* wiederholen ❺ *pl* ■**~s** *(area around large house)* Gelände *nt,* Anlage *f* ❻ *pl* ■**~s** *(reasons)* Grund *m;* **~s for divorce** Scheidungsgrund *m* ▸ PHRASES: **to break new ~** Neuland betreten; **to fall on stony ~** auf taube Ohren stoßen; **to shift one's ~** seinen Standpunkt ändern; **to work oneself into the ~** sich kaputtmachen **II.** *vt* ❶ **to be ~ed** *pilot* Flugverbot haben; *(fig inf)* Hausarrest haben; NAUT auflaufen ❷ *(be based)* ■ **to be ~ed upon sth** auf etw *dat* basieren; ■ **to be ~ed in sth** *(have its origin)* von etw *dat* herrühren; **to be [well] ~ed** [wohl]begründet sein ❸ ELEC erden

ground² [graʊnd] **I.** *vt pt of* **grind II.** *adj* gemahlen **III.** *n* ■**~s** *pl* [Boden]satz *m kein pl*

groundbreaking *adj* bahnbrechend

ground control *n* AVIAT Bodenkontrolle *f*

ground crew *n* AVIAT Bodenpersonal *nt kein pl*

ground 'floor *n* Erdgeschoss *nt,* Parterre *nt* ▸ PHRASES: **to get in on the ~** [of sth] von Anfang an [bei etw *dat*] dabei sein

ground frost *n* Bodenfrost *m*

groundhog ['graʊnd·hag] *n* Waldmurmeltier *nt*

'Groundhog Day *n* Murmeltiertag *m*

> **i** In den Vereinigten Staaten wird der 2. Februar **Groundhog Day** genannt. An diesem Tag kann man anhand des Verhaltens des aus seinem Bau kommenden *groundhog* (Murmeltier) vorhersagen, ob der Frühling verfrüht oder verspätet eintreffen wird. Sieht es seinen Schatten, erschrickt das Murmeltier und kehrt in den Bau zurück, was bedeutet, dass der Winter noch weitere sechs Wochen dauern wird. Ist der Himmel jedoch bedeckt, sodass es seinen Schatten nicht erkennen kann, bleibt es im Freien, weil der Frühling vor der Tür steht.

grounding ['graʊnd·ɪŋ] *n* Grundlagen *pl*

groundless ['graʊnd·lɪs] *adj* grundlos

'ground rules *npl* Grundregeln *pl*

'groundskeeper *n* Platzwart *m;* ■**~s** *pl* Wartungspersonal *nt*

'ground staff *n* AVIAT Bodenpersonal *nt*

'groundswell *n* *(fig)* Anschwellen *nt*

'groundwater *n* Grundwasser *nt*

'groundwork *n* Vorarbeit *f*

group [grup] **I.** *n* ❶ Gruppe *f;* **~s of four or five** Vierer- oder Fünfergruppen *pl* ❷ ECON Konzern *m* **II.** *adj* Gruppen- **III.** *vt* gruppieren; *(classify)* ordnen; *(divide up)* einteilen **IV.** *vi* sich gruppieren; **to ~ together** sich zusammentun

groupie ['gru·pi] *n* *(fam)* Groupie *nt*

grouping ['gru·pɪŋ] *n* Gruppierung *f*

group 'practice *n* Gemeinschaftspraxis *f*

group 'therapy *n* Gruppentherapie *f*

grouse¹ <*pl ->* [graʊs] *n* Raufußhuhn *nt;* **black ~** Birkhuhn *nt*

grouse² [graʊs] *(fam)* **I.** *n* Meckerei *f* **II.** *vi* meckern

grove [groʊv] *n* Wäldchen *nt;* **olive ~** Olivenhain *m*

grovel <*-l-* or *-ll-*> ['grav·əl] *vi* ❶ *(behave obsequiously)* ■ **to ~ [before sb]** [vor jdm] zu Kreuze kriechen, katzbuckeln ❷ *(crawl)* kriechen

grow <grew, grown> [groʊ] **I.** *vi* wachsen; **to ~ taller/wiser** größer/weiser werden; *popularity, sales* zunehmen; **soccer's popularity continues to ~** Fußball wird immer populärer; **to ~ to like sth** langsam beginnen, etw zu mögen **II.** *vt* ❶ *(cultivate)* anbauen; *flowers* züchten; **to ~ sth from seed** etw aus Samen ziehen ❷ *(let grow)* *hair* wachsen lassen; **furry animals ~ a thicker coat in winter** Pelztiere bekommen im Winter ein dichteres Fell

◆**grow apart** *vi* **to ~ apart from sb** sich jdm [allmählich] entfremden

◆**grow into** *vi* hineinwachsen in +*akk*

◆**grow out of** *vi* ■ **to ~ out of sth** aus etw *dat* herauswachsen; **to ~ out of a habit** eine An-

G

gewohnheit ablegen

♦**grow up** vi (*become adult*) erwachsen werden; **when I ~ up I'm going to ...** wenn ich erwachsen bin, werde ich ...

grower ['groʊ·ər] n ❶ (*plant*) **a slow ~** eine langsam wachsende Pflanze ❷ AGR **coffee ~** Kaffeepflanzer(in) *m(f);* **fruit ~** Obstbauer, -bäuerin *m, f*

growing ['groʊ·ɪŋ] I. n Anbau *m* II. adj ❶ *boy, girl* im Wachstumsalter; **~ pains** Wachstumsschmerzen *pl;* (*fig*) Anfangsschwierigkeiten *pl* ❷ (*increasing*) zunehmend

growl [graʊl] I. n *of animal* Knurren *nt kein pl; of machine* Brummen *nt kein pl* II. vi knurren; ■**to ~ at sb** jdn anknurren

grown [groʊn] I. adj erwachsen; **fully ~** ausgewachsen II. *pp of* **grow**

grownup ['groʊn·ʌp] n (*fam*) Erwachsene(r) *f(m)*

grown-up ['groʊn·ʌp] adj (*fam*) erwachsen

growth [groʊθ] n ❶ Wachstum *nt; ~* **industry** Wachstumsindustrie *f* ❷ MED Geschwulst *f*

grub [grʌb] I. n ❶ (*larva*) Larve *f* ❷ (*fam: food*) Fressalien *pl fam* II. vi <-bb-> **to ~ around** [**for sth**] [nach etw *dat*] wühlen

grubby ['grʌb·i] adj (*fam*) schmudd[e]lig; *hands* schmutzig; (*fig*) schäbig

grudge [grʌdʒ] I. n Groll *m kein pl;* **to have** [*or* **hold**] **a ~ against sb** einen Groll gegen jdn hegen II. vt ■**to ~ sb sth** jdm etw missgönnen

grudging ['grʌdʒ·ɪŋ] adj widerwillig

grudgingly ['grʌdʒ·ɪŋ·li] adv widerwillig

gruel ['gru·əl] n Haferschleim *m*

grueling ['gru·lɪŋ] adj *time* aufreibend, zermürbend; *journey* strapaziös

gruesome ['gru·səm] adj grausig, schauerlich

gruff [grʌf] adj barsch

grumble ['grʌm·bəl] I. n Gemurre *nt kein pl* II. vi murren; ■**to ~ about sth/sb** über etw/ jdn schimpfen

grumpy ['grʌm·pi] adj (*fam*) mürrisch, brummig, grantig

grunt [grʌnt] I. n ❶ (*sound*) Grunzen *nt kein pl* ❷ MIL gemeiner Soldat/gemeine Soldatin II. vi grunzen

G-string ['dʒi·strɪŋ] n ❶ (*clothing*) String-Tanga *m* ❷ MUS G-Saite *f*

guarantee [ˌger·ən·'ti] I. n Garantie *f;* **to give sb one's ~** jdm etw garantieren; **money-back ~** Rückerstattungsgarantie *f;* **two-year ~** Garantie *f* auf 2 Jahre II. vt garantieren; ■**to ~ sb sth** jdm etw zusichern; ■**to ~ that ...** gewährleisten, dass ...

guarantor [ˌger·ən·'tɔr] n Garant(in) *m(f);* LAW Bürge, -in *m, f*

guard [gard] I. n ❶ (*person*) Wache *f;* (*sentry*) Wach[t]posten *m;* **prison ~** Gefängniswärter(in) *m(f);* **security ~** Sicherheitsbeamte(r) *f(m),* -beamtin *f;* **to be on ~** Wache halten ❷ (*group of guards*) Garde *f; ~* **of honor** Ehrengarde *f* ❸ (*defensive stance*) Deckung *f;* **to be on one's ~** [**against sth/sb**] (*fig*) [vor etw/jdm] auf der Hut sein; **to be**

caught off [**one's**] **~** [von einem Schlag] unvorbereitet getroffen werden; (*fig*) auf etw *akk* nicht vorbereitet sein ❹ (*protective device*) Schutz *m* II. vt (*keep watch*) bewachen; **heavily ~ed** scharf bewacht; (*protect*) [be]schützen (**against** vor +*dat*) III. vi ■**to ~ against sth** sich vor etw *dat* schützen

'**guard dog** n Wachhund *m*

'**guard duty** n Wachdienst *m;* **to be on ~ duty** Wachdienst haben

guarded ['gar·dɪd] adj (*reserved*) zurückhaltend; (*cautious*) vorsichtig

'**guardhouse** n Wache *f*

guardian ['gar·di·ən] n ❶ LAW Vormund *m* ❷ (*form: protector*) Hüter(in) *m(f)*

guardian 'angel n Schutzengel *m a. fig*

guardianship ['gar·di·ən·ʃɪp] n LAW Vormundschaft *f*

'**guard rail** n [Schutz]geländer *nt*

'**guardroom** n Wachstube *f*

'**guardsman** n (*member of National Guard*) Gardesoldat *m*

gubernatorial [ˌgu·bər·nə·'tɔr·i·əl] adj inv Gouverneurs-

gue(r)rilla [gə·'rɪl·ə] n Guerillakämpfer(in) *m(f); ~* **warfare** Guerillakrieg *m*

guess [ges] I. n <pl -es> Vermutung *f;* (*estimate*) Schätzung *f;* **I'll give you three ~es** dreimal darfst du raten; **lucky ~** Glückstreffer *m;* **to take a ~** raten; **at a ~** grob geschätzt; **my ~ is that ...** ich vermute, dass ... ▶ PHRASES: **it's anyone's ~** weiß der Himmel II. vi ❶ (*conjecture*) [er]raten; **to keep sb ~ing** jdn auf die Folter spannen; ■**to ~ at sth** etw raten; (*estimate*) etw schätzen ❷ (*suppose*) denken; (*suspect*) annehmen; **I ~ you're right** du wirst wohl recht haben III. vt raten; **~ where** I'm calling from rate mal, woher ich anrufe; **~ what?** stell dir vor!; **to keep sb ~ing** jdn im Ungewissen lassen

guessing game ['ges·ɪŋ·ˌgeɪm] n Ratespiel *nt a. fig*

guesstimate ['ges·tɪ·mət] n (*fam*) grobe Schätzung

guesswork ['ges·wɜrk] n Spekulation *f oft pl*

guest [gest] I. n Gast *m* ▶ PHRASES: **be my ~** nur zu! II. vi als Gaststar auftreten; **to ~ on an album** als Gaststar an einem Album mitwirken

'**guesthouse** n Gästehaus *nt,* Pension *f*

'**guestroom** n Gästezimmer *nt*

guidance ['gaɪ·dəns] n ❶ (*advice*) Beratung *f;* (*direction*) [An]leitung *f* ❷ (*steering system*) Steuerung *f; ~* **system** (*of rocket*) Lenksystem *nt;* (*of missile*) Leitstrahlsystem *nt*

guide [gaɪd] I. n ❶ (*person*) Führer(in) *m(f); a.* TOURIST Fremdenführer(in) *m(f);* **tour ~** Reiseführer(in) *m(f)* ❷ (*book*) Reiseführer *m* ❸ (*indication*) Anhaltspunkt *m* II. vt ❶ (*show*) ■**to ~ sb** jdn führen *a. fig;* (*show the way*) jdm den Weg zeigen ❷ (*instruct*) anleiten ❸ (*steer*) führen; **the plane was ~d in to land** das Flugzeug wurde zur Landung eingewiesen '**guidebook** *n* Reiseführer *m*

guided ['gaɪ·dɪd] *adj* ❶ (*led by a guide*) geführt; ~ **tour** Führung *f* ❷ (*automatically steered*) [fern]gelenkt; ~ **missile** Lenkflugkörper *m*

'**guide dog** *n* Blindenhund *m*

'**guideline** *n usu pl* Richtlinie *f*

guiding hand ['gaɪ·dɪŋ·'hænd] *n* (*fig*) leitende Hand

guiding 'principle *n* Richtschnur *f*

guild [gɪld] *n of merchants* Gilde *f; of craftsmen* Innung *f*, Zunft *f*

guile [gaɪl] *n* Arglist *f*

guillotine ['gɪl·ə·tin] *n* HIST Guillotine *f*, Fallbeil *nt*

guilt [gɪlt] *n* Schuld *f;* **feelings of** ~ Schuldgefühle *pl*

guiltless ['gɪlt·lɪs] *adj* schuldlos

'**guilt-ridden** *adj* von Schuldgefühlen geplagt

guilty ['gɪl·ti] *adj* schuldig; ~ **conscience** schlechtes Gewissen; **to feel** ~ **about sth** ein schlechtes Gewissen wegen einer S. *gen* haben; **he is** ~ **of theft** er hat sich des Diebstahls schuldig gemacht; **to prove sb** ~ jds Schuld *f* beweisen

'**guinea pig** *n* Meerschweinchen *nt;* (*fig*) Versuchskaninchen *nt*

guise [gaɪz] *n* ❶ (*appearance*) Gestalt *f;* **in the** ~ **of a monk** als Mönch verkleidet ❷ (*pretense*) Vorwand *m; under the* ~ *of friendship* unter dem Deckmantel der Freundschaft

guitar [gɪ·'tar] *n* Gitarre *f*

guitarist [gɪ·'tar·ɪst] *n* Gitarrist(in) *m(f)*

gulch [gʌltʃ] *n* Schlucht *f*

gulf [gʌlf] *n* ❶ GEOG Golf *m;* **the G~ of Mexico** der Golf von Mexiko; **the G~ states** die Golfstaaten *pl;* ■**the Persian G~** der Persische Golf; **the G~ stream** der Golfstrom ❷ (*huge difference*) [tiefe] Kluft

gull [gʌl] *n* Möwe *f*

gullet ['gʌl·ɪt] *n* ANAT Speiseröhre *f*

gullible ['gʌl·ə·bəl] *adj* leichtgläubig

gully ['gʌl·i] *n* [enge] Schlucht *f;* (*channel*) Rinne *f*

gulp [gʌlp] **I.** *n* [großer] Schluck; **to get a** ~ **of air** Luft holen **II.** *vt* [hinunter]schlucken; *liquid* hinunterstürzen **III.** *vi* ❶ (*with emotion*) schlucken ❷ (*breathe*) **to** ~ **for air** nach Luft schnappen

gum[1] [gʌm] **I.** *n* ❶ (*sticky substance*) Gummi *nt;* (*on stamps etc.*) Gummierung *f;* (*glue*) Klebstoff *m* ❷ (*candy*) Kaugummi *m o nt* **II.** *vt* <-mm-> kleben; ■**to** ~ **down** zukleben

gum[2] [gʌm] *n* ANAT ■~ [s] Zahnfleisch *nt kein pl*

gumbo ['gʌm·boʊ] *n* (*okra*) Okraschote *f*

gummy[1] ['gʌm·i] *adj* (*sticky*) klebrig

gummy[2] ['gʌm·i] *adj* (*without teeth*) zahnlos

gumption ['gʌmp·ʃən] *n* (*fam*) Grips *m*

gun [gʌn] **I.** *n* ❶ (*weapon*) [Schuss]waffe *f;* (*cannon*) Geschütz *nt;* (*pistol*) Pistole *f;* (*revolver*) Revolver *m;* (*rifle*) Gewehr *nt;* **big** ~ Kanone *f;* (*fig*) hohes Tier ❷ SPORTS Startpistole *f;* **to jump the** ~ einen Frühstart verursachen; (*fig*) voreilig handeln ❸ MECH Pistole *f* ▶ PHRASES: **to stick to one's** ~**s** auf seinem Standpunkt beharren **II.** *vt* <-nn-> (*fam*) *engine* hochjagen

◆ **gun down** *vt* niederschießen

'**gun barrel** *n of a rifle* Gewehrlauf *m; of a pistol* Pistolenlauf *m*

'**gunfight** *n* Schießerei *f*

'**gunfire** *n* Schießerei *f*

'**gun license** *n* Waffenschein *m*

'**gunman** *n* Bewaffnete(r) *m*

gunner ['gʌn·ər] *n* Artillerist *m*

'**gunpoint** *n* **at** ~ mit vorgehaltener Waffe

'**gunpowder** *n* Schießpulver *nt*

'**gunrunner** *n* Waffenschmuggler(in) *m(f)*

'**gunrunning** *n* Waffenschmuggel *m*

'**gunshot** *n* (*shot*) Schuss *m;* ~ **wound** Schusswunde *f*

gunslinger ['gʌn·ˌslɪŋ·ər] *n* (*hist*) Pistolenheld(in) *m(f)*

gurgle ['gɜr·gəl] **I.** *n* Glucksen *nt; of water* Gluckern *nt* **II.** *vi baby* glucksen; *water* gluckern

gush [gʌʃ] **I.** *n* Schwall *m;* (*fig*) Erguss *m* **II.** *vi* ❶ (*flow out*) [hervor]strömen; (*at high speed*) [hervor]schießen ❷ (*praise*) [übertrieben] schwärmen; ■**to** ~ **over sth** über etw *akk* ins Schwärmen geraten

gusher ['gʌʃ·ər] *n* [natürlich sprudelnde] Ölquelle *f*

gushing ['gʌʃ·ɪŋ] *adj* schwärmerisch

gust [gʌst] **I.** *n* [Wind]stoß *m*, Bö[e] *f* **II.** *vi* böig wehen

gusto ['gʌs·toʊ] *n* ■**with** ~ mit Begeisterung

gusty ['gʌs·ti] *adj* böig

gut [gʌt] *n* ❶ (*fam: abdomen*) Bauch *m; beer* ~ Bierbauch *m* ❷ (*fam: courage*) ■~**s** *pl* Mumm *m kein pl* ❸ (*intestine*) Darm[kanal] *m* ❹ (*for instruments, rackets*) Darmsaite *f* ▶ PHRASES: **to bust a** ~ sich abrackern **II.** *vt* <-tt-> ❶ *animal* ausnehmen ❷ (*destroy by fire*) ■**to be** ~**ed** [völlig] ausbrennen **III.** *adj* (*fam*) *feeling* instinktiv; *reaction* gefühlsmäßig, spontan

gutsy ['gʌt·si] *adj* mutig

gutter ['gʌt·ər] *n of road* Rinnstein *m;* (*of roof*) Dachrinne *f;* (*fig*) Gosse *f*

guttural ['gʌt·ər·əl] *adj* kehlig, LING guttural

guy [gaɪ] *n* ❶ (*fam: man*) Kerl *m*, Typ *m* ❷ *pl* (*fam: people*) **are you** ~**s coming to lunch?** kommt ihr [mit] zum Essen? ❸ (*rope*) ~ [**rope**] Spannseil *nt;* (*for tent*) Zeltschnur *f*

guzzle ['gʌz·əl] *vt* (*fam: drink*) in sich *akk* hineinkippen

gym [dʒɪm] *n* ❶ *short for* **gymnasium** Turnhalle *f* ❷ *short for* **P.E.**

gymnasium <*pl* -s *or* -sia> [dʒɪm·'neɪ·zi·əm, *pl* -zi·ə] *n* Turnhalle *f*

gymnast ['dʒɪm·næst] *n* Turner(in) *m(f)*

gymnastic [dʒɪm·'næs·tɪk] *adj* turnerisch, Turn-

gymnastics [dʒɪm·'næs·tɪks] *npl* Turnen *nt*

kein pl; **mental ~** (*fig*) Gehirnakrobatik *f*

'**gym shoes** *npl* Turnschuhe *pl*

gynecological [ˌgaɪ·nə·kə·'ladʒ·ɪ·kəl] *adj* gynäkologisch

gynecologist [ˌgaɪ·nə·'kal·ə·dʒɪst] *n* Gynäkologe, -in *m, f,* Frauenarzt, Frauenärztin *m, f*

gynecology [ˌgaɪ·nə·'kal·ə·dʒi] *n* Gynäkologie *f*

Gypsy ['dʒɪp·si] *n* Zigeuner(in) *m(f)*

gyrate ['dʒaɪ·reɪt] *vi* sich drehen; (*fig: dance*) [aufreizend] tanzen

gyration [ˌdʒaɪ·'reɪ·ʃən] *n* Drehung *f*

gyroscope ['dʒaɪ·rə·skoʊp] *n* NAUT, AVIAT Gyroskop *nt*

H

H <*pl* -'s *or* -s>, **h** <*pl* -'s> [eɪtʃ] *n* H *nt,* h *nt;* **~ as in Hotel** H wie Heinrich

habit ['hæb·ɪt] *n* ❶ (*repeated action*) Gewohnheit *f;* **a bad ~** eine schlechte [An]gewohnheit; **to get into/out of the ~ of** [**doing**] **sth** sich *dat* etw angewöhnen/abgewöhnen ❷ (*fam: drug addiction*) **to have a heroin ~** heroinsüchtig sein ❸ (*nun's clothing*) Habit *m o nt*

habitable ['hæb·ɪ·t̬ə·bəl] *adj* bewohnbar

habitat ['hæb·ɪ·tæt] *n* Lebensraum *m*

habitation [ˌhæb·ɪ·'teɪ·ʃən] *n* [Be]wohnen *nt;* **unfit for human ~** menschenunwürdig

habitual [hə·'bɪtʃ·u·əl] *adj* ❶ (*constant*) ständig ❷ (*usual*) gewohnt

hack¹ [hæk] **I.** *vt* ❶ (*chop*) hacken; **to ~ sb/sth to pieces** jdn/etw zerstückeln ❷ COMPUT ■**to ~ sth in** etw *akk* eindringen ❸ (*sl: cope with*) aushalten; **he can't ~ it** er bringt's einfach nicht **II.** *vi* ❶ (*chop*) ■**to ~** [**away**] **at sth** auf etw *akk* einhacken ❷ COMPUT ■**to ~ into sth** in etw *akk* eindringen

hack² [hæk] *n* ❶ (*pej fam: writer*) Schreiberling *m* ❷ (*fam: taxi*) Taxi *nt;* (*taxi driver*) Taxifahrer(in) *m(f)*

hacker ['hæk·ər] *n* COMPUT Hacker(in) *m(f)*

hackles ['hæk·əlz] *npl* (*aufstellbare*) Nackenhaare ▶ PHRASES: **to raise sb's ~** jdn auf die Palme bringen *fam*

hackneyed ['hæk·nɪd] *adj* (*pej*) abgedroschen *fam*

'**hacksaw** *n* Bügelsäge *f*

had [hæd, *unstressed:* həd] **I.** *vt* ❶ *pt, pp of* **have** ❷ (*fam*) **to have ~ it** (*want to stop*) genug haben; (*to be broken*) kaputt sein **II.** *adj* (*fam*) ■**to be ~** [he]reingelegt werden

haddock <*pl* -> ['hæd·ək] *n* Schellfisch *m*

hadn't ['hæd·ənt] = **had not** *see* **have**

hag [hæg] *n* (*pej: witch*) Hexe *f;* (*old woman*) hässliches altes Weib

haggard ['hæg·ərd] *adj* ausgezehrt, verhärmt

haggle ['hæg·əl] *vi* ❶ (*bargain*) ■**to ~** [**over**

sth] [um etw *akk*] feilschen ❷ (*argue*) ■**to ~ over sth** [sich] über etw *akk* streiten

Hague [heɪg] *n* GEOG ■**The ~** Den Haag *kein art*

hail¹ [heɪl] **I.** *n* Hagel *m* **II.** *vi* hageln

hail² [heɪl] *vt* ❶ (*form: call*) zurufen; *taxi* rufen ❷ (*acclaim*) zujubeln; ■**to ~ sb/sth as sth** jdn/etw als etw bejubeln

'**hailstone** *n* Hagelkorn *nt*

hair [her] *n* ❶ (*single strand*) Haar *nt;* **to lose by a ~** (*fig*) ganz knapp verlieren ❷ (*on head*) Haar *nt,* Haare *pl;* (*on body*) Behaarung *f* ▶ PHRASES: **to let one's ~ down** sich gehen lassen

'**hairbrush** *n* Haarbürste *f*

'**hair care** *n* Haarpflege *f*

'**hair conditioner** *n* Pflegespülung *f*

'**haircut** *n* Haarschnitt *m,* Frisur *f;* **to get** [*or* **have**] **a ~** sich *dat* die Haare schneiden lassen

'**hairdo** *n* [kunstvolle] Frisur

'**hairdresser** *n* Friseur *m,* Friseuse *f*

'**hairdressing** *n* ❶ (*profession*) Friseurberuf *m* ❷ (*action*) Frisieren *nt*

'**hair drier,** '**hair dryer** *n* Föhn *m;* (*with hood*) Trockenhaube *f*

hairless ['her·lɪs] *adj* unbehaart; *person* glatzköpfig

'**hairline** *n* Haaransatz *m*

hairline '**crack** *n* Haarriss *m*

'**hairnet** *n* Haarnetz *nt*

'**hairpiece** *n* Haarteil *m*

'**hairpin** *n* Haarnadel *f*

hairpin '**turn** *n* Haarnadelkurve *f*

'**hair-raising** *adj* (*fam*) haarsträubend

'**hair remover** *n* Enthaarungsmittel *nt*

'**hair restorer** *n* Haarwuchsmittel *nt*

'**hairsplitting** (*pej*) **I.** *n* Haarspalterei *f* **II.** *adj* haarspalterisch

'**hairspray** *n* Haarspray *nt*

'**hairstyle** *n* Frisur *f*

'**hairstylist** *n* Friseur *m,* Friseuse *f*

hairy ['her·i] *adj* ❶ (*having much hair*) haarig ❷ (*fig fam: dangerous*) haarig; *situation* brenzlig

hale [heɪl] *adj* **~ and hearty** gesund und munter

half [hæf] **I.** *n* <*pl* **halves**> ❶ (*fifty percent*) Hälfte *f;* **~ the amount** der halbe Betrag; **~ an apple** ein halber Apfel; **three and a ~ pounds** eineinhalb [*o* DIAL anderthalb] Kilo; **to cut sth in ~** [*or* **into halves**] etw halbieren; **to fold in ~** zur Mitte falten ❷ SPORTS (*period*) Spielhälfte *f,* Halbzeit *f;* (*halfback*) Läufer(in) *m(f)* ▶ PHRASES: **given ~ a chance** wenn man die Möglichkeit hätte; **to go halves** [**on sth**] (*fam*) sich *dat* die Kosten [für etw *akk*] teilen **II.** *adj* halbe(r, s); **~ a percent** ein halbes Prozent **III.** *adv* ❶ (*almost*) fast ❷ (*partially*) halb; **it wasn't ~ as good** das war bei weitem nicht so gut; **~ asleep** halb wach ❸ (*time*) [**at**] **~ past nine** [um] halb zehn

'**halfback** *n* SPORTS Läufer(in) *m(f);* (*in rugby*) Halbspieler(in) *m(f)*

half-'baked *adj* (*fig fam*) unausgereift

'half-breed *n* (*offensive: person*) Mischling *m*

'half brother *n* Halbbruder *m*

'half dozen, half a 'dozen *n* ein halbes Dutzend

half-'empty *adj* halb leer

half-'full *adj* halb voll

half-'hearted *adj* halbherzig

half-'mast *n* ■ at ~ auf halbmast

half 'moon *n* Halbmond *m*

'half note *n* MUS halbe Note

half-'price *adj, adv* zum halben Preis

'half rest *n* MUS halbe Pause

'half sister *n* Halbschwester *f*

half-'timbered *adj* Fachwerk-

'halftime SPORTS **I.** *n* Halbzeit *f;* (*break*) Halbzeitpause *f* **II.** *adj* Halbzeit-

half'way I. *adj* halb; **at the ~ point of the race** nach der Hälfte des Rennens **II.** *adv* in der Mitte; **Philadelphia is ~ between Washington, D.C. and New York** Philadelphia liegt auf halber Strecke zwischen Washington, D.C. und New York; **~ through dinner** mitten beim Abendessen; **to meet sb ~** (*fig*) jdm [auf halbem Weg] entgegenkommen; **~ up** auf halber Höhe; **we went ~ up the mountain** wir bestiegen den Berg zur Hälfte

'half-wit *n* (*pej*) Dummkopf *m*

half-'yearly *adj, adv* halbjährlich

hall [hɔl] *n* ❶ (*room leading to other rooms*) Korridor *m*, Diele *f*, Flur *m* ❷ (*large building*) Halle *f;* (*public room*) Saal *m;* **assembly ~** Aula *f;* **city ~** Rathaus *nt* ❸ (*large country house*) Herrenhaus *nt*

hallmark ['hɔl·mark] *n* Kennzeichen *nt*

hallowed ['hæl·oʊd] *adj* [als heilig] verehrt; *ground* geweiht; *traditions* geheiligt

Halloween [ˌhæl·ə·'win] *n* Halloween *nt*

ⓘ **Halloween** ist am 31. Oktober, dem Tag vor *All Saints' Day* oder *All Hallows* (Allerheiligen) und wird seit alters her mit Geistern und Hexen in Verbindung gebracht. In den USA verkleiden sich Kinder an diesem Abend und gehen mit einem Sack in der Hand von Tür zu Tür. Wenn die Bewohner ihre Haustür aufmachen, rufen sie *Trick or treat!*: Man soll ihnen einen *treat* (Süßigkeit) geben oder man bekommt einen *trick* (Streich) gespielt.

---

hallucinate [hə·'lu·sɪ·neɪt] *vi* halluzinieren

hallucination [hə·ˌlu·sɪ·'neɪ·ʃən] *n* Halluzination *f*

hallucinogenic [hə·ˌlu·sɪ·noʊ·'dʒen·ɪk] *adj* halluzinogen

'hallway *n* Korridor *m*, Diele *f*, Flur *m*

halo <*pl* -s *or* -es> ['heɪ·loʊ] *n* ❶ REL Heiligenschein *m* ❷ (*circle*) Ring *m;* **~ of light** Lichtkranz *m*

halogen 'bulb *n* Halogenglühbirne *f*

halt [hɔlt] **I.** *n* ❶ (*stoppage*) Stillstand *m;* **to grind to a ~** (*fig*) zum Erliegen kommen ❷ (*break*) Pause *f;* MIL Halt *m* **II.** *vt* zum Stillstand bringen; *fight* beenden **III.** *vi* ❶ (*stop*) zum Stillstand kommen ❷ (*break*) eine Pause machen; MIL Halt machen

halter ['hɔl·tər] *n* ❶ (*for animals*) Halfter *nt* ❷ FASHION *see* **halter-top**

'halter-top FASHION **I.** *n* rückenfreies Oberteil (*mit Nackenverschluss*) **II.** *adj* rückenfrei

halting ['hɔl·tɪŋ] *adj* zögernd; *speech* stockend

halve [hæv] **I.** *vt* ❶ (*cut in two*) halbieren ❷ (*lessen by 50 percent*) um die Hälfte reduzieren **II.** *vi* sich halbieren

ham [hæm] **I.** *n* ❶ FOOD Schinken *m* ❷ THEAT (*pej*) Schmierenkomödiant(in) *m(f)* ❸ (*fam*) **radio ~** Amateurfunker(in) *m(f)* **II.** *adj* ❶ (*made with ham*) Schinken- ❷ (*incompetently acting*) Schmieren-; **~ actor** Schmierenkomödiant(in) *m(f)* **III.** *vt* THEAT, FILM **to ~ it up** übertrieben agieren

hamburger ['hæm·bɜr·gər] *n* FOOD ❶ (*cooked*) Hamburger *m* ❷ (*raw*) Hackfleisch *nt*

ham-'fisted, ham-'handed *adj* (*pej*) ungeschickt

hamlet ['hæm·lət] *n* Weiler *m*

hammer ['hæm·ər] **I.** *n* ❶ (*tool*) Hammer *m* ❷ SPORTS [Wurf]hammer *m;* [throwing] **the ~** das Hammerwerfen **II.** *vt* ❶ (*hit*) *nail* einschlagen; *ball* [kräftig] schlagen; **to ~ sth into sb** (*fig*) jdm etw einhämmern ❷ (*fam: defeat*) **New England ~ed Pittsburgh 35-3** New England war Pittsburgh mit 35:3 haushoch überlegen ❸ (*criticize*) *film* niedermachen ▸ PHRASES: **to ~ sth home** etw *dat* Nachdruck verleihen **III.** *vi* hämmern *a. fig;* ■ **to ~ at** [*or* **on**] **sth** gegen etw *akk* hämmern

◆ **hammer in** *vt* ❶ (*hit*) *nail* einschlagen; (*fig*) *ball* hämmern ❷ (*fig*) ■ **to ~ sth into sb** *fact* jdm etw einbläuen

◆ **hammer out** *vt* ❶ *dent* ausbeulen ❷ *settlement* aushandeln; *difficulties* bereinigen; *plan, details* ausarbeiten

hammock ['hæm·ək] *n* Hängematte *f*

hamper[1] ['hæm·pər] *n* [Deckel]korb *m;* (*for food*) Präsentkorb *m;* (*for dirty laundry*) Wäschekorb *m*

hamper[2] ['hæm·pər] *vt* behindern

hamster ['hæm·stər] *n* Hamster *m*

hamstring ['hæm·strɪŋ] **I.** *n* ANAT Kniesehne *f* **II.** *vt* <-strung, -strung> *usu passive* (*fig*) **to be hamstrung** lahmgelegt sein

hand [hænd] **I.** *n* ❶ ANAT Hand *f;* **get your ~s off!** Hände weg!; **~s up!** Hände hoch!; **to be good with one's ~s** geschickte Hände haben; **to get one's ~s dirty** (*a. fig*) sich *dat* die Hände schmutzig machen; **by ~** (*manually*) von Hand; (*by messenger*) durch einen Boten; **on** [one's] **~s and knees** auf allen vieren ❷ (*control*) **to be in good/safe ~s** in guten/sicheren Händen sein; **to fall into the wrong ~s** in die falschen Hände geraten; **to turn**

one's ~ to sth sich an etw *akk* machen; ■ **at ~** (*current, needing attention*) vorliegend; (*close*) in Reichweite; **to get out of ~** *situation* außer Kontrolle geraten; *children* nicht mehr zu bändigen sein ❸ (*assistance*) **to give** [*or* **lend**] **sb a ~** jdm helfen ❹ (*manual worker*) Arbeiter(in) *m(f)*; (*sailor*) Matrose *m* ❺ (*on clock, watch*) Zeiger *m* ❻ (*applause*) **to give sb a big ~** jdm einen großen Applaus spenden ▶ PHRASES: **to live from ~ to mouth** von der Hand in den Mund leben; **to only have one pair of ~ s** auch nur zwei Hände haben; **to keep a firm ~ on sth** etw fest im Griff behalten; **on the one ~ ... on the other** [~] ... einerseits ... andererseits; **to get one's ~ s on sb** jdn zu fassen kriegen; **to win ~ s down** spielend gewinnen II. *vt* ■ **to ~ sb sth** jdm etw [über]geben ▶ PHRASES: **you've got to ~ it to sb** man muss es jdm lassen
◆**hand back** *vt* zurückgeben
◆**hand down** *vt* ❶ (*pass on*) weitergeben; *tradition* überliefern ❷ (*pronounce*) *decision, verdict* fällen
◆**hand in** *vt* einreichen; *homework* abgeben; *weapon* aushändigen
◆**hand on** *vt* ■ **to ~ sth** ○ **on** [**to sb**] etw [an jdn] weitergeben; (*through family*) [jdm] etw vererben
◆**hand out** *vt* (*distribute*) *papers, test* austeilen (**to** an +*akk*); *homework, advice* geben (**to** +*dat*)
◆**hand over** *vt* ❶ (*pass*) herüberreichen; (*away from one*) hinüberreichen; (*present, transfer authority*) übergeben (**to** +*dat*); *check* überreichen ❷ TV, RADIO weitergeben (**to** an +*akk*)
'handbag *n* Handtasche *f*
'handball *n* ❶ (*team handball*) Handball *m* ❷ (*in soccer*) Handspiel *nt*
'handbook *n* Handbuch *nt*
'hand brake *n see* **emergency brake**
'handcuff I. *vt* ■ **to ~ sb** jdm Handschellen anlegen II. *n* ■ **~ s** *pl* Handschellen *pl*
'handful *n* ❶ (*quantity*) Handvoll *f*; **a ~ of hair** ein Büschel *nt* Haare; (*small number*) **a ~ of people** wenige Leute ❷ (*person*) Nervensäge *f*
'hand grenade *n* Handgranate *f*
'handgun *n* Handfeuerwaffe *f*
hand-'held *adj attr* tragbar
handicap ['hæn·dɪ·kæp] I. *n* ❶ SPORTS Handicap *nt*; (*race*) Vorgaberennen *nt* ❷ (*disadvantage*) Handicap *nt* II. *vt* <-pp-> (*disadvantage*) benachteiligen
handicapped ['hæn·dɪ·kæpt] *adj* behindert
handicraft ['hæn·dɪ·kræft] I. *n* [Kunst]handwerk *nt kein pl* II. *adj* handwerklich
handiwork ['hæn·dɪ·wɜrk] *n* [Mach]werk *nt*; (*approv*) Meisterwerk *nt*
handkerchief ['hæŋ·kər·tʃɪf] *n* Taschentuch *nt*
handle ['hæn·dəl] I. *n* (*handgrip*) Griff *m*; *of a pot, basket* Henkel *m*; *of a door* Klinke *f*; *of a handbag* Bügel *m*; *of a broom, comb* Stiel *m*;

of a pump Schwengel *m* ▶ PHRASES: **to fly off the ~** hochgehen II. *vt* ❶ (*grasp*) anfassen; **"~ with care"** „Vorsicht, zerbrechlich!" ❷ (*work on*) bearbeiten; *luggage* abfertigen; (*be in charge of*) zuständig sein für +*akk*; **to ~ sb's affairs** sich um jds Angelegenheiten kümmern ❸ (*deal with*) umgehen mit +*dat*, behandeln III. *vi* + *adv* sich handhaben lassen; **this car ~ s really well** dieser Wagen fährt sich wirklich gut
handlebar 'mustache *n* Schnauzbart *m*
'handlebars *npl* Lenkstange *f*
handler ['hænd·lər] *n* ❶ (*responsible person*) **baggage ~** Gepäckmann ❷ (*dog trainer*) Hundeführer(in) *m(f)*
handling ['hænd·lɪŋ] *n* ❶ (*act of touching*) Berühren *nt* ❷ (*treatment*) Handhabung *f* (**of** +*gen*); *of person* Behandlung *f* (**of** +*gen*), Umgang *m* (**of** mit +*dat*); *of a theme* [literarische] Abhandlung ❸ (*processing of material*) Verarbeitung *f* (**of** +*gen*); (*treating of material*) Bearbeitung *f* (**of** mit +*dat*)
'hand luggage *n* Handgepäck *nt*
hand'made *adj* handgearbeitet; *paper* handgeschöpft
'hand-me-down *n* abgelegtes Kleidungsstück
'handout *n* ❶ (*money*) Almosen *nt* ❷ (*leaflet*) Flugblatt *nt; for students* Arbeitsblatt *nt*
'handover *n* Übergabe *f*
hand-'picked *adj* handverlesen *a. fig*
'handrail *n on stairs* Geländer *nt; on ship* Reling *f*
'handsaw *n* Handsäge *f*
'handset *n* TELEC Hörer *m*
'handshake *n* Händedruck *m*
handsome ['hæn·səm] *adj* ❶ (*attractive*) gut aussehend ❷ (*approv: larger than expected*) *number* beachtlich; **a ~ sum** eine stolze Summe
hands-'on *adj* ❶ (*non-delegating*) interventionistisch ❷ (*practical*) praktisch
'handspring *n* Handstandüberschlag *m*
'handstand *n* Handstand *m*
'handwriting *n* Handschrift *f*
'handwritten *adj* handgeschrieben
handy ['hæn·di] *adj* ❶ (*user-friendly*) praktisch, nützlich, geschickt SÜDD; (*easy to handle*) handlich ❷ (*convenient*) nützlich; *excuse* passend; **to come in ~** [**for sb/sth**] [jdm/etw] gelegen kommen ❸ (*conveniently close*) *thing* griffbereit, greifbar; *spot* in der Nähe, leicht erreichbar; ■ **to be ~** *spot* günstig liegen ❹ (*skillful*) geschickt; ■ **to be ~ with sth** mit etw *dat* gut umgehen können
'handyman *n* Heimwerker(in) *m(f)*
hang [hæŋ] I. *n* ❶ *of drapery* Fall *m; of clothes* Sitz *m* ❷ (*fig fam*) **to get the ~ of sth** bei etw *dat* den [richtigen] Dreh herausbekommen II. *vt* <hung, hung> ❶ (*mount*) aufhängen (**on** an +*dat*) ❷ (*decorate*) behängen ❸ <-ed, -ed> (*execute*) [auf]hängen ❹ (*let droop*) *head* hängen lassen; **to ~ one's head in shame** beschämt den Kopf senken III. *vi*

❶<hung, hung> (*be suspended*) hängen (**from** an +*dat*); (*fall*) *clothes* fallen; ■**to ~ down** herunterhängen ❷<hanged, hanged> (*die by execution*) hängen ❸<hung, hung> (*remain in air*) *mist, smell* hängen ❹<hung, hung> (*listen carefully*) **to ~ on sb's** [**every**] **word** an jds Lippen hängen ❺<hung, hung> (*keep*) ■**to ~ onto sth** etw behalten ▶ PHRASES: **to ~ in** there am Ball bleiben

◆**hang around** *vi* ❶(*loiter*) herumlungern, rumhängen *fam* ❷(*waste time*) herumtrödeln *fam*

◆**hang back** *vi* ❶(*be slow*) sich zurückhalten; (*hesitate*) zögern ❷(*stay behind*) zurückbleiben

◆**hang on** *vi* ❶(*fam: persevere*) durchhalten ❷(*grasp*) ■**to ~ on to sth** sich an etw *dat* festhalten; (*stronger*) sich an etw *akk* klammern ❸(*wait briefly*) warten; (*on the telephone*) dranbleiben; **~ on, ...** Moment mal, ...; **~ on!** (*annoyed*) Moment!

◆**hang out** I. *vt* heraushängen; *laundry* aufhängen II. *vi* ❶(*project*) heraushängen ❷(*sl: loiter*) [he]rumhängen; (*waste time*) herumtrödeln; (*live*) hausen; **where does he ~ out these days?** wo treibt er sich zurzeit herum? ▶ PHRASES: **to** let **it all ~ out** die Sau rauslassen *fam*

◆**hang together** *vi argument* schlüssig sein

◆**hang up** I. *vi* ❶(*dangle*) hängen ❷(*finish phone call*) auflegen II. *vt* ❶(*suspend*) aufhängen ❷*phone* auflegen

hangar ['hæŋ·ər] *n* AVIAT Hangar *m*

hangdog ['hæŋ·dɔg] *adj* **to have a ~ look on one's face** ein Gesicht wie vierzehn Tage Regenwetter machen

hanger ['hæŋ·ər] *n* [Kleider]bügel *m*

hanger-'on <*pl* hangers-on> *n* (*pej: follower*) Trabant(in) *m(f) pej*

'**hang glider** *n* (*person*) Drachenflieger(in) *m(f);* (*device*) Drachen *m*

'**hang-gliding** *n* Drachenfliegen *nt*

hanging ['hæŋ·ɪŋ] I. *n* ❶(*execution*) Hinrichtung *f* durch den Strang ❷(*decorative fabric*) Behang *m;* (*curtain*) Vorhang *m* II. *adj* hängend

'**hangman** *n* ❶(*executioner*) Henker *m* ❷(*game*) Galgen *m*

'**hangnail** *n* ANAT Niednagel *m*

'**hangout** *n* (*fam*) Stammlokal *nt,* Treff *m*

'**hangover** *n* ❶(*from drinking*) Kater *m* ❷(*relic*) Überbleibsel *nt*

'**hang-up** *n* (*fam*) Komplex *m* (**about** wegen +*gen*)

hanker ['hæŋ·kər] *vi* sich sehnen (**after** nach +*dat*)

hankie, hanky ['hæŋ·ki] *n* (*fam*) *short for* **handkerchief** Taschentuch *nt*

hanky-panky [ˌhæŋ·ki·'pæŋ·ki] *n* (*fam*) ❶(*groping*) Gefummel *nt kein pl* ❷(*shifty business*) Mauschelei *f*

haphazard [hæp·'hæz·ərd] *adj* ❶(*disorganized*) unüberlegt ❷(*arbitrary*) willkürlich

happen ['hæp·ən] *vi* ❶(*occur*) geschehen, passieren; *event* stattfinden; *process* vor sich gehen; **these things ~** das kann vorkommen; **it's all ~ing** (*fam*) es ist ganz schön was los ❷(*by chance*) ■**to ~ to do sth** zufällig etw tun; **it just so ~s that ...** wie's der Zufall will, ...; **as it ~ed ...** wie es sich so traf, ...; **as it ~s** tatsächlich ❸(*indicating contradiction*) **I ~ to think he's right** ich glaube trotzdem, dass er Recht hat

happening ['hæp·ə·nɪŋ] *n usu pl* (*occurrence*) Ereignis *nt;* (*unplanned occurrence*) Vorfall *m;* (*process*) Vorgang *m*

happily ['hæp·ɪ·li] *adv* ❶(*contentedly*) glücklich; (*cheerfully*) fröhlich; **and they all lived ~ ever after** und sie lebten glücklich und zufrieden bis an ihr Lebensende; (*fairytale ending*) und wenn sie nicht gestorben sind, dann leben sie noch heute ❷(*willingly*) gern

happiness ['hæp·ɪ·nɪs] *n* Glück *nt;* (*contentment*) Zufriedenheit *f;* (*cheerfulness*) Fröhlichkeit *f*

happy ['hæp·i] *adj* ❶(*pleased*) glücklich; (*contented*) zufrieden; (*cheerful*) fröhlich; ■**to be ~ about** [*or* **with**] **sb/sth** mit jdm/etw zufrieden sein; ■**to be ~ that ...** froh [darüber] sein, dass ... ❷(*willing*) ■**to be ~ to do sth** etw gerne tun; **I'd be ~ to!** aber gern! ❸(*in greetings*) **~ birthday** alles Gute zum Geburtstag; **a ~ New Year** ein glückliches neues Jahr

happy-go-'lucky *adj* sorglos, unbekümmert

happy 'medium *n* goldene Mitte

harass [hə·'ræs] *vt* (*intimidate*) schikanieren; (*pester*) ständig belästigen

harassment [hə·'ræs·mənt] *n* (*intimidation*) Schikane *f;* (*pestering*) Belästigung *f;* **sexual ~** sexuelle Belästigung

harbor ['har·bər] I. *n* Hafen *m* II. *vt* ❶(*keep in hiding*) ■**to ~ sb** jdm Unterschlupf gewähren ❷*feelings, grudge* hegen

hard [hard] I. *adj* ❶(*solid*) hart; [**as**] **~ as a rock** steinhart ❷(*tough*) *person* zäh, hart ❸(*difficult*) schwierig; **she had a ~ time** [**of it**] es war eine schwere Zeit für sie; **to find sth ~ to believe** etw kaum glauben können ❹(*laborious*) anstrengend; **to be ~ work** harte Arbeit sein; *studies* anstrengend sein; *text* schwer zu lesen sein ❺(*harmful*) ■**to be ~ on sth** etw stark strapazieren; ■**to be ~ on sb** hart für jdn sein ❻*water, drug* hart; *frost, winter* streng; *voice* schroff ❼(*reliable*) sicher; **~ facts** (*verified*) gesicherte Fakten; (*blunt*) nackte Tatsachen; ▶ PHRASES: **~ and** fast fest; *rule* verbindlich II. *adv* ❶(*solid*) hart; **frozen ~** *soil* hart gefroren; **to set ~** *glue* hart werden; *concrete* fest werden ❷(*vigorously*) fest[e], kräftig; *fight, work* hart; *rain* stark; **think ~!** denk mal genau nach!; **to try ~** sich sehr bemühen ❸(*severely*) schwer

'**hardback** *adj, n see* **hardcover**

'**hardboard** *n* Hartfaserplatte *f*

hard-'boiled *adj* ❶*egg* hart gekocht ❷(*fig*) hart gesotten

hard 'copy *n* COMPUT Ausdruck *m*

'hard-core, hardcore *adj* ❶ (*loyal*) *fan, supporter* eingefleischt ❷ (*explicit*) hart

'hardcover I. *adj* gebunden II. *n* gebundenes Buch

hard 'currency *n* harte Währung

'hard disk *n* COMPUT Festplatte *f*

'hard drive *n* COMPUT Festplatte *f*

hard-'earned *adj* ehrlich verdient; *pay* sauer verdient

harden ['har·dən] I. *vt* ❶ (*make harder*) härten; *arteries* verhärten ❷ (*make tougher*) *attitude* verhärten; ■ **to ~ sb** [**to sth**] jdn [gegen etw *akk*] abhärten II. *vi* ❶ (*become hard*) sich verfestigen, hart werden ❷ (*become tough*) sich verhärten; *face* sich versteinern

hard 'feelings *npl* no ~? alles klar?

hard-'fought *adj* ❶ *battle, match* hart ❷ *victory* hart erkämpft

'hard hat *n* ❶ (*helmet*) [Schutz]helm *m* ❷ (*fam: worker*) Bauarbeiter(in) *m(f)*

hard-'headed *adj* nüchtern

hard-'hearted *adj* hartherzig

hard-'hitting *adj* sehr kritisch

hard 'labor *n* Zwangsarbeit *f*

hard'liner *n* POL Hardliner *m*

hardly ['hard·li] *adv* ❶ (*scarcely*) kaum; ~ **ever** so gut wie nie ❷ (*certainly not*) wohl kaum; (*as a reply*) bestimmt nicht

hardness ['hard·nɪs] *n* Härte *f*

hard-'nosed *adj* nüchtern; *person* abgebrüht

hard of'hearing *adj* schwerhörig

hard-'pressed *adj* bedrängt

hard 'sell *n* aggressive Verkaufsmethoden *pl*

hardship ['hard·ʃɪp] *n* Not *f*

'hardware *n* ❶ (*tools*) Eisenwaren *pl*; (*household items*) Haushaltswaren *pl* ❷ COMPUT Hardware *f*

'hardwood *n* Hartholz *nt*

hard-'working *adj* fleißig

hardy ['har·di] *adj* ❶ (*tough*) zäh; (*toughened*) abgehärtet ❷ BOT winterhart

hare <*pl* -s *or* -> [her] *n* [Feld]hase *m*

'harebrained *adj* verrückt

'harelip *n* MED Hasenscharte *f*

harem ['her·əm] *n* Harem *m*

harm [harm] I. *n* Schaden *m;* **there's no ~ in asking** Fragen kostet nichts; **to mean no ~** es nicht böse meinen; **to do more ~ than good** mehr schaden als nützen II. *vt* ■ **to ~ sth** etw *dat* Schaden zufügen; ■ **to ~ sb** jdm schaden; (*hurt*) jdn verletzen

harmful ['harm·fəl] *adj* schädlich; *words* verletzend

harmless ['harm·lɪs] *adj* harmlos

harmonic [har·'man·ɪk] *adj* harmonisch

harmonica [har·'man·ɪ·kə] *n* Mundharmonika *f*

harmonious [har·'mou·ni·əs] *adj* harmonisch *a. fig*

harmonization [ˌhar·mə·nɪ·'zeɪ·ʃən] *n* Harmonisierung *f a. fig*

harmonize ['har·mə·naɪz] I. *vt* ❶ MUS harmo-

nisieren ❷ (*fig*) aufeinander abstimmen II. *vi* harmonieren *a. fig*

harmony ['har·mə·ni] *n* Harmonie *f a. fig;* **in ~ live** in Eintracht [miteinander]; *sing* mehrstimmig; **in ~ with nature** im Einklang mit der Natur

harness ['har·nɪs] I. *n* <*pl* -es> (*for animal*) Geschirr *nt;* (*for person*) Gurtzeug *nt;* (*for baby*) Laufgeschirr *nt* II. *vt* ❶ *animal* anschirren; *person* anschnallen ❷ (*fig*) nutzen

harp [harp] *n* Harfe *f*

harpoon [har·'pun] I. *n* Harpune *f* II. *vt* harpunieren

harpsichord ['harp·sɪ·kɔrd] *n* Cembalo *nt*

harrowing ['her·ou·ɪŋ] *adj* grauenvoll

harsh [harʃ] *adj* ❶ *rau; winter* streng; *light* grell; *sound* schrill; *tone of voice* barsch ❷ (*severe*) hart; (*critical*) scharf; ■ **to be ~ on sb** streng mit jdm sein

harvest ['har·vɪst] I. *n* Ernte *f; of grapes* Lese *f;* (*season*) Erntezeit *f* II. *vt* ernten; *shellfish* fangen

has [hæz, həz] *3rd pers sing of* **have**

has-been ['hæz·bɪn] *n* (*pej fam*) ehemalige Größe

hash¹ [hæʃ] *n* ❶ FOOD Haschee *nt* ❷ (*fam: shambles*) **to make a ~ of sth** etw vermasseln

hash² [hæʃ] *n* (*fam*) *see* **hashish**

hash 'browns *npl* Kartoffelpuffer *pl,* ≈ Rösti *pl* SÜDD, SCHWEIZ

hashish ['hæʃ·iʃ], **hasheesh** *n* Hasch *nt*

hasn't ['hæz·ənt] = **has not** *see* **have**

hassle ['hæs·əl] I. *n* (*fam*) Mühe *f kein pl;* **it's just too much** [**of a**] ~ es ist einfach zu umständlich II. *vt* (*fam: pester*) schikanieren; (*harass*) bedrängen

haste [heɪst] *n* Eile *f;* (*rush*) Hast *f;* **to make ~** sich beeilen ▶ PHRASES: ~ **makes** waste (*prov*) eile mit Weile

hasten ['heɪ·sən] I. *vt* person drängen; *thing* beschleunigen II. *vi* sich beeilen

hasty ['heɪ·sti] *adj* ❶ (*hurried*) eilig, hastig *pej;* **to beat a ~ retreat** (*fam*) sich schnell aus dem Staub machen ❷ (*rash*) übereilt; (*badly thought out*) voreilig

hat [hæt] *n* Hut *m;* (*of fur, wool*) Mütze *f* ▶ PHRASES: **to pick sb out of a ~** jdn zufällig auswählen

hatch¹ <*pl* -es> [hætʃ] *n* ❶ (*opening*) Durchreiche *f* ❷ NAUT Luke *f*

hatch² [hætʃ] I. *vi* schlüpfen II. *vt* ausbrüten *a. fig*

hatchback ['hætʃ·bæk] *n* ❶ (*door*) Heckklappe *f* ❷ (*vehicle*) Wagen *m* mit Heckklappe

hatchet ['hætʃ·ɪt] *n* Beil *nt* ▶ PHRASES: **to bury the ~** das Kriegsbeil begraben

hate [heɪt] I. *n* Hass *m;* **to give sb a look of ~** jdn hasserfüllt ansehen II. *vt* hassen; **I ~ going to the dentist** ich hasse es, zum Zahnarzt zu gehen; **I ~ to say it, but ...** es fällt mir äußerst schwer, das zu müssen, aber ...; **to ~ sb's guts** (*fig*) jdn wie die Pest hassen

'hate crime *n* LAW Verbrechen, das aus

[*Rassen*]*hass oder Vorurteilen begangen wird*
hatred ['heɪ·trɪd] *n* Hass *m* (**of/for** auf +*akk*)
hatter ['hæt̬·ər] *n* ▸ PHRASES: **to be as** <u>mad</u> **as a ~** total verrückt sein
'**hat trick** *n* Hattrick *m*
haughty ['hɔ·t̬i] *adj* (*pej*) überheblich
haul [hɔl] **I.** *n* ❶ (*quantity caught*) Ausbeute *f* (**of** von, **an** +*dat*); (*fig*) Beute *f* ❷ (*distance covered*) Strecke *f;* **over** [*or* **in**] **the long/short ~** lang-/kurzfristig **II.** *vt* ❶ (*pull*) ziehen; *sth heavy* schleppen ❷ (*transport*) befördern ◆ **haul off** *vt* wegziehen; (*more brutally*) wegzerren; **to ~ sb off to jail** (*fig*) jdn ins Gefängnis werfen
hauler ['hɔ·lər] *n* freight ~ Transportunternehmen *nt,* Spedition[sfirma] *f*
haunt [hɔnt] **I.** *vt* ❶ *ghost* spuken in +*dat* ❷ *memories* heimsuchen **II.** *n* (*place*) Treffpunkt *m;* (*bar*) Stammlokal *nt*
haunted ['hɔn·t̬ɪd] *adj* ❶ (*with ghosts*) **~ house** Gespensterhaus *nt;* **this house is ~!** in diesem Haus spukt es! ❷ (*troubled*) *look* gehetzt
haunting ['hɔn·t̬ɪŋ] *adj* ❶ (*disturbing*) quälend ❷ (*stirring*) sehnsuchtsvoll
have [hæv, həv] **I.** *aux vb* <has, had, had> ❶ (*forming past tenses*) **he has never been to San Francisco before** er war noch nie zuvor in San Francisco; **we had been swimming** wir waren schwimmen gewesen ❷ (*render*) ■ **to ~ sth done** etw tun lassen; **to ~ one's hair cut** sich *dat* die Haare schneiden lassen ❸ (*must*) ■ **to ~ to do sth** etw tun müssen; **what time do we ~ to be there?** wann müssen wir dort sein? ❹ (*form: if*) **had I/he etc. done sth, ...** hätte ich/er etc. etw getan, ..., wenn ich/er etc. etw getan hätte, ...; **if only I'd known this** wenn ich das nur gewusst hätte **II.** *vt* <has, had, had> ❶ (*possess*) ■ **to ~ sth** etw haben; **he has green eyes** er hat grüne Augen; **I don't ~ a car** ich habe kein Auto; **~ a nice day!** viel Spaß!; (*to customers*) einen schönen Tag noch!; **to ~ the light/radio on** das Licht/Radio anhaben ❷ (*engage in*) *bath* nehmen; *nap, party, walk* machen; **to ~ a talk with sb** mit jdm sprechen ❸ (*consume*) *food* essen; *cigarette* rauchen; **to ~ lunch** zu Mittag essen; **~ some more coffee** nimm doch noch etwas Kaffee ❹ (*receive*) erhalten; **thanks for having us** danke für Ihre Gastfreundschaft; **to let sb ~ sth back** jdm etw zurückgeben ❺ (*be obliged*) ■ **to ~ to do sth** etw tun müssen ❻ (*give birth to*) **to ~ a baby** ein Baby bekommen ❼ (*induce*) ■ **to ~ sb do sth** jdn [dazu] veranlassen, etw zu tun; ■ **to ~ sb/sth doing sth** jdn/etw dazu bringen, etw zu tun; **he'll ~ it working in no time** er wird es im Handumdrehen zum Laufen bringen ▸ PHRASES: **to ~ had it** (*be broken*) hinüber sein; (*be exhausted*) fix und fertig sein; **to ~ had it with sb/sth** von jdm/etw die Nase voll haben; **and** <u>what</u> **~ you** und wer weiß was noch; **to ~ something** <u>against</u> **sb/**

sth etwas gegen jdn/etw [einzuwenden] haben **III.** *n* (*fam*) ■ **the ~s** *pl* **the ~s and the ~-nots** die Besitzenden und die Besitzlosen
◆ **have around** *vt* zur Hand haben
◆ **have back** *vt* (*object*) zurückhaben; (*person*) wieder nehmen
◆ **have in** *vt* (*call to do*) ■ **to ~ sb in** [**to do sth**] jdn kommen lassen[, um etw zu tun] ▸ PHRASES: **to ~ it** <u>in</u> **for sb** jdn auf dem Kieker haben
◆ **have on** *vt* ❶ (*wear*) *clothes* tragen ❷ (*carry*) ■ **to ~ sth on one** etw bei sich *dat* haben, etw mit sich *dat* führen ❸ (*know about*) ■ **to ~ sth on sb/sth** *evidence, facts* etw über jdn/etw [in der Hand] haben
◆ **have out** *vt* ❶ (*remove*) sich *dat* herausnehmen lassen; **he had his wisdom teeth out yesterday** ihm sind gestern die Weisheitszähne gezogen worden ❷ (*fam: argue*) ■ **to ~ it out** [**with sb**] es [mit jdm] ausdiskutieren
◆ **have over** *vt* ■ **to ~ sb over** jdn zu sich *dat* einladen
haven ['heɪ·vən] *n* Zufluchtsort *m*
haven't ['hæv·ənt] = **have not** *see* **have**
havoc ['hæv·ək] *n* Verwüstungen *pl;* **to play ~ with sth** (*fig*) etw völlig durcheinanderbringen
Hawaii [hə·'waɪ·i] *n* Hawaii *nt*
hawk [hɔk] **I.** *n* ❶ (*bird*) Habicht *m;* (*fig*) **to watch sb like a ~** jdn nicht aus den Augen lassen ❷ POL Falke *m* **II.** *vt* ■ **to ~ sth** etw auf der Straße verkaufen; (*door to door*) mit etw *dat* hausieren gehen
hawker ['hɔ·kər] *n* Hausierer(in) *m(f);* (*in the street*) fliegender Händler
'**hawk-eyed** *adj* ■ **to be ~** Adleraugen haben
hawthorn ['hɔ·θɔrn] *n* Weißdorn *m*
hay [heɪ] *n* Heu *nt* ▸ PHRASES: **to make ~ while the** <u>sun</u> **shines** (*prov*) das Eisen schmieden, solange es heiß ist
'**hay fever** *n* Heuschnupfen *m*
'**haystack** *n* Heuhaufen *m*
'**haywire** *adj* (*fam*) **to go ~** verrücktspielen
hazard ['hæz·ərd] *n* Gefahr *f;* **fire ~** Brandrisiko *nt*
'**hazard lights** *npl* AUTO Warnblinkanlage *f*
hazardous ['hæz·ər·dəs] *adj* (*dangerous*) gefährlich; (*risky*) riskant
haze [heɪz] **I.** *n* ❶ (*mist*) Dunst[schleier] *m* ❷ (*fig*) Benommenheit *f* **II.** *vt* schikanieren
hazel ['heɪ·zəl] **I.** *adj* haselnussbraun **II.** *n* Hasel[nuss]strauch *m*
'**hazelnut** *n* Haselnuss *f*
hazy ['heɪ·zi] *adj* ❶ (*with haze*) dunstig, diesig ❷ (*confused, unclear*) unklar; (*indistinct*) verschwommen
he [hi] **I.** *pron pers* (*male person*) er; (*unspecified person*) er/sie/es **II.** *n* Er *m*
head [hed] **I.** *n* ❶ Kopf *m;* **she's got a good ~ for figures** sie kann gut mit Zahlen umgehen; **to use one's ~** seinen Verstand benutzen ❷ (*unit*) **a** [*or* **per**] **~** pro Kopf; **to win by a ~** mit einer Kopflänge Vorsprung gewinnen

❸ *(top, front part) of bed, table* Kopfende *nt; of nail, coin, match* Kopf *m; of line* Anfang *m* ❹ *(leader)* Chef(in) *m(f); of a project, department* Leiter(in) *m(f); of church, family, state* Oberhaupt *nt* ❺ *(beer foam)* Blume *f* ❻ *(accumulated amount)* ~ **of steam** Dampfdruck *m* ▶ PHRASES: **to have one's ~ in the clouds** in höheren Regionen schweben; **to be ~ over heels in love** bis über beide Ohren verliebt sein; **to not be able to make ~s or tails of sth** aus etw *dat* nicht schlau werden; **to bite sb's ~ off** jdm den Kopf abreißen; **to come to a ~** sich zuspitzen; **to go to sb's ~** jdm zu Kopf steigen; **to have one's ~ screwed on right** ein patenter Mensch sein **II.** *adj* leitend **III.** *vt* ❶ *(be at the front of)* anführen ❷ *(be in charge of)* organization leiten ❸ *(in soccer) ball* köpfen **IV.** *vi* **he ~ed straight for the fridge** er steuerte direkt auf den Kühlschrank zu; **to ~ [for] home** sich auf den Heimweg machen

◆ **head back** *vi* zurückgehen; *with transport* zurückfahren

◆ **head off I.** *vt (intercept)* abfangen **II.** *vi* ■ **to ~ off to[ward] sth** sich zu etw *dat* begeben

◆ **head out** *vi* losziehen

◆ **head up** *vt* leiten

'**headache** *n* Kopfschmerzen *pl; (fig)* Problem *nt*

'**headband** *n* Stirnband *nt*

head 'chef *n* Küchenchef(in) *m(f)*

'**head cold** *n* Kopfgrippe *f*

'**headdress** *<pl* -**es**> *n* Kopfschmuck *m*

header ['hed·ər] *n* ❶ *(at top of page)* Kopfzeile *f* ❷ *(in email)* Header *m* ❸ *(in soccer)* Kopfball *m*

head'first *adv* kopfüber; *(fig)* **to rush ~ into [doing] sth** sich Hals über Kopf in etw *akk* [hinein]stürzen

'**headhunt** *vt (fam)* abwerben

'**headhunter** *n* Headhunter(in) *m(f)*

heading ['hed·ɪŋ] *n* ❶ *(title)* Überschrift *f* ❷ *(division)* Kapitel *nt; (keyword)* Stichwort *nt*

'**headlamp** *n* Scheinwerfer *m*

headless ['hed·lɪs] *adj* kopflos ▶ PHRASES: **to run around like a ~ chicken** wie ein aufgeregtes Huhn hin und her laufen

'**headlight** *n* Scheinwerfer *m*

'**headline I.** *n* Schlagzeile *f* **II.** *vt* ❶ *(provide with headline)* mit einer Schlagzeile versehen ❷ *(star)* anführen

'**headliner** *n* Hauptattraktion *f;* **the ~ is ...** der Star des Abends ist ...

'**headlong I.** *adv* ❶ *(headfirst)* kopfüber ❷ *(recklessly)* überstürzt **II.** *adj* überstürzt

'**headmaster** *n* Schulleiter *m*, Rektor *m*

'**headmistress** *n* Schulleiterin *f*, Rektorin *f*

head 'office *n* Zentrale *f*

head-'on I. *adj* Frontal- **II.** *adv* frontal; *(fig)* direkt

'**headphones** *npl* Kopfhörer *m*

'**headquarters** *npl + sing/pl vb* MIL Hauptquar-

tier *nt; (of company)* Hauptsitz *m; (of the police)* Polizeidirektion *f*

'**headrest** *n* Kopfstütze *f*

'**headroom** *n* lichte Höhe; *for ceiling* Kopfhöhe *f; (in cars)* Kopffreiheit *f*

'**headscarf** *n* Kopftuch *nt*

'**headset** *n* Kopfhörer *m*

head 'start *n* Vorsprung *m;* **to give sb a ~** jdm einen Vorsprung lassen

'**headstone** *n* Grabstein *m*

'**headstrong** *adj* eigensinnig

head-to-'head I. *adj contest* Kopf-an-Kopf- **II.** *adv* **to go ~** gegeneinander antreten

'**headwaters** *n pl* Quellgewässer *pl*

'**headway** *n* **to make ~** [gut] vorankommen **(in** bei +*dat,* **with** mit +*dat)*

'**headwind** *n* Gegenwind *m*

'**headword** *n* LING Stichwort *nt*

heady ['hed·i] *adj* berauschend

heal [hil] **I.** *vt* heilen; *differences* beilegen **II.** *vi* heilen *a. fig*

healing ['hi·lɪŋ] **I.** *adj attr experience, process* heilsam; **~ properties** Heilwirkung *f; (stronger)* Heilkräfte *pl* **II.** *n* Heilung *f; (of wounds)* Verheilen *nt*

health [helθ] *n* Gesundheit *f;* **to your ~!** Pros[i]t!

'**health care** *n* Gesundheitsfürsorge *f*

'**health center** *n* Ärztehaus *nt*

'**health club** *n* Fitnessclub *m*

'**health farm** *n* Gesundheitsfarm *f*

'**health food** *n* Reformkost *f*

'**health food store** *n* Naturkostladen *m*, Bioladen *m; (more formal)* Reformhaus *nt*

'**health hazard** *n* Gesundheitsrisiko *nt;* **smoking is a ~** Rauchen gefährdet die Gesundheit

'**health insurance** *n* Krankenversicherung *f;* **~ company** Krankenkasse *f*

'**health service(s)** *n* Gesundheitsdienst

healthy ['hel·θi] *adj* gesund *a. fig; profit* ordentlich; *(promoting good health)* gesundheitsfördernd

heap [hip] **I.** *n* ❶ *(pile)* Haufen *m a. fig;* **to collapse in a ~** zu Boden sacken ❷ *(fam: large amount)* ■ **~s** jede Menge **(of** +*gen)* **II.** *vt* aufhäufen; *(fig)* **to ~ criticism on sb** massive Kritik an jdm üben; **to ~ praise on sb** jdn überschwänglich loben

hear <heard, heard> [hɪr] **I.** *vt* ❶ *(perceive)* hören; **Jane ~d him go out** Jane hörte, wie er hinausging ❷ LAW *case* verhandeln ▶ PHRASES: **to be ~ing things** sich *dat* etwas einbilden; **I must be ~ing things!** ich hör' wohl nicht richtig! **II.** *vi* hören **(about/of** von +*dat);* **have you ~d about Jane getting married?** hast du schon gehört, dass Jane heiratet? ▶ PHRASES: **~ ~!** ja, genau!

heard [hɜrd] *pt, pp of* **hear**

hearing ['hɪr·ɪŋ] *n* ❶ *(ability to hear)* Gehör *nt;* **to be hard of ~** schwerhörig sein ❷ *(range of ability)* **within [sb's] ~** in [jds] Hörweite *f* ❸ *(official examination)* Anhörung *f*

'**hearing aid** *n* Hörgerät *nt*

'hearing-impaired *adj* schwerhörig
hearsay ['hɪr·seɪ] *n* Gerüchte *pl*
hearse [hɜrs] *n* Leichenwagen *m*
heart [hɑrt] *n* ❶ ANAT Herz *nt* ❷ (*fig*) Herz *nt;*
my ~ goes out to her ich fühle mit ihr; **from
the bottom of one's** ~ aus tiefstem Herzen;
to one's ~**'s content** nach Herzenslust; **the** ~
of the matter der Kern der Sache; **to not
have the** ~ **to do sth** es nicht übers Herz bringen, etw zu tun; **to put one's** ~ **in[to] sth** sich
voll für etw *akk* einsetzen; **to have one's** ~
set on sth sein [ganzes] Herz an etw *akk* hängen ❸ (*courage*) Mut *m;* **to lose** ~ den Mut
verlieren ❹ CARDS ■~**s** *pl* Herz *nt kein pl;*
queen of ~**s** Herzdame *f* ▶ PHRASES: **at** ~ im
Grunde seines/ihres Herzens; **by** ~ auswendig; **to have a change of** ~ sich anders besinnen; **in my** ~ **of** ~**s** im Grunde meines
Herzens
'heartache *n* Kummer *m*
'heart attack *n* Herzinfarkt *m;* (*not fatal*) Herzanfall *m;* (*fatal*) Herzschlag *m a. fig*
'heartbeat *n* Herzschlag *m*
'heartbreak *n* großer Kummer
'heartbreaking *adj* herzzerreißend
'heartbroken *adj* todunglücklich, untröstlich
'heartburn *n* Sodbrennen *nt*
'heart disease *n* Herzkrankheit *f*
heartening ['hɑr·tə·nɪŋ] *adj* ermutigend
'heart failure *n* Herzversagen *nt*
'heartfelt *adj* (*strongly felt*) tief empfunden;
(*sincere*) aufrichtig
hearth [hɑrθ] *n* Kamin *m*
heartily ['hɑr·tɪ·li] *adv* ❶ (*enthusiastically*)
herzlich; *applaud* begeistert; *eat* herzhaft
❷ (*extremely*) von [ganzem] Herzen
'heartland *n of region* Kerngebiet *nt,* Herz *nt*
heartless ['hɑrt·lɪs] *adj* herzlos
'heart murmur *n* Herzgeräusch[e] *nt*[*pl*]
'heart-rending *adj* herzzerreißend
'heartstrings *npl* **to tug at sb's** ~ jdm ans Herz
gehen
'heartthrob *n* (*fam*) Schwarm *m*
heart-to-'heart I. *adj* [ganz] offen II. *n* **to have
a** ~ sich aussprechen
'heart transplant *n* Herztransplantation *f*
'heartwarming *adj* herzerfreuend
hearty ['hɑr·ti] *adj* ❶ (*warm*) herzlich
❷ (*large*) *breakfast* herzhaft, kräftig; *appetite*
gesund ❸ (*unreserved*) uneingeschränkt
heat [hit] I. *n* ❶ (*warmth*) Wärme *f;* (*high temperature*) Hitze *f;* **to cook sth on low** ~ etw
bei schwacher Hitze kochen ❷ PHYS [Kör-
per]wärme *f* ❸ SPORTS Vorlauf *m* ❹ ZOOL
Brunst *f; of dogs, cats* Läufigkeit *f; of horses*
Rossen *nt;* ■**in** ~ brünstig; *deer* brunftig; *cat*
rollig; *dog* läufig; *horse* rossig ▶ PHRASES: **if you
can't stand the** ~**, get out of the kitchen**
(*prov*) wenn es dir zu viel wird, dann lass es
lieber sein II. *vt* erhitzen, heiß machen; *food*
aufwärmen; *house, room* heizen; *pool* beheizen III. *vi* warm werden
◆ **heat up** I. *vt* heiß machen; *food* aufwärmen;

house, room [auf]heizen II. *vi room* warm werden; *engine* warm laufen; (*fig*) *discussion* sich
erhitzen; *pace* sich steigern; *situation* sich verschärfen
heated ['hi·tɪd] *adj* ❶ (*emotional*) hitzig; *discussion* heftig ❷ (*warm*) erhitzt; *room* geheizt;
pool, seats beheizt
heatedly ['hi·tɪd·li] *adv* hitzig; *discuss* heftig
heater ['hi·tər] *n* [Heiz]ofen *m,* Heizgerät *nt;*
(*in car*) Heizung *f;* **water** ~ Boiler *m*
heath [hiθ] *n* Heide *f*
heathen ['hi·ðən] I. *n* Heide *m,* Heidin *f* II. *adj*
heidnisch
heather ['heð·ər] *n* Heidekraut *nt*
heating ['hi·tɪŋ] *n* ❶ (*action*) Heizen *nt; of
room, house* [Be]heizen *nt; of substances* Erwärmen *nt;* PHYS Erwärmung *f* ❷ (*appliance*)
Heizung *f;* ~ **engineer** Heizungsmon-
teur(in) *m(f)*
'heat pump *n* Wärmepumpe *f*
'heat rash *n* Hitzeausschlag *m*
'heat-resistant *adj* hitzebeständig; *ovenware*
feuerfest
'heat-seeking *adj* MIL wärmesuchend
'heat shield *n* Hitzeschild *m*
'heat stroke *n* Hitzschlag *m*
'heat treatment *n* Wärmebehandlung *f*
'heatwave *n* Hitzewelle *f*
heave [hiv] I. *n* Ruck *m* II. *vt* ❶ (*move*)
[hoch]hieven ❷ (*utter*) *sigh of relief* ausstoßen
III. *vi* ❶ (*pull*) hieven ❷ (*move*) sich heben
und senken; *chest, sea* wogen; *ship* schwanken
heaven ['hev·ən] *n* Himmel *m a. fig;* **it's** ~!
(*fam*) es ist himmlisch!; **to go to** ~ in den Himmel kommen ▶ PHRASES: **what/why in** ~**'s
name ...?** was/warum in Gottes Namen ...?;
for ~**'s sake!** um Himmels willen!; **good** ~**s!**
du lieber Himmel!; ~ **forbid!** Gott bewahre!
heavenly ['hev·ən·li] *adj* himmlisch
heavily ['hev·ɪ·li] *adv* ❶ (*to great degree*)
stark; *gamble* leidenschaftlich; *invest* groß;
sleep tief; ~ **armed** schwer bewaffnet ❷ (*with
weight*) schwer; *move* schwerfällig; ~ **built**
kräftig gebaut ❸ (*severely*) schwer; **to snow** ~
stark schneien
heavy ['hev·i] I. *adj* ❶ (*weighty*) schwer *a. fig;
fine* hoch ❷ (*excessive*) *frost, rain, drinker,
smoker etc.* stark; **to be under** ~ **fire** MIL unter schwerem Beschuss stehen ❸ (*fig: oppressive*) drückend; *weather* schwül ❹ (*difficult*)
schwierig; *breathing* schwer; ■**to be** ~ **going**
schwierig sein ❺ (*dense*) *beard* dicht; *clouds*
schwer; *coat* dick; *schedule* voll; *traffic* stark
II. *n* ❶ (*sl: thug*) Schläger[typ] *m* ❷ THEAT
Schurke *m,* Schurkin *f*
heavy-'duty *adj* ❶ robust; *clothes* strapazierfähig ❷ (*fam: intense*) intensiv, heftig
heavy-'handed *adj* ungeschickt
heavy-'hearted *adj* bedrückt
heavy 'industry *n* Schwerindustrie *f*
heavy 'metal *n* ❶ (*metal*) Schwermetall *nt*
❷ (*music*) Heavymetal *m*

H

'**heavyweight I.** *n* Schwergewicht *nt a. fig* **II.** *adj* ❶ SPORTS im Schwergewicht *nach n* ❷ (*weighty*) schwer ❸ (*fig: important*) *person* prominent

Hebrew ['hi·bru] **I.** *n* ❶ (*person*) Hebräer(in) *m(f)* ❷ (*language*) Hebräisch *nt* **II.** *adj* hebräisch

heck [hek] *interj* (*euph sl*) **where the ~ have you been?** wo, zum Teufel, bist du gewesen?; **it's a ~ of a walk from here** es ist ein verdammt langer Weg von hier aus

heckle ['hek·əl] **I.** *vi* dazwischenrufen **II.** *vt speaker* durch Zwischenrufe stören

heckler ['hek·lər] *n* Zwischenrufer(in) *m(f)*

hectare ['hek·ter] *n* Hektar *m o nt*

hectic ['hek·tɪk] *adj* hektisch

he'd [hid] = he had/he would *see* have I, II, would

hedge [hedʒ] **I.** *n* ❶ BOT Hecke *f* ❷ (*fig*) Schutzwall *m;* FIN Absicherung *f* **II.** *vt* ▸ PHRASES: **to ~ one's bets** nicht alles auf eine Karte setzen **III.** *vi* ❶ (*avoid*) ausweichen ❷ FIN sich absichern

'**hedgehog** *n* Igel *m*

heebie-jeebies ['hi·bɪ·'dʒi·bɪz] *npl* (*sl*) **to get the ~** Zustände kriegen

heed [hid] (*form*) **I.** *vt* beachten **II.** *n* Beachtung *f;* **to pay ~ to** [*or* take ~ of] sth auf etw *akk* achten

heedless ['hid·lɪs] *adj* (*form*) achtlos; ■**to be ~ of sth** etw nicht beachten

heel [hil] **I.** *n* ❶ ANAT Ferse *f;* **~ of the hand** Handballen *m* ❷ *of shoe* Absatz *m; of sock* Ferse *f* ▸ PHRASES: **to dig one's ~s in** sich auf die Hinterbeine stellen **II.** *interj* ■**~!** bei Fuß! **III.** *vt a shoe* einen neuen Absatz machen ▸ PHRASES: **well ~ed** gut betucht

hefty ['hef·ti] *adj* ❶ (*strong*) kräftig; (*heavy*) schwer ❷ (*large*) mächtig; *workload* hoch ❸ (*considerable*) *price, fine* hoch, saftig *fam*

heifer ['hef·ər] *n* Färse *f*

height [haɪt] *n* ❶ (*top to bottom*) Höhe *f; of a person* [Körper]größe *f;* **to be 20 feet in ~** 20 Fuß hoch sein ❷ (*high places*) ■**~s** *pl* Höhen *pl;* **fear of ~s** Höhenangst *f* ❸ (*fig*) Höhepunkt *m;* **at the ~ of one's power** auf dem Gipfel seiner Macht

heighten ['haɪ·tən] *vt* verstärken; *awareness, tension* steigern

heir [er] *n* Erbe *m,* Erbin *f;* **~ to the throne** Thronfolger(in) *m(f)*

heiress <*pl* -es> ['er·ɪs] *n* Erbin *f*

heirloom ['er·lum] *n* Erbstück *nt*

heist [haɪst] *n* Raub[überfall] *m*

held [held] *vt, vi pt, pp of* **hold**

helicopter ['hel·ɪ·kap·tər] *n* Hubschrauber *m*

helipad ['hel·ɪ·pæd] *n* Hubschrauberlandeplatz *m*

'**heliport** *n* Heliport *m,* Hubschrauberlandeplatz *m*

helium ['hi·li·əm] *n* Helium *nt*

hell [hel] **I.** *n* ❶ (*not heaven*) Hölle *f;* **to go to ~** in die Hölle kommen ❷ (*fig fam*) **to ~ with it!** ich hab's satt!; **to not have a chance** [*or* hope] **in ~** nicht die leiseste Hoffnung haben; **to scare the ~ out of sb** jdn zu Tode erschrecken ❸ (*fam: for emphasis*) **he's one ~ of a guy!** er ist echt total in Ordnung!; **they had a ~ of a time** (*negative*) es war die Hölle für sie; (*positive*) sie hatten einen Heidenspaß; **a ~ of a lot** verdammt viel; **[as] cold as ~** saukalt ▸ PHRASES: **come ~ or high water** komme, was wolle; **to give sb ~** (*scold*) jdm die Hölle heißmachen; (*make life unbearable*) jdm das Leben zur Hölle machen; **go to ~!** scher dich zum Teufel! **II.** *interj* **what the ~ are you doing?** was zum Teufel machst du da?; **get the ~ out of here, will you?** mach, dass du rauskommst! ▸ PHRASES: **like ~!** nie im Leben!; **what the ~!?** was soll's!, was zum Teufel! *sl*

he'll [hil] = he will/he shall *see* will, shall

'**hell-bent** *adj* fest entschlossen

'**hellfire** *n* Höllenfeuer *nt*

hellish ['hel·ɪʃ] *adj* höllisch *a. fig; cold, heat* mörderisch; *day* grässlich; *experience* schrecklich

hellishly ['hel·ɪʃ·li] *adv* (*fam*) ❶ (*dreadfully*) höllisch ❷ (*extremely*) verdammt

hello [hə·'loʊ] **I.** *n* Hallo *nt;* **to say ~ to sb** jdn [be]grüßen **II.** *interj* hallo!

helm [helm] *n* Ruder *nt a. fig*

helmet ['hel·mɪt] *n* Helm *m*

helmsman ['helmz·mən] *n* Steuermann, -frau *m, f*

help [help] **I.** *n* Hilfe *f;* (*financial*) Unterstützung *f;* **a lot of ~ you are!** (*iron*) du bist mir eine schöne Hilfe!; **to cry for ~** nach Hilfe schreien **II.** *interj* ■**~!** Hilfe! **III.** *vi* helfen (**with** bei +*dat*); **is there any way that I can ~?** kann ich irgendwie behilflich sein? **IV.** *vt* ❶ (*assist*) ■**to ~ sb** jdm helfen (**with** bei +*dat*); **her local knowledge ~ed her** ihre Ortskenntnisse haben ihr genützt SÜDD [*o* NORDD genutzt]; **can I ~ you?** (*in shop*) kann ich Ihnen behilflich sein?; **to ~ sb through a difficult time** jdm eine schwierige Zeit hinweghelfen ❷ (*improve*) verbessern; (*alleviate*) lindern ❸ (*prevent*) **I can't ~ it!** ich kann nichts dagegen machen!; **I can't ~ thinking that ...** ich denke einfach, dass ...; **not if I can ~ it,** nicht, wenn ich es irgendwie verhindern kann; ■**sth can't be ~ed** etw ist nicht zu ändern ❹ (*take*) ■**to ~ oneself** sich bedienen; ■**to ~ oneself to sth** sich *dat* etw nehmen; *thief* sich an etw *dat* bedienen **V.** *adj* Hilfe-

◆**help along** *vt* ■**to ~ sb along** jdm [auf die Sprünge] helfen; ■**to ~ sth along** etw vorantreiben

◆**help out I.** *vt* ■**to ~ out ↻ sb** jdm [aus]helfen **II.** *vi* aushelfen; ■**to ~ out with sth** bei etw *dat* helfen

◆**help up** *vt* ■**to ~ sb up** jdm aufhelfen

helper ['hel·pər] *n* Helfer(in) *m(f);* (*assistant*) Gehilfe *m,* Gehilfin *f*

helpful ['help·fəl] *adj person* hilfsbereit; *tool, suggestion* hilfreich; **to be ~ [to sb]** [jdm] hel-

fen
helping ['hel·pɪŋ] **I.** *n of food* Portion *f* **II.** *adj* hilfreich; **to give** [*or* **lend**] **sb a ~ hand** jdm helfen
'helping verb *n* LING *see* **auxiliary verb**
helpless ['help·lɪs] *adj* hilflos; (*powerless*) machtlos
'helpline *n* Notruf *m*
helter-skelter [ˌhel·tər·'skel·tər] **I.** *adj* hektisch **II.** *adv* Hals über Kopf
hem[1] [hem] **I.** *n* Saum *m* **II.** *vt* <-mm-> säumen
◆**hem in** *vt* ❶ (*surround*) umgeben ❷ (*fig*) einengen; **to feel ~ med in** sich eingeengt fühlen
hem[2] [hem] *vi* ▶ PHRASES: **to ~ and haw** herumdrucksen
'he-man *n* (*fam*) Heman *m*
hemisphere ['hem·ɪ·sfɪr] *n* GEOG, ASTRON [Erd]halbkugel *f*
hemline ['hem·laɪn] *n* [Kleider]saum *m*; **~ s are up** die Röcke sind kurz
hemophiliac [ˌhi·mou·'fɪl·i·æk] *n* MED Bluter(in) *m(f)*
hemorrhage ['hem·ər·ɪdʒ] **I.** *n* MED [starke] Blutung **II.** *vi* MED [stark] bluten
hemorrhoids ['hem·ər·ɔɪdz] *npl* MED Hämorrhoiden *pl*
hemp [hemp] *n* Hanf *m*
hen [hen] *n* ZOOL Henne *f*, Huhn *nt*
hence [hens] *adv* ❶ *after n* (*from now*) von jetzt an; **four weeks ~** in vier Wochen ❷ (*therefore*) daher
henceforth [ˌhens·'fɔrθ], **henceforward** [ˌhens·'fɔr·wərd] *adv* (*form*) von nun an
henchman ['hentʃ·mən] *n* Handlanger *m*
henna ['hen·ə] *n* Henna *f o nt*
'henpecked *adj* **~ husband** Pantoffelheld *m;* ■**to be ~** unter dem Pantoffel stehen
hepatitis [ˌhep·ə·'taɪ·ţɪs] *n* Leberentzündung *f*
heptathlon [hep·'tæθ·lən] *n* Siebenkampf *m*
her [hɜr] **I.** *pron pers* sie *in akk,* ihr *in dat;* **it was ~** sie war's *In akk,* ihr(e, n); (*ship, country, boat, car*) sein(e, n); **what's ~ name?** wie heißt sie?
herald ['her·əld] **I.** *n* (*messenger*) Bote *m,* Botin *f;* (*newspaper*) Bote *m* **II.** *vt* (*form*) ankündigen
heraldic [hə·'ræl·dɪk] *adj* Wappen-
heraldry ['her·əl·dri] *n* Wappenkunde *f*
herb [ɜrb] *n* [Gewürz]kraut *nt meist pl;* (*for medicine*) [Heil]kraut *nt meist pl*
herbal ['ɜr·bəl] *adj* Kräuter-
herbalist ['ɜr·bə·lɪst] *n* (*dealer*) Kräuterhändler(in) *m(f);* (*healer*) Kräuterheilkundige(r) *f(m)*
herbicide ['hɜr·bɪ·saɪd] *n* Unkrautvertilgungsmittel *nt*
herbivorous [hɜr·'bɪv·ər·əs] *adj* Pflanzen fressend
Herculean [ˌhɜr·kju·'li·ən] *adj* übermenschlich; **~ task** Herkulesarbeit *f*
Hercules ['hɜr·kjə·liz] *n* Herkules *m a. fig*

herd [hɜrd] **I.** *n* ❶ (*group of animals*) Herde *f;* *of wild animals* Rudel *nt* ❷ (*pej: group of people*) Herde *f,* Masse *f* **II.** *vt* treiben
◆**herd together** **I.** *vt animals* zusammentreiben; *people* zusammenpferchen **II.** *vi* sich zusammendrängen
'herd instinct *n* Herdentrieb *m*
'herdsman *n* Hirt[e] *m*
here [hɪr] **I.** *adv* hier; (*with movement*) hierher, hierhin; **come ~!** komm [hier]her!; **give it ~!** (*fam*) gib mal her!; **~ you are!** (*presenting*) bitte schön!; (*finding*) hier bist du!; **~ I am!** hier bin ich!; **~ comes the train** da kommt der Zug; **~ goes!** (*fam*) los geht's!; **~ 's to you!** auf Ihr/dein Wohl!; **from ~ on in** [*or* out] von jetzt an **II.** *interj* **~!** (*to this place*) hier!; **~, don't cry/worry!** na komm, weine nicht/mach dir keine Sorgen!
hereabout [ˌhɪr·ə·'baʊt], **hereabouts** [ˌhɪr·ə·'baʊts] *adv* hier [in dieser Gegend]
hereditary [hə·'red·ɪ·ter·i] *adj* erblich; *disease* angeboren; *succession* gesetzlich
heredity [hə·'red·ɪ·ţi] *n* (*transmission of characteristics*) Vererbung *f;* (*genetic makeup*) Erbgut *nt*
heresy ['her·ə·si] *n* Ketzerei *f*
heretic ['her·ə·tɪk] *n* Ketzer(in) *m(f)*
heretical [hə·'reţ·ɪ·kəl] *adj* ketzerisch
here'with *adv* (*form*) anbei, hiermit; **enclosed ~** beiliegend
heritage ['her·ɪ·ţɪdʒ] *n* Erbe *nt*
hermaphrodite [hər·'mæf·rou·daɪt] *n* Zwitter *m*
hermetically [hər·'meţ·ɪ·kə·li] *adv* hermetisch
hermit ['hɜr·mɪt] *n* Eremit(in) *m(f) a. fig,* Einsiedler(in) *m(f) a. fig*
hermitage ['hɜr·mɪ·ţɪdʒ] *n* Einsiedelei *f*
'hermit crab *n* Einsiedlerkrebs *m*
hernia <*pl* -s *or* -niae> ['hɜr·ni·ə] *n* MED Bruch *m*
hero <*pl* -es> ['hɪr·ou] *n* Held(in) *m(f)*
heroic [hɪr·'rou·ɪk] **I.** *adj* (*brave*) heldenhaft; *attempt* kühn; **~ deed** Heldentat *f* **II.** *n* ■**~ s** *pl* Heldentaten *pl*
heroin ['her·ou·ɪn] *n* Heroin *nt*
heroine ['her·ou·ɪn] *n* Heldin *f*
heroism ['her·ou·ɪz·əm] *n* Heldentum *nt;* **act of ~** heldenhafte Tat
heron <*pl* -s *or* -> ['her·ən] *n* Reiher *m*
herpes ['hɜr·piz] *n* MED Herpes *m*
herring <*pl* -s *or* -> ['her·ɪŋ] *n* Hering *m*
'herringbone *n* Fischgrätenmuster *nt*
hers [hɜrz] *pron pers* (*of person/animal*) ihre(r, s); **a good friend of ~** eine gute Freundin von ihr
herself [hɜr·'self] *pron reflexive* ❶ *after vb, prep* sich *in akk o dat* ❷ (*emph: personally*) selbst; **she talks to ~ when she works** sie spricht bei der Arbeit mit sich [selbst]; **she told me ~** sie hat es mir selbst erzählt ❸ (*alone*) [all] **by ~** ganz alleine
he's [hiz] = **he is/he has** *see* **be**, **have I**, **II**

hesitant ['hez·ɪ·tənt] *adj person* unschlüssig; *reaction, answer, smile* zögernd; *speech* stockend

hesitantly ['hez·ɪ·tənt·li] *adv act* unentschlossen; *smile* zögernd; *speak* stockend

hesitate ['hez·ɪ·teɪt] *vi* ❶ (*wait*) zögern; **don't ~ to call me** ruf mich einfach an ❷ (*falter*) stocken

hesitation [ˌhez·ɪ·'teɪ·ʃən] *n* (*indecision*) Zögern *nt*, Unentschlossenheit *f*; (*reluctance*) Bedenken *pl*; **without [the slightest] ~** (*indecision*) ohne [einen Augenblick] zu zögern; (*reluctance*) ohne [den geringsten] Zweifel

heterogeneous [ˌhet·ər·ə·'dʒi·ni·əs] *adj* uneinheitlich

heterosexual [ˌhet·ə·rou·'sek·ʃu·əl] I. *adj* heterosexuell II. *n* Heterosexuelle(r) *f/m*)

hexagon ['hek·sə·gan] *n* Sechseck *nt*

hexagonal [hek·'sæg·ə·nəl] *adv* sechseckig

hey [heɪ] *interj* (*fam*) he!

heyday ['heɪ·deɪ] *n usu sing* Glanzzeit *f*

HI *abbrev of* **Hawaii**

hi [haɪ] *interj* hallo!

hibernate ['haɪ·bər·neɪt] *vi* Winterschlaf halten

hibernation [ˌhaɪ·bər·'neɪ·ʃən] *n* Winterschlaf *m*

hiccup, hiccough ['hɪk·ʌp] I. *n* ❶ (*sound, attack*) Schluckauf *m;* **to have the ~s** einen Schluckauf haben ❷ (*fig: setback*) Schwierigkeit *f meist pl* II. *vi* schlucksen

hick [hɪk] *n* (*pej fam*) Provinzler(in) *m(f) pej fam*

hickory ['hɪk·ə·ri] *n* Hickory[baum] *m*

hid [hɪd] *vt pt of* **hide**

hidden ['hɪd·ən] I. *vt pp of* **hide** II. *adj* versteckt; *agenda* heimlich; *reserves* still; *talent* verborgen

hide[1] [haɪd] I. *vt* <hid, hidden> ❶ (*keep out of sight*) verstecken (**from** vor +*dat*); (*cover*) verhüllen ❷ (*keep secret*) *emotions* verbergen (**from** vor +*dat*); *facts* verheimlichen (**from** vor +*dat*) ❸ (*block*) verdecken; **hidden from view** nicht zu sehen II. *vi* <hid, hidden> sich verstecken (**from** vor +*dat*)
◆ **hide away** I. *vt* verstecken II. *vi* sich verstecken
◆ **hide out, hide up** *vi* sich versteckt halten

hide[2] [haɪd] *n* (*skin*) Haut *f a. fig;* (*with fur*) Fell *nt;* (*leather*) Leder *nt*

'hide-and-go-seek, 'hide-and-seek *n* Versteckspiel *nt;* **to play ~** Verstecken spielen

'hideaway *n* (*fam*) Versteck *nt a. fig*

hideous ['hɪd·i·əs] *adj* ❶ (*ugly*) grässlich, scheußlich ❷ (*terrible*) schrecklich, furchtbar

'hideout *n* Versteck *nt*

hiding ['haɪ·dɪŋ] *n* (*concealment*) **to be in ~** sich versteckt halten; **to go into ~** untertauchen

hierarchy ['haɪ·rar·ki] *n* Hierarchie *f*

hieroglyph [ˌhaɪ·rou·'glɪf] *n* Hieroglyphe *f*

hieroglyphic [ˌhaɪ·rou·'glɪf·ɪk] *n usu pl* ■~s Hieroglyphen *pl*

hi-fi ['haɪ·faɪ] I. *n short for* **high fidelity** Hi-Fi-Anlage *f* II. *adj short for* **high-fidelity** Hi-Fi-

high [haɪ] I. *adj* ❶ *building, speed, rank* hoch *präd*, hohe(r, s) *attr; winds* stark; *marks* gut; *hopes, altitude* groß; **~ in calories** kalorienreich; **to be ~ in calcium** viel Kalzium enthalten; **friends in ~ places** wichtige Freunde; **~ and mighty** (*pej*) herablassend ❷ (*on drugs*) high ▶ PHRASES: **~ time** höchste Zeit II. *adv* hoch; (*fig*) **emotions were running ~** die Gemüter erhitzten sich ▶ PHRASES: **~ and low** überall III. *n* ❶ (*high[est] point*) Höchststand *m* ❷ METEO Hoch *nt*

high 'beams *npl* AUTO Fernlicht *nt*

'highbrow *adj* hochgeistig

'highchair *n* Hochstuhl *m*

'high-class *adj* erstklassig; *product* hochwertig

'high court *n see* **Supreme Court**

high-'density *adj* ❶ COMPUT mit hoher Dichte ❷ (*closely packed*) kompakt; **~ housing** dicht bebautes Wohngebiet

higher edu'cation *n* (*learning*) Hochschulbildung *f;* (*system*) Hochschulwesen *nt*

higher-'up *n* (*fam*) hohes Tier

high'flier *n* (*fig*) Überflieger(in) *m(f)*

high-'flown *adj* hochtrabend

high 'frequency *n* Hochfrequenz *f*

high'handed *adj* selbstherrlich

high'handedness *n* Selbstherrlichkeit *f*

high 'heels *npl* ❶ (*shoes*) hochhackige Schuhe ❷ (*parts of a shoe*) hohe Absätze

'high jinks, hijinks *npl* Ausgelassenheit *f kein pl*

'high jump *n* Hochsprung *m*

highlands ['haɪ·ləndz] *npl* Hochland *nt kein pl*

'high-level *adj* auf höchster Ebene *nach n*

'high life *n* exklusives Leben; ■**the ~** die Prasserei

'highlight I. *n* ❶ (*best part*) Höhepunkt *m* ❷ (*in hair*) ■~s *pl* Strähnchen *pl* II. *vt* ❶ (*draw attention to*) hervorheben, unterstreichen; *text* markieren ❷ (*dye*) **to have one's hair ~ed** sich *dat* Strähnchen machen lassen

'highlighter *n* ❶ (*pen*) Textmarker *m* ❷ (*cosmetics*) Highlighter *m*

highly ['haɪ·li] *adv* hoch-; **~ amusing** ausgesprochen amüsant; **~ contagious** hoch ansteckend; **~-strung** nervös; **to think ~ of someone** eine hohe Meinung von jdm haben

High 'Mass *n* Hochamt *nt*

Highness ['haɪ·nɪs] *n* ■**Her/His/Your ~** Ihre/Seine/Eure Hoheit

high-per'formance *adj* Hochleistungs-

high-'pitched *adj* ❶ *voice* hoch ❷ *roof* steil

'high point *n* Höhepunkt *m*

high-'powered *adj* ❶ *machine* Hochleistungs-; *car* stark; *computer* leistungsstark ❷ (*influential*) einflussreich; *delegation* hochrangig

high-'pressure *adj* ❶ METEO, TECH Hochdruck-; **~ area** Hochdruckgebiet *nt* ❷ ECON **~ sales techniques** aggressive Verkaufstechniken

high 'priest *n* REL Hohe(r) Priester *m;* (*fig*) Doyen *m*

high 'profile *n* **to have a** ~ gerne im Rampenlicht stehen

high-'profile *adj* **she's a** ~ **politician** sie ist eine Politikerin, die im Rampenlicht steht

high-'protein *adj* eiweißreich

high-'ranking *adj* hochrangig

high-reso'lution *adj* mit hoher Auflösung

'high-rise, high-rise 'building *n* Hochhaus *nt*

high-'risk *adj* hochriskant; **to be in a** ~ **category** einer Risikokategorie angehören

'high school *n* Highschool *f,* ≈ Gymnasium *nt*

high 'seas *npl* hohe See; **on the** ~ auf hoher See

high 'season *n* Hochsaison *f*

high-speed 'train *n* Hochgeschwindigkeitszug *m*

high-'spirited *adj* ausgelassen; *horse* temperamentvoll

high 'spirits *npl* Hochstimmung *f* kein pl

'high spot *n* Höhepunkt *m*

'hightail *vi, vt* (*fam*) **to** ~ [it] abhauen

high-'tech *adj* Hightech-

high tech'nology *n* Hightech *nt,* Hochtechnologie *f*

high 'tide *n* Flut *f;* **at** ~ bei Flut

high 'treason *n* Hochverrat *m*

high-'water mark *n* Hochwassermarke *f*

'highway **I.** *n* Highway *m* **II.** *adj* Straßen-; ~ **fatalities** Verkehrstote *pl*

'highwayman *n* (*hist*) Straßenräuber *m*

hijack ['haɪ·dʒæk] **I.** *vt* entführen; (*fig*) klauen *fam* **II.** *n* Entführung *f*

hijacker ['haɪ·dʒæk·ər] *n* Entführer(in) *m(f)*

hijacking ['haɪ·dʒæk·ɪŋ] *n* Entführung *f*

hijinks *n pl see* **high jinks**

hike [haɪk] **I.** *n* ❶ (*long walk*) Wanderung *f;* (*fam*) **that was quite a** ~ das war ein ganz schöner Marsch [*o* ÖSTERR Hatscher] ❷ (*fam: increase*) Erhöhung *f* **II.** *vi* wandern **III.** *vt* (*fam*) erhöhen

hiker ['haɪ·kər] *n* Wanderer *m,* Wanderin *f*

hiking ['haɪ·kɪŋ] *n* Wandern *nt;* (*in hilly countryside*) Bergwandern *nt*

hilarious [hɪ·'ler·i·əs] *adj* urkomisch, zum Brüllen

hilarity [hɪ·'ler·ɪ·ti] *n* Ausgelassenheit *f;* **to cause** ~ Heiterkeit erregen

hill [hɪl] *n* ❶ (*elevation*) Hügel *m;* (*higher*) Berg *m* ❷ (*slope*) Steigung *f* ▶ PHRASES: **to be over the** ~ mit einem Fuß im Grab stehen

hillbilly ['hɪl·bɪl·i] *n* Hinterwäldler(in) *m(f),* Hillbilly *m*

'hillside *n* Hang *m*

'hilltop **I.** *n* Hügelkuppe *f* **II.** *adj farm* auf einem Hügel gelegen

hilly ['hɪl·i] *adj* hügelig

hilt [hɪlt] *n* ❶ (*handle*) Griff *m; of a dagger, sword* Heft *nt* ❷ (*fig*) [up] **to the** ~ hundertprozentig

him [hɪm] *pron object* ihn *in akk,* ihm *in dat;* **who?** ~**?** wer? der?; **you have more than** ~ du hast mehr als er

Himalayas [ˌhɪm·ə·'leɪ·əz] *npl* GEOG Himalaja *m*

himself [hɪm·'self] *pron reflexive* ❶ *after vb, prep* sich *in akk o dat* ❷ (*emph: personally*) selbst; **he talks to** ~ **when he works** er spricht bei der Arbeit mit sich [selbst]; **he told me** ~ er hat es mir selbst erzählt ❸ (*alone*) [all] **by** ~ ganz alleine

hind [haɪnd] *adj* hintere(r, s); ~ **leg** Hinterbein *nt; of game* Hinterlauf *m*

hinder ['hɪn·dər] *vt* behindern

Hindi ['hɪn·di] *n* Hindi *nt*

'hindquarters *npl* Hinterteil *nt; of a horse* Hinterhand *f*

hindrance ['hɪn·drəns] *n* Behinderung *f; sb is more of a* ~ **than a help** jd stört mehr, als dass er/sie hilft

'hindsight *n* **in** [*or* with [the benefit of]] ~ im Nachhinein

Hindu ['hɪn·du] **I.** *n* Hindu *m o f* **II.** *adj* hinduistisch, Hindu-

Hinduism ['hɪn·du·ɪz·əm] *n* Hinduismus *m*

hinge [hɪndʒ] **I.** *n* Angel *f; of a chest, gate* Scharnier *nt* **II.** *vi* ■**to** ~ [up]**on sb/sth** von jdm/etw abhängen

hint [hɪnt] **I.** *n* ❶ *usu sing* (*trace*) Spur *f;* **he gave me no** ~ **that ...** er gab mir nicht den leisesten Wink, ob ...; **at the slightest** ~ **of trouble** beim leisesten Anzeichen von Ärger ❷ (*allusion*) Andeutung *f;* **OK, I can take a** ~ OK, ich verstehe schon; **to drop a** ~ eine Andeutung machen ❸ (*advice*) Hinweis *m,* Tipp *m* **II.** *vt* ■**to** ~ **that ...** andeuten, dass ... **III.** *vi* andeuten; ■**to** ~ **at sth** auf etw *akk* anspielen

hip [hɪp] **I.** *n* ❶ ANAT Hüfte *f; of pants* Hüftweite *f;* **to dislocate a** ~ sich *dat* die Hüfte ausrenken ❷ BOT [*rose*] ~ Hagebutte *f* **II.** *adj* (*fam*) hip

'hipbone *n* ANAT Hüftknochen *m*

'hip flask *n* Flachmann *m*

hippie ['hɪp·i] *n* Hippie *m*

hippo ['hɪp·oʊ] *n* (*fam*) *short for* **hippopotamus**

hippopotamus <*pl* -es *or* -mi> [ˌhɪp·ə·'paţ·ə·məs] *n* Nilpferd *nt*

hippy ['hɪp·i] *n see* **hippie**

hire [haɪr] **I.** *n* (*fam: employee*) Angestellte(r) *f(m)* **II.** *vt* (*act of employing*) einstellen; **to** ~ **a gunman** einen Killer anheuern

◆ **hire out** *vt* **to** ~ **oneself** ◯ **out** seine Dienste anbieten

his [hɪz] **I.** *pron pers* seine(r, s); **some friends of** ~ einige seiner Freunde **II.** *adj poss* (*of person*) sein(e); **what's** ~ **name?** wie heißt er?

Hispanic [hɪs·'pæn·ɪk] **I.** *adj* hispanisch **II.** *n* Hispanoamerikaner(in) *m(f)*

hiss [hɪs] **I.** *vi* zischen; *cat, person* fauchen; ■**to** ~ **at sb** jdn anfauchen **II.** *vt* ❶ (*utter*) fauchen ❷ (*disapprove of*) ■**to** ~ **sb/sth** *singer, actor, speaker* jdn/etw auszischen **III.** *n* <*pl* -es> Zischen *nt kein pl; of cat* Fauchen *nt kein*

H

pl; of tape Rauschen nt kein pl
historian [hɪ'stɔr·i·ən] n Historiker(in) m(f)
historic [hɪ'stɔr·ɪk] adj historisch
historical [hɪ'stɔr·ɪk·əl] adj geschichtlich, historisch; ~ **accuracy** Geschichtstreue f
history ['hɪs·tə·ri] I. n ❶ (past events) Geschichte f; **to make** ~ Geschichte schreiben ❷ (fig) **to be** ~ person vergessen sein, passé sein fam; **ancient** ~ kalter Kaffee fam ❸ usu sing (background) Vorgeschichte f; **her family has a** ~ **of heart problems** Herzprobleme liegen bei ihr in der Familie II. adj book, class Geschichts-
histrionic [ˌhɪs·tri·'an·ɪk] adj theatralisch
hit [hɪt] I. n ❶ (blow) Schlag m ❷ (shot) Treffer m; **to suffer a direct** ~ direkt getroffen werden ❸ (success, in baseball) Hit m; **to be a** [big] ~ **with sb** bei jdm gut ankommen ❹ (sl: of drug) Schuss m ❺ (fam: murder) Mord m ❻ INET Besuch m einer Webseite, Hit m ❼ COMPUT (in database) Treffer m II. vt <-tt-, hit, hit> ❶ (strike) schlagen; **to** ~ **sb below the belt** jdm einen Schlag unter die Gürtellinie versetzen a. fig; **to** ~ **sb where it hurts** (a. fig) jdn an einer empfindlichen Stelle treffen ❷ (come in contact, strike note) treffen a. fig; by missile; ■ **to be** ~ getroffen werden; **the house was** ~ **by lightning** in das Haus schlug der Blitz ein ❸ (press) button drücken; key drücken auf +akk ❹ (crash into) stoßen (gegen +akk); **their car** ~ **a tree** ihr Auto krachte gegen einen Baum; **the glass** ~ **the floor** das Glas schlug auf den Boden [auf] ❺ SPORTS treffen; (score) basket erzielen ❻ (fam: arrive at) **my sister** ~ **40 last week** meine Schwester wurde letzte Woche 40; **to** ~ **the headlines** in die Schlagzeilen kommen; **to** ~ **rock bottom** einen historischen Tiefstand erreichen ❼ (encounter) stoßen auf +akk; **to** ~ **a traffic jam** in einen Stau geraten; **to** ~ **trouble** in Schwierigkeiten geraten III. vi ❶ (strike) ■ **to** ~ [at sb/sth] [nach jdm/etw] schlagen; **to** ~ **hard** kräftig zuschlagen ❷ (attack) ■ **to** ~ **at sb** jdn attackieren a. fig ❸ (occur) storm toben
◆ **hit back** vi zurückschlagen; ■ **to** ~ **back at sb** jdm Kontra geben
◆ **hit off** vt ■ **to** ~ **it off** [with sb] (fam) sich prächtig [mit jdm] verstehen
◆ **hit on** vt ❶ (think of) kommen auf +akk ❷ (sl: make sexual advances) ■ **to** ~ **on sb** jdn anmachen
◆ **hit up** vt (fam) **to** ~ **up** ↻ **sb** [for money] jdn [um Geld] anhauen
◆ **hit upon** vt idea kommen auf +akk
hit-and-'miss adj zufällig; **a** ~ **affair** [reine] Glückssache
hit-and-'run I. n AUTO Fahrerflucht f II. adj driver unfallflüchtig; ~ **accident** Unfall m mit Fahrerflucht
hitch [hɪtʃ] I. n <pl -es> (difficulty) Haken m; **a technical** ~ ein technisches Problem; **to go off without a** ~ reibungslos ablaufen II. vt ❶ (fasten) festmachen (to an +dat); trailer an-

hängen (to an +akk); animal festbinden ❷ (fam: hitchhike) **to** ~ **a ride** [or lift] trampen, per Anhalter fahren ❸ (sl: marry) **to get** ~ **ed** heiraten III. vi (fam) trampen
◆ **hitch up** vt ❶ (fasten) festmachen (to an +dat); trailer anhängen (to an +akk); **to** ~ **a horse up to a cart** ein Pferd vor einen Wagen spannen ❷ (pull up) pants hochziehen
hitcher ['hɪtʃ·ər] n Anhalter(in) m(f), Tramper(in) m(f)
'**hitchhike** vi per Anhalter fahren, trampen
'**hitchhiker** n Anhalter(in) m(f), Tramper(in) m(f)
'**hitchhiking** n Trampen nt
hi-'tech adj see **high-tech**
hither ['hɪð·ər] adv (liter) ~ **and thither** hierhin und dorthin
hitherto [ˌhɪð·ər·'tu] adv (form) bisher
'**hit man** n Killer m
HIV [ˌeɪtʃ·aɪ·'vi] n abbrev of **human immunodeficiency virus** HIV nt
hive [haɪv] n ❶ (beehive) Bienenstock m ❷ (busy place) Ameisenhaufen m fig
HMO [ˌeɪtʃ·em·'ou] n abbrev of **health maintenance organization** eine in der Regel vom Arbeitgeber getragene, preisgünstige Krankenversicherung mit begrenzter Ärzteauswahl
hoagie ['hou·gi] n Riesensandwich nt
hoard [hɔrd] I. n (of money, food) Vorrat m (of an +dat); (treasure) Schatz m; ~ **of weapons** Waffenlager nt II. vt horten; food a. hamstern III. vi Vorräte anlegen
hoarse [hɔrs] adj heiser
hoarseness ['hɔrs·nɪs] n Heiserkeit f
hoary ['hɔr·i] adj (fig liter) uralt; **a** ~ **joke** ein alter Hut
hoax [houks] I. n (deception) Täuschung f; (joke) Streich m; (false alarm) blinder Alarm II. adj vorgetäuscht III. vt [he]reinlegen; **to** ~ **sb into believing** [or thinking] sth jdm etw weismachen
hoaxer ['houks·ər] n jd, der falschen Alarm auslöst
hobble ['hab·əl] I. vi hinken, humpeln; **to** ~ **around on crutches** mit Krücken herumlaufen II. n (awkward walk) Hinken nt kein pl, Humpeln nt kein pl
hobby ['hab·i] n Hobby nt
'**hobbyhorse** n Steckenpferd nt
hobnob <-bb-> ['hab·nab] vi (fam) verkehren
hobo <pl -s or -es> ['hou·bou] n (tramp) Penner(in) m(f), Sandler(in) m(f) ÖSTERR
hock[1] [hak] n ZOOL Sprunggelenk nt; of a horse Fesselgelenk nt; (meat) Hachse f, Haxe f SÜDD, ÖSTERR
hock[2] [hak] I. n (fam) ❶ (in debt) **to be in** ~ Schulden haben ❷ (pawned) **in** ~ verpfändet II. vt verpfänden
hockey ['hak·i] n [Eis]hockey nt; ~ **stick** Hockeyschläger m
hodgepodge ['hadʒ·padʒ] n Mischmasch m (of aus +dat)
hoe [hou] I. n Hacke f II. vt, vi hacken

hog [hɔg] I. *n* Schwein *nt* ▶ PHRASES: **to go the whole** ~ ganze Sache machen II. *vt* <-gg-> (*fam*) ■**to** ~ **sb/sth** jdn/etw in Beschlag nehmen *akk;* **to** ~ **the road** die ganze Straße [für sich *akk*] beanspruchen

hoist [hɔɪst] I. *vt* hochheben; *flag, sail* hissen; **he ~ed her onto his shoulders** er hievte sie auf seine Schultern II. *n* Winde *f*

hold [hoʊld] I. *n* ➊ (*grasp*) Halt *m kein pl;* **to catch** [*or* **get** [a]] ~ **of sb/sth** jdn/etw ergreifen; **to keep** ~ **of sth** etw festhalten; **to take** ~ (*fig*) *fire, epidemic* übergreifen ➋ SPORTS Griff *m* (**on** an +*akk*) ➌ (*delay*) **to be on** ~ auf Eis liegen *fig;* TELEC in der Warteschleife sein; **to put on** ~ *project, plans* auf Eis legen *fig;* TELEC *caller* in die Warteschleife schalten ➍ (*control*) **to have a** [**strong**] ~ **on** [*or* **over**] **sb** [starken] Einfluss auf jdn haben ➎ NAUT, AVIAT Frachtraum *m* II. *vt* <held, held> ➊ (*grasp*) ■**to** ~ **sb/sth** [**tight** [*or* **tightly**]] jdn/etw [fest]halten; **to** ~ **the door open for sb** jdm die Tür aufhalten; **to** ~ **sth in place** etw halten ➋ (*keep*) halten; **to** ~ **sb's attention** [*or* **interest**] jdn fesseln; **to** ~ **sb hostage** jdn als Geisel halten; **to** ~ **its value** seinen Wert behalten; **to** ~ **sb to his/her word** jdn beim Wort nehmen ➌ (*delay, stop*) zurückhalten; PHOT **OK,** ~ **it!** gut, bleib so!; **to** ~ **one's breath** die Luft anhalten; TELEC **to** ~ **the line** am Apparat bleiben ➍ (*contain*) fassen; COMPUT speichern; **this room ~s 40 people** dieser Raum bietet 40 Personen Platz; **this hard disk ~s 13 gigabytes** diese Festplatte hat ein Speichervolumen von 13 Gigabyte

◆**hold against** *vt* ■**to** ~ **sth against sb** jdm etw vorwerfen

◆**hold back** I. *vt* (*stop*) aufhalten; (*impede development*) hindern; *information* geheim halten; *tears* zurückhalten II. *vi* (*refrain*) **to** ~ **back from doing sth** etw unterlassen

◆**hold down** *vt* (*keep near the ground*) niederhalten; (*keep low*) *levels, prices* niedrig halten

◆**hold forth** *vi* ■**to** ~ **forth** [**about sth**] sich [über etw *akk*] auslassen

◆**hold in** *vt emotions* zurückhalten; *fear* unterdrücken; *stomach* einziehen

◆**hold off** I. *vt* ➊ MIL *enemy* abwehren ➋ (*postpone*) verschieben II. *vi* warten; **the rain held off all day** es hat den ganzen Tag nicht geregnet

◆**hold on** *vi* ➊ (*affix, attach*) ■**to be held on by** [*or* **with**] **sth** mit etw *dat* befestigt sein ➋ (*manage to keep going*) durchhalten ➌ (*wait*) ~ **on!** Moment bitte!

◆**hold onto** *vt* ➊ (*grasp*) festhalten ➋ (*keep*) behalten

◆**hold out** I. *vt* ausstrecken II. *vi* ➊ (*manage to resist*) durchhalten; **to** ~ **out for sth** auf etw *dat* bestehen ➋ (*refuse to give information*) **to** ~ **out on sb** jdm etw verheimlichen

◆**hold over** *vt* ➊ (*defer*) aufschieben ➋ (*extend*) verlängern

◆**hold to** *vt* **can I** ~ **you to that?** bleibst du bei deinem Wort?

◆**hold together** *vi, vt* zusammenhalten

◆**hold under** *vt* unterdrücken

◆**hold up** I. *vt* ➊ (*raise*) hochhalten; *hand* heben ➋ (*support*) stützen ➌ (*delay*) aufhalten; **the letter was held up in the mail** der Brief war bei der Post liegen geblieben II. *vi* ➊ (*endure*) durchhalten, aushalten ➋ (*remain convincing*) standhalten; *alibi* keine Widersprüche aufweisen; **to** ~ **up in court** vor Gericht standhalten

holder ['hoʊl·dər] *n* ➊ (*device*) Halter *m* ➋ (*person*) Besitzer(in) *m(f);* **account** ~ Kontoinhaber(in) *m(f);* **record** ~ Rekordhalter(in) *m(f)*

holding ['hoʊl·dɪŋ] *n* ➊ (*land*) Pachtbesitz *m* ➋ FIN Beteiligung *f;* ■ ~**s** *pl* Anteile *pl;* ~ **company** Dachgesellschaft *f*

'holdup *n* ➊ (*crime*) Raubüberfall *m* ➋ (*delay*) Verzögerung *f;* **what's the** ~? was ist?

hole [hoʊl] I. *n* ➊ (*gap*) Loch *nt a. fig; of fox, rabbit* Bau *m* ➋ (*fig: fault*) **to pick** ~**s** [**in sth**] [etw] kritisieren ➌ (*fig fam: difficulty*) **to get sb out of a** ~ jdm aus der Patsche helfen II. *vt* (*in golf*) einlochen

◆**hole up** *vi* (*fam*) sich verkriechen

holiday ['hal·ɪ·deɪ] *n* Feiertag *m;* ■**the** ~**s** *die Zeit zwischen Thanksgiving und Neujahr* ▶ PHRASES: **Happy** ~**s!** Frohe Weihnachten!

holiness ['hoʊ·lɪ·nɪs] *n* Heiligkeit *f*

Holland ['hal·ənd] *n* Holland *nt*

holler ['hal·ər] I. *vi, vt* (*fam*) brüllen II. *n* (*fam*) Schrei *m*

hollow ['hal·oʊ] I. *adj* ➊ (*empty, sunken*) hohl; *cheeks* eingefallen ➋ (*fig*) wertlos; *laughter* ungläubig; *victory* schal II. *n* ➊ (*hole*) Senke *f* ➋ (*valley*) Tal *nt* III. *vt* ■**to** ~ **[out]** aushöhlen

holly ['hal·i] *n* Stechpalme *f*

holocaust ['hal·ə·kɔst] *n* ➊ (*destruction*) Inferno *nt* ➋ (*genocide*) Massenvernichtung *f;* ■**the H~** der Holocaust

hologram ['hal·ə·græm] *n* Hologramm *nt*

holster ['hoʊl·stər] *n* [Pistolen]halfter *nt o f*

holy ['hoʊ·li] *adj* heilig

Holy Com'munion *n* ➊ (*service*) heilige Kommunion ➋ (*bread and wine*) heiliges Abendmahl

Holy 'Father *n* ■**the** ~ der Heilige Vater

Holy 'Scripture *n* ■**the** ~ die Heilige Schrift

Holy 'Spirit *n* ■**the** ~ der Heilige Geist

'holy water *n* Weihwasser *nt*

homage ['ham·ɪdʒ] *n* Huldigung *f* (**to** +*gen*); **to pay** ~ [**to sb**] [jdm] huldigen

home [hoʊm] I. *n* ➊ (*abode*) Zuhause *nt;* **a** ~ **away from** ~ ein zweites Zuhause; **to leave** ~ [von zu Hause] ausziehen; **to make oneself at** ~ es sich *dat* gemütlich machen; **at** ~ zu Hause, zuhause ÖSTERR, SCHWEIZ ➋ (*house*) Haus *nt;* (*apartment*) Wohnung *f;* **starter** ~ erstes eigenes Heim ➌ (*institution*) Heim *nt* ➍ (*place of origin*) Heimat *f; of people a.* Zuhause *nt kein pl* ⑤ SPORTS **at ~** zu Hause ⑥ COMPUT *(for the cursor)* Ausgangsstellung *f;* (*on the key*) "~" "Pos. 1" ▶ PHRASES: **to feel at ~ with sb** sich bei jdm wohl fühlen; **~ sweet ~** *(saying)* trautes Heim, Glück allein **II.** *adv* ① *(at one's abode)* zu Hause, zuhause ÖSTERR, SCHWEIZ, daheim *bes* SÜDD, ÖSTERR, SCHWEIZ; *(to one's abode)* nach Hause, nachhause ÖSTERR, SCHWEIZ; **hi! I'm ~!** hallo! ich bin wieder da! ② *(to one's origin)* **to go/return ~** in seine Heimat zurückgehen/zurückkehren ③ *(to sb's understanding)* **to bring sth ~** [to sb] [jdm] etw klarmachen; **to drive it ~ that ...** unmissverständlich klarmachen, dass ... **III.** *vi* ■ **to ~ in on sth** genau auf etw *akk* zusteuern; *(fig)* [sich *dat*] etw herausgreifen

'**home address** *n* Heimatadresse *f*, Privatanschrift *f*

'**home advantage** *n* Heimvorteil *m*

home-'baked *adj* selbst gebacken

home 'banking *n* Homebanking *nt*

home'brew *n* selbst gebrautes Bier

'**homecoming** *n* ① *(return)* Heimkehr *f kein pl* ② *(reunion)* Ehemaligentreffen *nt;* **~ queen** Schönheitskönigin beim Ehemaligentreffen

---

ⓘ **Homecoming** ist in den USA ein wichtiges Fest an der High School und an der Universität. Das Fest findet gewöhnlich Ende September oder Anfang Oktober statt. An diesem Tag kommen die Absolventen und es wird eine große Party gefeiert. Üblicherweise kommt die Footballmannschaft zu einem Heimspiel „nach Hause" und eine beliebte Schülerin/Studentin und ein beliebter Schüler/Student werden zur *Homecoming Queen* bzw. zum *Homecoming King* gekürt.

---

home 'cooking *n* Hausmannskost *f*

home eco'nomics *n* + *sing vb* Hauswirtschaft[slehre] *f*

'**home game** *n* Heimspiel *nt*

home-'grown *adj* aus dem eigenen Garten, aus eigenem Anbau

home 'help *n* Haushaltshilfe *f*

'**homeland** *n* *(origin)* Heimat *f*, Heimatland *nt;* **~ security** innere Sicherheit, Heimatschutz *m*

homeless ['hoʊm·lɪs] **I.** *adj* heimatlos; ■ **to be ~** obdachlos sein **II.** *n* **the ~** *pl* die Obdachlosen *pl*

'**homeless shelter** *n* Obdachlosenheim *nt*

'**home loan** *n* Hypothek *f*

homely ['hoʊm·li] *adj* ① *(pej: ugly)* unansehnlich ② *(plain)* schlicht aber gemütlich

home'made *adj* hausgemacht; *cake* selbst gebacken; *jam* selbst gemacht

'**homemaker** *n* Hausmann, -frau *m, f*

homeopath ['hoʊ·mi·oʊ·pæθ] *n* Homöopath(in) *m(f)*

homeopathic [ˌhoʊ·mi·oʊ·'pæθ·ɪk] *adj* ho-

möopathisch

homeopathy [ˌhoʊ·mi·'ap·ə·θi] *n* Homöopathie *f*

'**homeowner** *n* Hausbesitzer(in) *m(f)*

'**home page** *n* COMPUT Homepage *f*

home 'plate *n* *(in baseball)* Homeplate *f*, Schlagmal *nt*

home 'rule *n* [politische] Selbstverwaltung

home 'run *n* *(in baseball)* Punkt bringender Lauf um alle vier Male beim Baseball

home'school *vt* jdm Hausunterricht erteilen

home'schooling *n* Unterricht *m* zu Hause

'**homesick** *adj* **to be** [*or* **feel**] **~** [**for sth**] [nach etw *dat*] Heimweh haben

'**homesickness** *n* Heimweh *nt*

homestead ['hoʊm·sted] *n* Eigenheim *nt*

home'stretch *n* Zielgerade *f a. fig*

'**home team** *n* Heimmannschaft *f*

home'town *n* Heimatstadt *f*

home 'truth *n* bittere Wahrheit

homeward ['hoʊm·wərd] **I.** *adv* heimwärts, nach Hause **II.** *adj* heimwärts; **~ journey** Heimreise *f*

homewards ['hoʊm·wərdz] *adv* heimwärts

'**homework** *n* Hausaufgaben *pl a. fig*

'**homeworker** *n* Heimarbeiter(in) *m(f)*

homey ['hoʊ·mi] *adj* *(cozy)* heimelig

homicidal [ˌham·ɪ·'saɪ·dəl] *adj* gemeingefährlich

homicide ['ham·ɪ·saɪd] *n* LAW ① *(murdering)* Mord *m* ② *(death)* Mordfall *m;* **~ squad** Mordkommission *f*

homing ['hoʊ·mɪŋ] *adj* **~ instinct** Heimfindevermögen *nt;* **~ device** Peilsender *m*

homogenize [hə·'madʒ·ə·naɪz] *vt* homogenisieren

homophobia [ˌhoʊ·mə·'foʊ·bi·ə] *n* Homophobie *f*

homosexual [ˌhoʊ·mə·'sek·ʃu·əl] *(form)* **I.** *adj* homosexuell **II.** *n* Homosexuelle(r) *f(m)*

homosexuality [ˌhoʊ·mə·sek·ʃu·'æl·ə·ṭi] *n* Homosexualität *f*

Hon. *adj abbrev of* **Honorable** geehrt, ehrenhaft

Honduras [han·'dʊr·əs] *n* Honduras *nt*

honest ['an·ɪst] *adj* ① *(truthful)* ehrlich ② *(trusty)* redlich

honestly ['an·ɪst·li] **I.** *adv* ehrlich **II.** *interj* ① *(promising)* [ganz] ehrlich! ② *(disapproving)* also ehrlich!

honesty ['an·ɪ·sti] *n* Ehrlichkeit *f* ▶ PHRASES: **~ is the best policy** *(prov)* ehrlich währt am längsten

honey ['hʌn·i] *n* ① *(from bees)* Honig *m* ② *(fam: sweet person)* Schatz *m;* (*sl: attractive young woman*) Schnecke *f sl*, Schnitte *f sl*

'**honeybee** *n* [Honig]biene *f*

'**honeycomb** *n* *(wax)* Bienenwabe *f;* (*food*) Honigwabe *f;* **~ pattern** Wabenmuster *nt*

honeydew 'melon *n* Honigmelone *f*

'**honeymoon** **I.** *n* ① *(after marriage)* Flitterwochen *pl* ② *usu sing (fig)* Schonfrist *f* **II.** *vi* **they are ~ing in the Bahamas** sie verbringen ihre

Flitterwochen auf den Bahamas
honk [haŋk] **I.** n ❶ *of goose* Schrei m ❷ *of horn* Hupen nt **II.** vi ❶ *goose* schreien ❷ *horn* hupen **III.** vt **to ~ one's horn** auf die Hupe drücken; **to ~ one's horn at sb** jdn anhupen
honor ['an·ər] **I.** n ❶ Ehre f; ■**in ~ of sb/sth** zu Ehren einer Person/einer S. *gen* ❷ (*award*) Auszeichnung f **II.** vt ❶ *person* ehren ❷ (*fulfill*) *obligation* erfüllen
honorable ['an·ər·əb·əl] *adj* (*worthy*) ehrenhaft; *agreement* ehrenvoll; *person* ehrenwert
honorary ['an·ə·rer·i] *adj* ehrenamtlich
'honor roll n SCH, UNIV Ehrenrolle f

> ℹ️ Die Namen der Schüler und Studenten, die besonders gute Abschlussnoten erzielt haben, werden in den Schüler- bzw. Universitätszeitungen, manchmal sogar in der Tageszeitung, veröffentlicht. Diese Liste nennt sich **honor roll** oder, hauptsächlich in Universitäten *dean's list*. Die Schüler, deren Namen in dieser Liste auftauchen, werden oft bevorzugt, wenn sie sich um Zulassung bei einer Universität oder um einen Arbeitsplatz in einem Unternehmen bewerben.

'honors degree n UNIV *akademischer Grad mit Prüfung im Spezialfach*
hood¹ [hʊd] n ❶ (*head covering*) Kapuze f ❷ AUTO [Motor]haube f ❸ (*shield*) Haube f; **stove ~** Abzugshaube f
hood² [hʊd] n (*gangster*) Kriminelle(r) f(m)
hood³ [hʊd] n (*sl*) Nachbarschaft f
hoodlum ['hud·ləm] n ❶ (*gangster*) Kriminelle(r) f(m) ❷ (*thug*) Rowdy m
hoodwink ['hʊd·wɪŋk] vt hereinlegen
hoof [hʊf] **I.** n <pl **hooves** or -s> Huf m **II.** vt (*fam*) **to ~ it** laufen
hook [hʊk] **I.** n Haken m; **to leave the phone off the ~** den Telefonhörer nicht auflegen ▶ PHRASES: **by ~ or by crook** auf Biegen und Brechen; **to be off the ~** aus dem Schneider sein; **to let sb off the ~** jdn herauspauken **II.** vt ❶ (*fasten*) festhaken (**to** an +*dat*) ❷ (*grab with hook*) **she ~ed the shoe out of the water** sie angelte den Schuh aus dem Wasser ❸ *fish* an die Angel bekommen ❹ (*in baseball, golf*) *ball* einen Linksdrall verpassen
◆**hook up I.** vt ❶ (*connect*) anschließen (**to** an +*akk*) ❷ (*fasten*) zumachen ❸ (*hang*) aufhängen ❹ (*make meet*) ■**to ~ sb** ⟳ **up [with sb]** jdn [mit jdm] verkuppeln **II.** vi ❶ (*connect*) ■**to ~ up [to sth]** sich [an etw *akk*] anschließen ❷ (*sl: get together*) **to ~ up [with sb]** sich [mit jdm] treffen ❸ (*sl: have sex*) **to ~ up [with sb]** [mit jdm] Sex haben
hooked [hʊkt] *adj* ❶ (*curved*) hakenförmig; **~ nose** Hakennase f ❷ (*addicted*) abhängig ❸ (*interested*) ■**to be ~** total begeistert sein; **to be ~ on sb** total verrückt nach jdm sein; **to be ~ on sth** von einer S. völlig besessen sein

hooker ['hʊk·ər] n (*fam*) Nutte f sl
hooky ['hʊk·i] n (*fam*) **to play ~** die Schule schwänzen
hooligan ['hu·lɪ·gən] n Hooligan m
hooliganism ['hu·lɪ·gən·ɪz·əm] n Rowdytum nt
hoop [hup] n ❶ (*ring*) Reifen m ❷ (*earring*) ringförmiger Ohrring
hooray [hə·'reɪ] *interj see* **hurray**
hoot [hut] **I.** n ❶ (*owl call*) Schrei m ❷ (*outburst*) **to give a ~ of laughter** losprusten ▶ PHRASES: **to be a [real] ~** zum Brüllen sein **II.** vi ❶ *owl* schreien ❷ (*utter*) **to ~ with laughter** in johlendes Gelächter ausbrechen
hooter ['hu·tər] n (*vulg*) ■**~s** pl (*woman's breasts*) Hupen pl
hop¹ [hap] **I.** vi <-pp-> ❶ (*jump*) hüpfen; *bunny* hoppeln ❷ SPORTS springen **II.** vt <-pp-> ❶ (*jump*) springen über +*akk* ❷ (*fam: board*) steigen in +*akk* **III.** n ❶ (*jump*) Hüpfer m ❷ (*fam: trip*) [short] **~** [Katzen]sprung m ❸ (*fam: flight stage*) Flugabschnitt m
◆**hop in/on** vi, vt (*fam*) einsteigen
◆**hop off/out** vi, vt (*fam*) aussteigen
hop² n [hap] BOT ❶ (*vine*) Hopfen m ❷ (*in brewing*) ■**~s** pl [Hopfen]dolden pl
hope [hoʊp] **I.** n Hoffnung f; **I don't hold out much ~ of ...** ich habe nicht sehr viel Hoffnung, dass ...; **to give up ~** die Hoffnung aufgeben; **to live in ~** hoffen; **in the ~ of doing sth** in der Hoffnung, etw zu tun **II.** vi hoffen (**for** auf +*akk*); **it's good news, I ~** hoffentlich gute Nachrichten; **to ~ for the best** das Beste hoffen
hopeful ['hoʊp·fəl] **I.** *adj* zuversichtlich; ■**to be ~ of sth** auf etw *akk* hoffen **II.** n usu pl viel versprechende Personen pl
hopefully ['hoʊp·fəl·i] *adv* ❶ (*in hope*) hoffnungsvoll ❷ (*it is hoped*) hoffentlich
hopeless ['hoʊp·lɪs] *adj* hoffnungslos; *situation* aussichtslos; ■**to be ~** (*fam: incompetent*) ein hoffnungsloser Fall sein; **I'm ~ at cooking** wenn es um's Kochen geht, bin ich eine absolute Null
hopelessly ['hoʊp·lɪs·li] *adv* hoffnungslos; **he's ~ in love with her** er hat sich bis über beide Ohren in sie verliebt
hopping ['hap·ɪŋ] *adj* (*fam*) auf hundertachtzig; **to be ~ mad at sb** stinksauer auf jdn sein
hopscotch ['hap·skatʃ] n Himmel und Hölle nt
horde [hɔrd] n Horde f; **~s of fans** eine riesige Fangemeinde
horizon [hə·'raɪ·zən] n Horizont m; **on the ~** am Horizont; (*fig*) in Sicht
horizontal [ˌhɔr·ɪ·'zan·təl] **I.** *adj* horizontal, waag[e]recht **II.** n ■**the ~** die Horizontale
hormone ['hɔr·moʊn] n Hormon nt
horn [hɔrn] **I.** n ❶ ZOOL Horn nt ❷ MUS Horn nt ❸ AUTO Hupe f **II.** vi ■**to ~ in on sth** bei etw *dat* mitmischen
hornet ['hɔr·nɪt] n Hornisse f
'horn-rimmed *adj* **~ glasses** Hornbrille f

H

horny ['hɔr·ni] *adj* ❶ (*hard*) hornartig; (*of horn*) aus Horn *nach n* ❷ (*fam: sexually excited*) geil; **to feel ~** spitz sein

horoscope ['hɔr·ə·skoʊp] *n* Horoskop *nt*

horrendous [hɔ·'ren·dəs] *adj* schrecklich; *conditions* entsetzlich; *losses, prices* horrend

horrible ['hɔr·ə·bəl] *adj* schrecklich, furchtbar; *weather* scheußlich; (*unkind*) gemein

horrid ['hɔr·ɪd] *adj* fürchterlich; (*unkind*) gemein

horrific [hɔ·'rɪf·ɪk] *adj* ❶ (*shocking*) entsetzlich, grausig ❷ (*extreme*) *losses, prices* horrend

horrify <-ie-> ['hɔr·ə·faɪ] *vt* entsetzen

horror ['hɔr·ər] *n* (*feeling*) Entsetzen *nt*, Grauen *nt* (**at** über +*akk*); **in ~** entsetzt

hors d'oeuvre <*pl* - *or* -s> [ɔr·'dɜrv] *n* ❶ (*appetizer*) Hors d'oeuvre *nt* ❷ (*canapés*) Appetithäppchen *nt*

horse [hɔrs] *n* Pferd *nt;* **~ and buggy** Pferdewagen *m;* **to eat like a ~** fressen wie ein Scheunendrescher ▸ PHRASES: **to hear sth |straight| from the ~'s mouth** etw aus erster Hand haben; **you can lead a ~ to water, but you can't make him |or it| drink** (*prov*) man kann jdn nicht zu seinem Glück zwingen; **to beat |or flog| a dead ~** sich *dat* die Mühe sparen können; **to hold one's ~s** die Luft anhalten; **hey! hold your ~s! not so fast!** he, nun mal langsam, nicht so schnell!

'**horseback** *n* **on ~** zu Pferd

'**horse chestnut** *n* Rosskastanie *f*

'**horse-drawn** *adj* von Pferden gezogen; **~ carriage** Pferdekutsche *f*

'**horsefly** *n* [Pferde]bremse *f*

'**horsehair** *n* Rosshaar *nt*

'**horseman** *n* Reiter *m*

'**horsemanship** *n* Reitkunst *f*

'**horseplay** *n* wilde Ausgelassenheit

'**horsepower** <*pl* -> *n* Pferdestärke *f;* **a 10-~ engine** ein Motor *m* mit 10 PS

'**horse race** *n* Pferderennen *nt*

'**horse racing** *n* Pferderennsport *m*

'**horseradish** *n* Meerrettich *m*

'**horseshoe** *n* Hufeisen *nt*

'**horse trailer, 'horse van** *n* Pferdetransporter *m*

'**horsewoman** *n* Reiterin *f*

hors(e)y ['hɔr·si] *adj* (*fam*) ❶ (*devoted to horses*) pferdenärrisch ❷ (*pej: ugly*) pferdeähnlich

horticultural [ˌhɔr·tɪ·'kʌl·tʃər·əl] *adj* Gartenbau-

horticulture ['hɔr·tɪ·ˌkʌl·tʃər] *n* Gartenbau *m*

hose [hoʊz] *n* Schlauch *m*

♦**hose down, hose off** *vt* ■**to ~ sth** ↻ **down** [*or* **off**] etw [mit einem Schlauch] abspritzen

hosiery ['hoʊ·ʒə·ri] *n* Strumpfwaren *pl*

hospice ['has·pɪs] *n* Hospiz *nt*

hospitable ['has·pɪ·tə·bəl] *adj* ❶ (*friendly*) gastfreundlich ❷ (*pleasant*) angenehm

hospital ['has·pɪ·təl] *n* Krankenhaus *nt*, Spital *nt* SCHWEIZ; **to have to go to the ~** ins Krankenhaus müssen

hospitality [ˌhas·pɪ·'tæl·ɪ·t̬i] I. *n* ❶ (*welcome*) Gastfreundschaft *f* ❷ (*food*) Bewirtung *f* II. *adj* **~ suite** Loge *f*, Veranstaltungsraum *m*, Hospitality Suite *f*

hospitalization [ˌhas·pɪ·tə·lɪ·'zeɪ·ʃən] *n* ❶ (*admittance*) Krankenhauseinweisung *f* ❷ (*treatment*) Krankenhausaufenthalt *m*

hospitalize ['has·pɪ·tə·laɪz] *vt* ❶ (*admit*) ■**to be ~d** ins Krankenhaus eingewiesen werden ❷ (*beat up*) ■**to ~ sb** jdn krankenhausreif schlagen

host¹ [hoʊst] I. *n* ❶ (*party giver*) Gastgeber(in) *m(f)* ❷ TV Showmaster(in) *m(f)* ❸ BIOL Wirt *m* ❹ COMPUT Hauptrechner *m* II. *adj* **~ country** Gastland *nt;* **~ family** Gastfamilie *f* III. *vt* ❶ (*stage*) ausrichten ❷ TV präsentieren, moderieren

host² [hoʊst] *n usu sing* ■**a |whole| ~ of ...** jede Menge ...

hostage ['has·tɪdʒ] *n* Geisel *f;* **to take sb ~** jdn als Geisel nehmen

hostel ['has·təl] *n* Wohnheim *nt;* **|youth| ~** Jugendherberge *f*

hostess <*pl* -es> ['hoʊ·stɪs] *n* ❶ (*at home, on TV*) Gastgeberin *f* ❷ (*at restaurant*) Wirtin *f* ❸ (*in nightclub*) Animierdame *f* ❹ (*at exhibition*) Hostess *f*

hostile ['has·təl] *adj* ❶ (*unfriendly*) feindselig ❷ (*difficult*) hart, widrig; *climate, environment* rau ❸ ECON, MIL feindlich

hostility [ha·'stɪl·ɪ·t̬i] *n* ❶ Feindseligkeit *f;* **to show ~ to|ward| sb** sich jdm gegenüber feindselig verhalten; **~ to technology** Technikfeindlichkeit *f* ❷ MIL ■**hostilities** *pl* Feindseligkeiten *pl*

hot [hat] I. *adj* <-tt-> ❶ (*temperature*) heiß; **she was ~** ihr war heiß ❷ (*spicy*) *food* scharf ❸ (*fam: good*) **my Spanish is not all that ~** mein Spanisch ist nicht gerade umwerfend; **~ tip** heißer Tipp ❹ (*fam: dangerous*) *situation* brenzlig; *stolen items* heiß; **to be too ~ to handle** ein heißes Eisen sein ❺ (*new and exciting*) heiß; **~ gossip** das Allerneueste ❻ (*sl: sexy*) echt geil ▸ PHRASES: **to be all ~ and bothered** ganz aufgeregt sein II. *n* ▸ PHRASES: **to have the ~s for sb** scharf auf jdn sein

hot-'air balloon *n* Heißluftballon *m*

'**hotbed** *n* (*fig*) **a ~ of crime** eine Brutstätte für Kriminalität

hot-'blooded *adj* (*easy to anger*) hitzköpfig; (*passionate*) heißblütig

'**hot dog** *n* (*sausage*) Wiener Würstchen *nt;* (*in a bun*) Hotdog *m*

hotel [hoʊ·'tel] *n* Hotel *nt*

hotel 'industry *n* Hotelgewerbe *nt*

'**hotfoot** *vt* (*fam*) **to ~ it home** schnell nach Hause rennen

'**hothead** *n* Hitzkopf *m*

hot'headed *adj* hitzköpfig

hot'headedness *n* Hitzigkeit *f*

'**hothouse** *n* ❶ (*for plants*) Treibhaus *nt* ❷ (*fig:*

for development) fruchtbarer Boden
'**hotline** *n* Hotline *f;* POL heißer Draht
hotly ['hat·li] *adv* heftig; ~ **contested** heiß umkämpft
'**hotplate** *n* (*for cooking*) Kochplatte *f;* (*food warmer*) Warmhalteplatte *f*
hot po'tato *n* POL (*fig*) heißes Eisen
'**hotrod** *n* (*fam*) hochfrisiertes Auto
'**hot seat** *n* ❶ (*fig*) Schleudersitz *m;* **to be in the** ~ (*in the spotlight*) im Rampenlicht stehen ❷ (*sl*) elektrischer Stuhl
'**hotshot** *n* (*fam*) Kanone *f*
'**hot spot** *n* ❶ (*popular place*) heißer Schuppen ❷ (*area of conflict*) Krisenherd *m* ❸ COMPUT drahtloser Internetzugangspunkt
hot 'stuff *n* ❶ (*fam: skillful*) ■ **to be** ~ ein Ass sein ❷ (*sl: sexy woman*) heiße Braut, Schnecke *f sl;* (*sexy man*) heißer Typ, Schmacko *m sl*
hot-'tempered *adj* heißblütig
'**hot tub** *n* Jacuzzi® *m*
hot-'water bottle *n* Wärmflasche *f*
'**hot-wire** *vt* (*fam*) *car* kurzschließen
hound [haʊnd] **I.** *n* [Jagd]hund *m* **II.** *vt* jagen
hour [aʊr] *n* Stunde *f;* **it's about 3 ~s' walk from here** von hier sind es etwa 3 Stunden zu Fuß; **24 ~s a day** 24 Stunden am Tag; **50 miles an** [*or* **per**] ~ 50 Meilen pro Stunde; **~ s of business** Öffnungszeiten *pl;* **to be paid by the** ~ pro Stunde bezahlt werden; **to work long ~s** lange arbeiten; **at all ~s** zu jeder Tages- und Nachtzeit; **for ~s** stundenlang
'**hour hand** *n* Stundenzeiger *m*
hourly ['aʊr·li] *adj, adv* stündlich; ~ **rate** Stundensatz *m*
house I. *n* [haʊs] Haus *nt;* **Sam's playing at Mary's** ~ Sam spielt bei Mary; **the White H**~ das Weiße Haus; **to play to a full** ~ THEAT vor vollem Haus spielen; **in** ~ im Hause; **on the** ~ auf Kosten des Hauses ▶ PHRASES: **to get along like a** ~ **on fire** ausgezeichnet miteinander auskommen **II.** *adj* [haʊs] Haus-; ~ **red/white** Rot-/Weißwein *m* der Hausmarke **III.** *vt* [haʊz] *person* unterbringen; *criminal* Unterschlupf gewähren +*dat; thing* beherbergen; (*encase*) verkleiden
'**house arrest** *n* Hausarrest *m*
'**houseboat** *n* Hausboot *nt*
'**housebreak** *vt* stubenrein machen
'**housebreaker** *n* Einbrecher(in) *m(f)*
'**housebreaking** *n* Einbruch *m*
'**housebroken** *adj* stubenrein
'**house call** *n* Hausbesuch *m*
'**housecoat** *n* Hausmantel *m*
'**housefly** *n* Stubenfliege *f*
'**household I.** *n* Haushalt *m* **II.** *adj appliance* Haushalts-; *expenses, task, waste* häuslich; ~ **goods** Hausrat *m;* ~ **budget** Haushaltsgeld *nt*
'**householder** *n* Hauseigentümer(in) *m(f)*
'**house-hunt** *vi* nach einem Haus suchen
'**househusband** *n* Hausmann *m*
'**housekeeper** *n* Haushälter(in) *m(f)*
'**housekeeping** *n* ❶ (*act*) Haushalten *nt*

❷ (*cleaning personnel*) Reinigungspersonal *nt*
House of Repre'sentatives *n* ■ **the** ~ das Repräsentantenhaus
'**houseplant** *n* Zimmerpflanze *f*
house-to-'house *adj, adv* von Haus zu Haus; **a** ~ **search** eine Fahndung von Haus zu Haus
'**housewarming**, '**housewarming party** *n* Einweihungsparty *f*
'**housewife** *n* Hausfrau *f*
'**housework** *n* Hausarbeit *f*
housing ['haʊ·zɪŋ] *n* ❶ (*living quarters*) Wohnungen *pl* ❷ (*casing*) Gehäuse *nt*
'**housing conditions** *npl* Wohnbedingungen *pl*
'**housing development** *n* Wohnsiedlung *f*
'**housing market** *n* Wohnungsmarkt *m*
'**housing project** *n* Sozialwohnungen *pl*
HOV [ˌeɪtʃ·oʊ·'vi] *n* AUTO *abbrev of* **high occupancy vehicle** Fahrzeug *nt* mit mindestens zwei Insassen; ~ **lane** Fahrspur *f* für Fahrzeuge mit mindestens zwei Insassen
hovel ['hʌv·əl] *n* armselige Hütte; (*fig*) Bruchbude *f*
hover ['hʌv·ər] *vi* ❶ (*stay in air*) schweben; *hawk a.* stehen ❷ (*fig: be near*) **the waiter ~ed over our table** der Kellner hing ständig an unserem Tisch herum; **to** ~ **in the background** sich im Hintergrund herumdrücken; **to** ~ **on the brink of disaster** am Rande des Ruins stehen
'**hovercraft** <*pl* - *or* -**s**> *n* Luftkissenboot *nt*
how [haʊ] **I.** *adv* wie; ~ **are you?** wie geht es Ihnen?; ~ **'s work?** was macht die Arbeit?; ~ **'s that?** (*comfortable?*) wie ist das?; (*do you agree?*) passt das?; ~ **do you do?** (*meeting sb*) Guten Tag/Abend!; ~ **come?** wie das?; ~ **do you know that?** woher weißt du das?; ~ **about a movie?** wie wäre es mit Kino?; **and** ~ **!** und ob [*o* wie]!; ~ **'s that for an excuse!** ist das nicht eine klasse Ausrede!; ~ **far/many** wie weit/viele; ~ **much** wie viel; ~ **much is it?** wie viel [*o* was] kostet es? **II.** *n* **the** ~ [**s**] **and why**[**s**] das Wie und Warum
howdy ['haʊ·di] *interj* (*fam*) Tag *fam*
however [haʊ·'ev·ər] **I.** *adv* ❶ (*showing contradiction*) jedoch; **I love ice cream** — ~, **I am trying to lose weight, so ...** ich liebe Eis – ich versuche jedoch gerade abzunehmen, daher ... ❷ + *adj* (*to whatever degree*) egal wie ❸ (*by what means*) wie um alles ...; ~ **did you manage to get so dirty?** wie hast du es bloß geschafft, so schmutzig zu werden? **II.** *conj* ❶ (*in any way*) wie auch immer; ~ **you do it, ...** wie auch immer du es machst, ... ❷ (*nevertheless*) jedoch; **there may, ~, be other reasons** es mag jedoch auch andere Gründe geben
howl [haʊl] **I.** *n of animal, wind* Heulen *nt kein pl; of person* Geschrei *nt kein pl;* ~ **of pain** Schmerzensschrei *m* **II.** *vi* ❶ *animal, wind* heulen; *person* schreien ❷ (*fam: laugh*) brüllen
howler ['haʊ·lər] *n* (*mistake*) Schnitzer *m*

howling ['haʊ·lɪŋ] I. *adj* ❶ *animal, wind* heulend; *person* schreiend ❷ (*fam: great*) riesig; ~ **success** Riesenerfolg *m* II. *n of animal, wind* Heulen *nt; of person* Geschrei *nt*

hp [ˌeɪtʃ·ˈpi] *n abbrev of* **horsepower** PS; **a 4 ~ engine** ein Motor *m* mit 4 PS

HQ [ˌeɪtʃ·ˈkju] *n abbrev of* **headquarters**

HR *n abbrev of* **human resources** Personalabteilung *f*

hr. *n abbrev of* **hour** Std.

ht. *n abbrev of* **height**

hub [hʌb] *n* ❶ TECH Nabe *f* ❷ (*of airline*) Basis *f* ❸ (*fig: center*) Zentrum *nt*

hubbub ['hʌb·ʌb] *n* (*noise*) Lärm *m;* (*commotion*) Tumult *m*

hubby ['hʌb·i] *n* (*hum fam*) [Ehe]mann *m*

hubcap ['hʌb·kæp] *n* Radkappe *f*

huckleberry ['hʌk·əl·ber·i] *n* amerikanische Heidelbeere

huddle ['hʌd·əl] I. *n* ❶ (*close group*) [wirrer] Haufen; *of people* Gruppe *f* ❷ (*in football*) **to make** [*or* **form**] **a ~** die Köpfe zusammenstecken II. *vi* sich [zusammen]drängen

◆ **huddle together** *vi* sich zusammenkauern; **to ~ together for warmth** sich wärmesuchend aneinanderschmiegen

◆ **huddle up** *vi* sich zusammenkauern

hue [hju] *n* Farbe *f;* (*shade*) Schattierung *f;* (*complexion*) Gesichtsfarbe *f* ▶ PHRASES: **~ and cry** Gezeter *nt*

huff [hʌf] I. *vi* **to ~ and puff** schnaufen und keuchen II. *n* (*fam*) **to be in a ~** eingeschnappt sein; **to go off in a ~** beleidigt abziehen

huffy ['hʌf·i] *adj* ❶ (*easily offended*) empfindlich ❷ (*in a huff*) beleidigt

hug [hʌg] I. *vt* <-gg-> ❶ (*with arms*) umarmen ❷ (*fig*) **the dress ~ged her body** das Kleid lag eng an ihrem Körper an; **to ~ the shore** sich dicht an der Küste halten II. *vi* <-gg-> sich umarmen III. *n* Umarmung *f;* **to give sb a ~** jdn umarmen

huge [hjudʒ] *adj* ❶ (*big*) riesig; **~ success** Riesenerfolg *m* ❷ (*impressive*) gewaltig; *costs* immens

hugely ['hjudʒ·li] *adv* ungeheuer

hulk [hʌlk] *n* ❶ (*ship*) alter [Schiffs]rumpf; (*car*) Wrack *nt;* (*building*) Ruine *f* ❷ (*person*) Brocken *m*

hulking ['hʌl·kɪŋ] *adj* massig; (*clumsy*) ungeschlacht

hull [hʌl] *n* [Schiffs]rumpf *m*

hum [hʌm] I. *vi* <-mm-> ❶ (*make sound*) brausen; *engine* brummen; *small machine* surren; *bee* summen; *crowd* murmeln ❷ (*fig*) voller Leben sein ❸ (*sing*) summen II. *vt* <-mm-> summen III. *n* Brausen *nt; of machinery* Brummen *nt; of insects* Summen *nt; of a conversation* Gemurmel *nt; of a small machine* Surren *nt*

human ['hju·mən] I. *n* Mensch *m* II. *adj* menschlich; **~ relationships** die Beziehungen *pl* des Menschen

humane [hju·ˈmeɪn] *adj* human

humanitarian [hju·ˌmæn·ɪ·ˈter·i·ən] I. *n* Menschenfreund(in) *m(f)* II. *adj* humanitär

humanities [hju·ˈmæn·ɪ·tiz] *npl* ■ **the ~** die Geisteswissenschaften *pl*

humanity [hju·ˈmæn·ɪ·ţi] *n* ❶ (*people*) die Menschheit; **crimes against ~** Verbrechen *pl* gegen die Menschheit ❷ (*quality*) Menschlichkeit *f;* **to treat sb with ~** jdn human behandeln

humanize ['hju·mə·naɪz] *vt* ❶ (*make acceptable*) humanisieren ❷ (*give human character*) vermenschlichen

humanly ['hju·mən·li] *adv* menschlich; **to do everything ~ possible** alles Menschenmögliche tun

human 'nature *n* die menschliche Natur

human 'race *n* ■ **the ~** die menschliche Rasse

human 'resources *npl* ❶ + *sing vb* (*department*) Personalabteilung *f* ❷ (*staff*) Arbeitskräfte *pl*

human 'rights *npl* Menschenrechte *pl*

humble ['hʌm·bəl] I. *adj* <-r, -st> ❶ (*modest*) bescheiden; **of ~ birth** von niedriger Geburt ❷ (*respectful*) demütig II. *vt* ■ **to be ~d by sth** durch etw *akk* gedemütigt werden

humbug ['hʌm·bʌg] *n* Humbug *m*

humdrum ['hʌm·drʌm] *adj* langweilig, fad[e]

humid ['hju·mɪd] *adj* feucht

humidifier [hju·ˈmɪd·ɪ·faɪ·ər] *n* Luftbefeuchter *m*

humidify <-ie-> [hju·ˈmɪd·ɪ·faɪ] *vt* befeuchten

humidity [hju·ˈmɪd·ɪ·ţi] *n* [Luft]feuchtigkeit *f*

humiliate [hju·ˈmɪl·i·eɪt] *vt* ❶ (*humble*) demütigen ❷ (*embarrass*) blamieren

humiliating [hju·ˈmɪl·i·eɪ·ţɪŋ] *adj* erniedrigend; *defeat, experience* demütigend

humiliation [hju·ˌmɪl·i·ˈeɪ·ʃən] *n* Demütigung *f*

humility [hju·ˈmɪl·ɪ·ţi] *n* Demut *f;* (*modesty*) Bescheidenheit *f*

humor ['hju·mər] I. *n* Humor *m;* **his speech was full of ~** seine Rede war voller Witz II. *vt* ■ **to ~ sb** (*indulge*) jdm seinen Willen lassen; (*keep happy*) jdn bei Laune halten *fam*

humorist ['hju·mər·ɪst] *n* Humorist(in) *m(f)*

humorless ['hju·mər·lɪs] *adj* humorlos

humorous ['hju·mər·əs] *adj* person humorvoll; *book, program, situation* lustig; *idea, thought* witzig

hump [hʌmp] I. *n* ❶ (*hill*) kleiner Hügel; (*in street*) Buckel *m* ❷ (*on camel*) Höcker *m;* (*on a person*) Buckel *m* ▶ PHRASES: **to be over the ~** über den Berg sein II. *vt* (*vulg, sl: have sex with*) bumsen

'humpback *n* ❶ (*person*) Buck[e]lige(r) *f(m)* ❷ (*back*) Buckel *m* ❸ (*whale*) Buckelwal *m*

'humpbacked *adj* person bucklig; *bridge* gewölbt

Hun [hʌn] *n* HIST Hunne *m,* Hunnin *f*

hunch [hʌntʃ] I. *n* <*pl* -es> ❶ (*feeling*) Gefühl *nt;* **to have a ~ that ...** das [leise] Gefühl haben, dass ... ❷ (*hump*) Buckel *m* II. *vi* sich

krümmen III. *vt shoulders* hochziehen; **to ~ one's back** einen Buckel machen
'hunchback *n* ❶(*person*) Bucklige(r) *f(m)* ❷(*back*) Buckel *m*
hundred ['hʌn·drəd] I. *n* ❶<*pl* ->(*number*) Hundert *f;* **~s of cars** Hunderte von Autos; **~s and ~s** Hunderte und aber Hunderte; **eight ~** achthundert ❷<*pl* ->(*miles per hour*) **to drive a ~** hundert fahren ❸(*with centuries*) **the eighteen ~s** das neunzehnte Jahrhundert II. *adj* hundert; **a ~ miles** [ein]hundert Meilen; **a ~ percent** hundertprozentig; **a ~ and five** [ein]hundert[und]fünf
'hundredfold *adv* hundertfach; **sales have increased a ~** der Verkauf ist um das Hundertfache gestiegen
hundredth ['hʌn·drədθ] I. *n* ❶(*in line*) Hundertste(r) *f(m)* ❷(*fraction*) Hundertstel *nt* II. *adj* ❶(*in series*) hundertste(r, s); **for the ~ time** zum hundertsten Mal ❷(*in fraction*) hundertstel
hung [hʌŋ] I. *pt, pp of* **hang** II. *adj* **~ jury** *Jury, die zu keinem Mehrheitsurteil kommt*
Hungarian [hʌŋ·'ger·i·ən] I. *n* ❶(*person*) Ungar(in) *m(f)* ❷(*language*) Ungarisch *nt* II. *adj* ungarisch
Hungary ['hʌŋ·gə·ri] *n* Ungarn *nt*
hunger ['hʌŋ·gər] I. *n* Hunger *m a. fig;* **to die of ~** verhungern II. *vi* ■**to ~ after** [*or* **for**] **sth** nach etw *dat* hungern
hung 'over *adj* (*from drinking*) verkatert
hungry ['hʌŋ·gri] *adj* hungrig *a. fig;* **to go ~** hungern; ■**to be ~** Hunger haben; **~ for power** machthungrig; **~ for knowledge** wissensdurstig
hunk [hʌŋk] *n* ❶(*piece*) Stück *nt* ❷(*fam: man*) **a ~ of a man** ein Bild *nt* von einem Mann
hunky-dory [-'dɔ·ri] *adj* (*fam*) prima
hunt [hʌnt] I. *n* ❶(*chase*) Jagd *f* ❷(*search*) Suche *f;* **on the ~ for sb/sth** auf der Suche nach jdm/etw sein II. *vt* ❶(*chase to kill*) jagen ❷(*search for*) Jagd machen auf +*akk;* **the police are ~ing the terrorists** die Polizei fahndet nach den Terroristen III. *vi* ❶(*chase to kill*) jagen ❷(*search*) suchen; ■**to ~ through sth** etw durchsuchen
hunter ['hʌn·tər] *n* (*person*) Jäger(in) *m(f)*
hunting ['hʌn·tɪŋ] *n* ❶ HUNT Jagen *nt,* Jagd *f;* **to go ~** auf die Jagd gehen ❷(*search*) Suche *f*
'hunting ground *n* Jagdrevier *nt*
'hunting license *n* Jagdschein *m*
'hunting season *n* Jagdzeit *f*
'huntsman *n* Jäger *m*
hurdle ['hɜr·dəl] I. *n* Hürde *f a. fig;* SPORTS **~s** *pl* (*for people*) Hürdenlauf *m;* **the American won the 400 meter ~s** der Amerikaner siegte über 400 Meter Hürden II. *vt* überspringen
hurdler ['hɜrd·lər] *n* Hürdenläufer(in) *m(f)*
hurl [hɜrl] I. *vt* schleudern; **to ~ abuse at sb** jdm Beschimpfungen an den Kopf werfen; **to ~ oneself into sth** sich in etw +*akk* stürzen

II. *vi* (*sl*) kotzen
hurly-burly ['hɜr·li·bɜr·li] *n* Rummel *m*
hurrah [hə·'ra], **hurray** [hə·'reɪ] *interj* hurra
hurricane ['hɜr·ɪ·keɪn] *n* Orkan *m;* (*tropical*) Hurrikan *m;* **~-force wind** orkanartiger Wind
hurried ['hɜr·id] *adj* hastig; *departure* überstürzt
hurry ['hɜr·i] I. *n* Eile *f;* **what's** [**all**] **the ~?** wozu die Eile?; **there's no** [**big**] **~** es hat keine Eile, es eilt nicht; **to leave in a ~** hastig aufbrechen; **to need sth in a ~** etw sofort brauchen II. *vi* <-ie-> sich beeilen; **there's no need to ~** lassen Sie sich ruhig Zeit III. *vt* <-ie-> ■**to ~ sb** jdn hetzen
◆**hurry along** I. *vi* sich beeilen II. *vt person* [zur Eile] antreiben; *process* beschleunigen
◆**hurry away, hurry off** I. *vi* schnell weggehen II. *vt* schnell wegbringen
◆**hurry out** I. *vi* hinauseilen II. *vt* schnell hinausbringen
◆**hurry up** I. *vi* sich beeilen; **~ up!** beeil dich! II. *vt person* zur Eile antreiben; *process* beschleunigen
hurt [hɜrt] I. *vi* <hurt, hurt> ❶(*be painful*) wehtun ❷(*do harm*) schaden *a. fig* II. *vt* <hurt, hurt> ❶(*a. fig: cause pain*) ■**to ~ sb** jdm wehtun; (*injure*) jdn verletzen; **she was ~ by his refusal to apologize** dass er sich absolut nicht entschuldigen wollte, hat sie gekränkt; ■**to ~ oneself** sich verletzen; **to ~ one's leg** sich *dat* am Bein wehtun ❷(*harm*) ■**to ~ sb/sth** jdm/etw schaden; **to ~ sb's pride** jds Stolz verletzen III. *adj* ❶(*in pain*) verletzt ❷(*fig*) *feelings* verletzt; *look, voice* gekränkt IV. *n* (*pain*) Schmerz *m;* (*injury*) Verletzung *f;* (*fig*) Kränkung *f*
hurtful ['hɜrt·fəl] *adj* verletzend
hurtle ['hɜr·təl] *vi* rasen
husband ['hʌz·bənd] *n* Ehemann *m;* **~ and wife** Mann und Frau
hush [hʌʃ] I. *n* Stille *f* II. *interj* ■**~!** pst! III. *vt* zum Schweigen bringen; (*soothe*) beruhigen
◆**hush up** *vt* vertuschen
hush-'hush *adj* (*fam*) [streng] geheim
'hush money *n* (*fam*) Schweigegeld *nt*
husk [hʌsk] I. *n* Schale *f;* *of corn* Hüllblatt *nt* II. *vt corn* schälen
husky[1] ['hʌs·ki] *adj* ❶ *voice* rau ❷ *person* kräftig [gebaut]
husky[2] ['hʌs·ki] *n* (*dog*) Husky *m,* Schlittenhund *m*
hussy ['hʌs·i] *n* (*pej, hum*) Flittchen *nt*
hustle ['hʌs·əl] I. *vt* ❶(*hurry*) ■**to ~ sb somewhere** jdn irgendwohin treiben ❷(*coerce*) ■**to ~ sb into doing sth** jdn [be]drängen, etw zu tun II. *vi* ❶(*work quickly*) schnell erledigen; **to ~ for business** sich fürs Geschäft ins Zeug legen ❷ SPORTS (*play aggressively*) stoßen *fam* III. *n* Gedränge *nt;* **~ and bustle** geschäftiges Treiben
hustler ['hʌs·lər] *n* ❶(*swindler*) Betrüger(in) *m(f)* ❷(*prostitute*) Strichjunge *m,* Strichmädchen *nt*

H

'**hustling** n (*prostitution*) [Straßen]prostituti-
on f
hut [hʌt] n Hütte f
hutch [hʌtʃ] n Käfig m; (*for rabbits*) Stall m
hybrid ['haɪ·brɪd] n BOT, ZOOL Kreuzung f
hydrant ['haɪ·drənt] n Hydrant m
hydraulic [haɪ·'dra·lɪk] adj inv hydraulisch
hydraulics [haɪ·'dra·lɪks] n + sing vb Hydraulik f
hydrocarbon [ˌhaɪ·drə·'kar·bən] n Kohlen-
wasserstoff m
hydroelectric [ˌhaɪ·droʊ·ɪ·'lek·trɪk] adj hydro-
elektrisch; ~ **power plant** Wasserkraftwerk nt
hydrofoil ['haɪ·drə·fɔɪl] n Tragflächenboot nt
hydrogen ['haɪ·drə·dʒən] n Wasserstoff m;
~ **bomb** Wasserstoffbombe f
hydroponics [ˌhaɪ·drə·'pan·ɪks] n + sing vb
BOT Hydrokultur f
hyena [haɪ·'i·nə] n Hyäne f
hygiene ['haɪ·dʒin] n Hygiene f; **personal** ~
Körperpflege f
hygienic [ˌhaɪ·dʒi·'en·ɪk] adj hygienisch
hymn [hɪm] n ❶ REL Kirchenlied nt ❷ (*praise*)
Hymne f
hymnal ['hɪm·nəl], **hymnbook** ['hɪm·bʌk] n
Gesangbuch nt
hype [haɪp] **I.** n Reklameaufwand m; (*deception*) Werbemasche f; **media** ~ Medienrummel m **II.** vt book, film [in den Medien] hochju-
beln
hyper ['haɪ·pər] adj (*fam*) aufgedreht, hyper sl
hyperactive [ˌhaɪ·pər·'æk·tɪv] adj hyperaktiv
hyperbola [haɪ·'pɜr·bə·lə] n MATH Hyperbel f
hyperbole [haɪ·'pɜr·bə·li] n LIT Hyperbel f
hyper'sensitive adj überempfindlich; ■to be
~ **to sth** auf etw akk überempfindlich reagieren
hyphen ['haɪ·fən] n (*between words*) Bindestrich m; (*at end of line*) Trennstrich m
hyphenate ['haɪ·fə·neɪt] vt mit Bindestrich
schreiben
hypnosis [hɪp·'noʊ·sɪs] n Hypnose f; ■to be
under ~ sich in Hypnose befinden
hypnotherapy [ˌhɪp·noʊ·'θer·ə·pi] n MED
Hypnotherapie f
hypnotic [hɪp·'nat·ɪk] adj (*causing hypnosis*)
hypnotisierend; (*referring to hypnosis*) hypnotisch
hypnotist ['hɪp·nə·tɪst] n Hypnoti-
seur(in) m(f)
hypnotize ['hɪp·nə·taɪz] vt hypnotisieren a. fig
hypochondria [ˌhaɪ·pə·'kan·dri·ə] n Hypo-
chondrie f
hypochondriac [ˌhaɪ·pə·'kan·dri·æk] n Hypo-
chonder(in) m(f)
hypocrisy [hɪ·'pak·rə·si] n Heuchelei f,
Scheinheiligkeit f
hypocrite ['hɪp·ə·krɪt] n Heuchler(in) m(f),
Scheinheilige(r) f(m)
hypocritical [ˌhɪp·ə·'krɪt·ɪ·kəl] adj heuchlerisch, scheinheilig
hypodermic [ˌhaɪ·pə·'dɜr·mɪk] adj subkutan;
~ **syringe** Injektionsspritze f

hypotenuse [ˌhaɪ·'pat·ə·nus] n MATH Hypotenuse f
hypothermia [ˌhaɪ·poʊ·'θɜr·mi·ə] n Unter-
kühlung f
hypothesis <pl -ses> [haɪ·'paθ·ɪ·sɪs] n Hypothese f
hypothetical [ˌhaɪ·pə·'θet·ɪ·kəl] adj hypothetisch
hysterectomy [ˌhɪs·tə·'rek·tə·mi] n MED Hyste-
rektomie f
hysteria [hɪ·'ster·i·ə] n Hysterie f
hysteric [hɪ·'ster·ɪk] adj hysterisch
hysterical [hɪ·'ster·ɪk·əl] adj ❶ (*emotional*)
hysterisch ❷ (*fam: hilarious*) ausgelassen heiter

I

I[1] <pl -'s or -s>, **i** <pl -'s> [aɪ] n (*letter*) I nt,
i nt; ~ **as in India** I wie Ida
I[2] [aɪ] pron personal ich; ~ **for one ...** ich meinerseits ...
IA, Ia. abbrev of **Iowa**
ibex <pl -es> ['aɪ·beks] n Steinbock m
ice [aɪs] **I.** n Eis nt ▸ PHRASES: **to break** the ~
das Eis zum Schmelzen bringen; **to put sth
on** ~ etw auf Eis legen **II.** vt glasieren
◆**ice over** vi road vereisen; lake zufrieren
'**Ice Age** n Eiszeit f
'**iceberg** n Eisberg m
'**icebound** adj ship eingefroren; harbor zuge-
froren
'**icebox** n Kühlschrank m
'**icebreaker** n ❶ (*ship*) Eisbrecher m ❷ (*entertainment*) Spiel zur Auflockerung der Atmosphäre
'**ice cap** n Eiskappe f (*an den Polen*)
ice-'cold adj eiskalt
'**ice cream** n Eiscreme f
'**ice-cream maker** n Eismaschine f
'**ice cube** n Eiswürfel m
iced [aɪst] adj inv ❶ (*frozen*) eisgekühlt ❷ cake
glasiert
'**ice floe** n Eisscholle f
'**ice hockey** n Eishockey nt
Iceland ['aɪs·lənd] n Island nt
Icelander ['aɪs·lən·dər] n Isländer(in) m(f)
Icelandic [aɪs·'læn·dɪk] **I.** n Isländisch nt
II. adj isländisch
'**ice pack** n ❶ (*for swelling*) Eisbeutel m ❷ (*sea
ice*) Packeis nt
'**ice pick** n Eispickel m
'**ice rink** n Schlittschuhbahn f, Eisbahn f
'**ice skate** n Schlittschuh m
'**ice-skate** vi Schlittschuh laufen, eislaufen
'**ice skating** n Schlittschuhlaufen nt
icicle ['aɪ·sɪ·kəl] n Eiszapfen m
icing ['aɪ·sɪŋ] n Zuckerguss m ▸ PHRASES: **to be**

the ~ **on the** <u>cake</u> (*pej: unnecessary*) [bloß] schmückendes Beiwerk sein; (*approv: unexpected extra*) das Sahnehäubchen sein *fam*
icon ['aɪ·kan] *n* ❶ (*painting*) Ikon *nt* ❷ COMPUT Symbol *nt,* Icon *nt*
icy ['aɪ·si] *adj* ❶ (*cold*) eisig [kalt]; *road* vereist ❷ (*hostile*) frostig
ID[1] [ˌaɪ·'di] *n abbrev of* **identification** Ausweis *m*
ID[2]**, Id.** *n abbrev of* Idaho
I'd [aɪd] = I would, I had *see* would, have I., II.
Idaho ['aɪ·də·hoʊ] *n* Idaho *nt*
I'D card *n* [Personal]ausweis *m*
idea [aɪ·'di·ə] *n* ❶ (*notion*) Vorstellung *f;* **what gave you that ~?** wie kommst du denn [bloß] darauf? [*o* auf die Idee?]; **don't get any ~s** (*fam*) komm nicht auf dumme Gedanken!; **don't give him any ~s** (*fam*) bring ihn nicht auf dumme Gedanken! ❷ (*suggestion*) Idee *f;* **to toy with the ~ of doing sth** mit der Idee spielen, etw zu tun ❸ (*knowledge*) Begriff *m;* **to have an ~ of sth** eine Vorstellung von etw *dat* haben; **to have no ~** keine Ahnung haben
ideal [aɪ·'di·əl] **I.** *adj inv* ideal **II.** *n* Ideal *nt*
idealism [aɪ·'di·ə·lɪz·əm] *n* Idealismus *m*
idealist [aɪ·'di·ə·lɪst] *n* Idealist(in) *m(f)*
idealistic [ˌaɪ·di·ə·'lɪs·tɪk] *adj* idealistisch
idealize [aɪ·'di·ə·laɪz] *vt* idealisieren
ideally [aɪ·'di·li] *adv inv* ❶ idealerweise ❷ (*perfectly*) genau richtig
identical [aɪ·'den·tɪ·kəl] *adj* identisch (**to** mit +*dat*)
identifiable [aɪ·ˌden·tə·'faɪ·ə·bəl] *adj* erkennbar; *substance* nachweisbar
identification [aɪ·ˌden·tə·fɪ·'keɪ·ʃən] *n* ❶ *of person, criminal* Identifizierung *f; of problem, goals* Identifikation *f; (of virus, plant*) Bestimmung *f* ❷ (*sympathy*) Identifikation *f* (**with** mit +*dat*)
identifi'cation papers *npl* Ausweispapiere *pl*
identify <-ie-> [aɪ·'den·tə·faɪ] **I.** *vt* ❶ (*recognize*) identifizieren ❷ (*name*) **~ sb** jds Identität *f* feststellen **II.** *vi* ■**to ~ with sb** sich mit jdm identifizieren; ■**to be identified with sth** mit etw *dat* in Verbindung gebracht werden
identity [aɪ·'den·tə·ti] *n* Identität *f*
i'dentity card *n* [Personal]ausweis *m*
ideological [ˌaɪ·di·ə·'ladʒ·ɪ·kəl] *adj* ideologisch
ideology [ˌaɪ·di·'al·ə·dʒi] *n* Ideologie *f*
idiom ['ɪd·i·əm] *n* LING ❶ (*phrase*) [idiomatische] Redewendung *f* ❷ (*language*) Idiom *nt; (dialect*) Dialekt *m*
idiomatic [ˌɪd·i·ə·'mæt̬·ɪk] *adj* idiomatisch
idiot ['ɪd·i·ət] *n* Idiot(in) *m(f)*
idiotic [ˌɪd·i·'at̬·ɪk] *adj* idiotisch; *idea* hirnverbrannt
idle ['aɪ·dəl] **I.** *adj* ❶ (*lazy*) faul ❷ (*inactive*) *people* untätig; *moment* müßig; *machine* außer Betrieb präd ❸ (*unfounded*) *chatter* hohl; *fears* unbegründet; *rumors* rein; *threats* leer

II. *vi engine* leerlaufen
idleness ['aɪ·dəl·nɪs] *n* Müßiggang *m;* (*inactivity*) Untätigkeit *f*
idol ['aɪ·dəl] *n* ❶ (*model*) Idol *nt* ❷ REL Götzenbild *nt*
idolatry [aɪ·'dal·ə·tri] *n* Götzenanbetung *f;* (*fig*) Vergötterung *f*
idolize ['aɪ·də·laɪz] *vt* vergöttern
idyllic [aɪ·'dɪl·ɪk] *adj* idyllisch
i.e. [ˌaɪ·'i] *n abbrev of* id est d.h.
if [ɪf] **I.** *conj* ❶ (*in case*) wenn, falls; **even ~ ...** selbst [dann,] wenn ...; ■**~ ...,** **then ...** wenn ..., dann ... ❷ (*whether*) ob ❸ (*although*) wenn auch ▶ PHRASES: **barely/ hardly/rarely** ... **~ at all** kaum ..., wenn überhaupt; **~ ever** wenn [überhaupt] je[mals] **II.** *n* Wenn *nt;* **there's a big ~ hanging over the project** über diesem Projekt steht noch ein großes Fragezeichen ▶ PHRASES: **no ~s, ands, or buts** kein Wenn und Aber *fam*
iffy ['ɪf·i] *adj* (*fam*) ungewiss
igloo ['ɪg·lu] *n* Iglu *m o nt*
ignite [ɪg·'naɪt] **I.** *vi* Feuer fangen; ELEC zünden **II.** *vt* (*form*) anzünden; (*arouse*) entfachen
ignition [ɪg·'nɪʃ·ən] *n* Zündung *f*
ig'nition key *n* Zündschlüssel *m*
ig'nition switch <-es> *n* Zündschalter *m*
ignoble [ɪg·'noʊ·bəl] *adj* schändlich
ignominy ['ɪg·nə·mɪn·i] *n* Schande *f*
ignoramus [ˌɪg·nə·'reɪ·məs] *n* Ignorant(in) *m(f)*
ignorance ['ɪg·nər·əns] *n* Unwissenheit *f* (**about** über +*akk*)
ignorant ['ɪg·nər·ənt] *adj* unwissend; ■**to be ~ about** [*or* of] sth von etw *dat* keine Ahnung haben *fam*
ignore [ɪg·'nɔr] *vt* ignorieren
iguana [ɪ·'gwa·nə] *n* Leguan *m*
IL *abbrev of* Illinois
ill [ɪl] **I.** *adj inv* ❶ (*sick*) krank; **to be critically ~** in Lebensgefahr schweben ❷ (*bad*) schlecht; (*harmful*) schädlich; (*unfavorable*) unerfreulich; *effects* negativ; **~ health** angegriffene Gesundheit **II.** *adv inv* (*badly*) schlecht; **to bode ~** nichts Gutes verheißen; **to speak ~ of sb** schlecht über jdn sprechen **III.** *abbrev of* Illinois
I'll [aɪl] = I will *see* will
ill-ad'vised *adj* unklug
ill at 'ease *adj* unbehaglich
ill-con'ceived *adj* schlecht durchdacht
illegal [ɪ·'li·gəl] **I.** *adj* illegal **II.** *n* Illegale(r) *f(m)*
illegal 'immigrant *n* illegaler Einwanderer/ illegale Einwanderin
illegality [ˌɪl·i·'gæl·ə·t̬i] *n* Illegalität *f*
illegible [ɪ·'ledʒ·ə·bəl] *adj* unleserlich
illegitimate [ˌɪl·ɪ·'dʒɪt̬·ɪ·mət] *adj inv* ❶ *child* unehelich ❷ (*unauthorized*) unrechtmäßig
ill-e'quipped *adj* schlecht ausgestattet; ■**to be ~ to do sth** für etw *akk* nicht die nötigen Mittel haben; (*unable*) nicht über die notwendigen Kenntnisse verfügen, um etw tun zu können

I

ill-'fitting *adj* schlecht sitzend *attr*

ill-'gotten *adj attr* unrechtmäßig erworben

illicit [ɪ·'lɪs·ɪt] *adj* [gesetzlich] verboten

ill-in'formed *adj* falsch informiert; (*ignorant*) schlecht informiert

Illinois [ˌɪl·ə·'nɔɪ] *n* Illinois *nt*

illiteracy [ɪ·'lɪt̬·ər·ə·si] *n* Analphabetismus *m*

illiterate [ɪ·'lɪt̬·ər·ɪt] **I.** *adj* des Lesens und Schreibens unkundig; ■ **to be** ~ Analphabet/ Analphabetin sein **II.** *n* Analphabet(in) *m(f)*

illness ['ɪl·nɪs] *n* Krankheit *f*

illogical [ɪ·'lɑdʒ·ɪ·kəl] *adj* unlogisch

illogicality [ɪ·ˌlɑdʒ·ɪ·'kæl·ɪ·t̬i] *n* Mangel *m* an Logik

ill-'tempered *adj* (*at times*) schlecht gelaunt; (*by nature*) mürrisch

ill-'timed *adj* ungelegen

ill-'treat *vt* misshandeln

ill-'treatment *n* Misshandlung *f*

illuminate [ɪ·'lu·mə·neɪt] *vt* erhellen; (*spotlight*) beleuchten; (*fig*) erläutern

illuminating [ɪ·'lu·mə·neɪ·t̬ɪŋ] *adj* aufschlussreich

illumination [ɪ·ˌlu·mə·'neɪ·ʃən] *n* Beleuchtung *f*

illusion [ɪ·'lu·ʒən] *n* Illusion *f*; **to create the** ~ **of sth** die Illusion von etw *dat* hervorrufen

illusive [ɪ·'lu·sɪv], **illusory** [ɪ·'lu·sə·ri] *adj* ❶ (*deceptive*) illusorisch ❷ (*imaginary*) imaginär

illustrate ['ɪl·ə·streɪt] *vt* ❶ illustrieren ❷ (*fig: explain*) aufzeigen

illustration [ˌɪl·ə·'streɪ·ʃən] *n* ❶ Illustration *f* ❷ (*fig: example*) Beispiel *nt* ❸ ART (*in books*) Buchmalerei *f*

illustrator ['ɪl·ə·streɪ·t̬ər] *n* Illustrator(in) *m(f)*

illustrious [ɪ·'lʌs·tri·əs] *adj person* berühmt; *deed* glanzvoll

ill 'will *n* Feindseligkeit *f*; **to bear sb** ~ einen Groll auf jdn haben

I'm [aɪm] = **I am** *see* **be**

image ['ɪm·ɪdʒ] *n* ❶ (*likeness*) Ebenbild *nt* ❷ (*picture*) Bild *nt*; (*sculpture*) Skulptur *f* ❸ (*mental picture*) Vorstellung *f* ❹ (*reputation*) Image *nt*

imagery ['ɪm·ɪdʒ·ri] *n* LIT Bildersprache *f*

imaginable [ɪ·'mædʒ·ə·nə·bəl] *adj* erdenklich

imaginary [ɪ·'mædʒ·ə·ner·i] *adj* imaginär

imagination [ɪ·ˌmædʒ·ə·'neɪ·ʃən] *n* Fantasie *f*; **not by any stretch of the** ~ beim besten Willen nicht

imaginative [ɪ·'mædʒ·ə·nə·t̬ɪv] *adj* fantasievoll

imagine [ɪ·'mædʒ·ɪn] *vt* ❶ ■ **to** ~ **sb/sth** sich *dat* jdn/etw vorstellen ❷ (*suppose*) sich *dat* denken; **I can't** ~ **what you mean** ich weiß wirklich nicht, was du meinst ❸ (*suffer illusion*) glauben ▶ PHRASES: ~ **that!** stell dir das mal vor!

imaging ['ɪm·ɪdʒ·ɪŋ] *n* COMPUT digitale Bildverarbeitung

imbalance [ˌɪm·'bæl·əns] *n* Ungleichgewicht *nt*

imbecile ['ɪm·bə·sɪl] *n* (*fam*) Idiot(in) *m(f) pej fam*

IMF [ˌaɪ·em·'ef] *n abbrev of* **International Monetary Fund**: ■ **the** ~ der IWF

imitate ['ɪm·ɪ·teɪt] *vt* imitieren; *style* kopieren

imitation [ˌɪm·ɪ·'teɪ·ʃən] **I.** *n* ❶ (*mimicry*) Imitation *f* ❷ (*copy*) Kopie *f* **II.** *adj leather, silk* Kunst-; *pearl, gold, silver* unecht

imitative ['ɪm·ɪ·teɪ·t̬ɪv] *adj* ❶ (*copying*) imitierend ❷ (*onomatopoeic*) lautmalerisch

imitator ['ɪm·ɪ·teɪ·t̬ər] *n* Nachahmer(in) *m(f)*; *of voices* Imitator(in) *m(f)*

immaculate [ɪ·'mæk·ju·lət] *adj* (*neat*) makellos; (*flawless*) perfekt; *lawn* säuberlich gepflegt

immaterial [ˌɪm·ə·'tɪr·i·əl] *adj inv* unwesentlich

immature [ˌɪm·ə·'tʃʊr] *adj* ❶ *person* unreif; (*childish*) kindisch *meist pej* ❷ (*undeveloped*) unreif; (*sexually*) nicht geschlechtsreif; *plan* unausgereift

immaturity [ˌɪm·ə·'tʃʊr·ə·t̬i] *n* Unreife *f*

immeasurable [ɪ·'meʒ·ər·ə·bəl] *adj inv* (*limitless*) grenzenlos; (*great*) *influence* riesig; *effect* gewaltig

immediate [ɪ·'mi·di·ɪt] *adj* ❶ umgehend; *consequences* unmittelbar; **to take** ~ **effect** augenblicklich wirken ❷ *attr* (*close*) unmittelbar; **sb's** ~ **family** jds nächste Angehörige; **sb's** ~ **friends** jds engste Freunde ❸ (*current*) unmittelbar; *concerns, problems, needs* dringend

immediately [ɪ·'mi·di·ɪt·li] *adv* ❶ (*at once*) sofort, gleich ❷ (*closely*) direkt, unmittelbar

immemorial [ˌɪm·ə·'mɔr·i·əl] *adj inv* uralt; **from time** ~ seit Urzeiten

immense [ɪ·'mens] *adj inv* riesig, enorm

immensely [ɪ·'mens·li] *adv inv* extrem, ungeheuer; *important* immens

immensity [ɪ·'men·sə·t̬i] *n* ❶ Größe *f* ❷ *usu pl* (*boundlessness*) Endlosigkeit *f kein pl*

immerse [ɪ·'mɜrs] *vt* ❶ (*dip*) eintauchen ❷ ■ **to** ~ **oneself in sth** sich in etw *akk* vertiefen

immersion [ɪ·'mɜr·ʒən] *n* ❶ (*dipping*) Eintauchen *nt*, Untertauchen *nt*; (*baptizing*) Ganztaufe *f* ❷ (*total involvement*) Vertiefung *f fig*

immigrant ['ɪm·ɪ·grənt] **I.** *n* Einwanderer *m/* Einwanderin *f*, Immigrant(in) *m(f)* **II.** *adj attr* Immigranten-, Einwanderer-

immigrate ['ɪm·ɪ·greɪt] *vi* einwandern, immigrieren

immigration [ˌɪm·ɪ·'greɪ·ʃən] *n* ❶ (*action*) Einwanderung *f*, Immigration *f* ❷ (*authority*) Grenzkontrolle *f*, ≈ Grenzschutz *m* (*an Flughäfen*)

imminent ['ɪm·ɪ·nənt] *adj* bevorstehend *attr*; *danger* drohend

immobile [ɪ·'mou·bəl] *adj* bewegungslos; (*sit*) regungslos; (*unable to move*) unbeweglich

immobility [ˌɪm·mou·'bɪl·ɪ·t̬i] *n* Bewegungslosigkeit *f*, Unbewegtheit *f*; (*due to damage*) Bewegungsunfähigkeit *f*

immobilize [ɪ·'mou·bə·laɪz] *vt* ❶ lahmlegen; *machine* betriebsuntauglich machen; (*fig*) *fear*

lähmen ❷ *patient, broken limb* ruhigstellen
immoderate [ɪ·ˈmad·ər·ɪt] *adj* (*form*) maßlos; *demands* übertrieben
immodest [ɪ·ˈmad·ɪst] *adj* ❶ (*conceited*) eingebildet ❷ (*indecent*) *clothing* unanständig
immoral [ɪ·ˈmɔr·əl] *adj* unmoralisch
immortal [ɪ·ˈmɔr·ʈəl] **I.** *adj inv* ❶ (*undying*) unsterblich ❷ (*unforgettable*) unvergesslich **II.** *n* Unsterbliche(r) *f(m)*
immortality [ˌɪ·mɔr·ˈtæl·ɪ·ʈi] *n* Unsterblichkeit *f*
immortalize [ɪ·ˈmɔr·ʈə·laɪz] *vt* verewigen
immovable [ɪ·ˈmu·və·bəl] *adj inv* ❶ (*stationary*) unbeweglich ❷ (*unchanging*) unerschütterlich; *belief* fest; *opposition* starr
immune [ɪ·ˈmjun] *adj pred* ❶ immun *a. fig* (**to** gegen/für +*akk*) ❷ (*safe*) sicher (**from** vor +*dat*)
im'mune system *n* Immunsystem *nt*
immunity [ɪ·ˈmju·nɪ·ʈi] *n* ❶ Immunität *f* ❷ (*fig: invulnerability*) Unempfindlichkeit *f*
immunize [ˈɪm·jə·naɪz] *vt* immunisieren
immunodeficiency [ˌɪm·jə·noʊ·dɪ·ˈfɪʃ·ən·si] *n* MED Immunschwäche *f*
immunological [ˌɪm·jə·noʊ·ˈladʒ·ɪ·kəl] *adj* immunologisch *fachspr*
immunologist [ˌɪm·jʊ·ˈnal·ə·dʒɪst] *n* Immunologe, -in *m, f fachspr*
imp [ɪmp] *n* Kobold *m*
impact I. *n* [ˈɪm·pækt] ❶ (*contact*) Aufprall *m;* (*force*) Wucht *f;* (*of bullet/meteor*) Einschlag *m* ❷ (*fig: effect*) Auswirkung[en] *f[pl]*; **to have an ~ on sb** Eindruck bei jdm machen **II.** *vt* [ɪm·ˈpækt] beeinflussen **III.** *vi* ❶ (*land*) aufschlagen ❷ (*affect*) ■ **to ~ on sb/sth** jdn/etw beeinflussen
impacted [ɪm·ˈpæk·tɪd] *adj* ❶ *inv tooth, bone* eingeklemmt ❷ (*affected*) betroffen
impair [ɪm·ˈper] *vt* (*disrupt*) behindern; *ability* beeinträchtigen; (*damage*) schaden +*dat*, schädigen
impaired [ɪm·ˈperd] *adj* geschädigt; **~ hearing/vision** Hör-/Sehbehinderung *f*
impale [ɪm·ˈpeɪl] *vt usu passive* aufspießen (**on** auf +*akk*)
impart [ɪm·ˈpart] *vt* ■ **to ~ sth** [**to sb/sth**] ❶ (*communicate*) [jdm/etw] etw vermitteln ❷ (*bestow*) [jdm/etw] etw verleihen
impartial [ɪm·ˈpar·ʃəl] *adj* unparteiisch
impartiality [ɪm·ˌpar·ʃɪ·ˈæl·ə·ʈi] *n* Unvoreingenommenheit *f*
impassable [ɪm·ˈpæs·ə·bəl] *adj inv road* unpassierbar; (*fig*) *problem* unüberwindlich
impasse [ˈɪm·pæs] *n* Sackgasse *f a. fig;* **to reach an ~** sich festfahren
impassioned [ɪm·ˈpæʃ·ənd] *adj* leidenschaftlich
impassive [ɪm·ˈpæs·ɪv] *adj* (*not showing emotion*) ausdruckslos; (*not sympathizing*) gleichgültig
impatience [ɪm·ˈper·ʃəns] *n* ❶ (*eagerness*) Ungeduld *f* ❷ (*intolerance*) Unduldsamkeit *f*
impatient [ɪm·ˈper·ʃənt] *adj* ungeduldig (**with**

gegenüber +*dat*); (*intolerant*) intolerant (**of** gegenüber +*dat*)
impeach [ɪm·ˈpitʃ] *vt* anklagen (**for** wegen +*gen*); *president, official* wegen Amtsmissbrauchs anklagen
impeachment [ɪm·ˈpitʃ·mənt] *n* Amtsenthebungsverfahren *nt*
impeccable [ɪm·ˈpek·ə·bəl] *adj inv* makellos; *manners* tadellos; *performance* perfekt; *reputation* untadelig; *taste* ausgesucht
impede [ɪm·ˈpid] *vt* behindern
impediment [ɪm·ˈped·ɪ·mənt] *n* ❶ (*hindrance*) Hindernis *nt* (**to** für +*akk*) ❷ MED Behinderung *f;* **speech ~** Sprachfehler *m*
impel <-ll-> [ɪm·ˈpel] *vt* [an]treiben; (*force*) nötigen
impending [ɪm·ˈpend·ɪŋ] *adj attr, inv* bevorstehend; (*menacing*) drohend
impenetrable [ɪm·ˈpen·ɪ·trə·bəl] *adj* ❶ unüberwindlich; (*dense*) undurchdringlich; *fog* dicht ❷ (*fig: incomprehensible*) unverständlich
imperative [ɪm·ˈper·ə·ʈɪv] **I.** *adj* unbedingt erforderlich **II.** *n* ❶ [Sach]zwang *m;* (*obligation*) Verpflichtung *f;* (*factor*) Erfordernis *f* ❷ LING ■ **the ~** der Imperativ
imperceptible [ˌɪm·pər·ˈsep·tə·bəl] *adj* unmerklich
imperfect [ɪm·ˈpɜr·fɪkt] **I.** *adj* (*flawed*) fehlerhaft; (*incomplete*) unvollkommen; (*insufficient*) unzureichend **II.** *n* LING ■ **the ~** der Imperfekt
imperfection [ˌɪm·pər·ˈfek·ʃən] *n* ❶ (*flaw*) Fehler *m,* Mangel *m* ❷ (*faultiness*) Unvollkommenheit *f,* Fehlerhaftigkeit *f*
imperial [ɪm·ˈpɪr·i·əl] *adj inv* ❶ (*of empire*) Reichs-; (*of emperor*) kaiserlich, Kaiser-; (*imperialistic*) imperialistisch ❷ (*grand*) prächtig ❸ *measures, weights* britisch
imperialism [ɪm·ˈpɪr·i·ə·lɪz·əm] *n* Imperialismus *m*
imperialist [ɪm·ˈpɪr·i·ə·lɪst] **I.** *n* Imperialist(in) *m(f)* **II.** *adj* imperialistisch
imperious [ɪm·ˈpɪr·i·əs] *adj* herrisch
impermanent [ɪm·ˈpɜr·mə·nənt] *adj* (*transitory*) unbeständig; (*temporary*) zeitlich begrenzt
impermeable [ɪm·ˈpɜr·mi·ə·bəl] *adj inv* undurchlässig
impersonal [ˌɪm·ˈpɜr·sə·nəl] *adj a.* LING unpersönlich; (*anonymous*) anonym
impersonate [ɪm·ˈpɜr·sə·neɪt] *vt* ■ **to ~ sb** (*mimic*) jdn imitieren; (*pretend*) sich als jdn ausgeben
impersonator [ɪm·ˈpɜr·sə·neɪ·ʈər] *n* Imitator(in) *m(f)*
impertinence [ɪm·ˈpɜr·ʈə·nəns] *n* Unverschämtheit *f,* Frechheit *f*
impertinent [ɪm·ˈpɜr·ʈə·nənt] *adj* unverschämt
impervious [ɪm·ˈpɜr·vi·əs] *adj* ❶ *inv* undurchlässig; **~ to fire/heat** feuer-/hitzebeständig; **~ to water** wasserdicht ❷ (*fig: unaffected*)

immun (**to** gegenüber +*dat*)

impetuous [ɪm·'petʃ·u·əs] *adj* impulsiv; *nature* hitzig; *decision, remark* unüberlegt

impetus ['ɪm·pɪ·təs] *n* ❶ (*push*) Anstoß *m;* (*drive*) Antrieb *m* ❷ (*momentum*) Schwung *m*

impinge [ɪm·'pɪndʒ] *vi* (*affect*) ■**to ~ on sb/ sth** sich *akk* [negativ] auf jdn/etw auswirken

impious ['ɪm·pi·əs] *adj* pietätlos; (*blasphemous*) gotteslästerlich

impish ['ɪm·pɪʃ] *adj child* lausbubenhaft; *look, grin* verschmitzt; *remark, trick* frech

implacable [ɪm·'plæk·ə·bəl] *adj* unversöhnlich; (*relentless*) unnachlässig; *enemy, opponent* unerbittlich

implacably [ɪm·'plæk·ə·bli] *adv* unnachgiebig; (*relentlessly*) unermüdlich

implant I. *n* ['ɪm·plænt] Implantat *nt* II. *vt* [ɪm·'plænt] einpflanzen

implausible [ɪm·'plɔ·zə·bəl] *adj* unglaubwürdig

implement I. *n* ['ɪm·plɪ·mənt] Gerät *nt;* (*tool*) Werkzeug *nt* II. *vt* ['ɪm·plɪ·ment] einführen; *plan* in die Tat umsetzen

implementation [ˌɪm·plɪ·men·'teɪ·ʃən] *n* Einführung *f*

implicate ['ɪm·plɪ·keɪt] *vt* ❶ (*involve*) ■**to ~ sb in sth** jdn mit etw *dat* in Verbindung bringen; **to be ~d in a crime** in ein Verbrechen verwickelt sein ❷ (*imply*) andeuten

implication [ˌɪm·plɪ·'keɪ·ʃən] *n* ❶ (*involvement*) Verwicklung *f* ❷ (*intimation*) Implikation *f geh* ❸ *usu pl* (*effect*) Auswirkung[en] *f|pl]*

implicit [ɪm·'plɪs·ɪt] *adj* ❶ (*suggested*) indirekt ❷ *attr, inv* (*total*) bedingungslos; *confidence* unbedingt

implicitly [ɪm·'plɪs·ɪt·li] *adv* ❶ implizit ❷ (*fully*) völlig, bedingungslos

implied [ɪm·'plaɪd] *adj inv* indirekt

implode [ɪm·'ploʊd] *vi* implodieren; (*fig*) zusammenbrechen

implore [ɪm·'plɔr] *vt* anflehen

imploring [ɪm·'plɔr·ɪŋ] *adj* flehend

implosion [ɪm·'ploʊ·ʒən] *n* Implosion *f fachspr*

imply <-ie-> [ɪm·'plaɪ] *vt* andeuten

impolite [ˌɪm·pə·'laɪt] *adj* unhöflich; (*stronger*) unverschämt

impoliteness [ˌɪm·pə·'laɪt·nɪs] *n* Unhöflichkeit *f;* (*stronger*) Unverschämtheit *f*

impolitic [ɪm·'pal·ə·tɪk] *adj* (*form*) undiplomatisch

imponderable [ɪm·'pan·də·rə·bəl] I. *adj inv question, theory* unergründbar; *impact, effect* nicht einschätzbar II. *n usu pl* Unwägbarkeit[en] *f|pl]*

import I. *vt* [ɪm·'pɔrt] ❶ *goods* importieren (**from** aus +*dat*); *ideas, customs* übernehmen (**from** von +*dat*) ❷ COMPUT importieren II. *vi* [ɪm·'pɔrt] importieren (**from** aus +*dat*) III. *n* ['ɪm·pɔrt] Import *m*

importance [ɪm·'pɔr·təns] *n* Bedeutung *f,* Wichtigkeit *f*

important [ɪm·'pɔr·tənt] *adj* ❶ wichtig ❷ (*influential*) bedeutend

importantly [ɪm·'pɔr·tənt·li] *adv* wichtig; (*self-importantly*) wichtigtuerisch

importation [ˌɪm·pɔr·'teɪ·ʃən] *n* Import *m*

'import duty *n* [Import]zoll *m*

importune [ˌɪm·pɔr·'tun] *vt* ■**to ~ sb** (*harass*) jdn bedrängen

impose [ɪm·'poʊz] I. *vt* (*implement*) durchsetzen; (*order*) verhängen; *law* verfügen; *taxes;* **on person** auferlegen (**on** auf +*dat*); (*on goods*) erheben (**on** auf +*akk*) II. *vi* ■**to ~ on sb** sich jdm aufdrängen

imposing [ɪm·'poʊ·zɪŋ] *adj* beeindruckend; *person* stattlich

imposition [ˌɪm·pə·'zɪʃ·ən] *n* ❶ (*implementation*) Einführung *f; of penalties, sanctions* Verhängen *nt* ❷ (*inconvenience*) Belastung *f;* (*annoyance*) Aufdringlichkeit *f*

impossibility [ɪm·ˌpas·ə·'bɪl·ə·t̬i] *n* ❶ (*thing*) Ding *nt* der Unmöglichkeit ❷ (*quality*) Unmöglichkeit *f*

impossible [ɪm·'pas·ə·bəl] I. *adj inv* ❶ unmöglich ❷ (*difficult*) *person* unerträglich II. *n* ■**the ~** das Unmögliche; **to ask the ~** Unmögliches verlangen

impossibly [ɪm·'pas·ə·bli] *adv inv* unvorstellbar

impostor, imposter [ɪm·'pas·tər] *n* Hochstapler(in) *m(f)*

impotence ['ɪm·pə·təns] *n* Machtlosigkeit *f;* (*sexual*) Impotenz *f*

impotent ['ɪm·pə·tənt] *adj* ❶ machtlos ❷ *inv* (*sexually*) impotent

impound [ɪm·'paʊnd] *vt* beschlagnahmen

impoverish [ɪm·'pav·ər·ɪʃ] *vt* ❶ arm machen ❷ (*fig*) *soil* auslaugen

impoverished [ɪm·'pav·ər·ɪʃt] *adj* arm; (*fig*) verarmt

impracticable [ɪm·'præk·tɪ·kə·bəl] *adj* undurchführbar

impractical [ɪm·'præk·tɪ·kəl] *adj* unpraktisch; (*unfit*) untauglich; (*unrealistic*) nicht anwendbar

imprecise [ˌɪm·prɪ·'saɪs] *adj* ungenau

impregnable [ɪm·'preg·nə·bəl] *adj* ❶ uneinnehmbar ❷ (*fig: unbeatable*) unschlagbar

impregnate [ɪm·'preg·neɪt] *vt usu passive* ❶ *animal, egg* befruchten ❷ (*saturate*) imprägnieren

impresario [ˌɪm·prə·'sar·i·oʊ] *n* Impresario *m; for artists* Agent(in) *m(f)*

impress [ɪm·'pres] I. *vt* ❶ beeindrucken ❷ (*convince*) ■**to ~ sth [up]on sb** jdn von etw *dat* überzeugen II. *vi* Eindruck machen, imponieren; **to fail to ~** keinen [guten] Eindruck machen

impression [ɪm·'preʃ·ən] *n* ❶ (*opinion*) Eindruck *m;* **to be under the ~ that ...** den Eindruck haben, dass ... ❷ (*feeling*) Eindruck *m;* **to make a good ~ [on sb]** einen guten Eindruck [auf jdn] machen ❸ (*imitation*) Imitation *f;* **to do an ~ of sb/sth** jdn/etw imitieren

impressionable [ɪmˈpreʃ·ə·nə·bəl] *adj* [leicht] beeinflussbar

impressionism [ɪmˈpreʃ·ə·nɪz·əm] *n* Impressionismus *m*

impressionist [ɪmˈpreʃ·ə·nɪst] **I.** *n* ❶ Impressionist(in) *m(f)* ❷ (*imitator*) Imitator(in) *m(f)* **II.** *adj inv* impressionistisch

impressionistic [ɪmˌpreʃ·əˈnɪs·tɪk] *adj* impressionistisch

impressive [ɪmˈpres·ɪv] *adj* beeindruckend

imprint I. *vt* [ɪmˈprɪnt] *usu passive* ❶ (*emboss*) prägen ❷ (*print*) drucken (**on** auf +*akk*); **to ~ sth on sb's mind** (*fig*) jdm etw einprägen **II.** *n* [ˈɪm·prɪnt] ❶ (*mark*) Abdruck *m; on coin, leather* Prägung *f; on paper, cloth* [Auf]druck *m;* (*fig*) Spuren *pl* ❷ (*in publishing*) Impressum *nt*

imprison [ɪmˈprɪz·ən] *vt usu passive* (*put in prison*) inhaftieren; (*sentence to prison*) zu einer Gefängnisstrafe verurteilen

imprisonment [ɪmˈprɪz·ən·mənt] *n* Haft *f;* (*esp in war*) Gefangenschaft *f*

improbability [ˌɪm·prab·əˈbɪl·ɪ·ṭi] *n* Unwahrscheinlichkeit *f*

improbable [ɪmˈprab·ə·bəl] *adj* unwahrscheinlich; (*dubious*) unglaubhaft

impromptu [ɪmˈpramp·tu] *adj inv* spontan

improper [ɪmˈprap·ər] *adj* ❶ (*not correct*) falsch; (*showing bad judgment*) fälschlich ❷ (*inappropriate*) unpassend; (*indecent*) unanständig; *conduct* unschicklich

impropriety [ˌɪm·prəˈpraɪ·ə·ṭi] *n* Unanständigkeit *f*

improve [ɪmˈpruv] **I.** *vt* verbessern **II.** *vi* besser werden, sich verbessern; ■**to ~ on sth** etw [noch] verbessern; **you can't ~ on that!** da ist keine Steigerung mehr möglich!

improvement [ɪmˈpruv·mənt] *n* ❶ (*instance*) Verbesserung *f* ❷ (*activity*) Verbesserung *f; of illness* Besserung *f;* **room for ~** Steigerungsmöglichkeiten *pl* ❸ [**home**] **~[s]** Renovierungsarbeiten *pl* (*Ausbau- und Modernisierungsarbeiten am eigenen Heim*)

improvisation [ɪmˌprav·ɪˈzeɪ·ʃən] *n* Improvisation *f*

improvise [ˈɪm·prə·vaɪz] *vt, vi* improvisieren

imprudent [ɪmˈpru·dənt] *adj* leichtsinnig

impudence [ˈɪm·pju·dəns] *n* Unverschämtheit *f*

impudent [ˈɪm·pju·dənt] *adj* unverschämt

impulse [ˈɪm·pʌls] *n* ❶ (*urge*) *a.* ELEC Impuls *m;* **to have an** [*or* **a sudden**] **~ to do sth** plötzlich den Drang verspüren, etw zu tun ❷ (*motive*) Antrieb *m*

impulsive [ɪmˈpʌl·sɪv] *adj* impulsiv; (*spontaneous*) spontan

impunity [ɪmˈpju·nɪ·ṭi] *n* Straflosigkeit *f;* LAW Straffreiheit *f;* **to do sth with ~** etw ungestraft tun

impure [ɪmˈpjʊr] *adj* (*unclean*) unrein, unsauber; (*contaminated*) *water* verunreinigt; *drugs* gestreckt; *medication* nicht rein

impurity [ɪmˈpjʊr·ɪ·ṭi] *n* ❶ (*quality*) Verunreinigung *f* ❷ (*element*) Verschmutzung *f*

impute [ɪmˈpjut] *vt* ■**to ~ sth to sb** jdm etw unterstellen

in [ɪn] **I.** *prep* ❶ (*describing location*) in +*dat; he is deaf ~ his left ear* er hört auf dem linken Ohr nichts; **to ride ~ a car** [im] Auto fahren; **~ the hospital** im Krankenhaus; **~ the street** auf der Straße ❷ (*into*) in +*akk;* **to get ~ the car** ins Auto steigen ❸ (*describing state*) **he cried out ~ pain** er schrie vor Schmerzen; **~ anger** im Zorn; **~ doubt** [nicht] zweifeln; **~ horror** voller Entsetzen; **to be ~ love** [**with sb**] [in jdn] verliebt sein; **to fall ~ love** [**with sb**] sich [in jdn] verlieben; **to be ~ a good mood** guter Laune sein; **~ secret** heimlich ❹ **~ French** auf Französisch ❺ (*during*) **she assisted the doctor ~ the operation** sie assistierte dem Arzt bei der Operation; **~ the end** am Ende; **~ March** im März; **~ the morning** morgens ❻ (*describing job*) **she works ~ publishing** sie arbeitet bei einem Verlag ❼ (*wearing*) **the woman ~ the hat** die Frau mit dem Hut; **~ disguise** verkleidet; **~ the nude** nackt; **to be ~ uniform** Uniform tragen ❽ + *-ing* (*while*) **~ attempting to save the child, he nearly lost his own life** bei dem Versuch, das Kind zu retten, kam er beinahe selbst um; **~ doing so** dabei, damit ❾ (*state, condition*) **he's about six foot ~ height** er ist ca. sechs Fuß groß; **to be equal ~ weight** gleich viel wiegen; **~ total** insgesamt ❿ (*of every*) pro; **one ~ ten people** jeder zehnte ⓫ *see a. n* **she had no say ~ the decision** sie hatte keinen Einfluss auf die Entscheidung; **to have confidence ~ sb** jdm vertrauen ► PHRASES: **~ all** insgesamt; **~ between** dazwischen **II.** *adv inv* ❶ (*to speaker*) herein; **come ~!** herein!; **to come ~** *tide* kommen; **to get ~** *train, bus* eintreffen ❷ (*submitted*) **to hand sth ~** etw abgeben ► PHRASES: **to let sb ~ on sth** jdn in etw *akk* einweihen **III.** *adj inv* ❶ *pred* (*there*) da; (*at home*) zu Hause; **to have a quiet evening ~** einen ruhigen Abend zu Hause verbringen ❷ (*in fashion*) in ❸ *pred* (*submitted*) **the application must be ~ by May 31** die Bewerbung muss bis zum 31. Mai eingegangen sein ► PHRASES: **to be ~ for sth** (*be in serious trouble*) dran sein; **to be ~ on sth** über etw *akk* Bescheid wissen **IV.** *n* (*connection*) Kontakt[e] *m[pl]* ► PHRASES: **to know the ~s and outs of sth** sich in einer S. *gen* genau auskennen

IN *abbrev of* **Indiana**

inability [ˌɪn·əˈbɪl·ɪ·ṭi] *n* Unfähigkeit *f*

inaccessible [ˌɪn·ækˈses·ə·bəl] *adj* (*hard to enter*) unzugänglich; (*hard to understand*) unverständlich

inaccuracy [ɪnˈæk·jər·ə·si] *n* Ungenauigkeit *f*

inaccurate [ɪnˈæk·jər·ɪt] *adj* (*inexact*) ungenau; (*wrong*) falsch

inaction [ɪnˈæk·ʃən] *n* Untätigkeit *f*

inactive [ɪnˈæk·tɪv] *adj* untätig, inaktiv

inactivity [ˌɪn·æk·'tɪv·ɪ·t̬i] *n* Untätigkeit *f*

inadequacy [ɪn·'æd·ɪ·kwə·si] *n* ❶ (*trait*) Unzulänglichkeit|en] *f*[*pl*] ❷ (*quality*) Unzulänglichkeit *f;* **feelings of** ~ Minderwertigkeitsgefühle *pl*

inadequate [ɪn·'æd·ɪ·kwɪt] *adj* unangemessen; **woefully** ~ völlig unzulänglich

inadmissible [ˌɪn·əd·'mɪs·ə·bəl] *adj inv* unzulässig

inadvertent [ˌɪn·əd·'vɜr·tənt] *adj* (*careless*) unachtsam; (*erroneous*) versehentlich

inadvisable [ˌɪn·əd·'vaɪ·zə·bəl] *adj* nicht empfehlenswert

inane [ɪn·'eɪn] *adj* geistlos; (*silly*) dämlich

inanimate [ɪn·'æn·ɪ·mət] *adj inv* leblos; (*immobile*) bewegungslos

inapplicable [ɪn·'æp·lɪ·kə·bəl] *adj inv* unanwendbar; *answer, question* unzutreffend

inappropriate [ˌɪn·ə·'proʊ·pri·ɪt] *adj* ungeeignet; *time* unpassend; (*inconvenient*) ungelegen; (*out of place*) unangebracht

inarticulate [ˌɪn·ar·'tɪk·jʊ·lɪt] *adj* ❶ (*unable to express oneself*) **she was** ~ **with rage** vor Wut verschlug ihr die Sprache ❷ (*unclear*) undeutlich; *speech* zusammenhangslos

inattention [ˌɪn·ə·'ten·ʃən] *n* Unaufmerksamkeit *f;* (*negligence*) Achtlosigkeit *f*

inattentive [ˌɪn·ə·'ten·tɪv] *adj* unaufmerksam; (*careless*) achtlos

inaudible [ɪn·'ɔ·də·bəl] *adj* unhörbar

inaugural [ɪn·'ɔ·gjʊ·rəl] *adj attr, inv* ❶ Einweihungs-; (*opening*) Eröffnungs- ❷ POL Antritts-

inaugurate [ɪn·'ɔ·gjʊ·reɪt] *vt* ❶ (*induct into office*) **to** ~ **sb** jdn in sein Amt einführen ❷ (*start*) *new era* einläuten; *policy* [neu] einführen

inauguration [ɪn·ˌɔ·gjʊ·'reɪ·ʃən] *n* ❶ (*induction*) Amtseinführung *f* ❷ *of monument, stadium* Einweihung *f; of era, policy* Einführung *f*

inauspicious [ˌɪn·ɔ·'spɪʃ·əs] *adj* ungünstig

in-be'tween I. *adj attr, inv* Zwischen-, Übergangs- II. *n* Zwischending *nt*

inboard ['ɪn·bɔrd] *adj attr* NAUT innenbords

inborn ['ɪn·bɔrn] *adj inv personality trait* angeboren; *physical trait* vererbt

'in box *n* COMPUT Posteingangsordner *m*

inbred ['ɪn·bred] *adj inv* ❶ durch Inzucht erzeugt ❷ (*inherent*) angeboren; *charm, talent* naturgegeben

inbreeding ['ɪn·bri·dɪŋ] *n* Inzucht *f*

Inc. *adj after n, inv* ECON *abbrev of* **incorporated** [als Kapitalgesellschaft] eingetragen

incalculable [ɪn·'kæl·kjʊ·lə·bəl] *adj* ❶ *inv* (*high*) unabsehbar; *costs* unüberschaubar ❷ (*inestimable*) nicht zu ermessen *präd,* unvorstellbar; *value* unschätzbar

incandescent [ˌɪn·kən·'des·ənt] *adj inv* (*lit*) [weiß]glühend *attr,* leuchtend hell

incantation [ˌɪn·kæn·'teɪ·ʃən] *n* ❶ (*activity*) Beschwörung *f* ❷ (*spell*) Zauberspruch *m*

incapability [ɪn·ˌkeɪ·pə·'bɪl·ɪ·t̬i] *n* Unfähigkeit *f*

incapable [ɪn·'keɪ·pə·bəl] *adj* unfähig (**of** zu

+*dat*)

incapacitate [ˌɪn·kə·'pæs·ɪ·teɪt] *vt* außer Gefecht setzen

incapacity [ˌɪn·kə·'pæs·ə·t̬i] *n* Unfähigkeit *f*

incarcerate [ɪn·'kar·sə·reɪt] *vt* einkerkern

incarnate [ɪn·'kar·nɪt] *adj after n, inv* **evil** ~ das personifizierte Böse

incarnation [ˌɪn·kar·'neɪ·ʃən] *n* ❶ (*human form*) Verkörperung *f* ❷ (*lifetime*) Inkarnation *f*

incendiary [ɪn·'sen·di·er·i] I. *adj* ❶ *attr, inv* Brand- ❷ (*fig: inciting*) aufstachelnd *attr,* aufrührerisch II. *n* (*bomb*) Brandbombe *f;* (*device*) Brandmittel *nt*

incense¹ ['ɪn·sens] *n* (*substance*) Räuchermittel *nt;* (*smoke*) wohlriechender Rauch; (*in church*) Weihrauch *m*

incense² [ɪn·'sens] *vt* empören

incensed [ɪn·'senst] *adj* empört

incentive [ɪn·'sen·tɪv] I. *n* Anreiz *m* II. *adj attr, inv* Vorteile bringend

in'centive plan *n* Prämiensystem *nt*

inception [ɪn·'sep·ʃən] *n* Anfang *m;* (*of company*) Gründung *f*

incessant [ɪn·'ses·ənt] *adj inv* ununterbrochen

incest ['ɪn·sest] *n* Inzest *m*

incestuous [ɪn·'ses·tʃu·əs] *adj* inzestuös

inch [ɪntʃ] I. *n* <*pl* -es> ❶ (*measurement*) Zoll *m* (*2,54 cm*) ❷ (*body size*) ■ ~**es** *pl* Körpergröße *f* ❸ (*distance*) Zollbreit *m,* Zentimeter *m;* **to miss sb/sth by** ~**es** jdn/etw [nur] um Haaresbreite verfehlen II. *vi* sich [ganz] langsam bewegen III. *vt* [ganz] vorsichtig bewegen

incidence ['ɪn·sɪ·dəns] *n* Auftreten *nt*

incident ['ɪn·sɪ·dənt] *n* ❶ (*occurrence*) [Vor]fall *m* ❷ (*story*) Begebenheit *f*

incidental [ˌɪn·sɪ·'den·təl] *adj* ❶ (*related*) begleitend *attr,* verbunden; (*secondary*) nebensächlich ❷ (*by chance*) zufällig; (*in passing*) beiläufig

incidentally [ˌɪn·sɪ·'den·təl·i] *adv inv* ❶ (*by the way*) übrigens ❷ (*in passing*) nebenbei; (*accidentally*) zufällig

incinerate [ɪn·'sɪn·ə·reɪt] *vt* verbrennen

incinerator [ɪn·'sɪn·ə·reɪ·tər] *n* Verbrennungsanlage *f;* (*for garbage*) Müllverbrennungsanlage *f;* (*for bodies*) [Verbrennungs]ofen *m*

incise [ɪn·'saɪz] *vt* einritzen; (*in wood*) einschnitzen; (*in metal, stone*) eingravieren; *wound* aufschneiden

incision [ɪn·'sɪʒ·ən] *n* MED [Ein]schnitt *m*

incisive [ɪn·'saɪ·sɪv] *adj* (*clear*) klar; *remark* schlüssig; (*clear-thinking*) scharfsinnig; *mind* [messer]scharf

incisor [ɪn·'saɪ·zər] *n* Schneidezahn *m*

incite [ɪn·'saɪt] *vt* aufstacheln; *revolt, riot* anzetteln

incitement [ɪn·'saɪt·mənt] *n* Anstiftung *f*

inclination [ˌɪn·klɪ·'neɪ·ʃən] *n* ❶ (*tendency*) Neigung *f,* Hang *m kein pl* ❷ (*slope*) Neigung *f; of head* Neigen *nt*

incline I. *vi* [ɪn·'klaɪn] ❶ (*tend*) tendieren

(**toward**[**s**] zu +*dat*) ❷ (*lean*) sich neigen **II.** *vt* [ɪn·ˈklaɪn] ❶ *usu passive* (*dispose*) ■**to be ~d that way** dazu neigen; ■**to be ~d to do sth** dazu neigen, etw zu tun ❷ *head* neigen **III.** *n* [ˈɪn·klaɪn] (*slope*) Neigung *f; of hill, mountain* [Ab]hang *m*

inclined [ɪn·ˈklaɪnd] *adj pred*bereit; **to be ~ to agree** eher zustimmen; **to be politically ~** eine Anlage für Politik haben

include [ɪn·ˈklud] *vt* (*contain*) beinhalten; (*add*) beifügen; ■**to be ~d in sth** in etw *akk* eingeschlossen sein; **everything is ~d** alles ist inklusive; ■**to ~ sb/sth in sth** jdn/etw in etw *akk* einbeziehen

including [ɪn·ˈklu·dɪŋ] *prep* einschließlich; **~ everything** alles inbegriffen

inclusion [ɪn·ˈklu·ʒən] *n* Einbeziehung *f*

inclusive [ɪn·ˈklu·sɪv] *adj* (*comprehensive*) [all]umfassend

incognito [ˌɪn·kag·ˈni·toʊ] *adv inv* inkognito

incoherent [ˌɪn·koʊ·ˈhɪr·ənt] *adj* zusammenhanglos

income [ˈɪn·kʌm] *n* Einkommen *nt; of company* Einnahmen *pl*

'income bracket *n* Einkommensstufe *f*, Lohnklasse *f* SCHWEIZ

'income tax *n* Einkommensteuer *f*

incoming [ˈɪn·ˌkʌm·ɪŋ] *adj attr, inv* ankommend; **~ call** [eingehender] Anruf; **~ freshman** Studienanfänger *an einer amerikanischen Hochschule oder Highschool;* (*immigrating*) zuwandernd; (*recently elected*) neu [gewählt]

incomings [ˈɪn·ˌkʌm·ɪŋz] *npl* Einkommen *nt; of company* Einnahmen *pl*

incommunicado [ˌɪn·kəˌmju·nɪ·ˈkad·oʊ] **I.** *adj pred, inv* nicht erreichbar **II.** *adv inv* isoliert

incomparable [ɪn·ˈkam·pər·ə·bəl] *adj inv* (*different*) unvergleichbar; (*superior*) unvergleichlich

incompatibility [ˌɪn·kəm·ˌpæt·ə·ˈbɪl·ɪ·ti] *n* Unvereinbarkeit *f*; COMPUT Inkompatibilität *f* fachspr

incompatible [ˌɪn·kəm·ˈpæt·ə·bəl] *adj* unvereinbar (**with** mit +*dat*); *machinery, computers* inkompatibel; *blood type* unverträglich; *colors* nicht kombinierbar; ■**to be ~** *persons* nicht zusammenpassen

incompetence [ɪn·ˈkam·pə·təns], **incompetency** [ɪn·ˈkam·pə·tən·si] *n* Inkompetenz *f*

incompetent [ɪn·ˈkam·pə·tənt] *adj* ❶ (*incapable*) inkompetent, ungeeignet (**for** für +*akk*) ❷ LAW unzuständig

incomplete [ˌɪn·kəm·ˈplit] *adj inv* unvollständig; (*unfinished*) unfertig

incomprehensible [ˌɪn·kam·prɪ·ˈhen·sə·bəl] *adj* unverständlich; *act, event* unbegreiflich

inconceivable [ˌɪn·kən·ˈsi·və·bəl] *adj inv* undenkbar, unvorstellbar

inconclusive [ˌɪn·kən·ˈklu·sɪv] *adj argument* nicht überzeugend; *results, test* ergebnislos; *evidence* unzureichend

incongruous [ɪn·ˈkaŋ·gru·əs] *adj* (*inappropri-*

ate) unpassend; (*inconsistent*) widersprüchlich

inconsequential [ɪn·ˌkan·sɪ·ˈkwen·ʃəl] *adj* (*illogical*) unlogisch; (*unimportant*) unbedeutend

inconsiderable [ˌɪn·kən·ˈsɪd·ər·ə·bəl] *adj* unbeträchtlich

inconsiderate [ˌɪn·kən·ˈsɪd·ər·ɪt] *adj* (*disregarding*) rücksichtslos (**toward**[**s**] gegenüber +*dat*); (*insensitive*) gedankenlos; *remark* taktlos

inconsistency [ˌɪn·kən·ˈsɪs·tən·si] *n* ❶ (*contradiction*) Unvereinbarkeit *f*; (*in text*) Unstimmigkeit *f* ❷ (*inconstancy*) Unbeständigkeit *f*

inconsistent [ˌɪn·kən·ˈsɪs·tənt] *adj* ❶ (*contradicting*) widersprüchlich ❷ (*erratic*) unbeständig

inconsolable [ˌɪn·kən·ˈsoʊ·lə·bəl] *adj inv* untröstlich

inconspicuous [ˌɪn·kən·ˈspɪk·ju·əs] *adj* unauffällig

incontestable [ˌɪn·kən·ˈtes·tə·bəl] *adj inv* unbestreitbar; *evidence* unwiderlegbar

incontinent [ɪn·ˈkan·tə·nənt] *adj* MED inkontinent

inconvenience [ˌɪn·kən·ˈvin·jəns] **I.** *n* ❶ (*trouble*) Unannehmlichkeit[en] *f*[*pl*] ❷ (*troublesome thing*) Unannehmlichkeit *f* **II.** *vt* ■**to ~ sb** jdm Unannehmlichkeiten bereiten

inconvenient [ˌɪn·kən·ˈvin·jənt] *adj time* ungelegen; *place* ungünstig [gelegen]

incorporate [ɪn·ˈkɔr·pə·reɪt] *vt* ❶ (*integrate*) einfügen; *company, region* eingliedern; *food* [hin]zugeben ❷ (*contain*) enthalten

incorporation [ɪn·ˌkɔr·pə·ˈreɪ·ʃən] *n* Einfügung *f*, Eingliederung *f*, Einbeziehung *f*; *region* Eingemeindung *f*; *food* Zugabe *f*

incorrect [ˌɪn·kə·ˈrekt] *adj* ❶ (*untrue*) falsch; *calculation* fehlerhaft; *diagnosis* unkorrekt ❷ (*improper*) unkorrekt; *behavior* unangebracht

incorrigible [ɪn·ˈkɔr·ə·dʒə·bəl] *adj inv* unverbesserlich

incorruptible [ˌɪn·kə·ˈrʌp·tə·bəl] *adj inv* unbestechlich; (*virtuous*) integer

increase I. *vi* [ɪn·ˈkri:s] *prices, rates* [an]steigen; *pain, troubles* zunehmen; *population, wealth* anwachsen **II.** *vt* [ɪn·ˈkri:s] erhöhen; (*strengthen*) verstärken; (*enlarge*) vergrößern **III.** *n* [ˈɪn·kri:s] Anstieg *m*, Zunahme *f; in production* Steigerung *f;* **to be on the ~** ansteigen; (*multiply*) [mehr und] mehr werden; (*magnify*) [immer] größer werden

increasing [ɪn·ˈkris·ɪŋ] *adj inv* steigend, zunehmend

increasingly [ɪn·ˈkris·ɪŋ·li] *adv inv* zunehmend, immer

incredible [ɪn·ˈkred·ə·bəl] *adj* ❶ unglaublich ❷ (*fam: very good*) fantastisch

incredibly [ɪn·ˈkred·ɪbli] *adv* ❶ (*strangely*) erstaunlicherweise; (*surprisingly*) überraschen-

I

derweise ② + *adj* (*very*) unglaublich
incredulity [ˌɪn·krɪ·ˈduˑlɪˑt̬i] *n* (*disbelief*) [ungläubiges] Staunen; (*bewilderment*) Fassungslosigkeit *f*
incredulous [ɪn·ˈkredʒ·ə·ləs] *adj* (*disbelieving*) ungläubig; (*bewildered*) fassungslos
increment [ˈɪŋ·krə·mənt] *n* (*division*) Stufe *f*; *on scale* [Grad]einteilung *f*; **by ~ s** stufenweise
incremental [ˌɪŋ·krə·ˈmən·təl] *adj inv* stufenweise
incriminate [ɪn·ˈkrɪm·ɪ·neɪt] *vt* beschuldigen
incriminating [ɪn·ˈkrɪm·ɪ·neɪt̬·ɪŋ] *adj* belastend
incubate [ˈɪn·kjʊ·beɪt] **I.** *vt* ❶ *egg* [be]brüten; (*hatch*) ausbrüten; *bacteria, cells* heranzüchten ② (*fig*) *idea, plan* ausbrüten **II.** *vi egg* bebrütet werden; *idea, plan* reifen
incubation [ˌɪn·kjʊ·ˈbeɪ·ʃən] *n* ❶ [Be]brüten *nt*; *for hatching* Ausbrüten *nt* ② (*time*) Brut[zeit] *f*; *for diseases* Inkubation[szeit] *f*
incubator [ˈɪn·kjʊ·beɪ·t̬ər] *n* (*for eggs*) Brutapparat *m*; (*for babies*) Brutkasten *m*
incumbent [ɪn·ˈkʌm·bənt] **I.** *adj attr, inv* amtierend **II.** *n* Amtsinhaber(in) *m(f)*
incur <-rr-> [ɪn·ˈkɜr] *vt* ❶ hinnehmen müssen; *debt* machen; *losses* erleiden; **to ~ costs** Kosten haben ② (*bring on*) hervorrufen; **to ~ the anger of sb** jdn verärgern
incurable [ɪn·ˈkjʊr·ə·bəl] *adj inv* unheilbar; *habit* nicht ablegbar
incursion [ɪn·ˈkɜr·ʃən] *n* [feindlicher] Einfall
Ind. *abbrev of* **Indiana**
indebted [ɪn·ˈdet̬·ɪd] *adj pred* ❶ (*obliged*) [zu Dank] verpflichtet; ■ **to be ~ to sb for sth** jdm für etw *akk* dankbar sein ② (*owing*) verschuldet
indebtedness [ɪn·ˈdet̬·ɪd·nɪs] *n* (*personal*) Verpflichtung *f*; (*financial*) Verschuldung *f*
indecency [ɪn·ˈdi·sən·si] *n* ❶ (*impropriety*) Ungehörigkeit *f* ② (*assault*) sexueller Übergriff (**against** auf +*akk*)
indecent [ɪn·ˈdi·sənt] *adj* ❶ (*improper*) ungehörig; (*unseemly*) unschicklich; (*inappropriate*) unangemessen ② (*lewd*) unanständig; *proposal* unsittlich
indecipherable [ˌɪn·dɪ·ˈsaɪ·fər·ə·bəl] *adj inv* (*illegible*) unlesbar; *handwriting* kaum zu entziffern; (*incomprehensible*) unverständlich
indecision [ˌɪn·dɪ·ˈsɪʒ·ən] *n* Unentschlossenheit *f*
indecisive [ˌɪn·dɪ·ˈsaɪ·sɪv] *adj* ❶ (*wishywashy*) unentschlossen; *person* nicht entscheidungsfreudig ② (*inconclusive*) unschlüssig
indeed [ɪn·ˈdid] **I.** *adv inv* ❶ (*for emphasis*) wirklich; (*actually*) tatsächlich ② (*affirmation*) allerdings ❸ (*for strengthening*) ja **II.** *interj* [ja,] wirklich, ach, wirklich
indefatigable [ˌɪn·dɪ·ˈfæt̬·ɪ·gə·bəl] *adj inv* unermüdlich
indefensible [ˌɪn·dɪ·ˈfen·sə·bəl] *adj* ❶ (*unjustifiable*) unentschuldbar; (*unacceptable*) untragbar; *behavior* unmöglich ② MIL nicht zu halten *präd*

indefinable [ˌɪn·dɪ·ˈfaɪ·nə·bəl] *adj* undefinierbar
indefinite [ɪn·ˈdef·ə·nɪt] *adj* ❶ *inv* (*unknown*) unbestimmt ② (*vague*) unklar; *answer* nicht eindeutig; *date, time* offen; *plans, ideas* vage
indefinite 'article *n* unbestimmter Artikel
indefinitely [ɪn·ˈdef·ən·ət·li] *adv* ❶ *inv* auf unbestimmte Zeit ② (*vaguely*) vage
indelible [ɪn·ˈdel·ə·bəl] *adj inv* ❶ *ink* unlöschbar; *colors, stains* unlöslich ② (*fig: permanent*) unauslöschlich
indemnify <-ie-> [ɪn·ˈdem·nɪ·faɪ] *vt* ❶ (*insure*) versichern ② (*compensate*) entschädigen
indemnity [ɪn·ˈdem·nɪ·t̬i] *n* ❶ (*insurance*) Versicherung *f* ② (*compensation with liability*) Schaden[s]ersatz *m*; (*without liability*) Entschädigung *f*
indent **I.** *vi* [ɪn·ˈdent] TYPO einrücken **II.** *vt* [ɪn·ˈdent] ❶ TYPO einrücken ② (*depress*) eindrücken; *metal* einbeulen **III.** *n* [ˈɪn·dent] TYPO Einzug *m*
indentation [ˌɪn·den·ˈteɪ·ʃən] *n* ❶ TYPO Einzug *m* ② (*depression*) Vertiefung *f*; *in cheek, head* Kerbe *f*; *in metal* Beule *f*
independence [ˌɪn·dɪ·ˈpen·dəns] *n* ❶ (*autonomy*) Unabhängigkeit *f* ② (*absence of influence*) Unabhängigkeit *f*; (*impartiality*) Unparteilichkeit *f* ❸ (*self-reliance*) Selbstständigkeit *f*
Inde'pendence Day *n amerikanischer Unabhängigkeitstag*
independent [ˌɪn·dɪ·ˈpen·dənt] **I.** *adj* ❶ *inv* (*autonomous*) unabhängig (**from** von +*dat*) ② (*uninfluenced*) unabhängig (**of** von +*dat*); (*impartial*) unparteiisch ❸ (*unassisted*) selbstständig **II.** *n* POL Parteilose(r) *f(m)*
in-depth [ˈɪn·depθ] *adj attr* gründlich; *investigation* eingehend; *report* detailliert
indescribable [ˌɪn·dɪ·ˈskraɪ·bə·bəl] *adj* unbeschreiblich
indestructible [ˌɪn·dɪ·ˈstrʌk·tə·bəl] *adj* unzerstörbar; *toy* unverwüstlich
indeterminable [ˌɪn·dɪ·ˈtɜr·mɪn·ə·bəl] *adj* unbestimmbar, undefinierbar
indeterminate [ˌɪn·dɪ·ˈtɜr·mə·nɪt] *adj* ❶ (*immeasurable*) unbestimmt ② (*vague*) unklar; (*indistinct*) *color* unbestimmbar; *period* ungewiss
index <*pl* -es *or* indices> [ˈɪn·deks, *pl* ˈɪn·dɪ·siz] **I.** *n* ❶ <*pl* -es> (*in book*) Index *m*; (*of sources*) Quellenverzeichnis *nt*; (*in library*) Katalog *m*; **card ~** Kartei *f* ② <*pl* -dices *or* -es> ECON Index *m fachspr* ❸ <*pl* -dices *or* -es> (*indicator*) Anzeichen *nt* (**of** für +*akk*) **II.** *vt* ❶ (*create index*) ■ **to ~ sth** *in book* etw mit einem Verzeichnis versehen ② (*record in index*) ■ **to ~ sth** *in book* etw in ein Verzeichnis aufnehmen
indexation [ˌɪn·dek·ˈseɪ·ʃən] *n* ECON Indexierung *f fachspr*
'index card *n* Karteikarte *f*
'index finger *n* Zeigefinger *m*

India ['ɪn·di·ə] *n* Indien *nt*
India 'ink *n* Tusche *f*
Indian ['ɪn·di·ən] **I.** *adj* **①** (*Asian*) indisch **②** (*native American*) indianisch, Indianer- **II.** *n* **①** (*Asian*) Inder(in) *m(f)* **②** (*native American*) Indianer(in) *m(f)*
Indiana [ɪn·ˌdi·'æn·ə] *n* Indiana *nt*
Indian 'corn *n* FOOD Mais *m*, ÖSTERR a. Kukuruz *m*
Indian 'file *n see* **single file**
Indian 'Ocean *n* ■**the ~** der Indische Ozean
Indian 'summer *n* Altweibersommer *m*
indicate ['ɪn·dɪ·keɪt] *vt* **①** (*show*) zeigen; (*register*) anzeigen **②** (*imply*) auf etw *akk* hindeuten **③** (*point to*) ■**to ~** *sb/sth* auf jdn/etw hindeuten
indication [ˌɪn·dɪ·'keɪ·ʃən] *n* **①** (*sign*) [An]zeichen *nt* (**of** für +*akk*), Hinweis *m* (**of** auf +*akk*); **he hasn't given any ~ of his plans** er hat nichts von seinen Plänen verlauten lassen **②** (*reading*) on gauge, meter Anzeige *f*
indicative [ɪn·'dɪk·ə·tɪv] *adj* hinweisend *attr*; ■**to be ~ of sth** etw erkennen lassen
indicator ['ɪn·dɪ·keɪ·tər] *n* **①** (*evidence*) Indikator *m fachspr; of fact, trend* deutlicher Hinweis **②** TECH (*gauge, meter*) Anzeiger *m*; (*needle*) Zeiger *m*
indices ['ɪn·dɪ·siz] *n pl of* **index I. 2,3**
indict [ɪn·'daɪt] *vt* anklagen
indictment [ɪn·'daɪt·mənt] *n* **①** LAW (*accusation*) Anklage[erhebung] *f;* (*bill*) Anklageschrift *f* **②** (*fig: negative assessment*) Anzeichen *nt* (**of** für +*akk*)
indie ['ɪn·di] *adj inv short for* **independent** *film, music* Indie-
indifference [ɪn·'dɪf·ər·əns] *n* Gleichgültigkeit *f* (**to**[**ward**] gegenüber +*dat*)
indifferent [ɪn·'dɪf·ər·ənt] *adj* **①** (*uninterested*) gleichgültig (**to** gegenüber +*dat*); (*unmoved*) ungerührt (**to** von +*dat*) **②** (*mediocre*) [mittel]mäßig
indigenous [ɪn·'dɪdʒ·ə·nəs] *adj inv* [ein]heimisch; **to be ~ to North America** in Nordamerika heimisch sein
indigestible [ˌɪn·dɪ·'dʒəs·tə·bəl] *adj* (*a. fig*) schwer verdaulich; (*bad*) ungenießbar
indigestion [ˌɪn·dɪ·'dʒəs·tʃən] *n* Magenverstimmung *f;* (*chronic*) Verdauungsstörung[en] *f[pl]*
indignant [ɪn·'dɪg·nənt] *adj* empört (**at/about** über +*akk*)
indignation [ˌɪn·dɪg·'neɪ·ʃən] *n* Empörung *f* (**at/about** über +*akk*)
indignity [ɪn·'dɪg·nɪ·t̬i] *n* Demütigung *f;* (*cause a.*) Erniedrigung *f*
indigo ['ɪn·dɪ·goʊ] **I.** *n* (*blue dye*) Indigo *m* o *nt* **II.** *adj* (*dark blue*) indigoblau
indirect [ˌɪn·dɪ·'rekt] *adj* **①** indirekt; **~ remark** Anspielung *f* **②** *benefits, consequences* mittelbar
indirect 'object *n* LING indirektes Objekt, Dativobjekt *nt*
indirect 'tax *n* FIN indirekte Steuer

indiscernible [ˌɪn·dɪ·'sɜr·nə·bəl] *adj* nicht wahrnehmbar; (*invisible*) nicht erkennbar
indiscreet [ˌɪn·dɪ·'skrit] *adj* indiskret; (*tactless*) taktlos
indiscretion [ˌɪn·dɪ·'skreʃ·ən] *n* **①** Indiskretion *f;* (*tactlessness*) Taktlosigkeit *f* **②** (*act*) Indiskretion *f;* (*thoughtless*) unüberlegte Handlung
indiscriminate [ˌɪn·dɪ·'skrɪm·ə·nɪt] *adj* **①** (*unthinking*) unüberlegt; (*uncritical*) unkritisch **②** (*random*) wahllos
indispensable [ˌɪn·dɪ·'spen·sə·bəl] *adj* unentbehrlich (**for/to** für +*akk*)
indisposed [ˌɪn·dɪ·'spoʊzd] *adj pred, inv* **①** (*ill*) unpässlich; *artist, singer* indisponiert *geh* **②** (*averse*) **to be ~ to do sth** nicht gewillt sein, etw zu tun
indisputable [ˌɪn·dɪ·'spju·t̬ə·bəl] *adj inv* unbestreitbar; *evidence* unanfechtbar; *skill, talent* unbestritten
indistinct [ˌɪn·dɪ·'stɪŋkt] *adj* **①** (*mumbled*) undeutlich; (*blurred*) verschwommen **②** (*unclear*) unklar; *memory* verschwommen
indistinguishable [ˌɪn·dɪ·'stɪŋ·gwɪ·ʃə·bəl] *adj inv* nicht unterscheidbar; (*imperceptible*) nicht wahrnehmbar
individual [ˌɪn·dɪ·'vɪdʒ·u·əl] **I.** *n* **①** Einzelne(r) *f(m)*, Individuum *nt geh* **②** (*original person*) [selbstständige] Persönlichkeit **II.** *adj* **①** *attr, inv* (*separate*) einzeln **②** (*particular*) individuell
individualism [ˌɪn·dɪ·'vɪdʒ·u·ə·lɪz·əm] *n* Individualismus *m*
individualist [ˌɪn·dɪ·'vɪdʒ·u·ə·lɪst] *n* Individualist(in) *m(f)*
individualistic [ˌɪn·dɪ·ˌvɪdʒ·u·ə·'lɪs·tɪk] *adj* individualistisch *geh*
individuality [ˌɪn·dɪ·ˌvɪdʒ·u·'æl·ə·t̬i] *n* **①** Individualität *f* **②** ■**individualities** *pl* (*characteristics*) Eigenarten *pl;* (*tastes*) Geschmäcker *pl*
individualize [ˌɪn·dɪ·'vɪdʒ·u·ə·laɪz] *vt* **①** (*adapt*) nach individuellen Bedürfnissen ausrichten **②** (*make distinctive*) individuell[er] gestalten
individually [ˌɪn·dɪ·'vɪdʒ·u·ə·li] *adv* **①** *inv* einzeln **②** (*distinctively*) individuell; (*distinctly*) eigen[tümlich]
indivisible [ˌɪn·dɪ·'vɪz·ə·bəl] *adj inv* unteilbar
indoctrinate [ɪn·'dak·trɪ·neɪt] *vt* indoktrinieren *geh o pej* (**in/with** mit +*dat*)
indoctrination [ɪn·ˌdak·trɪ·'neɪ·ʃən] *n* Indoktrination *f geh o pej;* (*process*) Indoktrinierung *f geh o pej*
indolence ['ɪn·də·ləns] *n* Trägheit *f*
indolent ['ɪn·də·lənt] *adj* träge
indomitable [ɪn·'dam·ə·t̬ə·bəl] *adj* unbezähmbar; *courage* unerschütterlich; *spirit* unbeugsam; *will* unbändig
Indonesia [ˌɪn·də·'ni·ʒə] *n* Indonesien *nt*
Indonesian [ˌɪn·də·'ni·ʒən] **I.** *adj* indonesisch **II.** *n* **①** Indonesier(in) *m(f)* **②** (*language*) Indonesisch *nt*
indoor [ˌɪn·'dɔr] *adj attr, inv* **①** (*inside*) Innen-;

~ plant Zimmerpflanze *f;* SPORTS Hallen- ❷ *(for use inside)* Haus-, für zu Hause *nach n;* SPORTS Hallen-, für die Halle *nach n*

indoors [ˌɪn·ˈdɔrz] *adv inv (to inside)* herein/ hinein, nach drinnen; *(in building)* drinnen; *(in house)* im Haus

indubitably [ɪn·ˈduː·bɪ·tə·bli] *adv inv* zweifellos

induce [ɪn·ˈdus] *vt* ❶ *(persuade)* ■ **to ~ sb to do sth** jdn dazu bringen, etw zu tun ❷ *(cause)* hervorrufen ❸ MED *(initiate)* birth, labor einleiten

inducement [ɪn·ˈdus·mənt] *n* Anreiz *m;* (*verbal*) Überredung *f*

induct [ɪn·ˈdʌkt] *vt usu passive* ❶ **to be ~ed into office** in ein Amt eingesetzt werden ❷ MIL **to be ~ed [into the Army]** eingezogen werden

induction [ɪn·ˈdʌk·ʃən] *n* ❶ *(into office)* [Amts]einführung *f;* (*into organization*) Aufnahme *f* (**into** in +*akk*); **~ into the military** Einberufung *f* [zum Wehrdienst] ❷ MED *(initiation)* Einführung *f* ❸ ELEC, PHYS, TECH Induktion *f fachspr; of engine* Ansaugung *f*

in'duction coil *n* ELEC Induktionsspule *f fachspr*

indulge [ɪn·ˈdʌldʒ] **I.** *vt* ❶ *(allow)* nachgeben +*dat;* **to ~ sb's every wish** jdm jeden Wunsch erfüllen ❷ *(spoil)* verwöhnen **II.** *vi* ❶ *(enjoy)* sich *dat* einen genehmigen *fam o euph;* (*too much drink*) einen über den Durst trinken *fam o euph;* (*too much food*) sich den Magen/ Bauch vollschlagen ❷ *(in activity)* ■ **to ~ in sth** in etw *dat* schwelgen

indulgence [ɪn·ˈdʌl·dʒəns] *n* ❶ *(treat, pleasure)* Luxus *m; food, drink, activity* Genuss *m* ❷ *(in food, drink, pleasure)* Frönen *nt;* (*in alcohol*) übermäßiger Alkoholgenuss *f;* **self-~** [ausschweifendes] Genießen

indulgent [ɪn·ˈdʌl·dʒənt] *adj* ❶ *(lenient)* nachgiebig (**toward[s]** gegenüber +*dat*) ❷ *(tolerant)* nachsichtig

industrial [ɪn·ˈdʌs·tri·əl] *adj* industriell; *product, city* Industrie-; *training, development* betrieblich; **~ area** Industriegebiet *nt;* **~ output** Industrieproduktion *f*

industrialism [ɪn·ˈdʌs·tri·ə·lɪz·əm] *n* Industrialismus *m*

industrialist [ɪn·ˈdʌs·tri·ə·lɪst] *n* Industrielle(r) *f(m)*

industrialization [ɪn·ˌdʌs·tri·ə·lɪˈzeɪ·ʃən] *n* Industrialisierung *f*

industrialize [ɪn·ˈdʌs·tri·ə·laɪz] **I.** *vi country* zum Industriestaat werden; *area* Industrie ansiedeln **II.** *vt* industrialisieren; **to ~ an area** auf einem Gebiet eine Industrie ansiedeln

industrial 'park *n* Industriepark *m*

Industrial Revo'lution *n* HIST ■ **the ~** die Industrielle Revolution

industrious [ɪn·ˈdʌs·tri·əs] *adj (hard-working)* fleißig; (*busy*) eifrig

industry [ˈɪn·dəs·tri] *n* ❶ *(manufacturing)* Industrie *f* ❷ *(trade)* Branche *f*

inedible [ɪn·ˈed·ə·bəl] *adj* ❶ *(uneatable)* nicht essbar ❷ *(disgusting)* ungenießbar *pej*

ineducable [ɪn·ˈedʒ·ə·kə·bəl] *adj* schwer erziehbar; *(handicapped)* lernbehindert

ineffective [ˌɪn·ɪ·ˈfek·tɪv] *adj measure* unwirksam; *person* untauglich

ineffectual [ˌɪn·ɪ·ˈfek·tʃu·əl] *adj* ineffektiv *geh*

inefficiency [ˌɪn·ɪ·ˈfɪʃ·ən·si] *n* Ineffizienz *f geh; of person* Inkompetenz *f; of measure* Unwirksamkeit *f; of attempt* Erfolglosigkeit *f*

inefficient [ˌɪn·ɪ·ˈfɪʃ·ənt] *adj* ❶ *organization, person* unfähig; *system* ineffizient; (*unproductive*) unwirtschaftlich ❷ *(wasteful)* unrationell

inelegant [ɪn·ˈel·ɪ·gənt] *adj* ❶ unelegant; *setting, look* ohne [jeden] Schick *nach n; speech* holprig ❷ *(unrefined)* ungeschliffen; *(clumsy)* plump

ineligible [ɪn·ˈel·ɪdʒ·ə·bəl] *adj inv (for benefits)* nicht berechtigt (**for** zu +*dat*); *(for office)* nicht wählbar (**for** in +*dat*)

inept [ɪn·ˈept] *adj* unbeholfen (**at** in +*dat*); *(unskilled)* ungeschickt (**at** in +*dat*); *comment* unangebracht; *leadership* unfähig; *performance* stümperhaft; *remark* unpassend

inequality [ˌɪn·ɪ·ˈkwal·ɪ·ti] *n* Ungleichheit *f*

inequitable [ɪn·ˈek·wɪ·tə·bəl] *adj (form)* ungerecht

inequity [ɪn·ˈek·wɪ·ti] *n (form)* Ungerechtigkeit *f*

inert [ɪn·ˈɜrt] *adj* ❶ *(still)* unbeweglich ❷ *(slow)* träge; *(not vigorous)* kraftlos

inertia [ɪn·ˈɜr·ʃə] *n* ❶ *(stillness)* Unbeweglichkeit *f* ❷ *(idleness)* Trägheit *f*

inescapable [ˌɪn·ɪ·ˈskeɪ·pə·bəl] *adj inv* unvermeidlich; *fate* unentrinnbar; *(undeniable)* unleugbar; *truth* unbestreitbar

inessential [ˌɪn·ɪ·ˈsen·ʃəl] **I.** *adj* nebensächlich **II.** *n usu pl* Nebensächlichkeit *f*

inestimable [ɪn·ˈes·tɪ·mə·bəl] *adj* unschätzbar

inevitable [ɪn·ˈev·ɪ·tə·bəl] **I.** *adj inv* unvermeidlich; *result* zwangsläufig **II.** *n* ■ **the ~** das Unvermeidbare

inexact [ˌɪn·ɪg·ˈzækt] *adj* ungenau

inexcusable [ˌɪn·ɪk·ˈskju·zə·bəl] *adj* unverzeihlich

inexhaustible [ˌɪn·ɪg·ˈzɔs·tə·bəl] *adj* unerschöpflich

inexpensive [ˌɪn·ɪk·ˈspen·sɪv] *adj* preisgünstig; *(cheap)* billig

inexperience [ˌɪn·ɪk·ˈspɪr·i·əns] *n* Unerfahrenheit *f*

inexperienced [ˌɪn·ɪk·ˈspɪr·i·ənst] *adj* unerfahren; ■ **to be ~ in sth** mit etw *dat* nicht vertraut sein; *in skill* in etw *dat* nicht versiert sein; ■ **to be ~ with sth** sich mit etw *dat* nicht auskennen

inexpert [ɪn·ˈek·spɜrt] *adj* laienhaft; *attempt* stümperhaft; *handling* unsachgemäß

inexplicable [ˌɪn·ək·ˈsplɪk·ə·bəl] *adj inv* unerklärlich

inextricable [ˌɪn·ɪk·ˈstrɪk·ə·bəl] *adj* ❶ unentwirrbar; *(inseparable)* unlösbar ❷ *(inescapable)* unentrinnbar

inextricably [ˌɪn·ɪk·'strɪk·ə·bli] *adv* untrennbar; **to be ~ linked with sb/sth** untrennbar mit jdm/etw verbunden sein

infallibility [ɪn·ˌfæl·ə·'bɪl·ɪ·ti] *n* Unfehlbarkeit *f*

infallible [ɪn·'fæl·ə·bəl] *adj inv* unfehlbar

infamous ['ɪn·fə·məs] *adj* berüchtigt

infamy ['ɪn·fə·mi] *n* Verrufenheit *f*

infancy ['ɪn·fən·si] *n* früh[[e]st]e Kindheit; (*fig*) Anfangsphase *f*

infant ['ɪn·fənt] **I.** *n* Säugling *m* **II.** *adj* ~ **daughter** kleines Töchterchen

infanticide [ɪn·'fæn·tə·saɪd] *n* Kindestötung *f fachspr*

infantile ['ɪn·fən·taɪl] *adj* (*pej*) kindisch *meist pej*

infant mor'tality *n* Säuglingssterblichkeit *f*

infantry ['ɪn·fən·tri] **I.** *n* ■**the ~** + *sing/pl vb* die Infanterie **II.** *adj* Infanterie-

'infantryman *n* Infanterist *m*

infatuated [ɪn·'fætʃ·u·eɪ·t̬ɪd] *adj* vernarrt (**with** in +*akk*), verknallt *fam* (**with** in +*akk*)

infect [ɪn·'fekt] *vt* ❶ (*contaminate*) infizieren ❷ (*fig*) **with enthusiasm** anstecken

infection [ɪn·'fek·ʃən] *n* Infektion *f;* **throat ~** Halsentzündung *f*

infectious [ɪn·'fek·ʃəs] *adj* ansteckend *a. fig*

infer <-rr-> [ɪn·'fɜr] *vt* schließen (**from** aus +*dat*); **from these facts we can ~ that ...** aus diesen Tatsachen können wir die Schlussfolgerung ziehen, dass ...

inference ['ɪn·fər·əns] *n* ❶ (*conclusion*) Schluss *m* ❷ (*concluding*) [Schluss]folgern *nt*

inferior [ɪn·'fɪr·i·ər] **I.** *adj* ❶ minderwertig; *mind* unterlegen ❷ (*lower*) *in rank* [rang]niedriger; *in status* untergeordnet **II.** *n* ■**~s** *pl* Untergebene *pl*

inferiority [ɪn·ˌfɪr·i·'ɔr·ɪ·t̬i] *n* ❶ Minderwertigkeit *f; of work* schlechte Qualität ❷ *of rank* Unterlegenheit *f*

inferi'ority complex *n* Minderwertigkeitskomplex *m*

infernal [ɪn·'fɜr·nəl] *adj* ❶ *inv* höllisch, Höllen- ❷ *attr* (*fam: annoying*) grässlich

inferno [ɪn·'fɜr·nou] *n* flammendes Inferno

infertile [ɪn·'fɜr·t̬əl] *adj inv* unfruchtbar

infertility [ˌɪn·fər·'tɪl·ə·t̬i] *n* Unfruchtbarkeit *f*

infest [ɪn·'fest] *vt* befallen (**with** von +*dat*); (*haunt*) heimsuchen

infestation [ˌɪn·fes·'teɪ·ʃən] *n* ❶ (*state*) Verseuchung *f* ❷ (*instance*) Befall *m* (**of** durch +*akk*); **~ of rats** Rattenplage *f*

infidel ['ɪn·fɪ·del] *n* Ungläubige(r) *f(m)*

infidelity [ˌɪn·fɪ·'del·ɪ·t̬i] *n* ❶ (*disloyalty*) Verrat *m* (**to** gegenüber/an +*dat*); (*sexual*) Untreue *f* (**to** an +*dat*) ❷ (*sexual peccadillos*) ■**infidelities** *pl* Seitensprünge *pl*

infighting ['ɪn·faɪ·t̬ɪŋ] *n* interne Machtkämpfe *pl*

infiltrate [ɪn·'fɪl·treɪt] *vt* ❶ unterwandern; *building, enemy lines* eindringen (in +*akk*); *agent, spy* einschleusen (**into** in +*akk*) ❷ *idea, theory* durchdringen

infiltration [ˌɪn·fɪl·'treɪ·ʃən] *n* ❶ Unterwande-

rung *f;* MIL Infiltration *f fachspr* ❷ (*influence*) starke Einflussnahme

infiltrator ['ɪn·fɪl·treɪ·t̬ər] *n* Eindringling *m*

infinite ['ɪn·fə·nɪt] *adj inv* ❶ unendlich; *space* unbegrenzt ❷ (*great*) grenzenlos ❸ MATH unendlich

infinitely ['ɪn·fən·ɪt·li] *adv inv* ❶ unendlich; **~ small** winzig klein ❷ (*much*) unendlich viel

infinitesimal [ˌɪn·fɪn·ɪ·'tes·ɪ·məl] *adj* winzig

infinitive [ɪn·'fɪn·ɪ·t̬ɪv] **I.** *n* Infinitiv *m* **II.** *adj attr, inv* Infinitiv-; **~ form** Grundform *f*, Infinitiv *m*

infinity [ɪn·'fɪn·ɪ·t̬i] *n* ❶ das Unendliche; ■**to ~** [bis] ins Unendliche ❷ Unendlichkeit *f;* **into ~** [bis] in die Unendlichkeit

infirm [ɪn·'fɜrm] **I.** *adj* ❶ (*ill*) gebrechlich ❷ (*old: weak*) schwach **II.** *n* ■**the ~** *pl* die Kranken und Pflegebedürftigen

infirmary [ɪn·'fɜr·mə·ri] *n* ❶ Krankenhaus *nt* ❷ (*smaller*) Krankenzimmer *nt;* (*in prison*) Krankenstation *f*

infirmity [ɪn·'fɜr·mɪ·t̬i] *n* ❶ (*state*) Gebrechlichkeit *f* ❷ (*illness*) Gebrechen *nt geh*

inflame [ɪn·'fleɪm] *vt* ❶ (*arouse*) entfachen ❷ (*anger*) aufbringen; (*stronger*) erzürnen; *with anger* in Wut versetzen; *with desire* mit Verlangen erfüllen

inflammable [ɪn·'flæm·ə·bəl] *adj* ❶ [leicht] entzündbar ❷ (*fig*) *temperament* explosiv; **a highly ~ situation** eine höchst brisante Situation

inflammation [ˌɪn·flə·'meɪ·ʃən] *n* Entzündung *f*

inflammatory [ɪn·'flæm·ə·tɔr·i] *adj* ❶ entzündlich, Entzündungs- ❷ (*provoking*) hetzerisch; POL aufrührerisch

inflatable [ɪn·'fleɪ·t̬ə·bəl] *adj inv* aufblasbar

inflate [ɪn·'fleɪt] **I.** *vt* ❶ aufblasen; (*with pump*) aufpumpen ❷ (*exaggerate*) aufblähen *pej* ❸ (*raise*) in die Höhe treiben **II.** *vi* sich mit Luft füllen

inflated [ɪn·'fleɪ·t̬ɪd] *adj inv* ❶ aufgeblasen ❷ (*exaggerated*) aufgebläht *pej;* **to have an ~ opinion of oneself** ein übersteigertes Selbstwertgefühl haben ❸ (*higher*) überhöht

inflation [ɪn·'fleɪ·ʃən] *n* ❶ ECON Inflation *f* ❷ Aufblasen *nt;* (*with pump*) Aufpumpen *nt*

inflationary [ɪn·'fleɪ·ʃə·ne·ri] *adj* FIN inflationär, Inflations-

inflect [ɪn·'flekt] *vt* ❶ LING beugen ❷ (*modulate*) modulieren

inflection [ɪn·'flek·ʃən] *n* ❶ LING Beugung *f* ❷ (*modulation*) Modulation *f fachspr*

inflexibility [ɪn·ˌflek·sə·'bɪl·ɪ·t̬i] *n* ❶ Inflexibilität *f geh;* (*stiffness*) Steifheit *f* ❷ (*stubbornness*) Sturheit *f*

inflexible [ɪn·'flek·sə·bəl] *adj* ❶ (*fixed*) starr; *ideas, person* unbeugsam, unflexibel ❷ (*stiff*) steif

inflict [ɪn·'flɪkt] *vt* ❶ (*impose*) zufügen +*dat; penalty* auferlegen +*dat;* **to ~ one's views on sb** jdm seine Ansichten aufzwingen ❷ (*usu hum*) **to ~ oneself on sb** sich jdm aufdrängen

influence [ˈɪn·flu·əns] I. *n* ❶ Einfluss *m;* **to be an ~ on sb/sth** [einen] Einfluss auf jdn/etw ausüben ❷ (*power*) Einfluss *m* (**on** auf +*akk*); **to be/fall under sb's ~** unter jds Einfluss stehen/geraten; **to exert one's ~** seinen [ganzen] Einfluss geltend machen II. *vt* beeinflussen; **easily ~d** beeinflussbar

influential [ˌɪn·flu·ˈen·ʃəl] *adj* einflussreich

influenza [ˌɪn·fluˈen·zə] I. *n* Grippe *f* II. *adj* Grippe-

influx [ˈɪn·flʌks] *n* Zustrom *m* (**of** an +*dat*); *of capital* Zufuhr *f* (**of** an +*dat*)

infomercial [ˌɪn·fouˈmɜr·ʃəl] *n* TV, MEDIA Infomercial *nt fachspr* (*als Informationssendung getarntes Werbevideo*)

inform [ɪnˈfɔrm] I. *vt* informieren; *police* benachrichtigen II. *vi* ■**to ~ against/on sb** jdn verpfeifen, jdn anzeigen

informal [ɪnˈfɔr·məl] *adj* ❶ informell; *atmosphere, party* zwanglos; (*casual*) leger ❷ (*unofficial*) inoffiziell

informality [ˌɪn·fɔrˈmæl·ə·ti] *n* ❶ Zwanglosigkeit *f* ❷ (*unofficial nature*) inoffizieller Charakter

informant [ɪnˈfɔr·mənt] *n* Informant(in) *m(f)*

information [ˌɪn·fərˈmeɪ·ʃən] I. *n* ❶ Information *f*; **a piece of ~** eine Information; **a lot of ~** viele Informationen *pl* ❷ (*phone service*) Auskunft *f* II. *adj* Informations-; COMPUT Daten-

information reˈtrieval COMPUT I. *n* Wiederauffinden *nt* von Informationen, Informationsabruf *m* II. *adj* **~ system** Informationsaufrufsystem *nt*

inforˈmation science *n usu pl* Informatik *f kein pl*

information techˈnology *n* Informationstechnologie *f*

informative [ɪnˈfɔr·mə·t̬ɪv] *adj* informativ

informed [ɪnˈfɔrmd] *adj* [gut] informiert; *opinion* fundiert; **to keep sb ~** jdn auf dem Laufenden halten

informer [ɪnˈfɔr·mər] *n* Informant(in) *m(f)*, Spitzel(in) *m(f)*

infotainment [ˈɪn·fouˈteɪn·mənt] *n* Infotainment *nt*

infrared [ˈɪn·frəˈred] *adj inv* infrarot

infrastructure [ˈɪn·frəˌstrʌk·tʃər] *n* Infrastruktur *f*

infrequent [ɪnˈfri·kwənt] *adj* selten

infringe [ɪnˈfrɪndʒ] I. *vt* verletzen; *law* verstoßen (**against** gegen +*akk*) II. *vi* ■**to ~ [up]on sth** etw verletzen; *area* in etw *akk* eindringen; *territory* auf etw *akk* übergreifen

infringement [ɪnˈfrɪndʒ·mənt] *n* ❶ (*action*) Verstoß *m; of law* Gesetzesverstoß *m; of rules* Regelverletzung *f; esp* SPORTS Regelverstoß *m* ❷ (*violation*) Übertretung *f*

infuriate [ɪnˈfjʊr·i·eɪt] *vt* wütend machen

infuse [ɪnˈfjuz] I. *vt* ❶ (*fill*) erfüllen ❷ *tea, herbs* aufgießen II. *vi* ziehen

infusion [ɪnˈfju·ʒən] *n* ❶ (*input*) Einbringen *nt;* ECON Infusion *f fachspr* ❷ (*brew*) Aufguss *m* ❸ (*brewing*) Aufgießen *nt*

ingenious [ɪnˈdʒin·jəs] *adj* ideenreich; *idea, method, plan* ausgeklügelt; *device* raffiniert

ingenuity [ˌɪn·dʒɪˈnu·ə·t̬i] *n* Einfallsreichtum *m; of idea, plan, solution* Genialität *f; of device* Raffiniertheit *f*

ingenuous [ɪnˈdʒen·ju·əs] *adj* ❶ (*naive*) naiv ❷ (*honest*) offen

ingoing [ˈɪn·gou·ɪŋ] *adj attr, inv* eingehend

ingot [ˈɪŋ·gət] *n* Ingot *m fachspr; of gold, silver* Barren *m*

ingrained [ˌɪnˈgreɪnd] *adj* ❶ fest sitzend *attr;* **~ with dirt** stark verschmutzt ❷ (*fig: deep*) tief sitzend *attr;* fest verankert

ingratiate [ɪnˈgreɪ·ʃi·eɪt] *vt no passive* ■**to ~ oneself [with sb]** sich [bei jdm] einschmeicheln

ingratitude [ɪnˈgræt̬·ə·tud] *n* Undankbarkeit *f*

ingredient [ɪnˈgri·di·ənt] *n* ❶ Zutat *f* ❷ (*component*) Bestandteil *m*

ˈin-group *n* angesagte Clique

ingrown [ˈɪn·groun] *adj usu attr, inv* eingewachsen

inhabit [ɪnˈhæb·ɪt] *vt* bewohnen

inhabitable [ɪnˈhæb·ɪ·t̬ə·bəl] *adj* bewohnbar

inhabitant [ɪnˈhæb·ɪ·tənt] *n* Einwohner(in) *m(f)*

inhale [ɪnˈheɪl] *vt, vi* einatmen; *smoker* inhalieren

inhaler [ɪnˈheɪ·lər] *n* Inhalator *m*

inherent [ɪnˈhɪr·ənt] *adj* innewohnend *attr;* ■**to be ~ in sth** etw *dat* eigen sein

inherit [ɪnˈher·ɪt] I. *vt* erben (**from** von +*dat*); (*fig*) übernehmen (**from** von +*dat*) II. *vi* erben

inheritable [ɪnˈher·ɪ·t̬ə·bəl] *adj inv* vererbbar

inheritance [ɪnˈher·ɪ·təns] *n* ❶ Erbe *nt kein pl* (**from** von +*dat*) ❷ (*inheriting*) Erben *nt; of characteristics* Vererben *nt*

inhibit [ɪnˈhɪb·ɪt] *vt* ❶ (*restrict*) hindern ❷ (*deter*) hemmen

inhibition [ˌɪn·hə·ˈbɪʃ·ən] *n* ❶ *usu pl* Hemmung *f* ❷ (*inhibiting*) Einschränken *nt;* (*prevention*) Verhindern *nt*

inhospitable [ɪnˈhas·pɪ·t̬ə·bəl] *adj* ❶ (*unwelcoming*) ungastlich ❷ (*unpleasant*) unwirtlich

in-ˈhouse I. *adj attr, inv* hauseigen II. *adv inv* intern, im Hause

inhuman [ɪnˈhju·mən] *adj* ❶ (*cruel*) unmenschlich ❷ (*nonhuman*) unmenschlich; (*superhuman*) übermenschlich

inhumane [ˌɪn·hjuˈmeɪn] *adj* inhuman; (*barbaric*) barbarisch

inhumanity [ˌɪn·hjuˈmæn·ə·t̬i] *n* Grausamkeit *f;* (*barbarity*) Barbarei *f*

inimitable [ɪˈnɪm·ɪ·t̬ə·bəl] *adj* unnachahmlich

iniquity [ɪˈnɪk·wə·t̬i] *n* ❶ Bosheit *f;* (*unfairness*) Ungerechtigkeit *f;* (*sinfulness*) Verderbtheit *f veraltend geh* ❷ (*act*) Untat *f;* (*unfair*) Ungerechtigkeit *f;* (*sin*) Sünde *f*

initial [ɪˈnɪʃ·əl] I. *adj attr, inv* anfänglich, erste(r, s) II. *n* Initiale *f* III. *vt* <-l- *or* -ll-> ■**to ~ sth** seine Initialen unter etw *akk* setzen

initialize [ɪ·'nɪʃ·ə·laɪz] *vt* COMPUT initialisieren
initially [ɪ·'nɪʃ·ə·li] *adv inv* anfangs, zunächst
initiate [ɪ·'nɪʃ·i·eɪt] *vt* ❶ (*start*) in die Wege leiten ❷ (*teach*) einweihen (**into** in +*akk*) ❸ (*admit*) einführen (**into** in +*akk*); (*officially*) [feierlich] aufnehmen (**into** in +*akk*)
initiation [ɪ·ˌnɪʃ·ɪ·'eɪ·ʃən] *n* ❶ (*start*) Einleitung *f* ❷ (*introduction*) Einführung *f* (**into** in +*akk*); *of member* Aufnahme *f* (**into** in +*akk*); (*ritual*) Initiation *f* (**into** in +*akk*)
initiative [ɪ·'nɪʃ·ə·tɪv] *n* ❶ [Eigen]initiative *f;* **to use one's** ~ eigenständig handeln ❷ (*action*) Initiative *f*
initiator [ɪ·'nɪʃ·i·eɪ·t̬ər] *n* Urheber(in) *m(f)*, Initiator(in) *m(f)*
inject [ɪn·'dʒekt] *vt* ❶ spritzen (**into** in +*akk*) ❷ (*fig: introduce*) ■**to** ~ **sth into sth** etw in etw *akk* [hinein]bringen; **to** ~ **cash into sth** Geld zu etw *dat* zuschießen *fam* ❸ TECH einspritzen
injection [ɪn·'dʒek·ʃən] *n* ❶ Spritze *f* ❷ (*extra*) **an** ~ **of cash** eine Geldspritze *fam;* **an** ~ **of optimism** ein Schuss *m* Optimismus ❸ TECH Einspritzung *f*
in'jection molding *n* Spritzguss *m*
'in-joke *n* Insiderwitz *m fam*
injunction [ɪn·'dʒʌŋk·ʃən] *n* ❶ LAW [gerichtliche] Verfügung ❷ (*instruction*) Ermahnung *f*
injure ['ɪn·dʒər] *vt* ❶ (*wound*) verletzen; **to** ~ **one's back** sich *dat* den Rücken verletzen ❷ (*damage*) schaden +*dat*
injured ['ɪn·dʒərd] **I.** *adj* ❶ (*wounded*) verletzt ❷ (*offended*) verletzt **II.** *n* ■**the** ~ *pl* die Verletzten *pl*
injury ['ɪn·dʒə·ri] *n* Verletzung *f*
injustice [ɪn·'dʒʌs·tɪs] *n* Ungerechtigkeit *f*
ink [ɪŋk] **I.** *n* Tinte *f;* ART Tusche *f;* (*for stamp*) Farbe *f;* TYPO Druckfarbe *f;* (*for newspapers*) Druckerschwärze *f* **II.** *vt* TYPO einfärben
ink-jet 'printer *n* Tintenstrahldrucker *m*
inkling ['ɪŋk·lɪŋ] *n* ❶ (*suspicion*) Ahnung *f* ❷ (*hint*) Hinweis *m*
'ink pad *n* Stempelkissen *nt*
'ink stain *n* Tintenfleck *m;* (*on paper*) Tintenklecks *m*
inky ['ɪŋ·ki] *adj* ❶ tintenbefleckt ❷ (*dark*) pechschwarz
inlaid ['ɪn·leɪd] **I.** *adj inv* mit Intarsien *nach n* **II.** *vt pt, pp of* **inlay**
inland I. *adj* ['ɪn·lənd] *usu attr, inv* Binnen- **II.** *adv* ['ɪn·lænd] (*direction*) ins Landesinnere; (*place*) im Landesinnern
in-laws ['ɪn·lɔz] *npl* Schwiegereltern *pl*
inlay I. *n* ['ɪn·leɪ] ❶ Einlegearbeit[en] *f[pl]* ❷ (*for tooth*) Inlay *nt* **II.** *vt* <-laid, -laid> [ɪn·'leɪ] *usu passive* einlegen
inlet ['ɪn·let] *n* ❶ GEOG [schmale] Bucht; (*of sea*) Meeresarm *m* ❷ TECH Einlass[kanal] *m;* (*pipe*) Zuleitung *f*
inmate ['ɪn·meɪt] *n* Insasse, -in *m, f*
inn [ɪn] *n* Gasthaus *nt*
innards ['ɪn·ərdz] *npl* (*fam*) Eingeweide *pl;* FOOD Innereien *pl*

innate [ɪ·'neɪt] *adj* natürlich, angeboren
inner ['ɪn·ər] *adj inv, usu attr* ❶ (*inside*) Innen-, innere(r, s) *attr* ❷ (*emotional*) innere(r, s) *attr;* ~ **life** Innenleben *nt*
inner 'city *n* Innenstadt *f,* [Stadt]zentrum *nt*
innermost ['ɪn·ər·moʊst] *adj attr, inv* ❶ innerste(r, s) ❷ (*secret*) geheimste(r, s), intimste(r, s)
'inner tube *n* Schlauch *m*
inning ['ɪn·ɪŋ] *n* SPORTS (*in baseball*) Inning *nt*
innocence ['ɪn·ə·səns] *n* Unschuld *f*
innocent ['ɪn·ə·sənt] **I.** *adj* ❶ unschuldig ❷ (*uninvolved*) unbeteiligt; **an** ~ **victim** ein unschuldiges Opfer ❸ (*harmless*) unschuldig; *mistake* unbeabsichtigt ❹ (*artless*) unschuldig **II.** *n* **to be an** ~ naiv sein
innocuous [ɪ·'nak·ju·əs] *adj* harmlos
innovate ['ɪn·ə·veɪt] *vi* ❶ Neuerungen einführen; (*be creative*) kreativ sein ❷ (*change*) sich erneuern
innovation [ˌɪn·ə·'veɪ·ʃən] *n* ❶ Neuerung *f;* (*new product*) Innovation *f* ❷ (*creating*) [Ver]änderung *f*
innovative ['ɪn·ə·veɪ·t̬ɪv] *adj* ❶ innovativ ❷ (*creative*) kreativ
innovator ['ɪn·ə·veɪ·t̬ər] *n* Erneuerer, Erneuerin *m, f*
innuendo <*pl* -s *or* -es> [ˌɪn·ju·'en·doʊ] *n* ❶ (*insinuation*) Anspielung *f* (**about** auf +*akk*) ❷ (*remark*) Zweideutigkeit *f*
innumerable [ɪ·'nu·mər·ə·bəl] *adj inv* unzählig
innumerate [ɪ·'nu·mər·ət] *adj* ■**to be** ~ nicht rechnen können
inoculate [ɪ·'nak·jə·leɪt] *vt* impfen (**against** gegen +*akk*)
inoculation [ɪ·ˌnak·jə·'leɪ·ʃən] *n* Impfung *f*
inoffensive [ˌɪn·ə·'fen·sɪv] *adj* unauffällig
inoperable [ˌɪn·'ap·ər·ə·bəl] *adj* ❶ *inv* MED inoperabel ❷ (*not working*) nicht funktionsfähig; (*impractical*) undurchführbar
inoperative [ˌɪn·'ap·ər·ə·t̬ɪv] *adj inv* ❶ (*invalid*) ungültig; **to be/become** ~ außer Kraft sein/treten ❷ (*not working*) nicht funktionsfähig
inopportune [ˌɪn·ˌap·ər·'tun] *adj* ❶ (*inconvenient*) ungünstig ❷ (*unsuitable*) unpassend
inorganic [ˌɪn·ɔr·'gæn·ɪk] *adj inv* CHEM anorganisch
'inpatient *n* stationärer Patient/stationäre Patientin
input ['ɪn·pʊt] **I.** *n* ❶ Beitrag *m;* (*of work*) [Arbeits]aufwand *m* ❷ ELEC Anschluss *m* ❸ COMPUT (*data*) Input *m;* (*entering*) Eingabe *f* **II.** *adj* COMPUT Eingabe- **III.** *vt* <-tt-, ~, ~> COMPUT eingeben; (*with scanner*) einscannen
inquest ['ɪn·kwest] *n* gerichtliche Untersuchung [der Todesursache]; (*fig*) Untersuchung *f*
inquire [ɪn·'kwaɪr] *vt, vi* sich erkundigen (**about, as to** nach +*dat*); ■**to** ~ **into sth** etw untersuchen
inquiry [ɪn·'kwaɪ·ri] *n* ❶ (*question*) Anfrage *f,*

Erkundigung *f* ❷ (*investigation*) Untersuchung *f;* **to make inquiries** Nachforschungen anstellen

inquisition [ˌɪn·kwɪ·ˈzɪʃ·ən] *n* ❶ Verhör *nt* ❷ HIST ∎ **the I~** die Inquisition

inquisitive [ɪn·ˈkwɪz·ɪ·tɪv] *adj* ❶ wissbegierig; (*curious*) neugierig; *look, face* fragend *attr; child* fragelustig ❷ (*prying*) neugierig

inroad [ˈɪn·roʊd] *n usu pl* ❶ (*progress*) **to make ~s** [**into sth**] [bei etw *dat*] weiterkommen ❷ (*raid*) **to make ~s on sth** in etw *akk* einfallen ❸ (*cut*) **to make ~s into sth** *money, savings* tiefe Löcher in etw *akk* reißen; *object, pile* sich an etw *dat* vergreifen *fam*

inrush [ˈɪn·rʌʃ] *n usu sing of water* Einbruch *m; of people* Zustrom *m*

insane [ɪn·ˈseɪn] *adj* ❶ (*mentally ill*) geistesgestört ❷ (*fam: crazy*) verrückt

insanitary [ɪn·ˈsæn·ɪ·ter·i] *adj* unhygienisch

insanity [ɪn·ˈsæn·ɪ·t̬i] *n* Wahnsinn *a. fig*

insatiable [ɪn·ˈseɪ·ʃə·bəl] *adj* unstillbar; *person* unersättlich

inscribe [ɪn·ˈskraɪb] *vt* ❶ (*write*) schreiben (**in, on** in, auf +*akk*); (*engrave*) eingravieren (**in, on** in, auf +*akk*); (*chisel*) einmeißeln (**in, on** in, auf +*akk*) ❷ (*dedicate*) ∎ **to ~ sth to sb** jdm etw widmen

inscription [ɪn·ˈskrɪp·ʃən] *n* Inschrift *f;* (*in book*) Widmung *f*

inscrutable [ɪn·ˈskru·t̬ə·bəl] *adj* undurchdringlich; *person* undurchschaubar

insect [ˈɪn·sekt] *n* Insekt *nt*

insecticide [ɪn·ˈsek·tɪ·saɪd] *n* Insektenvernichtungsmittel *nt*

insecure [ˌɪn·sɪ·ˈkjʊr] *adj* ❶ unsicher ❷ (*loose*) nicht fest; (*unsafe*) unstabil

insecurity [ˌɪn·sɪ·ˈkjʊr·ə·t̬i] *n* Unsicherheit *f*

inseminate [ɪn·ˈsem·ɪ·neɪt] *vt* besamen; *woman* [künstlich] befruchten

insemination [ɪn·ˌsem·ɪ·ˈneɪ·ʃən] *n* Befruchtung *f; of animals* Besamung *f*

insensible [ɪn·ˈsen·sə·bəl] *adj* ❶ *inv* (*unconscious*) bewusstlos ❷ (*numb*) gefühllos; (*to pain*) [schmerz]unempfindlich

insensitive [ɪn·ˈsen·sɪ·t̬ɪv] *adj* ❶ (*uncaring*) gefühllos; *remark* taktlos ❷ *usu pred* (*numb*) unempfindlich (**to** gegenüber +*dat*)

inseparable [ɪn·ˈsep·rə·bəl] *adj* ❶ *friends* unzertrennlich ❷ (*connected*) untrennbar [miteinander verbunden]

insert I. *vt* [ɪn·ˈsɜrt] ∎ **to ~ sth** [**into sth**] ❶ etw [in etw *akk*] [hinein]stecken; *coins* etw [in etw *akk*] einwerfen ❷ (*write*) etw [in etw *akk*] einfügen; (*on form*) etw [in etw *akk*] eintragen II. *n* [ˈɪn·sɜrt] ❶ (*advertisement*) Werbebeilage[n] *f* [*pl*] ❷ (*in shoe*) Einlage *f;* (*in clothing*) Einsatz *m*

insertion [ɪn·ˈsɜr·ʃən] *n* ❶ Einlegen *nt,* Einsetzen *nt;* (*into slot*) Einführen *nt; of coins* Einwurf *m;* (*of words*) Ergänzung *f* ❷ (*thing*) Zusatz *m*

'in-service *adj attr* **~ training** [innerbetriebliche] Fortbildung

inside [ɪn·ˈsaɪd] I. *n* ❶ Innere *nt;* **from the ~** von innen ❷ *of hand, door* Innenseite *f;* SPORTS Innenbahn *f* ❸ (*mind*) **who knows what she was feeling on the ~** wer weiß, wie es in ihr aussah II. *adv inv* ❶ innen ❷ (*indoors*) innen; (*direction*) hinein/herein; (*in house*) im Haus; (*into house*) ins Haus ❸ (*fam: jailed*) hinter Gittern *fam* III. *adj attr, inv* ❶ Innen-, innere(r, s) ❷ (*indoor*) Innen- IV. *prep* ∎ **~ sth** (*direction*) in etw *akk* [hinein]; (*location*) in etw *dat;* (*within*) **he finished it ~ of two hours** er war in weniger als zwei Stunden damit fertig

insider [ˈɪn·ˌsaɪ·dər] *n* Insider(in) *m(f)*

insidious [ɪn·ˈsɪd·i·əs] *adj* heimtückisch

insight [ˈɪn·saɪt] *n* ❶ (*perception*) Einsicht *f,* Einblick *m* (**into** in +*akk*); **to gain an ~ into sb/sth** jdn/etw verstehen lernen ❷ (*understanding*) Verständnis *nt*

insignia <*pl - or -s*> [ɪn·ˈsɪg·ni·ə] *n* Insignien *nt*

insignificance [ˌɪn·sɪg·ˈnɪf·ɪ·kəns] *n* Belanglosigkeit *f*

insignificant [ˌɪn·sɪg·ˈnɪf·ɪ·kənt] *adj* unbedeutend; *remark* belanglos; *sum, difference* geringfügig

insincere [ˌɪn·sɪn·ˈsɪr] *adj* unaufrichtig; *person* falsch; *smile, praise* unecht; *flattery* heuchlerisch

insinuate [ɪn·ˈsɪn·ju·eɪt] *vt* ❶ (*imply*) andeuten ❷ (*maneuver*) ∎ **to ~ oneself into sth** sich in etw *akk* [ein]schleichen

insinuation [ɪn·ˌsɪn·ju·ˈeɪ·ʃən] *n* Unterstellung *f*

insipid [ɪn·ˈsɪp·ɪd] *adj* ❶ (*dull*) stumpfsinnig ❷ (*bland*) fade

insist [ɪn·ˈsɪst] I. *vi* ❶ (*demand*) bestehen ([**up**]**on** auf +*dat*) ❷ (*persist*) ∎ **to ~** [**up**]**on doing sth** sich nicht von etw *dat* abbringen lassen ❸ (*maintain*) ∎ **to ~** [**up**]**on sth** auf etw *dat* beharren II. *vt* ∎ **to ~ that ...** ❶ (*claim*) fest behaupten, dass ... ❷ (*demand*) darauf bestehen, dass ...

insistence [ɪn·ˈsɪs·təns] *n* Bestehen *nt* (**on** auf +*dat*)

insistent [ɪn·ˈsɪs·tənt] *adj* ❶ (*determined*) beharrlich ❷ (*forceful*) nachdrücklich

insofar as [ˌɪn·soʊ·ˈfar·əz] *adv inv* soweit

insole [ˈɪn·soʊl] *n* ❶ Einlegesohle *f;* (*part of shoe*) Innensohle *f*

insolence [ˈɪn·sə·ləns] *n* Unverschämtheit *f*

insolent [ˈɪn·sə·lənt] *adj* unverschämt

insoluble [ɪn·ˈsal·jə·bəl] *adj inv* ❶ unlösbar ❷ *minerals* nicht löslich

insolvency [ɪn·ˈsal·vən·si] *n* Zahlungsunfähigkeit *f*

insolvent [ɪn·ˈsal·vənt] *adj inv* zahlungsunfähig

insomnia [ɪn·ˈsam·ni·ə] *n* Schlaflosigkeit *f*

insomniac [ɪn·ˈsam·ni·æk] *n* **to be an ~** an Schlaflosigkeit leiden

inspect [ɪn·ˈspekt] *vt* untersuchen; (*officially*) kontrollieren

inspection [ɪn·ˈspek·ʃən] *n* [Über]prüfung *f;*

(*official*) Kontrolle *f*

inspector [ɪn·'spek·tər] *n* ❶ Inspektor(in) *m(f)*; **tax** ~ Steuerprüfer(in) *m(f)* ❷ (*police*) Inspektor(in) *m(f)*

inspiration [ˌɪn·spə·'reɪ·ʃən] *n* ❶ Inspiration *f;* **to lack** ~ fantasielos sein ❷ (*inspirer*) Inspiration *f*

inspire [ɪn·'spaɪr] *vt* ❶ inspirieren ❷ (*arouse*) hervorrufen (**in** bei +*dat*); **they don't** ~ **me with confidence** sie wirken nicht Vertrauen erweckend auf mich

inspired [ɪn·'spaɪrd] *adj* ❶ *poet, athlete* inspiriert ❷ (*excellent*) großartig ❸ (*motivated*) motiviert

instability [ˌɪn·stə·'bɪl·ə·t̬i] *n* ❶ Instabilität *f a. fig* ❷ PSYCH Labilität *f*

install [ɪn·'stɔl] *vt* ❶ *machinery* aufstellen; *computer, heating* installieren; *bathroom, kitchen* einbauen; *wiring, pipes* verlegen; *phone, washing machine* anschließen ❷ (*ceremonially*) einsetzen; **to** ~ **sb as mayor** jdn als Bürgermeister in sein Amt einführen ❸ (*position*) **to** ~ **oneself at a desk** sich einen Schreibtisch aussuchen

installation [ˌɪn·stə·'leɪ·ʃən] *n* ❶ *of machinery* Aufstellen *nt; of appliance, heating* Installation *f; of kitchen, bathroom* Einbau *m; of wiring, pipes* Verlegung *f; of phone, washing machine* Anschluss *m* ❷ (*facility*) Anlage *f* ❸ ART Installation *f*

installment [ɪn·'stɔl·mənt] *n* ❶ (*part*) Folge *f* ❷ (*payment*) Rate *f*

in'stallment purchase *n* Ratenkauf *m*

instance ['ɪn·stəns] *n* ❶ (*case*) Fall *m* ❷ **for** ~ zum Beispiel

instant ['ɪn·stənt] **I.** *n* ❶ Moment *m,* Augenblick *m;* **this** ~ sofort ❷ (*as soon as*) ■ **the** ~ ... sobald ... **II.** *adj inv* ❶ sofortige(r, s) *attr;* **to take** ~ **effect** sofort wirken ❷ (*in bags*) Tüten-; (*in cans*) Dosen-; ~ **coffee** Pulverkaffee *m*

instantaneous [ˌɪn·stən·'teɪ·ni·əs] *adj inv* unmittelbar

instantaneously [ˌɪn·stən·'teɪ·ni·əs·li] *adv inv* sofort, unmittelbar

instantly ['ɪn·stənt·li] *adv inv* sofort

instant 'replay *n* TV Wiederholung *f*

instead [ɪn·'sted] **I.** *adv* stattdessen **II.** *prep* ■ ~ **of sth/sb** [an]statt einer S./einer Person *gen;* ■ ~ **of doing sth** [an]statt etw zu tun

instep ['ɪn·step] *n* ❶ (*of foot*) Spann *m* ❷ (*of shoe*) Blatt *nt*

instigate ['ɪn·stɪ·geɪt] *vt* ❶ (*start*) einleiten ❷ (*incite*) anzetteln

instigation [ˌɪn·stɪ·'geɪ·ʃən] *n* Anregung *f* (**of** zu +*dat*); (*incitement*) Anstiftung *f* (**of** zu +*dat*)

instill [ɪn·'stɪl] *vt feeling* einflößen (**into** +*dat*); *knowledge* beibringen (**into** +*dat*)

instinct ['ɪn·stɪŋkt] *n* ❶ (*natural response*) Instinkt *m;* **to have an** ~ **for sth** einen Riecher für etw *akk* haben *fam* ❷ (*innate behavior*) Instinkt *m;* **to do sth by/on** ~ etw instinktiv tun

instinctive [ɪn·'stɪŋk·tɪv] *adj* instinktiv; (*innate*) natürlich, angeboren

institute ['ɪn·stɪ·tut] **I.** *n* Institut *nt* **II.** *vt* ❶ (*establish*) einführen ❷ (*initiate*) einleiten; *legal action* anstrengen

institution [ˌɪn·stɪ·'tu·ʃən] *n* ❶ Einführung *f* ❷ (*building*) Heim *nt,* Anstalt *f* ❸ (*organization*) Einrichtung *f*

institutional [ˌɪn·stɪ·'tu·ʃə·nəl] *adj* ❶ (*pej*) Anstalts-, Heim- ❷ (*organizational*) institutionell; (*established*) institutionalisiert, etabliert

institutionalize [ˌɪn·stɪ·'tu·ʃə·nə·laɪz] *vt* ❶ ■ **to** ~ **sb** jdn in ein Heim einweisen ❷ ■ **to** ~ **sth** etw institutionalisieren *geh*

instruct [ɪn·'strʌkt] *vt* ❶ (*teach*) ■ **to** ~ **sb in sth** jdm etw beibringen ❷ (*order*) anweisen

instruction [ɪn·'strʌk·ʃən] *n* ❶ *usu pl* (*order*) Anweisung *f* ❷ (*teaching*) Unterweisung *f;* **to give sb** ~ **in sth** jdm etw beibringen ❸ (*directions*) ■ ~**s** *pl* Anweisung[en] *f;* ~**s for use** Gebrauchsanweisung *f*

in'struction book, in'struction manual *n* Handbuch *nt; for device* Gebrauchsanweisung *f*

instructive [ɪn·'strʌk·tɪv] *adj* lehrreich, aufschlussreich

instructor [ɪn·'strʌk·tər] *n* ❶ (*teacher*) Lehrer(in) *m(f)* ❷ (*at university*) Dozent(in) *m(f)*

instrument ['ɪn·strə·mənt] *n* ❶ Instrument *nt* ❷ (*means*) Mittel *nt*

instrumental [ˌɪn·strə·'men·təl] *adj inv* MUS instrumental ❷ (*influential*) förderlich; **he was** ~ **in bringing about much-needed reforms** er war maßgeblich daran beteiligt, längst überfällige Reformen in Gang zu setzen

instrumentation [ˌɪn·strə·men·'teɪ·ʃən] *n* ❶ MUS Arrangement *nt* ❷ TECH Instrumente *pl*

'instrument panel *n* AUTO Armaturenbrett *nt;* AVIAT, NAUT Instrumententafel *f*

insubordinate [ˌɪn·sə·'bɔr·dən·ɪt] *adj* ungehorsam, aufsässig

insubstantial [ˌɪn·səb·'stæn·ʃəl] *adj* ❶ *argument, evidence* fadenscheinig; *plot, meal* dürftig ❷ (*small*) [sehr] klein

insufferable [ɪn·'sʌf·rə·bəl] *adj* unerträglich; *person* unausstehlich

insufficiency [ˌɪn·sə·'fɪʃ·ən·si] *n* Mangel *m* (**of** an +*dat*)

insufficient [ˌɪn·sə·'fɪʃ·ənt] *adj inv* zu wenig *präd,* unzureichend

insular ['ɪn·sə·lər] *adj* (*parochial*) provinziell

insularity [ˌɪn·sə·'ler·ə·t̬i] *n* Provinzialität *f*

insulate ['ɪn·sə·leɪt] *vt* ❶ ELEC isolieren ❷ (*fig: shield*) [be]schützen (**from** vor +*dat*)

insulating ['ɪn·sə·leɪ·t̬ɪŋ] *adj* Isolier-

'insulating tape *n* Isolierband *nt*

insulation [ˌɪn·sə·'leɪ·ʃən] *n* ❶ Isolierung *f* ❷ (*fig: protection*) Schutz *m*

insulin ['ɪn·sə·lɪn] **I.** *n* Insulin *nt* **II.** *adj* Insulin-

insult I. *vt* [ɪn·'sʌlt] beleidigen **II.** *n* ['ɪn·sʌlt] ❶ (*remark*) Beleidigung *f* ❷ (*affront*) **to be an** ~ **to sb's intelligence** jds Intelligenz beleidigen ▶ PHRASES: **to add ~ to injury** um dem Ganzen die Krone aufzusetzen

insuperable [ɪn·'su·pər·ə·bəl] *adj* unüberwindlich

insupportable [ˌɪn·sə·'pɔr·ţə·bəl] *adj* unerträglich

insurance [ɪn·'ʃʊr·əns] I. *n* ❶ Versicherung *f;* **to take out ~** [**against sth**] sich [gegen etw *akk*] versichern ❷ (*payout*) Versicherungssumme *f* ❸ (*premium*) [Versicherungs]prämie *f* II. *adj* Versicherungs-

in'surance agent *n* Versicherungsmakler(in) *m(f)*

in'surance company *n* Versicherung[sgesellschaft] *f*

in'surance policy *n* ❶ Versicherungspolice *f* ❷ (*fig: alternative*) **as an ~** zur Sicherheit

in'surance premium *n* [Versicherungs]prämie *f*

insure [ɪn·'ʃʊr] I. *vt* versichern (**against** gegen +*akk*) II. *vi* ❶ (*protect*) sich absichern (**against** gegen +*akk*) ❷ (*take insurance*) sich versichern (**with** bei +*dat*)

insured [ɪn·'ʃʊrd] I. *adj* versichert II. *n* <*pl* -> ■**the ~** der/die Versicherte

insurer [ɪn·'ʃʊr·ər] *n* Versicherung[sgesellschaft] *f*

insurgency [ɪn·'sɜr·dʒən·si] *n* Unruhen *pl*

insurgent [ɪn·'sɜr·dʒənt] *n* POL *Parteimitglied, das sich der Parteidisziplin nicht beugt*

insurmountable [ˌɪn·sər·'maʊn·tə·bəl] *adj inv* unüberwindlich

insurrection [ˌɪn·sə·'rek·ʃən] *n* Aufstand *m*

intact [ɪn·'tækt] *adj usu pred* ❶ (*whole*) intakt ❷ (*fig: morally*) unversehrt

intake ['ɪn·teɪk] I. *n* ❶ (*act*) Aufnahme *f;* **~ of breath** Luftholen *nt* ❷ (*amount*) aufgenommene Menge; **~ of calories** Kalorienzufuhr *f* ❸ (*people*) Aufnahmequote *f* II. *adj inv* TECH Ansaug-, Saug-

intangible [ɪn·'tæn·dʒə·bəl] *adj* nicht greifbar; *emotion* unbestimmbar

integer ['ɪn·tɪ·dʒər] *n* MATH ganze Zahl

integral ['ɪn·tɪ·grəl] *adj* ❶ (*central*) wesentlich ❷ (*whole*) vollständig ❸ (*built-in*) eingebaut

integrate ['ɪn·tɪ·greɪt] I. *vt* integrieren (**into** in +*akk*); ■**to ~ sth** [**with sth**] etw [auf etw *akk*] abstimmen II. *vi* sich integrieren

integrated ['ɪn·tɪ·greɪ·ţɪd] *adj* einheitlich; *person* integriert (**in** in +*akk*); **~ school** (*hist*) Schule *f* ohne Rassentrennung

integrated 'circuit, I 'C *n* ELEC integrierter Schaltkreis

integration [ˌɪn·tɪ·'greɪ·ʃən] *n* ❶ (*assimilation*) Integration *f;* **~ of disabled people** Eingliederung *f* von Behinderten ❷ (*fusion*) Zusammenschluss *m;* (*combination*) Kombination *f*

integrity [ɪn·'teg·rə·ţi] *n* ❶ (*uprightness*) Integrität *f* ❷ (*unity*) Einheit[lichkeit] *f*

intellect ['ɪn·təl·ekt] *n* ❶ Verstand *m*, Intellekt *m* ❷ (*person*) großer Denker/große Denkerin

intellectual [ˌɪn·tə·'lek·tʃʊ·əl] I. *n* Intellektuelle(r) *f(m)* II. *adj* intellektuell, geistig

intelligence [ɪn·'tel·ə·dʒəns] I. *n* ❶ Intelligenz *f* ❷ (*department*) Geheimdienst *m* ❸ (*information*) [nachrichtendienstliche] Informationen; **according to our latest ~** unseren letzten Meldungen zufolge II. *adj* Nachrichten-; **~ report** Geheimdienstbericht *m*

in'telligence agency *n* Geheimdienst *m*

in'telligence test *n* Intelligenztest *m*

intelligent [ɪn·'tel·ə·dʒənt] *adj* klug, intelligent

intelligentsia [ɪn·ˌtel·ə·'dʒen·si·ə] *n* ■**the ~** die Intellektuellen *pl*

intelligible [ɪn·'tel·ɪ·dʒə·bəl] *adj* verständlich; *writing* leserlich

intend [ɪn·'tend] *vt* ❶ (*plan*) beabsichtigen; **I don't think she ~ed me to hear the remark** ich glaube nicht, dass sie die Bemerkung hören sollte ❷ (*intimate*) ■**to be ~ed** beabsichtigt sein; **no disrespect ~ed** [das] war nicht böse gemeint ❸ *usu passive* (*destine*) ■**to be ~ed for sth** für etw *akk* gedacht sein

intended [ɪn·'ten·dɪd] *adj* vorgesehen, beabsichtigt; LAW geplant

intense [ɪn·'tens] *adj* ❶ (*forceful*) intensiv; *odor* stechend; *cold* bitter; *desire, heat* glühend; *excitement* groß; *feeling, friendship* tief; *hatred* rasend; *love* leidenschaftlich; *pain* heftig ❷ (*serious*) ernst

intensify <-ie-> [ɪn·'ten·sɪ·faɪ] I. *vt* intensivieren; *conflict* verschärfen; *fears* verstärken; *pressure* erhöhen II. *vi heat* stärker werden; *feeling, competition a.* zunehmen

intensity [ɪn·'ten·sə·ţi] *n* Stärke *f; of feelings* Intensität *f; of explosion, anger* Heftigkeit *f*

intensive [ɪn·'ten·sɪv] *adj* intensiv; *analysis* gründlich; *bombardment* heftig

intensive 'care *n* Intensivpflege *f;* **to be in ~** auf der Intensivstation sein

intent [ɪn·'tent] I. *n* Absicht *f;* ■**with ~ to do sth** mit dem Vorsatz, etw zu tun II. *adj* ❶ (*absorbed*) aufmerksam; ■**to be ~ on sth** sich auf etw *akk* konzentrieren ❷ (*determined*) ■**to be ~ on sth** auf etw *akk* versessen sein; ■**to be ~ on doing sth** fest entschlossen sein, etw zu tun

intention [ɪn·'ten·ʃən] *n* Absicht *f;* **it wasn't my ~ to exclude you** ich wollte Sie nicht ausschließen; **full of good ~s** voller guter Vorsätze

intentional [ɪn·'ten·ʃə·nəl] *adj* absichtlich

interact [ˌɪn·tər·'ækt] *vi* aufeinander einwirken

interaction [ˌɪn·tər·'æk·ʃən] *n* Wechselwirkung *f; of groups, people* Interaktion *f*

interactive [ˌɪn·tər·'æk·tɪv] *adj* interaktiv

interbreed <-bred, -bred> [ˌɪn·tər·'brid] I. *vt* kreuzen II. *vi* sich kreuzen

intercede [ˌɪn·tər·'sid] *vi* ■**to ~** [**with sb on behalf of sb**] sich [bei jdm für jdn] einsetzen; **to ~ in an argument** in einem Streit vermitteln

intercept [ˌɪn·tər·ˈsept] *vt* abfangen; ~ **a call** eine Fangschaltung legen; **to ~ a pass** SPORTS einen Pass abfangen

interception [ˌɪn·tər·ˈsep·ʃən] *n* Abfangen *nt; of calls* Abhören *nt*

interceptor [ˌɪn·tər·ˈsep·tər] *n* MIL Abfangjäger *m*

intercession [ˌɪn·tər·ˈseʃ·ən] *n* Fürsprache *f*, Vermittlung *f*

interchange I. *n* [ˈɪn·tər·tʃeɪndʒ] ❶ Austausch *m* ❷ (*road*) [Autobahn]kreuz *nt* II. *vt* [ˌɪn·tər·ˈtʃeɪndʒ] austauschen III. *vi* [ˌɪn·tər·ˈtʃeɪndʒ] [aus]wechseln

interchangeable [ˌɪn·tər·ˈtʃeɪn·dʒə·bəl] *adj* austauschbar; *word* synonym

intercity [ˌɪn·tər·ˈsɪt·i] *adj attr, inv transportation* Intercity-

intercollegiate [ˌɪn·tər·kə·ˈli·dʒɪt] *adj inv* zwischen Colleges *nach n;* ~ **championships** Meisterschaften *pl* der Colleges

intercom [ˈɪn·tər·kɑm] *n* [Gegen]sprechanlage *f; (for doors)* [Tür]sprechanlage *f*

intercontinental [ˌɪn·tər·ˌkɑn·tə·ˈnen·təl] *adj inv* interkontinental

intercourse [ˈɪn·tər·kɔrs] *n* ❶ (*sex*) [Geschlechts]verkehr *m* ❷ (*dealings*) Umgang *m;* **social** ~ gesellschaftlicher Verkehr

interdenominational [ˌɪn·tər·dɪ·ˌnam·ə·ˈneɪ·ʃə·nəl] *adj* interkonfessionell

interdepartmental [ˌɪn·tər·ˌdi·pɑrt·ˈmen·təl] *adj* zwischen den Abteilungen *nach n*

interdependence [ˌɪn·tər·di·ˈpen·dəns] *n* gegenseitige Abhängigkeit, Interdependenz *f geh*

interdependent [ˌɪn·tər·di·ˈpen·dənt] *adj* voneinander abhängig, interdependent *geh*

interdict [ˌɪn·tər·ˈdɪkt] LAW I. *n* Verbot *nt* II. *vt* verbieten

interdisciplinary [ˌɪn·tər·ˈdɪs·ə·plɪ·ner·i] *adj inv* SCH fachübergreifend, interdisziplinär

interest [ˈɪn·trɪst] I. *n* ❶ Interesse *nt* (**in** an +*dat*); (*hobby*) Hobby *nt;* **to lose ~ in sb/sth** das Interesse an jdm/etw verlieren; **vested** ~ eigennütziges Interesse; ■ **to be in sb's** ~ in jds Interesse liegen ❷ (*advantage*) **in the ~ of safety** aus Sicherheitsgründen; **Jane is acting in the ~ of her daughter** Jane vertritt die Interessen ihrer Tochter ❸ (*importance*) Interesse *nt;* **buildings of historical** ~ historisch interessante Gebäude; **to be of** ~ **to sb** für jdn von Interesse sein ❹ FIN Zinsen *pl;* **rate of** ~ Zinssatz *m* II. *vt* interessieren (**in** für +*akk*)

interested [ˈɪn·trɪ·stɪd] *adj* ❶ (*concerned*) interessiert; **I'd be ~ to learn more about it** ich würde gerne mehr darüber erfahren; **to be ~ in sth/sb** sich für etw/jdn interessieren ❷ (*involved*) beteiligt; *witness* befangen

interest-ˈfree *adj* FIN zinslos; *credit* unverzinslich

interesting [ˈɪn·trɪ·stɪŋ] *adj* interessant

interface I. *n* [ˈɪn·tər·feɪs] Schnittstelle *f; a.* COMPUT, TECH Interface *nt* II. *vi* [ˌɪn·tər·ˈfeɪs] ■ **to** ~ **with sb** mit jdm in Verbindung treten III. *vt* [ˈɪn·tər·feɪs] COMPUT, TECH koppeln

interfere [ˌɪn·tər·ˈfɪr] *vi* ❶ (*meddle*) ■ **to** ~ [**in sth**] sich [in etw *akk*] einmischen ❷ (*hit*) ■ **to** ~ **with one another** aneinanderstoßen

interference [ˌɪn·tər·ˈfɪr·əns] *n* ❶ (*meddling*) Einmischung *f* ❷ RADIO, TECH Störung *f*

interim [ˈɪn·tər·ɪm] I. *n* Zwischenzeit *f;* **in the** ~ in der Zwischenzeit II. *adj attr, inv* vorläufig; ~ **government** Übergangsregierung *f*

interior [ɪn·ˈtɪr·i·ər] I. *adj attr, inv* ❶ (*inside*) Innen- ❷ (*country*) Inlands-, Binnen- II. *n* ❶ (*inside*) Innere *nt* ❷ POL ■ **the I~** das Innere; **the Department of the I~** das Innenministerium; **Secretary of the I~** Innenminister(in) *m(f)*

interior deˈsigner *n* Innenarchitekt(in) *m(f)*

interject [ˌɪn·tər·ˈdʒekt] I. *vt* einwerfen II. *vi* dazwischenreden

interjection [ˌɪn·tər·ˈdʒek·ʃən] *n* ❶ (*interruption*) Zwischenbemerkung *f* ❷ LING Interjektion *f*

interlace [ˌɪn·tər·ˈleɪs] I. *vt* kombinieren II. *vi* sich ineinander verflechten

interloper [ˈɪn·tər·loʊ·pər] *n* Eindringling *m*

interlude [ˈɪn·tər·lud] *n* Abschnitt *m; (between acts)* Pause *f*

intermediary [ˌɪn·tər·ˈmi·di·er·i] I. *n* Vermittler(in) *m(f)* II. *adj inv* vermittelnd; ~ **role** Vermittlerrolle *f;* ~ **stage** Zwischenstadium *nt*

intermediate [ˌɪn·tər·ˈmi·di·ɪt] *adj inv* ❶ (*level*) mittel; (*between two things*) Zwischen- ❷ (*level of skill*) Mittel-; ~ **course** Kurs *m* für fortgeschrittene Anfänger/Anfängerinnen

intermezzo <*pl* -s *or* -zi> [ˌɪn·tər·ˈmet·soʊ, *pl* -t·si] *n* Intermezzo *nt*

interminable [ɪn·ˈtɜr·mɪ·nə·bəl] *adj* endlos

intermission [ˌɪn·tər·ˈmɪʃ·ən] *n* Pause *f*

intermittent [ˌɪn·tər·ˈmɪt·ənt] *adj* periodisch

intern I. *vt* [ɪn·ˈtɜrn] internieren II. *vi* [ɪn·ˈtɜrn] ein Praktikum absolvieren III. *n* [ˈɪn·tɜrn] Praktikant(in) *m(f);* [hospital] ~ Assistenzarzt, Assistenzärztin *m, f*

internal [ɪn·ˈtɜr·nəl] *adj inv* innere(r, s); (*within company*) innerbetrieblich; (*within country*) Binnen-; *investigation, memo* intern; ~ **affairs** innere Angelegenheiten *pl*

internalize [ɪn·ˈtɜːr·nə·laɪz] *vt* verinnerlichen

Internal ˈRevenue Service *n* ■ **the** ~ ≈ das Finanzamt

international [ˌɪn·tər·ˈnæʃ·ə·nəl] *adj* international; ~ **flight** Auslandsflug *m;* ~ **game** Länderspiel *nt*

International Court of ˈJustice *n* Internationaler Gerichtshof

internationalize [ˌɪn·tər·ˈnæʃ·ə·nə·laɪz] *vt* internationalisieren

International ˈMonetary Fund *n* Internationaler Währungsfonds

International Oˈlympic Committee *n* Internationales Olympisches Komitee

internee [ˌɪn·tɜr·ˈni] *n* Internierte(r) *f(m)*

Internet [ˈɪn·tər·net] I. *n* Internet *nt;* **to surf**

[*or* **browse**] **the ~** im Internet surfen; **on the ~** im Internet **II.** *adj* Internet-

Internet 'banking *n* Internetbanking *nt*

internist [ɪn·'tɜr·nɪst] *n* Internist(in) *m(f)*

internment [ɪn·'tɜrn·mənt] *n* Internierung *f*

in'ternment camp *n* Internierungslager *nt*

interpersonal [ˌɪn·tər·'pɜr·sə·nəl] *adj inv* zwischenmenschlich; **~ skills** soziale Kompetenz

interplanetary [ˌɪn·tər·'plæn·ə·ter·i] *adj inv* interplanetarisch

interplay ['ɪn·tər·pleɪ] *n* Zusammenspiel *nt* (**of** von +*dat*), Wechselwirkung *f* (**between** zwischen +*dat*)

Interpol ['ɪn·tər·pal] *n no art* Interpol *f*

interpolate [ɪn·'tɜr·pə·leɪt] *vt* einfügen; *opinion* einfließen lassen

interpret [ɪn·'tɜr·prɪt] **I.** *vt* ❶ (*explain*) interpretieren; (*understand*) auslegen ❷ (*perform*) wiedergeben; *role* auslegen **II.** *vi* dolmetschen

interpretation [ɪn·ˌtɜr·prɪ·'teɪ·ʃən] *n* Interpretation *f; of rules* Auslegung *f; of dream* Deutung *f*

interpreter [ɪn·'tɜr·prɪ·t̬ər] *n* Dolmetscher(in) *m(f)*

interpreting [ɪn·'tɜr·prɪ·tɪŋ] *n* Dolmetschen *nt*

interrelate [ˌɪn·tər·rɪ·'leɪt] **I.** *vi* zueinander in Beziehung stehen **II.** *vt* verbinden

interrogate [ɪn·'ter·ə·geɪt] *vt* (*question*) verhören

interrogation [ɪn·ˌter·ə·'geɪ·ʃən] *n* Verhör *nt*

interrogator [ɪn·'ter·ə·geɪ·t̬ər] *n* Vernehmungsbeamte(r) *m,* Vernehmungsbeamte [*o* -beamtin] *f*

interrogatory [ˌɪn·tə·'rag·ə·tɔr·i] *adj inv* fragend *attr*

interrupt [ˌɪn·tə·'rʌpt] **I.** *vt* unterbrechen; (*rudely*) ins Wort fallen **II.** *vi* unterbrechen

interruption [ˌɪn·tə·'rʌp·ʃən] *n* Unterbrechung *f*

intersect [ˌɪn·tər·'sekt] **I.** *vt* durchziehen; *line* schneiden; ■**to be ~ed by sth** *roads* etw kreuzen **II.** *vi* sich schneiden; *roads* sich kreuzen

intersection [ˌɪn·tər·'sek·ʃən] *n* ❶ Schnittpunkt *m* ❷ (*junction*) [Straßen]kreuzung *f*

intersperse [ˌɪn·tər·'spɜrs] *vt* ■**to ~ sth with sth** etw in etw *akk* einstreuen; **to be ~d throughout the text** über den ganzen Text verteilt sein

interstate ['ɪn·tər·'steɪt] **I.** *adj attr, inv* zwischenstaatlich **II.** *n* [Bundes]autobahn *f*

interstate 'highway *n* [Bundes]autobahn *f*

intertwine [ˌɪn·tər·'twaɪn] **I.** *vt usu passive* ■**to be ~d with sth** [miteinander] verflochten sein; *plots, destinies* miteinander verknüpft sein **II.** *vi* sich [ineinander] verschlingen

interval ['ɪn·tər·vəl] *n* ❶ (*gap*) Abstand *m* ❷ (*break*) Pause *f; a.* MUS Intervall *nt*

intervene [ˌɪn·tər·'vin] *vi* ❶ einschreiten; **to ~ on sb's behalf** sich für jdn einsetzen ❷ (*interrupt*) sich einmischen

intervening [ˌɪn·t̬ər·'vin·ɪŋ] *adj attr, inv* dazwischenliegend *attr;* **in the ~ period** in der Zwischenzeit

intervention [ˌɪn·tər·'ven·ʃən] *n* Eingreifen *nt*

interventionist [ˌɪn·tər·'ven·ʃə·nɪst] POL **I.** *adj inv* interventionistisch *fachspr* **II.** *n* Interventionist(in) *m(f) fachspr*

interview ['ɪn·tər·vju] **I.** *n* ❶ (*with media*) Interview *nt* (**with** mit +*dat*) ❷ (*for job*) Vorstellungsgespräch *nt* ❸ (*talk*) Unterredung *f;* (*with police*) Verhör *nt* **II.** *vt* (*by reporter*) interviewen; (*for job*) ein Vorstellungsgespräch führen (**with** mit +*dat*); (*by police*) befragen **III.** *vi* (*for job*) ein Vorstellungsgespräch führen

interviewee [ˌɪn·tər·vju·'i] *n* Interviewte(r) *f(m);* (*by police*) Befragte(r) *f(m);* **job ~** Kandidat(in) *m(f)*

interviewer ['ɪn·tər·vju·ər] *n* (*reporter*) Interviewer(in) *m(f);* (*in job interview*) Leiter(in) *m(f)* des Vorstellungsgesprächs

interweave <-wove, -woven> [ˌɪn·tər·'wiv] **I.** *vt* [miteinander] verweben; (*fig*) [miteinander] vermischen **II.** *vi* sich verschlingen

intestate [ɪn·'tes·teɪt] *adj usu pred, inv* LAW ■**to be ~** kein Testament besitzen

intestine [ɪn·'tes·tɪn] *n usu pl* Darm *m,* Eingeweide *pl*

intimacy ['ɪn·tə·mə·si] *n* Intimität *f;* (*euph: sexual*) Intimitäten *pl*

intimate ['ɪn·tə·mɪt] *adj* ❶ (*close*) eng, vertraut; *atmosphere* gemütlich; *friend* eng; *relationship* intim ❷ (*detailed*) gründlich; *knowledge* umfassend ❸ (*private*) **~ details** intime Einzelheiten

intimation [ˌɪn·tə·'meɪ·ʃən] *n* Anzeichen *nt* (**of** für +*akk*)

intimidate [ɪn·'tɪm·ɪ·deɪt] *vt* einschüchtern

intimidating [ɪn·'tɪm·ɪ·deɪ·t̬ɪŋ] *adj* beängstigend; *manner* einschüchternd

intimidation [ɪn·ˌtɪm·ɪ·'deɪ·ʃən] *n* Einschüchterung *f*

into ['ɪn·tə, -tu] *prep* ❶ (*to inside*) in +*akk;* **to go ~ town** in die Stadt gehen ❷ (*toward*) in +*akk;* **she looked ~ the mirror** sie sah in den Spiegel ❸ (*through time*) **sometimes we work late ~ the evening** manchmal arbeiten wir bis spät in den Abend ❹ (*fam: interested*) **to be ~ sth/sb** an etw/jdm interessiert sein; **what kind of music are you ~?** auf welche Art von Musik stehst du? ❺ *see a. vb* (*persuading*) **they tried to talk their father ~ buying them bikes** sie versuchten, ihren Vater dazu zu überreden, ihnen Fahrräder zu kaufen ❻ (*transition*) **her novels have been translated ~ nineteen languages** ihre Romane sind in neunzehn Sprachen übersetzt worden ❼ (*wear*) **I can't get ~ these pants anymore** ich komme nicht mehr in diese Hose rein

intolerable [ɪn·'tal·ər·ə·bəl] *adj* unerträglich

intolerance [ɪn·'tal·ər·əns] *n* ❶ (*impatience*) Intoleranz *f* (**of** gegenüber +*dat*) ❷ (*incompatibility*) Überempfindlichkeit *f;* MED Intoleranz *f* (**of** gegenüber +*dat*)

intolerant [ɪn·'tal·ər·ənt] *adj* ❶ (*impatient*) intolerant ❷ MED überempfindlich (**of** gegenüber

+*dat*)

intonation [ˌɪn·tə·'neɪ·ʃən] *n usu sing* LING Intonation *f fachspr*

intoxicant [ɪn·'tak·sɪ·kənt] *n* Rauschmittel *nt*

intoxicate [ɪn·'tak·sɪ·keɪt] **I.** *vi* eine berauschende Wirkung haben **II.** *vt* berauschen *a. fig*, betrunken machen; (*fig*) *idea* begeistern

intoxicating [ɪn·'tak·sɪ·keɪ·t̬ɪŋ] *adj* berauschend *a. fig*

intoxication [ɪn·ˌtak·sɪ·'keɪ·ʃən] *n* ❶ (*from alcohol, drugs*) Rausch *m a. fig* ❷ MED Vergiftung *f*

intractable [ˌɪn·'træk·tə·bəl] *adj* unbeugsam; *problem, partygoer* hartnäckig; *pupil* widerspenstig; *situation* verfahren

intramural [ˌɪn·trə·'mjʊr·əl] *adj inv* innerhalb der Universität *nach n,* universitätsintern

Intranet [ˌɪn·trə·'net] *n* Intranet *nt*

intransigent [ɪn·'træn·sə·dʒənt] *adj attitude* unnachgiebig; *position* unversöhnlich

intransitive [ɪn·'træn·sɪ·t̬ɪv] *adj inv* intransitiv

intrauterine [ˌɪn·trə·'ju·t̬ər·ɪn] *adj inv* intrauterin

intravenous [ˌɪn·trə·'vi·nəs] *adj inv* intravenös

intrepid [ɪn·'trep·ɪd] *adj* unerschrocken

intricacy ['ɪn·trɪ·kə·si] *n* ❶ (*complexity*) Kompliziertheit *f* ❷ (*elaborateness*) ■ **intricacies** *pl* Feinheiten *pl*

intricate ['ɪn·trɪ·kɪt] *adj* kompliziert; *plot* verschlungen; *question* verzwickt

intrigue I. *vt* [ɪn·'trig] (*fascinate*) faszinieren; (*arouse curiosity*) neugierig machen; ■ **to be ~d by sth** von etw *dat* fasziniert sein **II.** *vi* [ɪn·'trig] intrigieren **III.** *n* ['ɪn·trig] Intrige *f* (**against** gegen +*akk*)

intriguing [ɪn·'tri·gɪŋ] *adj* faszinierend

intrinsic [ɪn·'trɪn·sɪk] *adj* innewohnend; *part* wesentlich

introduce [ˌɪn·trə·'dus] *vt* ❶ (*acquaint*) ■ **to ~ sb** [**to sb**] jdn [jdm] vorstellen ❷ (*launch*) einführen ❸ (*announce*) vorstellen; MUS einleiten; *program* ankündigen

introduction [ˌɪn·trə·'dʌk·ʃən] *n* ❶ (*announcement*) Vorstellung *f,* Bekanntmachen *nt* ❷ (*launch*) Einführung *f* ❸ (*preface*) Vorwort *nt;* MUS Einleitung *f*

introductory [ˌɪn·trə·'dʌk·tə·ri] *adj inv* ❶ (*preliminary*) einleitend ❷ (*inaugural*) einführend

intro'ductory course *n* Einführungskurs *m*

introspection [ˌɪn·trə·'spek·ʃən] *n* Selbstbeobachtung *f*

introspective [ˌɪn·trə·'spek·t̬ɪv] *adj* verinnerlicht

introvert ['ɪn·trə·ˌvɜrt] *n* introvertierter Mensch

introverted ['ɪn·trə·ˌvɜr·t̬ɪd] *adj* introvertiert

intrude [ɪn·'trud] *vi* ❶ (*meddle*) stören, sich einmischen (**into** in +*akk*) ❷ (*encroach*) **am I intruding?** störe ich gerade?; ■ **to ~ on sb's privacy** in jds Privatsphäre eindringen

intruder [ɪn·'tru·dər] *n* Eindringling *m;* (*thief*) Einbrecher(in) *m(f)*

intrusion [ɪn·'tru·ʒən] *n* (*interruption*) Stö-

rung *f;* (*encroachment*) Verletzung *f*

intrusive [ɪn·'tru·sɪv] *adj* aufdringlich

intuition [ˌɪn·tu·'ɪʃ·ən] *n* Intuition *f*

intuitive [ɪn·'tu·ɪ·t̬ɪv] *adj* intuitiv

inundate ['ɪn·ən·deɪt] *vt* überschwemmen *a. fig*

invade [ɪn·'veɪd] **I.** *vt* ❶ **to ~ a country** in ein Land einmarschieren ❷ (*fig: breach*) **to ~ sb's privacy** jds Privatsphäre verletzen **II.** *vi* einfallen

invader [ɪn·'veɪ·dər] *n* Angreifer(in) *m(f);* (*encroacher*) Eindringling *m*

invalid[1] ['ɪn·və·lɪd] **I.** *n* Invalide(r) *m(f)* **II.** *adj* invalide, körperbehindert

invalid[2] [ɪn·'væl·ɪd] *adj inv* (*void*) ungültig; (*unsound*) nicht stichhaltig; *theory* nicht begründet

invalidate [ɪn·'væl·ɪ·deɪt] *vt* unwirksam machen; LAW für nichtig erklären; *argument* widerlegen; *judgment* aufheben; *results* annullieren; *theory* entkräftigen

invalidity [ˌɪn·və·'lɪd·ə·t̬i] *n* ❶ (*bedridden*) Invalidität *f* ❷ (*unsound*) [Rechts]ungültigkeit *f* ❸ (*void*) **~ of a contract** Nichtigkeit *f* eines Vertrags

invaluable [ɪn·'væl·ju·ə·bəl] *adj inv* unbezahlbar; *source* unverzichtbar

invariable [ɪn·'ver·i·ə·bəl] *adj inv* unveränderlich

invariably [ɪn·'ver·i·ə·bli] *adv inv* ausnahmslos

invasion [ɪn·'veɪ·ʒən] *n* ❶ Invasion *f* ❷ (*interference*) Eindringen *nt kein pl*

invent [ɪn·'vent] *vt* ❶ (*create*) erfinden ❷ (*fabricate*) erdichten; *excuse* sich *dat* ausdenken

invention [ɪn·'ven·ʃən] *n* ❶ (*creation*) Erfindung *f* ❷ (*creativity*) Einfallsreichtum *m* ❸ (*fabrication*) Erfindung *f*

inventive [ɪn·'ven·t̬ɪv] *adj* einfallsreich; *design* originell; *illustration* fantasievoll

inventiveness [ɪn·'ven·t̬ɪv·nɪs] *n* Einfallsreichtum *m*

inventor [ɪn·'ven·tər] *n* Erfinder(in) *m(f)*

inventory ['ɪn·vən·tɔr·i] **I.** *n* ❶ (*list*) Inventar *nt* ❷ (*stock*) [Lager]bestand *m;* **to take ~** Inventur machen **II.** *adj* Bestands-

inverse [ɪn·'vɜrs] **I.** *adj attr, inv* umgekehrt **II.** *n* Gegenteil *nt*

inversion [ɪn·'vɜr·ʒən] *n* Umkehrung *f*

invert [ɪn·'vɜrt] *vt* umkehren

invertebrate [ɪn·'vɜr·t̬ə·brɪt] **I.** *n* wirbelloses Tier **II.** *adj* wirbellos

invest [ɪn·'vest] **I.** *vt* investieren **II.** *vi* ■ **to ~ in sth** [sein Geld] in etw *akk* investieren; **to ~ in a new washing machine** sich *dat* eine neue Waschmaschine zulegen

investigate [ɪn·'ves·tɪ·geɪt] *vt* untersuchen; *explore* erforschen

investigation [ɪn·ˌves·tɪ·'geɪ·ʃən] *n* Untersuchung *f; of affair* [Über]prüfung *f;* (*by police*) Ermittlung *f;* (*inquiry*) Nachforschung *f*

investigative [ɪn·'ves·tɪ·geɪ·t̬ɪv] *adj* Forschungs-, Untersuchungs-, Ermittlungs-

investigator [ɪn·'ves·tɪ·geɪ·t̬ər] *n* (*form*) Ermittler(in) *m(f)*; (*in pending proceedings*) Untersuchungsführer(in) *m(f)*

investment [ɪn·'vest·mənt] **I.** *n* ❶ (*act*) Investierung *f* ❷ (*instance*) Investition *f*; (*share*) Einlage *f* **II.** *adj* Anlage-, Investitions-, Investment-

in'vestment bank *n* FIN Investmentbank *f*

in'vestment fund *n* Investmentfonds *m*

investor [ɪn·'ves·ţər] *n* [Kapital]anleger(in) *m(f)*, Investor(in) *m(f) fachspr*

inveterate [ɪn·'veţ·ər·ɪt] *adj attr custom, prejudice* tief verankert; *optimist* unverbesserlich; *prejudice* hartnäckig

invidious [ɪn·'vɪd·i·əs] *adj* ❶ (*unpleasant*) unerfreulich ❷ (*unjust*) ungerecht

invigorate [ɪn·'vɪg·ə·reɪt] *vt* ❶ stärken ❷ (*fig: stimulate*) beleben

invigorating [ɪn·'vɪg·ə·reɪ·ţɪŋ] *adj* ❶ stärkend; *climate, food* kräftigend ❷ (*fig: stimulating*) belebend; *conversation* anregend; *walk* erfrischend

invincible [ɪn·'vɪn·sə·bəl] *adj* ❶ (*unbeatable*) unschlagbar ❷ (*insuperable*) unüberwindlich

invisible [ɪn·'vɪz·ə·bəl] *adj inv* ❶ unsichtbar ❷ (*hidden*) verborgen

invitation [ˌɪn·vɪ·'teɪ·ʃən] *n* ❶ (*request*) Einladung *f* (to zu +*dat*) ❷ (*incitement*) Aufforderung *f* (to zu +*dat*) ❸ (*chance*) Gelegenheit *f*

invite I. *n* ['ɪn·vaɪt] (*fam*) Einladung *f* (to zu +*dat*) **II.** *vt* [ɪn·'vaɪt] ❶ (*to party*) einladen ❷ (*request*) ■**to ~ sb to do sth** jdn auffordern, etw zu tun ❸ (*fig: cause*) herausfordern; **to ~ trouble** Unannehmlichkeiten hervorrufen

inviting [ɪn·'vaɪ·ţɪŋ] *adj* ❶ *sight, weather* einladend; *appearance, fashion* ansprechend ❷ (*tempting*) verlockend; *gesture, smile* einladend

in vitro [ɪn·'vi·troʊ] *inv* **I.** *adj* künstlich, In-vitro- **II.** *adv* künstlich, in vitro *fachspr*

in vitro fertili'zation *n* künstliche Befruchtung

invoice ['ɪn·vɔɪs] **I.** *vt* ■**to ~ sb** jdm eine Rechnung ausstellen **II.** *n* [Waren]rechnung *f* (**for** für +*akk*)

invoke [ɪn·'voʊk] *vt* ❶ (*call on*) **to ~ God's name** Gottes Namen anrufen ❷ (*call forth*) [herauf]beschwören

involuntary [ɪn·'val·ən·ter·i] *adj inv* ❶ unfreiwillig; *kindness* gezwungen; *loyalty* erzwungen ❷ (*unintentional*) unbeabsichtigt

involve [ɪn·'valv] *vt* ❶ (*include*) beinhalten; (*encompass*) umfassen; (*entail*) mit sich bringen; (*mean*) bedeuten ❷ (*affect*) betreffen; **that doesn't ~ her** sie hat damit nichts zu tun; **this incident ~s us all** dieser Zwischenfall geht uns alle an ❸ (*bring in*) ■**to ~ sb in sth** jdn an etw *dat* beteiligen; (*unwillingly*) jdn in etw *akk* verwickeln; **I don't want to get ~d** ich will damit nichts zu tun haben ❹ *usu passive* ■**to be ~d in sth** (*be busy*) mit etw *dat* zu tun haben; (*be engrossed*) von etw *dat* gefesselt sein; ■**to be ~d with sb** (*have to do with*) mit jdm zu tun haben; (*relationship*) mit

jdm eine Beziehung haben; (*affair*) mit jdm ein Verhältnis haben

involved [ɪn·'valvd] *adj* kompliziert; *story* verworren; *style* komplex; *affair* verwickelt

involvement [ɪn·'valv·mənt] *n* ❶ (*participation*) Beteiligung *f* (**in** an +*dat*), Verwicklung *f* (**in** in +*dat*) ❷ (*intricacy*) Verworrenheit *f*, Kompliziertheit *f*; (*complexity*) Komplexität *f* ❸ (*relationship*) Verhältnis *nt*

invulnerable [ɪn·'vʌl·nər·ə·bəl] *adj inv* ❶ (*immune*) unverwundbar, unverletzbar *fig* ❷ (*unassailable*) *position* unangreifbar; *right* unverletzlich; *argument* unwiderlegbar

inward ['ɪn·wərd] **I.** *adj inv* ❶ (*ingoing*) nach innen gehend ❷ (*incoming*) Eingangs-, eingehend ❸ (*usu fig: internal*) innere(r, s), innerlich **II.** *adv* einwärts, nach innen

inwardly ['ɪn·wərd·li] *adv* ❶ (*to inside*) nach innen ❷ (*internally*) innerlich, im Innern

inwards ['ɪn·wərdz] *adv inv* ❶ (*to inside*) einwärts, nach innen ❷ (*spiritually*) im Innern

IOC [ˌaɪ·oʊ·'si] *n + sing/pl vb abbrev of* **International Olympic Committee:** ■**the ~** das IOC

iodine ['aɪ·ə·daɪn] *n* Jod *nt*

ion ['aɪ·ən] *n* Ion *nt*

iota [aɪ·'oʊ·ţə] *n usu neg* Jota *nt;* **not an ~** kein bisschen

IOU [ˌaɪ·oʊ·'ju] *n* (*fam*) *abbrev of* **I owe you** Schuldschein *m*

Iowa ['aɪ·ə·wə] *n* Iowa *nt*

IPA [ˌaɪ·pi·'eɪ] *n abbrev of* **International Phonetic Alphabet** internationales phonetisches Alphabet

IPO [ˌaɪ·pi·'oʊ] *n* FIN *abbrev of* **initial public offering** Erstemission *f*

IQ [ˌaɪ·'kju] *n abbrev of* **intelligence quotient** IQ *m*

IRA [ˌaɪ·ar·'eɪ] *n* ❶ FIN *abbrev of* **Individual Retirement Account** [steuerbegünstigte] Altersvorsorge ❷ *abbrev of* **Irish Republican Army:** ■**the ~** die IRA

Iran [ɪ·'ræn] *n* [der] Iran

Iranian [ɪ·'reɪ·ni·ən] **I.** *n* Iraner(in) *m(f)* **II.** *adj* iranisch

Iraq [ɪ·'rak] *n* [der] Irak

Iraqi [ɪ·'rak·i] **I.** *n* Iraker(in) *m(f)* **II.** *adj* irakisch

irascible [ɪ·'ræs·ə·bəl] *adj* aufbrausend

irate [aɪ·'reɪt] *adj* wütend

Ireland ['aɪr·lənd] *n* Irland *nt*

iridescent [ˌɪr·ɪ·'des·ənt] *adj* irisierend

iris <*pl* -es> ['aɪ·rɪs] *n* ❶ BOT Schwertlilie *f*, Iris *f* ❷ ANAT Regenbogenhaut *f*, Iris *f*

Irish ['aɪ·rɪʃ] **I.** *adj* irisch **II.** *n pl* ■**the ~** die Iren *pl*

'Irishman *n* Ire *m*

'Irishwoman *n* Irin *f*

'iris recognition *n* Iriserkennung *f* (*zur Identifizierung einer Person*)

irk [ɜrk] *vt* ärgern

iron ['aɪ·ərn] **I.** *n* ❶ Eisen *nt* ❷ (*appliance*) [Bügel]eisen *nt* ❸ (*club*) Golfschläger *m* ▶ PHRASES: **to have many/other ~s in the fire** viele/

andere Eisen im Feuer haben **II.** *adj* Eisen-; (*fig: strict*) eisern **III.** *vt, vi* bügeln

'Iron Age I. *n* Eisenzeit *f* **II.** *adj* eisenzeitlich

iron 'curtain *n* ❶ (*hist*) ■**the I~ C~** der Eiserne Vorhang ❷ (*fig: barrier*) Abschottung *f*

ironic [aɪˈran·ɪk] *adj* ironisch

ironing [ˈaɪ·ər·nɪŋ] *n* ❶ (*pressing*) Bügeln *nt* ❷ (*laundry*) Bügelwäsche *f*

'ironing board *n* Bügelbrett *nt*

iron 'lung *n* eiserne Lunge

iron 'ore *n* Eisenerz *nt*

'ironwork *n* ❶ (*decoration*) Eisenwerk *nt* ❷ (*part*) Eisenkonstruktion *f* ❸ (*goods*) Eisenzeug *nt*

'ironworks *n* + *sing/pl vb* Eisenhütte *f*

irony [ˈaɪ·rə·ni] *n* Ironie *f*

irrational [ɪˈræʃ·ə·nəl] *adj* ❶ (*unreasonable*) irrational; (*not sensible*) unvernünftig; *suggestion* unsinnig ❷ (*illogical*) irrational

irreconcilable [ɪˌrek·ənˈsaɪ·lə·bəl] *adj inv* ❶ (*opposed*) *ideas, views* unvereinbar; ~ *accounts/facts* sich völlig widersprechende Berichte/Tatsachen ❷ (*implacable*) unversöhnlich

irrecoverable [ˌɪr·ɪˈkʌv·ər·ə·bəl] *adj inv* *damages, losses* unersetzbar, nicht wiedergutzumachend; *treasure, paradise* unwiederbringlich [verloren]

irrefutable [ɪˈref·jə·tə·bəl] *adj inv* ❶ *argument, evidence* unwiderlegbar ❷ (*incontestable*) unbestreitbar

irregular [ɪˈreg·jə·lər] *adj* ❶ (*asymmetrical*) unregelmäßig; *surface* uneben ❷ (*unorthodox*) *conduct* regelwidrig; *document* nicht ordnungsmäßig; *action* ungesetzlich; (*improper*) ungebührlich; *dealings* zwielichtig

irregularity [ɪˌreg·jəˈler·ɪ·t̬i] *n* ❶ (*asymmetry*) Unregelmäßigkeit *f* ❷ *of surface* Unebenheit *f* ❷ *of conduct* Regelwidrigkeit *f*; *of action* Ungesetzlichkeit *f*

irrelevance [ɪˈrel·ə·vəns], **irrelevancy** [ɪˈrel·ə·vən·si] *n* Unerheblichkeit *f*; *of details* Bedeutungslosigkeit *f*

irrelevant [ɪˈrel·ə·vənt] *adj* belanglos, unerheblich

irreparable [ɪˈrep·ər·ə·bəl] *adj inv* irreparabel; *damage, loss* unersetzlich

irreplaceable [ˌɪr·ɪˈpleɪ·sə·bəl] *adj inv* unersetzlich; *resources* nicht erneuerbar

irrepressible [ˌɪr·ɪˈpres·ə·bəl] *adj* ❶ (*impossible to restrain*) *curiosity, desire* unbezähmbar; *anger, joy* unbändig ❷ (*incorrigible*) unverwüstlich, unerschütterlich

irreproachable [ˌɪr·ɪˈprou·tʃə·bəl] *adj inv* untadelig; *conduct, quality* einwandfrei

irresistible [ˌɪr·ɪˈzɪs·tə·bəl] *adj* ❶ (*powerful*) unwiderstehlich; *argument* schlagend ❷ (*lovable*) *appearance* äußerst anziehend; *personality* überaus einnehmend ❸ (*enticing*) äußerst verführerisch

irresolute [ɪˈrez·ə·lut] *adj* ❶ (*doubtful*) unentschlossen; *reply* unklar ❷ (*lethargic*) entschlusslos

irrespective [ˌɪr·ɪˈspek·tɪv] *adv inv* ■~ **of sth** ohne Rücksicht auf etw *akk*, ungeachtet einer S. *gen*; ~ **of what ...** unabhängig davon, was ...

irresponsible [ˌɪr·ɪˈspan·sə·bəl] *adj* ❶ (*inconsiderate*) unverantwortlich; *person* verantwortungslos ❷ LAW (*inadequate*) unzurechnungsfähig

irretrievable [ˌɪr·ɪˈtri·və·bəl] *adj inv* (*impossible to recover*) *losses* unersetzlich; (*impossible to retrieve*) *treasure* unwiederbringlich

irreverent [ɪˈrev·ər·ənt] *adj* respektlos; (*religiously*) pietätlos *geh*

irreversible [ˌɪr·ɪˈvɜr·sə·bəl] *adj inv* ❶ *development* nicht umkehrbar, irreversibel; *decision* unwiderruflich ❷ TECH *engine* in einer Richtung laufend

irrevocable [ɪˈrev·ə·kə·bəl] *adj inv* unwiderruflich, endgültig, unumstößlich

irrigate [ˈɪr·ɪ·geɪt] *vt* bewässern

irrigation [ˌɪr·ɪˈgeɪ·ʃən] **I.** *n* Bewässerung *f*; *of crops* Berieselung *f* **II.** *adj* Bewässerungs-

irritable [ˈɪr·ɪ·tə·bəl] *adj* reizbar, gereizt; *organ, tissue* [über]empfindlich

irritant [ˈɪr·ɪ·tənt] *n* ❶ (*substance*) Reizstoff *m* ❷ (*annoyance*) Ärgernis *nt*

irritate [ˈɪr·ɪ·teɪt] *vt* ❶ (*anger*) [ver]ärgern ❷ (*inflame*) **to ~ skin** Hautreizungen hervorrufen

irritating [ˈɪr·ɪ·teɪt̬·ɪŋ] *adj* ärgerlich, lästig; *conduct* irritierend

irritation [ˌɪr·ɪˈteɪ·ʃən] *n* ❶ (*annoyance*) Ärger *m*, Verärgerung *f* ❷ (*nuisance*) Ärgernis *nt* ❸ (*inflammation*) Reizung *f*; **to cause ~** eine Reizung hervorrufen

IRS [ˌaɪ·ar·ˈes] *n* FIN *abbrev of* **Internal Revenue Service** Finanzamt *nt*

is [ɪz] *aux vb* 3rd pers sing *of* **be**

ISBN [ˌaɪ·es·biˈen] *n abbrev of* **International Standard Book Number** ISBN-Nummer *f*

ISDN [ˌaɪ·es·diˈen] *n* TELEC *abbrev of* **integrated services digital network** ISDN

Islam [ɪzˈlam] *n* [der] Islam

Islamic [ɪzˈlam·ɪk] *adj inv* islamisch

island [ˈaɪ·lənd] *n* ❶ (*in sea*) Insel *f a. fig* ❷ (*on road*) Verkehrsinsel *f*

islander [ˈaɪ·lən·dər] *n* Insulaner(in) *m(f)*

isle [aɪl] *n* (*liter*) Eiland *nt*

isn't [ˈɪz·ənt] = **is not** *see* **be**

isobar [ˈaɪ·sou·bar] *n* Isobare *f*

isolate [ˈaɪ·sə·leɪt] *vt* ❶ (*set apart*) trennen (**from** von +*dat*); ■**to ~ oneself** sich absondern (**from** von +*dat*) ❷ CHEM, BIOL (*separate*) **to ~ a substance** eine Substanz isolieren ❸ (*identify*) **to ~ a problem** ein Problem gesondert betrachten

isolated [ˈaɪ·sə·leɪ·t̬ɪd] *adj* ❶ (*outlying*) abgelegen; (*detached*) *building, house* frei stehend ❷ (*solitary*) einsam [gelegen]; *village* abgeschieden ❸ (*excluded*) *country* isoliert

isolation [ˌaɪ·sə·ˈleɪ·ʃən] **I.** *n* ❶ (*separation*) Isolation *f*; ~ **from noise** Isolierung *f* gegen Schall ❷ (*remoteness*) *of building, house* Ab-

gelegenheit *f* ❸(*solitariness*) *of village* Einsamkeit *f* ❹(*loneliness*) Isolation *f* **II.** *adj block, cell* Isolations-; *resistor, switch* Trenn-
isolationism [ˌaɪ·sə·ˈleɪ·ʃə·nɪz·əm] *n* Isolationismus *m*
iso'lation ward *n* Isolierstation *f*
isosceles triangle [aɪˈsɑs·ə·liz·ˌtraɪ·æŋ·gəl] *n* gleichschenkliges Dreieck
isotope [ˈaɪ·sə·toʊp] *n* CHEM Isotop *nt*
ISP [ˌaɪ·esˈpi] *n* INET, TELEC *abbrev of* **Internet service provider** ISP *m*
Israel [ˈɪz·ri·əl] *n* Israel *nt*
Israeli [ɪzˈreɪ·li] **I.** *n* Israeli *m o f* **II.** *adj* israelisch
Israelite [ˈɪz·ri·ə·laɪt] *n* Israelit(in) *m(f)*
issue [ˈɪʃ·u] **I.** *n* ❶(*topic*) Thema *nt;* (*question*) Frage *f;* (*dispute*) Streitfrage *f;* (*affair*) Angelegenheit *f;* (*problem*) Problem *nt;* **that's not the ~!** darum geht es doch gar nicht!; **the point at ~** der strittige Punkt; **side ~** Nebensache *f;* **to address an ~** ein Thema ansprechen; **to avoid the ~** [dem Thema] ausweichen; **to make an ~ of sth** etw aufbauschen; **to raise an ~** eine Frage aufwerfen ❷(*edition*) Ausgabe *f;* **date of ~** Erscheinungsdatum *nt* ❸(*circulation*) Auflage *f* ❹(*provision*) Ausgabe *f; of shares* Emission *f; of fund, loan* Auflegung *f; of check, document* Ausstellung *f* **II.** *vt* ❶(*produce*) ausstellen; *currency* in Umlauf bringen; *bonds* ausgeben; *newsletter* veröffentlichen; *command* erteilen; *ultimatum* stellen; *statement* abgeben; **to ~ an arrest warrant** einen Haftbefehl erlassen ❷(*supply with*) ■**to ~ sb with sth** jdn mit etw *dat* ausstatten; (*distribute to*) etw an jdn austeilen
it [ɪt] *pron* ❶(*unknown thing*) es; (*known thing*) er/es/sie; **a room with two beds in ~** ein Raum mit zwei Betten darin ❷(*in time phrases*) **what time is ~?** wie spät ist es?; **what date/day is ~?** welchen Tag haben wir heute? ❸(*distance*) es; **~'s a day's walk to get to town from the farm** die Stadt liegt einen Tagesmarsch von dem Bauernhaus entfernt ❹*subject* (*referring to following*) **~'s common to have that problem** dieses Problem ist weit verbreitet; **~'s true I don't like Stephanie** es stimmt, ich mag Stephanie nicht; **~'s important that you see a doctor** du solltest unbedingt zu einem Arzt gehen; **~'s a shame I can't come** es ist schade, dass ich nicht kommen kann; **I like ~ in the fall when the weather is crisp and bright** ich mag den Herbst, wenn das Wetter frisch und klar ist ❺(*in passive with verbs of opinion*) **~ is said that ...** es heißt, dass ... ❻(*emph*) **~ was Paul who came here in September, not Bob** Paul kam im September, nicht Bob ❼(*situation*) **~ appears that we have lost** mir scheint, wir haben verloren; **~ takes me an hour to get dressed in the morning** ich brauche morgens eine Stunde, um mich anzuziehen; **if ~'s convenient** wenn es Ihnen/dir passt ❽(*right thing*) **that's exactly ~ — what**

a great find! das ist genau das – ein toller Fund!; **that's ~!** das ist es! ❾(*the end*) **that's ~** das war's ▶ PHRASES: **go for ~!** hopp-auf!; **go for ~, girl!** (*encouragement*) du schaffst es, Mädchen!; **this is ~** jetzt geht's los; **that's ~** das ist der Punkt
IT [ˌaɪˈti] *n* COMPUT *abbrev of* **information technology** IT *f*
Italian [ɪˈtæl·jən] **I.** *n* ❶(*person*) Italiener(in) *m(f)* ❷(*language*) Italienisch *nt* **II.** *adj* italienisch
italic [ɪˈtæl·ɪk] *adj* TYPO kursiv
italicize [ɪˈtæl·ɪ·saɪz] *vt* TYPO kursiv drucken
italics [ɪˈtæl·ɪks] *npl* TYPO Kursivschrift *f*
Italy [ˈɪt·ə·li] *n* Italien *nt*
itch [ɪtʃ] **I.** *n* <*pl* -es> Juckreiz *m;* MED Hautjucken *nt;* **I've got an ~ on my back** es juckt mich am Rücken **II.** *vi* ❶(*prickle*) jucken ❷(*fig fam: desire*) ■**to be ~ing to do sth** ganz wild darauf sein, etw zu tun; **to be ~ing for a fight** auf Streit aus sein
itchy [ˈɪtʃ·i] *adj* ❶(*rough*) *clothes* kratzig; *wool* kratzend ❷(*having itch*) juckend; **I've got an ~ scalp** meine Kopfhaut juckt
item [ˈaɪ·təm] *n* ❶(*article*) Punkt *m;* (*in catalog*) Artikel *m;* (*in ledger, on list*) Posten *m;* **~ of furniture** Möbelstück *nt;* **luxury ~** Luxusartikel *m;* **~ by ~** Punkt für Punkt ❷(*topic*) Thema *m;* (*on agenda*) Punkt *m* ❸(*fig fam: couple*) Beziehungskiste *f;* **are you two an ~ or just friends?** habt ihr beiden etwas miteinander, oder seid ihr nur Freunde?
itemize [ˈaɪ·tə·maɪz] *vt* näher angeben; *costs* aufgliedern; **I asked the telephone company to ~ my phone bill** ich bat die Telefongesellschaft, mir eine detaillierte Telefonrechnung auszustellen
itinerant [aɪˈtɪn·ər·ənt] *adj* ❶(*migrant*) Wander-, Saison- ❷(*traveling*) reisend, Wander-, fahrend *hist*
itinerary [aɪˈtɪn·ə·rer·i] *n* ❶(*course*) Reiseroute *f* ❷(*outline*) Reiseplan *m*
it'll [ˈɪt·əl] = **it will/it shall** *see* **will**[1], **shall**
its [ɪts] *pron poss* sein(e)/ihr(e)
it's [ɪts] = **it is/it has** *see* **be**/**have** **I., II.**
itself [ɪtˈself] *pron reflexive* ❶*after vb, after prep* sich [selbst] ❷(*specifically*) **the store ~ opened 15 years ago** das Geschäft selbst öffnete vor 15 Jahren ❸(*alone*) **to keep sth to ~** etw geheim halten; [**all**] **by ~** [ganz] allein ▶ PHRASES: **in ~** selbst; **creativity in ~ is not enough to make a successful company** Kreativität allein genügt nicht, um eine erfolgreiche Firma aufzubauen
IUD [ˌaɪ·juˈdi] *n abbrev of* **intrauterine device** Intrauterinpessar *nt*
IV [ˌaɪˈvi] *adj abbrev of* **intravenous** intravenös; **~ injection** intravenöse Injektion
I've [aɪv] = **I have** *see* **have** **I., II.**
IVF [ˌaɪ·viˈef] *n abbrev of* **in vitro fertilization** IVF *f*
ivory [ˈaɪ·və·ri] **I.** *n* Elfenbein *nt* **II.** *adj* elfenbeinern, Elfenbein-; **~-colored** elfenbeinfar-

ben
'**Ivory Coast** *n* ■**the** ~ die Elfenbeinküste
ivory 'tower *n* Weltabgeschiedenheit *f;* **to live in an** ~ im Elfenbeinturm leben
ivy ['aɪ·vi] *n* Efeu *m*
Ivy 'League I. *n* ■**the** ~ *Eliteuniversitäten im Nordosten der USA* II. *n modifier* der Ivy League angehörende Eliteuniversitäten

J

J <*pl* -'s *or* -s>, **j** <*pl* -'s> [dʒeɪ] *n* J *nt,* j *nt;* ~ **as in Juliet** J wie Julius
jab [dʒæb] I. *n* ➊(*poke*) Stoß *m* ➋(*boxing*) Gerade *f* II. *vt* <-bb-> (*poke or prick*) stechen; **he jabbed the needle into my arm** er stach mir mit der Nadel in den Arm III. *vi* <-bb-> ➊(*poke*) schlagen; (*boxing*) eine [kurze] Gerade schlagen ➋(*thrust at*) **she jabbed at me** [**with a stick**] sie stach [mit einem Stock] auf mich ein; **he jabbed at the words** [**with his pencil**] er tippte [mit seinem Stift] auf die Wörter
jabber ['dʒæb·ər] (*pej*) I. *n* Geplapper *nt fam* II. *vi* quasseln *fam* (**about** über +*akk*)
jabbering ['dʒæb·ər·ɪŋ] *n see* **jabber** I
jack [dʒæk] *n* ➊(*tool*) Hebevorrichtung *f;* AUTO Wagenheber *m* ➋ CARDS Bube *m*
◆**jack off** *vi* (*vulg*) wichsen
◆**jack up** I. *vt* ➊(*raise a heavy object*) hoch heben; *car* aufbocken ➋(*fig fam: raise*) erhöhen; *prices, rent* in die Höhe treiben II. *vi* (*sl*) fixen *fam*
jackal ['dʒæk·əl] *n* Schakal *m*
jackass ['dʒæk·æs] *n* ➊(*donkey*) Esel *m* ➋(*fam: idiot*) Esel *m pej,* Depp *m* SÜDD, ÖSTERR, SCHWEIZ *pej*
jackboot ['dʒæk·but] *n* Schaftstiefel *m*
jackdaw ['dʒæk·dɔ] *n* Dohle *f*
jacket ['dʒæk·ɪt] *n* ➊ FASHION Jacke *f* ➋(*of a book*) Schutzumschlag *m*
jackhammer ['dʒæk·ˌhæm·ər] *n* Presslufthammer *m*
'**jack-in-the-box** *n* Schachtelmännchen *nt;* (*fig*) Hampelmann *m*
'**jackknife** I. *n* ➊(*knife*) Klappmesser *nt* ➋ SPORTS Hechtsprung *m* II. *vi* **the truck ~d on the icy road** der Lastwagen stellte sich auf der vereisten Straße quer
jack-of-'all-trades *n* (*able to do many jobs*) Alleskönner(in) *m(f)*
'**jack-o'-lantern** *n* Kürbislaterne *f*
'**jackpot** *n* Hauptgewinn *m;* **to hit the** ~ den Hauptgewinn ziehen; (*fig fam: have luck*) das große Los ziehen; (*have success*) einen Bombenerfolg haben
Jacuzzi® [dʒə·'ku·zi] *n* Whirlpool *m*
jade [dʒeɪd] I. *n* ➊(*precious green stone*) Ja-

de *m o f;* **a** ~ **vase** eine Vase aus Jade ➋(*color*) Jadegrün *nt* II. *adj* jadegrün
jaded ['dʒeɪ·dɪd] *adj* (*dulled*) übersättigt
jagged ['dʒæg·ɪd] *adj* gezackt; *coastline, rocks* zerklüftet; *cut, tear* ausgefranst; (*fig*) *nerves* angeschlagen
jaguar ['dʒæg·war] *n* Jaguar *m*
jail [dʒeɪl] I. *n* Gefängnis *nt;* **to go to** ~ ins Gefängnis kommen II. *vt* einsperren
'**jailbird** *n* (*fam*) Knastbruder *m*
'**jailbreak** *n* Gefängnisausbruch *m*
jailer, jailor ['dʒeɪ·lər] *n* Gefängnisaufseher(in) *m(f)*
jalopy [dʒə·'lap·i] *n* (*hum fam*) [Klapper]kiste *f*
jam[1] [dʒæm] *n* Marmelade *f*
jam[2] [dʒæm] I. *n* ➊(*fam: awkward situation*) Klemme *f;* **to be in a** ~ in der Klemme sitzen ➋(*obstruction*) *of people* Gedränge *nt; of traffic* Stau *m* II. *vt* <-mm-> ➊(*block*) verklemmen; *switchboard* überlasten; **to** ~ **sth open** etw aufstemmen ➋(*cram inside*) [hinein]zwängen (**into** in +*akk*); **he jammed the bags into the trunk of the car** er stopfte die Taschen in den Kofferraum III. *vi* <-mm-> (*become stuck*) sich verklemmen; *brakes* blockieren
◆**jam on** *vt* (*put on firmly*) ■**to** ~ **sth** ↻ **on** etw fest aufsetzen
◆**jam up** *vt* blockieren; *pipe* verstopfen
Jamaica [dʒə·'meɪ·kə] *n* Jamaika *nt*
Jamaican [dʒə·'meɪ·kən] I. *n* Jamaikaner(in) *m(f)* II. *adj* jamaikanisch
jamb [dʒæm] *n* ARCHIT [Tür]pfosten *m,* [Fenster]pfosten *m*
jamboree [ˌdʒæm·bə·'ri] *n* (*large social gathering*) großes Fest
'**jam-packed** *adj* (*fam*) *bus, store* gerammelt voll; *bag, box* randvoll; *suitcase* vollgestopft
'**jam session** *n* (*fam*) Jamsession *f*
Jan. *n abbrev of* **January** Jan.
jangle ['dʒæŋ·gəl] I. *vt* ➊(*rattle*) ■**to** ~ **sth** [mit etw *dat*] klirren; *keys* rasseln ➋(*fig: upset*) **to** ~ **sb's nerves** jdm auf die Nerven gehen II. *vi* klirren; *bells* bimmeln III. *n see* **jangling**
jangling ['dʒæŋ·gəl·ɪŋ] *n of bells* Bimmeln *nt; of keys* Klirren *nt*
janitor ['dʒæn·ɪ·tər] *n* Hausmeister(in) *m(f)*
January ['dʒæn·ju·er·i] *n* Januar *m,* Jänner *m* ÖSTERR, SÜDD, SCHWEIZ; *see also* **February**
Japan [dʒə·'pæn] *n* Japan *nt*
Japanese [ˌdʒæp·ə·'niz] I. *n* <*pl* -> ➊(*person*) Japaner(in) *m(f)* ➋(*language*) Japanisch *nt* II. *adj* japanisch
jar[1] [dʒar] *n* (*of glass*) Glas[gefäß] *nt;* (*of metal, of clay without handle*) Topf *m*
jar[2] [dʒar] I. *vt* <-rr-> (*send a shock through*) erschüttern II. *vi* <-rr-> (*be incongruous*) nicht harmonieren; *colors* sich beißen; *opinions* sich widersprechen
jargon ['dʒar·gən] *n* [Fach]jargon *m*
jarring ['dʒar·ɪŋ] *adj colors* grell; *voice, laugh* schrill; (*inharmonious*) nicht miteinander im

jasmine ['dʒæs·mɪn] *n* Jasmin *m*

jaundice ['dʒɔn·dɪs] *n* Gelbsucht *f*

jaundiced ['dʒɔn·dɪst] *adj* ❶ (*affected with jaundice*) gelbsüchtig ❷ (*fig: bitter*) verbittert; *view* zynisch

jaunt [dʒɔnt] *n* Ausflug *m*

jaunty ['dʒɔn·ti] *adj* flott; *grin* fröhlich; *step* schwungvoll

javelin ['dʒæv·lɪn] *n* ❶ (*light spear*) Speer *m* ❷ (*athletic event*) Speerwerfen *nt*

jaw [dʒɔ] **I.** *n* ❶ (*body part*) Kiefer *m;* **lower/ upper ~** Unter-/Oberkiefer *m;* **her ~ dropped** [**in amazement**] (*fig*) ihr fiel [vor Staunen] der Unterkiefer herunter *fam* ❷ (*large mouth and teeth*) ■**~s** *pl* Rachen *m a. fig* **II.** *vi* (*pej fam*) quasseln; ■**to ~ with sb** mit jdm quatschen

'**jawbone** *n* Kieferknochen *m*

'**jawbreaker** *n* ❶ FOOD großes, rundes, steinhartes Bonbon ❷ (*fam: tongue twister*) Zungenbrecher *m*

jay [dʒeɪ] *n* Eichelhäher *m*

'**jaywalker** *n* unachtsamer Fußgänger/unachtsame Fußgängerin

'**jaywalking** *n* unachtsames Überqueren einer Straße

jazz [dʒæz] *n* ❶ (*music*) Jazz *m* ❷ (*pej fam: nonsense*) Quatsch *m fam* ▶ PHRASES: **and all that ~** (*fam*) und all so was

◆**jazz up** *vt* (*fam*) ❶ MUS (*adapt for jazz*) verjazzen ❷ (*fig: brighten or enliven*) aufpeppen

jazzy ['dʒæz·i] *adj* ❶ (*of or like jazz*) Jazz-, jazzartig ❷ (*approv fam: bright and colorful*) *colors* knallig; *piece of clothing* poppig

jealous ['dʒel·əs] *adj* ❶ (*resentful*) eifersüchtig (**of** auf +*akk*) ❷ (*envious*) neidisch; ■**to be ~ of sb** auf jdn neidisch sein; **she was jealous of her brother's success** sie beneidete ihren Bruder um seinen Erfolg

jealousy ['dʒel·ə·si] *n* ❶ (*resentment*) Eifersucht *f* ❷ (*envy*) Neid *m*

jeans [dʒinz] *npl* Jeans[hose] *f;* **a pair of ~** eine Jeans[hose]

jeep [dʒip] *n* Jeep *m,* Geländewagen *m*

jeer [dʒɪr] **I.** *vt* ausbuhen *fam* **II.** *vi* (*make rude comments*) spotten (**at** über +*akk*); (*laugh*) höhnisch lachen; (*boo*) buhen **III.** *n* höhnische Bemerkung

Jehovah [dʒɪ·'hoʊ·və] *n* Jehova *m*

jell [dʒel] *vi see* **gel**

jellied ['dʒel·id] *adj inv* in Aspik eingelegt

Jell-O® ['dʒel·oʊ] *n* Wackelpudding *m fam*

jelly ['dʒel·i] *n* ❶ FOOD Gelee *m o nt* ❷ (*substance*) Gelee *nt*

'**jellybean** *n* [bohnenförmiges] Geleebonbon

'**jellyfish** *n* ❶ (*sea animal*) Qualle *f* ❷ (*pej fam: weak, cowardly person*) Waschlappen *m*

jeopardize ['dʒep·ər·daɪz] *vt* gefährden; *career, future* aufs Spiel setzen

jeopardy ['dʒep·ər·di] *n* Gefahr *f;* **in ~** in Gefahr

jerk [dʒɜrk] **I.** *n* ❶ (*sudden sharp movement*) Ruck *m;* (*pull*) Zug *m* ❷ (*pej sl: an annoying person*) Trottel *m fam,* Depp *m* SÜDD *fam* **II.** *vi* zucken; **to ~ upwards** hochschnellen; **to ~ to a halt** abrupt zum Stillstand kommen **III.** *vt* (*move sharply*) ■**to ~ sb/sth** jdn/etw mit einem Ruck ziehen; (*fig*) reißen (**out of** aus +*dat*)

◆**jerk off** *vi* (*vulg*) wichsen

jerkin ['dʒɜr·kɪn] *n* ärmellose Jacke

jerky ['dʒɜr·ki] **I.** *adj movement* ruckartig; *speech* abgehackt **II.** *n* luftgetrocknetes Fleisch

jerry-built ['dʒer·i·bɪlt] *adj attr* (*pej*) schlampig gebaut *fam*

jersey ['dʒɜr·zi] *n* ❶ (*garment*) Pullover *m* ❷ (*sports team shirt*) Trikot *nt* ❸ (*cloth*) Jersey *m*

jest [dʒest] *n* (*form*) ❶ (*utterance*) Scherz *m* ❷ (*mood*) Spaß *m;* **to do/say sth in ~** etw im Spaß tun/sagen

jester ['dʒes·tər] *n* HIST **court ~** Hofnarr *m*

Jesuit ['dʒez·u·ɪt] **I.** *n* Jesuit *m* **II.** *adj* jesuitisch, Jesuiten-

Jesus ['dʒi·zəs], **Jesus Christ** [ˌdʒi·zəs 'kraɪst] **I.** *n* Jesus *m,* Jesus Christus *m* **II.** *interj* (*pej sl*) Mensch! *fam*

jet [dʒet] **I.** *n* ❶ AVIAT [Düsen]jet *m* ❷ (*thin stream*) Strahl *m* ❸ (*nozzle*) Düse *f* **II.** *vi* <-tt-> mit einem Jet fliegen, jetten *fam;* **to ~ off to Europe** nach Europa jetten [*o* düsen] *fam*

'**jet-black** *adj inv* pechschwarz

jet 'engine *n* Düsentriebwerk *nt*

jet 'fighter *n* Düsenjäger *m*

'**jetfoil** *n* Tragflügelboot *nt*

'**jet lag** *n* Jetlag *m*

'**jet plane** *n* Düsenflugzeug *nt*

jet-pro'pelled *adj* mit Düsenantrieb *nach n*

jetsam ['dʒet·səm] *n see* **flotsam**

'**jet set** *n* (*fam*) Jetset *m*

jettison ['dʒet·ɪ·sən] *vt* ❶ (*discard, abandon*) fallen lassen; *employee* entlassen ❷ (*drop*) *from a ship* über Bord werfen; *from a plane* abwerfen

jetty ['dʒet·i] *n* (*pier*) Pier *m*

Jew [dʒu] *n* Jude, Jüdin *m, f*

jewel ['dʒu·əl] *n* ❶ (*precious stone*) Edelstein *m,* Juwel *m o nt* ❷ (*watch part*) Stein *m*

jeweler, jeweller ['dʒu·ə·lər] *n* Juwelier(in) *m(f)*

jewelry ['dʒu·əl·ri] *n* Schmuck *m*

Jewish ['dʒu·ɪʃ] *adj inv* jüdisch

jib [dʒɪb] *n* ❶ NAUT Klüver *m* ❷ TECH *of crane* Ausleger[arm] *m*

jibe [dʒaɪb] *n, vi see* **gibe**

jiffy ['dʒɪf·i] *n* (*fam*) Augenblick *m;* **in a ~** gleich

jig [dʒɪg] **I.** *vt* <-gg-> schütteln **II.** *vi* <-gg-> (*move around*) **to ~ about/up and down** herumhopsen/herumspringen **III.** *n* (*dance*) *a.* MUS Gigue *f*

jigger ['dʒɪg·ər] **I.** *n* (*container*) Messbecher *m* für Alkohol **II.** *vt* fälschen

jiggle ['dʒɪg·əl] **I.** *vt* ■**to ~ sth** mit etw *dat* wackeln; ■**to ~ sth around** etw schütteln II. *vi* wippen, hüpfen

'jigsaw *n* ❶ (*hand-operated*) Laubsäge *f;* (*electric*) Stichsäge *f* ❷ (*puzzle*) Puzzle[spiel] *nt*

jihad [dʒɪ·ˈhad] *n* Dschihad *m*

jilt [dʒɪlt] *vt* ■**to ~ sb** jdn sitzen lassen; **he jilted her for her best friend** er hat sie wegen ihrer besten Freundin sitzen gelassen

jimmy [ˈdʒɪm·i] I. *n* Brecheisen *nt* II. *vt* <-ie-> ■**to ~ open** ⟳ **sth** etw aufbrechen

jingle [ˈdʒɪŋ·gəl] I. *vt bells* klingeln lassen; **to ~ coins** mit Münzen klimpern; **to ~ keys** mit Schlüsseln klirren II. *vi bells* bimmeln; *coins* klimpern; *keys* klirren III. *n* ❶ (*metallic ringing*) *of bells* Bimmeln *nt; of coins* Klimpern *nt; of keys* Klirren *nt* ❷ (*in advertisements*) Jingle *m*

jingoism [ˈdʒɪŋ·gou·ɪz·əm] *n* (*pej*) Chauvinismus *m*

jingoistic [ˌdʒɪŋ·gou·ˈɪs·tɪk] *adj* (*pej*) chauvinistisch

jinx [dʒɪŋks] I. *n* Unglück *nt;* **to put a ~ on sb/sth** jdn/etw verhexen II. *vt* verhexen

jitters [ˈdʒɪt·ərz] *npl* (*fam*) Bammel *m kein pl; of an actor* Lampenfieber *nt;* **to get the ~** Muffensausen kriegen

jittery [ˈdʒɪt·ər·i] *adj* (*fam*) nervös

jive [dʒaɪv] I. *n* ❶ (*dance*) Jive *m;* (*music*) Swingmusik *f* ❷ (*sl: dishonest talk*) Gewäsch *nt fam* II. *vi* Jive tanzen; ■**to ~ to sth** auf etw *akk* Jive tanzen

job [dʒab] *n* ❶ (*employment*) Stelle *f;* **full-time ~** Vollzeitstelle *f;* **part-time ~** Teilzeitstelle *f;* **he has a part-time/full-time ~** er arbeitet halbtags/ganztägig; **to be out of a ~** arbeitslos sein; **to give up one's ~** kündigen; **to lose one's ~** seinen Arbeitsplatz verlieren; **she applied for a ~ at a travel agency** sie bewarb sich um eine Stelle bei einem Reisebüro ❷ (*piece of work*) Arbeit *f;* (*task*) Aufgabe *f;* **nose ~** (*fam*) Nasenkorrektur *f;* **to do a good ~ on sth** bei etw *dat* gute Arbeit leisten ❸ (*fam: object*) Ding *nt* ❹ (*sl: crime*) Ding *fam* ❺ (*duty*) Aufgabe *f;* **she's only doing her ~** sie tut nur ihre Pflicht

'job application *n* Bewerbung *f*

jobber [ˈdʒab·ər] *n* Großhändler(in) *m(f)*

'job creation *n* Arbeitsbeschaffung *f*

'job cuts *npl* Stellenabbau *m kein pl,* Arbeitsplatzabbau *m kein pl*

'job description *n* Stellenbeschreibung *f*

'job hunt *n* (*fam*) Stellensuche *f*

'job interview *n* Bewerbungsgespräch *nt*

jobless [ˈdʒab·lɪs] I. *adj inv* arbeitslos II. *n* ■**the ~** *pl* die Arbeitslosen *pl*

'job market *n* Arbeitsmarkt *m*

'job-sharing *n* Arbeitsplatzteilung *f*

'job title *n* Berufsbezeichnung *f*

jockey [ˈdʒak·i] I. *n* Jockey *m* II. *vi* ■**to ~ for sth** um etw *akk* konkurrieren

jockstrap [ˈdʒak·stræp] *n* Suspensorium *nt*

jocular [ˈdʒak·jə·lər] *adj* (*form*) lustig; *comment* witzig; *person* heiter

jodhpurs [ˈdʒad·pərz] *npl* Reithose *f;* **a pair of ~** eine Reithose

jog [dʒag] I. *n* ❶ (*run*) Dauerlauf *m;* **to go for a ~** joggen gehen *fam* ❷ *usu sing* (*push, knock*) Stoß *m* II. *vi* <-gg-> joggen III. *vt* <-gg-> [an]stoßen ▸ PHRASES: **to ~ sb's memory** jds Gedächtnis *nt* nachhelfen

jogger [ˈdʒag·ər] *n* Jogger(in) *m(f)*

jogging [ˈdʒag·ɪŋ] *n* Joggen *nt*

john [dʒan] *n* ❶ (*fam: bathroom*) Klo *nt* ❷ (*sl: prostitute's client*) Freier *m fam*

join [dʒɔɪn] I. *vt* ❶ (*connect*) ■**to ~ sth** [**to sth**] etw [mit etw *dat*] verbinden; (*add*) etw [an etw *akk*] anfügen; **to ~ parts together** Teile zusammenfügen ❷ (*offer company*) ■**to ~ sb** sich zu jdm gesellen; **would you like to ~ us for dinner?** möchtest du mit uns zu Abend essen? ❸ (*enroll*) beitreten; *club, party* Mitglied werden; **to ~ the army** Soldat werden ❹ (*participate*) ■**to ~ sth** bei etw *dat* mitmachen; **let's ~ the dancing** lass uns mittanzen ❺ (*support*) ■**to ~ sb in [doing] sth** jdm bei etw *dat* zur Seite stehen II. *vi* ❶ (*connect*) ■**to ~ [with sth]** sich [mit etw *dat*] verbinden ❷ (*cooperate*) ■**to ~ with sb in doing sth** sich mit jdm *dat* zusammenschließen, um etw zu tun ❸ (*enroll*) beitreten, Mitglied werden III. *n* (*seam*) Verbindung[sstelle] *f*

◆**join in** I. *vi* teilnehmen; (*in game*) mitspielen; (*in song*) mitsingen II. *vt* ■**to ~ in sth** bei etw *dat* mitmachen

◆**join up** I. *vi* ❶ MIL zum Militär gehen ❷ (*meet*) ■**to ~ up with sb** sich mit jdm zusammentun II. *vt* ■**to ~ up** ⟳ **sth** etw [miteinander] verbinden; *parts* etw zusammenfügen

joiner [ˈdʒɔɪ·nər] *n* (*fam: outgoing person*) geselliger Typ

joint [dʒɔɪnt] I. *adj inv* gemeinsam; **~ undertaking** Gemeinschaftsunternehmen *nt;* **~ winners** zwei Sieger/Siegerinnen II. *n* ❶ (*connection*) Verbindungsstelle *f* ❷ ANAT Gelenk *nt;* **to put sth out of ~** etw ausrenken ❸ (*fam: cheap bar, restaurant*) Laden *m* ❹ (*cannabis cigarette*) Joint *m sl* ▸ PHRASES: **to be out of ~** aus den Fugen sein

joint ac'count *n* Gemeinschaftskonto *nt*

joint com'mittee *n* gemischter Ausschuss

jointed [ˈdʒɔɪn·tɪd] *adj inv* (*having joints*) gegliedert; **double-~** extrem gelenkig

jointly [ˈdʒɔɪnt·li] *adv inv* gemeinsam

joint 'owner *n* Miteigentümer(in) *m(f); of a company* Mitinhaber(in) *m(f)*

joint-stock 'company *n* Aktiengesellschaft *f*

joint 'venture *n* Joint Venture *nt*

joist [dʒɔɪst] *n* [Quer]balken *m*

joke [dʒouk] I. *n* ❶ (*action*) Spaß *m;* (*trick*) Streich *m;* (*amusing story*) Witz *m;* **dirty ~** Zote *f;* **to crack/tell ~s** Witze reißen *fam*/erzählen; **to make a ~ of sth** (*ridicule*) etw ins Lächerliche ziehen; **the ~ was on me** der Spaß ging auf meine Kosten ❷ (*fam: ridiculous*

J

thing or person) Witz *m* **II.** *vi* scherzen; **you must be joking!** das meinst du doch nicht im Ernst!; ■ **to ~ about sth** sich über etw *akk* lustig machen

joker ['dʒoʊ·kər] *n* ❶ (*person*) Spaßvogel *m* ❷ CARDS Joker *m*

joking ['dʒoʊk·ɪŋ] **I.** *adj* scherzhaft **II.** *n* Scherzen *nt;* **~ aside** Spaß beiseite

jokingly ['dʒoʊk·ɪŋ·li] *adv* im Scherz

jollity ['dʒal·ə·ţi] *n* Fröhlichkeit *f*

jolly ['dʒal·i] **I.** *adj* ❶ (*happy*) lustig, vergnügt ❷ (*enjoyable or cheerful*) lustig **II.** *n* **to get one's jollies from** [*or* out of] **sth** (*fam or pej*) sich *dat* einen Spaß daraus machen, etw zu tun

Jolly 'Roger *n* Totenkopfflagge *f*

jolt [dʒoʊlt] **I.** *n* ❶ (*sudden jerk*) Stoß *m*, Ruck *m* ❷ (*shock*) Schlag *m;* **to wake up with a ~** aus dem Schlaf hochschrecken **II.** *vt* ❶ (*jerk*) durchrütteln; **the train stopped suddenly and we were ~ed forwards** der Zug hielt plötzlichen und wir wurden nach vorne geschleudert ❷ (*fig: shock*) **to ~ sb into action** jdn zum Handeln veranlassen **III.** *vi vehicle* rumpeln

josh [dʒaʃ] (*fam*) **I.** *vt* ■ **to ~ sb** [**about sth**] jdn [wegen einer S. *gen*] aufziehen **II.** *vi* Spaß machen, scherzen

joss stick ['dʒas-] *n* Räucherstäbchen *nt*

jostle ['dʒas·əl] **I.** *vt* anrempeln; SPORTS rempeln **II.** *vi* ❶ (*push*) [sich *akk*] drängeln *fam* ❷ (*compete*) ■ **to ~ for sth** *business, influence* um etw *akk* konkurrieren

jot [dʒat] **I.** *n* **not a ~ of truth** nicht ein Körnchen Wahrheit **II.** *vt* <-tt-> notieren
◆ **jot down** *vt* ■ **to ~ down** ↻ **sth** etw notieren

jottings ['dʒaţ·ɪŋz] *npl* Notizen *pl*

journal ['dʒɜr·nəl] *n* ❶ (*periodical*) Zeitschrift *f;* (*newspaper*) Zeitung *f* ❷ (*diary*) Tagebuch *nt*

journalism ['dʒɜr·nə·lɪz·əm] *n* Journalismus *m*

journalist ['dʒɜr·nə·lɪst] *n* Journalist(in) *m(f)*

journalistic [ˌdʒɜr·nə·'lɪs·tɪk] *adj* journalistisch

journey ['dʒɜr·ni] *n* Reise *f*

'journeyman *n* ❶ (*experienced workman*) Fachmann *m* ❷ (*qualified workman*) Geselle *m*

joust [dʒaʊst] **I.** *vi* einen Turnierzweikampf austragen **II.** *n* Turnierzweikampf *m*

jovial ['dʒoʊ·vi·əl] *adj* ❶ (*friendly*) *person* freundlich; *welcome* herzlich ❷ (*cheerful*) *mood* heiter; *chat, evening* nett

joviality [ˌdʒoʊ·vɪ·'æl·ə·ţi] *n* ❶ (*friendliness*) Freundlichkeit *f* ❷ (*cheerfulness*) Fröhlichkeit *f*

jowl [dʒaʊl] *n usu pl* (*hanging flesh*) Kinnbacke *f*

joy [dʒɔɪ] *n* Freude *f,* Vergnügen *nt;* **one of the ~s of the job** einer der erfreulichen Aspekte dieses Berufs; **her singing is a ~ to listen to** ihrem Gesang zuzuhören ist ein Genuss; **to jump for ~** einen Freudensprung machen

joyful ['dʒɔɪ·fəl] *adj face, person* fröhlich;

event, news freudig

joyless ['dʒɔɪ·lɪs] *adj childhood, time* freudlos; *expression, news* traurig; *marriage* unglücklich

joyous ['dʒɔɪ·əs] *adj* (*liter*) *event, news* freudig; *person, voice* fröhlich

'joy ride I. *n* [waghalsige] Spritztour (*in einem gestohlenen Auto*) **II.** *vi* [waghalsige] Spritztour unternehmen (*in einem gestohlenen Auto*)

'joystick *n* AVIAT Steuerknüppel *m;* COMPUT Joystick *m*

JP *n abbrev of* **Justice of the Peace**

Jr. *adj after n, inv short for* **junior** jun.

jubilant ['dʒu·bɪ·lənt] *adj* glücklich; *crowd* jubelnd *attr; expression, voice* triumphierend *attr; face* freudestrahlend *attr*

jubilation [ˌdʒu·bɪ·'leɪ·ʃən] *n* Jubel *m*

jubilee ['dʒu·bə·li] *n* Jubiläum *nt*

Judaism ['dʒu·di·ɪz·əm] *n* Judaismus *m,* Judentum *nt*

judder ['dʒʌd·ər] **I.** *vi* ruckeln **II.** *n* Ruckeln *nt*

judge [dʒʌdʒ] **I.** *n* ❶ LAW Richter(in) *m(f)* ❷ (*at a competition*) Preisrichter(in) *m(f);* (*in boxing, gymnastics, wrestling*) Punktrichter(in) *m(f);* (*in track and field, swimming*) Kampfrichter(in) *m(f)* ❸ (*expert*) *of literature, wine* Kenner(in) *m(f);* **to be a good ~ of character** ein guter Menschenkenner sein **II.** *vi* ❶ (*decide*) urteilen; **~ing by his comments, he seems to have been misinformed** seinen Äußerungen nach zu urteilen, ist er falsch informiert worden ❷ (*estimate*) schätzen **III.** *vt* ❶ (*decide*) beurteilen ❷ (*estimate*) schätzen ❸ (*decide the winner*) ■ **to ~ sth** bei etw *dat* Kampfrichter sein ▸ PHRASES: **you can't ~ a book by its cover** (*saying*) man kann eine Sache nicht nach dem äußeren Anschein beurteilen

judg(e)ment ['dʒʌdʒ·mənt] *n* ❶ LAW Urteil *nt;* **to pass ~** [**on sb/sth**] (*a. fig*) ein Urteil [über jdn/etw] fällen ❷ (*opinion*) Urteil *nt;* **error of ~** Fehleinschätzung *f;* **against one's better ~** wider besseres Wissen

judgmental [dʒʌdʒ·'men·təl] *adj* (*pej*) [vorschnell] wertend *attr;* ■ **to be ~ about sb** ein [vorschnelles] Urteil über jdn fällen

judicial [dʒu·'dɪʃ·əl] *adj inv* gerichtlich; **~ authorities** Justizbehörden *pl;* **~ review** gerichtliche Überprüfung (*der Vorinstanzentscheidung*), Normenkontrolle *f* (*Prüfung der Gesetze auf ihre Verfassungsmäßigkeit*)

judiciary [dʒu·'dɪʃ·i·er·i] *n* ■ **the ~** (*people*) der Richterstand; (*system*) das Gerichtswesen

judicious [dʒu·'dɪʃ·əs] *adj choice, person* klug; *decision* wohl überlegt

judiciously [dʒu·'dɪʃ·əs·li] *adj* klug

judo ['dʒu·doʊ] *n* Judo *nt*

jug [dʒʌg] *n* Krug *m*

juggernaut ['dʒʌg·ər·nɔt] *n* (*pej: overwhelming force*) verheerende Gewalt

juggle ['dʒʌg·əl] **I.** *vt* ■ **to ~ sth** ❶ (*toss and catch*) mit etw *dat* jonglieren; **it is quite hard**

to ~ **children and a career** (*fig*) es ist ziemlich schwierig, Familie und Beruf unter einen Hut zu bringen ❷ (*fig, pej: manipulate*) etw manipulieren **II.** *vi* ❶ (*toss and catch*) jonglieren ❷ (*fig, pej: manipulate*) ■to ~ **with sth** *facts, information* etw manipulieren

juggler ['dʒʌg·lər] *n* Jongleur(in) *m(f)*

jugular ['dʒʌg·jə·lər], **jugular vein** [ˌdʒʌg·jə·lər'-] *n* Drosselvene *f* fachspr ▶ PHRASES: **to go for the ~** (*fig*) an die Gurgel springen *fam*

juice [dʒus] *n* ❶ (*of fruit, vegetables*) Saft *m*; **lemon ~** Zitronensaft *m* ❷ *pl* (*liquid in meat*) [Braten]saft *m kein pl* ❸ (*fam: electricity*) Saft *m sl*

juiced-'up *adj attr* aufgepeppt *fam*

juicy ['dʒu·si] *adj* ❶ (*succulent*) saftig ❷ (*fam: plentiful*) saftig; *profit* fett ❸ (*fam: suggestive*) *joke, story* schlüpfrig; *details, scandal* pikant

juju ['dʒu·dʒu] *n* Karma *nt*

jukebox ['dʒuk·baks] *n* Jukebox *f*

Jul. *n abbrev of* July

julep ['dʒu·ləp] *n* Julep *m o nt* (*alkoholisches Eisgetränk, oft mit Pfefferminze*)

July [dʒu·'laɪ] *n* Juli *m; see also* **February**

jumble ['dʒʌm·bəl] **I.** *n* (*a. fig: chaos*) Durcheinander *nt a. fig; of clothes, papers* Haufen *m* **II.** *vt* in Unordnung bringen

jumbo ['dʒʌm·boʊ] **I.** *adj attr* Riesen- **II.** *n* (*fam*) AVIAT Jumbo *m*

jumbo 'jet *n* Jumbojet *m*

jump [dʒʌmp] **I.** *n* ❶ (*leap*) Sprung *m*, Satz *m*; **high/long jump** SPORTS Hoch-/Weitsprung *m* ❷ (*fig: rise*) Sprung *m; in prices, temperatures* [sprunghafter] Anstieg; *in profits* [sprunghafte] Steigerung ❸ (*step*) Schritt *m* ❹ (*shock*) [nervöse] Zuckung; **to wake up with a ~** aus dem Schlaf hochfahren ❺ (*hurdle*) Hindernis *nt* **II.** *vi* ❶ (*leap*) springen; **to ~ to one's feet** aufspringen; **to ~ up and down** herumspringen *fam;* ■to ~ **in|to** sth *car, water* in etw *akk* [hinein]springen ❷ (*rise*) sprunghaft ansteigen, in die Höhe schnellen ❸ (*be startled*) einen Satz machen; **to make sb ~** jdn erschrecken ▶ PHRASES: **to ~ to conclusions** voreilige Schlüsse ziehen **III.** *vt* ❶ (*leap over*) überspringen ❷ (*skip*) *line, page, stage* überspringen ❸ (*start too soon*) a. SPORTS **to ~ the gun** einen Fehlstart verursachen; AUTO **to ~ a (red) light** (*fam*) eine Ampel überfahren ▶ PHRASES: **to ~ the gun** (*fam*) überstürzt handeln

◆**jump at** *vi* (*accept*) ■to ~ **at sth** *idea, suggestion* sofort auf etw *akk* anspringen *fam; offer* sich auf etw *akk* stürzen

◆**jump in** *vi* ❶ (*leap in*) hineinspringen; (*into vehicle*) einsteigen ❷ (*interrupt*) dazwischenreden

◆**jump out** *vi* ❶ (*leave*) **to ~ out of bed** aus dem Bett springen ❷ (*fig: stand out*) ■to ~ **out at sb** jdm sofort auffallen

◆**jump up** *vi* aufspringen

jumper¹ ['dʒʌm·pər] *n* (*person*) Springer(in) *m(f); (horse)* Springpferd *nt*

jumper² ['dʒʌm·pər] *n* (*pinafore*) Träger-

kleid *nt*

'jumper cables *npl* Starthilfekabel *nt*

jumping 'jack *n* (*exercise*) Hampelmann *m*

'jump jet *n* Senkrechtstarter *m*

'jump rope *n* Springseil *nt*

'jump-start *vt* **to ~ sb's car** jdm Starthilfe geben

'jump suit *n* Overall *m*

jumpy ['dʒʌm·pi] *adj* (*fam*) ❶ (*nervous*) nervös ❷ (*easily frightened*) schreckhaft ❸ (*unsteady*) *market* unsicher

Jun. *n abbrev of* June

junction ['dʒʌŋk·ʃən] *n* (*road*) Kreuzung *f;* (*freeway*) Autobahnkreuz *nt*

June [dʒun] *n* Juni *m; see also* **February**

jungle ['dʒʌŋ·gəl] *n* (*a. fig*) Dschungel *m*

junior ['dʒun·jər] **I.** *adj* ❶ *inv* (*younger*) junior *nach n* ❷ *attr, inv* SPORTS Junioren-, Jugend- ❸ *attr, inv* SCH ~ **college** Juniorencollege *nt* (*die beiden ersten Studienjahre umfassende Einrichtung);* ~ **high school** Aufbauschule *f* (*umfasst in der Regel die Klassenstufen 6–9*) ❹ (*low rank*) untergeordnet; ~ **officer** rangniedriger Offizier, rangniedrige Offizierin; ~ **partner** Juniorpartner(in) *m(f)* **II.** *n* ❶ (*son*) Sohn *m* ❷ (*younger*) Jüngere(r) *f(m);* **he's two years my ~** er ist zwei Jahre jünger als ich ❸ SCH, UNIV (*third-year student*) Student (in) *m(f)* im vorletzten Studienjahr ❹ (*low-ranking person*) unterer Angestellter/untere Angestellte

juniper ['dʒu·nɪ·pər] *n* Wacholder *m*

junk¹ [dʒʌŋk] **I.** *n* ❶ (*worthless stuff*) Ramsch *m fam; (fig, pej)* Mist *m; (literature)* Schund *m* ❷ (*sl: heroin*) Stoff *m* **II.** *vt* (*fam*) wegschmeißen

junk² [dʒʌŋk] *n* NAUT Dschunke *f*

'junk food *n* Schnellgerichte *pl; (pej)* ungesundes Essen

junkie ['dʒʌŋ·ki] *n* (*sl*) Fixer(in) *m(f) fam;* **fitness ~** (*hum*) Fitnessfreak *m*

'junk mail *n* Wurfsendungen *pl*, Reklame *f*

'junk shop *n* Trödelladen *m*

'junkyard *n* Schrottplatz *m*

junta ['hʊn·tə] *n* Junta *f*

Jupiter ['dʒu·pɪ·tər] *n no art* Jupiter *m*

jurisdiction [ˌdʒʊr·ɪs·'dɪk·ʃən] *n* Gerichtsbarkeit *f*

jurisprudence [ˌdʒʊr·ɪs·'pru·dəns] *n* LAW Rechtswissenschaft *f*

juror ['dʒʊr·ər] *n* LAW Geschworene(r) *f(m)*

jury ['dʒʊr·i] *n* ❶ LAW ■**the ~** die Geschworenen *pl* ❷ (*competition*) Jury *f;* SPORTS Kampfgericht *nt* ▶ PHRASES: **the ~ is still out** das letzte Wort ist noch nicht gesprochen

just I. *adv* [dʒʌst] *inv* ❶ (*in a moment*) gleich; **we're ~ about to leave** wir wollen gleich los; **I was ~ going to call you** ich wollte dich eben anrufen ❷ (*directly*) direkt, gleich; ~ **after getting up** gleich nach dem Aufstehen ❸ (*recently*) gerade [eben], [so]eben ❹ (*now*) gerade; ■**to be ~ doing sth** gerade dabei sein, etw zu tun ❺ (*exactly*) genau;

J

that's ~ what I was going to say genau das
wollte ich gerade sagen; that's ~ it! das ist es
ja gerade!; ~ now gerade; ~ then gerade in
diesem Augenblick; ~ as well ebenso gut;
~ as/when ... gerade in dem Augenblick, als
... ⑥ (only) nur, bloß fam; (simply) einfach;
she's ~ a baby sie ist noch ein Baby; ~ for
fun nur [so] zum Spaß; [not] ~ anybody
[nicht] einfach irgendjemand ⑦ (barely) gerade noch/mal; ~ in time gerade noch rechtzeitig ⑧ with imperatives ~ imagine! stell dir
das mal vor!; ~ look at this! schau dir das mal
an! ▸ PHRASES: ~ a minute! (please wait) einen
Augenblick [bitte]!; (as interruption) Moment
[mal]!; it's ~ one of those things (saying) so
etwas passiert eben II. adj (fair) gerecht (to gegenüber +dat) ② (justified) punishment gerecht; to have ~ cause to do sth
einen triftigen Grund haben, etw zu tun
▸ PHRASES: to get one's ~ deserts bekommen,
was man verdient hat
justice ['dʒʌs·tɪs] n ① (fairness) Gerechtigkeit f; to do sth ~ etw dat gerecht werden
② (administration of the law) Justiz f; **a miscarriage of** ~ ein Justizirrtum m ③ (judge)
Richter(in) m(f)
Justice of the 'Peace n Friedensrich-
ter(in) m(f)
justifiable [ˌdʒʌs·tə·ˈfaɪ·ə·bəl] adj zu rechtfertigen präd, berechtigt
justification [ˌdʒʌs·tə·fɪ·ˈkeɪ·ʃən] n Rechtfertigung f
justified ['dʒʌs·tə·faɪd] adj gerechtfertigt, berechtigt; **you were totally ~ in complaining**
du hast dich völlig zu Recht beschwert
justify <-ie-> ['dʒʌs·tə·faɪ] vt rechtfertigen;
that does not ~ his being late das entschul-
digt nicht, dass er zu spät gekommen ist; ■to
~ **oneself to sb** sich jdm gegenüber rechtfertigen
justly ['dʒʌst·li] adv zu Recht; **to act ~** gerecht
handeln
jut <-tt-> [dʒʌt] vi vorstehen
◆**jut out** vi herausragen, hervorstehen; chin
vorspringen
jute [dʒut] n Jute f
juvenile ['dʒu·və·naɪl] I. adj ① (youth) Ju-
gend-, jugendlich ② (pej: childish) kindisch
II. n Jugendliche(r) f(m)
juvenile de'linquent n jugendlicher Straftä-
ter/jugendliche Straftäterin
juxtapose ['dʒʌk·stə·poʊz] vt nebeneinander-
stellen; ideas einander gegenüberstellen

K

K <pl -'s or -s>, **k** <pl -'s> [keɪ] n K nt, k nt;
~ **as in Kilo** K wie Kaufmann
K¹ <pl -> n (fam) 1.000 Dollar
K² <pl -> n abbrev of **kilobyte** KB
K³ <pl -> n abbrev of **karat** kt.
kale [keɪl] n [Grün]kohl m
kaleidoscope [kə·ˈlaɪ·də·skoʊp] n (a. fig) Kaleidoskop nt
kamikaze [ˌka·mɪ·ˈka·zi] adj attr Kamikaze-
kangaroo <pl -s or -> [ˌkæŋ·gə·ˈru] n Känguru nt
Kans. abbrev of **Kansas**
Kansas ['kæn·zəs] n Kansas nt
kaolin, kaoline ['keɪ·ə·lɪn] n Kaolin m o nt
karaoke [kær·i·ˈoʊ·ki] n Karaoke nt
karat ['ker·ət] n Karat nt
karate [kə·ˈra·ti] n Karate nt
karma ['kar·mə] n Karma nt
kayak ['kaɪ·æk] n Kajak m o selten a. nt
'**kayaking** n Kajakfahren nt
KB n abbrev of **kilobyte** KB
kebab [kə·ˈbab] n Kebab m
keel [kil] n NAUT Kiel m
◆**keel over** vi ① NAUT kentern ② (fam:
swoon) umkippen
keen [kin] adj ① (enthusiastic) leidenschaftlich; ■**to not be ~ on [doing] sth** etw nicht
[tun] wollen, etw nicht gerne tun ② (perceptive) mind, eyesight scharf ③ (extreme) competition scharf; desire heftig; interest lebhaft
④ (piercing) wind schneidend ⑤ (sharp)
blade scharf
keep [kip] I. n [Lebens]unterhalt m; **to earn
one's** ~ seinen Lebensunterhalt verdienen
II. vt <kept, kept> ① (hold onto) behalten;
bills, receipts aufheben ② (store) medicine,
money aufbewahren; **where do you ~ your
cups?** wo sind die Tassen? ③ (detain) aufhalten; **to ~ sb waiting** jdn warten lassen ④ (prevent) ■**to ~ sb from doing sth** jdn davon abhalten, etw zu tun ⑤ (maintain) **to ~ one's
balance** das Gleichgewicht halten; **to ~ sb/
sth under control** jdn/etw unter Kontrolle
halten; **to ~ count of sth** etw mitzählen; **to ~
sb/sth in mind** jdn/etw im Gedächtnis behalten; **to ~ one's mouth shut** den Mund halten;
to ~ time watch richtig gehen; MUS Takt halten; **to ~ track of sb/sth** jdn/etw im Auge behalten; **to ~ sb awake** jdn wach halten; **to ~
sb/sth warm** jdn/etw warm halten
⑥ (guard) bewachen; watch halten ⑦ (not
reveal) ■**to ~ sth from sb** jdm etw akk vorenthalten; secret hüten ⑧ (stick to) appointment, treaty einhalten; oath, promise halten
⑨ (make records) **to ~ a record of sth** über
etw akk Buch führen; diary führen III. vi
<kept, kept> ① (stay fresh) food sich halten
② (wait) Zeit haben; **your questions can ~
until later** deine Fragen können noch warten

❸ *(stay)* bleiben; **to ~ to the left/right** sich links/rechts halten; **to ~ quiet** still sein ❹ *(continue)* **don't ~ asking silly questions** stell nicht immer so dumme Fragen; ■**to ~ at sth** mit etw *dat* weitermachen ❺ *(stop oneself)* ■**to ~ from doing sth** etw unterlassen ❻ *(adhere to)* ■**to ~ to sth** an etw *dat* festhalten; *(not digress)* bei etw *dat* bleiben; **to ~ to an agreement** sich an eine Vereinbarung halten; **to ~ to a schedule** einen Zeitplan einhalten

◆**keep away I.** *vi* ■**to ~ away** [**from sb/sth**] sich [von jdm/etw] fernhalten **II.** *vt* ■**to ~ sb/ sth away** [**from sb/sth**] jdn/etw [von jdm/ etw] fernhalten

◆**keep back I.** *vi* zurückbleiben; *(stay at distance)* Abstand halten **II.** *vt* ❶ *(restrain)* zurückhalten ❷ *(prevent advance)* ■**to ~ back** ↻ **sb** jdn aufhalten; ■**to ~ sb back from doing sth** jdn daran hindern, etw zu tun ❸ *(withhold)* *information* verschweigen; *payment* einbehalten

◆**keep down I.** *vi* unten bleiben, sich ducken **II.** *vt* ❶ *(suppress)* unterdrücken ❷ *food* bei sich *dat* behalten ▶ PHRASES: **~ it down!** sei still!

◆**keep in** *vt* ❶ *one's anger, feelings* zurückhalten

◆**keep off** *vt* ❶ *(not touch)* **to ~ one's hands off sb/sth** die Hände von jdm/etw lassen; **"Keep Off The Grass"** „Betreten des Rasens verboten" ❷ *(fam: not consume)* **to ~ off the booze** das Trinken lassen ❸ *(not talk about)* **to ~ off a subject** ein Thema vermeiden; **to ~ one's mind off sth** sich von etw *dat* ablenken

◆**keep on I.** *vi (continue)* ■**to ~ on doing sth** etw weiter[hin] tun **II.** *vt* **~ your jacket on — it's cold** behalte den Mantel an, es ist kalt

◆**keep out** *vi* draußen bleiben; **"Keep Out"** „Zutritt verboten"; ■**to ~ out of sth** etw nicht betreten; *(fig)* sich aus etw *dat* heraushalten

◆**keep together** *vt* zusammenhalten ▶ PHRASES: **~ it together!** bleib bei der Sache!

◆**keep up I.** *vt* ❶ *(maintain)* fortführen; *conversation* in Gang halten; **~ it up!** [nur] weiter so!; **to ~ one's spirits up** den Mut nicht sinken lassen; **to ~ one's strength up** sich bei Kräften halten ❷ *(hold up)* hoch halten; **these poles ~ the tent up** diese Stangen halten das Zelt aufrecht ❸ *(not let sleep)* wach halten **II.** *vi* ❶ *(not fall behind)* ■**to ~ up with sb/ sth** mit jdm/etw mithalten ❷ *(continue)* *noise, rain* andauern, anhalten; *courage, strength* bestehen bleiben

keeper ['ki·pər] *n* in a zoo Wärter(in) *m(f)*

keeping ['ki·pɪŋ] *n* ❶ *(guarding)* Verwahrung *f*; *(care)* Obhut *f* ❷ *(obeying)* Einhalten *nt*, Befolgen *nt*; **in ~ with an agreement** entsprechend einer Vereinbarung

keepsake ['kip·seɪk] *n* Andenken *nt*

keg [keg] *n* kleines Fass

kelp [kelp] *n* Seetang *m*

kennel ['ken·əl] *n* ❶ *(dog boarding)* Hundepension *f* ❷ *(doghouse)* Hundehütte *f*

Kentucky [kən·'tʌk·i] *n* Kentucky *nt*

Kenya ['ken·jə] *n* Kenia *nt*

Kenyan ['ken·jən] **I.** *n* Kenianer(in) *m(f)* **II.** *adj* kenianisch

kept [kept] *vt, vi pt, pp of* **keep**

kernel ['kɜr·nəl] *n* ❶ *(fruit center)* Kern *m*; *(grain center)* Getreidekorn *nt* ❷ *(fig)* **a ~ of truth** ein Körnchen *nt* Wahrheit

kerosene, kerosine ['ker·ə·sin] *n* Kerosin *nt*

kestrel ['kes·trəl] *n* Turmfalke *m*

ketchup ['ketʃ·əp] *n* Ketchup *m o nt*

kettle ['ket·əl] *n* [Wasser]kessel *m* ▶ PHRASES: **to be a** [**whole**] **different ~ of fish** etwas ganz anderes sein

'kettledrum *n* [Kessel]pauke *f*

key¹ [ki] **I.** *n* ❶ *(a. fig: for a lock)* Schlüssel *m* ❷ *(button)* of a computer, piano Taste *f* ❸ *(to symbols)* Zeichenerklärung *f* ❹ MUS Tonart *f* **II.** *adj factor, figure, role* Schlüssel-; **— contribution** Hauptbeitrag *m*

key² [ki] *n* [Korallen]riff *nt;* **the Florida ~s** die Florida Keys

◆**key in** *vt* **to ~ in text** Text eingeben

◆**key up** *vt* **to be all ~ed up** völlig überdreht sein

'keyboard I. *n* ❶ *(of a computer)* Tastatur *f*; *(of a piano)* Klaviatur *f* ❷ *(musical instrument)* Keyboard *nt* **II.** *vt, vi* tippen

keyboard 'instrument *n* Tasteninstrument *nt*

'keyhole *n* Schlüsselloch *nt*

'key money *n* Kaution *f*

'keynote *n* Hauptthema *nt; of a speech* Grundgedanke *m*, Parteilinie *f*

'keynote address, 'keynote speech *n* programmatische Rede

'keypad *n* Tastenfeld *nt*

'key ring *n* Schlüsselring *m*

'keystone *n* *(fig: crucial part)* Grundpfeiler *m*

'keyword *n* ❶ *(important word)* Schlüsselwort *nt* ❷ *(for identifying)* Kennwort *nt*

kg *n abbrev of* **kilogram** kg

khaki ['kæk·i] **I.** *n* *(cloth)* Khaki[stoff] *m* **II.** *adj* ❶ *(of khaki material)* Khaki- ❷ *(color)* khakifarben

kHz *n abbrev of* **kilohertz** kHz

KIA [ˌkeɪ·aɪ·'eɪ] *adj abbrev of* **killed in action** gef.

kibbutz [kɪ·'bʊts] *n* Kibbuz *m*

kick [kɪk] **I.** *n* ❶ *(with foot)* [Fuß]tritt *m*, Stoß *m*; *(in sports)* Schuss *m; of a horse* Tritt *m*; **a ~ in the teeth** *(fig)* ein Schlag *m* ins Gesicht ❷ *(fam: exciting feeling)* Nervenkitzel *m*; **to do sth for ~s** etw wegen des Nervenkitzels tun ❸ *(gun jerk)* Rückstoß *m* **II.** *vt* ❶ *(hit with foot)* [mit dem Fuß] treten; **to ~ a ball** einen Ball schießen ❷ *(get rid of)* *habit* aufgeben *fam* ▶ PHRASES: **to ~ the bucket** ins Gras beißen; **to ~ sb when he/she is down** jdm den Rest geben **III.** *vi* *(with foot)* treten (**at** nach +*dat*); *horse* ausschlagen ▶ PHRASES: **to be alive and ~ing** gesund und

K

◆**kick around** I. *vi* (*fam*) [he]rumliegen II. *vt* ❶ (*with foot*) ■**to** ~ **sth around** etw [in der Gegend] herumkicken *fam;* **to** ~ **a ball around** einen Ball hin- und herspielen ❷ (*consider*) **to** ~ **an idea around** (*fam*) eine Idee [ausführlich] bekakeln
◆**kick back** I. *vt* zurücktreten; *ball* zurückschießen; **to** ~ **money back to sb** (*fam*) sich mit Geld bei jdm *dat* revanchieren II. *vi* ❶ (*fam: relax*) [he]rumliegen ❷ (*recoil*) einen Rückstoß haben
◆**kick in** I. *vt* ❶ (*with foot*) *door, window* eintreten ❷ (*contribute*) dazugeben, beisteuern *fam* II. *vi* ❶ (*start*) *drug, measure* wirken; *device, system* anspringen ❷ (*to contribute*) ■**to** ~ **in for sth** einen Beitrag zu etw *dat* leisten
◆**kick off** I. *vi* beginnen, anfangen; (*in soccer, football*) anstoßen II. *vt* (*start, launch*) beginnen
◆**kick out** *vt* hinauswerfen
◆**kick over** I. *vi car* anfahren II. *vt* ■**to** ~ **over** ○ **sth** etw umrempeln *fam*
◆**kick up** *vi* **to** ~ **up dust** (*a. fig*) Staub aufwirbeln; **to** ~ **up a fuss** (*fig*) einen Wirbel machen *fam*
'**kickback** *n* (*bribe*) Schmiergeld *nt*
kicker ['kɪk·ər] *n* (*in football*) Fußballspieler(in) *m(f);* (*in soccer*) Freistoßnehmer(in) *m(f)*
'**kickoff** *n* (*in football, in soccer*) Anstoß *m*
kid [kɪd] I. *n* ❶ (*child*) Kind *nt;* (*young person*) Jugendliche(r) *f(m);* (*male*) Bursche *m;* (*female*) Mädchen *nt;* ~ **brother/sister** kleiner Bruder/kleine Schwester ❷ (*young goat*) Zicklein *nt* II. *vi* <-dd-> (*fam*) Spaß machen; **just** ~ **ding!** war nur Spaß!; **no** ~ **ding?** ohne Scherz? III. *vt* (*fam*) ■**to** ~ **sb** jdn verulken
kiddie ['kɪd·i] I. *n* (*fam*) Kleine(r) *f(m)* II. *adj attr, inv bike, seat* Kinder-
kidnap ['kɪd·næp] I. *vt* <-pp-> entführen II. *n* Entführung *f*
kidnapper ['kɪd·næp·ər] *n* Entführer(in) *m(f)*
kidnapping ['kɪd·næp·ɪŋ] *n* Entführung *f*
kidney ['kɪd·ni] *n* ANAT, FOOD Niere *f*
'**kidney bean** *n* Kidneybohne *f*
'**kidney donor** *n* Nierenspender(in) *m(f)*
'**kidney failure** *n* Nierenversagen *nt*
kidney-'shaped *adj* nierenförmig
'**kidney stone** *n* Nierenstein *m*
kill [kɪl] I. *n* ❶ (*act*) *of animal* **to make a** ~ eine Beute schlagen ❷ HUNT [Jagd]beute *f* II. *vt* ❶ (*end life*) *criminal* töten; *disease* tödlich sein III. *vt* ❶ (*end life*) umbringen *a. fig;* **to** ~ **sb by drowning/strangling** jdn ertränken/erwürgen; **to** ~ **sb with a gun/a knife** jdn erschießen/erstechen; **to be** ~ **ed in an accident** bei einem Unfall ums Leben kommen ❷ (*destroy*) zerstören; **to** ~ **the smell of sth** einer S. *dat* den Geruch [völlig] nehmen ❸ (*spoil*) *fun, joke* [gründlich] verderben ❹ (*stop*) *engine, lights* ausmachen; *pain* stillen; *plan, project* fallen

lassen ❺ (*fam: amuse*) **to** ~ **oneself with laughter** sich totlachen ❻ (*fig fam: hurt*) ■**to** ~ **sb** jdn umbringen; **my shoes are** ~ **ing me!** meine Schuhe bringen mich noch mal um! ❼ (*fig fam: overtax*) **to** ~ **oneself doing sth** sich mit etw *dat* umbringen; **I'm going to finish it if it** ~ **s me!** ich werde es zu Ende bringen, und wenn ich draufgehe! ▸ PHRASES: **to** ~ **time** (*spend time*) sich *dat* die Zeit vertreiben; (*waste time*) die Zeit totschlagen; **to** ~ **two birds with one stone** (*prov*) zwei Fliegen mit einer Klappe schlagen
◆**kill off** *vt* ❶ (*destroy*) *disease, species* ausrotten ❷ **to** ~ **off** ○ **a character** eine Romanfigur sterben lassen
killer ['kɪl·ər] I. *n* ❶ (*person*) Mörder(in) *m(f);* (*thing*) Todesursache *f* ❷ (*agent*) Vertilgungsmittel *nt;* **weed** ~ Unkrautvertilgungsmittel *nt* II. *adj attr, inv* (*deadly*) *flu, virus* tödlich; *hurricane, wave* mörderisch
'**killer whale** *n* Schwertwal *m*
killing ['kɪl·ɪŋ] I. *n* ❶ (*act*) Tötung *f;* (*case*) Mord[fall] *m* ❷ (*fig fam: lots of money*) **to make a** ~ einen Mordsgewinn machen II. *adj attr, inv* ❶ (*causing death*) tödlich ❷ (*fig: difficult*) mörderisch *fam*
killjoy ['kɪl·dʒɔɪ] *n* Spielverderber(in) *m(f)*
kiln [kɪln] *n* [Brenn]ofen *m*
kilo ['ki·loʊ] *n* Kilo *nt*
kilobyte ['kɪl·ə·baɪt] *n* Kilobyte *nt*
kilogram ['kɪl·ə·græm] *n* Kilogramm *nt*
kilometer [kɪ·'lam·ɪ·tər] *n* Kilometer *m*
kilowatt ['kɪl·ə·wat] *n* Kilowatt *nt*
kilt [kɪlt] *n* Kilt *m*
kilter ['kɪl·tər] *n* ■**to be out of** ~ aus dem Gleichgewicht sein
kimono [kə·'moʊ·nə] *n* Kimono *m*
kind[1] [kaɪnd] *adj* ❶ (*generous, helpful*) nett; **with** ~ **regards** (*in a letter*) mit freundlichen Grüßen ❷ (*gentle*) ■**to be** ~ **to sb/sth** jdn/etw schonen; **this shampoo is** ~ **to your hair** dieses Shampoo pflegt dein Haar auf schonende Weise
kind[2] [kaɪnd] I. *n* ❶ (*group*) Art *f;* **he's not that** ~ **of person** so einer ist der nicht *fam;* **all** ~ **s of animals** alle möglichen Tiere; **to be one of a** ~ einzigartig sein; **his/her** ~ (*pej*) so jemand [wie er/sie] ❷ (*limited*) **I guess you could call this success of a** ~ man könnte das, glaube ich, als so etwas wie einen Erfolg bezeichnen ❸ (*similar*) **nothing of the** ~ nichts dergleichen II. *adv* ■ ~ **of** irgendwie; **to be** ~ **of interesting** irgendwie interessant sein
kindergarten ['kɪn·dər·gar·dən] *n* SCH Vorschule *f*
kind-'hearted *adj* gütig
kindle ['kɪn·dəl] *vt fire* anzünden; (*fig*) *imagination* wecken
kindly ['kaɪnd·li] I. *adj person* freundlich; *smile, voice* sanft II. *adv* ❶ (*in a kind manner*) freundlich; **to not take** ~ **to sb/sth** sich nicht mit jdm/etw anfreunden können ❷ (*please*) freundlicherweise; **you are** ~ **requested to**

leave the building Sie werden freundlich[st] gebeten, das Gebäude zu verlassen

kindness <*pl* -es> ['kaɪnd·nɪs] *n* ❶ (*attitude*) Freundlichkeit *f;* **to treat sb with ~** freundlich zu jdm sein ❷ (*act*) Gefälligkeit *f*

kinetic [kɪ·'net̬·ɪk] *adj inv* kinetisch

kinfolk ['kɪn·fʊk] *n + pl vb* Verwandtschaft *f*

king [kɪŋ] *n* (*male ruler, in cards, chess*) König *m*

kingdom ['kɪŋ·dəm] *n* ❶ (*country*) Königreich *nt* ❷ (*domain*) Reich *nt;* **animal ~** Tierreich *nt*

'**kingfisher** *n* Eisvogel *m*

kingly ['kɪŋ·li] *adj* majestätisch

'**kingpin** *n* (*fig: important person*) Hauptperson *f*

'**king-size(d)** *adj inv* extragroß

kink [kɪŋk] *n* ❶ (*twist*) *in hair* Welle *f; in a pipe* Knick *m; in a rope, hose* Knoten *m* ❷ (*problem*) Haken *m fam* ▶ PHRASES: **to iron** out the **~s** die Mängel ausbügeln *fam*

kinky ['kɪŋ·ki] *adj* ❶ (*tightly curled*) *hair* kraus ❷ (*unusual*) spleenig; **~ sex** Sex *m* der anderen Art

kiosk ['ki·ask] *n* Kiosk *m*

kiss [kɪs] I. *n* <*pl* -es> Kuss *m;* **to blow sb a ~** jdm eine Kusshand zuwerfen II. *vi* [sich] küssen; **to ~ and tell** mit intimen Enthüllungen an die Öffentlichkeit gehen III. *vt* küssen; **to ~ sb goodbye** jdm einen Abschiedskuss geben ▶ PHRASES: **to ~ sb's ass** (*vulg*) jdm in den Arsch kriechen *derb*

kit [kɪt] *n* ❶ (*set*) Ausrüstung *f;* (*for a model*) Bausatz *m;* **first-aid ~** Verbandskasten *m* ❷ (*outfit*) Ausrüstung *f*

'**kit bag** *n* Kleidersack *m*

kitchen ['kɪtʃ·ɪn] *n* Küche *f*

kitchenette [ˌkɪtʃ·ɪ·'net] *n* Kochnische *f*

kitchen 'knife *n* Küchenmesser *nt*

kitchen 'sink *n* Spüle *f* ▶ PHRASES: **everything but the ~** aller nur mögliche Krempel *fam*

kitchen 'table *n* Küchentisch *m*

kite [kaɪt] *n* Drachen *m* ▶ PHRASES: **go fly a ~!** (*fam*) mach die Fliege! *sl;* **to be as high as a ~** (*drunk*) sternhagelvoll sein *fam;* (*high*) völlig zugedröhnt sein *sl*

kitsch [kɪtʃ] I. *n* (*pej*) Kitsch *m* II. *adj* kitschig

kitten ['kɪt·ən] *n* (*young cat*) Kätzchen *nt*

kitty ['kɪt̬·i] *n* ❶ (*childspeak: kitten*) Miezekatze *f;* **here, ~ ~!** komm, miez, miez! ❷ (*money*) gemeinsame Kasse; (*in games*) [Spiel]kasse *f*

'**Kitty Litter**® *n* Katzenstreu *f*

kiwi ['ki·wi] *n* (*bird, fruit*) Kiwi *m*

KKK [ˌkeɪ·keɪ·'keɪ] *n abbrev of* **Ku Klux Klan**

Kleenex® ['kli·neks] *n* Tempo[taschentuch]® *nt*

kleptomania [ˌklep·toʊ·'meɪ·ni·ə] *n* Kleptomanie *f*

kleptomaniac [ˌklep·toʊ·'meɪ·ni·æk] *n* Kleptomane *m*, Kleptomanin *f*

km *n abbrev of* **kilometer** km

knack [næk] *n* ❶ (*trick*) Kniff *m;* **to get the ~ of sth** herausfinden, wie etw geht *fam* ❷ (*tal-*

ent) Geschick *nt;* **to have a ~ for sth** (*a. iron*) ein Talent für etw *akk* haben

knapsack ['næp·sæk] *n* Rucksack *m*

knead [nid] *vt dough* kneten

knee [ni] I. *n* Knie *nt;* **to get down on one's ~s** niederknien; **to put sb across one's ~** jdn übers Knie legen *fam;* **to put sb on one's ~** jdn auf den Schoß nehmen ▶ PHRASES: **to bring sb to their ~s** jdn in die Knie zwingen *geh* II. *vt* **to ~ sb** jdn mit dem Knie stoßen

'**kneecap** I. *n* Kniescheibe *f* II. *vt* <-pp-> ■**to ~ sb** jdm die Kniescheibe zerschießen

knee-'deep *adj inv* knietief; ■**to be ~ in sth** (*fig*) knietief in etw *dat* stecken

knee-'high[1] *adj inv* kniehoch; **~ grass** kniehohes Gras

'**knee-high**[2] *n* Kniestrumpf *m,* SCHWEIZ *a.* Kniesocke *f*

'**knee-jerk** I. *n* Knie[sehnen]reflex *m* II. *adj reaction* automatisch

kneel [nil] *vi* <knelt *or* kneeled, knelt *or* kneeled> knien; ■**to ~ before sb** vor jdm niederknien

knelt [nelt] *pt of* **kneel**

knew [nu] *pt of* **know**

knickknack ['nɪk·næk] *n usu pl* (*fam*) Schnickschnack *m*

knife [naɪf] I. *n* <*pl* knives> Messer *nt* ▶ PHRASES: **to go under the ~** MED unters Messer kommen *fam* II. *vt* ■**to ~ sb** auf jdn einstechen

'**knife-edge** *n* Messerschneide *f;* **to be on a ~** (*fig*) auf Messers Schneide stehen

'**knifepoint** *n* Messerspitze *f;* **at ~** mit vorgehaltenem Messer

knifing ['naɪ·fɪŋ] *n* Messerstecherei *f*

knight [naɪt] I. *n* ❶ (*hist: soldier*) Ritter *m* ❷ CHESS Springer *m* II. *vt* ■**to ~ sb** jdn zum Ritter schlagen

knighthood ['naɪt·hʊd] *n* Ritterstand *m*

knit [nɪt] I. *n* (*stitch*) Strickart *f* II. *vi* <knitted *or* knit, knitted *or* knit> ❶ (*with yarn*) stricken; (*do basic stitch*) eine rechte Masche stricken ❷ (*heal*) *broken bone* zusammenwachsen III. *vt* <knitted *or* knit, knitted *or* knit> (*with yarn*) stricken ▶ PHRASES: **to ~ one's brows** die Augenbrauen zusammenziehen [*o* Stirn runzeln]

◆**knit together** I. *vi* ❶ (*combine*) sich zusammenfügen ❷ (*heal*) *broken bone* zusammenwachsen II. *vt* (*by knitting*) zusammenstricken

knitter ['nɪt̬·ər] *n* Stricker(in) *m(f)*

knitting ['nɪt̬·ɪŋ] *n* ❶ (*action*) Stricken *nt* ❷ (*product*) Gestrickte(s) *nt;* (*unfinished*) Strickzeug *nt*

'**knitting needle** *n* Stricknadel *f*

'**knitwear** *n* Stricksachen *pl*

knob [nab] *n of a door* Griff *m; of a radio* [Dreh]knopf *m*

knobby ['nab·i] *adj* knubbelig; *tree, wood* astreich

knock [nak] I. *n* ❶ (*sound*) Klopfen *nt;* **there was a ~ on the door** es hat [an der Tür] geklopft ❷ (*blow*) Schlag *m* ❸ (*fam: criticism*) **he's taken a few ~ s** er musste sich einiges anhören **II.** *vi* ❶ (*strike noisily*) klopfen; **to ~ at the door** an die Tür klopfen ❷ (*collide with*) stoßen (**into/against** gegen +*akk*) ❸ TECH *engine, pipes* klopfen ▶ PHRASES: **to ~ on** <u>wood</u> dreimal auf Holz klopfen **III.** *vt* ❶ (*hit*) ■ **to ~ sth** gegen etw *akk* stoßen ❷ (*blow*) ■ **to ~ sb** jdm einen Schlag versetzen; (*less hard*) jdm einen Stoß versetzen; **to ~ sb unconscious** jdn bewusstlos schlagen ❸ (*drive*) ■ **to ~ sth out of sb** jdm etw austreiben; **to ~ some sense into sb** jdn zur Vernunft bringen ❹ (*fam: criticize*) ■ **to ~ sb/sth** jdn/etw schlechtmachen

◆**knock around I.** *vi* (*fam: travel aimlessly*) [he]rumziehen **II.** *vt* ❶ (*fam*) ■ **to ~ sb around** jdn verprügeln ❷ (*travel through*) **to ~ around Europe** in Europa herumreisen

◆**knock back** *vt* (*fam: drink quickly*) hinunterkippen

◆**knock down** *vt* ❶ (*cause to fall*) umstoßen; (*with a car, motorcycle*) umfahren ❷ (*demolish*) niederreißen ❸ (*reduce*) *price* herunterhandeln

◆**knock off I.** *vt* ❶ (*cause to fall off*) hinunterstoßen ❷ (*produce quickly*) schnell erledigen; (*easily*) etw mit links machen *fam* ❸ (*fam: stop*) **~ it off!** hör auf damit!; **to ~ off work early** früh Feierabend machen ❹ (*fam: rob*) **to ~ off a bank** eine Bank ausräumen ❺ (*sl: copy*) klauen *fam* **II.** *vi* (*fam*) Schluss machen

◆**knock out** *vt* ❶ (*render unconscious*) ■ **to ~ out** ⊙ **sb** jdn bewusstlos werden lassen; (*in a fight*) jdn k.o. schlagen ❷ (*forcibly remove*) **to ~ out two teeth** sich *dat* zwei Zähne ausschlagen ❸ (*eliminate*) ausschalten; **to be ~ ed out of a competition** aus einem Wettkampf ausscheiden ❹ (*render useless*) außer Funktion setzen ❺ (*fam: produce quickly*) hastig entwerfen ❻ (*fam: astonish and impress*) umhauen

◆**knock over** *vt* (*cause to fall*) umstoßen; (*with a bike, car*) umfahren

◆**knock up** *vt* (*sl*) schwängern

'**knockabout** *adj attr, inv* THEAT, FILM Klamauk-; *comedy, humor* burlesk

'**knockdown** *adj attr, inv* ❶ (*very cheap*) supergünstig *sl;* **~ price** Schleuderpreis *m fam* ❷ (*physically violent*) **a ~ fight** eine handfeste Auseinandersetzung

knocker ['nak·ər] *n* ❶ (*on door*) Türklopfer *m* ❷ *pl* (*sl: breast*) ■ **big ~ s** dicke Titten *derb*

knock-'kneed *adj* X-beinig; ■ **to be ~** X-Beine haben

'**knockout I.** *n* K.o. *m* **II.** *adj* **~ blow** K.-o.-Schlag *m*

knoll [noʊl] *n* Anhöhe *f*

knot [nat] **I.** *n* ❶ (*in rope, material*) Knoten *m* ❷ (*in hair*) [Haar]knoten *m* ❸ (*in wood*) Ast *m* ❹ (*of people*) Knäuel *m o nt* ▶ PHRASES: **to tie the ~** heiraten **II.** *vt* <-tt-> knoten; *a tie* binden **III.** *vi* <-tt-> *muscles* sich verspannen; *stomach* sich zusammenkrampfen

knotty ['nat·i] *adj* ❶ (*full of knots*) *wood* astreich; *branch, stick* knotig ❷ (*difficult*) *problem* kompliziert

know [noʊ] **I.** *vt* <knew, known> ❶ (*have information, knowledge*) wissen; *facts, results* kennen; **do you ~ where the post office is?** können Sie mir bitte sagen, wo die Post ist?; **I ~ what I am talking about** ich weiß, wovon ich rede; ■ **to ~ how to do sth** wissen, wie man etw macht; **to ~ the alphabet** das Alphabet können; **to ~ sth by heart** etw auswendig können; **to let sb ~ sth** jdn etw wissen lassen ❷ (*be certain*) ■ **to not ~ whether ...** sich *dat* nicht sicher sein, ob ...; **to ~ for a fact that ...** ganz sicher wissen, dass ... ❸ (*be acquainted with*) ■ **to ~ sb** jdn kennen; **she ~ s Philadelphia well** sie kennt sich in Philadelphia gut aus; **surely you ~ me better than that!** du solltest mich eigentlich besser kennen!; **to ~ sb by name** jdn dem Namen nach kennen; **to get to ~ sb/each other** jdn/sich kennen lernen ❹ (*have understanding*) verstehen; **do you ~ what I mean?** verstehst du, was ich meine? ❺ (*experience*) **I've never ~ n anything like this** so etwas habe ich noch nie erlebt ❻ (*be able to differentiate*) **to ~ right from wrong** Gut und Böse unterscheiden können ▶ PHRASES: **to ~ no bounds** keine Grenzen kennen; **to ~ the** <u>score</u> wissen, was gespielt wird; **to ~ a** <u>thing</u> **or two about sth** sich mit etw *dat* auskennen **II.** *vi* <knew, known> ❶ (*have knowledge*) [Bescheid] wissen; **ask Kate — she's sure to ~** frag Kate, sie weiß es bestimmt; **as far as I ~** so viel ich weiß; **how should I ~?** wie soll ich das wissen? ❷ (*fam: understand*) begreifen; **I don't ~ why you can't ever be on time** ich begreife einfach nicht warum du nie pünktlich sein kannst ▶ PHRASES: **you ought to ~** <u>better</u> du solltest es eigentlich besser wissen

'**know-how** *n* Know-how *nt*

knowing ['noʊ·ɪŋ] *adj* wissend *attr; look, smile* viel sagend

knowingly ['noʊ·ɪŋ·li] *adv* ❶ (*meaningfully*) viel sagend ❷ (*with full awareness*) bewusst

know-it-all ['noʊ·ɪt̬·ɔl] *n* (*pej fam*) Besserwisser(in) *m(f) pej*

knowledge ['nal·ɪdʒ] *n* ❶ (*body of learning*) Kenntnisse *pl* (**of** in +*dat*); **~ of French** Französischkenntnisse *pl;* **to have a thorough ~ of sth** ein fundiertes Wissen in etw *dat* besitzen ❷ (*acquired information, awareness*) Wissen *nt;* **to be common ~** allgemein bekannt sein

knowledg(e)able ['nal·ɪ·dʒə·bəl] *adj* (*well informed*) sachkundig; (*experienced*) bewandert

known [noʊn] **I.** *vt, vi pp of* **know II.** *adj* ❶ (*publicly recognized*) bekannt; **it is a little-/well-~ fact that ...** es ist nur wenigen/allgemein bekannt, dass ... ❷ (*understood*) bekannt; **no ~ reason** kein erkennbarer Grund ❸ (*tell publicly*) **to make sth ~** etw bekannt

machen
knuckle ['nʌk·əl] *n* ❶ ANAT [Finger]knöchel *m*
❷ (*cut of meat*) Hachse *f,* Haxe *f* SÜDD; **~ of pork** Schweinshaxe *f* SÜDD
◆ **knuckle down** *vi* (*start working hard*) sich dahinterklemmen
◆ **knuckle under** *vi* (*submit*) sich fügen
KO [ˌkeɪ·'oʊ] I. *n abbrev of* **knockout** K.o. *m* II. *vt* <KO'd, KO'd> *abbrev of* **knock out:** ■ **to ~ sb** jdn k.o. schlagen
koala *n,* **koala bear** [koʊ·'al·ə-] *n* Koala[bär] *m*
kooky ['ku·ki] *adj* (*sl*) ausgeflippt
Koran [kə·'ræn] *n* ■ **the ~** der Koran
Korea [kə·'ri·ə] *n* Korea *nt;* **North/South ~** Nord-/Südkorea *nt*
Korean [kə·'ri·ən] I. *adj inv* koreanisch II. *n* ❶ (*inhabitant*) Koreaner(in) *m(f)* ❷ LING Koreanisch *nt*
kosher ['koʊ·ʃər] *adj* (*a. fig*) koscher; **to keep ~** [weiterhin] koscher leben
kowtow [ˌkaʊ·'taʊ] *vi* (*fam*) ■ **to ~ to sb** vor jdm katzbuckeln
Kremlin ['krem·lɪn] *n* ■ **the ~** der Kreml
KS *abbrev of* **Kansas**
kudos ['ku·doʊz] *npl* Ansehen *nt kein pl*
kudzu ['kud·zu] *n* Kopoubohne *f,* Kudzu *nt*
Ku Klux Klan ['ku·'klʌks·'klæn] *n* + *sing/pl vb* ■ **the ~** der Ku-Klux-Klan
kung fu [ˌkʊŋ·'fu] *n* Kung-Fu *nt*
Kurd [kɜrd] *n* Kurde *m,* Kurdin *f*
Kurdish ['kɜr·dɪʃ] I. *adj inv* kurdisch II. *n* LING Kurdisch *nt*
Kurdistan [ˌkɜr·dɪ·'stæn] *n* Kurdistan *nt*
Kuwait [kʊ·'weɪt] *n* Kuwait *nt*
Kuwaiti [kʊ·'weɪ·ţi] I. *adj inv* kuwaitisch II. *n* ❶ (*inhabitant*) Kuwaiter(in) *m(f)* ❷ LING Kuwaitisch *nt*
kW <*pl* -> *n abbrev of* **kilowatt** kW
Kwanzaa, Kwanza ['kwan·zə] *n von Amerikanern afrikanischer Herkunft vom 26. Dezember bis 1. Januar gefeiertes, nicht-religiöses Fest*
KY, Ky. *abbrev of* **Kentucky**

L

L <*pl* -'s *or* -s>, **l** <*pl* -'s> [el] *n* L *nt,* l *nt;* **~ as in Lima** L wie Ludwig
l [el] I. *n* ❶ *abbrev of* **left** l. ❷ <*pl* -> *abbrev of* **liter** l ❸<*pl* ll> TYPO *abbrev of* **line** Z. II. *adj inv abbrev of* **left** l., L III. *adv inv abbrev of* **left** l.
L. *n abbrev of* **lake**
LA, La. *abbrev of* **Louisiana**
lab [læb] *n short for* **laboratory** Labor *nt*
label ['leɪ·bəl] I. *n* ❶ (*on bottles*) Etikett *nt;* (*in clothes*) Schild[chen] *nt* ❷ (*brand name*) Marke *f;* **record ~** Schallplattenlabel *nt;* (*com-*

pany) Plattenfirma *f* ❸ (*set description*) Bezeichnung *f* II. *vt* <-l- *or* -ll-> ❶ (*affix labels*) etikettieren; (*mark*) kennzeichnen; (*write on*) beschriften ❷ (*categorize*) etikettieren; **to be ~ed as a criminal** als Krimineller/Kriminelle abgestempelt werden
labeling, labelling ['leɪ·bəl·ɪŋ] *n* Etikettierung *f;* (*marking*) Kennzeichnung *f;* (*with a price*) Auszeichnung *f*
labor ['leɪ·bər] I. *n* ❶ (*work*) Arbeit *f;* **division of ~** Arbeitsteilung *f;* **manual ~** körperliche Arbeit ❷ (*workers*) Arbeitskräfte *pl;* **skilled ~** ausgebildete Arbeitskräfte ❸ (*childbirth*) Wehen *pl;* **to go into ~** Wehen bekommen II. *adj* ECON Arbeits-; **~ legislation** arbeitsrechtliche Vorschriften III. *vi* ❶ (*toil*) hart arbeiten, sich abmühen, schuften ❷ (*struggle to do*) sich [ab]quälen, sich abplagen (**over** mit + *dat*)
laboratory ['læb·rə·ˌtɔr·i] *n* Labor[atorium] *nt*
'laboratory assistant *n* Laborant(in) *m(f)*
'labor camp *n* Arbeitslager *nt*

> **i** **Labor Day**, der amerikanische Tag der Arbeit, wird nicht am 1. Mai, sondern am ersten Montag im September gefeiert und ist schon seit 1894 ein Nationalfeiertag.

'labor dispute *n* Arbeitskampf *m*
laborer ['leɪb·ər·ər] *n* Hilfsarbeiter(in) *m(f)*
'labor force *n* + *sing/pl vb* (*population*) Arbeiterschaft *f;* (*staff*) Belegschaft *f*
labor-in'tensive *adj* arbeitsintensiv
laborious [lə·'bɔr·i·əs] *adj* ❶ (*onerous*) mühsam ❷ (*industrious*) arbeitsam
'labor market *n* Arbeitsmarkt *m*
'labor pains *npl* MED Wehen *pl*
'labor-saving *adj* arbeitssparend
'labor shortage *n* Arbeitskräftemangel *m*
'labor ward *n* Kreißsaal *m*
Labrador ['læb·rə·dɔr], **Labrador re'triever** *n* Labrador[hund] *m*
labyrinth ['læb·ə·rɪnθ] *n* Labyrinth *nt;* (*fig liter*) Verwicklung *f*
lace [leɪs] I. *n* ❶ (*cloth*) Spitze *f;* (*edging*) Spitzenborte *f* ❷ (*cord*) Band *nt;* **shoe ~s** Schnürsenkel *pl bes* NORDD, MITTELD, Schuhbänder *pl* DIAL II. *vt* ❶ (*fasten*) **shoes** zubinden; **corset** zuschnüren ❷ (*add drug*) einen Schuss [Rauschmittel] dazugeben (**in** + *akk*)
◆ **lace up** *vt* zuschnüren
lacerate ['læs·ə·ˌreɪt] *vt* (*tear*) aufreißen
laceration [ˌlæs·ə·'reɪ·ʃən] *n* ❶ (*tearing*) Verletzung *f* ❷ (*injury*) Fleischwunde *f;* (*by tearing*) Risswunde *f;* (*by cutting*) Schnittwunde *f;* (*by biting*) Bisswunde *f*
'lace-ups *npl* Schnürschuhe *pl*
lack [læk] I. *n* Mangel *m* (**of** an + *dat*); **~ of judgment** mangelndes Urteilsvermögen; **~ of funds** fehlende Geldmittel; **~ of sleep** Schlafmangel *m* II. *vt* ■ **to ~ sth** etw nicht haben; **what we ~ in this house is ...** was uns in diesem Haus fehlt, ist ...

lackadaisical [ˌlæk·ə·'deɪ·zɪ·kəl] *adj* lustlos
lackey ['læk·i] *n* (*hist or a. pej*) Lakai *m*
lacking ['læk·ɪŋ] *adj pred* ■ **to be ~ in sth** an etw *dat* mangeln
lackluster ['læk·ˌlʌs·tər] *adj* ❶ (*lacking vitality*) langweilig ❷ (*dull*) trüb[e]
laconic [lə·'kan·ɪk] *adj* ❶ (*terse*) lakonisch ❷ (*taciturn*) wortkarg
lacquer ['læk·ər] I. *n* Lack *m* II. *vt* lackieren
lacrosse [lə·'kras] *n* SPORTS Lacrosse *nt*
ladder ['læd·ər] *n* ❶ (*device*) Leiter *f*; **to go up a ~** auf eine Leiter steigen ❷ (*hierarchy*) [Stufen]leiter *f*
laden ['leɪ·dən] *adj* beladen
'ladies' room *n* Damentoilette *f*
ladle ['leɪ·dəl] I. *n* [Schöpf]kelle *f* II. *vt* austeilen
lady ['leɪ·di] *n* ❶ (*woman*) Frau *f*; **cleaning ~** Putzfrau *f*; **old ~** alte Dame ❷ (*with social status*) Dame *f* ❸ (*form: polite address*) **ladies and gentlemen!** meine [sehr verehrten] Damen und Herren!
'ladybug *n* Marienkäfer *m*
'ladylike *adj* damenhaft
lag [læg] I. *n* (*lapse*) Rückstand *m*; (*falling behind*) Zurückbleiben *nt kein pl*; **time ~** Zeitabstand *m*; (*delay*) Verzögerung *f* II. *vi* <-gg-> zurückbleiben (**behind** hinter +*dat*); *sales* schleppend laufen
lagoon [lə·'gun] *n* Lagune *f*
laid [leɪd] *pt, pp of* **lay**
laid-'back *adj* (*fam: relaxed*) locker; (*calm*) gelassen
lain [leɪn] *pp of* **lie**
lair [ler] *n* ❶ HUNT Lager *nt fachspr*; *of fox* Bau *m*; *of small animals* Schlupfwinkel *m* ❷ (*hiding place*) Schlupfwinkel *m oft pej*
laissez-faire [ˌle·seɪ·'fer] *n* Laisser-faire *nt geh*
lake [leɪk] *n* See *m*
lam [læm] *n* (*fam*) **to be on the ~** auf der Flucht sein
lama ['la·mə] *n* REL Lama *m*
lamb [læm] I. *n* ❶ (*sheep*) Lamm *nt*; (*fig*) Schatz *m fam* ❷ (*meat*) Lamm[fleisch] *nt* II. *vi* lammen
lambast(e) [læm·'bæst] *vt* heftig kritisieren
'lambskin *n* Lammfell *nt*
'lambswool I. *n* Lammwolle *f* II. *adj* Lambswool-
lame [leɪm] *adj* ❶ (*handicapped*) lahm ❷ (*weak*) lahm *pej fam*; *argument, excuse* schwach
lameness ['leɪm·nɪs] *n* Lähmung *f*; (*fig: weakness*) Lahmheit *f*
lament [lə·'ment] I. *n* Klagelied *nt* (**for** über +*akk*) II. *vt* ■ **to ~ sth** über etw *akk* klagen; ■ **to ~ sb** um jdn trauern
lamentable [lə·'mən·tə·bəl] *adj* beklagenswert; *work* erbärmlich
laminate I. *n* ['læm·ɪ·nɪt] Laminat *nt* II. *vt* ['læm·ɪ·neɪt] beschichten III. *adj attr, inv* beschichtet
laminated ['læm·ɪ·neɪ·tɪd] *adj inv* geschichtet;

(*with plastic*) beschichtet; **~ glass** Verbundglas *nt*
lamp [læmp] *n* Lampe *f*; **street ~** Straßenlaterne *f*
lampoon [læm·'pun] I. *n* Spottschrift *f* II. *vt* verspotten
'lamppost *n* Laternenpfahl *m*
lamprey ['læm·pri] *n* ZOOL Neunauge *nt*
'lampshade *n* Lampenschirm *m*
LAN [læn] *n* COMPUT *abbrev of* **local area network** LAN *nt*
lance [læns] I. *n* Lanze *f* II. *vt* MED aufschneiden
land [lænd] I. *n* ❶ Land *nt*; **to travel by ~** auf dem Landweg reisen ❷ (*ground*) Land *nt*; (*soil*) Boden *m*; **agricultural ~** Ackerland *nt*; **piece** [*or* **plot**] **of ~** (*for building*) Grundstück *nt*; (*for development*) Bauland *nt*; (*for farming*) Stück *nt* Land ❸ (*countryside*) ■ **the ~** das Land ❹ (*nation*) Land *nt*; (*fig: world*) Welt *f* II. *adj attr, inv* ❶ MIL, AGR Boden- ❷ (*real estate*) Grundstücks- ❸ **crab, wind** Land- III. *vi* ❶ AVIAT, AEROSP landen (**on** auf +*dat*) ❷ NAUT *vessel* anlegen; *people* an Land gehen ❸ (*come down*) landen (**in, on, outside** in, auf, außerhalb +*dat*); **to ~ on one's feet** auf den Füßen landen; (*fig*) [wieder] auf die Füße fallen ❹ (*fam: end up*) landen; **to ~ in jail** im Gefängnis landen IV. *vt* ❶ *plane* landen; *boat, fish* an Land ziehen ❷ (*unload*) an Land bringen; *cargo* löschen; *passengers* von Bord [gehen] lassen; *troops* anlanden ❸ (*fam: obtain*) *job* an Land ziehen *fig* ❹ (*fam: cause to end up*) bringen; **to ~ sb in trouble** jdm Ärger einhandeln
landed ['læn·dɪd] *adj attr, inv* **~ gentry** + *sing/pl* MIL niederer Landadel
'landfall *n* NAUT (*land reached*) Landungsort *m*; (*sighting*) Sichten *nt* von Land
'landfill *n* ❶ (*waste disposal*) Geländeanfüllung *f* (*mit Müll*) ❷ (*site*) Deponiegelände *nt*
'land forces *npl* MIL Landstreitkräfte *pl*
landing ['læn·dɪŋ] *n* ❶ *of stairs* Treppenabsatz *m* ❷ *of ship, plane* Landung *f*; **emergency ~** Notlandung *f* ❸ SPORTS (*coming to rest*) Landung *f*
'landing craft *n* MIL Landungsboot *nt*
'landing gear *n* Fahrgestell *nt*
'landing strip *n* Landebahn *f*
'landlady *n* (*owner*) Hausbesitzerin *f*; (*leaser*) Vermieterin *f*; *of apartments a.* Hauswirtin *f*
landless ['lænd·lɪs] *adj inv* ohne Landbesitz nach *n*, landlos
'landlocked *adj inv* von Land umgeben; **~ country** Binnenstaat *m*
'landlord *n* (*owner*) Hausbesitzer *m*; (*leaser*) Vermieter *m*; *of apartments a.* Hauswirt *m*
'landmark *n* ❶ (*point of recognition*) Erkennungszeichen *nt* ❷ (*event*) Meilenstein *m*
'landmine *n* MIL Landmine *f*
'landowner *n* Grundbesitzer(in) *m(f)*
landscape I. *n* Landschaft *f* II. *adj attr, inv* ❶ (*rural*) Landschafts- ❷ TYPO (*format*) **in ~**

format im Querformat **III.** *vt* [landschafts]gärtnerisch gestalten
'**landscape architect** *n* Landschaftsarchitekt(in) *m(f)*
landscape '**architecture** *n* Landschaftsgärtnerei *f*
'**landslide I.** *n* ❶ (*of earth, rock*) Erdrutsch *m* ❷ (*majority*) Erdrutsch[wahl]sieg *m;* **to win by a** ~ mit einer überwältigenden Mehrheit siegen **II.** *adj attr, inv* ~ **victory** Erdrutsch[wahl]sieg *m*
lane [leɪn] *n* ❶ (*road*) Gasse *f,* enge Straße ❷ *of freeway* [Fahr]spur *f;* SPORTS Bahn *f;* **bike** ~ Fahrradweg *m*
language ['læŋ·gwɪdʒ] *n* ❶ Sprache *f;* **native** ~ Muttersprache *f;* **foreign** ~ Fremdsprache *f* ❷ (*words*) Sprache *f;* (*style a.*) Ausdrucksweise *f;* **bad** ~ Schimpfwörter *pl* ❸ (*specialized*) Fachsprache *f;* (*expressions*) Fachausdrücke *pl*
'**language laboratory** *n* Sprachlabor *nt*
'**language learning** *n* Erlernen *nt* von Fremdsprachen
languid ['læŋ·gwɪd] *adj* ❶ (*weak*) schwach, matt ❷ (*listless*) *mood* gelangweilt ❸ (*sluggish*) träge
languish ['læŋ·gwɪʃ] *vi* schmachten *geh;* **to** ~ **in jail** im Gefängnis schmoren *fam*
languor ['læŋ·gər] *n* (*pleasant*) wohlige Müdigkeit *f;* (*unpleasant*) Mattigkeit *f*
lank [læŋk] *adj* ❶ *hair* strähnig ❷ *person* hager
lanky ['læŋ·ki] *adj* hoch aufgeschossen
lanolin(e) ['læn·ə·lɪn] *n* Lanolin *nt*
lantern ['læn·tərn] *n* Laterne *f*
lanyard ['læn·jərd] *n* ❶ (*cord*) Kordel *f* ❷ NAUT Taljereep *nt*
Laos [laʊs] *n* Laos *nt*
lap¹ [læp] *n* Schoß *m* ▶ PHRASES: **to live in the** ~ **of** luxury ein Luxusleben führen, wie Gott in Frankreich leben
lap² [læp] **I.** *n* ❶ SPORTS Runde *f;* ~ **of honor** Ehrenrunde *f* ❷ (*fig: stage*) Etappe *f* **II.** *vt* <-pp-> (*overtake*) überrunden **III.** *vi* hängen (**over** über +*akk*)
lap³ [læp] **I.** *vt* ❶ (*drink*) lecken, schlecken SÜDD, ÖSTERR ❷ (*hit*) *waves* [sanft] gegen etw *akk* schlagen **II.** *vi* *waves* [sanft] schlagen (**against** gegen +*akk*)
♦**lap up** *vt* ❶ (*drink*) [auf]lecken, [auf]schlecken SÜDD, ÖSTERR ❷ (*fig: accept*) [gierig] aufsaugen *fig*
'**lapdog** *n* ❶ (*dog*) Schoßhündchen *nt* ❷ (*fig: person*) Spielball *m*
lapel [lə·'pel] *n* Revers *nt*
lapis lazuli [ˌlæp·ɪs·'læz·ə·li] *n* ❶ (*gem*) Lapislazuli *m* ❷ (*color*) Ultramarin *nt kein pl*
Lapland ['læp·lænd] *n* Lappland *nt*
Laplander ['læp·læn·dər] *n* Lappländer(in) *m(f)*
lapse [læps] **I.** *n* ❶ (*error*) Versehen *nt;* (*moral*) Fehltritt *m;* ~ **of concentration** Konzentrationsmangel *m;* ~ **of judgment** Fehleinschätzung *f;* ~ **of memory** Gedächtnislücke *f*

❷ (*time*) Zeitspanne *f;* **after a** ~ **of a few days** nach Verstreichen einiger Tage **II.** *vi* ❶ (*fail*) *attention, concentration* abschweifen; *quality, standard* nachlassen ❷ (*end*) ablaufen; *contract a.* erlöschen; *subscription* auslaufen ❸ (*pass into*) verfallen (**into** in +*akk*); (*revert to*) ■**to** ~ [**back**] **into sth** in etw *akk* zurückfallen; **to** ~ **into a coma** ins Koma fallen
lapsed [læpst] *adj attr, inv* ❶ (*former*) *Catholic* vom Glauben abgefallen; *member* ehemalig ❷ (*discontinued*) abgelaufen
'**laptop, laptop com'puter** *n* Laptop *m*
larceny ['lar·sə·ni] *n* JUR Diebstahl *m*
larch <*pl* -es> [lartʃ] *n* Lärche *f;* (*wood a.*) Lärchenholz *nt kein pl*
lard [lard] **I.** *n* Schweineschmalz *nt* **II.** *vt* (*a. fig*) spicken
large [lardʒ] **I.** *adj* ❶ *size* groß ❷ *quantity, extent* groß, beträchtlich; **a** ~ **amount of work** viel Arbeit; **the** ~**st ever** der/die/das bisher Größte ▶ PHRASES: ~**r than** life überlebensgroß; (*fig*) *persons* aufgeschlossen; **by and** ~ im Großen und Ganzen **II.** *n* ■**at** ❶ (*free*) auf freiem Fuß ❷ (*general*) im Allgemeinen
largely ['lardʒ·li] *adv* größtenteils
largeness ['lardʒ·nɪs] *n* (*size*) Größe *f;* (*extensiveness*) Umfang *m*
'**large-scale** *adj usu attr* ❶ (*extensive*) umfangreich; ~ **manufacturer** Großerzeuger *m* ❷ (*made large*) in großem Maßstab *nach n;* **a** ~ **map** eine Karte mit großem Maßstab
largess [lar·'dʒes] *n* Großzügigkeit *f*
lariat ['ler·i·ət] *n* Lasso *f*
lark¹ [lark] *n* (*bird*) Lerche *f*
lark² [lark] *n* (*fam*) Spaß *m;* **for a** ~ aus Jux *fam*
larkspur ['lark·spɜr] *n* Rittersporn *m*
larva <*pl* -vae> ['lar·və] *n* Larve *f*
laryngitis [ˌler·ɪn·'dʒaɪ·tɪs] *n* Kehlkopfentzündung *f*
larynx <*pl* -es *or* -ynges> ['ler·ɪŋks] *n* Kehlkopf *m*
lasagna, lasagne [lə·'zan·jə] *n* Lasagne *f;* (*pasta a.*) Lasagneblätter *pl*
lascivious [lə·'sɪv·i·əs] *adj* lüstern *geh*
laser ['leɪ·zər] *n* Laser *m*
'**laser beam** *n* Laserstrahl *m*
'**laser printer** *n* Laserdrucker *m*
lash¹ [læʃ] **I.** *n* <*pl* -es> ❶ (*whip*) Peitsche *f;* (*whip part*) Peitschenriemen *m* ❷ (*stroke*) Peitschenhieb *m* ❸ (*eyelash*) [Augen]wimper *f* **II.** *vt* ❶ (*whip*) auspeitschen ❷ (*strike*) ■**to** ~ **sth** gegen etw *akk* schlagen; *rain* gegen etw prasseln ❸ (*criticize*) ■**to** ~ **sb** heftige Kritik an jdm üben ❹ (*wag*) **to** ~ **its tail** *animal* mit dem Schwanz schlagen **III.** *vi* ❶ (*strike*) schlagen (**at** gegen +*akk*); (*fig*) *rain, wave* peitschen (**at** gegen +*akk*) ❷ (*criticize*) ■**to** ~ **into sb** jdn anfahren ○ anbrüllen]
♦**lash down I.** *vi* *rain* niederprasseln **II.** *vt* ■**to** ~ **down** ○ **sth** etw festbinden
♦**lash out** *vi* ❶ (*attack physically*) ■**to** ~ **out at sb** [**with sth**] [mit etw *dat*] auf jdn einschla-

gen ❷ (*attack verbally, in writing*) ▪**to ~ out
at sb/sth** jdn/etw scharf kritisieren; (*criticize
severely*) ▪**to ~ out against sb/sth** jdn/etw
heftig attackieren

lash² [læʃ] *vt* (*tie*) |fest|binden (**to** an +*dat*)

lashing [ˈlæʃ·ɪŋ] *n* Peitschenhieb *m;* **to give sb
a tongue ~** (*fig*) jdm ordentlich die Meinung
sagen *fam*

lassitude [ˈlæs·ɪ·tud] *n* Energielosigkeit *f*

lasso [ˈlæs·oʊ] I. *n* <*pl* -s *or* -es> Lasso *nt*
II. *vt* mit einem Lasso einfangen

last¹ [læst] I. *adj inv* ❶ *attr* (*after all the others*)
▪**the ~ ...** der/die/das letzte ...; **to come ~**
als Letzte(r) *f/m)* kommen; **next to ~** vor-
letzte(r, s); **the second/third to ~ door** die
vor-/drittletzte Tür; **the ~ one** der/die/das
Letzte; **she was the ~ one to arrive** sie kam
als Letzte an ❷ (*lowest in order, rank*) letz-
te(r, s); ▪**to be ~** Letzte(r) *f/m)* sein; **to come
in ~** (*in a race, competition*) Letzte(r) *f/m)*
werden ❸ *attr* (*final, remaining*) letzte(r, s); **at
the ~ moment** im letzten Moment; **at long ~**
schließlich und endlich ❹ *attr* (*most recent,
previous*) letzte(r, s); **~ night** gestern Abend;
the week before ~ vorletzte Woche ▶PHRAS-
ES: **to have the ~ laugh** zuletzt lachen *fig;*
(*show everybody*) es allen zeigen; **sth is on its
~ legs** (*fam*) etw macht es nicht mehr lange;
to be the ~ straw das Fass [endgültig] zum
Überlaufen bringen *fig* II. *adv inv* ❶ (*after the
others*) als Letzte(r, s) ❷ (*most recently*) popu-
lar das letzte Mal, zuletzt ❸ (*lastly*) zuletzt,
zum Schluss; **~ but not least** nicht zuletzt
III. *n* <*pl* -> ❶ (*one after all the others*)
▪**the ~** der/die/das Letzte; **she was the ~ to
arrive** sie kam als Letzte ❷ (*only one left, final
one*) **the ~** der/die/das Letzte ❸ (*most
recent, previous one*) ▪**the ~** der/die/das
Letzte; **the ~ we heard from her, ...** als wir
das letzte Mal von ihr hörten, ... ❹ *usu sing*
SPORTS (*last position*) letzte Position ❺ (*fam:
end*) **you haven't heard the ~ of this!** das
letzte Wort ist hier noch nicht gesprochen!; **to
see the ~ of sth** (*fam*) etw nie wieder sehen
müssen; **at ~** endlich

last² [læst] I. *vi* ❶ (*go on for*) battle, game
[an]dauern ❷ (*endure*) car, machine halten;
enthusiasm, intentions anhalten; supplies etc.
ausreichen; **to make sth ~** etw sparsam verwenden; **he wouldn't ~ five minutes in the
military!** er würde keine fünf Minuten beim
Militär überstehen! II. *vt* (*serve*) car, machine
halten; supplies etc. [aus]reichen; **to ~** |sb| **a
lifetime** ein Leben lang halten

last³ [læst] *n* Leisten *m*

'last-ditch *adj attr* |aller|letzte(r, s)

lasting [ˈlæs·tɪŋ] *adj* dauerhaft, andauernd;
impression nachhaltig

lastly [ˈlæst·li] *adv* schließlich

last-'minute *adj* in letzter Minute nach n;
~ booking Last-Minute-Buchung *f*

'last name *n* Nachname *m*, Familienname *m*

latch [lætʃ] I. *n* Riegel *m* II. *vt* verriegeln

◆**latch on to, latch onto** *vi* ❶ (*become
enthusiastic about*) ▪**to ~ on to sth** concept,
idea auf etw abfahren *fam* ❷ (*attach oneself
to*) ▪**to ~ on to sb/sth** sich an jdn/etw hängen

'latchkey child *n* Schlüsselkind *nt*

late [leɪt] I. *adj* <-r, -st> ❶ (*behind time*) verspätet *attr;* ▪**to be ~** bus, flight, train Verspätung haben; person zu spät kommen, sich verspäten; ▪**to be ~ for sth** zu spät zu etw *dat*
kommen ❷ (*in the day*) spät; **let's go home -
it's getting ~** lass uns nach Hause gehen, es ist
schon spät ❸ *attr* (*towards the end*) spät; **in
the ~ afternoon/evening** spät am Nachmit-
tag/Abend; **~ October** Ende Oktober; **to be
in one's ~ thirties** Ende dreißig sein ❹ *attr*
(*dead*) verstorben ❺ *attr* (*former*) früher, ehemalig II. *adv* <-r, -s> ❶ (*after the expected
time*) spät; **the train arrived ~** der Zug hatte
Verspätung; **to stay up ~** bis spät aufbleiben;
to work ~ Überstunden machen; **the letter
arrived two days ~** der Brief ist zwei Tage zu
spät angekommen ❷ (*at an advanced time*)
we talked ~ into the night wir haben bis
spät in die Nacht geredet; **~ in the afternoon**
am späten Nachmittag; **~ in the day** spät |am
Tag|; (*fig: at the very last moment*) im |al-
ler|letzten Augenblick; **it's rather ~ in the
day to do sth** (*fig*) es ist schon beinahe zu
spät, um etw zu tun; **too ~ in the day** (*a. fig*)
zu spät

'latecomer *n* Nachzügler(in) *m(f)*

lately [ˈleɪt·li] *adv* kürzlich, in letzter Zeit, neuerdings

lateness [ˈleɪt·nɪs] *n* Verspätung *f*

'late-night *adj attr, inv* Spät-

latent [ˈleɪ·tənt] *adj inv* ❶ (*hidden*) verborgen
❷ SCI latent

later [ˈleɪ·tər] I. *adj comp of* **late** ❶ *attr* (*at
future time*) date, time später; **a ~ version of
the text** eine neuere Version des Texts ❷ *pred*
(*less punctual*) später II. *adv comp of* **late**
❶ (*at later time*) später, anschließend; **no ~
than nine o'clock** nicht nach neun Uhr; **see
you** |*or fam* ya| **~!** bis später! ❷ (*afterwards*)
später, danach

lateral [ˈlæt·ər·əl] *adj esp attr* seitlich, Seiten-,
Neben-; thinking unorthodox

latest [ˈleɪ·tɪst] I. *adj superl of* late: ▪**the ~ ...**
der/die/das jüngste |*o* letzte| ...; **her ~ movie**
ihr neuester Film II. *n* **have you heard the ~?**
hast du schon das Neueste gehört?; (*most
recent info*) **what's the ~ on that story?** wie
lauten die neuesten Entwicklungen in dieser
Geschichte? III. *adv* **at the** |very| **~** bis |al-
ler|spätestens

latex [ˈleɪ·teks] *n* Latex *m*

latex 'paint *n* Dispersionsfarbe *f*

lathe [leɪ̯ð] *n* Drehbank *f*

lather [ˈlæð·ər] I. *n* ❶ (*soap*) |Seifen|schaum *m*
❷ (*sweat*) Schweiß *m;* (*on horse*) Schaum *m*
II. *vi* schäumen III. *vt* einseifen

Latin [ˈlæt·ən] I. *n* Latein *nt* II. *adj* ❶ LING latei-

nisch ② (*of Latin origin*) Latein-
Latina [lə·'ti·nə] **I.** *n* Latina *f* **II.** *adj* lateinamerikanisch
Latino [lə·'ti·noʊ] **I.** *n* Latino *m* **II.** *adj* lateinamerikanisch
latitude ['læt·ɪ·tud] *n* Breite *f,* Breitengrad *m*
latrine [lə·'trin] *n* Latrine *f*
latter ['læt·ər] **I.** *adj attr* ① (*second*) zwei-
te(r, s) ② (*near the end*) spätere(r, s); **in the ~
part of the year** in der zweiten Jahreshälfte
II. *pron* ■ **the ~** der/die/das Letztere
lattice ['læt·ɪs] *n* Gitter[werk] *nt*
Latvia ['læt·vi·ə] *n* Lettland *nt*
Latvian ['læt·vi·ən] **I.** *n* ① (*person*) Lette,
-in *m, f* ② (*language*) Lettisch *nt kein pl* **II.** *adj*
lettisch
laud [lɔd] *vt* (*form*) preisen *geh*
laudable ['lɔ·də·bəl] *adj* lobenswert
laugh [læf] **I.** *n* ① (*sound*) Lachen *nt kein pl*
② (*fam: activity*) **to have a good ~** sich köstlich amüsieren *m;* **to do sth for a ~** etw [nur]
aus Spaß tun **II.** *vi* ① (*express amusement*) lachen (*at* über +*akk*); **to make sb ~** jdn zum
Lachen bringen ② (*fig: scorn*) ■ **to ~ at sb/
sth** sich über jdn/etw lustig machen; ■ **to ~ at
sb** (*find funny*) über jdn lachen; (*find ridiculous*) jdn auslachen ▶ PHRASES: **to ~ in sb's
face** jdn auslachen; **no ~ing matter** nicht
zum Lachen; **he who ~s** <u>last</u> **~s best** (*prov*)
wer zuletzt lacht, lacht am besten
◆ **laugh off** *vt* mit einem Lachen abtun
laughable ['læf·ə·bəl] *adj* lächerlich *pej,* lachhaft *pej*
laughing gas ['læf·ɪŋ-] *n* Lachgas *nt*
'**laughing stock** *n* ■ **to be a ~** die Zielscheibe
des Spotts sein
laughter ['læf·tər] *n* Gelächter *nt,* Lachen *nt*
launch[1] [lɔntʃ] **I.** *n* ① (*of boat*) Stapellauf *m;* (*of
rocket, spacecraft*) Start *m* ② (*presentation*)
Präsentation *f* **II.** *vt* ① (*send out*) *boat* zu Wasser lassen; *ship* vom Stapel lassen; *balloon* steigen lassen; *missile, torpedo* abschießen;
rocket, spacecraft starten; *satellite* in den
Weltraum schießen ② (*begin*) beginnen; *campaign, show* starten; *inquiry* anstellen; **to ~ an
attack** zum Angriff übergehen; **to ~ an
invasion** [in ein Land] einfallen ③ (*hurl*) ■ **to
~ oneself at sb** sich auf jdn stürzen
◆ **launch into** *vi* ■ **to ~ into sth** sich [begeis-
tert] in etw *akk* stürzen; **to ~ into a verbal
attack** eine Schimpfkanonade loslassen
launch[2] [lɔntʃ] *n* (*boat*) Barkasse *f*
'**launching pad,** '**launch pad** *n* ① Abschussrampe *f* ② (*fig*) Anfang *m*
launder ['lɔn·dər] *vt* ① (*wash*) waschen [und
bügeln] ② (*fig: disguise*) weißwaschen *fam;
money* waschen *sl*
Laundromat® ['lɔn·drə·mæt] *n* Waschsalon *m*
laundry ['lɔn·dri] *n* ① (*dirty clothes*) Schmutzwäsche *f;* **to do the ~** Wäsche waschen
② (*washed clothes*) frische Wäsche ③ (*place*)
Wäscherei *f*
'**laundry basket** *n* Wäschekorb *m*

'**laundry hamper** *n see* **laundry basket**
'**laundry service** *n* ① (*facility*) Wäscheser-
vice *m* ② (*business*) Wäscherei *f*
laureate ['lɔr·i·ɪt] *n* Preisträger(in) *m(f)*
laurel ['lɔr·əl] *n* ① (*tree*) Lorbeer[baum] *m* ② *pl*
(*wreath*) ■ **~s** Lorbeeren *pl* ▶ PHRASES: **to** <u>rest</u>
on one's ~s sich auf seinen Lorbeeren ausru-
hen
lava ['la·və] *n* Lava *f;* (*stone*) Lavagestein *nt*
lavatory ['læv·ə·tɔr·i] *n* Toilette *f*
lavender ['læv·ən·dər] **I.** *n* Lavendel *m* **II.** *adj*
lavendelfarben
lavish ['læv·ɪʃ] **I.** *adj* ① *meal* üppig; *banquet,
reception* aufwendig ② (*generous*) großzügig,
verschwenderisch; *praise* überschwänglich;
promises großartig **II.** *vt* ■ **to ~ sth on sb** jdn
mit etw *dat* überhäufen; **to ~ great effort on
sth** viel Mühe in etw *akk* stecken
law [lɔ] *n* ① (*rule*) Gesetz *nt* ② (*system*)
■ **the ~** das Gesetz; **against the ~** illegal; **to
break the ~** das Gesetz brechen ③ (*subject*)
Jura *kein art* ▶ PHRASES: **the ~ of the** <u>jungle</u> das
Gesetz des Stärkeren; **sb** <u>is</u> **a ~ unto himself/
herself** jd lebt nach seinen eigenen Gesetzen
'**law-abiding** *adj citizen* gesetzestreu
'**lawbreaker** *n* Gesetzesbrecher(in) *m(f)*
'**law court** *n* Gericht *nt*
'**law enforcement** *n* Gesetzesvollzug *m;* **in
most countries, ~ is in the hands of the
police** in den meisten Ländern ist es Aufgabe
der Polizei, für die Einhaltung der Gesetze zu
sorgen
law firm, law office *n* Anwaltsbüro *nt,* Kanzlei *f*
lawful ['lɔ·fəl] *adj* gesetzlich; *heir, owner* gesetzmäßig
lawless ['lɔ·lɪs] *adj* ① (*without laws*) gesetzlos
② (*illegal*) gesetzwidrig
'**lawmaker** *n* Gesetzgeber(in) *m(f)*
lawn[1] [lɔn] *n* Rasen *m*
lawn[2] [lɔn] *n* (*cotton*) Batist *m;* (*linen*) Li-
non *m*
'**lawn bowling** *n* Bowls *pl*
'**lawnmower** *n* Rasenmäher *m*
'**law school** *n* juristische [*o* ÖSTERR juridische]
Fakultät
'**law student** *n* Jurastudent(in) *m(f)*, Jusstu-
dent(in) *m(f)* ÖSTERR, SCHWEIZ
'**lawsuit** *n* Klage *f,* Prozess *m*
lawyer ['lɔ·jər] *n* Rechtsanwalt, -anwältin *m, f*
lax [læks] *adj* ① (*careless*) lax *oft pej; discipline, security* mangelnd ② (*lenient*) locker
laxative ['læk·sə·tɪv] **I.** *n* Abführmittel *nt*
II. *adj attr* abführend
laxity ['læk·sɪ·ti] *n* Laxheit *f*
lay[1] [leɪ] **I.** *vt* <laid, laid> ① (*spread*) legen (**on**
auf +*akk*), breiten (**over** über +*akk*) ② (*produce*) **to ~ an egg** ein Ei legen ③ (*put down*)
verlegen; **to ~ the foundations of a building**
das Fundament für ein Gebäude legen; **to ~
the foundations for sth** (*fig*) das Fundament
zu etw *dat* legen; **to ~ the blame on sb** (*fig*)
jdn für etw *akk* verantwortlich machen ④ (*pre-*

pare) *trap* [auf]stellen; *plans* schmieden; *bomb, fire* legen ➏ (*render*) **to ~ sth bare** etw offenlegen; **to ~ sb/sth open to criticism** jdn/etw der Kritik aussetzen ➏ (*present*) ■ **to ~ sth before sb** jdm etw vorlegen ➐ (*vulg, sl: have sex*) ■ **to ~ sb** jdn umlegen *vulg;* **to get laid** flachgelegt werden *sl* ▶ PHRASES: **to ~ hands on sb** Hand an jdn legen; **to ~ eyes on** [erstmals] zu sehen bekommen; **to ~ sth to rest** etw beschwichtigen II. *vi* <laid, laid> *hen* [Eier] legen III. *n* ➊ (*shape*) **the ~ of the land** (*fig*) die Lage; **to find out the ~ of the land** (*fig*) die Lage sondieren ➋ (*vulg, sl: sex partner*) **to be a good ~** gut im Bett sein *fam;* **to be an easy ~** leicht zu haben sein *fam*

◆**lay aside** *vt* ➊ (*put away, save*) beiseitelegen ➋ (*fig: abandon*) auf Eis legen *fam* ➌ (*fig: forget*) *one's differences* beilegen ➍ (*reserve*) beiseitelegen

◆**lay down** *vt* ➊ (*deposit*) hinlegen (**on** auf +*akk*) ➋ *weapons* niederlegen ➌ (*decide on*) *rules* festlegen; (*establish*) aufstellen ▶ PHRASES: **to ~ down the law** [about sth] [über etw *akk*] Vorschriften machen

◆**lay into** *vi* (*fam*) ➊ ■ **to ~ into sb** (*physically*) jdn angreifen; (*verbally*) jdn zur Schnecke machen *fam* ➋ (*eat*) ■ **to ~ into sth** etw verschlingen

◆**lay off** I. *vt* kündigen; ■ **to ~ off** ○ **sb** jdn entlassen II. *vi* aufhören; **to ~ off smoking** das Rauchen aufgeben

◆**lay on** *vt* ➊ (*apply*) auftragen ➋ (*sl: berate*) **to ~ it on sb** jdn zur Schnecke machen *fam*

◆**lay out** *vt* ➊ (*arrange*) planen; *schedule, phases* organisieren ➋ *map* ausbreiten (**on** auf +*dat*) ➌ *usu passive* (*design*) ■ **to be laid out** angeordnet sein; *garden* angelegt sein ➍ (*explain*) *rules* ■ **to ~ out** ○ **sth** [for sb] [jdm] etw erklären

◆**lay up** *vt usu passive* **to be laid up** [in bed] **with the flu** mit einer Grippe im Bett liegen

lay² [leɪ] *adj attr, inv* ➊ (*amateur*) laienhaft ➋ *clergy* weltlich, Laien-

lay³ [leɪ] *pt of* **lie**

layer ['leɪ·ər] I. *n* ➊ Schicht *f;* ■ ~**s** *pl* (*in hair*) Stufen *pl* ➋ (*fig: level*) Stufe *f; administrative* Ebene *f* II. *vt* ■ **to ~ sth** [with sth] etw [abwechselnd mit etw *dat*] in Schichten anordnen

layered ['leɪ·ərd] *adj inv* Stufen-, Schicht-

layette [leɪ·'et] *n* Babyausstattung *f*

'layman *n* Laie *m*

'layoff *n* (*from work*) *temporary* vorübergehende Entlassung; *permanent* Entlassung *f*

'layout *n* ➊ (*plan*) *of building* Raumaufteilung *f; of road, town* Plan *m* ➋ (*of text*) Layout *nt* ➌ (*arrangement*) Anordnen *nt*

'layover *n* Aufenthalt *m;* (*of plane*) Zwischenlandung *f*

laze [leɪz] *vi* faulenzen

laziness ['leɪ·zɪ·nɪs] *n* Faulheit *f*

lazy ['leɪ·zi] *adj* ➊ (*unwilling*) faul; (*lacking pep*) träge; ~ **as hell** stinkfaul ➋ (*relaxed*) müßig *geh;* **I had a wonderful, ~ weekend**

ich hatte ein herrliches, erholsames Wochenende

'lazybones *n* + *sing vb* (*pej*) Faulenzer(in) *m(f)*

lb. < *pl* - *or* -**s** > *n abbrev of* **pound** Pfd.

LCD [ˌel·si·'di] *n abbrev of* **liquid crystal display** LCD *nt*

lead¹ [lid] I. *vt* <led, led> ➊ (*command*) führen; *delegation, discussion, inquiry* leiten ➋ (*guide*) führen (**into, over, through** in, über, durch +*akk,* **to** zu +*dat*); **to ~ sb astray** jdn auf Abwege führen ➌ (*go in advance*) **to ~ the way** vorangehen; (*in car*) voranfahren; **to ~ the way in sth** (*fig*) bei etw *dat* an der Spitze stehen ➍ ECON, SPORTS (*be ahead of*) anführen ▶ PHRASES: **to ~ sb down the garden path** (*fam*) jdn an der Nase herumführen II. *vi* <led, led> ➊ (*command*) die Leitung innehaben ➋ (*be guide*) vorangehen; **to ~ from the front** (*fig*) den Ton angeben ➌ (*be directed toward*) ■ **to ~ somewhere/nowhere** irgendwohin/nirgendwohin führen ➍ (*cause to happen*) ■ **to ~ to sth** zu etw *dat* führen ➎ (*be in the lead*) führen; SPORTS in Führung liegen III. *adj* ~ **singer** Leadsänger; ~ **violinist** erster Geiger/erste Geigerin IV. *n* ➊ THEAT, FILM Hauptrolle *f* ➋ *usu sing* (*precedent, example*) Beispiel *nt* ➌ (*front position*) Führung *f;* ■ **to be in the ~** führend sein; SPORTS in Führung liegen; **to take over the ~** sich an die Spitze setzen ➍ (*advance position*) Vorsprung *m* ➎ (*clue*) Hinweis *m* ➏ (*leash*) Leine *f* ➐ ELEC (*wire*) Kabel *nt*

◆**lead off** I. *vt* ➊ (*initiate*) ■ **to ~ off** ○ **sth** [with sth] etw [mit etw *dat*] eröffnen ➋ (*take away*) ■ **to ~ off** ○ **sb** jdn wegführen II. *vi* ➊ (*begin*) beginnen ➋ *road* wegführen; **to ~ off to the left/right** nach links/rechts abgehen

◆**lead on** *vt* (*pej*) ■ **to ~ on** ○ **sb** ➊ (*deceive*) jdm etw vormachen, jdn hinhalten ➋ (*entice*) jdn anstiften

◆**lead up to** *vi* ■ **to ~ up to sth** ➊ (*precede*) etw *dat* vorangehen ➋ (*approach*) *subject, topic* hinführen (zu +*dat*)

lead² [led] I. *n* ➊ (*metal*) Blei *nt* ➋ (*of pencil*) Mine *f* II. *adj* Blei-

leaded ['led·əd] I. *adj inv* ➊ AUTO *gasoline* verbleit ➋ ARCHIT *windows* bleiverglast II. *n* verbleites Benzin

leaden ['led·ən] *adj* ➊ (*of color*) bleiern ➋ (*heavy*) bleischwer; *facial expression* starr

leader ['li·dər] *n* ➊ (*head*) Leiter(in) *m(f),* Führer(in) *m(f)* ➋ (*competitor*) Erste(r) *f(m)* ➌ (*most successful*) Führende(r) *f(m)* ➍ MUS (*conductor*) Dirigent(in) *m(f)*

leadership ['li·dər·ʃɪp] I. *n* ➊ (*action*) Führung *f* ➋ (*position*) Leitung *f,* Führung *f,* Führerschaft *f* II. *adj* Führungs-

lead-free ['led·fri] *adj* bleifrei

leading ['li·dɪŋ] *adj attr* führend

leading 'edge I. *n* ➊ *of wing* Flügelvorderkante *f* ➋ *of development* ■ **to be at the ~** [of

sth] auf dem neuestem Stand [einer S. *gen*]
sein **II.** *adj attr, inv* ■**leading-edge** Spitzen-,
Hightech-
leading 'lady *n* Hauptdarstellerin *f*
leading 'light *n* führende Persönlichkeit
leading 'man *n* Hauptdarsteller *m*
leading 'question *n* Suggestivfrage *f*
lead pencil [led'-] *n* Bleistift *m*
'lead poisoning *n* Bleivergiftung *f*
lead singer [lid'-] *n* Leadsänger(in) *m(f)*
lead 'story *n* Leitartikel *m*
'lead time *n* (*in production*) Vorlaufzeit *f;* (*for
completion*) Realisierungszeit *f*
leaf [lif] **I.** *n* <*pl* leaves> ❶ *of plant* Blatt *nt*
❷(*foliage*) Laub *nt* ▶ PHRASES: **to shake like
a ~** wie Espenlaub zittern **II.** *vi* <-s, -ed> ■**to
~ through sth** etw durchblättern
leaflet ['lif·lɪt] **I.** *n* (*for advertising*) Prospekt *m*
ÖSTERR *a. nt;* (*for instructions*) Merkblatt *nt;*
(*for political use*) Flugblatt *nt;* (*brochure*) Broschüre *f* **II.** *vi* <-t-> (*in street*) auf der Straße
Prospekte/Flugblätter/Broschüren verteilen;
(*by mail*) per Post Werbematerial/Broschüren
verschicken
leafy ['li·fi] *adj* ❶(*of place*) belaubt ❷ HORT
Blatt-, blattartig
league [lig] **I.** *n* ❶(*group*) Bund *m* ❷ SPORTS Liga *f* ❸(*fig: class*) Klasse *f;* ■**to be out of
sb's ~** eine Nummer zu groß für jdn sein
II. *adj* SPORTS Liga-
leak [lik] **I.** *n* Leck *nt; gas* **~** undichte Stelle in
der Gasleitung **II.** *vi bucket, hose, container*
undicht sein; *boat, ship* lecken; *faucet* tropfen;
tire Luft verlieren; *pen* klecksen, patzen ÖSTERR
III. *vt* ❶ *gas, liquid* austreten lassen ❷(*fig: disclose*) *information* durchsickern lassen
leakage ['li·kɪdʒ] *n* ❶ *of gas* Ausströmen *nt; of
liquid* Auslaufen *nt; of water* Versickern *nt*
❷(*fig: disclosure*) Durchsickern *nt*
leaky ['li·ki] *adj* leck
lean[1] [lin] **I.** *vi* <leaned, leaned> ❶(*incline*)
sich beugen; (*prop*) sich lehnen; ■**to ~ forward** sich nach vorne lehnen; ■**to ~ on sb/
sth** sich an jdn/etw [an]lehnen; **to ~ out of a
window** sich aus einem Fenster [hinaus]leh-
nen ❷(*fig: opinion*) neigen; **I ~ toward the
view that ...** ich neige zur Ansicht, dass ...
II. *vt* <leaned, leaned> lehnen (**against, on**
an, auf +*akk*)
◆**lean on** *vi* ❶(*rely on*) sich verlassen (auf
+*akk*) ❷(*fam: put under pressure*) unter
Druck setzen
◆**lean over** *vi* sich beugen (über +*akk*)
lean[2] [lin] *adj* ❶(*not fat*) mager; *person a.*
schlank ❷(*not excessive*) *budget* schmal *fig;*
(*efficient*) effizient
leaning ['li·nɪŋ] *n esp pl* Neigung *f geh* (**for,
toward** zu +*dat*)
'lean-to *n* ❶(*annex*) Anbau *m* ❷(*shelter*)
Schuppen *m,* [mit Pultdach]
leap [lip] **I.** *n* ❶(*jump*) Sprung *m;* (*longer*)
Satz *m* ❷(*fig: increase*) Sprung *m* (**in** bei
+*dat*) **II.** *vi* <leaped *or* leapt, leaped *or*

leapt> ❶(*jump*) springen (**across, over** über
+*akk,* **from** von +*dat*); ■**to ~ on sb/sth** sich
auf jdn/etw stürzen ❷(*rush*) **to ~ to sb's
defense** (*fig*) zu jds Verteidigung eilen ❸(*fig:
be enthusiastic*) **to ~ at the chance to do sth**
die Chance ergreifen, etw zu tun; **to ~ with
joy** vor Freude einen Luftsprung machen
❹(*fig: increase*) *prices, temperatures* in die
Höhe schießen **III.** *vt* <leaped *or* leapt,
leaped *or* leapt> springen (über +*akk*), überspringen
◆**leap out** *vi* ❶(*jump out*) herausspringen (**of**
aus +*dat*); (*from behind sth*) hervorspringen
❷(*fig: grab attention*) ■**to ~ out at sb** jdm
ins Auge springen
◆**leap up** *vi* aufspringen
'leapfrog I. *n* Bockspringen *nt* **II.** *vt* <-gg->
❶(*vault*) einen Bocksprung machen (über
+*akk*) ❷(*go around*) umgehen; (*fig: skip*)
überspringen **III.** *vi* <-gg-> (*vault*) ■**to ~ over
sb/sth** über jdn/etw einen Bocksprung machen
leapt [lept] *vt, vi pt, pp of* **leap**
'leap year *n* Schaltjahr *nt*
learn [lɜrn] **I.** *vt* <learned *or* learnt, learned *or*
learnt> lernen; ■**to ~ how to do sth** lernen,
wie man etw tut ▶ PHRASES: **to ~ sth by heart**
etw auswendig lernen **II.** *vi* <learned *or*
learnt, learned *or* learnt> ❶(*master*) lernen
(**about** über +*akk*); **to ~ from one's mistakes** aus seinen Fehlern lernen ❷(*become
aware*) ■**to ~ about sth** von etw *dat* erfahren
learner ['lɜr·nər] *n* Lernende(r) *f(m);* **to be a
quick ~** schnell lernen
learning ['lɜr·nɪŋ] *n* ❶das Lernen ❷(*education*) Bildung *f;* (*scholarliness*) Gelehrsamkeit *f*
'learning disability *n* Lernstörung *f;* (*more
severe*) Lernbehinderung *f*
learnt [lɜrnt] *vt, vi pt, pp of* **learn**
lease [lis] **I.** *vt* ❶(*grant use*) vermieten (**to** an
+*akk*); *land, property* verpachten ❷(*rent*)
mieten; *land, property* pachten; *equipment*
leasen **II.** *n of apartment, house* Mietvertrag *m; of land, property* Pachtvertrag *m; of
equipment* Leasingvertrag *m*
'leasehold *n* (*renting of property*) Pachtbesitz *m*
leash [liʃ] **I.** *n* ❶(*cord*) Leine *f;* (*for children*)
Laufgurt *m;* **to be kept on a ~** an einer Leine
geführt werden ❷(*fig: restraint*) **on emotions,
feelings** Zügel *m* **II.** *vt* ❶ *dog* anleinen ❷(*fig:
restrain*) *emotions, feelings* zügeln
leasing ['li·sɪŋ] *n* ❶(*granting of use*) *of land*
Verpachten *nt; of apartment, house* Vermieten *nt;* (*of equipment*) Leasing *nt* ❷(*renting*)
of land Pachten *nt; of apartment, house* Mieten *nt; of equipment* Leasen *nt*
least [list] **I.** *adv* am wenigsten; **the ~ little
thing** die kleinste Kleinigkeit; **~ of all** am aller-
wenigsten; **no one believed her, ~ of all the
police** niemand glaubte ihr, schon gar nicht
die Polizei **II.** *adj det* (*tiniest amount*) gering-

L

ste(r, s); ■**at** ~ (*minimum*) mindestens, wenigstens; (*if nothing else*) wenigstens, zumindest

leather ['leð·ər] I. *n* Leder *nt* II. *adj inv* Leder-
leathery ['leð·ə·ri] *adj* ❶ (*tough*) led[e]rig; *hands, skin* ledern ❷ *meat* zäh

leave [liv] I. *n* ❶ (*farewell*) Abschied *m;* **to take one's** ~ sich verabschieden ❷ (*permission*) Erlaubnis *f* ❸ (*off work*) Urlaub *m;* **maternity** ~ Mutterschaftsurlaub *m;* **to go on** ~ in Urlaub gehen II. *vt* <left, left> ❶ (*depart*) verlassen; (*train*) abfahren ❷ (*permanently*) *husband, wife* verlassen; *job* aufgeben; **to** ~ **home** von zu Hause weggehen; **to** ~ **school** die Schule beenden ❸ (*not take*) [zurück]lassen (**with** bei +*dat*); *message, note* hinterlassen ❹ (*forget*) vergessen ❺ *footprints, stains* hinterlassen ❻ (*cause to remain*) **to** ~ **sb better off** jdn in einer besseren Situation zurücklassen; **to** ~ **sth open** etw offen lassen ❼ (*not change*) lassen ❽ (*not eat*) übrig lassen ❾ (*bequeath*) *money, assets* hinterlassen ❿ (*not discuss*) *question, subject* lassen; **let's** ~ **it at that** lassen wir es dabei bewenden ⓫ (*assign*) ■**to** ~ **sth to sb** *decision* jdm etw überlassen ▶ PHRASES: **to** ~ **nothing to chance** nichts dem Zufall überlassen; **to** ~ **sb to their own devices** jdn sich *dat* selbst überlassen; **to** ~ **a lot to be desired** viel zu wünschen übrig lassen; **to** ~ **sb alone** jdn in Ruhe lassen III. *vi* <left, left> [weg]gehen; *vehicle* abfahren; **the bus has [already] left** der Bus ist schon weg; *plane* abfliegen

◆**leave behind** *vt* ❶ (*not take*) zurücklassen ❷ *traces* hinterlassen ❸ (*fig: forget on purpose*) ■**to** ~ **behind** ↻ **sth** etw hinter sich *dat* lassen

◆**leave off** *vt* ❶ (*omit*) auslassen; **to** ~ **sb's name off a list** jds Namen nicht in eine Liste aufnehmen ❷ (*not put on*) **to** ~ **a lid off sth** keinen Deckel auf etw *akk* geben ❸ (*not wear*) **to** ~ **off** ↻ **one's coat** seinen Mantel nicht anziehen

◆**leave out** *vt* ❶ (*omit*) auslassen; *facts, scenes* weglassen; (*accidentally*) vergessen, übersehen ❷ (*exclude*) ausschließen

◆**leave over** *vt usu passive* ■**to be left over [from sth]** [von etw *dat*] übrig geblieben sein
leaven ['lev·ən] *vt usu passive* ❶ *bread, dough* gehen lassen ❷ (*fig: lighten*) ■**to be ~ed by sth** mit etw *dat* aufgelockert werden
leavening ['lev·ən·ɪŋ] *n* ❶ (*rising agent*) Gärmittel *nt;* (*sourdough*) Sauerteig *m* ❷ (*liter: sth that enlightens*) Auflockerung *f*
leaves [livz] *n pl of* **leaf**
leaving ['li·vɪŋ] *n* Abreise *f*
lecher ['letʃ·ər] *n* Wüstling *m*
lecherous ['letʃ·ər·əs] *adj* geil *oft pej*
lechery ['letʃ·ə·ri] *n* Geilheit *f* oft pej; (*desire*) Lüsternheit *f*
lectern ['lek·tərn] *n* [Redner]pult *nt;* REL Lektionar *nt fachspr*
lecture ['lek·tʃər] I. *n* ❶ (*speech*) Vortrag *m*

(**on, about** über +*akk*); UNIV Vorlesung *f* (**on** über +*akk*) ❷ (*criticism*) Standpauke *f fam* II. *vi* ❶ UNIV eine Vorlesung halten (**in, on** über +*akk*) ❷ (*criticize*) belehren (**about** über +*akk*) III. *vt* ■**to** ~ **sb on** [*or* **about**] **sth** ❶ (*give speech*) jdm über etw *akk* einen Vortrag halten; UNIV vor jdm über etw *akk* eine Vorlesung halten ❷ (*criticize*) jdm wegen einer S. eine Standpauke halten *fam;* (*advise*) jdm über etw *akk* einen Vortrag halten *fam*
'**lecture hall** *n* Hörsaal *m*
lecturer ['lek·tʃər·ər] *n* ❶ (*speaker*) Redner(in) *m(f)* ❷ (*university*) Dozent(in) *m(f);* (*untenured*) Lehrbeauftragte(r) *f(m)*
'**lecture tour** *n* Vortragsreise *f*
led [led] *pt, pp of* **lead**
ledge [ledʒ] *n* Sims *m o nt;* (*of rock*) Felsvorsprung *m*
ledger ['ledʒ·ər] *n* FIN Hauptbuch *nt*
lee [li] *n* Windschatten *m;* GEOG, NAUT Lee *f o nt fachspr*
leech <*pl* -es> [litʃ] I. *n* ❶ (*worm*) Blutegel *m* ❷ (*person*) Blutsauger(in) *m(f)* II. *vi* ■**to** ~ **on sb/sth** (*rely on*) von jdm/etw abhängen; (*exploit*) bei jdm/etw schmarotzen *pej*
leek [lik] *n* Lauch *m*
leer [lɪr] I. *vi* ■**to** ~ **at sb** jdm anzügliche Blicke zuwerfen II. *n* anzügliches Grinsen
leeway ['li·weɪ] *n* Spielraum *m*
left¹ [left] I. *n* ❶ (*direction*) **from** ~ **to right** von links nach rechts ❷ (*turn*) **to make a** ~ [nach] links abbiegen; (*street*) **the second** ~ die zweite Straße links ❸ (*side*) ■**the** ~ die linke Seite; POL die Linke; **my sister is third from the** ~ meine Schwester ist die Dritte von links; ■**on** [*or* **to**] **sb's** ~ zu jds Linken, links von jdm II. *adj* ❶ *inv* linke(r, s) ❷ (*political*) linke(r, s), linksgerichtet III. *adv inv* (*direction*) nach links; (*side*) links; **to keep** ~ sich links halten ▶ PHRASES: ~, **right and center** überall
left² [left] *pt, pp of* **leave**
'**left-hand** *adj attr* (*on left side*) linke(r, s)
left-'handed I. *adj* ❶ *person* linkshändig; **she is** ~ sie ist Linkshänderin ❷ *attr tool* Linkshänder- ❸ *screw* linksdrehend; BIOL linksgedreht II. *adv* SPORTS **to bat/throw** ~ mit links schlagen/werfen
left-'hander *n* (*person*) Linkshänder(in) *m(f)*
leftist ['lef·tɪst] I. *adj* linke(r, s), linksorientiert II. *n* Linke(r) *f(m)*
'**leftovers** *npl* ❶ (*food*) Reste *pl* ❷ (*parts*) Überreste *pl*
left 'wing *n* ■**the** ~ ❶ POL die Linke ❷ MIL, SPORTS der linke Flügel
left-'wing *adj* linksgerichtet, links *präd*
left-'winger *n* Linke(r) *f(m)*
leg [leg] *n* ❶ (*limb, support*) Bein *nt;* **table** ~ Tischbein *m* ❷ (*meat*) Keule *f,* Schlegel *m* SÜDD, ÖSTERR ❸ *of clothes* [Hosen]bein *nt* ❹ (*stage*) Etappe *f;* (*round*) Runde *f* ❺ (*fam*) **to have** ~**s** (*remain popular*) langfristig halten; (*succeed*) klappen *fam* ▶ PHRASES: **to be on one's last** ~**s** auf dem letzten Loch pfeifen

sl; **to** <u>give</u> **sb a ~ up** (*fam: help to climb*) jdm hinaufhelfen; (*fig: give advantage to*) jdm unter die Arme greifen; **to** <u>pull</u> **sb's ~** (*fam*) jdn auf den Arm nehmen

legacy ['leg·ə·si] *n* ❶ LAW Vermächtnis *nt,* Erbe *nt a. fig* ❷ (*sth from past*) Alt-

legal ['li·gəl] *adj* ❶ (*permitted by law*) legal ❷ (*statutory*) gesetzlich [vorgeschrieben] ❸ (*under law*) rechtmäßig ❹ (*of courts*) gerichtlich; (*of lawyers*) juristisch ❺ (*of paper*) nordamerikanische Standardgröße für Papierformat: *21,6 cm x 35,6 cm*

legal 'aid *n* [unentgeltlicher] Rechtsbeistand

legalese [,li·gəl·'iz] *n* (*pej fam*) Juristenjargon *m oft pej*

legality [li·'gæl·ɪ·ţi] *n* Legalität *f,* Gesetzmäßigkeit *f*

legalization [,li·gə·lɪ·'zeɪ·ʃən] *n* Legalisierung *f geh*

legalize ['li·gə·laɪz] *vt* legalisieren *geh*

legally ['li·gə·li] *adv* ❶ (*permissible*) legal ❷ (*required*) **~ obliged** gesetzlich verpflichtet ❸ (*according to the law*) rechtmäßig

'legal pad *n* Schreibblock *m*

legation [lɪ·'geɪ·ʃən] *n* ❶ (*group*) Gesandtschaft *f* ❷ (*building*) Gesandtschaftsgebäude *nt*

legend ['ledʒ·ənd] *n* ❶ (*saga*) Sage *f;* (*about saint*) Legende *f* ❷ (*person*) Legende *f,* legendäre Gestalt

legendary ['ledʒ·ən·der·i] *adj* ❶ *inv* (*mythical*) sagenhaft; (*in legend*) legendär ❷ (*famous*) legendär; ■ **to be ~ for sth** für etw *akk* berühmt sein

leggings ['leg·ɪŋz] *npl* ❶ (*tight-fitting*) Leggings *pl* ❷ (*protective*) Überhose *f*

leggy ['leg·i] *adj* (*of woman*) langbeinig, mit langen Beinen *nach n*

legible ['ledʒ·ə·bəl] *adj* lesbar

legion ['li·dʒən] **I.** *n* HIST Legion *f;* (*soldiers*) Armee *f;* **the** [**Foreign**] **L~** die Fremdenlegion **II.** *adj pred, inv* unzählig

legionnaire [,li·dʒə·'ner] *n* [Fremden]legionär *m*

Legion'naires' disease *n* die Legionärskrankheit

legislate ['ledʒ·ɪ·sleɪt] **I.** *vi* ein Gesetz erlassen (**against** gegen +*akk*) **II.** *vt* gesetzlich regeln

legislation [,ledʒ·ɪ·'sleɪ·ʃən] *n* ❶ (*laws*) Gesetze *pl;* **a piece of ~** ein Gesetz *nt;* (*proposed*) ein Gesetzentwurf *m* ❷ (*lawmaking*) Gesetzgebung *f*

legislative ['ledʒ·ɪ·sleɪ·ţɪv] *adj esp attr* gesetzgebend; **~ period** Legislaturperiode *f*

legislator ['ledʒ·ɪ·sleɪ·ţər] *n* Gesetzgeber(in) *m(f)*

legislature ['ledʒ·ɪ·sleɪ·tʃər] *n* Legislative *f;* **member of the ~** Parlamentsmitglied *nt*

legitimacy [lə·'dʒɪţ·ə·mə·si] *n* ❶ (*rightness*) Rechtmäßigkeit *f* ❷ (*of birth*) Ehelichkeit *f*

legitimate I. *adj* [lə·'dʒɪţ·ə·mɪt] ❶ (*legal*) rechtmäßig ❷ (*reasonable*) gerechtfertigt; *complaint, grievance* begründet ❸ *child* ehelich **II.** *vt* [lə·'dʒɪţ·ə·meɪt] ❶ (*make legal*) für

rechtsgültig erklären ❷ (*make acceptable*) anerkennen

legitim(at)ize [lə·'dʒɪţ·ə·m(ə·t)aɪz] *vt* ❶ (*make legal*) für rechtsgültig erklären ❷ (*make acceptable*) legitimieren

'legroom *n* Beinfreiheit *f*

legume [lə·'gjum] *n* BOT Hülsenfrucht *f*

leisure ['li·ʒər] **I.** *n* Freizeit *f;* **to lead a life of ~** ein müßiges Leben führen ▸ PHRASES: **at** [**one's**] **~** in aller Ruhe; **call me at your ~** rufen Sie mich an, wenn es Ihnen gelegen ist **II.** *adj* Freizeit-; **~ time** Freizeit *f*

leisurely ['li·ʒər·li] **I.** *adj* ruhig, geruhsam; **at a ~ pace** gemessenen Schrittes *geh; picnic, breakfast* gemütlich **II.** *adv* gemächlich

'leisurewear *n* Freizeit[be]kleidung *f*

lemming ['lem·ɪŋ] *n* Lemming *m*

lemon ['lem·ən] **I.** *n* ❶ (*fruit*) Zitrone *f* ❷ (*color*) Zitronengelb *nt* ❸ AUTO (*fam: defective car*) Montagsauto *nt* **II.** *adj* ~ [yellow] zitronengelb

lemonade [,lem·ə·'neɪd] *n* Zitronenlimonade *f*

'lemon peel, 'lemon rind *n* Zitronenschale *f*

lend <lent, lent> [lend] **I.** *vt* ❶ (*loan*) leihen ❷ (*be suitable*) ■ **to ~ itself to sth** sich für etw *akk* eignen ▸ PHRASES: **to ~ an ear to sb/sth** jdm/etw zuhören; **to ~ a hand** helfen **II.** *vi* ■ **to ~ to sb** jdm Geld leihen; *bank* jdm Kredit gewähren

lender ['len·dər] *n* Verleiher(in) *m(f);* (*of money*) Kreditgeber(in) *m(f)*

lending ['len·dɪŋ] *n* Leihen *nt*

'lending library *n* Leihbibliothek *f*

length [leŋkθ] *n* ❶ (*measurement*) Länge *f;* **6 feet in ~** 6 Fuß lang ❷ (*piece*) Stück *nt; of cloth, wallpaper* Bahn *f* ❸ (*winning distance*) Länge *f* [Vorsprung] ❹ (*duration*) Dauer *f;* **the ~ of a film** die Länge eines Films; **at ~** (*in detail*) ausführlich; **at great ~** in aller Ausführlichkeit; (*finally*) nach langer Zeit ▸ PHRASES: **to go to any ~s** vor nichts zurückschrecken; **to go to great ~s** sich *dat* alle Mühe geben

lengthen ['leŋk·θən] **I.** *vt* verlängern; *clothes* länger machen **II.** *vi* [immer] länger werden

lengthwise ['leŋk·waɪz], **lengthways** ['leŋk·weɪz] **I.** *adv inv* der Länge nach **II.** *adj inv* Längs-

lengthy ['leŋk·θi] *adj* ❶ (*long time*) [ziemlich] lange; *applause* anhaltend; *delay* beträchtlich ❷ (*tedious*) *treatment* langwierig; *explanation* umständlich

lenience ['li·ni·əns], **leniency** ['li·ni·ən·si] *n* Nachsicht *f,* Milde *f*

lenient ['li·ni·ənt] *adj* nachsichtig, milde

lens <*pl* -es> [lenz] *n* Linse *f; of camera, telescope a.* Objektiv *nt; of glasses* Glas *nt;* [contact] **~** Kontaktlinse *f*

lent [lent] *vt, vi pt, pp of* **lend**

lentil ['len·təl] *n* Linse *f*

Leo ['li·ou] *n* ASTRON, ASTROL ❶ *no art* der Löwe ❷ (*person*) Löwe *m;* **she is a ~** sie ist Löwe

leopard ['lep·ərd] *n* Leopard(in) *m(f)*

leotard ['li·ə·tard] *n* Trikot *nt;* (*for gymnastics*

L

a.) Turnanzug *m*

leper ['lep·ər] *n* MED Leprakranke(r) *f(m)*, Aussätzige(r) *f(m) a. fig*

leprosy ['lep·rə·si] *n* Lepra *f*

lesbian ['lez·bi·ən] **I.** *n* Lesbierin *f*, Lesbe *f* **II.** *adj inv* lesbisch

lesbianism ['lez·bi·ə·nız·əm] *n* lesbische Liebe

lesion ['li·ʒən] *n* Verletzung *f*

less [les] **I.** *adv comp of* little weniger; **the ~ ... the better** je weniger ..., umso besser; **much ~ complicated** viel einfacher; **~ and ~** immer weniger **II.** *adj* ❶ *comp of* little weniger ❷ *non-standard* (*fewer*) weniger **III.** *pron indef* ❶ weniger; **a lot ~** viel weniger; **I've been seeing ~ of her lately** ich sehe sie in letzter Zeit weniger; **~ of a problem** ein geringeres Problem ❷ *non-standard* (*fewer*) weniger ▸ PHRASES: **no ~ than ...** nicht weniger als ..., bestimmt ... **IV.** *prep* ■ **~ sth** minus [*o* abzüglich] einer S. *gen*

lessen ['les·ən] **I.** *vi* schwächer werden; *fever* sinken; *pain* nachlassen **II.** *vt* verringern

lesser ['les·ər] *adj attr, inv* ❶ (*smaller*) geringer; **to a ~ degree** in geringerem Maße; **the ~ of two evils** das kleinere Übel ❷ (*minor*) unbedeutend

lesson ['les·ən] *n* ❶ (*at school*) Stunde *f*; ■ **~s** *pl* Unterricht *m kein pl* (**in** in +*dat*); **guitar ~s** Gitarrenunterricht *m* ❷ (*experience*) Lehre *f*, Lektion *f*; **to teach sb a ~** jdm eine Lektion erteilen ❸ (*exercise*) Lektion *f*

lest [lest] *conj* (*form*) ❶ (*for fear that*) damit ... nicht ... ❷ (*in case*) falls

let[1] [let] *vt* <-tt-, let, let> ❶ (*allow*) ■ **to ~ sth/ sb do sth** etw/jdn tun lassen; **to ~ one's hair grow** sich *dat* die Haare [lang] wachsen lassen; **to ~ sb go** (*allow to depart*) jdn gehen lassen; (*release from grip*) jdn loslassen; (*from captivity*) jdn freilassen; (*fire from job*) jdn entlassen; **I'll ~ you go** (*on the phone*) ich will Sie nicht länger aufhalten; **to ~ sth go** (*neglect*) etw vernachlässigen; (*let pass*) etw durchgehen lassen ❷ (*give permission*) ■ **to ~ sb do sth** jdn etw tun lassen ❸ (*make*) **to ~ sb know sth** jdn etw wissen lassen ❹ (*in suggestions*) **~'s go out to dinner!** lass uns Essen gehen!; **~ us consider all the possibilities** wollen wir einmal alle Möglichkeiten ins Auge fassen ❺ (*when thinking*) **~'s see, ...** also, ...; **~ me think** [**for a second**] Moment [mal], ... ▸ PHRASES: **~ alone ...** geschweige denn ...; **~ it rip** (*fam*) es [mal so richtig] krachen lassen *fam*

◆ **let down** *vt* ❶ ■ **to ~ down** ⟳ **sb** (*disappoint*) jdn enttäuschen; (*fail to support*) jdn im Stich lassen ❷ (*lower*) ■ **to ~ down** ⟳ **sth** etw herunterlassen ▸ PHRASES: **to ~ one's hair down** sich gehen lassen

◆ **let in** *vt* ❶ (*allow to enter*) hereinlassen; (*let through*) durchlassen; ■ **to ~ oneself in** aufschließen ❷ (*allow to know*) ■ **to ~ sb in on sth** *secret* jdn in etw *akk* einweihen

◆ **let into** *vt* ■ **to ~ sb/sth into sth** jdn/etw

in etw *akk* lassen

◆ **let off** *vt* ❶ (*not punish*) **to ~ sb off with a warning** jdn mit einer Verwarnung davonkommen lassen ❷ TRANSP (*allow to exit*) aussteigen lassen ❸ (*emit*) ausstoßen; *bad smell* verbreiten; **to ~ off steam** (*a. fig*) Dampf ablassen ❹ (*fire*) *shot, volley* abgeben

◆ **let on** *vi* (*fam*) ■ **to ~ on about sth** [**to sb**] [jdm] etwas von etw *dat* verraten

◆ **let out I.** *vt* ❶ (*release*) herauslassen; **I'll ~ myself out** ich finde selbst hinaus ❷ (*emit*) ausstoßen; **to ~ out** ⟳ **a groan/shriek** [auf]stöhnen/aufschreien ❸ (*widen*) *clothes* weiter machen; *seam* auslassen **II.** *vi* enden; **when does school ~ out for the summer?** wann beginnen die Sommerferien?

◆ **let through** *vt* durchlassen

◆ **let up** *vi* (*fam*) ❶ (*decrease*) aufhören; *rain a.* nachlassen; *fog, weather* aufklaren ❷ (*ease up*) nachlassen; (*give up*) lockerlassen *fam*

let[2] [let] *n* SPORTS Netzball *m*

lethal ['li·θəl] *adj* tödlich; **this knife looks pretty ~** dieses Messer sieht ziemlich gefährlich aus

lethargic [lɪ·'θar·dʒɪk] *adj* ❶ (*not energetic*) lethargisch ❷ (*apathetic*) lustlos

lethargy ['leθ·ər·dʒi] *n* ❶ (*no energy*) Lethargie *f* ❷ (*apathy*) Teilnahmslosigkeit *f*

letter ['let·ər] **I.** *n* ❶ (*message*) Brief *m* (**from** von +*dat*, **to** an +*akk*); **love ~** Liebesbrief *m;* **to inform sb by ~** jdn schriftlich verständigen; **~ of recommendation** Empfehlungsschreiben *nt* ❷ (*of alphabet*) Buchstabe *m;* **in large** [*or* **capital**] **~s** in Großbuchstaben **II.** *adj* (*of paper*) nordamerikanische Standardgröße für Papierformat: 21,6 cm x 27,9 cm

'letter bomb *n* Briefbombe *f*

'letterhead *n* ❶ (*header*) Briefkopf *m* ❷ (*paper*) Geschäfts-/Firmenbriefpapier *nt*

lettering ['let·ər·ɪŋ] *n* Beschriftung *f*

lettuce ['let·ɪs] **I.** *n* (*plant*) Blattsalat *m;* (*with firm head*) Kopfsalat *m* **II.** *adj attr, inv* Salat-

leukemia [lu·'ki·mi·ə] *n* Leukämie *f*

level ['lev·əl] **I.** *adj* ❶ (*plane*) horizontal, waag[e]recht ❷ (*flat*) eben ❸ *pred* (*at equal height*) auf gleicher Höhe (**with** mit +*dat*) ❹ (*calm*) *voice* ruhig; **in a ~ voice** mit ruhiger Stimme; *look* fest; **to keep a ~ head** einen kühlen Kopf bewahren **II.** *n* ❶ (*quantity, standard*) Niveau *nt;* (*height*) Höhe *f;* **above/ below sea ~** über/unter dem Meeresspiegel ❷ (*extent*) Ausmaß *nt* ❸ (*story*) Stockwerk *nt;* **on ~ four** im vierten Stock ❹ (*rank*) Ebene *f* ❺ (*social, intellectual, moral*) Niveau *nt* ❻ (*liquid-filled tube*) Wasserwaage *f* **III.** *vt* <-l- *or* -ll-> ❶ (*flatten*) *ground* [ein]ebnen; *wood* [ab]schmirgeln; (*raze*) *building, town* dem Erdboden gleichmachen ❷ (*direct*) *pistol, rifle* richten (**at** auf +*akk*); (*fig*) **to ~ accusations against sb** Beschuldigungen gegen jdn erheben

◆ **level off, level out I.** *vi* ❶ (*after dropping*)

plane sich fangen; *pilot* das Flugzeug abfangen; (*after rising*) horizontal fliegen ❷ (*steady*) sich einpendeln; (*become equal*) sich angleichen ❸ *path, road* flach werden **II.** *vt* [ein]ebnen; (*fig*) ausgleichen

◆**level with** *vi* (*fam*) ▪**to ~ with sb** ehrlich zu jdm sein; ▪**to ~ with sb about sth** jdm etw gestehen

level-'headed *adj* ❶ (*sensible*) vernünftig ❷ (*calm*) ruhig

lever ['lev·ər] **I.** *n* ❶ TECH Hebel *m*; (*for heavy objects*) Brechstange *f* ❷ (*fig: threat*) Druckmittel *nt* **II.** *vt* ▪**to ~ sth up** etw aufstemmen

leverage ['lev·ər·ɪdʒ] *n* ❶ TECH Hebelkraft *f* ❷ (*fig: pressure*) Einfluss *m;* **to exert ~ on sb** Druck *m* auf jdn ausüben ❸ FIN Hebelwirkung *f*

levitate ['lev·ɪ·teɪt] **I.** *vi* schweben **II.** *vt* schweben lassen

levity ['lev·ɪ·ti] *n* Ungezwungenheit *f*

levy ['lev·i] **I.** *n* Steuer *f*, Abgaben *pl;* **to impose a ~ on sth** eine Steuer auf etw *akk* erheben **II.** *vt* <-ie-> erheben; *fine, tax* auferlegen (**on** +*dat*)

lewd [lud] *adj* ❶ (*indecent*) unanständig; *ballad, comments* anzüglich; *behavior* anstößig; *gesture* obszön ❷ (*lecherous*) lüstern

lewdness ['lud·nɪs] *n* unzüchtiges Verhalten

lexical ['lek·sɪ·kəl] *adj inv* lexikalisch

lexicographer [ˌlek·sɪ·'kag·rə·fər] *n* Lexikograph(in) *m(f)*

lexicography [ˌlek·sɪ·'kag·rə·fi] *n* Lexikographie *f*

lexicology [ˌlek·sɪ·'kal·ə·dʒi] *n* Lexikologie *f*

lexicon ['lek·sɪ·kan] *n* Wörterbuch *nt*

liability [ˌlaɪ·ə·'bɪl·ɪ·ti] *n* ❶ (*responsibility*) Haftung *f* ❷ FIN ▪**liabilities** *pl* Verbindlichkeiten *pl* ❸ (*handicap*) Belastung *f*

liable ['laɪ·ə·bəl] *adj* ❶ JUR haftbar ❷ (*likely*) ▪**to be ~ to do sth** Gefahr laufen, etw zu tun ❸ (*prone*) ▪**to be ~ to sth** anfällig für etw *akk* sein

liaise [lɪ·'eɪz] *vi* ▪**to ~ with sb/sth** ❶ (*establish contact*) eine Verbindung zu jdm/etw herstellen; (*be go-between*) als Verbindungsstelle zu jdm/etw fungieren ❷ (*cooperate*) mit jdm/etw zusammenarbeiten

liaison ['li·eɪ·zan] *n* ❶ (*contact*) Verbindung *f;* **to work in close ~ with sb** mit jdm eng zusammenarbeiten ❷ (*person*) Kontaktperson *f* ❸ (*affair*) Verhältnis *nt*

liar ['laɪ·ər] *n* Lügner(in) *m(f)*

libel ['laɪ·bəl] JUR **I.** *n* Verleumdung *f* **II.** *vt* <-l- *or* -ll-> verleumden

libelous, libellous ['laɪ·bə·ləs] *adj* verleumderisch

liberal ['lɪb·ər·əl] **I.** *adj* ❶ (*tolerant*) liberal; *attitude, church, person a.* tolerant, aufgeschlossen ❷ (*progressive*) liberal, fortschrittlich ❸ (*generous*) großzügig; *portion* groß **II.** *n* Liberale(r) *f(m)*

liberal 'arts I. *n pl* ▪**the ~** die Geisteswissenschaften *pl* **II.** *adj* geisteswissenschaftlich;

~ degree Abschluss *m* in Geisteswissenschaften

liberalism ['lɪb·ər·ə·lɪz·əm] *n* Liberalismus *m*

liberality [ˌlɪb·ə·'ræl·ɪ·ti] *n* Großzügigkeit *f*, Freigebigkeit *f*

liberalization [ˌlɪb·ər·ə·lɪ·'zeɪ·ʃən] *n* Liberalisierung *f*

liberalize ['lɪb·ər·ə·laɪz] *vt* liberalisieren

liberate ['lɪb·ə·reɪt] *vt* ❶ (*free*) befreien (**from** von +*dat*) ❷ (*fam: steal*) ▪**to ~ sth** etw mitgehen lassen

liberation [ˌlɪb·ə·'reɪ·ʃən] *n* Befreiung *f* (**from** von +*dat*)

liberator ['lɪb·ər·eɪ·tər] *n* Befreier(in) *m(f)*

liberty ['lɪb·ər·ti] *n* ❶ (*freedom*) Freiheit *f;* **to be at ~** frei sein ❷ (*incorrect behavior*) **to take liberties with sb** sich *dat* bei jdm Freiheiten herausnehmen ❸ (*form: rights*) ▪**liberties** *pl* Grundrechte *pl*

libido [lɪ·'bi·doʊ] *n* Libido *f*

Libra ['li·brə] *n* ASTRON, ASTROL ❶ die Waage ❷ (*person*) Waage *f;* **she is a ~** sie ist Waage

Libran ['li·brən] **I.** *n* ▪**to be a ~** Waage sein **II.** *adj* Waage-

librarian [laɪ·'brer·i·ən] *n* Bibliothekar(in) *m(f)*

library ['laɪ·brer·i] **I.** *n* Bibliothek *f;* (*public a.*) Bücherei *f;* **public ~** Leihbücherei *f* **II.** *adj attr, inv* Bibliotheks-; (*from public library a.*) Bücherei-; **~ book** Leihbuch *nt;* **~ card** Leseausweis *m*

libretto [lɪ·'bret·oʊ] *n* Libretto *nt*

lice [laɪs] *n pl of* **louse**

license ['laɪ·səns] **I.** *n* ❶ (*permit*) Genehmigung *f*, Erlaubnis *f;* (*formal*) Lizenz *f;* **driver's ~** Führerschein *m* ❷ Freiheit *f;* **to give sb/sth ~ to do sth** jdm/etw gestatten, etw zu tun **II.** *vt* ▪**to ~ sb to do sth** jdm die Lizenz erteilen, etw zu tun; ▪**to be ~-d to do sth** berechtigt sein, etw zu tun

licensed ['laɪ·sənst] *adj inv* zugelassen

licensee [ˌlaɪ·sən·'si] *n* (*form*) Lizenznehmer(in) *m(f)*

'license plate *n* Nummernschild *nt*

'license plate number *n* Kfz-Kennzeichen *nt*, Kraftfahrzeugkennzeichen *nt*

licensing ['laɪ·sən·sɪŋ] *n* Lizenzvergabe *f*

licentious [laɪ·'sen·ʃəs] *adj* [sexuell] ausschweifend

lichen ['laɪ·kən] *n* Flechte *f*

lick [lɪk] **I.** *n* Lecken *nt kein pl*, Schlecken *nt kein pl* **II.** *vt* ❶ lecken; *lollipop* schlecken (an +*dat*); *plate* ablecken; *stamp* [mit der Zunge] befeuchten ❷ (*fam: beat*) ▪**to ~ sb** jdn [doch glatt] in die Tasche stecken

licking ['lɪk·ɪŋ] *n* (*fam*) **to give sb a [good] ~** (*beating*) jdm eine Tracht Prügel verpassen *fam;* (*defeat*) jdn haushoch schlagen

licorice ['lɪk·ər·ɪʃ] *n* ❶ (*food*) Lakritze *f* ❷ (*plant*) Süßholz *nt*

lid [lɪd] *n* ❶ (*cover*) Deckel *m* ❷ (*eyelid*) Lid *nt*

lie[1] [laɪ] **I.** *n* Lage *f* **II.** *vi* <-y-, lay, lain> ❶ (*repose*) liegen; **to ~ on the ground** auf dem Boden liegen; **to ~ awake** wach [da]liegen ❷ (*be-*

come horizontal) sich hinlegen ❸ (*be in particular state*) **to ~ in wait** auf der Lauer liegen; **to ~ dying** im Sterben liegen ❹ (*remain*) liegen bleiben ❺ (*be situated*) liegen; **to ~ to the east/north of sth** im Osten/Norden einer S. *gen* liegen ❻ (*weigh*) **to ~ heavily on sb's mind** jdn schwer bedrücken ▸ PHRASES: **to ~ low** (*escape search*) untergetaucht sein; (*avoid notice*) sich unauffällig verhalten

◆**lie around** *vi* ❶ (*be situated*) [he]rumliegen *fam* ❷ (*be lazy*) herumgammeln *fam*

◆**lie ahead** *vi* ❶ (*in space, position*) ■**to ~ ahead [of sb]** vor jdm liegen ❷ (*in time*) bevorstehen

◆**lie back** *vi* ❶ (*recline*) sich zurücklegen ❷ (*fig: relax*) sich entspannen

◆**lie behind** *vi* ❶ (*be cause of*) ■**to ~ behind sth** etw *dat* zugrunde liegen ❷ (*be past*) ■**to ~ behind sb** hinter jdm liegen

◆**lie down** *vi* sich hinlegen

lie² [laɪ] **I.** *vi* <-y-> lügen; ■**to ~ about sth** falsche Angaben über etw *akk* machen; ■**to ~ about sb** über jdn die Unwahrheit erzählen; ■**to ~ to sb** jdn belügen **II.** *n* Lüge *f;* **to be an outright ~** glatt gelogen sein *fam;* **to tell ~s** Lügen erzählen

'lie detector *n* Lügendetektor *m*
lieu [lu] *n* **in ~ of sth** an Stelle einer S. *gen*
Lieut. *n attr abbrev of* **Lieutenant** Lt.
lieutenant [luˈtenənt] *n* ❶ MIL Leutnant *m* ❷ LAW ≈ Polizeihauptwachtmeister(in) *m(f)*
lieutenant 'governor *n* POL Vizegouverneur *m*
life <*pl* lives> [laɪf] **I.** *n* ❶ [das] Leben; **it's a matter of ~ and death!** es geht um Leben und Tod!; **to save sb's ~** jdm das Leben retten; **to take one's own ~** sich *dat* [selbst] das Leben nehmen ❷ (*quality, force*) Leben *nt*; **I love ~** ich liebe das Leben ❸ (*mode or aspect of existence, living things collectively*) das Leben; **family ~** das Familienleben; **plant ~** die Pflanzenwelt ❹ (*energy*) Lebendigkeit *f;* **to be full of ~** vor Leben [nur so] sprühen; **to bring sth to ~** etw lebendiger machen ❺ (*biography*) Biografie *f* ❻ (*time until death*) das/sein Leben; ■**for ~** *friendship* lebenslang; **a job for ~** eine Stelle auf Lebenszeit; (*prison sentence*) **to be doing/get ~** lebenslänglich sitzen *fam*/bekommen ❼ (*duration*) *of device, battery* Lebensdauer *f; of a contract* Laufzeit *f* ▸ PHRASES: **to frighten the ~ out of sb** jdn zu Tode erschrecken; **that's ~!** so ist das Leben [eben]! **II.** *adj* ~ **drawing** Aktzeichnung *f*
'lifeboat *n* Rettungsboot *nt*
'life cycle *n* Lebenszyklus *m*
'life expectancy *n* Lebenserwartung *f*
'life form *n* Lebewesen *f*
'lifeguard *n* (*at swimming pool*) Bademeister(in) *m(f)*; (*on beach*) Rettungsschwimmer(in) *m(f)*
life im'prisonment *n* lebenslängliche Freiheitsstrafe
'life insurance *n* Lebensversicherung *f*

'life jacket *n* Schwimmweste *f*
lifeless ['laɪf·lɪs] *adj* ❶ (*inanimate*) *body* leblos; *planet* unbelebt, ohne Leben *nach n* ❷ (*dull*) *game, story* langweilig; *person* teilnahmslos; *hair* stumpf; *performance* lahm *fam*
'lifelike *adj* lebensecht; *imitation a.* naturgetreu
'lifeline *n* ❶ (*rope*) Rettungsleine *f* ❷ (*fig: vital link*) [lebenswichtige] Verbindung ❸ (*on palm*) Lebenslinie *f*
'lifelong *adj attr, inv* lebenslang
'life preserver *n* (*life jacket*) Schwimmweste *f;* (*life buoy*) Rettungsboje *m;* (*life belt*) Rettungsring *m*
lifer ['laɪ·fər] *n* ❶ (*fam: prisoner*) Lebenslängliche(r) *f(m) fam* ❷ (*soldier*) Berufssoldat(in) *m(f)*
'life raft *n* Rettungsfloß *nt;* (*dinghy*) Schlauchboot *nt*
'lifesaver *n* ❶ (*fam: thing*) die Rettung *fig;* (*person*) [Lebens]retter(in) *m(f) fig* ❷ (*life preserver*) Rettungsring *m*
life 'sentence *n* lebenslängliche Freiheitsstrafe
'life-size(d) *adj* in Lebensgröße *nach n,* lebensgroß
'lifespan *n* Lebenserwartung *f* kein *pl; of thing* Lebensdauer *f* kein *pl; of project* Laufzeit *f*
'lifestyle *n* Lebensstil *m*
'life support system *n* MED ❶ (*machine*) lebenserhaltender Apparat ❷ (*biological*) Lebenserhaltungssystem *nt*
'life-threatening *adj disease, illness* lebensbedrohend; *situation* lebensgefährlich
'lifetime *n usu sing* ❶ (*time one is alive*) Lebenszeit *f;* **once in a ~** einmal im Leben; **to last a ~** *objects, devices* ein Leben lang halten; *memories, good luck* das ganze Leben [lang] andauern ❷ (*time sth exists*) Lebensdauer *f* kein *pl* ▸ PHRASES: **the chance of a ~** eine einmalige Chance **II.** *adj* lebenslang, auf Lebenszeit *nach n;* ~ **guarantee** Garantie *f* auf Lebenszeit
'life vest *n see* **life jacket**
lift [lɪft] **I.** *n* ❶ (*for skiers*) Skilift *m* ❷ (*act of lifting*) [Hoch]heben *nt* kein *pl* ❸ MECH Hubkraft *f;* AVIAT Auftrieb *m* ❹ (*ride*) Mitfahrgelegenheit *f;* **to give sb a ~** jdn [im Auto] mitnehmen ❺ (*fig: positive feeling*) **to give sb a ~** jdn aufmuntern **II.** *vt* ❶ (*raise*) [hoch]heben; (*slightly*) anheben; ■**to ~ sb/sth out of sth** jdn/etw aus etw *dat* [heraus]heben ❷ (*direct upward*) *eyes* aufschlagen; *head* heben; **to ~ one's eyes from sth** von etw *dat* aufsehen ❸ (*airlift*) fliegen; *supplies, troops* auf dem Luftweg transportieren ❹ *usu pass* (*in surgery*) *face, breasts* straffen lassen, liften ❺ (*end*) *ban, restrictions* aufheben ❻ (*fam: steal, plagiarize*) klauen **III.** *vi* ❶ (*be raised*) sich heben ❷ (*disperse*) *cloud, fog* sich auflösen

◆**lift off** *vi* ❶ (*leave earth*) abheben ❷ (*come off*) sich hochheben lassen

◆**lift up** *vt* hochheben; **to ~ up a lid** einen Deckel hochklappen

'liftoff *n* AEROSP Start *m*

ligament ['lɪɡ·ə·mənt] *n* ANAT Band *nt;* **to tear a ~** sich *dat* einen Bänderriss zuziehen

ligature ['lɪɡ·ə·tʃər] **I.** *n* ❶ (*bandage*) Binde *f;* MED Ligaturfaden *m fachspr* ❷ TYPO (*character*) Ligatur *f;* (*stroke*) [Feder-/Pinsel]strich *m* **II.** *vt* abbinden

light¹ [laɪt] **I.** *n* ❶ (*brightness*) Licht *nt;* (*daylight*) [Tages]licht *nt;* **is there enough ~?** ist es hell genug?; **by the ~ of the candle** im Schein der Kerze ❷ (*source of brightness*) Licht *nt;* (*lamp*) Lampe *f;* **to turn the ~ off** das Licht ausschalten ❸ (*fire*) Feuer *nt;* (*flame*) [Kerzen]flamme *f;* **have you got a ~?** Entschuldigung, haben Sie [vielleicht] Feuer? ❹ *usu pl* (*traffic light*) Ampel *f* ❺ (*fig: perspective*) **try to look at it in a new ~** versuch es doch mal aus einer anderen Perspektive zu sehen; **to show sth in a good ~** etw in einem guten Licht erscheinen lassen ▶ PHRASES: **to come to ~** ans Licht kommen **II.** *adj* ❶ (*bright*) hell; **it's slowly getting ~** es wird allmählich hell ❷ (*pale*) hell; (*stronger*) blass- **III.** *vt* <lit *or* lighted, lit *or* lighted> ❶ (*illuminate*) erhellen; *stage, room* beleuchten ❷ (*ignite*) *candle, match, fire* anzünden **IV.** *vi* <lit *or* lighted, lit *or* lighted> ❶ (*burn*) brennen ❷ (*fig: become animated*) *eyes, etc.* aufleuchten
◆**light up I.** *vt* ❶ (*illuminate*) *hall, room* erhellen; *street* beleuchten ❷ *cigar, pipe* anzünden ❸ (*make animated*) *eyes* aufleuchten lassen; *face* erhellen **II.** *vi* ❶ (*become illuminated*) aufleuchten ❷ (*smoke*) sich *dat* eine [Zigarette] anstecken *fam* ❸ (*become animated*) *eyes* aufleuchten *fig*

light² [laɪt] **I.** *adj* ❶ (*not heavy, not sturdily built*) leicht ❷ (*for small loads*) Klein-; **~ airplane** Kleinflugzeug *nt* ❸ (*of food and drink*) leicht; (*low-fat*) fettarm; *pastries* locker ❹ (*porous*) *soil* locker ❺ (*low in intensity*) *wind* leicht; **~ rain** Nieselregen *m* ❻ (*easily done*) *sentence* mild; *housework* leicht; (*gentle*) leicht; *kiss* zart; (*soft*) *touch* sanft ❼ (*not serious*) leicht *attr;* **~ reading** Unterhaltungslektüre *f* ▶ PHRASES: **to make ~ of sth** etw bagatellisieren **II.** *adv* **to travel ~** mit leichtem Gepäck reisen

'light bulb *n* Glühbirne *f*

lighten¹ ['laɪ·tən] **I.** *vi* heller werden, sich aufhellen **II.** *vt* **to ~ one's hair** sich *dat* die Haare heller färben

lighten² ['laɪ·tən] **I.** *vt* ❶ (*make less heavy*) leichter machen ❷ (*fig: make easier*) erleichtern; **to ~ sb's burden** jdm etw abnehmen ❸ (*fig: make less serious*) aufheitern; *situation* auflockern; *mood* heben **II.** *vi* leichter werden
◆**lighten up** *vi* **~ up, would you?** mach bitte nicht so ein Gesicht

lighter ['laɪ·tər] *n* Feuerzeug *nt*

light-'fingered *adj* ❶ (*thievish*) langfing[e]rig *oft hum* ❷ (*dexterous*) geschickt

light-'footed *adj* leichtfüßig

light'headed *adj* (*faint*) benommen; (*dizzy*)

schwind[e]lig; (*ebullient*) aufgekratzt *fam*

light'hearted *adj* (*carefree*) unbeschwert; (*happy*) heiter

'lighthouse *n* Leuchtturm *m*

lighting ['laɪ·tɪŋ] *n* Beleuchtung *f;* (*equipment*) Beleuchtungsanlage *f*

lightly ['laɪt·li] *adv* ❶ (*not seriously*) leichtfertig; **to not take sth ~** etw nicht leichtnehmen ❷ (*gently*) leicht; (*not much*) wenig; **I tapped ~ on the door** ich klopfte leise an [die Tür] ❸ (*slightly*) leicht; **~ cooked vegetables** Gemüse, das nur ganz kurz gegart wird ❹ LAW (*leniently*) mild; **to get off ~** glimpflich davonkommen

lightness¹ ['laɪt·nɪs] *n* (*brightness*) Helligkeit *f*

lightness² ['laɪt·nɪs] *n* ❶ (*not heaviness*) Leichtheit *f* ❷ (*gracefulness*) Leichtigkeit *f,* Behändigkeit *f* ❸ (*no seriousness*) Leichtigkeit *f*

lightning ['laɪt·nɪŋ] **I.** *n* Blitz *m;* **thunder and ~** Blitz und Donner; **to be [as] quick as ~** blitzschnell sein *fam;* **to be struck by ~** vom Blitz getroffen werden **II.** *adj attr* **to do sth with ~ speed** etw in Windeseile machen

'lightning rod *n* Blitzableiter *m a. fig*

'light pen *n* COMPUT Lichtstift *m*

'lightweight I. *n* ❶ SPORTS Leichtgewicht *nt* ❷ (*boxer*) Leichtgewichtler(in) *m(f)* **II.** *adj* ❶ SPORTS Leichtgewichts-, im Leichtgewicht nach *n* ❷ (*weighing little*) leicht ❸ (*trivial*) bedeutungslos, trivial

'light year *n* ❶ ASTRON Lichtjahr *nt* ❷ *usu pl* (*fam: long distance*) **to be ~s ahead** Lichtjahre voraus sein

lignite ['lɪɡ·naɪt] *n* Braunkohle *f*

likable ['laɪ·kə·bəl] *adj* liebenswert

like¹ [laɪk] **I.** *vt* ❶ (*enjoy*) mögen; **how do you ~ my new shoes?** wie gefallen dir meine neuen Schuhe?; ■**to ~ doing sth** etw gern[e *fam*] tun; ■**to ~ sb** (*find attractive*) jdn attraktiv finden; (*be sexually attracted by*) etw wollen von jdm ❷ (*want*) wollen; **whether you ~ it or not** ob es dir passt oder nicht; **would you ~ a drink?** möchten Sie etwas trinken?; **I'd ~ to go to Moscow for my vacation** ich würde gern[e *fam*] nach Moskau in Urlaub fahren ❸ (*prefer*) **I ~ to get up early** ich stehe gern[e *fam*] früh auf **II.** *vi* **as you ~** wie Sie wollen; **we can leave now if you ~** wir können jetzt gehen, wenn du möchtest **III.** *n* ■**~s** *pl* Neigungen *pl*

like² [laɪk] **I.** *prep* ❶ (*similar to*) wie; **~ most people** wie die meisten Leute; **~ father, ~ son** wie der Vater, so der Sohn; **what does it taste ~?** wie schmeckt es?; **it feels ~ ages since we last spoke** ich habe das Gefühl, wir haben schon ewig nicht mehr miteinander gesprochen; **he looks ~ his brother** er sieht seinem Bruder ähnlich; **there's nothing ~ a good cup of coffee** es geht doch nichts über eine gute Tasse Kaffee; **that's just ~ him!** das sieht ihm ähnlich! ❷ *after n* (*such as*) wie; **materials ~ cotton and wool** Naturmaterialien wie Baum- oder Schafwolle ▶ PHRASES: **it**

L

looks ~ **rain** es sieht nach Regen aus **II.** *conj* (*fam*) ❶ (*the same as*) wie; **let's go swimming in the lake** ~ **we used to** lass uns im See schwimmen gehen wie früher ❷ (*as if*) als ob; **she acts** ~ **she's the boss** sie tut so, als sei sie die Chefin **III.** *n* **I have not seen his** ~ **for many years** [so] jemanden wie ihn habe ich schon seit vielen Jahren nicht mehr gesehen; **have you ever seen the** ~**?** hast du so was schon gesehen? **IV.** *adv inv* (*fam*) **I was** ~, **"what are you guys doing here?"** ich sagte nur, „was macht ihr hier eigentlich?"

likeable ['laɪ·kə·bəl] *adj see* **likable**

likelihood ['laɪk·li·hʊd] *n* Wahrscheinlichkeit *f;* **there is a great** ~ **that ...** es ist sehr wahrscheinlich, dass ...; **in all** ~ aller Wahrscheinlichkeit nach

likely ['laɪk·li] **I.** *adj* <-ier, -iest *or* more ~, most ~> wahrscheinlich; **please remind me, because I'm** ~ **to forget** erinnere mich bitte unbedingt daran, sonst vergesse ich es wahrscheinlich **II.** *adv* <more ~, most ~> **very** ~ sehr wahrscheinlich; **as** ~ **as not** höchstwahrscheinlich

like-'minded *adj* gleich gesinnt

liken ['laɪ·kən] *vt* vergleichen (**to** mit +*dat*)

likeness <*pl* -es> ['laɪk·nɪs] *n* ❶ (*resemblance*) Ähnlichkeit *f* (**to** mit +*dat*) ❷ (*semblance*) Gestalt *f*

likewise ['laɪk·waɪz] *adv inv* ebenfalls, gleichfalls; **to do** ~ es genauso machen

liking ['laɪ·kɪŋ] *n* Vorliebe *f;* (*for person*) Zuneigung *f;* **to develop a** ~ **for sth** eine Vorliebe für etw *akk* entwickeln ▸ PHRASES: **for one's** ~ für jds Geschmack

lilac ['laɪ·læk] **I.** *n* ❶ (*bush*) Flieder *m* ❷ (*color*) Lila *nt* **II.** *adj* lila

lilt [lɪlt] **I.** *n* ❶ *of voice* singender Tonfall ❷ (*song*) fröhliches Lied **II.** *vt, vi* trällern

lily ['lɪl·i] *n* Lilie *f*

'lily pad *n* Seerosenblatt *nt*

limb [lɪm] *n* ❶ ANAT Glied *nt;* ■ ~**s** Gliedmaßen *pl* ❷ BOT Ast *m* ▸ PHRASES: **to risk life and** ~ [to **do sth**] Kopf und Kragen riskieren[, um etw zu tun] *fam;* **to be out on a** ~ [ganz] allein dastehen

limber ['lɪm·bər] **I.** *adj* <-er, -est *or* more ~, most ~> ❶ (*supple*) geschmeidig ❷ (*flexible*) gelenkig **II.** *vi* ■**to** ~ **up** sich warm machen

limbo¹ ['lɪm·boʊ] *n* ❶ REL die Vorhölle ❷ (*waiting*) Schwebezustand *m;* **to be in** ~ *plan, project* in der Schwebe sein; *person* in der Luft hängen *fam*

limbo² ['lɪm·boʊ] **I.** *n* (*dance*) Limbo **II.** *vi* (*dance*) Limbo tanzen

lime¹ [laɪm] *n* (*fruit*) Limette *f;* (*tree*) Limonenbaum *m*

lime² [laɪm] **I.** *n* Kalk *m* **II.** *vt* kalken

'limelight *n* Rampenlicht; **to be in the** ~ im Rampenlicht stehen

limerick ['lɪm·ər·ɪk] *n* Limerick *m*

'limestone *n* Kalkstein *m*

limit ['lɪm·ɪt] **I.** *n* ❶ (*utmost*) [Höchst]grenze *f;*

boundary Grenze *f;* **there's no** ~ **to her ambition** ihr Ehrgeiz kennt keine Grenzen; **to overstep the** ~ zu weit gehen ❷ *of person* Grenze[n] *f[pl]*; **to know one's** ~**s** seine Grenzen kennen; **to reach one's** ~ an seine Grenze[n] kommen ❸ (*restriction*) Beschränkung *f; of blood alcohol* Promillegrenze *f;* **age** ~ Altersgrenze *f;* **speed** ~ [zulässige] Höchstgeschwindigkeit ❹ MATH (*value*) Grenzwert *m* ▸ PHRASES: **to be off** ~**s** [to **sb**] [für jdn] gesperrt sein **II.** *vt* ❶ (*reduce*) einschränken ❷ (*restrict*) einschränken, begrenzen (**to** auf +*akk*); ■**to** ~ **oneself to sth** sich auf etw *akk* beschränken

limitation [ˌlɪm·ɪ·'teɪ·ʃən] *n* ❶ Begrenzung *f,* Beschränkung *f* ❷ *usu pl* (*shortcomings*) ■ ~**s** Grenzen *pl*

limited ['lɪm·ɪ·tɪd] *adj* ❶ (*restricted*) begrenzt; **she's had very** ~ **movement in her legs since the accident** seit dem Unfall kann sie ihre Beine nur sehr eingeschränkt bewegen ❷ (*having limits*) begrenzt (**to** auf +*akk*)

limited lia'bility company *n* ≈ Gesellschaft *f* mit beschränkter Haftung

limitless ['lɪm·ɪt·lɪs] *adj inv* grenzenlos

limousine ['lɪm·ə·zin] *n* [Luxus]limousine *f*

limp [lɪmp] **I.** *vi* hinken; (*fig*) mit Müh und Not vorankommen **II.** *n* Hinken *nt;* **to walk with a** ~ hinken **III.** *adj* ❶ (*not stiff*) schlaff; *cloth, material* weich; *leaves, flowers* welk ❷ (*weak*) schlapp; *efforts* halbherzig; *handshake* lasch; *response* schwach; *voice* matt

limpid ['lɪm·pɪd] *adj eyes, water* klar

linchpin ['lɪntʃ·pɪn] *n* ❶ (*pin*) Achsnagel *m* ❷ (*essential element*) Stütze *f,* das A und O *fam*

linden ['lɪn·dən] *n* Linde *f*

line¹ [laɪn] **I.** *n* ❶ (*mark, contour*) *a.* SPORTS Linie *f;* **dividing** ~ Trennungslinie *f;* **straight** ~ gerade Linie; MATH Gerade *f* ❷ (*wrinkle*) Falte *f* ❸ (*boundary*) Grenze *f;* **to cross the** ~ die Grenze überschreiten *fig,* zu weit gehen ❹ (*cord*) Leine *f;* (*string*) Schnur *f* ❺ TELEC [Telefon]leitung *f;* (*connection*) Anschluss *m;* **please hold the** ~**!** bitte bleiben Sie am Apparat! ❻ (*of words, poem*) Zeile *f;* **to drop sb a** ~ jdm ein paar Zeilen schreiben ❼ (*row*) Reihe *f* ❽ (*people waiting*) Schlange *f;* **to be first in** ~ an erster Stelle stehen; (*fig*) ganz vorne dabei sein; **to get in** ~ sich anstellen; **to stand** [*or* **wait**] **in** ~ Schlange stehen ❾ (*range*) Sortiment *nt;* FASHION Kollektion *f* ▸ PHRASES: **right down the** ~ voll und ganz; **to be out of** ~ *behavior* aus dem Rahmen fallen; *person* sich danebenbenehmen; **to put sth on the** ~ etw aufs Spiel setzen **II.** *vt* ❶ *usu passive* (*mark*) ■**to be** ~**d** *paper* liniert sein ❷ (*make rows*) **to** ~ **the streets** die Straßen säumen geh

◆ **line up I.** *vt* ❶ (*put in row*) ■**to** ~ **up** ↻ **sth** etw in einer Reihe aufstellen ❷ (*organize*) **do you have anyone** ~**d up to do the catering?** haben Sie jemanden für das Catering engagiert? **II.** *vi* ❶ (*stand in row*) sich [in einer Reihe] aufstellen; MIL, SPORTS antreten ②(*wait*) sich anstellen

line² [laɪn] *vt* ①(*cover*) *clothing* füttern; *drawers* von innen auslegen; *pipes* auskleiden ②(*fam: fill*) **to ~ one's pockets [with sth]** sich *dat* die Taschen [mit etw *dat*] füllen

lineage ['lɪn·ɪ·ɪdʒ] *n* Abstammung *f*

linear ['lɪn·i·ər] *adj* ①(*of line*) Linien- ②(*of length*) Längen- ③(*sequential*) geradlinig

linear e'quation *n* MATH lineare Gleichung

linen ['lɪn·ɪn] *n* Leinen *nt;* **bed ~** Bettwäsche *f*

liner¹ ['laɪ·nər] *n* NAUT Liniendampfer *m;* **ocean ~** Ozeandampfer *m*

liner² ['laɪ·nər] *n* (*lining*) Einsatz *m*

'linesman *n* SPORTS Linienrichter *m*

'lineup *n* ①LAW Gegenüberstellung *f* ②SPORTS [Mannschafts]aufstellung *f;* (*in baseball*) Lineup *f fachspr* ③(*group*) *of performers* Besetzung *f; of endorsements* Gruppierung *f*

linger ['lɪŋ·gər] *vi* ①(*persist*) anhalten; **the smell ~ed in the kitchen for days** der Geruch hing tagelang in der Küche; **to ~ in the memory** im Gedächtnis bleiben ②(*tarry*) trödeln, verweilen

lingerie [ˌlɑn·ʒə·'reɪ] *n* [Damen]unterwäsche *f*

lingering ['lɪŋ·gər·ɪŋ] *adj attr* ①(*lasting*) verbleibend; *fears* [fort]bestehend; *regrets* nachhaltig; *suspicion* [zurück]bleibend; **I still have ~ doubts** ich habe noch immer so meine Zweifel ②(*long*) lang, ausgedehnt; *death* schleichend; *illness* langwierig; *kiss* innig

lingo <*pl* -s *or* -es> ['lɪŋ·goʊ] *n* (*esp hum fam*) ①(*language*) Sprache *f;* (*jargon*) Jargon *m;* (*specialized*) Kauderwelsch *nt*

linguist ['lɪŋ·gwɪst] *n* ①(*specialist*) Linguist(in) *m(f)* ②(*fluent speaker*) Sprachkundige(r) *f(m)*

linguistic [lɪŋ·'gwɪs·tɪk] *adj inv* sprachlich; *science* linguistisch

linguistics [lɪŋ·'gwɪs·tɪks] *n* + *sing vb* die Sprachwissenschaft

lining ['laɪ·nɪŋ] *n* ①(*fabric*) Futter *nt; of coat* Innenfutter *nt; of dress* Unterrock *m* ②*of stomach* Magenschleimhaut *f; of brake* Bremsbelag *m*

link [lɪŋk] **I.** *n* ①(*connection*) Verbindung *f* (**between** zwischen +*dat*); (*between people, nations*) Beziehung *f* (**between** zwischen +*dat*) ②INET, COMPUT Link *m fachspr* ③*of chain* [Ketten]glied *nt;* **~ in a chain** [of events] (*fig*) Glied *nt* in der Kette [der Ereignisse] **II.** *vt* ①(*connect*) verbinden ②(*clasp*) **to ~ arms** sich unterhaken; **to ~ hands** sich an den Händen fassen **III.** *vi* sich zusammenfügen lassen

links [lɪŋks] *npl* (*golf course*) Golfplatz *m*

'linkup *n* Verbindung *f* (**between** zwischen +*dat*)

linoleum [lɪ·'noʊ·li·əm] *n* Linoleum *nt*

linseed ['lɪn·sid] *n* Leinsamen *m*

'linseed oil *n* Leinöl *nt*

lint [lɪnt] *n* ①(*fluff*) Fussel *f,* Fluse *f* NORDD ②MED Mull *m*

lion ['laɪ·ən] *n* ①Löwe *m* ②ASTROL Löwe *m* ▶PHRASES: **the ~'s den** die Höhle des Löwen; **the ~'s share** der Löwenanteil

lioness <*pl* -es> ['laɪ·ə·nes] *n* Löwin *f*

lionize ['laɪ·ə·naɪz] *vt* ■**to ~ sb** jdn feiern

lip [lɪp] *n* ①Lippe *f* ②(*rim*) Rand *m; of pitcher* Schnabel *m* ③(*fam: cheek*) Unverschämtheiten *pl*

'lip balm *n* ①(*cream*) Lippenpflege *f* ②(*stick*) Lippenpomade *f*

'lipgloss *n* Lipgloss *m*

liposuction ['lɪp·oʊ·ˌsʌk·ʃən] *n* Fettabsaugen *nt*

'lip-read <-read, -read> *vi* von den Lippen ablesen

'lip service *n* (*pej*) Lippenbekenntnis *nt;* **to pay ~ to sb/sth** ein Lippenbekenntnis zu etw/jdm ablegen

'lipstick *n* Lippenstift *m*

liquefy <-ie-> ['lɪk·wə·faɪ] **I.** *vt* ①CHEM verflüssigen ②FIN *assets* verfügbar machen **II.** *vi* CHEM sich verflüssigen

liqueur [lɪ·'kɜr] *n* Likör *m*

liquid ['lɪk·wɪd] **I.** *adj* ①(*watery*) flüssig, Flüssig-; **~ soap** Seifenlotion *f* ②(*clear*) *eyes* glänzend; *luster* schimmernd ③*attr* CHEM *hydrogen, oxygen* verflüssigt ④*inv* FIN [frei] verfügbar **II.** *n* Flüssigkeit *f*

liquidate ['lɪk·wɪ·deɪt] **I.** *vt* ①ECON, FIN *company, firm* auflösen; *assets* verfügbar machen; *debts* tilgen ②(*kill*) ■**to ~ sb** jdn liquidieren **II.** *vi* ECON liquidieren

liquidation [ˌlɪk·wɪ·'deɪ·ʃən] *n* ①FIN *of company, firm* Auflösung *f; of debts* Tilgung *f;* **to go into ~** in Liquidation gehen ②(*killing*) Liquidierung *f geh*

liquidity [lɪ·'kwɪd·ɪ·ţi] *n* ①CHEM Flüssigkeit *f* ②FIN Liquidität *f fachspr*

liquidize ['lɪk·wɪ·daɪz] *vt food* pürieren

liquify ['lɪk·wə·faɪ] *vi, vt see* **liquefy**

liquor ['lɪk·ər] **I.** *n* Alkohol *m;* **he can't hold his ~** er verträgt keinen Alkohol; **hard ~** Schnaps *m* **II.** *vt* (*fam*) ■**to ~ sb up** jdn abfüllen

'liquor store *n* Wein- und Spirituosengeschäft *nt*

lisp [lɪsp] **I.** *n* Lispeln *nt kein pl* **II.** *vi, vt* lispeln

list¹ [lɪst] **I.** *n* Liste *f;* **~ of names** Namensliste *f;* (*in books*) Namensverzeichnis *nt;* **shopping ~** Einkaufszettel *m;* **to put sb/sth on a ~** jdn/etw auf eine Liste setzen **II.** *vt* auflisten; **to be ~ed in the phone book** im Telefonbuch stehen

list² [lɪst] NAUT **I.** *vi* Schlagseite haben **II.** *n* Schlagseite *f*

listen ['lɪs·ən] **I.** *vi* ①(*hear*) zuhören; ■**to ~ to sb/sth** jdm/etw zuhören; **~ to this!** hör dir das an! *fam;* **to ~ carefully** [ganz] genau zuhören; **to ~ to the radio** Radio hören ②(*heed*) zuhören; **don't ~ to them** hör nicht auf sie ③(*attempt to hear*) **will you please ~ for the phone** [to ring]? könntest du bitte aufpassen, ob das Telefon klingelt? **II.** *n* **have a ~ to**

this! hör dir das an!
◆**listen in** *vi* (*secretly*) mithören; (*without participating*) mitanhören
listener ['lɪs·nər] *n* ❶(*in conversation*) Zuhörer(in) *m(f)* ❷(*at lecture, concert*) Hörer(in) *m(f)*; (*to radio*) [Radio]hörer(in) *m(f)*
listing ['lɪs·tɪŋ] *n* ❶(*list*) Auflistung *f* ❷(*entry in list*) Eintrag *m* ❸(*program*) ■~s *pl* Veranstaltungskalender *m;* **television** ~s Fernsehprogramm *nt*
listless ['lɪst·lɪs] *adj* ❶(*unenergetic*) *person* teilnahmslos; (*fig*) *economy* stagnierend ❷(*unenthusiastic*) lustlos; *performance* ohne Schwung *nach n,* schlaff
lit [lɪt] *vi, vt pt, pp of* **light**
litany ['lɪt·ə·ni] *n* REL Litanei *f a. fig*
liter ['li·tər] *n* Liter *m o nt* (**per** pro +*akk*); **two** ~s [**of milk**] zwei Liter [Milch]
literacy ['lɪt·ər·ə·si] *n* Lese- und Schreibfähigkeit *f;* **computer** ~ Computerkenntnisse *pl*
literal ['lɪt·ər·əl] *adj* ❶(*word-for-word*) wörtlich; ~ **meaning/sense** eigentliche Bedeutung ❷(*unexaggerated*) buchstäblich, im wahrsten Sinne des Wortes *präd; truth* rein
literally ['lɪt·ər·ə·li] *adv* ❶(*word-for-word*) [wort]wörtlich ❷(*actually*) buchstäblich
literary ['lɪt·ə·rer·i] *adj attr criticism, prize* Literatur-; *language, style* literarisch; ~ **career** Schriftstellerkarriere *f*
literary 'criticism *n* Literaturkritik *f*
literate ['lɪt·ər·ɪt] *adj* ❶(*able to read and write*) ■**to be** ~ lesen und schreiben können ❷(*well-educated*) gebildet; **to be computer-**~ sich mit Computern auskennen
literature ['lɪt·ər·ə·tʃər] *n* ❶(*works*) Literatur *f;* **nineteenth-century** ~ die Literatur des 19. Jahrhunderts ❷(*specialized*) Fachliteratur *f* (**on/about** über +*akk*) ❸(*printed matter*) Informationsmaterial *nt*
lithe [laɪð] *adj* geschmeidig
lithium ['lɪθ·i·əm] *n* Lithium *nt*
lithograph ['lɪθ·ə·græf] *n* Lithographie *f*
lithography [lɪ·'θag·rə·fi] *n* Lithographie *f*
Lithuania [ˌlɪθ·ʊ·'eɪ·ni·ə] *n* Litauen *nt*
Lithuanian [ˌlɪθ·ʊ·'eɪ·ni·ən] I. *n* ❶(*person*) Litauer(in) *m(f)* ❷(*language*) Litauisch *nt* II. *adj inv* litauisch
litigant ['lɪt·ɪ·gənt] *n* LAW prozessführende Partei
litigate ['lɪt·ɪ·geɪt] LAW I. *vi* prozessieren II. *vt* ■**to** ~ **sth** um etw *akk* prozessieren
litigation [ˌlɪt·ɪ·'geɪ·ʃən] *n* LAW Prozess *m*
litigious [lɪ·'tɪdʒ·əs] *adj* LAW prozessfreudig *iron*
litmus ['lɪt·məs] *n* Lackmus *m o nt*
'litmus paper *n* Lackmuspapier *nt*
'litmus test *n* ❶CHEM Lackmustest *m* ❷(*fig: indication*) entscheidendes [An]zeichen (**of** für +*akk*)
litter ['lɪt·ər] I. *n* ❶(*trash*) Müll *m,* Abfall *m* ❷ZOOL Wurf *m;* ~ **of kittens** Wurf *m* kleiner Kätzchen II. *vt* ❶(*make untidy*) **dirty clothes** ~**ed the floor** dreckige Wäsche lag über den

Boden verstreut ❷ *usu passive* (*fig: fill*) ■**to be** ~**ed with sth** mit etw *dat* übersät sein
'litter box *n* Katzenklo *nt*
'litterbug *n* (*fam*) Umweltverschmutzer(in) *m(f)*
little ['lɪt·əl] I. *adj* ❶(*small*) klein; (*for emphasis*) richtige(r, s), kleine(r, s) ❷(*young*) klein; ~ **sister** kleine Schwester ❸ *attr, inv distance* kurz; *duration* wenig, bisschen II. *adv* ❶(*somewhat*) ■**a** ~ ein wenig ❷(*hardly*) wenig; ~ **did she know that ...** sie hatte ja keine Ahnung davon, dass ...; [**a**] ~ **more than an hour ago** vor kaum einer Stunde III. *pron sing* ❶(*small quantity*) ■**a** ~ ein wenig (**of** von +*dat*) ❷(*not much*) wenig; **as** ~ **as possible** möglichst wenig; **the** ~ **...** das wenige ... ❸(*short time*) **it's a** ~ **after six** es ist kurz nach sechs ▸ PHRASES: **precious** ~ herzlich wenig
liturgy ['lɪt·ər·dʒi] *n* Liturgie *f*
live[1] [laɪv] I. *vi* ❶(*be alive*) leben; **will she** ~? wird sie überleben? ❷(*spend life*) leben; **to** ~ **in fear/luxury** in Angst/Luxus leben ❸(*subsist*) leben (**by** von +*dat*) ❹(*reside*) wohnen; **where do you** ~? wo wohnst du?; **to** ~ **in the country** auf dem Land wohnen ▸ PHRASES: **you'll** ~ **to regret that!** das wirst du noch bereuen! II. *vt* ■**to** ~ [**one's**] **life to the fullest** das Leben in vollen Zügen genießen; **to** ~ **one's own life** sein eigenes Leben leben ▸ PHRASES: **to** ~ **a lie** mit einer Lebenslüge leben; **to** ~ **the life of Riley** (*fam*) wie Gott in Frankreich leben
◆**live down** *vt* ■**to** ~ **down** ◌ **sth** über etw *akk* hinwegkommen; *mistakes* über etw *akk* Gras wachsen lassen
◆**live for** *vi* ■**to** ~ **for sth** für etw *akk* leben ▸ PHRASES: **to** ~ **for the moment** ein sorgloses Leben führen
◆**live off, live off of** *vi* ❶(*depend on*) ■**to** ~ **off sb** auf jds Kosten leben ❷(*support oneself*) ■**to** ~ **off sth** *inheritance, pension* von etw *dat* leben
◆**live on** *vi* ❶(*continue*) weiterleben; *tradition* fortbestehen; **to** ~ **on in memory** in Erinnerung bleiben ❷(*support oneself*) ■**to** ~ **on sth** von etw *dat* leben
◆**live out** *vi* **to** ~ **out** ◌ **one's dreams** seine [Wunsch]träume verwirklichen; **to** ~ **out** ◌ **one's days** seine Tage verbringen
◆**live through** *vi* überstehen; **to** ~ **through an experience** eine Erfahrung durchmachen
◆**live together** *vi* zusammenleben; *residents* zusammenwohnen
◆**live up** *vt* **to** ~ **it up** (*fam*) die Puppen tanzen lassen *fam*
◆**live up to** *vi* **to** ~ **up to sb's expectations** jds Erwartungen gerecht werden; **to** ~ **up to one's reputation** seinem Ruf gerecht werden
◆**live with** *vi* ❶(*cohabit*) zusammenleben ❷(*tolerate*) sich abfinden (**mit** +*dat*)
live[2] [laɪv] I. *adj inv* ❶ *attr* (*living*) lebend; ~ **animals** echte Tiere ❷MUS, RADIO, TV live;

~ **broadcast** Liveübertragung *f* ❸ ELEC geladen; ~ **wire** Hochspannungskabel *nt* ❹ (*unexploded*) *ammunition* scharf **II.** *adv inv* MUS,
RADIO, TV live

livelihood ['laɪv·li·hʊd] *n* Lebensunterhalt *m;*
to lose one's ~ seine Existenzgrundlage verlieren

liveliness ['laɪv·lɪ·nɪs] *n of story* Lebendigkeit *f; of person* Lebhaftigkeit *f*

lively ['laɪv·li] *adj* ❶ (*energetic*) lebhaft; *child,
eyes, tune* munter; *nature* aufgeweckt; *imagination* rege(r, s); *mind* wach; ~ **place** ein Ort,
an dem immer etwas los ist ❷ (*bright*) *colors*
hell; (*garish*) grell ❸ (*enduring*) *tradition*
lebendig ❹ (*brisk*) rege; *pace* flott

liven ['laɪ·vən] **I.** *vt* ▪to ~ **up** ⟳ sth Leben in
etw *akk* bringen; **to** ~ **up a room** ein Zimmer
etwas aufpeppen *fam;* ▪to ~ **up** ⟳ sb jdn aufmuntern **II.** *vi* ▪to ~ **up** *person* aufleben;
party, game in Schwung kommen

liver ['lɪv·ər] *n* Leber *f*

'liver damage *n* Leberschaden *m*

'liverwurst *n* Leberwurst *f*

livery ['lɪv·ə·ri] *n* FASHION Livree *f*

'livestock *n* Vieh *nt,* Viehbestand *m*

live wire *n* ❶ ELEC unter Strom stehende Leitung ❷ (*fig fam*) Feger *m*

livid ['lɪv·ɪd] *adj* (*fam*) wütend

living ['lɪv·ɪŋ] **I.** *n* ❶ *usu sing* (*livelihood*) Lebensunterhalt *m;* **to do sth for a** ~ mit etw *dat*
seinen Lebensunterhalt verdienen ❷ (*lifestyle*)
Lebensstil *m;* **standard of** ~ Lebensstandard *m* ❸ *pl* ▪**the** ~ die Lebenden *pl* **II.** *adj
inv* ❶ (*alive*) lebend *attr;* **we didn't see a** ~
soul on the streets wir sahen draußen auf der
Straße keine Menschenseele; ~ **creatures** Lebewesen *pl* ❷ (*in use*) lebendig; *language* lebend ▶ PHRASES: **to scare the** ~ **daylights out
of sb** jdn zu Tode erschrecken; **to be in** ~
memory [noch] in [lebendiger] Erinnerung
sein

'living conditions *n* Lebensbedingungen *pl*

'living quarters *npl* Wohnbereich *m;* MIL Quartier *nt*

'living room *n* Wohnzimmer *nt*

'living space *n* (*for personal accommodation*)
Wohnraum *m*

living 'will *n* LAW *Willenserklärung eines
Patienten, die seine medizinische Behandlung
festlegt*

lizard ['lɪz·ərd] **I.** *n* Eidechse *f* **II.** *adj attr, inv*
aus Eidechsenleder *nach n*

llama ['la·mə] *n* Lama *nt*

load [loʊd] **I.** *n* ❶ (*amount carried*) Ladung *f;*
the maximum ~ **for this elevator is 1000
pounds** der Aufzug hat eine Tragkraft von maximal 453 kg ❷ (*burden*) Last *f* ❸ (*fam: lots*) **a**
~ **of work** ein Riesenberg *m* an Arbeit;
(*plenty*) ▪~s jede Menge; **what a** ~ **of garbage!** (*pej*) nichts als blanker Unsinn! *fam*
▶ PHRASES: **get a** ~ **of this!** (*fam*) hör dir das an!
II. *adv* ▪~s *pl* (*fam*) tausendmal *fam* **III.** *vt*
❶ (*fill*) laden; *container* beladen; *dishwasher*

einräumen; *washing machine* füllen ❷ (*fig:
burden*) aufladen; **to** ~ **sb with responsibility** jdm sehr viel Verantwortung aufladen
❸ (*insert*) *CD, DVD, film* einlegen **IV.** *vi*
[ver]laden

◆**load down** *vt thing* schwer beladen; *person*
zu viel aufbürden +*dat*

◆**load up I.** *vt* aufladen; **let's** ~ **up the car
and hit the road** lass uns die Sachen ins Auto
laden und losfahren; **to** ~ **up** ⟳ **a container**
einen Container beladen **II.** *vi* beladen

loaded ['loʊ·dɪd] *adj* ❶ (*carrying load*) beladen ❷ *gun* geladen ❸ (*excessive*) überladen
(**with** mit +*dat*); **to be** ~ **with calories** eine
Kalorienbombe sein ❹ *pred* (*fam: rich*) steinreich ❺ *pred* (*fam: drunk*) besoffen *fam*
❻ (*biased*) ~ **question** Fangfrage *f*

'loading dock *n* Laderampe *f*

loaf[1] <*pl* loaves> [loʊf] *n* ❶ (*bread*) Brot *nt;*
(*unsliced a.*) Brotlaib *m* ❷ (*bread-shaped
object*) Kasten-

loaf[2] [loʊf] *vi* faulenzen; **to** ~ **around** herumgammeln *fam*

loafer ['loʊ·fər] *n* Faulenzer(in) *m(f) pej*

Loafer® ['loʊ·fər] *n* FASHION [leichter] Halbschuh

loam [loʊm] *n* ❶ (*soil*) Lehmerde *f* ❷ (*for
bricks*) Lehm *m*

loan [loʊn] **I.** *n* ❶ (*money*) Kredit *m;* **to take
out a** ~ ein Darlehen aufnehmen ❷ (*act*) Aus-
leihe *f kein pl,* Verleihen *nt kein pl;* **to be on** ~
verliehen sein **II.** *vt* leihen

'loanword *n* Lehnwort *nt*

loath [loʊθ] *adj pred* ▪**to be** ~ **to do sth** etw
ungern tun

loathe [loʊð] *vt thing* nicht ausstehen können;
person verabscheuen

loathing ['loʊ·ðɪŋ] *n* (*hate*) Abscheu *m;*
(*hatred*) Hass *m;* **to fill sb with** ~ jdn mit Ekel
erfüllen; **to have a** ~ **for sb/sth** jdn/etw verabscheuen

loathsome ['loʊð·səm] *adj* abscheulich; *suggestion, action* abstoßend

loaves [loʊvz] *n pl of* **loaf**

lob [lab] **I.** *vt* <-bb-> lobben; **to** ~ **a ball** im
Lob spielen **II.** *n* ❶ (*stroke*) Lobspiel *nt kein pl*
❷ (*ball*) Lob *m*

lobby ['lab·i] **I.** *n* ❶ ARCHIT Eingangshalle *f;*
hotel ~ Hotelfoyer *nt* ❷ POL Lobby *f* **II.** *vi*
<-ie-> ▪**to** ~ **for/against sth** seinen Einfluss
[mittels eines Interessenverbandes] für/gegen
etw *akk* geltend machen **III.** *vt* <-ie-> ▪**to** ~
sb/sth [**to do sth**] jdn/etw beeinflussen[, etw
zu tun]

lobbyist ['lab·i·ɪst] *n* Lobbyist(in) *m(f)*

lobe [loʊb] *n* Lappen *m; of ear* Ohrläppchen *nt; of brain* Gehirnlappen *m; of liver* Le-
berlappen *m*

lobster ['lab·stər] *n* Hummer *m*

local ['loʊ·kəl] **I.** *adj* ❶ (*neighborhood*) hiesig,
örtlich; ~ **politics** Kommunalpolitik *f;* ~ **radio
station** Lokalsender *m;* ~ **branch** Filiale *f; of
bank, shop* Zweigstelle *f;* ~ **bar** Stammkneipe *f*

L

② MED **lokal II.** *n* ① *usu pl* (*inhabitant*) Ortsansässige(r) *f(m)* ② (*trade union*) örtliches Gewerkschaftsbüro

local anes'thetic *n* örtliche Betäubung

'**local call** *n* Ortsgespräch *nt*

locale [loʊ·'kæl] *n* Örtlichkeit *f*

local 'government *n of city* Stadtverwaltung *f; of community* Kommunalverwaltung *f*

locality [loʊ·'kæl·ɪ·ti] *n* Gegend *f*

localization [ˌloʊ·kə·lɪ·'zeɪ·ʃən] *n* Lokalisation *f*

localize ['loʊ·kə·laɪz] *vt* ① (*decentralize*) *government* dezentralisieren ② (*confine*) *bleeding* eingrenzen ③ (*pinpoint*) lokalisieren *geh*

local 'newspaper *n* Lokalblatt *nt*

'**local time** *n* Ortszeit *f*

local 'train *n* Nahverkehrszug *m*

locate ['loʊ·keɪt] **I.** *vt* ① (*find*) ausfindig machen; *plane, sunken ship* orten ② (*situate*) bauen; **our office is ~d at the end of the road** unser Büro befindet sich am Ende der Straße; **to be centrally ~d** zentral liegen **II.** *vi* sich niederlassen

location [loʊ·'keɪ·ʃən] *n* ① (*place*) Lage *f; company* Standort *m* ② FILM Drehort *m* ③ (*act*) Positionsbestimmung *f; of tumor* Lokalisierung *f*

lock¹ [lak] **I.** *n* ① (*fastener*) Schloss *nt*; **bicycle ~** Fahrradschloss *nt* ② NAUT Schleuse *f* ③ (*wrestling*) Fesselgriff *m* ▶ PHRASES: **to be under ~ and key** hinter Schloss und Riegel sitzen *fam* **II.** *vt* ① (*fasten*) abschließen; *suitcase* verschließen ② *usu passive* (*entangle*) sich verhaken; **to be ~ed in an embrace** sich eng umschlungen halten **III.** *vi* ① (*become secured*) schließen ② (*become fixed*) binden

◆**lock away** *vt* ① (*secure*) wegschließen ② (*imprison*) einsperren *fam;* ■**to ~ oneself away** [**in one's office**] sich [in seinem Büro] einschließen

◆**lock on** *vi* MIL **to ~ on to a target** ein genaues Ziel ausmachen

◆**lock out** *vt* aussperren

◆**lock up I.** *vt* ① (*shut, secure*) abschließen; *documents, money* wegschließen ② (*put in custody*) ■**to ~ up ↻ sb** LAW jdn einsperren *fam,* jdn einlochen *sl;* MED jdn in eine geschlossene Anstalt bringen **II.** *vi* abschließen, zuschließen

lock² [lak] *n* (*curl*) [Haar]locke *f*

locker ['lak·ər] *n* Schließfach *nt;* MIL, SCH, SPORTS Spind *m*

'**locker room** *n* Umkleideraum [mit Schließfächern] *m*

locket ['lak·ɪt] *n* Medaillon *nt*

'**lockjaw** *n* Wundstarrkrampf *m*

'**lockout** *n* Aussperrung *f*

'**locksmith** *n* Schlosser(in) *m(f)*

'**lockup** *n* Gefängnis *nt;* (*for drunks*) Ausnüchterungszelle *f*

locomotion [ˌloʊ·kə·'moʊ·ʃən] *n* Fortbewegung *f*

locomotive [ˌloʊ·kə·'moʊ·t̬ɪv] **I.** *n* Lokomoti-

ve *f* **II.** *adj attr, inv* Fortbewegungs-

locust ['loʊ·kəst] *n* Heuschrecke *f*

lode [loʊd] *n* MIN Ader *f a. fig*

lodge [ladʒ] **I.** *n* ① (*house*) Hütte *f* ② (*in resort*) Lodge *f* ③ (*meeting hall*) Loge *f* **II.** *vt* ① (*submit*) *objection, complaint* einlegen; *protest* erheben ② (*fix*) hineinstoßen ③ (*accommodate*) ■**to ~ sb** jdn [bei sich *dat*] unterbringen **III.** *vi* ① (*become fixed*) stecken bleiben ② (*live*) logieren, [zur Untermiete] wohnen (**with** bei +*dat*)

lodger ['ladʒ·ər] *n* Untermieter(in) *m(f)*

lodging ['ladʒ·ɪŋ] *n* Unterkunft *f*

loft [laft] *n* ① (*attic*) Speicher *m*, Estrich *m* SCHWEIZ; (*for living*) Dachwohnung *f*, Loft *m* ② (*in church*) **organ/choir ~** Empore *f* (*für die Orgel/den* [*Kirchen*] *chor*)

lofty ['laf·ti] *adj* ① (*high*) hoch [aufragend]; *heights* schwindelnd ② (*noble*) erhaben; *goals* hoch gesteckt; *ambitions* hochfliegend; *ideals* hohe(r, s)

log¹ [lɔg] **I.** *n* ① (*branch*) [gefällter] Baumstamm; (*trunk*) [Holz]block *m;* (*firewood*) [Holz]scheit *nt* ② (*record*) NAUT Logbuch *nt;* AVIAT Bordbuch *nt* ③ (*systematic record*) Aufzeichnung *pl;* **police ~** Polizeibericht *m* **II.** *vt* <-gg-> ① (*enter into record*) nennen; *phone calls* registrieren ② *forest* abholzen; *trees* fällen **III.** *vi* <-gg-> Bäume fällen

log² [lɔg] *n short for* **logarithm** Logarithmus *m*

◆**log in** *vi* sich einloggen

◆**log off** *vi* sich ausloggen

◆**log on** *vi* sich einloggen (**to** in +*akk*)

◆**log out** *vi* sich ausloggen (**of** aus +*dat*)

loganberry ['loʊ·gən·ber·i] *n* ① (*fruit*) Loganbeere *f* ② (*plant*) Loganbeerstrauch *m*

'**logbook** *n* NAUT Logbuch *nt;* AVIAT Bordbuch *nt*

log 'cabin *n* Blockhaus *nt*

logger ['lɔ·gər] *n* Holzfäller(in) *m(f)*

loggerheads ['lɔ·gər·hedz] *npl* ■**to be at ~** [**with sb**] [mit jdm] im Streit liegen

logic ['ladʒ·ɪk] *n* ① (*reasoning*) Logik *f;* **flawed ~** ein unlogischer Gedankengang; **to defy ~** gegen jede Logik verstoßen ② COMPUT, ELEC Logik *f*

logical ['ladʒ·ɪ·kəl] *adj* ① *inv* logisch ② (*sensible*) vernünftig ③ (*clear thinking*) **I was incapable of ~ thought** ich konnte keinen klaren Gedanken fassen

logistics [loʊ·'dʒɪs·tɪks] *n* + *sing/pl vb* Logistik *f*

'**logjam** *n* ① (*logs*) Anstauung *f* von Floßholz ② (*deadlock*) toter Punkt; **to break a ~** wieder aus einer Sackgasse herauskommen

logo ['loʊ·goʊ] *n* Logo *m o nt*

'**logrolling** *n* (*fam*) POL Kuhhandel *m*

loin [lɔɪn] *n usu pl* Lende *f*

'**loincloth** *n* Lendenschurz *m*

loiter ['lɔɪ·t̬ər] *vi* ① (*idle*) **to ~** [**around**] herumhängen *fam,* herumlungern *fam* ② (*dawdle*) [herum]trödeln

loiterer ['lɔɪ·t̬ər·ər] *n* Herumtreiber(in) *m(f) pej fam*

loll [lal] *vi* (*idle*) lümmeln; (*sit*) faul dasitzen; (*lie*) faul daliegen; (*stand*) faul herumstehen

lollipop ['lal·i·pap] *n* Lutscher *m*, ÖSTERR *a.* Schlecker *m*, Schleckstängel *m* SCHWEIZ, Lolli *m fam*

lone [loʊn] *adj attr, inv* ❶ (*solitary*) einsam ❷ *father, parent* allein erziehend

loneliness ['loʊn·lɪ·nɪs] *n* Einsamkeit *f*

lonely <-ier, -iest *or* more ~, most ~> ['loʊn·li] *adj* ❶ (*alone*) einsam; **to feel** ~ sich einsam fühlen ❷ (*unfrequented*) abgeschieden; *street* still

loner ['loʊ·nər] *n* Einzelgänger(in) *m(f)*

lonesome ['loʊn·səm] *adj* ❶ (*alone*) einsam; **to feel** ~ sich einsam fühlen ❷ (*unfrequented*) abgelegen

long[1] [lɔŋ] **I.** *adj* ❶ (*in space*) lang; *distance, trip* weit; (*elongated*) lang, länglich; (*fam: tall*) groß, lang *fam;* (*fig*) **to have come a** ~ **way** von weit her gekommen sein ❷ (*in time*) lang; (*tedious*) lang[wierig]; **each session is an hour** ~ jede Sitzung dauert eine Stunde; **a** ~ **day** ein langer [und anstrengender] Tag; *friendship* langjährig; *memory* gut; **it was a** ~ **time before I received a reply** es dauerte lange, bis ich [eine] Antwort bekam; **to work** ~ **hours** einen langen Arbeitstag haben ❸ (*in scope*) lang; *book* dick ▶ PHRASES: **in the** ~ **run** auf lange Sicht [gesehen] **II.** *adv* ❶ (*for a long time*) lang[e]; **have you been waiting** ~? wartest du schon lange?; **I won't be** ~ (*before finishing*) ich bin gleich fertig; (*before appearing*) ich bin gleich da ❷ (*at a distant time*) lange; ~ **ago** vor langer Zeit; **not** ~ **before that** kurz davor ❸ (*after implied time*) lange; **how much** ~**er will it take?** wie lange wird es noch dauern?; **he no** ~**er wanted to go there** er wollte nicht mehr dorthin ▶ PHRASES: **as** ~ **as ...** (*during*) solange ...; (*provided that*) vorausgesetzt, dass ... **III.** *n* (*long time*) eine lange Zeit; **have you been waiting for** ~? wartest du schon lange? ▶ PHRASES: **before** [**very**] ~ schon [sehr] bald; **the** ~ **and the short of it** kurz gesagt

long[2] [lɔŋ] *vi* sich sehnen (**for** nach +*dat*); ■**to** ~ **to do sth** sich danach sehnen, etw zu tun

long[3] *n* GEOG *abbrev of* **longitude** Länge *f*

long-'distance **I.** *adj attr, inv* ❶ (*between places*) Fern-, Weit-; ~ **flight** Langstreckenflug *m;* ~ **relationship** Beziehung zwischen zwei weit voneinander entfernt wohnenden Partnern ❷ SPORTS *runner* Langstrecken- **II.** *adv inv* **to call** ~ ein Ferngespräch führen; **to travel** ~ eine Fernreise machen

longevity [lan·'dʒev·ɪ·ţi] *n* Langlebigkeit *f*

'long-haired <-longer-, longest-> *adj* langhaarig; *animals* Langhaar-

'longhand *n* Langschrift *f;* **to write sth in** ~ etw mit der Hand schreiben

long 'haul *n* ❶ (*long distance*) Langstreckentransport *m* ❷ (*long time*) **to be in sth for the** ~ sich langfristig für etw *akk* engagieren; **over the** ~ auf lange Sicht

long-'haul *adj* ~ **flight** Langstreckenflug *m*

'longhorn *n* (*breed of cattle*) Longhorn *nt*

longing ['lɔŋ·ɪŋ] **I.** *n* Sehnsucht *f*, Verlangen *nt* (**for** nach +*dat*) **II.** *adj attr* sehnsüchtig

longish ['lɔŋ·ɪʃ] *adj inv* (*fam*) ziemlich lang

longitude ['lan·dʒɪ·tud] *n* GEOG Länge *f*

longitudinal [ˌlan·dʒɪ·'tu·dən·əl] *adj inv* ❶ (*lengthwise*) Längs- ❷ GEOG Längen-, Longitudinal-

'long johns *npl* (*fam*) lange Unterhose

'long jump *n* SPORTS Weitsprung *m*

long-'lasting *adj* strapazierfähig

'long-life *adj inv batteries* langlebig, mit langer Lebensdauer *after n*

long-'lived <-longer-, longest-> *adj* langlebig; *feud* seit langem bestehend

'long-lost *adj attr, inv* lang verloren geglaubt; *person* lang vermisst geglaubt

long-'range *adj* ❶ (*in distance*) Langstrecken- ❷ (*long-term*) langfristig

'long shot *n usu sing* ■**to be a** ~ ziemlich aussichtslos sein; [**not**] **by a** ~ (*fam*) bei weitem [nicht]

long-'standing *adj* seit langem bestehend; *argument* seit langem anhaltend; *friendship, relationship* langjährig

long-'suffering *adj* langmütig

'long-term *adj attr* langfristig; ~ **memory** Langzeitgedächtnis *nt;* ~ **strategy** Langzeitstrategie *f*

long-'winded *adj* langatmig

loofa, loofah ['lu·fə] *n* ❶ (*plant*) Luffa *f* ❷ (*sponge*) Luffaschwamm *m*

look [lʊk] **I.** *n* ❶ (*glance*) Blick *m;* **to get a good** ~ **at sb/sth** jdn/etw genau sehen können; **to give sb a** ~ jdn ansehen; (*glimpse*) jdm einen Blick zuwerfen; **to have** [*or* take] **a** ~ **around** [**for sth**] sich [nach etw *dat*] umsehen ❷ (*on face*) [Gesichts]ausdruck *m*, Miene *f;* ❸ (*examination*) Betrachtung *f;* **to have** [*or* take] **a** ~ **at sth** sich *dat* etw ansehen; (*search*) **to have** [*or* take] **a** ~ **around for sb/sth** nach jdm/etw suchen ❹ (*appearance*) Aussehen *nt;* **I don't like the** ~[**s**] **of it** das gefällt mir [gar] nicht; **good** ~**s** *of person* gutes Aussehen ❺ FASHION Look *m* ▶ PHRASES: **if** ~**s could kill** wenn Blicke töten könnten **II.** *interj* (*explanatory*) schau mal *fam*, pass mal auf *fam;* (*protesting*) hör mal *fam* **III.** *vi* ❶ (*glance*) schauen; **to** ~ **away/the other way** wegsehen ❷ (*search*) suchen; (*in an encyclopedia*) nachschlagen ❸ (*appear*) **she doesn't** ~ **her age** man sieht ihr ihr Alter nicht an; **to** ~ **tired** müde aussehen; **it** ~**s very unlikely that ...** es scheint sehr unwahrscheinlich, dass ...; ■**to** ~ **like sb/sth** jdm/etw ähnlich sehen; **it** ~**s like rain** es sieht nach Regen aus ❹ (*face*) blicken (**onto** auf +*akk*); *room, window* [hinaus]gehen (**onto** auf +*akk*)

◆**look after** *vi* (*care for*) ■**to** ~ **after sb/sth** sich um jdn/etw kümmern; **to** ~ **after one's own interests** seine eigenen Interessen verfolgen; (*keep eye on*) ■**to** ~ **after sb/sth** auf

jdn/etw aufpassen
- **look ahead** *vi* ❶ (*glance*) nach vorne sehen ❷ (*fig: plan*) vorausschauen
- **look around** *vi* ❶ (*glance*) sich umsehen ❷ (*search*) ■ **to ~ around for sb/sth** sich nach jdm/etw umsehen ❸ (*examine*) sich *dat* ansehen; *house* besichtigen
- **look at** *vi* ❶ (*glance*) ansehen ❷ (*examine*) ■ **to ~ at sth/sb** sich *dat* etw/jdn ansehen ❸ (*regard*) ■ **to ~ at sth** etw betrachten; **he ~s at things differently than you do** er sieht die Dinge anders als du
- **look back** *vi* ❶ (*glance*) zurückschauen ❷ (*remember*) zurückblicken (**on, over, at** auf +*akk*) ► PHRASES: **sb** never **~ed back** für jdn ging es bergauf
- **look down** *vi* ❶ (*glance*) nach unten sehen; ■ **to ~ down at/on sb/sth** zu jdm/etw hinuntersehen ❷ (*fig: despise*) ■ **to ~ down [up]on sb/sth** auf jdn/etw herabsehen ❸ (*examine*) **to ~ down a list** eine Liste von oben bis unten durchgehen
- **look for** *vi* ❶ (*seek*) ■ **to ~ for sb/sth** nach jdm/etw suchen; **to ~ for a job** Arbeit suchen ❷ (*anticipate*) jdn/etw erwarten
- **look forward** *vi* ❶ (*glance*) nach vorne sehen ❷ (*anticipate*) sich freuen (**to** auf +*akk*)
- **look in** *vi* ❶ (*glance*) hineinsehen ❷ (*visit*) ■ **to ~ in [on sb]** [bei jdm] vorbeischauen *fam*
- **look into** *vi* ■ **to ~ into sth** ❶ (*glance*) in etw *akk* [hinein]sehen ❷ (*examine*) etw untersuchen; **to ~ into a complaint** eine Beschwerde prüfen
- **look on** *vi* ❶ (*watch*) zusehen ❷ (*regard*) **to ~ on sth with disquiet** etw mit Unbehagen betrachten
- **look out** *vi* ❶ (*take care*) aufpassen; ■ **to ~ out for sb/sth** sich vor jdm/etw in Acht nehmen ❷ (*watch*) Ausschau halten (**for** nach +*dat*) ❸ (*face*) blicken (**onto, over** auf +*akk*); *room, window* hinausgehen (**onto, over** auf +*akk*)
- **look over** **I.** *vi* ❶ (*glance*) blicken (über +*akk*); **to ~ over to sb/sth** zu jdm/etw hinübersehen ❷ (*offer view*) blicken (über +*akk*); *window, room* [hinaus]gehen (auf +*akk*) **II.** *vt* ❶ (*view*) besichtigen; (*inspect, survey*) inspizieren ❷ (*examine*) durchsehen; *letter* überfliegen; ■ **to ~ over** ○ **sb** jdn mustern
- **look through** *vi* ❶ (*glance*) ■ **to ~ through sth** durch etw *akk* [hindurch]sehen ❷ (*peruse*) durchsehen; *article* [kurz] überfliegen; *magazine* durchblättern
- **look to** *vi* ❶ (*rely on*) ■ **to ~ to sb** sich auf jdn verlassen ❷ (*anticipate*) **to ~ to the future** in die Zukunft blicken
- **look toward(s)** *vi* ❶ (*glance*) ■ **to ~ toward sth/sb** zu etw/jdm sehen ❷ (*face*) ■ **to ~ toward sth** auf etw *akk* blicken; *room, window* auf etw *akk* [hinaus]gehen
- **look up** **I.** *vi* ❶ (*glance*) ■ **to ~ up at sb/sth** zu jdm/etw hinaufsehen; ■ **to ~ up [from sth]** [von etw *dat*] aufsehen ❷ (*improve*) besser

werden **II.** *vt* ❶ (*fam: visit*) ■ **to ~ up** ○ **sb** bei jdm vorbeischauen ❷ (*search for*) nachschlagen; *phone number* heraussuchen
- **look upon** *vi see* **look on** 1
- **look up to** *vi* ■ **to ~ up to sb** aufsehen (zu +*dat*)
- **'lookalike** *n* Doppelgänger(in) *m(f)*
- **looker** ['lʊk·ər] *n* (*fam*) **to be a ~** gut aussehen
- **'lookout** *n* ❶ (*post*) Beobachtungsposten *m* ❷ (*person*) Wache *f* ❸ (*watch*) **to keep a ~ [for sb/sth]** [nach jdm/etw] Ausschau halten; (*search*) **to be on the ~ [for sb/sth]** auf der Suche [nach jdm/etw] sein
- **loom¹** [lum] *vi* ❶ (*come into view*) [drohend] auftauchen ❷ (*be ominously near*) sich drohend abzeichnen; *storm* sich zusammenbrauen *a. fig; difficulties* sich auftürmen; **to ~ large** eine große Rolle spielen
- **loom²** [lum] *n* Webstuhl *m*
- **loony** ['lu·ni] (*fam*) **I.** *n* Irre(r) *f(m)* **II.** *adj* verrückt
- **loop** [lup] **I.** *n* ❶ (*shape*) Schleife *f; of string, wire* Schlinge *f; of river, tape, in skating* Schleife *f; of belt* Schlaufen *pl* ❷ COMPUT [Programm]schleife *f* ❸ (*contraceptive*) Spirale *f* **II.** *vt* **~ the rope over the bar** schling das Seil um die Stange **III.** *vi* eine Schleife machen; *road, stream* sich schlängeln
- **'loophole** *n* ❶ LAW Gesetzeslücke *f;* **to exploit a ~** eine Gesetzeslücke nutzen ❷ (*slit*) Schießscharte *f*
- **loose** [lus] **I.** *adj* ❶ (*relaxed, not tight*) locker; *papers* los; *skin* schlaff; **~ cash/coins** Kleingeld *nt;* **to come ~** sich lösen; **to work itself ~** sich lockern ❷ *hair* offen ❸ (*not confined*) frei; **to break ~** *person, dog* sich losreißen ❹ (*not exact*) ungefähr *attr;* (*not strict*) lose; *adaptation, translation* frei; *discipline* mangelhaft ❺ *clothing* weit, locker ❻ (*indiscreet*) **~ tongue** loses Mundwerk *fam* ► PHRASES: **to hang ~** (*fam*) cool bleiben **II.** *n* LAW **to be on the ~** frei herumlaufen **III.** *vt* ❶ (*set free*) freilassen ❷ (*untie*) lösen
- **'loose-leaf** *adj attr, inv* Loseblatt-; **~ binder** Ringbuch *nt*
- **loosely** ['lus·li] *adv* ❶ (*not tightly*) lose; **to hang ~** schlaff herunterhängen ❷ (*not exactly*) ungefähr; **~ speaking** grob gesagt; **~ translated** frei übersetzt
- **loosen** ['lu·sən] **I.** *vt* ❶ *collar* aufmachen; *tie* lockern ❷ (*relax*) *grip, muscles* lockern ❸ (*weaken*) *ties* lockern; *relationship* [langsam] lösen ► PHRASES: **to ~ sb's tongue** jdm die Zunge lösen **II.** *vi* sich lockern
- **loot** [lut] **I.** *n* ❶ MIL Kriegsbeute *f;* (*plunder*) [Diebes]beute *f* ❷ (*fam: money*) Zaster *m;* (*valued objects*) Geschenke *pl* **II.** *vt* ❶ (*plunder*) [aus]plündern ❷ (*steal*) stehlen **III.** *vi* plündern
- **looting** ['lu·tɪŋ] *n* Plünderei *f*
- **lop** [lap] *vt* <-pp-> ❶ *tree* stutzen ❷ (*eliminate*) streichen; *budget* kürzen
- **lop off** *vt* ❶ *branches* abhacken ❷ (*reduce*)

expenses [ver]kürzen

lope [loʊp] *vi* in großen Sätzen springen; *hare* hoppeln

'**lopsided** *adj* schief; (*fig*) *victory* einseitig

loquacious [loʊ·ˈkweɪ·ʃəs] *adj* redselig

lord [lɔrd] *n* ❶ (*nobleman*) Lord *m* ❷ (*fam: powerful man*) Herr *m*

Lord [lɔrd] *n* REL ■ **the** ~ der Herr

lordship [ˈlɔrd·ʃɪp] *n* ❶ (*form of address*) **His/Your L**~ Seine/Euer Lordschaft ❷ (*dominion*) Herrschaft *f*

lore [lɔr] *n* [überliefertes] Wissen

lose <lost, lost> [luz] **I.** *vt* ❶ (*forfeit*) verlieren; ■ **to** ~ **sth to sb** etw an jdn verlieren; **to** ~ **one's breath** außer Atem kommen ❷ (*through death*) **she lost her son in the fire** ihr Sohn ist beim Brand umgekommen ❸ *usu passive* ■ **to be lost** *things* verschwunden sein; *victims* umgekommen sein; *plane, ship* verloren sein ❹ (*waste*) *opportunity* versäumen; *time* verlieren; **to** ~ **no time in doing sth** etw sofort tun ❺ (*watch, clock* **to** ~ **time** nachgehen ❻ (*not find*) *person, thing* verlieren; (*mislay*) verlegen; **to** ~ **one's way** sich verirren ❼ (*not win*) verlieren ❽ (*forget*) *language, skill* verlernen ▶ PHRASES: **to** ~ **heart** den Mut verlieren; **to** ~ **it** (*fam*) durchdrehen; **to** ~ **sleep over sth** sich *dat* wegen einer S. *gen* Sorgen machen; **to** ~ **touch** [with sb] den Kontakt [zu jdm] verlieren; **to** ~ **track** [of sth] (*not follow*) [etw *dat*] [geistig] nicht folgen können; (*not remember*) **I've lost track of the number of times he's asked me for money** ich weiß schon gar nicht mehr, wie oft er mich um Geld gebeten hat **II.** *vi* ❶ (*be beaten*) verlieren (**to** gegen +*akk*) ❷ (*earn too little*) ein Verlustgeschäft sein ▶ PHRASES: **you can't** ~ du kannst nur gewinnen

◆ **lose out** *vi* ❶ (*be deprived*) schlecht wegkommen *fam;* ■ **to** ~ **out in sth** bei etw *dat* den Kürzeren ziehen *fam* ❷ (*be beaten*) ■ **to** ~ **out to sb/sth** jdm/etw unterliegen

loser [ˈlu·zər] *n* ❶ (*defeated person*) Verlierer(in) *m(f)* ❷ (*fam: habitually*) Verlierer[typ] *m*

losing [ˈlu·zɪŋ] *adj attr* Verlierer-

loss <*pl* -es> [lɔs] *n* Verlust *m* ▶ PHRASES: **to be at a** ~ nicht mehr weiterwissen

lost [lɔst] **I.** *pt, pp of* **lose II.** *adj inv* ❶ (*unable to find way*) ■ **to be** ~ sich verirrt haben; **to get** ~ sich verirren; (*on foot*) sich verlaufen haben; (*using vehicle*) sich verfahren haben ❷ (*misplaced*) **to get** ~ [in the mail/shuffle] [in der Post/in dem Haufen] verschwinden ❸ *pred* (*helpless*) **to feel** ~ sich verloren fühlen; ■ **to be** ~ (*not understand*) nichts verstehen; ■ **to be** ~ **without sb/sth** ohne jdn/etw verloren sein ❹ (*perished, destroyed*) *soldiers* gefallen; *planes, ships, tanks* zerstört ❺ (*not won*) *battle, contest* verloren ▶ PHRASES: **get** ~ ! (*fam*) hau ab!, zieh Leine! *sl;* **the joke's** ~ **on him** er versteht den Witz nicht

lost and '**found** *n* Fundbüro *nt*

lot [lat] **I.** *pron* ❶ (*much, many*) ■ **a** ~ viel/ viele; **a** ~ **of people** viele [*o* eine Menge] Leute ❷ (*many things*) ~ **s** [**of sth**] + *sing/pl vb* viel [*o fam* jede Menge] [etw]; **there's** ~ **s to do here** es gibt hier jede Menge zu tun *fam;* ~ **s and** ~ **s of people** wahnsinnig viele Leute *fam* ❸ (*everything*) ■ **the** [**whole**] ~ alles **II.** *adv* (*fam*) ■ **a** ~ viel; **thanks a** ~! vielen Dank!; **we go on vacation a** ~ wir machen oft Urlaub **III.** *n* ❶ (*land*) Stück *nt* Land; **parking** ~ Parkplatz *m* ❷ (*object to determine sth*) **to draw** ~ **s** Lose ziehen ❸ (*movie studio*) Filmgelände *nt* ❹ (*at auction*) **to bid on a** ~ ein Gebot abgeben ❺ (*fam: group*) Haufen *m*

loth [loʊθ] *adj see* **loath**

lotion [ˈloʊ·ʃən] *n* Lotion *f;* **suntan** ~ Sonnenöl *m*

lottery [ˈlɑt·ə·ri] **I.** *n* Lotterie *f* **II.** *adj* ~ **ticket** Lotterielos *nt*

lotus <*pl* -es> [ˈloʊ·təs] *n* BOT Lotos *m*

'**lotus position** *n* Lotossitz *m*

loud [laʊd] **I.** *adj* ❶ (*audible*) laut ❷ (*garish*) auffällig; *colors* grell, schreiend **II.** *adv* laut; ~ **and clear** laut und deutlich; **to laugh out** ~ lauthals loslachen

'**loudmouth** *n* (*fam*) Großmaul *nt*

loudness [ˈlaʊd·nɪs] *n* Lautstärke *f*

'**loudspeaker** *n* Lautsprecher *m*

Louisiana [lu·ˌi·zi·ˈæn·ə] *n* Louisiana *nt*

lounge [laʊndʒ] **I.** *n* Lounge *f;* **departure** ~ Abflughalle *f* **II.** *vi* (*lie*) [faul] herumliegen; (*sit*) [faul] herumsitzen; (*stand*) [faul] herumstehen

◆ **lounge around** *vi* (*lie*) [faul] herumliegen; (*sit*) [faul] herumsitzen; (*stand*) [faul] herumstehen

'**lounge chair** *n* Klubsessel *m*

'**lounge lizard** *n* (*sl*) Salonlöwe, Salonlöwin *m, f*

louse I. *n* [laʊs] ❶ <*pl* lice> (*parasite*) Laus *f* ❷ <*pl* -s> (*fam: person*) miese Type *pej* **II.** *vt* [laʊz] (*fam*) ■ **to** ~ **up** ○ **sth** etw vermasseln

lousy [ˈlaʊ·zi] *adj* ❶ (*fam: bad*) lausig; **I'm** ~ **at math** in Mathe bin ich eine absolute Null ❷ *pred* (*fam: ill*) **to feel** ~ sich hundeelend [*o* mies] fühlen ❸ (*infested*) verlaust ❹ (*inadequate*) armselig, dürftig; **a** ~ **20 dollars** lumpige 20 Dollar

louver [ˈlu·vər] *n* Jalousie *f;* (*slat*) Lamelle *f* [einer Jalousie]

lovable [ˈlʌv·ə·bəl] *adj* liebenswert

love [lʌv] **I.** *n* ❶ (*affection*) Liebe *f;* **to show sb lots of** ~ jdm viel Liebe geben; **to be head over heels in** ~ bis über beide Ohren verliebt sein; **to be in** ~ verliebt sein; **to fall in** ~ **with sb** sich in jdn verlieben ❷ (*interest*) Leidenschaft *f;* (*with activities*) Liebe *f;* **she has a great** ~ **of music** sie liebt die Musik sehr ❸ TENNIS null **II.** *vt* (*be in love with*) lieben; (*greatly like*) sehr mögen; **I would** ~ **a cup of tea** ich würde [sehr] gerne eine Tasse Tee trinken **III.** *vi* lieben; (*like*) gern mögen; **I would** ~ **for you to come to dinner tonight** ich

L

würde mich freuen, wenn du heute zum Abendessen kämst

'love affair *n* [Liebes]affäre *f*

'lovebird *n* ❶ ORN Unzertrennliche(r) *f(m)* ❷ *(fam)* ■~s *pl* Turteltauben *pl*

love-'hate relationship *n* Hassliebe *f*

loveless ['lʌv·lɪs] *adj* *(unloved)* *childhood, marriage* ohne Liebe *nach n*

'love letter *n* Liebesbrief *m*

'love life *n* Liebesleben *nt kein pl*

loveliness ['lʌv·lɪ·nɪs] *n* Schönheit *f*

lovely ['lʌv·li] *adj* ❶ *(beautiful)* schön; *house* wunderschön; **to look** ~ reizend aussehen ❷ *(fam: pleasant)* wunderbar, herrlich ❸ *(charming)* nett, liebenswürdig

'lovemaking *n* [körperliche] Liebe

lover ['lʌv·ər] *n* ❶ *(partner)* Liebhaber(in) *m(f)*; ■~s *pl* Liebespaar *nt sing* ❷ *(fan)* Liebhaber(in) *m(f)* **(of** von +*dat*); **sports** ~ Sportfan *m*

'lovesick *adj* **to be** ~ Liebeskummer haben

'love song *n* Liebeslied *nt*

'love story *n* Liebesgeschichte *f*

loving ['lʌv·ɪŋ] *adj* *(feeling love)* liebend; *(showing love)* liebevoll

low¹ [loʊ] **I.** *adj* ❶ *(not high)* niedrig; *neckline, voice* tief; *slope* flach ❷ *(in number)* gering, wenig; *blood pressure* niedrig; ~ **in calories** kalorienarm ❸ *(depleted)* knapp; *stocks* gering; **to be** ~ zur Neige gehen ❹ *(not intense)* niedrig; *light* gedämpft ❺ *(not good)* *morale* schlecht; *quality* minderwertig; *self-esteem* gering; **to have a** ~ **opinion of sb** von jdm nicht viel halten; ~ **visibility** schlechte Sicht ❻ *(not important)* niedrig, gering; **to be a** ~ **priority** nicht so wichtig sein **II.** *adv* ❶ *(in height)* niedrig; **to be cut** ~ *dress, blouse* tief ausgeschnitten sein ❷ *(to low level, not high-pitched)* tief; **turn the oven on** ~ stell den Ofen auf kleine Hitze **III.** *n* ❶ *(low level)* Tiefpunkt *m* ❷ METEO Tief *nt*

low² [loʊ] **I.** *n* Muhen *nt* **II.** *vi* muhen

low-'alcohol *adj* alkoholarm

'lowbrow *(pej)* **I.** *adj* *book, film* geistig anspruchslos, seicht; *person* einfach, schlicht **II.** *n* Banause *m*

low-cal ['loʊ·kæl] *adj* *(fam)*, **low-'calorie** *adj* kalorienarm

'low-cost *adj* billig

'low-cut *adj* *dress* tief ausgeschnitten, mit tiefem Ausschnitt *nach n*

'lowdown *n* *(fam)* ■**the** ~ ausführliche Informationen; **to get the** ~ **on sth** über etw *akk* aufgeklärt werden

lower¹ ['loʊ·ər] **I.** *adj inv* ❶ *(less high)* niedriger; *(below)* untere(r, s), Unter- ❷ *(less in hierarchy)* *status, rank, animal* niedere(r, s), untere(r, s) **II.** *vt* ❶ *(move down)* herunterlassen; *hem* herauslassen; *lifeboat* zu Wasser lassen; **she** ~**ed herself into a chair** sie ließ sich auf einem Stuhl nieder; **to** ~ **one's eyes** die Augen niederschlagen ❷ *(decrease)* verringern; *rates, voice* senken; *quality* mindern; **to**

~ **one's sights** seine Ansprüche zurückschrauben ❸ *(demean)* ■**to** ~ **oneself to do sth** sich herablassen, etw zu tun **III.** *vi* sinken; *voice* leiser werden

lower² [laʊr] *vi* *person* ein finsteres Gesicht machen; *light* dunkler werden; *sky* sich verfinstern; ■**to** ~ **at sb** jdn finster ansehen

lower 'house *n* Unterhaus *nt*

low-'fat *adj* fettarm

low-'key *adj* unauffällig, zurückhaltend; *color* gedämpft; **to keep sth** ~ vermeiden, dass etw Aufsehen erregt

lowland ['loʊ·lənd] *n* ❶ Flachland *nt* ❷ ■**the** ~**s** *pl* das Tiefland

'low-level *adj* ❶ *(not high)* tief ❷ *(of low status)* niedrig, auf unterer Ebene *nach n*; *(unimportant)* nebensächlich, unbedeutend; *job* niedrig; *official* klein *meist pej* ❸ COMPUT niedere(r, s)

lowly ['loʊ·li] *adj* ❶ *(ordinary)* einfach; *status* niedrig ❷ *(modest)* bescheiden

lowness ['loʊ·nɪs] *n* ❶ *(in height)* Niedrigkeit *f*; *of neckline* Tiefe *f* ❷ *(low pitch)* *of note* Tiefe *f*; *of voice* Gedämpftheit *f* ❸ *(shortage)* *of supplies* Knappheit *f*

low-'pitched *adj* tief

low 'pressure *n* PHYS Niederdruck *m;* METEO Tiefdruck *m*

low 'profile *n* Zurückhaltung *f;* **to keep a** ~ sich zurückhalten; *(fig)* im Hintergrund bleiben

'low season *n* Nebensaison *f*

low-'spirited *adj* niedergeschlagen

low-'tech *adj* [technisch] einfach, Lowtech-

low 'tide *n* Niedrigwasser *nt; of sea* Ebbe *f*

loyal ['lɔɪ·əl] *adj* *(faithful)* treu **(to** +*dat*); *(showing loyalty)* loyal

loyalist ['lɔɪ·ə·lɪst] **I.** *n* Loyalist(in) *m(f)* **II.** *adj attr, inv* loyal[istisch], regierungstreu

loyalty ['lɔɪ·əl·ti] *n* ❶ *(faithfulness)* Treue *f* **(to** zu +*dat*); *(state of being loyal)* Loyalität *f* **(to** gegenüber +*dat*) ❷ *(feelings)* ■**loyalties** *pl* Loyalitätsgefühle *pl*

lozenge ['laz·əndʒ] *n* ❶ MED Pastille *f* ❷ MATH Raute *f*

LP [ˌel·'pi] *n abbrev of* **long-playing record** LP *f*

LSD [ˌel·es·'di] *n abbrev of* **lysergic acid diethylamide** LSD *nt*

lube [lub] *(fam)* **I.** *n see* **lubricant II.** *vt see* **lubricate**

lubricant ['lu·brɪ·kənt] *n* MED Gleitmittel *nt; a.* TECH Schmiermittel *nt*

lubricate ['lu·brɪ·keɪt] *vt* ❶ *(grease)* schmieren ❷ *(make slippery)* [ein]ölen

lubrication [ˌlu·brɪ·'keɪ·ʃən] *n* Schmieren *nt*

lubricator ['lu·brɪ·ˌkeɪ·tər] *n* TECH ❶ *(substance)* Abschmierfett *nt* ❷ *(device)* Schmiergerät *nt*

lucid ['lu·sɪd] *adj* ❶ *(unambiguous)* klar; *(easy to understand)* einleuchtend, verständlich ❷ *(clear-thinking)* klar

luck [lʌk] **I.** *n* ❶ *(fortune)* Glück *nt; as* ~

would have it wie es der Zufall wollte; **just my ~!** Pech gehabt!; **to be out of ~** kein Glück haben; **to try one's ~** sein Glück versuchen ❷ (*success*) Erfolg *m;* **did you have any ~ finding the book?** ist es dir gelungen, das Buch zu finden? II. *vi* (*fam*) ■ **to ~ into sth** etw durch Zufall ergattern

luckily ['lʌ·kɪ·li] *adv* glücklicherweise

luckless ['lʌk·lɪs] *adj* (*unfortunate*) glücklos; (*unsuccessful*) erfolglos

lucky ['lʌk·i] *adj* ❶ (*fortunate*) glücklich; **~ her!** die Glückliche!; **to count oneself ~** sich glücklich schätzen ❷ (*bringing fortune*) glückbringend, Glücks-

lucrative ['lu·krə·t̬ɪv] *adj* einträglich

ludicrous ['lu·dɪ·krəs] *adj* (*ridiculous*) lächerlich; (*absurd*) absurd

lug[1] [lʌg] *n* (*handle*) Halterung *f*

lug[2] [lʌg] *vt* <-gg-> (*carry*) schleppen; (*pull*) zerren; ■ **to ~ sth along** etw herumschleppen

luggage ['lʌg·ɪdʒ] *n* [Reise]gepäck *nt;* **piece of ~** Gepäckstück *nt*

'luggage rack *n* Gepäckablage *f*

lugubrious [lə·'gu·bri·əs] *adj* (*liter*) schwermütig

lukewarm [ˌluk·'wɔrm] *adj inv* ❶ (*tepid*) lau[warm] ❷ (*fig: unenthusiastic*) *reception* mäßig

lull [lʌl] I. *vt* ❶ (*soothe*) *suspicions, fears* zerstreuen; **to ~ sb to sleep** jdn in den Schlaf lullen ❷ (*trick*) einlullen; **to ~ sb into a false sense of security** jdn in trügerischer Sicherheit wiegen II. *vi* sich legen; *storm* nachlassen; *sea* sich beruhigen III. *n* [Ruhe]pause *f;* ECON Flaute *f*

lullaby ['lʌl·ə·baɪ] *n* Schlaflied *nt*

lumber[1] ['lʌm·bər] *n* (*timber*) Bauholz *nt*

lumber[2] ['lʌm·bər] *vi person* schwerfällig gehen; *tank* rollen; *cart, wagon* [dahin]rumpeln; *animal* trotten; *bear* [behäbig] tapsen

lumberjack ['lʌm·bər·dʒæk] *n* Holzfäller(in) *m(f)*

'lumberyard *n* Holzlager *nt*

luminary ['lu·mə·ner·i] *n* Leuchte *f fam,* Koryphäe *f geh;* (*in film, theater*) Berühmtheit *f*

luminosity [ˌlu·mə·'nas·ɪ·t̬i] *n* ❶ (*brightness*) Helligkeit *f; of lamp* Leuchtkraft *f;* PHYS Lichtstärke *f* ❷ (*fig*) *of artist* Brillanz *f*

luminous ['lu·mə·nəs] *adj* ❶ (*bright*) leuchtend *a. fig,* strahlend *a. fig* ❷ (*phosphorescent*) phosphoreszierend, Leucht-

lump [lʌmp] I. *n* ❶ (*chunk*) Klumpen *m* ❷ (*swelling*) Schwellung *f;* (*in breast*) Knoten *m;* (*in body*) Geschwulst *f* ▶ PHRASES: **to have a ~ in one's** throat einen Kloß im Hals haben II. *vt* ❶ (*combine*) ■ **to ~ sth with sth** etw mit etw *dat* zusammentun *fam* ❷ (*fam: endure*) **you'll just have to like it or ~ it** damit musst du dich eben abfinden

lump 'sum *n* Einmalzahlung *f*

lumpy ['lʌm·pi] *adj liquid* klumpig; *figure* plump; *surface* uneben

lunacy ['lu·nə·si] *n* ❶ (*insanity*) [geistige] Un-

zurechnungsfähigkeit ❷ (*foolishness*) Wahnsinn *m fam*

lunar ['lu·nər] *adj attr, inv* Mond-, lunar *fachspr*

lunatic ['lu·nə·t̬ɪk] I. *n* ❶ Geistesgestörte(r) *f(m);* LAW [geistig] Unzurechnungsfähige(r) *f(m)* ❷ (*fool*) Verrückte(r) *f(m) fam* II. *adj* verrückt *fam;* MED geistesgestört; LAW [geistig] unzurechnungsfähig

lunch [lʌntʃ] I. *n* <*pl* -es> ❶ (*noon meal*) Mittagessen *nt;* **to have ~** zu Mittag essen ❷ (*noon break*) Mittagspause *f;* **to be out to ~** in der Mittagspause sein ▶ PHRASES: **to be** out **to ~** (*fam or hum*) nicht ganz richtig im Kopf sein *fam* II. *vi* zu Mittag essen

'lunch break *n* Mittagspause *f*

luncheon ['lʌn·tʃən] *n* (*form*) Mittagessen *nt*

'luncheon meat *n* Frühstücksfleisch *nt*

'lunch hour *n* Mittagspause *f*

'lunchtime I. *n* (*noon*) Mittagszeit *f;* (*break*) Mittagspause *f;* **at ~** mittags II. *adj attr, inv* Mittags-

lung [lʌŋ] *n* Lungenflügel *m;* ■ **the ~s** *pl* die Lunge[n *pl*]

'lung cancer *n* Lungenkrebs *m*

lunge [lʌndʒ] I. *n* Satz *m* nach vorn; (*in fencing*) Ausfall *m* II. *vi* ■ **to ~ at sb** sich auf jdn stürzen; ■ **to ~ forward** einen Satz nach vorne machen; (*in fencing*) einen Ausfall machen

lupin(e) ['lu·pɪn] *n* Lupine *f*

lurch[1] [lɜrtʃ] I. *n* <*pl* -es> Ruck *m a. fig* II. *vi crowd, person* torkeln; *car, ship* schlingern

lurch[2] [lɜrtʃ] *n* **to leave sb in the ~** jdn im Stich lassen

lure [lʊr] I. *vt* [an]locken; ■ **to ~ sb away from sth** jdn von etw *dat* weglocken II. *n* ❶ (*attraction*) Reiz *m* ❷ (*decoy*) Köder *m a. fig;* HUNT Lockvogel *m a. fig*

lurid ['lʊr·ɪd] *adj* ❶ (*glaring*) grell [leuchtend]; *colors* schreiend ❷ (*sensational*) reißerisch *pej; cover, article* reißerisch aufgemacht *pej; details* schmutzig; **to describe sth in ~ detail** etw drastisch schildern

lurk [lɜrk] *vi* lauern *a. fig;* (*fig*) stecken (**behind** hinter +*dat*); **to ~ beneath the surface** (*fig*) unter der Oberfläche schlummern

luscious ['lʌʃ·əs] *adj* ❶ (*sweet*) *taste, smell* [herrlich] süß; *fruit* saftig [süß]; *cake, wine* köstlich; *color* satt ❷ (*voluptuous*) *curves* üppig; *lips* voll

lush[1] [lʌʃ] *adj* ❶ *grass* saftig [grün]; *growth, vegetation* üppig ❷ (*luxurious*) *car, décor* luxuriös; (*voluptuous*) *color* satt

lush[2] [lʌʃ] *n* <*pl* -es> (*fam*) Säufer(in) *m(f) pej sl*

lust [lʌst] I. *n* ❶ (*sexual drive*) Lust *f* (**for** nach +*dat*) ❷ (*desire*) Begierde *f* (**for** nach +*dat*); (*greed*) Gier *f* (**for** nach +*dat*) II. *vi* ■ **to ~ after sb** jdn begehren *geh;* ■ **to ~ after sth** gierig nach etw *dat* sein

luster ['lʌs·tər] *n* ❶ (*shine*) Glanz *m* ❷ (*fig: grandeur*) Glanz *m*

lustful ['lʌst·fəl] *adj* lüstern *geh*

lusty ['lʌs·ti] *adj* (*strong and healthy*) *person*

L

gesund [und munter]; *cry* laut

lute [luːt] *n* Laute *f*

Lutheran [ˈluː·θər·ən] REL **I.** *n* Lutheraner(in) *m(f)* **II.** *adj inv* lutherisch

Luxembourg [ˈlʌk·səm·bɜrg] *n* Luxemburg *nt*

Luxembourger [ˈlʌk·səm·bɜr·gər] *n* Luxemburger(in) *m(f)*

luxuriant [lʌg·ˈʒʊr·i·ənt] *adj* (*abundant*) üppig; (*adorned*) prunkvoll; *hair* voll

luxuriate [lʌg·ˈʒʊr·i·eɪt] *vi* sich aalen

luxurious [lʌg·ˈʒʊr·i·əs] *adj* ❶ (*with luxuries*) luxuriös, Luxus- ❷ (*self-indulgent*) genüsslich; (*decadent*) genusssüchtig

luxury [ˈlʌk·ʃər·i] **I.** *n* ❶ (*self-indulgence*) Luxus *m* ❷ (*luxurious item*) Luxus[artikel] *m* **II.** *adj attr, inv* Luxus-

Lycra® [ˈlaɪ·krə] **I.** *n* Lycra® *nt* **II.** *adj* leggings, *shirt* Lycra-, aus Lycra *nach n*

lye [laɪ] *n* Lauge *f*

lying¹ [ˈlaɪ·ɪŋ] *vi present participle of* **lie**

lying² [ˈlaɪ·ɪŋ] **I.** *adj attr, inv* verlogen, lügnerisch **II.** *n* Lügen *nt*

lymph [lɪmf] *n* Lymphe *f*

lymphatic [lɪm·ˈfæt̬·ɪk] **I.** *adj inv* lymphatisch *fachspr*, Lymph[o]- **II.** *n* Lymphgefäß *nt*

'lymph gland, **'lymph node** *n* Lymphknoten *m*

lynch [lɪntʃ] *vt* lynchen

lynchpin [ˈlɪntʃ·pɪn] *n see* **linchpin**

lynx <*pl* -es *or* -> [lɪŋks] *n* Luchs *m*

lyre [laɪr] *n* Leier *f*

lyric [ˈlɪr·ɪk] **I.** *adj inv* lyrisch **II.** *n* ■ ~s *pl* [Lied]text *m*

lyrical [ˈlɪr·ɪ·kəl] *adj* ❶ *poetry* lyrisch ❷ (*emotional*) gefühlvoll, schwärmerisch

lyricism [ˈlɪr·ɪ·sɪz·əm] *n* ❶ LIT, MUS Lyrik *f*; (*passage*) Lyrismus *m fachspr* ❷ (*sentiment*) Gefühlsregung *f*

lyricist [ˈlɪr·ɪ·sɪst] *n* Texter(in) *m(f)*

M

M <*pl* -'s *or* -s>, **m** <*pl* -'s> [em] *n* (*letter*) M *nt*, m *nt;* ~ **as in Mike** M wie Martha

M [em] **I.** *n* <*pl* -> *abbrev of* **million** Mill., Mio. **II.** *adj* FASHION *abbrev of* **medium** M

m **I.** *n* <*pl* -> ❶ *abbrev of* **mile** ❷ *abbrev of* **meter** m ❸ *abbrev of* **minute** Min. **II.** *adj* ❶ *abbrev of* **male** männl. ❷ *abbrev of* **masculine** m ❸ *abbrev of* **married** verh.

MA [ˌem·ˈeɪ] *n* ❶ *abbrev of* **Master of Arts** ❷ *abbrev of* **Massachusetts**

ma [maː] *n* (*fam: mother*) Mama *f*

Mac [mæk] *n* COMPUT (*fam*) *short for* **Macintosh®** Mac *m*

macabre [mə·ˈkab·rə] *adj* makaber

macaroni [ˌmæk·ə·ˈroʊ·ni] *n* Makkaroni *pl*

macaroni and 'cheese *n* Käsemakkaroni *pl*

mace¹ [meɪs] *n* (*hist: weapon*) Keule *f*; (*with spikes*) Morgenstern *m*

mace² [meɪs] *n* BOT, FOOD Mazis *m*

Mace® [meɪs] **I.** *n* ≈ Tränengas *nt* **II.** *vt* mit Tränengas besprühen

Macedonia [ˌmæs·ə·ˈdoʊ·ni·ə] *n* Makedonien *nt*, Mazedonien *nt*

Macedonian [ˌmæs·ə·ˈdoʊ·ni·ən] **I.** *n* Makedonier(in) *m(f)*, Mazedonier(in) *m(f)* **II.** *adj* makedonisch, mazedonisch

Mach [mak] *n* AEROSP, PHYS Mach *nt*

machete [mə·ˈʃet̬·i] *n* Machete *f*

machine [mə·ˈʃin] **I.** *n* ❶ (*mechanical device*) Maschine *f*, Apparat *m*; (*fig: person*) Maschine *f*; **by** ~ maschinell ❷ (*automobile, plane*) Maschine *f* **II.** *vt* (*produce*) maschinell herstellen

ma'chine gun *n* Maschinengewehr *nt*

machine-'readable *adj* COMPUT (*by device*) maschinenlesbar; (*by computer*) computerlesbar

machinery [mə·ˈʃi·nə·ri] *n* ❶ (*machines*) Maschinen *pl* ❷ (*mechanism*) Mechanismus *m;* (*system*) Apparat *m*

ma'chine tool *n* Werkzeugmaschine *f*

machinist [mə·ˈʃi·nɪst] *n* (*machine operator*) Maschinist(in) *m(f)*

macho [ˈmatʃ·oʊ] *adj* (*pej fam*) machohaft, Macho-

mackerel <*pl* -s *or* -> [ˈmæk·rəl] *n* Makrele *f*

macro [ˈmæk·roʊ] *n* COMPUT Makro *nt*

macrobiotic [ˌmæk·roʊ·baɪ·ˈat̬·ɪk] *adj* makrobiotisch

macroeconomics [ˌmæk·roʊ·ek·ə·ˈnam·ɪks] *n* + *sing vb* Makroökonomie *f*

mad <-dd-> [mæd] *adj* ❶ (*fam: angry*) sauer; **he's ~ as hell at you** er ist stinksauer auf dich; **to make sb** ~ jdn rasend machen ❷ (*fam: insane*) wahnsinnig, verrückt; **to go** ~ den Verstand verlieren; **to drive sb** ~ jdn um den Verstand bringen, jdn verrückt machen ❸ (*frantic*) wahnsinnig *fam;* **like** ~ wie verrückt ❹ (*fam: enthusiastic*) verrückt (**about** nach + *dat*)

Madagascar [ˌmæd·ə·ˈgæs·kər] *n* Madagaskar *nt*

madam [ˈmæd·əm] *n* ❶ (*form of address*) gnädige Frau; (*in titles*) **M~ President** Frau Präsidentin; **Dear M~, ...** (*in letter*) Sehr geehrte gnädige Frau, ... ❷ *of brothel* Bordellwirtin *f*

mad 'cow disease *n* Rinderwahnsinn *m*

madden [ˈmæd·n] *vt* (*drive crazy*) um den Verstand bringen; (*anger*) maßlos ärgern

maddening [ˈmæd·n·ɪŋ] *adj* äußerst ärgerlich; *habit* nervend

made [meɪd] **I.** *pp, pt of* **make II.** *adj* **to have [got] it** ~ es geschafft haben *fam*

made-to-'measure *adj* maßgeschneidert

made-'up *adj* ❶ (*imaginary*) ausgedacht ❷ (*wearing makeup*) geschminkt

'madhouse *n* (*fig fam: chaotic place*) Irrenhaus *nt*

madly [ˈmæd·li] *adv* ❶ (*insanely*) wie verrückt

② (*fam: frantically*) wie ein Verrückter/eine Verrückte **③** (*fam: very much*) wahnsinnig

'madman *n* (*fig fam*) Verrückter *m*

madness ['mæd·nɪs] *n* **①** (*insanity*) Wahnsinn *m*, Geisteskrankheit *f geh* **②** (*folly*) Wahnsinn *m fam*, Verrücktheit *f*

'madwoman *n* (*fig fam*) Verrückte *f fam*

mafia ['ma·fiə] *n + sing/pl vb* Mafia *f*

mag [mæg] *n* (*fam*) *short for* **magazine** Blatt *nt*

magazine ['mæg·ə·zin] *n* **①** (*publication*) Zeitschrift *f* **②** (*gun part*) Magazin *nt*

maggot ['mæg·ət] *n* Made *f*

Magi ['meɪ·dʒaɪ] *npl* ■**the ~** die Weisen aus dem Morgenland, die Heiligen Drei Könige

magic ['mædʒ·ɪk] **I.** *n* **①** (*sorcery*) Magie *f*, Zauber *m* **②** (*tricks*) Zaubertrick[s] *m*[*pl*]; **to do ~** zaubern **③** (*extraordinariness*) Zauber *m* **II.** *adj* **①** (*supernatural*) magisch, Zauber-; **they had no ~ solution** sie konnten keine Lösung aus dem Ärmel zaubern **②** (*extraordinary*) *moment* zauberhaft, wundervoll; *powers* magisch

magical ['mædʒ·ɪk·əl] *adj* **①** (*magic*) magisch, Zauber- **②** (*extraordinary*) *moment* zauberhaft, wundervoll; *powers* magisch

magically ['mæ·dʒɪk·li] *adv* **①** (*by magic*) wie von Zauberhand, wie durch ein Wunder **②** (*extraordinarily*) wundervoll, zauberhaft

magic 'carpet *n* fliegender Teppich

magician [mə·'dʒɪʃ·ən] *n* Zauberer *m*/Zauberin *f*, Magier(in) *m(f) geh*; (*on stage*) Zauberkünstler(in) *m(f)*

magistrate ['mædʒ·ɪ·streɪt] *n* **to appear before a ~** vor einem Schiedsgericht erscheinen

magnanimous [mæg·'næn·ə·məs] *adj* großmütig *geh*; *generosity* überwältigend

magnate ['mæg·neɪt] *n* Magnat *m*

magnesium [mæg·'ni·zi·əm] *n* Magnesium *nt*

magnet ['mæg·nɪt] *n* Magnet *m*

magnetic [mæg·'nḛt·ɪk] *adj* **①** *iron, steel* magnetisch; **~ strip** Magnetstreifen *m* **②** (*fig*) *effect, attraction* unwiderstehlich; *smile, charm* anziehend

mag'netic field *n* Magnetfeld *nt*

magnetic 'pole *n* Magnetpol *m*

magnetism ['mæg·nə·tɪz·əm] *n* **①** (*phenomenon*) Magnetismus *m;* (*charge*) magnetische Kräfte *pl* **②** *of person* Ausstrahlung *f*

magnetize ['mæg·nə·taɪz] *vt* **①** PHYS magnetisieren **②** (*fig*) faszinieren

magnification [ˌmæg·nɪ·fɪ·'keɪ·ʃən] *n* Vergrößerung *f*

magnificence [mæg·'nɪf·ɪ·səns] *n* Großartigkeit *f*, Größe *f*

magnificent [mæg·'nɪf·ɪ·sənt] *adj house, concert* wunderbar, großartig

magnify <-ie-> ['mæg·nɪ·faɪ] *vt* (*make bigger*) vergrößern; (*make worse*) *problem* verschlimmern

'magnifying glass *n* Lupe *f*

magnitude ['mæg·nɪ·tud] *n* **①** (*size*) Größe *f;*

of project, loss Ausmaß *nt; of earthquake* Stärke *f; of problem* Tragweite *f* **②** (*importance*) Bedeutung *f*

magnolia [mæg·'noʊl·jə] *n* Magnolie *f*

magpie ['mæg·paɪ] *n* (*bird*) Elster *f*

mahogany [mə·'hag·ə·ni] *n* **①** (*tree*) Mahagonibaum *m* **②** (*wood*) Mahagoni[holz] *nt*

maid [meɪd] *n* (*servant*) Dienstmädchen *nt;* (*in hotel*) Zimmermädchen *nt*

maiden ['meɪ·dən] **I.** *n* (*old*) Jungfer *f* **II.** *adj attr* **①** (*unmarried*) unverheiratet **②** (*first*) Jungfern-

'maiden name *n* Mädchenname *m*

mail¹ [meɪl] **I.** *n* Post *f;* **today's/this morning's ~** die Post von heute; **to send sth through** [*or* **in**] **the ~** etw mit der Post [ver]schicken **II.** *vt* (*at post office*) *letter, package* aufgeben; (*in mailbox*) einwerfen; ■**to ~ sth to sb** jdm etw [mit der Post] schicken

mail² [meɪl] *n* (*armor*) Panzer *m;* **chain ~** Kettenpanzer *m*

'mailbag *n* Postsack *m;* **since the controversial program aired, ABC's ~ has been bulging** seit der umstrittenen Sendung quillt der Briefkasten der ABC über

'mailbox *n* Briefkasten *m*, Postkasten *m bes* NORDD

'mailing list *n* Adressenliste *f*, Mailingliste *f*

'mailman *n* Briefträger *m*, Postbote *m*

'mail order *n* [Direkt]versand *m;* (*by catalog*) Katalogbestellung *f*

maim [meɪm] *vt* (*mutilate*) verstümmeln; (*cripple*) zum Krüppel machen

main [meɪn] **I.** *adj attr* Haupt-; **~ concern** wichtigstes Anliegen **II.** *n* TECH **water/gas ~** Wasser-/Gashauptleitung *f*

main 'drag *n* (*fam*) Haupt[einkaufs]straße *f*

Maine [meɪn] *n* Maine *nt*

'mainframe *n* Hauptrechner *m*

'mainland *n* ■**the ~** das Festland

mainly ['meɪn·li] *adv* hauptsächlich, in erster Linie

'mainspring *n* Triebfeder *f a. fig*

'mainstay *n of economy* Stütze *f; of boat* Hauptstag *m*

'mainstream I. *n* ■**the ~** (*fig*) der Mainstream; **to enter the ~ of politics** am alltäglichen politischen Alltag[sgeschäft] teilnehmen **II.** *adj* Mainstream-; *book, film, music* kommerziell

'main street *n* Haupt[einkaufs]straße *f*

maintain [meɪn·'teɪn] *vt* **①** (*keep*) [bei]behalten; *law and order, status quo* aufrechterhalten; *dignity, sanity* bewahren; **to ~ the lead** in Führung bleiben; ■**to ~ a good relationship with sb** sich mit jdm gutstellen **②** (*in good condition*) instand halten **③** (*provide for*) *child, family* unterhalten **④** (*claim*) behaupten; *innocence* beteuern

maintenance ['meɪn·tə·nəns] **I.** *n* **①** *of relations, peace* Beibehaltung *f*, Wahrung *f* **②** *of car, lawn* Pflege *f; of building, monument* Instandhaltung *f; of machine* Wartung *f;*

M

~ **department** Wartungsabteilung *f* ❸ (*maintenance costs*) Unterhaltung *f* **II.** *adj attr* Wartungs-, Instandhaltungs-

majestic [məˈdʒes·tɪk] *adj* majestätisch; *proportions* stattlich; *movements* gemessen; *music, march* getragen

majesty [ˈmædʒ·ɪ·sti] *n* ❶ (*royal title*) [Her/His/Your] M~ [Ihre/Seine/Eure] Majestät ❷ (*beauty*) *of sunset* Herrlichkeit *f; of person* Würde *f; of music* Erhabenheit *f,* Anmut *f*

major [ˈmeɪ·dʒər] **I.** *adj* ❶ *attr* (*important*) bedeutend, wichtig; (*main*) Haupt-; (*large*) groß ❷ *attr* (*serious*) *crime* schwer; *illness* schwerwiegend; **to undergo** ~ **surgery** sich einer größeren Operation unterziehen **II.** *n* ❶ MIL (*officer rank*) Major(in) *m(f)* ❷ UNIV (*primary subject*) Hauptfach *nt;* (*person studying*) **she was a philosophy** ~ sie hat Philosophie im Hauptfach studiert **III.** *vi* UNIV **to** ~ **in physics** Physik als Hauptfach studieren

major 'general *n* Generalmajor(in) *m(f)*

majority [məˈdʒɔr·ɪ·ti] **I.** *n* ❶ + *sing/pl vb* (*greater part*) Mehrheit *f;* **in the** ~ **of cases** in der Mehrzahl der Fälle; **the** ~ **of [the] votes** die Stimmenmehrheit ❷ POL (*winning margin*) [Stimmen]mehrheit *f* **II.** *adj attr* POL Mehrheits-

make [meɪk] **I.** *n* ❶ ECON (*brand*) Marke *f* ❷ (*pej*) **to be on the** ~ geldgierig sein **II.** *vt* <made, made> ❶ (*produce*) machen; (*manufacture*) herstellen; *movie* drehen; **this sweater is made of wool** dieser Pullover ist aus Wolle; ■**to be made for sb/sth** für etw/ jdn [wie] geschaffen sein ❷ (*prepare*) *bed, dinner* machen; **to** ~ **coffee** Kaffee kochen ❸ (*become*) **I don't think he will ever** ~ **a good lawyer** ich glaube, aus ihm wird nie ein guter Rechtsanwalt [werden]; **to** ~ [for] **fascinating reading** faszinierend zu lesen sein ❹ (*cause*) machen; **the wind is making my eyes water** durch den Wind fangen meine Augen an zu tränen; **to** ~ **sb laugh** jdn zum Lachen bringen ❺ (*force*) ■**to** ~ **sb do sth** jdn zwingen, etw zu tun ❻ + *adj* (*cause to be*) machen; **to** ~ **sth public** etw veröffentlichen; **to** ~ **oneself understood** sich verständlich machen ❼ (*perform*) *mistake, progress, suggestion* machen; *appointment* vereinbaren; *deal* schließen; *decision* fällen; *speech, presentation* halten; **to** ~ **a call** anrufen; **to** ~ **an effort** sich anstrengen; **to** ~ **a move** (*in game*) einen Zug machen; (*with* [*a part of*] *one's body*) sich bewegen; **to** ~ **a promise** etw versprechen; **to** ~ **way** den Weg frei machen ❽ (*amount to*) **five plus five** ~**s ten** fünf und fünf ist zehn ❾ (*earn, get*) **he** ~**s 50,000 dollars a year** er verdient 50.000 Dollar im Jahr; **to** ~ **friends** Freundschaften schließen; **to** ~ **a killing** einen Riesengewinn machen; **to** ~ **a name for oneself** sich *dat* einen Namen machen ❿ (*fam: reach*) **could you** ~ **a meeting at 8 a.m.?** schaffst du ein Treffen um 8 Uhr morgens?; **the fire made the front page** das Feuer kam auf die Titelseite; **to** ~ **the finals**

sich für das Finale qualifizieren; **to** ~ **it** es schaffen ⓫ (*render perfect*) **this film has made his career** der Film machte ihn berühmt; **that** ~**s my day!** das freut mich unheimlich!; **you've got it made!** du hast ausgesorgt! **III.** *vi* <made, made> (*pretend*) **he made as if to leave the room** er machte Anstalten, das Zimmer zu verlassen; ■**to** ~ **like** ... so tun, als ob ... ▶ PHRASES: **to** ~ **do without sth** ohne etw auskommen

◆**make for** *vi* ❶ (*head for*) zugehen (auf +*akk*); (*by car or bus*) zufahren (auf +*akk*); **the kids made for the woods to hide** die Kinder rannten auf den Wald zu, um sich zu verstecken ❷ (*promote*) **constant arguing doesn't** ~ **for a good relationship** ständiges Streiten ist einer guten Beziehung nicht gerade förderlich

◆**make of** *vt* ❶ (*understand*) **I don't know what to** ~ **of it** ich weiß nicht, wie ich das deuten soll; **I can't** ~ **anything of this book** ich verstehe dieses Buch nicht ❷ (*think*) **what do you** ~ **of his speech?** was hältst du von seiner Rede?; **I don't know what to** ~ **of her** ich weiß nicht, wie ich sie einschätzen soll

◆**make off** *vi* (*fam*) ❶ (*leave*) abhauen ❷ (*steal*) ■**to** ~ **off with sth** etw mitgehen lassen

◆**make out I.** *vi* (*fam*) ❶ (*manage*) *person* zurechtkommen; *business* sich [positiv] entwickeln ❷ (*sl: kiss passionately*) [he]rummachen, [he]rumfummeln (**with** mit +*dat*) **II.** *vt* ❶ (*write out*) ausschreiben; *check* ausstellen; *will* verfassen ❷ (*see*) *writing, numbers* entziffern; *distant object* ausmachen; (*hear*) verstehen

◆**make over** *vt* (*change appearance*) *house* umändern; *person* verändern

◆**make up I.** *vt* ❶ (*invent*) ■**to** ~ **up** ↻ **sth: she made the whole thing up** sie hat das alles nur erfunden ❷ (*prepare*) fertig machen; *prescription* zusammenstellen ❸ (*put on makeup*) ■**to** ~ **oneself up** sich schminken ❹ (*compensate*) *deficit* ausgleichen; **to** ~ **up time** Zeit wieder gutmachen; *train* Zeit wieder herausfahren; (*repay favor*) ■**to** ~ **it up to sb** jdm gegenüber etw wiedergutmachen ❺ *usu passive* (*comprise*) ■**to** ~ **up** ↻ **sth** etw ausmachen; **the book is made up of a number of different articles** das Buch besteht aus vielen verschiedenen Artikeln ❻ (*decide*) **to** ~ **up one's mind** sich entscheiden **II.** *vi* sich versöhnen (**with** mit +*dat*); **kiss and** ~ **up** küsst euch und vertragt euch wieder

◆**make up for** *vt* entschädigen (für +*akk*); *mistake* etw wiedergutmachen; (*pay for*) etw wettmachen; **to** ~ **up for lost time** verlorene Zeit wieder aufholen

'make-believe I. *n* Fantasie *f,* Illusion *f* **II.** *adj* Fantasie- **III.** *vi* <made-, made-> ■**to** ~ [**that**] ... sich *dat* vorstellen, dass ...

maker [ˈmeɪ·kər] *n* (*manufacturer*) ■**the** ~ Hersteller(in) *m(f),* Produzent(in) *m(f)* '**makeshift** I. *adj* Not-, behelfsmäßig II. *n* [Not]behelf *m*

'**makeup** *n* ❶ (*cosmetics*) Make-up *nt;* **to put on** ~ sich schminken ❷ *of group, population* Zusammensetzung *f* ❸ (*character*) Persönlichkeit *f*

'**makeup artist** *n* Visagist(in) *m(f)*

making ['meɪ·kɪŋ] *n* ❶ (*production*) Herstellung *f;* **her problems with that child are of her own** ~ ihre Probleme mit diesem Kind hat sie selbst verschuldet ❷ (*qualities, ingredients*) ■~s *pl* Anlagen *pl;* **she has the ~s of a great violinist** sie hat das Zeug zu einer großartigen Geigerin

maladjusted [ˌmæl·ə·ˈdʒʌs·tɪd] *adj* verhaltensgestört

Malagasy [ˌmæl·ə·ˈɡæs·i] I. *adj* madagassisch II. *n* Madagasse *m*, Madagassin *f*

malaise [mæ·ˈleɪz] *n* Unbehagen *nt*

malaria [mə·ˈler·i·ə] *n* Malaria *f*

Malawi [mə·ˈlɑ·wi] *n* Malawi *nt*

Malawian [mə·ˈlɑ·wi·ən] I. *n* Malawier(in) *m(f)* II. *adj* malawisch

Malaysia [mə·ˈleɪ·ʒə] *n* Malaysia *nt*

Malaysian [mə·ˈleɪ·ʒən] I. *n* Malaysier(in) *m(f)* II. *adj* malaysisch

Maldives ['mæl·daɪvz] *npl* ■**the** ~ die Malediven

male [meɪl] I. *adj* männlich; ~-**dominated** von Männern dominiert II. *n* (*person*) Mann *m;* (*animal*) Männchen *nt*

malevolent [mə·ˈlev·ə·lənt] *adj* (*liter: evil*) bösartig; (*spiteful*) gehässig

malformation [ˌmæl·fɔr·ˈmeɪ·ʃən] *n* Missbildung *f*

malfunction [ˌmæl·ˈfʌŋk·ʃən] I. *vi* (*not work properly*) nicht funktionieren; (*stop working*) ausfallen II. *n* Ausfall *m; of liver, kidney* Funktionsstörung *f*

Mali ['mɑ·li] *n* Mali *nt*

Malian ['mɑ·li·ən] I. *n* Malier(in) *m(f)* II. *adj* malisch

malice ['mæl·ɪs] *n* Boshaftigkeit *f*

malicious [mə·ˈlɪʃ·əs] *adj* boshaft, niederträchtig; *look* hasserfüllt

malignant [mə·ˈlɪɡ·nənt] *adj* MED bösartig

malinger [mə·ˈlɪŋ·ɡər] *vi* sich krank stellen

malingerer [mə·ˈlɪŋ·ɡər·ər] *n* Simulant(in) *m(f)*

mall [mɔl] *n* [überdachtes] Einkaufszentrum

mallard < *pl* -s *or* -> ['mæl·ərd] *n* Stockente *f*

malleable ['mæl·i·ə·bəl] *adj metal* formbar; *clay* geschmeidig; (*fig*) *person* gefügig

mallet ['mæl·ɪt] *n* (*hammer*) [Holz]hammer *m;* (*in croquet*) Krockethammer *m*

malnutrition [ˌmæl·nu·ˈtrɪʃ·ən] *n* Unterernährung *f*

malpractice [ˌmæl·ˈpræk·tɪs] *n* (*faulty work*) Berufsvergehen *nt;* (*criminal misconduct*) [berufliches] Vergehen; **medical** ~ ärztlicher Kunstfehler

malt [mɔlt] I. *n* ❶ (*grain*) Malz *nt;* ~ **whiskey** Malzwhisky *m* ❷ (*malted milk*) Malzmilch *f;*

chocolate ~ *Schokoladenshake mit Zusatz von Malzextrakt* II. *vt* **to** ~ **barley** Gerste mälzen

Malta ['mɔl·tə] *n* Malta *nt*

Maltese [ˌmɔl·ˈtiz] I. *adj* maltesisch II. *n* ❶ (*person*) Malteser(in) *m(f)* ❷ (*language*) Maltesisch *nt*, das Maltesische

mammal ['mæm·əl] *n* Säugetier *nt*, Säuger *m*

'**mammary gland** *n* Milchdrüse *f*

mammography [mə·ˈmɑɡ·rə·fi] *n* Mammographie *f*

mammoth ['mæm·əθ] I. *n* Mammut *nt* II. *adj* (*fig*) Mammut-, riesig

man [mæn] I. *n* <*pl* men> ❶ (*male adult*) Mann *m;* **men's clothing** Herrenkleidung *f;* **the men's [room]** die Herrentoilette ❷ (*person*) Mensch *m;* **to be sb's right-hand** ~ jds rechte Hand sein ❸ (*mankind*) der Mensch, die Menschheit; **this is one of the most dangerous substances known to** ~ das ist eine der gefährlichsten Substanzen, die bisher bekannt sind ❹ (*particular type*) **he's a** ~ **of his word** er ist jemand, der zu seinem Wort steht; **to be a family** ~ ein Familienmensch *m* sein; **a** ~ **of letters** (*writer*) ein Schriftsteller *m;* (*scholar*) ein Gelehrter *m* ❺ *pl* (*soldiers, workers*) Männer *pl*, Leute *pl* II. *interj* (*fam: to emphasize*) Mensch, Mann; (*in enthusiasm*) Mann, Manometer; (*in anger*) Mann III. *vt* <-nn-> *fortress, picket lines* besetzen; *phones, guns* bedienen; *ship* bemannen

manacle ['mæn·ə·kəl] I. *n* ■~**s** *pl* Handschellen *pl*, Ketten *pl* II. *vt* in Ketten legen

manage ['mæn·ɪdʒ] I. *vt* ❶ (*run*) leiten ❷ (*control*) steuern; (*administer*) verwalten; (*organize*) organisieren; **to** ~ **one's time/ resources** sich *dat* seine Zeit/Ressourcen richtig einteilen ❸ (*accomplish*) schaffen; *distance, task* bewältigen; **you** ~**d it very well** das hast du sehr gut gemacht; **to** ~ **a smile** ein Lächeln zustande bringen ❹ (*cope with*) ■**to** ~ **sth** mit etw *dat* zurechtkommen II. *vi* ❶ (*succeed*) es schaffen; (*cope, survive*) zurechtkommen; **can you** ~**?** — **yes, I can** ~ geht's? – danke, es geht schon; **we'll** ~**!** wir schaffen das schon! ❷ (*get by*) ■**to** ~ **on/ without sth** mit etw *dat*/ohne etw *akk* auskommen

manageable ['mæn·ɪ·dʒə·bəl] *adj* ❶ (*doable*) *job* leicht zu bewältigen; *task* überschaubar ❷ (*controllable*) kontrollierbar; ~ **hair** leicht zu frisierendes Haar ❸ (*feasible*) erreichbar; *deadline* realistisch; ■**to be** ~ machbar sein

management ['mæn·ɪdʒ·mənt] *n* ❶ *of business* Management *nt*, [Geschäfts]führung *f* ❷ (*managers*) [Unternehmens]leitung *f*, Management *nt; of hospital, theater* Direktion *f;* **senior** ~ oberste Führungsebene, Vorstand *m* ❸ (*handling*) Umgang *m* (**of** mit +*dat*); *of finances* Verwalten *nt*

management 'buyout *n* Management-Buy-out *nt* (*Übernahme einer Firma durch die leitenden Direktoren*)

M

management con'sultant *n* Unternehmens-
berater(in) *m(f)*
management 'skills *npl* Führungsqualitäten *pl*
'management studies *n* + *sing/pl vb* Betriebswirtschaft[slehre] *f*
manager ['mæn·ɪ·dʒər] *n* ❶ (*business executive*) Geschäftsführer(in) *m(f)*; (*in big business, of performer*) Manager(in) *m(f)*; (*of
department*) Abteilungsleiter(in) *m(f)* ❷ (*chief
adviser*) **campaign ~** Wahlkampfleiter *m*
❸ SPORTS (*coach*) [Chef]trainer(in) *m(f)*
managerial [ˌmæn·ə·'dʒɪr·i·əl] *adj* Manager-;
at ~ level auf Führungsebene; **~ skills** Führungsqualitäten *pl*
managing di'rector *n* [Haupt]geschäftsfüh-
rer(in) *m(f)*
mandarin ['mæn·də·rɪn] *n* ❶ (*fruit*) Mandarine *f* ❷ (*hist: Chinese official*) Mandarin *m*
Mandarin ['mæn·də·rɪn] *n* LING Mandarin *nt*
mandate ['mæn·deɪt] **I.** *n usu sing* (*authority*)
Mandat *nt;* (*command*) Verfügung *f;* **electoral ~** Wählerauftrag *m* **II.** *vt* (*order*) anordnen;
(*authorize*) ein Mandat erteilen (für + *akk*)
mandatory ['mæn·də·tɔr·i] *adj* ❶ (*required by
law*) gesetzlich vorgeschrieben ❷ (*obligatory*)
obligatorisch; **to be ~ for sb** jds Pflicht sein
mandolin ['mæn·də·lɪn] *n* MUS Mandoline *f*
mane [meɪn] *n* Mähne *f*
'man-eater *n* ❶ (*animal*) Tier, das Menschen
tötet ❷ (*hum fam: woman*) männermordender
Vamp
maneuver [mə·'nu·vər] **I.** *n* ❶ *usu pl* (*military
exercise*) Manöver *nt* ❷ (*planned move*) Manöver *nt;* (*fig*) Schachzug *m* ❸ **to have room
for ~** Spielraum haben **II.** *vt* ❶ (*move*) manövrieren; *vehicle* lenken ❷ (*pressure sb*) ■**to ~
sb into** [doing] **sth** jdn [durch geschickte Ma-
növer] dazu bringen, etw *akk* zu tun **III.** *vi*
❶ (*move*) manövrieren; **this car ~s well at
high speed** dieses Auto lässt sich bei hoher
Geschwindigkeit gut fahren ❷ (*plan*) taktieren
maneuverability [mə·ˌnu·vər·ə·'bɪl·ɪ·ţi] *n* Beweglichkeit *f*, Manövrierfähigkeit *f*
maneuverable [mə·'nu·vər·ə·bəl] *adj* beweglich; *ship, vessel* manövrierfähig
manganese ['mæŋ·gə·niz] *n* Mangan *nt*
manger ['meɪn·dʒər] *n* (*old*) Futtertrog *m;* (*in
bible*) Krippe *f*
mangle ['mæŋ·gəl] *vt* ❶ *usu passive* (*crush*)
zerstören; *limbs* verstümmeln; *car, metal* zerdrücken ❷ (*ruin*) entstellen
mango <*pl* -s *or* -es> ['mæŋ·goʊ] *n* Mango *f*
mangrove ['mæn·groʊv] *n* Mangroven-
baum *m*
mangy ['meɪn·dʒi] *adj* ❶ (*suffering from
mange*) räudig ❷ (*fam: shabby*) schäbig *pej*
manhandle ['mæn·hæn·dəl] *vt* (*handle
roughly*) grob behandeln
'manhole *n* Einstieg *m;* (*shaft*) Einstiegss-
chacht *m*
'manhole cover *n* Einstiegsverschluss *m*
manhood ['mæn·hʊd] *n* ❶ (*adulthood*)

Erwachsenenalter *nt* (*eines Mannes*); **to
reach ~** ins Mannesalter kommen, zum
Manne werden ❷ (*manliness*) Männlichkeit *f*
❸ (*hum: penis*) Männlichkeit *f euph*
'man-hour *n* Arbeitsstunde *f*
'manhunt *n* [Ring]fahndung *f;* (*after criminal*)
Verbrecherjagd *f*
mania ['meɪ·ni·ə] *n* ❶ (*pej: obsessive enthusiasm*) Manie *f,* Besessenheit *f* ❷ MED (*obsessive
state*) Wahn[sinn] *m;* (*state of excessive activity*) Manie *f*
maniac ['meɪ·ni·æk] *n* (*fam: crazy person*)
Verrückte(r) *f(m),* Irre(r) *f(m)*
maniacal [mə·'naɪ·ə·kəl] *adj* (*crazy*) verrückt,
irrsinnig
manic ['mæn·ɪk] *adj* erregt, manisch; (*highly
energetic*) wild
manic de'pression *n* manische Depression
manic de'pressive **I.** *n* Manisch-De-
pressive(r) *f(m)* **II.** *adj* manisch-depressiv
manicure ['mæn·ɪ·kjʊr] **I.** *n* Maniküre *f* **II.** *vt*
to ~ one's nails sich *dat* die Nägel maniküre-
ren
manicurist ['mæn·ɪ·kjʊr·ɪst] *n* Handpflegerin *f*
manifest ['mæn·ɪ·fest] **I.** *adj* offenkundig,
deutlich erkennbar **II.** *vt* zeigen; **the illness
~ed itself as ...** die Krankheit äußerte sich
durch ... **III.** *n* TRANSP (*list of passengers*) Passagierliste *f;* (*cargo list*) [Ladungs]manifest *nt*
manifestation [ˌmæn·ɪ·fe·'steɪ·ʃən] *n* ❶ (*sign*)
Zeichen *nt* (**of** für + *akk*) ❷ (*displaying*) Zeigen *nt geh;* MED Manifestation *f fachspr*
manifestly ['mæn·ɪ·fest·li] *adv* offenkundig,
offensichtlich
manifesto <*pl* -s *or* -es> [ˌmæn·ɪ·'fes·toʊ] *n*
Manifest *nt*
manifold ['mæn·ɪ·foʊld] **I.** *adj* (*liter*) vielfältig,
vielseitig **II.** *n* TECH Verteilerrohr *nt*
Manil(l)a 'envelope [mə·'nɪl·ə·] *n* Briefumschlag *m* aus Manilapapier
manipulate [mə·'nɪp·jə·leɪt] *vt* ❶ (*esp pej:
manage cleverly*) ■**to ~ sb/sth** geschickt mit
jdm/etw umgehen; (*influence*) jdn/etw beeinflussen [*o* manipulieren) ❷ (*with hands*)
handhaben; (*adjust*) einstellen; *machine* bedienen; COMPUT *text* bearbeiten
manipulation [mə·ˌnɪp·jə·'leɪ·ʃən] *n* ❶ (*esp
pej: clever management*) Manipulation *f;*
(*falsification*) Verfälschung *f* ❷ (*handling*)
Handgriff *m;* (*adjustment*) Einstellung *f* (**of** an
+ *dat*)
manipulative [mə·ˌnɪp·jə·'lə·ţɪv] *adj* (*esp pej*)
manipulativ
manipulator [mə·'nɪp·jə·leɪ·ţər] *n* (*esp pej*)
Manipulant(in) *m(f)*
mankind [ˌmæn·'kaɪnd] *n* Menschheit *f*
manliness ['mæn·lɪ·nɪs] *n* Männlichkeit *f*
manly ['mæn·li] *adj* männlich
man-'made *adj* künstlich
manna ['mæn·ə] *n* Manna *nt; ~* **from heaven**
ein wahrer Segen
manned [mænd] *adj* AEROSP bemannt
mannequin ['mæn·ɪ·kɪn] *n* (*in store display*)

Schaufensterpuppe *f*

manner ['mæn·ər] *n* ❶ (*way*) Weise *f*, Art *f*; **in a ~ of speaking** sozusagen ❷ (*behavior to others*) Betragen *nt*, Verhalten *nt* ❸ (*polite behavior*) ■ **~s** *pl* Manieren *pl*; **it's bad ~s to ... es gehört sich nicht, ...**

mannered ['mæn·ərd] *adj* (*pej*) ❶ (*affected*) affektiert ❷ (*in behavior*) gekünstelt

mannerism ['mæn·ə·rɪz·əm] *n* Eigenart *f*

mannish ['mæn·ɪʃ] *adj* (*esp pej: of woman*) männlich

manor ['mæn·ər] *n* (*country house*) Landsitz *m*, Herrenhaus *nt*

'manpower *n* Arbeitskräfte *pl*

mansion ['mæn·ʃən] *n* Villa *f*; (*manor house*) Herrenhaus *nt*

manslaughter ['mæn·slɔ·tər] *n* Totschlag *m*

mantel ['mæn·təl] *n* Kaminsims *m o nt*

mantis ['mæn·tɪs] *n* Fangheuschrecke *f*; [**praying**] ~ Gottesanbeterin *f*

'man-to-man *adj* von Mann zu Mann

mantra ['mæn·trə] *n* ❶ (*for meditation*) Mantra *nt* ❷ (*catchphrase*) Slogan *m*

manual ['mæn·ju·əl] **I.** *adj* ❶ (*done with hands*) manuell, Hand-; ~ **labor** körperliche Arbeit ❷ (*hand-operated*) manuell, Hand-; ~ **transmission** AUTO Schaltgetriebe *nt* **II.** *n* (*book*) Handbuch *nt*; **training** ~ Lehrbuch *nt*

manually ['mæn·ju·ə·li] *adv* manuell

manufacture [ˌmæn·ju·'fæk·tʃər] **I.** *vt* ❶ (*produce commercially*) herstellen ❷ (*fabricate*) erfinden **II.** *n* Herstellung *f*

manufacturer [ˌmæn·ju·'fæk·tʃər·ər] *n* Hersteller *m*

manufacturing [ˌmæn·jə·'fæk·tʃər·ɪŋ] **I.** *adj* Herstellungs-, Produktions-; ~ **industry** verarbeitende Industrie **II.** *n* Fertigung *f*

manure [mə·'nʊr] *n* Dung *m*

manuscript ['mæn·ju·skrɪpt] *n* ❶ (*author's script*) Manuskript *nt*; (*of famous person*) Autograph *nt fachspr* ❷ (*handwritten text*) Manuskript *nt*, Handschrift *f*

many ['men·i] *pron* (*a great number*) viele; **too ~** zu viele; **as ~ as ... so viele wie ...; as ~ as 6,000 people may have been infected with the disease** bereits 6.000 Menschen können mit der Krankheit infiziert sein; **~ a time** oft

many-'sided *adj* vielseitig; (*complex*) vielschichtig

Maori ['maʊ·ri] **I.** *n* Maori *m o f* **II.** *adj* Maori-, maorisch

map [mæp] **I.** *n* ❶ GEOG [Land]karte *f*; *of town, city* Stadtplan *m*; **road** ~ Straßenkarte *f* ❷ (*simple diagram*) Plan *m*, Zeichnung *f* ▶ PHRASES: **to put sb/sth on the** ~ jdn/etw bekannt machen **II.** *vt* <-pp-> kartographieren *fachspr*

◆ **map out** *vt* genau festlegen; *route* planen; **his future is all ~ped out for him** seine ganze Zukunft ist bereits fest vorgeplant

maple ['meɪ·pəl] *n* ❶ (*tree*) Ahorn *m* ❷ (*wood*) Ahorn *m*, Ahornholz *nt*

'maple leaf *n* Ahornblatt *nt*

maple 'sugar *n* Ahornzucker *m*

maple 'syrup *n* Ahornsirup *m*

mar <-rr-> [mar] *vt* stören; **to ~ the beauty of sth** etw verunstalten

Mar. *n abbrev of* **March**

marathon ['mær·ə·θən] *n* ❶ (*race*) Marathon[lauf] *m*; ~ **runner** Marathonläufer(in) *m(f)* ❷ (*very long event*) Marathon *nt fam*

marauder [mə·'rɔ·dər] *n* (*raider*) Plünderer(in) *m(f)*

marauding [mə·'rɔ·dɪŋ] *adj attr* plündernd; *animal* auf Raubzug *nach n*

marble ['mar·bəl] *n* ❶ (*stone*) Marmor *m* ❷ (*for games*) Murmel *f* ▶ PHRASES: **to lose one's ~s** (*fam*) verrückt werden

'marble cake *n* Marmorkuchen *m*

marbled ['mar·bəld] *adj* marmoriert

march [martʃ] **I.** *n* <*pl* -es> ❶ MIL Marsch *m*; **a 10-mile ~** ein Marsch *m* über 16 Meilen; **to be on the ~** marschieren ❷ (*demonstration*) Demonstration *f*; **to go on a ~** demonstrieren gehen **II.** *vi* marschieren **III.** *vt* ❶ (*walk in step*) **to ~ 12 miles** 12 Meilen marschieren ❷ (*force to walk*) ■ **to ~ sb off** jdn wegführen; *police* jdn abführen

March <*pl* -es> [martʃ] *n* März *m*; *see also* **February**

Mardi Gras ['mar·di·ˌgra] *n* (*carnival on Shrove Tuesday*) ≈ Fastnachtsdienstag *m*, Karneval *m*

ⓘ **Mardi Gras** (Fetter Dienstag) ist das amerikanische Äquivalent zu Karneval oder Fasching. Dieses Fest geht zurück auf die französischen Kolonisten in New Orleans (im späteren Staat Louisiana). In Biloxi/Mississippi und Mobile/Alabama finden die beiden größten Feste statt. Das Fest in New Orleans ist jedoch das bekannteste. Dort feiern die *krewes* (Karnevalsvereine) während der Saison viele Partys und Bälle und veranstalten am Faschingsdienstag einen Umzug.

mare [mer] *n* Stute *f*

margarine ['mar·dʒər·ɪn] *n* Margarine *f*

margin ['mar·dʒɪn] *n* ❶ (*outer edge*) Rand *m*; TYPO [Seiten]rand *m* ❷ (*amount*) Differenz *f*, Abstand *m*; **to win by a wide ~** mit einem großen Vorsprung gewinnen ❸ (*provision*) Spielraum *m*; SCI Streubereich *m*; **a ~ of error** eine Fehlerspanne; **profit ~** Gewinnspanne *f*

marginal ['mar·dʒə·nəl] *adj* ❶ (*slight*) geringfügig; **to be of ~ importance** relativ unbedeutend sein ❷ (*insignificant*) nebensächlich

marginalize ['mar·dʒɪ·nə·laɪz] *vt* an den Rand drängen

marigold ['mær·ɪ·goʊld] *n* Studentenblume *f*

marijuana, marihuana [ˌmær·ɪ·'wa·nə] *n* Marihuana *nt*

M

marina [mə-'ri-nə] *n* Jachthafen *m*
marinade [ˌmær-ɪ-'neɪd] *n* Marinade *f*
marinate ['mær-ɪ-neɪt] *vt* marinieren
marine [mə-'rin] **I.** *adj attr* ❶ (*of sea*) Meeres-, See- ❷ (*of shipping*) Schiffs- ❸ (*naval*) Marine- **II.** *n* Marineinfanterist *m;* ■ **the ~s** die Marineinfanterie
marine bi'ologist *n* Meeresbiologe *m/*-biologin *f*
Ma'rine Corps *n* Marineinfanteriekorps *nt*
marionette [ˌmær-i-ə-'net] *n* Marionette *f*
marital ['mær-ɪ-təl] *adj* ehelich, Ehe-; **~ status** Familienstand *m*
maritime ['mær-ɪ-taɪm] *adj* ❶ (*form: of sea*) Meer[es]-, See-; (*of ships*) Schifffahrts- ❷ (*near coast*) Küsten-
maritime 'law *n* Seerecht *nt*
marjoram ['mar-dʒər-əm] *n* Majoran *m*
mark [mark] **I.** *n* ❶ (*spot, stain*) Fleck *m;* (*on the skin*) Mal *nt;* (*scratch*) Kratzer *m;* (*trace*) Spur *f;* (*scar*) Narbe *f;* (*fingerprint, footprint*) Abdruck *m* ❷ (*identifying feature*) [Kenn]zeichen *nt*, Merkmal *nt* ❸ (*indication*) Zeichen *nt;* **a ~ of respect** ein Zeichen *nt* des Respekts ❹ (*sign to indicate position*) Markierung *f* ❺ (*a. fig: target*) Ziel *nt*, Zielscheibe *f;* **to be wide of the ~** das Ziel um Längen verfehlen ▶ PHRASES: **to leave its/one's ~ on sb/sth** seine Spuren bei jdm/etw hinterlassen **II.** *vt* ❶ (*stain*) schmutzig machen ❷ (*indicate*) markieren ❸ (*label*) beschriften; (*indicate the price of*) auszeichnen ❹ (*characterize*) kennzeichnen; (*mean*) bedeuten ❺ (*commemorate*) ■ **to ~ sth** an etw *akk* erinnern; **a concert to ~ the 10th anniversary** ein Konzert aus Anlass des zehnten Jahrestages ❻ SPORTS *opponent* decken **III.** *vi* (*get dirty*) schmutzig werden; (*scratch*) Kratzer bekommen
◆**mark down** *vt* ❶ (*reduce the price of*) heruntersetzen ❷ (*give a lower grade*) ■ **to ~ down** ⟳ **sb** jdm eine schlechtere Note geben ❸ (*jot down*) notieren
◆**mark off** *vt* (*separate off*) abgrenzen
◆**mark out** *vt* abstecken, markieren
◆**mark up** *vt* (*increase the price of*) heraufsetzen; *stocks* aufwerten
marked [markt] *adj* ❶ (*clear*) deutlich, ausgeprägt; (*striking*) auffallend, markant; *characteristic* herausstechend; **in ~ contrast to sth** im krassen Gegensatz zu etw *dat* ❷ (*with distinguishing marks*) markiert, gekennzeichnet
markedly ['mar-kəd-li] *adv* deutlich; **to be ~ different** sich deutlich unterscheiden
marker ['mar-kər] *n* ❶ (*sign or symbol*) [Kenn]zeichen *nt*, Marke *f* ❷ (*felt tip pen*) Filzstift *m*
market ['mar-kɪt] **I.** *n* Markt *m; housing ~* Wohnungsmarkt *m; stock ~* Börse *f;* **the open ~** der freie Markt; **to put sth on the ~** etw auf den Markt bringen **II.** *vt* (*sell*) vermarkten, verkaufen; (*put on market*) auf den Markt bringen
marketable ['mar-kɪ-tə-bəl] *adj* marktfähig;

commodities marktgängig
market 'forces *npl* Marktkräfte *pl*
marketing ['mar-kɪ-tɪŋ] *n* Marketing *nt*, Vermarktung *f*
market 'leader *n* Marktführer *m*
'marketplace *n* ❶ (*place*) Marktplatz *m* ❷ (*commercial environment*) Markt *m*
market 'research *n* Marktforschung *f*
market 'researcher *n* Marktforscher(in) *m(f)*
marking ['mar-kɪŋ] *n* ■ **~s** *pl* Markierungen *pl*, Kennzeichnungen *pl; on animals* Zeichnung *f kein pl*
marksman ['marks-mən] *n* Schütze *m;* **police ~** Scharfschütze *m*
marksmanship ['marks-mən-ʃɪp] *n* Treffsicherheit *f*
markswoman ['marks-wʊm-ən] *n* Schützin *f;* **police ~** Scharfschützin *f*
markup ['mar-ʌp] *n* [Kalkulations]aufschlag *m*
marmalade ['mar-mə-leɪd] *n* Orangenmarmelade *f*
maroon¹ [mə-'run] *vt* (*abandon*) aussetzen; **many people were ~ed in their cars by the blizzard** viele Menschen wurden von dem Schneesturm in ihren Autos eingeschlossen
maroon² [mə-'run] **I.** *n* (*color*) Kastanienbraun *nt*, Rötlichbraun *nt* **II.** *adj* kastanienbraun, rötlichbraun
marquee [mar-'ki] *n* beleuchtete Werbetafel über Kino-/Theatereingängen
marriage ['mær-ɪdʒ] *n* ❶ (*wedding*) Heirat *f;* (*at church*) Trauung *f* ❷ (*relationship*) Ehe *f* (**to** mit + *dat*); **she has two daughters by her first ~** sie hat zwei Töchter aus erster Ehe; **to have a happy ~** eine glückliche Ehe führen ❸ (*fusion*) Verbindung *f;* (*of companies*) Zusammenschluss *m*, Fusion *f*
marriageable ['mer-ɪdʒ-ə-bəl] *adj* heiratsfähig
'marriage certificate *n* Heiratsurkunde *f*
'marriage contract *n* Ehevertrag *m*
'marriage counseling *n* Eheberatung *f*
marriage counselor *n* Eheberater(in) *m(f)*
'marriage license *n* Heiratserlaubnis *f*
marriage of con'venience *n* Vernunftehe *f;* (*not consummated*) Scheinehe *f*
'marriage vow *n usu pl* Ehegelübde *nt geh*
married ['mer-id] *adj* verheiratet; **~ couple** Ehepaar *nt;* **to get ~** [**to sb**] [jdn] heiraten
marrow ['mær-oʊ] *n* (*of bone*) [Knochen]mark *nt*
marry ['mær-i] **I.** *vt* ❶ (*wed*) heiraten ❷ (*officiate at ceremony*) trauen, verheiraten ❸ (*combine*) verbinden (**to/with** mit + *dat*) **II.** *vi* heiraten; **to ~ into a wealthy family** in eine reiche Familie einheiraten
Mars [marz] *n* Mars *m*
marsh <*pl* -es> [marʃ] *n* Sumpf *m*, Sumpfland *nt*
marshal ['mar-ʃəl] **I.** *n* ❶ (*federal agent*) Gerichtsdiener(in) *m(f);* **police ~** Polizeidirektor(in) *m(f);* **fire ~** Branddirektor(in) *m(f)* ❷ MIL (*army officer*) Marschall *m* **II.** *vt* <-l- or

-ll-> (*bring together*) *supporters* mobilisieren; **to ~ one's forces** MIL die Streitkräfte zusammenziehen; (*fig*) seine Kräfte mobilisieren
'**marshland** *n* Sumpfland *nt*
marshmallow ['marʃ·mel·oʊ] *n* ❶(*food*) Marshmallow *nt* ❷(*sl: weak person*) Weichei *nt sl o pej*
marshy ['mar·ʃi] *adj* sumpfig
marsupial [mar·'su·pi·əl] *n* Beuteltier *nt*
martial 'arts *npl* SPORTS Kampfsport *m kein pl,* Kampfsportarten *pl*
martial 'law *n* Kriegsrecht *nt*
Martian ['mar·ʃən] I. *adj* Mars- II. *n* Marsmensch *m*
Martinique [,mar·tən·'ik] *n* Martinique *nt*
martyr ['mar·tər] I. *n* Märtyrer(in) *m(f)* II. *vt usu passive* ■**to be ~ed** [**for sth**] [für etw *akk*] [den Märtyrertod] sterben
martyrdom ['mar·tər·dəm] *n* (*being a martyr*) Märtyrertum *nt;* (*suffering*) Martyrium *nt a.* *fig;* (*death*) Märtyrertod *m*
marvel ['mar·vəl] I. *n* (*wonderful thing*) Wunder *nt* II. *vi* <-l- *or* -ll-> (*wonder*) sich wundern (**at** über +*akk*); (*admire*) bewundern; ■**to ~ that ...** staunen, dass ...
marvelous ['mar·və·ləs] *adj* wunderbar, großartig
Marxism ['mark·sɪz·əm] *n* Marxismus *m*
Marxist ['mark·sɪst] I. *n* Marxist(in) *m(f)* II. *adj* marxistisch
Maryland ['mer·ə·lənd] *n* Maryland *nt*
marzipan ['mar·zɪ·pæn] *n* Marzipan *nt o m*
masc. *adj abbrev of* **masculine**
mascara [mæ·'skær·ə] *n* Wimperntusche *f*
mascot ['mæs·kat] *n* Maskottchen *nt*
masculine ['mæs·kjə·lɪn] *adj* männlich, maskulin
masculinity [,mæs·kjə·'lɪn·ɪ·t̬i] *n* Männlichkeit *f*
mash [mæʃ] I. *n* (*mixture*) Brei *m;* (*brewing*) Maische *f* II. *vt* zerdrücken, [zer]stampfen
♦**mash up** *vt food* zerdrücken
mashed po'tatoes *n pl* Kartoffelbrei *m,* [Kartoffel]püree *nt*
mask [mæsk] I. *n* ❶(*for face*) Maske *f* ❷(*pretense*) Maske *f,* Fassade *f* II. *vt* verbergen, verstecken
masked [mæskt] *adj* maskiert
masking tape ['mæs·kɪŋ-] *n* Tesakrepp® *nt*
masochism ['mæs·ə·kɪz·əm] *n* Masochismus *m*
masochist ['mæs·ə·kɪst] *n* Masochist(in) *m(f)*
masochistic [,mæs·ə·'kɪs·tɪk] *adj* masochistisch
mason ['meɪ·sən] *n* ❶(*stonemason*) Steinmetz(in) *m(f)* ❷(*bricklayer*) Maurer(in) *m(f)*
Masonic [mə·'san·ɪk] *adj* Freimaurer-, freimaurerisch
masonry ['meɪ·sən·ri] *n* ❶(*bricks*) Mauerwerk *nt* ❷(*work*) Maurerhandwerk *nt*
masquerade [,mæs·kə·'reɪd] I. *n* Maskerade *f* II. *vi* ■**to ~ as sb/sth** sich als jdn/etw ausgeben

mass [mæs] I. *n* ❶ *usu sing* (*formless quantity*) Masse *f;* **a ~ of dough** ein Teigklumpen *m* ❷ *usu sing* (*large quantity*) Menge *f;* **a ~ of contradictions** eine Reihe von Widersprüchen ❸ PHYS Masse *f* ❹(*common people*) ■**the ~es** *pl* **music for the ~** Musik für die breite Masse II. *vi crowd* sich ansammeln; *troops* aufmarschieren
Mass [mæs] *n* REL, MUS Messe *f*
Mass. *abbrev of* **Massachusetts**
Massachusetts [,mæs·ə·'tʃu·sɪts] *n* Massachusetts *nt*
massacre ['mæs·ə·kər] I. *n* ❶(*killing*) Massaker *nt* ❷(*defeat*) [verheerende] Niederlage, Desaster *nt* II. *vt* ❶(*kill*) massakrieren ❷(*defeat*) vernichtend schlagen; (*hum*) auseinandernehmen *sl*
massage [mə·'sadʒ] I. *n* Massage *f;* **to give sb a ~** jdn massieren II. *vt* ❶(*rub*) massieren; **to ~ cream into the skin** Creme einmassieren; **to ~ sb's ego** (*fig*) jdm schmeicheln ❷(*alter*) *figures, statistics* manipulieren
mas'sage parlor *n* (*for sex*) Massagesalon *m euph*
masseur [mæ·'sɜr] *n* Masseur *m*
masseuse [mæ·'sɜz] *n* Masseurin *f*
massive ['mæs·ɪv] *adj* riesig, enorm; *heart attack* schwer
mass 'market *n* Massenmarkt *m*
mass-'market *adj attr* Massen-
mass 'media *n + sing/pl vb* ■**the ~** die Massenmedien *pl*
mass 'murder *n* Massenmord *m*
mass 'murderer *n* Massenmörder(in) *m(f)*
mass-pro'duce *vt* serienmäßig herstellen
mass pro'duction *n* Massenproduktion *f*
mass 'transit *n* öffentliche Verkehrsmittel
mast [mæst] *n* ❶ NAUT [Schiffs]mast *m* ❷(*flag pole*) [Fahnen]mast *m* ❸ RADIO, TV Sendeturm *m*
mastectomy [,mæs·'tek·tə·mi] *n* Mastektomie *f*
master ['mæs·tər] I. *n* ❶(*of slave, servant*) Herr *m;* (*of dog*) Herrchen *nt* ❷(*expert*) Meister(in) *m(f);* **he was a ~ of disguise** er war ein Verwandlungskünstler ❸(*original*) Original *nt* II. *vt* ❶(*cope with*) meistern; **to ~ one's fear of flying** seine Flugangst überwinden ❷(*become proficient*) beherrschen
master 'bedroom *n* großes Schlafzimmer
'**master class** *n* Meisterklasse *f*
master 'craftsman *n* Handwerksmeister(in) *m(f)*
masterful ['mæs·tər·fəl] *adj* ❶(*authoritative*) bestimmend, dominant ❷(*skillful*) meisterhaft, meisterlich
'**master key** *n* Generalschlüssel *m*
masterly ['mæs·tər·li] *adj* meisterhaft, Meister-
'**mastermind** I. *n* führender Kopf II. *vt* federführend leiten; **she ~ed the takeover bid** das Übernahmeangebot war von ihr geplant worden
Master of 'Arts *n* ≈ Magister Artium *m*

M

Master of 'Ceremonies n ❶ (at celebration) Zeremonienmeister m ❷ TV Showmaster(in) m(f)
Master of 'Science ■ to have a ~ ≈ ein Diplom nt in einer Naturwissenschaft haben
'masterpiece n Meisterwerk nt, Meisterstück nt
'master plan n Grundplan m
'master race n Herrenrasse f
Master's, Master's degree ['mæs·tərz-] n ≈ Magister m; **to study for one's** ~ ≈ seinen Magister machen

> **i** Ein **Master's degree** ist ein wissenschaftliches Vertiefungsstudium, das nach dem *Bachelor's degree* in ein oder zwei Jahren an einer Universität absolviert werden kann. Der *M. A.* (*Master of Arts*) und der *M. S.* (*Master of Science*) sind die beiden häufigsten Abschlüsse.
> Berufsbezogene Studienfächer wie z. B. Rechtswissenschaften und Medizin werden ebenfalls nur an den Universitäten angeboten. Diese Abschlüsse werden als „professional degrees" bezeichnet und die Studiendauer hierfür beträgt zwischen zwei und vier Jahren. Dazu zählt auch der bekannte *M. B. A.* (*Master of Business Administration*), für den man ein oder zwei Jahre studieren muss.

'masterstroke n Glanzstück nt
'master switch n Hauptschalter m
'masterwork n see **masterpiece**
mastery ['mæs·tə·ri] n ❶ (domination) Herrschaft f ❷ (expertise) Meisterschaft f (**of** in +dat)
mastiff ['mæs·tɪf] n englische Dogge
masturbate ['mæs·tər·beɪt] vi masturbieren
masturbation [ˌmæs·tər·'beɪ·ʃən] n Masturbation f
mat [mæt] **I.** n ❶ (for floor) Matte f; (for furniture) Untersetzer m; (decorative mat) Deckchen nt ❷ (thick layer) **a** ~ **of hair** dichtes Haar; (on the head) eine Mähne fam **II.** vt <-tt-> usu passive ■ **to be** ~ **ted with sth** mit etw dat bedeckt sein
match¹ [mætʃ] **I.** n < pl -es> ❶ usu sing (complement) **to be a good** ~ gut zusammenpassen ❷ (one of pair) Gegenstück nt ❸ usu sing (equal) ebenbürtiger Gegner/ebenbürtige Gegnerin (**for** für +akk); **to be no** ~ **for sb** sich mit jdm nicht messen können; **to have met one's** ~ seine bessere Hälfte gefunden haben fam o hum ❹ SPORTS Spiel nt; **tennis** ~ Tennisspiel; CHESS Partie f; **boxing** ~ Boxkampf m ❺ COMPUT (hit) Treffer m **II.** vi (harmonize) zusammenpassen; (make pair) zusammengehören; **a dress with accessories to** ~ ein Kleid mit dazu passenden Accessoires

III. vt ❶ (complement) passen (zu +dat) ❷ (find complement) ■ **to** ~ **sth** [**with sth**] etw [auf etw akk] abstimmen; **I'm trying to** ~ **the names on the list with the faces on the photograph** ich versuche die Namen auf dieser Liste den Gesichtern auf dem Foto zuzuordnen ❸ (correspond to) ■ **to** ~ **sth** etw dat entsprechen, zu etw dat passen
◆ **match up I.** vi ❶ (be aligned) aufeinander abgestimmt sein ❷ (meet standard) ■ **to** ~ **up to sth** an etw akk heranreichen, etw dat entsprechen **II.** vt (find complement) **to** ~ **up ↻ socks** die zusammengehörigen Socken finden
match² < pl -es> [mætʃ] n (for lighting) Streichholz nt
'matchbox n Streichholzschachtel f
matching ['mætʃ·ɪŋ] adj attr [zusammen]passend
'matchmaker n (marriage broker) Heiratsvermittler(in) m(f)
match 'point n TENNIS Matchball m
'matchstick n Streichholz nt
mate¹ [meɪt] **I.** n ❶ (sexual partner) Partner(in) m(f); BIOL Sexualpartner(in) m(f) ❷ (ship's officer) Schiffsoffizier m; **second** ~ Zweiter Offizier **II.** vi BIOL animals sich paaren (**with** mit +dat) **III.** vt **to** ~ **two animals** zwei Tiere miteinander paaren
mate² [meɪt] CHESS **I.** n [Schach]matt nt **II.** vt [schach]matt setzen
material [mə·'tɪr·i·əl] **I.** n ❶ (substance) Material nt a. fig; **raw** ~ Rohmaterial nt; **to be college** ~ (hum) das Zeug zum Studieren haben ❷ (type of cloth) Stoff m, Stoffart f ❸ (information) [Informations]material nt, Unterlagen pl ❹ (equipment) ■ ~ **s** pl Material nt; **writing** ~ **s** Schreibzeug nt **II.** adj ❶ (physical) materiell; ~ **damage** Sachschaden m ❷ (important) wesentlich, wichtig; ■ **to be** ~ **to sth** für etw akk relevant sein; ~ **witness** Hauptzeuge m, Hauptzeugin f
materialism [mə·'tɪr·i·ə·lɪz·əm] n Materialismus m
materialist [mə·'tɪr·i·ə·lɪst] n Materialist(in) m(f)
materialistic [mə·ˌtɪr·i·ə·'lɪs·tɪk] adj materialistisch
materialize [mə·'tɪr·i·ə·laɪz] vi ❶ (become fact) hope, dream sich verwirklichen, in Erfüllung gehen; plan, promise in die Tat umgesetzt werden ❷ (take physical form) erscheinen
maternal [mə·'tɜr·nəl] adj ❶ (motherly) mütterlich, Mutter- ❷ (of mother's family) mütterlicherseits nach n
maternity [mə·'tɜr·nɪ·ti] n Mutterschaft f
ma'ternity clothes npl Umstandskleidung f kein pl
ma'ternity dress n Umstandskleid nt
ma'ternity leave n Mutterschaftsurlaub m
ma'ternity ward n Entbindungsstation f
math [mæθ] n (fam) short for **mathematics** Mathe f
mathematical [ˌmæθ·ə·'mæt̬·ɪ·kəl] adj mathe-

matisch

mathematician [ˌmæθ·ə·mə·ˈtɪʃ·ən] *n* Mathematiker(in) *m(f)*

mathematics [ˌmæθ·ə·ˈmæt̬·ɪks] *n* + *sing vb* Mathematik *f*

matinee [mæt̬·ə·ˈneɪ] *n* Matinee *f;* (*afternoon performance*) Frühvorstellung *f*

mating [ˈmeɪ·t̬ɪŋ] *n* Paarung *f*

matrices [ˈmeɪ·trɪ·siz] *n pl of* **matrix**

matriculate [mə·ˈtrɪk·jə·leɪt] *vi* UNIV sich immatrikulieren

matriculation [mə·ˌtrɪk·jə·ˈleɪ·ʃən] *n* UNIV Immatrikulation *f*

matrimonial [ˌmæt̬·rə·ˈmoʊ·ni·əl] *adj* (*form*) Ehe-, ehelich

matrimony [ˈmæt̬·rə·moʊ·ni] *n* Ehe *f;* **to be joined in holy ~** in den heiligen Stand der Ehe treten

matrix <*pl* -es *or* -ices> [ˈmeɪ·trɪks] *n* (*rectangular arrangement*) Matrix *f*

matron [ˈmeɪ·trən] *n* ❶ (*middle-aged woman*) Matrone *f meist pej* ❷ **prison ~** Gefängnisaufseherin *f*

matronly [ˈmeɪ·trən·li] *adj* (*esp hum*) matronenhaft *meist pej*

matte [mæt] *adj* matt

matted [ˈmæt̬·ɪd] *adj* verflochten; *hair* verfilzt

matter [ˈmæt̬·ər] **I.** *n* ❶ (*material*) Materie *f;* **printed ~** Gedrucktes *nt,* Drucksache[n] *f[pl];* **reading ~** Lesestoff *m* ❷ (*affair*) Angelegenheit *f,* Sache *f;* **this is a ~ for the police** das sollte man der Polizei übergeben; **to get to the heart of the ~** zum Kern der Sache vordringen; **a ~ of urgency** etwas Dringendes ❸ (*question*) Frage *f;* **as a ~ of fact** (*by the way*) übrigens; (*expressing agreement or disagreement*) in der Tat; **it's a ~ of life and death** es geht um Leben und Tod; **a ~ of taste** eine Geschmacksfrage ❹ (*topic*) Thema *nt;* **the subject ~ of the book** das Thema des Buches; **it's no laughing ~** das ist nicht zum Lachen ❺ (*problem*) **is anything the ~?** stimmt etwas nicht?; **what's the ~ with you?** was ist los mit dir?; **no ~ what/when ...** egal, was/wann ... ❻ (*state of affairs*) **■~s** *pl* die Situation [*o* Lage]; **to take ~s into one's own hands** die Dinge selbst in die Hand nehmen **II.** *vi* (*be of importance*) von Bedeutung sein; **that's the only thing that ~s** das ist das Einzige, was zählt; **it really ~s to me** das ist wirklich wichtig für mich; **it doesn't ~** das ist egal, das macht nichts

matter-of-ˈfact *adj* ❶ (*emotionless*) sachlich, nüchtern ❷ (*straightforward*) geradeheraus *präd,* direkt

matter-of-ˈfactly *adv* ❶ (*without emotion*) sachlich, nüchtern ❷ (*straightforwardly*) direkt, geradeheraus

matting [ˈmæt̬·ɪŋ] *n* (*tangling*) Verflechten *nt;* (*of wool*) Verfilzen *nt*

mattress <*pl* -es> [ˈmæt̬·rɪs] *n* Matratze *f*

mature [mə·ˈtʃʊr] **I.** *adj* ❶ (*adult*) erwachsen; *animal* ausgewachsen; (*like an adult*) reif

❷ (*ripe*) reif; *wine* ausgereift **II.** *vi* ❶ (*physically*) erwachsen werden, heranreifen; (*mentally and emotionally*) reifer werden ❷ FIN (*become payable*) fällig werden ❸ (*develop fully*) *idea, plan* ausreifen **III.** *vt* FOOD reifen lassen

maturity [mə·ˈtʃʊr·ɪ·t̬i] *n* ❶ (*adulthood*) Erwachsensein *nt;* (*wisdom*) Reife *f; of animals* Ausgewachsensein *nt;* **to reach ~** (*of person*) erwachsen werden; (*of animal*) ausgewachsen sein ❷ (*developed form*) Reife *f,* Vollendung *f* ❸ FIN Fälligkeit *f*

maudlin [ˈmɔd·lɪn] *adj* [weinerlich] sentimental

maul [mɔl] *vt* ❶ (*wound*) verletzen; (*attack*) anfallen ❷ (*criticize*) heruntermachen, verreißen *fam*

Mauritania [ˌmɔr·ɪ·ˈteɪ·ni·ə] *n* Mauretanien *nt*

Mauritanian [ˌmɔr·ɪ·ˈteɪ·ni·ən] **I.** *n* Mauretanier(in) *m(f)* **II.** *adj* mauretanisch

Mauritian [mɔ·ˈrɪʃ·iən] **I.** *n* Mauritier(in) *m(f)* **II.** *adj* mauritisch

Mauritius [mɔ·ˈrɪʃ·i·əs] *n* Mauritius *nt*

mausoleum [ˌmɔ·sə·ˈli·əm] *n* Mausoleum *nt*

mauve [moʊv] *adj* mauve

maverick [ˈmæv·ər·ɪk] *n* (*unorthodox independent person*) Einzelgänger(in) *m(f),* Alleingänger(in) *m(f)*

mawkish [ˈmɔ·kɪʃ] *adj* (*pej*) rührselig, sentimental

max [mæks] (*fam*) **I.** *n short for* **maximum** max. **II.** *adv* **it'll cost you 40 dollars ~** das wird dich maximal 40 Dollar kosten

◆ **max out** *vt* (*fam*) ■ **to ~ out ◌ sth** *credit card* etw ausschöpfen

maxim [ˈmæk·sɪm] *n* Maxime *f*

maximal [ˈmæk·sɪ·məl] *adj* maximal

maximize [ˈmæk·sɪ·maɪz] *vt* maximieren

maximum [ˈmæk·sɪ·məm] **I.** *adj attr* maximal, Höchst- **II.** *n* <*pl* -ima *or* -s> Maximum *nt* **III.** *adv* maximal

maximum-security ˈprison *n* Hochsicherheitsgefängnis *nt*

may <*3rd pers. sing* may, might, might> [meɪ] *aux vb* ❶ (*indicating possibility*) können; **there ~ be side effects from the drug** diese Arznei kann Nebenwirkungen haben; **I ~ be overreacting, but ...** mag sein, dass ich überreagiere, aber ... ❷ (*be allowed*) dürfen, können; **~ I ask you a question?** darf ich Ihnen [mal] eine Frage stellen? ❸ (*expressing wish*) mögen; **~ she rest in peace** möge sie in Frieden ruhen *form*

May [meɪ] *n* Mai *m; see also* **February**

maybe [ˈmeɪ·bi] *adv* ❶ (*perhaps*) vielleicht, möglicherweise; **~ we should start again** vielleicht sollten wir noch mal anfangen ❷ (*approximately*) circa, ungefähr

ˈmayday *n* Mayday *kein art* (*internationaler Notruf*)

ˈMay Day *n* der Erste Mai, Maifeiertag *m*

ˈmayfly *n* Eintagsfliege *f*

mayhem [ˈmeɪ·hem] *n* Chaos *nt*

M

mayo ['meɪ·oʊ] *n* (*fam*) *short for* **mayonnaise** Mayo *f*

mayonnaise [ˌmeɪ·ə·'neɪz] *n* Mayonnaise *f*

mayor ['meɪ·ər] *n* Bürgermeister(in) *m(f)*, Oberbürgermeister(in) *m(f)*

maze [meɪz] *n* Labyrinth *nt*

MBA [ˌem·bi·'eɪ] *n abbrev of* **Master of Business Administration** MBA *m*

MC [ˌem·'si] *n abbrev of* **Master of Ceremonies**

MD [ˌem·'di] *n* ❶ *abbrev of* **Maryland** ❷ *abbrev of* **Doctor of Medicine** Dr. med.

me [mi] *pron object* (*1st person singular*) mir *in dat*, mich *in akk;* **why are you looking at ~?** warum siehst du mich an?; **it wasn't ~ who offered to go, it was him** ich wollte nicht gehen, er wollte; **hi, it's ~** hallo, ich bin's; **you have more than ~** du hast mehr als ich; **between you and ~** unter uns [gesagt] ▶ PHRASES: **dear ~!** du liebe Güte!; **silly ~!** bin ich dumm!

ME, **Me.** *abbrev of* **Maine**

meadow ['med·oʊ] *n* Wiese *f*

meager ['mi·gər] *adj* mager, dürftig

meal¹ [mil] *n* Mahlzeit *f*, Essen *nt;* **to go out for a ~** essen gehen

meal² [mil] *n* AGR [grobes] Mehl

'**meal ticket** *n* ❶ (*voucher*) Essensmarke *f* ❷ (*means of living*) Einnahmequelle *f*

'**mealtime** *n* Essenszeit *f*

mealy ['mi·li] *adj* mehlig

'**mealy-mouthed** *adj* (*pej*) ausweichend; *excuses* fadenscheinig; *expressions* schönfärberisch

mean¹ [min] *adj* ❶ (*unkind*) gemein, fies *fam* ❷ (*vicious*) aggressiv; (*dangerous*) gefährlich; *dog* bissig ❸ (*bad*) schlecht; **no ~ feat** eine Meisterleistung

mean² <meant, meant> [min] *vt* ❶ (*signify*) *word, symbol* bedeuten; **no ~s no** nein heißt nein ❷ (*intend to convey*) *person* meinen; **what do you ~ by that?** was willst du damit sagen? ❸ (*be sincere*) **I ~ what I say** ich meine es ernst, was ich sage ❹ (*intend*) wollen; **he didn't ~ any harm** er wollte nichts Böses; **I've been ~ing to call you for weeks** ich will dich schon seit Wochen anrufen; **it was ~t to be a surprise** das sollte eine Überraschung sein; **to ~ business** es ernst meinen; **to ~ well** es gut meinen; **to be ~t for each other** füreinander bestimmt sein ❺ (*result in*) bedeuten, heißen *fam*

mean³ [min] **I.** *n* (*average*) Mittel *nt;* (*average value*) Mittelwert *m;* (*fig*) Mittelweg *m* **II.** *adj* durchschnittlich

meander [mɪ·'æn·dər] **I.** *n* Windung *f*, Krümmung *f* **II.** *vi* ❶ (*flow in curves*) sich schlängeln [*o* winden] ❷ (*wander*) [umher]schlendern

meandering [mɪ·'æn·dər·ɪŋ] **I.** *adj* ❶ (*flowing in curves*) gewunden ❷ (*rambling*) abschweifend **II.** *n* ■ **~s** *pl* Gefasel *nt kein pl*

meanie ['mi·ni] *n* (*fam*) **to be a ~** gemein sein

meaning ['mi·nɪŋ] *n* ❶ (*sense*) Bedeutung *f;* **the ~ of life** der Sinn des Lebens; **what is the ~ of this?** was soll das heißen? ❷ (*importance*) Bedeutung *f*, Sinn *m;* **to have ~ for sb** jdm etwas bedeuten

meaningful ['mi·nɪŋ·fəl] *adj* ❶ (*important*) bedeutsam, wichtig; **she seems to find it difficult to form a ~ relationship** sie hat Schwierigkeiten, sich auf eine tiefer gehende Beziehung einzulassen ❷ (*implying something*) bedeutungsvoll, viel sagend

meaningless ['mi·nɪŋ·lɪs] *n* (*without importance*) bedeutungslos; (*nonsensical*) sinnlos; (*empty*) nichts sagend

meanness ['min·nɪs] *n* Gemeinheit *f*, Gehässigkeit *f*

means <*pl* -> [minz] *n* ❶ (*method*) Weg *m;* (*possibility*) Möglichkeit *f;* (*device*) Mittel *nt;* **~ of transport** Transportmittel *nt;* **~ of support** Einkommen *nt;* **to use all ~ at one's disposal** alle verfügbaren Mittel nutzen ❷ (*income*) **■ ~** *pl* Geldmittel *pl;* **to live beyond one's ~** über seine Verhältnisse leben ▶ PHRASES: **the end justifies the ~** (*prov*) der Zweck heiligt die Mittel; **by all ~** (*form*) unbedingt; (*of course*) selbstverständlich; **by no ~** keineswegs, auf keinen Fall

meant [ment] *pt, pp of* **mean**

'**meantime** *n* **in the ~** inzwischen, in der Zwischenzeit

meanwhile ['min·hwaɪl] *adv* inzwischen, unterdessen, mittlerweile

meany ['mi·ni] *n* (*fam*) *see* **meanie**

measles ['mi·zəlz] *n* + *sing vb* Masern *pl*

measly ['mi·zli] *adj* (*fam or pej*) mickrig, schäbig

measurable ['meʒ·ər·ə·bəl] *adj* messbar; *perceptible* nachweisbar, erkennbar, merklich

measure ['meʒ·ər] **I.** *n* ❶ (*unit*) Maß *nt*, Maßeinheit *f;* **a ~ of length** ein Längenmaß *nt* ❷ (*degree*) Maß *nt*, Grad *m;* **there was some ~ of truth in what he said** an dem, was er sagte, war etwas Wahres dran; **in large ~** in hohem Maß ❸ (*measuring instrument*) Messgerät *nt;* (*ruler, indicator*) Messstab *m;* (*container*) Messbecher *m* ❹ *usu pl* (*action*) Maßnahme *f* ▶ PHRASES: **for good ~** (*in addition*) zusätzlich, noch dazu; (*to ensure success*) sicherheitshalber **II.** *vt* [ab]messen **III.** *vi* messen

◆ **measure out** *vt* ❶ (*take measured amount*) abmessen ❷ (*discover size*) ausmessen

◆ **measure up** **I.** *vt* ■ **to ~ up** ○ **sb** jdn einschätzen **II.** *vi* den Ansprüchen genügen; ■ **to ~ up to sth** an etw *akk* heranreichen, etw *dat* entsprechen

measured ['meʒ·ərd] *adj* gemäßigt; *voice, tone* bedächtig; *response* wohl überlegt; *pace* gemäßigt

measurement ['meʒ·ər·mənt] *n* ❶ (*size*) ■ **sb's ~s** *pl* jds Maße *pl*, jds Größe *f;* **chest ~** Brustumfang *m* ❷ (*measuring*) Messung *f*, Messen *nt*

measuring cup ['meʒ·ər·ɪŋ-] *n* Messbecher *m*

'**measuring spoon** *n* Messlöffel *m*
meat [mit] *n* Fleisch *nt;* (*fig: subject matter*) Substanz *f*
'**meatball** *n* Fleischklößchen *nt*
'**meat cleaver** *n* Fleischerbeil *nt*
'**meat grinder** *n* Fleischwolf *m*
'**meat loaf** *n* Hackbraten *m*
Mecca ['mek·ə] *n* Mekka *nt a. fig*
mechanic [mɪ·'kæn·ɪk] *n* Mechaniker(in) *m(f)*
mechanical [mɪ·'kæn·ɪk·əl] *adj* ❶ *machines* mechanisch, Maschinen-; (*technical*) technisch; (*by machine*) maschinell ❷ (*machinelike*) mechanisch, automatisch
mechanical engi'neer *n* Maschinenbauer(in) *m(f);* (*engineer*) Maschinenbauingenieur(in) *m(f)*
mechanical engi'neering *n* Maschinenbau *m*
mechanical 'pencil *n* Drehbleistift *m*
mechanics [mɪ·'kæn·ɪks] *n* ❶ + *sing vb* AUTO, TECH Technik *f,* Mechanik *f* ❷ + *pl vb* (*fam: practicalities*) Mechanismus *m*
mechanism ['mek·ə·nɪz·əm] *n* ❶ (*working parts*) Mechanismus *m* ❷ (*method*) Mechanismus *m,* Methode *f;* **defense** ~ Abwehrmechanismus *m*
mechanize ['mek·ə·naɪz] *vt* mechanisieren
med I. *adj* (*fam*) *see* **medical** II. *n* (*fam*) ■ ~ **s** *pl* Medizin *f*
med. I. *n abbrev of* **medicine** II. *adj* ❶ *abbrev of* **medieval** ma. ❷ *abbrev of* **medium**
medal ['med·əl] *n* [Ehren]medaille *f,* Orden *m,* Auszeichnung *f;* SPORTS Medaille *f*
medalist ['med·əl·ɪst] *n* Medaillengewinner(in) *m(f)*
medallion [mə·'dæl·jən] *n* Medaillon *nt*
meddle ['med·əl] *vi* sich einmischen (**in** in +*akk*); ■ **to** ~ **with sth** sich mit etw *dat* abgeben
media ['mi·di·ə] *n* ❶ *pl of* **medium** ❷ + *sing/pl vb* (*the press*) ■ **the** ~ die Medien *pl;* ~ **coverage** Berichterstattung *f;* **a** ~ **event** ein Medienereignis *nt*
mediaeval [ˌmi·di·'i·vəl] *adj see* **medieval**
'**median** (**strip**) *n* Mittelstreifen *m*
'**media studies** *npl* ≈ Kommunikationswissenschaft *f*
mediate ['mi·di·eɪt] I. *vi* vermitteln II. *vt* aushandeln
mediation [ˌmi·di·'eɪ·ʃən] *n* Vermittlung *f*
mediator ['mi·di·eɪ·ţər] *n* Vermittler(in) *m(f)*
medic ['med·ɪk] *n* (*fam*) ❶ MIL, NAUT Sanitäter(in) *m(f)* ❷ (*doctor*) Doktor *m fam*
Medicaid ['med·ɪ·keɪd] *n* *Gesundheitsfürsorgeprogramm in den USA für einkommensschwache Gruppen*
medical ['med·ɪ·kəl] I. *adj facilities, research* medizinisch; *advice, care, treatment* ärztlich; ~ **attention** ärztliche Behandlung II. *n* (*fam*) ärztliche Untersuchung; **to have a** ~ sich ärztlich untersuchen lassen
'**medical certificate** *n* ärztliches Attest
medical exami'nation *n* ärztliche Untersuchung

'**medical history** *n* Krankengeschichte *f*
Medicare ['med·ɪ·ker] *n* staatliche Gesundheitsfürsorge [für Senioren]
medicate ['med·ɪ·keɪt] *vt usu passive* (*treat with drug*) ■ **to be** ~ **d** medikamentös behandelt werden
medication [ˌmed·ɪ·'keɪ·ʃən] *n* MED ❶ (*medicine*) Medikamente *pl;* **to be on** ~ **for sth** Medikamente gegen etw *akk* [ein]nehmen ❷ (*treatment*) medikamentöse Behandlung
medicinal [mə·'dɪs·ə·nəl] *adj* medizinisch; ~ **herbs** Heilkräuter *pl*
medicine ['med·ɪ·sɪn] *n* ❶ (*for illness*) Medizin *f,* Medikamente *pl;* **to take** [**one's**] ~ [seine] Medizin einnehmen ❷ (*substance*) Medikament *nt;* **cough** ~ Hustenmittel *nt* ❸ (*medical science*) Medizin *f;* **herbal** ~ Kräuterheilkunde *f;* **to practice** ~ den Arztberuf ausüben
'**medicine cabinet,** '**medicine chest** *n* Hausapotheke *f*
'**medicine man** *n* ❶ (*tribal healer*) Medizinmann *m* ❷ (*hum fam: doctor*) Medizinmann *m*
medieval [ˌmi·di·'i·vəl] *adj* mittelalterlich
mediocre [ˌmi·di·'oʊ·kər] *adj* mittelmäßig
mediocrity [ˌmi·di·'ak·rɪ·ţi] *n* ❶ (*state*) Mittelmäßigkeit *f* ❷ (*person*) Null *f pej*
meditate ['med·ɪ·teɪt] I. *vi* ❶ (*think deeply*) nachdenken (**on/about** über +*akk*) ❷ (*as spiritual exercise*) meditieren II. *vt* (*form: plan*) planen; (*consider*) erwägen
meditation [ˌmed·ɪ·'teɪ·ʃən] *n* ❶ (*spiritual exercise*) Meditation *f* ❷ (*serious thought*) Nachdenken *nt,* Überlegen *nt* (**on/about** über +*akk*) ❸ (*reflections*) ■ ~ **s** *pl* Überlegungen *pl*
Mediterranean [ˌmed·ɪ·tə·'reɪ·ni·ən] I. *n* Mittelmeer *nt* II. *adj climate* mediterran; ~ **cooking** Mittelmeerküche *f*
medium ['mi·di·əm] I. *adj* ❶ (*average*) durchschnittlich, mittel; **of** ~ **height** von mittlerer Größe ❷ FOOD *steak* halb durch II. *n* <*pl* -**s** *or* -**dia**> ❶ (*means*) Medium *nt,* Mittel *nt;* PUBL, TV Medium *nt;* **advertising** ~ Werbeträger *m* ❷ (*art material*) Medium *nt* ❸ <*pl* -**s**> (*spiritualist*) Medium *nt*
medium-'rare *adj* FOOD englisch
'**medium-size(d)** *adj* mittelgroß
medley ['med·li] *n* ❶ (*mixture*) Gemisch *nt* ❷ (*of tunes*) Medley *m*
meek [mik] I. *adj* ❶ (*gentle*) sanftmütig ❷ (*pej: submissive*) unterwürfig II. *n* REL ■ **the** ~ die Sanftmütigen
meet [mit] I. *n* (*sporting event*) Sportveranstaltung *f,* [sportliche] Begegnung II. *vt* <met, met> ❶ (*by chance*) treffen; **I met her in the street** ich bin ihr auf der Straße begegnet ❷ (*by arrangement*) ■ **to** ~ **sb** sich mit jdm treffen ❸ (*collect*) **a bus** ~ **s every train** zu jedem Zug gibt es einen Anschlussbus ❹ (*make acquaintance of*) kennen lernen ❺ (*fulfill*) erfüllen; *deadline* einhalten; *demands* befriedigen; *obligation* nachkommen

M

▶ PHRASES: **to ~ one's death** den Tod finden; **to make ends ~** über die Runden kommen; **to ~ sb halfway** jdm auf halbem Weg entgegenkommen **III.** *vi* <met, met> ❶ *(by chance)* sich begegnen ❷ *(by arrangement)* sich treffen; **to ~ for a drink** sich auf einen Drink treffen ❸ *(get acquainted)* sich kennen lernen; **no, we haven't met** nein, wir kennen uns noch nicht ❹ SPORTS aufeinandertreffen ❺ *(join)* zusammentreffen; *roads, lines* zusammenlaufen; *counties, states* aneinandergrenzen

◆**meet with** *vi* ❶ *(have meeting)* treffen ❷ *(experience) problems* stoßen (auf +*akk*); **to ~ with approval** Beifall finden; **to ~ with success** Erfolg haben

meeting ['miːtɪŋ] *n* ❶ *(organized gathering)* Versammlung *f*, Sitzung *f*, Besprechung *f;* **to attend a ~** an einer Besprechung teilnehmen; **to hold a ~** eine Besprechung abhalten ❷ *(coming together of friends)* Treffen *nt*

'meeting point *n* ❶ *(place to gather)* Treffpunkt *m* ❷ *(point of contact)* Schnittpunkt *m*

mega ['megə] *adj (fam)* Riesen-, Mega-

mega- ['megə] *in compounds (fam)* + *adj* mega- *fam;* **~-cool** megacool *sl*, geil *sl*

'megabucks *npl (fam)* Schweinegeld *nt kein pl sl*

'megabyte *n* Megabyte *nt*

'megahertz *n* Megahertz *nt*

megalomania [ˌmeg·ə·loʊ·ˈmeɪ·ni·ə] *n (lust for power)* Größenwahn *m pej*

megalomaniac [ˌmeg·ə·loʊ·ˈmeɪ·ni·æk] *n (power-hungry person)* Größenwahnsinnige(r) *f(m) pej*

'megaphone *n* Megaphon *nt*

'megawatt *n* Megawatt *nt*

melancholy ['mel·ən·kal·i] **I.** *n* Melancholie *f*, Schwermut *f* **II.** *adj* melancholisch, schwermütig

melee ['meɪ·leɪ] *n usu sing* ❶ *(confused fight)* Handgemenge *nt* ❷ *(muddle)* Gedränge *nt*

mellow ['mel·oʊ] **I.** *adj* <-er, -est *or* more ~, most ~> ❶ *(relaxed) person* abgeklärt, locker *fam* ❷ *(not harsh)* sanft; *color* dezent; *light* gedämpft; *flavor* mild; *wine* lieblich **II.** *vi* ❶ *(become more easygoing)* umgänglicher werden ❷ *(become softer) colors* weicher werden; *flavor* milder werden **III.** *vt* ❶ *(make more easygoing) person* umgänglicher machen ❷ *(make softer)* abschwächen

melodic [mə·ˈlad·ɪk] *adj* melodisch

melodrama ['mel·oʊ·dra·mə] *n* THEAT *(a. fig)* Melodrama *nt*

melodramatic [ˌmel·oʊ·drə·ˈmæt̬·ɪk] *adj* melodramatisch

melody ['mel·ə·di] *n* Melodie *f*

melon ['mel·ən] *n* Melone *f*

melt [melt] **I.** *n* ❶ *(thaw)* Schneeschmelze *f* ❷ FOOD **patty ~** *Sandwich mit geschmolzenem Käse* **II.** *vi* ❶ *(turn into liquid)* schmelzen; **to ~ in the mouth** auf der Zunge zergehen ❷ *(change gradually)* ■**to ~ into sth** in

etw *akk* übergehen; *(disappear)* sich in etw *dat* auflösen **III.** *vt* ❶ *(make liquid)* schmelzen ❷ *(fig: make tender) heart* erweichen

'meltdown *n* ❶ TECH [Ein]schmelzen *nt; (in nuclear power plant)* Durchbrennen *nt* ❷ *(fam: collapse)* Zusammenbruch *m*

'melting point *n* Schmelzpunkt *m*

'melting pot *n (fig)* Schmelztiegel *m*

member ['mem·bər] *n (of group)* Angehörige(r) *f(m); of club, party* Mitglied *nt;* **~ of staff** Mitarbeiter(in) *m(f)*

membership ['mem·bər·ʃɪp] *n* ❶ *(people)* ■**the ~** die Mitglieder *pl; (number of people)* Mitgliederzahl *f* ❷ *(being member)* Mitgliedschaft *f* ❸ *(fee)* Mitgliedsbeitrag *m*

'membership card *n* Mitgliedsausweis *m*

membrane ['mem·breɪn] *n* Membran *f*, Häutchen *nt; of cell* Zellmembran *f*

memento <*pl* -s *or* -es> [mə·ˈmen·toʊ] *n* Andenken *nt* (**of** an +*akk*)

memo ['mem·oʊ] *n short for* **memorandum** Memo *nt*

memoir ['mem·war] *n* ❶ *(personal account)* Erinnerungen *pl* ❷ *(autobiography)* ■**~s** *pl* Memoiren *pl*

'memo pad *n* Notizblock *m*

memorabilia [ˌmem·ər·ə·ˈbɪl·i·ə] *npl* Souvenirs *pl*

memorable ['mem·ər·ə·bəl] *adj* unvergesslich; *achievement* beeindruckend

memorandum <*pl* -s *or* -da> [ˌmem·ə·ˈræn·dəm] *n* ❶ *(form: message)* Mitteilung *f* ❷ *(document)* Memorandum *nt*

memorial [mə·ˈmɔr·i·əl] *n* Denkmal *nt;* MIL Ehrenmal *nt*

Me'morial Day *n* Volkstrauertag *m*

ⓘ Der **Memorial Day** (Volkstrauertag) ist seit 1971 ein gesetzlicher Feiertag, an dem man der Gefallenen aller US-Kriege gedenkt. Dieser Tag wird am letzten Montag im Mai gefeiert. Man ehrt die gefallenen Soldaten mit Paraden, Gedenkgottesdiensten, sowie Gedenkfeiern in Kirchen, Schulen, an Kriegsdenkmälern und auf öffentlichen Plätzen.

---

memorize ['mem·ə·raɪz] *vt facts* sich *dat* einprägen; *poem, song* auswendig lernen

memory ['mem·ə·ri] *n* ❶ *(ability to remember)* Gedächtnis *nt* (**for** für +*akk*); **if my ~ serves me right** wenn mein Gedächtnis mich nicht täuscht; **within living/sb's ~** so weit man/jd zurückdenken kann ❷ *(remembered event)* Erinnerung *f* (**of** an +*akk*); **to bring back memories** Erinnerungen wachrufen; **in ~ of** zur Erinnerung an +*akk* ❸ COMPUT Speicher *m*

'memory bank *n* COMPUT Speicherbank *f*

men [men] *n pl of* **man**

menace ['men·əs] **I.** *n* ❶ *(threat)* Drohung *f* ❷ *(danger)* Bedrohung *f* ❸ *(annoying person)*

Nervensäge *f fam* **II.** *vt* bedrohen
menacing ['men·ɪs·ɪŋ] *adj attr* drohend
menacingly ['men·ɪs·ɪŋ·li] *adv* drohend
mend [mend] **I.** *vt* (*repair*) reparieren; *socks* stopfen ▶ PHRASES: **to ~ one's ways** sich bessern **II.** *vi* gesund werden *a. fig; bone* heilen **III.** *n* ▶ PHRASES: **to be on the ~** auf dem Weg der Besserung sein
menial ['mi·ni·əl] *adj* niedrig; **~ labor** Hilfsarbeit *f*
meningitis [ˌmen·ɪn·'dʒaɪ·t̬ɪs] *n* Gehirnhautentzündung *f*, Meningitis *f fachspr*
menopause ['men·ə·pɔz] *n* Wechseljahre *pl*, Menopause *f fachspr*
'**men's room** *n* Herrentoilette *f*
menstruate ['men·stru·eɪt] *vi* menstruieren *geh*
menstruation [ˌmen·stru·'eɪ·ʃən] *n* Menstruation *f geh*, Periode *f*
mental ['men·t̬əl] *adj* ❶ (*of the mind*) geistig, mental; **~ process** Denkprozess *m* ❷ (*psychological*) psychisch, seelisch; **~ illness** Geisteskrankheit *f*; **~ state** seelische Verfassung ❸ (*fam: crazy*) verrückt, übergeschnappt; ■ **to be ~ about sb/sth** nach jdm/etw verrückt sein
'**mental hospital** *n* psychiatrische Klinik
mentality [men·'tæl·ɪ·t̬i] *n* Mentalität *f*
mentally ['men·t̬əl·i] *adv* ❶ (*psychologically*) psychisch ❷ (*intellectually*) geistig; **~ disabled** geistig behindert
menthol ['men·θɔl] *n* Menthol *nt*
mention ['men·ʃən] **I.** *n* (*reference*) Erwähnung *f*; **to get a ~** erwähnt werden **II.** *vt* erwähnen; **don't ~ it!** gern geschehen!; **not to ~ ...** ganz zu schweigen von ...
menu ['men·ju] *n* ❶ (*in restaurant*) Speisekarte *f* ❷ COMPUT Menü *nt*
'**menu bar** *n* COMPUT Menüleiste *f*
meow [mi·'aʊ] **I.** *n* Miauen *nt* **II.** *vi* miauen
mercenary ['mɜr·sə·ner·i] **I.** *n* (*soldier*) Söldner *m* **II.** *adj* ❶ (*pej: motivated by gain*) gewinnsüchtig, geldgierig ❷ MIL Söldner-
merchandise ['mɜr·tʃən·daɪz] ECON **I.** *n* Handelsware *f* **II.** *vt* vermarkten
merchant ['mɜr·tʃənt] *n* Händler(in) *m(f)*, Kaufmann *m*, Kauffrau *f*
merchant ma'rine *n* Handelsmarine *f*
'**merchant ship** *n* Handelsschiff *nt*
merciful ['mɜr·sɪ·fəl] *adj* ❶ (*forgiving*) gnädig ❷ (*fortunate*) **her death came as a ~ release** der Tod war für sie eine Erlösung
merciless ['mɜr·sɪ·lɪs] *adj* ❶ (*showing no mercy*) gnadenlos, mitleidlos ❷ (*relentless*) unnachgiebig
mercury ['mɜr·kjə·ri] *n* (*metal*) Quecksilber *nt*
Mercury ['mɜr·kjə·ri] *n* ASTRON Merkur *m*
mercy ['mɜr·si] *n* (*compassion*) Mitleid *nt*, Erbarmen *nt*; (*forgiveness*) Gnade *f*; **to beg for ~** um Gnade bitten; **to show** [no] **~** [kein] Erbarmen haben ▶ PHRASES: **to be at the ~ of sb** jdm auf Gnade oder Ungnade ausgeliefert sein

mere [mɪr] *adj* nur, nichts als
merely ['mɪr·li] *adv* nur, bloß *fam*
merge [mɜrdʒ] **I.** *vi* ❶ (*join*) zusammenkommen; *roads* zusammenlaufen ❷ ECON *companies, organizations* fusionieren ❸ (*fuse*) verschmelzen (**with/into** mit +*dat*); ■ **to ~ into each other** ineinander übergehen ❹ AUTO **to ~ left/right** sich links/rechts einordnen **II.** *vt* zusammenlegen; *companies* zusammenschließen
merger ['mɜr·dʒər] *n* ECON Fusion *f*
meridian [mə·'rɪd·i·ən] *n* GEOG (*line of longitude*) Meridian *m*, Längenkreis *m*
meringue [mə·'ræŋ] *n* Baiser *nt*, Meringe *f*, Meringue *f* SCHWEIZ
merit ['mer·ɪt] **I.** *n* ❶ (*worthiness*) Verdienst *nt*; **she won her promotion on ~ alone** sie ist allein auf Grund ihrer Leistung befördert worden ❷ (*good quality*) gute Eigenschaft, Vorzug *m* ❸ (*advantage*) Vorteil *m* **II.** *vt* verdienen
mermaid ['mɜr·meɪd] *n* Seejungfrau *f*
merriment ['mer·ɪ·mənt] *n* ❶ (*laughter and joy*) Fröhlichkeit *f* ❷ (*amusement*) Heiterkeit *f*
merry ['mer·i] *adj* fröhlich; **M~ Christmas** Frohe [*o* Fröhliche] Weihnachten
'**merry-go-round** *n* (*fairground ride*) Karussell *nt*
mesh [meʃ] **I.** *n* Geflecht *nt* **II.** *vi* ❶ (*join*) *gears* ineinandergreifen ❷ (*mix*) sich mischen
mesmerize ['mez·mə·raɪz] *vt* faszinieren
mess <*pl* -**es**> [mes] *n* ❶ *usu sing* (*messy state*) Unordnung *f*, Durcheinander *nt*; (*dirty state*) Schweinerei *f*; **you look like a complete ~!** du siehst ja schlimm aus! ❷ *usu sing* (*disorganized state*) Chaos *nt*; ■ **to be a ~** chaotisch sein; **to be in a ~** sich in einem schlimmen Zustand befinden; **he made a complete ~ of the invitations** (*fam*) he hat die Einladungen total vermasselt ▶ PHRASES: **a fine ~ you've gotten us into!** (*iron*) jetzt haben wir die Bescherung!
◆**mess around** *vi* ❶ (*behave foolishly*) herumblödeln *fam*, Unfug treiben ❷ (*waste time*) herumspielen ❸ (*tinker*) herumspielen, herumfummeln (**with** an +*dat*) ❹ ■ **to ~ around with sb** (*playfully*) jdn verarschen *derb*; (*unfairly*) mit jdm umspringen[, wie es einem gefällt]
◆**mess up** *vt* (*fam*) ❶ (*botch up*) verpfuschen, versauen; *plan* vermasseln ❷ (*make messy*) in Unordnung bringen
◆**mess with** *vi* ❶ (*get involved with*) ■ **to ~ with sb** sich mit jdm einlassen; (*cause trouble to*) jdn schlecht behandeln; **don't ~ with me!** verarsch mich bloß nicht! *derb* ❷ (*play with*) ■ **to ~ with sth** mit etw *dat* herumspielen; (*tamper*) an etw *dat* herumspielen
message ['mes·ɪdʒ] *n* (*communication*) Nachricht *f*, Botschaft *f*; **could you give him a ~ from me, please?** könntest du ihm bitte etwas [*o* eine Nachricht] von mir ausrichten?; **to get/leave a ~** eine Nachricht erhalten/hinter-

M

lassen ▶ PHRASES: **to get the ~** (*fam*) kapieren
messenger ['mes·ɪn·dʒər] *n* Bote *m*, Botin *f*
'mess hall *n* Kasino *nt*
messiah [mə·'saɪ·ə] *n usu sing* ❶ REL ■**M~**
Messias *m*, Erlöser *m* ❷ (*fig*) Messias *m*
messy ['mes·i] *adj* ❶ (*untidy*) unordentlich;
person schlampig ❷ (*dirty*) schmutzig, dreckig
❸ (*unpleasant*) unerfreulich
met [met] *vt, vi pt of* **meet**
metabolic [ˌmet·ə·'bal·ɪk] *adj* metabolisch
fachspr, Stoffwechsel-
metabolism [mɪ·'tæb·ə·lɪz·əm] *n* Stoffwechsel *m*, Metabolismus *m fachspr*
metal ['met·əl] **I.** *n* Metall *nt;* **precious ~**
Edelmetall *nt* **II.** *adj* aus Metall *nach n*
metallic [mə·'tæl·ɪk] *adj* ❶ (*like metal*) metallisch; **~ paint** Metalleffektlack *m* ❷ (*containing metal*) metallhaltig
metallurgy ['met·əl·ɜr·dʒi] *n* Metallurgie *f*
'metalwork *n* ❶ (*craft*) Metallarbeit *f* ❷ (*objects*) Metallarbeiten *pl*
'metalworker *n* Metallarbeiter(in) *m(f)*
metamorphosis <*pl* -phoses> [ˌmet·ə·'mɔr-
fə·sɪs] *n* Metamorphose *f geh*, Verwandlung *f*
metaphor ['met·ə·fɔr] *n* ❶ (*figure of speech*)
Metapher *f* (**for** für +*akk*) ❷ (*figurative language*) bildhafte Sprache
metaphoric(al) [ˌmet·ə·'fɔr·ɪk(əl)] *adj* meta-
phorisch
mete [mit] *vt* ■**to ~ out** ↻ sth [to sb] [jdm]
etw auferlegen; **to ~ out punishment to sb**
jdn bestrafen; (*physical*) jdn züchtigen
meteor ['mi·ti·ər] *n* Meteor *m*
meteoric [ˌmi·ti·'ɔr·ɪk] *adj* ❶ ASTRON Meteor-,
meteorisch ❷ (*rapid*) kometenhaft
meteorite ['mi·ti·ə·raɪt] *n* Meteorit *m*
meteorological [ˌmi·ti·ər·ə·'ladʒ·ɪ·kəl] *adj*
meteorologisch
meteorologist [ˌmi·ti·ə·'ral·ə·dʒɪst] *n* Meteorologe *m*, Meteorologin *f*
meteorology [ˌmi·ti·ə·'ral·ə·dʒi] *n* Meteorolo-
gie *f*
meter¹ ['mi·tər] *n* Messuhr *f*, Zähler *m;* [**parking**] ~ Parkuhr *f;* **to read the ~** den Zähler ablesen
meter² ['mi·tər] *n* (*unit of measurement*) Meter *m;* **the 1500 ~s** der 1500-Meter-Lauf
meter³ ['mi·tər] *n* (*poetic rhythm*) Metrum *nt*
fachspr, Versmaß *nt*
methane ['meθ·eɪn] *n* Methan *nt*
methanol ['meθ·ə·nɔl] *n* Methanol *nt*
method ['meθ·əd] *n* ❶ (*way of doing sth*) Methode *f*, Art und Weise *f;* TECH Verfahren *nt*
❷ (*order*) System *nt*
methodical [mə·'θad·ɪ·kəl] *adj* ❶ (*ordered*)
methodisch, systematisch ❷ (*careful*) sorgfältig
Methodist ['meθ·ə·dɪst] **I.** *n* Metho-
dist(in) *m(f)* **II.** *adj* methodistisch
methodology [ˌmeθ·ə·'dal·ə·dʒi] *n* ❶ (*theory
of methods*) Methodologie *f geh* ❷ (*system*)
Methodik *f*
methyl alcohol [ˌmeθ·əl·'æl·kə·hɔl] *n see*

methanol
meticulous [mɪ·'tɪk·jʊ·ləs] *adj* peinlich genau,
akribisch *geh;* **~ detail** kleinstes Detail
metric ['met·rɪk] *adj* metrisch
metro ['met·rou] *adj attr short for* **metropolitan** Stadt-
metronome ['met·rə·noum] *n* Metronom *nt*
geh
metropolis [mə·'trap·ə·lɪs] *n* (*form*) ❶ (*large
city*) Metropole *f geh* ❷ (*chief city*) Hauptstadt *f*
metropolitan [ˌmet·rə·'pal·ə·tən] *adj* (*of large
city*) weltstädtisch; **~ area** Metropolregion *f*
mettle ['met·əl] *n* (*form: inner strength*)
Durchhaltevermögen *nt;* **to show one's ~** zeigen, was in einem steckt
mew [mju] **I.** *n* Miauen *nt* **II.** *vi* miauen
Mexican ['mek·sɪ·kən] **I.** *n* (*person*) Mexika-
ner(in) *m(f)* **II.** *adj* mexikanisch
Mexico ['mek·sɪ·kou] *n* Mexiko *nt*
Mexico 'City *n* Mexiko City *nt*
mg *n* <*pl* -> *abbrev of* **milligram** mg
MHz *n* <*pl* -> *abbrev of* **megahertz** MHz
MI *abbrev of* **Michigan**
mica ['maɪ·kə] *n* Glimmererde *f*
mice [maɪs] *n pl of* **mouse**
Mich. *abbrev of* **Michigan**
Michigan ['mɪʃ·ɪ·gən] *n* Michigan *nt*
'Mickey Mouse *adj attr* (*pej fam*) Scherz- *fam;*
~ computer Spielzeugcomputer *m;* **a ~ job**
ein Witz *m* von einem Job
microbe ['maɪ·kroub] *n* Mikrobe *f*
microbi'ology [ˌmaɪ·krou-] *n* Mikrobiologie *f*
'microchip *n* Mikrochip *m*
'microclimate *n* Mikroklima *nt*
microcosm ['maɪ·krou·kaz·əm] *n* Mikrokosmos *m*
microelec'tronics *n* + *sing vb* Mikroelektro-
nik *f*
'microfiche *n* Mikrofiche *nt o m*
'microfilm *n* Mikrofilm *m*
micrometer [maɪ·'krɔ·mɪ·tər] *n* (*measuring
device*) Mikrometer *nt*
Micronesia [ˌmaɪ·krou·'ni·ʒə] *n* Mikronesi-
en *nt*
micro'organism *n* Mikroorganismus *m*
'microphone *n* Mikrofon *nt*
'microprocessor *n* Mikroprozessor *m*
microscope ['maɪ·krə·skoup] *n* Mikroskop *nt;* **to put sth under the ~** (*fig*) etw unter die Lupe nehmen
microscopic [ˌmaɪ·krə·'skap·ɪk] *adj* ❶ (*fam:
tiny*) winzig; **to look at sth in ~ detail** etw
haargenau prüfen ❷ (*visible with microscope*)
mikroskopisch klein ❸ (*using microscope*)
analysis, examination mikroskopisch
'microwave I. *n* ❶ (*oven*) Mikrowellenherd *m*,
Mikrowelle *f* ❷ (*wave*) Mikrowelle *f* **II.** *vt* in
der Mikrowelle kochen/erwärmen
mid'day *n* Mittag *m;* **at ~** mittags, um die Mittagszeit
middle ['mɪd·əl] **I.** *n* ❶ (*center, division,
between things*) Mitte *f; of fruit, nuts*

Innere[s] *nt;* (*center part*) *of book, film, story* Mittelteil *m* ❷ (*in time, space*) mitten; **in the ~ of the road/room/table** mitten auf der Straße/im Zimmer/auf dem Tisch; **in the ~ of the night** mitten in der Nacht; **in the ~ of nowhere** (*fig*) am Ende der Welt; **in the ~ of 1985/the century** Mitte 1985/des Jahrhunderts; **to be in one's ~ forties** in den Mittvierzigern sein; **to be in the ~ of eating** (*busy with*) mitten dabei sein zu essen ❸ (*fam: waist*) Taille *f;* (*belly*) Bauch *m* **II.** *adj attr* mittlere(r, s)

middle 'age *n* mittleres Alter

middle-'aged *adj* mittleren Alters *nach n*

Middle 'Ages *n* ■**the ~** *pl* das Mittelalter

'middlebrow (*pej*) **I.** *adj* für den [geistigen] Durchschnittsmenschen **II.** *n* [geistiger] Durchschnittsmensch

middle 'class *n* ■**the ~** der Mittelstand; **upper ~** gehobener Mittelstand

'middle-class *adj* Mittelstands-, mittelständisch

Middle 'East *n* ■**the ~** der Nahe Osten

'middleman *n* ❶ ECON (*person*) Zwischenhändler(in) *m(f);* (*wholesaler*) ■**the ~** der Zwischenhandel ❷ (*go-between*) Mittelsmann *m*

middle 'name *n* zweiter Vorname

middle-of-the-'road *adj* ❶ (*moderate*) *opinions, views* gemäßigt ❷ (*pej: boring*) *film, music* mittelmäßig

'middleweight *n* SPORTS ❶ (*division*) Mittelgewicht *nt* ❷ (*boxer*) Mittelgewichtler(in) *m(f)*

middling ['mɪd·lɪŋ] *adj* (*fam*) ❶ (*average*) mittlere(r, s) ❷ (*not very good*) mittelmäßig

Mid'east *n* ■**the ~** der Nahe [*o* Mittlere] Osten

midge [mɪdʒ] *n* [kleine] Mücke

midget ['mɪdʒ·ɪt] **I.** *n* (*dwarf*) Liliputaner(in) *m(f);* (*child*) Knirps *m fam,* Zwerg *m hum* **II.** *adj* (*small*) winzig, Mini-

midlife 'crisis *n* Midlife-Crisis *f*

'midnight *n* Mitternacht *f;* **at ~** um Mitternacht

'midpoint *n usu sing* Mittelpunkt *m;* MATH Mittelwert *m*

midriff ['mɪd·rɪf] *n,* **midsection** ['mɪd·sek·ʃən] *n* Taille *f*

midst [mɪdst] *n* (*presence*) **he was lost in their ~** er kam sich unter ihnen verloren vor; (*in middle of*) **in the ~ of chaos** mitten im Chaos

mid'summer *n* Hochsommer *m*

mid'term I. *n* ❶ (*midpoint*) *of political office* Halbzeit *f der* Amtsperiode; *of school year* Schulhalbjahr *nt; of pregnancy* Hälfte *f der* Schwangerschaftszeit; UNIV *of semester* Semesterhälfte *f; of trimester* Trimesterhälfte *f* ❷ (*midterm exams*) ■**~s** *pl* Halbjahresprüfungen *pl* **II.** *adj* **~ elections** Zwischenwahlen *pl*

midway ['mɪd·ˌweɪ] **I.** *adv* auf halbem Weg; **the projector broke ~ through the film** mitten im Film ging der Projektor kaputt **II.** *adj attr* auf halbem Weg **III.** *n* Mittelweg einer Ausstellung oder eines Jahrmarktes, an dem sich die Hauptattraktionen befinden

mid'week *n* Wochenmitte *f*

midwife ['mɪd·waɪf] *n* Hebamme *f*

mid'winter *n* Mitte *f* des Winters; (*winter solstice*) Wintersonnenwende *f*

might[1] [maɪt] *n* ❶ (*authority*) Macht *f* ❷ (*strength*) Kraft *f;* MIL Stärke *f*

might[2] [maɪt] **I.** *pt of* **may II.** *aux vb* ❶ (*expressing possibility*) **I ~ go to the movies tonight** vielleicht gehe ich heute Abend ins Kino; (*could*) **someone called at six; it ~ have been him** um sechs rief jemand an, das könnte er gewesen sein; (*expressing probability*) **if he keeps studying so hard, he ~ even get an A on his final exam** wenn er weiterhin so eifrig lernt, könnte er sogar die Bestnote bei den Abschlussprüfungen bekommen ❷ (*form: polite form of may*) **~ I ...?** dürfte ich [vielleicht] ...?; **~ I make a suggestion?** dürfte ich vielleicht einen Vorschlag machen?; **I thought you ~ like to join me for dinner** ich dachte, du hättest vielleicht Lust, mit mir zu Abend zu essen

mightily ['maɪ·tɪ·li] *adv* (*with effort*) mit aller Kraft [*o* Macht]; (*fig: majestically, imposingly*) gewaltig

mighty ['maɪ·ti] **I.** *adj* (*powerful, large*) *river, dinosaur, army* gewaltig; *king, country* mächtig; *warrior, giant* stark **II.** *adv* (*fam*) sehr; **that was ~ nice of you** das war wirklich nett von dir

migraine ['maɪ·greɪn] *n* Migräne *f*

migrant ['maɪ·grənt] **I.** *n* ❶ (*person*) Zuwanderer *m,* Zuwanderin *f* ❷ (*bird*) Zugvogel *m* **II.** *adj* **~ birds** Zugvögel *pl;* **~ worker** Wanderarbeiter(in) *m(f)*

migrate ['maɪ·greɪt] *vi* ❶ (*change habitat*) wandern, umherziehen; **to ~ south** *birds* nach Süden ziehen ❷ (*move*) *populations, customers* abwandern; *cells, chemicals* gelangen (*into* in +*akk*)

migration [maɪ·'greɪ·ʃən] *n* ❶ (*change of habitat*) Wanderung *f; of birds* Zug *m* ❷ (*for work*) *people* Abwanderung *f;* (*permanent*) Umzug *m*

migratory ['maɪ·grə·tɔr·i] *adj* ❶ *animals* Wander-; ~ *bird* Zugvogel *m* ❷ (*of behavior*) Wander-; **~ patterns** Migrationsverhalten *nt*

mike [maɪk] *n* (*fam*) *short for* **microphone** Mikro *nt*

mild [maɪld] *adj* ❶ (*gentle*) *person, breeze* sanft; *soap, laundry detergent* schonend; (*not severe*) *shock, surprise* leicht; *criticism* schwach; *punishment, weather, climate* mild; *reproach* leise ❷ MED (*not strong*) leicht, schwach; (*not serious*) *fever, infection* leicht ❸ (*not strong in flavor*) *cheese, whiskey* mild; *cigarette* leicht

mildew ['mɪl·du] **I.** *n* Schimmel *m;* (*on plants*) Mehltau *m* **II.** *vi* schimmeln; (*plants*) von Mehltau befallen sein

mildly ['maɪld·li] *adv* ❶ (*gently*) leicht; *speak,*

smile sanft; *clean* schonend; (*not severely*) milde ❷ (*slightly*) *surprised, worried, annoyed* leicht ❸ (*as an understatement*) **to put it ~** um es [mal] milde auszudrücken

mildness ['maɪld·nɪs] *n* ❶ *of person* Sanftmut *f* ❷ *of criticism, weather* Milde *f;* MED *of disease, symptoms* Leichtigkeit *f*

mile [maɪl] *n* ❶ (*distance*) Meile *f;* **we could see for ~ s and ~ s** wir konnten meilenweit sehen; **a nautical ~** eine Seemeile; **to miss sth by a ~** etw meilenweit verfehlen ❷ (*fam: far from*) **to be ~ s from the truth** weit von der Wahrheit entfernt sein; **to be a ~ off** meilenweit danebenliegen

mileage, milage ['maɪ·lɪdʒ] *n* ❶ (*gasoline efficiency*) Kraftstoffverbrauch *m;* **his car gets good ~** sein Auto verbraucht wenig Kraftstoff ❷ (*distance traveled*) Meilenstand *m*

'**milepost** *n* Meilenpfosten *m;* (*fig*) Meilenstein *m*

'**milestone** *n* (*a. fig*) Meilenstein *m*

militant ['mɪl·ɪ·tənt] **I.** *adj* militant **II.** *n* Kämpfer(in) *m(f);* POL militantes Mitglied

militarism ['mɪl·ɪ·tə·rɪz·əm] *n* Militarismus *m;* (*when overly aggressive*) Kriegstreiberei *f*

militaristic [ˌmɪl·ɪ·tə·'rɪs·tɪk] *adj* militaristisch

militarize ['mɪl·ɪ·tə·raɪz] *vt* militarisieren

military ['mɪl·ɪ·ter·i] *n pl* ▪**the ~** das Militär

'**military academy** *n* ❶ (*for cadets*) Militärakademie *f* ❷ (*for pupils*) *sehr strenge* Privatschule

military po'lice *npl* ▪**the ~** die Militärpolizei

military 'service *n* Wehrdienst *m*

militia [mɪ·'lɪʃ·ə] *n* Miliz *f*

milk [mɪlk] **I.** *n* Milch *f;* (*breast milk*) Muttermilch *f;* (*in coconuts*) Kokosmilch *f;* **whole ~** Vollmilch *f;* **skim ~** entrahmte Milch **II.** *vt* ❶ (*get milk*) *cow, goat* melken ❷ (*exploit*) melken, schröpfen *fam;* **to ~ sb for all he/ she** [*or* sth for all it] **is worth** jdn/etw nach Strich und Faden ausnehmen, jdm/etw den letzten Pfennig aus der Tasche ziehen

milk 'chocolate *n* Milchschokolade *f*

'**milkman** *n* Milchmann *m*

'**milk shake** *n* Milchshake *m*

milky ['mɪl·ki] *adj* ❶ (*with milk*) mit Milch nach *n* ❷ (*not clear*) *glass, water* milchig; *skin* sanft

Milky 'Way *n* ▪**the ~** die Milchstraße

mill [mɪl] **I.** *n* ❶ (*building*) Mühle *f* ❷ (*machine*) Mühle *f* ❸ (*factory*) Fabrik *f;* **cotton ~** Baumwollspinnerei *f;* **steel ~** Stahlwerk *nt* **II.** *vt grain* mahlen; *metal* walzen

millennium <*pl* -s *or* -nia> [mɪ·'len·i·əm] *n* ❶ (*1000 years*) Jahrtausend *nt*, Millennium *nt* geh ❷ (*anniversary*) Jahrtausendfeier *f*

miller ['mɪl·ər] *n* Müller(in) *m(f)*

millet ['mɪl·ət] *n* Hirse *f*

millibar ['mɪl·ɪ·bar] *n* Millibar *nt*

milligram ['mɪl·ɪ·græm] *n* Milligramm *nt*

milliliter ['mɪl·ɪ·li·tər] *n* Milliliter *m*

millimeter ['mɪl·ɪ·mi·tər] *n* Millimeter *m*

million ['mɪl·jən] *n* ❶ (*1,000,000*) Million *f;* **a ~ dollars** eine Million Dollar; **eight ~ [people]** acht Millionen [Menschen] ❷ (*fam: countless number*) **I've already heard that story a ~ times** diese Geschichte habe ich schon tausendmal gehört; **~ s of people** Unmengen von Menschen; **~ s and ~ s of years ago** vor Millionen und Abermillionen von Jahren

millionaire [ˌmɪl·jə·'ner] *n* Millionär *m*

millipede ['mɪl·ɪ·pid] *n* Tausendfüßler *m*

'**millstone** *n* Mühlstein *m*

mime [maɪm] **I.** *n* ❶ (*technique*) Pantomime *f* ❷ THEAT (*actor*) Pantomime *m*, Pantomimin *f;* (*performance*) Pantomime *f;* **by ordinary person** Nachahmung *f* **II.** *vt* THEAT pantomimisch darstellen; (*mimic*) mimen

mimic ['mɪm·ɪk] **I.** *vt* <-ck-> ❶ (*imitate*) nachahmen; (*when teasing*) nachäffen *pej* ❷ (*be similar*) *plant, animal* nachahmen; *drug, disease* ähneln, gleichen **II.** *n* Imitator(in) *m(f)*

mimicry ['mɪm·ɪk·ri] *n* Nachahmung *f;* (*by plant, animal*) Mimikry *f* fachspr

min. I. *n* ❶ *abbrev of* **minimum** Min. ❷ *abbrev of* **minute** Min. **II.** *adj abbrev of* **minimum** min.

minaret [ˌmɪn·ə·'ret] *n* Minarett *nt*

mince [mɪns] *vt* FOOD *meat* hacken; (*in grinder*) durch den Fleischwolf drehen; *garlic, onions* klein schneiden ▶ PHRASES: **to not ~ [one's] words** kein Blatt vor den Mund nehmen

'**mincemeat** *n süße Gebäckfüllung aus Dörrobst und Gewürze*

mincer ['mɪn·sər] *n* Fleischwolf *m*

mind [maɪnd] **I.** *n* ❶ (*brain, intellect*) Geist *m;* (*sanity a.*) Verstand *m;* **she's one of the greatest ~ s of today** sie ist einer der größten Köpfe unserer Zeit; **to have a logical ~** logisch denken können; **to use one's ~** seinen Verstand gebrauchen; **to be out of one's ~** den Verstand verloren haben ❷ (*thoughts*) Gedanken *pl;* **the idea never entered my ~** auf diese Gedanken wäre ich gar nicht gekommen; **what's on your ~?** woran denkst du?; **to bear sth in ~** etw nicht vergessen; **to have sb/sth in ~** an jdn/etw denken; **to have a lot of things on one's ~** viele Sorgen haben; **to take sb's ~ off sth** jdn auf andere Gedanken bringen ❸ (*intention*) **to know one's [own] ~** wissen, was man will; **to make up one's ~** sich entscheiden; **to set one's ~ to sth** sich *dat* etw in den Kopf setzen ❹ *usu sing* (*opinion*) Meinung *f*, Ansicht *f;* **to give sb a piece of one's ~** jdm seine Meinung sagen; **to change one's ~** es sich *dat* anders überlegen ▶ PHRASES: **to be bored out of one's ~** sich zu Tode langweilen; **to be out of one's ~** (*crazy*) übergeschnappt sein **II.** *vt* ❶ (*be careful of, look after*) aufpassen (auf + *akk*) ❷ (*care about*) **don't ~ me** kümmere dich nicht um mich; **~ your own business!** kümmer dich um deine eigenen Angelegenheiten!; **I don't ~ the heat** die Hitze macht mir nichts aus ❸ (*fam: object*) **would you ~ holding this for me?** würden Sie das [kurz] für mich halten?; **do you ~ if I smoke?** stört es Sie, wenn ich rauche?; **I wouldn't ~ a cup of coffee** gegen eine Tasse Kaffee hätte ich nichts einzuwenden ▶ PHRASES: **~ you** allerdings III. *vi* ❶ (*care*) sich *dat* etwas daraus machen; **I don't ~** das ist mir egal; **never ~!** [ist doch] egal!; **never ~ her — what about you?** jetzt vergiss sie doch mal – was ist mit dir? ❷ (*object*) etwas dagegen haben; **do you ~ if I ...?** stört es Sie, wenn ich ...?; **if you don't ~ ...** wenn du nichts dagegen hast, ... ▶ PHRASES: **never ~ ...** geschweige denn ...

'**mind-bending** *adj* (*fam*) *puzzle* knifflig

'**mind-blowing** *adj* (*sl*) irre *fam*

'**mind-boggling** *adj* (*fam*) irrsinnig *fam*, verrückt

minded ['maɪn·dɪd] *adj pred* ❶ (*inclined*) **to be mathematically ~** eine mathematische Neigung haben ❷ (*enthusiastic*) begeistert; **romantically ~** romantisch veranlagt

mindful ['maɪnd·fəl] *adj pred* ❶ (*be concerned about*) **to be ~ of sb's feelings** jds Gefühle berücksichtigen ❷ (*have understanding*) **to be ~ of the problems** sich *dat* der Probleme bewusst sein

mindless ['maɪnd·lɪs] *adj* ❶ (*pointless*) sinnlos; *violence, jealousy* blind ❷ (*not intellectual*) *job, talk, work* geistlos; *entertainment* anspruchslos

'**mind reader** *n* Gedankenleser(in) *m(f)*

'**mindset** *n* Denkart *f*

mine[1] [maɪn] I. *n* ❶ (*excavation*) Bergwerk *nt;* (*fig: valuable source*) Fundgrube *f* ❷ MIL (*explosive*) Mine *f* II. *vt* ❶ (*obtain resources*) *coal, iron, diamonds* abbauen, fördern; *gold* schürfen ❷ (*plant mines*) **to ~ an area** ein Gebiet verminen III. *vi* **to ~ for gold** nach Gold graben

mine[2] [maɪn] *pron poss* (*belonging to me*) meine(r, s); **she's an old friend of ~** sie ist eine alte Freundin von mir

'**mine detector** *n* Minensuchgerät *nt*

'**minefield** *n* Minenfeld *nt;* (*fig*) gefährliches Terrain

miner ['maɪ·nər] *n* Bergarbeiter(in) *m(f)*

mineral ['mɪn·ər·əl] *n* ❶ (*inorganic substance, in nutrition*) Mineral *nt* ❷ (*when obtained by mining*) [Gruben]erz *nt,* Mineral *nt*

'**mineral deposits** *npl* Erzlagerstätten *pl*

mineralogist [ˌmɪn·ə·'ral·ə·dʒɪst] *n* Mineraloge *m,* Mineralogin *f*

'**mineral water** *n* Mineralwasser *nt;* (*carbonated*) Sprudel *m*

'**minesweeper** *n* NAUT Minenräumer *m*

mingle ['mɪŋ·gəl] I. *vt usu passive* mischen; **the excitement of starting a new job is always ~ed with a certain amount of fear** Die Aufregung beim Beginn in einem neuen Job ist immer mit einer gewissen Portion Angst vermischt II. *vi* ❶ (*socialize*) sich untereinander vermischen; **to ~ with the guests** sich un-

ter die Gäste mischen ❷ (*mix*) sich vermischen

mini- ['mɪni] *in compounds* Mini-

miniature ['mɪn·i·ə·tʃər] I. *adj attr* Miniatur- *f* II. *n* Miniatur *f*

'**minibus** *n* Kleinbus *m*

minimal ['mɪn·ɪ·məl] *adj* minimal, Mindest-; **with ~ effort** mit möglichst wenig Anstrengung

minimize ['mɪn·ɪ·maɪz] *vt* ❶ (*reduce*) auf ein Minimum beschränken, minimieren ❷ (*underestimate*) schlechtmachen; *feelings, concerns* herunterspielen

minimum ['mɪn·ɪ·məm] I. *n* <*pl* -s *or* -ima> Minimum *nt;* **to keep sth to a ~** etw so niedrig wie möglich halten II. *adj* ❶ (*lowest possible*) Mindest-; **~ requirements** Mindestanforderungen *pl* ❷ (*very low*) Minimal-, minimal

minimum-security 'prison *n* offenes Gefängnis

minimum 'wage *n* Mindestlohn *m*

mining ['maɪ·nɪŋ] I. *n* Bergbau *m* II. *adj attr* Bergbau-, Bergwerks-

'**mining engineer** *n* Bergbauingenieur(in) *m(f)*

minion ['mɪn·jən] *n* (*pej*) Speichellecker(in) *m(f)*

'**miniskirt** *n* Minirock *m*

minister ['mɪn·ɪ·stər] I. *n* ❶ (*protestant priest*) Pfarrer(in) *m(f)* ❷ (*in government*) Minister(in) *m(f)* II. *vi* (*be of service*) zu Diensten sein (**to** +*dat*)

ministerial [ˌmɪn·ɪ·'stɪr·i·əl] *adj* Minister-, ministeriell

ministry ['mɪn·ɪ·stri] *n* ❶ (*priesthood*) ▪ **the ~** der geistliche Stand ❷ (*in government*) Ministerium *nt*

'**minivan** *n* Minivan *m*

mink [mɪŋk] *n* <*pl* - *or* -s> ❶ (*animal*) Nerz *m* ❷ (*fur*) Nerz *m;* (*coat*) Nerz[mantel] *m*

Minn. *abbrev of* **Minnesota**

Minnesota [ˌmɪn·ɪ·'soʊ·t̬ə] *n* Minnesota *nt*

minor ['maɪ·nər] I. *adj* ❶ (*small, not serious*) *detail, criticism* nebensächlich; *character, plot* unbedeutend; *crime, violation* geringfügig; *improvement, repair* unwichtig; *accident, incident, illness* leicht; *interest, hobby, operation* klein ❷ (*low-ranking*) *official, politician* untergeordnet II. *n* ❶ (*underage person*) Minderjährige(r) *f(m)* ❷ MUS Moll *nt;* **D ~** d-Moll

minority [maɪ·'nɔr·ɪ·t̬i] *n* Minderheit *f;* **in a ~ of cases** in wenigen Fällen; **to be in the ~** in der Minderheit sein

minstrel ['mɪn·strəl] *n* (*hist: entertainer*) Spielmann *m;* (*singer*) Minnesänger *m*

mint[1] [mɪnt] I. *n* ❶ (*coin factory*) Münzanstalt *f,* Prägeanstalt *f* ❷ (*fam: lots of money*) **to make a ~** einen Haufen Geld machen *fam* II. *vt* *money* prägen; *gold, silver* münzen III. *adj attr* *coin* neu geprägt; (*fig*) nagelneu *fam;* **in ~ condition** in tadellosem Zustand

mint[2] [mɪnt] *n* ❶ (*herb*) Minze *f* ❷ (*candy*) Pfefferminz[bonbon] *nt*

minuet [ˌmɪn·ju·'et] *n* Menuett *nt*

M

minus ['maɪ·nəs] I. *prep* MATH minus; **what is 57 ~ 39?** was ist 57 minus 39? II. *n* <*pl* -es> ❶ (*minus sign*) Minus[zeichen] *nt* ❷ (*disadvantage*) Minus *nt* III. *adj attr* ❶ (*disadvantage*) ~ **point** Minuspunkt *m* ❷ (*number*) minus; ~ **ten [degrees] Fahrenheit** minus zehn Grad Fahrenheit

minuscule ['mɪn·ə·skjul] *adj* winzig

minute¹ ['mɪn·ɪt] I. *n* ❶ (*sixty seconds*) Minute *f* ❷ (*short time*) Moment *m*, Minute *f*; **[wait] just a ~!** (*for delay*) einen Moment noch!; (*in disbelief*) Moment mal! ❸ (*specific point in time*) Minute *f*; **to do sth at the last ~** etw in letzter Minute tun; **this ~** sofort II. *adj attr* ~ **hand** Minutenzeiger *m;* ~ **steak** Minutensteak *nt*

minute² [maɪ·'nut] *adj* ❶ (*small*) winzig; **in ~ detail** bis ins kleinste Detail ❷ (*meticulous*) minuziös

minutely [maɪ·'nut·li] *adv* minuziös, bis ins kleinste Detail

miracle ['mɪr·ə·kəl] *n* Wunder *nt a. fig;* **don't expect me to work ~s** erwarte keine Wunder von mir

miraculous [mɪ·'ræk·jə·ləs] *adj* wunderbar; **to make a ~ recovery** wie durch ein Wunder genesen

mirage [mə·'rɑʒ] *n* Fata Morgana *f;* (*fig*) Trugbild *nt,* Illusion *f*

mire [maɪr] *n* ❶ (*a. fig: swamp*) Sumpf *m* ❷ (*deep mud*) Morast *m,* Schlamm *m*

mirror ['mɪr·ər] I. *n* ❶ (*looking glass*) Spiegel *m* ❷ (*reflection*) Spiegelbild *nt* II. *vt* widerspiegeln

mirror 'image *n* Spiegelbild *nt*

mirth [mɜrθ] *n* (*merriment*) Fröhlichkeit *f;* (*laughter*) Heiterkeit *f*

misadventure [ˌmɪs·əd·'ven·tʃər] *n* (*form, liter: unlucky event*) Missgeschick *nt*

misapprehension [ˌmɪs·æprɪ·'hen·ʃən] *n* Missverständnis *nt*

misappropriate [ˌmɪs·ə·'proʊ·pri·eɪt] *vt funds* veruntreuen

misappropriation [ˌmɪs·ə·ˌproʊ·prɪ·'eɪ·ʃən] *n of money* Unterschlagung *f,* Veruntreuung *f*

misbehave [ˌmɪs·bɪ·'heɪv] *vi* (*behave badly*) *adult* sich schlecht benehmen; *child* ungezogen sein; (*malfunction*) *machine* nicht richtig funktionieren

misbehavior [ˌmɪs·bɪ·'heɪv·jər] *n by adult* schlechtes Benehmen; *by child* Ungezogenheit *f*

misc. *adj short for* **miscellaneous** verschiedene(r, s)

miscalculate [ˌmɪs·'kæl·kjə·leɪt] *vt* ❶ MATH falsch berechnen ❷ (*misjudge*) falsch einschätzen

miscalculation [ˌmɪs·ˌkæl·kjə·'leɪ·ʃən] *n* ❶ MATH Fehlkalkulation *f* ❷ (*in planning*) Fehleinschätzung *m*

miscarriage ['mɪs·ˌkær·ɪdʒ] *n* ❶ MED Fehlgeburt *f* ❷ LAW ~ **of justice** Justizirrtum *m*

miscarry <-ie-> ['mɪs·ˌkær·i] *vi* (*in pregnancy*) eine Fehlgeburt haben

miscellaneous [ˌmɪs·ə·'leɪ·ni·əs] *adj* verschiedene(r, s), diverse(r, s); *collection, crowd* bunt; *short stories, poems* vermischt, verschiedenerlei

miscellany ['mɪs·ə·leɪ·ni] *n* (*mixture*) Auswahl *f,* [An]sammlung *f* (**of** von + *dat*)

mischief ['mɪs·tʃɪf] *n* Unfug *m;* **to be full of ~** nur Unfug im Kopf haben; **to keep sb out of ~** jdn davon abhalten, Dummheiten zu machen; **to mean ~** Unfrieden stiften wollen

mischievous ['mɪs·tʃə·vəs] *adj* ❶ (*naughty*) immer zu Streichen aufgelegt; ~ **child** Schlingel *m* ❷ (*malicious*) boshaft; *rumors* bösartig

misconceived [ˌmɪs·kən·'sivd] *adj* ❶ (*misunderstood*) falsch verstanden ❷ (*ill-judged*) falsch eingeschätzt, missdeutet

misconception [ˌmɪs·kən·'sep·ʃən] *n* falsche Vorstellung (**about** von + *dat*), Irrglaube *m*

misconduct [ˌmɪs·'kan·dʌkt] *n* (*bad behavior*) schlechtes Benehmen; MIL schlechte Führung; **professional ~** standeswidriges Verhalten; **sexual ~** sexuelle Verfehlung

misconstrue [ˌmɪs·kən·'stru] *vt* missdeuten, missverstehen, falsch auslegen; **to ~ sth as sth** etw fälschlicherweise als etw auslegen

misdeed [ˌmɪs·'did] *n* (*form*) Untat *f*

misdemeanor [ˌmɪs·dɪ·'mi·nər] *n* ❶ (*minor bad action*) [leichtes] Vergehen, [leichter] Verstoß, [geringfügige] Verfehlung ❷ LAW geringfügiges Vergehen, Bagatelldelikt *nt*

misdirect [ˌmɪs·dɪ·'rekt] *vt* ❶ (*send in wrong direction*) in die falsche Richtung schicken; *letter* falsch adressieren; *luggage, shipment* fehlleiten ❷ (*aim wrongly*) *hockey puck* in die falsche Richtung lenken

miser ['maɪ·zər] *n* Geizhals *m,* Geizkragen *m*

miserable ['mɪz·rə·bəl] *adj* ❶ (*unhappy*) unglücklich, elend; **to make life ~ [for sb]** [jdm] das Leben unerträglich machen ❷ *attr* (*bad-tempered*) griesgrämig; (*repulsive*) unausstehlich; (*fam: as insult*) mies, Mist- ❸ *attr* (*wretched*) erbärmlich, jämmerlich; **a ~ failure** ein kompletter Misserfolg

miserably ['mɪz·ər·ə·bli] *adv* ❶ (*unhappily*) traurig, niedergeschlagen ❷ (*extremely*) schrecklich, furchtbar ❸ (*utterly*) jämmerlich, kläglich

miserliness ['maɪ·zər·li·nɪs] *n* Geiz *m,* Knaus[e]rigkeit *f pej fam,* Kleinlichkeit *f*

miserly ['maɪ·zər·li] *adj* geizig, knaus[e]rig, kleinlich

misery ['mɪz·ə·ri] *n* ❶ (*suffering*) Elend *nt,* Not *f* ❷ (*unhappiness*) Jammer *m* ▶ PHRASES: **to make sb's life a ~** jdm das Leben zur Qual [*o* Hölle] machen

misfire I. *vi* [mɪs·'faɪr] *engine* eine Fehlzündung haben; *gun* versagen II. *n* ['mɪs·faɪr] (*of engine*) Fehlzündung *f,* Aussetzer *m fam;* (*of gun*) Versager *m*

misfit ['mɪs·fɪt] *n* Außenseiter(in) *m(f),* Eigenbrötler(in) *m(f)*

misfortune [ˌmɪs·'fɔr·tʃən] *n* ❶ (*bad luck*)

Pech *nt*, Unglück *nt* ❷ (*mishap*) Missgeschick *nt kein pl*

misgiving [ˌmɪsˈgɪv·ɪŋ] *n* ❶ (*doubt*) Befürchtung *f*, Bedenken *nt meist pl* (**about** wegen
+*gen*) ❷ ungutes Gefühl; **to be filled with** ~
böse Ahnungen haben

misguided [mɪsˈgaɪ·dɪd] *adj attempt,
measures* unsinnig; *effort, policy* verfehlt;
enthusiasm, idealism falsch, unangebracht;
people fehlgeleitet, irregeleitet; **to be** ~ **in sth**
mit etw *dat* falschliegen

mishandle [ˌmisˈhæn·dəl] *vt* (*mismanage*)
falsch behandeln; *business* schlecht führen;
investigation [grobe] Fehler machen (bei
+*dat*); *situation* falsch umgehen (mit +*dat*)

mishap [ˈmɪs·hæp] *n* Unfall *m*, Panne *f*

mishear [ˌmɪs·ˈhɪr] I. *vt* <-heard, -heard>
falsch hören II. *vi* <-heard, -heard> sich verhören

mishmash [ˈmɪʃ·mæʃ] *n* Mischmasch *m fam*,
Durcheinander *nt* (**of** von +*dat*)

misinform [ˌmɪs·ɪn·ˈfɔrm] *vt* falsch informieren

misinterpret [ˌmɪs·ɪn·ˈtɜr·prɪt] *vt* missverstehen; *evidence, statement, text* falsch interpretieren; *gesture, remark* falsch deuten

misinterpretation [ˌmɪs·ɪn·tɜr·prɪ·ˈteɪ·ʃən] *n*
Missverständnis *nt*, Fehlinterpretation *f*

misjudge [ˌmɪs·ˈdʒʌdʒ] *vt prospects, situation*
falsch einschätzen [*o* beurteilen]; *amount, distance* falsch schätzen

misjudgment [mɪs·ˈdʒʌdʒ·mənt] *n* ❶ (*wrong
assessment*) falsche Einschätzung [*o* Beurtei-
lung]; *of damage, size, sum* falsche Schätzung
❷ (*wrong decision*) Fehlentscheidung *f*, Fehl-
urteil *nt*

mislay <-laid, -laid> [ˌmɪs·ˈleɪ] *vt* verlegen

mislead <-led, -led> [ˌmɪs·ˈlid] *vt* ❶ (*deceive*)
täuschen, irreführen ❷ (*lead astray*) verführen, verleiten

misleading [mɪs·ˈli·dɪŋ] *adj* irreführend

mismanage [ˌmɪs·ˈmæn·ɪdʒ] *vt* falsch umgehen (mit +*dat*); *business* schlecht führen;
estate, finances schlecht verwalten

mismanagement [ˌmɪs·ˈmæn·ɪdʒ·mənt] *n*
schlechte Verwaltung [*o* Führung]; ~ **of the
economy** schlechte Wirtschaftspolitik

misnomer [ˌmɪs·ˈnoʊ·mər] *n* ❶ (*wrong name*)
falscher Name ❷ (*inappropriate name*) unzu-
treffender Name, unzutreffende Bezeichnung

misogynist [mɪ·ˈsɑdʒ·ə·nɪst] I. *n* Frauen-
feind *m* II. *adj* frauenfeindlich

misogynistic [mɪ·ˌsɑdʒ·ə·ˈnɪstɪk] *adj* frauenfeindlich

misplace [ˌmɪs·ˈpleɪs] *vt* verlegen

misprint [ˈmɪs·ˌprɪnt] *n* Druckfehler *m*

mispronounce [ˌmɪs·prə·ˈnaʊns] *vt* falsch
aussprechen

mispronunciation [ˌmɪs·prə·ˌnʌn·sɪ·ˈeɪ·ʃən] *n*
❶ (*incorrectness*) falsche Aussprache ❷ (*mistake*) Aussprachefehler *m*

misread <-read, -read> [ˌmɪs·ˈrid] *vt* ❶ (*read
incorrectly*) *word, text* falsch lesen ❷ (*misin-*

terpret) *instructions, signal* falsch verstehen,
missverstehen

misrepresent [ˌmɪs·ˌrep·rɪ·ˈzent] *vt* falsch darstellen; ■ **to** ~ **sb as sb/sth** jdn fälschlicherweise als jd/etw hinstellen; **to** ~ **facts** Tatsachen entstellen; LAW falsche Tatsachen vor-
spiegeln

misrepresentation [ˌmɪs·ˌrep·rɪ·zen·ˈteɪ·
ʃən] *n* ❶ (*false account*) falsche Darstellung;
LAW falsche Angabe; **a** ~ **of facts** LAW eine Vorspiegelung falscher Tatsachen ❷ (*false representation*) falsche Wiedergabe

miss¹ [mɪs] I. *n* <*pl* -es> (*failure*) Fehlschlag *m*, Misserfolg *m*; SPORTS (*in basketball*)
Fehlwurf *m*; (*in soccer, hockey*) Fehlschuss *m*
II. *vi* nicht treffen; *projectile a.* danebengehen;
person, weapon a. danebenschießen III. *vt*
❶ (*not hit*) verfehlen, nicht treffen ❷ (*not
meet*) *bus, train* verpassen; *deadline* nicht
[ein]halten ❸ (*be absent*) versäumen, verpassen; **to** ~ **school** in der Schule fehlen ❹ (*not
use*) *opportunity* verpassen; **his new film is
too good to** ~ seinen neuen Film darf man
sich einfach nicht entgehen lassen ❺ (*not see*)
übersehen ❻ (*not hear*) nicht mitbekommen;
(*deliberately*) überhören ❼ (*not notice*) nicht
bemerken; (*deliberately*) übersehen; **Susan
doesn't** ~ **much** Susan entgeht einfach nichts
❽ (*notice loss, long for*) vermissen

◆ **miss out** *vi* zu kurz kommen; **you really
~ed out** da ist dir echt was entgangen *fam;*
■ **to** ~ **out on sth** *chance, opportunity* sich
dat etw entgehen lassen, etw *akk* verpassen

miss² [mɪs] *n* ■ **M~** Fräulein *nt;* **M~ America**
Miss Amerika

Miss. *abbrev of* **Mississippi**

misshapen [ˌmɪs·ˈʃeɪ·pən] *adj* (*out of shape*)
unförmig

missile [ˈmɪs·əl] *n* MIL (*fired object*)
[Raketen]geschoss *nt*, Projektil *nt*, Flugkör-
per *m*, Rakete *f*

'missile base *n* Raketenstützpunkt *m*

'missile launcher *n* [Raketen]abschussrampe *f;*
(*vehicle*) Raketenwerfer *m*

missing [ˈmɪs·ɪŋ] *adj* ❶ (*disappeared*) *thing*
verschwunden; *person* vermisst; (*not there*)
fehlend; **when did you notice that the
money was** ~ **from your account?** wann haben Sie bemerkt, dass das Geld nicht mehr auf
Ihrem Konto war?; **to report sb/sth** ~ jdn/
etw als vermisst melden ❷ MIL (*absent*) verschollen; ~ **in action** [nach Kampfeinsatz] vermisst

missing 'link *n* ❶ (*in evolution*) unbekannte
Zwischenstufe; (*in investigation*) fehlendes
Beweisstück ❷ (*connector*) Bindeglied *nt*
(**between** zwischen +*dat*)

missing 'person *n* Vermisste(r) *f(m)*

mission [ˈmɪʃ·ən] *n* ❶ (*task*) Einsatz *m*, Mission *f* ❷ (*goal*) Ziel *nt* ❸ (*group sent*) Delegation *f*

missionary [ˈmɪʃ·ə·ner·i] *n* Missionar(in) *m(f)*

mission con'trol *n* Bodenkontrolle *f*

M

Mississippi [mɪs·ɪ·ˈsɪ·pi] *n* Mississippi *nt*

---

i Der **Mississippi River** (Mississippi) ist der drittlängste Wasserweg der Welt nach dem Amazonas und dem Nil. Von der Quelle im Itascasee/Minnesota bis zur Mündung in den Golf von Mexiko bei New Orleans/ Louisiana, legt er 2.350 Meilen (3.781 km) zurück. Er fließt von Nord nach Süd über 1.245.000 Quadratmeilen (3.225.000 km²) Land und durchquert zehn Staaten bis er ins Mississippidelta mündet.

Missouri [mɪ·ˈzʊr·i] *n* Missouri *nt*

misspell <-spelled *or* -spelt, -spelled> [ˌmɪs·ˈspel] *vt* (*spell wrongly*) falsch buchstabieren

misspelling [mɪs·ˈspel·ɪŋ] *n* ❶ (*spelling mistake*) Rechtschreibfehler *m* ❷ (*wrong spelling*) falsches Buchstabieren

misspent [ˌmɪs·ˈspent] *adj* verschwendet, vergeudet

mist [mɪst] I. *n* ❶ (*light fog*) [leichter] Nebel, Dunst *m* ❷ (*condensation*) Beschlag *m;* (*vapor*) Hauch *m* ❸ (*blur*) Schleier *m* II. *vi eyes* feucht werden; *vision* sich trüben

mistake [mɪ·ˈsteɪk] I. *n* Fehler *m,* Irrtum *m,* Versehen *nt;* **there must be some** ~ da kann etwas nicht stimmen; **spelling** ~ Rechtschreibfehler *m;* **by** ~ aus Versehen, versehentlich; **my** ~ meine Schuld II. *vt* <-took, -taken> falsch verstehen; **there's no mistaking a painting by Picasso** ein Gemälde von Picasso ist unverwechselbar

mistaken [mɪ·ˈsteɪ·kən] I. *pp of* **mistake** II. *adj announcement* irrtümlich; *idea* falsch; ~ **identity** Personenverwechslung *f;* ■ **to be** ~ sich irren (**about** in +*dat*); **to be very much** ~ sich sehr täuschen; **unless I'm very much** ~ ... wenn mich nicht alles täuscht ...

Mister [ˈmɪs·tər] *n* ❶ (*Mr.*) Herr *m* ❷ (*a. iron fam: form of address*) Chef *m;* **hey,** ~! he, Sie da! *fam*

mistime [ˌmɪs·ˈtaɪm] *vt* zeitlich falsch berechnen; SPORTS schlecht timen *fam*

mistletoe [ˈmɪs·əl·toʊ] *n* Mistel *f*

mistook [mɪ·ˈstʊk] *pt of* **mistake**

mistranslate [ˌmɪs·ˈtræn·zleɪt] *vt* falsch übersetzen

mistreat [ˌmɪs·ˈtrit] *vt* misshandeln

mistress <*pl* -es> [ˈmɪs·trɪs] *n* ❶ (*sexual partner*) Geliebte *f* ❷ (*animal owner*) Frauchen *nt*

mistrial [ˈmɪs·traɪ·əl] *n* ❶ (*misconducted trial*) fehlerhaftes Gerichtsverfahren ❷ (*inconclusive trial*) Gerichtsverfahren *nt* ohne Urteilsspruch

mistrust [ˌmɪs·ˈtrʌst] I. *n* Misstrauen *nt* II. *vt* misstrauen

mistrustful [ˌmɪs·ˈtrʌst·fəl] *adj* misstrauisch (**of** gegenüber +*dat*)

misty [ˈmɪs·ti] *adj* ❶ (*slightly foggy*) [leicht

neblig, dunstig ❷ (*blurred*) undeutlich, verschwommen; *eyes* verschleiert

misunderstand <-stood, -stood> [ˌmɪs·ˌʌn·dər·ˈstænd] I. *vt* missverstehen II. *vi* sich irren

misunderstanding [ˌmɪs·ˌʌn·dər·ˈstæn·dɪŋ] *n* ❶ (*misinterpretation*) Missverständnis *nt* ❷ (*quarrel*) Meinungsverschiedenheit *f*

misuse I. *n* [ˌmɪs·ˈjus] (*wrong use*) *of funds, position* Missbrauch *m,* falscher Gebrauch [*o* Umgang]; *of machinery* falsche Bedienung II. *vt* [ˌmɪs·ˈjuz] ❶ (*use wrongly*) *funds, position* missbrauchen, falsch gebrauchen ❷ (*handle wrongly*) *machinery* falsch bedienen

mite [maɪt] *n* Milbe *f*

mitigate [ˈmɪt̬·ɪ·geɪt] *vt* (*form*) *misery, pain* lindern; *anger, sentence* mildern; ECON *loss* mindern

mitigation [ˌmɪt̬·ɪ·ˈgeɪ·ʃən] *n* Linderung *f,* Milderung *f*

mitten [ˈmɪt̬·ən] *n* Fäustling *m*

mix [mɪks] I. *n* ❶ (*combination*) Mischung *f;* **a** ~ **of people** eine bunt gemischte Gruppe ❷ (*premixed ingredients*) Fertigmischung *f;* **sauce** ~ Fertigsauce *f* II. *vi* ❶ (*combine*) sich mischen [lassen]; (*go together*) zusammenpassen ❷ (*make contact with people*) unter Leute gehen; *host* sich unter die Gäste mischen III. *vt* ❶ (*blend ingredients*) [miteinander] [ver]mischen; *dough* anrühren; *drinks* mixen; *ingredients* miteinander verrühren; *paint* mischen ❷ (*combine*) **to** ~ **love with toughness** Liebe und Strenge miteinander verbinden ❸ *sound tracks* mischen

◆ **mix in** I. *vi* sich einfügen II. *vt* untermischen

◆ **mix up** *vt* ❶ (*mistake for another*) verwechseln ❷ (*bewilder, put in wrong order*) durcheinanderbringen ❸ (*combine ingredients*) vermischen; *dough* anrühren ❹ *usu passive* (*be involved with*) ■ **to be/get** ~**ed up in sth** in etw *akk* verwickelt sein/werden

mixed [mɪkst] *adj* (*positive and negative*) gemischt, unterschiedlich; ~ **blessing** kein reiner Segen

mixed 'doubles *npl* SPORTS gemischtes Doppel

mixed e'conomy *n* gemischte Wirtschaftsform

mixer [ˈmɪk·sər] *n* ❶ (*machine*) Mixer *m,* Mixgerät *nt* ❷ (*drink*) ~ [**drink**] Mixgetränk *nt*

mixture [ˈmɪks·tʃər] *n* ❶ (*combination*) Mischung *f; of ingredients* Gemisch *nt* ❷ (*mixed fluid substance*) Mischung *f,* Mixtur *f;* AUTO Gemisch *nt* ❸ (*act of mixing*) Mischen *nt,* Vermengen *nt;* (*state after mixing*) Gemisch *nt,* Gemenge *nt*

'**mix-up** *n* (*confused state*) Durcheinander *nt,* Verwirrung *f;* **there seems to have been a slight** ~ **with your reservation** mit Ihrer Reservierung muss einiges durcheinandergegangen sein

ml <*pl* - *or* mls> *n abbrev of* **milliliter** ml

MLB [ˌem·el·ˈbi] *n* SPORTS *abbrev of* **Major League Baseball** MLB *f*

mm *n abbrev of* **millimeter** mm

MN *abbrev of* **Minnesota**

mnemonic [nɪˈmanɪk] *n* Gedächtnisstütze *f,* Eselsbrücke *f fam*

MO [ˌemˈoʊ] *n* ❶ *abbrev of* **Missouri** ❷ *abbrev of* **modus operandi** ❸ *abbrev of* **Medical Officer** Stabsarzt *m,* Stabsärztin *f* ❹ *abbrev of* **money order**

mo. [moʊ] *n abbrev of* **month**

moan [moʊn] **I.** *n* (*groan*) Stöhnen *nt; of the wind* Heulen **II.** *vi* ❶ (*groan*) stöhnen; *wind* heulen ❷ (*complain*) klagen, sich beschweren (**at** bei +*dat*), jammern, quengeln (**about** über +*akk*)

moat [moʊt] *n* Burggraben *m*

mob [mab] **I.** *n* ❶ (*usu pej: crowd*) Mob *m;* **angry ~** aufgebrachte Menge; **a ~ of protesters** eine protestierende Menschenmenge ❷ POL (*pej: the common people*) ■**the ~** die breite Masse; (*the lowest classes*) der Mob, der Pöbel ❸ (*criminal gang*) Verbrecherbande *f,* Gang *f;* ■**the M~** die Mafia **II.** *vt* <-bb-> ❶ (*surround*) umringen ❷ (*crowd around*) ■**to ~ sth** *courtroom, entrance* etw umlagern; (*crowd into*) *fairground, park* in etw *akk* strömen

mobile [ˈmoʊbəl] **I.** *adj* ❶ (*able to move*) beweglich ❷ (*flexible*) beweglich, wendig ❸ (*changeable*) lebhaft, wechselhaft ❹ (*in a vehicle*) mobil, fahrbar; ■**to be ~** motorisiert sein **II.** *n* (*ceiling decoration*) Mobile *nt*

mobile ˈhome *n* [großer] Wohnwagen *m,* Trailer *m*

mobility [moʊˈbɪlɪti] *n* ❶ (*ability to move*) *of the body* Beweglichkeit *f,* Mobilität *f* ❷ (*social mobility*) Mobilität *f*

mobilization [ˌmoʊbələˈzeɪʃən] *n* ❶ (*for war*) Mobilmachung *f,* Mobilisierung *f* ❷ (*organization*) Mobilisierung *f,* Aktivierung *f*

mobilize [ˈmoʊbəlaɪz] **I.** *vt* ❶ (*prepare for war*) *army* mobilisieren ❷ (*organize*) *supporters, support* aktivieren, mobilisieren ❸ (*put to use*) einsetzen; *helicopters, snowplows* zum Einsatz bringen **II.** *vi* MIL mobil machen

mob ˈrule *n* Herrschaft *f* der Straße

mobster [ˈmabstər] *n* (*fam*) Gangster *m*

moccasin [ˈmakəsɪn] *n* Mokassin *m*

mocha [ˈmoʊkə] *n* Mokka *m*

mock [mak] **I.** *adj* ❶ (*not real*) nachgemacht, Schein-; *fear, horror, sympathy* gespielt ❷ (*practice*) Probe-, simuliert **II.** *vi* spotten, höhnen **III.** *vt* (*ridicule*) lächerlich machen, verspotten

mockery [ˈmakəri] *n* ❶ (*ridicule*) Spott *m,* Hohn *m* ❷ (*travesty*) Farce *f* ▶ PHRASES: **to make a ~ of sb/sth** jdn/etw zum Gespött machen

mocking [ˈmakɪŋ] *adj laugh, laughter* spöttisch, höhnisch

ˈmockingbird *n* ORN Spottdrossel *f*

ˈmock-up *n* Attrappe *f*

mode [moʊd] *n* ❶ (*way*) Weise *f,* Methode *f;* **~ of operation** Betriebsart *f* ❷ MATH häufigster

Wert ❸ COMPUT, TECH (*operation*) Betriebsart *f,* Modus *m*

model [ˈmadəl] **I.** *n* ❶ (*representation*) Modell *nt;* COMPUT [schematische] Darstellung, Nachbildung *f,* Simulation *f* ❷ (*example*) Modell *nt,* Vorbild *nt* ❸ (*perfect example*) Muster *nt* ❹ *fashion* Model *nt* ❺ (*version, for painter*) Modell *nt* **II.** *vt* <-ll-> ❶ (*make figure*) modellieren ❷ (*on computer*) [schematisch] darstellen, nachbilden, simulieren ❸ (*show clothes*) vorführen

modem [ˈmoʊdəm] *n* Modem *nt*

moderate I. *adj* [ˈmadərət] ❶ (*neither large nor small*) *amount, quantity, size* mittlere(r, s); *improvement, increase* leicht, nicht allzu groß; *prices, speed* angemessen, normal; *income* durchschnittlich ❷ (*not excessive*) mäßig, gemäßigt; *drinker, eater* mäßig, maßvoll; LAW *sentence* mild **II.** *n* [ˈmadərət] POL Gemäßigte(r) *f(m)* **III.** *vt* [ˈmadəreɪt] ❶ (*make less extreme*) mäßigen; *voice* senken ❷ (*preside over*) den Vorsitz führen **IV.** *vi* ❶ (*abate*) lindern ❷ (*act as moderator*) moderieren

moderation [ˌmadəˈreɪʃən] *n* ❶ (*restraint*) Mäßigung *f;* **in ~** in Maßen ❷ (*making moderate*) *demands* Abschwächung *f; sentence* Milderung *f*

moderator [ˈmadəreɪtər] *n* ❶ (*mediator*) Vermittler(in) *m(f)* ❷ (*of discussion*) Moderator(in) *m(f)*

modern [ˈmadərn] *adj* ❶ (*contemporary*) modern ❷ (*not ancient or medieval*) modern, neuzeitlich; **~ Europe** Europa *nt* der Neuzeit; **the ~ world** die heutige Welt

modernize [ˈmadərnaɪz] **I.** *vt* modernisieren **II.** *vi* modern werden

modest [ˈmadɪst] *adj* ❶ (*not boastful*) bescheiden, zurückhaltend ❷ (*fairly small*) *income, increase* bescheiden, mäßig ❸ (*not elaborate*) *furniture, house* einfach

modesty [ˈmadɪsti] *n* ❶ (*without boastfulness*) Bescheidenheit *f,* Zurückhaltung *f* ❷ (*chasteness*) Anstand *m,* Sittsamkeit *f*

modicum [ˈmadɪkəm] *n* ■**a ~** ein bisschen [*o* wenig]

modification [ˌmadɪfɪˈkeɪʃən] *n* ❶ (*change*) Modifikation *f,* [Ab]änderung *f* ❷ (*alteration*) *of engine* Modifikation *f*

modifier [ˈmadɪfaɪər] *n* LING näher bestimmendes Wort; (*as an adjective*) Beiwort *nt;* (*as an adverb*) Umstandswort *nt*

modify <-ie-> [ˈmadɪfaɪ] *vt* ❶ (*change*) [ver]ändern ❷ (*alter*) *engine* modifizieren

modular [ˈmadʒələr] *adj* modular, Baukasten-

modulate [ˈmadʒəleɪt] *vt* ❶ (*regulate*) anpassen, abstimmen ❷ (*adjust pitch*) *tone, voice* modulieren ❸ (*soften*) *noise, voice* dämpfen; *effect, impression* abschwächen

modulation [ˌmadʒəˈleɪʃən] *n* ❶ (*adaptation*) Anpassung *f,* Abstimmung *f* ❷ ELEC, RADIO Modulation *f,* Aussteuerung *f*

module [ˈmadʒul] *n* ❶ (*unit*) Modul *nt,* Baustein *m* ❷ AEROSP **space ~** Raumschiffmodul *nt*

M

mohair ['moʊ·her] *n* Mohair *m*

moist [mɔɪst] *adj* feucht; *cake* saftig

moisten ['mɔɪ·sən] *vt* anfeuchten

moisture ['mɔɪs·tʃər] *n* Feuchtigkeit *f*

moisturize ['mɔɪs·tʃə·raɪz] *vt* befeuchten; **to ~ one's skin** seine Haut mit Feuchtigkeitscreme einreiben

moisturizer ['mɔɪs·tʃə·raɪ·zər] *n* Feuchtigkeitscreme *f*

molar ['moʊ·lər] *n* ❶ ANAT Backenzahn *m* ❷ ZOOL Mahlzahn *m*

molasses [moʊ·'læs·ɪz] *n* Melasse *f*

mold¹ [moʊld] I. *n* ❶ (*shape*) Form *f* ❷ (*fig*) Typ *m;* **to be cast in the same ~** aus dem gleichen Holz geschnitzt sein; **to break the ~** [of sth] neue Wege in etw *dat* gehen II. *vt* formen; ■**to ~ sb into sth** jdn zu etw *dat* machen

mold² [moʊld] *n* BOT Schimmel *m*

molding ['moʊl·dɪŋ] *n* ARCHIT Fries *m;* (*stucco*) Stuck *m kein pl;* ART [Zier]leiste *f*

moldy ['moʊl·di] *adj food* schimmelig, verschimmelt; ■**to get ~** [ver]schimmeln

mole¹ [moʊl] *n* ANAT [kleines] Muttermal

mole² [moʊl] *n* ZOOL Maulwurf *m*

molecular [mə·'lek·jə·lər] *adj* molekular, Molekular-

molecule ['mal·ɪ·kjul] *n* Molekül *nt*

molehill ['moʊl·hɪl] *n* Maulwurfshügel *m*

molest [mə·'lest] *vt* ❶ (*annoy*) belästigen ❷ (*attack sexually*) [sexuell] belästigen; ■**to ~ sb** jdn sexuell missbrauchen

mollify <-ie-> ['mal·ə·faɪ] *vt* ❶ (*pacify*) besänftigen, beschwichtigen ❷ (*reduce*) *demands* mäßigen; *anger* mildern

mollusk, mollusc ['mal·əsk] *n* Molluske *f*, Weichtier *nt*

Molotov cocktail [ˌmal·ə·tɔf·'kak·teɪl] *n* Molotowcocktail *m*

molt [moʊlt] *vi birds* [sich] mausern; *cats, dogs* haaren; *snakes, insects, crustaceans* sich häuten

molten ['moʊl·tən] *adj* geschmolzen; **~ bath** TECH Schmelzbad *nt*

mom [mam] *n* Mama *f*, Mutti *f bes* NORDD

mom-and-pop store *n* Tante-Emma-Laden *m fam*

moment ['moʊ·mənt] *n* ❶ (*very short time*) Moment *m*, Augenblick *m;* **just a ~, please** nur einen Augenblick, bitte; **not a ~ too soon** gerade noch rechtzeitig; **at any ~** jeden Augenblick; **in a ~** gleich, sofort ❷ (*specific time*) Zeitpunkt *m;* **a ~ in time** ein historischer Augenblick; ■**at the ~** im Augenblick, momentan ▸ PHRASES: **to have one's ~s** [auch] seine guten Augenblicke haben

momentarily [ˌmoʊ·mən·'ter·ɪ·li] *adv* ❶ (*briefly*) kurz, momentan, eine Weile; **to pause ~** kurz innehalten ❷ (*very soon*) gleich, augenblicklich, in wenigen Augenblicken

momentary ['moʊ·mən·ter·i] *adj* ❶ (*brief*) kurz ❷ (*constant*) *fear* ständig

momentous [moʊ·'men·təs] *adj* bedeutsam, weitreichend, folgenschwer; *day* bedeutend

momentum [moʊ·'men·təm] *n* (*force*) Schwung *m*, Wucht *f;* **to gain ~** in Schwung kommen; **to give ~ to sth** etw in Schwung bringen

momma ['ma·mə] *n* (*childspeak*) Mama *f*

mommy ['mam·i] *n* (*childspeak*) Mama *f*, Mami *f*, Mutti *f bes* NORDD

Monaco ['man·ə·koʊ] *n* Monaco *nt*

monarch ['man·ərk] *n* Monarch(in) *m(f)*, Herrscher(in) *m(f)*

monarchist ['man·ər·kɪst] *n* Monarchist(in) *m(f)*

monarchy ['man·ər·ki] *n* Monarchie *f*

monastery ['man·ə·ster·i] *n* [Mönchs]kloster *nt*

monastic [mə·'næs·tɪk] *adj* REL (*concerning monks*) mönchisch, Mönchs-; (*concerning monasteries*) klösterlich, Kloster-

Monday ['mʌn·di] *n* Montag *m; see also* **Tuesday**

monetary ['man·ə·ter·i] *adj* ECON Geld-, Währungs-

money ['mʌn·i] *n* ❶ (*cash*) Geld *nt;* **to be short on ~** knapp bei Kasse sein *fam;* **to put ~ into sth** Geld in etw *akk* stecken *fam;* **to spend ~** Geld ausgeben ❷ (*fam: pay*) Bezahlung *f*, Verdienst *m;* **they earn good ~ in that company** bei dieser Firma verdient man gutes Geld ▸ PHRASES: **easy ~** leicht verdientes Geld; **~ doesn't grow on trees** (*prov*) Geld wächst nicht einfach nach

'moneybags <*pl* -> *n* (*hum, pej fam*) Geldsack *m*

moneyed ['mʌn·id] *adj* (*form*) vermögend, wohlhabend

'moneymaker *n* ❶ (*person*) erfolgreicher Geschäftsmann/erfolgreiche Geschäftsfrau ❷ (*profitable business*) gewinnbringendes Geschäft, Bombengeschäft *nt fam* ❸ (*profitable product*) Verkaufsschlager *m fam*, Renner *m fam*

'money market *n* Geldmarkt *m*

'money order *n* Postanweisung *f*, Zahlungsanweisung *f*

Mongol ['maŋ·gəl] I. *n* ❶ (*person*) Mongole *m*, Mongolin *f* ❷ (*language*) Mongolisch *nt*, das Mongolische II. *adj* mongolisch

Mongolia [maŋ·'goʊ·li·ə] *n* Mongolei *f*

Mongolian [maŋ·'goʊ·li·ən] I. *adj* mongolisch II. *n* ❶ (*person*) Mongole *m*, Mongolin *f* ❷ (*language*) Mongolisch *nt*

mongrel ['maŋ·grəl] I. *n* ❶ BOT, ZOOL (*result of crossing*) Kreuzung *f* ❷ (*esp pej: dog breed*) Promenadenmischung *f hum o pej*, Töle *f* NORDD II. *adj* Misch-; **~ species** Kreuzung *f*

monitor ['man·ɪ·tər] I. *n* ❶ (*screen*) Bildschirm *m*, Monitor *m;* **color ~** Farbbildschirm *m*, Farbmonitor *m* ❷ POL (*observer*) Beobachter(in) *m(f)* ❸ (*device*) Anzeigegerät *nt*, Monitor *m* II. *vt* ❶ (*check*) beobachten, kontrollieren, überprüfen ❷ RADIO, TELEC, TV (*view, listen in on*) *device, person* abhören, mithören ❸ (*maintain quality, keep under surveil-*

lance) *person, device* überwachen

monk [mʌŋk] *n* Mönch *m*

monkey ['mʌŋ·ki] *n* Affe *m*

◆**monkey around** *vi* (*fam*) ❶ (*waste time*) ■**to ~ around with sb** mit jdm seine Zeit verschwenden; (*waste sb's time*) jdm die Zeit stehlen ❷ (*pej: play*) ■**to ~ around with sth** mit etw *dat* herumspielen

'**monkey business** *n* ❶ (*silliness*) Blödsinn *m*, Unfug *m* ❷ (*trickery*) krumme Touren *pl*, faule Tricks *pl*

'**monkey wrench** *n* Universal|schrauben|schlüssel *m*

mono¹ ['man·oʊ] *n* (*fam*) *see* **infectious mononucleosis**

mono² ['man·oʊ] **I.** *n* MUS Mono *nt* **II.** *adj* Mono-

monochrome ['man·oʊ·kroʊm] *adj* ❶ PHOT (*black and white*) Schwarzweiß- ❷ (*using one color*) einfarbig, monochrom

monocle ['man·ə·kəl] *n* (*hist*) Monokel *nt*

monogamous [mə·'nag·ə·məs] *adj* monogam

monogamy [mə·'nag·ə·mi] *n* Monogamie *f*

monogram ['man·ə·græm] *n* Monogramm *nt*

monolingual [ˌman·oʊ·'lɪŋ·gwəl] *adj* einsprachig

monolith ['man·ə·lɪθ] *n* ❶ ARCHEOL (*single block*) Monolith *m* ❷ (*fig: sth huge*) Koloss *m*; *building* monumentales Gebäude; *organization* gigantische Organisation

monolithic [ˌman·ə·'lɪθ·ɪk] *adj* ❶ ARCHEOL monolithisch ❷ (*fig: huge*) *building, structure* monumental

monologue, monolog ['man·ə·lag] *n a.* THEAT Monolog *m*

monopolize [mə·'nap·ə·laɪz] *vt* ❶ ECON (*control*) monopolisieren, [allein] beherrschen ❷ (*keep for oneself*) ganz für sich *akk* beanspruchen, mit Beschlag belegen; *conversation* an sich *akk* reißen

monopoly [mə·'nap·ə·li] *n* Monopol *nt*; ■**to have a ~ on sth** ein Monopol auf etw *akk* haben

monorail ['man·oʊ·reɪl] *n* Einschienenbahn *f*

monosodium glutamate [ˌman·oʊ·soʊ·di·əm·'glu·tə·meɪt] *n* CHEM [Mono]natriumglutamat *nt*, Glutamat *nt*

monosyllabic [ˌman·ə·sɪ·'læb·ɪk] *adj* ❶ LING einsilbig ❷ (*pej: taciturn*) wortkarg, kurz angebunden

monotone ['man·ə·toʊn] *n* ❶ (*tone*) gleich bleibende Stimmlage, monotoner Klang ❷ (*single tone*) gleich bleibender Ton; **to speak in a ~** monoton sprechen

monotonous [mə·'nat·ən·əs] *adj* eintönig, monoton

monotony [mə·'nat·ən·i] *n* Monotonie *f*, Eintönigkeit *f*

monoxide [mə·'nak·saɪd] *n* Monoxid *nt*

monsoon [man·'sun] *n* ❶ (*wind*) Monsun *m* ❷ (*season of heavy rain*) ■**the ~** [*s*] der Monsun *kein pl*

monster ['man·stər] **I.** *n* ❶ (*imaginary crea-*

ture) Monster *nt*, Ungeheuer *nt* ❷ (*unpleasant person*) Scheusal *nt*, Ungeheuer *nt a.* hum, Monster *nt*; (*inhuman person*) Unmensch *m* ❸ (*fam: huge thing*) Ungetüm *nt*, Monstrum *nt* **II.** *adj attr* (*fam: huge*) ungeheuer, Mords- *fam*

monstrosity [man·'stras·ɪ·t̬i] *n* (*hugeness*) Riesengröße *f*; (*outrageousness*) Ungeheuerlichkeit *f*; (*awfulness*) Scheußlichkeit *f*

monstrous ['man·strəs] *adj* ❶ (*huge*) ungeheuer, monströs ❷ (*awful*) scheußlich; *cruelty* abscheulich

Mont. *abbrev of* **Montana**

montage [man·'taʒ] *n* Montage *f*

Montana [man·'tæn·ə] *n* Montana *nt*

month [mʌnθ] *n* Monat *m*; **to take a two-~ vacation** zwei Monate Urlaub nehmen

monthly ['mʌnθ·li] **I.** *adj* monatlich, Monats- **II.** *adv* monatlich, einmal im Monat **III.** *n* Monatsschrift *f*, monatlich erscheinende Zeitschrift

monument ['man·jə·mənt] *n* ❶ (*fig: memorial*) Mahnmal *nt* ❷ (*historical structure*) Denkmal *nt*, Monument *nt*; **historic ~** Baudenkmal *nt*

monumental [ˌman·jə·'men·təl] *adj* ❶ (*tremendous*) gewaltig, kolossal, eindrucksvoll ❷ ART (*large-scale*) monumental ❸ (*of monuments*) Gedenk-, Denkmal-

moo [mu] **I.** *n* Muhen *nt kein pl* **II.** *interj* muh **III.** *vi* muhen

mood [mud] *n* Laune *f*, Stimmung *f*; **in a good ~** gut gelaunt; **to be in a talkative ~** zum Erzählen aufgelegt sein; **to not be in the ~ to do sth** zu etw *dat* keine Lust haben

moodiness ['mu·di·nɪs] *n* (*sullenness*) Missmut *m*, Verdrossenheit *f*; (*grumpiness*) Übellaunigkeit *f*; (*gloominess*) Trübsinnigkeit *f*

moody ['mu·di] *adj* ❶ (*temperamental*) launisch ❷ (*sullen*) missmutig, verdrossen; (*grumpy*) übel [*o* schlecht] gelaunt

moon [mun] **I.** *n* ASTRON Mond *m*; **full ~** Vollmond *m* ▶ PHRASES: **to be over the ~ about sth** über etw *akk* überglücklich sein **II.** *vt* (*sl*) ■**to ~ sb** [jdm] seinen nackten Hintern zeigen **III.** *vi* ■**to ~ over sb/sth** von jdm/etw träumen

'**moonbeam** *n* Mondstrahl *m*

'**moon boots** *npl* Moonboots *pl* (*dicke Synthetik-Winterstiefel*)

'**moonlight I.** *n* (*moonshine*) Mondlicht *nt* **II.** *vi* <-lighted> (*fam: work at a second job*) schwarzarbeiten

'**moonlit** *adj attr* (*lighted*) mondhell; **~ room** Zimmer *nt* im Mondlicht

'**moonshine** *n* ❶ (*moonlight*) Mondschein *m* ❷ (*fam: liquor*) schwarzgebrannter Alkohol

'**moonstone** *n* Mondstein *m*

moor¹ [mʊr] NAUT **I.** *vt* festmachen, vertäuen *fachspr* **II.** *vi* festmachen

moor² [mʊr] *n* Heideland *nt*, [Hoch]moor *nt*

mooring ['mʊr·ɪŋ] *n* NAUT (*berth*) Liegeplatz *m*

moose <*pl* -> [mus] *n* Elch *m*

M

moot [mut] *adj* (*open to debate*) strittig; ~ **point** Streitfrage *f*
mop [map] **I.** *n* ❶ (*for cleaning*) Mopp *m* ❷ (*wiping*) **to give sth a** ~ etw moppen ❸ (*mass of hair*) **she tied back her unruly** ~ **with a large ribbon** sie hielt ihr widerspenstiges Wuschelhaar hinten mit einem großen Band zusammen; (*sl: hairdo*) Frisur *f* **II.** *vt* <-pp-> ❶ (*clean with mop*) feucht wischen ❷ (*wipe*) **to** ~ **one's face** sich *dat* den Schweiß vom Gesicht wischen
mope [moʊp] *vi* Trübsal blasen, dumpf vor sich *akk* hinbrüten
♦ **mope around** *vi* (*fam*) trübsinnig herumschleichen
moped ['moʊ·ped] *n* Moped *nt*
moral ['mɔr·əl] **I.** *adj* ❶ (*ethical*) moralisch, ethisch ❷ (*virtuous*) *person* moralisch, anständig **II.** *n* ❶ (*of story*) Moral *f* ❷ (*standards of behavior*) ■ ~s *pl* Moralvorstellungen *pl*, moralische Grundsätze
morale [mə·'ræl] *n* Moral *f*, Stimmung *f*
morality [mə·'ræl·ɪ·t̬i] *n* ❶ (*moral principles*) moralische Grundsätze ❷ (*moral system*) Ethik *f*
moralize ['mɔr·ə·laɪz] *vi* moralisieren; ■ **to** ~ **about sth** über etw *akk* Moral predigen
moratorium <*pl* -s *or* -ria> [ˌmɔr·ə·'tɔr·i·əm] *n* ❶ (*period of waiting*) Wartefrist *f* ❷ COMM Moratorium *nt*
morbid ['mɔr·bɪd] *adj* (*unhealthy*) morbid, krankhaft; (*gruesome*) makaber
more [mɔr] **I.** *adj comp of* **many, much** noch mehr; **two** ~ **days until Christmas** noch zwei Tage bis Weihnachten; **we can't take any** ~ **calls** wir können keine weiteren Anrufe entgegennehmen; **some** ~ **coffee?** noch etwas Kaffee?; ~ **and** ~ **people are buying things on the Internet** immer mehr Leute kaufen Sachen im Internet **II.** *pron* ❶ (*greater amount*) mehr; **tell me** ~ erzähl' mir mehr; ~ **and** ~ **came** es kamen immer mehr; **she's** ~ **of a poet than a musician** sie ist eher Dichterin als Musikerin; **is there any** ~**?** ist noch etwas da?; **no** ~ nichts weiter; (*countable*) keine mehr ❷ **all the** ~ ... umso mehr ...; **the** ~ **the better** je mehr, desto besser; **the** ~ **he drank, the** ~ **violent he became** je mehr er trank, desto gewalttätiger wurde er **III.** *adv* ❶ (*forming comparatives*) **let's find a** ~ **sensible way of doing it** wir sollten eine vernünftigere Lösung finden; **it's becoming** ~ **and** ~ **likely that she'll resign** es wird immer wahrscheinlicher, dass sie zurücktritt; ~ **importantly** wichtiger noch ❷ (*to a greater extent*) mehr; **you should listen** ~ **and talk less** du solltest besser zuhören und weniger reden; **we'll be** ~ **than happy to help** wir helfen sehr gerne; **to think** ~ **of sb** eine höhere Meinung von jdm haben ❸ (*longer*) **to be no** ~ *times* vorüber sein; *person* gestorben sein ▶ PHRASES: ~ **or less** (*all in all*) mehr oder weniger; (*approximately*) ungefähr; ~ **often**

than not meistens
moreover [mɔr·'oʊ·vər] *adv* (*form*) zudem, ferner
morgue [mɔrg] *n* Leichen[schau]haus *nt*
Mormon ['mɔr·mən] **I.** *n* Mormone *m*, Mormonin *f* **II.** *adj* mormonisch, Mormonen-
morning ['mɔr·nɪŋ] **I.** *n* Morgen *m*, Vormittag *m*; **all** ~ den ganzen Vormittag; **tomorrow** ~ morgen Vormittag; **yesterday** ~ gestern Morgen **II.** *interj* (*fam*) Morgen!; **good** ~**!** guten Morgen!
'**morning sickness** *n* morgendliche Übelkeit
morning '**star** *n* ASTRON (*planet*) Morgenstern *m*
Moroccan [mə·'rak·ən] **I.** *n* Marokkaner(in) *m(f)* **II.** *adj* marokkanisch
Morocco [mə·'rak·oʊ] *n* Marokko *nt*
moron ['mɔr·an] *n* (*pej fam*) Trottel *m*
moronic [mɔ·'ran·ɪk] *adj* (*pej fam*) blöde
morose [mə·'roʊs] *adj* mürrisch, griesgrämig
morphine ['mɔr·fin] *n* Morphium *nt*
Morse [mɔrs], **Morse** '**code** *n* Morsezeichen *pl*, Morsealphabet *nt*
morsel ['mɔr·səl] *n* ❶ (*of food*) Bissen *m*, Happen *m*, Häppchen *pl* ❷ (*fig: small bit*) ■ **a** ~ ein bisschen
mortal ['mɔr·t̬əl] **I.** *adj* ❶ (*subject to death*) sterblich ❷ (*human*) menschlich ❸ (*fatal*) tödlich ❹ (*intense*) Todes-, höchste(r, s); **to be in** ~ **fear** sich zu Tode ängstigen **II.** *n* (*liter*) Sterbliche(r) *f(m)*; **ordinary** ~ (*hum*) Normalsterbliche(r) *f(m)*
mortality [mɔr·'tæl·ɪ·t̬i] *n* Sterblichkeit *f*
mortar ['mɔr·t̬ər] *n* ❶ ARCHIT, TECH (*mixture*) Mörtel *m* ❷ CHEM Mörser *m*; ~ **and pestle** Mörser *m* und Stößel *m*
'**mortarboard** *n* UNIV (*cap*) [quadratisches] Barett
'**mortar shell** *n* Mörsergranate *f*
mortgage ['mɔr·gɪdʒ] **I.** *n* (*amount*) Hypothek *f*; **to pay off a** ~ eine Hypothek tilgen **II.** *vt* hypothekarisch belasten
mortician [mɔr·'tɪʃ·ən] *n* Leichenbestatter(in) *m(f)*
mortification [ˌmɔr·t̬ə·fɪ·'keɪ·ʃən] *n* (*form*) ❶ (*humiliation*) Kränkung *f*, Demütigung *f* ❷ (*shame*) Beschämung *f*, Scham *f*
mortify <-ie-> ['mɔr·t̬ə·faɪ] *vt usu passive* ■ **to be mortified** (*be humiliated*) gedemütigt sein; (*be ashamed*) sich schämen; (*be embarrassed*) sich ärgern
mortuary ['mɔr·tʃu·er·i] *n* Leichen[schau]haus *nt*
mosaic [moʊ·'zeɪ·ɪk] *n* Mosaik *nt*
Moscow ['mas·kaʊ] *n* Moskau *nt*
Moslem ['maz·ləm] *adj, n see* **Muslim**
mosque [mask] *n* Moschee *f*
mosquito <*pl* -es *or* -s> [mə·'ski·t̬oʊ] *n* Moskito *m*; ~ **net** Moskitonetz *nt*
moss <*pl* -es> [mas] *n* (*plant*) Moos *nt*
mossy ['mas·i] *adj* ❶ (*overgrown with moss*) bemoost, moosbedeckt ❷ (*resembling moss*) moos-, moosartig

most [moʊst] **I.** *pron* ❶ (*largest quantity*) ■**the** ~ am meisten; **what's the** ~ **you've ever won at cards?** was war das meiste, das du beim Kartenspielen gewonnen hast?; **at the** [**very**] ~ [aller]höchstens ❷ *pl* (*the majority*) die Mehrheit ❸ (*best*) ■**the** ~ höchstens; the ~ **I can do is try** ich kann nicht mehr tun als es versuchen; **to make the** ~ **of sth** das Beste aus etw *dat* machen **II.** *adj* ❶ (*greatest in amount, degree*) am meisten ❷ (*majority of, nearly all*) die meisten ▶ PHRASES: **for the** ~ **part** im Allgemeinen **III.** *adv* ❶ (*forming superlative*) *im Deutschen durch Superlativ ausgedrückt;* **that's what I'm** ~ **afraid of** davor habe ich die meiste Angst; ~ **easily/ rapidly** am leichtesten/schnellsten ❷ (*form: extremely*) höchst, äußerst, überaus *geh;* ~ **certainly** ganz bestimmt; ~ **likely** höchstwahrscheinlich ❸ (*to the greatest extent*) am meisten; **at** ~ höchstens; ~ **of all, I hope that** ... ganz besonders hoffe ich, dass ...

mostly [ˈmoʊst·li] *adv* ❶ (*usually*) meistens ❷ (*mainly*) größtenteils, im Wesentlichen ❸ (*chiefly*) hauptsächlich, in der Hauptsache

motel [moʊˈtel] *n* Motel *nt*

moth [mɔθ] *n* Motte *f*, Nachtfalter *m*

'mothball I. *n* Mottenkugel *f* **II.** *vt usu passive* ❶ (*put away for a while*) *battleship* einmotten ❷ (*postpone*) auf Eis legen

'moth-eaten *adj* ❶ (*eaten into*) mottenzerfressen ❷ (*outmoded*) *ideas, theories* verstaubt

mother [ˈmʌð·ər] **I.** *n* Mutter *f* ▶ PHRASES: **the** ~ **of all** ... der/die/das allergrößte ...; (*the most extreme: worst*) der/die/das Schlimmste aller *gen* ...; (*best*) herausragend; **the** ~ **of all battles** die Mutter aller Schlachten **II.** *vt* bemuttern

mother 'country *n* (*home country*) Vaterland *nt*, Heimatland *nt*

motherhood [ˈmʌð·ər·hʊd] *n* Mutterschaft *f*

'mother-in-law <*pl* mothers- *or* -s> *n* Schwiegermutter *f*

motherly [ˈmʌð·ər·li] *adj* mütterlich; ~ **love** Mutterliebe *f*

mother-of-'pearl *n* Perlmutt *nt*

'Mother's Day *n* Muttertag *m*

mother 'tongue *n* Muttersprache *f*

motif [moʊˈtif] *n* ❶ LIT, MUS (*theme*) [Leit]motiv *nt*, Leitgedanke *m* ❷ (*design*) Motiv *nt*

motion [ˈmoʊ·ʃən] **I.** *n* ❶ (*movement*) Bewegung *f*, Gang *m;* **in slow** ~ in Zeitlupe ❷ POL (*proposal*) Antrag *m;* **to defeat a** ~ einen Antrag ablehnen; **to pass a** ~ einen Antrag annehmen **II.** *vt* ■**to** ~ **sb to do sth** jdn durch einen Wink auffordern, etw zu tun; **she** ~**ed us to sit down** sie bedeutete uns, Platz zu nehmen **III.** *vi* ■**to** ~ **to sb to do sth** jdn durch einen Wink auffordern, etw zu tun

motionless [ˈmoʊ·ʃən·lɪs] *adj* bewegungslos, reg[ungs]los

motion 'picture *n* [Spiel]film *m*

motivate [ˈmoʊ·tə·veɪt] *vt* ❶ (*provide with motive*) **they are** ~**d by a desire to help people** ihre Handlungsweise wird von dem Wunsch bestimmt, anderen zu helfen ❷ (*arouse interest*) motivieren, anregen; ■**to** ~ **sb to do sth** jdn dazu bewegen [*o* veranlassen], etw zu tun

motivation [ˌmoʊ·tə·ˈveɪ·ʃən] *n* ❶ (*reason*) Begründung *f*, Veranlassung *f* (**for** für +*akk*) ❷ (*drive*) Antrieb *m*, Motivation *f*

motive [ˈmoʊ·tɪv] **I.** *n* Motiv *nt*, Beweggrund *m* (**for** für +*akk*); **ulterior** ~ tieferer Beweggrund **II.** *adj attr* PHYS, TECH (*creating motion*) bewegend, Antriebs-

motley [ˈmɑt·li] *adj attr* (*a. pej: heterogeneous*) bunt [gemischt]

motor [ˈmoʊ·tər] **I.** *n* Antriebsmaschine *f*, [Verbrennungs]motor *m*, Triebwerk *nt* **II.** *adj attr* ❶ ANAT Bewegungs-, Muskel-, motorisch *fachspr* ❷ (*for motor vehicles*) Auto-

'motorbike *n* (*fam*) Motorrad *nt*

'motorboat *n* Motorboot *nt*

'motorcycle *n* Motorrad *nt*

'motorcycling *n* Motorradfahren *nt*

'motorcyclist *n* Motorradfahrer(in) *m(f)*

motoring [ˈmoʊ·tər·ɪŋ] *n* Fahren *nt*

motorist [ˈmoʊ·tər·ɪst] *n* Kraftfahrer(in) *m(f)*, Automobilist(in) *m(f)* ÖSTERR, SCHWEIZ

motorized [ˈmoʊ·tə·raɪzd] *adj* motorisiert; ~ **wheelchair** elektrisch betriebener Rollstuhl

'motor racing *n* Autorennsport *m*

'motor scooter *n* Motorroller *m*

'motor vehicle *n* Kraftfahrzeug *nt*

mottled [ˈmɑt·əld] *adj* ❶ (*pej: blotchy*) *complexion, skin* fleckig ❷ (*diversified in shade*) *wood, marble* gemasert

motto <*pl* -s *or* -es> [ˈmɑt·oʊ] *n* Motto *nt*

mound [maʊnd] *n* ❶ (*pile*) Haufen *m;* (*small hill*) Hügel *m;* (*in baseball*) **pitcher's** ~ Mound *m* ❷ (*large quantity*) Masse *f*, Haufen *m fam*

mount [maʊnt] **I.** *n* ❶ (*horse*) Pferd *nt* ❷ (*backing, setting*) *of picture, photo* Halterung *f; of jewel* Fassung *f* ❸ (*mountain*) Berg *m;* **M~ Everest** Mount Everest *m;* **M~ Etna/Kilimanjaro/Vesuvius** der Ätna/Kilimandscharo/Vesuv; **M~ Fuji** Fudschisan *m* **II.** *vt* ❶ (*get on to ride*) [auf]steigen (auf +*akk*) ❷ (*fix securely*) **to** ~ **a camera on a tripod** eine Kamera auf ein Stativ montieren ❸ (*go up*) hochsteigen; *stairs* hochgehen ❹ (*organize*) organisieren; *attack, campaign* starten ❺ (*fasten for display*) befestigen; **to** ~ **sth in a frame** etw rahmen **III.** *vi* ❶ (*increase*) wachsen, [an]steigen, größer werden ❷ (*get on a horse*) aufsteigen

mountain [ˈmaʊn·tən] *n* Berg *m; pl a.* Gebirge *nt*

mountaineer [ˌmaʊn·tə·ˈnɪr] *n* Bergsteiger(in) *m(f)*

mountaineering [ˌmaʊn·tə·ˈnɪr·ɪŋ] *n* Bergsteigen *nt*

mountainous [ˈmaʊn·tə·nəs] *adj* gebirgig, bergig; (*fig*) riesig

'mountain range *n* Gebirgszug *m*

M

mounted ['maʊn·tɪd] *adj* beritten *geh*
mounting ['maʊn·t̬ɪŋ] I. *n* ❶ (*on a horse*) Besteigen *nt* ❷ (*display surface*) *of photograph, picture* Halterung *f; of machine* Sockel *m;* (*frame*) Rahmen *m* II. *adj attr* (*increasing*) wachsend, steigend

ℹ️ Zwischen 1927 und 1941 wurden in die Granitfelsen des **Mount Rushmore** oder Mount Rushmore/Süddakota die 60 Fuß (18 m) hohen Büsten der Präsidenten George Washington, Thomas Jefferson, Theodore Roosevelt und Abraham Lincoln eingehauen. Sie stehen für die 150 Anfangsjahre der amerikanischen Geschichte und sind eine Hommage an die Geburt, die Entwicklung und den Erhalt der Vereinigten Staaten von Amerika.

mourn [mɔrn] *vi, vt* trauern (**for** um +*akk*)
mourner ['mɔr·nər] *n* Trauernde(r) *f(m);* (*nonrelative*) Trauergast *m*
mournful ['mɔrn·fəl] *adj* (*sad*) traurig, melancholisch; (*gloomy*) trübsinnig; *lamenting* klagend
mourning ['mɔr·nɪŋ] *n* (*grieving*) Trauer *f;* ▪**to be in ~** [**for sb**] [um jdn] trauern; (*wear black clothes*) Trauer tragen
mouse <*pl* mice> [maʊs] *n* ZOOL, COMPUT Maus *f*
'**mouse pad** *n* COMPUT Mauspad *nt*
'**mousetrap** *n* Mausefalle *f*
mousse [mus] *n* ❶ FOOD Mousse *f* ❷ (*cosmetics*) Schaum *m;* **styling ~** Schaumfestiger *m*
moustache ['mʌs·tæʃ] *n see* **mustache**
mousy ['maʊ·si] *adj* ❶ (*dull color*) farblos; *hair* mausgrau ❷ (*shy*) schüchtern; (*uncharismatic*) unscheinbar
mouth [maʊθ] *n* ❶ (*of human*) Mund *m; of animal* Maul *nt;* **to have a big ~** (*fig*) ein großes Mundwerk haben *fam* ❷ (*opening*) Öffnung *f; of cave* Eingang *m; of volcano* Krater *m; of river* Mündung *f*
mouthful ['maʊθ·fʊl] *n* ❶ *of food* Bissen *m; of drink* Schluck *m* ❷ (*hum fam: unpronounceable word*) Zungenbrecher *m*
'**mouthpiece** *n of musical instrument, snorkel* Mundstück *nt; of telephone* Sprechmuschel *f*
mouth-to-'mouth, mouth-to-mouth resus-ci'tation *n* Mund-zu-Mund-Beatmung *f*
'**mouthwash** *n* Mundwasser *nt*
'**mouth-watering** *adj* [sehr] appetitlich, köstlich
mouthy ['maʊ·θi] *adj* (*pej fam*) großmäulig *pej fam;* **she's ~** sie hat ein freches Mundwerk
movable ['mu·və·bəl] *adj* beweglich; *heavy objects* verschiebbar
move [muv] I. *n* ❶ (*movement*) Bewegung *f;* **to be on the ~** unterwegs sein; (*fig*) *country* sich im Umbruch befinden; **to make a ~** (*fam:*

leave) sich auf den Weg machen; (*act*) etwas unternehmen; (*start*) loslegen *fam;* **to make no ~** sich nicht rühren ❷ (*step*) Schritt *m;* (*measure*) Maßnahme *f;* **to make the first ~** den ersten Schritt tun ❸ (*in games*) Zug *m;* CHESS [Schach]zug *m;* **it's your ~** du bist dran ❹ (*change of residence*) Umzug *m;* (*change of job*) Stellenwechsel *m;* (*transfer*) Versetzung *f* ▶ PHRASES: **to get a ~ on** (*fam*) sich beeilen; **to make a ~ on sb** (*fam*) jdn anmachen II. *vi* ❶ (*change position*) sich bewegen; (*go*) gehen; (*drive*) fahren; **no one ~d** keiner rührte sich; **to ~** [**out of the way**] aus dem Weg gehen; **to begin to ~** sich in Bewegung setzen ❷ (*change*) **that's my final decision, and I am not going to ~** [**on it**] das ist mein letztes Wort und dabei bleibt es; **to ~ off a subject** das Thema wechseln ❸ (*progress*) vorankommen; **to ~ forward** Fortschritte machen ❹ (*change address*) umziehen; (*change job*) [den Arbeitsplatz] wechseln ❺ (*fam: leave*) gehen, aufbrechen; **we have got moving** wir müssen los III. *vt* ❶ (*change position of*) bewegen; (*place somewhere else*) woanders hinstellen; (*push somewhere else*) verrücken; (*clear*) wegräumen; (*rearrange*) *furniture* umstellen; (*transport*) befördern ❷ (*reschedule*) verlegen, verschieben ❸ (*transfer*) verlegen; (*to another job, class*) versetzen ❹ (*cause emotions*) bewegen; (*stronger*) ergreifen; **to ~ sb to tears** jdn zu Tränen rühren
move around I. *vi* ❶ (*go around*) herumgehen ❷ (*travel*) umherreisen ❸ (*change jobs*) oft wechseln; (*change house*) oft umziehen II. *vt* ❶ (*change position of*) [hin und her] bewegen; (*place somewhere else*) hin und her räumen; *furniture* umstellen ❷ (*fam: at work*) **to ~ sb** ↻ **around** jdn oft versetzen
♦**move along** I. *vt* ▪**to ~ sb** ↻ **along** jdn zum Weitergehen bewegen II. *vi* ❶ (*walk farther on*) weitergehen; (*run farther on*) weiterlaufen; (*drive farther on*) weiterfahren ❷ (*make room*) aufrücken, Platz machen
♦**move away** I. *vi* ❶ (*leave*) weggehen; *vehicle* wegfahren ❷ (*move to new house*) wegziehen; (*leave home*) von zu Hause ausziehen II. *vt* wegräumen; (*push away*) wegrücken
♦**move down** I. *vi* ❶ (*change position*) sich nach unten bewegen; (*slip down*) runterrutschen *fam;* (*make room*) aufrücken; SPORTS *team* absteigen (**from** aus +*dat*) ❷ (*change value*) *shares, prices* fallen II. *vt* (*change position of*) nach unten bewegen; (*place lower down*) nach unten stellen; (*everything*) nach unten räumen
♦**move in** I. *vi* ❶ (*enter a new home*) einziehen; ▪**to ~ in with sb** zu jdm ziehen ❷ (*take control*) **government officials have ~d in to settle the dispute** man hat Regierungsbeamte eingesetzt, um den Streit zu beenden ❸ (*advance to attack*) anrücken; **to ~ in on enemy territory** auf feindliches Gebiet vorrücken; **to**

~ **in for the kill** zum tödlichen Schlag ausholen **II.** *vt* ❶ (*change position of*) nach innen bewegen; (*push in*) nach innen rücken; (*take inside*) hineinbringen ❷ (*send*) einsetzen; *troops, police* einrücken lassen

♦**move off I.** *vi* sich in Bewegung setzen; (*walk*) losgehen; (*run*) loslaufen, losrennen **II.** *vt* wegräumen

♦**move on I.** *vi* ❶ (*continue a trip*) sich wieder auf den Weg machen; (*walk*) weitergehen; (*run*) weiterlaufen; (*drive*) weiterfahren ❷ (*advance*) sich weiterentwickeln; (*progress in career*) beruflich weiterkommen ❸ (*change subject*) ■**to ~ on to sth** zu etw *dat* übergehen; **can we move ~ to the next item?** können wir zum nächsten Punkt kommen? **II.** *vt* (*cause to leave*) zum Weitergehen auffordern; (*in a vehicle*) zum Weiterfahren auffordern; (*force to leave*) vertreiben

♦**move out I.** *vi* ❶ (*stop inhabiting*) ausziehen ❷ (*cease involvement*) ■**to ~ out [of sth]** sich [von etw *dat*] zurückziehen ❸ (*leave*) *troops* abziehen **II.** *vt* ❶ (*clear*) wegräumen; (*take outside*) hinausbringen ❷ (*make leave*) *tenant* kündigen; *troops* abziehen; **we were all ~d out of the danger zone** wir mussten alle das Gefahrengebiet räumen

♦**move over I.** *vi* ❶ (*make room*) Platz machen, aufrücken ❷ (*switch*) ■**to ~ over to sth** zu etw *dat* übergehen **II.** *vt* herüberschieben; (*put aside*) zur Seite räumen; (*push aside*) zur Seite rücken; (*turn*) umdrehen

♦**move toward** *vi* ■**to ~ toward sth** sich etw *dat* [an]nähern

♦**move up I.** *vi* ❶ (*advance*) aufrücken; (*to the next grade*) versetzt werden; (*professionally, socially*) aufsteigen; SPORTS *team* aufsteigen (*from* aus +*dat*) ❷ (*make room*) Platz machen, aufrücken ❸ (*increase*) *prices* steigen **II.** *vt* (*change position of*) nach oben bewegen; (*place higher up*) nach oben stellen; (*everything*) nach oben räumen

movement ['muːv·mənt] *n* ❶ (*change of position*) Bewegung *f;* **after the accident he had no ~ in his legs** nach seinem Unfall konnte er seine Beine nicht bewegen ❷ (*general activity*) Bewegung *f;* FIN, STOCKEX Schwankung[en] *f*[*pl*] ❸ (*interest group*) Bewegung *f* ❹ MUS (*part of symphony*) Satz *m* ❺ (*tendency*) Tendenz *f,* Trend *m* (**toward**[**s**] [hin] zu +*dat*) ❻ (*mechanism*) *of clock, watch* Uhrwerk *nt*

movie ['muː·vi] *n* [Kino]film *m;* ■**the ~s** *pl* das Kino; **to be in the ~s** (*fam*) im Filmgeschäft sein

'**movie camera** *n* Filmkamera *f*

'**moviegoer** *n* Kinogänger(in) *m(f)*

'**movie star** *n* Filmstar *m*

'**movie theater** *n* Kino *nt*

moving ['muː·vɪŋ] **I.** *n* Umziehen *nt* **II.** *adj* ❶ *attr* MECH beweglich ❷ (*causing emotion*) bewegend, ergreifend ❸ (*related to a move*) *expenses, van* Umzugs-

mow <mowed, mowed *or* mown> [moʊ] **I.** *vi* (*cut grass, grain*) mähen **II.** *vt lawn* mähen; *field* abmähen

mower ['moʊ·ər] *n* Rasenmäher *m; (on a farm*) Mähmaschine *f*

mown [moʊn] **I.** *pp of* **mow II.** *adj* gemäht; *field* abgemäht

mpg [ˌem·piː·'dʒi] *abbrev of* **miles per gallon: to get 40 ~** 40 Meilen pro Gallone fahren

mph [ˌem·piː·'eɪtʃ] *abbrev of* **miles per hour: to do 50 ~** 50 Meilen pro Stunde fahren

Mr. ['mɪs·tər] *n* (*title for man*) Herr *m*

Mrs. ['mɪs·ɪz] *n* (*title for married woman*) Frau, Fr.

MS [ˌem·'es] *n* ❶ *abbrev of* **Master of Science** ❷ *abbrev of* **Mississippi** Mississippi *m* ❸ *abbrev of* **multiple sclerosis** MS *f*

Ms. [mɪz] *n* (*title for woman, married or unmarried*) Fr., Frau (*Alternativbezeichnung zu Mrs und Miss, die sowohl für verheiratete wie unverheiratete Frauen zutrifft*)

ms [ˌem·'es] *n* ❶ *abbrev of* **manuscript** Mskr. ❷ *abbrev of* **millisecond** ms

MSG [ˌem·es·'dʒi] *n* CHEM *abbrev of* **monosodium glutamate**

MST [ˌem·es·'ti] *n* *abbrev of* **Mountain Standard Time** Mountain Standardzeit *f*

MT *abbrev of* **Montana**

Mt. *n abbrev of* **mount I. 3**

much [mʌtʃ] **I.** *adj* <more, most> + *sing* viel; **there wasn't ~ mail** es kam nicht viel Post; **how ~ ...?** wie viel ...?; **twice as ~** doppelt so viel **II.** *pron* ❶ (*relative amount*) viel; **however ~ you dislike her ...** wie unsympathisch sie dir auch sein mag, ...; **he left without so ~ as an apology** er ging ohne auch nur ein Wort der Entschuldigung ❷ (*great deal*) viel; **~ of what you say is right** vieles von dem, was Sie sagen, ist richtig ❸ *with neg* (*pej: poor example*) **he's not ~ to look at** er sieht nicht gerade umwerfend aus ❹ (*larger part*) **~ of the day** der Großteil des Tages **III.** *adv* <more, most> ❶ (*greatly*) sehr; **~ to our surprise** zu unserer großen Überraschung; **to not be ~ good at sth** in etw *dat* nicht sehr gut sein ❷ (*nearly*) fast; **~ the same** fast so ❸ (*specifying degree*) **I like him as ~ as you do** ich mag ihn genauso sehr wie du; **I wanted to meet you so ~** ich wollte dich unbedingt treffen; **thank you very ~** herzlichen Dank ❹ (*often*) häufig; **do you see ~ of her?** siehst du sie öfters? **IV.** *conj* (*although*) auch wenn, wenngleich *geh;* **~ as I like you, ...** so gern ich dich auch mag, ...

muck [mʌk] *n* ❶ (*dirt*) Dreck *m fam;* (*waste*) Müll *m* ❷ (*euph: excrement*) Haufen *m fam*

muckraker ['mʌk·reɪ·kər] *n* (*pej*) Skandalreporter(in) *m(f)*

mucus ['mjuː·kəs] *n* Schleim *m*

mud [mʌd] *n* Schlamm *m*

muddle ['mʌd·əl] **I.** *n* ❶ *usu sing* (*confused state*) Durcheinander *nt* ❷ (*mix-up*) Durcheinander *nt*, Kuddelmuddel *nt* **II.** *vi* ■**to ~ along** vor sich *akk* hin wursteln *fam*

M

muddy ['mʌd·i] I. *vt* ❶ (*make dirty*) verschmutzen, schmutzig machen ❷ (*fig: confuse*) undurchsichtig machen II. *adj* schlammig; (*dirty*) schmutzig; *ground, snow* matschig

'**mud flap** *n* of car Kotflügel *m; of bicycle* Schutzblech *nt*

'**mudpack** *n* Gesichtsmaske *f*

'**mudslide** *n* Schlammlawine *f*

mudslinging ['mʌd·slɪŋ·ɪŋ] *n* (*fig*) Schlammschlacht *f fam*

muff¹ [mʌf] *vt* (*fam*) vermasseln

muff² [mʌf] *n* FASHION Muff *m*

muffin ['mʌf·ɪn] *n* Muffin *nt* (*kleiner, hoher, runder, meist süßer Kuchen aus Rührteig*)

muffle ['mʌf·əl] *vt* dämpfen; (*fig*) [ab]schwächen

muffler ['mʌf·lər] *n* (*silencer*) of car Auspufftopf *m*

mug¹ [mʌg] *n* (*cup*) Becher *m* (*mit Henkel*)

mug² [mʌg] I. *n* (*pej: face*) Visage *f*, Fresse *f sl* II. *vt* <-gg-> (*rob*) überfallen und ausrauben III. *vi* (*pose*) **to ~ for the camera** ein Fotogesicht aufsetzen

mugger ['mʌg·ər] *n* [Straßen]räuber(in) *m(f)*

mugging ['mʌg·ɪŋ] *n* [Straßen]raub *m*, Überfall *m* (*auf offener Straße*)

muggy ['mʌg·i] *adv weather* schwül

mulberry ['mʌl·ber·i] *n* ❶ (*fruit*) Maulbeere *f* ❷ (*tree*) Maulbeerbaum *m*

mule¹ [mjul] *n* (*animal*) Maultier *nt*

mule² [mjul] *n* (*shoe*) halboffener Schuh; (*slipper*) Pantoffel *m*

mull [mʌl] *vt* ❶ (*spice*) **~ed wine** Glühwein *m* ❷ (*ponder*) ■**to ~ sth [over]** sich *dat* etw durch den Kopf gehen lassen

mullet ['mʌl·ɪt] *n* ❶ (*fish*) Meeräsche *f* ❷ (*fam: hairstyle*) Vokuhila *m sl*

mullion ['mʌl·jən] *n* ARCHIT Längspfosten *m;* ■**~s** *pl* Stabwerk *nt*

multi'colored *adj* mehrfarbig

multi'cultural *adj* multikulturell

multi'lateral *adj* POL multilateral *geh*

multi'layered *adj* vielschichtig

multi'lingual *adj* mehrsprachig

multi'media I. *n* Multimedia *f* II. *adj* multimedial

multimillion'aire *n* Multimillionär(in) *m(f)*

multi'national I. *n* multinationaler Konzern, Multi *m fam* II. *adj* multinational

multiplayer ['mʌl·ti·pleɪ·ər] *adj attr computer game* Multiplayer-, für mehrere Spieler *nach n*

multiple ['mʌl·tə·pəl] I. *adj attr* vielfach, vielfältig II. *n* Vielfache[s]

multiplex ['mʌl·tə·pleks] *n* Multiplex-Kino *nt*

multiplication [ˌmʌl·tə·plɪ·'keɪ·ʃən] *n* Multiplikation *f*

multiplier ['mʌl·tə·plaɪ·ər] *n* Multiplikator *m*

multiply <-ie-> ['mʌl·tə·plaɪ] I. *vt* multiplizieren (**by** mit +*dat*) II. *vi* sich vermehren; (*through reproduction a.*) sich fortpflanzen

multi'purpose *adj* multifunktional, Mehrzweck-

multi'racial *adj* gemischtrassig; **~ society** Gesellschaft, die aus den Angehörigen verschiedener Rassengruppen besteht

multi'talented *adj* **~ individual** Multitalent *nt*

multi'tasking I. *n* COMPUT Ausführen *nt* mehrerer Programme, Multitasking *nt* II. *adj attr* (*fig*) gleichzeitig mehreren Aufgaben nachkommend *attr*

multitude ['mʌl·tɪ·tud] *n* ❶ (*great number*) Vielzahl *f* ❷ (*crowd*) ■**the ~s** *pl* die Allgemeinheit

mum [mʌm] *adj* (*fam: silent*) still; ... — ~'s **the word** (*as a response*) ... – von mir erfährt keiner was; (*telling sb*) ... – und kein Wort darüber; **to keep ~** den Mund halten

mumble ['mʌm·bəl] *vi* (*speak unclearly*) nuscheln; (*speak quietly*) murmeln

mumbo jumbo [ˌmʌm·bou·'dʒʌm·bou] *n* (*fam*) Quatsch *m*

mummify <-ie-> ['mʌm·ə·faɪ] *vt* mumifizieren

mummy ['mʌm·i] *n* Mumie *f*

mumps [mʌmps] *n* + *sing vb* Mumps *m;* **to have the ~** Mumps haben

munch [mʌntʃ] *vi, vt* mampfen

mundane [mʌn·'deɪn] *adj* profan *geh*; (*unexciting*) *problem, question* banal; (*routine*) *activity, task* alltäglich

municipal [mju·'nɪs·ə·pəl] *adj* städtisch, Stadt-, kommunal, Kommunal-; **~ elections** Kommunalwahlen *pl*, Gemeinderatswahlen *pl*

municipality [mju·ˌnɪs·ə·'pæl·ɪ·ti] *n* (*political unit*) Gemeinde *f*, Kommune *f*; (*town-sized a.*) Stadt *f*

munitions [mju·'nɪʃ·ənz] *npl* (*weapons*) Waffen *pl*; (*weapons and ammunition*) Kriegsmaterial *nt kein pl*; (*ammunition*) Munition *f kein pl*

mural ['mjʊr·əl] I. *n* Wandgemälde *nt* II. *adj* Wand-

murder ['mɜr·dər] I. *n* ❶ (*crime*) Mord *m*, Ermordung *f* (**of** an +*dat*); **mass ~** Massenmord *m;* **to commit ~** einen Mord begehen ❷ (*fig: difficult thing*) **it's ~ trying to find a parking space around here** es ist wirklich schier unmöglich, hier in der Gegend einen Parkplatz zu finden II. *vt* ermorden, umbringen *a. fig*

murderer ['mɜr·dər·ər] *n* Mörder(in) *m(f)*

murderous ['mɜr·dər·əs] *adj* (*cruel*) mordlüstern, blutrünstig; (*evil*) *look, hatred* tödlich

murky ['mɜr·ki] *adj* düster; *night* finster; *water* trübe; (*fig*) *past* dunkel

murmur ['mɜr·mər] I. *vi, vt* murmeln II. *n* Gemurmel *nt kein pl*, Raunen *nt kein pl;* **a ~ of agreement** ein zustimmendes Raunen

muscle ['mʌs·əl] *n* ❶ (*contracting tissue*) Muskel *m* ❷ (*fig: influence*) Stärke *f* ◆**muscle in** *vi* sich [rücksichtslos] einmischen; ■**to ~ in on sth** sich irgendwo [mit aller Gewalt] hineindrängeln

'**muscle-bound** *adj* (*pej*) [äußerst] muskulös

'**muscleman** *n* Muskelprotz *m*

muscular ['mʌs·kjə·lər] *adj* ❶ (*relating to muscles*) muskulär, Muskel- ❷ (*with well-developed muscles*) muskulös

muse [mjuz] **I.** *vi* nachgrübeln, nachdenken (**about/on** über +*akk*) **II.** *n* (*female inspirer*) Muse *f*; (*artistic inspiration*) Inspiration *f*

museum [mju·'zi·əm] *n* Museum *nt*

mush [mʌʃ] *n* (*fam*) ❶ FOOD Brei *m*, Mus *nt*; **to turn to ~** zu Brei werden ❷ (*sentimentality*) **that film was just romantic ~** der Film war so eine richtige Schnulze

mushroom ['mʌʃ·rum] *n* Pilz *m*

mushy ['mʌʃ·i] *adj* ❶ (*pulpy*) breiig ❷ (*soppily romantic*) schnulzig

music ['mju·zɪk] *n* ❶ (*pattern of sounds*) Musik *f*; **to put on [some] ~** [etwas] Musik auflegen ❷ (*notes*) Noten *pl*

musical ['mju·zɪ·kəl] **I.** *adj* musikalisch, Musik- **II.** *n* Musical *nt*

'music box *n* Spieluhr *f*

musician [mju·'zɪʃ·ən] *n* Musiker(in) *m(f)*

'music stand *n* Notenständer *m*

musk [mʌsk] *n* Moschus *m*

musket ['mʌs·kɪt] *n* Muskete *f*

muskrat ['mʌs·kræt] *n* Moschusratte *f*

Muslim ['mʌz·ləm] **I.** *n* Moslem(in) *m(f)*, Muslim(in) *m(f)* **II.** *adj* moslemisch, muslimisch

muslin ['mʌz·lɪn] *n* Musselin *m*

muss [mʌs] **I.** *n* Unordnung *f*, Durcheinander *nt* **II.** *vt* durcheinanderbringen; *wind* zerzausen

mussel ['mʌs·əl] *n* [Mies]muschel *f*

must [mʌst] **I.** *aux vb* ❶ (*be obliged, be required*) müssen; **for security reasons, all bags ~ be left at the cloakroom** lassen Sie bitte aus Sicherheitsgründen alle Handtaschen in der Garderobe; ▪ **~ not** [*or* **~ n't**] nicht dürfen; **you ~ n't say anything to anyone about this matter** darüber darfst du mit niemandem sprechen ❷ (*should*) **you really ~ read this book** dieses Buch sollten Sie wirklich einmal lesen ❸ (*be certain to*) müssen; **she ~ be wondering where I am** sie wird sich bestimmt fragen, wo ich abgeblieben bin ❹ (*be necessary*) müssen; **you ~ n't worry too much about it** jetzt mach dir deswegen nicht so viele Sorgen **II.** *n* Muss *nt kein pl*; ▪ **to be a ~** ein Muss *nt* sein; **this book is a ~!** dieses Buch muss man gelesen haben!

mustache ['mʌs·tæʃ] *n* Schnurrbart *m*

mustang ['mʌs·tæn] *n* Mustang *m*

mustard ['mʌs·tərd] *n* Senf *m*

muster ['mʌs·tər] **I.** *vt* ❶ (*bring together*) *soldiers* [zum Appell] antreten lassen ❷ (*gather*) *courage* aufbringen **II.** *vi* (*come together*) sich versammeln, antreten; *troop* [zum Appell] antreten

'must-have *adj attr* (*fam*) unentbehrlich; **be fashionable this fall with this pair of ~ boots** gehen Sie diesen Herbst mit der Mode - dazu gehören unbedingt diese Stiefel!

mustn't ['mʌs·ənt] *short for* **must not** *see* **must**

'must-see I. *n* **this film is a ~** diesen Film muss man gesehen haben **II.** *adj* sehenswert; **~ TV** Fernsehsendung, die man unbedingt sehen muss

musty ['mʌs·ti] *adj book* mod[e]rig; *room,* *smell* muffig

mutant ['mju·tənt] *n* Mutant(e) *m(f)*

mutation [mju·'teɪ·ʃən] *n* Veränderung *f,* Mutation *f fachspr*

mute [mjut] **I.** *n* ❶ (*person*) Stumme(r) *f(m)* ❷ MUS (*quieting device*) Dämpfer *m* **II.** *vt* *sound, noise* dämpfen **III.** *adj* stumm

muted ['mju·tɪd] *adj* (*not loud*) gedämpft; (*fig*) schweigend, stumm; *colors* gedeckt

mutilate ['mju·tə·leɪt] *vt* verstümmeln; (*fig*) verschandeln

mutilation [ˌmju·tə·'leɪ·ʃən] *n* Verstümmelung *f*; (*fig*) Verschandelung *f*

mutineer [ˌmju·tən·'ɪr] *n* Meuterer(in) *m(f)*

mutinous ['mju·tə·nəs] *adj* meuterisch; *shareholders* rebellisch

mutiny ['mju·tɪ·ni] **I.** *n* Meuterei *f* **II.** *vi* <-ie-> meutern

mutter ['mʌt·ər] **I.** *vi* ❶ (*mumble*) ▪ **to ~ [to oneself]** irgendetwas [vor sich *akk* hin]murmeln ❷ (*grumble*) ▪ **to ~ about sth** über etw *akk* murren **II.** *vt* (*complain softly*) brummen, murmeln; **to ~ sth to sb under one's breath** jdm etw zuraunen

mutton ['mʌt·ən] *n* Hammel *m,* Hammelfleisch *nt*

mutual ['mju·tʃu·əl] *adj* gegenseitig, beiderseitig; *friends, interests* gemeinsam; *agreement* wechselseitig; **the feeling is ~** das [Gefühl] beruht auf Gegenseitigkeit

'mutual fund *n* FIN offener Investmentfond

mutually ['mju·tʃu·ə·li] *adv* gegenseitig, für beide [Seiten]; **to be ~ exclusive** sich gegenseitig ausschließen

Muzak® ['mju·zæk] *n* Musikberieselung *f*

muzzle ['mʌz·əl] **I.** *n* ❶ (*animal mouth*) Schnauze *f*, Maul *nt* ❷ (*mouth covering*) Maulkorb *m* ❸ (*gun end*) Mündung *f* **II.** *vt* *animal* einen Maulkorb anlegen; (*fig*) *person, press* mundtot machen

MW *n* PHYS *abbrev of* **megawatt** MW *nt*

my [maɪ] **I.** *adj poss* mein(e); **~ brother and sister** mein Bruder und meine Schwester; **I hurt ~ foot** ich habe mir den Fuß verletzt; **I need a car of ~ own** ich brauche ein eigenes Auto **II.** *interj* ach, oh; **~ ~** na, so was

myopic [maɪ·'ap·ɪk] *adj* (*form or fig*) kurzsichtig

myrrh [mɜr] *n* Myrrhe *f*

myrtle ['mɜr·təl] *n* Myrte *f*

myself [maɪ·'self] *pron reflexive* ❶ (*direct object of verb*) mir +*dat,* mich +*akk;* **I caught sight of ~ in the mirror** ich sah mich im Spiegel; **yes, I thought to ~, it's time to take a vacation** ja, dachte ich mir, es ist Zeit für einen Urlaub ❷ (*emph form: I, me*) ich; **people like ~** Menschen wie ich ❸ (*emph: me personally*) ich persönlich; **I wrote it ~** ich

M

schrieb es selbst; ■**to see** [**sth**] **for** ~ [etw]
selbst sehen ❹(*me alone*) **I never get an
hour to** ~ ich habe nie eine Stunde für mich;
I live by ~ ich lebe alleine; [**all**] **by** ~ [ganz] alleine
mysterious [mɪˈstɪr·i·əs] *adj* geheimnisvoll,
mysteriös
mystery [ˈmɪs·tə·ri] *n* (*secret*) Geheimnis *nt*;
(*puzzle*) Rätsel *nt;* **that's a** ~ **to me** das ist mir
schleierhaft
mystic [ˈmɪs·tɪk] I. *n* Mystiker(in) *m(f)* II. *adj*
❶(*inspiring sense of mystery*) geheimnisvoll,
mysteriös ❷(*relating to mysticism*) mystisch
mystical [ˈmɪs·tɪ·kəl] *adj* mystisch
mystification [ˌmɪs·tɪ·fɪˈkeɪ·ʃən] *n* ❶(*puzzlement*) Verwunderung *f,* Verblüffung *f* ❷(*intentional confusion*) Verwirrung *f,* Verwirr-
spiel *nt*
mystify <-ie-> [ˈmɪs·tə·faɪ] *vt* ■**to** ~ **sb** jdn
vor ein Rätsel stellen
myth [mɪθ] *n* ❶(*ancient story*) Mythos *m*
❷(*pej: false idea*) Ammenmärchen *nt*
mythical [ˈmɪθ·ɪ·kəl] *adj* ❶(*fictional*) sagenhaft, legendär ❷(*supposed*) gedacht, imaginär
mythological [ˌmɪθ·ə·ˈlɑdʒ·ɪ·kəl] *adj* mytholo-
gisch
mythology [mɪ·ˈθɑl·ə·dʒi] *n* Mythologie *f;*
(*fig*) Ammenmärchen *nt*

N

N <*pl* -'s *or* -s>, **n** <*pl* -'s> [en] *n* N *nt,* n *nt;*
~ **as in November** N wie Nordpol
N I. *n abbrev of* **North** N *m* II. *adj abbrev of*
North, Northern nördl.
n *n* ❶*abbrev of* **noun** Subst. ❷*abbrev of*
neuter *nt*
nab <-bb-> [næb] *vt* (*fam*) stibitzen
nag¹ [næg] I. *vi* <-gg-> [herum]nörgeln (**at** an
+*dat*) II. *vt* <-gg-> ■**to** ~ **sb** (*urge*) jdm [stän-
dig] zusetzen; (*annoy*) jdn nicht in Ruhe lassen
III. *n* (*fam: person*) Nörgler(in) *m(f);* (*annoying*) Nervensäge *f*
nag² [næg] *n* (*horse*) [alte Schind]mähre
nagging [ˈnæg·ɪŋ] I. *n* Nörgelei *f* II. *adj*
❶(*criticizing*) nörgelnd ❷(*persistent*) quälend
nail [neɪl] I. *n* ❶(*small metal spike*) Nagel *m*
❷(*body part*) [Finger-/Zeh]nagel *m;* **to bite
one's** ~**s** an den Fingernägeln kauen; **to cut
one's** ~**s** sich *dat* die Nägel schneiden II. *vt*
❶(*fasten*) nageln (**to** an +*akk*) ❷(*sl: catch*)
police schnappen *fam; newspapers* drankrie-
gen *fam*
'**nail-biting** I. *n* Nägelkauen *nt* II. *adj* nerven-
zerreißend; *film* spannend
'**nail clippers** *npl* Nagelknipser *m*
'**nail file** *n* Nagelfeile *f*

'**nail polish** *n* Nagellack *m*
'**nail polish remover** *n* Nagellackentferner *m*
'**nail scissors** *npl* Nagelschere *f*
naïve, naive [nɑ·ˈiv] *adj* (*esp pej*) naiv *pej*
naked [ˈneɪ·kɪd] *adj* (*a. fig*) nackt; *aggression*
unverhüllt; *ambition* blank; *flame* offen; **to the**
~ **eye** für das bloße Auge
nakedness [ˈneɪ·kɪd·nɪs] *n* Nacktheit *f*
namby-pamby [ˌnæm·bi·ˈpæm·bi] *adj attr*
(*pej fam: weak*) *person* verweichlicht
name [neɪm] I. *n* ❶(*title*) Name *m;* **my** ~'**s**
Peter ich heiße Peter; **what's your** ~? wie
heißen Sie?; **first**/**last** ~ Vor-/Nachname *m;* **to
call sb** ~**s** jdn beschimpfen; **in the** ~ **of ...** im
Namen von ... ❷(*reputation*) Name *m,* Ruf *m;*
to make a ~ **for oneself** sich *dat* einen
Namen machen II. *vt* ❶(*call*) **they** ~**d their
little boy Philip** sie nannten ihren kleinen
Sohn Philip ❷(*list*) nennen
'**name-dropping** *n* Namedropping *nt* (*das Angeben mit berühmten Persönlichkeiten, die
man kennt*)
nameless [ˈneɪm·lɪs] *adj inv* namenlos
namely [ˈneɪm·li] *adv inv* nämlich
'**nameplate** *n of a person* Namensschild *nt;* (*on
door*) Türschild *nt; of company* Firmen-
schild *nt*
'**namesake** *n* Namensvetter *m*
nana [ˈnaen·ə] *n* (*fam*) Omi *f*
nanny [ˈnæn·i] *n* Kindermädchen *nt*
'**nanny goat** *n* Geiß *f*
nanosecond [ˈnan·ə·ˌsek·ənd] *n* Nanosekun-
de *f*
nap [næp] I. *n* Nickerchen *nt;* **to take a** ~ ein
Nickerchen machen II. *vi* <-pp-> (*fam*) ein Nickerchen machen
napalm [ˈneɪ·pɑm] *n* Napalm *nt*
napkin [ˈnæp·kɪn] *n* Serviette *f*
narc, nark [nɑrk] *n* (*sl: narcotics agent*)
Rauschgiftfahnder(in) *m(f)*
narcissus <*pl* -es *or* -issi *or* -> [nɑr·ˈsɪs·əs] *n*
Narzisse *f*
narcosis [nɑr·ˈkoʊ·sɪs] *n* Narkose *f*
narcotic [nɑr·ˈkɑt·ɪk] I. *n* ❶(*drug*) Rauschgift *nt* ❷MED (*drug causing sleepiness*) Narko-
tikum *nt* II. *adj* ❶(*affecting the mind*) berauschend ❷MED narkotisch; (*sleep-inducing*)
einschläfernd
narrate [ˈnær·eɪt] *vt* ❶(*provide commentary*)
erzählen ❷(*give account of*) schildern
narration [næ·ˈreɪ·ʃən] *n* Schilderung *f; of a
story, tale* Erzählung *f*
narrative [ˈnær·ə·ˌtɪv] *n* (*form*) ❶(*story*) Erzählung *f* ❷(*description of events*) Schilderung *f*
narrator [ˈnær·eɪ·tər] *n* Erzähler(in) *m(f)*
narrow [ˈnær·oʊ] I. *adj* ❶(*thin*) eng, schmal
❷(*pej: limited*) **to have a** ~ **mind** engstirnig
sein ❸(*small*) *margin, victory* knapp II. *vi*
enger werden, sich verengen; (*fig*) *gap, difference* sich schließen III. *vt* verengen; (*fig*) beschränken; *eyes* zusammenkneifen
narrowly [ˈnær·oʊ·li] *adv* (*barely*) knapp

narrow-'minded *adj* engstirnig
NASA ['næs·ə] *n abbrev of* **National Aeronautics and Space Administration** NASA *f*

> ℹ️ Die **National Aeronautics and Space Administration**, üblicherweise **NASA** genannt, ist eine Regierungsorganisation, die sich mit Forschungen zur Luft- und Raumfahrt befasst. Nach ihrer Gründung am 29. Juli 1958 war sie für die Organisation der berühmten *Apollo 11 Mission* verantwortlich, dank der Neil Armstrong am 20. Juli 1969 der erste Mann auf dem Mond war. Zu den neueren Missionen der NASA zählen die Mission *Mars Exploration Rovers*, die 2003 mit dem Ziel ins Leben gerufen wurde, die Marsoberfläche mit Hilfe zweier Roboter, Spirit und Opportunity, zu erkunden und die Mission *Deep Impact*, die am 12. Januar 2005 gestartet wurde, um den mittels eines „Impaktors" herbeigeführten Krater auf dem Kometen 9P/Tempel 1 und die beim Einschlag ausgestoßenen Substanzen von der Raumsonde aus erforschen zu können.

nasal ['neɪ·zəl] *adj* ❶ (*concerning nose*) Nasen- ❷ *voice* nasal
nastiness ['næs·tɪ·nɪs] *n* Gemeinheit *f*
nasturtium [nə·'stɜr·ʃəm] *n* [Kapuziner]kresse *f*
nasty ['næs·ti] *adj* ❶ (*mean*) *person* gemein; *trick, surprise* böse ❷ (*bad*) *smell* scheußlich, widerlich; *scare, shock* furchtbar ❸ (*dangerous*) *accident* gefährlich ❹ (*serious*) schlimm, böse; **to turn** ~ *situation, person, animal* unangenehm werden
natal ['neɪ·ʈəl] *adj* Geburts-
nation ['neɪ·ʃən] *n* ❶ (*country, state*) Nation *f*, Land *nt*; **all across the** ~ im ganzen Land ❷ (*people*) Volk *nt*; **the Apache N~** der Stamm der Apachen
national ['næʃ·ə·nəl] **I.** *adj inv* ❶ (*of a nation, nationwide*) *matter, organization* national; *flag, team* National-; **[in the]** ~ **interest** [im] Staatsinteresse *nt* ❷ (*particular to a nation*) Landes-, Volks- **II.** *n* Staatsangehörige(r) *f(m)*; **foreign** ~ Ausländer(in) *m(f)*
national 'anthem *n* Nationalhymne *f*
national 'debt *n* Staatsverschuldung *f*
National 'Guard *n* Nationalgarde *f*
national 'holiday *n* (*work-free*) gesetzlicher Feiertag; (*in celebration of a nation*) Nationalfeiertag *m*
nationalism ['næʃ·ə·nə·lɪz·əm] *n* (*usu pej*) Nationalismus *m*
nationalist ['næʃ·ə·nə·lɪst] **I.** *adj* nationalistisch **II.** *n* Nationalist(in) *m(f)*
nationalistic [ˌnæʃ·ə·nə·'lɪs·tɪk] *adj* (*usu pej*)

nationalistisch
nationality [ˌnæʃ·ə·'næl·ə·ʈi] *n* ❶ (*esp cultural*) Nationalität *f* ❷ (*legal*) Staatsangehörigkeit *f*
nationalization [ˌnæʃ·ə·nə·lɪ·'zeɪ·ʃən] *n* Verstaatlichung *f*
nationalize ['næʃ·ə·nə·laɪz] *vt company, steel industry* verstaatlichen
national 'park, National 'Park *n* Nationalpark *m*
nation-'state *n* Nationalstaat *m*
'nationwide I. *adv* landesweit, im ganzen Land **II.** *adj inv* *coverage, strike, campaign* landesweit
native ['neɪ·ʈɪv] **I.** *adj inv* ❶ (*of one's birth*) beheimatet; ~ **country** Heimatland *nt*; ~ **language** Muttersprache *f* ❷ (*indigenous*) *customs, traditions* einheimisch; *population* eingeboren ❸ BOT, ZOOL *animal, plant* beheimatet, einheimisch **II.** *n* (*local inhabitant*) Einheimische(r) *f(m)*; **a** ~ **of Mexico** ein gebürtiger Mexikaner/eine gebürtige Mexikanerin; (*indigenous*) Eingeborene(r) *f(m)*
Native A'merican I. *n* amerikanischer Ureinwohner/amerikanische Ureinwohnerin **II.** *adj* ~ **history** Geschichte der amerikanischen Ureinwohner

> ℹ️ Die Mehrheit der Spezialisten sind sich darin einig, dass die **Native Americans**, die Indianer Nordamerikas, aus Asien auswanderten, die Bering-Meeresenge überquerten und sich in Südkanada und den USA verteilt hatten, lange vor der Entdeckung der Neuen Welt durch die europäischen Entdecker. Sie werden in sieben Kulturzonen gegliedert, von den Eskimos im hohen Norden bis zu den Seminolen der Everglades in Florida und ihr jeweiliger Lebensstil zeugt von ihrer sehr engen Verbindung mit ihrer Umwelt.

native-'born *adj* gebürtig
native 'speaker *n* Muttersprachler(in) *m(f)*
Nativity [nə·'tɪv·ə·ʈi] *n* ▪**the** ~ die Geburt Christi
na'tivity play *n* Krippenspiel *nt*
NATO ['neɪ·toʊ] *n acr for* **North Atlantic Treaty Organization** NATO *f*
natural ['nætʃ·ər·əl] **I.** *adj* ❶ (*not artificial*) *flavor, ingredients* natürlich; *color, curls, dye, fertilizer* Natur- ❷ (*as in nature*) *harbor, reservoir, camouflage* natürlich; *fabric, wood* naturbelassen; ~ **state** Naturzustand *m* ❸ (*caused by nature*) natürlich; **to die of** ~ **causes** eines natürlichen Todes sterben; ~ **disaster** Naturkatastrophe ❹ BIOL, SOCIOL *father, mother, parents* leiblich ❺ (*normal*) natürlich, normal **II.** *n* ❶ (*approv fam*) Naturtalent *nt* ❷ MUS Auflösungszeichen *nt*
natural 'gas *n* Erdgas *nt*
natural 'history *n* Naturgeschichte *f*; (*as topic*

N

of study) Naturkunde *f*

naturalism ['nætʃ·ər·ə·lɪz·əm] *n* Naturalismus *m*

naturalist ['nætʃ·ər·ə·lɪst] *n* Naturforscher(in) *m(f)*

naturalistic [ˌnætʃ·ər·ə·'lɪs·tɪk] *adj* ART, LIT, PHILOS naturalistisch

naturalization [ˌnætʃ·ər·ə·lɪ·'zeɪ·ʃən] *n* Einbürgerung *f*

naturalize ['nætʃ·ər·ə·laɪz] I. *vt* einbürgern II. *vi* BOT, ZOOL ■**to become ~d** heimisch werden

naturally ['nætʃ·ər·ə·li] *adv* ❶ (*of course*) natürlich; (*as expected*) verständlicherweise ❷ (*without aid*) natürlich ❸ (*without special training*) natürlich; **dancing comes ~ to him** Tanzen fällt ihm leicht; **driving doesn't come ~ to me** Autofahren liegt mir nicht

natural re'sources *npl* Bodenschätze *pl*

natural 'sciences *npl* Naturwissenschaft *f*

natural se'lection *n* natürliche Auslese

nature ['neɪ·tʃər] *n* ❶ *no art* (*natural environment*) Natur *f*; **to let ~ take its course** der Natur ihren Lauf lassen ❷ (*innate qualities*) Art *f*; **what is the ~ of your problem?** worum handelt es sich bei Ihrem Problem?; **by ~** von Natur aus ❸ (*character*) Naturell *nt*, Art *f*

nature conser'vation *n* Naturschutz *m*

'nature lover *n* Naturfreund(in) *m(f)*

'nature preserve *n* Naturschutzgebiet *nt*

'nature study *n* Naturkunde *f*

'nature trail *n* Naturlehrpfad *m*

naturism ['neɪ·tʃə·rɪz·əm] *n* Freikörperkultur *f*

naturist ['neɪ·tʃə·rɪst] *n* Anhänger(in) *m(f)* der Freikörperkultur

naught [nɔt] *pron* **to be [all] for ~** umsonst sein

naughty ['nɔ·t̬i] *adj* ❶ (*badly behaved*) *children* ungezogen; (*iron*) *adults* ungehörig ❷ (*hum fam: sinful*) unanständig

nausea ['nɔ·zi·ə] *n* Übelkeit *f*; (*fig*) Ekel *m*

nauseate ['nɔ·zi·eɪt] *vt usu passive* (*form*) ■**to ~ sb** bei jdm Übelkeit verursachen; ■**to be ~d by sth** (*fig, pej*) von etw *dat* angeekelt sein

nauseating ['nɔ·zi·eɪ·t̬ɪŋ] *adj* Übelkeit erregend *attr*; (*fig, pej*) Ekel erregend *attr*

nauseous ['nɔ·ʃəs] *adj* ❶ (*having nausea*) **she is ~** ihr ist übel ❷ (*fig: causing nausea*) widerlich

nautical ['nɔ·t̬ɪ·kəl] *adj inv* nautisch; **~ chart** Seekarte *f*; **~ mile** Seemeile *f*

naval ['neɪ·vəl] *adj inv* (*of a navy*) Marine-; (*of ships*) Schiffs-, See-; **~ base** Flottenstützpunkt *m*; **~ warfare** (*war*) Seekrieg *m*; (*warring*) Seekriegsführung *f*

nave [neɪv] *n* ARCHIT Hauptschiff *nt*

navel ['neɪ·vəl] *n* ANAT Nabel *m*

navigable ['næv·ɪ·gə·bəl] *adj* (*passable*) schiffbar

navigate ['næv·ɪ·geɪt] I. *vt* ❶ (*steer*) navigieren ❷ (*traverse*) befahren; (*pass through*) durchfahren ❸ (*pilot*) steuern; AUTO lenken II. *vi* NAUT, AVIAT navigieren; AUTO *driver* fahren;

passenger lotsen

navigation [ˌnæv·ɪ·'geɪ·ʃən] *n* ❶ (*navigating*) Navigation *f* ❷ (*assisting operator*) Lotsen *nt* ❸ SCI, ART Navigationskunde *f*

navigational [ˌnæv·ɪ·'geɪ·ʃə·nəl] *adj inv* Navigations-

navigator ['næv·ɪ·geɪ·t̬ər] *n* Navigator(in) *m(f)*; AUTO Beifahrer(in) *m(f)*

navy ['neɪ·vi] I. *n* ❶ (*armed forces*) ■**the N~** die Marine ❷ (*color*) Marineblau *nt* II. *adj inv* marineblau

Nazi ['nat·si] *n* (*hist or pej*) Nazi *m*

Nazism ['nat·sɪz·əm], **Naziism** ['nat·si·ɪz·əm] *n* (*hist*) Nazismus *m*

NB [ˌen·'bi] *adv abbrev of* **nota bene** NB

NC, N.C. *abbrev of* **North Carolina**

NCO [ˌen·si·'oʊ] *n abbrev of* **noncommissioned officer** Uffz. *m*

ND, N.D. *abbrev of* **North Dakota**

NE *abbrev of* **Nebraska**

near [nɪr] I. *adj* ❶ (*close in space*) nahe, in der Nähe; **where's the ~est phone booth?** wo ist die nächste Telefonzelle? ❷ (*close in time*) nahe ❸ (*most similar*) **he rounded up the sum to the ~est dollar** er rundete die Summe auf den nächsten Dollar auf ❹ *attr* (*close to being*) **that's a ~ certainty/impossibility** das ist so gut wie sicher/unmöglich ▶ PHRASES: **to be a ~ miss** knapp danebengehen II. *adv* ❶ (*close in space*) nahe; **do you live somewhere ~?** wohnst du hier irgendwo in der Nähe? ❷ (*close in time*) nahe; **the time is drawing ~** die Zeit rückt näher ❸ (*almost*) beinahe, fast; **nowhere ~** bei weitem nicht III. *prep* ❶ (*in proximity to*) nahe [bei] +*dat*; **do you live ~ here?** wohnen Sie hier in der Nähe? ❷ (*almost time of*) **I'm nowhere ~ finishing the book** ich habe das Buch noch längst nicht ausgelesen ❸ (*close to a state*) **we came ~ to being killed** wir wären beinahe getötet worden ❹ (*similar in quantity or quality*) **this color is ~est [to] the original** diese Farbe kommt dem Original am nächsten IV. *vt* ■**to ~ sth** sich etw *dat* nähern V. *vi* sich nähern, näher rücken

nearby [ˌnɪr·'baɪ] I. *adj* nahe gelegen II. *adv* in der Nähe

Near 'East *n* Naher Osten

nearly ['nɪr·li] *adv inv* fast, beinahe

near'sighted *adj* kurzsichtig

near'sightedness *n* Kurzsichtigkeit *f*

neat [nit] *adj* ❶ (*well-maintained*) ordentlich; *appearance, beard* gepflegt; **~ and tidy** sauber und ordentlich ❷ (*approv fam: very good*) toll ❸ *inv* (*undiluted*) pur

neaten ['ni·tən] *vt* in Ordnung bringen

neatly ['nit·li] *adv* ❶ (*tidily*) sauber, ordentlich ❷ (*skillfully*) geschickt

neatness ['nit·nɪs] *n* Ordentlichkeit *f*, Sauberkeit *f*

Nebr. *abbrev of* **Nebraska**

Nebraska [nə·'bræs·kə] *n* Nebraska *nt*

nebula <*pl* -lae *or* -s> ['neb·jə·lə, *pl* -li] *n*

ASTRON Nebel *m*

nebulous ['neb·jə·ləs] *adj* nebelhaft; *fear, promise* vage

necessarily [ˌnes·ɪ·'ser·ə·li] *adv inv* (*consequently*) notwendigerweise; (*inevitably*) unbedingt; (*of necessity*) zwangsläufig; **not** ~ nicht unbedingt

necessary ['nes·ɪ·ser·i] *adj* nötig, notwendig; **strictly** ~ unbedingt nötig; **it's not** ~ [for you] **to shout** du brauchst nicht zu schreien

necessitate [nə·'ses·ɪ·teɪt] *vt* erfordern

necessity [nə·'ses·ə·ti] *n* ❶ (*being necessary*) Notwendigkeit *f* ❷ (*necessary thing*) **bare** ~ Grundbedarf *m;* **the necessities of life** das Lebensnotwendige

neck [nek] *n* ❶ ANAT Hals; (*nape*) Nacken *m* ❷ FASHION Kragen *m;* (*neckline*) Ausschnitt *m* ❸ (*narrow part*) Hals *m* ▶ PHRASES: **to be breathing down sb's** ~ jdm im Nacken sitzen; ~ **and** ~ Kopf an Kopf

'**neckband** *n* Halsbündchen *nt*

necklace ['nek·lɪs] *n* [Hals]kette *f*

'**neckline** *n* Ausschnitt *m*

'**necktie** *n* Krawatte *f*

nectar ['nek·tər] *n* Nektar *m*

nectarine [ˌnek·tə·'rin] *n* Nektarine *f*

née [neɪ] *adj pred, inv* geborene

need [nid] **I.** *n* ❶ (*requirement*) Bedarf *m* (**for** an +*dat*); **to be in** ~ **of sth** etw brauchen; **to have no** ~ **of sth** etw nicht brauchen ❷ (*necessity*) Notwendigkeit *f;* **if** ~ **be** falls nötig ❸ (*yearning*) Bedürfnis *nt;* **I'm in** ~ **of some fresh air** ich brauche etwas frische Luft ❹ (*poverty*) Not; **to be in** ~ in Not sein **II.** *vt* ❶ (*require*) brauchen; **your pants** ~ **washing** deine Hose müsste mal gewaschen werden ❷ (*must*) ▪**to** ~ **to do sth** etw tun müssen **III.** *aux vb* ~ **I say more?** (*iron*) muss ich noch mehr sagen?; **you** ~**n't worry** du brauchst dir keine Gedanken zu machen

needed ['nid·ɪd] *adj inv* notwendig, nötig; **much-~** dringend nötig

needle ['ni·dəl] **I.** *n* ❶ (*for sewing*) Nadel *f;* **knitting** ~ Stricknadel *f* ❷ MED, BOT Nadel *f* ❸ (*pointer*) Nadel *f* ▶ PHRASES: **it's like looking for a** ~ **in a haystack** das ist, als würde man eine Stecknadel im Heuhaufen suchen **II.** *vt* ärgern

needless ['nid·lɪs] *adj inv* unnötig; ~ **to say ...** selbstverständlich ...

needn't ['ni·dənt] = **need not** *see* **need III.**

needy ['ni·di] **I.** *adj* (*poor*) bedürftig, Not leidend *attr* **II.** *n* ▪**the** ~ *pl* die Bedürftigen *pl*

negate [nɪ·'geɪt] *vt* (*nullify*) zunichtemachen; (*deny*) verneinen

negative ['neg·ə·tɪv] **I.** *adj* (*all meanings*) negativ; ~ **answer** ablehnende Antwort; **to be** ~ **about sth/sb** etw/jdm gegenüber negativ eingestellt sein **II.** *n* ❶ (*negation*) Verneinung *f;* **in the** ~ abschlägig; LING in der Verneinungsform ❷ PHOT Negativ *nt* ❸ MATH **two ~s make a positive** zweimal minus macht plus

negatively ['neg·ə·tɪv·li] *adv* negativ; (*saying*

no) ablehnend

negativism ['neg·ə·tɪ·vɪz·əm], **negativity** [ˌneg·ə·'tɪv·ə·ti] *n* Negativität *f*

neglect [nɪ·'glekt] **I.** *vt* vernachlässigen; ▪**to** ~ **to do sth** [es] versäumen, etw zu tun **II.** *n* (*lack of care*) Vernachlässigung *f;* (*disrepair*) Verwahrlosung *f;* **to be in a state of** ~ verwahrlost sein

neglected [nɪ·'glekt·ɪd] *adj* (*uncared for*) verwahrlost; (*overlooked*) vernachlässigt

neglectful [nɪ·'glekt·fəl] *adj* nachlässig (**of** gegenüber +*dat*); *parents* pflichtvergessen; **to be** ~ **of sth** etw vernachlässigen

negligee, **negligée** [ˌneg·lə·'ʒeɪ] *n* Negligee *nt*

negligence ['neg·lɪ·dʒəns] *n* (*lack of care*) Nachlässigkeit *f;* (*neglect*) Vernachlässigung *f;* LAW (*form*) Fahrlässigkeit *f*

negligible ['neg·lɪ·dʒə·bəl] *adj* unbedeutend; *amount* geringfügig

negotiable [nɪ·'gou·ʃi·ə·bəl] *adj* ❶ (*discussable*) verhandelbar ❷ (*traversable*) passierbar; *road* befahrbar ❸ FIN übertragbar

negotiate [nɪ·'gou·ʃi·eɪt] **I.** *vt* ❶ (*discuss*) aushandeln; *loan, treaty* abschließen ❷ (*traverse*) passieren; (*fig: surmount*) *problems* überwinden **II.** *vi* verhandeln (**for/on** über +*akk*)

negotiation [nɪ·ˌgou·ʃi·'eɪ·ʃən] *n* Verhandlung *f*

negotiator [nɪ·'gou·ʃi·eɪ·tər] *n* Unterhändler(in) *m(f)*

neigh [neɪ] **I.** *n* Wiehern *nt kein pl* **II.** *vi* wiehern

neighbor ['neɪ·bər] **I.** *n* (*person*) Nachbar(in) *m(f);* (*fig: country*) Nachbarland *nt;* (*fig: fellow citizen*) Nächste(r) *f(m)* **II.** *vi* [an]grenzen (**on** an +*akk*)

neighborhood ['neɪ·bər·hʊd] *n* ❶ (*district*) Viertel *nt;* (*people*) Nachbarschaft *f* ❷ (*vicinity*) Nähe *f kein pl* ❸ (*fig: approximately*) **in the** ~ **of a thousand dollars** um [die] tausend Dollar

neighborhood 'watch *n* Nachbarschaftswachdienst *m*

neighboring ['neɪ·bər·ɪŋ] *adj attr, inv* (*nearby*) benachbart, Nachbar-; (*bordering*) angrenzend

neighborliness ['neɪ·bər·li·nɪs] *n* gutnachbarliche Art

neighborly ['neɪ·bər·li] *adj* (*community-friendly*) gutnachbarlich; (*kindly*) freundlich

neither ['ni·ðər] **I.** *adv inv* ❶ (*not either*) weder; ~ **...** **nor** **...** [**nor ...**] weder ... noch ... [oder ...] ❷ (*a. not*) auch nicht ▶ PHRASES: **to be** ~ **here nor there** völlig nebensächlich sein **II.** *adj attr, inv* keine(r, s) von beiden **III.** *pron* (*not either of two*) keine(r, s) von beiden; **we've got two TVs, but** ~ **works right** wir haben zwei Fernseher, aber keiner funktioniert richtig **IV.** *conj* ❶ (*not either*) ▪~ **... nor ...** weder ... noch ❷ *after neg* (*also not*) weder; **I can't be at the meeting, and** ~ **can Andrew** ich kann nicht zum Treffen kommen und Andrew auch nicht

N

neoclassical [ˌniˈoʊˈklæsˈɪˈkəl] *adj* klassizistisch

neo-conservative [ˌniˈoʊˈkənˈsɜrvəˈt̬ɪv] *adj* neokonservativ (*mit Bezug auf die konservative Reagan-Ära*)

Neolithic [ˌniˈoʊˈlɪθˈɪk] *adj inv* neolithisch; ~ **Period** Neolithikum *nt*

neon [ˈniˈan] *n* Neon *nt;* ~ **light** Neonlampe *f;* ~ **sign** Leuchtreklame *f*

neo-Nazi [ˌniˈoʊˈnatˈsi] *n* Neonazi *m*

nephew [ˈnefˈju] *n* Neffe *m*

nepotism [ˈnepˈəˈtɪzˈəm] *n* (*pej*) Vetternwirtschaft *f*

nerd [nɜrd] *n* (*sl: geek*) Streber(in) *m(f) pej;* (*loser*) Depp *m bes* SÜDD, ÖSTERR, SCHWEIZ *pej;* **computer** ~ Computerfreak *m sl*

nerdy [ˈnɜrdˈi] *adj* (*fam*) doof

nerve [nɜrv] *n* ❶ ANAT Nerv *m* ❷ (*courage*) Mut *m;* **to lose one's** ~ die Nerven verlieren ❸ (*nervousness*) ■ ~s *pl* Nervosität *f kein pl;* (*stress*) Nerven *pl* ❹ (*impudence*) Frechheit *f* ▶ PHRASES: **to get on sb's** ~ **s** (*fam*) jdm auf die Nerven [*o* den Wecker] gehen

'nerve cell *n* Nervenzelle *f*

'nerve center *n* Nervenzentrum *nt a. fig*

'nerve gas *n* Nervengas *nt*

'nerve-racking, 'nerve-wracking *adj* nervenaufreibend

nervous [ˈnɜrˈvəs] *adj* (*high-strung*) nervös; (*tense*) aufgeregt; (*fearful*) ängstlich; ■ **to be** ~ **about sth** wegen etw *dat* nervös sein

nervous 'breakdown *n* Nervenzusammenbruch *m*

nervously [ˈnɜrˈvəsˈli] *adv* nervös; (*overexcitedly*) aufgeregt; (*timidly*) ängstlich

nervousness [ˈnɜrˈvəsˈnɪs] *n* (*nervous state*) Nervosität *f;* (*fear*) Angst *f* (**about** vor +*dat*)

'nervous system *n* Nervensystem *nt*

nervy [ˈnɜrˈvi] *adj* (*pej*) unverschämt

nest [nest] **I.** *n* ❶ (*a. fig: of animals*) Nest *nt* ❷ (*pej: den*) Schlupfwinkel *m;* (*of criminals*) Brutstätte *f fig* **II.** *vi* ORN nisten

'nest egg *n* (*fig*) Notgroschen *m*

nesting [ˈnestˈɪŋ] *adj attr, inv* ❶ (*of sets*) ineinanderstapelbar ❷ (*of nests*) Nist-; ~ **box** Nistkasten *m*

nestle [ˈnesˈəl] **I.** *vt* **she ~d the baby lovingly in her arms** sie hielt das Baby liebevoll in ihren Armen **II.** *vi* ❶ (*person*) ■ **to** ~ **up to sb** sich an jdn anschmiegen ❷ (*object*) ■ **to** ~ **in sth** in etw *akk* eingebettet sein

nestling [ˈnestˈlɪŋ] *n* ORN Nestling *m*

Net [net] *n* INET, COMPUT ■ **the** ~ das Netz

net¹ [net] **I.** *n* Netz *nt a. fig;* **fishing** ~ Fischernetz *nt* **II.** *vt* <-tt-> ❶ (*catch*) *fish* mit einem Netz fangen; (*fig*) *criminals* fangen ❷ TENNIS **to** ~ **a return** einen Return ins Netz schlagen

net² [net] **I.** *adj inv* ❶ *n* FIN netto, rein, Netto-, Rein-; ~ **profit** Reingewinn *m;* ~ **salary** Nettolöhne *pl* ❷ *attr* (*fig: final*) End-; ~ **result** Endergebnis *nt* **II.** *vt* ❶ (*after tax*) netto verdienen ❷ (*realize*) netto einnehmen

Netherlands [ˈneðˈərˈləndz] *n* ■ **the** ~ die

Niederlande *pl*

netiquette [ˈnetˈɪˌket] *n* COMPUT Netiquette *f*

'Netspeak *adj* COMPUT Internet-Jargon *m*

netting [ˈnetˈɪŋ] *n* (*material*) Netzgewebe *nt;* (*structure*) Netzwerk *nt*

nettle [ˈnetˈəl] *n* Nessel *f;* **stinging** ~ **s** Brennnesseln *pl*

network [ˈnetˈwɜrk] **I.** *n* ❶ (*structure*) Netz[werk] *nt* ❷ (*fig: people*) Netz *nt* ❸ TV ~ **television** Sendernetz *nt* ❹ TELEC [Kommunikations]netzwerk *nt;* **telephone** ~ Telefonnetz *nt* ❺ TRANSP **rail[road]** ~ [Eisen]bahnnetz *nt* **II.** *vt* (*link*) *a.* COMPUT vernetzen (**to** mit +*dat*) **III.** *vi* Kontakte knüpfen

'networker *n* Networker(in) *m(f)*

networking [ˈnetˈwɜrkˈɪŋ] *n* ❶ (*making contacts*) Kontaktknüpfen *nt* ❷ COMPUT Vernetzen *nt*

neural [ˈnʊrˈəl] *adj attr, inv* ❶ ANAT Nerven-, neural *fachspr* ❷ COMPUT ~ **network** Neuronennetz *nt*

neuralgia [nʊˈrælˈdʒə] *n* Neuralgie *f*

neurological [ˌnʊrˈəˈladʒˈɪˈkəl] *adj inv* neurologisch

neurologist [nʊˈralˈəˈdʒɪst] *n* Neurologe *m,* Neurologin *f*

neurology [nʊˈralˈəˈdʒi] *n* Neurologie *f*

neuron [ˈnʊrˈan] *n* Neuron *nt*

neuroscience [ˌnʊrˈoʊˈsaɪˈəns] *n* Neurobiologie *f*

neurosis <*pl* -ses> [nʊˈroʊˈsɪs, *pl* -siz] *n* Neurose *f*

neurosurgeon [ˌnʊrˈoʊˈsɜrˈdʒən] *n* Neurochirurg(in) *m(f)*

neurosurgery [ˌnʊrˈoʊˈsɜrˈdʒəˈri] *n* Neurochirurgie *f*

neurotic [nʊˈraṭˈɪk] **I.** *n* Neurotiker(in) *m(f)* **II.** *adj* neurotisch

neuter [ˈnuˈt̬ər] **I.** *adj* sächlich; ~ **noun** Neutrum *nt* **II.** *vt male animal* kastrieren

neutral [ˈnuˈtrəl] **I.** *adj* neutral **II.** *n* ❶ (*country*) neutrales Land; (*person*) Neutrale(r) *f(m)* ❷ AUTO Leerlauf *m;* **in** ~ im Leerlauf

neutrality [nuˈtrælˈəˈt̬i] *n* Neutralität *f*

neutralization [ˌnuˈtrəˈlɪˈzerˈʃən] *n* Neutralisierung *f*

neutralize [ˈnuˈtrəˈlaɪz] *vt* (*nullify*) neutralisieren; *bomb* entschärfen; (*weaken*) *smell* abschwächen; *strong taste* mildern

neutron [ˈnuˈtran] *n* Neutron *nt;* ~ **bomb** Neutronenbombe *f*

Nev. *abbrev of* Nevada

Nevada [nəˈvadˈə] *n* Nevada *nt*

never [ˈnevˈər] *adv inv* nie, niemals; ~ **again!** nie wieder!; ~ **before** noch nie [zuvor]; ~ **ever** (*fam*) nie im Leben; ~ **mind!** mach' dir nichts draus! *fam*

never-'ending *adj* endlos

never-'never land *n* (*fam*) Fantasiewelt *f*

nevertheless [ˌnevˈərˈðəˈles] *adv* dennoch, nichtsdestoweniger

new [nu] **I.** *adj* neu; **that's nothing ~!** das ist

nichts Neues!; ~ **boy/girl/kid** (*a. fig: in school*) Neue(r) *f/m;* **I'm ~ around here** ich bin neu hier **II.** *n* ■**the ~** das Neue
newbie ['nu·bi] *n* COMPUT Anfänger(in) *m(f)*
'**newborn I.** *adj attr, inv* neugeboren **II.** *n* ■**the ~** *pl* die Neugeborenen *pl*
'**newcomer** *n* (*new arrival*) Neuankömmling *m;* (*stranger*) Fremde(r) *f/m;* **I'm a ~ to Miami** ich bin neu in Miami
new'fangled *adj inv* (*fam*) neumodisch
'**newfound** *adj* neu[entdeckt]
New Hampshire [,nu·'hæmp·ʃər] *n* New Hampshire *nt*
newish ['nu·ɪʃ] *adj inv* (*fam*) relativ neu
New Jersey [,nu·'dʒɜr·zi] *n* New Jersey *nt*
newly ['nu·li] *adv inv* kürzlich, neulich; ~ **married** jungverheiratet; ~ **painted** frisch gestrichen
'**newlywed I.** *n* Jungverheiratete(r) *f/m)* **II.** *adj* jungverheiratet
New Mexico [,nu·'mek·sɪ·koʊ] *n* New Mexico *nt*
new 'moon *n* Neumond *m*
new po'tatoes *npl* neue Kartoffeln *pl*
news [nuz] *n* ❶ (*new information*) Neuigkeit *f;* **to be bad ~** [for sb/sth] (*fig*) schlecht [für jdn/etw] sein; **to break the ~ to sb** jdm die schlechte Nachricht überbringen ❷ (*media*) Nachrichten *pl;* **to be in the ~** in den Schlagzeilen sein; **on the ~** (*in TV, radio*) in den Nachrichten
'**news agency** *n* Nachrichtenagentur *f*
'**newscast** *n* Nachrichtensendung *f*
'**newscaster** *n* Nachrichtensprecher(in) *m(f)*
'**news conference** *n* Pressekonferenz *f*
'**newsflash** *n* Kurzmeldung *f*
'**newsgroup** *n* INET Newsgroup *f*
'**news item** *n* Nachricht *f*
'**newsletter** *n* Rundschreiben *nt*
'**newspaper** *n* ❶ (*journal*) Zeitung *f;* **daily ~** Tageszeitung *f* ❷ (*material*) Zeitungspapier *nt*
'**newsprint** *n* Zeitungspapier *nt*
'**news release** *n* Presseerklärung *f*
'**news report** *n* Meldung *f*
'**newsroom** *n* Nachrichtenredaktion *f*
'**newsstand** *n* Zeitungsstand *m*
'**newsworthy** *adj* berichtenswert
newt [nut] *n* ZOOL Wassermolch *m*
New 'Testament *n* the ~ das Neue Testament
new 'wave *n* ❶ FILM, TV, THEAT (*movement*) ≈ neue Welle ❷ (*fresh outbreak*) **a ~ of layoffs/violence** eine neue Entlassungswelle/ Welle der Gewalt
New 'Year *n* Neujahr *nt kein pl;* **Happy ~** gutes neues Jahr; ■**the ~** das neue Jahr; (*first weeks*) der Jahresbeginn
New 'Year's *n* (*fam: January 1*) Neujahrstag *m;* (*December 31*) Silvester *nt*
New Year's 'Day *n* Neujahr *nt,* Neujahrstag *m*
New Year's 'Eve *n* Silvester *nt*
New York [,nu·'jɔrk] *n* New York *nt*
New Zealand [,nu·'zi·lənd] *n* Neuseeland *nt*
New Zealander [,nu·'zi·lənd·ər] *n* Neuseelän-

der(in) *m(f)*
next [nekst] **I.** *adj inv* ❶ (*coming immediately after*) nächste(r, s); ~ **month** nächsten Monat; [the] ~ **time** nächstes Mal ❷ (*next in order, space*) nächste(r, s), folgende(r, s); **in the ~ room** im Raum nebenan; **the week after ~** die übernächste Woche; **who's ~?** wer ist der/ die Nächste? **II.** *adv inv* ❶ (*subsequently*) dann, gleich darauf; **so what happened ~?** was geschah als Nächstes? ❷ (*second*) zweit-; **the ~ best thing** die zweitbeste Sache ❸ (*to one side*) ■~ **to sth/sb** neben etw/jdm ❹ (*almost*) ■~ **to ...** beinahe ..., fast ...; ~ **to impossible** beinahe unmöglich; ~ **to nothing** fast gar nichts ❺ (*again*) das nächste Mal; **when I come ~** wenn ich das nächste Mal komme ► PHRASES: **what ~?** und was kommt dann? **III.** *n* (*following one*) der/die/das Nächste; **the week after ~** übernächste Woche
next 'door I. *adv* nebenan **II.** *adj pred, inv buildings* nebenan *nach n; people* benachbart; *neighbor* direkt
next-'gen *adj* (*fam*) *short for* **next-generation** futuristisch
next of 'kin *n* + *sing/pl vb* nächste(r) Angehörige(r)
NH, N.H. *abbrev of* New Hampshire
nib [nɪb] *n* [Schreib]feder *f*
nibble ['nɪb·əl] **I.** *n* Bissen *m* **II.** *vt* knabbern **III.** *vi* ❶ (*snack*) knabbern; ■**to ~ on sth** an etw *dat* herumknabbern ❷ (*eat into*) ■**to ~ away at sth** an etw *dat* nagen *fig*
Nicaragua [,nɪk·ə·'rag·wə] *n* Nicaragua *nt*
Nicaraguan [,nɪk·ə·'rag·wən] **I.** *n* Nicaraguaner(in) *m(f)* **II.** *adj* nicaraguanisch
nice [naɪs] *adj* (*approv*) ❶ *nett;* (*pleasant*) schön, angenehm; *neighborhood* freundlich; ~ **to meet you!** es freut mich, Sie/dich kennen zu lernen!; ~ **work!** (*fam*) gute Arbeit! ❷ (*amiable*) nett, freundlich ❸ (*intensifier*) schön; ~ **and big** schön groß
nice-'looking *adj* (*person*) gut aussehend, hübsch; (*thing*) hübsch
nicely ['naɪs·li] *adv* ❶ (*pleasantly*) nett, hübsch ❷ (*well*) gut, nett; **that'll do ~** das reicht völlig
nicety ['naɪ·sə·t̬i] *n* (*etiquette*) ■**niceties** *pl* Gepflogenheiten *pl*
niche [nɪtʃ] *n* Nische *f*
nick [nɪk] **I.** *n* (*chip*) Kerbe *f* ► PHRASES: **[just] in the ~ of time** gerade noch rechtzeitig **II.** *vt* (*chip*) einkerben; (*cut*) einschneiden
nickel ['nɪk·əl] *n* ❶ (*metal*) Nickel *nt* ❷ (*coin*) Fünfcentstück *nt*
nickel-'plated *adj* vernickelt
nickname ['nɪk·neɪm] **I.** *n* Spitzname *m;* (*affectionate*) Kosename *m* **II.** *vt* **the campsite has been ~d "Tent City" by visiting reporters** der Campingplatz wurde von besuchenden Reportern scherzhaft „Zeltstadt" genannt
nicotine ['nɪk·ə·t̬in] *n* Nikotin *nt;* ~ **patch** Nikotinpflaster *nt*

N

niece [nis] *n* Nichte *f*

nifty ['nɪf·ti] *adj* (*approv fam: stylish*) elegant; (*skillful*) geschickt

niggardly ['nɪg·ərd·li] *adj* (*pej*) ❶ (*stingy*) geizig ❷ (*meager*) dürftig; *donation, supply* armselig

niggle ['nɪg·əl] I. *vi* ❶ (*criticize*) nörgeln ❷ (*worry*) beunruhigen, nagen *fig* (at an + *dat*) II. *vt* ■to ~ **sb** (*nag*) an jdm herumnörgeln; (*worry*) jdn beschäftigen

niggling ['nɪg·lɪŋ] *adj attr* (*troubling*) nagend *fig*

night [naɪt] *n* ❶ (*darkness*) Nacht *f;* **to spend the ~ with sb** (*as a friend, relation*) bei jdm übernachten; (*sexually*) die Nacht mit jdm verbringen; **at ~** nachts ❷ (*evening*) Abend *m;* **to have a ~ out** [abends] ausgehen; **by ~** abends ❸ THEAT, FILM **opening ~** Premiere *f*

'night blindness *n* Nachtblindheit *f*

'nightcap *n* (*drink*) Schlaftrunk *m*

'nightclothes *npl* Nachtwäsche *f kein pl;* (*pajamas*) Schlafanzug *m*

'nightclub *n* Nachtklub *m*

'night cream *n* Nachtcreme *f*

'night depository *n* Nachttresor *m*

'nightdress, **'nightgown**, *fam* **nightie** ['naɪ·ţi] *n* Nachthemd *nt*

nightingale ['naɪ·ţɪŋ·geɪl] *n* Nachtigall *f*

'nightlife *n* Nachtleben *nt*

'nightlight *n* Nachtlicht *nt*

nightly ['naɪt·li] I. *adv inv* jede Nacht II. *adj inv* (*each night*) [all]abendlich; (*nocturnal*) nächtlich

nightmare ['naɪt·mer] *n* Alptraum *m*

nightmarish ['naɪt·mer·ɪʃ] *adj* (*horrific*) alptraumhaft; (*distressing*) grauenhaft

night-'night *interj* (*esp childspeak*) [gute] Nacht

'night nurse *n* Nachtschwester *f*

'night owl *n* (*fam*) Nachteule *f hum*

nights [naɪts] *adv inv* nachts; **to work ~** nachts arbeiten

'night school *n* Abendschule *f*

'night shift *n* Nachtschicht *f*

'nightshirt *n* [Herren]nachthemd *nt*

'nightspot *n* (*fam*) Nachtklub *m*

'nightstand *n* Nachttisch *m*

'nightstick *n* Schlagstock *m*

'night table *n* Nachttisch *m*

'nighttime *n* Nacht[zeit] *f*

'night watch *n* Nachtwache *f*

night 'watchman *n* Nachtwächter *m*

'nightwear *n* Nachtwäsche *f*

nihilism ['naɪ·ə·lɪz·əm] *n* Nihilismus *m*

nihilistic [ˌnaɪ·ə·'lɪs·tɪk] *adj* nihilistisch

Nikkei Index [nɪ·'keɪ-] *n, n* Nikkei Index *m*

nil [nɪl] *n* Nichts *nt*, Null *f*

nimble ['nɪm·bəl] *adj* (*usu approv: agile*) gelenkig, beweglich; (*quick*) flink; (*quick-witted*) [geistig] beweglich

NIMBY <*pl* -s> ['nɪm·bi] *n* (*pej*) *acr for* **not in my back yard** Person, die sich gegen umstrittene Bauvorhaben in der eigenen Nachbar-

schaft stellt, aber nichts dagegen hat, wenn diese woanders realisiert werden

nine [naɪn] I. *adj* neun; **~ times out of ten** in neun von zehn Fällen ▶ PHRASES: **the whole ~ yards** (*fam*) ganz und gar II. *n* Neun *f* ▶ PHRASES: **be dressed** [*fam* **up**] **to the ~s** in Schale [geworfen] sein

9-11, **9/11** [naɪn·ɪ·'lev·ən] *n* der 11. September (*Terrorangriffe am 11.9.2001 auf das World Trade Center in New York und das Pentagon in Washington*)

nineteen [ˌnaɪn·'tin] I. *n* Neunzehn *f* II. *adj* neunzehn

nineteenth [ˌnaɪn·'tinθ] I. *n* ❶ (*after 18th*) Neunzehnte(r,s) *f*(*m,nt*) ❷ (*fraction*) Neunzehntel *nt* II. *adj* neunzehnte(r,s) III. *adv* an neunzehnter Stelle

nineties ['naɪn·ţiz] *npl* ❶ (*temperature*) **temperatures in the ~** Temperaturen um neunzig Grad Fahrenheit ❷ (*decade*) ■**the ~** die Neunziger *pl*

ninetieth ['naɪn·ţi·əθ] I. *n* ❶ (*after 89th*) Neunzigste(r,s) *f*(*m,nt*) ❷ (*fraction*) Neunzigstel *nt* II. *adj* neunzigste(r,s) III. *adv* an neunzigster Stelle

'nine-to-five I. *adv* **to work ~** von neun bis fünf [Uhr] arbeiten II. *adj* **a ~ schedule** ein Achtstunden[arbeits]tag *m*

ninety ['naɪn·ţi] I. *n* Neunzig *f* II. *adj* neunzig

ninja ['nɪn·dʒə] *n* ❶ HIST, MIL Ninja *m* ❷ SPORTS Ninjutsu-Schüler(in) *m(f)*

ninth [naɪnθ] I. *n* ❶ (*after 8th*) Neunte(r,s) *f*(*m,nt*) ❷ (*fraction*) Neuntel *nt* II. *adj* neunte(r,s) III. *adv* an neunter Stelle

nip¹ [nɪp] I. *vt* <-pp-> (*bite*) beißen; (*pinch*) zwicken ▶ PHRASES: **to ~ sth in the bud** etw im Keim ersticken II. *vi* <-pp-> beißen *dat* III. *n* ❶ (*pinch*) Kniff *m;* (*bite*) Biss *m* ❷ (*chill*) Kälte *f;* **there's a ~ in the air** es ist frisch

nip² [nɪp] *n* (*fam: sip*) Schluck *m*

nipple ['nɪp·əl] *n* ❶ ANAT Brustwarze *f* ❷ (*of baby bottle*) Sauger *m*

nippy ['nɪp·i] *adj* (*fam*) kühl

nirvana [nɪr·'va·nə] *n* Nirwana *nt;* (*fig*) Traumwelt *f*

nit [nɪt] *n* Nisse *f*

nitpick ['nɪt·pɪk] *vi* (*fam: find fault*) kleinlich sein

nitpicker ['nɪt·pɪk·ər] *n* (*pej: faultfinder*) Kleinigkeitskrämer(in) *m(f)*

nitpicking ['nɪt·pɪk·ɪŋ] I. *adj* (*pej fam*) pingelig II. *n* (*pej fam*) Krittelei *f*

nitrate ['naɪ·treɪt] *n* Nitrat *nt*

nitric ['naɪ·trɪk] *adj* Stickstoff-; **~ acid** Salpetersäure *f*

nitrite ['naɪ·traɪt] *n* Nitrit *nt*

nitrogen ['naɪ·trə·dʒən] *n* Stickstoff *m*

nitroglycerin(e) [ˌnaɪ·troʊ·'glɪs·ər·ɪn] *n* Nitroglyzerin *nt*

nitrous ['naɪ·trəs] *adj* Stickstoff-, stickstoffhaltig; **~ oxide** Lachgas *nt*

nitty-gritty [ˌnɪţ·i·'grɪţ·i] *n* (*fam*) **to get down to the ~** zur Sache kommen

nitwit ['nɪt·wɪt] *n* (*pej fam: stupid person*) Schwachkopf *m*

nix [nɪks] **I.** *vt* (*fam*) ablehnen **II.** *adv inv* (*fam*) nichts, nix *fam*

NJ, N.J. *abbrev of* New Jersey

NM, N.M. *abbrev of* New Mexico

no [noʊ] **I.** *adj* ❶ (*not any*) kein(e); ~ **one** keiner; **to be of** ~ **interest** unwichtig sein ❷ (*on signs*) "~ **parking**" „Parken verboten" ❸ *with gerund* (*impossible*) **there's** ~ **denying** es lässt sich nicht leugnen **II.** *adv* ❶ *inv* (*not at all*) nicht; ~ **less than** sb/sth nicht weniger als jd/etw ❷ (*negation*) nein ❸ (*doubt*) nein, wirklich nicht **III.** *n* <*pl* -es *or* -s> ❶ (*negation*) Nein *nt kein pl;* (*refusal*) Absage *f* ❷ (*negative vote*) Neinstimme *f* **IV.** *interj* ❶ (*refusal*) nein ❷ (*surprise*) ~! **I don't believe it!** nein! das kann ich nicht glauben! *fam* ❸ (*distress*) **oh,** ~! oh nein!

Noah's ark [ˌnoʊ·əz·'ark] *n* die Arche Noah

Nobel Prize [ˌnoʊ·bel·'-] *n* Nobelpreis *m;* ~ **winner** Nobelpreisträger(in) *m(f)*

nobility [noʊ·'bɪl·ə·t̬i] *n* ❶ (*aristocracy*) ■the ~ der Adel ❷ (*approv: character*) hohe Gesinnung

noble ['noʊ·bəl] **I.** *adj* ❶ (*aristocratic*) ad[e]lig ❷ (*approv: estimable*) *ideals, motives, person* edel geh, nobel geh **II.** *n* Ad[e]lige(r) *f(m)*

'nobleman *n* Ad[e]liger *m*, Edelmann *m hist*

'noblewoman *n* Ad[e]lige *f*, Edelfrau *f hist*

nobly ['noʊ·bli] *adv* nobel geh, edel geh

nobody ['noʊ·bad·i] **I.** *pron indef pronoun, sing* (*no people*) niemand, keiner; ~ **else** niemand anders **II.** *n* <*pl* -dies> (*sb of no importance*) Niemand *m kein pl*, Nobody *m*

no-brainer ['noʊ·breɪ·nər] *n* (*fam*) ■to be a ~ ein Kinderspiel sein

nocturnal [nak·'tɜr·nəl] *adj inv* (*of the night*) nächtlich *attr*, Nacht-; ZOOL (*active at night*) nachtaktiv

nod [nad] **I.** *n usu sing* Nicken *nt kein pl;* **to get the** ~ (*fig*) grünes Licht bekommen **II.** *vt* <-dd-> ❶ **to** ~ **one's head** mit dem Kopf nicken ❷ **to** ~ **a farewell to sb** jdm zum Abschied zunicken **III.** *vi* <-dd-> (*as signal*) nicken

◆**nod off** *vi* (*involuntarily*) einnicken; (*voluntarily*) ein Nickerchen machen

nodding ['nad·ɪŋ] *adj* ❶ (*head*) nickend ❷ (*fleeting*) *acquaintance* flüchtig

node [noʊd] *n* Knoten *m;* (*intersection*) Schnittpunkt *m;* COMPUT Schnittstelle *f*

nodule ['nadʒ·ul] *n* Knötchen *nt;* GEOL Klümpchen *nt*

no-'fault *adj attr, inv* Vollkasko-

no-'fly zone *n* Flugverbotszone *f*

no-'frills *adj attr, inv shop* [schlicht und] einfach; ~ **service** Service *m* ohne Extras; ~ **travel** Pauschalreise *f*

no-go 'area, no-go 'zone *n* ❶ (*prohibited*) verbotene Zone ❷ MIL Sperrgebiet *nt*

no-holds-barred [ˌnoʊ·ˌhoʊldz·'bard] *adj attr, inv* uneingeschränkt; *fight, report* schonungs-

los

nohow ['noʊ·haʊ] *adv inv* (*fam*) keinesfalls, auf gar keinen Fall

no-'iron *adj inv clothes* bügelfrei

noise [nɔɪz] *n* ❶ (*loudness*) Lärm *m*, Krach *m* ❷ (*sound*) Geräusch *nt* ▶ PHRASES: **to make** ~ Aufsehen *nt* erregen

'noise barrier *n* Lärmschutzwand *f*

noiseless ['nɔɪz·lɪs] *adj inv breath, flight* geräuschlos, lautlos

'noise pollution *n* Lärmbelästigung *f*

noise prevention *n* Lärmvermeidung *f*

noisy ['nɔɪ·zi] *adj* ❶ (*making noise*) laut ❷ (*full of noise*) laut; **crowded and** ~ **bar** überfüllte und sehr laute Kneipe

nomad ['noʊ·mæd] *n* Nomade *m*, Nomadin *f;* (*fig*) Wandervogel *m hum*

nomadic [noʊ·'mæd·ɪk] *adj* nomadisch, Nomaden-

'no-man's-land *n* ❶ MIL Niemandsland *nt* ❷ (*limbo*) Schwebezustand *m*

nominal ['nam·ə·nəl] *adj* ❶ (*titular*) dem Namen nach *nach n*, nominell ❷ (*small*) *sum of money* gering

nominally ['nam·ə·nə·li] *adv* dem Namen nach, nominell

nominate ['nam·ə·neɪt] *vt* ❶ (*propose*) nominieren ❷ (*appoint*) ■to ~ **sb** [as] **sth** jdn zu etw *dat* ernennen

nomination [ˌnam·ə·'neɪ·ʃən] *n* ❶ (*proposal*) Nominierung *f* (**for** für +*akk*) ❷ (*appointment*) Ernennung *f* (**to** zu +*dat*)

nominative ['nam·ə·nə·tɪv] **I.** *n* ■the ~ der Nominativ **II.** *adj inv* Nominativ-; **to be in the** ~ **case** im Nominativ stehen

nominee [ˌnam·ə·'ni] **I.** *n* Kandidat(in) *m(f);* **Oscar** ~**s** Oscar-Anwärter *pl* **II.** *adj attr, inv* nominiert

nonagenarian [ˌnan·ə·dʒə·'ner·i·ən] **I.** *n* ■to be a ~ in den Neunzigern sein **II.** *adj inv* in den Neunzigern *nach n*

nonag'gression *n* Gewaltverzicht *m;* ~ **pact/treaty** Nichtangriffspakt *m*

nonalco'holic *adj inv drink, beer* alkoholfrei

nonat'tendance *n* (*at school, a hearing*) Abwesenheit *f*

nonchalant [ˌnan·ʃə·'lant] *adj* gleichgültig

noncom'batant *n* MIL Zivilist(in) *m(f)*

noncommissioned 'officer *n* MIL Unteroffizier(in) *m(f)*

noncommittal [ˌnan·kə·'mɪt̬·əl] *adj letter, tone* unverbindlich

noncom'pliance *n with an order* Nichtbeachtung *f; with a wish* Nichterfüllung *f*

noncon'formist I. *adj* nonkonformistisch **II.** *n* Nonkonformist(in) *m(f)*

noncon'tributory *adj inv* beitragsfrei

noncoope'ration *n* Kooperationsverweigerung *f* (**with** in Bezug auf +*akk*)

nondeposit 'bottle *n* Einwegflasche *f*

nondescript [ˌnan·dɪ·'skrɪpt] *adj person, building* unscheinbar; *color, taste* undefinierbar

none [nʌn] **I.** *pron* **❶** (*not any*) keine(r, s); ~ **of it matters anymore** das spielt jetzt keine Rolle mehr; ~ **of the brothers** + *sing/pl vb* keiner der Brüder; ~ **of us** + *sing/pl vb* niemand von uns; ~ **at all** gar keine(r, s) **❷** (*no person, no one*) ~ **other than ...** kein Geringerer/keine Geringere als ... ▶ PHRASES: **to be** ~ **of sb's** underline: business jdn nichts angehen; **to be** underline: second **to** ~ unvergleichlich sein **II.** *adv* kein bisschen; ~ **too pleased** (*form*) nicht sonderlich erfreut

nonentity [nan·'en·tə·ʈi] *n* (*pej: nobody*) ■ **a** ~ ein Niemand *m*

nones'sential I. *adj inv* überflüssig, unnötig **II.** *n* unnötige Sache

none'vent *n* (*fam*) **in one's life** Enttäuschung *f;* **party** Reinfall *m*

nonex'istence *n* Nichtvorhandensein *nt*

nonex'istent *adj inv* nicht vorhanden

non'fat *adj food* fettfrei

non'fiction I. *n* Sachliteratur *f* **II.** *adj* Sachliteratur-; ~ **author** Sachbuchautor(in) *m(f);* ~ **books** Sachbücher *pl*

non'flammable *adj inv material* nicht entflammbar

nonne'gotiable *adj inv* **❶** LAW *terms, conditions* nicht verhandelbar **❷** FIN *document, bill of exchange* nicht übertragbar

'no-no <*pl* -es> *n* (*fam*) Unding *nt;* **that's a ~!** das macht man nicht!

nonplus <-ss-> [,nan·'plʌs] *vt* verblüffen

nonpol'luting *adj inv byproduct* ungiftig

nonpro'ductive *adj inv* unproduktiv; (*ineffective*) unwirksam; FIN *investment* nicht Gewinn bringend *attr*

non'profit I. *adj inv* nicht gewinnorientiert **II.** *n* gemeinnützige Organisation

nonprolife'ration POL **I.** *n* Nichtverbreitung *f* **II.** *adj attr* Nichtverbreitungs-

nonre'fundable *adj inv payment* nicht zurückzahlbar

nonrenewable 'resources *npl* nicht erneuerbare Energien *pl*

non'resident I. *adj inv* **❶** (*not local*) auswärtig **❷** COMPUT nicht resident **II.** *n* Nichtortsansässige(r) *f(m)*

nonre'turnable *adj inv* nicht zurücknehmbar

nonsense ['nan·sens] **I.** *n* **❶** (*absurdity*) Unsinn *m*, Quatsch *m* **❷** (*misbehavior*) Unfug *m* **❸** (*showing disapproval*) Blödsinn *m* **II.** *adj attr, inv* (*meaningless*) unsinnig, sinnlos **III.** *interj* ■ ~! Quatsch!, Unsinn!

nonsensical [,nan·'sen·sɪ·kəl] *adj idea, plan* unsinnig

non'shrink *adj material, clothing* einlaufsicher

non'slip *adj inv surface* rutschfest

non'smoker *n* Nichtraucher(in) *m(f)*

non'smoking *adj inv section* Nichtraucher-

non'starter *n* (*idea*) Reinfall *m*

non'stick *adj inv* antihaftbeschichtet

non'stop I. *adj inv* Nonstop- **II.** *adv* nonstop; *talk, rain* ununterbrochen

non'taxable *adj inv income* steuerfrei

non'toxic *adj inv material, substance* ungiftig

non'verbal *adj inv communication* nonverbal

non'violent *adj inv protest* gewaltfrei

noodle ['nu·dəl] *n* **❶** (*food*) Nudel *f;* ■ ~**s** *pl* Pasta *f* **❷** (*fam: head*) **to use one's** ~ seinen Verstand benutzen

noogie ['nu·gi] *n* (*sl*) ■ **to give sb a** ~ jdm eine Kopfnuss geben

nook [nʊk] *n* Nische *f*, Ecke *f* ▶ PHRASES: [**in**] **every** ~ **and** underline: cranny in allen Ecken und Winkeln

noon [nun] *n* Mittag *m;* ■ **about** ~ um die Mittagszeit

no one ['noʊ·wʌn] *pron see* **nobody**

noose [nus] *n* Schlinge *f a. fig*

nope [noʊp] *adv inv* (*sl*) nö *fam*

nor [nɔr] *conj* noch; **neither ... ~ ...** weder ... noch ...

Nordic ['nɔr·dɪk] *adj inv country, person* nordisch

norm [nɔrm] *n* Norm *f*

normal ['nɔr·məl] **I.** *adj* **❶** (*ordinary*) *person, day* normal **❷** (*usual*) *behavior* normal (**for** für + *akk*); **as** [**is**] ~ wie üblich **❸** (*fit*) gesund; **to be absolutely** ~ völlig gesund sein **II.** *n* Normalzustand *m;* **the temperature was above** ~ die Temperatur war höher als normal; **to return to** ~ sich normalisieren

normalize ['nɔr·mə·laɪz] **I.** *vt* **❶** (*make normal*) *blood pressure* normalisieren **❷** *esp* COMPUT abgleichen **II.** *vi situation, relations* sich normalisieren

normally ['nɔr·mə·li] *adv* **❶** *inv* (*usually*) normalerweise **❷** (*in a normal way*) normal

north [nɔrθ] **I.** *n* **❶** (*direction*) Norden *m;* ■ **in the** ~ im Norden; ■ **to the** ~ nach Norden [hin] **❷** (*region*) ■ **the N~** der Norden **II.** *adj inv* nördlich, Nord-; ~ **of Massachusetts** nördlich von Massachusetts **III.** *adv inv* nordwärts

North 'Africa *n* Nordafrika *nt*

North 'African I. *n* Nordafrikaner(in) *m(f)* **II.** *adj inv history, culture* nordafrikanisch

North A'merica *n* Nordamerika *nt*

North A'merican I. *n* Nordamerikaner(in) *m(f)* **II.** *adj inv* nordamerikanisch

North Carolina [,nɔrθ·kær·ə·'laɪ·nə] *n* Nordkarolina *nt*

North Dakota [,nɔrθ·də·'koʊ·də] *n* Norddakota *nt*

north'east I. *n* **❶** (*direction*) Nordosten *m;* ■ **to the** ~ [**of ...**] nordöstlich [von ...] **❷** (*region*) ■ **the N~** der Nordosten **II.** *adj inv* nordöstlich, Nordost-; ~ **wind** Wind *m* von Nordost **III.** *adv inv* nordostwärts (**of** von + *dat*)

north'eastern *adj attr, inv* nordöstlich, Nordost-

northerly ['nɔr·ðər·li] *adj* nördlich, Nord-

northern ['nɔr·ðərn] *adj attr, inv* nördlich

northerner ['nɔr·ðər·nər] *n* Nordstaatler(in) *m(f);* (*fig, hum*) Nordlicht *nt*

Northern 'Ireland *n* Nordirland *nt*

North 'Pole *n* ■ **the** ~ der Nordpol

North 'Sea *n* ∎ **the** ~ die Nordsee
northward ['nɔrθ·wərd] *inv* **I.** *adj migration* nach Norden *nach n*, Nord-; ~ **direction** nördliche Richtung **II.** *adv* nach Norden
north'west I. *n* Nordwesten *m;* ∎ **to the** ~ [of sth] nordwestlich [von etw *dat*] **II.** *adj inv* nordwestlich, Nordwest-; ~ **wind** Wind *m* von Nordwest **III.** *adv inv* nach Nordwesten
Norway ['nɔr·weɪ] *n* Norwegen *nt*
Norwegian [nɔr·'wi·dʒən] **I.** *n* ❶ (*person*) Norweger(in) *m(f)* ❷ (*language*) Norwegisch *nt* **II.** *adj inv* norwegisch, Norwegisch-
nose [noʊz] **I.** *n* ❶ (*organ*) Nase *f;* **to blow one's** ~ sich *dat* die Nase putzen ❷ (*front*) Schnauze *f fam; of aircraft* Flugzeugnase *f* ▶ PHRASES: **to stick one's** ~ **into sth** (*fam*) seine Nase in etw *akk* hineinstecken **II.** *vi* **to** ~ **forward** sich vorsichtig vorwärtsbewegen **III.** *vt* **to** ~ **one's way forward/in/out/up** sich vorsichtig seinen Weg vorwärts-/hinein-/hinaus-/hinaufbahnen
◆ **nose around I.** *vi* (*fam*) herumstöbern *fam* **II.** *vt* ∎ **to** ~ **around sth** in etw *dat* herumstöbern
◆ **nose out** *vt* (*discover*) *secrets, details* herausfinden
'nosebleed *n* Nasenbluten *nt*
'nosedive I. *n* ❶ AVIAT Sturzflug *m* ❷ (*fig*) Einbruch *m* **II.** *vi* ❶ AVIAT im Sturzflug heruntergehen ❷ FIN *prices, economy* einbrechen
'nose job *n* MED (*fam*) Nasenkorrektur *f*
'nose ring *n* Nasenring *m*
nosey ['noʊ·zi] *adj* (*pej*) *see* **nosy**
nosh [naʃ] (*fam*) **I.** *n* (*snack*) **to have a** ~ einen Happen zu sich *dat* nehmen **II.** *vi* ∎ **to** ~ **on sth** etw futtern
no-'smoking *adj area* Nichtraucher-
nostalgia [na·'stæl·dʒə] *n* Nostalgie *f*
nostalgic [na·'stæl·dʒɪk] *adj* nostalgisch
no-'strike agreement *n* Streikverbotsabkommen *nt*
nostril ['nas·trəl] *n of a person* Nasenloch *nt; of a horse* Nüster *f*
nosy ['noʊ·zi] *adj* (*pej*) neugierig
not [nat] *adv inv* ❶ *after aux vb* nicht; **it's** ~ **unusual** das ist nicht ungewöhnlich ❷ *in tag question* **it's cold, isn't it?** es ist kalt, nicht [wahr]? ❸ *before noun* kein, nicht; **it's a girl,** ~ **a boy** es ist ein Mädchen, kein Junge ❹ *before infin* nicht; **he asked me** ~ **to do it** er hat mich gebeten, es nicht zu tun ❺ *before predeterminer* nicht; ~ **all children like swimming** nicht alle Kinder schwimmen gerne ❻ *before adj, adv* (*meaning opposite*) nicht; ~ **much** nicht viel ▶ PHRASES: ~ **at all!** (*polite answer*) überhaupt nicht!; (*denying vehemently*) überhaupt nicht!
notable ['noʊ·ṭə·bəl] *adj* ❶ (*eminent*) *collection, philosopher* bedeutend ❷ (*remarkable*) *achievement, success* beachtlich, bemerkenswert
notably ['noʊ·ṭə·bli] *adv* ❶ (*particularly*) insbesondere, vor allem ❷ (*perceptibly*) merk-

lich, auffallend
notary 'public <*pl* -ies public> [ˌnoʊ·ṭə·ri-] *n* Notar(in) *m(f)*
notation [noʊ·'teɪ·ʃən] *n* ❶ MATH, MUS Notation *f* ❷ (*note*) Notiz *f*
notch <*pl* -es> [natʃ] *n* ❶ (*indentation*) Einkerbung *f* ❷ (*in belt*) Loch *nt*
note [noʊt] **I.** *n* ❶ (*record*) Notiz *f;* **to leave a** ~ eine Nachricht hinterlassen; **to make a** ~ [of sth] [sich *dat*] eine Notiz [von etw *dat*] machen ❷ (*attention*) **to take** ~ **of sth** von etw *dat* Notiz nehmen ❸ MUS Note *f* **II.** *vt* ❶ (*notice*) wahrnehmen; (*pay attention to*) beachten; ∎ **to** ~ **that ...** zur Kenntnis nehmen, dass ... ❷ (*remark*) anmerken; (*point out*) feststellen
'notebook *n* ❶ (*book*) Notizbuch *nt* ❷ COMPUT Notebook *nt*
noted ['noʊ·ṭɪd] *adj attr* bekannt (**for** für + *akk*)
'notepad *n* ❶ (*pad*) Notizblock *m* ❷ COMPUT Notepad *nt*
'notepaper *n* Briefpapier *nt*
noteworthy ['noʊt·ˌwɜr·ði] *adj conclusions, results* beachtenswert; **nothing** ~ nichts Besonderes
not-for-'profit *adj organization, company* nicht auf Gewinn ausgerichtet *attr*
nothing ['nʌθ·ɪŋ] **I.** *pron indef* ❶ (*not anything*) nichts, nix *fam;* **all or** ~ alles oder nichts; ~ **else** nichts weiter, sonst nichts ❷ (*of no importance*) **to mean** ~ **to sb** jdm nichts bedeuten; **it's** ~ (*fam*) nicht der Rede wert ❸ (*zero*) Null *f* ❹ SPORTS (*no points*) null ▶ PHRASES: [**all**] **for** ~ [vollkommen] umsonst; **to be** ~ **less/more than ...** nichts Geringeres/weiter sein, als ...; **there's** ~ **to it** (*easy*) dazu gehört nicht viel; (*not true*) da ist nichts dran *fam* **II.** *adj attr, inv* (*fam*) *activity* belanglos **III.** *n* (*fam*) ❶ (*person*) Niemand *m* ❷ (*thing*) Unwichtigkeit *f* **IV.** *adv inv* überhaupt nicht; **to look** ~ **like sb/sth** jdm/etw nicht ähnlich sehen
nothingness ['nʌθ·ɪŋ·nɪs] *n* (*emptiness*) Nichts *nt*
notice ['noʊ·ṭɪs] **I.** *vt* ❶ (*see*) bemerken; (*catch*) mitbekommen; (*perceive*) wahrnehmen ❷ (*pay attention to*) beachten; (*take note of*) zur Kenntnis nehmen; ∎ **to** ~ **sb/sth** (*become aware of*) auf jdn/etw aufmerksam werden; (*realize*) jdn/etw [be]merken **II.** *n* ❶ (*attention*) Beachtung *f;* **to bring sth to sb's** ~ jdn auf etw *akk* aufmerksam machen; **to take** ~ **of sb/sth** von jdm/etw Notiz nehmen; **to take no** ~ **of the fact that ...** die Tatsache ignorieren, dass ... ❷ (*poster*) Plakat *nt* ❸ (*information in advance*) **at a moment's** ~ jederzeit; **until further** ~ bis auf weiteres ❹ (*to end an arrangement*) **to give** [one's] ~ kündigen
noticeable ['noʊ·ṭɪs·ə·bəl] *adj improvement, increase* merklich
'noticeboard *n* Aushang *m*, schwarzes Brett

N

notification [ˌnoʊ·tə·fɪ·'keɪ·fən] *n* Mitteilung *f*
notify <-ie-> ['noʊ·tə·faɪ] *vt* ■**to ~ sb** [of sth] jdn [über etw *akk*] unterrichten; ■**to ~ sb that ...** jdn benachrichtigen, dass ...
notion ['noʊ·fən] *n* ❶ (*belief*) Vorstellung *f;* (*vague idea*) Ahnung *f* (of von +*dat*) ❷ (*whim*) Vorstellung *f*
notional ['noʊ·fə·nəl] *adj* (*form*) fiktiv; *payment* nominell
notoriety [ˌnoʊ·tə·'raɪ·ə·t̬i] *n* [traurige] Berühmtheit (for wegen +*gen*)
notorious [noʊ·'tɔr·i·əs] *adj temper, thief* notorisch; *criminal* berüchtigt
nougat ['nu·gət] *n* Nougat *nt*
nought [nɔt] *pron see* **naught**
noun [naʊn] *n* Hauptwort *nt,* Substantiv *nt*
nourish ['nɜr·ɪʃ] *vt* ❶ (*feed*) ernähren ❷ (*enrich*) *skin* pflegen
nourishing ['nɜr·ɪʃ·ɪŋ] *adj* ❶ (*healthy*) *food, drink* nahrhaft ❷ (*rich*) *cream* reichhaltig
nourishment ['nɜr·ɪʃ·mənt] *n* ❶ (*food*) Nahrung *f* ❷ (*vital substances*) Nährstoffe *pl*
Nov. *n abbrev of* **November** Nov.
novel¹ ['nɑv·əl] *n* (*book*) Roman *m;* **detective ~** Kriminalroman *m*
novel² ['nɑv·əl] *adj* (*new*) neuartig; *way, approach, idea* neu
novelist ['nɑv·ə·lɪst] *n* Romanautor(in) *m(f)*
novelty ['nɑv·əl·ti] *n* ❶ (*new thing*) Neuheit *f* ❷ (*newness*) Neuartigkeit *f* ❸ (*trinket*) Krimskrams *m;* (*funny*) Scherzartikel *m*
November [noʊ·'vem·bər] *n* November *m; see also* **February**
novice ['nɑv·ɪs] *n* ❶ (*learner*) Anfänger(in) *m(f)* ❷ REL Novize *m,* Novizin *f*
now [naʊ] **I.** *adv inv* ❶ (*at present*) jetzt; **until ~** bis jetzt ❷ (*at once*) [**right**] **~** jetzt, sofort, gleich ❸ (*up to present*) jetzt, nun; **for two years ~** seit zwei Jahren ❹ (*short time ago*) **just ~** gerade eben ❺ (*occasionally*) [**every**] **~ and then** ab und zu ❻ (*soothing*) **~, ~, don't cry** aber, aber, nicht weinen ▶ PHRASES: [**it's/it was**] **~ or never** (*saying*) jetzt oder nie **II.** *n* Jetzt *nt;* **that's all for ~** das ist für den Augenblick alles; **from ~ on** ab sofort **III.** *conj* **~ that ...** jetzt, wo ...
nowadays ['naʊ·ə·deɪz] *adv inv* heutzutage
nowhere ['noʊ·hwer] **I.** *adv inv* nirgends, nirgendwo; **~ to be seen** nirgends zu sehen; **· from** [*or* **out of**] **~** aus dem Nichts *a. fig* **II.** *n* Nirgendwo *nt* **III.** *adj attr* (*fam*) ausweglos
noxious ['nɑk·ʃəs] *adj* (*form: toxic*) *chemicals, fumes* giftig
nozzle ['nɑz·əl] *n* Düse *f; of gasoline pump* [Zapf]hahn *m*
nuance ['nu·ɑns] *n* Nuance *f*
nub [nʌb] *n* (*crux*) Kernpunkt *m;* **the ~ of the matter** der springende Punkt
nuclear ['nu·kli·ər] *adj inv* ❶ (*of energy*) Kern-, Atom- ❷ MIL nuklear, atomar; **~-free zone** atomwaffenfreie Zone
nuclear 'family *n* Kernfamilie *f*
nuclear 'medicine *n* Nuklearmedizin *f*

nuclear 'power plant *n* Kernkraftwerk *nt,* Atomkraftwerk *nt*
nuclear re'actor *n* Atomreaktor *m*
nucleus <*pl* -clei *or* -es> ['nu·kli·əs, *pl* -klaɪ] *n* Kern *m*
nude [nud] **I.** *adj inv* nackt; **~ model** Aktmodel *nt* **II.** *n* ❶ ART Akt *m* ❷ (*nakedness*) **in the ~** nackt
nudge [nʌdʒ] **I.** *vt* ❶ (*push*) stoßen ❷ (*fig: urge*) ■**to ~ sb into** [**doing**] **sth** jdn zu etw *dat* drängen **II.** *n* ❶ (*push*) Schubs *m* ❷ (*encouragement*) Anstoß *m*
nudism ['nu·dɪz·əm] *n* Freikörperkultur *f*
nudist ['nu·dɪst] *n* Nudist(in) *m(f)*
nudity ['nu·də·t̬i] *n* Nacktheit *f*
nugget ['nʌg·ɪt] *n* ❶ (*lump*) Klumpen *m;* **gold ~** Goldnugget *nt* ❷ FOOD **chicken ~** Hähnchennugget *nt*
nuisance ['nu·səns] *n* ❶ (*pesterer*) Belästigung *f,* Plage *f;* **to make a ~ of oneself** lästig werden ❷ (*annoyance*) Ärger *m;* **what a ~!** wie ärgerlich! ❸ LAW **public ~** öffentliches Ärgernis
nuke [nuk, njuk] (*sl*) **I.** *vt* ❶ MIL atomar angreifen ❷ FOOD (*in microwave*) etw warm machen **II.** *n* (*bomb*) Atombombe *f*
null, null and 'void [nʌl-] *adj pred, inv* LAW null und nichtig
nullify <-ie-> ['nʌl·ɪ·faɪ] *vt* (*invalidate*) für ungültig erklären
numb [nʌm] **I.** *adj* ❶ *limbs* taub; **~ with cold** taub vor Kälte; **to go ~** *limbs* einschlafen ❷ (*torpid*) benommen ❸ (*shocked*) **to be ~ with grief** vor Schmerz wie betäubt sein **II.** *vt* ❶ (*deprive of feeling*) *limbs* taub machen ❷ (*lessen*) **to ~ the pain** den Schmerz betäuben
number¹ ['nʌm·bər] **I.** *n* ❶ MATH Zahl *f* ❷ (*symbol*) Zahl *f* ❸ (*identifying number*) Nummer *f* ❹ + *sing/pl vb* (*amount*) [**An**]zahl *f;* **in huge ~s** in riesigen Stückzahlen ❺ + *sing/pl vb* (*several*) **for a ~ of reasons** aus vielerlei Gründen ❻ (*issue*) Ausgabe *f* ❼ (*performance*) Auftritt *m;* (*music*) Stück *nt* **II.** *vt* ❶ (*mark in series*) nummerieren ❷ (*count*) abzählen
number² ['nʌm·ər] *adj comp of* **numb**
numbering ['nʌm·bər·ɪŋ] *n* Nummerierung *f*
numberless ['nʌm·bər·lɪs] *adj* (*esp liter*) zahllos, unzählig
numbness ['nʌm·nɪs] *n* ❶ *of limbs* Taubheit *f* ❷ (*torpor*) Benommenheit *f*
numbskull *n see* **numskull**
numeral ['nu·mər·əl] *n* Ziffer *f*
numerate ['nu·mər·ɪt] *adj* rechenfähig
numerical [nu·'mer·ɪ·kəl] *adj inv* numerisch; **in ~ order** in numerischer Reihenfolge
numeric 'keypad *n* COMPUT Ziffernblock *m*
numerous ['nu·mər·əs] *adj* zahlreich
numskull ['nʌm·skʌl] *n* Hohlkopf *m pej fam*
nun [nʌn] *n* Nonne *f*
nuptial ['nʌp·ʃəl] **I.** *adj* (*form, liter*) ehelich; **~ vows** Ehegelöbnis *nt* **II.** *n pl* Hochzeit *f*

nurse [nɜrs] I. *n* ❶ (*in a hospital*) [Kranken]schwester *f;* (*male*) Krankenpfleger *m* ❷ (*nanny*) Kindermädchen *nt* II. *vt* ❶ (*care for*) pflegen; **to ~ sb back to health** jdn wieder gesund pflegen ❷ (*breastfeed*) stillen ❸ (*harbor*) *feeling, grudge* hegen (**for, against** für, gegen +*akk*) III. *vi* (*work as a nurse*) in der Krankenpflege arbeiten

nursery ['nɜr·sə·ri] *n* ❶ (*daycare*) Kindergarten *m;* (*preschool*) Vorschule *f* ❷ (*room*) Kinderzimmer *nt* ❸ HORT Gärtnerei *f;* (*for trees*) Baumschule *f*

'**nursery rhyme** *n* Kinderreim *m;* (*song*) Kinderlied *nt*

'**nursery school** *n* Vorschule *f*

nursing ['nɜr·sɪŋ] I. *n* ❶ (*taking care*) [Kranken]pflege *f;* **to go into ~** Krankenpfleger(in) werden ❷ (*feeding*) Stillen *nt* II. *adj* ❶ (*caring*) Krankenpflege-; **~ profession** Krankenpflegeberuf *m* ❷ (*feeding*) **~ mothers** stillende Mütter

'**nursing home** *n* ❶ (*for old people*) Pflegeheim *nt* ❷ (*for convalescents*) Genesungsheim *nt*

nurture ['nɜr·tʃər] *vt* (*form*) ❶ (*raise*) aufziehen; *plant* hegen ❷ (*encourage*) fördern

nut [nʌt] *n* ❶ (*fruit*) Nuss *f* ❷ TECH Mutter *f* ❸ (*fam: crazy person*) Bekloppte(r) *f(m) sl* ❹ (*fam: fool*) Verrückte(r) *f(m)* ▶ PHRASES: **the ~s and bolts of sth** die fundamentalen Grundlagen einer S. *gen;* **to go ~s** durchdrehen

'**nutcracker** *n* Nussknacker *m*

'**nut house** *n* (*sl*) Klapsmühle *f fam*

nutmeg ['nʌt·meg] *n* ❶ (*fruit*) Muskatnuss *f* ❷ (*spice*) Muskat *m*

nutrient ['nu·tri·ənt] I. *n* Nährstoff *m* II. *adj* BIOL, FOOD Nährstoff-

nutrition [nu·'trɪʃ·ən] *n* ❶ (*eating*) Ernährung *f* ❷ (*science*) Ernährungswissenschaft *f*

nutritional [nu·'trɪʃ·ən·əl] *adj* Ernährungs-; **~ supplement** Nahrungsergänzung *f*

nutritionist [nu·'trɪʃ·ə·nɪst] *n* Ernährungswissenschaftler(in) *m(f)*

nutritious [nu·'trɪʃ·əs] *adj* nährstoffreich; (*nourishing*) nahrhaft

nuts [nʌts] *adj pred* ❶ (*crazy*) ■**to be ~** verrückt sein ❷ (*angry*) **to go ~** ausrasten ❸ (*enthusiastic*) ■**to be ~ about sb/sth** verrückt nach jdm/etw sein

'**nutshell** *n* Nussschale *f* ▶ PHRASES: **in a ~** kurz gesagt

nutty ['nʌt̬·i] *adj* ❶ (*full of nuts*) mit vielen Nüssen *nach n* ❷ (*tasting like nuts*) *taste, aroma* nussig ❸ (*fam: crazy*) *idea, person* verrückt

nuzzle ['nʌz·əl] I. *vt* [sanft] berühren II. *vi* ■**to ~ in[to] sth** *dogs, horses* die Schnauze in etw *akk* drücken

NV *abbrev of* Nevada

NY, N.Y. *abbrev of* New York

nylon ['naɪ·lɑn] *n* Nylon *nt*

nymph [nɪmf] *n* Nymphe *f*

nymphomaniac [ˌnɪm·fə·'meɪ·ni·æk] *n* (*pej*) Nymphomanin *f*

NZ *n abbrev of* New Zealand

O

O <*pl* -'s *or* -s>, **o** <*pl* -'s> [oʊ] *n* ❶ (*letter*) O *nt,* o *nt;* **~ as in Oscar** O wie Otto ❷ (*zero*) Null *f;* **my phone number is three, ~, five, one, one, two, eight** meine Telefonnummer ist drei, null, fünf, eins, eins, zwo, acht

O. *abbrev of* Ohio

oaf [oʊf] *n* (*pej fam*) ❶ (*clumsy person*) Tölpel *m fam* ❷ (*stupid person*) Dummkopf *m fam*

oafish ['oʊ·fɪʃ] *adj* (*pej fam*) ❶ (*rude*) *person, behavior* rüpelhaft ❷ (*clumsy*) *person* tölpelig *fam*

oak [oʊk] *n* ❶ (*tree*) Eiche *f* ❷ (*wood*) Eiche *f,* Eichenholz *nt*

oar [ɔr] *n* (*paddle*) Ruder *nt*

oasis <*pl* -ses> [oʊ·'eɪ·sɪs, *pl* -siz] *n* (*a. fig*) Oase *f*

oat [oʊt] *n* Hafer *m;* ■**~s** *pl* (*hulled grain*) Haferkörner *pl;* (*rolled*) Haferflocken *pl*

oath [oʊθ] *n* ❶ (*promise*) Eid *m;* **to be under ~** unter Eid stehen; **to declare under ~** unter Eid aussagen; **to take an ~ on sth** einen Eid auf etw *akk* schwören ❷ (*dated: curse*) Fluch *m*

'**oatmeal** I. *n* (*hot cereal*) Haferbrei *m* II. *adj* (*containing oatmeal*) Hafer-

obedience [oʊ·'bi·di·əns] *n* Gehorsam *m* (**to** gegenüber +*dat*)

obedient [oʊ·'bi·di·ənt] *adj* gehorsam; *child, dog a.* folgsam

obelisk ['ɑb·ə·lɪsk] *n* Obelisk *m*

obese [oʊ·'bis] *adj* fett *pej; esp* MED fettleibig

obesity [oʊ·'bi·sə·t̬i] *n* Fettheit *f pej; esp* MED Fettleibigkeit *f*

obey [oʊ·'beɪ] I. *vt* (*comply with*) gehorchen; **to ~ the law** sich an das Gesetz halten; *orders, rules* befolgen II. *vi* gehorchen

obituary [oʊ·'bɪtʃ·u·er·i] *n* Nachruf *m*

object¹ ['ɑb·dʒɪkt] *n* ❶ (*thing*) *a.* LING Objekt *nt* ❷ *usu sing* (*aim*) Zweck *m* ❸ *usu sing* (*form: focus, subject*) Gegenstand *m* ▶ PHRASES: **money is no ~** Geld spielt keine Rolle

object² [əb·'dʒekt] *vi* ❶ (*oppose, disapprove*) dagegen sein; (*mind, dislike*) etwas dagegen haben; ■**to ~ to sth** (*oppose, disapprove*) gegen etw *akk* sein; (*dislike, mind*) etwas gegen etw *akk* haben ❷ (*protest*) protestieren

objection [əb·'dʒek·ʃən] *n* Einwand *m,* Widerspruch *m*

objectionable [əb·'dʒek·ʃə·nə·bəl] *adj* (*offensive*) anstößig; *smell, sight* übel

objective [əb·'dʒek·tɪv] I. *n* (*aim*) Ziel *nt*

II. *adj* **❶** (*unbiased*) objektiv **❷** (*actual*) sachlich

objectively [əb·'dʒek·tɪv·li] *adv* (*without bias*) objektiv

objectivity [ˌab·dʒek·'tɪv·ə·t̬i] *n* **❶** (*impartiality*) Objektivität *f* **❷** (*actuality*) Sachlichkeit *f*

'object lesson *n* (*approv*) Paradebeispiel *nt* (**in** für +*akk*)

objector [əb·'dʒek·tər] *n* Gegner(in) *m(f)* (**to** +*gen*)

obligated ['ab·lɪ·geɪ·t̬ɪd] *adj pred* (*form*) ■**to be ~ to do sth** dazu verpflichtet sein, etw zu tun

obligation [ˌab·lə·'geɪ·ʃən] *n* Verpflichtung *f* (**to** gegenüber +*dat*)

obligatory [ə·'blɪg·ə·tɔr·i] *adj inv* obligatorisch *a. hum*

oblige [ə·'blaɪdʒ] **I.** *vt* **❶** (*force*) ■**to ~ sb to do sth** jdn zwingen, etw zu tun; ■**to be/feel ~d to do sth** verpflichtet sein/sich *akk* verpflichtet fühlen, etw zu tun **❷** (*please*) ■**to ~ sb** [**by doing sth**] jdm [durch etw *akk*] einen Gefallen erweisen; **I'd be much ~d if you/he …** ich wäre Ihnen/ihm sehr dankbar, wenn Sie/er… **II.** *vi* helfen; **I'll be happy to ~** ich werde bereitwillig helfen

obliging [ə·'blaɪ·dʒɪŋ] *adj* (*approv*) *behavior* entgegenkommend; *character, person* zuvorkommend

oblique [oʊ·'blik] *adj* **❶** (*indirect*) indirekt **❷** (*slanting*) *line* schief **❸** ANAT *muscle* schräg

obliterate [ə·'blɪt̬·ə·reɪt] *vt* **❶** (*destroy*) vernichten **❷** (*efface*) verwischen; *view* verdecken

obliteration [ə·ˌblɪt̬·ə·'reɪ·ʃən] *n* **❶** (*destruction*) Auslöschung *f*, Vernichtung *f* **❷** (*effacing*) Verwischung *f*

oblivion [ə·'blɪv·i·ən] *n* **❶** (*obscurity*) Vergessenheit *f* **❷** (*unconsciousness*) Besinnungslosigkeit *f*

oblivious [ə·'blɪv·i·əs] *adj* ■**to be ~ of** [*or* **to**] **sth** sich *dat* einer S. *gen* nicht bewusst sein; (*not notice*) etw gar nicht bemerken

oblong ['ab·laŋ] **I.** *n* Rechteck *nt* **II.** *adj inv* rechteckig

obnoxious [əb·'nak·ʃəs] *adj* (*pej*) widerlich; *person a.* unausstehlich

oboe ['oʊ·boʊ] *n* Oboe *f*

oboist ['oʊ·boʊ·ɪst] *n* Oboist(in) *m(f)*

obscene [əb·'sin] *adj* **❶** (*offensive*) obszön; *joke* zotig; *language* vulgär **❷** (*immoral*) schamlos

obscenity [əb·'sen·ə·t̬i] *n* **❶** *of behavior, language* Obszönität *f* **❷** (*obscene word*) Obszönität *f*; **to use an ~** einen ordinären Ausdruck benutzen

obscure [əb·'skjʊr] **I.** *adj* **❶** (*unknown*) *author, place, origins* unbekannt **❷** (*unclear*) unbestimmt; *reasons, comment, text* schwer verständlich; **for some ~ reason** aus irgendeinem unerfindlichen Grund **II.** *vt* **❶** (*block*) **heavy clouds were obscuring the sun** schwere Wolken verdunkelten die Sonne; *view*

versperren **❷** (*make unclear*) ■**to ~ sth** etw unklar machen

obscurity [əb·'skjʊr·ə·t̬i] *n* **❶** (*anonymity*) Unbekanntheit *f*; (*of no importance*) Unbedeutendheit *f*; **to sink into ~** in Vergessenheit geraten **❷** (*lack of clarity*) Unverständlichkeit *f*, Unklarheit *f*

obsequious [əb·'si·kwi·əs] *adj* (*pej form*) *person, manner* unterwürfig (**to** gegenüber +*dat*)

observable [əb·'zɜr·və·bəl] *adj inv* wahrnehmbar

observance [əb·'zɜr·vəns] *n* (*form*) **❶** REL (*practice*) Einhaltung *f* **❷** (*obedience*) Beachtung *f*; *law* Befolgung *f*

observant [əb·'zɜr·vənt] *adj* (*approv: sharp-eyed*) aufmerksam

observation [ˌab·zər·'veɪ·ʃən] *n* **❶** (*close watch*) Beobachtung *f*; LAW (*surveillance*) Überwachung *f* **❷** (*act of noticing*) Beobachtung *f*; **powers of ~** Beobachtungsgabe *f* **❸** (*remark*) Bemerkung *f* (**about** über +*akk*)

obser'vation post *n* Beobachtungsposten *m*

obser'vation tower *n* Aussichtsturm *m*

observatory [əb·'zɜr·və·tɔr·i] *n* Observatorium *nt*

observe [əb·'zɜrv] **I.** *vt* **❶** (*watch closely*) beobachten; *by police* überwachen **❷** (*study by watching*) *stars, animals* beobachten, observieren **❸** (*form: notice*) bemerken; **to ~ sb do[ing] sth** bemerken, wie jd etwas tut; ■**to ~ that …** feststellen, dass … **❹** (*form: remark*) bemerken **❺** (*form: obey*) *ceasefire, neutrality* einhalten; *law, order* befolgen; **to ~ the speed limit** sich an die Geschwindigkeitsbegrenzung halten **II.** *vi* zusehen; ■**to ~ how …** beobachten, wie …

observer [əb·'zɜr·vər] *n* (*watcher*) Beobachter(in) *m(f)*; (*spectator*) Zuschauer(in) *m(f)*

obsess [əb·'ses] **I.** *vt* verfolgen; **to be ~ed by sb/sth** von jdm/etw besessen sein **II.** *vi* ■**to ~ over** [*or* **about**] **sth** sich *akk* ständig mit etw befassen

obsession [əb·'sef·ən] *n* **❶** (*preoccupation*) Manie *f*, Besessenheit *f*; **to have an ~ with sth** von etw *dat* besessen sein **❷** PSYCH (*distressing idea*) Zwangsvorstellung *f*

obsessive [əb·'ses·ɪv] **I.** *adj* zwanghaft; **~ behavior** Zwangsverhalten *nt* **II.** *n* Besessene(r) *f(m)*

obsolescence [ˌab·sə·'les·əns] *n* Veralten *nt*; *law* Überalterung *f*

obsolete [ˌab·sə·'lit] *adj inv* veraltet; *design* altmodisch; *law* nicht mehr gültig; *method* überholt

obstacle ['ab·stə·kəl] *n* Hindernis *nt*

'obstacle course *n* Hindernisstrecke *f*

obstetrician [ˌab·stə·'trɪʃ·ən] *n* Geburtshelfer(in) *m(f)*

obstetrics [əb·'stet·rɪks] *n* Obstetrik *f fachspr*

obstinacy ['ab·stə·nə·si] *n* Hartnäckigkeit *f*

obstinate ['ab·stə·nɪt] *adj* hartnäckig; *person* eigensinnig; *refusal* stur

obstreperous [əb·'strep·ər·əs] *adj* (*form*) aufmüpfig

obstruct [əb·'strʌkt] *vt* **①** (*block*) blockieren; **to ~ sb's airway** jds Atemwege *pl* verstopfen; *path* versperren; *pipe* verstopfen; *progress* behindern **②** SPORTS ■**to ~ sb** jdn sperren

obstruction [əb·'strʌk·ʃən] *n* **①** (*blockage*) Blockierung *f; of pipes* Verstopfung *f;* MED Verstopfung *f;* **to cause an ~ for traffic** den Verkehr behindern **②** (*interference*) LAW, A. BASEBALL Behinderung *f;* SPORTS Sperre *f;* **~ of justice** Behinderung *f* der Rechtspflege

obstructive [əb·'strʌk·tɪv] *adj* (*pej*) hinderlich; ■**to be ~** *thing* hinderlich sein; *person* sich querstellen *fam*

obtain [əb·'teɪn] *vt* ■**to ~** *sth* [*from sb*] (*to be given*) etw [von jdm] bekommen; (*to go and get*) sich *dat* etw [von jdm] verschaffen; **iron is ~ed from iron ore** Eisen wird aus Eisenerz gewonnen; **to ~ information** sich *dat* Informationen verschaffen; *permission* erhalten

obtainable [əb·'teɪ·nə·bəl] *adj inv* erhältlich

obtrusive [əb·'tru·sɪv] *adj* **①** (*conspicuous*) zu auffällig **②** *question* indiskret; *smell* penetrant

obtuse [əb·'tus] *adj* **①** MATH (*angle*) stumpf **②** (*form*) *person* begriffsstutzig

obvious ['ab·vi·əs] **I.** *adj* offensichtlich; *comparison, objection, solution* naheliegend; *displeasure* deutlich; *distress* sichtlich; *hints* eindeutig; *lie* offenkundig; **to make sth ~** etw deutlich werden lassen; ■**to be ~** [**that**] ... offenkundig sein, dass ... **II.** *n* **to state the ~** etw längst Bekanntes sagen

obviously ['ab·vi·əs·li] *adv* offensichtlich; **he was ~ very upset** er war sichtlich sehr aufgebracht; **this camera is ~ defective** diese Kamera ist offenbar defekt

occasion [ə·'keɪ·ʒən] **I.** *n* **①** (*particular time*) Gelegenheit *f,* Anlass *m;* (*event*) Ereignis *nt;* **on this particular ~** dieses eine Mal; **on another ~** ein anderes Mal; **on several ~s** mehrmals; **on ~** gelegentlich; **on the ~ of sth** anlässlich einer S. **②** (*opportunity*) Gelegenheit *f* **II.** *vt* hervorrufen, verursachen

occasional [ə·'keɪ·ʒə·nəl] *adj inv* gelegentlich

occasionally [ə·'keɪ·ʒə·nə·li] *adv inv* gelegentlich; **to see sb ~** jdn ab und zu treffen

occidental [ˌak·sə·'den·təl] *adj inv* (*form, poet*) abendländisch *liter*

occult [ə·'kʌlt] **I.** *n* ■**the ~** das Okkulte **II.** *adj* okkult; *powers* übersinnlich

occupancy ['ak·jə·pən·si] *n* (*form*) Bewohnen *nt*

occupant ['ak·jə·pənt] *n* (*form: tenant*) Bewohner(in) *m(f);* (*passenger*) Insasse, -in *m, f*

occupation ['ak·jə·'peɪ·ʃən] *n* **①** (*form: profession*) Beruf *m* **②** (*form: pastime*) Beschäftigung *f* **③** MIL Besetzung *f*

occupational [ˌak·jə·'peɪ·ʃə·nəl] *adj* Berufs-, beruflich

occupational 'hazard *n* Berufsrisiko *nt*

occupational 'therapy *n* Beschäftigungstherapie *f*

occupier ['ak·jə·paɪ·ər] *n* (*tenant*) Bewohner(in) *m(f)* **②** (*conqueror*) Besatzer(in) *m(f)*

occupy <-ie-> ['ak·ju·paɪ] *vt usu passive* **①** (*fill*) ausfüllen; (*live in*) bewohnen; *room* belegen **②** (*take control of*) besetzen; **~ing forces** Besatzungstruppen *pl*

occur <-rr-> [ə·'kɜr] *vi* **①** (*take place*) geschehen; *accident* sich ereignen; *change* stattfinden; *symptom* auftreten; **that ~s very rarely** das kommt sehr selten vor **②** (*come to mind*) ■**to ~ to sb** jdm einfallen; ■**to ~ to sb that ...** jdm in den Sinn kommen, dass ...; **it never ~red to his parents to ask** seine Eltern kamen nie auf den Gedanken, [danach] zu fragen

occurrence [ə·'kɜr·əns] *n* **①** (*event*) Vorfall *m,* Vorkommnis *nt,* Ereignis *nt* **②** (*incidence*) Vorkommen *nt; disease* Auftreten *nt*

ocean ['oʊ·ʃən] *n* Ozean *m,* Weltmeer *nt,* Meer *nt;* **Indian O~** Indischer Ozean

Oceania [ˌoʊ·ʃi·'eɪ·ni·ə] *n* Ozeanien *nt*

oceanography [ˌoʊ·ʃə·'nag·rə·fi] *n* Ozeanographie *f*

ocelot ['as·ə·lat] *n* Ozelot *m*

ocher, ochre ['oʊ·kər] *n* Ocker *m o nt*

o'clock [ə·'klak] *adv inv* **two ~** zwei Uhr

Oct. *n abbrev of* **October** Okt.

octagon ['ak·tə·gan] *n* Achteck *nt*

octagonal [ak·'tæg·ə·nəl] *adj inv* achteckig

octane ['ak·teɪn] *n* (*chemical*) Oktan *nt;* (*number*) Oktanzahl *f*

octave ['ak·tɪv] *n* Oktave *f*

octet [ak·'tet] *n* MUS (*group of eight*) Oktett *nt*

October [ak·'toʊ·bər] *n* Oktober *m; see also* **February**

octogenarian [ˌak·toʊ·dʒɪ·'ner·i·ən] *n* Achtzigjährige(r) *f(m)*

octopus <*pl* -es *or* -pi> ['ak·tə·pəs, *pl* -pə·sɪz, -paɪ] *n* Tintenfisch *m;* (*large*) Krake *f*

OD [ˌoʊ·'di] (*sl*) *abbrev of* **overdose I.** *vi* ■**to ~ on sth** eine Überdosis einer S. *gen* nehmen *fig* **II.** *n* Überdosis *f*

odd [ad] **I.** *adj* **①** (*strange*) merkwürdig, seltsam; *person, thing a.* eigenartig **②** *inv* MATH ungerade **③** (*occasional*) gelegentlich; *jobs* Gelegenheits- **④** *attr, inv* shoe, sock einzeln **II.** *n* ■**~s** *pl* (*probability*) **the ~s are 3 to 1** die Chancen stehen 3 zu 1; ■**the ~s are ...** es ist sehr wahrscheinlich, dass ...; **the ~s on/against sb doing sth** die Chancen, dass jd etw tut/nicht tut; **what are the odds on him being late again?** wie stehen die Chancen, dass er wieder zu spät kommt? ▶ PHRASES: **against all the ~s** entgegen allen Erwartungen; **to be at ~s with sb** mit jdm uneins sein; **to be at ~s with sth** mit etw *dat* nicht übereinstimmen; **~s and ends** Krimskrams *m kein pl*

oddball ['ad·bɔl] (*fam*) **I.** *n* Verrückte(r) *f(m)* **II.** *adj attr* verrückt

oddity ['ad·ə·ʧi] *n* **①** (*strange person*) komischer Kauz *fam* **②** (*strange thing*) Kuriosität *f*

O

oddly ['ad·li] *adv* seltsam; ~ **enough** merkwürdigerweise

ode [oʊd] *n* Ode *f* (**to** an +*akk*)

odious ['oʊ·di·əs] *adj* (*form*) *crime* abscheulich; *person* abstoßend

odometer [oʊ·'dam·ə·tər] *n* Kilometerzähler *m*

odor ['oʊ·dər] *n* Geruch *m*

odorless ['oʊ·dər·ləs] *adj inv* (*form*) geruchlos

odyssey ['ad·ɪ·si] *n usu sing* (*liter or a. fig*) Odyssee *f*

OECD [,oʊ·i·si·'di] *n abbrev of* **Organization for Economic Cooperation and Development** OECD *f*

of [ʌv, əv] *prep* ❶ *after n* (*expressing relationship*) von; **the employees** ~ **the company** die Angestellten des Unternehmens; **the destruction** ~ **the rain forest** die Zerstörung des Regenwalds; **the works** ~ **Shakespeare** die Werke Shakespeares; **an admirer** ~ **Picasso** ein Bewunderer Picassos; **a friend** ~ **mine** ein Freund von mir; **the cause** ~ **the disease** die Krankheitsursache; **the smell** ~ **roses** Rosenduft *m* ❷ *after n* (*relating a part to the whole*) von; **both** ~ **us** wir beide; **all** ~ **us** wir alle; **most** ~ **them** die meisten von ihnen; **a third** ~ **the people** ein Drittel der Leute; **there were ten** ~ **us on the trip** wir waren auf der Reise zu zehnt; **one** ~ **the smartest** eine(r) der Schlauesten; **I liked the green one best** ~ **all** am besten gefiel mir der grüne; **I hate this kind** ~ **party** ich hasse diese Art von Party ❸ *after n* (*expressing quantities*) **a bunch** ~ **parsley** ein Bund Petersilie *nt;* **a cup** ~ **coffee** eine Tasse Kaffee; **two pounds** ~ **apples** ein Kilo Äpfel *nt;* **a lot** ~ **money** eine Menge Geld; **a piece** ~ **cake** ein Stück Kuchen ❹ *after vb, n* (*consisting of*) aus; **a sweater made** ~ **the finest lambswool** ein Pullover aus feinster Schafswolle ❺ (*expressing cause*) **to die** ~ **sth** an etw *dat* sterben ❻ *after vb* (*concerning*) **he was accused** ~ **fraud** er wurde wegen Betrugs angeklagt; **speaking** ~ **sb/sth, ...** wo wir gerade von jdm/etw sprechen, ...; *after adj;* **to be unsure** ~ **oneself** sich seiner selbst nicht sicher sein; **to be afraid** ~ **sb/sth** vor jdm/etw Angst haben; **to be fond** ~ **swimming** gerne schwimmen; **to be sick** ~ **sth** etw satthaben; *after n;* **memories** ~ **sb/sth** Erinnerungen an jdn/etw; **to be in search** ~ **sb/sth** auf der Suche nach jdm/etw sein; **thoughts** ~ **revenge** Rachegedanken *pl* ❼ *after n* (*expressing position*) von; **north/south** ~ nördlich/südlich von; **in the back** ~ **the car** hinten im Auto; **on the corner** ~ **the street** an der Straßenecke ❽ (*expressing age*) von; **at the age** ~ **six** im Alter von sechs Jahren; **he's a man** ~ **about 50** er ist um die 50 Jahre alt ❾ *after n* (*in time phrases*) **the eleventh** ~ **March** der elfte März; (*to*) vor; **it's a quarter** ~ **five** es ist viertel vor fünf ❿ *after vb* (*expressing removal*) **to get rid** ~ **sb** jdn loswerden; *after adj;* **free** ~

charge kostenlos

off [ɔf] **I.** *prep* ❶ (*indicating removal*) von; **I can't get this paint** ~ **my hands** ich bekomme diese Farbe nicht von meinen Händen ab; **he wiped the dust** ~ **the table** er wischte den Staub von dem Tisch; **he cut a piece** ~ **the cheese** er schnitt ein Stück Käse ab; **to be** ~ **the air** RADIO, TV nicht mehr senden; ~ **the record** nicht für die Öffentlichkeit bestimmt; ~ **the subject** nicht zum Thema gehörend ❷ *after vb* (*moving down*) hinunter [von]; (*towards sb*) herunter [von]; **they jumped** ~ **the cliff** sie sprangen von der Klippe; **the boy fell** ~ **his bike** der Junge fiel von seinem Fahrrad herunter ❸ (*away from*) [weg] von; (*at sea*) vor +*dat;* **six miles** ~ **the coast of Florida** sechs Meilen vor der Küste Floridas; **to lead** ~ **sth** von etw *dat* wegführen; **we live just** ~ **the main street** wir wohnen gleich bei der Hauptstraße; **far/a long way** ~ **sth** weit entfernt von etw *dat;* **we're still a long way** ~ **finishing** wir sind noch weit vom Ende entfernt ❹ (*absent from*) **to be** ~ **work** am Arbeitsplatz fehlen ❺ (*fam: refraining from*) **to stay** ~ **alcohol/drugs** die Finger vom Alkohol/von Drogen lassen ❻ (*from source*) **to get/buy sth** ~ **sb** (*fam*) etw von jdm bekommen/kaufen **II.** *adv inv* ❶ (*not on*) aus; **to switch/turn sth** ~ etw ausschalten ❷ (*away*) weg-; **to go/drive** ~ weggehen/-fahren; **I didn't get** ~ **to a very good start this morning** der Tag hat für mich nicht gut angefangen; **I'm** ~ **now — see you tomorrow** ich gehe jetzt – wir sehen uns morgen; **to see sb** ~ jdn verabschieden ❸ (*removed*) ab-; **I'll take my jacket** ~ ich ziehe meine Jacke aus; **to come** ~ *button* abgehen ❹ (*distant in time*) entfernt; **to be/not be far** ~ weit weg/nicht weit weg sein ❺ (*discounted*) reduziert; **to get money** ~ Rabatt bekommen; **there's 40%** ~ **this week on all winter coats** diese Woche gibt es einen Preisnachlass von 40 % auf alle Wintermäntel **III.** *adj inv* ❶ (*not working*) außer Betrieb; (*switched* ~) aus[geschaltet]; *faucet* zugedreht; *heating* abgestellt ❷ (*not at work*) ■ **to be** ~ freihaben; **to take some time** ~ einige Zeit freinehmen ❸ (*provided for*) **sb is well/not well** ~ jdm geht es [finanziell] gut/schlecht

'offbeat *adj* unkonventionell; *music* synkopisch; *sense of humor* ausgefallen; *taste* extravagant

off-'center *adj* nicht in der Mitte *präd*

off-'color *adj* ❶ (*somewhat obscene*) schlüpfrig ❷ (*somewhat sick*) unpässlich

'off day *n* schlechter Tag

off-'duty *adj* ■ **to be** ~ dienstfrei haben; **an** ~ **police officer** ein Polizist *m* außer Dienst

offend [ə·'fend] **I.** *vi* (*commit a criminal act*) eine Straftat begehen **II.** *vt* (*insult*) beleidigen; (*hurt*) kränken; **to be easily** ~**ed** schnell beleidigt sein

offender [ə·'fen·dər] *n* [Straf]täter(in) *m(f)*

offense [ə·'fens] *n* ❶ LAW (*crime*) Straftat *f* ❷ (*upset feelings*) Beleidigung *f;* **to cause ~** Anstoß erregen; **to cause ~ to sb** (*hurt*) jdn kränken; (*insult*) jdn beleidigen; **to take ~** [**at sth**] [wegen einer S. *gen*] gekränkt/beleidigt sein ❸ SPORTS (*attack*) Angriff *m*

offensive [ə·'fen·sɪv] **I.** *adj* ❶ (*causing offense*) anstößig; *joke* anzüglich; *remark* unverschämt ❷ *smell* übel **II.** *n* MIL Angriff *m;* **to go on the ~** in die Offensive gehen

offer ['ɔ·fər] **I.** *n* ❶ (*proposal*) Angebot *nt* ❷ ECON Angebot *nt;* **to make an ~ for sth** ein Gebot für etw *akk* abgeben **II.** *vt* ❶ (*present for acceptance*) anbieten ❷ (*put forward*) vorbringen; *congratulations* aussprechen; *explanation* abgeben; *information* geben; *suggestion* unterbreiten ❸ (*bid*) bieten **III.** *vi* sich bereit erklären

offering ['ɔ·fər·ɪŋ] *n usu pl* Spende *f;* **sacrificial ~** Opfergabe *f*

off'hand **I.** *adj* ❶ (*uninterested*) gleichgültig ❷ (*informal*) lässig; **~ remark** nebenbei fallen gelassene Bemerkung **II.** *adv* ohne weiteres, aus dem Stand

office ['ɔ·fɪs] *n* ❶ (*room*) Büro *nt;* (*of company*) Geschäftsstelle *f;* *of lawyer* Kanzlei *f* ❷ POL (*authoritative position*) Amt *nt;* **to be in ~** an der Macht sein; **to come into ~** sein Amt antreten

'**office building** *n* Bürohaus *nt,* Bürogebäude *nt*

office e'quipment *n* Büroeinrichtung *f*

'**office hours** *npl* Geschäftszeit[en] *f* [*pl*]

officer ['ɔ·fɪ·sər] *n* ❶ MIL Offizier(in) *m(f)* ❷ (*office holder*) Beamte(r) *m,* Beamte [*o* -in] *f;* [**police**] **~** Polizeibeamte(r) *f(m),* Polizist(in) *m(f)*

'**office supplies** *npl* Bürobedarf *m kein pl*

'**office worker** *n* Büroangestellte(r) *f(m)*

official [ə·'fɪʃ·əl] **I.** *n* ❶ (*holding public office*) Amtsperson *f,* Beamte(r) *m,* Beamte [*o* -in] *f* ❷ (*responsible person*) Funktionsträger(in) *m(f)* ❸ SPORTS Schiedsrichter, -in *m, f* **II.** *adj inv* ❶ (*relating to an office*) offiziell, amtlich; (*on business*) dienstlich; **~ residence** Amtssitz *m* ❷ (*authorized*) offiziell; *inquiry, record* amtlich; *strike* regulär ❸ (*officially announced*) amtlich bestätigt; **~ statement** amtliche Erklärung

officialdom [ə·'fɪʃ·əl·dəm] *n* (*pej: bureaucracy*) Bürokratie *f*

officially [ə·'fɪʃ·ə·li] *adv inv* offiziell

officiate [ə·'fɪʃ·i·eɪt] *vi* (*form*) amtieren (**at** bei); **to ~ at a game** SPORTS ein Spiel pfeifen

officious [ə·'fɪʃ·əs] *adj* (*pej*) ❶ (*bossy*) schikanierend ❷ (*interfering*) aufdringlich

offing ['ɔ·fɪŋ] *n* ■ **to be in the ~** bevorstehen

off·'key *adj* ❶ (*out of tune*) verstimmt ❷ (*fig: inopportune*) unangebracht

off'key *adv* falsch

off·'limits *adj inv, pred* ■ **to be ~ to sb** für jdn tabu sein

off'line *adj inv* offline

'**offload** *vt* ❶ (*unload*) ausladen ❷ (*get rid of*) loswerden *fam;* **to ~ the responsibility** [**onto sb**] die Verantwortung [auf jdn] abladen ❸ COMPUT *data* umladen

off·'peak *adj inv* ❶ *telephone call* außerhalb der Hauptsprechzeiten *nach n* ❷ TOURIST **~ travel** Reise *f* außerhalb der Hauptreisezeit

off·'piste **I.** *adv inv* abseits der Skipiste **II.** *adj inv* abseits der Skipiste *nach n*

'**off·season** *n* ■ **the ~** die Nebensaison

offset ['ɔf·set] *vt* <-set, -set> *usu passive* (*compensate for*) ■ **to be ~ by** [**doing**] **sth** durch etw *akk* ausgeglichen werden

off'shore **I.** *adj inv* ❶ (*at sea*) küstennah ❷ *inv* FIN Auslands- **II.** *adv* (*of wind movement*) von der Küste her; **to fish ~** vor der Küste fischen

off·'site *adj inv* Außen-

offspring <*pl* -> ['ɔf·sprɪŋ] *n* ❶ (*animal young*) Junge(s) *nt* ❷ (*a. hum: person's child*) Nachkomme *m;* (*children*) Nachkommen *pl*

off'stage **I.** *adj inv* (*behind the stage*) hinter der Bühne *nach n* **II.** *adv* ❶ (*away from the stage*) hinter der Bühne; **to walk ~** von der Bühne abgehen ❷ (*privately*) privat

off-street 'parking *n* Parken auf Parkplätzen außerhalb des Stadtzentrums

off-the-'cuff **I.** *adj inv* spontan **II.** *adv* aus dem Stegreif

off-the-'rack *adj inv* Konfektions-, von der Stange *nach n*

off·'white *n* gebrochenes Weiß

often ['ɔ·fən] *adv* oft; ■ **it's not ~ that ...** es kommt selten vor, dass ...; **every so ~** gelegentlich

'**oftentimes** *adv* (*fam*) häufig, oft

ogle ['oʊ·gəl] **I.** *vi* gaffen *pej* **II.** *vt* angaffen *pej*

ogre ['oʊ·gər] *n* Menschenfresser *m;* (*fig fam*) Scheusal *nt pej*

OH *abbrev of* **Ohio**

oh¹ [oʊ] *interj* ❶ (*to show surprise, disappointment, pleasure*) oh; **~ damn!** verdammt! *pej fam;* **~ dear!** oje!; **~ well** na ja ❷ (*by the way*) ach, übrigens

oh² [oʊ] *n* (*in phone numbers*) Null *f*

Ohio [oʊ·'haɪ·oʊ] *n* Ohio *nt*

oil [ɔɪl] **I.** *n* ❶ (*lubricant*) Öl *nt* ❷ (*petroleum*) [Erd]öl *nt* ❸ FOOD (*Speise*)öl *nt* ❹ **~s** *pl* (*oil-based paints*) Ölfarben *pl* **II.** *vt* (*lubricate*) ölen

'**oilcan** *n* Ölkännchen *nt*

'**oil change** *n* Ölwechsel *m*

'**oilcloth** *n* Wachstuch *nt*

'**oil company** *n* Ölfirma *f,* Erdölgesellschaft *f*

'**oil crisis** *n* Ölkrise *f*

'**oil field** *n* Ölfeld *nt*

oiliness ['ɔɪ·li·nɪs] *n* ❶ Fettigkeit *f* ❷ (*fig: of behavior*) aalglatte Art *pej*

'**oil lamp** *n* Öllampe *f*

'**oil painting** *n* Ölbild *nt*

'**oil pipeline** *n* Ölpipeline *f*

'**oil production** *n* [Erd]ölförderung *f*

'**oil rig** *n* Bohrinsel *f*

O

'oilskin *n* ❶(*waterproof cloth*) Öltuch *nt* ❷(*waterproof clothing*) ∎~s *pl* Ölzeug *nt* kein *pl*

'oil slick *n* Ölteppich *m*

'oil tanker *n* Öltanker *m*

'oil well *n* Ölquelle *f*

oily ['ɔɪ·li] *adj* ❶ *substance, food* ölig ❷*hair, skin* fettig ❸(*fig: obsequious*) schmierig *pej fam*

oink [ɔɪŋk] I. *vi* grunzen II. *n* Grunzen *nt*

ointment ['ɔɪnt·mənt] *n* Salbe *f*

OK, okay [ˌoʊ·'keɪ] (*fam*) I. *adj* ❶ *pred, inv* (*acceptable*) okay; **if it's ~ with you, ...** wenn es dir recht ist, ... ❷ *pred, inv*(*healthy*) *person* in Ordnung; **are you ~? you look a bit pale** geht es dir gut? du siehst etwas blass aus ❸ *pred, inv* (*not outstanding*) ganz gut, nicht schlecht ❹ *pred, inv*(*have no problems*) **to be ~ for money/work** genug Geld/Arbeit haben ❺(*pleasant*) **to be an ~ guy** ein prima Kerl sein II. *interj* okay; **~ then** also gut III. *vt* ∎**to ~ sth** zu etw *dat* sein Okay geben IV. *n* **to give [sth] the ~** das Okay [zu etw *dat*] geben V. *adv inv* gut; **did you get there ~?** bist du dort gut angekommen?

OK *abbrev of* Oklahoma

Okla. *abbrev of* Oklahoma

Oklahoma [ˌoʊ·klə·'hoʊ·mə] *n* Oklahoma *nt*

okra ['oʊk·rə] *n* Okra *f*

old [oʊld] I. *adj* ❶ *person, animal, object* alt; **to grow ~** alt werden ❷ *after n* (*denoting an age*) alt; **three years ~** drei Jahre alt ❸ *attr, inv* (*former*) ehemalig; *job* alt ❹ *attr, inv* (*fam*) **any ~ present/computer/thing** irgendein Geschenk/irgendeinen Computer/irgendwas ▶ PHRASES: **you can't teach an ~ dog new tricks** (*prov*) der Mensch ist ein Gewohnheitstier II. *n* ∎**the ~** *pl* die Alten *pl;* **young and ~** Jung und Alt III. *in compounds* **a twenty-one-year-~** ein Einundzwanzigjähriger/eine Einundzwanzigjährige

old 'age *n* Alter *nt*

old-'fashioned *adj* (*esp pej*) altmodisch

old 'lady *n* ❶(*elderly female*) alte Dame ❷(*fam: one's wife, mother*) ∎**the/sb's ~** die/jds Alte

old 'man *n* ❶(*elderly male*) alter Mann, Greis *m* ❷(*fam: husband, father*) ∎**the/sb's ~** der Alte/jds Alter *fam*

old 'master *n* alter Meister

'old school I. *n* (*approv*) **he's from the ~** er ist [noch] einer der alten Schule II. *adj* der alten Schule *nach n*

Old 'Testament *n* ∎**the ~** das Alte Testament

old-'timer *n* (*fam*) ❶(*old man*) Oldie *m hum fam* ❷(*long-time worker*) alter Hase *fam*

old 'wives' tale *n* Ammenmärchen *nt*

oleander [ˌoʊ·li·'æn·dɚ] *n* Oleander *m*

olfactory [al·'fæk·tə·ri] *adj inv* Geruchs-, olfaktorisch *fachspr*

olive ['al·ɪv] *n* ❶(*fruit*) Olive *f* ❷(*tree*) Olivenbaum *m*

'olive branch *n* (*fig: symbol of peace*) Öl-zweig *m*

'olive grove *n* Olivenhain *m*

'olive oil *n* Olivenöl *nt*

Olympiad [oʊ·'lɪm·pɪ·æd] *n* Olympiade *f*

Olympian [oʊ·'lɪm·pi·ən] I. *adj inv* olympisch II. *n* (*Olympic Games competitor*) Olympionike, -in *m, f*

Olympic [oʊ·'lɪm·pɪk] *adj attr, inv* olympisch; **~ stadium** Olympiastadion *nt*

Olympic 'Games, Olympics [oʊ·'lɪm·pɪks] *n pl* ∎**the ~** die Olympischen Spiele

ombudsman ['am·bədz·mən] *n* Ombudsmann *m*

omelet, omelette ['am·lət] *n* Omelett *nt*

omen ['oʊ·men] *n* Omen *nt*

ominous ['am·ə·nəs] *adj* unheilvoll

omission [oʊ·'mɪʃ·ən] *n* Auslassung *f*

omit <-tt-> [oʊ·'mɪt] I. *vt* auslassen; (*ignore*) übergehen II. *vi* ∎**to ~ to do sth** es unterlassen, etw zu tun

omnipotent [am·'nɪp·ə·ṭənt] *adj inv* allmächtig

omnipresent [ˌam·nɪ·'prez·ənt] *adj inv* (*widespread*) omnipräsent *geh;* (*everywhere*) überall

omnivorous [am·'nɪv·ər·əs] *adj inv* ❶(*eating plants and meat*) alles fressend *attr* ❷(*fig: voracious*) unstillbar

on [an] I. *prep* ❶(*on top of*) auf +*dat;* **the book's ~ the desk/table** das Buch liegt auf dem Tisch/Stuhl ❷ *with verbs of motion* (*onto*) auf +*akk;* **to go out ~ the balcony** auf die Terrasse hinausgehen; **let's hang the picture ~ the wall** lass uns das Bild an die Wand hängen ❸(*indicating position*) an +*dat,* auf +*dat;* **to lie ~ the beach** am Strand liegen; **to lie ~ one's back** auf dem Rücken liegen; **he had a scratch ~ his arm** er hatte einen Kratzer am Arm; **~ the left/right** auf der linken/rechten Seite ❹(*indicating contact*) an +*dat;* **I hit my head ~ the shelf** ich stieß mir den Kopf am Regal an; **to stumble ~ sth** über etw *akk* stolpern ❺(*about*) über +*akk;* **a debate ~ the crisis** eine Debatte über die Krise; **he needs some advice ~ how to dress** er braucht ein paar Tipps, wie er sich anziehen soll; **essays ~ a wide range of issues** Aufsätze zu einer Vielzahl von Themen; **to congratulate sb ~ sth** jdn zu etw *dat* gratulieren ❻(*based on*) auf ... hin; **he was acting ~ a hunch** er handelte nach Gefühl; **~ account of** wegen; **to rely ~ sb/sth** sich auf jdn/etw verlassen ❼(*against*) auf +*akk;* **the attack ~ the village** der Angriff auf das Dorf; **to place restrictions ~ sb/sth** jdm/etw Beschränkungen auferlegen; **to place a limit ~ sth** etw begrenzen ❽(*indicating a medium*) auf +*dat;* **what's ~ TV tonight?** was kommt heute Abend im Fernsehen?; **to put sth down ~ paper** etw aufschreiben; **to come out ~ video** als Video herauskommen ❾(*in the course of*) auf +*dat;* **~ the way to town** auf dem Weg in die Stadt ❿(*travelling by*) in +*dat,* mit +*dat;* ~ **foot/horseback** zu Fuß/auf dem Pferd ⑪ (*indicating date*) an +*dat;* ~ **Friday** am Freitag; ~ **Thursdays** donnerstags ⑫ (*engaged in*) bei; ~ **business** geschäftlich; **to work** ~ **sth** an etw *dat* arbeiten ⑬ (*regularly taking*) **to be** ~ **medication** Medikamente einnehmen; **he survived** ~ **berries and roots** er überlebte von Beeren und Wurzeln ⑭ (*connected to*) an +*dat;* **to be** ~ **the phone** am Telefon sein **II.** *adv inv* ❶ (*in contact with*) auf; **to screw sth** ~ etw anschrauben ❷ (*on body*) an; **to try sth** ~ etw anprobieren; **with nothing** ~ nackt ❸ (*indicating continuance*) weiter; **if the line's busy, keep** ~ **trying!** wenn besetzt ist, probier es weiter!; **he talked** ~ **and** ~ er redete pausenlos ❹ (*in forward direction*) vorwärts; **from that day** ~ von diesem Tag an; **to move** ~ (*move forward*) weitergehen ❺ (*scheduled*) geplant; **I have a lot going** ~ **this week** ich habe mir für diese Woche eine Menge vorgenommen ❻ (*functioning*) an; **to leave the light** ~ das Licht anlassen; **to switch/turn sth** ~ etw einschalten ❼ (*aboard*) **to get** ~ *bus, train* einsteigen; *horse* aufsitzen ▶ PHRASES: ~ **and off** ab und zu *fam;* **you're** ~! abgemacht! *fam*

once [wʌns] **I.** *adv inv* ❶ (*one time*) einmal; ~ **a week** einmal pro Woche; **just this** ~ nur dieses eine Mal ❷ (*in the past*) einst *geh,* früher; ~ **upon a time ...** (*liter*) es war einmal ... ▶ PHRASES: **at** ~ (*simultaneously*) auf einmal; (*immediately*) sofort; **for** ~ ausnahmsweise; ~ **more** (*one more time*) noch einmal; (*again, as before*) wieder; ~ **or twice** ein paar Mal; [**every**] ~ **in a while** hin und wieder **II.** *conj* (*as soon as*) sobald

'once-over *n* (*fam*) ❶ (*cursory examination*) **to give sb/sth a/the** ~ jdn/etw flüchtig ansehen ❷ (*cursory cleaning*) **to give sth a/the** ~ etw rasch putzen

oncoming ['ɑn·kʌm·ɪŋ] *adj attr, inv* (*approaching*) [heran]nahend; *vehicle* entgegenkommend; ~ **traffic** Gegenverkehr *m*

one [wʌn] **I.** *n* ❶ (*unit*) eins; **a hundred and** ~ einhundert[und]eins ❷ (*numeral*) Eins *f* **II.** *adj inv* ❶ *attr* (*not two*) ein(e); ~ **hundred** einhundert; ~ **million** eine Million; ~ **third** ein Drittel *nt* ❷ *attr* (*one of a number*) ein(e); **he can't tell** ~ **wine from another** er schmeckt bei Weinen keinen Unterschied ❸ *attr* (*single, only*) einzige(r, s); **we should paint the bedroom all** ~ **color** wir sollten das Schlafzimmer nur in einer Farbe streichen ❹ *attr* (*some future*) irgendein(e); ~ **day** irgendwann ❺ *attr* (*some in the past*) ein(e); ~ **day/evening/ night** eines Tages/Abends/Nachts ❻ *attr* (*emph fam: noteworthy*) **his mother is** ~ **generous woman** seine Mutter ist eine wirklich großzügige Frau ❼ (*identical*) ein(e); **to be of** ~ **mind** einer Meinung sein; ~ **and the same** ein und der-/die-/dasselbe ▶ PHRASES: ~ **way or another** (*somehow*) irgendwie **III.** *pron* ❶ (*single item*) eine(r, s); **which**

cake would you like? — **the** ~ **at the front** welchen Kuchen möchten Sie? – den vorderen; **not a single** ~ kein Einziger/keine Einzige/kein Einziges; ~ **at a time** immer nur eine(r, s); ~ **after another** eine(r, s) nach dem/ der anderen; **this/that** ~ diese(r, s)/jene(r, s) ❷ (*single person*) eine(r); **she thought of her loved** ~**s** sie dachte an ihre Lieben; ~ **after another** eine/einer nach der/dem anderen; ~ **by** ~ nacheinander; **she's** ~ **of my favorite writers** sie ist eine meiner Lieblingsautoren; **to be** ~ **of many/a few** eine(r) von vielen/ wenigen sein ❸ (*expressing alternatives, comparisons*) ~ **or the other** der/die/das eine oder der/die/das andere ❹ (*form: any person, most people*) man; (*I*) ich; ~ **gets the impression that ...** man hat den Eindruck, dass ...; **it takes** ~**'s breath away** es raubt einem den Atem ▶ PHRASES: **to be** ~ **of the family** zur Familie gehören *fig;* **to be** ~ **up on sb** jdn übertrumpfen; **in** ~**s and twos** (*in small numbers*) immer nur im paar; (*alone or in a pair*) allein oder paarweise

'one-armed *adj* einarmig; ~ **bandit** (*fam*) einarmiger Bandit

'one-eyed *adj attr, inv* einäugig

one-'handed I. *adv* mit einer Hand **II.** *adj inv attr* einhändig

'one-horse town *n* (*inf*) Kaff *nt fam*

one-'legged *adj attr, inv* einbeinig

one-'liner *n* Einzeiler *m*

'one-man *adj attr, inv* ❶ (*consisting of one person*) Einmann-; ~ **band** Einmannband *f fig,* Einmannbetrieb *m* ❷ (*designed for one person*) für eine Person *nach n*

one-night 'stand *n* ❶ (*sexual relationship*) Abenteuer *nt* für eine Nacht ❷ (*performance*) einmaliges Gastspiel

'one-piece, one-piece 'swimsuit *n* Einteiler *m*

onerous ['ɑn·ər·əs] *adj* (*form*) ❶ (*very difficult*) *duty* schwer; *responsibility* schwerwiegend ❷ LAW [er]drückend

oneself [wʌn·'self] *pron reflexive* ❶ *after vb, after prep* (*direct object*) sich ❷ (*personally*) selbst; **to see/read sth for** ~ etw selbst sehen/lesen ❸ (*alone*) **to have sth to** ~ etw für sich haben; [**all**] **by** ~ [ganz] alleine

one-'sided *adj* einseitig

'one-time *adj attr, inv* ❶ (*former*) ehemalig ❷ (*happening only once*) einmalig

one-track 'mind *n* **to have a** ~ immer nur eins im Kopf haben

one-'upmanship *n* (*fam*) die Kunst, anderen immer um eine Nasenlänge voraus zu sein

one-way 'street *n* Einbahnstraße *f*

one-way 'ticket *n* einfache Fahrkarte, Einzelfahrschein *m*

ongoing ['ɑn·goʊ·ɪŋ] *adj inv* laufend *attr,* im Gang *präd*

onion ['ʌn·jən] *n* Zwiebel *f*

online [ˌɑn·'laɪn] COMPUT **I.** *adj inv* online, Online- **II.** *adv inv* online

onlooker ['ɑn·lʊk·ər] *n* (*a. fig*) Zuschauer(in) *m(f)*
only ['oʊn·li] **I.** *adj attr, inv* einzige(r, s); **the ~ one** der/die/das Einzige; **the ~ way** die einzige Möglichkeit **II.** *adv inv* ❶ (*exclusively*) nur; **for members ~** nur für Mitglieder ❷ (*just*) erst ❸ (*merely*) nur, bloß; **not ~ ..., but also ...** nicht nur ..., sondern auch ... ❹ (*unavoidably*) nur, unweigerlich; **the situation can ~ get better/worse** die Situation kann sich nur verbessern/verschlechtern ❺ (*to express wish*) **if ~ ...** wenn nur ... ▶ PHRASES: **you ~ live once** (*saying*) man lebt nur einmal **III.** *conj* ❶ (*however*) aber, jedoch; **he's a good athlete, ~ he smokes too much** er ist ein guter Sportler, bloß raucht er zu viel ❷ (*in addition*) **not ~ can she sing, she can dance and play the piano, too** sie kann nicht nur singen, sie kann auch tanzen und Klavier spielen
onrush <*pl* -es> ['ɑn·rʌʃ] *n* ❶ (*of emotion*) Ansturm *m* ❷ (*of people*) Ansturm *m*
onset ['ɑn·set] *n* Beginn *m* (**of** +*gen*); **~ of winter** Wintereinbruch *m*
onshore ['ɑn·ʃɔr] *inv* **I.** *adj* Küsten-; **~ wind** auflandiger Wind *fachspr* **II.** *adv* an Land; (*blow*) landwärts
on-'site *inv* **I.** *adj* vor Ort *nach n*, Vor-Ort- **II.** *adv* vor Ort
onslaught ['ɑn·slɔt] *n* (*a. fig: attack*) Ansturm *m* (**on** auf +*akk*)
onstage [ˌɑn·'steɪdʒ, ˌɔn-] **I.** *adj* auf der Bühne **II.** *adv* auf die Bühne
on-the-job 'training *n* Ausbildung *f* am Arbeitsplatz
onto, on to ['ɑn·tu] *prep after vb* auf +*akk*; **to get ~ a horse/bike** auf ein Pferd/Fahrrad [auf]steigen; **to get ~ a bus/train** in einen Bus/einen Zug einsteigen; **to load sth ~ sth** etw auf etw *akk* laden ▶ PHRASES: **to be ~ sb/sth** jdm/etw auf der Spur sein; **to get ~ sb about sth** jdn wegen etw *dat* erinnern
onus ['oʊ·nəs] *n* (*form*) Verantwortung *f* (**of** für); **the ~ is on sb** [**to do sth**] es liegt an jdm [, etw zu tun]
onward ['ɑn·wərd] *inv* **I.** *adj attr* (*of trip*) Weiter- **II.** *adv* ❶ (*into the future*) **from that day/time ~** von diesem Tag/dieser Zeit an ❷ (*of direction*) weiter
onyx ['ɑn·ɪks] *n* Onyx *m*
oodles ['u·dəlz] *npl* (*fam*) Unmengen *pl* (**of** an/von +*dat*)
oomph [ʊmf] *n* (*fam*) ❶ (*power*) Kraft *f*; *of a car* Leistung *f* ❷ (*pizzazz*) Pep *m*
oops [ups] *interj* (*fam*) hoppla
ooze [uz] **I.** *n* Schlamm *m* **II.** *vi* (*seep out*) tropfen (**from** aus); *blood, water* sickern; *mud* quellen; **to ~ with blood/oil** vor Blut/Öl triefen **III.** *vt* ❶ (*seep out*) absondern ❷ (*fig: overflow with*) *charisma, charm* ausstrahlen; *sex appeal* versprühen
opacity [oʊ·'pæs·ə·ţi] *n* (*nontransparency*) Lichtundurchlässigkeit *f*

opal ['oʊ·pəl] *n* Opal *m*
opalescent [ˌoʊ·pə·'les·ənt] *adj* schillernd; (*like an opal*) opalisierend
opaque [oʊ·'peɪk] *adj* (*not transparent*) undurchsichtig; *of wax* lichtundurchlässig; *of window, liquid* trüb
OPEC ['oʊ·pek] *n acr for* **Organization of Petroleum Exporting Countries** OPEC *f*
open ['oʊ·pən] **I.** *adj* ❶ *inv* (*not closed*) offen, geöffnet, auf *präd; book* aufgeschlagen; *flower* aufgeblüht; *map* auseinandergefaltet; **wide ~** [sperrangel]weit geöffnet; **to burst ~** *bag, case* aufgehen ❷ *inv, pred* (*for customers, visitors*) *shop, bar, museum* geöffnet, offen ❸ *inv* (*not yet decided*) *case, decision, question* offen; **to keep an ~ mind** unvoreingenommen bleiben; **to keep one's options ~** sich *dat* alle Möglichkeiten offenhalten ❹ *inv* (*not enclosed*) offen; **to be in the ~ air** an der frischen Luft sein; **on the ~ road** auf freier Strecke ❺ *inv a.* SPORTS (*accessible to all*) offen, öffentlich zugänglich; **the competition is ~ to anyone** an dem Wettbewerb kann jeder teilnehmen; **to have ~ access to sth** freien Zugang zu etw *dat* haben ❻ *inv, pred* (*frank*) *person* offen; ■ **to be ~ with sb** offen zu jdm sein ❼ *inv, pred* (*exposed*) offen, ungeschützt; **to be ~ to attack** Angriffen ausgesetzt sein; **to be ~ to criticism** kritisierbar sein ▶ PHRASES: **to be an ~ book** *person* [wie] ein offenes Buch sein; *thing* ein Kinderspiel sein **II.** *vi* ❶ (*from closed*) sich öffnen, aufgehen; **the door ~s much more easily now** die Tür lässt sich jetzt viel leichter öffnen ❷ (*for business*) *cafe, shop, museum* öffnen; (*for the first time*) eröffnen ❸ (*start*) *piece of writing or music, story* beginnen, anfangen ❹ (*begin run*) *film* anlaufen; *play* Premiere haben **III.** *vt* ❶ (*change from closed*) *book, magazine, newspaper* aufschlagen; *box, window, bottle* aufmachen; *curtains* aufziehen; *eyes, letter* öffnen; *map* auffalten; (*a. fig*) *mouth* aufmachen ❷ (*set up*) *bank account, business* eröffnen ❸ (*declare ready for use*) *building* einweihen ▶ PHRASES: **to ~ sb's eyes to sb/sth** jdm die Augen über jdn/etw öffnen **IV.** *n* ❶ (*out of doors*) ■ [**out**] **in the ~** draußen; (*in the open air*) im Freien ❷ (*not secret*) **to bring sth out into the ~** etw publik machen; **to come out into the ~** ans Licht kommen ❸ SPORTS (*competition*) ■ **O~** [offene] Meisterschaft
◆ **open out I.** *vi* ❶ (*move apart*) sich ausbreiten ❷ (*unfold*) *map* sich auffalten lassen; *flower* aufblühen, sich öffnen ❸ (*grow wider*) sich erweitern; *street, river* breiter werden; (*grow bigger*) sich vergrößern **II.** *vt* (*unfold*) **to ~ out ⟳ a map/newspaper** eine [Land]karte auseinanderfalten/eine Zeitung aufschlagen
◆ **open up I.** *vi* ❶ (*start business*) *shop, store, etc.* eröffnen ❷ (*start shooting*) das Feuer eröffnen, losfeuern ❸ (*become more confiding*) *person* sich öffnen **II.** *vt* ❶ (*from closed*) *canal, pipe* passierbar machen; *car, house,*

store aufschließen; *door, window* aufmachen ❷ (*make available*) ■to ~ up ○ sth [to sb/ sth] [jdm/etw] etw zugänglich machen ❸ (*expand*) erweitern

'open-air *adj inv* im Freien *nach n;* ~ **stage** Freilichtbühne *f*

open-'ended *adj inv* mit offenem Ausgang *nach n; question* ungeklärt

opener ['oʊ·pə·nər] *n* (*opening device*) Öffner *m*

open-'faced *adj inv sandwich* belegt

open-heart 'surgery *n* Operation *f* am offenen Herzen

opening ['oʊ·pə·nɪŋ] **I.** *n* ❶ (*action*) Öffnen *nt,* Aufmachen *nt* ❷ (*hole*) Öffnung *f;* (*in traffic*) Lücke *f;* (*in woods*) Lichtung *f* ❸ (*opportunity*) günstige Gelegenheit; (*job*) freie Stelle ❹ (*introduction*) *of a novel, film* Anfang *m* ❺ (*inauguration*) Eröffnung *f* ❻ (*available appointment*) freier Termin **II.** *adj attr, inv* Anfangs-; *balance, bid, ceremony* Eröffnungs-; ~ **night** THEAT Premierenabend *m*

'opening hours *npl* Öffnungszeiten *pl*

'opening time *n* Öffnungszeit *f*

openly ['oʊ·pən·li] *adv* ❶ (*frankly*) offen ❷ *inv* (*publicly*) öffentlich

open 'market *n* offener Markt

open-'minded *adj* (*to new ideas*) aufgeschlossen; (*not prejudiced*) unvoreingenommen

open-'mouthed *adj inv* ❶ *pred* (*with open mouth*) mit offenem Mund ❷ *attr* (*shocked*) [sichtlich] betroffen

openness ['oʊ·pən·nəs] *n* ❶ (*frankness*) Offenheit *f* ❷ (*in character*) offenes Wesen ❸ (*lack of obstruction*) *of view, expanse* Weitläufigkeit *f*

opera ['ɑp·rə] *n* Oper *f*

operable ['ɑp·ər·ə·bəl] *adj* ❶ (*functioning*) funktionsfähig; AUTO fahrtüchtig ❷ MED *tumor, cancer* operabel

'opera glasses *npl* Opernglas *nt*

'opera house *n* Opernhaus *nt*

operate ['ɑp·ə·reɪt] **I.** *vi* ❶ (*work, run*) funktionieren ❷ (*perform surgery*) ■to ~ on sb/sth jdn/etw operieren ❸ (*do business*) operieren *geh* **II.** *vt* ❶ (*work*) bedienen ❷ (*manage*) betreiben

operating ['ɑp·ə·reɪ·t̬ɪŋ] **I.** *n* MED Operieren *nt* **II.** *adj attr, inv* ❶ (*in charge*) Dienst habend ❷ MED Operations-

'operating room *n* MED Operationssaal *m*

'operating system, OS ['oʊ·'es] *n* COMPUT Betriebssystem *nt*

operation [ˌɑp·ə·'reɪ·ʃən] *n* ❶ (*way of functioning*) Funktionsweise *f;* **day-to-day** ~ gewöhnlicher Betriebsablauf ❷ (*functioning state*) Betrieb *m;* LAW Wirksamkeit *f;* **to come into** ~ *machine* in Gang kommen; *plan, rule, law* in Kraft treten ❸ (*process*) Vorgang *m* ❹ (*activity*) Unternehmung *f;* MIL Operation *f;* **rescue** ~ Rettungsaktion *f;* **undercover** ~ MIL verdeckte Operation ❺ (*surgery*) Operation *f* ❻ MATH Operation *f*

operational [ˌɑp·ə·'reɪ·ʃə·nəl] *adj inv* ❶ (*in business*) betrieblich, Betriebs- *pl* ❷ (*functioning*) betriebsbereit

operative ['ɑp·ər·ə·t̬ɪv] **I.** *n* ❶ (*in a factory*) [Fach]arbeiter(in) *m(f)* ❷ (*secret agent*) Geheimagent(in) *m(f)* **II.** *adj inv* (*functioning*) in Betrieb *präd; regulations* gültig

operator ['ɑp·ə·reɪ·t̬ər] *n* ❶ (*worker*) Bediener(in) *m(f);* **machine** ~ Maschinist(in) *m(f)* ❷ (*switchboard worker*) Telefonist(in) *m(f);* (*at telephone company*) ≈ Vermittlung *f* ❸ (*company*) Unternehmer(in) *m(f);* **tour** ~ Reiseveranstalter(in) *m(f)*

operetta [ˌɑp·ə·'ret̬·ə] *n* Operette *f*

ophthalmic [ɑf·'θæl·mɪk] *adj attr, inv* Augen-, ophthalmisch *fachspr*

ophthalmologist [ˌɑf·θəl·'mɑl·ə·dʒɪst] *n* Augenarzt, -ärztin *m, f*

opiate ['oʊ·pi·ɪt] *n* Opiat *nt*

opinion [ə·'pɪn·jən] *n* ❶ (*belief*) Meinung *f,* Ansicht *f;* **public** ~ die öffentliche Meinung ❷ (*view on topic*) Einstellung *f,* Standpunkt *m* (**on** zu); **difference of** ~ Meinungsverschiedenheit *f;* **just a matter of** ~ reine Ansichtssache; **to have a high/low** ~ **of sb/sth** von jdm/etw eine hohe/keine gute Meinung haben; **to express an** ~ **on sth** seine Meinung zu etw *dat* äußern; **in my** ~ meiner Meinung nach

opinionated [ə·'pɪn·jə·neɪ·t̬ɪd] *adj* (*pej*) rechthaberisch

o'pinion poll *n* Meinungsumfrage *f*

opium ['oʊ·pi·əm] *n* Opium *nt;* ~ **den** Opiumhöhle *f*

opossum <*pl* -s *or* -> [ə·'pɑs·əm] *n* Opossum *nt*

opponent [ə·'poʊ·nənt] *n* POL Widersacher(in) *m(f);* SPORTS Gegner(in) *m(f)*

opportune [ˌɑp·ər·'tun] *adj* angebracht; *chance* passend; *moment* geeignet

opportunism [ˌɑp·ər·'tu·nɪz·əm] *n* Opportunismus *m*

opportunist [ˌɑp·ər·'tu·nɪst] **I.** *n* Opportunist(in) *m(f)* **II.** *adj* (*pej*) opportunistisch

opportunity [ˌɑp·ər·'tu·nə·t̬i] *n* ❶ (*occasion*) Gelegenheit *f;* **a window of** ~ eine Chance; **at every** ~ bei jeder Gelegenheit; **to get the** ~ **to do** (*or* **of doing**) sth die Chance erhalten, etw zu tun ❷ (*for advancement*) Möglichkeit *f*

oppose [ə·'poʊz] *vt* ❶ (*disapprove*) ablehnen ❷ (*resist*) ■to ~ sb/sth sich jdm/etw widersetzen; (*actively*) gegen jdn/etw vorgehen ❸ SPORTS ■to ~ sb gegen jdn antreten

opposed [ə·'poʊzd] *adj pred* ❶ (*against*) ■to be ~ to sth gegen etw *akk* sein ❷ (*contrasted*) ■as ~ to sth im Gegensatz zu etw *dat*

opposing [ə·'poʊz·ɪŋ] *adj attr* entgegengesetzt; (*in conflict*) einander widersprechend; *opinion* gegensätzlich; *team* gegnerisch

opposite ['ɑp·ə·zɪt] **I.** *n* Gegenteil *nt* **II.** *adj inv* ❶ (*contrary*) *interests* gegensätzlich ❷ (*facing*) gegenüberliegend; *directions* entgegengesetzt; *after n;* **who owns that store** ~?

O

wem gehört der Laden gegenüber? **III.** *adv inv*
gegenüber; **she asked the man sitting ~
what time it was** sie fragte den ihr gegenüber-
sitzenden Mann nach der Uhrzeit **IV.** *prep*
(*across from*) gegenüber
opposition [ˌɑp·ə·ˈzɪʃ·ən] *n* ❶ (*resistance*) Widerstand *m* (**to** gegen) ❷ (*party not in power*)
Opposition[spartei] *f;* (*opposing team*) gegnerische Mannschaft ❸ (*contrast*) Gegensatz *m;*
■**in ~ to sth** im Gegensatz zu etw *dat*
oppress [ə·ˈpres] *vt* (*subjugate*) unterdrücken
oppression [ə·ˈpreʃ·ən] *n* (*subjugation*) Unterdrückung *f*
oppressive [ə·ˈpres·ɪv] *adj* ❶ (*harsh*) *regime*
unterdrückerisch; *taxes* drückend ❷ (*stifling*)
heat, weather drückend
oppressor [ə·ˈpres·ər] *n* Unterdrü-
cker(in) *m(f)*
opt [ɑpt] *vi* ■**to ~ for sth** sich für etw *akk* entscheiden
◆**opt in** *vi* sich beteiligen
◆**opt out** *vi* nicht mitmachen; (*withdraw*)
aussteigen *fam*
optic [ˈɑp·tɪk] *adj attr, inv* Seh-
optical [ˈɑp·tɪ·kəl] *adj inv* optisch
optician [ɑp·ˈtɪʃ·ən] *n* Optiker(in) *m(f)*
optics [ˈɑp·tɪks] *npl + sing vb* Optik *f kein pl*
optimal [ˈɑp·tɪ·məl] *adj inv* optimal
optimism [ˈɑp·tə·mɪz·əm] *n* Optimismus *m*
optimist [ˈɑp·tə·mɪst] *n* Optimist(in) *m(f)*
optimistic [ˌɑp·tə·ˈmɪs·tɪk] *adj* optimistisch
optimize [ˈɑp·tə·maɪz] *vt* optimieren
optimum [ˈɑp·tə·məm] **I.** *n* <*pl* -tima *or* -s>
Optimum *nt* **II.** *adj inv* optimal
option [ˈɑp·ʃən] *n* ❶ (*choice*) Wahl *f;* (*possibility*) Möglichkeit *f;* **to not be an ~** nicht in Frage kommen ❷ (*freedom to choose*) Wahlmög-
lichkeit *f*
optional [ˈɑp·ʃə·nəl] *adj inv* wahlfrei
optometrist [ɑp·ˈtɑm·ɪ·trɪst] *n* Augenopti-
ker(in) *m(f)*
opulence [ˈɑp·jə·ləns] *n* ❶ (*wealth*) Wohlstand *m* ❷ (*luxury*) Luxus
opulent [ˈɑp·jə·lənt] *adj* ❶ (*affluent*) wohlhabend; *lifestyle* aufwendig ❷ (*luxurious*) luxuriös
OR *n abbrev of* **Oregon**
or [ɔr] *conj* ❶ (*as a choice*) oder ❷ (*otherwise*)
sonst; **~ else** sonst; ■**either ... ~ ...** entweder...[,] oder ❸ (*and a. not*) ■**not ... ~ ...** weder ... noch ... ❹ (*a. called*) beziehungsweise
oracle [ˈɔr·ə·kəl] *n* ❶ (*place*) Orakel *nt* ❷ (*person*) Seher(in) *m(f)* ❸ (*fig: adviser*) Autorität *f*
oral [ˈɔr·əl] **I.** *adj inv* ❶ (*spoken*) mündlich
❷ MED, PSYCH oral **II.** *n* ■**~s** *pl* mündliches Examen
orange [ˈɔr·ɪndʒ] **I.** *n* ❶ (*fruit*) Orange *f*
❷ (*color*) Orange *nt* **II.** *adj* orange[farben]
orangeade [ɔr·ɪndʒ·ˈeɪd] *n* Orangenlimo-
nade *f*
'orange juice *n* Orangensaft *m*
'orange peel *n* Orangenschale *f*
orangutan [ɔ·ˈræŋ·ə·tæn], **orangoutang** [ɔ·

'ræŋ·ə·tæŋ] *n* Orang-Utan *m*
oration [ɔ·ˈreɪ·ʃən] *n* (*speech*) [feierliche] Rede
orator [ˈɔr·ə·tər] *n* Redner(in) *m(f)*
oratorical [ˌɔr·ə·ˈtɔr·ɪ·kəl] *adj inv* rednerisch
oratorio [ˌɔr·ə·ˈtɔr·i·ou] *n* MUS Oratorium *nt*
orb [ɔrb] *n* ❶ (*spherical body*) kugelförmiger
Körper ❷ (*hist: of a king*) Reichsapfel *m hist*
orbit [ˈɔr·bɪt] **I.** *n* ❶ (*constant course*) Umlaufbahn *f;* **in ~ around the earth** in einer Erdumlaufbahn ❷ (*trip around*) Umkreisung *f*
❸ (*fig: influence*) [Einfluss]bereich *m* **II.** *vi*
kreisen **III.** *vt* (*circle around*) umkreisen
orbital [ˈɔr·bɪ·təl] *adj inv* orbital
orchard [ˈɔr·tʃərd] *n* Obstgarten *m*
orchestra [ˈɔr·kɪ·strə] *n* (*musicians*) Orchester *nt*
orchestral [ɔr·ˈkes·trəl] *adj inv* Orchester-,
orchestral
'orchestra pit *n* Orchestergraben *m*
'orchestra seats *npl* Parkett *nt*
orchestrate [ˈɔr·kɪ·streɪt] *vt* ❶ (*arrange for
orchestra*) orchestrieren ❷ (*fig*) *event* organisieren
orchestration [ˌɔr·kɪ·ˈstreɪ·ʃən] *n* ❶ (*of music*)
Orchestration *f* ❷ (*of an event*) Organisation *f*
orchid [ˈɔr·kɪd] *n* Orchidee *f*
ordain [ɔr·ˈdeɪn] *vt* ❶ (*to the ministry*) ordinie-
ren ❷ (*decree*) bestimmen
ordeal [ɔr·ˈdil] *n* ❶ (*fig: painful experience*)
Zerreißprobe *f* ❷ (*torture*) Qual *f*
order [ˈɔr·dər] **I.** *n* ❶ (*neatness*) Ordnung *f;* **to
put sth in ~** etw ordnen ❷ (*sequence*) Reihenfolge *f;* **word ~** Wortstellung *f;* **in alpha-
betical/chronological ~** in alphabetischer/
chronologischer Reihenfolge; **to be out of ~**
durcheinandergeraten sein ❸ (*command*) Befehl *m;* LAW Verfügung *f;* **doctor's ~s** ärztliche
Anweisung ❹ COMM (*request for product*) Bestellung *f;* (*request to make sth a.*) Auftrag *m;*
(*in restaurant*) Bestellung *f* ❺ (*correct behavior*) Ordnung *f;* (*discipline*) Disziplin *f;* **to be
in ~** in Ordnung sein; **to restore ~** die Ordnung wiederherstellen ❻ (*condition*) Zustand *f;* **to be in working ~** (*ready for use*)
funktionsbereit sein; (*functioning*) funktionieren; **to be out of ~** (*not working*) nicht funktionieren; (*not ready for use*) nicht betriebsbereit sein; **"out of ~ "** „außer Betrieb" ❼ (*intention*) ■**in ~ to do sth** um etw zu tun ❽ REL
(*society*) [geistlicher] Orden *m* ❾ (*medal*) Orden *m* ▶ PHRASES: **to be the ~ of the day** an
der Tagesordnung sein **II.** *vi* bestellen; **are you
ready to ~?** möchten Sie schon bestellen?
III. *vt* ❶ (*decide, decree*) anordnen ❷ (*command*) befehlen ❸ COMM (*request from company or in restaurant*) bestellen
◆**order around** *vt* herumkommandieren *fam*
'order form *n* Bestellformular *nt*
orderly [ˈɔr·dər·li] **I.** *n* ❶ (*hospital attendant*)
≈ [Kranken]pfleger(in) *m(f);* (*unskilled*) Hilfskraft *f* (*in Betreuungseinrichtungen*) ❷ MIL
(*carrier of orders*) Ordonnanz *f geh* **II.** *adj*
❶ (*methodical*) geordnet; (*neat*) ordentlich;

room aufgeräumt ❷(*well-behaved*) gesittet; *demonstration* friedlich

ordinal, ordinal number ['ɔr·də·nəl-] *n* Ordinalzahl *f*

ordinary ['ɔr·də·ner·i] I. *adj* gewöhnlich, normal II. *n* (*normal state*) **out of the** ~ außergewöhnlich; **nothing out of the** ~ nichts Ungewöhnliches

ordnance ['ɔrd·nəns] *n* MIL Geschütze *pl*

ordure ['ɔr·dʒər] *n* Mist *m*

ore [ɔr] *n* Erz *nt*

Ore. *n abbrev of* **Oregon**

oregano [ə·'reg·ə·noʊ] *n* Oregano *nt*

Oregon ['ɔr·ɪ·gən] *n* Oregon *nt*

organ ['ɔr·gən] *n* ❶ MUS Orgel *f* ❷ ANAT Organ *nt*

'organ donor *n* Organspender(in) *m(f)*

'organ grinder *n* Drehorgelspieler(in) *m(f)*

organic [ɔr·'gæn·ɪk] *adj inv* ❶ AGR ~ **fruit** Obst *nt* aus biologischem Anbau; ~ **farming methods** biodynamische Anbaumethoden ❷(*living*) organisch ❸(*of bodily organs*) organisch

organism ['ɔr·gə·nɪz·əm] *n* Organismus *m*

organist ['ɔr·gə·nɪst] *n* Organist(in) *m(f)*

organization [ˌɔr·gə·nɪ·'zeɪ·ʃən] *n* ❶(*action*) Organisation *f* ❷(*association, company*) Organisation *f*

organizational [ˌɔr·gə·nɪ·'zeɪ·ʃə·nəl] *adj inv* organisatorisch

organi'zation chart *n* ECON Organisationsplan *m*

Organization for Economic Cooperation and De'velopment *n* ■the ~ die Organisation für wirtschaftliche Zusammenarbeit und Entwicklung

Organization of Petroleum Exporting 'Countries *n* die Organisation Erdöl exportierender Länder

organize ['ɔr·gə·naɪz] *vt* ❶(*into a system*) *activities* organisieren; *books, files* ordnen; *space* aufteilen ❷(*prepare*) vorbereiten; *committee, search party, team* zusammenstellen

organized ['ɔr·gə·naɪzd] *adj* organisiert

organized 'crime *n* organisiertes Verbrechen

organizer ['ɔr·gə·naɪ·zər] *n* ❶(*book*) Terminplaner *m* ❷(*person*) Organisator(in) *m(f)*

orgasm ['ɔr·gæz·əm] I. *n* Orgasmus *m* II. *vi* einen Orgasmus haben

orgasmic [ɔr·'gæs·mɪk] *adj* orgastisch *geh;* (*fig fam*) aufregend

orgy ['ɔr·dʒi] *n* Orgie *f*

orient ['ɔr·i·ənt] I. *n* GEOG ■the **O**~ der Orient II. *vt* ❶(*position*) ■to ~ **sth** etw *dat* eine Richtung geben ❷(*determine position*) ■to ~ **oneself [by sth]** sich [nach etw *dat*] orientieren ❸(*familiarize*) ■to ~ **oneself** sich zurechtfinden

oriental [ˌɔr·i·'en·təl] I. *adj inv* orientalisch II. *n* (*a. pej*) ■O~ Orientale, -in *m, f*

orientate ['ɔr·i·en·teɪt] I. *vt see* **orient** II. *vi* (*face or turn to east*) sich nach Osten drehen

orientation [ˌɔr·i·en·'teɪ·ʃən] *n* ❶(*being*

oriented) Orientierung; **to lose one's** ~ die Orientierung verlieren *f* ❷(*tendency*) Ausrichtung *f* ❸(*attitude*) Orientierung *f;* **political** ~ politische Gesinnung; **sexual** ~ sexuelle Neigung ❹(*introduction*) Einweisung *f,* Einführung *f*

orienteering [ˌɔr·i·en·'tɪr·ɪŋ] *n* Orientierungslauf *m*

orifice ['ɔr·ə·fɪs] *n* Öffnung *f*

origin ['ɔr·ə·dʒɪn] *n* ❶(*beginning, source*) Ursprung *m; of a river* Quelle *f;* ■in ~ ursprünglich ❷(*place sth/sb comes from*) Herkunft *f kein pl;* (*ancestry a.*) Abstammung *f kein pl*

original [ə·'rɪdʒ·ɪ·nəl] I. *n* Original *nt* II. *adj inv* ❶(*first*) ursprünglich; **the** ~ **version** die Originalversion; *of a book* die Originalausgabe ❷(*unique*) originell; (*innovative*) bahnbrechend; (*creative*) kreativ ❸(*from creator*) original; **an** ~ **Rembrandt** ein echter Rembrandt; ~ **painting** Original *nt*

originality [ə·ˌrɪdʒ·ɪ·'næl·ə·t̬i] *n* Originalität *f*

originally [ə·'rɪdʒ·ɪ·nə·li] *adv inv* ❶(*at first*) ursprünglich ❷(*uniquely*) außergewöhnlich

originate [ə·'rɪdʒ·ɪ·neɪt] I. *vi* entstehen, seinen Anfang nehmen; ■to ~ **from sth** aus etw *dat* stammen II. *vt* hervorbringen; (*invent*) erfinden

originator [ə·'rɪdʒ·ɪ·neɪt̬ər] *n* Urheber, -in *m, f;* (*founder*) Gründer, -in *m, f;* (*inventor*) Erfinder, -in *m, f*

ornament ['ɔr·nə·mənt] I. *n* ❶(*pretty object*) Ziergegenstand *m;* (*figurine*) Figürchen *nt* ❷(*adornment*) Schmuck *m;* (*decoration*) Dekoration *f* II. *vt* dekorieren

ornamental [ˌɔr·nə·'men·təl] *adj* Zier-, dekorativ

ornamentation [ˌɔr·nə·men·'teɪ·ʃən] *n* (*form*) ❶(*thing*) Verzierung *f;* ART Ornament *nt* ❷(*act*) Verzieren *nt;* (*of a room, text*) Ausschmückung *f*

ornate [ɔr·'neɪt] *adj object* prunkvoll; *music* ornamentreich; *language, style* kunstvoll; (*pej*) geschraubt

ornithologist [ˌɔr·nə·'θɑl·ə·dʒɪst] *n* Ornithologe, -in *m, f fachspr*

ornithology [ˌɔr·nə·'θɑl·ə·dʒi] *n* Ornithologie *f fachspr*

orphan ['ɔr·fən] I. *n* Waise *f* II. *vt* ■to **be** ~ **ed** [zur] Waise werden

orphanage ['ɔr·fə·nɪdʒ] *n* Waisenhaus *nt*

orthodontist [ˌɔr·θə·'dɑn·tɪst] *n* Kieferorthopäde, -in *m, f*

orthodox ['ɔr·θə·dɑks] *adj* ❶(*generally accepted*) herkömmlich; (*not innovative*) starr ❷(*strictly religious*) strenggläubig ❸ REL **Greek/Russian** ~ griechisch/russisch orthodox; **the O**~ **Church** die christlich orthodoxe Kirche

orthodoxy ['ɔr·θə·dak·si] *n* ❶(*practice*) verbreitete Denkweise ❷(*quality*) Rechtgläubigkeit *f*

orthographic [ˌɔr·θə·'græf·ɪk] *adj inv* orthographisch *geh,* Rechtschreib-

O

orthography [ɔr·'θag·rə·fi] *n* Orthographie *f* geh

orthopedic [ˌɔr·θə·'pi·dɪk] *adj* orthopädisch

orthopedics [ˌɔr·θə·'pi·dɪks] *n* + *sing vb* Orthopädie *f kein pl*

orthopedist [ˌɔr·θə·'pi·dɪst] *n* Orthopäde, -in *m, f*

OS [ˌoʊ·'es] *n* COMPUT *abbrev of* **operating system**

oscillate ['as·ə·leɪt] *vi* (*swing*) schwingen

oscillation [ˌas·ə·'leɪ·ʃən] *n* (*movement*) Schwingung *f*

oscilloscope [ə·'sɪl·ə·skoʊp] *n* Schwingungsmesser *m*

osmosis [az·'moʊ·sɪs] *n* BIOL, CHEM Osmose *f fachspr;* ∎**by** ~ durch Osmose

osprey ['as·pri] *n* Fischadler *m*

ossify <-ie-> ['as·ə·faɪ] *vi* (*a. fig: become bone*) verknöchern

ostensible [a·'sten·sə·bəl] *adj attr, inv* angeblich

ostensibly [a·'sten·səb·li] *adv inv* angeblich

ostentation [ˌas·tən·'teɪ·ʃən] *n* Großtuerei *f*

ostentatious [ˌas·tən·'teɪ·ʃəs] *adj* prahlerisch; *lifestyle* protzig; *gesture* demonstrativ

osteoarthritis [ˌas·ti·oʊ·ar·'θraɪ·t̮ɪs] *n* Arthrose *f,* Osteoarthritis *f fachspr*

osteoporosis [ˌas·ti·oʊ·pə·'roʊ·sɪs] *n* MED Osteoporose *f fachspr*

ostracism ['as·trə·sɪz·əm] *n* Ächtung *f*

ostracize ['as·trə·saɪz] *vt* (*exclude*) ächten

ostrich ['as·trɪtʃ] *n* ORN Strauß *m*

other ['ʌð·ər] **I.** *adj det* ❶ (*different*) andere(r, s); **some** ~ **time** ein anderes Mal; **in** ~ **words** mit anderen Worten; ~ **people** andere [Leute] ❷ (*not long ago*) **the** ~ **day** neulich; **the** ~ **evening** neulich abends ❸ (*additional*) andere(r, s), weitere(r, s) ❹ (*alternative*) andere(r, s); **on the** ~ **hand** andererseits; **every** ~ jede(r, s) zweite ❺ (*not being exact*) **some time or** ~ irgendwann [einmal]; **someone or** ~ irgendwer **II.** *pron* (*the remaining one*) ∎**the** ~ der/die/das andere; **hold the racket in one hand and the ball in the** ~ halte den Schläger in einer Hand und den Ball in der anderen; **one or the** ~ eines davon; **one or** [**the**] ~ **of sth** eine(r, s) von etw *dat;* **the** ~ **s** die anderen

otherwise ['ʌð·ər·waɪz] **I.** *adv inv* ❶ (*differently*) anders; **unless you let me know** ~ **, ...** sofern ich nichts Gegenteiliges von dir höre, ... ❷ (*except for this*) sonst ❸ (*alternatively*) **to be** ~ **engaged** anderweitig zu tun haben **II.** *conj* andernfalls

otter ['a·t̮ər] *n* Otter *m*

ouch [aʊtʃ] *interj* aua, autsch

ought [ɔt] *aux vb* ❶ (*indicating duty*) ∎**sb** ~ **to do sth** jd sollte etw tun; **we** ~ **not to have agreed** wir hätten nicht zustimmen sollen; **it** ~ **not to be allowed** das sollte nicht erlaubt sein ❷ (*indicating probability*) **we** ~ **to be home by 7 o'clock** um sieben müssten wir eigentlich zu Hause sein; **ten minutes** ~ **to be**

enough time zehn Minuten müssten eigentlich genügen ❸ (*indicating advice*) ∎**sb** ~ **to do sth** jd sollte etw tun

ounce [aʊns] *n* Unze *f;* **if he's got an** ~ **of common sense, ...** wenn er auch nur einen Funken gesunden Menschenverstand hat, ...

our [aʊr] *adj poss* unser(e)

ours [aʊrz] *pron poss* (*belonging to us*) unsere(r, s); **he's a cousin of** ~ er ist ein Cousin von uns

ourselves [aʊr·'selvz] *pron reflexive* ❶ *after vb, after prep* (*direct object*) uns; **we enjoyed** ~ **at the party very much** wir hatten großen Spaß bei der Party ❷ (*emph: personally*) wir persönlich; **we invented it** ~ wir erfanden das selbst; **to see sth for** ~ etw selbst sehen

oust [aʊst] *vt* (*expel*) vertreiben; (*by taking their position*) verdrängen

out [aʊt] **I.** *adj inv, pred* ❶ (*not at a place*) ∎**to be** ~ nicht da sein; (*more formally*) abwesend sein; (*not at home*) nicht zu Hause sein; **to be** ~ **and about** unterwegs sein; (*after an illness*) wieder auf den Beinen sein ❷ (*outside*) ∎**to be** ~ draußen sein; **they're** ~ **in the yard** sie sind draußen im Garten; *prisoner* [wieder] draußen sein *fam* ❸ (*visible*) ∎**to be** ~ *sun, moon, stars* am Himmel stehen; (*in blossom*) blühen; *tree a.* in Blüte stehen; (*available*) erhältlich sein; (*on the market*) auf dem Markt sein ❹ (*known*) ∎**to be** ~ heraus sein; *secret* gelüftet sein; *news* bekannt sein; *homosexual;* ∎**to be** ~ sich geoutet haben *fam* ❺ (*finished*) aus; **school will be** ~ **in June** die Schule endet im Juni; **before the month/year is** ~ vor Ende des Monats/Jahres ❻ SPORTS ∎**to be** ~ (*not playing*) nicht [mehr] im Spiel sein; (*in cricket, baseball*) aus sein; (*outside of a boundary*) *ball, player* im Aus sein ❼ (*fam*) ∎**to be** ~ (*unacceptable, not possible*) unmöglich sein; (*unfashionable*) out sein ❽ (*off*) *light, TV* aus; *fire a.* erloschen ❾ (*asleep*) ∎**to be** ~ schlafen; (*unconscious*) ∎**to be** ~ ❿ *tide* die tide is ~ es ist Ebbe **II.** *adv inv* ❶ (*not in sth*) außen; (*not in a room, apartment*) draußen; (*outdoors*) draußen, im Freien; **to keep sb/sth** ~ jdn/etw nicht hereinlassen ❷ (*outwards*) heraus; (*seen from inside*) hinaus; (*facing the outside*) nach außen; (*out of a room, building a.*) nach draußen; **get** ~**!** raus hier! *fam;* **to turn sth inside** ~ etw umstülpen; *clothes* etw auf links drehen ❸ (*away from home, for a social activity*) **to eat** ~ im Restaurant essen; **to go** ~ ausgehen ❹ (*removed*) [he]raus; (*extinguished*) aus; **to put a fire** ~ ein Feuer löschen; **to cross sth** ~ etw ausstreichen ❺ (*fully, absolutely*) **burned** ~ (*a. fig*) ausgebrannt; *fuse* durchgebrannt; *candle* heruntergebrannt ❻ (*aloud*) **to call** ~ **to sb** jdm zurufen; **to cry** ~ **in pain** vor Schmerzen aufschreien ❼ (*to an end, finished*) **to die** ~ aussterben; (*fig*) *applause* verebben ❽ (*unconscious*) **to knock sb** ~ jdn bewusstlos schlagen; **to pass** ~ in Ohnmacht fallen ❾ (*open*) to open sth ~ (*unfold*) etw auseinanderfalten; (*spread out*) etw ausbreiten; (*extend*) *furniture* etw ausziehen ⑩**the tide is going** ~ die Ebbe setzt ein ⑪(*at a distant place*) draußen; ~ **at sea** auf See **III.** *vt* ▪**to** ~ **sb** *homosexual* jdn outen *fam* **IV.** *prep* (*fam*) aus +*dat;* **to run** ~ **the door** zur Tür hinausrennen

'out-and-out *adj attr, inv* ausgemacht, durch und durch *nach n*

'outback *n* Hinterland *nt* [Australiens]; **to live in the** ~ im [australischen] Busch leben

out'bid <-bid, -bid> *vt* überbieten

'outboard, outboard 'motor *n* Außenbordmotor *m*

'outbreak *n of a disease, hostilities, a war* Ausbruch *m*

'outburst *n* Ausbruch *m;* **an** ~ **of anger** ein Wutanfall *m*

'outcast *n* Ausgestoßene(r) *f(m);* **social** ~ gesellschaftlicher Außenseiter/gesellschaftliche Außenseiterin

out'class *vt* in den Schatten stellen

'outcome *n* Ergebnis *nt*

'outcrop *n* GEOL Felsnase *f*

'outcry *n* lautstarker Protest (**over** gegen); **to provoke a public** ~ einen Sturm der Entrüstung in der Öffentlichkeit auslösen

out'dated *adj* veraltet; *ideas, views* überholt

out'distance *vt* ▪**to** ~ **sb** jdn hinter sich *dat* lassen

out'do <-did, -done> *vt* übertreffen

'outdoor *adj inv clothes* für draußen *nach n;* ~ **swimming pool** Freibad *nt*

outdoors [ˌaʊtˈdɔrz] **I.** *n* + *sing vb* **in the great** ~ in der freien Natur **II.** *adv* im Freien

outdoorsy [ˌaʊtˈdɔrˌzi] *adj* (*fam*) ▪**to be** ~ gern in der freien Natur [*o* an der frischen Luft] sein

outer [ˈaʊtər] *adj inv* ①(*external*) äußerlich, Außen- ②(*far from center*) äußere(r, s), Außen-

outermost [ˈaʊtərˌmoʊst] *n attr, inv* äußerste(r, s); *layer* oberst

'outfield *n* Outfield *nt*

'outfit I. *n* ①(*clothes*) Kleidung *f;* **cowboy** ~ Cowboykostüm *nt;* **wedding** ~ Hochzeitsgarderobe *f* ②(*fam: group*) Verein *m;* (*company*) Laden *m;* (*musicians, sports team*) Truppe *f* **II.** *vt* <-tt-> ▪**to** ~ **sb with sth** jdn mit etw *dat* ausrüsten

'outfitter *n* (*for outdoor pursuits*) **sports** ~ Sportgeschäft *nt*

'outflow *n* Ausfluss *m*

out'going *adj* ①(*approv: extrovert*) kontaktfreudig ②*attr* (*retiring*) [aus]scheidend

out'grow <-grew, -grown> *vt* ①(*become too big for*) ▪**to** ~ **sth** aus etw *dat* herauswachsen ②(*leave behind*) ▪**to** ~ **sth** einer S. *gen* entwachsen

'outgrowth *n* Auswuchs *m a.* fig; (*development*) *of an idea, a theory* Weiterentwicklung *f*

'outhouse *n* (*bathroom*) Außentoilette *f*

outing [ˈaʊtɪŋ] *n* ①(*trip*) Ausflug *m;* **to go on an** ~ einen Ausflug machen ②(*revealing homosexuality*) Outing *nt*

outlandish [aʊtˈlændɪʃ] *adj* sonderbar; *behavior, ideas a.* bizarr; *clothing* skurril; *prices* horrend

out'last *vt* überdauern; ▪**to** ~ **sb** jdn überleben

outlaw [ˈaʊtˌlɔ] **I.** *n* (*criminal*) Bandit(in) *m(f);* (*fugitive from law*) Geächtete(r) *f(m)* **II.** *vt* für ungesetzlich erklären

'outlay *n* Aufwendungen *pl*

'outlet *n* ①ELEC Steckdose *f* ②(*exit*) Ausgang *m; for water* Abfluss *m;* AUTO, TECH *exhaust* Abluftstutzen *m* ③(*means of expression*) Ventil *nt* fig, Ausdrucksmöglichkeit *f* ④(*store*) Verkaufsstelle *f;* **fast-food** ~ Schnellrestaurant *nt;* **factory** ~ Fabrikverkauf *m*

'outline I. *n* ①(*brief description*) Übersicht *f* (**of** über); *for a novel* Entwurf *m* ②(*contour*) Umriss *m* **II.** *vt* ▪**to** ~ **sth** ①(*draw*) die Umrisse von etw *dat* zeichnen ②(*summarize*) etw [kurz] umreißen

out'live *vt* (*live longer than*) ▪**to** ~ **sb** jdn überleben; ▪**to** ~ **sth** etw überdauern; **the system had** ~**d its usefulness** das System hatte ausgedient

'outlook *n* ①(*view*) Aussicht *f* ②(*future prospect*) Aussicht[en] *f[pl]* ③(*attitude*) Einstellung *f*

'outlying *adj attr region, town* abgelegen

outma'neuver *vt* ausmanövrieren

outmoded [ˌaʊtˈmoʊdɪd] *adj* (*pej*) altmodisch; *ideas* überholt

out'number *vt* zahlenmäßig überlegen sein; ▪**to be** ~**ed** in der Unterzahl sein; (*in vote*) überstimmt sein

'out of *prep* ①*after vb* (*towards outside*) aus ②*after vb* (*situated away from*) außerhalb; **she's** ~ **the office at the moment** sie ist zurzeit nicht an ihrem [Arbeits]platz; *after n* außerhalb; **five miles** ~ **San Francisco** fünf Meilen außerhalb von San Francisco ③*after vb* (*from*) von; **he copied his essay straight** ~ **a textbook** er schrieb seinen Aufsatz wörtlich aus einem Lehrbuch ab; **she had to pay for it** ~ **her own pocket** sie musste es aus der eigenen Tasche bezahlen ④(*excluded from*) aus; **I'm glad to be** ~ **it** ich bin froh, dass ich das hinter mir habe; **to be** ~ **the question** nicht in Frage kommen ⑤*after n* (*ratio of*) von; **nine times** ~ **ten** neun von zehn Malen; **no one got 20** ~ **20 on the test** niemand bekam alle 20 möglichen Punkte für den Test ⑥(*without*) **they were** ~ **luck** sie hatten kein Glück [mehr]; **to run** ~ **cash** kein Bargeld mehr haben; **to be** ~ **work** ohne Arbeit sein ⑦(*beyond*) außer; ~ **reach/sight/earshot** außer Reichweite/Sicht[weite]/ Hörweite; ~ **focus** *photo* unscharf; *camera, microscope* unscharf eingestellt; **get** ~ **the way!** aus dem Weg! ▶ PHRASES: **to get** ~ **hand** außer Kontrolle geraten; ~ **sight,** ~ **mind** aus den Augen, aus dem Sinn; ~ **place** fehl am Platz

out-of-court 'settlement *n* LAW außergerichtliche Einigung

out of 'date *adj pred,* '**out-of-date** *adj attr* veraltet; *clothing* altmodisch; *furniture* antiquiert; *ideas* überholt

out of the 'way *adj pred,* '**out-of-the-way** *adj attr spot, place* abgelegen

'**outpatient** *n* ambulanter Patient/ambulante Patientin

out'play *vt* ■ **to** ~ **sb** besser spielen als jd

'**outpost** *n* ❶ MIL (*guards*) Außenposten *m;* (*base*) Stützpunkt *m* ❷ (*remote branch*) Außenposten *m; of a company* Außenstelle *f*

'**outpouring** *n* (*of emotion*) Ausbruch *m*

'**output I.** *n* ECON Ausstoß *m;* COMPUT Ausgabe *f;* ELEC Leistung *f* **II.** *vt image, data* ausgeben

'**outrage I.** *n* ❶ Empörung *f* (**at** über); **to express** ~ sich entsetzt zeigen ❷ (*deed*) Schandtat *f;* (*crime*) Verbrechen *nt;* (*disgrace*) Schande *f kein pl* **II.** *vt* (*arouse indignation*) ■ **to** ~ **sb** jdn erzürnen; ■ [**to be**] ~**d by sth** entrüstet über etw *akk* [sein]

outrageous [aʊtˈreɪ·dʒəs] *adj* ❶ (*terrible*) empörend; (*unacceptable*) unerhört; (*shocking*) schockierend ❷ (*unusual and shocking*) außergewöhnlich; *outfit a.* gewagt ❸ (*exaggerated*) ungeheuerlich; *story, statement a.* unwahrscheinlich; *lie* schamlos; *prices* horrend

'**outreach I.** *n* soziales Engagement **II.** *adj* ~ **work** soziales Engagement; ~ **program** Programm *nt* zur sozialen Unterstützung

'**outrigger** *n* NAUT Ausleger *m; (boat)* Ausleger-boot *nt*

'**outright I.** *adj attr, inv* ❶ (*total*) total; *disaster* absolut; *nonsense* komplett ❷ (*undisputed*) offensichtlich; *winner, victory* eindeutig **II.** *adv inv* ❶ (*totally*) total ❷ (*clearly*) eindeutig ❸ (*directly*) offen ❹ (*immediately*) sofort; **to be killed** ~ auf der Stelle tot sein

out'run <-ran, -run, -nn-> *vt* ■ **to** ~ **sb** jdm davonlaufen; ■ **to** ~ **sth** über etw *akk* hinausgehen

'**outset** *n* Anfang *m;* ■ **from the** ~ von Anfang an

out'shine <-shone *or* -shined, -shone *or* -shined> *vt* (*be better than*) ■ **to** ~ **sb** jdn in den Schatten stellen

out'side I. *n* ❶ (*exterior*) Außenseite *f; of a fruit* Schale *f;* ■ **from the** ~ (*fig*) von außen ❷ (*external appearance*) ■ **on the** ~ äußerlich ❸ (*not within boundary*) ■ **on the** ~ draußen **II.** *adj attr, inv* ❶ (*outer*) *door, entrance* äußere(r, s); ~ **seat** Sitz *m* am Gang; ~ **wall** Außenmauer *f* ❷ (*external*) außenstehend; **the world** ~ die Welt draußen ❸ (*very slight*) *chance, possibility* minimal **III.** *adv* ❶ (*not in building*) außen ❷ (*in open air*) im Freien **IV.** *prep* ❶ (*beyond*) außerhalb (**of** von) ❷ (*apart from*) ausgenommen

outside 'line *n* Telefonleitung *f* für externe Gespräche

outsider [aʊtˈsaɪ·dər] *n* ❶ (*not a member*)

Außenstehende(r) *f(m)* ❷ (*outcast, in sports*) Außenseiter(in) *m(f)*

'**outsize** *adj attr, inv* (*very large*) übergroß; ~ **clothes** Kleidung *f* in Übergrößen

outskirts [ˈaʊt·skɜrts] *npl* Stadtrand *m*

'**outsource** *vt work, production* auslagern, outsourcen *fachspr*

outsourcing [ˈaʊt·ˌsɔr·sɪŋ] *n* Outsourcing *nt fachspr; of staff* Beschäftigung *f* betriebsfremden Personals; *of production* Produktionsauslagerung *f*

outspoken [ˌaʊt·ˈspoʊ·kən] *adj* offen; *criticism* unverblümt; *opponent* entschieden

out'standing *adj* ❶ (*excellent*) außergewöhnlich; *effort, contribution* bemerkenswert; *actor, student, performance* brillant; *ability* außerordentlich; *achievement* überragend ❷ (*clearly noticeable*) auffallend ❸ (*not dealt with*) unerledigt; *problems* ungelöst

out'stay *vt stay too long* **to** ~ **one's welcome** länger bleiben, als man erwünscht ist

outstretched [ˌaʊt·ˈstretʃt] **I.** *adj pred, inv* ausgestreckt; *arms a.* ausgebreitet **II.** *adj attr, inv hands, legs* ausgestreckt

out'strip <-pp-> *vt* ❶ (*surpass*) übertreffen; (*go faster*) überholen ❷ (*be greater*) übersteigen

out'vote *vt* überstimmen

outward [ˈaʊt·wərd] **I.** *adj attr* ❶ (*exterior*) äußere(r, s), Außen-; (*superficial*) äußerlich; **an** ~ **show of confidence** ein demonstratives Zurschaustellen von Zuversicht ❷ (*going out*) ausgehend; ~ **flight** Hinflug *m* **II.** *adv* nach außen; **the door opens** ~ die Tür geht nach außen auf

outwardly [ˈaʊt·wərd·li] *adv inv* äußerlich, nach außen hin

outwards [ˈaʊt·wərdz] *adv inv* nach außen

out'weigh *vt* (*in importance*) ■ **to** ~ **sth** etw wettmachen; **the advantages** ~ **the disadvantages** die Vorteile überwiegen die Nachteile

out'wit <-tt-> *vt* austricksen

out'work *vt* (*work harder than*) schneller arbeiten

oval [ˈoʊ·vəl] **I.** *n* Oval *nt* **II.** *adj* oval

Oval 'Office *n* POL ■ **the** ~ das Oval Office (*Büro des US-Präsidenten*)

ovary [ˈoʊ·və·ri] *n* Eierstock *m,* Ovarium *nt fachspr*

ovation [oʊ·ˈveɪ·ʃən] *n* Applaus *m*

oven [ˈʌv·ən] *n* [Back]ofen *m,* Backrohr *nt* ÖSTERR; **microwave** ~ Mikrowelle *f*

'**oven mitt** *n* Topfhandschuh *m*

'**ovenproof** *adj inv* hitzebeständig

'**oven-ready** *adj inv* bratfertig, backfertig

over [ˈoʊ·vər] **I.** *adv inv, pred* ❶ (*across*) hinüber; ~ **here** hier herüber; (*on the other side*) drüben; ~ **there** dort drüben; **to move** [**sth**] ~ [etw] [beiseite]rücken ❷ (*another way up*) **to turn** ~ umdrehen; **to turn a page** ~ [eine Seite] umblättern ❸ (*downwards*) **to fall** ~ hinfallen; **to knock sth** ~ etw umstoßen ❹ (*fin-*

ished) ■to be ~ vorbei sein; **to get sth ~ and done with** etw hinter sich *akk* bringen ❺*(remaining)* übrig; **left** ~ übrig gelassen ❻*(again)* noch einmal; ~ **and** ~ immer wieder ❼*(more)* mehr; **people aged 65 and ~** Menschen, die 65 Jahre und älter sind **II.** *prep* ❶*(across)* über ❷*(on the other side of)* über ❸*(above)* über; *(moving above)* über; **a flock of geese passed** ~ eine Schar von Gänsen flog über uns hinweg ❹*(everywhere)* [überall] in; *(moving everywhere)* durch; **all ~ the world** in der ganzen Welt ❺*(during)* in, während; **~ the years, he became more and more depressed** mit den Jahren wurde er immer deprimierter; **she fell asleep ~ her homework** sie nickte bei ihren Hausaufgaben ein ❻*(through)* **he told me ~ the phone** er sagte es mir am Telefon ❼*(more than)* über; **this shirt cost me ~ $50!** dieses Hemd hat mich über 50 Dollar gekostet! ❽ *after vb (to check)* durch; **could you go ~ my essay again?** kannst du nochmal meinen Aufsatz durchschauen ❾*(past)* **to be/get ~ sb/sth** über jdn/etw hinweg sein/kommen

overa'bundant *adj inv* übermäßig

over'act *vi* THEAT übertreiben

overall I. *n* ['oʊ·vər·ɔl] ■~s *pl* Latzhose *f* **II.** *adj* ['oʊ·vər·ɔl] *attr* ❶*(general)* Gesamt-, allgemein ❷*(over all others)* Gesamt-; **~ commander** Oberkommandierende(r) *f(m);* **majority** absolut **III.** *adv* [ˌoʊ·vər·ˈɔl] *inv* insgesamt

over'arching *adj attr, inv* |mit|umfassend

over'bearing *adj (pej: arrogant)* anmaßend; *(authoritative)* herrisch

over'blown *adj (overdone)* geschraubt

'overboard *adv inv* NAUT über Bord ▶ PHRASES: **to go** ~ zu weit gehen, es übertreiben

over'book I. *vt usu passive* ■to be ~ed überbucht sein **II.** *vi* zu viele Buchungen vornehmen

over'burden *vt* überlasten

over'cast *adj sky* bedeckt; *weather* trüb

over'charge I. *vt (charge too much)* ■to ~ **sb** [for sth] jdm [für etw *akk*] zu viel berechnen **II.** *vi* zu viel berechnen

'overcoat *n* Mantel *m*

over'come <-came, -come> **I.** *vt* ❶ *crisis, opposition, fear* überwinden; *temptation* widerstehen; *enemy forces* besiegen ❷ *usu passive (render powerless)* ■to be ~ **by sth** *sleep, emotion, grief* von etw *dat* überwältigt werden; *fumes, exhausts* von etw *dat* ohnmächtig werden **II.** *vi* siegen

over'compensate *vi* ■to ~ **for sth** etw *akk* überkompensieren

over'confident *adj (extremely self-assured)* übertrieben selbstbewusst; *(too optimistic)* übertrieben zuversichtlich

over'cook *vt (in water)* verkochen; *(in oven)* verbraten

over'crowded *adj* überfüllt; *profession* überlaufen; *town* übervölkert

overde'veloped *adj a.* PHOT überentwickelt

over'do <-did, -done> *vt* ❶*(overexert oneself)* **to ~ it** sich überanstrengen; *(overindulge)* es übertreiben; *(go too far)* zu weit gehen ❷*(use too much)* ■to ~ **sth** von etw *dat* zu viel verwenden

over'done *adj (overcooked) in water* verkocht; *in oven* verbraten

overdose I. *n* ['oʊ·vər·doʊs] Überdosis *f;* **drug** ~ Überdosis *f* Drogen **II.** *vi* [ˌoʊ·vər·'doʊs] eine Überdosis nehmen

'overdraft *n* Kontoüberziehung *f*

over'draw <-drew, -drawn> *vt* **to ~ one's account** sein Konto überziehen

over'dress *vi* sich zu fein anziehen

'overdrive *n* ❶ AUTO, TECH Schongang *m* ❷ *(fig: effort)* ■to be in ~ auf Hochtouren laufen

over'due *adj usu pred* überfällig

over 'easy *adj, adv usu pred* ~ **egg** *auf beiden Seiten gebratenes Spiegelei*

over'eat <-ate, -eaten> *vi* zu viel essen

over'emphasize *vt* überbetonen

overestimate [ˌoʊ·vər·'es·tə·meɪt] *vt (estimate too much)* überschätzen

overex'cited *adj usu pred* ■to be/become ~ ganz aufgeregt sein/werden

overex'pose *vt* ■to be ~d ❶ PHOT überbelichtet sein ❷ *usu passive (overpublicize) person* zu sehr im Rampenlicht der Öffentlichkeit stehen; **to be ~d to risks** zu starken Risiken ausgesetzt sein

overex'posure *n* ❶ PHOT Überbelichtung *f* ❷ *(in the media) of person* zu große Präsenz

overex'tend *vt* ■to ~ **oneself** [on sth] sich [bei etw *dat*] [finanziell] übernehmen

over'flow I. *n* ['oʊ·vər·floʊ] ❶*(act of spilling)* Überlaufen *nt* ❷*(overflowing liquid)* überlaufende Flüssigkeit ❸*(outlet)* Überlauf *m* ❹*(surplus)* Überschuss *m* (of an +*dat*) **II.** *vi* [ˌoʊ·vər·'floʊ] *river, tank* überlaufen; **to be ~ing with ideas** vor Ideen sprühen **III.** *vt* [ˌoʊ·vər·'floʊ] ■to ~ **sth** *container, tank* etw zum Überlaufen bringen

over'grown *adj* ❶*(with plants)* überwuchert ❷*(usu pej: childish)* **he is just an ~ schoolboy** er ist wie ein großer Schuljunge

overhang [ˌoʊ·vər·'hæn] *vt* <-hung, -hung> *(project over)* ■to ~ **sth** über etw *akk* hinausragen; ARCHIT über etw *akk* hervorstehen

overhaul I. *n* ['oʊ·vər·hɔl] [General]überholung *f; (revision)* Überarbeitung *f* **II.** *vt* [ˌoʊ·vər·'hɔl] ❶*(repair)* überholen ❷*(improve)* überprüfen; *(reform)* überarbeiten

overhead I. *n* ['oʊ·vər·hed] ❶*(running costs of business)* laufende Geschäftskosten ❷*(transparency)* Folie *f* **II.** *adj* ['oʊ·vər·hed] *attr, inv* ❶*(above head level)* Hoch-; ELEC oberirdisch ❷*(taken from above) photo* von oben nach *m* **III.** *adv* [ˌoʊ·vər·'hed] in der Luft; **a plane circled** ~ ein Flugzeug kreiste über uns

over'hear <-heard, -heard> **I.** *vt* ■to ~ **sth** etw zufällig mithören; ■to ~ **sb** jdn unabsichtlich belauschen **II.** *vi* unabsichtlich mithören

over'heat I. *vt* überhitzen II. *vi* sich überhitzen
a. *fig; motor* a. heiß laufen

overin'dulge I. *vt* ■to ~ **oneself** sich zu sehr
gehen lassen II. *vi* (*eat too much*) sich *dat* den
Bauch vollschlagen *fam;* (*drink too much*) sich
volllaufen lassen *fam*

overjoyed [ˌoʊ·vər·'dʒɔɪd] *adj pred* überglücklich (**at** über +*akk*)

'**overkill** *n* (*pej: excessiveness*) Übermaß *nt*

overland I. *adj* ['oʊ·vər·lænd] *attr* Überland-,
Land-; ~ **trip** Reise *f* auf dem Landweg II. *adv*
[ˌoʊ·vər·'lænd] *inv* auf dem Landweg

overlap I. *n* ['oʊ·vər·læp] ❶ (*overlapping
part*) Überlappung *f* ❷ (*similarity*) Überschnei-
dung *f* II. *vi* <-pp-> [ˌoʊ·vər·'læp] ❶ (*lie edge
over edge*) sich überlappen ❷ (*be partly similar*) sich überschneiden; ■to ~ **with sth** sich
teilweise mit etw *dat* decken III. *vt* <-pp->
[ˌoʊ·vər·'læp] ■to ~ **sth** ❶ (*place edge over
edge*) etw *akk* überlappen lassen ❷ (*partly
duplicate*) etw ineinander übergehen lassen

overload I. *n* ['oʊ·vər·loʊd] ❶ELEC Über-
last[ung] *f;* TRANSP Übergewicht *nt* ❷ (*excess*)
Überbelastung *f;* **information** ~ Überangebot
nt an Informationen II. *vt* [ˌoʊ·vər·'loʊd]
(*overburden*) *vehicle* überladen; *road, system,
person, equipment* überlasten

overlook I. *n* ['oʊ·vər·lʊk] Aussichtspunkt *m*
II. *vt* [ˌoʊ·vər·'lʊk] ❶ (*look out onto*) überblicken ❷ (*not notice*) übersehen; (*ignore*) übergehen

overly ['oʊ·vər·li] *adv inv* allzu

over'night I. *adj* ❶ *attr, inv* (*for a night*)
Nacht-, Übernachtungs-; ~ **stay** Übernachtung *f* ❷ (*for next day*) *delivery, package* über
Nacht ❸ (*sudden*) ganz plötzlich; ~ **success**
Blitzerfolg *m* II. *adv inv* ❶ (*until next day*) in
der Nacht, über Nacht ❷ (*fig: suddenly*) in
kurzer Zeit, über Nacht

'**overpass** *n* Überführung *f*

over'pay <-paid, -paid> *vt* ❶ (*overremun-
erate*) überbezahlen ❷ (*pay more than
required*) für etw *akk* zu viel bezahlen

over'populated *adj* überbevölkert

overpopu'lation *n* Überbevölkerung *f*

over'power *vt* überwältigen

over'powering *adj* überwältigend; *smell*
durchdringend

overpro'duce *vt* ■to ~ **sth** von etw *dat* zu viel
produzieren

over'rated *adj* (*pej*) überbewertet

over'reach *vt* ■to ~ **oneself** sich übernehmen

overre'act *vi* überreagieren; ■to ~ **to sth** auf
etw *akk* unangemessen reagieren

overre'action *n* Überreaktion *f* (**to** auf +*akk*)

over'ride I. *n* ❶ (*device*) Übersteuerung *f;*
manual ~ Automatikabschaltung *f* ❷ (*cancellation*) Außerkraftsetzen *nt* II. *vt* <-rid,
-ridden> ❶ (*outweigh*) überwiegen ❷ (*cancel*) *veto* aufheben ❸ (*control*) abschalten

over'riding *adj attr, inv* vorrangig

over'rule *vt* überstimmen; *decision* aufheben;
objection zurückweisen

over'run I. *vt* <-ran, -run> ❶ MIL (*occupy*)
überrollen ❷ (*spread over*) sich in etw *dat* ausbreiten; ■to be ~ **with sth** von etw *dat* wimmeln; *market* von etw *dat* überschwemmt
werden ❸ (*exceed*) *budget* überschreiten II. *vi*
<-ran, -run> (*exceed time*) überziehen

overseas I. *adj* ['oʊ·vər·siz] *attr, inv* (*abroad*)
Übersee-, in Übersee *nach n;* (*destined for
abroad*) Übersee-, nach Übersee *nach n;* (*from
abroad*) Übersee-, aus Übersee *nach n* II. *adv*
[ˌoʊ·vər·'siz] *inv* (*in foreign country*) im Ausland; (*to foreign country*) ins Ausland

over'see <-saw, -seen> *vt* beaufsichtigen;
project leiten

overseer ['oʊ·vər·ˌsiər] *n* Aufseher, -in *m, f*

over'sell <-sold, -sold> *vt* ■to ~ **sth** (*over-
hype*) etw zu sehr anpreisen

over'shadow *vt* ❶ (*make insignificant*) in den
Schatten stellen ❷ (*cast gloom over*) über-
schatten

'**overshoe** *n* Überschuh *m*

over'shoot <-shot, -shot> *vt* ■to ~ **sth** über
etw *akk* hinausschießen; **the plane overshot
the runway** das Flugzeug schoss über die
Rennbahn hinaus ▸ PHRASES: **to ~ the mark**
über das Ziel hinausschießen

'**oversight** *n* (*mistake*) Versehen *nt;* ■**by an ~**
aus Versehen

over'simplify <-ie-> *vt* grob vereinfachen

'**oversize**, '**oversized** *adj* überdimensional

over'sleep <-slept, -slept> *vi* verschlafen

over'spend <-spent, -spent> I. *vi* zu viel
[Geld] ausgeben II. *vt* überziehen; *budget, target* überschreiten

over'staffed *adj* überbesetzt

over'state *vt* übertreiben; **to ~ a case** einen
Fall übertrieben darstellen

over'stay *vt* **to ~ a visa** ein Visum überschreiten; **to ~ one's welcome** jds Gastfreundschaft *f* überbeanspruchen

over'step <-pp-> *vt* überschreiten ▸ PHRASES: **to
~ the mark** zu weit gehen

over'supply I. *n* (*supply*) Überangebot *nt* (**of**
an); (*excess inventory*) Überbestand *m* (**of** an)
II. *vt* <-ie-> *usu passive* ■to be **oversup-
plied with sth** einen zu großen Vorrat an etw
dat haben

overt ['oʊ·vɜrt] *adj* offenkundig; *racism, sexism* unverhohlen

over'take <-took, -taken> *vt* ❶ (*pass from
behind*) überholen; (*catch up*) einholen
❷ (*surpass*) überholen *fig*

over'tax *vt* ❶ FIN ■to ~ **sb** jdn überbesteuern
❷ (*exhaust*) überfordern

over-the-'counter *adj attr, inv* ❶ (*without prescription*) *drugs, medications, remedies* rezeptfrei ❷ FIN außerbörslich

over-the-'top *adj inv* (*fam*) übertrieben, exzessiv *geh*

overthrow I. *n* ['oʊ·vər·θroʊ] (*removal from
power*) Sturz *m* II. *vt* <-threw, -thrown> [ˌoʊ·
vər·'θroʊ] ❶ (*topple*) stürzen; **to ~ a regime**
ein Regime zu Fall bringen ❷ SPORTS ■to ~ **sb**

für jdn zu weit werfen

'overtime I. *n* ❶ (*extra work*) Überstunden *pl;* **to do ~** Überstunden machen ❷ SPORTS (*extra time*) Verlängerung *f* **II.** *adv* **to work ~** Überstunden machen

over'tired *adj inv* übermüdet

'overtone *n* ❶ (*implication*) Unterton *m* ❷ MUS Oberton *m*

overture ['oʊ·vər·tʃər] *n* (*introductory music*) Ouvertüre *f* (**to** zu) ▶ PHRASES: **to make ~s to sb** jdm ein Angebot machen

over'turn I. *vi* umstürzen; *car* sich überschlagen; *boat* kentern **II.** *vt* ❶ (*turn upside down*) umstoßen; *boat* zum Kentern bringen ❷ (*reverse*) revidieren; *government* stürzen

over'value *vt* (*give excessively high value to*) überbewerten

'overview *n* Überblick *m* (**of** über + *akk*)

overweight [ˌoʊ·vər·'weɪt] *adj* zu schwer; *person a.* übergewichtig

overwhelm [ˌoʊ·vər·'welm] *vt* ❶ (*affect powerfully*) überwältigen ❷ (*overpower*) überwältigen; *enemy* besiegen

overwhelming [ˌoʊ·vər·'wel·mɪŋ] *adj* (*very powerful*) überwältigend; *desire, need* unwiderstehlich; *grief* unermesslich; *joy* groß

overwork I. *n* ['oʊ·vər·wɜrk] Überarbeitung *f* **II.** *vi* [ˌoʊ·vər·'wɜrk] sich überarbeiten **III.** *vt* [ˌoʊ·vər·'wɜrk] ❶ (*give too much work*) ■ **to ~ sb** jdn [mit Arbeit] überlasten ❷ (*overuse*) ■ **to ~ sth** etw überstrapazieren

ovulate ['av·ju·leɪt] *vi* [einen] Eisprung haben

ovulation [ˌav·ju·'leɪ·ʃən] *n* Eisprung *m*

ovum <*pl* -va> ['oʊ·vəm, *pl* -və] *n* Eizelle *f*

ow [aʊ] *interj* au

owe [oʊ] *vt* ❶ (*be in debt*) schulden; **to ~ sb an explanation** jdm eine Erklärung schuldig sein; **to ~ sb thanks/gratitude** jdm zu Dank verpflichtet sein ❷ (*be indebted*) ■ **to ~ sth to sb** jdm etw verdanken; **I ~ it all to my parents** ich habe alles meinen Eltern zu verdanken

owing ['oʊ·ɪŋ] *adj inv, pred* ausstehend

'owing to *prep* (*form*) ■ **~ sth** wegen einer S. *gen*

owl [aʊl] *n* Eule *f;* **barn ~** Schleiereule *f*

own [oʊn] **I.** *pron* (*belonging, relating to*) **his time is his ~** er kann über seine Zeit frei verfügen; **to make sth [all] one's ~** sich *dat* etw [ganz] zu eigen machen; **to have ideas of one's ~** eigene Ideen haben ▶ PHRASES: **to come into one's ~** (*show qualities*) zeigen, was in einem steckt *fam;* (*get recognition*) die verdiente Anerkennung erhalten; [**all**] **on one's/its ~** [ganz] allein[e] **II.** *adj attr, inv* ❶ (*belonging to, individual*) eigene(r, s) ❷ (*for oneself*) **you'll have to get your ~ dinner** du musst dich selbst um das Abendessen kümmern; **to make up one's ~ mind** sich + *akk* entscheiden ▶ PHRASES: **to do one's ~ thing** (*fam*) tun, was man will; **in one's ~ right** (*not due to others*) aus eigenem Recht; (*through one's talents*) aufgrund der eigenen Begabung

III. *vt* (*possess*) besitzen; ■ **to be ~ed by sb** jdm gehören

◆ **own up** *vi* es zugeben; ■ **to ~ up to sth** etw zugeben

owner ['oʊ·nər] *n* Besitzer(in) *m(f)*

owner-'occupied *adj inv* vom Eigentümer/von der Eigentümerin selbst bewohnt

ownership ['oʊ·nər·ʃɪp] *n* (*have power over*) Besitz *m* (**of** + *gen*)

ox <*pl* -en> [aks] *n* Ochse *m;* **~ cart** Ochsenkarren *m*

oxidation [ˌak·sɪ·'deɪ·ʃən] *n* Oxidation *f*

oxide ['ak·saɪd] *n* Oxyd *nt*

oxidize ['ak·sɪ·daɪz] *vi, vt* oxidieren

oxtail 'soup *n* Ochsenschwanzsuppe *f*

oxyacetylene [ˌak·si·ə·'seṭ·ə·lin] *n* Azetylensauerstoff *m*

oxygen ['ak·sɪ·dʒən] *n* Sauerstoff *m*

'oxygen mask *n* Sauerstoffmaske *f*

'oxygen tent *n* Sauerstoffzelt *nt*

oxymoron [ˌak·sɪ·'mɔr·ən] *n* Oxymoron *nt*

oyster ['ɔɪ·stər] *n* ❶ (*shellfish*) Auster[nmuschel] *f* ❷ FOOD Auster *f* ▶ PHRASES: **the world is sb's ~** jdm steht die Welt offen

oz, oz. <*pl* -> *n abbrev of* **ounce**

ozone ['oʊ·zoʊn] *n* ❶ (*chemical*) Ozon *nt* ❷ (*fam: clean air*) saubere [frische] Luft

'ozone layer *n* Ozonschicht *f*

P

P <*pl* -'s *or* -s>, **p** <*pl* -'s> [pi] *n* p *nt,* P *nt;* **~ as in Papa** P wie Paula

p. [pi] *n* <*pl* pp> *abbrev of* **page** S.

p [pi] *adv* MUS *abbrev of* **piano** p

PA, Pa. *n abbrev of* **Pennsylvania**

pace [peɪs] **I.** *n* ❶ (*speed*) Tempo *nt;* **to set the ~** das Tempo vorgeben ❷ (*step*) Schritt *m;* **to keep ~ with sb/sth** mit jdm/etw Schritt halten **II.** *vt* (*walk back and forth across*) **to ~ the room** das Zimmer auf und ab gehen **III.** *vi* gehen

'pacemaker *n* ❶ (*for heart*) [Herz]schrittmacher *m* ❷ SPORTS (*speed setter*) Schrittmacher(in) *m(f)*

Pacific [pə·'sɪf·ɪk] **I.** *n* **the ~** der Pazifik **II.** *adj inv* pazifisch, Pazifik-

pacification [ˌpæs·ə·fɪ·'keɪ·ʃən] *n* Befriedung *f*

pacifier ['pæs·ə·faɪ·ər] *n* (*for baby*) Schnuller *m*

pacifism ['pæs·ə·fɪz·əm] *n* Pazifismus *m*

pacifist ['pæs·ə·fɪst] **I.** *n* Pazifist(in) *m(f)* **II.** *adj* pazifistisch

pacify <-ie-> ['pæs·ə·faɪ] *vt* ❶ (*calm*) beruhigen ❷ (*establish peace*) befrieden

pack [pæk] **I.** *n* ❶ (*packet*) Packung *f;* (*box*) *of cigarettes etc.* Schachtel *f* ❷ (*backpack*) Rucksack *m;* (*bundle*) Bündel *nt;* (*bag*) Beutel *m*

❸ *of cards* [Karten]spiel *nt* ❹ (*group*) Gruppe *f; of wolves* Rudel *nt; of dogs* Meute *f* a. *fig, pej* II. *vi* ❶ (*for a trip*) packen ❷ (*be suitable for storage*) **to ~ /not ~ well** gut/nicht gut hineinpassen ❸ (*become compacted*) *snow* fest werden III. *vt* ❶ (*put into a container*) *articles, goods* [ein]packen; (*for transport*) verpacken; (*in units for sale*) abpacken ❷ (*fill*) packen ❸ (*put in wrapping*) einpacken (**in** in +*akk*) ❹ (a. *fig: cram*) vollpacken (**with** mit +*dat*); ■**to be ~ed** [**with people**) gerammelt voll [mit Leuten] sein *fam* ❺ (*compress*) zusammenpressen ❻ (*fam*) *pistol* dabei haben, (bei sich) tragen
♦**pack away** *vt* wegpacken
♦**pack in** *vt* ❶ (*cram in*) hineinstopfen; *people, animals* hineinpferchen ❷ (*put in*) einpacken; (*for transport*) verpacken; (*in units for sale*) abpacken ▶ PHRASES: **to ~ it in** (*fam: stop working*) **let's ~ it in for the day** machen wir Feierabend für heute
♦**pack into** I. *vt* ❶ (*put*) [ein]packen; (*for transport*) verpacken; (*in units for sale*) abpacken ❷ (*cram*) [hinein]stopfen ❸ (*fig: fit*) [hinein]packen II. *vi* (*throng*) hineindrängen *akk*
♦**pack off** *vt* (*fam*) wegschicken; **to ~ sb off to boarding school** jdn in ein Internat stecken
♦**pack up** I. *vt* zusammenpacken, einpacken II. *vi* (*fam*) **to ~ up and go home** Feierabend machen; **to ~ up and leave** seine Sachen packen und gehen
package ['pæk·ɪdʒ] I. *n* ❶ (*parcel, set*) Paket *nt* ❷ (*pack*) *of cookies etc.* Packung *f* II. *vt* ❶ (*pack*) verpacken, einpacken ❷ (*fig*) präsentieren
packaged [pæk·ɪdʒd] *adj food* verpackt
'**package deal** *n* Pauschalangebot *nt*
'**package tour** *n* Pauschalurlaub *m*
packaging ['pæk·ɪ·dʒɪŋ] *n* Verpackung *f*
packer ['pæk·ər] *n* [Ver]packer(in) *m(f)*
packet ['pæk·ɪt] *n* Packung *f*, Schachtel *f*
packing ['pæk·ɪŋ] *n* ❶ (*action*) Packen *nt* ❷ (*material*) Verpackung *f*
pact [pækt] *n* Pakt *m*
pad¹ [pæd] I. *n* ❶ (*wad*) Pad *m* o *nt* ❷ (*protector, for shaping*) Polster *nt*; SPORTS **knee ~** Knieschoner *m* ❸ (*of paper*) Block *m* ❹ (*on animal's foot*) Ballen *m* ❺ AEROSP, AVIAT **launch ~** Abschussrampe *f* ❻ (*sl: apartment*) Bude *f* II. *vt* <-dd-> [aus]polstern
pad² [pæd] *vi* trotten; (*walk softly*) tappen
padded ['pæd·ɪd] *adj inv* [aus]gepolstert; *bra* wattiert; *envelope* gefüttert
padding ['pæd·ɪŋ] *n* ❶ (*protective material*) Polsterung *f* ❷ (*superfluous material*) Füllwerk *nt*
paddle¹ ['pæd·əl] I. *n* (*with two blades*) Paddel *nt;* (*with one blade*) Stechpaddel *nt* II. *vt* (*row*) **to ~ a boat** ein Boot mit Paddeln vorwärtsbewegen III. *vi* ❶ (*row*) paddeln ❷ (*swim*) paddeln
paddle² ['pæd·əl] *vi* planschen

paddy ['pæd·i] *n* Reisfeld *nt*
padlock ['pæd·lak] I. *n* Vorhängeschloss *nt* II. *vt* [mit einem Vorhängeschloss] verschließen
pagan ['peɪ·gən] *n* ❶ (*polytheist*) Heide, -in *m, f* ❷ (*unbeliever*) Ungläubige(r) *f(m)*
page¹ [peɪdʒ] I. *n* ❶ (*single sheet*) Blatt *nt;* COMPUT (*single side*) Seite *f* ❷ (*fig: important event*) Kapitel *nt* II. *vi* COMPUT ■**to ~ up/down** auf der Seite nach oben/unten gehen
page² [peɪdʒ] I. *n* ❶ (*hist: knight's attendant*) Knappe *m* ❷ (*Congressional intern*) Praktikant(in) *m(f)*, im amerikanischen Kongress II. *vt* (*over loudspeaker*) ausrufen; (*by pager*) anpiepsen, über einen Piepser rufen
pageant ['pædʒ·ənt] *n* ❶ (*show*) **beauty ~** Schönheitswettbewerb *m* ❷ (*play*) Historienspiel *nt*
pageantry ['pædʒ·ən·tri] *n* Pomp *m*
pageboy ['peɪdʒ·bɔɪ] *n* Pagenschnitt *m*
pager ['peɪ·dʒər] *n* Pager *m*, Piepser *m*
pagination [ˌpædʒ·ə·'neɪ·ʃən] *n* Seitennummerierung *f*
pagoda [pə·'goʊ·də] *n* Pagode *f*
paid [peɪd] I. *pt, pp of* **pay** II. *adj attr, inv* bezahlt
pail [peɪl] *n* Eimer *m*
pain [peɪn] I. *n* ❶ (*feeling*) Schmerz *m;* **a ~ in one's leg/side** Schmerzen *pl* im Bein/in der Seite ❷ (*physical suffering*) Schmerz[en] *m[pl]*; **to be in ~** Schmerzen haben; (*mental suffering*) Leid *nt* ❸ (*effort*) ■**~s** *pl* Mühe *f;* **to go to great ~s to do sth** keine Mühe scheuen, etw zu tun ▶ PHRASES: **to be a ~ in the ass** (*fam*) eine Nervensäge sein; **no ~, no gain** ohne Fleiß kein Preis II. *vt* ■**it ~s sb to do sth** es tut jdm leid, etw zu tun
pained [peɪnd] *adj expression, look* gequält
painful ['peɪn·fəl] *adj* ❶ (*causing physical pain*) schmerzhaft; *death* qualvoll ❷ (*upsetting*) schmerzlich
painfully ['peɪn·fəl·i] *adv* ❶ (*suffering pain*) unter Schmerzen ❷ (*unpleasantly*) schmerzlich ❸ (*with great effort*) quälend
'**painkiller** *n* Schmerzmittel *nt*
painless ['peɪn·lɪs] *adj* ❶ *inv* (*without pain*) schmerzlos ❷ (*fig: without trouble*) schmerzlos; *solution* einfach
painstaking ['peɪnz·ˌteɪ·kɪŋ] *adj* [sehr] sorgfältig; *care* äußerst
paint [peɪnt] I. *n* ❶ (*substance*) Farbe *f;* (*on car, furniture a.*) Lack *m* ❷ (*art color*) ■**~s** *pl* Farben *pl;* **oil ~s** Ölfarben *pl* II. *vi* ❶ ART malen; **to ~ in oils** mit Ölfarben malen ❷ (*decorate rooms*) streichen III. *vt* ❶ (*make picture*) malen ❷ (*decorate*) *house* anstreichen; *room, wall* streichen ❸ (*fig: describe*) beschreiben; **to ~ a picture of sth** etw schildern
'**paintbrush** *n* [Farb]pinsel *m*
painter ['peɪn·tər] *n* ❶ (*artist*) [Kunst]maler(in) *m(f)* ❷ (*sb who paints buildings*) Maler(in) *m(f)*
painting ['peɪn·tɪŋ] *n* ❶ (*picture*) Bild *nt* ❷ (*art*) Malerei *f* ❸ (*house decorating*) Strei-

chen *nt*

'**paint thinner** *n* Verdünner *m*

'**paintwork** *n of a house, room, wall* Anstrich *m*

pair [per] I. *n* ❶ (*two items*) Paar *nt;* **a ~ of gloves** ein Paar *nt* Handschuhe ❷ (*two-part item*) Paar *nt;* **a ~ of glasses** eine Brille; **a ~ of pants** eine Hose ❸ (*two people, a. couple*) Paar *nt;* **in ~ s** paarweise II. *vt usu passive* ■ **to be ~ ed with sb/sth** mit jdm/etw ein Paar bilden

◆ **pair off** I. *vi* einen Partner/eine Partnerin finden II. *vt* ■ **to ~ sb off** [**with sb**] jdn [mit jdm] verkuppeln *fam*

pajamas [pə·'dʒa·məz] *npl* Pyjama *m;* **a pair of ~** ein Pyjama *m*

Pakistan ['pæk·ɪ·stæn] *n* Pakistan *nt*

Pakistani [ˌpæk·ɪ·'sta·ni] I. *n* Pakistani *m,* Pakistaner(in) *m(f)* II. *adj inv* pakistanisch

pal [pæl] *n* (*fam*) Kumpel *m;* ■ **to be ~ s with sb** mit jdm [sehr] gut befreundet sein

palace ['pæl·əs] *n* Palast *m*

palatable ['pæl·ə·ţə·bəl] *adj* ❶ (*of food, drink*) schmackhaft ❷ (*fig: acceptable*) akzeptabel

palate ['pæl·ət] *n* Gaumen *m*

palatial [pə·'leɪ·ʃəl] *adj* prachtvoll

pale [peɪl] I. *adj* blass II. *vi* ❶ (*go white*) bleich werden ❷ (*seem unimportant*) **to ~ into insignificance** unwichtig erscheinen

paleness ['peɪl·nɪs] *n* Blässe *f*

Palestine ['pæl·ə·staɪn] *n* Palästina *nt*

Palestinian [ˌpæl·ə·'stɪn·i·ən] I. *n* Palästinenser(in) *m(f)* II. *adj inv* palästinensisch

palette ['pæl·ɪt] *n* ART ❶ (*for mixing paint*) Palette *f* ❷ (*range of colors*) [Farb]palette *f*

palisade [ˌpæl·ə·'seɪd] *n* ❶ (*fence*) Palisade *f* ❷ (*cliffs*) ■ **~ s** *pl* Steilufer *nt*

pall[1] [pɔl] *n* ❶ (*for coffin*) Sargtuch *nt* ❷ (*cloud*) [Rauch]wolke *f*

pall[2] [pɔl] *vi* an Reiz verlieren

'**pallbearer** *n* Sargträger(in) *m(f)*

pallet ['pæl·ɪt] *n* Palette *f*

palliative ['pæl·i·ə·ţɪv] I. *n* (*drug*) Schmerzmittel *nt* II. *adj inv* (*pain-relieving*) schmerzstillend *attr;* palliativ *fachspr*

pallid ['pæl·ɪd] *adj* ❶ (*very pale*) fahl ❷ (*lacking verve*) fad[e]

pallor ['pæl·ər] *n* Blässe *f*

palm[1] [pam] *n* Handfläche *f;* **to read sb's ~** jdm aus der Hand lesen

palm[2] [pam] *n* (*tree*) Palme *f*

◆ **palm off** *vt* ■ **to ~ off** ↻ **sth on sb** jdm etw andrehen *fam*

Palm 'Sunday *n* Palmsonntag *m*

palpable ['pæl·pə·bəl] *adj* ❶ (*obvious*) offenkundig, deutlich ❷ (*tangible*) spürbar, greifbar

palpitations [ˌpæl·pə·'teɪ·ʃənz] *npl* Herzklopfen *nt kein pl;* **to have ~** (*fig*) einen [Herz]anfall bekommen

palsy ['pɔl·zi] *n* Lähmung *f;* **cerebral ~** Kinderlähmung *f*

paltry ['pɔl·tri] *adj* ❶ (*small*) armselig; *sum* lächerlich ❷ (*contemptible*) billig *pej*

Pampas ['pæm·pəz] *n + sing/pl vb* Pampa *f*

pamper ['pæm·pər] *vt* verwöhnen

pamphlet ['pæm·flɪt] *n* [kleine] Broschüre *f,* Faltblatt *nt;* POL Flugblatt *nt*

pan[1] [pæn] I. *n* Pfanne *f* II. *vt* <-nn-> (*fam: criticize*) verreißen III. *vi* <-nn-> **to ~ for gold** Gold *nt* waschen

pan[2] [pæn] I. *vi* **to ~ to the left/right** nach links/rechts schwenken II. *vt camera* abfahren

◆ **pan out** *vi* ❶ (*develop*) sich entwickeln ❷ (*succeed*) klappen *fam*

panacea [ˌpæn·ə·'si·ə] *n* Allheilmittel *nt*

panache [pə·'næʃ] *n* Elan *m,* Schwung *m*

Panama ['pæn·ə·ma] *n* Panama *nt*

Panama Ca'nal *n* ■ **the ~** der Panamakanal

Panamanian [ˌpæn·ə·'meɪ·ni·ən] I. *n* Panamaer(in) *m(f)* II. *adj inv* panamaisch

'**pancake** *n* Pfannkuchen *m*

pancreas <*pl* -es> ['pæŋ·kri·əs] *n* Bauchspeicheldrüse *f*

panda ['pæn·də] *n* Panda *m*

pandemonium [ˌpæn·də·'moʊ·ni·əm] *n* ❶ (*noisy confusion*) Chaos *nt* ❷ (*fig: uproar*) Tumult *m*

pander ['pæn·dər] *vi* (*pej*) ■ **to ~ to sth** etw *dat* nachgeben

pane [peɪn] *n* [Fenster]scheibe *f*

panel ['pæn·əl] I. *n* ❶ (*wooden*) [Holz]paneel *nt;* (*metal*) Blech *nt* ❷ FASHION (*part of garment*) [Stoff]streifen *m* ❸ **instrument ~** AVIAT Instrumentenbrett *nt;* AUTO Armaturenbrett *nt* ❹ (*team*) Team *nt* II. *vt* <-l- *or* -ll-> täfeln (**with** mit + *dat*)

paneling ['pæn·ə·lɪŋ] *n* [Holz]täfelung *f*

panelist ['pæn·ə·lɪst] *n* (*on expert team*) Mitglied *nt* [einer Expertengruppe]

pang [pæŋ] *n* [plötzliches] Schmerzgefühl; **hunger ~ s** nagender Hunger

'**panhandle** I. *n* ❶ (*on pan*) Pfannenstiel *m* ❷ GEOG Landzipfel *m* II. *vi* schnorren

'**panhandler** *n* (*fam*) Schnorrer(in) *m(f)*

panic ['pæn·ɪk] I. *n* ❶ (*overwhelming fear*) Panik *f* ❷ (*hysterical fear*) panische Angst II. *vi* <-ck-> in Panik geraten III. *vt* ■ **to ~ sb** unter jdm Panik auslösen

panicky ['pæn·ɪ·ki] *adj* panisch

'**panic-stricken** *adj* von Panik ergriffen

panorama [ˌpæn·ə·'ræm·ə] *n* Panorama *nt;* (*fig*) Überblick *m* (**of** über + *akk*)

panoramic [ˌpæn·ə·'ræm·ɪk] *adj* Panoramakechen

pansy ['pæn·zi] *n* ❶ (*flower*) Stiefmütterchen *nt* ❷ (*pej sl: effeminate male*) Weichei *nt;* (*male homosexual*) Homo *m*

pant[1] [pænt] I. *vi* (*breathe rapidly*) keuchen II. *n* (*breath*) Keuchen *nt kein pl*

pant[2] [pænt] *n* FASHION ■ **~ s** *pl* **a pair of ~ s** eine [lange] Hose ▶ PHRASES: **to scare the ~ s off** [**of**] **sb** (*fam*) jdm einen Riesenschrecken einjagen; **to be caught with one's ~ s down** (*fam*) auf frischer Tat ertappt werden

panther <*pl* - *or* -s> ['pæn·θər] *n* ❶ (*leopard*) Panther *m* ❷ *see* **mountain lion**

panties ['pæn·tiz] *npl* (*fam*) [Damen]slip *m,* [Damen]schlüpfer *m*

P

pantomime ['pæn·tə·maɪm] **I.** *n* Pantomime *f*
II. *vt* pantomimisch darstellen
pantry ['pæn·tri] *n* Vorratskammer *f*
'**pants leg** *n* Hosenbein *nt*
'**pantsuit, 'pants suit** *n* Hosenanzug *m*
'**pantyhose** *npl* Strumpfhose *f*
'**panty liner** *n* Slipeinlage *f*
papa ['pa·pə] *n* (*childspeak fam*) Papa *m*
papacy ['peɪ·pə·si] *n* ❶ (*pope's jurisdiction*)
■the ~ das Pontifikat ❷ *usu sing* (*pope's ten-*
ure) Pontifikat *nt*
papal ['peɪ·pəl] *adj inv* päpstlich, Papst-
paparazzi [ˌpa·pa·'ra·tsi] *npl* Paparazzi *pl*
papaya [pə·'paɪ·ə] *n* Papaya *f*
paper ['peɪ·pər] **I.** *n* ❶ (*for writing*) Papier *nt;*
a piece [*or* **sheet**] **of** ~ ein Blatt *nt* Papier;
recycled ~ Altpapier *nt* ❷ (*newspaper*) Zeitung *f* ❸ (*wallpaper*) Tapete *f* ❹ *usu pl* (*docu-*
ment) Dokument *nt;* (*credentials*) [Aus-
weis]papiere *pl* **II.** *vt* tapezieren
'**paperback** *n* Taschenbuch *nt*
'**paper 'bag** *n* Papiertüte *f*
'**paperboy** *n* Zeitungsjunge *m*
'**paper chase** *n* Schnitzeljagd *f*
'**paper clip** *n* Büroklammer *f*
paper 'cup *n* Pappbecher *m*
'**papergirl** *n* Zeitungsmädchen *nt*
'**paper mill** *n* Papierfabrik *f*
'**paper money** *n* Papiergeld *nt*
'**paper route** *n* Zeitungszustellung *f;* **to have**
a ~ Zeitungen austragen
paper-'thin *adj, adv inv* hauchdünn
paper 'towel *n* Papierhandtuch *nt,* Küchenrol-
le *f*
'**paperweight** *n* Briefbeschwerer *m*
'**paperwork** *n* Schreibarbeit *f;* **to do** ~ [den] Papierkram machen *fam*
papery ['peɪ·pə·ri] *adj plaster* bröckelig; *skin*
pergamenten
papier-mâché [ˌpeɪ·pər·mə·'ʃeɪ] *n* Pappma-
schee *nt*
paprika [pæ·'pri·kə] *n* Paprika *m*
'**Pap smear** *n* MED Abstrich *m*
papyrus <*pl* -es *or*-ri> [pə·'paɪ·rəs] *n* ❶ Papy-
russtaude *f* ❷ (*paper*) Papyrus *m*
par [par] *n* ❶ (*standard*) **above/below** ~
über/unter dem Durchschnitt ❷ (*equality*)
■**to be on** [a] ~ **with sb/sth/each other**
jdm/etw/einander ebenbürtig sein ❸ (*in golf*)
Par *nt*
par. ['perə] *n short for* **paragraph** Absatz *m*
parable ['pær·ə·bəl] *n* Parabel *f*
parabola <*pl* -s *or*-lae> [pə·'ræb·ə·lə] *n* MATH
Parabel *f*
parabolic [ˌpær·ə·'bal·ɪk] *adj inv* (*like a parab-*
ola) parabolisch, Parabol-
parachute ['pær·ə·ʃut] **I.** *n* Fallschirm *m* **II.** *vi*
mit dem Fallschirm abspringen
'**parachute jump** *n* Fallschirmabsprung *m*
parachutist ['pær·ə·ʃu·tɪst] *n* Fallschirmsprin-
ger(in) *m(f)*
parade [pə·'reɪd] **I.** *n* ❶ (*procession*) Parade *f;*
victory ~ Siegeszug *m* ❷ MIL [Truppen]pa-

rade *f* **II.** *vi* ❶ (*walk in procession*) einen Umzug machen ❷ MIL marschieren ❸ (*show off*)
■**to** ~ **around** auf und ab stolzieren **III.** *vt*
❶ MIL (*assemble*) *troops* aufmarschieren lassen
❷ (*march*) **to** ~ **the streets** durch die Straßen
marschieren ❸ (*fig: show off*) stolz vorführen;
(*fig*) *knowledge, wealth* zur Schau tragen
paradise ['pær·ə·daɪs] *n* Paradies *nt*
paradox <*pl* -es> ['pær·ə·daks] *n* Paradox[on] *nt geh*
paradoxical [ˌpær·ə·'dak·sɪ·kəl] *adj* paradox
paraffin ['pær·ə·fɪn] *n,* **paraffin wax** *n* Paraffin *nt*
paragon ['pær·ə·gan] *n* (*perfect example*)
Muster[beispiel] *nt;* **a** ~ **of virtue** (*iron*) ein
Ausbund *m* an Tugend
paragraph ['pær·ə·græf] *n* ❶ (*text*) Absatz *m*
❷ (*newspaper article*) [kurze] Zeitungsnotiz
parakeet ['pær·ə·kit] *n* Sittich *m*
paralegal [ˌpe·rə·'li·gəl] *n* juristische Hilfskraft,
Anwaltsassistent(in) *m(f)*
parallel ['pær·ə·lel] **I.** *adj* ❶ *inv lines* parallel ❷ (*corresponding*) ~ **example**
Parallelbeispiel *nt* **II.** *n* ❶ (*similarity*) Parallele *f;* **to draw a** ~ einen Vergleich ziehen
❷ MATH Parallele *f* ❸ GEOG ~ [**of latitude**] Brei-
tenkreis *m* **III.** *vt* (*correspond to*) entsprechen; (*be similar to*) ähneln **IV.** *adv inv* parallel; **to run** ~ **to sth** zu etw *dat* parallel
verlaufen
parallel 'bars *npl* Barren *m*
parallel 'line *n* Parallele *f*
paralysis <*pl* -ses> [pə·'ræl·ə·sɪs] *n* Lähmung *f a. fig*
paralyze ['pær·ə·laɪz] *vt* ❶ MED (*a. fig*) lähmen
❷ (*bring to halt*) lahmlegen
paralyzed ['per·ə·laɪzd] *adj* ❶ MED gelähmt
❷ (*brought to halt*) lahmgelegt; (*blocked*)
blockiert
paramedic [ˌpær·ə·'med·ɪk] *n* Sanitä-
ter(in) *m(f)*
parameter [pə·'ræm·ə·tər] *n usu pl* ❶ SCI Be-
stimmungsfaktor *m* ❷ (*set of limits*) ■~**s** *pl*
Leitlinien *pl*
paramount ['pær·ə·maʊnt] *adj inv* (*form: hav-*
ing priority) vorrangig
paranoia [ˌpær·ə·'nɔɪ·ə] *n* PSYCH Paranoia *f geh*
paranoid ['pær·ə·nɔɪd] *adj* ❶ PSYCH paranoid
❷ (*mistrustful*) wahnhaft; ■**to be** ~ **about**
sth/sb in ständiger Angst vor etw/jdm leben
paranormal [pær·ə·'nɔr·məl] **I.** *adj* übernatürlich; *powers* übersinnlich **II.** *n* ■**the** ~ überna-
türliche Erscheinungen
paraphernalia [ˌpær·ə·fər·'neɪl·jə] *n pl,*
+ *sing/pl vb* Zubehör *nt kein pl;* (*pej*) Brimborium *nt kein pl fam*
paraphrase ['pær·ə·freɪz] *vt text* umschreiben;
person frei zitieren
paraplegic [ˌpær·ə·'pli·dʒɪk] **I.** *adj inv* doppelseitig gelähmt **II.** *n* doppelseitig Ge-
lähmte(r) *f(m)*
parasite ['pær·ə·saɪt] *n* Parasit *m a. fig*
parasitic(al) [ˌpær·ə·'sɪt·ɪk(əl)] *adj* ❶ BIOL para-

sitär ② (*fig, pej*) *person* schmarotzerhaft

parasol ['pær·ə·sɔl] *n* Sonnenschirm *m*

paratrooper ['pær·ə·ˌtru·pər] *n* Fallschirmjäger(in) *m(f)*

paratroops ['pær·ə·trups] *npl* Fallschirmtruppen *pl*

parboil ['par·bɔɪl] *vt* to ~ food Lebensmittel kurz vorkochen (*um sie dann weiterzuverarbeiten*)

parcel ['par·səl] **I.** *n* (*for mailing*) Paket *nt;* (*small parcel*) Päckchen *nt* **II.** *vt* <-l- *or* -ll-> einpacken

parcel 'post *n* Paketpost *f*

parch [partʃ] *vt, vi* austrocknen

parched [partʃt] *adj* ❶ (*dried out*) vertrocknet, verdorrt; *throat* ausgedörrt ❷ *attr* (*fig fam: very thirsty*) ■ to be ~ [with thirst] am Verdursten sein

Parcheesi® [par·'tʃi·zi] *n* Mensch-ärgere-dich-nicht[-Spiel] *nt*

parchment ['partʃ·mənt] *n* Pergament *nt*

pardon ['par·dən] **I.** *n* LAW Begnadigung *f* **II.** *vt* ❶ (*forgive*) verzeihen, entschuldigen ❷ LAW begnadigen **III.** *interj* (*apology*) **I beg your ~** ! [*or* ~ **me!**] Entschuldigung!, tut mir Leid!; (*request for repetition*) wie bitte?; (*reply to offensiveness*) na, hören Sie mal!

pardonable ['par·dən·ə·bəl] *adj* verzeihlich

pare [per] *vt* ❶ (*trim*) [ab]schneiden; *fruit* schälen ❷ (*reduce gradually*) reduzieren

◆**pare down** *vt* reduzieren

parent ['per·ənt] **I.** *n* of a child Elternteil *m;* ■~s Eltern *pl;* **single** ~ Alleinerziehende(r) *f(m)* **II.** *adj* ❶ (*of parents*) group Eltern- ❷ (*of organizations*) company Mutter-

parentage ['per·ən·tɪdʒ] *n* ❶ (*descent*) Abstammung *f* ❷ (*fig*) Herkunft *f*

parental [pə·'ren·təl] *adj inv* elterlich, Eltern-; ~ **neglect** Vernachlässigung *f* durch die Eltern

parent 'company *n* Muttergesellschaft *f*

parenthesis <*pl* -ses> [pə·'ren·θə·sɪs] *n* ❶ *usu pl* (*round brackets*) [runde] Klammern ❷ (*explanation*) eingeschobener Satz[teil]

parenthood ['per·ənt·hʊd] *n* Elternschaft *f*

parenting ['per·ən·tɪŋ] *n* Verhalten *nt* als Eltern, Kindererziehung *f*

parent 'teacher association *n* Eltern-Lehrer-Organisation *f*

pariah [pə·'raɪ·ə] *n* Paria *m*

'paring knife *n* Schälmesser *nt*

parish ['pær·ɪʃ] *n* ❶ REL [Pfarr]gemeinde *f* ❷ POL (*county*) Gemeinde *f*

parishioner [pə·'rɪʃ·ə·nər] *n* Gemeindemitglied *nt*

parity ['pær·ɪ·t̬i] *n* ❶ (*equality*) Gleichheit *f* ❷ FIN, MATH, PHYS Parität *f fachspr*

park [park] **I.** *n* Park *m;* ~ **grounds** Parkanlagen *pl* **II.** *vt* ❶ AUTO [ein]parken ❷ (*fig fam: position*) abladen; **to** ~ **oneself** sich [irgendwo] hinpflanzen **III.** *vi* parken

parka ['par·kə] *n* Parka *m*

parking ['par·kɪŋ] *n* ❶ (*action*) Parken *nt* ❷ (*space*) Parkplatz *m*

'parking garage *n* Parkhaus *nt*

'parking lot *n* Parkplatz *m*

'parking meter *n* Parkuhr *f*

'parking permit *n* Parkerlaubnis *f*

'parking place, 'parking space *n* Parkplatz *m*

'parking ticket *n* Strafzettel *m* für unerlaubtes Parken

'parkland *n* Parklandschaft *f*

'park ranger *n* Parkaufseher(in) *m(f)*

'parkway *n* Schnellstraße *f*

parliament ['par·lə·mənt] *n* ❶ (*institution*) ■P~ Parlament *nt* ❷ (*period*) Legislaturperiode *f*

parliamentary [ˌpar·lə·'men·tə·ri] *adj inv* parlamentarisch

parlor ['par·lər] *n* Salon *m;* **funeral** ~ Bestattungsinstitut *nt*

'parlor game *n* Gesellschaftsspiel *nt*

'parlormaid *n* (*hist*) Stubenmädchen *nt*

Parmesan, Parmesan cheese ['par·mə·zan-] *n* Parmesan[käse] *m*

parochial [pə·'roʊ·ki·əl] *adj* ❶ *inv* REL Gemeinde-, Pfarr- ❷ (*pej: provincial*) provinziell; (*narrow-minded*) kleinkariert

parochial 'school *n* Konfessionsschule *f*

parody ['pær·ə·di] **I.** *n* (*a. pej: imitation*) Parodie *f* (**of** auf +*akk*) **II.** *vt* <-ie-> parodieren

parole [pə·'roʊl] **I.** *n* bedingte Haftentlassung **II.** *vt usu passive* Hafturlaub gewähren; ■ **to be ~d** bedingt [aus der Haft] entlassen werden

parquet [par·'keɪ] *n* Parkett *nt*

parrot ['pær·ət] **I.** *n* (*bird*) Papagei *m* **II.** *vt* (*pej*) nachplappern, nachäffen

parry ['pær·i] **I.** *vt* <-ie-> ❶ (*deflect*) *blow, thrust* abwehren ❷ (*fig: evade*) *questions* [geschickt] ausweichen; *criticism* [schlagfertig] abwehren **II.** *vi* <-ie-> parieren

parse [pars] *vt* ❶ LING *sentence* grammatisch analysieren ❷ COMPUT **to** ~ **a text** einen Text parsen *fachspr*

parsimonious [ˌpar·sə·'moʊ·ni·əs] *adj* (*pej form*) knauserig

parsimoniousness [ˌpar·sə·'moʊ·ni·əs·nɪs], **parsimony** ['par·sə·moʊ·ni] *n* (*pej form*) Knauserigkeit *f*

parsley ['pars·li] *n* Petersilie *f*

parsnip ['pars·nɪp] *n* Pastinak *m*

parson ['par·sən] *n* Pastor(in) *m(f)*

part [part] **I.** *n* ❶ (*not the whole*) Teil *m;* **it's all** ~ **of growing up** das gehört [alles] zum Erwachsenwerden dazu; **to be an essential** ~ **of sth** ein wesentlicher Bestandteil einer S. *gen* sein; **for the most** ~ zum größten Teil; **body** ~ Körperteil *m* ❷ *a.* TECH (*component*) Teil *nt; of a machine* Bauteil *nt;* [spare] ~**s** Ersatzteile *pl* ❸ (*unit*) [An]teil *m* ❹ FILM, TV Folge *f* ❺ *usu pl* GEOG Gegend *f;* **around these ~s** (*inf*) in dieser Gegend; **in this ~ of the world** hierzulande ❻ THEAT (*a. fig*) Rolle *f;* **leading/supporting** ~ Haupt-/Nebenrolle *f* ❼ MUS Part *m,* Stimme *f* ❽ *of hair* Scheitel *m* **II.** *adj attr* Teil-, Mit- **III.** *adv inv* teils, teilweise **IV.** *vi*

❶ *(separate)* sich trennen ❷ *(become separated)* curtains, seams aufgehen; lips sich öffnen; paths sich trennen **V.** vt ❶ *(separate)* trennen ❷ *(keep separate)* trennen (**from** von +dat) ❸ hair scheiteln ▸ PHRASES: **to ~ company** sich trennen
◆**part with** vi ■**to ~ with sth** sich von etw dat trennen

partake [par·'teɪk] vi <-took, -taken> *(form or hum)* **to ~ of drink/food** etw mittrinken/ mitessen

parted ['par·ṭɪd] adj inv ❶ *(opened)* ~ **lips** leicht geöffnete Lippen ❷ *(separated)* getrennt (**from** von +dat) ❸ hair **her hair is ~ on the side** sie trägt einen Seitenscheitel

partial ['par·ʃəl] adj inv ❶ *(incomplete)* Teil-; **their success was only ~** sie hatten nur teilweise Erfolg; paralysis partiell ❷ *(biased)* parteiisch ❸ pred *(be fond of)* ■**to be ~ to sth** eine Vorliebe für etw akk haben

partiality [ˌpar·ʃi·'æl·ɪ·ṭi] n ❶ *(bias)* Parteilichkeit f, Voreingenommenheit f ❷ *(liking)* ■**to have a ~ for sth** eine Vorliebe für etw akk haben

partially ['par·ʃəl·i] adv inv teilweise

participant [par·'tɪs·ə·pənt] n Teilnehmer(in) m(f)

participate [par·'tɪs·ə·peɪt] vi teilnehmen (**in** an +dat)

participation [par·ˌtɪs·ə·'peɪ·ʃən] n Teilnahme f (**in** an +dat)

participle ['par·tɪ·sɪ·pəl] n Partizip nt

particle ['par·tɪ·kəl] n ❶ *(minute amount)* Teilchen nt; dust ~ Staubkörnchen nt ❷ *(fig: smallest amount)* Spur f

particular [pər·'tɪk·jə·lər] **I.** adj ❶ attr *(individual)* bestimmt ❷ attr *(special)* besondere(r, s); **no ~ reason** kein bestimmter Grund ❸ pred *(fussy)* eigen; *(demanding)* anspruchsvoll (**about** hinsichtlich +gen); **to be ~ about one's appearance** sehr auf sein Äußeres achten **II.** n *(information)* ■**~s** pl Einzelheiten pl; **to take down sb's ~** jds Personalien aufnehmen ▸ PHRASES: **nothing in ~** nichts Besonderes; **in ~** insbesondere

particularly [pər·'tɪk·jə·lər·li] adv besonders, vor allem

parting ['par·ṭɪŋ] **I.** n ❶ *(departure)* Abschied m ❷ *(separation)* Trennung f **II.** adj attr, inv Abschieds-

parting 'shot n letztes [sarkastisches] Wort

partisan ['par·tɪ·zən] **I.** n ❶ *(supporter)* of a party Parteigänger(in) m(f) ❷ MIL Partisan(in) m(f) **II.** adj parteiisch, voreingenommen

partition [par·'tɪʃ·ən] **I.** n ❶ POL Teilung f ❷ *(structure)* Trennwand f **II.** vt ❶ POL [auf]teilen ❷ *(divide)* [unter]teilen

partly ['part·li] adv inv zum Teil, teils, teilweise

partner ['part·nər] **I.** n ❶ *(owner)* Teilhaber(in) m(f); *(in a law firm)* Sozius m ❷ *(in dancing)* [Tanz]partner(in) m(f); *(in sports)* Partner(in) m(f) ❸ *(spouse)* Ehepart

ner(in) m(f); *(unmarried)* [Lebens]partner(in) m(f) **II.** vt usu passive ■**to be ~ed with sb** jdn als Partner haben

partnership ['part·nər·ʃɪp] n ❶ *(condition)* Partnerschaft f ❷ *(company)* [offene] Handelsgesellschaft; of lawyers Sozietät f

'partnership agreement n Gesellschaftsvertrag m

part of 'speech <pl parts-> n LING Wortart f

partridge <pl - or -s> ['par·trɪdʒ] n Rebhuhn nt

part-'time I. adj Teilzeit-, Halbtags- **II.** adv **to work ~** halbtags arbeiten

part-time 'job n Teilzeitarbeit f

part-'timer n Halbtagskraft f

party ['par·ṭi] **I.** n ❶ *(celebration)* Party f ❷ POL Partei f ❸ *(group)* [Reise]gruppe f; **search ~** Suchtrupp m ❹ *(fam: person)* Person f **II.** adj ❶ *(of a party)* Party- ❷ POL Partei- **III.** vi <-ie-> *(fam)* feiern

party 'line n ❶ POL Parteilinie f ❷ TELEC Gemeinschaftsanschluss m ■**to**

party 'politics n + sing/pl vb Parteipolitik f

parvenu ['par·və·nu] n *(pej form)* Parvenü m

pass [pæs] **I.** n <pl -es> ❶ *(road)* Pass m; **mountain ~** [Gebirgs]pass m ❷ SPORTS *(of a ball)* Pass m; *(for a goal)* Vorlage f *(für ein Tor)* ❸ *(fam: sexual advance)* **to make a ~ at sb** sich an jdn ranmachen ❹ SCH, UNIV *(grade)* „Bestanden" ❺ *(permit)* Passierschein m; *(for a festival)* Eintrittskarte m; *(for public transportation)* **weekly/monthly/annual ~** Wochen-/Monats-/Jahreskarte f; *(for train a.)* Netzkarte f **II.** vt ❶ *(go past)* ■**to ~ sb/sth** an jdm/etw vorbeigehen; *(in car)* an jdm/etw vorbeifahren ❷ *(overtake)* überholen ❸ *(exceed)* limit überschreiten ❹ *(hand to)* ■**to ~ sb sth** *(or* **to ~ sth to sb]** jdm etw geben; ■**to be ~ed to sb** auf jdn übergehen ❺ SPORTS **to ~ the ball to sb** jdm den Ball zuspielen ❻ *(succeed)* exam, test bestehen, ablegen ❼ usu passive esp POL *(approve)* ■**to be ~ed** law verabschiedet werden ❽ MED *(fam: excrete)* **to ~ blood** absondern, ausscheiden ▸ PHRASES: **to ~ the buck to sb/sth** *(fam)* die Verantwortung auf jdn/etw abwälzen **III.** vi ❶ *(move by)* vorbeigehen, vorbeikommen; road vorbeiführen; parade vorbeiziehen; car vorbeifahren; **to ~ unnoticed** unbemerkt bleiben ❷ *(overtake)* überholen ❸ *(go away)* vorübergehen, vorbeigehen ❹ *(euph: die)* entschlafen euph geh ❺ SPORTS *(of a ball)* zuspielen ❻ SCH *(succeed)* bestehen ❼ *(go by)* time vergehen ❽ *(not answer)* passen [müssen] ❾ *(forgo)* **to ~ on sth** auf etw akk verzichten ❿ *(be accepted as)* **I don't think you'll ~ for 18** keiner wird dir abnehmen, dass du 18 bist
◆**pass along I.** vt ■**to ~ along ↻ sth** etw weitergeben **II.** vi vorbeigehen
◆**pass around** vt herumreichen
◆**pass away** vi ❶ *(euph: die)* entschlafen geh ❷ *(fade)* nachlassen; anger verrauchen
◆**pass by I.** vi ❶ time vergehen ❷ *(go past)*

[an jdm/etw] vorbeigehen; (*in vehicle*) [an jdm/etw] vorbeifahren **II.** *vt* ❶ (*miss sb*) ▪**sth ~es sb by** etw geht an jdm vorbei ❷ (*go past*) ▪**to ~ by** ○ **sb/sth** an jdm/etw vorübergehen

♦**pass down** *vt* ❶ *usu passive* (*bequeath*) ▪**to be ~ed down** *tradition* weitergegeben werden; *songs, tales* überliefert werden ❷ (*hand down*) hinunterreichen

♦**pass off** *vt* ▪**to ~ oneself off as sb** sich *akk* als jd ausgeben; ▪**to ~ sth off as sth** etw *akk* als etw ausgeben

♦**pass on** *vt* ❶ *information, news* weitergeben ❷ *disease* übertragen ❸ *usu passive* ▪**to be ~ed on** *clothes, traditions* weitergegeben werden; *fortune* [weiter]vererbt werden; *stories* überliefert werden

♦**pass out I.** *vi* in Ohnmacht fallen, bewusstlos werden **II.** *vt* (*hand out*) verteilen

♦**pass over** *vt* ❶ *usu passive* (*not promote*) ▪**to be ~ed over** [for promotion] [bei der Beförderung] übergangen werden ❷ (*disregard*) übergehen ❸ *plane, birds* fliegen (über +*akk*)

♦**pass through** *vi* (*travel through*) durchreisen; (*on foot*) durchgehen; (*on bicycle*) durchfahren

♦**pass up** *vt* ▪**to ~ up** ○ **sth** sich *dat* etw entgehen lassen

passable ['pæs·ə·bəl] *adj* ❶ (*traversable*) passierbar, befahrbar ❷ (*satisfactory*) [ganz] passabel; **only ~** nur so leidlich

passage ['pæs·ɪdʒ] *n* ❶ (*narrow corridor*) Gang *m*, Flur *m*; **underground ~** Unterführung *f* ❷ (*long path*) Durchgang *m* ❸ LIT (*excerpt*) [Text]passage *f*; MUS Stück *nt* ❹ (*way of escape*) Durchlass *m* ❺ (*progression*) *of time* Voranschreiten *nt*; *of troops* Durchzug *m*; *of a plane* Überfliegen *nt*; *of fire* ungehindertes Sichausbreiten ❻ (*journey by sea*) Überfahrt, Schiffsreise

'passageway *n* Korridor *m*, [Durch]gang *m*
'passbook *n* Sparbuch *nt*
passenger ['pæs·ən·dʒər] **I.** *n* (*on a bus, subway*) Fahrgast *m*; (*on an airline*) Passagier(in) *m(f)*; (*on a train*) Reisende(r) *f(m)*; (*in a car*) Mitfahrer(in) *m(f)*, Insasse, -in *m, f* **II.** *adj* *plane, ship, transportation* Passagier-; **~ elevator/traffic** Personenaufzug *m*/-verkehr *m*; *car, truck* Beifahrer-; **~ side** Beifahrerseite *f*

'passenger seat *n* (*in car, truck*) Beifahrersitz *m*; (*on motorcycle*) Soziussitz *m*
passer-by <*pl* passers-> [,pæs·ər·'baɪ] *n* Passant(in) *m(f)*
passing ['pæs·ɪŋ] **I.** *adj attr* ❶ *inv vehicle* vorbeifahrend; *pedestrian* vorbeigehend; **with each ~ day** mit jedem weiteren Tag[, der vergeht] ❷ *glance, thought* flüchtig; **a ~ fancy** nur so eine Laune ❸ *remark* beiläufig ❹ *inv resemblance* gering **II.** *n* ❶ (*euph: death*) Ableben *nt geh* ❷ (*end*) Niedergang *m*; **the ~ of an era** das Ende einer Ära ❸ (*going by*) Vergehen *nt*; **with the ~ of the years** [*or* time] im

Lauf der Jahre ❹ SPORTS Passen *nt*
passion ['pæʃ·ən] *n* ❶ (*love, strong emotion*) [große] Leidenschaft; **crime of ~** Verbrechen *nt* aus Leidenschaft; **to hate sb/sth with a ~** jdn/etw aus tiefstem Herzen hassen ❷ (*fancy*) Vorliebe *f*; **to have a ~ for doing sth** etw leidenschaftlich gerne tun

passionate ['pæʃ·ə·nɪt] *adj* leidenschaftlich
'passion fruit *n* Passionsfrucht *f*
'passion play *n* Passionsspiel *nt*
passive ['pæs·ɪv] **I.** *n* LING Passiv *nt* **II.** *adj* ❶ *role* passiv; *victim* hilflos ❷ (*submissive*) unterwürfig; **to be too ~** sich *dat* zu viel gefallen lassen ❸ *inv* LING passiv, passivisch
passiveness [pæ·'sɪv·nɪs] *n* (*inactivity*) Passivität *f*; (*apathy*) Teilnahmslosigkeit *f*
'passkey *n* ❶ *see* **master key** ❷ *see* **skeleton key**
Passover ['pæs·,oʊ·vər] *n* Passah[fest] *nt*
passport ['pæs·pɔrt] *n* [Reise]pass *m*; (*fig*) Schlüssel *m* (**to** zu +*dat*)
'passport control *n* Passkontrolle *f*
'passport holder *n* [Reise]passinhaber(in) *m(f)*
'password *n* Parole *f*, Losungswort *nt*; FIN Kennwort *nt*; COMPUT Passwort *nt*
past [pæst] **I.** *n* ❶ (*not present*) Vergangenheit *f*; (*past life*) Vorleben *nt* ❷ LING (*in grammar*) Vergangenheit[sform] *f* **II.** *adj inv* ❶ *attr* (*preceding*) vergangen; (*former*) frühere(r, s); **for the ~ five weeks** während der letzten fünf Wochen ❷ (*over*) vorüber, vorbei **III.** *adv inv* **to go ~ sb/sth** an jdm/etw vorbeigehen; *vehicle* an jdm/etw vorbeifahren **IV.** *prep* ❶ (*to other side*) an ... vorbei; **to drive ~** vorbeifahren; (*at other side*) hinter, nach; **just ~ the post office** gleich hinter der Post ❷ (*after the hour of*) nach; **it's a quarter ~ five** es ist Viertel nach Fünf ❸ (*beyond*) **the meat was ~ the expiration date** das Fleisch hatte das Verfallsdatum überschritten

pasta ['pas·tə] *n* Nudeln *pl*
paste [peɪst] **I.** *n* ❶ (*soft substance*) Paste *f* ❷ (*sticky substance*) Kleister *m* ❸ FOOD (*mixture*) Teig *m* **II.** *vt* ❶ (*affix*) kleben (**on**[**to**] auf +*akk*) ❷ COMPUT einfügen
pastel [pæ·'stel] **I.** *n* ❶ ART (*material*) Pastellkreide *f*; (*drawing*) Pastell *nt* ❷ (*color*) Pastellton *m* **II.** *adj inv* pastellfarben
pasteurization [,pæs·tʃər·ɪ·'zeɪ·ʃən] *n* Pasteurisation *f*
pasteurize ['pæs·tʃə·raɪz] *vt usu passive* pasteurisieren
pastime ['pæs·taɪm] *n* Zeitvertreib *m*
pastor ['pæs·tər] *n* Pfarrer *m*, Pastor *m*
pastoral ['pæs·tər·əl] *adj inv* ❶ REL pastoral, seelsorgerisch ❷ LIT, ART idyllisch, Schäfer-; *scene* ländlich
past 'participle *n* Partizip Perfekt *nt*
past 'perfect, past 'perfect tense *n* Plusquamperfekt *nt*
pastry ['peɪ·stri] *n* ❶ (*dough*) [Kuchen]teig *m* ❷ (*cake*) Gebäckstück *nt*
'pastry chef, 'pastry cook *n* Kondi-

P

tor(in) *m(f)*

past 'tense *n* Vergangenheit *f*

pasture ['pæs·tʃər] *n* Weide *f;* **to put animals out to** ~ Tiere auf die Weide treiben; **new ~s** *(fig)* neue Aufgaben, etwas Neues

pasty ['pæs·ti] *adj (pej)* complexion bleich, käsig *fam*

pat [pæt] **I.** *vt* <-tt-> tätscheln; **to** ~ **sb/oneself on the back** *(fig)* jdm/sich selbst auf die Schulter klopfen **II.** *n* ❶ *(tap)* [freundlicher] Klaps, Tätscheln *nt kein pl* ❷ *(small amount)* Klümpchen *nt;* **a** ~ **of butter** ein Stückchen *nt* Butter

patch [pætʃ] **I.** *n* <*pl* -es> ❶ *(piece of fabric)* Flicken *m; (for an eye)* Augenklappe *f; (bandage)* Pflaster *nt* ❷ *(spot)* Fleck[en] *m;* ■**in ~es** stellenweise ❸ *(plot of land)* **vegetable** ~ [kleines] Gemüsebeet **II.** *vt (cover)* flicken
◆**patch up** *vt* ❶ *(repair)* zusammenflicken *fam* ❷ *(fig: conciliate)* **to** ~ **up an argument** einen Streit beilegen

'patchwork I. *n* ❶ *(needlework)* Patchwork *nt* ❷ *(fig: mishmash)* Flickwerk *nt* **II.** *adj* Flicken-; ~ **quilt** Patchworkdecke *f*

patchy ['pætʃ·i] *adj* ❶METEO ungleichmäßig; ~ **fog** stellenweise Nebel ❷ *(fig: inconsistent)* großen Qualitätsschwankungen unterworfen, von sehr unterschiedlicher Qualität *nach n, präd; knowledge* lückenhaft

pâté [pa·'teɪ] *n* Pastete *f*

patent ['pæt·ənt] **I.** *n* LAW Patent *nt* (**on** auf +*akk*); **to take out a** ~ **on sth** [sich *dat*] etw patentieren lassen **II.** *adj* ❶ *attr, inv (copyrighted)* Patent-, patentiert ❷ *(form: blatant)* offenkundig **III.** *vt* **to** ~ **an invention** eine Erfindung patentieren lassen

patented ['pæt·ən·tɪd] *adj inv (copyrighted)* patentiert

patent 'leather *n* Lackleder *nt*

'patent office *n* Patentamt *nt*

paternal [pə·'tɜr·nəl] *adj*❶ *attr (on the father's side)* väterlich; ~ **ancestors** Vorfahren *pl* väterlicherseits ❷ *(fatherly)* väterlich

paternalism [pə·'tɜr·nə·lɪz·əm] *n* Paternalismus *m*

paternalistic [pə·ˌtɜr·nəl·'ɪs·tɪk] *adj* paternalistisch

paternity [pə·'tɜr·nəṭi] *n (form: fatherhood)* Vaterschaft *f*

pa'ternity leave *n* Vaterschaftsurlaub *m*

pa'ternity suit *n* Vaterschaftsprozess *m*

path [pæθ] *n*❶ *(way)* Weg *m*, Pfad *m;* **to clear a** ~ einen Weg bahnen; *of a person* Lebensweg *m;* **to cross sb's** ~ jdm über den Weg laufen ❷ *(direction)* Weg *m; of a bullet* Bahn *f;* **to block sb's** ~ jdm den Weg verstellen

pathetic [pə·'θeṭ·ɪk] *adj* ❶ *(heart-rending)* Mitleid erregend ❷ *(pej: pitiful)* jämmerlich; *attempt* kläglich; *answer, reply* dürftig; *excuse* schwach

'pathfinder *n (person)* Wegbereiter(in) *m(f); (thing)* bahnbrechende Neuerung

pathological [ˌpæθ·ə·'ladʒ·ɪ·kəl] *adj*❶ *(fam)* krankhaft; *liar* notorisch ❷ *inv* UNIV, MED Pathologie-; *analysis, examination* pathologisch

pathologist [pə·'θal·ə·dʒɪst] *n* Pathologe, -in *m, f*

pathology [pə·'θal·ə·dʒi] *n* ❶ *(study of illnesses)* Pathologie *f* ❷ *(disease characteristics)* Krankheitsbild *nt*

pathos ['peɪ·θas] *n* Pathos *nt geh*

'pathway *n* ❶ *(a. fig: route)* Weg *m a. fig* ❷ MED, BIOL Leitungsbahn *f*

patience ['peɪ·ʃəns] *n* Geduld *f*

patient ['peɪ·ʃənt] **I.** *adj* geduldig; ■**to be** ~ **with sb** mit jdm Geduld haben **II.** *n* MED Patient(in) *m(f)*

patina ['pæt·ən·ə] *n* ❶CHEM, SCI, TECH Film *m; (on copper, brass)* Patina *f; (verdigris)* Grünspan *m; (sheen)* Firnis *m* ❷ *(fig form: veneer)* Fassade *f*

patio ['pæt·i·oʊ] **I.** *n (veranda)* Terrasse *f,* Veranda *f* **II.** *adj (veranda)* Veranda-; *(courtyard)* Innenhof-; ~ **furniture** Gartenmöbel *pl*

patriarch ['peɪ·tri·ark] *n* ❶ *(father figure)* Familienoberhaupt *nt* ❷ *(bishop)* Patriarch *m* ❸ *(founder)* Vater *m*

patriarchal [ˌpeɪ·trɪ·'ar·kəl] *adj* patriarchalisch

patrician [pə·'trɪʃ·ən] *adj* ❶ *(aristocratic)* aristokratisch; *(pej)* vornehm *iron* ❷ *inv (hist: of Roman aristocracy)* patrizisch, Patrizier-

patricide ['pæt·rə·saɪd] *n* Vatermord *m*

patriot ['peɪ·tri·ət] *n* Patriot(in) *m(f)*

patriotic [ˌpeɪ·tri·'aṭ·ɪk] *adj* patriotisch

patriotism ['peɪ·tri·ə·tɪz·əm] *n* Patriotismus *m*

patrol [pə·'troʊl] **I.** *vi* <-ll-> patrouillieren **II.** *vt* <-ll-> abpatrouillieren **III.** *n* Patrouille *f;* **highway** ~ *Polizei, die die Highways überwacht*

pa'trol car *n* Streifenwagen *m*

pa'trol duty *n* Streifendienst *m*

pa'trolman *n* Streifenpolizist(in) *m(f)*, Polizeiwachtmeister(in) *m(f)*

patron ['peɪ·trən] *n* ❶ *(form: customer)* [Stamm]kunde *m* ❷ *(benefactor)* Schirmherr *m;* ~ **of the arts** Mäzen(in) *m(f)* der [schönen] Künste

patronage ['peɪ·trə·nɪdʒ] *n* ❶ *(support)* Schirmherrschaft *f* ❷ *(trade)* Kundschaft *f*

patronize ['peɪ·trə·naɪz] *vt* ❶ *(form: frequent)* ■**to** ~ **sth** [Stamm]kunde bei etw *dat* sein ❷ *(pej: treat condescendingly)* ■**to** ~ **sb** jdn herablassend behandeln

patronizing ['peɪ·trə·naɪ·zɪŋ] *adj (pej) attitude* herablassend; *look, tone* gönnerhaft, von oben herab *präd*

patron 'saint *n* Schutzpatron(in) *m(f)*

patter ['pæt·ər] **I.** *n of rain* Prasseln *nt; of feet* Getrippel *nt* **II.** *vi feet* trippeln; *rain* prasseln

pattern ['pæt·ərn] **I.** *n*❶ *(structure)* Muster *nt* ❷ FASHION *(for sewing)* Schnitt *m* **II.** *vt* ■**to** ~ **sth on sth** etw nach dem Vorbild einer S. *gen* gestalten; ■**to** ~ **oneself after sb** jdm nacheifern

patterned ['pæt·ərnd] *adj inv* gemustert

patty ['pæt·i] *n* Pastetchen *nt;* **burger** ~

Fleischbratling *m*

paunch <*pl* -es> [pɔntʃ] *n* Bauch *m*, Wanst *m* *fam*

paunchy ['pɔn·tʃi] *adj* dickbäuchig

pauper ['pɔ·pər] *n* Arme(r) *f(m)*

pause [pɔz] I. *n* Pause *f* II. *vi* eine [kurze] Pause machen; *speaker* innehalten III. *vt* anhalten

pave [peɪv] *vt usu passive* ❶ (*cover*) pflastern; **the streets are ~d with gold** (*fig*) das Geld liegt auf der Straße ❷ (*fig: ease*) **to ~ the way for sth** etw *dat* den Weg ebnen

pavement ['peɪv·mənt] *n* Asphalt *m*

pavilion [pə·'vɪl·jən] *n* ❶ (*ornamental building*) Pavillon *m* ❷ (*at an exhibition*) [Messe]pavillon *m*

paving ['peɪ·vɪŋ] *n* das Pflastern

'paving stone *n* Pflasterstein *m*

paw [pɔ] I. *n* Pfote *f*; *of a big cat, bear* Pranke *f*; (*hum fam*) Pfote *f sl* II. *vt* ❶ (*scrape*) **to ~ the ground** scharren ❷ (*fam: touch*) begrabschen III. *vi dog* scharren; *bull, horse* mit den Hufen scharren

pawn¹ [pɔn] *vt* verpfänden

pawn² [pɔn] *n* CHESS Bauer *m*; (*fig*) Marionette *f*

'pawnbroker *n* Pfandleiher(in) *m(f)*

'pawnbroking *n* Pfandleihe *f*

'pawnshop *n* Pfandleihe *f*

pay [peɪ] I. *n* (*wages*) Lohn *m*; (*salary*) Gehalt *nt; of a civil servant* Bezüge *pl; of a soldier* Sold *m* II. *vt* <paid, paid> ❶ (*give*) [be]zahlen; ■**~ out** etw [aus]zahlen; **to ~** [**in**] **cash/in dollars/money** [in] bar/in Dollar/Geld [be]zahlen; **to ~ dividends** *investment* Dividenden ausschütten; *company* Dividenden ausbezahlen; (*fig*) sich auszahlen ❷ (*give money for/to, settle*) bezahlen; **to ~ one's dues** (*debts*) seine Schulden bezahlen; (*into an account*) einzahlen (auf +*akk*); (*fig: obligations*) seine Schuldigkeit tun ❸ (*fig: suffer the consequences*) **to ~ the price** [**for sth**] [für etw *akk*] bezahlen ❹ (*bestow*) **to ~ attention** Acht geben *akk;* **to ~** [**sb**] **a compliment** [jdm] ein Kompliment machen ▶ PHRASES: **to ~ one's way** finanziell unabhängig sein III. *vi* <paid, paid> ❶ (*give money*) [be]zahlen ❷ (*be worthwhile*) sich auszahlen; (*be profitable*) rentabel sein; ■**it ~s to do sth** es lohnt sich, etw zu tun ❸ (*fig: suffer*) ■**to ~** [**for sth**] [für etw *akk*] bezahlen; **to ~ with one's life** mit dem Leben bezahlen

◆**pay back** *vt* ❶ (*give back*) zurückzahlen; *debts* bezahlen; *money* zurückgeben ❷ (*fig: for revenge*) ■**to ~ sb back for sth** jdm etw heimzahlen

◆**pay off** I. *vt* ❶ (*repay*) abbezahlen; (*settle*) *debt* [vollständig] begleichen; *mortgage* tilgen ❷ (*give money to*) aus[be]zahlen; (*fam: bribe*) ■**to ~ off** ↻ **sb** jdn kaufen II. *vi* (*fig fam*) sich auszahlen

◆**pay out** I. *vt* ❶ (*spend*) ausgeben ❷ (*give out*) aus[be]zahlen II. *vi* FIN **to ~ out** [**on a policy**] [be]zahlen

◆**pay up** I. *vi* [be]zahlen II. *vt* [vollständig] zurückzahlen; *debt* [vollständig] begleichen

payable ['peɪ·ə·bəl] *adj attr, inv* zahlbar; (*due*) fällig

'paycheck *n* Lohnscheck *m*

'payday *n* Zahltag *m*

payee [peɪ·'i] *n* Zahlungsempfänger(in) *m(f)*

payer ['peɪ·ər] *n* Zahler(in) *m(f);* **fee ~** Gebührenzahler(in) *m(f)*

paying ['peɪ·ɪŋ] *adj attr, inv* zahlend

'payload *n* ❶ TRANSP, AEROSP Nutzlast *f* ❷ MIL Bombenlast *f*

'paymaster *n* Zahlmeister(in) *m(f)*

payment ['peɪ·mənt] *n* ❶ (*sum*) Zahlung *f;* (*fig*) Lohn *m* ❷ (*act of paying*) Bezahlung *f*

'payoff *n* ❶ (*fam: reward*) Lohn *m* ❷ (*fam: bribe*) Bestechung *f;* **to receive a ~ from sb** von jdm bestochen werden ❸ FIN (*amount to pay off loan*) Abzahlung *f*

'payout *n* FIN Ausschüttung *f*

pay-per-'view *n* Pay-per-View *nt* (*System, bei dem der Zuschauer nur für die Sendungen zahlt, die er auch tatsächlich gesehen hat*)

'pay phone *n* Münzfernsprecher *m*

'pay raise *n* (*for white-collar worker*) Gehaltserhöhung *f;* (*for blue-collar worker*) Lohnerhöhung *f*

'payroll *n usu sing* (*for white-collar worker*) Gehaltsliste *f;* (*for blue-collar worker*) Lohnliste *f*

pay T'V *n* (*fam*) Pay-TV *nt*

PBS [ˌpi·bi·'es] *n abbrev of* **Public Broadcasting Service** amerikanischer Fernsehsender

PC [ˌpi·'si] I. *n* ❶ *abbrev of* **personal computer** PC *m* ❷ *abbrev of* **political correctness** II. *adj inv abbrev of* **politically correct** pc

p.c. [ˌpi·'si] *n abbrev of* **percent** p.c.

PDA [ˌpi·di·'eɪ] *n abbrev of* **personal digital assistant** PDA *m*

PE [ˌpi·'i] *n abbrev of* **physical education**

pea [pi] *n* Erbse *f*

peace [pis] *n* ❶ (*not war*) Frieden *m* ❷ (*social order*) Ruhe *f*, Frieden *m;* **to make one's ~ with sb** sich mit jdm versöhnen ❸ (*tranquillity*) **~ of mind** Seelenfrieden *m;* **to leave sb in ~** jdn in Frieden lassen; **to be at ~ with the world** mit sich und der Welt im Einklang sein

peaceable ['pi·sə·bəl] *adj* friedlich; *person* friedliebend

'peace conference *n* Friedenskonferenz *f*

peaceful ['pis·fəl] *adj* friedlich; *nation a.* friedfertig; (*calm*) ruhig; *person* friedliebend

'peace keeping I. *n* Friedenssicherung *f* II. *adj* Friedens-; **~ force** Friedenstruppe *f*

'peace-loving *adj* friedliebend

'peacemaker *n* Frieden[s]stifter(in) *m(f)*

'peacemaking *n* Befriedung *f geh*

'peace march *n* Friedensdemonstration *f*

'peace movement *n* Friedensbewegung *f*

'peace offering *n* Friedensangebot *nt*

'peace pipe *n* Friedenspfeife *f*

'peace settlement *n* Friedensabkommen *nt*

'peacetime n Friedenszeiten pl

'peace treaty n Friedensvertrag m

peach [piːtʃ] I. n <pl -es> (fruit) Pfirsich m; (tree) Pfirsichbaum m II. adj inv (peach-colored) pfirsichfarben

peachy ['piːtʃ·i] adj (fam) wunderbar, toll

peacock ['piː·kak] n Pfau m

pea-'green I. n Erbsengrün nt II. adj inv erbsengrün

peak [piːk] I. n ① (mountain top) Gipfel m ② (highest point) Gipfel m; of a curve, line Scheitelpunkt m; **to reach a ~** den Höchststand erreichen II. vi career den Höhepunkt erreichen; athletes [seine] Höchstleistung erbringen; skill zur Perfektion gelangen; figures, rates, production den Höchststand erreichen III. adj ① (busiest) Haupt-; **~ viewing time** Hauptsendezeit f ② (best, highest) Spitzen-; **~ productivity** maximale Produktivität

peaked¹ [piːkt] adj inv (pointed) spitz

peaked² [piːkt] adj (sickly) kränklich, abgespannt

peal [piːl] I. n (sound) Dröhnen nt kein pl; **~ of bells** Glockengeläut[e] nt kein pl II. vi bells läuten

peanut ['piː·nʌt] n ① (nut) Erdnuss f ② (fam: very little) ■ **~ s** pl Klacks m; **to pay ~ s** einen Hungerlohn zahlen

'peanut butter n Erdnussbutter f

pear [per] n (fruit) Birne f; (tree) Birnbaum m

pearl [pɜːrl] n ① (jewel) Perle f; **string of ~ s** Perlenkette f ② (fig: a drop) Tropfen m, Perle f

'pearl diver n Perlentaucher(in) m(f)

pearly ['pɜːr·li] adj perlmuttartig; (adorned with pearls) mit Perlen besetzt; (pearl-colored) perlweiß

peasant ['pez·ənt] n ① (small farmer) [Klein]bauer, [Klein]bäuerin m, f ② (offensive fam) Bauer m

peasantry ['pez·ən·tri] n [Klein]bauernstand m

peat [piːt] n Torf m

'peat bog n Torfmoor nt

pebble ['peb·əl] n Kieselstein m

pebbly ['peb·li] adj steinig

pecan [pɪ·'kan] n (nut) Pekannuss f; (tree) Hickory[baum] m

peck [pek] I. n ① (bite) Picken nt kein pl ② (fam: quick kiss) Küsschen nt II. vt ① (bite) hacken (nach + dat); **to ~ a hole** ein Loch picken ② (fam: kiss quickly) **to ~ sb on the cheek** jdn flüchtig auf die Wange küssen III. vi ① (with the beak) picken; ■ **to ~ at sth** etw aufpicken ② (nibble) **~ at one's food** in seinem Essen herumstochern

pecker ['pek·ər] n (vulg: penis) Schwanz m

'pecking order n Hackordnung f

pectin ['pek·tɪn] n Pektin nt

pectoral ['pek·tər·əl] adj Brust-, pektoral fachspr

peculiar [pɪ·'kjul·jər] adj ① (strange) seltsam, merkwürdig ② (belonging to, special) **to sb** typisch (für + akk); **to sth** eigen[tümlich] + dat

peculiarity [pɪ·ˌkju·li·'ær·ɪ·t̬i] n ① (strange-

ness) Eigenartigkeit f ② (strange habit) Eigenheit f ③ (idiosyncrasy) Besonderheit f, Eigenart f

peculiarly [pɪ·'kjul·jər·li] adv ① (strangely) eigenartig, seltsam ② inv (especially) besonders

pedal ['ped·əl] I. n Pedal nt II. vt <-l- or -ll-> **to ~ a bicycle** Rad fahren III. vi <-l- or -ll-> Rad fahren; **she ~ ed through the city** sie radelte durch die Stadt IV. adj Tret-

pedant ['ped·ənt] n Pedant(in) m(f)

pedantic [pə·'dæn·tɪk] adj pedantisch

pedantry ['ped·ən·tri] n Pedanterie f a. pej

peddle ['ped·əl] vt ■ **to ~ sth** ① (esp pej: sell) etw verscherbeln pej; **to ~ sth door to door** mit etw dat hausieren gehen ② (pej: spread) lies mit etw dat hausieren gehen

peddler ['ped·lər] n ① (drug dealer) Drogenhändler(in) m(f) ② (dated: traveling salesman) Hausierer(in) m(f) ③ (pej) **~ of gossip** Klatschmaul nt; **~ of lies** Lügenmaul nt

pedestal ['ped·ɪ·stəl] I. n Sockel m II. adj Sockel-, Stand-; **~ desk** Stehpult nt

pedestrian [pə·'des·tri·ən] I. n Fußgänger(in) m(f) II. adj inv ① bridge, tunnel, underpass Fußgänger- ② (form) langweilig; speech trocken

pedestrian crossing n Zebrastreifen m

pedestrianize [pə·'des·tri·ə·naɪz] vt in eine Fußgängerzone umwandeln

pedestrianized [pɪ·'des·tri·ə·naɪzd] adj inv Fußgänger-; **~ area** Fußgängerzone f

pedestrian 'mall n Fußgängerzone f

pediatric [ˌpi·di·'æt·rɪk] adj inv pädiatrisch; **~ hospital** Kinderkrankenhaus nt

pediatrician [ˌpi·di·ə·'trɪʃ·ən] n Kinderarzt, -ärztin m, f

pediatrics [ˌpi·dɪ·'æt·rɪks] npl + sing vb Kinderheilkunde f

pedicure ['ped·ɪ·kjʊr] n Pediküre f

pedicurist ['ped·ɪ·kjʊr·ɪst] n Fußpfleger(in) m(f)

pedigree ['ped·ɪ·gri] n ① (genealogy) Stammbaum m ② (background) Laufbahn f ③ (history of idea) Geschichte f

pedigreed ['ped·ɪ·grid] adj dog, cattle, horse reinrassig, mit Stammbaum nach n

pedometer [pɪ·'dam·ə·t̬ər] n Pedometer nt

pedophile ['ped·ə·faɪl] n Pädophile(r) m

pee [pi] (fam) I. n ① (urine) Pipi nt Kindersprache ② (act) Pinkeln nt; **to have to take a ~** pinkeln gehen müssen sl; **to go ~** (esp childspeak) Pipi machen II. vi pinkeln fam; **to ~ in one's pants** in die Hose[n] machen III. vt ■ **to ~ one's pants** in die Hose[n] machen

peek [pik] I. n (brief look) flüchtiger Blick; (furtive look) heimlicher Blick II. vi blinzeln; ■ **to ~ into sth** in etw akk hineinspähen; ■ **to ~ over sth** über etw akk gucken

◆ **peek out** vi hervorgucken; ■ **to ~ out from behind sth** person hinter etw dat hervorgucken

peel [pil] I. n (skin of fruit) Schale f II. vt fruit schälen; **to ~ the paper off sth** etw auswi-

ckeln ▶ PHRASES: **to keep one's eyes ~ed for sth** (*fam*) nach etw *dat* die Augen offen halten **III.** *vi paint, rust, wallpaper* sich lösen; *skin* sich schälen
◆**peel off I.** *vt* schälen; *clothing* abstreifen; *adhesive strip* abziehen **II.** *vi* (*come off*) sich lösen
peeler ['piːlər] *n* (*utensil*) Schäler *m*
peelings ['piːlɪŋz] *npl* Schalen *pl*
peep[1] [piːp] **I.** *n usu sing* ❶ (*bird sound*) Piep[ser] *m;* **to make a ~** piepsen ❷ (*answer, statement*) Laut *m;* **to not hear** [so much as] **a ~ out of** [*or* from] **sb** keinen Mucks von jdm hören **II.** *vi* piepsen
peep[2] [piːp] **I.** *n* (*look*) [verstohlener] Blick; **to have a ~ at sth** auf etw *akk* einen kurzen Blick werfen **II.** *vi* ❶ (*look*) verstohlen blicken (**at** auf +*akk*), einen Blick werfen (**into** in +*akk*), spähen (**through** durch +*akk*) ❷ (*appear*) hervorkommen (**through** durch +*akk*)
◆**peep out** *vi toe, finger* herausgucken
'**peephole** *n* Guckloch *nt,* Spion *m*
peeping 'Tom *n* Voyeur *m,* Spanner *m fam*
peer[1] [pɪr] *vi* (*look closely*) spähen; **to ~ over one's glasses** über die Brille schauen; **to ~ over sb's shoulder** jdm über die Schulter gucken
peer[2] [pɪr] *n* (*equal*) Gegenstück *nt;* **to have no ~s** unvergleichlich sein; **to be liked by one's ~s** unter seinesgleichen beliebt sein
peerless ['pɪrlɪs] *adj inv* (*form*) unvergleichlich
peeved [piːvd] *adj* (*fam*) sauer; ■**to be ~ at sb for sth** wegen einer S. *gen* auf jdn sauer sein
peevish ['piːvɪʃ] *adj* mürrisch
peg [peg] **I.** *n* (*hook*) Haken *m;* (*stake*) Pflock *m* **II.** *vt* <-gg-> **to ~ sth** ❶ (*bind down*) etw mit Haken sichern ❷ (*hold at certain level*) etw fixieren; **to ~ prices** Preise stützen ❸ (*classify*) ■**to ~ sb as sth** jdn als etw *akk* abstempeln
pejorative [pɪˈdʒɔrəˌtɪv] *adj* (*form*) abwertend
Pekinese <*pl* - *or* -s> [ˌpiːkəˈniːz] *n* (*dog*) Pekinese *m*
pelican ['pelɪkən] *n* Pelikan *m*
pellet ['pelɪt] *n* ❶ (*ball*) Kugel *f* ❷ (*gunshot*) Schrot *nt o m kein pl* ❸ (*rabbit/sheep excrement*) Kötel *m*
pelt[1] [pelt] *n* (*animal skin*) Fell *nt;* (*fur*) Pelz *m*
pelt[2] [pelt] *vt* ❶ (*bombard*) ■**to ~ sb with sth** jdn mit etw *dat* bewerfen ❷ (*hurl*) ■**to ~ sth at sb** etw nach jdm schleudern ❸ (*strike repeatedly*) niederprasseln
pelvic ['pelvɪk] *adj attr, inv* Becken-
pelvis <*pl* -es> ['pelvɪs] *n* Becken *nt*
pen[1] [pen] **I.** *n* (*writing utensil*) Feder *f;* **ballpoint ~** Kugelschreiber *m;* **fountain ~** Füller *m,* Füllfeder *f* ÖSTERR, SÜDD, SCHWEIZ **II.** *vt* <-nn-> schreiben
pen[2] [pen] **I.** *n* (*enclosed area*) Pferch *m* **II.** *vt* <-nn-> *usu passive* ■**to be ~ned** eingesperrt sein

◆**pen in** *vt* ❶ *animal* einsperren; ■**to be ~ned in** *people* eingeschlossen sein ❷ *usu passive* (*fig*) **to feel ~ned in by sth** sich von etw *dat* eingeengt fühlen
pen[3] [pen] *n* (*fam*) *short for* **penitentiary** Knast *m fam*
penal ['piːnəl] *adj inv attr* (*of punishment*) Straf-; **~ code** Strafgesetz *nt*
penalize ['piːnəˌlaɪz] *vt* ❶ (*punish*) ■**to ~ sb** [**for sth**] jdn [für etw *akk*] bestrafen ❷ (*cause disadvantage*) benachteiligen
penalty ['penəlti] *n* ❶ LAW (*a. fig*) Strafe *f;* **minimum ~** Mindeststrafe *f* ❷ (*disadvantage*) Preis *m* ❸ (*fine*) [Extra]gebühr *f*
'**penalty area** *n* Strafraum *m*
'**penalty box** *n* ❶ (*in soccer*) Strafraum *m* ❷ (*in hockey*) Strafbank *f*
'**penalty clause** *n* [restriktive] Vertragsklausel
'**penalty kick** *n* **to award a ~** (*in soccer*) einen Elfmeter geben
'**penalty shot** *n* **to award a ~** (*in hockey*) einen Strafschuss verhängen; (*in soccer*) einen Elfmeter geben
penance ['penəns] *n* Buße *f*
penchant ['pentʃənt] *n usu sing* (*usu pej*) Neigung *f;* **to have a ~ for sth** einen Hang zu etw *dat* haben
pencil ['pensəl] **I.** *n* (*writing utensil*) Bleistift *m;* FASHION **eyeliner ~** Eyelinerstift *m* **II.** *adj* ❶ **~-thin** *person* dünn wie ein Bleistift ❷ (*made by pencil*) **~ drawing** Bleistiftzeichnung *f* ❸ (*very narrow*) **~ moustache** dünner Oberlippenbart **III.** *vt* <-l- *or* -ll-> mit Bleistift schreiben
◆**pencil in** *vt* vormerken
'**pencil case** *n* Federmäppchen *nt,* Federpennal *nt* ÖSTERR
'**pencil sharpener** *n* [Bleistift]spitzer *m*
pendant ['pendənt] *n* Anhänger *m*
pending ['pendɪŋ] **I.** *adj inv* LAW anhängig; *deal* bevorstehend; *lawsuit* schwebend **II.** *prep* (*form*) **~ an investigation** bis zu einer Untersuchung
pendulum ['pendʒələm] **I.** *n* Pendel *nt* **II.** *adj* Pendel-; (*swinging*) schwingend
penetrate ['penɪtreɪt] *vt* ■**to ~ sth** ❶ (*move into*) in etw *akk* eindringen ❷ (*spread through*) *smell* etw durchdringen ❸ MED *vein* etw durchstechen
penetrating ['penɪˌtreɪtɪŋ] *adj* durchdringend *attr; analysis* eingehend; *observation* scharfsinnig; *scream* markerschütternd
penetration [ˌpenɪˈtreɪʃən] *n* ❶ (*act*) Eindringen *nt kein pl* (**of** in +*akk*) ❷ (*sexual act*) Penetration *f*
penguin ['pengwɪn] *n* Pinguin *m*
penicillin [ˌpenɪˈsɪlɪn] *n* Penicillin *nt*
peninsula [pəˈnɪnsələ] *n* Halbinsel *f*
penis <*pl* -es *or* -nes> ['piːnɪs] *n* Penis *m*
penitence ['penɪtəns] *n* (*repentance*) Reue *f*
penitent ['penɪtənt] **I.** *n* REL reuiger Sünder/reuige Sünderin **II.** *adj* (*form*) reumütig
penitentiary [ˌpenɪˈtentʃəri] *n* Gefängnis *nt*

P

'**penknife** n Taschenmesser nt
'**pen name** n Pseudonym nt
pennant ['pen·ənt] I. n (flag) Wimpel m; SPORTS Siegeswimpel m II. adj SPORTS ~ race Kampf um die Meisterschaft
penniless ['pen·i·lɪs] adj mittellos
Pennsylvania [ˌpen·sɪl·'veɪ·ni·ə] n Pennsylvania nt
penny <pl -nies> ['pen·i] n Penny m; to not cost a ~ nichts kosten ▶ PHRASES: to be worth every ~ sein Geld wert sein
'**penny-pinching** I. n Pfennigfuchserei f pej fam II. adj inv geizig
'**pen pal** n Brieffreund(in) m(f)
pension ['pen·ʃən] n (retirement money) Rente f; (for civil servants) Pension f; to draw a ~ Rente beziehen
'**pension fund** n Pensionskasse f
'**pension plan** n Altersversorgungsplan m, Altersversorgung f
pensive ['pen·sɪv] adj nachdenklich; person ernsthaft; silence gedankenverloren
pentagon ['pen·tə·gan] n Fünfeck nt
Pentagon ['pen·tə·gan] n ■the ~ das Pentagon

---

i Das **Pentagon** befindet sich in Arlington in Virginia, in der Nähe von Washington D. C. Seinen Namen hat es aufgrund seiner fünfeckigen Form erhalten. Seit der Einweihung am 15. Januar 1943 ist dort das United States Department of Defense (das US-amerikanische Verteidigungsministerium) untergebracht. Es arbeiten mehr als 25.000 Menschen, Zivilisten und Militärs in diesem weitläufigen Gebäude, in dem mehr als 28 Kilometer an Korridoren vorhanden sind.

---

pentameter [pen·'tæm·ə·ţər] n usu sing LIT Pentameter m fachspr
pentathlete [pen·'tæθ·lit] n Fünfkämpfer(in) m(f)
pentathlon [pen·'tæθ·lən] n Fünfkampf m
Pentecost ['pen·ţɪ·kast] n REL ❶ (Christian) Pfingsten nt ❷ (Jewish) jüdisches Erntefest
penthouse ['pent·haʊs] n Penthaus nt
'**pent-up** adj inv emotions aufgestaut
penury ['pen·ju·ri] n (form) Armut f
peony ['pi·ə·ni] n Pfingstrose f
people ['pi·pəl] I. n ❶ pl (persons) Leute pl, Menschen pl; rich ~ die Reichen pl; the right ~ die richtigen Leute ❷ pl (citizens, nation) Volk nt ❸ (comprising a race, tribe) ■~s pl Völker pl II. adj a ~ person ein geselliger Mensch; ~ skills Menschenkenntnis f kein pl
pep [pep] I. n (fam) Elan m, Schwung m II. vt <-pp-> ■to ~ sb ↻ up jdn in Schwung bringen; ■to ~ sth ↻ up aufpeppen (with mit +dat); to ~ up business das Geschäft ankurbeln

pepper ['pep·ər] I. n ❶ (spice) Pfeffer m; black ~ schwarzer Pfeffer ❷ (vegetable) Paprika f II. vt ❶ (add pepper) pfeffern ❷ (pelt) to ~ sb with bullets jdn mit Kugeln durchsieben; to be ~ed with mistakes vor Fehlern strotzen
'**peppercorn** n Pfefferkorn nt
'**pepper mill** n Pfeffermühle f
'**peppermint** n ❶ (plant) Pfefferminze f ❷ (candy) Pfefferminz[bonbon] nt
pepperoni [pep·ə·'roʊ·ni] n Salami f
'**pepper shaker** n Pfefferstreuer m
peppery ['pep·ə·ri] adj (with pepper flavor) pfeffrig; (full of pepper) gepfeffert; dish scharf
'**pep pill** n Aufputschmittel nt
'**pep talk** n Motivationsgespräch nt
peptic ['pep·tɪk] adj inv ANAT Verdauungs-, peptisch fachspr
per [pɜr] prep ❶ (for every) pro ❷ (in every) pro ❸ (according to) as ~ usual wie gewöhnlich
per annum [pər·'æn·əm] adv inv (form) per annum
per capita [pər·'kæp·ɪ·ţə] inv (form) I. adv pro Person II. adj attr Pro-Kopf-
perceivable [pər·'si·və·bəl] adj wahrnehmbar
perceive [pər·'siv] vt ❶ (see) wahrnehmen; (sense) empfinden ❷ (regard) betrachten; how do the French ~ the British? wie sehen die Franzosen die Engländer?
percent [pər·'sent] I. n Prozent nt; what ~ ...? wie viel Prozent ...? II. adv inv -prozentig; I'm 100 ~ sure that ... ich bin mir hundertprozentig sicher, dass ... III. adj attr, inv 50 ~ 50-prozentig
percentage [pər·'sen·tɪdʒ] I. n ❶ (rate) Prozentsatz m; what ~ ...? wie viel Prozent ...? ❷ (advantage) Vorteil m II. adj Prozent-; on a ~ basis prozentual
per'centage point n Prozentpunkt m
perceptible [pər·'sep·tə·bəl] adj wahrnehmbar
perception [pər·'sep·ʃən] n usu sing Wahrnehmung f kein pl; of a concept Auffassung f kein pl
perceptive [pər·'sep·tɪv] adj einfühlsam; observer aufmerksam; analysis, remark scharfsinnig
perch¹ [pɜrtʃ] I. n <pl -es> ❶ (for birds) Sitzstange f ❷ (high location) Hochsitz m II. vi bird sitzen (on auf +dat); person thronen (on auf +dat) III. vt ■to ~ sth somewhere etw auf etw akk stecken; ■to ~ oneself on sth sich auf etw dat niederlassen
perch² <pl - or -es> [pɜrtʃ] n (fish) Flussbarsch m
percolate ['pɜr·kə·leɪt] I. vt filtrieren; to ~ coffee Filterkaffee zubereiten II. vi ❶ (filter through) water durchsickern; sand durchrieseln; coffee durchlaufen ❷ (fig fam: spread) durchsickern
percolator ['pɜr·kə·leɪ·ţər] n Kaffeemaschine f
percussion [pər·'kʌʃ·ən] I. n Percussion f,

Schlagzeug *nt* II. *adj* MUS Schlag-
percussionist [pər·'kʌʃ·ə·nɪst] *n* Schlagzeu-
ger(in) *m(f)*
peregrine 'falcon *n* Wanderfalke *m*
peremptory [pə·'remp·tə·ri] *adj inv* ❶ (*autocratic*) gebieterisch ❷ LAW End-; ~ **challenge**
Ablehnung eines Geschworenen ohne Angabe der Gründe
perennial [pə·'ren·i·əl] I. *n* mehrjährige Pflanze II. *adj attr, inv* ❶ (*lasting through many
years*) mehrjährig ❷ (*constant*) immer während; (*repeated*) immer wiederkehrend *attr;
beauty, truth* unsterblich
perfect I. *adj* ['pɜr·fɪkt] *inv* vollkommen, perfekt; *calm* völlig II. *vt* [pər·'fekt] perfektionieren III. *n* ['pɜr·fɪkt] LING Perfekt *nt; future ~*
vollendete Zukunft; **past ~** Plusquamperfekt *nt*
perfection [pər·'fek·ʃən] *n* Perfektion *f,* Voll-
kommenheit *f*
perfectionist [pər·'fek·ʃə·nɪst] *n* Perfektio-
nist(in) *m(f)*
perfectly ['pɜr·fɪkt·li] *adv inv* vollkommen, perfekt; **you know ~ well what I'm talking
about** du weißt ganz genau, wovon ich rede;
~ clear absolut klar *fam;* **to be ~ honest ...**
ehrlich gesagt, ...
perforate ['pɜr·fə·reɪt] *vt* perforieren; (*once*)
durchstechen
perforated ['pɜr·fə·reɪ·ţɪd] *adj inv* perforiert;
~ eardrum geplatztes Trommelfell
perforation [ˌpɜr·fə·'reɪ·ʃən] *n* ❶ (*hole in sth*)
Loch *nt;* (*set of holes*) Perforation *f* ❷ (*act*)
Perforieren *nt*
perform [pər·'fɔrm] I. *vt* ❶ (*entertain*) vorführen; *play, opera, ballet, symphony* aufführen;
(*sing*) singen; (*on an instrument*) spielen
❷ *duty, function* erfüllen; *task* verrichten
❸ *surgical procedure* durchführen; *ceremony,
ritual* vollziehen II. *vi* ❶ (*on stage*) auftreten;
(*sing*) singen; (*play*) spielen ❷ (*function*)
funktionieren; *car* laufen; (*respond*) sich fahren; **to ~ well** gut funktionieren ❸ (*do, act*)
how did she ~? wie war sie?; **to ~ well** gut
sein
performance [pər·'fɔr·məns] I. *n* ❶ (*entertaining, showing*) Vorführung *f; of a play,
opera, ballet* Aufführung *f; of a part* Darstellung *f; of a song, musical piece* Darbietung *f;*
(*show, event*) Vorstellung *f;* **to give a ~** eine
Vorstellung geben ❷ (*capability, effectiveness,
level of achievement*) Leistung *f;* **high ~** hohe
Leistung ❸ (*execution*) ■**the ~ of sth** die Ausführung einer S. *gen;* **the ~ of a duty** die Erfüllung einer Pflicht ❹ (*fam: fuss*) Theater *nt
kein pl fig, pej* II. *adj evaluation, problem,
results* Leistungs-; **~ bonus** Leistungsprämie *f*
performer [pər·'fɔr·mər] *n* ❶ (*artist*) Künst-
ler(in) *m(f);* (*actor*) Darsteller(in) *m(f)*
❷ (*achiever*) **to be a poor ~** [**in school**] ein
schlechter Schüler/eine schlechte Schülerin
sein
perfume I. *n* ['pɜr·fjum] ❶ (*scented liquid*)

Parfüm *nt* ❷ *of a flower* Duft *m* II. *vt* [pər·
'fjum] parfümieren
perfunctory [pər·'fʌŋk·tə·ri] *adj* flüchtig;
examination oberflächlich
perhaps [pər·'hæps] *adv inv* ❶ (*maybe*) vielleicht; **~ so** ja, vielleicht ❷ (*approximately*) etwa, ungefähr
peril ['per·əl] *n* (*form: danger*) Gefahr *f;* (*risk*)
Risiko *nt;* **to be in ~** in Gefahr sein
perilous ['per·ə·ləs] *adj* (*form: dangerous*) gefährlich; (*risky*) riskant
perimeter [pə·'rɪm·ə·ţər] *n* ❶ (*border*) Grenze *f* ❷ MATH Umfang *m*
period ['pɪr·i·əd] I. *n* ❶ (*length of time*) Zeitspanne *f,* Periode *f;* **he was unemployed for
a long ~** [**of time**] er war lange [Zeit] arbeitslos; **for a ~ of three months** für die Dauer
von drei Monaten ❷ SCH (*lesson*) Stunde *f*
❸ (*time in life, history, development*) Zeit *f;*
(*distinct time*) Zeitabschnitt *m;* (*phase*) Phase *f; incubation ~* Inkubationszeit *f;* **~ of
office** Amtszeit *f* ❹ (*fam: menstruation*) Periode *f* ❺ LING (*a. fig*) Punkt *m* II. *adj furniture,
clothing, novel* historisch
periodic [ˌpɪr·i·'ad·ɪk] *adj attr, inv* periodisch
geh, regelmäßig wiederkehrend
periodical [ˌpɪr·i·'ad·ɪ·kəl] I. *n* Zeitschrift *f;*
(*specialist journal a.*) Periodikum *nt fachspr*
II. *adj attr, inv* periodisch *geh,* regelmäßig wiederkehrend
periodic 'table *n* CHEM Periodensystem *nt
fachspr*
peripheral [pə·'rɪf·ər·əl] I. *adj inv* ❶ (*minor*)
unbedeutend, unwesentlich ❷ (*at the edge*)
Rand-, peripher *geh* II. *n* COMPUT Peripherie *f
fachspr*
periscope ['per·ɪ·skoʊp] *n* Periskop *nt*
perish ['per·ɪʃ] *vi* (*form, liter: die*) sterben, umkommen; (*be destroyed*) untergehen *a. fig*
perishable ['per·ɪʃ·ə·bəl] *adj food* [leicht] verderblich
perjure ['pɜr·dʒər] *vt* ■**to ~ oneself** einen
Meineid schwören
perjury ['pɜr·dʒə·ri] *n* Meineid *nt;* **to commit ~** einen Meineid schwören
perk [pɜrk] *n* ❶ (*additional benefit*) Vergünstigung *f* ❷ (*advantage*) Vorteil *m*
◆**perk up** I. *vi* ❶ (*cheer up*) aufleben;
(*become more awake, livelier a.*) munter werden ❷ (*increase, recover*) steigen, sich erholen; *share prices* fester tendieren II. *vt*
❶ (*cheer up*) aufheitern ❷ (*energize*) aufmuntern
perky ['pɜr·ki] *adj* ❶ (*lively*) munter ❷ (*overly
confident*) keck
perm[1] [pɜrm] *n short for* **permanent** Dauerwelle *f*
perm[2] [pɜrm] *vt* **to ~ hair** Dauerwellen machen; **~ed hair** Dauerwellen *pl*
permafrost ['pɜr·mə·frɔst] *n* Dauerfrost[bo-
den] *m*
permanence ['pɜr·mə·nəns], **permanency**
['pɜr·mə·nən·si] *n* Beständigkeit *f*

P

permanent ['pɜr·mə·nənt] *adj inv* permanent, ständig; *agreement* unbefristet; *relationship* dauerhaft; *marker, ink* wasserfest; ~ **address** fester Wohnsitz; ~ **appointment** Ernennung *f* auf Lebenszeit; ~ **damage** bleibender Schaden

permeable ['pɜr·mi·ə·bəl] *adj* (*a. fig form*) durchlässig *a. fig;* ~ **to water** wasserdurchlässig

permeate ['pɜr·mi·eɪt] **I.** *vt* durchdringen **II.** *vi* (*form*) ■**to** ~ **into/through sth** etw durchdringen

permissible [pər·'mɪs·ə·bəl] *adj inv* gestattet, zulässig

permission [pər·'mɪʃ·ən] *n* Erlaubnis *f;* (*from an official body*) Genehmigung *f;* **with sb's written** ~ mit jds schriftlichem Einverständnis

permissive [pər·'mɪs·ɪv] *adj* (*pej*) nachgiebig; (*sexually*) freizügig

permissiveness [pər·'mɪs·ɪv·nɪs] *n* Toleranz *f;* [**sexual**] ~ sexuelle Freizügigkeit

permit I. *n* ['pɜr·mɪt] Genehmigung *f;* **building** ~ Baugenehmigung *f;* **export** ~ Exporterlaubnis *f* **II.** *vt* <-tt-> [pər·'mɪt] ❶ (*allow, give permission*) gestatten, erlauben ❷ (*make possible*) ■**to** ~ **sb to do sth** jdm ermöglichen, etw zu tun **III.** *vi* [pər·'mɪt] (*allow*) erlauben, gestatten; **weather** ~**ting** vorausgesetzt, das Wetter spielt mit

permitted [pər·'mɪt̬·ɪd] *adj inv* zulässig

permutation [ˌpɜrm·ju·'teɪ·ʃən] *n a.* MATH (*rearrangement*) Umstellung *f*

pernicious [pər·'nɪʃ·əs] *adj* ❶ (*form*) schädlich ❷ MED bösartig, perniziös *fachspr*

peroxide [pə·'rak·saɪd] **I.** *n* Peroxyd *nt* **II.** *vt* mit Peroxyd behandeln; *hair* bleichen

perpendicular [ˌpɜr·pən·'dɪk·ju·lər] **I.** *adj inv* senkrecht (**to** zu +*dat*), perpendikular *fachspr* **II.** *n* Senkrechte *f;* MATH, ARCHIT ■**the** ~ das Lot

perpetrate ['pɜr·pə·treɪt] *vt* (*form*) begehen

perpetration [ˌpɜr·pə·'treɪ·ʃən] *n* LAW (*form*) Begehen *nt; of crime a.* Verübung *f*

perpetrator ['pɜr·pə·treɪ·t̬ər] *n* (*form*) Täter(in) *m(f);* ~ **of fraud** Betrüger(in) *m(f)*

perpetual [pər·'petʃ·u·əl] *adj attr, inv* ❶ (*everlasting*) immer während, ständig ❷ (*occurring repeatedly*) fortgesetzt, wiederholt

perpetuate [pər·'petʃ·u·eɪt] *vt* aufrechterhalten

perpetuity [ˌpɜr·pə·'tu·ɪ·t̬i] *n* (*form*) Ewigkeit *f;* **in** ~ auf ewig; LAW lebenslänglich

perplex [pər·'pleks] *vt* (*confuse*) verwirren; (*puzzle*) verblüffen

perplexed [pər·'plekst] *adj* perplex; (*confused a.*) verwirrt; (*puzzled a.*) verblüfft

perplexity [pər·'plek·sɪ·t̬i] *n* (*puzzlement*) Verblüffung *f;* (*confusion*) Verwirrung *f*

persecute ['pɜr·sɪ·kjut] *vt usu passive* verfolgen; ■**to be** ~**d for sth** wegen einer S. *gen* verfolgt werden

persecution [ˌpɜr·sɪ·'kju·ʃən] *n usu sing* Verfolgung *f*

persecutor ['pɜr·sɪ·kjut̬·ər] *n* Verfolger(in) *m(f)*

perseverance [ˌpɜr·sə·'vɪr·əns] *n* Beharrlichkeit *f,* Ausdauer *f*

persevere [ˌpɜr·sə·'vɪr] *vi* nicht aufgeben, beharrlich bleiben; ■**to** ~ **with sth** an etw *dat* festhalten; (*continue*) mit etw *dat* weitermachen; *project, crusade, program* etw [unbeirrt] fortsetzen

persevering [ˌpɜr·sə·'vɪr·ɪŋ] *adj* beharrlich, ausdauernd

Persia ['pɜr·ʒə] *n* (*hist*) Persien *nt*

Persian ['pɜr·ʒən] **I.** *adj inv* persisch **II.** *n* ❶ (*person*) Perser(in) *m(f)* ❷ (*language*) Persisch *nt* ❸ (*cat*) Perserkatze *f*

persist [pər·'sɪst] *vi* ❶ (*continue to exist*) andauern; *cold, heat, rain* anhalten; *habit, tradition* fortbestehen ❷ (*to not give up*) beharrlich bleiben ❸ (*continue*) ■**to** ~ **in doing sth** nicht aufhören, etw zu tun; ■**to** ~ **with sth** mit etw *dat* weitermachen; *project, crusade, program* etw unbeirrt fortsetzen

persistence [pər·'sɪs·təns] *n* ❶ (*continuation*) Anhalten *nt* ❷ (*perseverance*) Hartnäckigkeit *f*

persistent [pər·'sɪs·tənt] *adj* ❶ *difficulties* anhaltend; *cough, rumor, request* hartnäckig ❷ (*constant*) unaufhörlich; *demand* ständig

persnickety [pər·'snɪk·ɪ·t̬i] *adj* (*pej: fussy*) pingelig *fam,* kleinlich

person <*pl* **people** *or form* -s> ['pɜr·sən] *n* (*human*) Person *f,* Mensch *m;* **not a single** ~ **came** kein Mensch kam; **cat** ~ Katzenliebhaber(in) *m(f);* **night** ~ Nachtmensch *m*

persona <*pl* -nae *or* -s> [pər·'soʊ·nə] *n* Fassade *f meist pej*

personal ['pɜr·sə·nəl] *adj* ❶ (*of a particular person*) persönlich; *private a.* privat; ~ **belongings** persönliches Eigentum; ~ **data** Personalien *pl;* ~ **quality** Charaktereigenschaft *f* ❷ (*direct, done in person*) persönlich; **to make a** ~ **appearance** persönlich erscheinen ❸ (*offensive*) persönlich; **nothing** ~**, but ...** es geht nicht gegen Sie persönlich, aber ...

'**personal ad** *n* Kontaktanzeige *f*

personal com'puter *n* Personal Computer *m*

personal digital as'sistant *n* PDA *m,* [handflächengroßer] Taschencomputer

personality [ˌpɜr·sə·'næl·ɪ·t̬i] **I.** *n* (*character, a celebrity*) Persönlichkeit *f,* Charakter *m* **II.** *adj* *problem, test, trait* Persönlichkeits-

personally ['pɜr·sə·nə·li] *adv* persönlich

personal 'pronoun *n* Personalpronomen *nt*

personify [pər·'san·ə·faɪ] *vt* personifizieren; (*be the personification of a.*) verkörpern

personnel [ˌpɜr·sə·'nel] *n* ❶ *pl* (*employees*) Personal *nt kein pl* ❷ (*human resources department*) Personalabteilung *f*

person'nel department *n* Personalabteilung *f*

person'nel director *n* Personalchef(in) *m(f)*

personnel 'manager *n* Personalchef(in) *m(f)*

perspective [pər·'spek·tɪv] *n* (*viewpoint*) Perspektive *f;* **from a historical** ~ aus geschichtlicher Sicht; **in** ~ perspektivisch; **to see sth in a new** ~ etw aus einem neuen Blickwinkel sehen; **to get sth in** ~ etw nüchtern betrachten

perspicacious [ˌpɜr·spɪ·'keɪ·ʃəs] *adj* (*form: astute*) scharfsinnig; (*far-sighted*) weitblickend
perspiration [ˌpɜr·spə·'reɪ·ʃən] *n* Schweiß *m*
perspire [pər·'spaɪr] *vi* schwitzen
persuade [pər·'sweɪd] *vt* (*talk sb into*) überreden (**to** zu +*dat*); (*convince*) überzeugen (von +*dat*)
persuasion [pər·'sweɪ·ʒən] *n usu sing* ❶ (*talking into*) Überredung *f;* (*convincing*) Überzeugung *f* ❷ (*conviction*) Überzeugung *f;* (*hum*) **to be of the Catholic/Protestant** ~ katholischen/protestantischen Glaubens sein
persuasive [pər·'sweɪ·sɪv] *adj* überzeugend
pert [pɜrt] *adj* ❶ (*attractively small*) wohl geformt ❷ (*impudent*) frech ❸ (*neat and jaunty*) adrett
pertinent ['pɜr·tən·ənt] *adj* (*form*) relevant; *argument* stichhaltig; *question* sachdienlich; ■**to be** ~ **to sth** für etw *akk* relevant sein; *remark* treffend
perturb [pər·'tɜrb] *vt* (*form*) beunruhigen
Peru [pə·'ru] *n* Peru *nt*
perusal [pə·'ru·zəl] *n* (*form*) Durchlesen *nt*
peruse [pə·'ruz] *vt* (*form: read*) durchlesen; (*check*) durchsehen; (*study*) studieren
Peruvian [pə·'ru·vi·ən] **I.** *adj inv* peruanisch **II.** *n* Peruaner(in) *m(f)*
pervasive [pər·'veɪ·sɪv] *adj* (*form: penetrating*) durchdringend *attr;* (*widespread*) weit verbreitet
perverse [pər·'vɜrs] *adj* (*pej: deliberately unreasonable*) abwegig; *person* eigensinnig; *delight* diebisch
perversion [pər·'vɜr·ʒən] *n* (*pej*) ❶ (*unnatural behavior*) Perversion *f* ❷ (*corruption*) Pervertierung *f geh;* ~ **of justice** Rechtsbeugung *f*
pervert I. *n* ['pɜr·vɜrt] (*pej: sexual deviant*) Perverse(r) *f(m)* **II.** *vt* [pər·'vɜrt] (*pej*) ❶ *person* verderben ❷ *truth* verdrehen
perverted [pər·'vɜr·tɪd] *adj* ❶ (*sexually deviant*) pervers ❷ (*distorted*) verdreht
pesky ['pes·ki] *adj* (*fam*) verdammt *fam;* ~ **fly** lästige Fliege; ~ **kid** nerviges Kind
pessimism ['pes·ə·mɪz·əm] *n* Pessimismus *m* (**over, about** hinsichtlich +*gen*)
pessimist ['pes·ə·mɪst] *n* Pessimist(in) *m(f)*
pessimistic [ˌpes·ə·'mɪs·tɪk] *adj* pessimistisch
pest [pest] *n* ❶ (*destructive animal*) Schädling *m* ❷ (*fig fam: annoying person*) Nervensäge *f fam;* (*annoying thing*) Plage *f*
'pest control *n* ❶ (*removal*) Schädlingsbekämpfung *f* ❷ (*service*) Kammerjäger *m*
pester ['pes·tər] *vt* belästigen; ■**to** ~ **sb for sth** jdm mit etw *dat* keine Ruhe lassen; (*beg*) jdn um etw *akk* anbetteln; ■**to** ~ **sb to do sth** jdn drängen, etw zu tun
pesticide ['pes·tə·saɪd] *n* Schädlingsbekämpfungsmittel *nt*
pestilent ['pes·tə·lənt], **pestilential** [ˌpes·tə·'len·ʃəl] *adj inv* ❶ (*deadly*) tödlich ❷ (*fig: morally destructive*) verderblich
pestle ['pes·əl] *n* Stößel *m*
pet [pet] **I.** *n* ❶ (*animal*) Haustier *nt* ❷ (*pej:*

favorite) Liebling *m* ❸ (*fam: nice person*) Schatz *m* **II.** *adj* ❶ (*concerning animals*) Tier-; ~ **cat** Hauskatze *f* ❷ *project, theory, charity* Lieblings-; **to be one's** ~ **peeve** jdm ein Gräuel sein **III.** *vt* <-tt-> streicheln
petal ['pet·əl] *n* Blütenblatt *nt*
peter ['pi·tər] *vi* ■**to** ~ **out** zu Ende gehen; *conversation, interest* sich totlaufen; *storm* abklingen; *trail, track, path* sich verlieren
petite [pə·'tit] *adj inv* (*approv*) *person* zierlich
petition [pə·'tɪ·ʃən] **I.** *n* ❶ (*signed document*) Petition *f* (**against, for** gegen, für +*akk*) ❷ LAW (*written request*) Gesuch *nt* **II.** *vi* LAW (*request formally*) einen Antrag stellen (**for** auf +*akk*) **III.** *vt* ■**to** ~ **sb for sth** jdn um etw *akk* ersuchen *form;* ■**to** ~ **sb to do sth** jdn ersuchen, etw *akk* zu tun
petitioner [pə·'tɪ·ʃən·ər] *n* ❶ (*collecting signatures*) Unterschriftensammler(in) *m(f)* ❷ LAW Kläger(in) *m(f)*
pet 'name *n* Kosename *m*
pet 'peeve *n* Ärgernis *nt*
petrified ['pet·rə·faɪd] *adj inv* ❶ (*fossilized*) versteinert ❷ (*terrified*) gelähmt *fig;* ■**to be** ~ **of sth** vor etw *dat* panische Angst haben; **to be** ~ **with fear** vor Angst wie gelähmt sein
petrify ['pet·rə·faɪ] **I.** *vi* versteinern **II.** *vt* (*terrify*) schreckliche Angst einjagen +*dat*
petrochemical [ˌpet·roʊ·'kem·ɪ·kəl] **I.** *n* petrochemisches Produkt **II.** *adj attr, inv* petrochemisch
petroleum [pə·'troʊ·li·əm] *n* Erdöl *nt*
pettiness ['pet·i·nɪs] *n* ❶ (*insignificance*) Belanglosigkeit *f;* (*triviality*) Trivialität *f* ❷ (*small-mindedness*) Kleinlichkeit *f pej*
petting ['pet·ɪŋ] *n* ❶ (*stroking*) Streicheln *nt* ❷ (*sexual fondling*) Petting *nt*
petty ['pet·i] *adj* (*pej*) ❶ (*insignificant*) unbedeutend; (*trivial*) trivial ❷ (*small-minded*) kleinkariert ❸ LAW (*on a small scale*) geringfügig
petty 'cash *n* Portokasse *f*
'petty officer *n* NAUT ≈ Marineunteroffizier *m*
petulant ['pet·ʃ·ə·lənt] *adj* (*pej*) verdrießlich; *child* bockig; *look* verdrossen
petunia [pə·'tun·jə] *n* Petunie *f*
pew [pju] *n* Kirchenbank *f*
pewter ['pju·tər] *n* Zinn *nt*
PG [ˌpi·'dʒi] *adj inv abbrev of* **parental guidance: to be rated** ~ bedingt jugendfrei sein; ~**-13** frei ab 13
pH [ˌpi·'eɪtʃ] *n usu sing* pH-Wert *m*
phalanx <*pl* -es *or* **phalanges**> ['feɪ·læŋks] *n* (*form*) Phalanx *f*
phallic ['fæl·ɪk] *adj inv* phallisch
phallus <*pl* -es *or* -li> ['fæl·əs] *n* Phallus *m geh*
phantom ['fæn·təm] **I.** *n* Geist *m,* Gespenst *nt* **II.** *adj attr, inv* ❶ (*ghostly*) Geister- ❷ (*caused by mental illusion*) Phantom-
pharaoh ['fer·oʊ] *n* Pharao *m*
pharmaceutical [ˌfar·mə·'su·tɪ·kəl] *adj attr, inv* pharmazeutisch

pharma'ceutical industry *n* Pharmaindustrie *f*

pharmacist ['far·mə·sɪst] *n* Apotheker(in) *m(f)*, Drogist(in) *m(f)*

pharmacology [,far·mə·'kal·ə·dʒi] *n* Pharmakologie *f*

pharmacy ['far·mə·si] *n* ❶ (*drugstore*) Apotheke *f* ❷ (*profession*) Pharmazie *f*

phase [feɪz] **I.** *n* Phase *f*; **developmental** ~ Entwicklungsphase *f*; **to go through a** ~ eine Phase durchlaufen **II.** *vt usu passive* (*implement*) stufenweise durchführen; (*introduce*) stufenweise einführen; (*coordinate*) synchronisieren
  ◆**phase in** *vt* stufenweise einführen
  ◆**phase out** *vt* auslaufen lassen

phat [fæt] *adj* (*sl*) toll, krass *sl*

PhD [,pi·eɪtʃ·'di] *n abbrev of* **Doctor of Philosophy** Dr., Doktor *m*; ~ **dissertation** Doktorarbeit *f*

pheasant <*pl* -s *or* -> ['fez·ənt] *n* Fasan *m*

phenomena [fə·'nam·ə·nə] *n pl of* **phenomenon**

phenomenal [fə·'nam·ə·nəl] *adj* (*great*) phänomenal

phenomenon <*pl* -mena *or* -s> [fə·'nam·ə·nan] *n* Phänomen *nt geh*

phew [fju] *interj* (*fam*) puh

philatelist [fɪ·'læt·ə·lɪst] *n* Philatelist(in) *m(f) geh*

philately [fɪ·'læt·ə·li] *n* Philatelie *f*

philharmonic [,fɪl·har·'man·ɪk] *adj attr, inv* philharmonisch; **the Vienna** ~ **Orchestra** die Wiener Philharmoniker *pl*

Philippines ['fɪl·ə·pinz] *npl* ■**the** ~ die Philippinen *pl*

philistine ['fɪl·ɪ·stin] (*pej*) **I.** *n* Banause *m* **II.** *adj inv* banausisch

philology [fɪ·'lal·ə·dʒi] *n* Philologie *f*

philosopher [fɪ·'las·ə·fər] *n* Philosoph(in) *m(f)*

philosophic(al) [,fɪl·ə·'saf·ɪk(əl)] *adj* ❶ PHILOS philosophisch ❷ (*calm*) gelassen

philosophize [fɪ·'las·ə·faɪz] *vi* philosophieren

philosophy [fɪ·'las·ə·fi] *n* Philosophie *f*

phlegm [flem] *n* Schleim *m*

phlegmatic [fleg·'mæt·ɪk] *adj* (*calm*) gleichmütig

phobia ['foʊ·bi·ə] *n* Phobie *f*

phoenix ['fi·nɪks] *n usu sing* Phönix *m*

phone [foʊn] **I.** *n* Telefon *nt*; **to answer the** ~ ans Telefon gehen; **to pick up the** ~ abheben; **to speak [to sb] on the** ~ [mit jdm] telefonieren; **on the** ~ am Telefon **II.** *vt* anrufen **III.** *vi* telefonieren
  ◆**phone back I.** *vt* zurückrufen **II.** *vi* zurückrufen
  ◆**phone in I.** *vi* anrufen, sich telefonisch melden; **to** ~ **in sick** sich telefonisch krankmelden **II.** *vt information* telefonisch durchgeben
  ◆**phone up** *vt* anrufen

'phone book *n* Telefonbuch *nt*

'phone booth *n* Telefonzelle *f*

'phone card *n* Telefon[kredit]karte *f*

phonetic [fə·'neṭ·ɪk] *adj inv* LING phonetisch *fachspr*

phonetics [fə·'neṭ·ɪks] *n* + *sing vb* LING Phonetik *f kein pl fachspr*

phony, phoney ['foʊ·ni] (*pej*) **I.** *adj* (*fam*) *accent, smile* aufgesetzt, künstlich; *address* falsch; *documents* gefälscht **II.** *n* (*impostor*) Hochstapler(in) *m(f)*; (*pretender*) Schwindler(in) *m(f)*; (*fake*) Fälschung *f*

phooey ['fu·i] *interj* (*hum fam*) pfui

phosphate ['fas·feɪt] *n* Phosphat *nt*

phosphorescence [,fas·fə·'res·əns] *n* Phosphoreszenz *f*

phosphorescent [,fas·fə·'res·ənt] *adj* phosphoreszierend

phosphorus ['fas·fər·əs] *n* Phosphor *m*

photo ['foʊ·toʊ] *n short for* **photograph** Foto *nt*

'photo album *n* Fotoalbum *nt*

'photocopier *n* [Foto]kopierer *m*

'photocopy I. *n* [Foto]kopie *f* **II.** *vt* [foto]kopieren

photo 'finish *n* SPORTS Fotofinish *nt fachspr*

photogenic [,foʊ·ṭoʊ·'dʒen·ɪk] *adj* fotogen

photograph ['foʊ·ṭə·græf] **I.** *n* Fotografie *f*, Foto *nt*; **aerial** ~ Luftaufnahme; **to take a** ~ [of sb/sth] [jdn/etw] fotografieren, ein Foto [von jdm/etw] machen *f* **II.** *vt* fotografieren **III.** *vi* **to** ~ **well** gut auf Fotos aussehen

photographer [fə·'tag·rə·fər] *n* Fotograf(in) *m(f)*

photographic [,foʊ·ṭə·'græf·ɪk] *adj inv* fotografisch; ~ **equipment** Fotoausrüstung *f*

photography [fə·'tag·rə·fi] *n* Fotografie *f*

photo'journalism *n* Fotojournalismus *m*

photo oppor'tunity *n* Fototermin *m*

photo'sensitive *adj* lichtempfindlich

photo'synthesis *n* BIOL, CHEM Photosynthese *f*

phrasal 'verb *n* LING Phrasal Verb *nt* (*Grundverb mit präpositionaler oder adverbialer Ergänzung*)

phrase [freɪz] **I.** *n* ❶ (*words*) Satz *m*; (*idiomatic expression*) Ausdruck *m* ❷ MUS (*series of notes*) Phrase *f fachspr* **II.** *vt* formulieren

'phrase book *n* Sprachführer *m*

phraseology [,freɪ·zi·'al·ə·dʒi] *n* Ausdrucksweise *f*

pH value ['pi·eɪtʃ·,-] *n* pH-Wert *m*

physical ['fɪz·ɪ·kəl] **I.** *adj* ❶ *condition, love* körperlich, physisch *geh*; **to have a** ~ **disability** körperbehindert sein; ~ **contact** Körperkontakt *m*; ~ **attraction** körperliche Anziehung *f* ~ *inv* (*material*) physisch; *object, world* stofflich **II.** *n* MED Untersuchung *f*

physical edu'cation *n* Sport[unterricht] *m*

physically ['fɪz·ɪ·kəl·i] *adv* ❶ (*concerning the body*) körperlich; **it's just not** ~ **possible** das ist schon rein physisch nicht möglich; ~ **disabled** körperbehindert ❷ (*not imagined*) wirklich

physical 'therapist *n* Physiotherapeut(in) *m(f) fachspr*, Krankengymnast(in) *m(f)*

physical 'therapy n Physiotherapie f fachspr
physician [fɪ-'zɪʃ-ən] n Arzt, Ärztin m, f
physicist ['fɪz-ɪ-sɪst] n Physiker(in) m(f)
physics ['fɪz-ɪks] n + sing vb Physik f
physiological [ˌfɪz-i-ə-'lɑdʒ-ɪ-kəl] adj inv physiologisch
physiologist [ˌfɪz-i-'al-ə-dʒɪst] n Physiologe, -in m, f
physiology [ˌfɪz-i-'al-ə-dʒi] n Physiologie f
physique [fɪ-'zik] n Körperbau m; (appearance) Figur f
pianist ['pi-æn-ɪst] n Klavierspieler(in) m(f); (professional) Pianist(in) m(f)
piano [pi-'æn-oʊ] n Klavier nt, Piano nt; **to play** [the] ~ Klavier spielen; ■**on the** ~ am Klavier
piazza [pɪ-'at-sə] n Marktplatz m
piccolo ['pɪk-ə-loʊ] n Pikkoloflöte f
pick¹ [pɪk] I. n ❶ (choice) Auswahl f; **to have** [the] **first** ~ die erste Wahl haben; **to take one's** ~ sich dat etw aussuchen ❷ + sing/pl vb (best) ■**the** ~ **of sth** of things das Beste; of people die Elite II. vt ❶ (select) aussuchen; ■**to** ~ **sb/sth** [**for sth**] jdn/etw [für etw akk] aussuchen; **to** ~ **sth/sb at random** jdn/etw [völlig] willkürlich aussuchen ❷ (harvest) pflücken; mushrooms sammeln ❸ (scratch) ■**to** ~ **sth** an etw dat kratzen; **to** ~ **one's nose** in der Nase bohren ❹ (take) ■**to** ~ **sth from/off** [**of**] **sth** etw aus/von etw dat nehmen ❺ (open without key) lock knacken ❻ MUS guitar zupfen III. vi ❶ (be choosy) aussuchen ❷ (toy with) ■**to** ~ **at one's food** in seinem Essen herumstochern ❸ (scratch) ■**to** ~ **at sth** an etw dat [herum]kratzen
◆**pick off** vt (shoot) ■**to** ~ **off** ○ sb/sth jdn/etw einzeln abschießen
◆**pick on** vi (bully) herumhacken (auf +dat)
◆**pick out** vt ❶ (select) aussuchen; **to** ~ **out the best things for oneself** sich dat selbst das Beste herauspicken ❷ (recognize) erkennen
◆**pick over, pick through** vt ■**to** ~ **sth** ○ **over** etw gut durchsehen
◆**pick up** I. vt ❶ (lift) aufheben; **to** ~ **up the phone** [den Hörer] abnehmen; (make phone call) anrufen ❷ (acquire) erwerben; **to** ~ **up a bargain** ein Schnäppchen machen; **to** ~ **up an illness** sich mit einer Krankheit anstecken ❸ (collect) abholen; passengers aufnehmen ❹ (sl: for sexual purposes) ■**to** ~ **up** ○ sb jdn abschleppen ❺ (detect) mistakes wahrnehmen ❻ (on radio) signal empfangen ❼ (increase) sich verstärken; winds sich auffrischen ❽ (fam: earn) award, prize verdienen ❾ (fam: pay for) **to** ~ **up the tab** die Rechnung bezahlen II. vi ❶ (improve) sich bessern, besser werden; numbers steigen ❷ (resume) **to** ~ **up where one left off** da weitermachen, wo man aufgehört hat ❸ (increase) winds sich auffrischen
pick² [pɪk] n (pickax) Spitzhacke f
'pickax, 'pickaxe n Spitzhacke f
picker ['pɪk-ər] n (of crops) Erntehel-

fer(in) m(f); **cotton** ~ Baumwollpflücker(in) m(f)
picket ['pɪk-ɪt] I. n ❶ (stake) Palisade f ❷ (striker) Streikposten m; (blockade) Streikblockade f II. vt (in a strike) Streikposten aufstellen (vor +dat); (demonstrate at) demonstrieren (vor +dat); (blockade) blockieren III. vi demonstrieren
picket 'fence n Palisadenzaun m
'picket line n Streikpostenkette f
pickings ['pɪk-ɪnz] npl **rich** ~ schnelles Geld; **slim** ~ magere Ausbeute
pickle ['pɪk-əl] I. n ❶ FOOD saure Gurke ❷ (fam: predicament) **to be caught in a** ~ in der Patsche sitzen II. vt FOOD einlegen
pickled ['pɪk-əld] adj ❶ inv (preserved) eingelegt ❷ (fig fam: drunk) besoffen
'pick-me-up n (fam) Muntermacher m
'pickpocket n Taschendieb(in) m(f)
'pickup n ❶ (pickup truck) (offener) Kleintransporter ❷ (fam: acceleration power) Beschleunigung f ❸ (fam: improvement) Verbesserung f ❹ (fam: casual sexual acquaintance) Eroberung f hum
'pickup truck n (offener) Kleintransporter
picky ['pɪk-i] adj (pej fam) pingelig; eater wählerisch
picnic ['pɪk-nɪk] I. n Picknick nt; **to go on a** ~ ein Picknick machen II. vi <-ck-> picknicken
pictorial [pɪk-'tɔr-i-əl] adj inv (done as picture) Bild-; (done like picture) bildhaft; book, brochure illustriert
picture ['pɪk-tʃər] I. n ❶ (painting, drawing) Bild nt; photograph a. Foto nt ❷ (on TV screen) [Fernseh]bild nt ❸ FILM **motion** ~ Film ❹ (fig: impression) Bild nt; **this is not an accurate** ~ das ist eine Verdrehung der Tatsachen; **mental** ~ Vorstellung f ❺ (embodiment) ■**the** [**very**] ~ **of sth** der Inbegriff einer S. gen ▸ PHRASES: **to be in the** ~ (informed) im Bilde sein; (involved) beteiligt sein; **to get the** ~ etw verstehen II. vt (imagine) sich dat vorstellen; (depict) darstellen III. vi ■**to** ~ **to oneself how ...** sich dat vorstellen, wie ...
'picture book n (for children) Bilderbuch nt; (for adults) Buch nt mit Illustrationen
'picture frame n Bilderrahmen m
'picture library n Bildarchiv nt
picturesque [ˌpɪk-tʃə-'resk] adj scenery malerisch, pittoresk geh; language bildhaft
'picture window n Panoramafenster nt
piddle ['pɪd-əl] vi (vulg) pinkeln
piddling ['pɪd-lɪn] adj (pej vulg) lächerlich
pidgin ['pɪdʒ-ɪn] I. n LING Pidgin nt fachspr II. adj attr, inv Pidgin-; ~ **German** gebrochenes Deutsch
pie [paɪ] n (Obst)torte f; **spinach** ~ Spinatpastete f
piece [pis] I. n ❶ (bit) Stück nt; (part) Teil nt o m; of bread Scheibe f; of cake Stück nt; of glass; **a** ~ **of broken glass** eine Glasscherbe; [**all**] **in one** ~ heil; **to break sth in** [**to**] [or to] ~**s** etw in Stücke brechen; **to fall** [or go] **to** ~**s**

(*fig*) kaputtgehen; *person* zusammenbrechen; *marriage* zerbrechen; ■ ~ **by** ~ Stück für Stück ❷(*item, coin*) Stück *nt;* ~ **of baggage** Gepäckstück *nt;* ~ **of paper** Blatt *nt* Papier; (*non-physical*) **a** ~ **of advice** ein Rat *m;* **a** ~ **of evidence** ein Beweis *m* ❸(*in chess*) Figur *f;* (*in backgammon, checkers*) Stein *m* ❹ART, LIT, MUS, THEAT Stück *nt*, Werk *nt;* JOURN Beitrag *m* ❺(*sl: gun*) Knarre *f fam* ▶ PHRASES: **a** ~ **of the action** ein Stück *nt* des Kuchens; **to be a** ~ **of cake** (*fam*) kinderleicht sein; **to give sb a** ~ **of one's mind** (*fam*) jdm [mal gehörig] die Meinung sagen **II.** *vt* ■**to** ~ **together** ↻ sth etw zusammensetzen; (*reconstruct*) etw rekonstruieren

'**piecemeal** *inv* **I.** *adv* (*bit by bit*) Stück für Stück, stück[chen]weise; (*in fits and starts*) unsystematisch **II.** *adj* (*bit by bit*) stück[chen]weise; (*in fits and starts*) unsystematisch

'**piece rate** *n* Akkordlohn *m*

'**piecework** *n* Akkordarbeit *f*

pier [pɪr] *n* ❶NAUT Pier *m o fachspr f*, Hafendamm *m;* (*dock*) Landungsbrücke *f*, Pier *m* ❷ARCHIT (*wall support*) Trumeau *m;* (*pillar*) Pfeiler *m*

pierce [pɪrs] *vt* (*make hole in*) durchstechen; (*penetrate*) eindringen (in +*akk*); (*forcefully*) durchstoßen; (*break through*) durchbrechen; **to have ~d ears** Ohrlöcher haben

piercing ['pɪr·sɪŋ] **I.** *adj* ❶(*loud*) durchdringend; (*pej*) *voice a.* schrill ❷(*cold*) eisig ❸(*penetrating*) *eyes, gaze, look* durchdringend, stechend; *question, reply, wit* scharf **II.** *n* (*hole in body*) Piercing *nt*

piety ['paɪ·ə·t̬i] *n* Frömmigkeit *f*

pig [pɪg] *n* ❶(*animal*) Schwein *nt* ❷(*fam: greedy person*) Vielfraß *m* ❸(*pej fam: bad person*) Schwein *nt* ❹FOOD ~ **in a blanket** *in Teig gebackene Wurst* ◆**pig out** *vi* (*fam*) ■**to** ~ **out** [**on sth**] sich [mit etw *dat*] vollstopfen

pigeon ['pɪdʒ·ən] *n* Taube *f*

'**pigeonhole I.** *n* [Post]fach *nt*, Ablage *f;* **to put sb/sth in a** ~ (*fig*) jdn/etw in eine Schublade stecken **II.** *vt* (*categorize*) in eine Schublade stecken

'**pigeon-toed** *adj* mit einwärtsgerichteten Füßen *nach n;* ■**to be** ~ über den großen Onkel gehen *veraltend fam*

piggish ['pɪg·ɪʃ] *adj* (*pej*) *behavior, manners* schweinisch; *appetite* verfressen

piggy ['pɪg·i] *n* (*fam or childspeak*) Schweinchen *nt*

'**piggyback I.** *n* **to give sb a** ~ [**ride**] jdn huckepack nehmen **II.** *vi* huckepack machen

'**piggy bank** *n* Sparschwein *nt*, Sparbüchse *f; for collection* Sammelbüchse *f*

pig'headed *adj* (*pej*) stur, starrköpfig

'**pig iron** *n* Roheisen *nt*

piglet ['pɪg·lɪt] *n* Ferkel *nt*

pigment ['pɪg·mənt] *n* Pigment *nt*

pigmentation [ˌpɪg·men·'teɪ·ʃən] *n* Pigmentation *f*

Pigmy ['pɪg·mi] *n, adj see* **Pygmy**

'**pigskin I.** *n* ❶(*hide*) Schweinshaut *f* ❷(*leather*) Schweinsleder *nt* ❸SPORTS (*fam*) Leder *nt* (*Ball beim American Football*) **II.** *adj bag, belt etc.* Schweinsleder-, schweinsledern

'**pigsty** *n* (*pej, a. fig*) Schweinestall *m*, Saustall *m pej sl*

'**pigtail** *n* Zopf *m*

pike¹ [paɪk] *n* MIL, HIST (*weapon*) Spieß *m*, Pike *f*

pike² [paɪk] *n* ZOOL Hecht *m*

pike³ [paɪk] *n short for* **turnpike** Mautstraße *f* ▶ PHRASES: **sth comes down the** ~ etw kommt auf uns zu; **it looks like there's a whole lot of trouble coming down the** ~ es sieht so aus, als ob da gewaltig Ärger auf uns zukommt

pile¹ [paɪl] **I.** *n* ❶(*stack*) Stapel *m;* (*fam: heap*) Haufen *m* ❷(*fam: accumulation*) *of trouble, work* Menge *f* ❸(*sl: fortune*) Vermögen *nt* **II.** *vt* stapeln (**on**|**to**) auf +*dat* **III.** *vi* (*fam*) **to** ~ **on to the bus** sich in den Bus reindrücken ◆**pile in** *vi* in etw *akk* [hinein]strömen; (*forcefully*) sich in etw *akk* [hinein]drängen ◆**pile on** *vt* anhäufen; **you're really piling on the compliments tonight** du bist ja heute Abend so großzügig mit Komplimenten *hum* ◆**pile up I.** *vi debts, problems* sich anhäufen; (*get more frequent*) sich häufen **II.** *vt* anhäufen

pile² [paɪl] *n* ARCHIT Pfahl *m*

pile³ [paɪl] *n* (*fabric surface*) Flor *m*

'**pile driver** *n* Ramme *f fachspr*

piles [paɪlz] *npl* (*fam*) *see* **hemorrhoids**

'**pile-up** *n* ❶(*fam: crash*) Massenkarambolage *f* ❷(*accumulation*) Anhäufung *f*, Berg *m fig*

pilfer ['pɪl·fər] *vt, vi* klauen

pilgrim ['pɪl·grɪm] *n* Pilger(in) *m(f)*

pilgrimage ['pɪl·grə·mɪdʒ] *n* REL Pilgerfahrt *f;* (*esp Christian*) Wallfahrt *f* (**to** nach +*dat*)

pill [pɪl] *n* ❶(*tablet*) Tablette *f* ❷(*contraceptive*) ■**the** ~ die Pille; **to be on the** ~ die Pille nehmen

pillage ['pɪl·ɪdʒ] **I.** *vt, vi* (*form*) plündern **II.** *n* (*form*) Plündern *nt*

pillar ['pɪl·ər] *n* ❶(*column*) Pfeiler *m*, Säule *f* ❷(*fig: mainstay*) Stütze *f*

'**pillbox** *n* ❶(*for tablets*) Pillendose *f* ❷(*hat*) Pillbox *f o m fachspr*

pillory ['pɪl·ə·ri] **I.** *vt* <-ie-> an den Pranger stellen *a. fig* **II.** *n* Pranger *m*

pillow ['pɪl·ou] **I.** *n* ❶(*for bed*) [Kopf]kissen *nt* ❷(*decorative cushion*) Kissen *nt* **II.** *vt* **to** ~ **one's head on sth** seinen Kopf auf etw *akk* legen

'**pillowcase** *n* [Kopf]kissenbezug *m*

pilot ['paɪ·lət] **I.** *n* ❶AVIAT Pilot(in) *m(f);* NAUT Lotse, -in *m, f* ❷TV Pilotfilm *m* ❸TECH (*pilot light*) Zündflamme *f* **II.** *vt* ❶AVIAT, NAUT *aircraft* fliegen; *ship* lotsen ❷(*fig: guide*) durchbringen **III.** *adj usu attr, inv* Pilot-; **a** ~ **test** ein erster Test

pilot lamp *n* Kontrolllampe *f*

'**pilot light** *n* ❶(*flame*) Zündflamme *f* ❷ *see*

pilot lamp
'**pilot program** n Testreihe f; (model project) Pilotprojekt nt
'**pilot's license** n Pilotenschein m
pimento [pɪ'men·toʊ], **pimiento** [pɪ'mjen·toʊ] n ❶ (sweet red pepper) [rote] Paprika ❷ (spice) Piment m o nt
pimp [pɪmp] I. n Zuhälter m II. vi als Zuhälter arbeiten; ■to ~ for sb jds Zuhälter m sein
pimple ['pɪm·pəl] n Pickel m; (pustule) Pustel f
pimply ['pɪm·pli] adj pickelig
pin [pɪn] I. n ❶ (sharp object) Nadel f ❷ (for clothing) [Ansteck]nadel f; (brooch) Brosche f II. vt <-nn-> ❶ (attach with pin) befestigen ([up]on/[on]to an +dat) ❷ (hold firmly) to ~ sb to the floor jdn auf den Boden drücken; to be ~ned behind the steering wheel hinter dem Lenkrad eingeklemmt sein ❸ (attach blame unfairly) ■to ~ sth on sb etw auf jdn schieben
◆**pin down** vt ❶ (define exactly) genau definieren; (locate precisely) genau bestimmen ❷ (make decide) ■to ~ down ↻ sb [to sth] jdn [auf etw akk] festnageln ❸ (hold fast) ■to ~ down ↻ sb jdn fest halten
◆**pin up** vt anstecken; hair hochstecken; to ~ up pictures Bilder an die Wand hängen
PIN [pɪn] n abbrev of **personal identification number** PIN
pinafore ['pɪn·ə·fɔr] n [große] Schürze
'**pinball** n Flipper m
pincer ['pɪn·sər] n ❶ usu pl ZOOL Schere f, Zange f ❷ (tool) ■~ s pl [Kneif]zange f, [Beiß]zange f
pinch [pɪntʃ] I. vt ❶ (nip) kneifen, zwicken BES. SÜDD, ÖSTERR; (squeeze) quetschen ❷ (sl: steal) klauen II. vi kneifen, zwicken; boots, shoes, slippers drücken III. n <pl -es> ❶ (nip) Kneifen nt, Zwicken nt ❷ (small quantity) Prise f; a ~ of sugar eine Prise Zucker ▸ PHRASES: to take sth with a ~ of salt etw mit Vorsicht genießen
pinched [pɪntʃt] adj verhärmt
pinch-'hit vi ❶ SPORT einspringen ❷ (fig) ■to ~ for sb für jdn einspringen
pinch 'hitter n ❶ SPORT Ersatzspieler(in) m(f) ❷ (fig) Ersatz m, Lückenbüßer(in) m(f)
'**pincushion** n Nadelkissen nt
pine[1] [paɪn] I. n ❶ (tree) Kiefer f ❷ (wood) Kiefer f, Kiefernholz nt II. adj board, chair, table aus Kiefer[nholz] nach n
pine[2] [paɪn] vi sich sehnen (for nach +dat)
pineapple ['paɪn·æp·əl] n Ananas f
'**pinecone** n Kiefernzapfen m
'**pine needle** n Kiefernnadel f
ping [pɪŋ] I. n ❶ (sound) [kurzes] Klingeln ❷ AUTO **engine** ~ Motorklingeln nt II. vi ❶ (make sound) [kurz] klingeln; glass klirren; (click) klicken ❷ AUTO engine klingeln
Ping-Pong ['pɪŋ·ˌpaŋ] n (fam) Tischtennis nt, Pingpong nt
'**pinhead** n ❶ (of pin) Stecknadelkopf m ❷ (pej fam: simpleton) Blödmann m

pinion ['pɪn·jən] n TECH Ritzel nt
pink [pɪŋk] I. n Rosa nt, Pink nt II. adj (pale red) rosa, pink; cheeks rosig
pinkie ['pɪŋ·ki] n (fam) kleiner Finger
pinking shears ['pɪŋ·kɪŋ-] npl Zickzackschere f
pink slip n (fam) ❶ (notice) Kündigung f ❷ AUTO (ownership document) Kraftfahrzeugbrief m
pinnacle ['pɪn·ə·kəl] n ❶ usu pl of a mountain Berggipfel m ❷ ARCHIT (on a building) Fiale f fachspr ❸ usu sing (culmination) of a career Höhepunkt m
'**pinpoint** I. vt [genau] feststellen II. adj attr, inv sehr genau, haargenau; ~ **accuracy** hohe Genauigkeit; of missile, shot hohe Zielgenauigkeit III. n winziger Punkt
'**pinprick** n Nadelstich m
'**pinstripe** n (pattern) Nadelstreifen m
pint [paɪnt] n Pint nt (0,473 l)
'**pintsize(d)** adj (fam) winzig; (fig) unbedeutend
'**pinup** n ❶ (picture) [Star]poster nt o m ❷ (fam: person) he's the latest teenage ~ er ist der neueste Teenagerschwarm
pioneer [ˌpaɪ·ə·'nɪr] I. n Pionier(in) m(f) II. vt den Weg bereiten (für +akk)
pioneering [ˌpaɪ·ə·'nɪr·ɪŋ] adj bahnbrechend; (innovative) innovativ
pious ['paɪ·əs] adj ❶ REL (devout) fromm ❷ (commendable) gut gemeint
pip [pɪp] n ❶ (on playing card) Farbe f ❷ HORT Kern m
pipe [paɪp] I. n ❶ TECH (tube) Rohr nt; (small tube) Röhre f; for gas, water Leitung f ❷ (for smoking) Pfeife f ❸ MUS (instrument) Flöte f; (in organ) [Orgel]pfeife f II. vt ❶ (transport) gas, oil, water leiten ❷ (speak shrilly) piepsen; (loudly) kreischen III. vi piepsen; esp women zwitschern oft hum; (loudly) kreischen
◆**pipe down** vi (fam: be quiet) den Mund halten; (be quieter) leiser sein
◆**pipe up** vi den Mund aufmachen
'**pipe cleaner** n Pfeifenreiniger m
'**pipeline** n Pipeline f; in the ~ (fig) in Planung
piper ['paɪ·pər] n Dudelsackspieler(in) m(f)
piping ['paɪ·pɪŋ] I. n Paspel f; (on furniture) Kordel f; FOOD Spritzgussverzierung f II. adv ~ **hot** kochend heiß
piquant ['pi·kənt] adj pikant; (fig: stimulating) interessant
pique [pik] I. n Ärger m II. vt verärgern; to ~ sb's **curiosity** jds Neugier f wecken
piracy ['paɪ·rə·si] n ❶ (at sea) Piraterie f, Seeräuberei f, Freibeuterei f ❷ (of copyrights) Raubkopieren nt; **video** ~ Videopiraterie f
pirate ['paɪ·rət] I. n ❶ (buccaneer) Pirat(in) m(f), Seeräuber(in) m(f) ❷ (plagiarizer) Raubkopierer(in) m(f) II. adj attr, inv video, CD raubkopiert III. vt eine Raubkopie machen (von +dat)
pirouette [ˌpɪr·u·'et] I. n Pirouette f II. vi eine Pirouette drehen

Pisces <*pl* -> ['par·siz] *n* ASTROL ❶ (*sign*) Fische *pl* ❷ (*person*) Fisch *m*

piss [pɪs] (*vulg*) I. *n* ❶ (*urine*) Pisse *f derb* ❷ *usu sing* (*action*) Pinkeln *nt fam;* **to take a ~** schiffen *derb* II. *vi* pinkeln *fam* III. *vt* ▪**to ~ oneself** in die Hose machen

pissed [pɪst] *adj* (*vulg*) |stink|sauer

pissed off [pɪst·ɔf] *adj* ▪**to be ~ at sb** auf jdn sauer sein

pistachio [pɪ·'stæʃ·i·oʊ] *n* Pistazie *f*

pistol ['pɪs·təl] *n* Pistole *f*

piston ['pɪs·tən] *n* Kolben *m*

pit[1] [pɪt] I. *n* ❶ (*hole in ground*) Grube *f* ❷ (*mine*) Bergwerk *nt* ❸ (*scar*) Narbe *f;* TECH (*hollow*) Loch *nt;* MED (*in body*) Grube *f,* Höhle *f* ❹ MUS (*orchestral area*) Orchestergraben *m* ❺ SPORTS ▪**the ~s** *pl* die Boxen *pl* ❻ (*sl: the worst*) ▪**the ~s** *pl* das Allerletzte II. *vt* <-tt-> ❶ *usu passive* (*marked*) ▪**sth is ~ted** [**with sth**] etw ist [von etw *dat*] zerfurcht ❷ (*place in competition*) ▪**to ~ sb/sth against sb/sth products** etw/jdn gegen etw/jdn ins Rennen schicken; ▪**to ~ oneself against sb/sth** sich mit jdm/etw messen

pit[2] [pɪt] FOOD I. *n* Kern *m* II. *vt* <-tt-> entkernen

pita, pita bread ['pi·ṭə-] *n* Pitabrot *nt*

pitch[1] [pɪtʃ] I. *n* <*pl* -es> ❶ (*delivery from pitcher*) Pitch *m,* Wurf *m* ❷ (*tone*) Tonhöhe *f;* (*of a voice*) Stimmlage *f;* (*of an instrument*) Tonlage *f;* (*volume*) Lautstärke *f* ❸ (*persuasion*) |sales| ~ [Verkaufs]sprüche *pl a. pej fam* ❹ (*slope*) Schräge *f,* Neigung *f* II. *vt* ❶ (*throw*) pitchen, werfen ❷ (*set up*) aufstellen; *tent* aufschlagen ❸ MUS *instrument* stimmen; *song* anstimmen; *note* treffen ❹ (*target*) ▪**to ~ sth at sb** etw auf jdn ausrichten; ▪**to be ~ed at sb** *book, film* sich an jdn richten ❺ (*set*) ▪**to ~ sth at a certain level** etw auf einem bestimmten Niveau ansiedeln ❻ *usu passive* (*slope*) **to be ~ed at 30°** eine Neigung von 30° haben III. *vi* ❶ SPORTS (*in baseball*) pitchen, werfen ❷ (*oscillate*) *ship* stampfen *fachspr;* AVIAT absacken ◆**pitch in** *vi* (*fam: contribute*) mit anpacken; (*financially*) zusammenlegen

pitch[2] [pɪtʃ] *n* (*sticky substance*) Pech *nt*

'**pitch-black** *adj inv* pechschwarz

pitcher[1] ['pɪtʃ·ər] *n* SPORTS (*in baseball*) Pitcher(in) *m(f) fachspr*

pitcher[2] ['pɪtʃ·ər] *n* (*jug*) [Henkel]krug *m*

'**pitchfork** *n* (*for hay*) Heugabel *f;* (*for manure*) Mistgabel *f*

'**pitfall** *n usu pl* Falle *f; of a subject* Hauptschwierigkeit *f*

pith [pɪθ] *n* ❶ (*of orange, grapefruit, etc.*) weiße Innenhaut ❷ (*in plants*) Mark *nt*

pithy ['pɪθ·i] *adj* ❶ (*succinct*) prägnant ❷ (*of citrus fruits*) dickschalig

pitiable ['pɪt·i·ə·bəl] *adj* ❶ (*arousing pity*) bemitleidenswert; (*terrible*) schrecklich ❷ (*pathetic*) lächerlich

pitiful ['pɪt·ɪ·fəl] *adj* ❶ (*arousing pity*) bemitleidenswert; *conditions etc.* schrecklich; *sight*

traurig ❷ (*unsatisfactory*) jämmerlich

pitiless ['pɪt·ɪ·lɪs] *adj* erbarmungslos, unbarmherzig

'**pit stop** *n* ❶ AUTO Boxenstopp *m* ❷ *usu sing* (*hum: journey break*) Reiseunterbrechung *f*

pittance ['pɪt·əns] *n usu sing* (*pej*) Hungerslohn *m*

pituitary, pituitary gland [pɪ·'tu·ɪ·ter·i-] *n* ANAT Hirnanhangsdrüse *f*

pity ['pɪṭ·i] I. *n* ❶ (*compassion*) Mitleid *nt;* **to feel ~ for sb** mit jdm Mitleid haben ❷ (*shame*) **what a ~!** wie schade!; ▪**to be a ~** schade sein II. *vt* <-ie-> Mitleid haben (mit +*dat*)

pitying ['pɪt·i·ɪŋ] *adj* mitleidig; (*condescending*) herablassend

pivot ['pɪv·ət] I. *n* ❶ MECH, TECH (*shaft*) [Dreh]zapfen *m* ❷ (*fig: focal point*) Dreh- und Angelpunkt *m* II. *vi* ▪**to ~ around sth** ❶ (*a. fig: revolve*) kreisen (um +*akk*) ❷ (*fig: depend on*) abhängen (von +*dat*)

pivotal ['pɪv·ə·ṭəl] *adj* Schlüssel-, Haupt-

pixel ['pɪk·səl] *n* Pixel *nt fachspr*

pixie ['pɪk·si] *n* Kobold *m*

pizza ['pit·sə] *n* Pizza *nt*

placard ['plæk·ard] *n* Plakat *nt;* (*at demonstrations a.*) Transparent *nt*

placate ['pleɪ·keɪt] *vt* (*soothe*) beruhigen; (*appease*) beschwichtigen

place [pleɪs] I. *n* ❶ (*location*) Ort *m;* **this is the exact ~!** das ist genau die Stelle!; **this café is a nice ~** dieses Café ist echt nett *fam;* **~ of birth** Geburtsort *m;* **~ of work** Arbeitsplatz *m;* **in ~s** stellenweise ❷ (*home*) **I'm looking for a ~ to live** ich bin auf Wohnungssuche; **your ~ or mine?** zu dir oder zu mir? ❸ (*fig: position, rank*) Stellung *f;* **to put sb in his/her ~** jdm zeigen, wo es lang geht *fam;* **if I were in your ~ ...** ich an deiner Stelle ..., wenn ich du wäre ... ❹ (*proper position*) ▪**to be in ~** an seinem Platz sein; (*fig: completed*) fertig sein; *arrangements* abgeschlossen; **the chairs were all in ~** die Stühle waren alle dort, wo sie sein sollten; **suddenly it all fell into ~** (*fig*) plötzlich machte alles Sinn; **to be out of ~** nicht an der richtigen Stelle sein; *person* fehl am Platz[e] sein ❺ MATH (*in decimals*) Stelle *f* ❻ (*job, position*) Stelle *f;* (*seat, on team*) Platz *m;* **to take the ~ of sb** jds Platz *m* einnehmen; **to keep sb's ~** jdm den Platz freihalten ❼ (*ranking*) Platz *m,* Position *f;* **to take first ~** (*fig*) an erster Stelle kommen ▶ PHRASES: **in the first ~** (*at first*) zuerst; (*at all*) überhaupt; **in the first/second ~** (*firstly, secondly*) erstens/zweitens; **to go ~s** (*fam*) weit kommen, es zu etw *dat* bringen; **to take ~** stattfinden II. *vt* ❶ (*position*) ▪**to ~ sth somewhere** etw irgendwohin stellen; (*lay*) etw irgendwohin legen; **to ~ an ad in the paper** eine Anzeige in die Zeitung setzen; **to ~ a bet on sth** auf etw *akk* wetten ❷ (*impose*) *embargo* verhängen (**on** über +*akk*); **to ~ a limit on sth** etw begrenzen ❸ (*ascribe*) **to ~**

the blame on sb jdm die Schuld geben; to ~ one's faith in sb/sth sein Vertrauen in jdn/etw setzen; to ~ importance on sth auf etw *akk* Wert legen ❹ (*put in certain condition*) to ~ sb under arrest jdn festnehmen; to ~ sb under surveillance jdn unter Beobachtung stellen ❺ (*appoint to a position*) to ~ sb in charge [of sth] jdm die Leitung [von etw *dat*] übertragen ❻ (*accommodate*) ▪to ~ sb/sth somewhere jdn/etw irgendwo unterbringen [*o* SCHWEIZ platzieren] ❼ (*recognize*) face, person, voice, accent einordnen III. *vi* SPORTS sich platzieren; (*finish first or second*) to bet [a horse] to ~ eine Platzwette abschließen

placebo [plə-'si-boʊ] *n* MED Placebo *nt*; (*fig*) Ablenkungsmanöver *nt*

'place kick *n* SPORTS Place-Kick *m*, Platzkick *m*

'place mat *n* Set *nt o m*, Platzdeckchen *nt*

placement ['pleɪs·mənt] I. *n* ❶ (*being placed*) Platzierung *f*; *of building* Lage *f* ❷ (*by job service*) Vermittlung *f*; (*job itself*) Stelle *f* II. *adj attr, inv* Einstufungs-; ~ **service** Stellenvermittlung *f*

'place name *n* Ortsname *m*

placenta <*pl* -s *or* -tae> [plə-'sen·tə] *n* Plazenta *f*

placid ['plæs·ɪd] *adj* ruhig, friedlich; *person a.* gelassen

plagiarism ['pleɪ·dʒə·rɪz·əm] *n* geistiger Diebstahl

plagiarize ['pleɪ·dʒə·raɪz] I. *vt* ▪to ~ sth etw plagieren *form* II. *vi* abschreiben (**from** aus +*dat*)

plague [pleɪg] I. *n* ❶ (*disease*) Seuche *f*; ▪the ~ die Pest; to avoid sb/sth like the ~ jdn/etw wie die Pest meiden ❷ *of insects* Plage *f* II. *vt* bedrängen; (*irritate*) ärgern; ▪to be ~d with sth von etw *dat* geplagt werden

plaice <*pl* -> [pleɪs] *n* Doggerscharbe *f*

plaid [plæd] I. *n* FASHION Schottenmuster *nt* II. *adj attr, inv* kariert

plain [pleɪn] I. *adj* ❶ (*simple, uncomplicated*) einfach; (*not flavored*) natur *nach n*; ~ and simple ganz einfach ❷ (*clear*) klar, offensichtlich; to make sth ~ etw klarstellen; to make oneself plain sich klar ausdrücken ❸ (*unattractive*) unscheinbar II. *adv* ❶ (*simply*) ohne großen Aufwand ❷ (*fam: downright*) einfach III. *n* GEOG Ebene *f*

'plainclothes *adj attr, inv* Zivil-, in Zivil

plainly ['pleɪn·li] *adv* ❶ (*simply*) einfach, schlicht ❷ (*clearly*) deutlich, klar; (*obviously*) offensichtlich

plainness ['pleɪn·nɪs] *n* ❶ (*simplicity*) Einfachheit *f*, Schlichtheit *f* ❷ (*obviousness*) Eindeutigkeit *f*, Klarheit *f* ❸ (*unattractiveness*) Unscheinbarkeit *f*, Unansehnlichkeit *f*

plain 'sailing *n* (*fig*) ▪to be ~ wie geschmiert laufen *fam*

plain'spoken *adj* he's very ~ er ist sehr direkt

plaintiff ['pleɪn·tɪf] *n* Kläger(in) *m(f)*

plaintive ['pleɪn·tɪv] *adj* klagend; (*wistful*) melancholisch; *voice* traurig

plan [plæn] I. *n* ❶ *a.* ECON (*detailed scheme*) Plan *m*; to go according to ~ wie geplant verlaufen ❷ (*intention*) Plan *m*, Absicht *f*; what are your ~s for this weekend? was hast du dieses Wochenende vor? ❸ (*diagram*) Plan *m*; (*drawing*) ▪~s *pl* Pläne *pl* II. *vt* <-nn-> ❶ (*draft, envisage*) planen ❷ (*prepare*) vorbereiten ❸ (*intend*) vorhaben III. *vi* ❶ (*prepare*) planen; to ~ for retirement Vorkehrungen für das Rentenalter treffen ❷ ▪to ~ on sth (*expect*) mit etw *dat* rechnen; (*intend*) etw vorhaben

plane¹ [pleɪn] I. *n* ❶ (*aircraft*) Flugzeug *nt*; by ~ mit dem Flugzeug ❷ MATH Ebene *f* ❸ (*surface*) Fläche *f* ❹ (*level*) Ebene *f*, Niveau *nt* II. *adj attr, inv* flach, eben

plane² [pleɪn] I. *n* Hobel *m* II. *vt* hobeln; (*until smooth*) abhobeln

plane³ [pleɪn] *n* (*tree*) Platane *f*

'plane crash *n* Flugzeugunglück *nt*

planet ['plæn·ɪt] *n* Planet *m*; to be from a different ~ (*fig*) aus einer anderen Welt sein

planetary ['plæn·ɪ·ter·i] *adj inv* planetarisch *geh*

plank [plæŋk] *n* ❶ (*timber*) Brett *nt*, Latte *f*; (*in house*) Diele *f*; NAUT Planke *f* ❷ (*fig: support element*) Pfeiler *m*

plankton ['plæŋk·tən] *n* Plankton *nt*

planner ['plæ·nər] *n* Planer(in) *m(f)*

planning ['plæ·nɪŋ] I. *n* Planung *f* II. *adj* Planungs-; in the ~ stage[s] in der Planung[sphase]

plant [plænt] I. *n* ❶ (*organism*) Pflanze *f*; house ~ Zimmerpflanze *f* ❷ (*factory*) Werk *nt*, Betrieb *m* ❸ (*machinery*) Maschinen *pl* II. *vt* ❶ (*put in earth*) pflanzen ❷ (*lodge*) platzieren; to ~ oneself on the sofa (*fam*) sich aufs Sofa pflanzen ❸ (*fam: frame*) [heimlich] platzieren; ▪to ~ sth on sb jdm etw unterschieben

plantain ['plæn·tɪn] *n* FOOD, BOT Kochbanane *f*

plantation [plæn·'teɪ·ʃən] *n* ❶ (*estate*) Plantage *f* ❷ (*plants*) Pflanzung *f*; (*trees*) Schonung *f*

planter ['plæn·tər] *n* ❶ (*plantation owner*) Pflanzer(in) *m(f)* ❷ (*container*) Blumentopf *m*; (*stand*) Blumenständer *m* ❸ (*machine*) Pflanzmaschine *f*; (*for sowing*) Sämaschine *f*

plaque [plæk] *n* ❶ (*plate*) Tafel *f*; brass ~ Messingschild *nt*; commemorative ~ Gedenktafel *f* ❷ MED [Zahn]belag *m*

plasma ['plæz·mə] I. *n* MED, PHYS, ASTRON Plasma *nt* II. *adj cell, donation, donor* Plasma-

plaster ['plæs·tər] I. *n* ❶ ARCHIT [Ver]putz *m* ❷ *see* plaster of Paris II. *vt* ❶ (*mortar*) verputzen; the rain had ~ed her hair to her head (*fig*) durch den Regen klebte ihr das Haar am Kopf ❷ (*fam: put all over*) vollkleistern

'plaster cast *n* ❶ ART Gipsabguss *m* ❷ *see* cast I. 3

plastered ['plæs·tərd] *adj pred* (*fam*) stockbesoffen; to get ~ sich zusaufen

plaster of 'Paris *n* Gips *m*

plastic ['plæs·tɪk] **I.** *n* ❶ (*material*) Plastik *nt kein pl* ❷ (*industry*) ■~**s** *pl* Kunststoffindustrie *f* ❸ (*fam: credit cards*) Plastikgeld *nt* **II.** *adj* ❶ *inv* (*of plastic*) Plastik- ❷ (*pej: artificial*) künstlich; (*false a.*) unecht; *smile* aufgesetzt ❸ (*malleable*) formbar

plastic 'bag *n* Plastiktüte *f*

plastic 'bullet *n* Gummigeschoss *nt*

plastic ex'plosive *n* Plastiksprengstoff *m*

plastic 'money *n* Plastikgeld *nt fam*

plastic 'surgery *n* Schönheitschirurgie *f*

'plastic wrap *n* Frischhaltefolie *f*

plate [pleɪt] **I.** *n* ❶ (*dish*) Teller *m* ❷ (*metal layer*) Überzug *m;* **chrome** ~ Verchromung *f;* **gold** ~ Vergoldung *f* ❸ AUTO **license** ~ Nummernschild *nt* **II.** *vt* überziehen

plateau <*pl* -s *or* -x> [plæ·'toʊ] *n* ❶ GEOG (*upland*) [Hoch]plateau *nt* ❷ ECON (*flat period*) Stagnation *f;* (*stabilization*) Stabilisierung *f;* **to reach a** ~ stagnieren

plated ['pleɪ·ṭɪd] *adj inv* überzogen; ~ **with chrome/gold/silver** verchromt/vergoldet/versilbert

plateful ['pleɪt·fʊl] *n* Teller *m;* **a** ~ **of lasagna** ein Teller *m* [voll] Lasagne

plate 'glass *n* Flachglas *nt fachspr*

platform ['plæt·fɔrm] *n* ❶ (*elevated area*) Plattform *f;* (*raised structure*) Turm *m* ❷ RAIL Bahnsteig *m* ❸ (*stage*) Podium *nt* ❹ (*opportunity to voice views*) Plattform *f*

platform 'shoes *npl* Plateauschuhe *pl*

plating ['pleɪ·tɪŋ] *n* Überzug *m;* **chrome/gold/silver** ~ Verchromung/Vergoldung/Versilberung *f*

platinum ['plæt·nəm] *n* Platin *nt*

platitude ['plæt·ɪ·tud] *n* (*pej*) Plattitüde *f geh*

platonic [plə·'tan·ɪk] *adj* platonisch

platoon [plə·'tun] *n* MIL Zug *m*

platter ['plæt·ər] *n* ❶ (*serving dish*) Platte *f* ❷ (*meal*) Platte *f;* (*main course*) Teller *m;* **seafood** ~ Meeresfrüchteplatte

plausibility [ˌplɔ·zə·'bɪl·ɪ·ṭi] *n* Plausibilität *f; of an argument* Schlagkraft *f*

plausible ['plɔ·zə·bəl] *adj* plausibel; *person* glaubhaft

play [pleɪ] **I.** *n* ❶ (*recreation*) Spiel *nt;* **to be at** ~ spielen ❷ SPORTS (*action during game*) Spiel *nt* ❸ SPORTS (*move*) Spielzug *m* ❹ THEAT [Theater]stück *nt;* **radio** ~ Hörspiel *nt* ❺ (*space for movement*) Spielraum *m* **II.** *vi* ❶ MUS, SPORTS spielen; **to** ~ **for money** um Geld spielen ❷ THEAT *actor* spielen ❸ (*move*) **a smile** ~**ed across his lips** ein Lächeln spielte um seine Lippen ▶ PHRASES: **to** ~ **for** time versuchen, Zeit zu gewinnen **III.** *vt* ❶ (*take part in*) spielen; **to** ~ **cards** Karten spielen ❷ (*compete against*) ■**to** ~ **sb** gegen jdn spielen ❸ MUS spielen; **to** ~ **the violin** Geige spielen ❹ *CD, tape* [ab]spielen; **to** ~ **one's stereo** seine Anlage anhaben ❺ MUS, THEAT **to** ~ **a part** eine Rolle spielen ❻ (*pretend to be*) **to** ~ **cowboys and indians** Cowboy und Indianer spielen

❼ (*gamble*) **to** ~ **the stock market** an der Börse spekulieren ❽ (*perpetrate*) **to** ~ **a trick on sb** jdn hochnehmen *fig fam;* (*practical joke*) [jdm] einen Streich spielen ❾ (*execute*) **to** ~ **a shot** schießen; (*in pool*) stoßen; ■**to** ~ **the ball** den Ball spielen ▶ PHRASES: **to** ~ **ball** (*sl*) mitspielen *fam;* **to** ~ **one's cards right** geschickt taktieren; **to** ~ **havoc with sth** etw durcheinanderbringen; **to** ~ **dumb** sich taub stellen; **to** ~ **it safe** auf Nummer sicher gehen

◆**play along** *vi* **to** ~ **along with sth** etw [zum Schein] mitmachen

◆**play around** *vi* ❶ (*mess around*) *children* spielen; **stop** ~**ing around!** hör mir dem Blödsinn auf! *fam* ❷ (*pej fam: pretend to be attracted to*) ■**to** ~ **around with sb** mit jdm [herum]spielen ❸ (*experiment*) ■**to** ~ **around with sth** mit etw *dat* [herum]spielen; (*try out*) etw ausprobieren; **to** ~ **around with ideas** etw in Gedanken durchspielen

◆**play back** *vt* noch einmal abspielen

◆**play down** *vt* herunterspielen

◆**play off** *vt* ■**to** ~ **off** ↻ **sb against sb** jdn gegen jdn ausspielen

◆**play on** *vi* ❶ (*exploit*) ■**to** ~ **on sth** etw ausnutzen ❷ MUS, SPORTS (*keep playing*) weiterspielen

◆**play out** **I.** *vt* ❶ *usu passive* (*take place*) ■**to be** ~**ed out** *scene* sich abspielen ❷ (*act out*) umsetzen ❸ (*play to end*) *a play, scene* [zu Ende] spielen; **to** ~ **out the last few seconds** SPORTS die letzten Sekunden spielen **II.** *vi* zu Ende spielen

◆**play through** *vt* MUS [von Anfang bis Ende] [durch]spielen; **to** ~ **through a series of pieces** eine Reihe von Stücken spielen

◆**play up** **I.** *vt* hochspielen **II.** *vi* (*fam*) ■**to** ~ **up to sb** bei jdm einschmeicheln

◆**play upon** *vi* (*form*) *see* **play on**

◆**play with** **I.** *vi* ❶ (*entertain oneself with*) ■**to** ~ **with sth** mit etw *dat* spielen ❷ (*play together*) ■**to** ~ **with sb** mit jdm spielen ❸ (*manipulate nervously*) ■**to** ~ **with sth** mit etw *dat* herumspielen *fam* ❹ (*consider*) **to** ~ **with an idea** mit einem Gedanken spielen **II.** *vt* (*vulg, fam*) ■**to** ~ **with oneself** an sich *dat* herumspielen

'playback *n* ❶ (*pre-recorded version*) Playback *nt* ❷ (*replaying*) Wiederholung *f* einer Aufnahme

'playbill *n* ❶ (*poster*) Theaterplakat *nt* ❷ (*program*) Theaterprogramm *nt*

'playboy *n* (*usu pej*) Playboy *m*

player ['pleɪ·ər] *n* ❶ SPORTS Spieler(in) *m(f);* **baseball** ~ Baseballspieler(in) *m(f)* ❷ (*musical performer*) Spieler(in) *m(f);* **cello** ~ Cellist(in) *m(f)* ❸ (*playback machine*) **CD** ~ CD-Player *m* ❹ POL (*participant*) ■**to be a** ~ eine Rolle spielen; **a key** ~ Schlüsselfigur *f* ❺ (*sl: cool person*) Hecht *m sl*

playful ['pleɪ·fəl] *adj* ❶ (*not serious*) spielerisch, scherzhaft ❷ (*frolicsome*) verspielt; **he was in a** ~ **mood** er war zum Spielen/Scher-

zen aufgelegt
'playground *n* Spielplatz *m*
'playhouse *n* ❶ (*theater*) Theater *nt* ❷ (*toy house*) Spielhaus *nt* (*für Kinder*)
playing card ['pleɪ·ɪŋ-] *n* Spielkarte *f*
playing field ['pleɪ·ɪŋ-] *n* Sportplatz *m*, [Spiel]feld *nt*
'playmate *n* (*for child*) Spielkamerad(in) *m(f)*
'playoff I. *n* Play-off *nt* II. *adj* ~ **game** Playoff-Spiel *nt*, Entscheidungsspiel *nt*
'playpen *n* Laufstall *m*
'playroom *n* Spielzimmer *nt*
'playsuit *n* Spielanzug *m*
'plaything *n* ❶ (*toy*) Spielzeug *nt* ❷ (*pej*) *of force, power* Spielball *m fig;* **to treat sb as a** ~ jdn wie eine Sache behandeln
'playtime *n* (*in school*) Pause *f*
'playwright *n* Dramatiker(in) *m(f)*
plaza ['plɑ·zə] *n* ❶ (*open square*) Marktplatz *m* ❷ (*for shopping*) |**shopping**| ~ Einkaufszentrum *nt*
plea [pliː] *n* ❶ (*appeal*) Appell *m;* (*entreaty*) [flehentliche] Bitte; **to make a** ~ **for mercy** um Gnade bitten ❷ LAW [Sach]einwand *m;* **to enter a** ~ eine Einrede erheben
'plea bargaining *n* LAW *Vereinbarung zwischen Staatsanwalt und Angeklagtem, der sich zu einem geringeren Straftatbestand bekennen soll*
plead <pleaded *or* pled, pleaded *or* pled> [pliːd] I. *vi* ❶ (*implore*) [flehentlich] bitten, flehen; **to** ~ **for forgiveness** um Verzeihung bitten; ■**to** ~ **with sb** [**to do sth**] jdn anflehen [, etw zu tun] ❷ LAW (*as advocate*) plädieren; (*speak for*) ■**to** ~ **for sb** jdn verteidigen ❸ + *adj* LAW (*answer charge*) **to** ~ **guilty** sich schuldig bekennen II. *vt* ❶ (*claim*) behaupten; **to** ~ **ignorance** sich auf Unkenntnis berufen; **to** ~ **insanity** LAW auf Unzurechnungsfähigkeit plädieren ❷ (*argue for*) **to** ~ **a case** LAW eine Sache vor Gericht vertreten
pleading ['pliː·dɪŋ] *adj* flehend
pleasant ['plez·ənt] *adj* ❶ *day, experience* angenehm, schön; *chat, smile* nett ❷ (*friendly*) freundlich (**to** zu + *dat*), liebenswürdig
pleasantry ['plez·ən·tri] *n usu pl* Kompliment *nt*
please [pliːz] I. *interj* ❶ (*in requests*) bitte; ❷ (*when accepting sth*) ja, bitte; **more potatoes? —** ~ noch Kartoffeln? – gern; **may I ...? —** ~ **do** darf ich ...? – selbstverständlich II. *vt* (*make happy*) ■**to** ~ **sb** jdm gefallen; **I'll do it to** ~ **you** ich mache es nur dir zuliebe; **to be hard to** ~ schwer zufrieden zu stellen sein III. *vi* ❶ (*be agreeable*) **eager to** ~ [unbedingt] gefallen wollen ❷ (*wish*) **to do as one** ~**s** machen, was man möchte
pleased [pliːzd] *adj* ❶ (*happy*) froh, erfreut; (*content*) zufrieden; ■**to be** ~ **about sth** sich über etw *akk* freuen; ■**to be** ~ **that ...** froh sein, dass ... ❷ (*willing*) **I'm** ~ **to help** ich helfe wirklich gerne
pleasing ['pliː·zɪŋ] *adj* angenehm; **to be** ~ **to**

the ear hübsch klingen
pleasurable ['pleʒ·ər·ə·bəl] *adj* angenehm
pleasure ['pleʒ·ər] *n* ❶ (*enjoyment*) Freude *f*, Vergnügen *nt;* **to give sb** ~ jdm Freude bereiten; **to take** ~ **in doing sth** Vergnügen daran finden, etw *akk* zu tun ❷ (*source of enjoyment*) Freude *f;* **please don't mention it; it was a** ~ nicht der Rede wert, das habe ich doch gern getan
pleat [pliːt] *n* Falte *f*
pled [pled] *vi, vt pt, pp of* **plead**
pledge [pledʒ] I. *n* ❶ (*promise*) Versprechen *nt;* **to make a** ~ **that ...** geloben, dass ... ❷ (*token*) **a** ~ **of loyalty** ein Unterpfand *nt* der Treue ❸ (*promise of donation*) Spendenzusage *f* ❹ LAW (*deposit*) Pfand *nt* II. *vt* versprechen; **to** ~ **allegiance to one's country** den Treueid auf sein Land leisten
plentiful ['plen·tɪ·fəl] *adj* reichlich *präd;* ~ **supply** großes Angebot
plenty ['plen·ti] I. *n* (*form: abundance*) Reichtum *m;* **to live in** ~ im Überfluss leben II. *adv inv* (*fam*) **I'm** ~ **warm [enough]** mir ist warm genug, fast schon zu warm; ~ **more** noch viel mehr III. *pron* ❶ (*more than enough*) mehr als genug; **he's had** ~ **of opportunities to apologize** er hatte genügend Gelegenheiten, sich zu entschuldigen; ~ **of money/time** viel Geld/Zeit ❷ (*a lot*) genug; ~ **to see** viel zu sehen; **this car cost me** ~ (*fam*) dieses Auto hat mich eine Stange Geld gekostet
plethora ['pleθ·ər·ə] *n* ■**a** ~ **of sth** eine Fülle von etw *dat;* (*oversupply*) ein Übermaß *nt* an etw *dat*
pleurisy ['plʊr·ɪ·si] *n* MED Rippenfellentzündung *f*
pliable ['plaɪ·ə·bəl] *adj* biegsam; (*fig: easily influenced*) gefügig
pliers ['plaɪ·ərz] *npl* Zange *f;* **a pair of** ~ eine Zange
plight¹ [plaɪt] *n* Not[lage] *f*
plight² [plaɪt] *vt* **to** ~ **one's troth** (*hum dated: get engaged*) sich *dat* die Treue schwören *veraltet*
plod [plɑd] I. *n* Marsch *m* II. *vi* <-dd-> ❶ (*walk slowly*) stapfen ❷ (*work slowly*) ■**to** ~ **through sth** sich durch etw *akk* hindurcharbeiten
  ◆**plod away** *vi* vor sich *akk* hin arbeiten; **to** ~ **away at sth** etw [freudlos] tun; (*work hard*) schuften *pej fam*
plop [plɑp] I. *n* Platsch[er] *m fam;* **it fell into the water with a** ~ es platschte ins Wasser II. *vi* <-pp-> ❶ (*fall into liquid*) platschen *fam* ❷ (*drop heavily*) plumpsen *fam*
plot [plɑt] I. *n* ❶ (*conspiracy*) Verschwörung *f* (**against** gegen + *akk*); **to hatch a** ~ einen Plan aushecken ❷ LIT (*story line*) Handlung *f* ❸ (*of land*) Parzelle *f;* **vegetable** ~ Gemüsebeet *nt* II. *vt* <-tt-> ❶ (*conspire*) [im Geheimen] planen *a. hum* ❷ (*mark out*) [graphisch] darstellen III. *vi* <-tt-> ■**to** ~ **against sb/sth** sich gegen jdn/etw verschwören; ■**to** ~ **to do sth** (*a.*

P

hum) planen, etw zu tun
♦**plot out** *vt* ❶ *route* [grob] planen ❷ *scene, story* umreißen

plotter ['plɑt̬·ər] *n* ❶ (*conspirator*) Verschwörer(in) *m(f)* ❷ COMPUT Plotter *m*

plow [plaʊ] I. *n* Pflug *m* II. *vt* ❶ AGR pflügen ❷ (*move with difficulty*) **to ~ one's way through** sth sich *dat* seinen Weg durch etw *akk* bahnen; (*fig*) sich durch etw *akk* [hindurch] wühlen *fig* III. *vi* ❶ AGR pflügen ❷ (*move with difficulty*) ■**to ~ through** sth sich durch etw *akk* durchkämpfen; (*fig*) sich durch etw *akk* [hindurch] wühlen *fig*
♦**plow into** I. *vi* ■**to ~ into** sth in etw *akk* hineinrasen II. *vt* ■**to ~** sth **into** sth etw in etw *akk* investieren
♦**plow up** *vt land* umpflügen; *lawn* umgraben

ploy [plɔɪ] *n* Plan *m*, Strategie *f*; (*trick*) Trick *m*

pluck [plʌk] I. *n* Mut *m*, Schneid *m o* ÖSTERR *f fam* II. *vt* ❶ (*pick*) ■**to ~** sth [**from** sth] *fruit, flower* etw [von etw *dat*] abpflücken; *grass, dead leaves* etw [von etw *dat*] abzupfen ❷ *feathers* ausrupfen; *hair* entfernen; *chicken, goose* rupfen ❸ MUS zupfen III. *vi* zupfen (**at** an +*dat*)
♦**pluck up** *vt* **to ~ up the courage** [**to do** sth] allen Mut zusammennehmen[, um etw zu tun]

plucky ['plʌk·i] *adj* schneidig

plug [plʌg] I. *n* ❶ (*connector*) Stecker *m*; **to pull the ~** [**on** sth] den Stecker [aus etw *dat*] herausziehen; **the administration has pulled the ~ on this project** (*fig*) die Verwaltung hat diesem Projekt ihre Unterstützung aufgekündigt ❷ (*socket*) Steckdose *f* ❸ (*for sink*) Stöpsel *m* ❹ (*stopper*) Pfropfen *m* ❺ (*spark plug*) Zündkerze *f* II. *vt* <-gg-> ❶ *hole, leak* stopfen, [zu]stopfen (**with** mit +*dat*) ❷ (*publicize*) anpreisen ❸ (*sl: shoot*) treffen (*mit einer Gewehr-, Pistolenkugel*)
♦**plug away** *vi* verbissen arbeiten (**at** an +*dat*), sich abmühen (**at** mit +*dat*)
♦**plug in** I. *vt* einstöpseln II. *vi* (*electrical device*) sich anschließen lassen
♦**plug up** *vt* zustopfen

'**plug-in** *n see* **add-in**

plum [plʌm] I. *n* ❶ (*fruit*) Pflaume *f* ❷ (*tree*) ~ [**tree**] Pflaumenbaum *m* ❸ (*color*) Pflaumenblau *nt* II. *adj* ❶ *pie, pit* Pflaumen-; ~ **jam** Pflaumenmus *nt* ❷ *inv* (*color*) pflaumenfarben ❸ *attr* (*desirable*) traumhaft *fam*; ~ **job** Traumberuf *m*

plumage ['plu·mɪdʒ] *n* Federkleid *nt*

plumb[1] [plʌm] I. *vt* ❶ (*determine depth*) [aus]loten ❷ (*fig: fathom*) ergründen II. *adj pred, inv* gerade, im Lot *fachspr* III. *adv* ❶ (*fam: squarely*) genau ❷ (*fam: completely*) ~ **crazy** total verrückt IV. *n* Lot *nt*; **to be out of** ~ nicht im Lot sein

plumb[2] [plʌm] *vt* ■**to ~** sth **into** sth etw an etw *akk* anschließen

'**plumb bob** *n* Lot *nt*

plumber ['plʌm·ər] *n* Klempner(in) *m(f)*, Sani-

tär(in) *m(f)* SCHWEIZ

plumbing ['plʌm·ɪŋ] *n* Wasserleitungen *pl*

plume [plum] *n* ❶ (*large feather*) Feder *f*; **tail** ~ Schwanzfeder *f*; (*as ornament*) Federbusch *m* ❷ (*cloud*) ~ **of smoke** Rauchwolke *f*

plummet ['plʌm·ɪt] I. *vi* ❶ (*plunge*) fallen ❷ *prices* in den Keller purzeln *fam*; *morale* auf den Nullpunkt sinken II. *n see* **plumb bob**

plump [plʌmp] I. *adj* (*rounded*) rund; (*euph*) *person* füllig, mollig; *arms* rundlich; *cheeks* rund II. *vt cushion, pillow* aufschütteln
♦**plump down** (*fam*) I. *vt* ■**to ~ down** ⟳ sth etw hinplumpsen lassen *fam*; **to ~ oneself down on the sofa** sich aufs Sofa fallen lassen II. *vi* **to ~ down in a chair** sich auf einen Stuhl fallen lassen
♦**plump up** *vt cushion, pillow* aufschütteln

plumpness ['plʌmp·nɪs] *n* Fülligkeit *f*; *fruit* Größe *f*

plunder ['plʌn·dər] I. *vt gold, treasure* plündern; *palace, village* [aus]plündern; (*fig*) *the planet, environment* ausbeuten II. *vi* plündern III. *n* ❶ (*booty*) Beute *f* ❷ (*act of plundering*) Plünderung *f*; *of planet* Ausbeutung *f*

plunderer ['plʌn·dər·ər] *n* Plünderer, Plünderin *m, f*

plunge [plʌndʒ] I. *n* ❶ (*drop*) Sprung *m*; (*fall*) Sturz *m*, Fall *m*; (*dive*) **to make a** ~ tauchen ❷ (*sharp decline*) Sturz *m*; **a** ~ **in value** dramatischer Wertverlust II. *vi* ❶ (*fall*) stürzen (**into** in +*akk*); **to ~ to one's death** in den Tod stürzen ❷ (*decrease dramatically*) dramatisch sinken ❸ (*fig: begin abruptly*) ■**to ~ into** sth sich in etw *akk* [hinein]stürzen *fig* III. *vt* ❶ (*immerse*) ■**to ~** sth **into** sth etw in etw *akk* eintauchen; (*in cooking*) etw in etw *akk* geben ❷ (*thrust*) **to ~ a dagger into** sb jdn mit einem Dolch stechen
♦**plunge in** I. *vi* ❶ (*dive in*) eintauchen ❷ (*fig: get involved*) sich einmischen; (*do without preparation*) ins kalte Wasser springen *fig* II. *vt knife* reinstechen; *hand* reinstecken

plunger ['plʌn·dʒər] *n* Saugpumpe *f*

plunk [plʌŋk] I. *n* (*fam: sound*) Ploppen *nt* II. *adv* (*fam*) dumpf knallend; **I heard something go** ~ ich hörte, wie etwas plopp machte III. *vt* (*fam*) ❶ (*set down heavily*) ■**to ~** sth **somewhere** etw irgendwo hinknallen ❷ (*sit heavily*) **to ~ oneself down on a chair/sofa** sich auf einen Stuhl/ein Sofa plumpsen lassen
♦**plunk down** (*fam*) I. *vt* ■**to ~ down** ⟳ sth etw hinknallen; ■**to ~ oneself down** sich hinplumpsen lassen II. *vi* sich fallen lassen

pluperfect ['plu·pɜr·fɪkt] I. *adj inv* LING Plusquamperfekt-; **the** ~ **tense** das Plusquamperfekt II. *n* LING ■**the** ~ das Plusquamperfekt

plural ['plʊr·əl] I. *n* ■**the** ~ der Plural; **in the** ~ im Plural II. *adj inv* ❶ LING Plural-, pluralisch ❷ (*multiple*) mehrfach *attr*

pluralism ['plʊr·ə·lɪz·əm] *n* Pluralismus *m geh*

pluralistic [ˌplʊr·ə·'lɪs·tɪk] *adj* pluralistisch *geh*

plus [plʌs] I. *prep* plus II. *n* <*pl* -es *or pl*-ses> Plus *nt kein pl fam*; *a.* MATH Pluszeichen *nt*;

(*advantage a.*) Pluspunkt *m* **III.** *adj inv* ❶ *attr* (*above zero*) plus; ~ **two degrees** zwei Grad plus ❷ *pred* (*or more*) mindestens; **20** ~ mindestens 20 ❸ (*slightly better than*) **A** ~ ≈ Eins plus *f*

plush [plʌʃ] **I.** *adj* ❶ (*luxurious*) exklusiv ❷ (*made of plush*) Plüsch- **II.** *n* Plüsch *m*

'plus sign *n* Pluszeichen *nt*

Pluto ['plu·tou] *n* Pluto *m*

plutocrat ['plu·tə·kræt] *n* (*rich and powerful person*) Plutokrat(in) *m(f) geh*

plutonium [plu·'tou·ni·əm] *n* Plutonium *nt*

ply¹ [plaɪ] *n* ❶ (*thickness*) Stärke *f*, Dicke *f* ❷ (*layer*) Schicht *f* ❸ (*strand*) **two-~ rope** zweilagiges Seil

ply² <-ie-> [plaɪ] *vt* ❶ (*work steadily*) **to ~ a trade** ein Gewerbe betreiben ❷ (*sell*) *drugs* handeln ❸ (*supply continuously*) **to ~ sb with wine** jdn mit Wein abfüllen *fam* ❹ (*travel*) **to ~ a route** eine Strecke regelmäßig befahren

'plywood *n* Sperrholz *nt*

pm, p.m. [ˌpi·'em] *adv inv abbrev of* **post meridian: eight** ~ acht Uhr abends, zwanzig Uhr

PMS [ˌpi·em·'es] *n* MED *abbrev of* **premenstrual syndrome** PMS *nt*

pneumatic [nu·'mæt·ɪk] *adj inv* pneumatisch

pneumonia [nu·'moʊn·jə] *n* Lungenentzündung *f*

PO [ˌpi·'ou] *n abbrev of* **Post Office**

poach¹ [poʊtʃ] *vt* pochieren

poach² [poʊtʃ] **I.** *vt* ❶ (*catch illegally*) wildern ❷ (*steal*) sich *dat* unrechtmäßig aneignen; *ideas* stehlen ❸ *employee* abwerben (**from** +*dat*) **II.** *vi* (*catch illegally*) wildern

poacher ['poʊ·tʃər] *n* Wilderer *m*

poaching ['poʊ·tʃɪn] *n* ❶ HUNT Wilderei *f* ❷ (*taking unfairly*) Wegnehmen *nt*

P'O box *n abbrev of* **Post Office Box** Postfach

pocket ['pak·ɪt] **I.** *n* ❶ (*in clothing*) Tasche *f* ❷ (*on bag, in car*) Fach *nt* ❸ (*fig: financial resources*) Geldbeutel *m*; **out of one's own ~** aus eigener Tasche ❹ SPORTS (*on pool table*) Loch *nt* **II.** *vt* ❶ (*put in one's pocket*) in die Tasche stecken ❷ (*keep sth for oneself*) behalten ❸ (*in pool*) *ball* ins Loch spielen

'pocketbook *n* ❶ (*purse*) Handtasche *f* ❷ (*financial resources*) Finanzmittel *pl*

'pocketknife *n* Taschenmesser *nt*

'pocket money *n* Taschengeld *nt*; (*fig: small amount of money*) ein Taschengeld *nt fig fam*

'pocket-size(d) *adj* im Taschenformat *nach n*

pod [pad] *n* ❶ (*seed container*) Hülse *f*; *pea, vanilla* Schote *f* ❷ (*on aircraft*) Gondel *f*; (*to hold jet*) Düsenaggregat *nt*

podiatrist [pə·'daɪ·ə·trɪst] *n* Fußspezialist(in) *m(f)*, Fußpfleger(in) *m(f)*

podiatry [pə·'daɪ·ə·tri] *n* Fußpflege *f*

podium <*pl* -dia> ['poʊ·di·əm] *n* Podium *nt*

poem ['poʊ·əm] *n* (*a. fig*) Gedicht *nt*

poet ['poʊ·ət] *n* Dichter(in) *m(f)*

poetic(al) [poʊ·'eṯ·ɪk(əl)] *adj* (*relating to poetry*) dichterisch; ~ **language** Dichtersprache *f*

poetry ['poʊ·ɪ·tri] *n* ❶ (*genre*) Dichtung *f*, Lyrik *f* ❷ (*poetic quality*) Poesie *f*

pogrom [pə·'gram] *n* Pogrom *nt*

poignant ['pɔɪn·jənt] *adj* bewegend; (*distressing*) erschütternd; *memories* melancholisch

poinsettia [pɔɪn·'seṯ·i·ə] *n* Weihnachtsstern *m*

point [pɔɪnt] **I.** *n* ❶ (*sharp end, in ballet*) Spitze *f*; *of a star* Zacke *f* ❷ (*decimal point*) Komma *m* ❸ TYPO (*dot, punctuation mark*) Punkt *m* ❹ (*position*) Stelle *f*, Punkt *m*; ~ **of contact** Berührungspunkt *m*; **starting ~** Ausgangspunkt *m a. fig* ❺ (*particular time*) Zeitpunkt *m*; **she was on the ~ of collapse** sie stand kurz vor dem Zusammenbruch; **at that ~** zu diesem Zeitpunkt; (*then*) in diesem Augenblick; **from that ~ on ...** von da an ... ❻ (*argument, issue*) Punkt *m*; **she does have a ~, though** so ganz Unrecht hat sie nicht; **she made the ~ that ...** sie wies darauf hin, dass ...; (*stress*) sie betonte, dass ...; **my ~ exactly** das sag ich ja *fam*; **ok, ~ taken** o.k., ich hab schon begriffen *fam* ❼ (*most important idea*) **the ~ is ...** der Punkt ist nämlich der, ...; **to come to the ~** auf den Punkt kommen ❽ (*purpose*) Sinn *m*, Zweck *m*; **but that's the whole ~!** aber das ist doch genau der Punkt! ❾ (*stage in process*) Punkt *m*; **from that ~ on ...** von diesem Moment an ...; **the high ~ of the evening ...** der Höhepunkt des Abends ...; **up to a ~** bis zu einem gewissen Grad ❿ SPORTS Punkt *m* ⓫ (*important characteristic*) Merkmal *nt*; **good ~s** gute Seiten; **sb's strong/weak ~s** jds Stärken *pl*/Schwächen *pl* ⓬ (*on compass*) Strich *m*; (*on thermometer*) Grad *m* **II.** *vi* ❶ (*with finger*) deuten, zeigen (**at/to** auf +*akk*) ❷ (*be directed*) weisen; **to ~ east/west** nach Osten/Westen zeigen ❸ (*indicate*) hinweisen (**to** auf +*akk*) **III.** *vt* ❶ (*aim*) ■**to ~ sth at sb/sth** *weapon* etw [auf jdn/etw] richten; *stick, one's finger* mit etw *dat* auf jdn/etw zeigen ❷ (*direct*) **to ~ sb in the direction of sth** jdm den Weg zu etw *dat* beschreiben ❸ (*extend*) **to ~ one's toes** die Zehen strecken

◆ **point out** *vt* ❶ (*show*) ■**to ~ out** ⟳ **sth/sb** [**to sb**] [jdn] auf etw/jdn hinweisen; (*with finger*) [jdn] etw/jdn zeigen ❷ (*inform*) ■**to ~ out that ...** darauf aufmerksam machen, dass ...

point-'blank I. *adv inv* ❶ (*at very close range*) aus nächster Nähe ❷ (*bluntly*) geradewegs, unumwunden **II.** *adj attr* (*very close*) nah; *shoot*; **at ~ range** aus nächster Nähe

pointed ['pɔɪn·tɪd] *adj* ❶ (*with sharp point*) spitz ❷ (*emphatic*) pointiert *geh*; *criticism* scharf; *question* unverblümt; *remark* spitz; *reminder* eindrücklich

pointer ['pɔɪn·tər] *n* ❶ (*on dial*) Zeiger *m* ❷ (*rod*) Zeigestock *m* ❸ *usu pl* (*fam: tip*) Tipp *m*; (*instructions*) Hinweis *m* ❹ (*dog*) Vorstehhund *m*; (*breed*) Pointer *m*

pointless ['pɔɪnt·lɪs] *adj* sinnlos, zwecklos;

P

remark überflüssig

point of 'view <*pl* points of view> *n* Ansicht *f,* Einstellung *f;* **from a purely practical** ~ rein praktisch betrachtet

pointy ['pɔɪnt·i] *adj* (*fam*) spitz

poise [pɔɪz] **I.** *n* Haltung *f* **II.** *vt usu passive* ❶ (*balance*) balancieren; **to be** ~**d to jump** sprungbereit sein; (*hover*) ■**to be** ~**d** schweben ❷ (*fig*) ■**to be** ~**d to do sth** (*about to*) nahe daran sein, etw zu tun

poised [pɔɪzd] *adj* beherrscht

poison ['pɔɪ·zən] **I.** *n* Gift *nt* **II.** *vt* vergiften; (*fig*) **to** ~ **sb's mind against sb/sth** jdn gegen jdn/etw einnehmen

poison 'gas *n* Giftgas *nt*

poisoning ['pɔɪ·zə·nɪŋ] *n* ❶ (*act*) Vergiften *nt* ❷ (*condition*) Vergiftung *f;* (*individual case*) Fall *m* von Vergiftung; **blood** ~ Blutvergiftung *f*

poison 'ivy *n* Giftsumach *m*

poisonous ['pɔɪ·zə·nəs] *adj* ❶ (*containing poison*) giftig; ~ **snake** Giftschlange *f* ❷ (*malicious*) giftig *fig,* boshaft

poke¹ [poʊk] **I.** *n* (*jab*) Stoß *m* **II.** *vt* ❶ (*prod*) anstoßen; (*with umbrella, stick*) stechen; **to** ~ **sb in the arm/ribs** jd in den Arm/die Rippen knuffen; **to** ~ **a hole in sth** ein Loch in etw *akk* bohren ❷ ■**to** ~ **sth into/through sth** (*prod with*) etw in/durch etw *akk* stecken; (*thrust*) etw in/durch etw *akk* stoßen ❸ *fire* schüren ▶ PHRASES: **to** ~ **fun at sb** sich über jdn lustig machen; **to** ~ **one's nose into sb's business** (*fam*) seine Nase in jds Angelegenheiten stecken **III.** *vi* ❶ (*jab repeatedly*) herumfummeln *fam* (**at** an +*dat*); **to** ~ **at one's food** in seinem Essen herumstochern ❷ (*break through*) ■**to** ~ **through** durchscheinen

◆ **poke around** *vi* (*fam*) herumstöbern; (*without permission*) herumschnüffeln

◆ **poke out I.** *vi* ■**to** ~ **out** [**of sth**] [aus etw *dat*] hervorgucken [*o* SÜDD, ÖSTERR herausschauen] **II.** *vt* ❶ *head* herausstecken; *tongue* herausstrecken ❷ (*remove*) herausschieben; *eyes* ausstechen

◆ **poke up** *vi* hervorragen; ■**to** ~ **up over sth** über etw *dat* herausragen

poke² [poʊk] *n* ▶ PHRASES: **to buy a pig in a** ~ (*pej*) die Katze im Sack kaufen *fig*

poker¹ ['poʊ·kər] *n* (*card game*) Poker *m o nt;* **a game of** ~ eine Runde Poker

poker² ['poʊ·kər] *n* (*fireplace tool*) Schürhaken *m*

pokey, poky ['poʊ·ki] *adj* (*pej: slow*) lahm

Poland ['poʊ·lənd] *n* Polen *nt*

polar ['poʊ·lər] *adj attr, inv* ❶ (*near pole*) polar ❷ (*opposite*) gegensätzlich, polar *geh; opposites* diametral *geh*

'polar bear *n* Eisbär *m*

polarity [poʊ·'lær·ɪ·t̬i] *n* SCI Polarität *f;* (*fig a.*) Gegensätzlichkeit *f*

polarize ['poʊ·lə·raɪz] **I.** *vt* polarisieren **II.** *vi* sich polarisieren

pole¹ [poʊl] *n* ❶ GEOG, ELEC Pol *m;* **the mag-**

netic ~ der Magnetpol; **the North P~** der Nordpol ❷ (*extreme*) Extrem *nt;* **to be** ~**s apart** Welten voneinander entfernt sein

pole² [poʊl] *n* Stange *f;* (*pointed at one end*) Pfahl *m;* **fishing** ~ Angelrute *f;* **flag~** Fahnenmast *m*

polemic [pə·'lem·ɪk] **I.** *n* Polemik *f* **II.** *adj* polemisch

'pole vault *n* Stabhochsprung *m kein pl*

'pole-vaulter *n* Stabhochspringer(in) *m(f)*

police [pə·'lis] **I.** *n* + *pl vb* ❶ (*force*) ■**the** ~ die Polizei *kein pl;* **to call the** ~ die Polizei rufen ❷ (*police officers*) Polizisten, -innen *mpl, fpl* **II.** *vt* ❶ (*maintain law and order*) überwachen ❷ (*regulate*) ■**to** ~ **sb/sth** jdn/etw kontrollieren **III.** *adj* helmet, patrol, uniform Polizei-; ~ **investigation** polizeiliche Untersuchung; **to ask for** ~ **protection** Polizeischutz anfordern

po'lice car *n* Polizeiauto *nt*

po'lice department *n* Polizeidienststelle *f*

po'lice dog *n* Polizeihund *m*

po'lice force *n* ❶ (*the police*) ■**the** ~ die Polizei ❷ (*unit of police*) Polizeieinheit *f*

po'liceman *n* Polizist *m*

po'lice officer *n* Polizeibeamte(r) *m,* Polizeibeamte [*o* -in] *f*

po'lice state *n* (*pej*) Polizeistaat *m*

po'lice station *n* Polizeiwache *f*

po'licewoman *n* Polizistin *f*

policy¹ ['pɑl·ə·si] *n* ❶ (*plan*) Programm *nt,* Strategie *f;* (*principle*) Grundsatz *m* ❷ Politik *f;* **a change in** ~ ein Richtungswechsel *m* in der Politik; **economic** ~ Wirtschaftspolitik *f*

policy² ['pɑl·ə·si] *n* (*for insurance*) Police *f,* Polizze *f* ÖSTERR

'policyholder *n* Versicherungsnehmer(in) *m(f)*

'policymaker *n* Parteiideologe, -ideologin *m, f*

'policymaking *n* Festsetzen *nt* von Richtlinien

polio [ˌpoʊ·li·oʊ], **poliomyelitis** [ˌpoʊ·li·oʊ·ˌmaɪ·ə·'laɪ·t̬əs] *n* (*spec*) Kinderlähmung *f*

polish ['pɑl·ɪʃ] **I.** *n* ❶ (*substance*) Politur *f;* **shoe** ~ Schuhcreme *f* ❷ *usu sing* (*act*) Polieren *nt kein pl* ❸ (*fig: refinement*) [gesellschaftlicher] Schliff **II.** *vt* ❶ (*rub*) polieren; *shoes, silver* putzen ❷ (*fig: refine*) aufpolieren

◆ **polish off** *vt* ❶ *food* verdrücken *fam* ❷ ■**to** ~ **off** ⟳ **sth** etw schnell erledigen ❸ (*fam: beat*) *opponent* abfertigen, abservieren

Polish ['poʊ·lɪʃ] **I.** *n* Polnisch *nt* **II.** *adj* polnisch

polished ['pɑl·ɪʃt] *adj* ❶ (*gleaming*) glänzend *attr* ❷ (*showing great skill*) formvollendet; *performance* großartig ❸ (*refined*) gebildet; *manners* geschliffen

polite [pə·'laɪt] *adj* ❶ (*courteous*) höflich ❷ (*cultured*) vornehm; *society* gehoben

politeness [pə·'laɪt·nɪs] *n* Höflichkeit *f*

political [pə·'lɪt̬·ɪ·kəl] *adj* ❶ (*of politics*) politisch; ~ **leaders** politische Größen *pl* ❷ (*pej: tactical*) taktisch

political cor'rectness *n* politische Korrektheit

politically cor'rect *adj* politisch korrekt

politician [ˌpal·ə·'tɪʃ·ən] *n* Politiker(in) *m(f)*
politicize [pe·'lɪt̬·ə·saɪz] *vt* politisieren *geh*
politics ['pal·ə·tɪks] *npl* ❶ + *sing vb* Politik *f kein pl;* **to go into** ~ in die Politik gehen ❷ + *pl vb* (*political beliefs*) politische Ansichten *pl* ❸ + *sing/pl vb* (*within group*) **office** ~ Büroklüngelei *f pej;* **to play** ~ Winkelzüge machen
polka ['poʊl·kə] **I.** *n* Polka *f* **II.** *vi* Polka tanzen
'**polka dot** *n usu pl* Tupfen *m*
poll [poʊl] **I.** *n* ❶ (*public survey*) Erhebung *f;* **an opinion** [*or* **a public opinion**] ~ eine [*o* öffentliche] Meinungsumfrage ❷ (*result of vote*) [Wähler]stimmen *pl* ❸ (*number of votes cast*) Wahlbeteiligung *f* **II.** *vt* ❶ (*canvass in poll*) befragen; ■**to** ~ **sb** [**on sth**] jdn [über etw] abstimmen lassen ❷ (*receive*) **the party** ~**ed 67% of the vote** die Partei hat 67 % der Stimmen erhalten
pollen ['pal·ən] *n* Blütenstaub *m*
'**pollen count** *n* Pollenflug *m kein pl*
pollinate ['pal·ə·neɪt] *vt* bestäuben
polling ['poʊl·ɪŋ] *n* (*election*) Wahl *f;* (*referendum*) Abstimmung *f*
'**polling booth** *n* Wahlkabine *f*
'**polling place** *n* Wahllokal *nt*
pollster ['poʊl·stər] *n* Meinungsforscher(in) *m(f)*
pollutant [pə·'lu·tənt] *n* Schadstoff *m*
pollute [pə·'lut] *vt* ❶ (*contaminate*) verschmutzen ❷ (*fig: corrupt*) besudeln *fig, pej;* **to** ~ **sb's mind** jds Charakter verderben
polluter [pə·'lu·t̬ər] *n* Umweltverschmutzer(in) *m(f)*
pollution [pə·'lu·ʃən] *n* ❶ (*polluting*) Verschmutzung *f;* **environmental** ~ Umweltverschmutzung *f* ❷ (*pollutants*) Schadstoffe *pl*
polo ['poʊ·loʊ] *n* ❶ SPORTS Polo *nt* ❷ (*fam: shirt*) Polohemd *nt*
'**polo shirt** *n* Polohemd *nt*
polyester [ˌpal·i·'es·tər] *n* Polyester *m*
polyethylene [ˌpal·i·'eθ·ə·lin] *n* Polyäthylen *nt*
polygamist [pə·'lɪg·ə·mɪst] *n* Polygamist(in) *m(f) geh*
polygamous [pə·'lɪg·ə·məs] *adj inv* polygam *geh*
polygamy [pə·'lɪg·ə·mi] *n* Polygamie *f geh*
polygon ['pal·i·gan] *n* Vieleck *nt*, Polygon *nt fachspr*
polygraph ['pal·i·græf] *n* Lügendetektor *m*
Polynesia [ˌpal·ə·'ni·ʒə] *n* Polynesien *nt*
Polynesian [ˌpal·ə·'ni·ʒən] **I.** *adj* polynesisch **II.** *n* ❶ (*native of Polynesia*) Polynesier(in) *m(f)* ❷ (*language group*) polynesische Sprachen *pl*
polyp ['pal·ɪp] *n* MED, ZOOL Polyp *m*
polyphonic [ˌpal·i·'fan·ɪk] *adj inv* polyphon *fachspr*
polystyrene [ˌpal·i·'staɪ·rin] *n* Styropor® *nt*
polytechnic [ˌpal·i·'tek·nɪk] **I.** *adj* institute, school Technische Hochschule *f* **II.** *n* Fachhochschule *f*

polyunsaturated fats [ˌpal·i·ʌn·'sætʃ·ə·reɪ·t̬ɪd-], **polyunsaturates** [ˌpal·i·ʌn·'sætʃ·ə·reɪts] *npl* (*fatty acids*) mehrfach ungesättigte Fettsäuren; (*fats*) Fette mit einem hohen Anteil an mehrfach ungesättigten Fettsäuren
polyurethane [ˌpal·i·'jʊr·ə·θeɪn] *n* Polyurethan *nt*
pomegranate ['pam·græn·ɪt] *n* Granatapfel *m*
pomp [pamp] *n* Pomp *m*, Prunk *m*
pompon ['pam·pan], **pompom** ['pam·pam] *n* ❶ (*of cheerleader*) Pompon *m* ❷ (*yarn ball*) Quaste *f*
pomposity [pam·'pas·ɪ·t̬i] *n* Selbstgefälligkeit *f*
pompous ['pam·pəs] *adj* ❶ *person* selbstgefällig ❷ *language* geschraubt *pej*
poncho ['pan·tʃoʊ] *n* Poncho *m*
pond [pand] *n* ❶ (*body of water*) Teich *m* ❷ (*hum: Atlantic Ocean*) ■**the** ~ der große Teich
ponder ['pan·dər] **I.** *vt* durchdenken **II.** *vi* nachdenken (**on** über + *akk*); ■**to** ~ **why ...** sich fragen, warum ...
ponderous ['pan·dər·əs] *adj* (*pej*) ❶ (*heavy and awkward*) mühsam ❷ (*laborious*) schwerfällig
pone [poʊn] *n* [**corn**] ~ Maisbrot *nt*
pontiff ['pan·tɪf] *n* (*form*) ■**the** ~ der Papst
pontifical [pan·'tɪf·ɪ·kəl] *adj* päpstlich
pontificate [pan·'tɪf·ɪ·kɪt] **I.** *vi* (*pej*) ■**to** ~ **about sth** sich über etw *akk* auslassen **II.** *n* (*form*) Pontifikat *m o nt fachspr*
pontoon [pan·'tun] *n* Ponton *m*
pontoon 'bridge *n* Pontonbrücke *f*
pony ['poʊ·ni] *n* (*small horse*) Pony *nt*
'**ponytail** *n* Pferdeschwanz *m*
poo [pu] **I.** *n* (*childspeak sl*) Aa *nt kein pl* **II.** *vi* (*childspeak sl*) Aa machen
poodle ['pu·dəl] *n* Pudel *m*
poof [puf] *interj* (*fam*) hui!
pooh [pu] *interj* (*fam: in disgust*) pfui!, igitt!
pooh-pooh [ˌpu·'pu] *vt* (*fam*) abtun
pool[1] [pul] **I.** *n* ❶ (*construction*) Becken *nt;* **ornamental** ~ Zierteich *m;* [**swimming**] ~ Schwimmbecken *nt;* (*private*) Swimmingpool *m;* (*public*) Schwimmbad *nt* ❷ (*natural*) Tümpel *m* ❸ (*of liquid*) Lache *f;* ~ **of blood** Blutlache *f* **II.** *vi liquid* sich stauen
pool[2] [pul] **I.** *n* SPORTS Poolbillard *nt;* **to shoot** ~ (*fam*) Poolbillard spielen **II.** *vt* zusammenlegen
'**pool hall** *n* Billardzimmer *nt*
'**pool table** *n* Poolbillardtisch *m*
poop[1] [pup] *n* (*of ship*) Heck *nt*
poop[2] [pup] **I.** *n* (*euph: excrement*) Aa *nt;* **dog** ~ Hundedreck *m fam* **II.** *vi* (*fam: defecate*) Aa machen *Kindersprache;* **he** ~**ed in his pants** er hat in die Hose gekackt *fam*
◆**poop 'out I.** *vi* ❶ (*become tired*) schlappmachen ❷ (*not persevere*) sich geschlagen geben **II.** *vt* (*exhaust*) ■**to** ~ **sb out** erschöpfen, fertigmachen, fix und fertig machen
pooped [pupt] *adj* (*fam*) erschöpft, [fix und]

fertig
pooper scooper ['pu·pər·ˌsku·pər] *n* (*fam*)
Kotschaufel *f* (*Schaufel zum Entfernen von
Hundekot*)
poor [pʊr] I. *adj* ❶(*lacking money*) arm
❷(*inadequate*) unzureichend, schlecht; *attendance* gering; *excuse* faul; **to be in ~ health**
in schlechtem gesundheitlichen Zustand sein
❸ *attr* (*deserving of pity*) arm ❹ *pred* (*lacking*) ▪**to be ~ in sth** arm an etw *dat* sein II. *n*
▪**the ~** *pl* die Armen *pl*
'**poorhouse** *n* (*hist*) Armenhaus *nt*
poorly ['pʊr·li] *adv* ❶(*not rich*) arm;
~ dressed ärmlich gekleidet ❷(*inadequately*)
schlecht
poor re'lation *n* arme(r) Verwandte(r) *f(m)*;
(*fig*) Stiefkind *nt*
pop¹ [pap] I. *n* ❶(*noise*) Knall *m* ❷ *usu sing*
(*sl*) COMM ▪**a ~** pro Stück II. *adv* **to go ~**
(*make noise*) einen Knall machen; (*toy gun*)
peng machen; (*burst*) explodieren III. *vi*
<-pp-> ❶(*make noise*) knallen ❷(*burst*) plat-
zen ❸(*go quickly*) ▪**to ~ outside** hinausgehen IV. *vt* <-pp-> ❶(*burst*) platzen lassen
❷(*put quickly*) **~ the pizza in the oven**
schieb' die Pizza in den Ofen ❸(*fam: hit*)
schlagen; (*shoot*) *weapon* abknallen; *bullets*
ballern ► PHRASES: **to ~ pills** Pillen schlucken
◆**pop in** *vi* vorbeischauen; **to keep ~ping in
and out** dauernd rein und rauslaufen
◆**pop out** *vi* herausspringen
◆**pop up** *vi* ❶(*appear unexpectedly*) auftauchen; **to ~ up out of nowhere** aus dem
Nichts auftauchen ❷(*in pop-up book*) sich
aufrichten ❸(*in baseball: hit a short, high fly
ball*) einen Popup schlagen
pop² [pap] *n* (*fam*) Papa *m*
pop³ [pap] I. *n* (*music*) Pop *m* II. *adj attr*
(*popular*) populär; **~ culture** Popkultur *f*
pop⁴ [pap] *n* (*soft drink*) Limonade *f*
'**pop art** *n* Pop-Art *f*
'**popcorn** *n* Popcorn *nt*
pope [poʊp] *n* Papst *m*
poplar ['pap·lər] *n* Pappel *f*
poplin ['pap·lɪn] *n* Popelin *m*
'**pop music** *n* Popmusik *f*
poppy ['pap·i] *n* Mohn *m kein pl,* Mohn-
blume *f*
'**poppy seed** *n usu pl* Mohnsamen *m*, Mohn *m
kein pl*
Popsicle® ['pap·sɪ·kəl] *n* Eis *nt* am Stiel, Stän-
gelglacé *f* SCHWEIZ
'**pop singer** *n* Popsänger(in) *m(f)*
populace ['pap·jə·lɪs] *n* ▪**the ~** die breite
Masse [der Bevölkerung]
popular ['pap·jə·lər] *adj inv* ❶(*widely liked*)
beliebt, populär ❷ *attr* (*not highbrow*) populär
❸ *attr* (*widespread*) weit verbreitet; **it is a ~
belief that ...** viele glauben, dass ...
popularity [ˌpap·jə·'lær·ɪ·t̬i] *n* Beliebtheit *f,*
Popularität *f*
popularize ['pap·jə·lə·raɪz] *vt* ❶(*make liked*)
populär machen ❷(*make accessible*) brei-

teren Kreisen zugänglich machen
popularly ['pap·jə·lər·li] *adv* (*commonly*) allgemein; **as is ~ believed** wie man allgemein
annimmt
populate ['pap·jə·leɪt] *vt* ❶ *usu passive*
(*inhabit*) ▪**to be ~d** bevölkert sein; *island* bewohnt sein (**by, with** von +*dat*) ❷(*provide
inhabitants*) besiedeln
population [ˌpap·jə·'leɪ·ʃən] I. *n* ❶ *usu sing*
(*inhabitants*) Bevölkerung *f kein pl;* **the civilian ~** die Zivilbevölkerung ❷(*number of
people*) Einwohnerzahl *f* ❸ BIOL Population *f
fachspr;* Bestand *m;* **the deer ~** der Hirschbe-
stand II. *adj group, problems* Bevölkerungs-,
Einwohner-; **~ change** Veränderung *f* der Bevölkerung
population 'density *n* Bevölkerungsdichte *f*
population ex'plosion *n* Bevölkerungsexplosion *f*
populous ['pap·jʊ·ləs] *adj* (*form*) bevölkerungsreich; *region, area* dicht besiedelt
porcelain ['pɔr·sə·lɪn] *n* Porzellan *nt*
porch <*pl* -es> [pɔrtʃ] *n* ❶(*without walls*)
Vordach *nt;* (*with walls*) Vorbau *m; of a church*
Portal *nt* ❷(*veranda*) Veranda *f*
porcupine ['pɔr·kjʊ·paɪn] *n* Stachelschwein *nt*
pore¹ [pɔr] *vi* (*examine*) brüten (**over** über
+*dat*); **to ~ over a map** eine Zeitung eingehend studieren
pore² [pɔr] *n* (*opening*) Pore *f*
pork [pɔrk] *n* Schweinefleisch *nt*
'**pork chop** *n* Schweinekotelett *nt*
porker ['pɔr·kər] *n* Mastschwein *nt*
porky ['pɔr·ki] *adj* (*pej fam: fat*) fett
porn [pɔrn] (*fam*) I. *n short for* **pornography**
Porno *m* II. *adj attr short for* **pornographic**
Porno-
pornographic [ˌpɔr·nə·'græf·ɪk] *adj inv*
❶(*containing pornography*) pornografisch,
Porno- ❷(*obscene*) obszön
pornography [pɔr·'nag·rə·fi] *n* Pornografie *f*
porous ['pɔr·əs] *adj* ❶(*permeable*) porös
❷(*breachable*) durchlässig
porpoise ['pɔr·pəs] *n* Tümmler *m*
porridge ['pɔr·ɪdʒ] *n* Porridge *m o nt,* Haferbrei *m*
port¹ [pɔrt] *n* ❶(*harbor*) Hafen *m* ❷(*town*)
Hafenstadt *f*
port² [pɔrt] *n* AVIAT, NAUT Backbord *nt* ÖSTERR
a. m
port³ [pɔrt] *n* COMPUT Anschluss *m,* Port *m
fachspr*
port⁴ [pɔrt] *n* (*wine*) Portwein *m*
portable ['pɔr·t̬ə·bəl] *adj inv* tragbar; **~ radio**
Kofferradio *nt*
portal ['pɔr·t̬əl] *n* (*form*) *a.* COMPUT Portal *nt*
port au'thority *n* Hafenbehörde *f*
portentous [pɔr·'ten·t̬əs] *adj inv* ❶(*form:
highly significant*) bedeutungsvoll; (*ominous*)
unheilvoll; (*grave*) schicksalhaft ❷(*pej: pompous*) hochtrabend
porter ['pɔr·t̬ər] *n* ❶(*baggage carrier*) Gepäckträger *m;* (*on expedition*) Träger *m* ❷ RAIL (*on*

sleeping car) [Schlafwagen]schaffner(in) *m(f)*
portfolio [pɔrt·'foʊ·li·oʊ] *n* ❶ (*case*) Aktenmappe *f* ❷ (*of drawings, designs*) Mappe *f*
❸ FIN Portefeuille *nt fachspr*
'porthole *n* NAUT Bullauge *nt;* AVIAT Kabinen-
fenster *nt*
portico <*pl* -es *or* -s> ['pɔr·ṭɪ·koʊ] *n* Säulen-
gang *m,* Portikus *m fachspr*
portion ['pɔr·ʃən] **I.** *n* ❶ (*part*) Teil *m*
❷ (*share*) Anteil *m* ❸ (*serving*) Portion *f;*
(*piece*) Stück *nt* **II.** *vt* ■to ~ out ↻ sth etw
aufteilen
portly ['pɔrt·li] *adj* (*esp hum*) korpulent
portrait ['pɔr·trɪt] **I.** *n* ❶ (*picture*) Porträt *nt,*
Bildnis *nt* ❷ (*fig: description*) Bild *nt* **II.** *adj*
TYPO **in ~ format** im Hochformat
portraiture ['pɔr·trɪ·tʃər] *n* Porträtmalerei *f*
portray [pɔr·'treɪ] *vt* ❶ (*paint*) porträtieren
❷ (*describe*) darstellen
portrayal [pɔr·'treɪ·əl] *n* Darstellung *f;* (*in literature*) Schilderung *f*
Portugal ['pɔr·tʃə·gəl] *n* Portugal *nt*
Portuguese [ˌpɔr·tʃə·'giz] **I.** *n* ❶ <*pl* -> (*person*) Portugiese, -in *m, f* ❷ (*language*) Portugiesisch *nt* **II.** *adj* ❶ (*of Portugal*) portugiesisch
❷ *course, teacher* Portugiesisch-
pose [poʊz] **I.** *n* ❶ (*bodily position*) Haltung *f,*
Pose *f* ❷ *usu sing* (*pretence*) Getue *nt* **II.** *vi*
❶ (*adopt position*) posieren, eine Haltung einnehmen; ■**to ~ for sb** für jdn Modell sitzen
❷ (*pretend*) ■**to ~ as** sich ausgeben als ❸ (*behave affectedly*) sich geziert benehmen **III.** *vt*
❶ (*cause*) aufwerfen; **to ~ difficulties**
Schwierigkeiten mit sich *dat* bringen; **to ~ a
threat to sb/sth** eine Bedrohung für jdn/etw
darstellen ❷ *question* stellen
poser ['poʊ·zər] *n* (*pej fam: person*) Ange-
ber(in) *m(f)*
posh [paʃ] *adj* (*fam*) vornehm, piekfein
position [pə·'zɪʃ·ən] **I.** *n* ❶ (*place*) Platz *m,*
Stelle *f; building* Lage *f* ❷ (*in navigation*) Position *f,* Standort *m* ❸ (*posture*) Stellung *f,* Lage *f;* **yoga** ~ Yogahaltung *f;* **to change one's ~**
eine andere Stellung einnehmen ❹ SPORTS (*in
team*) [Spieler]position *f* ❺ (*rank*) Position *f,*
Stellung *f;* (*in race, competition*) Platz *m*
❻ (*job*) Stelle *f;* **a ~ of responsibility** ein ver-
antwortungsvoller Posten ❼ *usu sing* (*situation*) Situation *f,* Lage *f;* **to put sb in an awkward ~** jdn in eine unangenehme Lage bringen **II.** *vt* platzieren
positive ['paz·ɪ·ṭɪv] *adj inv* ❶ (*certain*) sicher,
bestimmt; ■**to be ~ about sth** sich *dat* einer
S. *gen* sicher sein ❷ (*optimistic*) positiv; *criticism* konstruktiv ❸ *inv* MED, MATH, ELEC positiv
❹ *attr, inv* (*complete*) wirklich, absolut; **a ~
disadvantage** ein echter Nachteil
positively ['paz·ɪ·ṭɪv·li] *adv* ❶ (*definitely*) bestimmt; *say, promise* fest ❷ (*optimistically*)
think positiv ❸ *inv* (*fam: completely*) völlig,
absolut
posse ['pas·i] *n* ❶ (*hist: summoned by sheriff*)
[Hilfs]trupp *m* ❷ (*sl: group of friends*) Clique *f*

possess [pə·'zes] *vt* ❶ (*own, have*) besitzen
❷ LAW (*carry illegally*) [illegal] besitzen ❸ *usu
passive* (*control*) **to be ~ed by the Devil**
vom Teufel besessen sein; **to be ~ed by the
urge to do sth** von dem Drang besessen sein,
etw tun zu müssen
possession [pə·'zeʃ·ən] *n* ❶ (*having*) Besitz *m;* ■**to be in sb's ~** sich in jds Besitz befinden ❷ *usu pl* (*something owned*) Besitz *m
kein pl* ❸ SPORTS **to regain ~** [**of the ball**] wieder in den Ballbesitz gelangen
possessive [pə·'zes·ɪv] *adj* ❶ (*not sharing*) eigen ❷ (*jealous*) besitzergreifend ❸ LING (*showing possession*) possessiv
possessor [pə·'zes·ər] *n usu sing* (*form or
hum*) Besitzer(in) *m(f)*
possibility [ˌpas·ə·'bɪl·ɪ·ṭi] *n* ❶ (*event or
action*) Möglichkeit *f;* **there's a ~ that ...** es
kann sein, dass ... ❷ (*likelihood*) Möglichkeit *f,*
Wahrscheinlichkeit *f;* **is there any ~** [**that**] ...?
besteht irgendeine Möglichkeit, dass ...?
❸ (*potential*) ■**possibilities** *pl* Möglichkeiten *pl*
possible ['pas·ə·bəl] *adj inv* ❶ *usu pred* (*feasible*) möglich; **it's just not ~** das ist einfach
nicht machbar; **the best ~ ...** der/die/das
allerbeste ...; **as much as ~** so viel wie möglich ❷ (*that could happen*) möglich, vorstellbar; **to make sth ~** etw ermöglichen
possibly ['pas·ə·bli] *adv inv* ❶ (*feasibly*) **he
couldn't ~ have known that** das kann er
doch unmöglich gewusst haben!; **to do all
that one ~ can** alles Menschenmögliche
tun ❷ (*perhaps*) möglicherweise, vielleicht;
very ~ durchaus möglich; (*more likely*) sehr
wahrscheinlich
possum <*pl* - *or* -s> ['pas·əm] *n* Opossum *nt*
post¹ [poʊst] **I.** *n* ❶ (*pole*) Pfosten *m,* Pfahl *m;*
wooden ~ Holzpfosten *m* ❷ (*in a horse race*)
■**the starting ~** der Startpfosten, der Ziel-
pfosten ❸ (*fam*) **goal ~** [Tor]pfosten *m* **II.** *vt*
COMPUT **to ~ sth on the** [Inter]net etw über
das Internet bekannt geben
post² [poʊst] *n* ❶ MIL (*base*) Stützpunkt *m*
❷ (*assigned workplace*) Stellung *f,* Posten *m*
postage ['poʊ·stɪdʒ] *n* Porto *nt*
'postage meter *n* Frankiermaschine *f*
'postage stamp *n* (*form*) Postwertzeichen *nt*
postal ['poʊ·stəl] *adj attr, inv* Post-, postalisch
geh ► PHRASES: **to go ~** (*sl*) Amok laufen, ausrasten
'postcard *n* Postkarte *f*
post'date *vt* ❶ (*give later date*) *check* vordatie-
ren ❷ (*happen after*) ■**to ~ sth** sich später ereignen
poster ['poʊ·stər] *n* ❶ (*advertisement*)
[Werbe]plakat *nt* ❷ (*large picture*) Poster *nt*
posterior [pa·'stɪr·i·ər] **I.** *n* (*hum*) Hinterteil *nt
hum* **II.** *adj attr, inv* (*form: toward the back*)
hintere(r, s)
posterity [pa·'ster·ɪ·ṭi] *n* (*form*) Nachwelt *f
geh*
post'graduate **I.** *n* Postgraduierte(r) *f(m)*

fachspr, Student(in) *m(f)* im Aufbaustudium (*nach Erreichen des ersten akademischen Grades*) **II.** *adj attr, inv* weiterführend, Postgraduierten- *fachspr,* Aufbau-

posthumous ['pas·tʃə·məs] *adj inv* (*form*) post[h]um

posting ['poʊ·stɪŋ] *n* ❶ COMPUT (*message*) Posting *nt,* Beitrag *m* ❷ ADMIN (*ledger entry*) Hauptbuchung *f*

'**postmark I.** *n* Poststempel *m* **II.** *vt usu passive* ■ **to be ~ed** abgestempelt sein

'**postmaster** *n* Leiter *m* einer Postdienststelle

post'**modern** *adj inv* post-modern

post'**modernism** *n* Postmoderne *f*

postmortem [,poʊst·'mɔr·təm] **I.** *n* ❶ MED *see* **autopsy** ❷ (*fam: discussion*) Manöverkritik *f hum* **II.** *adj attr, inv* (*done after death*) nach dem Tod *nach n,* postmortal *fachspr*

post'**natal** *adj inv* nach der Geburt *nach n,* postnatal *fachspr*

'**post office** *n* ■ **the ~** die Post *kein pl*

postpone [poʊst·'poʊn] *vt* verschieben

postponement [poʊst·'poʊn·mənt] *n* ❶ (*delay*) Verschiebung *f* ❷ (*deferment*) Aufschub *m; of a court case* Vertagung *f*

'**postscript** *n* ❶ (*to a letter*) Postskript[um] *nt* ❷ (*sequel*) Fortsetzung *f*

posture ['pas·tʃər] **I.** *n* (*natural*) [Körper]haltung *f;* (*pose a.*) Stellung *f,* Pose *f* **II.** *vi* (*pej*) sich in Pose werfen

post'**war** *adj inv* Nachkriegs-, der Nachkriegszeit *nach n*

posy ['poʊ·zi] *n* Sträußchen *nt*

pot[1] [pat] **I.** *n* ❶ (*for cooking*) Topf *m;* (*smaller*) Töpfchen *nt* ❷ (*container*) Topf *m;* (*made of glass*) Glas[gefäß] *nt;* **coffee ~** Kaffeekanne *f* ❸ (*for plants*) Blumentopf *m* ❹ (*clay container*) Keramikgefäß *nt* **II.** *vt* <-tt-> (*place in pot*) *plants* eintopfen

pot[2] [pat] *n* (*sl*) Pot *nt*

potash ['pat·æʃ] *n* Pottasche *f*

potassium [pə·'tæs·i·əm] *n* Kalium *nt*

potato <*pl* -es> [pə·'teɪ·toʊ] *n* Kartoffel *f,* Erdapfel *m* ÖSTERR; **baked ~** Ofenkartoffel *f;* **mashed ~es** Kartoffelbrei *m*

po'**tato chip** *n usu pl* Kartoffelchip *m*

po'**tato peeler** *n* Kartoffelschäler *m*

potbellied ['pat·,belid] *adj inv* dickbäuchig

'**potbelly** *n* dicker Bauch, Wampe *f fam;* (*sign of illness*) Blähbauch *m*

potency ['poʊ·tən·si] *n* ❶ (*strength*) Stärke *f; of evil, temptation, a spell* Macht *f; of a drug, poison* Wirksamkeit *f; of a weapon* Durchschlagskraft *f* ❷ (*sexual*) Potenz *f*

potent ['poʊ·tənt] *adj* ❶ (*strong*) mächtig; *antibiotic, drink, poison* stark; *argument* schlagkräftig; *symbol* aussagekräftig; *weapon* durchschlagend ❷ (*sexual*) potent

potentate ['poʊ·tən·teɪt] *n* (*esp pej liter*) Potentat(in) *m(f) geh*

potential [pə·'ten·ʃəl] **I.** *adj inv* potenziell *geh,* möglich **II.** *n* Potenzial *nt geh;* **to have** [**a lot of**] ~ *building, idea* [vollkommen] ausbaufähig

sein; *person* [großes] Talent haben; *song* viel versprechend sein

potentially [pə·'ten·ʃə·li] *adv inv* potenziell *geh;* ~ **disastrous** möglicherweise verheerend; **sth is ~ fatal** etw kann tödlich sein

'**potholder** *n* Topflappen *m*

'**pothole** *n* (*in road*) Schlagloch *nt*

potion ['poʊ·ʃən] *n* Trank *m;* (*esp pej: medicine*) Mittelchen *nt hum o pej*

pot'**luck** *n attr* FOOD (*communal meal*) ~ **dinner** Abendessen, zu dem jeder eine Speise mitbringt

ⓘ In den Vereinigten Staaten ist ein **potluck dinner** ein Abendessen, zu dem jeder Gast einen Salat, eine Hauptspeise, einen Nachtisch oder auch nur Kartoffelchips oder Kekse mitbringt. Üblicherweise wird eine Liste geführt, um sicherzustellen, dass eine vollständige Mahlzeit zustande kommt.

potpourri [,poʊ·pʊ·'ri] *n* Potpourri *nt*

'**pot roast** *n* Schmorbraten *m*

'**potshot** *n* ❶ (*with gun*) blinder Schuss ❷ (*fig: verbal attack*) Seitenhieb *m;* **to take a ~ at sb/sth** [aufs Geratewohl] auf jdn/etw schießen; (*fig*) Seitenhiebe gegen jdn/etw austeilen

potter ['pat·ər] *n* Töpfer(in) *m(f)*

pottery ['pat·ə·ri] *n* ❶ (*activity*) Töpfern *nt* ❷ (*objects*) Keramik *f kein pl* ❸ (*factory*) Töpferei *f*

potty ['pat·i] *n* Töpfchen *nt;* **to go ~** (*esp childspeak*) aufs Töpfchen gehen

'**potty trained** *adv* **to be ~** allein aufs Töpfchen gehen können

pouch <*pl* -es> [paʊtʃ] *n* ❶ (*small bag*) Beutel *m* ❷ ZOOL (*of kangaroo, koala*) Beutel *m;* (*of hamster*) Tasche *f*

poultice ['poʊl·tɪs] *n* MED Breiumschlag *m*

poultry ['poʊl·tri] *n* ❶ *pl* (*birds*) Geflügel *nt kein pl* ❷ (*meat*) Geflügel[fleisch] *nt*

pounce [paʊns] *vi* ❶ (*jump*) losspringen; *attacker, animal* einen Satz machen ❷ (*fig: seize opportunity*) zuschlagen, zuschnappen *fam*

pound[1] [paʊnd] *n* ❶ (*unit of weight*) ≈ Pfund *nt* (*454 g*) ❷ (*unit of currency*) Pfund *nt*

pound[2] [paʊnd] **I.** *vt* ❶ (*hit repeatedly*) ■ **to ~ sth** auf etw *akk* hämmern; **to ~ the door** gegen die Tür hämmern ❷ MIL (*bombard*) **to ~ enemy positions** die feindlichen Stellungen bombardieren; **the storm ~ed the southern United States** (*fig*) der Sturm peitschte über den Süden der Vereinigten Staaten hinweg **II.** *vi* ❶ (*strike repeatedly*) hämmern (**on** an/ gegen/auf +*akk*) ❷ (*beat*) *pulse* schlagen; *heart a.* pochen

pounding ['paʊn·dɪŋ] **I.** *n* ❶ (*noise*) *of guns* Knattern *nt; of heart* Schlagen *nt;* (*in head*) Pochen *nt; of music, drum* Dröhnen *nt; of waves* Brechen *nt* ❷ (*attack*) Beschuss *m kein pl;* (*from air*) Bombardement *nt;* **to take a ~** unter schweren Beschuss geraten ❸ (*defeat*) Niederlage *f;* (*in election, match*) Schlappe *f* II. *adj drum, music* dröhnend; *head, heart* pochend

pour [pɔr] **I.** *vt* ❶ (*cause to flow*) gießen (**into, onto** in, auf +*akk*); ▪**to ~ sb sth** jdm etw einschenken; (*as refill*) jdm etw nachschenken; **~ yourself a drink** nimm dir was zu trinken ❷ (*fig: give in large amounts*) *money, resources* fließen lassen (**into** in +*akk*); *energy* stecken (**into** in +*akk*) **II.** *vi* ❶ (*flow*) fließen (**into, out of** in, aus +*akk*); **the sunlight came ~ing into the room** das Sonnenlicht durchströmte den Raum ❷ *impers* (*rain*) **it's ~ing** [**rain**] es schüttet wie aus Kübeln *fam* ❸ (*fill glasses, cups*) eingießen, einschenken
◆**pour in** *vi* hereinströmen, hineinströmen; *letters, donations* massenweise eintreffen
◆**pour out I.** *vt* ❶ *liquids* ausgießen, herauskippen; *solids* ausschütten ❷ (*fig: recount*) **to ~ out one's feelings** sich *dat* Gefühle von der Seele reden ❸ (*produce quickly*) ausstoßen **II.** *vi* ❶ (*come out*) ausströmen; *smoke* herausquellen ❷ (*be expressed*) *words etc.* herauskommen *fig*

pout [paʊt] **I.** *vi* einen Schmollmund machen; (*sulk*) schmollen **II.** *vt lips* spitzen **III.** *n* Schmollmund *m*

poverty ['pav·ər·t̬i] *n* ❶ (*state of being poor*) Armut *f* ❷ (*form: lack*) Mangel *m* (**of** an +*dat*)
'**poverty line** *n* ▪**the ~** die Armutsgrenze
'**poverty-stricken** *adj* bitterarm

POW [ˌpi·oʊ·'dʌb·əl·ju], *n abbrev of* **prisoner of war** KG

powder ['paʊ·dər] **I.** *n* ❶ Pulver *nt* ❷ (*makeup*) Puder *m* **II.** *vt* pudern; ▪**to be ~ed with sth** mit etw *dat* bestreut sein

powdered ['paʊ·dərd] *adj inv* ❶ (*in powder form*) Pulver-, pulverisiert; **~ sugar** Puderzucker *m* ❷ (*covered with powder*) gepudert
'**powder keg** *n* Pulverfass *nt*
'**powder puff** *n* Puderquaste *f*
'**powder room** *n* (*euph*) Damentoilette *f*

powdery ['paʊ·də·ri] *adj* pulv[e]rig; (*finer*) pud[e]rig

power ['paʊ·ər] **I.** *n* ❶ POL (*control*) Macht *f;* (*influence*) Einfluss *m;* **to have sb in one's ~** jdn in seiner Gewalt haben; **to seize ~** die Macht ergreifen ❷ (*nation*) [Führungs]macht *f* ❸ (*person, group*) Macht *f;* (*person a.*) treibende Kraft ❹ (*authority*) Kompetenz[en] *f*[*pl*] ❺ (*ability*) Vermögen *nt;* **to do everything in one's ~** alles in seiner Macht Stehende tun ❻ (*strength*) Kraft *f;* (*output a.*) Leistung *f;* (*of sea, wind, explosion*) Gewalt *f;* (*of nation, political party*) Stärke *f,* Macht *f* ❼ (*electricity*) Strom *m,* Elektrizität *f;* **nuclear ~** Atomenergie *f* ❽ MATH Potenz *f;* **two to the fourth ~** zwei hoch vier ▸ PHRASES: **the ~s that be** die Mächtigen **II.** *vt* antreiben
◆**power down I.** *vt* ELEC, TECH abschalten; *computer* herunterfahren **II.** *vi* COMPUT herunterfahren; TECH zum Stillstand kommen

◆**power up I.** *vt* ELEC, TECH einschalten; *computer* hochfahren **II.** *vi* TECH, COMPUT hochfahren

power-as'sisted *adj attr, inv* Servo-
'**powerboat** *n see* **motorboat**
power 'brakes *npl* Servobremsen *pl*
'**power cable** *n* Stromkabel *nt*

powerful ['paʊ·ər·fəl] *adj* ❶ (*mighty*) mächtig; (*influential*) einflussreich ❷ (*physically strong*) stark, kräftig ❸ (*having physical effect*) stark; *explosion* heftig ❹ *effect, influence* stark; *argument* schlagkräftig; *evidence* überzeugend; *gaze* durchdringend ❺ TECH, TRANSP [leistungs]stark

powerfully ['paʊ·ər·fə·li] *adv* ❶ (*strongly*) stark; (*very much*) sehr ❷ (*using great force*) kraftvoll, mit Kraft; *argue* schlagkräftig
'**powerhouse** *n* treibende Kraft, Motor *m fig;* (*of ideas, suggestions*) unerschöpfliche Quelle

powerless ['paʊ·ər·lɪs] *adj* machtlos (**against** gegen +*akk*); ▪**to be ~ to do sth** unfähig sein, etw zu tun
'**power line** *n* Stromkabel *nt*
'**power outage** *n* (*accidental*) Stromausfall *m;* (*deliberate*) Stromsperre *f*
'**power plant** *n* Kraftwerk *nt*
power 'steering *n* Servolenkung *f*
'**power tool** *n* Motorwerkzeug *nt;* (*electric*) Elektrowerkzeug *nt*

pp. *npl* (*form*) *abbrev of* **pages** S.
PR [pi·'ar] *n abbrev of* **public relations** PR
practicable ['præk·tɪ·kə·bəl] *adj* (*form*) durchführbar, machbar

practical ['præk·tɪ·kəl] **I.** *adj* ❶ (*suitable, not theoretical*) praktisch ❷ (*approv: good at doing things*) praktisch [veranlagt] ❸ (*possible*) realisierbar, praktikabel; **~ technique** [in der Praxis] anwendbare Technik **II.** *n* praktische Prüfung

practicality [ˌpræk·tɪ·'kæl·ɪ·t̬i] *n* ❶ (*feasibility*) Durchführbarkeit *f,* Machbarkeit *f;* (*practical gain*) praktischer Nutzen ❷ (*practical aspect*) ▪**the practicalities** *pl* die praktische Seite ❸ (*usability*) Nützlichkeit *f*

practically ['præk·tɪk·li] *adv inv* ❶ (*almost*) praktisch; **we're ~ home** wir sind fast zu Hause ❷ (*not theoretically*) praktisch; **to be ~ minded** praktisch denken

practice ['præk·tɪs] **I.** *n* ❶ (*preparation*) Übung *f;* ▪**to be out of ~** aus der Übung sein ❷ (*training session*) [Übungs]stunde *f;* SPORT Training *nt* ❸ (*actual performance, usual procedure*) Praxis *f;* **in ~** in der Praxis; **to put sth into ~** etw [in die Praxis] umsetzen ❹ (*regular activity*) Praktik *f,* Gewohnheit *f;* (*custom*) Sitte *f* ❺ (*business*) Praxis *f* **II.** *adj game, shot* Probe-; SPORT Trainings- **III.** *vt* ❶ (*rehearse*) ▪**to ~** [**doing**] **sth** etw üben; (*improve particular skill*) an etw *dat* arbeiten; **to ~ the violin** Geige üben ❷ (*do regularly*) praktizieren; *a religion* ausüben **IV.** *vi* ❶ (*improve skill*) üben; SPORT trainieren ❷ (*work in a profession*) praktizieren

practiced ['præk·tɪst] *adj* ❶ (*experienced*) erfahren, geübt (**in** in +*dat*); ■**to be** ~ **at doing sth** sich mit etw *dat* auskennen; ~ **eye** geübtes Auge ❷ (*form: obtained by practice*) gekonnt

practicing ['præk·tɪs·ɪŋ] *adj attr, inv* praktizierend

practitioner [præk·'tɪʃ·ə·nər] *n* (*form*) **medical** ~ praktischer Arzt/praktische Ärztin

pragmatic [præg·'mæt̬·ɪk] *adj person, attitude* pragmatisch; *idea, reason* vernünftig

pragmatism ['præg·mə·tɪz·əm] *n* Pragmatismus *m*

prairie ['prer·i] *n* [Gras]steppe *f*; (*in North America*) Prärie *f*

'prairie dog *n* ZOOL Präriehund *m*

praise [preɪz] **I.** *vt* ❶ (*express approval*) loben ❷ (*worship*) ~ **the Lord!** gelobt sei der Herr! **II.** *n* ❶ (*approval*) Lob *nt;* **to heap** ~ **on sb** jdn mit Lob überschütten; **to win** ~ **for sth** für etw *akk* [großes] Lob ernten ❷ (*form: worship*) Lobpreis *m*

praiseworthy ['preɪz·ˌwɜr·ði] *adj* lobenswert

prance [præns] *vi person* stolzieren; (*horse*) tänzeln; ■**to** ~ **around** herumhüpfen; *children* umhertollen

prank [præŋk] *n* Streich *m*

pray [preɪ] *vi* ❶ beten; **let us** ~ lasset uns beten ❷ (*fig: hope*) hoffen (**for** auf +*akk*)

prayer [prer] *n* ❶ (*request to a god*) Gebet *nt;* **to say a** ~ **for sb** für jdn beten ❷ (*action of praying*) Gebet *nt,* Beten *nt* ❸ (*fig: hope*) Hoffnung *f;* **to not have a** ~ (*fam*) kaum Chancen haben ❹ (*service*) ■ ~ **s** *pl* Andacht *f*

'prayer book *n* Gebetbuch *nt*

'prayer meeting *n* Gebetsstunde *f*

'prayer rug *n* Gebetsteppich *m*

praying 'mantis *n* Gottesanbeterin *f*

preach [pritʃ] **I.** *vi* ❶ (*give a sermon*) predigen (**to** vor +*dat*) ❷ (*pej: lecture*) ■**to** ~ **to sb** [**about sth**] jdm eine Predigt [über etw *akk*] halten *fig* **II.** *vt* ❶ (*advocate*) predigen *fig* ❷ (*deliver*) **to** ~ **a sermon** eine Predigt halten

preacher ['pri·tʃər] *n* ❶ (*priest*) Geistliche(r) *f(m),* Pfarrer(in) *m(f)* ❷ Prediger(in) *m(f)*

preamble [pri·'æm·bəl] *n* (*form*) ❶ (*introduction*) Einleitung *f,* Vorwort *nt;* (*to a lecture*) Einführung *f* ❷ (*fig: introductory material*) Einleitung *f*

prearrange [ˌpri·ə·'reɪndʒ] *vt usu passive* vorplanen

precarious [prɪ·'ker·i·əs] *adj* gefährlich; *hold, balance* unsicher

precaution [prɪ·'kɔ·ʃən] *n* Vorkehrung *f;* **safety** ~ **s** Vorsichtsmaßnahmen *pl*

precautionary [ˌprɪ·'kɔ·ʃə·ner·i] *adj inv* Vorsichts-

precede [prɪ·'sid] *vt* ❶ (*in rank*) rangieren vor *dat;* (*in importance*) wichtiger sein als ❷ (*in time*) vorausgehen *dat* ❸ (*in space*) vorangehen; **if the instruction is** ~ **d by an asterisk, ...** wenn ein Sternchen vor der Anweisung steht, ...

precedence ['pres·ə·dəns] *n* ❶ (*priority*) Priorität *f,* Vorrang *m;* **to take** ~ [**over sth/sb**] Priorität [gegenüber jdm/etw] haben ❷ (*form: order of priority*) Rangordnung *f*

precedent ['pres·ə·dent] *n* ❶ (*example*) vergleichbarer Fall, Präzedenzfall *m geh;* **to set a** ~ einen Präzendenzfall schaffen ❷ (*past procedure*) Tradition *f;* **to break with** ~ [**by doing sth**] [durch etw *akk*] mit der Tradition brechen

preceding [prɪ·'si·dɪŋ] *adj attr, inv* vorhergehend, vorangegangen; **the** ~ **page** die vorige Seite

precinct ['pri·sɪŋkt] *n* ❶ (*electoral district*) Wahlbezirk *m* ❷ (*police district*) Polizeirevier *nt;* (*police station*) Revier *nt*

precious ['preʃ·əs] **I.** *adj* ❶ (*of great value*) wertvoll, kostbar; ■**to be** ~ **to sb** jdm viel bedeuten ❷ (*pej*) *manner, style* geziert; *person* affektiert *geh* **II.** *adv* (*fam*) ~ **little** herzlich wenig

precipice ['pres·ə·pɪs] *n* ❶ (*steep drop*) Abgrund *m;* (*cliff face*) Steilhang *m* ❷ (*brink*) Klippe *f*

precipitate [prɪ·'sɪp·ɪ·teɪt] **I.** *vt* ❶ (*form: trigger*) auslösen ❷ (*force suddenly*) stürzen (**into** in +*akk*) **II.** *vi* ❶ METEO einen Niederschlag bilden ❷ CHEM ■**to** ~ [**out**] ausfallen *fachspr* **III.** *n* Satz *m;* GEOL, MED Sediment *nt fachspr*

precipitation [prɪ·ˌsɪp·ɪ·'teɪ·ʃən] *n* ❶ METEO Niederschlag *m* ❷ (*forming into a solid*) Setzen *nt;* GEOL, MED Sedimentieren *nt fachspr* ❸ (*triggering*) **the** ~ **of a conflict** das Auslösen eines Konflikts

precipitous [prɪ·'sɪp·ɪ·təs] *adj* (*very steep*) steil, abschüssig, steil abfallend *attr*

precise [prɪ·'saɪs] *adj* ❶ (*exact*) genau, präzise ❷ (*approv: careful*) sorgfältig, genau; *movement* [ziel]sicher; *pronunciation, spelling* korrekt

precisely [prɪ·'saɪs·li] *adv* ❶ (*exactly*) genau, präzise ❷ (*just*) genau; ~ **because** eben wegen ❸ (*approv: carefully*) sorgfältig

precision [prɪ·'sɪʒ·ən] **I.** *n* ❶ (*accuracy*) Genauigkeit *f,* Präzision *f* ❷ (*approv: meticulous care*) Sorgfalt *f* **II.** *adj attr, inv* exakt, präzise

preclude [prɪ·'klud] *vt* (*form*) ausschließen; ■**to** ~ **sb from doing sth** (*form*) jdn davon abhalten, etw zu tun

precocious [prɪ·'koʊ·ʃəs] *adj* ❶ (*developing early*) frühreif; ~ **talent** frühe Begabung ❷ (*pej: maturing too early*) altklug

precociousness [prɪ·'koʊ·ʃəs·nɪs] *n* (*form*) ❶ (*early development*) Frühreife *f* ❷ (*pej: maturing too early*) Altklugheit *f*

preconceived [ˌpri·kən·'sivd] *adj* (*esp pej*) vorgefasst

preconception [ˌpri·kən·'sep·ʃən] *n* (*esp pej*) vorgefasste Meinung

precondition [ˌpri·kən·'dɪʃ·ən] *n* Vorbedingung *f,* Voraussetzung *f*

precooked [ˌpri·'kʊkt] *adj inv* vorgekocht

precursor [prɪ·'kɜr·sər] *n* (*form*) ❶ (*fore-runner*) Vorläufer *m;* (*preparing way for sth*) Wegbereiter *m* ❷ (*harbinger*) Vorbote *m*

predate [pri·'deɪt] *vt* (*form*) zeitlich vorausgehen

predator ['pred·ə·t̪ər] *n* ❶ (*animal*) Raubtier *nt;* (*bird*) Raubvogel *m;* (*fish*) Raubfisch *m* ❷ (*pej: person*) Profiteur(in) *m(f);* (*vulture*) Aasgeier *m fig fam*

predatory ['pred·ə·t̪ɔr·i] *adj* ❶ (*preying*) Raub-, räuberisch ❷ (*esp pej: exploitative*) raubtierhaft, rücksichtslos; (*greedy*) [raff]gierig

predecessor ['pred·ə·ses·ər] *n* Vorgänger(in) *m(f)*

predetermine [,pri·dɪ·'t̪ɜr·mən] *vt usu passive* (*form*) vor[her]bestimmen; **at a ~d signal** auf ein verabredetes Zeichen hin

predicament [prɪ·'dɪk·ə·mənt] *n* Notlage *f;* **to be in a ~** sich in einer misslichen Lage befinden

predicate ['pred·ɪ·kɪt] *n* LING Prädikat *nt*

predict [prɪ·'dɪkt] *vt* vorhersagen; *sb's future etc.* prophezeien

predictable [prɪ·'dɪk·t̪ə·bəl] *adj* ❶ (*foreseeable*) vorhersehbar, voraussagbar ❷ (*pej: not very original*) berechenbar; **her answer was so ~** es war von vornherein klar, was sie antworten würde

prediction [prɪ·'dɪk·ʃən] *n* ❶ (*forecast*) Vorhersage *f,* Voraussage *f;* ECON, POL Prognose *f;* **to make a ~ about sth** etw vorhersagen; ECON, POL eine Prognose zu etw *dat* abgeben ❷ (*act of predicting*) Vorhersagen *nt*

predominance [prɪ·'dam·ə·nəns] *n* ❶ (*greater number*) zahlenmäßige Überlegenheit ❷ (*predominant position*) Vorherrschaft *f* (**in** bei +*dat*)

predominant [prɪ·'dam·ə·nənt] *adj inv* vorherrschend, beherrschend; ■**to be ~** führend sein

predominate [prɪ·'dam·ə·neɪt] *vi* ❶ (*be most important*) vorherrschen ❷ (*be more numerous*) überwiegen

preeminence [,pri·'em·ɪ·nəns] *n* (*form*) Überlegenheit *f,* überragende Bedeutung

preeminent [,pri·'em·ɪ·nənt] *adj* (*form*) herausragend, überragend

preempt [,pri·'empt] *vt* ❶ TV, RADIO (*displace*) *regular programming* ersetzen ❷ (*form: appropriate in advance*) mit Beschlag belegen ❸ (*form: act in advance*) ■**to ~ sb/sth** jdm/ etw zuvorkommen

preemptive [pri·'emp·tɪv] *adj inv* ❶ (*preventive*) vorbeugend, Präventiv- ❷ MIL (*forestalling the enemy*) *attack, strike* präventiv, Präventiv-

preen [prin] I. *vi* ❶ *bird* sich putzen ❷ (*pej*) *person* sich auftakeln II. *vt* ❶ (*of bird*) *feathers* putzen ❷ (*pej: groom*) ■**to ~ oneself** sich auftakeln

pre-exist [,pri·ɪg·'zɪst] (*form*) I. *vi* vorher existieren; PHILOS, REL präexistieren II. *vt* vorausgehen

prefab ['pri·fæb] (*fam*) I. *n short for* **prefabricated house** Fertighaus *nt* II. *adj inv short for* **prefabricated** vorgefertigt

prefabricated [,pri·'fæb·rɪ·keɪ·t̪ɪd] *adj inv* vorgefertigt

preface ['pref·ɪs] I. *n* (*introduction*) Einleitung *f;* *to a novel, play etc.* Vorwort *nt* (**to** zu +*dat*) II. *vt* ❶ (*provide with preface*) ■**to ~ sth** eine Einleitung zu etw *dat* verfassen; ■**to be ~d by sth** durch etw *akk* eingeleitet werden ❷ (*serve as introduction to*) einleiten

prefect ['pri·fekt] *n* (*official*) Präfekt(in) *m(f)*

prefer <-rr-> [prɪ·'fɜr] *vt* (*like better*) vorziehen, bevorzugen; ■**to ~ doing sth** [**to doing sth**] etw lieber [als etw] tun

preferable ['pref·rə·bəl] *adj inv* besser

preferably ['pref·rə·bli] *adv inv* am besten, vorzugsweise

preference ['pref·rəns] *n* ❶ (*priority*) Priorität *f,* Vorzug *m;* **to be given ~** Vorrang haben ❷ (*greater liking*) Vorliebe *f* (**for** für +*akk*) ❸ (*preferred thing*) Vorliebe *f;* **which is your personal ~?** was ist Ihnen persönlich lieber?

preferential [,pref·ə·'ren·ʃəl] *adj attr* Vorzugs-, Präferenz-; **to get ~ treatment** bevorzugt behandelt werden

preferred [prɪ·'fɜrd] *adj attr, inv* bevorzugt, Lieblings-; **the ~ choice** die erste Wahl

prefix ['pri·fɪks] I. *n* <*pl* -es> ❶ LING Präfix *nt* fachspr ❷ (*something prefixed*) Namensvorsatz *m;* **to add sth as a ~** etw voranstellen II. *vt* ■**to ~ sth with sth** etw einer S. *dat* voranstellen

pregnancy ['preg·nən·si] *n* Schwangerschaft *f;* ZOOL Trächtigkeit *f*

pregnant ['preg·nənt] *adj inv* ❶ *woman* schwanger; *animal* trächtig; **she's eight months ~** sie ist im achten Monat [schwanger] ❷ (*fig*) *pause, remark* bedeutungsvoll

prehistoric [,pri·hɪ·'stɔr·ɪk] *adj inv* ❶ (*before written history*) prähistorisch ❷ (*pej fam: outdated*) steinzeitlich *fig,* völlig veraltet

prejudge [,pri·'dʒʌdʒ] *vt* vorschnell ein Urteil fällen (über +*akk*), eine vorgefasste Meinung haben (über +*akk*)

prejudice ['predʒ·ə·dɪs] I. *n* ❶ (*preconceived opinion*) Vorurteil *nt* ❷ (*bias*) Vorurteil *nt* (**against** gegen +*akk*); **racial ~** Rassenvorurteil *nt* II. *vt* ❶ (*harm*) schädigen; **to ~ sb's chances** jds Chancen beeinträchtigen ❷ (*bias*) ■**to ~ sb** [**against/in favor of sb/sth**] jdn [gegen/für jdn/etw] einnehmen; **to ~ a case** LAW den Ausgang eines Prozesses beeinflussen

prejudiced ['predʒ·ə·dɪst] *adj* voreingenommen; *opinion* vorgefasst; ■**to be ~ against sb/sth** Vorurteile gegen jdn/etw haben; ■**to be ~ in favor of sb/sth** gegenüber jdm/etw positiv eingestellt sein

prejudicial [,predʒ·ə·'dɪʃ·əl] *adj* (*form*) abträglich +*dat;* **to have a ~ effect on sth** eine nachteilige Wirkung auf etw *akk* haben; **to be ~ to sb's health** jds Gesundheit beeinträchtigen

prelim ['pri·lɪm] *n* (*fam*) ❶ SPORTS *short for* **preliminary** Vorrunde *f* ❷ *usu pl* (*preliminary exam*) *short for* **preliminary** Vorprüfung *f*

preliminary [prɪ·'lɪm·ə·ner·i] I. *adj attr, inv* einleitend; (*preparatory*) vorbereitend; ~ **arrangements** Vorbereitungen *pl* II. *n* ❶ (*introduction*) Einleitung *f;* (*preparation*) Vorbereitung *f* ❷ SPORTS (*heat*) Vorrunde *f* ❸ (*form: preliminary exam*) Vorprüfung *f*

prelude ['prel·jud] *n* ❶ *usu sing* (*preliminary*) Vorspiel *nt*, Auftakt *m* ❷ MUS Prélude *nt*

premarital [ˌpri·'mær·ɪ·təl] *adj inv* vorehelich *attr*

premature [ˌpri·mə·'tʃʊr] *adj* ❶ (*too early*) verfrüht, vorzeitig; *announcement, criticism, decision* voreilig ❷ MED ~ **baby** Frühgeburt *f*

premeditated [ˌpri·'med·ɪ·teɪ·t̬ɪd] *adj inv* vorsätzlich, geplant; *act* überlegt

premeditation [ˌpri·med·ɪ·'teɪ·ʃən] *n* (*form*) [wohl durchdachtes] Planen; **with** ~ *of a crime* mit Vorsatz

premenstrual [ˌpri·'men·stru·əl] *adj attr, inv* prämenstruell

premenstrual 'syndrome *n* prämenstruelles Syndrom

premier [prɪ·'mɪr] I. *n* Premierminister(in) *m(f)* II. *adj attr, inv* führend; **the** ~ **sporting event** der bedeutendste Wettkampf

premiere, première [prɪ·'mɪr] I. *n* Premiere *f,* Uraufführung *f* II. *vt* uraufführen III. *vi* **to** ~ **in New York** in New York uraufgeführt werden

premise ['prem·ɪs] *n* Prämisse *f geh,* Voraussetzung *f;* **to start from the** ~ **that ...** von der Voraussetzung ausgehen, dass ...

premium ['pri·mi·əm] I. *n* ❶ (*insurance payment*) [Versicherungs]prämie *f* ❷ (*extra charge*) Zuschlag *m;* ■ **a** ~ **on sth** ein Preisaufschlag auf etw *akk* ❸ (*gasoline*) Super[benzin] *nt* II. *adj attr, inv* ❶ (*high*) hoch ❷ (*top-quality*) Spitzen-; **the** ~ **brand** die führende Marke; *fruit* erstklassig

premonition [ˌpri·mə·'nɪʃ·ən] *n* [böse] Vorahnung

prenatal [ˌpri·'neɪ·təl] *adj attr, inv* vorgeburtlich, pränatal *fachspr*

preoccupation [ˌpri·ak·jə·'peɪ·ʃən] *n* ❶ (*dominant concern*) Sorge *f* ❷ (*state of mind*) ■ [**a**] ~ **with sth** ständige [gedankliche] Beschäftigung mit etw *dat;* **to have a** ~ **with sth** von etw *dat* besessen sein

preoccupied [pri·'ak·ju·paɪd] *adj* ❶ (*distracted*) gedankenverloren; (*absorbed*) nachdenklich; ■ **to be** ~ **with sb/sth** sich mit jdm/etw stark beschäftigen ❷ (*worried*) besorgt

preoccupy <-ie-> [pri·'ak·ju·paɪ] *vt* ■ **to** ~ **sb** jdn [sehr stark] beschäftigen

preordain [ˌpri·ɔr·'deɪn] *vt usu passive* (*form*) ■ **to be** ~ **ed** vorherbestimmt sein; *path* vorgezeichnet; **sb is** ~ **ed to succeed** der Erfolg ist jdm sicher

prep [prep] *n* (*fam*) Vorbereitung *f*

prepaid [ˌpri·'peɪd] *adj inv* im Voraus bezahlt, bereits bezahlt

preparation [ˌprep·ə·'reɪ·ʃən] *n* ❶ (*getting ready*) Vorbereitung *f; of food* Zubereitung *f;* **to do a lot of** ~ [**for sth**] sich sehr gut [auf etw *akk*] vorbereiten ❷ (*measures*) ■ ~ **s** *pl* Vorbereitungen *pl* (**for** für +*akk*); (*precautions*) Vorkehrungen *pl* ❸ (*substance*) Präparat *nt*, Mittel *nt*

preparatory [prɪ·'pær·ə·tɔr·i] *adj inv* vorbereitend *attr*, Vorbereitungs-

pre'paratory school *n* (*form*) *meist private Vorbereitungsschule auf das College*

prepare [prɪ·'per] I. *vt* ❶ (*get ready*) vorbereiten (**for** auf +*akk*); I **hadn't** ~ **d myself for such a shock** auf einen solchen Schock war ich nicht gefasst; **to** ~ **the way** [**for sb/sth**] den Weg [für jdn/etw] bereiten ❷ (*make*) zubereiten; *meal* machen II. *vi* ■ **to** ~ **for sth** sich auf etw *akk* vorbereiten; **to** ~ **for takeoff** sich zum Start bereit machen

prepared [prɪ·'perd] *adj* ❶ *pred* (*ready*) bereit, fertig *fam;* ■ **to be** ~ **for sb/sth** auf jdn/etw vorbereitet sein; **they were** ~ **for the worst** sie waren auf das Schlimmste gefasst ❷ *pred* (*willing*) ■ **to be** ~ **to do sth** bereit sein, etw zu tun ❸ (*arranged previously*) vorbereitet; ~ **meal** Fertiggericht *nt*

prepay <-paid, -paid> [ˌpri·'peɪ] *vt* im Voraus bezahlen

prepayment [ˌpri·'peɪ·mənt] *n* Vorauszahlung *f*

preposition [ˌprep·ə·'zɪʃ·ən] *n* Verhältniswort *nt*, Präposition *f*

prepossessing [ˌpri·pə·'zes·ɪŋ] *adj usu neg* einnehmend, anziehend; **to be not very** ~ *person* nicht sehr einnehmend sein

preposterous [prɪ·'pas·tər·əs] *adj* absurd, unsinnig

preppy, preppie ['prep·i] I. *n* Schüler(in) einer privaten „*prep school*", *der/die großen Wert auf gute Kleidung und das äußere Erscheinungsbild legt* II. *adj appearance* adrett; *clothes, look* popperhaft *meist pej fam*

'prep school *n* (*fam*) *see* **preparatory school**

prerequisite [ˌpri·'rek·wɪ·zɪt] *n* (*form*) [Grund]voraussetzung *f,* Vorbedingung *f* (**for/ of/to** +*akk*)

prerogative [prɪ·'rag·ə·t̬ɪv] *n usu sing* (*form: right*) Recht *nt;* (*privilege*) Vorrecht *nt,* Privileg *nt*

preschool ['pri·skul] I. *n* Kindergarten *m* II. *adj attr, inv* vorschulisch, Vorschul-

prescribe [prɪ·'skraɪb] *vt* ❶ (*medical*) ■ **to** ~ **sth** [**for sb**] [jdm] etw verschreiben ❷ (*recommend*) ■ **to** ~ **sth** [**to sb**] *a special diet* [jdm] etw verordnen; *fresh air, exercise* [jdm] etw empfehlen

prescription [prɪ·'skrɪp·ʃən] *n* (*medical*) Rezept *nt* (**for** auf +*akk*); **to be available by** ~ **only** verschreibungspflichtig sein

presence ['prez·əns] *n* ❶ (*attendance*) Anwesenheit *f;* (*occurrence*) Vorhandensein *nt;* **in**

my ~ in meiner Gegenwart ② (*approv: dignified bearing*) Haltung *f*, Auftreten *nt* ③ (*supernatural*) Gegenwart *f kein pl;* **to feel sb's** ~ jds Gegenwart [förmlich] spüren können
present¹ ['prez·ənt] **I.** *n* ① (*now*) ■**the** ~ die Gegenwart; **at** ~ zurzeit, gegenwärtig; **for the** ~ vorläufig ② LING Präsens *nt* **II.** *adj* ① *inv, attr* (*current*) derzeitig, gegenwärtig; *month* laufend; **down to the** ~ **day** bis zum heutigen Tag; **at the** ~ **moment** im Moment ② *inv, attr* (*being dealt with*) betreffend; *case* vorliegend ③ *inv, usu pred* (*in attendance*) anwesend (**at** bei +*dat*)
present² **I.** *n* ['prez·ənt] Geschenk *nt;* **birthday** ~ Geburtstagsgeschenk *nt;* **to get sth as a** ~ etw geschenkt bekommen **II.** *vt* [prɪ·'zent] ① (*give formally*) ■**to** ~ **sth** [**to sb**/**sth**] *gift* [jdm/etw] etw schenken; *award, medal, diploma* [jdm/etw] etw überreichen ② (*hand over, show*) ■**to** ~ **sth** [**to sb**/**sth**] [jdm/etw] etw vorlegen; **to** ~ **a united front** *organization, people* sich geeint zeigen ③ (*put forward*) ■**to** ~ **sth** [**to sb**/**sth**] [jdm/etw] etw präsentieren; *argument* anführen; *proposal* unterbreiten ④ (*face, confront*) **to** ~ **sb with a challenge** jdn vor eine Herausforderung stellen; **to** ~ **sb with the facts** jdm die Fakten vor Augen führen ⑤ (*be*) darstellen; (*offer, provide*) bieten; (*cause*) mit sich bringen ⑥ *TV program* moderieren; *film* zeigen ⑦ (*arise*) ■**to** ~ **itself** *opportunity, solution* sich bieten; *problem* sich zeigen
presentable [prɪ·'zen·tə·bəl] *adj person* vorzeigbar; *thing* ansehnlich; **to make sth** ~ etw herrichten
presentation [ˌpre·zən·'teɪ·ʃən] *n* ① (*giving*) Präsentation *f; of a theory* Darlegung *f; of a dissertation, thesis* Vorlage *f; of gifts* Überreichung *f; of awards* [Preis]verleihung *f* ② (*lecture, talk*) Präsentation *f* (**on** zu +*dat*), Vortrag *f* (**on** über +*akk*) ③ *of photographs, works* Ausstellung *f*
present·'day *adj usu attr* heutig *attr*
presenter [prɪ·'zen·tər] *n* Moderator(in) *m(f)*
presently ['prez·ənt·li] *adv inv* ① (*now*) zurzeit, gegenwärtig ② (*soon*) bald, gleich
present 'participle *n* LING Partizip *nt* Präsens
present 'tense *n* LING Präsens *nt*, Gegenwartsform *f*
preservation [ˌprez·ər·'veɪ·ʃən] **I.** *n* ① (*upkeep*) Erhaltung *f* ② (*conservation*) Bewahrung *f; of order* Aufrechterhaltung *f;* (*protection*) Schutz *m; of* [*national*] *interests* Wahrung *f; of food* Konservierung *f* **II.** *adj attr, inv* Konservierungs-
preservative [prɪ·'zɜr·və·t̬ɪv] *n* Konservierungsstoff *m*
preserve [prɪ·'zɜrv] **I.** *vt* ① (*maintain*) erhalten; *customs, tradition* bewahren ② (*conserve*) konservieren; *wood* [mit Holzschutzmittel] behandeln; *fruit and vegetables* einmachen; *cucumbers* einlegen **II.** *n* ① *usu pl* (*jam or jelly*) Marmelade *f;* (*cooked whole*) Einge-

machte(s) *nt kein pl;* **strawberry** ~**s** eingemachte Erdbeeren ② (*reserve*) Reservat *nt;* **nature**/**wildlife** ~ Naturschutzgebiet *nt* ③ (*domain*) Domäne *f;* (*property*) Besitztum *nt;* (*responsibility*) Wirkungsbereich *m; of a department* Ressort *nt*
preserved [prɪ·'zɜrvd] *adj* ① (*maintained*) konserviert; *building* erhalten ② FOOD eingemacht, eingelegt; ~ **food** konservierte Lebensmittel
preshrunk [ˌpri·'ʃrʌŋk] *adj inv jeans* vorgewaschen
preside [prɪ·'zaɪd] *vi* den Vorsitz haben; ■**to** ~ **over sth** etw leiten
presidency ['prez·ɪ·dən·si] *n* ① (*office*) Präsidentschaft *f;* **to make a run for the** ~ für das Amt des Präsidenten/der Präsidentin kandidieren ② (*tenure*) Präsidentschaft *f;* (*of company*) Aufsichtsratsvorsitz *m*
president ['prez·ɪ·dənt] *n of country* Präsident(in) *m(f); of company, corporation* [Vorstands-]vorsitzende(r)
presidential [ˌprez·ɪ·'den·tʃəl] *adj* ① *inv, usu attr* POL (*of president*) Präsidenten-; (*of office*) Präsidentschafts-; ~ **race** Rennen *nt* um die Präsidentschaft ② *attr, inv* (*of head of organization*) ~ **address** Ansprache *f* des/der Vorsitzenden

---

i Der **Presidents' Day** (Präsidententag) ist ein gesetzlicher Feiertag in den USA und wird immer am dritten Montag im Februar gefeiert, um allen Arbeitnehmern ein langes Wochenende zu ermöglichen. Ursprünglich wurde an diesem Tag der Geburtstag von George Washington, Held des Unabhängigkeitskrieges, gefeiert, der am 22. Februar 1732 geboren wurde. Mitte der siebziger Jahre beschloss der Kongress, einen Feiertag zu Ehren aller US-Präsidenten einzurichten. Der Tag wird aber vielerorts noch als *Washington's Birthday* (Washingtons Geburtstag) bezeichnet.

P

press [pres] **I.** *n* <*pl* -es> ① (*push*) Druck *m;* **at the** ~ **of a button** auf Knopfdruck ② (*instrument*) Presse *f* ③ (*news media, newspapers*) ■**the** ~ die Presse; (*publicity*) **to get good**/**bad** ~ eine gute/schlechte Presse bekommen ④ (*ironing*) Bügeln *nt kein pl* **II.** *vt* ① (*push*) ■**to** ~ **sth** [auf] etw *akk* drücken; ■**to** ~ **sth** ↻ **down** etw herunterdrücken; ■**to** ~ **sth into sth** etw in etw *akk* hineindrücken ② (*flatten*) zusammendrücken; *flowers* pressen; *fruit* auspressen; *grapes* keltern ③ (*iron*) bügeln, glätten SCHWEIZ, plätten NORDD *a.* ④ (*fig: urge, impel*) bedrängen; **to** ~ **sb for a decision** jdn zu einer Entscheidung drängen ⑤ (*forcefully promote*) forcieren **III.** *vi* ① (*push*) drücken ② (*be urgent*) drängen

◆**press ahead** *vi* ■to ~ ahead [with sth] etw vorantreiben

◆**press on** I. *vi* ■to ~ on [with sth] [mit etw *dat*] [zügig] weitermachen II. *vt* ■to ~ sth on sb jdm etw aufdrängen

'**press agency** *n see* **news agency**

'**press clipping** *n* Zeitungsausschnitt *m*

'**press conference** *n* Pressekonferenz *f*

'**press coverage** *n* ❶ (*scale of reporting*) Berichterstattung *f* (*in der Presse*) ❷ (*footage*) [Fernseh]übertragung *f*

'**press gallery** *n* Pressetribüne *f*

pressing ['pres·ɪŋ] *adj issue, matter* dringend; *requests* nachdrücklich

'**press office** *n* Pressestelle *f*

'**press officer** *n* Pressereferent(in) *m(f)*

'**press release** *n* Pressemitteilung *f*, Pressemeldung *f*

pressure ['preʃ·ər] I. *n* ❶ (*physical force*) Druck *m;* **to apply ~** Druck ausüben ❷ PHYS Druck *m* ❸ (*stress*) Druck *m*, Stress *m*, Belastung[en] *f*[*pl*]; (*stronger*) Überlastung *f;* **to be under ~ to do sth** unter Druck stehen, etw zu tun; **there is a lot of ~ on sb** jd hat Stress ❹ (*insistence*) Druck *m;* **to put ~ on sb** [to do sth] jdn unter Druck setzen[, damit er/sie etw tut] II. *vt* ■to ~ sb to do sth jdn [massiv] dazu drängen, etw zu tun

'**pressure cooker** *n* Schnellkochtopf *m*

'**pressure gauge** *n* Druckmesser *m*

pressurize ['preʃ·ə·raɪz] *vt* druckfest halten

prestige [pre·'stiʒ] *n* Prestige *nt*, Ansehen *nt*

prestigious [pre·'stɪdʒ·əs] *adj* angesehen, Prestige-; *hotel* vornehm

presumably [prɪ·'zu·mə·bli] *adv inv* vermutlich

presume [prɪ·'zum] I. *vt* (*suppose, believe*) annehmen; **to be ~d innocent** als unschuldig gelten II. *vi* ❶ (*dare*) ■to ~ to do sth sich [*o* anmaßen] erlauben *dat*, etw zu tun ❷ (*take advantage of*) ■to ~ on sth etw überbeanspruchen

presumption [prɪ·'zʌmp·ʃən] *n* ❶ (*assumption*) Annahme *f*, Vermutung *f* ❷ (*form: arrogance*) Überheblichkeit *f*

presumptuous [prɪ·'zʌmp·tʃu·əs] *adj person, behavior* anmaßend; *attitude* überheblich; (*forward*) unverschämt

presuppose [ˌpri·sə·'poʊz] *vt* (*form*) voraussetzen

pretax [ˌpri·'tæks] *adj inv* unversteuert, vor Abzug der Steuern *nach n*, Brutto-

pretend [prɪ·'tend] I. *vt* ❶ (*behave falsely*) vorgeben, vortäuschen; **to ~ surprise** so tun, als ob man überrascht wäre; **to ~ that one is asleep** sich schlafend stellen ❷ (*imagine*) ■to ~ to be sb/sth so tun, als sei man jd/er/sie; **I'll just ~ that I didn't hear that** ich tue einfach so, als hätte ich das nicht gehört II. *vi* (*feign*) sich *dat* etw vormachen; ■to ~ to sb that ... jdm vormachen, dass ... III. *adj attr* (*fam: in deception, game*) Spiel-; **this doll is Katie's ~**

baby mit dieser Puppe spielt Katie Baby

pretender [prɪ·'ten·dər] *n to position, title* Anwärter, Anwärterin *m, f* (**to** auf +*akk*)

pretense ['pri·tens] *n* ❶ (*false behavior, insincerity*) Vortäuschung *f;* **under false ~s** *a.* LAW unter Vorspiegelung falscher Tatsachen ❷ (*story, excuse*) Vorwand *m;* **under the ~ of doing sth** unter dem Vorwand, etw zu tun

pretension [prɪ·'ten·ʃən] *n* ❶ *usu pl* (*claim*) Anspruch *m* (**to** auf +*akk*); (*aspiration*) Ambition *f* ❷ (*pej*) *see* **pretentiousness**

pretentious [prɪ·'ten·ʃəs] *adj* (*pej*) *person* großspurig; *manner, speech, style* hochgestochen; (*ostentatious*) protzig *meist pej fam,* angeberisch

pretentiousness [prɪ·'ten·ʃəs·nɪs] *n* (*arrogance*) Überheblichkeit *f*, Anmaßung *f;* (*boastfulness*) Angeberei *f fam*

pretext ['pri·tekst] *n* Vorwand *m* (**for** für +*akk*); **on the ~ of doing sth** unter dem Vorwand, etw zu tun

prettify <-ie-> ['prɪt̮·ɪ·faɪ] *vt room etc.* verschönern

pretty ['prɪt̮·i] I. *adj person* hübsch; *thing* nett; **not a ~ sight** kein schöner Anblick II. *adv inv* (*fam*) ❶ (*fairly*) ziemlich; **~ good** (*fam*) ganz gut; **~ damn quick** (*fam*) verdammt schnell ❷ (*almost*) **~ much everything** beinah alles III. *vt* ■to ~ oneself ◯ up sich zurechtmachen; ■to ~ up ◯ sth [with sth] (*enhance*) etw [mit etw *dat*] verschönern

pretzel ['pret·səl] *n* Brezel *f* ÖSTERR *a. nt*

prevail [prɪ·'veɪl] *vi* ❶ (*triumph*) *justice, good* siegen; *person* sich durchsetzen ❷ (*induce*) ■to ~ [up]on sb to do sth jdn dazu bewegen, etw zu tun ❸ (*exist, be widespread*) *custom* weit verbreitet sein; *opinion* geläufig sein

prevailing [prɪ·'veɪ·lɪŋ] *adj attr, inv wind* vorherrschend; *weather* derzeit herrschend; *law* geltend

prevalence ['prev·ə·ləns] *n of crime, disease* Häufigkeit *f; of bribery, of drugs* Überhandnehmen *nt; (predominance)* Vorherrschen *nt*

prevalent ['prev·ə·lənt] *adj* (*common*) vorherrschend *attr; disease* weit verbreitet; *opinion* geläufig; (*frequent*) besonders häufig

prevent [prɪ·'vent] *vt* verhindern; MED vorbeugen; *crime* verhüten; ■to ~ sb/sth from doing sth jdn/etw daran hindern, etw zu tun; **there's nothing to ~ us from doing it** davon kann uns überhaupt nichts abhalten

preventative [prɪ·'ven·tə·t̮ɪv] *adj inv see* **preventive**

prevention [prɪ·'ven·ʃən] *n of disaster* Verhinderung *f; of accident* Vermeidung *f; of crime* Verhütung *f*

preventive [prɪ·'ven·t̮ɪv] *adj inv* vorbeugend, Präventiv-

preview ['pri·vju] I. *n of a film, play* **sneak ~** Vorpremiere *f; of an exhibition* Vernissage *f; of new products* Vor[ab]besichtigung *f;* (*trailer*) Vorschau *f* II. *vt a film* eine Vorschau sehen

previous ['pri·vi·əs] *adj attr, inv* ❶ (*former*) vorig, vorausgegangen; (*prior*) vorherig; ~ conviction Vorstrafe *f;* no ~ experience required keine Vorkenntnisse erforderlich ❷(*preceding*) vorig, vorhergehend; on the ~ day am Tag davor; on my ~ visit to Florida bei meinem letzten Besuch in Florida

previously ['pri·vi·əs·li] *adv inv* (*beforehand*) zuvor, vorher; (*formerly*) früher; ~ unreleased bisher unveröffentlicht

prewar [ˌpriˈwɔr] *adj inv* Vorkriegs-

prey [preɪ] I. *n* (*victim*) Beute *f* II. *vi* ❶(*kill*) Jagd machen (on auf +*akk*) ❷(*exploit*) ■to ~ on sb jdn ausnutzen; (*abuse*) jdn ausnehmen; to ~ on old people sich *dat* alte Menschen als Opfer [aus]suchen

price [praɪs] I. *n* ❶(*monetary amount*) Preis *m;* to pay full ~ for sth den vollen Preis bezahlen ❷(*sacrifice*) Preis *m kein pl fig;* to pay a [heavy] ~ einen [hohen] Preis zahlen *fig;* not at any ~ um keinen Preis II. *vt* ■to ~ sth (*mark with price*) etw auszeichnen; (*set value*) den Preis für etw *akk* festsetzen; to be reasonably ~d einen angemessenen Preis haben

'price cut *n* Preissenkung *f*

'price fixing *n* Preisabsprache *f*

priceless ['praɪs·lɪs] *adj* ❶(*invaluable*) unbezahlbar, von unschätzbarem Wert *nach n* ❷(*fig fam*) remark, situation köstlich; of a person unbezahlbar *hum*

'price range *n* Preislage *f*

'price tag, 'price ticket *n* ❶(*label*) Preisschild *nt* ❷(*fam: cost*) Preis *m* (for für +*akk*)

'price war *n* Preiskrieg *m*

pricey ['praɪ·si] *adj* (*fam*) teuer

pricing ['praɪ·sɪŋ] *n* Preisgestaltung *f*

prick [prɪk] I. *n* ❶(*act of piercing*) Stechen *nt;* (*fig*) sharp pain Stich *m* ❷(*vulg: penis*) Schwanz *m* ❸(*vulg: idiot*) Arsch *m* II. *vt* stechen; to ~ one's finger sich *dat o akk* in den Finger stechen

◆prick up I. *vt* to ~ up one's ears die Ohren spitzen II. *vi* sb's ears ~ up [at sth] jd spitzt die Ohren [bei etw *dat*]

prickle ['prɪk·əl] *n* ❶(*thorn*) Dorn *m;* of animal Stachel *m* ❷(*sensation*) Kratzen *nt;* (*fig*) Kribbeln *nt a. fig fam*

prickly ['prɪk·li] *adj* ❶(*thorny*) stachelig ❷(*scratchy*) kratzig ❸(*fam: easily offended*) person [leicht] reizbar; subject heikel

prickly 'pear *n* ❶(*plant*) Feigenkaktus *m* ❷(*fruit*) Kaktusfeige *f*

pride [praɪd] I. *n* ❶(*satisfaction*) Stolz *m;* to feel great ~ besonders stolz sein; to take ~ in sb/sth stolz auf jdn/etw sein; (*self-respect*) Stolz *m* ❷(*source of satisfaction*) Stolz *m;* sb's ~ and joy jds ganzer Stolz ❸(*arrogance*) Hochmut *m*, Überheblichkeit *f* ❹(*animal group*) a ~ of lions ein Rudel *nt* Löwen ▶ PHRASES: ~ comes before a fall (*prov*) Hochmut kommt vor dem Fall II. *vt* ■to ~ oneself on sth auf etw *akk* [besonders] stolz sein

priest [prist] *n* Priester *m*, Geistlicher *m*

priestess <*pl* -es> ['pri·stɪs] *n* Priesterin *f*

priesthood ['prist·hʊd] *n* ❶(*position, office*) Priestertum *nt;* to enter the ~ Priester/Priesterin werden ❷(*body of priests*) Priesterschaft *f*

priestly ['prist·li] *adj* priesterlich, Priester-

prim <-mm-> [prɪm] *adj* (*pej*) steif; (*prudish*) prüde

primal ['praɪ·məl] *adj inv fear* ursprünglich, Ur-

primarily [praɪˈmer·ə·li] *adv inv* vorwiegend, hauptsächlich, in erster Linie

primary ['praɪ·mer·i] I. *adj inv* ❶(*principal*) primär ❷geh, Haupt-; ~ concern Hauptanliegen *nt* ❷(*not derivative*) roh gewonnen, Roh-❸ SCH Grundschul[s]- II. *n* POL (*election*) Vorwahl *f*

primary 'color *n* Grundfarbe *f*

'primary school *n* Grundschule *f*

primate ['praɪ·meɪt] *n* ❶ZOOL (*mammal*) Primat *m* ❷(*bishop*) Primas *m fachspr*

prime [praɪm] I. *adj attr, inv* ❶(*main*) wesentlich, Haupt-; ~ objective oberstes Ziel; ~ suspect Hauptverdächtige(r) *f(m)* ❷(*best*) erstklassig; example ausgezeichnet II. *n* Blütezeit *f fig;* to be in one's ~ im besten Alter sein; to be past one's ~ die besten Jahre hinter sich *dat* haben III. *vt* ❶(*prepare*) vorbereiten ❷ TECH, MIL (*for exploding*) scharf machen; (*for firing*) schussbereit machen ❸ canvas, metal, wood grundieren

prime 'minister *n* Premierminister(in) *m(f)*

prime 'number *n* Primzahl *f*

primer ['praɪ·mər] *n* ❶(*paint*) Grundierfarbe *f;* (*coat*) Grundierung *f* ❷(*to detonate explosive*) Zündladung *f*

'prime time *n* Hauptsendezeit *f*

primeval [praɪˈmi·vəl] *adj* urzeitlich, Ur-

primitive ['prɪm·ɪ·ţɪv] *adj* ❶ BIOL primitiv; ZOOL urzeitlich ❷(*pej: simple*) primitiv

prince [prɪns] *n* (*royal*) Prinz *m;* (*head of principality*) Fürst *m*

princely ['prɪns·li] *adj* (*approv*) fürstlich

princess <*pl* -es> ['prɪn·sɪs] *n* Prinzessin *f*

principal ['prɪn·sə·pəl] I. *adj attr, inv* ❶(*most important*) Haupt-, hauptsächlich ❷FIN (*original sum*) Kapital- II. *n* ❶(*head person*) in a school Direktor(in) *m(f)*, Schulleiter(in) *m(f)*, Rektor(in) *m(f);* in a company Vorgesetzte(r) *f(m);* in a play Hauptdarsteller(in) *m(f)* ❷(*client of lawyer*) Mandant(in) *m(f)* ❸ usu sing (*of investment*) Kapitalsumme *f;* (*of loan*) Kreditsumme *f*

principality [ˌprɪn·sə·ˈpæl·ɪ·ţi] *n* Fürstentum *nt*

principally ['prɪn·səp·li] *adv inv* hauptsächlich, vorwiegend, in erster Linie

principle ['prɪn·sə·pəl] *n* ❶(*basic concept*) Prinzip *nt;* basic ~ Grundprinzip *nt* ❷(*basis*) Grundlage *f* ❸(*approv: moral code*) Prinzip *nt*, Grundsatz *m;* to stick to one's ~s an seinen Prinzipien festhalten ▶ PHRASES: on ~ aus Prinzip; in ~ im Prinzip

print [prɪnt] I. *n* ❶(*lettering*) Gedruckte(s) *nt;* to read the fine ~ das Kleingedruckte lesen

❷(*printed form*) Druck *m;* **to appear in** ~ veröffentlicht werden; **out of** ~ vergriffen ❸(*photo*) Abzug *m;* (*film, reproduction*) Kopie *f;* (*copy of artwork*) Druck *m* ❹(*pattern*) [Druck]muster *nt;* **floral** ~ Blumenmuster *nt* **II.** *vt* ❶ TYPO drucken; **to** ~ **a magazine** eine Zeitschrift herausgeben ❷ PUBL veröffentlichen; (*in magazine, newspaper*) abdrucken ❸ COMPUT ausdrucken ❹ PHOT abziehen ❺(*write by hand*) etw in Druckschrift schreiben **III.** *vi* ❶(*make copy*) drucken ❷(*write in unjoined letters*) in Druckschrift schreiben
printable ['prɪn·tə·bəl] *adj inv* druckfähig, druckbar; *manuscript* druckfertig
printed 'circuit board *n* Leiterplatte *f*
printer ['prɪn·tər] *n* ❶(*machine*) Drucker *m* ❷(*person*) Drucker(in) *m(f)*
printing ['prɪn·tɪŋ] *n* ❶(*act*) Drucken *nt* ❷(*print run*) Auflage *f* ❸(*handwriting*) Druckschrift *f*
'printing press *n* Druckerpresse *f*
'printout *n* Ausdruck *m*
'print run *n* ❶ TYPO Auflage *f* ❷ COMPUT Drucklauf *m*
'print shop *n* ❶(*factory*) Druckmaschinensaal *m* ❷(*copy store*) Druckerei *f* ❸(*shop*) Grafikhandlung *f*
prior ['praɪ·ər] *adj attr, inv* ❶(*earlier*) frühere(r, s), vorherige(r, s); ~ **engagement** vorher getroffene Verabredung ❷(*having priority*) vorrangig
prioritize [praɪ·'ɔr·ɪ·taɪz] **I.** *vt* ❶(*order*) der Priorität nach ordnen ❷(*give preference to*) vorrangig behandeln **II.** *vi* Prioritäten setzen
priority [praɪ·'ɔr·ɪ·ţi] *n* ❶(*deserving greatest attention*) vorrangige Angelegenheit; **first/ top** ~ Angelegenheit *f* von höchster Priorität; **my first** ~ **is to find somewhere to live** für mich ist es vorrangig, eine Wohnung zu finden; **to get one's priorities straight** seine Prioritäten richtig setzen ❷(*precedence*) Vorrang *m;* **to give** ~ **to sb/sth** jdm/etw den Vorzug geben ❸(*right of way*) Vorfahrt *f*
prior to *prep* ■ ~ **to sth** vor etw *dat*
priory ['praɪ·ə·ri] *n* Priorat *nt*
prism ['prɪz·əm] *n* Prisma *nt*
prison ['prɪz·ən] *n* (*a. fig: jail*) Gefängnis *nt a. fig;* **to be in** ~ im Gefängnis sitzen
'prison camp *n* (*for POWs*) [Kriegs]gefangenenlager *nt;* (*for political prisoners*) Straflager *nt*
'prison cell *n* Gefängniszelle *f*
prisoner ['prɪz·ə·nər] *n* (*a. fig*) Gefangene(r) *f(m) a. fig,* Häftling *m;* (*fig*) **political** ~ politischer Häftling; **to take sb** ~ jdn gefangen nehmen
prisoner of 'war <*pl* prisoners-> *n* Kriegsgefangene(r) *f(m)*
'prison sentence *n* Freiheitsstrafe *f*
pristine ['prɪs·tin] *adj* (*approv: original*) ursprünglich; *nature* unberührt; (*perfect*) tadellos, makellos
privacy ['praɪ·və·si] *n* ❶(*personal realm*) Pri-

vatsphäre *f;* **in the** ~ **of one's [own] home** in den eigenen vier Wänden *fam* ❷(*time alone*) Zurückgezogenheit *f,* Abgeschiedenheit *f* ❸(*secret*) Geheimhaltung *f*
private ['praɪ·vət] **I.** *adj* ❶ *inv* (*personal, not official, not governmental*) privat, Privat-; ~ **joke** Insiderwitz *m fam* ❷(*not open to public*) privat, Privat-; *discussion, meeting* nicht öffentlich; ~ **school/golf club** Privatschule *f/* privater Golfklub ❸(*confidential*) vertraulich; **to keep sth** ~ etw für sich *akk* behalten ❹(*not social*) zurückhaltend, introvertiert ❺(*secluded*) abgelegen; (*undisturbed*) ungestört **II.** *n* ❶(*not in public*) ■ **in** ~ privat; LAW unter Ausschluss der Öffentlichkeit; **to speak to sb in** ~ jdn [*o* mit jdm] unter vier Augen sprechen ❷(*soldier*) Gefreiter *m*
private 'eye *n* (*fam*) Privatdetektiv(in) *m(f)*
privately ['praɪ·vət·li] *adv* ❶(*not in public*) privat; **to speak** ~ **with sb** mit jdm unter vier Augen sprechen ❷(*secretly*) heimlich, insgeheim ❸(*personally*) persönlich
privatization [ˌpraɪ·və·tɪ·'zeɪ·ʃən] *n* Privatisierung *f*
privatize ['praɪ·və·taɪz] *vt* privatisieren
privilege ['prɪv·ə·lɪdʒ] **I.** *n* ❶(*special right*) Privileg *nt,* Vorrecht *nt* ❷(*honor*) Ehre *f;* (*iron*) Vergnügen *nt* ❸(*advantage*) Sonderrecht *nt,* Privileg *nt* ❹ LAW **attorney-client** ~ Anwaltsgeheimnis *nt* **II.** *vt usu passive* (*give privileges to*) privilegieren
privileged ['prɪv·ə·lɪdʒd] *adj* ❶(*with privileges*) privilegiert ❷ *inv* LAW **communication, information** vertraulich
privy ['prɪv·i] *adj inv* (*form*) ■ **to be** ~ **to sth** in etw *akk* eingeweiht sein
prize¹ [praɪz] **I.** *n* ❶(*sth won*) Preis *m;* **cash** ~ Geldpreis *m;* (*in lottery*) Gewinn *m* ❷(*reward*) Lohn *m* **II.** *adj attr, inv* ❶(*dated or iron fam: first-rate*) erstklassig *a. iron;* ~ **idiot** Vollidiot(in) *m(f) pej sl* ❷(*prize-winning*) preisgekrönt **III.** *vt usu passive* schätzen; **sb's** ~ **d possession** jds wertvollster Besitz; **to** ~ **sth highly** etw hoch schätzen
prize² [praɪz] *vt* ■ **to** ~ **sth open** etw [mit einem Hebel] aufbrechen; **to** ~ **sb's hand open** jds Hand [mit Gewalt] öffnen
'prizefighter *n* Profiboxer(in) *m(f)*
'prizefighting *n* Profiboxen *nt*
'prize-winning *adj attr, inv* preisgekrönt
pro¹ [proʊ] **I.** *adv* dafür **II.** *n* Pro *nt;* **the** ~**s and cons of sth** das Pro und Kontra einer S. *gen* **III.** *prep* (*in favor of*) für
pro² [proʊ] (*fam*) **I.** *n* Profi *m* **II.** *adj attr, inv* Profi-
proactive [ˌproʊ·'æk·tɪv] *adj* initiativ *geh;* **some companies should be taking a more** ~ **approach toward exporting** manche Firmen sollten, was den Export betrifft, mehr Eigeninitiative zeigen
probability [ˌprab·ə·'bɪl·ɪ·ţi] *n* Wahrscheinlichkeit *f;* **in all** ~ höchstwahrscheinlich
probable ['prab·ə·bəl] **I.** *adj* wahrscheinlich

II. *n* POL, ECON Kandidat(in) *m(f)*
probably ['prab·ə·bli] *adv* wahrscheinlich
probation [proʊ·'beɪ·ʃən] *n* ❶ *(trial period)* Probezeit *f;* **to be on ~** Probezeit haben; *(employee)* auf Probe eingestellt sein ❷ LAW Bewährung *f;* **to be [out] on ~** auf Bewährung [draußen] sein
probationary [proʊ·'beɪ·ʃə·ner·i] *adj inv* Probe-; LAW Bewährungs-
probationer [proʊ·'beɪ·ʃə·nər] *n* *(ex-convict)* auf Bewährung Freigelassene(r) *f(m)*
pro'bation officer *n* Bewährungshelfer(in) *m(f)*
probe [proʊb] **I.** *vi* ❶ *(investigate)* forschen (**for** nach + *dat*); *(pester)* bohren *pej fam;* **to ~ into sb's private life** in jds Privatleben herumschnüffeln *pej fam* ❷ *(physically search)* Untersuchungen durchführen **II.** *vt* ❶ *(investigate)* untersuchen; *mystery* ergründen; *scandal* auf den Grund gehen ❷ MED untersuchen **III.** *n* ❶ *(investigation)* Untersuchung *f* (**into** + *gen*) ❷ MED, ELEC, ASTRON Sonde *f*
problem ['prab·ləm] **I.** *n* ❶ *(difficulty)* Schwierigkeit *f*, Problem *nt;* **it's not my ~!** das ist [doch] nicht mein Problem!; **no ~** *(sure)* kein Problem; *(don't mention it)* keine Ursache; **to face a ~** vor einem Problem stehen; **what's the ~?** *(fam)* was ist denn los? ❷ *(task)* Aufgabe *f;* **that's her ~!** das ist ihre Sache! ❸ MATH [Rechen]aufgabe *f* **II.** *adj area, family, play* Problem-
problematic(al) [,prab·lə·'mæ·ṭɪk(əl)] *adj* ❶ *(difficult)* problematisch ❷ *(questionable)* fragwürdig
procedural [prə·'si·dʒər·əl] *adj inv* verfahrenstechnisch; LAW verfahrensrechtlich, Verfahrens-
procedure [prə·'si·dʒər] *n* ❶ *(particular course of action)* Verfahren *nt;* **standard ~** übliche Vorgehensweise ❷ *(operation)* Vorgang *m*, Prozedur *f* ❸ LAW Verfahren *nt*, Prozess *m;* **court ~** Gerichtsverfahren *nt*
proceed [proʊ·'sid] *vi* *(form)* ❶ *(make progress)* fortschreiten, vorangehen ❷ *(advance)* vorrücken ❸ *(continue)* fortfahren, weiterfahren SÜDD, SCHWEIZ ❹ *(go on)* ▪**to ~ to do sth** sich anschicken, etw zu tun ❺ LAW ▪**to ~ against sb** gegen jdn gerichtlich vorgehen
proceeding [proʊ·'si·dɪŋ] *n* ❶ *(action)* Vorgehen *nt kein pl;* *(manner)* Vorgehensweise *f* ❷ *usu pl (legal action)* Verfahren *nt* ❸ ▪**~s** *pl* *(sequence of events)* Folge *f* von Ereignissen
proceeds ['proʊ·sidz] *npl* Einnahmen *pl*
process ['pras·es] **I.** *n* <*pl* -es> ❶ *(series of actions)* Prozess *m* ❷ *(method)* Verfahren *nt* ❸ *(passage)* Verlauf *m;* ▪**in ~** im Gange; **in the ~** dabei **II.** *vt* ❶ *(deal with)* bearbeiten; ▪**to ~ sb** jdn abfertigen ❷ COMPUT verarbeiten ❸ *(treat)* bearbeiten, behandeln; *food* haltbar machen, konservieren; *film* entwickeln
processing ['pras·es·ɪŋ] *n* ❶ *of application* Bearbeitung *f* ❷ TECH Weiterverarbeitung *f;* FOOD Konservierung *f; of milk* Sterilisierung *f;*

PHOT Entwicklung *f* ❸ COMPUT Verarbeitung *f*
procession [prə·'seʃ·ən] *n* Umzug *m;* REL Prozession *f;* **funeral ~** Trauerzug *m;* ▪**in ~** hintereinander
processor [pra·'ses·ər] *n* ❶ *(company)* [Weiter]verarbeitungsbetrieb *m* ❷ *(machine)* **food ~** Küchenmaschine *f* ❸ COMPUT Prozessor *m*
pro-'choice *adj inv* für das Recht auf Abtreibung; **~ advocate** Verfechter(in) *m(f)* des Rechts auf Abtreibung
proclaim [proʊ·'kleɪm] *vt* *(form: announce)* verkünden; *one's innocence* beteuern
proclamation [,prak·lə·'meɪ·ʃən] *n* ❶ *(form: act of proclaiming)* Verkündigung *f*, öffentliche Bekanntmachung ❷ *(decree)* Erlass *m*
procreate ['proʊ·kri·eɪt] *vi* sich fortpflanzen
procreation [,proʊ·krɪ·'eɪ·ʃən] *n* Fortpflanzung *f;* *(fig)* Erzeugung *f*, Hervorbringen *nt*
proctor ['prak·tər] SCH, UNIV **I.** *n* *(for exam)* [Prüfungs]aufsicht *f* **II.** *vi* Aufsicht führen **III.** *vt* *exam* beaufsichtigen; **to ~ an examination** die Aufsicht bei einer Prüfung führen
procure [proʊ·'kjʊr] *vt* *(form)* ❶ *(obtain)* beschaffen, besorgen; *sb's release* erreichen ❷ *(pimp)* **to ~ women for prostitution** Zuhälterei betreiben
procurement [proʊ·'kjʊr·mənt] *n* *(form)* ❶ *(acquisition)* Beschaffung *f*, Besorgung *f* ❷ *(system)* Beschaffungswesen *nt*
prod [prad] **I.** *n* ❶ *(tool)* Ahle *f;* **cattle ~** [elektrischer] Viehtreibstab ❷ *(poke)* Schubs *m fam*, [leichter] Stoß; **to give sb a ~** jdm einen Stoß versetzen ❸ *(fig: incitation)* Anstoß *m fig;* *(reminder)* Gedächtnisanstoß *m* **II.** *vt* <-dd-> ❶ *(poke)* stoßen ❷ *(fig: encourage)* antreiben; **to ~ sb into action** jdn auf Trab bringen *fam*
prodigal ['prad·ɪ·gəl] *adj* verschwenderisch
prodigious [prə·'dɪdʒ·əs] *adj* *(form)* ❶ *(enormous)* gewaltig, ungeheuer ❷ *(wonderful)* wunderbar, erstaunlich
prodigy ['prad·ə·dʒi] *n* *(person)* außergewöhnliches Talent; **child ~** Wunderkind *nt*
produce I. *vt* [prə·'dus] ❶ *(make)* herstellen, produzieren; *coal, oil* fördern; *electricity* erzeugen ❷ *(bring about)* bewirken, hervorrufen; *effect* erzielen; *profits, revenue* erzielen; **to ~ results** zu Ergebnissen führen ❸ FILM, MUS *film, program* produzieren; THEAT *play, opera* inszenieren ❹ *(show)* hervorholen; *identification, passport* zeigen **II.** *vi* [prə·'dus] ❶ *(bring results)* Ergebnisse erzielen; ECON einen Gewinn erwirtschaften ❷ *(give output)* produzieren; *mine* fördern ❸ FILM einen Film produzieren; THEAT ein Stück inszenieren **III.** *n* ['pra·dus] *(fruits and vegetables)* Obst *nt* und Gemüse *nt*
producer [prə·'du·sər] *n* ❶ *(manufacturer)* Hersteller *m*, Produzent *m;* AGR Erzeuger *m* ❷ FILM, TV Produzent(in) *m(f);* THEAT Regisseur(in) *m(f);* MUS [Musik]produzent(in) *m(f)*
product ['prad·əkt] *n* ❶ *(sth produced)* Erzeugnis *nt*, Produkt *nt* ❷ *(result)* Ergebnis *nt*,

P

Folge *f* ❸ MATH Produkt *nt* (**of** aus +*dat*)
production [prə·'dʌk·ʃən] *n* ❶ (*process*) Produktion *f;* Herstellung *f; of energy* Erzeugung *f* ❷ (*yield*) Produktion *f* ❸ FILM, TV, RADIO, MUS Produktion *f;* THEAT Inszenierung *f*
pro'duction line *n* Fließband *nt*
production 'manager *n* Produktionsleiter(in) *m(f)*
productive [prə·'dʌk·tɪv] *adj* ❶ (*with large output*) produktiv; *land, soil* fruchtbar, ertragreich; *mine, well, discussion, meeting* ergiebig; (*fig*) *conversation* fruchtbar ❷ (*profitable*) *business* rentabel ❸ (*efficient*) leistungsfähig
productivity [ˌproʊ·dək·'tɪv·ɪ·ţi] *n* ❶ (*output*) Produktivität *f* ❷ (*effectiveness*) Effektivität *f,* Effizienz *f* ❸ (*profitability*) Rentabilität *f*
prof [praf] *n* (*fam*) *short for* **professor** Prof *m*
profane [proʊ·'feɪn] *adj* (*blasphemous*) gotteslästerlich, frevelhaft
profanity [proʊ·'fæn·ɪ·ţi] *n* ❶ (*blasphemy*) Gotteslästerung *f* ❷ (*swearing*) Fluchen *nt* ❸ (*word*) Kraftausdruck *m*
profess [prə·'fes] *vt* ❶ (*claim*) erklären; **to ~ little interest in sth** wenig Begeisterung für etw zeigen ❷ (*affirm*) sich zu etw *dat* bekennen; **to ~ one's love to sb** seine Liebe zu jdm bekennen
professed [prə·'fest] *adj attr, inv* ❶ (*openly declared*) *Marxist, communist* erklärt ❷ (*alleged*) angeblich
profession [prə·'feʃ·ən] *n* ❶ (*field of work*) Beruf *m;* **to enter a ~** einen Beruf ergreifen; **by ~** von Beruf ❷ (*body of workers*) Berufsstand *m;* **the legal/teaching ~** der Anwalts-/ Lehrberuf
professional [prə·'feʃ·ə·nəl] **I.** *adj* ❶ (*of a profession*) beruflich, Berufs- ❷ (*not tradesman*) freiberuflich, akademisch; **~ people** Angehörige *pl* der freien [*o* akademischen] Berufe ❸ (*expert*) fachmännisch ❹ (*approv: businesslike*) professionell, fachmännisch; **to do a ~ job** etw fachmännisch erledigen; **~ manner** professionelles Auftreten ❺ (*not amateur*) Berufs-; SPORTS Profi- **II.** *n* ❶ (*not an amateur*) Fachmann, Fachfrau *m, f;* SPORTS Profi *m* ❷ (*not a tradesman*) Akademiker(in) *m(f),* Angehörige(r) *f(m)* der freien [*o* akademischen] Berufe
professionalism [prə·'feʃ·ə·nə·lɪz·əm] *n* ❶ (*skill and experience*) Professionalität *f;* (*attitude*) professionelle Einstellung ❷ SPORTS Profitum *nt*
professionally [prə·'feʃ·ə·nə·li] *adv* ❶ (*by a professional*) von einem Fachmann/einer Fachfrau; **to do sth ~** etw fachmännisch erledigen ❷ (*not as an amateur*) berufsmäßig; **to do sth ~** etw beruflich betreiben
professor [prə·'fes·ər] *n* Professor(in) *m(f);* (*lecturer*) Dozent(in) *m(f)*
professorial [ˌproʊ·fə·'sɔr·i·əl] *adj inv* Professoren-
professorship [prə·'fes·ər·ʃɪp] *n* Professur *f,* Lehrstuhl *m*
proficiency [prə·'fɪʃ·ən·si] *n* Tüchtigkeit *f,*

Können *nt;* **~ in a language** Sprachkenntnisse *pl*
proficient [prə·'fɪʃ·ənt] *adj* fähig, tüchtig; **to be ~ in a language** eine Sprache beherrschen
profile ['proʊ·faɪl] **I.** *n* ❶ (*side view*) Profil *nt* ❷ (*description*) Porträt *nt fig;* (*restricted in scope*) Profil *nt* ❸ (*public image*) **to raise sb's ~** jdn hervorheben ▶ PHRASES: **to keep a low ~** sich zurückhalten **II.** *vt* (*write about*) porträtieren *fig*
profit ['praf·ɪt] **I.** *n* ❶ (*money earned*) Gewinn *m;* **net ~** Reingewinn *m* ❷ (*advantage*) Nutzen *m,* Vorteil *m* **II.** *vi* ❶ (*gain financially*) profitieren (**by/from** von +*dat*), Gewinn machen ❷ (*benefit*) profitieren (**by/from** von +*dat*)
profitability [ˌpraf·ɪ·ţə·'bɪl·ɪ·ţi] *n* Rentabilität *f*
profitable ['praf·ɪ·ţə·bəl] *adj* ❶ (*in earnings*) Gewinn bringend, rentabel, profitabel ❷ (*advantageous*) nützlich, vorteilhaft
profiteer [ˌpraf·ɪ·'tɪr] **I.** *n* (*pej*) Profitjäger(in) *m(f)* **II.** *vi* ❶ (*make excessive profit*) riesige Gewinne erzielen; (*make unfair profit*) sich bereichern ❷ (*earn money on black market*) Schwarzhandel treiben
profiteering [ˌpraf·ɪ·'tɪr·ɪŋ] *n* ❶ (*profit seeking*) Geschäftemacherei *f pej* ❷ (*selling at excessive prices*) Wucher *m pej*
'profit-making *adj inv* Gewinn bringend, rentabel
'profit margin *n* Gewinnspanne *f*
'profit sharing *n* Gewinnbeteiligung *f*
profligate ['praf·lɪ·gɪt] *adj* (*form: wasteful*) verschwenderisch
profound [prə·'faʊnd] *adj* ❶ (*extreme*) tief gehend; *change* tief greifend; *effect* nachhaltig; *impression* tief; *interest* stark ❷ (*strongly felt*) tief, heftig; *compassion, gratitude* tief empfunden; *respect, veneration, love* groß ❸ (*intellectual*) tiefsinnig *a.* iron, tiefgründig; *knowledge* umfassend; *truth, wisdom* tief
profuse [prə·'fjus] *adj* überreichlich; *bleeding, perspiration* stark; *praise, thanks* überschwänglich
profusion [prə·'fju·ʒən] *n* (*form*) Überfülle *f*
progeny ['pradʒ·ə·ni] *n* +*sing/pl vb* (*form*) Nachkommenschaft *f*
prognosis <*pl* -ses> [prag·'noʊ·sɪs] *n a.* MED Prognose *f;* **to make a ~** eine Prognose stellen
prognosticate [prag·'nas·tɪ·keɪt] *vt* prognostizieren
program ['proʊ·græm] **I.** *n* ❶ RADIO, TV Programm *nt;* (*single broadcast*) Sendung *f* ❷ (*list of events*) Programm *nt;* THEAT (*for all plays*) Spielplan *m;* (*for one play*) Programmheft *nt* ❸ (*plan*) Programm *nt,* Plan *m;* **what's on the ~ for today?** was steht heute auf dem Programm? ❹ COMPUT Programm *nt* **II.** *vt* <-mm-> ❶ TECH (*instruct*) programmieren ❷ *usu passive* (*mentally train*) ▪**to ~ sb to do sth** jdn darauf programmieren, etw zu tun ❸ COMPUT programmieren
programmable ['proʊ·græm·ə·bəl] *adj* COM-

PUT programmierbar
programmer ['proʊ·græm·ər] *n* COMPUT Programmierer(in) *m(f)*
'**programming language** *n* COMPUT Programmiersprache *f*
progress I. *n* ['prag·res] ① (*onward movement*) Vorwärtskommen *nt;* **to make good ~** gut vorwärtskommen; **in ~** im Gange ② (*development*) Fortschritt *m* ③ *no art* (*general improvement*) Fortschritt *m* II. *vi* [prə·'gres] ① (*develop*) Fortschritte machen; **how's the work ~ing?** wie geht's mit der Arbeit voran? ② (*move onward*) *in space* vorankommen; *in time* fortschreiten
progression [prə·'greʃ·ən] *n* ① (*development*) Entwicklung *f* ② MATH (*series*) Reihe *f*
progressive [prə·'gres·ɪv] I. *adj* ① (*gradual*) fortschreitend; (*gradually increasing*) zunehmend; **a ~ decline** ein allmählicher Verfall ② (*reformist, forward-looking*) progressiv; POL fortschrittlich II. *n* (*reformist*) Progressive(r) *f(m)*
prohibit [proʊ·'hɪb·ɪt] *vt* ① (*forbid*) verbieten; ■**to ~ sb from doing sth** jdm verbieten, etw zu tun ② (*prevent*) verhindern
prohibition [ˌproʊ·ə·'bɪʃ·ən] *n* ① (*ban*) Verbot *nt* (**of, on** gegen +*akk*) ② (*banning*) Verbieten *nt* ③ (*hist: US alcohol ban*) ■**P~** *no art* die Prohibition
prohibitive [proʊ·'hɪb·ɪ·t̬ɪv] *adj* ① *price* unerschwinglich ② (*prohibiting*) **~ measures** Verbotsmaßnahmen *pl*
project I. *n* ['pra·dʒekt] ① (*undertaking*) Projekt *nt* ② (*plan*) Plan *m* II. *adj* **coordinator, costs, deadline** Projekt- III. *vt* [prə·'dʒekt] ① (*forecast*) vorhersagen; **profit, expenses, number** veranschlagen ② (*propel*) schleudern ③ **slides, film** projizieren (**onto** auf +*akk*) IV. *vi* [prə·'dʒekt] (*protrude*) hervorragen, [hinaus]ragen (**over** über +*akk*)
projectile [prə·'dʒek·təl] *n* (*thrown object*) Wurfgeschoss *nt;* (*bullet, shell*) Geschoss *nt;* (*missile*) Rakete *f*
projection [prə·'dʒek·ʃən] *n* ① (*forecast*) Prognose *f; of expenses* Voranschlag *m* ② (*protrusion*) Vorsprung *m* ③ (*on screen*) Vorführung *f;* (*projected image*) Projektion *f*
projectionist [prə·'dʒek·ʃə·nɪst] *n* Filmvorführer(in) *m(f)*
project 'management *n* Projektmanagement *nt*
project 'manager *n* Projektmanager(in) *m(f)*
projector [prə·'dʒek·tər] *n* Projektor *m*
prole [proʊl] *n* (*pej o hum*) *short for* **proletarian** Prolet(in) *m(f)*
proletarian [ˌproʊ·lə·'ter·i·ən] I. *n* Proletarier(in) *m(f)* II. *adj inv* proletarisch, proletenhaft
proletariat [ˌproʊ·lə·'ter·i·ət] *n* Proletariat *nt*
pro-'life *adj inv* gegen das Recht auf Abtreibung; **~ demonstration** Demonstration *f* gegen Abtreibung
proliferate [proʊ·'lɪf·ə·reɪt] *vi* stark zunehmen; (*animals*) sich stark vermehren

proliferation [proʊ·ˌlɪf·ə·'reɪ·ʃən] *n* starke Zunahme; (*of animals*) starke Vermehrung
prolific [proʊ·'lɪf·ɪk] *adj* ① (*productive*) produktiv ② (*producing many offspring*) fruchtbar ③ *pred* (*abundant*) ■**to be ~** in großer Zahl vorhanden sein
prologue, prolog ['proʊ·lag] *n* ① (*introduction*) Vorwort *nt;* THEAT Prolog *m* ② (*fig fam: preliminary event*) Vorspiel *nt* (**to** zu +*dat*)
prolong [proʊ·'laŋ] *vt* verlängern

i Die **Prom** ist ein Ball am Ende des Schuljahres in der *High School*. Für die *seniors* wird eine *senior prom* und für die *juniors* eine *junior prom* organisiert. In der Regel geht man mit einem *date* (ein/e Partner/in) und eines der Paare wird zu *Prom Queen and King* gewählt. Diese Veranstaltung stellt einen der großen Höhepunkte des Schuljahres dar.

promenade [ˌpram·ə·'neɪd] *n* (*walkway*) [Strand]promenade *f*
prominence ['pram·ə·nəns] *n* ① (*projecting nature*) Auffälligkeit *f* ② (*conspicuousness*) Unübersehbarkeit *f;* **to give sth ~** etw in den Vordergrund stellen ③ (*importance*) Bedeutung *f*
prominent ['pram·ə·nənt] *adj* ① (*projecting*) vorstehend *attr; chin* vorspringend ② (*conspicuous*) auffällig ③ (*distinguished*) prominent; *position* führend
promiscuity [ˌpram·ɪ·'skju·ɪ·t̬i] *n* Promiskuität *f geh*
promiscuous [prə·'mɪs·kju·əs] *adj* (*pej*) promisk; ■**to be ~** mit jedem/jeder ins Bett gehen
promise ['pram·ɪs] I. *vt* (*pledge, have the potential*) versprechen II. *vi* ① (*pledge*) versprechen; **I ~!** ich verspreche es! ② (*be promising*) **to ~ well for the future** viel für die Zukunft versprechen III. *n* ① (*pledge*) Versprechen *nt;* **to break one's ~** [**to sb**] sein Versprechen [gegenüber jdm] brechen ② (*potential*) **to show ~** aussichtsreich sein; (*person*) viel versprechend sein
promising ['pram·ɪ·sɪŋ] *adj* viel versprechend
promo ['proʊ·moʊ] *n* ① (*fam*) *short for* **promotional film** Werbevideo *nt* ② *short for* **promotion** Werbung *f*
promontory ['pram·ən·tɔr·i] *n* GEOG Vorgebirge *nt*
promote [prə·'moʊt] *vt* ① (*raise in rank*) befördern (**to** zu +*dat*) ② SPORTS ■**to be ~d** *player* aufsteigen ③ (*encourage*) fördern; **to ~ awareness of sth** etw ins Bewusstsein rufen ④ (*advertise*) für etw *akk* werben
promoter [prə·'moʊ·t̬ər] *n* ① (*encourager*) Förderer, -in *m, f* ② (*organizer*) Veranstalter(in) *m(f)*
promotion [prə·'moʊ·ʃən] *n* ① (*in rank*) Be-

P

förderung f (**to** zu +*dat*) ❷ (*raise in status*) Beförderung f ❸ SPORTS (*of player*) Aufstieg m ❹ (*advertising campaign*) Werbekampagne f
prompt [prɑmpt] I. *vt* ❶ (*spur*) veranlassen ❷ THEAT (*remind of lines*) soufflieren ❸ COMPUT auffordern II. *adj* ❶ (*swift*) prompt; ■**to be ~ in doing sth** etw schnell tun; *action* sofortig; *delivery* unverzüglich ❷ (*punctual*) pünktlich III. *n* ❶ COMPUT Prompt m *fachspr* ❷ THEAT (*reminder*) Stichwort nt
promptly ['prɑmpt·li] *adv* ❶ (*quickly*) prompt ❷ (*on time*) pünktlich ❸ (*fam: immediately afterward*) gleich danach, unverzüglich
promptness ['prɑmpt·nɪs] *n* Promptheit f
prone [proʊn] *adj* (*disposed*) neigen (**to** zu +*dat*)
prong [prɑŋ] *n* Zacke f; *of antler* Ende nt
pronoun ['proʊ·naʊn] *n* Pronomen nt
pronounce [prə·'naʊns] I. *vt* ❶ (*speak*) aussprechen ❷ *verdict, decision* verkünden ❸ (*declare*) erklären; **to ~ sb dead** jdn für tot erklären II. *vi* Stellung nehmen (**on/upon** zu +*dat*)
pronounceable [prə·'naʊn·sə·bəl] *adj* aussprechbar
pronounced [prə·'naʊnst] *adj* deutlich; *accent* ausgeprägt
pronouncement [prə·'naʊns·mənt] *n* Erklärung f (**on** zu +*dat*)
pronto ['prɑn·toʊ] *adv inv* (*fam*) fix
pronunciation [prə·ˌnʌn·sɪ·'eɪ·ʃən] *n* Aussprache f
proof [pruf] I. *n* ❶ (*confirmation*) Beweis m (**of** für +*akk*) ❷ MATH (*evidence*) Beweis m ❸ TYPO (*trial impression*) Korrekturfahne f; PHOT Probeabzug m ❹ (*degree of strength*) Volumenprozent nt; *of alcohol* Alkoholgehalt m II. *vt* ❶ (*treat*) imprägnieren; (*make waterproof*) wasserdicht machen ❷ (*make rise*) *dough* gehen lassen
'**proofread** <-read, -read> *vt, vi* Korrektur lesen
'**proofreader** *n* Korrektor(in) *m(f)*
'**proofreading** *n* Korrekturlesen nt
prop¹ [prɑp] I. *n* (*support*) Stütze f II. *vt* (*support*) stützen
prop² [prɑp] *n usu pl* THEAT Requisite f
propaganda [ˌprɑp·ə·'gæn·də] *n* (*usu pej*) Propaganda f
propagate ['prɑp·ə·geɪt] I. *vt* ❶ (*breed*) züchten; (*plants*) vermehren ❷ (*form: disseminate*) verbreiten II. *vi* sich fortpflanzen; *plants* sich vermehren
propagation [ˌprɑp·ə·'geɪ·ʃən] *n* ❶ (*reproduction*) Fortpflanzung f ❷ *of rumors, lies* Verbreitung f
propane ['proʊ·peɪn] *n* Propan nt
propel <-ll-> [prə·'pel] *vt* antreiben; **the country was being ~led toward civil war** (*fig*) das Land wurde in den Bürgerkrieg getrieben
propellant [prə·'pel·ənt] *n* ❶ (*fuel*) Treibstoff m ❷ (*gas*) Treibgas nt

propeller [prə·'pel·ər] *n* Propeller m
proper ['prɑp·ər] *adj inv* ❶ (*real*) echt, richtig ❷ (*correct*) richtig; **she likes everything to be in its ~ place** sie hat gern alles an seinem angestammten Platz ❸ (*socially respectable*) anständig
properly ['prɑp·ər·li] *adv inv* ❶ (*correctly*) richtig; **to be dressed ~** korrekt gekleidet sein; **~ speaking** genau genommen ❷ (*socially respectably*) anständig
proper 'noun, proper 'name *n* Eigenname m
property ['prɑp·ər·ti] *n* ❶ (*things owned*) Eigentum nt; (*owned buildings*) Immobilienbesitz m; (*owned land*) Grundbesitz m; **private ~** Privatbesitz m ❷ (*piece of real estate*) Immobilie f ❸ (*attribute*) Eigenschaft f
'**property tax** *n* (*on land*) ≈ Grundssteuer f; (*general*) Vermögenssteuer f
prophecy ['prɑf·ə·si] *n* ❶ (*prediction*) Prophezeiung f ❷ (*ability*) Weissagen nt
prophesy <-ie-> ['prɑf·ə·saɪ] I. *vt* prophezeien II. *vi* Prophezeiungen machen
prophet ['prɑf·ɪt] *n* ❶ (*a. fig: religious figure*) Prophet m ❷ (*advocate*) Vorkämpfer(in) *m(f)*
prophetic [prə·'fet·ɪk] *adj* prophetisch
prophylactic [ˌproʊ·fə·'læk·tɪk] I. *adj inv* MED prophylaktisch *fachspr*, vorbeugend *attr* II. *n* ❶ (*medicine*) Prophylaktikum nt *fachspr* ❷ (*condom*) Präservativ nt
propitious [prə·'pɪʃ·əs] *adj* (*form*) günstig
proponent [prə·'poʊ·nənt] *n* Befürworter(in) *m(f)*
proportion [prə·'pɔr·ʃən] *n* ❶ (*part*) Anteil m ❷ (*relation*) Proportion f, Verhältnis nt (**to** zu +*dat*); **to be in/out of ~** [**to sth**] im/in keinem Verhältnis zu etw *dat* stehen ❸ (*size*) ■**~s** *pl* Ausmaße *pl*
proportional [prə·'pɔr·ʃə·nəl] *adj* proportional (**to** zu +*dat*); **inversely ~** umgekehrt proportional
proportionality [prə·ˌpɔr·ʃə·'næl·ɪ·ti] *n* Verhältnismäßigkeit f
proportionate [prə·'pɔr·ʃə·nɪt] *adj* proportional
proportioned [prə·'pɔr·ʃənd] *adj* **beautifully/finely ~** ebenmäßig/anmutig proportioniert
proposal [prə·'poʊ·zəl] *n* ❶ (*suggestion*) Vorschlag m ❷ (*offer of marriage*) Antrag m
propose [prə·'poʊz] I. *vt* ❶ (*suggest, nominate*) vorschlagen ❷ (*intend*) ■**to ~ to do/ doing sth** beabsichtigen, etw zu tun ❸ (*put forward*) *motion* stellen; *toast* ausbringen II. *vi* ■**to ~** [**to sb**] [jdm] einen [Heirats]antrag machen
proposition [ˌprɑp·ə·'zɪʃ·ən] I. *n* ❶ (*assertion*) Aussage f ❷ (*proposal*) Vorschlag m; **business ~** geschäftliches Angebot ❸ (*matter*) Unternehmen nt; **a difficult ~** ein schwieriges Unterfangen II. *vt* ■**to ~ sb** jdm ein eindeutiges Angebot machen *euph*
proprietary [prə·'praɪ·ə·ter·i] *adj* ❶ ECON, LAW (*with legal right*) urheberrechtlich geschützt

❷ *(owner-like)* besitzergreifend
proprietor [prə·'praɪ·ə·ţər] *n* Inhaber(in) *m(f)*
propriety [prə·'praɪ·ə·ţi] *n* ❶ *(decency)* Anstand *m* ❷ *(correctness)* Richtigkeit *f*
propulsion [prə·'pʌl·ʃən] *n* Antrieb *m*
prorate [ˌproʊ·'reɪt] *vt* anteilmäßig aufteilen
prosaic [proʊ·'zeɪ·ɪk] *adj* nüchtern, prosaisch *geh*
prose [proʊz] *n* Prosa *f*
prosecute ['pras·ɪ·kjut] **I.** *vt* LAW ■**to ~ sb** [**for sth**] jdn [wegen einer S. *gen*] strafrechtlich verfolgen **II.** *vi* ❶ *(press a charge)* Anzeige erstatten, gerichtlich vorgehen ❷ *(in court)* für die Anklage zuständig sein
prosecuting ['pras·ɪ·kju·ţɪŋ] *adj attr* Anklage-; **~ attorney** Staatsanwalt, Staatsanwältin *m, f*
prosecution [ˌpras·ɪ·'kju·ʃən] *n* ❶ *(legal action)* strafrechtliche Verfolgung ❷ *(legal team)* ■**the ~** die Anklagevertretung ❸ *(case)* Anklage[erhebung] *f* (**for** wegen +*gen*), Gerichtsverfahren *nt* (**for** gegen +*akk*)
prosecutor ['pras·ɪ·kju·ţər] *n* Ankläger(in) *m(f)*
prospect ['pras·pekt] **I.** *n* ❶ *(idea)* Aussicht *f* (**of** auf +*akk*) ❷ *(likelihood)* Aussicht *f* (**of** auf +*akk*), Wahrscheinlichkeit *f* ❸ *(opportunities)* ■**~s** *pl* Aussichten *pl*, Chancen *pl* **II.** *vi* nach Bodenschätzen suchen
prospective [prə·'spek·tɪv] *adj inv* voraussichtlich; *candidate* möglich; *customer* potenziell
prospector ['pras·pek·tər] *n* MIN Prospektor(in) *m(f)* fachspr
prospectus [prə·'spek·təs] *n* Prospekt *m*
prosper ['pras·pər] *vi* ❶ *(financially)* florieren ❷ *(physically)* gedeihen
prosperity [pra·'sper·ɪ·ţi] *n* Wohlstand *m*
prosperous ['pras·pər·əs] *adj* ❶ *(well-off)* wohlhabend, reich; *business* gut gehend; *economy* blühend ❷ *(successful)* erfolgreich
prostate ['pras·teɪt] *n* Prostata *f*
prostitute ['pras·tə·tut] **I.** *n* Prostituierte *f*; **male ~** Stricher *m pej* **II.** *vt* ❶ *(sexually)* ■**~ oneself** sich prostituieren ❷ *abilities, talents* verschleudern
prostitution [ˌpras·tɪ·'tu·ʃən] *n* Prostitution *f*
prostrate ['pras·treɪt] **I.** *adj* ❶ *(face downward)* ausgestreckt ❷ *(overcome)* überwältigt (**with** von +*dat*) **II.** *vt* ■**to ~ oneself** sich zu Boden werfen
protagonist [proʊ·'tæg·ə·nɪst] *n* ❶ *(main character)* Protagonist(in) *m(f)* ❷ *(advocate)* Verfechter(in) *m(f)* (**of** von +*dat*)
protect [prə·'tekt] *vt* schützen (**against** gegen +*akk*, **from** vor +*dat*)
protection [prə·'tek·ʃən] *n* ❶ *(defense)* Schutz *m* (**against, for** gegen, für +*akk*); *of interests* Wahrung *f*; ■**to be under sb's ~** unter jds Schutz stehen ❷ *(paid to criminals)* Schutzgeld *nt*
protectionist [prə·'tek·ʃə·nɪst] **I.** *adj inv* (*pej*) protektionistisch **II.** *n* Protektionist(in) *m(f)*
protective [prə·'tek·tɪv] *adj* ❶ *(affording pro-*

tection) Schutz- ❷ *(wishing to protect)* fürsorglich (**of/toward** gegenüber +*dat*)
protector [prə·'tek·tər] *n* ❶ *(person)* Beschützer(in) *m(f)* ❷ *(device)* Schutzvorrichtung *f*
protégé, protégée ['proʊ·ţə·ʒeɪ] *n* Protegé *m geh*
protein ['proʊ·tin] *n* ❶ *(collectively)* Eiweiß *nt* ❷ *(specific substance)* Protein *nt*
protest I. *n* ['proʊ·test] ❶ *(strong complaint)* Protest *m;* **to make a ~** eine Beschwerde einreichen ❷ *(demonstration)* Protestkundgebung *f* **II.** *vi* [proʊ·'test] protestieren **III.** *vt* [proʊ·'test] ❶ *(assert)* beteuern ❷ *(object to)* ■**to ~ sth** gegen etw *akk* protestieren
Protestant ['praţ·ɪ·stənt] **I.** *n* Protestant(in) *m(f)* **II.** *adj inv* protestantisch; *(in Germany)* evangelisch
Protestantism ['praţ·ə·stən·tɪz·əm] *n* Protestantismus *m*
protestation [ˌpraţ·es·'teɪ·ʃən] *n usu pl* ❶ *(strong objection)* Protesterklärung *f* ❷ *(strong assertion)* Beteuerung *f*
protester [prə·'tes·tər] *n* *(objector)* Protestierende(r) *f(m); (demonstrator)* Demonstrant(in) *m(f)*
'**protest march** *n* Protestmarsch *m*
protocol ['proʊ·ţə·kɔl] *n* ❶ *(system of rules)* Protokoll *nt* ❷ *(international agreement)* Protokoll *nt*
proton ['proʊ·tan] *n* PHYS Proton *nt*
prototype ['proʊ·ţə·taɪp] *n* Prototyp *m* (**for** für +*akk*)
protracted [proʊ·'træk·tɪd] *adj* langwierig
protractor [proʊ·'træk·tər] *n* MATH Winkelmesser *m*
protrude [proʊ·'trud] *vi* hervorragen (**from** aus +*dat*); *jaw* vorstehen; *branch, ears* abstehen
protruding [proʊ·'tru·dɪŋ] *adj attr jaw* vorstehend; *ears* abstehend; *eyes* vortretend
protrusion [proʊ·'tru·ʒən] *n* ❶ *(sticking out)* Vorstehen *nt* ❷ *(bump)* Vorsprung *m*
protuberance [proʊ·'tu·bər·əns] *n* *(form)* Beule *f*
proud [praʊd] **I.** *adj* ❶ *(pleased)* stolz (**of** auf +*akk*) ❷ *(having self-respect)* stolz ❸ *(pej: arrogant)* eingebildet **II.** *adv* **to do sb ~** jdn mit Stolz erfüllen
proudly ['praʊd·li] *adv* ❶ *(with pride)* stolz ❷ *(pej: haughtily)* hochnäsig *fam*
prove <-d, -d *or* proven> [pruv] **I.** *vt* ❶ *(establish)* beweisen ❷ *(show)* ■**to ~ oneself to be sth** sich als etw erweisen **II.** *vi n/adj* sich erweisen; **to ~ successful** sich als erfolgreich erweisen
proven ['pru·vən] **I.** *vt, vi pp of* **prove II.** *adj* nachgewiesen; *remedy* erprobt
provenance ['prav·ə·nəns] *n* *(form)* Herkunft *f;* **of unknown ~** unbekannter Herkunft
proverb ['prav·ɜrb] *n* *(saying)* Sprichwort *nt*
proverbial [prə·'vɜr·bi·əl] *adj* *(fig: well-known)* sprichwörtlich
provide [prə·'vaɪd] **I.** *vt* zur Verfügung stellen,

bereitstellen; *evidence, explanation* liefern; ■**to ~ sb/sth with sth** (*supply*) jdn/etw mit etw *dat* versorgen; (*offer*) jdm/etw etw bieten II. *vi* ❶ (*look after*) ■**to ~ for sb/oneself** für jdn/sich selbst sorgen ❷ (*form: enable*) ■**to ~ for sth** etw ermöglichen; *law* etw erlauben

provided [prə·'vaɪ·dɪd] I. *adj inv* mitgeliefert, beigefügt II. *conj see* **providing** [that]

providence ['prav·ə·dəns] *n* Vorsehung *f*

provider [prə·'vaɪ·dər] *n* ❶ (*supplier*) Lieferant(in) *m(f)* ❷ (*breadwinner*) Ernährer(in) *m(f)*

providing (that) [prə·'vaɪ·dɪŋ-] *conj* (*as long as*) sofern, falls

province ['prav·ɪns] *n* ❶ (*territory*) Provinz *f* ❷ (*area of knowledge*) [Fach]gebiet *nt* ❸ (*area of responsibility*) Zuständigkeitsbereich *m*

provincial [prə·'vɪn·ʃəl] I. *adj* ❶ (*of a province*) Provinz- ❷ (*pej: unsophisticated*) provinziell II. *n* ❶ (*province inhabitant*) Provinzbewohner(in) *m(f)* ❷ (*pej: unsophisticated person*) Provinzler(in) *m(f)*

provision [prə·'vɪʒ·ən] I. *n* ❶ (*providing*) Versorgung *f;* (*financial precaution*) Vorkehrung *f* ❷ (*something supplied*) Vorrat *m* (**of** an +*dat*) ❸ (*stipulation*) Auflage *f;* **with the ~ that ...** unter der Bedingung, dass ... II. *vt* versorgen

provisional [prə·'vɪʒ·ə·nəl] *adj* vorläufig

proviso [prə·'vaɪ·zoʊ] *n* Vorbehalt *m*

provocation [ˌprav·ə·'keɪ·ʃən] *n* Provokation *f*

provocative [prə·'vak·ə·t̬ɪv] *adj* ❶ (*provoking*) provokativ *geh* ❷ (*sexually arousing*) provokant *geh,* provozierend *attr*

provoke [prə·'voʊk] *vt* ❶ (*vex*) ■**to ~ sb** [into doing sth] jdn [zu etw *dat*] provozieren ❷ *worries, surprise, outrage* hervorrufen

provost ['proʊ·voʊst] *n* UNIV [hoher] Verwaltungsbeamter/[hohe] Verwaltungsbeamtin

prow [praʊ] *n* Bug *m*

prowess ['praʊ·ɪs] *n* (*esp form*) Können *nt,* Leistungsfähigkeit *f*

prowl [praʊl] I. *n* (*search*) Streifzug *m,* Suche *f;* (*process*) [Ab]suchen *nt kein pl;* **to be on the ~** auf Streifzug sein II. *vt* durchstreifen III. *vi* ■**to ~** [around] umherstreifen

prowler ['praʊ·lər] *n* Herumtreiber(in) *m(f) fam*

proximity [prak·'sɪm·ɪ·t̬i] *n* Nähe *f*

proxy ['prak·si] *n* Bevollmächtigte(r) *f(m); to sign* Zeichnungsbevollmächtigte(r)

prude [prud] *n* prüder Mensch

prudent ['pru·dənt] *adj* vorsichtig, umsichtig; *action* klug

prudish ['pru·dɪʃ] *adj* prüde

prune[1] [prun] *n* (*plum*) Dörrpflaume *f*

prune[2] [prun] *vt* HORT [be]schneiden; (*fig*) reduzieren; *costs* kürzen

Prussia ['prʌʃ·ə] *n* HIST Preußen *nt*

Prussian ['prʌʃ·ən] I. *n* (*hist*) Preuße, -in *m, f* II. *adj inv* HIST preußisch

pry[1] <-ie-> [praɪ] *vi* neugierig sein; ■**to ~ into sth** seine Nase in etw *akk* stecken *fam*

pry[2] <-ie-> [praɪ] *vt* ■**to ~ sth open** etw [mit

einem Hebel] aufbrechen; **to ~ sb's hand open** jds Hand [mit Gewalt] öffnen

prying ['praɪ·ɪŋ] *adj* (*pej*) neugierig

PS [ˌpi·'es] *n abbrev of* **postscript** PS *nt*

psalm [sam] *n* REL Psalm *m*

pseudo ['su·doʊ] *adj* ❶ (*false*) Pseudo-, Möchtegern- ❷ (*insincere*) heuchlerisch, verlogen

pseudonym ['su·də·nɪm] *n* Pseudonym *nt*

PST [ˌpi·es·'ti] *n abbrev of* **Pacific Standard Time** pazifische Zeit

psych [saɪk] *vt* (*fam: prepare*) ■**to ~ oneself/ sb up** sich *akk/*jdn [psychisch] aufbauen ◆**psych out** *vt* (*fam: intimidate*) ■**to ~ out** ↺ **sb** jdn psychologisch schwächen

psyche ['saɪ·ki] *n* Psyche *f*

psyched [saɪkt] *adj pred* (*sl: excited*) aufgedreht *fam,* aufgeputscht, überdreht *pej fam*

psychedelic [ˌsaɪ·kə·'del·ɪk] *adj* psychedelisch

psychiatric [ˌsaɪ·ki·'æt·rɪk] *adj inv* psychiatrisch

psychi'atric hospital *n* psychiatrisches Krankenhaus, psychiatrische Klinik

psychiatrist [saɪ·'kaɪ·ə·trɪst] *n* Psychiater(in) *m(f)*

psychiatry [saɪ·'kaɪ·ə·tri] *n* Psychiatrie *f*

psychic ['saɪ·kɪk] I. *n* Medium *nt* II. *adj* ❶ (*supernatural*) übernatürlich ❷ (*of the mind*) psychisch, seelisch

psychoanalysis [ˌsaɪ·koʊ·ə·'næl·ə·sɪs] *n* Psychoanalyse *f*

psychoanalyst [ˌsaɪ·koʊ·'æn·ə·lɪst] *n* Psychoanalytiker(in) *m(f)*

psychoanalyze [ˌsaɪ·koʊ·'æn·ə·laɪz] *vt* psychoanalysieren

psychological [ˌsaɪ·kə·'ladʒ·ɪ·kəl] *adj* ❶ (*of the mind, not physical*) psychisch ❷ (*of psychology*) psychologisch

psychologist [saɪ·'kal·ə·dʒɪst] *n* Psychologe, -in *m, f*

psychology [saɪ·'kal·ə·dʒi] *n* Psychologie *f*

psychopath ['saɪ·kə·pæθ] *n* Psychopath(in) *m(f)*

psychopathic [ˌsaɪ·kə·'pæθ·ɪk] *adj* psychopathisch

psychosis <*pl* -ses> [saɪ·'koʊ·sɪs] *n* Psychose *f*

psychotherapist [ˌsaɪ·koʊ·'θer·ə·pɪst] *n* Psychotherapeut(in) *m(f)*

psychotherapy [ˌsaɪ·koʊ·'θer·ə·pi] *n* Psychotherapie *f*

psychotic [saɪ·'kat̬·ɪk] I. *adj* psychotisch II. *n* Psychotiker(in) *m(f)*

pt.[1] *abbrev of* **part** I.3, 4

pt.[2] *abbrev of* **point** I.

pt.[3] *abbrev of* **pint** Pint *nt* (*0,568 l*)

PTA [ˌpi·ti·'eɪ] *abbrev of* **Parent-Teacher Association** Eltern-Lehrer-Organisation *f*

ptarmigan ['tar·mɪ·gən] *n* Schneehuhn *nt*

PTO [ˌpi·ti·'oʊ] *abbrev of* **Parent-Teacher Organization** ≈ Elternbeirat *m,* ≈ Elternverein *m* ÖSTERR

pub [pʌb] *n* Kneipe *f*

puberty ['pju·bər·t̬i] *n* Pubertät *f*

pubic ['pju·bɪk] *adj attr, inv* Scham-
public ['pʌb·lɪk] **I.** *adj inv* öffentlich **II.** *n*
+ *sing/pl vb* ❶ (*the people*) ■**the** ~ die Öffentlichkeit, die Allgemeinheit ❷ (*patrons*) Anhängerschaft *f;* **the reading** ~ Leser *pl;* **the viewing** ~ Zuschauer *pl,* Publikum *nt* ❸ (*not in private*) Öffentlichkeit *f;* **in** ~ in der Öffentlichkeit, öffentlich
public-ad'dress system *n* Lautsprecheranlage *f*
public as'sistance *n* staatliche Fürsorge
publication [ˌpʌb·lɪ·'keɪ·ʃən] *n* ❶ (*publishing*) Veröffentlichung *f* ❷ (*published work*) Publikation *f*
public do'main *n* (*not subject to copyright*) **to be in the** ~ zum Allgemeingut gehören
public 'holiday *n* gesetzlicher Feiertag
public 'interest *n* öffentliches Interesse
publicist ['pʌb·lɪ·sɪst] *n* ❶ (*agent*) Publizist(in) *m(f)* ❷ (*pej: attention seeker*) **self-~** Selbstdarsteller(in) *m(f)*
publicity [pʌb·'lɪs·ɪ·t̬i] **I.** *n* ❶ (*promotion*) Publicity *f*, Reklame *f* ❷ (*attention*) Aufsehen *nt*, Aufmerksamkeit *f* **II.** *adj* Publicity-, Werbe-
publicize ['pʌb·lɪ·saɪz] *vt* bekannt machen
public 'law *n* öffentliches Recht
public 'library *n* öffentliche Bibliothek
publicly ['pʌb·lɪk·li] *adv inv* ❶ (*not privately*) öffentlich ❷ (*by the government*) staatlich
public 'nuisance *n* ❶ (*act*) öffentliches Ärgernis ❷ (*fam: person*) Störenfried *m*
public o'pinion *n* öffentliche Meinung
public 'property *n* Staatseigentum *nt*
public re'lations *npl* MEDIA, POL Public Relations *pl*, Öffentlichkeitsarbeit *f kein pl*
public 'school *n* öffentliche [*o* staatliche] Schule
public 'sector *n* öffentlicher Sektor
public-'spirited *adj* (*approv*) von Gemeinsinn zeugend *attr*
public 'television *n* öffentlich-rechtliches Fernsehen
public transpor'tation *n* öffentliche Verkehrsmittel
public u'tility *n* (*company*) öffentlicher Versorgungsbetrieb
publish ['pʌb·lɪʃ] *vt article, result* veröffentlichen; *book, magazine, newspaper* herausgeben
publisher ['pʌb·lɪ·ʃər] *n* MEDIA ❶ (*company*) Verlag *m* ❷ (*person*) Verleger(in) *m(f)* ❸ (*newspaper owner*) Herausgeber(in) *m(f)*
publishing ['pʌb·lɪ·ʃɪŋ] **I.** *n* Verlagswesen *nt* **II.** *adj attr, inv* Verlags-
'publishing house *n* Verlag *m*, Verlagshaus *nt*
puck [pʌk] *n* SPORTS Puck *m*
pucker ['pʌk·ər] **I.** *vt* in Falten legen; *lips* spitzen **II.** *vi* ■**to** ~ [**up**] *cloth* sich kräuseln; *lips* sich spitzen; *eyebrows* sich runzeln
pudding ['pʊd·ɪŋ] *n* Pudding *m*
puddle ['pʌd·əl] *n* Pfütze *f*
pudgy ['pʊdʒ·i] *adj* rundlich; *face* schwammig; *person* pummelig

puerile ['pju·ər·əl] *adj* (*pej*) kindisch *pej*
Puerto Rican [ˌpwer·t̬ə·'ri·kən] **I.** *n* Puerto-Ricaner(in) *m(f)* **II.** *adj* puerto-ricanisch
Puerto Rico [ˌpwer·t̬ə·'ri·koʊ] *n* Puerto Rico *nt*
puff [pʌf] **I.** *n* ❶ (*fam: short blast*) *of breath* Atemstoß *m; of wind* Windstoß *m; of vapor* Wolke *f* ❷ (*drag*) Zug *m* ❸ (*pastry*) Blätterteig *m* **II.** *vi* ❶ (*breathe heavily*) schnaufen ❷ (*smoke*) paffen; **to** ~ **on a cigar** eine Zigarre qualmen **III.** *vt* ❶ (*smoke*) paffen ❷ (*fam: praise*) aufbauschen
♦**puff out I.** *vt* aufblähen; *feathers* aufplustern **II.** *vi* verpuffen
♦**puff up I.** *vt* ❶ (*make swell*) [an]schwellen lassen ❷ (*fig*) ■**to** ~ **oneself up** *person* sich aufblasen **II.** *vi* [an]schwellen
puffin ['pʌf·ɪn] *n* Papageientaucher *m*
puffy ['pʌf·i] *adj* geschwollen, verschwollen
pug [pʌg] *n* Mops *m*
pugnacious [pʌg·'neɪ·ʃəs] *adj* (*form*) kampflustig
'pug nose *n* Stupsnase *f*
puke [pjuk] **I.** *vt* (*vulg*) ■**to** ~ **sth** ↻ [**up**] etw [aus]kotzen *sl* **II.** *vi* (*sl*) kotzen *sl*, spucken DIAL *fam* **III.** *n* (*sl*) Kotze *f sl*
pull [pʊl] **I.** *n* ❶ (*tug*) Zug *m*, Ziehen *nt* ❷ (*force*) Zugkraft *f; of the earth, moon* Anziehungskraft *f; of the water* Sog *m* ❸ (*on a cigarette*) Zug *m; (on a bottle*) Schluck *m* ❹ (*attraction*) Anziehung *f; of a person* Anziehungskraft *f* ❺ (*fam: influence*) Einfluss *m* ❻ (*handle*) [Hand]griff *m* **II.** *vt* ❶ (*draw*) ziehen; **to** ~ **sth shut** *door, window* zuziehen; *trigger* abdrücken ❷ (*put on*) **to** ~ **sth over one's head** *clothes* sich *dat* etw über den Kopf ziehen ❸ MED *muscle, tendon* zerren ❹ (*fam*) *gun, knife, tooth* ziehen ❺ (*help through*) ■**to** ~ **sb through sth** jdn durch etw *akk* durchbringen ❻ (*fam: cancel*) *event* absagen ► PHRASES: **to** ~ **sb's leg** (*fam*) jdn auf den Arm nehmen; **to** ~ **strings** Beziehungen spielen lassen **III.** *vi* ❶ (*draw*) ■**to** ~ [**at sth**] [an etw *dat*] ziehen ❷ (*drive*) ■**to** ~ **into sth** in etw *akk* hineinfahren
♦**pull ahead** *vi* ❶ (*overtake*) **to** ~ **ahead of sb** jdn überholen ❷ SPORTS in Führung gehen
♦**pull apart** *vt* ❶ (*separate*) auseinanderziehen ❷ (*break*) zerlegen
♦**pull aside** *vt* ■**to** ~ **sb aside** jdn zur Seite nehmen
♦**pull away I.** *vi* ■**to** ~ **away from sb/sth** ❶ (*leave*) sich von jdm/etw wegbewegen; **the bus** ~**ed away** der Bus fuhr davon ❷ SPORTS *horse, runner* sich vom Feld absetzen ❸ (*recoil*) vor jdm/etw zurückweichen **II.** *vt* wegreißen; ■**to** ~ **sth away** ↻ **from sb/sth** jdm/ etw etw entreißen
♦**pull back I.** *vi* ❶ (*recoil*) zurückschrecken ❷ MIL (*withdraw*) sich zurückziehen **II.** *vt* zurückziehen; *curtains* aufziehen
♦**pull down** *vt* ❶ (*move down*) herunterziehen ❷ *building* abreißen ❸ (*sl: earn*) kassieren

◆**pull in** I. *vi* TRANSP *train* einfahren; *car, bus* anhalten II. *vt* ❶ (*attract*) anziehen ❷ (*fam: earn*) [ab]kassieren ❸ (*suck in*) einziehen
◆**pull off** *vt* ❶ (*take off*) [schnell] ausziehen ❷ (*fam: succeed*) durchziehen; *deal* zustande bringen; *victory* davontragen
◆**pull on** *vt* [schnell] überziehen
◆**pull out** I. *vi* ❶ (*move out*) *vehicle* ausscheren ❷ (*depart*) *train* ausfahren; *car, bus* herausfahren ❸ (*withdraw*) aussteigen *fam;* ■**to ~ out of sth** sich aus etw *dat* zurückziehen ❹ (*extend*) *sofa* ausklappen II. *vt* ❶ MIL **to ~ out troops** Truppen abziehen ❷ (*get out*) ■**to ~ sth out of sth** etw aus etw *dat* [heraus]ziehen ❸ (*take out*) herausziehen
◆**pull over** I. *vt* *vehicle* anhalten II. *vi* *vehicle* zur Seite fahren
◆**pull through** I. *vi* (*survive*) durchkommen II. *vt* ■**to ~ sb/sth through** [sth] jdn/etw [durch etw *akk*] durchbringen
◆**pull together** I. *vt* ❶ (*regain composure*) ■**to ~ oneself together** sich zusammennehmen ❷ (*organize*) auf die Beine stellen *fig fam* II. *vi* zusammenarbeiten
◆**pull up** I. *vt* ❶ (*pull toward one*) heranziehen; **~ up a chair!** hol dir doch einen Stuhl! ❷ (*raise*) hochziehen ❸ (*remove*) *floorboards, weeds* herausreißen II. *vi* [heranfahren und] anhalten; *car* vorfahren; *train* einfahren
pull-down 'menu *n* Pulldown-Menü *nt*
pulley ['pʊl·i] *n* Flaschenzug *m*
'pullout I. *n* ❶ MIL Rückzug *m* ❷ PUBL [Sonder]beilage *f* II. *adj* herausziehbar
'pull-up *n see* **chin-up**
pulmonary ['pʌl·mə·ner·i] *adj inv* Lungen-
pulp [pʌlp] I. *n* ❶ (*mush*) Brei *m;* **to beat sb to a ~** (*fig fam*) jdn zu Brei schlagen ❷ FOOD Fruchtfleisch *nt kein pl* ❸ (*in paper making*) [Papier]brei *m* II. *vt* ❶ (*mash*) zu Brei verarbeiten; *food* zerstampfen ❷ (*destroy printed matter*) einstampfen
pulpit ['pʊl·pɪt] *n* Kanzel *f*
pulsate ['pʌl·seɪt] *vi* pulsieren; (*with noise*) *building, loudspeaker* vibrieren
pulsation [pʌl·'seɪ·ʃən] *n* Pulsieren *nt*
pulse [pʌls] I. *n* ❶ (*heartbeat*) Puls *m;* **to take sb's ~** jds Puls fühlen ❷ (*vibration*) [Im]puls *m* ❸ (*fig: mood*) **to take the ~ of sth** etw sondieren *geh;* **to have one's finger on the ~** am Ball sein II. *vi* pulsieren
pulverize ['pʌl·və·raɪz] *vt* ❶ (*crush*) pulverisieren ❷ (*fam: demolish*) demolieren ❸ (*fig fam: thrash*) ■**to ~ sb** jdn zu Brei schlagen; SPORTS jdn vernichtend schlagen
puma ['pu·mə] *n* Puma *m*
pumice ['pʌm·ɪs], **pumice stone** ['pʌm·ɪs-] *n* Bimsstein *m*
pummel <-l- *or* -ll-> ['pʌm·əl] *vt* ❶ (*hit*) einprügeln (auf +*akk*) ❷ (*fig: defeat*) fertigmachen *fam*
pump[1] [pʌmp] I. *n* (*device*) Pumpe *f* II. *vt* pumpen
pump[2] [pʌmp] *n* (*shoe*) Pumps *m*

pumpernickel ['pʌm·pər·nɪk·əl] *n* Pumpernickel *nt*
'pumping station ['pʌm·pɪŋ] *n* Pumpstation *f*
pumpkin ['pʌmp·kɪn] *n* ❶ (*vegetable*) [Garten]kürbis *m* ❷ (*fig: term of endearment for child*) Schatz *m*, Mäuschen *nt*

> **i** Der **pumpkin pie** ist eine Art Kürbiskuchen. Dieser sehr beliebte amerikanische *pie* wird im Herbst und im Frühwinter gegessen. Er wird besonders an *Thanksgiving* und an Weihnachten serviert.

pun [pʌn] I. *n* Wortspiel *nt* II. *vi* <-nn-> Wortspiele machen
punch[1] [pʌntʃ] I. *n* (*piercing tool*) Stanzwerkzeug *nt;* [*hole*] ~ (*for paper*) Locher *m* II. *vt* *coin, ring* stempeln; *metal, leather* [aus]stanzen; *paper* lochen
punch[2] [pʌntʃ] I. *n* <*pl* -es> ❶ (*hit*) [Faust]schlag *m;* (*in boxing*) Punch *m kein pl fachspr;* **to give sb a ~ in the nose** jdm eins auf die Nase geben *fam* ❷ (*strong effect*) Durchschlagskraft *f kein pl; of arguments* Überzeugungskraft *f kein pl; of a speech/of music* Schwung *m* II. *vt* (*hit*) ■**to ~ sb/sth** jdn/gegen etw *akk* [mit der Faust] schlagen
punch[3] [pʌntʃ] I. *n* *hot or cold* Punsch *m; cold* Bowle *f* II. *adj* *glasses, set* Punsch-, Bowlen-
'punch bowl *n* Punschschüssel *f*, Bowlengefäß *nt*
'punching bag *n* SPORTS Sandsack *m*
'punch line *n* Pointe *f*
punctual ['pʌŋk·tʃu·əl] *adj* pünktlich
punctuality [ˌpʌŋk·tʃu·'æl·ɪ·ţi] *n* Pünktlichkeit *f*
punctuate ['pʌŋk·tʃu·eɪt] *vt* ❶ LING (*mark*) mit Satzzeichen versehen ❷ (*interrupt*) [immer wieder] unterbrechen ❸ (*stress*) betonen
punctuation [ˌpʌŋk·tʃu·'eɪ·ʃən] *n* Zeichensetzung *f*
punctu'ation mark *n* Satzzeichen *nt*
puncture ['pʌŋk·tʃər] I. *vt* ❶ (*pierce*) durchstechen ❷ (*fig: make collapse*) *dream, hope* zerstören; *mood* verderben II. *vi* (*burst*) *tire* ein Loch bekommen; *plastic* einreißen III. *n* Reifenpanne *f*
pundit ['pʌn·dɪt] *n* ❶ ECON, POL (*a. pej: authority*) Koryphäe *f*, Guru *m hum, pej* ❷ (*pej: commentator*) autoritärer Kritiker/autoritäre Kritikerin
pungent ['pʌn·dʒənt] *adj* ❶ (*a. pej: strong*) *smell* scharf, beißend *pej; taste* scharf, pikant ❷ (*fig*) *wit, words* scharf *a. pej; comment, remark* bissig *pej; comment, expression* treffend
punish ['pʌn·ɪʃ] *vt* ❶ (*penalize*) bestrafen; **to ~ sb with a fine** jdn mit einer Geldstrafe belegen ❷ (*treat roughly*) strapazieren; (*treat badly*) malträtieren; *in a fight* übel zurichten ❸ (*exert oneself*) ■**to ~ oneself** sich [ab]quälen

punishable ['pʌn·ɪʃ·ə·bəl] *adj inv* LAW *offense* strafbar; **murder is ~ by life imprisonment** Mord wird mit lebenslanger Haft bestraft; **a ~ infraction of the rules** ein Regelverstoß, der zu ahnden ist

punishing ['pʌn·ɪ·ʃɪŋ] **I.** *adj attr* (*fig*) ❶ (*heavy*) Mords-, mörderisch *fig fam* ❷ (*brutal*) mörderisch *fig fam,* gnadenlos ❸ (*tough*) hart, schwer, anstrengend **II.** *n* (*severe handling*) Strapazierung *f;* (*rough treatment*) Malträtierung *f;* **to take a ~ device, equipment** stark beansprucht werden; (*be damaged*) malträtiert werden; *boxer* Prügel beziehen

punishment ['pʌn·ɪʃ·mənt] *n* ❶ (*penalty*) Bestrafung *f,* Strafe *f;* **capital ~** Todesstrafe *f* ❷ (*severe handling*) Strapazierung *f;* (*rough treatment*) grobe Behandlung; (*strain*) Strapaze *f;* **to take ~** *in boxing* schwer einstecken müssen *fig fam*

punitive ['pju·nɪ·t̬ɪv] *adj* (*form*) ❶ (*penalizing*) Straf-; **~ action** Strafmaßnahmen *pl;* **~ damages** LAW *in case of libel, slander* verschärfter Schaden[s]ersatz ❷ ECON, FIN (*severe*) streng, rigoros, einschneidend

punk [pʌŋk] **I.** *n* ❶ (*pej fam: worthless person*) Dreckskerl *m* ❷ (*music*) Punk[rock] *m;* (*fan*) Punker(in) *m(f)* **II.** *adj clothes, group, song* Punk[er]-

punt [pʌnt] SPORTS **I.** *vi* punten **II.** *vt* punten **III.** *n* Punt *m*

punter ['pʌn·tər] *n* SPORTS Punter *m*

puny ['pju·ni] *adj* (*pej*) ❶ (*sickly*) *person* schwächlich ❷ (*small*) *person* winzig *pej* ❸ (*fig: lacking in power*) schwach; *attempt* schüchtern; *excuse* billig

pup [pʌp] *n* ❶ (*baby dog*) junger Hund, Welpe *m* ❷ (*baby animal*) Junge(s) *nt*

pupil[1] ['pju·pəl] *n* ❶ (*schoolchild*) Schüler(in) *m(f)* ❷ (*follower*) Schüler(in) *m(f)*

pupil[2] ['pju·pəl] *n* ANAT Pupille *f*

puppet ['pʌp·ɪt] **I.** *n* ❶ (*theater doll*) [Hand]puppe *f;* (*on strings*) Marionette *f a. pej, fig* **II.** *adj maker, play* Puppen-; *play, strings* Marionetten-

'**puppet show** *n* Puppenspiel *nt,* Marionettentheater *nt*

puppy ['pʌp·i] *n* (*baby dog*) junger Hund, Welpe *m*

purchase ['pɜr·tʃəs] **I.** *vt* ❶ (*form: buy*) kaufen, erstehen *geh* ❷ FIN, LAW (*form: acquire*) etw [käuflich] erwerben **II.** *n* ❶ (*something bought, act of buying*) Kauf *m;* **to make a ~** einen Kauf tätigen; *bulky goods* eine Anschaffung machen ❷ FIN, LAW (*acquisition*) Erwerb *m kein pl*

purchaser ['pɜr·tʃə·sər] *n* ❶ (*buyer*) Käufer(in) *m(f);* FIN, LAW Erwerber(in) *m(f)* ❷ (*purchasing agent*) Einkäufer(in) *m(f)*

purchasing ['pɜr·tʃə·sɪŋ] *n* (*form*) Erwerb *m geh,* [Ein]kaufen *nt,* [Ein]kauf *m*

'**purchasing power** *n* Kaufkraft *f kein pl*

pure [pjʊr] *adj* ❶ (*unmixed*) rein, pur; ZOOL reinrassig *fachspr* ❷ *air, water* sauber, klar ❸ (*fig: utter*) rein, pur ❹ (*free of evil*) unschuldig, rein; *intentions* ehrlich

'**purebred I.** *n* reinrassiges Tier **II.** *adj inv* reinrassig

purée [pjʊ·'reɪ] **I.** *vt* <puréed, puréeing> pürieren **II.** *n* Püree *nt*

purely ['pjʊr·li] *adv* ❶ (*completely*) rein, ausschließlich ❷ (*merely*) bloß, lediglich; **~ and simply** schlicht und einfach ❸ (*free of evil*) unschuldig

purgative ['pɜr·gə·t̬ɪv] *n* MED Abführmittel *nt*

purgatory ['pɜr·gə·tɔr·i] *n* REL ■P~ das Fegefeuer

purge [pɜrdʒ] **I.** *vt* (*a. fig: cleanse*) reinigen (**of** von +*dat*); ■**to ~ oneself/sb of sth** *guilt, suspicion* sich/jdn von etw *dat* reinwaschen **II.** *n* ❶ (*cleaning out*) Reinigung *f* ❷ POL (*getting rid of*) Säuberung[saktion] *f*

purification [ˌpjʊr·ə·fɪ·'keɪ·ʃən] *n* (*cleansing*) Reinigung *f*

purify ['pjʊr·ə·faɪ] *vt* reinigen (**of/from** von +*dat*)

purist ['pjʊr·ɪst] *n* Purist(in) *m(f)*

puritan ['pjʊr·ɪ·tən] *n* ❶ (*Protestant*) Puritaner(in) *m(f);* ■**the P~s** *pl* die Puritaner *pl* ❷ (*fig, usu pej: strict person*) Puritaner(in) *m(f)*

puritanical [ˌpjʊr·ɪ·'tæn·ɪ·kəl] *adj* (*usu pej*) puritanisch

purity ['pjʊr·ɪ·t̬i] *n* ❶ (*cleanness*) Sauberkeit *f* ❷ (*freedom from admixture*) Reinheit *f* ❸ REL (*moral goodness*) Reinheit *f;* (*innocence*) Unschuld *f*

purl [pɜrl] **I.** *n* linke Masche **II.** *vt, vi* links stricken

purple ['pɜr·pəl] **I.** *adj* ❶ (*red/blue mix*) violett; (*more red*) lila[farben]; (*crimson*) purpurrot ❷ (*darkly colored*) **to turn ~ [in the face]** hochrot [im Gesicht] anlaufen **II.** *n* ❶ (*blue/red mix*) Violett *nt;* (*more red*) Lila *nt;* (*crimson*) Purpur *m kein pl* ❷ (*robe*) Purpur *m kein pl*

Purple 'Heart *n* Verwundetenabzeichen *nt*

purpose ['pɜr·pəs] *n* ❶ (*reason*) Grund *m* ❷ (*goal*) Absicht *f,* Ziel *nt;* **to have a ~ in life** ein Lebensziel haben; **on ~** absichtlich ❸ (*resoluteness*) Entschlossenheit *f;* **lack of ~** Unentschlossenheit *f*

purposeful ['pɜr·pəs·fəl] *adj* ❶ (*single-minded*) zielstrebig ❷ (*resolute*) entschlossen ❸ *existence* sinnvoll

purposeless ['pɜr·pəs·lɪs] *adj* ❶ (*lacking goal*) ziellos ❷ (*lacking meaning*) sinnlos ❸ (*useless*) unzweckmäßig

purposely ['pɜr·pəs·li] *adv* ❶ (*intentionally*) absichtlich, bewusst ❷ (*expressly*) ausdrücklich, gezielt

purr [pɜr] **I.** *vi* ❶ (*cat*) schnurren ❷ (*engine*) surren **II.** *n* ❶ (*cat's sound*) Schnurren *nt kein pl* ❷ (*engine noise*) Surren *nt kein pl*

purse [pɜrs] **I.** *n* ❶ (*handbag*) Handtasche *f* ❷ (*financial resources*) **public ~** Staatskasse *f*

P

❸ SPORTS (*prize money*) Preisgeld *nt* **II.** *vt* **to ~ one's lips** die Lippen schürzen; (*sulkily*) die Lippen aufwerfen

purser ['pɜr·sər] *n* AVIAT Purser *m;* NAUT Zahlmeister(in) *m(f)* fachspr

pursue [pər·'su] *vt* **❶** (*a. fig: follow*) *goals* verfolgen **❷** (*fig, pej: repeatedly attack*) verfolgen **❸** (*investigate*) *matter* weiterverfolgen **❹** (*engage in*) betreiben; *career* ausüben; *studies* nachgehen

pursuer [pər·'su·ər] *n* Verfolger(in) *m(f)*

pursuit [pər·'sut] *n* **❶** (*chase*) Verfolgung[sjagd] *f; of knowledge, fulfillment* Streben *nt* (**of** nach +*dat*); (*hunt*) Jagd *f a. pej* (**of** nach +*dat*) **❷** (*activity*) Aktivität *f,* Beschäftigung *f*

pus [pʌs] *n* Eiter *m*

push [pʊʃ] **I.** *n* <*pl* -es> **❶** (*shove*) Stoß *m;* (*slight push*) Schubs *m fam;* **to give sb/sth a ~** jdm/etw einen Stoß versetzen **❷** (*press*) Druck *m;* **at the ~ of a button** auf Knopfdruck *a. fig* **❸** (*fig: motivation*) Anstoß *m* **❹** (*concerted effort*) Anstrengung[en] *f*[*pl*], Kampagne *f* **II.** *vt* **❶** (*shove*) schieben; (*in a crowd*) drängeln; (*violently*) stoßen, schubsen; **to ~ sth to the back of one's mind** (*fig*) etw verdrängen **❷** (*move forcefully*) schieben; (*give a push*) stoßen **❸** (*maneuver*) **■to ~ sb toward sth** jdn in eine Richtung drängen **❹** (*impose*) **■to ~ sth** [**on sb**] [jdm] etw aufdrängen **❺** (*pressure*) **■to ~ sb into doing sth** jdn [dazu] drängen, etw zu tun; (*force*) jdn zwingen, etw zu tun; (*persuade*) jdn überreden, etw zu tun **❻** (*press*) **■to ~ sth** drücken (auf +*akk*) **❼** (*demand a lot*) **■to ~ oneself** sich *dat* alles abverlangen; **to not ~ oneself** sich nicht überanstrengen *iron* **❽** (*sl: promote*) propagieren; (*sell illegal drugs*) pushen *sl* **❾** (*approach*) **to be ~ing 40** (*age*) auf die 40 zugehen; (*drive at*) fast 40 fahren **III.** *vi* **❶** (*exert force*) dränge[l]n; (*press*) drücken; (*move*) schieben; **to ~ and pull** hin- und herschieben **❷** (*maneuver through*) sich durchdrängen; MIL vorstoßen; **■to ~ past sb** sich an jdm vorbeidrängen

◆push around *vt* **❶** (*move around*) herumschieben; (*violently*) herumstoßen **❷** (*fig, pej: bully*) **■to ~ sb around** jdn herumkommandieren

◆push back *vt* **❶** (*move backwards*) zurückschieben, zurückdrängen **❷** (*fig: delay*) *date* verschieben; **■to ~ sb back** jdn zurückwerfen

◆push down *vt* **❶** (*knock down*) umstoßen **❷** (*press down*) *lever* hinunterdrücken **❸** ECON (*fig, pej*) *prices* [nach unten] drücken; *value* mindern

◆push forward I. *vt* **❶** (*approv, fig*) *development, process* [ein großes Stück] voranbringen **❷** (*present forcefully*) in den Vordergrund stellen **❸** (*draw attention*) **■to ~ oneself forward** sich vordrängen **II.** *vi* (*continue*) weitermachen

◆push in *vt* (*press against*) eindrücken

◆push off I. *vi* (*fig, a. pej fam: leave*) sich verziehen **II.** *vt* NAUT abstoßen

◆push on *vt* [energisch] vorantreiben

◆push out *vt* **❶** (*force out*) hinausjagen **❷** (*dismiss*) hinauswerfen; (*reject*) ausstoßen **❸** ECON (*produce*) ausstoßen

◆push over *vt* umwerfen, umstoßen

◆push through I. *vi* (*maneuver through*) **■to ~ through sth** sich durch etw *akk* drängen **II.** *vt* **❶** POL *bill, motion* durchdrücken *fam* **❷** (*help to succeed*) **schools focus too much on grades and pushing their students through the system** die Schule ist viel zu sehr mit der Notengebung beschäftigt und damit, ihre Schüler durch das System zu bringen

◆push up *vt* **❶** (*move higher*) **to ~ a bike up a hill** ein Fahrrad den Hügel hinaufschieben; **■to ~ sb** ↻ **up** jdn hochheben **❷** ECON *demands* steigern; *prices* hochtreiben

'pushbutton I. *adj inv* (*automated*) Druckknopf-, [Druck]tasten-, [voll]automatisch **II.** *n* Druckknopf *m,* [Druck]taste *f*

pusher ['pʊʃ·ər] *n* (*pej*) Dealer(in) *m(f)*

'pushover *n* **❶** (*fig, pej fam: easily defeated opponent*) leichter Gegner/leichte Gegnerin; (*easily influenced*) Umfaller(in) *m(f) fig, pej fam;* **to be a real ~** echt leicht rumzukriegen sein *fam* **❷** (*approv, fig fam: easy success*) Kinderspiel *nt kein pl*

'pushpin *n* Reißzwecke *f*

'pushup *n* Liegestütz *m*

pushy ['pʊʃ·i] *adj* (*fig fam*) **❶** (*pej: aggressive*) aggressiv; (*obnoxious*) aufdringlich **❷** (*ambitious*) tatkräftig

pussy ['pʊs·i] *n* **❶** (*cat*) Mieze[katze] *f fam* **❷** (*fig, pej vulg: woman's genitals*) Muschi *f* **❸** (*sl: weak person*) Schlappschwanz *m fam,* Waschlappen *m*

'pussyfoot *vi* (*pej fam: move cautiously*) **■to ~ around** herumreden *fam*

'pussy willow *n* Salweide *f*

put <-tt-, put, put> [pʊt] *vt* **❶** (*place*) **■to ~ sth somewhere** etw irgendwohin stellen; (*lay down*) etw irgendwohin legen; (*push in*) etw irgendwohin stecken; **~ your clothes in the closet** häng deine Kleider in den Schrank; **she ~ some milk in her coffee** sie gab etwas Milch in ihren Kaffee; **to ~ oneself in sb's place** sich in jds Situation versetzen; **~ the cake in[to] the oven** schieb den Kuchen in den Backofen; **I ~ clean sheets on the bed** ich habe das Bett frisch bezogen; **she ~ her arm round him** sie legte ihren Arm um ihn; **to ~ sb to bed** jdn ins Bett bringen; **to stay ~** *person* sich nicht von der Stelle rühren; *object* liegen/stehen/hängen bleiben **❷** (*invest*) **to ~ effort into sth** Mühe in etw *akk* stecken **❸** (*impose*) **to ~ the blame on sb** jdm die Schuld geben; **to ~ faith in sth** sein Vertrauen in etw *akk* setzen; **to ~ pressure on sb** jdn unter Druck setzen; **to ~ sb/sth to the test** jdn/etw auf die Probe stellen **❹** (*include*) **to ~ sth on the agenda** etw auf die Tagesordnung

setzen ❺ (*indicating change of condition*) **to
~ sb at risk** jdn in Gefahr bringen; **to ~ sb in
a good mood** jds Laune heben; **to ~ one's
affairs in order** seine Angelegenheiten in
Ordnung bringen; **to ~ sb to shame** jdn beschämen; **to ~ a stop to sth** etw beenden
❻ (*express*) **how should I ~ it?** wie soll ich
mich ausdrücken?; **to ~ it bluntly** um es deutlich zu sagen ❼ (*estimate, value*) **she ~s her
job above everything else** für sie geht ihr Beruf allem anderen vor; **to ~ sb/sth in a category** jdn/etw in eine Kategorie einordnen
❽ (*install*) einbauen ❾ MED (*prescribe*) ■**to ~
sb on sth** jdm etw verschreiben

◆**put across** *vt* ❶ (*make understood*) **to ~
one's point across** etw verständlich machen
❷ (*fam: trick*) **to ~ one across on sb** (*fam*)
jdn hintergehen

◆**put aside** *vt* ❶ (*save*) zurücklegen; *money
a.* sparen, auf die hohe Kante legen; **to ~ sth
aside for sb** etw *akk* für jdn auf die Seite legen
❷ (*ignore*) *one's differences, fears* vergessen
❸ (*postpone*) ■**to ~ aside** ↻ **sth** *book etc.*
etw beiseitelegen

◆**put away** *vt* ❶ (*tidy up*) wegräumen; (*in
storage place*) einräumen ❷ (*save*) zurücklegen; *money a.* auf die hohe Kante legen
❸ (*fam: eat a lot*) ■**to ~ away** ↻ **sth** etw in
sich *akk* hineinstopfen ❹ (*fam: have institu-
tionalized*) ■**to ~ sb away** (*in a retirement
home*) jdn in Pflege geben; (*in prison*) jdn einsperren

◆**put back** *vt* ❶ (*replace*) zurückstellen
❷ (*reassemble*) ■**to ~ sth back together** etw
wieder zusammensetzen; ■**to ~ sth back on**
clothes etw wieder anziehen

◆**put down** *vt* ❶ (*set down*) ablegen, abstellen ❷ (*lower*) *arm, feet* herunternehmen; **to ~
down the [tele]phone** [den Hörer] auflegen;
■**to ~ sb** ↻ **down** jdn runterlassen
❸ (*spread*) **to ~ down roots** (*a. fig*) Wurzeln
schlagen ❹ (*write*) aufschreiben; **we'll ~ your
name down on the waiting list** wir setzen
Ihren Namen auf die Warteliste; ■**to ~ sb
down for sth** jdn für etw *akk* eintragen
❺ ECON (*leave as deposit*) anzahlen ❻ (*stop*)
rebellion niederschlagen; *crime* besiegen
❼ (*deride*) ■**to ~ down** ↻ **sb/oneself** jdn/
sich schlechtmachen ❽ (*give as cause*) ■**to ~
sth down to sth** etw auf etw *akk* zurückführen; **to ~ sth down to experience** etw als Erfahrung mitnehmen

◆**put forward** *vt idea, plan* vorbringen; *proposal* machen; *candidate* vorschlagen

◆**put in** I. *vt* ❶ (*place in*) hineinsetzen/-le-
gen/-stellen ❷ *food, ingredients* hinzufügen
❸ (*install*) installieren ❹ (*enter, submit*) **to ~
in a good word for sb** für jdn ein gutes Wort
einlegen; **to ~ in an order for sth** etw bestellen II. *vi* ■**to ~ in for sth** *job* sich um etw *akk*
bewerben; *pay raise, transfer* etw beantragen

◆**put off** *vt* ❶ (*delay*) verschieben; **we've
been ~ting off the decision about whether**

to have a baby wir haben die Entscheidung,
ob wir ein Kind haben wollen, vor uns her geschoben ❷ (*persuade to not act*) vertrösten
❸ (*discourage*) ■**to ~ sb off from doing sth**
jdm etw *akk* verleiden [*o* madigmachen]
❹ (*disgust*) ■**to be ~ off by sth** über etw *akk*
verärgert sein

◆**put on** *vt* ❶ *clothes, shoes* anziehen;
makeup auflegen; (*fig*) *smile* aufsetzen ❷ (*pretend*) vorgeben ❸ (*turn on*) einschalten
❹ (*provide*) bereitstellen; *exhibition* veranstalten; *play* aufführen ❺ (*increase*) **to ~ on
weight** zunehmen

◆**put out** I. *vt* ❶ (*place outside*) **to ~ the
laundry out [to dry]** die Wäsche draußen aufhängen ❷ *hand, foot* ausstrecken ❸ MEDIA
(*publish, circulate*) veröffentlichen ❹ (*produce*) herstellen; (*sprout*) *leaves, roots* austreiben ❺ (*place ready*) ■**to ~ sth out [for
sb/sth]** *chairs, clothes, dishes* [jdm/etw] etw
hinstellen ❻ (*extinguish*) *fire* löschen; *candle,
cigarette* ausmachen; (*turn off*) *lights* ausschalten II. *vi* (*sl: agree to sex*) es treiben *sl*

◆**put over** *vt* (*fam: fool*) **to ~ one over on sb**
sich mit jdm einen Scherz erlauben

◆**put through** *vt* ❶ (*insert through*) ■**to ~
sth through sth** etw durch etw *akk* schieben;
(*pierce*) etw durch etw *akk* stechen ❷ TELEC
(*connect*) ■**to ~ sb through to sb** jdn mit
jdm verbinden ❸ (*support*) **to ~ sb through
college** jdn zum College schicken ❹ (*carry
through*) *bill, plan, proposal* durchbringen;
claim weiterleiten

◆**put together** *vt* ❶ (*assemble*) zusammensetzen; *machine, model, radio* zusammenbauen ❷ (*place near*) zusammenschieben
❸ (*make*) zusammenstellen; *list* aufstellen
❹ MATH (*add*) **to ~ 10 and 15 together** 10
und 15 zusammenzählen; **she earns more
than all the rest of us ~ together** (*fig*) sie
verdient mehr als wir alle zusammengenommen

◆**put up** I. *vt* ❶ (*hang up*) aufhängen; *flag,
sail* hissen ❷ (*raise*) hochheben; *feet* hochlegen; **to ~ one's hair up** sich *dat* das Haar auf-
stecken ❸ (*build*) bauen; *fence* errichten; *tent*
aufstellen ❹ (*offer*) **to ~ up a reward** eine Belohnung aussetzen; **to ~ sth up for sale** etw
zum Verkauf anbieten ❺ (*give shelter*) unterbringen ❻ (*resist*) **to ~ up a struggle** kämpfen; **the villagers did not ~ up any resistance** die Dorfbewohner leisteten keinen Widerstand II. *vi* (*stay*) **to ~ up for the night** die
Nacht wach bleiben

◆**put up with** *vi* **they have a lot to ~ up
with** sie haben viel zu ertragen; **I'm not ~ing
up with this any longer** ich werde das nicht
länger dulden

'putdown *n* verächtliche Bemerkung

putrefy <-ie-> ['pju·trǝ·faɪ] *vi* (*form*) MED *body*
verwesen; BIOL *organic matter* [ver]faulen; (*fig:
become corrupt*) verrotten

putrid ['pju·trɪd] *adj* (*form*) ❶ (*foul*) *smell* faulig ❷ (*decayed*) *corpse* verwest; BIOL *organic matter* verfault; *water* faul

putt [pʌt] SPORTS I. *vt, vi* putten II. *n* Putt *m*

putter¹ ['pʌt̩·ər] *n* SPORTS ❶ *golf club* Putter *m* ❷ (*golfer*) Einlocher(in) *m(f)*

putter² ['pʌt̩·ər] *vi* ❶ (*busy oneself*) geschäftig sein, werkeln SÜDD; (*do nothing in particular*) vor sich *akk* hin werkeln *fam* ❷ (*idle*) die Zeit mit Nichtstun verbringen

putty ['pʌt̩·i] I. *n* [Dichtungs]kitt *m* II. *vt* <-ie-> [ver]kitten, [ver]spachteln

puzzle ['pʌz·əl] I. *n* ❶ (*question, mystery, test of ingenuity*) Rätsel *nt*; **jigsaw ~** Puzzle *nt* ❷ (*test of patience*) Geduldsspiel *nt* ❸ (*confusion*) Verwirrung *f* II. *vt* vor ein Rätsel stellen III. *vi* ■ **to ~ about** [*or* **over**] **sth** über etw *akk* nachgrübeln

puzzled ['pʌz·əld] *adj* ratlos

puzzling ['pʌz·əl·ɪŋ] *adj* rätselhaft

PVC [ˌpi·vi·'si] *n abbrev of* **polyvinyl chloride** PVC *nt*

Pygmy ['pig·mi] I. *n* (*pej, a. fig*) Zwerg(in) *m(f)* II. *adj attr, inv* Zwerg-

pylon ['paɪ·lan] *n* ❶ AUTO (*traffic cone*) Pylon *m*, [Brücken-]Pfeiler *m* ❷ AVIAT (*bracket*) Befestigungspunkt [am Flugzeug]

pyramid ['pɪr·ə·mɪd] *n* Pyramide *f*

pyre [paɪr] *n* Scheiterhaufen *m*

Pyrenees ['pɪr·ə·ˌniz] *npl* ■ **the ~** die Pyrenäen *pl*

Pyrex® ['paɪ·reks] *n* Pyrex-Glas®

pyrotechnic [ˌpaɪ·roʊ·'tek·nɪk] *adj attr, inv* ❶ (*fireworks*) pyrotechnisch ❷ (*fig: sensational*) brillant

python <*pl* -s *or* -> ['paɪ·θən] *n* Python *m*

Q

Q <*pl* -'s *or* -s>, **q** <*pl* -'s> [kju] *n* Q *nt*, q *nt*; **~ as in Quebec** Q wie Quelle

Q. [kju] *n* ECON *abbrev of* **quarter** Quartal *nt*

q. [kju] *n* ❶ FOOD *abbrev of* **quart** Quart *nt* (*0,95 l*) ❷ *abbrev of* **question** Frage *f*

QED [ˌkju·i·'di] *n* ❶ MATH *abbrev of* **quod erat demonstrandum** q.e.d. ❷ (*fig: the solution*) ganz einfach

qt., qt *n* FOOD *abbrev of* **quart** Quart *nt* (*0,95 l*)

Q-tip® ['kju·tɪp] *n* Wattestäbchen *nt*

quack¹ [kwæk] I. *n* Quaken *nt* II. *vi* quaken

quack² [kwæk] (*pej*) I. *n* (*fake doctor*) Quacksalber(in) *m(f) pej* II. *adj attr, inv* **~ doctor** Kurpfuscher(in) *m(f)*

quad¹ [kwad] *n short for* **quadrangle** Geviert *nt*; (*on campus*) Hof

quad² [kwad] *n* (*fam*) *short for* **quadruplet** Vierling *m*

quadrangle ['kwad·ræŋ·gəl] *n* ❶ MATH Viereck *nt* ❷ (*square*) Geviert *nt*

quadrant ['kwad·rənt] *n* ❶ MATH Viertelkreis *m* ❷ TECH Quadrant *m fachspr; of sphere* Viertelkugel *f*

quadraphonic [ˌkwad·rə·'fan·ɪk] *adj inv* quadrophon[isch]

quadratic [kwa·'dræt̩·ɪk] *adj inv* MATH quadratisch

quadrilateral [ˌkwad·rɪ·'læt̩·ər·əl] I. *adj inv* vierseitig II. *n* (*shape*) Viereck *nt*

quadruped ['kwad·rə·ped] I. *adj* vierfüßig II. *n* Vierfüßer *m*

quadruple [kwa·'dru·pəl] I. *vt* vervierfachen II. *vi* sich vervierfachen III. *adj* vierfach *attr*

quadruplet [kwa·'dru·plɪt] *n* Vierling *m*

quaff [kwaf] *vt* [in großen Zügen] trinken

quagmire ['kwæg·maɪr] *n* ❶ (*swamp*) Morast[boden] *m* ❷ (*fig*) Patsche *f fig*; **to be caught in a ~** in der Patsche sitzen

quail¹ <*pl* -s *or* -> [kweɪl] *n* ZOOL Wachtel *f*

quail² [kweɪl] *vi* (*liter: cower*) bangen *geh*

quaint [kweɪnt] *adj* ❶ (*charming*) reizend; *landscape, village* malerisch; *cottage, pub* urig ❷ (*old-fashioned*) altertümlich

quaintness ['kweɪnt·nɪs] *n* (*charm*) Reiz *m; of landscape, village* idyllischer Charakter

quake [kweɪk] I. *n* (*fam*) [Erd]beben *nt* II. *vi* ❶ (*move*) *earth* beben ❷ (*fig: shake*) zittern; **her voice ~d with emotion** ihre Stimme bebte vor Erregung

Quaker ['kweɪ·kər] I. *n* Quäker(in) *m(f)* II. *adj attr* Quäker-

qualification [ˌkwal·ə·fɪ·'keɪ·ʃən] *n* ❶ (*skill*) Qualifikation *f* ❷ (*condition*) [notwendige] Voraussetzung *f* (**for, of** für + *akk*) ❸ (*restriction*) Einschränkung *f* ❹ (*eligibility*) Berechtigung *f*

qualified ['kwal·ɪ·faɪd] *adj* ❶ (*competent*) qualifiziert; **well ~** gut geeignet ❷ (*restricted*) bedingt; **to make a ~ statement** eine Erklärung unter Einschränkungen abgeben; **to be a ~ success** ein mäßiger Erfolg sein

qualifier ['kwal·ɪ·faɪ·ər] *n* ❶ (*competitor*) Qualifikant(in) *m(f)* ❷ (*sports round*) Qualifikation *f*

qualify <-ie-> ['kwal·ɪ·faɪ] I. *vt* ❶ (*make competent*) qualifizieren ❷ (*make eligible*) ■ **to ~ sb** [**for sth**] jdm das Recht [auf etw *dat*] geben; ■ **to ~ sb to do sth** jdn berechtigen, etw zu tun ❸ (*restrict*) *criticism, judgment* einschränken; **to ~ a remark** eine Bemerkung unter Vorbehalt äußern II. *vi* ❶ (*prove competence*) sich qualifizieren (**for** für + *akk*) ❷ (*meet requirements*) *for citizenship, membership, office* die [nötigen] Voraussetzungen erfüllen (**for** für + *akk*); (*be eligible*) *for benefits, a job* in Frage kommen (**for** für + *akk*)

qualifying ['kwal·ɪ·faɪ·ɪŋ] I. *n* ❶ SPORTS Qualifizierung *f* ❷ (*restricting*) Einschränkung *f* II. *adj attr, inv* ❶ (*restrictive*) einschränkend ❷ SPORTS *round* Qualifikations-

qualitative ['kwal·ɪ·teɪ·t̩ɪv] *adj inv* qualitativ, Qualitäts-

quality ['kwal·ɪ·t̩i] I. *n* ❶ (*standard*) Qualität *f*; TECH Gütegrad *m fachspr*; **~ of life** Lebensqualität *f* ❷ (*character*) Art *f;* **the unique ~ of their relationship** die Einzigartigkeit ihrer Beziehung ❸ (*feature*) Merkmal *nt;* **managerial qualities** Führungsqualitäten *pl* **II.** *adj* [qualitativ] hochwertig, Qualitäts-

'**quality control** *n usu sing* Qualitätskontrolle *f*

'**quality time** *n die Zeit, die man dafür aufbringt, familiäre Beziehungen zu entwickeln und zu pflegen*

qualm [kwam] *n* ❶ (*doubt*) ■ ~ **s** *pl* Bedenken *pl* ❷ (*uneasiness*) ungutes Gefühl; **without the slightest ~** ohne die geringsten Skrupel

quandary ['kwan·də·ri] *n usu sing* ❶ (*indecision*) Unentschiedenheit *f;* **to be in a ~** sich nicht entscheiden können ❷ (*difficult situation*) verzwickte Lage; **to put sb in a ~** jdn in große Verlegenheit bringen

quantifiable ['kwan·tə·faɪ·ə·bəl] *adj inv* mengenmäßig messbar

quantify <-ie-> ['kwan·tə·faɪ] *vt* mengenmäßig messen

quantitative ['kwan·tə·teɪ·ţɪv] *adj* quantitativ *geh*

quantity ['kwan·tɪ·ţi] *n* ❶ (*amount*) Quantität *f,* Menge *f; of individual items* Stückzahl *f* ❷ (*large amount*) große Menge *f,* Unmenge *f* ❸ MATH (*magnitude*) Größe *f*

quantum <*pl* -ta> ['kwan·təm] *n* PHYS (*unit*) Quant[um] *nt fachspr*

quantum me'chanics *n* + *sing vb* Quantenmechanik *f kein pl*

quarantine ['kwɔr·ən·ˌtin] **I.** *n* Quarantäne *f;* **to place sb under ~** jdn unter Quarantäne stellen **II.** *vt* unter Quarantäne stellen

quark [kwark] *n* PHYS Quark *nt*

quarrel ['kwɔr·əl] **I.** *n* ❶ (*argument*) Streit *m;* **to have a ~** sich streiten ❷ (*cause of complaint*) Einwand *m* **II.** *vi* <-l- *or* -ll-> ❶ (*argue*) sich streiten (**about** über + *akk*) ❷ (*disagree with*) ■ **to ~ with sth** etwas an etw *dat* aussetzen; **you can't ~ with that** daran gibt es nichts auszusetzen

quarrelsome ['kwɔr·əl·səm] *adj* streitsüchtig

quarry[1] ['kwɔr·i] **I.** *n* Steinbruch *m;* (*fig*) Fundgrube *f* **II.** *vt* <-ie-> brechen

quarry[2] ['kwɔr·i] *n* ❶ (*animal*) Jagdbeute *f* ❷ *criminal* gejagte Person; (*fig: victim*) Opfer *nt*

quart [kwɔrt] *n* Quart *nt* (*0,95 l*)*;* **a ~ of milk** ein Quart *nt* Milch

quarter ['kwɔr·ţər] **I.** *n* ❶ (*fourth*) Viertel *nt;* **the bottle was a ~ full** es war noch ein Viertel in der Flasche; **for a ~ of the price** zu einem Viertel des Preises; **to divide sth into ~ s** etw in vier Teile teilen ❷ (*coin*) Vierteldollar *m* ❸ (*time*) Viertel *nt; of year* Quartal *nt;* **a ~ of an hour** eine Viertelstunde; **a ~ to/after three** Viertel vor/nach drei ❹ UNIV (*term*) Quartal *nt* ❺ SPORTS (*period*) Viertel *nt* ❻ (*area*) Gegend *f;* (*neighborhood*) Viertel *nt;* **the French Q~** das französische Viertel ❼ (*unspecified place*) Seite *f;* (*place*) Stelle *f;* **help came from a totally unexpected ~** Hil-

fe kam von völlig unerwarteter Seite ❽ (*lodgings*) ■ ~ **s** *pl* Wohnung *f;* MIL Quartier *nt* ▶ PHRASES: **at** close **~ s with sb** in jds Nähe **II.** *vt* vierteln **III.** *adj inv* Viertel-

'**quarterback** *n* ❶ SPORTS Quarterback *m fachspr* ❷ (*leader*) Gruppenleiter(in) *m(f)*

quarter'final *n* Viertelfinale *nt*

quarterly ['kwɔr·ţər·li] **I.** *adv* vierteljährlich; **to be paid ~** vierteljährlich gezahlt werden **II.** *adj* vierteljährlich, Vierteljahres-; *esp* ECON Quartals-

quartermaster ['kwɔr·ţər·ˌmæs·tər] *n* ❶ MIL Quartiermeister *m* ❷ NAUT *in merchant marine* Quartiermeister *m; in navy* Steuermannsmaat *m*

'**quarter note** *n* MUS Viertelnote *f*

'**quarter rest** *n* MUS Viertelpause *f*

quartet, quartette [kwɔr·'tet] *n* Quartett *nt*

quartz [kwɔrts] *n* Quarz *m;* **rose ~** Rosenquarz *m*

quasar ['kweɪ·zar] *n* ASTRON Quasar *m*

quash [kwaʃ] *vt* ❶ (*destroy*) zermalmen; (*fig*) *hopes, plans* zunichtemachen ❷ (*suppress*) *rebellion, revolt* niederschlagen; *rumors* zum Verstummen bringen ❸ LAW (*annul*) aufheben; *law* für ungültig erklären

quasi- ['kwa·zi] *in compounds* (*resembling*) *religion, science* Quasi-; *intellectual, scientific* pseudo-; *philosophical, spiritual* quasi-; *official* halb-; *legislative* -ähnlich; LAW *partner, partnership* Schein-

quaver ['kweɪ·vər] **I.** *vi* ❶ (*tremble*) *person* zittern; *voice a.* beben ❷ (*speak*) mit zitternder Stimme sprechen **II.** *n* Zittern *nt kein pl,* Beben *nt kein pl*

quay [ki] *n* Kai *m,* Kaje *f* NORDD

queasy ['kwi·zi] *adj* ❶ (*easily upset*) *person, stomach* [über]empfindlich ❷ (*upset*) übel *nach n;* **he feels ~** ihm ist übel

queen [kwin] *n* ❶ (*monarch*) Königin *f* ❷ (*fig: lady*) Königin *f;* **beauty ~** Schönheitskönigin *f;* (*card*) Königin *f;* **~ of diamonds** Karokönigin *f;* (*chess*) Dame *f* ❸ (*fam: gay*) Tunte *f pej fam;* **drag ~** Transvestit *m*

queen 'bee *n* ❶ Bienenkönigin *f* fachspr ❷ (*fig: leader*) tonangebende Frau; (*busybody*) sich [überall] wichtigmachende Frau

queenly ['kwin·li] *adj* königlich

queer [kwɪr] **I.** *adj* ❶ (*strange*) seltsam; **to have ~ ideas** schräge Ideen haben ❷ (*offensive fam: homosexual*) schwul *fam* **II.** *n* (*offensive fam*) Schwule(r) *m fam; female* Lesbe *f fam*

quell [kwel] *vt* ❶ (*suppress*) *opposition, protest* [gewaltsam] unterdrücken; *revolt* niederschlagen ❷ (*subdue*) *anger* zügeln; (*overcome*) *fear* überwinden ❸ (*fig: quiet*) beschwichtigen; *doubts, fears* zerstreuen

quench [kwentʃ] *vt* ❶ (*put out*) löschen; (*fig*) dämpfen ❷ (*satisfy*) befriedigen; *thirst for knowledge* stillen

querulous ['kwer·ə·ləs] *adj* (*liter*) ❶ (*peevish*) missmutig; *voice* gereizt ❷ (*complaining*)

Q

nörg[e]lig

query ['kwɪr·i] I. *n* Rückfrage *f* II. *vt* <-ie-> (*form*) **❶** (*doubt*) in Frage stellen; ■ **to** ~ **whether** ... bezweifeln, dass ... **❷** (*ask*) befragen

quest [kwest] *n* Suche *f* (**for** nach +*dat*); **in** ~ **of sth** auf der Suche nach etw *dat*

question ['kwes·tʃən] I. *n* **❶** (*query*) Frage *f;* **to put a** ~ **to sb** jdm eine Frage stellen; **to pop the** ~ jdm einen [Heirats]antrag machen **❷** (*doubt*) Zweifel *m;* **there's no** ~ **about it** keine Frage; **the place in** ~ LAW besagter Ort; **to call sth into** ~ etw bezweifeln; **without** ~ zweifellos **❸** (*matter*) Frage *f;* **it's a** ~ **of life or death** es geht um Leben und Tod; **to be out of the** ~ nicht in Frage kommen II. *vt* **❶** (*ask*) befragen (**about** über +*akk*) **❷** (*interrogate*) verhören (**about** zu +*dat*) **❸** (*doubt*) bezweifeln; *facts, findings* anzweifeln

questionable ['kwes·tʃə·nə·bəl] *adj* **❶** (*uncertain*) zweifelhaft; *future* ungewiss; **it is** ~ **how** ... es ist fraglich, wie ... **❷** (*shady*) fragwürdig, zweifelhaft; **to do** ~ **business** bedenkliche Geschäfte machen; **some of his jokes were in** ~ **taste** manche seiner Witze waren von etwas zweideutiger Natur

questioner ['kwes·tʃə·nər] *n* Fragesteller(in) *m(f)*

questioning ['kwes·tʃə·nɪŋ] I. *n* Befragung *f; by police* Verhör *nt* II. *adj look, tone* fragend

'question mark *n* Fragezeichen *nt a. fig*

questionnaire [ˌkwes·tʃə·'ner] *n* Fragebogen *m*

queue [kju] COMPUT I. *n* Schlange *f* II. *vt* ■ **to** ~ **sth** etw in die Warteschlange einreihen III. *vi* anstehen, Schlange stehen

quibble ['kwɪb·əl] I. *n* **❶** (*argument*) haarspalterisches Argument; (*hairsplitting*) Haarspalterei *f* **❷** (*criticism*) Krittelei *f* (**about, over, with** an +*dat*) II. *vi* sich streiten (**about** über +*akk*); **no one would** ~ **with that** das würde niemand bestreiten

quibbling ['kwɪb·lɪŋ] I. *n* Streiterei *f* II. *adj* spitzfindig; (*quarrelsome*) streitsüchtig

quiche <*pl* -> [kiʃ] *n* Quiche *f*

quick [kwɪk] I. *adj* **❶** (*fast*) schnell; **to have a** ~ **drink** [noch] schnell etwas trinken; **in** ~ **succession** in schneller [Ab]folge; **to have a** ~ **temper** ein rasch aufbrausendes Temperament haben; **he is always** ~ **to criticize** mit Kritik ist er rasch bei der Hand **❷** (*short*) kurz; **to have a** ~ **look at sth** sich *dat* etw kurz ansehen; **could I have a** ~ **word with you?** könnte ich Sie kurz sprechen? **❸** (*alert*) [geistig] gewandt; ~ **wit** Aufgewecktheit *f; in replying* Schlagfertigkeit *f* II. *adv* schnell, rasch III. *interj* schnell IV. *n* **to bite nails to the** ~ die Nägel bis auf das Nagelbett abbeißen; **to cut sb to the** ~ (*fig*) jdn bis ins Mark treffen

'quick-acting *adj* schnell wirksam

quicken ['kwɪk·ən] I. *vt* **❶** beschleunigen **❷** (*fig: awaken*) anregen; *curiosity, interest* wecken II. *vi* schneller werden; *pulse* sich er-

höhen

quickie ['kwɪk·i] I. *n* **❶** (*fast thing*) kurze Sache **❷** (*sex*) Quickie *m* **❸** (*drink*) Schluck *m* auf die Schnelle II. *adj* Schnell-, schnell [hingehauen]; ~ **divorce** schnelle und unkomplizierte Scheidung

quickly ['kwɪk·li] *adv* schnell, rasch

quickness ['kwɪk·nɪs] *n* **❶** (*speed*) Schnelligkeit *f* **❷** (*alertness*) [geistige] Beweglichkeit; ~ **of mind** scharfer Verstand

'quicksand *n* Treibsand *m*

'quicksilver *n* (*old: mercury*) Quecksilber *nt*

'quickstep I. *n* ■ **the** ~ der Quickstepp II. *vi* <-pp-> Quickstepp tanzen

quick-'tempered *adj* hitzköpfig

quick-'witted *adj* (*alert*) aufgeweckt; (*quick in replying*) schlagfertig; *reply* schlagfertig

quid pro quo ['kwɪd·proʊ·'kwoʊ] *n* Gegenleistung *f*

quiescent [kwaɪ·'es·ənt] *adj* (*form*) ruhig

quiet ['kwaɪ·ət] I. *adj* <-er, -est *or* more ~, most ~> **❶** (*not loud*) leise **❷** (*silent*) ruhig; **please be** ~ Ruhe bitte!; **to keep** ~ **❸** (*not talking*) still; *child* ruhig; (*taciturn*) schweigsam; **to keep** ~ **about sth** über etw *akk* Stillschweigen bewahren **❹** (*secret*) heimlich; **to have a** ~ **word with sb** mit jdm ein Wörtchen im Vertrauen reden *fam;* **to keep sth** ~ etw für sich *akk* behalten **❺** (*not exciting*) geruhsam; (*not busy*) *street, town* ruhig ▶ PHRASES: **as** ~ **as a mouse** mucksmäuschenstill *fam* II. *n* **❶** (*silence*) Stille *f* **❷** (*lack of excitement*) Ruhe *f; peace and* ~ Ruhe und Frieden ▶ PHRASES: **on the** ~ heimlich III. *vt* **❶** (*make quiet*) beruhigen **❷** (*calm*) beruhigen; *fears* zerstreuen; *tension* lösen

♦ quiet down I. *vi* **❶** (*become quiet*) leiser werden **❷** (*become calm*) sich beruhigen II. *vt* **❶** (*make less noisy*) zur Ruhe bringen; **go and** ~ **those children down** stell die Kinder mal ruhig! *fam* **❷** (*calm*) beruhigen

quietly ['kwaɪ·ət·li] *adv* **❶** (*not loudly*) leise **❷** (*silently*) still; **to wait** ~ ruhig warten **❸** (*unobtrusively*) unauffällig; **the plan has been** ~ **dropped** der Plan wurde stillschweigend fallen gelassen; **to be** ~ **confident** insgeheim überzeugt sein

quietness ['kwaɪ·ət·nɪs] *n* Ruhe *f;* (*silence*) Stille *f*

quill [kwɪl] *n* **❶** (*feather*) Feder *f* **❷** (*of porcupine*) Stachel *m* **❸** (*pen*) Federkiel *m*

quilt [kwɪlt] I. *n* Steppdecke *f; patchwork* ~ Quilt *m* II. *vt* [ab]steppen

quince [kwɪns] *n* Quitte *f;* (*tree a.*) Quittenbaum *m*

quinine ['kwaɪ·naɪn] *n* Chinin *nt*

quintessence [kwɪn·'tes·əns] *n* Quintessenz *f geh;* (*embodiment*) Inbegriff *m;* **to be the** ~ **of sth** etw verkörpern

quintessential [ˌkwɪn·te·'sen·ʃəl] *adj inv* essentiell; **the** ~ **American meal** der Inbegriff einer amerikanischen Mahlzeit

quintet, quintette [kwɪn·'tet] *n* Quintett *nt*

quintuplet [kwɪn·'tʌp·lɪt] *n* Fünfling *m*
quip [kwɪp] **I.** *n* witzige Bemerkung **II.** *vi*
<-pp-> witzeln
quirk [kwɜrk] *n* ❶ (*habit*) Marotte *f* ❷ (*oddity*)
Merkwürdigkeit *f kein pl;* **by some strange ~**
of fate durch eine [merkwürdige] Laune des
Schicksals
quirky ['kwɜr·ki] *adj* schrullig *fam*
quit <quit *or* quitted, quit *or* quitted> [kwɪt]
I. *vi* ❶ *worker* kündigen; *manager, official* zurücktreten ❷ COMPUT aussteigen ❸ (*give up*)
aufgeben **II.** *vt* ❶ (*stop*) **will you ~ that!?**
wirst du wohl damit aufhören!; **~ it!** hör [da-
mit] auf!; **~ wasting my time** hör auf, meine
Zeit zu verschwenden; **to ~ smoking** das Rauchen aufgeben ❷ (*give up*) aufgeben; *job,*
apartment kündigen ❸ COMPUT (*end*) aussteig-
en (aus +*dat*)
quite [kwaɪt] *adv inv* ❶ (*fairly*) ziemlich; **we**
had ~ a nice evening in the end schließlich
war es doch noch ein recht netter Abend;
I had to wait ~ a long time ich musste ganz
schön lange warten *fam* ❷ (*completely*) ganz,
völlig; **~ honestly, ...** ehrlich gesagt ...
quits [kwɪts] *adj pred, inv* quitt (**with** mit
+*dat*); **to call it ~** (*fam*) es gut sein lassen
quiver¹ ['kwɪv·ər] **I.** *n* Zittern *nt kein pl* **II.** *vi*
zittern; **to ~ with rage** vor Wut beben
quiver² ['kwɪv·ər] *n* (*holder*) Köcher *m*
quixotic [kwɪk·'sɑt·ɪk] *adj personality* schwärmerisch; *idea, suggestion, vision* unrealistisch;
attempt naiv
quiz [kwɪz] **I.** *n* <*pl* -zes> SCH, UNIV [kurze]
Prüfung **II.** *adj* SCH, UNIV *question, results*
Prüfungs- *nt* **III.** *vt* ❶ (*question*) befragen
(**about** zu +*dat*) ❷ SCH, UNIV prüfen (**on** über
+*akk*)
'quiz show *n* Quizsendung *f*
quizzical ['kwɪz·ɪ·kəl] *adj* ❶ (*questioning*) fragend ❷ (*teasing*) spöttisch
quorum ['kwɔr·əm] *n* Quorum *nt geh*
quota ['kwoʊ·tə] *n* ❶ (*fixed amount*) Quote *f*
❷ (*fig: proportion*) Quantum *nt*
quotable ['kwoʊ·tə·bəl] *adj* ❶ (*citable*) zitier-
bar ❷ POL (*on the record*) für die Öffentlichkeit
bestimmt
quotation [kwoʊ·'teɪ·ʃən] *n* ❶ (*citation*) Zitat *nt;* ■ **~ from sb/sth** Zitat *nt* von jdm/aus
etw ❷ STOCKEX [Kurs]notierung *f*
quo'tation marks *npl* Anführungszeichen *pl*
quote [kwoʊt] **I.** *n* ❶ (*citation*) Zitat *nt* ❷ (*quo-*
tation mark) ■ **~s** *pl* Gänsefüßchen *pl fam*
❸ (*estimate*) Kostenvoranschlag *m* **II.** *vt*
❶ (*cite*) zitieren; ■ **to ~ sb on sth** jdn zu etw
dat zitieren; **but don't ~ me on that!** aber
sag's nicht weiter! *fam* ❷ (*give*) *price* nennen
❸ STOCKEX notieren **III.** *vi* zitieren; ■ **to ~ from**
sb jdn zitieren; ■ **to ~ from sth** aus etw *dat* zitieren
quotient ['kwoʊ·ʃənt] *n a.* MATH Quotient *m*
QWERTY keyboard [ˌkwɜr·ti·'ki·bɔrd] *n* englische Standardtastatur

R

R <*pl* -'s *or* -s>, **r** <*pl* -'s> [ar] *n* R *nt*, r *nt;*
~ as in Romeo R wie Richard
r *adv abbrev of* **right** re.
R¹ [ar] **I.** *n abbrev of* **river** **II.** *adj abbrev of*
right re.
R² [ar] *adv* FILM *abbrev of* **Restricted: rated** ~
nicht für Jugendliche unter 17 Jahren
RA [ˌar·'eɪ] *n* UNIV *abbrev of* **residence assis-**
tant *Student, der im Wohnheim Hausmeister-*
pflichten versieht und dafür keine Miete be-
zahlen muss
rabbi ['ræb·aɪ] *n* Rabbiner *m*
rabbit ['ræb·ɪt] *n* Kaninchen *nt*
'rabbit hutch *n* Kaninchenstall *m*
rabble ['ræ·bəl] *n* (*pej: disorderly group*)
ungeordneter Haufen
'rabble-rouser *n* Aufwiegler(in) *m(f)*
'rabble-rousing *adj* Hetz-, [auf]hetzerisch
rabid ['ræb·ɪd] *adj* ❶ (*fig, esp pej: fanatical*)
fanatisch; *critic* scharf; *nationalist* radikal
❷ (*having rabies*) tollwütig
rabies ['reɪ·biz] *n* + *sing vb* Tollwut *f*
raccoon [ræ·'kun] *n* Waschbär(in) *m(f)*
race¹ [reɪs] *n* ❶ (*ethnic group*) Rasse *f*
❷ (*species*) **the human ~** die menschliche
Rasse; (*of animals, plants*) Spezies *f*
race² [reɪs] **I.** *n* ❶ (*test of speed*) Rennen *nt*
❷ (*long competition*) Wettkampf *m* **II.** *vi*
❶ (*compete*) *people* Rennen laufen; *vehicles*
Rennen fahren ❷ (*rush*) rennen ❸ (*pass*
quickly) ■ **to ~ by** schnell vergehen **III.** *vt*
❶ ■ **to ~ sb** (*in competition*) gegen jdn antreten; (*for fun*) mit jdm ein Wettrennen machen
❷ (*enter for races*) **to ~ a horse** ein Pferd
Rennen laufen lassen
'racecar *n* Rennwagen *m*
'racecar driver *n* Rennfahrer(in) *m(f)*
'racecourse *n* Rennbahn *f*
'racehorse *n* Rennpferd *nt*
racer ['reɪ·sər] *n* ❶ (*runner*) [Renn]läu-
fer(in) *m(f);* (*horse*) Rennpferd *nt* ❷ (*bicycle*)
Rennrad *nt;* (*car*) Rennwagen *m*
'race relations *npl* Beziehungen *pl* zwischen
den Rassen
'race riot *n* Rassenunruhen *pl*
'racetrack *n* (*racecourse*) Rennbahn *f;* (*for*
horses a.) Rennstrecke *f*
racial ['reɪ·ʃəl] *adj* ❶ (*to do with race*) rassisch,
Rassen- ❷ (*motivated by racism*) rassistisch;
~ segregation Rassentrennung *f*
'racial profiling *n* Profiling *nt* aufgrund der
Rassenzugehörigkeit
racing ['reɪ·sɪŋ] *n* SPORTS *car* ~ Autorennen *nt;*
horse ~ Pferderennen *nt;* SPORT Pferderennsport *m*
racism ['reɪ·sɪz·əm] *n* Rassismus *m*
racist ['reɪ·sɪst] **I.** *n* Rassist(in) *m(f)* **II.** *adj* rassistisch
rack [ræk] **I.** *n* ❶ (*for storage*) Regal *nt;*

R

clothes ~ Kleiderständer *m;* **magazine** ~ Zeitschriftenständer *m;* **to buy off the** ~ von der Stange kaufen ❷ *(for torture)* Folterbank *f* II. *vt (hurt)* quälen; **to be ~ed with pain** von Schmerzen gequält werden ► PHRASES: **to** ~ **one's brains** sich *dat* den Kopf zerbrechen

racket¹ ['ræk·ɪt] *n* SPORTS Schläger *m*

racket² ['ræk·ɪt] *n (fam)* ❶ *(din)* Krach *m* ❷ *(pej: dishonest scheme)* unsauberes Geschäft; **extortion** ~ Schutzgelderpressung *f*

racketeering [ˌræk·ə·'tɪr] *n* dunkle Machenschaften *pl pej*

racoon [ræ·'kun] *n see* **raccoon**

racquetball ['ræk·ɪt·bɔl] *n* SPORT Racketball *nt kein pl*

racy ['reɪ·si] *adj* ❶ *behavior, novel* anzüglich; *clothing* gewagt ❷ *person, image* draufgängerisch

radar ['reɪ·dar] *n* Radar *m o nt;* ~ **screen** Radarschirm *m*

radial ['reɪ·di·əl] I. *adj* ❶ *(radiating)* strahlenförmig ❷ TECH radial, Radial-; ~ **tire** Gürtelreifen *m* II. *n* Gürtelreifen *m*

radiant ['reɪ·di·ənt] *adj* ❶ PHYS ~ **heat** Strahlungswärme *f* ❷ *(beaming) smile* wunderschön, strahlend *attr fig*

radiate ['reɪ·di·eɪt] I. *vi* ❶ *(spread out)* strahlenförmig ausgehen (**from** von +*dat*) ❷ *(be given off)* abstrahlen (**from** von +*dat*); *light, energy* ausstrahlen II. *vt (a. fig)* ausstrahlen; *heat* abgeben

radiation [ˌreɪ·di·'eɪ·ʃən] *n* ❶ *(radiated energy)* Strahlung *f* ❷ *(process)* Abstrahlen *nt*

radi'ation sickness *n* Strahlenkrankheit *f*

radiator ['reɪ·di·eɪ·tər] *n* ❶ *(heating device)* Heizkörper *m* ❷ *(to cool engine)* Kühler *m*

radical ['ræd·ɪ·kəl] I. *adj* ❶ MED, POL radikal ❷ *(fundamental)* fundamental II. *n (person)* Radikale(r) *f(m)*

radii ['reɪ·di·aɪ] *n pl of* **radius**

radio ['reɪ·di·ou] I. *n* ❶ *(receiving device)* Radio *nt* SÜDD, ÖSTERR, SCHWEIZ *a. m* ❷ *(transmitter and receiver)* Funkgerät *nt;* **on/over the** ~ über Funk ❸ *(broadcasting)* Radio *nt,* [Rund]funk *m;* **to listen to the** ~ Radio hören; *(medium)* Funk *m* II. *vi* **to** ~ **for help** über Funk Hilfe anfordern

radioactive [ˌreɪ·di·ou·'æk·tɪv] *adj* radioaktiv

radioactivity [ˌreɪ·di·ou·æk·'tɪv·ɪ·t̬i] *n* Radioaktivität *f*

radiographer [ˌreɪ·di·'ag·rə·fər] *n* Röntgenassistent(in) *m(f)*

radiography [ˌreɪ·di·'ag·rə·fi] *n* Röntgenographie *f*

radiologist [ˌreɪ·di·'al·ə·dʒɪst] *n* Radiologe(in) *m(f)*

radiology [ˌreɪ·di·'al·ə·dʒi] *n* Radiologie *f*

'radio program *n* Rundfunkprogramm *nt,* Radioprogramm *nt*

'radio station *n* ❶ *(radio channel)* Radiosender *m* ❷ *(building)* Rundfunkstation *f*

radio'therapy *n* Strahlentherapie *f*

'radio wave *n* Radiowelle *f*

radish <*pl* -es> ['ræd·ɪʃ] *n* Rettich *m*

radium ['reɪ·di·əm] *n* Radium *nt*

radius <*pl* -dii> ['reɪ·di·əs] *n (distance from center)* a. MATH Radius *m*

raffia ['ræf·i·ə] *n* Raphia[bast] *m*

raffish ['ræf·ɪʃ] *adj (rakish)* flott *fam,* verwegen

raffle ['ræf·əl] I. *n* Tombola *f* II. *vt* verlosen

raft¹ [ræft] I. *n (vessel)* Floß *nt* II. *vi* an einem Rafting teilnehmen

raft² [ræft] *n (large number)* ■ **a** ~ **of sth** eine [ganze] Menge einer S. *gen*

rafter ['ræf·tər] *n* ARCHIT Dachsparren *m*

rafting ['ræf·tɪŋ] *n* Rafting *nt*

rag [ræg] *n* ❶ *(old cloth)* Lumpen *m; (for cleaning)* Lappen *m,* ÖSTERR Fetzen *m; (for dust)* Staubtuch *nt* ❷ *pl (worn-out clothes)* Lumpen *pl pej*

◆ **rag on** *vt* <-gg-> *(fam)* ■ **to** ~ **on sb** jdn nerven *sl; (scold)* auf jdm herumhacken *fam*

ragamuffin ['ræg·ə·mʌf·ɪn] *n (fam)* Dreckspatz *m*

rage [reɪdʒ] I. *n* ❶ *(violent anger)* Wut *f,* Zorn *m* ❷ *(fit of anger)* **to get in a** ~ sich aufregen (**about** über +*akk*) ❸ *(mania)* **to be [all] the** ~ der letzte Schrei sein *fam* II. *vi* ❶ *(express fury)* toben; *at sb* anschreien; *at sth* sich aufregen (über +*akk*) ❷ *(continue violently)* toben; *epidemic, fire* wüten

ragged ['ræg·ɪd] *adj clothes, children* zerlumpt; *cuffs, hem* ausgefranst; *people, group* unorganisiert

raging ['reɪ·dʒɪŋ] *adj* ❶ *river* reißend *attr* ❷ *fire* lodernd *attr; inferno* flammend *attr* ❸ *(severe)* rasend; *thirst* schrecklich

'ragtime *n* Ragtime *m*

'ragweed *n* HORT beifußblättriges Traubenkraut

raid [reɪd] I. *n* ❶ *(military attack)* Angriff *m* ❷ *(by police)* Razzia *f* ❸ *(by bandits)* Überfall *m* (**on** auf +*akk*) II. *vt* ❶ MIL *(attack)* überfallen; *(bomb)* bombardieren; *town* plündern ❷ *(steal from)* ausplündern; *bank, post office* überfallen; *(fig) refrigerator, piggy bank* plündern *hum*

rail¹ [reɪl] *n* ❶ *(transport system)* Bahn *f;* **by** ~ mit der Bahn ❷ *(railway track)* Schiene *f* ❸ *(on stairs)* Geländer *nt; (on fence, for clothes, in shop)* Stange *f; (on ship)* Reling *f*

rail² [reɪl] *vi* wettern (**against/at** gegen +*akk*), schimpfen (**against/at** über +*akk*)

railing ['reɪ·lɪŋ] *n* ❶ *(fence)* Geländer *nt* ❷ *(on a ship)* Reling *f*

'rail network *n* Bahnnetz *nt*

'railroad I. *n* ❶ *(railway system)* [Eisen]bahn *f kein pl* ❷ *(train track)* Schienen *pl,* Gleise *pl; (stretch of track)* Strecke *f* II. *vt* zwingen; ■ **to have been ~ed into sth** gezwungen worden sein, etw zu tun

'railroad crossing *n* Bahnübergang *m*

'railroad line *n* Bahnlinie *f*

'railroad station *n* Bahnhof *m*

'railway ['reɪl·weɪ] *n* **commuter** ~ ≈ S-Bahn *f*

rain [reɪn] I. *n (precipitation)* Regen *m;* **in the** ~ im Regen II. *vi impers* regnen; **it's ~ing**

es regnet

rainbow ['reɪn·boʊ] *n* Regenbogen *m*

'rain cloud *n* Regenwolke *f*

'raincoat *n* Regenmantel *m*

'raindrop *n* Regentropfen *m*

'rainfall *n* ❶ (*period of rain*) Niederschlag *m* ❷ (*quantity of rain*) Niederschlagsmenge *f*

'rain forest *n* Regenwald *m*

'rain gauge *n* Regenmesser *m*

'rainproof *adj* wasserdicht

'rainstorm *n* starke Regenfälle *pl*

rainy ['reɪ·ni] *adj* regnerisch

raise [reɪz] **I.** *n* Gehaltserhöhung *f* **II.** *vt* ❶ (*lift*) *hand, arm, leg* heben; *anchor* lichten; *eyebrow, drawbridge, blinds* hochziehen; *flag, sail* hissen ❷ (*increase*) erhöhen; *quality* verbessern; **to ~ public awareness** das öffentliche Bewusstsein schärfen ❸ (*mention*) vorbringen; *an issue, a question* aufwerfen; *an objection* erheben ❹ *capital, money* aufbringen ❺ (*bring up*) *children* aufziehen ❻ (*breed*) züchten; (*look after*) aufziehen

raisin ['reɪ·zən] *n* Rosine *f*

rake [reɪk] **I.** *n* (*garden tool*) Harke *f*, Rechen *m* **II.** *vt* ❶ (*gather up*) [zusammen]rechen; *leaves, the lawn* rechen ❷ (*work*) *soil* harken; **to ~ one's fingers through one's hair** sich mit der Hand durchs Haar fahren **III.** *vi* ■ **to ~ through sth** etw durchsuchen

◆ **rake in** *vt* ❶ (*work in*) rechen ❷ (*fam: earn effortlessly*) *money* kassieren

◆ **rake up** *vt* ❶ (*gather up*) zusammenrechen; (*fig*) einstreichen ❷ (*fig: revive*) **to ~ up the past** die Vergangenheit wieder ausgraben

rakish¹ ['reɪ·kɪʃ] *adj* (*jaunty*) flott, keck

rakish² ['reɪ·kɪʃ] *adj* (*dissolute*) ausschweifend; *charm* verwegen

rally ['ræl·i] **I.** *n* ❶ (*assembly*) [Massen]versammlung *f*, Treffen *nt*, Zusammenkunft *f* ❷ MIL (*reassembling*) *of troops* Versammlung *f* ❸ (*recovery*) *of prices* Erholung *f* ❹ SPORTS (*in tennis, volleyball*) Ballwechsel *m* ❺ (*vehicle race*) Rallye *f* **II.** *vt* <-ie-> *troops* sammeln; *support* gewinnen; *supporters* mobilisieren (**against/in favor of** gegen/für + *akk*) **III.** *vi* <-ie-> ❶ (*support*) ■ **to ~ behind sb** sich geschlossen hinter jdn stellen ❷ MED, FIN, STOCKEX sich erholen; SPORTS sich fangen *fam*

◆ **rally 'around** *vi person* unterstützen

ram [ræm] **I.** *n* ❶ (*sheep*) Widder *m*, Schafbock *m* ❷ (*implement*) Rammbock *m*, Ramme *f* **II.** *vt* <-mm-> ❶ (*hit*) rammen ❷ (*pound*) *soil* feststampfen ❸ (*stuff*) stopfen (**into** in + *akk*) ❹ (*fig: present forcefully*) **to ~ sth home** *views* [mit Vehemenz] klarmachen **III.** *vi* <-mm-> ■ **to ~ into sth** gegen etw *akk* prallen; (*with car a.*) gegen etw *akk* fahren

RAM [ræm] *n* COMPUT *acr for* **Random Access Memory** RAM *m o nt*

Ramadan [ˌræm·ə·'dan] *n* Ramadan *m*

ramble ['ræm·bəl] **I.** *n* Wanderung *f*, Spaziergang *m* **II.** *vi* ❶ (*walk*) wandern, umherstreifen (**through** durch + *akk*) ❷ (*pej fam*) faseln *fam*,

schwafeln (**about** über + *akk*) ❸ (*grow randomly*) sich ranken

rambler ['ræm·blər] *n* ❶ (*walker*) Wanderer *m*, Wanderin *f* ❷ HORT, BOT (*rose*) Kletterrose *f*

rambling ['ræm·blɪŋ] **I.** *n* ■ ~**s** *pl* Gefasel *nt* kein *pl pej* **II.** *adj* ❶ (*incoherent*) unzusammenhängend, zusammenhanglos ❷ (*sprawling*) *building* weitläufig ❸ BOT, HORT rankend *attr*, Kletter-

rambunctious [ræm·'bʌŋ(k)·ʃəs] *adj* (*fam*) lärmend *attr*; *horse* wild

ramification [ˌræm·ɪ·fɪ·'keɪ·ʃən] *n usu pl* (*consequences*) Auswirkung *f*, Konsequenz *f*

ramp [ræmp] *n* Rampe *f*; AVIAT Gangway *f*

rampage ['ræm·peɪdʒ] **I.** *n* Randale *f*; **on the ~** angriffslustig **II.** *vi* randalieren

rampant ['ræm·pənt] *adj* ❶ (*unrestrained*) ungezügelt; *inflation* galoppierend *attr*; *nationalism, racism* zügellos ❷ (*rife*) *epidemic* ■ **to be ~** grassieren

rampart ['ræm·part] *n* [Schutz]wall *m*, Befestigungswall *m*

'ramrod *n* Ladestock *m*; **he stood ~-straight** er stand so steif da, als hätte er einen Besenstiel verschluckt

ramshackle ['ræm·ʃæk·əl] *adj* (*dilapidated*) klapp[e]rig; *building* baufällig

ran [ræn] *pt of* **run**

ranch [ræntʃ] **I.** *n* <*pl* -es> Farm *f*, Ranch *f* **II.** *vi* Viehwirtschaft treiben **III.** *vt cattle, mink, salmon* züchten

rancher ['ræn·tʃər] *n* ❶ (*ranch owner*) Viehzüchter(in) *m(f)* ❷ (*ranch worker*) Farmarbeiter(in) *m(f)*

'ranch house *n* einstöckiges Einfamilienhaus mit einfachem Grundriss und angebauter Garage

rancid ['ræn·sɪd] *adj* ranzig

rancor ['ræŋ·kər] *n* (*bitterness*) Verbitterung *f*, Groll *m* (**toward** gegenüber + *dat*); (*hatred*) Hass *m*

R & B [ˌar·ənd·'bi] *n abbrev of* **rhythm and blues** R & B *m*

R & D [ˌar·ənd·'di] *n abbrev of* **research and development** Forschung *f* und Entwicklung *f*

random ['ræn·dəm] **I.** *n* **at ~** (*aimlessly*) willkürlich, wahllos; (*by chance*) zufällig **II.** *adj* zufällig, wahllos; **a ~ sample** eine Stichprobe

rang [ræŋ] *pt of* **ring**

range [reɪndʒ] **I.** *n* ❶ (*variety*) Reihe *f*, Auswahl *f* (**of** an + *dat*); (*selection*) Angebot *nt*, Sortiment *nt* ❷ (*limit*) Reichweite *f*; **in/out of ~** in/außer Reichweite; (*extent*) Bereich *m* ❸ (*distance*) Entfernung *f*; *of a gun* Schussweite *f*; *of a missile* Reichweite *f* ❹ MIL (*practice area*) **firing ~** Schießplatz *m* ❺ (*of mountains*) Hügelkette *f*, Bergkette *f* ❻ (*pasture*) Weide *f*, Weideland *nt* ❼ (*stove*) [Koch]herd *m* **II.** *vi* ❶ (*vary*) schwanken ❷ ■ **to ~ from sth to sth** von etw *dat* bis [zu etw *dat*] reichen; **a wideranging investigation** eine umfassende Ermittlung

ranger ['reɪn·dʒər] *n* ❶ (*warden*) Aufseher(in) *m(f);* **park** ~ Parkranger *m* ❷ (*soldier*) Ranger(in) *m(f)*
rank¹ [ræŋk] **I.** *n* ❶ POL (*position*) Position *f* ❷ MIL Dienstgrad *m,* Rang *m* ❸ (*row*) Reihe *f;* **to close** ~**s** die Reihen schließen; (*fig*) sich zusammenschließen **II.** *vi* ❶ (*hold a position*) ■ **to** ~ **above sb** einen höheren Rang als jd einnehmen ❷ (*be classified as*) **he currently** ~**s second in the world** er steht derzeit auf Platz zwei der Weltrangliste **III.** *vt* ❶ (*classify*) einstufen ❷ (*arrange*) anordnen; **to** ~ **sb/sth in order of size** jdn/etw der Größe nach aufstellen
rank² [ræŋk] *adj* ❶ (*smelly*) stinkend ❷ *attr* (*absolute*) absolut, ausgesprochen; *outsider* total; *stupidity* rein
rankle ['ræŋ·kəl] *vt* ■ **to** ~ **sb** jdn wurmen
ransack ['ræn·sæk] *vt* ❶ (*search*) *cupboards* durchwühlen ❷ (*a. fig, hum: plunder*) plündern; (*rob*) ausrauben
ransom ['ræn·səm] **I.** *n* Lösegeld *nt* **II.** *vt* auslösen
rant [rænt] **I.** *n* ❶ (*angry talk*) Geschimpfe *nt,* Gezeter *nt fam* ❷ (*tirade*) Schimpfkanonade *f* **II.** *vi* [vor sich *akk* hin] schimpfen
rap¹ [ræp] **I.** *n* ❶ (*knock*) Klopfen *nt kein pl,* Pochen *nt kein pl* ❷ (*fam: rebuke*) Anpfiff *m fam* ❸ (*sl: criticism*) Verriss *m fam* ❹ (*sl: reputation*) **a bum** ~ eine falsche Anklage ❺ LAW **to take the** ~ [**for sth**] die Schuld [für etw *akk*] zugeschoben kriegen **II.** *vt* <-pp-> ❶ (*strike*) klopfen (an + *akk*) ❷ (*fig: criticize*) scharf kritisieren
rap² [ræp] **I.** *n* MUS Rap *m* **II.** *vi* MUS rappen
rapacious [rə·'peɪ·ʃəs] *adj* (*form: grasping*) habgierig; *landlord, businessman* raffgierig
rape [reɪp] **I.** *n* ❶ (*sexual assault*) Vergewaltigung *f* ❷ (*fig: destruction*) Zerstörung *f* **II.** *vt* vergewaltigen **III.** *vi* eine Vergewaltigung begehen
rapid ['ræp·ɪd] *adj* ❶ (*quick*) schnell; *change, growth, expansion* rasch; *increase, rise* steiler ❷ (*sudden*) plötzlich
rapidity [rə·'pɪd·ɪ·t̬i] *n* ❶ (*suddenness*) Plötzlichkeit *f* ❷ (*speed*) Geschwindigkeit *f,* Schnelligkeit *f*
rapids ['ræp·ɪdz] *npl* Stromschnellen *pl*
rapier ['reɪ·pi·ər] *n* Rapier *nt*
rapist ['reɪ·pɪst] *n* Vergewaltiger(in) *m(f)*
rapport [ræ·'pɔr] *n* Übereinstimmung *f,* Harmonie *f*
rapt [ræpt] *adj* (*engrossed*) versunken, selbstvergessen
rapture ['ræp·tʃər] *n* ❶ (*bliss*) Verzückung *f,* Entzücken *nt* ❷ *pl* (*expression of joy*) **to be in** ~**s about sth** entzückt über etw *akk* sein
rapturous ['ræp·tʃər·əs] *adj* ❶ (*delighted*) entzückt, hingerissen; *smile* verzückt ❷ (*enthusiastic*) begeistert; *applause* stürmisch
rare¹ [rer] *adj* (*uncommon*) rar, selten
rare² [rer] *adj meat* nicht durch[gebraten] *präd,* blutig

rarefied ['rer·ə·faɪd] *adj* exklusiv
rarely ['rer·li] *adv* selten
raring ['rer·ɪŋ] *adj* ■ **to be** ~ **to do sth** großes Verlangen haben, etw zu tun; ~ **to go** startbereit
rarity ['rer·ɪ·t̬i] *n* Rarität *f,* Seltenheit *f*
rascal ['ræs·kəl] *n* (*scamp*) Schlingel *m;* (*child*) Frechdachs *m*
rash [ræʃ] **I.** *n* <*pl* -es> ❶ (*skin condition*) Ausschlag *m* ❷ (*spate*) ■ **a** ~ **of sth** Unmengen *pl* von etw *dat* **II.** *adj* übereilt, hastig, vorschnell
raspberry ['ræz·ˌber·i] *n* (*fruit*) Himbeere *f*
raspy ['ræs·pi] *adj* krächzend; *breath* rasselnd
Rastafarian [ˌras·tə·'far·i·ən] **I.** *n* Rastafari *m* **II.** *adj* Rasta-
rat [ræt] **I.** *n* Ratte *f a. fig, pej* **II.** *vi* <-tt-> ■ **to** ~ **on sb** (*inform on*) jdn verraten
ratchet ['rætʃ·ɪt] *n* TECH Ratsche *f*
♦**ratchet up** *vt* (*fam*) ■ **to** ~ **up** ↻ **sth** etw Schritt für Schritt hochfahren
rate [reɪt] **I.** *n* ❶ (*speed*) Geschwindigkeit *f* ❷ (*measure*) Maß *nt,* Menge *f;* **unemployment** ~ Arbeitslosenrate *f* ❸ (*payment, level of interest, tax*) Satz *m* ▶ PHRASES: **at any** ~ (*whatever happens*) auf jeden Fall; (*at least*) zumindest, wenigstens **II.** *vt* ❶ (*regard*) einschätzen; **she is** ~**d very highly by the people she works for** die Leute, für die sie arbeitet, halten große Stücke auf sie ❷ (*be worthy of*) **to** ~ **a mention** erwähnenswert sein
rather ['ræð·ər] *adv* ❶ (*in preference to*) **I'd like to stay at home tonight** ~ **than going out** ich möchte heute Abend lieber zu Hause bleiben und nicht ausgehen ❷ (*very*) ziemlich, recht ❸ (*more accurately*) **or** ~ ... oder besser gesagt ..., beziehungsweise ... ❹ (*on the contrary*) eher
ratification [ˌræt̬·ə·fɪ·'keɪ·ʃən] *n* Ratifizierung *f*
ratify <-ie-> ['ræt̬·ə·faɪ] *vt* ratifizieren
rating ['reɪ·t̬ɪŋ] *n* ❶ (*assessment*) Einschätzung *f* ❷ (*regard*) Einstufung *f* ❸ (*TV audience*) ■ ~**s** *pl* [Einschalt]quoten *pl*
ratio ['reɪ·ʃi·oʊ] *n* Verhältnis *nt*
ration ['ræʃ·ən] **I.** *n* ❶ (*fixed amount*) Ration *f* ❷ (*food supplies*) ■ ~**s** *pl* [Lebensmittel]marken *pl* **II.** *vt* rationieren, beschränken (**to** auf + *akk*)
rational ['ræʃ·ə·nəl] *adj* rational
rationale [ˌræʃ·ə·'næl] *n* Gründe *pl*
rationalism ['ræʃ·ə·nə·ˌlɪz·əm] *n* Rationalismus *m*
rationality [ˌræʃ·ə·'næl·ɪ·t̬i] *n* ❶ (*clear reasoning*) Rationalität *f geh,* Vernunft *f* ❷ (*sensibleness*) Vernünftigkeit *f*
rationalization [ˌræʃ·ə·nə·lɪ·'zeɪ·ʃən] *n* Rationalisierung *f*
rationalize ['ræʃ·ə·nə·laɪz] **I.** *vt* rationalisieren **II.** *vi* rationalisieren, Rationalisierungsmaßnahmen *pl* durchführen
rationing ['ræʃ·ə·nɪŋ] *n* Rationierung *f*
'rat race *n* **to leave the** ~ dem Konkurrenzkampf Ade sagen

rattle ['ræt̬·əl] **I.** *n* ❶ (*sound*) Klappern *nt;* (*of chains*) Rasseln *nt;* (*of hail*) Prasseln *nt* ❷ (*of baby, instrument*) Rassel *f* **II.** *vi* ❶ (*make noise*) klappern; *keys* rasseln; *engine* knattern; *bottles* [*in a crate*] klirren; *coins* klingen ❷ (*move noisily*) rattern ❸ (*talk*) ■ **to ~ on** [drauflos]quasseln *fam* **III.** *vt* ❶ *windows* zum Klirren bringen; *keys* rasseln (mit +*dat,* mit +*dat*) ❷ *person* durcheinanderbringen

'**rattlesnake** *n* Klapperschlange *f*

rattling ['ræt·lɪŋ] *adj* (*making a noise*) klappernd *attr; car, engine* ratternd *attr; windows* klirrend *attr; keys* rasselnd *attr*

ratty ['ræt̬·i] *adj* (*fam*) ❶ (*messy*) *hair* verknotet ❷ (*dilapidated*) verlottert

raucous ['rɔ·kəs] *adj* (*boisterous*) lärmend *attr,* wild

raunchy ['rɔn·tʃi] *adj conversation* schlüpfrig; *film* scharf *fam; video* heiß *fam*

ravage ['ræv·ɪdʒ] *vt* verwüsten; *face* verunstalten

rave [reɪv] **I.** *n* Rave *m o nt* (*mit Technomusik*) **II.** *adj attr reviews* glänzend **III.** *vi* ❶ (*talk wildly*) toben, wüten; **to rant and ~** toben ❷ (*fam: praise*) schwärmen (**about** von +*dat*)

ravel <-l- *or* -ll-> ['ræv·əl] **I.** *vi* sich verwickeln; *thread* sich verheddern **II.** *vt* verwickeln; *thread* verheddern

raven ['reɪ·vən] *n* Rabe *m*

ravenous ['ræv·ə·nəs] *adj* (*very hungry*) ausgehungert; *appetite* unbändig

ravine [rə·'vin] *n* Schlucht *f,* Klamm *f*

raving ['reɪ·vɪŋ] **I.** *n* ❶ (*delirium*) wirres Gerede ❷ *pl* (*ramblings*) Hirngespinste *pl* **II.** *adj attr* absolut, total *fam; nightmare* echt **III.** *adv* völlig; **to be** [**stark**] **~ mad** (*fam*) völlig verrückt sein

ravioli [ræv·i·'ou·li] *n* Ravioli *pl*

ravishing ['ræv·ɪ·ʃɪŋ] *adj* ❶ (*beautiful*) hinreißend ❷ (*delicious*) wundervoll

raw [rɔ] *adj* ❶ (*unprocessed*) roh, unbehandelt; **~ sewage** ungeklärte Abwässer *pl;* **~ figures** Schätzungen *pl* ❷ (*uncooked*) roh ❸ (*inexperienced*) unerfahren ❹ (*sore*) wund; (*fig*) *nerves, emotions* empfindlich ❺ (*cold*) rau

'**rawhide** *n* ungegerbtes Leder

raw ma'terial *n* Rohstoff *m*

rawness ['rɔ·nɪs] *n* ❶ (*harshness*) Rauheit *f* ❷ (*soreness*) Wundsein *nt*

ray[1] [reɪ] *n* ❶ (*beam*) Strahl *m* ❷ PHYS (*radiation*) Strahlung *f*

ray[2] [reɪ] *n* (*fish*) Rochen *m*

rayon ['reɪ·an] *n* Viskose *f*

raze [reɪz] *vt* (*völlig*) zerstören; MIL schleifen

razor ['reɪ·zər] **I.** *n* Rasierapparat *m,* Rasierer *m fam;* **straight ~** Rasiermesser *nt* **II.** *vt hair* [ab]rasieren

'**razorback** *n* ❶ (*hog*) [halbwildes] spitzrückiges Schwein ❷ *see* **rorqual**

'**razor blade** *n* Rasierklinge *f*

'**razor sharp** *adj pred,* '**razor-sharp** *adj attr* ❶ (*sharp*) scharf wie ein Rasiermesser; *teeth* messerscharf ❷ (*fig: intelligent*) *person* [äußerst] scharfsinnig; *brain* [messer]scharf

'**razor wire** *n* Nato-Draht *m fam*

Rd. *n abbrev of* **road** Str.

re *prep* bezüglich +*gen,* in Bezugnahme auf +*akk*

reach [ritʃ] **I.** *n* <*pl* -es> ❶ (*arm length, power*) Reichweite *f* ❷ (*distance to travel*) **to be within** [**easy**] **~** [ganz] in der Nähe sein ❸ TV, RADIO [Sende]bereich *m* **II.** *vi* ❶ (*stretch*) greifen, langen *fam* ❷ (*touch*) herankommen, [d]rankommen *fam* ❸ (*extend*) reichen (**to** bis zu +*dat*) **III.** *vt* ❶ (*arrive at*) erreichen; *destination* ankommen (**an** +*dat*) ❷ (*attain, influence*) *audience* erreichen; *agreement, consensus* erzielen; **to ~ the conclusion/ decision that ...** zu dem Schluss/der Entscheidung kommen, dass ... ❸ (*extend to*) ■ **to ~ sth** *road* bis zu etw *dat* führen; *hair, clothing* bis zu etw *dat* reichen ❹ (*touch*) **to be able to ~ sth** an etw *akk* herankommen ❺ (*contact*) erreichen; (*on the phone*) [telefonisch] erreichen ❻ (*fam: give*) hinüberreichen

◆**reach down** *vi* ❶ (*stretch*) hinuntergreifen, hinunterlangen *fam* ❷ (*extend*) hinabreichen

◆**reach out** **I.** *vt* **to ~ out ◯ one's hand** die Hand ausstrecken **II.** *vi* die Hand ausstrecken; ■ **to ~ out for sth** nach etw *dat* greifen

◆**reach out to** *vi* ■ **to ~ out to sb** ❶ (*stretch*) die Hand nach jdm ausstrecken ❷ (*appeal to*) sich [Hilfe suchend] an jdn wenden ❸ (*help*) für jdn da sein

◆**reach over** *vi* hinübergreifen, hinüberlangen *fam*

◆**reach up** *vi* ❶ (*stretch*) nach oben greifen, hinauflangen *fam* ❷ (*extend*) hinaufreichen

react [rɪ·'ækt] *vi* ❶ MED (*respond*) reagieren (**to** auf +*akk*) ❷ CHEM reagieren (**with** mit +*dat*)

reaction [rɪ·'æk·ʃən] *n* ❶ MED (*response*) Reaktion *f* (**to** auf +*akk*) ❷ *pl* (*reflexes*) Reaktionsvermögen *nt kein pl* ❸ (*opposite response*) [Gegen]reaktion *f*

reactionary [rɪ·'æk·ʃə·ner·i] **I.** *adj* POL (*pej*) reaktionär **II.** *n* POL (*pej*) Reaktionär(in) *m(f)*

reactivate [ri·'æk·tə·veɪt] **I.** *vt* reaktivieren **II.** *vi* wieder aktiv werden; *virus* wieder ausbrechen

reactive [ri·'æk·tɪv] *adj* ❶ (*showing response*) gegenwirkend ❷ (*acting in response*) ■ **to be ~** als Gegenreaktion erfolgen ❸ CHEM reaktiv, reaktionsfähig

reactor [rɪ·'æk·tər] *n* Reaktor *m;* **nuclear ~** Kernreaktor *m*

read[1] [rid] **I.** *n usu sing* ❶ (*fam: book*) **to be a good ~** sich gut lesen [lassen] ❷ (*interpretation*) Lesart *f* ❸ (*act of reading*) Lesen *nt* **II.** *vt* <read, read> ❶ (*understand written material*) lesen; *handwriting* entziffern; (*fig: understand sb's meaning*) jdn verstehen; **to be able to ~ sb like a book** jdn lesen können, wie in einem [offenen] Buch ❷ MUS **to ~ music** Noten lesen ❸ (*speak aloud*) vorlesen ❹ (*discern*) *emotion* erraten; **to ~ sth in sb's face** jdm etw vom Gesicht ablesen ❺ (*inspect*

R

and record) ablesen **III.** *vi* <read, read>
❶ (*understand written material*) lesen
❷ (*speak aloud*) **to** ~ **aloud** laut vorlesen
❸ (*create impression*) **to** ~ **well** *book, letter,
article, magazine* sich gut lesen
◆**read off** *vt* ❶ (*note exactly*) *measurements,
technical readings* ablesen ❷ (*enumerate*)
herunterlesen
◆**read out** *vt* ❶ (*read aloud*) laut vorlesen
❷ COMPUT auslesen
◆**read over, read through** *vt* [schnell]
durchlesen
◆**read up** *vi* nachlesen; ■**to** ~ **up on sth** sich
über etw informieren
read² [red] **I.** *vt, vi pt, pp of* **read II.** *adj* **well** ~
belesen
readability [ˌriˑdəˑ'bɪlˑɪˑt̬i] *n* Lesbarkeit *f*
readable ['riˑdəˑbəl] *adj* ❶ (*legible*) lesbar, leserlich ❷ (*easy to read*) [gut] lesbar
reader ['riˑdər] *n* ❶ (*person who reads*) Le-
ser(in) *m(f)* ❷ (*person who reads aloud*) Vor-
leser(in) *m(f)* ❸ (*device*) **microfiche** ~ Mik-
rofichelesegerät *nt* ❹ PUBL (*proofreader*) Lek-
tor(in) *m(f)*
readership ['riˑdərˑʃɪp] *n* (*readers*) Leserschaft *f*
readily ['redˑəˑli] *adv* ❶ (*willingly*) bereitwillig
❷ (*easily*) einfach, ohne weiteres
readiness ['redˑɪˑnɪs] *n* ❶ (*willingness*) Bereitwilligkeit *f; preparedness a.* Bereitschaft *f*
❷ (*quickness*) Schnelligkeit *f*
reading ['riˑdɪŋ] *n* ❶ (*activity*) Lesen *nt* ❷ (*material to be read*) Lesestoff *m;* **to catch up on
one's** ~ den Stoff nachholen ❸ (*recital, a.
religious*) Lesung *f* ❹ (*amount shown*) Anzeige *f;* **meter** ~ Zählerstand *m*
'**reading glasses** *npl* Lesebrille *f*
'**reading list** *n* Lektüreliste *f*
'**reading room** *n* Lesesaal *m*
readjust [ˌriˑəˑ'dʒʌst] **I.** *vt* ❶ (*correct*) [wieder]
neu anpassen; *tie, garment* zurechtrücken
❷ *machine* neu einstellen **II.** *vi* ❶ (*adjust
again*) *objects, machines* sich neu einstellen;
clock sich neu stellen ❷ (*readapt*) sich wieder
gewöhnen (**to** an +*akk*)
readjustment [ˌriˑəˑ'dʒʌstˑmənt] *n* ❶ TECH
Neueinstellung *f,* Korrektur *f* ❷ POL Neuorientierung *f*
read-only '**memory** *n* COMPUT Festspeicher *m*
ready ['redˑi] *adj* ❶ *pred* (*prepared*) fertig, bereit; **to get** ~ sich fertig machen; **to be** ~ **to go**
bereit zum Gehen sein; **to be** ~ **to drop** zum
Umfallen müde sein ❷ (*immediately available*)
verfügbar ❸ *attr* (*esp approv: quick*) prompt,
schnell ▶ PHRASES: ~, **set, go!** SPORTS auf die
Plätze, fertig, los!
ready-'**made** *adj* ❶ (*ready for use*) gebrauchs-
fertig; FOOD fertig, Fertig- ❷ FASHION Konfek-
tions- ❸ (*available immediately*) vorgefertigt
'**ready-to-wear** *adj* Konfektions-
reaffirm [ˌriˑəˑ'fɜrm] *vt* bestätigen
real [ril] **I.** *adj* ❶ (*not imaginary*) wirklich, real
❷ (*genuine*) echt; *beauty, pleasure* wahr

❸ (*for emphasis*) **a** ~ **bargain** ein echt güns-
tiges Angebot ❹ (*fam: utter*) *disaster* echt
▶ PHRASES: **the** ~ **thing** (*not fake*) das Wahre;
(*true love*) die wahre Liebe; **get** ~! (*fam*)
mach dir doch nichts vor! **II.** *adv* (*fam*) wirklich *fam,* total *sl,* echt *sl*
'**real estate** *n* Immobilien *pl*
'**real estate agent** *n* Immobilienmak-
ler(in) *m(f)*
realignment [ˌriˑəˑ'laɪnˑmənt] *n* (*new alignment*) POL Neuordnung *f;* AUTO [neuerliche]
Spureinstellung
realism ['riˑlɪzˑəm] *n* Wirklichkeitssinn *m; a.*
ART, LIT, PHILOS Realismus *m*
realist ['riˑlɪst] *n a.* ART, LIT Realist(in) *m(f)*
realistic [ˌriˑəˑ'lɪsˑtɪk] *adj a.* ART, LIT realistisch
reality [riˑ'ælˑəˑt̬i] *n* ❶ (*the actual world*) Realität *f,* Wirklichkeit *f* ❷ (*fact*) Tatsache *f;* **to
become a** ~ wahr werden ▶ PHRASES: **in** ~ in
Wirklichkeit
re'**ality show** *n* Realityshow *f*
reality '**television** *n,* **reality TV** *n* Reali-
ty-Fernsehen *nt*
realizable ['riˑəˑlaɪˑzəˑbəl] *adj* realisierbar
realization [ˌriˑəˑlɪˑ'zeɪˑʃən] *n* ❶ (*awareness*)
Erkenntnis *f;* **the** ~ **was dawning on them
that ...** allmählich dämmerte ihnen, dass ...
❷ (*fulfillment*) Realisierung *f,* Verwirklichung *f*
realize ['riˑəˑlaɪz] *vt* ❶ (*be aware of*) ■**to** ~ **sth**
sich *dat* einer S. *gen* bewusst sein; (*become
aware of*) etw erkennen; **I** ~ **how difficult it's
going to be** mir ist klar, wie schwierig das sein
wird ❷ (*make real*) *dream* verwirklichen;
(*come true*) *fears* sich bewahrheiten
really ['riˑəˑli] **I.** *adv* ❶ (*in fact*) wirklich, tatsächlich ❷ (*seriously*) ernsthaft; **did you** ~
believe that ... haben Sie im Ernst geglaubt,
dass ... **II.** *interj* ❶ (*indicating surprise, disbelief*) wirklich, tatsächlich; **I'm getting married to Fred —** ~? **when?** Fred und ich werden heiraten – nein, wirklich? wann denn?
❷ (*indicating annoyance*) also wirklich, [also]
so was
realm [relm] *n* (*sphere of interest*) Bereich *m*
Realtor® ['riˑəlˑtər] *n* Immobilienmak-
ler(in) *m(f)*
realty ['riˑəlˑti] *n* Immobilien *pl,* Grundbesitz *m*
ream¹ [rim] *n* ❶ (*500 sheets*) [altes] Ries *veraltet* ❷ (*large amount*) Unmenge *f;* ■~ **s of sth**
eine Unmenge von [*o* an] etw *dat*
ream² [rim] *vt* ❶ (*make hole*) **to** ~ **a hole** ein
Loch größer machen ❷ (*squeeze*) **to** ~ **fruit**
Obst auspressen
reap [rip] *vt* ❶ (*gather*) *crops* ernten; *field* ab-
ernten ❷ (*fig: receive*) ernten; **to** ~ **the benefits** [**of sth**] [für etw *akk*] entlohnt werden;
profits realisieren
reaper ['riˑpər] *n* (*person*) Mäher(in) *m(f);*
(*machine*) Mähmaschine *f*
reappear [ˌriˑəˑ'pɪr] *vi* wieder auftauchen;
moon, sun wieder zum Vorschein kommen
reapply <-ie-> [ˌriˑəˑ'plaɪ] **I.** *vi* ■**to** ~ **for sth**
sich nochmals um etw *akk* bewerben **II.** *vt*

❶(*apply differently*) *principle, rule* anders anwenden ❷(*spread again*) erneut auftragen
reappraisal [ˌri·ə·'preɪ·zəl] *n* (*new assessment*) Neubewertung *f*
rear¹ [rɪr] I. *n* ❶(*back*) ■**the** ~ der hintere Teil ❷ANAT (*fam: buttocks*) Hintern *m* II. *adj attr* ❶(*backward*) hintere(r, s), Hinter- ❷AUTO Heck-; ~ **wheel** Hinterrad *nt*
rear² [rɪr] I. *vt* ❶ *usu passive an animal* aufziehen; *a child* großziehen ❷(*breed*) *livestock* züchten II. *vi* ❶(*rise up on hind legs*) *horse, pony* sich aufbäumen ❷(*rise high*) ■**to** ~ **above sth** *building, mountain* etw überragen
rear 'admiral *n* MIL Konteradmiral(in) *m(f)*
rearm [ˌri·'arm] I. *vt* ■**to** ~ **sb** jdn wieder aufrüsten II. *vi* sich wieder bewaffnen
rearrange [ˌri·ə·'reɪndʒ] *vt* ❶(*arrange differently*) umstellen ❷(*change*) [zeitlich] verlegen; **to** ~ **the order of sth** die Reihenfolge von etw *dat* ändern
rearview 'mirror *n* AUTO Rückspiegel *m*
rearward ['rɪr·wərd] I. *adj* hintere(r, s), rückwärtige(r, s) II. *adv* nach hinten
rear-wheel 'drive *n* Hinterradantrieb *m*
reason ['ri·zən] I. *n* ❶(*cause*) Grund *m* (**for** für +*akk*); **there is every** ~ **to believe that ...** es spricht alles dafür, dass ...; **for some** ~ aus irgendeinem Grund ❷(*power to think*) Denkvermögen *nt* ❸(*common sense*) Vernunft *f*; **to see** ~ auf die Stimme der Vernunft hören ❹(*sanity*) Verstand *m* II. *vi* ❶(*form judgments*) ausgehen (**from** von +*dat*) ❷(*persuade*) ■**to** ~ **with sb** vernünftig mit jdm reden III. *vt* (*deduce*) ■**to** ~ **that ...** schlussfolgern, dass ...
reasonable ['ri·zə·nə·bəl] *adj* ❶(*sensible*) *person, answer* vernünftig ❷(*understanding*) *person* einsichtig, verständig; **be** ~! sei [doch] vernünftig! ❸(*justified*) angebracht ❹(*inexpensive*) annehmbar
reasonably ['ri·zə·nə·bli] *adv* ❶(*in a sensible manner*) vernünftig ❷(*fairly*) ziemlich, ganz ❸(*inexpensively*) ~ **priced** preiswert
reasoning ['ri·zə·nɪŋ] *n* logisches Denken, Logik *f*
reassemble [ˌri·ə·'sem·bəl] I. *vi* sich wieder versammeln II. *vt* wieder zusammenbauen
reassess [ˌri·ə·'ses] *vt* neu bewerten
reassurance [ˌri·ə·'ʃʊr·əns] *n* ❶(*action*) Bestärkung *f* ❷(*statement*) Versicherung *f*, Beteuerung *f*
reassure [ˌri·ə·'ʃʊr] *vt* [wieder] beruhigen
reassuring [ˌri·ə·'ʃʊr·ɪŋ] *adj* beruhigend
rebate ['ri·beɪt] *n* ❶(*refund*) Rückzahlung *f*, Rückvergütung *f* ❷(*discount*) [Preis]nachlass *m*
rebel I. *n* ['reb·əl] Rebell(in) *m(f)* II. *adj* ['reb·əl] *army, guerrillas, forces* aufständisch, rebellierend; *person* rebellisch III. *vi* <-ll-> [rɪ·'bel] (*a. fig*) rebellieren (**against** gegen +*akk*)
rebellion [rɪ·'bel·jən] *n* Rebellion *f*
rebellious [rɪ·'bel·jəs] *adj* (*insubordinate*) *child* aufsässig, widerspenstig; *troops, youth*

rebellisch
rebirth [ˌri·'bɜrθ] *n* ❶(*reincarnation*) Wiedergeburt *f* ❷(*revival*) Wiederaufleben *nt*
reboot [ˌri·'but] COMPUT I. *vt computer system* neu starten II. *vi* rebooten *fachspr* III. *n* Rebooten *nt kein pl fachspr*
rebound [rɪ·'baʊnd] I. *vi* ❶(*bounce back*) abprallen (**off** von +*dat*), zurückprallen ❷(*recover*) sich erholen (**from** von +*dat*) ❸(*in basketball*) rebounden II. *vt* (*in basketball*) rebounden III. *n* ❶(*ricochet*) Abprallen *nt* ❷(*increase*) *of profits, prices* Ansteigen *nt* ❸(*recovery*) **on the** ~ auf dem Weg der Besserung ❹(*in basketball*) Rebound *m*
rebrand [ˌri·'brænd] *vt* **to** ~ **a company** einer Firma ein anderes Markenimage verschaffen
rebuff [rɪ·'bʌf] I. *vt* [schroff] zurückweisen II. *n* Zurückweisung *f*
rebuild <rebuilt, rebuilt> [ˌri·'bɪld] *vt* ❶(*build again*) wieder aufbauen; (*fig*) *one's life* neu ordnen ❷TECH umbauen
rebuke [rɪ·'bjuk] I. *vt person* rügen II. *n* ❶(*reproof*) Zurechtweisung *f* ❷(*censure*) Verweis *m*
rebut <-tt-> [rɪ·'bʌt] *vt* widerlegen
rebuttal [rɪ·'bʌt̬·əl] *n* Widerlegung *f*
recalcitrant [rɪ·'kæl·sɪ·trənt] *adj* ❶(*defiant*) aufmüpfig; *child* aufsässig ❷(*not responsive*) widerspenstig, hartnäckig
recall I. *vt* [rɪ·'kɔl] ❶(*remember*) sich erinnern (an +*akk*) ❷COMPUT *data* abrufen ❸(*order to return*) *person, product* zurückrufen II. *n* ['ri·kɔl] ❶(*order to return*) Rückruf *f* ❷COMM *of a product* Rückruf *m* ❸(*memory*) Erinnerung *f*
recant [rɪ·'kænt] I. *vi* widerrufen II. *vt* widerrufen; *belief, faith* abschwören +*dat*
recap ['ri·kæp] I. *vt, vi* <-pp-> *short for* **recapitulate** [kurz] zusammenfassen II. *n short for* **recapitulation** [kurze] Zusammenfassung
recapture [ˌri·'kæp·tʃər] *vt* ❶(*capture again*) *animal* wieder einfangen; *an escapee* wieder ergreifen; MIL zurückerobern ❷(*fig: re-experience*) noch einmal erleben; (*recreate*) wieder lebendig werden lassen; *emotion* wieder aufleben lassen; *the past, one's youth* heraufbeschwören; *a style* wieder beleben
recede [rɪ·'sid] *vi* ❶ *sea, tide* zurückgehen; *fog* sich auflösen ❷(*fig: diminish*) weniger werden; *memories* verblassen; *prices, hopes* sinken ❸(*cease to grow*) *hair* zurückgehen
receipt [rɪ·'sit] *n* ❶(*act of receiving*) Eingang *m*, Erhalt *m* ❷(*statement acknowledging payment*) Quittung *f*; (*statement acknowledging acquisition*) Empfangsbestätigung *f*
receivable [rɪ·'si·və·bəl] I. *adj pred* ausstehend II. *n* FIN ■~**s** *pl* Außenstände *pl*
receive [rɪ·'siv] I. *vt* ❶(*get*) erhalten; *pension, salary* beziehen ❷(*be awarded*) *degree* erhalten; *prize, reward* [verliehen] bekommen ❸(*get in writing*) erhalten; (*take delivery of*) *consignment, petition* annehmen, entgegennehmen; *ultimatum* gestellt bekommen ❹RADIO, TV empfangen ❺(*suffer*) *blow, shock* erlei-

R

den **II.** *vi* (*in tennis, volleyball, football*) den Ball bekommen

received [rɪ·'sivd] *adj attr* allgemein akzeptiert; *opinion* landläufig

receiver [rɪ·'si·vər] *n* ❶ (*telephone component*) Hörer *m* ❷ RADIO, TV Empfänger *m* ❸ (*person*) *of stolen goods* Hehler(in) *m(f)* ❹ FIN, JUR Konkursverwalter(in) *m(f)* ❺ (*in football*) Receiver *m*

recent ['ri·sənt] *adj* kürzlich; **in ~ times** in der letzten Zeit

recently ['ri·sənt·li] *adv* kürzlich, vor kurzem [*o* kurzer Zeit]; **until ~** bis vor kurzem, neulich; **have you seen any good movies ~?** hast du in letzter Zeit irgendwelche guten Filme gesehen?

receptacle [rɪ·'sep·tə·kəl] *n* [Sammel]behälter *m*

reception [rɪ·'sep·ʃən] *n* ❶ (*process*) Aufnehmen *nt* ❷ (*welcome*) Aufnahme *f*; **to be treated to a warm ~** in den Genuss eines herzlichen Empfangs kommen ❸ RADIO, TV Empfang *m* ❹ (*social occasion*) Empfang *m* ❺ (*area for greeting guests*) Rezeption *f* ❻ (*in football*) Reception *f*

re'ception desk *n* Rezeption *f*

receptionist [rɪ·'sep·ʃə·nɪst] *n* (*in hotels*) Empfangschef *m*; (*female*) Empfangsdame *f*; (*in an office*) Empfangssekretärin *f*

receptive [rɪ·'sep·tɪv] *adj* empfänglich (**to** für +*akk*)

receptiveness [ri·ˌsep·'tɪv·ɪ·ṭi] *n* Empfänglichkeit *f*, Aufnahmebereitschaft *f*

recess ['ri·ses] **I.** *n* <*pl* -es> ❶ LAW, POL [Sitzungs]pause *f* ❷ SCH Pause *f* ❸ ARCHIT Nische *f* **II.** *vt* ❶ ARCHIT *wall* aussparen ❷ (*suspend*) *proceedings* vertagen **III.** *vi* [eine] Pause machen; LAW, POL sich vertagen

recession [rɪ·'seʃ·ən] *n* Rezession *f*

recessive [rɪ·'ses·ɪv] *adj* rezessiv

recharge [ˌri·'tʃardʒ] **I.** *vt battery* [neu] aufladen; *gun* nachladen; **to ~ one's batteries** (*fig*) neue Kräfte tanken **II.** *vi battery* sich [neu] aufladen

rechargeable [ˌri·'tʃar·dʒə·bəl] *adj* [wieder]aufladbar

recidivism [rɪ·'sɪd·ə·vɪ·zəm] *n* LAW Rückfälligkeit *f*

recidivist [rɪ·'sɪd·ə·vɪst] *n* LAW Rückfalltäter(in) *m(f)*

recipe ['res·ə·pi] *n* Rezept *nt* (**for** für +*akk*)

recipient [rɪ·'sɪp·i·ənt] *n* Empfänger(in) *m(f)*

reciprocal [rɪ·'sɪp·rə·kəl] *adj* ❶ (*mutual*) beidseitig; *favor, help* gegenseitig ❷ (*reverse*) umgekehrt

reciprocate [rɪ·'sɪp·rə·keɪt] **I.** *vt help, favor* sich revanchieren (für +*akk*); *love, trust* erwidern **II.** *vi* sich revanchieren (**with** mit +*dat*)

reciprocity [ˌres·ɪ·'pras·ɪ·ṭi] *n* Gegenseitigkeit *f*, Wechselseitigkeit *f*

recital [rɪ·'saɪ·ṭəl] *n* ❶ (*performance*) *of poetry, music* Vortrag *m*; *of dance* Aufführung *f*; **piano ~** Klavierkonzert *nt* ❷ *of facts,*

details Aufzählung *f*

recitation [ˌres·ɪ·'teɪ·ʃən] *n* LIT Rezitation *f*

recite [rɪ·'saɪt] *vt* ❶ (*say aloud*) vortragen; *poem* [auswendig] aufsagen ❷ (*enumerate*) aufzählen

reckless ['rek·lɪs] *adj* (*not cautious*) unbesonnen, leichtsinnig; *disregard, speed* rücksichtslos; LAW grob fahrlässig

recklessness ['rek·lɪs·nɪs] *n* Leichtsinn *m; of sb's driving* Rücksichtslosigkeit *f; of speed* Gefährlichkeit *f*

reckon ['rek·ən] *vt* ❶ (*calculate*) berechnen ❷ (*judge*) **I ~ you won't see her again** ich denke nicht, dass du sie je wiedersehen wirst ◆**reckon with** *vt* (*take into account*) ■**to ~ with sth/sb** mit etw/jdm rechnen

reckoning ['rek·ə·nɪŋ] *n* (*calculation*) Berechnung *f*; **by sb's ~** nach jds Rechnung

reclaim [rɪ·'kleɪm] *vt* ❶ (*claim back*) zurückverlangen; *luggage* abholen ❷ *land* urbar machen; **to ~ land from the sea** dem Meer Land abgewinnen

reclamation [ˌrek·lə·'meɪ·ʃən] *n* ❶ (*demanding*) Rückforderung *f*; (*receiving*) Rückgewinnung *f* ❷ *of land, resources* Kultivierung *f*; **land ~** Landgewinnung *f*

recline [rɪ·'klaɪn] **I.** *vi person* sich zurücklehnen; **to ~ in a chair** sich in einem Stuhl ausruhen **II.** *vt* **to ~ one's seat** die Rückenlehne seines Sitzes nach hinten stellen; *head* lehnen (an +*akk*)

recliner [rɪ·'klaɪ·nər] *n* [verstellbarer] Lehnstuhl

recluse ['rek·lus] *n* Einsiedler(in) *m(f)*

reclusive [rɪ·'klu·sɪv] *adj* einsiedlerisch, zurückgezogen

recognition [ˌrek·əg·'nɪʃ·ən] *n* ❶ (*act, instance*) [Wieder]erkennung *f*; **to change beyond ~** nicht wiederzuerkennen sein ❷ (*appreciation, acknowledgement*) Anerkennung *f*

recognizable ['rek·əg·naɪ·zə·bəl] *adj* erkennbar

recognize ['rek·əg·naɪz] *vt* ❶ (*identify*) *person, symptoms* erkennen; (*know again*) *person, place* wiedererkennen ❷ (*acknowledge*) *country, regime, state* anerkennen; ■**to be ~d as sth** als etw gelten

recognized ['rek·əg·naɪzd] *adj attr* anerkannt

recoil [rɪ·'kɔɪl] **I.** *vi* ❶ (*spring back*) zurückspringen; (*draw back*) zurückweichen; **to ~ in horror** (*a. mentally*) zurückschrecken (**at** vor +*dat*) ❷ (*be driven backwards*) *gun* einen Rückstoß haben; *rubber band, spring* zurückschnellen **II.** *n* Rückstoß *m*

recollect [ˌrek·ə·'lekt] *vt* sich erinnern (an +*akk*)

recollection [ˌrek·ə·'lek·ʃən] *n* ❶ (*memory*) Erinnerung *f*; **to have no ~ of sth** sich an etw *akk* nicht erinnern können ❷ (*ability to remember*) **power of ~** Erinnerungsvermögen *nt*

recommend [ˌrek·ə·'mend] *vt* empfehlen; **the**

doctor ~s [that] **I exercise more** der Arzt rät, dass ich mich mehr bewege

recommendation [ˌrek·ə·mən·ˈdeɪ·ʃən] *n* (*suggestion*) Empfehlung *f;* (*advice a.*) Rat *m*

recompense [ˈrek·əm·ˌpens] *n* ❶ (*reward*) Belohnung *f* ❷ (*retribution*) Entschädigung *f* (**for** für +*akk*)

reconcile [ˈrek·ən·saɪl] *vt* ❶ (*re-establish*) *friendship* versöhnen ❷ (*settle*) *conflict* schlichten; *differences* beilegen ❸ (*make compatible*) ■ **to ~ sth with sth** etw mit etw *dat* vereinbaren ❹ (*accept*) ■ **to ~ oneself to sth** sich mit etw *dat* abfinden

reconciliation [ˌrek·ən·ˌsɪl·i·ˈeɪ·ʃən] *n* ❶ (*of good relations*) Aussöhnung *f,* Versöhnung *f* ❷ (*achievement of compatibility*) Beilegung *f*

recondition [ˌri·kən·ˈdɪʃ·ən] *vt* *engine, ship* [general]überholen

reconnaissance [rɪ·ˈkan·ə·səns] *n* MIL Aufklärung *f;* **to be on ~** auf Spähpatrouille sein

reconnoiter [ˌri·kə·ˈnɔɪ·tər] *vt* MIL *enemy territory* auskundschaften

reconsider [ˌri·kən·ˈsɪd·ər] **I.** *vt* [noch einmal] überdenken; *facts* neu erwägen; *case* wieder aufnehmen **II.** *vi* sich *dat* etw [noch einmal] überlegen

reconstruct [ˌri·kən·ˈstrʌkt] *vt* ❶ (*build again*) wieder aufbauen; *economy, a government* wiederherstellen ❷ (*in an investigation*) *crime, events* rekonstruieren

reconstruction [ˌri·kən·ˈstrʌk·ʃən] *n* ❶ (*rebuilding*) Rekonstruktion *f;* *of a country* Wiederaufbau *m* ❷ *of crime, events* Rekonstruktion *f*

record I. *n* [ˈrek·ərd] ❶ (*information*) Aufzeichnungen *pl,* Unterlagen *pl;* (*document*) Akte *f; of attendance* Liste *f;* (*minutes*) Protokoll *nt,* Niederschrift *f;* **to keep ~s** (*register*) Buch führen ❷ (*past history*) Vorgeschichte *f;* **criminal ~** Vorstrafenregister *nt;* **to have an excellent ~** *worker, employee* ausgezeichnete Leistungen vorweisen können; **medical ~** Krankenblatt *nt* ❸ (*music*) [Schall]platte *f* ❹ SPORTS Rekord *m;* **to break a ~** einen Rekord brechen ▸ PHRASES: **to say sth on/off the ~** etw offiziell/inoffiziell sagen **II.** *adj* [ˈrek·ərd] Rekord-; **to reach a ~ high** ein Rekordhoch *nt* erreichen; **in ~ time** in Rekordzeit **III.** *vt* [rɪ·ˈkɔrd] ❶ (*store*) *facts, events* aufzeichnen; *birth, death, marriage* registrieren; *one's feelings, ideas* niederschreiben ❷ (*register*) *speed, temperature* messen ❸ FILM, MUS (*for later reproduction*) *event* dokumentieren **IV.** *vi* [rɪ·ˈkɔrd] (*on tape, cassette*) Aufnahmen machen; *person* eine Aufnahme machen; *machine* aufnehmen

ˈ**record-breaking** *adj attr* Rekord-

recorded [rɪ·ˈkɔr·dɪd] *adj* ❶ (*appearing in records*) verzeichnet, dokumentiert, belegt ❷ (*stored electronically*) aufgenommen, aufgezeichnet

recorded ˈ**mail** *n* eine aufgezeichnete Nachricht

recorder [rɪ·ˈkɔr·dər] *n* ❶ **video ~** Videorekorder *m;* **tape ~** Kassettenrekorder ❷ (*record-keeping device*) Registriergerät *nt* ❸ MUS (*instrument*) Blockflöte *f*

ˈ**record holder** *n* Rekordhalter(in) *m(f)*

recording [rɪ·ˈkɔr·dɪŋ] *n* ❶ (*process*) Aufnahme *f* ❷ (*of sound*) Aufnahme *f;* (*of program*) Aufzeichnung *f*

re'**cording session** *n* Aufnahme *f*

re'**cording studio** *n* Aufnahme-/Tonstudio *nt*

ˈ**record label** *n* Plattenlabel *nt*

ˈ**record library** *n* Plattenverleih *m; archives* Phonothek *f;* (*collection*) Plattensammlung *f*

ˈ**record player** *n* [Schall]plattenspieler *m*

recount[1] [rɪ·ˈkaʊnt] *vt* (*tell*) [ausführlich] erzählen

recount[2] **I.** *vt* [ˌri·ˈkaʊnt] (*count again*) nachzählen **II.** *n* [ˈri·kaʊnt] POL erneute Stimmenauszählung

recoup [rɪ·ˈkup] *vt* (*regain*) *costs, one's investment* wieder einbringen; *one's losses* wettmachen

recourse [ˈri·kɔrs] *n* Zuflucht *f;* **to have ~ to sth** Zuflucht zu etw *dat* nehmen können

recover [rɪ·ˈkʌv·ər] **I.** *vt* ❶ (*get back*) *one's health* zurückerlangen; *stolen goods* sicherstellen; *one's balance/composure* wiederfinden; *data* wiederherstellen; **to be fully ~ed** völlig genesen sein ❷ (*obtain*) *coal, ore* gewinnen; LAW *compensation, damages* erhalten; *ownership, possession* wiedererlangen **II.** *vi* sich erholen (**from** von +*dat*)

re-cover [ˌri·ˈkʌv·ər] *vt chair, sofa* neu beziehen

recoverable [rɪ·ˈkʌv·ər·ə·bəl] *adj* FIN *costs* erstattungsfähig; *damages, loss* ersetzbar; *debt* eintreibbar; COMPUT wiederherstellbar

recovery [rɪ·ˈkʌv·ə·ri] *n* ❶ MED (*action*) Erholung *f; of sight/hearing* Wiedererlangung *f;* **to show signs of ~** [erste] Zeichen einer Besserung zeigen; ECON [Anzeichen für] einen Aufschwung erkennen lassen ❷ (*getting back*) Wiedererlangung *f,* Zurückgewinnung *f; of a body, an object* Bergung *f* ❸ **to make a ~** den Ball wieder unter Kontrolle bekommen

recreate [ˌri·kri·ˈeɪt] *vt* ❶ (*create again*) wiederherstellen; *friendship* wieder beleben ❷ (*reproduce*) nachstellen

recreation[1] [ˌri·kri·ˈeɪ·ʃən] *n* ❶ (*creation again*) Wiedergestaltung *f* ❷ (*reproduction*) Nachstellung *f*

recreation[2] [ˌrek·ri·ˈeɪ·ʃən] *n* ❶ (*hobby*) Freizeitbeschäftigung *f,* Hobby *nt* ❷ (*fun*) Erholen *nt,* Entspannen *nt*

recreational [ˌrek·ri·ˈeɪ·ʃə·nəl] *adj* Freizeit-, Erholungs-; **~ drug** weiche Droge

recreational ˈ**vehicle** *n* Caravan *m,* Wohnwagen *m*

recreˈ**ation area** *n* Freizeitgelände *nt*

recriminate [rɪ·ˈkrɪm·ə·neɪt] *vi* gegenseitige Anschuldigungen vorbringen

recrimination [rɪ·ˌkrɪm·ə·ˈneɪ·ʃən] *n usu pl* Gegenbeschuldigung *f*

rec room [ˈrek·ˌrum] *n* Aufenthaltsraum *m,*

Freizeitraum *m*

recruit [rɪ-'krut] **I.** *vt employees* einstellen; *members* werben; *soldiers* rekrutieren; *volunteers* finden **II.** *vi* army Rekruten anwerben; *company* Neueinstellungen vornehmen; *club, organization* neue Mitglieder werben **III.** *n* MIL Rekrut(in) *m(f)*; *to party, club* neues Mitglied; *staff* neu eingestellte Arbeitskraft

recruiting [rɪ-'kru-tɪŋ] **I.** *n* MIL Rekrutierung *f*; (*in business*) [An]werben *nt* [von Arbeitskräften] **II.** *adj attr* (*in army*) Rekrutierungs-; (*in business*) Einstellungs-

recruitment [rɪ-'krut-mənt] *n of soldiers* Rekrutierung *f*; *of employees* Neueinstellung *f*; *of members, volunteers* Anwerbung *f*

rectangle ['rek-tæŋ-gəl] *n* Rechteck *nt*

rectangular [rek-'tæn-gjə-lər] *adj* rechteckig; *coordinates* rechtwinklig

rectification [ˌrek-tə-fɪ-'keɪ-ʃən] *n of a mistake, situation* Berichtigung *f*, Korrektur *f*; *of a statement* Richtigstellung *f*

rectify <-ie-> ['rek-tə-faɪ] *vt* (*set right*) korrigieren; *omission* nachholen

rector ['rek-tər] *n* ❶ REL Pfarrer *m* ❷ UNIV, SCH Rektor(in) *m(f)*

rectory ['rek-tə-ri] *n* Pfarrhaus *nt*

rectum <*pl* -ta *or* -s> ['rek-təm] *n* MED Rektum *nt fachspr*; Mastdarm *m*

recuperate [rɪ-'ku-pə-reɪt] *vi from illness* sich erholen (**from** von +*dat*)

recuperation [rɪ-ˌku-pə-'reɪ-ʃən] *n* Erholung *f*; MED Gesundung *f geh* (**from** von +*dat*)

recur <-rr-> [rɪ-'kɜr] *vi* (*happen again*) *event* wieder passieren, sich wiederholen; *opportunity* sich wieder bieten; *pain, symptoms* wieder auftreten; *problem, theme* wieder auftauchen

recurrence [rɪ-'kɜr-əns] *n* Wiederholung *f*, erneutes Auftreten

recurrent [rɪ-'kɜr-ənt], **recurring** [rɪ-'kɜr-ɪŋ] *adj attr* sich wiederholend; *dream, nightmare* [ständig] wiederkehrend; *bouts, problems* wiederholt auftretend

recycle [ˌri-'saɪ-kəl] *vt* ❶ (*convert into sth new*) recyceln, wiederaufbereiten ❷ (*fig: use again*) wiederverwenden

recycling [rɪ-'saɪ-kəl-ɪŋ] *n* Recycling *nt*, Wiederverwertung *f*

red [red] **I.** *adj* <-dd-> ❶ (*color*) rot ❷ (*bloodshot*) *eyes* rot, gerötet **II.** *n* ❶ (*color*) Rot *nt*; (*shade*) Rotton *m* ❷ FIN **to be in the** ~ in den roten Zahlen sein

red-'blooded *adj* heißblütig

Red 'Crescent *n* ■ **the** ~ der Rote Halbmond

Red 'Cross *n* ■ **the** ~ das Rote Kreuz

redden ['red-ən] **I.** *vi face, eyes* sich röten; *person* rot werden; *leaves, sky, water* sich rot färben **II.** *vt* rot färben

reddish ['red-ɪʃ] *adj* rötlich

redecorate [ˌri-'dek-ə-reɪt] **I.** *vt* (*by painting*) neu streichen; (*by wallpapering*) neu tapezieren **II.** *vi* renovieren

redecoration [ˌri-dek-ə-'reɪ-ʃən] *n* Renovierung *f*; (*with paint*) Neuanstrich *m*; (*with wall-*

paper) Neutapezieren *nt*

redeem [rɪ-'dim] *vt* ❶ (*save*) *reputation* wiederherstellen ❷ (*compensate for*) *fault, mistake* wettmachen ❸ FIN (*pay off*) ab[be]zahlen; *mortgage* tilgen ❹ (*fulfill*) erfüllen; *promise, pledge* einlösen

redeemable [rɪ-'di-mə-bəl] *adj* (*financially*) *coupon, voucher* einlösbar; *mortgage* tilgbar; *loan* rückzahlbar

redeeming [rɪ-'di-mɪŋ] *adj attr* ausgleichend; **the only ~ feature of the boring film was the soundtrack** das einzig Positive an dem langweiligen Film war die Filmmusik

redemption [rɪ-'demp-ʃən] *n* ❶ (*from blame, guilt*) Wiedergutmachung *f*, Ausgleich *m*; REL (*from sin*) Erlösung *f* ❷ (*rescue*) **to be beyond** ~ nicht mehr zu retten sein

redeploy [ˌri-dɪ-'plɔɪ] *vt workers, staff, troops* verlegen

redeployment [ˌri-dɪ-'plɔɪ-mənt] *n of workers, staff, troops* Verlegung *f*

redevelop [ˌri-dɪ-'vel-əp] *vt neighborhood, area* sanieren; *machine* neu entwickeln

redevelopment [ˌri-dɪ-'vel-əp-mənt] *n* Sanierung *f*

'red-eye *n* (*fam: flight*) Nachtflug *m*

red-'haired *adj* rothaarig

red-'handed *adj* **to catch sb** ~ jdn auf frischer Tat ertappen

'redhead *n* Rothaarige(r) *f(m)*, Rotschopf *m*

red-'headed *adj person* rothaarig

red 'herring *n* Ablenkungsmanöver *nt*

red-'hot *adj* ❶ (*glowing*) **to be** ~ [rot] glühen; (*fig*) glühend heiß sein ❷ (*brand new*) *news, data* brandaktuell, brandheiß *fam*

redirect [ˌri-dɪ-'rekt] *vt interests* neu ausrichten; *resources* umverteilen

redistribute [ˌri-dɪ-'strɪb-jut] *vt land, resources, wealth* umverteilen

redistribution [ˌri-dɪs-trɪ-'bju-ʃən] *n* Umverteilung *f*

red-'letter day *n* ein besonderer Tag, den man sich im Kalender rot anstreichen muss

red 'light *n* rote Ampel

red-'light district *n* Rotlichtviertel *nt*

red 'meat *n* dunkles Fleisch (*wie Rind, Lamm und Reh*)

'redneck *n* (*pej fam*) *weißer Arbeiter aus den am. Südstaaten, oft mit reaktionären Ansichten*

redness ['red-nɪs] *n* Röte *f*

redo <-did, -done> [ˌri-'du] *vt* ❶ (*do again*) noch einmal machen; *task* von vorn beginnen (mit +*dat*) ❷ (*redecorate*) renovieren

redolent ['red-ə-lənt] *adj pred* (*form*) ■ **to be** ~ **of sth** ❶ (*smelling*) nach etw *dat* duften ❷ (*suggestive*) [stark] an etw *akk* erinnern

redouble [rɪ-'dʌb-əl] *vt one's efforts* verdoppeln

redoubtable [rɪ-'daʊ-tə-bəl] *adj person* Respekt einflößend; (*hum*) gefürchtet

red 'pepper *n* (*fresh*) rote(r) Paprika

redress [rɪ-'dres] **I.** *vt mistake* wiedergutmachen; *situation* bereinigen **II.** *n* Wiedergutmachung *f,* Abhilfe *f; of an imbalance* Behebung *f*

Red 'Sea *n* ■**the ~** das Rote Meer

'redskin *n* (*pej fam*) Indianer(in) *m(f),* Rothaut *f pej*

red 'tape *n* Bürokratie *f*

reduce [rɪ'dus] *vt* ❶(*make less*) verringern, reduzieren; *prices* heruntersetzen; *taxes* senken ❷(*make smaller*) *drawing, photo* verkleinern; MATH *fraction* kürzen; *liquids, a sauce* einkochen lassen ❸(*bring down*) **when he lost his job, he was ~d to begging for help from his parents** als er seine Arbeit verlor, war er gezwungen, seine Eltern um Hilfe zu bitten; **to ~ sb to tears** jdn zum Weinen bringen

reduced [rɪ'dust] *adj attr* ❶(*in price*) reduziert, heruntergesetzt ❷(*in number, size, amount*) reduziert, verringert; **to be in ~ circumstances** in verarmten Verhältnissen leben

reduction [rɪ'dʌk·ʃən] *n* ❶(*action*) Reduzierung *f,* Reduktion *f,* Verringerung *f; in taxes* Senkung *f* ❷(*decrease*) Reduzierung *f,* Verminderung *f; in production, output* Drosselung *f; in expenses, salary* Reduzierung *f,* Senkung *f,* Kürzung *f* ❸ *of drawing, photo* Verkleinerung *f*

redundant [rɪ'dʌn·dənt] *adj* (*superfluous*) überflüssig; LING redundant

red 'wine *n* Rotwein *m*

'redwood *n* BOT ❶(*tree*) Mammutbaum *m* ❷(*wood*) Redwood *nt,* Rotholz *nt*

reed [rid] *n* ❶ BOT (*plant*) Schilf[gras] *nt* ❷ MUS (*of an instrument*) Rohrblatt *nt*

re-educate [ˌri·'edʒ·ə·keɪt] *vt* umerziehen

reedy ['ri·di] *adj* ❶(*full of reeds*) schilfig, schilfbedeckt ❷ *voice* durchdringend, grell

reef [rif] *n* GEOG Riff *nt*

reefer ['ri·fər] *n* (*sl: joint*) Joint *m fam*

reek [rik] *vi* ❶(*smell bad*) übel riechen ❷(*fig: be pervaded with*) **to ~ of corruption** nach Korruption stinken

reel [ril] *n* (*device, unit*) Rolle *f; (for film, tape)* Spule *f; (for fishing line)* Angelrolle *f*

re-elect [ˌri·ɪ·'lekt] *vt* wiederwählen

re-election [ˌri·ɪ·'lek·ʃən] *n* Wiederwahl *f*

re-enter [ˌri·'en·tər] *vt* ❶(*go in again*) *bus, car* wieder einsteigen in +*akk; country* wieder einreisen in +*akk; house, store* wieder hineingehen in +*akk; room* wieder betreten; *earth's atmosphere* wieder eintreten in +*akk* ❷(*enroll*) sich wieder beteiligen (an +*dat*) ❸ COMPUT (*type in*) nochmals eingeben

re-entry [ˌri·'en·tri] *n* (*going in*) Wiedereintritt *m; (in a car)* Wiedereinstieg *m; (into a country)* Wiedereinreise *f*

ref [ref] (*fam*) **I.** *n abbrev of* **referee** Schiri *m* **II.** *vt games* pfeifen

ref. [ref] *n abbrev of* **reference** AZ

refectory [rɪ'fek·tə·ri] *n of a university* Mensa *f*

refer <-rr-> [rɪ'fɜr] **I.** *vt* (*to an authority,*

expert) verweisen (**to** an +*akk*); **the patient was ~red to a specialist** der Patient wurde an einen Facharzt überwiesen **II.** *vi* ❶(*allude*) ■**to ~ to sb/sth** sich beziehen auf *akk* jdn/ etw; **who are you ~ring to?** wen meinst du?; **~ring to your letter, ...** Bezug nehmend auf Ihren Brief ... ❷(*consult*) ■**to ~ to sb** sich an jdn wenden; ■**to ~ to sth** etw zu Hilfe nehmen, nachsehen in *dat* etw; **he ~red to a dictionary** er schlug in einem Wörterbuch nach

referee [ˌref·ə·'ri] **I.** *n* ❶(*umpire*) Schiedsrichter(in) *m(f)* ❷(*arbitrator*) Schlichter(in) *m(f)* **II.** *vt* **to ~ a basketball game** bei einem Basketballspiel Schiedsrichter(in) sein **III.** *vi* Schiedsrichter(in) sein

reference ['ref·ər·əns] *n* ❶(*to a book, to an article*) Verweis *m;* **I cut out the article for future ~** ich schnitt den Artikel heraus, um ihn später verwenden zu können; **to make ~ to sth** etw erwähnen; **list of ~s** Anhang *m;* (*information*) Hinweis *m* ❷(*allusion*) indirect Anspielung *f;* direct Bemerkung *f;* (*direct mention*) Bezugnahme *f;* **in ~ to sb/sth** mit Bezug auf jdn/etw ❸(*in correspondence*) Aktenzeichen *nt* ❹(*recommendation*) Empfehlungsschreiben *nt,* [Arbeits]zeugnis *nt,* Referenz *f* geh

'reference book *n* Nachschlagewerk *nt*

'reference library *n* Präsenzbibliothek *f*

'reference number *n* (*in letters*) Aktenzeichen *nt;* (*on goods*) Artikelnummer *f*

referendum <*pl* -s *or* -da> [ˌref·ə·'ren·dəm] *n* POL Referendum *nt*

referral [rɪ'fɜr·əl] *n* ❶(*case*) Überweisung *f* ❷(*action*) Einweisung *f*

refill I. *n* ['ri·fɪl] ❶(*action*) Auffüllen *nt,* Nachfüllen *nt;* FOOD ■**to give sb a ~** (*fam*) jdm nachschenken ❷(*replacement*) *for fountain pen* Nachfüllpatrone *f; for ballpoint pen* Nachfüllmine *f* **II.** *vt* [ˌri·'fɪl] **to ~ a cup** eine Tasse wieder füllen

refine [rɪ'faɪn] *vt* ❶(*from impurities*) raffinieren ❷(*fig: improve*) verfeinern

refined [rɪ'faɪnd] *adj* ❶(*processed*) raffiniert; *foods* aufbereitet; *metal* veredelt ❷(*approv: sophisticated*) [hoch] entwickelt, verfeinert; **~ tastes** feiner Geschmack

refinement [rɪ'faɪn·mənt] *n* ❶(*processing*) Raffinieren *nt,* Raffination *f; of metal* Veredelung *f* ❷(*improvement*) Verbesserung *f; of ideas, methods* Überarbeitung *f,* Verbesserung *f*

refinery [rɪ'faɪ·nə·ri] *n* Raffinerie *f*

reflect [rɪ'flekt] **I.** *vt* ❶(*throw back*) *heat, light, sound* reflektieren; ■**to be ~ed in sth** sich in etw *dat* spiegeln ❷(*show*) *hard work, one's views* zeigen [*o* zum Ausdruck bringen]; *honesty, generosity* sprechen (für +*akk*) **II.** *vi* ❶ *light, mirror* reflektieren ❷(*ponder*) nachdenken (**on/upon** über +*akk*) ❸(*make impression*) **it ~ed badly on his character** es warf ein schlechtes Licht auf seinen Charakter

R

reflection [rɪ·ˈflek·ʃən] *n* ❶ (*reflecting*) Reflexion *f* ❷ (*mirror image*) Spiegelbild *nt* ❸ (*fig: sign*) Ausdruck *m;* **his unhappiness is a ~ of ...** seine Unzufriedenheit ist ein Zeichen für ... ❹ (*consideration*) Betrachtung *f,* Überlegung *f* (**on/about** über +*akk*)

reflective [rɪ·ˈflek·tɪv] *adj* ❶ *glass, clothing* reflektierend ❷ *person* nachdenklich

reflector [rɪ·ˈflek·tər] *n* ❶ (*device*) Reflektor *m; on a bicycle, car* Rückstrahler *m,* Katzenauge *nt* ❷ (*telescope*) Spiegelteleskop *nt*

reflex <*pl* -es> [ˈriː·fleks] *n* Reflex *m*

reflexive [rɪ·ˈflek·sɪv] *adj* ❶ (*involuntary*) reflexartig ❷ LING reflexiv

reflux <*pl* -es> [ˈriː·flʌks] *n* Rückfluss *m*

reforestation [ˌriː·fɔr·ɪ·ˈsteɪ·ʃən] *n* Aufforstung *f*

reform [rɪ·ˈfɔrm] I. *vt institution, system* reformieren; *criminal, drug addict* bessern II. *vi person* sich bessern III. *n* Reform *f; of self, a criminal* Besserung *f;* **beyond ~** nicht reformierbar

re-form [ˌriː·ˈfɔrm] I. *vt* umformen II. *vi committee, group* sich wieder bilden

reformation [ˌref·ər·ˈmeɪ·ʃən] *n* ❶ *of an institution* Reformierung *f; of a person* Besserung *nt* ❷ (*hist*) ■**the R~** die Reformation

reformatory [rɪ·ˈfɔr·mə·tɔr·i] *n* Jugendhaftanstalt *f*

reformer [rɪ·ˈfɔr·mər] *n* Reformer(in) *m(f)*

re'form school *n* Erziehungsheim *nt*

refract [rɪ·ˈfrækt] *vt* PHYS *ray of light* brechen

refraction [rɪ·ˈfræk·ʃən] *n* Refraktion *f fachspr,* Brechung *f*

refractory [rɪ·ˈfræk·tə·ri] *adj metal, tiles* hitzebeständig

refrain[1] [rɪ·ˈfreɪn] *vi* sich zurückhalten; **to ~ from smoking** das Rauchen unterlassen

refrain[2] [rɪ·ˈfreɪn] *n* (*in a song*) Refrain *m;* (*in a poem*) Kehrreim *m;* (*comment*) häufiger Ausspruch

refresh [rɪ·ˈfreʃ] *vt* ❶ (*reinvigorate*) *sleep, a vacation* erfrischen ❷ (*fig*) *one's knowledge, skills* auffrischen; **to ~ one's memory** seinem Gedächtnis auf die Sprünge helfen ❸ (*refill*) **to ~ sb's drink** jds Glas nachfüllen

refresher course [rɪ·ˈfreʃ·ər-] *n* Auffrischungskurs *m*

refreshing [rɪ·ˈfreʃ·ɪŋ] *adj* ❶ (*rejuvenating*) *air, color, drink* erfrischend ❷ (*pleasing*) [herz]erfrischend; *thought* wohltuend

refreshment [rɪ·ˈfreʃ·mənt] *n* ❶ (*rejuvenation*) Erfrischung *f,* Belebung *f* ❷ ■**~s** *pl* (*drinks*) Erfrischungen *pl;* (*food*) Snacks *pl*

refrigerant [rɪ·ˈfrɪdʒ·ər·ənt] *n* Kühlmittel *nt*

refrigerate [rɪ·ˈfrɪdʒ·ə·reɪt] I. *vt food, drink* im Kühlschrank aufbewahren II. *vi* **~ after opening** nach dem Öffnen kühl aufbewahren

refrigeration [rɪ·ˌfrɪdʒ·ə·ˈreɪ·ʃən] *n* Kühlung *f*

refrigerator [rɪ·ˈfrɪdʒ·ə·reɪ·tər] *n* Kühlschrank *m*

refuel <-l- *or* -ll-> [ˌriː·ˈfju·əl] I. *vi airplane* auftanken II. *vt airplane, truck* auftanken

refuge [ˈref·judʒ] *n* ❶ (*secure place*) Zuflucht *f,* Zufluchtsort *m;* **women's ~** Frauenhaus *nt* ❷ (*from reality*) **to take ~ in sth** sich in etw *akk* flüchten

refugee [ˌref·jʊ·ˈdʒi] *n* Flüchtling *m*

'refugee camp *n* Aufnahmelager *nt*

refund I. *vt* [ˌriː·ˈfʌnd] **to ~ expenses/money** Auslagen/Geld zurückerstatten; ■**to ~ sb sth** jdm etw *akk* zurückerstatten II. *n* [ˈriː·fʌnd] Rückzahlung *f*

refurbish [ˌriː·ˈfɜr·bɪʃ] *vt* aufpolieren; *furniture* verschönern; *house* renovieren; *electronics* reparieren

refusal [rɪ·ˈfju·zəl] *n* Ablehnung *f; of offer* Zurückweisung *f; of invitation* Absage *f; of food, visa* Verweigerung *f*

refuse[1] [rɪ·ˈfjuz] I. *vi* ablehnen; *horse* verweigern II. *vt* ablehnen, zurückweisen; *offer* ausschlagen; *request* abschlagen

refuse[2] [ˈref·jus] *n* (*form*) Abfall *m,* Müll *m*

refutation [ˌref·ju·ˈteɪ·ʃən] *n* Widerlegung *f*

refute [rɪ·ˈfjut] *vt* widerlegen, entkräften

reg. *adj abbrev of* **regular**

regain [rɪ·ˈgeɪn] *vt* wiederbekommen, zurückbekommen; *consciousness* wiedererlangen; **to ~ [lost] ground** [verlorenen] Boden zurückgewinnen; **to ~ the use of one's legs** seine Beine wieder gebrauchen können

regal [ˈriː·gəl] *adj* königlich, majestätisch

regale [rɪ·ˈgeɪl] *vt* ■**to ~ sb with sth** *stories, jokes* jdn mit etw *dat* aufheitern; *food, drink* jdn mit etw *dat* verwöhnen

regalia [rɪ·ˈgeɪ·li·ə] *n* + *sing/pl vb* Kostüme *pl,* Aufmachung *f kein pl hum;* (*of royalty*) Insignien *pl*

regard [rɪ·ˈgard] I. *vt* ❶ (*consider*) betrachten; ■**to ~ sb/sth as sth** jdn/etw als etw betrachten; **she is ~ed as a talented actress** sie wird für eine talentierte Schauspielerin gehalten; **to ~ sb highly** jdn hoch schätzen; (*be considerate of*) große Rücksicht auf jdn nehmen ❷ (*concerning*) ■**as ~ s ...** was ... angeht, II. *n* ❶ (*consideration*) Rücksicht *f;* **without ~ for sb/sth** ohne Rücksicht auf jdn/etw; **to pay no ~ to a warning** eine Warnung in den Wind schlagen ❷ (*respect*) Achtung *f* (**for** *or* +*dat*); **to hold sb/sth in high ~** Hochachtung vor jdm/etw haben ❸ (*aspect*) **in this ~** in dieser Hinsicht ❹ (*concerning*) ■**with ~ to ...** in Bezug auf ... +*akk*

regarding [rɪ·ˈgar·dɪŋ] *prep* bezüglich +*gen;* **~ your inquiry** bezüglich Ihrer Anfrage

regardless [rɪ·ˈgard·lɪs] *adv* trotzdem; **~ of the expense** ungeachtet der Kosten; **to press on ~** trotzdem weitermachen

regards [rɪ·ˈgardz] *n pl* Grüße *pl;* **best ~** viele Grüße; **Jim sends his ~** Jim lässt grüßen

regatta [rɪ·ˈga·tə] *n* Regatta *f*

regency [ˈriː·dʒən·si] *n* Regentschaft *f;* (*period of rule*) Regentschaft[szeit] *f*

regenerate [rɪ·ˈdʒen·ə·reɪt] I. *vt* ❶ (*revive*) erneuern; **to ~ cities** Städte neu gestalten ❷ (*grow again*) *claw, tissue* neu bilden II. *vi*

BIOL sich regenerieren *geh; tissue* sich neu bilden

regeneration [rɪˌdʒen·ə·ˈreɪ·ʃən] *n* ❶ (*improvement*) Erneuerung *f*, Regeneration *f*; **urban** ~ Stadtsanierung *f*; *of spirit* Erholung *f* ❷ BIOL (*regrowth*) Neubildung *f*

regent [ˈriːdʒənt] *n* Regent(in) *m(f)*

reggae [ˈreg·eɪ] *n* Reggae *m*

regime [rəˈʒiːm] *n* ❶ (*government*) Regime *nt* ❷ (*procedure*) Behandlungsweise *f*

regimen [ˈredʒ·ə·men] *n* ❶ (*plan for health*) Gesundheitsplan *m* (*entsprechend ärztlichen Anweisungen*) ❷ (*routine*) geregelter Tagesablauf

regiment [ˈredʒ·ə·mənt] I. *n* MIL Regiment *nt* II. *vt* ❶ MIL *troops* in Gruppen einordnen ❷ (*regulate*) *person* kontrollieren; *things* reglementieren

regimentation [ˌredʒ·əm·ən·ˈteɪ·ʃən] *n* Reglementierung *f*

region [ˈriːdʒən] *n* ❶ (*geographical*) Region *f* ❷ (*administrative*) [Verwaltungs]bezirk *m*, Provinz *f* ❸ (*approximately*) ■ **in the ~ of ...** etwa bei ..., im Bereich von ..

regional [ˈriːdʒə·nəl] *adj* regional

regionalism [ˈriːdʒə·nə·ˌlɪz·əm] *n* LING Regionalismus *m*; (*word*) nur regional verwendeter Ausdruck

register [ˈredʒ·ɪ·stər] I. *n* ❶ (*official list*) Register *nt*, Verzeichnis *nt* ❷ (*recording device*) Registriergerät *nt* ❸ (*for money*) **cash ~** Kasse *f* II. *vt* ❶ (*report*) registrieren; *birth, death* anmelden; *copyright, trademark* eintragen ❷ (*measure*) anzeigen ❸ (*at post office*) *letter, package* per Einschreiben schicken ❹ (*show*) **to ~ surprise** sich überrascht zeigen; **to ~ protest** Protest zum Ausdruck bringen III. *vi* ❶ (*person*) sich melden; (*to vote*) sich eintragen; (*to take classes*) sich einschreiben [*o* immatrikulieren]; **to ~ with the authorities** sich behördlich anmelden ❷ *machine, measuring device* angezeigt werden ❸ (*show*) sich zeigen

registered [ˈredʒ·ɪ·stərd] *adj* registriert, gemeldet; *charity* eingetragen; *vehicle* amtlich zugelassen; **~ voter** Wahlberechtigte(r) *m* [*o* -berechtigte] *f*

registrar [ˈredʒ·ɪ·strar] *n* ❶ (*for the state*) Standesbeamte(r) *m*, Standesbeamte [*o* -in] *f* ❷ UNIV höchster Verwaltungsbeamte(r) *m* [*o* -in] *f*

registration [ˌredʒ·ɪ·ˈstreɪ·ʃən] *n* ❶ (*act*) Anmeldung *f*; (*at a school*) Einschreibung *f*; **voter ~** Wählereintragung *f*; *of a car* Autozulassung *f*; UNIV Immatrikulation *f* ❷ AUTO (*document*) [**motor vehicle**] **~** Kraftfahrzeugschein *m*, Kfz-Zulassung *f*

regis'tration fee *n* Anmeldegebühr *f*

regress [rɪˈgres] *vi* (*lose ability*) sich verschlechtern; (*deteriorate*) sich zurückentwickeln

regression [rɪˈgreʃ·ən] *n* MED (*physical*) Regression *f fachspr*; Verschlechterung *f*; (*mental*) Zurückentwicklung *f*

regressive [rɪˈgres·ɪv] *adj* ❶ (*becoming worse*) rückschrittlich ❷ FIN *tax* regressiv

regret [rɪˈgret] I. *vt* <-tt-> bedauern; **to ~ one's mistakes** seine Fehler bedauern II. *vi* <-tt-> ■ **to ~ to do sth** bedauern, etw tun zu müssen; **I ~** [**to have**] **to inform you that ...** leider muss ich Ihnen mitteilen, dass ... III. *n* Bedauern *nt kein pl*; **my only ~ is that ...** das Einzige, was ich bedaure, ist, dass ...; **to have no ~s about sth** etw nicht bereuen; **to send one's ~s** sich entschuldigen [lassen]

regretful [rɪˈgret·fəl] *adj* bedauernd; *smile* wehmütig

regretfully [rɪˈgret·fəl·i] *adv* mit Bedauern

regrettable [rɪˈgret·ə·bəl] *adj* bedauerlich

regroup [ˌriˈgrup] I. *vt* neu gruppieren; *forces* neu formieren II. *vi troops, demonstrators* sich neu formieren

regular [ˈreg·jə·lər] I. *adj* ❶ (*routine*) regelmäßig; *price* regulär; **~ procedure** übliche Vorgehensweise ❷ (*steady in time*) regelmäßig; **to keep ~ hours** sich an feste Zeiten halten ❸ (*well-balanced*) regelmäßig, symmetrisch; *surface* gleichmäßig ❹ (*not unusual*) üblich, normal; **my ~ doctor was on vacation** mein Hausarzt hatte Urlaub; **~ gasoline** Normalbenzin *nt* ❺ *attr* (*size*) **~ fries** normale Portion Pommes Frites II. *n* (*customer*) Stammgast *m*

regularity [ˌreg·jʊˈler·ɪ·t̬i] *n* (*in time*) Regelmäßigkeit *f*, Gleichmäßigkeit *f*; (*in shape*) Ebenmäßigkeit *f*

regularize [ˈreg·jʊ·lə·raɪz] I. *vt* ❶ (*normalize*) *status, relationship* normalisieren ❷ (*make consistent*) *a language, work hours* standardisieren, vereinheitlichen II. *vi breathing, heart beat* sich regulieren

regularly [ˈreg·jə·lər·li] *adv* ❶ (*evenly, frequently*) regelmäßig ❷ (*equally*) gleichmäßig

regulate [ˈreg·jʊ·leɪt] *vt* ❶ (*supervise*) regeln, steuern ❷ (*adjust*) regulieren; **to ~ the flow of water** den Wasserfluss regeln

regulation [ˌreg·jʊˈleɪ·ʃən] I. *n* ❶ (*rule*) Vorschrift *f*, Bestimmung *f* (**on** über +*akk*); **in accordance with the ~s** vorschriftsmäßig; **fire ~s** Brandschutzbestimmungen *pl* ❷ (*supervision*) Überwachung *f* II. *adj* vorgeschrieben; **the ~ pinstripe suit** der obligatorische Nadelstreifenanzug

regulator [ˈreg·jʊ·leɪ·t̬ər] *n* ❶ TECH Regler *m* ❷ (*person*) aufsichtsführende Person

regulatory [ˈreg·jə·lə·tɔr·i] *adj* Aufsichts-, Kontroll-; **~ powers** ordnungspolitische Instrumente

regurgitate [rɪˈgɜr·dʒə·teɪt] *vt* ❶ (*throw up*) *food* wieder hochwürgen ❷ (*pej: repeat*) *facts, information* nachplappern

rehab [ˈriˈhæb] *n* (*fam*) *short for* **rehabilitation** Reha *f*; ■ **to be in ~** auf Reha sein *fam*

rehabilitate [ˌriˈhəˈbɪl·ə·teɪt] *vt* (*have therapy, restore reputation*) rehabilitieren; *criminal* resozialisieren

rehabilitation [ˌriˈhəˌbɪl·əˈteɪ·ʃən] *n* ❶ MED Genesung *f* ❷ *of criminals* Resozialisierung *f*;

R

of drug addicts, sb's reputation Rehabilitation *f geh; of victims* Wiedereingliederung *f* ins normale Leben ❸ (*renovation*) Instandsetzung *f,* Sanierung *f*

rehash I. *vt* [ˌriˈhæʃ] ❶ (*pej fam: offer as new*) aufwärmen ❷ (*discuss*) wiederkäuen; **to ~ events** Ereignisse noch einmal durchsprechen **II.** *n* <*pl* -es> [ˈriˈhæʃ] (*fam*) Aufguss *m*

rehearsal [rɪˈhɜr·səl] *n* THEAT Probe *f;* ▪**to be in ~** geprobt werden

rehearse [rɪˈhɜrs] **I.** *vt* ❶ THEAT, MUS (*practice*) proben; (*in thought*) [in Gedanken] durchgehen ❷ (*prepare*) *person* vorbereiten **II.** *vi* proben

reign [reɪn] **I.** *vi* ❶ (*be king, queen*) regieren, herrschen; (*be head of state*) regieren; **to ~ over a country** ein Land regieren ❷ (*be dominant*) dominieren; **confusion ~s** es herrscht Verwirrung **II.** *n* Herrschaft *f*

reimburse [ˌri·ɪm·ˈbɜrs] *vt person* entschädigen; *thing* ersetzen; *expenses* [rück]erstatten

reimbursement [ˌri·ɪm·ˈbɜrs·mənt] *n* Rückzahlung *f; of expenses* Erstattung *f; of loss* Entschädigung *f*

rein [reɪn] *n usu pl* (*for horse*) Zügel *m* ▶ PHRASES: **to give free ~ to sb** jdm freie Hand lassen

reincarnation [ˌri·ɪn·kar·ˈneɪ·ʃən] *n* (*rebirth*) Reinkarnation *f geh,* Wiedergeburt *f;* (*fig*) *product* Nachbau *m*

reindeer <*pl* -> [ˈreɪn·dɪr] *n* Rentier *nt*

reinforce [ˌri·ɪn·ˈfɔrs] *vt* (*strengthen*) *troops* verstärken; *concrete* armieren; *findings, opinion, prejudice* bestätigen

reinforcement [ˌri·ɪn·ˈfɔrs·mənt] *n* ❶ Verstärkung *f,* Armierung *f fachspr;* **steel ~** Stahlträger *m meist pl* ❷ ▪**~s** *pl* (*troops*) Verstärkungstruppen *pl;* (*equipment*) Verstärkung *f*

reinstate [ˌri·ɪn·ˈsteɪt] *vt* ❶ (*at job*) *person* wieder einstellen ❷ (*re-establish*) *death penalty, sales tax* wieder einführen; *law and order* wiederherstellen

reinsure [ˌri·ɪn·ˈʃʊr] *vi, vt* rückversichern

reintegrate [ˌri·ˈɪn·tə·greɪt] *vt criminal* resozialisieren; *patient* wieder [in die Gesellschaft] eingliedern

reintegration [ˈri·ɪn·tə·ˈgreɪ·ʃən] *n of a criminal* Resozialisierung *f; of a patient* Wiedereingliederung *f*

re-introduce [ˌri·ɪn·trə·ˈdus] *vt* wieder einführen; **to ~ an animal into the wild** ein Tier in die Wildnis zurückführen

reissue [ˌri·ˈɪʃ·ju] **I.** *vt novel, recording* neu herausgeben **II.** *n* Neuauflage *f,* Neuausgabe *f*

reiterate [ri·ˈɪt·ə·reɪt] *vt* wiederholen

reiteration [ri·ˌɪt·ə·ˈreɪ·ʃən] *n* Wiederholung *f*

reject I. *vt* [rɪˈdʒekt] ❶ (*decline*) ablehnen, zurückweisen; *excuse* nicht annehmen ❷ (*snub*) *person* abweisen; **to feel ~ed** sich als Außenseiter(in) fühlen ❸ MED *drug* nicht vertragen; *transplant* abstoßen **II.** *n* [ˈri·dʒekt] (*product*) Fehlerware *f,* Ausschussware *f;* (*person*) Außenseiter(in) *m(f)*

rejection [rɪˈdʒek·ʃən] *n* ❶ (*dismissing*) Ab-

lehnung *f,* Absage *f* ❷ MED Abstoßung *f*

rejoice [rɪˈdʒɔɪs] *vi* sich freuen, sich erfreuen *geh* (**at/in** an +*dat*)

rejoicing [rɪˈdʒɔɪ·sɪŋ] *n* Freude *f* (**at/in** über +*akk*)

rejoin [ˌri·ˈdʒɔɪn] *vt* (*reunite with*) *person, thing* sich wieder vereinigen (mit +*dat*)

rejoinder [rɪˈdʒɔɪn·dər] *n* (*form*) Erwiderung *f geh*

rejuvenate [ri·ˈdʒu·və·neɪt] *vt* ❶ (*energize*) revitalisieren *geh* ❷ (*make younger, modernize*) verjüngen; *factory, company* modernisieren

rekindle [ri·ˈkɪn·dəl] *vt* (*a. fig*) wieder entfachen

relapse I. *n* [ˈri·læps] MED Rückfall *m;* (*in economy*) Rückschlag *m* **II.** *vi* [rɪ·ˈlæps] MED einen Rückfall haben; *economy* einen Rückschlag erleiden

relate [rɪ·ˈleɪt] **I.** *vt* ❶ (*show relationship*) etw mit etw *dat* in Verbindung bringen ❷ (*narrate*) erzählen; ▪**to ~ sth to sb** jdm etw berichten **II.** *vi* ❶ (*fam: get along*) ▪**to ~ to sb/sth** eine Beziehung zu jdm/etw finden ❷ (*be about*) ▪**to ~ to sb/sth** von jdm/etw handeln; (*be relevant to*) **chapter nine ~s to the effect of inflation** in Kapitel neun geht es um die Auswirkungen der Inflation

related [rɪ·ˈleɪ·tɪd] *adj* ❶ (*connected*) verbunden; **to be directly ~ to sth** in direktem Zusammenhang mit etw *dat* stehen ❷ *species, language* verwandt (**to** mit +*dat*); **to be ~ by blood** blutsverwandt sein; **distantly ~** entfernt verwandt

relating to [rɪ·ˈleɪ·tɪŋ-] *prep* in Zusammenhang mit +*dat*

relation [rɪ·ˈleɪ·ʃən] *n* ❶ (*connection*) Verbindung *f,* Bezug *m;* **in ~ to** in Bezug auf +*akk;* **to bear no ~ to sb** (*in appearance*) jdm überhaupt nicht ähnlich sehen ❷ (*relative*) Verwandte(r) *f(m);* **is Julia any ~ to you?** ist Julia irgendwie mit dir verwandt? ❸ (*between people, countries*) ▪**~s** *pl* Beziehungen *pl,* Verhältnis *nt* (**between** zwischen +*dat*)

relationship [rɪ·ˈleɪ·ʃən·ʃɪp] *n* ❶ (*connection*) Beziehung *f* ❷ (*in family*) Verwandtschaftsverhältnis *nt* ❸ (*association*) Verhältnis *nt;* (*a. business, romantic*) Beziehung *f* (**to/with** zu +*dat*); **to be in a ~ with sb** mit jdm eine feste Beziehung haben

relative [ˈrel·ə·tɪv] **I.** *adj* ❶ (*connected to*) relevant (**to** für +*akk*), sich beziehend auf +*akk* ❷ (*corresponding*) jeweilige(r, s); ▪**to be ~ to sth** von etw *dat* abhängen ❸ (*comparative*) relative(r, s), vergleichbare(r, s); (*not absolute*) *evil, happiness* relativ **II.** *n* Verwandte(r) *f(m)*

relative 'clause *n* Relativsatz *m*

relatively [ˈrel·ə·tɪv·li] *adv* relativ

relativity [ˌrel·ə·ˈtɪv·ɪ·t̬i] *n* Relativität *f;* [**Einstein's**] **Theory of R~** [Einsteins] Relativitätstheorie *f*

relaunch [ˌri·ˈlɔntʃ] **I.** *vt* ❶ AEROSP *rocket* erneut starten ❷ ECON *product* erneut auf den Markt bringen **II.** *n* ❶ AEROSP, TRANSP *of a rocket* Zweit-start *m; of a ship* zweiter Stapellauf ❷ ECON *of a brand/a product* Wiedereinführung *f*

relax [rɪ·'læks] **I.** *vi* sich entspannen; ~! ent-spann dich!; (*don't worry*) beruhige dich! **II.** *vt* *rules, supervision, grip* lockern; *muscles* ent-spannen, lockern; *security measures* ein-schränken

relaxation [ˌri·læk·'seɪ·ʃən] *n* ❶ (*recreation*) Entspannung *f* ❷ (*liberalizing*) *of discipline* Nachlassen *nt; of laws* Liberalisierung *f; of rules* Lockerung *f*

relaxed [rɪ·'lækst] *adj* ❶ (*at ease*) entspannt ❷ (*easy-going*) locker, gelassen; *manner* lässig

relay ['ri·leɪ] **I.** *vt* mitteilen (**to** +*dat*); *message* weiterleiten; *TV pictures* übertragen **II.** *n* ❶ SPORTS ~ [**race**] Staffellauf *m* ❷ ELEC (*device*) Relais *nt*

release [rɪ·'lis] **I.** *vt* ❶ (*set free*) freilassen ❷ LAW *prisoner* [aus der Haft] entlassen ❸ (*move sth from fixed position*) *brake* lösen; PHOT *shutter* betätigen ❹ (*allow to escape*) *gas, steam* freisetzen; **to ~ sth into the atmosphere** etw in die Atmosphäre entwei-chen lassen ❺ (*relax pressure*) loslassen; *grip* lockern ❻ (*make public, circulate*) verbreiten; (*issue*) veröffentlichen; *movie, CD* herausbrin-gen **II.** *n* ❶ (*setting free*) Entlassung *f; of hos-tage* Freilassung *f* ❷ (*mechanism*) Auslöser *m;* **brake/clutch ~** Brems-/Kupplungsausrück-mechanismus *m* ❸ (*items on hold*) *of funds, goods* Freigabe *f* ❹ (*escape of gases*) Entwei-chen *nt* ❺ (*publication*) Veröffentlichung *f* ❻ (*information document*) Verlautbarung *f;* **press ~** Pressemitteilung *f* ❼ (*new CD*) Neu-erscheinung *f*

relegate ['rel·ə·geɪt] *vt usu passive* **the story was ~d to the middle pages of the news-paper** die Story wurde in den Mittelteil der Zeitung verschoben

relent [rɪ·'lent] *vi people* nachgeben; *wind, rain* nachlassen

relentless [rɪ·'lent·lɪs] *adj* (*unwilling to com-promise*) unnachgiebig; (*without stopping*) unablässig; *persecution* gnadenlos; *pressure* unaufhörlich

relevance ['rel·ə·vəns], **relevancy** ['rel·ə·vən-si] *n* ❶ (*appropriateness*) Relevanz *f geh,* Bedeutsamkeit *f* (**to** für +*akk*); **to have** [any] **~ to sth** [irgendeinen] Bezug auf etw *akk* ha-ben ❷ (*significance*) Bedeutung *f* (**to** für +*akk*); **to have ~ for sb/sth** für jdn/etw rele-vant sein

relevant ['rel·ə·vənt] *adj* ❶ (*appropriate*) re-levant ❷ (*important*) wichtig, bedeutend; **highly ~** höchst bedeutungsvoll

reliability [rɪ·ˌlaɪ·ə·'bɪl·ɪ·ţi] *n* ❶ (*dependabil-ity*) Zuverlässigkeit *f* ❷ (*trustworthiness*) Ver-trauenswürdigkeit *f*

reliable [rɪ·'laɪ·ə·bəl] *adj* ❶ (*dependable*) ver-lässlich, zuverlässig ❷ (*credible*) glaubwürdig; *criterion* sicher ❸ (*trustworthy*) vertrauens-würdig, seriös

reliance [rɪ·'laɪ·əns] *n* ❶ (*dependence*) Ver-lass *m* (**on** auf +*akk*) ❷ (*trust*) Vertrauen *nt;* **to place ~ on sb/sth** Vertrauen in jdn/etw set-zen

reliant [rɪ·'laɪ·ənt] *adj* abhängig (**on** von +*dat*); ■**to be ~ on sb/sth to do sth** abhängig da-von sein, dass jd/etw etw tut

relic ['rel·ɪk] *n* ❶ (*object*) Relikt *nt,* Überbleib-sel *nt,* Überrest *m* ❷ (*pej: survival from past*) Relikt *nt;* (*hum: sth old-fashioned*) altmo-disches Ding, Ding *nt* von anno dazumal

relief [rɪ·'lif] *n* ❶ (*diminution*) Entlastung *f; of hunger/suffering* Linderung *f;* **tax ~** Steuerer-mäßigung *f* ❷ (*release from tension*) Erleichte-rung *f;* **to breathe a sigh of ~** erleichtert auf-atmen ❸ (*assistance for poor*) Hilfsgüter *pl* ❹ (*person taking over duty*) Ablösung *f* ❺ (*three-dimensional representation*) Relief-druck *m* ❻ (*sharpness of image*) Kontrast *m;* **to stand out in sharp ~** sich deutlich von etw *dat* abheben

re'lief worker *n* Mitarbeiter(in) *m(f)* einer Hilfsorganisation; (*in third-world countries*) Entwicklungshelfer(in) *m(f)*

relieve [rɪ·'liv] *vt* ❶ (*weaken negative feelings*) erträglicher machen; *pressure* verringern; *ten-sion* abbauen ❷ (*alleviate*) *pain, suffering* lin-dern ❸ (*take burden from*) ■**to ~ sb of sth** jdm etw abnehmen; (*hum: steal*) jdn um etw *akk* erleichtern ❹ (*take over*) *person* ablösen; **to ~ sb of a position** jdn eines Amtes enthe-ben *geh* ❺ (*assist*) ■**to ~ sb** jdm [in einer Not-situation] helfen ❻ (*urinate*) ■**to ~ oneself** (*hum*) sich *akk* erleichtern *euph*

relieved [rɪ·'livd] *adj* erleichtert (**at** über +*akk*); **to be ~ to hear sth** etw mit Erleichte-rung hören

religion [rɪ·'lɪdʒ·ən] *n* ❶ (*faith in god*(*s*)) Reli-gion *f;* (*set of religious beliefs*) Glaube *m* ❷ (*system of worship*) Kult *m*

religious [rɪ·'lɪdʒ·əs] *adj* ❶ (*of religion*) religiö-se(r, s), Religions-; **~ organization** Glaubens-gemeinschaft *f;* **~ freedom** Religionsfreiheit *f* ❷ (*pious*) religiös, fromm

relinquish [rɪ·'lɪŋ·kwɪʃ] *vt* (*form: abandon*) aufgeben; *a right* verzichten (auf +*akk*); ■**to ~ sth to sb** jdm etw überlassen; *responsibility* jdm etw übertragen

relish ['rel·ɪʃ] **I.** *n* ❶ (*enjoyment*) Genuss *m;* ■**with ~** genüsslich ❷ FOOD Relish *nt* **II.** *vt* ge-nießen; **to ~ the thought that ...** sich darauf freuen, dass ...

relive [ˌri·'lɪv] *vt moment, experience* nochmals durchleben

reload [ˌri·'loʊd] **I.** *vt gun, pistol* nachladen; *camera, software* neu laden; *ship* wieder bela-den **II.** *vi weapon* nachladen

relocate [ri·'loʊ·keɪt] **I.** *vi* umziehen **II.** *vt per-son* versetzen; *thing* verlegen

relocation [ˌri·loʊ·'keɪ·ʃən] *n of a company* Verlegung *f; of a person* Versetzung *f*

reluctance [rɪ·'lʌk·təns] *n* Widerwillen *m,* Wi-derstreben *nt*

R

reluctant [rɪ·'lʌk·tənt] *adj* widerwillig, widerstrebend; ■**to be ~ to do sth** sich dagegen sträuben, etw zu tun, etw nur ungern tun

rely [rɪ·'laɪ] *vi* ❶ (*have confidence in*) ■**to ~ on sb/sth** sich auf jdn/etw verlassen; ■**to ~ on sb/sth to do sth** sich darauf verlassen, dass jd/etw etw tut ❷ (*depend on*) ■**to ~ on sb/sth** von jdm/etw abhängen; ■**to ~ on sb/sth for** [*or* **to do**] **sth** darauf angewiesen sein, dass jd/etw etw tut

remain [rɪ·'meɪn] *vi* ❶ (*stay*) bleiben; **to ~ behind** zurückbleiben ❷ + *n or adj* (*not change*) bleiben; **to ~ untreated** nicht behandelt werden ❸ (*survive, be left over*) übrig bleiben; *person* überleben; **much ~s to be done** es muss noch vieles getan werden; **the fact ~s that ...** das ändert nichts an der Tatsache, dass ...

remainder [rɪ·'meɪn·dər] *n a.* MATH Rest *m*

remaining [rɪ·'meɪ·nɪŋ] *adj attr* übrig, restlich

remains [rɪ·'meɪnz] *npl* ❶ (*leftovers*) Überbleibsel *pl,* Überreste *pl* ❷ (*form: corpse*) sterbliche Überreste

remake I. *vt* <-made, -made> [ˌri·'meɪk] **to ~ a film** einen Film neu drehen **II.** *n* ['ri·meɪk] Neuverfilmung *f,* Remake *nt*

remark [rɪ·'mark] **I.** *vt* äußern, bemerken **II.** *vi* eine Bemerkung machen; ■**to ~ on sth** sich über etw äußern **III.** *n* Bemerkung *f* (**about** über + *akk*), Äußerung *f*

remarkable [rɪ·'mar·kə·bəl] *adj* ❶ (*approv: extraordinary*) bemerkenswert, erstaunlich; *ability* beachtlich ❷ (*surprising*) merkwürdig; **it's** [**truly**] **~** [**that**] ... es ist [wirklich] erstaunlich, dass ...

remarkably [rɪ·'mar·kə·bli] *adv* ❶ (*strikingly*) bemerkenswert, auffällig ❷ (*surprisingly*) überraschenderweise, erstaunlicherweise

remarry <-ie-> [ˌri·'mær·i] **I.** *vt* wieder heiraten **II.** *vi* sich wieder verheiraten

rematch ['ri·mætʃ] *n* Rückspiel *nt*

remedial [rɪ·'mi·di·əl] *adj* (*form*) ❶ SCH Förder- ❷ MED Heil-

remedy ['rem·ə·di] **I.** *n* ❶ (*medicinal agent*) Heilmittel *nt* (**for** gegen + *akk*) ❷ (*solution*) Mittel *nt* (**for** zu + *dat*), Lösung *f* (**for** für + *akk*) **II.** *vt* in Ordnung bringen; *a mistake* berichtigen; *poverty* beseitigen

remember [rɪ·'mem·bər] **I.** *vt* ❶ (*recall*) sich erinnern (an + *akk*); (*memorize*) sich *dat* merken; **I never ~ her birthday** ich denke nie an ihren Geburtstag; ■**to ~ doing sth** sich daran erinnern, etw getan zu haben ❷ (*commemorate*) *person, event* gedenken + *gen* **II.** *vi* (*recall*) sich erinnern; **I can't ~** ich kann mich nicht erinnern; ■**to ~** [**that**] ... sich daran erinnern, [dass] ...

remembrance [rɪ·'mem·brəns] *n* (*form*) ❶ (*act of remembering*) Gedenken *nt geh* ❷ (*a memory, recollection*) Erinnerung *f* (**of** an + *akk*)

remind [rɪ·'maɪnd] *vt* erinnern; **that ~s me!** das erinnert mich an etwas!; ■**to ~ sb about**

sth jdn an etw *akk* erinnern

reminder [rɪ·'maɪn·dər] *n* ❶ (*prompting recall*) Mahnung *f;* **as a ~ to oneself that ...** um sich *akk* daran zu erinnern, dass ... ❷ (*awakening memories*) Erinnerung *f* (**of** an + *akk*)

reminisce [ˌrem·ə·'nɪs] *vi* (*form*) in Erinnerungen schwelgen

reminiscence [ˌrem·ə·'nɪs·əns] *n* (*form*) ❶ (*reflection on past*) Erinnerung *f* ❷ (*memory*) Erinnerung *f* (**of/about** an + *akk*)

reminiscent [ˌrem·ə·'nɪs·ənt] *adj* (*suggestive, evocative*) ■**to be ~** [**of** [*or* **about**] **sb/sth**] Erinnerungen [an jdn/etw] hervorrufen

remiss [rɪ·'mɪs] *adj pred* (*form*) nachlässig

remission [rɪ·'mɪʃ·ən] *n* MED (*form*) *of symptoms* Remission *f fachspr*

remit *vt* <-tt-> [rɪ·'mɪt] (*form: tender money*) überweisen

remittance [rɪ·'mɪt·əns] *n* (*form*) Überweisung *f*

remix MUS **I.** *vt* [ˌri·'mɪks] **to ~ songs** einen Remix von Liedern machen **II.** *n* <*pl* -es> ['ri·mɪks] Remix *m*

remnant ['rem·nənt] *n* Rest *m; ~* **sale** Resteverkauf *m*

remodel <-l- *or* -ll-> [ˌri·'mad·əl] *vt* umgestalten

remonstrate [rɪ·'man·streɪt] *vi* (*form*) protestieren; ■**to ~ with sb about sth** jdm wegen einer S. *gen* Vorhaltungen machen

remorse [rɪ·'mɔrs] *n* (*form*) Reue *f;* **to feel ~ for sth** etw bereuen; ■**without ~** erbarmungslos

remorseful [rɪ·'mɔrs·fəl] *adj* (*form: filled with regret*) reuevoll *geh; sinner* reuig *geh;* (*apologetic*) schuldbewusst

remorseless [rɪ·'mɔrs·lɪs] *adj* (*form*) ❶ (*callous*) gnadenlos, unbarmherzig; *attack* brutal ❷ (*relentless*) unerbittlich

remortgage [ˌri·'mɔr·gɪdʒ] *vt* ■**to ~ sth** etw erneut hypothekarisch belasten

remote <-er, -est *or* more ~, most ~> [rɪ·'moʊt] *adj* ❶ (*distant in place*) fern, entfernt; (*isolated*) abgelegen ❷ (*distant in time*) lang vergangen; *past, future* fern ❸ (*standoffish*) distanziert, unnahbar

remote con'trol *n* ❶ (*device*) Fernbedienung *f* ❷ (*control from distance*) Fernsteuerung *f*

remote-con'trolled *adj* ferngesteuert

remoteness [rɪ·'moʊt·nɪs] *n* ❶ (*inaccessibility*) Abgelegenheit *f* ❷ (*aloofness*) Distanziertheit *f*

removable [rɪ·'mu·və·bəl] *adj* ❶ (*detachable*) *sleeves* abnehmbar, zum Abnehmen *nach n* ❷ (*cleanable*) *ink* abwaschbar

removal [rɪ·'mu·vəl] *n* ❶ (*expulsion*) Beseitigung *f* ❷ (*taking off*) Abnahme *f;* (*cleaning a.*) Entfernung *f*

remove [rɪ·'muv] *vt* ❶ (*take away*) entfernen, wegräumen; *obstacle, roadblock* beseitigen; *wrecked vehicle* abschleppen; MIL *mine* räumen ❷ (*get rid of*) *makeup, stain* entfernen

❸ *(form: dismiss)* **to ~ sb [from office]** jdn [aus dem Amt] entlassen

remover [rɪ·'mu·vər] *n* Reinigungsmittel *nt;* **nail polish ~** Nagellackentferner *m*

remunerate [rɪ·'mju·nə·reɪt] *vt (form)* ■**to ~ sb for sth** jdn für etw *akk* bezahlen

remuneration [rɪ·,mju·nə·'reɪ·ʃən] *n (form)* Vergütung *f,* Remuneration *f* ÖSTERR

Renaissance [,ren·ə·'sɑns] *n* ■**the ~** die Renaissance

renal ['ri·nəl] *adj* Nieren-; **~ dialysis** Dialyse *f*

rename [,ri·'neɪm] *vt* umbenennen

render ['ren·dər] *vt (form)* ❶*(cause to become)* **she was ~ed unconscious by the explosion** sie wurde durch die Explosion ohnmächtig; **to ~ sb speechless** jdn sprachlos machen ❷*(interpret)* wiedergeben; *song* vortragen ❸*(offer)* aid, services leisten

rendering ['ren·dər·ɪŋ] *n* ❶*(performance of art work)* Interpretation *f; song* Vortrag *m; of a part* Darstellung *f* ❷*(account)* Schilderung *f*

rendezvous ['rɑn·deɪ·vu] I. *n* <*pl ->* ❶*(meeting)* Rendezvous *nt,* Treffen *nt* ❷*(meeting place)* Treffpunkt *m,* Treff *m fam* II. *vi* sich heimlich treffen

rendition [ren·'dɪʃ·ən] *n* Wiedergabe *f; of a song* Interpretation *f*

renegade ['ren·ə·geɪd] I. *n* Abtrünnige(r) *f(m) pej* II. *adj attr* abtrünnige(r, s)

renege [rɪ·'nɪg] *vi* **to ~ on a deal** sich nicht an ein Abkommen halten; *on a promise* nicht halten

renew [rɪ·'nu] *vt* ❶*(resume)* erneuern; **to ~ a relationship with sb/sth** eine Beziehung zu jdm/etw wieder aufnehmen ❷*(grant continued validity)* passport, documents, library books verlängern; *subscription* erneuern ❸*(repair)* reparieren; *(to mend in places)* ausbessern

renewable [rɪ·'nu·ə·bəl] *adj* ❶ *energy sources* erneuerbar ❷ *contract, documents, passport* verlängerbar

renewal [rɪ·'nu·əl] *n* ❶*(extension) of a passport* Verlängerung *f* ❷*(process of renewing)* Erneuerung *f* ❸*(urban regeneration)* Erneuerung *f,* Entwicklung *f*

renewed [rɪ·'nud] *adj* erneuert *attr;* **~ interest** wieder erwachtes Interesse

rennet ['ren·ɪt] *n* Lab *nt*

renounce [rɪ·'naʊns] *vt* ■**to ~ sth** *(formally give up) right* auf etw *akk* verzichten; *citizenship, family* aufgeben; *one's faith* abschwören +*dat*

renovate ['ren·ə·veɪt] *vt* renovieren

renovation [,ren·ə·'veɪ·ʃən] *n (small and large scale)* Renovierung *f; (large scale only)* Sanierung *f;* **to be under ~** gerade renoviert werden

renowned [rɪ·'naʊnd] *adj (form, liter)* berühmt **(as** als, **for** für +*akk)*

rent [rent] I. *n* Miete *f; (esp for land and business)* Pacht *f; "for ~"* „zu vermieten" II. *vt* ❶*(pay to use)* house, apartment, car mieten

(from von +*dat); land, business* pachten; *dress, tuxedo* ausleihen ❷*(rent out)* vermieten III. *vi house, apartment, car* vermietet werden; ■**to ~ for sth** gegen etw *akk* zu mieten sein

rental ['ren·təl] *n* Miete *f;* **~ agency** Verleih *m;* **car ~ agency** Autoverleih *m*

rent-'free *adj* mietfrei

renunciation [rɪ·,nʌn·sɪ·'eɪ·ʃən] *n* Verzicht *m* **(of** auf +*akk)*

reopen [ri·'oʊ·pən] I. *vt* ❶*(open again)* door, window wieder aufmachen; *shop* wieder eröffnen ❷*(start again)* negotiations wieder aufnehmen II. *vi* wieder eröffnen

reorder [,ri·'ɔr·dər] I. *n* Nachbestellung *f* II. *vt* ❶*(order again)* nachbestellen ❷*(rearrange)* umordnen; *priorities* neu festlegen

reorganize [ri·'ɔr·gə·naɪz] I. *vt* umorganisieren, reorganisieren II. *vi* reorganisieren, eine Umstrukturierung vornehmen

rep¹ [rep] *n (fam: salesperson) short for* **representative** Vertreter(in) *m(f)*

rep² [rep] *n (fam) short for* **reputation**

repaint [ri·'peɪnt] *vt* neu streichen

repair [rɪ·'per] I. *vt* ❶*(restore)* reparieren; *defect* beheben; *road* ausbessern ❷*(put right)* [wieder] in Ordnung bringen; *damage* wiedergutmachen; *friendship* kitten *fam* II. *n* ❶*(overhaul)* Reparatur *f;* ■**~s** *pl* Reparaturarbeiten *pl* **(to** an +*dat); (specific improvement)* ausgebesserte Stelle; **to do ~s** Reparaturen durchführen; **beyond ~** irreparabel ❷*(state)* Zustand *m;* **to be in good ~** in gutem Zustand sein

repairable [rɪ·'per·ə·bəl] *adj* reparabel

re'pair kit *n* Flickzeug *nt kein pl*

re'pairman *n (for domestic installations)* Handwerker *m; (for cars)* Mechaniker *m;* **TV ~** Fernsehtechniker *m*

re'pair shop *n* Reparaturwerkstatt *f*

reparable ['rep·ər·ə·bəl] *adj* reparabel

reparation [,rep·ə·'reɪ·ʃən] *n (form)* Entschädigung *f;* ■**~s** *pl (for war victims)* Wiedergutmachung *f kein pl; (for a country)* Reparationen *pl*

repartee [,rep·ar·'ti] *n* schlagfertige Antwort

repatriate [ri·'peɪ·tri·eɪt] *vt person* [in das Heimatland] zurückschicken [*o geh* repatriieren]

repatriation [rɪ·,peɪ·tri·'eɪ·ʃən] *n* Repatriierung *f geh,* Rückführung *f*

repay <-paid, -paid> [rɪ·'peɪ] *vt* ❶*(pay back)* zurückzahlen; *debts, a loan* tilgen; ■**to ~ sb** jdm Geld zurückzahlen ❷*(fig)* **to ~ a favor** sich für eine Gefälligkeit erkenntlich zeigen; ■**to ~ sth by doing sth** etw mit etw *dat* vergelten

repayable [rɪ·'peɪ·ə·bəl] *adj* rückzahlbar

repayment [rɪ·'peɪ·mənt] *n of a loan* Rückzahlung *f,* Tilgung *f*

repeal [rɪ·'pil] I. *vt decree, a law* aufheben II. *n of a decree, law* Aufhebung *f*

repeat [rɪ·'pit] I. *vt* ❶*(say again, do again)* wiederholen; **~ after me** bitte mir nachsprechen

❷ *(communicate)* **don't ~ this but …** sag es nicht weiter, [aber] … **II.** *vi (recur)* sich wiederholen **III.** *n* Wiederholung *f* **IV.** *adj attr* Wiederholungs-; ~ **pattern** sich wiederholendes Muster; *(on material, carpets)* Rapport *m fachspr*

repeated [rɪ·'piː·ʈɪd] *adj* wiederholte(r, s)

repeatedly [rɪ·'piː·ʈɪd·li] *adv* wiederholt; *(several times)* mehrfach

repel <-ll-> [rɪ·'pel] *vt* ❶ *(ward off)* zurückweisen, abweisen ❷ MIL *(form: repulse)* abwehren ❸ *(disgust)* ■**she was ~led by that sight** sie war abgestoßen von dem Anblick

repellent [rɪ·'pel·ənt] **I.** *n* Insektenspray *nt* **II.** *adj* abstoßend, widerwärtig

repent [rɪ·'pent] *vi, vt (form)* bereuen

repentance [rɪ·'pen·təns] *n* Reue *f*

repentant [rə·'pen·tənt] *adj (form)* reuig; **to feel ~** reumütig sein

repercussion [ˌri·pər·'kʌʃ·ən] *n usu pl* Auswirkung *f meist pl;* **far-reaching ~s** weit reichende Konsequenzen

repertoire ['rep·ər·ˌtwar] *n* Repertoire *nt* **(of** an +*dat*)

repetition [ˌrep·ə·'tɪʃ·ən] *n* Wiederholung *f*

repetitious [ˌrep·ə·'tɪʃ·əs], **repetitive** [rɪ·'peʈ·ə·tɪv] *adj* sich wiederholend *attr,* monoton *pej*

replace [rɪ·'pleɪs] *vt* ❶ *(take the place of)* ersetzen **(with** durch +*akk*) ❷ *(put back)* [an seinen Platz] zurücklegen [*o* zurückstellen]; *receiver* wieder auflegen ❸ *(substitute) loss* ersetzen; *bandage* wechseln

replaceable [rɪ·'pleɪ·sə·bəl] *adj* ersetzbar

replacement [rɪ·'pleɪs·mənt] **I.** *n* ❶ *(substitute)* Ersatz *m; (person)* Vertretung *f* ❷ *(substituting)* Ersetzung *f* **II.** *adj attr* Ersatz-; ~ **hip joint** künstliches Hüftgelenk

replay I. *vt* [ˌri·'pleɪ] ❶ SPORTS *match, game* wiederholen ❷ *(show again) video* nochmals abspielen **II.** *n* ['ri·pleɪ] ❶ *(recording)* Wiederholung *f* ❷ *(game)* Wiederholungsspiel *nt*

replenish [rɪ·'plen·ɪʃ] *vt (form) supplies* [wieder] auffüllen; *glass* wieder füllen

replete [rɪ·'plit] *adj pred (form: provided)* ■**to be ~ with sth** mit etw *dat* großzügig ausgestattet sein

replica ['rep·lɪ·kə] *n* Kopie *f; painting* Replik *f geh*

replicate ['rep·lɪ·keɪt] *vt (form)* reproduzieren *geh; experiment* wiederholen; ■**to ~ oneself** BIOL sich replizieren *fachspr*

reply [rɪ·'plaɪ] **I.** *vi* <-ie-> *(respond)* antworten, erwidern; **to ~ to letters/a question** Briefe/eine Frage beantworten **II.** *n* Antwort *f* **(to** auf +*akk*); *(verbal a.)* Erwiderung *f*

report [rɪ·'pɔrt] **I.** *n* ❶ *(news)* Meldung *f* **(on/about** über +*akk*); *in the press* Bericht *m* ❷ *(formal statement)* Bericht *m* **(on/about** über +*akk*); **weather ~** Wetterbericht *m* **II.** *vt* ❶ *(communicate information)* ■**to ~ sth** etw berichten [*o* melden]; **he was ~ed missing in action** er wurde als vermisst gemeldet; **to ~ a crime** ein Verbrechen anzeigen ❷ *(denounce)*

person melden; *to the police* anzeigen ❸ *(claim)* **the new management is ~ed to be more popular among the staff** es heißt, dass die neue Geschäftsleitung bei der Belegschaft beliebter sei **III.** *vi* ❶ *(make public)* Bericht erstatten; ■**to ~ on sth to sb** *(once)* jdm über etw *akk* Bericht erstatten; *(ongoing)* jdn über etw *akk* auf dem Laufenden halten; ■**to ~ [that]** … mitteilen, [dass] … ❷ ADMIN *(be accountable to sb)* ■**to ~ to sb** jdm unterstehen ❸ *(present oneself) to work* sich zur Arbeit melden; *to the police* sich bei der Polizei melden

♦**report back I.** *vt (communicate results)* ■**to ~ back sth** [**to sb**] [jdm] über etw *akk* berichten **II.** *vi* Bericht erstatten; ■**to ~ back on sth** [**to sb**] [jdm] über etw *akk* Bericht erstatten

re'port card *n* [Schul]zeugnis *nt*

reporter [rɪ·'pɔr·ʈər] *n* Reporter(in) *m(f)*

repose [rɪ·'pouz] *n (form)* Ruhe *f*

repossess [ˌri·pə·'zes] *vt* wieder in Besitz nehmen

repossession [ˌri·pə·'zeʃ·ən] *n* Wiederinbesitznahme *f*

reprehensible [ˌrep·rɪ·'hen·sə·bəl] *adj (form)* verurteilenswert; *act* verwerflich

represent [ˌrep·rɪ·'zent] *vt* ❶ *(act on behalf of)* repräsentieren, vertreten ❷ *(depict)* darstellen, zeigen ❸ *(be a symbol of)* symbolisieren ❹ *(be typical of)* widerspiegeln

representation [ˌrep·rɪ·zen·'teɪ·ʃən] *n* ❶ *(acting on behalf of a person)* [Stell]vertretung *f;* POL, LAW Vertretung *f* ❷ *(something that depicts)* Darstellung *f* ❸ *(act of depicting)* Darstellung *f*

representative [ˌrep·rɪ·'zen·tə·ʈɪv] **I.** *adj* ❶ *(like others) cross section, result* repräsentativ ❷ *(typical)* typisch **(of** für +*akk*) **II.** *n* ❶ *(person)* [Stell]vertreter(in) *m(f);* ECON Vertreter(in) *m(f)* ❷ POL Abgeordnete(r) *f(m)* ❸ *(member of House of Representatives)* Mitglied *nt* des Repräsentantenhauses

repress [rɪ·'pres] *vt* unterdrücken

repressed [rɪ·'prest] *adj* ❶ *(hidden)* unterdrückt; PSYCH verdrängt ❷ *(unable to show feelings)* gehemmt, verklemmt *fam*

repression [rɪ·'preʃ·ən] *n* ❶ POL Unterdrückung *f* ❷ PSYCH Verdrängung *f*

repressive [rɪ·'pres·ɪv] *adj* repressiv *geh; regime* unterdrückerisch

reprieve [rɪ·'priv] **I.** *vt* begnadigen; *(fig)* verschonen **II.** *n* ❶ LAW *(official order)* Begnadigung *f;* **to grant a ~** Aufschub *m* gewähren ❷ *(fig: respite)* Schonfrist *f*

reprimand ['rep·rə·mænd] **I.** *vt* tadeln, zurechtweisen **II.** *n* Rüge *f;* **to give sb a ~** jdn rügen

reprint I. *vt* [ˌri·'prɪnt] nachdrucken **II.** *n* ['ri·prɪnt] Nachdruck *m*

reprisal [rɪ·'praɪ·zəl] *n* Vergeltungsmaßnahme *f*

reproach [rɪ·'proutʃ] **I.** *vt* ■**to ~ sb** [**for doing sth**] jdm [wegen einer S. *gen*] Vorwürfe machen **II.** *n* <*pl* -es> Vorwurf *m*

reproachful [rɪ·ˈprəʊtʃ·fəl] *adj* vorwurfsvoll

reprocess [ˌri·ˈpras·es] *vt* wiederaufbereiten

reprocessing [ˌri·ˈpras·es·ɪŋ] *n* Wiederaufbereitung *f*

reproduce [ˌri·prə·ˈdus] **I.** *vi* ❶ (*produce offspring*) sich fortpflanzen; (*multiply*) sich vermehren ❷ (*be copied*) sich kopieren lassen **II.** *vt* ❶ (*produce a copy*) reproduzieren; (*in large numbers*) vervielfältigen ❷ (*recreate*) neu erstehen lassen

reproduction [ˌri·prə·ˈdʌk·ʃən] **I.** *n* ❶ (*producing offspring*) Fortpflanzung *f;* (*multiplying*) Vermehrung *f* ❷ (*copying*) Reproduktion *f,* Vervielfältigung *f* ❸ (*copy*) Reproduktion *f,* Kopie *f; of construction* Nachbau *m* ❹ MUS *sound* ~ Wiedergabe *f* **II.** *adj* ❶ (*concerning the production of offspring*) *process, rate* Fortpflanzungs- ❷ (*copying an earlier style*) *chair, desk, furniture* nachgebaut; ~ **furniture** Stilmöbel *pl*

reproductive [ˌri·prə·ˈdʌk·tɪv] *adj* Fortpflanzungs-

reproof [rɪ·ˈpruf] *n* (*form*) ❶ (*words expressing blame*) Tadel *m geh* ❷ (*blame*) Vorwurf *m*

reptile [ˈrep·taɪl] *n* Reptil *nt*

reptilian [rep·ˈtɪl·i·ən] *adj* ❶ (*of reptiles*) Reptilien-, reptilienartig ❷ (*pej: unpleasant*) unangenehm

republic [rɪ·ˈpʌb·lɪk] *n* Republik *f*

Republican [rɪ·ˈpʌb·lɪ·kən] **I.** *n* POL Republikaner(in) *m(f)* **II.** *adj* POL republikanisch

repudiate [rɪ·ˈpju·di·eɪt] *vt* (*form*) zurückweisen; *suggestion* ablehnen

repugnance [rɪ·ˈpʌg·nəns] *n* (*form*) Abscheu *m o f*

repugnant [rɪ·ˈpʌg·nənt] *adj* (*form*) widerlich; *behavior* abstoßend

repulse [rɪ·ˈpʌls] *vt* ❶ MIL abwehren; *an offensive* zurückschlagen ❷ (*reject*) zurückweisen ❸ (*disgust*) abstoßen, anwidern

repulsion [rɪ·ˈpʌl·ʃən] *n* (*disgust*) Abscheu *m,* Ekel *m*

repulsive [rɪ·ˈpʌl·sɪv] *adj* abstoßend

reputable [ˈrep·jə·ṭə·bəl] *adj* angesehen, achtbar

reputation [ˌrep·ju·ˈteɪ·ʃən] *n* ❶ (*general estimation, being known for sth*) Ruf *m;* **to have a ~ for sth** für etw *akk* bekannt sein; **to have a ~ as sth** einen Ruf als etw haben ❷ (*being highly regarded*) Ansehen *nt,* guter Ruf

repute [rɪ·ˈpjut] *n* Ansehen *nt;* **of good ~** von gutem Ruf

reputed [rɪ·ˈpju·tɪd] *adj* ❶ (*believed*) angenommen, vermutet ❷ *attr* (*supposed*) mutmaßlich

request [rɪ·ˈkwest] **I.** *n* ❶ (*act of asking*) Bitte *f* (**for** um +*akk*), Anfrage *f* (**for** nach +*dat*); **on ~** auf Anfrage [*o* Wunsch] ❷ (*formal entreaty*) Antrag *m;* **to submit a ~ that ...** beantragen, dass ... ❸ RADIO (*requested song*) [Musik]wunsch *m* **II.** *vt* ❶ (*ask for*) ■ **to ~ sth** (*form*) um etw *akk* bitten; **as ~ed** wie ge-

wünscht ❷ RADIO (*ask for song*) ■ **to ~ sth** [sich *dat*] etw wünschen

requiem [ˈrek·wi·əm], **requiem mass** [ˈrek·wi·əm'-] *n* Requiem *nt*

require [rɪ·ˈkwaɪr] *vt* ❶ (*need*) brauchen; ■ **to be ~d for sth** für etw *akk* erforderlich sein; **~d reading** Pflichtlektüre *f* ❷ (*demand*) ■ **to ~ sth** [**of sb**] etw [von jdm] verlangen ❸ (*officially order*) **the rules ~ that ...** die Vorschriften besagen, dass ...

requirement [rɪ·ˈkwaɪr·mənt] *n* Voraussetzung *f* (**for** für +*akk*); **it is a legal ~ that ...** es ist gesetzlich vorgeschrieben, dass ...; **to meet the ~s** die Voraussetzungen erfüllen

requisite [ˈrek·wɪ·zɪt] **I.** *adj attr* (*form*) erforderlich **II.** *n usu pl* Notwendigkeit *f*

requisition [ˌrek·wɪ·ˈzɪʃ·ən] **I.** *n* ❶ MIL beschlagnahmen (**from** von +*dat*) **II.** *n* ❶ (*official request*) Ersuchen *nt,* Aufforderung *f* ❷ (*written request*) Anforderung *f,* Antrag *m* (**for** auf); **to make a ~ for sth** etw anfordern

reroute [ˌri·ˈrut] *vt* umleiten

rerun **I.** *vt* <-ran, -run> [ˌri·ˈrʌn] wiederholen; *film* noch einmal zeigen; *play* noch einmal aufführen **II.** *n* [ˈri·rʌn] FILM, TV (*repeated program*) Wiederholung *f*

resale [ˈri·seɪl] *n* Wiederverkauf *m*

reschedule [ˌri·ˈskedʒ·ul] *vt* ❶ (*rearrange time*) *date* verschieben; *an event* verlegen ❷ (*postpone payment*) *debts* stunden

rescind [rɪ·ˈsɪnd] *vt esp* LAW (*form*) aufheben; *contract* zurücktreten (von +*dat*)

rescue [ˈres·kju] **I.** *vt* (*save*) retten; (*free*) befreien; **to ~ sb from danger** jdn aus einer Gefahr retten **II.** *n* Rettung *f;* **to come to sb's ~** jdm zu Hilfe kommen **III.** *adj attempt, helicopter* Rettungs-

rescuer [ˈres·kju·ər] *n* Retter(in) *m(f)*

research **I.** *n* [ˈri·sɜrtʃ] ❶ (*general*) Forschung *f;* (*particular*) Erforschung *f;* **to conduct ~** [**into sth**] [etw er]forschen ❷ (*studies*) Untersuchungen *pl* (**about** über +*akk*) **II.** *vi* [rɪ·ˈsɜrtʃ] forschen; ■ **to ~ in[to sth]** etw erforschen [*o* untersuchen] **III.** *vt* [rɪ·ˈsɜrtʃ] ❶ SCI erforschen ❷ JOURN recherchieren

researcher [rɪ·ˈsɜrtʃ·ər] *n* Forscher(in) *m(f)*

resemblance [rɪ·ˈzem·bləns] *n* Ähnlichkeit *f;* **to bear a ~ to sb/sth** jdm/etw ähnlich sehen

resemble [rɪ·ˈzem·bəl] *vt* ähneln

resent [rɪ·ˈzent] *vt person, thing* sich [sehr] ärgern (über +*akk*); ■ **to ~ doing sth** etw [äußerst] ungern tun

resentful [rɪ·ˈzent·fəl] *adj* ❶ (*feeling resentment*) verbittert, verärgert ❷ (*showing resentment*) nachtragend

resentment [rɪ·ˈzent·mənt] *n* Verbitterung *f,* Groll *m*

reservation [ˌrez·ər·ˈveɪ·ʃən] *n* ❶ TOURIST (*act and result*) Reservierung *f;* **to make a ~** [etw] reservieren ❷ *usu pl* (*doubt*) Bedenken *pl* ❸ (*area of land*) Reservat *nt*

reserve [rɪ·ˈzɜrv] **I.** *n* ❶ (*store*) Reserve *f,* Vorrat *m;* **to put sth on ~** [**for sb**] etw [für jdn] re-

R

servieren ❷ (*area*) Reservat *nt;* **wildlife ~** Naturschutzgebiet *nt* ❸ SPORTS Ersatzspieler(in) *m(f)* ❹ (*self-restraint*) Reserviertheit *f* **II.** *vt* ❶ (*keep*) aufheben ❷ (*save*) reservieren; **to ~ the right to do sth** sich *dat* das Recht vorbehalten, etw zu tun ❸ (*book*) *room, table, tickets* vorbestellen, reservieren

reserved [rɪˈzɜrvd] *adj* ❶ (*booked*) reserviert ❷ (*restrained*) *person* reserviert; *smile* verhalten

reˈserve price *n* (*at auctions*) Mindestpreis *m*

reservist [rɪˈzɜrˌvɪst] *n* MIL Reservist(in) *m(f)*

reservoir [ˈrezərˌvwar] *n* ❶ (*large lake*) Wasserreservoir *nt* ❷ (*fig: supply*) Reservoir *nt*

reset <-tt-, -set, -set> [ˌriˈset] *vt* ❶ (*set again*) *clock, a timer* neu stellen ❷ MED *broken bone* [ein]richten ❸ COMPUT neu starten; **~ button** Resettaste *f*

resettle [ˌriˈsetəl] **I.** *vi* sich neu niederlassen **II.** *vt* umsiedeln

residence [ˈrezɪdəns] *n* ❶ (*form: domicile*) Wohnsitz *m;* **to take up ~ in a country** sich in einem Land niederlassen ❷ (*building*) Wohngebäude *nt; of a monarch* Residenz *f* ❸ UNIV (*for research*) Forschungsaufenthalt *m;* (*for teaching*) Lehraufenthalt *m*

ˈresidence permit *n* Aufenthaltserlaubnis *f*

resident [ˈrezɪdənt] **I.** *n* (*person living in a place*) Bewohner(in) *m(f);* **local ~** Anwohner(in) *m(f);* **"~s only"** „Anlieger frei" **II.** *adj* ❶ (*residing*) ansässig, wohnhaft; **~ alien** ansässiger Ausländer ❷ (*inherent*) *anxieties* tief sitzend ❸ *attr* (*live-in*) im Haus lebend *nach n* ❹ (*employed in a particular place*) *chef* hauseigen

residential [ˌrezɪˈdenʃəl] *adj* (*housing*) Wohn-; **~ district** Wohngebiet *nt*

residual [rɪˈzɪdʒuəl] *adj* restlich; *opposition* vereinzelt

residue [ˈrezəˌdu] *n usu sing* ❶ (*form: remainder*) Rest *m* ❷ CHEM Rückstand *m*

resign [rɪˈzaɪn] **I.** *vi* (*leave one's job*) kündigen; **to ~ from office** von einem Amt zurücktreten **II.** *vt* ❶ (*give up*) aufgeben; *office, post* niederlegen ❷ (*accept*) **to ~ oneself to a fact** sich mit einer Tatsache abfinden

resignation [ˌrezɪgˈneɪʃən] *n* ❶ (*official letter*) Kündigung *f* ❷ (*act of resigning*) Kündigung *f; from office, post* Rücktritt *m* ❸ (*acceptance*) Resignation *f*

resigned [rɪˈzaɪnd] *adj* resigniert; ■ **to be ~ to sth** sich mit etw *dat* abgefunden haben

resilience [rɪˈzɪljəns], **resiliency** [rɪˈzɪljənsi] *n* ❶ (*ability to regain shape*) *of material* Elastizität *f* ❷ (*ability to recover*) *of person* Widerstandskraft *f,* Durchhaltevermögen *nt*

resilient [rɪˈzɪljənt] *adj* ❶ (*able to keep shape*) *material* elastisch ❷ (*fig: able to survive setbacks*) unverwüstlich, zäh; *health* unverwüstlich

resin [ˈrezɪn] *n* Harz *nt*

resist [rɪˈzɪst] **I.** *vt* ❶ (*fight against*) ■ **to ~ sth** etw *dat* Widerstand leisten; **to ~ arrest** LAW sich der Verhaftung widersetzen ❷ (*refuse to accept*) ■ **to ~ sth** sich gegen etw *akk* wehren, sich etw *dat* widersetzen ❸ (*be unaffected by*) *temptation* widerstehen +*dat* **II.** *vi* ❶ (*fight an attack*) sich wehren ❷ (*refuse sth*) widerstehen

resistance [rɪˈzɪstəns] *n* ❶ ELEC, PHYS, MIL Widerstand *m* (**to** gegen +*akk*) ❷ (*ability to withstand illness*) Widerstandskraft *f;* **~ to a disease** Resistenz *f* gegen eine Krankheit

resistant [rɪˈzɪstənt] *adj* ❶ (*refusing to accept*) ablehnend; ■ **to be ~ to sth** etw *dat* ablehnend gegenüberstehen ❷ BIOL, MED resistent (**to** gegen +*akk*)

resistor [rɪˈzɪstər] *n* ELEC Widerstand *m*

resolute [ˈrezəˌlut] *adj* (*form*) entschlossen; *belief, stand* fest; *person* energisch

resolution [ˌrezəˈluʃən] *n* ❶ (*approv: determination*) Entschlossenheit *f* ❷ (*form: solving*) Lösung *f; of crises* Überwindung *f; of a question* Klärung *f* ❸ (*decision*) Entscheidung *f;* (*intention*) Vorsatz *m;* **New Year's ~** gute Vorsätze fürs Neue Jahr ❹ COMPUT, PHOT, TV (*picture quality*) Auflösung *f*

resolve [rɪˈzalv] **I.** *vt* ❶ (*solve*) lösen ❷ (*settle*) *differences* beilegen; **the crisis ~d itself** die Krise legte sich von selbst ❸ (*form: firmly decide*) ■ **to ~ that …** beschließen, dass … **II.** *vi* (*firmly decide*) beschließen; ■ **to ~ to do sth** beschließen, etw zu tun **III.** *n* Entschlossenheit *f*

resolved [rɪˈzalvd] *adj pred* entschlossen

resonance [ˈrezəˌnəns] *n* ❶ (*echo*) [Nach]hall *m,* Resonanz *f geh* ❷ (*form: association*) Erinnerung *f*

resonant [ˈrezəˌnənt] *adj* [wider]hallend; ■ **to be ~ with sth** von etw *dat* widerhallen

resonate [ˈrezəˌneɪt] *vi* ❶ (*resound*) hallen ❷ (*fig: evoke*) ■ **to ~ with sth** etw ausstrahlen; (*have effect*) ■ **to ~ with sb** bei jdm Echo finden

resort [rɪˈzɔrt] **I.** *n* ❶ (*place for vacations*) Urlaubsort *m* ❷ (*recourse*) Einsatz *m,* Anwendung *f;* **as a last ~** als letzten Ausweg; **you're my last ~!** du bist meine letzte Hoffnung! **II.** *vi* ■ **to ~ to sth** auf etw *akk* zurückgreifen, etw anwenden

resound [rɪˈzaʊnd] *vi* ❶ (*resonate*) [wider]hallen ❷ (*fig: cause sensation*) Furore machen; **the rumor ~ed throughout the world** das Gerücht ging um die ganze Welt

resounding [rɪˈzaʊnˌdɪŋ] *adj pred* ❶ (*very loud*) schallend ❷ (*emphatic*) unglaublich; *success* durchschlagend

resource [ˈriˌsɔrs] **I.** *n* ❶ *usu pl* (*asset*) Ressource *f* ❷ *pl* (*source of supply*) Ressourcen *pl;* **natural ~s** Bodenschätze *pl* ❸ *pl* (*wealth*) [finanzielle] Mittel **II.** *vt* ausstatten

resourceful [rɪˈsɔrsˌfəl] *adj* (*approv*) einfallsreich

respect [rɪˈspekt] **I.** *n* ❶ (*esteem*) Respekt *m,* Achtung *f* (**for** vor +*dat*) ❷ (*consideration*) Rücksicht *f;* **to have ~ for sb** Rücksicht auf jdn nehmen; **to have no ~ for sth** etw nicht respektieren ❸ *(form: polite greetings)* **to pay one's ~s [to sb]** jdm einen Besuch abstatten; **to pay one's last ~s to sb** jdm die letzte Ehre erweisen ▶ PHRASES: **in many ~s** in vielen Punkten; **in every ~** in jeglicher Hinsicht **II.** *vt* respektieren; **to ~ sb's decision** jds Entscheidung respektieren

respectable [rɪˈspek·tə·bəl] *adj* ❶ *(decent)* anständig, ehrbar ❷ *(presentable)* anständig, ordentlich ❸ *(acceptable) salary, sum* anständig *fam*, ordentlich *fam*, ansehnlich ❹ *(deserving respect)* respektabel; *person* angesehen

respected [rɪˈspek·təd] *adj* angesehen

respectful [rɪˈspekt·fəl] *adj* respektvoll; **to be ~ of sth** etw respektieren

respectfully [rɪˈspek·fə·li] *adv* respektvoll

respective [rɪˈspek·tɪv] *adj attr* jeweilig

respectively [rɪˈspek·tɪv·li] *adv* beziehungsweise

respiration [ˌres·pə·ˈreɪ·ʃən] *n (spec)* Atmung *f;* **artificial ~** künstliche Beatmung

respirator [ˈres·pə·reɪ·tər] *n* ❶ MED *(breathing equipment)* Beatmungsgerät *nt* ❷ *(air-filtering mask)* Atem[schutz]gerät *nt*

respiratory [ˈres·pər·ə·tɔr·i] *adj attr (form)* Atem-

respite [ˈres·pɪt] *n (form: pause)* Unterbrechung *f,* Pause *f;* **the injection provided only a temporary ~ from the pain** die Spritze befreite nur vorübergehend von den Schmerzen

respond [rɪˈspand] **I.** *vt* ■**to ~ that ...** erwidern, dass ... **II.** *vi* ❶ *(answer)* antworten (**to** auf +*akk*) ❷ MED *(react)* **to treatment** reagieren (**to** auf +*akk*)

respondent [rɪˈspan·dənt] *n* ❶ *(person who answers)* Befragte(r) *f(m)* ❷ LAW Angeklagte(r) *f(m)*

response [rɪˈspans] *n* ❶ *(answer)* Antwort *f* (**to** auf +*akk*) ❷ *(act of reaction)* Reaktion *f;* **to meet with a good ~** eine gute Resonanz finden; **in ~ to sth** in Erwiderung auf etw *akk*

responsibility [rɪˌspan·sə·ˈbɪl·ɪ·ti] *n* ❶ *(being responsible)* Verantwortung *f* (**for** für +*akk*); **to claim ~ for sth** sich für etw *akk* verantwortlich erklären; **to carry a lot of ~** eine große Verantwortung tragen ❷ *(duty)* Verantwortlichkeit *f,* Zuständigkeit *f*

responsible [rɪˈspan·sə·bəl] *adj* ❶ *(accountable)* verantwortlich (**for** für +*akk*); *(in charge a.)* zuständig; **to hold sb ~** jdn verantwortlich machen; LAW jdn haftbar machen ❷ *(sensible)* verantwortungsbewusst ❸ *(requiring responsibility) job, task* verantwortungsvoll

responsive [rɪˈspan·sɪv] *adj* gut reagierend; **to be ~ to treatment** auf eine Behandlungsmethode ansprechen

rest[1] [rest] **I.** *n* ❶ *(period of repose)* [Ruhe]pause *f;* **to have a [little] ~** eine [kurze] Pause machen ❷ *(repose)* Erholung *f;* **for a ~** zur Erholung ❸ *(support)* Stütze *f,* Lehne *f* **II.** *vt* ❶ *(repose)* **to ~ one's eyes** seine Augen ausruhen

❷ *(support)* lehnen **III.** *vi* ❶ *(cease activity)* [aus]ruhen, sich ausruhen; **to not ~ until ...** [so lange] nicht ruhen, bis ... ❷ *(be supported)* ruhen ❸ *(depend on)* ruhen (**on** auf +*dat*); *(be based on)* beruhen (**on** auf +*dat*) ▶ PHRASES: **[you can] ~ assured [that ...]** seien Sie versichert, dass ...

rest[2] [rest] *n + sing/pl vb* ■ **the ~** der Rest

'rest area *n* Rastplatz *m*

restate [ˌri·ˈsteɪt] *vt* noch einmal [mit anderen Worten] sagen

restaurant [ˈres·tər·ant] *n* Restaurant *nt,* Gaststätte *f*

restaurateur [ˌres·tər·ə·ˈtɜr] *n* Gastwirt(in) *m(f)*

restful [ˈrest·fəl] *adj* erholsam; *sound* beruhigend; *atmosphere* entspannt; *place* friedlich

'rest home *n* Altersheim *nt*

resting place [ˈres·tɪŋ-] *n* ❶ *(euph: burial place)* sb's **[final] ~** jds [letzte] Ruhestätte ❷ *(place to relax)* Rastplatz *m*

restitution [ˌres·tɪ·ˈtu·ʃən] *n* ❶ *(return)* Rückgabe *f; of sb's rights* Wiederherstellung *f; of money* [Zu]rückerstattung *f* ❷ *(compensation)* Entschädigung *f;* FIN Schaden[s]ersatz *m*

restive [ˈres·tɪv] *adj (form)* ❶ *(restless and impatient)* unruhig, nervös ❷ *(stubborn)* widerspenstig

restless [ˈrest·lɪs] *adj* ❶ *(agitated)* unruhig ❷ *(uneasy)* rastlos; **to get ~** anfangen, sich unwohl zu fühlen ❸ *(wakeful)* ruhelos; *night* schlaflos

restock [ˌri·ˈstak] *vt* wieder auffüllen; *lake* wieder mit Fischen besetzen

restoration [ˌres·tə·ˈreɪ·ʃən] *n* ❶ *(act of restoring)* Restaurieren *nt* ❷ *(instance of restoring)* Restaurierung *f* ❸ LAW **~ to the previously held status** Wiedereinsetzung *f* in den vorigen Stand

restorative [rɪˈstɔr·ə·tɪv] *adj* stärkend *attr;* **~ powers [of sth]** *(strengthening)* kräftigende Wirkung [von etw *dat*]; *(healing)* heilende Wirkung [von etw *dat*]

restore [rɪˈstɔr] *vt* ❶ *(renovate)* restaurieren ❷ *(re-establish)* wiederherstellen; **to ~ sb's faith in sth** jdm sein Vertrauen in etw *akk* zurückgeben; **to ~ sb to life** jdn ins Leben zurückbringen ❸ *(reinstate)* **to ~ sb to power** jdn wieder an die Macht bringen

restorer [rɪˈstɔr·ər] *n* ❶ ARCHIT, ART *(person)* Restaurator(in) *m(f)* ❷ **hair ~** Haarwuchsmittel *nt*

restrain [rɪˈstreɪn] *vt* zurückhalten; *(forcefully)* bändigen; ■**to ~ sb from [doing] sth** jdn davon abhalten, etw zu tun; ■**to ~ oneself** sich beherrschen

restrained [rɪˈstreɪnd] *adj* beherrscht; *criticism* verhalten; *manners* gepflegt

restraining order [rɪˈstreɪnɪŋ-] *n* LAW einstweilige Verfügung *fachspr*

restraint [rɪˈstreɪnt] *n* ❶ *(self-control)* Beherrschung *f;* **to exercise ~** Zurückhaltung *f* üben ❷ *(restriction)* Einschränkung *f*

R

restrict [rɪ·'strɪkt] vt ❶ (*limit*) beschränken, einschränken; *number* begrenzen (**to** auf +*akk*) ❷ (*deprive of right*) ■**to** ~ **sb from** [**doing**] **sth** jdm etw untersagen [*o* jdm untersagen, etw *akk* zu tun]

restricted [rɪ·'strɪk·tɪd] *adj* ❶ (*limited*) *choice, vocabulary* begrenzt; *space* eng ❷ (*subject to limitation*) eingeschränkt; *number* beschränkt (**to** auf +*akk*)

restriction [rɪ·'strɪk·ʃən] *n* ❶ (*limit*) Begrenzung *f*, Beschränkung *f*, Einschränkung *f*; **to lift** ~**s** Restriktionen aufheben ❷ (*action of limiting*) Einschränken *nt*

restrictive [rɪ·'strɪk·tɪv] *adj* (*esp pej*) einschränkend, einengend; *measures* restriktiv

'restroom *n* Toilette *f*

restructure [ˌri·'strʌk·tʃər] *vt* umstrukturieren

restructuring [ˌri·'strʌk·tʃər·ɪŋ] *n* Umstrukturierung *f*

result [rɪ·'zʌlt] **I.** *n* ❶ (*consequence*) Folge *f* ❷ (*outcome*) Ergebnis *nt* ❸ (*satisfactory outcome*) Erfolg *m*, Resultat *nt;* **to have good** ~**s with sth** gute Ergebnisse mit etw *dat* erzielen ❹ MATH *of a calculation, a sum* Resultat *nt*, Ergebnis *nt* **II.** *vi* ❶ (*ensue*) resultieren, sich ergeben ❷ (*cause*) ■**to** ~ **in sth** etw zur Folge haben

resulting [rɪ·'zʌl·tɪŋ] *adj attr* resultierend *attr,* sich daraus ergebend *attr*

resume [rɪ·'zum] **I.** *vt* (*start again*) wieder aufnehmen; *journey* fortsetzen; ■**to** ~ **doing sth** fortfahren, etw zu tun **II.** *vi* wieder beginnen; (*after short interruption*) weitergehen

résumé ['rez·u·meɪ] *n* Lebenslauf *m*

resumption [rɪ·'zʌmp·ʃən] *n* ❶ (*act*) *of a game, talks* Wiederaufnahme *f* ❷ (*instance*) Wiederbeginn *m kein pl*

resurface [ˌri·'sɜr·fɪs] **I.** *vi* (*rise to surface*) *submarine, diver* wieder auftauchen ❷ (*reappear*) wieder zum Vorschein kommen; *memories, topic* wieder aufkommen **II.** *vt* ■**to** ~ **a road** den Belag einer Straße erneuern

resurgence [rɪ·'sɜr·dʒəns] *n* (*form*) Wiederaufleben *nt*

resurgent [rɪ·'sɜr·dʒənt] *adj usu attr* (*form*) wieder auflebend *attr*

resurrect [ˌrez·ə·'rekt] *vt* ❶ (*revive*) wieder aufleben lassen; *fashion* wieder beleben ❷ (*bring back to life*) *person* auferstehen lassen; *the dead* wieder zum Leben erwecken

resurrection [ˌrez·ə·'rek·ʃən] *n* Wiederbelebung *f*

resuscitate [rɪ·'sʌs·ə·teɪt] *vt* ❶ MED wiederbeleben ❷ (*fig*) [neu] beleben

retail ['ri·teɪl] **I.** *n* Einzelhandel *m*, Detailhandel *m* SCHWEIZ **II.** *vt* im Einzelhandel verkaufen **III.** *vi* **this model of computer** ~**s for 650 dollars** im Einzelhandel kostet dieses Computermodell 650 Dollar

retailer ['ri·teɪ·lər] *n* Einzelhändler(in) *m(f)*

'retail outlet *n* Einzelhandelsgeschäft *nt*

'retail price *n* Einzelhandelspreis *m*

retain [rɪ·'teɪn] *vt* ❶ (*keep*) behalten; *sb's*

attention halten; *dignity, independence* bewahren; **to** ~ **control of sth** etw weiterhin in der Gewalt haben; **to** ~ **the right to do sth** LAW sich das Recht vorbehalten, etw zu tun ❷ (*not lose*) speichern; (*remember*) *thought* behalten ❸ (*hold in place*) zurückhalten ❹ LAW *attorney* engagieren

retainer[1] [rɪ·'teɪ·nər] *n* MED (*for teeth*) Zahnspange

retainer[2] [rɪ·'teɪ·nər] *n* (*fee*) Vorschuss *m*

re'taining wall *n* Stützmauer *f*

retake I. *vt* <-took, -taken> [ˌri·'teɪk] ❶ (*take again*) *exam* wiederholen; (*film again*) *scene* nochmals drehen ❷ (*regain*) wiedergewinnen; **to** ~ **the lead** SPORTS sich wieder an die Spitze setzen; (*in a race*) wieder die Führung übernehmen **II.** *n* ['ri·teɪk] ❶ (*filming again*) Neuaufnahme *f* ❷ (*exam*) Wiederholungsprüfung *f*

retaliate [rɪ·'tæl·i·eɪt] *vi* Vergeltung üben; *for insults* sich revanchieren

retaliation [rɪ·ˌtæl·i·'eɪ·ʃən] *n* Vergeltung *f;* (*in fighting*) Vergeltungsschlag *m*

retaliatory [rɪ·'tæl·i·ə·tɔr·i] *adj attr* Vergeltungs-

retard[1] [rɪ·'tard] *vt* (*form*) verzögern, verlangsamen; **to** ~ **economic growth** das Wirtschaftswachstum bremsen

retard[2] ['ri·tard] *n* (*pej sl*) Idiot *m pej*

retarded [rɪ·'tar·dɪd] *adj* (*pej fam*) zurückgeblieben

retch [retʃ] *vi* würgen; **to make sb** ~ jdn zum Würgen bringen

retention [rɪ·'ten·ʃən] *n* ❶ (*keeping*) Beibehaltung *f;* SPORTS *of a title* Verteidigung *f* ❷ (*preservation*) Erhaltung *f; of rights* Wahrung *f* ❸ (*not losing*) Speicherung *f;* MED Retention *f fachspr*

retentive [rɪ·'ten·tɪv] *adj* aufnahmefähig

rethink I. *vt* <-thought, -thought> [ˌri·'θɪŋk] überdenken **II.** *n* ['ri·θɪŋk] Überdenken *nt;* **to have a** ~ etw noch einmal überdenken

reticent ['ret·ə·sənt] *adj* (*form*) zurückhaltend; (*taciturn*) wortkarg

retina <*pl* -s *or* -nae> ['ret·ən·ə] *n* Netzhaut *f*, Retina *f fachspr*

retinue ['ret·ən·u] *n* Gefolge *nt kein pl*

retire [rɪ·'taɪr] *vi* ❶ (*stop working*) in den Ruhestand treten; *worker* in Rente gehen; *civil servant* in Pension gehen; *self-employed person* sich zur Ruhe setzen; *soldier* aus der Armee ausscheiden; *athlete* seine Karriere beenden ❷ (*form: withdraw*) sich zurückziehen; **the jury** ~**d to consider their verdict** die Jury zog sich zur Urteilsfindung zurück

retired [rɪ·'taɪ·ərd] *adj* (*no longer working*) im Ruhestand *präd; worker* in Rente *präd; civil servant* pensioniert

retiree [rɪ·taɪ·ə·'ri] *n* Rentner(in) *m(f); (for civil servants*) Pensionär(in) *m(f)*, Pensionist(in) *m(f)* ÖSTERR

retirement [rɪ·'taɪr·mənt] *n* ❶ (*from job*) Ausscheiden *nt* aus dem Arbeitsleben; *of a civil servant* Pensionierung *f; of a soldier* Verabschiedung *f; of an athlete* Zurücktreten *nt*

② (*period after working life*) Ruhestand *m*
re'tirement age *n* (*of a worker*) Rentenalter *nt*; (*of a civil servant*) Pensionsalter *nt*; **to be of ~** im Pensions-/Rentenalter sein
re'tirement plan *n* Vorsorgeplan *m*
retiring [rɪ-'taɪ-ər-ɪŋ] *adj* (*reserved*) zurückhaltend
retort [rɪ-'tɔrt] **I.** *vt* ■**to ~ that ...** scharf erwidern, dass ...; **"no need to be so rude," she ~ed** „kein Grund, so unhöflich zu sein", gab sie zurück **II.** *vi* scharf antworten **III.** *n* scharfe Antwort [*o* Erwiderung]
retouch [‚ri-'tʌtʃ] *vt* PHOT, TYPO retuschieren
retrace [ri-'treɪs] *vt* zurückverfolgen; *in mind* [geistig] nachvollziehen; **to ~ one's steps** denselben Weg zurückgehen
retract [rɪ-'trækt] **I.** *vt* **①** (*withdraw*) zurückziehen; *offer, statement* zurücknehmen **②** (*draw back*) zurückziehen; (*into body*) einziehen **II.** *vi* (*be drawn back*) eingezogen werden
retractable [rɪ-'træk-tə-bəl] *adj* einziehbar
retraction [rɪ-'træk-ʃən] *n* (*form*) Zurücknahme *f kein pl*
retrain [ri-'treɪn] **I.** *vt* umschulen **II.** *vi* umgeschult werden
retread I. *vt* [‚ri-'tred] (*rehash*) neu gestalten **II.** *n* ['ri-tred] (*fig, pej: film, play*) Abklatsch *m*
retreat [rɪ-'trit] **I.** *vi* **①** (*move backwards*) zurückweichen; (*become smaller*) *floodwaters* zurückgehen, fallen **②** (*withdraw*) MIL sich zurückziehen; (*hide*) sich verstecken; ■**to ~ into oneself** sich in sich selbst zurückziehen **II.** *n* **①** MIL (*withdrawal*) Rückzug *m* **②** (*withdrawal*) Abwendung *f*, Abkehr *f* (**from** von +*dat*) **③** (*private place*) Zufluchtsort *m*
retrench [rɪ-'trentʃ] *vi* (*form*) sich einschränken, sparen
retrenchment [rɪ-'trentʃ-mənt] *n* (*form: financial cut*) Kürzung *f*
retrial ['ri-traɪl] *n* LAW Wiederaufnahmeverfahren *nt*
retribution [‚ret-rə-'bju-ʃən] *n* (*form*) Vergeltung *f*
retrieval [rɪ-'tri-vəl] *n* **①** (*regaining*) Wiedererlangen *nt* **②** (*rescuing*) Rettung *f*; (*of wreckage*) Bergung *f* **③** COMPUT **data ~** Datenabruf *m*; (*when lost*) Retrieval *nt fachspr*, Datenrückgewinnung *f*
retrieve [rɪ-'triv] *vt* **①** (*get back*) wiederfinden **②** (*fetch*) heraus-/herunter-/zurückholen **③** (*rescue*) retten; (*from wreckage*) bergen **④** COMPUT *data* abrufen
retriever [rɪ-'tri-vər] *n* Retriever *m*
retro ['ret-rou] *adj* (*fam*) *fashion* Retro-
retroactive [‚ret-rou-'æk-tɪv] *adj* rückwirkend
retrograde ['ret-rə-greɪd] *adj* (*form*) *development* rückläufig; **~ step** Rückschritt *m*
retrogressive ['ret-rə-gres-ɪv] *adj* (*form*) *policy, reforms* rückschrittlich; *development* rückläufig
retrospect ['ret-rə-spekt] *n* **in ~** im Rückblick [*o* Nachhinein], rückblickend
retrospective [‚ret-rə-'spek-tɪv] **I.** *adj* (*looking back*) rückblickend; *mood* nachdenklich **II.** *n* Retrospektive *f*

return [rɪ-'tɜrn] **I.** *n* **①** (*to a place/time*) Rückkehr *f* (**to** zu +*dat*); **~ home** Heimkehr *f* **②** (*reoccurrence*) *of an illness* Wiederauftreten *nt* **③** (*giving back*) Rückgabe *f* **④** SPORTS (*stroke*) Rückschlag *m* **⑤** (*proceeds*) Gewinn *m*; **~ on capital** Rendite *f* **⑥** (*key on keyboard*) Returntaste *f* **II.** *adj attr postage, flight, trip* Rück- **III.** *vi* **①** (*go/come back*) zurückkehren, zurückkommen; **to ~ home** (*come back home*) nach Hause kommen; (*go back home*) nach Hause gehen; (*after long absence*) heimkehren; **~ to sender** zurück an Absender **②** (*reoccur*) *pain, illness* wiederkommen **③** (*revert to*) ■**to ~ to sth** etw wieder aufnehmen; **to ~ to normal** *things* sich wieder normalisieren; *person* wieder zu seinem alten Ich zurückfinden **IV.** *vt* **①** (*give back*) zurückgeben; **to ~ sth to its place** etw an seinen Platz zurückstellen **②** (*reciprocate*) erwidern; **to ~ a wave** zurückwinken; **to ~ sb's call** jdn zurückrufen **③** (*place back*) ■**to ~ sth somewhere** etw irgendwohin zurückstellen [*o* zurücklegen] **④** TENNIS *volley* annehmen
returnable [rɪ-'tɜr-nə-bəl] *adj* **①** (*recyclable*) wiederverwendbar, Mehrweg- **②** (*accepted back*) *merchandise* umtauschbar
re'turn key *n* Eingabetaste *f*
reunification [ri-‚ju-nə-fɪ-'keɪ-ʃən] *n* Wiedervereinigung *f*
reunion [‚ri-'jun-jən] *n* **①** (*gathering*) Treffen *nt*, Zusammenkunft *f* **②** (*form: bringing together*) Wiedervereinigung *f*; (*coming together*) Wiedersehen *nt*
reunite [‚ri-ju-'naɪt] **I.** *vt* ■**to ~ sb with sb** jdn mit jdm [wieder] zusammenbringen; *family* wieder zusammenführen **II.** *vi* sich wiedervereinigen; *people* wieder zusammenkommen
reusable [‚ri-'ju-zə-bəl] *adj* wiederverwendbar
reuse [‚ri-'juz] *vt* (*use again*) wiederverwenden
rev¹ [rev] *n* (*fam*) *short for* **revolution** Drehzahl *f*; ■**~s** *pl* Umdrehungen *pl* [pro Minute]
rev² <-vv-> [rev] *vt engine* auf Touren bringen; (*noisily*) aufheulen lassen
Rev. *n abbrev of* **Reverend**
♦**rev up I.** *vi engine* auf Touren kommen; (*make noise*) aufheulen; (*fig*) *person* aufdrehen **II.** *vt engine, motorcycle* auf Touren bringen; *person* anfeuern
revaluation [ri-‚væl-ju-'eɪ-ʃən] *n* **①** (*new valuation*) Neubewertung *f* **②** FIN (*change in value*) *of a currency* Aufwertung *f*
revalue [ri-'væl-ju] *vt* neu bewerten; *an asset* neu schätzen lassen; *currency* aufwerten
revamp [‚ri-'væmp] *vt* (*fam*) aufpeppen; *room* aufmöbeln; *image* aufpolieren
reveal [rɪ-'vil] *vt* **①** (*allow to be seen*) zeigen, zum Vorschein bringen **②** (*disclose*) enthüllen, offenlegen; *secret* verraten; ■**to ~ that ...** enthüllen, dass ...; (*admit*) zugeben, dass ...; *sb's identity* zu erkennen geben

R

revealing [rɪ·'viː·lɪŋ] *adj* ❶ (*displaying body*) freizügig; *dress* gewagt ❷ (*divulging sth*) *comment, interview* aufschlussreich

revel <-I- *or* -II-> ['rev·əl] *vi* feiern
◆**revel in** *vi* ■**to ~ in sth** seine wahre Freude an etw *dat* haben

revelation [ˌrev·ə·'leɪ·ʃən] *n* ❶ (*act of revealing*) Enthüllung *f*, Aufdeckung *f* ❷ (*sth revealed*) Enthüllung *f* ▶ PHRASES: **to be [quite] a ~ to sb** jdm die Augen öffnen

reveler, reveller ['rev·əl·ər] *n* Feiernde(r) *f(m)*

revelry ['rev·əl·ri] *n* ❶ (*noisy merrymaking*) [ausgelassenes] Feiern ❷ *usu pl* (*festivity*) [ausgelassene] Feier

revenge [rɪ·'vendʒ] I. *n* ❶ (*retaliation*) Rache *f*; **to get one's ~** sich rächen; **~ killing** Vergeltungsmord *m* ❷ (*desire for retaliation*) Rachedurst *m* II. *vt* rächen

revenue ['rev·ə·nu] *n* ❶ (*income*) Einkünfte *pl* (**from** aus +*dat*) ❷ (*of a state*) öffentliche Einnahmen, Staatseinkünfte *pl* ❸ *pl* (*instances of income*) **sales ~s** Verkaufseinnahmen *pl*; **tax ~s** Steueraufkommen *nt*

reverberate [rɪ·'vɜr·bə·reɪt] *vi* ❶ (*echo*) widerhallen, nachhallen; ■**to ~ through[out] sth** durch etw *akk* [hindurch]hallen ❷ (*get recalled*) **his terrible childhood experiences ~d throughout his entire life** die schlimmen Kindheitserfahrungen wirkten sein ganzes Leben lang nach

reverberation [rɪ·ˌvɜr·bə·'reɪ·ʃən] *n* (*form*) ❶ (*echoing*) Widerhallen *nt*, Nachhallen *nt* ❷ *usu pl* (*long-lasting effects*) Nachwirkungen *pl*

revere [rɪ·'vɪr] *vt* (*form*) verehren, achten; *sb's work* hoch schätzen

reverence ['rev·ər·əns] *n* Verehrung *f* (**for** für +*akk*); **to treat sth/sb with ~** etw/jdn ehrfürchtig behandeln

reverend ['rev·ər·ənd] *n* ≈ Pfarrer *m*, ≈ Pastor *m*

reverent ['rev·ər·ənt] *adj* ehrfürchtig, ehrfurchtsvoll; *behavior* ehrerbietig

reverential [ˌrev·ə·'ren·ʃəl] *adj* (*form*) ehrfürchtig, ehrfurchtsvoll

reverie ['rev·ə·ri] *n* (*liter: daydream*) Träumerei *f* (**about** über +*akk*)

reversal [rɪ·'vɜr·səl] *n* ❶ (*changing effect*) Wende *f*; **~ of a trend** Trendwende *f* ❷ (*changing situation*) Umkehrung *f*; **role ~** Rollentausch *m* ❸ (*misfortune*) Rückschlag *m*

reverse [rɪ·'vɜrs] I. *vt* ❶ (*change to opposite*) umkehren ❷ (*turn sth over*) umdrehen; *coat* wenden ❸ (*move sth backwards*) *car* zurücksetzen II. *vi* (*move backwards*) rückwärtsfahren; (*short distance*) zurücksetzen III. *n* ❶ (*opposite*) ■**the ~** das Gegenteil; **to do sth in ~** etw umgekehrt tun ❷ (*gear*) Rückwärtsgang *m*; **to go into ~** in den Rückwärtsgang schalten; (*fig*) rückläufig sein ❸ (*back*) Rückseite *f*; *of a coin, medal a.* Kehrseite *f* IV. *adj* umgekehrt; *direction* entgegengesetzt

reversible [rɪ·'vɜr·sə·bəl] *adj* ❶ (*usable inside out*) zum Wenden *nach n*; ~ **coat** Wendejacke *f* ❷ (*alterable*) umkehrbar

reversion [rɪ·'vɜr·ʒən] *n* (*form: return to earlier position*) Umkehr *f* (**to** zu +*dat*); (*to bad state*) Rückfall (**to** in +*akk*)

revert [rɪ·'vɜrt] *vi* (*go back*) ■**to ~ to sth** zu etw *dat* zurückkehren; *bad state* in etw *akk* zurückfallen; **to ~ to a method** auf eine Methode zurückgreifen

review [rɪ·'vju] I. *vt* ❶ (*examine*) [erneut] [über]prüfen; (*reconsider*) überdenken; *salaries* revidieren ❷ (*look back over*) auf etw *akk* zurückblicken; **let's ~ what has happened so far** führen wir uns vor Augen, was bis jetzt passiert ist; SCH, UNIV *lesson, subject matter* [Lernstoff] wiederholen ❸ (*produce a criticism*) besprechen; *book, film, play* rezensieren ❹ MIL **to ~ the troops** eine Parade abnehmen II. *vi* SCH, UNIV (*for an exam*) lernen III. *n* ❶ (*assessment*) Überprüfung *f*; **to come under ~** überprüft werden; LAW *case* wieder aufgenommen werden ❷ (*summary*) Überblick *m* (**of** über +*akk*); **month under ~** ECON Berichtsmonat *m*; **wage** [*or* **salary**] **~** Gehaltsrevision *f*; SCH, UNIV *of lesson, subject matter* Wiederholung *f* [des Lernstoffs]; **~ for an exam** Prüfungsvorbereitung *f* ❸ (*criticism*) of *a book, play* Kritik *f*, Rezension *f*; **movie ~** Filmbesprechung *f*

reviewer [rɪ·'vju·ər] *n* Kritiker(in) *m(f)*; *of plays, literature a.* Rezensent(in) *m(f)*

revise [rɪ·'vaɪz] *vt* ❶ (*redo*) umändern; *manuscript* überarbeiten; *book* redigieren ❷ (*reconsider*) überdenken ❸ (*increase/decrease*) ■**to ~ sth upwards/downwards** *estimates, numbers* etw nach oben/unten korrigieren

revision [rɪ·'vɪʒ·ən] *n* ❶ (*act of revising*) Revision *f*, Überarbeitung *f* ❷ (*reconsidered version*) Neufassung *f*; *of a book* überarbeitete Ausgabe ❸ (*alteration*) Änderung *f*

revisionist [rɪ·'vɪʒ·ə·nɪst] POL I. *n* Revisionist(in) *m(f)* II. *adj* revisionistisch

revitalize [riː·'vaɪ·ţə·laɪz] *vt person* neu beleben; *trade* wieder beleben

revival [rɪ·'vaɪ·vəl] *n* ❶ (*restoration to life*) Wiederbelebung *f* ❷ (*coming back of an idea*) Wiederaufleben *f*, Come-back *nt*; *of a custom, fashion a.* Renaissance *f*; **economic ~** wirtschaftlicher Aufschwung ❸ (*new production*) Neuauflage *f*; *of a film* Neuverfilmung *f*; *of a play* Neuaufführung *f*

revive [rɪ·'vaɪv] I. *vt* ❶ (*bring back to life*) wiederbeleben ❷ (*give new energy*) beleben ❸ (*resurrect*) wieder aufleben lassen; *economy* ankurbeln; *idea* wieder aufgreifen; *interest* wieder erwecken; *spirits* wieder heben; **to ~ sb's hopes** jdm neue Hoffnungen machen II. *vi* ❶ (*be restored to consciousness*) wieder zu sich *dat* kommen ❷ (*be restored to health*) *person, animal, plant* sich erholen ❸ (*be resurrected*) sich erholen; *economy a.* wieder aufblühen; *custom, tradition* wieder aufleben; *confidence, hopes* zurückkehren; *suspicions*

wieder aufkeimen

revoke [rɪ'voʊk] *vt* (*form*) aufheben; *decision* widerrufen; *license* entziehen

revolt [rɪ'voʊlt] **I.** *vi* rebellieren, revoltieren **II.** *vt* ■to ~ sb jdn abstoßen; ■to be ~ed by sth von etw *dat* angeekelt sein **III.** *n* (*rebellion*) Revolte *f,* Aufstand *m;* ~ against the government Regierungsputsch *m*

revolting [rɪ'voʊl·tɪŋ] *adj* abstoßend; *person* widerlich; *smell* ekelhaft

revolution [ˌrev·ə·'lu·ʃən] *n* ❶ (*a. fig: overthrow*) Revolution *f* ❷ TECH Umdrehung *f;* ~s per minute Drehzahl *f,* Umdrehungen *pl* pro Minute

revolutionary [ˌrev·ə·'lu·ʃə·ner·i] **I.** *n* Revolutionär(in) *m(f)* **II.** *adj* revolutionär *a. fig;* (*fig*) bahnbrechend

revolutionize [ˌrev·ə·'lu·ʃə·naɪz] *vt* revolutionieren

revolve [rɪ'valv] *vi* sich drehen; to ~ on an axis sich um eine Achse drehen ◆**revolve around** *vi* (*a. fig*) ■to ~ around sth sich um etw *akk* drehen

revolver [rɪ'val·vər] *n* Revolver *m*

revolving [rɪ'val·vɪŋ] *adj attr* rotierend, Dreh-; ~ door Drehtür *f*

revue [rɪ'vju] *n* Revue *f*

revulsion [rɪ'vʌl·ʃən] *n* Abscheu *f*

reward [rɪ'wɔrd] **I.** *n* Belohnung *f; for merit, service* Anerkennung *f* (for für +*akk*); (*for return of sth lost*) Finderlohn *m* **II.** *vt* belohnen

rewarding [rɪ'wɔr·dɪŋ] *adj* befriedigend; *experience* lohnend; *task* dankbar

rewind I. *vt* <-wound, -wound> [ˌri·'waɪnd] *cable* aufwickeln; *cassette, tape* zurückspulen; *watch* aufziehen **II.** *vi* <-wound, -wound> [ˌri·'waɪnd] *cassette, tape* zurückspulen **III.** *n* ['ri·waɪnd] *of a cassette, tape* Zurückspulen *nt* **IV.** *adj* ['ri·waɪnd] *button, control* Rückspul-

rewire [ˌri·'waɪr] *vt building, house* neu verkabeln

reword [ˌri·'wɜrd] *vt* umschreiben, umformulieren; *contract* neu abfassen

rework [ˌri·'wɜk] *vt* überarbeiten; *speech* umschreiben

rewrite <-wrote, -written> **I.** *vt* [ˌri·'raɪt] neu schreiben; (*revise*) überarbeiten; (*recast*) umschreiben; to ~ history (*fig*) die Geschichte neu schreiben **II.** *n* ['ri·raɪt] Überarbeitung *f*

rhapsody ['ræp·sə·di] *n* (*piece of music*) Rhapsodie *f*

rhetoric ['ret·ər·ɪk] *n* ❶ (*persuasive language*) Redegewandtheit *f* ❷ (*bombastic language*) Phrasendrescherei *f pej;* **empty** ~ leere Worte

rhetorical [rɪ'tɔr·ɪ·kəl] *adj* ❶ (*relating to rhetoric*) rhetorisch ❷ (*overdramatic*) *gesture* übertrieben dramatisch

rheumatic [ru·'mæt·ɪk] *adj* rheumatisch; *joint a.* rheumakrank

rheumatism ['ru·mə·tɪz·əm] *n* Rheuma *nt,* Rheumatismus *m*

rheumatoid arthritis [ˌru·mə·tɔɪd·ˌar·'θraɪ·tɪs] *n* rheumatoide Arthritis

Rhine [raɪn] *n* GEOG ■the ~ der Rhein

rhino ['raɪ·noʊ] *n* (*fam*) *short for* **rhinoceros** Nashorn *nt,* Rhinozeros *nt*

rhinoceros <*pl* -es *or* -> [raɪ·'nas·ər·əs] *n* Nashorn *nt,* Rhinozeros *nt*

Rhode Island [ˌroʊd·'aɪ·ləd] *n* Rhode Island *nt*

Rhodes [roʊdz] *n* Rhodos *nt*

rhombus <*pl* -es *or* -bi> ['ram·bəs] *n* Rhombus *m,* Raute *f*

rhubarb ['ru·barb] *n* Rhabarber *m*

rhyme [raɪm] **I.** *n* ❶ (*identity in sound*) Reim *m;* ■in ~ gereimt, in Reimform ❷ (*poem*) Reim[vers] *m* ❸ (*word*) Reimwort *nt* **II.** *vi* ■to ~ [with sth] *poem, song, words* sich [auf etw *akk*] reimen **III.** *vt* reimen

rhyming ['raɪ·mɪŋ] *adj* Reim-

rhythm ['rɪð·əm] *n* Rhythmus *m,* Takt *m*

rhythmic(al) ['rɪð·mɪk(əl)] *adj* rhythmisch

RI, R.I. *abbrev of* **Rhode Island**

rib [rɪb] **I.** *n* ❶ *of body* Rippe *f;* to break a ~ sich *dat* eine Rippe brechen ❷ FOOD ■~s Rippchen *pl* **II.** *vt* <-bb-> (*fam*) ■to ~ sb jdn aufziehen

ribbon ['rɪb·ən] *n* ❶ (*strip of fabric*) Band *nt;* (*fig*) Streifen *m* ❷ (*rag*) ■in ~s in Fetzen; to cut sb/sth to ~s jdn/etw zerfetzen; (*fig*) jdn/ etw in der Luft zerreißen

'rib cage *n* Brustkorb *m*

rice [raɪs] *n* Reis *m;* **brown** ~ Naturreis *m*

'rice paddy *n* Reisfeld *nt*

rich [rɪtʃ] **I.** *adj* ❶ (*wealthy*) reich; to get ~ quick schnell zu Reichtum kommen ❷ (*abounding*) reich (in an +*dat*); ~ in detail sehr detailliert ❸ (*very fertile*) *land* fruchtbar; *earth, soil a.* fett; *vegetation* üppig ❹ (*opulent*) *furniture* prachtvoll ❺ (*valuable*) *reward* großzügig ❻ (*of food*) gehaltvoll; (*hard to digest*) schwer ❼ (*intense*) *color* satt; *flavor* reich; *smell* schwer; *taste, tone* voll ❽ (*interesting*) reich; *life a.* erfüllt; *history* bedeutend **II.** *n* ■the ~ *pl* die Reichen *pl*

richness ['rɪtʃ·nɪs] *n* ❶ (*wealth*) Reichtum *m;* ~ of detail (*fig*) Detailgenauigkeit *f* ❷ (*fattiness*) Reichhaltigkeit *f* ❸ (*intensity*) Stärke *f; of a color* Sattheit *f*

rickets ['rɪk·ɪts] *npl* + *sing/pl vb* MED Rachitis *f*

rickety ['rɪk·ɪ·ți] *adj* (*likely to collapse*) wack[e]lig; *wooden stairs* morsch

ricksha(w) ['rɪk·ʃa, -ʃɔ] *n* Rikscha *f*

ricochet ['rɪk·ə·ʃeɪ] **I.** *n* ❶ (*action*) Abprallen *nt kein pl,* Abprall *m kein pl* ❷ (*rebounding ball*) Abpraller *m;* (*rebounding bullet*) Querschläger *m* **II.** *vi* abprallen (off von +*dat*)

rid <-dd-, rid, rid> [rɪd] *vt* ■to ~ sth/sb of sth etw/jdn von etw *dat* befreien; ■to be ~ of sb/sth jdn/etw los sein; to get ~ of sb/sth jdn/etw loswerden

riddance ['rɪd·əns] *n* Loswerden *nt* ▶ PHRASES: **good** ~ [to sth] Gott sei Dank[, dass wir den/ die/das los sind]

ridden ['rɪd·ən] *pp of* **ride**

riddle[1] ['rɪd·əl] *vt usu passive* (*perforate*)

durchlöchern; *(fig: permeate)* durchdringen
riddle² ['rɪd·əl] I. *n* Rätsel *nt a. fig* II. *vi* in Rätseln sprechen

ride [raɪd] I. *n* ❶ *(trip)* Fahrt *f* (on mit +*dat*); *(on a horse)* Ritt *m;* **to go for a ~** eine Fahrt machen; *(with horse)* ausreiten ❷ *(lift)* Mitfahrgelegenheit *f;* **to give sb a ~** jdn [im Auto] mitnehmen ❸ *(at amusement park)* **carousel ~** Karussellfahrt *f* ▸ PHRASES: **to take sb for a ~** *(fam)* jdn übers Ohr hauen II. *vt* <rode, ridden> ❶ *(sit on) bicycle, motorcycle* fahren; *horse* reiten; **I ~ my bicycle to work** ich fahre mit dem Fahrrad zur Arbeit ❷ *(as a passenger)* **to ~ the bus/train** Bus/Zug fahren ❸ *(prevent blow)* **to ~ a punch** einen Schlag abfangen III. *vi* <rode, ridden> ❶ *(as a sport, travel on animal)* reiten ❷ *(travel on vehicle)* fahren
◆**ride out** *vt* überstehen; *crisis* durchstehen
◆**ride up** *vi T-shirt, skirt* hochrutschen
rider ['raɪ·dər] *n* ❶ *of a horse* Reiter(in) *m(f);* *of a vehicle* Fahrer(in) *m(f)* ❷ *(form: amendment)* Zusatzklausel *f*
ridge [rɪdʒ] *n* ❶ GEOG Grat *m* ❷ *of a roof* Dachfirst *m* ❸ METEO **~ of high/low pressure** Hoch-/Tiefdruckkeil *m*
ridicule ['rɪd·ɪ·kjul] I. *n* Spott *m,* Hohn *m;* **to hold sth up to ~** sich über etw lustig machen II. *vt* verspotten
ridiculous [rɪ·'dɪk·jʊ·ləs] I. *adj* ❶ *(comical)* lächerlich, albern ❷ *(inane)* absurd II. *n* ■**the ~** das Absurde
rife [raɪf] *adj pred* ❶ *(widespread)* weit verbreitet ❷ *(full of)* **~ with** voller +*gen*
riffle ['rɪf·əl] I. *vt* ❶ *(leaf through)* durchblättern ❷ *(ruffle slightly) hair* zerzausen II. *vi* **to ~ through a book** ein Buch durchblättern
riffraff ['rɪf·ræf] *n + sing/pl vb (pej)* Gesindel *nt kein pl*
rifle¹ ['raɪ·fəl] *n (gun)* Gewehr *nt*
rifle² ['raɪ·fəl] I. *vi (search)* durchwühlen II. *vt (ransack)* plündern
'**rifle butt** *n* Gewehrkolben *m*
'**rifleman** *n* Schütze *m*
'**rifle range** *n (for practice)* Schießstand *m*
rift [rɪft] *n* ❶ *(open space)* Spalt *m* ❷ GEOL [Erd]spalt *m* ❸ *(fig: disagreement)* Spaltung *f* (**between** zwischen +*dat*); *(in friendship)* Bruch *m*
rig [rɪg] I. *n* ❶ NAUT Takelage *f* ❷ *(apparatus)* Vorrichtung *f* ❸ TECH **drilling ~** Bohrinsel *f;* **gas/oil ~** Gas-/Ölbohrinsel *f* ❹ TRANSP *(tractor-trailer)* **big ~** [mehrachsiger] Sattelschlepper II. *vt* <-gg-> ❶ NAUT *boat* takeln; *sails, shrouds, stays* anschlagen *fachspr* ❷ *(set up)* [behelfsmäßig] zusammenbauen ❸ *(manipulate) results, prices* manipulieren
rigamarole ['rɪg·ə·mə·roʊl] *n see* **rigmarole**
rigger ['rɪg·ər] *n* ❶ NAUT Takeler(in) *m(f)* ❷ *(on oil rig)* **oil ~** Arbeiter(in) *m(f)* auf einer Bohrinsel
rigging ['rɪg·ɪŋ] *n* ❶ NAUT *(action)* Auftakeln *nt;* *(ropes and wires)* Takelung *f* ❷ POL

(manipulation) Manipulation *f;* **ballot-~** Wahlmanipulation *f*
right [raɪt] I. *adj* ❶ *(morally good)* richtig; *(fair)* gerecht; **to do the ~ thing** das Richtige tun; **you're ~ to be annoyed** du bist zu Recht verärgert ❷ *(correct)* richtig; *time* genau; **to get sth ~** etw richtig machen; **you were ~ about him** was ihn angeht haben Sie Recht gehabt; **to be just ~** *(fam)* genau das Richtige sein ❸ *(interrogatory)* oder, richtig ❹ *(best)* richtig; **he's the ~ person for the job** er ist der Richtige für den Job; **to be in the ~ place at the ~ time** zur rechten Zeit am rechten Ort sein ❺ *pred (working correctly)* in Ordnung; **is your watch ~?** geht deine Uhr richtig? ❻ *(not left) a.* POL rechte(r, s); **to make a ~ turn** rechts abbiegen II. *adv* ❶ *(completely)* völlig, ganz; **she walked ~ past me** sie lief direkt an mir vorbei; **to be ~ behind sb** voll [und ganz] hinter jdm stehen ❷ *(all the way)* ganz; *(directly)* genau, direkt ❸ *(well)* gut; **things have been going ~ for me** es läuft gut für mich ❹ *(not left)* rechts; **to turn ~** [nach] rechts abbiegen III. *n* ❶ *(goodness)* Recht *nt* ❷ *(morally correct thing)* das Richtige; **the ~s and wrongs of sth** das Für und Wider einer S. *gen* ❸ *(claim, entitlement)* Recht *nt;* **~ of** [*or* **to**] **free speech** Recht *nt* auf freie Meinungsäußerung; **women's ~s** die Rechte *pl* der Frau[en] ❹ *(right side)* rechte Seite; **on the ~** rechts, auf der rechten Seite; **on my/her ~** rechts [von mir/ihr] ❺ POL ■**the R~** die Rechte; **the far ~** die Rechtsextremen *pl* IV. *vt* ❶ *(correct position)* aufrichten; *(correct condition)* in Ordnung bringen ❷ *(rectify) mistake, wrong* wiedergutmachen V. *interj (fam)* ❶ *(okay)* in Ordnung, okay *fam;* **~ you are!** in Ordnung! ❷ *(as introduction)* **~, let's go** also, nichts wie los *fam*
'**right angle** *n* rechter Winkel
'**right away** *adv* sofort, auf der Stelle; **we have to leave ~ away** wir müssen unverzüglich aufbrechen
righteous ['raɪ·tʃəs] *(form)* I. *adj* ❶ *(virtuous) person* rechtschaffen ❷ *(justifiable) anger, indignation* berechtigt, gerechtfertigt II. *n* ■**the ~** *pl* die Gerechten *pl*
rightful ['raɪt·fəl] *adj attr* rechtmäßig
'**right-hand** *adj attr* ❶ *(on the right)* rechte(r, s) ❷ *(with the right hand)* mit der Rechten *nach n;* **~ punch** rechter Haken
right-'handed *adj* rechtshändig
right-'hander *n (person)* Rechtshänder(in) *m(f)*
right-hand 'man *n (fig, approv)* ■**sb's ~** jds rechte Hand *fig*
rightly ['raɪt·li] *adv* ❶ *(correctly)* richtig ❷ *(justifiably)* zu Recht
right-'minded *adj (approv)* vernünftig
right of 'way <*pl* rights-> *n* ❶ *(right to pass)* Durchgangsrecht *nt* ❷ AUTO, AVIAT, NAUT Vorfahrt *f*
right-'wing *adj* rechts *präd,* rechte(r, s)

rigid ['rɪdʒ·ɪd] *adj* ❶(*inflexible*) starr, steif ❷(*fig: unalterable*) *routine, rules* starr; (*overly stringent*) streng, hart

rigidity [rɪ·'dʒɪd·ɪ·t̬i] *n* ❶(*inflexibility*) Starrheit *f*, Steifheit *f*; *of concrete* Härte *f* ❷(*fig, pej: intransigence*) Starrheit *f*, Unbeugsamkeit *f*

rigmarole ['rɪg·mə·roʊl] *n usu sing* (*pej*) ❶(*rambling story*) Gelabere *nt pej* ❷(*procedures*) Prozedur *f*

rigor ['rɪg·ər] *n* ❶(*approv: thoroughness*) Genauigkeit *f*, Präzision *f* ❷(*strictness*) Strenge *f*, Härte *f*

rigor mortis [ˌrɪg·ər·'mɔr·t̬ɪs] *n* Leichenstarre *f*

rigorous ['rɪg·ər·əs] *adj* ❶(*approv: thorough*) [peinlich] genau, präzise ❷(*disciplined*) strikt, streng ❸(*physically demanding*) hart

rile [raɪl] *vt* (*fam*) ❶(*annoy*) ärgern; **to get sb ~d** jdn verärgern ❷(*stir up*) *water* verschmutzen

rim [rɪm] **I.** *n* ❶(*brim, boundary*) *of a cup, plate* Rand *m;* **on the Pacific R~** am Rande des Pazifiks ❷*of a wheel* Felge *f* ❸*usu pl* (*spectacle frames*) Fassung *f* **II.** *vt* <-mm-> umgeben; (*frame*) umrahmen

rimless ['rɪm·lɪs] *adj* randlos

rind [raɪnd] *n* Schale *f;* [grated] **lemon ~** [geriebene] Zitronenschale

ring[1] [rɪŋ] **I.** *n* ❶(*jewelry, circular object*) Ring *m* ❷(*circle of people/objects*) Kreis *m* ❸(*clique*) Kartell *nt*, Syndikat *nt;* **spy ~** Spionagering *m* **II.** *vt usu passive* umringen

ring[2] [rɪŋ] **I.** *n* ❶(*act of sounding bell*) Klingeln *nt kein pl;* (*sound made a.*) Läuten *nt kein pl* ❷(*loud sound*) Klirren *nt kein pl* ❸*usu sing* (*telephone call*) **to give sb a ~** jdn anrufen ❹*usu sing* (*quality*) Klang *m;* **your name has a familiar ~** Ihr Name kommt mir bekannt vor **II.** *vi* <rang, rung> ❶(*produce bell sound*) *telephone* klingeln, läuten ❷(*have humming sensation*) *ears* klingen ❸(*reverberate*) **the room rang with laughter** der Raum war von Lachen erfüllt **III.** *vt* <rang, rung> (*make sound*) *bell* läuten
 ◆**ring out I.** *vi* ertönen **II.** *vt* ausläuten
 ◆**ring up** *vt* COMM *amount* [in die Kasse] eintippen

'ring binder *n* Ringbuch *nt*

ringer ['rɪŋ·ər] *n* ❶SPORTS (*sl*) Spieler, der unerlaubt an einem Wettkampf teilnimmt oder gegen das Reglement eingewechselt wird; (*in horseracing*) Ringer *m* (*vertauschtes Pferd*) ❷(*person*) Glöckner(in) *m(f)* ▶ PHRASES: **to be a dead ~ for sb** jdm aufs Haar gleichen

'ring finger *n* Ringfinger *m*

ringing ['rɪŋ·ɪŋ] **I.** *adj attr* ❶(*resounding*) schallend; **~ cheer** lauter Jubel ❷(*unequivocal*) eindringlich **II.** *n* Klingeln *nt*

'ringleader *n* Anführer(in) *m(f)*

ringlet ['rɪŋ·lɪt] *n usu pl* Locke *f*

'ringside *n* (*in boxing*) Sitzreihe *f* am Boxring; (*in a circus*) Sitzreihe an der Manege; **~ seat** (*in boxing*) Ringplatz *m;* (*in a circus*) Mane-

genplatz *m*

'ringworm *n* MED Flechte *f*

rink [rɪŋk] *n* Bahn *f;* **ice ~** Eisbahn *f*

rinse [rɪns] **I.** *n* ❶(*action*) Spülung *f;* **to give a bottle a ~** eine Flasche ausspülen; **to give clothes a ~** Kleidungsstücke spülen ❷(*for mouth*) Mundspülung *f* ❸(*conditioner*) [Haar]spülung *f;* (*for tinting hair*) Tönung *f* **II.** *vt* spülen; *hands* abspülen; *mouth* ausspülen **III.** *vi* spülen

riot ['raɪ·ət] **I.** *n* ❶(*disturbance*) Krawall *m*, Unruhen *pl;* (*uproar*) Aufstand *m a. fig* ❷(*fig, approv: display*) **a ~ of color[s]** eine Farbenpracht ▶ PHRASES: **to run ~** (*behave uncontrollably*) *people* Amok laufen; *emotions* verrücktspielen; (*spread uncontrollably*) **my imagination ran ~** die Fantasie ist mit mir durchgegangen **II.** *vi* ❶(*act violently*) randalieren ❷(*fig: behave uncontrollably*) wild feiern

rioter ['raɪ·ə·t̬ər] *n* Aufständische(r) *f(m)*

'riot gear *n* Schutzanzug *m*

rioting ['raɪ·ə·t̬ɪŋ] *n* Randalieren *nt*, Krawalle *pl*

riotous ['raɪ·ə·t̬əs] *adj* ❶(*involving disturbance*) aufständisch ❷(*boisterous*) ausschweifend; *party* wild ❸(*vivid*) **a ~ display** eine hemmungslose Zurschaustellung

'riot police *n + sing/pl vb* Bereitschaftspolizei *f*

rip [rɪp] **I.** *n* ❶(*tear*) Riss *m* ❷*usu sing* (*act*) Zerreißen *nt;* (*with knife*) Zerschlitzen *nt* **II.** *vt* <-pp-> zerreißen; **to ~ sth [in]to shreds** etw zerfetzen; **to ~ sth open** etw aufreißen; (*with knife*) etw aufschlitzen **III.** *vi* <-pp-> (*tear*) reißen; *seams of clothing* platzen
 ◆**rip off** *vt* ❶(*fam: overcharge*) ■**to ~ off** ⟳ **sb** jdn übers Ohr hauen ❷(*fam: steal*) mitgehen lassen; *ideas* klauen ❸(*take off fast*) abreißen
 ◆**rip out** *vt* herausreißen
 ◆**rip up** *vt* zerreißen; **to ~ the carpets up** den Teppichboden herausreißen

RIP [ˌar·aɪ·'pi] *abbrev of* **rest in peace** R.I.P.

ripe [raɪp] *adj* ❶(*ready to eat*) *fruit, grain* reif ❷(*matured*) *cheese, wine* ausgereift ❸(*intense*) *flavor, smell* beißend ❹*pred* (*prepared*) ■**to be ~ for sth** reif für etw *akk* sein ❺*attr* (*advanced*) fortgeschritten; **to live to a ~ old age** ein hohes Alter erreichen

ripen ['raɪ·pən] **I.** *vi* [heran]reifen *a. fig* **II.** *vt* *fruit* reifen lassen

ripeness ['raɪp·nɪs] *n* Reife *f*

'rip-off *n* (*fam*) Wucher *m kein pl pej;* (*fraud*) Schwindel *m*, Beschiss *m kein pl derb;* **that's just a ~ of my idea!** da hat doch bloß einer meine Idee geklaut! *fam*

riposte [rɪ·'poʊst] *n* (*usu approv liter: reply*) [schlagfertige] Antwort

ripple ['rɪp·əl] **I.** *n* ❶(*in water*) leichte Welle ❷(*sound*) Rauschen *nt kein pl;* **a ~ of laughter** ein leises Lachen ❸(*feeling*) Schauer *m* ❹(*reaction*) Wirkung *f* **II.** *vi* ❶(*form waves*) *water* sich kräuseln ❷(*flow with waves*) plätschern ❸(*move with waves*) *grain* wogen; **his**

R

muscles ~d **under his skin** man sah das Spiel seiner Muskeln [unter der Haut] **III.** *vt* (*produce wave in*) *water* kräuseln; *muscles* spielen lassen

rip-'roaring *adj attr* (*fam*) *success* sagenhaft

rise [raɪz] **I.** *n* ❶ (*upward movement*) *of theater curtain* Hochgehen *nt kein pl*, Heben *nt kein pl; of the sun* Aufgehen *nt kein pl* ❷ (*in society*) Aufstieg *m;* ~ **to power** Aufstieg *m* an die Macht ❸ (*hill*) Anhöhe *f*, Erhebung *f* ❹ (*height*) *of an arch, step* Höhe *f* ❺ (*increase*) Anstieg *m kein pl*, Steigen *nt kein pl* **II.** *vi* <rose, risen> ❶ (*ascend*) steigen; *curtain* aufgehen, hochgehen ❷ (*become visible*) *moon, sun* aufgehen ❸ (*become higher*) *voice* höher werden; (*become louder*) lauter werden, sich erheben ❹ (*improve position*) aufsteigen; **to** ~ **to fame** berühmt werden ❺ (*from a chair*) sich erheben ❻ *wind* aufkommen ❼ (*rebel*) ■**to** ~ **against sb/sth** sich gegen jdn/etw auflehnen ❽ (*incline upwards*) *ground* ansteigen ❾ (*increase*) [an]steigen; (*in height*) *river, prices* steigen; FOOD *yeast, dough* aufgehen ❿ *of emotion, temper* sich erhitzen ▸ PHRASES: **to** ~ **to the** <u>bait</u> anbeißen; ~ **and** <u>shine</u>**!** aufstehen!, los, raus aus den Federn!

◆**rise above** *vi* ■**to** ~ **above sth** ❶ (*protrude*) *skyscraper* sich über etw *dat* erheben ❷ (*be superior to*) über etw *dat* stehen; **to** ~ **above difficulties** Schwierigkeiten überwinden

◆**rise up** *vi* ❶ (*mutiny*) ■**to** ~ **up** sich auflehnen (**against** gegen +*akk*) ❷ (*be visible*) aufragen

risen ['rɪz·ən] *pp of* **rise**

riser ['raɪ·zər] *n* (*person*) **early** ~ Frühaufsteher(in) *m(f)*

rising ['raɪ·zɪŋ] **I.** *adj attr* ❶ (*increasing in status*) *author, politician* aufstrebend ❷ (*getting higher*) *floodwaters* steigend; *sun* aufgehend ❸ (*increasing*) *costs* steigend; *wind* aufkommend; *fury* wachsend ❹ (*angled upwards*) *ground* [auf]steigend **II.** *n* Aufstand *m*, Erhebung *f*

risk [rɪsk] **I.** *n* Risiko *nt;* **health** ~ Gesundheitsrisiko *nt;* **to take a** ~ ein Risiko eingehen **II.** *vt* riskieren; **to** ~ **life and limb** Leib und Leben riskieren

risky ['rɪs·ki] *adj* riskant

risqué [rɪs·'keɪ] *adj* gewagt

rite [raɪt] *n usu pl* Ritus *m;* **last** ~**s** Sterbesakramente *pl*

ritual ['rɪtʃ·u·əl] **I.** *n* Ritual *nt*, Ritus *m* **II.** *adj attr* rituell, Ritual-

ritzy ['rɪt·si] *adj* (*fam*) nobel

rival ['raɪ·vəl] **I.** *n* Rivale(in) *m(f);* ECON, COMM Konkurrent *m;* **arch** ~ Erzrivale(in) *m(f);* **bitter** ~**s** scharfe Rivalen; ~ **team** gegnerische Mannschaft **II.** *vt* <-l- *or* -ll-> konkurrieren (mit +*dat*); ■**to be** ~**ed by sth/sb** von etw/jdm übertroffen werden

rivalry ['raɪ·vəl·ri] *n* ❶ (*competition*) Rivalität *f* (**among** unter +*dat*); *esp* ECON, SPORTS

Konkurrenz *f* (**for** um +*akk*) ❷ (*incidence*) Rivalität *f;* **friendly** ~ freundschaftlicher Wettstreit

river ['rɪv·ər] *n* (*water*) Fluss *m;* **down** ~ stromabwärts; **up** ~ stromaufwärts

'river basin *n* Flussbecken *nt*

'river bed *n* Flussbett *nt*

'riverside *n* [Fluss]ufer *nt*

rivet ['rɪv·ɪt] **I.** *n* Niete *f* **II.** *vt* ❶ (*join*) ■**to** ~ **sth** [**together**] etw [zusammen]nieten ❷ (*fix firmly*) fesseln; **to be** ~**ed to the spot** wie angewurzelt stehen bleiben

riveting ['rɪv·ɪ·ţɪŋ] *adj* (*fam*) fesselnd

RN [ˌɑr·'en] *n abbrev of* **registered nurse** examinierte Krankenschwester; (*male*) examinierter Krankenpfleger

RNA [ˌɑr·en·'eɪ] *n abbrev of* **ribonucleic acid** RNS *f*

roach <*pl* -es> [routʃ] *n* (*fam*) ❶ ZOOL (*cockroach*) Küchenschabe *f* ❷ (*sl: butt of joint*) eingedrehter Pappfilter

road [roud] *n* ❶ (*way*) Straße *f;* **busy** ~ stark befahrene Straße; **side** ~ Nebenstraße *f* ❷ (*street name*) Straße *f* ❸ (*fig: course*) Weg *m;* **on the** ~ **to recovery** auf dem Wege der Besserung

'roadblock *n* Straßensperre *f*

'road hog *n* (*pej fam*) Verkehrsrowdy *m*

'roadhouse *n* Raststätte *f*

roadie ['rou·di] *n* (*fam*) Roadie *m*

'roadkill *n* ❶ (*animal*) totgefahrenes Tier ❷ (*action*) Überfahren eines Tieres *nt*

'road map *n* Straßenkarte *f*

'road rage *n* aggressives Verhalten im Straßenverkehr

'roadrunner *n* ORN Erdkuckuck *m*

'roadside I. *n* Straßenrand *m* **II.** *adj* Straßen-; *café* am Straßenrand gelegen

'road sign *n* Verkehrsschild *nt*

'road surface *n* Straßenbelag *m*

'road-test *vt vehicle* Probe fahren

'roadway *n* Fahrbahn *f*

'roadwork *n* Straßenbauarbeiten *pl*

roam [roum] **I.** *vi* ❶ (*travel aimlessly*) **to** ~ **around/over/through** umherstreifen, umherziehen ❷ *mind, thoughts* abschweifen **II.** *vt* **to** ~ **the streets** durch die Straßen ziehen *fam; dog* herumstreunen

'roaming *n* TELEC Roaming *nt* (*per Handy Auslandsgespräche führen*)

roar [rɔr] **I.** *n* ❶ (*bellow*) *of a lion, person* Brüllen *nt kein pl*, Gebrüll *nt kein pl* ❷ (*loud noise*) *of an aircraft, a cannon* Donnern *nt kein pl; of an engine* [Auf]heulen *nt kein pl*, Dröhnen *nt kein pl; of a fire* Prasseln *nt kein pl; of thunder* Rollen *nt kein pl*, Grollen *nt kein pl; of waves* Tosen *nt kein pl* ❸ (*laughter*) schallendes Gelächter **II.** *vi* ❶ (*bellow*) *lion, person* brüllen; ■**to** ~ **at sb** jdn anbrüllen ❷ (*make a loud noise*) *aircraft, cannon* donnern; *engine* [auf]heulen, dröhnen; *fire* prasseln; *thunder* rollen, grollen; *waves* tosen; *wind* heulen ❸ (*laugh*) **to** ~ **with laughter** in schallendes Gelächter ausbrechen **III.** *vt* brüllen

roast [roʊst] **I.** *vt* ❶ (*heat*) rösten; *meat* braten ❷ (*criticize*) ■**to ~ sb** mit jdm hart ins Gericht gehen **II.** *vi* braten *a. fig,* [vor Hitze] fast umkommen *fam* **III.** *adj attr* Brat-; **~ beef** Roastbeef *nt,* Rinderbraten *m;* **~ chicken** Brathähnchen *nt* **IV.** *n* ❶ FOOD Braten *m* ❷ (*process*) Rösten *nt* ❸ (*of coffee*) Röstung *f*

roasting ['roʊs·tɪŋ] *adj* (*fam: hot*) knallheiß

rob <-bb-> [rab] *vt* ❶ (*steal from*) ■**to ~ sb** jdn bestehlen; (*violently*) jdm rauben; *bank* ausrauben ❷ *usu passive* (*fam: overcharge*) ausnehmen ❸ (*deprive*) ■**to ~ sb of sth** jdn um etw *akk* bringen

robber ['rab·ər] *n* Räuber(in) *m(f)*

robbery ['rab·ə·ri] *n* ❶ (*action*) Raubüberfall *m* ❷ (*theft*) Raub[überfall] *m;* **bank ~** Bankraub *m*

robe [roʊb] *n* ❶ *usu pl* (*formal gown*) Talar *m* ❷ (*bathrobe*) Morgenmantel *m*

robin ['rab·ɪn] *n* ORN Wanderdrossel *f*

robot ['roʊ·bat] *n* (*machine*) Roboter *m a. fig*

robotics [roʊ·'baṭ·ɪks] *n* + *sing vb* Robotik *f kein pl*

robust [roʊ·'bʌst] *adj* ❶ (*healthy*) kräftig, robust; *appetite* gesund ❷ (*sturdy*) *material* robust, widerstandsfähig ❸ (*down-to-earth*) *approach, view* bodenständig ❹ (*full-bodied*) *food* deftig; *wine* kernig

robustness [roʊ·'bʌst·nɪs] *n* ❶ (*vitality, sturdiness*) Widerstandsfähigkeit *f,* Robustheit *f* ❷ (*determination*) Entschlossenheit *f*

rock¹ [rak] *n* ❶ (*stone*) Stein *m* ❷ (*sticking out of ground*) Fels[en] *m;* (*sticking out of sea*) Riff *nt;* (*boulder*) Felsbrocken *m* ❸ GEOL Gestein *nt* ❹ (*fig: firm support*) Fels *m* in der Brandung ❺ (*fam: diamond*) Klunker *m* ❻ (*fam: piece of crack*) Crack *nt kein pl* ▶ PHRASES: **on the ~s** (*fam: in disastrous state*) am Ende; *relationship, marriage* kaputt *fam;* (*served with ice*) mit Eis

rock² [rak] **I.** *n* ❶ Rockmusik *f* ❷ (*movement*) Schaukeln *nt kein pl,* Wiegen *nt kein pl* **II.** *vt* ❶ (*cause to move*) schaukeln; (*gently*) wiegen ❷ (*a. fig: sway*) erschüttern **III.** *vi* ❶ (*move*) schaukeln ❷ (*dance*) rocken *fam;* (*play music*) Rock[musik] machen ❸ (*fam: be excellent*) **he really ~s!** er ist ein Supertyp!

rock-and-'roll *n see* **rock 'n' roll**

rock 'bottom *n* Tiefpunkt *m;* **to be at** [*or* **hit**] **~** am Tiefpunkt [angelangt] sein; *person a.* am Boden zerstört sein

rocker ['rak·ər] *n* ❶ (*chair*) Schaukelstuhl *m* ❷ (*curved bar*) *of a chair* [Roll]kufe *f; of a cradle* [Wiegen]kufe ❸ (*musician*) Rockmusiker(in) *m(f);* (*fan*) Rockfan *m* ▶ PHRASES: **to be off one's ~** überschnappt sein

rocket ['rak·ɪt] **I.** *n* ❶ (*missile*) [Marsch]flugkörper *m;* (*for space travel*) Rakete *f* ❷ (*firework*) [Feuerwerks]rakete *f* **II.** *vi* ■**to ~** [**up**] *costs, prices* hochschnellen, in die Höhe schnellen; **to ~ to fame** über Nacht berühmt werden

Rockies ['rak·iz] *n* ■**the ~** die Rocky Mountains *pl*

'rocking chair *n* Schaukelstuhl *m*

'rocking horse *n* Schaukelpferd *nt*

'rock music *n* Rockmusik *f*

rock 'n' 'roll *n* Rock and Roll *m*

'rock salt *n* Steinsalz *nt*

'rock star *n* Rockstar *m*

rocky¹ ['rak·i] *adj* ❶ (*characterized by rocks*) felsig ❷ (*full of rocks*) *soil* steinig

rocky² ['rak·i] *adj* ❶ (*tottering*) wackelig *fam* ❷ (*full of difficulties*) schwierig; *future* unsicher

Rocky 'Mountains *n* ■**the ~** die Rocky Mountains *pl*

> ⓘ Die **Rocky Mountains**, auch bekannt als **Rockies**, sind eine ausgedehnte Bergkette im Westen Nordamerikas, die sich über 3.000 Meilen (4.800 km) von British Columbia/Kanada bis nach New Mexico/USA erstrecken. Die Gipfel der Rocky Mountains sind geologisch betrachtet relativ jung, jedoch genauso hoch und spitzer zulaufend als die der Appalachen im Osten Nordamerikas. Der höchste Berg ist der Mt. Elbert/Colorado, der seinen Höhepunkt in 14.433 Fuß (4.399 m) Höhe erreicht. In den Rocky Mountains liegt auch der *Continental Divide,* ein Gebirgspass, von dessen einer Seite alle Gewässer in den Atlantischen Ozean und von der anderen alle in den Pazifischen Ozean fließen.

rococo [rə·'koʊ·koʊ] **I.** *adj* Rokoko- *f* **II.** *n* Rokoko *nt*

rod [rad] *n* ❶ (*bar*) Stange *f* ❷ (*for punishing*) Rute *f;* (*cane*) Rohrstock *m* ❸ (*for fishing*) [Angel]rute *f;* (*angler*) Angler(in) *m(f)* ▶ PHRASES: **to rule sb/sth with a ~ of iron** jdn/etw mit eiserner Hand regieren

rode [roʊd] *pt of* **ride**

rodent ['roʊ·dənt] **I.** *n* Nagetier *nt* **II.** *adj* nagend, Nage-

rodeo ['roʊ·di·oʊ] *n* Rodeo *nt*

roe [roʊ] *n of female fish* Rogen *m; of male fish* Milch

roger ['radʒ·ər] *interj* **~!** verstanden!, roger! *sl*

rogue [roʊg] **I.** *n* (*pej*) Gauner(in) *m(f);* (*rascal*) Spitzbube *m* **II.** *adj company, organization* skrupellos; **~ state** Schurkenstaat *m*

roguish ['roʊ·gɪʃ] *adj* ❶ (*dishonest*) schurkisch ❷ (*mischievous*) schelmisch; *smile, twinkle* spitzbübisch

role [roʊl] *n* ❶ FILM, THEAT, TV Rolle *f;* **supporting ~** Nebenrolle *f* ❷ (*function*) Rolle *f,* Funktion *f*

'role model *n* Rollenbild *nt*

'role play, **'role playing** *n* Rollenspiel *nt*

'role reversal *n* Rollentausch *m kein pl*

R

roll [roʊl] **I.** *n* ❶ (*cylinder, cylindrical mass*) *of film, paper* Rolle *f;* *of cloth* Ballen *m* ❷ (*list*) [Namens]liste *f;* (*register*) Verzeichnis *nt* ❸ (*bread*) Brötchen *nt* ❹ (*movement*) Rollen *nt;* (*turning over*) Herumrollen *nt;* (*wallowing*) Herumwälzen *nt* ❺ (*unsteady movement*) *of a car, plane, ship* Schlingern *nt* ❻ *usu sing* (*sound*) *of thunder* [G]rollen *nt kein pl;* *drum* ~ Trommelwirbel *m* ▶ PHRASES: **to be on a** ~ (*fam*) eine Glückssträhne haben **II.** *vt* ❶ (*cause to move around axis, push on wheels*) rollen; *eyes* verdrehen ❷ (*turn over*) drehen; **to** ~ **one's car** sich mit dem Auto überschlagen ❸ (*shape*) ■**to** ~ **sth into sth** etw zu etw *dat* rollen; **he ~ed the clay into a ball** er formte den Ton zu einer Kugel ❹ (*wind*) aufrollen; *cigarette* drehen ❺ (*wrap*) ■**to** ~ **sth in sth** etw in etw *akk* einwickeln ❻ (*flatten*) walzen; *pastry dough* ausrollen **III.** *vi* ❶ (*move around axis, move on wheels*) rollen (**off** von +*dat*); (*turn over*) sich herumrollen; (*wallow*) sich [herum]wälzen ❷ (*flow*) *drops, waves* rollen; *tears* kullern ❸ (*oscillate*) *ship, plane* schlingern; (*person*) schwanken ❹ (*operate*) laufen; **to keep sth ~ing** etw in Gang halten ❺ (*fig: elapse*) *years* **to** ~ **by** vorbeiziehen ❻ (*undulate*) wallen ❼ (*reverberate*) widerhallen; *thunder* [g]rollen
♦**roll around** *vi* (*move around axis, turn over*) herumrollen; (*wallow*) sich herumwälzen
♦**roll back** *vt* ❶ (*move back*) zurückrollen; (*push back*) zurückschieben; (*fold back*) zurückschlagen ❷ (*fig: reverse development*) *advances* umkehren; **to** ~ **back the years** die Uhr zurückdrehen *fig* ❸ (*lower*) *costs, prices, wages* senken
♦**roll down I.** *vt* ❶ (*move around axis*) hinunterrollen; (*bring down*) herunterrollen ❷ (*turn*) *window* herunterkurbeln **II.** *vi* hinunterrollen; (*come down*) herunterrollen; *tears a.* herunterlaufen
♦**roll in I.** *vi* (*fam*) ❶ (*move*) hineinrollen; (*come in*) hereinrollen ❷ (*be received*) *offers* [massenhaft] eingehen; *money* reinkommen *fam* ❸ (*arrive*) hereinplatzen *fam* ▶ PHRASES: **to be ~ing in money** (*fam*) im Geld schwimmen **II.** *vt* (*bring in*) hereinrollen; (*take in*) hineinrollen
♦**roll on I.** *vi* (*continue*) weitergehen; *time* verfliegen **II.** *vt* (*apply*) aufwalzen
♦**roll out I.** *vt* ❶ (*take out*) hinausrollen; (*bring out*) herausrollen ❷ *dough* ausrollen; *metal* auswalzen ❸ ECON *new product* herausbringen **II.** *vi* ECON *new product* herauskommen
♦**roll over I.** *vi* herumrollen; *person, animal* sich umdrehen; *car* umkippen; *boat* kentern; **to** ~ **over onto one's side** sich auf die Seite rollen **II.** *vt* ❶ (*turn over*) umdrehen ❷ FIN *credit* erneuern; *debt* umschulden
♦**roll up I.** *vt* ❶ (*move up, around axis*) hochrollen; *sleeves* hochkrempeln; *window* hoch-

kurbeln ❷ (*coil*) aufrollen; *string* aufwickeln ❸ FIN, ECON *credit* verlängern **II.** *vi* ❶ (*move up*) hochrollen ❷ (*fam: arrive*) aufkreuzen
'roll call *n* Namensaufruf *m kein pl*
roller ['roʊ·lər] *n* ❶ (*for paint*) Rolle *f,* Roller *m* ❷ (*for hair*) Lockenwickler *m* ❸ TECH Walze *f*
'Rollerblade® **I.** *n* SPORTS Rollerblade® *m,* Inlineskater *m* **II.** *vi* inlineskaten
'roller coaster *n* Achterbahn *f*
'roller skate *n* Rollschuh *m*
'roller-skate *vi* Rollschuh laufen [*o* fahren]
'roller skater *n* Rollschuhläufer(in) *m(f)*
rolling ['roʊ·lɪŋ] *adj attr* ❶ (*moderately rising*) *hills* sanft ansteigend ❷ (*undulating*) *gait* wankend, schwankend ❸ (*not immediate*) *implementation* allmählich
'rolling pin *n* Nudelholz *nt*
'roll-on I. *adj attr* Roll-on- **II.** *n* (*deodorant*) Deoroller *m*
roly-poly [ˌroʊ·li·ˈpoʊ·li] *adj* (*hum fam*) rundlich; *baby* moppelig *fam;* *child* pummelig
ROM [ram] *n abbrev of* **Read Only Memory** ROM *m o nt*
Roman ['roʊ·mən] **I.** *adj* römisch **II.** *n* Römer(in) *m(f)*
Roman 'Catholic I. *adj* römisch-katholisch **II.** *n* Katholik(in) *m(f)*
romance [roʊ·ˈmæns] *n* ❶ (*romanticism*) Romantik *f;* (*love*) romantische Liebe ❷ (*love affair*) Romanze *f,* Liebesaffäre *f* ❸ (*movie*) Liebesfilm *m;* (*book*) Liebesroman *m;* (*medieval tale*) Ritterroman *m*
Romance [roʊ·ˈmæns] *adj* LING ~ **languages** romanische Sprachen
Romanesque [ˌroʊ·mə·ˈnesk] ARCHIT **I.** *adj* romanisch **II.** *n* ■**the** ~ die Romanik
Romania [roʊ·ˈmeɪ·ni·ə] *n* Rumänien *nt*
Romanian [roʊ·ˈmeɪ·ni·ən] **I.** *adj* rumänisch **II.** *n* ❶ (*person*) Rumäne(in) *m(f)* ❷ (*language*) Rumänisch *nt*
romantic [roʊ·ˈmæn·tɪk] **I.** *adj* romantisch **II.** *n* Romantiker(in) *m(f)*
romanticism, Romanticism [roʊ·ˈmæn·tɪ·sɪz·əm] *n* ART, LIT Romantik *f*
Romany ['ram·ə·ni] **I.** *n* ❶ (*gypsy*) Roma *pl* ❷ (*language*) Romani *nt* **II.** *adj* Roma-
Rome [roʊm] *n* Rom *nt*
romp [ramp] **I.** *vi* (*play*) *children, young animals* tollen **II.** *n* ❶ (*play*) Tollerei *f kein pl* ❷ (*book, film, play*) Klamauk *m kein pl*
roof [ruf] **I.** *n* ❶ (*top of house*) Dach *nt* ❷ (*attic*) Dachboden *m* ❸ (*ceiling*) *of a cave* Decke *f; of mouth* Gaumen *m* **II.** *vt* überdachen
roofing ['ru·fɪŋ] **I.** *n* ❶ (*material*) Material *nt* zum Dachdecken ❷ (*job*) Dachdecken *nt* **II.** *adj* Dach-; ~ **material** Bedachungsmaterial *nt*
'roof rack *n* Dachgepäckträger *m*
'rooftop *n* Dach *nt*
rook [rʊk] *n* CHESS Turm *m*
rookie ['rʊk·i] *n* (*fam*) Neuling *m;* MIL Rekrut(in) *m(f)*

room [rum] **I.** *n* ❶ (*space*) Platz *m;* (*scope a.*) Raum *m;* ~ **for maneuver** Bewegungsspielraum *m* ❷ (*in a building*) Zimmer *nt,* Raum *m;* **double** ~ Doppelzimmer *nt* ❸ (*people present*) **the whole** ~ **turned around and stared at him** alle, die im Zimmer waren, drehten sich um und starrten ihn an **II.** *vi* wohnen; ■ **to** ~ **with sb** mit jdm zusammen wohnen

roomful ['rum·fʊl] *n usu sing* **a** ~ **of people** ein Zimmer *nt* voller Leute

'**rooming house** *n* Pension *f*

'**roommate** *n* ❶ (*sharing room*) Zimmergenosse(in) *m(f)* ❷ (*sharing apartment or house*) Mitbewohner(in) *m(f)*

'**room service** *n* Zimmerservice *m*

room 'temperature *n* Zimmertemperatur *f*

roomy ['ru·mi] *adj* (*approv*) geräumig

roost [rust] **I.** *n* Rastplatz *m;* (*for sleep*) Schlafplatz *m* **II.** *vi* rasten

rooster ['ru·stər] *n* Hahn *m*

root¹ [rut] **I.** *n* ❶ (*embedded part*) Wurzel *f;* (*of potato*) Knolle *f;* (*of a tulip*) Zwiebel *f;* **to take** ~ Wurzeln schlagen ❷ (*fig: basic cause*) Wurzel *f,* Ursprung *m;* (*essential substance*) Kern *m kein pl* ❸ *pl* (*fig: origins*) Wurzeln *pl,* Ursprung *m* ❹ MATH Wurzel *f;* **square** ~ Quadratwurzel *f* **II.** *vt cuttings, plants* einpflanzen **III.** *vi plant* wurzeln, Wurzeln schlagen

root² [rut] *vi* (*fam: support*) **to** ~ **for a team** eine Mannschaft anfeuern

root around *vi* (*fam*) herumwühlen (**in** in +*dat*), wühlen (**for** nach +*dat*)

◆**root out** *vt* ❶ BOT *plant, weeds* ausgraben ❷ (*eliminate*) *evil* ausrotten ❸ (*find*) aufstöbern

---

ℹ️ Root beer ist eine Art Limonade aus verschiedenen Pflanzenextrakten. Um daraus *root beer float* zu machen, vermischt man *root beer* mit Vanilleeis und schlürft das Ganze mit einem Strohhalm.

---

rootless ['rut·lɪs] *adj* ❶ BOT wurzellos ❷ (*without home*) heimatlos

'**root vegetable** *n* (*beets, carrots*) Wurzel *f,* Wurzelgemüse *nt;* (*potatoes*) Knolle *f*

rope [roʊp] **I.** *n* ❶ (*cord*) Seil *nt,* Strick *m;* NAUT Tau *nt* ❷ (*lasso*) Lasso *nt* **II.** *vt* anseilen, festbinden (**to** an +*dat*); **to** ~ **calves** Kälber mit dem Lasso [ein]fangen

◆**rope in** *vt* (*fam*) einspannen

◆**rope off** *vt* **to** ~ **off** ↻ **an area** ein Gebiet [mit Seilen/einem Seil] absperren

'**rope ladder** *n* Strickleiter *f*

rosary ['roʊ·zə·ri] *n* Rosenkranz *m*

rose¹ [roʊz] **I.** *n* ❶ (*flower*) Rose *f;* (*bush*) Rosenbusch *m;* (*tree*) Rosenbäumchen *nt* ❷ (*nozzle*) Brause *f* ❸ (*color*) Rosa *nt* ▸ PHRASES: **to come out smelling like a** ~ bestens laufen **II.** *adj* rosa

rose² [roʊz] *pt of* **rise**

'**rosebud** *n* Rosenknospe *f*

'**rosebush** *n* Rosenstrauch *m*

'**rose garden** *n* Rosengarten *m*

'**rose hip I.** *n* Hagebutte *f* **II.** *adj syrup, wine* Hagebutten-

rosemary ['roʊz·mer·i] *n* Rosmarin *m*

'**rose water** *n* Rosenwasser *nt*

rosin ['raz·ən] MUS **I.** *n* Kolophonium *nt* **II.** *vt* **to** ~ **a violin bow** einen Geigenbogen mit Kolophonium einreiben

roster ['ras·tər] *n* ❶ (*list*) Liste *f;* (*plan*) Plan *m;* **duty** ~ Dienstplan *m* ❷ SPORTS Spielerliste *f*

rostrum <*pl* -s *or* -tra> ['ras·trəm] *n* (*raised platform*) Tribüne *f,* Podium *nt;* (*for public speaker a.*) Rednerpult *nt*

rosy ['roʊ·zi] *adj* rosig *a. fig*

rot [rat] **I.** *n* ❶ (*process*) Fäulnis *f* ❷ (*decayed matter*) Verfaultes *nt,* Verwestes *nt* ❸ BOT Fäule *f* **II.** *vi* <-tt-> ❶ (*decay*) verrotten; *teeth, meat* verfaulen; *woodwork* vermodern ❷ (*deteriorate*) *institution, society* verkommen **III.** *vt* <-tt-> ■ **to** ~ **sth** etw vermodern lassen

◆**rot away** *vi* verfaulen

rotary ['roʊ·ṭə·ri] **I.** *adj* kreisend, rotierend, Dreh- **II.** *n* TRANSP *see* **traffic circle**

rotate ['roʊ·teɪt] **I.** *vi* ❶ (*revolve*) rotieren (**around** um +*akk*) ❷ (*alternate*) wechseln **II.** *vt* ❶ (*cause to turn*) drehen ❷ (*alternate*) **to** ~ **duties** Aufgaben turnusmäßig [abwechselnd] verteilen; *troops* auswechseln ❸ AGR *crops* im Fruchtwechsel anbauen

rotation [roʊ·'teɪ·ʃən] *n* Rotation *f,* Umdrehung *f;* **crop** ~ AGR Fruchtwechsel *m;* **in** ~ im Wechsel

rote [roʊt] *n* (*usu pej*) **by** ~ *learn* auswendig

rotor ['roʊ·tər] *n* Rotor *m*

rotten ['rat·ən] **I.** *adj* ❶ (*decayed*) verfault; *fruit* verdorben; *tooth* faul; *wood* modrig ❷ (*corrupt*) korrupt, völlig verdorben *fig* ❸ (*fam: very bad*) mies; **I'm a** ~ **cook** ich bin ein hundsmiserabler Koch ❹ (*fam: nasty*) *trick, joke* gemein **II.** *adv* (*fam*) total *fam;* **spoiled** ~ *child* völlig verzogen

rotund [roʊ·'tʌnd] *adj* (*plump*) *person* massig

rotunda [roʊ·'tʌn·də] *n* Rotunde *f*

rouble ['ru·bəl] *n see* **ruble**

rouge [ruʒ] *n* (*makeup*) Rouge *nt*

rough [rʌf] **I.** *adj* ❶ (*uneven*) rau; *ground, terrain* uneben; *landscape* rau, unwirtlich; *fur, hair* struppig ❷ (*not soft*) rau, hart; (*in taste*) *wine* sauer ❸ (*fam: difficult*) hart, schwer; **to give sb a** ~ **time** jdm das Leben ganz schön schwer machen ❹ (*makeshift*) einfach, primitiv ❺ (*unrefined*) rau, ungehobelt ❻ (*imprecise*) grob; **to give sb a** ~ **idea of sth** jdm eine ungefähre Vorstellung von etw *dat* geben **II.** *adv* (*fam*) rau **III.** *n* (*in golf*) ■ **the** ~ das Rough *fachspr* **IV.** *vt* (*fam*) **to** ~ **it** [ganz] primitiv leben

roughage ['rʌf·ɪdʒ] *n* ❶ (*fiber*) Ballaststoffe *pl* ❷ (*fodder*) Raufutter *nt*

'**rough-and-tumble** *adj attr* ~ **atmosphere** raue Atmosphäre

R

rough 'draft n (*first version*) Rohfassung f; (*sketch*) Entwurf m

roughen ['rʌf·ən] **I.** vt aufrauen **II.** vi skin, voice rau werden; society verrohen; weather stürmisch werden

'roughhouse vi ❶ (*be boisterous*) Radau machen fam ❷ (*have playful fight*) sich raufen ❸ (*have a fight*) sich prügeln

roughly ['rʌf·li] adv ❶ (*harshly, without refinement*) grob, roh; ~ **sketched** skizzenhaft ❷ (*approximately*) grob; ~ **speaking** ganz allgemein gesagt; ~ **the same** ungefähr gleich

'roughneck n ❶ (*fam: rude person*) Rohling m pej, Grobian m pej ❷ (*oil rig worker*) Bohrarbeiter(in) m(f)

roughness ['rʌf·nɪs] n ❶ (*not smoothness*) Rauheit f; of ground, terrain Unebenheit f ❷ (*harshness*) Rauheit f; of a game a. Härte f

'roughshod adv to ride ~ **over sb** (*fig*) jdn unterdrücken

roulette [ru·'let] n Roulette nt

round [raʊnd] **I.** adj <-er, -est> (*circular*) rund; face rundlich; vowel gerundet **II.** n ❶ (*of drinks*) Runde f ❷ (*series*) Folge f; SPORTS Runde f; ~ **of talks** Gesprächsrunde f ❸ (*salvo*) ~ **of applause** Beifall m ❹ (*shot*) ~ **of ammunition** Ladung f ❺ (*routine*) Trott m pej **III.** vt ❶ (*make round*) umrunden ❷ (*go around*) to ~ **the corner** um die Ecke biegen

◆**round down** vt number, sum abrunden

◆**round off** vt abrunden

◆**round out** vt story abrunden

◆**round up** vt ❶ (*increase*) figure aufrunden ❷ (*gather*) people zusammentrommeln fam; things zusammentragen; cattle zusammentreiben; support holen

roundabout ['raʊnd·ə·baʊt] adj umständlich; **to take a ~ route** einen Umweg machen; **to ask sb in a ~ way** jdn durch die Blume fragen

rounded ['raʊn·dɪd] adj rund; edges abgerundet

roundly ['raʊnd·li] adv (*form*) gründlich; criticize heftig kritisieren; defeat haushoch besiegen

round 'robin n (*competition format*) Wettkampf, in dem jeder gegen jeden antritt

round'table adj attr ~ **discussion** Gespräch nt am runden Tisch

'round-the-clock adj rund um die Uhr

round 'trip **I.** n Rundreise f **II.** adv **to fly ~** ein Rückflugticket haben

round-trip 'ticket n Hin- und Rückfahrkarte f; AVIAT Hin- und Rückflugticket nt

'roundup n ❶ (*gathering*) Versammlung f; of criminals, suspects Festnahme f; of cattle Zusammentreiben nt ❷ (*summary*) Zusammenfassung f

rouse [raʊz] vt ❶ (*waken*) wecken ❷ (*activate*) **to ~ sb to action** jdn zum Handeln bewegen

rousing ['raʊ·zɪŋ] adj mitreißend; cheer, reception stürmisch

rout [raʊt] **I.** n ❶ (*defeat*) Niederlage f ❷ (*disorderly retreat*) ungeordneter Rückzug **II.** vt (*form: defeat*) besiegen

◆**rout out** vt herausjagen; (*find*) aufstöbern

route [raʊt] **I.** n ❶ (*way*) Strecke f, Route f; of a parade Verlauf m; **the ~ to success** der Weg zum Erfolg ❷ TRANSP Linie f ❸ (*delivery path*) Runde f; **to have a paper** ~ Zeitungen austragen **II.** vt schicken; deliveries liefern

> **i** Die berühmte **Route 66** führt von Chicago nach Los Angeles. Während der Weltwirtschaftskrise der 30er nahmen viele die **Route 66**, um nach Kalifornien zu ziehen. Die **Route 66** durchquert acht amerikanische Bundesstaaten.

routine [ru·'tin] **I.** n ❶ (*habit*) Routine f ❷ (*dancing*) Figur f; (*gymnastics*) Übung f ❸ COMPUT Programm nt **II.** adj ❶ (*regular*) routinemäßig; ~ **inspection/search** Routineuntersuchung/-durchsuchung f; **to become** ~ zur Gewohnheit werden ❷ (*pej: uninspiring*) routinemäßig; performance durchschnittlich

routinely [ru·'tin·li] adv routinemäßig

rove [roʊv] **I.** vi person umherwandern; gaze [umher]schweifen **II.** vt **to ~ the world** durch die Welt ziehen

roving ['roʊ·vɪŋ] adj umherstreifend attr; ~ **ambassador** Botschafter(in) m(f) für mehrere Vertretungen

row[1] [roʊ] n ❶ (*line*) Reihe f; **in ~s** reihenweise ❷ **in a** ~ (*in succession*) hintereinander

row[2] [roʊ] **I.** vi rudern **II.** vt boat rudern (**across** über +akk)

row[3] [raʊ] **I.** n (*argument*) Streit m, Krach m fam **II.** vi (*fam*) sich streiten

rowboat ['roʊ·boʊt] n Ruderboot nt

rowdy ['raʊ·di] adj (*pej*) laut, rüpelhaft; party wild

rower ['roʊ·ər] n Ruderer m, Ruderin f

'row house n Reihenhaus nt

rowing ['roʊ·ɪŋ] n Rudern nt

royal ['rɔɪ·əl] **I.** adj <-er, -est> ❶ (*of a monarch*) königlich ❷ (*fig*) fürstlich **II.** n (*fam*) Angehörige(r) f(m) der königlichen Familie

royalty ['rɔɪ·əl·ti] n ❶ + sing/pl vb (*sovereignty*) Königshaus nt; **to treat sb like ~** jdn fürstlich behandeln ❷ PUBL ■**royalties** pl Tantiemen pl

rpm <pl -> [ˌar·pi·'em] n AUTO, AVIAT abbrev of revolutions per minute U/min

RR [ˌar·'ar] n abbrev of railroad

RSI [ˌar·es·'aɪ] n MED abbrev of repetitive strain injury RSI-Syndrom f (*chronische Beschwerden durch einseitige Belastung*)

RSVP [ˌar·es·vi·'pi] abbrev of répondez s'il vous plaît u. A. w. g.

rub [rʌb] **I.** n ❶ Reiben nt kein pl; **to give sth a ~** hair etw trocken rubbeln; material etw polieren **II.** vt <-bb-> einreiben; furniture behandeln; (*polish*) polieren; **to ~ one's hands together** sich dat die Hände reiben **III.** vi

<-bb-> reiben; *shoes, collar* scheuern
◆**rub down** *vt surface* abreiben, abwischen; ■**to ~ down** ↻ **sb** jdn abfrottieren
◆**rub in** *vt* ❶ (*spread*) einreiben ❷ (*fam: keep reminding*) ■**to ~ it in** auf etw *dat* herumreiten ▸ PHRASES: **to ~ sb's nose in it** jdm etw unter die Nase reiben *fam*
◆**rub off** I. *vi* ❶ (*become clean*) wegreiben; *stains* rausgehen ❷ (*fam: affect*) ■**sth ~s off on sb** etw färbt auf jdn ab II. *vt* wegwischen
◆**rub out** I. *vt* ❶ (*erase*) ausradieren ❷ (*sl: murder*) ■**to ~ out** ↻ **sb** jdn abmurksen *sl* II. *vi stain* herausgehen; (*erase*) sich ausradieren lassen
rubber ['rʌb·ər] *n* ❶ (*elastic substance*) Gummi *m o nt* ❷ (*sl: condom*) Gummi *m* ❸ (*shoes*) ■**~s** *pl* Überschuhe *pl* (*aus Gummi*)
rubber 'band *n* Gummiband *nt*
rubber 'boot *n* Gummistiefel *m*
rubber 'check *n* (*sl*) ungedeckter Scheck
rubberneck ['rʌb·ər·nek] (*sl*) I. *n see* **rubbernecker** II. *vi* gaffen *fam*
rubbernecker ['rʌb·ər·nek·ər] *n* (*sl*) Gaffer(in) *m(f) pej fam*
'rubber plant *n* Gummibaum *m*
'rubber stamp *n* Stempel *m;* (*fig*) Genehmigung *f*
rubber-'stamp *vt* (*a. pej*) genehmigen; *decision* bestätigen
'rubber tree *n* Kautschukbaum *m*
rubbery ['rʌb·ə·ri] *adj* ❶ (*rubberlike*) gummiartig; *meat* zäh ❷ (*fam: weak*) *legs* wackelig
rubbish ['rʌb·ɪʃ] *n* ❶ (*waste*) Müll *m* ❷ (*fig fam: nonsense*) Quatsch *m* ❸ (*fam: junk*) Gerümpel *nt*
rubble ['rʌb·əl] *n* ❶ (*smashed rock*) Trümmer *pl;* **to reduce sth to ~** (*fig*) etw in Schutt und Asche legen ❷ (*for building*) Bauschutt *m*
rubella [ru·'bel·ə] *n* (*spec*) Röteln *pl*
ruble, rouble ['ru·bəl] *n* Rubel *m*
ruby ['ru·bi] I. *n* Rubin *m* II. *adj* ❶ (*made of rubies*) *ring, necklace, bracelet* Rubin- ❷ (*color*) rubinrot
rucksack ['rʌk·sæk] *n* Rucksack *m*
ruckus ['rʌk·əs] *n* (*fam*) Krawall *m*
rudder ['rʌd·ər] *n* [Steuer]ruder *nt*
ruddy ['rʌd·i] *adj* (*approv: red*) rot; (*liter*) rötlich; *cheeks* gerötet
rude [rud] *adj* ❶ (*impolite*) unhöflich; *behavior* unverschämt; *gesture* ordinär; *joke* unanständig ❷ *attr* (*sudden*) unerwartet; *awakening, surprise* böse
rudimentary [ˌru·də·'men·tə·ri] *adj* (*form*) ❶ (*basic*) elementar ❷ (*not highly developed*) primitiv; *method* einfach
rudiments ['ru·də·mənts] *npl* ■**the ~** die Grundlagen *pl*
rue [ru] *vt* (*liter*) bereuen
rueful ['ru·fəl] *adj* (*liter*) reuevoll
ruff [rʌf] *n on clothing, of an animal* Halskrause *f*
ruffian ['rʌf·i·ən] *n* Schlingel *m*

ruffle ['rʌf·əl] I. *vt* ❶ (*agitate*) durcheinanderbringen; *hair* zerzausen ❷ (*fig: upset*) aus der Ruhe bringen ▸ PHRASES: **to ~ sb's feathers** jdn auf die Palme bringen *fam* II. *n* Rüsche *f*
rug [rʌg] *n* ❶ (*carpet*) Teppich *m* ❷ (*sl: hairpiece*) Haarteil *nt*
rugby ['rʌg·bi] *n* Rugby *nt*
rugged ['rʌg·ɪd] *adj* ❶ (*uneven*) *terrain, ground* uneben; *cliff, mountain* zerklüftet; *landscape, coast* wild ❷ (*robust, sturdy*) kräftig; *looks, features* markant; *vehicle* robust ❸ (*solid*) fest; *honesty* unerschütterlich
'rugrat *n* (*fam*) Krabbelkind *nt*
ruin ['ru·ɪn] I. *vt* (*destroy*) zerstören; *dress, reputation* ruinieren; **to ~ sb's day** jdm den Tag vermiesen; *hopes* zunichtemachen; **to ~ sb's chances** jdm die Suppe versalzen II. *n* ❶ (*destroyed building*) Ruine *f* ❷ ■**~s** *pl of building* Ruinen *pl; of reputation* Reste *pl; of career, hopes* Trümmer *pl;* **to be in ~s** eine Ruine sein; (*after bombing, fire*) in Schutt und Asche liegen; (*fig*) zerstört sein ❸ (*bankruptcy*) Ruin *m*
ruinous ['ru·ə·nəs] *adj* ruinös
rule [rul] I. *n* ❶ (*instruction*) Regel *f;* **~s and regulations** Regeln und Bestimmungen; **to be against the ~s** gegen die Regeln verstoßen ❷ (*control*) Herrschaft *f;* **the ~ of law** die Rechtsstaatlichkeit ▸ PHRASES: **as a [general] ~** in der Regel II. *vt* ❶ (*govern*) regieren ❷ (*control*) beherrschen ❸ (*draw*) *line* ziehen III. *vi* (*control*) herrschen; *king, queen* regieren
◆**rule out** *vt* ausschließen
'rule book *n* Vorschriftenbuch *nt*
ruler ['ru·lər] *n* ❶ (*person*) Herrscher(in) *m(f)* ❷ (*device*) Lineal *nt*
ruling ['ru·lɪŋ] I. *adj attr* ❶ (*governing*) herrschend ❷ (*primary*) hauptsächlich; *ambition, passion* größte(r, s) II. *n* LAW Entscheidung *f*
rum [rʌm] *n* (*drink*) Rum *m*
Rumania [roʊ·'meɪ·ni·ə] *see* **Romania**
rumba ['rʌm·bə] *n* Rumba *m*
rumble ['rʌm·bəl] I. *n* ❶ (*sound*) Grollen *nt kein pl; of stomach* Knurren *nt* ❷ (*fam*) Schlägerei *f* II. *vi* rumpeln; *stomach* knurren; *thunder* grollen
rumbling ['rʌm·bəl·ɪŋ] I. *n* ❶ (*indication*) ■**~s** *pl* [erste] Anzeichen *pl* ❷ (*sound*) Grollen *nt; of distant guns* Donnern *nt* II. *adj* grollend *attr*
ruminant ['ru·mə·nənt] *n* ZOOL Wiederkäuer *m*
ruminate ['ru·mə·neɪt] *vi* ❶ (*form: meditate*) nachgrübeln (**over/on** über +*akk*) ❷ *cows* wiederkäuen
rummage ['rʌm·ɪdʒ] I. *vi* ■**to ~ through sth** etw durchstöbern II. *n* Durchstöbern *nt*
'rummage sale *n* Flohmarkt *m*
rummy ['rʌm·i] *n* CARDS Rommé *nt*
rumor ['ru·mər] I. *n* Gerücht *nt;* **to spread a ~ that ...** das Gerücht verbreiten, dass ... II. *vt passive* **the president is ~ed to be seriously ill** der Präsident soll angeblich ernsthaft krank sein; **it is ~ed that ...** es wird gemunkelt,

R

dass ...

rump [rʌmp] *n* ❶ *of an animal* Hinterbacken *pl* ❷ (*beef*) Rumpsteak *nt* ❸ (*hum: buttocks*) Hinterteil *nt fam*

rumple ['rʌm·pəl] *vt* zerknittern

rumpus ['rʌm·pəs] *n* (*fam*) Krawall *m*, Krach *m*

run [rʌn] **I.** *n* ❶ (*jog*) Lauf *m;* **to go for a ~** laufen gehen ❷ (*course*) Strecke *f* ❸ (*period*) Dauer *f;* **~ of good luck** Glückssträhne *f* ❹ (*enclosed area*) Gehege *nt* ❺ SPORTS (*in baseball*) Run *m* ❻ (*in stocking*) Laufmasche *f* ❼ (*fam*) ■**the ~s** *pl* (*diarrhea*) Dünnpfiff *m fam* ▶ PHRASES: **in the long ~** auf lange Sicht gesehen; **in the short ~** kurzfristig **II.** *vi* <ran, run> ❶ (*move fast*) laufen, rennen; **to ~ for cover** schnell in Deckung gehen; **to ~ for one's life** um sein Leben rennen ❷ (*operate*) fahren, verkehren; *engine* laufen; *machine* in Betrieb sein; **work is ~ning smoothly at the moment** die Arbeit geht im Moment glatt von der Hand ❸ (*travel*) laufen; (*go*) verlaufen; *ski* gleiten; **the route ~s through the mountains** die Strecke führt durch die Berge ❹ (*last*) [an]dauern; **the film ~s for two hours** der Film dauert zwei Stunden ❺ (*flow*) fließen; **my nose is ~ning** meine Nase läuft; **the river ~s [down] to the sea** der Fluss mündet in das Meer ❻ POL (*enter an election*) kandidieren; **to ~ for President** für das Präsidentenamt kandidieren ❼ (*fray*) *stocking* eine Laufmasche bekommen ▶ PHRASES: **to ~ in the family** in der Familie liegen; **to ~ low** *supplies* [langsam] ausgehen **III.** *vt* <ran, run> ❶ (*pass*) **he ran a vacuum cleaner over the carpet** er saugte den Teppich ab; **to ~ one's fingers through one's hair** sich *dat* mit den Fingern durchs Haar fahren ❷ *machine* bedienen; *computer program, engine, dishwasher* laufen lassen ❸ (*manage*) *business* leiten; *farm* betreiben; *government, household* führen; **don't tell me how to ~ my life!** erklär mir nicht, wie ich mein Leben leben soll! ❹ (*conduct*) *course* anbieten; *experiment, test* durchführen ❺ (*let flow*) *water* laufen lassen; *a bath* einlaufen lassen ❻ (*disregard*) **to ~ a red light** (*fam*) eine rote Ampel überfahren ▶ PHRASES: **to ~ the show** verantwortlich sein

◆**run across** *vi* zufällig treffen; **to ~ across a problem** auf ein Problem stoßen

◆**run after** *vi* hinterherlaufen

◆**run along** *vi* (*fam*) ■**~!** troll dich!

◆**run around** *vi* ❶ (*bustle*) herumrennen *fam* ❷ (*run freely*) herumlaufen ❸ (*spend time with*) ■**to ~ around with sb** sich mit jdm herumtreiben *fam*

◆**run away** *vi person* weglaufen; *liquid* abfließen; ■**to ~ away from sb** jdn verlassen

◆**run down I.** *vt* ❶ (*hit*) überfahren; *boat* rammen ❷ (*reduce*) *production* drosseln; *supplies* einschränken ❸ (*fam: belittle*) runtermachen **II.** *vi* ❶ (*lose power*) *battery* leer werden ❷ (*become reduced*) reduziert

werden

◆**run into** *vi* ❶ (*hit*) hineinrennen (in +*akk*); **he ran into a tree on his motorcycle** er fuhr mit seinem Motorrad gegen einen Baum ❷ (*bump into*) ■**to ~ into sb** jdm über den Weg laufen; ■**to ~ into sth** (*fig*) auf etw *akk* stoßen; **to ~ into difficulties** auf Schwierigkeiten stoßen

◆**run off I.** *vi* ❶ (*fam: leave*) abhauen ❷ (*drain*) *liquid* ablaufen **II.** *vt* **he quickly ran off some copies for me** er machte schnell ein paar Kopien für mich

◆**run on** *vi* ❶ (*continue*) **the game ran on for too long** das Spiel zog sich zu lange hin; (*continue talking*) weiterreden ❷ (*power with*) ■**to ~ on sth** mit etw *dat* betrieben werden

◆**run out** *vi* ❶ (*finish*) ausgehen; **the milk has ~ out** die Milch ist alle ❷ (*expire*) *insurance policy* auslaufen

◆**run over I.** *vt* überfahren **II.** *vi* ❶ (*overflow*) *water, bath, sink* überlaufen ❷ (*review*) durchgehen

◆**run through I.** *vt* ■**to ~ sb through** [with sth] jdn mit etw *dat* durchbohren **II.** *vi* ❶ (*examine*) ■**to ~ through sth** etw durchgehen ❷ (*practice*) durchspielen

◆**run up I.** *vt* ❶ (*increase*) **to ~ up debt** Schulden machen ❷ (*sew quickly*) **to ~ up a dress** ein Kleid nähen **II.** *vi* **to ~ up against problems** auf Probleme stoßen

'**runaround** *n* (*fig*) **to give sb the ~** jdm keine klare Auskunft geben

'**runaway I.** *adj attr* ❶ (*out of control*) *economy, vehicle* außer Kontrolle geraten; *prices* galoppierend ❷ (*escaped*) *animal, prisoner* entlaufen; *horse* durchgegangen **II.** *n* Ausreißer(in) *m(f) fam*

'**rundown I.** *n* zusammenfassender Bericht **II.** *adj* ❶ (*dilapidated*) verwahrlost, heruntergekommen *fam; building* baufällig ❷ (*worn out*) abgespannt

rune [run] *n* ❶ (*letter*) Rune *f* ❷ (*mark*) Geheimnis *nt*

rung[1] [rʌŋ] *n* (*of ladder*) Sprosse *f;* (*fig*) Stufe *f*

rung[2] [rʌŋ] *pp of* **ring**

'**run-in** *n* (*fam*) Krach *m*

runner ['rʌn·ər] *n* ❶ (*person*) Läufer(in) *m(f);* (*horse*) Rennpferd *nt* ❷ (*messenger*) Bote(in) *m(f)* ❸ (*carpet*) Läufer *m*

runner-'up *n* Zweite(r); **to be the ~** den zweiten Platz belegen

running ['rʌn·ɪŋ] **I.** *n* ❶ (*not walking*) Laufen *nt*, Rennen *nt* ❷ (*management*) *of a business* Leitung *f; of a machine* Bedienung *f,* Überwachung *f* ▶ PHRASES: **to be out of the ~** (*as a competitor*) nicht mit im Rennen sein; (*as a candidate*) nicht mehr im Rennen sein **II.** *adj* ❶ *after n* (*in a row*) nacheinander nach *n,* hintereinander nach *n* ❷ (*ongoing*) [fort]laufend ❸ (*operating*) betriebsbereit

'**running back** *n* Running Back *m*

'**running costs** *npl* Betriebskosten *pl; of a car*

Unterhaltskosten *pl*

runny ['rʌn·i] *adj nose* laufend *attr; jam, sauce* dünnflüssig

'**runoff** *n* ❶ (*in a race*) Entscheidungslauf *m*, Entscheidungsrennen *nt* ❷ (*of rainfall*) Abfluss *m*

run-of-the-'mill *adj* durchschnittlich, mittelmäßig

runt [rʌnt] *n* ❶ (*animal*) *of a litter* zurückgebliebenes Jungtier ❷ (*pej sl: person*) Wicht *m*; (*child*) **little** ~ Würmchen *nt*, kleines Ding

'**run-through** *n* ❶ THEAT Durchlaufprobe *f* ❷ (*examination*) Durchgehen *nt*, Überfliegen *nt*

'**run-up** *n* ❶ SPORTS Anlauf *m* [zum Absprung] ❷ (*fig: prelude*) Vorlauf *m*, Endphase *f* der Vorbereitungszeit

'**runway** *n* AVIAT Start- und Landebahn *f* ❶ SPORTS Anlaufbahn *f* ❷ FASHION Laufsteg *m*

rupture ['rʌp·tʃər] **I.** *vi* zerreißen; *appendix* durchbrechen; *artery, blood vessel* platzen **II.** *vt* (*a. fig*) zerreißen *a. fig*; **to ~ a blood vessel** ein Blutgefäß zum Platzen bringen **III.** *n* (*a. fig*) Zerreißen *nt a. fig*, Zerbrechen *nt a. fig*, Bruch *m a. fig*; *of an artery, blood vessel* Platzen *nt*; (*hernia*) Bruch *m*; (*torn muscle*) [Muskel]riss *m*

rural ['rʊr·əl] *adj* ländlich, Land-

ruse [ruz] *n* List *f*

rush[1] [rʌʃ] **I.** *n* ❶ (*hurry*) Eile *f*; **to be in a ~** in Eile sein ❷ (*rapid movement*) Losstürzen *nt*, Ansturm *m*; (*press*) Gedränge *nt*, Gewühl *nt* ❸ (*a. fig: surge*) Schwall *m*, Woge *f*; *of emotions* [plötzliche] Anwandlung, Anfall *m* **II.** *vi* ❶ (*hurry*) eilen, hetzen; **stop ~ing!** hör auf zu hetzen!; ▪**to ~ in** hineinstürmen; *water* hineinschießen; ▪**to ~ out** hinausstürzen; *water* herausschießen; ▪**to ~ toward sb** auf jdn zueilen ❷ (*hurry into*) ▪**to ~ into sth** *decision, project* etw überstürzen **III.** *vt* ❶ (*send quickly*) **she was ~ed to the hospital** sie wurde auf schnellstem Weg ins Krankenhaus gebracht ❷ (*pressure*) ▪**to ~ sb** [**into sth**] jdn [zu etw *dat*] treiben; **don't ~ me!** dräng mich nicht! ❸ (*do hurriedly*) **let's not ~ things** lass uns nichts überstürzen

◆**rush out** *vt* COMM schnell auf den Markt bringen

rush[2] [rʌʃ] *n* BOT Binse *f*

'**rush hour** *n* Hauptverkehrszeit *f*

'**rush order** *n* Eilauftrag *m*

russet ['rʌs·ɪt] **I.** *n* ❶ (*potato*) Russet-Kartoffel *f* ❷ (*apple*) Boskop *m* **II.** *adj* (*esp liter*) rotbraun, gelbbraun **III.** *n* Rotbraun *nt*, Gelbbraun *nt*

Russia ['rʌʃ·ə] *n* Russland *nt*

Russian ['rʌʃ·ən] **I.** *adj* russisch **II.** *n* ❶ (*person*) Russe(in) *m(f)* ❷ (*language*) Russisch *nt*

rust [rʌst] **I.** *n* ❶ (*decay*) Rost *m* ❷ (*color*) Rostbraun *nt* **II.** *vi* rosten; ▪**to ~ away**/**through** ver-/durchrosten **III.** *vt* rostig machen; (*fig*) einrosten lassen

rustic ['rʌs·tɪk] *adj* ❶ (*of the country*) länd-

lich, rustikal ❷ (*simple*) grob [zusammen]gezimmert; (*fig*) schlicht, einfach

rustle ['rʌs·əl] **I.** *vi leaves, paper* rascheln; *silk* rauschen, knistern **II.** *vt* ❶ (*make noise*) **to ~ paper** mit Papier rascheln ❷ (*steal*) *cattle, horses* stehlen **III.** *n of paper, leaves* Rascheln *nt; of silk* Knistern *nt*

rustler ['rʌs·lər] *n* Viehdieb(in) *m(f)*

'**rustproof** **I.** *adj* rostbeständig; **~ paint** Rostschutzfarbe *f* **II.** *vt* rostbeständig machen

rusty ['rʌs·ti] *adj* ❶ (*covered in rust*) rostig, verrostet ❷ (*fig: out of practice*) eingerostet; **my Russian is a little ~** ich bin mit meinem Russisch etwas aus der Übung

rut [rʌt] *n* (*track*) [Rad]spur *f*, [Wagen]spur *f*; (*furrow*) Furche *f*; (*fig*) Trott *m*

rutabaga ['ru·tə·ˌbeɪ·gə] *n* BOT Steckrübe *f*

ruthless ['ruθ·lɪs] *adj action, behavior* rücksichtslos, skrupellos; *decision, measure* hart; *dictatorship* erbarmungslos

ruthlessness ['ruθ·lɪs·nɪs] *n of a person* Unbarmherzigkeit *f*, Erbarmungslosigkeit *f; of sb's behavior* Rücksichtslosigkeit *f; of an action* Skrupellosigkeit *f*

RV [ˌar·'vi] *n abbrev of* **recreational vehicle**

rye [raɪ] *n* Roggen *m;* ~ [**whiskey**] Roggenwhiskey *m*

S

S <*pl* -'s *or* -s>, **s** <*pl* -'s> [es] *n* S *nt*, s *nt;* **~ as in Sierra** S wie Siegfried

S [es] *n, adj* ❶ GEOG *abbrev of* **south, southern** S ❷ FASHION *abbrev of* **small** S

s <*pl* -> *abbrev of* **second** s, sek., Sek.

Sabbath ['sæb·əθ] *n* Sabbat *m*

sabbatical [sə·'bæt·ɪ·kəl] *n* [einjährige] Freistellung, Sabbatjahr *nt;* **to be on ~** [für ein Jahr] freigestellt sein

saber ['seɪ·bər] *n* Säbel *m*

sable ['seɪ·bəl] *n* ❶ ZOOL Zobel *m* ❷ (*fur*) Zobelpelz *m*

sabotage ['sæb·ə·tɑʒ] **I.** *vt machinery, efforts, plan* sabotieren; **to ~ sb's chances of success** jds Erfolgsaussichten zunichtemachen **II.** *n* Sabotage *f;* **industrial ~** Industriesabotage *f*

saboteur [ˌsæb·ə·'tɜr] *n* Saboteur(in) *m(f)*

sac [sæk] *n* BOT, ZOOL Beutel *f*

saccharin ['sæk·ər·ɪn] *n* Süßstoff *m*

saccharine ['sæk·ər·ɪn] *adj* Saccharin-; (*fig, pej*) süßlich

sachet [sæ·'ʃeɪ] *n* Päckchen *nt*

sack[1] [sæk] **I.** *n* (*bag*) Sack *m;* **a five-pound ~ of potatoes** ein fünf-Pfund-Sack Kartoffeln **II.** *vt* rausschmeißen *fam*

sack[2] [sæk] *vt* plündern

'**sackcloth** *n* Sackleinen *nt*

'**sackful** *n* Sack *m kein pl*

'**sack race** *n* Sackhüpfen *nt*

sacrament ['sæk·rə·mənt] *n* REL Sakrament *nt*

sacramental [ˌsæk·rə·'men·təl] *adj* sakramental; ~ **wine** liturgisch geweihter Wein; (*in Roman Catholic Church*) Messwein *m*

sacred ['seɪ·krɪd] *adj place* heilig; *tradition* geheiligt

sacrifice ['sæk·rə·faɪs] **I.** *vt* ❶ (*kill*) opfern ❷ (*give up*) opfern, aufgeben **II.** *vi* to ~ to the gods den Göttern Opfer bringen **III.** *n* Opfer *nt;* at great personal ~ unter großem persönlichen Verzicht; **to make ~s** Opfer bringen

sacrilege ['sæk·rə·lɪdʒ] *n* Sakrileg *nt geh;* (*fig*) Verbrechen *nt*

sacrilegious [ˌsæk·rə·'lɪdʒ·əs] *adj* frevelhaft; (*fig*) verbrecherisch

sacrosanct ['sæk·rou·sæŋkt] *adj* (*esp hum*) sakrosankt *geh; right, treaty* unverletzlich

SAD [ˌes·eɪ·'di] *n abbrev of* **seasonal affective disorder** Winterdepression *f*

sad <-dd-> [sæd] *adj* ❶ (*unhappy*) traurig; **to look ~** betrübt aussehen; **to make sb ~** jdn betrüben [*o* traurig machen] ❷ (*depressing*) *news* traurig; *incident* betrüblich ❸ (*regrettable*) traurig, bedauerlich; **~ to say** bedauerlicherweise ❹ (*pathetic*) bedauernswert, beklagenswert; (*hum, pej*) jämmerlich, erbärmlich; **what a ~ person he is** was ist er doch für ein Jammerlappen

sadden ['sæd·ən] *vt* traurig machen; (*to greater degree*) schwer treffen

saddle ['sæd·əl] **I.** *n* (*seat*) Sattel *m;* **to be in the ~** (*riding*) im Sattel sein; (*fig: in charge*) im Amt sein **II.** *vt* ❶ (*put saddle on*) *horse* satteln ❷ (*fam: burden*) **to be ~d with sth** etw *akk* am Hals haben; **to ~ sb with sth** jdm etw *akk* anhalsen

'**saddlebag** *n* Satteltasche *f*

sadism ['seɪ·dɪz·əm] *n* Sadismus *m*

sadist ['seɪ·dɪst] *n* Sadist(in) *m(f)*

sadistic [sə·'dɪs·tɪk] *adj* sadistisch

sadly ['sæd·li] *adv* ❶ (*unhappily*) traurig, bekümmert ❷ (*regrettably*) bedauerlicherweise, leider ❸ (*completely*) völlig; **to be ~ mistaken** völlig danebenliegen *fam*

sadness ['sæd·nɪs] *n* Traurigkeit *f* (**about/at** über + *akk*)

safari [sə·'far·i] *n* Safari *f*

safe [seɪf] **I.** *adj* ❶ (*secure, protected*) sicher; [**have a**] ~ **trip!** gute Reise!; **to keep sth in a ~ place** etw sicher aufbewahren ❷ (*certain*) [relativ] sicher; **it's a ~ bet that ...** man kann davon ausgehen, dass ... ❸ (*avoiding risk*) *action, driver* vorsichtig ▶ PHRASES: **to be in ~ hands** in guten Händen sein; **to play it ~** auf Nummer Sicher gehen *fam* **II.** *n* Tresor *m*, Safe *m*

safe-de'posit box *n* Tresorfach *nt*, [Bank]schließfach *nt*

safeguard ['seɪf·gard] **I.** *vt* (*form*) schützen (**against** vor + *dat;* *sb's interests/rights* wahren **II.** *n* Schutz *m* (**against** vor + *dat*), Vorsichtsmaßnahme *f* (**against** gegen + *akk*); TECH

Sicherung *f*

safe'keeping *n* [sichere] Aufbewahrung; **to be in sb's ~** in jds Gewahrsam sein; **to give sth to sb for ~** jdm etw *akk* in Verwahrung geben

safely ['seɪf·li] *adv* ❶ (*securely*) sicher ❷ (*avoiding risk*) vorsichtig; **drive ~!** fahr vorsichtig! ❸ (*without harm*) *person* wohlbehalten; *object* heil; **the parcel arrived ~** das Paket kam heil an

safe 'sex *n* Safer Sex *m*

safety ['seɪf·ti] *n* (*condition of being safe*) Sicherheit *f; of a medicine* Unbedenklichkeit *f;* **place of ~** sicherer Ort

'**safety belt** *n* Sicherheitsgurt *m*

'**safety catch** *n* Sicherung *f*

'**safety curtain** *n* THEAT eiserner Vorhang

'**safety glass** *n* Sicherheitsglas *nt*

'**safety margin** *n* Sicherheitsabstand *m;* ECON, STOCKEX Sicherheitsmarge *f*

'**safety measures** *npl* Sicherheitsmaßnahmen *pl*

'**safety net** *n* ❶ (*protective net*) Sicherheitsnetz *nt* ❷ (*fig*) soziales Netz

'**safety pin** *n* (*covered pin*) Sicherheitsnadel *f*

'**safety regulations** *npl* Sicherheitsvorschriften *pl*

'**safety valve** *n* Sicherheitsventil *nt*

saffron ['sæf·rən] **I.** *n* Safran *m* **II.** *adj* safrangelb

sag [sæg] **I.** *vi* <-gg-> ❶ (*droop*) [herab]hängen; *bed, roof, rope* durchhängen ❷ (*weaken*) *courage* sinken; **her spirits ~ged** ihre Stimmung wurde gedrückt **II.** *n* (*droop*) Durchhängen *nt*

saga ['sa·gə] *n* ❶ LIT (*medieval story*) Saga *f;* (*long family novel*) Familienroman *m* ❷ (*pej: long involved story*) [lange] Geschichte

sagacious [sə·'geɪ·ʃəs] *adj* (*form*) gescheit; *remark* scharfsinnig

sage[1] [seɪdʒ] **I.** *adj* weise **II.** *n* Weise(r) *f(m)*

sage[2] [seɪdʒ] *n* Salbei *m*

Sagittarius [ˌsædʒ·ə·'ter·i·əs] *n* ASTROL Schütze *m*

said [sed] *pp, pt of* **say**

sail [seɪl] **I.** *n* ❶ (*on boat*) Segel *nt* ❷ (*journey*) [Segel]törn *m* ❸ (*of windmill*) Flügel *m* ▶ PHRASES: **to set ~** in See stechen **II.** *vi* ❶ (*by ship*) fahren, reisen; (*by yacht*) segeln ❷ (*move effortlessly*) gleiten; (*move vigorously*) rauschen, segeln *fam;* **the ball ~ed over the fence** der Ball segelte über den Zaun; **she ~ed into the room** sie kam ins Zimmer gerauscht ▶ PHRASES: **to ~ close to the wind** sich hart an der Grenze des Erlaubten bewegen **III.** *vt* ❶ (*navigate*) *ship* steuern; *yacht* segeln ❷ (*travel*) **to ~ the Pacific** den Pazifik befahren

'**sailboard** *n* Surfbrett *nt*

'**sailboat** *n* Segelboot *nt*

sailing ['seɪ·lɪŋ] *n* SPORTS Segelsport *m,* Segeln *nt*

sailor ['seɪ·lər] *n* ❶ (*member of ship's crew*) Matrose *m*, Seemann *m* ❷ (*person who sails*)

Segler(in) *m(f)*
'sailor suit *n* Matrosenanzug *m*
saint [seɪnt, sənt] *n* ❶ (*holy person*) Heili-
ge(r) *f(m)*; **to make sb a** ~ jdn heiligsprechen;
S~ Peter der heilige Petrus ❷ (*fam: very good
person*) Heilige(r) *f(m)*; **to be no** ~ (*hum*)
nicht gerade ein Heiliger/eine Heilige sein
saintliness ['seɪnt·lɪ·nɪs] *n* Heiligkeit *f*
saintly ['seɪnt·li] *adj* heilig, fromm
'saint's day *n* Heiligenfest *nt*

ⓘ Der **Saint Patrick's Day** am 17. März ist
kein gesetzlicher Feiertag in den USA. Seit
1737 feiert jedoch die irische Gemeinschaft
in den USA ihren heiligen Schutzpatron an
diesem Tag. Der 17. März erinnert an den
Todestag Saint Patricks, eines irischen Mis-
sionars, der sein Leben der Christianisierung
Irlands widmete. Der Tradition nach trägt
man am **Saint Patrick's Day** grüne Kleidung und ein Kleeblatt, was den Frühling
und Irland symbolisiert. An diesem Feiertag
werden Feste und Umzüge organisiert. Das
bekannteste und wichtigste Fest findet in
New York statt, doch gibt es auch in allen
anderen großen Städten Umzüge.

---

sake[1] [seɪk] *n* ❶ (*purpose*) **for the** ~ **of sth**
um einer S. *gen* willen ❷ (*benefit*) **for sb's** ~
jdm zuliebe; **to stay together for the** ~ **of the
children** der Kinder wegen zusammenbleiben
▶ PHRASES: **for goodness'** [*or* **heaven's**] ~ um
Gottes [*o* Himmels] willen
sake[2] ['sa·ki] *n* Sake *m*
salable ['seɪ·lə·bəl] *adj* verkäuflich; **to be
easily** ~ sich gut verkaufen
salacious [sə·'leɪ·ʃəs] *adj* (*pej*) *joke, poem* obszön; *comment* anzüglich; *person* geil
salad ['sæl·əd] *n* Salat *m*
'salad bowl *n* Salatschüssel *f*
'salad dressing *n* [Salat]mayonnaise *f*
salami [sə·'lɑ·mi] *n* Salami *f*
salaried ['sæl·ə·rid] *adj* bezahlt; ~ **position**
Stelle *f* mit festem Gehalt
salary ['sæl·ə·ri] *n* Gehalt *nt;* **annual** ~ Jahresgehalt *nt;* (*for blue-collar worker*) Lohntüte *f*
sale [seɪl] *n* ❶ (*act of selling*) Verkauf *m;* **for** ~
zu verkaufen; **to be on** ~ erhältlich sein
❷ (*amount sold*) Absatz *m;* ~**s of cars were
down this week** die Verkaufszahlen für Autos
gingen diese Woche nach unten ❸ (*at reduced
prices*) Ausverkauf *m;* **to be on** ~ im Angebot [*o* Sonderangebot] sein; **going-out-of-
business** ~ Räumungsverkauf *m* ❹ (*auction*)
Auktion *f*
saleable ['seɪ·lə·bəl] *adj see* **salable**
'sale price *n* Verkaufspreis *m*
'sales clerk *n* Verkäufer(in) *m(f)*
'sales conference *n* Vertreterkonferenz *f*
'salesman *n* Verkäufer *m,* Handelsvertreter *m;*

door-to-door ~ Hausierer *m*
sales 'manager *n* Verkaufsleiter(in) *m(f)*
'salesmanship *n* (*technique*) Verkaufstech-
nik *f;* (*skill*) Verkaufsgeschick *nt*
'salesperson *n* Verkäufer(in) *m(f)*
'sales pitch *n* ❶ (*high-pressure approach*) mit
[allem] Nachdruck geführtes Verkaufsgespräch
❷ (*specific approach*) Verkaufstaktik *f*
'sales rep *n* (*fam*), **'sales representative** *n*
Vertreter(in) *m(f)*
'sales tax *n* Umsatzsteuer *f*
'saleswoman *n* Verkäuferin *f*
salient ['seɪl·jənt] *adj* (*important*) bedeutend;
the ~ **points** die Hauptpunkte *pl*
saline ['seɪ·lin] **I.** *adj* salzig **II.** *n* Salzlösung *f;*
~ [**solution**] MED Kochsalzlösung *f*
saliva [sə·'laɪ·və] *n* Speichel *m*
salivate ['sæl·ə·veɪt] *vi* Speichel produzieren
sallow <-er, -est *or* more ~, most ~> ['sæl·
oʊ] *adj* blassgelb; *complexion* fahl; *skin* bleich
sally ['sæl·i] *vi* <-ie-> (*form, liter*) ■**to** ~ **forth**
[**to do sth**] aufbrechen[, um etw zu tun]
salmon ['sæm·ən] **I.** *n* <*pl - or -s*> Lachs *m;*
smoked ~ Räucherlachs *m* **II.** *adj* lachsfarben
salmonella [ˌsæl·mə·'nel·ə] *n* Salmonel-
le[n] *f[pl]*
salmon 'trout *n* Lachsforelle *f*
salon [se·'lɑn] *n* Frisiersalon *m;* **beauty** ~
Schönheitssalon *m*
saloon [sə·'lun] *n* (*dated*) Saloon *m*
salsa ['sɑl·sə] *n* (*spicy sauce, music, dance*)
Salsa *f*
salt [sɔlt] **I.** *n* (*seasoning, chemical compound,
granular substance*) Salz *nt;* **a pinch of** ~ eine
Prise Salz ▶ PHRASES: **to take sth with a** pinch
of ~ etw mit Vorsicht genießen *fam;* **to be
worth one's** ~ sein Geld wert sein **II.** *vt*
❶ (*season food*) salzen ❷ (*sprinkle*) mit Salz
bestreuen; **to** ~ **the roads** Salz [auf die Stra-
ßen] streuen
'salt flats *npl* Salzwüste *f*
salt 'lake *n* Salzsee *m*
'salt mine *n* Salzmine *f*
saltpeter ['sɔlt·ˌpi·tər] *n* Salpeter *m*
'salt shaker *n* Salzstreuer *m*
'salt solution *n* Kochsalzlösung *f*
salt 'water *n* Salzwasser *nt*
'saltwater *adj attr* Salzwasser-; ~ **fish** Seefisch *m*
salty ['sɔl·ti] *adj* salzig
salubrious [sə·'lu·bri·əs] *adj* ❶ *place* vornehm
❷ (*healthy*) gesund
salutary ['sæl·jə·ter·i] *adj* heilsam
salutation [ˌsæl·jə·'teɪ·ʃən] *n* (*in letter*) Anrede *f;* (*liter: greeting*) Gruß *m*
salute [sə·'lut] **I.** *vt* ❶ (*form: greet*) grüßen;
(*welcome*) begrüßen ❷ MIL ■**to** ~ **sb** vor jdm
salutieren **II.** *vi* MIL salutieren **III.** *n* ❶ (*gesture*)
Gruß *m* ❷ MIL Salut *m;* (*firing of guns*) Sa-
lut[schuss] *m;* **to give a** ~ salutieren
salvage ['sæl·vɪdʒ] **I.** *vt* ❶ (*rescue*) *cargo* bergen ❷ (*preserve*) *reputation* wahren **II.** *n*
❶ (*rescue*) Bergung *f* ❷ (*sth saved*) Bergungs-

gut *nt*

salvation [sæl·'veɪ·ʃən] *n* ❶ (*rescue, sth that saves*) Rettung *f;* **beyond ~** nicht mehr zu retten ❷ REL Erlösung *f*

Salvation 'Army *n* Heilsarmee *f*

salve [sæv] *n* ❶ (*ointment*) Heilsalbe *f* ❷ (*sth that soothes*) Linderung *f*

salvo <*pl* -s *or* -es> ['sæl·voʊ] *n* MIL (*a. fig*) Salve *f*

Samaritan [sə·'mer·ɪ·tən] *n* REL **the good ~** der barmherzige Samariter

same [seɪm] **I.** *adj attr* ❶ (*exactly similar*) ■**the ~** ... der/die/das gleiche ...; (*identical*) der-/die-/dasselbe; **she's the ~ age as me** sie ist genauso alt wie ich ❷ (*not another*) ■**the ~** ... der/die/das gleiche ...; **our teacher always wears the ~ sweater** unser Lehrer trägt stets denselben Pullover; **at the ~ time** gleichzeitig, zur gleichen Zeit; (*nevertheless*) trotzdem ▶ PHRASES: **to be in the ~ boat** [as sb] im gleichen Boot wie jd sitzen **II.** *pron* ■**the ~** der-/die-/dasselbe; **they realized that things would never be the ~ again** es wurde ihnen klar, dass nichts mehr so sein würde wie früher; **to be one and the ~** ein und der-/die-/dasselbe sein ▶ PHRASES: **all the ~** trotzdem **III.** *adv* ■**the ~** gleich; **I feel just the ~** [as you do] mir geht es genauso [wie dir]

sameness ['seɪm·nɪs] *n* (*identity*) Gleichheit *f;* (*uniformity*) Gleichförmigkeit *f*

Samoa [sə·'moʊ·ə] *n* Samoa *nt*

sample ['sæm·pəl] **I.** *n* ❶ (*small quantity*) Probe *f,* Muster *nt;* MED **blood ~** Blutprobe *f;* **fabric ~s** Stoffmuster *pl* ❷ (*representative group*) *of people* Querschnitt *m; of things* Stichprobe *f* **II.** *vt* ❶ (*try*) [aus]probieren; *food* kosten, probieren ❷ (*survey*) stichprobenartig untersuchen

'sample book *n* Musterheft *nt*

sampler ['sæm·plər] *n* ❶ (*embroidery*) Stickmustertuch *nt* ❷ (*collection*) Probeset *nt*

sampling ['sæm·plɪŋ] *n* ❶ (*surveying*) Stichprobenerhebung *f* ❷ (*testing*) stichprobenartige Untersuchung ❸ MUS Mischen *nt*

sanatorium <*pl* -s *or* -ria> [ˌsæn·ə·'tɔr·i·əm] *n* Sanatorium *nt*

sanctify <-ie-> ['sæŋk·tɪ·faɪ] *vt* REL (*consecrate*) weihen

sanctimonious [ˌsæŋk·tɪ·'moʊ·ni·əs] *adj* (*pej*) scheinheilig

sanction ['sæŋk·ʃən] **I.** *n* ❶ (*approval*) Sanktion *f geh,* Zustimmung *f* ❷ (*to enforce compliance*) Strafmaßnahme *f;* LAW, POL Sanktion *f* **II.** *vt* ❶ (*allow*) sanktionieren *geh* ❷ (*impose penalty*) unter Strafe stellen

sanctity ['sæŋk·tɪ·ti] *n* ❶ REL Heiligkeit *f* ❷ (*inviolability*) Unantastbarkeit *f*

sanctuary ['sæŋk·tʃu·er·i] *n* ❶ (*holy place*) Heiligtum *nt;* (*near altar*) Altarraum *m* ❷ (*refuge*) Zuflucht *f;* **to find/seek ~** Zuflucht finden/suchen ❸ (*for animals*) Schutzgebiet *nt*

sand [sænd] **I.** *n* ❶ (*substance*) Sand *m* ❷ (*ex-*

panse) ■**~s** *pl* (*beach*) Sandstrand *m; of desert* Sand *m kein pl* **II.** *vt* (*with sandpaper*) [ab]schmirgeln; (*smooth*) abschleifen

sandal ['sæn·dəl] *n* Sandale *f*

'sandalwood *n* Sandelholz *nt*

'sandbag I. *n* Sandsack *m* **II.** *vt* <-gg-> ❶ (*protect*) mit Sandsäcken schützen ❷ (*hit*) niederschlagen

'sandbank *n* Sandbank *f*

'sandbar *n* [schmale] Sandbank

'sandblast *vt* sandstrahlen

'sandbox *n* Sandkasten *m*

'sandcastle *n* Sandburg *f*

'sand dune *n* Sanddüne *f*

'sandpaper I. *n* Schmirgelpapier *nt* **II.** *vt* abschmirgeln

'sandstone *n* Sandstein *m*

'sandstorm *n* Sandsturm *m*

sandwich ['sænd·wɪtʃ] **I.** *n* <*pl* -es> Sandwich *m o nt* ▶ PHRASES: **to be one ~ short of a picnic** (*hum fam*) völlig übergeschnappt sein **II.** *vt* (*squeeze*) einklemmen; **I was sandwiched between two very large men** ich war zwischen zwei riesigen Männern eingeklemmt; ■**to ~ sth** [in] **between sth** (*fig*) etw zwischen etw *dat* dazwischenschieben

'sandwich board *n* Reklametafel *f* (*mittels verbindendem Schulterriemen von einer Person auf Brust und Rücken als doppelseitiges Werbeplakat getragen*)

sandy ['sæn·di] *adj* ❶ (*containing sand*) sandig ❷ *color* sandfarben

sane [seɪn] *adj* ❶ *person* geistig gesund; LAW zurechnungsfähig ❷ *action* vernünftig

sang [sæŋ] *pt of* **sing**

sanitarium <*pl* -s *or* -ria> [ˌsæn·ɪ·'ter·i·əm] *n* Sanatorium *nt*

sanitary ['sæn·ɪ·ter·i] *adj* hygienisch; *installations* sanitär

'sanitary napkin *n* Damenbinde *f*

sanitation [ˌsæn·ɪ·'teɪ·ʃən] *n* ❶ (*promotion of hygiene*) Hygiene *f;* (*provision of toilets*) sanitäre Anlagen ❷ (*water disposal*) Abwasserkanalisation *f*

sanity ['sæn·ɪ·ti] *n* ❶ (*mental health*) gesunder Verstand; LAW Zurechnungsfähigkeit *f;* (*hum*) Verstand *m fam;* **to preserve one's ~** bei Verstand bleiben ❷ (*sensibleness*) Vernünftigkeit *f*

sank [sæŋk] *pt of* **sink**

Santa, Santa Claus [ˌsæn·tə·'klɔz] *n* Weihnachtsmann *m*

sap¹ [sæp] *n* ❶ (*of tree*) Saft *m* ❷ (*sl: dope*) Trottel *m pej fam*

sap² [sæp] *vt* <-pp-> ❶ (*drain*) **to ~ sb's energy** an jds Energie zehren *geh* ❷ (*undermine*) unterhöhlen

sapling ['sæp·lɪŋ] *n* junger Baum

sapphire ['sæf·aɪr] **I.** *n* Saphir *m* **II.** *adj* saphirfarben

Saran® Wrap, Saran® wrap [sə·'ræn-] *n* Frischhaltefolie *f*

sarcasm ['sɑr·kæz·əm] *n* Sarkasmus *m*

sarcastic [sar·ˈkæs·tɪk] *adj person, remark* sarkastisch; *tongue* scharf

sarcophagus <*pl* -es *or* -gi> [sar·ˈkaf·ə·gəs] *n* Sarkophag *m*

sardine [sar·ˈdin] *n* Sardine *f;* **to be packed like ~s** wie die Ölsardinen zusammengepfercht sein

Sardinia [sar·ˈdɪn·i·ə] *n* GEOG Sardinien *nt*

sardonic [sar·ˈdan·ɪk] *adj* höhnisch

sari [ˈsa·ri] *n* Sari *m*

SARS, Sars [sarz] *n* MED *acr for* **severe acute respiratory syndrome** SARS *kein art*

SASE [ˌes·eɪ·es·ˈi] *n abbrev of* **self-addressed stamped envelope** adressierter und frankierter Rückumschlag

sash[1] <*pl* -es> [sæʃ] *n* Schärpe *f*

sash[2] <*pl* -es> [sæʃ] *n* (*in windows*) Fensterrahmen *m;* (*in doors*) Türrahmen *m*

sat [sæt] *pt, pp of* **sit**

Satan [ˈseɪ·tən] *n* Satan *m*

satanic [sə·ˈtæn·ɪk] *adj* teuflisch; **~ rite** Satansritus *m*

Satanism [ˈseɪ·tən·ɪz·əm] *n* Satanismus *m*

satchel [ˈsætʃ·əl] *n* [Schul]ranzen *m*

sate [seɪt] *vt* (*form*) *desire, hunger* stillen

satellite [ˈsæt·ə·laɪt] *n* ❶ ASTRON Trabant *m* ❷ AEROSP, TECH Satellit *m*

'satellite dish *n* Satellitenschüssel *f fam*

satellite 'television *n* Satellitenfernsehen *nt*

satiate [ˈseɪ·ʃi·eɪt] *vt usu passive curiosity, hunger, thirst* stillen; *demand* befriedigen

satin [ˈsæt·ən] *n* Satin *m*

satire [ˈsæt·aɪr] *n* LIT Satire *f*

satirical [sə·ˈtɪr·ɪ·kəl] *adj literature, film* satirisch; (*mocking, joking*) ironisch

satirist [ˈsæt·ə·rɪst] *n* Satiriker(in) *m(f)*

satirize [ˈsæt·ə·raɪz] *vt* satirisch darstellen

satisfaction [ˌsæt·ɪs·ˈfæk·ʃən] *n* ❶ (*positive feeling*) Zufriedenheit *f,* Befriedigung *f;* ■ **to the ~ of sb** zu jds Zufriedenheit; **to my great ~** zu meiner großen Genugtuung; **I get a lot of ~ from my job** meine Arbeit bereitet mir volle Befriedigung ❷ (*sth producing satisfaction*) Genugtuung *f geh* ❸ (*state of being convinced*) Zufriedenheit *f*

satisfactory [ˌsæt·ɪs·ˈfæk·tə·ri] UNIV, SCH I. *adj* befriedigend, ≈ befriedigend; MED zufrieden stellend II. *n* Ausreichend *nt kein pl* (*Mindestnote für das Bestehen einer Prüfung*)

satisfy <-ie-> [ˈsæt·ɪs·faɪ] I. *vt* ❶ (*meet needs*) zufrieden stellen; *curiosity, need* befriedigen ❷ (*fulfill*) *demand* befriedigen; *condition, requirement* erfüllen ❸ (*convince*) ■ **to ~ sb that ...** jdn überzeugen, dass ... II. *vi* (*form*) befriedigen

satisfying [ˈsæt·ɪs·faɪ·ɪŋ] *adj* zufrieden stellend, befriedigend

saturate [ˈsætʃ·ə·reɪt] *vt* ❶ (*make wet*) durchnässen ❷ (*fill to capacity*) [völlig] auslasten; CHEM, ECON sättigen

saturated [ˈsætʃ·ə·reɪ·tɪd] *adj* ❶ (*soaking wet*) durchnässt; *soil* aufgeweicht ❷ CHEM *solution* gesättigt

saturation [ˌsætʃ·ə·ˈreɪ·ʃən] *n* CHEM, ECON Sättigung *f;* **~ point** Sättigungspunkt *m*

Saturday [ˈsæt·ər·deɪ] *n* Samstag *m; see also* **Tuesday**

Saturn [ˈsæt·ərn] *n* ASTRON Saturn *m*

satyr [ˈseɪ·tər] *n* (*mythical figure*) Satyr *m*

sauce [sɔs] I. *n* ❶ Soße *f;* **tomato ~** Tomatensoße *f;* **apple ~** Apfelmus *nt,* Apfelkompott *nt* ❷ (*pej sl: alcohol*) Alkohol *m* II. *vt* (*fam: add interest*) ■ **to ~ sth up** etw würzen *fig*

'sauceboat *n* Sauciere *f*

'saucepan *n* Kochtopf *m*

saucer [ˈsɔ·sər] *n* Untertasse *f;* **to have eyes like ~s** große Augen haben

sauciness [ˈsɔ·sɪ·nɪs] *n* (*dated: impertinence*) Frechheit *f*

saucy [ˈsɔ·si] *adj* (*impertinent*) frech

Saudi [ˈsaʊ·di] I. *n* (*male*) Saudi[-Araber] *m;* (*female*) Saudi-Araberin *f* II. *adj* saudisch

Saudi A'rabia *n* Saudi-Arabien *nt*

Saudi A'rabian I. *n* Saudi-Araber(in) *m(f)* II. *adj* saudi-arabisch

sauerkraut [ˈsaʊ·ər·kraʊt] *n* Sauerkraut *nt*

sauna [ˈsɔ·nə] *n* Sauna *f*

saunter [ˈsɔn·tər] *vi* (*stroll*) bummeln *fam;* (*amble*) schlendern; **to ~ along** herumschlendern

sausage [ˈsɔ·sɪdʒ] *n* ❶ (*for frying, grilling*) Wurst *f;* (*small*) Würstchen *nt* ❷ (*for slicing*) Wurst *f;* (*type of sausage*) Wurstsorte *f*

sauté [sɔ·ˈteɪ] *vt* <sautéed *or* sautéd> [kurz] [an]braten

savage [ˈsæv·ɪdʒ] I. *adj* ❶ (*primitive*) wild ❷ (*fierce*) brutal II. *n* ❶ (*pej: barbarian*) Barbar(in) *m(f)* ❷ (*usu pej: primitive person*) Wilde(r) *f(m) pej* III. *vt* anfallen; (*fig*) attackieren

savagely [ˈsæv·ɪdʒ·li] *adv* brutal

savagery [ˈsæv·ɪdʒ·ri] *n* Brutalität *f*

savanna(h) [sə·ˈvæn·ə] *n* Savanne *f*

save [seɪv] I. *vt* ❶ (*rescue*) retten (**from** vor +*dat*); **to ~ sb's life** jds Leben retten ❷ (*keep for future use*) aufheben; *money* sparen ❸ (*collect*) sammeln ❹ (*avoid wasting*) *time, energy* sparen; **to ~ one's breath** sich *dat* seine Worte sparen ❺ COMPUT sichern, speichern ❻ SPORTS *goal* verhindern; *penalty kick, penalty shot* abwehren ▸ PHRASES: **a stitch in time ~s nine** (*prov*) was du heute kannst besorgen, das verschiebe nicht auf morgen *prov* II. *vi* ❶ (*keep money*) sparen (**for** für +*akk*); **to ~ with a bank** ein Sparkonto bei einer Bank haben ❷ (*conserve sth*) ■ **to ~ on sth** bei etw *dat* sparen III. *n* (*in hockey, soccer*) Abwehr *f*

saver [ˈseɪ·vər] *n* (*person*) Sparer(in) *m(f);* (*investor*) Anleger(in) *m(f)*

saving [ˈseɪ·vɪŋ] *n* ❶ (*money*) ■ **~s** *pl* Ersparnisse *pl* ❷ (*act*) Einsparung *f;* (*result of economizing*) Ersparnis *f*

savings account [ˈseɪ·vɪŋz·ə·ˌkaʊnt] *n* Sparkonto *nt*

'savings bank *n* Sparkasse, die nicht auf Profitbasis arbeitet und auch für kleine Ein-

lagen Zinsen bietet
savior ['seɪv·jər] *n* Retter(in) *m(f);* ■the S~ REL der Erlöser
savor ['seɪ·vər] I. *n* (*taste*) Geschmack *m* II. *vt* auskosten, genießen
savory ['seɪ·və·ri] *adj* ❶(*not sweet*) pikant; (*salty*) salzig ❷(*appetizing*) appetitanregend
savvy ['sæv·i] I. *adj* (*fam: shrewd*) ausgebufft *sl* II. *n* (*fam*) Köpfchen *nt;* (*practical knowledge*) Können *nt*
saw¹ [sɔ] I. *n* Säge *f* II. *vt* <-ed, -ed *or* sawn> [zer]sägen; **to ~ a tree down** einen Baum fällen III. *vi* (*operate a saw*) sägen
saw² [sɔ] *pt of* see
'**sawdust** *n* Sägemehl *nt*
'**sawed-off** *adj attr* ~ **shotgun** abgesägte Schrotflinte
'**sawmill** *n* Sägemühle *f*
sawn [sɔn] *pp of* saw
Saxony ['sæk·sə·ni] *n* Sachsen *nt*
saxophone ['sæk·sə·foʊn] *n* Saxophon *nt*
saxophonist ['sæk·sə·foʊ·nɪst] *n* Saxophonist(in) *m(f)*
say [seɪ] I. *vt* <said, said> ❶(*utter*) sagen; **what did you ~ to him?** was hast du ihm gesagt?; **what did they ~ about the house?** was haben sie über das Haus gesagt?; **what exactly are you trying to ~?** was willst du eigentlich sagen?; **to ~ goodbye to sb** sich von jdm verabschieden; **to have nothing to ~** nichts zu sagen haben; **to ~ nothing of the cost** ganz zu schweigen von den Kosten; **it goes without ~ing that ...** es versteht sich von selbst, dass ... ❷(*recite aloud*) aufsagen; *prayer* sprechen ❸(*give information*) sagen; **the sign ~s ...** auf dem Schild steht ...; **it ~s on the bottle ...** auf der Flasche heißt es ...; **my watch ~s 3 o'clock** auf meiner Uhr ist es 3 [Uhr]; **the way he drives ~s a lot about his character** sein Fahrstil sagt eine Menge über seinen Charakter aus ❹(*tell, command*) ■to ~ whether/where etc. sagen, ob/wo usw.; **she said to call her back** sie sagte, du sollst sie zurückrufen; **to ~ when** (*indicate when you have enough*) sagen, wenn es genug ist ▶ PHRASES: ~ **no more!** (*fam*) alles klar!; **you don't ~!** was du nicht sagst!; **you said it!** (*fam*) du sagst es! II. *vi* <said, said> sagen; **where was he going? — he didn't ~** wo wollte er hin? – das hat er nicht gesagt; **hard to ~** schwer zu sagen; **that's not for me to ~** es steht mir nicht zu, das zu entscheiden III. *n* Meinung *f;* **to have a ~/no ~ in sth** ein/kein Mitspracherecht haben IV. *interj* ❶(*fam: to express doubt*) ~s **who?** wer sagt das? ❷(*expresses positive reaction*) sag mal *fam;* ~, **that's really a great idea!** Mensch, das ist ja echt eine tolle Idee! *fam*
saying ['seɪ·ɪŋ] *n* (*adage*) Sprichwort *nt;* **as the ~ goes** wie es so schön heißt
'**say-so** *n* (*fam: approval*) Erlaubnis *f*
SC, S.C. *abbrev of* South Carolina
scab [skæb] I. *n* ❶*of wound* Kruste *f,*

Schorf *m* ❷(*pej fam: strikebreaker*) Streikbrecher(in) *m(f)* II. *vi* ❶*wound* verharschen (*Schorf bilden*) ❷(*pej: work during strike*) ein Streikbrecher/eine Streikbrecherin sein
scabby ['skæb·i] *adj* ❶(*having scabs*) schorfig ❷(*pej fam: reprehensible*) schäbig
scabies ['skeɪ·biz] *n* Krätze *f*
scaffold ['skæf·əld] I. *n* ❶(*framework*) [Bau]gerüst *nt* ❷(*hist: for executions*) Schafott *nt* II. *vt* **to ~ a building** ein Gebäude mit einem Gerüst versehen
scaffolding ['skæf·əl·dɪŋ] *n* [Bau]gerüst *nt*
scalawag ['skæl·ə·wæg] *n* Schlingel *m hum*
scald [skɔld] I. *vt* ❶(*burn*) verbrühen ❷(*heat*) erhitzen; *fruit* dünsten; *milk* abkochen II. *n* MED Verbrühung *f*
scalding ['skɔl·dɪŋ] *adj liquid* kochend; ~ **hot** kochend [*o* siedend] heiß
scale¹ [skeɪl] I. *n* ❶(*on skin*) Schuppe *f* ❷(*mineral coating*) Ablagerung *f* II. *vt* (*remove scales*) *fish* [ab]schuppen
scale² [skeɪl] I. *n* ❶(*system of gradation*) Skala *f; of map* Maßstab *m;* ■to be to ~ building, drawing maßstab[s]getreu sein ❷(*relative degree/extent*) Umfang *m;* **on a national ~** auf nationaler Ebene; **on a large/small ~** im großen/kleinen Rahmen ❸*MUS* Tonleiter *f* II. *vt* (*climb*) *mountain, peak* besteigen; **to ~ a fence/wall** auf einen Zaun/ eine Mauer klettern
♦**scale down** I. *vt* reduzieren; ECON *production* einschränken; (*make smaller in proportion*) [vom Maßstab her] verkleinern II. *vi* verkleinern
♦**scale up** I. *vt* erweitern; ECON *production* erhöhen; (*make bigger in proportion*) vergrößern II. *vi* hinaufklettern
scale³ [skeɪl] *n usu pl* (*weighing device*) Waage *f;* **to tip the ~s** (*fig*) den [entscheidenden] Ausschlag geben
scale 'model *n* maßstab[s]getreues Modell
scallion ['skæl·jən] *n* (*green onion*) Frühlingszwiebel *f*
scallop ['skal·əp] *n* ❶(*edible shellfish*) Kammmuschel *f;* (*esp in gastronomy*) Jakobsmuschel *f* ❷(*thin slice of meat*) **veal ~** Schnitzel *nt*
scallywag ['skæl·i·wæg] *n* (*fam*) *see* scalawag
scalp [skælp] I. *n* (*head skin*) Kopfhaut *f* II. *vt* ❶(*hist: remove head skin*) skalpieren ❷(*pej: sell unofficially*) *tickets* unter der Hand verkaufen
scalpel ['skæl·pəl] *n* Skalpell *nt*
scalper ['skæl·pər] *n* (*pej*) Schwarzhändler(in) *m(f)* (*für Eintrittskarten*)
scaly ['skeɪ·li] *adj* ❶ZOOL, MED schuppig ❷TECH verkalkt
scam [skæm] *n* (*fam*) Betrug *m*
scamp [skæmp] *n* (*fam*) Schlingel *m hum*
scamper ['skæm·pər] *vi* flitzen *fam*
scan [skæn] I. *vt* <-nn-> ❶(*scrutinize*) absuchen (**for** nach +*dat*) ❷(*glance through*)

überfliegen ❸ COMPUT einlesen, einscannen **II.** *n* ❶ (*glancing through*) [flüchtige] Durchsicht ❷ MED Abtastung *f*, Scan *m*; **brain ~** Computertomographie *f* des Schädels

scandal ['skæn·dəl] *n* ❶ (*cause of outrage*) Skandal *m*; (*disgrace a.*) Schande *f* ❷ (*gossip*) Skandalgeschichten *pl*

scandalize ['skæn·də·laɪz] *vt* schockieren; (*offend*) empören

scandalous ['skæn·də·ləs] *adv* skandalös; (*shocking*) schockierend

Scandinavia [ˌskæn·dɪ·'neɪ·vi·ə] *n* Skandinavien *nt*

Scandinavian [ˌskæn·dɪ·'neɪ·vi·ən] **I.** *adj* skandinavisch **II.** *n* Skandinavier(in) *m(f)*

scanner ['skæn·ər] *n* COMPUT, MED Scanner *m*

'scanning *n* COMPUT, MED Scannen *nt*

scant [skænt] *adj attr* ❶ (*not enough*) unzureichend; **to pay ~ attention to sth** etw kaum beachten ❷ (*almost*) **a ~ cup of flour** eine knappe Tasse Mehl

scantily ['skæn·tɪ·li] *adv* spärlich; **~ clad** freizügig gekleidet

scanty ['skæn·ti] *adj* ❶ (*very small*) knapp ❷ (*barely sufficient*) unzureichend; *evidence* unzulänglich

scapegoat ['skeɪp·goʊt] *n* Sündenbock *m*

scar [skar] **I.** *n* MED Narbe *f* **II.** *vt* <-rr-> ■ **to be ~red [by sth]** [von etw *dat*] gezeichnet sein; **to be ~red for life** fürs [ganze] Leben gezeichnet sein

scarce [skers] *adj* knapp; (*rare*) rar; **to make oneself ~** sich aus dem Staub machen *fam*

scarcely ['skers·li] *adv* ❶ (*barely*) kaum ❷ (*certainly not*) **to be ~ a good reason to do** [*or* **for**] **sth** nicht gerade ein guter Grund sein, etw zu tun [*o* für etw *akk* sein]

scarcity ['sker·sɪ·ti] *n* Knappheit *f*; **~ value** Seltenheitswert *m*

scare [sker] **I.** *n* ❶ (*fright*) Schreck[en] *m*; **to give sb a ~** jdm einen Schrecken einjagen ❷ (*public panic*) Hysterie *f*; **bomb ~** Bombendrohung *f* **II.** *adj attr* Panik-; **~ story** Schauergeschichte *f*; **~ tactic** Panikmache *f* **III.** *vt* ■ **to ~ sb** jdm Angst machen ▶ PHRASES: **to ~ the living daylights out of sb** jdn zu Tode erschrecken **IV.** *vi* erschrecken

◆**scare away, scare off** *vt* ❶ (*frighten into leaving*) verscheuchen ❷ (*discourage*) abschrecken

scarecrow ['sker·kroʊ] *n* Vogelscheuche *f*

scaremonger ['sker·ˌmaŋ·gər] *n* Panikmacher(in) *m(f)*

scarf[1] <*pl* -s *or* scarves> [skarf] *n* FASHION Schal *m*; **silk ~** Seidentuch *nt*

scarf[2] [skarf] *vt* (*fam: eat*) verschlingen

scarlet ['skar·lət] **I.** *n* Scharlachrot *nt* **II.** *adj* scharlachrot

scarlet 'fever *n* Scharlach *m*

scary ['sker·i] *adj* ❶ (*frightening*) Furcht erregend ❷ (*uncanny*) unheimlich

scat [skæt] *interj* (*fam*) ■ ~**!** hau ab!

scathing ['skeɪ·ðɪŋ] *adj* versengend; *criticism*

scharf; *remark* bissig

scatter ['skæt·ər] **I.** *vt* verstreuen; PHYS streuen **II.** *vi* *crowd, protesters* sich zerstreuen **III.** *n* ❶ (*liter: small amount*) [vereinzeltes] Häufchen ❷ PHYS Streuung *f*

'scatterbrain *n* zerstreute Person

'scatterbrained *adj* zerstreut, schusselig

scattered ['skæt·ərd] *adj* ❶ (*strewn about*) verstreut ❷ (*far apart*) weit verstreut ❸ (*sporadic*) vereinzelt

scavenge ['skæv·ɪndʒ] **I.** *vi* ❶ (*search*) stöbern (**for** nach +*dat*) ❷ (*feed*) Aas fressen **II.** *vt* (*find*) aufstöbern; (*get*) ergattern *fam*

scavenger ['skæv·ɪn·dʒər] *n* ❶ (*animal*) Aasfresser *m* ❷ (*pej: person*) Aasgeier *m fam o pej*

scavenger hunt *n* Schnitzeljagd *f*

scenario [sə·'ner·i·oʊ] *n* THEAT, COMM Szenario *nt*; **worst-case ~** schlimmster Fall

scene [sin] *n* ❶ ART, THEAT, FILM Szene *f* ❷ THEAT, FILM (*setting*) Schauplatz *m*; (*scenery*) Kulisse *f*; **behind the ~s** (*a. fig*) hinter den Kulissen ❸ LAW **crime ~** Tatort *m* ❹ (*real-life event*) Szene *f*; **a ~ of horrifying destruction** ein schreckliches Bild der Verwüstung; (*milieu*) **drug ~** Drogenszene *f*

scenery ['si·nə·ri] *n* ❶ (*landscape*) Landschaft *f* ❷ THEAT, FILM Bühnenbild *nt*

scenic ['si·nɪk] *adj* ❶ *attr* THEAT Bühnen- ❷ *landscape* landschaftlich schön

scent [sent] **I.** *n* ❶ (*aroma*) Duft *m* ❷ (*animal smell*) Fährte *f*; ■ **to be on the ~ of sb/sth** (*a. fig*) jdm/etw auf der Fährte sein *a. fig* ❸ (*perfume*) Parfüm *nt* **II.** *vt* ❶ (*smell*) wittern ❷ (*detect*) *danger, presence* ahnen ❸ (*fill with pleasant odor*) parfümieren

scentless ['sent·lɪs] *adj* geruchlos

scepter ['sep·tər] *n* Zepter *nt*

schedule ['skedʒ·ul] **I.** *n* ❶ (*timetable*) Zeitplan *m*; TRANSP Fahrplan *m*; SPORTS Spielplan *m*; SCH, UNIV Stundenplan *m* ❷ (*plan of work*) Zeitplan *m*; **work ~** Dienstplan *m*; (*plan of events*) Programm *nt*; **ahead of ~** früher als geplant; **behind ~** im Verzug; **on ~** termingerecht, pünktlich **II.** *vt usu passive* planen; *meeting* ansetzen; **they've ~d him to speak at three o'clock** sie haben seine Rede für drei Uhr geplant

scheduled ['skedʒ·uld] *adj attr* (*as planned*) geplant; TRANSP planmäßig

schematic [ski·'mæt·ɪk] *adj diagram* schematisch

scheme [skim] **I.** *n* ❶ (*pej: plot*) [finsterer] Plan; LAW, POL Verschwörung *f* ❷ (*overall pattern*) Gesamtbild *nt*; **it fits into his ~ of things** das passt in sein Bild; **color ~** Farb[en]zusammenstellung *f* **II.** *vi* (*pej: plan deviously*) planen

schemer ['ski·mər] *n* (*pej*) Intrigant(in) *m(f)* *geh*

scheming ['ski·mɪŋ] **I.** *adj attr* (*pej*) intrigant *geh*; (*in a clever way*) raffiniert **II.** *n* Intrigieren *nt*

schizophrenia [ˌskɪt·sə·'fri·ni·ə] *n* ❶ MED Schi-

zophrenie *f* ❷ (*fam: of behavior*) schizophrenes Verhalten *geh*
schizophrenic [ˌskɪt·sə·ˈfren·ɪk] I. *adj* schizophren II. *n* Schizophrene(r) *f(m)*
scholar [ˈskal·ər] *n* UNIV ❶ (*academic*) Gelehrte(r) *f(m)* ❷ (*good learner*) fleißiger Student/fleißige Studentin
scholarly [ˈskal·ər·li] *adj* ❶ (*academic*) wissenschaftlich ❷ (*erudite*) gelehrt
scholarship [ˈskal·ər·ʃɪp] *n* ❶ (*academic achievement*) **her book is a work of great ~** ihr Buch ist eine großartige wissenschaftliche Arbeit ❷ (*financial award*) Stipendium *nt*
scholastic [skə·ˈlæs·tɪk] *adj* Bildungs-; (*academic*) wissenschaftlich
school[1] [skul] I. *n* ❶ Schule *f;* **elementary ~** Grundschule *f;* **public ~** staatliche Schule *f;* **to attend** [*or* **go to**] **~** zur Schule gehen; **driving ~** Fahrschule *f;* **graduate ~** *hohe Stufe innerhalb des Hochschulsystems, die das Studium bis zum Master's degree oder dem Ph. D. umfasst* ❷ (*university division*) Fakultät *f;* (*smaller division*) Institut *nt,* Seminar *nt* II. *vt* ❶ (*educate*) erziehen ❷ (*train*) schulen; *dog* dressieren
school[2] [skul] *n* ZOOL Schule *f;* (*shoal*) Schwarm *m*
'school age *n* schulpflichtiges Alter
'school bag *n* Schultasche *f*
'school board *n* Schulbehörde *f*
'schoolbook *n* Schulbuch *nt*
'schoolboy *n* Schuljunge *m,* Schüler *m*
'schoolchild *n* Schulkind *nt*
'school days *npl* Schulzeit *f kein pl*
'schoolgirl *n* Schulmädchen *nt,* Schülerin *f*
schooling [ˈsku·lɪŋ] *n* (*education*) Ausbildung *f;* (*for young people*) Schulbildung *f*
'schoolmate *n* Schulfreund(in) *m(f),* Schulkamerad(in) *m(f)*
'school night *n* Abend vor einem Schultag
'schoolroom *n* Klassenzimmer *nt*
'school system *n* Schulsystem *nt*

ℹ️ Das amerikanische **school system** (Schulsystem) beginnt mit der *elementary school,* die je nach Schuldistrikt fünf bis sechs Jahre dauert. Darauf folgen zwei Jahre *middle school* oder zwei bis drei Jahre *junior high school.* Wenn es diese in einer Region nicht gibt, erfolgt nach acht Jahren *elementary school* sofort der Übergang zur *high school,* die in der Regel vier Jahre dauert. Beendet ist die Schullaufbahn bei allen Schülern mit der *twelfth grade,* der zwölften Klasse.

'schoolteacher *n* Lehrer(in) *m(f)*
'schoolwork *n* Schularbeiten *pl*
'schoolyard *n* Schulhof *m*
schooner [ˈsku·nər] *n* ❶ NAUT Schoner *m* ❷ (*tall beer glass*) [großes] Bierglas

sciatic [saɪ·ˈæt̬·ɪk] *adj* MED Ischias-; **~ nerve** Ischiasnerv *m*
sciatica [saɪ·ˈæt̬·ɪ·kə] *n* MED Ischias *m o nt*
science [ˈsaɪ·əns] *n* ❶ (*study of physical world*) [Natur]wissenschaft *f;* **applied ~** angewandte Wissenschaft; **to have sth down to a ~** (*fig*) etw zu einer wahren Kunst entwickeln ❷ (*discipline*) Wissenschaft *f*
science 'fiction *n* LIT, FILM Sciencefiction *f*
scientific [ˌsaɪ·ən·ˈtɪf·ɪk] *adj approach, subject, theory* naturwissenschaftlich; *breakthrough, method* wissenschaftlich
scientist [ˈsaɪ·ən·tɪst] *n* Wissenschaftler(in) *m(f);* **research ~** Forscher(in) *m(f)*
sci fi [ˈsaɪ·faɪ] *n* LIT, FILM *short for* **science fiction** Sciencefiction *f*
scintillating [ˈsɪn·tə·leɪ·t̬ɪŋ] *adj wit* sprühend *fig; conversation* angeregt
scissors [ˈsɪz·ərz] *npl* Schere *f;* **a pair of ~** eine Schere
sclerosis [sklɪ·ˈroʊ·sɪs] *n* MED Sklerose *f*
scoff [skaf] *vi* spotten; (*laugh*) lachen; ■**to ~ at sb/sth** sich über jdn/etw lustig machen
scold [skoʊld] *vt* ausschimpfen
scolding [ˈskoʊl·dɪŋ] *n* Schimpfen *nt;* **to get a** [**good**] **~** furchtbar ausgeschimpft werden
scone [skoʊn] *n* weiches, krustenloses Gebäck, das mit entweder nur mit Butter oder mit Butter und Marmelade gegessen wird
scoop [skup] I. *n* ❶ (*utensil*) Schaufel *f,* Schippe *f* NORDD, MITTELD; (*ladle*) Schöpflöffel *m;* **measuring ~** Messlöffel *m* ❷ (*amount*) Löffel *m; of ice cream* Kugel *f* ❸ (*fam*) JOURN Knüller *m fam* ❹ (*fam*) [Insider]informationen *pl* II. *vt* ❶ (*move*) *sand, dirt* schaufeln; *ice cream, pudding* löffeln ❷ JOURN ausstechen; **we were ~ed by a rival paper** eine konkurrierende Zeitung kam uns zuvor
◆**scoop up** *vt* hochheben
scoot [skut] *vi* (*fam*) rennen; ■**to ~ over** zur Seite rutschen; **to ~ together** zusammenrücken
scooter [ˈsku·t̬ər] *n* [Tret]roller *m;* **motor ~** Motorroller *m*
scope [skoʊp] *n* ❶ (*range*) Rahmen *m* ❷ (*possibility*) Möglichkeit *f;* (*freedom to act*) Spielraum *m*
scorch [skɔrtʃ] I. *vt* (*burn*) versengen II. *vi* (*become burnt*) versengt werden III. *n* <*pl* -es> versengte Stelle; **~ mark** Brandfleck *m*
scorcher [ˈskɔr·tʃər] *n* (*fam*) sehr heißer Tag
scorching [ˈskɔr·tʃɪŋ] *adj* sengend; *heat* glühend
score [skɔr] I. *n* ❶ (*of points*) Punktestand *m;* (*of game*) Spielstand *m;* **final ~** Endstand *m* ❷ (*act of getting point*) Treffer *m* ❸ (*dispute*) Streit[punkt] *m;* **to settle a ~** eine Rechnung begleichen ❹ MUS Partitur *f* ❺ (*notch*) Kerbe *f* ❻ (*twenty*) zwanzig; (*three ~ years and ten*) siebzig Jahre; **~ s of** Dutzende von ▶ PHRASES: **to know the ~** wissen, wie der Hase läuft *fam;* **what's the ~?** (*fam*) wie sieht's aus? II. *vt* ❶ SPORTS treffen, punkten; *basket* Korb *m; goal*

schießen; *run* scoren ❷ (*achieve result*) errei-chen; **to ~ points** (*fig*) sich *dat* einen Vorteil verschaffen ❸ (*mark, cut*) einkerben ❹ (*fam: obtain, esp illegally*) *drugs* beschaffen **III.** *vi* ❶ (*in baseball*) scoren, einen Run machen; (*in basketball*) einen Punkt machen; (*in ice hockey, soccer*) ein Tor schießen ❷ (*keep score*) scoren ❸ (*achieve result*) abschneiden ❹ (*sl: obtain illegal drugs*) [sich *dat*] Stoff be-schaffen ❺ (*sl: have sex*) ins Bett kriegen (**with** mit + *dat*)

'scoreboard *n* Anzeigetafel *f*

'scorecard *n* Spielstandskarte *f*

scorer ['skɔr·ər] *n* ❶ (*scorekeeper*) Scorer *m*, Punktezähler(in) *m(f)* ❷ (*player who scores goal*) Torschütze, -schützin *m, f;* **the lead-ing ~** Torschützenkönig *m;* (*in basketball, football*) **the leading ~** Spieler, der die meis-ten Punkte erzielt hat

scorn [skɔrn] **I.** *n* (*contempt*) Verachtung *f* **II.** *vt* ❶ (*not respect*) verachten ❷ (*refuse*) ab-lehnen ▶ PHRASES: **hell hath no fury like a woman ~ed** (*saying*) die Hölle kennt keinen schlimmeren Zorn als den einer verlachten Frau

scornful ['skɔrn·fəl] *adj* verächtlich

Scorpio ['skɔr·pi·oʊ] *n* Skorpion *m*

scorpion ['skɔr·pi·ən] *n* Skorpion *m*

Scot [skat] *n* Schotte, Schottin *m, f*

Scotch <*pl* -es> [skatʃ] *n* (*whisky*) Scotch *m;* **a double ~** ein doppelter Scotch

Scotch 'tape® *n* Tesa[film]® *m*

scot-'free *adv* ❶ (*without punishment*) straffrei ❷ (*unchallenged*) unbehelligt; (*un-harmed*) ungeschoren

Scotland ['skat·lənd] *n* Schottland *nt*

Scots [skats] **I.** *adj* schottisch **II.** *n* Schot-tisch *nt*

'Scotsman *n* Schotte *m*

'Scotswoman *n* Schottin *f*

Scottish ['skat·ɪʃ] **I.** *adj* schottisch **II.** *n* ■ **the ~** *pl* die Schotten *pl*

scoundrel ['skaʊn·drəl] *n* (*dishonest person*) Schuft *m pej*

scour[1] ['skaʊ·ər] **I.** *n* Scheuern *nt* **II.** *vt* ❶ (*clean*) scheuern ❷ (*remove by the force of water*) auswaschen; (*by the force of wind*) ab-tragen

scour[2] ['skaʊ·ər] *vt* ■ **to ~ sth** [**for sb/sth**] *town, area* etw [nach jdm/etw] absuchen; *newspaper* etw [nach jdm/etw] durchforsten

scourer ['skaʊ·ər·ər] *n* Topfreiniger *m*

scourge [skɜrdʒ] *n* ❶ *usu sing* (*cause of suffer-ing*) Geißel *f geh* ❷ (*critic*) Kritiker(in) *m(f)*

'scouring pad *n* Topfreiniger *m*

scout [skaʊt] **I.** *n* ❶ (*boy scout*) Pfadfinder *m;* (*girl scout*) Pfadfinderin *f* ❷ (*talent seeker*) Talentsucher(in) *m(f)* **II.** *vi* ❶ (*reconnoiter*) kundschaften ❷ (*search*) **to ~ for new talent** nach neuen Talenten suchen **III.** *vt* (*recon-noiter*) auskundschaften

'scoutmaster *n* Pfadfinderführer(in) *m(f)*

scowl [skaʊl] **I.** *n* mürrischer [Gesichts]aus-druck **II.** *vi* mürrisch [drein]blicken

scrabble ['skræb·əl] *vi* ❶ (*grope*) [herum]wüh-len (**for** nach + *dat*, **through** in + *dat*) ❷ (*claw for grip*) ■ **to ~ for sth** nach etw *dat* greifen

scraggly ['skræg·li] *adj hair* zottelig, zerzaust; *beard* struppig

scram <-mm-> [skræm] (*fam*) **I.** *vi* abhauen **II.** *interj* ■ **~!** hau ab!

scramble ['skræm·bəl] **I.** *n* ❶ (*scrambling*) Kletterpartie *f* (**over** über + *akk*, **up** auf + *akk*) ❷ (*rush*) Gedrängel *nt fam* (**for** um + *akk*) **II.** *vi* ❶ (*climb*) klettern; (*over difficult terrain a.*) kraxeln *bes* SÜDD, ÖSTERR *fam* ❷ (*move hastily and awkwardly*) hasten; **to ~ to one's feet** sich hochrappeln *fam* **III.** *vt* ❶ (*beat and cook*) *eggs* verrühren ❷ (*encode*) verschlüsseln

scrambled 'eggs *npl* Rührei *nt*, Rühreier *pl*

scrambler ['skræm·blər] *n* TECH Verschlüsse-lungsgerät *nt*

scrap[1] [skræp] **I.** *n* ❶ (*small bit*) Stück[chen] *nt; of cloth, paper* Fetzen *m* ❷ (*leftover pieces of food*) ■ **~s** *pl* Speisereste *pl* ❸ (*old metal*) Schrott *m* **II.** *vt* <-pp-> ❶ (*get rid of*) wegwerfen; (*use for scrap metal*) verschrotten ❷ (*fam: abandon*) aufge-ben; (*abolish*) abschaffen

scrap[2] [skræp] *n* (*fam: fight*) Gerangel *nt;* (*ver-bal*) Streit *m*

'scrapbook *n* [Sammel]album *nt*

scrape [skreɪp] **I.** *n* ❶ (*for cleaning*) [Ab]krat-zen *nt* ❷ (*graze on skin*) Abschürfung *f;* (*scratch*) Kratzer *m* ❸ (*fam: difficult situation*) Klemme *f* **II.** *vt* ❶ (*remove outer layer*) [ab]schaben; (*remove excess dirt*) [ab]kratzen ❷ (*graze*) **to ~ sth** *part of body* sich *dat* etw aufschürfen; (*scratch*) *car* etw verkratzen **III.** *vi* ❶ (*rub*) reiben; (*brush*) bürsten; (*scratch*) kratzen ❷ (*economize*) sparen

◆ **scrape by** *vi* mit Ach und Krach durchkom-men *fam*

◆ **scrape through** *vi* gerade [mal] so durch-kommen *fam*

◆ **scrape together, scrape up** *vt* (*collect with difficulty*) *people, things* zusammenbe-kommen; *money* zusammenkratzen *fam*

scraper ['skreɪ·pər] *n* (*for paint, wallpaper*) Spachtel *m o f;* (*for windshields*) Kratzer *m;* (*for shoes, boots*) Abkratzer *m*

'scrap heap *n cars* Schrotthaufen *m;* **to be on the ~** (*fig*) zum alten Eisen gehören *fam; plan, idea* verworfen worden sein

scraping ['skreɪ·pɪŋ] **I.** *adj attr* kratzend **II.** *n* ❶ (*sound*) Kratzen *nt* ❷ (*small amount*) Rest[e] *m[pl]* ❸ (*bits peeled off*) ■ **~s** *pl* Schabsel *pl; of vegetable* Schalen *pl*

'scrap iron *n* Alteisen *nt*, Schrott *m*

scrappy ['skræp·i] *adj* (*full of determination*) *player* rauflustig

scratch [skrætʃ] **I.** *n* <*pl* -es> ❶ (*cut, mark*) Kratzer *m*, Schramme *f* ❷ (*against itching*) **to give oneself a ~** sich *akk* kratzen ❸ (*begin-ning state*) **to start [sth] from ~** [mit etw *dat*] bei null anfangen **II.** *adj attr* (*having no handi-*

cap) *golfer* ohne Vorgabe **III.** *vt* ❶ (*cut slightly*) *thing* zerkratzen; *person* kratzen ❷ (*mark by scraping*) verkratzen ❸ (*relieve an itch*) kratzen; **to ~ one's head** sich am Kopf kratzen **IV.** *vi* ❶ (*cause scratch*) kratzen ❷ (*relieve an itch*) sich kratzen

scratch around *vi* ❶ *animals* herumscharren; ■**to ~ around for sth** nach etw *dat* scharren ❷ (*search hard*) herumsuchen *fam;* ■**to ~ around for sth** nach etw *dat* suchen

◆**scratch out** *vt* (*strike out*) auskratzen; *line, passage, word* durchstreichen

'**scratch card** *n* Rubbellos *nt*

'**scratch paper** *n* Schmierpapier *nt;* (*for writing rough draft*) Konzeptpapier *nt*

scratchy ['skrætʃ·i] *adj* (*irritating to skin*) *sweater* kratzig

scrawl [skrɔl] **I.** *vt* [hin]kritzeln *fam* **II.** *n* ❶ (*untidy writing*) Gekritzel *nt* ❷ (*scrawled note, message*) hingekritzelte Notiz *fam*

scrawny ['skrɔ·ni] *adj human, animal* dürr; *vegetation* mager

scream [skrim] **I.** *n* ❶ (*loud shrill cry*) Schrei *m;* **a ~ for help** ein Hilfeschrei *m* ❷ *of animal* Gekreisch[e] *nt kein pl* ❸ *of engine, siren* Heulen *nt; of jet plane* Dröhnen *nt* **II.** *vi* ❶ (*with fear, pain*) schreien; (*with joy, delight*) kreischen; ■**to ~ at sb** jdn anschreien ❷ *animals* schreien ❸ *engine, siren* heulen; *jet plane* dröhnen **III.** *vt* ❶ (*cry loudly*) schreien ❷ (*express forcefully*) lauthals schreien

screech [skritʃ] **I.** *n* <*pl* -es> *of brakes, tires* Quietschen *nt kein pl; of person* Schrei *m; of animal* Kreischen *nt kein pl* **II.** *vi brakes, tires* quietschen; *person* schreien; *animal* kreischen

'**screech owl** *n* Kreischeule *f*

screed [skrid] *n* (*speech, writing*) Roman *m;* (*book*) Wälzer *m fam*

screen [skrin] **I.** *n* ❶ (*for movies, slides*) Leinwand *f;* (*of television, computer*) Bildschirm *m;* (*for radar, sonar*) Schirm *m* ❷ (*panel for privacy*) Trennwand *f;* (*decorative*) Paravent *m;* (*for protection*) Schutzschirm *m;* (*against insects*) Fliegengitter *nt;* (*fireguard*) Ofenschirm *m* ❸ (*sth that conceals*) Tarnung *f* **II.** *vt* ❶ (*conceal*) abschirmen (**from** gegen +*akk*) ❷ (*shield*) schützen (**from** vor +*dat*) ❸ (*examine closely*) überprüfen; MIL einer Auswahlprüfung unterziehen; ■**to ~ sb for sth** MED jdn auf etw *akk* hin untersuchen ❹ (*show*) vorführen; TV senden

screening ['skri·nɪŋ] *n* ❶ (*process of showing*) *of films* Vorführen *nt; of TV program* Ausstrahlung *f* ❷ (*testing*) Überprüfung *f,* Kontrolle *f* ❸ MED (*examination*) Untersuchung *f;* **health ~** Vorsorgeuntersuchung *f;* (*X-ray*) Röntgenuntersuchung *f*

'**screenplay** *n* Drehbuch *nt*

'**screen saver** *n* Bildschirmschoner *m*

'**screenshot** *n* COMPUT Screenshot *m*

'**screen test** *n* FILM, TV Probeaufnahmen *pl*

'**screenwriter** *n* Drehbuchautor(in) *m(f)*

screw [skru] **I.** *n* ❶ (*metal fastener, propeller*)

Schraube *f* ❷ (*turn*) Drehung *f* ▶ PHRASES: **to have a ~ loose** (*hum fam*) nicht ganz dicht sein *pej* **II.** *vt* ❶ (*attach with screw*) ■**to ~ sth [on]to sth** etw an etw *akk* schrauben ❷ (*by twisting*) **to ~ sth tight** etw fest zudrehen; ■**to ~ sth into/onto sth** etw in/auf etw *akk* schrauben ❸ (*vulg, sl: have sex with*) bumsen *sl,* vögeln *derb* **III.** *vi* (*vulg, sl: have sex*) bumsen *sl,* vögeln *derb*

screw around I. *vi* (*fam: be silly*) Blödsinn machen, herumblödeln; (*waste time*) herumtrödeln **II.** *vt* (*fam*) ■**to ~ sb around** (*mess about*) jdm auf die Nerven gehen; (*waste time*) jds Zeit *f* verschwenden

◆**screw on** *vi* (*tighten*) sich zuschrauben lassen; *nut* sich anziehen lassen

◆**screw up I.** *vt* ❶ (*sl: spoil, do badly*) vermasseln *fam; exam* versieben; **to ~ it** [*or* **things**] **up** Mist bauen *fam* ❷ (*twist into a shape*) **to ~ up one's eyes** blinzeln; *face, mouth* verziehen **II.** *vi* (*sl*) einen Schnitzer machen; ■**to ~ up** [**on sth**] [bei etw *dat*] Mist bauen *fam*

'**screwball** *n* ❶ (*in baseball*) Screwball *m* ❷ (*fam: person*) Spinner(in) *m(f) pej*

'**screwdriver** *n* ❶ (*tool*) Schraubenzieher *m* ❷ (*cocktail*) Screwdriver *m*

screwed [skrud] *adj pred* (*sl: stymied*) festgefahren; (*in a hopeless situation*) geliefert

'**screw top** *n* Schraubverschluss *m*

'**screwup, screw-up** *n* (*sl*) Schnitzer *m fam*

screwy ['skru·i] *adj* (*fam*) verrückt; (*dangerously mad*) *idea* hirnrissig

scribble ['skrɪb·əl] **I.** *vt* [hin]kritzeln **II.** *vi* ❶ (*make marks, write*) kritzeln ❷ (*hum: write*) schriftstellern *fam* **III.** *n* ❶ (*mark, words*) Gekritzel *nt kein pl pej* ❷ (*handwriting*) Klaue *f pej sl*

scrimmage ['skrɪm·ɪdʒ] *n* ❶ SPORTS (*practice game*) Übungsspiel *nt,* Freundschaftsspiel *nt* ❷ (*skirmish*) Gerangel *nt kein pl fam*

scrimp [skrɪmp] *vi* sparen; **to ~ and save** knausern *pej fam*

script [skrɪpt] *n* ❶ *of film* Drehbuch *nt; of play* Regiebuch *nt; of broadcast* Skript *nt* ❷ (*style of writing*) Schrift *f; a.* TYPO Schriftart *f* ❸ COMPUT Script *nt*

scriptural ['skrɪp·tʃər·əl] *adj* biblisch

scripture, Scripture ['skrɪp·tʃər] *n* (*the Bible*) die Bibel

'**scriptwriter** *n* FILM, TV Drehbuchautor(in) *m(f);* RADIO Rundfunkautor(in) *m(f)*

scroll [skroʊl] **I.** *n* (*roll of paper*) [Schrift]rolle *f* **II.** *vi* COMPUT scrollen

Scrooge [skrudʒ] *n* (*pej*) Geizhals *m*

scrotum <*pl* -s *or* -ta> ['skroʊ·təm] *n* Hodensack *m*

scrounge [skraʊndʒ] (*fam*) **I.** *vt* (*pej*) ■**to ~ sth [off sb]** etw [von jdm] schnorren **II.** *vi* ❶ (*look around*) ■**to ~ [around] for sth** *food* nach etw *dat* herumsuchen ❷ (*pej*) schnorren (**off** bei +*dat*)

scrounger ['skroʊn·dʒər] *n* (*pej fam*) Schnorrer(in) *m(f)*

scrub[1] [skrʌb] **I.** *n* **to give sth a** [good] ~ etw [gründlich] [ab]schrubben *fam* **II.** *vt* <-bb-> ❶ (*clean*) [ab]schrubben *fam* ❷ (*fam: cancel, abandon*) fallen lassen; *project* abblasen **III.** *vi* <-bb-> schrubben *fam*

scrub[2] [skrʌb] *n* ❶ (*trees and bushes*) Gestrüpp *nt* ❷ (*area*) Busch *m*

scrubber ['skrʌb·ər], '**scrub brush** *n* Schrubber *m;* (*smaller*) Scheuerbürste *f*

scruff [skrʌf] *n of neck* Genick *nt*

scruffy ['skrʌf·i] *adj clothes* schmuddelig *pej fam; person* vergammelt *pej fam; place* heruntergekommen *fam*

scrum [skrʌm] *n* (*in rugby*) Gedränge *nt fachspr*

scrumptious ['skrʌmp·ʃəs] *adj* (*fam*) lecker

scrunch [skrʌntʃ] **I.** *vi* (*make noise*) knirschen; (*with the mouth*) geräuschvoll kauen **II.** *vt* ❶ (*crunch*) knirschen ❷ (*crush up*) zerknüllen

scruple ['skru·pəl] *n* (*principles*) ■ ~ s *pl* Skrupel *pl*, Bedenken *pl;* **to have** [no] ~ **s about doing sth** [keine] Skrupel [*o* Bedenken] haben, etw zu tun

scrupulous ['skrup·jʊ·ləs] *adj* ❶ (*extremely moral*) gewissenhaft ❷ (*extremely careful*) [peinlich] genau

scrutinize ['skru·tə·naɪz] *vt* [genau] untersuchen [*o* prüfen]; *text* studieren

scrutiny ['skru·tə·ni] *n* [genaue] [Über]prüfung [*o* Untersuchung]

'**scuba diving** *n* Sporttauchen *nt*

scud <-dd-> [skʌd] *vi* eilen; *clouds* [schnell] ziehen

scuff [skʌf] **I.** *vt* ❶ (*mark*) verschrammen; (*wear away*) abwetzen ❷ (*drag along the ground*) **to ~ one's feet** schlurfen **II.** *vi* ❶ (*become worn*) sich abwetzen ❷ (*shuffle*) schlurfen

scuffle ['skʌf·əl] **I.** *n* Handgemenge *nt* **II.** *vi* sich balgen (**with** mit + *dat*)

sculpt [skʌlpt] **I.** *vt* (*create from stone*) [heraus]meißeln; (*in clay*) modellieren; (*reshape, work*) formen **II.** *vi* bildhauern *fam*

sculptor ['skʌlp·tər] *n* Bildhauer(in) *m(f)*

sculptural ['skʌlp·tʃər·əl] *adj* bildhauerisch, plastisch; *facial features, form* plastisch

sculpture ['skʌlp·tʃər] **I.** *n* ❶ (*art*) Bildhauerei *f* ❷ (*object*) Skulptur *f*, Plastik *f* **II.** *vt* (*make with a chisel*) [heraus]meißeln; (*in clay*) modellieren; (*reshape, work*) formen; (*model*) modellieren **III.** *vi* bildhauern *fam*

scum [skʌm] *n* ❶ (*foam*) Schaum *m;* (*residue*) Rand *m;* (*layer of dirt*) Schmutzschicht *f* ❷ (*pej: evil people*) Abschaum *m*

'**scumbag** *n* (*pej sl: man*) Mistkerl *m fam;* (*woman*) Miststück *nt fam*

scurrilous ['skɜr·ɪ·ləs] *adj* (*pej form: defamatory*) verleumderisch; (*insulting*) unflätig *geh*

scurry ['skɜr·i] **I.** *vi* <-ie-> *small animal* huschen; *person* eilen **II.** *n* (*hurry*) Eilen *nt;* **the ~ of feet** das Getrappel von Füßen

scurvy ['skɜr·vi] *n* Skorbut *m*

scuttle ['skʌt̬·əl] *vi person* hasten, flitzen *fam; small creature* huschen

scuttle away, **scuttle off** *vi* davoneilen

scythe [saɪð] **I.** *n* Sense *f* **II.** *vt* ❶ (*with a scythe*) [mit der Sense] [ab]mähen ❷ (*with swinging blow*) **to ~ sb/sth** [**down**] jdn/etw niedermähen *fam* **III.** *vi* preschen (**through** durch + *akk*)

SD, **S.D.** *abbrev of* **South Dakota**

sea [si] *n* ❶ (*salt water surrounding land*) ■ **the** ~ das Meer, die See; **at the bottom of the** ~ auf dem Meeresboden; **by** [*or* **beside**] **the** ~ am Meer, an der See; **the high** ~ **s** die hohe See ❷ (*specific area*) See *f kein pl*, Meer *nt;* **the Dead** ~ das Tote Meer ❸ (*state of sea*) Seegang *m kein pl;* **a calm/rough** ~ ein ruhiger/schwerer Seegang ▶ PHRASES: **to be** [**all**] **at** ~ [ganz] ratlos sein

sea a'nemone *n* Seeanemone *f*

'**seabed** *n* Meeresgrund *m*

'**seaboard** *n* Küste *f;* **the eastern** ~ **of the United States** die Atlantikküste der Vereinigten Staaten

sea 'breeze *n* Seewind *m*, Meeresbrise *f*

'**sea change** *n* große Veränderung

'**sea dog** *n* Seebär *m fam*

seafaring ['si·ˌfer·ɪŋ] *adj attr* (*esp liter*) seefahrend

'**seafood** *n* Meeresfrüchte *pl*

'**seafront** *n* (*promenade*) Strandpromenade *f;* (*beach*) Strand *m*

'**seagull** *n* Möwe *f*

'**sea horse** *n* Seepferdchen *nt*

seal[1] [sil] **I.** *n* ❶ (*insignia, stamp*) Siegel *nt* ❷ (*tight join*) Verschluss *m* **II.** *vt* ❶ (*stamp*) siegeln ❷ (*prevent from being opened*) [fest]verschließen; (*with a seal*) versiegeln; (*for customs*) plombieren; (*with adhesive*) zukleben ❸ (*make airtight*) luftdicht verschließen; (*make watertight*) wasserdicht verschließen; *window, gaps* abdichten ❹ (*block access to*) versiegeln; *border* schließen

◆ **seal up** *vt* ❶ (*close*) [fest] verschließen; (*with a seal*) versiegeln; (*with adhesive*) zukleben ❷ *door, window, gaps* abdichten

seal[2] [sil] *n* ZOOL Seehund *m*, Robbe *f*

sealant ['si·lənt] *n* (*for surfaces*) Dichtungsmittel *nt;* (*for gaps*) Kitt *m*

'**sea legs** *npl* **to find one's** ~ NAUT seefest werden *fachspr*

'**sea level** *n* Meeresspiegel *m;* **above** ~ über dem Meeresspiegel

'**sealing wax** *n* Siegelwachs *nt*

'**sea lion** *n* Seelöwe *m*

'**sealskin** *n* Robbenfell *nt*

seam [sim] *n* ❶ (*join*) Naht *f;* NAUT Fuge *f;* **to be bursting at the ~ s** (*fig*) aus allen Nähten platzen *fam* ❷ (*mineral layer*) Schicht *f*

'**seaman** ['si·mən] *n* (*sailor*) Seemann *m;* (*rank*) Matrose *m*

seamless ['sim·lɪs] *adj* ❶ (*without a seam*) *stockings* nahtlos; *garment, robe* ohne Nähte

S

❷(*smooth*) nahtlos, problemlos
seamlessly ['sim·lɪs·li] *adv* nahtlos
seamstress <*pl* -es> ['sim·strɪs] *n* Näherin *f*
seamy ['si·mi] *adj* ❶(*run down*) heruntergekommen ❷(*dodgy*) *district* zwielichtig; **the ~
side of life** die Schattenseite des Lebens
séance ['seɪ·ans] *n* Séance *f geh*
'**seaplane** *n* Wasserflugzeug *nt*
'**seaport** *n* Seehafen *m*
'**sea power** *n* ❶(*naval strength*) Stärke *f* zu
Wasser ❷(*state with strong navy*) Seemacht *f*
sear [sɪr] *vt* ❶(*scorch*) verbrennen; (*singe*)
versengen ❷ FOOD (*fry quickly*) kurz [an]braten
search [sɜrtʃ] I. *n* ❶(*for object, person*) Suche *f* (**for** nach +*dat*); **to go off in ~ of sth**
sich auf die Suche nach etw *dat* machen ❷(*for
drugs, stolen property, etc.*) Durchsuchung *f;
of person* Leibesvisitation *f* ❸ COMPUT Suchlauf *m;* **to do a ~ for sth** etw suchen II. *vi* suchen; ▪**to ~ for sb/sth** nach jdm/etw suchen; ▪**to ~ through sth** etw durchsuchen
III. *vt* ❶(*look through*) *building, bag* durchsuchen; *place, street* absuchen ❷ LAW durchsuchen ❸(*examine carefully*) absuchen; *conscience, heart* prüfen; *memory* durchforschen
◆**search out** *vt* ausfindig machen
'**search engine** *n* COMPUT Suchmaschine *f*
searcher ['sɜr·tʃər] *n* Suchende(r) *f/m)*
searching ['sɜr·tʃɪŋ] *adj gaze, look* forschend;
inquiry eingehend; *question* tief gehend
'**searchlight** *n* Suchscheinwerfer *m*
'**search party** *n* Suchtrupp *m*
'**search warrant** *n* Durchsuchungsbefehl *m*
searing ['sɪr·ɪŋ] *adj attr* ❶(*scorching*) sengend
❷(*painfully burning*) *pain* brennend ❸(*intense*) *passion* glühend *geh; emotion* leidenschaftlich; *criticism* schonungslos
'**sea salt** *n* Meersalz *nt*
'**seascape** *n* ❶(*picture*) Seestück *nt* ❷(*view*)
Blick *m* auf das Meer
'**seashell** *n* Muschel *f*
'**seashore** *n* (*beach*) Strand *m;* (*land near sea*)
[Meeres]küste *f*
'**seasick** *adj* seekrank
'**seasickness** *n* Seekrankheit *f*
'**seaside** I. *n* ▪**the ~** die [Meeres]küste; ▪**at
the ~** am Meer II. *adj attr* See-; **~ resort** Seebad *nt*
season ['si·zən] I. *n* ❶(*period of year*) Jahreszeit *f;* **the Christmas ~** die Weihnachtszeit;
the rainy ~ die Regenzeit ❷(*period of occurrence*) AGR, SPORTS, THEAT Saison *f;* **oysters are
out of ~ at the moment** zurzeit gibt es keine
Austern; **hunting ~** Jagdzeit *f* ❸ ZOOL frucht-
bare Zeit; **mating ~** Paarungszeit *f;* **to be in ~**
brünstig sein ❹(*business period*) Saison *f,*
Hauptzeit *f;* **at the height of the ~** in der
Hochsaison; **high ~** Hochsaison *f* II. *vt* ❶(*add
flavoring*) würzen (**with** mit +*dat*) ❷(*dry
out*) *wood* ablagern lassen
seasonable ['si·zə·nə·bəl] *adj* (*expected for
time of year*) der Jahreszeit angemessen
seasonal ['si·zə·nəl] *adj* ❶(*connected with

time of year) jahreszeitlich bedingt; **~ adjustment** Saisonbereinigung *f;* **~ work** Saisonarbeit *f* ❷(*grown in a season*) Saison-
seasoned ['si·zənd] *adj* ❶ *usu attr* (*experienced*) erfahren ❷(*properly dried*) *timber* ab-
gelagert ❸(*spiced*) gewürzt
seasoning ['si·zə·nɪŋ] *n* ❶(*salt and pepper*)
Würze *f* ❷(*herb or spice*) Gewürz *nt*
'**season ticket** *n* Dauerkarte *f;* SPORTS Saison-
karte *f*
seat [sit] I. *n* ❶(*sitting place*) [Sitz]platz *m;* (*in
a car*) Sitz *m;* (*in bus, plane, train*) Sitzplatz *m;*
(*in a theater*) Platz *m;* **is this ~ free?** ist dieser
Platz frei?; **to take a ~** sich [hin]setzen ❷ *usu
sing* (*part to sit on*) *of chair* Sitz *m; of pants*
Hosenboden *m* ❸(*location*) Sitz *m; of company* Sitz *m; of aristocrat* [Wohn]sitz *m* II. *vt*
❶(*provide seats*) setzen ❷(*seating capacity*)
to ~ 2500 2500 Menschen fassen; **his car ~ s
five** in seinem Auto haben fünf Leute Platz
'**seat belt** *n* Sicherheitsgurt *m;* **to fasten
one's ~** sich anschnallen
seating ['si·tɪŋ] *n* ❶(*seats*) Sitzgelegenheiten
pl; **~ for 6** Sitzplätze *pl* für 6 Personen ❷(*sitting arrangement*) Sitzordnung *f*
'**seating arrangements** *npl,* '**seating plan** *n*
Sitzordnung *f*
SEATO ['si·toʊ] *n acr for* **Southeast Asia
Treaty Organization** SEATO *f*
'**sea urchin** *n* Seeigel *m*
seaward ['si·wərd] I. *adv* seewärts II. *adj*
❶(*facing toward sea*) dem Meer zugewandt
❷(*moving toward sea*) auf das Meer hinaus
nach n
'**seawater** *n* Meerwasser *nt*
'**seaway** *n* ❶(*channel for large ships*) Wasserstraße *f* ❷(*route*) Seeweg *m*
'**seaweed** *n* [See]tang *m*
'**seaworthy** *adj* seetauglich
sec. [sek] *n short for* **second** Sek.; (*fam*) Moment *m;* **wait a ~!** Moment mal!; **hold on
[just] a ~** warte einen Moment
secede [sɪ·'sid] *vi* POL sich abspalten (**from** von
+*dat*)
secession [sɪ·'sef·ən] *n* Abspaltung *f*
seclude [sɪ·'klud] *vt* abschließen (**from** von
+*dat*)
secluded [sɪ·'klu·dɪd] *adj spot, house* abgelegen; *area* abgeschieden; *life* zurückgezogen
seclusion [sɪ·'klu·ʒən] *n* (*quiet and privacy*)
Zurückgezogenheit *f; of place* Abgelegenheit *f,*
Abgeschiedenheit
second[1] ['sek·ənd] *n* ❶(*sixtieth of a minute*)
Sekunde *f* ❷(*very short time*) Sekunde *f,* Augenblick *m;* **you go on; I'll only be a ~** *geh*
du weiter, ich komme gleich nach
second[2] ['sek·ənd] I. *adj* ❶ *usu attr* (*next after
first, winner*) zweite(r, s); **the ~ time** das
zweite Mal; **to finish ~** Zweite(r) werden; **to
be in ~ place** auf Platz zwei sein ❷(*not first
in importance, size*) zweit-; **Germany's ~
city** Deutschlands zweitwichtigste Stadt; **to be
~ to none** unübertroffen sein ❸ *attr* (*another*)

zweite(r, s), Zweit-; **to give sb a ~ chance** jdm eine zweite Chance geben; **to have ~ thoughts** es sich *dat* noch einmal überlegen ▶ PHRASES: **to play ~ fiddle to sb** in jds Schatten stehen **II.** *n* ❶ AUTO zweiter Gang ❷ *usu pl* (*imperfect item*) Ware *f* zweiter Wahl **III.** *adv* zweitens; **to finish ~** den zweiten Platz belegen **IV.** *vt* (*support, back up*) *motion, proposal* unterstützen, befürworten

secondary ['sek·ən·der·i] *adj* ❶ (*not main*) zweitrangig; **to play a ~ role** eine untergeordnete Rolle spielen ❷ (*education*) höher; **~ education** höhere Schulbildung ❸ MED Sekundär-

'secondary school *n* SCH Highschool *f*

second 'best *n* **to settle for ~** sich mit weniger zufriedengeben

second-'best *adj* zweitbeste(r, s)

second 'chamber *n* POL zweite Kammer

second 'class TRANSP **I.** *n* zweite Klasse **II.** *adv* **to travel ~** zweiter Klasse reisen

second 'cousin *n* Cousin *m*/Cousine *f* zweiten Grades

second-degree 'burn *n* Verbrennung *f* zweiten Grades

second-'guess I. *vt* ■**to ~ sb** jdn/etw im Nachhinein kritisieren **II.** *vi* vorhersagen, was jd tun wird

'secondhand I. *adj* ❶ (*used*) **~ car** Gebrauchtwagen *m*; **~ clothes** Secondhandkleidung *f* ❷ (*obtained from sb else*) *information, experience* aus zweiter Hand *nach n* **II.** *adv* ❶ (*in used condition*) gebraucht ❷ (*from intermediary*) aus zweiter Hand *nach n*

second 'hand *n* Sekundenzeiger *m*

second lieu'tenant *n* Leutnant *m*

secondly ['sek·ənd·li] *adv* zweitens

second-'rate *adj* (*pej*) zweitklassig

secrecy ['si·krə·si] *n* ❶ (*act of keeping secret*) Geheimhaltung *f;* **in ~** im Geheimen ❷ (*ability to keep a secret*) Verschwiegenheit *f;* (*secretiveness*) Heimlichtuerei *f pej* (**about** um +*akk*)

secret ['si·krɪt] **I.** *n* (*undisclosed information*) Geheimnis *nt;* **to keep a ~** ein Geheimnis für sich *akk* behalten; ■**in ~** im Geheimen, insgeheim; **to do sth in ~** etw heimlich tun; **the ~ to success** das Geheimnis des Erfolgs **II.** *adj* ❶ (*known to few people*) geheim, Geheim-; (*hidden*) verborgen ❷ (*done in secret*) heimlich

secret 'agent *n* Geheimagent(in) *m(f)*

secretarial [ˌsek·rə·'ter·i·əl] *adj* Büro-; **~ staff** Bürokräfte *pl*

secretary ['sek·rə·ter·i] *n* ❶ (*office assistant*) Sekretär(in) *m(f)* ❷ ECON Assistent(in) *m(f)* der Geschäftsführung

Secretary ['sek·rə·ter·i] *n* Minister, -in *m, f;* **~ of Defense** Verteidigungsminister(in) *m(f)*

Secretary 'General <*pl* Secretaries General> *n* Generalsekretär(in) *m(f)*

Secretary of 'State *n* Außenminister(in) *m(f)*

secrete[1] [sɪ·'krit] *vt* BIOL, MED absondern

secrete[2] [sɪ·'krit] *vt* verbergen

secretion [sɪ·'kri·ʃən] *n* BIOL, MED (*secreted substance*) Sekret *nt;* (*secreting*) Absonderung *f*

secretive ['si·krɪ·tɪv] *adj behavior* geheimnisvoll; *character* verschlossen

'Secret Service *n* ■**the ~** der Geheimdienst

sect [sekt] *n* ❶ (*religious group*) Sekte *f* ❷ (*denomination*) Konfession *f*

sectarian [sek·'ter·i·ən] *adj* ❶ (*relating to sect*) Sekten- ❷ (*relating to denomination*) konfessionell [bedingt]

section ['sek·ʃən] **I.** *n* ❶ (*component part*) Teil *nt; of road* Teilstrecke *f;* TECH [Bau]teil *nt* ❷ *of a statute* Paragraph *m; of book* Abschnitt *m; of document* Absatz *m* ❸ (*part of an area*) Bereich *m;* **nonsmoking ~** (*in restaurant*) Nichtraucherbereich *m;* (*on a train*) Nichtraucherabteil *nt* ❹ (*department, military unit*) Abteilung *f* ❺ (*group of instruments*) Gruppe *f;* **woodwind ~** Holzbläser *pl* ❻ (*surgical cut*) Schnitt *m;* **cesarean ~** Kaiserschnitt *m* **II.** *vt* ❶ (*to separate*) [unter]teilen ❷ (*cut*) zerschneiden; BIOL segmentieren *fachspr;* MED sezieren *fachspr*

◆ **section off** *vt* abteilen

sectional ['sek·ʃə·nəl] **I.** *adj* ❶ (*usu pej: limited to particular group*) partikular *geh* ❷ (*made in sections*) zusammensetzbar; **~ furniture** Anbaumöbel *pl* **II.** *n* Anbaumöbel *pl*

sector ['sek·tər] *n* ❶ (*part of economy*) Sektor *m,* Bereich *m;* **the public ~** der öffentliche Sektor ❷ (*area of land*) Sektor *m,* Zone *f*

secular ['sek·ju·lər] *adj* ❶ (*nonreligious*) säkular *geh* ❷ (*nonmonastic*) welt[geist]lich

secure [sɪ·'kjʊr] **I.** *adj* <-r, -st *or* more ~, the most ~> ❶ (*certain, permanent*) sicher; **financially ~** finanziell abgesichert ❷ *usu pred* (*safe, confident*) sicher ❸ (*safely guarded*) bewacht, sicher (**against** vor +*dat*); (*safe against telephone interception*) abhörsicher ❹ *usu pred* (*fixed in position*) fest; *door* fest verschlossen **II.** *vt* ❶ (*obtain*) *rights* sich *dat* sichern ❷ (*make safe*) [ab]sichern; **to ~ sb/sth against sth** jdn/etw vor etw *dat* schützen ❸ (*fasten*) befestigen (**to** an +*dat*); *door, window* fest schließen

se'curities market *n* STOCKEX Wertpapierbörse *f*

security [sɪ·'kjʊr·ɪ·ʈi] *n* ❶ (*protection, safety*) Sicherheit *f;* **tight ~** strenge Sicherheitsvorkehrungen; **to tighten ~** die Sicherheitsmaßnahmen verschärfen ❷ (*guards*) Sicherheitsdienst *m* ❸ *usu sing* (*safeguard*) Sicherheit *f,* Schutz *m* (**against** gegen +*akk*) ❹ FIN ■**securities** *pl* (*investments*) Wertpapiere *pl;* (*government securities*) Staatspapiere *pl,* Staatsanleihen *pl*

Se'curity Council *n* Sicherheitsrat *m*

se'curity forces *npl* MIL Sicherheitskräfte *pl*

se'curity guard *n* Sicherheitsbeamte(r), -beamtin *m, f*

sedan [sɪ·'dæn] *n* Limousine *f*

se'dan chair *n* Sänfte *f*

S

sedate [sɪ'deɪt] **I.** *adj person* ruhig; *pace* gemächlich; (*pej*) *place* verschlafen **II.** *vt* MED ruhigstellen, ein Beruhigungsmittel geben

sedation [sɪ'deɪ·ʃən] *n* MED Ruhigstellung *f;* **under** ~ unter dem Einfluss von Beruhigungsmitteln

sedative ['sed·ə·tɪv] **I.** *adj* beruhigend **II.** *n* Beruhigungsmittel *nt*

sedentary ['sed·ən·ter·i] *adj* sitzend

sediment ['sed·ə·mənt] *n* ❶ (*in wine*) [Boden]satz *m* ❷ (*eroded material*) Sediment *nt,* Ablagerung *f*

sedimentary [ˌsed·ɪ'men·tə·ri] *adj* ~ **layer** Sedimentschicht *f*

sedition [sɪ'dɪʃ·ən] *n* Aufwiegelung *f*

seduce [sɪ'dus] *vt* ❶ (*persuade to have sex*) verführen ❷ (*win over*) ■**to** ~ **sb into doing sth** jdn dazu verleiten, etw zu tun

seducer [sɪ'du·sər] *n* Verführer *m*

seduction [sɪ'dʌk·ʃən] *n* ❶ (*sexual or nonsexual*) Verführung *f* ❷ (*seductive quality*) Verlockung *f*

seductive [sɪ'dʌk·tɪv] *adj* ❶ (*sexy*) verführerisch ❷ (*attractive*) *argument, offer* verlockend

see <saw, seen> [si] **I.** *vt* ❶ (*perceive with eyes*) sehen; **have you ever ~n this man before?** haben Sie diesen Mann schon einmal gesehen?; **to** ~ **sth with one's own eyes** etw mit eigenen Augen sehen ❷ (*watch as a spectator*) *movie, play* [sich *dat*] [an]sehen; **this film is really worth ~ing** dieser Film ist echt sehenswert ❸ (*visit*) *famous building, place* ansehen ❹ (*understand*) verstehen, begreifen; (*discern mentally*) erkennen; **I** ~ **what you mean** ich weiß, was du meinst; ~ **what I mean?** siehst du? ❺ (*consider*) sehen; **this is how I** ~ **it** so sehe ich die Sache; **to** ~ **sth in a new light** etw mit anderen Augen sehen ❻ (*learn, find out*) feststellen; **I'll** ~ **who it is** ich schaue mal nach, wer es ist; **that remains to be ~n** das wird sich zeigen; **to** ~ **into the future** in die Zukunft schauen ❼ (*meet socially*) sehen; (*by chance*) [zufällig] treffen [*o* sehen]; **we're ~ing friends this weekend** wir treffen uns am Wochenende mit Freunden; ~ **you later!** (*fam: when meeting again later*) bis später!; (*goodbye*) tschüs! *fam;* **to be ~ing sb** (*dating*) mit jdm zusammen sein *fam;* **I'm not ~ing anyone at the moment** ich habe im Moment keine Freundin/keinen Freund ❽ (*have meeting with*) sehen; (*talk to*) sprechen; (*receive*) empfangen; **Ms. Miller can't** ~ **you now** Ms Miller ist im Moment nicht zu sprechen; **to** ~ **a doctor** zum Arzt gehen ❾ (*accompany*) begleiten; **to** ~ **sb to the door** [*or* out]/**home** jdn zur Tür/nach Hause bringen ▶ PHRASES: **to have ~n better days** schon [einmal] bessere Tage gesehen haben; **to** ~ **the last of sb** [endlich] jdn los sein *fam;* **to not** ~ **the forest for the trees** den Wald vor [lauter] Bäumen nicht sehen *hum* **II.** *vi* ❶ (*use eyes*) sehen; **I can't** ~ **very well without my** glasses ohne Brille kann ich nicht sehr gut sehen ❷ (*look*) sehen; **let me ~!** lass mich mal sehen!; **can you** ~? (*in theater etc.*) können Sie noch sehen? ❸ (*understand, realize*) ... — **oh, I** ~! ... – aha!; **I** ~ ich verstehe; **I** ~ **from your report** ... Ihrem Bericht entnehme ich, ...; **we'll** ~ **about** that das wird sich zeigen ▶ PHRASES: **to not** ~ **eye to eye** [**with sb**] nicht derselben Ansicht sein [wie jd]

◆**see in I.** *vi* hineinsehen **II.** *vt* hineinbringen; **to** ~ **the New Year in** das neue Jahr begrüßen

◆**see off** *vt* verabschieden; **to** ~ **sb off at the airport** jdn zum Flughafen bringen

◆**see out I.** *vt* ❶ (*escort to door*) hinausbegleiten ❷ (*continue to end of*) durchstehen; (*last until end of*) überleben, überstehen; *project* bis zum Ende mitmachen **II.** *vi* hinaussehen

◆**see through** *vt* ❶ (*look through*) ■**to** ~ **through sth** durch etw *akk* hindurchsehen ❷ (*not be deceived by*) *plan* durchschauen ❸ (*sustain*) ■**to** ~ **sb through** jdm über die Runden helfen *fam;* (*comfort*) jdm beistehen; **will 30 dollars be enough to** ~ **you through?** reichen dir 30 Dollar? ❹ (*continue to the end of*) *project* zu Ende bringen

◆**see to** *vt* ■**to** ~ **to sb/sth** sich um jdn/etw kümmern; ■**to** ~ **to it that** ... dafür sorgen, dass ... *nt*

seed [sid] **I.** *n* ❶ (*single seed*) Same[n] *m; of grain* Korn *nt;* ■~**s** *pl* AGR Saat *f kein pl* ❷ (*seeds*) Samen *pl;* **to go to** ~ Samen bilden; *flowers, plants, vegetables* schießen; (*fig*) *person* herunterkommen *fam* ❸ (*seeded player*) Platzierte(r) *f(m);* **the number one** ~ der/die als Nummer eins Gesetzte ❹ (*fig: starting point*) Keim *m* **II.** *vt* ❶ (*sow with seed*) besäen ❷ (*drop its seed*) ■**to** ~ **itself** sich aussäen ❸ (*remove seeds from*) *fruit* entkernen ❹ *usu passive* SPORTS **to be** ~**ed** platziert sein

'**seedbed** *n* ❶ (*area of ground*) Samenbeet *nt* ❷ (*fig*) Grundlage *f*

'**seed corn** *n* Samenkorn *nt*

seedless ['sid·lɪs] *adj* kernlos

seedling ['sid·lɪŋ] *n* Setzling *m*

seedy ['si·di] *adj district, hotel* zwielichtig; *character, reputation* zweifelhaft; *clothes, appearance* schäbig

seeing ['si·ɪŋ] *conj* ~ **that** [*or* **as** [**how**]] ... da ...

seek <sought, sought> [sik] *vt* ❶ (*form: look for*) suchen ❷ (*try to obtain*) erstreben; *asylum, refuge, shelter, employment* suchen; *justice, revenge* streben (nach +*dat*) ❸ (*ask for*) erbitten *geh; approval* einholen; **to** ~ **advice from sb** jdn um Rat bitten

◆**seek out** *vt* ausfindig machen; *opinion, information* herausfinden

seem [sim] *vi* ❶ (*appear to be*) scheinen; **he's sixteen, but he** ~**s younger** er ist sechzehn, wirkt aber jünger; **he** ~**s like a very nice man** er scheint ein sehr netter Mann zu sein; (*it* ~ *s all right to me*) das scheint mir ganz in

Ordnung zu sein; **it ~ed like a good idea at the time** damals hielt ich das für eine gute Idee ❷ (*appear*) **there ~s to have been some mistake** da liegt anscheinend ein Irrtum vor; ■ **it ~s** [*that*] ... anscheinend ...; ■ **it ~s as if** [*or* **as though**] ... es scheint, als ob ...; **it ~s to me that he isn't the right person for the job** ich finde, er ist nicht der Richtige für den Job

seeming ['si·mɪŋ] *adj attr* (*form*) scheinbare(r, s)

seemingly ['si·mɪŋ·li] *adv* scheinbar

seen [sin] *pp of* **see**

seep [sip] *vi* sickern; (*fig*) *information, truth* durchsickern

◆ **seep away** *vi* versickern

seepage ['si·pɪdʒ] *n* ❶ (*process of seeping*) *of oil, water* Aussickern *nt* ❷ (*lost fluid*) versickernde Flüssigkeit

seer [sɪr] *n* (*liter*) Seher *m*; (*fig*) Prophet *m*

seesaw ['si·sɔ] I. *n* ❶ (*for children*) Wippe *f* ❷ (*vacillating situation*) Auf und Ab *nt* II. *vi* ❶ (*play*) wippen ❷ (*fig*) sich auf und ab bewegen; *prices* steigen und fallen; *mood* schwanken

seethe [siθ] *vi* ❶ (*be very angry*) kochen *fam* ❷ (*be crowded*) wimmeln (**with** von + *dat*)

'see-through *adj* ❶ (*transparent*) durchsichtig ❷ (*of very light material*) durchscheinend

segment I. *n* ['seg·mənt] (*part, division*) Teil *m*; *of population* Gruppe *f*; *of orange* Schnitz *m*; (*of worm*) Segment *nt*; MATH Segment *nt* II. *vt* [səg·'ment] zerlegen III. *vi* [səg·'ment] sich teilen

segmentation [ˌseg·mən·'teɪ·ʃən] *n* Segmentierung *f geh*; BIOL Zellteilung *f*

segregate ['seg·rə·geɪt] *vt* absondern; *races, sexes* trennen

segregation [ˌseg·rə·'geɪ·ʃən] *n* Trennung *f*; *racial ~* Rassentrennung *f*

seismic ['saɪz·mɪk] *adj* GEOL seismisch; **~ waves** Erdbebenwellen *pl*

seismograph ['saɪz·mə·græf] *n* Seismograph *m*

seismologist [saɪz·'mɑl·ə·dʒɪst] *n* Seismologe, Seismologin *m, f*

seismology [saɪz·'mɑl·ə·dʒi] *n* Seismologie *f*

seize [siz] *vt* ❶ (*grab*) ergreifen, packen ❷ *usu passive* (*fig: overcome*) ■ **to be ~d with sth** von etw *dat* ergriffen werden ❸ (*capture*) einnehmen; *criminal* festnehmen; *hostage* nehmen; *power* ergreifen; (*more aggressively*) an sich *akk* reißen ❹ (*confiscate*) beschlagnahmen

◆ **seize on, seize upon** *vt idea* aufgreifen; *excuse* greifen (zu + *dat*)

◆ **seize up** *vi engine, machine* stehen bleiben; *brain* aussetzen

seizure ['si·ʒər] *n* ❶ (*taking*) Ergreifung *f*; *of drugs* Beschlagnahmung *f* ❷ MED (*fit*) Anfall *m*

seldom ['sel·dəm] *adv* selten; **~ if ever** fast nie

select [sə·'lekt] I. *adj* ❶ (*high-class*) *hotel, club* exklusiv ❷ (*carefully chosen*) ausgewählt;

team auserwählt; *fruit, cuts of meat* ausgesucht II. *vt* aussuchen; *person* auswählen; *team* aufstellen III. *vi* ■ **to ~ from sth** aus etw *dat* [aus]wählen

select com'mittee *n* Sonderausschuss *m* (**on** für + *akk*)

selection [sə·'lek·ʃən] *n* ❶ (*choosing*) Auswahl *f*; BIOL Selektion *f geh*; **to make one's ~** seine Wahl treffen ❷ *usu sing* (*range*) Auswahl *f*, Sortiment *nt* ❸ (*chosen player*) Spieler[aus]wahl *f*

selective [sə·'lek·tɪv] *adj* ❶ (*careful about choosing*) wählerisch; *reader, shopper* kritisch ❷ (*choosing the best*) ausgewählt; **~ breeding** Zuchtwahl *f* ❸ (*discriminately affecting*) *process, agent* gezielt

selectively [ˌsə·'lek·tɪv·li] *adv* selektiv

selector [sə·'lek·tər] *n* ❶ (*chooser*) Auswählende(r) *f(m)* ❷ (*switch*) Wählschalter *m*

self <*pl* **selves**> [self] *n* (*personality*) ■ **one's ~** das Selbst [*o* Ich]; **to be** [like *or* **back to**] **one's former ~** wieder ganz der/die Alte sein

self-addressed stamped 'envelope *n* adressierter frankierter Rückumschlag

self-ad'hesive *adj* selbstklebend

self-ap'pointed *adj manager, expert, critic* selbst ernannt

self-as'surance *n* Selbstvertrauen *nt*, Selbstsicherheit *f*

self-as'sured *adj* selbstbewusst, selbstsicher

self-'centered *adj* (*pej*) egozentrisch; **~ person** Egozentriker(in) *m(f)*

self-com'posed *adj* beherrscht; **to remain ~** gelassen bleiben

self-con'fessed *adj attr* erklärt; **she's a ~ thief** sie bezeichnet sich selbst als Diebin

self-'confidence *n* Selbstvertrauen *nt*

self-'conscious *adj* gehemmt; *laugh, smile* verlegen

self-con'tained *adj* ❶ (*complete*) selbstgenügsam; *community* autark ❷ (*separate*) *apartment* separat

self-con'trol *n* Selbstbeherrschung *f*; **to exercise ~** Selbstdisziplin üben

self-'critical *adj* selbstkritisch

self-'criticism *n* Selbstkritik *f*

self-de'ceit, self-de'ception *n* Selbstbetrug *m*

self-de'feating *adj* kontraproduktiv

self-de'fense *n* Selbstverteidigung *f*; **to kill sb in ~** jdn in Notwehr töten

self-de'nial *n* Selbsteinschränkung *f*

self-de'struct *vi* sich selbst zerstören; *material* zerfallen; *missile* [zer]bersten

self-determi'nation *n* POL Selbstbestimmung *f*

self-'discipline *n* Selbstdisziplin *f*

self-ef'facing *adj* bescheiden

self-em'ployed I. *adj* selbständig II. *n* ■ **the ~** *pl* die Selbständigen *pl*

self-es'teem *n* Selbstwertgefühl *nt*; **to have no/high/low ~** kein/ein hohes/ein geringes Selbstwertgefühl haben

self-'evident *adj* offensichtlich; ■ **it is ~ that**

... es liegt auf der Hand, dass ...

self-ex'planatory *adj* ■to be ~ klar sein, keiner weiteren Erklärung bedürfen

self-ex'pression *n* Selbstdarstellung *f*

self-ful'filling *adj* ■to be ~ sich selbst bewahrheiten; ~ **prophecy** sich selbst erfüllende Prophezeiung

self-'governing *adj* selbst verwaltet

self-'government *n* Selbstverwaltung *f*

self-'harm I. *n* Selbstverletzung *f* II. *vi* sich selbst verletzen

self-'help *n* Selbsthilfe *f*

self-im'portance *n* Selbstgefälligkeit *f*

self-im'portant *adj* selbstgefällig

self-im'posed *adj* selbst verordnet

self-in'dulgence *n* ❶(*hedonism*) Luxus *m* ❷(*act*) Hemmungslosigkeit *f*

self-in'dulgent *adj* genießerisch

self-in'flicted *adj* selbst zugefügt [*o* beigebracht]

self-'interest *n* Eigeninteresse *f*

selfish ['sel·fɪʃ] *adj* selbstsüchtig; *motive* eigennützig

selfishness ['sel·fɪʃ·nɪs] *n* Selbstsucht *f*

selfless ['self·lɪs] *adj* selbstlos

self-'made *adj* selbst gemacht; ~ **man** Selfmademan *m*

self-'pity *n* Selbstmitleid *nt*

self-'portrait *n* Selbstbildnis *nt*; **to draw** [*or* **paint**] **a** ~ sich selbst porträtieren

self-pos'sessed *adj* selbstbeherrscht

self-preser'vation *n* Selbsterhaltung *f*

self-re'liance *n* Selbstvertrauen *nt*

self-re'liant *adj* selbständig

self-re'spect *n* Selbstachtung *f*

self-re'specting *adj attr* ❶(*having self-respect*) ■to be ~ Selbstachtung besitzen ❷(*esp hum: good*) anständig; **no** ~ **person** niemand, der was auf sich hält

self-'righteous *adj* selbstgerecht

self-rising 'flour *n* *Mehl, dem Backpulver beigemischt ist*

self-'sacrifice *n* Selbstaufopferung *f*

self-'satisfied *adj* selbstzufrieden

self-'seeking *adj* (*form*) selbstsüchtig

self-'service *n* Selbstbedienung *f*

self-suf'ficiency *n* Selbstversorgung *f*; **economic** ~ Autarkie *f geh*

self-suf'ficient *adj* selbständig

self-'taught *adj* ❶(*educated*) selbst erlernt ❷(*acquired*) autodidaktisch

sell [sel] I. *vt* <sold, sold> ❶(*for money*) verkaufen; **I sold him my car for $600** ich verkaufte ihm mein Auto für 600 Dollar; **to** ~ **sth at retail** etw im Einzelhandel verkaufen ❷(*persuade*) ■to ~ sth [to sb] jdn für etw *akk* gewinnen; **to** ~ **an idea to sb** jdm eine Idee schmackhaft machen II. *vi* <sold, sold> ❶(*give for money*) verkaufen ❷(*attract customers*) sich verkaufen ▶PHRASES: **to** ~ **like hotcakes** wie warme Semmeln weggehen III. *n* Ware *f*; **to be a hard** [*or* **tough**]/**soft** ~ schwer/leicht verkäuflich sein

◆**sell off** *vt* verkaufen, verschachern

◆**sell out** I. *vi* ❶(*sell entire stock*) **I'm sorry, we've sold out** es tut mir leid, aber wir sind ausverkauft; ■to ~ **out of a brand/goods** eine Serie/Waren ausverkaufen ❷(*be completely booked*) *performance* ausverkauft sein ❸(*sell business*) ■to ~ **out to sb** [seine Firma] an jdn verkaufen ❹(*give in to*) ■to ~ **out to sb** sich *akk* an jdn verkaufen II. *vt* ❶*stock* ■to be sold out ausverkauft sein ❷(*pej fam: betray*) verraten

seller ['sel·ər] *n* ❶(*person*) Verkäufer(in) *m(f)* ❷(*product*) Verkaufsschlager *m*

selling ['sel·ɪŋ] *n* Verkaufen *nt*

'selling point *n* Kaufattribut *nt*

'selling price *n* Kaufpreis *m*

'sellout *n* ❶(*sales*) Ausverkauf *m*; **the concert was a** ~ das Konzert war ausverkauft ❷(*betrayal*) Auslieferung *f*

selves [selvz] *n pl of* **self**

semantic [sə·'mæn·tɪk] *adj* semantisch

semantics [sə·'mæn·tɪks] *n* ❶+ *sing vb* (*science*) Semantik *f* ❷(*meaning*) *of word, text* Bedeutung *f*

semaphore ['sem·ə·fɔr] I. *n* ❶(*system of communication*) Semaphor *nt o* ÖSTERR *m* (*eine Signalsprache*) ❷(*apparatus*) Semaphor *nt o* ÖSTERR *m* II. *vt* signalisieren

semblance ['sem·bləns] *n* (*form*) Anschein *m*

semen ['si·mən] *n* Sperma *nt*

semester [sə·'mes·tər] *n* Semester *nt*

semi <*pl* -s> ['sem·i] *n* (*fam*) ❶(*truck*) Sattelschlepper *m* ❷ SPORTS ■~s *pl* Halbfinale *nt*

semiauto'matic *adj* MIL *weapon, transmission* halbautomatisch

'semicircle *n* Halbkreis *m*

semi'circular *adj formation* halbkreisförmig

'semicolon *n* Semikolon *nt*, Strichpunkt *m*

semicon'ductor *n* Halbleiter *m*

semi'conscious *adj* halb bewusstlos; *feeling, memory* teilweise unbewusst

semi'final *n* Halbfinale *nt*

semi'finalist *n* SPORTS Halbfinalist(in) *m(f)*

seminal ['sem·ə·nəl] *adj* (*form: important*) *role* tragend *geh*; *work, article* bedeutend

seminar ['sem·ə·nar] *n* (*workshop*) Seminar *nt*; **training** ~ Übung *f*

seminary ['sem·ɪ·ner·i] *n* Priesterseminar *nt*

semi'precious *adj* ~ **stone** Halbedelstein *m*

semi'skilled *adj work, worker* angelernt

Semite ['sem·aɪt] *n* Semit(in) *m(f)*

Semitic [sə·'mɪt·ɪk] *adj* semitisch

semi'trailer *n* ❶(*truck*) Sattelschlepper *m* ❷(*trailer*) Anhänger *m* (*für Sattelschlepper*)

semi'tropical *adj see* **subtropical**

semo'lina [ˌsem·ə·'li·nə] *n* Gries *m*

Sen. *n* POL *abbrev of* **senator**

senate ['sen·ɪt] *n* POL, LAW, UNIV Senat *m*

senator ['sen·ə·ţər] *n* (*member*) Senator(in) *m(f)*

senatorial [ˌsen·ə·'tɔr·i·əl] *adj* (*form*) Senats-

send <sent, sent> [send] *vt* ❶(*forward*) ■to ~ [sb] sth jdm etw [zu]schicken; **to** ~ **sth in**

the mail etw mit der Post schicken; **to ~ a signal to sb** jdm etw signalisieren ❷ (*dispatch*) schicken; ■**to ~ sb for sth** jdn nach etw *dat* [los]schicken; **to ~ sb to prison** jdn ins Gefängnis stecken ❸ (*transmit*) senden; *signal* aussenden; (*pass on*) ■**to ~ sb sth** jdm etw übermitteln [lassen]; **Maggie ~s her love** Maggie lässt dich grüßen ❹ (*cause*) versetzen; **the news sent him running back to the house** die Nachricht ließ ihn wieder ins Haus laufen; **to ~ sb into a panic** jdn in Panik versetzen ▶ PHRASES: **to ~ sb flying** jdn zu Boden schicken

◆**send away** I. *vi* ■**to ~ away for sth** sich *dat* etw zuschicken lassen II. *vt* wegschicken
◆**send back** *vt* zurückschicken
◆**send for** *vi* ❶ (*summon*) rufen ❷ (*ask*) *brochure, information* anfordern; *help* holen
◆**send in** I. *vt* ❶ (*submit*) *bill* einsenden, einreichen; *report* einschicken; *order* aufgeben ❷ (*dispatch*) *troops, police* einsetzen II. *vi* ■**to ~ in for sth** sich *dat* etw zuschicken lassen; *for information* anfordern
◆**send off** I. *vt* ❶ (*mail*) abschicken; *package* aufgeben ❷ (*in soccer*) des Platzes verweisen; **to be sent off for fighting** einen Platzverweis wegen Rauferei bekommen ❸ (*dispatch*) *person* fortschicken II. *vi* ■**to ~ off for sth** etw anfordern
◆**send out** I. *vi* ■**to ~ out for sth** etw telefonisch bestellen II. *vt* ❶ (*emit*) aussenden, abgeben ❷ (*mail*) *letter* verschicken (**to** an +*akk*); *email* versenden (**to** an +*akk*)
◆**send up** *vt* ❶ (*force up*) *prices* ■**to ~ up ↻ sth** etw ansteigen lassen ❷ (*pass on*) zuschicken ❸ (*fam: imprison*) hinter Gitter bringen
sender ['sen·dər] *n* Einsender(in) *m(f)*, Absender(in) *m(f)*
'**sendoff** *n* Verabschiedung *f;* **to give sb a ~** jdn verabschieden
Senegal [ˌsen·ɪ·'gɔl] *n* Senegal *m*
senile ['si·naɪl] *adj* senil
senility [sə·'nɪl·ɪ·ti] *n* Senilität *f*
senior ['sin·jər] I. *adj* ❶ (*form: older*) älter ❷ *employee, officer* vorgesetzt ❸ *attr* SCH, UNIV (*of fourth-year students*) Senior· II. *n* ❶ (*older person*) Senior(in) *m(f);* **she's my ~ by three years** sie ist drei Jahre älter als ich ❷ (*employee*) Vorgesetzte(r) *f(m)* ❸ SCH, UNIV *Bezeichnung für Schüler einer Highschool- oder einer Collegeabgangsklasse*
senior 'citizen *n* ■~s *pl* ältere Menschen, Senioren *pl*
senior 'high school *n* (*Schulform nach der Junior High School, welche die Stufen 9, 10, 11 und 12 enthält*)
seniority [sin·'jɔr·ɪ·ti] *n* ❶ (*age*) Alter *nt* ❷ (*rank*) Dienstalter *nt*
senior 'partner *n* Seniorpartner(in) *m(f)*
sensation [sen·'seɪ·ʃən] *n* ❶ (*physical, mental*) Gefühl *nt; ~* **of cold** Kälteempfindung *f;* **burning ~** Brennen *nt* ❷ (*stir*) Sensation *f;* **to cause a ~** Aufsehen erregen

sensational [sen·'seɪ·ʃə·nəl] *adj* sensationell; (*very good a.*) fantastisch; (*shocking a.*) spektakulär
sensationalism [sen·'seɪ·ʃən·əl·ɪ·zəm] *n* (*pej*) MEDIA Sensationsmache *m pej*
sense [sens] I. *n* ❶ (*judgment, reason*) Verstand *m;* ■**sb's ~s** *pl* jds gesunder Menschenverstand; **it's time you came to your ~s** es wird Zeit, dass du zur Vernunft kommst ❷ (*reasonableness*) **to make [good] ~** sinnvoll sein; **to see the ~ in sth** den Sinn in etw *dat* sehen; **to talk ~** sich verständlich ausdrücken; **there's no ~ in doing sth** es hat keinen Sinn, etw zu tun ❸ (*faculty*) Sinn *m; ~* **of hearing** Gehör *nt; ~* **of sight** Sehvermögen *nt; ~* **of smell** Geruchssinn *m;* **sixth ~** sechster Sinn ❹ (*feeling*) Gefühl *nt; ~* **of duty** Pflichtgefühl *nt; ~* **of justice** Gerechtigkeitssinn *m* ❺ (*meaning*) Bedeutung *f,* Sinn *m;* **figurative ~** übertragene Bedeutung; **to make ~** einen Sinn ergeben; **in every ~** in jeder Hinsicht II. *vt* wahrnehmen; *danger* wittern; ■**to ~ that ...** spüren, dass ...
senseless ['sens·lɪs] *adj* ❶ (*pointless*) *violence, waste* sinnlos ❷ (*foolish*) *argument* töricht ❸ (*unconscious*) besinnungslos
'**sense organ** *n* Sinnesorgan *nt*
sensibility [ˌsen·sə·'bɪl·ɪ·ti] *n* ❶ (*sensitiveness*) Einfühlungsvermögen *nt* ❷ *pl* (*delicate feelings*) ■**sensibilities** Gefühle *nt pl*
sensible ['sen·sə·bəl] *adj* ❶ (*rational*) vernünftig; *decision* weis; *person* klug ❷ (*suitable*) *clothes* angemessen
sensibly ['sen·sə·bli] *adv* ❶ (*rationally*) vernünftig ❷ (*suitably*) angemessen; *dressed* passend
sensitive ['sen·sɪ·tɪv] *adj* ❶ (*kind*) verständnisvoll; ■**to be ~ to sth** für etw *akk* Verständnis haben ❷ (*secret*) *material* vertraulich ❸ (*responsive, touchy*) empfindlich (**to** gegenüber +*dat*); **to be ~ to cold** kälteempfindlich sein; **~ feelings** verletzliche Gefühle
sensitivity [ˌsen·sə·'tɪv·ɪ·ti] *n* ❶ (*understanding*) Verständnis *nt* ❷ (*confidentiality*) Vertraulichkeit *f* ❸ (*reaction*) Überempfindlichkeit *f* (**to** gegen +*akk*); **~ to light** Licht[über]empfindlichkeit *f*
sensitize ['sen·sə·taɪz] *vt* sensibilisieren; ■**to ~ sb to sth** jdn für etw *akk* sensibilisieren
sensor ['sen·sər] *n* Sensor *m*
sensory ['sen·sə·ri] *adj* sensorisch; **~ perception** Sinneswahrnehmung *f*
sensual ['sen·ʃu·əl] *adj* sinnlich
sensuality [ˌsen·ʃu·'æl·ɪ·ti] *n* Sinnlichkeit *f*
sensuous ['sen·ʃu·əs] *adj* ❶ *see* **sensual** ❷ (*of senses*) sinnlich
sent [sent] *pp, pt of* **send**
sentence ['sen·təns] I. *n* ❶ (*court decision*) Urteil *nt;* (*punishment*) Strafe *f;* **life ~** lebenslängliche Haftstrafe; **to serve a ~** eine Strafe verbüßen ❷ (*word group*) Satz *m* II. *vt* verurteilen (**to** zu +*dat*)
sentient ['sen·ʃənt] *adj* (*form: having feelings*)

S

fühlend *attr;* ~ **being** empfindsames Wesen
sentiment ['sen·tə·mənt] *n* (*form*) ❶ *usu pl* (*attitude*) Ansicht *f,* Meinung *f;* **my** ~**s exactly!** ganz meine Meinung! ❷(*general opinion*) **popular** ~ allgemeine Meinung ❸(*excessive emotion*) Rührseligkeit *f*
sentimental [,sen·tə·'men·təl] *adj* ❶(*emotional*) *mood, person* gefühlvoll; ~ **value** ideeller Wert ❷(*pej: overly emotional*) *person* sentimental; *music, style* kitschig; *story* rührselig
sentimentality [,sen·tə·men·'tæl·ɪ·t̬i] *n* (*pej*) Sentimentalität *f*
sentry ['sen·tri] *n* Wache *f*
separable ['sep·ər·ə·bəl] *adj* ❶(*form: able to separate*) [ab]trennbar ❷ LING trennbar
separate I. *adj* ['sep·ər·ɪt] (*not joined*) getrennt, separat; (*independent*) einzeln *attr;* **a** ~ **piece of paper** ein extra Blatt Papier; **to keep sth** ~ etw getrennt halten; **to keep things** ~ |**from one another**| Sachen auseinanderhalten II. *n* ['sep·ər·ɪt] ■~**s** *pl* ≈ Einzelteile *pl;* **ladies'** ~**s** Röcke, Blusen, Hosen III. *vt* ['sep·ə·reɪt] trennen IV. *vi* ['sep·ə·reɪt] ❶(*become detached*) sich trennen; CHEM sich scheiden ❷(*of cohabiting couple*) sich trennen; (*divorce*) sich scheiden lassen; **she is** ~**d from her husband** sie lebt von ihrem Mann getrennt
separation [,sep·ə·'reɪ·ʃən] *n* ❶(*act of separating*) Trennung *f* ❷(*living apart*) [eheliche] Trennung
separatist ['sep·ər·ə·tɪst] *n* Separatist(in) *m(f)*
separator ['sep·ə·reɪ·tər] *n* TECH Separator *m*
sepia ['si·pi·ə] *adj* sepia[farben]
Sept. *n abbrev of* **September** Sept.
September [sep·'tem·bər] *n* September *m; see also* **February**
septic ['sep·tɪk] *adj* septisch
septicemia [,sep·tə·'si·mi·ə] *n* MED Blutvergiftung *f*
'septic tank *n* Klärbehälter *m*
septuagenarian [,sep·tu·ə·dʒə·'ner·i·ən] *n* Siebzigjährige(r) *f(m)*
sequel ['si·kwəl] *n* ❶(*continuation*) Fortsetzung *f* ❷(*follow-up*) Nachspiel *nt*
sequence ['si·kwəns] *n* ❶(*order of succession*) Reihenfolge *f; of* [*television*] *programs* Sendefolge *f;* (*connected series*) Abfolge *f* ❷(*part of film*) Sequenz *f;* **closing** ~ Schlussszene *f*
sequential [sɪ·'kwen·ʃəl] *adj* (*form*) |aufeinander|folgend *attr*
sequester [sɪ·'kwes·tər] *vt* ❶(*form: isolate*) *jury* isolieren ❷ LAW (*temporarily confiscate*) beschlagnahmen
sequestration [,si·kwɪ·'streɪ·ʃən] *n* LAW Beschlagnahme *f*
sequin ['si·kwɪn] *n* Paillette *f*
sequoia [sɪ·'kwɔɪ·ə] *n* BOT Mammutbaum *m*
Serb [sɜrb] *n* Serbe, Serbin *m, f*
Serbia ['sɜr·bi·ə] *n* Serbien *nt*
Serbian ['sɜr·bi·ən] I. *adj* serbisch II. *n* ❶(*per-*

son) Serbe, Serbin *m, f* ❷(*language*) Serbisch *nt*
Serbo-Croatian [,sɜr·boʊ·kroʊ·'eɪ·ʃən] *n* LING Serbokroatisch *nt*
serenade [,ser·ə·'neɪd] I. *n* ❶(*classical music*) Serenade *f* ❷(*sung by lover*) Ständchen *nt* II. *vt* ein Ständchen bringen
serene <-r, -st *or more* ~, most ~> [sə·'rin] *adj* (*calm*) ruhig; (*untroubled*) gelassen
serenity [sə·'ren·ɪ·t̬i] *n* (*calmness*) Ruhe *f;* (*untroubled state*) Gelassenheit *f*
sergeant ['sar·dʒənt] I. *n* ❶(*military officer*) Unteroffizier *m* ❷(*police officer*) ≈ Polizeimeister(in) *m(f)*
sergeant 'major *n* Oberfeldwebel *m*
serial ['sɪr·i·əl] I. *n* MEDIA, PUBL Fortsetzungsgeschichte *f* II. *adj* ❶(*broadcasting, publishing*) Serien- ❷(*repeated*) Serien-
'serial killer *n* Serienmörder(in) *m(f)*
'serial number *n* Seriennummer *f*
series <*pl* -> ['sɪr·iz] *n* ❶(*set of events*) Reihe *f;* (*succession*) Folge *f* ❷(*line of products*) SPORTS, RADIO, TV Serie *f*
serious ['sɪr·i·əs] *adj* ❶(*earnest*) *person* ernst; (*solemn, not funny*) *comment, situation* ernst; **a** ~ **threat** eine ernsthafte Bedrohung ❷(*grave*) *accident, crime* schwer; (*dangerous*) gefährlich; (*not slight*) [*medical*] *condition, problem* ernst; *allegation* schwerwiegend; *argument, disagreement* ernsthaft; ~ **trouble** ernsthafte Schwierigkeiten *pl* ❸ *attr* (*careful*) ernsthaft; **to give sth** ~ **thought** ernsthaft über etw *akk* nachdenken ❹(*significant*) bedeutend; (*thought-provoking*) tiefgründig; *literature, writer* anspruchsvoll
seriously ['sɪr·i·əs·li] *adv* ❶(*in earnest*) ernst; **to take sth** ~ etw ernst nehmen ❷(*gravely, badly*) schwer; (*dangerously*) ernstlich; ~ **wounded** schwer verletzt ❸(*fam: very, extremely*) äußerst; ~ **funny** urkomisch
seriousness ['sɪr·i·əs·nɪs] *n* ❶(*serious nature*) *of person* Ernst *m;* (*critical state*) *of problem, threat* Ernst *m; of situation* Ernsthaftigkeit *f* ❷(*sincerity*) Ernsthaftigkeit *f; of offer* Seriosität *f geh;* **in all** ~ ganz im Ernst
sermon ['sɜr·mən] *n* ❶(*religious speech*) Predigt *f* (**on** über +*akk*) ❷(*pej: moral lecture*) [Moral]predigt *f oft pej*
serpent ['sɜr·pənt] *n* (*old*) Schlange *f*
serpentine ['sɜr·pən·taɪn] *adj* (*liter: snakelike*) schlangenförmig; (*twisting, winding*) *path, river* gewunden
serrated [sə·'reɪ·t̬ɪd] *adj* gezackt; **knife with a** ~ **edge** Messer *nt* mit Wellenschliff
serum <*pl* -s *or* sera> ['sɪr·əm] *n* Serum *nt*
servant ['sɜr·vənt] *n* ❶(*household helper*) Bediensteter *m;* (*female*) Bedienstete *f,* Dienstmädchen *nt* ❷(*for public*) Angestellte(r) *f(m)* (*im öffentlichen Dienst*)
serve [sɜrv] I. *n* (*in tennis*) Aufschlag *m;* (*in volleyball*) Angabe *f* II. *vt* ❶(*in restaurant, shop*) bedienen ❷(*present food, drink*) servieren ❸(*be enough for*) reichen; **this** ~**s 4 to**

5 das ergibt 4 bis 5 Portionen ❹ *(complete due period)* ableisten; *prison sentence* absitzen *fam* ❺ *(perform a function)* **to ~ a purpose** einen Zweck erfüllen; **if my memory ~s me right** wenn ich mich recht erinnere ❻ SPORTS **to ~ the ball** *(in tennis)* Aufschlag haben; *(in volleyball)* Angabe haben ▶ PHRASES: **this ~s him right** *(fam)* das geschieht ihm recht **III.** *vi* ❶ *(provide food, drink)* servieren ❷ *(work for)* dienen; *(function a.)* fungieren (**as** als) ❸ *(in tennis, etc.)* aufschlagen; *(in volleyball)* angeben

◆ **serve out** *vt* ableisten; *jail sentence* absitzen *fam; term of office* beenden

◆ **serve up** *vt* servieren

server ['sɜr·vər] *n* ❶ *(waitperson)* Kellner, -in *m, f* ❷ *(central computer)* Server *m*

service ['sɜr·vɪs] **I.** *n* ❶ *(help for customers)* Service *m; (in hotels, restaurants, shops)* Bedienung *f;* **customer ~** Kundendienst *m* ❷ *(act of working)* Dienst *m,* Dienstleistung *f* ❸ *(form: assistance)* Unterstützung *f; (aid, help)* Hilfe *f;* ■ **to be of ~** [**to sb**] [jdm] von Nutzen sein; **to need the ~s of an expert** einen Gutachter/eine Gutachterin brauchen ❹ *(system for public, government department)* Dienst *m;* **ambulance ~** Rettungsdienst *m;* **civil ~** öffentlicher Dienst ❺ *(operation)* Betrieb *m;* **to be out of/in ~** außer/in Betrieb sein; **postal ~** Postwesen *nt* ❻ *(in tennis, etc.)* Aufschlag *m; (in volleyball)* Angabe *f* ❼ *(armed forces)* Militär *nt;* ■ **the ~s** das Militär *nt kein pl* ❽ *(religious ceremony)* Gottesdienst *m;* **morning/evening ~** Frühmesse *f/* Abendandacht *f* ❾ *(maintenance check)* Wartung *f;* AUTO Inspektion *f* **II.** *vt* warten

serviceable ['sɜr·vɪ·sə·bəl] *adj* strapazierfähig

'service area *n* ❶ RADIO, TV Sendegebiet *nt* ❷ *(on freeway)* Raststätte *f*

'service center *n (for repairs)* Reparaturwerkstatt *f; (garage)* Werkstatt *f*

'service charge *n* Bedienungsgeld *nt*

'service entrance *n* Personaleingang *m*

'service industry *n* Dienstleistungsindustrie *f; (company)* Dienstleistungsbetrieb *m*

'serviceman *n* Militärangehöriger *m*

'service road *n (subsidiary road)* Nebenstraße *f; (access road)* Zufahrtsstraße *f*

'service sector *n* Dienstleistungsindustrie *f*

'service station *n* Tankstelle *f*

'servicewoman *n* MIL Militärangehörige *f*

servile ['sɜr·vəl] *adj (pej) manner* unterwürfig; *obedience* sklavisch

serving ['sɜr·vɪŋ] **I.** *n of food* Portion *f* (**of**) **II.** *adj attr* dienend; **the longest-~ mayor** der dienstälteste Bürgermeister/die dienstälteste Bürgermeisterin

'serving spoon *n* Vorlegelöffel *m,* Servierlöffel *m*

servitude ['sɜr·vɪ·tud] *n (form)* Knechtschaft *f*

sesame ['ses·ə·mi] *n* Sesam *m*

session ['seʃ·ən] *n* ❶ *(formal meeting)* Sitzung *f; (period of meeting)* Sitzungsperiode *f*

❷ *(period for specific activity)* Stunde *f;* **recording ~** Aufnahme *f*

set¹ [set] **I.** *adj* ❶ *pred (ready)* bereit, fertig; **ready, [get] ~, go!** auf die Plätze, fertig, los!; ■ **to be [all] ~ [for sth]** [für etw *akk*] bereit sein ❷ *(fixed) pattern, time* fest[gesetzt]; **~ phrase** feststehender Ausdruck ❸ *(expression of face)* **look** starr ❹ *attr (assigned) number, pattern* vorgegebene(r, s); *subject a.* bestimmte(r, s) **II.** *vt* <set, set> ❶ *(place)* stellen, setzen; *(on its side)* legen; **to ~ foot in** [*or* on] **sth** etw betreten ❷ *usu passive (take place in, be located)* **"West Side Story" is ~ in New York** „West Side Story" spielt in New York ❸ *(cause to be)* **his remarks ~ me thinking** seine Bemerkungen gaben mir zu denken; **to ~ one's/sb's mind at ease** sich/jdn beruhigen; **to ~ sth in motion** etw in Bewegung setzen [*o fig a.* ins Rollen bringen] ❹ *(prepare)* vorbereiten; *table* decken; **to ~ the scene for sth** *(create conditions)* die Bedingungen für etw *akk* schaffen; *(facilitate)* den Weg für etw *akk* frei machen ❺ *(adjust)* einstellen; *alarm, clock* stellen ❻ *(fix)* festsetzen; *budget* festlegen; *date, time* ausmachen; *deadline, limit* setzen, festlegen ❼ *(establish) record* aufstellen; *pace* vorgeben; **to ~ a good example for sb** jdm ein Vorbild sein ❽ ANAT einrenken; *broken bone* einrichten ❾ *(arrange) hair* legen; **to have one's hair ~** sich die Haare legen lassen ❿ COMPUT *(give variable a value)* setzen; *(define value)* einstellen ⓫ TYPO setzen ⓬ *(sail)* **to ~ sail for ...** nach ... losfahren **III.** *vi* <set, set> ❶ *(grow together) bones* zusammenwachsen ❷ *(become firm) concrete, Jell-O* fest werden ❸ *(sink) moon, sun* untergehen **IV.** *n (for hair)* Legen *nt*

set² [set] *n* ❶ *(collection, group)* Satz *m; (of two items)* Paar *nt; of clothes* Garnitur *f;* **coffee ~** Kaffeeservice *nt* ❷ THEAT Bühnenbild *nt;* FILM Szenenaufbau *m;* **on the ~** bei den Dreharbeiten; *(location)* am Set ❸ *(appliance)* Gerät *nt; (television)* Fernseher *m; (radio)* Radio[gerät] *nt* ❹ MATH Menge *f* ❺ COMPUT **data ~** Datensatz *m; (file)* Datei *f* ❻ *(in tennis)* Satz *m*

◆ **set about** *vi* **to ~ about doing sth** *job, task* sich daran machen, etw zu tun

◆ **set apart** *vt* ❶ *(distinguish)* ■ **sth ~s sb/ sth** ↻ **apart from sb/sth** etw unterscheidet jdn/etw von jdm/etw ❷ *(reserve)* ■ **to be ~ apart for sth** für etw *akk* reserviert sein

◆ **set aside** *vt* ❶ *(put to side)* beiseitelegen [*o* stellen]; *clothes* sich *dat* zurücklegen lassen ❷ *(keep for special use) money* sparen, auf die Seite legen; *time* einplanen ❸ *(ignore) differences, hostilities* begraben; *work* zurückstellen

◆ **set back** *vt* ❶ *(delay)* zurückwerfen; *deadline* verschieben ❷ *(position)* zurücksetzen (**from** von +*dat*); **their garden is ~ back from the road** ihr Garten liegt nicht direkt an der Straße

S

◆**set down** vt ❶(drop off, put down) absetzen ❷(land) plane landen ❸to ~ sth down in writing aufschreiben

◆**set forth** I. vt (form) plan darlegen II. vi (liter) aufbrechen

◆**set in** vi bad weather einsetzen; complications sich einstellen

◆**set off** I. vi sich auf den Weg machen; (in car) losfahren II. vt ❶(initiate) alarm, blast, reaction auslösen; bomb, fireworks zünden ❷(make angry) ■to ~ sb off jdn verärgern ❸(cause to do) ■to ~ sb off doing sth jdn dazu bringen, etw zu tun ❹■to ~ off ↻ sth against sth ECON etw mit etw dat verrechnen

◆**set out** I. vt ❶(arrange) goods auslegen; chairs, chess pieces aufstellen ❷(explain) idea, point darlegen II. vi ❶(begin trip) aufbrechen ❷(intend) ■to ~ out to do sth beabsichtigen, etw zu tun

◆**set up** vt ❶(erect) camp aufschlagen ❷(institute) business einrichten ❸(fam: deceive, frame) übers Ohr hauen fam ❹COMPUT program installieren; system konfigurieren

◆**set upon** vt (fam: attack) ■to ~ an animal upon sb ein Tier auf jdn hetzen; ■to ~ upon sb [with sth] [mit etw dat] über jdn herfallen

'setback n Rückschlag m

setting ['set·ɪŋ] n usu sing ❶(location) Lage f; (immediate surroundings) Umgebung f ❷(in film, novel, play) Schauplatz m ❸(adjustment on appliance) Einstellung f ❹(frame for jewel) Fassung f

settle ['set·əl] I. vi ❶(get comfortable) es sich dat bequem machen ❷(alight on surface, take up residence) sich niederlassen; (build up) sich anhäufen; do you think the snow will ~? glaubst du, dass der Schnee liegen bleibt? ❸(end dispute) sich einigen ❹(become stable) weather beständig werden II. vt ❶(decide) entscheiden; (deal with) regeln ❷(bring to conclusion) erledigen; (resolve) argument beilegen; question regeln; that ~s that damit hat sich das erledigt ❸(colonize) besiedeln ▶ PHRASES: to ~ a score [with sb] [mit jdm] abrechnen

◆**settle down** I. vi ❶(get comfortable) es sich dat bequem machen ❷(calm down) sich beruhigen ❸(adopt steady lifestyle) sich [häuslich] niederlassen II. vt ❶(make comfortable) ■to ~ oneself down es sich dat bequem machen ❷(calm down) beruhigen

◆**settle for** vi ■to ~ for sth mit etw dat zufrieden sein

◆**settle in** vi people sich einleben; things sich einpendeln

◆**settle on** vi ■to ~ on sth ❶(decide on) sich für etw akk entscheiden ❷(agree on) sich auf etw akk einigen; on a name sich entscheiden (für +akk)

settled ['set·əld] adj ❶pred (comfortable, established) ■to be ~ sich eingelebt haben; to feel ~ sich heimisch fühlen ❷(calm) ruhig ❸(steady) lifestyle geregelt

settlement ['set·əl·mənt] n ❶(resolution) Übereinkunft f; (agreement) Vereinbarung f; LAW Vergleich m; of conflict Lösung f; of matter Regelung f; of strike Schlichtung f; they reached an out-of-court ~ sie einigten sich außergerichtlich ❷(colony) Siedlung f; (colonization) Besiedlung f; (people) Ansiedlung f

settler ['set·lər] n Siedler(in) m(f)

'setup n ❶(way things are arranged) Aufbau m; (arrangement) Einrichtung f ❷(fam: act of deception) abgekartetes Spiel

seven ['sev·ən] I. adj sieben; see also eight II. n Sieben f; see also eight

'sevenfold adj siebenfache

seventeen [ˌsev·ən·'tin] I. adj siebzehn; see also eight II. n Siebzehn f; see also eight

seventeenth [ˌsev·ən·'tinθ] I. adj siebzehnte(r, s) II. n ❶(date) ■the ~ der Siebzehnte ❷(fraction) Siebzehntel nt

seventh ['sev·ənθ] I. adj siebte(r, s) II. n ❶(date) ■the ~ der Siebte ❷(fraction) Siebtel nt

seventieth ['sev·ən·ti·əθ] I. adj siebzigste(r, s) II. n ❶(ordinal number) Siebzigste(r, s) ❷(fraction) Siebzigstel nt

seventy ['sev·ən·ti] I. adj siebzig II. n Siebzig f

sever ['sev·ər] vt ❶(separate) abtrennen; (cut through) durchtrennen ❷(end) links, connection abbrechen; ties lösen

several ['sev·ər·əl] I. adj (some) einige, mehrere; (various) verschiedene II. pron ein paar, mehrere, einige

severance ['sev·ər·əns] n (form) ❶(act of ending) Abbruch m (of +gen) ❷(payment by employer) Abfindung f

'severance pay n Abfindung f, Entlassungsgeld nt

severe [sə·'vɪr] adj ❶(very serious) schwer, schlimm; pain heftig, stark; cutbacks drastisch; blow, injury, penalty schwer ❷(harsh) criticism, punishment hart; (strict) streng; METEO (harsh) rau; storm heftig; cold eisig; frost, winter streng; (violent) gewaltig; ~ reprimand scharfer Tadel

severely [sə·'vɪr·li] adv ❶(seriously) disabled, injured schwer; to be ~ restricted enorm eingeschränkt sein ❷(harshly) hart; (extremely) heftig, stark; (strictly) streng

severity [sə·'ver·ɪ·ti] n ❶(seriousness) Schwere f; (of situation, person) Ernst m ❷(harshness) Härte f; (strictness) Strenge f; of criticism Schärfe f; (extreme nature) Rauheit f

Seville [sə·'vɪl] n Sevilla nt

sew <sewed, sewn or sewed> [soʊ] I. vt [an]nähen II. vi nähen

◆**sew up** vt ❶(repair) zunähen; wound nähen ❷(fam: complete successfully) zum Abschluss bringen ❸(fam: make sure of winning) sich dat sichern; to be ~n up unter Dach und Fach sein

sewage ['su·ɪdʒ] n Abwasser nt

'sewage (treatment) plant n ECOL Rieselfeld nt

sewer¹ ['su·ər] *n* Abwasserkanal *m*

sewer² ['soʊ·ər] *n* Näher(in) *m(f)*

sewerage ['su·ər·ɪdʒ] *n* Kanalisation *f*

sewing ['soʊ·ɪŋ] *n* ❶ *(activity)* Nähen *nt* ❷ *(things to sew)* Näharbeit *f*

'**sewing basket** *n* Nähkorb *m*

'**sewing machine** *n* Nähmaschine *f*

sewn [soʊn] *pp of* **sew**

sex <*pl* -es> [seks] *n* ❶ *(gender)* Geschlecht *nt;* **the opposite** ~ das andere Geschlecht ❷ *(intercourse)* Sex *m,* Geschlechtsverkehr *m;* **to have** ~ Sex haben; **to have** ~ **with sb** mit jdm schlafen

'**sex appeal** *n* Sexappeal *m*

'**sex education** *n* Sexualerziehung *f*

sexism ['sek·sɪz·əm] *n* Sexismus *m*

sexist ['sek·sɪst] **I.** *adj* (*pej*) sexistisch **II.** *n* Sexist(in) *m(f)*

sexless ['seks·lɪs] *adj* ❶ *(without gender)* geschlechtslos ❷ *(without physical attractiveness)* unerotisch ❸ *(without sexual desire)* sexuell desinteressiert

'**sex life** *n* Sexualleben *nt*

'**sex symbol** *n* Sexsymbol *nt*

sextet(te) [sek·'stet] *n* Sextett *nt*

sexual ['sek·ʃu·əl] *adj* ❶ *(referring to gender)* geschlechtlich; ~ **equality** Gleichheit *f* der Geschlechter ❷ *(erotic)* sexuell; ~ **relationship** sexuelle Beziehung

sexual discrimi'nation *n* Diskriminierung *f* aufgrund des Geschlechts

sexual 'harassment *n* sexuelle Belästigung

sexual 'intercourse *n* Geschlechtsverkehr *m*

sexuality [ˌsek·ʃu·'æl·ɪ·t̮i] *n* Sexualität *f*

sexually ['sek·ʃu·əl·i] *adv* ❶ *(referring to gender)* geschlechtlich ❷ *(erotically)* sexuell; ~ **attractive** sexy

sexy ['sek·si] *adj* (*fam*) ❶ *(physically appealing)* sexy ❷ *(arousing)* erregend ❸ *(exciting)* aufregend, heiß

Seychelles [seɪ·'ʃelz] *n* ■**the** ~ die Seychellen *pl*

Sgt. *n abbrev of* **sergeant** Uffz.

shabby ['ʃæb·i] *adj* ❶ *(worn)* schäbig; *clothing* gammelig ❷ *(poorly dressed)* ärmlich gekleidet ❸ *(unfair)* schäbig ❹ *(mediocre)* *performance* mittelmäßig; *excuse* fadenscheinig; **not too** ~! ganz in Ordnung

shack [ʃæk] *n* Hütte *f*
  ◆**shack up** *vi* (*fam*) ■**to** ~ **up with sb** mit jdm zusammenziehen; ■**to be** ~**ed up with sb** mit jdm zusammenleben

shackle ['ʃæk·əl] **I.** *n* ~ **s** *pl* Fesseln *f pl*, Ketten *f pl;* (*fig*) Zwänge *m pl* **II.** *vt* ❶ *(chain)* [mit Ketten] fesseln ❷ *(fig: restrict)* behindern

shade [ʃeɪd] **I.** *n* ❶ *(shaded area)* Schatten *m;* **a patch of** ~ ein schattiges Plätzchen; **in** [*or* **under**] **the** ~ im Schatten ❷ *(of +gen)* ❷ *(lampshade)* [Lampen]schirm *m* ❸ **roller** ~ Rollladen *m* ❹ *(variation of color)* [Farb]ton *m*, Zwischenton *m;* **pastel** ~**s** Pastellfarben *pl* ❺ *(fam: sunglasses)* ■~**s** *pl* Sonnenbrille *f* **II.** *vt* ❶ *(protect from brightness)* [vor der Son-

ne] schützen; *eyes* beschirmen; **an avenue** ~**d by trees** eine von Bäumen beschattete Allee ❷ *(in picture)* schattieren **III.** *vi* ❶ *(alter color)* ■**to** ~ [**off**] **into sth** allmählich in etw *akk* übergehen ❷ *(be very similar)* ■**to** ~ **into sth** kaum von etw *dat* zu unterscheiden sein

shading ['ʃeɪ·dɪŋ] *n* Schattierung *f*

shadow ['ʃæd·oʊ] **I.** *n* ❶ *(produced by light)* Schatten *m* ❷ *(under eye)* Augenring *m* ❸ *(smallest trace)* Hauch *m*, Anflug *m;* **there isn't even a** ~ **of doubt** es besteht nicht der leiseste Zweifel ▶ PHRASES: **to be a** ~ **of one's former self** [nur noch] ein Schatten seiner selbst sein **II.** *vt* ❶ *(darken)* verdunkeln ❷ *(follow secretly)* beschatten ❸ SPORTS *(stay close to)* decken

'**shadowboxing** *n* Schattenboxen *nt*

shadowy ['ʃæ·doʊ·i] *adj* ❶ *(out of sun)* schattig; *(dark)* düster; ~ **figure** schemenhafte Figur; (*fig*) rätselhaftes Wesen ❷ *(dubious)* zweifelhaft

shady ['ʃeɪ·di] *adj* ❶ *(in shade)* schattig ❷ *(fam: dubious)* fragwürdig; *(dishonest)* unehrlich

shaft [ʃæft] **I.** *n* ❶ *(hole)* Schacht *m* ❷ *of tool, weapon* Schaft *m* ❸ *(in engine)* Welle *f* ❹ *(ray)* Strahl *m;* ~ **of sunlight** Sonnenstrahl *m* **II.** *vt* (*fam*) betrügen

shag [ʃæg] **I.** *adj attr* ~ **carpet** Veloursteppich *m* **II.** *n* Zottel *f*

shaggy ['ʃæg·i] *adj* ❶ *(hairy)* struppig ❷ *(unkempt)* zottelig

Shah [ʃa] *n* (*hist*) Schah *m*

shake [ʃeɪk] **I.** *n* ❶ *(action)* Schütteln *nt kein pl;* **she gave the box a** ~ sie schüttelte die Schachtel ❷ *(fam: milkshake)* Shake *m* ▶ PHRASES: **to be no great** ~**s at sth** bei etw *dat* nicht besonders gut sein **II.** *vt* <shook, shaken> ❶ *(vibrate)* schütteln; ~ **well before using** vor Gebrauch gut schütteln; ■**to** ~ **oneself** sich schütteln; ■**to** ~ **sth over sth** etw über etw *akk* streuen ❷ *(undermine, shock)* erschüttern; **the news has** ~**n the whole country** die Nachricht hat das ganze Land schwer getroffen ❸ *(fam: get rid of)* loswerden **III.** *vi* <shook, shaken> ❶ *(quiver)* beben; ■**to** ~ **with sth** vor etw *dat* beben [*o* zittern] ❷ *(shiver with fear)* zittern, beben ▶ PHRASES: **to** ~ **like a** leaf wie Espenlaub zittern
  ◆**shake down** *vt* (*sl*) ❶ *(threaten)* erpressen ❷ *(thoroughly search)* filzen
  ◆**shake off** *vt* ❶ *(remove)* abschütteln ❷ *(get rid of)* überwinden; *habit* ablegen; *illness* besiegen; *person* loswerden; *pursuer* abschütteln
  ◆**shake out** *vt* ausschütteln
  ◆**shake up** *vt* ❶ *(mix)* mischen ❷ *(shock)* aufwühlen ❸ *(significantly alter)* umkrempeln; *(significantly reorganize)* umstellen

shakedown ['ʃeɪk·daʊn] **I.** *n* ❶ *(sl: extortion by tricks)* Abzocken *nt sl;* (*by threats*) Erpressung *f* ❷ *(sl: police search)* Razzia *f* ❸ *(tests and trials)* Erprobung *f; of machinery* Testlauf *m; of aircraft* Testflug *m; of vehicle* Test-

S

fahrt *f* **II.** *adj attr* Test-, Probe-
shaken ['ʃeɪ·kən] **I.** *vi, vt pp of* **shake II.** *adj* erschüttert
shaker ['ʃeɪ·kər] *n* ❶ (*for mixing liquids*) Mix-
becher *m* ❷ (*dispenser*) **salt/pepper ~** Salz-/
Pfefferstreuer *m*
shakeup ['ʃeɪk·ʌp] *n* Veränderung *f,* Umstrukturierung *f*
shakily ['ʃeɪ·kɪ·li] *adv* ❶ (*unsteadily*)
wack[e]lig; *speak, touch* zitt[e]rig ❷ (*uncer-
tainly*) unsicher
'**shaking I.** *n* (*jolting*) Schütteln *nt;* (*trembling*)
Zittern *nt* **II.** *adj knees, hands* zitternd
shaky ['ʃeɪ·ki] *adj* ❶ (*unsteady*) *hands, voice,
handwriting* zittrig; *ladder, table* wack[e]lig; **to
feel a bit ~** (*physically*) noch etwas wack[e]lig
auf den Beinen sein; (*emotionally*) beunruhigt
sein ❷ (*unstable*) *basis, foundation* unsicher;
economy, government instabil; **to get off to a
~ start** mühsam in Gang kommen
shale [ʃeɪl] *n* Schiefer *m*
shall [ʃæl] *aux vb* (*liter*) ❶ (*future*) ▪**I ~ ...** ich
werde ... ❷ (*ought to, must*) ▪**I/he ~ ...** ich/
er soll ...
shallot ['ʃæl·ət] *n* Schalotte *f*
shallow ['ʃæl·oʊ] *adj* ❶ (*not deep*) seicht, flach
❷ (*superficial*) oberflächlich; *movie* seicht
shallowness ['ʃæl·oʊ·nɪs] *n* ❶ (*shallow
depth*) Seichtheit *f* ❷ (*superficiality*) Oberflächlichkeit *f*
sham [ʃæm] (*pej*) **I.** *n* ❶ *usu sing* (*fake thing*)
Trug *m kein pl geh,* Betrug *m kein pl* ❷ (*empty
pretense*) Verstellung *f* **II.** *adj* gefälscht;
~ marriage Scheinehe *f* **III.** *vt* <-mm-> vortäuschen **IV.** *vi* <-mm-> sich verstellen
shamble ['ʃæm·bəl] *vi* (*walk*) watscheln;
(*shuffle*) schlurfen
shambles ['ʃæm·bəlz] *n + sing vb* (*fam*) **to be
[in] a ~** sich in einem chaotischen Zustand befinden
shame [ʃeɪm] **I.** *n* ❶ (*feeling*) Scham *f,* Scham-
gefühl *nt;* **~ on you!** (*a. hum*) schäm dich!; **to
feel no ~** sich nicht schämen ❷ (*disgrace*)
Schande *f;* **to bring ~ on sb** Schande über jdn
bringen ❸ (*a pity*) Jammer *m;* **it's a [great] ~
that ...** es ist [jammer]schade, dass ...; **what a
~!** wie schade! **II.** *vt* (*make ashamed*) beschämen (*bring shame on*) ▪**to ~ sb/sth**
jdm/etw Schande machen
shamefaced ['ʃeɪm·'feɪst] *adj* verschämt
shameful ['ʃeɪm·fəl] *adj* ❶ (*causing shame*)
treatment schimpflich; *defeat* schmachvoll
❷ (*disgraceful*) empörend; ▪**it's ~ that ...** es
ist eine Schande, dass ...
shameless ['ʃeɪm·lɪs] *adj* schamlos
shammy ['ʃæm·i] *n see* **chamois**
shampoo [ʃæm·'pu] **I.** *n* (*for hair*) Shampoo *nt*
II. *vt hair* shampoonieren; *upholstery* mit
einem Shampoo reinigen
shamrock ['ʃæm·rak] *n* weißer Feldklee
shank [ʃæŋk] *n* (*of tool*) Schaft *m*
shanty ['ʃæn·ti] *n* [Elends]hütte *f*
'**shanty town** *n* Barackensiedlung *f*

shape [ʃeɪp] **I.** *n* ❶ (*outline*) Form *f;* BIOL Gestalt *f;* MATH Figur *f,* Form *f;* **in any ~ or form**
(*fig*) in jeder Form; **all ~s and sizes** alle Formen und Größen; **to take ~** Form annehmen
❷ (*condition*) **to be in bad ~ things** in
schlechtem Zustand sein; *people* in schlechter
Verfassung sein; SPORTS nicht in Form sein; **to
be in great ~** in Hochform sein ▸ PHRASES: **to
whip sb/sth into ~** jdn/etw auf Vordermann
bringen *fam* **II.** *vt* ❶ (*mold*) [aus]formen ❷ (*influence*) prägen; *sb's character* formen; *destiny* gestalten
shapeless ['ʃeɪp·lɪs] *adj* ❶ (*not shapely*) unförmig ❷ (*without shape*) formlos; *ideas* vage
shapely ['ʃeɪp·li] *adj* wohlgeformt; *figure, legs*
schön; *woman* gut gebaut
shard [ʃard] *n* Scherbe *f; of metal* Splitter *m*
share [ʃer] **I.** *n* ❶ (*part*) Teil *m,* Anteil *m; of
food* Portion *f;* **he should take his ~ of the
blame for what happened** er sollte die Verantwortung für seine Mitschuld am Gesche-
henen übernehmen; **the lion's ~ of sth** der
Löwenanteil von etw *dat;* **to have had one's
fair ~ of sth** (*iron*) etw reichlich abbekommen
haben; **to have a ~ in sth** an etw *dat* teilhaben ❷ *usu pl* (*in company*) Anteil *m,* Aktie *f*
II. *vi* (*with others*) teilen (mit +*dat*) ❷ (*have
part of*) ▪**to ~ in sth** an etw *dat* teilhaben
❸ (*participate*) beteiligt sein (**in** an +*dat*)
III. *vt* ❶ (*divide*) teilen; **shall we ~ the
driving?** sollen wir uns beim Fahren abwechseln?; **to ~ responsibility** Verantwortung gemeinsam tragen ❷ (*have in common*) gemeinsam haben; *concern, opinion* teilen; **to ~ a
birthday** am gleichen Tag Geburtstag haben;
to ~ an interest ein gemeinsames Interesse
haben ❸ (*communicate*) ▪**to ~ sth with sb**
information etw an jdn weitergeben; **to ~
one's thoughts with sb** jdm seine Gedanken
anvertrauen
'**sharecropper** *n* Pächter einer kleinen Farm,
der die Pacht teilweise in Naturalien begleicht
'**shareholder** *n* Aktionär(in) *m(f)*
shark <*pl* -s *or* -> [ʃark] *n* ❶ (*fish*) Hai[fisch] *m*
❷ (*pej fam: person*) Hai *m;* **loan ~** Kredithai *m*
sharp [ʃarp] **I.** *adj* ❶ *blade, knife, attack, curve*
scharf ❷ (*pointed*) spitz; *features* kantig
❸ (*stabbing*) stechend; **~ stab [of pain]**
[schmerzhaftes] Stechen ❹ (*sudden*) *drop in
temperature* plötzlich; (*marked*) drastisch; *fall,
rise* stark ❺ (*clear-cut*) scharf, deutlich, klar;
to bring sth into ~ focus etw klar und deutlich herausstellen ❻ (*perceptive*) scharfsinnig;
eyes, ears, mind scharf ❼ (*piquant*) *taste*
scharf [gewürzt] ❽ (*penetrating*) *noise, voice*
schrill **II.** *adv* ❶ (*exactly*) genau; **the performance will start at 7:30 ~** die Aufführung
beginnt um Punkt 7.30 Uhr ❷ (*suddenly*) **to
turn ~ left/right** scharf links/rechts abbiegen
sharpen ['ʃar·pən] *vt* ❶ (*a. fig: make sharp*)
mind, senses schärfen; *pencil* spitzen; *scissors, knife* schleifen ❷ (*intensify*) verschärfen

❸ (*make more distinct*) scharf einstellen
sharpener ['ʃar·pən·ər] *n* **pencil** ~ Bleistift-
spitzer *m;* **knife** ~ Messerschleifgerät *nt*
sharp-'eyed *adj* scharfsichtig
sharpness ['ʃarp·nɪs] *n* ❶ *of blade, point,
curve* Schärfe *f* ❷ *of pain* Heftigkeit *f,* Stärke *f*
❸ (*acerbity, clarity*) Schärfe *f* ❹ (*markedness*)
Heftigkeit *f* ❺ (*perceptiveness*) Scharfsinn *m*
❻ (*of taste*) Würzigkeit *f,* Würze *f*
'sharpshooter *n* Scharfschütze *m*
sharp-'tempered *adj* leicht erregbar
sharp-'tongued *adj* scharfzüngig
sharp-'witted *adj* scharfsinnig
shat [ʃæt] *vi pt, pp of* **shit**
shatter ['ʃæt̬·ər] **I.** *vi* zerspringen **II.** *vt*
❶ (*smash*) zertrümmern; *health, nerves* zerrütten ❷ (*fig*) vernichten; *calm* zerstören;
dreams, illusions zunichtemachen
shattered ['ʃæt̬·ərd] *adj* (*fam*) am Boden zerstört
shattering ['ʃæt̬·ər·ɪŋ] *adj* (*fam*) ❶ (*very
upsetting*) erschütternd ❷ (*destructive*) vernichtend
shatterproof ['ʃæt̬·ər·ˌpruf] *adj* bruchsicher;
windshield splitterfrei
shave [ʃeɪv] **I.** *n* Rasur *f;* **I need a** ~ ich muss
mich rasieren; **a close** ~ eine Glattrasur; (*fig*)
ein knappes Entkommen; **to have a close** ~
gerade noch davonkommen **II.** *vi* <-d, -d *or*
shaven> sich rasieren **III.** *vt* <-d, -d *or*
shaven> (*remove hair*) rasieren
shaven ['ʃeɪ·vən] *adj* rasiert; *head* kahl geschoren
shaver ['ʃeɪ·vər] *n* Rasierapparat *m*
'shaving brush *n* Rasierpinsel *m*
'shaving cream *n* Rasiercreme *f,* Rasierschaum *m*
'shaving foam *n* Rasierschaum *m*
'shaving mirror *n* Rasierspiegel *m*
shawl [ʃɔl] *n* Schultertuch *nt*
she [ʃi] **I.** *pron* ❶ (*female person, animal*) sie;
■ ~ **who ...** (*particular person*) diejenige, die
...; (*any person*) wer ❷ (*inanimate thing*) es;
(*for country*) es; (*for ship with name*) sie; (*for
ship with no name*) es **II.** *n usu sing* ■ **a** ~
(*person*) eine Sie; (*animal*) ein Weibchen *nt*
sheaf <*pl* sheaves> [ʃif] *n* Bündel *nt; of corn*
Garbe *f*
shear <-ed, -ed *or* shorn> [ʃɪr] **I.** *vt* (*remove
fleece*) scheren **II.** *vi* TECH abbrechen
♦ **shear off I.** *vt* (*cut off*) abscheren **II.** *vi* abbrechen
shears [ʃɪrz] *npl* TECH [große] Schere; *metal*
Metallschere *f*
sheath [ʃiθ] *n* ❶ (*for knife, sword*) Scheide *f*
❷ (*casing*) Hülle *f;* (*case*) Futteral *nt*
sheathe [ʃið] *vt* ❶ (*put into sheath*) *knife,
sword* in die Scheide stecken ❷ (*cover*) um-
hüllen (**in, with** mit + *dat*)
shed¹ <-dd-, shed, shed> [ʃed] **I.** *vt* ❶ (*cast
off*) ablegen; *antlers, leaves* abwerfen; *hair* verlieren; **to** ~ **a few pounds** ein paar Kilo abnehmen; **to** ~ **one's skin** sich häuten ❷ (*gener-*

ate) *blood, tears* vergießen; *light* verbreiten
II. *vi snakes* sich häuten; *cats* haaren
shed² [ʃed] *n* Schuppen *m;* **garden** ~ Garten-
häuschen *nt*
sheen [ʃin] *n* ❶ (*gloss*) Glanz *m* ❷ (*aura*) Ausstrahlung *f*
sheep <*pl* -> [ʃip] *n* Schaf *nt;* **flock of** ~ Schafherde *f*
'sheepdog *n* Schäferhund *m*
sheepish ['ʃi·pɪʃ] *adj* unbeholfen; *smile* verlegen
'sheepskin *n* Schaffell *nt*
sheer [ʃɪr] *adj* ❶ (*utter*) pur, rein; **the** ~ **size of
the thing takes your breath away** schon al-
lein die Größe von dem Ding ist atemberaubend; ~ **bliss** eine wahre Wonne; ~ **nonsense**
blanker Unsinn ❷ (*vertical*) *cliff, drop* steil
❸ (*thin*) *material* hauchdünn; (*diaphanous*)
durchscheinend
sheet [ʃit] *n* ❶ (*for bed*) Laken *nt* ❷ *of paper*
Blatt *nt; of heavy paper* Bogen *m* ❸ *of material*
Platte *f*
'sheet metal *n* Blech *nt*
'sheet music *n* Noten *pl*
sheik(h) [ʃik] *n* Scheich *m*
shelf <*pl* shelves> [ʃelf] *n* (*for storage*) [Re-
gal]brett *nt,* Bord *nt;* (*set of shelves*) Regal *nt;*
off the ~ ab Lager; *clothing* von der Stange
'shelf life *n* Haltbarkeit *f*
shell [ʃel] **I.** *n* ❶ (*exterior case*) *of egg, nut*
Schale *f; of tortoise* Panzer *m; of pea* Hülse *f;
of insect wing* Flügeldecke *f;* (*on beach*) Muschel *f;* (*for pies*) [Torten]Boden *m* ❷ *of a
building* Mauerwerk *nt* ❸ (*for artillery*) Granate *f;* (*cartridge*) Patrone *f* ► PHRASES: **to come
out of one's** ~ aus sich *dat* herausgehen **II.** *vt*
❶ (*remove shell*) schälen; *nut* knacken; *pea*
enthülsen ❷ (*bombard*) [mit Granaten] bombardieren
♦ **shell out** (*fam*) **I.** *vt* blechen; ■ **to** ~ **out a
few thousand [dollars] for sth** einige Tau-
sende für etw hinlegen **II.** *vi* ■ **to** ~ **out for
sb/sth** für jdn/etw bezahlen
shellac [ʃə·'læk] *n* Schellack *m*
'shellfish <*pl* -> *n* Schalentier *nt*
shelling ['ʃəl·ɪŋ] *n* (*bombardment*) Bombardierung *f;* (*shellfire*) Geschützfeuer *nt*
'shell shock *n* Kriegsneurose *f*
shell-shocked *adj* ❶ (*after battle*) kriegsneu-
rotisch ❷ (*fam: dazed*) völlig geschockt
shelter ['ʃel·tər] **I.** *n* ❶ Schutz *m* ❷ (*structure*)
Unterstand *m;* (*sth to sit in*) Häuschen *nt;*
(*building for the needy*) Heim *nt* **II.** *vi* Schutz
suchen **III.** *vt* ❶ (*protect*) schützen (**from** vor
+ *dat*) ❷ (*from tax*) **to** ~ **income from tax**
Einkommen steuerlich nicht abzugsfähig machen
sheltered ['ʃəl·tərd] *adj* ❶ (*against weather*)
geschützt ❷ (*pej: overprotected*) [über]behü-
tet ❸ (*tax-protected*) steuerfrei
shelve [ʃelv] **I.** *vt* ❶ (*postpone*) aufschieben;
POL vertagen ❷ (*erect shelves*) mit Regalen
ausstatten **II.** *vi* GEOL abfallen

S

shelving ['ʃəl·vɪŋ] *n* Regale *pl*
shenanigans [ʃɪ·'næn·ɪ·gənz] *npl* (*pej fam*) ❶ (*fraud*) Betrug *m kein pl;* (*trickery*) krumme Dinger ❷ (*pranks*) [derbe] Späße
shepherd ['ʃep·ərd] **I.** *n* Schäfer(in) *m(f)* **II.** *vt* ❶ (*look after*) hüten ❷ (*guide*) **to ~ sb toward the door** jdn zur Tür führen
sherbet ['ʃɜr·bət], **sherbert** ['ʃɜr·bɜrt] *n* FOOD (*dessert*) Fruchteis *nt*
sheriff ['ʃer·ɪf] *n* Sheriff *m*
sherry ['ʃer·i] *n* Sherry *m*
shield [ʃild] **I.** *n* ❶ (*defensive weapon*) [Schutz]schild *m* ❷ (*with coat of arms*) [Wappen]schild *m o nt* ❸ (*protection*) Schutz *m kein pl* (**against** gegen +*akk*) **II.** *vt* beschützen (**from** vor +*dat*); *eyes* schützen
shift [ʃɪft] **I.** *vt* ❶ (*move*) [weg]bewegen; (*move slightly*) *furniture* verschieben ❷ (*transfer elsewhere*) *blame* abwälzen (**on to** auf +*akk*); *emphasis* verlagern ❸ MECH **to ~ gears** schalten **II.** *vi* ❶ (*move*) sich bewegen; (*change position*) die [*o* seine] Position verändern; **it won't ~** es lässt sich nicht bewegen; **media attention has ~ed recently onto environmental issues** die Medien haben ihr Interesse neuerdings den Umweltthemen zugewandt ❷ AUTO **to ~ into reverse** den Rückwärtsgang einlegen **III.** *n* ❶ (*alteration*) Wechsel *m,* Änderung *f;* **a ~ in the balance of power** eine Verlagerung im Gleichgewicht der Kräfte ❷ (*period of work*) Schicht *f* ❸ (*people working a shift*) Schicht *f*
◆**shift down** *vi* AUTO herunterschalten
◆**shift up** *vi* AUTO hochschalten
shifting ['ʃɪf·tɪŋ] *adj attr* sich verändernd
'**shift key** *n of a typewriter* Umschalter *m;* COMPUT Shifttaste *f*
'**shift work** *n* Schichtarbeit *f*
'**shift worker** *n* Schichtarbeiter(in) *m(f)*
shifty ['ʃɪf·ti] *adj* hinterhältig; **to look ~** verdächtig aussehen
Shiite ['ʃi·aɪt] **I.** *n* Schiit(in) *m(f)* **II.** *adj* schiitisch
shimmer ['ʃɪm·ər] **I.** *vi* schimmern **II.** *n usu sing* Schimmer *m*
shin [ʃɪn] *n* ❶ (*of leg*) Schienbein *nt* ❷ *of beef* Hachse *f*
shindig ['ʃɪn·dɪg] *n* (*fam*) ❶ (*loud party*) [wilde] Fete ❷ (*argument*) Krach *m fam*
shine [ʃaɪn] **I.** *n* Glanz *m* ▶ PHRASES: **[come] rain or ~** komme, was da wolle; **to take a ~ to sb** jdn ins Herz schließen **II.** *vi* <shone *or* shined, shone *or* shined> ❶ (*give off light*) *moon, sun* scheinen; *stars* leuchten; *gold, metal* glänzen; *light* leuchten, scheinen ❷ (*show happiness*) *eyes* strahlen ❸ (*show one's abilities*) glänzen **III.** *vt* <shone *or* shined, shone *or* shined> ❶ (*point light*) **to ~ a beam of light at sb/sth** jdn/etw anstrahlen ❷ (*polish*) polieren
◆**shine down** *vi* herabscheinen
◆**shine out** *vi* ❶ (*be easily seen*) [auf]leuchten ❷ (*excel, stand out*) herausragen

shiner ['ʃaɪ·nər] *n* (*fam: black eye*) Veilchen *nt*
shingle ['ʃɪŋ·gəl] *n usu pl* [Dach]schindel[n] *f[pl]*
shingles ['ʃɪŋ·gəlz] *npl + sing vb* MED Gürtelrose *f*
shining ['ʃaɪ·nɪŋ] *adj* ❶ (*gleaming*) glänzend ❷ (*with happiness*) strahlend ❸ (*outstanding*) hervorragend; *example* leuchtend
shinny ['ʃɪn·i] *vi* <-nn-> **to ~ up** [sth] [rasch] [etw] hinaufklettern
shiny ['ʃaɪ·ni] *adj* glänzend; (*very clean*) *surface, metal* [spiegel]blank
ship [ʃɪp] **I.** *n* Schiff *nt;* **merchant ~** Handelsschiff *nt;* ■**by ~** mit dem Schiff; (*goods*) per Schiff **II.** *vt* <-pp-> ❶ (*send by boat*) verschiffen ❷ (*transport*) transportieren
◆**ship off** *vt* ❶ (*send by ship*) verschiffen; *goods* per Schiff verschicken ❷ (*fam: send away*) wegschicken
◆**ship out I.** *vt* per Schiff senden **II.** *vi* (*fam*) sich verziehen
'**shipbuilder** *n* ❶ (*person*) Schiff[s]bauer(in) *m(f)* ❷ (*business*) Werft *f*
'**shipbuilding** *n* Schiffbau *m*
'**shipload** *n* Schiffsladung *f*
shipment ['ʃɪp·mənt] *n* ❶ (*consignment*) Sendung *f* ❷ (*dispatching*) Transport *m*
'**shipowner** *n* ❶ (*inland navigation*) Schiffseigner(in) *m(f)* ❷ (*ocean navigation*) Reeder(in) *m(f)*
shipper ['ʃɪp·ər] *n* ❶ (*person*) Spediteur(in) *m(f)* ❷ (*business*) Spediteur *m,* Spedition *f*
shipping ['ʃɪp·ɪŋ] *n* ❶ (*transportation of goods*) Transport *m;* (*by mail*) Versand *m;* (*by ship*) Verschiffung *f* ❷ (*costs*) Transportkosten *pl;* (*by mail*) Postversand *m;* (*by sea*) Versand auf dem Seeweg ❸ (*ships*) Schiffe *pl* [eines Landes]
'**shipping lane** *n* Schifffahrtsweg *m*
'**shipshape** *adj pred* (*fam*) aufgeräumt; **to make sth ~** etw aufräumen
'**shipwreck I.** *n* ❶ (*accident*) Schiffbruch *m* ❷ (*remains*) [Schiffs]wrack *nt* **II.** *vt usu passive* ■**to be ~ed** ❶ NAUT Schiffbruch erleiden ❷ (*fail*) scheitern
'**shipyard** *n* [Schiffs]werft *f*
shirk [ʃɜrk] (*pej*) **I.** *vt* meiden; **to ~ one's responsibilities** sich seiner Verantwortung entziehen **II.** *vi* ■**to ~ from sth** sich etw *dat* entziehen
shirt [ʃɜrt] *n* Hemd *nt* ▶ PHRASES: **keep your ~ on!** (*fam*) reg dich ab!
'**shirtsleeve** *n usu pl* Hemdsärmel *m;* **in ~s** in Hemdsärmeln
shit [ʃɪt] (*vulg*) **I.** *n* ❶ (*feces*) Scheiße *f derb,* Kacke *f derb;* **dog ~** Hundekacke *f fam* ❷ (*nonsense*) Scheiße *m derb;* **a bunch of ~** ein einziger Mist ❸ (*unfairness*) Mist *m* **Jackie doesn't take any ~ from anyone** Jackie lässt sich von niemandem was gefallen *fam* ▶ PHRASES: **to beat the ~ out of sb** aus jdm Hackfleisch machen *fam;* **the ~ hits the fan** es gibt

Ärger; **to not know ~ <u>about</u> sb/sth** keinen blassen Schimmer [*o* keine Ahnung] von jdm/etw haben **II.** *interj* **~!** Scheiße! *derb;* [oh] **~!** [so ein] Mist! **III.** *vi* <-tt-, shit *or* shitted *or* shat, shit *or* shitted *or* shat> scheißen *derb* **IV.** *vt* <-tt-, shit *or* shitted *or* shat, shit *or* shitted *or* shat> (*scare*) **to ~ one's pants** sich *dat* [vor Angst] in die Hosen machen *fam*

shitty ['ʃɪt·i] *adj* (*vulg*) beschissen *derb*

shiver ['ʃɪv·ər] **I.** *n* ❶ (*shudder*) Schauder *m* ❷ MED ▪**the ~s** *pl* Schüttelfrost *m kein pl;* **to give sb the ~s** (*fig fam*) jdn das Fürchten lehren **II.** *vi* zittern; **to ~ with cold** frösteln

shivery ['ʃɪv·ər·i] *adj* fröstelnd; **to feel ~** frösteln

shoal[1] [ʃoʊl] *n* ❶ (*area of shallow water*) seichte Stelle ❷ (*sand bank*) Sandbank *f*

shoal[2] [ʃoʊl] *n* (*of fish*) Schwarm *m*

shock[1] [ʃak] **I.** *n* ❶ (*unpleasant surprise*) Schock *m;* **prepare yourself for a ~** mach dich auf etwas Schlimmes gefasst; **a ~ to the system** eine schwierige Umstellung ❷ (*fam: electric shock*) elektrischer Schlag ❸ (*serious health condition*) Schock[zustand] *m;* **to be in** [a state of] **~** unter Schock stehen **II.** *vt* schockieren; (*deeply*) erschüttern

shock[2] [ʃak] *n* **~ of hair** [Haar]schopf *m*

'shock absorber *n* AUTO Stoßdämpfer *m*

shocker ['ʃak·ər] *n* (*fam*) ❶ (*shocking thing*) Schocker *m;* **the headline was a deliberate ~** die Schlagzeile sollte schockieren ❷ (*very bad thing*) Katastrophe *f*

shocking ['ʃak·ɪŋ] *adj* ❶ (*distressing, offensive*) schockierend; *crime* abscheulich ❷ (*surprising*) völlig überraschend, völlig unerwartet

'shockproof *adj* ❶ (*able to withstand blows*) bruchsicher ❷ (*not producing electric shock*) berührungssicher

'shock therapy, 'shock treatment *n* Schocktherapie *f*

'shock wave *n* ❶ PHYS Druckwelle *f* ❷ (*fig*) **the news sent ~s through the financial world** die Nachricht erschütterte die Finanzwelt

shod [ʃad] **I.** *pt, pp of* **shoe II.** *adj* beschuht; **~ in boots** in Stiefeln

shoddy ['ʃad·i] *adj* (*pej*) ❶ (*poorly produced*) schlampig [gearbeitet] *fam;* (*run down*) schäbig; *goods* minderwertig ❷ (*reprehensible*) schäbig

shoe [ʃu] **I.** *n* ❶ (*for foot*) Schuh *m;* **a pair of ~s** ein Paar *nt* Schuhe; (*for gymnastics*) Gymnastikschuh *m;* (*for dancing*) Tanzschuh *m;* (*for ballet*) Ballettschuh *m* ❷ (*horseshoe*) Hufeisen *nt* ▶ PHRASES: **to <u>put</u> oneself in sb's ~s** sich in jds Lage versetzen; **if I <u>were</u> in your ~s** (*fam*) wenn ich du wäre, an deiner Stelle **II.** *vt* <shod *or* shoed, shod *or* shodden *or* shoed> *horse* beschlagen

'shoehorn I. *n* Schuhlöffel *m* **II.** *vt usu passive* ▪**to ~ sb/sth into sth** jdn/etw in etw *akk* hineinzwängen

'shoelace *n usu pl* Schnürsenkel *m*

'shoemaker *n* Schuster(in) *m(f)*

'shoe polish *n* Schuhcreme *f*

'shoeshine *n* Schuhputzen *nt kein pl*

'shoeshine boy *n* Schuhputzer *m*

'shoe shop, 'shoe store *n* Schuhgeschäft *nt*

'shoe size *n* Schuhgröße *f*

'shoestring *n usu pl* Schnürsenkel *m* ▶ PHRASES: **to <u>do</u> sth on a ~** (*fam*) etw mit wenig Geld tun

shone [ʃoʊn] *pt, pp of* **shine**

shoo [ʃu] (*fam*) **I.** *interj* (*to child*) husch [husch] **II.** *vt* wegscheuchen

shook [ʃʊk] *n pt of* **shake**

shoot [ʃut] **I.** *n* ❶ (*on plant*) Trieb *m* ❷ (*hunt*) Jagd *f* ❸ PHOT Aufnahmen *pl* **II.** *vi* <shot, shot> ❶ (*discharge weapon*) schießen (**at** auf +*akk*); **to ~ to kill** mit Tötungsabsicht schießen ❷ + *adv/prep* (*move rapidly*) ▪**to ~ past** [*or* **by**] vorbeischießen ❸ (*film*) filmen, drehen; (*take photos*) fotografieren ❹ (*aim*) ▪**to ~ for** [*or* **at**] **sth** etw anstreben **III.** *vt* <shot, shot> ❶ (*fire*) ▪**to ~ sth** *bow, gun* mit etw *dat* schießen; *arrow* etw abschießen; *bullet* etw abfeuern ❷ (*hit*) anschießen; (*dead*) erschießen; **to be shot in the leg** ins Bein getroffen werden ❸ PHOT *movie* drehen; *photo* machen ❹ (*direct*) **to ~ questions at sb** jdn mit Fragen bombardieren ❺ SPORTS *goal, basket* schießen

◆**shoot down** *vt* ❶ AVIAT, MIL abschießen ❷ (*kill*) erschießen ❸ (*fam: refute*) *accusation* niedermachen

◆**shoot off I.** *vi vehicle* schnell losfahren; *people* eilig aufbrechen **II.** *vt* (*make explode*) *fireworks* abschießen ▶ PHRASES: **to ~ one's <u>mouth</u> off** (*sl*) sich *dat* das Maul zerreißen *derb*

◆**shoot out I.** *vi* ❶ (*emerge suddenly*) plötzlich hervorschießen ❷ (*gush forth*) *water* herausschießen; *flames* hervorbrechen **II.** *vt* ❶ (*extend*) **he shot out a hand to catch the cup** er streckte blitzschnell die Hand aus, um die Tasse aufzufangen ❷ (*have gunfight*) ▪**to ~ it out** etw [mit Schusswaffen] austragen

◆**shoot up I.** *vi* ❶ (*increase rapidly*) schnell ansteigen; *skyscraper* in die Höhe schießen ❷ (*fam: grow rapidly*) *child* schnell wachsen ❸ (*sl: inject narcotics*) sich *dat* einen Schuss verpassen *sl* **II.** *vt* (*inject illegally*) sich *dat* spritzen

shooting ['ʃu·t̬ɪŋ] **I.** *n* ❶ (*attack with gun*) Schießerei *f;* (*from more than one side*) Schusswechsel *m;* (*killing*) Erschießung *f* ❷ (*firing guns*) Schießen *nt* ❸ (*sport*) Jagen *nt; deer* ~ Wildjagd *f* ❹ FILM Drehen *nt* **II.** *adj attr* **~ pain** stechender Schmerz

'shooting gallery *n* Schießstand *m*

'shooting range *n* Schießstand *m*

shooting 'star *n* ❶ (*meteor*) Sternschnuppe *f* ❷ (*person*) Shootingstar *m*

'shootout *n* Schießerei *f*

shop [ʃap] **I.** *n* ❶ (*store*) Geschäft *nt*, Laden *m;* **to set up ~** (*open a shop*) ein Geschäft eröffnen; (*start out in business*) ein Unternehmen

S

eröffnen **②** (*garage*) Werkstatt *f* ▸ PHRASES: **to talk** ~ über die Arbeit reden, fachsimpeln *fam* **II.** *vi* <-pp-> einkaufen; **to ~ 'til you drop** (*hum*) eine Shoppingorgie veranstalten

shopaholic [ˌʃap·ə·'hɔ·lɪk] *n* Einkaufssüchtige(r) *f(m)*

'shopkeeper *n* Ladeninhaber(in) *m(f)*

'shoplifter *n* Ladendieb(in) *m(f)*

'shoplifting *n* Ladendiebstahl *m*

shopper ['ʃap·ər] *n* Käufer(in) *m(f)*

shopping ['ʃap·ɪŋ] *n* Einkaufen *nt;* **to go** [*or* **do the**] ~ einkaufen [gehen]

'shopping bag *n* Einkaufstasche *f,* Tragetasche *f,* Tragetüte *f*

'shopping basket *n* Einkaufskorb *m*

'shopping cart *n* Einkaufswagen *m*

'shopping center *n* Einkaufszentrum *nt*

'shopping list *n* (*of goods to be purchased*) Einkaufsliste *f*

'shopping mall *n* überdachtes Einkaufszentrum

'shoptalk *n* Fachsimpelei *f fam*

shore¹ [ʃɔr] *n* (*coast*) Küste *f; of river, lake* Ufer *nt;* (*beach*) Strand *m;* **on** ~ an Land

shore² [ʃɔr] *n* Strebebalken *m*
◆ **shore up** *vt* abstützen; (*fig*) aufbessern

'shore leave *n* Landurlaub *m*

'shoreline *n* Küstenlinie *f*

shorn [ʃɔrn] *pp of* **shear**

short [ʃɔrt] **I.** *adj* **①** (*not long*) kurz; *distance, memory, notice* kurz; **at** ~ **range** aus kurzer Entfernung; **in the** ~ **term** kurzfristig; **Bob's** ~ **for Robert** Bob ist die Kurzform von Robert **②** (*not tall*) klein **③** (*not enough*) **we're still one person** ~ uns fehlt noch eine Person; ▪ **sb is** ~ **of sth** jdm mangelt es an etw *dat;* **we're a bit** ~ **of coffee** wir haben nur noch wenig Kaffee; **to be** ~ [**of cash**] knapp bei Kasse sein; **to be** ~ **of breath** außer Atem sein; **to be in** ~ **supply** schwer zu beschaffen sein ▸ PHRASES: **to have a** ~ **fuse** schnell wütend werden; **to draw the** ~ **straw** den Kürzeren ziehen **II.** *n* FILM Kurzfilm *m* **III.** *adv* **to cut sth** ~ etw abkürzen; **to fall** ~ **of expectations** den Erwartungen nicht entsprechen ▸ PHRASES: **in** ~ kurz gesagt

shortage ['ʃɔr·tɪdʒ] *n* Mangel *m kein pl* (**of** an +*dat*)

'shortbread *n* Shortbread *nt* (*Buttergebäck*)

'shortcake *n* Kuchen *m* mit Belag; **strawberry** ~ Erdbeertörtchen *nt*

short'change *vt* ▪ **to** ~ **sb** (*after purchase*) jdm zu wenig Wechselgeld herausgeben

short 'circuit *n* Kurzschluss *m*

short-'circuit **I.** *vt* **①** ELEC kurzschließen **②** (*shorten or avoid*) abkürzen **II.** *vi* einen Kurzschluss haben

'shortcoming *n usu pl* Mangel *m; of person* Fehler *m; of system* Unzulänglichkeit *f*

'shortcut *n* Abkürzung *f*

shorten ['ʃɔr·tən] **I.** *vt* (*make shorter*) kürzen; *name* abkürzen **II.** *vi* (*become shorter*) kürzer werden

shortening ['ʃɔr·tən·ɪŋ] *n* Backfett *nt*

'shortfall *n* **①** (*shortage*) Mangel *m kein pl* **②** FIN (*deficit*) Defizit *nt*

'shorthand *n* Kurzschrift *f,* Stenografie *f*

short-'handed *adj* **①** (*lacking staff*) unterbesetzt; ▪ **to be** ~ zu wenig Personal haben **②** SPORTS *goal* in Unterzahl

'short list *n* **to be on the** ~ in der engeren Wahl sein

'short-list *vt* in die engere Wahl ziehen

short-lived [-'lɪvd] *adj* kurzlebig

shortly ['ʃɔrt·li] *adv* **①** (*soon*) in Kürze, bald; ~ **afterwards** kurz danach **②** (*curtly*) kurz angebunden

shortness ['ʃɔrt·nɪs] *n* **①** (*brevity*) Kürze *f* **②** (*insufficiency*) Knappheit *f;* MED Insuffizienz *f;* ~ **of breath** Atemnot *f*

'short-range *adj* **①** *plane, weapon* Kurzstrecken- **②** *forecast* kurzfristig

shorts [ʃɔrts] *n pl* **①** (*short pants*) kurze Hose, Shorts *pl* **②** (*underpants*) Unterhose *f*

short'sighted *adj* kurzsichtig *a. fig*

short-staffed [-'stæft] *adj* unterbesetzt

short 'story *n* Kurzgeschichte *f*

short-tempered [-'tem·pərd] *adj* cholerisch

'short-term *adj* kurzfristig, Kurzzeit-; ~ **outlook** Aussichten *pl* für die nächste Zeit

shot¹ [ʃat] *n* **①** *from weapon* Schuss *m* **②** SPORTS (*in basketball*) Wurf *m;* (*in tennis, golf*) Schlag *m;* (*in soccer, hockey*) Schuss *m* **③** (*photograph*) Aufnahme *f;* FILM Einstellung *f* **④** (*fam: injection*) Spritze *f;* (*fig*) Schuss *m sl* **⑤** (*fam: attempt*) Gelegenheit *f,* Chance *f;* **to give it a** ~ es mal versuchen *fam* **⑥** (*of alcohol*) Schuss *m* **⑦** (*critical remark*) **to take a** ~ **at sb** jdn runtermachen; (*attack verbally*) über jdn herfallen ▸ PHRASES: **like a** ~ (*fam*) wie der Blitz

shot² [ʃat] **I.** *vt, vi pp, pt of* **shoot II.** *adj* (*fam: worn out*) ausgeleiert *fam;* **my nerves are** ~ ich bin mit meinen Nerven am Ende

'shotgun *n* Schrotflinte *f* ▸ PHRASES: **to ride** ~ (*fam*) auf dem Beifahrersitz mitfahren (*im Auto/auf dem Motorrad*)

'shot put *n* SPORTS ▪ **the** ~ Kugelstoßen *nt kein pl*

'shot putter *n* SPORTS Kugelstoßer(in) *m(f)*

should [ʃʊd] *aux vb* **①** (*expressing advisability*) ▪ **sb/sth** ~ ... jd/etw sollte ...; **you** ~ **be ashamed of yourselves** ihr solltet euch [was] schämen **②** (*asking for advice*) ▪ ~ **sb/sth ...?** sollte jd/etw ...?; ~ **I apologize to him?** sollte ich mich bei ihm entschuldigen? **③** (*expressing expectation*) ▪ **sb/sth** ~ ... jd/etw sollte [*o* müsste] [eigentlich] ...; **there** ~ **n't be any problems** es dürfte eigentlich keine Probleme geben **④** (*when reproaching*) **I** ~ **have known that you'd lie to me** ich hätte es eigentlich wissen müssen, dass du mich anlügen würdest; **you** ~ **have told me about the job!** du hättest mir eigentlich von dem Job erzählen müssen! **⑤** (*expressing futurity*) ▪ **sb/sth** ~ ... jd/etw würde ... **⑥** (*rhetorical*) ▪ **why** ~ **sb/**

sth ...? warum sollte jd/etw ...? ⑦ (*could*)
where's Stuart? — **how** ~ I **know?** wo ist
Stuart? – woher soll|te| ich das wissen?
shoulder ['ʃoʊl·dər] I. *n* ❶ (*joint, in clothing*)
Schulter *f;* **a** ~ **to cry on** (*fig*) eine Schulter
zum Ausweinen; **to shrug one's** ~**s** mit den
Achseln zucken ❷ (*meat*) Schulter *f* ❸ *of road*
Bankett *nt* II. *vt* ❶ (*accept*) auf sich *akk*
nehmen; *blame, responsibility* übernehmen
❷ (*push*) [mit den Schultern] stoßen; **to** ~
one's way somewhere sich irgendwohin
drängen
'**shoulder bag** *n* Umhängetasche *f*
'**shoulder blade** *n* Schulterblatt *nt*
'**shoulder pad** *n* Schulterpolster *nt* o ÖSTERR *m;*
a. SPORTS Schulterschoner *m,* Shoulder-Pad *nt*
'**shoulder strap** *n* Riemen *m*
shout [ʃaʊt] I. *n* (*loud cry*) Ruf *m,* Schrei *m; a*
~ **of laughter** lautes Gelächter II. *vi* schreien;
■**to** ~ **at sb** jdn anschreien; ■**to** ~ **to sb** jdm
zurufen III. *vt* (*yell*) rufen, schreien; ■**to** ~ **sth**
at |*or* to| **sb** jdm etw zurufen; **to** ~ **abuse at**
sb jdn lautstark beschimpfen
◆**shout down** *vt* niederschreien *fam*
◆**shout out** *vt* |aus|rufen
shouting ['ʃaʊ·tɪŋ] I. *n* Schreien *nt,* Geschrei
nt II. *adj* ▶ PHRASES: **within** ~ **distance** in Rufweite; (*fig*) nahe [an +*dat*]
shove [ʃʌv] I. *n* Ruck *m;* **to give sth a** ~ etw
|weg|rücken II. *vt* ❶ (*push*) schieben; ■**to** ~
sb around jdn herumstoßen *fam* ❷ (*place*)
stecken; **to** ~ **sth into a bag** etw in eine Tasche stecken III. *vi* (*push*) drängen
◆**shove off** *vi* (*vulg: leave*) abhauen *sl*
shovel ['ʃʌv·əl] I. *n* ❶ (*tool*) Schaufel *f; of bull-*
dozer Baggerschaufel *f* ❷ (*shovelful*) **a** ~ **of**
snow eine Schaufel |voll| Schnee II. *vt* <-l- *or*
-ll-> schaufeln *a. fig* III. *vi* <-l- *or* -ll-> schaufeln
show [ʃoʊ] I. *n* ❶ (*showing*) Demonstration *f*
geh; ~ **of solidarity** Solidaritätsbekundung *f*
geh ❷ (*display, effect*) Schau *f; just for* ~
nur der Schau wegen ❸ (*exhibition, event*)
Schau *f,* Ausstellung *f; slide* ~ Diavortrag *m;*
■**to be on** ~ ausgestellt sein ❹ (*entertain-*
ment) Show *f; (on TV a.)* Unterhaltungssen-
dung *f; (at a theater)* Vorstellung *f* ▶ PHRASES:
let's get this ~ **on the road** (*fam*) lasst uns
die Sache |endlich| in Angriff nehmen; **the** ~
must go on (*saying*) die Show muss weitergehen II. *vt* <showed, shown *or* showed>
❶ (*display, project, express*) *film* zeigen;
(*exhibit*) ausstellen; (*perform*) vorführen; (*pro-*
duce) *passport* vorzeigen; **to** ~ **sb respect**
jdm Respekt erweisen ❷ (*expose*) sehen lassen; **this carpet** ~**s all the dirt** bei dem Teppich kann man jedes bisschen Schmutz sehen
❸ (*reveal*) zeigen; **he started to** ~ **his age**
man konnte ihm langsam sein Alter sehen; **to**
~ **common sense** gesunden Menschenverstand beweisen ❹ (*explain*) zeigen; **to** ~ **sb**
the way jdm den Weg zeigen ❺ (*record*) an-
zeigen; *statistics* |auf|zeigen; *loss, profit* auf-

weisen ❻ (*prove*) beweisen; ■**to** ~ [**sb**] **how**
... |jdm| zeigen, wie ...; ■**to** ~ **oneself** |**to be**|
sth sich als etw erweisen ▶ PHRASES: **to** ~ **one's**
true colors Farbe bekennen; **that** <u>will</u> ~ **you**
(*fam*) das wird dir eine Lehre sein III. *vi*
<showed, shown *or* showed> ❶ (*be visible*)
zu sehen sein, erscheinen; **to let sth** ~ sich *dat*
etw anmerken lassen ❷ (*be shown*) *film* laufen *fam;* **now** ~**ing at a theater near you!**
jetzt in Ihrem Kino! ❸ (*exhibit*) ausstellen
◆**show around** *vt* herumführen; **to** ~ **sb**
around the house jdm das Haus zeigen
◆**show in** *vt* (*from inside*) hereinführen;
(*from outside*) hineinführen
◆**show off** I. *vt* ■**to** ~ **off** ↻ **sb**/**sth** mit
jdm/etw angeben II. *vi* angeben
◆**show through** *vi* durchschimmern
◆**show up** I. *vi* ❶ (*appear*) sich zeigen; **the**
drug does not ~ **up in blood tests** das Medikament ist in Blutproben nicht nachweisbar
❷ (*fam: arrive*) auftauchen II. *vt* ❶ (*expose*)
zeigen ❷ (*embarrass*) bloßstellen
show biz ['ʃoʊ·bɪz] *n* (*fam*) *short for* **show**
business Showbiz *nt*
'**showboat** I. *n* (*ship*) Theaterschiff *nt* II. *vi*
(*fam*) angeben
'**show business** *n* Showbusiness *nt,* Showgeschäft *nt*
'**showcase** I. *n* ❶ (*container*) Schaukasten *m,*
Vitrine *f* ❷ (*place/opportunity for presenta-*
tion) Schaufenster *nt* II. *vt* ausstellen
'**shower** ['ʃaʊ·ər] I. *n* ❶ (*brief fall*) Schauer *m*
❷ (*for bathing*) Dusche *f;* **to take a** ~ duschen
❸ (*party*) Frauenparty vor einer Hochzeit, Geburt etc., bei der Geschenke überreicht wer-
den II. *vt* ❶ (*with liquid*) bespritzen ❷ (*fig*) **to**
~ **sb with compliments** jdn mit Kompli-
menten überhäufen III. *vi* (*take a shower*) duschen
'**shower cap** *n* Duschhaube *f*
'**shower curtain** *n* Duschvorhang *m*
'**shower gel** *n* Duschgel *nt*
showery ['ʃaʊ·ə·ri] *adj* mit vereinzelten Regen-
schauern *nach n;* ~ **weather** regnerisches
Wetter
showing ['ʃoʊ·ɪŋ] *n usu sing* ❶ (*exhibition*)
Ausstellung *f* ❷ (*broadcasting*) Übertragung *f*
❸ (*performance in competition*) Vorstellung *f;*
to make a good/poor ~ eine gute/schwache
Vorstellung geben
'**show jumping** *n* Springreiten *nt*
'**showman** *n* Showman *m*
showmanship ['ʃoʊ·mən·ʃɪp] *n* publikums-
wirksames Auftreten
shown [ʃoʊn] *vt, vi pp of* **show**
'**showoff** *n* Angeber(in) *m(f)*
'**showroom** *n* Ausstellungsraum *m*
'**showtime** *n* Aufführung|szeit| *f* ▶ PHRASES: **it's**
~**!** es geht los!
'**show trial** *n* Schauprozess *m*
showy ['ʃoʊ·i] *adj* auffällig
shrank [ʃræŋk] *vt, vi pt of* **shrink**
shrapnel ['ʃræp·nəl] *n* Granatsplitter *pl*

S

shred [ʃred] I. *n* ❶ *usu pl* (*thin long strip*) Streifen *m;* **to be in ~s** zerfetzt sein; **to rip sth to ~s** etw in Fetzen reißen ❷ (*tiny bit*) *of hope* Funke *m;* **there isn't a ~ of evidence** es gibt nicht den geringsten Beweis II. *vt* <-dd-> *paper, textiles* zerkleinern; *vegetables* hacken

shredder [ˈʃred·ər] *n* Reißwolf *m,* Shredder *m*

shrew [ʃru] *n* ❶ (*animal*) Spitzmaus *f* ❷ (*pej: woman*) Hexe *f*

shrewd [ʃrud] *adj* schlau, klug; *eye* scharf; *move* geschickt; **to make a ~ guess** gut raten

shriek [ʃrik] I. *n* [schriller, kurzer] Schrei II. *vi* kreischen; (*with laughter*) brüllen; (*with pain*) [auf]schreien III. *vt* [auf]schreien

shrift [ʃrift] *n* ▶ PHRASES: **to get short ~ from sb** von jdm wenig Mitleid bekommen; **to give sb/sth short ~** jdm/etw wenig Beachtung schenken

shrill [ʃrɪl] *adj* schrill

shrimp <*pl* -s *or* -> [ʃrɪmp] *n* ❶ (*crustacean*) Garnele *f,* Shrimp *m* ❷ (*pej fam: small person*) Zwerg *m hum*

shrine [ʃraɪn] *n* Heiligtum *nt;* (*casket for relics*) Schrein *m a. fig;* (*tomb*) Grabmal *nt;* (*place of worship*) Pilgerstätte *f*

shrink [ʃrɪŋk] I. *vi* <shrank *or* shrunk, shrunk *or* shrunken> ❶ (*become smaller*) schrumpfen; *sweater* eingehen ❷ (*pull back*) ■**to ~ away** zurückweichen ❸ (*show reluctance*) ■**to ~ from** [**doing**] **sth** sich vor etw *dat* drücken *fam* II. *vt* <shrank *or* shrunk, shrunk *or* shrunken> schrumpfen lassen III. *n* (*fam*) Psychiater(in) *m(f)*

shrinkage [ˈʃrɪŋ·kɪdʒ] *n* Schrumpfen *nt; of sweater* Eingehen *nt*

'shrink-wrap I. *n* Plastikfolie *f* II. *vt food* in Frischhaltefolie einpacken; *book* einschweißen

shrivel <-l- *or* -ll-> [ˈʃrɪv·əl] *vi* [zusammen]schrumpfen; *fruit* schrumpeln; *plants* welken; *skin* faltig werden; (*fig*) *profits* schwinden

◆**shrivel up** *vi* zusammenschrumpfen; *fruit* schrumpeln

shroud [ʃraʊd] I. *n* ❶ (*burial wrapping*) Leichentuch *nt* ❷ (*covering*) Hülle *f* II. *vt* einhüllen; **to ~ sth in secrecy** etw geheim halten; **shrouded in mist/darkness** in Nebel/Dunkelheit gehüllt

Shrove Tuesday [ˌʃroʊv·ˈtuz·deɪ] *n no art* Fastnachtsdienstag *m,* Faschingsdienstag *m* SÜDD, ÖSTERR

shrub [ʃrʌb] *n* Strauch *m,* Busch *m*

shrubbery [ˈʃrʌb·ə·ri] *n* ❶ (*area planted with bushes*) Gebüsch *nt* ❷ (*group of bushes*) Sträucher *pl*

shrug [ʃrʌg] I. *n of one's shoulders* Achselzucken *nt kein pl* II. *vi* <-gg-> die Achseln zucken III. *vt* <-gg-> **to ~ one's shoulders** die Achseln zucken

◆**shrug off** *vt* ❶ *see* **shrug aside** ❷ (*get rid of*) loswerden

shrunk [ʃrʌŋk] *vt, vi pp, pt of* **shrink**

shrunken [ˈʃrʌŋ·kən] I. *adj* geschrumpft II. *vt,*

vi pp of **shrink**

shuck [ʃʌk] *vt corn* schälen; *oysters* aus der Schale herauslösen

shucks [ʃʌks] *interj* (*fam*) [aw,] ~, **I wish I could have gone to the party** ach Mensch, hätte ich doch nur zur Party gehen können

shudder [ˈʃʌd·ər] I. *vi* zittern; *ground* beben; **I ~ to think what would have happened if ...** mir graut vor dem Gedanken, was passiert wäre, wenn ...; **to ~ to a halt** mit einem Rucken zum Stehen kommen II. *n* Schaudern *nt kein pl;* **to send a ~ through sb** jdn erschaudern lassen *geh*

shuffle [ˈʃʌf·əl] I. *n* ❶ CARDS Mischen *nt kein pl* (*von Karten*); **to give the cards a ~** die Karten mischen ❷ (*rearrangement*) Neuordnung *f kein pl* ❸ *of feet* Schlurfen *nt* II. *vt* ❶ (*mix*) *cards* mischen ❷ (*move around*) ■**to ~ sth** [**around**] etw hin- und herschieben ❸ (*drag*) *feet* schlurfen III. *vi* ❶ CARDS Karten mischen ❷ (*drag one's feet*) schlurfen; ■**to ~ along** (*fig*) sich dahinschleppen; ■**to ~ around** herumzappeln *fam*

shun <-nn-> [ʃʌn] *vt* meiden; ■**to ~ sb** jdm aus dem Weg gehen

shunt [ʃʌnt] *vt* ❶ RAIL rangieren ❷ (*move*) abschieben; ■**to ~ sb** jdn schieben; (*get rid of*) jdn abschieben *fam*

shush [ʃʊʃ] I. *interj* sch!, pst! II. *vt* (*fam*) ■**to ~ sb** jdm sagen, dass er/sie still sein soll

shut [ʃʌt] I. *adj* geschlossen; *curtains* zugezogen; **to slam a door ~** eine Tür zuschlagen II. *vt* <-tt-, shut, shut> ❶ (*close*) schließen, zumachen; *book* zuklappen ❷ (*stop operating*) schließen ▶ PHRASES: **~ your mouth!** (*vulg*) Klappe! *sl* III. *vi* <-tt-, shut, shut> schließen, zumachen

◆**shut away** *vt* einschließen, einsperren

◆**shut down** I. *vt* ❶ (*stop operating*) schließen, stilllegen ❷ (*turn off*) abstellen; *computer, system* herunterfahren II. *vi business, factory* zumachen

◆**shut in** *vt* einschließen, einsperren

◆**shut off** I. *vt* ❶ (*isolate*) ■**to ~ off** ↻ **sb/ sth** [**from sth**] jdn/etw [von etw *dat*] isolieren; (*protect*) jdn/etw [von etw *dat*] abschirmen; **to ~ oneself off** sich zurückziehen ❷ (*turn off*) abstellen, ausmachen; *computer, system* herunterfahren II. *vi* (*stop operating*) sich [automatisch] ausschalten

◆**shut out** *vt* ❶ (*a. fig: block out*) ausschließen (**from** von +*dat*); (*fig*) *thoughts* verdrängen; *light* abschirmen ❷ SPORTS ■**to ~ out** ↻ **sb** jdn zu null schlagen

◆**shut up** I. *vt* ❶ (*confine*) einsperren ❷ (*close*) schließen; **to ~ up shop** das Geschäft schließen; (*fig: stop business*) seine Tätigkeit einstellen ❸ (*fam: cause to stop talking*) zum Schweigen bringen II. *vi* (*fam: stop talking*) den Mund [*o* die Klappe] halten

'shutdown *n* Schließung *f*

'shuteye *n* (*fam*) Nickerchen *nt*

shutter [ˈʃʌt̬·ər] *n* ❶ *usu pl* (*window cover*)

Fensterladen *m* ❷ PHOT [Kamera]verschluss *m*, Blende *f*

shuttle ['ʃʌt·əl] I. *n* ❶ (*train*) Pendelzug *m*; (*plane*) Pendelmaschine *f*; **space** ~ Raumfähre *f* ❷ (*sewing machine bobbin*) Schiffchen *nt* II. *vt* hin- und zurückbefördern III. *vi* hin- und zurückfahren

shuttle bus *n* kostenloser Zubringerbus, kostenfreier Bus

shuttlecock ['ʃʌt·əl·kak] *n* Federball *m*

'**shuttle flight** *n* Shuttleflug *m*

shy [ʃaɪ] I. *adj* (*timid*) schüchtern; ~ **smile** scheues Lächeln II. *vi* <-ie-> *horse* scheuen
◆**shy away from** *vt* ■ **to** ~ **away from** [**doing**] **sth** vor etw *dat* zurückschrecken

shyly ['ʃaɪ·li] *adv* schüchtern; *smile* scheu

shyness ['ʃaɪ·nɪs] *n* Schüchternheit *f*; *of horses* Scheuen *nt*

Siamese [ˌsaɪ·ə·'miz] I. *n* <*pl* -> ❶ (*person*) Siamese, Siamesin *m*, *f*; (*cat*) Siamkatze *f* ❷ (*language*) Siamesisch *nt* II. *adj* siamesisch

Siamese 'twins *npl* siamesische Zwillinge

sibling ['sɪb·lɪŋ] *n* Geschwister *nt meist pl*

Sicilian [sɪ·'sɪl·jən] I. *n* Sizilianer(in) *m(f)* II. *adj* sizilianisch

Sicily ['sɪs·ɪ·li] *n* Sizilien *nt*

sick [sɪk] I. *adj* ❶ (*physically*) krank; (*mentally*) geisteskrank; (*in poor condition*) *machine, engine* angeschlagen; **to call in** ~ sich krankmelden ❷ *pred* (*in stomach*) **to be** ~ (*vomit*) sich erbrechen, spucken *fam*; **to feel** ~ sich schlecht fühlen ❸ *pred* (*fam: fed up*) **to be** ~ **and tired of** etw [gründlich] satthaben; ■ **to be** ~ **of sb/sth** von jdm/etw die Nase voll haben ❹ (*fam: cruel and offensive*) geschmacklos; *person* pervers; *mind* abartig ▶ PHRASES: **to be worried** ~ (*fam*) krank vor Sorge sein II. *n* ■ **the** ~ *pl* die Kranken *pl*

'**sickbed** *n* Krankenbett *nt*

sicken ['sɪk·ən] I. *vi* erkranken II. *vt* (*upset greatly*) krank machen *fam*; (*turn sb's stomach*) anekeln

sickening ['sɪk·ən·ɪŋ] *adj* (*repulsive*) *cruelty* entsetzlich; *smell* widerlich, ekelhaft; (*annoying*) [äußerst] ärgerlich

sickle ['sɪk·əl] *n* Sichel *f*

'**sick leave** *n* MED **to be on** ~ krankgeschrieben sein

sickly ['sɪk·li] *adj* ❶ (*not healthy*) kränklich; *complexion, light* blass ❷ (*sentimental*) schmalzig *pej*

sickness <*pl* -es> ['sɪk·nɪs] *n* ❶ (*illness*) Krankheit *f*; (*nausea*) Übelkeit *f* ❷ (*fig*) Schwäche *f*

'**sick pay** *n* ADMIN, MED Krankengeld *nt*

side [saɪd] I. *n* ❶ (*vertical surface*) *of car, box* Seite *f*; *of hill, cliff* Hang *m*; (*wall*) *of house* [Seiten]wand *f*; ■ **at the** ~ **of sth** neben etw *dat* ❷ *of somebody* Seite *f*; **to stay at sb's** ~ jdm zur Seite stehen ❸ (*face, surface*) *of coin, record, box* Seite *f*; **this** ~ **up!** (*on a package*) oben!; **the right/wrong** ~ **of the fabric** [*or* **material**] die rechte/linke Seite des Stoffes

❹ (*page*) Seite *f* ❺ (*edge*) *of plate, clearing, field* Rand *m*; *of table, square, triangle* Seite *f*; *of river* [Fluss]ufer *nt*; *of road* [Straßen]rand *m*; **on all** ~ **s** auf allen Seiten ❻ (*half*) *of bed, house* Hälfte *f*; *of town, road, brain, room* Seite *f* ❼ (*direction*) Seite *f*; **to take sb to one** ~ jdn auf die Seite nehmen ❽ (*opposing party*) *of dispute, contest* Partei *f*, Seite *f*; (*team* a.) Mannschaft *f*; **to change** [*or* **switch**] ~ **s** sich auf die andere Seite schlagen; **to take** ~ **s** Partei ergreifen ❾ (*aspect*) Seite *f*; **I've listened to your** ~ **of the story** ich habe jetzt deine Version der Geschichte gehört ▶ PHRASES: **the other** ~ **of the coin** die Kehrseite der Medaille; **to be on the large/small** ~ zu groß/klein sein II. *adj* Neben-; ~ **job** Nebenbeschäftigung *f*, Nebenjob *m fam* III. *vi* ■ **to** ~ **against sb** sich gegen jdn stellen; ■ **to** ~ **with sb** zu jdm halten

'**sideburns** *npl* (*hair*) Koteletten *pl*

'**sidecar** *n* AUTO Seitenwagen *m*

'**side dish** *n* FOOD Beilage *f*

'**side effect** *n* Nebenwirkung *f*

'**side issue** *n* Nebensache *f*

'**sidekick** *n* (*fam*) ❶ (*subordinate*) Handlanger *m* ❷ (*friend*) Kumpel *m fam*

'**sideline** I. *n* ❶ SPORTS (*boundary line*) Begrenzungslinie *f*; (*area near field*) Seitenlinie *f*; (*fig*) **to watch sth from the** ~ **s** etw als unbeteiligter Außenstehender beobachten ❷ (*secondary job*) Nebenbeschäftigung *f*; (*money*) Nebenerwerb *m* II. *vt* ❶ SPORTS (*keep from playing*) auf die Ersatzbank schicken ❷ (*fig: shunt*) kaltstellen *fam*

'**sidelong** I. *adj* seitlich II. *adv* seitlich

'**sidesaddle** *adv* **to ride** ~ im Damensattel reiten

'**side salad** *n* Beilagensalat *m*

'**sideshow** *n* (*not main show*) Nebenaufführung *f*; (*fig*) Ablenkung *f*; (*exhibition*) Sonderausstellung *f*

'**sidestep** I. *vt* <-pp-> ■ **to** ~ **sb/sth** jdm/etw ausweichen II. *vi* <-pp-> ausweichen III. *n* Schritt *m* zur Seite; (*fig*) Ausweichmanöver *nt*; (*in dancing*) Seitenschritt *m*; (*in sports*) Ausfallschritt *m*

'**side street** *n* Seitenstraße *f*

'**sidetrack** *vt* ablenken

'**side view** *n* Seitenansicht *f*

'**sidewalk** *n* Bürgersteig *m*

sideways ['saɪd·weɪz] I. *adv* ❶ (*to, from a side*) seitwärts; **the fence is leaning** ~ der Zaun steht schief ❷ (*facing a side*) seitwärts II. *adj* seitlich; **he gave her a** ~ **glance** er sah sie von der Seite an

'**side wind** *n* Seitenwind *m*

sidewinder ['saɪd·ˌwaɪn·dər] *n* ZOOL (*rattlesnake*) Klapperschlange *f*

siding ['saɪ·dɪŋ] *n* ❶ (*house covering*) Außenverkleidung *f* ❷ RAIL Rangiergleis *nt*; (*dead end*) Abstellgleis *nt*

sidle ['saɪ·dəl] *vi* schleichen; ■ **to** ~ **up** [**to sb**] sich an jdn anschleichen

siege [siːdʒ] *n* MIL Belagerung *f;* **to lay ~ to sth** etw belagern

sieve [sɪv] I. *n* Sieb *nt* ▶ PHRASES: **to have a mind like a ~** *(fam)* ein Gedächtnis wie ein Sieb haben II. *vt* sieben

sift [sɪft] I. *vt* ❶ *flour, sand* sieben; **~ some powdered sugar over the top of the cake** bestäuben Sie den Kuchen mit Puderzucker ❷ *(examine closely)* durchsieben; *evidence, documents* [gründlich] durchgehen II. *vi* **to ~ through archives** Archive durchsehen

sigh [saɪ] I. *n* Seufzer *m;* **to heave a ~** einen Seufzer ausstoßen II. *vi person* seufzen; *wind* säuseln; **to ~ with relief** vor Erleichterung [auf]seufzen

sight [saɪt] I. *n* ❶ *(ability to see)* [sense of] ~ Sehvermögen *nt;* *(strength of vision)* Sehkraft *f* ❷ *(visual access)* Sicht *f;* *(visual range)* Sichtweite *f,* Sicht *f;* **get out of my ~!** *(fam)* geh mir aus den Augen!; **to be in/out of ~** in/außer Sichtweite sein; **to keep out of ~** sich nicht sehen lassen ❸ *(act of seeing)* Anblick *m;* **love at first ~** Liebe auf den ersten Blick; **to know sb by ~** jdn vom Sehen [her] kennen ❹ *(attractions)* ■ **~s** *pl* Sehenswürdigkeiten *pl* ❺ *(on gun)* Visier *nt* ▶ PHRASES: **out of ~, out of mind** *(prov)* aus den Augen, aus dem Sinn *prov;* **to set one's ~s on sth** sich *dat* etw zum Ziel machen II. *vt (see)* sichten

sighted ['saɪ·tɪd] *adj people* sehend *attr*

sightless ['saɪt·lɪs] *adj* blind

'sight-read MUS I. *vi* vom Blatt spielen II. *vt* vom Blatt spielen

'sightseeing *n* Besichtigungen *pl,* Sightseeing *nt;* **to go ~** Sehenswürdigkeiten besichtigen

sightseer ['saɪt·siː·ər] *n* Tourist(in) *m(f)*

sign [saɪn] I. *n* ❶ *(gesture)* Zeichen *nt;* **to make the ~ of the cross** sich bekreuzigen ❷ *(notice)* [Straßen]schild *nt;* **traffic ~** Verkehrsschild *nt;* *(signboard)* Schild *nt* ❸ *(symbol)* Zeichen *nt,* Symbol *nt;* *(of the zodiac)* Sternzeichen *nt* ❹ *(indication)* [An]zeichen *nt;* *(trace)* Spur *f;* **~ of life** Lebenszeichen *nt;* **to show ~s of improvement** Anzeichen der Besserung erkennen lassen II. *vt (with signature)* *letter* unterschreiben; *contract, document, check* unterzeichnen; *book, painting* signieren III. *vi* ❶ *(write signature)* unterschreiben ❷ *(accept)* **to ~ for a delivery** eine Lieferung gegenzeichnen

◆ **sign away** *vt* ■ **to ~ away** ↻ sth *rights* auf etw *akk* verzichten

◆ **sign in** I. *vi* sich eintragen II. *vt* eintragen

◆ **sign off** *vi* RADIO, TV *(from broadcast)* sich verabschieden; *(end a letter)* zum Schluss kommen; *(end work)* Schluss machen

◆ **sign on** I. *vi* ❶ *(for work)* sich verpflichten; *(for a class)* sich einschreiben **(for** für +*akk)* ❷ *(begin broadcasting) station* auf Sendung gehen; *disc jockey* sich melden II. *vt* verpflichten

◆ **sign out** I. *vi* sich austragen; *(at work)* sich

abmelden II. *vt books* ausleihen

◆ **sign over** *vt* übertragen

◆ **sign up** I. *vi (for work)* sich verpflichten; *(for a class)* sich einschreiben II. *vt* verpflichten; **to ~ sb up for a class** jdn für einen Kurs anmelden

signal ['sɪg·nəl] I. *n* ❶ *(gesture)* Zeichen *nt,* Signal *nt* **(for** für +*akk)* ❷ *(traffic light)* Ampel *f;* *(for trains)* Signal *nt* ❸ ELEC, RADIO *(transmission)* Signal *nt;* *(reception)* Empfang *m* ❹ AUTO *(indicator)* Blinker *m* II. *vt* <-l- *or* -ll-> ❶ AUTO blinken, signalisieren; **he ~ed left, but turned right** er blinkte nach links, bog aber nach rechts ab ❷ *(gesticulate)* ■ **to ~ sb to do sth** jdm signalisieren, etw zu tun III. *vi* <-l- *or* -ll-> signalisieren; **she ~ed to them to be quiet** sie gab ihnen ein Zeichen, ruhig zu sein IV. *adj achievement* bemerkenswert

signatory ['sɪg·nə·tɔr·i] *n* Unterzeichner(in) *m(f)*

signature ['sɪg·nə·tʃər] *n* ❶ *(person's name)* Unterschrift *f; of artist, in printing* Signatur *f* ❷ *(characteristic)* Erkennungszeichen *nt* ❸ *(on prescriptions)* Signatur *f*

'signature tune *n* RADIO, TV [Erkennungs]melodie *f*

significance [sɪg·'nɪf·ɪ·kəns] *n* ❶ *(importance)* Wichtigkeit *f;* **to be of no ~** bedeutungslos sein ❷ *(meaning)* Bedeutung *f*

significant [sɪg·'nɪf·ɪ·kənt] *adj* ❶ *(considerable)* beachtlich, bedeutend; *(important)* bedeutsam; *date, event* wichtig; *difference* deutlich; *increase* beträchtlich; **~ other** *(fig)* Partner(in) *m(f);* *(hum)* bessere Hälfte *fam* ❷ *(meaningful)* bedeutsam; **do you think it's ~ that ...** glaubst du, es hat etwas zu bedeuten, dass ...; *look* viel sagend

signify <-ie-> ['sɪg·nə·faɪ] I. *vt (indicate)* andeuten II. *vi* eine Rolle spielen; **it doesn't ~** es macht nichts

'sign language *n* Gebärdensprache *f*

'signpost I. *n* Wegweiser *m;* *(fig: advice)* Hinweis *m* II. *vt usu passive* aufzeigen; *route* beschildern, ausschildern; ■ **to ~ sth** *(fig)* etw aufzeigen [*o* darlegen]

Sikh [siːk] *n* Sikh *m*

silage ['saɪ·lɪdʒ] *n* AGR Silage *f*

silence ['saɪ·ləns] I. *n (absolute)* Stille *f;* *(by an individual)* Schweigen *nt;* *(on a confidential matter)* Stillschweigen *nt;* *(calmness)* Ruhe *f;* **a moment of ~** eine Schweigeminute; **to work in ~** still arbeiten; **to reduce sb to ~** jdn zum Schweigen bringen ▶ PHRASES: **~ is golden** *(prov)* Schweigen ist Gold II. *vt* zum Schweigen bringen; *doubts* verstummen lassen

silencer ['saɪ·lən·sər] *n (on gun)* Schalldämpfer *m*

silent ['saɪ·lənt] *adj* ❶ *(without noise)* still; *(not active)* ruhig; **to keep ~** still sein ❷ *(not talking)* schweigsam, still; ■ **to be ~** schweigen; **to go ~** verstummen

silently ['saɪ·lənt·li] *adv (quietly)* lautlos;

(*without talking*) schweigend; (*with little noise*) leise

silent 'partner *n* COMM stiller Teilhaber

silhouette [ˌsɪl·u·'et] **I.** *n* (*shadow*) Silhouette *f;* (*picture*) Schattenriss *m;* (*outline*) Umriss *m* **II.** *vt* ■**to be ~d against sth** sich von etw *dat* abheben

silica ['sɪl·ɪ·kə] *n* Kieselerde *f*

silicon ['sɪl·ɪ·kən] *n* Silizium *nt*

silicon 'chip *n* COMPUT, ELEC Siliziumchip *m*

silicone ['sɪl·ɪ·koʊn] *n* Silikon *nt*

Silicon 'Valley *n* Silicon Valley *nt*

silk [sɪlk] *n* (*material*) Seide *f*

silken ['sɪl·kən] *adj* (*silk-like*) seiden *liter;* (*fig*) *voice* samtig

silk-screen 'printing *n* Siebdruck *m*

'silkworm *n* Seidenraupe *f*

silky ['sɪl·ki] *adj* seidig; (*fig*) *voice* samtig

sill [sɪl] *n* Fensterbank *f*

silly ['sɪl·i] *adj* ① (*foolish*) albern, dumm; **don't be ~!** (*make silly suggestions*) red keinen Unsinn!; (*do silly things*) mach keinen Quatsch! *fam* ② *pred* (*senseless*) **to be bored ~** zu Tode gelangweilt sein

silo ['saɪ·loʊ] *n* ① AGR Silo *m o nt* ② MIL [Raketen]silo *m o nt*

silt [sɪlt] **I.** *n* Schlick *m* **II.** *vi* ■**to ~ [up]** verschlammen

silver ['sɪl·vər] **I.** *n* ① (*metal*) Silber *nt* ② (*coins*) Münzgeld *nt* ③ (*cutlery*) ■**the ~** das [Tafel]silber **II.** *adj* (*of silver*) (*mine*) Silber-; (*made of silver*) (*spoon, ring*) silbern ▶ PHRASES: **every** cloud **has a ~ lining** (*saying*) jedes Unglück hat auch sein Gutes

silver anni'versary *n* silberne Hochzeit

'silverfish <*pl* -> *n* ZOOL Silberfischchen *nt*

silver 'jubilee *n* silbernes Jubiläum

silver 'plate *n* ① (*coating*) Versilberung *f* ② (*object*) versilberter Gegenstand

silver-'plate *vt* versilbern

silver 'screen *n* FILM ■**the ~** die Leinwand

'silversmith *n* Silberschmied(in) *m(f)*

'silverware *n* (*cutlery*) Silberbesteck *nt*, Silber *nt*

silvery ['sɪl·və·ri] *adj* (*in appearance*) silbrig; (*in sound*) silbern

simian ['sɪm·i·ən] *adj* (*form*) ① (*monkey-like*) affenartig ② (*of monkeys*) Affen-

similar ['sɪm·ə·lər] *adj* ähnlich; ■**to be ~ to sb/sth** jdm/etw ähnlich sein

similarity [ˌsɪm·ə·'ler·ɪ·ti] *n* Ähnlichkeit *f* (**to** mit +*dat*)

simile ['sɪm·ə·li] *n* LIT, LING Gleichnis *nt*

simmer ['sɪm·ər] **I.** *n usu sing* Sieden *nt* **II.** *vi* ① (*not quite boil*) sieden; (*fig*) **to ~ with anger** vor Wut kochen ② (*fig: build up*) sich anbahnen **III.** *vt food* auf kleiner Flamme kochen lassen; *water* sieden lassen

◆ **simmer down** *vi* sich beruhigen

simper ['sɪm·pər] *vi* ■**to ~ at sb** jdn albern anlächeln

simple <-r, -st *or* more ~, most ~> ['sɪm·pəl] *adj* ① (*not complex, ordinary*) *food, dress,*

task einfach; **the ~ things in life** die einfachen Dinge des Lebens ② *attr* (*straightforward*) schlicht; **that's the truth, plain and ~** das ist die reine Wahrheit; **for the ~ reason that ...** aus dem schlichten Grund, dass ... ③ (*ignorant*) naiv

simple-'minded *adj* ① (*naive*) einfältig ② (*stupid*) einfach

simpleton ['sɪm·pəl·tən] *n* (*pej fam*) Einfaltspinsel *m*

simplicity [sɪm·'plɪs·ɪ·ti] *n* ① (*plainness*) Einfachheit *f*, Schlichtheit *f* ② (*easiness*) Einfachheit *f;* **to be ~ itself** die Einfachheit selbst sein

simplification [ˌsɪm·plə·fɪ·'keɪ·ʃən] *n* Vereinfachung *f*

simplify <-ie-> ['sɪm·plə·faɪ] *vt* vereinfachen

simplistic [sɪm·'plɪs·tɪk] *adj* simpel; **am I being [overly [*or* too]] ~?** sehe ich das zu einfach?

simply ['sɪm·pli] *adv* ① (*not elaborately*) einfach ② (*just*) nur; (*absolutely*) einfach; **you ~ must try this!** du musst das einfach versuchen! ③ (*in a natural manner*) einfach, schlicht; (*humbly*) bescheiden

simulate ['sɪm·jʊ·leɪt] *vt* ① (*resemble*) nachahmen ② (*feign*) vortäuschen ③ (*using computer*) simulieren

simulation [ˌsɪm·jʊ·'leɪ·ʃən] *n of leather, a diamond* Imitation *f; of a feeling* Vortäuschung *f;* COMPUT Simulation *f*

simulator ['sɪm·jʊ·leɪ·tər] *n* COMPUT, TECH Simulator *m*

simultaneous [ˌsaɪ·məl·'teɪ·ni·əs] *adj* gleichzeitig

sin [sɪn] **I.** *n* Sünde *f; he's* [as] **ugly as ~** er ist unglaublich hässlich **II.** *vi* <-nn-> sündigen

since [sɪns] **I.** *adv* ① (*from that point on*) seitdem; **she left a week ago, and we haven't seen her** ~ sie ist vor einer Woche weggegangen, seitdem haben wir sie nicht mehr gesehen ② (*ago*) **long ~** seit langem, schon lange; **not long ~** vor kurzem [erst] **II.** *prep* seit; ~ **last week** seit letzter Woche **III.** *conj* ① (*because*) da, weil ② (*from time when*) [ever] ~ seit, seitdem

sincere [sɪn·'sɪr] *adj person* ehrlich; *congratulations, gratitude* aufrichtig

sincerely [sɪn·'sɪr·li] *adv* ① (*in a sincere manner*) ehrlich, aufrichtig ② (*ending letter*) mit freundlichen Grüßen

sincerity [sɪn·'ser·ɪ·ti] *n* Ehrlichkeit *f*, Aufrichtigkeit *f*

sine [saɪn] *n* MATH Sinus *m*

sine qua non ['sɪn·ɪ·kwa·'noʊn] *n* (*form*) unabdingbare Voraussetzung

sinew ['sɪn·ju] *n* (*tendon*) Sehne *f*

sinewy ['sɪn·ju·i] *adj* ① (*muscular*) sehnig ② (*tough*) zäh; *meat* sehnig

sinful ['sɪn·fəl] *adj* ① (*immoral*) sündig, sündhaft ② (*fam*) **to be absolutely ~** die reinste Sünde sein *hum, iron*

sing <sang *or* sung, sung> [sɪŋ] **I.** *vi* ① (*utter musical sounds*) singen ② (*make high-pitched*

S

noise) *kettle* pfeifen; *locusts* zirpen; *wind* pfeifen ❸(*make ringing noise*) dröhnen **II.** *vt* (*utter musical sounds*) singen; **to ~ the praises of sb/sth** ein Loblied auf jdn/etw singen

◆**sing out I.** *vi* ❶(*sing loudly*) laut singen ❷(*fam: call out*) schreien **II.** *vt* (*fam*) ■**to ~ out** ⟳ **sth** ausrufen

sing. **I.** *n* *abbrev of* **singular** Sg., Sing. **II.** *adj* *abbrev of* **singular** im Sing. [*o* Sg.] *nach n*

sing-along ['sɪŋ·ə·lɔn] *n* gemeinsames Liedersingen; **to have a ~** gemeinsam Lieder singen

Singapore ['sɪŋ·ə·pɔr] *n* Singapur *nt*

Singaporean ['sɪŋ·ə·pɔr·i·ən] **I.** *adj* aus Singapur *nach n* **II.** *n* Singapurer(in) *m(f)*

singe [sɪndʒ] **I.** *vt* ❶(*burn surface of*) ansengen; (*burn sth slightly*) versengen ❷(*burn off deliberately*) absengen **II.** *vi* (*burn*) *hair, fur* angesengt werden; (*burn lightly*) versengt werden

singer ['sɪŋ·ər] *n* Sänger(in) *m(f)*

singer-'songwriter *n* Liedermacher(in) *m(f)*

singing ['sɪŋ·ɪŋ] *n* Singen *nt*

'singing lesson *n* Gesang[s]stunde *f*

'singing teacher *n* Gesang[s]lehrer(in) *m(f)*

'singing voice *n* Singstimme *f*

single ['sɪŋ·gəl] **I.** *adj* ❶ *attr* (*one only*) einzige(r, s); **she didn't say a ~ word all evening** sie sprach den ganzen Abend kein einziges Wort; **not a ~ soul** keine Menschenseele; **every ~ time** jedes Mal ❷(*having one part*) einzelne(r, s); *figure* einstellig ❸(*unmarried*) ledig ❹(*raising child alone*) allein erziehend; **~ father** allein erziehender Vater **II.** *n* ❶(*one dollar bill*) Eindollarschein *m* ❷(*record*) Single *f* ❸(*single room*) Einzelzimmer *nt* ❹(*in baseball*) Single *m* **III.** *vi* einen Single schlagen

◆**single out** *vt* (*for positive characteristics*) auswählen; (*for negative reasons*) herausgreifen

single-'breasted *adj* einreihig; **~ suit** Einreiher *m*

single 'currency *n* FIN gemeinsame Währung

singledom ['sɪŋ·gəl·dəm] *n* (*hum*) Single-Dasein *nt*

single 'file *n* **in ~** im Gänsemarsch

single-'handed I. *adv* [ganz] allein; **he sailed round the world ~** er segelte als Einhandsegler um die Welt **II.** *adj* allein

single-'minded *adj* zielstrebig

single-'mindedness *n* Zielstrebigkeit *f*; (*pursuing sth unwaveringly*) Unbeirrbarkeit *f*

single-parent 'family *n* Familie *f* mit [nur] einem Elternteil

'singles bar *n* Singlekneipe *f*

single-'sex *adj* nach Geschlechtern getrennt

single-'spaced *adj* COMPUT einzeilig

singleton ['sɪŋ·gəl·tən] *n* Single *m*

singly ['sɪŋ·gli] *adv* einzeln

singsong ['sɪŋ·sɔn] **I.** *n* Singsang *m* **II.** *adj attr* **to speak in a ~ voice** in einem Singsang sprechen

singular ['sɪŋ·gjə·lər] **I.** *adj* ❶ LING Singular-; **to be ~** im Singular stehen; **~ form** Singularform *f* ❷(*form: extraordinary*) einzigartig **II.** *n* LING Singular *m*

singularity [ˌsɪŋ·gjə·'ler·ɪ· t̬i] *n* (*form*) Eigenartigkeit *f*

singularly ['sɪŋ·gjə·lər·li] *adv* (*form*) ❶(*extraordinarily*) außerordentlich ❷(*strangely*) eigenartig

Sinhalese [ˌsɪn·hə·'liz] **I.** *adj* singhalesisch **II.** *n* ❶(*language*) Singhalesisch *nt* ❷<*pl* -> (*person*) Singhalese, Singhalesin *m, f*

sinister ['sɪn·ɪ·stər] *adj* ❶(*scary*) unheimlich ❷(*fam: ominous*) unheilvoll; *forces* dunkel

sink [sɪŋk] **I.** *n* ❶(*in kitchen*) Spüle *f*, Spülbecken *nt*; (*washbasin*) Waschbecken *nt* ❷(*cesspool*) Senkgrube *f* ❸(*sewer*) Abfluss *m* **II.** *vi* <*sank or* sunk, sunk>, *vi* ❶(*not float*) untergehen, sinken ❷(*in mud, snow*) einsinken ❸(*go downward*) sinken; *sun, moon* versinken, untergehen; **to ~ to the bottom** auf den Boden sinken; *sediment* sich auf dem Boden absetzen ❹(*move to a lower position*) *surface, house, construction* sich senken; *level a.* sinken ❺(*become limp*) *arm, head* herabsinken; **to ~ to the ground** zu Boden sinken ❻(*decrease*) *amount, value* sinken; *demand, sales, numbers a.* zurückgehen; **the yen sank to a new low against the dollar** der Yen hat gegenüber dem Dollar einen neuen Tiefstand erreicht ❼(*decline*) *standards, quality* nachlassen; *moral character* sinken ▶ PHRASES: **sb's heart ~s** (*gets sadder*) jdm wird das Herz schwer; (*becomes discouraged*) jd verliert den Mut **III.** *vt* <*sank or* sunk, sunk> ❶(*cause to submerge*) versenken ❷(*ruin*) *hopes, plans* zunichtemachen ❸ SPORTS versenken; **to ~ a ball** (*into a hole*) einen Ball einlochen; (*into a pocket*) einen Ball versenken ❹(*dig*) *shaft* abteufen *fachspr*; *well* bohren ❺(*lower*) senken

◆**sink back** *vi* ❶(*lean back*) zurücksinken; **to ~ back on the sofa** aufs Sofa sinken ❷(*relapse*) **to ~ back into sth** [wieder] in etw *akk* verfallen

◆**sink down** *vi* ❶(*descend gradually*) sinken; *sun* versinken ❷(*go down*) zurücksinken; (*on the ground*) zu Boden sinken

◆**sink in I.** *vi* ❶(*into a surface*) einsinken ❷(*be absorbed*) *liquid, cream* einziehen ❸(*be understood*) ins Bewusstsein dringen **II.** *vt* ❶(*force into*) **to ~ one's teeth in sth** *animal* seine Zähne in etw *akk* einschlagen; **to ~ a knife in sth** ein Messer in etw *akk* rammen ❷(*invest*) **to ~ one's money in sth** sein Geld in etw *akk* stecken *fam*

◆**sink into I.** *vi* ■**to ~ into sth** ❶(*into mud, snow*) in etw *dat* einsinken ❷(*into skin*) *cream, lotion* in etw *akk* einziehen ❸(*lie back in*) in etw *akk* [hinein]sinken; **to ~ into bed** sich ins Bett fallen lassen ❹(*pass gradually into*) in etw *akk* sinken; **to ~ into a coma** ins Koma fallen **II.** *vt* ❶(*put*) ■**to ~ sth into sth** etw in etw *akk o dat* versenken; **I'd love to ~ my teeth into a nice juicy steak** ich würde gern in ein schönes, saftiges Steak beißen ❷ *(embed)* **to ~ a pole into the ground** einen Pfosten in den Boden schlagen ❸ FIN **to ~ one's money into sth** sein Geld in etw *dat* anlegen

sinker ['sɪŋ·kər] *n* Senker *m*

sinking ['sɪŋ·kɪŋ] *adj attr* ❶ *(declining, not floating)* sinkend ❷ *(emotion)* **a ~ feeling** ein flaues Gefühl [in der Magengegend]; **with a ~ heart** resigniert ▶ PHRASES: **to leave the ~ ship** das sinkende Schiff verlassen

sinner ['sɪn·ər] *n* Sünder(in) *m(f)*

sinuous ['sɪn·ju·əs] *adj* ❶ *(winding)* gewunden; *path* verschlungen ❷ *(curving and twisting)* geschmeidig

sinus <*pl* -es> ['saɪ·nəs] *n* ANAT Nasennebenhöhle *f*

sinusitis [ˌsaɪ·nə·'saɪ·tɪs] *n* MED Nasennebenhöhlenentzündung *f*

Sioux [su] I. *adj (tribe)* Sioux- II. *n* ❶ <*pl* -> *(person)* Sioux *m o f* ❷ *(language)* Sioux *nt*

sip [sɪp] I. *vt* <-pp-> nippen (an +*dat*); *(drink carefully)* etw in kleinen Schlucken trinken; *beer, champagne* süffeln II. *n* Schlückchen *nt;* **to take a ~** einen kleinen Schluck nehmen

siphon ['saɪ·fən] I. *n* Saugheber *m* II. *vt* [mit einem Saugheber] absaugen

◆**siphon off** *vt* ❶ *(remove)* absaugen ❷ FIN *money* abziehen; *profits* abschöpfen

sir [sɜr] *n* ❶ *(form of address)* Herr *m;* **can I see your driver's license, ~?** kann ich bitte ihren Führerschein sehen? ❷ *(not at all)* **no, ~!** *(fam)* auf keinen Fall! ❸ *(on letters)* **Dear S~** [*or* **Dear S~ or Madam**] Sehr geehrte Damen und Herren

siren ['saɪ·rən] *n* Sirene *f*

sirloin ['sɜr·lɔɪn] *n* Lendenfilet *nt*

sirocco [sə·'rak·oʊ] *n* METEO Schirokko *m*

sis [sɪs] *n (fam) short for* **sister** Schwesterherz *nt hum*

sissy ['sɪs·i] I. *n (pej fam)* Waschlappen *m* II. *adj (pej fam)* verweichlicht

sister ['sɪs·tər] *n* ❶ *(female sibling)* Schwester *f* ❷ *(nun)* [Ordens]schwester *f* ❸ *(fellow sorority member)* Schwester *f* ❹ *(sl: African American woman)* ≈ Schwester *(hauptsächlich von Afroamerikaner gebrauchte Anrede für eine weibliche Person)*

sister city *n* Partnerstadt *f;* **to become a ~** eine Städtepartnerschaft bilden

sisterhood ['sɪs·tər·hʊd] *n* ❶ *(sisterly bond)* Zusammenhalt *m* unter Schwestern; *(female solidarity)* Solidarität *f* unter Frauen ❷ REL Schwesternorden *m*

'sister-in-law <*pl* sisters- *or* -s> *n* Schwägerin *f*

sisterly ['sɪs·tər·li] *adj* schwesterlich

sit <-tt, sat, sat> [sɪt] I. *vi* ❶ *(seated)* sitzen; **to ~ at the table** am Tisch sitzen ❷ *(fam: babysit)* babysitten *(for* für +*akk)* ❸ *(sit down)* sich hinsetzen; **~!** *(to a dog)* Platz!, Sitz!; **he sat**

[down] next to me er setzte sich neben mich ❹ *(perch)* hocken, sitzen ❺ *(be located)* liegen ❻ *(remain undisturbed)* stehen; **to ~ on sb's desk/the shelf** auf jds Schreibtisch liegen/im Regal stehen ❼ *(in session)* tagen; *court* zusammenkommen ❽ *(fit)* passen; *clothes* sitzen ▶ PHRASES: **to ~ on the fence** sich nicht entscheiden können; **to be ~ting pretty** fein heraus sein; **to ~ tight** *(not move)* sich nicht rühren; *(not change opinion)* stur bleiben II. *vt* ❶ *(place in seat)* setzen; **to ~ oneself** sich *akk* setzen ❷ *(accommodate)* **to ~ a child on a chair** ein Kind auf einen Stuhl setzen

◆**sit around** *vi* herumsitzen

◆**sit back** *vi* ❶ *(lean back in chair)* sich zurücklehnen ❷ *(do nothing)* die Hände in den Schoß legen

◆**sit down** I. *vi* ❶ *(take a seat)* sich [hin]setzen; **to ~ down to dinner** sich zum Essen an den Tisch begeben ❷ *(be sitting)* sitzen II. *vt* ❶ *(put in a seat)* setzen ❷ *(take a seat)* ■**to ~ oneself down** sich hinsetzen

◆**sit in** *vi* ❶ *(attend)* dabeisitzen; **to ~ in on a meeting** einem Treffen beisitzen ❷ *(hold sit-in)* ein Sit-in [*o* einen Sitzstreik] halten

◆**sit on** *vi* ❶ *(be member of)* **to ~ on a committee** Mitglied eines Komitees sein ❷ *(fam: not act on sth)* ■**to ~ on sth** auf etw *dat* sitzen

◆**sit out** *vt* ❶ *(not participate in)* auslassen; *(game, competition)* bei etw aussetzen ❷ *(sit until end)* bis zum Ende ausharren

◆**sit through** *vt lecture, sermon* über sich *akk* ergehen lassen

◆**sit up** *vi* ❶ *(sit erect)* aufrecht sitzen; **to ~ up straight** sich gerade hinsetzen ❷ *(fam: pay attention)* **to ~ up and take notice** aufhorchen

sitcom ['sɪt·kam] *n (fam) short for* **situation comedy** Sitcom *f*

site [saɪt] I. *n* ❶ *(place)* Stelle *f,* Platz *m,* Ort *m; of crime* Tatort *m* ❷ *(plot)* Grundstück *nt;* **camping** ~ Campingplatz *m* ❸ *(of construction work)* [**building**] ~ Baustelle *f,* Baugelände *nt,* Bauplatz *m;* **on** ~ vor Ort ❹ *(on Internet)* [**Web**] ~ Website *f* II. *vt* einen Standort bestimmen; **to be ~d out of town** außerhalb der Stadt liegen

'sit-in *n* Sit-in *nt*

sitter ['sɪt·ər] *n* ❶ *(model for portrait)* Modell *nt* ❷ *(babysitter)* Babysitter(in) *m(f)*

sitting ['sɪt·ɪŋ] *n* ❶ *(meal session)* Ausgabe *f* ❷ *(session)* Sitzung *f*

sitting 'duck *n* leicht zu treffendes Ziel; *(fig)* leichte Beute

'sitting room *n* Wohnzimmer *nt*

situated ['sɪtʃ·u·eɪ·ṭɪd] *adj pred* ❶ *(located)* gelegen; **to be ~ near the church** in der Nähe der Kirche liegen ❷ *(in a state)* **to be well ~** [finanziell] gutgestellt sein; **to be well ~ to do sth** gute Voraussetzungen besitzen, etw zu tun

situation [ˌsɪtʃ·u·'eɪ·ʃən] *n* ❶ *(circumstances)*

Situation *f,* Lage *f* ② (*location*) Lage *f,* Standort *m*

'**sit-up** *n* SPORTS Sit-up *m, Bauchmuskelübung;* **to do ten ~s** zehn Sit-ups machen

six [sɪks] **I.** *adj* sechs; *see also* **eight** ▶ PHRASES: **to be ~ feet under** (*hum*) sich *dat* die Radieschen von unten anschauen *sl* **II.** *pron* sechs; *see also* **eight** ▶ PHRASES: **~ of one and half a dozen of the other** gehupft wie gesprungen *fam* **III.** *n* Sechs *f; see also* **eight**

six-digit '**sum** *n* sechsstelliger Betrag

'**sixfold** *adj* sechsfach

six-'footer *n* (*tall male person*) Zweimetermann *m;* (*tall, powerful male*) Hüne *m;* (*tall female*) Zweimeterfrau *f*

'**six-pack** *n* ① (*package of six*) Sechserpack *m; of beer* Sixpack *m* ② (*well-toned stomach*) Waschbrettbauch *m*

sixteen [sɪk·'stin] **I.** *adj* sechzehn; *see also* **eight II.** *n* Sechzehn *f; see also* **eight**

sixteenth [ˌsɪk·'stinθ] **I.** *adj* sechzehnte(r, s) **II.** *pron* ■**the ~** ... der/die/das sechzehnte ... **III.** *adv* als sechzehnte(r, s) **IV.** *n* Sechzehntel *nt o* SCHWEIZ *a. m*

six'teenth note *n* MUS Sechzehntel[note] *f*

sixth [sɪksθ] **I.** *adj* sechste(r, s) **II.** *pron* ■**the ~** ... der/die/das sechste ... **III.** *adv* als sechste(r, s) **IV.** *n* Sechstel *nt o* SCHWEIZ *a. m*

sixtieth ['sɪk·sti·əθ] **I.** *adj* sechzigste(r, s) **II.** *pron* ■**the ~** der/die/das sechzigste **III.** *adv* als sechzigste(r, s) **IV.** *n* Sechzigstel *nt o* SCHWEIZ *a. m*

sixty ['sɪk·sti] **I.** *adj* sechzig **II.** *pron* sechzig **III.** *n* Sechzig *f*

sizable, sizeable ['saɪ·zə·bəl] *adj* ziemlich groß; *amount* beträchtlich

size [saɪz] **I.** *n* ① *usu sing* (*magnitude*) Größe *f; amount, debt* Höhe *f;* **a company of that ~** eine Firma dieser Größenordnung; **to be a good ~** (*quite big*) ziemlich groß sein; (*suitable size*) die richtige Größe haben; **to double in ~** seine Größe verdoppeln; **to increase in ~** größer werden ② (*measurement*) Größe *f;* **what ~ are you? — I'm a ~ 10** welche Größe haben Sie? – ich habe Größe 36; **shirt/ shoe ~** Hemdgröße *f*/Schuhgröße *f* **II.** *vt* nach der Größe ordnen

◆ **size up** *vt* ① [prüfend] abschätzen; **to ~ each other up** sich gegenseitig taxieren

sizeable ['saɪ·zə·bəl] *adj see* **sizable**

sizzle ['sɪz·əl] **I.** *vi* ① *bacon, fat* brutzeln ② (*fam: be exciting*) aufregend sein **II.** *n* Zischen *nt*

skate[1] [skeɪt] **I.** *n* ① (*ice skate*) Schlittschuh *m* ② (*roller skate*) Rollschuh *m,* Rollerskate *m* **II.** *vi* ① (*on ice*) Schlittschuh laufen ② (*on roller skates*) Rollschuh fahren, Rollerskate fahren ▶ PHRASES: **to be skating on thin ice** sich auf dünnem Eis bewegen

skate[2] [skeɪt] *n* (*flat fish*) Rochen *m*

skateboard ['skeɪt·bɔrd] **I.** *n* Skateboard *nt* **II.** *vi* skaten

skateboarder ['skeɪt·ˌbɔr·dər] *n* Skateboard-

fahrer(in) *m(f)*

skateboarding ['skeɪt·ˌbɔr·dɪŋ] *n* Skateboardfahren *nt*

skater ['skeɪ·tər] *n* ① (*on ice*) Schlittschuhläufer(in) *m(f);* **figure ~** Eiskunstläufer(in) *m(f);* **speed ~** Eisschnellläufer(in) *m(f)* ② (*on roller skates*) Rollschuhfahrer(in) *m(f)* ③ (*on Rollerblades, on skateboard*) Skater(in) *m(f)*

skating ['skeɪ·tɪŋ] *n* ① (*ice skating*) Eislaufen *nt;* **figure ~** Eiskunstlauf *m;* **speed ~** Eisschnelllauf *m* ② (*roller skating*) Rollschuhlaufen *nt,* Rollerskaten *nt*

'**skating rink** *n* ① (*for ice skating*) Eisbahn *f* ② (*for roller skating*) Rollschuhbahn *f*

skedaddle [skɪ·'dæd·əl] *vi* (*fam*) sich verdünnisieren *sl*

skein [skeɪn] *n* ① (*coil*) Strang *m* ② (*birds*) Schwarm *m; ~* **of geese** Gänseschar *f*

skeleton ['skel·ɪ·tən] *n* ① (*bones*) Skelett *nt* ② (*framework*) *of boat, plane* Gerippe *nt; of building* Skelett *nt* ③ (*outline sketch*) *of book, report* Entwurf *m* ▶ PHRASES: **to have ~s in the closet** eine Leiche im Keller haben *fam*

'**skeleton key** *n* Dietrich *m*

'**skeleton staff** *n* Minimalbesetzung *f*

skeptic ['skep·tɪk] *n* Skeptiker(in) *m(f)*

skeptical *adj* skeptisch

skepticism ['skep·tɪ·sɪz·əm] *n* Skepsis *f*

sketch [sketʃ] **I.** *n* <*pl* -es> ① (*rough drawing, written piece*) Skizze *f* ② (*outline*) Überblick *m* ③ (*performance*) Sketch *m* **II.** *vt* ① (*rough drawing*) skizzieren ② (*write in outline*) umreißen **III.** *vi* Skizzen machen

◆ **sketch in** *vt* ① (*draw in*) [andeutungsweise] einzeichnen ② (*outline*) umreißen

◆ **sketch out** *vt* ① (*draw roughly*) [in groben Zügen] skizzieren ② (*outline*) umreißen

'**sketchbook** *n* Skizzenbuch *nt*

sketchy ['sketʃ·i] *adj* ① (*not detailed*) flüchtig; (*incomplete*) lückenhaft ② (*not fully realized*) skizzenhaft dargestellt

skew [skju] **I.** *vt* ① (*give slant to*) krümmen; TECH abschrägen ② (*distort*) *facts* verdrehen **II.** *vi* **to ~ to the left/right** einen Links-/ Rechtsdrall haben **III.** *adj pred* schräg, schief

skewed [skjud] *adj* schief

skewer ['skju·ər] **I.** *n* Spieß *m* **II.** *vt* ① (*pierce with skewer*) anstecken ② (*criticize*) sticheln

ski [ski] **I.** *n* Ski *m;* **on ~s** auf Skiern **II.** *vi* Ski fahren [*o* laufen]; **to ~ down the slope** die Piste hinunterfahren

'**ski boot** *n* Skischuh *m*

skid [skɪd] **I.** *vi* <-dd-> (*on foot*) rutschen; (*in a vehicle*) schleudern, schlittern; **to ~ to a halt** schlitternd zum Stehen kommen **II.** *n* Rutschen *nt,* Schlittern *nt*

'**skid mark** *n* Reifenspur *f;* (*from braking*) Bremsspur *f*

skid 'row *n* Pennerviertel *nt fam*

skier ['ski·ər] *n* Skifahrer(in) *m(f)*

'**ski goggles** *npl* Skibrille *f*

skiing ['ski·ɪŋ] *n* Skifahren *nt*

'**ski instructor** *n* Skilehrer, -in *m, f*

'ski jump n ❶ (*runway*) Sprungschanze f ❷ (*jump*) Skisprung m; (*event*) Skispringen nt
'ski lift n Skilift m
skill [skɪl] n ❶ (*expertise*) Geschick nt; **to involve some ~** einige Geschicklichkeit erfordern ❷ (*particular ability*) Fähigkeit f; (*technique*) Fertigkeit f; **communication ~s** Kommunikationsfähigkeit f; **language ~s** Sprachkompetenz f
skilled [skɪld] adj ❶ (*trained*) ausgebildet; (*skillful*) geschickt ❷ (*requiring skill*) Fach-; **a highly ~ job** eine hoch qualifizierte Tätigkeit; **semi-~ occupation** Anlernberuf m
skillet ['skɪl·ɪt] n Bratpfanne f
skillful ['skɪl·fəl] adj ❶ (*adroit*) geschickt ❷ (*showing skill*) gekonnt
skillfully ['skɪl·fəl·i] adv geschickt, gekonnt
skim <-mm-> [skɪm] **I.** vt ❶ (*move lightly above*) streifen; **to ~ the surface of sth** (*fig*) nur an der Oberfläche von etw *dat* kratzen ❷ (*read*) überfliegen ❸ FOOD (*remove from surface*) abschöpfen; **to ~ the cream from the milk** die Milch entrahmen **II.** vi ▪ **to ~ over sth** über etw akk hinwegstreifen
'ski mask n Skimaske f
skim 'milk n entrahmte Milch, Magermilch f
skimp [skɪmp] **I.** vt nachlässig erledigen **II.** vi sparen (**on** an +*dat*)
skimpy ['skɪm·pi] adj ❶ (*not big enough*) dürftig; *meal* karg ❷ *clothing* knapp
skin [skɪn] **I.** n ❶ *usu sing* (*on body*) Haut f; **to be soaked to the ~** nass bis auf die Haut sein ❷ (*animal hide*) Fell nt ❸ (*rind*) *of fruit, potato* Schale f; *of boiled potato* Pelle f; *of sausage* [Wurst]haut f; *of tomatoes* Haut f ❹ (*outer covering*) *aircraft, ship* [Außen]haut f ❺ (*on hot liquid*) Haut f ► PHRASES: **it's no ~ off my nose** das ist nicht mein Problem; **by the ~ of one's teeth** nur mit knapper Not **II.** vt <-nn-> ❶ (*remove skin*) häuten; *fruit* schälen; **to ~ sb alive** (*hum*) Hackfleisch aus jdm machen *fam* ❷ (*graze*) **to ~ one's knees** sich *dat* die Knie aufschürfen
'skin cancer n Hautkrebs m
'skin care n Hautpflege f
skin-'deep adj pred oberflächlich; **beauty is only ~** man darf nicht nur nach den Äußerlichkeiten urteilen
'skin disease n Hautkrankheit f
'skin flick n (*sl*) Porno m
'skinflint n (*pej*) Geizkragen m fam
'skin graft n MED ❶ (*skin transplant*) Hauttransplantation f ❷ (*skin section*) Hauttransplantat nt
'skinhead n Skinhead m
skinny ['skɪn·i] adj mager
'skinny-dip <-pp-> vi (*fam*) im Adams-/Evakostüm baden
'skin-tight adj hauteng
skip [skɪp] **I.** vi <-pp-> ❶ (*hop*) hüpfen; **to ~ with joy** einen Freudensprung machen ❷ (*hop with rope*) seilspringen ❸ (*omit*) springen; ▪ **to ~ over sth** etw überspringen; **let's ~**

to the interesting parts lasst uns direkt zu den interessanten Dingen übergehen **II.** vt <-pp-> ❶ (*hop with rope*) **to ~ rope** seilspringen ❷ (*leave out*) überspringen, auslassen ❸ (*not participate in*) nicht teilnehmen (an +*dat*); *meal, dance* auslassen; (*avoid*) *class* schwänzen *fam*; *work* blau machen *fam*; *meeting, practice* etw sausen lassen **III.** n Hüpfer m
'ski pants npl Skihose f
'ski pass n Skipass m
'ski pole n Skistock m
skipper ['skɪp·ər] **I.** n NAUT Kapitän m [zur See]; AVIAT [Flug]kapitän m; SPORTS [Mannschafts]kapitän m; (*form of address*) Kapitän m **II.** vt befehligen; **to ~ a ship** Kapitän eines Schiffes sein; **to ~ a team** Mannschaftsführer sein
'ski resort n Wintersportort m
skirmish <pl -es> ['skɜr·mɪʃ] **I.** n MIL Gefecht nt; (*argument*) Wortgefecht nt **II.** vi MIL sich *dat* Gefechte liefern (**with** mit +*dat*); (*fig*: *argue*) sich heftig streiten (**with** mit +*dat*)
skirt [skɜrt] **I.** n Rock m **II.** vt ❶ (*encircle*) umgeben; (*proceed around edge of*) umfahren ❷ (*avoid*) *questions* [bewusst] umgehen
'ski slope n Skipiste f
'ski suit n Skianzug m
skit [skɪt] n [satirischer] Sketch (**about/on** über +*akk*), Parodie f (**about/on** auf +*akk*)
skittish ['skɪt̬·ɪʃ] adj ❶ (*nervous*) *horse, person* nervös ❷ (*playful*) *person* übermütig
skivvy ['skɪv·i] n (*fam*) ▪ **skivvies** pl Unterwäsche f
skulk [skʌlk] vi ❶ (*lurk*) herumlungern *fam* ❷ (*move furtively*) schleichen
skull [skʌl] n Schädel m; **to get sth into one's [thick] ~** (*fam*) etw in seinen Schädel hineinbekommen
'skullcap n ❶ (*top of skull*) Schädeldecke f ❷ REL Scheitelkäppchen nt; (*yarmulke*) Kippa[h] f
skunk [skʌŋk] n ❶ (*animal*) Stinktier nt ❷ (*sl: marijuana*) Shit m o nt
sky [skaɪ] n ❶ (*the sky*) Himmel m; **in the ~** am Himmel ❷ (*area above earth*) ▪ **skies** pl Himmel m; **cloudy skies** bewölkter Himmel ► PHRASES: **the ~'s the limit** alles ist möglich
'sky-blue adj attr himmelblau
'skydiving n Fallschirmspringen nt
sky-'high **I.** adv (*direction*) [hoch] in die Luft; (*position*) [hoch] am Himmel; **to go ~** *prices* in die Höhe schnellen **II.** adj (*fig*) *prices, premiums* Schwindel erregend hoch
'skyjack **I.** vt entführen **II.** n Flugzeugentführung f
'skylark n Feldlerche f
'skylight n Oberlicht nt; (*in roof*) Dachfenster nt
'skyline n *of city* Skyline f; (*horizon*) Horizont m
'skyrocket vi *cost, price* in die Höhe schießen; **to ~ to fame/to power** *person* [auf einen Schlag] berühmt werden/zur Macht kommen
'skyscraper n Wolkenkratzer m

slab [slæb] *n* ❶ *of rock* Platte *f; of wood* Tafel *f;* (*in mortuary*) Tisch *m;* (*for paving*) Pflasterstein *m* ❷ *of food* |dicke| Scheibe; **a ~ of choc- olate** eine Tafel Schokolade ❸ (*foundation of house*) Plattenfundament *nt*

slack [slæk] **I.** *adj* ❶ (*not taut*) schlaff ❷ (*pej: lazy*) *person* träge; **discipline has become very ~ lately** die Disziplin hat in letzter Zeit sehr nachgelassen ❸ (*not busy*) ruhig; *market* flau **II.** *adv* schlaff **III.** *n* Schlaffheit *f;* **the men pulled on the rope to take up the ~** die Männer zogen am Seil, um es zu spannen; **to cut sb some ~** (*fam*) jdm Spielraum einräumen *m* **IV.** *vi* (*fam*) faulenzen

♦**slack off** *vi* es langsamer angehen lassen

slacken ['slæk·ən] **I.** *vt* ❶ (*make less tight*) locker lassen; *grip* lockern ❷ (*reduce*) *pace* verlangsamen **II.** *vi* ❶ (*become less tight*) sich lockern ❷ (*diminish*) langsamer werden; *demand, intensity* nachlassen

slackening ['slæk·ən·ɪŋ] *n* ❶ (*loosening*) Lockern *nt* ❷ *of speed* Verlangsamung *f; of demand* Nachlassen *nt*

slacker ['slæk·ər] *n* (*fam*) Faulenzer(in) *m(f)*

slackness ['slæk·nɪs] *n* ❶ (*looseness*) Schlaffheit *f* ❷ (*lack of activity*) Nachlassen *nt;* (*in demand*) Flaute *f* ❸ (*pej: laziness*) Trägheit *f*

slacks [slæks] *npl* Hose *f;* **a pair of ~** eine Hose

slain [sleɪn] **I.** *vi, vt pp of* **slay II.** *n* (*liter*) ■**the ~** *pl* die Gefallenen *pl*

slalom ['slal·əm] *n* Slalom *m*

slam [slæm] **I.** *n* ❶ (*sound*) Knall *m; of door* Zuschlagen *nt* ❷ (*punch*) Schlag *m;* (*push*) harter Stoß **II.** *vt* <-mm-> ❶ (*close*) *door* zuschlagen, zuknallen *fam;* **to ~ the door in sb's face** jdm die Tür vor der Nase zuschlagen ❷ (*hit hard*) schlagen ❸ (*fam: criticize*) heruntermachen **III.** *vi* <-mm-> ❶ (*shut noisily*) zuschlagen ❷ (*hit hard*) **to ~ into a car** ein Auto rammen; **to ~ on the brakes** voll auf die Bremse treten

slammer ['slæm·ər] *n* (*sl*) ■**the ~** das Kittchen *fam,* der Knast *fam*

slander ['slæn·dər] LAW **I.** *n* ❶ (*action*) üble Nachrede, Verleumdung *f* ❷ (*statement*) Verleumdung *f* **II.** *vt* verleumden

slanderer ['slæn·dər·ər] *n* Verleumder(in) *m(f)*

slanderous ['slæn·dər·əs] *adj* verleumderisch

slang [slæŋ] **I.** *n* Slang *m;* **army ~** Militärjargon *m* **II.** *adj attr* Slang-; **~ term** [*or* **word**] Slangausdruck *m*

slangy ['slæŋ·i] *adj* (*fam*) salopp

slant [slænt] **I.** *vi* sich neigen; **to ~ to the right** sich nach rechts neigen **II.** *vt* ❶ (*make diagonal*) ausrichten ❷ (*make appealing to*) zuschneiden; (*pej: in biased way*) zurechtbiegen *fig fam* **III.** *n* ❶ (*slope*) Neigung *f* ❷ (*perspective*) Tendenz *f;* **to have a right-wing ~** *newspaper* rechtsgerichtet sein

slanting ['slæn·tɪŋ] *adj* schräg

slap [slæp] **I.** *n* ❶ (*with hand*) Klaps *m fam;* **to**

give sb a ~ on the back jdm |anerkennend| auf den Rücken klopfen; (*fig*) jdn loben; **a ~ in the face** eine Ohrfeige; (*fig*) ein Schlag ins Gesicht ❷ (*noise*) Klatschen *nt* **II.** *adv* (*fam*) genau; **the child sat down ~ in the middle of the floor** das Kind setzte sich mitten auf den Boden **III.** *vt* <-pp-> ❶ (*with hand*) schlagen; **to ~ sb on the back** jdn auf den Rücken schlagen; (*in congratulations*) jdm |anerkennend| auf die Schulter klopfen ❷ (*strike*) schlagen (**against** gegen +*akk*) ❸ (*fam: impose*) **to ~ a fine on sth** eine Geldstrafe auf etw *akk* draufschlagen **IV.** *vi water* ■**to ~ against sth** gegen etw *akk* schlagen

♦**slap down** *vt* ❶ (*put down*) hinknallen *fam* ❷ (*silence rudely*) ■**to ~ sb down** jdn zusammenstauchen *fam*

'slapdash *adj* (*pej fam*) schlampig

'slapstick *n* Slapstick *m*

slash [slæʃ] **I.** *vt* ❶ (*cut deeply*) **to ~ sb's tires** jds Reifen aufschlitzen *fam;* **to ~ one's wrists** sich *dat* die Pulsadern aufschneiden; **~ed sleeve** Ärmel *m* mit Schlitz ❷ (*reduce*) *budget* kürzen; *prices* senken; *staff* abbauen; *workforce* verringern **II.** *vi* (*with a knife*) ■**to ~ at sb/sth** [mit einem Messer] auf jdn/etw losgehen **III.** *n* <*pl* -es> ❶ (*cut on person*) Schnittwunde *f;* (*in object*) Schnitt *m* ❷ (*punctuation mark*) Schrägstrich *m* ❸ (*in clothing*) Schlitz *m*

slat [slæt] *n* Leiste *f;* (*in grid*) Stab *m;* **wooden ~** Holzlatte *f*

slate [sleɪt] **I.** *n* ❶ (*rock*) Schiefer *m* ❷ (*on roof*) |Dach|schindel *f* ❸ POL (*list of candidates*) Kandidatenliste *f* ▶ PHRASES: **to wipe the ~ clean** reinen Tisch machen **II.** *adj* Schiefer- **III.** *vt* ❶ (*cover with slates*) decken ❷ *usu passive* (*assign*) ■**to be ~d for sth** für etw *akk* vorgesehen sein

slaughter ['slɔ·tər] **I.** *vt* ❶ (*kill*) abschlachten; *animal* schlachten ❷ SPORTS (*fam*) vom Platz fegen **II.** *n* ❶ (*killing*) *of people* Abschlachten *nt; of animals* Schlachten *nt* ❷ (*fam: in sports*) Schlappe *f*

'slaughterhouse *n* Schlachthaus *nt,* Schlachthof *m*

Slav [slav] **I.** *n* Slawe, Slawin *m, f* **II.** *adj* slawisch

slave [sleɪv] **I.** *n* Sklave, Sklavin *m, f* **II.** *vi* schuften; ■**to ~ [away] at sth** sich mit etw *dat* herumschlagen

'slave driver *n* Sklaventreiber(in) *m(f)*

slaver ['sleɪ·vər] **I.** *vi* ❶ (*drool*) *animal* geifern; *person* speicheln ❷ (*pej: show excitement*) gieren (**over** nach +*dat*) **II.** *n animal* Geifer *m; person* Speichel *m*

slavery ['sleɪ·və·ri] *n* Sklaverei *f;* (*fig*) sklavische Abhängigkeit

'slave trade *n* (*hist*) Sklavenhandel *m*

Slavic ['sla·vɪk] *adj* slawisch

slavish ['sleɪ·vɪʃ] *adj* ❶ (*without originality*) sklavisch ❷ (*servile*) sklavisch

Slavonic [slə·'van·ɪk] *adj* slawisch

slay [sleɪ] *vt* ❶ <slew, slain> (*liter or old: kill*) *dragon* erlegen; *enemy* bezwingen ❷ <slew, slain> (*murder*) ■**to be slain** ermordet werden

sleaze [sliz] *n* Korruption *f*

sleazebag ['sliz·bæg] *n* (*fam*) schmieriger Typ

sleazy ['sli·zi] *adj* anrüchig; *area* zweifelhaft; ~ **bar** Spelunke *f fam*

sled [sled] I. *n* Schlitten *m* II. *vi* <-dd-> **to go** ~**ding** Schlittenfahren [*o* DIAL Rodeln] gehen III. *vt* <-dd-> mit dem Schlitten transportieren

sledge [sledʒ] *n* ❶ (*for snow*) Schlitten *m* ❷ (*fam: sledgehammer*) Vorschlaghammer *m*

'sledgehammer *n* Vorschlaghammer *m*

sleek [slik] *adj* ❶ (*glossy*) *fur, hair* geschmeidig; (*streamlined*) elegant; *car* schnittig ❷ (*fig: in manner*) [aal]glatt *pej* ❸ (*well-groomed*) gepflegt

sleep [slip] I. *n* ❶ (*resting state*) Schlaf *m*; (*nap*) Nickerchen *nt*; **I didn't get to** ~ **until 4 a.m.** ich bin erst um 4 Uhr morgens eingeschlafen; **to lose** ~ **over sth** wegen einer S. *gen* schlaflose Nächte haben; **to put sb to** ~ jdn einschlafen lassen *fig* ❷ (*in eyes*) Schlaf *m* ► PHRASES: **to be able to do sth in one's** ~ etw im Schlaf beherrschen II. *vi* <slept, slept> schlafen; ~ **tight!** schlaf schön!; **to** ~ **late** lange schlafen, ausschlafen; **to** ~ **soundly** [tief und] fest schlafen; ■**to** ~ **with sb** mit jdm schlafen ► PHRASES: **to** ~ **on it** eine Nacht darüber schlafen III. *vt* **to** ~ **ten** zehn Personen beherbergen können; **to** ~ **the night with sb** bei jdm übernachten

◆**sleep around** *vi* (*fam*) herumschlafen; (*pej: be unfaithful*) fremdgehen *fam*

◆**sleep in** *vi* ❶ (*sleep late*) ausschlafen ❷ (*sleep on premises*) im Hause wohnen

◆**sleep off** *vt hangover* ausschlafen; *cold, headache* sich gesund schlafen

◆**sleep together** *vi* (*have sex*) miteinander schlafen; (*share bedroom*) zusammen [in einem Zimmer] schlafen

sleeper ['sli·pər] *n* ❶ (*person*) Schläfer(in) *m(f)*; **to be a light** ~ einen leichten Schlaf haben ❷ (*train*) Zug *m* mit Schlafwagenabteil; (*sleeping car*) Schlafwagen *m*; (*berth*) Schlafwagenplatz *m* ❸ (*children's pajamas*) ■~**s** *pl* Schlafanzug *m* ❹ (*spy*) Schläfer *m* ❺ (*sofa*) Bettsofa *nt*

'sleeper cell *n* MIL, POL Schläferzelle *f*

sleepiness ['sli·pɪ·nɪs] *n* Schläfrigkeit *f*

sleeping ['sli·pɪŋ] *adj attr* schlafend *attr* ► PHRASES: **let** ~ **dogs** lie (*prov*) schlafende Hunde soll man nicht wecken *prov*

'sleeping bag *n* Schlafsack *m*

Sleeping 'Beauty *n* Dornröschen *nt*

'sleeping car *n* Schlafwagen *m*

'sleeping pill *n* Schlaftablette *f*

'sleeping sickness *n* Schlafkrankheit *f*

sleepless ['slip·lɪs] *adj* schlaflos

'sleepwalk *vi* schlafwandeln

'sleepwalker *n* Schlafwandler(in) *m(f)*

sleepy ['sli·pi] *adj* ❶ (*drowsy*) schläfrig

❷ (*quiet*) *town* verschlafen *fam*

'sleepyhead ['sli·pi·hed] *n* (*fam*) Schlafmütze *f*

sleet [slit] I. *n* Eisregen *m* II. *vi impers* **it is** ~**ing** es fällt Eisregen

sleeve [sliv] *n* ❶ (*on clothing*) Ärmel *m*; **to roll up one's** ~**s** (*for hard work*) die Ärmel hochkrempeln *a. fig* ❷ (*for rod, tube*) Manschette *f* ❸ (*for record*) [Schallplatten]hülle *f* ► PHRASES: **to have sth up one's** ~ etw im Ärmel haben

sleeveless ['sliv·lɪs] *adj* ärmellos *attr*

sleigh [sleɪ] *n* Pferdeschlitten *m*

sleight of 'hand [ˌslaɪt-] *n* (*in tricks*) Fingerfertigkeit *f*; (*fig*) Trick *m*

slender ['slen·dər] *adj* ❶ *legs, waist* schlank; *railings, poles* schmal ❷ *means, resources, majority* knapp

slept [slept] *pt, pp of* **sleep**

slew[1] [slu] *pt of* **slay**

slew[2] [slu] *n* (*fam*) Haufen *m fam*

slice [slaɪs] I. *n* ❶ *of bread, ham* Scheibe *f*; *of cake, pizza* Stück *nt* ❷ (*portion*) Anteil *m* II. *vt* ❶ (*cut in slices*) in Scheiben schneiden; *cake, pizza* in Stücke schneiden ❷ (*in golf*) *ball* verschlagen; (*in tennis*) anschneiden III. *vi* ❶ (*food*) sich schneiden lassen ❷ (*cut*) ■**to** ~ **through sth** etw durchschneiden

◆**slice off** *vt* abschneiden

◆**slice up** *vt* ❶ (*make slices*) in Scheiben schneiden; *bread* aufschneiden; *cake, pizza* in Stücke schneiden ❷ (*divide*) *profits* aufteilen

sliced [slaɪst] *adj* geschnitten; *bread* aufgeschnitten

slicer ['slaɪ·sər] *n* Schneidemaschine *f*

slick [slɪk] I. *adj* ❶ (*skillful*) gekonnt; (*great*) geil *sl*; *performance* tadellos ❷ (*pej: overly polished*) *answer, manner* glatt; (*clever*) gewieft ❸ (*shiny*) *hair* geschniegelt *fam*; (*slippery*) *road, floor* glatt II. *n* (*oil slick*) Ölteppich *m* III. *vt* **to** ~ **back one's hair** sich *dat* die Haare nach hinten klatschen *fam*

slide [slaɪd] I. *vi* <slid, slid *or* slidden> ❶ (*glide*) rutschen; (*smoothly*) gleiten; **to** ~ **down the handrail** das Geländer herunterrutschen ❷ (*decline in value*) *currency* sinken ► PHRASES: **to let things** ~ die Dinge schleifen lassen II. *vt* <slid, slid *or* slidden> **can you** ~ **your seat forward a little?** können Sie mit Ihrem Sitz etwas nach vorne rutschen?; **she slid the hatch open** sie schob die Luke auf III. *n* ❶ (*act of sliding*) Rutschen *nt* ❷ (*at playground*) Rutsche *f* ❸ GEOG (*landslide*) **rock** ~ Felslawine *f* ❹ *usu sing* (*decline*) Sinken *nt*; *of a currency* Wertverlust *m* ❺ (*in photography*) Dia *nt*

'slide projector *n* Diaprojektor *m*

'slide rule *n* Rechenschieber *m*

sliding ['slaɪ·dɪŋ] *adj attr* Schiebe-

sliding 'scale *n* FIN gleitende Skala

slight [slaɪt] I. *adj* ❶ (*small*) *chance, possibility* gering; *mistake* klein; *injury, accent* leicht; **there's been a** ~ **improvement in the situ-**

ation die Situation hat sich geringfügig gebessert; **there was a ~ smell of onions in the air** es roch ein wenig nach Zwiebeln; **he has a ~ tendency to exaggerate** er neigt etwas zu Übertreibungen; **not in the ~est** nicht im Geringsten ❷(*slim*) *person* zierlich ❸(*superficial*) *play, plot* bescheiden **II.** *n* Beleidigung *f* **III.** *vt* beleidigen

slightly ['slaɪt·li] *adv* ein wenig, etwas; **I feel ~ peculiar** ich fühle mich irgendwie komisch; **to know sb ~** jdn flüchtig kennen

slim [slɪm] *adj* <-mm-> ❶ *person, figure* schlank; *waist* schmal; *object* dünn ❷ *chance, possibility* gering; *profits, income* mager; **~ pickings** magere Ausbeute
◆**slim down I.** *vi* abnehmen **II.** *vt workforce* reduzieren

slime [slaɪm] *n* (*substance*) Schleim *m*

'**slimebag** *n* (*pej fam*) Schleimer(in) *m(f)*

'**slimeball** *n* (*pej fam*) Schleimer(in) *m(f)*

slimy ['slaɪ·mi] *adj slug, pond, seaweed* schleimig; (*fig*) *character, person* schleimig

sling [slɪŋ] **I.** *n* ❶(*for broken arm, for lifting*) Schlinge *f*; (*for baby*) Tragetuch *nt* ❷(*weapon*) Schleuder *f* **II.** *vt* <slung, slung> ❶(*fling*) werfen, schleudern ❷(*suspend*) ▪**to be slung from sth** von etw *dat* herunterhängen; **soldiers with rifles slung over their shoulders** Soldaten mit geschulterten Gewehren

slingshot ['slɪŋ·ʃat] *n* [Stein]schleuder *f*

slink <slunk, slunk> [slɪŋk] *vi* schleichen; ▪**to ~ away** [sich] davonschleichen

slinky ['slɪŋ·ki] *adj* verführerisch

slip [slɪp] **I.** *n* ❶(*in price, value*) Fall *m* ❷(*for ordering*) Formular *nt*; (*sales slip*) Kassenzettel *m*; **a ~ of paper** ein Stück *nt* Papier ❸(*mistake*) Flüchtigkeitsfehler *m*; **a ~ of the tongue** ein Versprecher *m* ❹(*petticoat*) Unterrock *m* ▶PHRASES: **to give sb the ~** jdn abhängen **II.** *vi* <-pp-> ❶(*lose position*) *person* ausrutschen; *knife, hand* abrutschen; *tires* wegrutschen; *clutch* schleifen ❷(*move quietly*) **to ~ into the house** ins Haus schleichen; **to ~ through a gap** durch ein Loch schlüpfen ❸(*put on*) **to ~ into sth more comfortable** [sich] etwas Bequemeres anziehen ❹(*decline*) *dollar, price, productivity* sinken ❺(*make mistake*) *person* sich versprechen; **to let sth ~** *secret* etw ausplaudern ❻(*start to have*) ▪**to ~ into sth** *routine, habit* sich *dat* etw angewöhnen; **to ~ into bad habits** sich *dat* schlechte Gewohnheiten aneignen ▶PHRASES: **to ~ through sb's fingers** jdm entkommen **III.** *vt* <-pp-> ❶(*put smoothly*) **she ~ped the key under the mat** sie schob den Schlüssel unter die Matte; **he ~ped the letter into his pocket** er steckte den Brief in seine Tasche ❷(*escape from*) **to ~ sb's attention** jds Aufmerksamkeit entgehen; **sth ~ s sb's mind** jd vergisst etw ❸MED **to ~ a disk** sich *dat* einen Bandscheibenschaden zuziehen

◆**slip away** *vi* ❶(*leave unnoticed*) *person* sich wegstehlen ❷(*not be kept*) ▪**to ~ away [from sb]** *control, power* [jdm] entgleiten; **they didn't let the victory ~ away from them** sie haben sich den Sieg nicht entgehen lassen ❸(*time*) verstreichen *geh*

◆**slip by** *vi* ❶(*pass quickly*) *years* verfliegen ❷(*move past*) *person* vorbeihuschen ❸(*go unnoticed*) *mistake, remark* durchgehen

◆**slip down** *vi pants, socks* herunterrutschen

◆**slip in I.** *vt* einbringen **II.** *vi person* sich hereinschleichen

◆**slip off I.** *vi* ❶(*leave unnoticed*) sich davonstehlen ❷(*fall off*) herunterrutschen **II.** *vt* abstreifen

◆**slip on** *vt* anziehen; *ring* sich *dat* anstecken

◆**slip out** *vi* ❶(*for short time*) **to ~ out for a second** kurz weggehen ❷ *words, secret* herausrutschen

◆**slip up** *vi* einen Fehler begehen

'**slipknot** *n* Schlaufe *f*

'**slip-on I.** *adj attr* ~ **shoes** Slipper *pl* **II.** *n* ▪~**s** *pl* Slipper *pl*

slippage ['slɪp·ɪdʒ] *n* (*in popularity, price*) Sinken *nt*

slipper ['slɪp·ər] *n* Hausschuh *m*

slippery ['slɪp·ə·ri] *adj* ❶ *surface, object* rutschig; (*fig*) *situation* unsicher; *road* glatt ❷(*pej: untrustworthy*) windig *fam* ▶PHRASES: **to be as ~ as an eel** aalglatt sein

'**slipshod** *adj* schludrig *fam*

'**slip-up** *n* Fehler *m*

slit [slɪt] **I.** *vt* <-tt-, slit, slit> aufschlitzen; **to ~ one's wrists** sich *dat* die Pulsadern aufschneiden; **~ skirt** geschlitzter Rock **II.** *n* ❶(*tear*) Schlitz *m* ❷(*narrow opening*) *of eyes* Schlitz *m*; *of door* Spalt *m*

slither ['slɪð·ər] *vi lizard, snake* kriechen; *person* rutschen

sliver ['slɪv·ər] *n* ❶(*shard*) Splitter *m* ❷(*small piece*) *of cheese* Scheibchen *nt*; *of cake* Stückchen *nt*

slob [slab] *n* (*pej fam*) Gammler(in) *m(f)*

slobber ['slab·ər] **I.** *vi* sabbern **II.** *n* Sabber *m*

slobbery ['slab·ə·ri] *adj* (*wet*) feucht; (*slobbered on*) vollgesabbert *fam*; **~ kiss** feuchter Kuss

slog [slag] **I.** *n* (*fam: hard work*) Schufterei *f*; (*strenuous hike*) [Gewalt]marsch *m* **II.** *vi* <-gg-> (*fam*) ❶(*walk*) **to ~ up the hill** sich auf den Hügel schleppen ❷(*work*) sich durcharbeiten (**through** durch +*akk*)

slogan ['sloʊ·gən] *n* Slogan *m*; **campaign ~** Wahlspruch *m*

sloop [slup] *n* NAUT Slup *f*

slop [slap] **I.** *n* ❶(*pej fam: food*) Schlabber *m* ❷(*waste*) ▪~**s** *pl* Abfälle *pl*; (*food waste*) Essensreste *pl* **II.** *vt* <-pp-> (*fam*) verschütten **III.** *vi* <-pp-> (*fam*) *a liquid* überschwappen

slope [sloʊp] **I.** *n* ❶(*hill*) Hang *m*; **ski ~** Skipiste *f* ❷(*angle*) Neigung *f*; **~ of a roof** Dachschräge *f* ❸MATH (*on graph*) Gefälle *nt* **II.** *vi* ❶(*incline/decline*) *ground* abfallen; *roof* geneigt sein; ■**to ~ down/up** abfallen/ansteigen ②(*lean*) sich neigen **III.** *vt roof, path* schräg anlegen

sloping ['slov·pɪŋ] *adj attr* schräg; (*upwards*) ansteigend; (*downwards*) abfallend

sloppiness ['slap·ɪ·nɪs] *n* Schlampigkeit *f*

sloppy ['slap·i] *adj* ❶(*careless*) schlampig ②(*hum o pej: overly romantic*) kitschig ❸(*fam: loose-fitting*) schlabb[e]rig

slosh [slaʃ] (*fam*) **I.** *vt* ~**ed some water on my face** ich habe mir etwas Wasser ins Gesicht geworfen **II.** *vi* ❶(*splash around*) *a liquid* [herum]schwappen; *person* [herum]planschen ②(*move through water*) waten

sloshed [slaʃt] *adj pred* (*fam*) besoffen *sl*

slot [slat] *n* ❶(*narrow opening*) Schlitz *m*; (*groove*) Rille *f*; (*for money*) Geldeinwurf *m*; (*for mail*) Briefschlitz *m* ②(*in TV programming*) Sendezeit *f*

sloth [slaθ] *n* ❶(*laziness*) Trägheit *f* ②(*animal*) Faultier *nt*; (*pej: person*) Faultier *nt a. hum o iron*

slothful ['slaθ·fəl] *adj* faul

'slot machine *n* Spielautomat *m*

slouch [slaʊtʃ] **I.** *n* <*pl* -es> (*bad posture*) krumme Haltung ▶PHRASES: **to be no ~ [at [doing] sth]** (*fam*) etw gut können **II.** *vi* ❶(*have shoulders bent*) gebeugt stehen ②(*move lazily*) **to ~ along the street** die Straße entlangschlendern

slough[1] [slu] *n* **a ~ of despair** ein Sumpf *m* der Verzweiflung *liter*

slough[2] [slʌf] *vt* **to ~ off dead skin** sich häuten

Slovak ['slov·vak] **I.** *n* ❶(*person*) Slowake, Slowakin *m, f* ②(*language*) Slowakisch *nt* **II.** *adj* slowakisch

Slovakia [slov·'va·ki·ə] *n* die Slowakei

Slovakian [slov·'va·ki·ən] **I.** *n* ❶(*person*) Slowake, Slowakin *m, f* ②(*language*) Slowakisch *nt* **II.** *adj* slowakisch

Slovene ['slov·vin] **I.** *n* ❶(*person*) Slowene, Slowenin *m, f* ②(*language*) Slowenisch *nt* **II.** *adj* slowenisch

Slovenia [slov·'vi·ni·ə] *n* Slowenien *nt*

Slovenian [slov·'vi·ni·ən] **I.** *n* ❶(*person*) Slowene, Slowenin *m, f* ②(*language*) Slowenisch *nt* **II.** *adj* slowenisch

slovenly ['slʌv·ən·li] *adj* schlampig; *appearance* ungepflegt

slow [slov] **I.** *adj* ❶(*without speed*) langsam; *business, market* flau; ■**to be ~ to do sth** lange brauchen, um etw zu tun ②(*pej sl: not quick-witted*) begriffsstutzig; **to be [a little] ~ on the uptake** [ein wenig] schwer von Begriff sein ❸(*clock, watch* **to be** [*or* **run**] **[10 minutes]** ~ [10 Minuten] nachgehen **II.** *vi* langsamer werden; **to ~ to a crawl** fast zum Stillstand kommen **III.** *vt* verlangsamen

◆**slow down I.** *vt* verlangsamen, reduzieren; *speed* drosseln **II.** *vi* ❶(*reduce speed*) langsamer werden; *car* langsamer fahren; (*speak*)

langsamer sprechen; (*walk*) langsamer laufen ②(*relax more*) kürzertreten *fam*

'slowdown *n* ECON Verlangsamung *f*; **economic ~** Konjunkturabschwächung *f*

'slow lane *n* (*fam*) Kriechspur *f*

slowly ['slov·li] *adv* langsam; ~ **but surely** langsam, aber sicher

slow 'motion I. *n* FILM Zeitlupe *f* **II.** *adj* Zeitlupen-

slowness ['slov·nɪs] *n* ❶(*lack of speed*) Langsamkeit *f* ②(*lack of intelligence*) Begriffsstutzigkeit *f*

'slowpoke *n* (*fam*) lahme Ente

SLR, SLR camera [ˌes·el·'ar-] *n* PHOT *abbrev of* **single-lens reflex (camera)** einäugige Spiegelreflexkamera

sludge [slʌdʒ] *n* Schlamm *m*

slug[1] [slʌg] *n* ❶(*bullet*) Kugel *f* ②(*fam: swig*) Schluck *m*

slug[2] [slʌg] *n* ZOOL Nacktschnecke *f*

slug[3] ['slʌg] **I.** *vt* <-gg-> (*fam*) ❶(*hit with hard blow*) ■**to ~ sb** jdm eine verpassen *sl* ②(*fight physically or verbally*) **to ~ it out** es untereinander ausfechten **II.** *n* (*heavy blow*) gehöriger Schlag

sluggish ['slʌg·ɪʃ] *adj* träge; *market* flau; *engine* lahm

sluice [slus] **I.** *n* Schleuse *f* **II.** *vi* (*flow out*) ■**to ~ out [from sth]** *water* herausschießen [aus etw *dat*]

slum [slʌm] **I.** *n* Slum *m*, Elendsviertel *nt* **II.** *vt* <-mm-> **to ~ it** (*iron*) primitiv leben

slumber ['slʌm·bər] (*poet*) **I.** *vi* schlummern *geh* **II.** *n* (*sleep*) Schlummer *m geh;* (*fig*) Dornröschenschlaf *m;* ~ **party** Party mit anschließender Übernachtung, zu der nur Mädchen eingeladen sind

slump [slʌmp] **I.** *n* ECON ❶(*decline*) [plötzliche] Abnahme; ~ **in prices** Preissturz *m* ②(*recession*) Rezession *f;* **economic ~** Wirtschaftskrise *f* **II.** *vi* ❶(*fall dramatically*) *prices* stürzen; *numbers, sales* zurückgehen ②(*fall heavily*) fallen

slung [slʌŋ] *pt, pp of* **sling**

slunk [slʌŋk] *pt, pp of* **slink**

slur [slɜr] **I.** *vt* <-rr-> ❶(*pronounce unclearly*) undeutlich artikulieren; (*because of alcohol*) lallen ②(*damage sb's reputation*) verleumden **II.** *n* Verleumdung *f;* **to cast a ~ on sb/sth** jdn/etw in einem schlechten Licht erscheinen lassen

slurp [slɜrp] (*fam*) **I.** *vi* (*drink noisily*) schlürfen **II.** *vt* schlürfen **III.** *n* Schlürfen *nt*

slurry ['slɜr·i] *n* TECH Brei *m*

slush [slʌʃ] *n* ❶(*melting snow*) [Schnee]matsch *m* ②(*pej: very sentimental language*) Gefühlsduselei *f*

'slush fund *n* (*pej*) Schmiergeldfonds *m*

slushy ['slʌʃ·i] *adj* ❶(*melting*) matschig ②(*very sentimental*) kitschig

slut [slʌt] *n* (*pej*) Schlampe *f derb*

slutty ['slʌt̬·i] *adj* (*pej*) schlampig

sly [slaɪ] *adj* ❶(*secretive*) verstohlen; *smile*

S

verschmitzt; **on the** ~ heimlich ❷ (*cunning*) gerissen ▶ PHRASES: **as** ~ **as a fox** schlau wie ein Fuchs

slyly ['slaɪ·li] *adv* ❶ (*secretively*) verstohlen; grin verschmitzt ❷ (*deceptively*) gerissen

smack¹ [smæk] **I.** *n* ❶ (*slap*) [klatschender] Schlag ❷ (*hearty kiss*) Schmatz *m* ❸ (*loud noise*) Knall *m* **II.** *adv* ❶ (*exactly*) direkt; **his shot landed** ~ **in the middle of the target** sein Schuss landete haargenau im Zentrum der Zielscheibe ❷ (*forcefully*) voll *fam;* **I walked** ~ **into a lamppost** ich lief voll gegen einen Laternenpfahl **III.** *vt* ❶ (*slap*) ■**to** ~ **sb** jdm eine knallen *fam;* **to** ~ **sb's butt** jdm den Hintern versohlen ❷ (*slap sth against sth*) ■**to** ~ **sth on sth** etw auf etw *akk* knallen *fam* ◆**smack of** *vt* ■**to** ~ **of sth** nach etw *dat* riechen

smack² [smæk] *n* (*sl*) Heroin *nt*

smack-'dab *adv* (*fam*) genau

smacker ['smæk·ər] *n* (*fam*) ❶ (*loud kiss*) Schmatz[er] *m fam* ❷ *usu pl* (*dollar*) Dollar *m*

small [smɔl] **I.** *adj* ❶ (*not large*) klein; amount a. gering; **in** ~ **quantities** in kleinen Mengen; ~ **child** Kleinkind *nt* ❷ (*insignificant*) unbedeutend; ~ **consolation** ein schwacher Trost; **to make sb feel** ~ jdn niedermachen *fam* ▶ PHRASES: **it's a** ~ **world!** (*prov*) die Welt ist klein! **II.** *n* **the** ~ **of the back** das Kreuz

'small arms *npl* Handfeuerwaffen *pl*

small 'business *n* Kleinunternehmen *nt*

small 'businessman *n* Kleinunternehmer *m*

small 'change *n* Kleingeld *nt;* (*fig: small amount*) Klacks *m fam*

small-'claims court *n* LAW Zivilgericht für Bagatellfälle

'small fry *n* + *sing/pl vb* (*fam*) ❶ (*child*) junges Gemüse *hum* ❷ (*unimportant people*) kleine Fische

small in'testine *n* Dünndarm *m*

smallish ['smɔ·lɪʃ] *adj* [eher] klein

small-'minded *adj* (*pej*) engstirnig

smallness ['smɔl·nɪs] *n* Kleinheit *f*

'smallpox *n* Pocken *pl*

small 'print *n* ■**the** ~ das Kleingedruckte

'small-scale <smaller-, smallest-> *adj* ~ **map** Karte *f* in einem kleinen Maßstab; business, conflict klein

small 'screen *n* [Fernseh]bildschirm *m*

'small talk *n* Smalltalk *m* o *nt*

'small-time *adj* mickerig *fam;* person unbedeutend; ~ **crook** kleiner Gauner

'small-town *adj attr* values, ideals kleinstädtisch, Kleinstadt-

smarmy ['smar·mi] *adj* (*pej*) schmeichlerisch

smart [smart] **I.** *adj* ❶ (*intelligent*) schlau, clever *fam;* child intelligent; **to make a** ~ **move** klug handeln ❷ (*stylish*) schick ❸ (*quick and forceful*) [blitz]schnell **II.** *n* ❶ (*sl*) ■**the** ~**s** *pl* die [nötige] Intelligenz ❷ (*sharp pain*) Schmerz *m* **III.** *vi* eyes, wound brennen

smart aleck [,smart·'æl·ek] *n* (*pej fam*) Schlauberger(in) *m(f) fam*

'smart-ass *n* (*pej vulg*) Klugscheißer(in) *m(f) sl*

'smart bomb *n* MIL [laser]gelenkte Bombe

'smart card *n* COMPUT Chipkarte *f*

smarten ['smar·tən] **I.** *vt* ■**to** ~ **sth** ↻ **up** etw herrichten; house, town etw verschönern; ■**to** ~ **oneself** ↻ **up** sich in Schale werfen *fam* **II.** *vi* ■**to** ~ **up** mehr Wert auf sein Äußeres legen

smartness ['smart·nɪs] *n* Schlauheit *f*

smash [smæʃ] **I.** *n* <*pl* -es> ❶ (*crashing sound*) Krachen *nt* ❷ SPORTS Schlag *m;* TENNIS **forehand/backhand** ~ Vorhand-/Rückhandschmetterball *m* ❸ (*inf: smash hit*) Superhit *m;* **box-office** ~ Kassenschlager *m* **II.** *vt* ❶ (*break into pieces*) zerschlagen; window einschlagen ❷ (*strike against*) schmettern (**against** gegen +*akk*) ❸ SPORTS record brechen; ball schmettern **III.** *vi* ❶ (*break into pieces*) zerbrechen ❷ (*strike against*) prallen (**into** gegen +*akk*); ■**to** ~ **through sth** etw durchbrechen

◆**smash in** *vt* einschlagen

◆**smash up** *vt* (*damage*) zertrümmern, zerstören; (*crush*) zerdrücken; car zu Schrott fahren

smashed [smæʃt] *adj pred* (*sl*) sternhagelvoll *fam*

smash 'hit *n* Superhit *m fam*

smashing ['smæʃ·ɪŋ] *adj* ❶ (*crushing*) vernichtend ❷ (*fam: great*) **to be a** ~ **success** ein durchschlagender Erfolg sein

'smashup *n* schwerer Unfall; (*pile-up*) Karambolage *f*

smattering ['smæt·ər·ɪŋ] *n usu sing* ❶ (*very small amount*) **a** ~ **of applause** [ein] schwacher Applaus ❷ (*slight knowledge*) **to have a** ~ **of a foreign language** ein paar Brocken einer Fremdsprache können

smear [smɪr] **I.** *vt* ❶ (*spread messily*) ■**to** ~ **sth on sth** etw mit etw *dat* beschmieren ❷ (*attack reputation*) verunglimpfen **II.** *n* ❶ (*blotch*) Fleck *m* ❷ (*public accusations*) Verleumdung *f* ❸ MED *see* **Pap smear**

smell [smel] **I.** *n* ❶ (*sense of smelling*) Geruch *m;* **sense of** ~ Geruchssinn *m;* **to have a** ~ **of sth** an etw *dat* riechen ❷ (*characteristic odor*) Geruch *m;* of perfume Duft *m* ❸ (*pej: bad odor*) Gestank *m* **II.** *vi* <smelled *or* smelt, smelled *or* smelt> ❶ (*perceive*) riechen ❷ + *adj* (*give off odor*) riechen; (*pleasantly*) duften; ■**to** ~ **of** [*or* like] **sth** nach etw *dat* riechen ❸ (*pej: smell bad*) stinken **III.** *vt* <smelled *or* smelt, smelled *or* smelt> riechen ▶ PHRASES: **to** ~ **a rat** den Braten riechen *fam*

◆**smell out** *vt* (a. *fig: discover by smelling*) aufspüren, entdecken

'smelling salts *npl* Riechfläschchen *nt*

smelly ['smel·i] *adj* (*pej*) stinkend *attr*

smelt¹ [smelt] *vt* ore verschmelzen

smelt² [smelt] *n* ZOOL (*fish*) Stint *m*

smelt³ [smelt] *vi, vt pt, pp of* **smell**

smidgen, smidgin ['smɪdʒ·ən] *n* ■**a** ~ ... ein

[klitzekleines] bisschen ...; *of liquid* ein winziges Schlückchen

smile [smaɪl] **I.** *n* Lächeln *nt;* **to be all ~s** über das ganze Gesicht strahlen; **to give sb a ~** jdm zulächeln **II.** *vi* ❶ *(produce a smile)* lächeln; ▪**to ~ at sb** jdn anlächeln ❷ *(look favorably upon)* ▪**to ~ on sb** es gut mit jdm meinen **III.** *vt* **the hostess ~d a welcome** die Gastgeberin lächelte einladend

smiley ['smaɪ·li] *adj* immer lächelnd *attr*

'smiley face *n* COMPUT Smiley *m*

smiling ['smaɪ·lɪŋ] *adj* lächelnd, strahlend

smirk [smɜrk] *(pej)* **I.** *vi* grinsen; ▪**to ~ at sb** jdn süffisant anlächeln **II.** *n* Grinsen *nt*

smith [smɪθ] *n* Schmied *m*

smithereens [ˌsmɪð·ə·'rinz] *npl* **to smash sth to ~** etw in tausend Stücke schlagen

smitten ['smɪt·ən] *adj pred (in love)* ▪**to be ~ with sb/sth** in jdn/etw vernarrt sein

smock [smak] *n* [Arbeits]kittel *m*

smocking ['smak·ɪŋ] *n* FASHION Smokarbeit *f*

smog [smag] *n* Smog *m*

smoke [smoʊk] **I.** *n* ❶ *(from burning)* Rauch *m;* **a puff of ~** ein Rauchwölkchen *nt* ❷ *(act of smoking)* **to have a ~** eine rauchen *fam* ❸ *(fam: cigarettes)* ▪**~s** *pl* Glimmstängel *pl* ▶ PHRASES: **to go up in ~** in Rauch [und Flammen] aufgehen **II.** *vt* ❶ *(use tobacco)* rauchen ❷ FOOD räuchern ▶ PHRASES: **put that in your pipe and ~ it!** schreib dir das hinter die Ohren! **III.** *vi* rauchen

◆**smoke out** *vt* ausräuchern; *(fig)* entlarven

'smoke bomb *n* MIL Rauchbombe *f*

smoked [smoʊkt] *adj* geräuchert; **~ fish** Räucherfisch *m*

'smoke detector *n* Rauchmelder *m*

smokeless ['smoʊk·lɪs] *adj (without smoke)* rauchfrei

smoker ['smoʊ·kər] *n* ❶ *(person)* Raucher(in) *m(f);* **~'s cough** Raucherhusten *m* ❷ *(compartment in train)* Raucherabteil *nt* ❸ *(device)* Räuchergefäß *nt*

'smokescreen *n* ❶ *(pretext)* Vorwand *m* ❷ *(smoke cloud)* Rauchvorhang *m*

'smoke signal *n* Rauchzeichen *nt*

'smokestack *n* Schornstein *m*

smoking ['smoʊ·kɪŋ] *n* Rauchen *nt;* **~ ban** Rauchverbot *nt*

smoky ['smoʊ·ki] *adj* ❶ *(filled with smoke)* verraucht ❷ *(producing smoke)* rauchend *attr* ❸ *(tasting of smoke)* rauchig

smolder ['smoʊl·dər] *vi* ❶ *(burn slowly)* schwelen; *cigarette* glimmen; *(fig) dispute* schwelen ❷ *(repressed emotions)* **to ~ with rage** vor Zorn glühen

smooch [smutʃ] **I.** *vi (fam: kiss vigorously)* knutschen; *(tenderly)* schmusen **II.** *n usu sing (fam: vigorous)* Knutschen *nt; (tender)* Schmusen *nt*

smooth [smuð] **I.** *adj* ❶ *(not rough)* glatt; *sea* ruhig ❷ *(free from difficulty)* problemlos; *flight* ruhig; *landing* sanft ❸ *(mild flavor)* mild; **~ wine** Wein *m* mit einem weichen Ge-

schmack ❹ *(polished, suave)* [aal]glatt *pej;* **~ operator** gewiefte Person **II.** *vt* ❶ *(make less difficult)* **to ~ the path [to sth]** den Weg [zu etw *dat*] ebnen ❷ *(rub in evenly)* einmassieren **(into** in +*akk)*

◆**smooth down** *vt* glatt streichen

◆**smooth over** *vt problems* in Ordnung bringen

smoothie ['smu·ði] *n* ❶ *(drink)* Smoothie *m* *(Getränk aus Yoghurt und Früchten)* ❷ *(pej: charmer)* Charmeur *m*

smoothly ['smuθ·li] *adv* ❶ *(without difficulty)* reibungslos; **to go ~** glattlaufen *fam* ❷ *(suavely)* aalglatt *pej*

smoothness ['smuθ·nɪs] *n* ❶ *(evenness)* Glätte *f; of silk* Weichheit *f; of skin* Glattheit *f* ❷ *(pleasant consistency)* of taste Milde *f; of texture* Glätte *f*

smooth-'shaven *adj* glatt rasiert

'smooth-talk *vi (fam)* sich einschmeicheln

smother ['smʌð·ər] *vt* ❶ *(suffocate)* ersticken **(with** mit +*dat)* ❷ *(prevent from growing)* unterdrücken ❸ *(cover)* ▪**to be ~ed in sth** von etw *dat* völlig bedeckt sein

smoulder ['smoʊl·dər] *vi see* **smolder**

smudge [smʌdʒ] **I.** *vt* ❶ *(smear)* lipstick verwischen ❷ *(soil)* beschmutzen **II.** *vi* verlaufen; *ink* klecksen; **her mascara had ~d** ihre Wimperntusche war verschmiert **III.** *n (a. fig)* Fleck *m*

smug <-gg-> [smʌg] *adj* selbstgefällig

smuggle ['smʌg·əl] *vt* schmuggeln

smuggler ['smʌg·lər] *n* Schmuggler(in) *m(f)*

smuggling ['smʌg·lɪŋ] *n* Schmuggel *m*

smut [smʌt] *n (pej: indecent material)* Schweinereien *pl*

smutty ['smʌt̬·i] *adj (pej)* schmutzig; *joke* dreckig *fam,* freizügig

snack [snæk] **I.** *n* Snack *m,* Imbiss *m* **II.** *vi* naschen

'snack bar *n* Imbissstube *f*

snafu [snæf·'uː] *n (sl)* Schlamassel *m fam*

snag [snæg] **I.** *n* ❶ *(hidden disadvantage)* Haken *m fam* **(with** an +*dat);* **to hit a ~** auf Schwierigkeiten stoßen ❷ *(damage to textiles)* gezogener Faden **II.** *vt* <-gg-> ❶ *(damage by catching)* **be careful not to ~ your coat on the barbed wire** pass auf, dass du mit deiner Jacke nicht am Stacheldraht hängen bleibst ❷ *(get)* sich *dat* schnappen *fam* **III.** *vi* <-gg-> ▪**to ~ on sth** durch etw *akk* belastet sein

snail [sneɪl] *n* Schnecke *f*

'snail mail *n (hum fam)* Schneckenpost *f*

snake [sneɪk] **I.** *n* ❶ *(reptile)* Schlange *f* ❷ *(pej: untrustworthy person)* **a ~ in the grass** eine falsche Schlange **II.** *vi* sich schlängeln

'snake bite *n* Schlangenbiss *m*

'snake charmer *n* Schlangenbeschwörer(in) *m(f)*

'snakeskin *n* ❶ *(skin)* Schlangenhaut *f* ❷ FASHION Schlangenleder *nt*

'snake venom *n* Schlangengift *nt*

snap [snæp] I. *n* ① *usu sing* (*act*) Knacken *nt;* (*sound*) Knacks *m* ② (*fastener*) Druckknopf *m* ③ (*fam: breeze*) **it was a ~!** es war ein Kinderspiel [*o* Klacks]! ④ (*photograph*) Schnappschuss *m* II. *vi* <-pp-> ① (*break cleanly*) auseinanderbrechen; **her patience finally ~ped** (*fig*) ihr riss schließlich der Geduldsfaden ② (*make a whip-like motion*) peitschen ③ (*sudden bite*) schnappen (**at** nach +*dat*); **to ~ at sb's heels** nach jds Fersen schnappen; (*fig*) jdm auf den Fersen sein ④ (*speak sharply*) bellen *fam;* ∎**to ~ at sb** jdn anfahren III. *vt* <-pp-> ① (*break cleanly*) entzweibrechen; ∎**to ~ sth** ↻ **off** etw abbrechen ② (*close sharply*) **to ~ sth shut** etw zuknallen; *book* zuklappen ③ (*attract attention*) **to ~ one's fingers** mit den Fingern schnippen ④ (*speak sharply*) **to ~ sb's head off** jdm den Kopf abreißen *fam*
 ◆**snap out** *vi* ① (*in anger*) brüllen ② (*get over*) ∎**to ~ out of sth** etw überwinden; **~ out of it!** krieg dich wieder ein!
 ◆**snap up** *vt* schnell kaufen
'snapdragon *n* HORT Löwenmaul *nt*
snappy ['ʃnæp·i] *adj* ① (*fam: smart, fashionable*) schick ② (*quick*) zackig; **make it ~!** mach fix! *fam* ③ (*pej: irritable*) gereizt
'snapshot *n* PHOT Schnappschuss *m*
snare [sner] I. *n* (*trap*) Falle *f;* (*noose*) Schlinge *f* II. *vt* ① (*catch animals*) [mit einer Falle] fangen ② (*capture*) fangen
'snare drum *n* MUS Schnarrtrommel *f*
snarl[1] [snarl] I. *vi* ① (*growl*) *dog* knurren ② (*speak angrily*) ∎**to ~ at sb** jdn anknurren II. *n* ① (*growl*) Knurren *nt* ② (*angry utterance*) **to say sth with a ~** etw knurren
snarl[2] [snarl] I. *n* (*knot*) Knoten *m;* (*tangle*) Gewirr *nt* II. *vi* (*become tangled*) sich verheddern
 ◆**snarl up** *vt usu passive* durcheinandergeraten; **traffic was ~ed up for several hours after the accident** nach dem Unfall herrschte ein stundenlanges Verkehrschaos
snatch [snætʃ] I. *n* <*pl* -es> ① (*sudden grab*) schneller Griff; **to make a ~ at sth** nach etw *dat* greifen ② (*fragment*) Fetzen *m* ③ (*period of activity*) **to do sth in ~es** etw mit Unterbrechungen tun ④ (*sl: kidnapping*) Entführung *f* ⑤ SPORTS (*in weightlifting*) Reißen *nt* II. *vt* ① (*grab quickly*) schnappen ② (*steal*) sich *dat* greifen ③ (*kidnap*) entführen III. *vi* (*grab quickly*) greifen (**at** nach +*dat*)
 ◆**snatch up** *vt* sich *dat* schnappen
snazzy ['snæz·i] *adj* (*fam*) [tod]schick *fam*
sneak [snik] I. *vi* <-ed *or* snuck, -ed *or* snuck> schleichen; **to ~ up on sb/sth** sich an jdn/etw heranschleichen II. *vt* <-ed *or* snuck, -ed *or* snuck> ① (*view secretly*) **to ~ a look at sb/sth** einen verstohlenen Blick auf jdn/etw werfen ② (*move secretly*) ∎**to ~ sb/sth in** jdn/etw hineinschmuggeln III. *n* (*pej*) Schleicher, -in *m, f*
sneaker ['sni·kər] *n usu pl* Turnschuh *m*

sneaking ['sni·kɪŋ] *adj attr* heimlich; **~ suspicion** leiser Verdacht
sneak 'preview *n* FILM [inoffizielle] Vorschau
sneaky ['sni·ki] *adj* raffiniert
sneer [snɪr] I. *vi* ① (*smile derisively*) spöttisch grinsen ② (*express disdain*) spotten (**at** über +*akk*) II. *n* spöttisches Lächeln
sneeze [sniz] I. *vi* niesen ▶ PHRASES: **not to be ~d at** nicht zu verachten II. *n* Niesen *nt*
snicker ['snɪk·ər] I. *vi* kichern (**at** über +*akk*) II. *n* Kichern *nt,* Gekicher *nt*
snide [snaɪd] *adj* (*pej*) *remark* abfällig
sniff [snɪf] I. *n* Riechen *nt; dog* Schnüffeln *nt* II. *vi* ① (*inhale sharply*) die Luft einziehen; *animal* wittern; ∎**to ~ at sth** an etw *dat* schnuppern; *animal* die Witterung von etw *dat* aufnehmen ② (*show disdain*) ∎**to ~ at sth** über etw *akk* die Nase rümpfen III. *vt* (*test by smelling*) ∎**to ~ sth** an etw *dat* riechen
 ◆**sniff out** *vt* aufspüren; (*fig*) entdecken
sniffle ['snɪf·əl] I. *vi* schniefen II. *n* (*repeated sniffing*) Schniefen *nt;* MED ∎**the ~s** *pl* leichter Schnupfen
snifter ['snɪf·tər] *n* (*glass*) Schwenker *m*
snip [snɪp] I. *n* Schnitt *m* II. *vt* schneiden
snipe [snaɪp] I. *vi* ① MIL aus dem Hinterhalt schießen ② (*criticize*) ∎**to ~ at sb** jdn attackieren II. *n* <*pl* - *or* -es> Schnepfe *f*
sniper ['snaɪ·pər] *n* MIL Heckenschütze *m*
snippet ['snɪp·ɪt] *n* ① (*small piece*) Stückchen *nt; ~ s of paper* Papierschnipsel *pl* ② (*information*) Bruchstück *nt; of information, knowledge a.* Brocken *m; ~s of a conversation* Gesprächsfetzen *pl*
snitch [snɪtʃ] I. *vt* (*fam: steal*) klauen II. *vi* (*pej sl: tell tales*) petzen; ∎**to ~ on sb** jdn verpetzen, jdn verpfeifen *fam* III. *n* <*pl* -es> (*pej sl: informer*) Petze(r) *f(m)*
snivel ['snɪv·əl] I. *vi* <-l- *or* -ll-> ① (*sniffle*) schniefen *fam* ② (*cry*) flennen *pej fam* II. *n* ① (*sniveling*) Geplärre *nt pej fam* ② (*sad sniffle*) Schniefen *nt*
sniveling, snivelling ['snɪv·əl·ɪŋ] I. *n* Geheul *nt pej fam* II. *adj attr person, manner* weinerlich
snob [snab] *n* Snob *m*
snobbery ['snab·ə·ri] *n* Snobismus *m*
snobbish ['snab·ɪʃ] *adj* snobistisch
snoop [snup] I. *n* (*fam*) ① (*look*) Herumschnüffeln *nt kein pl;* **to take a ~ around** [sth] sich [an einem Ort] mal ein bisschen umschauen ② (*interloper, investigator*) Schnüffler(in) *m(f);* (*spy*) Spion(in) *m(f)* II. *vi* (*fam: look secretly*) [herum]schnüffeln; (*pry*) [herum]spionieren; ∎**to ~ on sb** jdn ausspionieren
snooper ['snu·pər] *n* (*fam*) ① (*interloper, investigator*) Schnüffler(in) *m(f)* ② (*spy*) Spion(in) *m(f)*
snooty ['snu·ti] *adj* (*fam*) hochnäsig
snooze [snuz] (*fam*) I. *vi* ein Nickerchen machen II. *n* Nickerchen *nt*
'snooze button *n* Schlummertaste *f* (*am We-*

cker)

snore [snɔr] **I.** *vi* schnarchen **II.** *n* Schnarchen *nt kein pl*

snorkel ['snɔr·kəl] SPORTS **I.** *n* Schnorchel *m* **II.** *vi* <-l- *or* -ll-> schnorcheln

snort [snɔrt] **I.** *vi* schnauben **II.** *vt* ❶ (*sl: inhale*) **to ~ cocaine** Kokain schnupfen ❷ (*disapprovingly*) [verächtlich] schnauben **III.** *n* (*noise*) Schnauben *nt kein pl*

snot [snat] *n* (*fam: mucus*) Rotz *m*

snotty ['snaṭ·i] *adj* (*fam*) ❶ (*full of mucus*) Rotz-; *handkerchief* vollgerotzt ❷ (*pej: rude*) rotzfrech *sl; answer* pampig; *look, manner* unverschämt

snout [snaʊt] *n* (*nose*) *of animal* Schnauze *f; of pig, insect* Rüssel *m; of person* Rüssel *m sl*

snow [snoʊ] **I.** *n* ❶ Schnee *m* ❷ (*snowfall*) Schneefall *m* **II.** *vi impers* it's ~ing es schneit

◆**snow in** *vt usu passive* **to be ~ed in** eingeschneit sein

◆**snow under** *vt usu passive* **to be ~ed under with work** mit Arbeit eingedeckt sein

'snowball I. *n* Schneeball *m* ▶ PHRASES: **to not have a ~'s chance in hell** [of doing sth] (*fam*) null Chancen haben[, etw zu tun] **II.** *vi* lawinenartig anwachsen; **to keep ~ing** eskalieren

'snowball effect *n* Schneeballeffekt *m*

'snowbank *n* Schneewehe *f*

'snow blindness *n* Schneeblindheit *f*

'snowboard I. *n* Snowboard *nt* **II.** *vi* Snowboard fahren, snowboarden

'snowboarding *n* Snowboarding *nt,* Snowboardfahren *nt*

'snowbound *adj* (*snowed-in*) eingeschneit; *road* wegen Schnees gesperrt

'snowcapped *adj* schneebedeckt

'snow chains *npl* AUTO Schneeketten *pl*

'snowdrift *n* Schneewehe *f*

'snowfall *n* ❶ (*amount*) Schneemenge *f* ❷ (*snowstorm*) Schneefall *m*

'snowflake *n* Schneeflocke *f*

'snow line *n* Schneefallgrenze *f*

'snowman *n* Schneemann *m*

snowmobile ['snoʊ·mə·ˌbil] *n* Schneemobil *nt*

'snowplow *n* Schneepflug *m*

'snowshoe I. *n usu pl* Schneeschuh *m* **II.** *vi* mit Schneeschuhen gehen

'snowstorm *n* Schneesturm *m*

'snowsuit *n* Schneeanzug *m*

'snow tire *n* Winterreifen *m*

snow-'white *adj* schneeweiß; *blouse, sheets* a. blütenweiß; *face* kalkweiß

snow white *n* Schneeweiß *nt*

Snow 'White *n* Schneewittchen *nt*

snowy ['snoʊ·i] *adj* ❶ (*with much snow*) *region, month* schneereich ❷ (*snow-covered*) verschneit; *mountain* schneebedeckt ❸ (*color*) schneeweiß

snub [snʌb] **I.** *vt* <-bb-> (*offend by ignoring*) brüskieren, schneiden; (*insult*) beleidigen **II.** *n* Brüskierung *f*

snub 'nose *n* Stupsnase *f*

'snub-nosed *adj attr* ❶ *person* stupsnasig ❷ MIL *gun* mit kurzem Lauf *nach n*

snuff [snʌf] **I.** *n* Schnupftabak *m* **II.** *vt* **to ~ it** (*fam*) abkratzen *sl*

◆**snuff out** *vt* ❶ (*extinguish*) *flame* auslöschen; *cigarette* ausdrücken; *with one's foot* austreten ❷ (*end*) *hopes* zunichtemachen; **countless lives were ~ed out by the storm** unzählige Leben wurden durch den Sturm ausgelöscht ❸ (*sl: kill*) wegpusten

snuffle ['snʌf·əl] **I.** *vi* ❶ (*sniffle*) schniefen *fam* ❷ (*speak nasally*) ■**to ~** [**out**] näseln **II.** *n* ❶ (*noisy breathing*) Schnüffeln *nt kein pl* ❷ ■**the ~s** *pl* leichter Schnupfen

snug [snʌg] *adj* ❶ (*cozy*) kuschelig, gemütlich; (*warm*) mollig warm ❷ FASHION (*tight*) eng

snuggle ['snʌg·əl] **I.** *vi* sich kuscheln (**mit** +*dat*); **to ~ into bed** sich ins Bett kuscheln **II.** *vt* ❶ (*hold*) an sich *akk* drücken ❷ *usu passive* (*nestle*) ■**to be ~d** sich schmiegen **III.** *n* (*sl*) Umarmung *f*

◆**snuggle up** *vi* ■**to ~ up to sb** sich an jdn anschmiegen

so [soʊ] **I.** *adv* ❶ (*to an indicated degree*) so; **he's pretty nice; more ~ than I was led to believe** er ist ganz nett, viel netter als ich angenommen hatte ❷ (*to a great degree*) **what are you looking ~ unhappy about?** warum bist du denn so traurig?; **what's ~ wrong about that?** was ist denn daran so falsch? ❸ (*also, likewise*) auch; **I have an enormous amount of work to do — ~ do I** ich habe jede Menge Arbeit – ich auch ❹ (*yes*) ja; **can I watch television? — I suppose ~** darf ich fernsehen? – na gut, meinetwegen [*o* von mir aus]; **I'm afraid ~** ich fürchte ja ❺ (*that*) das; **~ they say** so sagt man; **I told you ~** ich habe es dir ja gesagt ❻ (*as stated*) so; (*true*) wahr; **is that ~?** stimmt das?; **if ~ ...** wenn das so ist ...; **and ~ it was** und so kam es dann auch; **and ~ forth** [*or* on] und so weiter; **~ to speak** sozusagen ▶ PHRASES: **~ long** bis dann [*o* später]; **~ what?** na und? *fam* **II.** *conj* ❶ (*therefore*) deshalb, daher; **I couldn't find you ~ I left** ich konnte dich nicht finden, also bin ich gegangen ❷ (*introducing a sentence*) also; **~ what's the problem?** wo liegt denn das Problem? ❸ (*so that*) damit; **be quiet ~ she can concentrate** sei still, damit sie sich konzentrieren kann ▶ PHRASES: **~ long as ...** (*if*) sofern; (*for the time*) solange; **~ long as he doesn't go too far, ...** solange er nicht zu weit geht, ... **III.** *adj* (*sl*) typisch *fam;* **that's ~ 70's** das ist typisch 70er

soak [soʊk] **I.** *n* (*immersion*) Einweichen *nt kein pl* **II.** *vt* ❶ (*immerse*) einweichen; (*in alcohol*) einlegen ❷ (*make wet*) durchnässen **III.** *vi* (*immerse*) einweichen lassen

◆**soak in** *vi* ❶ (*be absorbed*) einziehen ❷ (*be understood*) in den Schädel gehen *fam;* **will it ever ~ in?** ob er/sie das wohl jemals kapiert? *fam* **II.** *vt* einsaugen; (*fig*) in sich *akk* aufnehmen

◆**soak up** vt ❶ (*absorb*) aufsaugen; (*fig*) [gierig] in sich *akk* aufnehmen ❷ (*bask in*) *atmosphere* in sich *akk* aufnehmen; *sun|shine*] sich aalen (in +*dat*) ❸ (*use up*) **to ~ up resources** Mittel aufbrauchen

soaked [soʊkt] *adj* (*wet*) ■**to be ~** pitschnass sein *fam*; **~ in sweat** schweißgebadet; *shirt* völlig durchgeschwitzt

soaking ['soʊ·kɪŋ] I. *n* ❶ (*immersion*) Einweichen *nt kein pl* ❷ (*becoming wet*) Nasswerden *nt kein pl*; **to get a ~** patschnass werden *fam* II. *adj* ~ [**wet**] klatschnass *fam*

so-and-so ['soʊ·ən·soʊ] *n* (*fam*) ❶ (*unspecified person*) Herr/Frau Soundso; (*unspecified thing*) das und das ❷ (*pej fam: disliked person*) **oh, he was a ~, all right, that Mr. Baker** ja, dieser Mr. Baker war ein richtiger alter Fiesling *sl*

soap [soʊp] I. *n* ❶ (*substance*) Seife *f* ❷ TV, MEDIA (*soap opera*) Seifenoper *f* II. *vt* einseifen

'**soapbox** *n* ❶ (*pedestal*) Obstkiste *f* (*improvisierte Rednerbühne*) ❷ (*vehicle*) Seifenkiste *f*

'**soap bubble** *n* Seifenblase *f*

'**soap dish** *n* Seifenschale *f*

'**soap dispenser** *n* Seifenspender *m*

'**soap flakes** *npl* Seifenflocken *pl*

'**soap opera** *n* TV, MEDIA Seifenoper *f*

'**soapsuds** *npl* Seifenschaum *m kein pl*

soapy ['soʊ·pi] *adj* ❶ (*lathery*) seifig; **~ water** Seifenwasser *nt* ❷ (*like soap*) seifig

soar [sɔr] *vi* ❶ (*rise*) aufsteigen; *mountain peaks* sich erheben ❷ (*increase*) *temperature, prices, profits* in die Höhe schnellen ❸ (*glide*) *bird [of prey*] [in großer Höhe] segeln; *glider, hang glider* gleiten

soaring ['sɔr·ɪŋ] *adj attr* ❶ (*flying*) segelnd, schwebend ❷ (*increasing*) *heights* rasch steigend

sob [sab] I. *n* Schluchzen *nt kein pl* II. *vi* <-bb-> schluchzen III. *vt* <-bb-> ❶ (*cry*) **to ~ one's heart out** sich *dat* die Seele aus dem Leib weinen ❷ (*say while crying*) schluchzen

sober ['soʊ·bər] I. *adj* ❶ (*not drunk*) nüchtern; **stone cold ~** stocknüchtern ❷ (*unemotional*) *thought, judgment* sachlich, nüchtern; *person* nüchtern ❸ (*plain*) *color* gedeckt; (*simple*) *truth* einfach II. *vt* ernüchtern III. *vi person* ruhiger werden

◆**sober up** I. *vi* (*become less drunk*) nüchtern werden II. *vt* (*make less drunk*) nüchtern machen

sobering ['soʊ·bər·ɪŋ] *adj effect, thought* ernüchternd

sobriety [sə·'braɪ·ɪ·ti] *n* ❶ Nüchternheit *f*; (*life without alcohol*) Abstinenz *f* ❷ (*seriousness*) Ernst *m*

'**sob story** *n* (*fam*) ❶ (*story*) rührselige Geschichte ❷ (*excuse*) Ausrede *f*

so-called [ˌsoʊ·'kɔld] *adj attr* ❶ (*supposed*) so genannt ❷ (*with neologisms*) so genannt

soccer ['sak·ər] *n* Fußball *m*

'**soccer ball** *n* Fußball *m*

'**soccer mom** *n* (*pej fam*) Bezeichnung für

Mütter aus den Vorortsiedlungen, die viel Zeit damit verbringen, ihre Kinder von einer Sportveranstaltung zur nächsten zu fahren

sociability [ˌsoʊ·fə·'bɪl·ɪ·ti] *n* Geselligkeit *f*

sociable ['soʊ·fə·bəl] *adj* ❶ (*keen to mix*) gesellig ❷ (*friendly*) freundlich, umgänglich

social ['soʊ·fəl] I. *adj* ❶ (*of human contact*) Gesellschafts-, gesellschaftlich; **I'm a ~ drinker** ich trinke nur, wenn ich in Gesellschaft bin ❷ SOCIOL (*concerning society*) gesellschaftlich, Gesellschafts- ❸ SOCIOL (*of human behavior*) sozial, Sozial-; **~ skills** soziale Fähigkeiten II. *n* (*party*) Treffen *nt*; **church ~** Gemeindefest *nt*

socialism ['soʊ·fə·lɪz·əm] *n* Sozialismus *m*

socialist ['soʊ·fə·lɪst] I. *n* Sozialist(in) *m(f)* II. *adj* sozialistisch

socialite ['soʊ·fə·laɪt] *n* Persönlichkeit *f* des öffentlichen Lebens

socialize ['soʊ·fə·laɪz] I. *vi* unter Leuten sein; ■**to ~ with sb** mit jdm gesellschaftlich verkehren II. *vt* SOCIOL, BIOL sozialisieren; *offender* [re]sozialisieren; *animal* zähmen

socially ['soʊ·fə·li] *adv* ❶ (*in society*) gesellschaftlich; **~ acceptable** gesellschaftlich akzeptabel ❷ (*not at work*) **to meet sb ~** jdn privat treffen

social 'science *n* Sozialwissenschaft *f*

social se'curity *n* ❶ (*welfare*) Sozialhilfe *f* ❷ (*pension*) Sozial|versicherungs|rente *f*

social se'curity number *n* Sozialversicherungsnummer *f*

social 'service *n* ❶ (*social work*) Sozialarbeit *f* ❷ (*welfare*) ■**~s** *pl* staatliche Sozialleistungen

'**social work** *n* Sozialarbeit *f*

'**social worker** *n* Sozialarbeiter(in) *m(f)*

societal [sə·'saɪ·ə·təl] *adj* gesellschaftlich

society [sə·'saɪ·ɪ·ti] *n* ❶ (*all people*) Gesellschaft *f* ❷ (*elite*) die [feine] Gesellschaft ❸ (*organization*) Verein *m*, Vereinigung *f*

socioeconomic [ˌsoʊ·si·oʊˌek·ə·'nam·ɪk] *adj* sozioökonomisch

sociolinguistics [ˌsoʊ·si·oʊ·lɪŋ·'gwɪs·tɪks] *n* Soziolinguistik *f*

sociological [ˌsoʊ·si·ə·'ladʒ·ɪ·kəl] *adj* soziologisch

sociologist [ˌsoʊ·si·'al·ə·dʒɪst] *n* Soziologe, Soziologin *m, f*

sociology [ˌsoʊ·si·'al·ə·dʒi] *n* Soziologie *f*

sock[1] [sak] *n* Socke *f*

sock[2] [sak] *vt* ❶ (*fam: punch*) **to ~ sb in the eye** jdm eins aufs Auge geben ❷ SPORTS (*in baseball*) *ball* schlagen; (*in soccer*) schießen

socket ['sak·ɪt] *n* ❶ ELEC (*for a plug*) Steckdose *f*; (*for lamps*) Fassung *f* ❷ ANAT, MED **eye ~** Augenhöhle *f*; **knee ~** Kniegelenkpfanne *f*

sod [sad] *n* Grassode *f*, Grasnarbe *f*

soda ['soʊ·də] *n* ❶ *see* **soft drink** ❷ *see* **soda water**

'**soda fountain** *n* Erfrischungsstand *f*

'**soda pop** *n see* **soft drink**

'**soda water** *n* Sodawasser *nt*

sodden ['sad·ən] *adj* (*soaked*) durchnässt;

grass durchweicht

sodium ['sou·di·əm] _n_ Natrium _nt_

sodium bi'carbonate _n see_ **baking soda**

sodium 'chloride _n_ Natriumchlorid _nt_

sodomize ['sad·ə·maɪz] _vt person_ Analverkehr haben (mit +_dat_)

sodomy ['sad·ə·mi] _n (form)_ Sodomie _f_

sofa ['sou·fə] _n_ Sofa _nt_

'sofa bed _n_ Schlafcouch _f_

soft [sɔft] _adj_ ❶ _(not hard)_ weich ❷ _(smooth)_ weich; _cheeks, skin_ zart; _leather_ geschmeidig; _hair_ seidig ❸ _(weak)_ weich, schlaff ❹ _(subtle)_ _colors_ zart ❺ _(not loud)_ _music_ gedämpft; _sound, voice_ leise; _words_ sanft

'softball _n_ Softball _m_

soft-'boiled _adj_ weich [gekocht]

'soft drink _n_ Limo[nade] _f_

soften ['sɔ·fən] **I.** _vi_ ❶ _(melt)_ weich werden; _ice cream_ schmelzen ❷ _(moderate)_ nachgiebiger werden **II.** _vt_ ❶ _(melt)_ weich werden lassen ❷ _(moderate)_ mildern; _color, light_ dämpfen

◆ **soften up I.** _vt_ ❶ _(make less hard)_ weicher machen ❷ _(win over)_ erweichen; _(persuade)_ rumkriegen _fam_ ❸ MIL schwächen **II.** _vi_ weich werden

softener ['sɔ·fə·nər] _n_ ❶ _(softening agent)_ Weichmacher _m;_ **fabric ~** Weichspüler _m_ ❷ _(mineral reducer)_ Enthärter _m_

softening ['sɔ·fə·nɪŋ] **I.** _n_ ❶ _(making less hard)_ Weichmachen _nt; of clothes_ Weichspülen _nt; of a voice_ Dämpfen _nt; of an attitude, opinion_ Mäßigen _nt; of a manner_ Mäßigung _f_ ❷ _(making less bright) of a color, light_ Dämpfen _nt; of a contrast_ Abschwächen _nt_ **II.** _adj attr_ Enthärtungs-, enthärtend

soft'hearted _adj_ ❶ _(compassionate)_ weichherzig ❷ _(gullible)_ leichtgläubig

softie ['sɔf·ti] _n (fam) see_ **softy**

softly ['sɔft·li] _adv_ ❶ _(not hard)_ sanft ❷ _(quietly)_ leise ❸ _(dimly)_ schwach

softness ['sɔft·nɪs] _n_ ❶ _(not hardness)_ Weichheit _f_ ❷ _(smoothness)_ Weichheit _f; of skin_ Glätte _f; of hair_ Seidigkeit _f_ ❸ _(subtlety) of lighting_ Gedämpftheit _f; of colors_ Zartheit _f_

'soft-soap _vt (fig fam)_ ■ **to ~ sb** jdm Honig ums Maul schmieren

soft-'spoken _adj sound_ leise gesprochen; _person;_ ■ **to be ~** leise sprechen; **~ manner** freundliche und sanfte Art

software ['sɔft·wer] COMPUT **I.** _n_ Software _f_ **II.** _adj company, development, publisher_ Software-; **~ engineer/writer** Programmierer(in) _m(f);_ **~ package** Softwarepaket _nt;_ **~ piracy** Software-Piraterie _f_

'softwood _n_ ❶ _(wood)_ Weichholz _nt_ ❷ _(tree)_ immergrüner Baum, Baum _m_ mit weichem Holz

softy ['sɔf·ti] _n (pej fam)_ Softie _m oft pej sl_

soggy ['sag·i] _adj_ ❶ _(sodden)_ durchnässt; _(boggy)_ glitschig _fam; soil_ aufgeweicht ❷ FOOD matschig, pampig _fam_

soil¹ [sɔɪl] _n_ ❶ _(earth)_ Boden _m,_ Erde _f_ ❷ _(ter-_ _ritory)_ Boden _m_

soil² [sɔɪl] _vt (form)_ ❶ _(dirty)_ verschmutzen ❷ _(foul)_ verunreinigen

soirée, soiree [swa·'reɪ] _n (form or hum)_ Soiree _f_

solace ['sal·ɪs] _n_ Trost _m_

solar ['sou·lər] _adj_ ❶ _(relating to sun)_ Solar-, Sonnen- ❷ ASTRON **~ time** Sonnenzeit _f_

solar 'cell _n_ Solarzelle _f_

solar e'clipse _n_ Sonnenfinsternis _f_

solar 'energy _n_ Solarenergie _f_

solarium <_pl_ -aria _or_ -s> [sou·'ler·i·əm] _n_ ❶ _(sun porch)_ Glasveranda _f_ ❷ _(tanning room)_ Solarium _nt_

solar 'panel _n_ Sonnenkollektor _m_

solar plexus [ˌsou·lər·'plek·səs] _n_ ANAT, MED Solarplexus _m_

solar 'power _n_ Sonnenkraft _f_

'solar system _n_ Sonnensystem _nt_

sold [sould] _pt, pp of_ **sell**

solder ['sad·ər] **I.** _vt_ löten **II.** _n_ Lötmetall _nt_

soldier ['soul·dʒər] _n_ Soldat(in) _m(f)_

◆ **soldier on** _vi_ sich durchkämpfen

sold 'out _adj_ ausverkauft

sole¹ [soul] _n_ ❶ FASHION [Schuh]sohle _f_ ❷ ANAT [Fuß]sohle _f_

sole² [soul] _adj attr_ ❶ _(only)_ einzig, alleinig ❷ _(exclusive)_ Allein-

sole³ <_pl_ - _or_ -s> [soul] _n_ ZOOL, FOOD Seezunge _f_

solely ['soul·li] _adv_ einzig und allein, nur

solemn ['sal·əm] _adj_ ❶ _(ceremonial)_ feierlich; _oath, promise_ heilig ❷ _(grave)_ ernst; _voice_ getragen

solemnity [sə·'lem·nɪ·t̬i] _n (gravity)_ Feierlichkeit _f,_ Erhabenheit _f_

solicit [sə·'lɪs·ɪt] **I.** _vt (form: ask for)_ ■ **to ~ sth** um etw _akk_ bitten **II.** _vi (as a prostitute)_ sich _akk_ anbieten

soliciting [sə·'lɪs·ɪ·t̬ɪŋ] _n_ Ansprechen _nt_ von Männern _(durch Prostituierte)_

solicitor [sə·'lɪs·ɪ·t̬ər] _n_ POL Rechtsreferent(in) _m(f) (einer Stadt)_

solicitous [sə·'lɪs·ɪ·t̬əs] _adj (form)_ ❶ _(careful)_ sorgfältig ❷ _(attentive)_ aufmerksam

solid ['sal·ɪd] **I.** _adj_ ❶ _(hard, not liquid)_ fest; _chair, wall_ solide; _foundation_ stabil; _punch_ kräftig; _rock_ massiv ❷ _(not hollow)_ massiv ❸ _(complete)_ ganz; **~ silver** massives [_o_ reines] Silber ❹ _(substantial)_ verlässlich; _argument_ stichhaltig; _evidence_ handfest; _grounding_ solide ❺ _(uninterrupted) line, wall_ durchgehend; _month, week_ ganz ❻ _(dependable) person_ solide, zuverlässig; _marriage, relationship_ stabil ❼ ECON _(financially sound) investment_ solide, sicher **II.** _n_ ❶ PHYS fester Stoff, Festkörper _m;_ MATH Körper _nt_ ❷ FOOD ■ **~s** _pl_ feste Nahrung _kein pl_ **III.** _adv_ **frozen ~** _liquid_ hart gefroren; _plants_ steif gefroren

solidarity [ˌsal·ə·'der·ɪ·t̬i] _n_ ❶ _(unity)_ Solidarität _f_ (**with** mit +_dat_) ❷ _(movement)_ **S~** Solidarität _f_

solid 'fuel _n (power source)_ fester Brennstoff

S

solidify <-ie-> [sə·'lɪd·ə·faɪ] I. *vi* ❶ (*harden*) fest werden; *lava* erstarren; *cement* hart werden; *water* gefrieren ❷ (*fig: take shape*) *plans* sich konkretisieren; *idea, thought* konkret[er] werden II. *vt* ❶ (*harden*) fest werden lassen; *water* gefrieren lassen ❷ (*fig: reinforce*) festigen; *plan* konkretisieren

solidity [sə·'lɪd·ɪ·t̬i] *n* ❶ (*hardness*) fester Zustand; *of wood* Härte *f; of a foundation, table* Stabilität *f* ❷ (*reliability*) *of facts, evidence* Zuverlässigkeit *f; of an argument, reasoning* Stichhaltigkeit *f; of a judgment* Fundiertheit *f; of commitment* Verlässlichkeit *f* ❸ (*strength*) Stabilität *f* ❹ (*financial soundness*) *of an investment* Solidität *f;* (*financial strength*) *of a company* finanzielle Stärke

solidly ['sal·ɪd·li] *adv* ❶ (*sturdily*) solide; **to be ~ built** solide gebaut sein ❷ (*uninterruptedly*) *work* ununterbrochen

'solid-state *adj* Festkörper-

soliloquy [sə·'lɪl·ə·kwi] *n* Selbstgespräch *nt;* THEAT Monolog *m*

solitaire ['sal·ə·ter] *n* ❶ (*jewel*) Solitär *m* ❷ (*card game*) Patience *f*

solitary ['sal·ə·ter·i] *adj* ❶ (*single*) einzelne(r, s) *attr;* ZOOL solitär *fachspr* ❷ (*lonely*) einsam; (*remote*) abgeschieden, abgelegen

solitary con'finement *n* Einzelhaft *f*

solitude ['sal·ə·tud] *n* ❶ (*being alone*) Alleinsein *nt;* **in ~** alleine ❷ (*loneliness*) Einsamkeit *f*

solo ['sou·lou] I. *adj attr* (*unaccompanied*) Solo- II. *adv* (*single-handed*) allein; MUS solo III. *n* MUS Solo *nt*

soloist ['sou·lou·ɪst] *n* Solist(in) *m(f)*

Solomon Islands ['sal·ə·mən‿aɪ·ləndz] *n* ◾**the ~** die Salomonen *pl*

solstice ['sal·stɪs] *n* Sonnenwende *f*

soluble ['sal·jə·bəl] *adj* ❶ (*that dissolves*) löslich ❷ (*solvable*) lösbar

solution [sə·'lu·ʃən] *n* ❶ (*to a problem*) Lösung *f;* (*to riddle/puzzle*) [Auf]lösung *f* ❷ (*act of solving*) Lösen *nt* ❸ (*in business*) Vorrichtung *f;* **software ~s** Softwareanwendungen *pl* ❹ CHEM Lösung *f*

solve [salv] *vt* lösen; *crime* aufklären; *mystery* aufdecken

solvency ['sal·vən·si] *n* FIN Zahlungsfähigkeit *f*

solvent ['sal·vənt] I. *n* CHEM Lösungsmittel *nt* II. *adj* ❶ FIN zahlungsfähig ❷ (*fam: having sufficient money*) flüssig

Somali [sou·'ma·li] I. *n* <*pl* - *or* -*s*> ❶ (*person*) Somalier(in) *m(f)* ❷ (*language*) Somali *nt* II. *adj* somalisch

Somalia [sou·'mal·i·ə] *n* Somalia *nt*

somber ['sam·bər] *adj* ❶ (*sad*) düster; *setting* ernst ❷ (*dark-colored*) dunkel; *day* trüb, finster

some [sʌm] I. *adj attr* ❶ (*unknown amount:* + *pl*) einige, ein paar; (+ *sing n*) etwas; **there's ~ cake in the kitchen** es ist noch Kuchen in der Küche; **~ more** noch etwas ❷ (*certain:* + *pl*) gewisse ❸ (*general,*

unknown) irgendein(e); **he's in ~ kind of trouble** er steckt in irgendwelchen Schwierigkeiten; **~ day or another** irgendwann ❹ (*noticeable*) gewiss; **to ~ extent** bis zu einem gewissen Grad ❺ (*slight*) etwas; **there is ~ hope that he will get the job** es besteht noch etwas Hoffnung, dass er die Stelle bekommt II. *pron* ❶ (*unspecified number of persons or things*) welche ❷ (*unspecified amount of sth*) welche(r, s); **if you need money, I can lend you ~** wenn du Geld brauchst, kann ich dir gerne welches leihen ❸ (*at least a small number*) einige, manche ❹ + *pl vb* (*among larger number*) einige, ein paar; **~ of you have already met Betsey** einige von euch kennen Betsey bereits III. *adv* (*roughly*) ungefähr, in etwa; **~ sixty or sixty-five feet deep** ungefähr zwanzig Meter tief

somebody ['sʌm‿bad·i] *pron indef* ❶ (*unnamed, unknown person*) jemand; **~ or other** irgendwer; **~ else** [*or* **or other**] jemand anderes; **there's ~ at the door** jemand ist an der Tür ❷ (*one person unspecified or from group*) irgendwer ❸ (*important person*) **to be ~** jemand [*o* etwas] sein

somehow ['sʌm·hau] *adv* irgendwie

someone ['sʌm·wʌn] *pron see* **somebody**

someplace ['sʌm·pleɪs] *adv* irgendwo; **~ else** (*in a different place*) woanders, irgendwo anders; (*to a different place*) woandershin, irgendwo anders hin

somersault ['sʌm·ər·sɔlt] I. *n* (*on ground*) Purzelbaum *m;* (*in air*) Salto *m* II. *vi* einen Purzelbaum schlagen; (*in air*) einen Salto machen; *vehicle, car* sich überschlagen

something ['sʌm·θɪŋ] *pron indef* ❶ (*unspecified object, action, etc.*) etwas; **~ else** etwas anderes; **~ special/sharp/stronger** etwas Besonderes/Scharfes/Stärkeres; **to do ~ [about sb/sth]** etwas [gegen jdn/etw] unternehmen; **I need ~ to write with** ich brauche etwas zum Schreiben; **is there ~ you'd like to say?** möchtest du mir etwas sagen? ❷ (*indicating similarity*) **it was ~ of a surprise** es war eine kleine Überraschung; **... or ~** (*fam: similar*) ... oder so; **she works for a bank or ~** sie arbeitet für eine Bank oder so was; **~ like** (*similar*) ungefähr wie ...; (*approximately*) um die ...; **~ like fifty** um die fünfzig ▶ PHRASES: **that's [really] ~** das ist schon was; **there's ~ in sth** an etw *dat* ist etwas dran

sometime ['sʌm·taɪm] *adv* irgendwann; **come up and see me ~** komm mich mal besuchen; **~ soon** demnächst irgendwann, bald einmal

sometimes ['sʌm·taɪmz] *adv* manchmal

somewhat ['sʌm·hwat] *adv* etwas, ein wenig [*o* bisschen]

somewhere ['sʌm·hwer] *adv* ❶ (*in unspecified place*) irgendwo; **~ else** woanders, irgendwo anders ❷ (*to unspecified place*) irgendwohin; **~ else** woandershin, irgendwo anders hin ❸ (*roughly*) ungefähr; **~ between 30 and 40** so zwischen 30 und 40

sommelier [ˌsʌm·əl·'jeɪ] *n* Weinkellner(in) *m(f)*

son [sʌn] *n* Sohn *m*

sonar ['soʊ·nar] *n* Sonar[gerät] *nt*

sonata [sə·'na·t̬ə] *n* Sonate *f*

song [sɔŋ] *n* ❶ MUS Lied *nt* ❷ (*singing*) Gesang *m* ❸ *of bird* Gesang *m; of cricket* Zirpen *nt*

'songbird *n* Singvogel *m*

'songbook *n* Liederbuch *nt*

'songwriter *n* Texter(in) *m(f)* und Komponist; **singer-~** Liedermacher(in) *m(f)*

sonic ['san·ɪk] *adj* Schall-

sonic 'boom *n* Überschallknall *m*

'son-in-law <*pl* sons- *or* -s> *n* Schwiegersohn *m*

sonnet ['san·ɪt] *n* Sonett *nt*

sonny ['sʌni] *n* (*fam*) Kleiner *m*

sonorous [sə·'nɔr·əs] *adj* klangvoll; *voice* sonor, volltönend

soon [sun] *adv* ❶ (*in a short time*) bald; **~ after** sth kurz nach etw *dat;* **how ~** wie bald [*o* schnell]; **~er rather than later** lieber früher als später; **as ~ as possible** so bald wie möglich ❷ (*early*) früh; **the ~er the better** je eher, desto besser; **not a moment too ~** gerade noch rechtzeitig ❸ (*rather*) lieber; **I'd ~er not speak to him** ich würde lieber nicht mit ihm sprechen

soot [sʊt] *n* Ruß *m*

soothe [suð] *vt* ❶ (*calm*) beruhigen ❷ (*relieve*) lindern

soothing ['suð·ɪŋ] *adj* ❶ (*calming*) beruhigend; *bath* entspannend ❷ (*pain-relieving*) [Schmerz] lindernd

soothsayer ['suθ·ˌseɪ·ər] *n* (*hist*) Wahrsager(in) *m(f)*

sooty ['sʊt̬·i] *adj* rußig, verrußt

sop [sap] *vt* ■ **to ~ up** ⟲ **sth** etw aufsaugen

sophisticated [sə·'fɪs·tə·keɪ·t̬ɪd] *adj* (*approv*) ❶ (*urbane*) [geistig] verfeinert; (*cultured*) kultiviert, gebildet; *audience, readers* niveauvoll, anspruchsvoll; *restaurant* gepflegt ❷ (*highly developed*) hoch entwickelt, ausgeklügelt; *method* raffiniert; (*complex*) *approach* differenziert

sophistication [sə·ˌfɪs·tə·'keɪ·ʃən] *n* (*approv*) ❶ (*urbanity*) Kultiviertheit *f;* (*finesse*) Gepflegtheit *f*, Feinheit *f* ❷ (*complexity*) hoher Entwicklungsstand

sophomore ['saf·ə·mɔr] *n* (*in college*) Student(in) *m(f)* im zweiten Studienjahr; (*in high school*) Schüler(in) *m(f)* einer Highschool im zweiten Jahr

soporific [ˌsap·ə·'rɪf·ɪk] *adj* einschläfernd *a. fig*

sopping ['sap·ɪŋ] (*fam*) **I.** *adj* klatschnass **II.** *adv* **~ wet** klatschnass

soppy ['sap·i] *adj* (*fam*) gefühlsdus[e]lig *pej; story, film* schmalzig

soprano [sə·'præn·oʊ] **I.** *n* ❶ (*vocal range*) Sopran *m* ❷ (*singer*) Sopranistin *f* **II.** *adj* Sopran-**III.** *adv* **to sing ~** Sopran singen

sorbet ['sɔr·beɪ] *n* Sorbet *nt o* selten *m*

sorcerer ['sɔr·sər·ər] *n* (*esp liter*) Zauberer *m,* Hexenmeister *m*

sorceress <*pl* -es> ['sɔr·sər·ɪs] *n* (*esp liter*) Zauberin *f*

sorcery ['sɔr·sə·ri] *n* (*esp liter*) Zauberei *f,* Hexerei *f*

sordid ['sɔr·dɪd] *adj* ❶ (*dirty*) schmutzig; (*squalid*) schäbig; *apartment* verkommen, heruntergekommen ❷ (*pej: disreputable*) schmutzig *fig*

sore [sɔr] **I.** *adj* (*hurting*) schlimm, weh; (*through overuse*) wund [gescheuert], entzündet; **~ muscles** Muskelkater *m;* **~ point** (*fig*) wunder Punkt **II.** *n* wunde Stelle; **to open an old ~** (*fig*) alte Wunden aufreißen

sorely ['sɔr·li] *adv* sehr, arg; **to be ~ tempted to do sth** stark versucht sein, etw zu tun

sorority [sə·'rɔr·ɪ·t̬i] *n* Studentinnenvereinigung *f*

sorrel ['sɔr·əl] *n* Sauerampfer *m*

sorrow ['sar·oʊ] *n* (*form*) ❶ (*feeling*) Kummer *m,* Betrübnis *f,* Traurigkeit *f* ❷ (*sad experience*) Leid *nt*

sorrowful ['sar·ə·fəl] *adj* (*form*) traurig, betrübt (**at** über +*akk*)

sorry ['sar·i] **I.** *adj* ❶ *pred* (*regretful*) **I'm/she's ~** es tut mir/ihr leid; ■ **to be ~ about sth** etw bedauern; **to say ~ [to sb]** sich [bei jdm] entschuldigen ❷ *pred* (*sad*) traurig; **we were ~ to hear [that] you've not been feeling well** es tat uns leid zu hören, dass es dir nicht gut ging; **sb feels ~ for sb/sth** jd/etw tut jdm leid ❸ *attr* (*wretched*) traurig, armselig **II.** *interj* ■ **~!** Verzeihung!, Entschuldigung!

sort [sɔrt] **I.** *n* ❶ (*type*) Sorte *f,* Art *f* ❷ (*fam: expressing vagueness*) **I had a ~ of feeling that ...** ich hatte so ein Gefühl, dass ... ❸ (*person*) **I know your ~!** Typen wie euch kenne ich [zur Genüge]! *fam* **II.** *adv* (*fam*) ■ **~ of** ❶ (*rather*) irgendwie; **that's ~ of difficult to explain** das ist so nicht so einfach zu erklären ❷ (*not exactly*) mehr oder weniger, so ungefähr **III.** *vt* sortieren **IV.** *vi* ■ **to ~ through sth** etw sortieren

◆**sort out** *vt* ❶ (*arrange*) ordnen, sortieren; (*choose, select*) aussuchen; (*for throwing out or giving away*) aussortieren ❷ (*tidy up*) *mess* in Ordnung bringen ❸ (*resolve*) klären, regeln; *problem* lösen

sorter ['sɔr·t̬ər] *n* ❶ (*postal employee*) Sortierer(in) *m(f)* ❷ (*machine*) Sortiermaschine *f*

sortie ['sɔr·ti] *n* MIL Ausfall *m;* (*by aircraft*) Einsatz *m*

SOS [ˌes·oʊ·'es] *n* SOS *nt;* (*fig*) Hilferuf *m*

so-so ['soʊ·soʊ] (*fam*) **I.** *adj* so lala *präd,* mittelprächtig *hum* **II.** *adv* so lala

soufflé [su·'fleɪ] *n* Soufflé *nt,* Soufflee *nt*

sought [sɔt] *pt, pp of* **seek**

'sought-after *adj* begehrt

soul [soʊl] *n* ❶ (*spirit*) Seele *f;* **not a ~** keine Menschenseele ❷ (*approv: profound feeling*) Seele *f,* Gefühl *nt* ❸ MUS Soul *m*

'soul-destroying *adj* (*pej*) nervtötend; *work*

S

geisttötend; (*destroying sb's confidence*) zermürbend

soulful ['soʊl·fəl] *adj* gefühlvoll

soulless ['soʊl·lɪs] *adj* (*pej*) seelenlos; *building, town, person* kalt; (*dull*) öde

'soul mate *n* Seelenverwandte(r) *f(m)*

'soul music *n* Soulmusik *f*, Soul *m*

'soul-searching *n* Prüfung *f* des Gewissens

sound[1] [saʊnd] **I.** *n* ❶ (*noise*) Geräusch *nt*; (*musical tone*) *of a bell* Klang *m*; (*verbal, TV, film*) Ton *m*; **don't make a ~ !** sei still! ❷ LING Laut *m* ❸ PHYS Schall *m* ❹ (*on film*) Sound *m* **II.** *vi* ❶ (*resonate*) erklingen; *alarm* ertönen; *alarm clock* klingeln; *bell* läuten ❷ (*fam: complain*) **to ~ off** herumtönen ❸ + *adj* (*seem*) klingen, sich anhören **III.** *vt* (*produce sound from*) *alarm* auslösen; [*car*] *horn* hupen

sound[2] [saʊnd] **I.** *adj* ❶ (*healthy*) gesund; (*in good condition*) intakt, in gutem Zustand; *animal, person* kerngesund; **to be of ~ mind** bei klarem Verstand sein ❷ (*trustworthy*) solide; (*reasonable*) vernünftig; *advice* gut; *argument* schlagend ❸ (*undisturbed*) *sleep* tief **II.** *adv* **to be ~ asleep** tief [und fest] schlafen

sound[3] [saʊnd] *n* (*sea channel*) Meerenge *f*; (*inlet*) Meeresarm *m*

♦**sound out** *vt* ■**to ~ out** ⟳ **sb** bei jdm vorfühlen; (*ask*) bei jdm anfragen

'sound barrier *n* Schallmauer *f*

'sound bite *n* prägnanter Ausspruch (*eines Politikers*)

'sound card *n* COMPUT Soundkarte *f*

'sound engineer *n* Toningenieur(in) *m(f)*

sounding ['saʊn·dɪŋ] *n usu pl* NAUT [Aus]loten *nt*

soundly ['saʊnd·li] *adv* ❶ (*thoroughly*) gründlich, ordentlich; (*clearly*) eindeutig, klar; (*severely*) schwer *fam* ❷ (*reliably*) fundiert *geh* ❸ (*deeply*) *sleep* tief

soundness ['saʊnd·nɪs] *n* Solidität *f geh*, Verlässlichkeit *f*, Zuverlässigkeit *f*

'soundproof I. *adj* schalldicht, schallisoliert **II.** *vt* schalldicht machen

'sound system *n* Stereoanlage *f*

'soundtrack *n* ❶ (*on film*) Tonspur *f* ❷ (*film music*) Filmmusik *f*, Soundtrack *m*

'sound wave *n* Schallwelle *f*

soup [sup] *n* ❶ (*fluid food*) Suppe *f*; **vegetable ~** Gemüsesuppe *f* ❷ (*fig: fog*) Suppe *f*

'soup kitchen *n* Armenküche *f*

'soup spoon *n* Suppenlöffel *m*

sour ['saʊ·ər] **I.** *adj* ❶ (*in taste*) sauer ❷ (*fig: ill-tempered*) griesgrämig, missmutig; (*embittered*) verbittert **II.** *n saures, alkoholisches Getränk*; **whiskey ~** Whisky *m* mit Zitrone **III.** *vt* ❶ (*give sour taste*) sauer machen ❷ (*fig: make unpleasant*) trüben, beeinträchtigen **IV.** *vi* ❶ (*become sour*) sauer werden ❷ (*fig*) getrübt werden

source [sɔrs] **I.** *n* ❶ (*origin, spring*) Quelle *f*; (*reason*) Grund *m* (**of** für +*akk*) ❷ (*of information*) ■**~s** *pl* LIT (*for article, essay*) Quellen[angaben] *pl*; **according to govern-** ment **~s** wie in Regierungskreisen verlautete **II.** *vt usu passive* ■**to be ~d** ❶ (*document*) belegt sein ❷ ECON (*be obtained*) stammen

sourpuss <*pl* -es> ['saʊ·ər·pʊs] *n* (*fam*) Miesepeter *m*

south [saʊθ] **I.** *n* ❶ (*compass direction*) Süden *m*; **Los Angeles lies to the ~ of San Francisco** Los Angeles liegt südlich von San Francisco ❷ (*southern US states*) ■**the S~** die Südstaaten *pl* **II.** *adj* (*opposite of north*) Süd-, südlich **III.** *adv* (*toward the south*) **my room faces ~** mein Zimmer ist nach Süden ausgerichtet; **to drive ~** Richtung Süden [*o* südwärts] fahren

South 'Africa *n* Südafrika *nt*

South 'African I. *adj* südafrikanisch **II.** *n* Südafrikaner(in) *m(f)*

South A'merica *n* Südamerika *nt*

South A'merican I. *adj* südamerikanisch **II.** *n* Südamerikaner(in) *m(f)*

'southbound *adj* [in] Richtung Süden

South Carolina [ˌsaʊθ·kær·ə·ˈlaɪ·nə] *n* Südkarolina *nt*

South Dakota [ˌsaʊθ·də·ˈkoʊ·tə] *n* Süddakota *nt*

south'east I. *n* Südosten *m* **II.** *adj* Südost-, südöstlich **III.** *adv* südostwärts, nach Südosten

south'eastward I. *adj* südostwärts *präd*; **in a ~ direction** in südöstlicher Richtung **II.** *adv* südostwärts *präd*, nach Südosten *nach n*

south'eastwards *adv see* **southeastward II**

southerly ['sʌð·ər·li] **I.** *adj* südlich; **in a ~ direction** in südlicher Richtung **II.** *adv* südlich; (*going south*) südwärts; (*coming from south*) von Süden **III.** *n* Südwind *m*; NAUT Süd *m kein pl*

southern ['sʌð·ərn] *adj* südlich, Süd-

southerner ['sʌð·ər·nər] *n* **to be a ~** aus dem Süden kommen, ein Südstaatler *m* sein

southern 'hemisphere *n* **the ~** die südliche [Erd]halbkugel

Southern 'Lights *npl see* **aurora australis**

southernmost ['sʌð·ərn·moʊst] *adj* ■**the ~ ...** der/die/das südlichste ...

South Ko'rea *n* Südkorea *nt*

South Ko'rean I. *adj* südkoreanisch **II.** *n* Südkoreaner(in) *m(f)*

'southpaw *n* SPORTS (*fam*) Linkshänder(in) *m(f)*

South 'Pole *n* Südpol *m*

southward ['saʊθ·wərd] **I.** *adj* südlich **II.** *adv* südwärts, nach [*o* in] Richtung Süden

southwards ['saʊθ·wərdz] *adv see* **southward II**

south'west I. *n* Südwesten *m* **II.** *adj* südwestlich, Südwest- **III.** *adv* südwestwärts, nach Südwesten

south'western *adj* südwestlich

south'westward I. *adj* südwestlich **II.** *adv* südwestlich, nach Südwesten

south'westwards *adv see* **southwestward II**

souvenir [ˌsu·və·ˈnɪr] *n* Andenken *nt* (**of** an +*akk*)

sou'wester [ˌsaʊ·'wes·tər] *n* (*hat*) Südwester *m*

sovereign ['sav·rɪn] **I.** *n* Herrscher(in) *m(f)* **II.** *adj attr* ❶ (*chief*) höchste(r, s), oberste(r, s); ~ **power** Hoheitsgewalt *f* ❷ POL (*independent*) *state* souverän

sovereignty ['sav·rɪn·ti] *n* (*supremacy*) höchste Gewalt, Oberhoheit *f;* (*right of self-determination*) Souveränität *f;* **to have** ~ **over sb/sth** oberste Herrschaftsgewalt über jdn/etw besitzen

soviet ['soʊ·vi·et] *n* (*hist*) Sowjet *m*

Soviet 'Union *n* (*hist*) ■**the** ~ die Sowjetunion

sow[1] <sowed, sown *or* sowed> [soʊ] **I.** *vt* ❶ (*plant*) säen; MIL *mines* legen ❷ (*fig: cause*) säen; *terror* hervorrufen; *doubts* wecken **II.** *vi* säen

sow[2] [saʊ] *n* (*pig*) Sau *f*

sown [soʊn] *vt, vi pp of* **sow**[1]

sox [saks] *npl* (*fam*) Socken *pl*

'soybean *n* Sojabohne *f*

'soy sauce *n* Sojasoße *f*

spa [spa] *n* ❶ **health** ~ Heilbad *nt* ❷ (*place*) [Bade]kurort *m*, Bad *nt* ❸ (*spring*) Heilquelle *f*

space [speɪs] *n* ❶ (*expanse*) Raum *m* ❷ (*gap*) Platz *m;* (*between two things*) Zwischenraum *m;* **parking** ~ Parklücke *f;* (*seat*) [Sitz]platz *m* ❸ (*vacancy*) Platz *m*, Raum *m* ❹ (*premises*) Fläche *f;* (*for living*) Wohnraum *m* ❺ (*cosmos*) Weltraum *m* ❻ (*blank*) Platz *m;* (*for a photo*) freie Stelle; TYPO (*between words*) Zwischenraum *m;* **blank** ~ Lücke *f*
♦**space out** **I.** *vt* ❶ (*position at a distance*) verteilen ❷ TYPO (*put blanks between*) *words* auseinanderschreiben **II.** *vi* (*sl: be disoriented*) geistig weggetreten sein; (*from drugs*) high sein

'space age *n* ■**the** ~ das Weltraumzeitalter

'space bar *n* COMPUT Leertaste *f*

'space capsule *n* Weltraumkapsel *f*

'space center *n* Weltraumzentrum *nt*

'spacecraft <*pl* -> *n* Raumfahrzeug *nt*

spaced-'out *adj* (*sl*) ■**to be** ~ (*in excitement*) geistig weggetreten sein *fam;* (*scatterbrained*) schusselig sein *fam*

'spaceman *n* [Welt]raumfahrer *m*

'space probe *n* Raumsonde *f*

spacer ['speɪ·sər] *n* ❶ TECH Distanzstück *nt* ❷ TYPO Leerzeichen *nt*

'space-saving *adj* Platz sparend; *furniture* Raum sparend

'spaceship *n* Raumschiff *nt*

'space shuttle *n* [Welt]raumfähre *f*

'space station *n* [Welt]raumstation *f*

'spacewoman *n* Raumfahrerin *f*

spacing ['speɪ·sɪŋ] *n* Abstände *pl;* **double** ~ TYPO zweizeiliger Abstand

spacious ['speɪ·ʃəs] *adj* (*approv*) *house, room* geräumig; *area* weitläufig

spade [speɪd] *n* ❶ (*tool*) Spaten *m* ❷ CARDS Pik *nt*

spadework ['speɪd·wɜrk] *n* Vorarbeit *f*

spaghetti [spə·'geṭ·i] *n* FOOD Spaghetti *pl*

spaghetti 'western *n* (*fam*) Italowestern *m*

Spain [speɪn] *n* Spanien *nt*

Spam® [spæm] *n* Frühstücksfleisch *nt*

spam [spæm] *n* COMPUT Spam-Mail *f,* Spam *m*

span [spæn] **I.** *n usu sing* ❶ (*period of time*) Spanne *f;* **life** ~ Lebensspanne *f* ❷ (*distance*) Breite *f;* (*as measurement*) Spanne *f* selten; **wing** ~ Flügelspannweite *f* ❸ (*fig: scope*) Umfang *m*, Spannweite *f* *f fig* ❹ ARCHIT (*arch of bridge*) Brückenbogen *m;* (*of arch*) Spannweite *f* **II.** *vt* <-nn-> (*stretch over*) *river* überspannen; (*cover*) **to** ~ **a great deal** [*or* **range**] **of** *sth* sich über etw *akk* erstrecken, etw *akk* umfassen; (*cross*) führen (über +*akk*)

spangle ['spæŋ·gəl] **I.** *n* Paillette *f* **II.** *vt* mit Pailletten besetzen

spangled ['spæŋ·gəld] *adj* ❶ (*with spangles*) mit Pailletten besetzt ❷ (*shiny*) glitzernd

Spaniard ['spæn·jərd] *n* Spanier(in) *m(f)*

spaniel ['spæn·jəl] *n* Spaniel *m*

Spanish ['spæn·ɪʃ] **I.** *n* ❶ (*language*) Spanisch *nt* ❷ + *pl vb* (*people*) ■**the** ~ die Spanier *pl* **II.** *adj* spanisch

spank [spæŋk] **I.** *vt* (*slap*) ■**to** ~ **sb** jdm den Hintern versohlen; (*sexually*) jdm einen Klaps auf den Hintern geben **II.** *n* Klaps *m fam*

spanking ['spæŋ·kɪŋ] **I.** *n* Tracht *f* Prügel **II.** *adv* ~ **new** funkelnagelneu

spare [sper] **I.** *vt* ❶ (*not kill*) verschonen ❷ (*go easy on*) schonen ❸ (*avoid*) ersparen; **to** ~ **sb embarrassment** jdm Peinlichkeiten ersparen ❹ (*not use*) sparen; **to** ~ **no cost** keine Kosten scheuen ❺ (*give*) **could you** ~ [**me**] **10 dollars?** kannst du mir 10 Dollar leihen?; **to** ~ **a prayer for sb** für jdn ein Gebet übrig haben **II.** *adj* Ersatz-; ~ [**bed**]**room** Gästezimmer *nt* **III.** *n* AUTO Ersatzreifen *m*

spare 'parts *n pl* Ersatzteile *pl*

'spareribs *npl* [Schäl]rippchen *pl*

spare 'time *n* Freizeit *f*

spare 'tire *n* ❶ AUTO Ersatzreifen *m* ❷ (*fam: fat*) Rettungsring *m*

sparing ['sper·ɪŋ] *adj* (*economical*) sparsam

spark [spark] **I.** *n* ❶ (*fire, electricity*) Funke[n] *m* ❷ (*fig: trace*) **a** ~ **of hope** ein Fünkchen *nt* Hoffnung ❸ (*fig: person*) **a bright** ~ ein Intelligenzbolzen *m fam* **II.** *vt* (*ignite, cause*) entfachen *a. fig; interest* wecken; *problems* verursachen **III.** *vi* Funken sprühen

sparkle ['spar·kəl] **I.** *vi* ❶ (*a. fig: glitter*) funkeln, glitzern; *fire* sprühen ❷ (*fig: be witty*) sprühen (**with** vor +*dat*) **II.** *n* ❶ (*a. fig: light*) Funkeln *nt*, Glitzern *nt* ❷ (*fig: liveliness*) *sth* **lacks** ~ einer S. *dat* fehlt es an Schwung

sparkler ['spark·lər] *n* ❶ (*firework*) Wunderkerze *f* ❷ (*sl: diamond*) Klunker *m fam*

sparkling ['spark·lɪŋ] *adj* ❶ (*shining*) glänzend; *eyes* funkelnd, glitzernd ❷ (*fig, approv: lively*) *person* vor Leben sprühend ❸ (*bubbling*) *drink* mit Kohlensäure *nach n; wine* schäumend, moussierend

S

'spark plug *n* Zündkerze *f*
sparrow ['sper·oʊ] *n* Spatz *m*
sparrowhawk ['sper·oʊ·hɔk] *n* Falke *m*
sparse [spars] *adj* ❶ (*scattered, small*) spärlich ❷ (*meager*) dünn, dürftig
sparsely ['spars·li] *adv* ❶ (*thinly*) spärlich ❷ (*meagerly*) dürftig
Spartan ['spar·tən] I. *adj life* spartanisch; *meal* frugal *geh* II. *n* Spartaner(in) *m(f)*
spasm ['spæz·əm] *n* ❶ MED (*cramp*) Krampf *m* ❷ (*surge*) Anfall *m*; a ~ of pain krampfartige Schmerzen *pl*
spastic ['spæs·tɪk] *adj* ❶ MED spastisch ❷ (*fig, offensive sl: stupid*) schwach
spat[1] [spæt] *vt, vi pt, pp of* spit
spat[2] [spæt] I. *n* (*fam*) Krach *m* II. *vi* <-tt-> [sich] streiten [*o zanken*]
spate [speɪt] *n* (*fig*) ■a ~ of sth eine Flut [*o* Reihe] von etw *dat*
spatial ['speɪ·ʃəl] *adj* räumlich
spatter ['spæt̬·ər] I. *vt* bespritzen; to ~ sb with water jdn nass spritzen II. *vi raindrops* prasseln III. *n* (*of dirt*) Spritzer *m;* (*sound*) Prasseln *nt kein pl*
spatula ['spætʃ·ə·lə] *n* ART, FOOD Spachtel *m o f*, Pfannenwender *m*
spawn [spɔn] I. *vt* ❶ (*lay eggs*) *fish, frog* ablegen ❷ (*fig: produce*) hervorbringen, produzieren II. *vi frog* laichen III. *n* (*eggs*) Laich *m* IV. *n* (*eggs*) Laich *m;* ~ of frogs Froschlaich *m*
spay [speɪ] *vt* sterilisieren
speak <spoke, spoken> [spik] I. *vi* ❶ (*say words*) sprechen ❷ (*converse*) sich unterhalten; ■to ~ to [*or* with] sb [about sth] mit jdm [über etw *akk*] reden ❸ + *adv* (*view*) scientifically ~ing wissenschaftlich gesehen; strictly ~ing genau genommen ❹ (*make speech*) reden, sprechen II. *vt* ❶ (*say*) sagen; to not ~ a word kein Wort herausbringen; to ~ one's mind sagen, was man denkt ❷ (*language*) sprechen; to ~ English fluently fließend Englisch sprechen
◆speak against *vi* ■to ~ against sth sich gegen etw *akk* aussprechen
◆speak for I. *vi* ■to ~ for sb in jds Namen sprechen II. *vt* (*represent*) ■to ~ for oneself für sich selbst sprechen ▸ PHRASES: ~ for yourself! (*hum, pej fam*) du vielleicht!
◆speak out *vi* seine Meinung deutlich vertreten; ■to ~ out against sth sich gegen etw *akk* aussprechen
◆speak up *vi* ❶ (*raise voice*) lauter sprechen ❷ (*support*) seine Meinung sagen; to ~ up for sb/sth für jdn/etw eintreten
speaker ['spi·kər] *n* ❶ (*at meeting, in debate*) Redner(in) *m(f)* ❷ *of language* Sprecher(in) *m(f);* native ~ Muttersprachler(in) *m(f)* ❸ (*loudspeaker*) Lautsprecher *m* ❹ POL the S~ of the House der/die Vorsitzende des Repräsentantenhauses
speaking ['spi·kɪŋ] I. *n* (*act*) Sprechen *nt;* (*holding a speech*) Reden *nt* II. *adj attr* (*able to speak*) sprechend ▸ PHRASES: to be on ~

terms (*acquainted*) miteinander bekannt sein; they are no longer on ~ terms with each other sie reden nicht mehr miteinander
'speaking part *n* Sprechrolle *f*
spear [spɪr] I. *n* (*weapon*) Speer *m,* Lanze *f* II. *vt* aufspießen, durchbohren
'spearhead I. *n* ❶ (*point of spear*) Speerspitze *f* ❷ (*fig: leading group or thing*) Spitze *f* II. *vt* (*a. fig*) anführen
'spearmint *n* grüne Minze
special ['speʃ·əl] I. *adj* ❶ (*more*) besondere(r, s); to pay ~ attention to sth bei etw *dat* ganz genau aufpassen ❷ (*unusual*) besondere(r, s); *circumstances* außergewöhnlich; on ~ occasions zu besonderen Gelegenheiten ❸ (*dearest*) beste(r, s); ■to be ~ to sb jdm sehr viel bedeuten ❹ *attr* (*for particular purpose*) speziell; (*for particular use*) *tires, equipment* Spezial- II. *n* ❶ (*meal*) Tagesgericht *nt* ❷ *pl* (*bargains*) ■~s Sonderangebote *pl*
special e'dition *n* Sonderausgabe *f*
special ef'fect *n usu pl* Spezialeffekt *m,* Special Effect *m fachspr*
specialist ['speʃ·ə·lɪst] *n* ❶ (*expert*) Fachmann, -frau *m, f,* Spezialist(in) *m(f)* (in für +*akk*, on in +*dat*) ❷ (*doctor*) Spezialist(in) *m(f)*, Facharzt, -ärztin *m, f*
specialization [ˌspeʃ·ə·lɪ·ˈzeɪ·ʃən] *n* ❶ (*studies*) Spezialisierung *f* (in auf +*akk*) ❷ (*skill*) Spezialgebiet *nt*
specialize ['speʃ·ə·laɪz] *vi* sich spezialisieren (in auf +*akk*)
specialized ['speʃ·ə·laɪzd] *adj* ❶ (*skilled*) spezialisiert; ~ knowledge Fachwissen *f* ❷ (*particular*) spezial; ~ magazine Fachzeitschrift *f*
specially ['speʃ·əl·i] *adv* ❶ (*specifically*) speziell, extra ❷ (*particularly*) besonders, insbesondere ❸ (*very*) besonders
special 'offer *n* Sonderangebot *nt*
specialty ['speʃ·əl·ti] *n* ❶ (*product, quality*) Spezialität *f* ❷ (*skill*) Fachgebiet *nt*
species <*pl* -> ['spi·ʃiz] *n* BIOL Art *f,* Spezies *f fachspr*
specific [spə·ˈsɪf·ɪk] *adj* ❶ (*exact*) genau; could you be a little more ~? könntest du dich etwas klarer ausdrücken? ❷ *attr* (*particular*) bestimmte(r, s), speziell; ~ details besondere Einzelheiten
specifically [spə·ˈsɪf·ɪk·li] *adv* ❶ (*particularly*) speziell, extra ❷ (*clearly*) ausdrücklich
specification [ˌspes·ə·fɪ·ˈkeɪ·ʃən] *n* ❶ (*specifying*) Angabe *f* ❷ (*plan*) ■~s *pl* detaillierter Entwurf; (*for building*) Bauplan *m* ❸ (*description*) genaue Angabe; (*for patent*) Patentschrift *f;* (*for machines*) Konstruktionsplan *m*
specify <-ie-> ['spes·ə·faɪ] *vt* angeben; (*list in detail*) spezifizieren; (*list expressly*) ausdrücklich angeben
specimen ['spes·ə·mən] *n* ❶ (*example*) Exemplar *nt* ❷ MED Probe *f*
speck [spek] *n* ❶ (*spot*) Fleck *m; of blood, mud* Spritzer *m,* Sprenkel *m* ❷ (*particle*) Körnchen *nt;* not a ~ of truth (*fig*) kein Fünkchen

Wahrheit

speckle ['spek·əl] *n* Tupfen *m*, Sprenkel *m*

speckled ['spek·əld] *adj* gesprenkelt

specs¹ [speks] *npl* (*fam*) *short for* **specifications** technische Daten

specs² [speks] *npl* (*fam*) *short for* **spectacles** Brille *f*

spectacle ['spek·tə·kəl] *n* ❶ (*display*) Spektakel *nt* ❷ (*event*) Schauspiel *nt geh*, Spektakel *nt pej*; (*sight*) Anblick *m*

spectacles ['spek·tə·kəlz] *npl* (*old*) Brille *f*

spectacular [spek·'tæk·jʊ·lər] *adj* ❶ (*wonderful*) *dancer, scenery* atemberaubend, großartig ❷ (*striking*) *increase, failure, success* spektakulär, sensationell

spectator [spek·'teɪ·ţər] *n* Zuschauer(in) *m(f)* (**at** bei +*dat*)

specter ['spek·tər] *n* ❶ (*liter or old: ghost*) Gespenst *nt* ❷ (*fig liter: threat*) [Schreck]gespenst *nt*

spectrum <*pl* -tra *or* -s> ['spek·trəm] *n* ❶ PHYS (*band of colors*) Spektrum *nt a. fig* ❷ (*frequency band*) Palette *f*, Skala *f*

speculate ['spek·jʊ·leɪt] *vi* spekulieren

speculation [ˌspek·jʊ·'leɪ·ʃən] *n* ❶ (*guess*) Spekulation *f*, Vermutung *f* (**about** über +*akk*) ❷ (*trade*) Spekulation *f*

speculative ['spek·jə·lə·ţɪv] *adj* ❶ (*conjectural*) spekulativ *geh*; PHILOS hypothetisch *geh* ❷ (*risky*) spekulativ

speculator ['spek·jʊ·leɪ·ţər] *n* Spekulant(in) *m(f)*

sped [sped] *pt, pp of* **speed**

speech <*pl* -es> [spitʃ] *n* ❶ (*faculty of speaking*) Sprache *f*; (*act of speaking*) Sprechen *nt*; **in everyday** ~ in der Alltagssprache ❷ (*spoken style*) Sprache *f*, Redestil *m* ❸ (*oration*) Rede *f*; (*shorter*) Ansprache *f* (**about/on** über +*akk*); **freedom of** ~ POL Redefreiheit *f*

speechify <-ie-> ['spi·tʃə·faɪ] *vi* (*pej o hum*) salbadern *pej fam*

'speech impediment *n* Sprachfehler *m*

speechless ['spitʃ·lɪs] *adj* ❶ (*shocked*) sprachlos ❷ (*mute*) stumm

'speech recognition *n* COMPUT Spracherkennung *f*

'speech therapist *n* Sprachtherapeut(in) *m(f)*, Logopäde, Logopädin *m, f*

'speech therapy *n* Sprachtherapie *f*, Logopädie *f*

'speechwriter *n* Redenschreiber(in) *m(f)*

speed [spid] *I. n* ❶ (*velocity*) Geschwindigkeit *f*, Tempo *nt*; **maximum** ~ Höchstgeschwindigkeit *f*; **to gain** ~ an Geschwindigkeit gewinnen; *vehicle* beschleunigen; *person* schneller werden ❷ (*quickness*) Schnelligkeit *f* ❸ TECH (*operating mode*) Drehzahl *f*; **full** ~ **ahead!** NAUT volle Kraft voraus! ❹ (*sl: drug*) Speed *nt* ▶ PHRASES: **to bring sb/sth up to** ~ **[on sth]** (*update*) jdn/etw [über etw *akk*] auf den neuesten Stand bringen *II. vi* <sped, sped> ❶ (*rush*) sausen, flitzen; ■ **to** ~ **along**

vorbeisausen; **he sped along the side of the river** er raste am Fluss entlang ❷ (*drive too fast*) rasen *III. vt* <-ed *or* sped, -ed *or* sped> ❶ (*quicken*) beschleunigen ❷ (*transport*) ■ **to** ~ **sb somewhere** jdn schnell irgendwohin bringen

♦ **speed up** *I. vt* beschleunigen; ■ **to** ~ **up** ⟳ **sb/sth** jdn/etw antreiben *II. vi* (*accelerate*) beschleunigen, schneller werden; *person* sich beeilen

'speedboat *n* Rennboot *nt*

'speed bump *n* Bodenschwelle *f*

'speed dating *n organisierte Partnersuche, wobei man mit jedem Kandidaten nur wenige Minuten spricht*

speeding ['spi·dɪŋ] *n* Geschwindigkeitsüberschreitung *f*, Rasen *nt*

'speed limit *n* Geschwindigkeitsbegrenzung *f*, Tempolimit *nt*

speedometer [spɪ·'dɑm·ɪ·ţər] *n* Tachometer *m o nt*, Geschwindigkeitsmesser *m*

'speed skater *n* Eisschnellläufer(in) *m(f)*

'speed skating *n* Eisschnelllauf *m*

'speed trap *n* Radarfalle *f*

'speedway *n* (*racetrack*) Speedwaybahn *f*

speedy ['spi·di] *adj* schnell; *decision, solution, recovery* a. rasch; *delivery, service* prompt

spell¹ <spelled *or* spelt, spelled *or* spelt> [spel] *I. vt* ❶ (*using letters*) buchstabieren ❷ (*signify*) bedeuten; **to** ~ **disaster/trouble** Unglück/Ärger bedeuten *II. vi* (*in writing*) [richtig] schreiben; (*aloud*) buchstabieren

♦ **spell out** *vt* ❶ (*using letters*) buchstabieren ❷ (*explain*) klarmachen

spell² [spel] *n* (*state*) Zauber *m*, Bann *m geh*; (*words*) Zauberspruch *m*; **to cast a** ~ **on sb** jdn verzaubern; **to be under sb's** ~ (*fig*) von jdm verzaubert sein

spell³ [spel] *I. n* ❶ (*period of time*) Weile *f*; **to go through a bad** ~ eine schwierige Zeit durchmachen ❷ (*period of weather*) ~ **of sunny weather** Schönwetterperiode *f* ❸ (*period of sickness*) Anfall *m*; **to suffer from dizzy** ~s unter Schwindelanfällen leiden *II. vt* ablösen

spellbinding ['spel·baɪn·dɪŋ] *adj film, performance, speech* fesselnd

spellbound ['spel·baʊnd] *adj* gebannt, fasziniert; **to hold sb** ~ jdn fesseln

'spellchecker *n* COMPUT Rechtschreibhilfe *f*

speller ['spel·ər] *n* ❶ (*person*) **to be a good** ~ gut in Orthographie sein ❷ (*spelling book*) Rechtschreib[e]buch *nt*

spelling ['spel·ɪŋ] *I. n* ❶ (*orthography*) Rechtschreibung *f*, Orthographie *f* ❷ (*activity*) Buchstabieren *nt kein pl II. adj attr* Rechtschreib-

'spelling bee *n* Buchstabierwettbewerb *m*

spelt [spelt] *pp, pt of* **spell**

spend [spend] *I. vt* <spent, spent> ❶ (*pay out*) *money* ausgeben (**on** für +*akk*) ❷ (*pass time*) *time* verbringen; **my sister always** ~s **all day in the bathroom** meine Schwester braucht immer eine Ewigkeit im Bad *II. vi*

<spent, spent> Geld ausgeben
spending ['spen·dɪŋ] *n* Ausgaben *pl* (**on** für
+*akk*)
'**spending money** *n* (*as allowance*) Taschengeld *nt;* (*for special circumstances*) frei verfüg-
bares Geld
'**spending spree** *n* Großeinkauf *m*
spendthrift ['spend·θrɪft] (*pej*) **I.** *adj* (*fam*)
verschwenderisch **II.** *n* (*fam*) Verschwen-
der(in) *m(f)*
spent [spent] **I.** *pp, pt of* **spend II.** *adj* ❶ (*used
up*) *match, cartridge* verbraucht; *creativity*
verbraucht ❷ (*tired*) *person* ausgelaugt; **to
feel** ~ sich erschöpft fühlen
sperm <*pl - or* -**s**> [spɜrm] *n* ❶ (*male reproductive cell*) Samenzelle *f* ❷ (*fam: semen*)
Sperma *nt*
'**sperm count** *n* Spermienzählung *f*
'**sperm donor** *n* Samenspender *m*
spermicide ['spɜr·mə·saɪd] *n* Spermizid *nt*
'**sperm whale** *n* Pottwal *m*
spew [spju] **I.** *vt* ❶ (*emit*) ausspeien; *lava* auswerfen, spucken *fam; exhaust* ausstoßen
❷ (*vomit*) erbrechen; *blood* spucken **II.** *vi*
❶ (*flow out*) *exhaust, lava, gas* austreten; *ash,
dust* herausgeschleudert werden; *flames* her-
vorschlagen; *water* hervorsprudeln ❷ (*vomit*)
erbrechen
sphere [sfɪr] *n* ❶ (*round object*) Kugel *f;* (*rep-
resenting earth*) Erdkugel *f* ❷ (*area*) Bereich *m,* Gebiet *nt;* **social** ~ soziales Umfeld
spherical ['sfɪr·ɪ·kəl] *adj* kugelförmig
spice [spaɪs] **I.** *n* ❶ (*aromatic*) Gewürz *nt*
❷ (*fig: excitement*) Pep *m* **II.** *vt* ❶ (*flavor*)
würzen (**with** mit +*dat*) ❷ (*fig: add excitement to*) aufpeppen *fam*
spick-and-'span *adj* (*fam*) *house, kitchen*
blitzsauber, blitzblank *fam*
spicy ['spaɪ·si] *adj* ❶ *food* würzig; (*hot*) scharf
❷ (*fig: sensational*) *tale, story* pikant
spider ['spaɪ·dər] *n* Spinne *f*
'**spider web** *n* Spinnennetz *nt*
spidery ['spaɪ·də·ri] *adj writing* krakelig; *drawing, design* fein; *arms, legs* spinnenhaft
spiel [ʃpil] *n* (*pej fam*) Leier *f;* **sales** ~ Ver-
kaufsmasche *f*
spigot ['spɪg·ət] *n* ❶ (*tap*) Zapfen *m* ❷ (*faucet*) Wasserhahn *m*
spike [spaɪk] **I.** *n* ❶ (*heavy nail*) Nagel *m; on
top of fence* Spitze *f; of a plant, animal* Stachel *m* ❷ (*on shoes*) Spike *m;* ■ ~**s** *pl* (*shoes
for sprinting*) Spikes *pl* **II.** *vt* ❶ (*fam: secretly
add alcohol*) **to** ~ **sb's drink** einen Schuss Alkohol in jds Getränk geben ❷ SPORTS (*injure*)
verletzen ❸ (*in volleyball*) *ball* schmettern; (*in
football*) spiken ❹ JOURN (*fam: reject*) *article,
story* ablehnen; (*stop*) *plan, project* einstellen
spiky ['spaɪ·ki] *adj* ❶ (*with spikes*) *railing,
wall, fence* mit Metallspitzen *nach n;
branch, plant* dornig; *animal, bush* stachelig
❷ (*pointy*) *grass, leaf* spitz; *handwriting* steil
spill [spɪl] **I.** *n* (*spilled liquid*) Verschüt-
tete(s) *nt;* (*pool*) Lache *f;* (*stain*) Fleck *m;* **oil** ~

Ölteppich *m* **II.** *vt* <spilled *or* spilt, spilled *or*
spilt> ❶ (*tip over*) verschütten ❷ (*fam: reveal*)
ausplaudern ▸ PHRASES: **to** ~ **the beans** das Geheimnis lüften **III.** *vi* ❶ (*flow out*) *liquid* überlaufen; *flour, sugar* verschüttet werden ❷ (*fig:
spread*) *crowd* strömen; *conflict, violence* sich
ausbreiten **IV.** *adj* ▸ PHRASES: **don't cry over**
~**ed milk** (*saying*) was passiert ist, ist passiert
♦ **spill over** *vi* ❶ (*overflow*) überlaufen
❷ (*spread to*) ■ **to** ~ **over into sth** *conflict,
violence* sich auf etw *akk* ausdehnen
spillage ['spɪl·ɪdʒ] *n* ❶ (*action*) Verschütten *nt; of a liquid* Vergießen *nt;* **chemical** ~
Austreten *nt* von Chemikalien ❷ (*amount
spilled*) verschüttete Menge
spilt [spɪlt] *pp, pt of* **spill**
spin [spɪn] **I.** *n* ❶ (*rotation*) Drehung *f;* **to
send a car into a** ~ ein Auto zum Schleudern
bringen ❷ (*in washing machine*) Schleudern *nt kein pl* ❸ (*positive slant*) **to put a** ~
on sth etw ins rechte Licht rücken ❹ (*drive*)
Spritztour *f fam* **II.** *vt* <-nn-, spun, spun>
❶ (*rotate*) *earth, wheel* rotieren; *washing
machine* schleudern; **to** ~ **out of control** außer Kontrolle geraten ❷ (*fig: be dizzy*) **my
head is** ~**ning** mir dreht sich alles *fam*
❸ (*make thread*) spinnen **III.** *vt* <-nn-, spun,
spun> ❶ (*rotate*) drehen; *clothes* schleudern;
records spielen ❷ (*give positive slant*) ins
rechte Licht rücken ❸ (*make thread of*) spinnen
♦ **spin out I.** *vi* **to** ~ **out of control** *car* außer
Kontrolle geraten **II.** *vt* (*prolong*) ■ **to** ~ **out
◯ sth** etw ausdehnen
spina bifida [ˌspaɪ·nə·'bɪf·ɪ·də] *n* MED Spina
bifida *f*
spinach ['spɪn·ɪtʃ] *n* Spinat *m*
spinal ['spaɪ·nəl] **I.** *adj muscle, vertebra* Rü-
cken-; *injury* Rückgrat-, spinale(r, s) *fachspr;
nerve, anesthesia* Rückenmark[s]- **II.** *n* Spinal-
narkose *f*
'**spinal column** *n* Wirbelsäule *f*
'**spinal cord** *n* Rückenmark *nt*
spindle ['spɪn·dəl] *n* Spindel *f*
spindly ['spɪnd·li] *adj legs, stem* spindeldürr
'**spin doctor** *n* ≈ Pressesprecher(in) *m(f);* *a.*
POL Spin-Doctor *m*
'**spin-dry** *vt clothes* schleudern
'**spin-dryer** *n* Wäscheschleuder *f*
spine [spaɪn] *n* ❶ (*spinal column*) Wirbelsäule *f* ❷ (*spike*) *of a plant, fish, hedgehog* Stachel *m* ❸ *of a book* [Buch]rücken *m*
spine-chilling ['spaɪn·ˌtʃɪl·ɪŋ] *adj film, tale*
gruselig, Schauer-
spineless ['spaɪn·lɪs] *adj* ❶ (*without backbone*) wirbellos; (*without spines*) *plant, fish*
ohne Stacheln *nach n* ❷ (*fig, pej: weak*) *person* rückgratlos
spinner ['spɪn·ər] *n* ❶ (*for thread*) Spin-
ner(in) *m(f)* ❷ (*spin-dryer*) Wäscheschleuder *f*
spinning ['spɪn·ɪŋ] *n* Spinnen *nt*
'**spinning wheel** *n* Spinnrad *nt*
'**spinoff**, '**spin-off I.** *n* Nebenprodukt *nt* **II.** *adj*

attr ~ **effect** Folgewirkung *f*

spinster ['spɪn·stər] *n* (*usu pej*) alte Jungfer *veraltet*

spiny ['spaɪ·ni] *adj* BIOL stach[e]lig, Stachel-; *plant a.* dornig

spiral ['spaɪ·rəl] **I.** *n* Spirale *f* **II.** *adj attr stair-case* spiralförmig **III.** *vi* <-l- *or* -ll-> ❶ (*move up*) sich hochwinden; *smoke, hawk* spiralförmig aufsteigen; (*move down*) sich hinunter-winden; *smoke, hawk* spiralförmig absteigen ❷ (*fig: increase*) ansteigen

spire [spaɪr] *n* Turmspitze *f*

spirit ['spɪr·ɪt] *n* ❶ (*sb's soul*) Geist *m* ❷ (*ghost*) Geist *m*, Gespenst *nt* ❸ REL ■**the Holy S~** der Heilige Geist ❹ (*mood*) Stim-mung *f;* **team** ~ Teamgeist *m* ❺ (*person*) See-le *f* ❻ (*vitality*) Temperament *nt* ❼ (*whiskey, rum, etc.*) ■~**s** *pl* Spirituosen *pl*

spirited ['spɪr·ɪ·t̬ɪd] *adj* (*approv*) tempera-mentvoll; *discussion* lebhaft; *person* beherzt; *reply* mutig

spiritless ['spɪr·ɪt·lɪs] *adj* (*pej*) schwunglos; *person, performance, book* saft- und kraftlos; *answer, defense, reply* lustlos

spiritual ['spɪr·ɪ·tʃu·əl] **I.** *adj* ❶ (*relating to the spirit*) geistig, spirituell ❷ REL *leader* religiös **II.** *n* MUS Spiritual *nt*

spiritualism ['spɪr·ɪ·tʃu·ə·lɪz·əm] *n* Spiritis-mus *m*

spiritualist ['spɪr·ɪ·tʃu·ə·lɪst] *n* Spiri-tist(in) *m(f)*

spit[1] [spɪt] **I.** *n* (*fam*) Spucke *f* **II.** *vi* <-tt-, spat *or* spit, spat *or* spit> spucken; ■**to** ~ **at sb** jdn anspucken **III.** *vt* <-tt-, spat *or* spit, spat *or* spit> ❶ (*out of mouth*) ausspucken ❷ (*as if from mouth*) *flames, sparks* ausstoßen

◆**spit out** *vt* ❶ (*from mouth*) ausspucken ❷ (*fig fam: say angrily*) fauchen; ~ **it out!** spuck's schon aus!

spit[2] [spɪt] *n* ❶ (*rod for roasting*) Bratspieß *m* ❷ (*shoal*) Sandbank *f*

spite [spaɪt] **I.** *n* ❶ (*desire to hurt*) Bosheit *f* ❷ (*despite*) ■**in** ~ **of sth** trotz einer S. *gen* **II.** *vt* ärgern

spiteful ['spaɪt·fəl] *adj* gehässig

spitting '**image** *n* Ebenbild *nt*

spittle ['spɪt̬·əl] *n* Spucke *f fam*

spittoon [spɪ·'tun] *n* Spucknapf *m*

splash [splæʃ] **I.** *n* <*pl* -es> ❶ (*sound*) Plat-schen *nt kein pl* ❷ (*small amount*) *of sauce, dressing* Klecks *m fam; of water, lemonade* Spritzer *m* **II.** *vt* ❶ (*scatter liquid*) verspritzen ❷ (*spray*) bespritzen ❸ (*fig: print promi-nently*) **her picture was** ~**ed all over the newspapers** ihr Bild erschien groß in allen Zeitungen **III.** *vi* ❶ (*fall in drops*) *rain, waves* klatschen; *tears* tropfen ❷ (*spill out*) spritzen

◆**splash down** *vi* AEROSP wassern

splat [splæt] (*fam*) **I.** *n* Klatschen *nt*, Plat-schen *nt* **II.** *adv* klatsch, platsch

splatter ['splæt̬·ər] **I.** *vt* bespritzen **II.** *vi* sprit-zen

splay [spleɪ] **I.** *vt* one's *fingers, legs* spreizen

II. *vi* ■**to** ~ **out** *legs, fingers* weggestreckt sein; *river, pipe* sich weiten

spleen [splin] *n* ❶ ANAT Milz *f* ❷ (*fig: anger*) Wut *f;* **to vent one's** ~ seine *gen* Wut auslas-sen

splendid ['splen·dɪd] *adj* großartig *a. iron*

splendor ['splen·dər] *n* ❶ (*beauty*) Pracht *f* ❷ (*beautiful things*) ■~**s** *pl* Herrlichkeiten *pl*

splice [splaɪs] *vt* (*unite*) *DNA, wires* verbin-den; *rope* spleißen; *film* kleben; ■**to** ~ **sth** ↻ **together** etw zusammenfügen

splint [splɪnt] *n* MED Schiene *f*

splinter ['splɪn·tər] *n* Splitter *m;* ~ [of wood] Holzsplitter *m*, Schiefer *m* ÖSTERR

'**splinter group** *n* POL Splittergruppe *f*

split [splɪt] **I.** *n* ❶ (*crack*) Riss *m* (**in** in +*dat*); (*in wall, wood*) Spalt *m* ❷ (*division in opinion*) Kluft *f;* POL Spaltung *f* ❸ (*marital sep-aration*) Trennung *f* ❹ (*act of sharing*) Auftei-lung *f;* **a four-way** ~ eine Aufteilung in vier Teile **II.** *vt* <-tt-, split, split> ❶ (*divide*) teilen; *in half* halbieren; **to** ~ **the difference** (*fig*) sich *akk* auf halbem Weg einigen; **we** ~ **the proceeds among the four of us** wir teilten die Einnahmen unter uns vier auf ❷ (*fig: cre-ate division*) *group, party* spalten ❸ (*rip, crack*) *seam* aufplatzen lassen; **to** ~ **one's head open** sich *dat* den Kopf aufschlagen **III.** *vi* <-tt-, split, split> ❶ (*divide*) *wood, stone* [entzwei]brechen; *seam, cloth* aufplat-zen; *hair* splissen; **to** ~ **into groups** sich auftei-len ❷ (*become splinter group*) ■**to** ~ **from sth** sich von etw *dat* abspalten ❸ (*end rela-tionship*) sich trennen

◆**split off I.** *vt* (*break off*) abbrechen; (*with axe*) abschlagen; (*separate*) abtrennen **II.** *vi* ❶ (*become detached*) *rock, brick* sich lösen ❷ (*leave*) ■**to** ~ **off from sth** *party, group, faction* sich von etw *dat* abspalten

◆**split up I.** *vt* ❶ (*share*) *money, work* auftei-len ❷ (*separate*) *a group, team* teilen **II.** *vi* ❶ (*divide up*) sich teilen; **to** ~ **up into groups** sich in Gruppen aufteilen ❷ (*end relationship*) sich trennen (**with** von +*dat*)

'**split-level I.** *adj* mit Zwischengeschossen *nach* **II.** *n* Haus *nt* mit Zwischengeschossen

split person'ality *n* gespaltene Persönlichkeit

split '**screen** *n* geteilter Bildschirm

splitting '**headache** *n* (*fam*) rasende Kopf-schmerzen *pl*

'**split-up** *n* Trennung *f*

splotch [splɑtʃ] **I.** *n* (*fam*) *of paint, color* Klecks *m; of blood, grease* Fleck *m;* (*daub*) *of whipped cream* Klecks *m* **II.** *vt* (*fam*) besprit-zen

splurge [splɜrdʒ] **I.** *vt* (*fam*) **to** ~ **one's sav-ings on sth** sein Gespartes für etw *akk* ver-prassen **II.** *vi* (*fam*) prassen *fam;* ■**to** ~ **on sth** viel Geld für etw *akk* ausgeben, Geld für etw *akk* hinauswerfen

splutter ['splʌt̬·ər] **I.** *vi* ❶ (*make noise*) *per-son, vehicle, engine* stottern; *fire* zischen ❷ (*spit*) spucken; **to cough and** ~ husten und

S

spucken **II.** *vt* ❶ (*say*) to ~ an excuse eine Entschuldigung hervorstoßen; **"what the hell?" she ~ed** „was zum Teufel!", platzte sie los ❷ (*spit out*) *liquid* ausspucken **III.** *n of a person* Prusten *nt kein pl; of a car* Stottern *nt kein pl; of fire* Zischen *nt kein pl*

spoil [spɔɪl] **I.** *n* ❶ (*profits*) ■~s *pl* Beute *f kein pl* ❷ (*debris*) Schutt *m* **II.** *vt* <spoiled *or* spoilt, spoiled *or* spoilt> ❶ (*ruin*) verderben; **to ~ sb's chances** jds Chancen ruinieren, jdm die Suppe versalzen ❷ (*treat too kindly*) verwöhnen; *child* verziehen; **to be spoiled for choice** eine große Auswahl haben **III.** *vi* <spoiled *or* spoilt, spoiled *or* spoilt> *food* schlecht werden, verderben; *milk* sauer werden; *butter* ranzig werden

spoiled [spɔɪld] *adj* ❶ *pred* (*ruined*) *food* verdorben; *milk* sauer ❷ (*pampered*) *child* verwöhnt; (*pej*) verzogen

spoiler ['spɔɪl·ər] *n of car* Spoiler *m*

spoilsport ['spɔɪl·spɔrt] *n* (*pej fam*) Spielverderber(in) *m(f)*

spoilt [spɔɪlt] *vt, vi pp, pt of* **spoil**

spoke[1] [spoʊk] *n* Speiche *f*

spoke[2] [spoʊk] *pt of* **speak**

spoken [spoʊ·kən] **I.** *pp of* **speak II.** *adj attr* (*not written*) gesprochen

spoken for *adj* ■to be ~ [bereits] vergeben sein

spokesman ['spoʊks·mən] *n* Sprecher *m*

'**spokesperson** <*pl* -people> *n* Sprecher(in) *m(f)*

'**spokeswoman** *n* Sprecherin *f*

sponge [spʌndʒ] **I.** *n* (*for washing*) *a.* ZOOL Schwamm *m* **II.** *vt* [mit einem Schwamm] abwischen

◆ **sponge off I.** *vt* ■to ~ off ⟲ sb/sth jdn/etw schnell [mit einem Schwamm] [ab]waschen **II.** *vi* (*pej fam*) ausnutzen

◆ **sponge on** *vi* (*pej fam*) *see* **sponge off**

'**sponge bath** *n* to give oneself/sb a ~ sich/jdn mit einem Schwamm waschen

'**sponge cake** *n* Rührkuchen *m;* (*without fat*) Biskuit[kuchen] *m*

sponger ['spʌn·dʒər] *n* (*pej*) Schmarotzer(in) *m(f)*

spongy ['spʌn·dʒi] *adj* schwammig; *grass, moss* weich, nachgiebig

sponsor ['span·sər] **I.** *vt* ❶ (*support*) ■to ~ sb/sth *person* jdn/etw sponsern; *government* jdn/etw unterstützen; **to ~ a marathon runner** einen Marathonläufer für einen guten Zweck unterstützen ❷ POL (*support in election*) *candidate* unterstützen ❸ MEDIA *TV program, show* sponsern **II.** *n* (*supporter*) *of game, event* Sponsor(in) *m(f); of a charity* Förderer, Förderin *m, f; of a TV program* Sponsor *m*

sponsorship ['span·sər·ʃɪp] *n* (*by corporation, people*) Unterstützung *f;* (*at fundraiser*) Förderung *f;* POL *of a game, event* Sponsern *nt;* **to get ~** gefördert werden

spontaneity [ˌspan·tə·'neɪ·ɪ·ti] *n* (*approv*)

Spontaneität *f*

spontaneous [span·'teɪ·ni·əs] *adj* ❶ (*unplanned*) spontan ❷ (*approv: unrestrained*) *laughter* impulsiv

spoof [spuf] *n* ❶ (*satire*) Parodie *f* (**of, on** von +*dat*) ❷ (*trick*) Scherz *m*

spook [spuk] *n* ❶ (*fam: ghost*) Gespenst *nt* ❷ (*sl: spy*) Spion(in) *m(f)*

spooky ['spu·ki] *adj* (*fam: scary*) schaurig; *house, woods, person* unheimlich; *story, film, novel* gespenstisch

spool [spul] *n* Rolle *f*

spoon [spun] *n* Löffel *m*

spoon-feed <-fed, -fed> ['spun·fid] *vt* ■to ~ sb ❶ (*feed with spoon*) jdn mit einem Löffel füttern ❷ (*supply*) jdm alles vorgeben

spoonful <*pl* -s *or* spoonsful> ['spun·fʊl] *n* Löffel *m*

sporadic [spə·'ræd·ɪk] *adj* sporadisch

spore [spɔr] *n* BIOL Spore *f*

sport [spɔrt] **I.** *n* ❶ (*game*) Sport *m;* (*type of*) Sportart *f* ❷ *pl* ■~s (*athletic activity*) Sport *m;* **to be good at ~s** sportlich sein ❸ (*fam: cooperative person*) **to be a bad ~** ein Spielverderber/eine Spielverderberin sein; **to be a [good]** ~ kein Spielverderber/keine Spielverderberin sein **II.** *vt* (*esp hum: wear*) tragen; **to ~ a huge mustache** mit einem riesigen Schnurrbart herumlaufen *fam*

'**sport coat** *n* Sportsakko *nt*

sporting ['spɔr·tɪŋ] *adj* SPORTS ❶ *attr* (*involving sports*) Sport- ❷ (*approv dated: fair*) *chance* fair

'**sports car** *n* Sportwagen *m*

'**sportscast** [-kæst] *n* Sportübertragung *f*

sportscaster [-kæs·tər] *n* Sportreporter(in) *m(f)*

'**sportsman** *n* Sportler *m*

'**sportsmanlike** *adj* fair

'**sportsmanship** *n* Fairness *f*

'**sports page** *n* Sportseite *f*

'**sportswear** *n* Sportkleidung *f*

'**sportswoman** *n* Sportlerin *f*

'**sportswriter** *n* Sportjournalist(in) *m(f)*

sporty ['spɔr·ti] *adj* ❶ (*athletic*) sportlich ❷ (*fast*) *car* schnell

spot [spat] **I.** *n* ❶ (*mark*) Fleck *m* ❷ (*dot*) Punkt *m;* (*pattern*) Tupfen *m* ❸ (*place*) Stelle *f;* **on the ~** an Ort und Stelle ❹ TV, RADIO Beitrag *m* ▶ PHRASES: **to put sb on the ~** jdn in Verlegenheit bringen **II.** *vt* <-tt-> entdecken; (*notice*) bemerken

spot 'check *n* Stichprobe *f*

spotless ['spat·lɪs] *adj* ❶ (*clean*) makellos ❷ (*unblemished*) makellos, tadellos

'**spotlight I.** *n* Scheinwerfer *m;* **to be in the ~** (*fig*) im Rampenlicht stehen **II.** *vt* <-lighted *or* -lit, -lighted *or*-lit> ■to ~ sth etw beleuchten; (*fig*) auf etw *akk* aufmerksam machen

spotted ['spat·ɪd] *adj* ❶ (*pattern*) getupft, gepunktet ❷ *pred* (*covered*) gesprenkelt (**with** mit +*dat*)

spotter ['spat·ər] *n* SPORTS Stütze *f*

spouse [spaʊs] *n* (*form*) [Ehe]gatte, -gattin *m, f*

spout [spaʊt] **I.** *n* ❶ (*opening*) Ausguss *m* ❷ (*discharge*) Strahl *m* **II.** *vt* ❶ (*pej: hold forth*) faseln *fam;* **to ~ facts and figures** mit Fakten und Zahlen um sich *akk* werfen *fam* ❷ (*discharge*) speien **III.** *vi* ❶ (*pej: hold forth*) Reden schwingen *fam* ❷ (*gush*) hervorschießen

sprain [spreɪn] **I.** *vt* ■**to ~ sth** sich *dat* etw verstauchen; **to ~ one's ankle** sich *dat* den Knöchel verstauchen **II.** *n* Verstauchung *f*

sprang [spræŋ] *vi, vt pt of* **spring**

sprawl [sprɔl] **I.** *n usu sing* (*expanse*) Ausdehnung *f;* **urban ~** (*town*) riesiges Stadtgebiet; (*area*) Ballungsraum *m* **II.** *vi* ❶ (*slouch*) ■**to ~ on sth** auf etw *dat* herumlümmeln *pej fam* ❷ (*expand*) sich ausbreiten

sprawling ['sprɔ·lɪŋ] *adj* (*pej*) ❶ (*expansive*) ausgedehnt ❷ (*irregular*) unregelmäßig

spray[1] [spreɪ] **I.** *n* ❶ (*mist, droplets*) Sprühnebel *m; of fuel, perfume* Wolke *f; of water* Gischt *m o f* ❷ (*aerosol*) Spray *m o nt* **II.** *vt* ❶ (*cover*) besprühen; *plants* spritzen ❷ (*disperse in a mist*) sprühen; (*in a spurt*) spritzen ❸ (*shoot all around*) **to ~ sb with bullets** jdn mit Kugeln durchsieben **III.** *vi* spritzen

spray[2] [spreɪ] *n* ❶ (*branch*) Zweig *m* ❷ (*bouquet*) Strauß *m*

spread [spred] **I.** *n* ❶ (*act of spreading*) Verbreitung *f* ❷ (*range*) Vielfalt *f* ❸ (*fam: big meal on table*) Festessen *nt,* Festschmaus *m* ❹ (*soft food to spread*) Aufstrich *m* ❺ JOURN Doppelseite *f* **II.** *vi* <spread, spread> ❶ (*extend over larger area*) *fire* sich ausbreiten; *news, panic* sich verbreiten ❷ (*stretch*) sich erstrecken ❸ FOOD sich streichen lassen **III.** *vt* <spread, spread> ❶ (*open, extend*) *arms, papers, wings* ausbreiten; *net* auslegen ❷ (*cover with spread*) *bread* bestreichen ❸ (*distribute*) *sand* verteilen; *fertilizer* streuen; *disease* übertragen; *panic* verbreiten ❹ (*make known*) *rumors* verbreiten

spread-eagled ['spred·'i·gəld] *adj* ausgestreckt

'**spreadsheet** *n* Tabellenkalkulation *f,* Arbeitsblatt *nt*

spree [spri] *n* Gelage *nt;* **shopping ~** Einkaufstour *f*

sprig [sprɪg] *n* Zweig *nt*

sprightly ['spraɪt·li] *adj* munter; *old person* rüstig

spring [sprɪŋ] **I.** *n* ❶ (*season*) Frühling *m* ❷ TECH (*part in machine*) Feder *f* ❸ (*source of water*) Quelle *f* **II.** *vi* <sprang *or* sprung, sprung> ❶ (*move quickly*) springen; **to ~ into action** den Betrieb aufnehmen ❷ (*suddenly appear*) auftauchen; **where did you ~ from?** wo kommst du denn plötzlich her?; **to ~ to mind** in den Kopf schießen **III.** *vt* ❶ (*operate*) auslösen; **to ~ a trap** eine Falle zuschnappen lassen ❷ (*fit with springs*) federn

◆**spring back** *vi* zurückschnellen

◆**spring up** *vi* plötzlich auftauchen; *business* aus dem Boden schießen

'**springboard** *n* (*a. fig*) Sprungbrett *nt a. fig*

spring-'clean I. *vi* Frühjahrsputz machen **II.** *vt* **to ~ a house** in einem Haus Frühjahrsputz machen

spring-'cleaning *n* Frühjahrsputz *m*

'**spring roll** *n* Frühlingsrolle *f*

'**springtime** *n* Frühling *m*

springy ['sprɪŋ·i] *adj* federnd *attr;* elastisch

sprinkle ['sprɪŋ·kəl] **I.** *vt* ❶ (*scatter*) streuen (**on** auf +*akk*) ❷ (*cover*) bestreuen (**with** mit +*dat*); (*with a liquid*) besprengen (**with** mit +*dat*) **II.** *n* ❶ *usu sing* (*small amount*) **a ~ of snow** leichter Schneefall ❷ ■**~s** *pl* **chocolate ~s** Schokosplitter *pl*

sprinkler ['sprɪŋ·klər] *n* ❶ AGR Beregnungsanlage *f,* Bewässerungsanlage *f;* (*for a lawn*) Sprinkler *m* ❷ (*for fires*) Sprinkler *m;* ■**~s** *pl* (*system*) Sprinkleranlage *f*

sprinkling ['sprɪŋ·klɪŋ] *n* ❶ *usu sing* (*light covering*) **a ~ of salt** eine Prise Salz ❷ *usu sing* (*small number*) ■**a ~ of ...** ein paar ...

sprint [sprɪnt] **I.** *vi* sprinten **II.** *n* SPORTS *dash* Sprint *m;* **100-meter ~** Hundertmeterlauf *m,* 100-m-Lauf *m*

sprinter ['sprɪn·tər] *n* Sprinter(in) *m(f)*

sprite [spraɪt] *n* (*liter*) Naturgeist *m*

sprocket ['sprak·ɪt] *n* Zahnrad *nt*

sprout [spraʊt] **I.** *n* ❶ (*shoot*) Spross *m* ❷ (*vegetable*) ■**Brussels ~s** *pl* Rosenkohl *m kein pl* **II.** *vi* ❶ (*grow*) *buds, flowers* sprießen; *buds, trees* austreiben *geh,* wachsen ❷ (*germinate*) keimen **III.** *vt* BOT *buds, leaves* treiben; **he's beginning to ~ a beard** er bekommt einen Bart

◆**sprout up** *vi* aus dem Boden schießen

spruce [sprus] *n* Fichte *f*

spruce up *vt* (*make neat*) auf Vordermann bringen *fam;* ■**to ~ up** ↻ **oneself** sich zurechtmachen

sprung [sprʌŋ] *pp, pt of* **spring**

spry [spraɪ] *adj* agil *geh;* *old person* rüstig

spud [spʌd] *n* (*sl*) Kartoffel *f,* Erdapfel *m* DIAL, ÖSTERR

spun [spʌn] *pp, pt of* **spin**

spunky ['spʌŋ·ki] *adj* (*fam*) temperamentvoll, lebhaft

spur [spɜr] **I.** *n* ❶ (*on a heel*) Sporn *m* ❷ (*fig: encouragement*) Ansporn *m kein pl* (**to** zu +*dat*) ► PHRASES: **on the ~ of the moment** spontan **II.** *vt* <-rr-> ❶ (*encourage*) anspornen; (*persuade*) bewegen; (*incite*) anstacheln ❷ (*urge to go faster*) **to ~ a horse** einem Pferd die Sporen geben

spurious ['spjʊr·i·əs] *adj* falsch

spurn [spɜrn] *vt* (*form*) zurückweisen; (*contemptuously*) verschmähen *geh*

spurt [spɜrt] **I.** *n* ❶ (*jet*) Strahl *m* ❷ (*surge*) Schub *m;* **to do sth in ~s** etw schubweise machen ❸ (*run*) **to put on a ~** einen Spurt hinlegen **II.** *vt* [ver]spritzen **III.** *vi* (*gush*) spritzen

sputter ['spʌt·ər] **I.** *n* Knattern *nt kein pl,* Stot-

S

tern *nt kein pl* **II.** *vi* zischen; (*car, engine*) stottern **III.** *vt* heraussprudeln; (*stutter*) stottern
spy [spaɪ] **I.** *n* Spion(in) *m(f)* **II.** *vi* (*gather information*) spionieren; ■ **to ~ on sb** jdm nachspionieren **III.** *vt* (*see*) sehen; (*spot*) entdecken
'spyglass *n* Fernglas *nt*
'spy satellite *n* Spionagesatellit *m*
sq. *n abbrev of* **square** Pl.
squabble ['skwab·əl] **I.** *n* Zankerei *f*, Streiterei *f* **II.** *vi* sich zanken (**over/about** um + *akk*)
squad [skwad] *n* ❶ SPORTS Mannschaft *f* ❷ MIL Gruppe *f*, Trupp *m*
'squad car *n* Streifenwagen *m*
squadron ['skwad·rən] *n* (*cavalry*) Schwadron *f*; (*air force*) Staffel *f*; (*navy*) Geschwader *nt*
squalid ['skwal·ɪd] *adj* ❶ (*pej: dirty*) schmutzig; (*neglected*) verwahrlost ❷ (*immoral*) verkommen
squall [skwɔl] *n* (*gust*) Bö *f*; **rain ~** Regenschauer *m*; **snow ~** Schneeböe *f*
squalor ['skwal·ər] *n* ❶ (*foulness*) Schmutz *m* ❷ (*immorality*) Verkommenheit *f*
squander ['skwan·dər] *vt* verschwenden, vergeuden; *opportunity* vertun
square [skwer] **I.** *n* ❶ (*shape*) Quadrat *nt* ❷ (*in town*) Platz *m*; **town ~** zentraler Platz ❸ (*tool*) Winkelmaß *nt* ❹ MATH Quadratzahl *f* **II.** *adj* ❶ (*square-shaped*) *piece of paper, etc.* quadratisch; *face* kantig ❷ (*on each side*) im Quadrat; (*when squared*) zum Quadrat; *foot, mile* Quadrat- ❸ (*fam: level*) plan; **to be [all] ~** auf gleich sein **III.** *adv* direkt, geradewegs **IV.** *vt* ❶ (*make square*) quadratisch machen; (*make right-angled*) rechtwinklig machen ❷ (*bring into agreement*) ■ **to ~ sth with sth** etw mit etw *dat* in Übereinstimmung bringen ❸ (*settle*) *matter* in Ordnung bringen ❹ MATH quadrieren
♦ **square up** *vi* (*fam: settle debt*) abrechnen
'square dance *n* Squaredance *m*

ℹ️ Als **square dance** bezeichnet man einen amerikanischen Folkloretanz. Gruppen aus vier Pärchen bilden beim Tanz ein Quadrat, einen Kreis oder zwei Reihen; sie führen Bewegungen aus, die von einem *caller* ausgerufen werden. Diese Anordnungen werden auch gesungen. Das **square dancing** wird meist von Countrymusik mit Geige, Banjo und Gitarren begleitet.

---

squarely ['skwer·li] *adv* ❶ (*straight*) aufrecht ❷ (*directly*) direkt; **to look sb ~ in the eyes** jdm gerade in die Augen blicken
square 'root *n* MATH Quadratwurzel *f*
squash¹ [skwaʃ] *n* (*pumpkin*) Kürbis *m*
squash² [skwaʃ] **I.** *n* ❶ (*dense pack*) Gedränge *nt* ❷ (*racket game*) Squash *nt* **II.** *vt* ❶ (*crush*) zerdrücken; **to ~ sth flat** etw platt

drücken ❷ (*fig: end*) *rumors* aus der Welt schaffen ❸ (*push*) **I should be able to ~ myself into this space** ich glaube, ich kann mich da hineinzwängen
squat [skwat] **I.** *vi* <-tt-> ❶ (*crouch*) hocken; ■ **to ~ [down]** sich hinhocken ❷ (*occupy land*) **on land** sich illegal ansiedeln; **to ~ [in a house]** [ein Haus] besetzen **II.** *n* ❶ (*position*) Hocke *f* ❷ SPORTS (*exercise*) Kniebeuge *f* ❸ (*building*) besetztes Haus **III.** *adj* <-tt-> niedrig; *person* gedrungen, untersetzt
squatter ['skwat·ər] *n* (*illegal occupier of house*) Hausbesetzer(in) *m(f)*
squaw [skwɔ] *n* (*offensive*) Squaw *f*
squawk [skwɔk] **I.** *vi* (*cry*) kreischen **II.** *n* (*cry*) Kreischen *nt kein pl*
squeak [skwik] **I.** *n* Quietschen *nt kein pl*; *of an animal* Quieken *nt kein pl*; *of a mouse* Pieps[er] *m fam*; *of a person* Quiekser *m fam* **II.** *vi* (*make sound*) quietschen; *animal, person* quieken; *mouse* piepsen
squeaky ['skwi·ki] *adj* (*high-pitched*) quietschend; *voice* piepsig *fam* ▸ PHRASES: **the ~ wheel gets the grease** (*prov*) nur wer am lautesten schreit wird gehört
'squeaky-clean *adj* (*a. fig*) blitzsauber *fam*
squeal [skwil] **I.** *n* [schriller] Schrei; *of tires* Quietschen *nt kein pl*; *of brakes* Kreischen *nt kein pl*; *of a pig* Quieken *nt kein pl* **II.** *vi* (*scream*) kreischen; *pig* quieken; *tires* quietschen; *brakes* kreischen; **to ~ to a halt** mit quietschenden Reifen anhalten
squeamish ['skwi·mɪʃ] **I.** *adj* zimperlich *pej*, zart besaitet; **he is ~ about seeing blood** er ekelt sich vor Blut **II.** *npl* **to not be for the ~** nichts für schwache Nerven sein
squeegee ['skwi·dʒi] **I.** *n* Gummiwischer *m* **II.** *vt* *window* mit einem Gummiwischer putzen
squeeze [skwiz] **I.** *n* ❶ (*press*) Drücken *nt kein pl*; **to give sth a ~** etw drücken ❷ ECON (*limit*) Beschränkung *f* ❸ (*fit*) Gedränge *nt*; **it'll be a tight ~** es wird eng werden **II.** *vt* ❶ (*press*) drücken; *a lemon, an orange* auspressen; *a sponge* ausdrücken ❷ (*push in*) [hinein]zwängen; (*push through*) [durch]zwängen ❸ (*constrict*) einschränken **III.** *vi* (*fit into*) sich [hinein]zwängen (**into** in + *dat*), sich vorbeizwängen (**past** an + *dat*), sich [durch]zwängen (**through** durch + *akk*)
squeezer ['skwi·zər] *n* Fruchtpresse *f*
squelch [skweltʃ] **I.** *vt* ❶ (*end*) *uprising* unterdrücken ❷ (*silence*) *rumor* verstummen lassen **II.** *vi* *mud, water* patschen *fam*; ■ **to ~ through sth** durch etw *akk* waten
squid <*pl* - *or* -s> [skwɪd] *n* Tintenfisch *m*
squiggle ['skwɪg·əl] *n* Schnörkel *m*
squint [skwɪnt] **I.** *vi* ❶ (*close one's eyes*) blinzeln ❷ (*look*) ■ **to ~ at sb/sth** einen Blick auf jdn/etw werfen **II.** *n* (*glance*) kurzer Blick
squire [skwaɪr] *n* (*old*) ❶ (*knight's attendant*) Knappe *m* ❷ (*landowner*) Gutsherr *m*
squirm [skwɜrm] **I.** *vi* sich winden; **to ~ in**

pain sich vor Schmerzen krümmen **II.** *n* Krümmen *nt kein pl;* **to give a ~ of embarrassment** sich vor Verlegenheit winden

squirrel ['skwɜr·əl] *n* Eichhörnchen *nt*

squirt [skwɜrt] **I.** *vt* ❶ *(spray)* spritzen ❷ *(cover)* ■**to ~ sb with sth** jdn mit etw *dat* bespritzen **II.** *vi* ■**to ~ out** herausspritzen, herausschießen **III.** *n (quantity)* Spritzer *m*

Sri Lanka [ˌsri·'laŋ·kə] *n* Sri Lanka *nt*

Sri Lankan [ˌsri·'laŋ·kən] **I.** *adj* sri-lankisch; **to be ~** aus Sri Lanka sein **II.** *n* Sri-Lanker(in) *m(f)*

SSW [ˌes·es·'dʌb·əl·ju] *abbrev of* **south-southwest** SSW

St. *n* ❶ *abbrev of* **street** Str. ❷ *abbrev of* **saint** St.

stab [stæb] **I.** *vt* <-bb-> ❶ *(pierce)* einstechen (auf +*akk*); **the victim was ~bed** das Opfer erlitt eine Stichverletzung; **to ~ sth with a fork** mit einer Gabel in etw *dat* herumstochern ❷ *(make thrusting movement)* **to ~ the air** [with sth] [mit etw *dat*] in der Luft herumfuchteln **II.** *vi* <-bb-> ■**to ~ at sb/sth** auf jdn/etw einstechen; **to ~ at sth with one's finger** mit dem Finger immer wieder auf etw *akk* drücken **III.** *n* ❶ *(thrust)* Stich *m* ❷ *(wound)* Stichwunde *f* ❸ *(pain)* Stich *m* ▶ PHRASES: **to take a ~ at** [doing] sth etw [einmal] probieren

stabbing ['stæ·bɪŋ] **I.** *n (assault)* Messerstecherei *f* **II.** *adj* **pain** stechend; *fear, memory* durchdringend

stability [stə·'bɪl·ɪ·ʈi] *n* Stabilität *f*

stabilization [ˌsteɪ·bə·lɪ·'zeɪ·ʃən] *n* Stabilisierung *f*

stabilize ['steɪ·bə·laɪz] **I.** *vt* ❶ *(make firm)* stabilisieren ❷ *(maintain level)* festigen, stabilisieren **II.** *vi* MED sich stabilisieren; **his condition has now ~d** sein Zustand ist jetzt stabil

stabilizer ['steɪ·bə·laɪ·zər] *n* ❶ AVIAT Stabilisator *m* ❷ NAUT Stabilisierungsflosse *f*

stable[1] <-r, -st *or* more ~, most ~> ['steɪ·bəl] *adj* ❶ *(firmly fixed)* stabil; *relationship* fest ❷ PSYCH ausgeglichen

stable[2] ['steɪ·bəl] **I.** *n* ❶ *(building, horses)* Stall *m* ❷ *(business)* Rennstall *m* **II.** *vt* **to ~ a horse** ein Pferd unterstellen

stack [stæk] **I.** *n* ❶ *of videos* Stapel *m; of papers* Stoß *m* ❷ *(fam: large amount)* Haufen *m* ❸ *of hay, straw* Schober *m* ❹ MUS *hi-fi equipment* Stereoturm *m* ❺ *(chimney)* Schornstein *m*, Kamin *m* SCHWEIZ **II.** *vt* ❶ *(arrange in pile)* [auf]stapeln ❷ *(fill)* **the fridge is ~ed with food** der Kühlschrank ist randvoll mit Lebensmitteln; *dishwasher* einräumen; *shelves* auffüllen

stadium <*pl* -s *or* -dia> ['steɪ·di·əm] *n* Stadion *nt*

staff [stæf] **I.** *n* ❶ + *sing/pl vb (employees)* Belegschaft *f;* **nursing ~** Pflegepersonal *nt* ❷ + *sing/pl vb* MIL Stab *m* ❸ *(stick)* [Spazier]stock *m* ❹ MUS Notenlinien *pl* **II.** *vt usu passive* **many charities are ~ed by volun-**

teers viele Wohltätigkeitsvereine beschäftigen ehrenamtliche Mitarbeiter

'**staff officer** *n* MIL Stabsoffizier(in) *m(f)*

stag [stæg] *n* ZOOL Hirsch *m*

stage [steɪdʒ] **I.** *n* ❶ *(period)* Etappe *f*, Station *f;* **crucial ~** entscheidende Phase ❷ *of a journey, race* Etappe *f*, Abschnitt *m* ❸ THEAT *(platform)* Bühne *f;* **to take center ~** *(fig)* im Mittelpunkt [des Interesses] stehen ❹ ELEC Schaltstufe *f* **II.** *vt* ❶ THEAT aufführen; *concert* geben ❷ *(organize)* convention, meeting veranstalten; *demonstration, strike* organisieren; *game* austragen

'**stagecoach** *n (hist)* Postkutsche *f*

'**stage direction** *n* Bühnenanweisung *f*

'**stage fright** *n* Lampenfieber *nt*

'**stagehand** *n* Bühnenarbeiter(in) *m(f)*

'**stage-manage I.** *vt* inszenieren **II.** *vi (act as stage manager)* Regie führen

'**stage manager** *n* Bühnenmeister(in) *m(f)*, Inspizient(in) *m(f)* fachspr

'**stage name** *n* Künstlername *m*

stage 'whisper *n* ❶ THEAT Beiseitesprechen *nt* ❷ *(whisper)* unüberhörbares Flüstern

stagger ['stæg·ər] **I.** *vi* ❶ *(totter)* ■**to ~ somewhere** irgendwohin wanken [*o* torkeln]; **to ~ to one's feet** sich aufrappeln ❷ *(waver)* schwanken, wanken **II.** *vt* ❶ *(shock)* erstaunen ❷ *(arrange)* staffeln **III.** *n* ❶ *(lurch)* Wanken *nt kein pl*, Taumeln *nt kein pl* ❷ *(arrangement)* Staffelung *f*

staggered ['stæg·ərd] *adj* gestaffelt

staggering ['stæg·ər·ɪŋ] *adj* ❶ *(amazing)* erstaunlich, umwerfend *fam; news* unglaublich ❷ *(shocking)* erschütternd

staging ['steɪ·dʒɪŋ] *n* ❶ THEAT Inszenierung *f* ❷ *(scaffolding)* [Bau]gerüst *nt*

stagnant ['stæg·nənt] *adj (not flowing)* stagnierend; *pool* still; *water* stehend

stagnate ['stæg·neɪt] *vi* ❶ *(stop flowing)* sich stauen ❷ *(stop developing)* stagnieren

stagnation [stæg·'neɪ·ʃən] *n* Stagnation *f*

stagy ['steɪ·dʒi] *adj (pej)* theatralisch

staid [steɪd] *adj* seriös, gesetzt; *(pej)* spießig

stain [steɪn] **I.** *vt* ❶ *(discolor)* verfärben; *(cover with spots)* Flecken auf etw *akk* machen ❷ *(blemish)* reputation schaden ❸ *(color)* wood [ein]färben **II.** *vi* ❶ *(cause discoloration)* abfärben, Flecken machen ❷ *(discolor)* sich verfärben ❸ *(take dye)* Farbe annehmen, sich färben **III.** *n* ❶ *(discoloration)* Verfärbung *f*, Fleck *m* ❷ *(blemish)* Makel *m* ❸ *(dye)* Beize *f*, Färbemittel *nt*

stained [steɪnd] *adj* ❶ *(discolored)* verfärbt; *(with spots)* fleckig ❷ *(dyed)* gefärbt, gebeizt

stained 'glass *n* Buntglas *nt*

'**stained-glass window** *n* Buntglasfenster *nt*

stainless ['steɪn·lɪs] **I.** *adj* makellos; *character* tadellos **II.** *n see* **stainless steel**

stainless 'steel *n* rostfreier Stahl

'**stain remover** *n* Fleckenentferner *m*

stair [ster] *n* ❶ *(set of steps)* ■**~s** *pl* Treppe *f;* **a flight of ~s** eine Treppe ❷ *(step)* Treppen-

stufe *f*
'**staircase** *n* (*stairs*) Treppenhaus *nt*, Treppenaufgang *m*; **spiral** ~ Wendeltreppe *f*
'**stair lift** *n* Treppenlift *m*
'**stairway** *n* Treppe *f*
'**stairwell** *n* Treppenhausschacht *m*
stake [steɪk] **I.** *n* ❶ (*stick*) Pfahl *m*, Pflock *m* ❷ *usu pl* (*wager*) Einsatz *m*; (*in games*) [Wett]einsatz *m* ❸ (*interest*) *a.* FIN, ECON Anteil *m* ▸ PHRASES: **to be at** ~ (*in question*) zur Debatte stehen; (*at risk*) auf dem Spiel stehen **II.** *vt* ❶ (*tether*) *animal* anbinden; *plant* hochbinden ❷ (*wager*) *money* setzen; **to** ~ **one's future on sth** seine Zukunft auf etw *akk* aufbauen ❸ (*fig fam: support*) ■**to** ~ **sb to sth** jdm etw ermöglichen
◆**stake out** *vt* ❶ LAW (*watch closely*) überwachen ❷ (*mark territory*) markieren; *border* abstecken; *position* behaupten ❸ (*establish*) *position* einnehmen
'**stakeholder** *n* Teilhaber(in) *m(f)*
stalactite [stə-'læk-taɪt] *n* Tropfstein *m*, Stalaktit *m fachspr*
stalagmite [stə-'læg-maɪt] *n* Tropfstein *m*, Stalagmit *m fachspr*
stale [steɪl] *adj* ❶ (*not fresh*) fade, schal; *beer*, *lemonade* abgestanden; *air* muffig; ~ **bread** altbackenes Brot ❷ (*unoriginal*) fantasielos; *joke* abgedroschen ❸ (*without zest*) abgestumpft; **to go** ~ stumpfsinnig werden
stalemate ['steɪl-meɪt] **I.** *n* ❶ CHESS Patt *nt* ❷ (*deadlock*) Stillstand *m* **II.** *vt* ❶ CHESS patt setzen ❷ (*bring to deadlock*) zum Stillstand bringen
stalk¹ [stɔk] *n* Stiel *m*
stalk² [stɔk] **I.** *vt* ❶ (*hunt*) jagen ❷ (*harass*) ■**to** ~ **sb** jdm nachstellen **II.** *vi* (*haughtily*) stolzieren; (*angrily*) marschieren
stalker [stɔ-kər] *n* ❶ *of people* jd, der [*meist prominente*] *Personen verfolgt und belästigt* ❷ (*hunter*) Jäger(in) *m(f)*
stall¹ [stɔl] **I.** *n* ❶ (*for an animal*) Stall *m*, Verschlag *m* ❷ (*for selling*) [Verkaufs]stand *m* ❸ (*for parking*) [markierter] Parkplatz ❹ (*toilet cubicle*) Toilette *f* **II.** *vi* ❶ (*stop running*) *motor* stehen bleiben; *aircraft* abrutschen ❷ (*come to standstill*) *negotiations* zum Stillstand kommen **III.** *vt car*, *engine* abwürgen
stall² [stɔl] **I.** *vi* (*delay*) zaudern, zögern; **to** ~ **for time** Zeit gewinnen **II.** *vt* ❶ (*delay*) aufhalten, verzögern ❷ (*fam: keep waiting*) ■**to** ~ **sb** jdn hinhalten
stallion ['stæl-jən] *n* Hengst *m*
stalwart ['stɔl-wərt] (*form*) **I.** *adj* ❶ (*loyal*) unentwegt; *supporter* treu ❷ (*sturdy*) robust, unerschütterlich **II.** *n* Anhänger(in) *m(f)*
stamen <*pl* -s *or* -mina> ['steɪ-men] *n* Staubgefäß *nt*
stamina ['stæm-ə-nə] *n* Durchhaltevermögen *nt*, Ausdauer *f*
stammer ['stæm-ər] **I.** *n* Stottern *nt* **II.** *vi* stottern, stammeln
stamp [stæmp] **I.** *n* ❶ (*implement*) Stempel *m*

❷ (*mark*) Stempel *m*; ~ **of approval** Genehmigungsstempel *m* ❸ (*adhesive*) **postage** ~ Briefmarke *f* ❹ (*step*) Stampfer *m fam*; (*sound*) Stampfen *nt* **II.** *vt* ❶ (*crush*) zertreten; (*stomp*) **to** ~ **one's foot** mit dem Fuß aufstampfen ❷ (*mark*) [ab]stempeln ❸ (*affix postage to*) **to** ~ **a letter** einen Brief frankieren **III.** *vi* ❶ (*step*) stampfen; ■**to** ~ [up]on **sth** auf etw *akk* treten ❷ (*walk*) stampfen, stapfen
◆**stamp out** *vt* ■**to** ~ **out** ⟳ **sth** (*eradicate*) etw ausmerzen; *crime*, *corruption* etw bekämpfen; *a disease* etw ausrotten; *a fire* etw austreten
'**stamp collector** *n* Briefmarkensammler(in) *m(f)*
stampede [stæm-'pid] **I.** *n* ❶ *of animals* wilde Flucht ❷ *of people* [Menschen]auflauf *m* **II.** *vi* *animals* durchgehen; *people* irgendwohin stürzen **III.** *vt* ❶ (*cause to rush*) aufschrecken ❷ (*force into action*) ■**to** ~ **sb into** [**doing**] **sth** jdn zu etw *dat* drängen
stance [stæns] *n* ❶ (*posture*) Haltung *f kein pl*; SPORTS *Schlagpositur beim Baseball*, *Golf usw.* ❷ (*attitude*) Standpunkt *m*, Einstellung *f* (**on** zu +*dat*)
stand [stænd] **I.** *n* ❶ (*physical position*) Stellung *f* ❷ (*position on an issue*) Einstellung *f* (**on** zu +*dat*); **to take a** ~ **on sth** sich für etw *akk* einsetzen ❸ SPORTS ■~**s** *pl* (*raised seating for spectators*) [Zuschauer]tribüne *f* ❹ (*support*) Ständer *m* ❺ LAW ■**the** ~ der Zeugenstand; **to take the** ~ vor Gericht aussagen ❻ MIL (*resistance*) Widerstand *m*; (*battle*) Gefecht *nt*; **to make a** ~ (*fig*) klar Stellung beziehen ❼ (*waiting area*) **taxi** ~ Taxistand *m* **II.** *vi* <stood, stood> ❶ (*be upright*) stehen; ~ **against the wall** stell dich an die Wand; **to** ~ **clear** aus dem Weg gehen, beiseitetreten; **to** ~ **still** stillstehen ❷ (*be located*) stehen, liegen; **to** ~ **in sb's way** jdm im Weg stehen ❸ + *adj* (*be in a specified state*) stehen; **to** ~ **open/empty/in second place** offen/leer/ an zweiter Stelle stehen; **with the situation as it** ~**s right now** ... so wie die Sache im Moment aussieht, ... ❹ (*remain valid*) gelten, Bestand haben; **does that offer still** ~**?** ist das Angebot noch gültig? ▸ PHRASES: **to** ~ **sb in good stead** jdm von Nutzen sein
◆**stand around** *vi* herumstehen
◆**stand back** *vi* ❶ (*fig: take detached view*) ■**to** ~ **back from sth** etw aus der Distanz betrachten ❷ (*not get involved*) tatenlos zusehen ❸ (*be located away from*) abseitsliegen (**from** von +*dat*)

◆**stand by** *vi* ❶(*be ready*) bereitstehen ❷(*observe*) dabeistehen, zugucken *fam* ❸(*support*) ■**to ~ by sb** zu jdm stehen ❹(*abide by*) *promise* halten; **one's word** stehen (zu +*dat*)

◆**stand for** *vi* ❶(*tolerate*) ■**to not ~ for sth** sich *dat* etw nicht gefallen lassen ❷(*represent*) ■**to ~ for sth** für etw *akk* stehen

◆**stand in** *vi* ■**to ~ in for sb** für jdn einspringen

◆**stand out** *vi* ❶(*be distinguishable*) zu unterscheiden sein; (*be identifiable*) gekennzeichnet sein (**as** als +*akk*), hervorragen; **to ~ out in a crowd** sich von der Menge abheben ❷(*protrude*) hervorragen

◆**stand up** *vi* (*rise*) aufstehen; (*be standing*) stehen

standard ['stæn·dərd] I. *n* ❶(*level of quality*) Standard *m*, Qualitätsstufe *f*; **to raise ~s** das Niveau heben ❷(*criterion*) Gradmesser *m*, Richtlinie *f* ❸(*principles*) ■**~s** *pl* Wertvorstellungen *pl* ❹(*flag*) Standarte *f* II. *adj* ❶(*customary, authoritative*) *a.* LING Standard- ❷(*average*) durchschnittlich

standardization [ˌstæn·dər·dɪˈzeɪ·ʃən] *n* Standardisierung *f*

standardize ['stæn·dər·daɪz] *vt* ❶(*make conform*) standardisieren ❷(*compare*) vereinheitlichen

standby <*pl* -s> ['stænd·baɪ] I. *n* ❶(*readiness*) **on ~** in Bereitschaft ❷(*backup*) Reserve *f* II. *adj* ❶(*emergency*) Ersatz-; **~ generator** Ersatzgenerator *m* ❷TRANSP **~ passenger** Passagier, der mit einem Stand-by-Ticket reist; **~ ticket** Stand-by-Ticket *nt* III. *adv* AVIAT, TOURIST **to fly ~** mit einem Stand-by-Ticket fliegen

'**stand-in** *n* Vertretung *f*; FILM, THEAT Ersatz *m*

standing ['stæn·dɪŋ] I. *n* ❶(*status*) Status *m*, Ansehen *nt* ❷(*duration*) Dauer *f*; **to be of long ~** von langer Dauer sein II. *adj attr* ❶(*upright*) [aufrecht] stehend ❷(*permanent*) ständig ❸(*stationary*) stehend

standing o'vation *n* stehende Ovationen *pl*

'**standpoint** *n* (*attitude*) Standpunkt *m*

'**standstill** *n* Stillstand *m*; **to be at a ~** zum Erliegen kommen

'**standup** *adj attr* (*performed standing*) **~ comedy** Stand-up-Comedy *f*, Stegreifkomödie *f*; **~ comedian** Stand-up-Comedian *m*, Alleinunterhaltungskünstler *m*

stank [stæŋk] *pt of* **stink**

stanza ['stæn·zə] *n* Strophe *f*

staple[1] ['steɪ·pəl] I. *n* ❶(*main component*) Grundstock *m*; FOOD Grundnahrungsmittel *nt* ❷ECON Hauptprodukt *nt* ❸(*of cotton*) Rohbaumwolle *f*; (*of wool*) Rohwolle *f* II. *adj attr* Haupt-; **~ foods** Grundnahrungsmittel *pl*

staple[2] ['steɪ·pəl] I. *n* ❶(*for paper*) Heftklammer *f* ❷(*not for paper*) Krampe *f* II. *vt* heften; ■**to ~ sth together** etw zusammenheften

'**staple gun** *n* Heftmaschine *f*

stapler ['steɪp·lər] *n* Hefter *m*, Tacker *m fam*

star [star] I. *n* ❶ASTRON Stern *m* ❷(*asterisk*)

Sternchen *nt;* (*symbol*) Stern *m* ❸(*performer*) Star *m* II. *vt* <-rr-> ❶THEAT, FILM **the new production of "King Lear" will ~ John Smith as Lear** die neue Produktion von „King Lear" zeigt John Smith in der Rolle des Lear ❷(*mark with asterisk*) mit einem Sternchen versehen III. *vi* <-rr-> THEAT, FILM **to ~ in a film** in einem Film die Hauptrolle spielen IV. *adj attr* Star-; **~ witness** Hauptzeuge, -zeugin *m, f*

starboard ['star·bərd] *n* Steuerbord *nt kein pl*

starch [startʃ] I. *n* FOOD, FASHION Stärke *f* II. *vt laundry* stärken

starchy ['star·tʃi] *adj* ❶FOOD stärkehaltig ❷(*pej fam: formal*) *people* reserviert

stardom ['star·dəm] *n* Leben *nt* als Star

stare [ster] I. *n* Starren *nt;* **accusing ~** vorwurfsvoller Blick II. *vi* ❶(*look fixedly*) starren; ■**to ~ at sb/sth** jdn/etw anstarren ❷(*gawk*) große Augen machen III. *vt* (*look at*) **to ~ sb in the eye** jdn anstarren; **to ~ sb up and down** jdn anstieren *fam* ► PHRASES: **to be staring sb in the face** (*be evident*) auf der Hand liegen

'**starfish** *n* Seestern *m*

stargazer ['star·ˌgeɪ·zər] *n* (*fam*) Sterngucker(in) *m(f)*

staring ['ster·ɪŋ] *adj eyes* starrend

stark [stark] I. *adj* ❶(*bare*) *landscape* karg; (*austere*) schlicht ❷(*obvious*) krass; **to be a ~ reminder** drastisch an etw *akk* erinnern II. *adv* **~ naked** splitterfasernackt *fam;* **~ raving mad** (*hum, iron*) völlig übergeschnappt *fam*

starlet ['star·lɪt] *n* (*actress*) Starlet *nt*

'**starlight** *n* Sternenlicht *nt*

starling ['star·lɪŋ] *n* (*bird*) Star *m*

starlit ['star·lɪt] *adj* sternenklar

starry ['star·i] *adj* ❶ASTRON sternenklar; *sky* mit Sternen übersät ❷(*star-like*) sternförmig ❸FILM, THEAT **~ cast** Starbesetzung *f*

'**starry-eyed** *adj idealist* blauäugig

Stars and Stripes [ˌstarz·ənd·ˈstraɪps] *npl* + *sing vb* ■**the ~** die Stars and Stripes *pl* (*Nationalflagge der USA*)

---

i Die **U. S. flag** hat viele Bezeichnungen, unter anderem auch *the Stars and Stripes*. Die Sterne symbolisieren die 50 heutigen amerikanischen Bundesstaaten und die 13 Streifen stehen für die 13 Gründerstaaten. Der patriotische Ausdruck *Old Glory* stammt von dem Schiffskapitän William Driver. Der Titel der Nationalhymne, *The Star-Spangled Banner*, nimmt ebenfalls auf diese Fahne Bezug.

S

'**star sign** *n* ASTROL Sternzeichen *nt*

Star-Spangled 'Banner *n* ■**the ~** ❶(*US flag*) das Sternenbanner (*die Nationalflagge der USA*) ❷(*US national anthem*) der Star Spangled Banner (*die Nationalhymne der*

USA)

'star-studded *adj* ❶ ASTRON mit Sternen übersät ❷ FILM, THEAT (*fam*) mit Stars besetzt; ~ **cast** Starbesetzung *f*

start [start] **I.** *n usu sing* ❶ (*beginning*) Anfang *m,* Beginn *m;* **the race got off to an exciting** ~ das Rennen fing spannend an; **promising** ~ viel versprechender Anfang; **to make a fresh** ~ einen neuen Anfang machen ❷ SPORTS Start *m;* **false** ~ Fehlstart *m* ❸ (*advantage*) Vorsprung *m;* **to have a good** ~ **in life** einen guten Start ins Leben haben ❹ (*sudden movement*) Zucken *nt;* **to give a** ~ zusammenzucken **II.** *vi* ❶ (*begin*) anfangen; ~**ing tomorrow** ab morgen; ~**ing** [on] **January 1**[st] ab dem 1. Januar; **to** ~ **with** (*at first*) anfangs; (*firstly*) zunächst einmal ❷ (*begin a trip*) losfahren ❸ (*begin to operate*) *vehicle, motor* anspringen ❹ (*begin happening*) beginnen ❺ (*jump in surprise*) zusammenfahren, hochfahren **III.** *vt* ❶ (*begin*) *family, business* gründen; ■ **to** ~ [doing] **sth** anfangen, etw zu tun; **when do you** ~ **your new job?** wann fängst du mit deiner neuen Stelle an? ❷ (*set in motion*) ■ **to** ~ **sth** etw ins Leben rufen; **to** ~ **a fight** Streit anfangen; **to** ~ **a fire** Feuer machen ❸ MECH einschalten; *machine* anstellen; *motor* anlassen; *car* starten

◆**start back** *vi* (*return*) sich auf den Rückweg machen

◆**start off I.** *vi* ❶ (*begin activity*) ■ **to** ~ **off with sb/sth** bei jdm/etw anfangen; **they** ~ **ed off by reading through the script** zuerst lasen sie das Skript durch ❷ (*begin career*) ■ **to** ~ **off as sth** seine Laufbahn als etw beginnen **II.** *vt* ❶ (*begin*) ■ **to** ~ **sth** ↻ **off** etw beginnen ❷ (*cause to begin*) ■ **to** ~ **sb off doing sth** jdn zu etw *dat* veranlassen ❸ (*help to begin*) ■ **to** ~ **sb off with sth** jdm den Start bei etw *dat* erleichtern

◆**start out** *vi* ❶ (*embark*) aufbrechen ❷ (*begin*) anfangen; ■ **to** ~ **out as sth** als etw beginnen; (*on a job*) als etw anfangen

◆**start up I.** *vt* ❶ (*organize*) *business, club* gründen ❷ MECH *motor* anlassen **II.** *vi* ❶ (*occur*) beginnen ❷ (*begin running*) *engine, vehicle* anspringen

starter ['star·tər] *n* ❶ FOOD (*fam*) Vorspeise *f* ❷ MECH Anlasser *m* ❸ (*for race*) Starter *m* ❹ (*participant*) Wettkampfteilnehmer(in) *m(f);* (*in starting lineup*) Starter *m* ❺ ■ ~**s** *pl* **for** ~**s** zunächst [einmal]

starting ['star·tɪŋ] *adj attr* SPORTS Start-

'starting line *n* SPORTS Startlinie *f*

'starting point *n* Ausgangspunkt *m*

startle ['star·təl] *vt* erschrecken

startling ['star·təl·ɪŋ] *adj* (*surprising*) überraschend, verblüffend; (*alarming*) erschreckend

'start-up *n* ❶ COMM [Neu]gründung *f,* Existenzgründung *f* ❷ MECH Start *m,* Inbetriebnahme *f* ❸ COMPUT Hochfahren *nt kein pl,* Start *m;* ~ **disk** Startdiskette *f*

starvation [star·'veɪ·ʃən] *n* ❶ (*death from*

hunger) Hungertod *m;* **to die of** ~ verhungern ❷ (*serious malnutrition*) Unterernährung *f*

starve [starv] **I.** *vi* ❶ (*die of hunger*) verhungern ❷ (*suffer from hunger*) hungern; (*be malnourished*) unterernährt sein ❸ (*fam: feel very hungry*) **to be starving** am Verhungern sein *fam* ❹ (*crave*) hungern (**for** nach +*dat*) **II.** *vt* ❶ (*deprive of food*) aushungern; ■ **to** ~ **oneself to death** sich zu Tode hungern ❷ *usu passive* (*fig: deprive*) ■ **to be** ~**d of sth** um etw *akk* gebracht werden; **people** ~ **d of sleep start to lose their concentration** Menschen, die unter Schlafmangel leiden, können sich nicht mehr konzentrieren ❸ *usu passive* (*fig: crave*) ■ **to be** ~**d for sth** sich nach etw *dat* sehnen

starving ['star·vɪŋ] *adj* ❶ (*malnourished*) ausgehungert, unterernährt; ~ **children** hungernde Kinder ❷ (*fam: very hungry*) [ganz] ausgehungert; **I'm** ~! ich bin am Verhungern!

stash [stæʃ] **I.** *n* <*pl* -**es**> (*cache*) [geheimes] Lager, Vorrat *m* **II.** *vt* (*fam*) verstecken; *money* bunkern

state [steɪt] **I.** *n* ❶ (*existing condition*) Zustand *m;* ~ **of war** Kriegszustand *m* ❷ (*physical condition*) körperliche Verfassung; **to be in a good** ~ **of health** in einem guten Gesundheitszustand sein ❸ PSYCH ~ **of mind** Gemütszustand *m;* **to be in the proper** ~ **of mind to do sth** in der Lage sein, etw zu tun ❹ (*nation*) Staat *m* ❺ (*unit within nation: in USA*) [Bundes]staat *m;* (*in Germany*) Land *nt;* ■ **the S**~**s** *pl* (*fam: the USA*) die Staaten *pl* ❻ (*civil government*) Staat *m,* Regierung *f* **II.** *adj attr* ❶ (*pertaining to a nation*) staatlich, Staats- ❷ (*pertaining to unit*) **the** ~ **capital of Texas** die Hauptstadt von Texas; ~ **park** *von einem US-Bundesstaat finanzierter Park;* ~ **police** *Polizei eines US-Bundesstaates* ❸ (*pertaining to civil government*) Regierungs-; ~ **secret** (*a. fig*) Staatsgeheimnis *nt;* ~ **subsidy** [staatliche] Subvention ❹ (*showing ceremony*) Staats- **III.** *vt* ❶ (*express*) aussprechen, äußern; *objections* vorbringen; *source* angeben; ■ **to** ~ **why ...** darlegen, warum ... ❷ (*specify, fix*) nennen, angeben; *demands* stellen

stated ['steɪ·tɪd] *adj* ❶ (*declared*) genannt, angegeben; **as** ~ **above** wie oben angegeben ❷ (*fixed*) festgelegt, festgesetzt

'State Department *n* ■ **the** ~ das US-Außenministerium

stateless ['steɪt·lɪs] *adj* staatenlos; ~ **person** Staatenlose(r) *f(m)*

stately ['steɪt·li] *adj* ❶ (*formal and imposing*) würdevoll, majestätisch ❷ (*splendid*) prächtig, imposant

statement ['steɪt·mənt] *n* ❶ (*act of expressing sth*) Äußerung *f,* Erklärung *f* ❷ (*formal declaration*) Stellungnahme *f,* Verlautbarung *f;* LAW Aussage *f;* **to make a** ~ **to the press** eine Presseerklärung abgeben ❸ FIN **bank** ~ [Konto]auszug *m*

state of the 'art *adj pred,* **state-of-the-'art** *adj*

attr auf dem neuesten Stand der Technik
nach n, hoch entwickelt, hochmodern
state 'prison *n* Staatsgefängnis *nt* (*eines US-Bundesstaates*)
'stateroom *n* ❶ (*in a hotel*) Empfangszimmer *nt;* (*in a palace*) Empfangssaal *m* ❷ NAUT Luxuskabine *f*
'stateside I. *adj* in den Staaten *präd* **II.** *adv* in die Staaten
'statesman *n* Staatsmann *m*
'statesmanship ['steɪts·mən·ʃɪp] *n* Staatskunst *f*
'stateswoman *n* Staatsfrau *f*
state 'visit *n* Staatsbesuch *m*
static ['stæt̬·ɪk] **I.** *adj* (*fixed*) statisch; (*not changing*) konstant **II.** *n* (*electrical charge*) statische Elektrizität; (*atmospherics*) atmosphärische Störungen
static elec'tricity *n* statische Elektrizität
station ['steɪ·ʃən] **I.** *n* ❶ TRANSP **train** ~ Bahnhof *m;* **subway** ~ U-Bahn-Haltestelle *f,* U-Bahn-Station *f* ❷ (*for designated purpose*) -station *f;* **police** ~ Polizeiwache *f;* **power** ~ Kraftwerk *nt* ❸ TV, RADIO Sender *m* **II.** *vt* postieren, aufstellen; *soldiers, troops* stationieren; **several destroyers have been ~ed off the coast of Norway** mehrere Zerstörer liegen vor der Küste Norwegens
stationary ['steɪ·ʃə·ner·i] *adj* (*not moving*) ruhend; (*not changing*) unverändert
stationery ['steɪ·ʃə·ner·i] *n* Schreibwaren *pl;* (*writing paper*) Schreibpapier *nt*
'station house *n* Polizeiwache *f*
'station wagon *n* Kombi[wagen] *m*
statistical [stə·'tɪs·tɪ·kəl] *adj* statistisch
statistician [ˌstæt·ɪ·'stɪʃ·ən] *n* Statistiker(in) *m(f)*
statistics [stə·'tɪs·tɪks] *npl* ❶ + *sing vb* (*science*) Statistik *f kein pl* ❷ (*data*) Statistik *f*
statue ['stæt̬·u] *n* Statue *f,* Standbild *nt*
Statue of 'Liberty *n* ■**the** ~ die Freiheitsstatue

Vereinigten Staaten und das internationale Symbol für Freiheit und Demokratie.

statuette [ˌstæt̬·u·'et] *n* Statuette *f*
stature ['stæt̬·ər] *n* ❶ (*height*) Statur *f,* Gestalt *f;* **short** ~ kleiner Wuchs ❷ (*reputation*) Geltung *nt,* Prestige *nt*
status ['stæ·t̬əs] *n* Status *m;* (*prestige a.*) Prestige *nt;* **legal** ~ Rechtsposition *f*
status quo [ˌstæ·t̬əs·'kwoʊ] *n* Status quo *m*
'status symbol *n* Statussymbol *nt*
statute ['stæt̬·ut] *n* ❶ (*written rule*) Statut *nt meist pl,* Satzung *f;* ■**by** ~ satzungsgemäß ❷ (*law*) Gesetz *nt*
'statute book *n* Gesetzbuch *nt*
statute of limi'tations *n* Verjährungsgesetz *nt*
statutory ['stæt̬·ə·tɔr·i] *adj* gesetzlich; ~ **law** kodifiziertes Recht
staunch[1] [stɔntʃ] *adj* (*steadfastly loyal*) standhaft, zuverlässig; *Catholic* überzeugt; *opponent* erbittert
staunch[2] [stɔntʃ] *vt see* **stanch**
stave [steɪv] **I.** *n* ❶ *see* **staff** 6 ❷ (*in construction*) Sprosse *f,* Querholz *nt* **II.** *vt* <staved *or* stove, staved *or* stove> **to ~ a hole in sth** ein Loch in etw *akk* schlagen
◆**stave off** *vt* ■**to ~ off** ↻ **sth** (*postpone*) etw hinauszögern [*o* aufschieben]; (*prevent*) etw abwenden [*o* abwehren]; *hunger* stillen; ■**to ~ off** ↻ **sb** jdn hinhalten *fam*
stay [steɪ] **I.** *n* Aufenthalt *m;* **overnight** ~ Übernachtung *f* **II.** *vi* ❶ (*remain present*) bleiben; **to ~ put** (*fam: keep standing*) stehen bleiben; (*not stand up*) sitzen bleiben; (*not move*) sich nicht vom Fleck rühren ❷ (*reside temporarily*) untergebracht sein, wohnen; **to ~ overnight** übernachten ❸ + *n or adj* (*remain*) bleiben; **the stores ~ open until 8 p.m.** die Läden haben bis 20 Uhr geöffnet; **to ~ in touch** in Verbindung bleiben **III.** *vt* LAW (*delay*) *execution* aussetzen ▸ PHRASES: **to ~ the course** durchhalten
◆**stay away** *vi* ❶ (*keep away*) wegbleiben, fernbleiben ❷ (*avoid*) ■**to ~ away from sb/ sth** jdn/etw meiden
◆**stay behind** *vi* [noch] [da]bleiben; **to ~ behind after school** nachsitzen
◆**stay in** *vi* zu Hause bleiben, daheimbleiben *bes* ÖSTERR, SCHWEIZ, SÜDD
◆**stay on** *vi* ❶ (*remain longer*) [noch] bleiben ❷ (*remain in place*) *lid, top* halten, daraufbleiben; *sticker* haften ❸ (*remain in operation*) *light* an bleiben; *device* eingeschaltet bleiben
◆**stay out** *vi* ❶ (*not come home*) ausbleiben, wegbleiben ❷ (*not go somewhere*) ~ **out of the kitchen!** bleib aus der Küche! ❸ (*not become involved*) **to ~ out of trouble** sich *dat* Ärger vom Hals halten *fam*
◆**stay together** *vi* ❶ (*not separate*) immer zusammen sein; (*stay in a group*) zusammenbleiben; (*always*) unzertrennlich sein ❷ (*re-*

S

main loyal to each other) zusammenhalten, zueinanderstehen
◆**stay up** *vi* aufbleiben, wach bleiben
'stay-at-home *adj* ungesellig; ~ **mom** Hausfrau *f*
staying power ['steɪ·ɪŋ-] *n* Durchhaltevermögen *nt*, Ausdauer *f*
STD [ˌes·ti·'di] *n* MED *abbrev of* **sexually transmitted disease** Geschlechtskrankheit *f*
stead [sted] *n* **in his/her ~** an seiner/ihrer Stelle ▶ PHRASES: **to stand sb in good ~** [for sth] jdm [bei etw *dat*] zugutekommen
steadfast ['sted·fæst] *adj* fest, standhaft, unerschütterlich; *ally* loyal; *friend* treu
steady ['sted·i] **I.** *adj* ❶ (*stable*) fest, stabil ❷ (*regular*) kontinuierlich, gleich bleibend; *breathing, flow, pulse* regelmäßig; *increase, decrease* stetig; *rain* anhaltend; *speed* konstant ❸ (*not wavering*) *voice* fest; *pain* permanent; *hand* ruhig ❹ (*calm and dependable*) verlässlich, solide; *nerves* stark **II.** *vt* <-ie-> ❶ (*stabilize*) stabilisieren; *ladder* festhalten; **to ~ oneself** ins Gleichgewicht kommen, Halt finden ❷ (*make calm*) *aim* fixieren; *nerves* beruhigen **III.** *adv* (*still*) **to hold ~** *prices* stabil bleiben; **to hold sth ~** etw festhalten
steak [steɪk] *n* ❶ Rindfleisch *nt;* **rump ~** Rumpsteak *nt* ❷ (*thick slice*) [Beef]steak *nt*
steal [stil] **I.** *vt* <stole, stolen> ❶ (*take illegally*) stehlen; **to ~** [sb's] **ideas** [jds] Ideen klauen *fam* ❷ (*gain artfully*) *heart* erobern ❸ (*do surreptitiously*) **she stole a glance at her watch** sie lugte heimlich auf ihre Armbanduhr ▶ PHRASES: **to ~ sb's thunder** jdm den Wind aus den Segeln nehmen **II.** *vi* <stole, stolen> ❶ (*take things illegally*) stehlen ❷ (*move surreptitiously*) sich wegstehlen; **he stole out of the room** er stahl sich aus dem Zimmer
stealth [stelθ] *n* (*furtiveness*) Heimlichkeit *f;* **by ~** heimlich
'stealth bomber *n* Tarnkappenbomber *m*
'stealth fighter *n* Tarnkappenjäger *m*
stealthy ['stel·θi] *adj* heimlich, verstohlen
steam [stim] **I.** *n* Dampf *m;* **to let off ~** Dampf ablassen *a. fig* **II.** *vi* dampfen **III.** *vt fish* dämpfen
◆**steam up I.** *vi mirror, window* [sich] beschlagen, anlaufen **II.** *vt* ❶ (*cause to become steamy*) **the windows are ~ed up** die Fenster sind beschlagen ❷ (*fam: cause to become excited*) **to get all ~ed up** [about sth] sich [über etw *akk*] unheimlich aufregen
'steamboat *n* Dampfschiff *nt,* Dampfer *m*
'steam engine *n* ❶ (*engine*) Dampfmaschine *f* ❷ (*locomotive*) Dampflok[omotive] *f*
steamer ['sti·mər] *n* ❶ (*boat*) Dampfer *m,* Dampfschiff *nt* ❷ (*for cooking*) Dampfkochtopf *m*
'steam iron *n* Dampfbügeleisen *nt*
steamroll ['stim·roʊl] *vt see* **steamroller**
'steamroller I. *n* Dampfwalze *f* **II.** *vt* ■**to ~ sb into doing sth** jdn unter Druck setzen, etw zu

tun; *opposition* niederwalzen
'steamship *n* Dampfschiff *nt,* Dampfer *m*
steamy ['sti·mi] *adj* ❶ (*full of steam*) dampfig, dunstig ❷ (*hot and humid*) feuchtheiß ❸ (*fam: sexy*) heiß, scharf; *love scene, novel a.* prickelnd
steel [stil] **I.** *n* ❶ (*iron alloy*) Stahl *m;* **nerves of ~** Nerven *pl* wie Drahtseile ❷ **sharpening ~** Wetzstahl *m* **II.** *vt* ■**to ~ oneself against/for sth** sich gegen/für etw *akk* wappnen; ■**to ~ oneself** [to do sth] all seinen Mut zusammennehmen[, um etw zu tun]
'steel mill *n* Stahl[walz]werk *nt*
steel 'wool *n* Stahlwolle *f*
'steelworker *n* Stahlarbeiter(in) *m(f)*
'steelworks *npl* + *sing vb* Stahlwerk *nt,* Stahlfabrik *f*
steely ['sti·li] *adj* ❶ (*of steel*) stählern ❷ (*hard, severe*) stahlhart; *determination* eisern; *expression* hart
steep¹ [stip] *adj* ❶ (*sharply sloping*) steil; *slope* abschüssig; *steps* hoch ❷ (*dramatic*) drastisch, dramatisch; *decline* deutlich ❸ (*unreasonably expensive*) überteuert
steep² [stip] **I.** *vt* ❶ (*soak in liquid*) tränken; *laundry* einweichen ❷ *usu passive* (*imbue*) **~ed in history** geschichtsträchtig **II.** *vi* einweichen; **she never lets the tea ~ long enough** sie lässt den Tee nie lang genug ziehen
steepen ['sti·pən] *vi* ❶ (*become steeper*) steiler werden; *road, slope* ansteigen ❷ (*fam: increase in cost*) steigen, sich erhöhen
steeple ['sti·pəl] *n* Turmspitze *f; of a church* Kirchturm *m*
'steeplechase *n* ❶ (*for horses*) Hindernisrennen *nt,* Hürdenrennen *nt* ❷ (*for runners*) Hindernislauf *m*
steer¹ [stɪr] **I.** *vt* ❶ (*direct*) steuern ❷ (*follow*) *course* einschlagen **II.** *vi* steuern, lenken; *vehicle* sich lenken lassen
steer² [stɪr] *n* ZOOL junger Ochse
steerage ['stɪr·ɪdʒ] *n* NAUT (*hist*) Zwischendeck *nt*
steering ['stɪr·ɪŋ] *n* AUTO Lenkung *f;* NAUT Steuerung *f*
'steering committee *n* Lenkungsausschuss *m*
'steering wheel *n* Steuer[rad] *nt; of a car a.* Lenkrad *nt*
stellar ['stel·ər] *adj* ❶ ASTRON (*form*) stellar *fachspr* ❷ (*fam: exceptionally good*) grandios, phänomenal
stem [stem] **I.** *n* ❶ *of a tree, bush* Stamm *m; of a leaf, flower* Stiel *m,* Stängel *m; of grain, corn* Halm *m; of a glass* [Glas]stiel *m* ❷ LING [Wort]stamm *m* **II.** *vt* <-mm-> eindämmen, aufhalten; *bleeding* stillen; **to ~ the tide** [*or* **flow**] **of sth** etw zum Stillstand bringen **III.** *vi* <-mm-> ❶ (*be traced back*) ■**to ~ back to sth** sich bis zu etw *dat* zurückverfolgen lassen, auf etw *akk* zurückgehen; ■**to ~ from sb/sth** auf jdn/etw zurückzuführen sein ❷ (*slide a ski outwards*) stemmen

stench [stentʃ] *n* Gestank *m a. fig*

stencil ['sten·səl] *n* Schablone *f;* (*picture*) Schablonenzeichnung *f*

stenographer [stə·'nag·rə·fər] *n* (*dated*) Stenograf(in) *m(f)*, Stenotypist(in) *m(f)*

stenography [stə·'nag·rə·fi] *n* (*dated*) Stenografie *f*

step [step] **I.** *n* ❶ (*foot movement*) Schritt *m;* **to walk in ~** im Gleichschritt laufen ❷ (*dance movement*) [Tanz]schritt *m;* ▪ **in ~** im Takt; (*fig*) im Einklang ❸ (*stair*) Stufe *f; of a ladder* Sprosse *f;* **"watch your ~"** „Vorsicht, Stufe!" ❹ (*stage in a process*) Schritt *m;* **to be one ~ ahead** [**of sb**] [jdm] einen Schritt voraus sein; **~ by ~** Schritt für Schritt ❺ (*measure, action*) Schritt *m,* Vorgehen *nt;* **to take drastic ~s** zu drastischen Mitteln greifen **II.** *vi* <-pp-> ❶ (*tread*) ▪ **to ~ over sth** über etw *akk* steigen; **to ~ on sb's foot** jdm auf den Fuß treten ❷ (*walk*) ▪ **to ~ somewhere** irgendwohin gehen; **would you care to ~ this way please, sir?** würden Sie bitte hier entlanggehen, Sir?; **to ~ aside** zur Seite gehen; **to ~ out of line** (*fig*) sich danebenbenehmen **III.** *vi* (*tread on accelerator, brake*) treten (**on** auf +*akk*); **~ on it!** gib Gas! *fam*

◆**step aside** *vi* zur Seite treten, Platz machen

◆**step back** *vi* ❶ (*move back*) zurücktreten ❷ (*gain a new perspective*) Abstand nehmen

◆**step down** *vi* ❶ (*resign*) zurücktreten, sein Amt niederlegen ❷ LAW *witness* den Zeugenstand verlassen

◆**step in** *vi* ❶ (*enter building*) eintreten; (*enter vehicle*) einsteigen ❷ (*intervene*) eingreifen, einschreiten

◆**step up** *vt* ❶ verstärken; *pace* beschleunigen ❷ (*come forward*) vortreten

'**stepbrother** *n* Stiefbruder *m*

'**stepchild** *n* Stiefkind *nt*

'**stepdaughter** *n* Stieftochter *f*

'**stepfather** *n* Stiefvater *m*

'**stepladder** *n* Stehleiter *f,* Trittleiter *f*

'**stepmother** *n* Stiefmutter *f*

steppe [step] *n* Steppe *f*

'**stepping stone** *n* ❶ (*stone*) [Tritt]stein *m* ❷ (*fig: intermediate stage*) Sprungbrett *nt*

'**stepsister** *n* Stiefschwester *f*

'**stepson** *n* Stiefsohn *m*

stereo¹ <*pl* -os> ['ster·i·oʊ] *n* ❶ (*transmission*) Stereo *nt* ❷ (*fam: unit*) Stereoanlage *f*

stereo² ['ster·i·oʊ] *adj short for* **stereophonic** Stereo-

stereophonic [ˌster·i·ə·'fan·ɪk] *adj* MUS, MEDIA (*form*) stereophon *fachspr;* **~ sound** Stereoklang *m*

stereotype ['ster·i·ə·taɪp] **I.** *n* Stereotyp *nt,* Klischee *nt;* (*character*) stereotype Figur **II.** *vt* **to ~ sb/sth** jdn/etw in ein Klischee zwängen

stereotypical [ˌste·ri·ə·'tɪp·ɪ·kəl] *adj* stereotyp; **~ family** Durchschnittsfamilie *f*

sterile ['ster·əl] *adj* ❶ MED unfruchtbar, steril ❷ (*free from bacteria*) steril, keimfrei

sterility [stə·'rɪl·ɪ·t̬i] *n* MED Unfruchtbarkeit *f,* Sterilität *f*

sterilization [ˌster·ə·lɪ·'zeɪ·ʃən] *n* ❶ (*operation*) Sterilisierung *f* ❷ (*making sth chemically clean*) Desinfizierung *f*

sterilize ['ster·ə·laɪz] *vt* MED ❶ *usu passive* (*make infertile*) ▪ **to be ~d** sterilisiert sein/werden ❷ (*disinfect*) desinfizieren; *water* abkochen

sterling ['stɜr·lɪŋ] **I.** *n* (*metal*) Sterlingsilber *nt* **II.** *adj* (*approv*) gediegen, meisterhaft; **to make a ~ effort** beachtliche Anstrengungen unternehmen

stern¹ [stɜrn] *adj* (*severe*) ernst; (*strict*) streng, unnachgiebig; (*difficult*) *test* hart, schwierig

stern² [stɜrn] *n* NAUT Heck *nt*

sternness ['stɜrn·nɪs] *n* ❶ (*severity*) Strenge *f,* Härte *f* ❷ (*earnestness*) Ernst *m,* Ernsthaftigkeit *f*

sternum <*pl* -s *or* -na> ['stɜr·nəm] *n* Brustbein *nt*

steroid ['ster·ɔɪd] *n* CHEM, MED, PHARM Steroide *pl*

stethoscope ['steθ·ə·skoʊp] *n* Stethoskop *nt*

stew [stu] **I.** *n* Eintopf *m* **II.** *vt meat* schmoren **III.** *vi* (*simmer*) *meat* [vor sich *akk* hin] schmoren

steward ['stu·ərd] *n* ❶ (*on flight*) Flugbegleiter *m,* Steward *m;* (*on cruise*) Schiffsbegleiter *m,* Steward *m* ❷ (*at an event*) Ordner(in) *m(f)*

stewardess <*pl* -es> ['stu·ər·dɪs] *n* (*on flight*) Flugbegleiterin *f,* Stewardess *f;* (*on cruise*) Schiffsbegleiterin *f,* Stewardess *f*

STI [ˌes·ti·'aɪ] *n* MED *abbrev of* **sexually transmitted illness/infection** Geschlechtskrankheit *f*

stick [stɪk] **I.** *n* ❶ (*thin branch*) Zweig *m* ❷ (*wooden implement*) Stock *m;* **walking ~** Spazierstock *m;* **hockey ~** Hockeyschläger *m* ❸ (*a piece of sth*) **celery ~s** Selleriestangen *pl;* **a ~ of chewing gum** ein Stück Kaugummi ❹ AUTO (*fam*) Auto *nt* mit Schaltgetriebe ❺ (*poke*) **a ~ in the ribs** ein Stoß in die Rippen **II.** *vi* <stuck, stuck> ❶ (*fasten by adhesion*) kleben (**to** an +*dat*); (*be fastened*) zugeklebt bleiben; **this glue won't ~** dieser Klebstoff hält nicht ❷ (*be unable to move*) feststecken; *car* stecken bleiben; (*be unmovable*) festsitzen; *door, window, gear* klemmen ❸ (*endure*) hängen bleiben; **to ~ in sb's mind** jdm in Erinnerung bleiben ❹ (*persevere*) ▪ **to ~ with sth** an etw *dat* dranbleiben ❺ (*keep within limits*) **to ~ to one's budget** sich an sein Budget halten; **to ~ to a diet** eine Diät einhalten ❻ (*continue to support, comply with*) ▪ **to ~ by sb/sth** zu jdm/etw halten ▶ PHRASES: **to ~ to one's guns** nicht lockerlassen; **I'm ~ing to my guns** ich stehe zu dem, was ich gesagt habe **III.** *vt* <stuck, stuck> ❶ (*affix*) kleben (**to** an +*akk*) ❷ (*fam: put*) **~ your things wherever you like** stellen Sie Ihre Sachen irgendwo ab; **to ~ one's head**

S

around the door seinen Kopf durch die Tür stecken ❸ *(fam: burden)* ■**to ~ sb with sth** *bill* jdm etw aufhalsen; ■**to be stuck with sb** jdn am Hals haben ▶ PHRASES: **to ~ one's nose into sb's business** seine Nase in jds Angelegenheiten stecken

◆**stick around** *vi (fam)* da bleiben

◆**stick in** I. *vi dart* stecken bleiben II. *vt (fam)* ❶ *(affix)* ■**to ~ sth in sth** etw in etw *akk* einkleben ❷ *(put into)* ■**to ~ sth in|to) sth** etw in etw *akk* hineinstecken

◆**stick out** I. *vt* ❶ *(make protrude) hand* ausstrecken; *tongue* herausstrecken ❷ *(endure)* ■**to ~ it out** es [bis zum Ende] durchhalten II. *vi* ❶ *(protrude)* [her]vorstehen; *hair, ears* abstehen; *nail* herausstehen ❷ *(fig: be obvious)* offensichtlich sein; **to ~ out like a sore thumb** wie ein bunter Pudel auffallen *fam*

◆**stick together** I. *vt* zusammenkleben II. *vi* ❶ *(adhere)* zusammenkleben ❷ *(fig: not separate)* immer zusammen sein; *(stay in a group)* zusammenbleiben; *(always)* unzertrennlich sein ❸ *(fig: remain loyal to each other)* zusammenhalten, zueinanderstehen

◆**stick up** I. *vt (fam: rob with gun)* ■**to ~ up** ↻ **sb/sth** jdn/etw überfallen II. *vi* ❶ *(point upward)* hochragen, emporragen ❷ *(stand on end)* abstehen ❸ *(defend)* ■**to ~ up for sb/ sth** sich für jdn/etw einsetzen

sticker ['stɪk·ər] *n (adhesive label)* Aufkleber *m; (for collecting)* Sticker *m;* **price ~** Preisschild[chen] *nt*

'**stick figure** *n* Strichmännchen *nt fam*

'**stick insect** *n* Gespenstheuschrecke *f*

'**stick-in-the-mud** I. *n (fam)* Muffel *m,* Spaßverderber(in) *m(f) pej* II. *adj attr* altmodisch, rückständig

stickler ['stɪk·lər] *n* Pedant(in) *m(f) pej;* **to be a ~ for accuracy** pingelig auf Genauigkeit achten

'**stick-on** *adj attr* Klebe-

'**stickpin** *n* Krawattennadel *f*

'**stick-up** *n (sl)* Überfall *m*

sticky ['stɪk·i] *adj* ❶ *(texture)* klebrig; ■**to be ~ with sth** mit etw *dat* verklebt sein ❷ *(humid) weather* schwül; *air* stickig

stiff [stɪf] I. *n (fam: corpse)* Leiche *f* II. *adj* ❶ *(rigid)* steif **(with** vor *+dat); paper, lid* fest; **his clothes were ~ with dried mud** seine Kleidung starrte vor angetrocknetem Schmutz ❷ *(sore) neck, joints* hart; *muscles* hart ❸ *(dense) paste* dick; *batter, mixture, dough* fest ❹ *(strong) opposition* stark; *penalty, punishment, drink* hart; *breeze* steif; *criticism* herb III. *adv* **to be scared ~** zu Tode erschrocken sein IV. *vt (fam: cheat)* **to ~ sb out of sth** jdn um etw *akk* betrügen

stiffen ['stɪf·ən] I. *vi* ❶ *(tense up)* sich versteifen; *muscles* sich verspannen; *(with nervousness) person* sich verkrampfen; *(with fear, fright)* erstarren ❷ *(become stronger)* stärker werden, sich verstärken; *resistance* wachsen

II. *vt* ❶ *(make rigid) arms, legs* versteifen; *collar* stärken ❷ *(make more severe) penalty, rules* verschärfen ❸ *(strengthen)* [ver]stärken; *competition* verschärfen

stiff-necked ['stɪf·nekt] *adj (pej)* ❶ *(stubborn)* halsstarrig, stur ❷ *(arrogant)* hochnäsig, arrogant

stifle ['staɪ·fəl] I. *vi* ersticken II. *vt* ❶ *(smother) person, flames* ersticken ❷ *(fig: suppress) revolt* unterdrücken; **to ~ the urge to laugh** sich *dat* das Lachen verbeißen

stifling ['staɪ·flɪŋ] *adj* ❶ *(smothering) fumes, smoke* erstickend; *air* zum Ersticken *nach n,* präd; *(fig) heat, humidity* drückend; *room* stickig ❷ *(fig: repressive)* erdrückend

stigma ['stɪg·mə] *n (shame)* Stigma *nt geh;* **social ~** gesellschaftlicher Makel

stigmatize ['stɪg·mə·taɪz] *vt (mark)* brandmarken

stiletto <*pl* -os> [stɪ·'leṯ·oʊ] *n* ❶ *(shoe)* Pfennigabsatz *m;* ■**~ s** *pl* Schuhe *pl* mit Pfennigabsätzen ❷ *(knife)* Stilett *nt*

stiletto 'heel *n* Pfennigabsatz *m*

still¹ [stɪl] I. *n* ❶ *(peace and quiet)* Stille *f* ❷ *usu pl (photo of film scene)* Standfoto *nt* II. *adj* ❶ *(quiet and peaceful)* ruhig, friedlich; *lake, sea* ruhig ❷ *(motionless)* reglos, bewegungslos; **to keep ~** still halten, sich nicht bewegen ❸ *(not carbonated)* ohne Kohlensäure *nach n* III. *adv* ❶ *(continuing situation)* [immer] noch, noch immer; *(in future as in past)* nach wie vor; **there's ~ time for us to get to the cinema before the movie starts** wir können es noch schaffen, ins Kino zu kommen, bevor der Film anfängt ❷ *(nevertheless)* trotzdem; **..., but he's ~ your brother** ..., [aber] er ist immer noch dein Bruder ❸ *(greater degree)* noch; **to want ~ more** immer noch mehr wollen

still² [stɪl] *n* ❶ *(distillery)* Brennerei *f* ❷ *(appliance)* Destillierapparat *m*

'**stillbirth** *n* Totgeburt *f*

'**stillborn** *adj baby, animal young* tot geboren

still 'life <*pl* -s> *n* ❶ *(painting)* Stillleben *nt* ❷ *(style)* Stilllebenmalerei *f*

stillness ['stɪl·nɪs] *n* ❶ *(tranquility)* Stille *f,* Ruhe *f* ❷ *(lack of movement) of the air, trees* Unbewegtheit *f,* Bewegungslosigkeit *f; of a person* Reglosigkeit *f*

stilt [stɪlt] *n usu pl* ❶ *(post)* Pfahl *m* ❷ *(for walking)* Stelze *f*

stilted ['stɪl·tɪd] *adj (pej: stiff and formal) way of talking* gestelzt; *(not natural) behavior* unnatürlich, gespreizt

stimulant ['stɪm·jə·lənt] I. *n* ❶ *(boost)* Stimulanz *f,* Anreiz *m* ❷ MED *(drug)* Stimulans *nt;* SPORTS Aufputschmittel *nt* II. *adj attr* anregend, belebend

stimulate ['stɪm·jə·leɪt] I. *vt* ❶ *(encourage)* beleben, ankurbeln ❷ *(excite)* stimulieren II. *vi* begeistern, mitreißen

stimulating ['stɪm·jə·leɪ·ṯɪŋ] *adj* ❶ *(mentally)* stimulierend; *conversation, discussion* anregend; *atmosphere, environment* animierend ❷ (*sexually*) erregend, stimulierend ❸ (*physically*) *shower, exercise* belebend; *drug* stimulierend

stimulation [ˌstɪm·jə·'leɪ·ʃən] *n* ❶ (*mental*) Anregung *f*; (*physical*) belebende Wirkung; (*sexual*) Stimulieren *nt*, Erregen *nt* ❷ (*motivation*) *of the economy* Ankurbelung *m*; (*of interest, enthusiasm*) Erregung *f*

stimulus <*pl* -li> ['stɪm·jə·ləs] *n* ❶ (*economic boost*) Anreiz *m*, Stimulus *m geh* ❷ (*motivation*) Ansporn *m kein pl*, Antrieb *m kein pl* ❸ BIOL, MED Reiz *m*, Stimulus *m fachspr*

sting [stɪŋ] I. *n* ❶ (*wound*) Stich *m*; (*caused by jellyfish*) Brennen *nt* ❷ (*from antiseptic, ointment*) Brennen *nt*; (*from needle*) Stechen *nt* ❸ (*sl: undercover operation*) Coup *m* II. *vi* <stung, stung> *bee, hornet* stechen; *disinfectant, sunburn* brennen; *wound, cut* schmerzen, weh tun; (*fig*) *words, criticism* schmerzen III. *vt* <stung, stung> ❶ (*insect*) stechen; (*jellyfish*) brennen ❷ (*cause pain*) **to ~ sb's eyes** *sand, wind, hail* jdm in den Augen brennen ❸ (*upset*) **he was stung by her criticisms** ihre Kritik hat ihn tief getroffen

stinger ['stɪŋ·ər] *n* BIOL *of a bee, hornet* Stachel *m*; *of a jellyfish* Brennfaden *m*; *of a plant* Brennhaar *nt*

stinginess ['stɪn·dʒɪ·nɪs] *n* Geiz *m*, Knaus[e]rigkeit *f pej fam*

stingray ['stɪŋ·reɪ] *n* Stachelrochen *m*

stingy ['stɪn·dʒi] *adj* (*fam*) geizig, knaus[e]rig *pej*

stink [stɪŋk] I. *n* ❶ *usu sing* (*smell*) Gestank *m*, Mief *m pej* ❷ *usu sing* (*fam: trouble*) Stunk *m*; **to make a ~** [**about sth**] [wegen einer S. *gen*] Stunk machen II. *vi* <stank *or* stunk, stunk> ❶ (*smell bad*) stinken; ■**to ~ of sth** nach etw *dat* stinken, nach etw *dat* miefen *pej* ❷ (*fig fam: be bad*) **his acting ~s** er ist ein miserabler Schauspieler ❸ (*fig fam: be disreputable*) stinken; (*be wrong*) zum Himmel stinken *sl*

'**stink bomb** *n* Stinkbombe *f*

stinker ['stɪŋ·kər] *n* ❶ (*pej fam: person*) Fiesling *m sl* ❷ (*fam: sth difficult*) harter Brocken

stint [stɪnt] I. *n* (*length of time*) Zeit *f* II. *vi* sparen, geizen (**on** mit +*dat*)

stipulate ['stɪp·jə·leɪt] *vt* (*person*) verlangen, fordern; (*contract*) festlegen; (*law, legislation*) zur Auflage machen, vorschreiben

stipulation [ˌstɪp·jə·'leɪ·ʃən] *n* Auflage *f*, Bedingung *f*; (*in contract*) Klausel *f*

stir [stɜr] I. *n usu sing* ❶ (*with spoon*) [Um]rühren *nt* ❷ (*physical movement*) Bewegung *f*; *of emotion* Erregung *f* ❸ (*excitement*) Aufruhr *f*; **to cause a ~** Aufsehen erregen II. *vt* <-rr-> ❶ (*mix*) rühren; ■**to ~ sth into sth** etw in etw *akk* [hin]einrühren ❷ (*physically move*) rühren, bewegen ❸ (*arouse*) bewegen, rühren; *anger, curiosity* erregen; *emotions* aufwühlen ❹ (*inspire*) **to ~ sb into action** jdn zum Handeln bewegen III. *vi* <-rr-> ❶ (*mix*) rühren ❷ (*move*) sich regen; *person a.* sich

rühren; *grass, water, curtains* sich bewegen ❸ (*awaken*) wach werden, aufwachen; ■**to ~ within sb** (*fig*) *emotions* sich in jdm regen

'**stir-fry** I. *n* Chinapfanne *f*, Wok *m* II. *vi* <-ie-> kurz anbraten III. *vt* <-ie-> **to ~ vegetables** Gemüse kurz anbraten

stirring ['stɜr·ɪŋ] I. *n* Regung *f* II. *adj appeal, song, speech* bewegend, aufwühlend

stirrup ['stɜr·əp] *n* (*on saddle*) Steigbügel *m*

stitch [stɪtʃ] I. *n* <*pl* -es> ❶ (*in sewing, surgery*) Stich *m*; (*in knitting, crocheting*) Masche *f*; **to not have a ~ on** splitterfasernackt sein ❷ (*method*) Stichart *f*; **cross-~** Kreuzstich *m* ❸ (*pain*) Seitenstechen *nt kein pl* ▶ PHRASES: **in ~es** (*fam*) sich schieflachen II. *vi* sticken; (*sew*) nähen III. *vt* (*in sewing*) nähen; **to ~ a button onto sth** einen Knopf an etw *akk* [an]nähen

stock [stak] I. *n* ❶ (*reserves*) Vorrat *m* (**of** an +*dat*); **housing ~** Bestand *m* an Wohnhäusern ❷ (*inventory*) Bestand *m*; **to be in ~** vorrätig sein ❸ ■**~s** *pl* (*shares in a company*) Aktien *pl* ❹ (*livestock*) Viehbestand *m* ❺ FOOD Brühe *f*; **fish ~** Fischfond *m* II. *adj attr* ❶ (*in inventory*) Lager-, Vorrats- ❷ (*standard*) Standard- III. *vt* ❶ (*keep in supply*) führen, vorrätig haben ❷ (*fill up*) ■**to ~ sth** etw füllen; *shelves* auffüllen ❸ (*supply goods to*) beliefern

stockade [sta·'keɪd] *n* ❶ (*wooden fence*) Palisade *f*; (*enclosed area*) umzäuntes Gebiet ❷ (*prison*) Militärgefängnis *nt*

'**stockbroker** *n* Börsenmakler(in) *m(f)*

'**stockbroking** *n* Wertpapierhandel *m*, Effektenhandel *m*

'**stock certificate** *n* Aktienzertifikat *nt*

'**stock company** *n* ❶ FIN Aktiengesellschaft *f*, AG *f* ❷ THEAT Repertoiretheater *nt*

'**stock exchange** *n* Börse *f*

'**stockholder** *n* Aktionär(in) *m(f)*

'**stock index** *n* Aktienindex *m*

stocking ['stak·ɪŋ] *n* ■**~s** *pl* Strümpfe *pl*

'**stock issue** *n* Aktienausgabe *f*

'**stock market** *n* [Wertpapier]börse *f*

'**stockpile** I. *n* Vorrat *m* II. *vt* ■**to ~ sth** Vorräte an etw *dat* anlegen, etw horten *pej*; **to ~ weapons** ein Waffenarsenal anlegen

'**stock price** *n* Aktienpreis *m*

'**stockroom** *n* Lager *nt*, Lagerraum *m*

stock-'still *adj pred* stockstill

stocky ['stak·i] *adj* stämmig, kräftig

'**stockyard** *n* Viehhof *m*; (*at slaughterhouse*) Schlachthof *m*

stodgy ['stadʒ·i] *adj* (*pej fam*) ❶ *food* schwer [verdaulich], pampig ❷ (*dull*) langweilig, fad

stoic ['stoʊ·ɪk] I. *n* (*reserved person*) stoischer Mensch; ■**S~** PHILOS Stoiker *m* II. *adj* (*in general*) stoisch; (*about sth specific*) gelassen

stoical ['stoʊ·ɪ·kəl] *adj see* **stoic**

stoicism ['stoʊ·ɪ·sɪz·əm] *n* stoische Ruhe; (*about sth specific*) Gleichmut *m*; ■**S~** PHILOS Stoizismus

stoke [stoʊk] *vt* ❶ (*add fuel to*) *fire* schüren; *furnace* beschicken ❷ (*fig: encourage*) *anger,*

hatred schüren
stoked [stoʊkt] *adj* (*sl*) aufgeregt
stoker ['stoʊ·kər] *n* ❶ (*person*) Hei-zer(in) *m(f)* ❷ (*device*) Beschickungsanlage *f*
stole[1] [stoʊl] *n* ❶ (*scarf*) Stola *f* ❷ (*priest's vestments*) [Priester]stola *f*
stole[2] [stoʊl] *pt of* **steal**
stolid ['stal·ɪd] *adj* (*not emotional*) *person* stumpf *pej;* (*calm*) gelassen, phlegmatisch *pej;* *silence, determination* beharrlich
stomach ['stʌm·ək] I. *n* ❶ (*digestive organ*) Magen *m;* **to have an upset ~** eine Magenver-stimmung haben ❷ (*abdomen*) Bauch *m;* **to have a flat ~** einen flachen Bauch haben ❸ (*appetite*) **to have no ~ for sth** keinen Ap-petit auf etw *akk* haben; (*fig: desire*) keine Lust haben, etw zu tun II. *adj cramp, oper-ation* Magen-; **~ muscles** Bauchmuskeln *pl* III. *vt* (*fam*) **to not be able to ~ sth** etw *akk* nicht ertragen können; **to be hard to ~** schwer zu verkraften sein
'stomachache *n usu sing* Magenschmerzen *pl*, Bauchschmerzen *pl*, Bauchweh *nt kein pl*
'stomach upset *n* Magenverstimmung *f*
stomp [stamp] I. *n* ❶ (*with foot*) Stampfen *nt* ❷ (*jazz dance*) Stomp *m* II. *vi* ❶ (*walk heavily*) stapfen; (*intentionally*) trampeln ❷ (*kick*) ■**to ~ on sb/sth** auf jdn/etw treten; (*fig: suppress*) jdn/etw niedertrampeln III. *vt* (*beat down*) **to ~ one's feet** mit den Füßen [auf]stampfen; (*crush*) *rebellion* niederschla-gen
stone [stoʊn] I. *n* ❶ GEOL Stein *m* ❷ (*piece of rock*) Stein *m;* **to be** [just] **a ~'s throw away** [nur] einen Katzensprung [weit] entfernt sein ❸ (*jewel*) [Edel]stein *m* ❹ (*in fruit*) Stein *m*, Kern *m* II. *adj attr floor, wall* Stein-; **~ statue** Statue *f* aus Stein III. *vt* (*throw stones at*) stei-nigen
'Stone Age *n* ■**the ~** die Steinzeit
stone-'cold I. *adj* eiskalt II. *adv* **~ sober** stock-nüchtern *fam*
stoned [stoʊnd] *adj* ❶ (*without pits*) *olives, cherries* entsteint ❷ (*sl: drugged*) high; (*drunk*) betrunken, besoffen; **to be ~ out of one's mind** total zu[gedröhnt] sein
stone-'deaf *adj* stocktaub *fam*
'stonemason *n* Steinmetz(in) *m(f)*
'stonewall I. *vi* ❶ (*in answering questions*) ausweichen ❷ SPORTS mauern *fam* II. *vt* abblo-cken
stoneware ['stoʊn·wer] *n* Steingut *nt*
'stonework *n* Mauerwerk *nt*
stony ['stoʊ·ni] *adj* ❶ (*with many stones*) *beach, ground* steinig ❷ (*fig: unfeeling*) stei-nern; *silence* eisig
stood [stʊd] *pt, pp of* **stand**
stooge [studʒ] *n* (*comedian partner*) Stich-wortgeber(in) *m(f)*
stool [stul] *n* ❶ (*seat*) Hocker *m;* **piano ~** Kla-vierstuhl *m* ❷ (*feces*) Stuhl *m*
'stool pigeon *n* (*pej sl*) Spitzel *m*
stoop[1] [stup] I. *n usu sing* krummer Rücken,

Buckel *m* II. *vi* sich beugen; **we had to ~ to go through the doorway** wir mussten den Kopf einziehen, um durch die Tür zu gehen; ■**to ~ down** sich bücken; **to ~ so low as to do sth** so weit sinken, dass man etw tut
stoop[2] [stup] *n* (*porch*) offene Veranda
stop [stap] I. *vt* <-pp-> ❶ (*halt*) *person, car* anhalten; **to get ~ped for sth by the police** wegen einer S. *gen* von der Polizei angehalten werden; *traffic* aufhalten; **~ that man!** haltet den Mann! ❷ (*make cease*) stoppen, beenden; (*temporary*) unterbrechen; *bleeding* stillen; *clock* anhalten; *machine* abstellen; **this will ~ the pain** davon gehen die Schmerzen weg *fam;* **~ it!** hör auf [damit]! ❸ (*cease an activity*) ■**to ~ sth** mit etw *dat* aufhören ❹ (*prevent*) ■**to ~ sb** [**from**] **doing sth** jdn davon abhal-ten, etw zu tun II. *vi* <-pp-> ❶ (*cease mov-ing*) *person* stehen bleiben; *car* [an]halten; **~!** halt!; **to ~ dead** abrupt innehalten ❷ (*cease, discontinue*) *machine* nicht mehr laufen; *clock, heart, watch* stehen bleiben; *rain* aufhören; *pain* abklingen, nachlassen; *produc-tion, payments* eingestellt werden ❸ (*cease an activity*) ■**to ~** [**doing sth**] aufhören[, etw zu tun], [mit etw *dat*] aufhören; **she ~ped drink-ing** sie trinkt nicht mehr ❹ TRANSP *bus, train* halten ▸ PHRASES: **to ~ at nothing** vor nichts zurückschrecken III. *n* ❶ (*standstill*) Halt *m;* **to come to a ~** stehen bleiben; *car a.* anhal-ten; *rain* aufhören; *project, production* einge-stellt werden; **to put a ~ to sth** etw *dat* ein Ende setzen ❷ (*break*) Pause *f;* AVIAT Zwischen-landung *f;* (*halt*) Halt *m* ❸ TRANSP Haltestelle *f;* (*for ship*) Anlegestelle *f*
◆**stop by** *vi* vorbeischauen; **to ~ by sb's house** bei jdm vorbeischauen
◆**stop off** *vi* kurz bleiben, Halt machen; (*while traveling*) Zwischenstation machen
◆**stop over** *vi* Zwischenstation machen
◆**stop up** I. *vt* ■**to ~ sth** ◯ **up** etw verstop-fen; *hole* [zu]stopfen II. *vi* PHOT eine größere Blende einstellen
'stopcock *n* Absperrhahn *m*
'stopgap I. *n* Notlösung *f*, Notbehelf *m* II. *adj attr* Überbrückungs-; **~ solution** Zwischenlö-sung *f*
'stoplight *n* ❶ (*traffic light*) [Verkehrs]ampel *f* ❷ (*brake light*) Bremslicht *nt*
'stopover *n of plane* Zwischenlandung *f; of person* Zwischenstation *f;* (*length of break*) Zwischenaufenthalt *m*
stoppage ['stap·ɪdʒ] *n* ❶ (*cessation of work*) Arbeitseinstellung *f* ❷ (*unintentional*) Unter-brechung *f;* **~ in production** Produktionsstill-stand *m*
stopper ['stap·ər] I. *n* Stöpsel *m* II. *vt* zustöp-seln
stopping ['stap·ɪŋ] I. *n* Anhalten *nt* II. *adj attr* **~ distance** Sicherheitsabstand *m*
'stop sign *n* Stoppschild *nt*
'stopwatch *n* Stoppuhr *f*
storage ['stɔr·ɪdʒ] *n* ❶ (*for future use*) *of food,*

goods Lagerung *f; of books* Aufbewahrung *f; of water, electricity* Speicherung *f;* **to put sth into** ~ etw [ein]lagern ❷ COMPUT *of data* Speicherung *f*

'**storage battery,** '**storage cell** *n* Akku[mulator] *m*

'**storage capacity** *n* (*in computer*) Speicherkapazität *f;* (*for furniture, books*) Lagerraum *m;* (*in tank*) Fassungsvermögen *nt*

'**storage room,** '**storage space** *n* ❶ (*capacity*) Stauraum *m* ❷ (*room in house*) Abstellraum *m;* (*in warehouse*) Lagerraum *m*

'**storage tank** *n* Vorratstank *m*

store [stɔr] **I.** *n* ❶ (*supply*) Vorrat *m* (**of** an +*dat*); (*fig*) Schatz *m;* ■ ~s *pl* Vorräte *pl;* ■ **to be in** ~ |**for sb**| (*fig*) [jdm] bevorstehen; **we have a surprise in** ~ **for your father** wir haben für deinen Vater eine Überraschung auf Lager ❷ (*small shop*) Laden *m* ❸ (*large shop*) Geschäft *nt;* (*department store*) Kaufhaus *nt* ❹ (*warehouse*) Lager *nt;* **grain** ~ Getreidespeicher *m* **II.** *vt* ❶ (*keep for future use*) *heat, information, electricity* [auf]speichern; *furniture* unterstellen; *supplies* lagern ❷ COMPUT (*file*) speichern; *data* [ab]speichern

'**storefront** *n* (*front of store*) Schaufenster *nt;* (*larger*) Schaufensterfront *f*

'**storehouse** *n* Warenhaus *nt;* (*fig form*) Fundgrube *f*

storekeeper ['stɔr·ki·pər] *n* Ladenbesitzer(in) *m(f)*, Geschäftsinhaber(in) *m(f)*

'**storeroom** *n* Lagerraum *m;* (*for food*) Vorratskammer *f*, Speisekammer *f;* (*for personal items*) Abstellkammer *f*

stork [stɔrk] *n* Storch *m*

storm [stɔrm] **I.** *n* ❶ (*strong wind*) Sturm *m;* (*with thunder*) Gewitter *nt;* (*with rain*) Unwetter *nt* ❷ (*fig: uproar*) ~ **of applause** Beifallssturm *m;* **to raise a** ~ **of protest** einen [Protest]sturm hervorrufen ▶ PHRASES: **to take sth/sb by** ~ etw/jdn im Sturm erobern **II.** *vi* ❶ *impers strong winds* stürmen ❷ (*move fast*) stürmen, jagen; ■ **to** ~ **out** hinausstürmen ❸ (*speak angrily*) toben **III.** *vt* stürmen

'**storm cloud** *n* Gewitterwolke *f;* (*fig liter*) dunkle Wolken *pl*

stormy ['stɔr·mi] *adj* ❶ *weather, night, sea* stürmisch ❷ (*fig: fierce*) stürmisch; *life* bewegt; *argument* heftig; *debate* hitzig

story¹ ['stɔr·i] *n* ❶ (*tale*) Geschichte *f;* (*narrative*) Erzählung *f;* (*plot*) Handlung *f* ❷ (*rumor*) Gerücht *nt;* **the** ~ **goes that …** man erzählt sich, dass … ❸ (*news report*) Beitrag *m;* (*in newspaper*) Artikel *m* ❹ (*lie*) Geschichte *f*, [Lügen]märchen *nt fam* ▶ PHRASES: **it's a long** ~ das ist eine lange Geschichte; **to make a long** ~ **short** um es kurz zu machen

story² ['stɔr·i] *n* Stockwerk *nt*, Stock *m*, Etage *f;* **a three-~ house** ein dreistöckiges Haus

'**storybook** *n* Geschichtenbuch *nt*, Buch *nt* mit Kindergeschichten

'**story line** *n* Handlung *f*

'**storyteller** *n* ❶ (*narrator*) Geschichtenerzähler(in) *m(f)* ❷ (*fam: liar*) Lügner(in) *m(f)*

stout [staʊt] *adj* ❶ (*corpulent*) beleibt, korpulent *geh; woman* füllig *euph* ❷ (*thick and strong*) kräftig, stabil; *door, stick* massiv; *shoes, boots* fest

stoutly ['staʊt·li] *adv* ❶ (*of person*) ~ **built** stämmig gebaut ❷ (*strong*) stabil ❸ (*firmly*) entschieden, steif und fest *fam;* **to** ~ **believe in sth** fest an etw *akk* glauben

stove [stoʊv] *n* ❶ (*for cooking*) Herd *m* ❷ (*heater*) Ofen *m*

'**stovepipe** *n* Ofenrohr *nt*

stow [stoʊ] *vt* ❶ (*put away*) verstauen; (*hide*) verstecken ❷ (*fill*) vollmachen; NAUT befrachten; *goods* verladen

◆ **stow away I.** *vt* ■ **to** ~ **away** ○ *sth* etw verstauen [*o* wegpacken]; (*hide*) etw verstecken **II.** *vi* (*travel without paying*) als blinder Passagier reisen

stowage ['stoʊ·ɪdʒ] *n* (*stowing*) Verstauen *nt;* NAUT [Be]laden *nt*

stowaway ['stoʊ·ə·weɪ] *n* blinder Passagier/ blinde Passagierin

straddle ['stræd·əl] **I.** *vt* ❶ ■ **to** ~ **sth** (*standing*) mit gespreizten Beinen über etw *dat* stehen; (*sitting*) rittlings auf etw *dat* sitzen; (*jumping*) [mit gestreckten Beinen] über etw *akk* springen ❷ (*bridge*) *border* überbrücken, überspannen *geh* ❸ (*part*) *legs* spreizen ❹ (*fig: equivocal position*) **to** ~ **an issue** bei einer Frage nicht klar Stellung beziehen **II.** *vi* (*stand*) breitbeinig [da]stehen; (*sit*) mit gegrätschten [*o* gespreizten] Beinen [da]sitzen **III.** *n* (*jump*) Scherensprung *m*

straggle ['stræg·əl] **I.** *vi* ❶ (*move as disorganized group*) umherstreifen ❷ (*come in small numbers*) sich sporadisch einstellen ❸ (*hang untidily*) *hair, beard* zottelig herunterhängen **II.** *n of things* Sammelsurium *nt; of people* Ansammlung *f*

straggler ['stræg·lər] *n* Nachzügler(in) *m(f)*

straight [streɪt] **I.** *adj* ❶ (*without curve*) *line, back, nose* gerade; *hair* glatt; *skirt* gerade geschnitten; *road, row, furrow* [schnur]gerade; **the picture isn't** ~ das Bild hängt schief ❷ (*frank*) *advice, denial, refusal* offen, freimütig; (*honest*) ehrlich; *answer* klar ❸ (*heterosexual*) heterosexuell, hetero *fam* ❹ (*simply factual*) tatsachengetreu, nur auf Fakten basierend *attr* ❺ (*plain*) einfach; (*undiluted*) pur ❻ *pred* (*in order*) in Ordnung; (*clarified*) geklärt; **to set things** ~ (*tidy*) Ordnung schaffen; (*organize*) etwas auf die Reihe kriegen *fam;* **to set sb** ~ **about sth** jdm Klarheit über etw *akk* verschaffen **II.** *adv* ❶ (*in a line*) gerade[aus]; **go** ~ **down this road** folgen Sie immer dieser Straße; **to look** ~ **ahead** geradeaus schauen ❷ (*immediately*) sofort; **to get** ~ **to the point** sofort zur Sache kommen ❸ (*clearly*) klar; **I'm so tired I can't think** ~ **anymore** ich bin so müde, dass ich nicht mehr

S

klar denken kann

straightaway [ˌstreɪt·ə·ˈweɪ] *n* Gerade *f*

straighten [ˈstreɪ·tən] **I.** *vt* ❶ (*make straight, level*) gerade machen; *hair* glätten; *river, road* begradigen ❷ (*arrange in place*) richten, ordnen; *tie* zurechtrücken **II.** *vi person* sich aufrichten; *road, river* gerade werden; *hair* sich glätten

◆**straighten out I.** *vt* ❶ (*make straight*) etw gerade machen; *clothes* glatt streichen; *wire* ausziehen ❷ (*tidy up*) in Ordnung bringen; (*clarify*) klarstellen; *misunderstanding* aus der Welt schaffen **II.** *vi* gerade werden

◆**straighten up I.** *vi* ❶ (*stand upright*) sich aufrichten ❷ (*move straight*) *vehicle, ship* [wieder] geradeaus fahren; *aircraft* [wieder] geradeaus fliegen **II.** *vt* ▪to ~ up ↻ sth ❶ (*make level*) etw gerade machen ❷ (*tidy up*) etw aufräumen; (*fig: put in order*) etw regeln [*o* in Ordnung bringen]

straightforward [ˌstreɪt·ˈfɔr·wərd] *adj* ❶ (*direct*) direkt; *explanation* unumwunden; *look* gerade ❷ (*honest*) *answer, person* aufrichtig, ehrlich ❸ (*easy*) einfach, leicht

ˈ**straight-out** *adj* (*fam*) offen, unverblümt

strain[1] [streɪn] **I.** *n usu sing* ❶ (*physical pressure*) Druck *m*, Belastung *f* ❷ (*fig: emotional pressure*) Druck *m*, Belastung *f*; **to be under a lot of** ~ unter hohem Druck stehen ❸ (*overexertion*) [Über]beanspruchung *f*, [Über]belastung *f* ❹ (*pulled tendon, muscle*) Zerrung *f* **II.** *vi* ❶ (*pull*) ziehen; **the dog is ~ing at the leash** der Hund zerrt an der Leine ❷ (*try hard*) sich anstrengen **III.** *vt* ❶ (*pull*) ziehen (an +*dat*); MED, SPORTS überdehnen, zerren ❷ (*overexert*) [stark] beanspruchen; *eyes* überanstrengen ❸ (*remove solids from liquids*) *coffee* filtrieren; (*remove liquid from solids*) *vegetables* abgießen

strain[2] [streɪn] *n* (*breed*) *of animals* Rasse *f*; *of plants* Sorte *f*; *of virus* Art *f*

strained [streɪnd] *adj* ❶ (*forced*) bemüht, angestrengt; (*artificial*) gekünstelt *pej* ❷ (*tense*) *relations* belastet, angespannt ❸ (*stressed*) abgespannt, mitgenommen

strainer [ˈstreɪ·nər] *n* Sieb *nt*

strait [streɪt] *n* GEOG Meerenge *f*, Straße *f*

straitened [ˈstreɪ·tənd] *adj* (*form: poor*) knapp; (*restricted*) beschränkt, dürftig; **to be in** ~ **circumstances** sich *akk* einschränken müssen

ˈ**straitjacket** *n* (*a. fig*) Zwangsjacke *f*

strait-laced [ˈstreɪt·leɪst] *adj* (*pej*) puritanisch

strand[1] [strænd] **I.** *vt* **to** ~ **a boat** ein Boot auf Grund setzen **II.** *vi* stranden

strand[2] [strænd] *n* ❶ (*single thread*) Faden *m*; *of rope* Strang *m*; *of tissue* Faser *f*; *of hair* Strähne *f* ❷ (*element of whole*) Strang *m*; ~ **of the plot** Handlungsstrang *m*

stranded [ˈstræn·dɪd] *adj ship, whale* gestrandet; ▪to be ~ (*fig*) festsitzen; **to leave sb** ~ jdn sich *dat* selbst überlassen

strange [streɪndʒ] *adj* ❶ (*peculiar, odd*) son-

derbar, merkwürdig; (*unusual*) ungewöhnlich, außergewöhnlich; (*weird*) unheimlich, seltsam; (*exceptional*) erstaunlich ❷ (*uneasy*) komisch; (*unwell*) seltsam, unwohl ❸ (*not known*) fremd, unbekannt; (*unfamiliar*) nicht vertraut

strangely [ˈstreɪndʒ·li] *adv* ❶ (*oddly*) merkwürdig, sonderbar ❷ (*unexpectedly*) **she was ~ calm** sie war auffällig still; ~ **enough** seltsamerweise

stranger [ˈstreɪn·dʒər] *n* (*unknown person*) Fremde(r) *f(m)*; (*person new to a place*) Neuling *m a. pej*; **are you a ~ here, too?** sind Sie auch fremd hier?

strangle [ˈstræŋ·gəl] *vt* ❶ (*murder*) *person* erdrosseln, erwürgen ❷ (*fig: suppress*) ▪to ~ sth etw unterdrücken [*o* ersticken]

ˈ**stranglehold** *n* ❶ (*grip*) Würgegriff *m* ❷ (*fig: complete control*) Vormacht|stellung *f kein pl*

strangulation [ˌstræŋ·gjʊ·ˈleɪ·ʃən] *n* (*strangling*) Erdrosselung *f*, Strangulierung *f*; (*death from strangling*) Tod *m* durch Erwürgen

strap [stræp] **I.** *n* (*for fastening*) Riemen *m*; (*for safety*) Gurt *m*; (*for clothes*) Träger *m*; (*hold in a vehicle*) Halteschlaufe *f*; **watch ~** Uhrarmband *nt* **II.** *vt* <-pp-> ▪to ~ sth [to sth] etw [an etw *dat*] befestigen

strapless [ˈstræp·lɪs] *adj* trägerlos

strapping [ˈstræp·ɪŋ] *adj* (*hum fam*) kräftig

stratagem [ˈstræt·ə·dʒəm] *n* [Einzel]strategie *f*

strategic [strə·ˈti·dʒɪk] *adj* strategisch, taktisch

strategist [ˈstræt·ə·dʒɪst] *n* Stratege, -in *m, f*, Taktiker(in) *m(f)*

strategy [ˈstræt·ə·dʒi] *n* ❶ (*plan of action*) Strategie *f*; (*fig a.*) Taktik *f* ❷ (*art of planning*) Taktieren *nt*; (*of war*) Kriegsstrategie *f*

stratify <-ie-> [ˈstræt·ə·faɪ] *vt* ❶ (*arrange in layers*) schichten ❷ (*place in groups*) klassifizieren (**by** nach +*dat*); **stratified society** mehrschichtige Gesellschaft

stratosphere [ˈstræt·əs·fɪr] *n* Stratosphäre *f*

stratum <*pl* -ta> [ˈstreɪ·təm] *n* ❶ (*layer*) *a.* SOCIOL Schicht *f* ❷ GEOL (*layer of rock*) [Gesteins]schicht *f*

straw [strɔ] *n* ❶ (*crop, fodder*) Stroh *nt* ❷ (*single dried stem, drinking tube*) Strohhalm *m*; **to draw ~s** losen ▶ PHRASES: **to be the final** ~ das Fass zum Überlaufen bringen

strawberry [ˈstrɔ·ber·i] *n* Erdbeere *f*

ˈ**straw poll** *n* Probeabstimmung *f*; (*test of opinion*) [Meinungs]umfrage *f*

stray [streɪ] **I.** *vi* ❶ (*wander*) streunen; (*escape from control*) frei herumlaufen; (*go astray*) sich verirren ❷ (*move casually*) umherstreifen; **her eyes kept ~ing to the clock** ihre Blicke wanderten immer wieder zur Uhr ❸ (*fig: digress*) abweichen; *orator, thoughts* abschweifen **II.** *n* ❶ (*animal*) streunendes [Haus]tier ❷ (*person*) Umherirrende(r) *f(m)* **III.** *adj attr* ❶ (*homeless*) *animal* streunend, herrenlos; (*lost*) *person* herumirrend ❷ (*isolated*) vereinzelt; (*occasional*) gelegentlich; **to be hit by a ~ bullet** von einem Blindgänger getroffen werden

streak [strik] I. *n* ❶ (*line*) Streifen *m;* (*mark of color*) Spur *f;* (*on window*) Schliere *f* ❷ (*colored hair*) ■ *~s pl* Strähnen *pl,* Strähnchen *pl* ❸ (*run of fortune*) Strähne *f;* **lucky** [*or* **winning**] ~ Glückssträhne *f* II. *vt usu passive* ■ **to be ~ed** gestreift sein; **~ed with gray** *hair* von grauen Strähnen durchzogen III. *vi* ❶ (*move very fast*) flitzen *fam* ❷ (*fam: run naked in public*) flitzen

streaker ['stri·kər] *n* (*fam*) Flitzer(in) *m(f)*

streaky ['stri·ki] *adj* streifig; *pattern* gestreift; *face* verschmiert; *window, mirror* schlierig

stream [strim] I. *n* ❶ (*small river*) Bach *m,* Bächlein *nt,* Flüsschen *nt* ❷ (*flow*) *of liquid* Strahl *m; of people* Strom *m;* ~ **of light** breiter Lichtstrahl ❸ (*continuous series*) Flut *f,* Schwall *m;* **a ~ of abuse** eine Schimpfkanonade ❹ (*a. fig: current*) Strömung *f a. fig* II. *vi* ❶ (*flow*) *blood, tears* strömen; *water* fließen, rinnen ❷ (*run*) *nose* laufen; *eyes* tränen ❸ (*move in stream*) *light, sun, crowd* strömen ❹ (*flutter*) *clothing* flattern; *hair* wehen

streamer ['stri·mər] *n* ❶ (*pennant*) Wimpel *m,* Fähnchen *nt* ❷ (*decoration*) *of ribbon* Band *nt; of paper* Luftschlange *f*

streamline ['strim·laɪn] *vt* ❶ (*shape*) stromlinienförmig [aus]formen ❷ (*fig: improve efficiency*) rationalisieren; (*simplify*) vereinfachen

streamlined ['strim·laɪnd] *adj* ❶ (*aerodynamic*) stromlinienförmig; *car a.* windschnittig ❷ (*efficient*) rationalisiert; (*simplified*) vereinfacht

street [strit] *n* ❶ (*road*) Straße *f;* ■ **in the** ~ auf der Straße; **I live on Main S~** ich wohne in der Main Street; **side** ~ Seitenstraße *f* ❷ (*residents*) Straße *f* ▸ PHRASES: **the average** **man/** **woman/person on the** ~ der Mann/die Frau von der Straße

'**streetcar** *n* Straßenbahn *f*

'**street cred, street credi'bility** *n* (*sl*) In-Sein *nt sl;* **that jacket won't do much for your** ~ mit diesem Jackett bist du einfach nicht in

'**street lamp** *n* Straßenlaterne *f*

'**streetlight** *n* Straßenlicht *nt*

'**street sweeper** *n* ❶ (*person*) Straßenkehrer(in) *m(f),* Straßenfeger(in) *m(f)* SÜDD ❷ (*vehicle*) Straßenkehrmaschine *f*

'**street value** *n* Verkaufspreis *für illegale Waren, z. B. Drogen*

'**streetwalker** *n* (*dated*) Straßendirne *f meist pej*

'**streetwise** *adj* gewieft, raffiniert

strength [streŋkθ] *n* ❶ (*of person*) Kraft *f,* Stärke *f;* **physical** ~ körperliche Kraft, Muskelkraft *f;* (*of object, structure*) Widerstandskraft *f,* Belastbarkeit *f* ❷ (*health and vitality*) Robustheit *f,* Lebenskraft *f;* **to gain** ~ wieder zu Kräften kommen ❸ (*effectiveness, influence*) Wirkungsgrad *m,* Stärke *f;* (*of an argument*) Überzeugungskraft *f;* **to gather** ~ an Stabilität gewinnen ❹ (*mental firmness*)

Stärke *f;* **to show great** ~ **of character** große Charakterstärke zeigen; **to draw** ~ **from sth** aus etw *dat* Kraft ziehen ❺ (*potency*) *of tea* Stärke *f; of alcoholic drink a.* Alkoholgehalt *m; of a drug* Konzentration *f; of medicine* Wirksamkeit *f* ❻ (*strong point*) Stärke *f;* **sb's ~s and weaknesses** jds Stärken und Schwächen ❼ (*intensity*) Intensität *f; of a color* Leuchtkraft *f; of a feeling* Intensität *f; of belief* Stärke *f* ❽ (*number of members*) [Mitglieder]zahl *f;* (*number of people*) [Personen]zahl *f;* **we're below** ~ **today** wir treten heute nicht in voller Stärke an; **to turn out in** ~ in Massen anrücken ▸ PHRASES: **on the** ~ **of sth** aufgrund einer S. *gen*

strengthen ['streŋk·θən] I. *vt* ❶ (*make stronger*) kräftigen, stärken; (*fortify*) befestigen, verstärken ❷ (*increase*) [ver]stärken; (*intensify*) intensivieren; (*improve*) verbessern; *currency* stabilisieren II. *vi* ❶ (*become stronger*) stärker werden; *muscles* kräftiger werden; *wind* auffrischen ❷ FIN, STOCKEX (*increase in value*) *stock market* an Wert gewinnen; *currency* zulegen

strenuous ['stren·ju·əs] *adj* ❶ (*exhausting*) anstrengend ❷ (*energetic*) energisch, heftig; **despite** ~ **efforts** trotz angestrengter Bemühungen

strep '**throat** *n* MED (*fam*) Halsentzündung *f*

stress [stres] I. *n* <*pl* -es> ❶ (*mental strain*) Stress *m,* Druck *m,* Belastung *f;* **to be under** ~ starken Belastungen ausgesetzt sein; (*at work*) unter Stress stehen ❷ (*emphasis*) Bedeutung *f,* Gewicht *nt* ❸ PHYS (*force causing distortion*) Belastung *f;* (*tension*) Spannung *f;* (*pressure*) Druck *m kein pl* II. *vt* ❶ (*emphasize*) betonen, hervorheben; **I'd just like to** ~ **that ...** ich möchte lediglich darauf hinweisen, dass ... ❷ (*strain*) belasten, beanspruchen; ■ **to** ~ **sb** [**out**] jdn stressen III. *vi* (*fam*) *person* sich *akk* aufregen (**about/over** über + *akk*)

stressed [strest] *adj* ❶ (*under mental pressure*) gestresst ❷ (*forcibly pronounced*) betont

'**stress fracture** *n* MED Ermüdungsbruch *m;* PHYS Spannungsriss *m*

stress-'free *adj* stressfrei, ohne Stress *nach n*

stressful ['stres·fʊl] *adj* stressig *fam,* anstrengend, aufreibend; ~ **situation** Stresssituation *f*

'**stress mark** *n* LING Betonungszeichen *nt,* Akzent *m fachspr*

stretch [stretʃ] I. *n* <*pl* -es> ❶ (*elasticity*) Dehnbarkeit *f; of fabric* Elastizität *f* ❷ (*muscle extension*) Dehnungsübungen *pl,* Strecken *nt kein pl* ❸ (*an extended area*) Stück *nt;* (*section of road*) Streckenabschnitt *m,* Wegstrecke *f;* ~ **of train tracks** Bahnstrecke *f;* ~ **of water** Wasserfläche *f* ❹ (*straight part of a race track*) Gerade *f* ❺ (*period of time*) Zeitraum *m,* Zeitspanne *f* II. *adj attr* Stretch- III. *vi* ❶ (*become longer, wider*) *rubber, elastic* sich dehnen; *clothes* weiter werden ❷ (*extend the body*) sich [recken und] strecken; (*as exercise*) Dehnungsübungen machen ❸ (*cover an area*) sich erstrecken **IV.** *vt* ❶ (*extend*) [aus]dehnen, strecken; (*extend by pulling*) dehnen; (*tighten*) straff ziehen, straffen; **to ~ one's legs** sich *dat* die Beine vertreten ❷ (*increase number of portions*) strecken; *sauce, soup* verlängern ❸ (*demand a lot of*) ▪ **to ~ sb/sth** jdn/etw bis zum Äußersten fordern; **we're already fully ~ed** wir sind schon voll ausgelastet; **to ~ sb's patience** jds Geduld auf eine harte Probe stellen ❹ (*go beyond*) ▪ **to ~ sth** *limit* über etw *akk* hinausgehen

stretcher ['stretʃ·ər] *n* MED Tragbahre *f;* **to carry sb off on a ~** jdn auf einer Tragbahre [weg]tragen

strew <strewed, strewn *or* strewed> [struː] *vt* ❶ (*scatter*) [ver]streuen ❷ (*cover*) bestreuen (**with** mit + *dat*)

stricken ['strɪk·ən] *adj* ❶ (*be overcome*) geplagt; ▪ **to be ~ by sth** von etw *dat* heimgesucht werden; **to be ~ with an illness** mit einer Krankheit geschlagen sein *geh,* [schwer] an etw *dat* erkranken ❷ (*severely damaged*) *vessel, tanker* leckgeschlagen ❸ (*distressed*) *face, expression* leidend

strict [strɪkt] *adj* ❶ (*severe, unswerving*) streng; *boss* strikt, herrisch; *penalty* hart; *vegetarian* überzeugt ❷ (*demanding compliance*) streng, genau; *time limit* festgesetzt; *neutrality* strikt ❸ (*absolute*) streng, absolut; **in the ~est confidence** streng vertraulich

strictly ['strɪkt·li] *adv* ❶ (*absolutely*) streng ❷ (*precisely*) ~ **defined** genau definiert; ~ **speaking** genau genommen

stride [straɪd] **I.** *vi* <strode, stridden> **to ~ purposefully up to sth** zielstrebig auf etw *akk* zugehen; ▪ **to ~ forward** (*fig*) vorankommen, Fortschritte machen **II.** *n* ❶ (*step*) Schritt *m;* **to hit one's ~** (*fig*) in Schwung kommen, seinen Rhythmus finden; **to take sth in ~** (*fig*) mit etw *dat* gut fertigwerden ❷ (*approv: progress*) Fortschritt *m;* **to make ~s forward** Fortschritte machen

strident ['straɪ·dənt] *adj* ❶ (*harsh*) grell, schrill ❷ (*forceful*) scharf, schneidend

strife [straɪf] *n* Streit *m,* Zwist *m geh;* **industrial ~** Auseinandersetzungen *pl* in der Industrie

strike [straɪk] **I.** *n* ❶ MIL Angriff *m,* Schlag *m* (**against** gegen + *akk*); **preemptive ~** Präventivschlag *m;* (*fig*) vorbeugende Maßnahme ❷ (*of labor*) Streik *m,* Ausstand *m;* **sit-down ~** Sitzstreik *m;* **to be [out] on ~** streiken; **to call for a ~** einen Streik ausrufen ❸ (*discovery*) Fund *m* ❹ (*in baseball*) Strike *m,* Fehlschlag *m* **II.** *vt* <struck, struck *or* stricken> ❶ (*hit*) *baseball* schlagen; *soccer ball* schießen; (*bang against*) ▪ **to ~ sth** gegen etw *akk* schlagen; (*bump into*) gegen etw *akk* stoßen; (*drive against*) gegen etw *akk* fahren; (*collide with*) mit etw *dat* zusammenstoßen; **to ~ one's fist on the table** mit der Faust auf den Tisch schlagen ❷ *usu passive* (*reach, damage*) treffen; **to be struck by lightning** vom Blitz getroffen

werden ❸ (*inflict*) **to ~ a blow** zuschlagen; **to ~ a blow against sb/sth** (*fig*) jdm/etw einen Schlag versetzen ❹ (*devastate*) heimsuchen; **the flood struck New Orleans** die Flut brach über New Orleans herein ❺ (*give an impression*) ▪ **to ~ sb as ...** scheinen; **she doesn't ~ me as [being] very motivated** sie scheint mir nicht besonders motiviert [zu sein] ❻ (*impress*) ▪ **to be struck by sth** von etw *dat* beeindruckt sein ❼ (*achieve*) erreichen; **to ~ a deal with sb** mit jdm eine Vereinbarung treffen ❽ *clock* **to ~ the hour** die [volle] Stunde schlagen ❾ (*occur to*) **has it ever struck you that ...?** ist dir je der Gedanke gekommen dass ...? ❿ (*ignite*) *match* anzünden ⑪ (*discover*) auf etw *akk* stoßen; **to ~ oil** auf Öl stoßen; **to ~ it rich** das große Geld machen **III.** *vi* <struck, struck> ❶ (*reach aim, have impact*) treffen; *lightning* einschlagen; **to ~ at the heart of sth** etw vernichtend treffen; **to ~ home** ins Schwarze treffen ❷ (*act*) zuschlagen; (*attack*) angreifen ❸ (*cause suffering*) *illness, disaster* ausbrechen; *fate* zuschlagen ❹ *clock, hour* schlagen *fig* ❺ (*refuse to work*) streiken, in den Ausstand treten *form*

◆ **strike back** *vi* (*a. fig*) zurückschlagen

◆ **strike down** *vt usu passive* ❶ (*knock down*) ▪ **to ~ down** ⟳ **sb** jdn niederschlagen ❷ (*kill*) ▪ **to ~ sb down** jdn dahinraffen *geh;* **to be struck down by a bullet** von einer Kugel getötet werden ❸ LAW (*cancel*) *law, ruling* aufheben

◆ **strike out I.** *vt* ❶ (*delete*) ▪ **to ~ out** ⟳ **sth** etw [aus]streichen ❷ (*in baseball*) ▪ **to ~ out** ⟳ **sb** jdn ausstriken **II.** *vi* ❶ (*hit out*) zuschlagen; ▪ **to ~ out at sb** nach jdm schlagen; (*fig*) jdn scharf angreifen ❷ (*start afresh*) neu beginnen; **to ~ out on one's own** eigene Wege gehen

◆ **strike up I.** *vt* (*initiate*) anfangen; **to ~ up a friendship with sb** sich mit jdm anfreunden **II.** *vi* beginnen, anfangen

'**strikebreaker** *n* Streikbrecher(in) *m(f)*

striker ['straɪ·kər] *n* ❶ (*worker*) Streikende(r) *f(m)* ❷ (*in soccer*) Stürmer(in) *m(f)*

striking ['straɪ·kɪŋ] *adj* ❶ (*unusual*) bemerkenswert, auffallend; **the most ~ aspect of sth** das Bemerkenswerteste an etw *dat;* *differences* erheblich; *feature* herausragend; *parallel, result* erstaunlich; *personality* beeindruckend ❷ (*good-looking*) umwerfend; ~ **beauty** bemerkenswerte Schönheit ❸ (*close*) **within ~ distance [of sth]** in unmittelbarer Nähe [einer S. *gen*]; (*short distance*) einen Katzensprung [von etw *dat*] entfernt

string [strɪŋ] **I.** *n* ❶ (*twine*) Schnur *f,* Kordel *f;* **ball of ~** Knäuel *m o nt* ❷ (*fig: controls*) **to pull [some] ~s** seine Beziehungen spielen lassen; **[with] no ~s attached** ohne Bedingungen ❸ MUS, SPORTS Saite *f* ❹ (*in an orchestra*) ▪ **the ~s** *pl* (*instruments*) die Streichinstrumente *pl;* (*players*) die Streicher *pl* ❺ (*chain*) Kette *f;* ~ **of pearls** Perlenkette *f*

❻ (*fig: series*) Kette *f*, Reihe *f* ❼ COMPUT Zeichenfolge *f*; **search** ~ Suchbegriff *m* **II.** *vt* <strung, strung> ❶ (*fit*) besaiten; *racket* bespannen ❷ (*attach*) auffädeln, aufziehen
◆ **string along** *vt* (*fam*) ■ **to ~ sb** ↻ **along** (*deceive*) jdn täuschen [*o* übers Ohr hauen]
◆ **string out I.** *vi* sich verteilen **II.** *vt* ■ **to ~ sth** ↻ **out** etw verstreuen
◆ **string up** *vt* ❶ (*hang*) ■ **to ~ up** ↻ **sth** etw aufhängen ❷ ■ **to ~ up** ↻ **sb** (*fam: execute*) jdn [auf]hängen
string 'bean *n* grüne Bohne
string(ed) instrument [ˌstrɪŋd'-] *n* Saiteninstrument *nt*
stringency ['strɪn·dʒən·si] *n* ❶ (*strictness*) Strenge *f* ❷ (*thriftiness*) Knappheit *f*
stringent ['strɪn·dʒənt] *adj* ❶ (*strict*) streng; *measures* drastisch ❷ (*financial situation*) angespannt
stringer ['strɪŋ·ər] *n* JOURN (*sl*) freiberuflicher Korrespondent/freiberufliche Korrespondentin
'string quartet *n* Streichquartett *nt*
stringy ['strɪŋ·i] *adj food* faserig; *hair* strähnig
strip [strɪp] **I.** *n* Streifen *m;* **narrow ~ of land** schmales Stück Land **II.** *vt* <-pp-> ❶ (*lay bare*) *house, cupboard* leer räumen, ausräumen; **to ~ sth bare** etw kahl fressen ❷ (*undress*) ■ **to ~ sb** jdn ausziehen ❸ *usu passive* (*remove*) ■ **to ~ sb of sth** jdn einer S. *gen* berauben; **to ~ sb of his/her title** jdm seinen Titel aberkennen **III.** *vi* <-pp-> sich ausziehen; **~ped to the waist** mit nacktem Oberkörper
stripe [straɪp] *n* ❶ (*band*) Streifen *m* ❷ MIL [Ärmel]streifen *m*
striped [straɪpt] *adj clothes* gestreift, Streifen-
'strip light *n* Neonröhre *f*
'strip mining *n* Tagebau *m*
stripper ['strɪp·ər] *n* ❶ (*person*) Stripperin *f*, Stripteasetänzerin *f* ❷ (*solvent*) Farbentferner *m;* (*for wallpaper*) Tapetenlöser *m*
'strip search *n* Leibesvisitation, bei der sich der/die Durchsuchte ausziehen muss; **to undergo a ~** sich zu einer Durchsuchung ausziehen müssen
strip-search ['strɪp·ˌsɜrtʃ] *vt* ■ **to ~ sb** jdn einer Durchsuchung unterziehen, bei der sich der Betreffende ausziehen muss
'strip show *n* Strip[tease]show *f*
'striptease *n* Striptease *m*
strive <strove *or* -d, striven> [straɪv] *vi* sich bemühen; ■ **to ~ after sth** nach etw *dat* streben, etw anstreben; ■ **to ~ for sth** um etw *akk* ringen
'strobe light *n* Stroboskoplicht *nt*
strode [stroʊd] *pt of* **stride**
stroke [stroʊk] **I.** *vt* (*rub*) streicheln; **to ~ sth** über etw *akk* streichen; **to ~ sb's hair** jdm übers Haar streichen **II.** *n* ❶ (*rub*) Streicheln *nt kein pl* ❷ MED (*attack*) Schlaganfall *m;* **to suffer a ~** einen Schlaganfall bekommen ❸ (*mark*) Strich *m* ❹ (*hitting a ball*) Schlag *m* ❺ (*swimming style*) **breast ~** Brustschwimmen *nt* ❻ (*piece*) **by a ~ of fate** durch eine

Fügung des Schicksals; **a ~ of luck** ein Glücksfall *m* ❼ (*action*) [geschickter] Schachzug; **a ~ of genius** ein genialer Einfall ❽ *of a clock* Schlag *m;* **at the ~ of midnight** um Punkt Mitternacht
stroll [stroʊl] **I.** *n* Spaziergang *m;* **to go for a ~** einen Spaziergang machen, spazieren gehen, Bummel *m;* (*around town*) Stadtbummel *m* **II.** *vi* (*amble*) schlendern, bummeln
stroller ['stroʊ·lər] *n* ❶ (*person*) Spaziergänger(in) *m(f)* ❷ (*carriage*) [Kinder]sportwagen *m*
strong [strɔŋ] **I.** *adj* ❶ (*powerful*) stark; *desire* brennend; *economy* gesund; *currency* hart, stark; *incentive, influence* groß; *reaction, wind* heftig; *resistance* erbittert; *rivalry* ausgeprägt; **~ language** (*vulgar*) derbe Ausdrucksweise; **~ lenses** starke [Brillen]gläser ❷ (*effective*) gut, stark; **tact is not her ~ point** Takt ist nicht gerade ihre Stärke ❸ (*physically powerful*) kräftig, stark; (*healthy*) gesund, kräftig; **to be as ~ as an ox** bärenstark sein ❹ (*robust*) stabil; (*tough*) *person* stark ❺ (*deepseated*) überzeugt; *conviction* fest; *objections* stark; *tendency* deutlich ❻ (*bright*) hell, kräftig; *light* grell ❼ (*pungent*) streng; *flavor* kräftig; *smell* beißend **II.** *adv* (*fam*) **to come on ~** (*sexually*) rangehen *fam;* (*aggressively*) in Fahrt kommen *fam;* **still going ~** noch gut in Form
'strong-arm I. *adj attr* (*pej*) brutal, gewaltsam, Gewalt- **II.** *vt* ■ **to ~ sb** jdn einschüchtern
'strongbox *n* [Geld]kassette *f*
'stronghold *n* ❶ (*bastion*) Stützpunkt *m,* Bollwerk *nt,* Festung *f;* (*fig*) Hochburg *f,* Zentrum *nt* ❷ (*sanctuary*) Zufluchtsort *m,* Refugium *nt*
strongly ['strɔŋ·li] *adv* ❶ (*powerfully*) stark; *advise* nachdrücklich; *criticize* heftig; *deny* energisch; *recommend* dringend ❷ (*durably*) robust, stabil ❸ (*muscularly*) stark; **~ built** kräftig gebaut ❹ (*pungently*) *smell* stark
strong-'minded *adj* willensstark, entschlossen
'strongroom *n* Stahlkammer *f,* Tresor[raum] *m*
strong-'willed *adj* willensstark, entschlossen
strontium ['strɔn·ʃi·əm] *n* Strontium *nt*
strove [stroʊv] *pt of* **strive**
struck [strʌk] *pt, pp of* **strike**
structural ['strʌk·tʃər·əl] *adj* ❶ (*organizational*) strukturell, Struktur- ❷ (*of a construction*) baulich, Bau-, Konstruktions-; **the houses suffered ~ damage** die Struktur der Häuser wurde beschädigt
structure ['strʌk·tʃər] **I.** *n* ❶ (*arrangement*) Struktur *f,* Aufbau *m* ❷ (*system*) Struktur *f* ❸ (*construction*) Bau[werk] *nt;* (*makeup of a construction*) Konstruktion *f* **II.** *vt* strukturieren; (*construct*) konstruieren; *life* regeln
struggle ['strʌg·əl] **I.** *n* ❶ (*great effort*) Kampf *m* (**for** um +*akk*); **uphill ~** mühselige Aufgabe, harter Kampf ❷ (*fight*) Kampf *m* (**against** gegen, **with** mit +*dat*) **II.** *vi* ❶ (*toil*) sich abmühen [*o* quälen]; ■ **to ~ with sth** sich

S

mit etw *dat* herumschlagen; **to ~ to one's feet** sich mühsam aufrappeln ❷ (*fight*) kämpfen, ringen; **to ~ for survival** ums Überleben kämpfen

strum [strʌm] MUS I. *vt* <-mm-> *stringed instrument* herumzupfen (auf +*dat*); *guitar* herumklimpern (auf +*dat*) II. *vi* <-mm-> [herum]klimpern III. *n usu sing* (*sound of strumming*) Klimpern *nt*, Geklimper *nt pej fam*

strung [strʌŋ] *pt, pp of* **string**

strut [strʌt] I. *vi* <-tt-> ■**to ~ around** herumstolzieren; ■**to ~ past** vorbeistolzieren II. *vt* <-tt-> **to ~ one's stuff** (*esp hum fam: dance*) zeigen, was man hat; (*showcase*) zeigen, was man kann III. *n* (*in a car, vehicle*) Strebe *f*; (*in a building, structure*) Verstrebung *f*

strychnine ['strɪkˌnaɪn] *n* Strychnin *nt*

stub [stʌb] I. *n of a ticket, check* [Kontroll]abschnitt *m*, Abriss *m*; *of a pencil* Stummel *m* II. *vt* <-bb-> **to ~ one's toes** sich die Zehen anstoßen

stubble ['stʌb·əl] *n* Stoppeln *pl*

stubbly ['stʌb·li] *adj* ❶ (*bristly*) stoppelig, Stoppel- ❷ (*of crops*) Stoppel-

stubborn ['stʌb·ərn] *adj* (*esp pej*) ❶ (*obstinate*) *of a person* stur *fam*, dickköpfig *fam*, starrköpfig, störrisch ❷ (*persistent*) *stain, refusal* hartnäckig; *problem* vertrackt

stubby ['stʌb·i] *adj* **~ fingers** Wurstfinger *pl fam*; **~ tail** Stummelschwanz *m*

stucco ['stʌk·oʊ] *n* Stuck *m*

stuck [stʌk] I. *pt, pp of* **stick** II. *adj* ❶ (*unmovable*) fest; **the door is ~** die Tür klemmt ❷ *pred* (*trapped*) **I hate being ~ behind a desk** ich hasse Schreibtischarbeit; ■**to be ~ in sth** in etw *dat* feststecken; ■**to be ~ with sb** jdn am Hals haben ❸ *pred* (*at a loss*) ■**to be ~** nicht klarkommen *fam;* **I'm really ~** ich komme einfach nicht weiter

stuck-'up *adj* (*pej fam*) hochnäsig *fam,* eingebildet, arrogant

stud¹ [stʌd] *n* ❶ (*jewelry*) Stecker *m* ❷ (*for a collar*) Kragenknopf *m;* (*for a shirt*) Hemdknopf *m;* (*for a cuff*) Manschettenknopf *m* ❸ (*in a snow tire*) Spike *m*

stud² [stʌd] *n* ❶ (*horse*) Deckhengst *m*, Zuchthengst *m* ❷ (*breeding farm*) Gestüt *nt*, Stall *m* ❸ (*sl: man*) geiler Typ

student ['stu·dənt] *n* ❶ (*at university*) Student(in) *m(f)*, Studierende(r) *f(m)*; (*pupil*) Schüler(in) *m(f)*; **graduate ~** Doktorand oder Student eines Magisterstudiengangs ❷ (*unofficial learner*) **to be a ~ of sth** sich mit etw *dat* befassen

student 'teacher *n* Referendar(in) *m(f)*

student 'union *n* Studentenvereinigung *f*

'stud farm *n* Gestüt *nt*

studied ['stʌd·id] *adj* wohl überlegt, [gut] durchdacht

studio ['stu·di·oʊ] *n* ❶ (*artist's room*) Atelier *nt* ❷ (*for filmmaking, photography, etc.*) Studio *nt* ❸ (*film company*) Filmgesellschaft *f* ❹ (*studio apartment*) Appartement *nt*

studio a'partment *n* Appartement *nt*

studio 'audience *n* Studiopublikum *nt*

studious ['stu·di·əs] *adj* ❶ (*bookish*) *person* lernbegierig, lerneifrig; *environment* gelehrt ❷ (*earnest*) ernsthaft; (*intentional*) bewusst

study ['stʌd·i] I. *vt* <-ie-> ❶ (*scrutinize*) studieren, sich befassen (mit +*dat*); (*look at*) eingehend betrachten; ■**to ~ how/whether ...** erforschen [*o* untersuchen], wie/ob ... ❷ (*learn*) studieren; (*at school*) lernen; **to ~ for an exam** auf eine Prüfung lernen II. *vi* <-ie-> lernen; (*at university*) studieren III. *n* ❶ (*investigation*) Untersuchung *f;* (*academic investigation*) Studie *f*, wissenschaftliche Untersuchung ❷ (*studying*) Lernen *nt;* (*at university*) Studieren *nt* ❸ (*room*) Arbeitszimmer *nt* ❹ (*pilot drawing*) Studie *f*, Entwurf *m*

'study group *n* Arbeitsgruppe *f*

study guide *n* Paukbuch *nt*

'study trip *n* Studienreise *f*

stuff [stʌf] I. *n* ❶ (*fam: indeterminate matter*) Zeug *nt oft pej fam;* **we've heard all this ~ before** das haben wir doch alles schon mal gehört!; **to know one's ~** sich auskennen ❷ (*possessions*) Sachen *pl*, Zeug *nt oft pej fam* ❸ (*material*) Material *nt*, Stoff *m* II. *vt* ❶ (*push inside*) stopfen; (*fill, a. in taxidermy*) ausstopfen; (*in cookery*) füllen ❷ (*fam: gorge*) ■**to ~ oneself** sich vollstopfen; ■**to ~ down** ○ **sth** etw in sich *akk* hineinstopfen

stuffed animal *n* Kuscheltier *nt*, Plüschtier *nt*

stuffing ['stʌf·ɪŋ] *n* Füllung *f*

stuffy ['stʌf·i] *adj* (*pej*) ❶ (*prim*) spießig ❷ (*airless*) stickig, muffig

stultifying ['stʌl·tɪ·faɪ·ɪŋ] *adj* (*pej form*) lähmend

stumble ['stʌm·bəl] *vi* ❶ (*trip*) stolpern, straucheln; ■**to ~ on sth** über etw *akk* stolpern ❷ (*fig: while speaking*) stocken; ■**to ~ over sth** über etw *akk* stolpern ❸ (*stagger*) ■**to ~ around** herumtappen ❹ (*find*) ■**to ~ across sb/sth** [zufällig] auf jdn/etw stoßen

'stumbling block *n* Stolperstein *m*, Hemmschuh *m*, Hindernis *nt*

stump [stʌmp] I. *n* ❶ (*part left*) *of a tree* Stumpf *m;* *of an arm* Armstumpf *m;* *of a leg* Beinstumpf *m;* *of a tooth* Zahnstummel *m* ❷ POL **out on the ~** im Wahlkampf II. *vt* (*usu fam: baffle*) verwirren, durcheinanderbringen; **we're all completely ~ed** wir sind mit unserem Latein am Ende III. *vi* (*stamp*) **she ~ed out of the room** sie stapfte aus dem Raum

stumpy ['stʌm·pi] *adj* (*usu pej fam*) [klein und] gedrungen, stämmig; *fingers* dick

stun <-nn-> [stʌn] *vt* ❶ (*shock*) betäuben, lähmen; (*amaze*) verblüffen, überwältigen; **~ned silence** fassungsloses Schweigen ❷ (*make unconscious*) betäuben

stung [stʌŋ] *pp, pt of* **sting**

stunk [stʌŋk] *pt, pp of* **stink**

stunned [stʌnd] *adj* fassungslos, sprachlos

stunner ['stʌn·ər] *n* ❶ (*fam: woman*) tolle Frau; (*thing, event*) tolle Sache ❷ (*surprise*)

[Riesen]überraschung *f*

stunning ['stʌn·ɪŋ] *adj* ❶ (*approv: gorgeous*) toll *fam*, fantastisch, umwerfend ❷ (*amazing*) unfassbar ❸ (*hard*) *blow* betäubend

stunt[1] [stʌnt] *vt* (*check growth*) hemmen, beeinträchtigen

stunt[2] [stʌnt] *n* ❶ FILM Stunt *m* ❷ (*for publicity*) Gag *m*, Trick *m pej*; **to pull a ~** (*fig fam*) etwas Verrücktes tun

stunted ['stʌn·t̬ɪd] *adj* (*deteriorated*) verkümmert; (*limited in development*) unterentwickelt

'**stuntman** *n* Stuntman *m*

stupefaction [ˌstu·pə·'fæk·ʃən] *n* ❶ (*befuddled state*) Benommenheit *f* ❷ (*astonishment*) Verblüffung *f*; (*involving intense shock*) Bestürzung *f*

stupefy <-ie-> ['stu·pə·faɪ] *vt usu passive* ■**to be stupefied by sth** ❶ (*render numb*) von etw *dat* benommen sein ❷ (*astonish*) über etw *akk* verblüfft sein; (*shocked*) über etw *akk* bestürzt sein

stupendous [stu·'pen·dəs] *adj* (*immense*) gewaltig, enorm; (*amazing*) erstaunlich; *news* toll *fam*

stupid ['stu·pɪd] I. *adj* <-er, -est *or* more ~, most ~> ❶ (*slow-witted*) dumm, blöd *fam*, einfältig ❷ (*silly*) blöd *fam*; **here's your ~ book back!** behalte doch dein blödes Buch! *fam*; **to drink oneself ~** sich bis zur Bewusstlosigkeit betrinken II. *n* (*fam*) Blödmann *m*, Dummkopf *m*

stupidity [stu·'pɪd·ɪ·t̬i] *n* Dummheit *f*, Blödheit *f fam*, Einfältigkeit *f*

stupor ['stu·pər] *n usu sing* Benommenheit *f*; **in a drunken ~** im Vollrausch

sturdy ['stɜr·di] *adj* ❶ (*robust*) *box, chair, wall* stabil; *material* robust; *shoes* fest ❷ (*physically*) *arms, legs* kräftig; *body, person, legs a.* stämmig

sturgeon ['stɜr·dʒən] *n* Stör *m*

stutter ['stʌt̬·ər] I. *vi, vt* stottern II. *n* Stottern *nt kein pl*; **to have a bad ~** stark stottern

stutterer ['stʌt̬·ər·ər] *n* Stotterer, Stotterin *m, f*

sty[1] [staɪ] *n* (*pigpen*) Schweinestall *m*

sty[2] <*pl* sties *or* -s> [staɪ] *n* MED Gerstenkorn *nt*

stye <*pl* sties *or* -s> [staɪ] *n* MED *see* **sty**[2]

style [staɪl] I. *n* ❶ (*distinctive manner*) Stil *m*, Art *f*; **in the ~ of sb/sth** im Stil einer Person/ einer S. *gen*; **that's not my ~** (*fig fam*) das ist nicht mein Stil *fig* ❷ (*approv: stylishness*) Stil *m*, Schick *m*; **to have real ~** Klasse haben; **to do things in ~** alles im großen Stil tun ❸ (*fashion*) Stil *m*; **the latest ~** die neueste Mode II. *vt* (*shape*) gestalten; *hair* frisieren; (*arrange*) *plan, design* entwerfen

'**style sheet** *n* COMPUT Stylesheet *nt*

styling ['staɪ·lɪŋ] *n* Styling *nt*, Design *nt*; *of hair* Frisur *f*

stylish ['staɪ·lɪʃ] *adj* (*approv*) ❶ (*chic*) elegant; (*smart*) flott *fam*; (*fashionable*) modisch ❷ (*polished*) stilvoll

stylist ['staɪ·lɪst] *n* ❶ (*arranger of hair*) Friseur(in) *m(f)*, Friseuse *f*; (*designer*) Designer(in) *m(f)* ❷ (*writer*) Stilist(in) *m(f)*

stylistic [staɪ·'lɪs·tɪk] *adj* stilistisch, Stil-

stylize ['staɪ·laɪz] *vt* stilisieren

stylus <*pl* -es> ['staɪ·ləs] *n* ❶ (*phonograph needle*) Abspielnadel *f* ❷ (*pen-like device*) [Licht]stift *m*

stymie <-y-> ['staɪ·mi] *vt person* mattsetzen *fig*; ■**to be ~d by sth** durch etw *akk* behindert werden [*o* nicht vorankommen]

suave [swɑv] *adj* (*urbane*) weltmännisch; (*polite*) verbindlich

sub [sʌb] I. *n* ❶ (*fam*) *short for* **substitute** Vertretung *f* ❷ (*fam*) *short for* **submarine** U-Boot *nt* ❸ (*fam*) *short for* **submarine sandwich** Jumbo-Sandwich *nt* II. *vi* <-bb-> *short for* **substitute**: ■**to ~ for sb** für jdn einspringen, jdn vertreten

subatomic [ˌsʌb·ə·'tɑm·ɪk] *adj* PHYS subatomar

subcommittee [ˌsʌb·kə·'mɪt̬·i] *n* Unterausschuss *m*

subconscious [ˌsʌb·'kɑn·ʃəs] I. *n* Unterbewusstsein *nt*, Unterbewusste(s) *nt* II. *adj attr* unterbewusst

subcontinent ['sʌb·ˌkɑn·tə·nənt] *n* GEOG Subkontinent *m*

subcontract I. *vt* [ˌsʌb·'kɑn·trækt] untervergeben (**to** an +*akk*); ■**to ~ sth out to sb/sth** etw an jdn/etw als Untervertrag hinausgeben II. *n* ['sʌb·ˌkɑn·trækt] Subkontrakt *m*, Untervertrag *m*

subcontractor [ˌsʌb·'kən·træk·tər] *n* Subunternehmer(in) *m(f)*

subculture ['sʌb·ˌkʌl·tʃər] *n* Subkultur *f*

subcutaneous [ˌsʌb·kju·'teɪ·ni·əs] *adj* MED subkutan

subdivide [ˌsʌb·dɪ·'vaɪd] *vt* unterteilen (**into** in +*akk*)

subdivision [ˌsʌb·dɪ·'vɪʒ·ən] *n* ❶ (*secondary division*) erneute Teilung; (*in aspects of a whole*) Aufgliederung *f*, Unterteilung *f* ❷ (*neighborhood*) Wohngebiet *nt*, Wohnsiedlung *f*

subdue [səb·'du] *vt* (*get under control*) unter Kontrolle bringen; (*bring into subjection*) unterwerfen; (*suppress*) unterdrücken; *animal, emotion* bändigen

subdued [sʌb·'dud] *adj* (*controlled*) beherrscht; (*reticent*) zurückhaltend; (*toned down*) *noise, voice, lighting* gedämpft; (*quiet*) leise, ruhig; *mood* gedrückt

subgroup ['sʌb·grup] *n* Untergruppe *f*, Unterabteilung *f*

subhead ['sʌb·hed], **subheading** ['sʌb·ˌhed·ɪŋ] *n* Untertitel *m*

subject I. *n* ['sʌb·dʒɪkt] ❶ (*theme, topic*) Thema *nt*; **while we're on the ~** wo wir gerade beim Thema sind; **off the ~** nicht zum Thema gehörend ❷ (*person*) Versuchsperson *f*, Testperson *f* ❸ (*field*) Fach *nt*; (*at school*) [Schul]fach *nt*; (*specific research area*) Spezialgebiet *nt* ❹ LING Subjekt *nt*, Satzgegenstand *m*

S

II. adj ['sʌb·dʒɪkt] ❶ attr POL (dominated) people unterworfen ❷ pred (exposed to) ■to be ~ to sth etw dat ausgesetzt sein; to be ~ to a high rate of tax einer hohen Steuer unterliegen ❸ (contingent on) ■to be ~ to sth von etw dat abhängig sein; ~ to payment vorbehaltlich einer Zahlung **III.** vt [səb·'dʒekt] usu passive (cause to undergo) ■to ~ sb/sth to sth jdn/etw etw dat aussetzen; to ~ sb to torture jdn foltern

'**subject index** n Sachregister nt

subjection [səb·'dʒek·ʃən] n POL Unterwerfung f

subjective [səb·'dʒek·tɪv] adj subjektiv

'**subject matter** n Thema nt; of a meeting Gegenstand m; of a book Inhalt m; of a film Stoff m

sub judice [ˌsʌb·'dʒu·də·si] adj pred LAW rechtshängig

subjugate ['sʌb·dʒə·geɪt] vt (make subservient) unterwerfen, unterjochen

subjugation [ˌsʌb·dʒə·'geɪ·ʃən] n Unterwerfung f, Unterjochung f

subjunctive [səb·'dʒʌŋk·tɪv] **I.** n LING Konjunktiv m **II.** adj LING konjunktivisch, Konjunktiv-

sublease I. vt ['sʌb·lis] (sublet) untervermieten; (give leasehold) unterverpachten **II.** n [sʌb·'lis] (sublet) Untermiete f; (give leasehold) Unterverpachtung f

sublet [sʌb·'let] **I.** vt <-tt-, sublet, sublet> untervermieten **II.** n untervermietetes Objekt

sublimate ['sʌb·lɪ·meɪt] vt PSYCH sublimieren

sublime [sə·'blaɪm] adj ❶ (imposing, majestic) erhaben ❷ (usu iron: very great) komplett fam, vollendet iron

subliminal [ˌsʌb·'lɪm·ə·nəl] adj (covert) unterschwellig; (subconscious) unterbewusst

submachine gun [ˌsʌb·mə·'ʃin·ˌgʌn] n Maschinenpistole f

submarine ['sʌb·mə·rin] **I.** n ❶ (boat) U-Boot nt, Unterseeboot nt ❷ (sandwich) Jumbo-Sandwich nt **II.** adj Unterwasser-, unterseeisch

submenu [ˌsʌb·'men·ju] n COMPUT Untermenü nt

submerge [səb·'mɜrdʒ] **I.** vt ❶ (place under water) tauchen (in in +akk) ❷ (inundate) überschwemmen, überfluten **II.** vi abtauchen, untertauchen

submersion [səb·'mɜr·ʒən] n Eintauchen nt, [Unter]tauchen nt

submission [səb·'mɪʃ·ən] n ❶ (compliance) Unterwerfung f; (to orders, wishes etc.) Gehorsam m ❷ (handing in) Einreichung f, Abgabe f ❸ (sth submitted) Vorlage f, Eingabe f

submissive [səb·'mɪs·ɪv] adj (subservient) unterwürfig pej; (humble) demütig; (obedient) gehorsam

submit <-tt-> [səb·'mɪt] **I.** vt ❶ (yield) ■to ~ oneself to sb/sth sich jdm/etw unterwerfen ❷ (agree to undergo) to ~ oneself to treatment sich einer Behandlung unterziehen ❸ (hand in) einreichen; ■to ~ sth to sb jdm etw vorlegen **II.** vi (give up) aufgeben; (yield) nachgeben; (yield unconditionally) sich unterwerfen

subnormal [sʌb·'nɔr·məl] adj ❶ (mentally) minderbegabt ❷ (below average) unterdurchschnittlich

subordinate I. n [sə·'bɔr·dən·ɪt] Untergebene(r) f(m) **II.** vt [sə·'bɔr·dən·eɪt] unterordnen; ■to ~ d to sb/sth jdm/etw untergeordnet sein **III.** adj [sə·'bɔr·dən·ɪt] ❶ (secondary) zweitrangig, nebensächlich ❷ (lower in rank) untergeordnet, rangniedriger

subordinate 'clause n Nebensatz m

subordination [sə·ˌbɔr·dən·'eɪ·ʃən] n ❶ (inferior status) Unterordnung f (to unter +akk) ❷ (submission) Zurückstellung f

subplot ['sʌb·plat] n Nebenhandlung f

subpoena [sə·'pi·nə] LAW **I.** vt <-ed, -ed or-'d, -'d> vorladen **II.** n Ladung f; to serve a ~ on sb jdn vorladen

subscribe [səb·'skraɪb] **I.** vi ❶ (pay regularly for) ■to ~ to sth newspaper, magazine etw abonnieren ❷ (form: agree) ■to ~ to sth etw dat beipflichten; I do not ~ to that opinion diese Meinung kann ich nicht unterstützen ❸ (donate) spenden ❹ STOCKEX (offer to purchase) to ~ to shares Aktien zeichnen **II.** vt (donate) spenden

subscriber [səb·'skraɪ·bər] n ❶ (regular payer) newspaper, magazine Abonnent(in) m(f); service Kunde, Kundin m, f ❷ (form: signatory) Unterzeichnete(r) f(m), Unterzeichner(in) m(f) ❸ STOCKEX of shares Zeichner(in) m(f)

subscript ['sʌb·skrɪpt] adj TYPO tiefgestellt

subscription [səb·'skrɪp·ʃən] n ❶ (to a newspaper, magazine) Abonnementgebühr f ❷ (agreement to receive) Abonnement nt; to take out a ~ to sth etw abonnieren

subsection ['sʌb·ˌsek·ʃən] n Unterabschnitt m; of legal text Paragraph m

subsequent ['sʌb·sɪ·kwənt] adj (resulting) [nach]folgend, anschließend; (later) später; ~ treatment Nachbehandlung f

subsequently ['sʌb·sɪ·kwənt·li] adv (later) später, anschließend

subservient [səb·'sɜr·vi·ənt] adj ❶ (pej: servile) unterwürfig ❷ (serving as means) ■to be ~ to sth etw dat dienen

subset ['sʌb·set] n (subclassification) Untermenge f; MATH (special type of set) Teilmenge f

subside [səb·'saɪd] vi ❶ (abate) nachlassen; anger, excitement sich legen ❷ (into sth soft or liquid) absinken, einsinken

subsidence [səb·'saɪ·dəns] n Senkung f, Absenken nt

subsidiary [səb·'sɪd·i·er·i] **I.** adj untergeordnet; ~ company ECON Tochtergesellschaft f **II.** n ECON Tochtergesellschaft f

subsidize ['sʌb·sə·daɪz] vt subventionieren

subsidy ['sʌb·sə·di] n Subvention f (to für +akk); to receive a ~ subventioniert werden

subsist [səb·'sɪst] *vi* ❶ (*exist*) existieren ❷ (*make a living*) leben; ■to ~ on sth von etw *dat* leben

subsistence [səb·'sɪs·təns] I. *n* ❶ (*minimum for existence*) [Lebens]unterhalt *m* ❷ (*livelihood*) means of ~ Lebensgrundlage *f* II. *adj attr* Existenz-; ~ **farming** Subsistenzwirtschaft *f fachspr;* ~ **level** Existenzminimum *nt;* ~ **wage** Mindestlohn *m*

substance ['sʌb·stəns] *n* ❶ (*material element*) Substanz *f,* Stoff *m;* (*material*) Materie *f kein pl;* **chemical** ~ Chemikalie *f* ❷ (*significance*) Substanz *f;* (*decisive significance*) Gewicht *nt;* **the book lacks** ~ das Buch hat inhaltlich wenig zu bieten ❸ (*main point*) Wesentliche(s) *nt,* Essenz *f* ❹ (*wealth*) Vermögen *nt*

substandard [ˌsʌb·'stæn·dərd] *adj* unterdurchschnittlich, minderwertig

substantial [səb·'stæn·ʃəl] *adj attr* ❶ (*significant*) *fortune* bedeutend; *contribution* wesentlich; *difference, amount* erheblich; *improvement* deutlich; ~ **evidence** hinreichender Beweis ❷ (*weighty*) überzeugend, stichhaltig ❸ (*of solid material or structure*) solide; (*physically a.*) kräftig, stark

substantially [səb·'stæn·ʃə·li] *adv* ❶ (*significantly*) beträchtlich, erheblich ❷ (*mainly*) im Wesentlichen

substantiate [səb·'stæn·ʃi·eɪt] *vt* bekräftigen, untermauern; *report* bestätigen; *claim* begründen

substantive ['sʌb·stən·tɪv] *adj* beträchtlich, wesentlich

substation ['sʌb·steɪ·ʃən] *n* Nebenstelle *f;* **police** ~ Polizeidienststelle *f*

substitute ['sʌb·stə·tut] I. *vt* ersetzen, austauschen; SPORTS *players* auswechseln (**for** gegen +*akk*) II. *vi* (*take over for*) einspringen (**for** für +*akk*); (*serve as deputy*) als Stellvertreter fungieren (**for** für +*akk*) III. *n* ❶ (*replacement*) Ersatz *m;* **there's no** ~ **for sb/sth** es geht nichts über jdn/etw ❷ (*replacement player*) Ersatzspieler(in) *m(f),* Auswechselspieler(in) *m(f)*

substitute '**teacher** *n* Vertretungslehrer(in) *m(f),* Aushilfslehrer(in) *m(f)*

substitution [ˌsʌb·stə·'tu·ʃən] *n* ❶ (*replacement*) Ersetzung *f* ❷ SPORTS (*action of replacing*) Austausch *m,* [Spieler]wechsel *m*

substratum ['sʌb·streɪ·təm] *n* ❶ GEOL (*deep[er] layer*) Unterschicht *f* ❷ (*fig: common basis*) Grundlage *f,* Basis *f*

subsume [səb·'sum] *vt usu passive* (*form*) einordnen (**into** in +*akk*); (*several*) zusammenfassen (**into** zu +*dat*)

subtenant ['sʌb·ten·ənt] *n* Untermieter(in) *m(f)*

subterfuge ['sʌb·tər·fjudʒ] *n* List *f,* Trick *m*

subterranean [ˌsʌb·tə·'reɪ·ni·ən] *adj* ❶ GEOL (*below ground*) unterirdisch ❷ (*fig: subcultural, alternative*) Untergrund-

subtext ['sʌb·tekst] *n* Botschaft *f*

subtitle ['sʌb·taɪ·təl] I. *vt* (*add captions*) *movie* untertiteln II. *n* ❶ (*secondary title on book*) Untertitel *m* ❷ (*caption*) ■~s *pl* Untertitel *pl*

subtle <-er, -est *or* more ~, most ~> ['sʌt·əl] *adj* ❶ (*approv: understated*) fein[sinnig], subtil ❷ (*approv: delicate*) *flavor, nuance* fein; ~ **tact** ausgeprägtes Taktgefühl; (*elusive*) subtil; *charm* unaufdringlich ❸ (*approv: astute*) scharfsinnig, raffiniert; *strategy* geschickt

subtlety ['sʌt·əl·ti] *n* (*approv*) ❶ (*discernment*) Scharfsinnigkeit *f,* Raffiniertheit *f* ❷ (*delicate but significant*) Feinheit *f,* Subtilität *f*

subtotal ['sʌb·ˌtoʊ·təl] *n* Zwischensumme *f*

subtract [səb·'trækt] *vt* ■to ~ sth |from sth| etw |von etw *dat*| abziehen; **four** ~**ed from ten equals six** zehn minus vier ergibt sechs

subtraction [səb·'træk·ʃən] *n* Subtraktion *f*

subtropical [ˌsʌb·'trap·ɪ·kəl] *adj* subtropisch

suburb ['sʌb·ɜrb] *n* (*outlying area*) Vorstadt *f,* Vorort *m;* ■the ~**s** *pl* der Stadtrand, die Randbezirke *pl*

suburban [sə·'bɜr·bən] *adj* ❶ (*of the suburbs*) Vorstadt-, vorstädtisch; **they live in** ~ **Washington, D.C.** sie wohnen in einem Vorort von Washington D.C. ❷ (*pej: provincial*) spießig *fam,* kleinbürgerlich

suburbia [sə·'bɜr·bi·ə] *n* (*esp pej*) ❶ (*areas*) Vororte *pl,* Randbezirke *pl* ❷ (*people*) Vorstadtbewohner *pl*

subversion [səb·'vɜr·ʒən] *n* ❶ (*undermining*) Subversion *f geh,* Unterwanderung *f* ❷ MIL (*successful coup*) [Um]sturz *m*

subversive [səb·'vɜr·sɪv] I. *adj* subversiv *geh,* umstürzlerisch, staatsgefährdend II. *n* ❶ Umstürzler(in) *m(f),* subversives Element *pej*

subvert [sʌb·'vɜrt] *vt* ❶ (*overthrow*) stürzen ❷ (*undermine principle*) untergraben ❸ (*destroy*) zunichtemachen

subway ['sʌb·weɪ] *n* RAIL U-Bahn *f;* (*in Paris*) Metro *f;* ■by ~ mit der U-Bahn; ~ **station** U-Bahn-Station *f*

subzero [sʌb·'zɪ·roʊ] *adj* unter null [Grad] *nach n;* ~ **temperatures** Minusgrade *pl*

succeed [sək·'sid] I. *vi* ❶ (*achieve purpose*) Erfolg haben (**in** mit +*dat*); *plan* gelingen, erfolgreich sein; **she** ~**ed in doing it** es gelang ihr, es zu tun ❷ (*follow*) nachfolgen, die Nachfolge antreten; **to** ~ **to the throne** die Thronfolge antreten II. *vt* **to** ~ **sb in office** jds Amt übernehmen

succeeding [sək·'si·dɪŋ] *adj attr* ❶ (*next in line*) [nach]folgend ❷ (*subsequent*) aufeinanderfolgend; **in the** ~ **weeks** in den darauf folgenden Wochen

success <*pl* -es> [sək·'ses] *n* ❶ (*attaining of goals*) Erfolg *m;* **to be a big** ~ **with sb** jdm einschlagen *fam;* **to achieve** ~ erfolgreich sein ❷ (*successful person or thing*) Erfolg *m;* **box-office** ~ Kassenschlager *m fam*

successful [sək·'ses·fəl] *adj* ❶ (*having success*) erfolgreich ❷ (*lucrative, profitable*) er-

S

folgreich, lukrativ ❸ (*effective*) gelungen, geglückt

succession [sək·'seʃ·ən] *n* ❶ (*sequence*) Folge *f*, Reihe *f*; *of events, things a.* Serie *f*; ■**in** [**close**] ~ [dicht] hintereinander ❷ (*line of inheritance*) Nachfolge *f*, Erbfolge *f*; **~ to the throne** Thronfolge *f*

successive [sək·'ses·ɪv] *adj attr* aufeinanderfolgend; **six ~ weeks** sechs Wochen hintereinander

successor [sək·'ses·ər] *n* Nachfolger(in) *m(f)*; **~ in office** Amtsnachfolger(in) *m(f)*

succinct [sək·'sɪŋkt] *adj* (*approv*) knapp, kurz [und bündig]

succor ['sʌk·ər] *n* Beistand *m*, Unterstützung *f*, Hilfe *f*

succulent ['sʌk·jʊ·lənt] I. *adj* (*approv*) saftig II. *n* BOT Sukkulente *f fachspr*

succumb [sə·'kʌm] *vi* ❶ (*surrender*) sich beugen; MIL kapitulieren; (*be defeated*) unterliegen; (*yield to pressure*) ■**to ~ to sb/sth** jdm/ etw nachgeben, sich jdm/etw beugen ❷ (*die from*) ■**to ~ to sth** an etw *dat* sterben; **to ~ to one's injuries** seinen Verletzungen erliegen

such [sʌtʃ] I. *adj* ❶ *attr* (*of that kind*) solcher(r, s); **I had never met ~ a person before** so ein Mensch war mir noch nie begegnet; **~ a thing** so etwas [*o fam* was]; **there's no ~ thing as ghosts** so etwas wie Geister gibt es nicht ❷ (*so great*) solche(r, s), derartig; **he's ~ an idiot!** er ist so ein Idiot!; **why are you in ~ a hurry?** warum bist du derart in Eile? II. *pron* ❶ (*of that type*) solche(r, s); **~ is life** so ist das Leben; **~ as** wie ❷ (*suchlike*) dergleichen ❸ (*strictly speaking*) ■**as ~** an [und für] sich, eigentlich III. *adv* so; **she's ~ an arrogant person** sie ist dermaßen arrogant; **I've never had ~ good coffee** ich habe noch nie [einen] so guten Kaffee getrunken; **~ ... that ...** so ..., dass ...

'**such and such** *adj attr* (*fam*) der und der/die und die/das und das; **to arrive at ~ a time** um die und die Zeit ankommen

suchlike ['sʌtʃ·laɪk] *pron* dergleichen; **in the shop they sell chocolates and ~** in dem Laden gibt es Schokolade und dergleichen

suck [sʌk] I. *n* (*drawing in*) Saugen *nt*; (*keeping in the mouth*) Lutschen *nt* II. *vt* ❶ (*draw into mouth*) ■**to ~ sth** an etw *dat* saugen ❷ *sweets* lutschen ❸ (*exert strong pull*) ■**to ~ sb/sth under** jdn/etw in die Tiefe ziehen; ■**to be ~ed into sth** in etw *akk* hineingezogen werden III. *vi* ❶ (*draw into mouth*) saugen (**on** an +*dat*), nuckeln *fam*; *on candy* lutschen ❷ (*sl: be disagreeable*) ätzend sein; **man, this job ~s!** Mann, dieser Job ist echt Scheiße!

◆**suck up** I. *vt* ■**to ~ up** ◯ **sth** ❶ (*consume*) etw aufsaugen ❷ (*absorb*) *liquid, moisture* aufsaugen; *gases* ansaugen II. *vi* (*pej fam*) ■**to ~ up to sb** sich bei jdm einschmeicheln

sucker ['sʌk·ər] I. *n* ❶ (*pej fam: gullible person*) Einfaltspinsel *m*, Simpel *m* DIAL ❷ (*fam:*

sb finding sth irresistible) Fan *m* (**for** von +*dat*); **to be a ~ for sth** nach etw *dat* verrückt sein ❸ (*fam: lollipop*) Lutscher *m* ❹ BOT (*part of plant*) Wurzelspross *m* II. *vt* (*trick*) ■**to ~ sb into sth** jdn zu etw *dat* verleiten

suckle ['sʌk·əl] I. *vt* säugen II. *vi* trinken, saugen

suckling pig ['sʌk·lɪŋ-] *n* Frischling *m*; (*for roasting*) Spanferkel *nt*

sucrose ['su·kroʊs] *n* Rohr- und Rübenzucker *m*

suction ['sʌk·ʃən] *n* ❶ (*act of removal by sucking*) [Ab]saugen *nt*; (*initiating act of sucking*) Ansaugen *nt* ❷ (*force*) Saugwirkung *f*, Sog *m*

suction cup *n* Saugfuß *m*

'**suction pump** *n* Saugpumpe *f*

Sudan [su·'dæn] *n* Sudan *m*

Sudanese [ˌsu·də·'niz] I. *n* Sudanese, Sudanesin *m*, *f* II. *adj* sudanesisch, sudanisch

sudden ['sʌd·ən] *adj* plötzlich, jäh; *departure* überhastet; *movement* abrupt; **it was so ~** es kam so überraschend; **~ drop in temperature** unerwarteter Temperatureinbruch; **to get a ~ scare** plötzlich Angst bekommen; **all of a ~** (*fam*) [ganz] plötzlich, urplötzlich

sudden infant death syndrome *n* plötzlicher Kindstod

suddenly ['sʌd·ən·li] *adv* plötzlich, auf einmal

suds [sʌdz] *npl* ❶ (*soapy mixture*) Seifenwasser *nt kein pl* ❷ (*mostly foam*) Schaum *m kein pl* ❸ (*sl: beer*) Bier *nt*

sue [su] I. *vt* verklagen; **to ~ sb for damages/ libel** jdn auf Schadenersatz/wegen Beleidigung verklagen; **to ~ sb for divorce** gegen jdn die Scheidung einreichen II. *vi* (*take legal action*) klagen, prozessieren; ■**to ~ for sth** etw einklagen

suede [sweɪd] *n* Wildleder *nt*, Veloursleder *nt*

suet ['su·ɪt] *n* Talg *m*, Nierenfett *nt*

suffer ['sʌf·ər] I. *vi* ❶ (*experience trauma, illness*) leiden (**from** an +*dat*) ❷ (*deteriorate*) leiden, Schaden erleiden; **his work ~s from it** seine Arbeit leidet darunter ❸ (*experience sth negative*) ■**to ~ from sth** unter etw *dat* zu leiden haben; **the economy ~ed from the strikes** die Streiks machten der Wirtschaft zu schaffen II. *vt* ❶ (*experience sth negative*) erleiden; **to ~ neglect** vernachlässigt werden ❷ (*put up with*) ertragen; **to not ~ fools gladly** mit dummen Leuten keine Geduld haben

sufferer ['sʌf·ər·ər] *n* (*with a chronic condition*) Leidende(r) *f(m)*; (*with an acute condition*) Erkrankte(r) *f(m)*; **AIDS ~** AIDS-Kranke(r) *f(m)*; **asthma ~** Asthmatiker(in) *m(f)*

suffering ['sʌf·ər·ɪŋ] *n* ❶ (*pain*) Leiden *nt* ❷ (*distress*) Leid *nt*

suffice [sə·'faɪs] *vi* genügen, [aus]reichen; **~ [it] to say that ...** es genügt [*o* reicht] wohl, wenn ich sage, dass ...

sufficiency [sə·'fɪʃ·ən·si] *n* ❶ (*adequacy*) Hinlänglichkeit *f*, Zulänglichkeit *f* ❷ (*sufficient* *quantity*) ausreichende Menge

sufficient [sə·'fɪʃ·ənt] *adj* genug, ausreichend; ▪to be ~ for sth/sb für etw/jdn ausreichen [*o* genügen]; **they didn't have ~ evidence** sie hatten nicht genügend Beweismaterial

suffix ['sʌf·ɪks] I. *n* LING Suffix *nt fachspr;* Nachsilbe *f* II. *vt* anfügen, anhängen

suffocate ['sʌf·ə·keɪt] I. *vi* ersticken *a. fig* II. *vt* ❶ (*asphyxiate*) ersticken ❷ (*fig: suppress*) ersticken, erdrücken

suffocating ['sʌf·ə·keɪ·tɪŋ] *adj* ❶ *usu attr* (*life-threatening*) erstickend ❷ (*fig: uncomfortable*) erstickend, zum Ersticken *präd; air* stickig; *atmosphere* erdrückend ❸ (*fig: stultifying*) erdrückend; *regulations, traditions* lähmend

suffrage ['sʌf·rɪdʒ] *n* (*right to vote*) Wahlrecht *nt,* Stimmrecht *nt*

sugar ['ʃʊg·ər] I. *n* ❶ (*sweetener*) Zucker *m* ❷ (*sl: term of affection*) Schätzchen *nt fam* ❸ CHEM Kohle[n]hydrat *nt* II. *vt* ❶ (*sweeten*) zuckern; *coffee, tea* süßen ❷ (*fig: make agreeable*) versüßen

'**sugar beet** *n* Zuckerrübe *f*

'**sugar bowl** *n* Zuckerdose *f*

'**sugar cane** *n* Zuckerrohr *nt*

'**sugarcoated** *adj* ❶ FOOD mit Zucker überzogen ❷ (*fig, pej: acceptable*) viel versprechend, verheißungsvoll; *offer, promises* verführerisch

'**sugar cube** *n* Stück *nt* Zucker, Zuckerwürfel *m*

'**sugar daddy** *n wohlhabender älterer Mann, der ein junges Mädchen aushält*

sugary ['ʃʊg·ə·ri] *adj* ❶ (*sweet*) zuckerhaltig ❷ (*sugar-like*) zuckerig ❸ (*fig, pej: insincere*) zuckersüß; *smile* süßlich

suggest [səg·'dʒest] *vt* ❶ (*propose*) ▪to ~ sth [to sb] [jdm] etw vorschlagen; **what do you ~ we do with them?** was, meinst du, sollen wir mit ihnen machen? ❷ (*indicate*) hinweisen (auf + *akk*); **the footprints ~ that ...** die Fußspuren lassen darauf schließen, dass ... ❸ (*indirectly state*) ▪to ~ sth etw andeuten [*o pej* unterstellen]; ▪to ~ that ... darauf hindeuten, dass ...; **are you ~ing that ...?** willst du damit sagen, dass ...?

suggestible [səg·'dʒes·tə·bəl] *adj* (*pej form*) beeinflussbar, zu beeinflussen; **highly ~** sehr leicht zu beeinflussen

suggestion [səg·'dʒes·tʃən] *n* ❶ (*idea*) Vorschlag *m;* **to be always open to ~s** immer ein offenes Ohr haben ❷ (*hint*) Andeutung *f,* Anspielung *f* ❸ (*indication*) Hinweis *m* ❹ (*trace*) Spur *f fig*

sug'gestion box *n* Kasten *m* für Verbesserungsvorschläge

suggestive [səg·'dʒes·tɪv] *adj* ❶ (*that suggests*) andeutend ❷ (*risqué*) anzüglich, zweideutig

suicidal [ˌsu·ɪ·'saɪ·dəl] *adj* ❶ (*depressed*) Selbstmord-, selbstmörderisch *a. fig; person* selbstmordgefährdet; **to feel ~** sich am

liebsten umbringen wollen ❷ (*disastrous*) [selbst]zerstörerisch; **that would be ~** das wäre glatter Selbstmord

suicide ['su·ɪ·saɪd] *n* ❶ (*killing*) Selbstmord *m a. fig;* **to commit ~** Selbstmord begehen ❷ (*disastrous action*) selbstmörderische Aktion *fam; it would be ~* to ... es wäre [glatter] Selbstmord, wenn ... *fam*

suit [sut] I. *n* ❶ (*jacket and pants*) Anzug *m;* **three-piece ~** Dreiteiler *m;* (*jacket and skirt*) Kostüm *nt* ❷ (*for sports*) Anzug *m;* **ski ~** Skianzug *m* ❸ CARDS Farbe *f* ▶ PHRASES: **to follow ~** (*form*) dasselbe tun II. *vt* ❶ (*be convenient for*) ▪to ~ sb jdm passen [*o* recht sein]; **what time ~s you best?** wann passt es Ihnen am besten? ❷ (*choose*) ▪to ~ oneself tun, was man will; **you can ~ yourself about when you work** man kann selbst bestimmen, wann man arbeitet; **~ yourself** (*hum o pej*) [ganz,] wie du willst ❸ (*enhance*) ▪to ~ sb *clothes* jdm stehen; ▪to ~ sth zu etw *dat* passen III. *vi* angemessen sein, passen

suitable ['su·tə·bəl] *adj* geeignet, passend; *clothing* angemessen

'**suitcase** *n* Koffer *m*

suite [swit] *n* ❶ (*rooms*) Suite *f; ~* **of offices** Reihe *f* von Büroräumen ❷ (*furniture*) Garnitur *f;* **bedroom ~** Schlafzimmereinrichtung *f* ❸ MUS Suite *f*

suitor ['su·tər] *n* ❶ (*liter or hum: wooer*) Freier *m veraltend o hum,* Bewerber *m* ❷ ECON (*buyer*) Interessent *m* (*für einen Firmenkauf*)

sulfate ['sʌl·feɪt] *n* Sulfat *nt*

sulfide ['sʌl·faɪd] *n* Sulfid *nt*

sulfur ['sʌl·fər] *n* ❶ CHEM Schwefel *m* ❷ (*color*) Schwefelgelb *nt*

sulfur dioxide ['sʌl·fər·daɪ·'ak·saɪd] *n* Schwefeldioxid *nt*

sulfuric [sʌl·'fjʊr·ɪk] *adj* Schwefel-

sulfuric 'acid *n* Schwefelsäure *f*

sulk [sʌlk] I. *vi* schmollen, beleidigt sein II. *n* **to be in a ~** beleidigt sein, schmollen

sulky ['sʌl·ki] *adj person* beleidigt, eingeschnappt *fam; face* mürrisch

sullen ['sʌl·ən] *adj* (*pej: bad-tempered*) missmutig, mürrisch

sultan ['sʌl·tən] *n* Sultan *m*

sultry ['sʌl·tri] *adj* ❶ METEO schwül ❷ (*sexy*) *woman, woman's voice* erotisch, sinnlich

sum [sʌm] *n* ❶ (*money*) Summe *f,* Betrag *m;* **five-figure ~** fünfstelliger Betrag ❷ (*total*) Summe *f,* Ergebnis *nt*

◆**sum up** I. *vi* ❶ (*summarize*) zusammenfassen ❷ LAW *judge* resümieren II. *vt* (*summarize*) zusammenfassen; (*evaluate*) einschätzen; **to ~ up a situation at a glance** eine Situation auf einen Blick erfassen

summarize ['sʌm·ə·raɪz] I. *vt* [kurz] zusammenfassen II. *vi* zusammenfassen, resümieren; **to ~,** ... kurz gesagt, ...

summary ['sʌm·ə·ri] I. *n* Zusammenfassung *f; of a plot, contents* [kurze] Inhaltsangabe II. *adj* (*brief*) knapp, gedrängt; *dismissal* fristlos

S

summer ['sʌm·ər] **I.** *n* (*season*) Sommer *m;* **a ~'s day** ein Sommertag *m;* **in** [**the**] **~** im Sommer **II.** *vi* den Sommer verbringen; **to ~ outdoors** *animals, plants* im Sommer im Freien bleiben

summer house *n* Ferienhaus *nt,* Sommerhaus *nt*

'**summerhouse** *n* Gartenhaus *nt,* Gartenlaube *f*

'**summertime** *n* Sommerzeit *f;* **in the ~** im Sommer

summer 'vacation *n* Sommerurlaub *m;* SCH, UNIV Sommerferien *pl*

ℹ Die Sommerferien, **summer vacation,** dauern in den Vereinigten Staaten drei Monate. Je nach Staat, liegen diese drei Monate in der Zeit von Ende Mai bis Mitte September. Ursprünglich mussten die Ferien so lange sein, dass die Kinder auf einem Bauernhof oder einer Ranch bei der Arbeit helfen konnten. Um 1900, als mehr und mehr Leute in die Städte zogen, begannen sich *summer camps* (Sommerlager) zu entwickeln. Dort schickte man die Kinder aus den Städten hin, damit sie die Natur kennenlernten. Heutzutage machen die Kinder dort Musik, Reitsport, basteln, gehen schwimmen und wandern etc.

summery ['sʌm·ə·ri] *adj weather* sommerlich
summit ['sʌm·ɪt] *n* ❶ *of a mountain* Gipfel *m;* (*fig: highest point*) Gipfel *m,* Höhepunkt *m* ❷ POL Gipfel *m;* **~ conference** Gipfelkonferenz *f*
summon ['sʌm·ən] *vt* ❶ (*call*) *person* rufen, zu sich *dat* bestellen; LAW vorladen; **to ~ a meeting** eine Versammlung einberufen ❷ (*demand*) *help* holen ❸ (*gather*) **to ~ up the courage to do sth** den Mut aufbringen, etw zu tun
summons ['sʌm·ənz] **I.** *n* <*pl* -es> ❶ LAW [Vor]ladung *f;* **to issue a ~** [vor]laden ❷ (*call*) Aufforderung *f;* (*iron, hum*) Befehl *m* **II.** *vt* ■ **to ~ sb** jdn vorladen lassen
sumptuous ['sʌmp·tʃʊ·əs] *adj* luxuriös, kostspielig; *dinner* üppig; *gown* festlich, prächtig
sun [sʌn] **I.** *n* ❶ (*star*) Sonne *f* ❷ **the ~** (*sunshine*) die Sonne, der Sonnenschein; **to sit in the ~** in der Sonne sitzen ❸ **to try everything under the ~** alles Mögliche versuchen **II.** *vt* <-nn-> ❶ (*sit in sun*) ■ **to ~ oneself** sich sonnen ❷ (*expose to sun*) ■ **to ~ sth** etw der Sonne aussetzen
'**sun-baked** *adj* [von der Sonne] ausgedörrt
'**sunbathe** *vi* sonnenbaden
'**sunbeam** *n* Sonnenstrahl *m*
'**sunblock** *n* Sunblocker *m*
'**sunburn I.** *n* Sonnenbrand *m* **II.** *vi* <-ed *or* -burnt, -ed *or* -burnt> sich verbrennen, sich

dat einen Sonnenbrand holen *fam*
'**sunburned,** '**sunburnt** *adj* (*tanned*) sonnengebräunt; (*red*) sonnenverbrannt, sonnverbrannt SCHWEIZ
sundae ['sʌn·di] *n* Eisbecher *m*
Sunday ['sʌn·deɪ] *n* Sonntag *m; see also* **Tuesday**
Sunday 'best *npl* Sonntagsstaat *m kein pl veraltend*
Sunday 'paper *n* Sonntagszeitung *f*
'**Sunday school** *n* REL, SCH Sonntagsschule *f*
'**sun deck** *n* ❶ NAUT Sonnendeck *nt* ❷ (*balcony*) Sonnenterrasse *f*
'**sundial** *n* Sonnenuhr *f*
'**sundown** *n* Sonnenuntergang *m;* **at/before ~** bei/vor Sonnenuntergang
'**sun-dried** *adj* an der Sonne getrocknet
sundries ['sʌn·driz] *n pl* Verschiedenes *nt kein pl*
sundry ['sʌn·dri] *adj attr* verschiedene(r, s) ▸ PHRASES: **all and ~** (*fam*) Hinz und Kunz *pej,* jedermann
'**sunflower** *n* Sonnenblume *f*
'**sunflower oil** *n* Sonnenblumenöl *nt*
'**sunflower seeds** *npl* Sonnenblumenkerne *pl*
sung [sʌŋ] *pp of* **sing**
'**sunglasses** *npl* Sonnenbrille *f*
sunk [sʌŋk] *pp of* **sink**
sunken ['sʌŋ·kən] *adj* ❶ *attr* (*submerged*) *ship* gesunken; *ship, treasure* versunken ❷ *attr* (*below surrounding level*) tief[er] liegend *attr;* *bathtub* eingelassen ❸ (*hollow*) *cheeks* eingefallen; *eyes* tief liegend
'**sunlight** *n* Sonnenlicht *nt*
'**sunlit** *adj* sonnenbeschienen; *room* sonnig
sunny ['sʌn·i] *adj* ❶ (*bright, exposed to sun*) *weather, room* sonnig; **~ intervals** Aufheiterungen *pl* ❷ (*cheery*) *person* heiter, unbeschwert; *character, disposition* heiter, sonnig
'**sunray** *n* Sonnenstrahl *m*
'**sunrise** *n* Sonnenaufgang *m;* **at/before ~** bei/vor Sonnenaufgang
'**sunroof** *n* Schiebedach *nt*
'**sunroom** *n* Glasveranda *f,* Wintergarten *m*
'**sunscreen** *n* ❶ (*cream*) Sonnenschutzmittel *nt* ❷ (*ingredient*) Zusatzstoff *m* gegen Sonnenbrand
'**sunset** *n* ❶ (*time*) Sonnenuntergang *m;* **at/before ~** bei/vor Sonnenuntergang ❷ (*fig: final stage*) Endphase *f*
'**sunshade** *n* ❶ (*awning*) Markise *f,* Sonnenblende *f* ❷ (*umbrella*) Sonnenschirm *m*
'**sunshine** *n* ❶ (*sunlight*) Sonnenschein *m;* **to bask in the ~** sich in der Sonne aalen *fam* ❷ METEO sonniges Wetter
'**sunspot** *n* ASTRON Sonnenfleck *m*
'**sunstroke** *n* Sonnenstich *m*
'**suntan I.** *n* Sonnenbräune *f;* **to get a ~** braun werden **II.** *vi* <-nn-> sich von der Sonne bräunen lassen
'**suntan lotion** *n* Sonnencreme *f*
'**suntanned** *adj* sonnengebräunt, braun gebrannt

'suntan oil *n* Sonnenöl *nt*

'sunup *n* Sonnenaufgang *m*

'sun visor *n* AUTO Sonnenblende *f*

'sun worshipper *n* (*hum*) Sonnenanbe-
ter(in) *m(f)*

super ['suˑpər] I. *adj* (*fam: excellent*) klasse,
fantastisch II. *interj* super!, spitze! III. *adv*
(*fam*) besonders

superabundant [ˌsuˑpərˑəˑ'bʌnˑdənt] *adj*
überreichlich

superb [səˑ'pɜrb] *adj* ❶ (*excellent*) ausgezeichnet, hervorragend ❷ (*impressive*) erstklassig;
building, view großartig

ℹ️ Im professionellen amerikanischen Fußball wird das Finale, das jedes Jahr die Champions der *National Football League* (die
American Football Profiliga – die *NFL*)
bestimmt, als **Super Bowl** bezeichnet. Seit
1967 wird das Finale am Ende der Saison
unter den beiden besten Mannschaften der
NFL am Super Bowl-Sonntag, dem *Super
Bowl Sunday,* ausgetragen. Es ist heute zu
einem der meist gesehenen Ereignisse im
amerikanischen Fernsehen geworden und
wird von Football-Fans in der ganzen Welt
mit großem Interesse verfolgt.

---

supercharged ['suˑpərˑˌtʃardʒd] *adj* ❶ (*more
powerful*) *car* mit Lader *nach n; engine* aufge-
laden ❷ (*emotional*) *atmosphere* gereizt

supercharger ['suˑpərˑˌtʃarˑdʒər] *n* AUTO
Lader *m*, Aufladegebläse *nt*

supercilious [ˌsuˑpərˑ'sɪlˑiˑəs] *adj* (*pej*) hochnäsig

superego [ˌsuˑpərˑ'iˑgoʊ] *n* Überich *nt*

superficial [ˌsuˑpərˑ'fɪʃˑəl] *adj* ❶ (*a. fig: on
the surface, shallow*) *person* oberflächlich;
damage geringfügig ❷ (*apparent*) äußerlich
❸ (*cursory*) *knowledge* oberflächlich; *treatment* flüchtig

superficiality [ˌsuˑpərˑˌfɪʃˑiˑ·'ælˑɪˑt̬i] *n* Oberflächlichkeit *f*

superfluous [suˑ'pɜrˑfluˑəs] *adj* überflüssig

'superglue I. *n* Sekundenkleber *m* II. *vt* festkleben

'superhero *n* Superheld *m fam*

super'highway *n* ❶ AUTO Autobahn *f* ❷ COMPUT
[*information*] ~ Datenautobahn *f*

super'human *adj* übermenschlich

superimpose [ˌsuˑpərˑɪmˑ'poʊz] *vt images*
überlagern

superintendent [ˌsuˑpərˑɪnˑ'tenˑdənt] *n*
❶ (*person in charge*) Aufsicht *f; of schools*
Oberschulrat, -rätin *m, f; of an office, department* Leiter(in) *m(f)* ❷ (*police officer*) Poli-
zeichef(in) *m(f)* ❸ (*custodian*) Hausmeis-
ter(in) *m(f)*, Hausverwalter(in) *m(f)*

superior [səˑ'pɪrˑiˑər] I. *adj* ❶ (*higher in rank*)
höhergestellt, vorgesetzt; ■**to be ~ [to sb]**

[*jdm*] vorgesetzt sein ❷ (*excellent*) *artist* überragend; *taste* erlesen, gehoben ❸ (*better*)
überlegen; **to be ~ in numbers** in der Über-
zahl sein ❹ (*pej: arrogant*) überheblich, arrogant II. *n* (*higher person*) Vorgesetzte(r) *f(m)*

superiority [səˑˌpɪrˑiˑ'ɔrˑɪˑt̬i] *n* ❶ (*position*)
Überlegenheit *f* (**over** über +*akk*) ❷ (*pej: arrogance*) Überheblichkeit *f,* Arroganz *f*

superi'ority complex *n* PSYCH (*fam*) Superiori-
tätskomplex *m fachspr*

superlative [suˑ'pɜrˑləˑt̬ɪv] I. *adj* ❶ (*best*) unübertrefflich, sagenhaft ❷ LING superlativisch
fachspr II. *n* LING (*form*) Superlativ *m*

'superman *n* ❶ (*cartoon character*) **S~** Superman *m* ❷ (*fam: exceptional man*) ■**a ~** ein
Superman *m*

supermarket ['suˑpərˑˌmarˑkɪt] *n* Supermarkt *m*

'supermodel *n* FASHION Supermodel *nt*

supernatural [ˌsuˑpərˑ'nætʃˑərˑəl] I. *adj*
❶ (*mystical*) übernatürlich ❷ (*extraordinary*)
außergewöhnlich II. *n* ■**the ~** das Übernatür-
liche

'superpower *n* Supermacht *f*

superscript ['suˑpərˑskrɪpt] TYPO I. *adj* hochge-
stellt II. *n* hochgestelltes Zeichen

supersede [ˌsuˑpərˑ'sid] *vt* ersetzen, ablösen

supersonic [ˌsuˑpərˑ'sanˑɪk] *adj* Überschall-

superstar ['suˑpərˑstar] *n* Superstar *m*

superstition [ˌsuˑpərˑ'stɪʃˑən] *n* ❶ (*belief*)
Aberglaube[n] *m;* ■**according to ~** nach
einem Aberglauben ❷ (*practice*) Aberglaube *m kein pl*

superstitious [ˌsuˑpərˑ'stɪʃˑəs] *adj* abergläubisch

superstore ['suˑpərˑstɔr] *n* Großmarkt *m,* Ver-
brauchermarkt *m*

superstructure ['suˑpərˑˌstrʌkˑtʃər] *n*
❶ (*upper structure*) Oberbau *m* ❷ NAUT
[Deck]aufbauten *pl*

supertanker ['suˑpərˑˌtæŋˑkər] *n* NAUT Riesen-
tanker *m,* Supertanker *m*

supervise ['suˑpərˑvaɪz] *vt* beaufsichtigen

supervision [ˌsuˑpərˑ'vɪʒˑən] *n of children* Be-
aufsichtigung *f; of prisoners, work* Überwachung *f*

supervisor ['suˑpərˑvaɪˑzər] *n* (*person in
charge*) Aufsichtsbeamte(r), -beamtin *m, f;* (*in
shop*) Abteilungsleiter(in) *m(f);* (*in factory*) Vorarbeiter(in) *m(f);* SCH Betreuungs-
lehrer(in) *m(f);* UNIV Betreuer(in) *m(f);* (*for
doctoral candidates*) Doktorvater *m*

supervisory [ˌsuˑpərˑvaɪˑzəˑri] *adj* Aufsichts-

supine [suˑ'paɪn] *adj* ❶ (*lying on back*) **to be
[or lie] ~** auf dem Rücken liegen ❷ (*fig, pej:
indolent*) träge, gleichgültig

supper ['sʌpˑər] *n* FOOD (*meal*) Abendessen *nt,*
Abendbrot *nt,* Nachtmahl *nt* ÖSTERR

'suppertime ['sʌpˑərˑtaɪm] *n* Abendbrotzeit *f,*
Abendessenszeit *f*

supplant [səˑ'plænt] *vt* ersetzen, ablösen

supple ['sʌpˑəl] *adj* ❶ (*flexible*) *human body*
gelenkig, geschmeidig; (*fig*) *mind* flexibel

S

❷ (*not stiff*) *leather* geschmeidig; *skin* weich
supplement ['sʌp·lə·mənt] **I.** *n* ❶ (*something extra*) Ergänzung *f* (**to** zu +*dat*); (*book*) Supplement *nt;* (*information*) Nachtrag *m,* Anhang *m;* **vitamin** ~ Nahrungsmittelergänzung *f* ❷ (*section*) Beilage *f* **II.** *vt* ergänzen; **to** ~ **one's income by doing sth** sein Einkommen aufbessern, indem man etw tut
supplementary [ˌsʌp·lə·'men·tə·ri], **supplemental** [sʌp·lə·'men·təl] *adj* (*additional*) ergänzend *attr,* zusätzlich, Zusatz-
suppleness ['sʌp·əl·nɪs] *n* ❶ (*flexibility*) *of the human body* Gelenkigkeit *f;* (*fig*) *of mind* Flexibilität *f* ❷ (*softness*) *of leather* Geschmeidigkeit *f; of skin* Weichheit *f*
supplication [ˌsʌp·lɪ·'keɪ·ʃən] *n* (*form, liter*) Flehen *nt kein pl* (**for** um +*akk*)
supplier [sə·'plaɪ·ər] *n* ❶ (*provider*) Lieferant(in) *m(f);* ~ **of services** Erbringer *m* von Dienstleistungen ❷ (*company*) Lieferfirma *f,* Zulieferbetrieb *m*
supply [sə·'plaɪ] **I.** *vt* <-ie-> ❶ (*provide sth*) sorgen (für +*akk*), bereitstellen ❷ (*provide sb with sth*) versorgen; ECON beliefern; *arms, drugs* beschaffen ❸ (*act as source*) liefern **II.** *n* ❶ (*stock*) Vorrat *m* (**of** an +*dat*) ❷ (*action*) Versorgung *f; oil* ~ Ölzufuhr *f;* (*action of providing*) Belieferung *f* ❸ ECON Angebot *nt;* **to be in short** ~ Mangelware sein ❹ ■**supplies** *pl* (*provision*) Versorgung *f kein pl;* (*amount needed*) Bedarf *m;* **to cut off supplies** die Lieferungen einstellen
support [sə·'pɔrt] **I.** *vt* ❶ (*hold up*) stützen; ■**to** ~ **oneself on sth** sich auf etw *akk* stützen; **the ice is thick enough to** ~ **our weight** das Eis ist so dick, dass es uns trägt ❷ (*provide with money*) [finanziell] unterstützen; *lifestyle* finanzieren ❸ (*provide with necessities*) ■**to** ~ **sb** für jds Lebensunterhalt aufkommen; *family* unterhalten ❹ (*comfort, encourage*) unterstützen (**in** bei +*dat*); *plan* befürworten; SPORTS **to** ~ **a team** für ein Team sein ❺ COMPUT *device, language, program* unterstützen **II.** *n* ❶ (*prop*) Stütze *f;* ARCHIT Träger *m* ❷ (*act of holding*) **to give sth** ~ etw *dat* Halt geben ❸ (*material assistance, encouragement*) Unterstützung *f;* LAW Unterhalt *m* ❹ (*comfort*) Stütze *f fig;* **to give sb moral** ~ jdn moralisch unterstützen ❺ COMPUT Support *m*
supporter [sə·'pɔr·ʧər] *n* ❶ (*encouraging person*) Anhänger(in) *m(f); of a campaign, policy* Befürworter(in) *m(f); of a theory* Verfechter(in) *m(f)* ❷ SPORTS Fan *m*
supporting [sə·'pɔr·ʧɪŋ] *adj attr* FILM ~ **part** [*or* **role**] Nebenrolle *f*
supportive [sə·'pɔr·ʧɪv] *adj* (*approv*) ■**to be** ~ **of sb** jdm eine Stütze sein, jdn unterstützen; ■**to be** ~ **of sth** etw unterstützen [*o* befürworten]
suppose [sə·'poʊz] *vt* ❶ (*think likely*) ■**to** ~ [**that**] ... annehmen [*o* vermuten], dass ...; **I** ~ **you think that's funny** du hältst das wohl

auch noch für komisch; **I don't** ~ **you could** ... Sie könnten mir nicht zufällig ... ❷ (*as a suggestion*) ~ **we leave right away?** wie wär's, wenn wir jetzt gleich fahren würden? ❸ (*believe*) glauben, vermuten; **her new book is** ~**d to be very good** ihr neues Buch soll sehr gut sein ❹ *pred* (*expected*) **you're** ~**d to be asleep** du solltest eigentlich schon schlafen
▶ PHRASES: **I** ~ **so** wahrscheinlich, wenn du meinst
supposed [sə·'poʊzd] *adj attr* vermutet, angenommen; *killer* mutmaßlich
supposedly [sə·'poʊ·zɪd·li] *adv* ❶ (*allegedly*) angeblich ❷ (*apparently*) anscheinend, scheinbar
supposing [sə·'poʊ·zɪŋ] *conj* angenommen; ~ **he doesn't show up?** was, wenn er nicht erscheint?
supposition [ˌsʌp·ə·'zɪʃ·ən] *n* ❶ (*act*) Spekulation *f,* Mutmaßung *f* ❷ (*belief*) Vermutung *f,* Annahme *f;* **on the** ~ **that** ... vorausgesetzt, dass ...
suppository [sə·'paz·ə·tɔr·i] *n* MED Zäpfchen *nt*
suppress [sə·'pres] *vt* ❶ (*end, restrain*) *feelings, impulses* unterdrücken; *revolution* niederschlagen; *terrorism* bekämpfen ❷ (*prevent from spreading*) *evidence, information* zurückhalten ❸ (*inhibit*) hemmen; *the immune system* schwächen; *a process, reaction* abschwächen ❹ PSYCH *ideas, memories* verdrängen
suppression [sə·'preʃ·ən] *n* ❶ (*act of ending, controlling*) Unterdrückung *f; of an uprising, a revolution* Niederschlagung *f; of terrorism* Bekämpfung *f* ❷ *of evidence, information* Zurückhaltung *f* ❸ MED Hemmung *f*
supremacy [sə·'prem·ə·si] *n* Vormachtstellung *f;* SPORTS Überlegenheit *f*
supreme [sə·'prim] *adj* ❶ (*superior*) höchste(r, s), oberste(r, s) ❷ (*extreme*) äußerste(r, s), größte(r, s); (*causing great pleasure*) überragend, unübertroffen; *moment* einzigartig
Supreme 'Court *n* oberstes Gericht
surcharge ['sɜr·ʧardʒ] *n* ❶ (*extra charge*) Zuschlag *m* (**for** für +*akk*), Aufschlag *m* (**on** auf +*akk*) ❷ (*penalty*) Strafgebühr *f;* (*tax*) [Steuer]zuschlag *m*
sure [ʃʊr] **I.** *adj* ❶ *pred* (*confident*) sicher; ■**to be** ~ [**that**] ... [sich *dat*] sicher sein, dass ...; **I'm not really** ~ ich weiß nicht so genau; **to feel** ~ [**that**] ... überzeugt [davon] sein, dass ... ❷ (*certain*) sicher, gewiss; ■**to be** ~ **to** ... denk daran, dass ...; **be** ~ **to close the door when you leave** vergiss nicht, die Tür zuzumachen, wenn du gehst ▶ PHRASES: **thing** (*fam: certainty*) sicher!; (*of course*) [aber] natürlich!, [na] klar! *fam;* **to be** ~ **of oneself** sehr von sich *dat* überzeugt sein *pej;* **to make** ~ [**that**] ... darauf achten, dass ... **II.** *adv* (*fam: certainly*) echt; **I** ~ **am hungry!** hab ich vielleicht einen Hunger! **III.** *interj* (*fam: certainly!*) ~ **I will!** natürlich!, aber klar

doch!

sure-'footed *adj* **❶** (*able to walk*) trittsicher **❷** (*confident*) sicher, souverän *geh*

surely ['ʃʊr·li] *adv* **❶** (*certainly*) sicher[lich], bestimmt **❷** (*showing astonishment*) doch; ~ **you don't expect me to believe that** du erwartest doch wohl nicht, dass ich dir das abnehme! *fam* **❸** (*without fail*) **slowly but** ~ langsam, aber sicher

surety ['ʃʊr·ɪ·ti] *n* LAW **❶** (*person*) Bürge, Bürgin *m, f* **❷** (*money*) Bürgschaft *f,* Sicherheitsleistung *f*

surf [sɜrf] **I.** *n* Brandung *f* **II.** *vi* **❶** (*on surfboard*) surfen **❷** (*windsurf*) windsurfen **III.** *vt* COMPUT **to** ~ **the Internet** im Internet surfen

surface ['sɜr·fɪs] **I.** *n* **❶** (*top layer*) Oberfläche *f; of a lake, the sea* Spiegel *m;* **road** ~ Straßenbelag *m;* **paved** ~ Pflaster *nt* **❷** SPORTS (*of playing area*) Untergrund *m* ▶ PHRASES: **to scratch the** ~ [**of sth**] *topic, problem* [etw] streifen **II.** *vi* **❶** (*rise to top*) auftauchen **❷** (*fig: become apparent*) auftauchen, aufkommen **III.** *vt* **■ to** ~ **sth ❶** (*cover*) etw mit einem Belag versehen **❷** (*make even*) etw ebnen **IV.** *adj attr* **❶** (*of outer part, superficial*) oberflächlich; (*outward*) äußerlich **❷** (*not underwater*) Überwasser-

'surface mail *n* Postsendung, die auf dem Land- bzw. Seeweg befördert wird

surface 'tension *n* PHYS Oberflächenspannung *f*

surface-to-air 'missile *n* MIL Boden-Luft-Rakete *f*

surfboard ['sɜrf·bɔrd] *n* Surfbrett *nt*

surfeit ['sɜr·fɪt] (*form*) **I.** *n* Übermaß *nt* (**of** an +*dat*) **II.** *vt* **■ to be** ~**ed with sth** etw satthaben *fam*

surfer ['sɜr·fər] *n* Surfer(in) *m(f)*; (*windsurfer*) Windsurfer(in) *m(f)*

surfing ['sɜr·fɪŋ] *n* Surfen *nt,* Wellenreiten *nt;* (*windsurfing*) Windsurfen *nt*

surge [sɜrdʒ] **I.** *vi* **❶** (*move powerfully*) *sea* branden; *waves* wogen, sich auftürmen; (*fig*) *people* wogen **❷** (*increase strongly*) *profits* [stark] ansteigen **❸** (*fig*) **■ to** ~ [**up**] (*well up*) *emotion* aufwallen; (*grow louder*) *cheer, roar* aufbrausen **II.** *n* **❶** (*sudden increase*) [plötzlicher] Anstieg; ELEC Spannungsanstieg *m,* Spannungsstoß *m* **❷** (*large wave*) Woge *f;* (*breaker*) Brandung *f;* (*tidal wave*) Flutwelle *f* **❸** (*fig: pressing movement*) Ansturm *m* **❹** (*fig: wave of emotion*) Welle *f,* Woge *f*

surgeon ['sɜr·dʒən] *n* Chirurg(in) *m(f)*

surgery ['sɜr·dʒə·ri] *n* chirurgischer Eingriff

surgical ['sɜr·dʒɪ·kəl] *adj* **❶** (*used by surgeons*) *gloves, instruments* chirurgisch **❷** (*orthopedic*) medizinisch

surly ['sɜr·li] *adj* unwirsch, ruppig

surmise [sər·'maɪz] *vt* (*form*) vermuten, annehmen

surmount [sər·'maʊnt] *vt* (*overcome*) *challenge, problem* meistern; *obstacle, opposition* überwinden

surname ['sɜr·neɪm] *n* Familienname *m,* Nachname *m*

surpass [sər·'pæs] *vt* (*form*) übertreffen; **■ to** ~ **oneself** sich selbst übertreffen

surplus ['sɜr·pləs] **I.** *n* <*pl* -es> **❶** (*excess*) Überschuss *m* (**of** an +*dat*) **❷** (*financial*) Überschuss *m* **II.** *adj* **❶** (*extra*) zusätzlich **❷** (*dispensable*) überschüssig

surprise [sər·'praɪz] **I.** *n* Überraschung *f;* ~! (*fam*) Überraschung! *a. iron;* **to take sb by** ~ jdn überraschen; **to sb's** [**great**] ~ zu jds [großem] Erstaunen **II.** *vt* **❶** (*amaze*) überraschen; **well, you do** ~ **me** nun, das erstaunt mich! **❷** (*take unawares*) überraschen; **■ to** ~ **sb doing sth** jdn bei etw *dat* überraschen [*o* ertappen] **III.** *adj attr* überraschend, unerwartet

surprised [sər·'praɪzd] *adj* **❶** (*taken unawares*) überrascht; (*amazed*) erstaunt (**at** über +*akk*); **I wouldn't be** ~ **if it snowed tomorrow** es würde mich nicht wundern, wenn es morgen schneite; **pleasantly** ~ angenehm überrascht **❷** *pred* (*disappointed*) enttäuscht (**at** von +*dat*)

surprising [sər·'praɪ·zɪŋ] *adj* überraschend

surprisingly [sər·'praɪ·zɪŋ·li] *adv* **❶** (*remarkably*) erstaunlich **❷** (*unexpectedly*) überraschenderweise

surreal [sə·'ri·əl] *adj* surreal *geh,* [traumhaft-]unwirklich

surrealism [sə·'ri·ə·lɪz·əm] *n* Surrealismus *m*

surrealist [sə·'ri·ə·lɪst] **I.** *n* Surrealist(in) *m(f)* **II.** *adj* surrealistisch

surrender [sə·'ren·dər] **I.** *vi* **❶** MIL aufgeben, kapitulieren; **■ to** ~ **to sb** sich jdm ergeben **❷** (*fig: give in*) nachgeben, kapitulieren; **to** ~ **to temptation** der Versuchung erliegen **II.** *vt* (*form: give*) **■ to** ~ **sth** [**to sb**] [jdm] etw übergeben [*o* aushändigen]; *territory* abtreten; *weapons* abgeben **III.** *n* **❶** (*capitulation*) Kapitulation *f* (**to** vor +*dat*) **❷** (*form: giving up*) Preisgabe *f* (**to** an +*akk*)

surreptitious [ˌsɜr·əp·'tɪʃ·əs] *adj* heimlich; *glance* verstohlen

surrogacy ['sʌr·ə·gə·si] *n* Leihmutterschaft *f*

surrogate ['sɜr·ə·gɪt] **I.** *adj attr* Ersatz- **II.** *n* Ersatz *m,* Surrogat *nt geh* (**for** für +*akk*)

surrogate 'mother *n* Leihmutter *f*

surround [sə·'raʊnd] *vt* **❶** (*enclose*) umgeben **❷** (*encircle*) einkreisen; MIL umstellen, umzingeln **❸** (*fig: be associated with*) umgeben; **to be** ~**ed by speculation** Spekulationen hervorrufen

surrounding [sə·'raʊn·dɪŋ] *adj attr* umgebend; ~ **area** Umgebung *f;* **the** ~ **buildings** die umliegenden Gebäude

sur'roundings *npl* **❶** (*area*) Umgebung *f* **❷** (*living conditions*) Umgebung *f,* [Lebens]verhältnisse *pl*

surtax <*pl* -es> ['sɜr·tæks] *n* FIN (*extra income tax*) Zusatzabgabe *f* (*zur Einkommenssteuer*)

surveillance [sər·'veɪ·ləns] *n* Überwachung *f,* Kontrolle *f;* **to be under** ~ unter Beobachtung stehen, überwacht werden

S

survey I. *vt* [sər·'veɪ] ❶ *usu passive* (*carry out research*) befragen ❷ (*look at*) betrachten; (*carefully*) begutachten ❸ (*give overview*) umreißen II. *n* ['sɜr·veɪ] ❶ (*opinion poll*) Untersuchung *f*; (*research*) Studie *f*; **nationwide ~** landesweite Umfrage ❷ (*overview*) Übersicht *f*; *of a topic* Überblick *m* (**of** über +*akk*) ❸ *of land* Vermessung *f*

surveyor [sər·'veɪ·ər] *n of land* [Land]vermesser(in) *m(f)*

survival [sər·'vaɪ·vəl] *n* (*not dying*) Überleben *nt* ► PHRASES: **the ~ of the fittest** das Überleben des Stärkeren

sur'vival instinct *n* Überlebensinstinkt *m*

sur'vival rate *n* (*a. fig*) Überlebenschance *f*

survive [sər·'vaɪv] I. *vi* ❶ (*stay alive*) überleben, am Leben bleiben; ■**to ~ on sth** sich mit etw *dat* am Leben halten ❷ (*fig: not be destroyed*) überleben, erhalten bleiben; *monument* überdauern; *tradition* fortbestehen II. *vt* ❶ (*stay alive after*) *accident, crash* überleben; (*fig*) hinwegkommen (über +*akk*) ❷ (*still exist after*) *fire, flood* überstehen ❸ (*outlive*) *person* überleben

surviving [sər·'vaɪ·vɪŋ] *adj* ❶ (*still living*) noch lebend; *relative* hinterblieben ❷ (*fig: still existing*) [noch] vorhanden

survivor [sər·'vaɪ·vər] *n* ❶ (*person still alive*) Überlebende(r) *f(m)*; **she's a cancer ~** sie hat den Krebs besiegt ❷ (*fig: tough person*) Stehaufmännchen *hum fam*, Überlebenskünstler(in) *m(f)*

susceptible [sə·'sep·tə·bəl] *adj* ❶ *usu pred* (*easily influenced*) ■**to be ~ to sth** für etw *akk* empfänglich sein ❷ MED anfällig

suspect I. *vt* [sə·'spekt] ❶ (*think likely*) vermuten; **I ~ed as much** das habe ich mir gedacht ❷ (*consider guilty*) verdächtigen; ■**to be ~ed of sth** einer S. *gen* verdächtigt werden ❸ (*doubt*) ■**to ~ sth** etw *akk* anzweifeln; *motives* etw *dat* misstrauen II. *n* ['sʌs·pekt] Verdächtige(r) *f(m)*; (*fig*) Verursacher(in) *m(f)* III. *adj* ['sʌs·pekt] ❶ *usu attr* (*possibly dangerous*) verdächtig, suspekt ❷ (*possibly defective*) zweifelhaft

suspend [sə·'spend] *vt* ❶ (*stop temporarily*) [vorübergehend] aussetzen, einstellen; **to ~ judgment** mit seiner Meinung zurückhalten ❷ LAW *constitution* zeitweise außer Kraft setzen; *sentence* [zur Bewährung] aussetzen ❸ *usu passive* (*from work*) suspendieren; (*from school*) [zeitweilig] [vom Unterricht] ausschließen; SPORTS sperren ❹ *usu passive* (*hang*) herabhängen (**from** von +*dat*)

suspender [sə·'spen·dər] *n* ■**~s** *pl* Hosenträger *pl*

suspense [sə·'spens] *n* Spannung *f*; **to keep sb in ~** jdn im Ungewissen lassen

suspension [sə·'spen·ʃən] *n* ❶ (*temporary stoppage*) [zeitweilige] Einstellung ❷ (*from work, school*) Suspendierung *f*; SPORTS Sperrung *f* ❸ AUTO Radaufhängung *f*

sus'pension bridge *n* Hängebrücke *f*

suspicion [sə·'spɪʃ·ən] *n* ❶ (*unbelief*) Verdacht *m* ❷ (*being suspected*) Verdacht *m;* **to be above ~** über jeglichen Verdacht erhaben sein ❸ (*mistrust*) Misstrauen *nt*

suspicious [sə·'spɪʃ·əs] *adj* ❶ (*causing suspicion*) verdächtig ❷ (*feeling suspicion*) misstrauisch, argwöhnisch; ■**to be ~ of sth** einer S. *dat* gegenüber skeptisch sein

sustain [sə·'steɪn] *vt* ❶ (*form: suffer*) **to ~ damages** Schäden erleiden; (*object*) beschädigt werden ❷ (*maintain*) aufrechterhalten ❸ (*keep alive*) [am Leben] erhalten; *a family* unterhalten ❹ (*support emotionally*) unterstützen

sustainable [sə·'steɪ·nə·bəl] *adj* (*maintainable*) haltbar; *argument* stichhaltig; ECOL *resources* erneuerbar; **~ development** nachhaltige Entwicklung

sustained [sə·'steɪnd] *adj* ❶ (*long-lasting*) anhaltend ❷ (*determined*) nachdrücklich; **to make a ~ effort to do sth** entschieden an etw *akk* herangehen

sustenance ['sʌs·tə·nəns] *n* ❶ (*form: food*) Nahrung *f* ❷ (*emotional support*) Unterstützung *f*; **to find ~ in sth** eine Stütze an etw *dat* finden

suture ['su·tʃər] MED I. *n* Naht *f* II. *vt* [ver]nähen

svelte [svelt] *adj* (*approv*) *woman* schlank, grazil

swab [swab] I. *n* MED ❶ (*pad*) Tupfer *m* ❷ (*test sample*) Abstrich *m* II. *vt* <-bb-> ❶ MED (*clean*) abtupfen ❷ *esp* NAUT *deck* schrubben

swagger ['swæg·ər] I. *vi* ❶ (*walk boastfully*) stolzieren ❷ (*behave boastfully*) angeben *fam,* prahlen II. *n* Angeberei *f fam,* Prahlerei *f*

swallow[1] ['swal·oʊ] I. *n* ❶ (*action*) Schlucken *nt kein pl* ❷ (*quantity*) Schluck *m* II. *vt* ❶ (*eat*) [hinunter]schlucken; (*greedily*) verschlingen ❷ *usu passive* ECON (*fig: take over*) ■**to be ~ed [up] by sth** von etw *dat* geschluckt werden *fam* ❸ (*fig: engulf*) ■**to ~ [up]** ⟳ **sb/sth** jdn/etw verschlingen ❹ (*fig fam: believe unquestioningly*) schlucken; **to ~ sth whole** etw *akk* unzerkaut [hinunter]schlucken III. *vi* schlucken

swallow[2] ['swal·oʊ] *n* (*bird*) Schwalbe *f*

swam [swæm] *vi, vt pt of* **swim**

swamp [swamp] I. *vt* ❶ (*fill with water*) *boat, canoe* volllaufen lassen ❷ (*flood*) überschwemmen, unter Wasser setzen ❸ (*fig: overwhelm*) überschwemmen; **I'm ~ed with work at the moment** im Moment ersticke ich in Arbeit II. *n* ❶ (*bog*) Sumpf *m* ❷ (*boggy land*) Sumpfland *nt*

'swampland, 'swamplands *npl* Sumpfland *nt*, Sumpfgebiet *nt*

swampy ['swam·pi] *adj* sumpfig, morastig

swan [swan] *n* Schwan *m*

swank [swæŋk] *n* (*pej fam*) Prahlerei *f*, Protzerei *f*

swanky ['swæŋ·ki] *adj* (*fam*) ❶ (*stylish*) schick ❷ (*pej: boastful*) protzig; *talk, manner*

großspurig
'**swansong** n (fig) Schwanengesang m geh
swap [swɒp] I. n ❶(exchange) Tausch m;
(interchange) Austausch m ❷(deal) Tauschhandel m ❸(thing) Tauschobjekt nt II. vt
<-pp-> ❶(exchange) tauschen; ■to ~ sth for
sth etw gegen etw akk eintauschen ❷(tell one
another) stories austauschen III. vi <-pp->
tauschen; ■to ~ with sb (exchange objects)
mit jdm tauschen; (change places) mit jdm
[Platz] tauschen
swarm [swɔrm] I. n ❶(insects) Schwarm m
❷(fig: people) Schar f II. vi ❶ZOOL insects
schwärmen ❷(fig) people schwärmen ❸(be
full of) ■to be ~ing with sth von etw dat
[nur so] wimmeln
swarthy ['swɔr·ði] adj dunkel[häutig]
swashbuckling ['swaʃ·ˌbʌk·lɪŋ] adj attr verwegen, säbelrasselnd
swastika ['swas·tɪ·kə] n Hakenkreuz nt
swat [swat] I. vt <-tt-> ❶(kill) insect totschlagen, zerquetschen; (with hands) todklatschen
fam ❷(hit) hart schlagen; ball schmettern II. n
❶(blow) [heftiger] Schlag ❷(swatter) Fliegenklatsche f
swatch <pl -es> [swatʃ] n [Textil]muster nt,
[Textil]probe f
swathe [sweɪð] I. vt einwickeln II. n ❶(long
strip) Bahn f, Streifen m ❷(wide area) Gebiet nt, Gegend f
sway [sweɪ] I. vi person schwanken; trees sich
wiegen II. vt ❶(swing) schwenken; wind wiegen ❷ usu passive (influence) ■to be ~ed by
sb/sth sich von jdm/etw beeinflussen lassen;
(change mind) von jdm/etw umgestimmt
werden ❸(fig: alter) ändern
swear <swore, sworn> [swer] I. vi ❶(curse)
fluchen (at auf +akk) ❷(take an oath) schwören, einen Eid ablegen II. vt schwören; oath
leisten, ablegen
◆**swear in** vt usu passive vereidigen
◆**swear off** vt ■to ~ off sth alcohol, cigarettes, drugs etw dat abschwören
'**swearing** n Fluchen nt
'**swear word** n derbes Schimpfwort, Fluch m
sweat [swet] I. n ❶(perspiration) Schweiß m
❷(fig fam: worried state) just thinking
about the exams makes me break out in a
cold ~ wenn ich nur ans Examen denke,
bricht mir der kalte Schweiß aus; to work
oneself into a ~ [about sth] sich [wegen einer
S. dat] verrückt machen fam II. vi <sweat or
sweated, sweat or sweated> ❶(perspire)
schwitzen (with vor +dat) ❷(fig: work hard)
schwitzen (over über +dat) III. vt <sweat or
sweated, sweat or sweated> ▶ PHRASES: to ~
blood Blut [und Wasser] schwitzen fam
◆**sweat out** vt (suffer while waiting) to ~ it
out zittern fam
'**sweatband** n Schweißband nt
sweater ['swet·ər] n Pullover m, Sweater m
'**sweatpants** n pl Jogginghose f
'**sweatshirt** n Sweatshirt nt

'**sweatshop** n Ausbeuterbetrieb m pej
sweaty ['swet·i] adj ❶(covered in sweat) person verschwitzt ❷(causing sweat) work
schweißtreibend
Swede [swid] n Schwede m, Schwedin f
Sweden ['swi·dən] n Schweden nt
Swedish ['swi·dɪʃ] I. n Schwedisch nt II. adj
schwedisch
sweep [swip] I. n ❶(a clean with a brush)
Kehren nt, Fegen nt NORDD ❷(movement)
schwungvolle Bewegung; (with saber, scythe)
ausholender Hieb ❸(range) Reichweite f a.
fig, Spielraum m ❹(fam) ■~s pl, + sing/pl vb
see sweepstakes II. vt <swept, swept>
❶(with a broom) kehren, fegen NORDD ❷(take
in powerful manner) she swept the pile of
papers into her bag sie schaufelte den Stapel
Papiere in ihre Tasche ❸(spread) ■to ~ sth
über etw akk kommen III. vi <swept, swept>
❶(clean) kehren, fegen ❷(move smoothly)
gleiten; person rauschen fam
◆**sweep aside** vt ❶(cause to move)
[hin]wegfegen ❷(fig: dismiss) doubts, objections beiseiteschieben, abtun
◆**sweep away** vt ❶(remove) [hin]wegfegen;
(water) fortspülen; (fig) doubts, objections
beiseiteschieben ❷(fig: carry away) mitreißen
◆**sweep out** I. vt auskehren II. vi hinausstürmen
◆**sweep up** I. vt ❶(brush and gather) zusam-
menkehren ❷(gather) zusammensammeln
II. vi ❶(clean up) aufkehren ❷ usu passive
■to be swept up heranrauschen
sweeper ['swi·pər] n ❶(device) Kehrmaschi-
ne f ❷(person) [Straßen]feger(in) m(f), [Stra-
ßen]kehrer(in) m(f) ❸(in soccer) Libero m
sweeping ['swi·pɪŋ] adj ❶(large-scale) weitreichend; changes einschneidend; ~ cuts dras-
tische Einsparungen ❷(very general) pauschal; generalization grob ❸ attr (broad) curve
weit
sweepstakes ['swip·steɪks] n pl, + sing/pl vb
Art Lotterie, wobei mit kleinen Einsätzen z. B.
auf Pferde gesetzt wird und diese Einsätze an
den Gewinner gehen
sweet [swit] I. adj ❶(like sugar) süß ❷(not
dry) sherry, wine lieblich ❸(fig: pleasant)
süß, angenehm; sound lieblich; temper sanft
❹(fig: endearing) süß, niedlich; (kind)
freundlich, lieb II. n ■~s pl Süßigkeiten pl
'**sweet-and-sour** adj süßsauer
'**sweet corn** n [Zucker]mais m
sweeten ['swi·tən] vt ❶(make sweet) süßen
❷(make more amenable) ■to ~ [up] ○ sb
jdn günstig stimmen
sweetener ['swi·tən·ər] n ❶(sugar substitute)
Süßstoff m; (pill) Süßstofftablette f ❷(inducement) Lockspeise f geh, Versuchung f
'**sweetheart** n (term of endearment) Liebling m, Schatz m fam
sweetness ['swit·nɪs] n ❶(sweet taste) Süße f
❷(fig: pleasantness) of sb's nature Freundlichkeit f; of freedom, victory süßes [o

wohliges] Gefühl

sweet 'pea *n* Wicke *f*

'sweet potato *n* Süßkartoffel *f*

'sweet-talk *vt* einwickeln *fam;* ■ **to ~ sb into doing sth** jdn beschwatzen, etw zu tun

swell <swelled, swelled *or* swollen> [swel] **I.** *vt* ❶ (*enlarge*) anwachsen lassen; *river* anschwellen lassen; *fruit* wachsen [und gedeihen] lassen ❷ (*fig: increase*) [an]steigen lassen; *sales* steigern **II.** *vi* ❶ (*become swollen*) ■ **to ~** [up] anschwellen ❷ (*increase*) zunehmen; *population* ansteigen ❸ (*get louder*) lauter werden, anschwellen **III.** *n* ❶ *of sea* Seegang *m* ❷ (*increase in sound*) zunehmende Lautstärke; *of music* Anschwellen *nt kein pl*

swelling ['swel·ɪŋ] *n* ❶ MED (*lump*) Schwellung *f*, Geschwulst *f*; (*sudden growth*) Beule *f* ❷ (*activity*) Anschwellen *nt* ❸ (*lasting form*) Wölbung *f*, Ausbauchung *f*

sweltering ['swel·tər·ɪŋ] *adj* drückend heiß; *heat, weather* schwül

swept [swept] *vt, vi pt of* **sweep**

swerve [swɜrv] **I.** *vi* ❶ (*change direction*) [plötzlich] ausweichen; *car* ausscheren ❷ (*fig liter: deviate*) eine Schwenkung vollziehen *geh;* **to ~ from one's principles** von seiner seinen Grundsätzen abweichen **II.** *n* ❶ (*sudden move*) plötzliche Seitenbewegung, Schlenker *m;* (*evading move*) Ausweichbewegung *f;* **a ~ to the left/right** ein Ausscheren *nt* nach links/rechts ❷ (*fig*) Abweichung *f;* POL Richtungswechsel *m*

swift [swɪft] **I.** *adj* ❶ (*fast-moving*) schnell ❷ (*occurring quickly*) schnell, rasch **II.** *n* (*bird*) Mauersegler *m*

swiftly ['swɪft·li] *adv* schnell, rasch

swiftness ['swɪft·nɪs] *n* Schnelligkeit *f*

swig [swɪg] (*fam*) **I.** *vt* <-gg-> schlucken **II.** *n* Schluck *m*

swill [swɪl] **I.** *n* (*pig feed*) Schweinefutter *nt;* (*fig, pej: unpleasant drink*) Gesöff *nt fam;* (*unpleasant food*) Fraß *m fam* **II.** *vt* ❶ (*usu pej fam: drink fast*) hinunterstürzen; *alcohol, beer* hinunterkippen ❷ (*swirl a liquid*) ■ **to ~ sth around** etw [hin und her] schwenken

swim [swɪm] **I.** *vi* <swam, swum, -mm-> ❶ SPORTS schwimmen ❷ (*whirl*) verschwimmen; (*be dizzy*) schwindeln **II.** *vt* <swam, swum, -mm-> ❶ (*cross*) *channel, river* durchschwimmen ❷ (*do*) **to ~ a few strokes** ein paar Züge schwimmen **III.** *n* Schwimmen *nt kein pl*

swimmer ['swɪm·ər] *n* (*person*) Schwimmer(in) *m(f)*

swimming ['swɪm·ɪŋ] *n* Schwimmen *nt*

'swimming cap *n* Badekappe *f*, Badehaube *f* ÖSTERR

swimmingly ['swɪm·ɪŋ·li] *adv* (*fam or dated*) glatt

'swimming pool *n* Schwimmbecken *nt;* (*private*) Swimmingpool *m;* (*public*) Schwimmbad *nt;* **indoor/outdoor ~** Hallen-/Freibad *nt*

'swimsuit *n* Badeanzug *m;* (*trunks*) Badehose *f*

'swim trunks, 'swimming trunks *npl* Badehose *f*

swindle ['swɪn·dəl] **I.** *vt* betrügen, hereinlegen; ■ **to ~ sb out of sth** jdn um etw *akk* betrügen **II.** *n* Betrug *m kein pl außer* SCHWEIZ

swindler ['swɪnd·lər] *n* (*pej*) Betrüger(in) *m(f)*

swine <*pl* - *or* -s> [swaɪn] *n* ❶ (*hog*) Schwein *nt* ❷ (*pej fam: person*) Schwein *nt*

swing [swɪŋ] **I.** *n* ❶ (*movement*) Schwingen *nt kein pl* ❷ (*punch*) Schlag *m* ❸ (*hanging seat*) Schaukel *f* ❹ (*change*) Schwankung *f;* POL Umschwung *m* ❺ (*in baseball*) Schwung *m* ▶ PHRASES: **to be in full ~** voll im Gang sein **II.** *vi* <swung, swung> ❶ (*move*) [hin und her] schwingen; (*move circularly*) sich drehen; **the door swung open in the wind** die Tür ging durch den Wind auf ❷ (*attempt to hit*) zum Schlag ausholen; *baseball bat* schwingen; ■ **to ~ at sb** nach jdm schlagen ❸ (*alternate*) *mood* schwanken ❹ *music, party* swingen ▶ PHRASES: **to ~ into action** loslegen *fam* **III.** *vt* <swung, swung> ❶ (*move*) [hin- und her]schwingen ❷ (*fam: arrange*) **do you think you could ~ the job for me?** glaubst du, du könntest die Sache für mich schaukeln?; **to ~ it** es deichseln

swing around I. *vi* ❶ (*turn around*) sich schnell umdrehen; (*in surprise, fear*) herumfahren ❷ (*go fast*) **she swung around the corner at full speed** sie kam mit vollem Tempo um die Ecke geschossen **II.** *vt* ❶ (*turn around*) ■ **to ~ sth around** etw [her]umdrehen; (*move in a circle*) etw herumschwingen ❷ (*change*) **to ~ a conversation around to sth** ein Gespräch auf etw *akk* bringen

swipe [swaɪp] **I.** *vi* schlagen (**at** nach +*dat*) **II.** *vt* ❶ (*graze*) *car* streifen ❷ (*fam: steal*) klauen ❸ (*pass through*) *magnetic card* durchziehen, einlesen **III.** *n* Schlag *m;* **to take a ~ at sb/sth** auf jdn/etw losschlagen

swirl [swɜrl] **I.** *vi* wirbeln **II.** *vt* ❶ (*move circularly*) ■ **to ~ sth around** etw herumwirbeln ❷ (*twist together*) ■ **to ~ sth together** etw miteinander vermischen **III.** *n of water* Strudel *m; of snow, wind* Wirbel *m; of dust* Wolke *f*

swish [swɪʃ] **I.** *vi* ❶ (*make hissing noise*) zischen ❷ (*make brushing noise*) rascheln **II.** *vt liquid* hin und her schwenken **III.** *n* Rascheln *nt kein pl*

Swiss [swɪs] **I.** *adj* Schweizer-, schweizerisch **II.** *n* <*pl* -> Schweizer(in) *m(f)*

switch [swɪtʃ] **I.** *n* <*pl* -es> ❶ (*control*) Schalter *m;* **to flick a ~** (*turn on*) einen Schalter anknipsen; (*turn off*) einen Schalter ausknipsen ❷ (*substitution*) Wechsel *m meist sing* ❸ (*alteration*) Änderung *f;* (*change*) Wechsel *m* **II.** *vi* wechseln, tauschen (**with** mit +*dat*) **III.** *vt* ❶ (*adjust settings*) umschalten ❷ (*change abruptly*) *directions* wechseln ❸ (*substitute*) auswechseln, eintauschen

◆ **switch off I.** *vt* ELEC ausschalten **II.** *vi* ❶ (*turn off*) ausschalten ❷ (*stop paying atten-*

tion) abschalten *fam*

◆**switch on I.** *vt* ELEC einschalten; *the TV* anmachen **II.** *vi* einschalten, anschalten

◆**switch over** *vi* wechseln (**to** zu +*dat*)

'**switchblade** *n* Klappmesser *nt*

'**switchboard** *n* ELEC Schaltbrett *nt;* TELEC [Telefon]zentrale *f,* Vermittlung *f*

'**switchboard operator** *n* TELEC Telefonist(in) *m(f)*

Switzerland ['swɪt·sər·lənd] *n* Schweiz *f*

swivel ['swɪv·əl] **I.** *n* Drehring *m,* Drehgelenk *nt* **II.** *vt* <-l- *or* -ll-> drehen **III.** *vi* <-l- *or* -ll-> sich drehen

swivel 'chair *n* Drehstuhl *m*

'**swizzle stick** *n* Sektquirl *m*

swollen ['swoʊ·lən] **I.** *pp of* **swell II.** *adj* ❶ (*puffy*) geschwollen; *face* aufgequollen ❷ (*larger than usual*) angeschwollen

swoon [swun] **I.** *vi* ❶ (*dated: faint*) ohnmächtig werden ❷ (*fig*) schwärmen (**over** für +*akk*) **II.** *n* Ohnmacht *f*

swoop [swup] **I.** *n* ❶ (*dive*) Sturzflug *m* ❷ (*fam: attack*) Überraschungsangriff *m* ▶ PHRASES: **in one fell** ~ auf einen Streich **II.** *vi* ❶ (*dive*) niederstoßen, herabstoßen ❷ (*fam: attack*) ■ **to** ~ **in on sb/sth** jdn/etw angreifen; *police* bei jdm/etw eine Razzia machen

sword [sɔrd] *n* Schwert *nt*

'**swordfish** *n* Schwertfisch *m*

'**swordplay** *n* Fechten *nt*

swordsman ['sɔrdz·mən] *n* Fechter *m*

swordsmanship ['sɔrdz·mən·ʃɪp] *n* Fechtkunst *f*

swore [swɔr] *pt of* **swear**

sworn [swɔrn] **I.** *pp of* **swear II.** *adj attr* beschworen; *testimony* beeidet; **a** ~ **statement** eine eidliche Aussage; ~ **enemy** Todesfeind(in) *m(f)*

swum [swʌm] *pp of* **swim**

swung [swʌŋ] *pt, pp of* **swing**

sycamore ['sɪk·ə·mɔr] *n* Platane *f*

sycophant ['sɪk·ə·fənt] *n* (*pej form*) Schmeichler(in) *m(f);* (*pej*) Schleimer(in) *m(f),* Kriecher(in) *m(f)*

sycophantic [ˌsɪk·ə·'fæn·tɪk] *adj* (*pej form*) kriecherisch

syllable ['sɪl·ə·bəl] *n* Silbe *f*

syllabus <*pl* -es *or form* syllabi> ['sɪl·ə·bəs] *n* ❶ (*course outline*) Lehrplan *m* ❷ (*course reading list*) Leseliste *f*

sylph [sɪlf] *n* Sylphide *f geh*

symbiosis [ˌsɪm·bɪ·'oʊ·sɪs] *n* Symbiose *f*

symbiotic [ˌsɪm·bɪ·'aṭ·ɪk] *adj* symbiotisch

symbol ['sɪm·bəl] *n* Symbol *nt,* Zeichen *nt*

symbolic [sɪm·'bal·ɪk] *adj* symbolisch, symbolhaft

symbolism ['sɪmbəlɪz·əm] *n* Symbolik *f;* ■ **S~** ART, LIT Symbolismus *m*

symbolize ['sɪm·bə·laɪz] *vt* symbolisieren

symmetrical [sɪ·'met·rɪ·kəl] *adj* symmetrisch; *face* ebenmäßig

symmetry ['sɪm·ə·tri] *n* (*balance*) Symmetrie *f;* (*evenness*) Ebenmäßigkeit *f;* (*correspon-*

dence) Übereinstimmung *f*

sympathetic [ˌsɪm·pə·'θeṭ·ɪk] *adj* ❶ (*understanding*) verständnisvoll; ■ **to be** ~ **about sth** für etw *akk* Verständnis haben; (*sympathizing*) mitfühlend, teilnahmsvoll ❷ (*likeable*) *fictional characters* sympathisch ❸ (*approving*) wohlgesinnt; ■ **to be** ~ **to[ward] sb/sth** mit jdm/etw sympathisieren

sympathize ['sɪm·pə·θaɪz] *vi* ❶ (*show understanding*) Verständnis haben; (*show compassion*) Mitleid haben, mitfühlen ❷ (*agree with*) sympathisieren

sympathizer ['sɪm·pə·θaɪ·zər] *n* Sympathisant(in) *m(f)*

sympathy ['sɪm·pə·θi] *n* ❶ (*compassion*) Mitleid *nt* (**for** mit +*dat*); (*commiseration*) Mitgefühl *nt;* (*understanding*) Verständnis *nt* ❷ (*agreement*) Übereinstimmung *f;* (*affection*) Sympathie *f* (**with** für +*akk*) ❸ (*condolences*) ■ **sympathies** *pl* Beileid *nt kein pl*

symphonic [sɪm·'fan·ɪk] *adj* symphonisch, sinfonisch

symphony ['sɪm·fə·ni] *n* Symphonie *f,* Sinfonie *f;* **Beethoven's Fifth S~** die fünfte Symphonie von Beethoven

'**symphony orchestra** *n* Symphonieorchester *nt,* Sinfonieorchester *nt*

symposium <*pl* -s *or* -sia> [sɪm·'poʊ·zi·əm] *n* (*form*) Symposium *nt,* Symposion *nt*

symptom ['sɪmp·təm] *n* ❶ MED Symptom *nt,* Krankheitszeichen *nt* ❷ (*fig: indicator*) [An]zeichen *nt,* Symptom *nt geh*

symptomatic [ˌsɪmp·tə·'mæṭ·ɪk] *adj* symptomatisch

synagogue ['sɪn·ə·gag] *n* Synagoge *f*

synchronize ['sɪŋ·krə·naɪz] **I.** *vt* aufeinander abstimmen; **to** ~ **watches** Uhren gleichstellen **II.** *vi* zeitlich zusammenfallen

synchronized 'swimming *n* Synchronschwimmen *nt*

synchronous ['sɪŋ·krə·nəs] *adj* gleichzeitig, synchron

syncopate ['sɪŋ·kə·peɪt] *vt* MUS synkopieren

syndicate ['sɪn·də·kɪt] **I.** *n* ❶ COMM, FIN Syndikat *nt,* Verband *m* ❷ JOURN Pressesyndikat *nt* **II.** *vt* ❶ JOURN an mehrere Zeitungen verkaufen ❷ (*finance*) über ein Syndikat finanzieren

syndication [ˌsɪn·də·'keɪ·ʃən] *n* ❶ JOURN Verkauf *m* an mehrere Zeitungen ❷ (*financing*) Finanzierung *f* durch ein Syndikat

syndrome ['sɪn·droʊm] *n* MED (*a. fig*) Syndrom *nt*

synergy ['sɪn·ər·dʒi] *n* Synergismus *m;* (*energy*) Synergie *f*

synod ['sɪn·əd] *n* Synode *f*

synonym ['sɪn·ə·nɪm] *n* Synonym *nt*

synonymous [sɪ·'nan·ɪ·məs] *adj* synonym

synopsis <*pl* -ses> [sɪ·'næp·sɪs] *n* Zusammenfassung *f*

syntactic [sɪn·'tæk·tɪk] *adj* syntaktisch, Syntax-

syntax ['sɪn·tæks] *n* Syntax *f*

synthesis <*pl* -theses> ['sɪn·θə·sɪs] *n* Synthese *f;* Verbindung *f*

synthesize ['sɪn·θə·saɪz] *vt* künstlich herstellen

synthesizer ['sɪn·θə·saɪ·zər] *n* Synthesizer *m*

synthetic [sɪn·'θeṯ·ɪk] **I.** *adj* ❶ (*man-made*) synthetisch, künstlich; ~ **fiber** Kunstfaser *f* ❷ (*fig, pej: fake*) künstlich, gekünstelt **II.** *n* synthetischer Stoff

syphilis ['sɪf·ə·lɪs] *n* Syphilis *f*

syphilitic [ˌsɪf·ə·'lɪṯ·ɪk] *adj* syphilitisch

syphon ['saɪ·fən] *n see* **siphon**

Syria ['sɪr·i·ə] *n* Syrien *nt*

Syrian ['sɪr·i·ən] **I.** *adj* syrisch **II.** *n* Syr[i]er(in) *m(f)*

syringe [sə·'rɪndʒ] MED **I.** *n* Spritze *f* **II.** *vt* [aus]spülen

syrup ['sɪr·əp] *n* ❶ (*sauce*) Sirup *m;* **maple** ~ Ahornsirup ❷ (*medicine*) Saft *m,* Sirup *m*

syrupy ['sɪr·ə·pi] *adj* ❶ (*usu pej*) *food* süßlich ❷ (*pej: overly sweet*) zuckersüß *fig;* (*sentimental*) sentimental, rührselig

system ['sɪs·təm] *n* System *nt*

systematic [ˌsɪs·tə·'mæṯ·ɪk] *adj* systematisch

systematize ['sɪs·tə·mə·taɪz] *vt* systematisieren

'system crash *n* COMPUT Systemabsturz *m*

'system error *n* Systemfehler *m*

systems 'analyst *n* Systemanalytiker(in) *m(f)*

T

T < *pl* -'s *or* -s>, **t** < *pl* -'s> [ti] *n* T *nt,* t *nt;* ~ **as in Tango** T wie Theodor ▶ PHRASES: **to a** ~ (*fam*) **that's Philip to a** ~ das ist Philip, wie er leibt und lebt

t. *n abbrev of* **ton** t

tab¹ [tæb] *n* ❶ (*flap*) Lasche *f;* (*on file*) [Kartei]reiter *m* ❷ *see* **pull-tab**

tab² [tæb] **I.** *n* ❶ (*fam: bill*) Rechnung *f;* **to pick up the** ~ die Rechnung übernehmen ❷ (*fam: cost*) Kosten *pl* ❸ COMPUT ~ [**key**] Tabulatortaste *f* ▶ PHRASES: **to keep** ~**s on sth/ sb** (*fam*) etw/jdn [genau] im Auge behalten **II.** *vi* <-bb-> COMPUT **to** ~ [**over**] mit dem Tabulator springen

tabby ['tæb·i] **I.** *adj* (*with stripes*) *cat* getigert **II.** *n* Tigerkatze *f*

'tab key *n* COMPUT Tabulatortaste *f*

table ['teɪ·bəl] *n* ❶ (*furniture*) Tisch *m;* **to set the** ~ den Tisch decken ❷ (*information*) Tabelle *f;* (*list*) Verzeichnis *nt* ▶ PHRASES: **to turn the** ~**s on sb** jdm gegenüber den Spieß umdrehen

'tablecloth *n* Tischtuch *nt*

'table linen *n* Tischwäsche *f*

'table manners *npl* Tischmanieren *pl*

'tablespoon *n* (*for measuring*) Esslöffel *m;* (*for serving*) Servierlöffel *m*

tablet ['tæb·lɪt] *n* ❶ (*pill*) Tablette *f* ❷ (*flat slab*) Block *m; of metal* Platte *f;* (*commemorative*) [Gedenk]tafel *f*

'table tennis *n* Tischtennis *nt*

tabloid ['tæb·lɔɪd] *n* Boulevardzeitung *f*

taboo [tə·'bu] **I.** *n* Tabu *nt* **II.** *adj* tabu, Tabu-

tabular ['tæb·ju·lər] *adj* tabellarisch

tabulate ['tæb·ju·leɪt] *vt* (*form*) tabellarisch [an]ordnen

tachometer [tə·'kɑm·ɪ·ṯər] *n* Drehzahlmesser *m*

tacit ['tæs·ɪt] *adj agreement, approval, consent* stillschweigend

taciturn ['tæs·ə·tɜrn] *adj* schweigsam

tack [tæk] **I.** *n* ❶ (*nail*) kurzer Nagel; (*pin*) Reißzwecke *f* ❷ (*approach*) Weg *m;* **to try a different** ~ eine andere Richtung einschlagen ❸ (*loose stitch*) Heftstich *m* **II.** *vt* ❶ (*nail down*) festnageln ❷ (*sew loosely*) anheften; *hem* heften

tackle ['tæk·əl] **I.** *n* ❶ (*gear*) Ausrüstung *f;* **fishing** ~ Angelausrüstung *f* ❷ (*lifting device*) Winde *f;* **block and** ~ Flaschenzug *m* ❸ SPORTS (*in football*) Tackle *m;* (*in soccer*) Angriff *m* **II.** *vt* ❶ (*deal with*) in Angriff nehmen; *problem* angehen; (*manage*) fertigwerden (mit + *dat*) ❷ SPORTS (*in football*) tacklen, tackeln; (*in soccer*) angreifen

tacky¹ ['tæk·i] *adj* (*sticky*) klebrig

tacky² ['tæk·i] *adj* (*pej fam*) ❶ (*in bad taste*) billig ❷ (*shoddy*) schäbig

tact [tækt] *n* (*diplomacy*) Taktgefühl *nt;* (*sensitiveness*) Feingefühl *nt*

tactful ['tækt·fəl] *adj* taktvoll

tactic ['tæk·tɪk] *n* ❶ (*strategy*) Taktik *f* ❷ MIL ■~**s** + *sing/pl vb* Taktik *f kein pl*

tactical ['tæk·tɪ·kəl] *adj a.* MIL, POL taktisch; (*skillful*) geschickt

tactile ['tæk·təl] *adj* (*form*) ❶ BIOL Tast-; ~ **sense** Tastsinn *m* ❷ (*pleasing to touch*) ~ **materials** sich angenehm anfühlende Materialien

tactless ['tækt·lɪs] *adj* taktlos

tactlessness ['tækt·lɪs·nɪs] *n* Taktlosigkeit *f*

tad [tæd] *n* (*fam*) **a** ~ [**bit**] **more** etwas mehr

tadpole ['tæd·poʊl] *n* Kaulquappe *f*

taffeta ['tæf·ɪ·ṯə] *n* Taft *m*

tag [tæg] **I.** *n* ❶ (*label*) Schild[chen] *nt;* (*on food, clothes*) Etikett *nt;* (*on suitcase*) [Koffer]anhänger *m* ❷ (*electronic device*) *for person* elektronische Fessel; *for thing* Sicherungsetikett *nt* ❸ AUTO (*proof of paid vehicle tax*) Steuerplakette *f* **II.** *vt* <-gg-> ❶ (*label*) mit einem Schild versehen; *suitcase* mit Anhänger versehen ❷ (*electronically*) *person* eine elektronische Fessel anlegen; *thing* ein Sicherungsetikett anbringen (an + *akk*) ❸ COMPUT markieren

◆**tag along** *vi* (*fam*) hinterherlaufen; **do you mind if I** ~ **along?** darf ich mitkommen? [*o* mitfahren]

tail [teɪl] **I.** *n* ❶ (*of animal*) Schwanz *m; of horse a.* Schweif *m geh; of bear, badger, wild* *boar* Bürzel *m* ❷ (*fig: rear*) Schwanz *m; of air-plane a.* Rumpfende *nt; of car* Heck *nt;* **to have sb on one's ~** jdn auf den Fersen haben ❸ (*reverse of coin*) ■**~s** *pl* Zahlseite *f;* **heads or ~s?** Kopf oder Zahl? ❹ (*fam: person following sb*) Beschatter(in) *m(f);* **to put a ~ on sb** jdn beschatten lassen ▶ PHRASES: **to not be able to make** heads **or ~s of sth** aus etw *dat* nicht schlau werden **II.** *vt* (*fam*) beschatten

◆**tail off** *vi* nachlassen; *sound, voice* schwächer werden; *interest* zurückgehen

tail 'end *n* Ende *nt,* Schluss *m*

'tailgate I. *n* ❶ (*tailboard*) Heckklappe *f; of truck* Ladeklappe *f; of van* Laderampe *f* ❷ SPORTS ~ [**party**] Tailgate-Party *f,* Parkplatz-Picknick *nt* **II.** *vt* AUTO (*fam*) [zu] dicht auffahren **III.** *vi* (*fam*) ❶ AUTO [zu] dicht auffahren ❷ SPORTS eine Tailgate-Party feiern, tailgaten *fam*

'taillight *n* Rücklicht *nt*

tailor ['teɪ·lər] **I.** *n* Schneider(in) *m(f)* **II.** *vt* ❶ (*make clothes*) [nach Maß] schneidern ❷ (*modify*) *to sb's needs* abstimmen

tailor-'made *adj* ❶ (*made-to-measure*) maßgeschneidert ❷ (*fig: suited*) ■**to be ~ for sb/sth** für jdn/etw maßgeschneidert sein

'tailpipe *n* AUTO Auspuffrohr *nt*

'tailspin *n* AVIAT (*a. fig*) Trudeln *nt kein pl*

taint [teɪnt] *vt* (*a. fig*) verderben; *reputation* beflecken

Taiwan [ˌtaɪ·'wan] *n* Taiwan *nt*

Taiwanese [ˌtaɪ·wə·'niz] **I.** *adj* taiwanisch **II.** *n* Taiwaner(in) *m(f)*

Tajikistan [ta·'dʒi·kɪ·ˌstan] *n* Tadschikistan *nt*

take [teɪk] **I.** *n* ❶ (*money received*) Einnahmen *pl* ❷ (*filming of a scene*) Take *m o nt fachspr* ▶ PHRASES: **to** be **on the ~** (*fam*) Bestechungsgelder nehmen **II.** *vt* <took, taken> ❶ (*accept*) *advice, bet, offer* annehmen; *credit card, criticism* akzeptieren; **to ~ sth badly** etw schlecht aufnehmen ❷ (*transport*) bringen; **to ~ sb to the train station** jdn zum Bahnhof fahren ❸ (*seize*) nehmen; *power* ergreifen; *city* einnehmen; **to ~ sb by the hand/throat** jdn bei der Hand nehmen/am Kragen packen ❹ (*win*) *championship* gewinnen ❺ (*tolerate*) ertragen; *abuse, insults* hinnehmen ❻ (*hold*) aufnehmen; **my car ~s five people** mein Auto hat Platz für fünf Leute ❼ (*require*) erfordern; **I ~ [a] size five** [*or* **a size five shoe**] ich habe Schuhgröße fünf; ■**it ~s ...** man braucht ...; **hold on, it won't ~ long** warten Sie, es dauert nicht lange ❽ (*receive*) *punch, title* erhalten, bekommen ❾ (*remove*) [weg]nehmen; (*steal a.*) stehlen; *chess piece* schlagen; MATH (*subtract*) abziehen (**from** von +*dat*) ❿ (*travel by*) nehmen; **to ~ the bus** mit dem Bus fahren ⓫ (*eat, consume*) *sth* zu sich *dat* nehmen; *medicine* einnehmen ⓬ (*engage in*) *break, nap, walk* machen; *bath* nehmen; *exam* schreiben; *notes* sich *dat* Notizen machen; *pictures* machen ⓭ (*feel*) **to ~ notice of sb/sth** jdn/etw beachten; **to ~ offense** beleidigt sein ⓮ (*as-*

sume to be) **I ~ it** [**that**] ... ich nehme an, [dass] ... ⓯ (*order*) nehmen ▶ PHRASES: **to ~ sb** by **surprise** jdn überraschen; **what do you ~ me for?** wofür hältst du mich? **III.** *vi* <took, taken> (*have effect*) wirken; *dye* angenommen werden; *medicine* anschlagen

◆**take aback** *vt* (*surprise*) verblüffen; (*shock*) schockieren

◆**take after** *vi* ■**to ~ after sb** nach jdm kommen

◆**take along** *vt* mitnehmen

◆**take apart** *vt* ❶ (*disassemble*) ■**to ~ apart** ↻ **sth** etw auseinandernehmen ❷ (*fam: analyze critically*) auseinandernehmen

◆**take away** *vt* ❶ (*remove, deprive of*) [weg]nehmen; **to ~ away sb's fear** jdm die Angst nehmen ❷ (*lead away*) ■**to ~ away** ↻ **sb** jdn mitnehmen; *police* jdn abführen ▶ PHRASES: **to ~ sb's** breath **away** jdm den Atem verschlagen

◆**take back** *vt* ❶ (*retract*) zurücknehmen ❷ (*return*) [wieder] zurückbringen; **to ~ sb back** [**home**] jdn nach Hause bringen ❸ (*repossess*) [sich *dat*] zurückholen; *territory* zurückerobern

◆**take down** *vt* ❶ (*write down*) [sich *dat*] notieren; *particulars* aufnehmen ❷ (*remove*) abnehmen; (*remove from higher position*) herunternehmen; *curtains, picture* abhängen ❸ (*disassemble*) *tent* abschlagen; *scaffolding* abbauen

◆**take in** *vt* ❶ (*bring inside*) *person* hineinführen; *sth* hineinbringen ❷ (*accommodate*) aufnehmen; *child* zu sich *dat* nehmen ❸ (*admit*) *hospital* aufnehmen; *university* zulassen ❹ (*bring to police station*) festnehmen ❺ (*deceive*) hereinlegen; ■**to be ~n in** [**by sb/sth**] sich [von jdm/etw] täuschen lassen ❻ (*understand*) aufnehmen; **to ~ in a situation** eine Situation erfassen ❼ FASHION enger machen

◆**take off I.** *vt* ❶ (*remove*) abnehmen; *clothes, gloves* ausziehen; *coat a.* ablegen; *hat* absetzen; ■**to ~ sth off sb** (*fam*) jdm etw wegnehmen ❷ (*bring away*) **he was ~n off to the hospital** er wurde ins Krankenhaus gebracht ❸ (*subtract*) *points* abziehen **II.** *vi* ❶ (*leave the ground*) abheben ❷ (*fam: leave*) verschwinden; (*flee*) abhauen ❸ (*have sudden success*) *idea, plan, project* ankommen; *product a.* einschlagen

◆**take on** *vt* ❶ (*agree to do*) *responsibility* auf sich *akk* nehmen; *work, job* annehmen ❷ (*employ*) einstellen ❸ (*load*) *goods* laden; *passengers* aufnehmen

◆**take out** *vt* ❶ (*remove*) herausnehmen ❷ (*bring outside*) *trash* hinausbringen ❸ (*invite*) ausführen; **to ~ sb out to** [*or* **for**] **dinner** jdn zum Abendessen einladen ❹ (*obtain*) *insurance* abschließen; *loan* aufnehmen; *money* abheben ❺ (*sl: kill*) beseitigen; (*destroy*) vernichten

◆**take over I.** *vt* (*seize control*) übernehmen;

T

(*fig*) in Beschlag nehmen; *power* ergreifen **II.** *vi* (*assume responsibility*) ■**to** ~ **over** [**from sb**] jdn ablösen; **the night shift** ~**s over at 10 p.m.** die Nachtschicht übernimmt um 22.00 Uhr
◆**take to** *vi* ❶ (*start to like*) ■**to** ~ **to sb/sth** an jdm/etw Gefallen finden ❷ (*begin as a habit*) anfangen; ■**to** ~ **to doing sth** anfangen etw zu tun; **to** ~ **to drink** anfangen zu trinken ▶ PHRASES: **to** ~ **to sth like a** duck **to water** bei etw *dat* gleich in seinem Element sein
◆**take up I.** *vt* ❶ (*bring up*) hinaufbringen; *floorboards, carpet* herausreißen; (*shorten*) *skirt* kürzen ❷ (*start doing*) anfangen; *job* antreten ❸ (*start to discuss*) ■**to** ~ **sth up with sb** etw mit jdm erörtern; **to** ~ **up a point** einen Punkt aufgreifen ❹ (*accept*) *challenge, offer* annehmen; *opportunity* wahrnehmen ❺ (*occupy*) **my job** ~**s up all my time** mein Beruf frisst meine ganze Zeit auf; **to** ~ **up room/space** Raum einnehmen **II.** *vi* (*start to associate with*) ■**to** ~ **up with sb** sich mit jdm einlassen *meist pej*

take-home '**pay** *n* Nettoeinkommen *nt; of employee* Nettogehalt *nt; of worker* Nettolohn *m*
taken ['teɪ·kən] **I.** *vt, vi pp of* **take II.** *adj pred* begeistert; ■**to be** ~ **with sb/sth** von jdm/ etw angetan sein
'**takeoff** *n* ❶ AVIAT Start *m;* **to be ready for** ~ startklar sein ❷ SPORTS Absprungstelle *f*
'**take-out** *n* ❶ (*food*) Essen *nt* zum Mitnehmen ❷ (*business*) Imbissbude *f*
'**takeover** *n* Übernahme *f*
taker ['teɪ·kər] *n* ❶ (*at betting*) Wettende(r) *f(m);* **any** ~**s?** wer nimmt die Wette an? ❷ (*at a sale*) Interessent(in) *m(f);* (*when buying*) Käufer(in) *m(f)*
taking ['teɪ·kɪŋ] **I.** *n* (*receipts*) ■~**s** *pl* Einnahmen *pl* ▶ PHRASES: **to be** there **for the** ~ (*for free*) zum Mitnehmen sein; (*not settled*) [noch] offen sein **II.** *adj* einnehmend
talc [tælk], **talcum** (**powder**) ['tæl·kəm·(ˌpaʊ·dər)] *n* Talkpuder *m;* (*perfumed*) Körperpuder *m*
tale [teɪl] *n* ❶ (*story*) Geschichte *f;* LIT Erzählung *f;* (*true story*) Bericht *m;* **fairy** ~ Märchen *nt* ❷ (*lie*) **a tall** ~ [Lügen]Märchen *nt;* (*gossip*) Geschichte[n] *f[pl]* ▶ PHRASES: **to** live **to tell the** ~ (*a. hum fam*) überleben
talent ['tæl·ənt] *n* ❶ (*natural ability*) Talent *nt,* Begabung *f* ❷ (*talented person*) Talent *nt;* **fresh** ~ neue Talente *pl*
talented ['tæl·ən·tɪd] *adj* begabt
Taliban ['tæ·li·bæn] *n* Taliban *f*
talisman <*pl* -s> ['tæl·ɪs·mən] *n* Talisman *m*
talk [tɔk] **I.** *n* ❶ (*discussion*) Gespräch *nt;* (*conversation*) Unterhaltung *f;* (*private*) Unterredung *f;* **to have a** ~ **with sb** (*conversation*) sich mit jdm unterhalten; (*formal discussions*) ■~**s** *pl* Gespräche *pl* ❷ (*lecture*) Vortrag *m* ❸ (*things said*) Worte *pl;* **idle** ~ leeres Gerede **II.** *vi* (*speak*) sprechen,

reden (**about** über +*akk,* **to** mit +*dat*); (*converse*) sich unterhalten; **to** ~ **to sb on the phone** mit jdm telefonieren ▶ PHRASES: look **who's** ~**ing** (*fam*) du hast es gerade nötig, etwas zu sagen **III.** *vt* (*fam: discuss*) **to** ~ **politics** über Politik sprechen ▶ PHRASES: **to** ~ **a blue** streak ohne Punkt und Komma reden *fam;* ~ **about** ... so was von ... *fam*
◆**talk around I.** *vt* (*convince*) ■**to** ~ **sb around** jdn überreden ([in]**to** zu +*dat*) **II.** *vi* ■**to** ~ **around sth** um etw *akk* herumreden
◆**talk back** *vi* eine freche Antwort geben; **don't** ~ **back!** keine Widerrede!
◆**talk down** *vi* (*pej*) ■**to** ~ **down to sb** mit jdm herablassend reden
◆**talk out** *vt* ❶ (*be persuasive*) **to** ~ **one's way out of sth** sich aus etw *dat* herausreden ❷ (*convince not to*) ■**to** ~ **sb out of** [**doing**] **sth** jdm ausreden, etw *akk* zu tun
◆**talk over** *vt* durchsprechen
◆**talk through** *vt* ❶ (*discuss thoroughly*) durchsprechen ❷ (*reassure with talk*) ■**to** ~ **sb through sth** jdm bei etw *dat* gut zureden
talkative ['tɔk·ə·t̬ɪv] *adj* gesprächig, redselig
talker ['tɔk·ər] *n* (*person who speaks*) Sprechende(r) *f(m);* (*talkative person*) Schwätzer(in) *m(f) pej*
talking ['tɔk·ɪŋ] **I.** *adj* sprechend **II.** *n* Sprechen *nt;* **"no** ~**, please!"** „Ruhe bitte!"
'**talk show** *n* Talkshow *f*
tall [tɔl] *adj* ❶ (*high*) *building, fence, grass, ladder, tree* hoch; *person* groß; **to be six feet** ~ 1,83 m groß sein; **to grow** ~ groß werden ❷ (*long*) *rod, stick, stalk* lang ❸ (*fig: considerable*) *amount, price* ziemlich hoch
tallness ['tɔl·nɪs] *n of person* Größe *f; of building, plant* Höhe *f; of stick* Länge *f*
tallow ['tæl·oʊ] *n* Talg *m*
tally <-ie-> ['tæl·i] **I.** *vi figures, statements, signatures* übereinstimmen (**with** mit +*dat*) **II.** *vt* COMM ❶ (*count*) ■**to** ~ **sth** ⟳ [**up**] *amounts, totals* etw zusammenzählen ❷ (*check off*) *goods, items* nachzählen; SPORTS *points, score* notieren **III.** *n usu sing* ❶ (*list for goods*) Stückliste *f;* (*for single item*) [Zähl]strich *m* ❷ (*count*) [zahlenmäßige] Aufstellung; **to keep a** ~ eine [Strich]liste führen
talon ['tæl·ən] *n* ORN (*claw*) Klaue *f*
tambourine [ˌtæm·bə·'rin] *n* Tamburin *nt*
tame [teɪm] **I.** *adj* ❶ (*domesticated*) zahm; (*harmless*) friedlich ❷ (*unexciting*) *book, joke, person* lahm; *criticism, report* zahm **II.** *vt* (*a. fig*) *person, river, animal* zähmen, bändigen; *anger, curiosity, hunger* bezähmen; *impatience, passion* zügeln
tamer ['teɪ·mər] *n* Tierbändiger(in) *m(f)*
tamp [tæmp] *vt* ❶ (*fill*) [zu]stopfen; *pipe* stopfen ❷ (*compact*) ■**to** ~ **sth** [**down**] etw [fest]stampfen; *tobacco* festklopfen
tamper ['tæm·pər] *vi* ■**to** ~ **with sth** ❶ (*handle improperly*) herummachen *fam* (an +*dat*) ❷ (*manipulate*) etw [in betrügerischer Absicht] verändern

'**tamper-resistant** adj Sicherheits-; ~ **cap** Sicherheitsverschluss m

tampon ['tæm·pan] n Tampon m

tan [tæn] **I.** vi <-nn-> braun werden **II.** vt <-nn-> ❶ (make brown) bräunen; **to be ~ned** braun gebrannt sein ❷ CHEM (convert) hides, leather gerben **III.** n ❶ (brown color of skin) [Sonnen]bräune f ❷ (light brown) Gelbbraun nt **IV.** adj clothing, shoes gelbbraun

tandem ['tæn·dəm] n (bicycle) Tandem nt

tang [tæŋ] n (smell) [scharfer] Geruch; (taste) [scharfer] Geschmack

tangent ['tæn·dʒənt] n MATH Tangente f
▶ PHRASES: **to fly** [or go] **off on a ~** [plötzlich] das Thema wechseln

tangential [tæn·'dʒen·ʃəl] adj nebensächlich

tangerine [ˌtæn·dʒə·'rin] **I.** n Mandarine f **II.** adj orangerot

tangible ['tæn·dʒə·bəl] adj ❶ (a. fig: perceptible) fassbar, greifbar, fühlbar, spürbar ❷ (real) real; advantage echt; **to have ~ evidence** handfeste Beweise haben

tangle ['tæŋ·gəl] **I.** n ❶ (a. fig, pej: mass) of hair, wool [wirres] Knäuel; of branches, roads, wires Gewirr nt ❷ (a. fig, pej: confusion) Durcheinander nt; **to get into a ~** sich verfangen **II.** vt (a. fig, pej) durcheinanderbringen; threads verwickeln **III.** vi (a. fig, pej: knot up) hair, wool verfilzen; threads, wires sich verwickeln
◆**tangle up I.** vt (a. fig) ■**to ~ up** ↻ **sth** etw durcheinanderbringen **II.** vi (a. fig) hair, wool verfilzen; threads, wires sich akk verwickeln; animal, person sich akk verfangen

tango ['tæŋ·goʊ] **I.** n Tango m **II.** vi Tango tanzen

tangy ['tæŋ·i] adj taste scharf; smell durchdringend

tank [tæŋk] n ❶ (container) Tank m; **fish ~** Aquarium nt ❷ MIL Panzer m

tanked up [tæŋkt·'ʌp] adj pred, '**tanked-up** adj attr (sl) besoffen

tanker ['tæŋ·kər] n ❶ (ship) Tanker m ❷ (truck) Tankwagen m

tanned [tænd] adj ❶ skin braun [gebrannt] ❷ hides, leather gegerbt

tannin ['tæn·ɪn] n Tannin nt

tanning ['tæn·ɪŋ] n of skin Bräunen nt ❷ of hides, leather Gerben **III**

'**tanning bed** n Sonnenbank f

tantalize ['tæn·tə·laɪz] **I.** vt ❶ (excite) reizen; (fascinate) in den Bann ziehen ❷ (keep in suspense) auf die Folter spannen **II.** vi (excite) reizen

tantalizing ['tæn·tə·laɪ·zɪŋ] adj (enticing) verlockend; smile verführerisch

tantamount ['tæn·tə·maʊnt] adj ■**to be ~ to sth** mit etw dat gleichbedeutend sein

tantrum ['tæn·trəm] n Wutanfall m; **to throw a ~** einen Wutanfall bekommen

Tanzania [ˌtæn·zə·'ni·ə] n Tansania nt

tap¹ [tæp] **I.** n ❶ (light hit) [leichter] Schlag ❷ (tap-dancing) Stepp[tanz] m **II.** vt <-pp->

(strike lightly) [leicht] klopfen; **to ~ sb on the shoulder** jdm auf die Schulter tippen **III.** vi <-pp-> [leicht] klopfen

tap² [tæp] **I.** n ❶ (outlet) Hahn m; **to be on ~** (fig) [sofort] verfügbar sein ❷ TELEC Abhörgerät nt **II.** vt <-pp-> ❶ (intercept) abhören ❷ (make available) energy, [re]sources erschließen ❸ (let out) [ab]zapfen; barrel anstechen; beer zapfen **III.** vi (fam: gain access) vorstoßen; **to ~ into new markets** neue Märkte erschließen

'**tap dance I.** n Stepptanz m **II.** vi steppen, Stepp tanzen

tape [teɪp] **I.** n ❶ (strip) Band nt; SPORTS (at finish) Zielband nt; (for measuring) Maßband nt; (adhesive) Klebeband nt; **masking ~** Abdeckband nt; **Scotch ~®** Tesafilm® m, Tixo® nt ÖSTERR ❷ (for recording) [Ton-/Magnet]band nt; **audio ~** Audiokassette f **II.** vt ❶ (fasten) **she ~d a note to the door** sie heftete eine Nachricht an die Tür ❷ (record) aufnehmen

'**tape deck** n Tapedeck nt

'**tape measure** n Maßband nt

taper ['teɪ·pər] **I.** n ❶ (candle) [spitz zulaufende] Wachskerze; (wax-coated strip) wachsüberzogener Span ❷ of spire Verjüngung f **II.** vt column, spire verjüngen; hair spitz zuschneiden **III.** vi column, spire sich verjüngen (**into** zu +dat); hair spitz zulaufen
◆**taper off I.** vt (fig) production, series auslaufen lassen; enthusiasm, interest abklingen lassen **II.** vi ❶ (become pointed) sich verjüngen (**into** zu +dat) ❷ (decrease) [allmählich] abnehmen; interest nachlassen

'**tape-record** vt [auf Band] aufnehmen

'**tape recorder** n Tonbandgerät nt

'**tape recording** n Tonbandaufnahme f

tapestry ['tæp·əs·tri] n ❶ (fabric) Gobelingewebe nt; (for furniture) Dekorationsstoff m ❷ (wall hanging) Gobelin m

'**tapeworm** n Bandwurm m

'**tap water** n Leitungswasser nt

tar [tar] **I.** n ❶ (for paving) Teer m, Asphalt m ❷ (in cigarettes) Teer m **II.** vt <-rr-> (pave) teeren ▶ PHRASES: **to be ~red with the same brush** (pej) um kein Haar besser sein

tarantula [təˈræn·tʃə·lə] n Tarantel f

tardy ['tar·di] adj ❶ (late) unpünktlich; (overdue) verspätet ❷ (sluggish) langsam; progress schleppend

tare [ter] n Leergewicht nt

target ['tar·gɪt] **I.** n ❶ (mark aimed at) a. MIL Ziel nt; ■**to be on ~** auf [Ziel]kurs liegen; analysis, description zutreffen; **to hit the ~** ins Schwarze treffen ❷ ECON (goal) Zielsetzung f, [Plan]ziel nt; ■**to be on ~** im Zeitplan liegen; **to set oneself a ~** sich dat ein Ziel setzen **II.** vt <-t-> (address, direct) [ab]zielen (**at** auf +akk), sich richten (**at** an +akk) **III.** adj customer, market, group Ziel-; profit angestrebt

'**target language** n Zielsprache f

'**target practice** n MIL Übungsschießen nt,

Zielschießen *nt*

'**target range** *n* Zielentfernung *f*

tariff ['tær·ɪf] *n* ❶ ECON, LAW (*table of customs duties*) Zolltarif *m;* (*customs*) Zoll *m kein pl* ❷ (*form: fee schedule*) Preisliste *f*

tarmac ['tar·mæk] *n* ■the ~ AVIAT das Rollfeld

tarnish ['tar·nɪʃ] **I.** *vi* ❶ (*dull*) metal stumpf werden; (*discolor*) anlaufen ❷ (*fig, pej: lose shine*) an Glanz verlieren; (*lose purity*) honor, reputation beschmutzt werden **II.** *vt* ❶ (*dull*) metals trüben; (*discolor*) anlaufen lassen ❷ (*fig, pej*) success den Glanz nehmen; reputation beflecken **III.** *n* ❶ (*coating*) Belag *m* ❷ (*fig, pej: loss of shine*) Glanzlosigkeit *m;* (*loss of purity*) Makel *m*

tarpaulin [tar·'pɔ·lɪn] *n* ❶ (*fabric*) [wasserdichtes] geteertes Leinwandgewebe ❷ (*covering*) [Abdeck]plane *f*

tarragon ['tær·ə·gən] *n* Estragon *m*

tart¹ [tart] *adj* ❶ (*sharp*) sauce, soup scharf; apples, grapes sauer ❷ (*cutting*) scharf; irony beißend; remark bissig

tart² [tart] *n* ❶ FOOD [Obst]törtchen *nt;* **jam ~** Marmeladentörtchen *nt* ❷ (*usu pej: promiscuous female*) Schlampe *f*

tartan ['tar·tən] *n* (*pattern*) Schottenkaro *nt*

tartar ['tar·tər] *n* ❶ MED (*on teeth*) Zahnstein *m* ❷ CHEM Weinstein *m*

Tartar ['tar·tər] *n* (*person*) Tatar(in) *m/f;* (*language*) Tatarisch *nt*

'**tartar sauce** *n* Remouladensoße *f*

task [tæsk] *n* (*work*) Aufgabe *f* ► PHRASES: **to take sb to** ~ jdn zur Rede stellen

'**task force** *n* ❶ MIL Eingreiftruppe *f;* in police Spezialeinheit *f* ❷ (*group of people*) Arbeitsgruppe *f*

'**taskmaster** *n* [strenger] Vorgesetzter; **to be a hard** ~ ein strenger Meister sein

Tasmania [tæz·'meɪ·ni·ə] *n* Tasmanien *nt*

Tasmanian [tæz·'meɪ·ni·ən] **I.** *n* (*person*) Tasmanier(in) *m/f* **II.** *adj* (*of Tasmania*) tasmanisch

tassel ['tæs·əl] *n* (*on caps, curtains, cushions*) Quaste *f;* (*on carpets, cloths, skirts*) Franse *f*

taste [teɪst] **I.** *n* ❶ (*flavor, aesthetic quality, discernment*) Geschmack *m;* **sense of** ~ Geschmackssinn *m;* **to be in poor** ~ geschmacklos sein ❷ (*liking*) Vorliebe *f;* **to acquire a** ~ **for sth** an etw *dat* Geschmack finden ❸ (*short encounter*) Kostprobe *f;* **to have a** ~ **of sth** einen Vorgeschmack von etw *dat* bekommen **II.** *vt* ❶ (*perceive flavor*) schmecken; (*test*) probieren ❷ (*experience briefly*) luxury, success [einmal] erleben **III.** *vi* schmecken (**of** nach +*dat*); **to** ~ **sweet** süß schmecken

'**taste bud** *n* ANAT Geschmacksknospe *f*

tasteful ['teɪst·fəl] *adj* geschmackvoll, stilvoll

tasteless ['teɪst·lɪs] *adj* ❶ (*without physical taste*) geschmacksneutral; (*unappetizing*) food fad[e]; beer, wine schal ❷ (*pej: unstylish, offensive*) geschmacklos

taster ['teɪ·stər] *n* ❶ (*quality expert*) Koster(in) *m/f* ❷ (*sample*) Kostprobe *f*

tasty ['teɪ·sti] *adj* (*appetizing*) lecker, schmackhaft

tatter ['tæ·tər] *n usu pl* ❶ (*pej*) of cloth, a flag Fetzen *m;* ■**to be in** ~**s** zerfetzt sein; (*fig*) reputation ruiniert sein ❷ (*pej: clothing*) ■~**s** abgerissene Kleidung

tattered ['tæt·ərd] *adj* clothing zerlumpt; cloth, flag zerrissen; reputation ramponiert

tattle ['tæt·əl] *vi* (*esp childspeak*) ■**to** ~ **on sb** jdn verpetzen

tattler ['tæt·lər] *n* ❶ (*gossip*) Klatschmaul *nt* ❷ (*fam: informer*) Petzer(in) *m/f*

tattoo [tæ·'tu] **I.** *n* Tattoo *m o nt,* Tätowierung *f* **II.** *vt* tätowieren

tatty ['tæt·i] *adj* (*pej: showing wear*) zerfleddert; book a. abgegriffen; clothing zerschlissen

taught [tɔt] *pt, pp of* **teach**

taunt [tɔnt] **I.** *vt* ❶ (*mock*) verspotten, hänseln (**about** wegen +*gen*) ❷ (*provoke*) sticheln (gegen +*akk*) **II.** *n* spöttische Bemerkung; (*tease*) Hänselei *f;* (*provocation*) Stichelei *f*

Taurus ['tɔr·əs] *n* ASTROL Stier *m*

taut [tɔt] *adj* ❶ (*tight*) rope straff [gespannt]; muscle, skin gespannt; rubber band stramm ❷ (*pej: tense*) expression, face, nerves angespannt

tautology [tɔ·'tal·ə·dʒi] *n* Doppelaussage *f,* Tautologie *f fachspr*

tavern ['tæv·ərn] *n* (*old*) Schenke *f,* Bar *f*

tawdry ['tɔ·dri] *adj* (*pej*) ❶ (*gaudy*) protzig ❷ (*cheap*) geschmacklos

tawny ['tɔ·ni] *adj* lohfarben, gelbbraun

tax [tæks] **I.** *n* <*pl* -es> ❶ (*levy*) Steuer *f;* **income** ~ Einkommenssteuer *f;* **to impose a** ~ **on sth** etw besteuern ❷ (*burden*) Belastung *f* (**on** für +*akk*); (*on patience, resources, time*) Beanspruchung *f* (**on** +*gen*) **II.** *vt* ❶ (*levy*) besteuern; **to be** ~**ed** [**heavily**] [hoch] besteuert werden ❷ (*burden*) belasten; (*make demands*) beanspruchen; (*confront*) beschuldigen (**with** +*gen*)

taxable ['tæk·sə·bəl] *adj* steuerpflichtig

taxation [tæk·'seɪ·ʃən] *n* ❶ (*levying*) Besteuerung *f* ❷ (*money obtained*) Steuereinnahmen *pl*

'**tax avoidance** *n* [legale] Steuerumgehung

'**tax bracket** *n* Steuerklasse *f*

'**tax collector** *n* Steuerbeamte(r), -beamtin *m, f*

tax-de'ductible *adj* steuerlich absetzbar

'**tax dodger** *n* (*fam*), '**tax evader** *n* Steuerhinterzieher(in) *m/f*

'**tax evasion** *n* Steuerhinterziehung *f*

'**tax-exempt** *adj* FIN von der Mehrwertsteuer befreit

'**tax exemption** *n* FIN Steuerbefreiung *f,* Freibetrag *m*

tax-'free *adj* steuerfrei

'**tax haven** *n* Steueroase *f*

taxi ['tæk·si] **I.** *n* Taxi *nt* **II.** *vi* AVIAT (*move*) rollen

taxidermist ['tæk·sɪ·ˌdɜr·mɪst] *n* [Tier]präparator(in) *m/f*

taxidermy ['tæk·sɪ·ˌdɜr·mi] *n* Taxidermie *f*

'taxi driver *n* Taxifahrer(in) *m(f)*

taxing ['tæk·sɪŋ] *adj* ❶ (*burdensome*) anstrengend ❷ (*hard*) schwierig

'taxi stand *n* Taxistand *m*

'taxman *n* Finanzbeamte(r), -beamtin *m, f;* ◼ **the ~** das Finanzamt

'taxpayer *n* Steuerzahler(in) *m(f)*

'tax rebate *n* Steuernachlass *m*

'tax relief *n* Steuervergünstigung *f*

'tax return *n* Steuererklärung *f*

'tax revenue *n* Steueraufkommen *nt*

TB [ˌti·'bi] *n* MED *abbrev of* **tuberculosis** TB

tbsp. <*pl* -> *n abbrev of* **tablespoon** Essl., EL

tea [ti] *n* (*drink*) Tee *m* ▶ PHRASES: **to** [**not**] **be sb's cup of ~** [nicht] jds Fall sein

'tea bag *n* Teebeutel *m*

teach <taught, taught> [titʃ] **I.** *vt* ❶ (*impart knowledge*) unterrichten; ◼ **to ~ sb sth** [*or* **to ~ sth to sb**] jdm etw beibringen; **to ~ history** Geschichte unterrichten; **to ~ school** Lehrer(in) *m(f)* sein ❷ (*show*) **this has taught him a lot** daraus hat er viel gelernt; **to ~ sb a lesson** jdm eine Lehre erteilen **II.** *vi* unterrichten

teacher ['ti·tʃər] *n* Lehrer(in) *m(f)*

teacher 'training *n* Lehrerausbildung *f*

teacher 'training college, 'teachers' college *n* pädagogische Hochschule

teaching ['ti·tʃɪŋ] **I.** *n* ❶ (*imparting knowledge*) Unterrichten *nt* ❷ (*profession*) Lehrberuf *m* **II.** *adj* **aids, methods** Lehr-, Unterrichts-

'teacup *n* Teetasse *f*

teak [tik] *n* ❶ (*wood*) Teak[holz] *nt* ❷ (*tree*) Teakbaum *m*

team [tim] **I.** *n* ❶ (*group of people*) Team *nt; a.* SPORTS Mannschaft *f;* **research ~** Forschungsgruppe *f* ❷ (*harnessed animals*) Gespann *nt* **II.** *vi* ❶ (*fam: gather*) ein Team bilden ❷ (*join*) sich [in eine Gruppe] einfügen

◆**team up** *vi* ❶ (*gather*) ein Team bilden (**with** mit +*dat*) ❷ (*join*) sich [in eine Gruppe] einfügen

team 'captain *n* Mannschaftskapitän *m*

team 'effort *n* Teamarbeit *f*

'teammate *n* Mitspieler(in) *m(f)*

team 'player *n* Teamplayer(in) *m(f)*

team 'spirit *n* Teamgeist *m*

'teamwork *n* Teamarbeit *f*

'teapot *n* Teekanne *f*

tear¹ [ter] **I.** *n* Riss *m* **II.** *vt* <tore, torn> ❶ (*rip*) zerreißen ❷ (*injure*) **to ~ a muscle** sich *dat* einen Muskelriss zuziehen **III.** *vi* <tore, torn> ❶ (*rip*) *fabric, paper* [zer]reißen; *buttonhole, lining* ausreißen ❷ (*fam: rush*) rasen; ◼ **to ~ away** losrasen

◆**tear apart** *vt* ❶ *fabric, paper* zerreißen ❷ *article, book, play* verreißen

◆**tear away** *vt* ❶ (*make leave*) ◼ **to ~ sb** ↻ **away** jdn wegreißen; ◼ **to ~ oneself away** sich losreißen ❷ (*rip from*) ◼ **to ~ sth** ↻ **away** *page of calendar, poster* etw abreißen

◆**tear down** *vt* abreißen

◆**tear into** *vi* heftig kritisieren

◆**tear off** *vt* ❶ (*rip from*) abreißen ❷ (*undress*) **to ~ off one's clothes** sich *dat* die Kleider vom Leib reißen

◆**tear out** *vt hair, nail* ausreißen; *page* herausreißen

◆**tear up** *vt* ❶ (*rip, annul*) zerreißen ❷ (*destroy*) kaputtmachen *fam; sidewalk, road* aufreißen

tear² [tɪr] *n* (*watery fluid*) Träne *f;* ◼ **to be in ~s** weinen; **~s of joy** Freudentränen *pl;* **to burst into ~s** in Tränen ausbrechen

teardrop ['tɪr·drap] *n* Träne *f*

tearful ['tɪr·fəl] *adj* ❶ (*inclined to cry*) den Tränen nah *präd;* (*crying*) weinerlich *pej* ❷ *farewell, reunion* tränenreich

'tear gas *n* Tränengas *nt*

'tearjerker *n* (*fam: film*) Schnulze *f*

tease [tiz] **I.** *n* Quälgeist *m fam;* (*playfully*) neckische Person; (*pej: erotic arouser*) Aufreißer(in) *m(f)* **II.** *vt* ❶ (*make fun of*) aufziehen; (*playfully*) necken ❷ (*provoke*) provozieren

teaser ['ti·zər] *n* ❶ (*person*) neckische Person ❷ (*riddle*) harte Nuss *fam*

'tea service, 'tea set *n* Teeservice *nt*

'teaspoon *n* Teelöffel *m*

'teaspoonful *n* Teelöffelvoll *m*

teat [tit] *n* (*on animal*) Zitze *f*

technical ['tek·nɪ·kəl] *adj* ❶ (*concerning applied science, technique*) technisch ❷ (*detailed*) Fach-; **~ term** Fachausdruck *m*

'technical college *n* technische Hochschule

technicality [ˌtek·nə·'kæl·ɪ·t̬i] *n* LAW ❶ (*unimportant detail*) Formsache *f* ❷ (*confusing triviality*) unnötiges Detail

'technical school *n* Technikum *nt*

technician [tek·'nɪʃ·ən] *n* Techniker(in) *m(f)*

technique [tek·'nik] *n* Technik *f,* Verfahren *nt;* (*method*) Methode *f*

technological [ˌtek·nə·'ladʒ·ɪ·kəl] *adj* technologisch

technology [tek·'nal·ə·dʒi] *n* Technologie *f,* Technik *f;* **computer ~** Computertechnik *f;* **modern ~** moderne Technologie

teddy ['ted·i] *n* ❶ (*teddy bear*) Teddybär *m* ❷ (*female undergarment*) Body *m*

'teddy bear *n* Teddybär *m*

tedious ['ti·di·əs] *adj* langweilig; *job a.* öde; *conversation* zäh

tediousness ['ti·di·əs·nɪs] *n* Langweiligkeit *f*

tedium ['ti·di·əm] *n* Langeweile *f*

tee [ti] *n* (*in golf*) Tee *nt*

◆**tee off I.** *vi* (*in golf*) abschlagen **II.** *vt* (*fam*) verärgern; **to get ~d off** sauer werden *fam*

teem [tim] *vi* ◼ **to ~ with sth** von etw *dat* wimmeln

teeming ['tim·ɪŋ] *adj place, streets* überfüllt, von Menschen wimmelnd

teen [tin] *n* Teenager *m*

teenage(d) ['tin·eɪdʒ(d)] *adj attr* (*characteristic of a teenager*) jugendlich; (*sb who is a teenager*) im Teenageralter *nach n*

teenager ['tin·eɪ·dʒər] *n* Teenager *m*

teens [tinz] *npl* Jugendjahre *pl*

T

teensy, teensy-weensy [ˌtin·siˈwin·si], **teeny, teeny-weeny** [ˌti·niˈwi·ni] *adj* (*fam*) klitzeklein

tee shirt [ˈtiˈʃɜrt] *n* T-Shirt *nt*

teeter [ˈtiˈtər] *vi* + *adv/prep* taumeln; **to ~ on the brink of a disaster** (*fig*) sich am Rande einer Katastrophe bewegen

teeth [tiθ] *npl pl of* **tooth** ▶ PHRASES: **in the ~ of** sth (*against*) angesichts einer S. *gen;* (*despite*) trotz einer S. *gen*

teethe [tið] *vi* zahnen

teetotaler [ˌtiˈtoʊˈtəl·ər] *n* Abstinenzler(in) *m(f)*

tel. *n abbrev of* **telephone number** Tel.

telecast [ˈtelˈɪˈkæst] *n* TV-Sendung *f*

telecommunications [ˈtelˈɪˈkəˌmjuˈnɪˈkerʃənz] *npl* + *sing vb* Fernmeldewesen *nt kein pl*

telecommuting [ˈtelˈɪˈkəˌmjuˈtɪŋ] *n* COMPUT Telearbeit *f*

telegenic [ˌtelˈəˈdʒenˈɪk] *adj* telegen

telegram [ˈtelˈɪˈɡræm] *n* Telegramm *nt*

telegraph [ˈtelˈɪˈɡræf] **I.** *n* Telegraf *m* **II.** *vt* ❶ (*send by telegraph*) telegrafieren ❷ (*inform by telegraph*) telegrafisch benachrichtigen ❸ (*make known*) *feelings* offenlegen; *action* bekannt machen

telemarketing [ˈtelˈɪˌmarˈkəˈtɪŋ] *npl* Telefonmarketing *nt kein pl*

telepathic [ˌtelˈəˈpæθˈɪk] *adj* telepathisch

telepathy [təˈlepˈəˈθi] *n* Telepathie *f*

telephone [ˈtelˈəˈfoʊn] **I.** *n* ❶ (*device*) Telefon *nt;* **cell**[**ular**] **~** Handy *nt*, Mobiltelefon *nt* ❷ (*system*) ■ **by ~** telefonisch **II.** *vt* anrufen **III.** *vi* telefonieren

'telephone book *n* Telefonbuch *nt*

'telephone booth *n* Telefonzelle *f*

'telephone call *n* Telefonanruf *m*

'telephone directory *n* Telefonverzeichnis *nt*

'telephone number *n* Telefonnummer *f*

'telephone operator *n* Vermittlung *f*

'telephone pole *n* Telefonmast *m*

telephoto 'lens [ˌtelˈəˈfoʊˈtoʊˈ-] *n* Teleobjektiv *nt*

TelePrompTer® [ˈtelˈəˌprampˈtər] *n* Teleprompter *m fachspr*

telescope [ˈtelˈəˈskoʊp] **I.** *n* Teleskop *nt* **II.** *vt* ineinanderschieben **III.** *vi* sich ineinanderschieben

telescopic [ˌtelˈəˈskapˈɪk] *adj* ❶ (*done by telescope*) **~ observation** Teleskopbeobachtung *f* ❷ (*concerning telescopes*) **~ lens** Teleobjektiv *nt* ❸ (*folding into each other*) Teleskop-; (*automatic*) ausfahrbar; *ladder* ausziehbar

telethon [ˈtelɪˈθan] *n* ausgedehnte Wohltätigkeitsveranstaltung im Fernsehen

televangelist [ˌtelˈɪˈvænˈdʒəˈlɪst] *n* Fernsehprediger(in) *m(f)*

televise [ˈtelˈəˈvaɪz] *vt* [im Fernsehen] übertragen

television [ˈtelˈəˈvɪʒˈən] *n* ❶ (*device*) Fernsehgerät *nt*, Fernseher *m fam* ❷ (*TV broadcasting*) Fernsehen *nt;* ■ **on ~** im Fernsehen

television 'camera *n* Fernsehkamera *f*

television 'program *n* Fernsehprogramm *nt*

'television set *n* Fernsehapparat *m*, Fernseher *m*

television 'studio *n* Fernsehstudio *nt*

telex [ˈtelˈeks] *n* <*pl* -**es**> Telex *nt;* (*device a.*) Fernschreiber *m*

tell [tel] **I.** *vt* <told, told> ❶ (*say, communicate*) sagen; (*relate*) account, joke, story erzählen (**about** von + *dat*); **to ~ a lie** lügen; **can you ~ me the way to the train station?** können Sie mir sagen, wie ich zum Bahnhof komme? ❷ (*discern*) erkennen; (*notice*) [be]merken; (*know*) wissen; (*determine*) feststellen; **to ~ right from wrong** Recht und Unrecht unterscheiden; **to ~** [**the**] **time** die Uhr lesen **II.** *vi* <told, told> ❶ (*inform*) ■ **to ~** [**on sb**] jdn verraten ❷ (*have an effect or impact*) sich bemerkbar machen; *blow, punch, word* sitzen

◆**tell apart** *vt* auseinanderhalten

◆**tell off** *vt* (*reprimand*) ausschimpfen (**about/for** wegen + *gen*)

teller [ˈtelˈər] *n* ❶ (*person who tells*) Erzähler(in) *m(f)* ❷ (*bank employee*) Kassierer(in) *m(f)*

telling [ˈtelˈɪŋ] *adj* (*revealing*) aufschlussreich; (*effective*) wirkungsvoll

telltale [ˈtelˈteɪl] *adj* verräterisch

temerity [təˈmerˈɪˈti] *n* (*form: boldness*) Kühnheit *f*

temp [temp] (*fam*) **I.** *n* (*temporary employee*) Gelegenheitsarbeiter(in) *m(f)* **II.** *vi* aushilfsweise arbeiten, jobben *fam*

temp. [temp] *n abbrev of* **temperature** Temp.

temper [ˈtemˈpər] **I.** *n* ❶ *usu sing* (*state of mind*) Laune *f* ❷ (*composure*) **to lose one's ~** die Geduld verlieren ❸ (*predisposition to anger*) Reizbarkeit *f kein pl;* (*angry state*) Wut *f kein pl* ❹ *usu sing* (*characteristic quality*) Naturell *nt;* **she has a very sweet ~** sie hat ein sehr sanftes Wesen **II.** *vt* ❶ (*form: mitigate*) ausgleichen (**with** durch + *akk*); *enthusiasm* zügeln ❷ (*make hard*) härten; *iron* glühfrischen

temperament [ˈtemˈprəˈmənt] *n* ❶ (*disposition*) Temperament *nt;* **to have an artistic ~** eine Künstlerseele sein ❷ (*pej: predisposition to anger*) **fit of ~** Temperamentsausbruch *m;* (*more anger-filled*) Wutanfall *m*

temperamental [ˌtemˈprəˈmenˈtəl] *adj* launisch

temperance [ˈtemˈpərˈəns] *n* (*form: abstinence from alcohol*) Abstinenz *f*

temperate [ˈtemˈpərˈɪt] *adj* (*mild*) *climate, zone* gemäßigt

temperature [ˈtemˈpərˈəˈtʃər] *n* Temperatur *f;* **to have a ~** Fieber haben

tempest [ˈtemˈpɪst] *n* Sturm *m*

tempestuous [temˈpesˈtʃuˈəs] *adj* ❶ (*liter: very stormy*) stürmisch ❷ (*turbulent*) turbulent

template [ˈtemˈplɪt] *n* Schablone *f;* **to serve as a ~ for sth** (*fig*) als Muster für etw *akk* dienen

temple¹ ['tem·pəl] *n* (*place of worship*) Tempel *m*

temple² ['tem·pəl] *n* (*part of head*) Schläfe *f*

tempo <*pl* -s *or* -pi> ['tem·poʊ] *n* MUS Tempo *nt;* **change in ~** Tempowechsel *m*

temporarily ['tem·pə·rer·ə·li] *adv* vorübergehend

temporary ['tem·pə·rer·i] *adj* (*not permanent*) vorübergehend; (*with specific limit*) befristet; **~ staff** Aushilfspersonal *nt*

tempt [tempt] *vt* ❶ (*entice*) in Versuchung führen; ■ **to be ~ed** schwach werden; ■ **to ~ sb into doing** [*or* **to do**] **sth** jdn dazu verleiten, etw zu tun ❷ (*attract*) reizen ▶ PHRASES: **to ~ fate** das Schicksal herausfordern

temptation [temp·'teɪ·ʃən] *n* ❶ (*enticement*) Versuchung *f;* **to resist the ~** [**to do sth**] der Versuchung widerstehen[, etw zu tun] ❷ (*sth tempting*) Verlockung *f*

tempting ['temp·tɪŋ] *adj* verführerisch; *offer a.* verlockend

ten [ten] I. *adj* zehn; *see also* **eight** II. *n* Zehn *f;* **~s of thousands** zehntausende; *see also* **eight**

tenable ['ten·ə·bəl] *adj* (*defendable*) *approach* vertretbar; *argument* haltbar

tenacious [tə·'neɪ·ʃəs] *adj* ❶ (*tight*) *grip* fest ❷ (*persistent*) *person, legend, theory* hartnäckig; *person a.* beharrlich

tenacity [tə·'næs·ɪ·t̬i] *n* Beharrlichkeit *f*

tenancy ['ten·ən·si] *n* ❶ (*status concerning lease*) Pachtverhältnis *nt;* (*rented lodgings*) Mietverhältnis *nt* ❷ (*duration of lease*) Pachtvertrag *m;* (*of rented lodgings*) Mietvertrag *m*

tenant ['ten·ənt] *n* *of rented lodgings* Mieter(in) *m(f);* *of leasehold* Pächter(in) *m(f)*

tenant 'farmer *n* [Klein]pächter(in) *m(f)*

tend¹ [tend] *vi* ❶ (*incline*) ■ **to ~ to**[**ward**] **sth** zu etw *dat* neigen; **he ~s to come early** er kommt meistens früh ❷ (*be directed toward*) tendieren; **to ~ upwards** eine Tendenz nach oben aufweisen

tend² [tend] *vt* sich kümmern (um +*akk*); **to ~ an accident victim** dem Opfer eines Verkehrsunfalls Hilfe leisten

◆**tend to** *vi* sich kümmern um +*akk*

tendency ['ten·dən·si] *n* Tendenz *f;* (*inclination*) Neigung *f;* (*trend*) Trend *m* (**to**[**ward**] zu +*dat*); ■ **to have a ~ to**[**ward**] **sth** zu etw *dat* neigen; **hereditary ~** erbliche Veranlagung

tender¹ ['ten·dər] *adj* ❶ (*not tough*) *meat, vegetable* zart ❷ (*easily hurt*) *skin, plants* zart; (*sensitive to pain*) *part of body* [schmerz]empfindlich ❸ (*affectionate*) zärtlich; *heart* weich

tender² ['ten·dər] I. *n* (*price quote*) Angebot *nt* II. *vt* **to ~ one's resignation** die Kündigung einreichen; (*from office*) seinen Rücktritt anbieten

tender'hearted *adj* weichherzig

tenderize ['ten·də·raɪz] *vt* zart machen

tenderizer ['ten·də·raɪ·zər] *n* Weichmacher *m*

tenderloin ['ten·dər·lɔɪn] *n* Filet *nt,* Lenden-

stück *nt*

tenderly ['ten·dər·li] *adv* zärtlich; (*lovingly*) liebevoll

tenderness ['ten·dər·nɪs] *n* ❶ (*fondness*) Zärtlichkeit *f* ❷ (*physical sensitivity*) [Schmerz]empfindlichkeit *f*

tendon ['ten·dən] *n* Sehne *f*

tendril ['ten·drəl] *n* Ranke *f*

tenement ['ten·ə·mənt] *n* heruntergekommene Mietwohnung

'tenfold *adj* zehnfach

Tenn. *abbrev of* **Tennessee**

tenner ['ten·ər] *n* (*fam*) Zehner *m*

Tennessee [ˌten·ɪ·'si] *n* Tennessee *nt*

tennis ['ten·ɪs] *n* Tennis *nt*

'tennis ball *n* Tennisball *m*

'tennis court *n* Tennisplatz *m*

tennis 'elbow *n* MED Tennisarm *m*

'tennis racket *n* Tennisschläger *m*

'tennis shoe *n* Turnschuh *m*

tenor ['ten·ər] *n* ❶ (*general meaning*) Tenor *m;* (*content a.*) Inhalt *m* ❷ MUS Tenor *m;* (*voice a.*) Tenorstimme *f*

tense¹ [tens] I. *adj muscle, person, voice* angespannt; *atmosphere, moment* spannungsgeladen II. *vt muscle* anspannen

◆**tense up** *vi muscle, person* sich [an]spannen

tense² [tens] *n* LING Zeit[form] *f*

tension ['ten·ʃən] *n* ❶ (*tightness, emotional excitement*) Spannung *f;* *of muscle* Verspannung *f* ❷ (*uneasiness*) [An]spannung *f* ❸ (*strain*) Spannung[en] *f[pl]* (**between** zwischen +*dat*); **to ease the ~** Spannungen reduzieren

tent [tent] *n* Zelt *nt;* **to pitch a ~** ein Zelt aufschlagen; **party ~** Partyzelt *nt,* Festzelt *nt*

tentacle ['ten·tə·kəl] *n* Tentakel *m;* (*as a sensor*) Fühler *m*

tentative ['ten·tə·t̬ɪv] *adj* ❶ (*provisional*) vorläufig ❷ (*hesitant*) vorsichtig; *attempt, effort a.* zaghaft

tentatively ['ten·tə·t̬ɪv·li] *adv* ❶ (*provisionally*) provisorisch ❷ (*hesitatingly*) zögernd

tenterhooks ['ten·tər·hʊks] *npl* ▶ PHRASES: **to be** [**kept**] **on ~** wie auf glühenden Kohlen sitzen

tenth [tenθ] I. *n* ■ **the ~** der Zehnte; ■ **a ~** ein Zehntel *nt* II. *adj* als *zehnte*(r, s); ■ **to be ~** Zehnte(r, s) sein III. *adv* als Zehnte(r, s)

tenuous ['ten·ju·əs] *adj* spärlich; *argument, excuse* schwach

tenure ['ten·jər] *n* (*form*) ❶ (*term of office*) Amtszeit *f,* Amtsperiode *f* ❷ (*permanent status*) **to grant sb ~** *professor* jdm eine feste Anstellung bewilligen ❸ (*term of a lease*) Pachtdauer *f* ❹ (*right of title*) Besitz *m*

tepee ['ti·pi] *n* Indianerzelt *nt*

tepid ['tep·ɪd] *adj* lau[warm]; *applause* schwach

term [tɜrm] I. *n* ❶ SCH, UNIV (*semester*) Semester *nt;* (*trimester*) Trimester *nt* ❷ (*set duration*) *of office* Amtszeit *f,* Amtsperiode *f;* **prison ~** Gefängnisstrafe *f* ❸ (*range*) Dauer *f;*

in the short ~ kurzfristig ❹ (*phrase*) Ausdruck *m;* **to be on friendly ~s with sb** mit jdm auf freundschaftlichem Fuß stehen; **in no uncertain ~s** unmissverständlich **II.** *vt* bezeichnen

terminal ['tɜr·mɪ·nəl] **I.** *adj* (*fatal*) End-; **~ disease** tödlich verlaufende Krankheit **II.** *n* ❶ AVIAT, TRANSP Terminal *m o nt;* **airport ~** Flughafengebäude *nt;* **bus ~** Busbahnhof *m* ❷ (*point in circuit*) Anschluss *m*

terminate ['tɜr·mɪ·neɪt] **I.** *vt* beenden; *contract* aufheben; *pregnancy* abbrechen **II.** *vi* enden

termination [ˌtɜr·mɪ·'neɪ·ʃən] *n* Beendigung *f; of contract* Aufhebung *f*

terminology [ˌtɜr·mɪ·'nal·ə·dʒi] *n* Terminologie *f*

termite ['tɜr·maɪt] *n* Termite *f*

'term paper *n* UNIV Seminararbeit *f*

tern [tɜrn] *n* Seeschwalbe *f*

terrace ['ter·əs] **I.** *n* (*patio*) Terrasse *f* **II.** *vt* terrassenförmig anlegen

terrain [te·'reɪn] *n* Gelände *nt,* Terrain *nt*

terrapin <*pl - or -s*> ['ter·ə·pɪn] *n* Dosenschildkröte *f*

terrestrial [tə·'res·tri·əl] (*form*) **I.** *adj* ❶ (*relating to earth*) MEDIA, TV terrestrisch *geh,* Erd- ❷ (*living on the ground*) *animal, plant* Land- **II.** *n* Erdling *m,* Erdbewohner(in) *m(f)*

terrible ['ter·ə·bəl] *adj* ❶ (*shockingly bad*) schrecklich, furchtbar; **to look ~** schlimm aussehen; **my memory is ~** ich habe ein furchtbar schlechtes Gedächtnis ❷ (*fam: very great*) schrecklich, fürchterlich; **to be a ~ nuisance** schrecklich lästig sein

terribly ['ter·ə·bli] *adv* ❶ (*awfully*) schrecklich ❷ (*fam: extremely*) außerordentlich

terrier ['ter·i·ər] *n* Terrier *m*

terrific [tə·'rɪf·ɪk] *adj* (*fam*) ❶ (*excellent*) großartig, toll ❷ (*very great*) gewaltig, unglaublich

terrified ['ter·ə·faɪd] *adj* (*through sudden fright*) erschrocken; (*scared*) verängstigt; ■ **to be ~ of sth** [große] Angst vor etw *dat* haben

terrify <-ie-> ['ter·ə·faɪ] *vt* fürchterlich erschrecken

terrifying ['ter·ə·faɪ·ɪŋ] *adj thought, sight* entsetzlich; *speed* Angst erregend; *experience* schrecklich

territorial [ˌter·ə·'tɔr·i·əl] *adj* ❶ GEOG, POL territorial, Gebiets- ❷ ZOOL regional begrenzt

territory ['ter·ə·tɔr·i] *n* ❶ (*area of land*) Gebiet *nt* ❷ POL Hoheitsgebiet *nt;* **forbidden ~** (*fig*) verbotenes Terrain ❸ BIOL Revier *nt* ❹ (*of activity or knowledge*) Bereich *m,* Gebiet *nt;* **familiar ~** (*fig*) vertrautes Gebiet ► PHRASES: **to come with the ~** dazugehören

terror ['ter·ər] *n* ❶ (*great fear*) schreckliche Angst ❷ (*political violence*) Terror *m;* **reign of ~** Schreckensherrschaft *f;* **war on ~** Bekämpfung *f* des Terrorismus

'terror cell *n* Terrorzelle *f*

terrorism ['ter·ə·rɪz·əm] *n* Terrorismus *m;* **act of ~** Terroranschlag *m*

terrorist ['ter·ə·rɪst] **I.** *n* Terrorist(in) *m(f)*

II. *adj attr, inv* terroristisch; **~ attack** Terroranschlag *m*

terrorize ['ter·ə·raɪz] *vt* (*frighten*) in Angst und Schrecken versetzen; (*coerce by terrorism*) terrorisieren

'terror-stricken, 'terror-struck *adj* starr vor Schreck

terry, terry cloth [ˌter·i·'klɔθ] *n* (*fabric*) Frottee *m o nt;* (*cloth*) Frottiertuch *nt*

terse [tɜrs] *adj* kurz und bündig; *reply* kurz

tertiary ['tɜr·ʃi·er·i] *adj* drittrangig

test [test] **I.** *n* ❶ (*of knowledge, skill*) Prüfung *f,* Test *m;* SCH Klassenarbeit *f;* UNIV Klausur *f;* **driving ~** Fahrprüfung *f;* **to pass a ~** eine Prüfung bestehen; **to fail a ~** eine Prüfung nicht bestehen ❷ MED, SCI (*examination*) Untersuchung *f,* Test *m;* **blood ~** Blutuntersuchung *f* ❸ (*challenge*) Herausforderung *f;* **to put sb/sth to the ~** etw/jdn auf die Probe stellen ► PHRASES: **to stand the ~ of time** die Zeit überdauern **II.** *vt* ❶ (*for knowledge, skill*) prüfen, testen (**on** über *+akk*) ❷ (*check performance*) überprüfen; *drugs, products* testen ❸ (*for medical purposes*) untersuchen; **to ~ sb's hearing** jds Hörvermögen testen ❹ (*by touching*) prüfen; (*by tasting*) probieren **III.** *vi* MED einen Test machen; **she ~ed positive for HIV** ihr Aidstest ist positiv ausgefallen

testament ['tes·tə·mənt] *n* ❶ (*will*) Testament *nt* ❷ REL **the New/Old T~** das Neue/Alte Testament

'test ban *n* Teststopp *m*

'test case *n* LAW (*case establishing a precedent*) Musterprozess *m;* (*precedent*) Präzedenzfall *m*

'test drive *n* Probefahrt *f*

tester ['tes·tər] *n* ❶ (*person*) Prüfer(in) *m(f)* ❷ (*machine*) Prüfgerät *nt*

testicle ['tes·tɪ·kəl] *n* Hoden *m*

testify <-ie-> ['tes·tɪ·faɪ] *vi* ❶ LAW (*give evidence*) [als Zeuge/Zeugin] aussagen (**against/for** gegen/für *+akk,* **on** über *+akk*) ❷ (*prove*) ■ **to ~ to sth** von etw *dat* zeugen *geh;* LAW etw bezeugen

testimonial [ˌtes·tɪ·'moʊ·ni·əl] *n* ❶ (*assurance of quality*) Bestätigung *f* ❷ (*tribute for achievements*) Ehrengabe *f*

testimony ['tes·tɪ·moʊ·ni] *n* ❶ (*statement in court*) [Zeugen]aussage *f* ❷ (*fig: proof*) Beweis *m;* ■ **to be ~ to sth** etw beweisen

testing ['tes·tɪŋ] *n* Testen *nt,* Prüfen *nt*

'testing ground *n* Testgebiet *nt,* Versuchsfeld *nt*

'test pilot *n* Testpilot(in) *m(f)*

'test tube *n* Reagenzglas *nt*

test-tube 'baby *n* Retortenbaby *nt*

testy ['tes·ti] *adj person* leicht reizbar; *answer* gereizt

tetanus ['tet·ə·nəs] *n* Tetanus *m*

tether ['teð·ər] **I.** *n* [Halte]seil *nt* ► PHRASES: **to be at the end of one's ~** am Ende seiner Kräfte [*o* Geduld] sein **II.** *vt animal* anbinden (**to an** *+dat*)

Teutonic [tu·'tan·ɪk] *adj* ❶ (*Germanic*) germanisch ❷ (*showing German characteristics*) deutsch; (*hist or hum*) teutonisch
Tex. *abbrev of* **Texas**
Texan ['tek·sən] I. *n* Texaner(in) *m(f)* II. *adj* texanisch
Texas ['tek·səs] *n* Texas *nt*
text [tekst] I. *n* ❶ (*written material*) Text *m; of document* Inhalt *m* ❷ (*writings*) Schrift *f* ❸ SCH (*textbook*) Lehrbuch *nt* ❹ COMPUT Text[teil] *m* ❺ TELEC ~ **message** SMS *f* II. *vt* TELEC ■**to ~** [**sb**] **sth** [jdm] eine SMS[-Nachricht] senden
'**textbook** I. *n* SCH Lehrbuch *nt* (**about/on** über/für + *akk*) II. *adj attr* (*very good*) Parade-; **~ landing** Bilderbuchlandung *f*
textile ['teks·taɪl] *n* (*fabric*) Stoff *m;* ■**~s** *pl* Textilien *pl*
'**text message** *n* SMS *f*
textual ['teks·tʃu·əl] *adj* textlich; **~ analysis** Textanalyse *f*
texture ['teks·tʃər] *n* ❶ (*feel*) Struktur *f* ❷ (*consistency*) Konsistenz *f* ❸ (*surface appearance*) [Oberflächen]beschaffenheit *f*
Thai [taɪ] I. *n* ❶ (*person*) Thai *m o f*, Thailänder(in) *m(f)* ❷ (*language*) Thai *nt* II. *adj* thailändisch
Thailand ['taɪ·lənd] *n* Thailand *nt*
Thames [temz] *n* Themse *f*
than [ðən] I. *prep* ❶ *after superl* (*in comparison to*) als; **bigger ~** größer als ❷ (*instead of*) **rather ~ sth** anstatt etw *gen* ❸ (*besides*) **other ~ sb/sth** außer jdm/etw; **other ~ that** ... abgesehen davon ... II. *conj* als
thank [θæŋk] *vt* ■**to ~ sb** jdm danken, sich bei jdm bedanken; **~ you** [**very much**]! danke [sehr]!, vielen herzlichen Dank; **no, ~ you/yes, ~ you** nein, danke/ja, bitte ▶ PHRASES: **thank goodness** [*or* **God**]! Gott sei Dank!
thankful ['θæŋk·fəl] *adj* ❶ (*grateful*) dankbar (**for** für + *akk*) ❷ (*pleased*) froh
thankfully ['θæŋk·fəl·i] *adv* ❶ (*fortunately*) glücklicherweise, zum Glück ❷ (*gratefully*) dankbar
thankless ['θæŋk·lɪs] *adj* (*not rewarding*) wenig lohnend; *task* undankbar
thanks [θæŋks] *npl* ❶ (*gratitude*) Dank *m kein pl;* **to express one's** ~ seinen Dank zum Ausdruck bringen *geh* ❷ (*thank you*) danke; **many ~!** vielen Dank!
thanksgiving [ˌθæŋks·'gɪv·ɪŋ] *n* ❶ (*gratitude*) Dankbarkeit *f;* **a prayer of ~** ein Dankgebet *nt* ❷ (*public holiday*) ■**T~** Thanksgiving *nt*, amerikanisches Erntedankfest

i **Thanksgiving** (Erntedankfest) ist einer der höchsten Feiertage in den USA. Er wird am vierten Donnerstag im November gefeiert. Der erste **Thanksgiving Day** wurde 1621 von den *Pilgrims* (Pilger) in Plymouth Colony zum Dank an Gott für Beistand und Hilfe in schweren Zeiten gefeiert. Traditio-

nell trifft man sich mit der Familie zu einem Festessen mit *turkey* (Truthahn), *cranberry sauce* (Cranberrysoße), *yams* (Süßkartoffeln), *corn* (Mais), *baked potatoes* (Ofenkartoffeln). Als Nachtisch wird oft *pumpkin pie* (Kürbispastete) serviert.

'**thank you** *n* Danke[schön] *nt;* **to say a ~ to sb** sich bei jdm bedanken
'**thank-you note**, '**thank-you letter** *n* Dankesbrief *m*
that [ðæt] I. *adj dem* (*person, thing specified*) der/die/das; (*farther away*) der/die/das [... dort [*o* da]]; **who is ~ girl?** wer ist das Mädchen? II. *pron* ❶ *dem* (*person, thing, action specified*) das; (*farther away*) das [da [*o* dort]]; **~'s a good idea** das ist eine gute Idee; **~'s why** deshalb ❷ *dem, after prep* **after/before ~** danach/davor; **like ~** (*in such a way*) so; (*of such a kind*) derartig; (*fam: effortlessly*) einfach so ❸ *dem* (*when finished*) **~'s it!** das war's!, jetzt reicht's!; **I won't agree to it and ~'s ~** ich stimme dem nicht zu, und damit Schluss ❹ *rel* (*which, who*) der/die/das; (*when*) als; **the year ~ Anna was born** das Jahr, in dem Anna geboren wurde III. *conj* ❶ (*as subject/object*) dass; **I knew** [~] **he'd never get here on time** ich wusste, dass er niemals rechtzeitig hier sein würde ❷ (*as a result*) **it was so dark** [~] **I couldn't see a thing** es war so dunkel, dass ich nichts sehen konnte ❸ (*with a purpose*) **so ~** damit ❹ *after adj* (*in apposition to "it"*) **is it true** [~] **she's gone back to teaching?** stimmt es, dass sie wieder als Lehrerin arbeitet? IV. *adv* so; **wasn't** [**all**] **~ good** so gut war es [nun] auch wieder nicht
thatched [θætʃt] *adj* reetgedeckt
thaw [θɔ] I. *n* ❶ (*weather*) Tauwetter *nt* ❷ (*improvement in relations*) Tauwetter *nt;* **there are signs of a ~ in relations between the two countries** zwischen den beiden Ländern gibt es Anzeichen für eine Entspannung II. *vi* (*unfreeze, become friendlier*) auftauen; *ice* schmelzen III. *vt* FOOD ■**to ~ sth** ↻ **out** etw auftauen
the [ðə, ði] I. *art definite* ❶ (*denoting thing mentioned*) der/die/das; **to be on ~ table** auf dem Tisch sein ❷ (*particular thing/person*) ■**~** ... der/die/das ...; **Harry's Bar is ~ place to go** Harry's Bar ist in der Szene total in *fam* ❸ (*with family name*) ~ **Smiths** die Schmidts ❹ (*before relative clause*) der/die/das; **I really enjoyed ~ book I've just read** das Buch, das ich gerade gelesen habe, hat mir wirklich gefallen ❺ (*before adjective*) der/die/das; ~ **inevitable** das Unvermeidliche ❻ (*to represent group*) der/die/das; (*with mass group*) die; ~ **panda is becoming an increasingly rare animal** der Pandabär wird immer seltener; ~ **democrats/poor** die

Demokraten/Armen **❼**(*with superlative*) der/die/das; ~ **highest/longest ...** der/die/das höchste/längste ... **❽**(*with measurements*) pro; **these potatoes are sold by ~ pound** diese Kartoffeln werden kiloweise verkauft II. *adv* + *comp* **all ~ better/worse** umso besser/schlechter; ~ **colder it got, ~ more she shivered** je kälter es wurde, desto mehr zitterte sie

theater ['θi·ə·tər] *n* **❶**(*for live performances*) Theater *nt;* **to go to the ~** ins Theater gehen **❷**(*cinema*) movie ~ Kino *nt* **❸**(*dramatic art*) Theater *nt;* **the Greek ~** das griechische Theater **❹** MIL (*area of operations*) Schauplatz *m*

'**theater critic** *n* Theaterkritiker(in) *m(f)*

'**theatergoer** *n* Theaterbesucher(in) *m(f)*

theatrical [θɪ·'æt·rɪ·kəl] *adj* **❶**(*of theater*) Theater-; ~ **agent** Theateragent(in) *m(f)* **❷**(*exaggerated*) theatralisch

thee [ði] *pron object pron* DIAL (*old: you*) dir *in dat,* dich *in akk*

theft [θeft] *n* Diebstahl *m*

their [ðer] *adj poss* **❶**(*of them*) ihr(e); **the children brushed ~ teeth** die Kinder putzten sich die Zähne **❷**(*his or her*) **has everybody got ~ passport?** hat jeder seinen Pass dabei?

theirs [ðerz] *pron* ihr(e, es); **they think everything is ~** sie glauben, dass ihnen alles gehört; **a favorite game of ~** eines ihrer Lieblingsspiele

them [ðem] *pron object pron* **❶**(*persons, animals*) sie *in akk,* ihnen *in dat;* **the cats are hungry — could you feed ~?** die Katzen haben Hunger — könntest du sie füttern? **❷**(*objects*) sie *in akk;* **I lost my keys — I can't find ~ anywhere** ich habe meine Schlüssel verloren – ich kann sie nirgends finden **❸**(*him/her*) ihm/ihr *in dat,* ihn/sie *in akk;* **we want to show every customer that we appreciate ~** wir wollen jedem Kunden zeigen, wie sehr wir ihn schätzen

thematic [θi·'mæt̬·ɪk] *adj* thematisch

theme [θim] *n* **❶**(*subject*) Thema *nt* **❷** MUS Thema *nt;* FILM, TV Melodie *f*

'**theme music** *n* FILM, TV Titelmusik *f*

'**theme park** *n* Themenpark *m*

'**theme song** *n* FILM, TV Titelmelodie *f*

themselves [ðəm·'selvz] *pron reflexive* **❶**(*direct object*) sich; **the children behaved ~** [**very well**] die Kinder benahmen sich [sehr gut] **❷**(*emph: personally*) selbst; **they tried it for ~** sie versuchten es selbst **❸**(*himself or herself*) sich selbst; **everyone who considers ~ a race car driver** jeder, der sich selbst für einen Rennfahrer hält

then [ðen] I. *adj* (*form*) damalige(r, s) II. *adv* **❶**(*at an aforementioned time*) damals; **before ~** davor, vorher; **by/until ~** bis dahin **❷**(*after that*) dann, danach, darauf **❸**(*however*) **but ~** aber schließlich

thenceforth [ˌðens·'fɔrθ] *adv* (*form*) seit jener Zeit

theologian [ˌθi·ə·'loʊ·dʒən] *n* Theologe *m,* Theologin *f*

theological [ˌθi·ə·'lɑdʒ·ɪ·kəl] *adj* Theologie-; ~ **college** Priesterseminar *nt*

theology [θɪ·'ɑl·ə·dʒi] *n* **❶**(*principle*) Glaubenslehre *f* **❷**(*study*) Theologie *f*

theorem ['θi·ər·əm] *n* MATH Lehrsatz *m;* **Pythagoras' ~** der Satz des Pythagoras

theoretical [ˌθi·ə·'ret̬·ɪ·kəl] *adj* theoretisch

theoretically [ˌθi·ə·'ret̬·ɪ·kli] *adv* theoretisch

theorize ['θi·ə·raɪz] *vi* Theorien aufstellen (**about** über +*akk*)

theory ['θi·ə·ri] *n* Theorie *f;* **in ~** theoretisch

therapeutic [ˌθer·ə·'pju·t̬ɪk] *adj* **❶**(*healing*) therapeutisch **❷**(*beneficial to health*) gesundheitsfördernd

therapist ['θer·ə·pɪst] *n* Therapeut(in) *m(f)*

therapy ['θer·ə·pi] *n* Therapie *f,* Behandlung *f*

there [ðer] I. *adv* **❶**(*in, at that place*) dort, da; ~ **'s that book you were looking for** hier ist das Buch, das du gesucht hast; **here and ~** hier und da **❷**(*at the place indicated*) dort, da; **in/up ~** da drin[nen]/oben **❸**(*to a place*) dahin, dorthin; **the museum is closed today — we'll go ~ tomorrow** das Museum ist heute zu – wir gehen morgen hin; **to get ~** (*arrive*) hinkommen; (*fig: succeed*) es schaffen; (*understand*) es verstehen **❹**(*used to introduce sentences*) ~ **are lives at stake** es stehen Leben auf dem Spiel; ~ **goes my raise** das war's dann wohl mit meiner Gehaltserhöhung; ~ **'s a good dog** braver Hund; ~ **comes a point where ...** es kommt der Punkt, an dem ... ▶ PHRASES: **been ~, done that** (*fam*) kalter Kaffee; ~ **you have it** na siehst du II. *interj* **❶**(*expressing sympathy*) da!, schau!; ~, ~**!** ganz ruhig!, schon gut! **❷**(*expressing satisfaction*) na bitte!, siehst du!

thereabouts ['ðer·ə·baʊts] *adv* **❶**(*in that area*) dort in der Nähe **❷**(*approximate time*) **or ~** oder so

there'after *adv* (*form*) darauf; **shortly ~** kurze Zeit später

'**thereby** *adv* dadurch

therefore ['ðer·fɔr] *adv* deshalb, deswegen, daher

thermal ['θɜr·məl] I. *n* **❶**(*air current*) Thermik *f* **❷**(*underwear*) ■~**s** *pl* Thermounterwäsche *f kein pl* II. *adj attr* **❶** MED Thermal- **❷** PHYS thermisch, Thermo-

thermal 'underwear *n* Thermounterwäsche *f*

thermodynamic [ˌθɜr·moʊ·daɪ·'næm·ɪk] *adj attr* thermodynamisch

thermoelectric [ˌθɜr·moʊ·ɪ·'lek·trɪk] *adj* thermoelektrisch

thermometer [θər·'mɑm·ə·t̬ər] *n* Thermometer *nt* o SCHWEIZ *a. m*

thermonuclear [ˌθɜr·moʊ·'nu·kli·ər] *adj* thermonuklear

Thermos®, **Thermos**® **bottle** ['θɜr·məs-], *n* Thermosflasche *f*

thermostat ['θɜr·mə·stæt] *n* Thermostat *m*

thesaurus <*pl* -es *or pl* -ri> [θɪ·'sɔr·əs] *n* Synonymwörterbuch *nt,* Thesaurus *m fachspr*

these [ðiz] **I.** *adj pl of* this **II.** *pron dem pl of*
this ❶ (*the things here*) diese; **are** ~ **your**
bags? sind das hier deine Taschen?; ~ **here** die
da ❷ (*the people here*) das; ~ **are my kids**
das sind meine Kinder

thesis <*pl* -ses> ['θiˈsɪs] *n* ❶ (*written study*)
wissenschaftliche Arbeit; (*for diploma*) Di-
plomarbeit *f;* (*for master's degree*) Magisterar-
beit *f* ❷ (*proposition*) These *f*

they [ðeɪ] *pron pers* ❶ (*3rd person plural*) sie;
where are my glasses? ~ **were on the table**
just a minute ago wo ist meine Brille? sie lag
doch gerade noch auf dem Tisch ❷ (*he or she*)
er, sie; **ask a friend if** ~ **can help** frag einen
Freund, ob er/sie helfen kann ❸ (*people in
general*) sie; ~ **say ...** es heißt ...

they'll [ðeɪl] = **they will** *see* will[1]

they're [ðer] = **they are** *see* be

they've [ðeɪv] = **they have** *see* have I., II.

thick [θɪk] **I.** *adj* ❶ (*not thin*) *coat, layer, volume* dick ❷ (*dense*) *fog, clouds* dicht; *hair a.*
voll ❸ *after n* (*measurement*) dick, stark; **the
walls are six feet** ~ die Wände sind zwei Meter dick ❹ (*not very fluid*) dick, zähflüssig
▸ PHRASES: **to have** ~ **skin** ein dickes Fell haben
II. *n* (*fam*) ■**in the** ~ **of sth** mitten[drin] in
etw *dat* **III.** *adv* (*heavily*) dick; **the snow lay** ~
on the path auf dem Weg lag eine dicke
Schneedecke ▸ PHRASES: **to come** ~ **and fast**
the complaints were coming ~ **and fast** es
hagelte Beschwerden; **to lay it on** ~ dick auftragen

thicken ['θɪk·ən] **I.** *vt sauce* eindicken **II.** *vi*
❶ (*become less fluid*) dick[er] werden ❷ (*become denser*) dicht[er] werden

thicket ['θɪk·ɪt] *n* Dickicht *nt*

thickness ['θɪk·nɪs] *n* ❶ (*size, depth*) Dicke *f*
❷ (*denseness*) Dichte *f* ❸ (*layer*) Schicht *f*

thick-'skinned *adj* dickhäutig

thief <*pl* thieves> [θif] *n* Dieb(in) *m(f)*

thieving ['θi·vɪŋ] **I.** *n* (*liter, form*) Stehlen *nt*
II. *adj attr* diebisch; **take your** ~ **hands off
my cake!** (*hum*) lass deine Finger von meinem Kuchen!

thigh [θaɪ] *n* [Ober]schenkel *m*

'thigh bone *n* Oberschenkelknochen *m*

thimble ['θɪm·bəl] *n* Fingerhut *m*

thin <-nn-> [θɪn] **I.** *adj* ❶ (*not thick*) dünn;
~ **line** feine Linie ❷ (*slim*) *person* dünn; (*too
slim*) hager ❸ (*not dense*) *fog* leicht; *crowd*
klein; (*lacking oxygen*) *air* dünn ❹ (*very fluid*)
dünn[flüssig] ❺ (*feeble*) schwach; *disguise*
dürftig; *excuse* fadenscheinig ▸ PHRASES: **to disappear into** ~ **air** sich in Luft auflösen; **to be
on** ~ **ice** sich auf dünnem Eis bewegen **II.** *vt*
❶ (*make more liquid*) verdünnen ❷ (*make
less dense*) ausdünnen, lichten **III.** *vi* ❶ (*become weaker*) *soup, blood* dünner werden;
hair, fog a. sich lichten; *crowd* sich zerstreuen
❷ (*become worn*) *material* sich verringern
◆**thin down I.** *vi* abnehmen **II.** *vt* verdünnen
◆**thin out I.** *vt* ausdünnen; *plants* pikieren
II. *vi* weniger werden, sich verringern; *crowd*
kleiner werden, sich verlaufen

thing [θɪŋ] *n* ❶ (*unspecified object*) Ding *nt,*
Gegenstand *m,* Dings[bums] *nt fam;* **I don't
have a** ~ **to wear** ich habe nichts zum Anziehen ❷ (*possessions*) ■~**s** *pl* Besitz *m kein pl;*
(*objects for special purpose*) Sachen *pl,*
Zeug *nt kein pl;* **swimming** ~**s** Schwimm-
zeug *nt kein pl* ❸ (*unspecified idea, event,
activity*) Sache *f;* **one** ~ **leads to another** das
Eine führt zum Andern; **to not be sb's** ~ nicht
jds Ding *nt* sein *fam;* **the whole** ~ das Ganze;
to do one's own ~ (*fam*) seinen [eigenen]
Weg gehen ❹ (*fam: what is needed*) **just
the** ~ genau das Richtige ❺ (*matter*) The-
ma *nt,* Sache *f;* **sure** ~! na klar!; **to know a** ~
or two eine ganze Menge wissen ❻ (*person*)
you lucky ~! du Glückliche(r)!; **the poor** ~
der/die Ärmste; (*young woman, child*) das
arme Ding ▸ PHRASES: **to be just one of those**
~**s** (*be unavoidable*) einfach unvermeidlich
sein; (*typical happening*) typisch sein; **to be
onto a good** ~ (*fam*) etwas Gutes auftun

thingamabob ['θɪŋ·ə·mə·ˌbab], **thingamajig** ['θɪŋ·ə·mə·ˌdʒɪg] *n* (*fam*) der/die/das
Dings[da] [*o* Dingsbums]

think [θɪŋk] **I.** *vi* <thought, thought> ❶ (*believe*) denken, glauben, meinen; **yes, I** ~ **so**
ich glaube schon ❷ (*reason, have views/
ideas*) denken; **not everybody** ~**s like you**
nicht jeder denkt wie du ❸ (*consider to be,
have an opinion*) **I want you to** ~ **of me as a
friend** ich möchte, dass du mich als Freund
siehst; **to** ~ **highly of sb/sth** viel von jdm/
etw halten ❹ (*expect*) **I thought as much!**
das habe ich mir schon gedacht! ❺ (*intend*)
■**to** ~ **of doing sth** erwägen, etw zu tun
❻ (*come up with*) ■**to** ~ **of sth** sich *dat* etw
ausdenken; **to** ~ **of a solution** auf eine Lösung
kommen ❼ (*reflect*) [nach]denken, überlegen;
to ~ **better of sth** sich *dat* etw anders überlegen ❽ (*have in one's mind*) denken (of an
+*akk*) ▸ PHRASES: **to be unable to hear oneself** ~ sein eigenes Wort nicht mehr verstehen
II. *vt* <thought, thought> ❶ (*hold an opinion*)
denken, glauben; **to** ~ **the world of sb/sth**
große Stücke auf jdn/etw halten ❷ (*consider
to be*) **who do you** ~ **you are?** für wen hältst
du dich eigentlich?; **to** ~ **it['s] [un]likely that
...** es für [un]wahrscheinlich halten, dass ...
❸ (*remember*) ■**to** ~ **to do sth** daran denken,
etw zu tun **III.** *n* (*fam*) **to give sth a** ~ sich *dat*
etw überlegen, über etw *akk* nachdenken
◆**think about** *vi* ❶ (*have in one's mind*) denken (an +*akk*) ❷ (*reflect*) nachdenken (über
+*akk*) ❸ (*consider*) ■**to** ~ **about sth** sich *dat*
etw überlegen
◆**think ahead** *vi* vorausdenken; (*be fore-
sighted*) sehr vorausschauend sein
◆**think back** *vi* zurückdenken (**to** an +*akk*)
◆**think out** *vt* ❶ (*prepare carefully*) durchdenken ❷ (*plan*) vorausplanen ❸ (*come up
with*) sich *dat* ausdenken; (*develop*) entwickeln

T

◆**think over** *vt* überdenken; **I'll ~ it over** ich überleg's mir noch mal

◆**think through** *vt* [gründlich] durchdenken

◆**think up** *vt* (*fam*) sich *dat* ausdenken

thinker ['θɪn·kər] *n* Denker(in) *m(f)*

thinking ['θɪŋ·kɪŋ] I. *n* ❶ (*using thought*) Denken *nt;* **to do some ~ about sth** sich *dat* über etw *akk* Gedanken machen ❷ (*reasoning*) Überlegung *f;* **good ~!** **that's a brilliant idea!** nicht schlecht! eine geniale Idee! II. *adj attr* denkend, vernünftig

'**think tank** *n* (*fig*) Expertenkommission *f*

'**thinly** *adv* dünn

thinner ['θɪn·ər] I. *n* Verdünnungsmittel *nt;* **paint ~** Farbverdünner *m* II. *adj comp of* **thin**

thinness ['θɪn·nɪs] *n* ❶ (*not fat*) Magerkeit *f* ❷ (*fig: lack of depth*) Dünnheit *f*

thin-'skinned *adj* (*fig*) empfindlich, sensibel

third [θɜrd] I. *n* ❶ (*number 3*) Dritte(r, s); **the ~ of September** der dritte September ❷ (*fraction*) Drittel *nt* ❸ (*gear position*) dritter Gang II. *adj* dritte(r, s); **~ best** drittbeste(r, s); **the ~ time** das dritte Mal

third de'gree *n* Polizeimaßnahme *f* (*zur Erzwingung eines Geständnisses*)*;* **to give sb the ~** (*fam*) jdn in die Mangel nehmen

third-degree 'burn *n* Verbrennung *f* dritten Grades

thirdly ['θɜrd·li] *adv* drittens

third 'party *n* dritte Person; LAW Dritte(r) *f(m)*

third 'person *n* LING dritte Person

third-'rate *adj* minderwertig

Third 'World *n* ■**the ~** die Dritte Welt; **~ country** Drittweltland *nt*

thirst [θɜrst] *n* ❶ (*need for a drink*) Durst *m;* **to die of ~** verdursten ❷ (*strong desire*) Verlangen *nt;* **~ for knowledge** Wissensdurst *m*

thirsty ['θɜr·sti] *adj* durstig; ■**to be ~ for sth** nach etw *dat* hungern

thirteen [θɜr·'tin] I. *n* Dreizehn *f; see also* **eight** II. *adj* dreizehn; *see also* **eight**

thirteenth [θɜr·'tinθ] I. *n* ❶ (*order*) ■**the ~** der/die/das Dreizehnte; *see also* **eighth** ❷ (*date*) **the ~** der Dreizehnte; *see also* **eighth** ❸ (*fraction*) Dreizehntel *nt; see also* **eighth** II. *adj* dreizehnte(r, s); *see also* **eighth** III. *adv* als Dreizehnte(r, s); *see also* **eighth**

thirtieth ['θɜrt·i·əθ] I. *n* ❶ (*after twenty-ninth*) Dreißigste(r, s); *see also* **eighth** ❷ (*date*) **the ~** der Dreißigste; *see also* **eighth** ❸ (*fraction*) Dreißigstel *nt; see also* **eighth** II. *adj* dreißigste(r, s); *see also* **eighth** III. *adv* als Dreißigste(r, s); *see also* **eighth**

thirty ['θɜr·ṭi] I. *n* ❶ (*number*) Dreißig *f; see also* **eight** ❷ (*age*) **to be in one's thirties** in den Dreißigern sein ❸ (*time period*) ■**the thirties** *pl* die dreißiger Jahre II. *adj* dreißig; *see also* **eight**

this [ðɪs] I. *adj attr* ❶ (*close in space*) diese(r, s); **can you sign ~ form for me?** kannst du dieses Formular für mich unterschreiben? ❷ (*close in future*) diese(r, s); **I'll do it ~ Monday** ich erledige es diesen Montag; **~ minute**

sofort ❸ (*referring to specific*) diese(r, s); **don't listen to ~ guy** hör nicht auf diesen Typen; **by ~ time** dann II. *pron* ❶ (*the thing here*) das; **is ~ your bag?** ist das deine Tasche? ❷ (*the person here*) das; **~ is my husband Steve** das ist mein Ehemann Stefan ❸ (*this matter here*) das; **what's ~?** was soll das?; **~ is what I was talking about** davon spreche ich ja ❹ (*with an action*) das; **every time I do ~, it hurts** jedes Mal, wenn ich das mache, tut es weh; **like ~** so ▶ PHRASES: **~ and that** (*fam*) dies und das III. *adv* so; **~ far and no further** (*a. fig*) bis hierher und nicht weiter

thistle ['θɪs·əl] *n* Distel *f*

tho', tho [ðoʊ] *conj* (*fam*) *short for* **though** obwohl

thong [θɑŋ] *n* ❶ (*strip of leather*) Lederband *nt* ❷ (*G-string*) Tanga *m* ❸ (*flip-flop*) ■**~s** *pl* [Zehen]sandalen *pl*, Flip-Flops *pl*

thorax <*pl* -es *or* -races> ['θɔr·æks] *n* ANAT Brustkorb *m*

thorn [θɔrn] *n* (*prickle*) Dorn *m* ▶ PHRASES: **there is no rose without a ~** (*prov*) keine Rose ohne Dornen *prov*

thorny ['θɔr·ni] *adj* ❶ (*with thorns*) dornig ❷ (*difficult*) schwierig; *issue* heikel

thorough ['θɜr·oʊ] *adj* ❶ (*detailed*) genau, exakt ❷ (*careful*) sorgfältig, gründlich; *reform* durchgreifend

'**thoroughbred** I. *n* Vollblut[pferd] *nt* II. *adj* reinrassig, Vollblut-

'**thoroughfare** *n* (*form*) Durchgangsstraße *f*

thoroughly ['θɜr·oʊ·li] *adv* ❶ (*in detail*) genau, sorgfältig ❷ (*completely*) völlig; **to ~ enjoy sth** etw ausgiebig genießen

thoroughness ['θɜr·oʊ·nɪs] *n* Gründlichkeit *f*, Sorgfältigkeit *f*

those [ðoʊz] I. *adj det* ❶ *pl of* **that** (*to identify specific persons/things*) diese; **how much are ~ brushes?** wie viel kosten die Bürsten da? ❷ *pl of* **that** (*singling out*) **I like ~ cookies with the almonds in them** ich mag die Kekse mit den Mandeln drinnen II. *pron pl of* **that** ❶ (*the things over there*) diejenigen; **these peaches aren't ripe — try ~ on the table** diese Pfirsiche sind noch nicht reif, versuch' die auf dem Tisch ❷ (*the people over there*) das; **~ are my kids over there** das sind meine Kinder da drüben ❸ (*the people*) ■**~ who ...** diejenigen, die ...; ■**one of ~** (*belonging to a group*) eine(r) davon

thou [ðaʊ] *pron pers* DIAL (*old: you*) du

though [ðoʊ] I. *conj* ❶ (*despite the fact that*) obwohl ❷ (*however*) [je]doch ❸ (*if*) ■**as ~** als ob II. *adv* trotzdem

thought [θɔt] I. *n* ❶ (*thinking*) Nachdenken *nt*, Überlegen *nt;* **to be deep in ~** tief in Gedanken versunken sein; **to give sth some ~** sich *dat* Gedanken über etw *akk* machen ❷ (*opinion, idea*) Gedanke *m;* **I've just had a ~** mir ist eben was eingefallen; **to spare sb the ~** [of sth] jdn nicht an etw *akk* erinnern ▶ PHRASES: **it's the ~ that counts** (*fam*) der gute Wille zählt **II.** *vt, vi pt, pp of* **think**

thoughtful ['θɔt·fəl] *adj* ❶ (*considerate*) aufmerksam ❷ (*contemplative*) nachdenklich ❸ (*careful*) sorgfältig

thoughtless ['θɔt·lɪs] *adj* ❶ (*inconsiderate*) rücksichtslos ❷ (*without thinking*) unüberlegt

'**thought-provoking** *adj remarks, book* nachdenklich stimmend

thousand ['θaʊ·zənd] **I.** *n* ❶ (*number*) Tausend *f;* **two ~** zweitausend ❷ (*year*) **two ~ five** [das Jahr] zweitausend und fünf ❸ (*quantity*) **a ~ dollars** [ein]tausend Dollar ❹ *pl* (*lots*) ■ **~s** Tausende *pl* **II.** *adj det, attr* tausend; **I've said it a ~ times** ich habe es jetzt unzählige Male gesagt

thousandth ['θaʊ·zəntθ] **I.** *n* (*in series*) Tausendste(r, s); (*fraction*) Tausendstel *nt* **II.** *adj* tausendste(r, s); ■ **the ~ ...** der/die/das tausendste ...; **a ~ part** ein Tausendstel *nt*

thrash [θræʃ] **I.** *vt* ❶ (*beat*) verprügeln ❷ (*fam: defeat*) haushoch schlagen **II.** *vi* (*liter*) rasen

thrashing ['θræʃ·ɪŋ] *n* Prügel *pl;* **to give sb a** [**good**] **~** jdm eine [anständige] Tracht Prügel verpassen

thread [θred] **I.** *n* ❶ (*for sewing*) Garn *nt* ❷ (*fiber*) Faden *m,* Faser *f* ❸ (*groove*) Gewinde *nt;* (*part of groove*) Gewindegang *m* ❹ INET Thread *m* **II.** *vt* ❶ (*put through*) einfädeln; **she ~ed her way through the crowd** sie schlängelte sich durch die Menge ❷ (*put onto a string*) auffädeln; **to ~ beads onto a chain** Perlen auf einer Kette aufreihen

'**threadbare** *adj* ❶ *material* abgenutzt; *clothes* abgetragen; *carpet* abgelaufen ❷ *person, building* schäbig

threat [θret] *n* ❶ (*warning*) Drohung *f;* **an empty ~** eine leere Drohung ❷ (*potential danger*) Gefahr *f,* Bedrohung *f;* **to pose a ~ to sb/sth** eine Gefahr für jdn/etw darstellen; ■ **to be under ~ of sth** von etw *dat* bedroht sein

threaten ['θret·ən] **I.** *vt* ❶ (*warn*) ■ **to ~ sb** jdn bedrohen, jdm drohen; ■ **to ~ sb with sth** jdm mit etw *dat* drohen; (*with weapon*) jdn mit etw *dat* bedrohen ❷ (*be a danger*) gefährden, eine Bedrohung sein (für + *akk*) **II.** *vi* drohen; ■ **to ~ to do sth** damit drohen, etw zu tun

threatening ['θret·ə·nɪŋ] *adj* ❶ (*hostile*) drohend, Droh-; ■ **letter** Drohbrief *m* ❷ (*menacing*) bedrohlich; *clouds* dunkel

three [θri] **I.** *n* ❶ (*number*) Drei *f; see also* **eight** ❷ (*quantity*) drei; **in ~s** in Dreiergruppen ❸ CARDS Drei *f;* **the ~ of diamonds** die Karodrei ❹ (*the time*) drei [Uhr]; **at ~ p.m.** um drei Uhr [nachmittags], um fünfzehn Uhr; *see also* **eight** ▶ PHRASES: **two's company, ~'s a crowd** drei sind einer zu viel **II.** *adj* drei; **I'll give you ~ guesses** dreimal darfst du raten; *see also* **eight** ▶ PHRASES: **~ cheers** [**for sb/sth**]! (*a. iron*) ein dreifaches Hoch [auf jdn/etw]!

three-'D *adj* (*fam*), **three-di'mensional** *adj* dreidimensional

'**threefold** *adj* dreifach

'**three-part** *adj attr song* dreistimmig

'**three-piece I.** *adj* ❶ (*of three items*) dreiteilig ❷ (*of three people*) Dreimann- **II.** *n* Dreiteiler *m*

three-piece 'suit *n* (*man's*) Dreiteiler *m;* (*lady's*) dreiteiliges Ensemble

'**three-ply** *adj* ❶ (*of three layers*) *wood* dreischichtig; *tissue* dreilagig ❷ (*of three strands*) **~ wool** Dreifachwolle *f*

three-'quarter *adj attr* dreiviertel

threesome ['θri·səm] *n* (*three people*) Dreiergruppe *f;* **as a ~** zu dritt

three-way *adj* Drei-; **~ battle** Dreikampf *m*

three-'wheeler *n* (*car*) dreirädriges Auto; (*tricycle*) Dreirad *nt*

thresh [θreʃ] *vt crop* dreschen

'**threshing machine** *n* AGR Dreschmaschine *f*

threshold ['θreʃ·hoʊld] *n* ❶ (*of doorway*) [Tür]schwelle *f* ❷ (*fig: beginning*) Anfang *m,* Beginn *m;* (*limit*) Grenze *f,* Schwelle *f;* **I have a low ~ for boredom** ich langweile mich sehr schnell; **pain ~** Schmerzgrenze *f* ❸ PHYS, COMPUT Schwellenwert *m*

threw [θru] *pt of* **throw**

thrift [θrɪft] *n* Sparsamkeit *f*

'**thrift shop,** '**thrift store** *n Laden, in dem gespendete, meist gebrauchte Waren verkauft werden, um Geld für wohltätige Zwecke zu sammeln*

thrifty ['θrɪf·ti] *adj* sparsam

thrill [θrɪl] **I.** *n* (*wave of emotion*) Erregung *f;* (*titillation*) Nervenkitzel *m;* **the ~ of the chase** der besondere Reiz der Jagd **II.** *vt* (*excite*) erregen; (*fascinate*) faszinieren; (*frighten*) Angst machen; (*delight*) entzücken

thriller ['θrɪl·ər] *n* Thriller *m*

thrilling ['θrɪl·ɪŋ] *adj* aufregend; *story* spannend

thrive <-d *or* throve, -d *or* thriven> [θraɪv] *vi* gedeihen; *business* florieren

thriving ['θraɪ·vɪŋ] *adj* **it's a ~ community** das ist eine gut funktionierende Gemeinschaft

throat [θroʊt] *n* ❶ (*inside the neck*) Rachen *m,* Hals *m;* **to have a sore ~** Halsschmerzen haben ❷ (*front of the neck*) Kehle *f,* Hals *m;* **to cut sb's ~** jdm die Kehle durchschneiden ▶ PHRASES: **to have a lump in one's ~** einen Kloß im Hals haben; **to jump down sb's ~** jdn anschnauzen

throaty ['θroʊ·t̬i] *adj* ❶ (*harsh-sounding*) kehlig, rau ❷ (*hoarse*) heiser, rau

throb [θrab] **I.** *n* Klopfen *nt,* Hämmern *nt; of heart, pulse* Pochen *nt; of bass, engine* Dröhnen *nt* **II.** *vi* <-bb-> klopfen; *pulse, heart* pochen; *bass, engine* dröhnen; **his head ~bed** er hatte rasende Kopfschmerzen

throes [θroʊz] *npl* **death ~** Todeskampf *m;* **to be in the ~ of sth** mitten in etw *dat* stecken

throne [θroʊn] *n* Thron *m;* REL Stuhl *m*

throng [θraŋ] **I.** *n* [Menschen]menge *f* **II.** *vt* sich drängen (in + *akk*); **visitors ~ed the narrow streets** die engen Straßen wimmelten nur so von Besuchern

throttle ['θraṭ·əl] I. *n* ❶ AUTO Drosselklappe *f* ❷ (*speed*) **at full ~** mit voller Geschwindigkeit; (*fig*) mit Volldampf II. *vt* ❶ (*try to strangle*) würgen; (*strangle*) erdrosseln ❷ (*fig: stop, hinder*) drosseln

through [θru] I. *prep* ❶ (*from one side to other*) durch +*akk;* **we drove ~ the tunnel** wir fuhren durch den Tunnel ❷ (*in*) durch +*akk;* **her words kept running ~ my head** ihre Worte gingen mir ständig durch den Kopf ❸ (*until and including*) bis; **we're open Monday ~ Friday** wir haben Montag bis Freitag geöffnet ❹ (*during*) während +*gen;* **they drove ~ the night** sie fuhren durch die Nacht ❺ (*because of*) wegen +*gen,* durch +*akk;* **I can't hear you ~ all this noise** ich kann dich bei diesem ganzen Lärm nicht verstehen ❻ (*by means of*) über +*akk; ~* **chance** durch Zufall ❼ (*at*) durch +*akk;* **to go ~ sth** etw durchgehen; **she looked ~ her mail** sie sah ihre Post durch ❽ (*to the finish of*) **to get ~ sth** etw durchstehen ❾ (*into*) **we were cut off halfway ~ the conversation** unser Gespräch wurde mittendrin unterbrochen II. *adj* ❶ *pred* (*finished*) fertig; **we're ~** (*finished relationship*) mit uns ist es aus; (*finished job*) es ist alles erledigt ❷ *pred* (*successful*) durch; **Henry is ~ to the final** Henry hat sich für das Finale qualifiziert ❸ *attr* TRANSP (*making few stops*) *bus, train* durchgehend III. *adv* ❶ (*to a destination*) durch; **the train goes ~ to Hamburg** der Zug fährt bis nach Hamburg durch ❷ (*from beginning to end*) [ganz] durch; **Paul saw the project ~ to its completion** Paul hat sich bis zum Abschluss um das Projekt gekümmert; **to be halfway ~ sth** etw halb durch haben ❸ (*from outside to inside*) **~ and ~** durch und durch, völlig; **cooked ~** durchgegart

through·out [θru·'aʊt] I. *prep* ❶ (*all over in*) **people ~ the country** Menschen im ganzen Land ❷ (*at times during*) während +*gen; ~* **the performance** die ganze Vorstellung über II. *adv* ❶ (*in all parts*) vollständig ❷ (*the whole time*) die ganze Zeit [über]

'throughput *n* Verarbeitungsmenge *f;* COMPUT Datendurchlauf *m*

'through ticket *n* Fahrkarte *f* für die gesamte Strecke

through 'traffic *n* Durchgangsverkehr *m;* **"no ~!"** „keine Durchfahrt!"

'through train *n* durchgehender Zug

'throughway *n see* **thruway**

throw [θroʊ] I. *n* ❶ (*act of throwing*) Wurf *m;* **a stone's ~** [away] (*fig*) nur einen Steinwurf von hier ❷ (*furniture cover*) Überwurf *m* II. *vi* <threw, thrown> werfen III. *vt* <threw, thrown> ❶ (*propel with arm*) werfen; (*hurl*) schleudern; ■ **to ~ sb sth** [*or* **to ~ sth to sb**] jdm etw zuwerfen; **to ~ a punch at sb** jdm einen Schlag versetzen ❷ (*pounce upon*) ■ **to ~ oneself onto sb/sth** sich auf jdn stürzen/auf

etw *akk* werfen ❸ SPORTS (*in wrestling*) zu Fall bringen; *rider* abwerfen ❹ (*direct*) zuwerfen; *glance* werfen (**at** auf +*akk*); ■ **to ~ oneself at sb** (*embrace*) sich jdm an den Hals werfen; (*attack*) sich auf jdn stürzen ❺ (*move violently*) ■ **to ~ sth against sth** etw gegen etw *akk* schleudern ❻ (*show emotion*) **to ~ a fit** (*fam*) einen Anfall bekommen; **to ~ a tantrum** einen Wutanfall bekommen ❼ (*give*) **to ~ a party** eine Party geben ❽ (*fam: confuse*) ■ **to ~ sb** [off] jdn durcheinanderbringen ▶ PHRASES: **to ~ caution to the wind** eine Warnung in den Wind schlagen

◆**throw away** *vt* ❶ (*discard*) wegwerfen ❷ (*waste*) **to ~ money away on sth** Geld für etw *akk* zum Fenster hinauswerfen

◆**throw back** *vt* ❶ (*move with force*) **to ~ one's hair back** seine Haare nach hinten werfen ❷ (*open*) *curtains* aufreißen ▶ PHRASES: **to ~ sth back in sb's face** jdm etw wieder auftischen

◆**throw down** *vt* ❶ (*throw from above*) herunterwerfen; **to ~ oneself down** sich niederwerfen ❷ (*deposit forcefully*) hinwerfen

◆**throw in** *vt* ❶ (*put into*) ■ **to ~ sth in**[**to**] **sth** etw in etw *akk* [hinein]werfen ❷ (*include in price*) ■ **to ~ sth** ⟳ in etw gratis dazugeben ❸ (*throw onto field*) *soccer ball* einwerfen ▶ PHRASES: **to ~ in the towel** das Handtuch werfen

◆**throw off** *vt* ❶ (*remove forcefully*) herunterreißen *fam; clothes* schnell ausziehen ❷ (*jump*) ■ **to ~ oneself off sth** sich von etw *dat* hinunterstürzen ❸ (*escape*) ■ **to ~ sb** ⟳ **off** jdn abschütteln ❹ *fluster* **to ~ sb off** jdn aus dem Konzept bringen

◆**throw on** *vt* ❶ (*place*) werfen (auf +*akk*); **~ a log on the fire, will you?** legst du bitte noch einen Scheit aufs Feuer? ❷ (*pounce upon*) ■ **to ~ oneself on sb** sich auf jdn stürzen ❸ (*put on*) *clothes* eilig anziehen ❹ (*cast*) **to ~ suspicion on**[**to**] **sb** den Verdacht auf jdn lenken

◆**throw out** *vt* ❶ (*fling outside*) hinauswerfen, rausschmeißen *fam* ❷ (*discard*) wegwerfen; LAW **to ~ out a case** einen Fall abweisen ❸ (*dismiss*) entlassen ❹ SPORTS (*eject*) vom Platz stellen, des Platzes verweisen *geh*

◆**throw together** *vt* ❶ (*fam: make quickly*) *meal* zaubern ❷ (*cause to meet*) zusammenbringen

◆**throw up** I. *vt* ❶ (*project upwards*) hochwerfen; *hands* hochreißen ❷ (*fam: vomit*) erbrechen II. *vi* (*fam*) sich übergeben, kotzen *derb*

throwaway ['θroʊ·ə·weɪ] *adj attr* ❶ (*disposable*) wegwerfbar; **~ razor** Einwegrasierer *m* ❷ (*unimportant*) achtlos dahingeworfen *attr*

'throwback *n* Rückschritt *m*

thrown [θroʊn] *pp of* **throw**

thru [θru] *prep, adv* (*fam*) *see* **through**

thrush¹ <*pl* -es> [θrʌʃ] *n* ORN Drossel *f*

thrush² <*pl* -es> [θrʌʃ] *n* MED Soor *m*

thrust [θrʌst] **I.** *n* ❶ (*forceful push*) Stoß *m* ❷ (*impetus, purpose*) Stoßrichtung *f;* **the main ~ of an argument** die Hauptaussage eines Arguments **II.** *vi* <thrust, thrust> **to ~ at sb with a knife** nach jdm mit einem Messer stoßen **III.** *vt* <thrust, thrust> ❶ (*push with force*) **to ~ the money into sb's hand** jdm das Geld in die Hand stecken ❷ (*compel to do*) ▪**to ~ sth** [up]**on sb** jdm etw auferlegen; ▪**to ~ oneself** [up]**on sb** sich jdm aufdrängen ❸ (*impel*) hineinstoßen; **she was suddenly ~ into a position of responsibility** sie wurde plötzlich in eine sehr verantwortungsvolle Position hineingedrängt

thruway ['θru·weɪ] *n* Schnellstraße *f*

thud [θʌd] **I.** *vi* <-dd-> dumpf aufschlagen **II.** *n* dumpfer Schlag; **~ of hooves** Geklapper *nt* von Hufen

thug [θʌg] *n* Schlägertyp *m pej*

thumb [θʌm] **I.** *n* Daumen *m* ▶PHRASES: **to stand out like a sore** ~ unangenehm auffallen **II.** *vt* ❶ (*fam: hitchhike*) **to ~ a ride** per Anhalter fahren, trampen ❷ (*glance through*) *book* durchblättern ❸ *usu passive* (*mark by handling*) *book, pages* abgreifen **III.** *vi* (*glance through*) **to ~ through a newspaper** durch die Zeitung blättern

thumb 'index *n* Daumenregister *nt*

'thumbnail *n* Daumennagel *m*

thumbnail 'sketch *n* Abriss *m*

'thumbtack *n* Reißnagel *m,* Reißzwecke *f*

thump [θʌmp] **I.** *n* dumpfer Knall **II.** *vt* schlagen **III.** *vi* schlagen (**on** auf +*akk*); *heart* klopfen

thunder ['θʌn·dər] **I.** *n* ❶ METEO Donner *m;* **rumble of ~** Donnergrollen *nt* ❷ (*loud sound*) Getöse *nt* ▶PHRASES: **to steal sb's ~** jdm die Schau stehlen **II.** *vi* ❶ (*make rumbling noise*) donnern; ▪**to ~ by** vorbeidonnern ❷ (*declaim*) schreien; ▪**to ~ about sth** sich lautstark über etw *akk* äußern **III.** *vt* brüllen

'thunderbolt *n* Blitzschlag *m*

'thunderclap *n* Donnerschlag *m*

'thundercloud *n usu pl* Gewitterwolke *f*

thundering ['θʌn·dər·ɪŋ] **I.** *n* Donnern *nt* **II.** *adj* ❶ (*extremely loud*) tosend; *voice* dröhnend ❷ (*enormous*) enorm; *success a.* riesig

thunderous ['θʌn·dər·əs] *adj attr* donnernd; **~ applause** Beifallsstürme *pl*

'thunderstorm *n* Gewitter *nt*

'thunderstruck *adj pred* wie vom Donner gerührt

Thursday ['θɜrz·deɪ] *n* Donnerstag *m; see also* **Tuesday**

thus [ðʌs] *adv* ❶ (*therefore*) folglich ❷ (*in this way*) so

thwart [θwɔrt] *vt* vereiteln; *escape* verhindern; *plan* durchkreuzen

thy [ðaɪ] *adj poss* DIAL (*old*) dein

thyme [taɪm] *n* Thymian *m*

thyroid ['θaɪ·rɔɪd] **I.** *n* Schilddrüse *f* **II.** *adj attr* Schilddrüsen-

tiara [tɪ·'ær·ə] *n* Tiara *f*

tibia <*pl* -biae> ['tɪb·i·ə] *n* Schienbein *nt*

tic [tɪk] *n* [nervöses] Zucken

tick[1] [tɪk] **I.** *n* (*sound of watch*) Ticken *nt kein pl;* "**~ tock**" (*fam*) „ticktack" **II.** *vi* ticken ▶PHRASES: **what makes sb ~** was jdn bewegt ◆**tick off** *vt* (*fam*) auf die Palme bringen

tick[2] [tɪk] *n* ZOOL Zecke *f*

ticker ['tɪk·ər] *n* (*fam*) Pumpe *f sl*

ticker-tape pa'rade *n* Konfettiparade *f*

ticket ['tɪk·ɪt] *n* ❶ (*card*) Karte *f;* **concert ~** Konzertkarte *f;* **lottery ~** Lottoschein *m;* **plane ~** Flugticket *nt* ❷ (*price tag*) Etikett *nt;* **price ~** Preisschild *nt* ❸ LAW (*notification of fine*) Strafzettel *m*

'ticket collector *n* (*on the train*) Schaffner(in) *m(f);* (*on the platform*) Bahnsteigschaffner(in) *m(f)*

'ticket machine *n* Fahrkartenautomat *m*

ticking ['tɪk·ɪŋ] *n* ❶ *of clock* Ticken *nt* ❷ (*for mattress*) Matratzenüberzug *m*

tickle ['tɪk·əl] **I.** *vi* kitzeln **II.** *vt* ❶ (*touch lightly*) kitzeln ❷ (*fam: appeal to sb*) **to ~ sb's fancy** jdn reizen ▶PHRASES: **to be ~d pink** (*fam*) vor Freude völlig aus dem Häuschen sein **III.** *n* ❶ (*itching sensation*) Jucken *nt* ❷ (*irritating cough*) **a ~ in one's throat** ein Kratzen *nt* im Hals

ticklish ['tɪk·lɪʃ] *adj* ❶ (*sensitive to tickling*) kitzlig ❷ (*delicate*) heikel

tick-tack-toe, tic-tac-toe [ˌtɪk·ˌtæk·'toʊ] *n* Drei gewinnt, Tic Tac Toe *nt*

tidal ['taɪ·dəl] *adj* von Gezeiten abhängig; **~ basin** Tidebecken *nt*

'tidal wave *n* Flutwelle *f;* (*fig*) Flut *f*

tidbit ['tɪd·bɪt] *n* ❶ (*snack*) Leckerbissen *m* ❷ *usu pl* (*of information*) Leckerbissen *m;* **juicy ~s** pikante Einzelheiten

tiddlywinks ['tɪd·li·wɪŋks] *n pl* Flohhüpfen *nt kein pl*

tide [taɪd] *n* ❶ (*of sea*) Gezeiten *pl;* **high ~** Flut *f;* **low ~** Ebbe *f* ❷ (*main trend of opinion*) öffentliche Meinung; **the ~ has turned** die Meinung ist umgeschlagen; **to swim against the ~** gegen den Strom schwimmen ❸ (*powerful trend*) Welle *f* ◆**tide over** *vt* ▪**to ~ sb over** jdm über die Runden helfen *fam*

tidiness ['taɪ·dɪ·nɪs] *n* Ordnung *f*

tidy ['taɪ·di] **I.** *adj* ❶ (*in order*) ordentlich ❷ (*fam: considerable*) *sum* beträchtlich **II.** *vt* aufräumen

tie [taɪ] **I.** *n* ❶ (*necktie*) Krawatte *f;* **bow ~** Fliege *f* ❷ (*cord*) Schnur *f* ❸ *pl* (*links*) diplomatic **~s** diplomatische Beziehungen; **family ~s** Familienbande *pl* ❹ (*equal score*) Unentschieden *nt,* Punktegleichstand *m kein pl;* **to end in a ~** mit einem Unentschieden enden, unentschieden ausgehen **II.** *vi* <-y-> ❶ (*fasten*) schließen; **to ~ in the front/back** vorne/hinten zugebunden werden ❷ (*equal in points*) ▪**to ~ with sb/sth** denselben Platz wie jd/etw belegen **III.** *vt* <-y-> ❶ (*fasten together*) *hands* fesseln; *knot* machen; *necktie* binden

T

② (*restrict in movement*) ■**to be** ~**d to sth/ somewhere** an etw *akk*/einen Ort gebunden sein ▶ PHRASES: **sb's** <u>hands</u> **are** ~**d** jds Hände sind gebunden

◆**tie back** *vt* zurückbinden

◆**tie down** *vt* ❶ (*secure to ground*) festbinden ❷ (*restrict*) ■**to be** ~**d down** gebunden sein; ■**to** ~ **sb down to sth** (*fam*) jdn auf etw *akk* festlegen

◆**tie in** *vi* ■**to** ~ **in with sth** mit etw *dat* übereinstimmen

◆**tie up** *vt* ❶ (*bind*) festbinden; *hair* hochbinden ❷ (*delay*) *traffic* aufhalten ❸ (*busy*) ■**to be** ~**d up** beschäftigt sein ❹ *capital, money* binden ❺ SPORTS *game* den Ausgleich erzielen ▶ PHRASES: **to** ~ **up some loose** <u>ends</u> etw erledigen

'tiebreaker, 'tiebreak *n* Tie-Break *m o nt*

tied [taɪd] *adj* SPORTS unentschieden; **to come in** ~ **for second** mit jdm zusammen den zweiten Platz belegen

'tie-in *n* Verbindung *f*

tier [tɪr] I. *n* (*row*) Reihe *f*; (*level*) Lage *f*; ~ **of management** Managementebene *f* II. *vt usu passive* (*on top of each other*) aufschichten; (*next to each other*) aufreihen

'tie tack *n* Krawattennadel *f*

'tie-up *n* Stillstand *m*

tiff [tɪf] *n* (*fam*) Plänkelei *f*; **to have a** ~ eine Meinungsverschiedenheit haben

tiger ['taɪ·gər] *n* Tiger *m*

tight [taɪt] I. *adj* ❶ (*firm*) fest; *clothes* eng ❷ (*close together*) dicht; ~ **finish** knapper Zieleinlauf ❸ (*stretched tautly*) gespannt; *muscles* verspannt; *face, voice* angespannt ❹ (*severe*) streng; *bend* eng; *budget* knapp; ~ **spot** (*fig*) Zwickmühle *f* ❺ (*pej fam: with money*) knauserig ▶ PHRASES: **to run a** ~ **ship** ein strenges Regime führen II. *adv pred* straff; *close, seal* fest; **to hang on** ~ **to sb/sth** sich an jdm/etw festklammern

tighten ['taɪ·tən] I. *vt* ❶ (*make tight*) festziehen; *rope* festbinden; *screw* anziehen ❷ (*increase pressure*) verstärken ▶ PHRASES: **to** ~ **one's** <u>belt</u> den Gürtel enger schnallen II. *vi* straff werden

tight'fisted *adj* (*pej fam*) geizig

tight-'fitting *adj* eng anliegend

tight'lipped *adj* ❶ (*compressing lips*) schmallippig ❷ (*saying little*) *silence* eisig; ■**to be** ~ **about sth** wortkarg auf etw *akk* reagieren

tightness ['taɪt·nɪs] *n* ❶ (*firmness, strength*) Festigkeit *f* ❷ (*close fitting*) enge Passform ❸ (*tight sensation*) Spannen *nt*

'tightrope *n* Drahtseil *nt*; ~ **walker** Seiltänzer(in) *m(f)*

tights [taɪts] *npl* ❶ (*leggings*) Strumpfhose *f*; **pair of** ~ Strumpfhose *f* ❷ (*for dancing, aerobics*) Leggings *pl*, Gymnastikhose *f*

tightwad ['taɪt·wad] *n* (*pej sl*) Geizkragen *m*

tigress <*pl* -es> ['taɪ·grɪs] *n* (*female tiger*) Tigerin *f*

tike [taɪk] *n see* **tyke**

tile [taɪl] I. *n* Fliese *f* II. *vt* fliesen

till¹ [tɪl] *vt land* bestellen

till² [tɪl] I. *prep see* **until** II. *conj see* **until**

till³ [tɪl] *n* Kasse *f* ▶ PHRASES: **to be caught with one's** <u>hand</u> **in the** ~ auf frischer Tat ertappt werden

tiller ['tɪl·ər] *n* Ruderpinne *f*

tilt [tɪlt] I. *n* (*slope*) Neigung *f* ▶ PHRASES: **[at] full** ~ mit voller Kraft II. *vt* neigen; **to** ~ **the balance in favor of sth/sb** einen Meinungsumschwung zugunsten einer *gen* S./Person *gen* herbeiführen III. *vi* ❶ (*slope*) sich neigen ❷ (*movement of opinion*) sich abwenden (**away from** von +*dat*), sich zuwenden (**toward** +*dat*)

timber ['tɪm·bər] *n* ❶ (*wood for building*) Bauholz *nt* ❷ (*elongated piece of wood*) Holzplanke *f*

time [taɪm] I. *n* ❶ (*considered as a whole*) Zeit *f*; ~ **stood still** die Zeit stand still; **as** ~ **goes by** im Lauf[e] der Zeit; **for all** ~ für immer ❷ (*period, duration*) Zeit *f*; **to be going through a difficult** ~ eine schwere Zeit durchmachen; ~**'s up** (*fam*) die Zeit ist um; **it will take some** ~ es wird eine Weile dauern; **free** ~ [*or* **spare**] Freizeit *f*; **to have** ~ **on one's hands** viel Zeit zur Verfügung haben; **period of** ~ Zeitraum *m*; **a long** ~ **ago** vor langer Zeit; **to be pressed for** ~ in Zeitnot sein; **to take one's** ~ sich *dat* Zeit lassen; **for the** ~ **being** vorläufig; **to tell** ~ die Uhr lesen; **on** ~ pünktlich ❸ (*occasion, frequency*) Mal *nt*; **for the first** ~ zum ersten Mal; **from** ~ **to** ~ ab und zu; **three** ~**s a week** drei Mal in der Woche; **for the hundredth** ~ zum hundertsten Mal ❹ *usu pl* (*era, lifetime*) Zeit *f*; ~**s are changing** die Zeiten ändern sich; **to be behind the** ~**s** seiner Zeit hinterherhinken ❺ (*schedule*) **arrival/departure** ~ Ankunfts-/Abfahrtszeit *f* ❻ SPORTS Zeit *f*; **record** ~ Rekordzeit *f* ❼ MATH **two** ~**s five is ten** zwei mal fünf ist zehn ❽ MUS Takt *m*; **to keep** ~ den Takt halten ❾ ([*not*] *like*) **to not have much** ~ **for sb** jdn nicht mögen ❿ (*fam*) **to do** ~ [im Knast] sitzen ▶ PHRASES: ~ **is of the** <u>essence</u> die Zeit drängt; [**only**] ~ **will** <u>tell</u> (*saying*) erst die Zukunft wird es zeigen II. *vt* ❶ (*measure duration*) ■**to** ~ **sb in the 100 meters** jds Zeit beim 100-Meter-Lauf nehmen ❷ (*choose best moment for*) ■**to** ~ **sth** [**right**] den richtigen Zeitpunkt wählen (für +*akk*)

'time bomb *n* (*a. fig*) Zeitbombe *f*

'timecard *n* Stechkarte *f*

'time clock *n* Stechuhr *f*

'time-consuming *adj* zeitintensiv

'time difference *n* Zeitunterschied *m*

'timekeeper *n* ❶ SPORTS Zeitnehmer, -in *m, f* ❷ (*clock, watch*) Zeitmesser *m*; **to be a good** ~ *person* sein Zeitsoll immer erfüllen

'time lag *n* Zeitdifferenz *f*

'time-lapse *adj attr film, photography* Zeitraffer-

timeless ['taɪm·lɪs] *adj* ❶ (*not dated*) *book,*

dress, values zeitlos ❷(*unchanging*) *land-scape, beauty* immer während *attr*

'**time limit** *n* Zeitbeschränkung *f*

timely ['taɪm·li] *adj* rechtzeitig; *remark* passend; *manner* rasch

'**timeout** I. *n* <*pl* times- *or* -s> SPORTS Auszeit *f,* Timeout *nt;* **to call a ~** ein Timeout nehmen II. *interj* Auszeit, Timeout

timer ['taɪ·mər] *n* ❶(*for lights, VCR*) Timer *m,* Zeitschaltuhr *f;* (*for cooking eggs*) Eieruhr *f* ❷(*time recorder*) Zeitmesser *m;* (*person*) Zeitnehmer(in) *m(f)*

'**time-saving** *adj* Zeit sparend

'**time scale** *n* Zeitrahmen *m*

'**time sheet** *n* Stundenzettel *m,* Arbeitszeiterfassungsbogen *m*

'**timetable** *n* (*for bus, train*) Fahrplan *m;* (*for events, project*) Programm *nt;* (*for appointments*) Zeitplan *m*

'**timeworn** *adj* abgenutzt; *excuse* abgedroschen

'**time zone** *n* Zeitzone *f*

timid <-er, -est *or* more ~, most ~> ['tɪm·ɪd] *adj* ängstlich; (*shy*) schüchtern; (*lacking courage*) zaghaft

timidity [tɪ·'mɪd·ɪ·t̬i] *n* Ängstlichkeit *f;* (*shyness*) Schüchternheit *f;* (*lack of courage*) Zaghaftigkeit *f*

timing ['taɪ·mɪŋ] *n* ❶(*of words, actions*) Timing *nt* ❷(*measuring of time*) Zeitabnahme *f; of a race, runners a.* Stoppen *nt kein pl;* (*in factories*) Zeitkontrolle *f*

timpani ['tɪm·pə·ni] *npl* MUS Pauken *pl*

tin [tɪn] *n* ❶(*metal*) Zinn *nt* ❷(*for baking*) Backform *f;* **cake ~** Kuchenform *f*

tin 'can *n* Blechdose *f*

tinder ['tɪn·dər] *n* Zunder *m*

'**tinfoil** ['tɪn·fɔɪl] *n* Alufolie *f*

tinge [tɪndʒ] I. *n* ❶(*of color*) Hauch *m;* **~ of red** [leichter] Rotstich ❷(*of emotion*) Anflug *m kein pl* II. *vt usu passive* ❶(*with an emotion*) **~d with regret** mit einer Spur von Bedauern ❷(*with colors*) **to be ~d with orange** mit Orange [leicht] getönt sein

tingle ['tɪŋ·gəl] I. *vi* kribbeln; **to ~ with excitement** vor Aufregung zittern II. *n* Kribbeln *nt*

tinker ['tɪŋ·kər] *vi* ■**to ~** [around] [with sth] [an etw *dat*] herumbasteln

tinkle ['tɪŋ·kəl] I. *vi* ❶(*make sound*) *piano* klimpern; *bell* klingen; *fountain* plätschern ❷(*fam: urinate*) Pipi machen II. *vt* **to ~ a bell** mit einer Glocke klingeln III. *n* ❶(*of bell*) Klingen *nt kein pl;* (*of water*) Plätschern *nt kein pl* ❷(*fam: urine*) Pipi *nt*

tinny ['tɪn·i] *adj* ❶ *voice, recording* blechern ❷ *taste, food* nach Blech schmeckend *attr*

tinsel ['tɪn·səl] *n* Lametta *nt*

tint [tɪnt] I. *n* ❶(*hue*) Farbton *m* ❷(*dye*) Tönung *f* II. *vt hair* tönen

tiny ['taɪ·ni] *adj* winzig; **teeny ~** klitzeklein

tip¹ [tɪp] *n* (*pointed end*) Spitze *f* ▸ PHRASES: **it's on the ~ of my tongue** es liegt mir auf der Zunge

tip² [tɪp] I. *vt* <-pp-> ❶(*topple*) umkippen ❷(*tilt*) neigen; **to ~ the balance** den Ausschlag geben II. *vi* <-pp-> kippen

tip³ [tɪp] I. *n* ❶(*money*) Trinkgeld *nt;* **to leave a 15% ~** 15 % Trinkgeld geben ❷(*suggestion*) Rat[schlag] *m,* Tipp *m* II. *vt* <-pp-> ❶(*give money to*) Trinkgeld geben ❷(*give information to*) *the police* einen Tipp geben III. *vi* <-pp-> Trinkgeld geben

◆**tip off** *vt* einen Tipp geben

◆**tip over** *vt, vi* umschütten, umkippen

'**tip-off** *n* (*fam*) Tipp *m*

tipsy ['tɪp·si] *adj* beschwipst

tiptoe ['tɪp·toʊ] I. *n* **on ~**[s] auf Zehenspitzen II. *vi* auf Zehenspitzen gehen

tip'top *adj* (*fam*) Spitzen-, Spitze *präd,* tipptopp

tirade ['taɪ·reɪd] *n* Tirade *f geh*

tire¹ [taɪr] I. *vt* ermüden; **to ~ oneself doing sth** von etw *dat* müde werden II. *vi* müde werden; ■**to ~ of sth/sb** etw/jdn satthaben; **to never ~ of doing sth** nie müde werden, etw zu tun

tire² [taɪr] *n* Reifen *m;* **spare ~** Ersatzreifen *m;* (*fig, hum fam*) Rettungsring *m*

tired <-er, -est *or* more ~, most ~> ['taɪrd] *adj* ❶(*exhausted*) müde ❷(*bored with*) **to be sick and ~ of sth/sb** von etw/jdm die Nase gestrichen voll haben *fam* ❸(*overused*) *excuse* lahm; *phrase* abgedroschen

tiredness ['taɪ·rd·nɪs] *n* Müdigkeit *f*

tireless ['taɪr·lɪs] *adj* unermüdlich (**in** bei +*dat*)

tiresome ['taɪr·səm] *adj* mühsam; *habit* unangenehm

tiring ['taɪ·rɪŋ] *adj* ermüdend

tissue ['tɪʃ·u] *n* ❶(*for wrapping*) Seidenpapier *nt* ❷(*for wiping noses*) Tempo® *nt* ❸(*of animals or plants*) Gewebe *nt*

tit¹ [tɪt] *n* (*bird*) Meise *f* ▸ PHRASES: **~ for tat** wie du mir, so ich dir

tit² [tɪt] *n* (*vulg, sl: breast*) Titte *f*

titanic [taɪ·'tæn·ɪk] *adj* gigantisch

titanium [taɪ·'teɪ·ni·əm] *n* Titan *nt*

titillate ['tɪt·ə·leɪt] I. *vt* anregen II. *vi* erregen

titillation [ˌtɪt·əl·'eɪ·ʃən] *n* (*sexual*) Erregung *f;* (*intellectual*) Anregung *f*

title ['taɪt̬·əl] I. *n* ❶ a. SPORTS *of book, film* Titel *m* ❷(*status, rank*) Titel *m;* **job ~** Berufsbezeichnung *f* ❸ AUTO (*ownership document*) Kraftfahrzeugbrief *m* II. *vt book, film* betiteln

'**title deed** *n* LAW *see* **deed 2**

'**titleholder** *n* Titelverteidiger(in) *m(f)*

'**title page** *n* Titelblatt *nt*

'**title role** *n* Titelrolle *f*

'**title track** *n* Titelsong *m*

titter ['tɪt̬·ər] I. *vi* kichern II. *n* Gekicher *nt kein pl*

tizzy <*pl* -ies> ['tɪz·i] *n* (*sl*) Aufregung *f;* ■**to be in a ~** in heller Aufregung sein

TN *abbrev of* **Tennessee**

to [tu] I. *prep* ❶(*moving toward*) in +*akk,* nach +*dat,* zu +*dat;* **they go ~ work on the bus** sie fahren mit dem Bus zur Arbeit; **we moved**

T

~ Germany last year wir sind letztes Jahr nach Deutschland gezogen; **~ the north** nördlich; **from place ~ place** von Ort zu Ort ❷ (*attending regularly*) zu +*dat*, in +*dat*; **she goes ~ college** sie geht auf die Universität ❸ (*inviting to*) zu +*dat*; **I've asked them ~ dinner** ich habe sie zum Essen eingeladen ❹ (*in direction of*) auf +*akk*; **to point ~ sth** auf etw *akk* zeigen ❺ (*in contact with, attached to*) an +*dat*; **cheek ~ cheek** Wange an Wange; **tie the leash ~ the fence** mach die Leine an Zaun fest ❻ (*with indirect object*) ■ **~ sb/sth** jdm/etw; **give that gun ~ me** gib mir das Gewehr; **to be married ~ sb** mit jdm verheiratet sein; **to tell sth ~ sb** jdm etw erzählen ❼ (*compared to*) mit +*dat*; **I prefer beef ~ seafood** ich ziehe Rindfleisch Meeresfrüchten vor ❽ (*until, to point in time*) bis +*dat*, zu +*dat*; **and ~ this day ...** und bis auf den heutigen Tag ... ❾ (*expressing change of state*) zu +*dat*; **he converted ~ Islam** er ist zum Islam übergetreten ❿ (*in clock times*) vor +*dat*; **it's twenty ~ six** es ist zwanzig vor sechs ⓫ (*in honor of*) auf +*akk*; **here's ~ you!** auf dein/ Ihr Wohl!; **the record is dedicated ~ her mother** die Schallplatte ist ihrer Mutter gewidmet ⓬ MATH (*defining exponent*) hoch; **ten ~ the third power** zehn hoch drei **II.** *to form infin* ❶ (*expressing future intention*) **I'll have ~ tell him** ich werde es ihm sagen müssen; **to be about ~ do sth** gerade etw tun wollen ❷ (*forming requests*) zu; **he told me ~ wait** er sagte mir, ich solle warten; **I asked her ~ give me a call** ich bat sie, mich anzurufen ❸ (*omitting verb*) **would you like to go? — yes, I'd love ~** möchtest du hingehen? – ja, sehr gern ❹ *after adj* (*to complete meaning*) **I'm sorry ~ hear that** es tut mir leid, das zu hören; **easy ~ use** leicht zu bedienen ❺ (*after wh- words*) **I don't know what ~ do** ich weiß nicht, was ich tun soll; **I don't know where ~ begin** ich weiß nicht, wo ich anfangen soll ❻ (*introducing clause*) **~ be honest** um ehrlich zu sein **III.** *adv* zu; **to come ~** zu sich *dat* kommen

toad [toʊd] *n* Kröte *f*

'toadstool *n* Giftpilz *m*

toady ['toʊ·di] (*pej*) **I.** *n* Speichellecker *m* **II.** *vi* <-ie-> kriechen (**to** vor +*dat*)

to and 'fro I. *adv* hin und her; (*back and forth*) vor und zurück **II.** *vi* (*inf: move*) ■ **to be toing and froing** vor- und zurückgehen; (*be indecisive*) hin und her schwanken

toast¹ [toʊst] **I.** *n* (*bread*) Toast *m*; **slice of ~** Scheibe *f* Toast ▶ PHRASES: **to be ~** (*hum fam*) erledigt sein *fam* **II.** *vt* (*cook over heat*) *bread, muffin* toasten; *nuts* rösten

toast² [toʊst] **I.** *n* (*when drinking*) Toast *m*, Trinkspruch *m*; **to drink a ~ to sb** auf jdn trinken **II.** *vt* (*drink to*) trinken (auf +*akk*)

toaster ['toʊ·stər] *n* Toaster *m*

toasty ['toʊ·sti] *adj* (*fam: warm*) wohlig warm

tobacco [tə·'bæk·oʊ] *n* Tabak *m*

-to-be [tə·'bi] *in compounds* (*boss-, husband-*) zukünftige(r, s) *attr*; **mother-~** werdende Mutter

toboggan [tə·'bag·ən] **I.** *n* Schlitten *m*, Rodel *f* ÖSTERR **II.** *vi* Schlitten fahren, rodeln

today [tə·'deɪ] **I.** *adv* ❶ (*on this day*) heute ❷ (*nowadays*) heutzutage **II.** *n* ❶ (*this day*) heutiger Tag; **what's the date ~?** welches Datum haben wir heute? ❷ (*present period of time*) Heute *nt*; **cars of ~** Autos *pl* von heute

toddler ['tad·lər] *n* Kleinkind *nt*

to-do [tə·'du] *n usu sing* (*fam*) ❶ (*fuss*) Getue *nt pej*; **to make a big ~ about sth** ein großes Theater um etw *akk* machen ❷ (*confrontation*) Wirbel *m*

to-'do list *n* Besorgungsliste *f*

toe [toʊ] **I.** *n* ❶ (*on foot*) Zehe *f* ❷ (*of sock, shoe*) Spitze *f* ▶ PHRASES: **to keep sb on their ~s** jdn auf Zack halten **II.** *vt* **to ~ the party line** der Parteilinie folgen

'toecap *n* Schuhkappe *f*

'toehold *n* ❶ (*in climbing*) Halt *m* für die Zehen ❷ (*fig: advantage*) Vorteil *m*

'toenail *n* Zehennagel *m*

toffee ['tɔ·fi] *n* Toffee *nt*, Sahnebonbon *nt*

together [tə·'geð·ər] **I.** *adv* ❶ (*in relationship, with each other*) zusammen; **close ~** nah beisammen ❷ (*collectively*) zusammen, gemeinsam; **all ~ now** jetzt alle miteinander ❸ (*simultaneously*) gleichzeitig **II.** *adj* (*fam*) ausgeglichen

togetherness [tə·'geð·ər·nɪs] *n* Zusammengehörigkeit *f*

toggle ['tag·əl] **I.** *n* ❶ (*switch*) Kippschalter *m*; COMPUT (*key*) Umschalttaste *f* ❷ (*fastener*) Knebel *m* **II.** *vi* COMPUT hin- und herschalten

'toggle switch *n* Kippschalter *m*

Togo ['toʊ·goʊ] *n* Togo *nt*

Togolese [ˌtoʊ·goʊ·'liz] **I.** *adj* togoisch **II.** *n* Togoer(in) *m(f)*

toil [tɔɪl] **I.** *n* Mühe *f* **II.** *vi* hart arbeiten

toilet ['tɔɪ·lɪt] *n* Toilette *f*, Klo *nt fam*

'toilet bowl *n* Toilettenschüssel *f*

'toilet paper *n* Toilettenpapier *nt*

toiletries ['tɔɪ·lɪ·triz] *npl* Toilettenartikel *pl*

'toilet seat *n* Toilettensitz *m*

'toilet tank *n* Spülkasten *m*

toing and froing [ˌtu·ɪŋ·ənd·'froʊ·ɪŋ] *n* Hin und Her *nt*; (*back and forth*) Vor und Zurück *nt*

token ['toʊ·kən] **I.** *n* ❶ (*symbol*) *of sb's appreciation* Zeichen *nt* ❷ (*money substitute*) Chip *m* ▶ PHRASES: **by the same ~** aus demselben Grund **II.** *adj attr* ❶ (*symbolic*) nominell; *fine, gesture, resistance* symbolisch ❷ (*pej: an appearance of*) Schein-; **the ~ woman** die Alibifrau

told [toʊld] *pt, pp of* **tell**

tolerable ['tal·ər·ə·bəl] *adj* erträglich; (*fairly good*) annehmbar

tolerably ['tal·ər·ə·bli] *adv* recht, ganz

tolerance ['tal·ər·əns] *n* ❶ (*open-mindedness*) Toleranz *f* (**of/toward** gegenüber +*dat*)

②(*capacity to endure*) Toleranz *f*; Widerstandsfähigkeit *f* (**to** gegen +*akk*); **~ to alcohol** Alkoholverträglichkeit *f* ③(*allowance for deviation*) Toleranz *f*

tolerant ['tal·ər·ənt] *adj* ①(*open-minded*) tolerant (**of/toward** gegenüber +*dat*) ②(*resistant*) *person* widerstandsfähig; *plant* resistent (**of** gegen +*akk*)

tolerate ['tal·ə·reɪt] *vt* ①(*accept*) tolerieren; *person* ertragen ②(*resist*) *heat, pain, stress* aushalten; *of plant: cold, insects* widerstehen; *drug* vertragen

toleration [ˌtal·ə·'reɪ·ʃən] *n* Toleranz *f*

toll[1] [toʊl] *n* ①(*for highways, bridges*) Maut *f* ②(*for phone call*) [Fernsprech]gebühr *f* ③(*deaths, loss*) Tribut *m*; **death ~** Opferzahl *f*

toll[2] [toʊl] *vt, vi* bell läuten

'**toll bridge** *n* Mautbrücke *f*

'**toll-free** *adj* gebührenfrei; **~ number** gebührenfreie Telefonnummer

'**toll road** *n* Mautstraße *f*

tomahawk ['ta·mə·hak] *n* Tomahawk *m*, Kriegsbeil *nt*

tomato <*pl* -es> [tə·'meɪ·ţoʊ] *n* Tomate *f*, Paradeiser *m* ÖSTERR

tomb [tum] *n* Grab *nt*; (*mausoleum*) Gruft *f*; (*below ground*) Grabkammer *f*

tomboy ['tam·bɔɪ] *n* Wildfang *m*

tombstone ['tum·stoʊn] *n* Grabstein *m*

tomcat ['tam·kæt] *n* Kater *m*

tome [toʊm] *n* (*usu hum*) Schmöker *m* fam

tomorrow [tə·'mar·oʊ] I. *adv* morgen II. *n* morgiger Tag; **~'s problems** Probleme *pl* von morgen; **a better ~** eine bessere Zukunft ▶ PHRASES: **~ is another day** (*saying*) morgen ist auch noch ein Tag

tom-tom ['tam·tam] *n* Tamtam *nt*

ton <*pl* - *or* -s> [tʌn] *n* ①(*unit of measurement*) Tonne *f* ②(*fam: very large amount*) **a ~ of money** ein Haufen *m* Geld; **how much money does he have?** — **~s** wie viel Geld besitzt er? – jede Menge; **to weigh a ~** Unmengen wiegen ▶ PHRASES: **to come down on sb like a ~ of bricks** jdn völlig fertigmachen

tone [toʊn] I. *n* ①(*of instrument*) Klang *m* ②(*manner of speaking*) Ton *m*; **a disrespectful ~** ein respektloser Ton ③(*character*) Ton *m*; **to lower the ~ of sth** der Qualität einer S. *gen* schaden ④(*of color*) Farbton *m* ⑤(*of telephone*) Ton *m*; **dial ~** Wählton *m* II. *vt* **to ~ one's muscles** die Muskeln fit halten

◆**tone down** *vt* abmildern; *color, sound* abschwächen

◆**tone up** I. *vt muscles* kräftigen II. *vi* sich in Form bringen

'**tone-deaf** *adj* ■**to be ~** unmusikalisch sein

'**tone poem** *n see* **symphonic poem**

toner ['toʊ·nər] *n* ①(*for skin*) Gesichtswasser *nt* ②COMPUT, PHOT Toner *m*; **~ cartridge** Tonerpatrone *f*

Tonga ['taŋ·gə] *n* Tonga *nt*

Tongan ['taŋ·gən] I. *adj* tongaisch II. *n* ①(*person*) Tongaer(in) *m(f)* ②LING Tongasprache *f*

tongs [taŋz] *npl* Zange *f*

tongue [tʌŋ] *n* ①(*mouth part, language*) Zunge *f*; **cat got your ~?** hat es dir die Sprache verschlagen?; **to bite one's ~** sich *dat* in die Zunge beißen ②(*tongue-shaped object*) **~ of land** Landzunge *f* ▶ PHRASES: **to say sth ~ in cheek** etw als Scherz meinen

'**tongue-tied** *adj* sprachlos

'**tongue twister** *n* Zungenbrecher *m*

tonic[1] ['tan·ɪk] *n* ①(*medicine*) Tonikum *nt* geh ②(*sth that rejuvenates*) Erfrischung *f*

tonic[2] ['tan·ɪk], **tonic water** ['tan·ɪk-] *n* Tonic[water] *nt*

tonight [tə·'naɪt] I. *adv* (*during today's night*) heute Abend; (*until after midnight*) heute Nacht II. *n* (*today's night*) der heutige Abend

tonsillitis [ˌtan·sə·'laɪ·ţɪs] *n* Mandelentzündung *f*

tonsils ['tan·səlz] *npl* MED Mandeln *pl*

too [tu] *adv* ①(*overly*) big, heavy, small zu; **to be ~ bad** wirklich schade sein; **far ~ difficult** viel zu schwierig ②(*very*) sehr; **to not be ~ sure if ...** sich *dat* nicht ganz sicher sein, ob ... ③(*also*) auch; **me ~!** ich auch!; **get one for me ~** bring mir auch einen ④(*moreover*) überdies

took [tʊk] *vt, vi pt of* **take**

tool [tul] I. *n* ①(*implement*) Werkzeug *nt* ②(*aid*) Mittel *nt* ③(*occupational necessity*) Instrument *nt*; **to be a ~ of the trade** zum Handwerkszeug gehören II. *vt* bearbeiten

'**toolbar** *n* COMPUT Symbolleiste *f*

'**toolbox** *n* Werkzeugkiste *f*

'**tool chest**, '**toolkit** *n* Werkzeugkasten *m*

toot [tut] I. *n* Hupen *nt kein pl* II. *vt* (*sound*) anhupen; **to ~ a horn** auf die Hupe drücken

tooth <*pl* teeth> [tuθ] *n* ①(*in mouth*) Zahn *m*; **to brush one's teeth** die Zähne putzen; **to grit one's teeth** die Zähne zusammenbeißen ②*usu pl of comb* Zinke *f*; *of saw* [Säge]zahn *m*; *of cog* Zahn *m* ▶ PHRASES: **to sink one's teeth into sth** sich in etw *akk* hineinstürzen

'**toothache** *n* Zahnschmerzen *pl*

'**toothbrush** *n* Zahnbürste *f*

'**toothpaste** *n* Zahnpasta *f*

'**toothpick** *n* Zahnstocher *m*

toothy ['tu·θi] *adj* zähnefletschend; *grin* breit

top[1] [tap] I. *n* ①(*highest part*) oberes Ende, Spitze *f*; *of mountain* [Berg]gipfel *m*; *of tree* [Baum]krone *f*; **from ~ to bottom** von oben bis unten; **to get on ~ of sth** (*fig*) etw in den Griff bekommen ②(*upper surface*) Oberfläche *f*; **there was a pile of books on ~ of the table** auf dem Tisch lag ein Stoß Bücher ③(*highest rank*) Spitze *f*; **to graduate** [*or be*] **at the ~ of one's** [*or the*] **class** Klassenbeste(r) *f(m)* sein ④FASHION Top *nt* ⑤(*lid*) Deckel *m* ▶ PHRASES: **off the ~ of one's head** (*fam*) aus dem Stegreif; **to go over the ~** überreagieren II. *adj* ①*attr* (*highest*) oberste(r,

s); ~ **floor** oberstes Stockwerk ❷ (*best*) beste(r, s); **sb's ~ choice** jds erste Wahl ❸ (*most successful*) Spitzen-; ~ **athlete** Spitzensportler(in) *m(f)* ❹ (*maximum*) höchste(r, s); ~ **speed** Höchstgeschwindigkeit *f* III. *vt* <-pp-> ❶ (*be at top of*) anführen; **to ~ a list** oben auf einer Liste stehen ❷ (*cover*) überziehen (**with** mit +*dat*) ❸ (*surpass*) übertreffen
◆**top off** *vt* ❶ FOOD garnieren (**with** mit +*dat*) ❷ (*conclude satisfactorily*) abrunden; (*more than satisfactorily*) krönen (**with** mit +*dat*) ❸ *gasoline tank* |vollends| auffüllen
top² [tap] *n* (*toy*) Kreisel *m*
topaz ['toʊˌpæz] *n* Topas *m*
top 'dog *n* (*fam*) Boss *m fam*
top 'drawer *n* ❶ (*uppermost drawer*) oberste [Schub]lade ❷ (*fam: social position*) Oberschicht *f*
'top-flight *adj attr* beste(r, s)
'top hat *n* Zylinder *m*
top-'heavy *adj* (*usu pej: unbalanced*) kopflastig
topic ['tap·ɪk] *n* Thema *nt*
topical ['tap·ɪ·kəl] *adj* ❶ (*currently of interest*) aktuell ❷ (*by topics*) thematisch ❸ MED (*applied locally*) lokal
topicality [ˌtap·ɪ·ˈkæl·ɪ·t̬i] *n* Aktualität *f*
topless ['tap·lɪs] I. *adj* oben ohne *präd*, barbusig II. *adv* **to go ~** oben ohne gehen
'top-level *adj* *negotiations, talks* Spitzen-
'topmost *adj attr* oberste(r, s)
'top-notch *adj* (*fam*) erstklassig
topographical [ˌtap·ə·ˈgræf·ɪ·kəl] *adj* topographisch
topography [tə·ˈpag·rə·fi] *n* Topographie *f*
topping ['tap·ɪŋ] *n* Garnierung *f*
topple ['tap·əl] I. *vt* ❶ (*knock over*) umwerfen ❷ POL (*overthrow*) stürzen II. *vi* stürzen; *prices* fallen
◆**topple over** I. *vt* umwerfen II. *vi* umfallen, stürzen (über +*akk*)
top 'quality *n* Spitzenqualität *f*
top-'ranking *adj* Spitzen-; ~ **university** Eliteuniversität *f*
top 'secret *adj* streng geheim
'top-selling *adj attr* meistverkauft
'topsoil *n* Mutterboden *m*
top 'speed *n* Höchstgeschwindigkeit *f*
topsy-turvy [ˌtap·sɪ·ˈtɜr·vi] (*fam*) I. *adj* chaotisch II. *adv* **to turn sth ~** etw auf den Kopf stellen
torch [tɔrtʃ] I. *n* <*pl* -es> ❶ (*burning stick*) Fackel *f*; **Olympic ~** olympisches Feuer ❷ (*blowtorch*) Lötlampe *f* II. *vt* (*fam*) in Brand setzen
'torchlight *n* Fackelschein *m*
tore [tɔr] *vi, vt pt of* **tear**
torment I. *n* ['tɔr·ment] ❶ (*mental suffering*) Qual *f* ❷ (*physical pain*) starke Schmerzen *pl* ❸ (*torture*) Tortur *f* II. *vt* [tɔr·ˈment] (*cause to suffer*) quälen; **to be ~ed by grief** großen Kummer haben
tormentor [tɔr·ˈmen·tər] *n* Peiniger(in) *m(f)*
torn¹ [tɔrn] I. *vi, vt pp of* **tear** II. *adj pred*

(*unable to choose*) |innerlich| zerrissen (**between** zwischen +*dat*)
tornado <*pl* -s *or* -es> [tɔr·ˈneɪ·doʊ] *n* Tornado *m*
torpedo [tɔr·ˈpi·doʊ] MIL, NAUT I. *n* <*pl* -es> Torpedo *m* II. *vt* torpedieren
torpor ['tɔr·pər] *n* (*form*) Trägheit *f*; (*hibernation*) Winterschlaf *m*
torque [tɔrk] *n* PHYS Drehmoment *nt*
torrent ['tɔr·ənt] *n* ❶ (*large amount of water*) Sturzbach *m* ❷ (*large amount*) Strom *m*
torrential [tɔ·ˈren·ʃəl] *adj* sintflutartig
torrid ['tɔr·ɪd] *adj* (*fig: strongly emotional*) glühend; *affair, love scene* heiß
torso ['tɔr·soʊ] *n* ❶ (*body*) Rumpf *m* ❷ (*statue*) Torso *m*
tortoise ['tɔr·t̬əs] *n* |Land|schildkröte *f*
'tortoiseshell *n* Schildpatt *nt*
tortuous ['tɔr·tʃu·əs] *adj* gewunden; (*complicated*) umständlich; *process* langwierig
torture ['tɔr·tʃər] I. *n* ❶ (*act of cruelty*) Folter *f* ❷ (*painful suffering*) Qual *f*, Tortur *f* II. *vt* ❶ (*cause suffering to*) foltern ❷ (*greatly disturb*) quälen; ■**to be ~d by sth** von etw *dat* gequält werden
torturer ['tɔr·tʃər·ər] *n* Folterer *m*
toss <*pl* -es> [tɔs] I. *n* Wurf *m* II. *vt* ❶ (*throw*) werfen; (*fling*) schleudern; (*from horse*) abwerfen; (*throw back head*) zurückwerfen ❷ (*move up and back*) hin und her schleudern; FOOD schwenken III. *vi* ▶ PHRASES: **to ~ and turn** sich hin und her wälzen
◆**toss out** *vt* ❶ (*throw out*) hinauswerfen ❷ (*offer unsolicited*) *remark* rauslassen *fam; suggestion* einwerfen
'toss-up *n* ungewisse Situation; ■**to be a ~** |noch| offen sein
tot [tat] *n* (*fam*) Knirps *m*
total ['toʊ·t̬əl] I. *n* Gesamtsumme *f*; **in ~** insgesamt II. *adj* ❶ *attr* (*complete*) gesamt ❷ (*absolute*) völlig; *disaster* rein; **to be a ~ stranger** vollkommen fremd sein III. *vt* <-l- *or* -ll-> ❶ (*add up*) zusammenrechnen; **their debts ~ 8,000 dollars** ihre Schulden belaufen sich auf 8.000 Dollar ❷ (*fam*) **to ~ a car** einen Wagen zu Schrott fahren
◆**total up** *vt* zusammenrechnen
totalitarian [toʊˌtæl·ə·ˈter·i·ən] *adj* POL totalitär
totalitarianism [toʊˌtæl·ə·ˈter·i·ə·nɪz·əm] *n* POL Totalitarismus *m*
totality [toʊ·ˈtæl·ɪ·t̬i] *n* (*whole amount*) Gesamtheit *f*
totally ['toʊ·t̬ə·li] *adv* völlig
tote [toʊt] *vt* (*fam*) schleppen
'tote bag *n* Einkaufstasche *f*
totem ['toʊ·t̬əm] *n* Totem *nt*
totter ['tat·ər] *vi* wanken
tottery ['tat̬·ə·ri] *adj* wackelig; *person* zittrig
toucan ['tu·kæn] *n* Tukan *m*
touch [tʌtʃ] I. *n* <*pl* -es> ❶ (*ability to feel*) Tasten *nt;* **the material was soft to the ~** das Material fühlte sich weich an ❷ (*instance of*

touching) Berührung *f;* **at the ~ of a button**
auf Knopfdruck ❸ (*communication*) Kontakt *m;* **to be/keep in ~ with sb/sth** mit
jdm/etw in Kontakt stehen/bleiben ❹ (*mild
attack*) **a ~ of the flu** (*fam*) eine leichte Grippe ❺ (*dash*) *of salt, pepper* eine Spur
❻ (*knack*) Gespür *nt* ▶ PHRASES: **to be a soft ~**
(*fam*) leichtgläubig sein **II.** *vt* ❶ (*feel with
fingers*) berühren, anfassen ❷ (*come in contact with*) in Berührung kommen (mit +*dat*);
(*border*) grenzen (an +*akk*) ❸ (*move emotionally*) bewegen ▶ PHRASES: **to ~ a [raw] nerve** einen wunden Punkt berühren; **to not ~ sb/sth
with a ten-foot pole** jdm/etw meiden wie die
Pest **III.** *vi* ❶ (*feel with fingers*) berühren
❷ (*come in contact*) sich berühren
◆ **touch down** *vi* AVIAT landen
◆ **touch off** *vt* auslösen
◆ **touch on, touch upon** *vi* ansprechen
◆ **touch up** *vt* auffrischen; *photograph* retuschieren
touch-and-'go *adj* (*precarious*) unentschieden; ■ **to be ~ whether ...** auf Messers
Schneide stehen, ob ...
'**touchdown** *n* ❶ (*landing*) Landung *f* ❷ SPORTS
Touchdown *m*
touched [tʌtʃt] *adj pred* gerührt
touchiness ['tʌtʃ·ɪ·nɪs] *n* (*fam*) ❶ (*sensitive
nature*) Überempfindlichkeit *f* ❷ (*delicacy,
precariousness*) Empfindlichkeit *f*
touching ['tʌtʃ·ɪŋ] **I.** *adj* berührend **II.** *n* Berühren *nt kein pl*
'**touch-type** *vi* blind schreiben
touchy ['tʌtʃ·i] *adj* (*fam*) ❶ (*oversensitive*)
person empfindlich ❷ (*delicate*) *situation,
topic* heikel
tough [tʌf] *adj* ❶ (*strong*) robust ❷ (*hardy*)
person, animal zäh; **to be as ~ as nails** nicht
unterzukriegen sein ❸ (*hard to cut*) *meat* zäh
❹ (*difficult, harsh*) schwierig, hart; *climate*
rau; *competition* hart; *winter, laws* streng
❺ (*violent*) rau, brutal
◆ **tough out** *vt* (*fam*) aussitzen; ■ **to ~ it out**
es durchhalten
toughen ['tʌf·ən] **I.** *vt* ❶ (*strengthen*) verstärken; *glass* härten ❷ (*make difficult to cut*) hart
werden lassen **II.** *vi* stärker werden
toughness ['tʌf·nɪs] *n* ❶ (*strength*) Härte *f,*
Robustheit *f* ❷ (*determination*) Entschlossenheit *f* ❸ (*of meat*) Zähheit *f*
toupee [tu·'peɪ] *n* Toupet *nt*
tour [tʊr] **I.** *n* ❶ (*journey*) Reise *f,* Tour *f;*
guided ~ Führung *f* ❷ (*period of duty*) Tournee *f;* **lecture ~** Vortragsreise *f* **II.** *vt* ❶ (*travel
around*) bereisen ❷ (*visit professionally*) besuchen ❸ (*perform*) **to ~ Germany** eine
Deutschlandtournee machen **III.** *vi* ■ **to ~
[with sb]** [mit jdm] auf Tournee gehen
'**tour guide** *n* ❶ (*book*) Reiseführer *m*
❷ (*person*) Reiseführer(in) *m(f),* Fremdenführer(in) *m(f)*
touring ['tʊr·ɪŋ] **I.** *adj attr* THEAT, MUS Tournee-;
~ company Wandertheater *nt* **II.** *n* Reisen *nt*

kein *pl;* **to do some ~** herumreisen
tourism ['tʊr·ɪz·əm] *n* Tourismus *m*
tourist ['tʊr·ɪst] *n* (*traveller*) Tourist(in) *m(f)*
'**tourist industry** *n* Tourismusindustrie *f*
tourist office *n* Touristeninformation *f,* Fremdenverkehrsamt *nt*
'**tourist season** *n* Hauptsaison *f*
'**tourist visa** *n* Reisevisum *nt*
tournament ['tɜr·nə·mənt] *n* SPORTS Turnier *nt*
tousle ['taʊ·zəl] *vt hair* zerzausen
tousled ['taʊ·zəlt] *adj* zerzaust
tout [taʊt] *vt* Reklame machen (für +*akk*); ■ **to
~ sb/sth as sth** jdn/etw als etw preisen
tow [toʊ] **I.** *n* Schleppen *nt kein pl;* **to have sb
in ~** jdn im Schlepptau haben **II.** *vt* ziehen;
vehicle abschleppen
toward(s) [tɔrd(z)] *prep* ❶ (*in direction of*) in
Richtung; **she walked ~ him** sie ging auf ihn
zu ❷ (*near*) nahe +*dat;* **we're up ~ the front
of the line** wir sind nahe dem Anfang der
Schlange ❸ (*just before*) gegen +*akk;* **~ midnight** gegen Mitternacht ❹ (*contributing to*)
to count ~ sth auf etw *akk* angerechnet werden
towel ['taʊ·əl] **I.** *n* Handtuch *nt;* **paper ~**
Papiertuch *nt* ▶ PHRASES: **to throw in the ~** das
Handtuch werfen **II.** *vt* <-ll-> **to ~ sth dry** etw
trockenreiben
toweling ['taʊ·ə·lɪŋ] *n* Frottee *nt o m*
'**towel rack** *n* Handtuchhalter *m*
tower ['taʊ·ər] *n* Turm *m;* **office ~**
Bürohochhaus *nt* ▶ PHRASES: **a ~ of strength**
ein Fels in der Brandung
◆ **tower above, tower over** *vi* aufragen; ■ **to
~ above sb/sth** jdn/etw überragen
towering ['taʊ·ər·ɪŋ] *adj* ❶ (*very high*) hoch
aufragend ❷ (*very great*) überragend
town [taʊn] *n* ❶ (*small city*) Stadt *f;* **home ~**
Heimatstadt *f* ❷ (*residents*) **the whole ~** die
ganze Stadt ❸ *no art* (*residential or working
location*) Stadt *f;* ■ **to be in ~** in der Stadt sein
▶ PHRASES: **to go to ~ [on sth]** sich [bei etw *dat*]
ins Zeug legen
town 'clerk *n* Magistratsbeamte(r), -beamtin *m, f*
town 'hall *n* Rathaus *nt*
'**townhouse** *n* (*row house*) Reihenhaus *nt*
townie ['taʊ·ni] *n* (*pej sl: not academic*) jd, der
*in einer Universitätsstadt wohnt, jedoch nicht
mit der Universität in Verbindung steht*
town 'planning *n* Stadtplanung *f*
'**townsfolk** *npl* Stadtbevölkerung *f kein pl*
township ['taʊn·ʃɪp] *n* ❶ (*division of county*)
Gemeinde *f* ❷ (*in South Africa*) Township *f*
'**townspeople** *npl* Stadtbevölkerung *f kein pl*
'**tow truck** *n* Abschleppwagen *m*
toxemia [tak·'si·mi·ə] *n* Blutvergiftung *f*
toxic ['tak·sɪk] *adj* giftig; **~ waste** Giftmüll *m*
toxicology [ˌtak·sɪ·'kal·ə·dʒi] *n* Toxikologie *f*
toxin ['tak·sɪn] *n* Toxin *nt*
toy [tɔɪ] *n* Spielzeug *nt;* **stuffed ~** Kuscheltier *nt*
◆ **toy with** *vi* ❶ (*consider*) herumspielen (mit

T

+*dat*); *idea* spielen (mit +*dat*) ❷(*not treat seriously*) spielen (mit +*dat*)

'**toy store** *n* Spielwarengeschäft *nt*

trace [treɪs] **I.** *n* ❶(*sign*) Zeichen *nt*, Spur *f;* **to disappear without a** ~ spurlos verschwinden ❷(*slight amount*) Spur *f;* ~ **s of poison** Giftspuren *pl* ❸(*measurement line*) Aufzeichnung *f* ❹(*attempt to locate*) ausfindig machen; **to put a** ~ **on a phone call** einen Anruf zurückverfolgen **II.** *vt* ❶(*follow trail*) auffinden; ■**to** ~ **sb** jds Spur verfolgen ❷(*find source*) *phone call, computer virus* zurückverfolgen ❸(*through paper*) durchpausen; (*with a finger*) nachmalen

traceable ['treɪ·sə·bəl] *adj* zurückverfolgbar

'**trace element** *n* Spurenelement *nt*

tracer ['treɪ·sər] *n* ❶ MIL Leuchtspurgeschoss *nt* ❷(*tracking inquiry*) Spurensucher(in) *m(f)*

trachea <*pl* -s *or* -chae> ['treɪ·ki·ə] *n* ANAT Luftröhre *f*

'**tracing paper** *n* Pauspapier *nt*

track [træk] **I.** *n* ❶(*path*) Weg *m*, Pfad *m* ❷ RAIL ■~**s** *pl* Gleise *pl*, Schienen *pl;* (*platform*) Bahnsteig *m* ❸(*for curtains*) Schiene *f* ❹ *usu pl* (*mark*) Spur *f; of deer* Fährte *f;* **tire** ~**s** Reifenspuren *pl* ❺(*course*) Weg *m;* **to get one's life back on** ~ sein Leben wieder in die Reihe bringen ❻ SPORTS *for running* Laufbahn *f; for racecars* Rennstrecke *f*, Piste *f; for bikes* Radrennbahn *f* ❼(*athletics*) Leichtathletik *f* ❽(*piece of music*) Stück *nt;* (*in film*) Soundtrack *m* ▸ PHRASES: **to be off the beaten** ~ abgelegen sein; **to keep** ~ **of sb/sth** jdn/etw im Auge behalten; **to stop in one's** ~**s** vor Schreck erstarren **II.** *vt* ❶(*follow*) verfolgen; ■**to** ~ **sb** jds Spur verfolgen ❷(*find*) aufspüren

◆**track down** *vt* aufspüren; *piece of information* ausfindig machen

◆**track in** *vt mud, dirt* hereintragen

◆**track up** *vt* **to** ~ **up** ⟳ **the house** Schmutzspuren im Haus hinterlassen

track and 'field *n* SPORTS Leichtathletik *f*

'**trackball** *n* COMPUT Rollkugel *f*

'**track record** *n* ❶ SPORTS Streckenrekord *m* ❷ *of company, person* Erfolgsbilanz *f*

'**track shoe** *n* Laufschuh *m*

'**tracksuit** *n* Trainingsanzug *m*

tract [trækt] *n* ❶(*area of land*) Gebiet *nt;* (*property*) Grundstück *nt* ❷ ANAT (*bodily system*) Trakt *m;* **respiratory** ~ Atemwege *pl*

traction ['træk·ʃən] *n* ❶ *of car, wheels* Bodenhaftung *f* ❷ MECH (*pulling*) Antrieb *m* ❸(*medical treatment*) Strecken *nt;* **to be in** ~ im Streckverband liegen

tractor ['træk·tər] *n* Traktor *m*

'**tractor-trailer** *n* Sattelschlepper *m*

trade [treɪd] *n* ❶(*buying and selling*) Handel *m* ❷(*business activity*) Umsatz *m* ❸(*type of business*) Branche *f;* **building** ~ Baugewerbe *nt* ❹(*handicraft*) Handwerk *nt;* **to learn a** ~ ein Handwerk erlernen ❺ SPORTS (*exchange of players*) Trade *m* **II.** *vi* ❶(*exchange goods*) tauschen (**with** mit +*dat*) ❷(*do business*) Geschäfte machen ❸ STOCKEX (*be bought and sold*) handeln ❹ SPORTS (*exchange players*) einen Trade machen, traden *fam* **III.** *vt* ❶(*exchange*) austauschen; **to** ~ **places** [**with sb**] [mit jdm] den Platz tauschen ❷ STOCKEX handeln (mit +*dat*) ❸ SPORTS *players* [weg]traden *fam*

◆**trade in** *vt* in Zahlung geben

◆**trade on** *vi* ausnutzen

'**trade agreement** *n* Handelsabkommen *nt*

'**trade balance** *n* Handelsbilanz *f*

'**trade barrier** *n* Handelsschranke[n] *f*[*pl*]

'**trade deficit** *n* Außenhandelsdefizit *nt*

'**trade fair** *n* Messe *f*

'**trade-in** *n* Tauschware *f;* ~ **value** Gebrauchtwert *m*

'**trade journal** *n* Handelsblatt *nt*

'**trademark** *n* ❶(*of company*) Warenzeichen *nt* ❷(*of person, music*) charakteristisches Merkmal

'**trade name** *n* Markenname *m*

'**trade-off** *n* Einbuße *f*

trader ['treɪ·dər] *n* (*person*) Händler(in) *m(f);* STOCKEX Wertpapierhändler(in) *m(f)*

'**trade route** *n* Handelsweg *m*

trade 'secret *n* Betriebsgeheimnis *nt*

tradesman ['treɪdz·mən] *n* (*craftsman*) Handwerker *m*

'**trade surplus** *n* Handelsbilanzüberschuss *m*

'**trade union** *n* Gewerkschaft *f*

'**trade war** *n* Handelskrieg *m*

'**trade wind** *n* Passat *m*

trading ['treɪ·dɪŋ] *n* Handel *m*

'**trading floor** *n* Börsenparkett *nt*

tradition [trə·'dɪʃ·ən] *n* ❶(*customary behavior*) Tradition *f* ❷(*custom*) Tradition *f*, Brauch *m* ❸(*style*) Tradition *f*, Stil *m*

traditional [trə·'dɪʃ·ə·nəl] *adj* traditionell; *person* konservativ

traditionalist [trə·'dɪʃ·ə·nə·lɪst] *n* Traditionalist(in) *m(f) geh*

traffic ['træf·ɪk] **I.** *n* ❶(*vehicles*) Verkehr *m;* **to get stuck in** ~ im Verkehr stecken bleiben ❷(*on telephone*) Fernsprechverkehr *m;* **data** ~ COMPUT Datenverkehr *m* ❸(*in illegal items*) illegaler Handel (**in** mit +*dat*) **II.** *vi* <-ck-> handeln (**in** mit +*dat*); **to** ~ **in arms** Waffenhandel betreiben

'**traffic accident** *n* Verkehrsunfall *m*

'**traffic circle** *n* Kreisverkehr *m*

'**traffic cop** *n* (*fam*) Verkehrspolizist(in) *m(f)*

'**traffic island** *n* ❶(*pedestrian island*) Verkehrsinsel *f* ❷(*median strip*) Mittelstreifen *m*

'**traffic jam** *n* [Rück]stau *m*

trafficker ['træf·ɪk·ər] *n* (*pej*) Händler(in) *m(f)*

'**traffic light** *n* Ampel *f*

tragedy ['trædʒ·ə·di] *n* Tragödie *f;* **it's a** ~ **that** ... es ist tragisch, dass ...

tragic ['trædʒ·ɪk] *adj* tragisch

trail [treɪl] **I.** *n* ❶(*path*) Weg *m*, Pfad *m* ❷(*track*) Spur *f;* ■**to be on the** ~ **of sth/sb** etw/jdm auf der Spur sein **II.** *vt* ■**to** ~ **sb**

❶ (*follow*) jdm auf der Spur sein ❷ (*in a competition*) hinter jdm liegen **III.** *vi* ❶ (*drag*) schleifen; *plants, vines* sich ranken ❷ (*be losing*) zurückliegen ❸ (*move sluggishly*) ▪**to ~** [**after sb**] [hinter jdm her] trotten
♦**trail away** *vi voice* verstummen
♦**trail behind I.** *vi* zurückbleiben **II.** *vt* hinterherlaufen
♦**trail off** *vi* verstummen
trailblazer ['treɪlˌbleɪ·zər] *n* Wegbereiter(in) *m(f)*
trail-blazing ['treɪl·bleɪ·zɪŋ] *adj attr* bahnbrechend
trailer ['treɪ·lər] *n* ❶ (*wheeled container*) Anhänger *m* ❷ (*mobile home*) Wohnwagen *m* ❸ (*advertisement*) Trailer *m*
'**trailer park** *n* Wohnwagenabstellplatz *m*
'**trailer trash** *n* (*pej sl*) weißer Abschaum *pej*
train [treɪn] **I.** *n* ❶ RAIL Zug *m* ❷ (*retinue*) Gefolge *nt kein pl;* (*procession*) Zug *m* ❸ (*part of dress*) Schleppe *f* ❹ (*succession of events*) **to lose one's ~ of thought** den roten Faden verlieren **II.** *vi* trainieren (**for** für + *akk*) **III.** *vt* ❶ (*teach*) ausbilden (**for** für + *akk*); *dogs* abrichten ❷ HORT *roses, vines* ziehen ❸ (*point at*) *gun, light* richten (**on** auf + *akk*)
trained [treɪnd] *adj* ❶ (*educated*) ausgebildet; *animal* abgerichtet ❷ (*expert*) *ear, eye* geschult; *voice* ausgebildet
trainee [treɪ·'ni] *n* Auszubildende(r) *f(m)*, Trainee *m*
traineeship [ˌtreɪ·'ni·ʃɪp] *n* Praktikum *nt*
trainer ['treɪ·nər] *n* Trainer(in) *m(f);* (*of animals*) Dresseur(in) *m(f);* (*in circus*) Dompteur *m*, Dompteuse *f*
training ['treɪ·nɪŋ] *n* ❶ (*education*) Ausbildung *f; of new employee* Schulung *f; of dogs* Abrichten *nt* ❷ SPORTS (*practice*) Training *nt*
'**training camp** *n* SPORTS Trainingscamp *nt*
'**train station** *n* Bahnhof *m*
traipse [treɪps] *vi* latschen *fam*
trait [treɪt] *n* Eigenschaft *f;* **genetic ~** genetisches Merkmal
traitor ['treɪ·t̬ər] *n* Verräter(in) *m(f)*
trajectory [trə·'dʒek·tə·ri] *n* PHYS Flugbahn *f;* MATH Kurve *f*
tramp [træmp] **I.** *vi* (*walk*) marschieren; (*walk heavily*) trampeln **II.** *vt* **you're ~ing dirt and mud all over the house!** du schleppst den Schmutz und Matsch durch das ganze Haus! **III.** *n* ❶ (*vagrant*) Land-/Stadtstreicher(in) *m(f)*, Vagabund(in) *m(f)*, Sandler(in) *m(f)* ÖSTERR ❷ (*pej: woman*) Flittchen *nt*
trample ['træm·pəl] **I.** *vt* niedertrampeln; *grass, flowers, crops* zertrampeln; **to be ~d to death** zu Tode getrampelt werden **II.** *vi* herumtrampeln (**on** auf + *dat*)
trampoline ['træm·pə·lin] *n* Trampolin *nt*
trance [træns] *n* ❶ (*mental state*) Trance *f* ❷ (*music*) Trance-Musik *f*
tranquil ['træŋ·kwɪl] *adj setting* ruhig; *voice, expression* gelassen

tranquility [træŋ·'kwɪl·ɪ·t̬i] *n* Ruhe *f*, Gelassenheit *f*
tranquilize ['træŋ·kwɪ·laɪz] *vt person, animal* ruhigstellen
tranquilizer ['træŋ·kwɪ·laɪ·zər] *n* Beruhigungsmittel *nt*
tranquillity [træŋ·'kwɪl·ɪ·t̬i] *n see* **tranquility**
tranquillize ['træŋ·kwɪ·laɪz] *vt see* **tranquilize**
tranquillizer ['træŋ·kwɪ·laɪ·zər] *n see* **tranquilizer**
transact [træn·'zækt] *vt deal* abschließen; *negotiations* durchführen
transaction [træn·'zæk·ʃən] *n* ECON Transaktion *f;* **business ~** Geschäft *nt*
transatlantic [ˌtræns·ət·'læn·t̬ɪk] *adj* transatlantisch; **a ~ voyage** eine Reise über den Atlantik
transcend [træn·'send] *vt* ❶ (*go beyond*) hinausgehen (über + *akk*); *barriers* überschreiten ❷ (*surpass*) überragen
transcendent [træn·'sen·dənt] *adj* ❶ (*supreme*) *authority, being* übernatürlich ❷ (*exceptional*) *love, genius* überragend
transcendental [ˌtræn·sen·'den·t̬əl] *adj* transzendent[al] geh
transcontinental [ˌtræns·ˌkan·tə·'nen·t̬əl] *adj* transkontinental
transcribe [træn·'skraɪb] *vt* ❶ (*put in written form*) *conversation, recording* protokollieren ❷ MUS, LING transkribieren; *a.* BIOL übertragen
transcript ['træn·skrɪpt] *n* ❶ (*copy*) Abschrift *f* ❷ SCH, UNIV ▪**~s** *pl* Zeugnisse *pl*
transcription [træn·'skrɪp·ʃən] *n* ❶ (*copy*) Abschrift *f*, Protokoll *nt* ❷ (*putting into written form*) Abschrift *f;* BIOL, LING, MUS Transkription *f; of genetic information a.* Übertragung *f*
transfer [træns·'fɜr] **I.** *vt* <-rr-> [træns·'fɜr] ❶ *money* überweisen ❷ (*re-assign*) versetzen; *power* abgeben; *responsibility* übertragen ❸ (*redirect*) übertragen; *call* weiterleiten **II.** *vi* <-rr-> [træns·'fɜr] ❶ (*change job*) *employee* überwechseln; (*change club, university*) wechseln (**to** in/nach + *dat*) ❷ (*change bus, train*) umsteigen ❸ (*change system*) umstellen **III.** *n* ['træns·fɜr] ❶ *of hospital patients, prisoners* Verlegung *f* (**to** in/nach + *dat*) ❷ (*reassignment*) *of money* Überweisung *f; of ownership, power* Übertragung *f* ❸ (*at work*) Versetzung *f* ❹ SPORTS, UNIV (*player*) Transferspieler(in) *m(f)* ❺ (*pattern*) Abziehbild *nt;* **heat ~** Wärmeübertragung *f*
transferable [træns·'fɜr·ə·bəl] *adj* übertragbar
transference ['træns·fɜr·əns] *n* ❶ (*act of changing*) Übergabe *f* ❷ PSYCH *of emotions* Übertragung *f*
transfigure [træns·'fɪg·jər] *vt* verwandeln (**into** in + *akk*)
transfix [træns·'fɪks] *vt usu passive* ▪**to be ~ed by sth/sb** von etw/jdm fasziniert sein; **to be ~ed with horror** starr vor Entsetzen sein
transform [træns·'fɔrm] *vt* ❶ (*change*) verwandeln ❷ ELEC transformieren

T

transformation [ˌtrænsfərˈmeɪʃən] *n*
❶ (*great change*) Verwandlung *f* ❷ (*in theater*) Verwandlungsszene *f* ❸ ELEC Transformation *f* ❹ MATH Umwandlung *f*
transformer [trænsˈfɔrmər] *n* ELEC Transformator *m*
transfusion [trænsˈfjuʒən] *n* MED Transfusion *f*
transgress [trænsˈgres] **I.** *vt* (*form*) *law* übertreten **II.** *vi* ❶ (*form: break rule*) die Regeln
verletzen ❷ REL sündigen
transience [ˈtrænziəns], **transiency** [ˈtræn-
ziənsi] *n* Vergänglichkeit *f*
transient [ˈtrænziənt] **I.** *adj* (*temporary*) vergänglich **II.** *n* Durchreisende(r) *f(m)*
transistor [trænˈzɪstər] *n* ELEC Transistor *m*
transit [ˈtrænzɪt] **I.** *n* ❶ *of people, goods* Transit *m;* **passengers in ~** Transitreisende *pl*
❷ (*crossing*) Transit *m* ❸ (*public transport*)
öffentliches Verkehrswesen; **mass ~** öffentlicher Nahverkehr **II.** *vt* durchqueren
'**transit camp** *n* Auffanglager *nt*
'**transit desk** *n* AVIAT Transitschalter *m*
transition [trænˈzɪʃən] *n* Übergang *m;* ■**to
be in ~** in einer Übergangsphase sein
transitional [trænˈzɪʃənəl] *adj* Übergangs-
transitive [ˈtrænsɪtɪv] LING **I.** *adj* transitiv
II. *n* Transitiv *nt*
'**transit lounge** *n* Transitraum *m*
transitory [ˈtrænsətɔri] *adj* vergänglich
'**transit visa** *n* Transitvisum *nt*
translatable [trænsˈleɪtəbəl] *adj* übersetzbar
translate [ˈtrænsleɪt] **I.** *vt* ❶ (*change language*) übersetzen; **to ~ sth from Greek
[in]to Spanish** etw aus dem Griechischen ins
Spanische übersetzen ❷ (*put into simpler
terms*) einfacher ausdrücken ❸ (*make a reality*) *ideas* umsetzen **II.** *vi* ❶ (*change words*)
übersetzen; **to ~ from Hungarian [in]to Russian** aus dem Ungarischen ins Russische übersetzen ❷ (*transfer*) sich umsetzen lassen
translation [trænsˈleɪʃən] *n* ❶ (*of text, word*)
Übersetzung *f* ❷ (*process*) Übersetzen *nt*
❸ (*conversion*) Umsetzung *f*
translator [ˈtrænsleɪtər] *n* Überset-
zer(in) *m(f)*
transliteration [trænsˌlɪtəˈreɪʃən] *n* LING
Transliteration *f* (*into* in +*dat*)
translucent [trænsˈlusənt] *adj* lichtdurchlässig; (*fig*) *writing, logic, prose* klar; *skin* durchsichtig
transmission [trænsˈmɪʃən] *n* ❶ (*act of
broadcasting*) Übertragen *nt* ❷ (*broadcast*)
Sendung *f* ❸ *of disease* Übertragung *f; of hereditary disease* Vererbung *f* ❹ (*in car engine*)
Getriebe *nt*
transmit <-tt-> [trænsˈmɪt] **I.** *vt* ❶ MED
(*pass on*) übertragen ❷ (*impart*) übermitteln;
knowledge vermitteln **II.** *vi* senden
transmitter [trænsˈmɪtər] *n* Sender *m*
transom [ˈtrænsəm] *n* (*window*) Oberlicht *nt*
transparency [trænsˈperənsi] *n* ❶ (*quality*)
Lichtdurchlässigkeit *f* ❷ (*slide*) Dia *nt* ❸ (*ob-

viousness*) Durchschaubarkeit *f*
transparent [trænsˈperənt] *adj* ❶ (*see-
through*) durchsichtig ❷ (*fig*) transparent *geh*
transpire [trænˈspaɪər] *vi* ❶ (*occur*) passieren, sich ereignen ❷ (*become known*) sich herausstellen
transplant I. *vt* [trænsˈplænt] ❶ (*replant*) umpflanzen ❷ MED (*from donor*) transplantieren
❸ (*relocate*) umsiedeln **II.** *n* [ˈtrænsplænt]
❶ (*surgery*) Transplantation *f* ❷ (*organ*) Trans-
plantat *nt* ❸ (*plant*) umgesetzte Pflanze
transplantation [ˌtrænsplænˈteɪʃən] *n*
Transplantation *f* (**from** von +*dat*)
transport I. *vt* [trænsˈpɔrt] ❶ (*carry*) transportieren, befördern ❷ (*remind*) **to ~ sb to a
time** jdn in eine Zeit versetzen **II.** *n* [ˈtræns-
pɔrt] ❶ (*conveying*) Transport *m,* Beförderung *f* ❷ (*traffic*) Verkehrsmittel *nt;* **means
of ~** Transportmittel *nt* ❸ (*vehicle*) [Trans-
port]fahrzeug *nt*
transportation [ˌtrænspərˈteɪʃən] *n* ❶ (*conveying*) Transport *m,* Beförderung *f;*
through ~ Transitverkehr *m* ❷ (*means of
transport*) Transportmittel *nt,* Verkehrsmittel *nt;* **to provide ~** ein Beförderungsmittel
zur Verfügung stellen
transporter [trænsˈpɔrtər] *n* Transporter *m*
transpose [trænsˈpoʊz] *vt* ❶ (*form: swap*)
numbers vertauschen ❷ MUS transponieren
transsexual [trænsˈsekʃuəl] **I.** *n* Transsexu-
elle(r) *f(m)* **II.** *adj* transsexuell
transverse [ˈtrænsvɜrs] *adj* TECH quer laufend;
~ beam Querbalken *m*
transvestite [trænsˈvestaɪt] *n* Transvestit *m*
trap [træp] **I.** *n* ❶ (*snare*) Falle *f;* **to set a ~** eine Falle aufstellen ❷ (*trick*) Falle *f;* (*ambush*)
Hinterhalt *m;* **to fall into a ~** in die Falle gehen ❸ (*sl: mouth*) **shut your ~!** Klappe *f* **II.** *vt*
<-pp-> ❶ (*snare*) *animal* [in einer Falle] fan-
gen ❷ *usu passive* (*confine*) ■**to be ~ped**
eingeschlossen sein; **to feel ~ped** sich gefangen fühlen ❸ (*trick*) in die Falle locken; ■**to ~
sb into/doing sth** jdn dazu bringen, etw
zu tun ❹ (*catch*) *finger, nerve* sich *dat* einklemmen (**in** in +*dat*)
'**trapdoor** *n* ❶ (*door*) Falltür *f;* THEAT Versenkung *f* ❷ COMPUT Fangstelle *f*
trapeze [træˈpiz] *n* Trapez *nt*
trapezoid [ˈtræpɪzɔɪd] *n* MATH Trapez *nt*
trapper [ˈtræpər] *n* Trapper(in) *m(f);* **fur ~**
Pelztierjäger(in) *m(f)*
trappings [ˈtræpɪŋz] *npl* Drumherum *nt kein
pl fam* (**of** +*gen*); **the ~ of power** die Insignien *pl* der Macht
'**trapshooting** *n* Tontaubenschießen *nt*
trash [træʃ] **I.** *n* ❶ (*waste*) Müll *m,* Abfall *m*
❷ (*pej fam: people*) Gesindel *nt* ❸ (*pej fam:
art*) Kitsch *m,* Plunder *m;* (*literature*)
Schund *m* ❹ (*pej fam: nonsense*) Mist *m* **II.** *vt*
(*fam*) ❶ (*wreck*) kaputt machen; *place*
verwüsten ❷ (*criticize*) auseinandernehmen
❸ (*sl: to speak badly about*) ■**to ~ sb** über jdn
herziehen

'**trash can** n Mülltonne f, Abfalleimer m, Abfallbehälter m

trashy ['træʃ·i] adj (pej fam) wertlos; ~ **novels** Kitschromane pl

trauma <pl -s or -ta> ['trɔ·mə] n ❶ (shock) Trauma nt ❷ MED (injury) Trauma nt

traumatic [trɔ·'mæt·ɪk] adj ❶ (disturbing) traumatisierend; experience traumatisch ❷ (upsetting) furchtbar

traumatize ['trɔ·mə·taɪz] vt usu passive ■**to be ~ d by sth** durch etw akk traumatisiert sein

travel ['træv·əl] I. vi <-l- or -ll-> ❶ (journey) person reisen; (by air) fliegen; **to ~ by train** mit dem Zug fahren ❷ (move) sich [fort]bewegen ❸ (react to traveling) **to ~ badly** person lange Reisen nicht vertragen; freight lange Transporte nicht vertragen II. vt <-l- or -ll-> **to ~ the world** die Welt bereisen III. n ❶ (traveling) Reisen nt ❷ pl (journeys) ■**~ s** pl Reisen pl

'**travel agency** n Reisebüro nt

'**travel agent** n Reisebürokaufmann m, Reisebürokauffrau f

traveled ['træv·əld] adj **widely ~** weit gereist; **a well-~ route** eine gut befahrene Strecke

traveler ['træv·ə·lər] n Reisende(r) f(m)

'**traveler's check** n Reisescheck m

'**travel expenses** npl Reisekosten pl

'**travel guide** n Reiseführer m

traveling ['træv·ə·lɪŋ] n Reisen nt

'**travel insurance** n Reiseversicherung f; (for cancellations) Reiserücktrittsversicherung f

travelled adj see **traveled**

traveller n see **traveler**

travelling n see **traveling**

travelog ['træv·ə·lag] n (book) Reisebericht m; (film) Reisebeschreibung f

'**travel trailer** n Wohnwagen[anhänger] m

traverse [trə·'vɜrs] I. vt (form) ❶ (travel) bereisen ❷ (cross) foundation überspannen ❸ (in mountaineering) ice, slope queren, traversieren II. n ❶ (in mountaineering) Queren nt ❷ ARCHIT Querbalken m

travesty ['træv·ɪ·sti] n Karikatur f; (burlesque) Travestie f; **a ~** [**of justice**] ein Hohn m [auf die Gerechtigkeit]

trawl [trɔl] I. vt ❶ (fish) mit dem Schleppnetz fangen ❷ (search) ■**to ~ sth** [**for sth**] etw [nach etw dat] durchkämmen II. vi ❶ (fish) ■**to ~ [for sth]** mit dem Schleppnetz [nach etw dat] fischen ❷ (search) ■**to ~ through sth** data etw durchsuchen

trawler ['trɔ·lər] n Trawler m

tray [treɪ] n ❶ (for serving) Tablett nt ❷ (for papers) Ablage f

treacherous ['tretʃ·ər·əs] adj ❶ (deceitful) verräterisch; (disloyal) treulos ❷ (dangerous) tückisch; sea, weather trügerisch

treachery ['tretʃ·ə·ri] n (esp hist) Verrat m

tread [tred] I. vi <trod or treaded, trodden or trod> ❶ (step) treten; ■**to ~ in/on sth** in/auf etw akk treten ❷ (maltreat) ■**to ~ on sb** jdn treten ▶ PHRASES: **to ~ carefully** vorsichtig vor-

gehen II. vt <trod or treaded, trodden or trod> ■**to ~ sth down** grass etw niedertreten; **to ~ water** Wasser treten III. n ❶ (walking) Tritt m, Schritt m ❷ (step) Stufe f ❸ (profile) of tire [Reifen]profil nt; of shoe [Schuh]profil nt

treadmill ['tred·mɪl] n ❶ (exerciser) Heimtrainer m ❷ (boring routine) Tretmühle f fam

treason ['tri·zən] n [Landes]verrat m; **high ~** LAW Hochverrat m

treasure ['treʒ·ər] I. n ❶ (hoard) Schatz m ❷ (valuables) ■**~ s** pl Schätze pl II. vt [hoch]schätzen; memories bewahren

'**treasure hunt** n Schatzsuche f

treasurer ['treʒ·ər·ər] n Schatzmeister(in) m(f); of club Kassenwart(in) m(f)

'**treasure trove** n ❶ (find) Schatzfund m ❷ (collection) Fundgrube f

treasury ['treʒ·ə·ri] n ❶ (office) ■**the ~** die Schatzkammer ❷ POL ■**the T~** das Finanzministerium

'**treasury bill** n [kurzfristiger] Schatzwechsel m

'**treasury bond** n [langfristige] Schatzanleihe f

'**treasury note** n [mittelfristiger] Schatzschein m

'**Treasury Secretary** n Finanzminister(in) m(f)

treat [trit] I. vt ❶ (handle) MED behandeln; **to ~ sb/sth badly** jdn/etw schlecht behandeln ❷ (regard) betrachten (**as** als); **to ~ sth with contempt** etw mit Verachtung begegnen ❸ usu passive (process) material behandeln (**with** mit +dat); sewage klären ❹ (pay for) ■**to ~ sb** [**to sth**] jdn [zu etw dat] einladen; ■**to ~ oneself** [**to sth**] sich dat etw gönnen II. vi (fam: pay) einen ausgeben; **Jack's ~ing!** Jack gibt einen aus! III. n [it's] **my ~** das geht auf meine Rechnung; **it is a special ~ to do that** es ist ein besonderes Vergnügen, das zu tun; **to give oneself a ~** sich dat etw gönnen

treatise ['tri·tɪs] n Abhandlung f (**on** über +akk)

treatment ['trit·mənt] n ❶ (handling, processing) Behandlung f; of waste Verarbeitung f ❷ usu sing (cure) Behandlung f (**for** gegen +akk); **to respond to ~** auf eine Behandlung ansprechen

treaty ['tri·ti] n Vertrag m (**between** zwischen +dat, **on** über +akk, **with** mit +dat); **to sign a ~** einen Vertrag schließen

treble ['treb·əl] MUS I. adj attr notes Diskant-; **~ voice** Sopranstimme f II. n Sopran m

treble 'clef n MUS Violinschlüssel m

tree [tri] n Baum m

'**tree house** n Baumhaus nt

treeless ['tri·lɪs] adj baumlos

'**tree-lined** adj von Bäumen gesäumt

'**tree surgeon** n Baumchirurg(in) m(f)

'**treetops** npl ■**the ~** die [Baum]wipfel pl

'**tree trunk** n Baumstamm m

trek [trek] I. vi <-kk-> wandern II. n Wanderung f; (fig: longer) Marsch m

trellis ['trel·ɪs] n <pl -es> Gitter nt; (for plants) Spalier nt

tremble ['trem·bəl] **I.** *vi* zittern (**with** vor +*dat*); *lip, voice* beben; **to ~ like a leaf** zittern wie Espenlaub **II.** *n* Zittern *nt*

tremendous [trɪ·'men·dəs] *adj* ❶ (*big*) enorm; *crowd, scope* riesig; *help* riesengroß *fam* ❷ (*good*) klasse *fam*

tremolo <*pl* -s> ['trem·ə·loʊ] *n* Tremolo *nt*

tremor ['trem·ər] *n* ❶ (*shiver*) Zittern *nt;* MED Tremor *m* ❷ (*earthquake*) Beben *nt* ❸ (*fluctuation*) Schwanken *nt*

tremulous ['trem·jʊ·ləs] *adj hand* zitternd; *voice* zittrig

trench <*pl* -es> [trentʃ] *n* ❶ (*hole*) Graben *m* ❷ MIL Schützengraben *m*

trenchant ['tren·tʃənt] *adj* (*form*) energisch; *criticism, wit* scharf

'trench coat *n* Trenchcoat *m*

trench 'warfare *n* Grabenkrieg *m*

trend [trend] *n* ❶ (*tendency*) Trend *m,* Tendenz *f* ❷ (*style*) Mode *f,* Trend *m;* **the latest ~** der letzte Schrei *fam*

trendsetter ['trend·ˌset·ər] *n* Trendsetter(in) *m(f)*

trendy ['tren·di] *adj* modisch, in *fam*

trepidation [ˌtrep·ɪ·'deɪ·ʃən] *n* (*form*) Ängstlichkeit *f;* **a feeling of ~** ein beklommenes Gefühl

trespass ['tres·pəs] **I.** *n* <*pl* -es> LAW (*intrusion*) unbefugtes Betreten **II.** *vi* (*intrude*) unbefugt eindringen; **to ~ on sb's land** jds Land unerlaubt betreten

trespasser ['tres·pæs·ər] *n* Eindringling *m;* **"~s will be prosecuted!"** „unbefugtes Betreten wird strafrechtlich verfolgt!"

trestle ['tres·əl] *n* [Auflage]bock *m*

'trestle table *n* auf *Böcke gestellter Tisch*

triad ['traɪ·æd] *n* ❶ MUS Dreiklang *m* ❷ (*group of three*) Triade *f*

trial ['traɪ·əl] *n* ❶ (*in court*) Prozess *m,* [Gerichts]verhandlung *f; ~* **by jury** Schwurgerichtsverhandlung *f;* **to stand ~** vor Gericht stehen ❷ (*test*) Probe *f,* Test *m;* **clinical ~s** klinische Tests *pl*

'trial period *n* Probezeit *f*

trial sepa'ration *n* Trennung *f* auf Probe

triangle ['traɪ·æŋ·gəl] *n* ❶ (*shape*) Dreieck *nt* ❷ (*object*) dreieckiges Objekt ❸ (*percussion*) Triangel *f* ❹ (*for mechanical drawing*) Zeichendreieck *nt*

triangular [traɪ·'æŋ·gjʊ·lər] *adj* dreieckig

tribal ['traɪ·bəl] *adj* ❶ (*ethnic*) Stammes- ❷ (*fam: group*) *attitudes* Gruppen-

tribalism ['traɪ·bə·lɪz·əm] *n* (*loyalty*) Stammesverbundenheit *f*

tri-band ['traɪ·bænd] *adj cell phone* mit Triband-Funktion *nach n*

tribe [traɪb] *n* ❶ (*community*) Stamm *m* ❷ (*fam: group*) Sippe *f*

tribesman ['traɪbz·mən] *n* Stammesangehöriger *m*

tribulation [ˌtrɪb·jə·'leɪ·ʃən] *n usu pl* (*cause*) Kummer *m;* **trials and ~s** Schwierigkeiten *pl*

tribunal [traɪ·'bju·nəl] *n* ❶ (*court*) Gericht *nt*

❷ (*investigative body*) Untersuchungsausschuss *m*

tribune ['trɪb·jun] *n* Tribüne *f*

tributary ['trɪb·jə·ter·i] **I.** *n* Nebenfluss *m* **II.** *adj* (*form*) Neben-

tribute ['trɪb·jut] *n* ❶ (*respect*) Tribut *m;* **to pay ~ to sb/sth** jdm/etw Tribut zollen *geh* ❷ (*beneficial result*) ■ **to be a ~ to sb/sth** jdm/etw Ehre machen

trick [trɪk] **I.** *n* ❶ (*ruse*) Trick *m;* **to play a ~ on sb** jdm einen Streich spielen; **a dirty ~** ein gemeiner Trick ❷ (*knack*) Kunstgriff *m;* **he knows all the ~s of the trade** er ist ein alter Hase ❸ (*illusion*) **a ~ of the light** eine optische Täuschung ▸ PHRASES: **to not miss a ~** keine Gelegenheit auslassen; **to do the ~** (*fam*) klappen *fam* **II.** *adj attr* ❶ (*deceptive*) *question* Fang- ❷ (*acrobatic*) Kunst- **III.** *vt* ❶ (*deceive*) täuschen; ■ **to ~ sb** jdn hintergehen; ■ **to ~ sb into doing sth** jdn dazu bringen, etw zu tun ❷ (*fool*) reinlegen *fam*

trickery ['trɪk·ə·ri] *n* ❶ (*pej*) Betrug *m;* (*repeated*) Betrügerei *f*

trickle ['trɪk·əl] **I.** *vi* ❶ (*flow*) sickern; (*in drops*) tröpfeln; *sand* rieseln; *tear* kullern ❷ (*come*) in kleinen Gruppen kommen; **people ~d back into the theatre** die Leute kamen in kleinen Gruppen in den Theatersaal zurück ❸ (*become known*) *details* durchsickern **II.** *vt* tröpfeln, träufeln **III.** *n* ❶ (*flow*) Rinnsal *nt geh;* (*in drops*) *of blood* Tropfen *pl* ❷ (*few, little*) ■ **a ~ of people** wenige Leute ◆ **trickle away** *vi* ❶ *water* langsam abfließen ❷ (*fig: dry up*) versiegen

'trick question *n* Fangfrage *f*

trickster ['trɪk·stər] *n* (*pej*) Schwindler(in) *m(f)*

tricky ['trɪk·i] *adj* ❶ (*deceitful*) betrügerisch ❷ (*sly*) raffiniert ❸ (*awkward*) *situation* schwierig ❹ (*difficult*) kniff[e]lig, verzwickt *fam*

tricycle ['traɪ·sɪ·kəl] *n* Dreirad *nt*

trident ['traɪ·dənt] *n* (*fork*) Dreizack *m*

tried [traɪd] *vi, vt pt, pp of* **try**

triennial [traɪ·'en·i·əl] *adj* dreijährlich

trifle ['traɪ·fəl] *n* ❶ (*form: petty thing*) Kleinigkeit *f* ❷ **+ *adj*** (*form: slightly*) **I'm a ~ surprised about your proposal** ich bin über deinen Vorschlag etwas erstaunt

trifling ['traɪ·flɪŋ] *adj* (*form*) unbedeutend; *sum of money* geringfügig

trigger ['trɪg·ər] **I.** *n* ❶ (*gun part*) Abzug *m;* **to pull the ~** abdrücken ❷ (*start*) Auslöser *m* (**for** für +*akk*) **II.** *vt* auslösen

'trigger-happy *adj inv* schießfreudig, schießwütig

trigonometry [ˌtrɪg·ə·'nam·ə·tri] *n* Trigonometrie *f*

trike [traɪk] *n* (*fam*) *short for* **tricycle** Dreirad *nt*

trilateral [traɪ·'læt·ər·əl] *adj* ❶ POL trilateral ❷ MATH dreiseitig

trilingual [ˌtraɪ·'lɪŋ·gwəl] *adj* dreisprachig

trill [trɪl] **I.** *n* **❶** (*chirp*) Trillern *nt* **❷** MUS (*note*) Triller *m* **II.** *vi* trillern; *lark* tirilieren *geh* **III.** *vt* **❶** MUS trillern **❷** LING **to ~ one's r's** das R rollen

trillion ['trɪl·jən] *n* **❶** <*pl* - *or* -s> (*10¹²*) Billion *f* **❷** *pl* (*fam: many*) ■ **~s** *pl* Tausende *pl* (**of** von +*dat*)

trilogy ['trɪl·ə·dʒi] *n* Trilogie *f*

trim [trɪm] **I.** *n* **❶** (*cutting*) Nachschneiden *nt* **❷** (*edging*) Applikation *f* **II.** *adj* <-mer, -mest> **❶** (*neat*) ordentlich; *lawn* gepflegt **❷** (*slim*) schlank **III.** *vt* <-mm-> **❶** (*cut*) [nach]schneiden; *beard, hedge* stutzen **❷** (*reduce*) kürzen; *costs a.* verringern **❸** (*decorate*) schmücken (**with** mit +*dat*) **❹** (*boat, plane*) trimmen; *sails* richtig stellen
♦ **trim off** *vt* **❶** (*cut*) abschneiden **❷** (*reduce*) kürzen

trimming ['trɪm·ɪŋ] *n* **❶** *usu pl* (*edging*) Besatz *m* **❷** (*accompaniment*) ■ **the ~s** *pl* das Zubehör; **turkey with all the ~s** Truthahn *m* mit allem Drum und Dran **❸** (*pieces*) ■ **~s** *pl* Abfälle *pl*

Trinidad ['trɪn·ɪ·dæd] *n* Trinidad *nt*

Trinidadian ['trɪn·ɪ·dæd·i·ən] **I.** *adj* trinidadisch **II.** *n* Trinidader(in) *m(f)*

trinity ['trɪn·ɪ·ti] *n* ■ **the [Holy] T~** die [Heilige] Dreifaltigkeit

trinket ['trɪŋ·kɪt] *n* **❶** (*small ornament*) wertloser Schmuckgegenstand **❷** (*something trivial*) ■ **~s** *pl* Plunder *m kein pl*

trio <*pl* -s> ['tri·oʊ] *n* Trio *nt* (**of** von +*dat*)

trip [trɪp] **I.** *n* **❶** (*journey*) Reise *f*, Fahrt *f*; **round ~** Rundreise *f* **❷** (*outing*) Ausflug *m* **❸** (*stumble*) Stolpern *nt* **❹** (*self-indulgence*) **an ego ~** ein Egotrip *m* **II.** *vi* <-pp-> **❶** (*unbalance*) stolpern **❷** (*be uttered*) **to ~ off one's tongue** leicht von der Zunge gehen **❸** (*a. fig fam: be on drugs*) auf einem Trip sein *sl* **III.** *vt* <-pp-> **❶** (*unbalance*) ■ **to ~ sb** jdm ein Bein stellen **❷** *switch* anschalten
♦ **trip over** *vi* (*stumble*) stolpern (**über** +*akk*); **to ~ over one's words** über seine Worte stolpern
♦ **trip up I.** *vt* **❶** (*unbalance*) ■ **to ~ up ↻ sb** jdm ein Bein stellen **❷** (*foil*) zu Fall bringen **II.** *vi* einen Fehler machen

tripartite [ˌtraɪ·'pɑr·taɪt] *adj* **❶** (*form: three-part*) *structure* dreiteilig **❷** POL *meetings, coalition* Dreiparteien-

tripe [traɪp] *n* **❶** (*food*) Kutteln *pl* **❷** (*fam: nonsense*) Quatsch *m*

triple ['trɪp·əl] **I.** *adj* **❶** *attr* (*threefold*) dreifach **❷** *attr* (*of three parts*) Dreier- **II.** *adv* dreimal so viel **III.** *vt* verdreifachen **IV.** *vi* **❶** (*become three times greater*) *prices* sich verdreifachen **❷** (*in baseball*) einen Triple schlagen **V.** *n* (*in baseball*) Triple *m*

triplet ['trɪp·lɪt] *n usu pl* (*baby*) Drilling *m*

triplicate ['trɪp·lɪ·kɪt] *adj attr* (*form*) dreifach; **in ~** in dreifacher Ausfertigung

tripod ['traɪ·pɑd] *n* Stativ *nt*

trite [traɪt] *adj* (*pej*) platt; *cliché* abgedroschen

triumph ['traɪ·ʌmf] **I.** *n* **❶** (*victory*) Triumph *m*, Sieg *m* (**for** für +*akk*, **over** über +*akk*) **❷** (*feat*) **a ~ of engineering** ein Triumph *m* der Ingenieurskunst **❸** (*joy*) Siegesfreude *f* **II.** *vi* (*win, exult*) triumphieren (**over** über +*akk*)

triumphal [traɪ·'ʌm·fəl] *adj* triumphal

triumphant [traɪ·'ʌm·fənt] *adj* **❶** (*victorious*) siegreich **❷** (*successful*) erfolgreich **❸** (*exulting*) *smile* triumphierend

trivia ['trɪv·i·ə] *npl* Lappalien *pl*

trivial ['trɪv·i·əl] *adj* **❶** (*unimportant*) trivial; *issue* belanglos; *details* bedeutungslos **❷** (*petty*) kleinlich

triviality [ˌtrɪv·i·'æl·ɪ·ti] *n* **❶** (*unimportance*) Belanglosigkeit *f* **❷** (*unimportant thing*) Trivialität *f*

trivialize ['trɪv·i·ə·laɪz] *vt* (*pej*) trivialisieren

trod [trɑd] *pt, pp of* **tread** I., II.

trodden ['trɑd·ən] *pp of* **tread** I., II.

Trojan ['troʊ·dʒən] **I.** *n* Trojaner(in) *m(f)* **II.** *adj* trojanisch

trolley ['trɑl·i] *n* Straßenbahn *f*

'trolley bus *n* Oberleitungsbus *m*

trollop ['trɑl·əp] *n* (*pej*) Flittchen *nt*

trombone [trɑm·'boʊn] *n* Posaune *f*

trombonist [trɑm·'boʊ·nɪst] *n* Posaunist(in) *m(f)*

troop [trup] **I.** *n* **❶** (*group*) Truppe *f*; *of animals* Schar *f*; *of soldiers* Trupp *m*; **cavalry ~** Schwadron *f* **❷** (*soldiers*) ■ **~s** *pl* Truppen *pl* **II.** *vi* ■ **to ~ off** abziehen *fam*

'troop carrier *n* Truppentransporter *m*

trooper ['tru·pər] *n* **❶** (*soldier*) [einfacher] Soldat **❷** (*police officer*) **state ~** Polizist(in) *m(f)*

trophy ['troʊ·fi] *n* **❶** (*prize*) Preis *m* **❷** (*memento*) Trophäe *f*; **war ~** Kriegsbeute *f kein pl*

tropic ['trɑp·ɪk] *n* **❶** (*latitude*) Wendekreis *m*; **the T~ of Cancer/Capricorn** der Wendekreis des Krebses/Steinbocks **❷** (*hot region*) ■ **the ~s** *pl* die Tropen *pl*

tropical ['trɑp·ɪ·kəl] *adj* **❶** (*of tropics*) Tropen-; ~ **hardwoods** tropische Harthölzer **❷** *weather* tropisch

troposphere ['troʊ·pə·sfɪr] *n* SCI Troposphäre *f*

trot [trɑt] **I.** *n* Trab *m*; *of horse* Trott **II.** *vi* <-tt-> **❶** (*walk*) trotten; *horse* traben **❷** (*ride*) im Trab reiten **❸** (*run*) laufen **III.** *vt* <-tt-> *horse* traben lassen
♦ **trot along** *vi* traben
♦ **trot off** *vi* (*fam*) losziehen
♦ **trot out** *vt* (*pej*) vorführen

trotter ['trɑt̬·ər] *n* **❶** (*horse*) Traber *m* **❷** (*food*) ■ [**pig**] **~s** *pl* Schweinshaxen *pl*

trouble ['trʌb·əl] **I.** *n* **❶** (*difficulties*) Schwierigkeiten *pl*; (*annoyance*) Ärger *m*; **to spell ~** (*fam*) nichts Gutes bedeuten; **to stay out of ~** sauber bleiben *hum fam* **❷** (*problem*) Problem[e] *nt*[*pl*]; **to get oneself into a bit of ~** sich in Schwierigkeiten bringen; (*cause of worry*) Sorge *f*; **the only ~ is that we ...** der einzige Haken [dabei] ist, dass wir ... **❸** (*inconvenience*) Umstände *pl*, Mühe *f*; **it's no ~ at all** das macht gar keine Umstände **❹** (*malfunc-*

tion) Störung *f;* **engine** ~ Motorschaden *m* ❺ (*strife*) Unruhe *f* **II.** *vt* ❶ (*form: cause inconvenience*) ■**to** ~ **sb for sth** jdn um etw *akk* bemühen *geh* ❷ (*cause worry*) beunruhigen; (*grieve*) bekümmern ❸ (*cause pain*) plagen **III.** *vi* sich bemühen

troubled ['trʌb·əld] *adj* ❶ (*beset*) *situation* bedrängt; *times* unruhig ❷ (*worried*) besorgt

'**trouble-free** *adj* problemlos

'**troublemaker** *n* Unruhestifter(in) *m(f)*

'**troubleshooting** *n* ❶ (*fixing*) Fehler-/Störungsbeseitigung *f;* (*searching*) Fehlersuche *f* ❷ (*mediation*) Vermittlung *f*

troublesome ['trʌb·əl·səm] *adj* schwierig

'**trouble spot** *n* Unruheherd *m*

trough [trɔf] *n* ❶ (*container*) Trog *m* ❷ METEO Trog *m* ❸ (*low*) Tiefpunkt *m;* (*in economy*) Talsohle *f*

troupe [trup] *n* THEAT Truppe *f*

trouper ['tru·pər] *n* ❶ (*actor*) **an old** ~ ein alter Hase *fam* ❷ (*reliable person*) treue Seele

trouser ['trau·zər] *n* ■ ~**s** Hose *f;* **a pair of** ~**s** eine Hose

trout <*pl* -**s** *or* -> [traut] *n* Forelle *f*

trowel ['trau·əl] *n* ❶ *for building* Maurerkelle *f* ❷ *for gardening* kleiner Spaten

Troy [trɔɪ] *n* (*hist*) Troja *nt*

'**troy weight** *n* Troygewicht *nt*

truancy ['tru·ən·si] *n* [Schule]schwänzen *nt fam*

truant ['tru·ənt] *n* Schulschwänzer(in) *m(f) fam*

truce [trus] *n* Waffenstillstand *m* (**between** zwischen +*dat*)

truck [trʌk] **I.** *n* AUTO Last[kraft]wagen *m,* LKW *m;* **pickup** ~ Lieferwagen *m* ▶ PHRASES: **to have no** ~ **with sb/sth** (*fam*) mit jdm/etw nichts zu tun haben **II.** *vt* per Lastwagen transportieren

'**truck driver**, **trucker** ['trʌk·ər] *n* Lastwagenfahrer(in) *m(f);* (*driving long distances*) Fernfahrer(in) *m(f)*

'**truck farm** *n* Gemüsefarm *f,* Gemüseanbaubetrieb *m*

trucking ['trʌk·ɪŋ] *n* Lkw-Transport *m;* ~ **company** Spedition[sfirma] *f,* Transportunternehmen *nt*

'**truck stop** *n* Fernfahrerraststätte *f*

truculence ['trʌk·jʊ·ləns] *n* ❶ (*aggression*) Wildheit *f* ❷ (*defiance*) Aufsässigkeit *f*

truculent ['trʌk·jʊ·lənt] *adj* ❶ (*aggressive*) wild ❷ (*defiant*) aufsässig

trudge [trʌdʒ] **I.** *vi* (*walk*) wandern; **to** ~ **along sth** etw entlanglatschen *fam* **II.** *n* (*walk*) [anstrengender] Fußmarsch

true [tru] **I.** *adj* <-**r**, -**st**> ❶ (*not false*) wahr; **it is** ~ [**to say**] **that** ... es stimmt, dass ... ❷ (*accurate*) richtig; *aim* genau ❸ *attr* (*actual*) echt, wahr, wirklich; ~ **love** wahre Liebe ❹ (*loyal*) treu; **to be** ~ **to one's word** zu seinem Wort stehen ▶ PHRASES: **sb's** ~ **colors** jds wahres Gesicht; ~ **to form** wie zu erwarten **II.** *adv* ❶ (*in accord with reality*) **to ring** ~ glaubhaft klin-

gen ❷ (*accurately*) genau

'**true-'blue** *adj attr* ❶ (*loyal*) treu ❷ (*genuine*) waschecht *fam*

'**true-life** *adj* lebensecht

true 'love *n* ■**sb's** ~ jds Geliebte(r) *f(m)*

truffle ['trʌf·əl] *n* Trüffel *f* *o m*

truism ['tru·ɪz·əm] *n* Binsenweisheit *f;* (*platitude*) Plattitüde *f geh*

truly ['tru·li] *adv* ❶ (*not falsely*) wirklich, wahrhaftig ❷ (*genuinely*) wirklich, echt ❸ (*very*) wirklich ▶ PHRASES: **yours** ~ (*fam*) meine Wenigkeit *hum;* **Yours** ~ (*at end of letter*) mit freundlichen Grüßen

trump [trʌmp] **I.** *n* ❶ (*card*) Trumpf *m* ❷ (*suit*) ■ ~**s** *pl* Trumpf *m,* Trumpffarbe *f* **II.** *vt* ❶ (*cards*) übertrumpfen ❷ (*better*) ausstechen ◆**trump up** *vt charges, evidence* erfinden

trumpet ['trʌm·pət] **I.** *n* ❶ (*instrument*) Trompete *f* ❷ *of elephant* Trompeten *nt* **II.** *vi* trompeten **III.** *vt* (*esp pej*) ausposaunen *fam*

trumpeter ['trʌm·pə·t̬ər] *n* Trompeter(in) *m(f)*

truncate ['trʌn·keɪt] *vt* kürzen

truncheon ['trʌn·tʃən] *n* Schlagstock *m*

trundle ['trʌn·dəl] *vi* **to** ~ **along** (*proceed leisurely*) zuckeln

trunk [trʌŋk] *n* ❶ BOT (*stem*) Stamm *m* ❷ ANAT (*body*) Rumpf *m* ❸ ZOOL (*of elephant*) Rüssel *m* ❹ AUTO Kofferraum *m* ❺ FASHION ■[**swim**[**ming**]] ~ **s** *pl* Badehose *f*

truss [trʌs] **I.** *n* ❶ (*belt*) Bruchband *nt* ❷ ARCHIT (*frame*) Gerüst *nt* **II.** *vt* fesseln ◆**truss up** *vt* fesseln

trust [trʌst] **I.** *n* ❶ (*belief*) Vertrauen *nt* ❷ (*responsibility*) **a position of** ~ ein Vertrauensposten *m;* ■**in sb's** ~ in jds Obhut *f* ❸ (*legal arrangement*) Treuhand *f kein pl;* **to set up a** ~ eine Treuhandschaft arrangieren ❹ (*institution*) ~ **company** Treuhandgesellschaft *f;* **charitable** ~ Stiftung *f;* **investment** ~ Investmentgesellschaft *m* ❺ (*cartel*) Ring *m* **II.** *vt* (*believe, rely on*) vertrauen (auf +*akk*); ■**to** ~ **sb to do sth** jdm zutrauen, dass er/sie etw tut **III.** *vi* ❶ (*form: believe*) ■**to** ~ **in sb/sth** auf jdn/etw vertrauen ❷ (*form: hope*) ■**to** ~ [**that**] ... hoffen, [dass] ...

trusted ['trʌs·t̬ɪd] *adj attr* ❶ (*loyal*) getreu *geh* ❷ (*proved*) bewährt

trustee [trʌs·'ti] *n* Treuhänder(in) *m(f);* **board of** ~ **s** Kuratorium *nt*

trustful ['trʌst·fəl] *adj* ❶ (*full of trust*) vertrauensvoll ❷ (*gullible*) leichtgläubig

'**trust fund** *n* Treuhandfonds *m*

trusting ['trʌs·tɪŋ] *adj see* **trustful**

trustworthiness ['trʌst·ˌwɜr·ðɪ·nɪs] *n* ❶ (*honesty*) Vertrauenswürdigkeit *f* ❷ (*accuracy*) Zuverlässigkeit *f*

trustworthy ['trʌst·ˌwɜr·ði] *adj* ❶ (*honest*) vertrauenswürdig ❷ (*accurate*) zuverlässig

trusty ['trʌs·ti] *adj attr* (*hum*) ❶ (*reliable*) zuverlässig ❷ (*loyal*) *servant* getreu *liter*

truth <*pl* -**s**> [truθ] *n* ❶ (*not falsity*) Wahrheit *f* (**of** über +*akk*); **there is no** ~ **in** [*or* **to**] **what she says** es ist nichts Wahres an dem,

was sie sagt ❷(*facts*) ■**the** ~ die Wahrheit (**about/of** über +*akk*) ❸(*principle*) Grundprinzip *nt*
truthful ['truθ·fəl] *adj* ❶(*true*) wahr ❷(*sincere, not lying*) ehrlich ❸(*accurate*) wahrheitsgetreu
truthfulness ['truθ·fəl·nɪs] *n* ❶(*veracity*) Wahrhaftigkeit *f* ❷(*sincerity*) Ehrlichkeit *f* ❸(*accuracy*) Wahrheit *f*
try [traɪ] I. *n* (*attempt*) Versuch *m;* **to give sth a ~** etw ausprobieren II. *vi* <-ie-> ❶(*attempt*) versuchen ❷(*make an effort*) sich bemühen III. *vt* <-ie-> ❶(*attempt*) versuchen; **to ~ one's best** sein Bestes versuchen ❷(*test by experiment*) probieren, versuchen ❸(*sample*) [aus]probieren ❹(*put on trial*) vor Gericht stellen; ■**to ~ sb for sth** jdn wegen einer S. *gen* anklagen
◆**try for** *vi* sich bemühen (um +*akk*)
◆**try on** *vt clothes* anprobieren ▸ PHRASES: **to ~ on ⟳ sth for size** etw versuchsweise ausprobieren
◆**try out** I. *vt* ausprobieren; ■**to ~ out ⟳ sb/sth** jdn/etw testen II. *vi* **to ~ out for a position/a role/a team** sich *akk* auf einem Posten/in einer Rolle/bei einer Mannschaft versuchen, beim Tryout mitmachen *fam*
trying ['traɪ·ɪŋ] *adj* ❶(*annoying*) anstrengend ❷(*difficult*) hart; *situation, time* schwierig, aufreibend
'**tryout** *n* (*fam*) ❶ SPORTS Tryout *nt* ❷(*test run*) Erprobung *f; of play* Probevorstellung *f*
tsar [zar] *n* (*spec*) *see* **czar**
tsarina [zɑ·'ri·nə] *n* (*spec*) *see* **czarina**
tsetse fly ['tse·tsi·ˌflaɪ] *n* Tsetsefliege *f*
T-shirt ['ti·ʃɜrt] *n* T-Shirt *nt*
tsp. <*pl* - *or* -**s**> *n abbrev of* **teaspoon[ful]** Teel., TL
T-square ['ti·skwer] *n* Reißschiene *f*
tsunami [tsu·'na·mi] *n* Tsunami *m*
tub [tʌb] *n* ❶(*vat*) Kübel *m* ❷(*fam: bath*) [Bade]wanne *f* ❸(*carton*) Becher *m*
tuba ['tu·bə] *n* Tuba *f*
tubby ['tʌb·i] *adj* pummelig
tube [tub] *n* ❶(*pipe*) Röhre *f;* (*bigger*) Rohr *nt;* **inner ~** Schlauch *m;* **test ~** Reagenzglas *nt* ❷(*container*) Tube *f* ❸(*fam: TV*) ■**the ~** die Glotze *pej sl,* die [Flimmer]kiste ▸ PHRASES: **to go down the ~[s]** den Bach runter gehen *fam*
tuber ['tu·bər] *n* BOT Knolle *f*
tubercular [tu·'bɜr·kjə·lər] *adj* tuberkulös
tuberculosis [tu·ˌbɜr·kjə·'lou·sɪs] *n* Tuberkulose *f*
tuck [tʌk] I. *n* ❶(*pleat*) Abnäher *m;* (*ornament*) Biese *f* ❷ MED **a tummy ~** Operation, *bei der am Bauch Fett abgesaugt wird* II. *vt* ❶(*fold*) stecken; **to ~ sb into bed** jdn ins Bett [ein]packen *fam* ❷(*stow*) verstauen; **to ~ one's legs under oneself** seine Beine unterschlagen
◆**tuck away** *vt* (*stow*) verstauen; (*hide*) verstecken; **to be ~ed away somewhere** irgendwo versteckt liegen

◆**tuck** in *vt* ❶(*fold*) hineinstecken; *shirt* in die Hose stecken ❷(*put to bed*) zudecken
tucker ['tʌk·ər] *vt* (*fam*) ■**to ~ sb out** jdn fix und fertig machen
Tuesday ['tuz·deɪ] *n* Dienstag *m;* [on] ~ **afternoon/evening/morning/night** [am] Dienstagnachmittag/-abend/-morgen/-nacht; **on ~ afternoons/evenings/mornings/nights** dienstagnachmittags/-abends/-morgens/ -nachts; **a week/two weeks from ~** Dienstag in einer Woche/zwei Wochen; **a week/two weeks ago ~** Dienstag vor einer Woche/ zwei Wochen; **every ~** jeden Dienstag; **last/next/this ~** [am] letzten/[am] nächsten/ diesen Dienstag; **~ before last/after next** vorletzten/übernächsten Dienstag; [on] ~ [am] Dienstag; **on ~ March 4th** am Dienstag, den 4. März; [on] ~**s** dienstags
tuft [tʌft] *n* Büschel *nt*
tug [tʌg] I. *n* ❶(*pull*) Ruck *m* (at an +*dat*); **to give sth a ~** an etw *dat* zerren ❷(*boat*) Schlepper *m* II. *vt* <-gg-> ziehen III. *vi* <-gg-> zerren (at an +*dat*)
'**tugboat** *n* NAUT Schlepper *m*
tug of 'war *n* ❶(*game*) Tauziehen *nt,* Seilziehen *nt* SCHWEIZ ❷(*struggle*) Hin und Her *nt,* Tauziehen *nt fig*
tuition [tu·'ɪʃ·ən] *n* ❶ SCH, UNIV (*fee*) Studiengebühr *f; of school* Schulgeld *nt kein pl* ❷(*teaching*) Unterricht *m* (**in** in +*dat*); **private ~** Einzelunterricht *m*
tulip ['tu·lɪp] *n* Tulpe *f*
tumble ['tʌm·bəl] I. *vi* ❶(*fall*) fallen; (*faster*) stürzen ❷*prices* [stark] fallen II. *n* (*fall*) Sturz *m;* **to take a ~** stürzen
◆**tumble over** *vi* (*unbalance*) hinfallen; (*collapse*) umfallen
'**tumbledown** *adj attr building* baufällig
'**tumble dryer** *n* Wäschetrockner *m*
tumbler ['tʌm·blər] *n* ❶(*glass*) [Trink]glas *nt* ❷(*acrobat*) Bodenakrobat(in) *m(f)*
tumbleweed ['tʌm·bəl·wid] *n* Steppenhexe *f*
tummy ['tʌm·i] *n* (*fam*) Bauch *m*
tumor ['tu·mər] *n* Geschwulst *f,* Tumor *m*
tumult ['tu·mʌlt] *n* ❶(*noise*) Krach *m* ❷(*disorder*) Tumult *m* ❸(*agitation*) Verwirrung *f*
tumultuous [tu·'mʌl·tʃu·əs] *adj* ❶(*loud*) lärmend; *applause* stürmisch ❷(*confused*) turbulent ❸(*excited*) aufgeregt
tuna ['tu·nə] *n* ❶<*pl* -s *or*-> ZOOL Thunfisch *m* ❷ FOOD Thunfisch *m*
tundra ['tʌn·drə] *n* Tundra *f*
tune [tun] I. *n* ❶(*melody*) Melodie *f* ❷(*pitch*) ■**to be out of ~** falsch spielen ❸(*amount*) ■**to the ~ of 2 million dollars** in Höhe von 2 Millionen Dollar ▸ PHRASES: **to change one's ~** einen anderen Ton anschlagen II. *vt* ❶ MUS stimmen ❷ RADIO, AUTO einstellen
◆**tune in** I. *vi* ❶ RADIO, TV einschalten; **to ~ in to a station** einen Sender einstellen ❷(*fam: be sensitive to sth*) ■**to be ~d in to sth** eine Antenne für etw *akk* haben II. *vt* RADIO, TV *program, channel* einschalten

◆**tune up I.** *vi* MUS stimmen **II.** *vt* ❶ AUTO einstellen ❷ MUS stimmen

tuneful ['tun·fəl] *adj* melodisch

tuneless ['tun·lɪs] *adj* unmelodisch

tuner ['tu·nər] *n* ❶ TECH (*for selecting stations*) Empfänger *m* ❷ MUS (*person*) Stimmer(in) *m(f)*

'**tune-up** *n* TECH Einstellung *f;* **to give a car a ~** einen Wagen [neu] einstellen

tunic ['tu·nɪk] *n* Kittel *m*

tuning ['tu·nɪŋ] *n* ❶ MUS Stimmen *nt;* (*correctness of pitch*) Klangreinheit *f* ❷ TECH Einstellen *nt*

'**tuning fork** *n* Stimmgabel *f*

Tunisia [tu·'ni·ʒə] *n* Tunesien *nt*

Tunisian [tu·'ni·ʒən] **I.** *n* Tunesier(in) *m(f)* **II.** *adj* tunesisch

tunnel ['tʌn·əl] **I.** *n* Tunnel *m;* ZOOL, BIOL Gang *m* ▶ PHRASES: **to see [the] light at the end of the ~** das Licht am Ende des Tunnels sehen **II.** *vi* <-l- *or* -ll-> einen Tunnel graben; **to ~ under a river** einen Fluss untertunneln **III.** *vt* <-l- *or* -ll-> graben; **to ~ one's way out** sich herausgraben

'**tunnel vision** *n* ❶ MED Tunnelblick *m* ❷ (*fig, usu pej: narrow focus*) Scheuklappendenken *nt*

turban ['tɜr·bən] *n* Turban *m*

turbid ['tɜr·bɪd] *adj* ❶ *liquid* trüb ❷ *clouds* dicht ❸ *emotions, thoughts* verworren

turbine ['tɜr·bɪn] *n* Turbine *f*

'**turbocharged** *adj* ❶ TECH mit Turboaufladung nach *n* ❷ (*sl: energetic*) Turbo-

'**turbocharger** *n* Turbolader *m*

'**turbojet** *n* ❶ (*engine*) Turbojet *m* ❷ (*aircraft*) Turbojet-Flugzeug *nt*

turbulence ['tɜr·bjʊ·ləns] *n* Turbulenz *f;* **air ~** Turbulenzen *pl*

turbulent ['tɜr·bjʊ·lənt] *adj* turbulent, stürmisch; *sea a.* unruhig

turd [tɜrd] *n* (*vulg*) Scheißhaufen *m derb*

turf <*pl* -s *or* turves> [tɜrf] *n* ❶ (*grassy earth*) Rasen *m* ❷ SPORTS **artificial ~** Kunstrasen *m* ❸ (*fam: personal territory*) Revier *nt;* (*field of expertise*) Spezialgebiet *f*

turgid ['tɜr·dʒɪd] *adj* ❶ (*grandiloquent*) *speech, style* schwülstig ❷ (*bloated*) *bladder, veins* [an]geschwollen

Turk [tɜrk] *n* Türke *m,* Türkin *f*

turkey ['tɜr·ki] *n* ❶ ZOOL Pute(r) *f(m)* ❷ (*meat*) Truthahn *m,* Putenfleisch *nt*

Turkey ['tɜr·ki] *n* Türkei *f*

Turkish ['tɜr·kɪʃ] **I.** *adj* türkisch **II.** *n* Türkisch *nt*

turmoil ['tɜr·mɔɪl] *n* Tumult *m,* Aufruhr *m;* **her mind was in ~** sie war völlig durcheinander

turn [tɜrn] **I.** *n* ❶ (*rotation*) *of wheel* Drehung *f* ❷ (*change in direction*) Kurve *f;* **to take a ~** Wende *f;* **"no left ~"** „Links abbiegen verboten"; **things took an ugly ~** (*fig*) die Sache nahm eine üble Wendung ❸ (*changing point*) **the ~ of the century** die Jahrhundertwende ❹ (*allotted time*) **it's my ~ now!** jetzt bin ich

dran!; **to take ~s doing sth** etw abwechselnd tun ❺ (*deed*) **to do sb a good ~** jdm einen guten Dienst erweisen ▶ PHRASES: **one good ~ deserves another** (*saying*) eine Hand wäscht die andere **II.** *vt* ❶ (*rotate*) *knob, screw* drehen ❷ (*switch direction*) wenden, drehen; **to ~ the corner** um die Ecke biegen ❸ (*aim*) *lamp, hose, gun* richten (**on** auf +*akk*); **to ~ one's attention to sth** seine Aufmerksamkeit etw *dat* zuwenden ❹ + *adj* (*cause to become*) **the shock ~ed her hair gray overnight** durch den Schock wurde sie über Nacht grau ❺ (*change*) ■**to ~ sth/sb into sth** etw/jdn in etw *akk* umwandeln ❻ (*reverse*) ■**to ~ sth** [**over**] *garment, mattress* wenden, umdrehen; *page* umblättern ▶ PHRASES: **to ~ one's back on sb/sth** sich von jdm/etw abwenden; **to ~ a blind eye to sth** die Augen vor etw *dat* verschließen **III.** *vi* ❶ (*rotate*) sich drehen; **to ~ around [and around]** *person* sich umdrehen ❷ (*change direction*) **to ~ around** *person* sich umdrehen; *car* wenden; **to ~ left/right** [nach] links/rechts abbiegen; *wind* drehen; (*fig*) sich wenden; **to ~ on one's heels** auf dem Absatz kehrtmachen ❸ (*for aid or advice*) **to ~ to sb for help** jdn um Hilfe bitten ❹ (*change*) werden; *milk* sauer werden; *leaves* sich verfärben; *luck* sich wenden; **his face ~ed green** er wurde ganz grün im Gesicht; ■**to ~ into sth** zu etw *dat* werden ❺ (*turn attention to*) ■**to ~ to sth** *conversation, subject* sich etw *dat* zuwenden ❻ (*attain particular age*) **to ~ 20** 20 werden ▶ PHRASES: **to ~ [over] in one's grave** sich im Grabe umdrehen

◆**turn against I.** *vi* sich auflehnen (**gegen** +*akk*) **II.** *vt* ■**to ~ sb against sb/sth** jdn gegen jdn/etw aufwiegeln

◆**turn away I.** *vi* sich abwenden **II.** *vt* ❶ (*move*) wegrücken ❷ (*refuse entry, deny help*) abweisen

◆**turn back I.** *vi* [wieder] zurückgehen; **there's no ~ing back now!** (*fig*) jetzt gibt es kein Zurück [mehr]! **II.** *vt* ❶ (*send back*) zurückschicken; (*at border*) zurückweisen ❷ (*fold*) *bedcover* zurückschlagen

◆**turn down** *vt* ❶ (*reject*) abweisen; *proposal, offer, invitation* ablehnen ❷ (*reduce level*) *heat* niedriger stellen; (*make quieter*) *music* leiser stellen ❸ (*fold*) umschlagen; *blankets* zurückschlagen; *collar* herunterschlagen

◆**turn in I.** *vt* ❶ (*give to police*) *thing* abgeben; *person* verpfeifen; **to ~ oneself in to the police** sich der Polizei stellen ❷ (*submit*) *assignment, resignation* einreichen ❸ (*inwards*) nach innen drehen **II.** *vi* ❶ (*fam: go to bed*) sich in die Falle hauen ❷ (*drive in*) einbiegen

◆**turn off I.** *vt* ❶ (*switch off*) abschalten; *engine, power* abstellen; *gas* abdrehen; *lights* ausmachen; *radio, TV* ausschalten ❷ (*cause to lose interest*) ■**to ~ sb off** jdm die Lust nehmen; (*be sexually unappealing*) jdn abtörnen

sl II. *vi* (*leave one's path*) abbiegen
◆**turn on** I. *vt* ❶ (*switch on*) einschalten; *gas, heat* aufdrehen; *lights* anmachen ❷ (*fam: excite*) anmachen; (*sexually a.*) antörnen *sl* II. *vi* ❶ (*start operating*) einschalten ❷ (*attack*) ▪ to ~ **on sb** auf jdn losgehen
◆**turn out** I. *vi* ❶ (*work out*) sich entwickeln; **how did it ~ out?** wie ist es gelaufen? *fam* ❷ (*be revealed to be*) sich herausstellen ❸ (*come to event*) erscheinen II. *vt* ❶ (*switch off*) *lights* ausmachen ❷ (*kick out*) [hinaus]werfen *fam* ❸ (*empty contents*) [aus]leeren; *pockets* umdrehen ❹ (*produce*) *products* produzieren
◆**turn over** I. *vi* ❶ (*move*) *person, stomach* sich umdrehen; *boat* kentern; *car* sich überschlagen; *pages* umblättern ❷ (*sell*) *products* laufen ❸ (*operate*) *engine* laufen; (*start*) anspringen II. *vt* ❶ (*move*) umdrehen; *mattress* wenden; *page* umblättern; *soil* umgraben ❷ ▪ to ~ **over** ⟳ sth **to sb** (*delegate responsibility*) jdm etw übertragen; (*give*) jdm etw [über]geben ❸ (*ponder*) sorgfältig überdenken; **to ~ sth over in one's head** [*or* mind] sich *dat* etw durch den Kopf gehen lassen ▶ PHRASES: **to ~ over a new leaf** einen [ganz] neuen Anfang machen
◆**turn up** I. *vi* ❶ (*arrive*) erscheinen ❷ (*become available*) sich ergeben; *solution* sich finden ❸ (*happen unexpectedly*) passieren II. *vt* ❶ (*increase volume*) aufdrehen; *music* lauter machen; *heat* höher stellen ❷ (*point upwards*) *collar* hochschlagen ❸ (*find*) finden; **I'll see if I can ~ up some information for you** ich schau mal, ob ich ein paar Infos für Sie auftreiben kann
'**turnabout** *n* Umschwung *m*
'**turnaround** *n* ❶ (*improvement*) Wende *f; of health* Besserung *f; of company* Aufschwung *m;* (*sudden reversal*) Kehrtwendung *f* ❷ COMM Bearbeitungszeit *f* ❸ AVIAT ~ **time** Wartezeit *f* (*eines Flugzeugs am Boden zwischen zwei Flügen*)
'**turncoat** *n* Überläufer(in) *m(f)*
'**turning point** *n* Wendepunkt *m*
turnip ['tɜr·nɪp] *n* [Steck]rübe *f*
turnkey ['tɜrn·ki] *adj attr* schlüsselfertig; ~ **system** Fertigteilsystem *nt*
'**turnoff** ['tɜrn·ɔf] *n* ❶ (*road*) Abzweigung *f* ❷ (*sth unappealing*) Gräuel *nt* ❸ (*sth sexually unappealing*) **to be a real ~** abtörnen *sl*
turnout ['tɜrn·aʊt] *n* ❶ (*attendance*) Teilnahme *f* (**for** an +*dat*) ❷ POL Wahlbeteiligung *f*
turnover ['tɜrn·ˌoʊ·vər] *n* ❶ FOOD (*pastry*) **apple ~** Apfeltasche *f* ❷ (*rate change in staff*) Fluktuation *f* geh ❸ (*volume of business*) Umsatz *m* ❹ (*rate of stock movement*) Absatz *m* ❺ SPORTS (*loss of ball possession*) Turnover *m,* Ballverlust *m*
'**turnpike** *n* ❶ (*toll road*) Mautstraße *f* ❷ (*tollgate*) Mautschranke *f*
'**turnstile** *n* Drehkreuz *nt*
'**turntable** *n* ❶ TECH, RAIL Drehscheibe *f* ❷ (*on*

record player) Plattenteller *m*
turpentine ['tɜr·pən·taɪn] *n* Terpentin *nt*
turquoise ['tɜr·kwɔɪz] I. *n* ❶ (*stone*) Türkis *m* ❷ (*color*) Türkis *nt* II. *adj* türkis[farben]
turret ['tɜr·ɪt] *n* ❶ MIL **tank ~** Panzerturm *m* ❷ (*poet*) [Mauer]turm *m*
turtle <*pl* - *or* -*s*> ['tɜr·təl] *n* Schildkröte *f*
'**turtledove** *n* Turteltaube *f*
'**turtleneck** *n* Rollkragen *m;* (*sweater*) Rollkragenpullover *m*
tush [tʊʃ] *n* (*sl*) Hintern *m fam,* Hinterteil *nt fam*
tusk [tʌsk] *n* Stoßzahn *m*
tussle ['tʌs·əl] I. *vi* ❶ (*scuffle*) sich balgen (**with** mit +*dat*) ❷ (*quarrel*) ▪ to ~ [**with sb**] **over sth** [mit jdm] über etw *akk* streiten II. *n* ❶ (*struggle*) Rauferei *f* ❷ (*argument*) Streiterei *f* (**for** um +*akk,* **over** wegen +*gen*)
tut [tʌt] *interj* (*pej*) ~ ~ na, na!
tutelage ['tu·tə·lɪdʒ] *n* [An]leitung *f*
tutor ['tu·tər] I. *n* (*giving extra help*) Nachhilfelehrer(in) *m(f);* (*private teacher*) Privatlehrer(in) *m(f)* II. *vt* (*in addition to school lessons*) Nachhilfestunden geben; (*private tuition*) Privatunterricht erteilen
tutorial [tu·'tɔr·i·əl] *n* Tutorium *nt geh*
tuxedo [tʌk·'si·doʊ] *n* Smoking *m*
TV [ˌti·'vi] *n* ❶ (*appliance*) *abbrev of* **television** Fernseher *m* ❷ (*programming*) *abbrev of* **television** Fernsehen *nt;* ▪ **on ~** im Fernsehen
twang [twæŋ] I. *n* ❶ (*sound*) Doing *nt* ❷ LING Näseln *nt* II. *vt* zupfen III. *vi* einen sirrenden Ton von sich geben
tweak [twik] I. *vt* ❶ (*pull sharply*) zupfen ❷ (*adjust*) ▪ to ~ **sth** etw gerade ziehen; **this proposal still needs some ~ing** an diesem Vorschlag muss noch etwas gefeilt werden II. *n* Zupfen *nt kein pl*
tweed [twid] *n* (*cloth*) Tweed *m*
tweet [twit] I. *vi* piepsen II. *n* Piepsen *nt kein pl*
tweeter ['twi·tər] *n* TECH Hochtonlautsprecher *m*
tweezers ['twi·zərz] *npl* ▪ [**a pair of**] ~ [eine] Pinzette
twelfth [twelfθ] I. *adj* zwölfte(r, s) II. *adv* als zwölfte(r, s) III. *n* ▪ **the ~** der/die/das Zwölfte
twelve [twelv] I. *adj* zwölf; *see also* **eight** II. *n* Zwölf *f; see also* **eight**
twentieth ['twen·ti·əθ] I. *adj* zwanzigste(r, s) II. *adv* an zwanzigster Stelle III. *n* ▪ **the ~** der/die/das Zwanzigste
twenty ['twen·ti] I. *adj* zwanzig; *see also* **eight** II. *n* Zwanzig *f; see also* **eight**
twerp [twɜrp] *n* (*pej sl*) Blödmann *m fam*
twice [twaɪs] *adv* ❶ (*two times*) zweimal; ~ **a day** zweimal täglich ❷ (*doubly*) doppelt; **she is ~ his age** sie ist doppelt so alt wie er
twiddle ['twɪd·əl] *vt* (*herum*)drehen (**an** +*dat*); **to ~ one's thumbs** Däumchen drehen
twig [twɪg] *n* [kleiner] Zweig
twilight ['twaɪ·laɪt] *n* Dämmerung *f,* Zwielicht *nt*

twin [twɪn] I. *n* ❶ (*one of two siblings*) Zwilling *m;* **identical/fraternal ~s** eineiige/ zweieiige Zwillinge; (*similar or connected thing*) Pendant *nt geh* ❷ (*bed*) Einzelbett *nt* II. *adj* ❶ (*born at the same time*) Zwillings- ❷ (*connected*) *room, cities* miteinander verbunden III. *vt* <-nn-> ■**to ~ sth** [**with sth**] etw [mit etw *dat*] [partnerschaftlich] verbinden

twin 'bed *n* Einzelbett *nt*

twin 'brother *n* Zwillingsbruder *m*

twine [twaɪn] I. *n* Schnur *f* II. *vi* (*twist around*) sich schlingen (**around** um +*akk*), sich hochranken (**up** an +*dat*) III. *vt* ■**to ~ sth together** etw ineinanderschlingen

twinge [twɪndʒ] *n* Stechen *nt kein pl;* **a ~ of pain** ein stechender Schmerz; **a ~ of guilt** ein Anflug *m* eines schlechten Gewissens

twinkle ['twɪŋ·kəl] I. *vi* funkeln II. *n* Funkeln *nt;* **to do sth with a ~ in one's eye** etw mit einem [verschmitzten] Augenzwinkern tun

twinkling ['twɪŋ·klɪŋ] I. *adj eyes, lights, stars* funkelnd II. *n* kurzer Augenblick ▶ PHRASES: **to do sth in the ~ of an eye** etw im Handumdrehen tun

twin 'room *n* Zweibettzimmer *nt*

'twinset, 'twin set *n* Twinset *nt*

twin 'sister *n* Zwillingsschwester *f*

twirl [twɜrl] I. *vi* wirbeln II. *vt* rotieren lassen; (*in dancing*) [herum]wirbeln III. *n* Wirbel *m;* (*in dancing*) Drehung *f*

twist [twɪst] I. *vt* ❶ (*wind*) [ver]drehen; ■**to ~ sth off** etw abdrehen ❷ (*coil*) herumwickeln (**around** um +*akk*) ❸ (*sprain*) sich verrenken; **to ~ sb's arm** (*fig*) auf jdn Druck ausüben II. *vi* (*squirm*) sich winden; **to ~ and turn** *road* sich schlängeln III. *n* ❶ (*rotation*) Drehung *f;* **to give sth a ~** etw [herum]drehen ❷ (*sharp bend*) Kurve *f* ❸ (*unexpected change*) Wendung *f;* **a cruel ~ of fate** eine grausame Wendung des Schicksals

twisted ['twɪs·tɪd] *adj* ❶ (*bent and turned, perverted*) verdreht; *ankle* gezerrt ❷ (*winding*) verschlungen; *path* gewunden

twister ['twɪs·tər] *n* (*fam*) Tornado *m*

twit [twɪt] *n* (*pej fam*) Trottel *m*

twitch [twɪtʃ] I. *vi* zucken II. *vt* ❶ (*jerk*) zucken mit +*dat;* **to ~ one's nose** *rabbit* schnuppern ❷ (*tug quickly*) zupfen III. *n* <*pl* -es> ❶ (*jerky spasm*) **to have a** [**nervous**] **~** nervöse Zuckungen *pl* haben ❷ (*quick tug*) Ruck *m*

twitter ['twɪt·ər] *vi* ❶ (*chirp*) zwitschern ❷ (*talk rapidly*) ■**to ~ away** vor sich hinplappern

two [tu] I. *adj* zwei; **~** [**o'clock**] zwei [Uhr]; **to break sth in ~** etw entzwei brechen; **the ~ of you** ihr beide; *see also* **eight** ▶ PHRASES: **to throw in one's ~** **cents** [**worth**] seinen Senf dazugeben; **~'s company, three's a crowd** (*prov*) drei sind einer zu viel; **to be ~ of a kind** aus dem gleichen Holz geschnitzt sein; **to be of ~ minds** hin- und hergerissen sein; **there are no ~ ways about it** es gibt keine andere Möglichkeit II. *n* Zwei *f; see also* **eight**

'two-bit *adj attr* (*pej fam*) billig *pej*

two-di'mensional *adj* zweidimensional; (*pej*) *character, plot* flach

'two-door I. *adj attr* AUTO zweitürig II. *n* zweitüriges Auto

'two-edged *adj* (a. *fig*) zweischneidig

'two-faced *adj* (*pej*) falsch

twofold ['tu·foʊld] I. *adj* (*double*) zweifach; (*with two parts*) zweiteilig II. *adv* (*doubly*) zweifach; **to increase sth ~** etw verdoppeln

'two-part *adj attr* zweiteilig

'two-piece *n* ❶ (*bikini*) Bikini *m* ❷ (*suit*) Zweiteiler *m*

twosome ['tu·səm] *n* (*duo*) Duo *nt;* (*couple*) Paar *nt;* **as a ~** zu zweit

'two-time *vt* (*fam*) ■**to ~ sb** [**with sb**] jdn [mit jdm] betrügen

'two-way *adj attr, inv* ❶ (*traffic*) **~ street** Straße *f* mit Gegenverkehr ❷ *conversation, process* wechselseitig ❸ ELEC **~ switch** Wechselschalter *m*

two-way 'radio *n* Funksprechgerät *nt*

TX *abbrev of* **Texas**

TXT *vt* TELEC *short for* **text**: ■**to ~ sth** etw texten

tycoon [taɪ·'kun] *n* [Industrie]magnat(in) *m(f)*

tyke [taɪk] *n* (*fam: small child*) Gör *nt*

type [taɪp] I. *n* ❶ (*kind*) Art *f; of hair, skin* Typ *m; of food, vegetable* Sorte *f* ❷ (*character*) Typ *m;* ■**to be one's ~** jds Typ sein *fam* ❸ TYPO (*lettering*) Schriftart *f;* **italic ~** Kursivschrift *f* II. *vt* ❶ (*write with machine*) tippen ❷ (*classify*) *blood* typisieren *geh* III. *vi* Maschine schreiben

◆**type out** *vt* tippen

◆**type up** *vt report* erfassen

'typecast *vt irreg, usu passive* FILM, THEAT (*pej*) ■**to ~ be ~** auf eine Rolle festgelegt sein/werden

'typeface *n* Schrift[art] *f*

'typescript *n* Maschine geschriebenes Manuskript

'typesetter *n* TYPO ❶ (*machine*) Setzmaschine *f* ❷ (*printer*) [Schrift]setzer(in) *m(f)*

'typesetting TYPO I. *n* Setzen *nt* II. *adj attr machine, technique* Satz-

'typewrite *vt irreg* tippen

'typewriter *n* Schreibmaschine *f*

'typewritten *adj* Maschine geschrieben

typhoid ['taɪ·fɔɪd], **typhoid 'fever** *n* Typhus *m*

typhoon [taɪ·'fun] *n* Taifun *m*

typhus ['taɪ·fəs] *n* Typhus *m*

typical ['tɪp·ɪ·kəl] *adj* typisch; *symptom* a. charakteristisch (**of** für +*akk*)

typically ['tɪp·ɪ·kəl·i] *adv* typisch; **~, ...** normalerweise ...

typify <-ie-> ['tɪp·ɪ·faɪ] *vt* kennzeichnen; (*symbolize*) ein Symbol sein (für +*akk*)

typing ['taɪ·pɪŋ] *n* Tippen *nt*

typist ['taɪ·pɪst] *n* Schreibkraft *f*

typo ['taɪ·poʊ] *n* (*fam*) Druckfehler *m*

typographer [taɪ·'pag·rə·fər] *n* [Schrift]setzer(in) *m(f)*

typographic(al) [ˌtaɪ·pə·'græ·fɪk(əl)] *adj* typografisch

typography [taɪ·'pag·rə·fi] *n* Typografie *f*

tyrannical [tɪ·'ræn·ɪ·kəl] *adj* (*pej*) tyrannisch; **~ regime** Tyrannei *f*

tyrannize ['tɪr·ə·naɪz] *vt* tyrannisieren

tyranny ['tɪr·ə·ni] *n* Tyrannei *f*

tyrant ['taɪ·rənt] *n* Tyrann(in) *m(f)*; (*bossy man*) [Haus]tyrann *m pej*; (*bossy woman*) [Haus]drachen *m pej fam*

Tyrol [tɪ·'roʊl] *n* GEOG ■the ~ Tirol *nt*

tzar [zar] *n see* czar

U

U *<pl -'s or -s>*, **u** *<pl -'s>* [ju] *n* ❶ (*letter*) U *nt*, u *nt;* ~ **as in Uniform** U wie Ulrich ❷ INET (*you*) du

U¹ [ju] *n* CHEM *see* **uranium** U *nt*

U² [ju] (*fam*) *abbrev of* **university** Uni *f*

UAE [ˌju·eɪ·'i] *n pl abbrev of* **United Arab Emirates:** ■the ~ die VAE

ubiquitous [ju·'bɪk·wə·təs] *adj* allgegenwärtig

U-boat ['ju·boʊt] *n* U-Boot *nt*

udder ['ʌd·ər] *n* Euter *nt*

UFO *<pl -s or -'s>* [ˌju·ef·'oʊ] *n abbrev of* **unidentified flying object** UFO *nt*

Uganda [ju·'gæn·də] *n* Uganda *nt*

Ugandan [ju·'gæn·dən] **I.** *n* Ugander(in) *m(f)* **II.** *adj inv* ugandisch

ugh [ʌg] *interj* (*fam*) igitt!

ugliness ['ʌg·lɪ·nɪs] *n* Hässlichkeit *f*; (*fig a.*) Scheußlichkeit *f*

ugly ['ʌg·li] *adj* ❶ (*not beautiful*) hässlich; **~ as sin** hässlich wie die Nacht *fam* ❷ (*unpleasant*) *scene* hässlich; *weather* scheußlich; *rumors* übel; *mood* unerfreulich; *look* böse; *thoughts* schrecklich; **to turn ~** eine üble Wendung nehmen

UHF [ˌju·eɪtʃ·'ef] *n abbrev of* **ultrahigh frequency** UHF

UK [ˌju·'keɪ] *n abbrev of* **United Kingdom:** ■the ~ das Vereinigte Königreich

Ukraine [ju·'kreɪn] *n* die Ukraine

Ukrainian [ju·'kreɪ·ni·ən] **I.** *n* ❶ (*person*) Ukrainer(in) *m(f)* ❷ (*language*) Ukrainisch *nt* **II.** *adj inv* ukrainisch

ulcer ['ʌl·sər] *n* Geschwür *nt;* **stomach ~** Magengeschwür *nt*

ulterior [ʌl·'tɪr·i·ər] *adj inv* versteckt; **~ motive** Hintergedanke *m*

ultimate ['ʌl·tə·mɪt] **I.** *adj attr, inv* ❶ (*unbeatable*) beste(r, s) ❷ (*highest*) höchste(r, s); *deterrent, weapon* wirksamste(r, s) ❸ (*final*) letzte(r, s); *decision a.* endgültig; *effect* eigentlich; **~ destination** Endziel *nt* **II.** *n* ■the ~ das Nonplusultra; (*highest*) **the ~ in happiness** das größte Glück

ultimately ['ʌl·tə·mɪt·li] *adv inv* (*in the end*) letzten Endes; (*eventually*) letztlich

ultimatum *<pl -ta or -tums>* [ˌʌl·tə·'meɪ·təm] *n* Ultimatum *nt;* **to give sb an ~** jdm ein Ultimatum stellen

ultrahigh 'frequency *n* Ultrahochfrequenz *f*

ultrama'rine I. *adj* ultramarin[blau] **II.** *n* Ultramarin[blau] *nt*

ultra'sonic *adj inv* Ultraschall-

'ultrasound *n* Ultraschall *m*

ultra'violet *adj inv* ultraviolett; **~ lamp** UV-Lampe *f*

um [əm] *interj* (*fam*) hm, äh

um'bilical cord *n* Nabelschnur *f*

umbrage ['ʌm·brɪdʒ] *n* Anstoß *m;* **to take ~ at sth** Anstoß an etw *dat* nehmen

umbrella [ʌm·'brel·ə] *n* ❶ Regenschirm *m;* **folding ~** Knirps® *m;* (*parasol*) Sonnenschirm *m* ❷ (*protection*) Schutz *m;* MIL Jagdschutz *m*

umbrella organi'zation *n* Dachorganisation *f*

umpire ['ʌm·paɪr] **I.** *n* SPORTS (*esp baseball*) Schiedsrichter(in) *m(f)* **II.** *vt game, match* schiedsrichtern; *football match* pfeifen **III.** *vi* SPORTS Schiedsrichter/Schiedsrichterin sein, schiedsrichtern

umpteen ['ʌmp·tin] *adj* (*fam*) zig; **~ times** zigmal

umpteenth ['ʌmp·tinθ] *adj* (*fam*) x-te(r, s) *fam*

UN [ju·'en] *n pl abbrev of* **United Nations:** ■the ~ die UN [*o* UNO]

unabashed [ˌʌn·ə·'bæʃt] *adj* unverschämt

unabated [ˌʌn·ə·'beɪ·tɪd] *adj* unvermindert

unable [ʌn·'eɪ·bəl] *adj* unfähig; **to be ~ to do sth** etw nicht tun können

unabridged [ˌʌn·ə·'brɪdʒd] *adj* ungekürzt

unacceptable [ˌʌn·ək·'sep·tə·bəl] *adj* inakzeptabel; *offer* unannehmbar; *conditions* untragbar

unaccompanied [ˌʌn·ə·'kʌm·pə·nid] *adj inv* ❶ (*unescorted*) ohne Begleitung *nach n, präd;* *baggage* herrenlos ❷ MUS ohne Begleitung *nach n*

unaccountable [ˌʌn·ə·'kaʊn·tə·bəl] *adj* ❶ (*not responsible*) nicht verantwortlich ❷ (*inexplicable*) unerklärlich; *reason* unerfindlich

unaccounted-for [ˌʌn·ə·'kaʊn·tɪd·ˌfɔr] *adj pred, inv* ❶ (*unexplained*) ungeklärt ❷ (*not included in count*) nicht erfasst; (*missing*) fehlend *attr; person* vermisst

unaccustomed [ˌʌn·ə·'kʌs·təmd] *adj* (*inexperienced*) ungewohnt; **to be ~ to doing sth** es nicht gewohnt sein, etw zu tun

unacknowledged [ˌʌn·ək·'nal·ɪdʒd] *adj inv* unbeachtet; (*unrecognized*) nicht anerkannt

unaddressed [ˌʌn·ə·'drest] *adj inv* ❶ *envelope* nicht adressiert ❷ *question* unbeantwortet

unadorned [ˌʌn·ə·'dɔrnd] *adj inv* (*plain*) schlicht; *story* nicht ausgeschmückt; *beauty* natürlich; *truth* ungeschminkt

unadulterated [ˌʌn·ə·'dʌl·tə·reɪ·tɪd] *adj inv* unverfälscht; *alcohol* rein; **~ nonsense**

blanker Unsinn

unadventurous [ˌʌn·əd·'ven·tʃər·əs] *adj person* wenig unternehmungslustig; *life* unspektakulär; *style* einfallslos

unaffected [ˌʌn·ə·'fek·tɪd] *adj inv* ❶ (*unchanged*) unberührt; (*unmoved*) unbeeindruckt; (*not influenced*) nicht beeinflusst; MED nicht angegriffen ❷ (*natural*) natürlich; *manner* ungekünstelt; (*sincere*) echt

unafraid [ˌʌn·ə·'freɪd] *adj inv* unerschrocken; ■ to be ~ of sb/sth vor jdm/etw keine Angst haben

unaided [ʌn·'eɪ·dɪd] *adj inv* ohne fremde Hilfe *nach n*

unalike [ˌʌn·ə·'laɪk] *adj pred* unähnlich

unaltered [ʌn·'ɔl·tərd] *adj inv* unverändert

unambiguous [ˌʌn·æm·'bɪg·ju·əs] *adj* unzweideutig; *statement* eindeutig

un-American [ˌʌn·ə·'mer·ɪ·kən] *adj* unamerikanisch; ~ **activities** ≈Landesverrat *m* (*gegen den amerikanischen Staat gerichtete Umtriebe*)

unanimous [ju·'næn·ə·məs] *adj inv* einstimmig

unannounced [ˌʌn·ə·'naʊnst] I. *adj inv* unangekündigt; (*unexpected*) unerwartet II. *adv inv* unangemeldet; (*unexpected*) unerwartet

unanswerable [ʌn·'æn·sər·ə·bəl] *adj* ❶ unbeantwortbar; ■ to be ~ nicht zu beantworten sein ❷ (*irrefutable*) unwiderlegbar; *proof* eindeutig

unanswered [ʌn·'æn·sərd] *adj inv* unbeantwortet

unappealing [ˌʌn·ə·'pi·lɪŋ] *adj* unerfreulich, unattraktiv

unapproachable [ˌʌn·ə·'prou·tʃə·bəl] *adj* unzugänglich; *person a.* unnahbar

unarmed [ʌn·'armd] *adj inv* unbewaffnet; (*unprepared*) unvorbereitet

unashamed [ˌʌn·ə·'ʃeɪmd] *adj* schamlos; *attitude* unverhohlen

unasked [ʌn·'æskt] I. *adj inv* ❶ ungefragt; **an ~ question** eine Frage, die keiner zu stellen wagt ❷ (*not requested*) ■ ~-**for** ungebeten II. *adv inv* ❶ (*spontaneously*) spontan ❷ (*without being wanted*) ungebeten

unassuming [ˌʌn·ə·'su·mɪŋ] *adj* bescheiden

unattached [ˌʌn·ə·'tætʃt] *adj inv* ❶ (*not connected*) einzeln ❷ (*independent*) unabhängig ❸ (*bachelor*) ungebunden

unattainable [ˌʌn·ə·'teɪ·nə·bəl] *adj inv* unerreichbar

unattended [ˌʌn·ə·'ten·dɪd] *adj inv* ❶ (*alone*) unbegleitet; *child, baggage* unbeaufsichtigt ❷ (*without care*) unerledigt; (*unmanned*) nicht besetzt; **to go** ~ *patient, wound* unbehandelt bleiben

unattractive [ˌʌn·ə·'træk·tɪv] *adj* unattraktiv; *place a.* ohne Reiz *nach n, präd; personality* wenig anziehend

unauthorized [ʌn·'ɔ·θə·raɪzd] *adj inv* nicht autorisiert; *person, access* unbefugt *attr*

unavailable [ˌʌn·ə·'veɪ·lə·bəl] *adj* ❶ (*not in*) nicht verfügbar; *person* nicht erreichbar; (*busy*) nicht zu sprechen ❷ (*not for the public*) [der Öffentlichkeit] nicht zugänglich

unavoidable [ˌʌn·ə·'vɔɪ·də·bəl] *adj* unvermeidlich

unaware [ˌʌn·ə·'wer] *adj* ■ to be/be not ~ of sth sich *dat* einer S. *gen* nicht/durchaus bewusst sein

unawares [ˌʌn·ə·'werz] *adv inv* unerwartet; **to catch sb** ~ jdn überraschen

unbalanced [ʌn·'bæl·ənst] *adj* ❶ (*uneven*) schief; *account* nicht ausgeglichen; *diet* unausgewogen; (*biased*) einseitig ❷ (*unstable*) labil; **mentally** ~ psychisch labil

unbearable [ʌn·'ber·ə·bəl] *adj* unerträglich

unbeatable [ʌn·'bi·tə·bəl] *adj inv* ❶ (*sure to win*) unschlagbar; *army* unbesiegbar ❷ (*perfect*) unübertrefflich; *value, quality* unübertroffen

unbeaten [ʌn·'bi·tən] *adj inv* ungeschlagen; *army* unbesiegt

unbecoming [ˌʌn·bɪ·'kʌm·ɪŋ] *adj* ❶ *dress* unvorteilhaft ❷ *behavior* unschön

unbeknown [ˌʌn·bɪ·'noun], **unbeknownst** [ˌʌn·bɪ·'nounst] *adv inv* ■ ~ **to sb** ohne jds Wissen; ~ **to anyone he was leading a double life** kein Mensch ahnte, dass er ein Doppelleben führte

unbelievable [ˌʌn·bɪ·'li·və·bəl] *adj* ❶ (*surprising*) unglaublich ❷ (*fam: extraordinary*) sagenhaft

unbelieving [ˌʌn·bɪ·'li·vɪŋ] *adj* ungläubig

unbend [ʌn·'bend] I. *vt* <-bent, -bent> strecken; *wire* gerade biegen II. *vi* <-bent, -bent> ❶ (*straighten out*) [wieder] gerade werden; *person* sich aufrichten ❷ (*relax*) sich entspannen

unbiased [ʌn·'baɪ·əst] *adj* unparteiisch; *opinion, report* objektiv

unbleached [ʌn·'blitʃt] *adj inv* ungebleicht

unblemished [ʌn·'blem·ɪʃt] *adj inv skin* makellos; *record* tadellos

unblinking [ʌn·'blɪŋ·kɪŋ] *adj* starr

unborn [ʌn·'bɔrn] *adj inv* ungeboren

unbounded [ʌn·'baʊn·dɪd] *adj* grenzenlos; *ambition* maßlos; *hope* unbegrenzt

unbreakable [ʌn·'breɪ·kə·bəl] *adj inv* unzerbrechlich; *code* nicht zu knacken *nach n; habit* fest verankert; *promise* bindend; *record* nicht zu brechen *nach n; rule* unumstößlich

unbroken [ʌn·'brou·kən] *adj inv* ❶ unbeschädigt; *spirit, record* ungebrochen; ~ **promise** gehaltenes Versprechen ❷ (*continuous*) stetig; *peace* beständig; *sleep* ungestört

unbuckle [ʌn·'bʌk·əl] *vt* aufschnallen; *seatbelt* öffnen

unburden [ʌn·'bɜr·dən] *vt* ■ to ~ oneself [of sth] sich *akk* [von etw *dat*] befreien; ■ to ~ oneself [to sb] [jdm] sein Herz ausschütten; **to ~ one's sorrows** seine Sorgen abladen

unbusinesslike [ʌn·'bɪz·nɪs·laɪk] *adj* unprofessionell

unbutton [ʌn·'bʌt·ən] *vt, vi* aufknöpfen

uncalled for *adj pred*, **uncalled-for** [ʌn·'kɔld·fɔr] *adj attr* unnötig; *remark* unpassend

uncanny [ʌn·'kæn·i] *adj* unheimlich; **an ~ resemblance** eine unglaubliche Ähnlichkeit

uncared for *adj pred*, **uncared-for** [ʌn·'kerd·fɔr] *adj attr* ungepflegt

unceasing [ʌn·'si·sɪŋ] *adj* unaufhörlich; *efforts, support* unablässig

unceremonious [ʌn·ser·ɪ·'moʊ·ni·əs] *adj* ❶ (*abrupt*) rüde *pej* ❷ (*informal*) locker

uncertain [ʌn·'sɜr·tən] *adj* ❶ (*unsure*) unsicher; ■ **to be ~ about** [*or* **of**] sth sich *dat* einer S. *gen* nicht sicher sein; **in no ~ terms** klar und deutlich ❷ (*unpredictable*) ungewiss; *temper* launenhaft

uncertainty [ʌn·'sɜr·tən·ti] *n* ❶ (*doubtfulness*) Ungewissheit *f*, Zweifel *m* (**about** über +*akk*) ❷ (*hesitancy*) Unsicherheit *f*

unchallenged [ʌn·'tʃæl·ɪndʒd] *adj* unangefochten; (*unopposed*) unwidersprochen; **to go ~** unangefochten bleiben

unchanged [ʌn·'tʃeɪndʒd] *adj inv* ❶ (*unaltered*) unverändert ❷ (*not replaced*) nicht [aus]gewechselt

uncharacteristic [ʌn·kær·ək·tə·'rɪs·tɪk] *adj* untypisch (**of** für +*akk*)

uncharitable [ʌn·'tʃær·ɪ·tə·bəl] *adj* ❶ (*severe*) unbarmherzig ❷ (*unkind*) unfair; *person* gemein

uncharted [ʌn·'tʃɑr·tɪd] *adj* ❶ *inv* (*not mapped*) auf keiner Landkarte verzeichnet ❷ (*fig*) **~ waters/territory** Neuland *nt*

unchecked [ʌn·'tʃekt] *adj* ❶ (*unrestrained*) unkontrolliert; **~ violence** hemmungslose Gewalt; **to continue ~** ungehindert weitergehen ❷ (*not examined*) ungeprüft

unclaimed [ʌn·'kleɪmd] *adj* nicht beansprucht; *baggage* nicht abgeholt

unclassified [ʌn·'klæs·ɪ·faɪd] *adj* ❶ nicht klassifiziert ❷ (*not secret*) nicht geheim

uncle ['ʌŋ·kəl] *n* Onkel *m* ▶ PHRASES: **to cry** [*or* **say**] **~** (*fam*) klein beigeben

unclean [ʌn·'klin] *adj* ❶ (*unhygienic*) verunreinigt ❷ (*impure*) schmutzig

unclear [ʌn·'klɪr] *adj* ❶ (*not certain*) unklar; ■ **to be ~ about** sth in Bezug auf etw *akk* nicht sicher sein ❷ (*vague*) vage; *statement* unklar

Uncle 'Sam *n* Uncle Sam *m* (*Bezeichnung für die USA*)

unclog [ʌn·'klɑg] *vt* <-gg-> *drain, toilet* frei machen, reinigen

uncluttered [ʌn·'klʌt·ərd] *adj* ❶ (*tidy*) aufgeräumt ❷ (*fig*) *mind* frei

uncollected [ʌn·kə·'lek·tɪd] *adj inv fare, tax* nicht erhoben; *baggage, mail* nicht abgeholt

uncolored [ʌn·'kʌl·ərd] *adj* ❶ (*colorless*) farblos ❷ (*unbiased*) objektiv

uncomfortable [ʌn·'kʌm·fər·t̬ə·bəl] *adj* ❶ (*causing discomfort*) unbequem ❷ (*ill at ease*) **to feel ~** sich unwohl fühlen ❸ (*uneasy*) unbehaglich; *silence* gespannt

uncommitted [ʌn·kə·'mɪt̬·ɪd] *adj* ❶ (*undecided*) unentschieden ❷ (*not dedicated*) **to be ~ to a relationship** einer Beziehung halbherzig gegenüberstehen

uncommon [ʌn·'kɑm·ən] *adj* selten; *name a.* ungewöhnlich

uncommonly [ʌn·'kɑm·ən·li] *adv* ungewöhnlich

uncommunicative [ʌn·kə·'mju·nɪ·kə·tɪv] *adj* verschlossen; ■ **to be ~ about** sth/sb wenig über etw/jdn sprechen

uncompromising [ʌn·'kɑm·prə·maɪ·zɪŋ] *adj* kompromisslos

unconcerned [ʌn·kən·'sɜrnd] *adj* ❶ (*not worried*) unbekümmert; ■ **to be ~ about** sth/sb sich *dat* keine Sorgen über etw/jdn machen ❷ (*indifferent*) desinteressiert

unconditional [ʌn·kən·'dɪʃ·ə·nəl] *adj inv* bedingungslos; *love a.* rückhaltlos

unconfirmed [ʌn·kən·'fɜrmd] *adj inv* unbestätigt

unconnected [ʌn·kə·'nek·tɪd] *adj inv* unzusammenhängend (**with** mit +*dat*)

unconscious [ʌn·'kɑn·ʃəs] *adj* ❶ MED bewusstlos; **~ state** Bewusstlosigkeit *f* ❷ PSYCH unbewusst; **the ~ mind** das Unterbewusste ❸ (*unaware*) unabsichtlich; ■ **to be ~ of** sth sich *dat* einer S. *gen* nicht bewusst sein

unconsciously [ʌn·'kɑn·ʃəs·li] *adv* unbewusst

unconsciousness [ʌn·'kɑn·ʃəs·nɪs] *n* ❶ MED Bewusstlosigkeit *f* ❷ (*unawareness*) Unbewusstheit *f*

unconstitutional [ʌn·kɑn·stɪ·'tu·ʃə·nəl] *adj inv* verfassungswidrig

uncontested [ʌn·kən·'tes·tɪd] *adj* ❶ (*unchallenged*) unbestritten; *claim* unstreitig ❷ LAW unangefochten; **~ divorce** einvernehmliche Scheidung

uncontrollable [ʌn·kən·'trou·lə·bəl] *adj* unkontrollierbar; *bleeding, urge* unstillbar; *child* unzähmbar

uncontrolled [ʌn·kən·'trould] *adj* unkontrolliert; *aggression* unbeherrscht

uncontroversial [ʌn·kɑn·trə·'vɜr·ʃəl] *adj* unumstritten

unconventional [ʌn·kən·'ven·ʃə·nəl] *adj* unkonventionell

unconvinced [ʌn·kən·'vɪnst] *adj* nicht überzeugt (**of** von +*dat*)

unconvincing [ʌn·kən·'vɪn·sɪŋ] *adj* ❶ (*not persuasive*) nicht überzeugend ❷ (*not credible*) unglaubwürdig

uncooked [ʌn·'kʊkt] *adj inv* roh

uncooperative [ʌn·kou·'ɑp·ər·ə·tɪv] *adj* unkooperativ

uncork [ʌn·'kɔrk] *vt* entkorken

uncountable [ʌn·'kaʊn·tə·bəl] *adj inv* unzählbar; (*countless*) zahllos

uncouple [ʌn·'kʌp·əl] *vt* ❶ MECH abkuppeln (**from** von +*dat*) ❷ (*fig*) trennen

uncouth [ʌn·'kuθ] *adj* ungehobelt

uncover [ʌn·'kʌv·ər] *vt* ❶ (*bare*) freilegen ❷ (*disclose*) entdecken; *scandal, secret* aufde-

U

cken

uncritical [ʌnˈkrɪt̮ɪkəl] *adj* unkritisch; ■**to be ~ of sth/sb** gegenüber etw/jdm eine unkritische Einstellung haben

uncrowned [ʌnˈkraʊnd] *adj inv* ungekrönt *a. fig*

uncut [ʌnˈkʌt] *adj inv* ❶ ungeschnitten; *diamond* ungeschliffen ❷ (*not shortened*) *version* ungekürzt

undated [ʌnˈdeɪt̮ɪd] *adj inv* undatiert

undaunted [ʌnˈdɔntɪd] *adj* unerschrocken; **to remain ~ [by sth]** von etw *dat* unbeirrt sein

undecided [ʌndɪˈsaɪdɪd] *adj* ❶ (*hesitant*) unentschlossen; ■**to be ~ about sth** sich *dat* über etw *akk* [noch] unklar sein ❷ (*unsettled*) offen; *vote* unentschieden

undeclared [ʌndɪˈklerd] *adj* ❶ FIN nicht deklariert ❷ (*unofficial*) nicht erklärt; **~ war** Krieg *m* ohne Kriegserklärung

undefined [ʌndɪˈfaɪnd] *adj* ❶ unbestimmt ❷ (*lacking clarity*) vage

undeliverable [ʌndɪˈlɪvərəbəl] *adj* unzustellbar

undelivered [ʌndɪˈlɪvərd] *adj* nicht zugestellt

undemocratic [ʌndeməˈkræt̮ɪk] *adj* undemokratisch

undemonstrative [ʌndɪˈmanstrət̮ɪv] *adj* zurückhaltend

undeniable [ʌndɪˈnaɪəbəl] *adj* unbestritten; **~ evidence** eindeutiger Beweis

undeniably [ʌndɪˈnaɪəbli] *adv* unbestreitbar

under [ˈʌndər] **I.** *prep* ❶ (*below*) unter +*dat; with verbs of motion* unter +*akk;* **he walked ~ the bridge** er ging unter die Brücke; **he stood ~ a bridge** er stand unter einer Brücke ❷ (*supporting*) unter +*dat;* **to break ~ the weight** unter dem Gewicht zusammenbrechen ❸ (*less than*) unter +*dat;* **to cost ~ 5 dollars** weniger als fünf Dollar kosten ❹ (*governed by*) unter +*dat;* **~ the supervision of sb** unter jds Aufsicht; **to be ~ sb's influence** (*fig*) unter jds Einfluss stehen ❺ (*in state of*) unter +*dat;* **~ arrest/suspicion** unter Arrest/Verdacht; **~ [no] circumstances** unter [keinen] Umständen ▶PHRASES: **[already] way** [bereits] im Gange **II.** *adv inv* ❶ (*down*) **to go ~** untergehen; *company* Pleite machen ❷ (*less*) **suitable for kids aged five and ~** geeignet für Kinder von fünf Jahren und darunter

undera'chieve *vi* weniger leisten als erwartet

under'age *adj inv* minderjährig; **~ drinking** der Genuss von Alkohol durch Minderjährige

'underarm *n* Achselhöhle *f*

under'bid <-bid, -bid> **I.** *vi* ein zu niedriges Angebot machen **II.** *vt* unterbieten

under'charge *vt, vi* zu wenig berechnen

'underclass *n* unterprivilegierte Klasse

'underclothes *npl see* **underwear**

'undercoat I. *n* ❶ (*paint*) Grundierung *f* ❷ AUTO Unterbodenschutz *m kein pl* ❸ (*fur*)

Wollhaarkleid *nt* **II.** *vt* ❶ (*paint*) grundieren ❷ AUTO mit Unterbodenschutz versehen

'undercoating *n see* **undercoat I. 1, 2**

'undercover I. *adj attr, inv* geheim; *detective* verdeckt; **~ police officer** Geheimpolizist(in) *m(f)* **II.** *adv inv* geheim

'undercurrent *n* ❶ (*of sea, river*) Unterströmung *f* ❷ (*fig*) Unterton *m*

under'cut <-cut, -cut> *vt* ❶ (*charge less*) unterbieten ❷ (*undermine*) untergraben

underde'veloped *adj* unterentwickelt; **~ country** Entwicklungsland *nt*

'underdog *n* Außenseiter(in) *m(f)*

under'done *adj* (*undercooked*) nicht gar; *meat* blutig

under'dressed *adj* (*too casual*) zu einfach gekleidet

underem'ployed *adj person* unterbeschäftigt; *thing* nicht voll genutzt

undere'quipped *adj* unzureichend ausgerüstet

under'estimate I. *vt* unterschätzen **II.** *vi* eine zu geringe Schätzung abgeben **III.** *n* Unterbewertung *f*

underex'pose *vt photo* unterbelichten

underex'posure *n* PHOT Unterbelichtung *f*

under'fed *adj* unterernährt

under'foot *adv inv* unter den Füßen; **it was very muddy ~** der Weg war sehr schlammig

under'fund *vt* unterfinanzieren

under'funding *n* Unterfinanzierung *f*

under'go <-went, -gone> *vt* **to ~ a change** eine Veränderung durchmachen; **to ~ surgery** sich einer Operation unterziehen

under'graduate *n* Student(in) *m(f)*

'underground I. *adj* ❶ *inv* unterirdisch; **~ cable** Erdkabel *nt* ❷ POL Untergrund-; **~ movement** Untergrundbewegung *f* **II.** *adv* ❶ *inv* GEOG unter der Erde ❷ POL **to go ~** in den Untergrund gehen

'undergrowth *n* Dickicht *nt;* **dense ~** dichtes Gestrüpp

'underhand I. *adj* ❶ (*devious*) hinterhältig; **~ dealings** betrügerische Machenschaften ❷ *serve, throw* mit der Hand von unten nach *n* **II.** *adv* SPORTS mit der Hand von unten

underin'sured *adj* unterversichert

'underlay¹ *n* Unterlage *f*

under'lay² *vt pt of* **underlie**

under'lie <-y-, -lay, -lain> *vt* zugrunde liegen

'underline *vt* ❶ (*draw line*) unterstreichen; **to ~ sth in red** etw rot unterstreichen ❷ (*emphasize*) betonen

underling [ˈʌndərlɪŋ] *n* (*pej*) Handlanger *m pej*

under'lying *adj attr, inv* ❶ GEOG tiefer liegend ❷ (*basic*) zugrunde liegend; **the ~ reason for sth** der Grund für etw

under'manned *adj* unterbesetzt

'undermine *vt* (*weaken*) untergraben; *currency, confidence* schwächen; *health* schädigen; *hopes* zunichtemachen

underneath [ʌndərˈniθ] **I.** *prep* unter +*dat; with vbs of motion* unter +*akk* **II.** *adv inv* darunter III. *n* ▪**the** ~ die Unterseite IV. *adj inv* untere(r, s)

under'nourished *adj* unterernährt

under'paid *adj* unterbezahlt

'underpants *npl* Unterhose *f*

'underpass <*pl* -es> *n* Unterführung *f*

under'pay <-paid, -paid> *vt usu passive* unterbezahlen

underper'form *vi* eine [unerwartet] schlechte Leistung erbringen

under'play *vt* herunterspielen

under'populated *adj* unterbevölkert

under'privileged I. *adj* unterprivilegiert II. *n* ▪**the** ~ *pl* die Unterprivilegierten *pl*

under'rated *adj* unterschätzt

underrepre'sented *adj* unterrepräsentiert

'underscore *vt* ❶(*draw line*) unterstreichen ❷(*emphasize*) betonen

under'sell <-sold, -sold> *vt* ❶(*offer cheaper*) *competitor* unterbieten; *goods* unter Preis verkaufen ❷(*undervalue*) unterbewerten; ▪**to** ~ **oneself** sich unter Wert verkaufen *fam*

'undershirt *n* Unterhemd *nt*

'underside *n usu sing* Unterseite *f*

'undersigned <*pl* -> *n* (*form*) ▪**the** ~ der/die Unterzeichnete

'underskirt *n* Unterrock *m*

under'staffed *adj* unterbesetzt

understand <-stood, -stood> [ˌʌn·dərˈstænd] I. *vt* ❶(*perceive meaning*) verstehen; **to not** ~ **a single word** kein einziges Wort verstehen; **to** ~ **one another** sich verstehen; **to make oneself understood** sich verständlich machen ❷(*comprehend significance*) begreifen ❸(*sympathize with*) ▪**to** ~ **sb/sth** für jdn/etw Verständnis haben ❹(*empathize*) ▪**to** ~ **sb** sich in jdn einfühlen können ❺(*be informed*) ▪**to** ~ [**that**] ... hören, dass ...; **to give sb to** ~ **that** ... jdm zu verstehen geben, dass ... II. *vi* ❶(*comprehend*) verstehen, kapieren *fam* ❷(*infer*) ▪**to** ~ **from sth that** ... aus etw *dat* schließen, dass ... ❸(*be informed*) ▪**to** ~ **from sb that** ... von jdm hören, dass ...

understandable [ˌʌn·dərˈstæn·də·bəl] *adj* verständlich

understanding [ˌʌn·dərˈstæn·dɪŋ] I. *n* ❶(*comprehension*) Verständnis *nt;* **to be beyond sb's** ~ über jds Verständnis *nt* hinausgehen ❷(*agreement*) Übereinkunft *f;* **tacit** ~ stillschweigendes Abkommen ❸(*condition*) Bedingung *f;* **to do sth on the** ~ **that** ... etw unter der Bedingung machen, dass ... II. *adj* verständnisvoll

understate [ˌʌn·dərˈsteɪt] *vt* abschwächen; **to** ~ **the case** untertreiben

understated [ˌʌn·dərˈsteɪ·t̬ɪd] *adj* ❶(*downplayed*) untertrieben ❷(*restrained*) zurückhaltend; *elegance* schlicht

understatement [ˌʌn·dər·ˈsteɪt·mənt] *n* Untertreibung *f*, Understatement *nt*

understood [ˌʌn·dərˈstʊd] *pt, pp of* **understand**

understudy [ˈʌn·dər·ˌstʌd·i] THEAT I. *n* Zweit-

besetzung *f* II. *vt* <-ie-> ▪**to** ~ **sb** jdn als Zweitbesetzung vertreten

undertake <-took, -taken> [ˌʌn·dərˈteɪk] *vt* ❶(*take on*) durchführen; *trip* unternehmen ❷(*guarantee*) ▪**to** ~ **to do sth** sich verpflichten, etw zu tun

undertaker [ˈʌn·dər·ˌteɪ·kər] *n see* **funeral director**

undertaking [ˌʌn·dər·ˈteɪ·kɪŋ] *n* ❶(*project*) Unternehmung *f* ❷(*pledge*) Verpflichtung *f*

under-the-'counter I. *adj attr* illegal II. *adv* unter der Hand

'undertone *n* ❶(*voice*) gedämpfte Stimme ❷(*insinuation*) Unterton *m*

under'used, under'utilized *adj* nicht [voll] ausgelastet

under'value *vt* unterbewerten; *person* unterschätzen

'underwater *inv* I. *adj* Unterwasser- II. *adv* unter Wasser

'underwear *n* Unterwäsche *f*

'underweight *adj* untergewichtig

'underworld *n* ❶(*milieu*) Unterwelt *f* ❷(*afterworld*) ▪**the U**~ die Unterwelt

under'write <-wrote, -written> *vt* **to** ~ **an insurance policy** die Haftung für eine Versicherung übernehmen; **to** ~ **a loan** für einen Kredit bürgen

'underwriter *n* Versicherer, Versicherin *m, f*

undesirable [ˌʌn·dɪˈzaɪ·rə·bəl] I. *adj* unerwünscht; ~ **character** windiger Typ *pej fam* II. *n usu pl* unerwünschte Person

undetected [ˌʌn·dɪˈtek·t̬ɪd] *adj inv* unentdeckt

undeveloped [ˌʌn·dɪˈvel·əpt] *adj* ❶*land* unerschlossen ❷ECON unterentwickelt ❸PHOT nicht entwickelt

undid [ʌnˈdɪd] *pt of* **undo**

undies [ˈʌn·diz] *npl* (*fam*) Unterwäsche *f kein pl*

undisclosed [ˌʌn·dɪˈskloʊzd] *adj inv* nicht veröffentlicht; *location, source* geheim

undiscovered [ˌʌn·dɪˈskʌv·ərd] *adj* unentdeckt

undisputed [ˌʌn·dɪˈspju·t̬ɪd] *adj* unumstritten

undistinguished [ˌʌn·dɪˈstɪŋ·gwɪʃt] *adj* mittelmäßig *usu pej*

undisturbed [ˌʌn·dɪˈstɜrbd] *adj* ❶(*untouched*) unberührt ❷(*uninterrupted*) ungestört ❸(*unconcerned*) nicht beunruhigt

undivided [ˌʌn·dɪˈvaɪ·dɪd] *adj* ❶(*not split*) ungeteilt ❷(*concentrated*) uneingeschränkt; *attention* ungeteilt

undo <-did, -done> [ʌnˈdu] I. *vt* ❶(*unfasten*) öffnen; *button, zipper* aufmachen ❷(*cancel*) *damage* beheben; **to** ~ **the good work** die gute Arbeit zunichtemachen ❸(*ruin*) zugrunde richten ▸ PHRASES: **what's done cannot be** ~**ne** (*saying*) Geschehenes kann man nicht mehr ungeschehen machen II. *vi button* aufgehen

undoing [ʌn·ˈdu·ɪŋ] *n* Ruin *m;* **to be sb's** ~ jds

U

Ruin *m* sein
undone [ʌn·'dʌn] I. *vt pp of* **undo** II. *adj inv* offen; **to come ~** aufgehen
undoubted [ʌn·'daʊ·t̬ɪd] *adj inv* unbestritten
undoubtedly [ʌn·'daʊ·t̬ɪd·li] *adv inv* zweifellos
undreamed of *adj pred*, **undreamed-of** [ʌn·'drimd·ˌʌv] *adj attr*, **undreamt of** *adj pred*, **undreamt-of** [ʌn·'dremt·ˌav] *adj attr* unvorstellbar; *success* ungeahnt
undress [ʌn·'dres] I. *vt* ausziehen II. *vi* sich ausziehen III. *n* **in a state of ~** spärlich bekleidet
undressed [ʌn·'drest] *adj pred*, *inv* unbekleidet; **to get ~** sich ausziehen
undue [ˌʌn·'du] *adj* ungebührlich; **~ pressure** übermäßiger Druck
undulating ['ʌn·dʒə·leɪ·t̬ɪŋ] *adj* ❶ (*rocking*) wallend ❷ (*wavy*) **~ hills** sanft geschwungene Hügel
unduly [ʌn·'du·li] *adv* unangemessen; *concerned* übermäßig
undying [ʌn·'daɪ·ɪŋ] *adj attr* unvergänglich; *devotion* unerschütterlich; *love* ewig
unearned [ʌn·'ɜrnd] *adj* ❶ (*undeserved*) unverdient ❷ (*not worked for*) nicht erarbeitet; **~ income** (*from real estate*) Besitzeinkommen *nt;* (*from investments*) Kapitaleinkommen *nt*
unearth [ʌn·'ɜrθ] *vt* ❶ (*dig up*) ausgraben ❷ (*discover*) entdecken; *truth* ans Licht bringen; *person* ausfindig machen
unearthly [ʌn·'ɜrθ·li] *adj* ❶ (*eerie*) gespenstisch; *beauty* übernatürlich; *noise* grässlich ❷ (*fam: inconvenient*) unmöglich; **at some ~ hour** zu einer unchristlichen Zeit
unease [ʌn·'iz], **uneasiness** [ʌn·'iz·ɪ·nɪs] *n* Unbehagen *nt* (**over/at** über +*akk*)
uneasy [ʌn·'i·zi] *adj* ❶ (*anxious*) besorgt; *smile* gequält; ■**to be/feel ~ about sth/sb** sich in Bezug auf etw/jdn unbehaglich fühlen ❷ (*causing anxiety*) unangenehm; *feeling* ungut; *relationship* gespannt
uneconomic [ʌn·ˌek·ə·'nam·ɪk] *adj* unwirtschaftlich
uneducated [ʌn·'edʒ·ə·keɪ·t̬ɪd] *adj* ungebildet
unemotional [ˌʌn·ɪ·'moʊ·ʃə·nəl] *adj* ❶ (*not feeling emotions*) kühl ❷ (*not revealing emotions*) emotionslos
unemployable [ʌn·ɪm·'plɔɪ·ə·bəl] *adj* unvermittelbar
unemployed [ʌn·ɪm·'plɔɪd] I. *n* ■**the ~** *pl* die Arbeitslosen II. *adj* arbeitslos
unemployment [ʌn·ɪm·'plɔɪ·mənt] *n* ❶ (*state*) Arbeitslosigkeit *f* ❷ (*rate*) Arbeitslosenrate *f;* **mass ~** Massenarbeitslosigkeit *f* ❸ (*compensation*) Arbeitslosengeld *nt*
unemployment compen'sation, unemployment in'surance *n* Arbeitslosenunterstützung *f,* Arbeitslosengeld *nt*
unemployment office *n* Arbeitsamt *nt*
unending [ʌn·'en·dɪŋ] *adj* endlos

unenlightened [ʌn·ɪn·'laɪ·tənd] *adj* ❶ (*unwise*) unklug; *person a.* ignorant ❷ (*superstitious*) unaufgeklärt ❸ (*uninformed*) ahnungslos; **to remain ~** im Dunkeln tappen *fam*
unenviable [ʌn·'en·vi·ə·bəl] *adj* wenig beneidenswert
unequal [ʌn·'i·kwəl] *adj* ❶ (*different*) unterschiedlich; **~ triangle** ungleichseitiges Dreieck ❷ (*unjust*) ungerecht; *contest, treatment* ungleich; *relationship* einseitig ❸ (*inadequate*) ■**to be ~ to sth** etw nicht gewachsen sein
unequaled, unequalled *adj* [ʌn·'i·kwəld] unübertroffen
unequivocal [ʌn·ɪ·'kwɪv·ə·kəl] *adj* unmissverständlich; *success* eindeutig
unerring [ʌn·'ɜr·ɪŋ] *adj* unfehlbar
UNESCO [ju·'nes·koʊ] *n acr for* **United Nations Educational, Scientific and Cultural Organization:** ■[the] **~** die UNESCO
unethical [ʌn·'eθ·ɪ·kəl] *adj* unmoralisch
uneven [ʌn·'i·vən] *adj* ❶ (*not level*) uneben; *road* holprig ❷ (*not parallel*) ungleich; **~ bars** (*gymnastics*) Stufenbarren *m* ❸ (*unfair*) unterschiedlich; *contest, treatment* ungleich ❹ (*inadequate*) uneinheitlich ❺ (*odd*) ungerade
uneventful [ʌn·ɪ·'vent·fəl] *adj* ereignislos
unexceptionable [ʌn·ɪk·'sep·ʃə·nə·bəl] *adj* untadelig; *behavior* tadellos
unexceptional [ʌn·ɪk·'sep·ʃə·nəl] *adj* nicht außergewöhnlich
unexciting [ʌn·ɪk·'saɪ·t̬ɪŋ] *adj* ❶ (*commonplace*) durchschnittlich ❷ (*uneventful*) ereignislos
unexpected [ʌn·ɪk·'spek·tɪd] I. *adj* unerwartet; *opportunity* unvorhergesehen; *windfall* unverhofft II. *n* ■**the ~** das Unerwartete
unexplained [ʌn·ɪk·'spleɪnd] *adj inv* unerklärt
unexploded [ʌn·ɪk·'sploʊ·dɪd] *adj inv* nicht detoniert
unexpressed [ʌn·ɪk·'sprest] *adj* unausgesprochen
unexpurgated [ʌn·'ek·spər·geɪ·t̬ɪd] *adj* unzensiert
unfailing [ʌn·'feɪ·lɪŋ] *adj* ❶ (*dependable*) beständig; *loyalty* unerschütterlich ❷ (*continuous*) unerschöpflich
unfair [ʌn·'fer] *adj* ungerecht
unfaithful [ʌn·'feɪθ·fʊl] *adj* ❶ (*adulterous*) untreu ❷ (*disloyal*) illoyal *geh* ❸ (*inaccurate*) ungenau
unfamiliar [ʌn·fə·'mɪl·jər] *adj* ❶ (*new*) unvertraut; *experience* ungewohnt; *place* unbekannt; ■**to be ~ to sb** jdm fremd sein ❷ (*unacquainted*) ■**to be ~ with sth** mit etw *dat* nicht vertraut sein
unfashionable [ʌn·'fæʃ·ə·nə·bəl] *adj* unmodisch
unfasten [ʌn·'fæs·ən] I. *vt button, belt* öffnen; *jewelry* abnehmen II. *vi* aufgehen
unfathomable [ʌn·'fæð·ə·mə·bəl] *adj* ❶ (*deep*) unergründlich ❷ (*inexplicable*) unverständlich
unfavorable [ʌn·'feɪ·vər·ə·bəl] *adj* ❶ (*ad-*

verse) ungünstig; *comparison* unvorteilhaft; *decision* negativ ❷ (*disadvantageous*) nachteilig; **to appear in an ~ light** in einem ungünstigen Licht erscheinen

unfeeling [ʌn·ˈfiˑlɪŋ] *adj* gefühllos

unfilled [ʌn·ˈfɪld] *adj* leer; *job* offen

unfinished [ʌn·ˈfɪn·ɪʃt] *adj* ❶ (*incomplete*) unvollendet; **~ business** offene Fragen *pl* ❷ (*rough*) halbfertig; (*unpainted*) unlackiert

unfit [ʌn·ˈfɪt] *adj* ❶ (*unhealthy*) nicht fit; **to be ~ for work** arbeitsuntauglich sein ❷ (*incompetent*) ungeeignet (**for** für +*akk*); ■**to be ~ to do sth** unfähig sein, etw zu tun

unflagging [ʌn·ˈflæɡ·ɪŋ] *adj* unermüdlich; *optimism* ungebrochen

unflappable [ʌn·ˈflæp·ə·bəl] *adj* (*fam*) unerschütterlich; ■**to be ~** nicht aus der Ruhe zu bringen sein

unflinching [ʌn·ˈflɪn·tʃɪŋ] *adj* unerschrocken; *determination* unbeirrbar; *report* wahrheitsgetreu; *support* beständig

unfold [ʌn·ˈfoʊld] **I.** *vt* ❶ (*open*) entfalten; *furniture* aufklappen ❷ (*reveal*) darlegen **II.** *vi* ❶ (*develop*) sich entwickeln ❷ (*open*) aufgehen

unforeseeable [ˌʌn·fɔr·ˈsiˑə·bəl] *adj* unvorhersehbar

unforeseen [ˌʌn·fɔr·ˈsin] *adj inv* unvorhergesehen

unforgettable [ˌʌn·fərˈɡeṭ·ə·bəl] *adj* unvergesslich

unforgivable [ˌʌn·fərˈɡɪv·ə·bəl] *adj* unverzeihlich; **~ sin** Todsünde *f*

unfortunate [ʌn·ˈfɔr·tʃə·nɪt] **I.** *adj* ❶ (*unlucky*) unglücklich; ■**it's ~ that ...** es ist ungünstig, dass ... ❷ (*regrettable*) bedauerlich; *manner* ungeschickt **II.** *n* Unglücksselige(r) *f(m)*

unfortunately [ʌn·ˈfɔr·tʃə·nɪt·li] *adv* unglücklicherweise

unfounded [ʌn·ˈfaʊn·dɪd] *adj* unbegründet

unfriendly [ʌn·ˈfrend·li] *adj* unfreundlich; (*hostile*) feindlich; **environmentally ~** umweltschädlich

unfulfilled [ˌʌn·fʊl·ˈfɪld] *adj* ❶ (*unperformed*) unvollendet; *promise* unerfüllt ❷ (*unsatisfied*) unausgefüllt; *life* unerfüllt

unfurl [ʌn·ˈfɜrl] **I.** *vt* ausrollen; *banner, flag* entfalten; *umbrella* aufspannen; *sail* setzen **II.** *vi* sich öffnen

unfurnished [ˌʌn·ˈfɜr·nɪʃt] *adj* unmöbliert

ungainly [ʌn·ˈɡeɪn·li] *adj* unbeholfen

UN General 'Assembly *n* UN-Vollversammlung *f*

ungenerous [ʌn·ˈdʒen·ər·əs] *adj* knausrig *pej fam*

ungentlemanly [ʌn·ˈdʒen·təl·mən·li] *adj* ungalant *geh*

ungodly [ʌn·ˈɡad·li] *adj* (*fam*) unerhört; **at some ~ hour** zu einer unchristlichen Zeit

ungovernable [ʌn·ˈɡʌv·ər·nə·bəl] *adj country* unregierbar; *temper* unkontrollierbar

ungrateful [ʌn·ˈɡreɪt·fəl] *adj* undankbar

unguarded [ʌn·ˈɡar·dɪd] *adj* ❶ (*undefended*)

unbewacht; *border* offen ❷ (*unwary*) unvorsichtig; **~ moment** unbedachter Augenblick

unhappy [ʌn·ˈhæp·i] *adj* ❶ (*sad*) unglücklich ❷ (*unfortunate*) unglücksselig; *coincidence* unglücklich

unharmed [ʌn·ˈharmd] *adj inv* unversehrt

unhealthy [ʌn·ˈhel·θi] *adj* ❶ (*unwell*) kränklich ❷ (*harmful*) ungesund ❸ (*morbid*) krankhaft

unheard [ʌn·ˈhɜrd] *adj* ungehört

un'heard-of *adj* ❶ (*unknown*) unbekannt ❷ (*unthinkable*) undenkbar

unhelpful [ʌn·ˈhelp·fʊl] *adj* nicht hilfreich; *person* nicht hilfsbereit

unhinge [ʌn·ˈhɪndʒ] *vt* aus der Fassung bringen

unholy [ʌn·ˈhoʊ·li] *adj* ❶ (*wicked*) ruchlos ❷ REL gottlos; *ground* ungeweiht ❸ (*dangerous*) gefährlich; **~ alliance** unheilige Allianz *hum*

unhook [ʌn·ˈhʊk] *vt* ❶ (*detach*) abhängen; *fish* vom Haken nehmen ❷ *clothing* aufmachen

unhoped-for [ʌn·ˈhoʊpt·ˌfɔr] *adj* unverhofft

unhurt [ʌn·ˈhɜrt] *adj* unverletzt

UNICEF [ˈjuˑnɪ·sef] *n acr for* **United Nations (International) Children's (Emergency) Fund** UNICEF *f*

unicorn [ˈjuˑnɪ·kɔrn] *n* Einhorn *nt*

unidentified [ˌʌn·aɪ·ˈden·tə·faɪd] *adj inv* (*unknown*) nicht identifiziert

unification [ˌju·nɪ·fɪ·ˈkeɪ·ʃən] *n* Vereinigung *f*

uniform [ˈjuˑnə·fɔrm] **I.** *n* ❶ (*outfit*) Uniform *f*, Montur *f* ❷ (*fam: police officer*) Polizist(in) *m(f)* **II.** *adj* ❶ (*same*) einheitlich ❷ (*consistent*) gleich bleibend; *temperature, rate* konstant; *color, design* einförmig; *scenery* gleichförmig

uniformity [ˌju·nə·ˈfɔr·mə·ti] *n* ❶ (*sameness*) Einheitlichkeit *f*; (*monotony*) Eintönigkeit *f* ❷ (*consistency*) Gleichmäßigkeit *f*

unify [ˈjuˑnə·faɪ] *vt, vi* [sich *akk*] vereinigen

unilateral [ˌju·nɪ·ˈlæṭ·ər·əl] *adj inv* einseitig

unimaginable [ˌʌn·ɪ·ˈmædʒ·ə·nə·bəl] *adj* unvorstellbar

unimportant [ˌʌn·ɪm·ˈpɔr·tənt] *adj* unwichtig

uninformed [ˌʌn·ɪn·ˈfɔrmd] *adj* uninformiert

uninhabitable [ˌʌn·ɪn·ˈhæb·ɪ·t̬ə·bəl] *adj building* unbewohnbar; *land a.* unbesiedelbar

uninhabited [ˌʌn·ɪn·ˈhæb·ɪ·t̬ɪd] *adj building* unbewohnt; *land a.* unbesiedelt

uninhibited [ˌʌn·ɪn·ˈhɪb·ɪ·t̬ɪd] *adj* ungehemmt

uninjured [ʌn·ˈɪn·dʒərd] *adj* unverletzt

uninsured [ˌʌn·ɪn·ˈʃʊrd] *adj inv* nicht versichert (**against** gegen +*akk*)

unintelligent [ˌʌn·ɪn·ˈtel·ɪ·dʒənt] *adj* unintelligent

unintelligible [ˌʌn·ɪn·ˈtel·ɪ·dʒə·bəl] *adj* unverständlich

unintentional [ˌʌn·ɪn·ˈten·ʃə·nəl] *adj* unabsichtlich; *humor* unfreiwillig

unintentionally [ˌʌn·ɪn·ˈten·ʃə·nə·li] *adv* unabsichtlich

uninterested [ʌn·ˈɪn·trɪ·stɪd] *adj* uninteres-

U

siert; ■**to be** ~ **in sth/sb** kein Interesse an etw/jdm haben

uninteresting [ʌn·ˈɪn·tri·stɪŋ] *adj* uninteressant

uninterrupted [ʌn·ˌɪn·tər·ˈʌp·tɪd] *adj inv* ununterbrochen; *rest, view* ungestört; *growth* beständig

union [ˈjun·jən] *n* ❶ (*state*) Union *f* ❷ (*act*) Vereinigung *f* ❸ (*organization*) Verband *m;* (*labor union*) Gewerkschaft *f*

unionize [ˈjun·jə·naɪz] *vt, vi* [sich *akk*] gewerkschaftlich organisieren

ˈ**Union Jack** *n* Union Jack *m;* NAUT Gösch *f*

unique [juˈnik] *adj* ❶ *inv* (*only*) einzigartig; *characteristic* besondere(r, s); **the coral is** ~ **to this reef** die Koralle ist nur an diesem Riff heimisch ❷ (*exceptional*) einzigartig; *opportunity* einmalig

uniqueness [juˈnik·nɪs] *n* Einzigartigkeit *f*

unisex [ˈju·nɪ·seks] *adj inv* unisex

unison [ˈju·nɪ·sən] *n* ❶ MUS Gleichklang *m;* **to sing in** ~ einstimmig singen ❷ (*simultaneously*) ■**to do sth in** ~ gleichzeitig dasselbe tun ❸ (*in agreement*) **to act in** ~ in Übereinstimmung handeln

unit [ˈju·nɪt] *n* ❶ (*standard*) Einheit *f;* ~ **of currency** Währungseinheit *f* ❷ (*group*) Abteilung *f;* **anti-terrorist** ~ Antiterroreinheit *f* ❸ MECH (*part*) Teil *m,* Einheit *f* ❹ (*furniture*) Element *nt* ❺ MATH Einer *m*

ˈ**unit cost** *n* COMM Kosten *pl* pro Einheit

unite [juˈnaɪt] **I.** *vt* vereinigen (**with** mit +*dat*) **II.** *vi* sich vereinigen, sich zusammentun

united [juˈnaɪ·t̬ɪd] *adj* ❶ (*joined*) vereinigt; ~ **Germany** wiedervereinigtes Deutschland ❷ (*solidarity*) **to present a** ~ **front** Einigkeit demonstrieren ▶ PHRASES: ~ **we stand, divided we <u>fall</u>** (*saying*) nur gemeinsam sind wir stark

United ˈKingdom *n* ■**the** ~ das Vereinigte Königreich

United ˈNations *n* ■**the** ~ die Vereinten Nationen *pl*

United ˈStates *n* + *sing vb* ■**the** ~ [of **America**] die Vereinigten Staaten *pl* [von Amerika]

ˈ**unit price** *n* COMM Preis *m* pro Einheit

unity [ˈju·nɪ·t̬i] *n* ❶ (*oneness*) Einheit *f* ❷ (*harmony*) Einigkeit *f*

universal [ˌju·nə·ˈvɜr·səl] *adj* universell; *agreement* allgemein; ~ **truth** allgemein gültige Wahrheit

universe [ˈju·nə·vɜrs] *n* ❶ ■**the** ~ das Universum ❷ (*fig*) Welt *f*

university [ˌju·nə·ˈvɜr·sɪ·t̬i] *n* Universität *f*

unjust [ʌnˈdʒʌst] *adj* ungerecht

unjustifiable [ʌnˌdʒʌs·tɪ·ˈfaɪ·ə·bəl] *adj* nicht zu rechtfertigen *präd*

unjustified [ʌnˈdʒʌs·tɪ·faɪd] *adj* ungerechtfertigt; *complaint* unberechtigt

unjustly [ʌnˈdʒʌst·li] *adv* ❶ (*unfairly*) ungerecht ❷ (*wrongfully*) zu Unrecht

unkempt [ʌnˈkempt] *adj* ungepflegt; *hair* un-

gekämmt

unkind [ʌnˈkaɪnd] *adj* (*mean*) unfreundlich, gemein

unkindly [ʌnˈkaɪnd·li] *adv* unfreundlich; **she speaks** ~ **of him** sie hat für ihn kein gutes Wort übrig

unknowing [ʌnˈnoʊ·ɪŋ] *adj* ahnungslos

unknown [ʌnˈnoʊn] **I.** *adj* ❶ (*not known*) unbekannt; ~ **to me, ...** ohne mein Wissen ... ❷ *personage* unbekannt **II.** *n* ❶ Ungewissheit *f;* MATH Unbekannte *f;* ■**the** ~ das Unbekannte ❷ (*personage*) Unbekannte(r) *f(m)*

unlawful [ʌnˈlɔ·fəl] *adj inv* rechtswidrig

unleaded [ʌnˈled·ɪd] *adj inv gasoline* bleifrei

unlearn [ʌnˈlɜrn] *vt* verlernen; *habit* sich *dat* abgewöhnen

unleash [ʌnˈliʃ] *vt dog* von der Leine lassen; **to** ~ **a storm of protest** einen Proteststurm auslösen

unleavened [ʌnˈlev·ənd] *adj inv* ~ **bread** ungesäuertes Brot

unless [ənˈles] *conj* ~ **I'm mistaken, ...** wenn ich mich nicht irre, ...; **he won't come** ~ **he has time** er wird nicht kommen, außer wenn er Zeit hat

unlicensed [ʌnˈlaɪ·sənst] *adj inv* ohne Lizenz *nach n; car* nicht zugelassen

unlike [ʌnˈlaɪk] *prep* ❶ (*different*) **to be** ~ **sb/sth** jdm/etw nicht ähnlich sein ❷ (*in contrast to*) im Gegensatz zu ❸ (*not normal for*) **to be** ~ **sb/sth** für jdn/etw nicht typisch sein

unlikely [ʌnˈlaɪk·li] *adj* ❶ (*improbable*) unwahrscheinlich; **it seems** ~ **that ...** es sieht nicht so aus, als ... ❷ (*unconvincing*) nicht überzeugend

unlimited [ʌnˈlɪm·ɪ·t̬ɪd] *adj* ❶ *inv* unbegrenzt ❷ (*great*) grenzenlos

unlisted [ʌnˈlɪs·tɪd] *adj inv* ❶ STOCKEX nicht notiert; *securities* unnotiert ❷ TELEC nicht verzeichnet; **to have an** ~ **number** nicht im Telefonbuch stehen

unload [ʌnˈloʊd] **I.** *vt* ❶ *vehicle* entladen; *container, trunk* ausladen; *dishwasher* ausräumen ❷ (*get rid*) abstoßen; *garbage* abladen ❸ (*fam: express feelings*) **to** ~ **one's worries on sb** jdm etwas vorjammern *pej* **II.** *vi* ❶ (*empty*) abladen ❷ ECON entladen; *ship* löschen ❸ (*fam: express anger*) Dampf ablassen *fam;* ■**to** ~ **on sb** jdm sein Herz ausschütten

unlock [ʌnˈlak] *vt* ❶ (*open*) aufschließen ❷ *mystery* lösen

unlocked [ʌnˈlakt] *adj inv* unverschlossen

unlucky [ʌnˈlʌk·i] *adj* ❶ (*unfortunate*) glücklos; **he's always been** ~ er hat immer Pech ❷ (*causing bad luck*) ■**to be** ~ Unglück bringen; ~ **day** Unglückstag *m*

unmade [ʌnˈmeɪd] *adj inv* ungemacht; **an** ~ **bed** ein ungemachtes Bett

unmanageable [ʌnˈmæn·ɪ·dʒə·bəl] *adj* unkontrollierbar; *child* außer Rand und Band *pred;* **to become** ~ *situation* außer Kontrolle geraten

unmanned [ʌn·'mænd] *adj inv* unbemannt

unmarked [ʌn·'markt] *adj inv* ① (*without mark, stain*) unbeschädigt ② (*without identifier*) nicht gekennzeichnet; *grave* namenlos; ~ [**police**] **car** Zivilfahrzeug *nt* der Polizei

unmarried [ʌn·'mær·ɪd] *adj inv* unverheiratet

unmask [ʌn·'mæsk] *vt* entlarven; (*uncover*) aufdecken

unmatched [ʌn·'mætʃt] *adj inv* unübertroffen

unmentionable [ʌn·'men·ʃə·nə·bəl] *adj* unaussprechlich; ∎**to be** ~ tabu sein

unmentioned [ʌn·'men·ʃənd] *adj inv* unerwähnt

unmistakable [ˌʌn·mɪ·'steɪ·kə·bəl] *adj* unverkennbar; *symptom* eindeutig

unmitigated [ʌn·'mɪt̬·ɪ·geɪ·t̬ɪd] *adj* absolut; *contempt* voll; *disaster* total

unmoved [ʌn·'muvd] *adj usu pred* unbewegt; (*emotionless*) ungerührt

unnamed [ʌn·'neɪmd] *adj inv* ungenannt

unnatural [ʌn·'nætʃ·ər·əl] *adj* unnatürlich; PSYCH abnorm; (*perverse*) pervers

unnecessarily [ˌʌn·ˌnes·ə·'ser·ə·li] *adv* unnötigerweise

unnecessary [ʌn·'nes·ə·ser·i] *adj* ① unnötig ② (*uncalled for*) überflüssig

unnerve [ʌn·'nɜrv] *vt* nervös machen

unnerving [ʌn·'nɜrv·ɪŋ] *adj* entnervend

unnoticed [ʌn·'nou·t̬ɪst] *adj pred* unbemerkt

unnumbered [ˌʌn·'nʌm·bərd] *adj inv* nicht nummeriert; *page* ohne Zahl *nach n*

UN ob'server *n* UNO-Beobachter(in) *m(f)*

unobtainable [ˌʌn·əb·'teɪ·nə·bəl] *adj* unerreichbar

unobtrusive [ˌʌn·əb·'tru·sɪv] *adj* unaufdringlich; *makeup* dezent

unoccupied [ˌʌn·'ak·jə·paɪd] *adj inv* ① (*uninhabited*) unbewohnt ② *seat* frei

unofficial [ˌʌn·ə·'fɪʃ·əl] *adj* inoffiziell; **in an** ~ **capacity** inoffiziell

unorganized [ˌʌn·'ɔr·gə·naɪzd] *adj* unorganisiert

unorthodox [ʌn·'ɔr·θə·daks] *adj* unkonventionell; *method* ungewöhnlich

unpack [ʌn·'pæk] *vt, vi* auspacken; *car* ausladen

unpaid [ʌn·'peɪd] *adj inv* unbezahlt; *invoice a.* ausstehend

unpalatable [ʌn·'pæl·ə·tə·bəl] *adj* ① (*not tasty*) ∎**to be** ~ schlecht schmecken ② (*distasteful*) unangenehm

unparalleled [ʌn·'pær·ə·leld] *adj* einmalig; *success* noch nie da gewesen

UN peacekeeping 'mission *n* UNO-Friedensmission *f*

unperturbed [ˌʌn·pər·'tɜrbd] *adj* nicht beunruhigt; ∎**to be** ~ **by sth** sich durch etw *akk* nicht aus der Ruhe bringen lassen

unpick [ʌn·'pɪk] *vt* a seam auftrennen

unplaced [ʌn·'pleɪst] *adj inv* SPORTS unplatziert

unpleasant [ʌn·'plez·ənt] *adj* ① (*not pleasing*) unangenehm ② (*unfriendly*) unfreundlich; *relations* frostig

unpleasantness [ʌn·'plez·ənt·nɪs] *n* ① (*quality*) Unerfreulichkeit *f* ② (*feelings*) Unstimmigkeit[en] *f[pl]*

unplug <-gg-> [ʌn·'plʌg] *vt* ausstecken

unpolished [ʌn·'pal·ɪʃt] *adj* ① *inv* unpoliert ② (*coarse*) ungehobelt

unpolluted [ˌʌn·pə·'lu·t̬ɪd] *adj* unverschmutzt; *water* sauber

unpopular [ʌn·'pap·jə·lər] *adj* ① (*not liked*) unbeliebt ② (*not accepted*) unpopulär; **to be** ~ wenig Anklang finden

unpopularity [ʌn·ˌpap·jə·'ler·ə·t̬i] *n of person* Unbeliebtheit *f; of policies* Unpopularität *f*

unprecedented [ʌn·'pres·ə·den·t̬ɪd] *adj inv* noch nie da gewesen; *action* beispiellos; **on an** ~ **scale** in bislang ungekanntem Ausmaß

unpredictable [ˌʌn·prɪ·'dɪk·tə·bəl] *adj* unvorhersehbar; *weather, temperament* unberechenbar

unprejudiced [ʌn·'predʒ·ə·dɪst] *adj* unvoreingenommen; *opinion* objektiv

unpremeditated [ˌʌn·pri·'med·ɪ·teɪ·t̬ɪd] *adj* unüberlegt; ~ **crime** nicht vorsätzliches Verbrechen

unpretentious [ˌʌn·prɪ·'ten·ʃəs] *adj* bescheiden; *tastes* einfach

unproductive [ˌʌn·prə·'dʌk·tɪv] *adj* unproduktiv; *business* unrentabel; *land* unfruchtbar; *negotiations* unergiebig

unprofessional [ˌʌn·prə·'feʃ·ə·nəl] *adj* ① (*amateurish*) unprofessionell ② (*unethical*) gegen die Berufsehre *präd;* ~ **conduct** berufswidriges Verhalten; (*toward colleagues*) unkollegiales Verhalten

unprofitable [ʌn·'praf·ɪ·tə·bəl] *adj* ① unrentabel; **to be** ~ keinen Gewinn abwerfen ② (*unproductive*) unproduktiv

unprompted [ʌn·'pramp·tɪd] *adj inv* unaufgefordert

unprovoked [ˌʌn·prə·'voʊkt] *adj* grundlos

unpublished [ˌʌn·'pʌb·lɪʃt] *adj inv* unveröffentlicht

unqualified [ʌn·'kwal·ə·faɪd] *adj* ① unqualifiziert; ∎**to be** ~ **for sth** für etw *akk* nicht qualifiziert sein ② (*unreserved*) bedingungslos; *denial* strikt; *success* voll

unquestionable [ʌn·'kwes·tʃə·nə·bəl] *adj* fraglos; *evidence, fact* unumstößlich; *honesty* unzweifelhaft

unquestionably [ʌn·'kwes·tʃə·nə·bli] *adv* zweifellos

unquestioning [ʌn·'kwes·tʃə·nɪŋ] *adj* bedingungslos; *obedience* absolut

unquote ['ʌn·kwoʊt] *vi* **quote ...** ~ Zitatanfang ... Zitatende; **they are, quote, "just good friends,"** ~ (*iron*) sie sind, in Anführungszeichen, „nur gute Freunde"

unquoted [ʌn·'kwoʊ·t̬ɪd] *adj* STOCKEX nicht notiert

unravel <-l- *or* -ll-> [ʌn·'ræv·əl] **I.** *vt* ① (*undo*) auftrennen ② (*untangle*) entwirren; *knot* aufmachen ③ (*solve*) enträtseln; *mystery* lösen **II.** *vi* sich auftrennen

U

unreadable [ʌn·'ri·də·bəl] *adj* ❶ (*illegible*) unleserlich ❷ (*dull*) schwer zu lesen *präd*

unreal [ʌn·'ril] *adj* ❶ unwirklich ❷ (*fam: fantastic*) unmöglich *fam*

unrealistic [ʌn·ˌri·ə·'lɪs·tɪk] *adj* ❶ unrealistisch ❷ (*unconvincing*) nicht realistisch

unrealized [ʌn·'ri·ə·laɪzd] *adj* ❶ nicht verwirklicht ❷ (*into money*) unrealisiert

unreasonable [ʌn·'ri·zə·nə·bəl] *adj* ❶ unvernünftig; **it's not ~ to assume that ...** es ist nicht abwegig anzunehmen, dass ... ❷ (*unfair*) übertrieben; *demand* überzogen

unrefined [ˌʌn·rɪ·'faɪnd] *adj* ❶ CHEM nicht raffiniert; **~ sugar** Rohzucker *m* ❷ (*coarse*) unkultiviert; *manners* rüde *pej*

unregistered [ʌn·'redʒ·ɪ·stərd] *adj inv* nicht registriert; *birth* nicht eingetragen; *mail* nicht eingeschrieben

unrelated [ˌʌn·rɪ·'leɪ·ṭɪd] *adj inv* ❶ (*not of family*) nicht [miteinander] verwandt ❷ (*unconnected*) ▪ **to be ~** nicht zusammenhängen (**to** mit +*dat*)

unrelenting [ˌʌn·rɪ·'len·tɪŋ] *adj* ❶ (*unyielding*) unerbittlich; *opponent* unbeugsam ❷ (*incessant*) unaufhörlich; *pressure* konstant; **to be ~** nicht nachlassen

unreliability [ˌʌn·rɪ·laɪ·ə·'bɪ·lɪ·ṭi] *n* Unzuverlässigkeit *f*

unreliable [ˌʌn·rɪ·'laɪ·ə·bəl] *adj* unzuverlässig

unrelieved [ˌʌn·rɪ·'livd] *adj* ununterbrochen; *pressure, stress* anhaltend; *boredom* dauernd

unremarkable [ˌʌn·rɪ·'mar·kə·bəl] *adj* nicht bemerkenswert

unrepeatable [ˌʌn·rɪ·'pi·ṭə·bəl] *adj inv* nicht wiederholbar

unrepentant [ˌʌn·rɪ·'pen·tənt] *adj* reu[e]los; ▪ **to be ~** keine Reue zeigen

unreserved [ˌʌn·rɪ·'zɜrvd] *adj* ❶ (*without reservations*) uneingeschränkt; *support* voll ❷ (*not booked*) nicht reserviert; *seat* frei

unreservedly [ˌʌn·rɪ·'zɜrv·ɪd·li] *adv* vorbehaltlos; **to apologize ~** sich ohne Einschränkungen entschuldigen

unresolved [ˌʌn·rɪ·'zalvd] *adj* (*unsettled*) ungelöst; *tension* anhaltend

unrest [ʌn·'rest] *n* Unruhen *pl*; **social ~** soziale Spannungen

unrestrained [ˌʌn·rɪ·'streɪnd] *adj* uneingeschränkt; *criticism* hart; *laughter* ungehemmt; *praise* unumschränkt

unrestricted [ˌʌn·rɪ·'strɪk·tɪd] *adj* uneingeschränkt; *access* ungehindert

unripe [ʌn·'raɪp] *adj* unreif

unrivaled, unrivalled [ʌn·'raɪ·vəld] *adj* einzigartig

unroll [ʌn·'roʊl] **I.** *vt* aufrollen **II.** *vi* sich abrollen [lassen]

unruffled [ʌn·'rʌf·əld] *adj* ❶ (*not agitated*) gelassen ❷ (*hair*) unzerzaust, ordentlich; *feathers* glatt

unruly <-ier, -iest *or* more ~, most ~> [ʌn·'ru·li] *adj* ❶ (*disorderly*) ungebärdig; *crowd* aufrührerisch ❷ *child* außer Rand und Band; *hair*

nicht zu bändigen *präd*

unsafe [ʌn·'seɪf] *adj* (*dangerous*) unsicher; (*in danger*) nicht sicher; *sex* ungeschützt; ▪ **to be ~ to do sth** gefährlich sein, etw zu tun

unsaid [ʌn·'sed] *adj inv* ungesagt; **to be better left ~** besser ungesagt bleiben ▸ PHRASES: **what's said cannot be ~** (*prov*) gesagt ist gesagt

UN 'sanction *n* UN-Sanktion *f*

unsanitary [ʌn·'sæn·ə·te·ri] *adj* ❶ (*unhealthy*) ungesund ❷ (*lacking cleanliness*) unhygienisch

unsatisfactory [ʌn·ˌsæt·ɪs·'fæk·tə·ri] *adj* ❶ unzureichend; *answer* unbefriedigend ❷ SCH (*grade*) ungenügend

unsatisfied [ʌn·'sæt·ɪs·faɪd] *adj* ❶ unzufrieden; **to leave sb/sth ~** jdn/etw nicht befriedigen ❷ (*unconvinced*) nicht überzeugt; **to be ~ with sth** sich mit etw nicht zufriedengeben

unsaturated [ʌn·'sætʃ·ə·reɪ·ṭɪd] *adj* CHEM, FOOD ungesättigt *attr*; **~ fat[s]** ungesättigte Fettsäuren

unsavory [ʌn·'seɪ·və·ri] *adj* ❶ (*unpalatable*) unappetitlich ❷ (*asocial*) fragwürdig; *area* übel; *reputation* zweifelhaft; *character* zwielichtig

unscathed [ʌn·'skeɪðd] *adj* unverletzt; **to emerge ~ from sth** (*fig*) etw unbeschadet überstehen

unscheduled [ʌn·'skedʒ·ʊld] *adj inv* außerplanmäßig; *stop, landing* außerfahrplanmäßig

unscrew [ʌn·'skru] **I.** *vt* ❶ (*detach*) abschrauben ❷ (*open*) aufschrauben; *lid* abschrauben **II.** *vi* (*detach*) sich abschrauben lassen; (*open*) aufschrauben

unscripted [ʌn·'skrɪp·tɪd] *adj inv* improvisiert

unscrupulous [ʌn·'skru·pjə·ləs] *adj* skrupellos

unseal [ʌn·'sil] *vt* entsiegeln

unsealed [ʌn·'sild] *adj inv* ❶ unversiegelt ❷ (*open*) nicht zugeklebt

unseat [ʌn·'sit] *vt* ❶ (*oust*) ▪ **to ~ sb** jdn seines Amtes entheben ❷ *rider* abwerfen

unsecured [ˌʌn·sɪ·'kjʊrd] *adj inv* ❶ FIN ungesichert; **an ~ loan** Blankokredit *m* ❷ (*unfastened*) unbefestigt

UN Se'curity Council *n* UN-Sicherheitsrat *m*

unseen [ʌn·'sin] *adj inv* ungesehen; **sight ~** unbesehen

unselfish [ʌn·'sel·fɪʃ] *adj* selbstlos

unsettle [ʌn·'seṭ·əl] *vt* ❶ (*make nervous*) verunsichern ❷ (*make unstable*) stören

unsettled [ˌʌn·'seṭ·əld] *adj* ❶ (*unstable*) instabil; *political climate* unruhig; *weather* unbeständig ❷ (*unresolved*) noch anstehend ❸ (*queasy*) gereizt

unsettling [ˌʌn·'seṭ·əl·ɪŋ] *adj* ❶ (*causing nervousness*) beunruhigend ❷ (*causing disruption*) ▪ **to be ~** einen aus der Bahn werfen

unshakable, unshakeable [ʌn·'ʃeɪ·kə·bəl] *adj belief, feeling* unerschütterlich; *alibi* felsenfest; **to have ~ faith in sth** fest an etw *akk* glauben

unshaved [ʌn·ˈʃeɪvd], **unshaven** [ʌn·ˈʃeɪ·vən] *adj inv* unrasiert

unsightly <-ier, -iest *or* more ~, most ~> [ʌn·ˈsaɪt·li] *adj* unansehnlich

unsigned [ʌn·ˈsaɪnd] *adj inv* ❶ nicht unterschrieben; *painting* unsigniert ❷ (*not under contract*) nicht unter Vertrag stehend *attr*

unskilled [ʌn·ˈskɪld] *adj* ❶ (*inept*) ungeschickt ❷ *laborer* ungelernt; ~ **work** Hilfsarbeiten *pl*

unsociable [ʌn·ˈsoʊ·ʃə·bəl] *adj person* ungesellig

unsocial [ʌn·ˈsoʊ·ʃəl] *adj* unsozial

unsold [ʌn·ˈsoʊld] *adj inv* unverkauft

unsolicited [ˌʌn·sə·ˈlɪs·ɪ·t̬ɪd] *adj inv* unerbeten; *advice* ungebeten

unsolved [ʌn·ˈsɑlvd] *adj inv mystery, problem* ungelöst; *murder* unaufgeklärt

unsophisticated [ˌʌn·sə·ˈfɪs·tə·keɪ·t̬ɪd] *adj* (*naive*) naiv; *taste* einfach

unsound [ʌn·ˈsaʊnd] *adj* ❶ (*unstable*) instabil ❷ *argument* nicht stichhaltig; *judgment* anfechtbar ❸ (*unhealthy*) ungesund; **of ~ mind** unzurechnungsfähig

unspeakable [ʌn·ˈspi·kə·bəl] *adj* unbeschreiblich

unspecified [ʌn·ˈspes·ɪ·faɪd] *adj inv* unspezifiziert; (*unnamed*) [namentlich] nicht genannt

unspoiled [ʌn·ˈspɔɪld] *adj person* natürlich; *child* nicht verwöhnt; *landscape* unberührt; *view* unverbaut

unspoken [ʌn·ˈspoʊ·kən] *adj inv* unausgesprochen; *agreement* stillschweigend

unsportsmanlike [ʌn·ˈspɔrts·men·laɪk] *adj inv* unsportlich; *behavior* unfair

unstable [ʌn·ˈsteɪ·bəl] *adj* ❶ (*not firm*) nicht stabil; *furniture* wackelig ❷ (*fig*) instabil; *future* ungewiss; PSYCH [psychisch] labil

unsteady [ʌn·ˈsted·i] *adj* ❶ (*unstable*) nicht stabil; *furniture* wack[e]lig; **to be ~ on one's feet** wack[e]lig auf den Beinen sein ❷ (*wavering*) zittrig ❸ (*irregular*) unregelmäßig

unstressed [ʌn·ˈstrest] *adj inv* ❶ LING unbetont ❷ (*not worried*) unbelastet

unstuck [ʌn·ˈstʌk] *adj* **to come ~** sich [ab]lösen; (*fam: fail*) scheitern

unsubstantial [ˌʌn·səb·ˈstæn·ʃəl] *adj* unwesentlich; (*immaterial*) körperlos

unsubstantiated [ˌʌn·səb·ˈstæn·ʃi·eɪ·t̬ɪd] *adj inv* unbegründet

unsuccessful [ˌʌn·sək·ˈses·fəl] *adj* erfolglos; *attempt* vergeblich; *candidate* unterlegen; ■**to be ~ in sth** bei etw *dat* keinen Erfolg haben

unsuitable [ʌn·ˈsu·t̬ə·bəl] *adj* nicht geeignet

unsung [ʌn·ˈsʌn] *adj inv* unbesungen; *achievements, hero* unbeachtet

unsure [ʌn·ˈʃʊr] *adj* unsicher; ■**to be ~ how/why ...** nicht genau wissen, wie/warum ...; ■**to be ~ about sth** sich *dat* einer S. *gen* nicht sicher sein

unsuspecting [ˌʌn·sə·ˈspek·tɪn] *adj* ahnungslos

unsustainable [ˌʌn·sə·ˈsteɪ·nə·bəl] *adj* ❶ *inv* (*not maintainable*) nicht aufrechtzuerhalten

präd ❷ *inv* (*polluting*) umweltschädigend

unswerving [ˌʌn·ˈswɜr·vɪn] *adj inv* unerschütterlich

unsympathetic [ˌʌn·sɪm·pə·ˈθet̬·ɪk] *adj* ❶ ohne Mitgefühl *nach n* ❷ (*disapproving*) verständnislos; ■**to be ~ toward sb/sth** für jdn/ etw kein Verständnis haben

untamed [ʌn·ˈteɪmd] *adj inv* wild, ungebändigt; *animal also* ungezähmt

untangle [ʌn·ˈtæn·gəl] *vt* entwirren *a. fig; mystery* lösen

untapped [ˌʌn·ˈtæpt] *adj inv market* nicht erschlossen; *resources* ungenutzt

untaxed [ˌʌn·ˈtækst] *adj inv* (*tax-free*) steuerfrei

untenable [ˌʌn·ˈten·ə·bəl] *adj* nicht vertretbar

unthinkable [ʌn·ˈθɪn·kə·bəl] I. *adj* ❶ (*unimaginable*) undenkbar ❷ (*shocking*) unfassbar II. *n* ■**the ~** das Unvorstellbare

unthinking [ʌn·ˈθɪn·kɪn] *adj inv* unbedacht; (*unintentional*) unabsichtlich

unthought of *adj pred, inv,* **unthought-of** [ʌn·ˈθɔt·əv] *adj attr, inv* unvorstellbar; *detail* nicht bedacht

untidy [ʌn·ˈtaɪ·di] *adj* ❶ (*disordered*) unordentlich; *appearance* ungepflegt ❷ (*badly organized*) unsystematisch

untie <-y-> [ˌʌn·ˈtaɪ] *vt* ❶ (*undo*) lösen; *shoelaces* aufbinden ❷ *boat* losbinden; *package* aufschnüren

until [ən·ˈtɪl] I. *prep* ❶ (*up to*) bis +*akk;* **two more days ~ Easter** noch zwei Tage bis Ostern ❷ (*beginning at*) bis +*akk;* **we didn't eat ~ midnight** wir aßen erst um Mitternacht II. *conj* ❶ (*up to time when*) bis; **I laughed ~ tears rolled down my face** ich lachte, bis mir die Tränen kamen ❷ (*not before*) ■**to not do sth ~ ...** etw erst [dann] tun, wenn ...; **not ~ he's here** erst wenn er da ist

untimely [ʌn·ˈtaɪm·li] *adj* ❶ (*inopportune*) ungelegen ❷ (*premature*) verfrüht

unto [ˈʌn·tu] *prep* (*old: until*) bis; ~ **this day** bis zum heutigen Tage

untold [ˌʌn·ˈtoʊld] *adj* ❶ *attr* (*immense*) unsagbar; *damage* immens; *misery* unsäglich; *wealth* unermesslich ❷ *inv* (*not told*) ungesagt

untouched [ˌʌn·ˈtʌtʃt] *adj inv* ❶ (*not touched*) unberührt ❷ (*unconsumed*) nicht angerührt ❸ (*unaffected*) ■**to be ~ by sth** von etw *dat* nicht betroffen sein; **to leave sth ~** etw verschont lassen

untoward [ˌʌn·ˈtɔrd] *adj* ❶ (*unfortunate*) ungünstig; **unless anything ~ happens** wenn nichts dazwischenkommt ❷ *remark* unpassend

untrained [ʌn·ˈtreɪnd] *adj inv* ungeübt; *eye* ungeschult

untranslatable [ˌʌn·træns·ˈleɪ·t̬ə·bəl] *adj* unübersetzbar

untreated [ʌn·ˈtri·t̬ɪd] *adj inv* unbehandelt; ~ **sewage** ungeklärte Abwässer *pl*

untried [ʌn·ˈtraɪd] *adj* ❶ *inv* (*untested*) ungetestet ❷ (*inexperienced*) unerfahren

UN 'troops *npl* UNO-Truppen *pl*

U

untroubled [ʌn·ˈtrʌb·əld] *adj* sorglos; ■**to be ~ by sth** sich von etw *dat* nicht beunruhigen lassen

untrue [ʌn·ˈtru] *adj* unwahr, falsch

untrustworthy [ʌn·ˈtrʌst·ˌwɜr·ði] *adj* unzuverlässig

untruth [ʌn·ˈtruθ] *n* (*usu euph*) Unwahrheit *f;* **to tell an ~** flunkern *fam*

untruthful [ʌn·ˈtruθ·fəl] *adj* unwahr; *person* unaufrichtig

unused[1] [ʌn·ˈjuzd] *adj inv* unbenutzt; **to go ~** nicht genutzt werden

unused[2] [ʌn·ˈjuzd] *adj pred* ■**to be ~ to sth** an etw *akk* nicht gewöhnt sein

unusual [ʌn·ˈju·ʒu·əl] *adj* ❶(*not habitual*) ungewöhnlich; (*for a person*) untypisch ❷(*remarkable*) außergewöhnlich

unusually [ʌn·ˈju·ʒu·ə·li] *adv* ungewöhnlich; **~ for me, ...** ganz gegen meine Gewohnheit ...

unvarnished [ʌn·ˈvar·nɪʃt] *adj inv* ❶unlackiert ❷(*straightforward*) einfach; *truth* ungeschminkt

unveil [ʌn·ˈveɪl] *vt* ❶enthüllen; *face* entschleiern ❷(*present*) der Öffentlichkeit vorstellen

unwanted [ʌn·ˈwan·tɪd] *adj* unerwünscht; *clothes* abgelegt; *advice* ungebeten; *child* ungewollt

unwarranted [ʌn·ˈwɔr·ən·tɪd] *adj* ungerechtfertigt; *fears* unbegründet; *criticism* unberechtigt

unwavering [ʌn·ˈweɪ·vər·ɪŋ] *adj* unerschütterlich; *determination* eisern

unwelcome [ʌn·ˈwel·kəm] *adj* unwillkommen; *news* unerfreulich; **to make sb feel ~** jdm das Gefühl geben, nicht willkommen zu sein

unwell [ʌn·ˈwel] *adj pred* ■**sb is ~** jdm geht es nicht gut; **to feel ~** sich unwohl fühlen

unwieldy [ʌn·ˈwil·di] *adj* ❶(*cumbersome*) unhandlich; *furniture* sperrig ❷(*ineffective*) unüberschaubar; *system* schwerfällig

unwilling [ʌn·ˈwɪl·ɪŋ] *adj* widerwillig; ■**to be ~ to do sth** nicht gewillt sein, etw zu tun

unwillingly [ʌn·ˈwɪl·ɪŋ·li] *adv* ungern

unwind <unwound, unwound> [ʌn·ˈwaɪnd] I. *vi* ❶(*unroll*) sich abwickeln ❷(*relax*) sich entspannen II. *vt* abwickeln

unwise [ʌn·ˈwaɪz] *adj* unklug

unwitting [ʌn·ˈwɪt·ɪŋ] *adj* ❶(*unaware*) ahnungslos ❷(*unintentional*) unbeabsichtigt

unwittingly [ʌn·ˈwɪt·ɪŋ·li] *adv* ❶(*without realizing*) unwissentlich ❷(*unintentionally*) unbeabsichtigterweise

unwonted [ʌn·ˈwɔn·tɪd] *adj attr* ungewohnt

unworkable [ʌn·ˈwɜr·kə·bəl] *adj* undurchführbar

unworldly [ʌn·ˈwɜrld·li] *adj* ❶(*odd*) weltabgewandt ❷(*naive*) weltfremd

unworthy [ʌn·ˈwɜr·ði] *adj* ❶(*undeserving*) unwürdig; **~ of interest** nicht von Interesse ❷(*unacceptable*) nicht würdig

unwrap <-pp-> [ʌn·ˈræp] *vt* ❶ *contents* auspacken ❷(*reveal*) enthüllen

unwritten [ʌn·ˈrɪt·ən] *adj inv* nicht schriftlich fixiert; *agreement* stillschweigend; *law* ungeschrieben

unyielding [ʌn·ˈjil·dɪŋ] *adj* ❶*ground* hart; ■**to be ~** nicht nachgeben ❷(*resolute*) unnachgiebig; *opposition* hartnäckig

unzip <-pp-> [ʌn·ˈzɪp] *vt* ❶(*open*) ■**to ~ sth** den Reißverschluss einer S. *gen* aufmachen ❷COMPUT auspacken

up [ʌp] I. *adv inv* ❶(*to higher*) nach oben, hinauf; **hands ~!** Hände hoch!; **halfway ~** auf halber Höhe ❷(*erect*) aufrecht; **lean it ~ against the wall** lehnen Sie es gegen die Wand ❸(*out of bed*) auf; **~ and about** auf den Beinen ❹(*at higher*) oben; **~ there** da oben; **I live on the next floor ~** ich wohne ein Stockwerk höher ❺(*toward*) **~ to sb/sth** auf jdn/etw zu; **to walk ~ to sb** auf jdn zugehen ❻(*higher*) höher; **children aged 13 and ~** Kinder ab 13 Jahren ❼(*to point of*) **~ until** [*or* to] bis +*akk;* **~ to 300 dollars** bis zu 300 Dollar ❽(*depend on*) **■~ to sb/sth** von jdm abhängen; **I'll leave it ~ to you** ich überlasse dir die Entscheidung ❾(*be adequate*) **to be ~ to sth** einer Sache *dat* gewachsen sein ▸ PHRASES: **to be ~ to one's ears in problems** bis zum Hals in Schwierigkeiten stecken II. *prep* ❶(*to higher*) hinauf/herauf; **~ the ladder** die Leiter hinauf/herauf ❷(*along*) [*just*] **~ the road** ein Stück die Straße hinauf/herauf; **~ and down** auf und ab ❸(*against*) **~ the river** flussauf[wärts] ❹(*at top of*) **he's ~ that ladder** er steht dort oben auf der Leiter ▸ PHRASES: **to be ~ the creek [without a paddle]** [schön] in der Klemme sitzen; **~ yours!** (*vulg, sl*) ihr könnt/du kannst mich mal! III. *adj inv* ❶ *attr* (*rising*) nach oben ❷ *pred* (*leading*) in Führung ❸ *pred* (*working*) funktionstüchtig; ■**to be ~** in Betrieb sein ❹ *pred* (*finished*) vorbei, um; **your time is ~!** Ihre Zeit ist um! ❺ *pred* (*fam: happening*) **what's ~?** was ist los? ❻ *pred* (*scheduled*) **to be ~ for sale** zum Verkauf stehen ❼ *pred* (*interested in*) **who's ~ for a walk?** wer hat Lust auf einen Spaziergang? IV. *n* (*fam*) Hoch *nt;* **~s and downs** Höhen und Tiefen *pl* ▸ PHRASES: **to be on the ~ and ~** (*fam*) sauber sein V. *vt* <-pp-> erhöhen; *price, tax* anheben; **to ~ the stakes** den Einsatz erhöhen VI. *interj* los, aufstehen!

up-and-ˈcoming *adj attr* aufstrebend

upbeat [ˈʌp·bit] I. *n* MUS Auftakt *m* II. *adj* (*fam*) optimistisch; *mood* fröhlich

upbringing [ˈʌp·brɪŋ·ɪŋ] *n usu sing* Erziehung *f*

upcoming [ˈʌp·ˌkʌm·ɪŋ] *adj inv* bevorstehend

update I. *vt* [ʌp·ˈdeɪt] ❶(*modernize*) ■**to ~ sth** etw aktualisieren; COMPUT ein Update von etw *dat* machen; *hardware* etw nachrüsten ❷(*inform*) auf den neuesten Stand bringen; (*permanently*) auf dem Laufenden halten II. *n* [ˈʌp·deɪt] Aktualisierung *f,* Update *nt fachspr*

upend [ʌp·ˈend] I. *vt* hochkant stellen II. *vi*

sich aufstellen

upfront [ʌpˈfrʌnt] *adj* ❶ *pred* (*frank*) offen; **to be ~ about sth** etw offen sagen; **to be ~** [**with sb**] offen [mit jdm] sein ❷ *attr* (*advance*) Voraus-; **~ payment** Anzahlung *f*

upgrade [ˈʌp·greɪd] **I.** *vt* ❶ (*improve*) verbessern; COMPUT erweitern; *hardware* nachrüsten ❷ (*promote*) befördern **II.** *n* ❶ COMPUT Aufrüsten *nt* ❷ (*version*) verbesserte Version ❸ (*incline*) Steigung *f*

upheaval [ʌp·ˈhi·vəl] *n* Aufruhr *m;* **political ~** politische Umwälzung[en] *f*[*pl*]

uphill [ʌp·ˈhɪl] **I.** *adv inv* bergauf **II.** *adj* ❶ *inv* bergauf ❷ (*difficult*) mühselig; **~ battle** harter Kampf

uphold <-held, -held> [ʌp·ˈhoʊld] *vt* aufrechterhalten; *traditions* pflegen; *verdict* bestätigen; **to ~ the law** das Gesetz [achten und] wahren

upholster [ʌp·ˈhoʊl·stər] *vt* [auf]polstern; (*cover*) beziehen

upholsterer [ʌp·ˈhoʊl·stər·ər] *n* Polsterer, Polsterin *m, f*

upholstery [ʌp·ˈhoʊl·stə·ri] *n* ❶ (*padding*) Polsterung *f;* (*covering*) Bezug *m* ❷ (*activity*) Polstern *nt*

upkeep [ˈʌp·kip] *n* ❶ (*maintenance*) Instandhaltung *f* ❷ (*cost*) Instandhaltungskosten *pl* ❸ *of person* Unterhalt *m; of animals* Haltungskosten *f*

upland [ˈʌp·lənd] **I.** *adj attr, inv* Hochland-; **~ plain** Hochebene *f* **II.** *n* ■**the ~s** *pl* das Hochland *kein pl*

uplift [ʌp·ˈlɪft] *vt* ❶ (*raise*) anheben ❷ (*inspire*) [moralisch] aufrichten **II.** *n* ❶ (*elevation*) Aufschwung *m* ❷ (*influence*) Erbauung *f*

uplifting [ʌp·ˈlɪf·tɪŋ] *adj* erbaulich

upon [ə·ˈpɑn] *prep* (*form*) ❶ (*on top of*) auf +*dat; with verbs of motion* auf +*akk* ❷ (*hanging on*) an +*dat* ❸ (*at time of*) **~ arrival** bei Ankunft; **once ~ a time** [es war einmal] vor langer Zeit ❹ (*about*) über +*akk* ❺ (*concerning*) **we settled ~ a price** wir einigten uns auf einen Preis

upper [ˈʌp·ər] **I.** *adj attr, inv* ❶ (*higher*) obere(r, s); *arm, lip* Ober-; **~ part of the body** Oberkörper *m* ❷ *rank* höhere(r, s) ❸ *location* höher gelegen **II.** *n* ❶ (*of shoe*) Obermaterial *nt* ❷ *usu pl* (*fam: drug*) Aufputschmittel *nt*

'upper case *n* TYPO ■**in ~** in Großbuchstaben

upper 'class *n* Oberschicht *f*

'upper-class *adj* der Oberschicht *nach n*

'uppercut *n* (*boxing*) Aufwärtshaken *m*

upper 'deck *n* Oberdeck *nt*

uppermost [ˈʌp·ər·moʊst] *inv* **I.** *adj* ❶ (*highest*) oberste(r, s), höchste(r, s) ❷ (*important*) wichtigste(r, s); **to be ~ in one's mind** jdn am meisten beschäftigen **II.** *adv* ganz oben

uppity [ˈʌp·ɪ·t̬i] *adj* (*pej fam*) hochnäsig, hochmütig; **to get ~** ein arrogantes Benehmen an den Tag legen

upright [ˈʌp·raɪt] **I.** *adj* ❶ (*vertical*) senkrecht; (*erect*) aufrecht ❷ (*honest*) anständig **II.** *adv*

(*vertical*) senkrecht; (*erect*) aufrecht; **bolt ~** kerzengerade **III.** *n* ❶ (*pillar*) [Stütz]pfeiler *m* ❷ SPORTS Pfosten *m*

uprising [ˈʌp·raɪ·zɪŋ] *n* Aufstand *m*

uproar [ˈʌp·rɔr] *n* ❶ (*noise*) Lärm *m* ❷ (*protest*) Aufruhr *m*

uproot [ʌp·ˈrut] *vt* ❶ (*extract*) herausreißen; *tree* entwurzeln ❷ (*drive away*) aus der gewohnten Umgebung herausreißen; ■**to ~ oneself** seine Heimat verlassen

upscale [ˌʌp·ˈskeɪl] *adj goods* hochwertig; *consumer* anspruchsvoll

upset I. *vt* [ʌp·ˈset] ❶ (*push over*) umwerfen; *a glass* umstoßen ❷ (*unsettle*) aus der Fassung bringen; (*distress*) mitnehmen; ■**to ~ oneself** sich aufregen ❸ (*muddle*) durcheinanderbringen ▸ PHRASES: **to ~ the apple cart** (*fam*) alle Pläne über den Haufen werfen **II.** *adj* [ʌp·ˈset] ❶ *pred* (*nervous*) aufgeregt; (*angry*) aufgebracht; (*distressed*) bestürzt; (*sad*) traurig ❷ *inv* **to have an ~ stomach** sich *dat* den Magen verdorben haben **III.** *n* [ˈʌp·set] ❶ (*trouble*) Ärger *m;* (*argument*) Verstimmung *f;* (*psychological*) Ärgernis *nt* ❷ **stomach ~** Magenverstimmung *f* ❸ SPORTS unliebsame Überraschung

upsetting [ʌp·ˈset̬·ɪŋ] *adj* erschütternd; (*saddening*) traurig; (*annoying*) ärgerlich

upshot [ˈʌp·ʃɑt] *n* [End]ergebnis *nt*

upside 'down I. *adj inv* ❶ (*inverted*) auf dem Kopf stehend *attr;* **that picture is ~** das Bild hängt verkehrt herum ❷ (*confused*) verkehrt **II.** *adv inv* verkehrt herum; **to turn sth ~** etw auf den Kopf stellen *a. fig*

upstage [ˈʌp·steɪdʒ] *vt* ■**to ~ sb** jdm die Schau stehlen

upstairs [ˌʌp·ˈsterz] *inv* **I.** *adj* oben *präd,* obere(r, s) *attr* **II.** *adv* (*to higher*) nach oben; (*at higher*) oben **III.** *n* Obergeschoss *nt*

upstanding [ʌp·ˈstæn·dɪŋ] *adj* (*honest*) aufrichtig

upstart [ˈʌp·stɑrt] *n* (*pej*) Emporkömmling *m*

upstate [ʌp·ˈsteɪt] **I.** *adj* im ländlichen Norden [des Bundesstaates] *nach n;* **in ~ New York** im ländlichen Teil New Yorks **II.** *adv* in den/im ländlichen Norden [des Bundesstaates]

upstream [ʌp·ˈstrim] **I.** *adj* **~ pollution** Verschmutzung *f* im oberen Flusslauf **II.** *adv* flussaufwärts; **to swim ~** gegen den Strom schwimmen

upsurge [ˈʌp·sɜrdʒ] *n* rasche Zunahme; **the ~ of** [*or* **in**] **violence** die stark zunehmende Gewalt

upswing [ˈʌp·swɪŋ] *n* ECON Aufschwung *m*

uptake [ˈʌp·teɪk] *n* ▸ PHRASES: **to be quick/slow on the ~** (*fam*) schnell schalten/schwer von Begriff sein

uptight [ʌp·ˈtaɪt] *adj* (*fam*) ❶ (*nervous*) nervös; (*anxious*) ängstlich; **to be ~** [**about sth**] [wegen einer S. *gen*] nervös sein ❷ (*inhibited*) verklemmt

'up-to-date *adj attr* zeitgemäß; *information, report* aktuell

U

up-to-the-'minute adj hochaktuell

uptown ['ʌp·taʊn] **I.** adj inv **to live in ~ Manhattan** im nördlichen Teil Manhattans leben **II.** adv inv in den nördlichen Wohngebieten **III.** n Wohnviertel nt

upturn ['ʌp·tɜrn] n Aufschwung m

upturned [ˌʌp·'tɜrnd] adj nach oben gewendet; table umgeworfen; boat gekentert

upward ['ʌp·wərd] **I.** adj inv Aufwärts-; **~ trend** Aufwärtstrend m **II.** adv nach oben; **from childhood ~** von Kindheit an

upwardly ['ʌp·wərd·li] adv inv nach oben, aufwärts; **~ mobile** aufstrebend und erfolgreich

upwards ['ʌp·wərdz] adv inv nach oben, aufwärts

uranium [ju·'reɪ·ni·əm] n Uran nt

Uranus [ju·'reɪ·nəs] n ASTRON Uranus m

urban ['ɜr·bən] adj attr städtisch; **~ area** Stadtgebiet nt

urbane [ɜr·'beɪn] adj weltmännisch; manner kultiviert

urbanization [ˌɜr·bə·nɪ·'zeɪ·ʃən] n Verstädterung f

urbanize ['ɜr·bə·naɪz] vt verstädtern

urchin ['ɜr·tʃɪn] n ❶ ZOOL Seeigel m ❷ (child) [street] ~ Straßenkind nt; (boy) Gassenjunge m

urge [ɜrdʒ] **I.** n Verlangen nt (for nach +dat); (compulsion) Drang m (for nach +dat); PSYCH Trieb m; **to get the ~ to do sth** Lust bekommen, etw zu tun; **sexual ~** Sexual-/Geschlechtstrieb m **II.** vt ❶ (persuade) ■**to ~ sb** [to do sth] jdn drängen[, etw zu tun] ❷ (advocate) ■**to ~ sth** auf etw akk dringen, zu etw dat drängen; **I ~ you to reconsider your decision** ich rate Ihnen dringend, Ihren Beschluss zu überdenken; **to ~ caution** zur Vorsicht mahnen

urgency ['ɜr·dʒən·si] n Dringlichkeit f; of problem, situation a. Vordringlichkeit f; **to be a matter of ~** äußerst dringend sein

urgent ['ɜr·dʒənt] adj ❶ (imperative) dringend; situation brisant; (on letter) „eilt" ❷ (insistent) eindringlich; plea deutlich

urgently ['ɜr·dʒənt·li] adv ❶ (imperatively) dringend ❷ (insistently) eindringlich

urinal ['jʊr·ə·nəl] n (toilet) Pissoir nt

urinate ['jʊr·ə·neɪt] vi urinieren

urine ['jʊr·ɪn] n Urin m

URL [ju·ar·'el] n abbrev of **uniform resource locator** URL m

urn [ɜrn] n ❶ (vase) Krug m; (for remains) [Grab]urne f ❷ (for drinks) großer, hoher Metallbehälter mit Deckel für heiße Getränke

us [əs, stressed: ʌs] pron (object of we) uns dat o akk; **let ~ know** lassen Sie es uns wissen; **both/many of ~** wir beide/viele von uns; **it's ~** wir sind's; **older than ~** älter als wir

U.S., US [ju·'es] **I.** n abbrev of **United States**: ■**the ~** die USA pl **II.** adj attr abbrev of **United States** US-

USA, U.S.A. [ju·es·'eɪ] n abbrev of **United States of America**: ■**the ~** die USA pl

USAF [ˌju·es·eɪ·'ef] n abbrev of **United States Air Force**: ■**the ~** die US-Luftwaffe

usage ['ju·sɪdʒ] n ❶ (handling) Gebrauch m; (consumption) Verbrauch m ❷ (practice) Usus m geh ❸ of word Verwendung f, Gebrauch m

use I. vt [juz] ❶ (utilize) benutzen; building, chance, skills, talent nutzen; method, force anwenden; dictionary, idea verwenden; poison, gas, chemical warfare einsetzen; **I could ~ some help** ich könnte etwas Hilfe gebrauchen; **to ~ drugs** Drogen nehmen; **to ~ sth against sb** etw gegen jdn verwenden ❷ (employ) einsetzen; **~ your imagination!** lass doch mal deine Fantasie spielen!; **to ~ common sense** seinen gesunden Menschenverstand benutzen ❸ (consume) verbrauchen; **this radio ~s four AAA batteries** für dieses Radio braucht man vier AAA Batterien ❹ (manipulate) benutzen; (exploit) ausnutzen **II.** n [jus] ❶ (utilization) Verwendung f (for für +akk); of dictionary a. Benutzung f; of talent, experience Nutzung m; of force, method Anwendung f; of poison, gas, labor Einsatz m; **to lose the ~ of sth** finger, limb etw nicht mehr benutzen können; **directions for ~** Gebrauchsanweisung f; **for ~ in an emergency** für den Notfall; **for external ~ only** nur zur äußerlichen Anwendung; **to be no longer in ~** nicht mehr benutzt werden; **to find a ~ for sth** für etw akk Verwendung finden; **to make ~ of sth** etw benutzen; experience, talent etw nutzen; **can you make ~ of that?** kannst du das gebrauchen? ❷ (consumption) Verwendung f ❸ (usefulness) Nutzen m; **can I be of any ~?** kann ich vielleicht irgendwie behilflich sein?; **to be no/not much ~ to sb** jdm nichts/nicht viel nützen; **it's no ~ [doing sth]** es hat keinen Zweck[, etw zu tun] ❹ (right to use) **to have the ~ of sth** room, car etw benutzen dürfen

◆**use up** vt verbrauchen; (completely) [völlig] aufbrauchen

used[1] [juzd] vt only in past **he ~ to teach** er hat früher unterrichtet; **my father ~ to say ...** mein Vater sagte [früher] immer, ...

used[2] [juzd] adj inv (old) gebraucht; **~ clothes** Secondhandkleidung f

used[3] [juzd] adj inv (accustomed) ■**to be ~ to sth** etw gewohnt sein; ■**to get ~ to [doing] sth** sich akk an etw akk gewöhnen

useful ['jus·fəl] adj ❶ (practical) nützlich (for für +akk); **to make oneself ~** sich nützlich machen ❷ (advantageous) wertvoll; **to come in ~** gut zu gebrauchen sein ❸ (effective) hilfreich; discussion ergiebig

usefulness ['jus·fəl·nɪs] n Nützlichkeit f; of contribution, information a. Brauchbarkeit f; (applicability) Verwendbarkeit f

useless ['jus·lɪs] adj ❶ (pointless) sinnlos ❷ (fam: inept) zu nichts zu gebrauchen präd; **he's a ~ goalkeeper** er taugt nichts als Torwart ❸ (unusable) unbrauchbar; **to be ~**

nichts taugen

user ['ju·zər] *n* Benutzer(in) *m(f); of software, system a.* Anwender(in) *m(f); of electricity, gas* Verbraucher(in) *m(f);* **drug** ~ Drogenkonsument(in) *m(f)*

'**user-friendly** *adj* COMPUT benutzerfreundlich

user 'interface *n* COMPUT Benutzeroberfläche *f*

usher ['ʌʃ·ər] I. *n* (*in theater, church*) Platzanweiser(in) *m(f)* II. *vt* **to ~ sb into a room/to his seat** jdn in einen Raum hineinführen/zu seinem Platz führen
  ♦**usher in** *vt* ■**to ~ in** ↻ **sth** *a new era* etw einleiten

USP [ˌju·es·'pi] *n* ECON *abbrev of* **unique selling proposition** USP *m*

USPS [ˌju·es·pi·'es] *n abbrev of* **United States Postal Service** *US-amerikanische staatliche Postgesellschaft*

USS [ˌju·es·'es] *n abbrev of* **United States Ship** *Schiff aus den Vereinigten Staaten*

usual ['ju·ʒu·əl] I. *adj* üblich, normal; **to find sth in its ~ place** etw an seinem gewohnten Platz vorfinden; **as ~** wie üblich II. *n* (*fam: drink*) ■**the/one's** ~ das Übliche

usually ['ju·ʒu·ə·li] *adv* normalerweise; **more ... than** ~ mehr ... als sonst

usurp [ju·'sɜrp] *vt* ❶ (*take*) sich *dat* widerrechtlich aneignen; *power* an sich *akk* reißen ❷ (*oust*) verdrängen

usurper [ju·'sɜr·pər] *n* Usurpator(in) *m(f) geh*

usury ['ju·ʒə·ri] *n* JUR Wucher *m*

UT, Ut. *abbrev of* **Utah**

Utah ['ju·tɔ] *n* Utah *nt*

utensil [ju·'ten·səl] *n* Utensil *nt;* **kitchen ~s** Küchengeräte *pl*

uterus <*pl* -ri *or* -es> ['ju·tər·əs] *n* ANAT Gebärmutter *f*

utilitarian [ju·ˌtɪl·ɪ·'ter·i·ən] *adj* ❶ (*philosophy*) utilitaristisch *fachspr* ❷ (*functional*) funktionell

utility [ju·'tɪl·ɪ·t̬i] I. *n* ❶ (*usefulness*) Nützlichkeit *f* ❷ (*provider*) **public** ~ öffentlicher Versorgungsbetrieb II. *adj* Mehrzweck-; ~ **vehicle** Mehrzweckfahrzeug *nt*

u'tility room *n Raum, in dem Haushaltsgeräte, wie z. B. Waschmaschine und Trockner stehen, und der ebenfalls als Vorratskeller dient*

utilization [ju·t̬ɪ·lɪ·'zer·ʃən] *n* Verwendung *f;* ECON Auslastung *f*

utilize ['ju·t̬ɪ·laɪz] *vt* nutzen

utmost ['ʌt·moʊst] I. *adj attr, inv* größte(r, s); **with the ~ care** so sorgfältig wie möglich; **of the ~ importance** von äußerster Wichtigkeit II. *n* ■**the** ~ das Äußerste (**in** an +*dat*); **to try one's** ~ sein Bestes geben

utopian [ju·'toʊ·pi·ən] *adj* utopisch

utter[1] ['ʌt̬·ər] *adj attr, inv* vollkommen; ~ **nonsense** absoluter Blödsinn; **a complete and ~ waste of time** eine totale Zeitverschwendung

utter[2] ['ʌt̬·ər] *vt* ❶ (*give voice to*) von sich *dat* geben; **to ~ a groan** stöhnen; **without ~ing a word** ohne ein Wort zu sagen ❷ (*speak out*) sagen; *curse, threat* ausstoßen; *oath* schwören;

prayer sprechen; *warning* aussprechen

utterly ['ʌt̬·ər·li] *adv inv* vollkommen; **to be ~ convinced that ...** vollkommen [davon] überzeugt sein, dass ...

U-turn ['ju·tɜrn] *n* ❶ (*of car*) Wende *f;* **to make a ~** wenden ❷ (*change*) Kehrtwendung *f*

V

V <*pl* -'s *or* -s> *n,* **v** <*pl* -'s> [vi] *n* ❶ (*letter*) V *nt,* v *nt;* ~ **as in Victor** V wie Viktor ❷ (*five*) V (*römisches Zahlzeichen für 5*)

v [vi] I. *n* LING *abbrev of* **verb** v II. *prep abbrev of* **verse, verso, versus** vs. III. *adv abbrev of* **very**

VA, Va. *abbrev of* **Virginia**

vac [væk] I. *n* (*fam*) *short for* **vacuum cleaner** Staubsauger *m* II. *vt* <-cc-> (*fam*) *short for* **vacuum clean** [staub]saugen III. *vi short for* **vacuum clean** [staub]saugen

vacancy ['veɪ·kən·si] *n* ❶ (*room*) freies Zimmer; "**vacancies**" „Zimmer frei"; "**no vacancies**" „belegt" ❷ (*job*) freie Stelle; **to fill a ~** eine [freie] Stelle besetzen

vacant ['veɪ·kənt] *adj inv* ❶ (*empty*) *bed, chair, seat* frei; *house* unbewohnt; *land* unbebaut ❷ *job* unbesetzt ❸ (*expressionless*) leer; ~ **stare** ausdrucksloser Blick

vacate ['veɪ·keɪt] *vt* räumen; *job, position, post* aufgeben; *place, seat* frei machen

vacation [veɪ·'keɪ·ʃən] I. *n* ❶ (*holiday*) Ferien *pl,* Urlaub *m;* **to take a ~** Urlaub machen; ■**on** ~ im Urlaub ❷ UNIV Semesterferien *pl;* LAW Gerichtsferien *pl;* SCH [Schul]ferien *pl* II. *vi* Urlaub machen

vacationer [veɪ·'keɪ·ʃə·nər] *n* Urlauber(in) *m(f)*

vaccinate ['væk·sə·neɪt] *vt* impfen (**against** gegen +*akk*)

vaccination [ˌvæk·sə·'neɪ·ʃən] *n* [Schutz]impfung *f* (**against** gegen +*akk*)

vaccine [væk·'sin] *n* Impfstoff *m*

vacuous ['væk·ju·əs] *adj* ❶ (*inane*) *person, question* geistlos; *remark a.* nichts sagend ❷ (*expressionless*) *look, expression* ausdruckslos, leer

vacuum <*pl* -s *or* -cua> ['væk·jum, *pl* -kju·ə] I. *n* ❶ Vakuum *nt* ❷ (*fig: gap*) Vakuum *nt,* Lücke *f;* **to leave a ~** eine Lücke hinterlassen ❸ (*vacuum cleaner*) Staubsauger *m* II. *vt* [staub]saugen; ■**to ~ up** ↻ **sth** etw aufsaugen

'**vacuum cleaner** *n* Staubsauger *m*

'**vacuum-packed** *adj* vakuumverpackt

vagary ['veɪ·gə·ri] *n* ■**vagaries** *pl* Launen *pl;* **the vagaries of life** die Wechselfälle *pl* des Lebens

vagina <*pl* -s *or* -ae> [və·'dʒaɪ·nə] *n* ANAT Vagina *f,* Scheide *f*

V

vagrancy ['veɪ·grən·si] *n* Obdachlosigkeit *f*
vagrant ['veɪ·grənt] *n* Obdachlose(r) *f(m)*
vague [veɪg] *adj* ❶ (*indistinct*) ungenau, vage; *blurred* verschwommen, undeutlich ❷ (*imprecise*) *person* zerstreut
vagueness ['veɪg·nəs] *n* Unbestimmtheit *f*
vain [veɪn] *adj* ❶ (*conceited*) eingebildet; (*about one's looks*) eitel ❷ (*futile*) sinnlos; *hope* töricht ❸ (*unsuccessful*) vergeblich; **in ~** vergeblich, umsonst
valance ['væl·əns] *n* ❶ (*on bed*) Volant *m* ❷ (*on curtain rail*) Querbehang *m*
valedictorian [ˌvæl·ə·dɪk·'tɔr·i·ən] *n* Abschiedsredner(in) *m(f)* (*Jahrgangsbeste(r), die/der bei Schul- oder Universitätsentlassungsfeiern eine Abschiedsrede hält*)
valedictory [ˌvæl·ə·'dɪk·tə·ri] *adj inv* Abschieds-; (*school-leaving*) **~ address** Abschiedsrede *f*
valentine ['væl·ən·taɪn] *n* ❶ (*card*) Valentinskarte *f* ❷ (*person*) *Person, die am Valentinstag von ihrem Verehrer/ihrer Verehrerin beschenkt wird*
'**Valentine's Day** *n* Valentinstag *m*
valerian [və·'lɪr·i·ən] *n* Baldrian *m*
valet [væ·'leɪ] *n* ❶ (*servant*) Kammerdiener *m* ❷ *Person, die Autos* (*meist im Hotel*) *einparkt*
'**valet parking** *n* Parkservice *m*
valiant ['væl·jənt] *adj* mutig; *effort* kühn; *resistance* tapfer
valid ['væl·ɪd] *adj* ❶ (*well-founded*) begründet; (*worthwhile*) berechtigt; *argument* stichhaltig; *criticism* gerechtfertigt ❷ (*in force*) gültig; LAW (*binding*) rechtskräftig
validate ['væl·ə·deɪt] *vt* ❶ (*approve*) anerkennen ❷ (*verify*) bestätigen
validity [və·'lɪd·ə· t̬i] *n* Gültigkeit *f;* (*value*) Wert *m*
valley ['væl·i] *n* Tal *nt*
valor ['væl·ər] *n* Wagemut *m*
valuable ['væl·ju·ə·bəl] I. *adj* wertvoll; *gems* kostbar II. *n usu pl* Wertsachen *pl*
valuation [ˌvæl·ju·'eɪ·ʃən] *n* ❶ (*appraisal*) Schätzung *f;* **to make a ~ of sth** etw schätzen ❷ (*price*) Schätzwert *m*
value ['væl·ju] I. *n* ❶ (*significance*) Wert *m*, Bedeutung *f;* **to be of little ~** wenig Wert haben; **to place a high ~ on sth** auf etw *akk* großen Wert legen ❷ (*monetary*) Wert *m* ❸ (*ethics*) ■**~s** *pl* Werte *pl*, Wertvorstellungen *pl* II. *vt* ❶ (*esteem*) schätzen; **to ~ sb as a friend** jdn als Freund schätzen ❷ (*estimate*) schätzen; ■**to have sth ~d** etw schätzen lassen
value-'added tax *n* Mehrwertsteuer *f*
valued ['væl·jud] *adj* geschätzt
valueless ['væl·ju·lɪs] *adj* wertlos
valve [vælv] *n* ❶ TECH Ventil *nt* ❷ ANAT Klappe *f*
vampire ['væm·paɪr] *n* Vampir(in) *m(f)*
van [væn] *n* ❶ (*truck*) Transporter *m;* **delivery ~** Lieferwagen *m* ❷ (*car*) Kleinbus *m;* (*smaller*) Minibus *m*
vandal ['væn·dəl] *n* Vandale(in) *m(f) pej*

vandalism ['væn·də·lɪz·əm] *n* Vandalismus *m*
vandalize ['væn·də·laɪz] *vt* mutwillig zerstören
vane [veɪn] *n* ❶ (*blade*) Propellerflügel *m* ❷ METEO (*weathervane*) Wetterfahne *f*
vanguard ['væn·gard] *n* ❶ (*guard*) Vorhut *f;* (*forefront*) Spitze *f* ❷ (*fig: leader*) **to be in the ~ of sth** zu den Vorreitern *+dat* gehören
vanilla [və·'nɪl·ə] I. *n* Vanille *f* II. *adj* ❶ Vanille-; **~ pudding** ≈ Vanillepudding *m* ❷ (*fig: ordinary*) durchschnittlich; **plain ~** nullachtfuffzehn [*o* SCHWEIZ nullachtfünfzehn] *fam*
vanish ['væn·ɪʃ] *vi* ❶ (*disappear*) verschwinden; **to ~ into thin air** sich in Luft auflösen; **to ~ without a trace** spurlos verschwinden ❷ (*extinct*) verloren gehen
'**vanishing point** *n* ❶ (*horizon*) Fluchtpunkt *m* ❷ (*fig*) Nullpunkt *m*
vanity ['væn·ə·t̬i] *n* ❶ Eitelkeit *f* ❷ *see* **dressing table**
vantage ['væn·tɪdʒ] *n* Aussichtspunkt *m*
'**vantage point** *n* ❶ (*outlook*) Aussichtspunkt *m* ❷ (*fig: perspective*) Blickpunkt *m*
vapid ['væp·ɪd] *adj* banal
vapor ['veɪ·pər] *n* Dampf *m*
vaporization [ˌveɪ·pər·ɪ·'zeɪ·ʃən] *n* (*slow*) Verdunstung *f;* (*quick*) Verdampfung *f*
vaporize ['veɪ·pə·raɪz] I. *vt* verdampfen II. *vi* (*slowly*) verdunsten; (*quickly*) verdampfen
vaporizer ['veɪ·pə·raɪ·zər] *n* Inhalator *m*
'**vapor trail** *n* Kondensstreifen *m*
variability [ˌvær·i·ə·'bɪl·ə·t̬i] *n* Veränderlichkeit *f*
variable ['vær·i·ə·bəl] I. *n* Variable *f* II. *adj* variabel, veränderlich; *quality* wechselhaft; *weather* unbeständig
variance ['vær·i·əns] *n* ❶ ■**to be at ~ with sth** mit etw *dat* nicht übereinstimmen ❷ (*variation*) Abweichung *f* ❸ LAW (*permission*) Sondergenehmigung *f*
variant ['vær·i·ənt] I. *n* Variante *f* II. *adj* variierend, unterschiedlich
variation [ˌvær·i·'eɪ·ʃən] *n* ❶ (*variability*) Abweichung *f* ❷ (*difference*) Schwankung[en] *f[pl]* ❸ MUS Variation *f* (**on** über *+akk*)
varicose vein ['ver·ə·koʊs-] *n* Krampfader *f*
varied ['vær·id] *adj* unterschiedlich; *career* bewegt; *group* bunt gemischt
variegated ['vær·i·ə·geɪ·t̬ɪd] *adj* ❶ (*diverse*) vielfältig ❷ (*multicolored*) mischfarbig; BOT panaschiert *fachspr; leaves* bunt
variety [və·'raɪ·ə·t̬i] *n* ❶ (*diversity*) Verschiedenartigkeit *f;* (*in job a.*) Abwechslungsreichtum *m* ❷ (*assortment*) Vielfalt *f;* ECON Auswahl *f* ❸ (*category*) Art *f;* BIOL Spezies *f;* **a new ~ of tulip** eine neue Tulpensorte
va'riety show *n* Varieteeshow *f*
various ['vær·i·əs] *adj inv* verschieden
varnish ['var·nɪʃ] I. *n* <*pl* -es> Lack *m;* (*on painting*) Firnis *m* II. *vt* lackieren
vary <-ie-> ['vær·i] I. *vi* ❶ (*differ*) variieren, verschieden sein; **to ~ greatly** stark voneinan-

der abweichen ❷ (*change*) sich verändern; (*fluctuate*) schwanken II. *vt* variieren; **to ~ one's diet** abwechslungsreich essen

varying ['veri·ɪŋ] *adj* (*different*) unterschiedlich; (*fluctuating*) variierend

vase [veɪs] *n* Vase *f*

vast [væst] *adj* gewaltig, riesig; *country* weit; *majority* überwältigend

vastly ['væst·li] *adv* wesentlich, erheblich; **~ superior** haushoch überlegen

vastness ['væst·nəs] *n* riesige Ausmaße *pl*

vat [væt] *n* Fass *nt;* (*with open top*) Bottich *m*

Vatican ['væt·ɪ·kən] I. *n* ■the ~ der Vatikan II. *adj attr, inv* Vatikan-, des Vatikans *nach n*

vault [vɔlt] I. *n* ❶ (*arch*) Gewölbebogen *m* ❷ (*strongroom*) Tresorraum *m;* (*safe*) Magazin *nt* ❸ (*in church*) Krypta *f;* (*at cemetery*) Gruft *f* ❹ (*jump*) Sprung *m* II. *vt* ■to ~ sth über etw *akk* springen; *athletics* etw überspringen III. *vi* springen (**over** über +*akk*)

vaulted ['vɔl·tɪd] *adj inv* gewölbt

vaulting ['vɔl·tɪŋ] I. *n* Wölbung *f* II. *adj attr* (*liter*) rasch ansteigend; *ambition* skrupellos

VCR [ˌvi·si·'ar] *n abbrev of* **videocassette recorder** Videorekorder *m*

veal [vil] I. *n* Kalbfleisch *nt* II. *adj* Kalbs-

vector ['vek·tər] *n* ❶ (*quantity*) Vektor *m* ❷ BIOL (*organism*) Überträger *m*

veer [vɪr] *vi* ❶ (*turn*) abdrehen; ■to ~ toward[s] sth auf etw *akk* hinsteuern ❷ (*alter goal*) umschwenken

veg <-gg-> [vedʒ] *vi* (*fam*) ■to ~ out herumhängen

vegan ['vi·gən] I. *n* Veganer(in) *m(f)* II. *adj* vegan

vegetable ['vedʒ·tə·bəl] I. *n* ❶ (*edible plant*) Gemüse *nt* ❷ (*not animal or mineral*) Pflanze *f* ❸ (*offensive fam: disabled person*) Scheintote(r) *f(m)* ❹ (*fam: idler*) **to be a ~** vor sich *dat* hin vegetieren II. *adj* Gemüse-; **~ diet** (*for person*) pflanzliche Ernährung; (*for animal*) Grünfutter *nt*

'**vegetable fat** *n* pflanzliches Fett

'**vegetable garden** *n* Gemüsegarten *m*

'**vegetable kingdom** *n* Pflanzenreich *nt*

'**vegetable oil** *n* pflanzliches Öl

vegetarian [ˌvedʒ·ə·'ter·i·ən] I. *n* Vegetarier(in) *m(f)* II. *adj inv* vegetarisch

vegetate ['vedʒ·ə·teɪt] *vi* vegetieren

vegetation [ˌvedʒ·ə·'teɪ·ʃən] *n* Pflanzen *pl;* (*in specific area*) Vegetation *f*

veggie ['vedʒ·i] *n* (*fam*) *short for* **vegetable**

vehemence ['vi·ə·məns] *n* Vehemenz *f*

vehement ['vi·ə·mənt] *adj* vehement, heftig; *critic* scharf

vehicle ['vi·ə·kəl] *n* ❶ (*transport*) Fahrzeug *nt* ❷ (*fig: means*) Vehikel *nt* (**for** für +*akk*)

veil [veɪl] I. *n* Schleier *m a. fig* II. *vt* ❶ *usu passive* ■to be ~ed verschleiert sein ❷ (*fig: hide*) *feelings, opinion* verbergen; *truth, intention, scandal* verschleiern

veiled [veɪld] *adj* ❶ *inv* verschleiert ❷ (*fig: hidden*) verschleiert; *criticism, hint, threat*

versteckt

vein [veɪn] *n* ❶ (*vessel*) Vene *f* ❷ BOT, ZOOL, MIN Ader *f* ❸ *usu sing* (*style*) Stil *m*

veined [veɪnd] *adj* geädert

Velcro® ['vel·kroʊ] *n* Klettverschluss *m*

velocity [və·'las·ə·t̬i] I. *n* Geschwindigkeit *f* II. *adj attr, inv* Geschwindigkeits-

velvet ['vel·vɪt] *n* Samt *m*

velveteen [ˌvel·vɪ·'tin] *n* Veloursamt *m*

velvety ['vel·və·t̬i] *adj* samtig

vend [vend] *vt* verkaufen

vendetta [ven·'det̬·ə] *n* Vendetta *f*

'**vending machine** *n* Automat *m*

vendor ['ven·dər] *n* ❶ (*street seller*) Straßenverkäufer(in) *m(f)* ❷ LAW (*seller*) Verkäufer(in) *m(f)*

veneer [və·'nɪr] *n* ❶ (*layer*) Furnier *nt* ❷ (*fig: front*) Fassade *f*

venerable ['ven·ər·ə·bəl] *adj* ❶ (*respected*) ehrwürdig; *family* angesehen; *tradition* alt ❷ (*old*) *ruins* altehrwürdig; *age* ehrwürdig

venerate ['ven·ə·reɪt] *vt* verehren, bewundern (**for** für +*akk*)

veneration [ˌven·ə·'reɪ·ʃən] *n* Verehrung *f*

venereal [və·'nɪr·i·əl] *adj inv* MED venerisch *fachspr;* **~ disease** Geschlechtskrankheit *f*

venetian 'blind *n* Jalousie *f*

Venezuela [ˌven·ə·'zweɪ·lə] *n* Venezuela *nt*

vengeance ['ven·dʒəns] *n* ❶ (*revenge*) Rache *f;* **to vow ~** Rache schwören ❷ (*fig: energy*) ■with a ~ mit voller Kraft

venison ['ven·ɪ·sən] *n* Rehfleisch *nt*

venom ['ven·əm] *n* Gift *nt;* (*fig: spite*) Bosheit *f*

venomous ['ven·ə·məs] *adj* giftig *a. fig*

vent [vent] I. *n* ❶ (*outlet*) Abzug *m;* **air ~** Luftschacht *m* ❷ (*fig: release*) Ventil *nt;* **to give ~ to one's anger** seinem Ärger Luft machen; **to give ~ to one's feelings** seinen Gefühlen Ausdruck geben II. *vt* ■to ~ sth etw *dat* Ausdruck geben; **to ~ one's anger on sb** seine Wut an jdm auslassen III. *vi* Dampf ablassen *fam*

ventilate ['ven·tə·leɪt] *vt* lüften

ventilation [ˌven·tə·'leɪ·ʃən] *n* Belüftung *f*

ventilator ['ven·tə·leɪ·tər] *n* ❶ (*air circulator*) Ventilator *m* ❷ MED (*respirator*) Beatmungsgerät *nt*

ventricle ['ven·trɪ·kəl] *n* Herzkammer *f*

ventriloquist [ven·'trɪl·ə·kwɪst] *n* Bauchredner(in) *m(f)*

venture ['ven·tʃər] I. *n* Projekt *nt;* ECON Unternehmen *nt* II. *vt* *opinion* vorsichtig äußern III. *vi* sich vorwagen

'**venture capital** *n* Risikokapital *nt*

venturesome ['ven·tʃər·səm] *adj* ❶ (*adventurous*) *person* wagemutig ❷ (*risky*) riskant

venue ['ven·ju] *n* ❶ (*site*) Veranstaltungsort *m;* (*for competition*) Austragungsort *m* ❷ LAW (*jurisdiction*) Verhandlungsort *m*

Venus ['vi·nəs] *n* Venus *f*

veranda(h) [və·'ræn·də] *n* Veranda *f*

verb [vɜrb] *n* Verb *nt*

verbal ['vɜr·bəl] *adj inv* ❶ (*oral*) mündlich

V

② (*of verb*) ~ **noun** Verbalsubstantiv *nt*
verbalize ['vɜr·bə·laɪz] **I.** *vt* ausdrücken **II.** *vi* sich verbal ausdrücken; **to start to** ~ *child* anfangen zu sprechen
verbally ['vɜr·bə·li] *adv inv* verbal, mündlich
verbatim [vər·'beɪ·tɪm] *inv* **I.** *adj* wörtlich **II.** *adv* wortwörtlich
verbiage ['vɜr·bi·ɪdʒ] *n* Worthülsen *pl;* (*in speech*) Floskeln *pl*
verbose [vər·'boʊs] *adj* wortreich; *speech* weitschweifig
verdict ['vɜr·dɪkt] *n* **①** (*judgment*) Urteil *nt;* ~ **of not guilty** Freispruch *m;* **unanimous** ~ einstimmiges Urteil; **to return a** ~ ein Urteil verkünden **②** (*opinion*) Urteil *nt;* **to give a** ~ **on sth** ein Urteil über etw *akk* fällen
verdigris ['vɜr·dɪ·ɡrɪs] *n* Grünspan *m*
verge [vɜrdʒ] *n* **①** (*edge*) Rand *m;* **on the** ~ **of the desert** am Rand der Wüste **②** (*fig: brink*) **to be on the** ~ **of collapse** kurz vor dem Zusammenbruch stehen
◆verge on *vi* **to** ~ **on the ridiculous** ans Lächerliche grenzen
verifiable [ˌver·ə·'faɪə·bəl] *adj* verifizierbar *geh; fact* überprüfbar; *theory* nachweisbar
verification [ˌver·ə·fɪ·'keɪ·ʃən] **I.** *n* Verifizierung *f geh;* (*checking*) Überprüfung *f* **II.** *adj* Überprüfungs-; ~ **procedure** Prüfungsverfahren *nt*
verify <-ie-> ['ver·ə·faɪ] *vt* verifizieren *geh;* (*check*) überprüfen; (*confirm*) belegen
veritable ['ver·ə·tə·bəl] *adj attr, inv* wahr; **a** ~ **war of words** das reinste Wortgefecht
vermicelli [ˌvɜr·mə·'tʃel·i] *npl* Fadennudeln *pl*
vermilion, vermillion [vər·'mɪl·jən] **I.** *n* Zinnoberrot *nt* **II.** *adj inv* zinnoberrot
vermin ['vɜr·mɪn] *npl* (*animals*) Schädlinge *pl;* (*persons*) nutzloses Pack *pej;* **to control** ~ Ungeziefer bekämpfen
Vermont [vər·'mant] *n* Vermont *nt*
vermouth [vər·'muθ] *n* Wermut *m*
vernacular [vər·'næk·jə·lər] **I.** *n* Umgangssprache *f;* (*dialect*) Dialekt *m;* (*jargon*) Jargon *m* **II.** *adj* (*of language*) umgangssprachlich; (*as one's mother tongue*) muttersprachlich
versatile ['vɜr·sə·təl] *adj person* vielseitig; *material* vielseitig verwendbar
versatility [ˌvɜr·sə·'tɪl·ə·ti] *n* Vielseitigkeit *f;* (*adjustability*) Anpassungsfähigkeit *f; of device* vielseitige Verwendbarkeit
verse [vɜrs] *n* **①** (*poetry*) Dichtung *f;* **in** ~ in Versen *m* **②** (*poem, song*) Strophe *f* **③** (*scripture*) Vers *m*
versed [vɜrst] *adj* **to be** [well] ~ **in sth** (*knowledgeable about*) in etw *dat* [sehr] versiert sein *geh;* (*familiar with*) sich mit etw *dat* [gut] auskennen
version ['vɜr·ʒən] *n* **①** (*account*) Version *f;* (*description*) Darstellung *f* **②** (*variant*) Version *f; of book, text, film* Fassung *f;* **abridged** ~ Kurzfassung *f;* **revised** ~ revidierte Ausgabe
versus ['vɜr·səs] *prep* gegen
vertebra <*pl* -brae> ['vɜr·tə·brə, *pl* -bri] *n*

Wirbel *m*
vertebral ['vɜr·tə·brəl] *adj inv* Wirbel-
vertebrate ['vɜr·tə·brɪt] **I.** *n* Wirbeltier *nt* **II.** *adj attr, inv* Wirbel-
vertex <*pl* -es *or* -tices> ['vɜr·teks, *pl* -tɪ·siz] *n* **①** MATH Scheitel[punkt] *m* **②** (*apex*) Spitze *f*
vertical ['vɜr·tə·kəl] **I.** *adj* senkrecht, vertikal **II.** *n* Senkrechte *f*, Vertikale *f geh*
vertigo ['vɜr·tə·ɡoʊ] *n* Schwindel *m;* MED Gleichgewichtsstörung *f*
verve [vɜrv] *n* Begeisterung *f*, Verve *f geh*
very ['ver·i] **I.** *adv inv* **①** (*extremely*) sehr, außerordentlich **②** (*to great degree*) sehr; ~ **much** sehr; **to feel** ~ **much at home** sich ganz wie zu Hause fühlen **③** + *superl* (*to add force*) aller-; **the** ~ **best** der/die/das Allerbeste; **to do the** ~ **best one can** sein Allerbestes geben; **at the** ~ **most/least** allerhöchstens/zumindest; **the** ~ **next day** schon am nächsten Tag; **the** ~ **same** genau der/die/das Gleiche **II.** *adj attr, inv* **at the** ~ **bottom** zuunterst; **at the** ~ **end of sth** ganz am Ende einer S. *gen;* **the** ~ **fact that ...** allein schon die Tatsache, dass ...; **they're the** ~ **opposite of one another** sie sind völlig unterschiedlich; **the** ~ **thought ...** allein der Gedanke ...
vessel ['ves·əl] *n* **①** (*ship*) Schiff *nt* **②** (*container*) Gefäß *nt*
vest [vest] **I.** *n* [Anzug]weste *f* **II.** *vt* **①** *usu passive* (*give*) **to be** ~**ed with the power to do sth** berechtigt sein, etw zu tun **②** (*place*) **to** ~ **one's hopes in sb/sth** seine Hoffnungen auf jdn/etw setzen
vestibule ['ves·tə·bjul] *n* (*foyer*) Vorraum *m;* (*larger*) Eingangshalle *f;* (*in theater*) Foyer *nt*
vestige ['ves·tɪdʒ] *n* **①** (*trace*) Spur *f;* (*remainder*) Überrest *m* **②** (*fig*) **there's not a** ~ **of truth in what she says** es ist kein Körnchen Wahrheit an dem, was sie sagt; **to remove the last** ~ **of doubt** den letzten Rest Zweifel ausräumen
vestments ['vest·mənts] *npl* Messgewand *nt;* (*for special occasion*) Ornat *m geh*
vestry ['ves·tri] *n* Sakristei *f*
vet¹ [vet] **I.** *n* Tierarzt, Tierärztin *m, f* **II.** *vt* <-tt-> **①** MED (*screen*) untersuchen **②** (*examine*) überprüfen
vet² [vet] *n* (*fam*) short for **veteran** Veteran(in) *m(f)*
veteran ['vet̬·ər·ən] **I.** *n* **①** (*expert*) Veteran(in) *m(f) hum*, alter Hase *hum* **②** (*ex-military*) Veteran(in) *m(f)* **II.** *adj attr, inv* (*experienced*) erfahren; (*of many years*) langjährig

i Der **Veteran's Day** am 11. November wurde eigentlich als Andenken an den Waffenstillstand zwischen Deutschland und den Alliierten 1918 eingeführt. An diesem staatlichen Feiertag werden alle Veteranen aus amerikanischen Kriegen geehrt und es wird der Kriegsopfer gedacht.

veterinarian [ˌvet·ər·ə·'ner·i·ən] *n* Tierarzt, Tierärztin *m, f*

veterinary ['vet·ər·ə·ner·i] *adj attr, inv* tierärztlich; ~ **medicine** Tiermedizin *f*

veto ['vi·ṭoʊ] **I.** *n* <*pl* -es> ❶ (*nullification*) Veto *nt;* **presidential** ~ Veto *nt* des Präsidenten ❷ (*right of refusal*) Vetorecht *nt;* **to have the power of** ~ das Vetorecht haben **II.** *vt* ❶ (*refuse*) ein Veto einlegen (gegen +*akk*) ❷ (*forbid*) untersagen

vex [veks] *vt* verärgern

VHF [ˌvi·eɪtʃ·'ef] **I.** *n abbrev of* **very high frequency** UKW *f* **II.** *adj attr abbrev of* **very high frequency** UKW-

via ['vaɪ·ə] *prep* ❶ (*through*) über ❷ (*using*) per, via

viability [ˌvaɪ·ə·'bɪl·ə·ṭi] *n* ❶ BIOL Lebensfähigkeit *f* ❷ *of business* Rentabilität *f* ❸ (*feasibility*) Realisierbarkeit *f*

viable ['vaɪ·ə·bəl] *adj* ❶ (*successful*) existenzfähig; *company* rentabel ❷ (*feasible*) machbar; *alternative* durchführbar ❸ BIOL (*able to live*) lebensfähig; (*able to reproduce*) zeugungsfähig

viaduct ['vaɪ·ə·dʌkt] *n* Viadukt *m o nt;* (*bridge*) Brücke *f*

vibe [vaɪb] *n usu pl* (*sl: atmosphere*) Schwingungen *pl;* (*general feeling*) Klima *nt*

vibes [vaɪbz] *npl* (*fam*) *see* **vibraphone**

vibrant ['vaɪ·brənt] *adj* ❶ *person* lebhaft; (*dynamic*) dynamisch ❷ *atmosphere, place* lebendig ❸ ECON ~ **economy** boomende Wirtschaft ❹ *color* leuchtend

vibraphone ['vaɪ·brə·foʊn] *n* Vibraphon *nt*

vibrate ['vaɪ·breɪt] **I.** *vi* ❶ (*pulsate*) vibrieren ❷ *sound* nachklingen **II.** *vt* vibrieren lassen; MUS zum Schwingen bringen

vibration [vaɪ·'breɪ·ʃən] *n* Vibration *f; of earthquake* Erschütterung *f;* PHYS Schwingung *f*

vibrator ['vaɪ·breɪ·tər] *n* Vibrator *m*

vicar ['vɪk·ər] *n* Pfarrer *m*

vicarious [vɪ·'ker·i·əs] *adj* nachempfunden; *pleasure* indirekt; ~ **satisfaction** Ersatzbefriedigung *f;* **to get a** ~ **thrill out of sth** sich an etw *dat* aufgeilen *sl*

vice¹ [vaɪs] *n* ❶ (*weakness*) Laster *nt* ❷ (*behavior*) Lasterhaftigkeit *f*

vice² [vaɪs] *n see* **vise**

vice 'chairman *n* stellvertretende(r) Vorsitzende(r)

Vice 'President, vice 'president *n* Vizepräsident(in) *m(f)*

'vice squad *n* Sittendezernat *nt*

vice versa [ˌvaɪ·sə·'vɜr·sə] *adv inv* umgekehrt

vicinity [və·'sɪn·ə·ṭi] *n* Nähe *f;* (*surroundings*) Umgebung *f;* ■**in the** ~ [**of sth**] in der Nähe [einer S. *gen*]; (*fig*) **the team paid in the** ~ **of 3 million dollars for him** die Mannschaft hat um die 3 Millionen Dollar für ihn gezahlt

vicious ['vɪʃ·əs] *adj* ❶ (*malicious*) boshaft, gemein; *attack* heimtückisch; *crime, murder* grauenhaft; *dog* bissig; *fighting* brutal; *gossip* gehässig ❷ (*causing pain*) grausam ❸ (*nasty*) gemein

vicious 'circle, vicious 'cycle *n* Teufelskreis *m;* **to be caught in a** ~ in einen Teufelskreis geraten sein

victim ['vɪk·tɪm] *n* ❶ (*harmed*) Opfer *nt;* **to fall** ~ **to sb/sth** jdm/etw zum Opfer fallen ❷ (*sufferer*) **cancer** ~ Krebskranke(r) *f(m)* ❸ (*fig*) **to fall** ~ **to sb's charms** jds Charme *m* erliegen; **to be a** ~ **of fortune** dem Schicksal ausgeliefert sein

victimize ['vɪk·tə·maɪz] *vt* ungerecht behandeln; (*pick at*) schikanieren

victor ['vɪk·tər] *n* Sieger(in) *m(f);* **to be the** ~ **in sth** in etw *dat* siegen

Victorian [vɪk·'tɔr·i·ən] **I.** *adj* ❶ (*era*) viktorianisch ❷ (*prudish*) prüde **II.** *n* Viktorianer(in) *m(f)*

victorious [vɪk·'tɔr·i·əs] *adj* siegreich; **to emerge** ~ als Sieger/Siegerin hervorgehen

victory ['vɪk·tə·ri] *n* Sieg *m* (**against** über +*akk*); **to win a** ~ [**in sth**] [bei etw *dat*] einen Sieg erringen

video ['vɪd·i·oʊ] *n* ❶ (*recording*) Video *nt* ❷ (*tape*) Videokassette *f* ❸ (*material*) Videoaufnahme *f*

'video camera *n* Videokamera *f*

'videocassette *n* Videokassette *f*

videocas'sette recorder, VCR *n* Videorekorder *m*

'videoconference *n* Videokonferenz *f*

'video game *n* Videospiel *nt*

'videophone *n* Bildtelefon *nt*

'video recorder *n* Videorekorder *m*

'videotape I. *n* ❶ (*cassette*) Videokassette *f* ❷ (*tape*) Videoband *nt* ❸ (*material*) Videoaufnahme *f* **II.** *vt* auf Video aufnehmen

vie <-y-> [vaɪ] *vi* wetteifern (**with** mit +*dat,* **for** um +*akk*); (*in commerce, business*) konkurrieren

Vienna [vi·'en·ə] *n* Wien *nt*

Viennese [ˌvi·ə·'niz] **I.** *n* <*pl* -> Wiener(in) *m(f)* **II.** *adj* Wiener-, wienerisch

Vietcong <*pl* -> [ˌvi·et·'kɑŋ] *n* Vietkong *m*

Vietnam [ˌvi·et·'nɑm] *n* Vietnam *nt*

Vietnamese [vi·ˌet·nə·'miz] **I.** *adj* vietnamesisch **II.** *n* ❶ (*language*) Vietnamesisch *nt* ❷ (*person*) Vietnamese, -mesin *m, f*

view [vju] **I.** *n* ❶ (*sight*) Sicht *f;* **in full** ~ **of all the spectators** vor den Augen aller Zuschauer; **to come into** ~ sichtbar werden; **to hide from** ~ sich dem Blick entziehen; **to be on** ~ *artwork* ausgestellt werden ❷ (*panorama*) [Aus]blick *m;* **he paints rural** ~**s** er malt ländliche Motive; **he lifted his daughter up so that she could get a better** ~ er hob seine Tochter hoch, so dass sie besser sehen konnte ❸ (*inspection*) Besichtigung *f* ❹ (*opinion*) Ansicht *f,* Meinung *f* (**about/on** über +*akk*); **it's my** ~ **that the price is much too high** meiner Meinung nach ist der Preis viel zu hoch; **point of** ~ Standpunkt *m;* **from my point of** ~ **...** meiner Meinung nach ...; ■**in sb's** ~ jds Ansicht *f* nach ❺ (*perspective*) Ansicht *f;* **from the money/work point of** ~ **...** vom

Finanziellen her/von der Arbeit her ...; ■**in ~ of sth** angesichts einer S. *gen;* ■**with a ~ to doing sth** mit der Absicht, etw zu tun **II.** *vt* ➊*(watch)* ■**to ~ sb/sth** [**from sth**] etw [von jdm/etw aus] betrachten; *spectator* etw *dat* [von etw *dat* aus] zusehen [*o bes* SÜDD, ÖSTERR, SCHWEIZ zuschauen] ➋*(consider)* ■**to ~ sb/ sth** [**as sb/sth**] jdn/etw [als jdn/etw] betrachten; **we ~ the situation with concern** wir betrachten die Lage mit Besorgnis; **to ~ sth from a different angle** etw aus einem anderen Blickwinkel betrachten ➌*(inspect)* ■**to ~ sth** sich *dat* etw ansehen

viewer ['vju·ər] *n* ➊*(person)* [Fernseh]zuschauer(in) *m(f)* ➋*(for film)* Filmbetrachter *m; (for slides)* Diabetrachter *m*

'viewfinder *n* PHOT [Bild]sucher *m*

viewing ['vju·ɪŋ] *n* ➊*(inspection)* Besichtigung *f* ➋ FILM Anschauen *nt;* TV Fernsehen *nt*

'viewpoint *n* ➊*(opinion)* Standpunkt *m; (aspect)* Gesichtspunkt *m* ➋*(place)* Aussichtspunkt *m*

vigil ['vɪdʒ·əl] *n* [Nacht]wache *f;* **to hold a ~** Nachtwache halten

vigilance ['vɪdʒ·ɪ·ləns] *n* Wachsamkeit *f*

vigilant ['vɪdʒ·ɪ·lənt] *adj* wachsam; **to be ~ about/for sth** auf etw *akk* achten

vigor ['vɪg·ər] *n* ➊*(liveliness)* Energie *f,* [Tat]kraft *f; (vitality)* Vitalität *f;* **with ~** mit vollem Eifer ➋*(forcefulness)* Ausdruckskraft *f*

vigorous ['vɪg·ər·əs] *adj* ➊*(strong)* kräftig, kraftvoll; *health* robust ➋*(intensive)* intensiv; *walk* stramm ➌*(passionate)* leidenschaftlich; *criticism, protest* heftig; *attempt, denial* energisch; *speech* feurig, schwungvoll

vile [vaɪl] *adj* ➊*(wicked)* gemein, niederträchtig ➋*(unpleasant)* abscheulich

village ['vɪl·ɪdʒ] **I.** *n* ➊*(settlement)* Dorf *nt* ➋*(populace)* Dorfbevölkerung *f* **II.** *adj* Dorf-

villager ['vɪl·ə·dʒər] *n* Dorfbewohner(in) *m(f)*

villain ['vɪl·ən] *n* ➊*(lawbreaker)* Verbrecher(in) *m(f)* ➋*(rogue)* Schurke *m; (in novel, film)* Bösewicht *m*

villainous ['vɪl·ə·nəs] *adj* schurkisch; *(mean)* gemein; *deed* niederträchtig

villainy ['vɪl·ə·ni] *n* Schurkerei *f; (meanness)* Gemeinheit *f*

VIN [vi·'aɪ·'en] *n* AUTO *acr for* **vehicle identification number** Kfz-Kennzeichen *nt,* Kraftfahrzeugkennzeichen *nt*

vinaigrette [ˌvɪn·ə·'gret] *n* Vinaigrette *f*

vindicate ['vɪn·də·keɪt] *vt* ➊*(justify)* *thing* rechtfertigen; *person* verteidigen ➋*(support)* *theory* bestätigen ➌*(exonerate)* *person* rehabilitieren

vindication [ˌvɪn·də·'keɪ·ʃən] *n* ➊*(justification)* Rechtfertigung *f;* **in ~ of sth** zur Rechtfertigung einer S. *gen* ➋*(exoneration)* Rehabilitierung *f*

vindictive [vɪn·'dɪk·tɪv] *adj* nachtragend; *(vengeful)* rachsüchtig

vine [vaɪn] *n* ➊*(of grape)* Weinrebe *f* ➋*(creeper)* Rankengewächs *nt*

vinegar ['vɪn·ə·gər] *n* Essig *m*

vinegary ['vɪ·nɪ·gə·ri] *adj* ➊*(sour)* sauer ➋*(with vinegar)* Essig-

vineyard ['vɪn·jərd] *n* Weinberg *m; (area)* Weinanbaugebiet *nt*

vintage ['vɪn·tɪdʒ] **I.** *n* ➊*(wine)* Jahrgangswein *m* ➋*(year)* Jahrgang *m* **II.** *adj inv* ➊ Jahrgangs- ➋*(classic)* erlesen; **this film is ~ Disney** dieser Film ist ein Disneyklassiker ➌ AUTO Oldtimer-; **~ car** Oldtimer *m*

vinyl ['vaɪ·nəl] **I.** *n* *(material, record)* Vinyl *nt* **II.** *adj* ➊ Vinyl- ➋ CHEM Vinyl-, Äthenyl-

viola [vi·'ou·lə] *n* MUS Viola *f,* Bratsche *f*

violate ['vaɪ·ə·leɪt] *vt* ➊*(breach)* brechen; *regulation* verletzen; **to ~ a law/rule** gegen ein Gesetz/eine Regel verstoßen ➋*(enter)* ■**to ~ sth** in etw *akk* eindringen ➌*(disrespect)* **to ~ sb's rights** jds Rechte *pl* verletzen

violation [ˌvaɪ·ə·'leɪ·ʃən] *n* Verletzung *f,* Verstoß *m; of holy places* Entweihung *f*

violence ['vaɪ·ə·ləns] *n* ➊*(behavior)* Gewalt *f* **(against** *gegen* +*akk)*; **act of ~** Gewalttat *f* ➋*(force)* Heftigkeit *f*

violent ['vaɪ·ə·lənt] *adj* ➊*(brutal)* gewalttätig; *person a.* brutal; *death* gewaltsam; **~ crime** Gewaltverbrechen *nt* ➋*(strong)* heftig; *color* grell; *argument* heftig; **to have a ~ temper** jähzornig sein

violet ['vaɪ·ə·lɪt] **I.** *n* ➊*(color)* Violett *nt* ➋ BIOL Veilchen *nt* **II.** *adj* violett

violin [ˌvaɪ·ə·'lɪn] *n* Violine *f,* Geige *f*

violinist [ˌvaɪ·ə·'lɪn·ɪst] *n* Violinist(in) *m(f),* Geiger(in) *m(f)*

V.I.P., VIP [ˌvi·aɪ·'pi] **I.** *n* *abbrev of* **very important person** Promi *m fam* **II.** *adj attr* *abbrev of* **very important person** VIP-

viper ['vaɪ·pər] *n* Viper *f*

virgin ['vɜr·dʒɪn] **I.** *n* ➊ Jungfrau *f* ➋*(novice)* unbeschriebenes Blatt *fam* **II.** *adj inv, attr* ➊*(chaste)* jungfräulich ➋*(fig: unexplored)* jungfräulich, unerforscht; **~ territory** Neuland *nt*

virginal ['vɜr·dʒɪ·nəl] *adj* jungfräulich

Virginia [vər·'dʒɪn·jə] *n* Virginia *nt*

Virgin 'Islands *npl* ■**the ~** die Jungferninseln *pl*

virginity [vər·'dʒɪn·ə·t̬i] *n* Jungfräulichkeit *f*

Virgo ['vɜr·gou] *n no art* ASTROL Jungfrau *f*

virile ['vɪr·əl] *adj* potent; *(masculine)* männlich

virility [və·'rɪl·ə·t̬i] *n* Potenz *f; (masculinity)* Männlichkeit *f*

virology [vaɪ·'ral·ə·dʒi] *n* Virologie *f*

virtual ['vɜr·tʃu·əl] *adj inv* ➊*(almost)* so gut wie, quasi; **to be a ~ unknown** praktisch unbekannt sein ➋ COMPUT, PHYS virtuell

virtually ['vɜr·tʃu·ə·li] *adv inv* ➊*(almost)* praktisch, eigentlich, so gut wie ➋ COMPUT virtuell

virtual re'ality *n* virtuelle Realität

virtue ['vɜr·tʃu] *n* ➊*(quality)* Tugend *f* ➋*(morality)* Tugendhaftigkeit *f* ➌*(advantage)* Vorteil *m* ➍*(benefit)* Nutzen *m* ➎*(form: because of)* ■**by ~ of sth** wegen einer S. *gen*

virtuoso [ˌvɜr·tʃu·'ou·sou, *pl* -si] **I.** *n* <*pl* -**s** *or*

-si> Virtuose, -in *m, f* **II.** *adj* virtuos

virtuous ['vɜr·tʃu·əs] *adj* ❶ (*good*) tugendhaft; (*upright*) rechtschaffen ❷ (*better*) moralisch überlegen; (*self-complacent*) selbstgerecht

virulent ['vɪr·jə·lənt] *adj* virulent *fachspr; poison* stark; (*fig*) *critic* scharf

virus ['vaɪ·rəs] *n <pl -es>* ❶ MED Virus *nt o fam m* ❷ COMPUT Virus *m*

visa ['vi·zə] *n* Visum *nt*

vis-à-vis [ˌvi·zə·'vi] *prep* ❶ (*concerning*) bezüglich *+gen*, wegen *+gen* ❷ (*compared with*) gegenüber *+dat*

viscose ['vɪs·koʊs] *n* Viskose *f*

viscosity [vɪ·'skɑs·ə·t̬i] *n* Zähflüssigkeit *f*

viscous ['vɪs·kəs] *adj* zähflüssig

vise [vaɪs] *n* Schraubstock *m*

visibility [ˌvɪz·ə·'bɪl·ə·t̬i] *n* ❶ (*view*) Sichtweite *f;* **poor ~** schlechte Sicht ❷ (*being seen*) Sichtbarkeit *f*

visible ['vɪz·ə·bəl] *adj* ❶ sichtbar; **to be barely ~** kaum zu sehen sein; **clearly ~** deutlich sichtbar ❷ (*fig*) sichtbar; (*imminent*) deutlich

vision ['vɪʒ·ən] *n* ❶ (*sight*) Sehvermögen *nt;* **to have blurred ~** verschwommen sehen ❷ (*mental image*) Vorstellung *f; ~* **of the future** Zukunftsvision *f* ❸ (*supernatural*) Vision *f* ❹ (*forethought*) Weitblick *m*

visionary ['vɪʒ·ə·ner·i] **I.** *adj* ❶ (*unrealistic*) unrealistisch; (*imagined*) eingebildet ❷ (*future-oriented*) visionär *geh* **II.** *n* Visionär(in) *m(f) geh*

visit ['vɪz·ɪt] **I.** *n* ❶ Besuch *m;* **to have a ~ from sb** von jdm besucht werden; **to pay a ~ to sb** jdn besuchen; (*consult*) jdn aufsuchen ❷ (*fam: chat*) Plauderei *f* **II.** *vt* ❶ besuchen ❷ (*consult*) aufsuchen **III.** *vi* ❶ einen Besuch machen; ■ **to ~ with sb** sich mit jdm treffen ❷ (*fam: chat*) ein Schwätzchen halten

visitation [ˌvɪz·ə·'teɪ·ʃən] *n* ❶ Besuch *m* ❷ (*official*) offizieller Besuch ❸ (*for child*) ≈ Besuchszeit *f;* (*right to see child*) Besuchsrecht *nt* ❹ (*supernatural*) Erscheinung *f*

'visiting hours *npl* Besuchszeiten *pl*

visiting pro'fessor *n* Gastprofessor(in) *m(f)*

visitor ['vɪz·ɪ·t̬ər] *n* Besucher(in) *m(f);* (*at hotel*) Gast *m*

visor ['vaɪ·zər] *n* ❶ (*of helmet*) Visier *nt* ❷ (*of cap*) Schild *nt* ❸ AUTO Sonnenblende *f*

vista ['vɪs·tə] *n* Aussicht *f*, Blick *m*

visual ['vɪʒ·u·əl] **I.** *adj* visuell, Seh-; **~ imagery** Bildersymbolik *f* **II.** *n* ■ **~s** *pl* Bildmaterial *nt*

visual 'aid *n* Anschauungsmaterial *nt*

visualize ['vɪʒ·u·ə·laɪz] *vt* ■ **to ~ sth** ❶ (*imagine*) sich *dat* etw vorstellen; (*out of the past*) sich *dat* etw vergegenwärtigen ❷ (*foresee*) etw erwarten

vital ['vaɪ·t̬əl] *adj* ❶ (*essential*) unerlässlich; (*stronger*) lebensnotwendig; **to play a ~ part** eine entscheidende Rolle spielen; **to be of ~ importance** von entscheidender Bedeutung sein ❷ (*energetic*) vital, lebendig

vitality [vaɪ·'tæl·ə·t̬i] *n* ❶ (*energy*) Vitalität *f*

❷ (*durability*) Dauerhaftigkeit *f*

vitalize ['vaɪ·t̬ə·laɪz] *vt* beleben

vital 'signs *n pl* MED Lebenszeichen *pl*

vitamin ['vaɪ·t̬ə·mɪn] *n* Vitamin *nt*

'vitamin deficiency *n* Vitaminmangel *m*

'vitamin pills *npl* Vitamintabletten *pl*

vitreous ['vɪt·ri·əs] *adj attr* Glas-

vitriol ['vɪt·ri·əl] *n* Schärfe *f*

vitriolic [ˌvɪt·ri·'al·ɪk] *adj criticism* scharf; *remark* beißend

vittles ['vɪt̬·əls] *n pl* (*hum*) Lebensmittel *pl*

vivacious [vɪ·'veɪ·ʃəs] *adj* (*lively*) lebhaft; (*cheerful*) munter

vivacity [vɪ·'væs·ə·t̬i] *n* Lebhaftigkeit *f;* (*cheerfulness*) Munterkeit *f*

vivid ['vɪv·ɪd] *adj* ❶ (*graphic*) anschaulich, lebendig; *memories* lebhaft ❷ *colors* kräftig

vixen ['vɪk·sən] *n* Füchsin *f*

vocabulary [voʊ·'kæb·jə·ler·i] *n* Vokabular *nt,* Wortschatz *m;* (*words*) Vokabeln *pl;* (*glossary*) Wörterverzeichnis *nt*

vocal ['voʊ·kəl] **I.** *adj* ❶ *inv* stimmlich; *communication* mündlich ❷ (*outspoken*) laut; *minority* lautstark; ■ **to be ~** sich freimütig äußern ❸ (*communicative*) gesprächig **II.** *n* MUS Vokalpartie *f fachspr*

'vocal cords *n pl* Stimmbänder *pl*

vocalist ['voʊ·kə·lɪst] *n* Sänger(in) *m(f)*

vocalize ['voʊ·kə·laɪz] *vt* LING ❶ (*utter*) in Töne umsetzen ❷ (*express*) aussprechen; *thoughts, ideas* in Worte fassen

vocation [voʊ·'keɪ·ʃən] *n* ❶ (*calling*) Berufung *f* ❷ (*trade*) Beruf *m*

vocational [voʊ·'keɪ·ʃə·nəl] *adj inv* beruflich; **~ training** Berufsausbildung *f*

vociferous [voʊ·'sɪf·ər·əs] *adj* lautstark; (*impetuous*) vehement

vodka ['vad·kə] *n* Wodka *m*

vogue [voʊg] *n* Mode *f;* **to be back in ~** wieder Mode sein

voice [vɔɪs] **I.** *n* ❶ Stimme *f;* **at the top of one's ~** in voller Lautstärke; **inner ~** innere Stimme; **sb's ~ is breaking** jd ist im Stimmbruch; **to keep one's ~ down** leise sprechen; **to raise one's ~** seine Stimme erheben ❷ (*ability*) Artikulationsfähigkeit *f geh* ❸ (*opinion*) Stimme *f;* **to make one's ~ heard** sich *dat* Gehör verschaffen ❹ (*expression*) **to give ~ to sth** etw zum Ausdruck bringen ❺ (*agency*) Stimme *f;* **to give sb a ~** jdm ein Mitspracherecht einräumen **II.** *vt* zum Ausdruck bringen; *complaint* vorbringen; *desire* aussprechen

'voice box *n* Kehlkopf *m*

voiceless ['vɔɪs·lɪs] *adj inv* stumm *a. fig;* (*powerless*) ohne Mitspracherecht *nach n*

'voice mail *n* ❶ (*system*) Voicemail *f,* Sprachspeichersystem *nt* ❷ (*message*) Voicemail[-Nachricht] *f*

'voice-over *n* TV, FILM Offkommentar *m fachspr*

void [vɔɪd] **I.** *n* (*empty space*) Leere *f kein pl a. fig;* (*in building*) Hohlraum *m;* ■ **into the ~** ins Leere ▶ PHRASES: **to fill a** [*or* **the**] **~** die

V

innere Leere ausfüllen **II.** *adj inv* ❶ (*invalid*) nichtig ❷ (*form*) *office* frei ❸ *action, speech* nutzlos; **to render sth ~** etw zunichtemachen **III.** *vt* (*annul*) aufheben

vol. *n abbrev of* **volume** (*book*) Bd.; (*measure*) vol.

volatile ['val·ə·təl] *adj* ❶ (*changeable*) unbeständig; (*unstable*) instabil ❷ (*explosive*) *situation* explosiv ❸ CHEM flüchtig

volcanic [val·'kæn·ɪk] *adj inv* vulkanisch, Vulkan- *m*

volcano <*pl* -es *or* -s> [val·'keɪ·noʊ] *n* Vulkan *m a. fig*

volition [voʊ·'lɪʃ·ən] *n* Wille *m;* **of one's own ~** aus freien Stücken

volley ['val·i] **I.** *n* ❶ (*salvo*) Salve *f* ❷ (*onslaught*) Flut *f* ❸ SPORTS (*in tennis*) Volley *m fachspr* **II.** *vi* SPORTS (*in tennis*) einen Volley schlagen *fachspr* **III.** *vt* ❶ SPORTS *ball* volley nehmen *fachspr* ❷ (*let fly*) *questions* loslassen

volleyball ['val·i·bɔl] *n* Volleyball *m*

volt [voʊlt] *n* Volt *nt*

voltage ['voʊl·tɪdʒ] *n* Spannung *f;* **high ~** Hochspannung *f*

voluble ['val·jə·bəl] *adj* ❶ (*fluent*) redegewandt ❷ (*talkative*) redselig

volume ['val·jum] *n* ❶ (*space*) Volumen *nt* ❷ (*amount*) Umfang *m* ❸ (*sound*) Lautstärke *f* ❹ (*book*) Band *m*

'volume control *n* Lautstärkeregler *m*

voluminous [və·'lu·mə·nəs] *adj clothing* weit [geschnitten]; *account* umfangreich; *writer* produktiv

voluntary ['val·ən·ter·i] *adj inv* freiwillig; **~ work** ehrenamtliche Tätigkeit

voluntary organi'zation *n* Freiwilligenorganisation *f*

voluntary re'tirement *n* freiwilliges Ausscheiden in den Ruhestand

volunteer [ˌval·ən·'tɪr] **I.** *n* ❶ (*worker*) ehrenamtlicher Mitarbeiter/ehrenamtliche Mitarbeiterin ❷ (*helper*) Freiwillige(r) *f(m)* **II.** *vt information* bereitwillig geben; *one's services* anbieten; ■**to ~ oneself for sth** sich freiwillig zu etw *dat* melden **III.** *vi* ❶ (*offer*) ■**to ~ to do sth** sich [freiwillig] anbieten, etw zu tun ❷ (*join*) **to ~ for the army** sich freiwillig zur Armee melden **IV.** *adj* ehrenamtlich

voluptuous [və·'lʌp·tʃu·əs] *adj* üppig; *woman a.* kurvenreich; *lips* sinnlich; (*sumptuous*) verschwenderisch

vomit ['vam·ɪt] **I.** *vi* [sich] erbrechen **II.** *vt* ■**to ~ out** [up ◌] **sth** etw erbrechen **III.** *n* Erbrochene(s) *nt*

voodoo ['vu·du] *n* ❶ (*cult*) Voodoo *m* ❷ (*fam: jinx*) Hexerei *f;* (*spell*) Zauber *m*

voracious [vɔ·'reɪ·ʃəs] *adj* gefräßig; (*fig*) gierig

vortex <*pl* -es *or* -tices> ['vɔr·teks, *pl* -ţɪ·siz] *n* ❶ (*wind*) Wirbel *m* ❷ (*water*) Strudel *m*

vote [voʊt] **I.** *n* ❶ (*choice*) Stimme *f;* **to cast one's ~** seine Stimme abgeben ❷ (*election*) Abstimmung *f;* **to hold a ~** eine Abstimmung durchführen ❸ (*right*) ■**the ~** das Wahlrecht **II.** *vi* ❶ (*elect*) wählen; **to ~ in an election** zu einer Wahl gehen; ■**to ~ against/for sb/sth** gegen/für jdn/etw stimmen ❷ (*choose*) ■**to ~ to do sth** dafür stimmen, etw zu tun ❸ (*decide*) abstimmen (**on** über +*akk*) **III.** *vt* ❶ (*elect*) **to ~ sb into office** jdn ins Amt wählen; **to ~ sb out** [**of office**] jdn [aus dem Amt] abwählen ❷ (*propose*) ■**to ~ that ...** vorschlagen, dass ... ❸ (*declare*) **she was ~d the winner** sie wurde zur Siegerin erklärt

◆**vote down** *vt* niederstimmen

voter ['voʊ·ţər] *n* Wähler(in) *m(f)*

voter regis'tration *n* Eintragung *f* ins Wählerverzeichnis

'voter turnout *n* Wahlbeteiligung *f*

voting ['voʊ·ţɪŋ] **I.** *adj attr, inv* wahlberechtigt **II.** *n* Wählen *nt*

'voting booth *n* Wahlkabine *f*

'voting machine *n* Wahlmaschine *f*

vouch [vaʊtʃ] *vi* ■**to ~ for sb/sth** sich für jdn/etw verbürgen

voucher ['vaʊ·tʃər] *n* Gutschein *m;* **school ~** öffentliche Mittel, die in Amerika bereitgestellt werden, damit Eltern ihre Kinder in Privatschulen schicken können

vow [vaʊ] **I.** *vt* geloben *geh* **II.** *n* Versprechen *nt;* **to take a ~** ein Gelübde ablegen *geh;* **to take a ~ to do sth** geloben, etw zu tun *geh;* ■**~s** *pl* (*of marriage*) Eheversprechen *nt;* (*of religious order*) Gelübde *nt geh*

vowel ['vaʊ·əl] *n* Vokal *m*, Selbstlaut *m*

voyage ['vɔɪ·ɪdʒ] *n* Reise *f;* (*by sea*) Seereise *f;* **~ of discovery** Entdeckungsreise *f a. fig*

voyager ['vɔɪ·ɪ·dʒər] *n* Reisende(r) *f(m);* (*by sea*) Seereisende(r) *f(m);* (*in space*) Raumfahrer(in) *m(f)*

voyeur [vɔɪ·'jɜr] *n* Voyeur(in) *m(f)*

VP [ˌvi·'pi] *n abbrev of* **vice president** Vizepräsident(in) *m(f)*

vs. *prep abbrev of* **versus** vs.

VT, Vt. *abbrev of* **Vermont**

vulcanization [ˌvʌl·kə·nɪ·'zeɪ·ʃən] *n* Vulkanisierung *f*

vulcanize ['vʌl·kə·naɪz] *vt* vulkanisieren

vulgar ['vʌl·gər] *adj* ordinär, vulgär; (*bad taste*) abgeschmackt

vulgarity [vʌl·'gær·ə·ţi] *n* Vulgarität *f geh;* (*bad taste*) Geschmacklosigkeit *f*

vulnerable ['vʌl·nər·ə·bəl] *adj* verletzlich; ■**to be ~ to sth** anfällig für etw *akk* sein; **to be ~ to criticism** Kritik ausgesetzt sein; **to be in a ~ position** in einer prekären Lage sein; **~ spot** schwache Stelle; **to feel ~** sich verwundbar fühlen

vulture ['vʌl·tʃər] *n* Geier *m a. fig*

W

W <*pl* -'s *or* -s>, **w** <*pl* -'s> ['dʌb·əl·ju] *n*
W *nt,* w *nt; ~ as in Whiskey* W wie Wilhelm
W¹ I. *adj inv* ❶ *abbrev of* West W- ❷ *abbrev of*
western I. II. *n abbrev of* West W
W² <*pl* -> *n abbrev of* Watt W
WA *abbrev of* Washington
wacko ['wæk·oʊ] *n* (*sl or pej: person*) Querkopf *m*
wacky ['wæk·i] *adj* (*fam*) *person, idea* verrückt
wad [wad] *n* ❶ (*mass*) Knäuel *nt;* (*for stuffing*)
Pfropfen *m; of cotton* Wattebausch *m* ❷ (*fam:
bundle*) Bündel *nt; ~* [s *pl*] **of money** schöne
Stange Geld *fam*
waddle ['wad·əl] *vi* watscheln
wade [weɪd] *vi* ❶ waten; **to ~ into the sea** in
das Meer hineinwaten ❷ (*fig: deal with*) ■**to
~ through sth** sich durch etw *akk* durchkämpfen
wader ['weɪ·dər] *n* ❶ (*bird*) Watvogel *m*
❷ (*boots*) ■**~s** *pl* Watstiefel *pl*
wafer ['weɪ·fər] *n* ❶ (*cookie, cracker*) Waffel *f;*
(*thin*) Oblate *f* ❷ REL (*host*) Hostie *f*
wafer-'thin *adj, adv inv* hauchdünn
waffle¹ ['waf·əl] *n* (*food*) Waffel *f*
waffle² ['waf·əl] I. *vi* (*pej fam*) herumdrucksen
fam II. *n* (*fam*) Geschwafel *nt pej fam*
'waffle iron *n* Waffeleisen *nt*
waft [waft] *vi* schweben; **to ~ through the air**
smell durch die Luft ziehen; *sound, smoke*
durch die Luft schweben
wag¹ [wæg] I. *vt* <-gg-> **to ~ its tail** mit dem
Schwanz wedeln; **to ~ one's finger** mit dem
Finger drohen II. *vi* <-gg-> wedeln III. *n* Wackeln *nt kein pl; of tail* Wedeln *nt kein pl*
wag² [wæg] *n* Witzbold *m fam*
wage [weɪdʒ] I. *n* Lohn *m;* **minimum ~** Mindestlohn *m* II. *vt* **to ~ war against sth/sb** gegen etw/jdn zu Felde ziehen; **to ~ war on sth**
(*fig*) gegen etw *akk* vorgehen
'wage earner *n* Lohnempfänger(in) *m(f)*
'wage freeze *n* Lohnstopp *m*
wager ['weɪ·dʒər] (*form*) I. *n* ❶ (*bet*) Wette *f*
❷ (*stake*) [Wett]einsatz *m* II. *vt* ■**to ~ that ...**
wetten, dass ...
wagon ['wæg·ən] *n* (*cart*) Wagen *m;*
(*wooden*) Karren
waif [weɪf] *n* (*child*) verwahrlostes Kind
wail [weɪl] I. *vi* jammern; *siren* heulen; *wind*
pfeifen II. *n* Gejammer *nt kein pl; of sirens*
Geheul *nt kein pl*
wailing ['weɪ·lɪŋ] *adj inv* jammernd; *sirens*
heulend
'Wailing Wall *n* ■**the ~** die Klagemauer
waist [weɪst] *n* Taille *f; of skirt, pants* Bund *m*
'waistband *n* Bund *m*
'waistcoat *n* Weste *f*
waist-'deep *inv* I. *adj* bis zur Taille *nach n*
[reichend *attr*] II. *adv* bis zur Taille

'waistline *n* Taille *f*
wait [weɪt] I. *n* Warten *nt* (**for** auf +*akk*)
▶ PHRASES: **to lie in ~** [**for sb**] [jdm] auflauern
II. *vi* ❶ (*bide time*) warten (**for** auf +*akk*); **~ a
minute!** Moment mal!; **I can't ~** ich kann's
kaum erwarten ❷ (*be delayed*) warten III. *vt*
(*serve*) **to ~ tables** bedienen, al Kellner/Kell-
nerin arbeiten ▶ PHRASES: **to ~ one's turn** warten, bis man an der Reihe ist
◆**wait around** *vi* warten
◆**wait behind** *vi* zurückbleiben
◆**wait on** *vt* ❶ (*serve*) ■**to ~ on sb** jdn bedienen ❷ (*await*) ■**to ~ on sth** auf etw warten
◆**wait up** *vi* ❶ (*not go to bed*) ■**to ~ up for
sb** wegen jdm aufbleiben ❷ (*wait*) ■**~ up!**
warte mal!
waiter ['weɪ·ţər] *n* Bedienung *f,* Kellner *m; ~*!
Herr Ober!
waiting ['weɪ·ţɪŋ] *n* die Warterei (**for** auf
+*akk*)
'waiting list *n* Warteliste *f*
'waiting room *n* Wartezimmer *nt*
waitress <*pl* -es> ['weɪ·trɪs] *n* Kellnerin *f,* Bedienung *f*
waive [weɪv] *vt* verzichten (auf +*akk*); *fee* erlassen; *objection* fallen lassen; *right* verzichten
(auf +*akk*)
waiver ['weɪ·vər] *n* Verzichterklärung *f*
wake¹ [weɪk] *n* NAUT Kielwasser *nt;* AEROSP Turbulenz *f;* ■**in the ~ of sth** (*fig*) infolge einer S.
gen
wake² [weɪk] *n* (*vigil*) Totenwache *f*
wake³ <woke *or* waked, woken *or* waked>
[weɪk] I. *vi* aufwachen II. *vt* aufwecken
◆**wake up** I. *vi* aufwachen *a. fig* II. *vt* aufwecken
wakeful ['weɪk·fəl] *adj* ❶ (*sleepless*) **to be ~**
nicht schlafen können; **~ night** schlaflose
Nacht ❷ (*vigilant*) wach[sam]
waken ['weɪ·kən] I. *vi* aufwachen II. *vt*
[auf]wecken; **the noise ~ed me** der Lärm
weckte mich [auf]
Wales [weɪlz] *n* Wales *nt*
walk [wɔk] I. *n* ❶ (*going*) Gehen *nt;* (*as recreation*) Spaziergang *m;* **to go for a ~** einen
Spaziergang machen; **it's a five-minute ~** es
sind fünf Minuten [zu Fuß] ❷ (*walkway*) Spa-
zierweg *m;* (*path*) Wanderweg *m* ▶ PHRASES: **~
of life** soziale Schicht II. *vt* ❶ **to ~ the streets**
(*wander*) durch die Straßen gehen; *prostitute*
auf den Strich gehen *sl* ❷ (*accompany*) **to ~
sb home** jdn nach Hause bringen ❸ *dog* ausführen III. *vi* ❶ (*go*) zu Fuß gehen ❷ (*for recreation*) spazieren gehen
◆**walk away** *vi* ❶ (*withdraw*) sich zurückziehen (**from** von +*dat*) ❷ (*fam: steal*) ■**to ~
away with sth** etw mitgehen lassen *fam*
❸ (*win*) ■**to ~ away with sth** etw spielend
gewinnen
◆**walk in** *vi* hereinkommen
◆**walk in on** *vt* ■**to ~ in on sb/sth** bei jdm/
etw hereinplatzen *fam*
◆**walk off** I. *vt* **to ~ off a meal** einen Verdau-

W

ungsspaziergang machen **II.** *vi* ❶ (*leave*) weggehen ❷ (*fam: steal*) ▪ **to ~ off with sth** etw mitgehen lassen *fam* ❸ (*win*) ▪ **to ~ off with sth** etw spielend gewinnen

◆ **walk out** *vi* ❶ (*leave*) gehen; ▪ **to ~ out on sb** jdn im Stich lassen; **to ~ out of a meeting** eine Sitzung [aus Protest] verlassen ❷ (*strike*) streiken

◆ **walk over** *vt* (*fam*) **to ~ [all] over sb** jdn ausnutzen [*o bes* SÜDD, ÖSTERR ausnützen]

◆ **walk through** *vt* ▪ **to ~ sb through sth** etw mit jdm durchgehen

walker ['wɔ·kər] *n* ❶ (*pedestrian*) Fußgänger(in) *m(f)*; (*for recreation*) Spaziergänger(in) *m(f)* ❷ (*athlete*) Geher(in) *m(f)* ❸ (*support*) Gehhilfe *f*

walkie-talkie [ˌwɔ·ki·'tɔ·ki] *n* [tragbares] Funksprechgerät, Walkie-Talkie *nt*

'**walk-in** *adj* closet begehbar; *clinic* Klinik, für die keine Voranmeldung nötig ist

walking ['wɔ·kɪŋ] **I.** *n* Gehen *nt;* (*as recreation*) Spaziergehen *nt* **II.** *adj attr, inv* ❶ Geh-; **within ~ distance** zu Fuß erreichbar ❷ (*human*) wandelnd; **to be a ~ encyclopedia** ein wandelndes Lexikon sein *hum fam*

'**walking shoes** *npl* Wanderschuhe *pl*

'**walking stick** *n* ❶ (*cane*) Spazierstock *m;* (*for elderly*) Stock *m;* (*for disabled*) Krücke *f* ❷ ZOOL (*insect*) Wandelnder Stab *m* (*nordamerikanische Stabheuschreckenart*)

Walkman® <*pl* -men *or* -s> ['wɔk·mən] *pl n* Walkman® *m*

i Der **Walk of Fame** befindet sich in Hollywood, der Weltkinohauptstadt. Es handelt sich um einen Gehweg, in den zu Ehren Prominenter, die eine Rolle für die Unterhaltungsindustrie gespielt haben, Sterne eingelassen sind.

'**walk-on** *adj attr, inv* THEAT, FILM **~ part** [*or* **role**] Statistenrolle *f*

'**walkout** *n* Arbeitsniederlegung *f;* **to stage a ~** aus Protest die Arbeit niederlegen

'**walkover** *n* leichter Sieg, Spaziergang *m fam*

'**walk-through** *n* Probe *f*

'**walkway** *n* [Fuß]weg *m;* **moving ~** Laufband *nt*

wall [wɔl] *n* ❶ Mauer *f;* (*in room*) Wand *f;* MED, ANAT Wand *f;* **the Great W~ of China** die Chinesische Mauer ❷ *of tire* Mantel *m* ▸ PHRASES: **to drive sb up the ~** jdn zur Weißglut treiben *fam*

◆ **wall in** *vt usu passive* ummauern

◆ **wall off** *vt usu passive* durch eine Mauer abtrennen

◆ **wall up** *vt* ❶ (*imprison*) einmauern ❷ (*fill*) zumauern

'**wall chart** *n* Schautafel *f*

'**wall clock** *n* Wanduhr *f*

wallet ['wal·ɪt] *n* (*for money*) Brieftasche *f;* (*for documents*) Dokumentenmappe *f*

'**wallflower** *n* ❶ HORT Goldlack *m* ❷ (*shy person*) Mauerblümchen *nt*

'**wall hanging** *n* Wandteppich *m*

'**wall map** *n* Wandkarte *f*

Walloon [wa·'lun] *n* ❶ (*person*) Wallone, -in *m, f* ❷ (*language*) Wallonisch *nt*

wallop ['wal·əp] (*fam*) **I.** *vt* ❶ (*hit*) schlagen ❷ (*fig: win*) jdn haushoch besiegen **II.** *n* Schlag *m*

walloping ['wal·ə·pɪŋ] (*fam*) **I.** *adj attr, inv* (*big*) riesig **II.** *n usu sing* **to give sb a** [**good**] **~** jdm eine [gehörige] Tracht Prügel verpassen

wallow ['wal·oʊ] *vi* ▪ **to ~ in sth** sich in etw *dat* wälzen; **to ~ in self-pity** in Selbstmitleid zerfließen

'**wallpaper I.** *n* Tapete *f;* **roll of ~** Tapetenrolle *f* **II.** *vt* tapezieren

'**Wall Street** *n* Wall Street *f,* Wallstreet *f*

i **Wall Street** heißt eine kurze, enge Straße in New York. Zusammen mit der Broad Street und der New Street bildet sie einen Bezirk, in dem sich das wichtigste Banken- und Wirtschaftszentrum der USA befindet. Der Name dieser Straße ist zum Synonym für die amerikanische Finanzwelt geworden.

wall-to-'wall *adj inv* ❶ **~ carpeting** Teppichboden *m* ❷ (*fig: constant*) ständig; **~ coverage** Berichterstattung *f* rund um die Uhr

walnut ['wɔl·nʌt] *n* ❶ (*nut*) Walnuss *f* ❷ (*tree*) Walnussbaum *m* ❸ (*wood*) Nussbaumholz *nt*

walrus <*pl* - *or* -es> ['wɔl·rəs] *n* Walross *nt*

waltz [wɔlts] **I.** *n* <*pl* -es> Walzer *m* **II.** *vi* Walzer tanzen

◆ **waltz in** *vi* hereintanzen *fam*

◆ **waltz off** *vi* abtanzen *fam*

wan <-nn-> [wan] *adj* fahl; *face* blass; *smile* matt

wand [wand] *n* Zauberstab *m*

wander ['wan·dər] **I.** *vt* **to ~ the streets** (*stroll*) durch die Straßen schlendern; (*be lost*) durch die Straßen irren **II.** *vi* ❶ (*lose concentration*) **my attention is ~ing** ich bin nicht bei der Sache ❷ (*become confused*) **her mind is beginning to ~** sie wird allmählich wirr [im Kopf *fam*]

wanderer ['wan·dər·ər] *n* Wandervogel *m hum veraltet*

wandering ['wan·dər·ɪŋ] *adj attr* ❶ *inv* (*nomadic*) wandernd; *minstrel* fahrend; *people, tribe* nomadisierend ❷ (*not concentrating*) abschweifend; (*rambling*) wirr

wanderings ['wan·dər·ɪŋz] *npl* (*travels*) Reisen *pl;* (*walks*) Streifzüge *pl*

wane [weɪn] **I.** *vi* abnehmen; *interest, popularity* schwinden *geh; moon* abnehmen; **to wax and ~** zu- und abnehmen **II.** *n* **to be on the ~** *interest, popularity* [dahin]schwinden *geh*

wangle ['wæŋ·gəl] *vt* (*fam*) deichseln; **to ~ one's way into sth** sich in etw *akk* [hinein]mogeln; **to ~ one's way out of sth** sich

aus etw *dat* herauswinden
wanna ['wɑ·nə] (*fam*) = **want to** *see* **want II.**
wannabe ['wɑ·nə·bi] I. *adj* (*pej fam*) Möchtegern- *iron fam;* ~ **actress** Möchtegernschauspielerin *f iron fam* II. *n* (*pej fam*) Möchtegern *m*
want [want] I. *n* ❶ (*need*) Bedürfnis *nt;* **to be in** ~ **of sth** etw benötigen ❷ (*lack*) Mangel *m;* **for** ~ **of sth** aus Mangel an etw *dat* II. *vt* ❶ (*desire*) wünschen, wollen; (*politely*) mögen; **to be** ~**ed by the police** polizeilich gesucht werden; ■**to** ~ **to do sth** etw tun wollen; **what do you** ~ **to eat?** was möchtest/willst du essen? ❷ (*need*) brauchen; **you'll** ~ **a coat** du wirst einen Mantel brauchen ▸ PHRASES: **waste not,** ~ **not** (*prov*) spare in der Zeit, dann hast du in der Not *prov*
◆**want in** *vi* (*fam*) ■**to** ~ **in** [**on sth**] [bei etw *dat*] dabei sein wollen
◆**want out** *vi* (*fam*) ■**to** ~ **out** [**of sth**] [aus etw *dat*] aussteigen wollen
wanting ['wan·t̬ɪŋ] *adj pred* ❶ *inv* (*missing*) ■**to be** ~ fehlen ❷ (*deficient*) unzulänglich
wanton ['wan·tən] *adj* leichtfertig; ~ **destruction** mutwillige Zerstörung
WAP [wap] *n* INET *acr for* **Wireless Application Protocol** WAP *nt*
wapiti <*pl* - *or* -**s**> ['wap·ə·t̬i] *n* Wapiti *m*
war [wɔr] *n* ❶ (*hostilities*) Krieg *m;* **at** ~ im Kriegszustand *a. fig;* **to declare** ~ **on sb/sth** jdm/etw den Krieg erklären; **to go to** ~ in den Krieg ziehen ❷ (*conflict*) Krieg *m* ❸ (*struggle*) Kampf *m;* **price** ~ Preiskrieg *m*
'**war baby** *n* Kriegskind *nt*
warble ['wɔr·bəl] *vi bird* trillern; *person* trällern
warbler ['wɔr·blər] *n* Grasmücke *f*
'**war correspondent** *n* Kriegsberichterstatter(in) *m(f)*
'**war crime** *n* Kriegsverbrechen *nt*
'**war criminal** *n* Kriegsverbrecher(in) *m(f)*
'**war cry** *n* Schlachtruf *m*
ward [wɔrd] *n* ❶ (*hospital*) Station *f* ❷ POL Wahlbezirk *m*
◆**ward off** *vt* abwehren
warden ['wɔr·dən] *n* ❶ (*in prison*) Gefängnisdirektor(in) *m(f)* ❷ (*official*) **game** ~ Jagdaufseher(in) *m(f)*
wardrobe ['wɔrd·roʊb] *n* ❶ (*armoire*) [Kleider]schrank *m* ❷ (*clothing*) Garderobe *f*
warehouse ['wer·haʊs] *n* Lagerhaus *nt*
wares [werz] *npl* Ware[n] *f|pl|*
warfare ['wɔr·fer] *n* Krieg[s]führung *f*
'**war game** *n* Kriegsspiel *nt*
warhead ['wɔr·hed] *n* Sprengkopf *m*
warily ['wer·ɪ·li] *adv* vorsichtig; (*suspiciously*) misstrauisch
warlike ['wɔr·laɪk] *adj* ❶ (*military*) kriegerisch ❷ (*hostile*) militant
'**warlord** *n* Kriegsherr *m*
warm [wɔrm] I. *adj* ❶ (*not cool*) warm ❷ (*hearty*) warm; *person* warmherzig; **welcome** herzlich II. *n* **to come into the** ~ ins

Warme kommen III. *vt* wärmen; *food* aufwärmen
◆**warm up** I. *vi* ❶ *engine* warm laufen ❷ (*limber up*) aufwärmen II. *vt engine* warm laufen lassen; *room* erwärmen; *food* aufwärmen
warm-'blooded *adj inv* warmblütig
'**warm front** *n* METEO Warmfront *f*
warm-'hearted *adj* warmherzig
warmly ['wɔrm·li] *adv* ❶ **to dress** ~ sich warm anziehen ❷ (*heartily*) herzlich
warmth [wɔrmθ] *n* ❶ (*heat*) Wärme *f* ❷ (*affection*) Herzlichkeit *f*
'**warm-up** *n* [Sich]aufwärmen *nt kein pl*
warn [wɔrn] I. *vi* warnen (**of** vor +*dat*) II. *vt* warnen (**about** vor +*dat*); ■**to** ~ **sb not to do sth** jdn davor warnen, etw zu tun
warning ['wɔr·nɪŋ] *n* ❶ (*notice*) Warnung *f* ❷ (*threat*) Drohung *f* ❸ *of danger, risk* Warnung *f* (**about, of, on** vor +*dat*); **a word of** ~ ein guter Rat; **to issue a** ~ [**about sth**] [vor etw *dat*] warnen
'**warning sign** *n* ❶ (*signboard*) Warnschild *nt* ❷ *usu pl* (*symptom*) Anzeichen *nt*
warp [wɔrp] I. *vi, vt* verziehen II. *n* ❶ (*in space*) **time** ~ Zeitverwerfung *f* ❷ (*threads*) ~ **and weft** Kette und Schuss
'**war paint** *n* (*a. fig fam*) Kriegsbemalung *f*
'**warpath** *n* **to be on the** ~ auf dem Kriegspfad sein *hum*
warped [wɔrpt] *adj* ❶ (*bent*) verzogen ❷ (*perverted*) verschroben *pej*
warrant ['wɔr·ənt] I. *n* [Vollziehungs]befehl *m;* **search** ~ Durchsuchungsbefehl *m* II. *vt* rechtfertigen
'**warrant officer** *n* ranghöchster Unteroffizier
warranty ['wɔr·ən·ti] *n* Garantie *f*
warren ['wɔr·ən] *n* ❶ (*burrows*) Kaninchenbau *m* ❷ (*maze*) Labyrinth *nt*
warring ['wɔr·ɪŋ] *adj attr, inv* **the** ~ **factions** die Krieg führenden Parteien
warrior ['wɔr·i·ər] *n* (*usu hist*) Krieger *m*
warship ['wɔr·ʃɪp] *n* Kriegsschiff *nt*
wart [wɔrt] *n* Warze *f* ▸ PHRASES: ~**s and all** (*fam*) mit all seinen/ihren Fehlern und Schwächen
warthog ['wɔrt·hag] *n* Warzenschwein *nt*
'**wartime** *n* Kriegszeit[en] *f|pl|*
'**war-torn** *adj usu attr* vom Krieg erschüttert
wary ['wer·i] *adj* vorsichtig; ■**to be** ~ **of sb/sth** sich vor jdm/etw in Acht nehmen
'**war zone** *n* Kriegsgebiet *nt*
was [waz] *pt of* **be**
wash [waʃ] I. *n* <*pl* -**es**> ❶ *usu sing* (*cleaning*) Waschen *nt kein pl;* **to give sth/sb a** [**good**] ~ etw/jdn [gründlich] waschen ❷ (*clothes*) **to be in the** ~ in der Wäsche sein ❸ *usu sing* (*layer*) [Farb]überzug *m* II. *vt* ❶ (*clean*) waschen; *dishes* abwaschen, spülen; *wound* spülen ❷ *usu passive* (*sweep*) **to be** ~**ed ashore** an Land gespült werden ▸ PHRASES: **to** ~ **one's** **hands** of **sb/sth** mit jdm/etw nichts zu tun haben wollen III. *vi*

sich waschen

◆**wash away** vt ❶ sea wegspülen ❷ (clean) auswaschen

◆**wash down** vt ❶ (swallow) hinunterspülen ❷ (clean) waschen ❸ usu passive (carry off) herabschwemmen

◆**wash off** I. vi sich abwaschen lassen II. vt abwaschen

◆**wash out** I. vi sich herauswaschen lassen II. vt ❶ (clean) auswaschen ❷ (remove) herauswaschen ❸ (launder) [aus]waschen

◆**wash over** vi ❶ (flow over) ■to ~ over sb/ sth über jdn/etw [hinweg]spülen ❷ (fig: overcome) überkommen

◆**wash up** I. vi ❶ (wash oneself) sich waschen ❷ usu passive (burn out) ■to be ~ed up [völlig] ausgebrannt sein II. vt sea anspülen

Wash. abbrev of **Washington**

washable ['waʃ·ə·bəl] adj inv garment waschbar; surface abwaschbar; **machine-~** waschmaschinenfest

wash-and-'wear adj inv bügelfrei

'**washbasin** n Waschbecken nt

'**washcloth** n Waschlappen m

washed-out [,waʃt·'aʊt] adj ❶ clothes verwaschen ❷ (tired) fertig fam

washer ['waʃ·ər] n ❶ (machine) Waschmaschine f ❷ (ring) Unterlegscheibe f; (seal) Dichtung f

'**washing machine** n Waschmaschine f

Washington ['waʃ·ɪŋ·tən] n Washington nt

'**washout** n usu sing (fam) Reinfall m fam

'**washroom** n Toilette f

wasn't ['wʌz·ənt] = **was not** see **be**

wasp [wasp] n Wespe f

waspish ['was·pɪʃ] adj giftig fam, gehässig pej

'**wasps' nest** n Wespennest nt

wastage ['weɪ·stɪdʒ] n Verschwendung f

waste [weɪst] I. n ❶ (misuse) Verschwendung f; ~ **of effort** vergeudete Mühe; ~ **of time** Zeitverschwendung f ❷ (matter) Abfall m; **industrial** ~ Industriemüll m; **to go to** ~ verkommen ❸ (excrement) Exkremente pl II. vt ❶ (misuse) verschwenden; **don't** ~ **my time!** stiehl mir nicht meine wertvolle Zeit! ❷ (fam) ■**to** ~ **sb** jdn umlegen III. vi ▶ PHRASES: ~ **not, want** not (prov) spare in der Zeit, dann hast du in der Not

◆**waste away** vi dahinsiechen geh; (get thinner) immer dünner werden

'**wastebasket** n Papierkorb m

wasted ['weɪs·tɪd] adj (sl) ❶ (high on drugs) mit Drogen vollgepumpt ❷ (drunk) betrunken

'**waste disposal** n Abfallbeseitigung f, Müllentsorgung f

wasteful ['weɪst·fəl] adj verschwenderisch (**of** mit + dat)

'**wasteland** n (neglected) unbebautes Land; (unproductive) Öde f

waste 'management n Abfallwirtschaft f

'**wastepaper basket** n Papierkorb m

'**waste pipe** n Abflussrohr nt

waste 'product n Abfallprodukt nt

waster ['weɪ·stər] n Verschwender(in) m(f)

wasting ['weɪ·stɪŋ] adj attr, inv **muscle-~ disease** muskelschwächende Krankheit

watch [watʃ] I. n ❶ (on wrist) Armbanduhr f; (on chain) Taschenuhr f ❷ (duty) Wache f; **on** ~ auf Wache; **to keep [a] close ~ over sb/ sth** über jdn/etw sorgsam wachen ❸ (period of duty) Wacheinheit f II. vt ❶ (look at) beobachten; **I ~ed him walk/walking down the road** ich sah, wie er die Straße hinunterging; **to ~ TV** fernsehen ❷ (keep vigil) aufpassen (auf + akk) ❸ (be careful) ~ **it!** pass auf!; **to ~ one's weight** auf sein Gewicht achten ▶ PHRASES: **to ~ one's step** aufpassen III. vi ❶ (look) zusehen, zuschauen ❷ (be attentive) aufpassen

◆**watch out** vi ❶ (keep lookout) Ausschau halten (**for** nach + dat) ❷ (beware of) ~ **out!** Achtung!

'**watchband** n Uhr[arm]band nt

'**watchdog** n ❶ (dog) Wachhund m ❷ (organization) Überwachungsgremium nt

watcher ['watʃ·ər] n Zuschauer(in) m(f); (observer) Beobachter(in) m(f)

watchful ['watʃ·fəl] adj wachsam

watchmaker ['watʃ·,meɪ·kər] n Uhrmacher(in) m(f)

'**watchman** n Wachmann m; **night ~** Nachtwächter m

'**watchtower** n Wachturm m

'**watchword** n usu sing (slogan) Parole f

water ['wɔ·tər] I. n ❶ Wasser nt ❷ (area) ■**~s** pl Gewässer pl ❸ (urine) **to pass ~** Wasser lassen ▶ PHRASES: **to be ~ under the bridge** Schnee von gestern sein fam; **to be [like] ~ off a duck's back** an jdm einfach abprallen; **like a fish out of ~** wie ein Fisch auf dem Trockenen; **come hell or high ~** komme, was [da] wolle II. vt bewässern; animals tränken; garden sprengen; plants gießen III. vi ❶ eyes tränen ❷ (salivate) **my mouth is ~ing** mir läuft das Wasser im Munde zusammen

◆**water down** vt ❶ (dilute) etw [mit Wasser] verdünnen ❷ (fig: make less controversial) etw verwässern fig

'**water bird** n Wasservogel m

'**waterborne** adj inv ❶ (floating) ~ **trade** Handelsschifffahrt f; ~ **attack** Angriff m zu Wasser ❷ (transmitted) ~ **disease** durch das Wasser übertragene Krankheit

'**water bottle** n Wasserflasche f

'**water buffalo** n zool Wasserbüffel m

'**water cannon** n Wasserwerfer m

'**watercolor** I. n ❶ (paint) Aquarellfarbe f ❷ (picture) Aquarell nt II. adj usu attr Aquarell-

'**water-cooled** adj wassergekühlt

'**water cooler** n [Trink]wasserspender m

'**watercress** n Brunnenkresse f

'**waterfall** n Wasserfall m

'**waterfowl** n pl Wasservögel pl

'**waterfront** n (shore) Ufer nt; (area) Hafengebiet nt

watering ['wɔ·ţər·ɪŋ] *n of land* Bewässerung *f; of garden* Sprengen *nt; of plants* Gießen *nt*
'watering can *n* Gießkanne *f*
'watering hole *n* ❶ (*pond*) Wasserloch *nt* ❷ (*hum fam: bar*) Kneipe *f fam*
waterless ['wɔ·ţər·lɪs] *adj* wasserlos; **~ desert** trockene Wüste
'water level *n* (*of surface water*) Wasserstand *m; of river* Pegel[stand] *m;* (*of groundwater*) Grundwasserspiegel *m*
'water lily *n* Seerose *f*, Teichrose *f*
'waterline *n* Wasserlinie *f;* GEOL Grundwasserspiegel *m*
'waterlogged *adj ship* vollgelaufen; *ground* feucht
'water main *n* Haupt[wasser]leitung *f*
'watermark *n* ❶ *of tide* Wasser[stands]marke *f* ❷ (*on paper*) Wasserzeichen *nt*
'watermelon *n* Wassermelone *f*
'water meter *n* Wasserzähler *m*
'water pipe *n* ❶ (*conduit*) Wasserleitung *f* ❷ (*hookah*) Wasserpfeife *f*
'water pistol *n* Wasserpistole *f*
'water pollution *n* Wasserverschmutzung *f; of sea, river* Gewässerverschmutzung *f; of drinking water* Trinkwasserbelastung *f*
'water polo *n* Wasserball *m kein pl*
'water power *n* Wasserkraft *f*
'water pressure *n* Wasserdruck *m*
'waterproof I. *adj* wasserdicht **II.** *vt* wasserundurchlässig machen
water-re'pellent *adj* Wasser abweisend
'watershed *n* ❶ (*high ground*) Wasserscheide *f* ❷ (*fig: change*) Wendepunkt *m*
'water shortage *n* Wassermangel *m kein pl*
'waterside *n* (*by lake*) Seeufer *nt;* (*by river*) Flussufer *nt;* (*by sea*) Strand *m*
'water-ski *vi* Wasserski fahren
'waterski *n* Wasserski *m*
'water softener *n* Wasserenthärter *m*
water-'soluble *adj* wasserlöslich
'waterspout *n* ❶ (*whirlwind*) Wasserhose *f* ❷ (*pipe*) Abfluss *m*
'water supply *n* (*for area*) Wasservorrat *m;* (*for households*) Wasserversorgung *f*
'water table *n* Grundwasserspiegel *m*
'water tank *n* Wassertank *m*
watertight ['wɔ·ţər·taɪt] *adj* ❶ (*impermeable*) wasserdicht ❷ (*fig*) *agreement* wasserdicht; *argument* unanfechtbar
'water tower *n* Wasserturm *m*
'water vapor *n* Wasserdampf *m*
'waterway *n* Wasserstraße *f*, Schifffahrtsweg *m*
'water wings *npl* Schwimmflügel *pl*
'waterworks *npl* (*facility*) Wasserwerk *nt* ▶ PHRASES: **to turn on the ~** (*fam*) losheulen *fam*
watery <*more, most* or *-ier, -iest*> ['wɔ·ţə·ri] *adj* ❶ (*bland*) *drink* dünn; *soup* wässrig ❷ *light, sunshine* fahl; *smile* müde
watt [wat] *n* Watt *nt*
wattage ['waţ·ɪdʒ] *n* Wattzahl *f*
wave [weɪv] **I.** *n* ❶ *of water, hair* Welle *f* ❷ (*fig:*

feeling) **~ of emotion** Gefühlswallung *f;* **~ of panic** Welle der Panik ❸ (*series*) **~ of layoffs** Entlassungswelle *f* ❹ *of hand* Wink *m;* **to give sb a ~** jdm [zu]winken **II.** *vi* ❶ (*greet*) winken; **I ~d at him across the room** ich winkte ihm durch den Raum zu ❷ (*sway*) wogen *geh; flag* wehen **III.** *vt* ❶ (*with hand*) **to ~ goodbye to sb** jdm zum Abschied [nach]winken ❷ (*swing*) **to ~ a magic wand** einen Zauberstab schwingen
◆**wave aside** *vt* **to ~ aside** ⟳ **an objection** einen Einwand abtun
◆**wave down** *vt* anhalten
◆**wave through** *vt* durchwinken
'waveband *n* Wellenbereich *m*
'wavelength *n* Wellenlänge *f* ▶ PHRASES: **to be on the same ~** auf derselben Wellenlänge liegen
waver ['weɪ·vər] *vi* ❶ wanken; *concentration, support* nachlassen ❷ (*be indecisive*) schwanken; ■**to ~ over sth** sich *dat* etw hin- und herüberlegen
wavering ['weɪ·və·rɪŋ] *adj* ❶ (*indecisive*) unentschlossen; *between two options* schwankend *attr* ❷ (*unsteady*) *flame, candle* flackernd; *courage* wankend; *voice* zitternd
wavy ['weɪ·vi] *adj* wellig; *hair* gewellt
wax[1] [wæks] **I.** *n* ❶ Wachs *nt* ❷ (*in ear*) Ohrenschmalz *nt* **II.** *vt* ❶ (*polish*) wachsen; *floor* bohnern; *shoes* wichsen ❷ (*remove hair*) enthaaren
wax[2] [wæks] *vi moon* zunehmen; **to ~ and wane** zu- und abnehmen
wax 'paper *n* Butterbrotpapier *nt*
'waxwork *n* Wachsfigur *f*
waxy ['wæk·si] *adj* Wachs-, aus Wachs *nach n*
way [weɪ] **I.** *n* ❶ (*road*) Weg *m;* **one-~ street** Einbahnstraße *f* ❷ (*route*) **we have to go by ~ of Chicago** wir müssen über Chicago fahren; **to ask the ~** nach dem Weg fragen; **to be on the ~** *letter, baby* unterwegs sein; **to get under ~** in Gang kommen; **to go out of one's ~ to do sth** einen Umweg machen, um etw zu tun; (*fig*) sich bei etw *dat* besondere Mühe geben; **to go the wrong ~** sich verlaufen; (*in car*) sich verfahren; **to lead the ~** vorausgehen; **to lose one's ~** sich verirren; **to show sb the ~** jdm den Weg zeigen ❸ (*distance*) Weg *m*, Strecke *f;* **I'll support you all the ~** du hast meine volle Unterstützung; **to be a long ~ off** (*in space*) weit entfernt sein; (*in time*) fern sein; **to go a long ~** (*fig*) lange reichen ❹ (*direction*) **this ~ around** so herum; **which ~ are you going?** in welche Richtung gehst du? ❺ (*manner*) Art *f*, Weise *f;* **the ~ things are going …** so wie sich die Dinge entwickeln, …; **that is definitely not the ~ to do it** so macht man das auf gar keinen Fall!; **to see the error of one's ~s** seine Fehler einsehen; **~s and means** Mittel und Wege; **one ~ or another** so oder so; **no ~** auf gar keinen Fall; **no ~!** (*sl*) ausgeschlossen!, kommt nicht in die Tüte! *fam* ❻ (*respect*) Weise *f*, Hin-

sicht *f;* **in a** ~ in gewisser Weise; **in many** ~**s** in vielerlei Hinsicht ❼ (*area*) Weg *m,* Platz *m;* **to be in sb's** ~ jdm im Weg sein *a. fig;* **to get out of sb's/sth's** ~ jdm/etw aus dem Weg gehen ▶ PHRASES: **there are no two** ~**s about it** daran gibt es keinen Zweifel; **by the** ~ übrigens **II.** *adv inv* (*fam*) weit; **to be** ~ **past sb's bedtime** für jdn allerhöchste Zeit zum Schlafengehen sein

waylay <-laid, -laid> ['weɪ·leɪ] *vt* ❶ (*attack*) überfallen ❷ (*hum: accost*) abfangen

'**wayside** *n* Straßenrand *m* ▶ PHRASES: **to fall by the** ~ auf der Strecke bleiben

wayward ['weɪ·wərd] *adj* eigenwillig

we [wi] *pron pers* wir; **in this section** ~ **discuss ...** in diesem Abschnitt besprechen wir ..; ~ **all ...** wir alle ...

weak [wik] *adj* ❶ schwach; *coffee, tea* dünn; **to be/go** ~ **at the knees** weiche Knie haben/bekommen ❷ (*ineffective*) *leader* unfähig; *argument, attempt* schwach

weaken ['wi·kən] **I.** *vi* schwächer werden, nachlassen; (*less resolute*) schwach werden **II.** *vt* schwächen

weakling ['wik·lɪŋ] *n* Schwächling *m*

weakly ['wik·li] *adv* ❶ schwach, kraftlos ❷ (*unconvincingly*) schwach, matt

weak-minded [ˌwik·'maɪn·dɪd] *adj* ❶ (*irresolute*) unentschlossen; (*weak-willed*) willensschwach ❷ (*deficient*) schwachsinnig

weakness <*pl* -es> ['wik·nɪs] *n* ❶ (*frailty*) Schwäche *f* ❷ (*vulnerability*) Schwachstelle *f* ❸ (*flaw*) Schwäche *f* ❹ (*strong liking*) Schwäche *f* (**for** für +*akk*)

weal [wil] *n* Schwiele *f,* Striemen *m*

wealth [welθ] *n* ❶ (*money*) Reichtum *m;* (*fortune*) Vermögen *nt* ❷ (*amount*) Fülle *f*

'**wealth tax** *n* Vermögenssteuer *f*

wealthy ['wel·θi] **I.** *adj* reich, wohlhabend **II.** *n* ▪ **the** ~ *pl* die Reichen *pl*

wean [win] *vt* ❶ *baby* abstillen; *animal* entwöhnen ❷ ▪ **to** ~ **sb off sth** jdm etw abgewöhnen

weapon ['wep·ən] *n* Waffe *f a. fig;* ~**s of mass destruction** Massenvernichtungswaffen *pl*

weaponry ['wep·ən·ri] *n* Waffen *pl*

wear [wer] **I.** *n* ❶ (*clothing*) Kleidung *f* ❷ (*damage*) **signs of** ~ Abnutzungserscheinungen; ~ **and tear** Verschleiß *m* **II.** *vt* <wore, worn> tragen ▶ PHRASES: **to** ~ **one's heart on one's sleeve** das Herz auf der Zunge tragen **III.** *vi* <wore, worn> *clothes* abtragen; *machine* abnutzen

◆**wear away** *vi* sich abnutzen

◆**wear down** *vt* ❶ (*tire*) fertigmachen *fam;* (*weaken*) zermürben ❷ (*reduce*) abtragen

◆**wear off** *vi* nachlassen

◆**wear out I.** *vi* abnutzen **II.** *vt* erschöpfen

wearable ['wer·ə·bəl] *adj* tragbar

wearing ['wer·ɪŋ] *adj* ermüdend

weary ['wɪr·i] **I.** *adj* ❶ (*tired*) müde ❷ (*bored*) gelangweilt; (*unenthusiastic*) lustlos **II.** *vi* <-ie-> ▪ **to** ~ **of sth** von etw *dat* genug haben

weasel ['wi·zəl] *n* Wiesel *nt*

weather ['weð·ər] **I.** *n* Wetter *nt;* (*climate*) Witterung *f;* **in all** ~ bei jedem Wetter ▶ PHRASES: **to be under the** ~ (*fam*) angeschlagen sein *fam* **II.** *vi object* verwittern; *person* altern **III.** *vt* ❶ *usu passive wood* auswittern; *skin* gerben ❷ (*survive*) **to** ~ **the storm** *ship* dem Sturm trotzen

'**weather-beaten** *adj* ❶ (*of person*) wettergegerbt ❷ (*of object*) verwittert

'**weather bureau** *n* Wetteramt *nt*

'**weather chart** *n* Wetterkarte *f*

'**weather conditions** *npl* Witterungsverhältnisse *pl*

'**weather forecast** *n* Wettervorhersage *f*

'**weatherman** *n* Wettermann *m fam*

'**weatherproof** *adj* wetterfest

weave [wiv] **I.** *vt* <wove *or* weaved, woven *or* weaved> ❶ *cloth* weben ❷ (*a. fig: intertwine*) ▪ **to** ~ **sth together** etw zusammenflechten **II.** *vi* <wove *or* weaved, woven *or* weaved> weben **III.** *n* Webart *f*

weaver ['wi·vər] *n* Weber(in) *m(f)*

'**weaver bird** *n* Webervogel *m*

web [web] *n* ❶ *of spider* Netz *nt;* **spider['s]** ~ Spinnennetz *nt* ❷ (*fig: network*) Netzwerk *nt;* **a** ~ **of intrigue** ein Netz *nt* von Intrigen

'**web browser** *n* INET [Web-]Browser *m fachspr*

web-footed ['web·fʊt·ɪd] *adj inv* mit Schwimmfüßen *nach n*

webmaster ['web·mæs·tər] *n* INET Web-Administrator(in) *m(f)*

'**web page** *n* INET Webseite *f*

'**website** *n* INET Website *f*

webzine ['web·zin] *n* INET Webzine *nt*

wed <wed *or* wedded, wed *or* wedded> [wed] **I.** *vt* (*form or old*) ▪ **to** ~ **sb** jdn ehelichen *veraltend o hum* **II.** *vi* (*form or old*) sich vermählen *geh*

we'd [wid] ❶ = **we had** *see* have **I., II.** ❷ = **we would** *see* would

wedded ['wed·ɪd] **I.** *adj attr, inv* verheiratet, Ehe-; ~ **bliss** Eheglück *nt* **II.** *pt, pp of* wed

wedding ['wed·ɪŋ] *n* Hochzeit *f*

'**wedding anniversary** *n* Hochzeitstag *m*

'**wedding cake** *n* Hochzeitstorte *f*

'**wedding day** *n* Hochzeitstag *m*

'**wedding dress** *n* Brautkleid *nt*

'**wedding guest** *n* Hochzeitsgast *m*

'**wedding night** *n* Hochzeitsnacht *f*

'**wedding present** *n* Hochzeitsgeschenk *nt*

'**wedding ring** *n* Ehering *m,* Trauring *m*

wedge [wedʒ] **I.** *n* Keil *m* **II.** *vt* ❶ (*jam*) einkeilen ❷ (*keep*) **to** ~ **sth closed/open** etw verkeilen

wedlock ['wed·lak] *n* Ehe *f;* **to be born out of** ~ unehelich geboren sein

Wednesday ['wenz·deɪ] *n* Mittwoch *m; see also* **Tuesday**

wee [wi] **I.** *adj inv* winzig; **in the** ~ **hours** zwischen 1 und 2 Uhr **II.** *vi* (*fam*) pinkeln *fam*

weed [wid] **I.** *n* ❶ (*plant*) Unkraut *nt kein pl* ❷ (*fam: marijuana*) Gras *nt* **II.** *vt garden* jäten **III.** *vi* [Unkraut] jäten

'**weedkiller** *n* Unkrautvernichtungsmittel *nt*
weedy ['wi·di] *adj* ❶ *garden* unkrautbewachsen ❷ (*fam: thin*) [spindel]dürr
week [wik] *n* ❶ (*seven days*) Woche *f;* **twice a ~** zweimal die Woche; ■~ **in, ~ out** Woche für Woche ❷ (*work period*) [Arbeits]woche *f;* **five-day** ~ 5-Tage-Woche
'**weekday** *n* Wochentag *m*
'**weekend** *n* Wochenende *nt;* ■ **on the ~** [s]/**on ~s** am Wochenende/an Wochenenden
weekly ['wik·li] **I.** *adj inv* wöchentlich; **bi~** zweimal wöchentlich **II.** *adv inv* wöchentlich **III.** *n* (*magazine*) Wochenzeitschrift *f;* (*newspaper*) Wochenzeitung *f*
weep [wip] **I.** *vi* <wept, wept> ❶ (*cry*) weinen; (*sob*) schluchzen; **to ~ with joy** vor Freude weinen ❷ (*secrete*) nässen **II.** *vt* <wept, wept> **to ~ tears of joy** Freudentränen weinen
weeping ['wi·pɪŋ] **I.** *adj attr, inv* ❶ (*of person*) weinend ❷ (*of wound*) nässend **II.** *n* Weinen *nt*
weeping 'willow *n* Trauerweide *f*
weigh [weɪ] **I.** *vi* ❶ (*in measurement*) wiegen ❷ (*fig*) **to ~ heavily** eine große Bedeutung haben **II.** *vt* ❶ (*measure*) [ab]wiegen ❷ (*consider*) ■ **to ~ sth against sth** etw gegen etw *akk* abwägen ❸ (*evaluate*) einschätzen
◆**weigh down** *vt* niederdrücken; ■ **to be ~ed down with sth** schwer mit etw *dat* beladen sein
◆**weigh in** *vi* ❶ **to ~ in at 132 pounds** 132 Pfund auf die Waage bringen ❷ (*fam: intervene*) sich einschalten; ■ **to ~ in with sth** *opinion, proposal* etw einbringen
'**weigh-in** *n* SPORTS Wiegen *nt*
weight [weɪt] **I.** *n* ❶ Gewicht; **to lose/put on** [*or* **gain**] ~ ab-/zunehmen ❷ (*for training*) **to lift ~s** Gewicht[e] heben ❸ (*importance*) Gewicht *nt,* Bedeutung *f dat;* **to carry ~** ins Gewicht fallen ▶ PHRASES: **to throw one's ~ around** (*fam*) seinen Einfluss geltend machen **II.** *vt* ■ **to ~ sth down** etw beschweren
weighting ['weɪ·tɪŋ] *n* MATH Gewichtung *f*
weightless ['weɪt·lɪs] *adj inv* schwerelos
weightlessness ['weɪt·lɪs·nɪs] *n* Schwerelosigkeit *f*
'**weightlifter** *n* Gewichtheber(in) *m(f)*
'**weightlifting** *n* Gewichtheben *nt*
weighty ['weɪ·ti] *adj* ❶ (*heavy*) schwer ❷ (*fig: important*) [ge]wichtig
weird [wɪrd] *adj* (*fam*) seltsam, komisch; (*crazy*) irre *fam;* **that's ~** das ist aber merkwürdig
weirdo <*pl* -os> ['wɪr·doʊ] *n* (*fam or pej*) seltsame Person, Freak *m*
welcome ['wel·kəm] **I.** *vt* ❶ (*greet*) willkommen heißen ❷ (*be glad of*) begrüßen **II.** *n* ❶ (*reception*) **to give sb a warm ~** jdm einen herzlichen Empfang bereiten ❷ (*approval*) Zustimmung *f* ▶ PHRASES: **to overstay one's ~** länger bleiben, als man erwünscht ist **III.** *adj* ❶ (*received*) willkommen; **to make sb**

very ~ jdn sehr freundlich aufnehmen ❷ (*permitted*) **you're ~ to use the garage** Sie können gerne unsere Garage benutzen ❸ **thank you very much — you're ~** vielen Dank – nichts zu danken
welcoming ['wel·kəm·ɪŋ] *adj* Begrüßungs-; ~ **smile** freundliches Lächeln
weld [weld] **I.** *vt* schweißen **II.** *n* Schweißnaht *f*
welder ['wel·dər] *n* Schweißer(in) *m(f)*
welding ['wel·dɪŋ] *n* Schweißen *nt*
'**welding torch** *n* Schweißbrenner *m*
welfare ['wel·fer] *n* ❶ (*aid*) Sozialhilfe *f;* ■ **to be on ~** von [der] Sozialhilfe leben ❷ (*well-being*) Wohlergehen *nt*
'**welfare payments** *npl* Sozialabgaben *pl*
'**welfare services** *npl* ❶ (*support*) Sozialleistungen *pl* ❷ + *sing vb* (*office*) Sozialamt *nt*
'**welfare state** *n* Sozialstaat *m,* Wohlfahrtsstaat *m oft pej*
we'll [wil] = **we will** *see* **will**[1]
well[1] [wel] **I.** *adj* <better, best> *usu pred* ❶ (*healthy*) gesund; **to feel ~** sich gut fühlen; **to get ~** gesund werden; **get ~ soon!** gute Besserung! *f* ❷ *inv* (*okay*) **all's ~ here** hier ist alles in Ordnung; **if everything goes ~, we should arrive on time** wenn alles gut geht, müssten wir pünktlich ankommen; **all ~ and good** gut und schön **II.** *adv* <better, best> ❶ (*in a good way*) gut; ~ **done!** gut gemacht!, super! *fam;* **to be money ~ spent** gut angelegtes Geld sein; **to mean ~** es gut meinen; **to speak ~ of sb/sth** nur Gutes über jdn/etw sagen ❷ (*thoroughly*) gut; **to know sb ~** jdn gut kennen ❸ *inv* (*used for emphasis*) [sehr] wohl; **to be ~ aware of sth** sich *dat* einer S. *gen* durchaus bewusst sein; **to be ~ over forty** weit über vierzig sein; ~ **and truly** ganz einfach ❹ *inv* (*justifiably*) wohl; **you may ~ ask!** das kann man wohl fragen! ❺ *inv* (*also*) **as ~** auch; (*and*) **... as ~ as ... ...** sowie ... **III.** *interj* (*introducing, continuing*) nun [ja], also; (*hesitating, resignedly*) tja *fam;* (*surprised*) ~ [, ~]! sieh mal einer an!
well[2] [wel] *n* ❶ (*for water*) Brunnen *m* ❷ (*for minerals*) Schacht *m;* **oil ~** Ölquelle *f*
◆**well up** *vi* **tears ~ed up in her eyes** Tränen stiegen ihr in die Augen
well-ad'vised *adj pred* ■ **to be ~ to do sth** gut beraten sein, etw zu tun
well ap'pointed *adj pred,* **well-ap'pointed** *adj attr, inv* gut ausgestattet
well 'balanced *adj pred,* **well-'balanced** *adj attr, inv* ❶ (*objective*) *article, report* objektiv; *team* harmonisch ❷ *diet, meal* ausgewogen ❸ *person* ausgeglichen
well be'haved *adj pred,* **well-be'haved** *adj attr child* artig; *dog* brav
well-'being *n* Wohlbefinden *nt;* **feeling of ~** wohliges Gefühl
well 'bred *adj pred,* **well-'bred** *adj attr, inv* (*with good manners*) wohlerzogen *geh;* (*refined*) gebildet

W

well 'chosen *adj pred,* well-'chosen *adj attr* gut gewählt; |to say| a few ~ words ein paar passende Worte |sagen|

well con'nected *adj pred,* well-con'nected *adj attr* ■ to be ~ gute Beziehungen haben

well de'served *adj pred,* well-de'served *adj attr, inv* wohlverdient

well de'veloped *adj pred,* well-de'veloped *adj attr* gut entwickelt; *humor* ausgeprägt

well 'done *adj pred,* well-'done *adj attr, inv* ❶ (*of meat*) gut durch[gebraten] ❷ (*of work*) gut gemacht

well 'dressed *adj pred,* well-'dressed *adj attr* gut gekleidet

well 'earned *adj pred,* well-'earned *adj attr, inv* wohlverdient

well 'educated *adj pred,* well-'educated *adj attr* gebildet

well 'fed *adj pred,* well-'fed *adj attr, inv* (*eating well*) |ausreichend| mit Nahrung versorgt; (*healthy*) wohlgenährt

well 'founded *adj pred,* well-'founded *adj attr, inv* |wohl|begründet

well 'groomed *adj pred,* well-'groomed *adj attr, inv* gepflegt

well 'heeled *adj pred,* well-'heeled *adj attr, inv* (*fam*) |gut| betucht

well in'formed *adj pred,* well-in'formed *adj attr* gut informiert; to be ~ on a subject über ein Thema gut Bescheid wissen

well in'tentioned *adj pred,* well-in'tentioned *adj attr, inv* gut gemeint

well 'kept *adj pred,* well-'kept *adj attr* ❶ (*tended*) gepflegt ❷ (*hidden*) a ~ secret ein gut gehütetes Geheimnis

well 'known *adj pred,* well-'known *adj attr* |allgemein| bekannt; (*famous*) berühmt

well 'meaning *adj pred,* well-'meaning *adj attr, inv* wohlmeinend; ~ advice gut gemeinte Ratschläge

'wellness *n* Wohlbefinden *nt*

well 'off <better-, best-> *adj pred,* well-'off *adj attr* ❶ (*wealthy*) wohlhabend ❷ *pred* (*fortunate*) gut dran *fam*

well 'oiled *adj pred,* well-'oiled *adj attr, inv* ❶ (*functioning*) gut funktionierend *attr* ❷ (*fam: drunk*) betrunken

well pro'portioned *adj pred,* well-pro'portioned *adj attr, inv* wohlproportioniert

well 'read *adj pred,* well-'read *adj attr* |sehr| belesen

well 'spoken *adj pred,* well-'spoken *adj attr, inv* (*polite*) höflich; (*refined*) beredt

well 'timed *adj pred,* well-'timed *adj attr* zeitlich gut gewählt; his remark was ~ seine Bemerkung kam zur rechten Zeit

well-to-'do (*fam*) I. *adj inv* |gut| betucht II. *n* ■ the ~ *pl* die |Gut|betuchten *pl*

'well-wisher *n* wohlwollender Freund/ wohlwollende Freundin; (*supporter*) Sympathisant(in) *m(f)*

well 'worn *adj pred,* well-'worn *adj attr, inv* ❶ (*damaged*) *clothes* abgetragen; *object*

abgenützt ❷ (*cliché*) abgedroschen *fam*

Welsh [welʃ] I. *adj inv* walisisch II. *n* ❶ (*language*) Walisisch *nt* ❷ (*people*) ■ the ~ *pl* die Waliser *pl*

welt [welt] *n* ❶ *usu pl* (*scar*) Striemen *m* ❷ (*seam*) Rahmen *m*

went [went] *pt of* go

wept [wept] *pt, pp of* weep

were [wɜr] *pt of* be

we're [wɪr] = we are *see* be

weren't [wɜrnt] = were not *see* be

west [west] I. *n* ❶ (*direction*) Westen *m;* to be to the ~ of sth westlich von etw *dat* liegen ❷ POL ■ the W~ die westliche Welt; (*the Occident*) das Abendland; (*hist: non-communist*) der Westen II. *adj attr, inv* westlich, West-; the ~ coast of Florida die Westküste Floridas III. *adv inv* westwärts; to travel ~ nach Westen reisen

'westbound *adj inv* in Richtung Westen

westerly ['wes·tər·li] *adj* westlich; ~ winds Weststürme *pl*

western ['wes·tərn] I. *adj attr, inv* West-, westlich; ~ Europe Westeuropa *nt* II. *n* (*film*) Western *m*

westerner ['wes·tər·nər] *n* Abendländer(in) *m(f)*; POL Person *f* aus dem Westen

westernize ['wes·tər·naɪz] I. *vt* verwestlichen II. *vi* sich dem Westen anpassen

West 'Germany *n* (*hist*) Westdeutschland *nt*

West Vir'ginia *n* West Virginia *nt*

westward(s) ['west·wərd(z)] *inv adj* westlich; *road* nach Westen *nach n*

wet [wet] I. *adj* <-tt-> ❶ (*soaked*) nass; ■ soaking ~ |völlig| durchnässt ❷ (*covered with moisture*) feucht ❸ (*not dried*) "~ paint!" „frisch gestrichen!" ❹ (*rainy*) regnerisch II. *vt* <-tt-, wet *or* wetted, wet *or* wetted> ❶ (*moisten*) anfeuchten; (*soak*) nass machen ❷ (*urinate*) to ~ the bed das Bett nass machen III. *n* ❶ (*rain*) ■ the ~ die Nässe ❷ (*liquid*) Flüssigkeit *f;* (*moisture*) Feuchtigkeit *f*

'wetback *n* (*pej sl*) illegaler Einwanderer/ illegale Einwanderin aus Mexiko

wet 'dream *n* (*fam*) feuchter Traum

'wetland *n* Sumpfgebiet *nt*

'wetness *n* Nässe *f*

'wetsuit *n* Taucheranzug *m*

we've [wiv] = we have *see* have I., II.

whack [hwæk] I. *vt* ❶ (*fam: hit*) schlagen ❷ (*sl: murder*) ■ to ~ sb jdn umlegen *fam* II. *n* (*blow*) Schlag *m* ▶ PHRASES: to be out of ~ (*fam*) nicht in Ordnung sein

whacko ['wæ·koʊ] *adj* (*sl*) *see* wacko

whale [hweɪl] *n* Wal *m*

whaling ['hweɪ·lɪŋ] *n* der Walfang

wham [hwæm] (*fam*) I. *interj* ❶ (*bang*) ~! peng! ❷ (*suddenly*) wumm II. *vi* <-mm-> ■ to ~ into sth in etw *akk* |hinein|krachen

wharf <*pl* wharves *or* -s> [hwɔrf, *pl* (h)wɔrvz] *n* Kai *m*

what [hwʌt] I. *pron* ❶ *interrog* was; ~ is your

name? wie heißt du?; ~ **are you looking for?** wonach suchst du?; ~ **on earth ...?** (*fam*) was in aller Welt ...?; ~ **about sb/sth?** (*fam*) was ist mit jdm/etw?; ~ **for?** (*for what purpose?*) wofür?; (*fam: why?*) warum?; ~ **if ...?** was ist, wenn ...?; **so ~?** (*fam*) na und? ❷ *rel* was; **I can't decide** ~ **to do next** ich kann mich nicht entschließen, was ich als nächstes tun soll; ~**'s more, ...** darüber hinaus ... ❸ *rel* (*whatever*) was; **do** ~ **you can** tu, was du kannst ❹ *in exclamations* was; **is he smart or** ~**?** ist er intelligent oder was! ▶ PHRASES: **to have** [got] ~ **it takes** ausgesprochen fähig sein **II.** *adj inv* ❶ (*which*) welche(r, s); ~ **time is it?** wie spät ist es? ❷ (*emphasizing*) was für; ~ **luck!** was für ein Glück!; ~ **a shame!** wie schade! **III.** *adv inv* was; ~ **does it matter?** was macht's? *fam* **IV.** *interj* ❶ (*pardon?*) ~**?** **I can't hear you** was? ich höre dich nicht ❷ (*showing surprise, disbelief*) ~**!?** **you left him there alone!?** was?! du hast ihn da allein gelassen?

whatchamacallit ['hwʌtʃ·ə·mə·ˌkɔl·ɪt] *n* (*fam*) Dingsda *m o f o nt fam;* (*object a.*) Dings *nt fam*

whatever [hwʌt·'ev·ər] **I.** *pron* ❶ was [auch immer]; **I eat** ~ **I want** ich esse, was ich will; ~ **happens** was auch passieren mag ❷ (*fam*) **or** ~ wie du willst ❸ *interrog* (*form*) ~ **are you talking about?** worüber in Gottes Namen sprichst du? **II.** *adj inv* ❶ (*any*) was auch immer; **take** ~ **action is needed** mach, was auch immer nötig ist ❷ (*regardless*) gleichgültig welche(r, s); **we'll go** ~ **the weather** wir fahren bei jedem Wetter **III.** *adv inv with neg* überhaupt

whatnot ['hwʌt·nat] *n* (*fam*) ■**and** ~ und was weiß ich noch alles

whatsoever [ˌhwʌt·soʊ·'ev·ər] *adv inv* überhaupt; **I have no idea** ~ ich habe nicht die leiseste Idee

wheat [hwit] *n* Weizen *m*

'**wheat germ** *n* Weizenkeim *m*

wheel [hwil] **I.** *n* ❶ Rad *nt;* **rear** ~ Hinterrad *nt* ❷ (*for steering*) Steuer *nt;* AUTO Lenkrad *nt;* ■**to be at the** ~ am Steuer sitzen ❸ (*fam: vehicle*) ■~**s** *pl* fahrbarer Untersatz *hum* ❹ (*fig: workings*) ■~**s** *pl* Räder *pl;* **to set the** ~**s in motion** die Sache in Gang bringen **II.** *vt* rollen; *baby carriage* schieben **III.** *vi* kreisen ◆**wheel around** *vi* sich schnell umdrehen; (*esp shocked*) herumfahren

'**wheelbarrow** *n* Schubkarre *f*

'**wheelchair** *n* Rollstuhl *m*

wheeler-dealer [ˌhwi·lər·'di·lər] *n* Schlitzohr *nt*

wheeling ['hwi·lɪŋ] *n* ~ **and dealing** Abzockerei *f sl;* (*shady*) Gemauschel *nt*

wheeze [hwiz] **I.** *vi* keuchen **II.** *n* Keuchen *nt kein pl*

whelp [hwelp] *n* (*old*) ❶ (*pup*) Welpe *m* ❷ (*young animal*) Junge(s) *nt*

when [hwen] **I.** *adv inv* ❶ *interrog* wann; ~ **do** you want to go? wann möchtest du gehen?; **since** ~ **...?** seit wann ...? ❷ *rel* (*during*) wenn, wo; **there are times** ~ **...** es gibt Momente, wo ... **II.** *conj* ❶ (*once in past*) als; (*several times in past*) wenn; **I loved that film** ~ **I was a child** als Kind liebte ich diesen Film ❷ (*after*) wenn; **call me** ~ **you're finished** ruf mich an, wenn du fertig bist ❸ (*whenever*) wenn ❹ (*and just then*) als; **I was just getting into the bathtub** ~ **the telephone rang** ich stieg gerade in die Badewanne, als das Telefon läutete

whenever [hwen·'ev·ər] **I.** *conj* ❶ wann auch immer ❷ (*every time*) jedes Mal, wenn ... **II.** *adv inv* ❶ (*form*) wann auch immer; ~ **possible** wenn möglich ❷ *interrog* (*form: when*) wann denn [nur]

where [hwer] *adv inv* ❶ *interrog* wo; (*to where*) wohin; (*from where*) woher; ~ **are you going?** wohin gehst du? ❷ *rel* wo; (*to where*) wohin; (*from where*) woher; **Boston,** ~ **Phil comes from ...** Boston, wo Phil herkommt ... ▶ PHRASES: **to know/see** ~ **sb's coming from** wissen/verstehen, was jd meint

whereabouts **I.** *n* ['hwer·ə·baʊts] + *sing/pl vb* Aufenthaltsort *m;* **do you know the** ~ **of my silver pen?** weißt du, wo mein Silberfüller hingekommen ist? **II.** *adv* [ˌhwer·ə·'baʊts] *inv* wo [genau]; ~ **in Manhattan do you live?** wo genau in Manhattan wohnst du?

whereas [hwer·'æz] *conj* ❶ (*in contrast to*) während, wo[hin]gegen ❷ LAW (*considering that*) in Anbetracht dessen, dass ...

whereby [hwer·'baɪ] *conj* (*form or old*) wodurch, womit

whereupon ['hwer·ə·ˌpan] *conj* (*form or old*) worauf[hin]

wherever [hwer·'ev·ər] **I.** *conj* ❶ (*to whatever place*) wohin auch immer ❷ (*in all places*) wo auch immer **II.** *adv inv* ❶ (*in every case*) wann immer; ~ **possible** wenn möglich ❷ *interrog* (*form: where*) wo [nur]; ~ **did you find that hat?** wo hast du nur diesen Hut gefunden?

wherewithal ['hwer·wɪð·ˌɔl] *n* ■**the** ~ die [erforderlichen] Mittel

whet <-tt-> [hwet] *vt* **to** ~ **sb's appetite** [for sth] jdm Appetit [auf etw *akk*] machen

whether ['hweð·ər] *conj* ❶ (*if*) ob; **to ask** ~ **...** fragen, ob ...; **she can't decide** ~ **to tell him** sie kann sich nicht entscheiden, ob sie es ihm sagen soll ❷ (*no matter*) ~ **you like it or not** ob es dir [nun] gefällt oder nicht

whew [hwu] *interj* puh

whey [hweɪ] *n* Molke *f*

which [hwɪtʃ] **I.** *pron* ❶ *interrog* (*one*) welche(r, s); ~ [**one**] **is mine?** welches gehört mir? ❷ *rel* (*with defining clause*) der/die/das; **the conference,** ~ **ended on Friday** die Konferenz, die am Freitag geendet hat ❸ *rel* (*with non-defining clause*) was; **she says it's Anna's fault,** ~ **is ridiculous** sie sagt, das ist Annas Schuld, was aber Blödsinn ist; **at/upon** ~ **...** woraufhin ... **II.** *adj inv* ❶ *interrog* (*one*) welche(r, s); **~ doctor did you see?** bei welchem Arzt warst du? ❷ *rel* (*introducing more*) der/die/das; **it might be made of plastic, in ~ case you could probably carry it** es könnte aus Plastik sein – in dem Fall könntest du es wahrscheinlich tragen

whichever [hwɪtʃ·'ev·ər] I. *pron* ❶ (*any one*) wer/was auch immer ❷ (*regardless*) was/wer auch immer II. *adj attr, inv* ❶ (*any one*) ■~ ... der-/die-/dasjenige, der/die/das ...; **choose ~ brand you prefer** wähle die Marke, die du lieber hast ❷ (*regardless*) egal welche(r, s), welche(r, s) ... auch immer; **~ way** wie auch immer

whiff [hwɪf] *n usu sing* Hauch *m kein pl*

while [hwaɪl] I. *n* Weile *f;* **in a ~** in Kürze; **to be worth the ~** die Mühe wert sein II. *conj* ❶ (*during*) während ❷ (*although*) obwohl; **~ I completely understand your point of view, ...** wenn ich Ihren Standpunkt auch vollkommen verstehe, ... III. *vi* **to ~ away the time** sich *dat* die Zeit vertreiben

whim [hwɪm] *n* Laune *f;* [**to do sth**] **on a ~** [etw] aus einer Laune heraus [tun]

whimper ['hwɪm·pər] I. *vi person* wimmern; *dog* winseln II. *n of person* Wimmern *nt kein pl; of dog* Winseln *nt kein pl*

whimsical ['hwɪm·zɪ·kəl] *adj* ❶ (*playful*) skurril *geh* ❷ (*capricious*) launenhaft

whimsicality [ˌhwɪm·zɪ·'kæ·lə·t̬i] *n* ❶ (*playfulness*) Skurrilität *f geh* ❷ (*capriciousness*) Launenhaftigkeit *f*

whimsy, whimsey ['hwɪm·zi] *n* ❶ (*whim*) Laune *f* ❷ (*playfulness*) Spleenigkeit *f*

whine [hwaɪn] I. *vi* ❶ (*utter sound*) jammern; *animal* jaulen; *engine* heulen ❷ (*complain*) meckern II. *n usu sing of child* Jammern *nt kein pl; of animal* Jaulen *nt kein pl; of engine* Heulen *nt kein pl*

whinny ['hwɪn·i] I. *vi* wiehern II. *n* Wiehern *nt kein pl*

whip [hwɪp] I. *n* ❶ (*lash*) Peitsche *f* ❷ (*cream*) Creme *f* II. *vt* <-pp-> ❶ (*hit*) [mit der Peitsche] schlagen; *horse* die Peitsche geben ❷ *cream* schlagen ❸ (*fam: defeat*) [vernichtend] schlagen
◆ **whip out** *vt* zücken
◆ **whip up** *vt* ❶ (*excite*) **to ~ up support** Unterstützung finden ❷ (*cook*) zaubern *fig, hum*

'whiplash *n* ❶ (*blow*) Peitschenhieb *m* ❷ (*injury*) **~** [**injury**] Schleudertrauma *nt*

whipped [hwɪpt] *adj* (*beaten*) geschlagen; **~ cream** Schlagsahne *f,* Schlagobers *nt* ÖSTERR, Schlagrahm *m* SCHWEIZ

'whippersnapper *n* (*fam or old*) **young ~** Grünschnabel *m oft pej*

whippet ['hwɪp·ɪt] *n* Whippet *m*

whipping ['hwɪp·ɪŋ] *n* ❶ (*hitting*) [Aus]peitschen *nt kein pl* ❷ (*punishment*) Prügel *pl fam;* **to get a ~** Prügel beziehen ❸ (*fam: defeat*) Schlappe *f fam*

'whipping boy *n* Prügelknabe *m*

'whipping cream *n* Schlagsahne *f,* Schlag-

obers *nt* ÖSTERR, Nidel *m o f* SCHWEIZ

whir [hwɜr] *vi* <-rr-> (*buzz*) summen; (*hum*) surren

whirl [hwɜrl] I. *vi, vt* wirbeln II. *n* ❶ (*action*) Wirbeln *nt* ❷ (*activity*) Trubel *m*

whirligig ['hwɜr·lɪ·gɪg] *n* ❶ (*top*) Kreisel *m* ❷ (*changing thing*) Wechselspiel *nt*

whirlpool ['hwɜrl·pul] *n* Whirlpool *m;* (*in river, sea*) Strudel *m*

whirlwind ['hwɜrl·wɪnd] *n* Wirbelwind *m*

whisk [hwɪsk] I. *n* Schneebesen *m;* **electric ~** [elektrisches] Rührgerät II. *vt* ❶ *cream* schlagen ❷ (*take*) **I was ~ed off to the hospital** ich wurde ins Krankenhaus überwiesen

whisker ['hwɪs·kər] *n* ❶ (*of animal*) Schnurrhaar[e] *nt* [*pl*] ❷ (*beard*) ■~**s** *pl* Bartstoppeln *pl* ▶ PHRASES: **by a ~** um Haaresbreite, haarscharf

whiskey, whisky ['hwɪs·ki] *n* Whisk[e]y *m*

whisper ['hwɪs·pər] I. *vi* flüstern; ■**to ~ to sb** mit jdm flüstern II. *vt* ■**to ~ sth** [**in sb's ear**] etw [in jds Ohr] flüstern III. *n* ❶ Flüstern *nt kein pl,* Geflüster *nt;* **to speak in a ~** etw im Flüsterton sagen ❷ (*liter: rustle*) Rascheln *nt*

whispering ['hwɪs·pər·ɪŋ] I. *n* Flüstern *nt,* Geflüster *nt* II. *adj attr, inv* ❶ flüsternd ❷ (*liter: rustling*) raschelnd

'whispering campaign *n* Verleumdungskampagne *f*

whist [hwɪst] *n* Whist *nt;* **game of ~** Partie *f* Whist

whistle ['hwɪs·əl] I. *vi* ❶ pfeifen; ■**to ~ at sb** hinter jdm herpfeifen ❷ *bird* zwitschern II. *vt* pfeifen III. *n* ❶ (*sound*) a. *of wind* Pfeifen *nt; of referee* Pfiff *m* ❷ (*device*) Pfeife *f;* **referee's ~** Trillerpfeife *f;* **as clean as a ~** blitzsauber

white [hwaɪt] I. *n* ❶ Weiß *nt* ❷ *of eye* Weiße *nt* ❸ *of egg* Eiweiß *nt,* Eiklar *nt* ÖSTERR ❹ (*person*) Weiße(r) *f(m)* II. *adj* ❶ weiß; **black and ~** schwarz-weiß ❷ *coffee* mit Milch *nach n* ❸ **~ bread** Weißbrot *nt;* **~ pepper** weißer Pfeffer ❹ (*Caucasian*) weiß; (*pale-skinned*) hellhäutig ▶ PHRASES: **as ~ as a sheet** weiß wie die Wand, kreidebleich

'white-collar *adj* **~ job** Schreibtischposten *m;* **~ worker** Angestellte(r) *f(m)*

white 'corpuscle *n* MED weißes Blutkörperchen

white 'elephant *n* (*object*) Fehlinvestition *f;* (*property*) lästiger Besitz

white 'flag *n* weiße Fahne

white 'heat *n* Weißglut *f a. fig*

'White House *n* ■**the ~** das Weiße Haus

ⓘ Das **White House** (das Weiße Haus), *1600 Pennsylvania Avenue* in Washington D. C., ist der offizielle Wohnsitz des Präsidenten der Vereinigten Staaten und des *Oval Office,* der Hauptarbeitsplatz desselben. Der Standort wurde von George Washington, dem ersten Präsidenten der Vereinigten Staaten, ausgewählt. Der Grundstein für das Bauwerk wurde am 13. Oktober 1792 gelegt und die Pläne wurden von dem irischen Architekten James Hoban umgesetzt. John Adams, der zweite Präsident, bezog das Weiße Haus erstmals im Jahre 1800. Das erste *Oval Office* entstand im Jahre 1909 unter Präsident William Howard Taft. Das *White House*, ein Wohnsitz von 55.000 Quadratfuß (5.110 m²) mit sechs Stockwerken und 132 Zimmern, verdankt seinen Namen dem weißen Marmor von Brač (Kroatien), aus dem es erbaut wurde.

white 'lie *n* Notlüge *f*
'white meat *n* helles Fleisch
whiten ['hwaɪ·tən] **I.** *vt* weiß machen; *shoe, wall* etw weißen [*o* ÖSTERR, SCHWEIZ, SÜDD weißeln]; *teeth* bleichen **II.** *vi* weiß werden
whitener ['hwaɪt·nər] *n* (*for coffee*) Kaffeeweißer *m;* (*for shoes*) Schuhweiß *nt*
'whiteout *n* ❶ METEO [starker] Schneesturm ❷ TYPO Korrekturflüssigkeit *f,* Tipp-Ex® *nt*
'white sale *n* Weißwäscheausverkauf *m*
white 'tie I. *adj inv* mit Frackzwang *nach n* **II.** *n* ❶ (*bowtie*) weiße Fliege ❷ (*evening dress*) Frack *m*
'whitewash I. *n* ❶ (*solution*) Tünche *f* ❷ (*cover-up*) Schönfärberei *f* **II.** *vt* ❶ (*paint*) weiß anstreichen; *walls* tünchen ❷ (*conceal*) schönfärben
whitewater 'rafting *n* Wildwasserfahren *nt*
white 'wine *n* Weißwein *m*
whiting <*pl* -> ['hwaɪ·tɪŋ] *n* (*fish*) Weißfisch *m*
Whitsun ['hwɪt·sən] *n* Pfingsten *nt; at* ~ an Pfingsten
Whit'sunday *n* Pfingstsonntag *m*
whittle ['hwɪt·əl] *vt* schnitzen
◆ **whittle down** *vt* reduzieren
whiz, whizz [hwɪz] **I.** *vi* ❶ *to* ~ **by** vorbeijagen ❷ *time* rasen; **the vacation just ~ed past** die Ferien vergingen im Nu **II.** *vt* [mit dem Mixer] verrühren **III.** *n* ❶ (*fam*) Genie *nt;* **computer** ~ Computerass *nt fam* ❷ (*vulg*) **to take a** ~ pissen *vulg*
whiz kid *n* Wunderkind *nt,* Genie *nt* oft hum
who [hu] *pron* ❶ *interrog* (*which person*) wer; ~ **did this?** wer war das? ❷ *interrog* (*whom*) wem *dat,* wen *akk;* ~ **do you want to talk to?** mit wem möchten Sie sprechen? ❸ *interrog* (*unknown*) wer; ~ **knows?** wer weiß? ❹ *rel* der/die/das; **I think it was your dad** ~ **called** ich glaube, das war dein Vater, der angerufen hat; **he called Chris,** ~ **was a good friend** er rief Chris an, der ein guter Freund war
whoa [hwoʊ] *interj* ❶ (*to horse*) brr!, hoo! ❷ (*fam: slow down!*) langsam! ❸ (*fam: wow!*) wow *sl,* toll! *fam*

whodunit, whodunnit [ˌhu·'dʌn·ɪt] *n* (*fam*) Krimi *m fam*
whoever [hu·'ev·ər] *pron* ❶ *rel* wer auch immer; **come out,** ~ **you are** kommen Sie heraus, wer auch immer Sie sind ❷ *interrog* (*form or old: who on earth*) wer; ~ **does he think he is?** wer glaubt er denn, dass er ist?
whole [hoʊl] **I.** *adj inv* ❶ (*entire*) ganz, gesamt; **this** ~ **thing is ridiculous!** das Ganze ist ja lächerlich!; **the** ~ [**wide**] **world** die ganze [weite] Welt ❷ (*in one piece*) ganz, heil; (*intact*) intakt ❸ (*fam: emphasizing*) **flying is a** ~ **lot cheaper these days** Fliegen ist heutzutage sehr viel billiger **II.** *n* ❶ (*entire thing*) ■ **a** ~ ein Ganzes *nt* ❷ (*entirety*) ■ **the** ~ das Ganze ❸ (*in total*) **as a** ~ als Ganzes [betrachtet]; **on the** ~ im Großen und Ganzen **III.** *adv* ganz; **a** ~ **new approach** ein ganz neuer Ansatz
'whole food *n* ❶ (*food*) Vollwertkost *f* ❷ (*food products*) ■ ~ **s** *pl* Vollwertprodukte *pl*
'whole foods store *n* Reformhaus *nt*
wholehearted [ˌhoʊl·'har·t̬ɪd] *adj* ❶ (*sincere*) aufrichtig; (*cordial*) herzlich ❷ (*committed*) engagiert
whole 'milk *n* Vollmilch *f*
'whole note *n* MUS ganze Note
'whole rest *n* MUS ganze Pause
wholesale ['hoʊl·seɪl] **I.** *adj inv* ❶ *attr* ~ **business** Großhandel *m* ❷ (*extensive*) Massen-; ~ **reform** umfassende Reform **II.** *adv inv* ❶ (*at bulk price*) zum Großhandelspreis ❷ (*in bulk*) in Großmengen
wholesaler ['hoʊl·seɪ·lər] *n* Großhändler(in) *m(f)*
wholesome ['hoʊl·səm] *adj* wohltuend; (*healthy*) gesund
'whole tone *n* MUS Ganzton[schritt] *m*
'whole-wheat *adj attr, inv* Voll[korn]weizen-; ~ **bread** Vollkornbrot *nt*
who'll [hul] = **who will** *see* **who**
wholly ['hoʊ·li] *adv* ganz, völlig
whom [hum] *pron* (*form*) ❶ *interrog* wem *dat,* wen *akk;* ~ **did he marry?** wen hat er geheiratet? ❷ *rel* das/der/die; **none/some of** ~ ... keiner, der ... /einige, die ...
whoop [hup] **I.** *vi* jubeln **II.** *n* ❶ (*shout*) Jauchzer *m;* **to let out a** ~ **of triumph** einen Triumphschrei loslassen ❷ (*of cough*) Keuchen *nt*
whoopee (*fam*) **I.** *interj* [hwʊ·'pi] juchhe, hurra; (*iron*) toll **II.** *n* ['hwu·pi] **to make** ~ (*have sex*) es tun
'whooping cough *n* Keuchhusten *m*
whoops [hwʊps] *interj* (*fam*) hoppla; ~ **-a-daisy** hopsala
whop [hwɑp] *vt* <-pp-> (*fam*) ❶ (*strike*) schlagen; **to** ~ **sb one** jdm eine reinhauen ❷ (*defeat*) ■ **to** ~ **sb** jdn schlagen
whopper ['hwɑp·ər] *n* (*fam*) ❶ (*huge thing*) Apparat *m sl;* **that's a** ~ **of a fish** das ist ja ein Riesenfisch ❷ (*lie*) faustdicke Lüge *fam;* **to tell sb a** ~ jdm einen Bären aufbinden
whopping ['hwɑp·ɪŋ] *adj inv* (*fam*) riesig; **bill**

W

saftig *fam*
whore [hɔr] *n* (*pej*) ❶ (*prostitute*) Nutte *f sl* ❷ (*woman*) Flittchen *nt fam*
who's [huz] = **who is, who has** *see* **who**
whose [huz] I. *adj* ❶ (*in questions*) wessen; **~ round is it?** wer ist dran? ❷ (*indicating possession*) dessen; **she's the woman ~ car I rode in** sie ist die Frau, in deren Auto ich gefahren bin II. *pron poss, interrog* wessen; **~ is this bag?** wessen Tasche ist das?
why [hwaɪ] *adv* ❶ (*for what reason*) warum; **~ did he say that?** warum hat er das gesagt? ❷ (*for that reason*) **the reason ~ I ...** der Grund, warum ich ...
WI *abbrev of* **Wisconsin**
wick [wɪk] *n* Docht *m*
wicked [ˈwɪk·ɪd] I. *adj* ❶ (*evil*) böse ❷ (*cunning*) raffiniert ❸ (*fam: good*) saugut *sl* II. *n pl* ▪ **the** ~ die Bösen *pl* ▸ PHRASES: **there's no rest for the** ~ (*saying*) es gibt keine Ruhe für die Schuldigen III. *interj* (*fam*) super *fam*
wicker [ˈwɪk·ər] *n* Korbgeflecht *nt*
wicker ˈfurniture *n* Korbmöbel *pl*
wicket [ˈwɪk·ɪt] *n* (*croquet hoop*) Tor *nt*
wide [waɪd] I. *adj* ❶ (*broad*) breit ❷ (*considerable*) enorm, beträchtlich ❸ (*open*) geweitet; *eyes* groß ❹ *after n* (*with a width of*) breit; **10 feet** ~ 10 Fuß breit ❺ (*varied*) breit gefächert; **~ range of goods** großes Sortiment an Waren II. *adv* weit; **~ apart** weit auseinander
wide-angle ˈlens *n* PHOT Weitwinkelobjektiv *nt fachspr*
wide aˈwake *adj pred*, **wide-aˈwake** *adj attr* hellwach
wide-ˈeyed *adj* mit großen Augen *nach n;* (*fig*) blauäugig
widely [ˈwaɪd·li] *adv* ❶ (*broadly*) breit ❷ (*extensively*) weit; **~ admired** weithin bewundert ❸ (*considerably*) beträchtlich; **~ differing aims** völlig verschiedene Ziele
widen [ˈwaɪ·dən] I. *vt* (*make broader*) verbreitern; (*make wider*) erweitern; (*enlarge*) vergrößern II. *vi* breiter werden
ˈwidespread *adj* weit verbreitet; **there is ~ speculation that ...** es wird weithin spekuliert, dass ...
widow [ˈwɪd·ou] I. *n* Witwe *f* II. *vt usu passive* ▪ **to be ~ed** zur Witwe/zum Witwer werden
widowed [ˈwɪd·oud] *adj inv* verwitwet
widower [ˈwɪd·ou·ər] *n* Witwer *m*
widowhood [ˈwɪd·ou·hud] *n of women* Witwenschaft *f; of men* Witwerschaft *f*
ˈwidow's peak *n* spitz zulaufender Haaransatz in der Stirnmitte
width [wɪdθ] *n* ❶ (*measurement*) Breite *f; of clothes* Weite *f;* **to be 16 feet in ~** 16 Fuß breit sein ❷ (*unit*) Breite *f;* **to come in different ~s** unterschiedlich breit sein
wield [wild] *vt* ❶ (*brandish*) schwingen ❷ (*exercise*) ausüben (**over** über +*akk*)
wiener [ˈwi·nər] *n* ❶ (*hot dog*) Wiener Würstchen *nt* ❷ (*childspeak fam: penis*) Pimmel *m fam*

wife <*pl* wives> [waɪf] *n* [Ehe]frau *f*
wig [wɪg] *n* Perücke *f*
wiggle [ˈwɪg·əl] I. *vt, vi* wackeln II. *n* Wackeln *nt kein pl;* **she walks with a sexy ~** sie hat einen sexy Gang *fam*
wigwam [ˈwɪg·wam] *n* Wigwam *m*
wild [waɪld] I. *adj* ❶ *inv* (*undomesticated*) wild; *cat, duck, goose* Wild- ❷ (*uncultivated*) *country, landscape* rau, wild; **~ flowers** wild wachsende Blumen ❸ (*uncontrolled*) unbändig; (*disorderly*) *hair, lifestyle* wirr; *behavior* undiszipliniert ❹ (*not accurate*) *blow, punch, shot* ungezielt; *estimate, guess* grob, wild ❺ (*stormy*) *wind, weather* rau, stürmisch ❻ (*fam: angry*) wütend ❼ (*fam: enthusiastic*) ▪ **to be ~ about sb/sth** auf jdn/etw ganz wild sein ▸ PHRASES: **~ horses couldn't make sb do sth** keine zehn Pferde könnten jdn dazu bringen, etw zu tun *fam* II. *adv inv* wild; **to run ~** *child, person* sich *dat* selbst überlassen sein; *animals* frei herumlaufen III. *n* ❶ (*natural environment*) ▪ **the** ~ die Wildnis ❷ (*fig: remote places*) ▪ **the ~s** *pl* die Pampa *f kein pl oft hum fam*
wild ˈboar *n* Wildschwein *nt*
ˈwildcard *n* ❶ CARDS Joker *m* ❷ COMPUT Wildcard *f*
ˈwildcat I. *n* Wildkatze *f* II. *adj attr, inv* ❶ (*risky*) riskant ❷ (*unofficial*) **~ strike** wilder Streik
wilderness <*pl* -es> [ˈwɪl·dər·nɪs] *n* ❶ (*wild area*) Wildnis *f;* (*desert*) Wüste *f* ❷ (*fam: overgrown area*) wild wachsendes Stück Land
ˈwildfire *n* Lauffeuer *nt;* **to spread like ~** (*fig*) sich wie ein Lauffeuer verbreiten
ˈwildfowl *n* Federwild *nt kein pl;* FOOD Wildgeflügel *nt kein pl*
wild-ˈgoose chase *n* (*search*) aussichtslose Suche; (*venture*) fruchtloses Unterfangen
ˈwildlife I. *n* [natürliche] Tier- und Pflanzenwelt II. *adj* Natur-; **~ sanctuary** Wildschutzgebiet *nt*
wildly [ˈwaɪld·li] *adv* ❶ (*in uncontrolled way*) wild; (*boisterously*) unbändig; **to talk ~** wirres Zeug reden *fam* ❷ (*haphazardly*) ungezielt; **to guess ~** [wild] drauflosraten *fam* ❸ (*fam: extremely*) äußerst; (*totally*) völlig; **~ exaggerated** maßlos übertrieben
wildness [ˈwaɪld·nɪs] *n* ❶ (*natural state*) Wildheit *f* ❷ (*behavior*) Wildheit *f;* (*lack of control*) Unkontrolliertheit *f*
wild ˈrice *n* Wildreis *m*
Wild West *n* **the ~** der Wilde Westen
wiles [waɪlz] *npl* Trick *m*, Schliche *pl;* **to use all one's ~** mit allen Tricks arbeiten
wilful [ˈwɪl·fəl] *adj see* **willful**
wiliness [ˈwaɪ·li·nɪs] *n* Listigkeit *f*, Schläue *f*
will[1] <would, would> [wɪl] *aux vb* ❶ (*in future tense*) **do you think he ~ come?** glaubst du, dass er kommt [*o* kommen wird]?; (*in immediate future*) **we'll be off now** wir fahren jetzt ❷ (*repeating question*) **you won't forget to tell him, ~ you?** du vergisst aber nicht, es ihm

zu sagen, oder? ❸ (*expressing intention*) werden; I ~ **always love you** ich werde dich immer lieben ❹ (*in requests, instructions*) ~ **you stop that!**? hör sofort damit auf!; ~ **you [please] sit down?** setzen Sie sich doch [bitte]! ❺ (*expressing facts*) **fruit ~ keep longer in the fridge** Obst hält sich im Kühlschrank länger

will² [wɪl] I. *n* ❶ Wille *m;* **strength of** ~ Willensstärke *f* ❷ LAW letzter Wille, Testament *nt* II. *vt* ■**to** ~ **sb to do sth** jdn [durch Willenskraft] dazu bringen, etw zu tun; I **was** ~**ing you to win** ich habe mir ganz fest gewünscht, dass du gewinnst

willful, wilful ['wɪl·fəl] *adj* ❶ (*deliberate*) bewusst, absichtlich; *damage* mutwillig ❷ (*selfwilled*) eigensinnig; (*obstinate*) starrsinnig

William ['wɪl·jəm] *n* Wilhelm *m*

willies ['wɪl·iz] *npl* (*fam*) **sb gets/has the** ~ jd kriegt Zustände

willing ['wɪl·ɪŋ] *adj* ❶ (*unopposed*) bereit, gewillt *geh* ❷ (*enthusiastic*) willig

willingness ['wɪl·ɪŋ·nɪs] *n* (*readiness*) Bereitschaft *f;* (*enthusiasm*) Bereitwilligkeit *f;* **to show** ~ [seinen] guten Willen zeigen

willow ['wɪl·oʊ] *n* Weide *f*

willowy ['wɪl·oʊ·i] *adj* gertenschlank

'**willpower** *n* Willenskraft *f*

willy-nilly [ˌwɪl·i·'nɪl·i] *adv inv* ❶ (*like it or not*) wohl oder übel ❷ (*haphazardly*) aufs Geratewohl

wilt [wɪlt] *vi* ❶ (*droop*) [ver]welken ❷ (*tire*) schlappmachen *fam*

wily ['waɪ·li] *adj* listig; *deception, plan* raffiniert; *person a.* gewieft

wimp [wɪmp] (*fam*) I. *n* Waschlappen *m* II. *vi* ■**to** ~ **out** (*shirk*) kneifen; (*give in*) den Schwanz einziehen

win [wɪn] I. *vt* <won, won> ❶ (*be victorious*) gewinnen; *victory* erringen ❷ (*get*) gewinnen, bekommen; *approval, recognition* finden ▶ PHRASES: **you can't** ~ **them** [*or* '**em**] **all** (*saying*) man kann nicht immer Glück haben II. *vi* <won, won> gewinnen; **to** ~ **hands down** spielend gewinnen ▶ PHRASES: **may the best man** ~ dem Besten der Sieg III. *n* Sieg *m;* **away** ~ Auswärtssieg *m*

◆**win back** *vt* ❶ SPORTS **to** ~ **back** ⟳ **the trophy** den Pokal zurückholen ❷ *customers* zurückgewinnen

◆**win over** *vt* (*persuade*) überzeugen; (*gain support*) jdn für sich gewinnen

◆**win around** *vt* überzeugen

wince [wɪns] I. *n* Zusammenzucken *nt* II. *vi* zusammenzucken

winch [wɪntʃ] I. *n* <*pl* -es> Winde *f* II. *vt* mit einer Winde [hoch]ziehen

wind¹ [wɪnd] I. *n* ❶ (*air*) Wind *m;* **gust of** ~ Windböe *f;* **to see which way the** ~ **is blowing** sehen, woher der Wind weht *a. fig;* **to run like the** ~ rennen wie der Wind ❷ (*breath*) Atem *m* ❸ (*flatulence*) Blähungen *pl* ▶ PHRASES: **to be three** sheets **to the** ~ (*fam*) völlig

betrunken sein II. *vt* ■**to** ~ **sb** jdm den Atem nehmen

wind² [waɪnd] I. *n* ❶ (*bend*) Windung *f; in river* Schleife *f; in road* Kurve *f* ❷ (*turn*) Umdrehung *f* II. *vt* <wound, wound> ❶ (*wrap*) wickeln; *yarn* aufwickeln; *film* spulen ❷ *clock, watch* aufziehen ❸ (*turn*) winden, kurbeln ❹ (*spool*) spulen; **to** ~ **a tape forward** ein Band vorspulen III. *vi* <wound, wound> ❶ (*meander*) sich schlängeln ❷ (*coil*) sich wickeln

◆**wind down** I. *vt* zurückschrauben; *business* auflösen; *production* drosseln II. *vi* ❶ (*calm down*) ruhiger werden; *business* nachlassen; *party* an Schwung verlieren ❷ (*relax*) [sich] entspannen

◆**wind up** I. *vt* ❶ (*end*) abschließen; *debate, meeting, speech* beenden ❷ (*annoy*) ■**to** ~ **up** ⟳ **sb** jdn auf die Palme bringen; **to get [all] wound up** sich [total] aufregen ❸ (*tighten*) aufziehen; *clock, watch* aufziehen II. *vi* (*fam*) ❶ (*end*) schließen *fam; speech* abschließend bemerken ❷ (*land*) enden; **to** ~ **up in prison** im Gefängnis landen

'**windbag** *n* (*pej fam*) Schwätzer(in) *m(f)*

'**windbreak** *n* Windschutz *m*

'**Windbreaker®** *n* Windjacke *f*

'**wind energy** *n* Windenergie *f*

winder ['waɪn·dər] *n* Aufziehschraube *f;* (*for clock*) Schlüssel *m;* (*on watch*) Krone *f*

'**windfall** *n* ❶ (*money*) warmer [Geld]regen *fam* ❷ (*fruit*) ■~**s** *pl* Fallobst *nt kein pl*

'**wind farm** *n* Windpark *m*

'**wind generator** *n* Windgenerator *m*

winding ['waɪn·dɪŋ] I. *adj* gewunden; *road* kurvenreich II. *n* ❶ (*of road, course*) Windung *f* ❷ ELEC (*coils*) Wicklung *f; of machinery* Aufwickeln *nt*

'**wind instrument** *n* Blasinstrument *nt*

windjammer ['wɪnd·ˌdʒæm·ər] *n* Windjammer *m*

windlass <*pl* -es> ['wɪnd·ləs] *n* Winde *f;* NAUT Winsch *f fachspr*

'**windmill** *n* ❶ (*for grinding*) Windmühle *f* ❷ (*turbine*) Windrad *nt*

window ['wɪn·doʊ] *n* ❶ Fenster *nt; of shop* Schaufenster *nt; of vehicle* [Fenster]scheibe *f;* **rear** ~ Heckscheibe *f;* **bay** ~ Erkerfenster *nt* ❷ (*opportunity*) Gelegenheit *f* ❸ COMPUT Fenster *nt*

'**window box** *n* Blumenkasten *m*

'**window cleaner** *n* ❶ (*person*) Fensterputzer(in) *m(f)* ❷ (*detergent*) Glasreiniger *m*

'**window display** *n* Schaufensterauslage *f*

'**window dressing** *n* ❶ (*in shop*) Schaufensterdekoration *f* ❷ (*swindle*) Augenwischerei *f*

'**window envelope** *n* Fenster[brief]umschlag *m*

'**window frame** *n* Fensterrahmen *m*

'**windowpane** *n* Fensterscheibe *f*

'**window-shopping** *n* Schaufensterbummel *m*

'**windowsill** *n* (*inside*) Fensterbank *f;* (*outside*) Fenstersims *m o nt*

'**windpipe** *n* Luftröhre *f*

'**wind power** *n* ❶ (*strength*) Windkraft *f* ❷ (*energy*) Windenergie *f*
'**windshield** *n* Windschutzscheibe *f*
'**windshield wiper** *n* Scheibenwischer *m*
'**windsock** *n* Windsack *m*
windsurfer ['wɪnd·ˌsɜr·fər] *n* Windsurfer(in) *m(f)*
windsurfing ['wɪnd·ˌsɜr·fɪn] *n* Windsurfen *nt*
'**windswept** *adj* ❶ (*exposed*) dem Wind ausgesetzt; *beach, coast* windgepeitscht ❷ *appearance* [vom Wind] zerzaust
'**wind tunnel** *n* Windkanal *m*
'**wind turbine** *n* Windturbine *f*
windward ['wɪnd·wərd] I. *adj, adv* windwärts II. *n* Windseite *f*
windy[1] ['wɪn·di] *adj* ❶ METEO windig ❷ (*flatulent*) blähend
windy[2] ['waɪn·di] *adj* gewunden; (*meandering*) sich schlängelnd; *road* kurvenreich
wine [waɪn] I. *n* Wein *m* II. *vt* to ~ and dine sb jdn fürstlich bewirten III. *vi* to ~ and dine fürstlich essen
'**wine bottle** *n* Weinflasche *f*
'**wine cellar** *n* Weinkeller *m*
'**wine cooler** *n* ❶ (*container*) Weinkühler *m* ❷ (*drink*) Bowle *f*
'**wineglass** *n* Weinglas *nt*
winegrower ['waɪn·ˌɡroʊ·ər] *n* Winzer(in) *m(f)*
winegrowing ['waɪn·ˌɡroʊ·ɪn] I. *n* Wein[an]bau *m* II. *adj attr, inv* Wein[an]bau-; ~ **area** Weingegend *f*
'**wine list** *n* Weinkarte *f*
'**wine merchant** *n* Weinhändler(in) *m(f)*
'**winepress** *n* [Wein]kelter *f*
winery ['waɪ·nə·ri] *n* Weinkellerei *f*
'**winetasting** *n* Weinprobe *f*
wing [wɪn] I. *n* ❶ (*of plane*) Flügel *m; of plane* Tragfläche *f;* **to take sb under one's ~** jdn unter seine Fittiche nehmen *hum fam* ❷ *of building* Flügel *m* ❸ THEAT **to be waiting in the ~s** in den Kulissen warten ❹ SPORTS Flügel *m* ❺ POL **the left/right ~** der linke/rechte Flügel
'**wing chair** *n* Ohrensessel *m*
winged [wɪnd] *adj inv* ❶ ZOOL mit Flügeln nach *n* ❷ (*with projections*) Flügel-
winger ['wɪn·ər] *n* SPORTS (*left*) Linksaußen *m;* (*right*) Rechtsaußen *m*
'**wing nut** *n* Flügelmutter *f*
'**wingspan** *n* Flügelspannweite *f*
wink [wɪnk] I. *vi* ❶ (*one eye*) zwinkern; ■**to ~ at sb** jdm zuzwinkern ❷ (*twinkle*) *light* blinken; *star* funkeln II. *vt* **to ~ one's eye** [mit den Augen] zwinkern II. *n* [Augen]zwinkern *nt;* **to give sb a ~** jdm zuzwinkern ▶ PHRASES: **to not sleep a ~** kein Auge zutun; **to catch** forty **~s** ein Nickerchen machen
winner ['wɪn·ər] *n* ❶ (*victor*) Gewinner(in) *m(f);* (*in competition*) Sieger(in) *m(f)* ❷ SPORTS (*goal*) Siegestor *nt;* (*shot*) [Sieges]treffer *m* ❸ (*fam: successful thing*) Knaller *m fam;* ■**to be onto a ~** das große Los gezogen haben *fam*

winning ['wɪn·ɪn] I. *adj* ❶ *attr* Gewinn-; (*in competition*) Sieger-; (*victorious*) siegreich; **to be on a ~ streak** eine Glückssträhne haben ❷ (*charming*) gewinnend II. *n* ■**~s** *pl* Gewinn *m*
winnow ['wɪn·oʊ] *vt* ❶ AGR *grain* reinigen ❷ (*fig: sift*) sichten
winter ['wɪn·tər] I. *n* Winter *m* II. *adj* Winter- III. *vi animals* überwintern; *person* den Winter verbringen
winter 'sports *npl* Wintersport *m kein pl*
'**wintertime** *n* Winterzeit *f*
wintry ['wɪn·tri], **wintery** ['wɪn·tə·ri] *adj* ❶ winterlich ❷ (*fig*) *greeting, smile* frostig; *look* eisig
wipe [waɪp] I. *vt* ❶ (*clean*) abwischen; *feet* abtreten; *nose* putzen ❷ (*dry*) *hands, dishes* abtrocknen ❸ (*erase*) *cassette, disk* löschen II. *n* ❶ (*clean*) Wischen *nt* ❷ (*tissue*) Reinigungstuch *nt*
◆**wipe down** *vt* abwischen; (*with water*) abwaschen; (*rub*) abreiben
◆**wipe off** *vt* ❶ (*clean*) wegwischen; (*from hand, shoes, surface*) abwischen ❷ (*erase*) löschen ▶ PHRASES: **to ~ the** smile **off sb's face** dafür sorgen, dass jdm das Lachen vergeht
◆**wipe out** I. *vt* ❶ (*destroy*) auslöschen; *disease* ausrotten ❷ (*kill*) beseitigen ❸ (*clean*) auswischen II. *vi* (*fam: have accident*) einen Unfall bauen *fam*
◆**wipe up** I. *vt* aufwischen; (*dry*) abtrocknen II. *vi* abtrocknen
wire [waɪr] I. *n* ❶ (*thread*) Draht *m* ❷ ELEC (*cable*) Leitung *f* ❸ (*microphone*) Wanze *f* ▶ PHRASES: **to be a** live **~** (*fam*) ein Energiebündel *nt* sein II. *adj* Draht- III. *vt* ❶ (*fasten*) mit Draht binden (**to an** +*akk*) ❷ ELEC (*connect*) mit elektrischen Leitungen versehen ❸ (*fam*) **to ~ sb money** jdm telegrafisch Geld überweisen
'**wire cutters** *npl* [pair of] ~ Drahtschere *f*
wire-haired 'terrier *n* Drahthaarterrier *m*
'**wireless** I. *adj* drahtlos; ~ **network** Funknetz *nt* II. *n* (*dated*) Radio *nt*
wiretapping ['waɪr·ˌtæp·ɪn] *n* Abhören *nt* von Telefonleitungen
wiring ['waɪ·rɪn] *n* ❶ (*wires*) elektrische Leitungen *pl* ❷ (*installation*) Stromverlegen *nt;* **to do the ~** die elektrischen Leitungen verlegen
'**wiring diagram** *n* Schaltplan *m*
wiry ['waɪ·ri] *adj* ❶ (*rough*) drahtig; *hair* borstig ❷ (*fig: lean*) drahtig
Wis. *abbrev of* Wisconsin
Wisconsin [wɪs·'kan·sɪn] *n* Wisconsin *nt*
wisdom ['wɪz·dəm] *n* ❶ (*judgment*) Weisheit *f* ❷ (*sensibleness*) Klugheit *f* ❸ (*sayings*) weise Sprüche *pl;* **words of ~** (*a. iron*) weise Worte
'**wisdom tooth** *n* Weisheitszahn *m*
wise [waɪz] *adj* ❶ (*sage*) weise *geh*, klug; **the Three W~ Men** REL die drei Weisen [aus dem Morgenland]; **to be older and ~r** durch Schaden klug geworden sein ❷ (*sensible*) vernünf-

tig; **a ~ choice** eine gute Wahl ❸ *pred* (*experienced*) **worldly ~** weltklug ❹ *pred* (*fam: aware*) **to get ~ to sb** jdn durchschauen; **to get ~ to sth** etw spitzkriegen *fam*
◆**wise up** *vi* (*fam*) aufwachen; ■**to ~ up to sb/sth** jdn durchschauen/etw spitzkriegen *fam*
wisecrack ['waɪz·kræk] **I.** *n* Witzelei[en] *f*[*pl*] **II.** *vi* witzeln
'**wise guy** *n* (*fam*) Klugschwätzer *m pej fam*
wish [wɪʃ] **I.** *n* <*pl* -es> ❶ (*desire*) Wunsch *m*, Verlangen *nt* ❷ (*thing desired*) Wunsch *m;* **to grant sb a ~** jdm einen Wunsch erfüllen ❸ (*regards*) ■**~es** *pl* Grüße *pl;* **best ~es, ...** (*in letter*) mit herzlichen Grüßen **II.** *vt* ❶ (*be desirous*) wünschen; **whatever you ~** was immer du möchtest ❷ (*make a magic wish*) ■**to ~** [**that**] ... sich *dat* wünschen, dass ...; **I ~ you were here** ich wünschte, du wärst hier ❸ (*express wishes*) **to ~ sb happy birthday** jdm zum Geburtstag gratulieren **III.** *vi* ❶ (*want*) wollen, wünschen; **as you ~** wie Sie wünschen ❷ (*make a wish*) wünschen
wishbone ['wɪʃ·boʊn] *n* Gabelbein *nt*
wishful 'thinking *n* Wunschdenken *nt*
wishy-washy ['wɪʃ·i·ˌwaʃ·i] *adj* ❶ (*irresolute*) lasch, wischiwaschi *pej sl* ❷ (*watery*) *colors* wässrig
wisp [wɪsp] *n* Büschel *nt; ~* **of hair** Haarsträhne *f; ~***s of smoke** [kleine] Rauchfahnen
wispy ['wɪs·pi] *adj* dünn; *person* schmächtig; *hair* strähnig
wisteria [wɪ·'stɪr·i·ə] *n* BOT Glyzin[ie] *f*
wistful ['wɪst·fəl] *adj note, smile* wehmütig; *glance, look* sehnsüchtig
wit [wɪt] *n* ❶ (*humor*) Witz *m;* **biting/dry ~** beißender/trockener Humor ❷ (*intelligence*) ■**~s** *pl* geistige Fähigkeiten; **to be at one's ~s' end** mit seiner Weisheit am Ende sein; **to keep one's ~s** seine fünf Sinne zusammenhalten *fam* ❸ (*person*) geistreiche Person
witch <*pl* -es> [wɪtʃ] *n* ❶ (*sorceress*) Hexe *f* ❷ (*fam: woman*) [alte] Hexe
'**witchcraft** *n* Hexerei *f*
'**witch doctor** *n* Medizinmann *m*
'**witch-hunt** *n* Hexenjagd *f*
'**witching hour** *n* ■**the ~** die Geisterstunde
with [wɪð, wɪθ] *prep* ❶ (*having*) mit *+dat; ~* **a little luck** mit ein wenig Glück ❷ (*accompanied*) **~ friends** mit Freunden ❸ (*concerning*) **to have something to do ~ sb/sth** etwas mit jdm/etw zu tun haben ❹ (*in addition*) **~ that ...** [und] damit ... ❺ (*using*) **she paints ~ watercolors** sie malt mit Wasserfarben ❻ (*while*) **~ things the way they are** so wie die Dinge sind ❼ (*in state of*) vor *+dat; ***she was shaking ~ rage** sie zitterte vor Wut ❽ (*despite*) bei *+dat; ~* **all her faults** bei all ihren Fehlern ❾ (*in company of*) **to stay ~ relatives** bei Verwandten übernachten ❿ (*matching*) **to go ~ sth** zu etw *dat* passen ⓫ (*on one's person*) **do you have a pen ~ you?** hast du einen Stift bei dir?

withdraw <-drew, -drawn> [wɪð·'drɔ] **I.** *vt* ❶ (*remove*) herausziehen; **to ~ one's hand** seine Hand zurückziehen ❷ *money* abheben ❸ (*take back*) *coins, notes, stamps* aus dem Verkehr ziehen; *goods* zurückrufen; *team, troops* abziehen ❹ (*cancel*) LAW *charge* fallen lassen; *funding* einstellen; **to ~ one's support for sth** etw nicht mehr unterstützen **II.** *vi* sich zurückziehen
withdrawal [wɪð·'drɔ·əl] *n* ❶ FIN [Geld]abhebung *f* ❷ MIL Rückzug *m* ❸ (*taking back*) Zurücknehmen *nt;* (*cancel*) Zurückziehen *nt; of consent, support, funds* Entzug *m; of allegation* Widerruf *m; of action* Zurückziehen *nt; of charge* Fallenlassen *nt; from contract* Rücktritt *m* ❹ *of addict* Entzug *m*
with'drawal symptoms *npl* Entzugserscheinungen *pl*
wither ['wɪð·ər] *vi* ❶ *plant* verdorren ❷ *person* verfallen; **to ~ with age** mit dem Alter an Vitalität verlieren ❸ *interest* nachlassen
withering ['wɪð·ər·ɪŋ] **I.** *adj look* vernichtend **II.** *n* ❶ (*shriveling*) Verdorren *nt* ❷ (*lessening*) Abnahme *f*
withhold <-held, -held> [wɪð·'hoʊld] *vt* ❶ (*not give*) zurückhalten; ■**to ~ sth from sb** jdm etw *akk* vorenthalten; **to ~ information** Informationen verschweigen ❷ (*not pay*) etw nicht zahlen; **to ~ benefit payments** Leistungen nicht auszahlen
within [wɪð·'ɪn] **I.** *prep* innerhalb *+gen* ❶ (*inside*) innerhalb *+gen; ~* **the UN** innerhalb der UNO ❷ (*in limit of*) **~ sight/reach** in Sicht-/Reichweite ❸ (*in less than*) **~ six months** innerhalb von sechs Monaten **II.** *adv inv* innen; ■**from ~** von innen [heraus]
'**with-it** *adj* (*fam*) ❶ (*trendy*) modisch; **to be ~** auf dem neuesten Stand sein ❷ (*alert*) aufmerksam; **sorry, I'm not really ~ today** entschuldige, ich bin heute nicht ganz bei der Sache
without [wɪð·'aʊt] *prep* ohne *+akk*
withstand <-stood, -stood> [wɪð·'stænd] *vt* ■**to ~ sb/sth** jdm/etw standhalten; **to ~ rough treatment** eine unsanfte Behandlung aushalten
witness ['wɪt·nɪs] **I.** *n* <*pl* -es> ❶ Zeuge, -in *m, f* (**to** *+gen*); **to marriage** Trauzeuge, -in *m, f* ❷ LAW Zeuge, -in *m, f; character ~* Leumundszeuge, -in *m, f; expert ~* Gutachter(in) *m(f)* **II.** *vt* ❶ (*see*) beobachten; ■**to ~ sb doing sth** sehen, wie jd etw tut ❷ (*attest*) bestätigen; **to ~ a will** ein Testament als Zeuge/Zeugin unterschreiben
'**witness stand** *n* Zeugenstand *m kein pl*
witty ['wɪt̬·i] *adj* (*clever*) geistreich; (*funny*) witzig
wizard ['wɪz·ərd] *n* ❶ (*magician*) Zauberer *m* ❷ (*expert*) Genie *nt oft hum; ***financial ~** Finanzgenie *nt*
wizardry ['wɪz·ər·dri] *n* ❶ Zauberei *f* ❷ (*equipment*) **high-tech ~** hochtechnologische Wunderdinge

W

wizened ['wɪz·ənd] *adj person* verhutzelt; *face, skin* runz[e]lig; *apple* schrump[e]lig

wobble ['wab·əl] **I.** *vi* ❶(*move*) wackeln; *wheel* eiern *fam; gelatine, fat* schwabbeln *fam; knees* zittern, schlottern ❷(*tremble*) *voice* zittern **II.** *vt* rütteln **III.** *n* ❶(*movement*) Wackeln *nt kein pl* ❷(*sound*) Vibrieren *nt kein pl; of voice* Zittern *nt kein pl*

wobbly ['wab·li] *adj* wack[e]lig; *writing, voice* zitt[e]rig

woe [woʊ] *n* ❶(*liter*) Kummer *m* ❷■~s *pl* Nöte *pl*

woebegone ['woʊ·bɪ·gan] *adj* (*liter*) kummervoll

woeful ['woʊ·fəl] *adj* beklagenswert; *ignorance, incompetence* erschreckend; *standard* erbärmlich

wok [wak] *n* Wok *m*

woke [woʊk] *vt, vi pt of* **wake**

woken ['woʊ·kən] *vt, vi pp of* **wake**

wolf [wʊlf] **I.** *n* <*pl* wolves> Wolf *m* ▶ PHRASES: **to** <u>cry</u> ~ blinden Alarm schlagen **II.** *vt* ■**to** ~ **down** etw verschlingen

'wolf cub *n* Wolfsjunge(s) *nt*

'wolfhound *n* Wolfshund *m*

'wolf whistle *n* bewundernder Pfiff; **to give sb a** ~ jdm nachpfeifen

woman ['wʊm·ən] **I.** *n* <*pl* women> *pl* ❶ Frau *f* ❷(*pej fam: term of address*) Weib *pej* ▶ PHRASES: <u>hell</u> **hath no fury like a** ~ **scorned** (*saying*) die Hölle [selbst] kennt nicht solche Wut wie eine zurückgewiesene Frau **II.** *adj* weiblich; ~ **driver** Frau *f* am Steuer; ~ **police officer** Polizistin *f*

womanhood ['wʊm·ən·hʊd] *n* Frausein *nt;* **to reach** ~ eine Frau werden

womanizer ['wʊm·ə·naɪ·zər] *n* Weiberheld *m usu pej*

womanizing ['wʊm·ə·naɪ·zɪŋ] *vi* (*pej*) Schürzenjägerei *f;* **because of his constant** ~ wegen seiner ständigen Frauengeschichten

womanly ['wʊm·ən·li] *adj* ❶(*character*) weiblich ❷(*body*) fraulich

womb [wum] *n* Mutterleib *m*, Gebärmutter *f*

womenfolk ['wɪm·ɪn·foʊk] *npl* Frauen *pl*

women's lib [ˌwɪm·ɪnz·'lɪb] *n* (*fam*) *short for* **women's liberation** die Frauen|rechts|bewegung

women's 'shelter *n* Frauenhaus *nt*

won [wʌn] *vt, vi pt, pp of* **win**

wonder ['wʌn·dər] **I.** *vi* ❶(*ask*) sich fragen; **why do you ask? — I was just ~ing** warum fragst du? – ach, nur so; ■**to** ~ **about sb/sth** sich Gedanken über jdn/etw machen; ■**to** ~ **about doing sth** darüber nachdenken, ob man etw tun sollte ❷(*surprised*) ■**to** ~ **at sb/ sth** sich über jdn/etw wundern; (*astonished*) über jdn/etw erstaunt sein **II.** *n* ❶(*surprise*) Staunen *nt*, Verwunderung *f* ❷(*marvel*) Wunder *nt;* **no** ~ ... kein Wunder, dass ...; **the Seven W~s of the World** die sieben Weltwunder; **to work ~s** [wahre] Wunder wirken

'wonder boy *n* (*iron, hum fam*) Wunder-

knabe *m*

'wonder drug *n* Wundermittel *nt*

wonderful ['wʌn·dər·fəl] *adj* wunderbar, wundervoll

'wonderland *n* Wunderland *nt;* **winter** ~ winterliche Märchenlandschaft

wonderment ['wʌn·dər·mənt] *n* Verwunderung *f,* Erstaunen *nt*

wont [wɔnt] *n* (*form or hum*) Gewohnheit *f;* **as is her** ~ wie sie zu tun pflegt

won't [woʊnt] = **will not** *see* **will**[1]

woo [wu] *vt* ~ **voters** Wähler umwerben; ■**to** ~ **sb with sth** jdn mit etw *dat* locken

wood [wʊd] *n* ❶Holz *nt;* **plank of** ~ [Holz]brett *nt* ❷(*forest*) ■~s *pl* Wald *m* ▶ PHRASES: **in our** <u>neck</u> **of the** ~s in unseren Breiten; **to not be** <u>out</u> **of the** ~[s] (*still critical*) noch nicht über den Berg sein *fam;* (*still difficult*) noch nicht aus dem Schneider sein *fam;* <u>knock</u> **on** ~! unberufen!

wood 'alcohol *n* Methanol *nt*

'woodcarver *n* Holzschnitzer(in) *m(f)*

'woodcarving *n* ART ❶(*art genre*) Holzschnitzerei *f* ❷(*object*) [Holz]schnitzerei *f*

'woodchuck *n* ZOOL Waldmurmeltier *nt*

'woodcraft *n* ❶(*outdoor*) Fähigkeiten/Kenntnisse zum Überleben in der freien Natur ❷(*artistic*) Geschick *nt* für das Arbeiten mit Holz

'woodcut *n* ART Holzschnitt *m*

wooded ['wʊd·ɪd] *adj* bewaldet; ~ **area** Waldgebiet *nt*

wooden ['wʊd·ən] *adj* ❶Holz-, hölzern, aus Holz *nach n* ❷(*stiff*) *movements* hölzern; *smile* ausdruckslos

'woodland I. *n* ■~[s *pl*] Wald *m* **II.** *adj* Wald-

'woodpecker *n* Specht *m*

'woodpile *n* Holzstoß *m*

'wood preservative *n* Holzschutzmittel *nt*

'wood pulp *n* Zellstoff *m*, Holzschliff *m fachspr*

'woodwind *n* ❶(*instrument*) Holzblasinstrument *nt* ❷ *pl* ■**the** ~s die Holzbläser *pl*

'woodwork *n of building* Holzwerk *nt* ▶ PHRASES: **to** <u>come</u> **out of the** ~ ans Licht kommen

'woodworking *n* (*carpentry*) Tischlern *nt;* (*business*) Tischlerei *f;* SCH ≈ Werkunterricht *m* (*mit Holz als Werkstoff*)

'woodworm <*pl* -> *n* ❶(*larva*) Holzwurm *m* ❷(*damage*) Wurmfraß *m*

woody ['wʊd·i] *adj* ❶HORT holzig, Holz- ❷(*wooded*) bewaldet

woof [wʊf] **I.** *n* Bellen *nt* **II.** *vi dog* bellen; ~, ~! wau, wau

woofer ['wʊf·ər] *n* Tieftonlautsprecher *m*

wool [wʊl] **I.** *n* Wolle *f;* **ball of** ~ Wollknäuel *nt* ▶ PHRASES: **to pull the** ~ **over sb's** <u>eyes</u> jdm Sand in die Augen streuen *fam* **II.** *adj* Woll-

woolen, woollen ['wʊl·ən] *adj inv* wollen, aus Wolle *nach n;* ~ **dress** Wollkleid *nt*

wooly, woolly ['wʊl·i] *adj inv* ❶Woll-, wollen ❷(*vague*) verschwommen; *mind, ideas* verworren; *thoughts* kraus

woozy ['wu·zi] *adj* (*fam: dizzy*) benommen; (*drunk*) beschwipst *fam*

wop [wap] *n* (*offensive fam*) Spaghetti-fresser(in) *m(f)*

word [wɜrd] **I.** *n* ❶ Wort *nt;* **or ~s to that effect** oder so ähnlich; **in other ~s** mit anderen Worten; **in a ~** um es kurz zu sagen ❷ (*talk*) [kurzes] Gespräch; (*formal*) Unterredung *f;* **to have a ~ with sb** [**about sth**] mit jdm [über etw *akk*] sprechen; **to have a** [**little**] **~ with sb** jdn zur Seite nehmen ❸ (*news*) Nachricht *f;* (*message*) Mitteilung *f;* **to get ~ of sth** [**from sb**] etw [von jdm] erfahren ❹ (*order*) Kommando *nt;* **to give the ~** den Befehl geben ❺ (*promise*) Wort *nt,* Versprechen *nt;* **to go back on one's ~** sein Wort brechen ❻ (*lyrics*) ■~s *pl* Text *m* ▶ PHRASES: **by ~ of mouth** mündlich; **to have ~s with sb** eine Auseinandersetzung mit jdm haben; **my ~!** du meine Güte! **II.** *vt* formulieren

wording ['wɜr·dɪŋ] *n* ❶ (*words*) Formulierung *f* ❷ (*expression*) Formulieren *nt*

wordless ['wɜrd·lɪs] *adj inv* wortlos, ohne Worte

'**word order** *n* Wortstellung *f*

word-'perfect *adj* textsicher

'**wordplay** *n* Wortspiel *nt*

'**word processing** *n* Textverarbeitung *f*

'**word processor** *n* COMPUT ❶ (*computer*) Textverarbeitungssystem *nt* ❷ (*program*) Textverarbeitungsprogramm *nt*

'**word wrap** *n* COMPUT [automatischer] Zeilenumbruch

wordy ['wɜr·di] *adj* langatmig, weitschweifig

wore [wɔr] *vt, vi pt of* **wear**

work [wɜrk] **I.** *n* ❶ (*activity*) Arbeit *f;* **good ~!** gute Arbeit!; **to be hard ~** (*strenuous*) anstrengend sein; (*difficult*) schwierig sein ❷ (*employment*) Arbeit *f;* **to look for ~** auf Arbeitsuche sein; **to be out of ~** arbeitslos sein; **to be at ~** bei der Arbeit sein ❸ (*repairs*) Arbeiten *pl;* **road ~** Straßenarbeiten *pl* ❹ (*opus*) Werk *nt;* **~s of art** Kunstwerke *pl* ❺ (*factory*) ■~s + *sing vb* Werk *nt,* Fabrik *f* ❻ (*fam: all*) ■**the ~s** *pl* das ganze Drum und Dran *kein pl* ❼ MATH Rechenweg *m* **II.** *adj* climate, report, week Arbeits- **III.** *vi* ❶ (*do job*) arbeiten; **to ~ hard** hart arbeiten; **to ~ together** zusammenarbeiten ❷ (*be busy*) arbeiten; ■**to ~ at/on sth** an etw *dat* arbeiten; ■**to ~ for/toward sth** auf etw *akk* hinwirken ❸ (*function*) funktionieren; *motor* laufen; **my cell phone doesn't ~** mein Handy geht nicht ❹ (*succeed*) funktionieren, klappen *fam; plan, tactics* aufgehen; *medicine, pill* wirken **IV.** *vt* ❶ (*operate*) *machine* bedienen; *equipment* etw betätigen ❷ (*move*) **to ~ one's way down a list** eine Liste durchgehen; **to ~ sth free/loose** etw losbekommen/lockern ❸ (*cultivate*) *land* bewirtschaften ❹ (*pay by working*) **to ~ one's way through college** sich *dat* sein Studium finanzieren ▶ PHRASES: **to ~ one's fingers to the bone** [**for sb/sth**]

(*fam*) sich *dat* [für jdn/etw] den Rücken krummarbeiten

◆**work around** *vi* (*fam*) ■**to ~ around to sth** sich an etw *akk* herantasten

◆**work away** *vi* vor sich hinarbeiten

◆**work for** *vt* ❶ (*be employed by*) arbeiten (für +*akk*) ❷ (*appeal to*) ■**to** [**not**] **~ for sb** jdm [nicht] zusagen

◆**work in** *vt* (*mix in, rub in*) einarbeiten; *food* hineingeben; (*on skin*) einreiben; *fertilizer, manure* einarbeiten

◆**work off** *vt* (*counteract*) abarbeiten; *energy* loswerden; *stress* abbauen

◆**work out I.** *vt* ❶ (*calculate*) errechnen, ausrechnen ❷ (*develop*) ausarbeiten; *solution* erarbeiten ❸ (*figure out*) ■**to ~ out ↻ sth** hinter etw *akk* kommen ❹ (*solve itself*) **things usually ~ themselves out** die Dinge erledigen sich meist von selbst **II.** *vi* ❶ (*amount to*) **to ~ out cheaper** billiger kommen ❷ (*develop*) sich entwickeln; (*progress*) laufen *fam;* **to ~ out badly** schiefgehen *fam;* **to ~ out well** gut laufen *fam* ❸ (*do exercise*) trainieren

◆**work over** *vt* (*fam*) ■**to ~ over ↻ sb** jdn zusammenschlagen

◆**work through** *vt* durcharbeiten; *problems* aufarbeiten

◆**work toward** *vt* **to ~ toward a deadline** auf einen Termin hinarbeiten

◆**work up I.** *vt* ❶ (*generate*) **to ~ up an appetite** Appetit bekommen; **to ~ up the courage** [**to do sth**] sich *dat* Mut machen[, etw zu tun] ❷ (*upset*) ■**to ~ oneself/sb up** sich/jdn aufregen ❸ (*develop*) **to ~ up a sweat** ins Schwitzen kommen **II.** *vi* ❶ (*progress to*) ■**to ~ up to sth** sich zu etw *dat* hocharbeiten ❷ (*get ready for*) ■**to ~ up to sth** auf etw *akk* zusteuern

workable ['wɜrk·ə·bəl] *adj* ❶ (*feasible*) durchführbar ❷ (*able to be manipulated*) bearbeitbar; **~ land** bebaubares Land

workaday ['wɜr·ə·deɪ] *adj* ❶ (*of job*) Arbeits- ❷ (*normal*) alltäglich

workaholic ['wɜrk·ə·ho·lɪk] *n* (*fam*) Arbeitssüchtige(r) *f(m)*

'**workbench** *n* Werkbank *f*

'**workbook** *n* Arbeitsbuch *nt*

'**work camp** *n* Lager, in dem Freiwillige gemeinnützige Arbeiten verrichten

'**workday** *n* ❶ (*work time*) Arbeitstag *m* ❷ (*not holiday*) Werktag *m*

worker ['wɜr·kər] *n* ❶ (*employee*) Arbeiter(in) *m(f);* **blue-collar ~** [Fabrik]arbeiter(in) *m(f);* **white-collar ~** [Büro]angestellte(r) *f(m)* ❷ (*hard worker*) Arbeitstier *nt fam*

'**work ethic** *n* Arbeitsethos *nt*

'**workflow** *n* Arbeitsfluss *m*

'**workforce** *n* Belegschaft *f,* Betriebspersonal *nt*

'**workhorse** *n* Arbeitstier *nt*

working ['wɜr·kɪŋ] **I.** *adj attr, inv* ❶ (*employed*) berufstätig ❷ (*for work*) Arbeits-; **~ conditions** Arbeitsbedingungen *pl* ❸ (*func-*

W

tioning) funktionierend *attr;* ~ **order** Betriebsfähigkeit *f;* **in** ~ **order** betriebsfähig **II.** *n* Arbeiten *nt,* Arbeit *f* ▶ PHRASES: **the** ~**s of** <u>fate</u> die Wege des Schicksals

working 'class *n* ■**the** ~ die Arbeiterklasse *kein pl*

'working-class *adj* der Arbeiterklasse *nach n;* **a** ~ **family** eine Arbeiterfamilie

'workload *n* Arbeitspensum *nt kein pl;* TECH Leistungsumfang *m*

'workman *n* ❶ (*worker*) Arbeiter *m* ❷ (*craftsman*) Handwerker *m*

'workmanlike *adj* ❶ (*skillful*) fachmännisch ❷ (*sufficient*) annehmbar

workmanship ['wɜrk·mən·ʃɪp] *n* Verarbeitung[sgüte] *f;* **fine** ~ feine Verarbeitung

work of 'art *n* Kunstwerk *nt*

'workout *n* Fitnesstraining *nt*

'work permit *n* Arbeitserlaubnis *f,* Arbeitsgenehmigung *f*

'workplace *n* Arbeitsplatz *m*

'workshop *n* ❶ (*room*) Werkstatt *f* ❷ (*meeting*) Workshop *m*

'workstation *n* ❶ COMPUT Workstation *f fachspr* ❷ (*work area*) Arbeitsplatz *m*

'work surface *n* Arbeitsfläche *f*

world [wɜrld] *n* ❶ (*earth*) ■**the** ~ die Welt [*o* Erde] ❷ (*planet*) Welt *f;* **beings from other** ~**s** Außerirdische *pl* ❸ (*society*) **the ancient** ~ die antike Welt; **the industrialized** ~ die Industriegesellschaft ❹ *usu sing* (*domain*) **the Catholic/Christian/Muslim** ~ die katholische/christliche/moslemische Welt ▶ PHRASES: **the** ~ **is sb's** <u>oyster</u> die Welt steht jdm offen; **to** <u>mean</u> **the** ~ **to sb** jds Ein *nt* und Alles sein; **to** <u>be</u> **out of this** ~ (*fam*) himmlisch sein; **not** <u>for</u> [all] **the** ~ nie im Leben

World 'Bank *n* ■**the** ~ die Weltbank

'world-class *adj inv* von Weltklasse *nach n*

World 'Cup *n* ❶ (*competition*) Weltmeisterschaft *f;* (*in soccer*) Fußballweltmeisterschaft *f* ❷ (*trophy*) Worldcup *m,* Weltpokal *m*

world-'famous *adj inv* weltberühmt

world 'language *n* Weltsprache *f*

worldly ['wɜrld·li] *adj* ❶ *attr* (*physical*) weltlich; ~ **goods** materielle Güter ❷ (*experienced*) weltgewandt

world o'pinion *n* Meinung *f* der Weltöffentlichkeit

world popu'lation *n* Weltbevölkerung *f*

world 'power *n* Weltmacht *f*

world 'record *n* Weltrekord *m*

ℹ️ Die **World Series** bezeichnet das Finale der US-amerikanischen Baseball-Profiliga. Dabei treffen die Champions der *American League* und die der *National League* aufeinander. Die **World Series** ist eine *best-of-seven series*. Das bedeutet, dass das erste Team, das vier Spiele gewinnt, *World Champions* (Weltmeister) ist. Dieses Treffen, das seit 1903 jährlich ausgetragen wird, findet

im Oktober statt und wird von Baseball-Fans in der ganzen Welt mit großem Interesse verfolgt.

World's 'Fair *n* Weltausstellung *f*

'world view *n* Weltanschauung *f*

world 'war *n* Weltkrieg *m;* **W**~ **W**~ **II** der 2. Weltkrieg

'world-weary *adj inv* lebensmüde

worldwide ['wɜrld·ˌwaɪd] *adj, adv inv* weltweit; **to travel** ~ die ganze Welt bereisen

World Wide 'Web *n* INET ■**the** ~ das World Wide Web, das Internet

worm [wɜrm] **I.** *n* ❶ Wurm *m;* (*larva*) Larve *f;* (*maggot*) Made *f* ❷ COMPUT Wurm *m* **II.** *vt* ❶ (*insinuate*) **to** ~ **oneself** [*or* one's way] **into someone's heart** sich in jds Herz *nt* einschleichen ❷ (*treat for worms*) *an animal* entwurmen

'worm-eaten *adj* wurmzerfressen

'wormhole *n* ❶ (*burrow*) Wurmloch *nt* ❷ PHYS Wurmloch *nt*

wormy ['wɜr·mi] *adj* ❶ (*infested*) von Würmern befallen; *fruit, vegetables* wurmig ❷ (*damaged*) wurmzerfressen; *wood* wurmstichig

worn [wɔrn] **I.** *vt, vi pp of* **wear II.** *adj* ❶ (*damaged*) abgenutzt; *carpet* abgetreten; *clothing, furniture* abgewetzt ❷ (*tired*) erschöpft

worn 'out *adj pred,* **'worn-out** *adj attr* ❶ (*tired*) erschöpft ❷ (*damaged*) *clothes* verschlissen; *shoes a.* durchgelaufen

worried ['wɜr·ɪd] *adj* beunruhigt, besorgt; ■**to be** ~ **about sb/sth** sich *dat* um jdn/etw Sorgen machen; ■**to be** ~ **that ...** Angst haben, dass ...

worry ['wɜr·i] **I.** *vi* <-ie-> sich *dat* Sorgen machen (**about** um +*akk*); **I'm sorry — don't** ~ **about it** tut mir leid – das macht doch nichts ▶ PHRASES: <u>not</u> **to** ~! (*fam*) keine Sorge [*o* Angst]! **II.** *vt* <-ie-> ❶ (*disturb*) beunruhigen ❷ (*bother*) stören **III.** *n* ❶ (*anxiety*) Sorge *f,* Besorgnis *f* ❷ (*cause*) Sorge *f;* **to be a major** ~ **for sb** jdm ernste Sorgen machen

worrying ['wɜ·ri·ɪŋ] *adj* Besorgnis erregend, beunruhigend

worse [wɜrs] **I.** *adj inv comp of* **bad** schlechter; (*harder, uglier*) schlimmer! ▶ PHRASES: [**somewhat**] **the** ~ **for wear** (*fam*) [ziemlich] mitgenommen **II.** *adv inv comp of* **badly** ❶ (*less well*) schlechter; (*more seriously*) schlimmer ❷ (*introducing*) **even** ~, ... was noch schlimmer ist, ... **III.** *n* ■**the** ~ das Schlechtere; **to change for the** ~ schlechter werden ▶ PHRASES: **if** ~ **comes to** <u>worst</u> wenn es ganz schlimm kommt, wenn alle Stricke reißen *fam*

worsen ['wɜr·sən] **I.** *vi* sich verschlechtern **II.** *vt* verschlechtern

worship ['wɜr·ʃɪp] **I.** *n* ❶ Verehrung *f;* **act of** ~ Anbetung *f* ❷ (*service*) Gottesdienst *m* **II.** *vt* <-p- *or* -pp-> ❶ (*revere*) **to** ~ **a deity** einer Gottheit huldigen *geh* ❷ (*adore*) vergöttern

❸(*be obsessed with*) besessen sein; **to ~ money** geldgierig sein ▶ PHRASES: **to ~ the ground sb walks on** jdn abgöttisch verehren *fam* **III.** *vi* <-p- *or* -pp-> beten; **to ~ in a church** in einer Kirche zu Gott beten

worshiper, worshipper ['wɜr·ʃɪp·ər] *n* Kirchgänger(in) *m(f); (believer)* Gläubige(r) *f(m);* **devil ~** Teufelsanbeter(in) *m(f)*

worst [wɜrst] **I.** *adj inv superl of* **bad** **❶**(*poorest, least*) ■**the ~ ...** der/die/das schlechteste **...** **❷**(*most dangerous*) übelste(r, s), schlimmste(r, s) **❸**(*least advantageous*) ungünstigste(r, s) **II.** *adv inv superl of* **badly** **❶**(*most severely*) am schlimmsten **❷**(*least well*) am schlechtesten **❸**(*introducing*) **~ of all ...** und was am schlimmsten war, **...** **III.** *n* ■**the ~** der/die/das Schlimmste; ■**at ~** schlimmstenfalls ▶ PHRASES: **to be at one's ~** sich von seiner schlechtesten Seite zeigen

worsted ['wʊs·tɪd] *n* Kammgarn *nt*

worth [wɜrθ] **I.** *adj inv, pred* **❶**(*valued*) wert; **to be ~ one's weight in gold** Gold wert sein **❷**(*meriting*) wert; **to be ~ visiting** einen Besuch wert sein ▶ PHRASES: **if a thing is ~ doing, it's ~ doing well** (*saying*) wenn schon, denn schon *fam;* **to be** [**well**] **~ it** die Mühe wert sein; **for what it's ~** (*fam*) übrigens *fam* **II.** *n* **❶**(*value*) Wert *m;* **to get one's money's ~** etw für sein Geld bekommen **❷**(*merit*) Bedeutung *f,* Wert *m; of little ~* von geringem Wert

worthless ['wɜrθ·lɪs] *adj* wertlos *a. fig*

worthwhile [ˌwɜrθ·'hwaɪl] *adj* lohnend; ■**to be ~** sich lohnen

worthy ['wɜr·ði] *adj* **❶**(*estimable*) würdig; **to donate to a ~ cause** für einen wohltätigen Zweck spenden **❷**(*meriting*) **~ of attention/praise** beachtens-/lobenswert

would [wʊd] *aux vb* **❶**(*in indirect speech*) **they promised that they ~ help** sie versprachen zu helfen **❷**(*expressing condition*) **what ~ you do if ...?** was würdest du tun, wenn ...? **❸**(*expressing inclination*) **I'd go myself, but I'm too busy** ich würde [ja] selbst gehen, aber ich bin zu beschäftigt; **sb ~ rather do sth** jd würde lieber etw tun **❹**(*expressing opinion*) **I ~ imagine that ...** ich könnte mir vorstellen, dass ...

'would-be *adj attr, inv* Möchtegern- *pej fam*

wouldn't ['wʊd·ənt] = **would not** *see* **would**

wound¹ [wund] **I.** *n* **❶**(*injury*) Wunde *f;* **gunshot ~** Schussverletzung *f* **❷**(*psychological*) Wunde *f,* Kränkung *f;* **to reopen old ~s** alte Wunden wieder aufreißen **II.** *vt* **❶**(*injure*) verletzen, verwunden **❷**(*psychological*) kränken; **to ~ sb deeply** jdn tief verletzen

wound² [waʊnd] *vt, vi pt, pp of* **wind**

wounded ['wun·dɪd] **I.** *adj* **❶**(*injured*) verletzt, verwundet **❷**(*psychologically*) gekränkt, verletzt **II.** *n ~ pl* die Verletzten *pl;* MIL die Verwundeten *pl*

wove [woʊv] *vt, vi pt of* **weave**

woven ['woʊ·vən] **I.** *vt, vi pp of* **weave II.** *adj inv* **❶**(*on loom*) gewebt; **~ fabric** Gewebe *nt*

❷(*intertwined*) geflochten

wow [waʊ] (*fam*) **I.** *interj* wow *sl,* toll! *fam,* super! *sl* **II.** *vt* ■**to ~ sb** jdn hinreißen

wraith [reɪθ] *n* **❶**(*spirit*) Geist *m* **❷**(*person*) Gespenst *nt*

wrangle ['ræŋ·gəl] **I.** *vi* streiten, rangeln (**about** um +*akk*) **II.** *vt cattle, horses* hüten **III.** *n* Gerangel *nt* (**about, over** um +*akk*); **legal ~** Rechtsstreit *m*

wrap [ræp] **I.** *n* **❶**(*robe*) Umhang *m; (stole)* Stola *f* **❷**(*packaging*) Verpackung *f;* **plastic ~** Frischhaltefolie *f* **❸** FILM (*fam*) **it's a ~** die Szene ist im Kasten **❹** FOOD Tortillawrap *m* **II.** *adj* **~ skirt** Wickelrock *m* **III.** *vt* <-pp-> **❶**(*cover*) einpacken; *in paper* einwickeln **❷**(*draw around*) ■**to ~ sth around sb/sth** etw um jdn/etw wickeln **❸** COMPUT **to ~ text/words** Texte/Wörter umbrechen ▶ PHRASES: **to ~ sb around one's little finger** jdn um den kleinen Finger wickeln **IV.** *vi* <-pp-> **❶** COMPUT umbrechen **❷** FILM (*fam*) die Dreharbeiten beenden

wraparound ['ræp·ə·ˌraʊnd] **I.** *adj inv* **❶**(*curving*) herumgezogen **❷** FASHION Wickel-; **~ skirt** Wickelrock *m* **II.** *n* **❶** FASHION Wickelrock *m* **❷** COMPUT Zeilenumbruch *m*

◆wrap up **I.** *vt* **❶**(*cover*) einwickeln **❷**(*dress*) warm einpacken **❸**(*end*) abschließen; *deal* unter Dach und Fach bringen **II.** *vi usu passive* ■**to be ~ped up in sb/sth** mit jdm/etw ganz beschäftigt sein

wrapper ['ræp·ər] *n* (*packaging*) Verpackung *f;* **candy ~** Bonbonpapier *nt*

'wrapping paper *n* (*for package*) Packpapier *nt; (for present*) Geschenkpapier *nt*

wrath [ræθ] *n* (*liter or hum*) Zorn *m*

wrathful ['ræθ·fəl] *adj* (*liter*) zornig

wreak [rik] *vt* **❶**(*cause*) **to ~ damage/havoc** [**on sth**] Schaden [an etw *dat*] anrichten **❷**(*inflict*) **to ~ revenge on sb** sich an jdm rächen

wreath [riθ] *n* Kranz *m* (**of** aus +*dat*)

wreathe [rið] *vt usu passive* **❶**(*encircle*) umwinden; **~d in clouds** in Wolken gehüllt **❷**(*form into wreath*) zu einem Kranz flechten

wreck [rek] **I.** *n* **❶** *of ship* Schiffbruch *m* **❷**(*ship*) [Schiffs]wrack *nt* **❸**(*person, vehicle*) Wrack *nt;* **to be a nervous ~** ein nervliches Wrack sein **❹**(*remains*) Trümmerhaufen *m,* Ruine *f* **❺**(*accident*) Unfall *m* **II.** *vt* **❶**(*sink*) ■**to be ~ed** *ship* Schiffbruch erleiden **❷**(*destroy*) zerstören **❸**(*spoil*) ruinieren; *chances, hopes, plans* zunichtemachen; *life* zerstören

wreckage ['rek·ɪdʒ] *n* Wrackteile *pl,* Trümmer *pl a. fig*

wrecker ['rek·ər] *n* **❶**(*destroyer*) Zerstörer(in) *m(f)* **❷**(*salvager*) Bergungsarbeiter(in) *m(f)* **❸**(*truck*) Abschleppwagen *m*

wren [ren] *n* Zaunkönig *m*

wrench [rentʃ] **I.** *n* <*pl* -es> **❶**(*tool*) Schraubenschlüssel *m;* **screw ~** Franzose *m* **❷** *usu sing* (*twisting*) Ruck *m* **❸** *usu sing* (*pain*) Trennungsschmerz *m* **II.** *vt* **❶**(*twist*) ■**to ~ sb/sth from sb** jdm jdn/etw entreißen *a. fig;* ■**to ~**

off abreißen ❷(*injure*) *muscle* zerren; *joint* verrenken
wrestle ['res·əl] **I.** *vi* ❶ SPORTS ringen ❷(*struggle*) ringen (**with** mit +*dat*) **II.** *vt* SPORTS ringen; **to ~ sb to the ground** jdn zu Boden bringen
wrestler ['res·lər] *n* Ringer(in) *m(f)*; **Sumo ~** Sumoringer(in) *m(f)*
wrestling ['res·lɪŋ] *n* Ringen *nt*
'wrestling bout, **'wrestling match** *n* Ringkampf *m*
wretch <*pl* -es> [retʃ] *n* **poor ~** armer Kerl *fam*
wretched ['retʃ·ɪd] *adj* ❶(*unhappy*) unglücklich ❷(*bad*) schlimm; *state, condition* jämmerlich
wriggle ['rɪg·əl] **I.** *vi* ❶(*twist*) sich winden; **to ~ free** [**of sth**] sich [aus etw *dat*] herauswinden ❷(*move*) schlängeln, sich hindurchwinden (**through** durch +*akk*) ❸(*worm one's way*) **to ~ into/out of sth** sich in etw einschleichen/aus etw herauswinden **II.** *vt* **to ~ one's toes in the sand** die Zehen in den Sand graben **III.** *n usu sing* Schlängeln *nt*
wring <wrung, wrung> [rɪŋ] **I.** *n usu sing* [Aus]wringen *nt* **II.** *vt* ❶(*twist*) auswringen ❷(*break*) **to ~ sb's/an animal's neck** jdm/einem Tier den Hals umdrehen *a. fig* ❸(*get*) ■ **to ~ sth out of sb** etw aus jdm herauspressen
wringer ['rɪŋ·ər] *n* Wäschemangel *f* ▶ PHRASES: **to put sb through the ~** (*fam*) jdn in die Mangel nehmen
wrinkle ['rɪŋ·kəl] **I.** *n* ❶(*crease*) Knitterfalte *f*; (*in face*) Falte *f*, Runzel *f* ❷(*fam: difficulty*) **to iron out the ~s** einige Unklarheiten beseitigen **II.** *vt* zerknittern **III.** *vi* zerknittern; *face, skin* Falten bekommen; *fruit* schrumpeln
wrinkled ['rɪŋ·kli] *adj* zerknittert; *face, skin* faltig, runzlig; *fruit* verschrumpelt
wrist [rɪst] *n* Handgelenk *nt*; **to slash** [*or* **slit**] **one's ~s** sich *dat* die Pulsadern aufschneiden
'wristband *n* ❶(*strap*) Armband *nt* ❷(*absorbent*) Schweißband *nt*
'wristwatch *n* Armbanduhr *f*
writ [rɪt] *n* [gerichtliche] Verfügung; **~ of summons** [schriftliche] Vorladung; **to issue a ~ against sb** jdn vorladen
write <wrote, written *or* old writ> [raɪt] **I.** *vt* ❶(*pen*) schreiben; **to ~ a letter to sb** jdm einen Brief schreiben ❷(*fill out*) ausstellen; *will* aufsetzen ❸(*compose*) schreiben; ■ **to ~** [*to*] **sb** jdm schreiben ❹ COMPUT ■ **to ~ sth to sth** etw auf etw *dat* speichern ▶ PHRASES: **to be nothing to ~ home about** nichts Weltbewegendes sein **II.** *vi* ❶(*pen letters*) schreiben; **to know how to read and ~** Lesen und Schreiben können ❷ COMPUT speichern
◆**write away** *vi* ■ **to ~ away for sth** etw [schriftlich] anfordern
◆**write back** *vt*, *vi* zurückschreiben
◆**write down** *vt* ❶(*record*) aufschreiben ❷ FIN abschreiben

◆**write in I.** *vt* ■ **to ~ in** ◌ **sth** (*in text*) etw einfügen; (*in form*) eintragen **II.** *vi* schreiben; **he wrote in expressing his dissatisfaction** er schickte einen Brief, um seine Unzufriedenheit auszudrücken
◆**write off I.** *vi* ■ **to ~ off for sth** etw [schriftlich] anfordern **II.** *vt* ❶(*dismiss*) abschreiben *fam* ❷ FIN abschreiben
◆**write out** *vt* ❶(*put in writing*) aufschreiben ❷(*in full*) ausschreiben ❸(*remove*) streichen; THEAT, FILM *character, series* einen Abgang schaffen
◆**write up** *vt* ❶(*pen*) *article, notes* ausarbeiten ❷(*critique*) **to ~ up a film** eine Kritik zu einem Film schreiben ❸(*report*) aufschreiben *fam*
'write-in *adj* POL **a ~ candidate** ein nachträglich auf der Liste hinzugefügter Kandidat
'write-off *n* FIN Abschreibung *f*
'write-protected *adj inv* COMPUT schreibgeschützt
writer ['raɪ·tər] *n* ❶(*person*) Verfasser(in) *m(f)* ❷(*author*) Autor(in) *m(f)*; **travel ~** Reiseschriftsteller(in) *m(f)*
'write-up *n of play, film* Kritik *f*; *of book a.* Rezension *f*
writhe [raɪð] *vi* ❶(*squirm*) sich winden ❷(*emotionally*) beben
writing ['raɪ·tɪŋ] *n* ❶(*skill*) Schreiben *nt*; ■ **in ~** schriftlich ❷(*occupation*) Schriftstellerei *f* ❸(*literature*) Literatur *f* ❹(*works*) ■ **~s** *pl* Werke *pl* ❺(*handwriting*) [Hand]schrift *f* ▶ PHRASES: **the ~ is on the wall** die Stunde hat geschlagen
'writing desk *n* Schreibtisch *m*
'writing pad *n* Schreibblock *m*
'writing paper *n* Schreibpapier *nt*
written ['rɪt·ən] **I.** *vt*, *vi pp of* **write II.** *adj inv* schriftlich; **the ~ word** das geschriebene Wort ▶ PHRASES: **to have sth ~ all over one's face** jdm steht etw ins Gesicht geschrieben
wrong [rɔŋ] **I.** *adj inv* ❶(*incorrect*) falsch; **it's all ~** das ist völlig verkehrt; **sorry, you've got the ~ number** tut mir leid, Sie haben sich verwählt; **to be proven ~** widerlegt werden; ■ **to be ~ about sth** sich bei etw *dat* irren ❷ *pred* (*amiss*) **is there anything ~?** stimmt etwas nicht?; **what's ~ with you today?** was ist denn heute mit dir los? ❸(*immoral*) verwerflich *geh*; **it was ~ of her to ...** es war nicht richtig von ihr, ... ▶ PHRASES: **to get hold of the ~ end of the stick** etw in den falschen Hals bekommen *fam* **II.** *adv inv* ❶(*incorrectly*) falsch ❷(*amiss*) **to go ~ things** schiefgehen *fam*; *people* vom rechten Weg abkommen **III.** *n* ❶(*immorality*) **to know right from ~** Richtig und Falsch unterscheiden können ❷(*unjustness*) Unrecht *nt* ▶ PHRASES: **to be in the ~** (*mistaken*) sich irren; (*immoral*) im Unrecht sein **IV.** *vt usu passive* ■ **to ~ sb** jdm Unrecht tun; (*misjudge*) jdn falsch einschätzen
wrongdoer ['rɔŋ·du·ər] *n* Übeltäter(in) *m(f)*
wrongdoing ['rɔŋ·du·ɪŋ] *n* Übeltat *nt*; **to**

accuse sb of ~ jdm Fehlverhalten vorwerfen
wrongful ['rɒŋ·fəl] *adj* unrechtmäßig
wrong-'headed *adj* querköpfig *pej; idea, plan* hirnverbrannt *fam*
wrongly ['rɒŋ·li] *adv inv* ❶ (*mistakenly*) fälschlicherweise ❷ (*unjustly*) zu Unrecht ❸ (*incorrectly*) falsch
wrote [roʊt] *vt, vi pt of* **write**
wrought [rɔt] *adj inv* ❶ (*crafted*) [aus]gearbeitet; (*conceived*) [gut] durchdacht; *writing* [gut] konzipiert ❷ *attr silver, gold* gehämmert
wrought 'iron *n* Schmiedeeisen *nt*
wrought-'iron *adj inv* schmiedeeisern
wrung [rʌŋ] *vt pt, pp of* **wring**
wry <-ier, -iest *or* -er, -est> [raɪ] *adj usu attr comments, humor* trocken; *smile* bitter
wt. *n abbrev of* **weight** Gew.
wuss [wʊs] *n* (*pej fam*) Schlappschwanz *m pej sl*
WV, W.V. *abbrev of* **West Virginia**
WY *abbrev of* **Wyoming**
Wyo. *abbrev of* **Wyoming**
Wyoming [waɪ·'oʊ·mɪŋ] *n* Wyoming *nt*

X

X <*pl* -'s *or* -s>, **x** <*pl* -'s> [eks] *n* X *nt*, x *nt*; ~ **as in X-ray** X wie Xanthippe
x [eks] **I.** *vt* ■**to ~** [**out** ◯] **sth** [aus]streichen **II.** *n* ❶ MATH x *nt*; ~**-axis** x-Achse *f* ❷ (*kiss*) *Kusssymbol, etwa am Briefende;* **lots of love, Katy** ~~~ alles Liebe, Gruß und Kuss, Katy
X 'chromosome *n* X-Chromosom *nt*
xenophobia [ˌzen·ə·'foʊ·bi·ə] *n* Fremdenhass *m*
xenophobic [ˌzen·ə·'foʊ·bɪk] *adj* fremdenfeindlich
xerox ['zɪr·aks] *vt* ■**to ~ sth** etw kopieren; **a ~ed copy of a document** eine Kopie eines Dokuments
Xerox® ['zɪr·aks] *n* Kopie *f*
Xmas <*pl* -es> ['krɪs·məs] *n* (*fam*) *short for* **Christmas** Weihnachten *f*
X-ray ['eks·reɪ] **I.** *n* ❶ (*picture*) Röntgenbild *nt* ❷ (*examination*) Röntgenuntersuchung *f;* **to give sb an ~** jdn röntgen; **to have an ~** sich röntgen lassen ❸ (*radiation*) Röntgenstrahl *m* **II.** *adj* Röntgen-; ~ **vision** (*fig*) Röntgenblick *m* **III.** *vt* röntgen
xylophone ['zaɪ·lə·foʊn] *n* Xylophon *nt*

Y

Y <*pl* -'s *or* -s>, **y** <*pl* -'s> [waɪ] *n* Y *nt*, y *nt*; ~ **as in Yankee** Y wie Ypsilon
y [waɪ] *n* MATH y *nt*; ~**-axis** y-Achse *f*
yacht [jat] *n* Jacht *f*
yachting ['jat·ɪŋ] *n* Segeln *nt*
'yachtsman *n* (*owner*) Jachtbesitzer *m;* (*sailor*) Segler *m;* **around-the-world ~** Weltumsegler *m*
yak [jæk] **I.** *n* Jak *m* **II.** *vi* <-kk-> (*fam*) quasseln
yam [jæm] *n* ❶ (*sweet potato*) Süßkartoffel *f* ❷ (*vegetable*) Jamswurzel *f*

> ℹ **Yams** (Süßkartoffeln) sind ein süßes Wurzelgemüse. In den USA werden sie oft gebacken und dann mit Butter oder Ahornsirup gegessen, oder auch mit einer süßen Soße gekocht. Man isst **yams** besonders häufig an *Thanksgiving* (Erntedankfest).

yank [jæŋk] (*fam*) **I.** *n* Ruck *m* **II.** *vt* [ruckartig] ziehen (**an** +*dat*) **III.** *vi* zerren (**on** an +*dat*) ◆**yank out** *vt* herausreißen
Yank [jæŋk] *n* (*usu pej fam*) Ami *m*
Yankee ['jæŋ·ki] *n* (*usu pej fam*) ❶ (*person from northern US*) Nordstaatler(in) *m(f)* ❷ (*American*) Ami *m*
yap [jæp] **I.** *vi* <-pp-> ❶ *dog* kläffen ❷ (*fam: talk*) quasseln **II.** *n* Kläffen *nt*
yard[1] [jard] *n* Yard *nt;* **to sell sth by the ~** etw in Yards verkaufen; **a ~-long list** (*fig*) eine ellenlange Liste
yard[2] [jard] *n* ❶ (*lawn*) Garten *m* ❷ (*worksite*) Werkgelände *nt;* (*for storage*) Lagerplatz *m;* (*dockyard*) [Schiffs]werft *f*
'yardstick *n* ❶ (*tool*) Zollstock *m* ❷ (*standard*) Maßstab *m*
yarn [jarn] *n* ❶ (*for knitting, weaving*) Wolle *f* ❷ (*story*) Geschichte *f;* (*tall story*) *of sailor* Seemannsgarn *nt; of angler* Anglerlatein *nt*
yaw [jɔ] **I.** *vi ship* vom Kurs abweichen; *plane* ausbrechen, vom Kurs abweichen **II.** *n* Gieren *nt fachspr*
yawn [jɔn] **I.** *vi* gähnen *a. fig* **II.** *n* ❶ (*gape*) Gähnen *nt kein pl* ❷ (*fam: bore*) [stink]langweilige Angelegenheit; **I thought the film was a big ~** ich fand den Film stinklangweilig
yawning ['jɔ·nɪŋ] *adj* gähnend *a. fig*
yd. *n abbrev of* **yard**[1]
yeah [jeə] *adv* (*fam: yes*) ja[wohl]; **oh ~!** [*or* ~, ~!] (*iron*) ja klar!, ganz bestimmt!
year [jɪr] *n* ❶ Jahr *nt;* **how much does he earn [in] a ~?** wie viel verdient er im Jahr?; **five times a ~** fünfmal im [*o* pro] Jahr; **two ~s' work** zwei Jahre Arbeit; **last ~** letztes Jahr; **for two ~s** zwei Jahre lang ❷ (*age*) [Lebens]jahr *nt;* **a two-~-old child** ein zweijähriges Kind ❸ (*fam: ages*) ■**~s** *pl* Jahre *pl;*

for ~s (*since a long time ago*) seit Jahren; (*for a long time*) jahrelang ❹ SCH Schuljahr *nt;* UNIV Studienjahr *nt;* (*group*) Klasse *f*

'yearbook *n* ❶ Jahresausgabe *f* ❷ SCH, UNIV Jahrbuch *nt*

'year-long *adj* (*one year*) einjährig; (*many years*) jahrelang

yearly ['jɪr·li] *adj, adv* jährlich; **twice-~** zweimal pro Jahr

yearn [jɜrn] *vi* sich sehnen (**for** nach +*dat*)

yearning ['jɜr·nɪŋ] *n* Sehnsucht *f*

yeast [jist] *n* Hefe *f*

yell [jel] **I.** *n* ❶ (*shout*) [Auf]schrei *m;* **to let out a ~** einen Schrei ausstoßen ❷ (*cheer*) Schlachtruf *m* **II.** *vi* gellend schreien; **to ~ for help** um Hilfe rufen; ■**to ~ at sb** jdn anschreien **III.** *vt* laut rufen; ■**to ~ sth at sb** jdm etw laut zurufen

yellow ['jel·oʊ] **I.** *adj* ❶ (*color*) gelb; (*yellowed*) vergilbt ❷ (*fam: cowardly*) feige; **to have a ~ streak** feige sein **II.** *n* ❶ (*color*) Gelb *nt* ❷ (*shade*) Gelbton *m* **III.** *vi* vergilben

yellow 'fever *n* Gelbfieber *nt*

yellowish ['jel·oʊ·ɪʃ] *adj* gelblich

yellowness ['jel·oʊ·nɪs] *n* gelbe Farbe

'Yellow Pages® *npl* ■**the ~** die Gelben Seiten

yelp [jelp] **I.** *vi* *dog* kläffen, aufjaulen; *person* aufschreien **II.** *n* (*bark*) Gebell *nt,* Gejaule *nt;* (*shout*) Schrei *m*

yen¹ <*pl* -> [jen] *n* Yen *m*

yen² [jen] **I.** *n* (*fam*) Faible *nt;* **to have a ~ to do sth** den Drang haben, etw zu tun **II.** *vi* ■**to ~ for sth/sb** sich *akk* nach etw/jdm sehnen

yep [jep] *adv* (*fam*) ja

Yerevan [je·rə·'van] *n* Eriwan *nt*

yes [jes] **I.** *adv* ❶ ja; **~, sir** jawohl; **~, please** ja bitte; **to say ~** [to sth] ja [zu etw *dat*] sagen, etw bejahen ❷ (*contradicting*) aber ja [doch]; **she didn't really mean it — oh ~ she did!** sie hat es nicht so gemeint – oh doch, das hat sie! **II.** *n* <*pl* -[s]es> Ja *nt;* **was that a ~ or a no?** war das ein Ja oder ein Nein?

'yes-man *n* (*fam*) Jasager *m*

yesterday ['jes·tər·deɪ] **I.** *adv* gestern; **the day before ~** vorgestern **II.** *n* Gestern *nt*

yet [jet] **I.** *adv* ❶ (*until now*) bis jetzt; **as ~** bis jetzt; +*superl;* **the best ~** der/die/das Beste bisher ❷ (*already*) schon; **is it time to go ~?** — **no, not ~** ist es schon Zeit zu gehen? – nein, noch nicht ❸ (*still*) noch; **the best is ~ to come** das Beste kommt [erst] noch; **not ~** noch nicht ❹ (*despite that*) trotzdem; (*but*) aber [auch]; (*in spite of everything*) schon **II.** *conj* doch

yew [ju] *n* Eibe *f*

Yiddish ['jɪd·ɪʃ] *n* Jiddisch *nt*

yield [jild] **I.** *n* ❶ AGR Ertrag *m* ❷ MIN Ausbeute *f* ❸ FIN [Zins]ertrag *m* **II.** *vt* ❶ (*produce*) hervorbringen; *grain, fruit* erzeugen; *information, results* liefern ❷ abwerfen; **the bonds are currently ~ing 6-7%** die Pfandbriefe bringen derzeit 6-7 % ❸ (*concede*) **to ~ a point to sb** jdm ein Zugeständnis machen; (*in discussion*)

jdm in einem Punkt Recht geben; (*in competition*) einen Punkt an jdn abgeben **III.** *vi* ■**to ~** [**to sb/sth**] [jdm/etw [gegenüber]] nachgeben; (*give right of way*) ■**to ~ to sb** jdm den Vortritt lassen

yielding ['jil·dɪŋ] *adj* ❶ (*pliable*) dehnbar ❷ (*compliant*) nachgiebig

YMCA [ˌwaɪ·em·si·'eɪ] *n* + *sing/pl vb abbrev of* **Young Men's Christian Association** CVJM *m*

yodel ['joʊ·dəl] **I.** *vi, vt* <-l- *or* -ll-> jodeln **II.** *n* Jodler *m*

yoga ['joʊ·gə] *n* Yoga *nt*

yogurt, yoghurt ['joʊ·gərt] *n* Joghurt *m o nt*

yoke [joʊk] **I.** *n* (*for pulling*) Joch *nt a. fig;* (*for carrying*) Tragjoch *nt* **II.** *vt* ❶ *ox* ins Joch spannen ❷ (*fig*) ■**to ~ sth together** etw [miteinander] verkoppeln

yokel ['joʊ·kəl] *n* Tölpel *m*

yolk [joʊk] *n* Eigelb *nt*

you [ju] *pron* ❶ (*singular*) du *in nomin,* dich *in akk,* dir *in dat;* (*polite form*) Sie *in nomin, akk,* Ihnen *in dat;* **if I were ~** wenn ich du/Sie wäre, an deiner/Ihrer Stelle ❷ (*plural*) ihr *in nomin,* euch *in akk, dat;* (*polite form*) Sie *in nomin, akk,* Ihnen *in dat;* **how many of ~ are there?** wie viele seid ihr?; **are ~ two ready?** seid ihr zwei [o beide] fertig? ❸ (*one*) man; **~ learn to experience** aus Erfahrung wird man klug; **it's not good for ~** das ist nicht gesund

you'll [jul] = **you will** *see* **will¹**

young [jʌŋ] **I.** *adj* jung; **I'm not as ~ as I used to be** ich bin nicht mehr der Jüngste; **she's ~ for sixteen** für sechzehn ist sie noch recht kindlich; **~ children** kleine Kinder; **to be ~ at heart** im Herzen jung [geblieben] sein; ■**the Y~er** (*in titles*) der/die Jüngere **II.** *npl* ❶ (*youths*) ■**the ~** die jungen Leute ❷ ZOOL Junge *pl*

youngster ['jʌŋ·stər] *n* Jugendliche(r) *f/m)*

your [jʊr] *adj poss* ❶ (*singular*) dein(e); (*plural*) euer/eure; (*polite form*) Ihr(e) ❷ (*one's*) sein(e); **it's enough to break ~ heart** es bricht einem förmlich das Herz

you're [jʊr] = **you are** *see* **be**

yours [jʊrz] *pron poss* ❶ deine/deiner/dein[e]s, Ihre/Ihrer/Ihr[e]s; **is this pen ~?** ist das dein Stift?; **the choice is ~** Sie haben die Wahl; **it's no business of ~** das geht dich nichts an ❷ (*in letter*) **Y~ truly** mit freundlichen Grüßen

yourself <*pl* **yourselves**> [jʊr·'self] *pron* ❶ (*singular*) dich *akk,* dir *dat;* euch; (*polite form, sing/pl*) sich; **how would you describe ~?** wie würden Sie sich beschreiben?; **help yourselves, boys** bedient euch, Jungs; **do you always talk to ~ like that?** sprichst du immer so mit dir selbst? ❷ (*oneself*) sich; **you tell ~ everything's all right** man sagt sich, dass alles in Ordnung ist; **to have sth [all] to ~** etw für dich [o sich] allein haben ❸ (*personally*) selbst; **you can do**

that ~ du kannst das selbst machen; **to be ~** du selbst sein; **just be ~** sei ganz natürlich; **to not be ~** nicht du selbst sein; **to try sth for ~** etw selbst versuchen; ■ **[all] by ~** [ganz] allein
youth [juθ] *n* ❶ (*period*) Jugend *f* ❷ (*young man*) junger Mann, Jugendliche(r) *m* ❸ *pl* (*young people*) **the ~ of today** die Jugend von heute
'**youth center**, '**youth club** *n* Jugendzentrum *nt*
youthful ['juθ·fəl] *adj* jugendlich
'**youth hostel** *n* Jugendherberge *f*
you've [juv] = **you have** *see* **have** I., II.
yowl [jaʊl] I. *vi* jaulen II. *n* Gejaule *nt*
yo-yo <*pl* -s> ['joʊ·joʊ] I. *n* Jo-Jo *nt;* **to go up and down like a ~** rauf- und runterschnellen II. *vi* (*inf: vacillate*) schwanken
yuan [ju·'æn] *n* FIN Yuan *m*
yuck [jʌk] *interj* (*fam*) i!, igitt!
yucky ['jʌk·i] *adj* (*fam*) ek[e]lig
Yugoslav ['ju·goʊ·slav] (*hist*) I. *adj* jugoslawisch II. *n* Jugoslawe, Jugoslawin *m, f*
Yugoslavia ['ju·goʊ·'slav·i·ə] (*hist*) Jugoslawien *nt;* **the former ~** das ehemalige Jugoslawien
Yugoslavian [ju·goʊ·'sla·vi·ən] (*hist*) I. *adj* jugoslawisch; **to be ~** Jugoslawe, Jugoslawin *m, f* sein II. *n* Jugoslawe, Jugoslawin *m, f*
Yukon Territory ['ju·kan-] *n* Yukon Territory *nt*
'**yule log** *n großes Holzscheit, das zur Weihnachtszeit im offenen Feuer brennt*
yum [jʌm] *interj* (*fam*) lecker!
yummy ['jʌm·i] *adj* (*fam*) lecker *a. fig*
yuppie ['jʌp·i] *n* Yuppie *m*

Z

Z <*pl* -'s *or* -s>, **z** <*pl* -'s> [zi] *n* Z *nt*, z *nt;* **~ as in Zulu** Z wie Zacharias
z [zi] *n* MATH z *nt;* **~-axis** z-Achse *f*
zany ['zei·ni] *adj* ulkig
zap [zæp] (*fam*) I. *vt* <-pp-> ❶ (*destroy*) *person* erledigen; *thing* kaputtmachen ❷ FOOD (*heat up*) in der Mikrowelle aufwärmen ❸ COMPUT (*delete*) löschen II. *vi* <-pp-> ❶ (*speed*) düsen ❷ TV zappen III. *n* Pep *m* IV. *interj* schwups!
zeal [zil] *n* Eifer *m*
zealot ['zel·ət] *n* Fanatiker(in) *m(f)*
zealous ['zel·əs] *adj* ❶ (*eager*) [über]eifrig ❷ (*enthusiastic*) leidenschaftlich
zebra <*pl* -s *or* -> ['zi·brə] *n* Zebra *nt*

zenith ['zi·nɪθ] *n* Zenit *m a. fig*
zero ['zɪr·oʊ] I. *n* <*pl* -s> ❶ MATH Null *f* ❷ (*point on scale*) Nullpunkt *m;* **10 degrees below ~** zehn Grad unter null II. *adj* **his prospects are ~** seine Aussichten sind gleich null; **~ growth** Nullwachstum *nt;* **~ hour** die Stunde null III. *vt* auf null einstellen
◆ **zero in** *vi* ❶ (*aim*) **to ~ in on a target** ein Ziel anvisieren ❷ (*fig*) sich konzentrieren (**on** auf +*akk*)
zero 'tolerance *n* LAW Nulltoleranz *f*
zest [zest] *n* ❶ (*enthusiasm*) Eifer *m;* **~ for life** Lebensfreude *f* ❷ **lemon ~** Zitronenschale *f*
zigzag ['zɪg·zæg] I. *n* Zickzack *m* II. *adv* im Zickzack III. *vi* <-gg-> sich im Zickzack bewegen; *line, path* im Zickzack verlaufen
zinc [zɪŋk] *n* Zink *nt*
zip [zɪp] I. *n* ❶ (*fam: vigor*) Schwung *m* ❷ (*Zip Code*) ≈ Postleitzahl *f* ❸ (*nothing, lowest possible*) Null *kein art* II. *pron* (*fam*) null; **I know ~ about computers** ich habe null Ahnung von Computern III. *vt* <-pp-> (*close*) **could you help me ~ [up] my dress?** könntest du mir vielleicht helfen, den Reißverschluss an meinem Kleid zuzumachen?; **to ~ sth together** etw mit einem Reißverschluss zusammenziehen ► PHRASES: **to ~ one's lip** den Mund halten IV. *vi* <-pp-> ❶ (*fasten*) **it ~s [up] at the back** es hat hinten einen Reißverschluss ❷ (*speed*) rasen, flitzen; **to ~ through job** im Eiltempo erledigen
'**Zip Code** *n* ≈ Postleitzahl *f*
zipper ['zɪp·ər] *n* Reißverschluss *m*
zippy ['zɪp·i] *adj* (*fam*) spritzig
zodiac ['zoʊ·di·æk] *n* **sign of the ~** Tierkreiszeichen *nt*
zombie ['zam·bi] *n* Zombie *m*
zone [zoʊn] I. *n* Zone *f;* **combat ~** Kampfgebiet *nt;* **danger ~** Gefahrenzone *f;* **earthquake ~** Erdbebenregion *f;* **no-fly ~** Flugverbotszone *f* II. *vt* in [Nutzungs]zonen aufteilen
zoning ['zoʊn·ɪŋ] I. *n* Bodenordnung *f* II. *adj* **~ law** Baugesetz *nt;* **~ restriction** Planungsbeschränkung *f*
zoo [zu] *n* Zoo *m*
zoological [zoʊ·ə·'ladʒ·ɪ·kəl] *adj* zoologisch
zoologist [zoʊ·'al·ə·dʒɪst] *n* Zoologe, Zoologin *m, f*
zoology [zoʊ·'al·ə·dʒi] *n* Zoologie *f*
zoom [zum] I. *n* **~ [lens]** Zoom[objektiv] *nt* II. *vi* ❶ (*speed*) rasen; ■ **to ~ ahead** [*or* off] davonsausen; (*in race*) vorpreschen; ■ **to ~ past** vorbeirasen; (*fig*) *year* rasend schnell vergehen ❷ PHOT zoomen
◆ **zoom in** *vi* [nahe] heranfahren, heranzoomen, [ein]schwenken (**on** auf +*akk*)
◆ **zoom out** *vi* wegzoomen
zucchini <*pl* -s *or* -> [zu·'ki·ni] *n* Zucchini *f*

Deutsche Kurzgrammatik
Concise German grammar

The Definite and the Indefinite Article

German nouns are either **masculine, feminine,** or **neuter.**

The **gender** of a noun can be recognized by its article: *der, die,* or *das.* There are four cases in German: nominative, accusative, dative, and genitive.

	Definite article				Indefinite article			
	m*	f*	nt*	pl*	m	f	nt	pl
Nom.	der	die	das	die	ein	eine	ein	does not exist in German
Acc.	den	die	das	die	einen	eine	ein	
Dat.	dem	der	dem	den	einem	einer	einem	
Gen.	des	der	des	der	eines	einer	eines	

* m, f, nt, and pl stand for masculine, feminine, neuter, and plural, respectively

1. Using the articles

The definite article is used when referring to:	The indefinite article is used when referring to:
a particular person: **Die** Frau hatte eine rote Tasche. *The woman had a red bag.*	no one in particular: Ich habe **eine** Frau gesehen. *I saw a woman.*
a particular thing: Gib mir bitte **das** große Glas. *Please give me the big glass.*	nothing in particular: Gib mir bitte **ein** Glas. *Please give me a glass.*
things that cannot be counted: Das ist **das** klare Ostseewasser. *That is the clear water of the Baltic Sea.*	particular qualities of things that cannot be counted (unlike in English): Das ist aber **ein** klares Wasser. *That is some really clear water.*
abstract concepts: Das war **die** größte Freude meines Lebens. *That was the greatest pleasure of my life.*	abstract concepts: Es war mir **eine** große Freude. *It was a great pleasure.*

1.1. The definite article

The definite article is used more often in German than in English. In German, the definite article is used when referring to specific things, such as:

mountain ranges	*die* Alpen	*the Alps*
mountains	*der* Mount Everest	*Mount Everest*
oceans	*der* Pazifik	*the Pacific Ocean*
seas	*das* Schwarze Meer	*the Black Sea*
lakes	*der* Genfer See	*Lake Geneva*
rivers	*der* Rhein	*the Rhine*
celestial bodies	*die* Sonne	*the sun*

as well as expressions of time that do not have plurals, such as:

seasons	*der* Frühling	*spring*
months	*der* Mai	*May*
times of day	*der* Mittag	*noon*
mealtimes	*das* Mittagessen	*lunch*

The definite article is also used when referring to:

- countries whose gender in German is feminine:

die Türkei	*Turkey*
die Slowakei	*Slovakia*
die Schweiz	*Switzerland*

- countries whose name is in the plural:

die Vereinigten Staaten von Amerika	*the United States of America*
die USA	*the USA*
die Niederlande	*the Netherlands*

- geographic regions whose gender in German is either feminine or masculine:

die Normandie	*Normandy*
die Riviera	*the Riviera*
der Schwarzwald	*the Black Forest*

- place names that include such words as "Republic," "Union," "State," and "Kingdom":

das Königreich Belgien	*the Kingdom of Belgium*
die Slowakische Republik	*the Republic of Slovakia*

- names of geographic regions that contain an adjective:

der Ferne Osten	*the Far East*
der Nahe Osten	*the Middle East*

- famous structures:

das Brandenburger Tor	*the Brandenburg Gate*
die Freiheitsstatue	*the Statue of Liberty*

- street names:

die Königsstraße	*Königsstraße*

- names of personalities:

der Papst	*the Pope*
die Queen	*the Queen*

- names of people, when used colloquially:

Der Markus war gestern hier.	*Markus was here yesterday.*

- names of professions:

der Schriftsteller Günther Grass	*the writer Günther Grass*

- abstract proper nouns, such as eras and historical events:

der Expressionismus	*the Expressionist era*
die Oktoberrevolution	*the October Revolution*

Note that definite articles sometimes combine with prepositions to form contractions:

in	+	dem	=	im	*im* Pazifik
an	+	dem	=	am	*am* Mittelmeer
zu	+	dem	=	zum	*zum* Genfer See

2.1. No article

Articles are not used when:

- addressing people:

Guten Tag, Herr Bauer!
Hello, Mr. Bauer!

and when making general statements about:

- someone:

Hans und Franz essen Eis.
Hans and Franz are eating ice cream.

- someone's profession:

Er ist Schauspieler.
He is an actor.

- someone's nationality:

Ich bin Deutsche, du bist Amerikaner.
I am German, you are American.

- someone's religion:

Sie ist Jüdin und er ist Moslem.
She is a Jew and he is a Muslim.

Furthermore, for the most part, articles are not used

1) when referring to:

– things that cannot be counted:	Geh doch bitte Milch kaufen. *Please go buy some milk.*
– abstract ideas:	Ich habe Schmerzen. *I am in pain.*
– continents:	Nordamerika ist weit von Afrika entfernt. *North America is far from Africa.*

Exception: The definite article is used when referring to Antarctica or Arctica.

– countries:	Er kommt aus Schweden. *He is from Sweden.*

Exceptions: see section 1.1.

– cities:	Der Zug kommt aus Berlin. *The train is coming from Berlin.*

Exception: If the name of a city is modified by an attribute, it takes either a definite or an indefinite article:

Er besuchte das alte Rom.
He visited Old Rome.

Ein in Freiheit wieder vereinigtes Berlin.
A Berlin that has been reunited in freedom.

– many territories, regions, and islands:	Kalifornien, Bayern, Rügen, Borneo *California, Bavaria, Rügen, Borneo*
– holidays:	Was wünschst du dir zu Weihnachten? *What do you want for Christmas?*

2) in:

– book titles:	Deutsch-englisches Wörterbuch *German-English dicitonary*
– headlines:	Staatsbesuch in Washington *State Visit in Washington*
– expressions involving numbers:	Zu verkaufen: großes Haus mit 3 Zimmern. *For sale: Large house with three rooms.*
– set phrases made up of a noun and a verb (if talking in general terms):	
	Heute muss ich Wäsche waschen. *I have to do laundry today.*

3) and:

– when nouns are preceded by prepositions:	
	Ich möchte in Ruhe gelassen werden. *I would like to be left in peace.*

Note: For how to use articles when referring to geographical proper nouns, see the "Concise German Grammar."

Nouns

1. Declension of nouns

In German, the declension of a noun is characterized as either *strong, weak,* or *mixed.* (See: Declension of adjectives.)

1.1. Strong declension: masculine and neuter

Singular				
Nom.	der Tag	der Traum	das Kind	das Dach
Acc.	den Tag	den Traum	das Kind	das Dach
Dat.	dem Tag(e)	dem Traum(e)	dem Kind(e)	dem Dach(e)
Gen.	des Tag(e)s	des Traum(e)s	des Kind(e)s	des Dach(e)s

Plural	Tage	Träume	Kinder	Dächer
Nom.	die Tage	die Träume	die Kinder	die Dächer
Acc.	die Tage	die Träume	die Kinder	die Dächer
Dat.	den Tagen	den Träumen	den Kindern	den Dächern
Gen.	der Tage	der Träume	der Kinder	der Dächer

Singular			
Nom.	das Auto	der Tischler	der Vogel
Acc.	das Auto	den Tischler	den Vogel
Dat.	dem Auto	dem Tischler	dem Vogel
Gen.	des Autos	des Tischlers	des Vogels

Plural	Autos	Tischler	Vögel
Nom.	die Autos	die Tischler	die Vögel
Acc.	die Autos	die Tischler	die Vögel
Dat.	den Autos	den Tischlern	den Vögeln
Gen.	der Autos	der Tischler	der Vögel

Note:

Nouns ending in *s, sch, ß,* and *z* always belong to the strong declension. The genitive singular of such nouns ends in *-es*:

Hals – Halses, Busch – Busches, Fuß – Fußes, Reiz – Reizes.

2.1. Strong declension: feminine

Singular			
Nom.	die Wand	die Mutter	die Bar
Acc.	die Wand	die Mutter	die Bar
Dat.	der Wand	der Mutter	der Bar
Gen.	der Wand	der Mutter	der Bar

Plural	Wände	Mütter	Bars
Nom.	die Wände	die Mütter	die Bars
Acc.	die Wände	die Mütter	die Bars
Dat.	den Wänden	den Müttern	den Bars
Gen.	der Wände	der Mütter	der Bars

3.1. Weak declension: masculine

Singular			
Nom.	der Bauer	der Bär	der Hase
Acc.	den Bauern	den Bären	den Hasen
Dat.	dem Bauern	dem Bären	dem Hasen
Gen.	des Bauern	des Bären	des Hasen

Plural	Bauern	Bären	Hasen
Nom.	die Bauern	die Bären	die Hasen
Acc.	die Bauern	die Bären	die Hasen
Dat.	den Bauern	den Bären	den Hasen
Gen.	der Bauern	der Bären	der Hasen

4.1. Weak declension: feminine

Singular				
Nom.	die Uhr	die Feder	die Gabe	die Ärztin
Acc.	die Uhr	die Feder	die Gabe	die Ärztin
Dat.	der Uhr	der Feder	der Gabe	der Ärztin
Gen.	der Uhr	der Feder	der Gabe	der Ärztin

Plural	Uhren	Federn	Gaben	Ärztinnen
Nom.	die Uhren	die Federn	die Gaben	die Ärztinnen
Acc.	die Uhren	die Federn	die Gaben	die Ärztinnen
Dat.	den Uhren	den Federn	den Gaben	den Ärztinnen
Gen.	der Uhren	der Federn	der Gaben	der Ärztinnen

5.1. Mixed declension: masculine and feminine

Nouns of the mixed declension decline as *strong* nouns in the singular and as *weak* nouns in the plural.

Singular				
Nom.	das Auge	das Ohr	der Name	das Herz
Acc.	das Auge	das Ohr	den Namen	das Herz
Dat.	dem Auge	dem Ohr(e)	dem Namen	dem Herzen
Gen.	des Auges	des Ohr(e)s	der Namens	des Herzens

Plural	Augen	Ohren	Namen	Herzen
Nom.	die Augen	die Ohren	die Namen	die Herzen
Acc.	die Augen	die Ohren	die Namen	die Herzen
Dat.	den Augen	den Ohren	den Namen	den Herzen
Gen.	der Augen	der Ohren	der Namen	der Herzen

2. Declension of adjectives

	Masculine	
Singular		
Nom.	der Reisende	ein Reisender
Acc.	den Reisenden	einen Reisenden
Dat.	dem Reisenden	einem Reisenden
Gen.	des Reisenden	eines Reisenden
Plural		
Nom.	die Reisenden	Reisende
Acc.	die Reisenden	Reisende
Dat.	den Reisenden	Reisenden
Gen.	der Reisenden	Reisender

	Feminine	
Singular		
Nom.	die Reisende	eine Reisende
Acc.	die Reisende	eine Reisende
Dat.	der Reisenden	einer Reisenden
Gen.	der Reisenden	einer Reisenden
Plural		
Nom.	die Reisenden	Reisende
Acc.	die Reisenden	Reisende
Dat.	den Reisenden	Reisenden
Gen.	der Reisenden	Reisender

	Neuter	
Singular		
Nom.	das Neugeborene	ein Neugeborenes
Acc.	das Neugeborene	ein Neugeborenes
Dat.	dem Neugeborenen	einem Neugeborenen
Gen.	des Neugeborenen	eines Neugeborenen
Plural		
Nom.	die Neugeborenen	Neugeborene
Acc.	die Neugeborenen	Neugeborene
Dat.	den Neugeborenen	Neugeborenen
Gen.	der Neugeborenen	Neugeborener

3. Declension of proper nouns

The genitive of proper nouns is determined by various rules:

Proper nouns with an article	Proper nouns without an article	Proper nouns ending in s, ß, x, z	Proper nouns with apposition	When there are several proper nouns, one after the other
remain unchanged	add an *s*	add an apostrophe	are declined like nouns	the last one adds an *s*
des Aristoteles	Marias Auto	Aristoteles' (Schriften)	Nom. Karl der Große	Johann Sebastian Bachs (Musik)
des (schönen) Berlin	die Straßen Berlins	die Straßen Calais'	Acc. Karl den Großen Dat. Karl dem Großen Gen. Karls des Großen	

Surnames add **-s** in the plural:
For example: die Schneider**s**.

Exception: Surnames that end in *s, ß, x,* or *z* add **-ens** in the plural: die Schmitz**ens**.

Note also that proper nouns such as the names of streets, buildings, companies, ships, newspapers, and organizations are declined.

Adjectives

When an adjective *precedes* a noun, it has to agree with the **gender, case,** and **number** of the noun. As is the case with a noun, the declension of an adjective is characterized as *strong, weak,* or *mixed.*

1. The strong form

- for adjective + noun combinations *without* an article
- when an adjective precedes a noun without indicating the gender:
  mehrere liebe Kinder, manch guter Wein.
- after *cardinal numbers, "ein paar"* and *"ein bisschen"*:
  Sie hörte zwei laute Schritte.
  She heard two loud footsteps.
  Wir machen eine Reise mit ein paar guten Freunden.
  We are taking a trip with a few good friends.
  Mit einem bisschen guten Willen schaffst du das.
  With a little good will, you will accomplish that.

	masculine	feminine	neuter
Singular			
Nom.	guter Wein	schöne Frau	liebes Kind
Acc.	guten Wein	schöne Frau	liebes Kind
Dat.	gutem Wein(e)	schöner Frau	liebem Kind(e)
Gen.	guten Wein(e)s	schöner Frau	lieben Kindes

Plural			
Nom.	gute Weine	schöne Frauen	liebe Kinder
Acc.	gute Weine	schöne Frauen	liebe Kinder
Dat.	guten Weinen	schönen Frauen	lieben Kindern
Gen.	guter Weine	schöner Frauen	lieber Kinder

2. The weak form

- for adjective + noun combinations with the definite article *der, die, das*
- and with pronouns that indicate the gender of a noun:
  diese(r), folgende(r), jede(r), welche(s, r)

	masculine	feminine	neuter
Singular			
Nom.	der gute Wein	die schöne Frau	das liebe Kind
Acc.	den guten Wein	die schöne Frau	das liebe Kind
Dat.	dem guten Wein	der schönen Frau	dem lieben Kind
Gen.	des guten Wein(e)s	der schönen Frau	des lieben Kindes
Plural			
Nom.	die guten Weine	die schönen Frauen	die lieben Kinder
Acc.	die guten Weine	die schönen Frauen	die lieben Kinder
Dat.	den guten Weinen	den schönen Frauen	den lieben Kindern
Gen.	der guten Weine	der schönen Frauen	der lieben Kinder

3. The mixed form

- for adjective + noun combinations with the indefinite article *ein* as well as *kein* (with masculine and neuter nouns in the singular)
- and with the possessive pronouns *mein, dein, sein, unser, euer, ihr*

	masculine	neuter
Singular		
Nom.	ein guter Wein	ein liebes Kind
Acc.	einen guten Wein	ein liebes Kind
Dat.	einem guten Wein(e)	einem lieben Kind
Gen.	eines guten Wein(e)s	eines lieben Kindes

4. Adjectives ending in *-abel, -ibel* and *-el*

When declined, these adjectives drop the *"-e."*

	miserabel	penibel	heikel
Singular			
Nom.	ein miserabler Stil	eine penible Frau	ein heikles Problem
Acc.	einen miserablen Stil	eine penible Frau	ein heikles Problem
Dat.	einem miserablen Stil	einer peniblen Frau	einem heiklen Problem
Gen.	eines miserablen Stils	einer peniblen Frau	eines heiklen Problems

Plural			
Nom.	miserable Stile	penible Frauen	heikle Probleme
Acc.	miserable Stile	penible Frauen	heikle Probleme
Dat.	miserablen Stilen	peniblen Frauen	heiklen Problemen
Gen.	miserabler Stile	penibler Frauen	heikler Probleme

5. Adjectives ending in -er and -en

- normally retain the *"e"* in the declined form, but not in elevated literary style:

finster   mit finstrer Miene

- the same applies to adjectives whose origins are not German:

makaber   eine makabre Geschichte

integer   ein integrer Beamter

6. Adjectives ending in -auer and -euer

- normally drop the *"e"* in the declined form:

teuer   ein teures Geschenk

sauer   saure Gurken

7. Adjectives ending in -ß

- keep the *"ß"* after a long vowel:

groß   mein großer Bruder

bloß   eine bloße Freundschaft

Comparison of Adjectives

	masculine	feminine	neuter
Positive	schön	schöne	schönes
Comparative	schöner	schönere	schöneres
Superlative	der schönste	die schönste	das schönste

The comparative and superlative forms of an adjective have the same endings in the accusative, dative, and genitive as the positive form of the adjective has before a noun in the respective case:

der Garten mit den schön**en** Blumen (dative plural, positive)
the garden with the pretty flowers

der Garten mit den schönst**en** Blumen (dative plural, superlative)
the garden with the prettiest flowers

Exceptions:
1. Adjectives and adverbs add *"e"* before the superlative endings:

- whenever they have only one syllable
- whenever their last syllable is stressed
- whenever they end in -*s*, -*ß*, -*st*, -*x*, or -*z*
- and usually when they end in -*d*, -*t*, or -*sch*:

spitz   adj.   spitze(r, s)
                     adv.   am spitzesten

beliebt   adj.   beliebteste(r, s)
                     adv.   am beliebtesten

The same applies to compound adjectives and adverbs as well as those with a prefix, regardless of stress:

| unsanft | adj. | unsanfteste(r, s) |
| | adv. | am unsanftesten |

2. One-syllable adjectives whose root vowel is _a, o,_ or _u_ add an umlaut in the comparative and superlative forms:

arm	ärmer	ärmste(r, s)
groß	größer	größte(r, s)
klug	klüger	klügste(r, s)

3. The following groups of adjectives never have an umlaut in the comparative or superlative forms:

– adjectives with the diphthong -_au_:

faul	fauler	faulste(r, s)
kraus	krauser	krauseste(r, s)
schlau	schlauer	schlaueste(r, s)

– adjectives with the suffixes -_bar, -haft, -ig, -lich, -sam_:

dankbar	dankbarer	dankbarste(r, s)
schwatzhaft	schwatzhafter	schwatzhafteste(r, s)
schattig	schattiger	schattigste(r, s)
stattlich	stattlicher	stattlichste(r, s)
sorgsam	sorgsamer	sorgsamste(r, s)

– adjectives which occur as participles:

| überrascht | überraschter | überraschteste(r, s) |

– adjectives of foreign origin:

banal	banaler	banalste(r, s)
interessant	interessanter	interessanteste(r, s)
grandios	grandioser	grandioseste(r, s)

4. Irregular comparative/superlative forms of adjectives and adverbs:

gut	besser	beste(r, s)
viel	mehr	meiste(r, s)
gern	lieber	am liebsten
bald	eher	am ehesten

Adverbs

When an adjective is used as an adverb, it remains unchanged:

    er singt gut
    sie schreibt schön
    er läuft schnell

The rules for the comparison of adverbs are the same as those for adjectives:

    er singt besser
    sie schreibt schöner
    er läuft schneller

Most adverbs form the superlative using _am ...sten:_

    er singt am besten
    sie schreibt am schönsten
    er läuft am schnellsten

Verbs

PRESENT TENSE

The present tense in German is used to express <u>an act in the present,</u> <u>a general statement of fact,</u> or <u>an event in the future</u>:

Was machst du? Ich lese.	*What are you doing? I'm reading.*
Die Erde dreht sich um die Sonne.	*The Earth revolves around the Sun.*
Morgen fliege ich nach Rom.	*I'm flying to Rome tomorrow.*

1. Regular verbs (weak conjugation)

	machen	legen	sagen	sammeln
ich	mache	lege	sage	sammle
du	machst	legst	sagst	sammelst
er/sie/es	macht	legt	sagt	sammelt
wir	machen	legen	sagen	sammeln
ihr	macht	legt	sagt	sammelt
sie/Sie	machen	legen	sagen	sammeln

Verbs with a stem ending in *s, ss, ß,* and *z:*

	rasen	passen	grüßen	reizen
ich	rase	passe	grüße	reize
du	rast	passt	grüßt	reizt
er/sie/es	rast	passt	grüßt	reizt
wir	rasen	passen	grüßen	reizen
ihr	rast	passt	grüßt	reizt
sie/Sie	rasen	passen	grüßen	reizen

Verbs with a stem ending in *d* or *t,* or with a consonant + *m,* or a consonant + *n* add an *-e* in the second person singular, the third person singular, and the second person plural.

	reden	wetten	atmen	trocknen
ich	rede	wette	atme	trockne
du	redest	wettest	atmest	trocknest
er/sie/es	redet	wettet	atmet	trocknet
wir	reden	wetten	atmen	trocknen
ihr	redet	wettet	atmet	trocknet
sie/Sie	reden	wetten	atmen	trocknen

Verbs with a stem ending in an unstressed *-e* or *-er* drop the *-e* in the first person singular:

angeln	ich angle
zittern	ich zittre

2. Irregular verbs (strong conjugation) usually change their stem vowels.

	tragen	blasen	laufen	essen
ich	trage	blase	laufe	esse
du	trägst	bläst	läufst	isst
er/sie/es	trägt	bläst	läuft	isst
wir	tragen	blasen	laufen	essen
ihr	tragt	blast	lauft	esst
sie/Sie	tragen	blasen	laufen	essen

→ See also the irregular verbs in the main body of the dictionary and in the list on page 1104.

SIMPLE PAST (PRETERITE) TENSE

The simple past tense expresses a <u>past event</u>:

Letztes Jahr reisten wir nach Spanien.   *We went to Spain last year.*

1. Regular verbs

	machen	sammeln	grüßen	reizen
ich	machte	sammelte	grüßte	reizte
du	machtest	sammeltest	grüßtest	reiztest
er/sie/es	machte	sammelte	grüßte	reizte
wir	machten	sammelten	grüßten	reizten
ihr	machtet	sammeltet	grüßtet	reiztet
sie/Sie	machten	sammelten	grüßten	reizten

Verbs with a stem ending in *d, t,* a consonant + *m,* or a consonant + *n*:

	reden	wetten	atmen	trocknen
ich	redete	wettete	atmete	trocknete
du	redetest	wettetest	atmetest	trocknetest
er/sie/es	redete	wettete	atmete	trocknete
wir	redeten	wetteten	atmeten	trockneten
ihr	redetet	wettetet	atmetet	trocknetet
sie/Sie	redeten	wetteten	atmeten	trockneten

2. Irregular verbs

	tragen	blasen	laufen	essen
ich	trug	blies	lief	aß
du	trugst	bliest	liefst	aßt
er/sie/es	trug	blies	lief	aß
wir	trugen	bliesen	liefen	aßen
ihr	trugt	bliest	lieft	aßt
sie/Sie	trugen	bliesen	liefen	aßen

→ See also the irregular verbs in the main body of the dictionary and in the list on page 1104.

PRESENT PERFECT TENSE

The present perfect tense is used to express an <u>isolated event or condition in the past</u>:

Der Zug ist abgefahren.	*The train left.*
Heute Nacht hat es geregnet.	*It rained last night.*

The present perfect tense is formed with the present tense of the auxiliary verb *haben* or *sein* plus the past participle.

1. Verbs which express movement or a change of state form the present perfect tense with *sein*.

	radeln	fahren	verstummen	sterben
ich	bin geradelt	bin gefahren	bin verstummt	bin gestorben
du	bist geradelt	bist gefahren	bist verstummt	bist gestorben
er/sie/es	ist geradelt	ist gefahren	ist verstummt	ist gestorben
wir	sind geradelt	sind gefahren	sind verstummt	sind gestorben
ihr	seid geradelt	seid gefahren	seid verstummt	seid gestorben
sie/Sie	sind geradelt	sind gefahren	sind verstummt	sind gestorben

2. Transitive, reflexive, and impersonal verbs form the present perfect tense with *haben,* as do most intransitive verbs when they express a permanent condition.

	legen	sich freuen	regnen	leben
ich	habe gelegt	habe mich gefreut		habe gelebt
du	hast gelegt	hast dich gefreut		hast gelebt
er/sie/es	hat gelegt	hat sich gefreut	es hat geregnet	hat gelebt
wir	haben gelegt	haben uns gefreut		haben gelebt
ihr	habt gelegt	habt euch gefreut		habt gelebt
sie/Sie	haben gelegt	haben sich gefreut		haben gelebt

3. Forming the past participle: with or without "ge-":

Most past participles are formed by putting **ge-** in front of the verb stem and adding either **-t** (for weak verbs) or **-en** (for strong verbs). The past participles of strong verbs usually have a stem vowel change:

bau·en	gebaut
hö·ren	gehört
le·sen	gelesen
sin·gen	gesungen

For German verbs with separable prefixes, the **-ge-** is inserted between the prefix and the verb stem. Note that the prefix of such verbs is always stressed (as is indicated by a thin vertical line between the prefix and the rest of the verb, as shown below).

auf|bau·en	auf**ge**baut
zu|hö·ren	zu**ge**hört
vor|le·sen	vor**ge**lesen

Important: A great number of verbs form the past participle without **ge-**. Most such verbs belong to two basic groups:

1. Verbs that end in -ieren:

mar·schie·ren	marschierte	(ist) marschiert
pro·bie·ren	probierte	(hat) probiert

NB These verbs still form the past participle without **ge-** even when they contain a separable (stressed) prefix:

ab|mar·schie·ren	marschierte ab	(ist) abmarschiert
aus|pro·bie·ren	probierte aus	(hat) ausprobiert

2. Verbs that begin with one of the following prefixes, which are always unstressed (and therefore inseparable):

be-, emp-, ent-, er-, ge-, ver-, zer-

be·bau·en	bebaute	(hat) bebaut
er·hö·ren	erhörte	(hat) erhört
ge·stal·ten	gestaltete	(hat) gestaltet
ver·lan·gen	verlangte	(hat) verlangt

All other verbs with inseparable (unstressed) prefixes (indicated by the lack of a thin vertical line between the prefix and the rest of the verb, as shown below) also belong to this group:

um·ge·hen	umging	(hat) umgangen
un·ter·su·chen	untersuchte	(hat) untersucht
über·set·zen	übersetzte	(hat) übersetzt

NB Again, these verbs still form the past participle without **ge-** even when they have a separable (stressed) prefix:

um|ge·stal·ten	gestaltete um	(hat) umgestaltet
ab|ver·lan·gen	verlangte ab	(hat) abverlangt
zu·rück|über·set·zen	übersetzte zurück	(hat) zurückübersetzt

Very few verbs which do not belong to either of these two groups (e.g., miauen, trompeten, stibitzen) form the past participle without **ge-**. They are marked in the dictionary accordingly.

THE PAST PERFECT (PLUPERFECT) TENSE

The past perfect tense is used to describe an <u>event that had already finished when another event happened</u>:

Als er im Kino ankam, hatte der Film schon begonnen.
When he arrived at the cinema the film had already started.

The past perfect tense is formed with the simple past (preterite) tense of *haben* or *sein* and the past participle.

	fahren	sterben	legen	leben
ich	war gefahren	war gestorben	hatte gelegt	hatte gelebt
du	warst gefahren	warst gestorben	hattest gelegt	hattest gelebt
er/sie/es	war gefahren	war gestorben	hatte gelegt	hatte gelebt
wir	waren gefahren	waren gestorben	hatten gelegt	hatten gelebt
ihr	wart gefahren	wart gestorben	hattet gelegt	hattet gelebt
sie/Sie	waren gefahren	waren gestorben	hatten gelegt	hatten gelebt

THE FUTURE TENSE

The future tense is used to express something that <u>will happen in the future</u> or <u>refers to the future</u>, such as an advance notification, intentions, suppositions, and promises.

The future tense is formed with the present tense of the auxiliary verb *werden* and the infinitive of the main verb:

Morgen wird es schneien.	*It will (or is going to) snow tomorrow.*
Er wird noch im Urlaub sein.	*He will still be on vacation.*
Ich werde dich immer lieben.	*I will always love you.*

	legen	fahren	sein	haben	können
ich	werde legen	werde fahren	werde sein	werde haben	werde können
du	wirst legen	wirst fahren	wirst sein	wirst haben	wirst können
er/sie/es	wird legen	wird fahren	wird sein	wird haben	wird können
wir	werden legen	werden fahren	werden sein	werden haben	werden können
ihr	werdet legen	werdet fahren	werdet sein	werdet haben	werdet können
sie/Sie	werden legen	werden fahren	werden sein	werden haben	werden können

THE PRESENT SUBJUNCTIVE (SUBJUNCTIVE I)

The present subjunctive is formed by taking the verb stem and adding the endings *-e, -est, -e, -en, -et,* and *-en*. It is used to express <u>indirect speech</u>:

Direkte Rede:	*Direct speech:*
Kannst du mir helfen?	*Can you help me?*
Indirekte Rede:	*Indirect speech:*
Er fragte sie, ob sie ihm helfen könne.	*He asked her if she could help him.*

Some irregular verbs have a stem vowel change in the **indicative** but not in the subjunctive:

Infinitive	Present Indicative	Present Subjunctive
fallen	du fällst	du fallest
geben	du gibst	du gebest

Besides being used for indirect speech, the present subjunctive is also used in a few set expressions:

Er lebe hoch!	*Three cheers for him!*
Gott sei Dank!	*Thank God!*
Man nehme Salz, Mehl und Butter ...	*Take salt, flour, and butter ...*

	legen	küssen	reden
ich	lege	küsse	rede
du	legest	küssest	redest
er/sie/es	lege	küsse	rede
wir	legen	küssen	reden
ihr	leget	küsset	redet
sie/Sie	legen	küssen	reden

The present subjunctive of the auxiliary verbs *sein, haben,* and *werden*:

	sein	haben	werden
ich	sei	habe	werde
du	seist	habest	werdest
er/sie/es	sei	habe	werde
wir	seien	haben	werden
ihr	seiet	habet	werdet
sie/Sie	seien	haben	werden

The present subjunctive of the modal verbs:

	können	dürfen	mögen	müssen	sollen	wollen
ich	könne	dürfe	möge	müsse	solle	wolle
du	könnest	dürfest	mögest	müssest	sollest	wollest
er/sie/es	könne	dürfe	möge	müsse	solle	wolle
wir	können	dürfen	mögen	müssen	sollen	wollen
ihr	könn(e)t	dürf(e)t	mög(e)t	müss(e)t	soll(e)t	woll(e)t
sie/Sie	können	dürfen	mögen	müssen	sollen	wollen

THE PAST SUBJUNCTIVE (SUBJUNCTIVE II)

The past subjunctive is formed by taking the verb stem of the simple past tense and adding the endings -e, -(e)st, -e, -en, -(e)t, and -en. The past subjunctive of regular verbs is identical to the past indicative. Irregular verbs with *i* or *ie* in the past tense forms retain these spellings in the past subjunctive.

The past subjunctive is used to express <u>hypothetical statements</u>, <u>comparisons</u>, and <u>expressions of politeness</u>:

Wenn ich Zeit hätte, ginge ich mit dir ins Kino.
If I had time I would go with you to the movies.
Die Leiter schwankte so, als fiele sie gleich um.
The ladder was swaying so much, it looked like it was about to fall.
Könnten Sie uns bitte eine Auskunft geben?
Could you give us some information, please?

	gehen/ging	rufen/rief	greifen/griff
ich	ginge	riefe	griffe
du	ging(e)st	rief(e)st	griff(e)st
er/sie/es	ginge	riefe	griffe
wir	gingen	riefen	griffen
ihr	ging(e)t	rief(e)t	griff(e)t
sie/Sie	gingen	riefen	griffen

Verbs with the vowels *a, o,* and *u* in the past indicative add an umlaut in the past subjunctive:

	singen/ sang	fliegen/ flog	fahren/ fuhr	sein/ war	haben/ hatte	werden/ wurde
ich	sänge	flöge	führe	wäre	hätte	würde
du	säng(e)st	flög(e)st	führ(e)st	wär(e)st	hättest	würdest
er/sie/es	sänge	flöge	führe	wäre	hätte	würde
wir	sängen	flögen	führen	wären	hätten	würden
ihr	säng(e)t	flög(e)t	führ(e)t	wär(e)t	hättet	würdet
sie/Sie	sängen	flögen	führen	wären	hätten	würden

Conditional clauses

A conditional clause often starts with "if" or "unless." Conditional clauses are used to express something that might happen if certain conditions are met and are formed with the past subjunctive of *werden* and the infinitive of the main verb:

Wenn ihr uns einladen würdet, würden wir kommen.
If you were to invite us, we would come.

	legen	fahren
ich	würde legen	würde fahren
du	würdest legen	würdest fahren
er/sie/es	würde legen	würde fahren
wir	würden legen	würden fahren
ihr	würdet legen	würdet fahren
sie/Sie	würden legen	würden fahren

THE IMPERATIVE

The imperative expresses a <u>demand</u>, <u>request</u>, <u>warning</u>, or <u>ban</u> and is formed with either the second person singular or plural.

1. Regular verbs add to the stem *-e* in the singular and *-t* in the plural. The plural form of the imperative is identical to the second person plural of the present indicative.

In the polite form *Sie,* the verb is **inverted** (i.e., the predicate comes before the subject):

Sie schreiben einen Brief. (eine Feststellung/Indikativ)
You are writing a letter. *(a statement/indicative)*

Schreiben Sie einen Brief! (eine Aufforderung/Imperativ)
Write a letter! *(a demand/imperative)*

Infinitive	Singular	Plural	Polite form
schreiben	schreibe	schreibt	schreiben Sie
singen	singe	singt	singen Sie
trinken	trinke	trinkt	trinken Sie
atmen	atme	atmet	atmen Sie
reden	rede	redet	reden Sie

Exceptions:

Verbs which end in *-eln* and *-ern* can drop the *-e* in the singular.

Infinitive	Singular	Plural	Polite form
sammeln	samm(e)le	sammelt	sammeln Sie
fördern	förd(e)re	fördert	fördern Sie
handeln	hand(e)le	handelt	handeln Sie

If the verb stem ends in *-m* or *-n* and is preceded by *h, l, m, n,* or *r,* the *-e* ending in the singular can be dropped.

Infinitive	Singular	Plural	Polite form
rühmen	rühm(e)	rühmt	rühmen Sie
qualmen	qualm(e)	qualmt	qualmen Sie
kämmen	kämm(e)	kämmt	kämmen Sie
rennen	renn(e)	rennt	rennen Sie
lernen	lern(e)	lernt	lernen Sie

If, however, the *-m* or *-n* is preceded by another consonant, the *-e* ending must be retained: atme, rechne

2. Irregular verbs *without* a vowel change to *-i* or *-ie* in the present tense form the imperative according to the same rules as regular verbs.

→ The imperative forms are given in the list of irregular verbs.

Vowel change to *-i* or *-ie*

Infinitive	Singular	Plural
lesen	lies	lest
werfen	wirf	werft
essen	iss	esst
sehen	sieh	seht

The auxiliary verbs *sein, haben,* and *werden*

Infinitive	Singular	Plural
sein	sei	seid
haben	habe	habt
werden	werde	werdet

ACTIVE AND PASSIVE

In an *active* sentence <u>the subject performs the stated action</u>. In a *passive* sentence <u>the subject is being acted upon</u>:

Die Spieler wählen den Mannschaftskapitän.	(aktiv)
The players elect the team captain.	*(active)*
Der Mannschaftskapitän wird von den Spielern gewählt.	(passiv)
The team captain is elected by the players.	*(passive)*

The passive is formed with *werden* and the past participle.

Present	ich werde geliebt	ich werde geschlagen
Past	ich wurde geliebt	ich wurde geschlagen

The auxiliary verbs *haben, sein,* and *werden*

The verbs *haben*, *sein*, and *werden* are called auxiliary verbs because certain tenses (such as the perfect, pluperfect, and future) and the passive voice are formed with their help.

Present

	sein	**haben**	**werden**
ich	bin	habe	werde
du	bist	hast	wirst
er/sie/es	ist	hat	wird
wir	sind	haben	werden
ihr	seid	habt	werdet
sie/Sie	sind	haben	werden

The present participle

The present participle is formed by adding *-d* to the infinitive of the verb:

singend, lachend, etc.

It expresses a shorter version of a subordinate clause:

Er saß in der Badewanne und sang.	Er saß <u>singend</u> in der Badewanne.
He sat in the bathtub and sang.	*He sat in the bathtub <u>singing</u>.*
Sie öffnete die Tür und lachte.	Sie öffnete <u>lachend</u> die Tür.
She opened the door and laughed.	*She opened the door <u>laughing</u>.*

The past participle

The past participle of regular verbs is formed according to the following rule:

	Prefix	**+**	**Stem**	**+**	**Ending**
machen:	ge	+	mach	+	t

legen	*ge*leg*t*
sagen	*ge*sag*t*
vierteln	*ge*viertel*t*
rasen	*ge*ras*t*
hassen	*ge*hass*t*

küssen	*ge*küss*t*
reizen	*ge*reiz*t*
reden	*ge*rede*t*
wetten	*ge*wette*t*
trocknen	*ge*trockne*t*

Verbs ending in *-ieren* omit the prefix *ge-*, as do those with the prefixes *be-, em-, ent-, er-, ver-,* and *zer-*. The following rule applies:

	Stem	**+**	**Ending**
manövr*ieren*	manövrier	+	(e)t

*em*pören	empör*t*
*ent*giften	entgifte*t*
*er*setzen	ersetz*t*
*ver*trösten	vertröste*t*
*zer*reden	zerrede*t*

Verbs with inseparable prefixes also drop the *ge-*:

übersetzen	übersetz*t*
durchwaten	durchwate*t*
unterlegen	unterleg*t*
umarmen	umarm*t*

The past participle of verbs with separable prefixes (e.g., durchmachen) is formed according to the following rule:

Prefix Verb	**+**	**Prefix PP *ge-***	**+**	**Verb Stem**	**+**	**Ending *t***
durch	+	ge	+	mach	+	t

anbeten	an*ge*bete*t*
überschnappen	über*ge*schnapp*t*
umdeuten	um*ge*deute*t*

Pronouns

Pronouns are also declined in German.

1. Personal pronouns

A personal pronoun denotes the person who is speaking or about whom someone is speaking.

Nominative	Accusative	Genitive	Dative
ich	mich	meiner	mir
du	dich	deiner	dir
er	ihn	seiner	ihm
sie	sie	ihrer	ihr
es	es	seiner	ihm
wir	uns	unser	uns
ihr	euch	euer	euch
sie/Sie	sie/Sie	ihrer/Ihrer	ihnen/Ihnen

2. The polite form of address: Sie

The personal pronoun **Sie**, which is used as the polite form of address, and its inflected forms are always capitalized:

Können **Sie** mir sagen, wie spät es ist? *Can you tell me what time it is?*
Ich danke **Ihnen.** *Thank you.*

The pronouns *du* and *ihr* are usually always written in the lower case. In correspondence, however, the capitalized forms can also be written:

Liebe Andrea, wie **du/ Du** bestimmt schon weißt ...
Dear Andrea, as you must already know ...

3. Reflexive pronouns

A reflexive pronoun refers to the subject of a sentence and must agree with the subject in **case** and **number**:

ich wasche mich
du wäschst dich
er/sie/es wäscht sich
wir waschen uns
ihr wascht euch
sie/Sie waschen sich

4. Possessive pronouns

A possessive pronoun indicates <u>belonging</u> or <u>ownership</u> and agrees in **gender, case,** and **number** with the noun to which it refers.

A possessive pronoun may appear like an adjective before a noun or stand in place of a noun.

a) <u>Used as an adjective</u>

	masculine	feminine	neuter	plural
1st Person Singular				
Nom.	mein	meine	mein	meine
Acc.	meinen	meine	mein	meine
Dat.	meinem	meiner	meinem	meinen
Gen.	meines	meiner	meines	meiner
2nd Person Singular				
	dein	deine	dein	deine
			declined like *mein*	
3rd Person Singular (of *er*)				
	sein	seine	sein	seine
			declined like *mein*	
3rd Person Singular (of *sie*)				
	ihr	ihre	ihr	ihre
			declined like *mein*	
3rd Person Singular (of *es*)				
	sein	seine	sein	seine
			declined like *mein*	

1st Person Plural

Nom.	unser	uns(e)re	unser	uns(e)re
Acc.	uns(e)ren	uns(e)re unsern	unser	uns(e)re
Dat.	uns(e)rem	uns(e)rer unserm	uns(e)rem	uns(e)ren unserm
Gen.	uns(e)res	uns(e)rer	uns(e)res	uns(e)rer

2nd Person Plural

Nom.	euer	eure	euer	eure
Acc.	euren	eure	euer	eure
Dat.	eurem	eurer	eurem	euren
Gen.	eures	eurer	eures	eurer

3rd Person Plural

Nom.	ihr/Ihr	ihre/Ihre	ihr/Ihr	ihre/Ihre
Acc.	ihren/Ihren	ihre/Ihre	ihr/Ihr	ihre/Ihre
Dat.	ihrem/Ihrem	ihrer/Ihrer	ihrem/Ihrem	ihren/Ihren
Gen.	ihres/Ihres	ihrer/Ihrer	ihres/Ihres	ihrer/Ihrer

b) Used as a noun

	masculine	**feminine**	**neuter**	**plural**
1st P. Sing.	meiner	meine	mein(e)s	meine
2nd P. Sing	deiner	deine	dein(e)s	deine
3rd P. Sing. m, nt	seiner	seine	sein(e)s	seine
3rd P. Sing. f	ihrer	ihre	ihr(e)s	ihre
1st P. Pl.	uns(e) rer	uns(e) re	uns(e) res	uns(e) re
2nd P. Pl.	eurer	eure	eures, euers	eure
3rd P. Pl.	ihrer/Ihrer	ihre/Ihre	ihr(e)s/Ihr(e)s	ihre/Ihre

5. Demonstrative pronouns

A demonstrative pronoun indicates which person or thing is being referred to.

	masculine	**feminine**	**neuter**	**plural**
Nom.	dieser	diese	dieses	diese
Acc.	diesen	diese	dieses	diese
Dat.	diesem	dieser	diesem	diesen
Gen.	dieses	dieser	dieses	dieser

Nom.	jener	jene	jenes	jene
Acc.	jenen	jene	jenes	jene
Dat.	jenem	jener	jenem	jenen
Gen.	jenes	jener	jenes	jener

Nom.	derjenige	diejenige	dasjenige	diejenigen
Acc.	denjenigen	diejenige	dasjenige	diejenigen
Dat.	demjenigen	derjenigen	demjenigen	denjenigen
Gen.	desjenigen	derjenigen	desjenigen	derjenigen

Nom.	derselbe	dieselbe	dasselbe	dieselben
Acc.	denselben	dieselbe	dasselbe	dieselben
Dat.	demselben	derselben	demselben ·	denselben
Gen.	desselben	derselben	desselben	derselben

The definite articles *der, die,* and *das* are also used as demonstrative pronouns.

6. Relative pronouns

The most common relative pronouns are *der, die,* and *das*; less common are *welcher, welche,* and *welches.* All relative pronouns introduce a subordinate clause which supplements the main clause. Relative pronouns agree in **gender** and **number** with the word in the main clause to which they refer:

Er putzt sein neues Auto, das/welches er sich gekauft hat.
He is cleaning the new car that/which he bought.

	masculine	**feminine**	**neuter**	**plural**
Nom.	welcher	welche	welches	welche
Acc.	welchen	welche	welches	welche
Dat.	welchem	welcher	welchem	welchen
Gen.	dessen	deren	dessen	deren

Wer and *was* can also be used as relative pronouns:

Wer das behauptet, lügt.	*Whoever says that is lying.*
Mach doch, was du willst!	*Oh, just do what you want!*

7. Interrogative pronouns

An interrogative pronoun distinguishes between a **person** (*wer?*) and a **thing** (*was?*) and only occurs in the singular.

	Person	**Thing**
Nom.	*Wer* spielt mit?	*Was* ist das?
Acc.	*Wen* liebst du?	*Was* höre ich da?
Dat.	*Wem* gehört das Haus?	
Gen.	*Wessen* Haus ist das?	

The genitive of the interrogative pronoun *wessen* (whose?) is being replaced more and more by the dative *wem*:

Wem gehört das Haus?	*Whose house is that?*
(statt: Wessen Haus ist das?)	*(To whom does the house belong?)*

Was für ein ... (What kind of (a) ...) is used to ask about the particular character of a person or thing:

Was für ein Mensch ist Peter eigentlich?
What sort of person is Peter really?/What is Peter really like?

Was für einen Anzug möchten Sie?
What kind of suit would you like?

The interrogative pronouns *welcher*, *welche*, and *welches* are used to ask about one particular person or item among several:

Welche Schuhe soll ich nehmen?	(die Braunen oder die Schwarzen?)
Which shoes should I take?	*(the brown ones or the black ones?)*
Mit welchem Bus kommst du?	(mit dem um 16 oder 17 Uhr?)
Which bus are you coming on?	*(the one at 4 or 5 o'clock?)*
Welches Eis schmeckt dir besser?	(Erdbeer- oder Schokoladeneis?)
Which ice cream do you like more?	*(strawberry or chocolate?)*

	masculine	feminine	neuter	plural
Nom.	welcher	welche	welches	welche
Acc.	welchen	welche	welches	welche
Dat.	welchem	welcher	welchem	welchen
Gen.	welches	welcher	welches	welcher

Prepositions

+ Accusative:	
bis	durch
für	gegen
je	ohne
pro	um
wider	

+ Dative:	
ab	aus
außer	bei
binnen	entgegen
entsprechend	gegenüber
gemäß	mit
nach	nächst
nahe	nebst
samt	seit
von	zu
zufolge	zuwider

+ Accusative/Dative *:	
an	auf
entlang	hinter
in	neben
über	unter
vor	zwischen

* The accusative is used with *movement* and *change of direction* (wohin? – *where to?*).

The dative is used with *details of location* (wo? – *where?*):

Er hängt die Uhr an die Wand.	(wohin?)
He is hanging the clock on the wall.	*(where to?)*
Die Uhr hängt an der Wand.	(wo?)
The clock is hanging on the wall.	*(where?)*

→ Every prepositional headword in the dictionary has an indication next to it of the case that it takes.

Some prepositions form contractions with certain forms of the definite article:

an/in	+	dem	becomes	am/im
bei	+	dem	becomes	beim
von	+	dem	becomes	vom
zu	+	dem/der	becomes	zum/zur
an/in	+	das	becomes	ans/ins

Liste der unregelmäßigen deutschen Verben
List of the irregular German verbs

Die einfachen Zeiten unregelmäßiger Verben sind in den Spitzklammern (< >) nach dem Stichwort angegeben. Zusammengesetzte oder präfigierte Verben, deren Formen denen des Grundverbs entsprechen, sind auf der Deutsch-Englischen Seite mit *irreg* markiert. Außerdem gibt das Wörterbuch die unregelmäßigen Formen zusammengesetzter Verben an, die sich anders verhalten als ihre Grundverben. Die Verben, die mit *sein* oder alternativ mit *sein* oder *haben* konjugiert werden, sind entsprechend im Wörterbucheintrag gekennzeichnet. Wenn das Hilfsverb nicht eigens angegeben ist, wird die Perfektform mit *haben* gebildet.

Inflections of irregular verbs are given in angle brackets (< >) after the headword in the main part of the dictionary. Compound verbs and prefixed verbs whose conjugated forms correspond to those of the base verb are marked *irreg* on the German-English side of the dictionary. Conjugated forms of compound verbs are provided, however, when they differ from the conjugated forms of the base verb. Verbs that take *sein* and those that take *sein* or *haben* in the compound past tenses are marked accordingly in the dictionary entry. Whenever the auxiliary verb is not specifically given, one may assume that the compound past tenses are formed with *haben*.

Infinitiv Infinitive	2./3. Pers. Sing. Präsens 2nd/3rd pers. sing. present	3. Pers. Sing. Präteritum 3rd pers. sing. simple past	Konjunktiv II Subjunctive II	Imperativ Sing./Pl. Imperative sing./pl.	Partizip Perfekt Past participle
backen	backst *o* bäckst/ backt *o* bäckt	backte *o veraltet* buk	backte *o veraltet* büke	back[e]/backt	gebacken
bedürfen	*1. Pers.* bedarf bedarfst/ bedarf	bedurfte	bedürfte	bedarf/bedürft	bedurft
befehlen	befiehlst/ befiehlt	befahl	beföhle *o* befähle	befiehl/befehlt	befohlen
beginnen	beginnst/ beginnt	begann	begänne *o selten* begönne	beginn[e]/ beginnt	begonnen
beißen	beißt/beißt	biss	bisse	beiß[e]/beißt	gebissen
bergen	birgst/birgt	barg	bärge	birgt/bergt	geborgen
bersten	birst/birst	barst	bärste	birst/berstet	geborsten
bewegen =*veranlassen*	bewegst/ bewegt	bewog	bewöge	beweg[e]/ bewegt	bewogen
biegen	biegst/biegt	bog	böge	bieg[e]/biegt	gebogen
bieten	bietest/bietet	bot	böte	biet[e]/bietet	geboten
binden	bindest/bindet	band	bände	bind[e]/bindet	gebunden
bitten	bittest/bittet	bat	bäte	bitt[e]/bittet	gebeten
blasen	bläst/bläst	blies	bliese	blas[e]/blast	geblasen
bleiben	bleibst/bleibt	blieb	bliebe	bleib[e]/bleibt	geblieben
bleichen	bleichst/ bleicht	bleichte *o veraltet* blich	bliche	bleich[e]/ bleicht	gebleicht *o veraltet* geblichen
braten	brätst/brät	briet	briete	brat[e]/bratet	gebraten
brechen	brichst/bricht	brach	bräche	brich/brecht	gebrochen
brennen	brennst/ brennt	brannte	brennte	brenn[e]/ brennt	gebrannt

Infinitiv Infinitive	2./3. Pers. Sing. Präsens 2nd/3rd pers. sing. present	3. Pers. Sing. Präteritum 3rd pers. sing. simple past	Konjunktiv II Subjunctive II	Imperativ Sing./Pl. Imperative sing./pl.	Partizip Perfekt Past participle
bringen	bringst/bringt	brachte	brächte	bring[e]/bringt	gebracht
denken	denkst/denkt	dachte	dächte	denk[e]/denkt	gedacht
dingen	dingst/dingt	dang o dingte	dingte	ding[e]/dingt	gedungen
dreschen	drischst/ drischt	drosch	drösche	drisch/drescht	gedroschen
dringen	dringst/dringt	drang	dränge	dring[e]/dringt	gedrungen
dünken	dünkst/dünkt	dünkte o veraltet deuchte	dünkte o veraltet deuchte		gedünkt o veraltet gedeucht
empfangen	empfängst/ empfängt	empfing	empfinge	empfang[e]/ empfangt	empfangen
empfehlen	empfiehlst/ empfiehlt	empfahl	empföhle	empfiehl/ empfehlt	empfohlen
empfinden	empfindest/ empfindet	empfand	empfände	empfind[e]/ empfindet	empfunden
erküren	erkürst/erkürt	erkor	erköre	erküre/erkürt	erkoren
erlöschen	erlischst/ erlischt	erlosch	erlösche	erlisch/ erlöscht	erloschen
erschallen	erschallst/ erschallt	erscholl o erschallte	erschölle o erschallte	erschalle/ erschallt	erschollen
erschrecken vi	erschrickst/ erschrickt	erschreckte o erschrak	erschreckte o erschräke	erschrickt/ erschreckt	erschreckt o erschrocken
vr	erschrickst/ erschrickt	erschreckte	erschreckte	erschreckt	erschreckt o erschrocken
essen	isst/isst	aß	äße	iss/esst	gegessen
fahren	fährst/fährt	fuhr	führe	fahr[e]/fahrt	gefahren
fallen	fällst/fällt	fiel	fiele	fall[e]/fallt	gefallen
fangen	fängst/fängt	fing	finge	fang[e]/fangt	gefangen
fechten	fichst/ficht	focht	föchte	ficht/fechtet	gefochten
finden	findest/findet	fand	fände	find[e]/findet	gefunden
flechten	flichst/flicht	flocht	flöchte	flicht/flechtet	geflochten
fliegen	fliegst/fliegt	flog	flöge	flieg[e]/fliegt	geflogen
fliehen	fliehst/flieht	floh	flöhe	flieh[e]/flieht	geflohen
fließen	fließt/fließt	floss	flösse	fließ[e]/fließt	geflossen
fressen	frisst/frisst	fraß	fräße	friss/fresst	gefressen
frieren	frierst/friert	fror	fröre	frier[e]/friert	gefroren
gären	gärst/gärt	gärte o gor	gärte o gor	gär[e]/gärt	gegärt o gego- ren
gebären	gebärst/gebärt	gebar	gebäre	gebier/gebärt	geboren
geben	gibst/gibt	gab	gäbe	gib/gebt	gegeben
gedeihen	gedeihst/ gedeiht	gedieh	gediehe	gedeih[e]/ gedeiht	gediehen
gefallen	gefällst/gefällt	gefiel	gefiele	gefall[e]/gefal- len	gefallen

Infinitiv / Infinitive		2./3. Pers. Sing. Präsens / 2nd/3rd pers. sing. present	3. Pers. Sing. Präteritum / 3rd pers. sing. simple past	Konjunktiv II / Subjunctive II	Imperativ Sing./Pl. / Imperative sing./pl.	Partizip Perfekt / Past participle
gehen		gehst/geht	ging	ginge	geh[e]/geht	gegangen
gelingen		gelingst/gelingt	gelang	gelänge	geling[e]/gelingt	gelungen
gelten		giltst/gilt	galt	gälte o gölte	gilt/geltet	gegolten
genesen		genest/genest	genas	genäse	genese/genest	genesen
genießen		genießt/genießt	genoss	genösse	genieß[e]/genießt	genossen
geraten		gerätst/gerät	geriet	geriete	gerat[e]/geratet	geraten
gerinnen		gerinnst/gerinnt	gerann	geränne	gerinn[e]/gerinnt	geronnen
geschehen		geschiehst/geschieht	geschah	geschähe	geschieh/gescheht	geschehen
gestehen		gestehst/gesteht	gestand	gestände o gestünde	gesteh[e]/gesteht	gestanden
gewinnen		gewinnst/gewinnt	gewann	gewönne o gewänne	gewinn[e]/gewinnt	gewonnen
gießen		gießt/gießt	goss	gösse	gieß[e]/gießt	gegossen
gleichen		gleichst/gleicht	glich	gliche	gleich[e]/gleicht	geglichen
gleiten		gleitest/gleitet	glitt	glitte	gleit[e]/gleitet	geglitten
glimmen		glimmst/glimmt	glimmte o selten glomm	glimmte o selten glomm	glimm[e]/glimmt	geglimmt o selten geglommen
graben		gräbst/gräbt	grub	grübe	grab[e]/grabt	gegraben
greifen		greifst/greift	griff	griffe	greif[e]/greift	gegriffen
halten		hältst/hält	hielt	hielte	halt[e]/haltet	gehalten
hängen	vi	hängst/hängt	hing	hinge	häng[e]/hängt	gehangen
	vt	hängst/hängt	hängte o dial hing	hängte	häng[e]/hängt	gehängt o dial gehangen
	vr	hängst/hängt	hängte o dial hing	hängte	häng[e]/hängt	gehängt o dial gehangen
hauen		haust/haut	haute o hieb	haute o hieb	hau[e]/haut	gehauen o dial gehaut
heben		hebst/hebt	hob	höbe	heb[e]/hebt	gehoben
heißen		heißt/heißt	hieß	hieße	heiß[e]/heißt	geheißen
helfen		hilfst/hilft	half	hülfe	hilf/helft	geholfen
kennen		kennst/kennt	kannte	kennte	kenn[e]/kennt	gekannt
klimmen		klimmst/klimmt	klimmte o klomm	klimmte o klomm	klimm[e]/klimmt	geklommen o geklimmt
klingen		klingst/klingt	klang	klänge	kling[e]/klingt	geklungen
kneifen		kneifst/kneift	kniff	kniffe	kneif[e]/kneift	gekniffen
kommen		kommst/kommt	kam	käme	komm[e]/kommt	gekommen

Infinitiv Infinitive	2./3. Pers. Sing. Präsens 2nd/3rd pers. sing. present	3. Pers. Sing. Präteritum 3rd pers. sing. simple past	Konjunktiv II Subjunctive II	Imperativ Sing./Pl. Imperative sing./pl.	Partizip Perfekt Past participle
kriechen	kriechst/ kriecht	kroch	kröche	kriech[e]/ kriecht	gekrochen
küren	kürst/kürt	kürte o selten kor	kürte o selten köre	kür[e]/kürt	gekürt
laden	lädst/lädt	lud	lüde	lad[e]/ladet	geladen
lassen	lässt/lässt	ließ	ließe	lass/lasst	gelassen nach Infinitiv lassen
laufen	läufst/läuft	lief	lief	lauf[e]/lauft	gelaufen
leiden	leidest/leidet	litt	litte	leid[e]/leidet	gelitten
leihen	leihst/leiht	lieh	liehe	leih[e]/leiht	geliehen
lesen	liest/liest	las	läse	lies/lest	gelesen
liegen	liegst/liegt	lag	läge	lieg[e]/liegt	gelegen
lügen	lügst/lügt	log	löge	lüg[e]/lügt	gelogen
meiden	meidest/ meidet	mied	miede	meid[e]/ meidet	gemieden
melken	melkst/melkt	melkte o ver- altend molk	melkte o mölke	melk[e]/melkt	gemolken
messen	misst/misst	maß	mäße	miss/messt	gemessen
misslingen	misslingst/ misslingt	misslang	misslänge	missling[e]/ misslingt	misslungen
nehmen	nimmst/ nimmt	nahm	nähme	nimm/nehmt	genommen
nennen	nennst/nennt	nannte	nennte	nenn[e]/nennt	genannt
pfeifen	pfeifst/pfeift	pfiff	pfiffe	pfeif[e]/pfeift	gepfiffen
preisen	preist/preist	pries	priese	preis[e]/preist	gepriesen
quellen	quillst/quillt	quoll	quölle	quill/quillt	gequollen
raten	rätst/rät	riet	riete	rat[e]/ratet	geraten
reiben	reibst/reibt	rieb	riebe	reib[e]/reibt	gerieben
reißen	reißt/reißt	riss	risse	reiß[e]/reißt	gerissen
reiten	reitest/reitet	ritt	ritte	reit[e]/reitet	geritten
rennen	rennst/rennt	rannte	rennte	renn[e]/rennt	gerannt
riechen	riechst/riecht	roch	röche	riech[e]/riecht	gerochen
ringen	ringst/ringt	rang	ränge	ring[e]/ringt	gerungen
rinnen	rinnst/rinnt	rann	ränne	rinn[e]/rinnt	geronnen
rufen	rufst/ruft	rief	riefe	ruf[e]/ruft	gerufen
salzen	salzst/salzt	salzte	salzte	salz[e]/salze	gesalzen o sel- ten gesalzt
saufen	säufst/säuft	soff	söffe	sauf[e]/sauft	gesoffen
saugen	saugst/saugt	sog o saugte	söge o saugte	saug[e]/saugt	gesogen o gesaugt
schaffen = erschaffen	schaffst/ schafft	schuf	schüfe	schaff[e]/ schafft	geschaffen

Infinitiv	2./3. Pers. Sing. Präsens	3. Pers. Sing. Präteritum	Konjunktiv II	Imperativ Sing./Pl.	Partizip Perfekt
Infinitive	2nd/3rd pers. sing. present	3rd pers. sing. simple past	Subjunctive II	Imperative sing./pl.	Past participle
schallen	schallst/schallt	schallte o scholl	schallte o schölle	schall[e]/ schallt	geschallt
scheiden	scheidest/ scheidet	schied	schiede	scheide/schei-det	geschieden
scheinen	scheinst/ scheint	schien	schiene	schein[e]/ scheint	geschienen
scheißen	scheißt/ scheißt	schiss	schisse	scheiß[e]/ scheißt	geschissen
schelten	schiltst/schilt	schalt	schölte	schilt/scheltet	gescholten
scheren = *stutzen*	scherst/schert	schor	schöre	scher[e]/ schert	geschoren
schieben	schiebst/ schiebt	schob	schöbe	schieb[e]/ schiebt	geschoben
schießen	schießt/ schießt	schoss	schösse	schieß[e]/ schießt	geschossen
schinden	schindest/ schindet	schindete	schünde	schind[e]/ schindet	geschunden
schlafen	schläfst/schläft	schlief	schliefe	schlaf[e]/ schlaft	geschlafen
schlagen	schlägst/ schlägt	schlug	schlüge	schlag[e]/ schlagt	geschlagen
schleichen	schleichst/ schleicht	schlich	schliche	schleich[e]/ schleicht	geschlichen
schleifen = *schärfen*	schleifst/ schleift	schliff	schliffe	schleif[e]/ schleift	geschliffen
schließen	schließt/ schließt	schloss	schlösse	schließ[e]/ schließt	geschlossen
schlingen	schlingst/ schlingt	schlang	schlänge	schling[e]/ schlingt	geschlungen
schmeißen	schmeißt/ schmeißt	schmiss	schmisse	schmeiß[e]/ schmeißt	geschmissen
schmelzen	schmilzt/ schmilzt	schmolz	schmölze	schmilz/ schmelzt	geschmolzen
schnauben	schnaubst/ schnaubt	schnaubte o *veraltet* schnob	schnöbe	schnaub[e]/ schnaubt	geschnaubt o *veraltet* geschnoben
schneiden	schneidest/ schneidet	schnitt	schnitte	schneid[e]/ schneidet	geschnitten
schrecken *vt*	schreckst/ schreckt	schreckte	schreckte	schreck[e]/ schreckt	geschreckt
vi	schreckst/ schreckt	schrak	schräke	schrick/ schreckt	geschrocken
schreiben	schreibst/ schreibt	schrieb	schriebe	schreib[e]/ schreibt	geschrieben
schreien	schreist/ schreit	schrie	schriee	schrei[e]/ schreit	geschrie[e]n

Infinitiv	2./3. Pers. Sing. Präsens	3. Pers. Sing. Präteritum	Konjunktiv II	Imperativ Sing./Pl.	Partizip Perfekt
Infinitive	2nd/3rd pers. sing. present	3rd pers. sing. simple past	Subjunctive II	Imperative sing./pl.	Past participle
schreiten	schreitest/ schreitet	schritt	schritte	schreit[e]/ schreitet	geschritten
schweigen	schweigst/ schweigt	schwieg	schwiege	schweig[e]/ schweigt	geschwiegen
schwellen	schwillst/ schwillt	schwoll	schwölle	schwill/ schwellt	geschwollen
schwimmen	schwimmst/ schwimmt	schwamm	schwämme	schwimm[e]/ schwimmt	geschwommen
schwinden	schwindest/ schwindet	schwand	schwände	schwind[e]/ schwindet	geschwunden
schwingen	schwingst/ schwingt	schwang	schwänge	schwing[e]/ schwingt	geschwungen
schwören	schwörst/ schwört	schwor	schwöre	schwör[e]/ schwört	geschworen
sehen	siehst/sieht	sah	sähe	sieh[e]/seht	gesehen
senden = *schicken*	sendest/ sendet	sandte *o* sendete	sendete	sende/sendet	gesandt *o* gesendet
sieden	siedest/siedet	siedete *o* sott	siedete *o* sötte	sied[e]/siedet	gesiedet *o* gesotten
singen	singst/singt	sang	sänge	sing[e]/singt	gesungen
sinken	sinkst/sinkt	sank	sänke	sink[e]/sinkt	gesunken
sinnen	sinnst/sinnt	sann	sänne	sinn[e]/sinnt	gesonnen
sitzen	sitzt/sitzt	saß	säße	sitz[e]/sitzt	gesessen
spalten	spaltest/ spaltet	spaltete	spaltete	spalt[e]/spaltet	gespalten *o* gespaltet
speien	speist/speit	spie	spiee	spei[e]/speit	gespie[e]n
spinnen	spinnst/spinnt	spann	spönne *o* spänne	spinn[e]/ spinnt	gesponnen
sprechen	sprichst/ spricht	sprach	spräche	sprich/sprecht	gesprochen
sprießen	sprießt/sprießt	spross *o* sprießte	sprösse	sprieß[e]/ sprießt	gesprossen
springen	springst/ springt	sprang	spränge	spring[e]/ springt	gesprungen
stechen	stichst/sticht	stach	stäche	stich/stecht	gestochen
stecken *vi*	steckst/steckt	steckte *o geh* stak	steckte	steck[e]/steckt	gesteckt
stehen	stehst/steht	stand	stünde *o* stände	steh/steht	gestanden
stehlen	stiehlst/stiehlt	stahl	stähle	stiehl/stehlt	gestohlen
steigen	steigst/steigt	stieg	stiege	steig[e]/steigt	gestiegen
sterben	stirbst/stirbt	starb	stürbe	stirb/sterbt	gestorben
stieben	stiebst/stiebt	stob *o* stiebte	stöbe *o* stiebte	stieb[e]/stiebt	gestoben *o* gestiebt
stinken	stinkst/stinkt	stank	stänke	stink[e]/stinkt	gestunken

Infinitiv Infinitive	2./3. Pers. Sing. Präsens 2nd/3rd pers. sing. present	3. Pers. Sing. Präteritum 3rd pers. sing. simple past	Konjunktiv II Subjunctive II	Imperativ Sing./Pl. Imperative sing./pl.	Partizip Perfekt Past participle
stoßen	stößt/stößt	stieß	stieße	stoß[e]/stoßt	gestoßen
streichen	streichst/ streicht	strich	striche	streich[e]/ streicht	gestrichen
streiten	streitest/ streitet	stritt	stritte	streit[e]/ streitet	gestritten
tragen	trägst/trägt	trug	trüge	trag[e]/tragt	getragen
treffen	triffst/trifft	traf	träfe	triff/trefft	getroffen
treiben	treibst/treibt	trieb	triebe	treib[e]/treibt	getrieben
treten	trittst/tritt	trat	träte	tritt/tretet	getreten
triefen	triefst/trieft	triefte *o geh* troff	tröffe	trief[e]/trieft	getrieft *o geh* getroffen
trinken	trinkst/trinkt	trank	tränke	trink/trinkt	getrunken
trügen	trügst/trügt	trog	tröge	trüg[e]/trügt	getrogen
tun	*1. Pers.* tu[e] tust/tut	tat	täte	tu[e]/tut	getan
überessen	überisst/ überisst	überaß	überäße	überiss/ überesst	übergessen
verbieten	verbietest/ver- bietet	verbot	verböte	verbiet[e]/ verbietet	verboten
verbrechen	verbrichst/ verbricht	verbrach	verbräche	verbrich/ verbrecht	verbrochen
verderben	verdirbst/ verdirbt	verdarb	verdürbe	verdirb/ verderbt	verdorben
verdingen	verdingst/ verdingt	verdingte	verdingte	verding[e]/ verdingt	verdungen *o* verdingt
verdrießen	verdrießt/ verdrießt	verdross	verdrösse	verdrieß[e]/ verdrießt	verdrossen
vergessen	vergisst/ vergisst	vergaß	vergäße	vergiss/ vergesst	vergessen
verhauen	verhaust/ verhaut	verhaute	verhaute	verhau[e]/ verhaut	verhauen
verlieren	verlierst/ verliert	verlor	verlöre	verlier[e]/ verliert	verloren
verlöschen	verlischst/ verlischt	verlosch	verlösche	verlisch/ verlöscht	verloschen
verraten	verrätst/verrät	verriet	verriete	verrat[e]/ verratet	verraten
verschleißen	verschleißt/ verschleißt	verschliss	verschlisse	verschleiß[e]/ verschleißt	verschlissen
verstehen	verstehst/ versteht	verstand	verstünde *o* verstände	versteh[e]/ versteht	verstanden
verwenden	verwendest/ verwendet	verwendete *o* *ver*wandte	verwendete	verwend[e]/ verwendet	verwendet *o* verwandt
verzeihen	verzeihst/ verzeiht	verzieh	verziehe	verzeih[e]/ verzeiht	verziehen

Infinitiv / Infinitive	2./3. Pers. Sing. Präsens / 2nd/3rd pers. sing. present	3. Pers. Sing. Präteritum / 3rd pers. sing. simple past	Konjunktiv II / Subjunctive II	Imperativ Sing./Pl. / Imperative sing./pl.	Partizip Perfekt / Past participle
wachsen	wächst/wächst	wuchs	wüchse	wachs[e]/wachst	gewachsen
wägen	wägst/wägt	wog *o* wägte	wöge *o* wägte	wäg[e]/wägt	gewogen
waschen	wäschst/wäscht	wusch	wüsche	wasch[e]/wascht	gewaschen
weben	webst/webt	webte *o geh* wob	webte *o geh* wöbe	web[e]/webt	gewebt *o geh* gewoben
weichen	weichst/weicht	wich	wiche	weich[e]/weicht	gewichen
weisen	weist/weist	wies	wiese	weis[e]/weist	gewiesen
wenden	wendest/wendet	wendete *o geh* gewandt	wendete	wend[e]/wendet	gewendet *o geh* gewandt
werben	wirbst/wirbt	warb	würbe	wirb/werbt	geworben
werfen	wirfst/wirft	warf	würfe	wirf/werft	geworfen
wiegen = *auf Waage*	wiegst/wiegt	wog	wöge	wieg[e]/wiegt	gewogen
winden = *schlingen*	windest/windet	wand	wände	wind[e]/windet	gewunden
winken	winkst/winkt	winkte	winkte	wink[e]/winkt	gewinkt *o dial* gewunken
wissen	*1. Pers.* weiß weißt/weiß	wusste	wüsste	wisse *liter*/wisset *liter*	gewusst
wringen	wringst/wringt	wrang	wränge	wring[e]/wringt	gewrungen
ziehen	ziehst/zieht	zog	zöge	zieh[e]/zieht	gezogen
zwingen	zwingst/zwingt	zwang	zwänge	zwing[e]/zwingt	gezwungen

Die Hilfsverben *sein, haben* und *werden*
The auxiliary verbs *sein, haben,* and *werden*

sein

Präsens Present	Präteritum Simple Past	Perfekt Present Perfect	Plusquamperfekt Past Perfect
bin	war	bin gewesen	war gewesen
bist	warst	bist gewesen	warst gewesen
ist	war	ist gewesen	war gewesen
sind	waren	sind gewesen	waren gewesen
seid	wart	seid gewesen	wart gewesen
sind	waren	sind gewesen	waren gewesen

Futur Future	Konjunktiv I Subjunctive I	Konjunktiv II Subjunctive II	Imperativ Imperative
werde sein	sei	wäre	
wirst sein	seist	wär[e]st	sei
wird sein	sei	wäre	seien wir
werden sein	seien	wären	seid
werdet sein	seiet	wär[e]t	seien Sie
werden sein	seien	wären	

haben

Präsens Present	Präteritum Simple Past	Perfekt Present Perfect	Plusquamperfekt Past Perfect
habe	hatte	habe gehabt	hatte gehabt
hast	hattest	hast gehabt	hattest gehabt
hat	hatte	hat gehabt	hatte gehabt
haben	hatten	haben gehabt	hatten gehabt
habt	hattet	habt gehabt	hattet gehabt
haben	hatten	haben gehabt	hatten gehabt

Futur Future	Konjunktiv I Subjunctive I	Konjunktiv II Subjunctive II	Imperativ Imperative
werde haben	habe	hätte	
wirst haben	habest	hättest	hab[e]
wird haben	habe	hätte	haben wir
werden haben	haben	hätten	habt
werdet haben	habet	hättet	haben Sie
werden haben	haben	hätten	

werden

Präsens Present	Präteritum Simple Past	Perfekt Present Perfect	Plusquamperfekt Past Perfect
werde	wurde	bin geworden	war geworden
wirst	wurdest	bist geworden	warst geworden
wird	wurde	ist geworden	war geworden
werden	wurden	sind geworden	waren geworden
werdet	wurdet	seid geworden	wart geworden
werden	wurden	sind geworden	waren geworden

Futur Future	Konjunktiv I Subjunctive I	Konjunktiv II Subjunctive II	Imperativ Imperative
werde werden	werde	würde	
wirst werden	werdest	würdest	werd[e]
wird werden	werde	würde	werden wir
werden werden	werden	würden	werdet
werdet werden	werdet	würdet	werden Sie
werden werden	werden	würden	

Die Modalverben
The modal verbs

können

Präsens Present	Präteritum Simple Past	Perfekt Present Perfect	Plusquamperfekt Past Perfect
kann	konnte	habe gekonnt	hatte gekonnt
kannst	konntest	hast gekonnt	hattest gekonnt
kann	konnte	hat gekonnt	hatte gekonnt
können	konnten	haben gekonnt	hatten gekonnt
könnt	konntet	habt gekonnt	hattet gekonnt
können	konnten	haben gekonnt	hatten gekonnt

Futur Future	Konjunktiv I Subjunctive I	Konjunktiv II Subjunctive II
werde können	könne	könnte
wirst können	könntest	könntest
wird können	könne	könnte
werden können	können	könnten
werdet können	könn[e]t	könntet
werden können	können	könnten

dürfen

Präsens Present	Präteritum Simple Past	Perfekt Present Perfect	Plusquamperfekt Past Perfect
darf	durfte	habe gedurft	hatte gedurft
darfst	durftest	hast gedurft	hattest gedurft
darf	durfte	hat gedurft	hatte gedurft
dürfen	durften	haben gedurft	hatten gedurft
dürft	durftet	habt gedurft	hattet gedurft
dürfen	durften	haben gedurft	hatten gedurft

Futur Future	Konjunktiv I Subjunctive I	Konjunktiv II Subjunctive II
werde dürfen	dürfe	dürfte
wirst dürfen	dürftest	dürftest
wird dürfen	dürfe	dürfte
werden dürfen	dürfen	dürften
werdet dürfen	dürf[e]t	dürftet
werden dürfen	dürfen	dürften

mögen

Präsens Present	Präteritum Simple Past	Perfekt Present Perfect	Plusquamperfekt Past Perfect
mag	mochte	habe gemocht	hatte gemocht
magst	mochtest	hast gemocht	hattest gemocht
mag	mochte	hat gemocht	hatte gemocht
mögen	mochten	haben gemocht	hatten gemocht
mögt	mochtet	habt gemocht	hattet gemocht
mögen	mochten	haben gemocht	hatten gemocht

Futur Future	Konjunktiv I Subjunctive I	Konjunktiv II Subjunctive II
werde mögen	möge	möchte
wirst mögen	mögest	möchtest
wird mögen	möge	möchte
werden mögen	mögen	möchten
werdet mögen	mög[e]t	möchtet
werden mögen	mögen	möchten

müssen

Präsens Present	Präteritum Simple Past	Perfekt Present Perfect	Plusquamperfekt Past Perfect
muss	musste	habe gemusst	hatte gemusst
musst	musstest	hast gemusst	hattest gemusst
muss	musste	hat gemusst	hatte gemusst
müssen	mussten	haben gemusst	hatten gemusst
müsst	musstet	habt gemusst	hattet gemusst
müssen	mussten	haben gemusst	hatten gemusst

Futur Future	Konjunktiv I Subjunctive I	Konjunktiv II Subjunctive II
werde müssen	müsse	müsste
wirst müssen	müssest	müsstest
wird müssen	müsse	müsste
werden müssen	müssen	müssten
werdet müssen	müss[e]t	müsstest
werden müssen	müssen	müssten

sollen

Präsens Present	Präteritum Simple Past	Perfekt Present Perfect	Plusquamperfekt Past Perfect
soll	sollte	habe gesollt	hatte gesollt
sollst	solltest	hast gesollt	hattest gesollt
soll	sollte	hat gesollt	hatte gesollt
sollen	sollten	haben gesollt	hatten gesollt
sollt	solltet	habt gesollt	hattet gesollt
sollen	sollten	haben gesollt	hatten gesollt

Futur Future	Konjunktiv I Subjunctive I	Konjunktiv II Subjunctive II
werde sollen	solle	sollte
wirst sollen	solltest	solltest
wird sollen	solle	sollte
werden sollen	sollen	sollten
werdet sollen	soll[e]t	solltet
werden sollen	sollen	sollten

wollen

Präsens Present	Präteritum Simple Past	Perfekt Present Perfect	Plusquamperfekt Past Perfect
will	wollte	habe gewollt	hatten gewollt
willst	wolltest	hast gewollt	hattest gewollt
will	wollte	hat gewollt	hatte gewollt
wollen	wollten	haben gewollt	hatten gewollt
wollt	wolltet	habt gewollt	hattet gewollt
wollen	wollten	haben gewollt	hatten gewollt

Futur Future	Konjunktiv I Subjunctive I	Konjunktiv II Subjunctive II
werde wollen	wolle	wollte
wirst wollen	wollest	wolltest
wird wollen	wolle	wollte
werden wollen	wollen	wollten
werdet wollen	woll[e]t	wolltet
werden wollen	wollen	wollten

Englische Kurzgrammatik
Concise English grammar

Der bestimmte und der unbestimmte Artikel

Der **bestimmte Artikel** ist im Singular und Plural immer gleich:

the	*der*
	die
	das
	die (Plural)

Der **unbestimmte Artikel** ist vor Konsonanten

a [ə] (*betont:* [eɪ])	*ein, eine*

und vor Vokalen und stummem *h*

an [ən] (*betont:* [æn])	*ein, eine*

Das Substantiv

Das **Geschlecht** der Substantive stimmt im Englischen mit dem natürlichen Geschlecht überein. Da der Artikel immer gleich ist, erkennt man es nur an dem Pronomen (persönliches Fürwort).

the boy	he	*er*
the lady	she	*sie*
the book	it	*es*

Schiffsnamen sind meist weiblich. Auch Länder, Autos und Flugzeuge werden oft durch den Gebrauch der weiblichen Pronomen personifiziert.

Im **Plural** wird an den Singular eines Substantivs ein **-s** angehängt. Dieses *s* wird stimmhaft [z] gesprochen nach Vokalen und stimmhaften Konsonanten:

days	*Tage*
dogs	*Hunde*
boys	*Jungen*

und stimmlos nach allen stimmlosen Konsonanten:

books	*Bücher*
hats	*Hüte*

Bei Wörtern, die auf *-ce, -ge, -se, -ze* enden, wird das im Singular stumme *-e* wie [ɪ] ausgesprochen:

pieces	*Stücke*
sizes	*Größen*

Auf einen Zischlaut *(s, ss, sh, ch, x, z)* endende Wörter bekommen *-es* [ɪz] angehängt:

box**es**	*Schachteln*
boss**es**	*Chefs*

Auslautendes *y*, dem ein Konsonant vorausgeht, wird im Plural zu -*ies* [ɪz]:

| lady | *Dame* | lad**ies** | *Damen* |
| pony | *Pony* | pon**ies** | *Ponys* |

auch Wörter, die auf -*o* enden, und einen Konsonanten vorangestellt haben, bekommen oft
– *es*:

| tomato**es** | *Tomaten* |
| hero**es** | *Helden* |

Einige auf -*f* oder -*fe* endende Wörter erhalten im Plural die Endung -*ves*:

Singular		Plural	
half	*Hälfte*	hal**ves**	*Hälften*
knife	*Messer*	kni**ves**	*Messer*
leaf	*Blatt*	lea**ves**	*Blätter*
wife	*Ehefrau*	wi**ves**	*Ehefrauen*

Andere ändern ihren Vokal bzw. ihre Vokale:

Singular		Plural	
foot	*Fuß*	f**ee**t	*Füße*
man	*Mann*	m**e**n	*Männer*
woman	*Frau*	w**o**men	*Frauen*

Unregelmäßige Pluralbildungen und solche auf -*ves*, -*oes* bzw. -*os* sind im englisch-deutschen Teil des Wörterbuchs angegeben.

Nominativ/Akkusativ/Dativ/Genitiv

Nominativ und Akkusativ (direktes Objekt) haben dieselbe Form. Der Genitiv wird meist mit Hilfe von *of*, der Dativ mit *to* ausgedrückt.

- Der Dativ kann auch ohne *to* gebildet werden, wenn das Dativobjekt (indirekte Objekt) unbetont ist. Das Dativobjekt steht dann direkt hinter dem Verb:

  He shows the usher the ticket.
  anstelle von: He shows the ticket to the usher.
  Er zeigt dem Platzanweiser die Eintrittkarte.

- Im Unterschied zum Deutschen wird auch bei folgenden Ausdrücken die Form des Genitivs mit *of* gebraucht:

  a cup **of** coffee   *eine Tasse Kaffee*
  the city **of** Boston   *Boston*
  the island **of** Oahu   *die Insel Oahu*

- Der sächsische Genitiv, der häufig bei Personen und personifizierten Begriffen zur Bezeichnung des Besitzes verwendet wird und vor dem Substantiv steht, das er näher bestimmt, ist ähnlich wie im Deutschen: „Vaters Hut". Er wird im Singular durch Apostroph und *s* gekennzeichnet:

  my sister**'s** room   *das Zimmer meiner Schwester*

  und im Plural durch den Apostroph allein:

  my sisters**'** room   *das Zimmer meiner Schwestern*

Wörter wie z. B. *store, church, cathedral* werden nach dem sächsischen Genitiv oft weggelassen:

| at the greengrocer's | *statt:* at the greengrocer's store | *beim Gemüsehändler* |
| St. Patrick's | *statt:* St. Patrick's Cathedral | *die St.-Patricks-Kathedrale* |

Das Adjektiv

Das Adjektiv bleibt nach Geschlecht und Zahl immer unverändert.

a **nice** man/woman   *ein netter Mann/eine nette Frau*
three **nice** men/women   *drei nette Männer/Frauen*

1. Die regelmäßige Steigerung

Bei der regelmäßigen Steigerung erhalten einsilbige Adjektive im Komparativ die Endung *-er* und im Superlativ *-est.*

| great | great**er** (than) | great**est** |
| *groß* | *größer (als)* | *am größten* |

- Bei Adjektiven, die auf *-e* enden, entfällt bei der Steigerung mit *-er, -est* ein ‚e': fine, fin**er**, fin**est**.
- Die Endbuchstaben *d, g, n* und *t* werden bei der Steigerung mit *-er, -est* verdoppelt, wenn ihnen ein kurzes, betontes *a, e, i* oder *o* vorausgeht: big, big**ger**, big**gest**.

Zwei- und mehrsilbige Adjektive werden im Komparativ mit **more** (mehr) und im Superlativ mit **most** (meist) gesteigert.

| difficult | **more** difficult (than) | **most** difficult |
| *schwierig* | *schwieriger (als)* | *am schwierigsten* |

2. Die unregelmäßige Steigerung

good	better	best
gut	*besser*	*am besten*
bad	worse	worst
schlecht	*schlechter*	*am schlechtesten*
much/many	more	most
viel/viele	*mehr*	*am meisten*

Unregelmäßige Steigerungsformen sind im englisch-deutschen Teil des Wörterbuchs angegeben.

Das Adverb

Adverbien werden gebildet, indem man an ein Adjektiv *-ly* anhängt.

| slow | slow**ly** | He speaks slow**ly**. | *Er spricht langsam.* |
| quick | quick**ly** | He runs quick**ly**. | *Er läuft schnell.* |

- Ein Sonderfall ist *well,* das Adverb zu *good* (gut).
  He speaks English well.   *Er spricht gut Englisch.*
- Eine weitere Ausnahme sind die folgenden Adverbien:
  You're doing fine.   *Du machst das gut.*
  You've arrived too late.   *Du kommst zu spät.*
  See you soon!   *Bis bald!*

Adverbien mit der Endung *-ly* werden mit **more** und **most** gesteigert.

| slow**ly** | **more** slowly | **most** slowly |
| *langsam* | *langsamer* | *am langsamsten* |

Adverbien, die nicht auf *-ly* enden, erhalten im Komparativ die Endung *-er* und im Superlativ *-est.*

| fast | fast**er** | fast**est** |
| *schnell* | *schneller* | *am schnellsten* |

Das Verb
PRÄSENS

Infinitiv: (Grundform)		to knock klopfen	to call rufen	to go gehen	to wash waschen	to study studieren
I	(ich)	knock	call	go	wash	study
you	(du, Sie)	knock	call	go	wash	study
he/she/it	(er/sie/es)	knock**s** [nɒks]	call**s** [kɔːlz]	go**es** [gəʊz]	wash**es** ['waʃɪz]	studi**es** ['stʌdɪz]
we	(wir)	knock	call	go	wash	study
you	(ihr, Sie)	knock	call	go	wash	study
they	(sie)	knock	call	go	wash	study

Nur die 3. Person Singular wird verändert.

Das *-s* ist stimmlos nach stimmlosen Konsonanten *(he knocks)* und stimmhaft nach Vokalen *(he goes)* sowie stimmhaften Konsonanten *(he calls)*.

DAS PRÄTERITUM UND PARTIZIP PERFECT

Die Vergangenheitsform wird gebildet, indem man *-ed* an die Grundform des Verbs anhängt.

Infinitiv: (Grundform)	to open öffnen	to arrive ankommen	to stop anhalten	to carry tragen
I	open**ed**	arriv**ed**	stop**ped**	carr**ied**
you, he, she, it, we, you, they	open**ed**	arriv**ed**	stop**ped**	carr**ied**

* Bei Verben, die auf *-e* enden, entfällt ein ‚e': agre**ed**, arriv**ed**.
* Ein auslautendes *-y* verwandelt sich in *-ied:* hurr**ied**
* Auslautendes *b, d, g, m, n, p, s, t* wird verdoppelt, wenn es nach kurzem, betonten Vokal steht.
* Bei regelmäßigen Verben ist das Partizip Perfekt gleich dem Präteritum:

open**ed**	arriv**ed**	stop**ped**	carr**ied**
geöffnet	*angekommen*	*angehalten*	*getragen*

Die Formen der **unregelmäßigen Verben** sind in einer gesonderten Liste aufgeführt.

Die Hilfsverben

PRÄSENS UND PARTIZIP PRÄSENS

Infinitiv: (Grundform)	to be / sein	to have / haben	to do / tun, machen
I	am / ich bin	have / ich habe	do / ich tue
you	are / du bist; Sie sind	have / du hast; Sie haben	do / du tust; Sie tun
he, she, it	is / er, sie, es ist	has / er, sie, es hat	does / er, sie, es tut
we	are / wir sind	have / wir haben	do / wir tun
you	are / ihr seid; Sie sind	have / ihr habt; Sie haben	do / ihr tut; Sie tun
they	are / sie sind	have / sie haben	do / sie tun
Partizip:	being / seiend	having / habend	doing / tuend

Im gesprochenen Englisch werden häufig Kurzformen gebraucht:

am	→ 'm	I'm
are	→ 're	you're
is	→ 's	he's, she's
have	→ 've	I've
has	→ 's	he's, she's

Verneinung	Kurzform
are not	aren't
is not	isn't
have not	haven't
has not	hasn't
do not	don't
does not	doesn't

PRÄTERITUM UND PARTIZIP PERFECT

Infinitiv: (Grundform)	to be *sein*	to have *haben*	to do *tun, machen*
I	was *ich war*	had *ich hatte*	did *ich tat*
you	were *du warst; Sie waren*	had *du hattest; Sie hatten*	did *du tatest; Sie taten*
he, she, it	was *er, sie, es war*	had *er, sie, es hatte*	did *er, sie, es tat*
we	were *wir waren*	had *wir hatten*	did *wir taten*
you	were *ihr wart; Sie waren*	had *ihr hattet; Sie hatten*	did *ihr tatet; Sie taten*
they	were *sie waren*	had *sie hatten*	did *sie taten*
Partizip:	been *gewesen*	had *gehabt*	done *getan*
Kurzform:		'd (z. B. I'd, you'd etc.)	
Verneinung:	wasn't weren't	hadn't	didn't

PERFEKT

Das Perfekt bildet man im Unterschied zum Deutschen immer mit **have** + Partizip Perfekt.

I have had	*ich habe gehabt*
I have been	*ich bin gewesen*
I have done	*ich habe getan*
I have called	*ich habe gerufen*
I have arrived	*ich bin angekommen*
I have gone	*ich bin gegangen*

PLUSQUAMPERFEKT

Das Plusquamperfekt wird mit **had** + Partizip Perfekt gebildet.

I had had	*ich hatte gehabt*
I had been	*ich war gewesen*
I had done	*ich hatte getan*
I had called	*ich hatte gerufen*
I had arrived	*ich war angekommen*
I had gone	*ich war gegangen*

Die unselbstständigen Hilfsverben

Sie können nicht selbstständig auftreten, sondern müssen immer von einem anderen Verb (im Infinitiv ohne *to*) begleitet werden.

I you he, she, it we you they	can *können*	may *dürfen*	should *sollen*	will *wollen, werden*	must *müssen*
Verneinung:	cannot can't	must not mustn't	should not shouldn't	will not won't	need not needn't

Diese Verben sind bei allen Personen gleich; die dritte Person Singular hat kein *-s.*

Präteritum		Ersatz	
could	*konnte*	to be able (to)	*können, im Stande sein (zu)*
might	*könnte*	to be allowed (to)	*dürfen*
would	*würde*	to want, to wish (to)	*wollen, wünschen*
should have	*sollte*	to be obliged (to)	*verpflichtet sein (zu)*

Verneinung:	could not couldn't	might not mightn't	would not wouldn't	should not shouldn't

- Die Formen des Präteritums, die denen des Konditionals gleich sind, findet man oft in Höflichkeitswendungen:

Could you give me ...?	*Können sie mir ... geben?*
Would you ..., please.	*Würden Sie bitte ... .*
Would you like ...?	*Wollen/Möchten Sie ...?*
I would like	*Ich möchte ... .*

DAS FUTUR UND DER KONDITIONAL

Das Futur wird mit Hilfe von ***will*** und das Konditional mit ***would*** gebildet. In der gesprochenen Sprache wird fast nur die Kurzform verwendet.

Futur		Konditional	
I will go	*ich werde gehen*	I would go	*ich würde gehen*
you will go	*du wirst gehen; Sie werden gehen*	you would go	*du würdest gehen; Sie würden gehen*
he, she, it will go	*er, sie, es wird gehen*	he, she, it would go	*er, sie, es würde gehen*
we will go	*wir werden gehen*	we would go	*wir würden gehen*
you will go	*ihr werdet gehen; Sie werden gehen*	you would go	*ihr würdet gehen; Sie würden gehen*
they will go	*sie werden gehen*	they would go	*sie würden gehen*
Kurzform:	I'll go, you'll go, he'll go, we'll go, you'll go, they'll go	I'd go, you'd go, he'd go, we'd go, you'd go, they'd go	

Frage und Verneinung mit *do*

Das Hilfsverb *do* wird zur Bildung der fragenden und der mit *not* verneinten Form der selbstständigen Verben verwendet.

Do you speak German?	*Sprechen Sie Deutsch?*
Does he know?	*Weiß er es?*
Did you call?	*Haben Sie gerufen?*
I do not (don't) speak German.	*Ich spreche kein Deutsch.*
He does not (doesn't) know.	*Er weiß es nicht.*
I did not (didn't) call.	*Ich habe nicht gerufen.*
Didn't he come?	*Ist er nicht gekommen?*
Didn't she call?	*Hat sie nicht gerufen?*

- *do* wird nicht verwendet in Fragesätzen, in denen ein Fragewort selbst das Subjekt ist:

Who wrote the letter?	*Wer schrieb den Brief?*
Which of these trains goes to Chicago?	*Welcher dieser Züge fährt nach Chicago?*

und auch nicht in Sätzen mit den Hilfsverben:

am, are, is, was, were, can, could, may, might, must, shall, should, will, would

DIE VERLAUFSFORM

Die Verlaufsform wird mit dem Hilfsverb *be* und dem Partizip Präsens *(-ing)* gebildet. Mit der Verlaufsform wird eine Handlung ausgedrückt, die gerade abläuft, noch andauert oder noch nicht abgeschlossen ist, war oder sein wird.

I am working.	*Ich arbeite gerade.*
I was working.	*Ich arbeitete (gerade).*
I will be working.	*Ich werde arbeiten.*
It is raining.	*Es regnet.*

- Bei Verben, die auf *-e* enden, entfällt das ‚e': **arrive, arriving.**
- Bei Verben, die auf *-ie* enden, verwandelt sich dies in ‚y': **lie, lying.**
- Für die Verdoppelung der Endkonsonanten gelten dieselben Regeln wie zur Bildung des Präteritums: sto**p**, sto**pp**ing.
- Die Form *be going to* wird für eine beabsichtigte Handlung, die in naher Zukunft stattfinden wird, verwendet.

  I am going to go Seattle next week. *Ich werde nächste Woche nach Seattle fahren.*
  She is going to buy a new dress. *Sie wird sich ein neues Kleid kaufen.*

DAS GERUNDIUM

Das Gerundium (Verb + *-ing*) ist die substantivierte Form des Infinitivs.

  Instead of **writing**, I'd rather go for a walk.
  Anstatt zu schreiben würde ich lieber spazieren gehen.

  Smoking is dangerous.
  Rauchen ist gefährlich.

DAS PASSIV

Zur Bildung des Passivs verwendet man das Hilfsverb *be* und das Partizip Perfekt.

The farmer feeds the horses. — *Der Bauer füttert die Pferde.*
The horses **are fed** (by the farmer). — *Die Pferde werden (vom Bauern) gefüttert.*
Somebody stole my bike. — *Jemand hat mein Fahrrad gestohlen.*
My bike **was stolen**. — *Mein Fahrrad wurde gestohlen.*

Das Personalpronomen

Subjektsfall		Objektsfall	
I	ich	**me**	mir/mich
you	du; Sie	**you**	dir/dich; Ihnen/Sie
he	er	**him**	ihm/ihn
she	sie	**her**	ihr/sie
it	es	**it**	ihm/es
we	wir	**us**	uns/uns
you	ihr; Sie	**you**	euch/euch; Ihnen/Sie
they	sie	**them**	ihnen/sie

- Im Objektsfall steht *to* (Dativ), wenn das Pronomen besonders hervorgehoben werden soll:

I gave the book **to** him.	*Ich gab ihm (betont) das Buch.*
anstatt: I gave him the book.	*Ich gab ihm (unbetont) das Buch.*

Das Possessivpronomen

Das Possessivpronomen ist für Singular und Plural gleich. Es hat adjektivische und substantivische Formen.

Adjektivisch (verbunden)

my book	*mein Buch*	my books	*meine Bücher*
your book	*dein/Ihr Buch*	your books	*deine/Ihre Bücher*
his book	*sein Buch*	his books	*seine Bücher*
her book	*ihr Buch*	her books	*ihre Bücher*
its book	*sein Buch*	its books	*seine Bücher*
our book	*unser Buch*	our books	*unsere Bücher*
your book	*euer/Ihr Buch*	your books	*eure/Ihre Bücher*
their book	*ihr Buch*	their books	*ihre Bücher*

Substantivisch (alleinstehend)

mine	meines/der, die, das meinige/die meinigen
yours	deines/Ihres; der, die, das deinige/Ihrige; die deinigen/Ihrigen
his	seines/der, die, das seinige/die seinigen
hers	ihres/der, die, das ihrige/die ihrigen
ours	unseres/der, die, das unsrige/die unsrigen
yours	eures/Ihres; der, die, das eurige/Ihrige; die eurigen/Ihrigen
theirs	ihres/der, die, das ihrige/die ihrigen

It's not my book. It's yours.   *Es ist nicht mein Buch. Es ist deines.*

Das Demonstrativpronomen

Singular:	this *dieser, diese, dieses* that *jener, jene, jenes*	Plural:	these *diese* those *jene*
This is a CD and **that** is a DVD. *Dies hier ist eine CD und das da ist eine DVD.*		**These** pictures are nicer than **those**. *Diese Bilder sind schöner als jene.*	

Das Reflexivpronomen

myself	*mich*	ourselves	*uns*
yourself	*dich; sich*	yourselves	*euch; sich*
himself	*sich*	themselves	*sich*
herself	*sich*		
itself	*sich*		
I enjoy **myself**.		*Ich amüsiere mich.*	
You enjoy **yourself**.		*Du amüsierst dich./Sie amüsieren sich.*	
He enjoys **himself**.		*Er amüsiert sich.*	
She enjoys **herself**.		*Sie amüsiert sich.*	
We enjoy **ourselves**.		*Wir amüsieren uns.*	
You enjoy **yourselves**.		*Ihr amüsiert euch./Sie amüsieren sich.*	
They enjoy **themselves**.		*Sie amüsieren sich.*	

Das Relativpronomen

	Personen	Sachen	Personen und Sachen
Nominativ (wer? was?)	who	which	that
Genitiv (wessen?)	whose	of which	
Dativ (wem?)	to whom	to which	
Akkusativ (wen? was?)	whom/who	which	that

Das Relativpronomen hat im Singular und im Plural die gleiche Form.

• Im Akkusativ kann **that** auch wegfallen:

This is the strangest book (**that**) I have ever read.

Das ist das merkwürdigste Buch, das ich je gelesen habe.

Das Interrogativpronomen

Substantivisch (alleinstehend)

who?	*wer?*	Who are you?	*Wer sind Sie?*
whose?	*wessen?*	Whose car is this?	*Wessen Auto ist das?*
whom?/who?	*wem?/wen?*	Who(m) did you help? Who(m) did you see?	*Wem hast du geholfen? Wen hast du gesehen?*
what?	*was?*	What is that?	*Was ist das?*
which?	*welche?/ welcher/welches?*	Which is the quickest way?	*Welches ist der kürzeste Weg?*

who/whose/whom fragen nach Personen, **what** nach Sachen und **which** nach Sachen aus einer bestimmten Anzahl.

• **Präpositionen** im Fragesatz werden **nachgestellt**:

Where do you come **from**?	*woher?*
What are you looking **for**?	*wonach?*
What do you want this **for**?	*wofür?*
What are you laughing **at**?	*worüber?*
Who are you speaking **to**?	*mit wem?*

Adjektivisch (verbunden)

What car?	*Was für ein Auto?*
What German songs?	*Was für deutsche Lieder?*
Which book?	*Welches Buch?* (von mehreren Büchern)

Die Indefinitpronomen: *some* und *any*

1. some/somebody/someone/something

some und seine Zusammensetzungen stehen:

1. in bejahenden Sätzen,

   I'd like **some** strawberry jam.
   Ich hätte gern etwas Erdbeermarmelade.

   Somebody/Someone has stolen my purse.
   Jemand hat meinen Geldbeutel gestohlen.

   I'd like **something** to drink.
   Ich hätte gern etwas zu trinken.

2. in Fragesätzen, wenn darauf eine bejahende Antwort erwartet wird.

   May I have **some** more coffee, please? – Yes, of course.
   Kann ich noch etwas Kaffee haben? – Aber selbstverständlich.

2. any/anybody/anyone/anything

any und seine Zusammensetzungen werden verwendet in:

1. verneinten Sätzen:

   I don't have **any** friends in Detroit.
   Ich habe keine Freunde in Detroit.

2. in Fragesätzen, auf welche die Antwort ungewiss ist:

   Is there **anybody/anyone** here who speaks German?
   Spricht hier jemand Deutsch?

   Do you have **any** stamps?
   Haben Sie vielleicht ein paar Briefmarken?

   Is there **anything** I can do for you?
   Kann ich irgendetwas für Sie tun?

3. in Bedingungssätzen.

   If I had **any** stamps I would mail the letter.
   Wenn ich Briefmarken hätte, würde ich den Brief einwerfen.

Übersicht über die wichtigsten unregelmäßigen englischen Verben
List of the most important irregular English verbs

Infinitiv Infinitive	Präteritum Simple past	Partizip Perfekt Past participle
abide	abode, abided	abode, abided
arise	arose	arisen
awake	awoke, awaked	awoken, awaked
be	was *sing*, were *pl*	been
bear	bore	born(e)
beat	beat	beaten, beat
become	became	become
begin	began	begun
behold	beheld	beheld
bend	bent	bent
beset	beset	beset
bet	bet, betted	bet, betted
bid	bid, bade	bid, bidden
bind	bound	bound
bite	bit	bitten
bleed	bled	bled
bless	blessed, blest	blessed, blest
blow	blew	blown
break	broke	broken
breed	bred	bred
bring	brought	brought
broadcast	broadcast, broadcasted	broadcast, broadcasted
build	built	built
burn	burned, burnt	burned, burnt
burst	burst	burst
bust	bust, busted	bust, busted
buy	bought	bought
can	could	–
cast	cast	cast
catch	caught	caught
choose	chose	chosen
cling	clung	clung
clothe	clothed, clad	clothed, clad
come	came	come
cost	cost	cost
creep	crept	crept
cut	cut	cut

Infinitiv Infinitive	Präteritum Simple past	Partizip Perfekt Past participle
deal	dealt	dealt
dig	dug	dug
dive	dived, dove	dived, dove
do	did	done
draw	drew	drawn
dream	dreamed, dreamt	dreamed, dreamt
drink	drank	drunk
drive	drove	driven
dwell	dwelt, dwelled	dwelt, dwelled
eat	ate	eaten
fall	fell	fallen
feed	fed	fed
feel	felt	felt
fight	fought	fought
find	found	found
fit	fitted, fit	fitted, fit
flee	fled	fled
fling	flung	flung
fly	flew	flown
forbid	forbad(e)	forbidden
forecast	forecast, forecasted	forecast, forecasted
forget	forgot	forgotten
forgive	forgave	forgiven
freeze	froze	frozen
get	got	gotten, got
give	gave	given
go	went	gone
grind	ground	ground
grow	grew	grown
hang	hung, LAW hanged	hung, LAW hanged
have	had	had
hear	heard	heard
hide	hid	hidden, hid
hit	hit	hit
hold	held	held
hurt	hurt	hurt
keep	kept	kept
kneel	knelt, kneeled	knelt, kneeled
knit	knitted, knit	knitted, knit
know	knew	known
lay	laid	laid

Infinitiv Infinitive	Präteritum Simple past	Partizip Perfekt Past participle
lead	led	led
lean	leaned	leaned
leap	leaped, leapt	leaped, leapt
learn	learned, learnt	learned, learnt
leave	left	left
lend	lent	lent
let	let	let
lie	lay	lain
light	lit, lighted	lit, lighted
lose	lost	lost
make	made	made
may	might	–
mean	meant	meant
meet	met	met
mistake	mistook	mistaken
mow	mowed	mowed, mown
pay	paid	paid
prove	proved	proved, proven
put	put	put
quit	quit, quitted	quit, quitted
read	read	read
rid	rid, ridded	rid, ridded
ride	rode	ridden
ring	rang	rung
rise	rose	risen
run	ran	run
saw	sawed	sawed, sawn
say	said	said
see	saw	seen
seek	sought	sought
sell	sold	sold
send	sent	sent
set	set	set
sew	sewed	sewn, sewed
shake	shook	shaken
shave	shaved	shaved, shaven
shear	sheared	sheared, shorn
shed	shed	shed
shine	shone	shone
shit	shit, shitted, shat	shit, shitted, shat
shoe	shod, shoed	shod, shodden, shoed

Infinitiv Infinitive	Präteritum Simple past	Partizip Perfekt Past participle
shoot	shot	shot
show	showed	shown, showed
shrink	shrank, shrunk	shrunk, shrunken
shut	shut	shut
sing	sang	sung
sink	sank	sunk
sit	sat	sat
slay	slew	slain
sleep	slept	slept
slide	slid	slid, slidden
sling	slung	slung
slink	slunk	slunk
slit	slit	slit
smell	smelled, smelt	smelled, smelt
sow	sowed	sown, sowed
speak	spoke	spoken
speed	speeded, sped	speeded, sped
spell	spelled, spelt	spelled, spelt
spend	spent	spent
spill	spilled, spilt	spilled, spilt
spin	spun	spun
spit	spat, spit	spat, spit
split	split	split
spoil	spoiled, spoilt	spoiled, spoilt
spread	spread	spread
spring	sprang, sprung	sprung
stand	stood	stood
stave	staved, stove	staved, stove
steal	stole	stolen
stick	stuck	stuck
sting	stung	stung
stink	stank, stunk	stunk
strew	strewed	strewn, strewed
stride	strode	stridden
strike	struck	struck
string	strung	strung
strive	strove, strived	striven
swear	swore	sworn
sweat	sweat, sweated	sweat, sweated
sweep	swept	swept
swell	swelled	swelled, swollen

Infinitiv Infinitive	Präteritum Simple past	Partizip Perfekt Past participle
swim	swam	swum
swing	swung	swung
take	took	taken
teach	taught	taught
tear	tore	torn
tell	told	told
think	thought	thought
thrive	thrived, throve	thrived, thriven
throw	threw	thrown
thrust	thrust	thrust
tread	trod	trodden
understand	understood	understood
wake	woke, waked	woken, waked
wear	wore	worn
weave	wove	woven
wed	wed, wedded	wed, wedded
weep	wept	wept
wet	wet, wetted	wet, wetted
win	won	won
wind	wound	wound
withhold	withheld	withheld
wring	wrung	wrung
write	wrote	written

Prefixes and suffixes: German-English
Präfixe und Suffixe: Deutsch-Englisch

German Prefixes and Combining Forms
Deutsche Präfixe und Wortbildungselemente

Prefix/ Combining Form	English Equivalent	Meaning and Use	Example	English Translation
a-[1]	a-	variant of ab-[1]	Aversion	aversion
a-[2]	a-	variant of an-[2]	asexuell	asexual(ly)
ab-[1]	a-	in foreign words meaning: away, away from	abrupt	abrupt(ly)
ab-[2]		separable prefix meaning: 1. weg-, fort- 2. los-, weg- 3. aus- 4. copying, imitating 5. the opposite (of the verb that is attached to it)	1. abfahren, abwischen 2. abtrennen, absägen 3. abschalten 4. abschreiben 5. abbestellen, abgewöhnen	1. to depart (in a vehicle), to wipe off 2. to tear off, to saw off 3. to turn off 4. to copy 5. to cancel, to give up
abs-	a-	variant of ab-[1]	abstrahieren	to abstract
ad-	ad-	in addition	addieren	to add up
aero-	aer(o)-	air, gas	aerodynamisch	aerodynamic(ally)
af-	af-	variant of ad-	Affekt	affect
afro-	Afro-	refers to Africa	afrokaribisch	Afro-Caribbean
ag-	ag-	variant of ad-	Aggression	aggression
agora-	agora-	a crowd or large public place	Agoraphobie	agoraphobia
agrar-, agri-, agro-	agri-, agro-	farming	Agrarbereich, Agrikultur, Agroindustrie	agricultural sector, agriculture, agribusiness
akro-	acr(o)-	tip, outer end	Akrobat	acrobat
al-	al-	variant of ad-	Alliteration	alliteration
all-		1. constantly recurring 2. everywhere 3. universal	1. allabendlich 2. allbekannt 3. allmächtig	1. regular (or every) evening 2. universally known 3. almighty
alti-	alti-, alto-	high, height	Altimeter	altimeter
amb-		around	Ambition	ambition
ambi-	ambi-	both	ambivalent	ambivalent
amphi-	amphi-	1. dual 2. around	1. Amphibie 2. Amphitheater	1. amphibian 2. amphitheater
an-[1]	an-	in foreign words meaning: variant of ad-	annihilieren	to annihilate

Prefix/ Combining Form	English Equivalent	Meaning and Use	Example	English Translation
an-[2]	an-	in foreign words meaning: without, not	Anarchie	anarchy
an-[3]		separable prefix meaning: 1. so that sth is fastened 2. briefly, slightly 3. directed at sb or sth	1. anbinden, annageln 2. anbraten, ansägen 3. anbellen, anlügen	1. to tether, to nail on 2. to fry just until brown, to saw into 3. to bark at, to lie to
andro-	andr(o)-	male, masculine	androgyn	androgynous
anglo-	Anglo-	England, English, British	anglophil	Anglophilic
ante-	ante-	before, in front	antediluvianisch	antediluvian
anthropo-	anthropo-	human being	Anthropologie	anthropology
anti-	anti-	1. against, not 2. negative attitude 3. preventing 4. opposite	1. Antipathie 2. antiautoritär 3. antibakteriell 4. Antithese	1. antipathy 2. anti[-]authoritarian 3. antibacterial(ly) 4. antithesis
ap-	ap-	variant of **ad-**	Appell	appeal
aqua-	aqua-	water	Aquaplaning	aquaplaning
äqui-	equi-	equal	äquivalent	equivalent
ar-	ar-	variant of **ad-**	Arrest	arrest
as-	as-	variant of **ad-**	assimilieren	to assimilate
astro-	astro-	star, space	Astronaut	astronaut
audi(o)-	audi(o)-	tone, sound, hearing	audiovisuell	audiovisual(ly)
auf-		separable prefix meaning: 1. so that sth is opened 2. beginning suddenly 3. so that there is contact 4. upward 5. until nothing is left 6. again 7. so that a certain condition is reached	1. aufklappen, aufkratzen 2. aufleuchten, aufschreien 3. aufkleben, aufdrucken 4. aufwirbeln, aufkrempeln 5. aufessen 6. aufbacken, aufwärmen 7. aufheitern, auflockern	1. to open up, to scratch open 2. to light up, to shriek 3. to stick on, to apply 4. to swirl up, to roll up 5. to eat up 6. to heat up (in the oven), to warm up 7. to cheer up, to liven up

Prefix/ Combining Form	English Equivalent	Meaning and Use	Example	English Translation
aus-		separable prefix meaning: 1. out of (in the sense of going), out of (in the sense of coming) 2. so that sth becomes empty 3. so that sth is not functioning 4. to the end 5. in several directions	1. ausgießen, ausatmen 2. ausgießen, auspumpen 3. ausschalten, auspusten 4. ausdiskutieren, ausschlafen 5. ausstreuen, ausfahren	1. to pour off, to exhale 2. to empty (of a liquid), to pump out 3. to switch off, to blow out 4. to finish discussing, to sleep in 5. to disseminate, to deliver
außer-		outside of	außerbetrieblich, außerirdisch	company-external, extraterrestrial
auto-	auto-	self, personal, own	Autobiographie	autobiography
be-		1. makes intransitive verbs transitive 2. changes the perspective of a transitive verb 3. changes nouns to transitive verbs 4. changes adjectives to transitive verbs	1. bewohnen, beleuchten 2. beerben, beschenken 3. benoten, begrenzen 4. belustigen, beunruhigen	1. to inhabit, to light up 2. to be heir to, to present 3. to grade, to limit 4. to amuse, to worry
bei-		in addition	beilegen, beimischen	to enclose, to mix into
bene-	bene-	good, well	benedeien	to bless
bi-	bi-	two, twice, both	bidirektional	bidrectional(ly)
biblio-	biblio-	book	bibliophil	bibliophilic
bin-	bin-	two each	binär	binary
bio-[1]	bio-	life	Biographie	biography
bio-[2]		not poisonous, without artificial substances	Biobauer, Biokost	organic farmer, organic food
blitz-[1]		extremely	blitzschnell, blitzgescheit	lightning fast, brilliant
blitz-[2]		very fast	Blitzaktion, Blitzkarriere	lightning operation, rapid rise to the top (of one's career)
bomben-[1]		first-class	Bombenerfolg, Bombenstimmung	smash hit, great atmosphere
bomben-[2]		absolute	bombenfest, bombensicher	absolutely secure, bombproof
brand-		extremely, absolute	brandaktuell, brandneu	very current, brand-new
brevi-	brevi-	brief	Brevität	brevity
chiro-	chiro-, cheiro-	hand	Chiropraktiker	chiropractor

Prefix/ Combining Form	English Equivalent	Meaning and Use	Example	English Translation
chroma-, chromo-	chrom(o)-	color	chromatisch Chromosom	chromatic chromosome
chrono-	chron(o)-	time	Chronologie	chronology
cyber-	cyber-	electronic, digital, virtual	Cybersex	cybersex
da-[1]		separable prefix meaning: in a certain place	dabehalten, daliegen	to keep here/there, to lie there
da-[2]		forms pronominal adverbs	damit, dazu	with it/that, to it/hat
dar-		variant of **da-**[2]	daran, darum	on it/that, for it/that
de-	de-	1. to cancel, to undo 2. not	1. deregulieren 2. dezentral	1. to deregulate 2. decentralized
deka-	deca-, deka-	ten	Dekade	decade
demo-	demo-	people, nation	Demokratie	democracy
dermato-	derm(a)-	skin	Dermatologie	dermatology
dezi-	deci-	one tenth	Dezibel	decibel
di-[1]	di-	double	Dilemma	dilemma
di-[2]	di-	variant of **dis-**	divergieren	to diverge
dia-	dia-	through, across	diagonal	diagonal
dif-	dif-	variant of **dis-**	diffamieren	to defame
dis-	dis-	1. not 2. separation, removal	1. Disharmonie 2. distribuieren	1. disharmony 2. to distribute
dran-		separable prefix meaning: to fasten	drannageln, drankleben	to nail to, to stick on
drauf-		separable prefix meaning: on top of	draufschrauben, draufsitzen	to screw on[to], to sit on
duo-	duo-	two	Duodenum	duodenum
durch-[1]		separable prefix meaning: 1. into one end and out the other 2. through an opening 3. completely through a material, fabric, substance, etc. 4. completely, to the end 5. so that sth becomes divided 6. completely worn out	1. durchfahren, durchmarschieren 2. durchreichen, durchstecken 3. durchhören, durchschmecken 4. durchlesen, durchnummerieren 5. durchreißen, durchschneiden 6. durchwetzen, durchrosten	1. to drive through, to march through 2. to pass through, to poke through 3. to hear (through), to taste (through) 4. to read to the end, to number all the way to the end 5. to rip through, to cut through 6. to wear through, to rust through

Prefix/ Combining Form	English Equivalent	Meaning and Use	Example	English Translation
durch-[2]		inseparable prefix; makes intransitive verbs transitive meaning: going from one end to another or touching many points in a room	durchschwimmen, durchlaufen	to swim across to traverse
dyna-	dyna-	power	dynamisch	dynamic(ally)
dys-	dys-	1. bad 2. anomalous	1. dysfunktional 2. Dyskalkulie	1. dysfunctional(ly) 2. dyscalculia
e-[1]	e-	electronic	E-Commerce	e-commerce
e-[2]	e-	variant of **ex-**[2]	emigrieren	to emigrate
ef-	ef-	variant of **ex-**[2]	Effusion	effusion
ein-		separable prefix meaning: 1. from outside to inside 2. into sth 3. so that deep points arise 4. (completely) around sth 5. to damage or destroy 6. to lead to a certain result	1. einreisen, eintreten 2. einfüllen, einbauen 3. einritzen, einkerben 4. einkreisen, einrahmen 5. einreißen, einwerfen 6. einebnen, eindeutschen	1. to enter (a country), to enter (on foot) 2. to pour in, to install 3. to carve, to cut 4. to circle, to frame 5. to tear, to break 6. to flatten, to Germanize
elektro-	electro-	power, electricity	Elektromagnet	electromagnet
em-	em-	variant of **en-**	Embryo	embryo
en-	en-	(from Greek) in, within	Energie	energy
endo-	endo-	in, within	endotherm	endothermic(ally)
ent-		inseparable prefix meaning: 1. to take sth away from sth, to free sth from sth 2. out of sth 3. away from sth	1. enthüllen, entgiften 2. entströmen 3. enteilen, entschweben	1. to unveil, to detoxify 2. to pour out 3. to hurry away, to float away
entomo-	entomo-	insect	Entomologie	entomology
ep-	ep-	variant of **epi-**	Epoche	epoch
epi-	epi-	1. on, over, above 2. near 3. after, later	1. Epizentrum 2. Epilog 3. Epigone	1. epicenter 2. epilog(ue) 3. epigone
er-		inseparable prefix meaning: 1. to take on a certain feature 2. to achieve a certain result 3. to begin to	1. erkalten, erblinden 2. ertasten, erkaufen 3. erbeben, erstrahlen	1. to become cold, to go blind 2. to feel out, to pay for 3. to shudder, to shine

Prefix/ Combining Form	English Equivalent	Meaning and Use	Example	English Translation
erz-	arch-	1. head, leader, chief 2. extreme	1. Erzbischof 2. erzkonservativ	1. archbishop 2. ultraconservative
ethno-	ethno-	people, race	Ethnologie	ethnology
eu-	eu-	good	Eulogie	eulogy
euro-	Euro-	Europe, European	Eurokrat	Eurocrat
ex-[1]	ex-	former	Exfreundin	ex-girlfriend
ex-[2]	ex-	out, out of, outside	explodieren	to explode
exo-	exo-	outside, external	exotherm	exothermic(ally)
extra-[1]	extra-	outside	extraordinär	extraordinary
extra-[2]		very, especially	extragroß, extrastark	extra large, extra strong
extro-	extro-	variant of **extra-**	extrovertiert	extrovert
fehl-		not correct	Fehldiagnose, Fehlinformation	misdiagnosis, misinformation
fest-		separable prefix meaning: so that sth is difficult to remove	festbinden, festschrauben	to tie tight, to screw tight
fono-		orthographic variant of **phono-**		
fort-		1. away 2. still	1. fortgehen, fortziehen 2. fortbestehen, fortwirken	1. to go away, to move away 2. to survive, to continue to have an effect
foto-		orthographic variant of **photo-**		
franko-	Franco-	French, France	frankophon	francophone/ Francophone
frei-		separable prefix meaning: to free from sth (bothersome)	freikämpfen, freischaufeln	to struggle to free, to shovel free
frisch-		only just	frischgestrichen, frischverheiratet	freshly painted, newly married
gastro-	gastr(o)-	stomach	Gastroskopie	gastroscopy
ge-		changes verbs to nouns	Gebell, Geschwätz	barking, gossip
gegen-		1. from the opposite direction 2. refutation 3. battle 4. reaction	1. Gegenlicht, Gegenströmung 2. Gegenbeweis, Gegenbeispiel 3. Gegenmittel 4. Gegenargument, Gegenangriff	1. light shining toward the viewer, countercurrent 2. evidence to the contrary, counterexample 3. antidote 4. counterargument, counterattack
geno-	gen(o)-	people, race	Genozid	genocide
geo-	geo-	earth	Geographie	geography
giga-	giga-	one billion	Gigabyte	gigabyte

Prefix/ Combining Form	English Equivalent	Meaning and Use	Example	English Translation
grafo-		orthographic variant of **grapho-**		
grapho-	graph(o)-	writing	Graphologie	graphology
groß-	grand-	previous generation	Großmutter, Großvater	grandmother, grandfather
gynäko-	gynec(o)-	woman	Gynäkologe	gynecologist
gyro-	gyr(o)-	circle, spinning	Gyroskop	gyroscope
halb-	demi-	half, partly	Halbgott	demigod
häm(o)-	hema-, hemo-	blood	Hämatit, Hämoglobin	hematite, hemoglobin
hämat(o)-	hema-	blood	Hämaturie, Hämatologe	hematuria, hematologist
haupt-		most important	Hauptstadt, Hauptbestandteil	capital (city), main component
heiden-		very big, very much	Heidenangst, Heidenlärm	mortal fear, awful racket
heim-		(toward) home	heimgehen, Heimfahrt	to go home, trip (ride) home
hekt(o)-	hect(o)-	one hundred	Hektar, Hektoliter	hectare, helicopter
heli-	heli-	helicopter	Heliport	heliport
hemi-	hemi-	half, partial	Hemisphäre	hemisphere
hepta-	hepta-	seven	Heptagon	heptagon
her-		separable prefix meaning: 1. (from some place) over to the speaker 2. in the same direction 3. origin, source	1. herbringen, herkommen 2. (neben jemandem) herfahren, (vor jemandem) hergehen 3. herstammen, herkommen	1. to bring (over) here, to come (over) here 2. to drive (alongside sb), to walk (in front of sb) 3. to originate from, to come from
heran-		separable prefix meaning: over to sth or sb or from one place to another	herankommen, herantasten	to approach, to feel one's way
herauf-		separable prefix meaning: over to sth or sb or from down below to up above	heraufkommen, heraufbringen	to come up, to bring up
heraus-		separable prefix meaning: over to sth or sb or from inside to outside	herauslassen, herausschrauben	to let out, to unscrew
herein-		separable prefix meaning: over to sth or sb or from outside to inside	hereinkommen, hereinsehen	to come in, to look in

Prefix/ Combining Form	English Equivalent	Meaning and Use	Example	English Translation
herüber-		separable prefix meaning: over to sth or sb: from one side to the other	herüberreichen, herüberklettern	to hand over (here), to climb over (here)
herum-		separable prefix meaning: 1. in a circular pattern 2. in the other direction 3. in no particular direction and with no particular goal 4. without knowing how sth will end 5. without a clear intention 6. to have sth to do with sth unpleasant or to complain about it	 1. herumgehen, herumbinden 2. herumdrehen, herumreißen 3. herumspazieren, herumirren 4. herumexperimentieren, herumrätseln 5. herumblättern, herumsitzen 6. herumplagen, herumnörgeln	 1. to walk around (in a circular pattern), to tie around 2. to turn around, to pull around (hard) 3. to stroll around, to wander around 4. to experiment around, to try to figure out 5. to leaf through, to sit around 6. to bother, to nag
heter(o)-	heter(o)-	different, other	heterosexuell	heterosexual(ly)
hex(a)-	hex(a)-	six	hexangulär, Hexagon	hexangular, hexagon
hier-[1]		separable prefix meaning: in this place	hierbleiben, hierbehalten	to stay here, to keep here
hier-[2]		forms pronominal adverbs	hieran, hiermit	on here, with this
hin-		separable prefix meaning: over to a certain place (away from the speaker)	hingehen, hinbringen	to go over (there), to bring over (there)
hinauf-		separable prefix meaning: away from sth or sb: from down below to up above	hinaufgehen, hinaufbringen	to go up (there), to bring up (there)
hinaus-		separable prefix meaning: away from sth or sb: from inside to outside	hinausschauen, hinausschieben	to look out, to push out
hinein-		separable prefix meaning: away from sth or sb: from outside to inside	hineinführen, hineinlassen	to usher in (there), to let in[to] (there)
hinüber-		separable prefix meaning: away from sth or sb: from one side to the other	hinüberblicken, hinüberhelfen	to look over (there), to help over (there)
histo-	hist(o)-	living tissue	Histologie	histology
hoch-[1]		very (strong)	hochexplosiv, hochmodern	highly explosive, ultramodern

Prefix/ Combining Form	English Equivalent	Meaning and Use	Example	English Translation
hoch-[2]		up	hochbinden, hochgucken	to tie up, to look up
höllen-		very big	Höllenkrach, Höllenangst	hellish noise, awful fear
holo-	holo-	whole, complete	Holocaust	holocaust
hom(o)-	homo-	alike, same	Homograph	homograph
homö(o)-	homeo-	alike, similar	Homöopathie	homeopathy
hunds-		very	hundsgemein, hundsmiserabel	rotten, lowdown
hydr(o)-	hydro-	water, liquid	Hydrophobie	hydrophobia
hyper-[1]	hyper-	over, above	Hyperbel	hyperbole
hyper-[2]	hyper-	excessive	hypernervös, hyperkorrekt	extremely nervous, excessively proper
hypn(o)-	hypno-	sleep	Hypnotherapie	hypnotherapy
hypo-	hypo-	1. under, below 2. unusually low	1. hypodermatisch 2. Hypothermie	1. hypodermic 2. hypothermia
hystero-	hyster(o)-	womb, uterus	Hysteroskopie	hysteroscopy
il-[1]	il-	variant of in-[1]	illuminieren	to illuminate
il-[2]	il-	variant of in-[2]	illegal	illegal(ly)
im-[1]	im-	variant of in-[1]	immens	immense(ly)
im-[2]	im-	variant of in-[2]	immobil	immobile
immer-	ever-	without interruption	immerwährend, immergrün	perennial, evergreen
in-[1]	in-	in, into	inaugurieren	to inaugurate
in-[2]	in-	not	inaktiv	inactive(ly)
indo-	Indo-	Indian	Indonesien	Indonesia
infra-	infra-	below, beneath	Infrastruktur	infrastructure
inter-	inter-	among, between	international	international(ly)
intra-	intra-	within, inside	intravenös	intravenous(ly)
intro-	intro-	into, inward	introvertiert	introverted
ir-[1]	ir-	variant of in-[1]	irritieren	to irritate
ir-[2]	ir-	variant of in-[2]	irregulär	irregular(ly)
is(o)-	iso-	equal	Isotop	isotope
kardio-	cardi(o)-	heart	Kardiogramm	cardiogram
kenn-		as a means of identification	Kennziffer, Kennwort	code number, password
kilo-	kilo-	one thousand	Kilometer	kilometer
klasse-		very good	Klasseleistung, Klasseidee	great achievement, great idea
knall-		bright, intensely radiant	knallgrün, knallbunt	bright green, vibrantly colored
ko-	co-	together, jointly	koalieren	to coalesce
kol-	col-	variant of ko-	kollaborieren	to collaborate

Prefix/ Combining Form	English Equivalent	Meaning and Use	Example	English Translation
kom-	com-	variant of ko-	komprimieren	to compress
kombi-	combi-	used for various purposes	Kombimöbel, Kombizange	combination furniture, combination pliers
kon-	con-	variant of ko-	konkav	concave
konter-	counter-	contrary, opposing	konteragieren, Konterrevolution	to counteract, counterrevolution
kontra-	contra-	against, having an adverse effect on	Kontradiktion, Kontrazeption	contradiction contraception
kor-	cor-	variant of ko-	korrigieren	to correct
kosmo-	cosmo-	1. in space 2. on Earth	1. Kosmonaut 2. Kosmopolit	1. cosmonaut 2. cosmopolitan
kreuz-		very	kreuzbrav, kreuzlangweilig	very well-behaved, very boring
krypt(o)-	crypt(o)-	concealed, hidden, secret	kryptisch	cryptic
lakt(o)-	lacto-	milk	Laktose	lactose
lith(o)-	lith(o)-	stone	Lithographie	lithography
los-		separable prefix meaning: 1. weg-, fort- 2. beginning suddenly 3. to loosen a connection	1. losgehen, losfliegen 2. losschreien, losschlagen 3. losbinden, losschrauben	1. to get going (on foot), to take off (in a plane) 2. to start to scream, to start to hit 3. to untie, to unscrew
magni-	magn(i)-	big, lofty	Magnifizenz	magnificence
makr(o)-	macro-	large	makroökonomisch	macroeconomic
mal-	mal-	bad, badly	Malaria, malträtieren	malaria, to maltreat
mani-	mani-	hand	Maniküre	manicure
maxi-	maxi	rather long	Maxikleid	maxi dress
mega-[1]	mega-	1. especially large 2. one million	1. Megaphon 2. Megavolt	1. megaphone 2. megavolt
mega-[2]	mega-	(intensifier of super-[2]) very big	Megahit, Megastar	megahit, megastar
meist-		(superlative of much) to the greatest degree	meistdiskutiert, meistverkauft	most-discussed, best-selling
meta-	meta-	1. transformation, change 2. behind, later 3. on a higher level	1. Metamorphose 2. Metaphysik 3. Metakommunikation	1. metamorphosis 2. metaphysics 3. metacommunication
mikr(o)-	micro-	tiny, minute	Mikroorganismus	microorganism
milli-	milli-	one thousandth	Millibar	millibar
minder-		less	minderbemittelt, minderwertig	less well-off, inferior

Prefix/ Combining Form	English Equivalent	Meaning and Use	Example	English Translation
mini-	mini-	1. small 2. very short	1. Minibar 2. Minirock	1. minibar 2. miniskirt
miss-	mis-	1. bad, badly, wrong, wrongly 2. opposite 3. negative	1. missinterpretieren 2. Misserfolg 3. missgelaunt	1. to misinterpret 2. failure 3. in a bad mood
mit-		separable prefix meaning: 1. together with others 2. not leave behind	1. mitspielen, mitessen 2. mitnehmen, mitschleifen	1. to play with, to share a meal 2. to take along, to drag along
mittel-	medium-	1. average 2. in the middle	1. mittelgroß, mittelfein 2. Mitteleuropa, Mittelfeld	1. medium-sized, medium-fine 2. Central Europe, midfield
mono-	mono-	simgle, one	Monopol	monopoly
mords-		very big, very intense	Mordsglück, Mordshunger	incredibly good luck, ravenous hunger
morph(o)-	morph(o)-	figure, form	Morphologie	morphology
multi-	multi-	many, multiple	multilingual	multilingual
nach-[1]	after-	used with nouns to mean: coming after	Nachgeburt	afterbirth
nach-[2]		separable prefix meaning: 1. after 2. again (to check or improve) 3. based on sth 4. later 5. past the actual or planned end 6. intense and thorough	1. nachwerfen, nachrennen 2. nachrechnen, nachbehandeln 3. nachbauen, nacherzählen 4. nachlösen, nachfeiern 5. nachsitzen 6. nachdenken	1. to throw after, to run after 2. to check again, to give follow-up treatment 3. to build a copy of sth, to retell 4. to buy a ticket after boarding a train, bus, etc., to celebrate later 5. to have detention 6. to contemplate
neben-		less important	Nebeneingang, Nebenrolle	side entrance, supporting role
neo-	neo-	new, recent	Neofaschismus	neofascism
nephr(o)-	nephr(o)-	kidney	Nephritis	nephritis
neur(o)-	neur(o)-	nerve	Neurose	neurosis
nicht-	dis-, non-	not	Nichtachtung, Nichtbeachtung	disregard, noncompliance

Prefix/ Combining Form	English Equivalent	Meaning and Use	Example	English Translation
nieder-		separable prefix meaning: 1. from up above to down below 2. to hit or destroy sth, for instance, so that it ends up on the ground	1. niederdrücken, niedersinken 2. niederbrennen, niederwalzen	1. to push down, to collapse 2. to burn down, to flatten
non-	non-	not	nonverbal	nonverbal
ober-		very	oberblöd, oberfaul	extremely stupid, extremely lazy
öko-[1]	eco-	environment, ecology	Ökologie	ecology
öko-[2]	bio-[2]		Ökobauer, Ökoprodukt	organic farmer, organic product
okt-, okta-, okto-	octa-, octo-	eight	Oktode, Oktaeder, oktogonal	octode, octahedron, octagonal
omni-	omni-	everything, all-	omnipotent	omnipotent
ornitho-	ornith(o)-	bird	Ornithologie	ornithology
orth(o)-	ortho-	1. correct, right 2. gerade, aufrecht	1. Orthographie 2. orthogonal	1. orthography 2. orthogonal
osteo-	oste(o)-	bone	Osteoporose	osteoporosis
ovi-, ovu-	ov-, ovi-, ovo-	egg	ovipar, Ovulation	oviparous(ly), ovulation
päd(o)-	ped(o)-	child	Pädiatrie	pediatrics
palä(o)-	pale(o)-	old, ancient	Paläontologie	paleontology
pan-	pan-	all	Pantheon, panafrikanisch	pantheon, pan-African
para-	para-	beside, near	Paragraph	paragraph
patho-	path(o)-	disease	Pathologie	pathology
patri-	patr(i)-	1. father 2. fatherland	1. Patriarchat 2. Patriotismus	1. patriarchy 2. patriotism
pedi-	ped(i)-	foot	Pediküre	pedicure
pent(a)-	penta-	five	Pentagon, Pentathlon	pentagon, pentathlon
per-	per-	1. through 2. very, completely	1. Perspektive 2. perfekt	1. perspective 2. perfect
peri-	peri-	around	Peripherie	periphery
phil(o)-	phil(o)-	love of, inclination toward	Philanthropie, philharmonisch	philanthropy, philharmonic
phleb(o)-	phleb(o)-	vein	Phlebitis	phlebitis
phono-	phon(o)-	sound, voice	Phonologie	phonology
photo-	phot(o)-	light	Photosynthese	photosynthesis
physio-	physi(o)-	body, physical	Physiognomie	physiognomy
pneumo-[1]	pneum(o)-	air, gas	Pneumothorax	pneumothorax
pneumo-[2]	pneum(o)-	lung	Pneumologie	pneumology
poly-	poly-	many, various	Polytheismus	polytheism

Prefix/ Combining Form	English Equivalent	Meaning and Use	Example	English Translation
post-	post-	after	postpubertär, Postimpressionismus	postpuberty, postimpressionism
prä-	pre-	before	pränatal, Präposition	prenatal, preposition
pro-	pro-	in favor of	proarabisch, prowestlich	pro-Arabic, pro-West
prot(o)-	prot(o)-	earliest	Protagonist, Prototyp	protagonist, prototype
pseud(o)-	pseud(o)-	false, sham	Pseudonym, pseudodemokratisch	pseudonym, pseudo-democratic(ally)
psych(o)-	psych(o)-	mind, mental	Psychose	psychosis
pyro-	pyro-	fire	Pyrotechnik	pyrotechnics
quadri-, quadro-	quadri-, quadru-	four	Quadrivium, Quadrophonie	quadrivium, quadraphony
quasi-	quasi-	almost, nearly, as if	quasioffiziell	quasi-official
radio-	radi(o)-	1. radio 2. radioactive	1. Radiotelegrafie 2. Radiotherapie	1. radiotelegraphy 2. radiotherapy
ran-		variant of **heran-**		
rauf-		variant of **herauf-, hinauf-**		
raus-		variant of **heraus-, hinaus-**		
re-	re-	again, anew	reanimieren	to reanimate
rein-		variant of **herein-, hinein-**		
retro-	retro-	1. back, backward 2. in the rear, behind	1. retrospektiv 2. retronasal	1. retrospective 2. retronasal
rhin(o)-	rhino-	nose, nasal	Rhinitis, Rhinoplastik	rhinitis, rhinoplasty
riesen-		extremely big	Riesendefizit, Riesenüberraschung	huge deficit, huge surprise
rüber-		variant of **herüber-, hinüber-**		
rück-		1. changes verbs to nouns with 'zurück-' 2. back again to the starting point or sender 3. in or on the back, having to do with the back part	1. Rückeroberung, Rückgabe 2. Rückantwort, Rückreise 3. Rückbank, Rückansicht	1. reconquest, return 2. reply, return trip 3. rear seat, rear view
rum-		variant of **herum-**		
sau-[1]		very, extremely	saukalt, sauwohl	extremely cold, really good
sau-[2]		1. very unpleasant, very bad 2. very big, very intense	1. Saufraß, Sauwetter 2. Sauglück, Sauhitze	1. slop, shitty weather 2. ridiculously good luck, unbearable heat

Prefix/ Combining Form	English Equivalent	Meaning and Use	Example	English Translation
scheiß-[1]		1. very, extreme 2. in an exaggerated manner	1. scheißfrech, scheißkalt 2. scheißfreundlich	1. extremely brazen, cold as hell 2. sweet as pie
scheiß-[2]		very bad, very unpleasant	Scheißjob, Scheißkerl	shitty job, bastard
schwieger-		related because of marriage	Schwiegervater, Schwiegertochter	father-in-law, daughter-in-law
seismo-	seismo-	earthquake	Seismograph	seismograph
selbst-	self-	1. regarding oneself 2. without outside help	1. Selbstachtung, Selbstmitleid, selbstkritisch, selbstzerstörerisch 2. Selbsthilfe, selbstklebend	1. self-respect, self-pity, self-critical, self-destructive 2. self-help, self-adhesive
semi-	semi-	half	Semifinale	semifinal
sept-	septi-	seven	September	September
sex-	sex-	six	Sextett	sextet
sexual-		sexual, sex	Sexualaufklärung, Sexualpartner	sexual enlightenment, sexual partner
sklero-	sclero-	hard	Sklerometer	sclerometer
soli-	soli-	alone	Soliloquium, solitär	soliloquy, solitaire
stereo-	stere(o)-	1. solid, massive 2. spacial, physical	1. stereotyp 2. stereophonisch	1. stereotype 2. stereophonic(ally)
stief-	step-	related because of remarriage	Stiefmutter	stepmother
stink-		very	stinkfaul, stinkwütend	lazy as hell, mad as hell
stock-		very (strong)	stockbetrunken, stockdunkel	drunk as hell, dark as hell
strato-	strato-	layer	Stratosphäre	stratosphere
sub-	sub-	under, below	subtrahieren	to subtract
suf-	suf-	variant of **sub-**	Suffix	suffix
suk-	suc-	variant of **sub-**	sukzessiv	successive(ly)
sup-	sup-	variant of **sub-**	supprimieren	to suppress
super-[1]	super-	over, above	superfiziell	superficial(ly)
super-[2]	super-	1. very, exceptionally 2. outstanding 3. especially high on the scale	1. superbequem, superbillig 2. Superhotel, Superwetter 3. Supergage, Supertalent	1. super-comfortable, super-cheap 2. great hotel, great weather 3. huge salary, amazing talent
sur-	sur-	variant of **sub-**	Surrogat	surrogate
sus-	sus-	variant of **sub-**	suspendieren	to suspend
syl-	syl-	variant of **syn-**	Syllogismus	syllogism
sym-	sym-	variant of **syn-**	Symbiose	symbiosis
syn-	syn-	together, united	Synergie	synergy

Prefix/ Combining Form	English Equivalent	Meaning and Use	Example	English Translation
tele-	tele-	distant	Television	television
tetra-	tetr(a)-	four	Tetraeder	tetrahedron
theo-	the(o)-	god	Theologie	theology
therm(o)-	therm(o)-	heat	thermisch, Thermostat	thermal(ly), thermostat
tod-		very, extremely	todmüde, todlangweilig	dead tired, ridiculously boring
top-		very, extremely	topmodern, topaktuell	completely modern, completely up-to-date
top(o)-	top(o)-	location, place	topisch, Topographie	topical(ly), topography
tot-		separable prefix meaning: 1. so that death occurs due to the given action 2. highlights the intensity	1. totfahren, totschießen 2. sich totärgern, sich totarbeiten	1. to run over and kill, to shoot dead 2. to become livid, to work oneself to death
trans-	trans-	beyond, across	Transaktion	transaction
tri-	tri-	three	Triangel	triangle
tropo-	trop(o)-	change, turning	Troposphäre	troposphere
typo-	typo-	imprint, printing	Typographie	typography
über-[1]		separable prefix meaning: 1. beyond a limit 2. from one side to the other	1. überschwappen, überkochen 2. überwechseln, übertreten	1. to slop over, to boil over 2. to change over, to convert
über-[2]		inseparable prefix meaning: 1. from one point to another 2. covering a surface 3. reaching a higher degree 4. to an extreme or exaggerated degree 5. not notice 6. to check in order to improve	1. überfliegen, überqueren 2. überschwemmen, überwuchern 3. übertönen, überragen 4. überladen, überanstrengen 5. übersehen, überlesen 6. überdenken, überarbeiten	1. to fly over, to cross (over) 2. to flood, to overgrow 3. to drown (out), to tower above 4. to overload, to put too great a strain on 5. to overlook, to skip (while reading) 6. to think over, to revise
über-[3]	over-	used with adjectives to mean: exaggerated, excessive	überängstlich, überkorrekt	overanxious, excessively proper
über-[4]		used with nouns to mean: too great in number or amount	Überbevölkerung, Übereifer	overpopulation, overeagerness
ultra-	ultra-	1. outside the range of 2. to the greatest degree	1. Ultraschall 2. ultramodern	1. ultrasound 2. ultramodern

Prefix/ Combining Form	English Equivalent	Meaning and Use	Example	English Translation
um-[1]		separable prefix meaning: 1. a change of position or location (from front to back, from inside to outside, from standing to lying down, etc.) 2. from one place to another 3. repetition in order to change the status	1. umklappen, umkrempeln, umstoßen 2. umtopfen, umziehen 3. umbuchen, umbenennen	1. to fold down, to roll up, to knock over 2. to repot, to move (house) 3. to change a reservation, to rename
um-[2]		inseparable prefix meaning: movement or position in the form of a circle or an arc	umsegeln, umlagern	to circumnavigate, to surround
un-	un-	not	unecht, unbedeutend	fake, insignificant
uni-	uni-	one, single	unilateral	unilateral
unter-[1]		separable prefix meaning: 1. so that sth ends up beneath sth else 2. so that sth is mixed with sth else 3. too little (intensity), too low	1. unterlegen, unterschieben 2. untergraben, unterrühren 3. unterbelichten, unterbewerten	1. to put underneath, to push underneath 2. to dig into the soil, to stir in 3. to underexpose, to undervalue
unter-[2]		inseparable prefix meaning: under and through sth	unterführen, unterqueren	to pass under, to cross under
ur-[1]		very	uralt, urplötzlich	very old, very sudden
ur-[2]		refers to the beginning, the original condition	Urbevölkerung, Urinstinkt	native population, basic instinct
ver-		inseparable prefix meaning: 1. changes verbs to adjectives: to bring or come to a condition 2. changes nouns to verbs: to make or become sth 3. makes intransitive verbs transitive 4. expresses that sb dies in the manner mentioned 5. causing a negative or undesirable result 6. not perfect 7. away from a place	1. vergrößern, verflüssigen, vereinsamen 2. verfilmen, versklaven, verdunsten 3. verspotten, verschweigen 4. verhungern, verdursten 5. verrutschen, verschlafen 6. sich verhören, sich verschreiben 7. vertreiben, sich verkriechen	1. to enlarge, to liquefy, to become lonely 2. to film, to enslave, to evaporate 3. to mock, to keep secret 4. to starve (to death), to die of thirst 5. to slip, to oversleep 6. to mishear, to make a slip of the pen 7. to drive away/out, to creep away

Prefix/ Combining Form	English Equivalent	Meaning and Use	Example	English Translation
		8. until the end	8. verblühen, verbrennen	8. to wilt, to burn
		9. to equip with sth, to receive sth	9. versilbern, verminen	9. to silver-plate, to mine
video-		television	Videokamera, Videoüberwachung	video camera, monitoring by closed-circuit television
vize-	vice-	1. deputy	1. Vizekanzler, Vizepräsident	1. vice chancellor, vice president
		2. second in position	2. Vizeweltmeister, Vizeadmiral	2. silver medalist at a world champion- ship, vice admiral
voll-[1]		separable prefix meaning: so that sth is entirely filled	volltanken, vollschreiben	to fill up (with gas), to fill up with writing
voll-[2]	full-, fully-	used with adjectives to mean: completely or to a great degree	vollautomatisch, vollelastisch	fully automatic, fully elastic
vor-[1]	ante-	used with nouns to mean:		
		1. in front, before	1. Vorraum, Vorgarten	1. anteroom, front garden
		2. prior to, earlier	2. Vorabend, Vorgeschichte, Vorarbeit, Vorwäsche	2. eve, past history, preparatory work, prewash (cycle)
		3. serves as an example	3. Vorturner	3. demonstrator of gymnastics exercises
vor-[2]		separable prefix meaning:		
		1. in front of sth or sb, toward the front	1. vorfahren, vortreten	1. to lead the way (in a vehicle), to step forward
		2. earlier	2. vorkochen, vorarbeiten	2. to precook, to finish work ahead of schedule
		3. serves as an example	3. vorsingen, vorturnen	3. to sing first (as a demonstration), to demonstrate gymnastics exercises
weg-		separable prefix meaning:		
		1. away from a place	1. wegfahren, wegschneiden	1. to leave (in a vehicle), to cut away
		2. in a different direction	2. wegdrehen, wegsehen	2. to turn away, to look away
		3. so that less and less remains of sth (until nothing is left)	3. wegessen, wegtrinken	3. to eat (every last bite), to drink (every last drop)

Prefix/ Combining Form	English Equivalent	Meaning and Use	Example	English Translation
		4. not needing sth any more and therefore ridding oneself of it	4. weghängen, wegrationalisieren	4. to hang up (and put away), to get rid of as part of a downsizing campaign
weiter-		separable prefix meaning: 1. forwards, ahead	1. weiterbefördern, weiterhelfen	1. to take/drive further, to provide with further assistance
		2. expresses the continuation of an event	2. weitermachen, weiterverfolgen	2. to continue (to do sth), to continue to pursue
wieder-		separable prefix meaning: 1. zurück-	1. wiedergeben, wiederkommen	1. to give back, to come back
		2. anew	2. wiederaufführen, wiedereingliedern	2. to perform again, to reintegrate
wo-		forms pronominal adverbs	wobei, wonach	how, what ... for/of
wohl-		to a relatively high degree, existing to a comfortable degree	wohlbehalten, wohlbeleibt, Wohlgefallen	safe and sound, corpulent, delight
wor-		forms pronominal adverbs	worauf, worüber	on ... what/what ... on, about ... what/ what ... about
xeno-	xen(o)-	foreign	Xenophobie	xenophobia
xyl(o)-	xyl(o)-	wood	Xylophon	xylophone
zenti-	centi-	1. hundred 2. hundredth	1. Zentifolie 2. Zentimeter	1. centifolia 2. centimeter
zer-		inseparable prefix meaning: so that sth or sb is injured or destroyed	zerquetschen, zersägen	to squash, to saw up
zirkum-	circum-	around	Zirkumferenz	circumference
zoo-	zoo-	animal	Zoologie	zoology
zu-		separable prefix meaning: 1. so that sth is closed, covered, or filled	1. zuwachsen, zufrieren, zudecken	1. to heal over/up, to freeze (over), to cover (up)
		2. in a certain direction	2. zubewegen, zulaufen	2. to approach, to run toward
		3. aimed at sb	3. zulächeln, zuwinken	3. to smile at, to wave to
		4. to do energentically	4. zuschlagen, zubeißen	4. to slam (shut), to bite
		5. indicates that sb gets sth	5. zuweisen, zuspielen	5. to assign to, to pass to
		6. in addition	6. zugeben, zurechnen	6. to add, to add on

Prefix/ Combining Form	English Equivalent	Meaning and Use	Example	English Translation
		7. to give a certain form to, to put in a certain condition	7. zuschneiden, zurichten	7. to cut to size, to finish
zurecht-		1. so that it has the desired form 2. so that sth is put in the desired place	1. zurechtbiegen, zurechtschneiden 2. zurechtrücken, zurechtlegen	1. to bend into shape, to cut into shape 2. to adjust, to get ready
zurück-		1. back to the previous place 2. from front to back 3. back to the previous person 4. reciprocal action 5. toward the past	1. zurückfahren, zurückholen 2. zurückfallen, zurücklehnen 3. zurückgeben, zurückzahlen 4. zurückgrüßen, zurückschlagen 5. zurückdenken, zurückversetzen	1. to drive back, to fetch back 2. to fall back, to lean back 3. to give back, to repay 4. to greet back, to hit back 5. to think back, to transport back
zusammen-		1. not alone 2. to unite so that sth whole results 3. so that a large amount results 4. so that sth takes up only a small space 5. so that sb/sth falls down 6. hastily and not carefully	1. zusammenleben, zusammensitzen 2. zusammennähen, zusammenfließen 3. zusammensparen, zusammentragen 4. zusammendrücken, zusammenklappen 5. zusammensacken, zusammenschlagen 6. zusammenschreiben, zusammendichten	1. to live together, to sit together 2. to sew together, to flow together 3. to save up, to collect 4. to crush, to fold up 5. to collapse, to beat up 6. to write quickly without giving much thought to, to quickly compose (verse)
zwischen-		1. only temporarily valid 2. short-term, temporary 3. interruption	1. Zwischenbilanz 2. Zwischenlager 3. Zwischenaufenthalt	1. interim balance 2. temporary storage (facility) 3. stopover

Deutsche Suffixe und Wortbildungselemente
German Suffixes and Combining Forms

Suffix/ Combining Form	English Equivalent	Meaning and Use	Example	English Translation
-a	-a	1. makes nouns of Latin origin plural 2. feminine form	1. Abstrakta, Neutra 2. Paula, Roberta	1. abstracts, neuters 2. Paula, Roberta
-abel	-able	changes verbs (usually those that end in -ieren) to adjectives, meaning: possible, fit for	respektabel, akzeptabel	respectable, acceptable
-abilität	-ability	changes adjectives that end in -abel to nouns	Respektabilität, Akzeptabilität	respectability, acceptability
-ade	-ade	denotes the result of an action	Limonade, Barrikade, Blockade	soft drink, barricade, blockade
-age	-age	denotes an action	Massage, Sabotage, Spionage	massage, sabotage, espionage
-agoge	-agogue	leader, director	Pädagoge, Demagoge	pedagogue, demagogue
-ähnlich	-like	like, comparable to	gottähnlich, parkähnlich, totenähnlich	godlike, park-like, death-like
-al	-al, -ic	1. in the manner of or like sth 2. starting with or with regard to sth	1. horizontal, triumphal, katastrophal 2. national, formal	1. horizontal, triumphal, catastrophic 2. national, formal
-algie	-algia, -algy	pain	Nostalgie, Neuralgie	nostalgia, neuralgia
-ämie	-emia	blood	Leukämie, Anämie	leukemia, anemia
-ana	-ana	collection	Amerikana	Americana
-and		denotes a person with whom sth is done	Informand, Diplomand	a person to whom information is given, a graduate student who is writing his/her master's thesis
-anfällig	-prone	tending toward sth	störanfällig, reparaturanfällig, stressanfällig	disruption-prone, repair-prone, stress-prone
-ant	-ant(e)	denotes a person who does sth or, occasionally, a thing that does sth	Informant, Debütant; Antitranspirant	informant, debutante, antiperspirant
-anz	-ance, -ancy	changes adjectives that end in -ant to nouns	Intoleranz, Ignoranz, Relevanz	intolerance, ignorance, relevance
-ar	-ar, -ic	variant of -är[2]	linear, atomar, solar	linear, nuclear/ atomic, solar
-är[1]	-aire	a person who possesses sth	Millionär, Aktionär	millionaire, stockholder

Suffix/ Combining Form	English Equivalent	Meaning and Use	Example	English Translation
-är²	-ary, -ery	regarding sth	familiär, revolutionär, imaginär	family, revolutionary, imaginary
-arch	-arch	leader	Monarch, Oligarch	monarch, oligarch
-archie	-archy	leadership	Monarchie, Anarchie	monarchy, anarchy
-arier	-arian	1. member of a group 2. representative of a conviction	1. Proletarier 2. Unitarier, Trinitarier, Vegetarier	1. proletarian 2. Unitarian, Trinitarian, vegetarian
-arium	-arium	a protected area where one can observe things	Aquarium, Vivarium, Planetarium	aquarium, vivarium, planetarium
-armig	-armed	having a particular number of arms	einarmig	one-armed
-artig	-like	having a particular nature, similar to	blitzartig, palastartig, sintflutartig	lightning, palatial, torrential
-at		1. the result of a process or action 2. a job having a particular function 3. a place where one works having the given function 4. a group of people having the given function	1. Destillat, Fabrikat, Resultat 2. Referendariat, Volontariat 3. Lektorat, Sekretariat 4. Direktorat, Kommissariat	1. distillate, product, result 2. traineeship, internship 3. editorial office, administrative office 4. board of directors, board of commissioners
-ation	-ation	an action or a result of the action	Kanalisation, Information	sewage system, information
-atisch	-atic(al), -atically	changes nouns that end in -m to adjectives or adverbs, meaning: 1. regarding sth, based on sth 2. with sth, full of sth	1. idiomatisch, axiomatisch 2. problematisch, systematisch	1. idiomatic(al)/ idiomatically, axiomatic(al)/ axiomatically 2. problematic(al)/ problematically, systematic(al)/sys-tematically
-ator	-eer, -or	changes verbs that end in -ieren to nouns, meaning: the person/ thing that performs an action	Auktionator, Illustrator, Generator, Vibrator	auctioneer, illustrator, generator, vibrator

Suffix/ Combining Form	English Equivalent	Meaning and Use	Example	English Translation
-bar	-able, -ible	1. changes transitive verbs to adjectives; in the passive voice, meaning: the action expressed by the verb can be done 2. changes intransitive verbs to adjectives; in the active voice, meaning: the action expressed by the verb can easily happen	1. auffindbar, essbar, verschließbar 2. brennbar, wandelbar	1. detectable, edible, lockable 2. combustible, convertible
-beinig	-legged	1. having a particular number of legs 2. having a particular type of legs	1. vierbeinig 2. krummbeinig, langbeinig	1. four-legged 2. bow-legged, long-legged
-betrieben	-powered	indicates the type of power supply	batteriebetrieben, atombetrieben	battery-powered, nuclear-powered
-bold		indicates a man who gets noticed often due to some unpleasant behavior that he gladly exhibits	Raufbold, Lügenbold, Trunkenbold	bully, incorrigible liar, drunkard
-chen	-et, -ette, -ie, -y, -ey, -kin, -let, -ling, -ock, -ule	forms the diminutive	Hündchen, Mäuschen, Tellerchen	doggy, darling, small plate
-chrom	-chrome	color	monochrom	monochrome
-dermal	-dermal, -dermic	regarding the skin	epidermal	epidermal/epidermic
-dermis	-dermis	skin	Epidermis	epidermis
-drom	-drome	racecourse	Hippodrom, Velodrom, Syndrom	hippodrome, velodrome, syndrome
-echt	-proof	1. when used with nouns: insensitive to sth, resistant 2. when used with verbs: achievable without having a negative effect	1. lichtecht, kussecht, farbecht 2. kochecht	1. lightproof, kissproof, fast (of colors) *or* fade-resistant 2. boil-proof
-eck	-gon	having a particular number of angles	Dreieck, Achteck	triangle, octagon

Suffix/ Combining Form	English Equivalent	Meaning and Use	Example	English Translation
-ei		variant of **-erei**, meaning:		
	1. -y	1. a business in which a particular profession is practiced	1. Bäckerei, Gärtnerei, Tischlerei	1. bakery, nursery, carpenter's workshop
	2. -ism	2. an action or behavior like that which is named before the suffix	2. Barbarei, Preistreiberei, Gaunerei	2. barbarianism, profiteering, trickery
		3. a particular action is annoying, happens often, or persists for a long time	3. Meuterei, Meckerei, Turtelei, Nörgelei	3. mutiny, bellyaching, whispering of sweet nothings, nagging
		4. sth that arises or has arisen from a particular action	4. Bastelei	4. fiddling around
-ektomie	-ectomy	surgical removal	Appendektomie, Mastektomie	appendectomy, mastectomy
-ell	-al(ly)	1. with regard to	1. kulturell, industriell	1. cultural(ly), industrial(ly)
		2. effected by or caused by	2. maschinell, bakteriell	2. mechanical(ly), bacterial(ly)
		3. having a particular quality, being in a particular condition, able to be designated in a particular way	3. emotionell, exzeptionell, sensationell	3. emotional(ly), exceptional(ly), sensational(ly)
-em	-eme	unit	Morphem, Phonem, Lexem	morpheme, phoneme, lexeme
-en	-en	changes nouns that denote a material to adjectives	wollen, samten	woolen, velvet
-end	-ing, -ory	forms the present participle (that can also be used as an adjective)	spielend, diskriminierend (spielende Kinder, diskriminierende Äußerungen)	playing, discriminatory (children at play, discriminatory remarks)
-ent	-ant, -er, -or	variant of **-ant**	Referent, Assistent, Dirigent	speaker, assistant, conductor
-enz	-ence, -ency	changes adjectives that end in -ent to nouns	Vehemenz, Existenz, Potenz	vehemence, existence, potency
-er[1]	-er	1. a man who performs a professional, habitual, or other activity	1. Bäcker, Trinker, Fahrer	1. baker, drinker, driver
		2. origin	2. Ausländer, New Yorker	2. foreigner, New Yorker
		3. membership	3. Gewerkschafter	3. trade unionist
		4. a machine or device	4. Wäschetrockner, Eierkocher	4. (clothes) dryer, egg cooker

Suffix/ Combining Form	English Equivalent	Meaning and Use	Example	English Translation
-er²	-er, -ier	1. forms the comparative 2. masculine inflection for adjectives	1. länger, größer, wichtiger 2. langer Ast, großer Baum, wichtiger Punkt	1. longer, bigger, more important 2. long branch, big tree, important point
-erei		1. an action or behavior like that which is named before the suffix 2. expresses that a particular action is annoying, happens often, or persists for a long time 3. sth that arises or has arisen from a particular action	1. Sauerei, Schweinerei 2. Plackerei, Fahrerei, Heulerei 3. Stickerei, Schnitzerei	1. mess, scandal 2. drudgery, long hours of driving, wailing 3. embroidery, carving
-erlei		having a particular number, having a particular amount of kinds/sorts	zweierlei, dreierlei, mancherlei, vielerlei	two different, three different, several, all kinds of
-ern	-en	changes nouns that denote a material to adjectives	hölzern, gläsern	wooden, glass
-enz	-ence, -enzy	changes adjectives or participles with the ending -ent to nouns	Turbulenz, Vehemenz	turbulence, vehemence
-esk	-esque	in the manner of	pittoresk, pikaresk, kafkaesk	picturesque, picaresque, Kafkaesque
-eur	-eur	1. occupation 2. other activity	1. Masseur, Friseur 2. Flaneur, Kollaborateur	1. masseur, barber 2. idler/loafer, collaborator
-euse	-euse	feminine form of -eur	Friseuse, Chauffeuse	hairdresser, (female) chauffeur
-fach	-time, -fold	available in a particular amount or done a particular number of times	zweifach, dreifach, mehrfach, vielfach	twice/double/ two-time, thrice/ triple/three-time, multiple/several times, multiple/ manifold
-farben	-colored	having a particular color	orangefarben, elfenbeinfarben	orange(-colored), ivory
-farbig	-color(ed)	1. having a particular number of colors 2. having a particular color	1. einfarbig, zwei-farbig, vielfarbig, verschiedenfarbig 2. cremefarbig, rosenfarbig	1. all one color, two-color(ed), multicolor(ed), various-colored 2. creme-colored, rose-colored/pink

Suffix/ Combining Form	English Equivalent	Meaning and Use	Example	English Translation
-feindlich		1. having a negative attitude toward sb/sth 2. bad/not favorable for sb/sth	1. frauenfeindlich, ausländerfeindlich, staatsfeindlich, fortschrittsfeindlich 2. familienfeindlich, lebensfeindlich	1. sexist (toward women), xenophobic, subversive, anti-progressive 2. not family-friendly, hostile toward life
-fon		orthographic variant of **-phon**		
-fonie		orthographic variant of **-phonie**		
-förmig	-form, -shaped	having a particular form/shape	wurmförmig, herzförmig, kreisförmig	vermiform, heart-shaped, circular
-frei	1. -free 2. -free 3. -proof 4. -free	1. without sth, not containing sth, not causing sth 2. expresses that sth in particular does not have to be paid for 3. expresses that sth in particular does not happen 4. expresses that sth in particular does not have to be done	1. alkoholfrei, bleifrei, fehlerfrei, störungsfrei, akzentfrei 2. portofrei, gebührenfrei, steuerfrei 3. knitterfrei, rostfrei 4. bügelfrei, wartungsfrei	1. nonalcoholic, unleaded, mistake-free, trouble-free, accent-free 2. postpaid, toll-free, tax-free 3. no-crease, rustproof 4. no-iron, maintenance-free
-freundlich	-friendly	1. having a positive attitude toward sb/sth 2. good/beneficial for sb/sth	1. kinderfreundlich, menschenfreundlich, regierungsfreundlich 2. umweltfreundlich, familienfreundlich	1. child-friendly, humanitarian, pro-government 2. environmentally friendly, family friendly
-fritze	-er	1. a pejorative term denoting a profession 2. a man who does sth often	1. Filmfritze, Zeitungsfritze 2. Meckerfritze, Quasselfritze	1. filmmaker, reporter 2. bellyacher, windbag
-füßer	-pede, -pod	having a particular amount or type of feet	Tausendfüßer, Kopffüßer	millipede, cephalopod
-füßig	-footed(ly)	having a particular amount or type of feet	vierfüßig, barfüßig, leichtfüßig	four-footed, barefoot, light-footed(ly)
-gamie	-gamy	marriage	Monogamie, Bigamie	monogamy, bigamy
-geladen	-packed, -filled	full of	actiongeladen, spannungsgeladen	action-packed, suspense-filled
-gemäß		1. according to or suitable for sth in particular 2. according to a particular manner	1. altersgemäß, wahrheitsgemäß, wunschgemäß 2. auftragsgemäß, artgemäß	1. age-appropriate, truthful(ly), as requested 2. as instructed, suitable for a species

Suffix/ Combining Form	English Equivalent	Meaning and Use	Example	English Translation
-gen	-genic	1. suitable for sth 2. causing sth	1. fotogen, telegen 2. halluzinogen, allergen	1. photogenic, telegenic 2. hallucinogenic, allergenic
-gerecht		according to or suitable for	artgerecht, kindgerecht, fristgerecht	suitable for a species, suitable for children, punctual(ly)
-gnose	-gnosis	realization	Prognose, Diagnose	prognosis, diagnosis
-gon	-gon	having a particular number of angles	Hexagon, Pentagon	hexagon, pentagon
-graf		orthographic variant of **-graph**		
-grafie		orthographic variant of **-graphie**		
-gramm	-gram, -graph	1. in writing 2. unit of weight	1. Diagramm, Autogramm 2. Kilogramm	1. diagram, autograph 2. kilogram
-graph	-graph	1. person who writes 2. device that writes	1. Choreograph, Photograph 2. Seismograph	1. choreograph, photograph 2. seismograph
-graphie	-graphy	1. study of 2. writing	1. Ozeanographie, Geographie 2. Lexikographie, Orthographie, Stenographie	1. oceanography, geography 2. lexicography, orthography, stenography
-gyn	-gynous(ly) -gynist(ic)	used with adjectives and nouns to mean: concerning women	androgyn, Misogyn	androgynous(ly), misogynist(ic)
-haarig	-haired	having hair of a particular color or type	rothaarig, dunkelhaarig, langhaarig	red-headed, dark-haired, long-haired
-haft	1. -ic, -ical(ly), -like 2. -ous	1. like sth in particular 2. having an inclination toward	1. traumhaft, heldenhaft, bildhaft 2. lasterhaft, schwatzhaft	1. dreamlike, heroic, vivid 2. immoral, loquacious
-halber		gives the reason for sth	vorsichtshalber, ehrenhalber, umständehalber	as a precaution, honorary, owing to circumstances
-haltig		containing a particular substance	eisenhaltig, alkoholhaltig, fetthaltig	ferrous, containing alcohol, containing fat
-heini		a pejorative term denoting a profession	Versicherungsheini, Filmheini	insurance agent, filmmaker
-heit	-hood, -ty	changes adjectives or participles to nouns meaning: 1. a condition or quality 2. sb/sth having a particular quality	1. Falschheit, Freiheit, Berühmtheit, Besonnenheit 2. Berühmtheit, Neuheit, Seltenheit	1. falsehood, freedom, fame, prudence 2. celebrity, novelty, rarity

Suffix/ Combining Form	English Equivalent	Meaning and Use	Example	English Translation
-hungrig	-hungry	eager for	machthungrig, bildungshungrig	power-hungry, thirsting for (an) education
-i	-y, -ie	1. for intimate forms of address or a shortened version of sb's name 2. to form abbreviations	1. Mutti, Papi, Vati, Willi 2. Profi, Ami, Pulli	1. mommy, pops, daddy, Willy/Willie 2. pro, Yank, sweater
-ial	-ial(ly)	variant of **-al**, meaning: 1. in the manner of or like sth 2. starting from or regarding sth	1. adverbial, kollegial 2. äquatorial, jovial	1. adverbial(ly), collegial(ly) 2. equatorial(ly), jovial(ly)
-iana	-iana	variant of **-ana**	Mozartiana	Mozartiana
-iasis	-iasis	disease	Elefantiasis, Amöbiasis	elephantiasis, am(o)ebiasis
-iatrie	-iatrics, -iatry	special field of medicine	Geriatrie, Psychiatrie	geriatrics, psychiatry
-ibel	-ible	variant of **-abel**	kompatibel, reversibel	compatible, reversible
-ibilität	-ibility	variant of **-abilität**	Kompatibilität	compatibility
-id	-oid	belonging to a race or exhibiting characteristics of a race	mongolid, negrid	Mongoloid, negroid
-ide	-id	denotes a member of a zoological family	Arachnide	arachnid
-iell	-ial(ly)	variant of **-ell**, meaning: 1. with regard to 2. brought about or caused by sth	1. essenziell, existenziell, finanziell 2. ministeriell, notariell	1. essential(ly), existential(ly), financial(ly) 2. ministerial(ly), notarial(ly)
-ien		plural ending of some nouns	Fossilien, Materialien, Prinzipien, Indizien	fossils, materials, principles, circumstantial evidence
-ieren	-ate	changes nouns and adjectives to verbs, meaning: 1. to give sb/sth a particular status 2. to provide sb/sth with sth 3. to do sth	1. gruppieren, blondieren, halbieren 2. apostrophieren, asphaltieren 3. marschieren, protestieren	1. to classify, to dye/bleach, to halve 2. to apostrophize, to pave 3. to march, to protest

Suffix/ Combining Form	English Equivalent	Meaning and Use	Example	English Translation
-ig	-eous(ly)	changes nouns to adjectives or adverbs, meaning: 1. having/using a particular thing or quality 2. like sth in particular 3. having a particular form 4. as if made of a particular material	 1. mutig, fleißig, eifrig 2. riesig, milchig, schwammig 3. bergig, krümelig, hügelig 4. glasig, seidig, goldig	 1. courageous(ly), diligent(ly), eager(ly) 2. huge, milky, spongy 3. mountainous, crumbly, hilly 4. glassy, silky, golden
-igen	-ate, -ize	changes nouns and adjectives to verbs, meaning: to do/make, to cause	demütigen, ängstigen, nötigen, entmutigen, sättigen, verewigen	to humiliate, to frighten, to coerce, to discourage, to satiate, to immortalize
-igkeit		changes adjectives to nouns, meaning: condition, nature, or characteristic	Erfolglosigkeit, Laienhaftigkeit, Dreistigkeit	failure, amateurishness, audacity
-ik	-ics, -ology	denotes a field of work	Linguistik, Genetik, Technik	linguistics, genetics, technology
-iker	-cian, -ic	1. profession 2. sb with a disorder 3. sb with a particular attitude	1. Elektriker, Mathematiker 2. Allergiker, Alkoholiker 3. Choleriker, Zyniker	1. electrician, mathematician 2. a person who suffers from allergies, alcoholic 3. choleric, cynic
-in	-ina, -ess, -enne	for people (see **-er**[1]) and animals, to make the feminine form	Lehrerin, Ärztin, Zarin, Löwin, Komödiantin	(female) teacher, (female) doctor, czarina, lioness, comedienne
-ion		variant of **-ation**	Aktion, Instruktion	action, instruction
-isch	1. -ese, -an 2. -ic, -ical(ly) 3. -ish, -ic	1. origin 2. membership 3. manner	1. japanisch, bayrisch, pfälzisch 2. islamisch, städtisch, mathematisch 3. kindisch, närrisch, heroisch	1. Japanese, Bavarian, Palatinate 2. Islamic, urban, mathematical(ly) 3. childish, foolish, heroic
-isieren	-ize	1. used with nouns and adjectives, meaning: to give sb/sth a particular status 2. used with nouns, meaning: to provide sb/sth with sth	1. familiarisieren, zentralisieren, kategorisieren 2. computerisieren, aromatisieren	1. to familiarize, to centralize, to categorize 2. to computerize, to aromatize
-isierung	-ization	changes verbs that end in *-isieren* to nouns	Amerikanisierung, Privatisierung	Americanization, privatization

Suffix/ Combining Form	English Equivalent	Meaning and Use	Example	English Translation
-ismus	-ism	1. denotes a political system, a religion, a philosophical orientation, an artistic style, etc. 2. denotes a personal disposition 3. denotes a predisposition or illness 4. in linguistics: denotes a word that has a particular origin or characteristic	1. Totalitarismus, Kapitalismus, Sozialismus; Buddhismus, Katholizismus; Pazifismus; Expressionismus, Existenzialismus 2. Idealismus, Pessimismus, Perfektionismus, Zynismus 3. Masochismus, Sadismus, Autismus 4. Anglizismus, Hispanismus, Archaismus, Euphemismus	1. totalitarianism, capitalism, socialism; Buddhism, Catholicism; pacifism; expressionism, existentialism, 2. idealism, pessimism, perfectionism, cynicism 3. masochism, sadism, autism 4. Anglicism, Hispanicism archaism, euphemism
-ist	-ist	1. a supporter or representative of a political system, a religion, a philosophical orientation, an artistic style, etc. 2. sb who has a particular personal disposition 3. sb who has a particular predisposition or illness 4. sb who plays a particular musical instrument 5. sb who has a particular profession 6. sb who participates in sth or who belongs to a group of people	1. Kapitalist, Sozialist; Buddhist; Pazifist; Expressionist, Existenzialist 2. Idealist, Pessimist, Perfektionist 3. Masochist, Sadist, Autist 4. Bassist, Gitarrist, Pianist 5. Maschinist, Komponist, Karikaturist 6. Finalist, Putschist, Reservist, Infanterist	1. capitalist, socialist; Buddhist; pacifist; expressionist, existentialist 2. idealist, pessimist, perfectionist 3. masochist, sadist, autist 4. bassist, guitarist, pianist 5. machinist, composer, caricaturist 6. finalist, putschist, reservist, infantryman
-istisch	-istic(ally)	changes nouns that end in -ismus to adjectives or adverbs	realistisch, idealistisch	realistic(ally), idealistic(ally)
-ität	-ity, -ness	changes adjectives of foreign origin to nouns	Absurdität, Komplexität, Nervosität	absurdity, complexity, nervousness
-itis	-itis	inflammation	Bronchitis, Gastritis, Konjunktivitis	bronchitis, gastritis, conjunctivitis

Suffix/ Combining Form	English Equivalent	Meaning and Use	Example	English Translation
-iv	-ive	1. characteristic	1. aggressiv, explosiv, produktiv	1. aggressive, explosive, productive
		2. regarding	2. qualitativ, quantitativ	2. qualitative, quantitative
		3. nature	3. attributiv, föderativ	3. attributive, federative
-keit	-ity	1. changes adjectives that express a condition or characteristic to nouns	1. Heiserkeit, Übelkeit, Höflichkeit, Fruchtbarkeit, Wirksamkeit	1. hoarseness, nausea, politeness, fertility, effectiveness
		2. a person or thing that has the named characteristic or is in the named condition	2. Möglichkeit, Sehenswürdigkeit, Flüssigkeit	2. possibility, sight worth seeing, liquid
-klud-, -klus-	-clud-, -clus-	to conclude	exkludieren, inklusiv, Konklusion	to exclude, inclusive, conclusion
-köpfig	1. -man	1. having a particular number of people or members	1. zweiköpfig, dreiköpfig	1. two-man, three-man
	2. -headed	2. having a particular number of heads	2. zweiköpfig, dreiköpfig, mehrköpfig	2. two-/double-headed, three-headed, several-headed
	3. -headed	3. having a particular type of head	3. großköpfig	3. big-headed
	4. -haired	4. having a particular type of hair	4. krausköpfig, lockenköpfig, glatzköpfig, kahlköpfig	4. fuzzy-haired, curly-haired, bald, bald-headed
-krat	-crat	a supporter or representative of a particular form of government	Demokrat, Aristokrat	democrat, aristocrat
-kratie	-cracy	a form of government	Demokratie, Aristokratie	democracy, aristocracy
-lang	-length	1. as long as sth	1. armlang, meterlang	1. arm-length, (one-) meter-long
		2. reaching to sth	2. knielang, schulterlang	2. knee-length, shoulder-length
-lei		changes numbers	einerlei, zweierlei, mancherlei, verschiedenerlei,	one of a kind, two [different], all sorts of, diverse
-lein	-et, -ette, -ie, -y, -ey, -kin, -let, -ling, -ock, -ule	forms the diminutive	Blümlein, Häuslein, Bettlein	little flower, little house, little bed
-lepsie	-lepsy	seizure	Narkolepsie	narcolepsy

Suffix/ Combining Form	English Equivalent	Meaning and Use	Example	English Translation
-ler	1. -ist 2. -er	1. sb who is involved in or does sth specific 2. sb who belongs to a group, category, or field	1. Sportler, Künstler, Wissenschaftler 2. SPDler, FKKler, Ruheständler, Erstklässler	1. athlete, artist, scientist 2. member/supporter of the SPD, nudist, retiree, first-grader
-lich[1]	1. -able, -ible 2. -ing(ly)	added to verb stems, meaning: 1. that sth can be done 2. that sth has a particular effect	1. bestechlich, verzeihlich, käuflich 2. bedrohlich, erbaulich	1. corrupt, forgivable, for sale 2. threatening(ly), edifying
-lich[2]		added to nouns, meaning:		
	1. -ing	1. that sth has a particular effect	1. ärgerlich, abscheulich	1. aggravating, revolting
	2. -al(ly)	2. with regard to sb/sth or belonging to sb/sth	2. beruflich, elterlich, kirchlich	2. professional(ly), parental(ly), clerical(ly)
	3. -y	3. resembling sb/sth	3. feindlich, sommerlich, mütterlich	3. adverse, summery, motherly
	4. -ful	4. alive with, full of	4. leidenschaftlich, ängstlich	4. passionate, frightened
		5. having a particular characteristic or in a particular condition	5. männlich, jungfräulich	5. masculine(ly), virginal(ly)
		6. location 7. point in time	6. nördlich, seitlich 7. morgendlich, abendlich	6. northern, lateral(ly) 7. (in the) morning, (in the) evening
	8. -ly	8. time interval	8. täglich, wöchentlich	8. daily, weekly
	9. -ern	9. direction	9. südlich	9. southern
-lich[3]	2. -ish	added to adjectives, meaning: 1. having a particular characteristic, shape, or condition 2. tones down	1. fröhlich, länglich 2. dicklich, bläulich, ältlich	1. happy, oblong 2. chubby, bluish, oldish
-lich[4]	-able, -ible, -ibly	added to un- + verb stem, meaning: that sth cannot be done	unbeschreiblich, unauslöschlich	indescribable, indelible/indelibly
-ling		1. sb having a particular characteristic 2. sb who does sth in particular	1. Feigling, Schwächling, Wüstling, Jüngling 2. Eindringling, Schädling	1. coward, weakling, lecher, young man 2. intruder, pest
-lith	-lith	stone	Monolith	monolith
-log	-log(ue)	speech	Monolog, Epilog	monolog(ue), epilog(ue)
-logie	-logy	science, study of	Anthropologie, Dermatologie	anthropology, dermatology

Suffix/ Combining Form	English Equivalent	Meaning and Use	Example	English Translation
-los	-less(ly)	without sth	mühelos, arbeitslos, sinnlos	effortless(ly), unemployed, senseless
-mache	-ing	an attempt to achieve a particular effecxt	Panikmache, Meinungsmache	scaremongering, spindoctoring
-macher	1. -maker	1. sb who manufactures sth professionally 2. sb who causes a particular effect 3. sb who does sth often (and gladly) 4. sth that causes a particular effect	1. Uhrmacher, Schuhmacher, Filmemacher 2. Angstmacher, Panikmacher, Miesmacher 3. Krachmacher, Krawallmacher 4. Dickmacher, Muntermacher	1. watchmaker, shoemaker, filmmaker 2. scaremonger, alarmist, killjoy 3. noisemaker, hooligan 4. fattener, stimulant
-mal		a particular number of times	einmal, hundertmal, dreieinhalbmal	once, a hundred times, three-and-a-half times
-malig	-time	1. happening a particular number of times 2. happening for a particular number of times	1. einmalig, fünfmalig, mehrmalig 2. erstmalig, diesmalig, nochmalig	1. one-time, five-time, repeatedly 2. for the first time, this time, again
-mals		1. an indefinite number of times 2. for a particular number of times	1. mehrmals, vielmals, oftmals 2. erstmals, nochmals	1. several times, many times, often 2. for the first time, again
-manie	-mania	a pathological urge	Pyromanie, Megalomanie, Kleptomanie	pyromania, megalomania, kleptomania
-marathon	-athon	sth that lasts for an extremely long time	Sitzungsmarathon, Telefonmarathon	marathon session, telephone marathon
-maßen		changes adjectives to adverbs	einigermaßen, bekanntermaßen, gewissermaßen	to some degree, notoriously, to some extent
-mäßig		1. in keeping with, according to 2. with regard to 3. like	1. vorschriftsmäßig, planmäßig 2. altersmäßig, mengenmäßig 3. lehrbuchmäßig	1. according to the regulations, scheduled 2. with regard to age, quantitative(ly) 3. textbook
-meter	-meter	1. measure of length 2. measuring device	1. Kilometer, Zentimeter 2. Chronometer, Thermometer	1. kilometer, centimeter 2. chronometer, thermometer
-morph	-morphous(ly), -morphic	shape, form	amorph, polymorph	amorphous(ly), polymorphic
-n	-y, -en	changes nouns that denote a material to adjectives	silbern, seiden	silver(y), silk(en)

Suffix/ Combining Form	English Equivalent	Meaning and Use	Example	English Translation
-nd	-ing	variant of **-end**	lächelnd, meckernd	smiling, moaning
-nik	-nik	denotes a person who belongs to a group	Beatnik	beatnik
-nis	-ness	1. changes adjectives and verbs to nouns, meaning: condition 2. changes verbs to nouns meaning: sth that has a particular effect	1. Bitternis, Finsternis, Betrübnis, Bedrängnis 2. Hemmnis, Hindernis	1. bitterness, gloominess, sorrow, hardship 2. barrier, obstacle
-nomie	-nomy	1. scientific involvement 2. a right to sth	1. Astronomie, Ökonomie, Taxonomie 2. Autonomie	1. astronomy, economy, taxonomy 2. autonomy
-o		forms slang words that associate people with particular habits or characteristics	Normalo, Brutalo	normal person, brute
-oid	-oid	resembling sb/sth	mongoloid, faschistoid, Sphäroid	Mongoloid, protofascist, spheroid
-om	-oma	growth, tumor	Karzinom, Melanom	carcinoma, melanoma
-onym	-onym -ony- mous(ly)	referring to a name or a word	Synonym, Pseudonym, anonym	synonym, pseudonym, anonymous(ly)
-opie	-opia	affecting vision	Myopie	myopia
-or	-or	variant of **-ator**	Aggressor, Inquisitor, Editor	aggressor, inquisitor, editor
-orientiert	-oriented	1. following particular concepts or ideals 2. based on particular conditions	1. profitorientiert, erfolgsorientiert, praxisorientiert, linksorientiert 2. bedarfsorientiert, exportorientiert	1. profit-oriented, success-oriented, practice-oriented, leftist 2. demand-oriented, export-oriented
-orium	-orium	1. a place that serves a particular purpose 2. (for) a group of people	1. Krematorium, Emporium, Sanatorium 2. Auditorium, Direktorium	1. crematorium, emporium, sanatorium 2. auditorium, board of directors
-os	-ose	variant of **-ös**	humos, lepros, verbos	humose, leprose, verbose
-ös	-ous, -ar	full of, characterized by	mysteriös, voluminös, muskulös	mysterious, voluminous, muscular
-ose	-osis	1. a noninflammatory disorder (as opposed to a disorder that ends in -itis) 2. a condition	1. Psychose, Neurose, Salmonellose 2. Hypnose, Narkose	1. psychosis, neurosis, salmonellosis 2. hypnosis, narcosis

Suffix/ Combining Form	English Equivalent	Meaning and Use	Example	English Translation
-path	-path	1. sb who practices a particular type of treatment 2. sb who has a particular disorder	1. Homöopath 2. Psychopath	1. homeopath 2. psychopath
-pathie	-pathy	1. feeling, inclination 2. disorder 3. treatment	1. Empathie, Sympathie, Telepathie 2. Soziopathie 3. Homöopathie	1. empathy, sympathy, telepathy 2. sociopathy 3. homeopathy
-pede	-ped	having a particular number of feet/paws	Bipede, Quadrupede	biped, quadruped
-pepsie	-pepsia	digestion	Dyspepsie	dyspepsia
-phil	-phile, -philistic, -philic	very fond of	bibliophil, anglophil	bibliophilistic, Anglophile/ Anglophilic
-philie	-phile	especially fond of sth	Bibliophilie, Frankophilie	bibliophile, Francophile
-phob	-phobic -phobe	a strong dislike of sth	frankophob, hydrophob	Francophobic/ Francophobe, hydrophobic
-phobie	-phobia	an intense fear of sth	Klaustrophobie, Xenophobie, Hydrophobie	claustrophobia, xenophobia, hydrophobia
-phon	-phone	1. a device that has to do with tones/ sound 2. a speaker of a particular language	1. Saxophon, Grammophon, Megaphon, Mikrophon, Telephon, Xylophon 2. anglophon, frankophon	1. saxophone, gramophone, megaphone, microphone, telephone, xylophone 2. anglophone/ Anglophone, francophone/ Francophone
-phonie	-phony	tone, sound	Kakophonie, Euphonie	cacophony, euphony
-plex	-plex	built in units	Duplex-, Multiplex, Komplex	duplex, multiplex, complex
-pole	-polis	city	Metropole, Megalopole	metropolis, megalopolis
-s	-ies, -s	1. plural ending for English nouns 2. changes designations of time, present participles, and superlatives to adverbs	1. Babys, Storys 2. morgens, nachts; eilends, zusehends; bestens, schnellstens	1. babies, stories 2. in the morning, at night; in a hurry, visibly; optimally, as quickly as possible
-sam	-ous(ly) -ive(ly)	changes nouns and verbs to adjectives or adverbs	arbeitsam, gewaltsam, schweigsam, wirksam	industrious(ly), by force, taciturn(ly), effective(ly)

Suffix/ Combining Form	English Equivalent	Meaning and Use	Example	English Translation
-schaft	-hood, -ship, -cy	1. a condition or function 2. a group of people 3. a collection of things 4. the result of an action	1. Freundschaft, Schwangerschaft, Leihmutterschaft, Präsidentschaft 2. Lehrerschaft, Kundschaft 3. Gerätschaft 4. Erbschaft, Hinterlassenschaft	1. friendship, pregnancy, surrogacy, presidency 2. teaching staff, clientele 3. equipment 4. inheritance, legacy
-schreck		sb that other people are afraid of	Kinderschreck, Bürgerschreck	boog(e)yman, a person whose behavior the public finds shocking
-seitig	-al(ly), -sided	1. having a particular number of sides 2. of a particular number of pages 3. on a particular side	1. einseitig, zweiseitig 2. einseitig, zweiseitig, halbseitig, mehrseitig 3. linksseitig, ostseitig, rückseitig	1. unilateral(ly), bilateral(ly) 2. one-sided, two-sided, half-sided, of several pages 3. on the left(-hand side), on the east side, on the back
-seits		1. starting with sb/sth 2. on the given side	1. meinerseits, eurerseits, staatlicherseits 2. diesseits, jenseits, längsseits, einerseits (... andererseits)	1. for my part, for your part, on the part of the government 2. on this side, on the other side, alongside, on the one hand (... on the other hand)
-sektion	-section	cut	Vivisektion, Resektion	vivisection, resection
-sicher	1. -proof 2. -proof	1. protected from 2. not subject to damage or destruction by sth 3. certain to happen 4. working well in a particular situation	1. diebstahlsicher, kugelsicher, fälschungssicher 2. feuersicher, krisensicher 3. schneesicher, ertragssicher 4. stilsicher, zielsicher, treffsicher	1. theftproof, bulletproof, counterfeit-proof 2. fireproof, crisis-proof 3. assured of having snow, sure to yield returns 4. stylistically appropriate, unerring, accurate
-skop	-scope	an device that one uses to view or observe sth	Mikroskop, Stethoskop, Horoskop	microscope, stethoscope, horoscope
-skopie	-scopy	observation, examination	Demoskopie, Gastroskopie	demoscopy, gastroscopy
-ste	1. -eth, -th 2. -est	1. forms ordinal numbers 2. forms the superlative	1. vierzigste, tausendste 2. weichste, längste, kürzeste	1. fortieth, thousandth 2. softest, longest, shortest

Suffix/ Combining Form	English Equivalent	Meaning and Use	Example	English Translation
-te	1. -eth, -th 2. -est	variant of **-ste**, meaning: 1. forms ordinal numbers 2. forms the superlative	1. vierte, zehnte 2. größte	1. fourth, tenth 2. biggest
-teilig	-fold, -part	having a particular number of parts	dreiteilig, vierteilig, mehrteilig	threefold, fourfold, in several parts
-tel	-th	forms fractions	drittel, viertel, tausendstel	third, fourth, thousandth
-tisch	-ic(ally)	variant of **-atisch**, added to nouns that end in **-ma**	klimatisch, dogmatisch; aromatisch	climatic(ally), dogmatic(ally), aromatic(ally)
-tomie	-tomy	incision	Lobotomie	lobotomy
-tum	1. -acy, -th 2. -ity 3. -ity	1. a condition or process 2. a group of people 3. a territory	1. Analphabetentum, Wachstum 2. Bürgertum, Christentum 3. Fürstentum, Herzogtum	1. illiteracy, growth 2. bourgeoisie, Christianity 3. principality, duchy
-ual		variant of **-al**, meaning: starting with sth or with regard to sth	prozentual, prozessual	(as a) percentage, processual
-uell	-ual	variant of **-ell**, meaning: with regard to	sexuell, visuell, intellektuell	sexual, visual, intellectual
-ulent	-ulent	having a lot of sth	korpulent, turbulent, virulent	corpulent, turbulent, virulent
-ung	-ment	changes verbs (primarily prefixed ones) to nouns, meaning: 1. an action 2. the result of an action 3. the name of a space	1. Mitwirkung, Befragung, Reinigung 2. Ordnung, Zeichnung 3. Wohnung, Siedlung	1. collaboration, questioning, cleaning 2. orderliness, drawing 3. apartment, housing development
-voll	-ful	existing in large amounts or to a great degree	schmerzvoll, liebevoll	painful, affectionate
-vor	-vorous(ly)	feeding on sth	karnivor, herbivor, omnivor	carnivorous(ly), herbivorous(ly), omnivorous(ly)
-vore	-vore	an animal that feeds on sth	Karnivore, Herbivore	carnivore, herbivore
-wärts	-bound, -ward(s)	indicates a direction	abwärts, seitwärts, vorwärts, westwärts, himmelwärts	downward(s), sideways, forward(s), westbound, skyward(s)

Suffix/ Combining Form	English Equivalent	Meaning and Use	Example	English Translation
-weise	-wise	forms adverbs, meaning: 1. manner 2. a specific amount or measure	 1. ausnahmsweise, bedauerlicher- weise, merkwürdi- gerweise 2. dutzendweise, eimerweise, schrittweise	 1. for a change, regretfully, strangely enough 2. by the dozen(s), in bucketfuls, gradually
-weit	-wide	everywhere throughout	weltweit, europaweit	worldwide, all over Europe
-wert	-worthy	deserving sth, worthwhile	empfehlenswert, berichtenswert, lesenswert	recommendable, newsworthy, worth reading
-widrig		infringing against sth, not according to sth	regelwidrig, ordnungswidrig, sittenwidrig	against the rules, improper(ly), immoral(ly)
-würdig	-worthy	mertiting sth, warranting sth	glaubwürdig, förderungswürdig, kritikwürdig	credible, worthy of financial support, worthy of criticism
-zentrisch	-centric	having sth as the center or as its focus	geozentrisch, egozentrisch	geocentric, egocentric
-zid	-cide	killing	Genozid, Suizid	genocide, suicide
-zyt	-cyte	cell	Leukozyt	leukocyte/leucocyte

Präfixe und Suffixe: Englisch-Deutsch
Prefixes and suffixes: English-German

Englische Präfixe und Wortbildungselemente
English Prefixes and Combining Forms

Präfixe/ Wortbildungs- elemente	deutsches Äquiva- lent	Bedeutung und Verwendung	Beispiele	deutsche Übersetzung
a-[1]		von	anew	erneut
a-[2]		auf	ashore	an Land
a-[3]	a-	Variante von ab-	aversion	Abneigung
a-[4]		Variante von ad-	aspect	Aspekt
a-[5]	a-	Variante von an-[2]	asexual	asexuell
ab-	ab-	fern von	abdicate	abdanken
ac-	ak-	Variante von ad-	acquire	erwerben
acr(o)-	akro-	Höhe	acrobat	Akrobat
ad-	ad-	Richtungsangabe	adapt	anpassen
aer(o)-	aero-	Luft, Gas	aerodynamical(ly)	aerodynamisch
af-	af-	Variante von ad-	affable	umgänglich
Afro-	afro-	auf Afrika bezogen	Afro-Caribbean	afrokaribisch
after-	nach-	danach kommend, daraus folgend	afterbirth	Nachgeburt
ag-	ag-	Variante von ad-	aggravate	verschlimmern
agora-	agora-	Menschenmenge oder großer öffentlicher Platz	agoraphobia	Agoraphobie
agri-, agro-	agrar-, agri-, agro-	Landwirtschaft	agribusiness	Agroindustrie
al-	al-	Variante von ad-	alloy	Legierung
all-		1. ganz 2. völlig	1. all-night 2. all-around	1. die ganze Nacht 2. umfassend
alti-	alti-	hoch, Höhe	altimeter	Höhenmesser
ambi-	ambi-	1. beide 2. darum herum	1. ambidextrous 2. ambient	1. beidhändig 2. umgebend
amphi-	amphi-	1. von beiden Seiten 2. darum herum	1. amphibian 2. amphitheater	1. Amphibie 2. Amphitheater
an-[1]	an-	Variante von ad-	annotate	mit Anmerkungen versehen
an-[2]	an-	ohne	anarchy	Anarchie
andr(o)-	andro-	maskulin, männlich	androgynous	androgyn
Anglo-	anglo-	englisch	Anglophile	Englandliebhaber
ante-	ante-	(be)vor	antecedent	früher
anthropo-	anthropo-	Mensch	anthropology	Anthropologie

Präfixe/ Wortbildungs- elemente	deutsches Äquiva- lent	Bedeutung und Verwendung	Beispiele	deutsche Übersetzung
anti-	anti-	1. gegen etwas einge- stellt 2. Verneinung 3. Gegensätzlichkeit 4. gegen etwas wir- kend	1. antiabortion 2. antisocial 3. antithesis 4. antifreeze	1. gegen Abtreibung 2. unsozial 3. Gegenteil 4. Frostschutzmittel
ap-	ap-	Variante von **ad-**	appear	erscheinen
aqua-	aqua-	auf dem oder im Was- ser	aquaplaning	Aquaplaning
aqui-		Variante von **aqua-**	aquifer	Aquifer
ar-	ar-	Variante von **ad-**	arrogant	arrogant
arch-	erz-, archi-	1. höhere Autorität 2. äußerster Grad	1. archbishop 2. archenemy	1. Erzbischof 2. Erzfeind
as-	as-	Variante von **ad-**	assail	angreifen
astro-	astro-	die Sterne, den Welt- raum betreffend	astronaut	Astronaut
astro-		jenseits der Erd- atmosphäre	astronomy	Astronomie
at-	at-	Variante von **ad-**	attorney	Anwalt
audi(o)-	audi(o)-	die Töne, das Hören betreffend	audiovisual(ly)	audiovisuell
auto-	auto-	(von sich) selbst	autobiography	Autobiografie
avi-		1. die Vögel betref- fend 2. das Fliegen betref- fend	1. aviary 2. aviation	1. Voliere 2. Luftfahrt
be-		1. zur Bildung transiti- ver Verben: *become* (werden) 2. wegnehmen	1. befriend 2. behead	1. sich anfreunden 2. enthaupten
bene-	bene-	gut	beneficial	förderlich
bi-	bi-	1. zwei Mal 2. zwei	1. bimonthly 2. bilingual	1. zweimal pro Monat 2. zweisprachig
biblio-	biblio-	die Bücher betreffend	bibliophile	Bücherliebhaber
bin-	bin-	aus zweien bestehend	binary	binär
bio-	bio-	Leben	biography	Biografie
brevi-	brevi-	kurz	brevity	Kürze
cardi(o)-	kardio-	Herz	cardiogram	Kardiogramm
centi-	zenti-	1. hundert 2. hundertstel	1. centipede 2. centimeter	1. Tausendfüßler 2. Zentimeter
chiro-	chiro-	Hand	chiropractor	Chiropraktiker
chrom(o)-	chrom-, chroma-, chromo-	Farbe	chromatic	chromatisch
chron(o)-	chrono-	Zeit	chronology	Chronologie

Präfixe/ Wortbildungs- elemente	deutsches Äquiva- lent	Bedeutung und Verwendung	Beispiele	deutsche Übersetzung
circum-	zirkum-	darum herum	circumference circumnavigate	Umfang umsegeln
co-	ko-	gemeinsam, zusammen mit	coalesce	sich verbinden
col-	kol-	Variante von **co-**	collaborate	zusammenarbeiten
com-	kom-	Variante von **co-**	combat	Kampf
con-	kon-	Variante von **co-**	concave	konkav
contra-	kontra-	gegen	contradict contraception	widersprechen Empfängnisverhütung
cor-	kor-	Variante von **co-**	correct	korrekt
cosmo-	kosmo-	1. im Weltraum 2. auf der Welt	1. cosmonaut 2. cosmopolitan	1. Kosmonaut 2. Kosmopolit
counter-	konter-	1. gegen oder im Gegensatz zu 2. parallel 3. Duplikat	1. counteractive 2. counterbalance 3. counterfeit	1. entgegenwirkend 2. ausgleichen 3. Fälschung
cross-		von der anderen Seite, gekreuzt	crossfire	Kreuzfeuer
crypt(o)-	krypt(o)-	verborgen	cryptic	kryptisch
custom-		besonders, einzigartig	custom-built	entsprechend den Wünschen des Kunden gefertigt
cyber-	cyber-	elektronische Kommunikationsnetzwerke, Internet	cybercafé	Internetcafé
de-	de-	1. Entfernung, Abtrennung 2. Verneinung 3. Verfall	1. deforest 2. decriminalize 3. decrepit	1. abholzen 2. legalisieren 3. klapprig
deca-	deka-	zehn	decade	Jahrzehnt
deci-	dezi-	ein Zehntel	decibel	Dezibel
demi-	halb-	halb	demigod	Halbgott
derm(a)-	dermato-	Haut	dermatology	Dermatologie
di(a)-	dia-	1. quer durch 2. völlig	1. diabetes 2. diaper	1. Diabetes 2. Windel
di-1	di-	doppelt	dilemma	Dilemma
di-2	di-	Variante von **dis-**	digress	abschweifen
dif-	dif-	Variante von **dis-**	difficult	schwierig
dis-	1. dis- 2. dis-	1. Verneinung 2. Abtrennung, Entfernung 3. völlig	1. disadvantage 2. disappear 3. disgruntle	1. Nachteil 2. verschwinden 3. verärgern
down-		niedriger	downcast	niedergeschlagen
duo-	duo-	zwei	duodenum	Zwölffingerdarm
dyna-	dyna-	Kraft	dynamic	dynamisch
dys-	dys-	schlecht	dysfunctional	funktionsgestört

Präfixe/ Wortbildungselemente	deutsches Äquivalent	Bedeutung und Verwendung	Beispiele	deutsche Übersetzung
e-[1]	e-	elektronisch	e-commerce	E-Commerce
e-[2]	e-	Variante von ex-[2]	ebullient	überschäumend
eco-	öko-	Umwelt, Natur	ecology	Ökologie
ef-	ef-	Variante von ex-[2]	effusion	Erguss
electro-	elektro-	Strom, Elektrizität	electromagnet	Elektromagnet
em-[1]		Variante von en-[1]	emboss	prägen
em-[2]	em-	Variante von en-[2]	embryo	Embryo
en-[1]		(aus dem Französischen) 1. auf etwas, in etwas legen 2. Übergang zu einem Zustand	1. encode 2. enact	1. kodieren 2. verordnen
en-[2]	en-	(aus dem Griechischen) innen, im Innern	energy	Energie
entomo-	entomo-	Insekt	entomology	Entomologie
ep-	ep-	Variante von epi-	epoch	Epoche
eph-	eph-	Variante von epi-	ephemeral	vergänglich
epi-	1. epi- 2. epi- 4. epi-	1. auf, über, oberhalb von 2. neben 3. (da)vor, früher 4. (da)nach, später	1. epicenter 2. epitome 3. episode 4. epithet	1. Epizentrum 2. Inbegriff 3. Episode 4. Attribut
equi-	äqui-	Gleichheit	equinox	Tagundnachtgleiche
eso-		versteckt, geheim	esoteric	esoterisch
ethno-	ethno-	Volk, Rasse	ethnology	Ethnologie
eu-	eu-	gut	eulogy	Lobrede
Euro-	euro-	(west)europäisch	Eurocrat	Eurokrat
ever-	immer-	immer	evergreen	immergrün
ex-[1]	ex-	ehemalig	ex-girlfriend	Exfreundin
ex-[2]	ex-	(außerhalb) von	excavate	ausgraben
exo-	exo-	draußen, außerhalb von	exodus	Exodus
extra-	extra-	jenseits von	extraordinary	außergewöhnlich
extro-	extro-	Variante von extra-	extrovert	extrovertiert
fore-	1. vor- 2. vorder-	1. vor (zeitlich) 2. vor (räumlich)	1. forecast 2. forearm	1. Vorhersage 2. Unterarm
Franco-	franko-	französisch	francophone	französischsprachig
fresh-	frisch-	neu, erst seit kurzem	freshman	Studienanfänger
gastr(o)-	gastro-	Magen	gastroscopy	Gastroskopie
gen-		Generation	genealogy, gender, gene	Ahnenforschung, Geschlecht, Gen
gen(o)-	geno-	Volk, Rasse	genocide	Völkermord

Präfixe/ Wortbildungselemente	deutsches Äquivalent	Bedeutung und Verwendung	Beispiele	deutsche Übersetzung
geo-	geo-	die Erde	geography	Geografie
giga-	giga-	Milliarde	gigabyte	Gigabyte
grand-		vorherige Generation	grandmother, grandfather	Großmutter, Großvater
graph(o)-	grafo-	Schrift	graphology	Grafologie
great-		nachfolgende Generation	great-nephew	Großneffe
gynaec(o)-, gynec(o)-	gynäko-	Frauen-	gynecologist	Gynäkologe
gyr(o)-	gyro-	Kreis, Umdrehung	gyrocompass, gyroscope	Kreiselkompass, Gyroskop
hect(o)-	hekt(o)-	hundert	hectare	Hektar
heli-	heli-	Helikopter betreffend	helipad, heliport	Heliport
haema-, hema-	hämat(o)-	Blut	hematite	Hämatit
hemi-	hemi-	halb, Hälfte	hemisphere	Hemisphäre
hepta-	hepta-	sieben	heptathlon	Siebenkampf
heter(o)-	heter(o)-	anders, verschieden	heterosexual	heterosexuell
hex(a)-	hex(a)-	sechs	hexagon	Sechseck
hist(o)-	histo-	organische Gewebe betreffend	histology	Histologie
holo-	holo-	ganz, komplett	holocaust	Holocaust
homeo-	homö(o)-	ähnlich, gleichartig	homeopathy	Homöopathie
homo-	hom(o)-	identisch, gleich	homograph	Homograf
hydro-	hydr(o)-	Wasser	hydrophobia	Hydrophobie
hyper-	hyper-	über, oberhalb von	hyperbole	Hyperbel
hypno-	hypn(o)-	Schlaf	hypnotherapy	Hypnotherapie
hypo-	hypo-	1. unter, untehalb von 2. unterhalb des Normalwerts	1. hypodermic 2. hypothermia	1. hypodermatisch 2. Hypothermie
hyster(o)-	hystero-	Gebärmutter	hysteria	Hysterie
il-[1]	il-	Variante von in-[1]	illuminate	beleuchten
il-[2]	il-	Variante von in-[2]	illiterate	analphabetisch
im-[1]	im-	Variante von in-[1]	immense	riesig
im-[2]	im-	Variante von in-[2]	immobile	unbeweglich
in-[1]	in-	in	inaugurate	einweihen
in-[2]	in-	Verneinung	inapt	ungeeignet
Indo-	indo-	indisch	Indonesia	Indonesien
infra-	infra-	unter, unterhalb von	infrastructure	Infrastruktur
inter-	inter-	unter, zwischen	international	international
intra-	intra-	innerhalb von, innen	intravenous	intravenös
intro-	intro-	nach innen gerichtet	introvert	introvertiert

Präfixe/ Wortbildungselemente	deutsches Äquivalent	Bedeutung und Verwendung	Beispiele	deutsche Übersetzung
ir-[1]	ir-	Variante von **in-**[1]	irradiate	bestrahlen
ir-[2]	ir-	Variante von **in-**[2]	irregular	unregelmäßig
iso-	is(o)-	Gleichheit	isotope	Isotop
kilo-	kilo-	tausend	kilometer	Kilometer
lacto-	lakt(o)-	Milch	lactose	Laktose
lith(o)-	lith(o)-	Stein	lithography	Lithografie
macro-	makr(o)-	groß	macroeconomic	makroökonomisch
magn(i)-	magni-	groß, übermäßig	magnificent	großartig
mal-	mal-	schlecht	malice	Bösartigkeit
mani-	mani-	Hand	manicure	Maniküre
mega-	mega-	groß	megaphone	Megafon
meta-	meta-	1. Veränderung 2. dahinter, danach 3. auf einer höheren Ebene befindlich	1. metamorphosis 2. metacarpal 3. metaphysics, metaphor	1. Metamorphose 2. Mittelhandknochen 3. Metaphysik, Metapher
metro-		Maß	metronome	Metronom
micro-	mikr(o)-	winzig	microorganism	Mikroorganismus
mid-		halb, zur Hälfte	midnight	Mitternacht
milli-	milli-	1. tausend 2. ein Tausendstel	1. millipede 2. millibar	1. Tausendfüßler 2. Millibar
mini-	mini-	klein	miniskirt	Minirock
mis-	miss-	Fehler, schlecht	miscalculate	falsch berechnen
mono-	mono-	einfach, einzig	monopoly	Monopol
morph(o)-	morph(o)-	Form	morphology	Morphologie
multi-	multi-	viele, vielfach	multilingual	mehrsprachig
must-		obligatorisch, verpflichtend	must-see	etwas, das man gesehen haben muss
near-		Nähe	nearsighted	kurzsichtig
neo-	neo-	neu, Wiedererwachen	neoconservative	neokonservativ
nephr(o)-	nephr(o)-	Nieren	nephritis	Nierenentzündung
neur(o)-	neur(o)-	Nerven	neurosis	Neurose
new-		kürzlich	newfound	neu entdeckt
non-	non-	Verneinung	nonaggression	Nichtangriffs-
octa-	okt-, okta-, okto-	acht	octagon, octave	Achteck, Oktave
octo-	okt-, okta-, okto-	acht	octogenarian, octopus	Achtziger, Tintenfisch
omni-	omni-	alles	omnipotent	allmächtig
ornitho-	ornitho-	Vogel	ornithology	Ornithologie
ortho-	orth(o)-	1. richtig 2. gerade	1. orthography 2. orthodontist	1. Orthografie 2. Kieferorthopäde
oste(o)-	osteo-	Knochen	osteoporosis	Osteoporose

Präfixe/Wortbildungselemente	deutsches Äquivalent	Bedeutung und Verwendung	Beispiele	deutsche Übersetzung
out-		außerhalb von	outlaw	Gesetzloser
ov-	ovi-, ovu-	Ei	ovary	Eierstock
over-	über-	übermäßig, zu viel	overdose	Überdosis
pale(o)-	palä(o)-	alt, antik	paleontology	Paläontologie
pan-	pan-	ganz	pantheon	Pantheon
para-	1. para-	1. neben 2. parallel zu	1. paragraph 2. paralegal	1. Paragraf 2. Anwaltsgehilfe
path(o)-	patho-	Krankheit	pathology	Pathologie
patr(i)-	patri-	1. Vater 2. Vaterland	1. patriarchy 2. patriotism	1. Patriarchat 2. Patriotismus
ped(i)-	pedi-	Fuß	pedicure	Pediküre
ped(o)-	päd(o)-	Kind	pediatrics	Pädiatrie
penta-	pent(a)-	fünf	pentagon, pentathlon	Fünfeck, Fünfkampf
per-	per-	1. (quer) durch 2. sehr, vollständig	1. perennial 2. perfect	1. unvergänglich 2. perfekt
peri-	peri-	darum herum	periphery	Peripherie
phil(o)-	phil(o)-	Liebe zu, Neigung zu	philanthropy, philharmonic	Philanthropie, philharmonisch
phleb(o)-	phleb(o)-	Vene	phlebitis	Venenentzündung
phon(o)-	fono-	Laut, Ton	phonology	Fonologie
phot(o)-	foto-	Licht	photosensitive	lichtempfindlich
physi(o)-	physio-	Körper	physiognomy	Physiognomie
plur-		mehrere, verschieden	pluralistic	pluralistisch
pneum-	pneumo-	Luft	pneumatic	pneumatisch
pneum(o)-	pneumo-	Atmung, Lungen	pneumonia	Lungenentzündung
poly-	poly-	mehrere	polytheism	Polytheismus
post-	post-	(da)nach	postwar	Nachkriegs-
pre-	prä-	(da)vor	prewar	Vorkriegs-
preter-		jenseits von	preternatural	übernatürlich
pro-	pro-	für	proactive	offensiv
prot(o)-	prot(o)-	erster	prototype	Prototyp
pseud(o)-	pseud(o)-	falsch, vorgetäuscht	pseudonym	Pseudonym
psych(o)-	psych(o)-	Seele, Geist	psychosis	Psychose
pyro-	pyro-	Feuer	pyrotechnic	pyrotechnisch
quadri-, quadru-	quadri-, quadro-	vier	quadrilateral, quadruped	vierseitig, Vierfüßer
quasi-	quasi-	fast, beinahe, so gut wie	quasi-official	quasioffiziell
radi(o)-	radio-	1. Funkkommunikation 2. radioaktiv	1. radiotelegraphy 2. radiotherapy	1. Funktelegrafie 2. Strahlentherapie
re-	re-	Wiederholung	rearrange	umstellen

Präfixe/ Wortbildungs- elemente	deutsches Äquiva- lent	Bedeutung und Verwendung	Beispiele	deutsche Übersetzung
rect(i)-		gerade machen	rectify	berichtigen
rent-a-		zu mieten	rent-a-car	Mietwagen
retro-	retro-	rückwärts (gerichtet)	retroactive	rückwirkend
rhino-	rhin(o)-	Nase	rhinoplasty	Rhinoplastik
sclero-	sklero-	hart	sclerosis	Sklerose
seismo-	seismo-	Erdbeben	seismograph	Seismograf
self-	selbst-	unabhängig, ganz alleine	self-help	Selbsthilfe
semi-	semi-	halb, teilweise	semifinal	Halbfinale
septi-	sept-	sieben	September	September
sex-	sex-	sechs	sextet	Sextett
short-		nicht lang; zu schwach	shortfall	Defizit
soli-	soli-	allein	soliloquy, solitaire	Selbstgespräch, Solitär
step-	stief-	Verwandschaftsbezie- hung durch erneute Heirat	stepmother	Stiefmutter
stere(o)-	stereo-	fest, massiv; räumlich, körperlich	stereophonic	Stereo-
strato-	strato-	Schicht	stratosphere	Stratosphäre
sub-	sub-	unter, unterhalb von	submarine	U-Boot
suc-	suk-	Variante von **sub-**	succumb	erliegen
suf-	suf-	Variante von **sub-**	suffix	Suffix
sup-	sup-	Variante von **sub-**	suppress	unterdrücken
super-	super-	über, oberhalb von	superimpose	überlagern
sur-	sur-	Variante von **sub-**	surreptitious	heimlich
sus-	sus-	Variante von **sub-**	susceptible	empfänglich
syl-	syl-	Variante von **syn-**	syllable	Silbe
sym-	sym-	Variante von **syn-**	symbiosis	Symbiose
syn-	syn-	zusammen, gemein- sam	synergy	Synergie
tele-	tele-	aus der Ferne	television	Fernsehen
tetra-	tetra-	vier	tetrahedron	Tetraeder
theo-	theo-	einen Gott betreffend	theology	Theologie
therm(o)-	therm(o)-	Wärme, warm	thermostat	Thermostat
top(o)-	top(o)-	Ort, Stelle	topical	aktuell
trans-	trans-	jenseits von, quer durch	transact	eine Transaktion durchführen
tri-	tri-	drei	triangle	Dreieck
trop(o)-	tropo-	Wendung, Drehung	troposphere	Troposphäre
typo-	typo-	Gepräge, Zeichen	typography	Typografie

Präfixe/ Wortbildungs- elemente	deutsches Äquiva- lent	Bedeutung und Verwendung	Beispiele	deutsche Übersetzung
ultra-	ultra-	jenseits von; in höchstem Maße	ultrasound	Ultraschall
un-	1. un-	1. Verneinung 2. Umkehrung	1. unlike 2. undo	1. anders als 2. zunichtemachen
under-	unter-	unter, unterhalb von	underscore	unterstreichen
uni-	uni-	ein einziger	unilateral	einseitig
up-		nach oben (hin)	uptown	in den Wohngebieten
vermin-		einen Wurm betreffend	vermicide	Wurmmittel
vice-	vize-	Assistent oder Stellvertreter	vice-chairman	Vizepräsident
with-		1. gegen 2. rückwärts	1. withstand 2. withdraw	1. standhalten 2. zurückziehen
xen(o)-	xeno-	Fremder	xenophobia	Fremdenhass
xyl(o)-	xyl(o)-	Holz	xylophone	Xylofon
zoo-	zoo-	Tier	zoology	Zoologie

Englische Suffixe und Wortbildungselemente
English Suffixes and Combining Forms

Suffixe/ Wortbildungs-elemente	deutsches Äquiva-lent	Bedeutung und Verwendung	Beispiele	deutsche Übersetzung
-a	2. -a	1. zur Pluralbildung bei Substantiven griechischer oder lateinischer Her-kunft 2. feminine Form	1. criteria, stadia 2. Roberta	1. Kriterien, Stadien 2. Roberta
-ability		zur Bildung von Sub-stantiven aus Adjekti-ven auf -able	reliability, stability	Zuverlässigkeit, Stabilität
-able, -ble, -ible		zur Bildung von Adjektiven aus Verben Bedeutung: kann getan werden	reliable, acceptable, edible	zuverlässig, akzeptabel, essbar
-ably		zur Bildung von Adverbien Bedeutung: auf bestimmte Weise	reliably, remarkably	zuverlässig, bemerkenswert
-ac		Eigenschaft; Variante von -ic	maniac, aphrodisiac, cardiac	wahnsinnig, aphrodisierend, das Herz betreffend
-aceous		zur Bildung von Adjektiven Bedeutung: charakte-ristisch für	sebaceous, herbaceous	Talg produzierend, krautartig
-acious		Variante von -aceous	efficacious, loquacious	erfolgreich, redselig
-acity	-heit, -(ig)keit	zur Bildung von Sub-stantiven Bedeutung: voll von etwas, mit einer bestimmten Eigen-schaft	veracity, capacity, sagacity	Aufrichtigkeit, Fähigkeit, Klugheit
-acy		zur Bildung von Sub-stantiven Bedeutung: 1. mit einer bestimm-ten Eigenschaft 2. in einer bestimm-ten Funktion	 1. accuracy, intimacy, 2. aristocracy, bureaucracy	 1. Genauigkeit, Intimität 2. Aristokratie, Bürokratie
-ade	-ade	kennzeichnet das Ergebnis einer Hand-lung	lemonade, barricade, crusade	Limonade, Barrikade, Kreuzzug

Suffixe/ Wortbildungselemente	deutsches Äquivalent	Bedeutung und Verwendung	Beispiele	deutsche Übersetzung
-age		zur Bildung von Substantiven Bedeutung: 1. Handlung, Ergebnis 2. Zustand 3. Ort	1. blockage, coverage, dosage, drainage, espionage, foliage 2. marriage, shortage 3. orphanage	1. Verstopfung, Berichterstattung, Dosis, Drainage, Spionage, Blattwerk 2. Heirat, Mangel 3. Waisenheim
-agogue	-agoge	Anführer, Leiter	pedagogue, demagogue	Pädagoge, Demagoge
-aholic, -oholic		Abhängiger, Süchtiger	alcoholic, workaholic, chocoholic	Alkoholiker, Workaholic, Schokosüchtiger
-aire		Person mit einer bestimmten Eigenschaft	millionaire, doctrinaire	Millionär, Doktrinär
-al	-al, -ell	zur Bildung abstrakter Adjektive Bedeutung: in Bezug auf	causal, functional, cultural, national, racial	kausal, funktional, kulturell, national, rassisch
-algia, -algy	-algie	Schmerz	nostalgia, neuralgia	Nostalgie, Neuralgie
-ally		zur Bildung von Adverbien	theoretically, occasionally, officially	theoretisch, gelegentlich, offiziell
-an, -ian	-er	1. gebürtig aus 2. (beruflich) mit etwas beschäftigt	1. American, Canadian, 2. optician, politician, geriatrician	1. Amerikaner, Kanadier 2. Optiker, Politiker, Geriater
-ana	-ana	Sammlung	Americana	Amerikana
-ance, -ancy -ence, -ency		zur Bildung von Adjektiven und Substantiven Bedeutung: 1. Handlung 2. Vorgang	1. intolerance, guidance, ignorance, importance, infancy 2. assistance, resistance	1. Intoleranz, Anleitung, Ignoranz, Wichtigkeit, Kindheit 2. Hilfe, Widerstand
-ant		handelnde Person oder Mittel für etwas	informant, inhabitant, accountant, disinfectant	Informant, Einwohner, Buchhalter, Desinfektionsmittel
-ar		1. Variante von **-al** 2. handelnde Person	1. jocular, linear 2. beggar, liar	1. lustig, linear 2. Bettler, Lügner
-arch	-arch	Herrscher	monarch	Monarch
-archy	-archie	Herrschaftsform	monarchy	Monarchie

Suffixe/ Wortbildungselemente	deutsches Äquivalent	Bedeutung und Verwendung	Beispiele	deutsche Übersetzung
-arian		zur Bildung von Adjektiven, die Personen beschreiben 1. Alter 2. Glauben, Überzeugung 3. Sternzeichen	1. octogenarian, 2. totalitarian, vegetarian 3. Aquarian	1. in den Achtzigern 2. totalitär, vegetarisch 3. im Zeichen Wassermann geboren
-arium	-arium	geschützter Ort, an dem man Beobachtungen vornehmen kann	aquarium, vivarium, planetarium, solarium	Aquarium, Vivarium, Planetarium, Solarium
-armed	-armig	mit einer bestimmten Anzahl an Armen	one-armed	einarmig
-ary, -ery		1. Handlung 2. Ort einer Handlung 3. Eigenschaft	1. burglary 2. bakery 3. bravery	1. Einbruch 2. Bäckerei 3. Mut
-ast		Person mit bestimmten Fähigkeiten	enthusiast, gymnast	Enthusiast, Turner
-ate		zur Bildung von Verben Bedeutung: bewirken, machen	gyrate, habituate, hallucinate, humiliate	sich drehen, gewöhnen, halluzinieren, demütigen
-athon	-marathon	1. Ereignis mit marathon-ähnlichen Bedingungen 2. etwas, das überaus lange dauert	1. walkathon 2. talkathon	1. Walkathon 2. Marathonsitzung
-atic(al)	-(a)tisch	Zustand, Verhältnis	problematic(al), rheumatic(al), schematic(al), symptomatic(al)	problematisch, rheumatisch, schematisch, symptomatisch
-ation		Variante von **-tion**	celebration	Feier
-atious		zur Bildung von Adjektiven aus Substantiven auf **-ation**	flirtatious, ostentatious	kokett, prahlerisch
-backed		unterstützt von	US-backed	von der US-Regierung unterstützt
-based		1. ansässig in 2. auf der Grundlage von	1. community-based, US-based 2. wine-based punch	1. in der Gemeinde ansässig, in den USA ansässig/mit Sitz in den USA 2. Weinpunsch
-bedroom		mit einer bestimmten Anzahl an Schlafzimmern	a three-bedroom house	ein Haus mit drei Schlafzimmern
-behaved		zur Beschreibung des Benehmens einer Person	well-/badly-behaved	wohl erzogen, schlecht erzogen

Suffixe/ Wortbildungselemente	deutsches Äquivalent	Bedeutung und Verwendung	Beispiele	deutsche Übersetzung
-bodied		zur Beschreibung eines bestimmten Körperbaus	strong-bodied, weak-bodied	stark gebaut, von schwachem Körperbau
-born		Geburtsort	newborn, first-born, American-born	neugeboren, erstgeboren, in den USA geboren
-borne		getragen von	airborne	in der Luft befindlich
-bound		zur Bildung von Adverbien Bedeutung: 1. irgendwohin unterwegs	1. westbound, inbound, outbound	1. in Richtung Westen, ankommend, abfahrend
		2. an etwas gebunden	2. housebound, wheelchair-bound	2. ans Haus gefesselt, an den Rollstuhl gefesselt
		3. zur Bildung von Adjektiven, um den Einband von Büchern zu beschreiben	3. leather-bound	3. ledergebunden
-brained		bezieht sich auf die intellektuellen Fähigkeiten und das Organisationstalent eines Menschen	bird-brained, scatter-brained	mit einem Spatzenhirn, zerstreut
-burger	-burger	bezeichnet ein hamburger-ähnliches Sandwich	veggieburger	Gemüseburger
-centric	-zentrisch	mit etwas im Zentrum	geocentric, egocentric	geozentrisch, egozentrisch
-chrome	-chrom	Farbe	monochrome	monochrom
-cian		kompetente Person	electrician, magician, mathematician	Elektriker, Magier, Mathematiker
-cidal		zur Bildung von Adjektiven aus Substantiven auf **-cide**	homicidal	gemeingefährlich mörderisch
-cide	-zid	töten	homicide, fratricide	Mord, Geschwistermord
-cle		Variante von **-cule**	particle	Teilchen
-clud, -clus		geschlossen	exclude, seclusion	ausschließen, Zurückgezogenheit
-conscious	-bewusst	auf etwas achten	fashion-conscious, health-conscious	modebewusst, gesundheitsbewusst
-corn		Horn	unicorn	Einhorn
-cosm	-kosmos	in Bezug auf den Weltraum	microcosm	Mikrokosmos
-cracy	-kratie	1. Regierung, Behörde	1. democracy, meritocracy	1. Demokratie, Leistungsgesellschaft
		2. herrschende Klasse	2. aristocracy	2. Aristokratie

Suffixe/ Wortbildungselemente	deutsches Äquivalent	Bedeutung und Verwendung	Beispiele	deutsche Übersetzung
-crat	-krat	Mitglied eines politischen Gebildes	democrat, aristocrat	Demokrat, Aristokrat
-cule, -cle		winzig	miniscule, molecule, particle	winzig, Molekül, Teilchen
-cy		1. Zustand 2. Amt 3. Eigenschaft	1. pregnancy 2. presidency 3. proficiency, secrecy	1. Schwangerschaft 2. Präsidentschaft 3. Können, Geheimhaltung
-cyte	-zyt	Zelle	leukocyte	Leukozyt
-derm, -dermis	-dermal, -dermis	Haut	pachyderm, epidermis	Dickhäuter, Oberhaut
-dimensional	-dimensional	gibt die Anzahl der Dimensionen an	two-dimensional, three-dimensional	zweidimensional, dreidimensional
-dom		1. Zustand 2. Reich, Bereich	1. boredom 2. kingdom	1. Langeweile 2. Königreich
-driven		1. mit Hilfe von etwas funktionierend 2. durch etwas angetrieben	1. menu-driven software 2. export-driven economy	1. menügesteuerte Software 2. exportinduzierte Wirtschaft
-drome	-drom	Rennen	hippodrome	Hippodrom
-dyne		Kraft, Intensität	anodyne	harmlos
-ean		gebürtig aus, in Bezug auf	Belizean, Andean	Belizer, aus den Anden
-ectomy	-ektomie	operative Entfernung	appendectomy	Appendektomie
-ed		1. zur Bildung der Vergangenheitsform der Verben 2. zur Bildung von Adjektiven, die eine Eigenschaft ausdrücken 3. Besitzanzeige	1. talked 2. midpriced 3. moneyed, bearded	1. sprach 2. der mittleren Preislage 3. vermögend, bärtig
-ee		1. Empfänger einer Handlung 2. Lage, Bedingung	1. devotee, employee 2. refugee	1. Anhänger, Angestellter 2. Flüchtling
-eer		1. handelnde Person 2. zur Bildung von Verben	1. auctioneer 2. electioneer	1. Auktionator 2. Wahlkampf machen
-ella		Krankheit	rubella, salmonella	Röteln, Salmonellenvergiftung
-eme	-em	Einheit	morpheme, phoneme, lexeme	Morphen, Phonem, Lexem
-emia	-ämie	das Blut betreffend	leukemia, anemia	Leukämie, Anämie
-en	1. -(e)n, -ern 2. -en	1. aus etwas gemacht 2. zur Bildung von Verben aus Adjektiven Bedeutung = machen	1. woolen 2. toughen, soften	1. wollen 2. härten, weich machen

Suffixe/ Wortbildungselemente	deutsches Äquivalent	Bedeutung und Verwendung	Beispiele	deutsche Übersetzung
-enabled		1. mit einer bestimmten Technologie ausgestattet 2. dank etwas funktionierend	1. WAP-enabled (cell phone) 2. voice-enabled (software)	1. WAP-fähig(es Handy) 2. (Software) mit Spracherkennung
-ence, -ency	-enz	zur Bildung von Substantiven aus Adjektiven auf -ent	turbulence, vehemence, clemency	Turbulenz, Vehemenz, Milde
-enne	-in	zur Bildung femininer Formen	comedienne	Komödiantin
-ent		1. abstrakte Substantive 2. Substantive, die eine handelnde Person oder Sache bezeichnen 3. Adjektive, die eine bestimmte Handlung bewirken oder einen Zustand beschreiben	1. agreement, nourishment 2. opponent 3. absorbent, obedient	1. Vereinbarung, Nahrung 2. Gegner 3. saugfähig, gehorsam
-eous		zur Bildung von Adjektiven aus Substantiven	courageous, courteous, advantageous	mutig, höflich, günstig
-er	-er	1. handelnde Person: Berufe und Tätigkeiten 2. Herkunft	1. baker, teacher, driver 2. foreigner, New Yorker	1. Bäcker, Lehrer, Fahrer 2. Ausländer, New Yorker
-ern	-lich	Himmelsrichtung	northern, southern	nördlich, südlich
-ery, -ry		1. Gruppe von Dingen 2. Aktivität 3. Ort, an dem etwas gemacht wird 4. Zustand, Lage	1. jewelry, pottery 2. adultery, robbery 3. bakery 4. slavery	1. Schmuck, Töpferwaren 2. Ehebruch, Raubüberfall 3. Bäckerei 4. Sklaverei
-(e)s		1. zur Bildung des Plurals von Substantiven 2. zur Bildung der dritten Person Singular von Verben	1. churches 2. watches, waits	1. Kirchen 2. (er, sie, es) schaut zu, (er, sie, es) wartet
-escence		zur Bildung von Substantiven aus Verben auf -esce	convalescence	Genesung
-escent		zur Bildung von Substantiven und Adjektiven aus Verben auf -esce	convalescent	genesend/ Genesender
-ese		Herkunft, Sprache	Japanese, officialese	Japaner/Japanisch, Behördensprache

Suffixe/ Wortbildungselemente	deutsches Äquivalent	Bedeutung und Verwendung	Beispiele	deutsche Übersetzung
-esque	-esk	das Erscheinungsbild, den Stil betreffend	picturesque, picaresque	pittoresk, pikaresk
-ess		zur Bildung der weiblichen Form von Substantiven	princess	Prinzessin
-est	-ste	zur Bildung des Superlativs von Adjektiven	softest	weichste
-et	-chen, -lein	zur Bildung von Diminutivformen	wristlet, cutlet, anklet	Armreif, Kotelett, Fußkettchen
-eth	-(s)te	zur Bildung der Ordinalzahlen	thirtieth	dreißigste
-etic		zur Bildung von Adjektiven aus Verben und Substantiven	sympathetic, apathetic, apologetic	verständnisvoll, teilnahmslos, entschuldigend
-ette		1. zur Bildung von Diminutivformen 2. Imitation, Nachahmung 3. zur Bildung der weiblichen Form	1. kitchenette, launderette, novelette, statuette 2. leatherette 3. usherette	1. Kochnische, Waschsalon, Novelette, Statuette 2. Lederimitat 3. Platzanweiserin
-eur	-eur	Beruf	masseur, restaurateur, entrepreneur	Masseur, Gastwirt, Unternehmer
-euse	-euse	weibliche Form von -eur	masseuse	Masseurin
-ey		Variante von -y	New-Agey	New-Age-
-ferous		etwas enthaltend, etwas bildend	coniferous, pestiferous	Nadel-, ärgerlich
-fest	-festival	besonderer Anlass, Fest	music fest	Musikfestival
-fic		etwas bewirkend	soporific	einschläfernd
-fication		zur Bildung von Substantiven aus Verben auf -fy	specification	Angabe
-filled		voll von	fun-filled, smoke-filled	sehr lustig, rauchig
-flavored		mit einem bestimmten Geschmack	lemon-flavored	mit Zitronengeschmack
-fold	1. -fach 2. -teilig	1. die genannte Anzahl von Malen 2. aus einer bestimmten Anzahl von Teilen	1. hundredfold 2. threefold, fourfold	1. hundertfach 2. dreiteilig, vierteilig
-footed	-füßig		bare-footed, four-footed	barfuß, vierfüßig
-footer		bezieht sich auf eine Längenangabe in Fuß	a fifty-footer	etwas, das 50 Fuß lang ist
-form	-förmig	mit der Form von	vermiform	wurmförmig

Suffixe/ Wortbildungselemente	deutsches Äquivalent	Bedeutung und Verwendung	Beispiele	deutsche Übersetzung
-free	-frei	1. von etwas ausgenommen 2. ohne etwas	interest-free, lead-free, trouble-free	zinslos, bleifrei, problemlos
-friendly	-freundlich	1. nicht schädlich für 2. günstig für	1. environmentally friendly 2. family friendly	1. umweltfreundlich 2. familienfreundlich
-fugal	-fugal	zur Bildung von Adjektiven aus Substantiven auf -fuge	centrifugal	zentrifugal
-fuge	-fuge	nach außen hin	subterfuge, centrifuge	List, Zentrifuge
-ful	1. -voll	1. voll von etwas 2. Merkmal 3. etwas enthaltend	1. doubtful, spiteful 2. careful 3. cupful, spoonful, mouthful	1. skeptisch, gehässig 2. vorsichtig 3. Tasse (voll), Löffel (voll), Bissen
-fy		machen	fortify, intensify	befestigen, intensivieren
-gamous	-gam	zur Bildung von Adjektiven, die einen Bund bezeichnen	monogamous	monogam
-gamy	-gamie	zur Bildung von Substantiven, die einen Bund bezeichnen	monogamy	Monogamie
-genic	-gen	1. gut geeignet für etwas 2. etwas hervorrufend	1. photogenic, telegenic 2. hallucinogenic, allergenic	1. fotogen, telegen 2. halluzinogen, allergen
-gnosis	-gnose	Wissen	prognosis, diagnosis	Prognose, Diagnose
-gnostic	-gnostisch	zur Bildung von Adjektiven aus Substantiven auf -gnose	diagnostic	diagnostisch
-goer	-gänger	jemand, der oft einen bestimmten Ort besucht	movie-goer	Kinogänger
-gon	-eck, -gon	mit einer bestimmten Anzahl von Ecken	hexagon	Sechseck
-grade		sich entwickeln, sich verändernd	retrograde, upgrade,	rückschrittlich, aufrüsten
-grader	-klässler	Schüler, der eine bestimmte Klasse besucht	second-grader	Zweitklässler
-gram	-gramm	1. Schrift 2. Gewicht im metrischen System	1. diagram 2. kilogram	1. Diagramm 2. Kilogramm

Suffixe/ Wortbildungs-elemente	deutsches Äquiva-lent	Bedeutung und Verwendung	Beispiele	deutsche Übersetzung
-graph	-grafieren -grafie	zur Bildung von Verben Bedeutung = schreiben zur Bildung von Substantiven Bedeutung = geschrieben, aufgezeichnet	choreograph autograph, photograph	choreografieren Autogramm, Fotografie
-graphy	-grafie	1. Wissenschaft, Kunst 2. die Schrift betreffend 3. das Schreiben, das Aufzeichnen	1. oceanography, lexicography 2. stenography 3. orthography	1. Ozeanografie, Lexikografie 2. Stenografie 3. Orthografie
-gynous	-gyn	die Frau betreffend, ein Weibchen betreffend	androgynous	androgyn
-haired	-haarig	die Haare betreffend	long-haired, dark-haired	langhaarig, dunkelhaarig
-hater	-hasser		woman-hater	Frauenhasser
-head	3. -kopf	1. Angabe der Haarfarbe 2. bezieht sich auf die Dummheit 3. der Kopf, der obere Teil von etwas	1. redhead 2. knucklehead, fathead 3. hammerhead, letterhead	1. Rotschopf 2. Blödmann, Dummkopf 3. Hammerhai, Briefkopf
-hearted		zur Bildung von Adjektiven, die sich auf bestimmte Merkmale beziehen	wholehearted, broken-hearted	aufrichtig, untröstlich
-hood	1. -heit 2. -schaft	1. Zustand oder Lage 2. Personengruppe	1. falsehood, fatherhood, childhood 2. brotherhood	1. Falschheit, Vaterschaft, Kindheit 2. Bruderschaft
-hungry	-hungrig	mit dem starken Wunsch nach etwas	power-hungry	machthungrig
-hunter		jemand, der etwas sucht	job-hunter, house-hunter	Arbeitsuchender, jemand, der ein Haus (zum Kaufen) sucht
-ia	-ien	1. Länder und Regionen 2. zur Bildung des Plurals bei Wörtern lateinischen Ursprungs	1. Australia, Andalusia 2. bacteria	1. Australien, Andalusien 2. Bakterien
-ial	-iell, -ial	zur Bildung von Adjektiven Bedeutung = in Bezug auf	ministerial, industrial, managerial	ministeriell, industriell, Manager-
-ian	-er	Variante von -an	Canadian, optician	Kanadier, Optiker
-iana		Variante von -ana	Canadiana	Kanadiana

Suffixe/ Wortbildungselemente	deutsches Äquivalent	Bedeutung und Verwendung	Beispiele	deutsche Übersetzung
-iasis	-iasis	Krankheit, Verfassung	elephantiasis, amebiasis	Elephantiasis, Amöbiasis
-iatrics, -iatry	-iatrie	Spezialgebiet der Medizin	geriatrics, psychiatry	Geriatrie, Psychiatrie
-ibility		Variante von **-ability**	compatibility	Kompatibilität
-ible		Variante von **-able**	edible	essbar
-ibly		Variante von **-ably**	audibly	hörbar
-ic, -ical	-al, -isch, -haft	so (ähnlich) wie in Bezug auf	acidic, heroic, poetic, mathematic	sauer, heldenhaft, poetisch, mathematisch
-ically	-isch, -haft	zur Bildung von Adverbien aus Adjektiven auf *-ic, -ical*	alphabetically, heroically	alphabetisch, heldenhaft
-ice		Zustand, Verfassung	cowardice, service	Feigheit, Service
-ics	-ik	zur Bildung von Substantiven, die einen Tätigkeitsbereich bezeichnen	ceramics, classics, cybernetics, economics	Keramik, Altphilologie, Kybernetik, Wirtschaftswissenschaft
-id	-ide	bezeichnet ein Mitglied einer Familie im Tierreich	arachnid	Arachnide
-ie	-chen, -lein	*inf* Variante von **-y** (Diminutiv)	birdie	Vögelchen
-ier	-er	1. zur Bildung von Substantiven, die Berufe bezeichnen 2. zur Bildung des Komparativs bei Adjektiven auf *-y*	1. cashier 2. happier	1. Kassierer 2. glücklicher
-ify		zur Bildung von Verben aus Adjektiven Bedeutung = machen	clarify, glorify	erklären, verherrlichen
-ile		1. in Bezug auf 2. fähig zu	1. infantile 2. mobile	1. kindisch 2. beweglich
-ility		zur Bildung von Adjektiven, die die Fähigkeit ausdrücken, etwas zu sein oder zu tun	versatility, visibility	Vielseitigkeit, Sicht
-in		benennt chemische Substanzen	vitamin, gelatin, lanolin, toxin	Vitamin, Gelatine, Lanolin, Toxin
-ina	-in	zur Bildung der femininen Form	tsarina, ballerina	Zarin, Ballerina
-induced	-bedingt	durch jemanden oder etwas verursacht	self-induced, work-induced	selbst verursacht, arbeitsbedingt

Suffixe/ Wortbildungselemente	deutsches Äquivalent	Bedeutung und Verwendung	Beispiele	deutsche Übersetzung
-ine	3. -er	1. in der Art von 2. zur Bildung abstrakter Substantive 3. stammend aus 4. chemische Substanzen	1. crystalline, feminine 2. medicine 3. Argentine 4. antihistamine, caffeine	1. kristallin, feminin 2. Medizin 3. Argentinier 4. Antihistamin, Koffein
-ing		1. zur Bildung des Gerundiums 2. zur Bildung des Partizip Präsens, das auch als Adjektiv verwendet werden kann	1. playing 2. they are playing, playing children	1. spielend 2. sie spielen, spielende Kinder
-ious		zur Bildung von Adjektiven Bedeutung: mit einer bestimmten Eigenschaft	capricious, cautious	launisch, vorsichtig
-ish		1. Art 2. Herkunft, Sprache 3. ähnlich wie 4. sozusagen	1. childish 2. British, English 3. piggish, nightmarish 4. newish	1. kindisch 2. Brite/Britisch, Engländer/Englisch 3. schweinisch, alptraumhaft 4. relativ neu
-ism	-ismus	zur Bildung von Substantiven, die sich auf ein System, eine Doktrin, eine Art und Weise oder eine Lage beziehen	totalitarianism, cynicism, tourism	Totalitarismus, Zynismus, Tourismus
-ist		Handelnder, jemand, der eine Tätigkeit oder einen Beruf ausübt	artist, dentist, plagiarist, realist, tourist	Künstler, Zahnarzt, Plagiator, Realist, Tourist
-istic	-istisch	zur Bildung von Adjektiven aus Substantiven auf -ist	realistic	realistisch
-istics	-istik	Wissenschaft, Ausübung	linguistics, statistics, logistics	Linguistik, Statistik, Logistik
-ite		1. gebürtig aus 2. jemand, der an etwas glaubt, ein Anhänger von etwas ist	1. Israelite 2. Shiite, socialite	1. Israelit 2. Schiit, Person des öffentlichen Lebens
-itis	-itis	bezeichnet eine Entzündung	conjunctivitis, cystitis	Bindehautentzündung, Blasenentzündung
-itive		mit einer Neigung zu, etwas bewirkend	inquisitive, repetitive	neugierig, eintönig
-ity	-ität, -(ig)keit, -heit	Zustand, Eigenschaft	absurdity, captivity, clarity, complexity	Absurdität, Gefangenschaft, Klarheit, Komplexität

Suffixe/Wortbildungselemente	deutsches Äquivalent	Bedeutung und Verwendung	Beispiele	deutsche Übersetzung
-ive		mit einer Neigung zu, etwas bewirkend	appreciative, digestive	dankbar, Verdauungs-
-ization	-isierung	zur Bildung von Substantiven aus Verben auf *-ize*	familiarization, centralization	Vertrautwerden, Zentralisierung
-ize	-isieren	bewirken, dass ein Zustand eintritt	familiarize, centralize, categorize, computerize	sich vertraut machen, zentralisieren, kategorisieren, computerisieren
-ject		werfen	eject, inject, reject	auswerfen, spritzen, zurückweisen
-kin		Diminutiv	bumpkin, manikin, napkin	Hinterwäldler, Männlein, Serviette
-land		zur Bildung von Namen für Länder, Regionen und bestimmte Landschaften	Switzerland, Newfoundland, swampland	Schweiz, Neufundland, Sumpfland
-legged	-beinig		eight-legged (insect)	achtbeinig (Insekt)
-length	-lang		knee-length, shoulder-length	knielang, schulterlang
-lepsy	-lepsie	erfasst von	epilepsy, narcolepsy	Epilepsie, Narkolepsie
-less	-los	ohne	effortless, careless, homeless	mühelos, sorglos, obdachlos
-let		Diminutiv	leaflet, piglet, quintuplet, rivulet	Prospekt, Ferkel, Fünfling, Rinnsal
-like	-lich	(so ähnlich) wie etwas	sportsmanlike, businesslike, childlike	sportlich, geschäftlich, kindlich
-ling		1. Diminutiv 2. drückt Verachtung aus	1. duckling, fledgling 2. bungling	1. Entenküken, gerade flügge gewordener Vogel 2. Stümperei
-lite	1. -lith 2. -itis	1. bezeichnet ein Mineral 2. Variante von **-itis**, die einen Zustand ausdrückt	1. cryolite 2. cellulite	1. Kryolith 2. Cellulitis
-lith	-lith	Stein	monolith	Monolith
-lithic		archäologische Periode	Paleolithic	paläolithisch
-load		Ladung	busloads, truckloads	ganze Busladungen, ganze Lkw-Ladungen
-log, -logue	-log	sich auf Worte beziehend	monolog, epilog	Monolog, Epilog
-logic, -logy	-logie	Studium von	anthropology, dermatology	Anthropologie, Dermatologie

Suffixe/ Wortbildungselemente	deutsches Äquivalent	Bedeutung und Verwendung	Beispiele	deutsche Übersetzung
-ly	2. -lich	1. zur Bildung von Adverbien, die eine Art und Weise ausdrücken 2. zur Bildung von Adjektiven und Adverbien, die Zeitintervalle bezeichnen	1. madly, carelessly 2. weekly, monthly	1. wie verrückt, sorglos 2. wöchentlich, monatlich
-maker	-macher -maschine	Person oder Maschine, die etwas macht	dressmaker, watchmaker, coffeemaker, icemaker	Schneider, Uhrmacher, Kaffeemaschine, Eiswürfelmaschine
-man		1. bezeichnet einen Mann, der bestimmte Eigenschaften hat, eine bestimmte Tätigkeit oder einen bestimmten Beruf ausübt 2. gibt die Anzahl der Personen in einer Gruppe an	1. linesman, madman, mailman 2. a four-man team	1. Linienrichter, Geisteskranker, Postbote 2. ein Vier-Mann-Team
-mania	-manie	bezeichnet eine Bessenheit	pyromania, megalomania, kleptomania	Pyromanie, Größenwahnsinn, Kleptomanie
-mannered		bezieht sich auf die Verhaltensweise	ill-mannered, mild-mannered	schlecht erzogen, sanftmütig
-manship	-künste	drückt sicheres Können, gute Beherrschung aus	swordsmanship, workmanship, marksmanship	Schwertkampfkünste, handwerkliches Können, Treffsicherheit
-master	-meister, -profi	wird für Personen gebraucht, die auf einem Gebiet als kompetent gelten	concertmaster	Konzertmeister
-ment		zur Bildung von Substantiven Bedeutung: 1. Zustand 2. Ergebnis	1. contentment, excitement 2. alignment	1. Zufriedenheit, Aufregung 2. Ausrichten
-meter	-meter, -messer	Messgerät	chronometer, speedometer	Chronometer, Geschwindigkeitsmesser
-minded		bezeichnet eine Geisteshaltung	narrow-minded, strong-minded	engstirnig, willensstark
-morphous	-morph	bezeichnet eine Gestalt, ein Erscheinungsbild	amorphous, polymorphous	amorph, polymorph
-most	-(s)te	zur Bildung des Superlativs	outermost, rearmost, southernmost	äußerste, hinterste, südlichste

Suffixe/ Wortbildungselemente	deutsches Äquivalent	Bedeutung und Verwendung	Beispiele	deutsche Übersetzung
-motive		Bewegung, Antrieb	automotive, locomotive	Auto(mobil)-, Lokomotive
-mouthed		bezieht sich auf jds Sprechweise/Ausdrucksweise	loudmouthed, foulmouthed	großmäulig, unflätig
-natured		mit dem genannten Naturell	good-natured	gutmütig
-ness, -iness	-ität, -(ig)keit, -heit	Zustand oder Eigenschaft	hopelessness, carelessness, bitterness, sleepiness	Hoffnungslosigkeit, Sorglosigkeit, Bitterkeit, Schläfrigkeit
-nik	-ist	jemand, der mit etwas in Verbindung gebracht wird	beatnik, peacenik	Beatnik, Friedensaktivist
-nomy	-nomie	1. Gesetz oder Struktur 2. Studium	1. taxonomy, economy, autonomy 2. astronomy	1. Taxonomie, Wirtschaft, Autonomie 2. Astronomie
-o	-o	zur Bildung von umgangssprachlichen Wörtern zur Bezeichnung von Personen mit bestimmten Gewohnheiten oder Eigenschaften	wino, weirdo, dumbo	Wermutbruder, Sonderling, Dumpfbacke
-ock	-chen, -lein	Diminutiv	bullock, hillock	junger Ochse, kleiner Hügel
-oholic		Variante von -aholic	alcoholic	Alkoholiker
-oid	-oid	etwas/jemandem ähnlich	spheroid	Sphäroid
-ology	-logie	Studium	biology, geology	Biologie, Geologie
-oma	-om	Tumor	carcinoma, melanoma	Karzinom, Melanom
-onym	-onym	bezieht sich auf einen Namen	synonym, pseudonym	Synonym, Pseudonym
-onymous		zur Bildung von Adjektiven aus Substantiven auf -onym	synonymous	synonym
-onymy		zur Bildung von Substantiven aus Adjektiven auf -onymous	synonymy	Synonymie
-opia	-opie	bezieht sich auf das Auge	myopia	Myopie
-or	-(at)or, -er	handelnde Person oder Sache	actor, exhibitor, agitator, processor	Schauspieler, Aussteller, Agitator, Prozessor
-orial		zur Bildung von Adjektiven aus Substantiven auf -or, -ory	senatorial, dictatorial, territorial	Senats-, diktatorisch, territorial
-oriented	-orientiert	bezeichnet das Ziel von etwas, das Streben nach etwas	profit-oriented	profitorientiert

Suffixe/ Wort- bildungs- elemente	deutsches Äquiva- lent	Bedeutung und Verwendung	Beispiele	deutsche Übersetzung
-orium	-orium	bezeichnet einen Ort	crematorium, emporium, sanatorium	Krematorium, Kaufhaus, Sanatorium
-ory		in Bezug auf, von einer bestimmten Art	circulatory, transitory, contradictory, con- tributory	Kreislauf-, vergäng- lich, widersprüchlich, zu etwas beitragend
-ose		voll von etwas, sich durch etwas auszeich- nend	verbose	wortreich
-osis	-ose	1. Krankheit 2. Vorgang	1. psychosis, neurosis 2. hypnosis, narcosis	1. Psychose, Neurose 2. Hypnose, Narkose
-ous	1. -voll, -ös 2. -artig	1. voll von etwas 2. etwas habend	1. mysterious, nerv- ous, acrimonious 2. voluminous, cancerous	1. geheimnisvoll, nervös, bissig 2. weit, krebsartig
-owned		im Besitz von	family-owned, state- owned	in Familienbesitz, in Staatsbesitz
-packed	-geladen	voll von	action-packed	actiongeladen
-path	-path	1. jemand, der bestimmte Heilme- thoden anwendet 2. jemand, der bestimmte Eigen- heiten oder eine besondere Krank- heit hat	1. homeopath, naturopath 2. psychopath	1. Homöopath, Naturheilkundler 2. Psychopath
-pathic		zur Bildung von Adjektiven aus Sub- stantiven auf -pathy	homeopathic, telepathic	homöopathisch, telepathisch
-pathy	-pathie	1. Gefühl 2. in Bezug auf eine medizinische Behandlung	1. empathy, sympathy, telepathy 2. homeopathy	1. Empathie, Sympa- thie, Telepathie 2. Homöopathie
-ped	-füßer, -pede	mit einer bestimmten Anzahl von Füßen/ Pfoten	biped, quadruped	Zweifüßer, Vierfüßer
-pepsia	-pepsie	die Verdauung betreffend	dyspepsia	Dyspepsie
-person		zur Bildung der geschlechtsneutralen Form (feminin/mas- kulin) von Wörtern auf -man Bezeichung für einen Beruf, ein Amt, eine Autoritätsperson	spokesperson, chairperson	Sprecher, Vorsitzender
-phile	-liebhaber	jemand, der etwas sehr mag	technophile, biblio- phile, anglophile	Technikliebhaber, Bücherliebhaber, Englandliebhaber

Suffixe/ Wortbildungselemente	deutsches Äquivalent	Bedeutung und Verwendung	Beispiele	deutsche Übersetzung
-phobe	-hasser	jemand, der etwas ganz und gar nicht mag	technophobe, Anglophobe	Technikhasser, Englandhasser
-phobia	-hass, -phobie	der Zustand des Nichtmögens	claustrophobia, xenophobia, hydrophobia,	Klaustrophobie, Fremdenhass, krankhafte Wasserscheu
-phobic	-feindlich, -phob(isch)	zur Bildung von Adjektiven aus Substantiven auf *-phobia*	xenophobic, claustrophobic	fremdenfeindlich, klaustrophobisch
-phone	1. -phon 2. -sprachig, -phon	1. Geräte, die mit Tönen arbeiten oder Töne hervorbringen 2. die Sprache sprechend	1. saxophone, gramophone, megaphone, microphone, telephone, xylophone 2. Anglophone, Francophone	1. Saxophon, Grammophon, Megaphon, Mikrophon, Telefon, Xylophon 2. englischsprachig, französischsprachig
-phony	-klang, -phonie	ein Ton	cacophony, euphony	Missklang, Wohlklang
-plane		Flugzeugart	seaplane, biplane	Wasserflugzeug, Doppeldecker
-plex	-plex	aus einer bestimmten Zahl von Einheiten aufgebaut	duplex, multiplex	Doppelhaus, Multiplexkino
-pod		Fuß	tripod	Stativ
-polis	-pole	Stadt	metropolis	Metropole
-powered	-betrieben	bezieht sich auf die Stromversorgung einer Maschine	battery-powered, nuclear-powered	batteriebetrieben, atombetrieben
-prone		für etwas anfällig	accident-prone	vom Pech verfolgt
-proof		einer Sache standhaltend	ovenproof, rustproof, shatterproof, soundproof, bombproof, bulletproof	ofenfest, rostfrei, bruchsicher, schalldicht, bombensicher, kugelsicher
-red		Zustand	hatred, sacred	Hass, heilig
-ria		1. Krankheitsbezeichnungen oder wissenschaftliche Namen 2. Ortsnamen, Ländernamen	1. diphtheria, malaria, wisteria 2. Bulgaria	1. Diphtherie, Malaria, Glyzinie 2. Bulgarien
-ridden		voll von	guilt-ridden	von Schuldgefühlen geplagt
-rrhage	-rrhagie	anormales Fließen von etwas	hemorrhage	Hämorrhagie
-ry		Variante von **-ery**	chemistry	Chemie
-scape		zur Benennung einer bestimmten Art von Landschaft	landscape, seascape, townscape	Landschaft, Seelandschaft, Stadtbild

Suffixe/ Wortbildungselemente	deutsches Äquivalent	Bedeutung und Verwendung	Beispiele	deutsche Übersetzung
-scope	-skop	Instrument/Gerät, mit dem man etwas sehen kann	microscope, stethoscope, stroboscope, gyroscope, hygroscope, horoscope	Mikroskop, Stethoskop, Stroboskop, Gyroskop, Hygroskop, Horoskop
-scopy	-skopie	Untersuchung von etwas/jemandem mit einem Instrument	gastroscopy	Gastroskopie
-sect		ein Schnitt	dissect	sezieren
-ship		1. Zustand 2. Amt 3. Kenntnisse, Geschick	1. friendship 2. championship, dictatorship 3. horsemanship, marksmanship	1. Freundschaft 2. Meisterschaft, Diktatur 3. Reitkünste, Treffsicherheit
-sion		1. Geschehen 2. Ergebnis 3. Zustand	1. emission, inclusion 2. emulsion, explosion 3. tension	1. Emission, Einschluss 2. Emulsion, Explosion 3. Spannung
-some		1. zu etwas neigen 2. eine Gruppe mit der genannten Zahl von Personen	1. quarrelsome, tiresome 2. twosome, foursome	1. streitsüchtig, lästig 2. Paar, Vierergruppe
-speak		zur Benennung der (speziellen) Sprache/ der Fachsprache einer bestimmten Personengruppe	doublespeak, netspeak	Doppelzüngigkeit, Netzjargon
-sphere	-sphäre	Bereich	hemisphere	Hemisphäre
-ster		zur Bezeichnung einer Person, die bestimmte Eigenschaften hat oder etwas Bestimmtes tut	youngster, mobster, pollster, trickster	Jugendlicher, Gangster, Meinungsforscher, Betrüger
-stress	-in	zur Bildung der weiblichen Form	seamstress	Näherin
-sy		zur Bildung von Adjektiven und Substantiven mit negativem Beiklang	tipsy, tricksy, whimsy, artsy	beschwipst, schelmisch, spleenig, affig
-teen	1. -zehn	1. zur Bildung der Zahlen von 13 bis 19 2. einer Sache ähnlich	1. nineteen 2. velveteen	1. neunzehn 2. Velours
-th	3. -te	1. Zustand 2. Vorgang 3. Ordinalzahlen	1. youth, death 2. growth 3. thirteenth	1. Jugend, Tod 2. Wachstum 3. dreizehnte
-tion		1. Ergebnis 2. Zustand	1. inflation, reflection, infection 2. inhibition	1. Inflation, Spiegelbild, Infektion 2. Hemmung

Suffixe/ Wortbildungselemente	deutsches Äquivalent	Bedeutung und Verwendung	Beispiele	deutsche Übersetzung
-tious		zur Bildung von Adjektiven aus Substantiven auf *-tion*	ambitious, cautious	ehrgeizig, vorsichtig
-tomy	-tomie	Operation, Schnitt	lobotomy	Lobotomie
-tor		ausführende Person oder Sache	arbitrator, collaborator, calculator	Schlichter, Mitarbeiter, Rechner
-tory			anticipatory, accusatory	vorwegnehmend, anklagend
-tude	-(ig)keit	Zustand	gratitude, solitude	Dankbarkeit, Einsamkeit
-ty	1. -heit 2. -zig	1. Eigenschaft, Zustand 2. zur Bildung der Zehnerzahlen	1. royalty, safety 2. seventy	1. Mitglieder des Königshauses, Sicherheit 2. siebzig
-ule	-chen, -lein	Diminutiv	granule	Körnchen
-ulent		mit viel von etwas	fraudulent	betrügerisch
-ulous		für etwas geeignet, mit der Tendenz, etwas zu sein	miraculous, nebulous	wunderbar, unklar
-ure		1. Ergebnis 2. Zustand	1. mixture, exposure 2. moisture, pleasure	1. Mischung, Ausgesetztsein 2. Feuchtigkeit, Vergnügen
-ville		1. zur Benennung eines Ortes 2. *sl* zur Benennung eines Ortes, einer Sache oder eines Zustandes, die bestimmte Eigenschaften aufweisen	1. Jacksonville 2. dullsville	1. Jacksonville 2. totes Nest
-vore	-fresser, -vore	sich von etwas ernährend	carnivore, herbivore	Fleischfresser, Pflanzenfresser
-vorous	-fressend, -vor	zur Bildung von Adjektiven aus Substantiven auf *-vore*	carnivorous, herbivorous, omnivorous	fleischfressend, pflanzenfressend, allesfressend
-ward(s)	-wärts	in Richtung von	backward(s), inwards, outwards, upwards	rückwärts, einwärts, auswärts, aufwärts
-ways		Richtung	lengthways	längs
-wide	-weit	quer durch, überall in	worldwide, nationwide	weltweit, landesweit
-wise		zur Bildung von Adverbien, die eine Richtung angeben	clockwise	im Uhrzeigersinn
-woman		weibliches Äquivalent zu *-man*	chairwoman	Vorsitzende

Suffixe/ Wortbildungselemente	deutsches Äquivalent	Bedeutung und Verwendung	Beispiele	deutsche Übersetzung
-worthy		1. etwas verdienend 2. für etwas geeignet	1. trustworthy, newsworthy 2. roadworthy	1. vertrauenswürdig, berichtenswert 2. verkehrstauglich
-y, -ey		1. zur Bildung von Substantiven, die einen Zustand oder einen Vorgang ausdrücken 2. Diminutiv *inf*(siehe **-ie**) 3. zur Bildung von Adjektiven Bedeutung: vor etwas wimmelnd mit der Tendenz zu	1. captivity 2. puppy 3. bumpy, faulty, bubbly creamy, clingy	1. Gefangenschaft 2. Welpe 3. uneben, defekt, voller Blasen cremig, eng anliegend
-yer		Variante von **-er**	lawyer	Rechtsanwalt

Falsche Freunde
False Friends

Weitere Bedeutungen und Übersetzungen stehen unter dem entsprechenden Stichwort.

Readers should consult the main section of the dictionary for more complete translation information.

Bedeutung des englischen Ausdrucks:	English	Deutsch	Meaning of the German word:
eigentlich	actual	aktuell	current
den ganzen Tag	all day	alltäglich	everyday, ordinary
auch	also	also	so; (*Füllwort*) well
bekannt geben	announce	annoncieren	to advertise
werden	become	bekommen	to get, to receive
Benzol	benzene	Benzin	gas(oline)
blinzeln	blink	blinken	AUTO to flash
mutig	brave	brav	(*Kind*) good
hell	bright	breit	broad; (*weit*) wide
Hütte	cabin	(Umkleide)kabine	changing room
Koch, Köchin	chef	Chef	boss
Begriff	concept	Konzept	draft
zubereiten	cook *tr*	kochen	(*Wasser*) to boil
Mais	corn	Korn	seed; (*Sand-*) grain
Handwerk	craft	Kraft	strength; force; power
Neugier(de)	curiosity	Kuriosität	(*Merkwürdigkeit*) oddity
schroff; barsch	curt	kurz	short; (*zeitlich*) brief
schließlich, endlich	eventually	eventuell	I. *adj* possible; II. *adv* possibly
Stoff	fabric	Fabrik	factory
Schwule(r)	faggot	Fagott	MUS bassoon
befestigen	fasten	fasten	to fast
schnalzen mit	flick	flicken	to mend
Fußboden	floor	Flur	corridor, hall
Formel	formula	Formular	form
Messgerät	gauge	Gage	THEAT fee
freundlich	genial	genial	(*fam*) brilliant
Freundlichkeit	geniality	Genialität	brilliance
dienstbarer Geist	genie	Genie	genius
Geschenk	gift	Gift	poison; (*Tier-*) venom
Blick	glance *n*	Glanz	shine; (*fig*) glory
kurz ansehen	glance *vi*	glänzen	to shine; (*fig*) to be brilliant
liebenswürdig	gracious	graziös	graceful
unbedeutend	inconsequential	inkonsequent	inconsistent

Bedeutung des englischen Ausdrucks:	English	Deutsch	Meaning of the German word:
Insel	island	Island	Iceland
Art	kind	Kind	child
Arbeit	labor	Labor	lab(oratory)
Mangel	lack	Lack	varnish; (*Auto-*) paint
Festland	land	Land	country
Zitrone	lemon	Limone	lime
Liste	list	List	trick, cunning
Ortsansässige(r)	local *n*	Lokal	bar; restaurant
Begierde	lust	Lust haben	to feel like
Mann	man	(Ehe)mann	husband
Landkarte	map	Mappe	(*Hefter*) folder; briefcase
Orangenmarmelade	marmalade	Marmelade	jam
Masse; Messe	mass	Maß	measure; (*Aus-*) degree
Bedeutung	meaning	Meinung	opinion
Mitte	middle	Mittel	(*Hilfs-*) means
mittleren Alters	middle-aged	mittelalterlich	medieval
Dunst	mist	Mist	dung; (*fam*) rubbish
Art	mode	Mode	fashion
edel; adlig	noble	nobel (*fam*)	generous
Benachrichtigung	notice	Notiz	(*Vermerk*) note
Roman	novel	Novelle	novella
gewöhnlich	ordinary	ordinär	vulgar
Backofen	oven	Ofen	stove; (*Heiz-*) heater
zufällig mithören	overhear	überhören	(*absichtlich*) to ignore
beaufsichtigen	oversee	übersehen	to fail to notice
Versehen	oversight	Übersicht	overview
offenkundig	patent	patent	ingenious
Mitleid erregend	pathetic	pathetisch	impassioned
Erdöl	petroleum	Petroleum	kerosene
Foto	photograph	Fotograf	photographer
Arzt/Ärztin	physician	Physiker(in)	physicist
saure Gurken	pickle	Pickel	pimple
Teller	plate	(Schall)platte	record
füllig, mollig	plump	plump	plump; ungainly
Beute	plunder	Plunder	junk
Polizei	police	Police	policy
wichtigste(r, s)	principal	prinzipiell	on principle
Beförderung	promotion	Promotion	doctorate, Ph. D.
kündigen	quit	quittieren	to give a receipt for

Bedeutung des englischen Ausdrucks:	English	Deutsch	Meaning of the German word:
übereilt	rash	rasch	quick(ly)
vernünftig	rational	rationell	efficient(ly)
echt	real	reell	straight; fair
Quittung	receipt	Rezept	KOCHK recipe; MED prescription
wiedergewinnen	reclaim	reklamieren	to complain about sth
Wiedergewinnung	reclamation	Reklamation	complaint
mieten	rent *vt*	(sich) rentieren	to be worth it
rostig	rusty	rüstig	sprightly
Plan	scheme	Schema	(*Muster*) pattern
gewissenhaft	scrupulous	skrupellos	unscrupulous
Meer	sea	See (*m*)	lake
Geheimnis	secret	Sekret	MED secretion
vernünftig	sensible	sensibel	sensitive
ernst	serious	seriös	(*anständig*) respectable
scharf; spitz	sharp	scharf	(*gewürzt*) spicy; (*streng*) severe
(Kassen)zettel	slip	Slip	panties *pl*
Rauchen	smoking	Smoking	tuxedo, dinner-jacket
fest	solid	solid(e)	(*anständig*) respectable
ausgeben	spend (money)	spenden	to donate
entdecken	spot *vt*	spotten	to mock
bleiben	stay	stehen	to stand; (*gut passen*) to suit
noch	still *adv*	still	quiet, silent
Hocker	stool	Stuhl	chair
Faden, Strang	strand	Strand	beach
Bach	stream	Strom	ELEK electricity
verständnisvoll, mitfühlend	sympathetic	sympathisch	nice, likeable
Mitleid	sympathy	Sympathie	sympathy
Tablette	tablet	Tablett	tray
Geschmack	taste	Taste	key
Landstreicher(in)	tramp	Tramper(in)	hitchhiker
Leichenbestatter	undertaker	Unternehmer(in)	entrepreneur
gefühllos	unsympathetic	unsympathisch	unpleasant
Lagerhaus	warehouse	Warenhaus	department store
sich fragen	wonder	(sich) wundern	to be surprised

Die Zahlwörter

Numerals

Die Kardinalzahlen

Cardinal numbers

null	0	nought, zero
eins	1	one
zwei	2	two
drei	3	three
vier	4	four
fünf	5	five
sechs	6	six
sieben	7	seven
acht	8	eight
neun	9	nine
zehn	10	ten
elf	11	eleven
zwölf	12	twelve
dreizehn	13	thirteen
vierzehn	14	fourteen
fünfzehn	15	fifteen
sechzehn	16	sixteen
siebzehn	17	seventeen
achtzehn	18	eighteen
neunzehn	19	nineteen
zwanzig	20	twenty
einundzwanzig	21	twenty-one
zweiundzwanzig	22	twenty-two
dreiundzwanzig	23	twenty-three
dreißig	30	thirty
einunddreißig	31	thirty-one
zweiunddreißig	32	thirty-two
vierzig	40	forty
einundvierzig	41	forty-one
fünfzig	50	fifty
einundfünfzig	51	fifty-one
sechzig	60	sixty
einundsechzig	61	sixty-one
siebzig	70	seventy
einundsiebzig	71	seventy-one
achtzig	80	eighty
einundachtzig	81	eighty-one
neunzig	90	ninety
einundneunzig	91	ninety-one
hundert	100	a [o one] hundred
hundert(und)eins	101	hundred and one

hundert(und)zwei	102	hundred and two
hundert(und)zehn	110	hundred and ten
zweihundert	200	two hundred
dreihundert	300	three hundred
vierhundert(und)einundfünfzig	451	four hundred and fifty-one
tausend	1000	a [o one] thousand
zweitausend	2000	two thousand
zehntausend	10 000	ten thousand
eine Million	1 000 000	a [o one] million
zwei Millionen	2 000 000	two million
eine Milliarde	1 000 000 000	a [o one] billion
eine Billion	1 000 000 000 000	a [o one] trillion

Die Ordnungszahlen   Ordinal numbers

erste	1.	1st	first
zweite	2.	2nd	second
dritte	3.	3rd	third
vierte	4.	4th	fourth
fünfte	5.	5th	fifth
sechste	6.	6th	sixth
siebente	7.	7th	seventh
achte	8.	8th	eighth
neunte	9.	9th	ninth
zehnte	10.	10th	tenth
elfte	11.	11th	eleventh
zwölfte	12.	12th	twelfth
dreizehnte	13.	13th	thirteenth
vierzehnte	14.	14th	fourteenth
fünfzehnte	15.	15th	fifteenth
sechzehnte	16.	16th	sixteenth
siebzehnte	17.	17th	seventeenth
achtzehnte	18.	18th	eighteenth
neunzehnte	19.	19th	nineteenth
zwanzigste	20.	20th	twentieth
einundzwanzigste	21.	21st	twenty-first
zweiundzwanzigste	22.	22nd	twenty-second
dreiundzwanzigste	23.	23rd	twenty-third
dreißigste	30.	30th	thirtieth
einunddreißigste	31.	31st	thirty-first
vierzigste	40.	40th	fortieth
einundvierzigste	41.	41st	forty-first
fünfzigste	50.	50th	fiftieth
einundfünfzigste	51.	51st	fifty-first
sechzigste	60.	60th	sixtieth

einundsechzigste	61.	61st	sixty-first
siebzigste	70.	70th	seventieth
einundsiebzigste	71.	71st	seventy-first
achtzigste	80.	80th	eightieth
einundachtzigste	81.	81st	eighty-first
neunzigste	90.	90th	ninetieth
hundertste	100.	100th	(one) hundredth
hundertunderste	101.	101st	hundred and first
zweihundertste	200.	200th	two hundredth
dreihundertste	300.	300th	three hundredth
vierhundert(und)einund-fünfzigste	451.	451st	four hundred and fifty-first
tausendste	1000.	1000th	(one) thousandth
tausend(und)einhundertste	1100.	1100th	thousand and (one) hundredth
zweitausendste	2000.	200th	two thousandth
einhunderttausendste	100 000.	100 000th	(one) hundred thousandth
millionste	1 000 000.	1 000 000th	millionth
zehnmillionste	10 000 000.	10 000 000th	ten millionth

Die Bruchzahlen Fractions

ein halb	$^1/_2$	one [o a] half
ein Drittel	$^1/_3$	one [o a] third
ein Viertel	$^1/_4$	one [o a] quarter
ein Fünftel	$^1/_5$	one [o a] fifth
ein Zehntel	$^1/_{10}$	one [o a] tenth
ein Hundertstel	$^1/_{100}$	one hundredth
ein Tausendstel	$^1/_{1000}$	one thousandth
ein Millionstel	$^1/_{1\,000\,000}$	one millionth
zwei Drittel	$^2/_3$	two thirds
drei Viertel	$^3/_4$	three quarters
zwei Fünftel	$^2/_5$	two fifths
drei Zehntel	$^3/_{10}$	three tenths
anderthalb	$1^1/_2$	one and a half
zwei(und)einhalb	$2^1/_2$	two and a half
fünf drei achtel	$5^3/_8$	five and three eighths
eins Komma eins	1,1 1.1	one point one
zwei Komma drei	2,3 2.3	two point three

Vervielfältigungszahlen Multiples

einfach	single	vierfach	fourfold, quadruple
zweifach	double	fünffach	fivefold
dreifach	threefold, treble, triple	hundertfach	(one) hundredfold

Gewichte, Maße und Temperatur

Weights, measures, and temperatures

Das Dezimalsystem

Decimal system

Giga	1 000 000 000	G	giga
Mega	1 000 000	M	mega
Hektokilo	100 000	hk	hectokilo
Myria	10 000	ma	myria
Kilo	1 000	k	kilo
Hekto	100	h	hecto
Deka	10	da	deca
Dezi	0,1	d	deci
Centi	0,01	c	centi
Milli	0,001	m	milli
Dezimilli	0,000 1	dm	decimilli
Centimilli	0,000 01	cm	centimilli
Mikro	0,000 001	μ	micro

Umrechnungstabellen

In den USA ist immer noch das anglo-amerikanische Maßsystem in Gebrauch. In Großbritannien ist man offiziell auf das Dezimalsystem umgestiegen, jedoch bevorzugen viele immer noch das alte System. Für Temperaturen wird die Fahrenheit-Skala verwendet. Nur diejenigen anglo-amerikanischen Maße, die immer noch in Umlauf sind, werden in den Tabellen aufgeführt. Man erhält ein angloamerikanisches Maß, indem man das entprechende metrische mit dem **fett** gedruckten Umrechnungsfaktor multipliziert. Umgekehrt gilt: Ein imperiales Maß, das durch den gleichen Faktor dividiert wird, ergibt das metrische.

Conversion tables

Only U.S. Customary units still in common use are given here. To convert a metric measurement to U.S. Customary measures, multiply by the conversion factor in **bold**. Likewise dividing a U.S. Customary measurement by the same factor will give the metric equivalent. Note that the decimal comma is used throughout rather than the decimal point.

Das metrische System
Metric measurement
Längenmaße

Anglo-amerikanisches Maßsystem
U.S. Customary System
Length measures

Seemeile	1 852 m	–	nautical mile			
Kilometer	1 000 m	km	kilometer	**0,62**	mile (= 1760 yards)	m, mi
Hektometer	100 m	hm	hectometer			
Dekameter	10 m	dam	decameter			
Meter	1 m	m	meter	**1,09** **3,28**	yard (= 3 feet) foot (= 12 inches)	yd ft
Dezimeter	0,1 m	dm	decimeter			
Zentimeter	0,01 m	cm	centimeter	**0,39**	inch	in
Millimeter	0,001 m	mm	millimeter			
Mikron	0,000 001 m	µ	micron			
Millimikron	0,000 000 001 m	mµ	millimicron			
Angström	0,000 000 000 1 m	Å	angstrom			

Flächenmaße

Surface measures

Quadratkilometer	1 000 000 m²	km²	square kilometer	**0,386**	square mile (= 640 acres)	sq. m., sq. mi.
Quadrathektometer Hektar	10 000 m²	hm² ha	square hectometer hectare	**2,47**	acre (= 4840 square yards)	a.
Quadratdekameter Ar (SCHWEIZ: Are)	100 m²	dam² a	square decameter are			
Quadratmeter	1 m²	m²	square meter	**1.196** **10,76**	square yard (9 square feet) square feet (= 144 square inches)	sq. yd sq. ft
Quadratdezimeter	0,01 m²	dm²	square decimeter			
Quadratzentimeter	0,000 1 m²	cm²	square centimeter	**0,155**	square inch	sq. in.
Quadratmillimeter	0,000 001 m²	mm²	square millimeter			

Kubik- und Hohlmaße   Volume and capacity

Kubikkilo-meter	1 000 000 000 m³	km³	cubic kilometer			
Kubikmeter	1 m³	m³	cubic meter	**1,308**	cubic yard (= 27 cubic feet)	cu. yd
Ster		st	stere	**35,32**	cubic foot (= 1728 cubic inches)	cu. ft
Hektoliter	0,1 m³	hl	hectoliter			
Dekaliter	0,01 m³	dal	decaliter			
Kubik-dezimeter	0,001 m³	dm³	cubic decimeter	**0,26**	gallon	gal.
Liter		l	liter	**2,1**	pint	Pt
Deziliter	0,000 1 m³	dl	deciliter			
Zentiliter	0,000 01 m³	cl	centiliter	**0,352** **0,338**	fluid ounce	fl. oz
Kubik-zentimeter	0,000 001 m³	cm³	cubic centimeter	**0,061**	cubic inch	cu. in.
Milliliter	0,000 001 m³	ml	milliliter			
Kubik-millimeter	0,000 000 001 m³	mm³	cubic millimeter			

Gewichte   Weight

Tonne	1 000 kg	t	ton	**1,1**	[short] ton (= 2000 pounds)	t.
Quintal	100 kg	q	quintal			
Kilogramm	1 000 g	kg	kilogram	**2,2**	pound (= 16 ounces)	lb
Hektogramm	100 g	hg	hectogram			
Dekagramm	10 g	dag	decagram			
Gramm	1 g	g	gram	**0,035**	ounce	oz
Karat	0,2 g	–	carat			
Dezigramm	0,1 g	dg	decigram			
Zentigramm	0,01 g	cg	centigram			
Milligramm	0,001 g	mg	milligram			
Mikrogramm	0,000 001 g	µg, g	microgram			

Temperatur   Temperature

Um eine Temperaturangabe in Grad Fahrenheit in Celsius umzuwandeln, wird 32 abgezogen und anschließend mit 5/9 multipliziert. Eine Celsius-Angabe wird dementsprechend in Fahrenheit umgerechnet, indem man sie mit 9/5 multipliziert und 32 dazuzählt.

To convert a temperature in degrees Fahrenheit to Celsius, deduct 32 and multiply by 5/9. To convert Celsius to Fahrenheit, multiply by 9/5 and add 32.

Geographische Namen: Deutsch – Englisch
Geographical names: German – Englisch

Länder, Einwohner, Adjektive, Hauptstädte, Währungen –
Countries, Inhabitants, Derivatives, Capitals, Currencies

Die Länder sind alphabetisch angeordnet und unter der deutschen Schreibweise zu finden. Zum Gebrauch des Artikels bei geographischen Eigennamen siehe "Deutsche Kurzgrammatik".

Countries are arranged in alphabetical order by their German names. For how to use articles when referring to geographical proper nouns, see the "Concise German Grammar."

Land *Country*	Einwohner *Inhabitant*	Adjektive *Derivative*	Hauptstadt *Capital*	Währung *Currency*
Afghanistan *nt* *Afghanistan*	Afghane *m*, Afghanin *f* *Afghan(s)*	afghanisch *Afghan*	Kabul *Kabul*	Afghani *afghani*
Ägypten *nt* *Egypt*	Ägypter(in) *m(f)* *Egyptian(s)*	ägyptisch *Egyptian*	Kairo *Cairo*	Ägyptisches Pfund *Egyptian pound*
Albanien *nt* *Albania*	Albaner(in) *m(f)* *Albanian(s)*	albanisch *Albanian*	Tirana *Tiranë*	Lek *lek*
Algerien *nt* *Algeria*	Algerier(in) *m(f)* *Algerian(s)*	algerisch *Algerian*	Algier *Algiers*	Algerischer Dinar *Algerian dinar*
Andorra *nt* *Andorra*	Andorraner(in) *m(f)* *Andorran(s)*	andorranisch *Andorran*	Andorra la Vella *Andorra la Vella*	Euro *euro*
Angola *nt* *Angola*	Angolaner(in) *m(f)* *Angolan(s)*	angolanisch *Angolan*	Luanda *Luanda*	Kwanza *new kwanza*
Antigua und Barbuda *nt* *Antigua and Barbuda*	Antiguaner(in) *m(f)* *Antiguan(s), Barbudan(s)*	antiguanisch *Antiguan, Barbudan*	St. John's *St. John's*	Ostkaribischer Dollar *East Caribbean dollar*
Äquatorialguinea *nt* *Equatorial Guinea*	Äquatorial- guineer(in) *m(f)* *Equatorial Guinean(s), Equatoguinean(s)*	äquatorial- guineisch *Equatorial Guinean, Equatoguinean*	Malabo *Malabo*	CFA-Franc *CFA franc**
Argentinien *nt* *Argentina*	Argentinier(in) *m(f)* *Argentine(s), Argentinean(s)*	argentinisch *Argentine, Argentinean*	Buenos Aires *Buenos Aires*	Argentinischer Peso *Argentine peso*
Armenien *nt* *Armenia*	Armenier(in) *m(f)* *Armenian(s)*	armenisch *Armenian*	Eriwan *Yerevan*	Dram *dram*
Aserbaidschan *nt* *Azerbaijan*	Aserbaidscha- ner(in) *m(f)* *Azerbaijani, Azeri(s)*	aserbaidschanisch *Azerbaijani, Azeri*	Baku *Baku*	Manat *manat*
Äthiopien *nt*	Äthiopier(in) *m(f)*	äthiopisch	Addis Abeba	Birr

Land *Country*	Einwohner *Inhabitant*	Adjektive *Derivative*	Hauptstadt *Capital*	Währung *Currency*
Ethiopia	*Ethiopian(s)*	*Ethiopian*	*Addis Abeba*	*birr*
Australien *nt*	Australier(in) *m(f)*	australisch	Canberra	Australischer Dollar
Australia	*Australian(s)*	*Australian*	*Canberra*	*Australian dollar*
die Bahamas	Bahamer(in) *m(f)*	bahamaisch	Nassau	Bahama-Dollar
Bahamas	*Bahamian(s)*	*Bahamian*	*Nassau*	*Bahamian dollar*
Bahrain *nt*	Bahrainer(in) *m(f)*	bahrainisch	Manama	Bahrain-Dinar
Bahrain	*Bahraini(s)*	*Bahraini*	*Al Manama*	*Bahrainian dinar*
Bangladesch *nt*	Bangladescher(in) *m(f)*	bangladeschisch	Dhaka	Taka
Bangladesh	*Bangladeshi(s)*	*Bangladeshi*	*Dhaka*	*taka*
Barbados *nt*	Barbadier(in) *m(f)*	barbadisch	Bridgetown	Barbados-Dollar
Barbados	*Barbadian(s)*	*Barbadian*	*Bridgetown*	*Barbadian dollar*
Belgien *nt*	Belgier(in) *m(f)*	belgisch	Brüssel	Euro
Belgium	*Belgian(s)*	*Belgian*	*Brussels*	*euro*
Belize *nt*	Belizer(in) *m(f)*	belizisch	Belmopan	Belize-Dollar
Belize	*Belizean(s)*	*Belizean*	*Belmopan*	*Belizean dollar*
Benin *nt*	Beniner(in) *m(f)*	beninisch	Porto Novo	CFA-Franc
Benin	*Beninese*	*Beninese*	*Porto Novo*	*CFA franc**
Bhutan *nt*	Bhutaner(in) *m(f)*	bhutanisch	Thimphu	Ngultrum
Bhutan	*Bhutanese*	*Bhutanese*	*Thimphu*	*ngultrum*
Birma *nt*/Myanmar *nt*	Myanmare *m*, Myanmarin *f*	myanmarisch	Pyinmana	Kyat
Burma/Myanmar	*Burmese*	*Burmese*	*Pyinmana*	*kyat*
Bolivien *nt*	Bolivianer(in) *m(f)*	bolivianisch	Sucre	Boliviano
Bolivia	*Bolivian(s)*	*Bolivian*	*Sucre*	*Boliviano*
Bosnien *nt* und Herzegowina *f*	von Bosnien und Herzegowina	von Bosnien und Herzegowina	Sarajewo	Konvertible Mark
Bosnia and Herzegovina	*Bosnian(s), Herzegovinian(s)*	*Bosnian, Herzegovinian*	*Sarajevo*	*Convertible Mark*
Botsuana *nt*	Botsuaner(in) *m(f)*	botsuanisch	Gaborone	Pula
Botswana	*Motswana sg, Batswana pl*	*Motswana sing, Batswana pl*	*Gaborone*	*pula*
Brasilien *nt*	Brasilianer(in) *m(f)*	brasilianisch	Brasilia	Real
Brazil	*Brazilian(s)*	*Brazilian*	*Brasilia*	*real*
Brunei *nt* (Brunei Darussalam *nt*)	Bruneier *m(f)*	bruneiisch	Bandar Seri Begawan	Brunei-Dollar
Brunei	*Bruneian(s)*	*Bruneian*	*Bandar Seri Begawan*	*Brunei dollar*
Bulgarien *nt*	Bulgare *m*, Bulgarin *f*	bulgarisch	Sofia	Lew
Bulgaria	*Bulgarian(s)*	*Bulgarian*	*Sofia*	*lev*

Land *Country*	Einwohner *Inhabitant*	Adjektive *Derivative*	Hauptstadt *Capital*	Währung *Currency*
Burkina Faso *nt* *Burkina Faso*	Burkiner(in) *m(f)* *Burkinabe*	burkinisch *Burkinabe*	Ouagadougou *Ouagadougou*	CFA-Franc *CFA franc**
Burundi *nt* *Burundi*	Burundier(in) *m(f)* *Burundian(s)*	burundisch *Burundian*	Bujumbura *Bujumbura*	Burundi-Franc *Burundi franc*
Chile *nt* *Chile*	Chilene *m*, Chilenin *f* *Chilean(s)*	chilenisch *Chilean*	Santiago de Chile *Santiago de Chile*	Chilenischer Peso *Chilean peso*
China *nt* *China*	Chinese *m*, Chinesin *f* *Chinese*	chinesisch *Chinese*	Peking/Beijing *Beijing/Peking*	Yuan *yuan*
die Cookinseln *Cook Islands*	von den Cook-inseln *Cook Islander(s)*	von den Cook-inseln *Cook Islander*	Avarua *Avarua*	Neuseeland-Dollar *New Zealand dollar*
Costa Rica *nt* *Costa Rica*	Costa-Ricaner(in) *m(f)* *Costa Rican(s)*	costa-ricanisch *Costa Rican*	San José *San José*	Colón *Costa Rican colón*
Dänemark *nt* *Denmark*	Däne *m*, Dänin *f* *Dane(s)*	dänisch *Danish*	Kopenhagen *Kopenhagen*	Dänische Krone *Danish krone*
die Demokrati-sche Republik Kongo *Congo (Demo-cratic Republic of the Congo)*	der Demokrati-schen Republik Kongo *Congolese*	der Demokrati-schen Republik Kongo *Congolese, Congo*	Kinshasa *Kinshasa*	Kongo-Franc *Congolese franc*
Deutschland *nt* *Germany*	Deutscher *m*, Deutsche *f* *German(s)*	deutsch *German*	Berlin *Berlin*	Euro *euro*
Dominica *nt* *Dominica*	Dominicaner(in) *m(f)* *Dominican(s)*	dominicanisch *Dominican*	Roseau *Roseau*	Ostkaribischer Dollar *East Caribbean dollar*
die Dominikani-sche Republik *Dominican Republic*	Dominikaner(in) *m(f)* *Dominican(s)*	dominikanisch *Dominican*	Santo Domingo *Santo Domingo*	Dominikanischer Peso *Dominican peso*
Dschibuti *nt* *Djibouti*	Dschibutier(in) *m(f)* *Djibutian(s)*	dschibutisch *Djiboutian*	Djibouti *Djibouti*	Dschibuti-Franc *Djiboutian franc*
Ecuador *nt* *Ecuador*	Ecuadorianer(in) *m(f)* *Ecuadorian(s)*	ecuadorianisch *Ecuadorian*	Quito *Quito*	US-Dollar *US dollar*
die Elfenbeinküste (die Côte d'Ivoire) *Ivory Coast / Côte d'Ivoire*	Ivorer *m*, Ivorin *f* *Ivoirian(s)*	ivorisch *Ivoirian*	Yamoussoukro *Yamoussoukro*	CFA-Franc *CFA franc**

Land _Country_	Einwohner _Inhabitant_	Adjektive _Derivative_	Hauptstadt _Capital_	Währung _Currency_
El Salvador _nt_ _El Salvador_	Salvadorianer(in) _m(f)_ _Salvadoran(s)_	salvadorianisch _Salvadoran_	San Salvador _San Salvador_	US-Dollar _US dollar_
England _nt_ (GB) _England (GB)_	Engländer(in) _m(f)_ _Englishman m,_ _Englishwoman f;_ _English pl_	englisch _English_	London _London_	Pfund Sterling _pound sterling_
Eritrea _nt_ _Eritrea_	Eritreer(in) _m(f)_ _Eritrean(s)_	eritreisch _Eritrean_	Asmara _Asmara_	Nakfa _nafka_
Estland _nt_ _Estonia_	Este _m_, Estin _f_ _Estonian(s)_	estnisch _Estonian_	Tallinn _Tallinn_	Estnische Krone _Estonian kroon_
Fidschi _nt_ _Fiji_	Fidschianer(in) _m(f)_ _Fijian(s)_	fidschianisch _Fijian_	Suva _Suva_	Fidschi-Dollar _Fijian dollar_
Finnland _nt_ _Finland_	Finne _m_, Finnin _f_ _Finn(s)_	finnisch _Finnish_	Helsinki _Helsinki_	Euro _euro_
Frankreich _nt_ _France_	Franzose _m_, Französin _f_ _Frenchman/_ _men m, French-_ _woman/women f;_ _French pl_	französisch _French_	Paris _Paris_	Euro _euro_
Gabun _nt_ _Gabon_	Gabuner(in) _m(f)_ _Gabonese_	gabunisch _Gabonese_	Libreville _Libreville_	CFA-Franc _CFA franc*_
Gambia _nt_ _Gambia_	Gambier(in) _m(f)_ _Gambian(s)_	gambisch _Gambian_	Banjul _Banjul_	Dalasi _dalasi_
Georgien _nt_ _Georgia_	Georgier(in) _m(f)_ _Georgian(s)_	georgisch _Georgian_	Tiflis _Tbilisi_	Lari _lari_
Ghana _nt_ _Ghana_	Ghanaer(in) _m(f)_ _Ghanaian(s)_	ghanaisch _Ghanaian_	Accra _Accra_	Cedi _cedi_
Grenada _nt_ _Grenada_	Grenader(in) _m(f)_ _Grenadian(s)_	grenadisch _Grenadian_	St. George's _St. George's_	Ostkaribischer Dollar _East Caribbean_ _dollar_
Griechenland _nt_ _Greece_	Grieche _m_, Grie- chin _f_ _Greek(s)_	griechisch _Greek_	Athen _Athens_	Euro _euro_
Guatemala _nt_ _Guatemala_	Guatemalteke _m_, Guatemaltekin _f_ _Guatemalan(s)_	guatemaltekisch _Guatemalan_	Guatemala-Stadt _Guatemala_	Quetzal _quetzal_
Guinea _nt_ _Guinea_	Guineer(in) _m(f)_ _Guinean(s)_	guineisch _Guinean_	Conakry _Conakry_	Guinea-Franc _Guinean franc_
Guinea-Bissau _nt_	Guinea-Bissau- er(in) _m(f)_	guinea-bissauisch	Bissau	CFA-Franc

Land	Einwohner	Adjektive	Hauptstadt	Währung
Country	*Inhabitant*	*Derivative*	*Capital*	*Currency*
Guinea-Bissau	*Guinean(s)*	*Guinean*	*Bissau*	*CFA franc**
Guyana *nt*	Guyaner(in) *m(f)*	guyanisch	Georgetown	Guyana-Dollar
Guyana	*Guyanese*	*Guyanese*	*Georgetown*	*Guyanese dollar*
Haiti *nt*	Haitianer(in) *m(f)*	haitianisch	Port-au-Prince	Gourde
Haiti	*Haitian(s)*	*Haitian*	*Port-au-Prince*	*gourde*
Honduras *nt*	Honduraner(in) *m(f)*	honduranisch	Tegucigalpa	Lempira
Honduras	*Honduran(s)*	*Honduran*	*Tegucigalpa*	*lempira*
Indien *nt*	Inder(in) *m(f)*	indisch	New Delhi	Indische Rupie
India	*Indian(s)*	*Indian*	*New Delhi*	*rupee*
Indonesien *nt*	Indonesier(in) *m(f)*	indonesisch	Jakarta	Rupiah
Indonesia	*Indonesian(s)*	*Indonesian*	*Jakarta*	*rupiah*
der Irak	Iraker(in) *m(f)*	irakisch	Bagdad	Irakischer Dinar
Iraq	*Iraqi(s)*	*Iraqi*	*Baghdad*	*Iraqi dinar*
der Iran	Iraner(in) *m(f)*	iranisch	Teheran	Iranischer Real
Iran	*Iranian(s)*	*Iranian*	*Tehran*	*rial*
Irland *nt*	Ire *m*, Irin *f*	irisch	Dublin	Euro
Ireland	*Irishman/men m, Irishwoman/ women f; Irish pl*	*Irish*	*Dublin*	*euro*
Island *nt*	Isländer(in) *m(f)*	isländisch	Reykjavik	Isländische Krone
Iceland	*Icelander(s)*	*Icelandic*	*Reykjavik*	*Icelandic krona*
Israel *nt*	Israeli	israelisch	Jerusalem	Neuer Israelischer Shekel
Israel	*Israeli(s)*	*Israeli*	*Jerusalem*	*new shekel*
Italien *nt*	Italiener(in) *m(f)*	italienisch	Rom	Euro
Italy	*Italian(s)*	*Italian*	*Rome*	*euro*
Jamaika *nt*	Jamaikaner(in) *m(f)*	jamaikanisch	Kingston	Jamaika-Dollar
Jamaica	*Jamaican(s)*	*Jamaican*	*Kingston*	*Jamaican dollar*
Japan *nt*	Japaner(in) *m(f)*	japanisch	Tokyo	Yen
Japan	*Japanese*	*Japanese*	*Tokyo*	*yen*
der Jemen	Jemenit(in) *m(f)*	jemenitisch	Sanaa	Jemen-Rial
Yemen	*Yemeni(s)*	*Yemeni*	*Sanaa*	*Yemeni rial*
Jordanien *nt*	Jordanier(in) *m(f)*	jordanisch	Amman	Jordanischer Dinar
Jordan	*Jordanian(s)*	*Jordanian*	*Amman*	*Jordanian dinar*
Kambodscha *nt*	Kambodscha-ner(in) *m(f)*	kambodschanisch	Phnom Penh	Riel
Cambodia	*Cambodian(s)*	*Cambodian*	*Phnom Penh*	*riel*
Kamerun *nt*	Kameruner(in) *m(f)*	kamerunisch	Jaunde	CFA-Franc
Cameroon	*Cameroonian(s)*	*Cameroonian*	*Yaoundé*	*CFA franc**

Land *Country*	Einwohner *Inhabitant*	Adjektive *Derivative*	Hauptstadt *Capital*	Währung *Currency*
Kanada *nt*	Kanadier(in) *m(f)*	kanadisch	Ottawa	Kanadischer Dollar
Canada	*Canadian(s)*	*Canadian*	*Ottawa*	*Canadian dollar*
Kap Verde *nt*	Kap-Verdier(in) *m(f)*	kap-verdisch	Praia	Kap-Verde-Escudo
Cape Verde	*Cape Verdean(s)*	*Cape Verdean*	*Praia*	*Cape Verde escudo*
Kasachstan *nt*	Kasache *m*, Kasachin *f*	kasachisch	Astana	Tenge
Kazakhstan	*Kazakh(s)*	*Kazakh*	*Astana*	*tenge*
Katar *nt*	Katarer(in) *m(f)*	katarisch	Doha	Katar-Riyal
Qatar	*Qatari(s)*	*Qatari*	*Doha*	*Qatari riyal*
Kenia *nt*	Kenianer(in) *m(f)*	kenianisch	Nairobi	Kenia-Schilling
Kenya	*Kenyan(s)*	*Kenyan*	*Nairobi*	*Kenyan shilling*
Kirgisistan *nt*	Kirgise *m*, Kirgisin *f*	kirgisisch	Bischkek	Som
Kyrgyzstan	*Kyrgyz, Kyrgystani(s)*	*Kyrgyz, Kyrgystani*	*Bishkek*	*Kyrgystani som*
Kiribati *nt*	Kiribatier(in) *m(f)*	kiribatisch	Bairiki	Australischer Dollar
Kiribati	*I-Kiribati*	*I-Kiribati*	*Bairiki*	*Australian dollar*
Kolumbien *nt*	Kolumbianer(in) *m(f)*	kolumbianisch	Bogotá (Santa Fé de Bogotá)	Peso
Colombia	*Colombian(s)*	*Colombian*	*Bogota*	*Colombian peso*
die Komoren	Komorer(in) *m(f)*	komorisch	Moroni	Komoren-Franc
Comoros	*Comoran(s)*	*Comoran*	*Moroni*	*Comoran franc*
Kroatien *nt*	Kroate *m*, Kroatin *f*	kroatisch	Zagreb	Kuna
Croatia	*Croat(s), Croatian(s)*	*Croatian*	*Zagreb*	*kuna*
Kuba *nt*	Kubaner(in) *m(f)*	kubanisch	Havanna	Kubanischer Peso
Cuba	*Cuban(s)*	*Cuban*	*Havana*	*Cuban peso*
Kuwait *nt*	Kuwaiter(in) *m(f)*	kuwaitisch	Kuwait	Kuwait-Dinar
Kuwait	*Kuwaiti(s)*	*Kuwaiti*	*Kuwait City*	*Kuwaiti dinar*
Laos *nt*	Laote *m*, Laotin *f*	laotisch	Vientiane	Kip
Laos	*Lao(s), Laotian(s)*	*Lao, Laotian*	*Vientiane*	*kip*
Lesotho *nt*	Lesother(in) *m(f)*	lesothisch	Maseru	Loti
Lesotho	*Basotho sg, Mosotho pl*	*Sotho*	*Maseru*	*loti*
Lettland *nt*	Lette *m*, Lettin *f*	lettisch	Riga	Lats
Latvia	*Latvian(s)*	*Latvian*	*Riga*	*Lats*
der Libanon	Libanese *m*, Libanesin *f*	libanesisch	Beirut	Libanesisches Pfund
Lebanon	*Lebanese*	*Lebanese*	*Beirut*	*Lebanese pound*

| Land | Einwohner | Adjektive | Hauptstadt | Währung |
Country	Inhabitant	Derivative	Capital	Currency
Liberia *nt*	Liberianer(in) *m(f)*	liberianisch	Monrovia	Liberianischer Dollar
Liberia	*Liberian(s)*	*Liberian*	*Monrovia*	*Liberian dollar*
Libyen *nt*	Libyer(in) *m(f)*	libysch	Tripolis	Libyscher Dinar
Libya	*Libyan(s)*	*Libyan*	*Tripoli*	*Libyan dinar*
Liechtenstein *nt*	Liechtenstei-ner(in) *m(f)*	liechtensteinisch	Vaduz	Schweizer Franken
Liechtenstein	*Liechtensteiner(s)*	*Liechtensteiner*	*Vaduz*	*Swiss franc*
Litauen *nt*	Litauer(in) *m(f)*	litauisch	Wilna	Litas
Lithuania	*Lithuanian(s)*	*Lithuanian*	*Vilnius*	*litas*
Luxemburg *nt*	Luxemburger(in) *m(f)*	luxemburgisch	Luxemburg	Euro
Luxembourg	*Luxembourger(s)*	*Luxembourg*	*Luxembourg*	*euro*
Madagaskar *nt*	Madagasse *m*, Madagassin *f*	madagassisch	Antananarivo	Ariary
Madagascar	*Madagascan, Malagasy*	*Madagascan, Malagasy*	*Antananarivo*	*Malagasy ariary*
Malawi *nt*	Malawier(in) *m(f)*	malawisch	Lilongwe	Malawi-Kwacha
Malawi	*Malawian(s)*	*Malawian*	*Lilongwe*	*Malawian kwacha*
Malaysia *nt*	Malaysier(in) *m(f)*	malaysisch	Kuala Lumpur	Ringgit
Malaysia	*Malaysian(s)*	*Malaysian*	*Kuala Lumpur*	*Malaysian ringgit*
die Malediven	Malediver(in) *m(f)*	maledivisch	Malé	Rufiyaa
Maldives	*Maldivian(s)*	*Maldivian*	*Malé*	*rufiyaa*
Mali *nt*	Malier(in) *m(f)*	malisch	Bamako	CFA-Franc
Mali	*Malian(s)*	*Malian*	*Bamako*	*CFA franc**
Malta *nt*	Malteser(in) *m(f)*	maltesisch	Valletta	Maltesische Lira
Malta	*Maltese*	*Maltese*	*Valletta*	*Maltese lira*
Marokko *nt*	Marokkaner(in) *m(f)*	marokanisch	Rabat	Dirham
Morocco	*Moroccan(s)*	*Moroccan*	*Rabat*	*dirham*
die Marshallinseln	Marshaller(in) *m(f)*	marshallisch	Majuro	US-Dollar
Marshall Islands	*Marshallese*	*Marshallese*	*Majuro*	*US dollar*
Mauretanien *nt*	Mauretanier(in) *m(f)*	mauretanisch	Nouakchott	Ouguiya
Mauritania	*Mauritanian(s)*	*Mauritanian*	*Nouakchott*	*ouguiya*
Mauritius *nt*	Mauritier(in) *m(f)*	mauritisch	Port Louis	Rupie
Mauritius	*Mauritian(s)*	*Mauritian*	*Port Louis*	*Mauritian rupee*
Mazedonien *nt* (die ehemalige jugoslawische Republik Mazedonien)	Mazedonier(in) *m(f)*	mazedonisch	Skopje	Mazedonischer Denar

Land	Einwohner	Adjektive	Hauptstadt	Währung
Country	*Inhabitant*	*Derivative*	*Capital*	*Currency*
Macedonia (Former Yugoslav Republic of Macedonia)	*Macedonian(s)*	*Macedonian*	*Skopje*	*Macedonian denar*
Mexiko *nt*	Mexikaner(in) *m(f)*	mexikanisch	Mexico-Stadt	Mexikanischer Peso
Mexico	*Mexican(s)*	*Mexican*	*Mexico City*	*Mexican peso*
Mikronesien *nt* (die Föderierten Staaten von Mikronesien)	Mikronesier(in) *m(f)*	mikronesisch	Palikir	US-Dollar
Micronesia (Federated States of Micronesia)	*Micronesian(s)*	*Micronesian*	*Palikir*	*US dollar*
Moldawien *nt*, Moldau *nt*	Moldauer(in) *m(f)*	moldauisch, moldawisch	Chisinau	Moldauischer Leu
Moldavia	*Moldovan(s), Moldavian(s)*	*Moldovan, Moldavian*	*Chisinau*	*Moldavian leu*
Monaco *nt*	Monegasse *m*, Monegassin *f*	monegassisch	Monaco-Ville	Euro
Monaco	*Monegasque(s), Monacan(s)*	*Monegasque, Monacan*	*Monaco-Ville*	*euro*
die Mongolei	Mongole *m*, Mongolin *f*	mongolisch	Olan-Bator	Tögrök
Mongolia	*Mongolian(s)*	*Mongolian*	*Ulaanbaatar*	*tugruk*
Montenegro *nt*	Montenegriner(in) *m(f)*	montenegrinisch	Podgorica	Euro
Montenegro	*Montenegrin(s)*	*Montenegrin*	*Podgorica*	*euro*
Mosambik *nt*	Mosambikaner(in) *m(f)*	mosambikanisch	Maputo	Metical
Mozambique	*Mozambican(s)*	*Mozambican*	*Maputo*	*metical*
Namibia *nt*	Namibier(in) *m(f)*	namibisch	Windhuk	Namibia-Dollar
Namibia	*Namibian(s)*	*Namibian*	*Windhoek*	*Namibian dollar*
Nauru *nt*	Nauruer(in) *m(f)*	nauruisch	Yaren	Australischer Dollar
Nauru	*Nauruan(s)*	*Nauruan*	*Yaren*	*Australian dollar*
Nepal *nt*	Nepalese *m*, Nepalesin *f*	nepalesisch	Kathmandu	Nepalesische Rupie
Nepal	*Nepalese*	*Nepalese*	*Kathmandu*	*Nepalese rupee*
Neuseeland *nt*	Neuseeländer(in) *m(f)*	neuseeländisch	Wellington	Neuseeland-Dollar
New Zealand	*New Zealander(s)*	*New Zealander*	*Wellington*	*New Zealand dollar*
Nicaragua *nt*	Nicaraguaner(in) *m(f)*	nicaraguanisch	Managua	Córdoba Oro
Nicaragua	*Nicaraguan(s)*	*Nicaraguan*	*Managua*	*córdoba*
die Niederlande	Niederländer(in) *m(f)*	niederländisch	Amsterdam	Euro

Land _Country_	Einwohner _Inhabitant_	Adjektive _Derivative_	Hauptstadt _Capital_	Währung _Currency_
Netherlands	Dutchman/men m, Dutchwoman/ women f; Dutch pl	_Dutch_	_Amsterdam_	_euro_
Niger _nt_	Nigrer _m_, Nigrin _f_	nigrisch	Niamey	CFA-Franc
Niger	_Nigerien(s)_	_Nigerien_	_Niamey_	_CFA franc*_
Nigeria _nt_	Nigerianer(in) _m(f)_	nigerianisch	Abuja	Naira
Nigeria	_Nigerian(s)_	_Nigerian_	_Abuja_	_naira_
Nordkorea _nt_ (Korea _nt_, demo- kratische Volksre- publik _f_)	koreanisch, der Demokratischen Volksrepublik Korea	koreanisch, der Demokratischen Volksrepublik Korea	Pjöngjang	nordkoreanischer Won
North Korea	_North Korean(s)_	_North Korean_	_Pyongyang_	_won_
Norwegen n	Norweger(in) _m(f)_	norwegisch	Oslo	Norwegische Krone
Norway	_Norwegian(s)_	_Norwegian_	_Oslo_	_Norwegian krone_
Oman _nt_	Omaner(in) _m(f)_	omanisch	Maskat	Omani Rial
Oman	_Omani(s)_	_Omani_	_Muscat_	_Omani rial_
Österreich _nt_	Österreicher(in) _m(f)_	österreichisch	Wien	Euro
Austria	_Austrian(s)_	_Austrian_	_Vienna_	_euro_
Pakistan _nt_	Pakistaner(in) _m(f)_	pakistanisch	Islamabad	Pakistanische Rupie
Pakistan	_Pakistani(s)_	_Pakistani_	_Islamabad_	_Pakistani rupee_
Palau _nt_	Palauer(in) _m(f)_	palauisch	Koror	US-Dollar
Palau	_Palauan(s)_	_Palauan_	_Koror_	_US dollar_
Panama _nt_	Panamaer(in) _m(f)_	panamaisch	Panama-Stadt	Balboa
Panama	_Panamanian(s)_	_Panamanian_	_Panama City_	_balboa_
Papua-Neuguinea _nt_	Papua-Neugui- neer(in) _m(f)_	Papua-neuguine- isch	Port Moresby	Kina
Papua New Guinea	_Papua New Guinean(s)_	_Papua New Guinean_	_Port Moresby_	_kina_
Paraguay _nt_	Paraguayer(in) _m(f)_	paraguayisch	Asunción	Guaraní
Paraguay	_Paraguayan(s)_	_Paraguayan_	_Asunción_	_guaraní_
Peru _nt_	Peruaner(in) _m(f)_	peruanisch	Lima	Nuevo Sol
Peru	_Peruvian(s)_	_Peruvian_	_Lima_	_nuevo sol_
die Philippinen	Philippiner(in) _m(f)_	philippinisch	Manila	Philippinischer Peso
Philippines	_Filipino(s)_	_Philippine_	_Manila_	_Philippines peso_
Polen _nt_	Pole _m_, Polin _f_	polnisch	Warschau	Zloty
Poland	_Pole(s)_	_Polish_	_Warsaw_	_zloty_
Portugal _nt_	Portugiese _m_, Portugiesin _f_	portugiesisch	Lissabon	Euro
Portugal	_Portuguese_	_Portuguese_	_Lisbon_	_euro_

Land *Country*	Einwohner *Inhabitant*	Adjektive *Derivative*	Hauptstadt *Capital*	Währung *Currency*
Puerto Rico *nt* (USA)	Puerto-Rica-ner(in) *m(f)*	puerto-ricanisch	San Juan	US-Dollar
Puerto Rico (USA)	*Puerto Rican(s)*	*Puerto Rican*	*San Juan*	*US dollar*
die Republik Kongo	Kongolese *m*, Kongolesin *f*	kongolesisch	Brazzaville	CFA-Franc
Congo (Republic of the Congo)	*Congolese*	*Congolese, Congo*	*Brazzaville*	*CFA franc**
Ruanda *nt*	Ruander(in) *m(f)*	ruandisch	Kigali	Ruanda-Franc
Rwanda	*Rwandan(s)*	*Rwandan*	*Kigali*	*Rwandan franc*
Rumänien *nt*	Rumäne *m*, Rumänin *f*	rumänisch	Bukarest	Leu
Romania	*Romanian(s)*	*Romanian*	*Bucharest*	*leu (pl. lei)*
Russland *nt* (die Russische Födera-tion)	Russe *m*, Russin *f*	russisch	Moskau	Rubel
Russia (Russian Federation)	*Russian(s)*	*Russian*	*Moscow*	*ruble*
die Salomonen	Salomoner(in) *m(f)*	salomonisch	Honiara	Salomonen-Dollar
Solomon Islands	*Solomon Islander(s)*	*Solomon Islander*	*Honiara*	*Solomon dollar*
Sambia *nt*	Sambier(in) *m(f)*	sambisch	Lusaka	Kwacha
Zambia	*Zambian(s)*	*Zambian*	*Lusaka*	*kwacha*
Samoa *nt*	Samoaner(in) *m(f)*	samoanisch	Apia	Tala
Samoa	*Samoan(s)*	*Samoan*	*Apia*	*tala*
San Marino *nt*	San-Marinese *m*, San-Marinesin *f*	san-marinesisch	San Marino	Euro
San Marino	*Sanmarinese*	*Sanmarinese*	*San Marino*	*euro*
São Tomé-et-Príncipe *nt*	São-Toméer(in) *m(f)*	são-toméisch	São Tomé	Dobra
São Tomé and Príncipe	*São Tomean(s)*	*São Tomean*	*São Tomé*	*dobra*
Saudi-Arabien *nt*	Saudi-Araber(in) *m(f)*	saudi-arabisch	Riad	Saudi-Riyal
Saudi Arabia	*Saudi(s)*	*Saudi (Arabian)*	*Riyadh*	*Saudi riyal*
Schottland *nt*	Schotte *m*, Schottin *f*	schottisch	Edinburgh	Pfund Sterling
Scotland	*Scot, Scotsman m, Scotswoman f; Scottish pl*	*Scottish*	*Edinburgh*	*pound sterling*
Schweden *nt*	Schwede *m*, Schwedin *f*	schwedisch	Stockholm	Schwedische Krone
Sweden	*Swede(s)*	*Swedish*	*Stockholm*	*Swedish krone*
die Schweiz	Schweizer(in) *m(f)*	schweizerisch	Bern	Schweizer Fran-ken
Switzerland	*Swiss*	*Swiss*	*Berne*	*Swiss franc*

Land *Country*	Einwohner *Inhabitant*	Adjektive *Derivative*	Hauptstadt *Capital*	Währung *Currency*
Senegal *m* *Senegal*	Senegalese *m*, Senegalesin *f* *Senegalese*	senegalesisch *Senegalese*	Dakar *Dakar*	CFA-Franc *CFA franc**
Serbien *nt* *Serbia*	Serbe *m*, Serbin *f* *Serb(s), Serbian(s)*	serbisch *Serbian*	Belgrad *Belgrade*	Serbischer Dinar *Serbian dinar, euro*
die Seychellen *Seychelles*	Seycheller(in) *m(f)* *Seychellois*	seychellisch *Seychellois*	Victoria *Victoria*	Seychellen-Rupie *Seychelles rupee*
Sierra Leone *nt* *Sierra Leone*	Sierra-Leoner(in) *m(f)* *Sierra Leonean(s)*	Sierra-leonisch *Sierra Leonean*	Freetown *Freetown*	Leone *leone*
Simbabwe *nt* *Zimbabwe*	Simbabwer(in) *m(f)* *Zimbabwean(s)*	simbabwisch *Zimbabwean*	Harare *Harare*	Simbabwe-Dollar *Zimbabwean dollar*
Singapur *nt* *Singapore*	Singapurer(in) *m(f)* *Singaporean(s)*	singapurisch *Singapore*	Singapur *Singapore*	Singapur-Dollar *Singapore dollar*
die Slowakei (die Slowakische Repu- blik) *Slovakia / Slovak Republic*	Slowake *m*, Slowakin *f* *Slovak(s)*	slowakisch *Slovak*	Pressburg (Brati- slava) *Bratislava*	Slowakische Krone *Slovak koruna*
Slowenien *nt* *Slovenia*	Slowene *m*, Slowenin *f* *Slovene(s)*	slowenisch *Slovenian*	Laibach (Ljubljana) *Ljubljana*	Tolar (ab 2007 Euro) *tolar (as of 2007 euro)*
Somalia *nt* *Somalia*	Somalier(in) *m(f)* *Somali(s)*	somalisch *Somali*	Mogadischu *Mogadishu*	Somalia-Schilling *Somalian shilling*
Spanien *nt* *Spain*	Spanier(in) *m(f)* *Spaniard(s)*	spanisch *Spanish*	Madrid *Madrid*	Euro *euro*
Sri Lanka *nt* *Sri Lanka*	Sri-Lanker(in) *m(f)* *Sri Lankan(s)*	Sri-lankisch *Sri Lankan*	Colombo *Colombo*	Sri-Lanka-Rupie *Sri Lankan rupee*
St. Kitts und Nevis *nt* *St. Kitts and Nevis*	von St. Kitt und Nevis *Kittitian(s), Nevisi- an(s)*	von St. Kitts und Nevis *Kittitian, Nevisian*	Basseterre *Basseterre*	Ostkaribischer Dollar *East Caribbean dollar*
St. Lucia *nt* *St. Lucia*	Lucianer(in) *m(f)* *St. Lucian(s)*	lucianisch *St. Lucian*	Castries *Castries*	Ostkaribischer Dollar *East Caribbean dollar*
St. Vincent und die Grenadinen *nt* *St. Vincent and the Grenadines*	Vincenter(in) *m(f)* *(St.) Vincentian(s)*	vincentisch *(St.) Vincentian*	Kingstown *Kingstown*	Ostkaribischer Dollar *East Caribbean dollar*

Land *Country*	Einwohner *Inhabitant*	Adjektive *Derivative*	Hauptstadt *Capital*	Währung *Currency*
Südafrika *nt* *South Africa*	Südafrikaner(in) *m(f)* *South African(s)*	südafrikanisch *South African*	Pretoria *Pretoria*	Rand *rand*
der Sudan *Sudan*	Sudanese *m*, Sudanesin *f* *Sudanese*	sudanesisch *Sudanese*	Khartum *Khartoum*	Sudanesischer Dinar *Sudanese pound*
Südkorea *nt* (Korea *nt*, Republik *f*) *South Korea*	koreanisch, der Republik Korea *South Korean(s)*	koreanisch, der Republik Korea *South Korean*	Seoul *Seoul*	Won *won*
Suriname *nt* *Suriname*	Surinamer(in) *m(f)* *Surinamer(s)*	surinamisch *Surinamese*	Paramaribo *Paramaribo*	Suriname-Dollar *Suriname dollar*
Swasiland *nt* *Swaziland*	Swasi *Swazi(s)*	swasiländisch *Swazi*	Mbabane *Mbabane*	Lilangeni *lilangeni*
Syrien *nt* *Syria*	Syrer(in) *m(f)* *Syrian(s)*	syrisch *Syrian*	Damaskus *Damaskus*	Syrisches Pfund *Syrian pound*
Tadschikistan *nt* *Tajikistan*	Tadschike *m*, Tadschikin *f* *Tajikistani(s)*	tadschikisch *Tajik, Tajikistani*	Duschanbe *Dushanbe*	Somoni *somoni*
Taiwan *nt* *Taiwan*	Taiwaner(in) *m(f)* *Taiwanese*	taiwanesisch *Taiwanese*	Taipeh *Taipei*	Neuer Taiwan-Dollar *New Taiwan dollar*
Tansania *nt* *Tanzania*	Tansanier(in) *m(f)* *Tanzanian(s)*	tansanisch *Tanzanian*	Dodoma *Dodoma*	Tansania-Schilling *Tanzanian shilling*
Thailand *nt* *Thailand*	Thailänder(in) *m(f)* *Thai*	thailändisch *Thai*	Bangkok *Bangkok*	Baht *baht*
Togo *nt* *Togo*	Togoer(in) *m(f)* *Togolese*	togoisch *Togolese*	Lomé *Lomé*	CFA-Franc *CFA franc**
Tonga *nt* *Tonga*	Tongaer(in) *m(f)* *Tongan(s)*	tongaisch *Tongan*	Nuku'alofa *Nuku'alofa*	Pa'anga *pa'anga*
Trinidad und Tobago *nt* *Trinidad and Tobago*	Trinidader(in) *m(f)* und Tobagoer(in) *m(f)* *Trinidadian(s), Tobagonian(s)*	von Trinidad und Tobago *Trinidadian, Tobagonian*	Port-of-Spain *Port of Spain*	Trinidad-und-Tobago-Dollar *Trinidad and Tobago dollar*
Tschad *nt* *Chad*	Tschader(in) *m(f)* *Chadian(s)*	tschadisch *Chadian*	N'Djamena *N'Djamena*	CFA-Franc *CFA franc**
Tschechien *nt* (die Tschechische Republik) *Czech Republic*	Tscheche *m*, Tschechin *f* *Czech(s)*	tschechisch *Czech*	Prag *Prague*	Tschechische Krone *Czech koruna*
Tunesien *nt*	Tunesier(in) *m(f)*	tunesisch	Tunis	Tunesischer Dinar

Land	Einwohner	Adjektive	Hauptstadt	Währung
Country	*Inhabitant*	*Derivative*	*Capital*	*Currency*
Tunisia	*Tunisian(s)*	*Tunisian*	*Tunis*	*Tunisian dinar*
die Türkei	Türke *m*, Türkin *f*	türkisch	Ankara	Neue Türkische Lira
Turkey	*Turk(s)*	*Turkish*	*Ankara*	*New Turkish lira*
Turkmenistan *nt*	Turkmene *m*, Turkmenin *f*	turkmenisch	Aschgabat	Manat
Turkmenistan	*Turkmen(s)*	*Turkmen*	*Ashgabat*	*manat*
Tuvalu *nt*	Tuvaluer(in) *m(f)*	tuvaluisch	Funafuti	Australischer Dollar
Tuvalu	*Tuvaluan(s)*	*Tuvaluan*	*Funafuti*	*Australian dollar*
Uganda *nt*	Ugander(in) *m(f)*	ugandisch	Kampala	Uganda-Schilling
Uganda	*Ugandan(s)*	*Ugandan*	*Kampala*	*Ugandan shilling*
die Ukraine	Ukrainer(in) *m(f)*	ukrainisch	Kiew	Hrywnja
Ukraine	*Ukrainian(s)*	*Ukrainian*	*Kiev*	*hryvnia*
Ungarn *nt*	Ungar(in) *m(f)*	ungarisch	Budapest	Forint
Hungary	*Hungarian(s)*	*Hungarian*	*Budapest*	*forint*
Uruguay *nt*	Uruguayer(in) *m(f)*	uruguayisch	Montevideo	Uruguayischer Peso
Uruguay	*Uruguayan(s)*	*Uruguayan*	*Montevideo*	*Uruguayan peso*
Usbekistan *nt*	Usbeke *m*, Usbekin *f*	usbekisch	Taschkent	So'*m*
Uzbekistan	*Uzbekistani*	*Uzbek, Uzbekistani*	*Tashkent*	*Uzbek sum*
Vanuatu *nt*	Vanuatuer(in) *m(f)*	vanuatuisch	Port Vila	Vatu
Vanuatu	*Ni-Vanuatu*	*Ni-Vanuatu*	*Port Vila*	*vatu*
die Vatikanstadt		vatikanisch		Euro
Vatican City		*Vatican*		*euro*
Venezuela *nt*	Venezolaner(in) *m(f)*	venezolanisch	Caracas	Bolívar
Venezuela	*Venezuelan(s)*	*Venezuelan*	*Caracas*	*bolivar*
die Vereinigten Arabischen Emirate	der Vereinigten Arabischen Emirate	der Vereinigten Arabischen Emirate	Abu Dhabi	VAE-Dirham
United Arab Emirates	*Emirati(s)*	*Emirati*	*Abu Dhabi*	*dirham*
das Vereinigte Königreich (Groß- britannien *nt* und Nordirland *nt*)	Brite *m*, Britin *f*	britisch	London	Pfund Sterling
United Kingdom	*Briton(s), British*	*UK/British*	*London*	*pound sterling*
die Vereinigten Staaten von Amerika/die USA	Amerikaner(in) *m(f)*	amerikanisch	Washington D.C.	US-Dollar

| Land | Einwohner | Adjektive | Hauptstadt | Währung |
Country	Inhabitant	Derivative	Capital	Currency
United States of America/USA	American(s)	American	Washington D.C.	US dollar
Vietnam nt	Vietnamese m, Vietnamesin f	vietnamesisch	Hanoi	Dong
Vietnam	Vietnamese	Vietnamese	Hanoi	dong
Weißrussland nt, Belarus nt	Weißrusse m, Weißrussin f, Belarusse m, Belarussin f	weißrussisch, belarussisch	Minsk	Weißrussischer Rubel
Belarus	Belarusian(s)	Belarusian	Minsk	Belarusian ruble
die Zentralafrikanische Republik	Zentralafrikaner(in) m(f)	zentralafrikanisch	Bangui	CFA-Franc
Central African Republic	Central African(s)	Central African	Bangui	CFA franc*
Zypern nt	Zyprer(in) m(f)	zyprisch	Nikosia	Zypern-Pfund
Cyprus	Cypriot(s)	Cypriot	Nicosia	Cypriot pound

*CFA franc = Franc Communauté Financière Africaine

Kontinente, Inseln
Continents, Islands

Kontinente
Continents

Afrika *nt* *Africa*	Europa *nt* *Europe*
Amerika *nt* *America*	Nordamerika *nt* *North America*
Antarktis *f* *Antarctica*	Südamerika *nt* *South America*
Asien *nt* *Asia*	Zentralamerika *nt* *Central America*
Eurasien *nt* *Eurasia*	

Inseln
Islands

die Aleuten *Aleutian Islands*	Guadalcanal *Guadalcanal*
Antigua *nt* *Antigua*	Guadeloupe *Guadeloupe*
die Antillen *Antilles*	Guam *Guam*
Aruba *nt* *Aruba*	die Hebriden *Hebrides*
die Azoren *Azores*	Hispaniola *Hispaniola*
die Baffininsel *Baffin Island*	Hokkaido *Hokkaido*
die Balearischen Inseln (die Balearen) *Balearic Islands*	Honshu *Honshu*
Bali *nt* *Bali*	die Insel Man *Isle of Man*
Bermudas *pl* *Bermuda*	die Inseln über dem Winde *Leeward Islands*
Borneo *nt* *Borneo*	die Inseln unter dem Winde *Windward Islands*
Curaçao *Curaçao*	Island *nt* *Iceland*
die Falklandinseln *Falkland Islands*	Iwojima *Iwo Jima*
die Färöer *Faroe Islands*	Java *nt* *Java*
die Galápagos-Inseln *Galapagos Islands*	die Jungferninseln *Virgin Islands*
Grönland *nt* *Greenland*	die Kanalinseln, die Normannischen Inseln *Channel Islands*
die Großen Antillen *Greater Antilles*	die Kanarischen Inseln *Canary Islands*

die Kapverdischen Inseln *Cape Verde Islands*	Okinawa *Okinawa*
die Karolinen *Caroline Islands*	Orkney *nt* *Orkney Islands*
die Kleinen Antillen *Lesser Antilles*	die Osterinsel *Easter Island*
die Komoren *Comoros*	die Ostindischen Inseln *East Indies*
Korfu *nt*, Kerkyra *Corfu*	die Prince-Edward-Inseln *Prince Edward Island*
Kreta *Crete*	Rhodos *nt* *Rhodes*
Kyushu *Kyushu*	die Ryukyu-Inseln *Ryukyu Islands*
La Réunion *Réunion*	Sakhalin *Sakhalin*
Leyte *Leyte*	die Salomonen *Solomon Islands*
Long Island *Long Island*	Sansibar *Zanzibar*
Luzón *Luzon*	die Shetland-Inseln *Shetland Islands*
Madagaskar *nt* *Madagascar*	Shikoku *Shikoku*
Madeira *nt* *Madeira Islands*	Sulawesi *Celebes*
die Malediven *Maldive Islands*	Sumatra *nt* *Sumatra*
Mallorca *nt* *Majorca*	Tahiti *nt* *Tahiti*
die Marianen *Mariana Islands*	Tasmanien *nt* *Tasmania*
die Marquesas-Inseln *Marquesas Islands*	Tierra del Fuego *Tierra del Fuego*
die Marshallinseln *Marshall Islands*	Timor *Timor*
Martinique *Martinique*	Vancouver Island *Vancouver Island*
Mindanao *Mindanao*	die Victoria-Insel *Victoria Island*
Menorca *nt* *Minorca*	die Westindischen Inseln *West Indies*

Ozeane, Meere, Seen
Oceans, Seas, Lakes

Ozeane
Oceans

Antarktischer Ozean, Südlicher Ozean, Antarktik *f*
Southern Ocean

Arktischer Ozean, Arktik *f*, Nordpolarmeer *nt*
Arctic Ocean

Atlantischer Ozean, Atlantik *m*
Atlantic Ocean

Indischer Ozean, Indik *m*
Indian Ocean

Pazifischer Ozean, Pazifik *m*
Pacific Ocean

Meere
Seas

Adriatisches Meer, Adria *f*
Adriatic Sea

Ägäis *f*
Aegean Sea

Arabisches Meer
Arabian Sea

Aralsee *m*
Aral Sea

Asowsches Meer
Sea of Azov

Beringmeer *nt*
Bering Sea

Gelbes Meer
Yellow Sea

Irische See
Irish Sea

Japanisches Meer
Sea of Japan

Karibisches Meer, Karibik *f*
Caribbean Sea

Kaspisches Meer
Caspian Sea

Mittelmeer *nt* (Europäisches Mittelmeer)
Mediterranean Sea

Nordsee *f*
North Sea

Ostchinesisches Meer
East China Sea

Ostsee *f*, Baltisches Meer
Baltic Sea

Rotes Meer
Red Sea

Sargasso See *f*
Sargasso Sea

Schwarzes Meer
Black Sea

See von Okhotsk *f*
Sea of Okhotsk

Südchinesisches Meer
South China Sea

Tasmanische See
Tasman Sea

Totes Meer
Dead Sea

Weißes Meer, Weißmeer *nt*
White Sea

Seen
Lakes

Albertsee *m*
Albert (Nyanza)

Baikalsee *m*
Baikal

Eriesee *m*
Erie

Genfer See
Geneva

Großer Bärensee
Great Bear

Großer Salzsee
Great Salt Lake

Großer Sklavensee
Great Slave

Große Seen *pl*
Great Lakes

Huronsee *m* *Huron*	Ontariosee *m* *Ontario*
Ladogasee *m* *Ladoga*	Tanganjikasee *m* *Tanganyika*
Malawisee *m* (Njassasee *m*) *Lake Nyasa/Lake Malawi*	Titicacasee *m* *Titicaca*
Michigansee *m* *Michigan*	Tschadsee *m* *Chad*
Oberer See *m* *Superior*	Viktoriasee *m* *Victoria*
Onegasee *m* *Onega*	

Flüsse, Golfe
Rivers, Gulfs

Flüsse
Rivers

Amazonas *m* *Amazon*	Irtysch *m* *Irtysh*
Amur *m* *Amur*	Jangtse *m* *Yangtze*
Columbia River *m* *Columbia*	Jordan *m* *Jordan*
Delaware River *m* *Delaware*	Kongo *m* *Congo*
Dnjepr *m* *Dnieper*	Lena *f* *Lena*
Dnjestr *m* *Dniester*	Loire *f* *Loire*
Don *m* *Don*	Mackenzie *m* *Mackenzie*
Donau *f* *Danube*	Mekong *m* *Mekong*
Elbe *f* *Elbe*	Mississippi *m* *Mississippi*
Euphrat *m* *Euphrates*	Missouri River *m* *Missouri*
Ganges *m* *Ganges*	Niger *m* *Niger*
Huang Ho *m*/Gelber Fluss *Huang Ho/Yellow River*	Nil *m* *Nile*
Hudson River *m* *Hudson*	Ob *m* *Ob*
Indus *m* *Indus*	Oder *f* *Oder*
Irawadi *m* *Irrawaddy*	Ohio *m* *Ohio*

Orinoco *m* *Orinoco*	Susquehanna *m* *Susquehanna*
Paraná *m* *Paraná*	Themse *f* *Thames*
Po *m* *Po*	Tigris *m* *Tigris*
Potomac River *m* *Potomac*	Ural *m* *Ural*
Rhein *m* *Rhine*	Volta *m* *Volta*
Rhône *f* *Rhône*	Weichsel *f* *Vistula*
Rio Grande *m* *Rio Grande*	Wolga *f* *Volga*
Sambesi *m* *Zambezi*	Yenisei *m* *Yenisei*
Sankt-Lorenz-Strom *m* *St. Lawrence*	Yukon *m* *Yukon*
Seine *f* *Seine*	

Golfe, Buchten, Meerengen, Kanäle
Gulfs, Bays, Straits, Canals

Ärmelkanal *m* *English Channel*	Hudson Bay *f* *Hudson Bay*
Beringstraße *f* *Bering Strait*	Magellanstraße *f* *Strait of Magellan*
Bosporus *m* *Bosporus*	Panamakanal *m* *Panama Canal*
Florida Straits *pl* *Straits of Florida*	Persischer Golf *m* *Persian Gulf*
Golf von Aden *m* *Gulf of Aden*	Sankt-Lorenz-Golf *m* *Gulf of St. Lawrence*
Golf von Bengalen *m* *Bay of Bengal*	Sankt-Lorenz-Strom *m* *St. Lawrence Seaway*
Golf von Biscaya *m* *Bay of Biscay*	Straße von Gibraltar *f* *Strait of Gibraltar*
Golf von Kalifornien *m* *Gulf of California*	Suezkanal *m* *Suez Canal*
Golf von Mexiko *m* *Gulf of Mexico*	

Berge
Mountains

Gebirgszüge
Mountain Ranges

Adirondack Mountains *pl* *Adirondack Mountains*	Himalaya *m* *Himalaya Mountains / Himalayas*
Allegheny Mountains *pl* *Allegheny Mountains*	Karpaten *pl* *Carpathian Mountains*
Alpen *pl* *Alps*	Kaskadenkette *f* *Cascade Range*
Anden *pl* *Andes*	Kaukasus *m* *Caucasus*
Appalachen *pl* *Appalachian Mountains*	Pyrenäen *pl* *Pyrenees*
Balkangebirge *nt* *Balkans*	Rocky Mountains *pl* *Rocky Mountains*
Catskills *pl*, Catskill Mountains *pl* *Catskill Mountains*	Sierra Nevada *f* *Sierra Nevada*
Eliaskette *f*, Saint Elias Mountains *pl* *St. Elias Mountains*	Ural *m* *Ural Mountains*

Bergspitzen
Mountain Peaks

Aconcagua *m* (Anden) *Aconcagua (Andes)*	Mont Blanc *m* *Mont Blanc*
Ätna *m* *Etna*	Monte Rosa *m* *Monte Rosa*
Citlaltépetl *m*, Pico de Orizaba *m* *Orizaba*	Mount Everest *m* *Everest*
Elbrus *m* *Elbrus*	Mount Logan *m* *Logan*
Fujisan *m*, Berg Fuji *m* *Fujisan, Mount Fuji*	Mount McKinley *m* *McKinley*
Kilimandscharo-Massiv *nt* *Kilimanjaro*	Pikes Peak *m* *Pikes Peak*
Matterhorn *nt* *Matterhorn*	Popocatépetl *m* *Popocatépetl*
Mauna Loa *m* *Mauna Loa*	

Geographical names: English – German
Geographische Namen: Englisch – Deutsch

Countries, Inhabitants, Derivatives, Capitals, Currencies – Länder, Einwohner, Adjektive, Hauptstädte, Währungen

Countries are arranged in alphabetical order by their English names. For how to use articles in German when referring to geographical proper nouns, see the "Concise German Grammar."

Die Länder sind alphabetisch angeordnet und unter der englischen Schreibweise zu finden. Zum Gebrauch des Artikels bei geographischen Eigennamen im Deutschen siehe „Deutsche Kurzgrammatik".

Country *Land*	Inhabitant *Einwohner*	Derivative *Adjektive*	Capital *Hauptstadt*	Currency *Währung*
Afghanistan *Afghanistan nt*	Afghan(s) *Afghane m, Afghanin f*	Afghan *afghanisch*	Kabul *Kabul*	afghani *Afghani*
Albania *Albanien nt*	Albanian(s) *Albaner(in) m(f)*	Albanian *albanisch*	Tiranë *Tirana*	lek *Lek*
Algeria *Algerien nt*	Algerian(s) *Algerier(in) m(f)*	Algerian *algerisch*	Algiers *Algier*	Algerian dinar *Algerischer Dinar*
Andorra *Andorra nt*	Andorran(s) *Andorraner(in) m(f)*	Andorran *andorranisch*	Andorra la Vella *Andorra la Vella*	euro *Euro*
Angola *Angola nt*	Angolan(s) *Angolaner(in) m(f)*	Angolan *angolanisch*	Luanda *Luanda*	new kwanza *Kwanza*
Antigua and Barbuda *Antigua und Barbuda nt*	Antiguan(s), Barbudan(s) *Antiguaner(in) m(f)*	Antiguan, Barbudan *antiguanisch*	St. John's *St. John's*	East Caribbean dollar *Ostkaribischer Dollar*
Argentina *Argentinien nt*	Argentine(s), Argentinean(s) *Argentinier(in) m(f)*	Argentine, Argentinean *argentinisch*	Buenos Aires *Buenos Aires*	Argentine peso *Argentinischer Peso*
Armenia *Armenien nt*	Armenian(s) *Armenier(in) m(f)*	Armenian *armenisch*	Yerevan *Eriwan*	dram *Dram*
Australia *Australien nt*	Australian(s) *Australier(in) m(f)*	Australian *australisch*	Canberra *Canberra*	Australian dollar *Australischer Dollar*
Austria *Österreich nt*	Austrian(s) *Österreicher(in) m(f)*	Austrian *österreichisch*	Vienna *Wien*	euro *Euro*
Azerbaijan *Aserbaidschan nt*	Azerbaijani, Azeri(s) *Aserbaidschaner(in) m(f)*	Azerbaijani, Azeri *aserbaidschanisch*	Baku *Baku*	manat *Manat*

Country	Inhabitant	Derivative	Capital	Currency
Land	*Einwohner*	*Adjektive*	*Hauptstadt*	*Währung*
Bahamas	Bahamian(s)	Bahamian	Nassau	Bahamian dollar
die Bahamas	*Bahamer(in) m(f)*	*bahamaisch*	*Nassau*	*Bahama-Dollar*
Bahrain	Bahraini(s)	Bahraini	Al Manama	Bahrainian dinar
Bahrain nt	*Bahrainer(in) m(f)*	*bahrainisch*	*Manama*	*Bahrain-Dinar*
Bangladesh	Bangladeshi(s)	Bangladeshi	Dhaka	taka
Bangladesch nt	*Banglade-scher(in) m(f)*	*bangladeschisch*	*Dhaka*	*Taka*
Barbados	Barbadian(s)	Barbadian	Bridgetown	Barbadian dollar
Barbados nt	*Barbadier(in) m(f)*	*barbadisch*	*Bridgetown*	*Barbados-Dollar*
Belarus	Belarusian(s)	Belarusian	Minsk	Belarusian ruble
Weißrussland nt, Belarus nt	*Weißrusse m, Weißrussin f, Belarusse m, Belarussin f*	*weißrussisch, belarussisch*	*Minsk*	*Weißrussischer Rubel*
Belgium	Belgian(s)	Belgian	Brussels	euro
Belgien nt	*Belgier(in) m(f)*	*belgisch*	*Brüssel*	*Euro*
Belize	Belizean(s)	Belizean	Belmopan	Belizean dollar
Belize nt	*Belizer(in) m(f)*	*belizisch*	*Belmopan*	*Belize-Dollar*
Benin	Beninese	Beninese	Porto Novo	CFA franc*
Benin nt	*Beniner(in) m(f)*	*beninisch*	*Porto Novo*	*CFA-Franc*
Bhutan	Bhutanese	Bhutanese	Thimphu	ngultrum
Bhutan nt	*Bhutaner(in) m(f)*	*bhutanisch*	*Thimphu*	*Ngultrum*
Bolivia	Bolivian(s)	Bolivian	Sucre	Boliviano
Bolivien nt	*Bolivianer(in) m(f)*	*bolivianisch*	*Sucre*	*Boliviano*
Bosnia and Herzegovina	Bosnian(s), Herzegovinian(s)	Bosnian, Herzegovinian	Sarajevo	Convertible Mark
Bosnien nt und Herzegowina f	*von Bosnien und Herzegowina*	*von Bosnien und Herzegowina*	*Sarajewo*	*Konvertible Mark*
Botswana	Motswana sing, Batswana *pl*	Motswana sing, Batswana *pl*	Gaborone	pula
Botsuana nt	*Botsuaner(in) m(f)*	*botsuanisch*	*Gaborone*	*Pula*
Brazil	Brazilian(s)	Brazilian	Brasilia	real
Brasilien nt	*Brasilianer(in) m(f)*	*brasilianisch*	*Brasilia*	*Real*
Brunei	Bruneian(s)	Bruneian	Bandar Seri Begawan	Brunei dollar
Brunei nt (Brunei Darussalam nt)	*Bruneier(in) m(f)*	*bruneiisch*	*Bandar Seri Begawan*	*Brunei-Dollar*
Bulgaria	Bulgarian(s)	Bulgarian	Sofia	lev
Bulgarien nt	*Bulgare m, Bulgarin f*	*bulgarisch*	*Sofia*	*Lew*
Burkina Faso	Burkinabe	Burkinabe	Ouagadougou	CFA franc*
Burkina Faso nt	*Burkiner(in) m(f)*	*burkinisch*	*Ouagadougou*	*CFA-Franc*

Country Land	Inhabitant Einwohner	Derivative Adjektive	Capital Hauptstadt	Currency Währung
Burma/Myanmar Birma nt/ Myanmar nt	Burmese Myanmare m, Myanmarin f	Burmese myanmarisch	Pyinmana Pyinmana	kyat Kyat
Burundi Burundi nt	Burundian(s) Burundier(in) m(f)	Burundian burundisch	Bujumbura Bujumbura	Burundi franc Burundi-Franc
Cambodia Kambodscha nt	Cambodian(s) Kambodschaner(in) m(f)	Cambodian kambodschanisch	Phnom Penh Phnom Penh	riel Riel
Cameroon Kamerun nt	Cameroonian(s) Kameruner(in) m(f)	Cameroonian kamerunisch	Yaoundé Jaunde	CFA franc* CFA-Franc
Canada Kanada nt	Canadian(s) Kanadier(in) m(f)	Canadian kanadisch	Ottawa Ottawa	Canadian dollar Kanadischer Dollar
Cape Verde Kap Verde nt	Cape Verdean(s) Kap-Verdier(in) m(f)	Cape Verdean kap-verdisch	Praia Praia	Cape Verde escudo Kap-Verde-Escudo
Central African Republic die Zentralafrikanische Republik	Central African(s) Zentralafrikaner(in) m(f)	Central African zentralafrikanisch	Bangui Bangui	CFA franc* CFA-Franc
Chad Tschad nt	Chadian(s) Tschader(in) m(f)	Chadian tschadisch	N'Djamena N'Djamena	CFA franc* CFA-Franc
Chile Chile nt	Chilean(s) Chilene m, Chilenin f	Chilean chilenisch	Santiago de Chile Santiago de Chile	Chilean peso Chilenischer Peso
China China nt	Chinese Chinese m, Chinesin f	Chinese chinesisch	Beijing/Peking Peking/Beijing	yuan Yuan
Colombia Kolumbien nt	Colombian(s) Kolumbianer(in) m(f)	Colombian kolumbianisch	Bogota Bogotá (Santa Fé de Bogotá)	Colombian peso Peso
Comoros die Komorenl	Comoran(s) Komorer(in) m(f)	Comoran komorisch	Moroni Moroni	Comoran franc Komoren-Franc
Congo (Democratic Republic of the Congo) die Demokratische Republik Kongo	Congolese der Demokratischen Republik Kongo	Congolese, Congo der Demokratischen Republik Kongo	Kinshasa Kinshasa	Congolese franc Kongo-Franc
Congo (Republic of the Congo) die Republik Kongo	Congolese Kongolese m, Kongolesin f	Congolese, Congo kongolesisch	Brazzaville Brazzaville	CFA franc* CFA-Franc

Country Land	Inhabitant Einwohner	Derivative Adjektive	Capital Hauptstadt	Currency Währung
Cook Islands	Cook Islander(s)	Cook Islander	Avarua	New Zealand dollar
die Cookinseln	*von den Cookinseln*	*von den Cookinseln*	*Avarua*	*Neuseeland-Dollar*
Costa Rica	Costa Rican(s)	Costa Rican	San José	Costa Rican colón
Costa Rica nt	*Costa-Ricaner(in) m(f)*	*costa-ricanisch*	*San José*	*Colón*
Croatia	Croat(s), Croatian(s)	Croatian	Zagreb	kuna
Kroatien nt	*Kroate m, Kroatin f*	*kroatisch*	*Zagreb*	*Kuna*
Cuba	Cuban(s)	Cuban	Havana	Cuban peso
Kuba nt	*Kubaner(in) m(f)*	*kubanisch*	*Havanna*	*Kubanischer Peso*
Cyprus	Cypriot(s)	Cypriot	Nicosia	Cypriot pound
Zypern nt	*Zyprer(in) m(f)*	*zyprisch*	*Nikosia*	*Zypern-Pfund*
Czech Republic	Czech(s)	Czech	Prague	Czech koruna
Tschechien nt (die Tschechische Republik)	*Tscheche m, Tschechin f*	*tschechisch*	*Prag*	*Tschechische Krone*
Denmark	Dane(s)	Danish	Kopenhagen	Danish krone
Dänemark nt	*Däne m, Dänin f*	*dänisch*	*Kopenhagen*	*Dänische Krone*
Djibouti	Djibutian(s)	Djiboutian	Djibouti	Djiboutian franc
Dschibuti nt	*Dschibutier(in) m(f)*	*dschibutisch*	*Djibouti*	*Dschibuti-Franc*
Dominica	Dominican(s)	Dominican	Roseau	East Caribbean dollar
Dominica nt	*Dominicaner(in) m(f)*	*dominicanisch*	*Roseau*	*Ostkaribischer Dollar*
Dominican Republic	Dominican(s)	Dominican	Santo Domingo	Dominican peso
die Dominikanische Republik	*Dominikaner(in) m(f)*	*dominikanisch*	*Santo Domingo*	*Dominikanischer Peso*
Ecuador	Ecuadorian(s)	Ecuadorian	Quito	US dollar
Ecuador nt	*Ecuadorianer(in) m(f)*	*ecuadorianisch*	*Quito*	*US-Dollar*
Egypt	Egyptian(s)	Egyptian	Cairo	Egyptian pound
Ägypten nt	*Ägypter(in) m(f)*	*ägyptisch*	*Kairo*	*Ägyptisches Pfund*
El Salvador	Salvadoran(s)	Salvadoran	San Salvador	US dollar
El Salvador nt	*Salvadorianer(in) m(f)*	*salvadorianisch*	*San Salvador*	*US-Dollar*
England (GB)	Englishman *m*, Englishwoman *f*, English *pl*	English	London	pound sterling
England nt (GB)	*Engländer(in) m(f)*	*englisch*	*London*	*Pfund Sterling*

Country	Inhabitant	Derivative	Capital	Currency
Land	*Einwohner*	*Adjektive*	*Hauptstadt*	*Währung*
Equatorial Guinea	Equatorial Guinean(s), Equatoguinean(s)	Equatorial Guinean, Equatoguinean	Malabo	CFA franc*
Äquatorialguinea nt	*Äquatorialguineer(in) m(f)*	*äquatorialguineisch*	*Malabo*	*CFA-Franc*
Eritrea	Eritrean(s)	Eritrean	Asmara	nafka
Eritrea nt	*Eritreer(in) m(f)*	*eritreisch*	*Asmara*	*Nakfa*
Estonia	Estonian(s)	Estonian	Tallinn	Estonian kroon
Estland nt	*Este m, Estin f*	*estnisch*	*Tallinn*	*Estnische Krone*
Ethiopia	Ethiopian(s)	Ethiopian	Addis Abeba	birr
Äthiopien nt	*Äthiopier(in) m(f)*	*äthiopisch*	*Addis Abeba*	*Birr*
Fiji	Fijian(s)	Fijian	Suva	Fijian dollar
Fidschi nt	*Fidschianer(in) m(f)*	*fidschianisch*	*Suva*	*Fidschi-Dollar*
Finland	Finn(s)	Finnish	Helsinki	euro
Finnland nt	*Finne m, Finnin f*	*finnisch*	*Helsinki*	*Euro*
France	Frenchman/men m, Frenchwoman/women f; French pl	French	Paris	euro
Frankreich nt	*Franzose m, Französin f*	*französisch*	*Paris*	*Euro*
Gabon	Gabonese	Gabonese	Libreville	CFA franc*
Gabun nt	*Gabuner(in) m(f)*	*gabunisch*	*Libreville*	*CFA-Franc*
Gambia	Gambian(s)	Gambian	Banjul	dalasi
Gambia nt	*Gambier(in) m(f)*	*gambisch*	*Banjul*	*Dalasi*
Georgia	Georgian(s)	Georgian	Tbilisi	lari
Georgien nt	*Georgier(in) m(f)*	*georgisch*	*Tiflis*	*Lari*
Germany	German(s)	German	Berlin	euro
Deutschland nt	*Deutscher m, Deutsche f*	*deutsch*	*Berlin*	*Euro*
Ghana	Ghanaian(s)	Ghanaian	Accra	cedi
Ghana nt	*Ghanaer(in) m(f)*	*ghanaisch*	*Accra*	*Cedi*
Greece	Greek(s)	Greek	Athens	euro
Griechenland nt	*Grieche m, Griechin f*	*griechisch*	*Athen*	*Euro*
Grenada	Grenadian(s)	Grenadian	St. George's	East Caribbean dollar
Grenada nt	*Grenader(in) m(f)*	*grenadisch*	*St. George's*	*Ostkaribischer Dollar*
Guatemala	Guatemalan(s)	Guatemalan	Guatemala	quetzal
Guatemala nt	*Guatemalteke m, Guatemaltekin f*	*guatemaltekisch*	*Guatemala-Stadt*	*Quetzal*
Guinea	Guinean(s)	Guinean	Conakry	Guinean franc
Guinea nt	*Guineer(in) m(f)*	*guineisch*	*Conakry*	*Guinea-Franc*

Country	Inhabitant	Derivative	Capital	Currency
Land	*Einwohner*	*Adjektive*	*Hauptstadt*	*Währung*
Guinea-Bissau	Guinean(s)	Guinean	Bissau	CFA franc*
Guinea-Bissau nt	*Guinea-Bissau-er(in) m(f)*	*guinea-bissauisch*	*Bissau*	*CFA-Franc*
Guyana	Guyanese	Guyanese	Georgetown	Guyanese dollar
Guyana nt	*Guyaner(in) m(f)*	*guyanisch*	*Georgetown*	*Guyana-Dollar*
Haiti	Haitian(s)	Haitian	Port-au-Prince	gourde
Haiti nt	*Haitianer(in) m(f)*	*haitianisch*	*Port-au-Prince*	*Gourde*
Honduras	Honduran(s)	Honduran	Tegucigalpa	lempira
Honduras nt	*Honduraner(in) m(f)*	*honduranisch*	*Tegucigalpa*	*Lempira*
Hungary	Hungarian(s)	Hungarian	Budapest	forint
Ungarn nt	*Ungar(in) m(f)*	*ungarisch*	*Budapest*	*Forint*
Iceland	Icelander(s)	Icelandic	Reykjavik	Icelandic krona
Island nt	*Isländer(in) m(f)*	*isländisch*	*Reykjavik*	*Isländische Krone*
India	Indian(s)	Indian	New Delhi	rupee
Indien nt	*Inder(in) m(f)*	*indisch*	*New Delhi*	*Indische Rupie*
Indonesia	Indonesian(s)	Indonesian	Jakarta	rupiah
Indonesien nt	*Indonesier(in) m(f)*	*indonesisch*	*Jakarta*	*Rupiah*
Iran	Iranian(s)	Iranian	Tehran	rial
der Iran	*Iraner(in) m(f)*	*iranisch*	*Teheran*	*Iranischer Real*
Iraq	Iraqi(s)	Iraqi	Baghdad	Iraqi dinar
der Irak	*Iraker(in) m(f)*	*irakisch*	*Bagdad*	*Irakischer Dinar*
Ireland	Irishman/men *m*, Irishwoman/women *f*; Irish *pl*	Irish	Dublin	euro
Irland nt	*Ire m, Irin f*	*irisch*	*Dublin*	*Euro*
Israel	Israeli(s)	Israeli	Jerusalem	new shekel
Israel nt	*Israeli*	*israelisch*	*Jerusalem*	*Neuer Israelischer Shekel*
Italy	Italian(s)	Italian	Rome	euro
Italien nt	*Italiener(in) m(f)*	*italienisch*	*Rom*	*Euro*
Ivory Coast/Côte d'Ivoire	Ivoirian(s)	Ivoirian	Yamoussoukro	CFA franc*
die Elfenbein-küste (die Côte d'Ivoire)	*Ivorer m, Ivorin f*	*ivorisch*	*Yamoussoukro*	*CFA-Franc*
Jamaica	Jamaican(s)	Jamaican	Kingston	Jamaican dollar
Jamaika nt	*Jamaikaner(in) m(f)*	*jamaikanisch*	*Kingston*	*Jamaika-Dollar*
Japan	Japanese	Japanese	Tokyo	yen
Japan nt	*Japaner(in) m(f)*	*japanisch*	*Tokyo*	*Yen*
Jordan	Jordanian(s)	Jordanian	Amman	Jordanian dinar

| Country | Inhabitant | Derivative | Capital | Currency |
Land	*Einwohner*	*Adjektive*	*Hauptstadt*	*Währung*
Jordanien nt	*Jordanier(in) m(f)*	*jordanisch*	*Amman*	*Jordanischer Dinar*
Kazakhstan	Kazakh(s)	Kazakh	Astana	tenge
Kasachstan nt	*Kasache m, Kasachin f*	*kasachisch*	*Astana*	*Tenge*
Kenya	Kenyan(s)	Kenyan	Nairobi	Kenyan shilling
Kenia nt	*Kenianer(in) m(f)*	*kenianisch*	*Nairobi*	*Kenia-Schilling*
Kiribati	I-Kiribati	I-Kiribati	Bairiki	Australian dollar
Kiribati nt	*Kiribatier(in) m(f)*	*kiribatisch*	*Bairiki*	*Australischer Dollar*
Kuwait	Kuwaiti(s)	Kuwaiti	Kuwait City	Kuwaiti dinar
Kuwait nt	*Kuwaiter(in) m(f)*	*kuwaitisch*	*Kuwait*	*Kuwait-Dinar*
Kyrgyzstan	Kyrgyz, Kyrgystani(s)	Kyrgyz, Kyrgystani	Bishkek	Kyrgystani som
Kirgisistan nt	*Kirgise m, Kirgisin f*	*kirgisisch*	*Bischkek*	*Som*
Laos	Lao(s), Laotian(s)	Lao, Laotian	Vientiane	kip
Laos nt	*Laote m, Laotin f*	*laotisch*	*Vientiane*	*Kip*
Latvia	Latvian(s)	Latvian	Riga	Lats
Lettland nt	*Lette m, Lettin f*	*lettisch*	*Riga*	*Lats*
Lebanon	Lebanese	Lebanese	Beirut	Lebanese pound
der Libanon	*Libanese m, Libanesin f*	*libanesisch*	*Beirut*	*Libanesisches Pfund*
Lesotho	Basotho sg, Mosotho *pl*	Sotho	Maseru	loti
Lesotho nt	*Lesother(in) m(f)*	*lesothisch*	*Maseru*	*Loti*
Liberia	Liberian(s)	Liberian	Monrovia	Liberian dollar
Liberia nt	*Liberianer(in) m(f)*	*liberianisch*	*Monrovia*	*Liberianischer Dollar*
Libya	Libyan(s)	Libyan	Tripoli	Libyan dinar
Libyen nt	*Libyer(in) m(f)*	*libysch*	*Tripolis*	*Libyscher Dinar*
Liechtenstein	Liechtensteiner(s)	Liechtensteiner	Vaduz	Swiss franc
Liechtenstein nt	*Liechten-steiner(in) m(f)*	*liechtensteinisch*	*Vaduz*	*Schweizer Franken*
Lithuania	Lithuanian(s)	Lithuanian	Vilnius	litas
Litauen nt	*Litauer(in) m(f)*	*litauisch*	*Wilna*	*Litas*
Luxembourg	Luxembourger(s)	Luxembourg	Luxembourg	euro
Luxemburg nt	*Luxemburger(in) m(f)*	*luxemburgisch*	*Luxemburg*	*Euro*
Macedonia (Former Yugoslav Republic of Macedonia)	Macedonian(s)	Macedonian	Skopje	Macedonian denar

Country	Inhabitant	Derivative	Capital	Currency
Land	*Einwohner*	*Adjektive*	*Hauptstadt*	*Währung*
Mazedonicn nt *(die ehemalige jugoslawische Republik Mazedonien)*	Mazedonier(in) *m(f)*	mazedonisch	Skopje	Mazedonischer Denar
Madagascar	Madagascan, Malagasy	Madagascan, Malagasy	Antananarivo	Malagasy ariary
Madagaskar nt	*Madagasse m, Madagassin f*	*madagassisch*	*Antananarivo*	*Ariary*
Malawi	Malawian(s)	Malawian	Lilongwe	Malawian kwacha
Malawi nt	*Malawier(in) m(f)*	*malawisch*	*Lilongwe*	*Malawi-Kwacha*
Malaysia	Malaysian(s)	Malaysian	Kuala Lumpur	Malaysian ringgit
Malaysia nt	*Malaysier(in) m(f)*	*malaysisch*	*Kuala Lumpur*	*Ringgit*
Maldives	Maldivian(s)	Maldivian	Malé	rufiyaa
die Malediven pl	*Malediver(in) m(f)*	*maledivisch*	*Malé*	*Rufiyaa*
Mali	Malian(s)	Malian	Bamako	CFA franc*
Mali nt	*Malier(in) m(f)*	*malisch*	*Bamako*	*CFA-Franc*
Malta	Maltese	Maltese	Valletta	Maltese lira
Malta nt	*Malteser(in) m(f)*	*maltesisch*	*Valletta*	*Maltesische Lira*
Marshall Islands	Marshallese	Marshallese	Majuro	US dollar
die Marshallinseln pl	*Marshaller(in) m(f)*	*marshallisch*	*Majuro*	*US-Dollar*
Mauritania	Mauritanian(s)	Mauritanian	Nouakchott	ouguiya
Mauretanien nt	*Mauretanier(in) m(f)*	*mauretanisch*	*Nouakchott*	*Ouguiya*
Mauritius	Mauritian(s)	Mauritian	Port Louis	Mauritian rupee
Mauritius nt	*Mauritier(in) m(f)*	*mauritisch*	*Port Louis*	*Rupie*
Mexico	Mexican(s)	Mexican	Mexico City	Mexican peso
Mexiko nt	*Mexikaner(in) m(f)*	*mexikanisch*	*Mexico-Stadt*	*Mexikanischer Peso*
Micronesia (Federated States of Micronesia)	Micronesian(s)	Micronesian	Palikir	US dollar
Mikronesien nt (die Föderierten Staaten von Mikronesien)	*Mikronesier(in) m(f)*	*mikronesisch*	*Palikir*	*US-Dollar*
Moldavia	Moldovan(s), Moldavian(s)	Moldovan, Moldavian	Chisinau	Moldavian leu
Moldawien nt, Moldau nt	*Moldauer(in) m(f)*	*moldauisch, moldawisch*	*Chisinau*	*Moldauischer Leu*
Monaco	Monegasque(s), Monacan(s)	Monegasque, Monacan	Monaco-Ville	euro
Monaco nt	*Monegasse m, Monegassin f*	*monegassisch*	*Monaco-Ville*	*Euro*
Mongolia	Mongolian(s)	Mongolian	Ulaanbaatar	tugruk

| Country | Inhabitant | Derivative | Capital | Currency |
Land	Einwohner	Adjektive	Hauptstadt	Währung
die Mongolei	Mongole m, Mongolin f	mongolisch	Olan-Bator	Tögrök
Montenegro	Montenegrin(s)	Montenegrin	Podgorica	euro
Montenegro nt	Montenegriner(in) m(f)	montenegrinisch	Podgorica	Euro
Morocco	Moroccan(s)	Moroccan	Rabat	dirham
Marokko nt	Marokkaner(in) m(f)	marokanisch	Rabat	Dirham
Mozambique	Mozambican(s)	Mozambican	Maputo	metical
Mosambik nt	Mosambikaner(in) m(f)	mosambikanisch	Maputo	Metical
Namibia	Namibian(s)	Namibian	Windhoek	Namibian dollar
Namibia nt	Namibier(in) m(f)	namibisch	Windhuk	Namibia-Dollar
Nauru	Nauruan(s)	Nauruan	Yaren	Australian dollar
Nauru nt	Nauruer(in) m(f)	nauruisch	Yaren	Australischer Dollar
Nepal	Nepalese	Nepalese	Kathmandu	Nepalese rupee
Nepal nt	Nepalese m, Nepalesin f	nepalesisch	Kathmandu	Nepalesische Rupie
Netherlands	Dutchman/men m, Dutchwoman/women f; Dutch pl	Dutch	Amsterdam	euro
die Niederlande	Niederländer(in) m(f)	niederländisch	Amsterdam	Euro
New Zealand	New Zealander(s)	New Zealander	Wellington	New Zealand dollar
Neuseeland nt	Neuseeländer(in) m(f)	neuseeländisch	Wellington	Neuseeland-Dollar
Nicaragua	Nicaraguan(s)	Nicaraguan	Managua	córdoba
Nicaragua nt	Nicaraguaner(in) m(f)	nicaraguanisch	Managua	Córdoba Oro
Niger	Nigerien(s)	Nigerien	Niamey	CFA franc*
Niger nt	Nigrer m, Nigrin f	nigrisch	Niamey	CFA-Franc
Nigeria	Nigerian(s)	Nigerian	Abuja	naira
Nigeria nt	Nigerianer(in) m(f)	nigerianisch	Abuja	Naira
North Korea	North Korean(s)	North Korean	Pyongyang	won
Nordkorea nt (Korea nt, demokratische Volksrepublik f)	koreanisch, der Demokratischen Volksrepublik Korea	koreanisch, der Demokratischen Volksrepublik Korea	Pjöngjang	nordkoreanischer Won
Norway	Norwegian(s)	Norwegian	Oslo	Norwegian krone
Norwegen nt	Norweger(in) m(f)	norwegisch	Oslo	Norwegische Krone
Oman	Omani(s)	Omani	Muscat	Omani rial

Country *Land*	Inhabitant *Einwohner*	Derivative *Adjektive*	Capital *Hauptstadt*	Currency *Währung*
Oman nt	*Omaner(in) m(f)*	*omanisch*	*Maskat*	*Omani Rial*
Pakistan	Pakistani(s)	Pakistani	Islamabad	Pakistani rupee
Pakistan nt	*Pakistaner(in) m(f)*	*pakistanisch*	*Islamabad*	*Pakistanische Rupie*
Palau	Palauan(s)	Palauan	Koror	US dollar
Palau nt	*Palauer(in) m(f)*	*palauisch*	*Koror*	*US-Dollar*
Panama	Panamanian(s)	Panamanian	Panama City	balboa
Panama nt	*Panamaer(in) m(f)*	*panamaisch*	*Panama-Stadt*	*Balboa*
Papua New Guinea	Papua New Guinean(s)	Papua New Guinean	Port Moresby	kina
Papua-Neuguinea nt	*Papua-Neu-guineer(in) m(f)*	*Papua-neuguine-isch*	*Port Moresby*	*Kina*
Paraguay	Paraguayan(s)	Paraguayan	Asunción	guaraní
Paraguay nt	*Paraguayer(in) m(f)*	*paraguayisch*	*Asunción*	*Guaraní*
Peru	Peruvian(s)	Peruvian	Lima	nuevo sol
Peru nt	*Peruaner(in) m(f)*	*peruanisch*	*Lima*	*Nuevo Sol*
Philippines	Filipino(s)	Philippine	Manila	Philippines peso
die Philippinen	*Philippiner(in) m(f)*	*philippinisch*	*Manila*	*Philippinischer Peso*
Poland	Pole(s)	Polish	Warsaw	zloty
Polen nt	*Pole m, Polin f*	*polnisch*	*Warschau*	*Zloty*
Portugal	Portuguese	Portuguese	Lisbon	euro
Portugal nt	*Portugiese m, Portugiesin f*	*portugiesisch*	*Lissabon*	*Euro*
Puerto Rico (USA)	Puerto Rican(s)	Puerto Rican	San Juan	US dollar
Puerto Rico nt (USA)	*Puerto-Ricaner(in) m(f)*	*puerto-ricanisch*	*San Juan*	*US-Dollar*
Qatar	Qatari(s)	Qatari	Doha	Qatari riyal
Katar nt	*Katarer(in) m(f)*	*katarisch*	*Doha*	*Katar-Riyal*
Romania	Romanian(s)	Romanian	Bucharest	leu (*pl.* lei)
Rumänien nt	*Rumäne m, Rumänin f*	*rumänisch*	*Bukarest*	*Leu*
Russia (Russian Federation)	Russian(s)	Russian	Moscow	ruble
Russland nt (die Russische Födera-tion)	*Russe m, Russin f*	*russisch*	*Moskau*	*Rubel*
Rwanda	Rwandan(s)	Rwandan	Kigali	Rwandan franc
Ruanda nt	*Ruander(in) m(f)*	*ruandisch*	*Kigali*	*Ruanda-Franc*
Samoa	Samoan(s)	Samoan	Apia	tala
Samoa nt	*Samoaner(in) m(f)*	*samoanisch*	*Apia*	*Tala*
San Marino	Sanmarinese	Sanmarinese	San Marino	euro

Country	Inhabitant	Derivative	Capital	Currency
Land	*Einwohner*	*Adjektive*	*Hauptstadt*	*Währung*
San Marino nt	*San-Marinese m, San-Marinesin f*	*san-marinesisch*	*San Marino*	*Euro*
São Tomé and Príncipe	São Tomean(s)	São Tomean	São Tomé	dobra
São Tomé-et-Príncipe nt	*São-Toméer(in) m(f)*	*são-toméisch*	*São Tomé*	*Dobra*
Saudi Arabia	Saudi(s)	Saudi (Arabian)	Riyadh	Saudi riyal
Saudi-Arabien nt	*Saudi-Araber(in) m(f)*	*saudi-arabisch*	*Riad*	*Saudi-Riyal*
Scotland	Scot, Scotsman *m*, Scotswoman *f*, Scottish *pl*	Scottish	Edinburgh	pound sterling
Schottland nt	*Schotte m, Schottin f*	*schottisch*	*Edinburgh*	*Pfund Sterling*
Senegal	Senegalese	Senegalese	Dakar	CFA franc*
Senegal m	*Senegalese m, Senegalesin f*	*senegalesisch*	*Dakar*	*CFA-Franc*
Serbia	Serb(s), Serbian(s)	Serbian	Belgrade	Serbian dinar, euro
Serbien nt	*Serbe m, Serbin f*	*serbisch*	*Belgrad*	*Serbischer Dinar*
Seychelles	Seychellois	Seychellois	Victoria	Seychelles rupee
die Seychellen	*Seycheller(in) m(f)*	*seychellisch*	*Victoria*	*Seychellen-Rupie*
Sierra Leone	Sierra Leonean(s)	Sierra Leonean	Freetown	leone
Sierra Leone nt	*Sierra-Leoner(in) m(f)*	*Sierra-leonisch*	*Freetown*	*Leone*
Singapore	Singaporean(s)	Singapore	Singapore	Singapore dollar
Singapur nt	*Singapurer(in) m(f)*	*singapurisch*	*Singapur*	*Singapur-Dollar*
Slovakia/Slovak Republic	Slovak(s)	Slovak	Bratislava	Slovak koruna
die Slowakei (die Slowakische Republik)	*Slowake m, Slowakin f*	*slowakisch*	*Pressburg (Bratislava)*	*Slowakische Krone*
Slovenia	Slovene(s)	Slovenian	Ljubljana	tolar (as of 2007 euro)
Slowenien nt	*Slowene m, Slowenin f*	*slowenisch*	*Laibach (Ljubljana)*	*Tolar (ab 2007 Euro)*
Solomon Islands	Solomon Islander(s)	Solomon Islander	Honiara	Salomon dollar
die Salomonen	*Salomoner(in) m(f)*	*salomonisch*	*Honiara*	*Salomonen-Dollar*
Somalia	Somali(s)	Somali	Mogadishu	Somalian shilling
Somalia nt	*Somalier(in) m(f)*	*somalisch*	*Mogadischu*	*Somalia-Schilling*
South Africa	South African(s)	South African	Pretoria	rand
Südafrika nt	*Südafrikaner(in) m(f)*	*südafrikanisch*	*Pretoria*	*Rand*

Country	Inhabitant	Derivative	Capital	Currency
Land	*Einwohner*	*Adjektive*	*Hauptstadt*	*Währung*
South Korea	South Korean(s)	South Korean	Seoul	won
Südkorea nt (Korea nt, Republik f)	*koreanisch, der Republik Korea*	*koreanisch, der Republik Korea*	*Seoul*	*Won*
Spain	Spaniard(s)	Spanish	Madrid	euro
Spanien nt	*Spanier(in) m(f)*	*spanisch*	*Madrid*	*Euro*
Sri Lanka	Sri Lankan(s)	Sri Lankan	Colombo	Sri Lankan rupee
Sri Lanka nt	*Sri-Lanker(in) m(f)*	*Sri-lankisch*	*Colombo*	*Sri-Lanka-Rupie*
St. Kitts and Nevis	Kittitian(s), Nevisian(s)	Kittitian, Nevisian	Basseterre	East Caribbean dollar
St. Kitts und Nevis nt	*von St. Kitt und Nevis*	*von St. Kitts und Nevis*	*Basseterre*	*Ostkaribischer Dollar*
St. Lucia	St. Lucian(s)	St. Lucian	Castries	East Caribbean dollar
St. Lucia nt	*Lucianer(in) m(f)*	*lucianisch*	*Castries*	*Ostkaribischer Dollar*
St. Vincent and the Grenadines	(St.) Vincentian(s)	(St.) Vincentian	Kingstown	East Caribbean dollar
St. Vincent und die Grenadinen nt	*Vincenter(in) m(f)*	*vincentisch*	*Kingstown*	*Ostkaribischer Dollar*
Sudan	Sudanese	Sudanese	Khartoum	Sudanese pound
der Sudan	*Sudanese m, Sudanesin f*	*sudanesisch*	*Khartum*	*Sudanesischer Dinar*
Suriname	Surinamer(s)	Surinamese	Paramaribo	Suriname dollar
Suriname nt	*Surinamer(in) m(f)*	*surinamisch*	*Paramaribo*	*Suriname-Dollar*
Swaziland	Swazi(s)	Swazi	Mbabane	lilangeni
Swasiland nt	*Swasi*	*swasiländisch*	*Mbabane*	*Lilangeni*
Sweden	Swede(s)	Swedish	Stockholm	Swedish krone
Schweden nt	*Schwede m, Schwedin f*	*schwedisch*	*Stockholm*	*Schwedische Krone*
Switzerland	Swiss	Swiss	Berne	Swiss franc
die Schweiz	*Schweizer(in) m(f)*	*schweizerisch*	*Bern*	*Schweizer Franken*
Syria	Syrian(s)	Syrian	Damaskus	Syrian pound
Syrien nt	*Syrer(in) m(f)*	*syrisch*	*Damaskus*	*Syrisches Pfund*
Taiwan	Taiwanese	Taiwanese	Taipei	New Taiwan dollar
Taiwan nt	*Taiwaner(in) m(f)*	*taiwanesisch*	*Taipeh*	*Neuer Taiwan-Dollar*
Tajikistan	Tajikistani(s)	Tajik, Tajikistani	Dushanbe	somoni
Tadschikistan nt	*Tadschike m, Tadschikin f*	*tadschikisch*	*Duschanbe*	*Somoni*
Tanzania	Tanzanian(s)	Tanzanian	Dodoma	Tanzanian shilling
Tansania nt	*Tansanier(in) m(f)*	*tansanisch*	*Dodoma*	*Tansania-Schilling*

| Country | Inhabitant | Derivative | Capital | Currency |
Land	Einwohner	Adjektive	Hauptstadt	Währung
Thailand	Thai	Thai	Bangkok	baht
Thailand nt	Thailänder(in) m(f)	thailändisch	Bangkok	Baht
Togo	Togolese	Togolese	Lomé	CFA franc*
Togo nt	Togoer(in) m(f)	togoisch	Lomé	CFA-Franc
Tonga	Tongan(s)	Tongan	Nuku'alofa	pa'anga
Tonga nt	Tongaer(in) m(f)	tongaisch	Nuku'alofa	Pa'anga
Trinidad and Tobago	Trinidadian(s), Tobagonian(s)	Trinidadian, Tobagonian	Port of Spain	Trinidad and Tobago dollar
Trinidad und Tobago nt	Trinidader(in) m(f) und Tobagoer(in) m(f)	von Trinidad und Tobago	Port-of-Spain	Trinidad-und-Tobago-Dollar
Tunisia	Tunisian(s)	Tunisian	Tunis	Tunisian dinar
Tunesien nt	Tunesier(in) m(f)	tunesisch	Tunis	Tunesischer Dinar
Turkey	Turk(s)	Turkish	Ankara	New Turkish lira
die Türkei	Türke m, Türkin f	türkisch	Ankara	Neue Türkische Lira
Turkmenistan	Turkmen(s)	Turkmen	Ashgabat	manat
Turkmenistan nt	Turkmene m, Turkmenin f	turkmenisch	Aschgabat	Manat
Tuvalu	Tuvaluan(s)	Tuvaluan	Funafuti	Australian dollar
Tuvalu nt	Tuvaluer(in) m(f)	tuvaluisch	Funafuti	Australischer Dollar
Uganda	Ugandan(s)	Ugandan	Kampala	Ugandan shilling
Uganda nt	Ugander(in) m(f)	ugandisch	Kampala	Uganda-Schilling
Ukraine	Ukrainian(s)	Ukrainian	Kiev	hryvnia
die Ukraine	Ukrainer(in) m(f)	ukrainisch	Kiew	Hrywnja
United Arab Emirates	Emirati(s)	Emirati	Abu Dhabi	dirham
die Vereinigten Arabischen Emirate	der Vereinigten Arabischen Emirate	der Vereinigten Arabischen Emirate	Abu Dhabi	VAE-Dirham
United Kingdom	Briton(s), British	UK/British	London	pound sterling
das Vereinigte Königreich (Großbritannien nt und Nordirland nt)	Brite m, Britin f	britisch	London	Pfund Sterling
United States of America/USA	American(s)	American	Washington D.C.	US dollar
die Vereinigten Staaten von Amerika/die USA	Amerikaner(in) m(f)	amerikanisch	Washington D.C.	US-Dollar
Uruguay	Uruguayan(s)	Uruguayan	Montevideo	Uruguayan peso
Uruguay nt	Uruguayer(in) m(f)	uruguayisch	Montevideo	Uruguayischer Peso

| Country | Inhabitant | Derivative | Capital | Currency |
Land	*Einwohner*	*Adjektive*	*Hauptstadt*	*Währung*
Uzbekistan	Uzbekistani	Uzbek, Uzbekistani	Tashkent	Uzbek sum
Usbekistan nt	*Usbeke m, Usbekin f*	*usbekisch*	*Taschkent*	*So'm*
Vanuatu	Ni-Vanuatu	Ni-Vanuatu	Port Vila	vatu
Vanuatu nt	*Vanuatuer(in) m(f)*	*vanuatuisch*	*Port Vila*	*Vatu*
Vatican City		Vatican		euro
die Vatikanstadt		*vatikanisch*		*Euro*
Venezuela	Venezuelan(s)	Venezuelan	Caracas	bolivar
Venezuela nt	*Venezolaner(in) m(f)*	*venezolanisch*	*Caracas*	*Bolívar*
Vietnam	Vietnamese	Vietnamese	Hanoi	dong
Vietnam nt	*Vietnamese m, Vietnamesin f*	*vietnamesisch*	*Hanoi*	*Dong*
Yemen	Yemeni(s)	Yemeni	Sanaa	Yemeni rial
der Jemen	*Jemenit(in) m(f)*	*jemenitisch*	*Sanaa*	*Jemen-Rial*
Zambia	Zambian(s)	Zambian	Lusaka	kwacha
Sambia nt	*Sambier(in) m(f)*	*sambisch*	*Lusaka*	*Kwacha*
Zimbabwe	Zimbabwean(s)	Zimbabwean	Harare	Zimbabwean dollar
Simbabwe nt	*Simbabwer(in) m(f)*	*simbabwisch*	*Harare*	*Simbabwe-Dollar*

* CFA franc = Franc Communauté Financière Africaine

Continents, Islands
Kontinente, Inseln

Continents
Kontinente

Africa *Afrika nt*	Eurasia *Eurasien nt*
America *Amerika nt*	Europe *Europa nt*
Antarctica *Antarktis f*	North America *Nordamerika nt*
Asia *Asien nt*	South America *Südamerika nt*
Central America *Zentralamerika nt*	

Islands
Inseln

Aleutian Islands *die Aleuten*	Corfu *Korfu nt, Kerkyra*
Antigua *Antigua nt*	Crete *Kreta*
Antilles *die Antillen*	Curaçao *Curaçao*
Aruba *Aruba nt*	East Indies *die Ostindischen Inseln*
Azores *die Azoren*	Easter Island *die Osterinsel*
Baffin Island *die Baffininsel*	Falkland Islands *die Falklandinseln*
Balearic Islands *die Balearischen Inseln (die Balearen)*	Faroe Islands *die Färöer*
Bali *Bali nt*	Galapagos Islands *die Galápagos-Inseln*
Bermuda *Bermuda*	Greater Antilles *die Großen Antillen*
Borneo *Borneo nt*	Greenland *Grönland nt*
Canary Islands *die Kanarischen Inseln*	Guadalcanal *Guadalcanal*
Cape Verde Islands *die Kapverdischen Inseln*	Guadeloupe *Guadeloupe*
Caroline Islands *die Karolinen*	Guam *Guam*
Celebes *Sulawesi*	Hebrides *die Hebriden*
Channel Islands *die Kanalinseln, die Normannischen Inseln*	Hispaniola *Hispaniola*
Comoros *die Komoren*	Hokkaido *Hokkaido*

Honshu *Honshu*	Okinawa *Okinawa*
Iceland *Island nt*	Orkney Islands *Orkney nt*
Iwo Jima *Iwojima*	Prince Edward Island *die Prince-Edward-Inseln*
Java *Java nt*	Réunion *La Réunion*
Kyushu *Kyushu*	Rhodes *Rhodos nt*
Leeward Islands *die Inseln über dem Winde*	Ryukyu Islands *die Ryukyu-Inseln*
Lesser Antilles *die Kleinen Antillen*	Sakhalin *Sakhalin*
Leyte *Leyte*	Shetland Islands *die Shetland-Inseln*
Long Island *Long Island*	Shikoku *Shikoku*
Luzon *Luzón*	Solomon Islands *die Salomonen*
Madagascar *Madagaskar nt*	Sumatra *Sumatra nt*
Madeira Islands *Madeira nt*	Tahiti *Tahiti nt*
Majorca *Mallorca nt*	Tasmania *Tasmanien nt*
Maldive Islands *die Malediven*	Tierra del Fuego *Tierra del Fuego*
Isle of Man *Insel Man*	Timor *Timor*
Mariana Islands *die Marianen*	Vancouver Island *Vancouver Island*
Marquesas Islands *die Marquesas-Inseln*	Victoria Island *die Victoria-Insel*
Marshall Islands *die Marshallinseln*	Virgin Islands *die Jungferninseln*
Martinique *Martinique*	West Indies *die Westindischen Inseln*
Mindanao *Mindanao*	Windward Islands *die Inseln unter dem Winde*
Minorca *Menorca nt*	Zanzibar *Sansibar*

Oceans, Seas, Lakes
Ozeane, Meere, Seen

Oceans
Ozeane

Arctic Ocean *Arktischer Ozean, Arktik f, Nordpolarmeer nt*	Pacific Ocean *Pazifischer Ozean, Pazifik m*
Atlantic Ocean *Atlantischer Ozean, Atlantik m*	Southern Ocean *Antarktischer Ozean, Südlicher Ozean,* *Antarktik f*
Indian Ocean *Indischer Ozean, Indik m*	

Seas
Meere

Adriatic Sea *Adriatisches Meer, Adria f*	Irish Sea *Irische See*
Aegean Sea *Ägäis f*	Sea of Japan *Japanisches Meer*
Arabian Sea *Arabisches Meer*	Mediterranean Sea *Mittelmeer nt (Europäisches Mittelmeer)*
Aral Sea *Aralsee m*	North Sea *Nordsee f*
Sea of Azov *Asowsches Meer*	Sea of Okhotsk *See von Okhotsk f*
Baltic Sea *Ostsee f, Baltisches Meer*	Red Sea *Rotes Meer*
Bering Sea *Beringmeer nt*	Sargasso Sea *Sargasso See f*
Black Sea *Schwarzes Meer*	South China Sea *Südchinesisches Meer*
Caribbean Sea *Karibisches Meer, Karibik f*	Tasman Sea *Tasmanische See*
Caspian Sea *Kaspisches Meer*	White Sea *Weißes Meer, Weißmeer nt*
Dead Sea *Totes Meer*	Yellow Sea *Gelbes Meer*
East China Sea *Ostchinesisches Meer*	

Lakes
Seen

Albert (Nyanza) *Albertsee m*	Geneva *Genfer See*
Baikal *Baikalsee m*	Great Bear *Großer Bärensee*
Chad *Tschadsee m*	Great Lakes *Große Seen pl*
Erie *Eriesee m*	Great Salt Lake *Großer Salzsee*

Great Slave *Großer Sklavensee*	Ontario *Ontariosee m*
Huron *Huronsee m*	Superior *Oberer See m*
Ladoga *Ladogasee m*	Tanganyika *Tanganjikasee m*
Michigan *Michigansee m*	Titicaca *Titicacasee m*
Lake Nyasa/Lake Malawi *Malawisee m (Njassasee m)*	Victoria *Viktoriasee m*
Onega *Onegasee m*	

Rivers, Gulfs
Flüsse, Golfe

Rivers
Flüsse

Amazon *Amazonas m*	Irtysh *Irtysch m*
Amur *Amur m*	Jordan *Jordan m*
Columbia *Columbia River m*	Lena *Lena f*
Congo *Kongo m*	Loire *Loire f*
Danube *Donau f*	Mackenzie *Mackenzie m*
Delaware *Delaware River m*	Mekong *Mekong m*
Dnieper *Dnjepr m*	Mississippi *Mississippi m*
Dniester *Dnjestr m*	Missouri *Missouri River m*
Don *Don m*	Niger *Niger m*
Elbe *Elbe f*	Nile *Nil m*
Euphrates *Euphrat m*	Ob *Ob m*
Ganges *Ganges m*	Oder *Oder f*
Huang Ho/Yellow River *Huang Ho m/Gelber Fluss*	Ohio *Ohio m*
Hudson *Hudson River m*	Orinoco *Orinoco m*
Indus *Indus m*	Paraná *Paraná m*
Irrawaddy *Irawadi m*	Po *Po m*

Potomac *Potomac River m*	Ural *Ural m*
Rhine *Rhein m*	Vistula *Weichsel f*
Rhône *Rhône f*	Volga *Wolga f*
Rio Grande *Rio Grande m*	Volta *Volta m*
St. Lawrence *Sankt-Lorenz-Strom m*	Yangtze *Jangtse m*
Seine *Seine f*	Yenisei *Yenisei m*
Susquehanna *Susquehanna m*	Yukon *Yukon m*
Thames *Themse f*	Zambezi *Sambesi m*
Tigris *Tigris m*	

Gulfs, Bays, Straits, Canals
Golfe, Buchten, Meerengen, Kanäle

Gulf of Aden *Golf von Aden m*	Hudson Bay *Hudson Bay f*
Bay of Bengal *Golf von Bengalen m*	Strait of Magellan *Magellanstraße f*
Bering Strait *Beringstraße f*	Gulf of Mexico *Golf von Mexiko m*
Bay of Biscay *Golf von Biscaya m*	Panama Canal *Panamakanal m*
Bosporus *Bosporus m*	Persian Gulf *Persischer Golf m*
Gulf of California *Golf von Kalifornien m*	Gulf of St. Lawrence *Sankt-Lorenz-Golf m*
English Channel *Ärmelkanal m*	St. Lawrence Seaway *Sankt-Lorenz-Strom m*
Straits of Florida *Florida Straits pl*	Suez Canal *Suezkanal m*
Strait of Gibraltar *Straße von Gibraltar f*	

Mountains
Berge

Mountain Ranges
Gebirgszüge

Adirondack Mountains *Adirondack Mountains pl*	Catskill Mountains *Catskills pl, Catskill Mountains pl*
Allegheny Mountains *Allegheny Mountains pl*	Caucasus *Kaukasus m*
Alps *Alpen pl*	Himalaya Mountains/Himalayas *Himalaya m*
Andes *Anden pl*	Pyrenees *Pyrenäen pl*
Appalachian Mountains *Appalachen pl*	Rocky Mountains *Rocky Mountains pl*
Balkans *Balkangebirge nt*	Sierra Nevada *Sierra Nevada f*
Carpathian Mountains *Karpaten pl*	St. Elias Mountains *Eliaskette f, Saint Elias Mountains pl*
Cascade Range *Kaskadenkette f*	Ural Mountains *Ural m*

Mountain Peaks
Bergspitzen

Aconcagua (Andes) *Aconcagua m (Andes)*	Mauna Loa *Mauna Loa m*
Elbrus *Elbrus m*	McKinley *Mount McKinley m*
Etna *Ätna m*	Mont Blanc *Mont Blanc m*
Everest *Mount Everest m*	Monte Rosa *Monte Rosa m*
Fujisan, Mount Fuji *Fujisan m, Berg Fuji m*	Orizaba *Citlaltépetl m, Pico de Orizaba m*
Kilimanjaro *Kilimandscharo-Massiv nt*	Pikes Peak *m* *Pikes Peak*
Logan *Mount Logan m*	Popocatépetl *m* *Popocatépetl*
Matterhorn *Matterhorn nt*	

Verwaltungsbezirke
Administrative districts

Bundesrepublik Deutschland
Federal Republic of Germany

Hauptstadt – *Capital*: Berlin

Bundesländer (und ihre Hauptstädte)	*Federal states (and their capitals)*
Baden-Württemberg (Stuttgart)	Baden-Württemberg (Stuttgart)
Bayern (München)	Bavaria (Munich)
Berlin (Berlin)	Berlin (Berlin)
Brandenburg (Potsdam)	Brandenburg (Potsdam)
Bremen (Bremen)	Bremen (Bremen)
Hamburg (Hamburg)	Hamburg (Hamburg)
Hessen (Wiesbaden)	Hesse (Wiesbaden)
Mecklenburg-Vorpommern (Schwerin)	Mecklenburg-West Pomerania (Schwerin)
Niedersachsen (Hannover)	Lower Saxony (Hanover)
Nordrhein-Westfalen (Düsseldorf)	North Rhine-Westphalia (Düsseldorf)
Rheinland-Pfalz (Mainz)	Rhineland-Palatinate (Mainz)
Saarland (Saarbrücken)	Saarland (Saarbrücken)
Sachsen (Dresden)	Saxony (Dresden)
Sachsen-Anhalt (Magdeburg)	Saxony-Anhalt (Magdeburg)
Schleswig-Holstein (Kiel)	Schleswig-Holstein (Kiel)
Thüringen (Erfurt)	Thuringia (Erfurt)

Republik Österreich
Austria

Hauptstadt – *Capital*: Wien

Bundesländer (und Hauptstädte)	Provinces (and capitals)
Burgenland (Eisenstadt)	Burgenland (Eisenstadt)
Kärnten (Klagenfurt)	Carinthia (Klagenfurt)
Niederösterreich (St. Pölten)	Lower Austria (St. Pölten)
Oberösterreich (Linz)	Upper Austria (Linz)
Salzburg (Salzburg)	Salzburg (Salzburg)
Steiermark (Graz)	Styria (Graz)
Tirol (Innsbruck)	Tyrol (Innsbruck)
Vorarlberg (Bregenz)	Vorarlberg (Bregenz)
Wien (Wien)	Vienna (Vienna)

Die Schweiz
Switzerland

Hauptstadt – *Capital*: Bern

Kantone (und Hauptorte)	Cantons (and capitals)
Aargau (Aarau)	Aargau (Aarau)
Appenzell Außerrhoden (Herisau)	Appenzell Outer Rhodes (Herisau)
Appenzell Innerrhoden (Appenzell)	Appenzell Inner Rhodes (Appenzell)
Basel-Landschaft (Liestal)	Basel-Land (Liestal)
Basel-Stadt (Basel)	Basel-Stadt (Basel, Basle)
Bern (Bern)	Bern (Bern)
Freiburg (Freiburg)	Fribourg (Fribourg)
Genf (Genf)	Geneva (Geneva)
Glarus (Glarus)	Glarus (Glarus)

Kantone (und Hauptorte)	Cantons (and capitals)
Graubünden (Chur)	Graubünden, Grisons (Chur)
Jura (Delémont)	Jura (Delémont)
Luzern (Luzern)	Lucerne (Lucerne)
Neuenburg (Neuenburg)	Neuchâtel (Neuchâtel)
Nidwalden (Stans)	Nidwalden (Stans)
Obwalden (Sarnen)	Obwalden (Sarnen)
Sankt Gallen (Sankt Gallen)	St. Gall(en) (St. Gall(en)
Schaffhausen (Schaffhausen)	Schaffhausen (Schaffhausen)
Schwyz (Schwyz)	Schwyz (Schwyz)
Solothurn (Solothurn)	Solothurn (Solothurn)
Tessin (Bellinzona)	Ticino (Bellinzona)
Thurgau (Frauenfeld)	Thurgau (Frauenfeld)
Uri (Altdorf)	Uri (Altdorf)
Waadt (Lausanne)	Vaud (Lausanne)
Wallis (Sitten)	Valais (Sion)
Zug (Zug)	Zug (Zug)
Zürich (Zürich)	Zürich (Zürich)

The United States of America – States, abbreviations, nicknames, inhabitants, and capital cities
Die Vereinigten Staaten von Amerika – Staaten, Abkürzungen, Spitznamen, Einwohner und Hauptstädte

Capital (Hauptstadt): Washington, D.C.

State Staat	Abbreviation Abkürzung	Nickname Spitzname	Inhabitant Einwohner	Capital Hauptstadt
Alabama Alabama nt	Ala., AL	Yellow Hammer State Heart of Dixie	Alabamian Alabamer(in) m(f)	Montgomery
Alaska Alaska nt	Alas., AK	The Last Frontier	Alaskan Einwohner(in) m(f) Alaskas	Juneau
Arizona Arizona nt	Ariz., AZ	Grand Canyon State	Arizonan Einwohner(in) m(f) Arizonas	Phoenix
Arkansas Arkansas nt	Ark., AR	Land of Opportunity	Arkansan Einwohner(in) m(f) von Arkansas	Little Rock
California Kalifornien nt	Calif., CA	Golden State	Californian Kalifornier(in) m(f)	Sacramento
Colorado Colorado nt	Colo., CO	Centennial State	Colorad(o)an Einwohner(in) m(f) Colorados	Denver
Connecticut Connecticut nt	Conn., CT	Constitution State Nutmeg State	Nutmegger; (Connecticut) Yankee Einwohner(in) m(f) Connecticuts	Hartford
Delaware Delaware nt	Del., DE	First State Diamond State	Delawarean Einwohner(in) m(f) Delawares	Dover
Florida Florida nt	Fla., FL	Sunshine State	Floridian Einwohner(in) m(f) Floridas	Tallahassee
Georgia Georgia nt	Ga., GA	Empire State of the South Peach State	Georgian Einwohner(in) m(f) Georgias	Atlanta
Hawaii Hawaii nt	HI	Aloha State Paradise of the Pacific	Hawaiian Hawaiianer(in) m(f)	Honolulu
Idaho Idaho nt	Id., ID	Gem State	Idahoan Einwohner(in) m(f) Idahos	Boise
Illinois Illinois nt	Ill., IL	Prairie State	Illinoian Einwohner(in) m(f) von Illinois	Springfield
Indiana Indiana nt	Ind., IN	Hoosier State	Indianan, Hoosier Einwohner(in) m(f) Indianas	Indianapolis
Iowa Iowa nt	Ia., IA	Hawkeye State	Iowan Einwohner(in) m(f) Iowas	Des Moines

State *Staat*	Abbreviation *Abkürzung*	Nickname *Spitzname*	Inhabitant *Einwohner*	Capital *Hauptstadt*
Kansas *Kansas nt*	Kans., KS	Sunflower State	Kansan *Einwohner(in) m(f) von Kansas*	Topeka
Kentucky *Kentucky nt*	Ky., KY	Bluegrass State	Kentuckian *Einwohner(in) m(f) Kentuckys*	Frankfort *Francfort*
Louisiana *Louisiana nt*	La., LA	Pelican State	Louisianan *Einwohner(in) m(f) Louisianas*	Baton Rouge
Maine *Maine nt*	Me., ME	Pine Tree State	Mainer *Einwohner(in) m(f) von Maine*	Augusta
Maryland *Maryland nt*	Md., MD	Old Line State	Marylander *Einwohner(in) m(f) Marylands*	Annapolis
Massachusetts *Massachusetts nt*	Mass., MA	Bay State	New Englander, Bay Stater *Einwohner(in) m(f) von Massachusetts*	Boston
Michigan *Michigan nt*	Mich., MI	Wolverine State Lake State	Michiganian, Michig- ander *Einwohner(in) m(f) Michigans*	Lansing
Minnesota *Minnesota nt*	Minn., MN	Gopher State North Star State	Minnesotan *Einwohner(in) m(f) Minnesotas*	Saint Paul
Mississippi *Mississippi nt*	Miss., MS	Magnolia State	Mississippian *Einwohner(in) m(f) Mississippis*	Jackson
Missouri *Missouri nt*	Mo., MO	Show Me State	Missourian *Einwohner(in) m(f) Missouris*	Jefferson City
Montana *Montana nt*	Mont., MT	Treasure State Big Sky Country	Montanan *Einwohner(in) m(f) Montanas*	Helena
Nebraska *Nebraska nt*	Nebr., NE	Corn Husker State	Nebraskan *Einwohner(in) m(f) Nebraskas*	Lincoln
Nevada *Nevada nt*	Nev., NV	Sagebrush State Silver State	Nevadan *Einwohner(in) m(f) Nevadas*	Carson City
New Hampshire *New Hampshire nt*	N.H., NH	Granite State	New Hampshirite *Einwohner(in) m(f) New Hampshires*	Concord
New Jersey *New Jersey nt*	N.J., NJ	Garden State	New Jerseyite, New Jersian *Einwohner(in) m(f) New Jerseys*	Trenton
New Mexico *New Mexico nt*	N.M., NM	Land of Enchantment	New Mexican *Einwohner(in) m(f) New Mexicos*	Santa Fe

State *Staat*	Abbreviation *Abkürzung*	Nickname *Spitzname*	Inhabitant *Einwohner*	Capital *Hauptstadt*
New York *New York nt*	N.Y., NY	Empire State	New Yorker *New Yorker(in) m(f),* *auch:* *New-Yorker(in) m(f)*	Albany
North Carolina *Nordkarolina nt*	N.C., NC	Tarheel State Old North State	North Carolinian *Einwohner(in) m(f)* *Nordkarolinas*	Raleigh
North Dakota *Norddakota nt*	N.D., ND	Sioux State Peace Garden State Flickertail State	North Dakotan *Einwohner(in) m(f)* *Norddakotas*	Bismarck
Ohio *Ohio nt*	O., OH	Buckeye State	Ohioan *Einwohner(in) m(f)* *Ohios*	Columbus
Oklahoma *Oklahoma nt*	Okla., OK	Sooner State	Oklahoman *Einwohner(in) m(f)* *Oklahomas*	Oklahoma City
Oregon *Oregon nt*	Ore., OR	Beaver State	Oregonian *Einwohner(in) m(f)* *Oregons*	Salem
Pennsylvania *Pennsylvania nt*	Pa., PA	Keystone State	Pennsylvanian *Einwohner(in) m(f)* *Pennsylvanias*	Harrisburg
Rhode Island *Rhode Island nt*	R.I., RI	Ocean State Little Rhody	Rhode Islanders *Einwohner(in) m(f)* *Rhode Islands*	Providence
South Carolina *Südkarolina nt*	S.C., SC	Palmetto State	South Carolinian *Einwohner(in) m(f)* *Südkarolinas*	Columbia
South Dakota *Süddakota nt*	S.D., SD	Coyote State Sunshine State	South Dakotan *Einwohner(in) m(f)* *Süddakotas*	Pierre
Tennessee *Tennessee nt*	Tenn., TN	Volunteer State	Tennessean *Einwohner(in) m(f)* *Tennessees*	Nashville
Texas *Texas nt*	Tex., TX	Lone Star State	Texan *Texaner(in) m(f)*	Austin
Utah *Utah nt*	Ut., UT	Beehive State Mormon State	Utahan *Einwohner(in) m(f)* *Utahs*	Salt Lake City
Vermont *Vermont nt*	Vt., VT	Green Mountain State	Vermonter *Einwohner(in) m(f)* *Vermonts*	Montpelier
Virginia *Virginia nt*	Va., VA	Old Dominion Mother of Presidents Mother of States	Virginian *Einwohner(in) m(f)* *Virginias*	Richmond
Washington *Washington nt*	Wash., WA	Evergreen State	Washingtonian *Einwohner(in) m(f)* *Washingtons*	Olympia
West Virginia *West Virginia nt*	W.V., WV	Mountain State	West Virginian *Einwohner(in) m(f)* *West Virginias*	Charleston

State *Staat*	Abbreviation *Abkürzung*	Nickname *Spitzname*	Inhabitant *Einwohner*	Capital *Hauptstadt*
Wisconsin *Wisconsin nt*	Wis., WI	Badger State	Wisconsinite *Einwohner(in) m(f) Wisconsins*	Madison
Wyoming *Wyoming nt*	Wyo., WY	Equality State	Wyomingite *Einwohner(in) m(f) Wyomings*	Cheyenne

Territories and Districts
Hoheitsgebiete und Bezirke

Territory or District *Hoheitsgebiet oder Bezirk*	Abbreviation *Abkürzung*
American Samoa *Amerikanisch-Samoa*	AS
District of Columbia *District of Columbia*	DC
Guam *Guam*	GU
Northern Mariana Islands *Nördliche Marianen*	MP
Puerto Rico *Puerto Rico*	PR
United States Virgin Islands *Amerikanische Jungferninseln*	VI

Nicknames of some of the cities in the US
Spitznamen einiger amerikanischer Städte

City *Stadt*	Nickname *Spitzname*
Chicago, Ill.	The Windy City
Denver, Colo.	The Mile-High City
Detroit, Mich.	Motor City
New York	The Big Apple, Gotham
Los Angeles, Calif.	The City of the Angels, The Big Orange
Minneapolis and St. Paul, Minn.	Twin Cities
New Orleans, La.	The Big Easy
Philadelphia, Pa.	The City of Brotherly Love

Kanada
Canada

Hauptstadt – *Capital*: Ottawa

Provinz *Province*	Hauptstadt *Capital*
Alberta	Edmonton
British Columbia	Victoria
Manitoba	Winnipeg
New Brunswick	Fredericton
Newfoundland	Saint John's
Novia Scotia	Halifax
Ontario	Toronto
Prince Edward Island	Charlottetown
Québec	Québec
Saskatchewan	Regina

Territorium *Territory*	Hauptstadt *Capital*
Northwest Territories	Yellowknife
Nunavut Territory (*since April 1, 1999*)	Iqaluit
Yukon Territory	Whitehorse

Notes

Notes

Notes

Notes

Zeichen und Abkürzungen

phraseologischer Block	▶	phrase block
trennbares Verb	|	separable verb
Kontraktion	=	contraction
Partizip ohne ge-	*	German past participle formed without ge-
entspricht etwa	≈	comparable to
Sprecherwechsel in einem Dialog	–	change of speaker in a dialogue
alte Schreibung	ALT	unreformed German spelling
reformierte Schreibung	RR	reformed German spelling
zeigt eine grammatische Konstruktion auf	▨	grammatical construction
zeigt variable Stellung des Objektes und der Ergänzung bei Phrasal Verbs auf	↻	indicates the variable position of the object in phrasal verb sentences
Warenzeichen	®	trade mark
auch	a.	also
Abkürzung	*Abk abbrev*	abbreviation
Akronym	*acr*	acronym
Adjektiv	*adj*	adjective
Verwaltung	ADMIN	administration
Adverb	*adv*	adverb
Raum- und Luftfahrt	AEROSP	aerospace
Landwirtschaft	AGR	agriculture
Akkusativ	*akk*	accusative
Akronym	*Akr*	acronym
Anatomie	ANAT	anatomy
aufwertend	*approv*	approving
Archäologie	ARCHÄOL	archaeology
Architektur	ARCHIT	architecture
Artikel	*art*	article
Kunst	ART	art
Astrologie	ASTROL	astrology
Astronomie	ASTRON	astronomy
attributiv	*attr*	attributive
Auto	AUTO	automobile
Hilfsverb	*aux*	auxiliary verb
Luftfahrt	AVIAT	aviation
Eisenbahnwesen	BAHN	railway
Bauwesen	BAU	construction
Bergbau	BERGB	mining
besonders	*bes*	especially
Biologie	BIOL	biology
Börse	BÖRSE	stock exchange
Botanik	BOT	botany
Binnendeutsch	BRD	German of Germany
Karten	CARDS	cards
Chemie	CHEM	chemistry
Schach	CHESS	chess

Symbols and abbreviations

Kindersprache	*childspeak*	language of children
Handel	COMM	commerce
komparativ	*comp*	comparative
Informatik	COMPUT	computing
Konjunktion	*conj*	conjunction
Dativ	*dat*	dative
veraltend	*dated*	dated
bestimmt	*def*	definite
dekliniert	*dekl*	declined
demonstrativ	*dem*	demonstrative
derb	*derb*	vulgar language
Bestimmungswort	*det*	determiner
dialektal	DIAL	dialect
Diminutiv	*dim*	diminutive
Ökologie	ECOL	ecology
Wirtschaft	ECON	economy
Elektrizität	ELEK ELEC	electricity
emphatisch	*emph*	emphatic
besonders	*esp*	especially
etwas	*etw*	something
Europäische Union	EU	European Union
euphemistisch	*euph*	euphemistic
Femininum	*f*	feminine
fachsprachlich	*fachspr*	specialist term
umgangssprachlich	*fam*	informal
Mode	FASHION	fashion
Fußball	FBALL	football
feminine Form	*fem*	feminine form
bildlich	*fig*	figurative
Film, Kino	FILM	film, cinema
Finanzen	FIN	finance
Kochkunst	FOOD	food and cooking
förmlicher Sprachgebrauch	*form*	formal
Fotografie	FOTO	photography
gehobener Sprachgebrauch	*geh*	formal
Genitiv	*gen*	genitive
Geographie	GEOG	geography
Geologie	GEOL	geology
Handel	HANDEL	commerce
historisch	*hist*	historical
Geschichte	HIST	history
Gartenbau	HORT	gardening
scherzhaft	*hum*	humorous
Jagd	HUNT	hunting
Imperfekt	*imp*	imperfect
Imperativ	*imper*	imperative
unpersönliches Verb	*impers*	impersonal use
unbestimmt	*indef*	indefinite
Internet	INET	internet
Infinitiv	*infin*	infinitive
Interjektion	*interj*	interjection
fragend	*interrog*	interrogative
unveränderlich	*inv*	invariable
ironisch	*iron*	ironic